PRISMA HANDWOORDENBOEK

NEDERLANDS

De reeks Prisma Handwoordenboeken omvat de volgende woordenboeken:

Nederlands
Engels (Engels-Nederlands en Nederlands-Engels in één band)
Duits (Duits-Nederlands en Nederlands-Duits in één band)
Frans (Frans-Nederlands en Nederlands-Frans in één band)

PRISMA HANDWOORDENBOEK

NEDERLANDS

met onderscheid tussen
Nederlands-Nederlands en
Belgisch-Nederlands

Met medewerking van:
prof. dr. W. Martin
prof. dr. W. Smedts

Prisma Woordenboeken en Taaluitgaven
Postbus 97
3990 DB Houten

Omslag: Marjan Gerritse, Amsterdam
Zetwerk: Cross Media Solutions, Alfabase, Alphen a/d Rijn
Derde, herziene druk 2009

Bijdrage Nederlands-Nederlands en Belgisch-Nederlands:
prof. dr. W. Martin
prof. dr. W. Smedts
Leen van Cleynenbreugel

© Uitgeverij Het Spectrum, 2009
Alle rechten voorbehouden. Niets uit deze uitgave mag worden verveelvoudigd, opgeslagen in een geautomatiseerd gegevensbestand, of openbaar gemaakt, in enige vorm of op enige wijze, hetzij elektronisch, mechanisch, door fotokopieën, opnamen, of enige andere manier, zonder voorafgaande schriftelijke toestemming van de uitgever.

Voor zover het maken van kopieën uit deze uitgave is toegestaan op grond van artikelen 16h t/m 16m Auteurswet 1912 jo. Besluit van 27 november 2002, Stb. 575, dient men de daarvoor wettelijk verschuldigde vergoeding te voldoen aan de Stichting Reprorecht te Hoofddorp (Postbus 3060, 2130 KB) of contact op te nemen met de uitgever voor het treffen van een rechtstreekse regeling in de zin van art. 16l, vijfde lid, Auteurswet 1912.
Voor het overnemen van gedeelte(n) uit deze uitgave in bloemlezingen, readers en andere compilatiewerken kan men zich wenden tot de Stichting PRO (Stichting Publicatie- en Reproductierechten Organisatie, Postbus 3060, 2130 KB Hoofddorp, www.cedar.nl/pro).

All rights reserved. No part of this book may be reproduced, stored in a database or retrieval system, or published, in any form or in any way, electronically, mechanically, by print, photoprint, microfilm or any other means without prior written permission from the publisher.

Ondanks al de aan de samenstelling van de tekst bestede zorg, kan noch de redactie noch de uitgever aansprakelijkheid aanvaarden voor eventuele schade die zou kunnen voortvloeien uit enige fout die in deze uitgave zou kunnen voorkomen.

ISBN 978 90 491 0278 4
NUR 627
www.prisma.nl

Voorwoord

Belgisch-Nederlands én Nederlands-Nederlands

Deze nieuwe editie van het Prisma Handwoordenboek Nederlands is uniek in de hedendaagse Nederlandse lexicografie. Niet alleen wordt in dit woordenboek ruim aandacht besteed aan het *Belgisch-Nederlands*, dat wil zeggen het Nederlands zoals dat in België wordt gesproken, maar ook is dit het enige verklarende woordenboek dat aangeeft welke woorden en uitdrukkingen *Nederlands-Nederlands* zijn, dat wil zeggen alleen of vooral in Nederland worden gebruikt en niet of nauwelijks in Vlaanderen.

Het woordenboek is tot stand gekomen in nauwe samenwerking met prof.dr. W. Martin (Vrije Universiteit Amsterdam) en prof.dr. W. Smedts (Katholieke Universiteit Leuven). Beide professoren zijn erkende autoriteiten op het gebied van de lexicografie én van het Belgisch-Nederlands. Zij hebben o.a. voor de Nederlandse Taalunie een voortrekkersrol vervuld bij de totstandkoming van het Referentiebestand Belgisch Nederlands (RBBN), een lexicale database met circa 4000 woorden en uitdrukkingen die typisch zijn voor het Nederlands in België. Door intensieve samenwerking van Martin en Smedts met de lexicografische redactie Nederlands van Prisma is nu een woordenboek tot stand gebracht dat niet alleen het Belgisch-Nederlands in kaart brengt, maar ook het Nederlands-Nederlands. Een buitengewoon interessant naslagwerk voor iedereen die belangstelling heeft voor de actuele taalsituatie in Nederland én België, en een mijlpaal in de Nederlandstalige lexicografie.

Na dit *Voorwoord* gaan Martin en Smedts nader in op de achtergronden en kenmerken van dit bijzondere woordenboek.

Voor school, studie, werk en thuis

Het Prisma Handwoordenboek Nederlands woordenboek staat boordevol informatie over het hedendaagse Nederlands en is bedoeld voor iedereen die het Nederlands in al zijn nuances wil kunnen begrijpen, spreken of schrijven.

Het is zeer geschikt voor leerlingen in de bovenbouw van het voortgezet onderwijs in Nederland en voor leerlingen vanaf de tweede graad van het secundair onderwijs in België, alsmede voor studenten aan hogescholen en universiteiten die behoefte hebben aan uitgebreidere en genuanceerdere taalinformatie dan de gecomprimeerde informatie die het bekende Prisma pocketwoordenboek Nederlands biedt.

Daarnaast is het een uitstekend naslagwerk voor iedereen die in de uitoefening van zijn of haar beroep wil kunnen terugvallen op een praktisch en betrouwbaar naslagwerk over het hedendaagse Nederlands. Het biedt zekerheid bij het lezen van moeilijke teksten en het is een trefzekere vraagbaak als u zelf teksten moet schrijven.

En uiteraard is het ook een goede aanwinst voor uw bibliotheek thuis. Het biedt uitkomst bij alle vragen die zich over Nederlandse woorden en uitdrukkingen kunnen voordoen. Of het nu de betekenis, de spelling, de uitspraak, de wijze van afbreken, de vervoeging, de herkomst of het gebruik in zinsverband betreft, dit woordenboek biedt uitsluitsel.

In de officiële spelling

In dit woordenboek zijn de regels en principes van de officiële spelling toegepast, zoals die in 2005 door de Nederlandse Taalunie zijn vastgesteld.

Het Belgisch-Nederlands en Nederlands-Nederlands in dit woordenboek

De laatste jaren is het inzicht gegroeid dat de nationale variatie in het Nederlands – de zogenaamde natiolecten – in de woordenboeken te eenzijdig wordt beschreven (zie hiervoor o.m. W. Martin: 'Natiolectismen in het Nederlands en hun lexicografische beschrijving' in: *Belgisch Tijdschrift voor Filologie en Geschiedenis* 79, 2001, 709-736). Van oudsher markeren woordenboeken wel woorden en betekenissen als *Belgisch-Nederlands* en af en toe verschijnt er ook al eens het label *Surinaams-Nederlands*. Daarmee geven de woordenboeken aan dat de aldus gemarkeerde woorden en betekenissen niet tot de algemene, gemeenschappelijke variant van het Nederlands behoren.

Dit woordenboek neemt – op een paar uitzonderingen na – weliswaar geen Surinaams Nederlandse woorden op (een overzicht daarvan is apart beschikbaar in het Prisma Woordenboek Surinaams Nederlands van Renata de Bies uit 2009), maar daar staat tegenover dat het naast woorden, uitdrukkingen en betekenissen die alleen in het Belgisch-Nederlands (= BN) gebruikelijk zijn, ook diegene markeert die alleen in het Nederlands-Nederlands (= NN) voorkomen. Dat BN-woorden worden opgenomen, was overigens ook in de vorige uitgaven al het geval. De selectie is voor deze uitgave evenwel grondig herzien. Zo'n 3500 items krijgen het label Belgisch-Nederlands. De selectie is gebaseerd op het RBBN, het Referentiebestand Belgisch Nederlands (zie: www.inl.nl/rbbn). De zeven soorten Belgisch-Nederlands die het RBBN onderscheidt, worden hier tot vier grote klassen herleid:

1 Woorden en uitdrukkingen die alleen in België worden gebruikt en die daar algemeen gebruikelijk zijn, krijgen het label BN. Voorbeelden:

hof van assisen	gerechtshof met jury voor zware misdrijven
bedrijfsrevisor	onafhankelijk controleur van de boekhouding van een bedrijf
papierslag	inzameling [door jeugdbeweging] van oud papier voor een goed doel
de Lange Wapper	(fig) naam van een geplande tuikabelbrug over de dokken in Antwerpen
kerststronk	speciaal kerstgebak in de vorm van een stuk boomstam (...)

2 Woorden en uitdrukkingen die alleen in België worden gebruikt, maar die een gebruiksbeperking vertonen, krijgen het label BN gevolgd door een beperkend label. Hieronder vallen woorden die vooral of uitsluitend in gesproken of in geschreven taal voorkomen, die tot een bepaald domein behoren of die vooral door een bepaalde sociale groep worden gebruikt. Voorbeelden:

BN, spreektaal	foor, luieriken, mottig (= niet lekker, onwel)
BN, vero	gegradueerde, vierklauwens, derven (= zich onthouden van)
BN, schrijftaal	spijts, gebeurlijk, veropenbaren
BN, sp	provinciale, remonte, vlucht (= duivenwedstrijd)

3 Woorden en uitdrukkingen die weliswaar typisch Belgisch-Nederlands zijn, maar die een tegenhanger hebben die in Nederland gebruikelijk is én die eveneens in België voorkomt, krijgen het label BN ook. Dat label komt vrij vaak voor, omdat het gebruik van Nederlandse varianten decennialang in België sterk gepropageerd werd. Daardoor kennen en gebruiken heel wat Belgen naast het typisch Belgisch-Nederlandse woord vaak ook het Nederlands-Nederlandse of het algemene equivalent. Het verschil met de eerste groep (de BN-woorden) is dat de Nederlands-Nederlandse tegenhanger daar niet bestaat of in België niet of nauwelijks bekend is.

De plaats van het label BN ook kan verschillen. BN ook onmiddellijk na een trefwoord of een betekeniscijfer betekent dat het desbetreffende trefwoord typisch Belgisch-Nederlands is of een typisch Belgische betekenis heeft; de Nederlandse tegenhanger die ook in België wordt gebruikt, staat dan ná het label. Bij uitdrukkingen staat het label BN ook evenwel net vóór de cursief gedrukte Belgisch-Nederlandse uitdrukking; de verklaring of het Nederlands-Nederlandse equivalent volgt dan op de Belgisch-Nederlandse uitdrukking. Voorbeelden:

oudercontact BN ook	ouderavond
rondpunt BN ook	rotonde
nota BN ook	aantekening, notitie
BN ook *weg en weer*	heen en weer

4 Woorden of uitdrukkingen die oorspronkelijk Belgisch-Nederlands zijn, maar die nu ook wel in Nederland worden gebruikt, krijgen het label vooral BN. Voorbeelden:

familienaam vooral BN	achternaam
holebi vooral BN	homo, lesbienne of biseksueel
plichtbewust vooral BN	plichtsgetrouw
kort op de bal spelen vooral BN	snel reageren

In de lexicografie van het Nederlands is er tot nu toe stilzwijgend aan voorbijgegaan dat ook niet-gelabelde woorden vaak niet echt algemeen worden gebruikt. Net een halve eeuw geleden is er wel al eens geprobeerd een onderscheid te maken tussen algemene, Belgisch-Nederlandse en Nederlands-Nederlandse woorden, maar blijkbaar was de tijd daar toen niet echt rijp voor. Het initiatief is toentertijd niet nagevolgd en het is bij die ene, verdienstelijke poging gebleven. Maar nu ook de Nederlandse Taalunie voorstelt meer aandacht aan de nationale variatie van het Nederlands te besteden, lijkt het opportuun die draad weer op te pakken en voorheen niet-gelabelde woorden of betekenissen die enkel of vooral in Nederland bekend zijn, voortaan te labelen. Vandaar dat dit woordenboek een vijfduizendtal woorden, uitdrukkingen en betekenissen labelt die Belgische sprekers van het Nederlands niet kennen of indien ze die al kennen, niet gebruiken.

Het gaat daarbij niet alleen om cultuurgebonden verschijnselen als politieke of gerechtelijke structuren, onderwijsvormen, functies, gebruiken, gerechten, maar ook gewoonweg om een andere verwoording van een in het hele taalgebied bekend concept. Zo is een 'meetlint' in Nederland een *centimeter,* in België een *lintmeter.* Nederlanders kennen woorden als *bedrijfseconoom, geouwehoer, geen hond, kroegtijger, shag, het verbruid hebben;* Belgen kennen dan weer *handelsingenieur, gepalaver, geen kat, tooghanger, roltabak, het verkorven hebben.*

Dezelfde woorden kunnen in Nederland een andere invulling krijgen dan in België. Dat is bijvoorbeeld het geval bij *minister-president, kabinet, schoolstrijd, karbonade* en *weerhouden.*

Het komt voor dat een bepaalde betekenis in Nederland net anders wordt weergegeven dan in België: 'geld in overvloed' is in Nederland *geld als water* en in België *geld als slijk.*

De combinatie waarin een woord voorkomt, kan een miniem verschil vertonen, bijvoorbeeld door het al dan niet ontbreken van een lidwoord, door het gebruik van een ander voorzetsel of door een andere woordvolgorde. Vergelijk: *wie het laatst lacht, lacht het best* of *te water raken* of *haastige spoed is zelden goed* met *wie laatst lacht, best lacht, in het water raken* en *haast en spoed is zelden goed.*
Zelfs de uitspraak wil wel eens verschillen, zoals bij *match, pistolet, pull, site, tenor.*

Doordat het Nederlandse Nederlands decennialang in België gepropageerd is als het ideale Nederlands – als de enige standaard – is de invloed van het Nederlands uit Nederland in België vaak duidelijk aanwijsbaar. Er zijn dan ook heel wat woorden die de Belgen – althans passief – bekend zijn, ook al gebruiken ze die woorden weinig of niet, of in het beste geval als alternatief voor Belgisch-Nederlandse woorden. Die woorden worden in dit woordenboek aangegeven met BN ook (zie boven) en met vooral NN.

Namen van instellingen, organisaties e.d. en hun afkortingen krijgen als label in Nederland of in België. Zie bijvoorbeeld *Rekenkamer, Artis, ANWB, VU; Bankcommissie, K.U.Leuven, IPB, CIM.*

Nederlands-Nederlandse woorden, betekenissen en uitdrukkingen worden als volgt gelabeld:

1 Woorden en uitdrukkingen die alleen of in uitgesproken mate in Nederland worden gebruikt en die daar algemeen gebruikelijk zijn, krijgen het label NN. Voorbeelden:

reflectant	gegadigde [...] voor een vacature
pakjesavond	avond van 5 december, sinterklaasavond
stoethaspel	onhandig persoon
steggelen	kibbelen, ruziën; oneerlijk handelen
blij toe!	gelukkig maar!
van haver tot gort	tot in de bijzonderheden

2 Woorden of uitdrukkingen die oorspronkelijk Nederlands-Nederlands zijn, maar die ook in België ingang vinden, krijgen het label vooral NN. Voorbeelden:

pittig	kernachtig; flink, stevig
destructiebedrijf	bedrijf dat zich bezighoudt met de destructie van dierlijk afval
foeteren	mopperen, schelden
gelijk	direct, meteen

3 Woorden en uitdrukkingen met een NN-label of een vooral NN-label die een gebruiksbeperking vertonen, krijgen na dat label nog het beperkende label. Voorbeelden:

NN, spreektaal	moppie, opzouten, jij-bak, ben je niet lekker?
NN, vero	schoelje, strengen, weshalve, voor de mast zitten
NN, schertsend	kikkerland, slootwater, uitgevroten, helaas pindakaas
NN, jeugdtaal	mocro, doekoe, gaaf, heftig (= prachtig)
vooral NN, spreektaal	oen, geheid, emmeren, van mij kan ze de boom in
vooral NN, fig	sluitpost, dat is niet misselijk, sporen met (= passen bij)

4 Woorden en uitdrukkingen die een typisch Nederlands-Nederlandse tegenhanger hebben naast een in het hele taalgebied gebruikelijke variant, krijgen het label NN ook. Voorbeelden:

boffer	NN ook bofkont
als de bliksem	NN ook als de gesmeerde bliksem
van de ene dag in de andere leven	NN ook bij de dag leven
het er levend van afbrengen	NN ook er het leven afbrengen

Het moge duidelijk zijn dat bij het labelen vaak een afweging is gemaakt. Dat geldt met name voor de NN-gevallen omdat daarvoor geen beroep kon worden gedaan op een empirische databank vergelijkbaar met het RBBN. Bij twijfel is gebruik gemaakt van frequentiegegevens op het internet en van aftoetsing bij de Nederlandse redactie. Het lijdt evenwel geen twijfel dat andere bewerkers al eens tot het anders labelen of tot niet labelen van een woord, een betekenis, een uitdrukking zouden beslissen. Dat is niet erg: de huidige bewerkers zijn zich ervan bewust dat verdere verfijning en verbetering noodzakelijk zijn. Ze zijn er wel van overtuigd dat ze door het Belgisch-Nederlands en vooral ook door het Nederlands-Nederlands als natiolecten te beschrijven, volledig recht doen aan de variatie in het Nederlands en dat ze op die manier de gebruikers een nuttig instrument bieden voor een meer genuanceerd taalgebruik.

W. Martin en W. Smedts

Lijst van tekens en afkortingen

±	ongeveer hetzelfde	*deelw*	deelwoord
&	enzovoort; en	*dial*	dialect
/	scheidt woord(groep)en die onderling verwisselbaar zijn	*dicht*	dichterlijk
		dierk	dierkunde
~	vervanging van het trefwoord	*druktechn*	druktechniek
❷	betekenisnummer	*Du*	Duits
I, II, etc.	aanduiding van woordsoort	*econ*	economie
<...>	nadere specificering van de uitleg	*eff*	effectenhandel
[...]	grammaticalia	*eig*	eigenlijk, letterlijk
★	begin voorbeeldzin of zegswijze	*elektr*	elektrotechniek
→	zie- of zie ook-verwijzing	*Eng*	Engels
aanw vnw	aanwijzend voornaamwoord	*euf*	eufemisme
aardr	aardrijkskunde	*enk*	enkelvoud
achterv	achtervoegsel	*fig*	figuurlijk
adm	administratie	*Filipp*	Filippijns
afk	afkorting	*filos*	filosofie
agr	agrarische term	*fin*	financiën
alg.	(in het) algemeen	*fon*	fonetiek
ambt	ambtelijk/ambtenarij	*form*	formeel
anat	anatomie	*fotogr*	fotografie
Arab	Arabisch	*Fr*	Frans
Aram	Aramees	*gedat*	gedateerd
arch	archaïsch	*gen*	genetica
archeol	archeologie	*geogr*	geografie
archit	architectuur	*geol*	geologie
astrol	astrologie	*geringsch*	geringschattend
astron	astronomie	*godsd*	godsdienst
auto	automobilisme; wegverkeer	*Gr*	Grieks
Barg	Bargoens	*gramm*	grammatica
bep.	bepaald	h.	heeft
bet	betekenis	handel	handelsterm
betr vnw	betrekkelijk voornaamwoord	*Hebr*	Hebreeuws
bez vnw	bezittelijk voornaamwoord	herald	heraldiek, wapenkunde
beurs	beursterm	hist	historische term
Bijbel	bijbelse term, uitdrukking	*Hong*	Hongaars
bijw	bijwoord	*hulpww*	hulpwerkwoord
bilj	biljarten	iem.	iemand
biochem	biochemica	iems.	iemands
biol	biologie	*IJsl*	IJslands
bn	bijvoeglijk naamwoord	inf	informeel
BN	Belgisch-Nederlands	alg.	in het algemeen
boekh	boekhouden	iron	ironisch
bouwk	bouwkunst	*It*	Italiaans
Br	vooral in Groot-Brittannië	*Jap*	Japans
Bulg	Bulgaars	*Jav*	Javaans
chem	chemie, scheikunde	*Jidd*	Jiddisch
Chin	Chinees	*jur*	juridisch
comput	computerterm	kaartsp	kaartspelen
cul	culinair	kunsthist	kunsthistorisch
De	Deens	*kww*	koppelwerkwoord

lidw	lidwoord	*scherts*	schertsend
Lat	Latijn	*schilderk*	schilderkunst
letterk	letterkunde	*Schots*	vooral in Schotland
lidw	lidwoord	*sci-fi*	science-fiction
lit	literair	*slang*	zeer informeel
luchtv	luchtvaart	*sociol*	sociologie
m	mannelijk	*sp*	sport en spel
Mal	Maleis	*Sp*	Spaans
med	medische term	*spoorw*	spoorwegen
meerv	meervoud	*stat*	statistiek
meetk	meetkunde	*stud*	studententaal
meteor	meteorologie	*taalk*	taalkunde
m.g.	minder gebruikelijk	*tandheelk*	tandheelkunde
microbiol	microbiologie	*techn*	technische term
mil	militaire term	*tegengest*	tegengesteld
muz	muziek	*telec*	telecommunicatie
m-v	mannelijk-vrouwelijk	*telw*	telwoord
mv	meervoud	*text*	textielbewerking
mv.	meervoud	*theat*	theater
myth	mythologie	*theol*	theologie
nat	natuurkunde	*tsw*	tussenwerpsel
natuurk	natuurkunde	*t.t.*	tegenwoordige tijd
Neolat	Neolatijn	*TV*	televisie
NN	Nederlands-Nederlands	*typ*	typografie
No	Noors	*v*	vrouwelijk
o	onzijdig	*v.*	van
oorspr	oorspronkelijk	*v.d.*	van de
onbep vnw	onbepaald voornaamwoord	*[v.d.]*	voltooid deelwoord
onderw	onderwijs	*v.e.*	van een
onoverg	onovergankelijk werkwoord	*verk.*	verkorting
onr goed	onroerend goed	*verkl*	verkleinwoord
Oudfr	Oudfrans	*vero*	verouderd
overg	overgankelijk werkwoord	*verz*	verzekeringswezen
Papiam	Papiamento	*vgl*	vergelijk
pers vnw	persoonlijk voornaamwoord	*viss*	visserij
Perz	Perzisch	*vnw*	voornaamwoord
plantk	plantkunde	*voegw*	voegwoord
pol	politieke term	*vogelk*	vogelkunde
Port	Portugees	volt deelw	voltooid deelwoord
post	posterijen	*voorv*	voorvoegsel
Prot	protestant	*v.t.*	verleden tijd
psych	psychologie	*vulg*	vulgair
recht	rechtsterm	*vz*	voorzetsel
rekenk	rekenkunde	*wederk*	wederkerend
rel	religie	*wetensch*	wetenschap
RK	rooms-katholiek	*wisk*	wiskunde
Roem	Roemeens	*ww*	werkwoord
RTV	radio, televisie	*ZA*	Zuid-Afrikaans
Russ	Russisch	*zelfst*	zelfstandig
samentr	samentrekking	*zn*	zelfstandig naamwoord
Sanskr	Sanskriet	*ZN*	Zuid-Nederlands
Scand	Scandinavisch	*Zw*	Zweeds
scheepv	scheepvaart, marine		
scheik	scheikunde		

Hoe werkt dit woordenboek?

la·ser·straal [leezər-] *de* [-stralen] straal (bet 1) gevormd d.m.v. laser; zie ook → **lazerstraal** — uitspraakhulp bij leenwoorden en vreemde woorden; de onderstreping geeft de klemtoon aan
las·naad *de (m)* [-naden] zichtbare naad na het lassen
las·sen *ww* [laste, h. gelast] aaneenvoegen met een las: ★ *metalen platen aan elkaar ~* — pijltjes verwijzen naar ander trefwoord
las·ser *de (m)* [-s] iem. die beroepsmatig last — bij vreemde woorden wordt de herkomst weergegeven
las·so (Sp‹Lat) *de (m)* ['s] werpstrik om wilde dieren te vangen: ★ *de cowboy ving de koe behendig met een ~*
last I *de (m)* [-en] ❶ zwaarte, vracht, lading; fig bezwaar, moeite, hinder: ★ *~ hebben van iets* ★ *iem. iets ten laste leggen* iem. van iets beschuldigen — Romeinse cijfers markeren het begin van een nieuwe woordsoort
❷ geldelijke verplichting ★ *op zware lasten zitten* zware, regelmatig terugkerende geldelijke verplichtingen hebben (als: belasting, rente, huur) ★ *ten laste komen van* betaald moeten worden door ★ *te mijnen laste* wat door mij betaald moet worden (boekhouden in het debet van mijn rekening) ★ BN ook *~ verkopen* lastig, moeilijk, vervelend zijn; zie ook bij → **baat** ❸ bevel: ★ *~ geven tot iets* ★ *op ~ van* — gebruiksvoorbeelden en zegswijzen staan cursief en worden voorafgegaan door een sterretje
II *het* inhoudsmaat, bijv.: ★ *een ~ graan* 30 hl ★ *een ~ haring* 17 kantjes — tildes vervangen het trefwoord
last·brief *de (m)* [-brieven] bevelschrift
last (but) not least *bijw* [làst (but) not liest] (‹Eng) het laatst (de laatste) maar niet het minst (de minste)
last·dier *het* [-en] dier gebruikt om lasten te dragen
las·ten·boek *het* [-en] BN ook opdrachtbeschrijving voor het opmaken van een offerte; ook bestek (bet. 2) — onderstreepte labels geven informatie over stijl, vakgebied of taalvariatie
las·ten·ko·hier *het* [-en] BN ook ❶ nauwkeurige beschrijving van een aan te besteden werk, *ook* bestek (en voorwaarden) ❷ ‹bij de verkoop van gronden› verkoopvoorwaarden — duidelijke betekenisordening met cijfers in zwarte bolletjes
las·ten·ver·lich·ting *de (v)* verlaging van de regelmatig terugkerende geldelijke verplichtingen, zoals sociale premies en belasting — geslacht of woordsoort staat cursief
las·ten·ver·zwa·ring *de (v)* verhoging van de regelmatig terugkerende geldelijke verplichtingen, zoals sociale premies en belasting
las·ter *de (m)* onware kwaadsprekerij
las·te·raar *de (m)* [-s] iem. die lastert — meervoudsuitgang staat tussen [...]
las·ter·cam·pag·ne [-panjə] *de* [-s] het stelselmatig en publiekelijk belasteren van een bep. persoon of bep. personen
las·te·ren *ww* [lasterde, h. gelasterd] in strijd met de waarheid kwaadspreken — vervoegingsvormen van werkwoorden staan tussen [...]
las·ter·lijk *bn* lasterend, laster bevattend
last·ge·ver *de (m)* [-s] **last·geef·ster** *de (v)* [-s] iem. die opdracht geeft tot de uitvoering van iets — trefwoorden en eventuele varianten zijn vetgedrukt; puntjes geven de afbreekplaatsen aan; de onderstreepte klinker(s) is (zijn) beklemtoond

Speciale tekens in de uitspraak

ə voor de sjwa of stomme e, zoals in [roetə] (*route*)
γ voor de zogenaamde zachte k, zoals in [γool] (*goal*)
~ boven een letter geeft een neusklank aan, zoals in [blã də blã] (*blanc de blanc*)

A

a¹ *de* ['s] ❶ de eerste letter van het alfabet ★ *wie ~ zegt moet ook b zeggen* wie eenmaal begonnen is moet op dezelfde wijze voortgaan ★ NN *geen ~ voor een b kennen* zeer dom of onontwikkeld zijn ★ *van ~ tot z* van het begin tot het einde, in zijn geheel ❷ muz de zesde toon van de diatonische toonladder, de muzieknoot la ❸ a kleine terts

a² *afk* are [100 vierkante meter]

à (‹Fr› *vz* ❶ voor, tot, tegen het genoemde bedrag per eenheid: ★ *zes stuks ~ 5 euro* ★ *~ 12 euro per persoon* ★ *~ contant* in baar geld, tegen contante betaling ❷ vanaf het genoemde kleinere tot het hogere bedrag of aantal: ★ *15 ~ 20 euro* ★ *voor 6 ~ 8 personen*

a. *afk* aan (in plaatsnamen): ★ *Katwijk a. Zee*

a- (‹Gr› voorvoegsel on-, de genoemde eigenschap missend: ★ *asociaal, asymmetrisch enz.* [voor een volgende vocaal wordt het *an-*: anoniem, anorganisch enz.]

A *afk* ❶ nat ampère ❷ muz a grote terts ❸ Austria, Oostenrijk (als nationaliteitsaanduiding op auto's)

A- voorvoegsel van de beste kwaliteit: ★ *A-merk, A-film, A-locatie*

Å *afk* ångström =10⁻¹⁰m

AA *afk* ❶ Alcoholics Anonymous [uit Amerika stammende beweging die plaatselijke groepen vormt van gewezen alcoholisten om lotgenoten te helpen en ze van de drank af te houden; in Nederland en België: Anonieme Alcoholisten] ❷ Automobile Association (of Great Britain) [automobilistenbond (van Groot-Brittannië)] ❸ boekhouden accountant-administratieconsulent

aag·je *zn* ★ NN *nieuwsgierig ~* nieuwsgierig persoon, naar de hoofdpersoon Aagje uit een 17de-eeuwse klucht

aai I *de (m)* [-en] het aaien, streling **II** *tsw* gebruikt bij het aaien: ★ *~ poes!*

aai·baar·heids·fac·tor *de (m)* mate waarin een dier aaibaar is

aai·en *ww* [aaide, h. geaaid] zacht met de hand over iets heen gaan, strelen: ★ *een poes ~*

aak¹ *de* [aken] vaartuig met platte bodem en brede boeg

aak² *de (m)* [aken] soort esdoorn, Spaanse aak (*Acer campestre*)

aal *de (m)* [alen] slangvormige vissoort, *Anguilla anguilla*, behorend tot de familie van de palingen: ★ *in wezen zijn ~ en paling synoniem, maar in sommige streken wordt onderscheid gemaakt* ★ *zo glad als een ~* zeer slim ★ *een gladde ~* een slim persoon ★ *zich als een ~ in allerlei bochten wringen* op allerlei manieren zich uit een situatie trachten te redden ★ NN *een ~ bij zijn staart hebben* bezig zijn aan een zaak die zo goed als zeker zal mislukken ★ NN *hij is te vangen als een ~ bij zijn staart* het is moeilijk hem

rustig te spreken *of* hem vast te zetten ★ NN *~ is geen paling* het hogere (betere) is niet gelijk aan het lagere

aal·bes *de* [-sen] ❶ aalbessenstruik, het geslacht *Ribes* ❷ rode of witte vrucht van de aalbessenstruik

aal·bes·sen·jam [-sjem, -zjem] *de* jam van aalbessen

aal·bes·sen·struik *de (m)* [-en] struik waaraan aalbessen groeien

aal·glad *bn* zeer glad (vooral fig)

aal·moes (‹Gr› *de* [-moezen] ❶ gift aan armen ❷ fig karige gift, vernederende gunst of weldaad

aal·moe·ze·nier *de (m)* [-s] ‹in de middeleeuwen› aan een vorstenhof verbonden geestelijke, speciaal belast met het uitdelen van aalmoezen; *ook* persoon in sommige steden, belast met de armenzorg; thans rooms-katholiek (in België ook protestants) geestelijke die belast is met de zielzorg onder o.a. militairen en gevangenen

aal·rei·ger *de (m)* [-s] blauwe reiger

aal·schol·ver *de (m)* [-s] donkere, visetende watervogel met aan het einde van de lange bovensnavel een scherp naar beneden gebogen punt, schollevaar, de soort *Phalacrocorax carbo* uit de familie der Phalacrocoracidae

aalt *de* mestvocht

aal·tjes *mv* wormpjes in azijn en in gewassen

AAM *afk* [ee-ee-em] air-to-air missile [geleid wapen dat vanaf een vliegtuig wordt gelanceerd om een ander vliegend voorwerp (vliegtuig, raket) te vernietigen]

aam (‹Lat› *het* [amen] oude wijnmaat, ± 1,5 hl

aam·beeld, aan·beeld *het* [-en] ❶ ijzeren werkblok van een smid ★ *tussen hamer en ~* in een uiterst moeilijke positie; zie ook bij → **hameren** ❷ anat middelste van de drie gehoorbeentjes, incus

aam·beelds·blok, aan·beelds·blok *het* [-ken] blok waarop een aambeeld rust

aam·bei *de* [-en] pijnlijk gezwollen bloedvat in de endeldarm, hemorroïde

aam·bor·stig *bn* vero kortademig, astmatisch

aan I *vz* ❶ aanraking of verbinding: ★ *zich ~ de tafel stoten* ★ *~ een puistje krabben* ★ *Nederland grenst ~ België* ★ *een schilderij ~ de muur hangen;* (ook aanraking, verbinding of betrekking in figuurlijke zin) ★ *uw verhaal grenst ~ het ongelofelijke* ★ *hij is erg ~ die poes gehecht* ★ *ik denk sterk ~ haar* ★ *ergens ~ vast zitten* zich tot iets verplicht hebben ❷ plaatsbepaling: ★ *~ een gracht wonen* ★ *~ tafel zitten* ★ *~ uw linkerhand* ★ *~ één oor doof zijn* ❸ beweging in de richting van een bepaalde plaats: ★ *~ de deur komen* ★ *~ land roeien* ★ *~ boord (wal) gaan* ❹ oorzaak: ★ *~ kanker sterven* ★ *~ een ziekte lijden* ★ *ik herkende hem ~ zijn stem* ★ *dat succes heb je ~ haar te danken* ★ *dat ligt ~ jezelf* ❺ specificatie: ★ *voor 500 euro ~ kleding kopen* ★ *een gebrek ~ inzicht* ★ *een overvloed ~ voedsel* ❻ opeenvolging: ★ *avond ~ avond* ★ *twee ~ twee* ★ *de auto's stonden bumper ~ bumper* ❼ ter aanduiding van het begin van een bezigheid: ★ ~ *het werk gaan* ★ *de soldaten sloegen ~ het plunderen* ❽ ter aanduiding van een bezigheid of werking die enige tijd duurt: ★ ~ *het werk zijn* ★ *hij schildert al jaren ~ dat doek* ★ *melk ~ de kook brengen* ★ *de tomaten zijn ~ het rotten* ❾ ter aanduiding van een (slechte) gewoonte: ★ ~ *de drank, ~ de heroïne zijn* ❿ ter aanduiding van het resultaat van een verdeling: ★ *hij sneed het leer ~ repen* ★ *het zeil scheurde ~ flarden* ⓫ voorafgaande aan het meewerkend voorwerp: ★ ~ *wie heb je dat boek gegeven?* ★ *die brief is ~ mij gericht* ⓬ in combinatie met een persoonsaanduiding: ★ *het is niet ~ ons daarover te beslissen* het is niet onze taak ★ *de tijd ~ zichzelf hebben* geen haast hebben ⓭ in combinatie met het voorzetsel *tot* ter aanduiding van een begrenzing: ★ *ze begeleidde me tot ~ de uitgang* ★ *hij heeft tot ~ zijn dood gewerkt* ★ *de zaal was tot ~ de nok gevuld* ★ *tot ~ de 19de eeuw* ⓮ ★ ~ *iets toe zijn* a) op het punt zijn aangeland waarop men iets kan beginnen; b) op een bepaald moment een sterke behoefte tot iets voelen ⓯ in combinatie met het voorzetsel *tegen*: ★ *tegen de tafel ~ vallen* ★ *tegen een boom ~ leunen* ★ *het was tegen het lachwekkende ~* het was bijna lachwekkend ⓰ in combinatie met andere voorzetsels: ★ *de kinderen liepen achter de optocht ~* ★ *van het begin af ~* ★ *wij liepen op huis ~* wij liepen richting huis ⓱ in uitdrukkingen met *er*: ★ *er iets ~ hebben* het kunnen gebruiken ★ NN *er niet ~ willen* niet te overreden zijn; zie ook II *bet* 8 II *bijw* ❶ aan het lichaam: ★ *hij heeft zijn nette pak ~* ❷ brandend: ★ *de kachel, het licht is ~* ❸ in werking: ★ *mag de televisie ~?* ❹ gearriveerd: ★ *de boot is nog niet ~* ❺ aangeleverd: ★ *vanmiddag krijgen we verse sla ~* ❻ NN begonnen: ★ *de school is ~* ❼ een liefdes- of vriendschapsverhouding hebbend: ★ *het is dik ~ tussen die twee* ❽ in tal van uitdrukkingen samen met *er*: ★ *er is niets ~* a) dat is gemakkelijk; b) dat is niet boeiend, interessant, lekker e.d. ★ *er is niets van ~* het is niet waar ★ *er ~ gaan sterven* ★ *er erg ~ toe zijn* erg ziek, gewond, depressief e.d. zijn ★ *er is geen beginnen ~* dit werk is zo omvangrijk, ingewikkeld enz. dat je er beter niet aan kunt beginnen ★ *ervan op ~ kunnen* er zeker van kunnen zijn; zie ook I *bet* 17 ❾ ★ NN *dat is maar net ~!* ternauwernood, op het nippertje ★ *rustig ~!* gezegd om iem. tot kalmte of voorzichtigheid te manen

aan·aar·den *ww* [aardde aan, h. aangeaard] ❶ de aarde rondom planten ophogen en aandrukken om de wortels te bedekken en bij sommige gewassen om het oogsten te vergemakkelijken: ★ *aardappelplanten ~* ❷ met aarde vullen

aan·bak·ken *ww* [bakte aan, is aangebakken] door bakken zich vasthechten; *fig* zich als een korst vasthechten: ★ *allerlei vuil bakt tegen de muur aan*

aan·bak·sel *het* [-s] wat zich als een korst heeft vastgezet

aan·be·de·ne *de* [-n] zeer beminde

aan·beeld *het* [-en] → **aambeeld**
aan·beelds·blok *het* [-ken] → **aambeeldsblok**
aan·be·lan·den *ww* [belandde aan, is aanbeland] ergens toevallig terechtkomen: ★ *waar zijn we nu aanbeland?*
aan·be·lan·gen *ww* [belangde aan, h. aanbelangd] betreffen, aangaan, van belang zijn voor: ★ *dit zijn maatregelen die ons ~*
aan·bel·len *ww* [belde aan, h. aangebeld] met behulp van een deurbel zijn aanwezigheid kenbaar maken
aan·be·nen *ww* [beende aan, h. aangebeend] NN ❶ vlug of vlugger gaan lopen: ★ *we moesten flink ~ om nog op tijd te komen* ❷ [meestal vervoegd met *komen*, zie aldaar] lopend snel naderen: ★ *hij kwam met driftige passen op ons ~*
aan·be·ste·den *ww* [besteedde aan, h. aanbesteed] met een aannemer overeenkomen dat deze tegen een bep. vergoeding en binnen een bep. termijn een werk zal uitvoeren: ★ *de bouw van een ziekenhuis ~*
aan·be·ste·ding *de (v)* [-en] het aanbesteden; handeling waardoor iem. met een aannemer in contact treedt om met hem een overeenkomst van aanneming van werk aan te gaan ★ *dag van ~* dag van inlevering van de prijsopgaven ★ *openbare (publieke) ~* aanbesteding waarbij elke aannemer gerechtigd is in te schrijven ★ *onderhandse ~* aanbesteding waarbij zeer beperkt aantal aannemers tot inschrijving wordt uitgenodigd
aan·be·ta·len *ww* [betaalde aan, h. aanbetaald] het eerste bedrag betalen bij koop op afbetaling; *ook* bij aankoop van een product dat pas later geleverd wordt een eerste deel van het verschuldigde bedrag betalen waarna bij levering de rest wordt voldaan; **aanbetaling** *de (v)* [-en]
aan·be·ve·len *ww* [beval aan, h. aanbevolen] zeggen of schrijven dat iets / iem. goed of gunstig is, iets of iem. aanraden, aanprijzen: ★ *ik kan u onze bordeaux ~* ★ *zich aanbevolen houden voor* te kennen geven te zijner tijd graag iets te willen (doen)
aan·be·ve·lens·waard, **aan·be·ve·lens·waar·dig** *bn* raadzaam, aanbeveling verdienend
aan·be·ve·ling *de (v)* [-en] ❶ het aanbevelen; mondelinge of schriftelijke verklaring waarin iem. of iets wordt aanbevolen: ★ *hij had een ~ van de directeur bij zich* ★ *een ~ doen* ★ *kennis van Frans strekt tot ~* wordt als voordeel gerekend ★ *op ~ van* op voorspraak van ★ ~ *verdienen* de voorkeur verdienen ❷ lijst van aanbevolenen voor een betrekking: ★ *hij staat als eerste op de ~ voor rechter van deze arrondissementsrechtbank* ❸ besluit van een internationale organisatie dat zich richt tot de leden van die organisatie of tot andere organisaties en dat niet bindend van aard is
aan·be·ve·lings·brief *de (m)* [-brieven] brief met aanbeveling
aan·bid·de·lijk *bn* zeer bekoorlijk: ★ *een aanbiddelijke jonkvrouw*

aan·bid·den *ww* [aanbad, h. aan·beden] ❶ als een god vereren: ★ *de Egyptenaren aanbaden hun farao's* ❷ vereren (in het algemeen), liefhebben: ★ *hij heeft zijn overleden vrouw aanbeden*

aan·bid·der *de (m)* [-s] ❶ iem. die aanbidt ❷ iem. die grote bewondering en liefde koestert voor een andere persoon ★ *een stille ~ iem. die zijn gevoelens van liefde niet uitspreekt;* **aanbidster** *de (v)* [-s]

aan·bid·ding *de (v)* [-en] ❶ het aanbidden ❷ grote eerbied, hevige bewondering: ★ *in ~ keek ze naar hem op* ❸ ⟨in de kunst⟩ voorstelling van de Drie Koningen die het Christuskind aanbidden

aan·bie·den **I** *ww* [bood aan, h. aangeboden] ❶ zeggen iets te willen geven: ★ *iem. een pilsje ~* ★ *iem. een hoge betrekking ~* ★ *hulp ~* ★ *zijn excuses ~* zich verontschuldigen ❷ ter beschikking stellen: ★ *te koop ~* ★ *te huur ~* ★ *een kwitantie ~ ter betaling overhandigen* **II** *wederk* ❶ ⟨m.b.t. personen⟩ zich beschikbaar stellen ★ *er boden zich verscheidene kandidaten aan* ❷ ⟨m.b.t. omstandigheden⟩ zich voordoen ★ *wij moeten even afwachten tot zich een goede gelegenheid aanbiedt* ❸ NN duidelijk maken een seksuele relatie aan te willen gaan

aan·bie·ding *de (v)* [-en] ❶ het aanbieden, vooral tot verkoop ❷ reclame ★ *in ~ zijn tegen een lagere prijs te koop zijn:* ★ *vandaag is de speculaas in de ~*

aan·bied·sta·tion [-(t)sjon] *het* [-s] NN terrein waar men (grof) huishoudelijk afval in gescheiden containers (voor hout, metaal, papier enz.) kan deponeren

aan·bin·den *ww* [bond aan, h. aangebonden] ❶ met touwen, riemen e.d. bevestigen: ★ *de schaatsen ~* ; zie ook bij → **kat** (bet 1) ❷ beginnen: ★ *de strijd ~ met / tegen iets of iem.* beginnen te strijden tegen iets of iem.

aan·blaf·fen *ww* [blafte aan, h. aangeblaft] ⟨van een hond⟩ blaffen tegen

aan·bla·zen *ww* [blies aan, h. aangeblazen] ❶ door blazen aanwakkeren: ★ *het vuur ~* ★ *fig de hartstochten ~* ❷ ⟨m.b.t. een spraakklank⟩ met hoorbare adem uitspreken, aspireren: ★ *een aangeblazen t* ❸ op een blaasinstrument blazen om de toon te beproeven

aan·blij·ven *ww* [bleef aan, is aangebleven] niet aftreden: ★ *de minister blijft aan*

aan·blik *de (m)* ❶ blik, gezicht ★ *bij de eerste ~ op het eerste gezicht* ❷ uiterlijk voorkomen: ★ *een keurige ~ bieden*

aan·blik·ken *ww* [blikte aan, h. aangeblikt] aankijken

aan·bod *het* [als mv doet dienst: aanbiedingen] ❶ het aanbieden; het aangebodene: ★ *een ~ doen*, *aannemen, afslaan* ❷ econ hoeveelheid goederen of diensten die op een bepaald tijdstip tegen een bepaalde prijs ter beschikking worden gesteld: ★ *er was veel ~ van tomaten* ★ *~ van / aan werkkrachten* ★ *vraag en ~ zie bij* → **vraag** (bet 3) ❸ wat zich op een bepaald moment in een bepaalde hoeveelheid voordoet: ★ *door het toenemende ~ van verkeer worden de files langer*

aan·bod·o·ver·schot *het* [-ten] econ situatie op de markt waarbij het aanbod de vraag overtreft

aan·bo·ren *ww* [boorde aan, h. aangeboord] met een boormachine doordringen tot een aardoliebron, gasbel, ertslaag enz. ★ *nieuwe informatiebronnen ~* fig toegankelijk maken

aan·bouw *de (m)* ❶ het verbouwen ⟨van gewassen⟩ ❷ aanbouwsel ★ *in ~ zijn gebouwd worden*

aan·bou·wen *ww* [bouwde aan, h. aangebouwd] ❶ bijbouwen ❷ gaan verbouwen ⟨van gewassen⟩ ❸ ontginnen ⟨van woeste grond⟩

aan·bouw·keu·ken *de* [-s] keukeninrichting bestaande uit losse, aan elkaar passende onderdelen

aan·bouw·sel *het* [-s] aangebouwd gedeelte

aan·bra·den *ww* [braadde aan, h. aangebraden] ⟨van vlees⟩ lichtjes braden

aan·bran·den *ww* [brandde aan, *onverg* is, *overg* h. aangebrand] ❶ bruin of zwart worden van gerechten door te grote verhitting: ★ *het vlees is aangebrand* ❷ zich met een bruine of zwarte korst vastzetten op de bodem van de pan door te grote verhitting: ★ *laat de stamppot niet ~!* ❸ een muur, tegel e.d. met cementpap bestrijken om de erop aan te brengen mortel beter te doen hechten; zie ook → **aangebrand**

aan·bras·sen *ww* [braste aan, h. aangebrast] scheepv de brassen steviger aanhalen

aan·brei·en *ww* [breide aan, h. aangebreid] ❶ aan iets anders vast breien: ★ *de trui is bijna af, ik moet er alleen nog een col ~* ❷ fig nog wat verlengen: ★ *we breien er nog een week vakantie aan*

aan·brei·sel *het* [-s] wat aangebreid is

aan·bre·ken *ww* [brak aan, is & h. aangebroken] ❶ beginnen: ★ *de dag breekt aan* ❷ beginnen te gebruiken: ★ *een fles ~*

aan·breng *de (m)* wat elk van de echtgenoten bij het huwelijk aan vermogen inbrengt

aan·bren·gen *ww* [bracht aan, h. aangebracht] ❶ naar een bep. plaats brengen: ★ *een voorraad stenen ~* ❷ maken, plaatsen, bevestigen: ★ *een isolatielaag onder het dak ~* ★ *wijzigingen in een tekst ~* ❸ bij de politie, bij het gerecht melden, verklikken: ★ *een fraudeur ~ bij de politie* ★ *een omkoopzaak ~* ❹ tot het lidmaatschap (van een vereniging e.d.) overhalen en als lid aanmelden: ★ *nieuwe leden ~* ❺ veroorzaken: ★ *deze halsketting brengt geluk aan* ❻ bij het huwelijk meebrengen: ★ *zij heeft een aardig kapitaaltje aangebracht* ❼ BN aandragen: ★ *tijdens de plechtigheid brachten kinderen bloemen aan*

aan·bren·ger·tje *het* [-s] NN klein wipmolentje met een grote houten windvaan aan de achterkant

aan·breng·pre·mie *de (v)* [-s] beloning voor het aanwerven van nieuwe leden, klanten enz.

aan·dacht *de* belangstelling, opmerkzaamheid: ★ *~ hebben voor iets* ★ *~ schenken / besteden aan iets* ★ *de ~ trekken, afleiden* ★ *iets onder de ~ brengen*

aandachtig–aanduiden 16

★ *de* ~ *op iets vestigen* ★ *iets in iems.* ~ *aanbevelen* iem. vragen speciaal op iets te letten
aan·dach·tig *bn* met belangstelling, opmerkzaam: ★ ~ *luisteren*
aan·dach·tig·heid *de (v)* oplettendheid
aan·dachts·punt *het* [-en] zaak, probleem waaraan bijzondere aandacht geschonken wordt of moet worden
aan·dachts·streep *de* [-strepen] liggend streepje, voorafgaand aan en volgend op een zinsdeel, dienend om een rust aan te geven en om dat zinsdeel duidelijker te doen uitkomen: ★ *zaterdag gaan we – als het weer een beetje meezit – een fietstocht maken*
aan·dachts·veld *het* [-en] aantal samenhangende zaken waar de aandacht naar uit gaat
aan·deel *het* [-delen] ❶ deel: ★ *zijn* ~ *in de werkzaamheden leveren* ★ ~ *hebben in iets* aan iets bijdragen (verondersteld een gebeurtenis van een zekere duur of een herhaling): ★ *de lijsttrekker had een groot* ~ *in de verkiezingsoverwinning* ★ ~ *hebben aan iets* aan iets bijdragen (verondersteld een eenmalige gebeurtenis van korte duur): ★ ~ *hebben aan een misdrijf* ❷ deel dat iem. toekomt: ★ *een* ~ *in de winst* ❸ deelneming in het maatschappelijk kapitaal van een onderneming; bewijs daarvan: ★ *hij bezit veel aandelen in deze onderneming* ★ ~ *op naam* aandeel waarbij de naam de eigenaar is geregistreerd in het aandelenregister ★ ~ *aan toonder* waarbij de naam de eigenaar niet is geregistreerd en dat (anders dan bij een ~ *op naam*) door eenvoudige overhandiging overdraagbaar is ★ *preferent* ~ waarbij (anders dan bij een *gewoon* ~) aan de eigenaar bijzondere rechten zijn toegekend
aan·deel·be·wijs *het* [-wijzen] bewijs van → **aandeel** (bet 3)
aan·deel·hou·der *de (m)* [-s] iem. die een of meer aandelen bezit in een onderneming
aan·deel·hou·ders·re·gis·ter *het* [-s] aandelenregister
aan·deel·hou·ders·ver·ga·de·ring *de (v)* [-en] vergadering van aandeelhouders van een naamloze vennootschap
aan·de·len·ka·pi·taal *het* [-talen] het totale bedrag van de nominale waarde van de uitgegeven aandelen bij een vennootschap
aan·de·len·pak·ket *het* [-ten] hoeveelheid aandelen in het bezit van een aandeelhouder
aan·de·len·re·gis·ter *het* [-s] lijst van aandeelhouders in besloten vennootschap
aan·den·ken *het* [-s] herinneringsgeschenk; voorwerp dat aan iets of iem. herinnert: ★ *dit sigarenkistje is een* ~ *aan mijn opa*
aan·die·nen I *ww* [diende aan, h. aangediend] iemands komst melden **II** *wederk* op komst zijn, zich voordoen: ★ *er dienen zich nieuwe mogelijkheden aan* ★ *zich* ~ *als* zich voordoen als
aan·dik·ken *ww* [dikte aan, h. & is aangedikt] ❶ dikker maken; fig overdrijven: ★ *een verhaal* ~

❷ dikker worden
aan·doen *ww* [deed aan, h. aangedaan] ❶ aantrekken: ★ *een jas, broek, rok* ~ ❷ bezorgen, toebrengen: ★ *iem. schande* ~ ❸ een bepaalde indruk maken: ★ *modern* ~, *onaangenaam* ~ ❹ treffen, ontroeren: ★ *hij was aangedaan door zoveel hulde* ❺ even bezoeken: ★ *een tussenhaven* ~ ❻ aansteken, in werking stellen: ★ *de lamp* ~ ★ *de computer* ~ ❼ lichamelijk aantasten ❽ van een ziekte: ★ *zijn longen zijn aangedaan*
aan·doe·ning *de (v)* [-en] ❶ ziekelijke afwijking: ★ *een* ~ *aan / van het hart* ❷ ontroering: ★ *zij huilde van* ~
aan·doen·lijk *bn* vertedering wekkend, ontroerend: ★ *een aandoenlijke film*; **aandoenlijkheid** *de (v)*
aan·draai·en *ww* [draaide aan, h. aangedraaid] vast of vaster draaien: ★ *een schroef* ~
aan·dra·gen *ww* [droeg aan, h. aangedragen] ❶ dragende brengen: ★ *stenen* ~ ❷ *fig* aanvoeren: ★ *nieuwe argumenten, ideeën, voorstellen* ~ ★ *met iets komen* ~ *fig* iets naar voren brengen waar geen belangstelling voor is: ★ *hij komt altijd met dezelfde theorieën* ~
aan·drang *de (m)* ❶ aandrift, neiging: ★ *hij voelde een sterke* ~ *om weg te rennen* ❷ het aandringen: ★ *met* ~ *verzoeken* ❸ aansporing: ★ *op* ~ *van mijn moeder* ❹ sterke druk: ★ ~ *van bloed naar het hoofd* ★ *NN* ~ *hebben, voelen* moeten poepen
aan·dra·ven *ww* [meestal vervoegd met *komen*, zie aldaar] dravend naderen: ★ *de paarden kwamen* ~ ★ *BN ook met iets komen* ~ met iets komen aandragen, iets naar voren brengen
aan·drift *de* innerlijke drang
aan·drijf·as *de* [-sen] as die aandrijft (→ **aandrijven**, bet 4)
aan·drij·ven *ww* [dreef aan, h. & is aangedreven] ❶ drijvend naderen (meestal vervoegd met *komen*): ★ *er kwam een dode vis aangedreven* ❷ aansporen tot snelheid: ★ *vee* ~ ❸ *NN* krachtig aansporen: ★ *iem. tot grote prestaties* ~ ❹ in beweging brengen: ★ *extra grote motoren drijven de nieuwe machine aan* ❺ vastslaan: ★ *de spijkers* ~
aan·drij·ving *de (v)* wijze van in beweging brengen (van machines, voertuigen e.d.)
aan·drin·gen I *ww* [drong aan, is & h. aangedrongen] ❶ naar voren dringen ❷ krachtig aansporen, met grote nadruk verzoeken: ★ *op spoed* ~ **II** *het* het krachtig aansporen, het met grote nadruk verzoeken: ★ *op* ~ *van de dokter een dieet volgen*
aan·druk·ken *ww* [drukte aan, h. aangedrukt] vaster drukken: ★ *de dop van een fles* ~
aan·dui·den *ww* [duidde aan, h. aangeduid] ❶ benaderend beschrijven door het noemen van enkele kenmerken: ★ *iem. de kortste weg naar het dorp* ~ ❷ omschrijven, uitdrukken: ★ *het is moeilijk de betekenis van een begrip als liefde aan te duiden* ★ *de inhoud van een vat in liters* ~ ❸ betekenen: ★ *eenzelfde woord kan vaak verschillende zaken* ~

❹ tot uitdrukking brengen, duidelijk maken: ★ *deze rellen duiden aan dat er gevoelens van ongenoegen bij de jeugd leven* ❺ **BN** ook (*van ambtenaren e.d.*) aanwijzen, benoemen; (*van sportlieden*) selecteren
aan·dui·ding *de (v)* [-en] ❶ benaderende beschrijving ❷ **BN** ook (*van ambtenaren e.d.*) aanstelling, aanwijzing, benoeming; (*van sportlieden*) selectie
aan·dui·din·gen·be·sluit *het* **NN** wettelijke regeling met betrekking tot de informatie die op de verpakking van producten moet zijn vermeld
aan·dur·ven *ww* [durfde, h. aangedurfd] ❶ de moed hebben te ondernemen: ★ *hij durfde de uitdaging niet aan* ❷ ★ *iem.* ~ menen dat men tegen iem. opgewassen is ❸ schertsend menen op te kunnen eten of drinken: ★ *na de overvloedige maaltijd durfden ze de appelpunt niet meer aan*
aan·du·wen *ww* [duwde aan, h. aangeduwd] ❶ vaster duwen: ★ *de strobalen* ~ ❷ ‹een motorvoertuig› vooruit duwen om de motor te doen aanslaan: ★ *een auto* ~
aan·dwei·len *ww* [dweilde aan, h. aangedweild] **NN** met een dweil enigszins reinigen
aan·een *bijw* ❶ zonder tussenruimte: ★ *de tafels stonden* ~ *in een hoek van het lokaal* ❷ ononderbroken, zonder tussenpozen: ★ *zij woonde jaren* ~ *in Antwerpen*
aan·een·bin·den *ww* [bond aaneen, h. aaneengebonden] aan elkaar binden
aan·een·flan·sen *ww* [flanste aaneen, h. aaneengeflanst] slordig samenstellen
aan·een·ge·scha·keld *bn* ❶ taalk verbonden door aaneenschakelende voegwoorden ❷ wisk uit meer dan twee redens bestaande (*evenredigheid*)
aan·een·ge·slo·ten *bn* geen openingen vertonend: ★ *de actievoerders vormden een* ~ *front*
aan·een·han·gen *ww* [hing aaneen, h. aaneengehangen] slap samenhangen ★ ~ *van leugens* weinig anders dan leugens bevatten
aan·een·kle·ven *ww* [kleefde aaneen, h. aaneengekleefd] aan elkaar kleven
aan·een·kop·pe·len *ww* [koppelde aaneen, h. aaneengekoppeld] verbinden
aan·een·rij·gen *ww* [reeg aaneen, h. aaneengeregen] ❶ tot een snoer verbinden ❷ fig een geheel maken van: ★ *een aantal ideeën tot een pakkend betoog* ~
aan·een·scha·ke·len *ww* [schakelde aaneen, h. aaneengeschakeld] door schakels verbinden ★ taalk *aaneenschakelend* → **aaneengeschakeld** (bet 1) ★ taalk *aaneenschakelend voegwoord* nevenschikkend voegwoord (zoals *en, alsmede, noch*), waardoor de delen van een zin eenvoudig naast elkaar worden gesteld of worden opgesomd
aan·een·scha·ke·ling *de (v)* [-en] ❶ het aaneenschakelen ❷ lange reeks: ★ *een* ~ *van ongelukken*
aan·een·schrij·ven *ww* [schreef aaneen, h. aaneengeschreven] zonder tussenruimte schrijven; als één woord schrijven

aan·een·slui·ten **I** *ww* [sloot aaneen, h. aaneengesloten] ❶ verbinden ❷ in elkaar passen **II** *wederk* zich verenigen, samengaan
aan·een·sme·den *ww* [smeedde aaneen, h. aaneengesmeed] aan elkaar vast smeden
aan·flit·sen *ww* [flitste aan, is aangeflitst] plotseling fel gaan branden: ★ *de lamp flitste aan*
aan·floe·pen *ww* [floepte aan, is aangefloept] ❶ ‹van licht› plotseling gaan branden; ❷ ‹van apparaat› plotseling in werking treden
aan·flui·ting *de (v)* [-en] ❶ bespotting: ★ *dat proces was een* ~ *van het recht* ❷ vertoning die ver achterblijft bij wat men ervan mag verwachten, afgang: ★ *dat concert was een* ~
aan·fok *de (m)* **NN** ❶ het fokken ‹van dieren› ❷ de gefokte dieren
aan·fok·ken *ww* [fokte aan, h. aangefokt] **NN** fokken
aan·gaan *ww* [ging aan, is & h. aangegaan] ❶ naar toe gaan, kort op bezoek gaan: ★ *bij een kennis* ~ ❷ **NN** beginnen: ★ *de school gaat aan* ❸ mogen, betamen ★ *het gaat niet aan dat...* het is niet gepast dat... ❹ sluiten: ★ *een weddenschap* ~ ★ *een overeenkomst* ~ *met iem.* ❺ betreffen: ★ *wat mij aangaat* ★ *het gaat hem niet(s) aan* hij heeft er niets mee te maken ❻ **NN** lawaai maken; ★ ~ *als een bezetene* ❼ wielersport demarreren
aan·gaan·de *vz* schrijftaal betreffende: ★ ~ *uw voorstel wil ik u het volgende meedelen*
aan·ga·pen *ww* [gaapte aan, h. aangegaapt] ❶ dom nieuwsgierig aankijken: ★ *zit me niet zo dom aan te gapen* ❷ zich dreigend openen: ★ *het ravijn gaapte ons dreigend aan*
aan·ge·be·de·ne, **aan·ge·be·de·ne** *de* [-n] aanbedene
aan·ge·bo·den *bn* voltooid deelwoord van aanbieden opschrift boven advertenties waarin men iets te koop aanbiedt
aan·ge·bo·ren *bn* ❶ reeds bij de geboorte aanwezig: ★ ~ *talenten* ★ *een* ~ *afwijking* geestelijke of lichamelijke aandoening of abnormaliteit die vanaf de geboorte aanwezig is ❷ door geboorte verworven: ★ ~ *status*
aan·ge·brand *bn* ❶ ‹van voedsel› met een korst aan de pan vastgebrand ❷ ‹van pannen› met een korst door aanbranden veroorzaakt: ★ *gauw of snel* ~ lichtgeraakt, snel geïrriteerd ❸ **BN** ook ‹van grappen e.d.› schuin, gewaagd
aan·ge·daan *bn* ❶ diep ontroerd, zeer onder invloed van gevoelens van vreugde of droefheid: ★ *hij was* ~ *door zoveel hulde* ❷ aangetast door een ziekte: ★ *zijn keel was* ~ ; zie ook → **aandoen**
aan·ge·ërf·de *de* [-n] iem. die stukken grond aan een weg, dijk enz. bezit
aan·ge·ge·ven *bn* ★ *brief met* ~ *waarde* aangetekend (zie bij → **aantekenen** bet 3) verzonden brief, waarvan de waarde wordt opgegeven
aan·ge·klaag·de *de* [-n] beschuldigde
aan·ge·kleed *bn* ❶ zie bij → **aankleden** ★ **NN** ~ *gaat uit* hij (zij) heeft zich overdreven netjes aangekleed

❷ NN belegd: ★ *een aangeklede boterham* ★ NN *aangeklede borrel* → **borrel** (bet 2) waarbij nootjes, hapjes enz. geserveerd worden
aan·ge·knipt *bn* met het kledingstuk zonder naad verbonden: ★ *een aangeknipte mouw*
aan·ge·lan·de *de* [-n] aangeërfde
aan·ge·legd *bn* een bepaalde aanleg hebbend: ★ *zij is muzikaal ~*
aan·ge·le·gen *bn* aangrenzend, liggend tegen
aan·ge·le·gen·heid *de (v)* [-heden] zaak, kwestie: ★ *een binnenlandse ~*
aan·ge·naam *bn* zodanig dat men het graag hoort, ziet e.d., prettig: ★ *aangename muziek* ★ *dit is ~ van smaak* ★ *het nuttige met het aangename verenigen* iets doen wat tegelijk nuttig en prettig is ★ *een ~ mens* iem. die prettig is in de omgang ★ *meer dan u ~ is* zoveel dat het niet meer plezierig is ★ *~ kennis te maken of kortweg:* ★ *~!* beleefdheidsformule bij het kennismaken
aan·ge·no·men I *bn* ❶ voltooid deelwoord van *aannemen* ❷ ★ *~ werk* werk dat volgens een overeenkomst tegen een bepaald bedrag op een bepaald tijdstip klaar moet zijn ★ *het is geen ~ werk* er hoeft niet gehaast te worden, want het hoeft niet op een bep. tijdstip klaar te zijn ❸ ★ *een ~ kind* een kind van een ander dat als eigen kind wordt beschouwd en opgevoed **II** *voegw* verondersteld dat: ★ *~ dat we op tijd komen, wat kunnen we dan doen?*
aan·ge·past *bn* zodanig gemaakt, veranderd of vernieuwd dat het (beter) bij iets past of bij iets aansluit: ★ *een ~ programma* ★ *een aangepaste woning* geschikt gemaakt voor bewoning door iem. met een handicap ★ NN, mil *een ~ antwoord* vergeldingsactie die in een bepaalde verhouding staat tot de gepleegde agressie
aan·ge·scho·ten *bn* ❶ ⟨van wild⟩ licht, niet dodelijk getroffen ★ *~ wild* fig iem. die beschadigd is in zijn reputatie ❷ fig enigszins dronken ★ voetbal *~ hands* niet-opzettelijke handsbal
aan·ge·schre·ven *bn* ★ *~ cirkel* (bij een driehoek) cirkel die één zijde en de verlengden van de beide andere zijden raakt ; zie verder bij → **aanschrijven**
aan·ge·sla·gen *bn* ❶ met → **aanslag** (bet 6) bedekt ❷ door een slag of stoot bijna bewusteloos: ★ *na die uppercut was de bokser flink ~* ❸ **bij uitbreiding** door tegenslag ontmoedigd, van slag: ★ *de schaker was behoorlijk ~ na die verliespartij*
aan·ge·sla·ge·ne *de* [-n] iem. die een → **aanslag** (bet 3) ontvangen heeft
aan·ge·sto·ken *bn* besmet, tot rotting gebracht: ★ *een ~ appel*
aan·ge·te·kend *bn* zie bij → **aantekenen** (bet 3)
aan·ge·to·gen *voltooid deelwoord* ❶ ⟨van kleren⟩ aangetrokken ❷ ⟨van een leger⟩ aangerukt, aangekomen
aan·ge·trouwd *bn* door trouwen in de familie gekomen
aan·ge·ven *ww* [gaf aan, h. aangegeven] ❶ in de hand geven: ★ *een boek* ~ ❷ aanduiden: ★ *hij gaf aan dat hij vermoeid was* ★ *het gewicht in kilo's ~* ❸ bij een officiële instantie melden: ★ *een misdrijf bij de politie* ~ ★ *de geboorte van een kind bij de burgerlijke stand* ~ ★ *inkomsten bij de belastingdienst* ~ ★ *goederen bij de douane* ~
aan·ge·ver *de (m)* [-s] ❶ iem. die aangeeft ❷ ⟨in een komisch duo⟩ degene die de ander in de gelegenheid stelt grappen te maken
aan·ge·we·zen *bn* ❶ meest geschikt: ★ *de ~ persoon* ★ *de ~ weg* ★ *het ~ middel* ❷ ★ *op iets ~ zijn* geen andere middelen ter beschikking hebben: ★ *ik was ~ op de gastvrijheid van de dorpelingen* ★ *op zichzelf ~ zijn* zichzelf moeten helpen ❸ BN ook (alleen predicatief gebruikt) raadzaam, aanbevelenswaardig, wenselijk: ★ *het opwarmen van spinazie is niet ~*
aan·ge·zicht *het* [-en] gelaat ★ *een slag in het ~* een grove belediging *of* miskenning
aan·ge·zichts·kramp *de* [-en] kramp in de aangezichtsspieren
aan·ge·zichts·pijn *de* [-en] pijn in het gebied van de gevoelszenuwen van het gelaat
aan·ge·zichts·ver·lam·ming *de (v)* verlamming van de gelaatsspieren ten gevolge van een stoornis van de aangezichtszenuw, gekenmerkt door een 'scheef' gezicht, een slap omlaag hangende mondhoek en een oog dat niet kan worden gesloten
aan·ge·zichts·ze·nuw *de* [-en] hersenzenuw die onder meer de bewegingen beïnvloedt van de spieren die de expressie van het gelaat oproepen, *nervus facialis*
aan·ge·zien *voegw* omdat
aan·gif·te *de (v)* [-n, -s] ❶ het → **aangeven** (bet 3): ★ *~ doen van een misdrijf* ★ *~ doen voor de inkomstenbelasting* ★ *een valse ~* ❷ het stuk of de verklaring waardoor men iets aangeeft
aan·gif·te·bil·jet *het* [-ten] formulier waarop men aangifte van iets doet (vooral m.b.t. belasting)
aan·gor·den I *ww* [gordde aan, h. aangegord] plechtig om het middel bevestigen **II** *wederk* zich gereedmaken: ★ *zich ~ tot de strijd*
aan·gren·zend *bn* naastliggend: ★ *een aangrenzende woonwijk*
aan·grij·zen *ww* [grijnsde aan, h. aangegrijnsd] ❶ vals, dreigend aanzien ❷ fig bedreigen: ★ *de dood grijnst ons aan*
aan·grij·pen *ww* [greep aan, h. aangegrepen] beetpakken; gebruik maken van: ★ *de gelegenheid ~*; lichamelijk of geestelijk schokken, ontroeren: ★ *het voorval heeft hem sterk aangegrepen*
aan·grij·pend *bn* ontroerend, treffend
aan·grij·pings·punt *het* [-en] punt waar een kracht op een lichaam werkt
aan·groei *de (m)* ❶ toeneming ❷ scheepv aanslag van algen e.d.
aan·groei·en *ww* [groeide aan, is aangegroeid] ❶ groter worden, toenemen ❷ opnieuw groeien: ★ *het afgeknipte haar groeide snel weer aan* ❸ NN

begroeid, bedekt worden (met iets wat zich vasthecht): ★ *het dak is met mos aangegroeid*;
aan·groei·ing *de (v)* [-en]
aan·groei·pre·mie *de (v)* [-s] BN rente op nieuw spaargeld
aan·groei·sel *het* [-s] dat wat aangegroeid (→ **aangroeien**, bet 3) is
aan·ha·ken *ww* [haakte aan, h. aangehaakt] ❶ met een haak vastmaken ❷ sp aansluiting vinden bij een groep wielrenners, hardlopers enz.: ★ ~ *bij de kopgroep* ❸ NN, fig verder doorgaan op iets wat al eerder is gezegd: ★ *ik wil nog even ~ bij een eerder gemaakte opmerking*
aan·ha·len *ww* [haalde aan, h. aangehaald] ❶ NN naar zich toe halen; fig zich veel beslommeringen bezorgen: ★ *hij haalt heel wat aan* ❷ overnemen, ontlenen, citeren ❸ een uitspraak, gedicht e.d.: ★ *een gedicht van Marsman ~* ❹ liefkozen, strelen: ★ *een hond ~* ❺ strakker trekken: ★ *een touw (strakker) ~* ❻ NN in beslag nemen van goederen waarover geen belasting betaald is
aan·ha·le·rig, **aan·ha·lig** *bn* graag liefkozend of geliefkoosd wordend: ★ *een aanhal(er)ige kat*
aan·ha·ling *de (v)* [-en] ❶ overneming, ontlening, citaat ⟨van een uitspraak, gedicht e.d.⟩ ❷ het inbeslagnemen (zie bij → **aanhalen**, bet 5)
aan·ha·lings·te·kens *mv* ❶ leestekens, geplaatst vóór en achter een woord, zinsdeel of zin om aan te geven a) dat het een citaat betreft, b) dat het tussen deze tekens geplaatste op een bepaalde wijze moet worden geïnterpreteerd, c) dat het tussen deze tekens geplaatste een naam aanduidt en niet verwijst naar iets in de werkelijkheid, bijv. in de zin: ★ *'Amsterdam' (of "Amsterdam") bestaat uit negen letters* ❷ een dubbele komma die wordt gebruikt om aan te geven dat een woord of getal op een regel daarboven, wordt herhaald
aan·hang *de (m)* ❶ de gezamenlijke volgelingen of aanhangers: ★ *deze politicus heeft veel ~* ❷ (ook schertsend) personen die bij iem. horen, bijv. vrouw en kinderen of bedienden: ★ *daar logeert een oliesjeik met zijn ~*
aan·han·gen *ww* [hing aan, h. aangehangen] ❶ geloven in, instemmen met: ★ *een bep. theorie ~* ❷ NN ⟨van textiel⟩ gauw stoffig worden, pluisjes aantrekken: ★ *deze stof hangt erg aan* ★ *groente koken met aanhangend water* koken met het water dat er na het wassen nog aan zit
aan·han·ger *de (m)* [-s] ❶ volgeling ❷ NN aanhangwagen
aan·han·gig *bn* recht ter behandeling voorleggen: ★ *een wetsontwerp ~ maken, een geschil ~ maken bij de rechter*
aan·hang·mo·tor *de (m)* [-toren, -s] kleine motor die men aan een boot hangt
aan·hang·sel *het* [-s, -en] dat wat ergens aan hangt, ergens aan toegevoegd is, appendix: ★ *een ~ aan een boek* ★ *wormvormig ~ anat* op een worm gelijkend

deel van de blindedarm, *appendix*
aan·hang·wa·gen *de (m)* [-s] door een tram, auto enz. getrokken wagen
aan·han·ke·lijk *bn* zich gemakkelijk aan iem. hechtend, met veel genegenheid voor iem.: ★ *een ~ kind*
aan·han·ke·lijk·heid *de (v)* het aanhankelijk zijn: ★ *~ betuigen* genegenheid laten blijken
aan·han·ke·lijk·heids·be·tui·ging *de (v)* [-en] blijk van aanhankelijkheid jegens iem. of iets
aan·har·ken *ww* [harkte aan, h. aangeharkt] door harken wat opknappen
aan·hech·ten *ww* [hechtte aan, h. aangehecht] ❶ verbinden, bevestigen ⟨vooral met een draad⟩ ❷ ⟨bij brei- en naaiwerk⟩ een nieuwe of gebroken draad vastmaken; **aanhechting** *de (v)* [-en]
aan·hef *de (m)* ❶ ⟨v.e. brief e.d.⟩ beginwoorden ❷ ⟨v.e. lied⟩ begintonen
aan·hef·fen *ww* [hief aan, h. aangeheven] beginnen te zingen: ★ *we hieven een lied aan*
aan·hik·ken *ww* [hikte aan, h. aangehikt] moeite hebben met, opzien tegen, niet vlot kunnen afwikkelen: ★ *lang ~ tegen een besluit*
aan·hit·sen *ww* [hitste aan, h. aangehitst] ⟨een hond⟩ aanvuren om (iem., iets) aan te vallen
aan·hol·len *ww* [meestal vervoegd met *komen*, zie aldaar] hardlopend naderen
aan·ho·ren *ww* [hoorde aan, h. aangehoord] luisteren naar: ★ *een lang verhaal ~* ★ *het was niet om aan te horen* het klonk vreselijk ★ *ten ~ van de voorbijgangers* zo dat de voorbijgangers het horen ★ *het is hem aan te horen* je kunt het uit zijn taal opmaken
aan·ho·rig *bn* bijbehorend
aan·ho·rig·he·den *mv* alles wat ertoe behoort
aan·hou·den *ww* [hield aan, h. aangehouden] ❶ doen stilhouden: ★ *een voorbijganger, een auto ~* ❷ recht staande houden en overbrengen naar een plaats van verhoor van een persoon die verdacht wordt van een strafbaar feit ❸ blijven doorgaan met: ★ *een correspondentie, een abonnement ~* ❹ de behandeling of beslissing uitstellen: ★ *de zaak wordt aangehouden* ❺ NN in dienst houden: ★ *de butler ~* ❻ NN voorlopig aannemen: ★ *houd maar aan dat er zes mensen komen* ❼ NN volhouden: ★ *hij hield aan dat er oorlog zou komen* ❽ voortduren: ★ *het slechte weer houdt aan* ❾ ★ *~ NN ~ op koers zetten naar:* ★ *op de haven ~* ❿ stilhouden, stoppen: ★ *~ bij een wegrestaurant* ⓫ ★ *BN, spreektaal met iem. ~ met* iem. een buitenechtelijke relatie hebben
aan·hou·dend *bn* voortdurend: ★ *aanhoudende beschietingen*
aan·hou·der *de (m)* [-s] iem. die volhoudt: ★ *de ~ wint* iem. die volhoudt zal slagen
aan·hou·ding *de (v)* [-en] recht het grijpen en vasthouden van een verdachte, waarna deze zal worden voorgeleid
aan·hou·dings·man·daat *het* [-daten] BN ook

arrestatiebevel
aan·hu·wen ww [huwde aan, h. aangehuwd] aantrouwen
aan·ja·gen ww [jaagde en joeg aan, h. aangejaagd] ❶ plotseling doen voelen: ★ *iem. schrik, angst* ~ ❷ op gang brengen *of* de beweging versnellen
aan·ja·ger *de (m)* [-s] ❶ toestel dat iets op gang brengt of de beweging versnelt ❷ iem. die binnen een organisatie probeert processen sneller te laten verlopen, krachtige stimulator
aan·kaar·ten ww [kaartte aan, h. aangekaart] als gespreksonderwerp naar voren brengen, beginnen te praten over: ★ *een kwestie* ~
aan·kak·ken ww [meestal vervoegd met *komen*, zie *aldaar*] NN, spreektaal op zijn gemak aankomen: ★ *om zes uur kwam hij eindelijk* ~
aan·kap *de (m)* ❶ het kappen van bomen ❷ het gekapte hout
aan·kap·pen ww [kapte aan, h. aangekapt] ❶ kappen ❷ beginnen te kappen
aan·kij·ken ww [keek aan, h. aangekeken] in de ogen kijken: ★ *iem. verwonderd* ~ ★ NN *iem. met schele ogen* ~ jaloers zijn op iem. ★ *het nog eens* ~ het nog eens overdenken, nog geen beslissing nemen ★ NN *iem.* ~ *op iets* a) iem. van iets verdenken; b) iem. iets kwalijk nemen ★ *vreemd tegen iets* ~ het vreemd vinden ★ *iem. veelbetekenend* ~ iem. op zodanige wijze aankijken dat deze uit die blik veel kan opmaken ★ *iem. niet meer* ~ geen contact meer met iem. wensen te hebben, iem. → negeren² (bet 2) ★ *kijk eens aan!* uitroep van verbazing of verrassing
aan·klacht *de* [-en] officiële beschuldiging: ★ *een* ~ *tegen iem. indienen*
aan·kla·gen ww [klaagde aan, h. aangeklaagd] ❶ officieel beschuldigen: ★ *iem.* ~ ❷ BN ook afkeuren, aan de kaak stellen: ★ *misstanden* ~
aan·kla·ger *de (m)* [-s] iem. die beschuldigt ★ *openbare* ~ vroeger officiële aanduiding voor de vertegenwoordiger van het Openbaar Ministerie bij strafzaken (thans Officier van Justitie genaamd)
aan·klam·pen ww [klampte aan, h. aangeklampt] ❶ met klampen bevestigen ❷ fig staande houden en aanspreken: ★ *in paniek klampte de man een voorbijganger aan* ❸ wielrennen zich bij een groep renners aansluiten: ★ *de geletruidrager kon met moeite* ~ *bij de kopgroep*
aan·kle·den ww [kleedde aan, h. aangekleed] ❶ kleren aandoen ★ *een baby* ~, *zich* ~ ❷ ⟨van woning, kamer e.d.⟩ meubileren en stofferen; ook versieren, gezellig maken: ★ *de huiskamer feestelijk* ~ *voor een verjaarspartij* ❸ toneel decors en kostuums ontwerpen; zie ook → **aangekleed**
aan·kle·ding *de (v)* [-en] ❶ het aankleden ❷ de wijze waarop iets is aangekleed
aan·kle·ven ww [kleefde aan, h. aangekleefd] NN eigen zijn, kenmerkend zijn: ★ *fouten die hem* ~
aan·klik·ken ww [klikte aan, h. aangeklikt] ⟨comput programma's of bestanden⟩ activeren door middel van een muisklik
aan·klop·pen ww [klopte aan, h. aangeklopt] aan de deur kloppen ★ *bij iem.* ~ fig een beroep op iem. doen
aan·kno·pen ww [knoopte aan, h. aangeknoopt] ❶ door een knoop verbinden met ❷ beginnen: ★ *betrekkingen* ~ ★ *een gesprek* ~ *met iem.* ❸ toevoegen aan: ★ *er nog een uurtje* ~ ❹ aansluiten: ★ *bij de vorige uiteenzettingen* ~
aan·kno·pings·punt *het* [-en] feit, gebeurtenis enz. als beginpunt voor iets nieuws: ★ *een goed* ~ *zijn (vormen) voor* ★ *geen* ~ *hebben*
aan·koe·ken ww [koekte aan, is aangekoekt] ❶ zich als een koek vastzetten: ★ *het vuil is aangekoekt* ❷ met zo'n koek bedekt worden: ★ *de pan is aangekoekt*
aan·ko·me·ling *de (m)* [-en] NN nieuweling; **aankomelinge** *de (v)* [-n]
aan·ko·men ww [kwam aan, is aangekomen] ❶ op de plaats van bestemming komen ★ *in Gent* ~ ❷ neerkomen, treffen: ★ *de klap kwam hard aan* ❸ aanraken: ★ *niet* ~! ❹ verkrijgen: ★ *er is geen* ~ *aan* ❺ NN even op bezoek komen: ★ *kom eens aan, als je in de buurt bent* ❻ naderen: ★ *ik zie ze in de verte* ~ ★ *het zien* ~ voorzien wat er zal gebeuren ★ *ze zien me al* ~ ze zullen zeker niet bereid zijn te doen wat ik van ze verlang ❼ voor de dag komen: ★ *met leugens, smoesjes* ~ ★ *daar hoef je bij mij niet mee aan te komen* a) daar wil ik geen bemoeienis mee hebben; b) dat weiger ik te geloven ❽ in een bepaalde kring of betrekking komen ❾ afhangen van, berusten op: ★ *bij deze reparatie komt het op grote precisie aan* ★ *het komt er niet op aan* het doet er niet toe ★ NN *het er niet op aan laten komen* ingrijpen ★ NN *iets op de laatste dag laten* ~ pas iets doen of beslissen op de laatste dag ❿ in gewicht toenemen: ★ *ik ben drie kilo aangekomen*
aan·ko·mend *bn* ❶ toekomstig ❷ nog niet volleerd: ★ *een* ~ *bediende* ❸ bijna volwassen: ★ *een* ~ *meisje*
aan·komst *de (v)* het aankomen
aan·komst·hal *de* [-len] hal op een vliegveld bestemd voor aankomende passagiers
aan·komst·lijn *de* [-en] BN ook, sp eindstreep, finish
aan·kon·di·gen ww [kondigde aan, h. aangekondigd] ❶ de komst meedelen van iem. of iets ❷ bekendmaken dat iets spoedig zal volgen: ★ *hij kondigde zijn vertrek aan* ★ *een radioprogramma* ~ ★ BN *zich goed, succesvol enz.* ~ beloven goed, succesvol enz. te worden ❸ ⟨van een boek, plaat e.d.⟩ in kranten of tijdschriften bekendmaken dat het spoedig op de markt zal verschijnen ❹ voorbode zijn van, vooruitwijzen naar: ★ *de intrede van de chip kondigde een nieuw tijdperk aan in de wereld van de gegevensverwerking*
aan·kon·di·ging *de (v)* [-en] ❶ mededeling van de komst van iets of iem. ❷ bekendmaking ❸ BN ook advertentie: ★ *ik ga een* ~ *in de krant laten zetten*
aan·koop *de (m)* [-kopen] ❶ het kopen: ★ *deze leuke*

poezenposter krijgt u gratis bij ~ van drie pakken kattenbrokken ❷ *het gekochte:* ★ *dit was een dure ~*
aan·koop·som *de* [-men] → **prijs**
aan·koop·ver·eni·ging *de (v)* [-en] coöperatieve vereniging voor de aankoop van landbouwbedrijfsbenodigdheden en landbouwproducten en voor de afzet van door de leden geteelde producten
aan·ko·pen *ww* [kocht aan, h. aangekocht] kopen
aan·krui·sen *ww* [kruiste aan, h. aangekruist] een kruisje zetten bij: ★ *namen op een lijst ~*
aan·kun·nen *ww* [kon aan, h. aangekund] ❶ de baas kunnen, opgewassen zijn tegen: ★ *de ouders konden hun dochter niet meer aan* ❷ kunnen volbrengen: ★ *ik kan al dat werk niet aan* ❸ kunnen eten, drinken, verbruiken enz.: ★ *maak maar een flinke maaltijd, want die jongens kunnen heel wat aan*
aan·kwe·ken *ww* [kweekte aan, h. aangekweekt] kweken
aan·la·chen *ww* [lachte aan, h. aangelachen] NN ❶ toelachen ❷ fig gunstig zijn: ★ *het geluk lacht hem aan* ❸ aantrekkelijk voorkomen: ★ *een positie die mij aanlacht*
aan·lan·den *ww* [landde aan, is aangeland] ❶ aan land komen: ★ *op een eiland, in een haven ~* ❷ terechtkomen: ★ *waar zijn we nu aangeland?* ❸ ⟨van aardgas⟩ aan land worden gebracht
aan·lan·dig *bn* ⟨van wind⟩ naar het land toe
aan·leg *de (m)* ❶ het tot stand brengen (vooral van werken die grondwerk vereisen): ★ *de ~ van een weg, een voetbalveld, een pijpleiding* ❷ het tot stand gebrachte werk: ★ *een fraaie ~ aan de rand van de stad* ❸ aangeboren geschiktheid, talent: ★ *~ voor muziek* ★ *bij dat kind is wiskundig inzicht in ~ aanwezig* ❹ geneigdheid, vatbaarheid: ★ *~ tot depressiviteit* ★ *ik heb veel ~ om dik te worden* ❺ het in de juiste schietpositie brengen: ★ *de ~ van een geweer* ❻ plaats waar men aanlegt (→ **aanleggen**, bet 5 en 6) ❼ begin ★ recht behandeling van een zaak in eerste ~ behandeling bij de eerste rechter die van de zaak kennis neemt ★ BN *rechtbank van eerste ~ arrondissementsrechtbank die oordeelt over alle civielrechtelijke vorderingen* ❽ techn houten of metalen rand waarlangs men iets in de juiste richting legt of iets ondersteunt
aan·leg·gen *ww* [legde aan, h. aangelegd] ❶ aanbrengen ★ *een thermometer ~ in een lichaamsholte of -opening plaatsen* ★ *een zuigeling ~ aan de borst leggen om te voeden* ★ *een maatstaf ~ volgens een bepaald criterium te werk gaan; zie ook bij →* **duimschroef** ❷ tot stand brengen, in gereedheid brengen: ★ *een weg, een park, een douche, elektriciteit, vuur ~* ❸ NN voorbereiden, de nodige maatregelen nemen: ★ *iets listig ~* ★ *het op iets ~* het op iets gemunt hebben, streven naar iets ★ *het met iem. ~* a) een relatie met iem. beginnen; b) met iem. samenspannen ❹ in de schietstand brengen (*van een schietwapen*) ★ *~ op iem.* / *iets* een

wapen richten op iem. / iets ❺ aan wal gaan liggen (*van een schip*): ★ *over enkele minuten zal de veerboot ~ aan de kade* ❻ NN onderweg stilhouden: ★ *bij een café ~* ; zie ook bij → **aangelegd**
aan·leg·ha·ven *de* [-s] haven die onderweg wordt aangedaan
aan·leg·plaats *de* [-en], **aan·leg·stei·ger** *de (m)* [-s] plaats, houten brug waar een boot kan aanmeren
aan·lei·ding *de (v)* [-en] omstandigheid die iets tot gevolg heeft, zonder daarvan een bepaalde oorzaak te zijn: ★ *dat grensincident was niet de oorzaak, maar veeleer de ~ tot de oorlog* ★ *~ geven tot speculaties* speculaties uitlokken ★ *geen ~ zien om iets te veranderen* geen reden voor verandering zien ★ *naar ~ van uw schrijven d.d....* als reactie op uw brief d.d.... ★ *een gerede ~* een gunstige gelegenheid
aan·len·gen *ww* [lengde aan, h. aangelengd] vermengen, verdunnen: ★ *jenever ~ met cola*
aan·le·ren *ww* [leerde aan, h. aangeleerd] ❶ door leren zich eigen maken: ★ *een taal ~* ❷ onderwijzen: ★ *iem. iets ~*
aan·leu·nen *ww* [leunde aan, h. aangeleund] ❶ leunen tegen, ook fig ★ NN *zich iets niet laten ~* iets niet aanvaarden, zich iets niet laten welgevallen ❷ ★ BN *bij iets ~* verbonden zijn met, zich conformeren aan, zekere trekken van overeenkomst vertonen met
aan·leun·flat [-flet] *de (m)* [-s] NN flatgebouw met aanleunwoningen
aan·leun·wo·ning *de (v)* [-en] NN woning waarin bejaarden zelfstandig wonen, terwijl ze kunnen profiteren van diensten die hun worden verleend door een nabijgelegen bejaardentehuis
aan·le·ve·ren *ww* [leverde aan, h. aangeleverd] leveren
aan·lig·gen *ww* [lag aan, h. aangelegen] ⟨in de klassieke oudheid⟩ op banken aan tafel liggen tijdens het eten: ★ *~ aan de dis*
aan·lig·gend *bn* naastgelegen ★ *aanliggende hoeken* wisk hoeken die het hoekpunt en één been gemeenschappelijk hebben ★ *aanliggende hoek aan een zijde van een driehoek* hoek waarvan één van de benen wordt gevormd door een zijde van de driehoek
aan·lij·nen *ww* [lijnde aan, h. aangelijnd] NN ⟨een hond⟩ aan een lijn vastmaken
aan·loe·ren *ww* [loerde aan, h. aangeloerd] loerend aankijken: ★ *zit me niet zo aan te loeren!*
aan·loe·ven *ww* [loefde aan, h. aangeloefd] scheepv scherper tegen de wind opzeilen
aan·lok·ke·lijk *bn* begeerte wekkend, door het opwekken van een aangename waarneming tot zich lokkend, aantrekkelijk: ★ *er kwamen aanlokkelijke geuren uit de keuken* ★ *een ~ aanbod*;
aanlokkelijkheid *de (v)* [-heden]
aan·lok·ken *ww* [lokte aan, h. aangelokt] ❶ tot zich lokken ❷ fig bekoren, aantrekken: ★ *dat vooruitzicht lokt mij wel aan*

aan·lok·king de (v) [-en], **aan·lok·sel** het [-s, -en] wat aanlokt of verlokt

aan·loop de (m) [-lopen] ❶ het hardlopen vóór een sprong of een vlucht: ★ een ~ nemen ❷ fig voorbereidingsfase: ★ in de ~ naar het wereldkampioenschap ❸ fig inleiding: ★ dit was de ~ tot veel verwikkelingen ❹ bezoek: ★ veel ~ hebben

aan·loop·ha·ven de [-s] haven die door een schip even bezocht wordt

aan·loop·kos·ten mv kosten gemaakt gedurende de aanlooptijd

aan·loop·pe·ri·o·de de (v) [-s], **aan·loop·tijd** de (m) [-en] tijd die nodig is om op volle gang te komen ‹m.b.t. machines, fabrieken enz.›

aan·lo·pen ww [liep aan, is & h. aangelopen] ❶ lopen, varen in de richting van iets of iem.: ★ we liepen op het station aan ❷ onaangekondigd even op bezoek gaan: ★ bij iem. ~ ❸ ‹van schepen› aandoen ★ een haven ~ ❹ bij verhitting een bep. kleur krijgen (van metalen): ★ dit staal laat men blauw ~ ❺ van woede of benauwdheid ★ rood, paars ~ hevige bloedaandrang naar het gezicht krijgen en daardoor een rode / paarse kleur krijgen ❻ toevallig iets vinden: ★ tegen een koopje ~ ❼ NN sneller lopen, zich haasten: ★ we moesten flink ~ om op tijd te zijn ❽ telkens tegen iets aan komen, langs iets schuren (van bewegende onderdelen): ★ het wiel loopt aan ❾ NN duren: ★ dit zal wel even ~ ❿ [meestal vervoegd met komen, zie aldaar] lopend naderen: ★ het kind kwam huilend ~ ★ deze kat is bij ons aan komen lopen heeft als zwerfkat bij ons onderdak gevonden

aan·maak de (m) vervaardiging (vooral van een voorraad van iets): ★ de ~ van machineonderdelen, van antistoffen in het lichaam

aan·maak·blok·je het [-s] blokje snel brandend materiaal om een open haard, barbecuevuur e.d. te ontsteken

aan·maak·hout het klein gehakt hout, dat dient voor het aanmaken van open haarden en kachels

aan·maak·kos·ten mv kosten van vervaardiging

aan·ma·ken ww [maakte aan, h. aangemaakt] ❶ gereedmaken, klaarmaken, toebereiden: ★ cement, verf ~ ★ sla ~ op smaak brengen met een saus ❷ doen branden; zie ook bij → **kachel**¹

aan·ma·nen ww [maande aan, h. aangemaand] ernstig aansporen; herinneren aan een verplichting: ★ iem. ~ tot betaling

aan·ma·ning de (v) [-en] ❶ ernstige aansporing: ★ een ~ tot kalmte ❷ kennisgeving aan een debiteur dat hij dadelijk dient te betalen, sommatie, vooral met betrekking tot de belastingen

aan·ma·ti·gen wederk [matigde aan, h. aangematigd] zich onrechtmatig toe-eigenen: ★ zich rechten, vrijheden ~ ★ zich een oordeel ~ een mening over iets verkondigen zonder de betreffende zaak goed te kunnen beoordelen

aan·ma·ti·gend bn brutaal verwaand

aan·ma·ti·ging de (v) [-en] ❶ het zich aanmatigen ❷ aanmatigend optreden

aan·mel·den I ww [meldde aan, h. aangemeld] de komst of aanwezigheid van iem. melden: ★ mevrouw V. werd aangemeld II wederk zich opgeven: ★ zich ~ als lid, zich ~ voor een excursie; **aanmelding** de (v) [-en]

aan·men·gen ww [mengde aan, h. aangemengd] ★ NN ~ met iets droge stof vermengen met een vloeistof ter toebereiding

aan·me·ren ww [meerde aan, h. aangemeerd] ‹een schip› aan de voor- en achterzijde vastleggen

aan·mer·ke·lijk bn aanzienlijk ★ NN, belastingrecht ~ belang situatie waarbij een bep. hoeveelheid van het aandelenkapitaal van een vennootschap zich direct of indirect in handen bevindt van een groep naaste bloed- of aanverwanten

aan·mer·ken ww [merkte aan, h. aangemerkt] ❶ een afkeurende opmerking maken: ★ er is niets op aan te merken ❷ ★ ~ als beschouwen als

aan·mer·king de (v) [-en] ❶ afkeurende opmerking, afkeuring: ★ hij maakte een ~ op mijn kleding ❷ ★ in ~ komen voor iets geschikt zijn of geacht worden voor iets ★ in ~ nemen rekening houden met

aan·me·ten ww [mat aan, h. aangemeten] ❶ de maat nemen voor een kledingstuk: ★ zich een jas laten ~ ★ NN een aangemeten kostuum op maat gemaakt ❷ fig aanmatigen: ★ zich een houding ~

aan·min·nig bn lief, bevallig; **aanminnigheid** de (v) [-heden]

aan·mod·de·ren ww [modderde aan, h. aangemodderd] ★ maar wat ~ zonder goede kennis van zaken ergens aan werken, klungelig te werk gaan

aan·moe·di·gen ww [moedigde aan, h. aangemoedigd] ❶ aansporen door moed in te spreken: ★ de schaatsers werden luidkeels aangemoedigd ❷ opwekken tot: ★ het publiek werd tot het kopen van boeken aangemoedigd ★ je moet zijn onverdraagzaamheid zeker niet ~

aan·moe·di·ging de (v) [-en] ❶ het aanmoedigen ❷ dat wat aanmoedigt: ★ deze onderscheiding is als ~ bedoeld

aan·moe·di·gings·prijs de (m) [-prijzen] prijs ter aanmoediging van talentvolle jongeren, meestal jonge kunstenaars

aan·mon·ste·ren ww [monsterde aan, h. aangemonsterd] ❶ ‹van scheepspersoneel› in dienst nemen ❷ in dienst treden: ★ ~ op een schip

aan·mun·ten ww [muntte aan, h. aangemunt] tot munt slaan: ★ goud, euro's ~

aan·naai·en ww [naaide aan, h. aangenaaid] door naaien vasthechten; zie ook bij → **oor**

aan·na·me de (v) ❶ het aannemen ❷ [mv: -n, -s] vooronderstelling

aan·neem·som de [-men] ❶ bedrag dat een aannemer opgeeft als prijs voor een uit te voeren werk ❷ NN bedrag dat wordt betaald aan de aannemer vóór deze het werk aanneemt

aan·ne·me·lijk bn ❶ aanvaardbaar: ★ *een ~ voorstel, excuus* ❷ geloofwaardig: ★ *een aannemelijke verklaring van een verschijnsel* ★ *iets ~ maken*

aan·ne·me·lijk·heid de (v) ❶ het aannemelijk zijn ❷ statistiek mate waarin een hypothese in overeenstemming is met onderzoeksresultaten

aan·ne·me·ling de (m) [-en], **aan·ne·me·lin·ge** de (v) [-n] NN iem. die als lid in de kerk wordt opgenomen

aan·ne·men ww [nam aan, h. aangenomen] ❶ in ontvangst nemen, uit handen overnemen: ★ *een geschenk, een boodschap, een bestelling ~* ★ *de telefoon ~* de telefoon opnemen en, indien nodig, de boodschap doorgeven ❷ aanvaarden: ★ *een aanbod, uitnodiging ~* ❸ zich met meerderheid van stemmen akkoord verklaren met: ★ *een wetsvoorstel ~* ❹ veronderstellen: ★ *ik neem aan dat hij de waarheid sprak* ❺ geloven: ★ *u moet van mij ~ dat deze gegevens juist zijn* ★ *iets voor waar ~* als waar erkennen; zie ook bij → munt¹ ❻ zich gaan houden aan; gaan handelen in overeenstemming met: ★ *een gedragslijn, criterium ~* ★ *iets als regel ~* ❼ werk tegen een opgegeven prijs aanvaarden te maken: ★ *de bouw van een fabriekshal ~* ★ NN *het is geen aangenomen werk!* het hoeft niet zo gehaast ❽ in dienst nemen, als employé aanstellen: ★ *personeel ~* ❾ als lid van een vereniging, leerling van een school e.d. opnemen; NN, prot als lidmaat van de kerk opnemen ❿ als kind in het gezin opnemen, adopteren ⓫ gaan dragen: ★ *een naam ~, rouw ~* ⓬ gaan aanhangen: ★ *een ander geloof ~* ⓭ gaan vertonen: ★ *een andere kleur, vorm, hoedanigheid ~* ⓮ zich aanmatigen: ★ *een air ~*

aan·ne·mer de (m) [-s] iem. die een werk uitvoert voor een opgegeven prijs

aan·ne·ming de (v) [-en] ❶ NN opneming in de kerk als lid: ★ *~ van lidmaten* ❷ verplichting tot uitvoering van een werk tegen een opgegeven prijs: ★ NN *het werk gaat bij ~*

aan·pak de (m) wijze van behandeling of benadering: ★ *de ~ van een probleem* ★ *dat vereist een andere ~ dat moet anders benaderd worden*

aan·pak·ken ww [pakte aan, h. aangepakt] ❶ uit handen overnemen: ★ *kun je deze koffer even ~?*; zie ook bij → katje ❷ behandelen, optreden tegen: ★ *iem. hard ~* ❸ beginnen, ter hand nemen: ★ *een klus verkeerd ~* ★ *van ~ weten* hard kunnen werken ❹ NN lichamelijk en / of geestelijk treffen, leed doen: ★ *de dood van zijn moeder heeft hem erg aangepakt* ❺ in rechten aanspreken of vervolgen: ★ *iem. wegens mishandeling ~*

aan·pa·lend, **aan·pa·lend** bn aangrenzend, ernaast gelegen: ★ *een aanpalende ruimte*

aan·pap·pen ww [papte aan, h. aangepapt] ★ *met iem. ~* inf op een kleffe manier contact met iem. maken

aan·pas·sen I ww [paste aan, h. aangepast]
❶ aantrekken om te passen: ★ *een jurk ~* ❷ anders inrichten: ★ *een hotel aanpassen aan de behoeften van rolstoelgebruikers* ❸ doen passen bij **II** wederk zich richten naar, zich onderwerpen aan ★ *zich ~ aan de gewoonten van een land*

aan·pas·sings·klas de (v) [-sen] in België basisschoolklas voor kinderen met leerachterstand en / of leerproblemen

aan·pas·sings·ver·mo·gen het het vermogen zich zo te veranderen dat men in een bepaalde omgeving past

aan·plak·bil·jet het [-ten] biljet met daarop een openbare kennisgeving die aangeplakt is of moet worden, affiche

aan·plak·ken ww [plakte aan, h. aangeplakt]
❶ vastplakken ❷ op aanplakbiljetten bekend maken

aan·plak·zuil de [-en] zuil voor aanplakbiljetten, reclamezuil

aan·plant de (m) ❶ het aanplanten, het verbouwen, het telen ❷ wat pas aangeplant is: ★ *jonge ~*

aan·plan·ten ww [plantte aan, h. aangeplant]
❶ nieuw, erbij planten ❷ verbouwen, telen

aan·plem·pen ww [plempte aan, h. aangeplempt] NN ‹van gracht, sloot enz.› dempen en plempend gelijk maken met de vaste bodem; aanstampen

aan·por·ren ww [porde aan, h. aangepord] BN ook stevig aansporen, opporren

aan·po·ten ww [pootte aan, h. aangepoot] inf voortmaken, flink opschieten: ★ *we moeten hard ~ om nog op tijd klaar te zijn*

aan·pra·ten ww [praatte aan, h. aangepraat] door praten tot iets overhalen, vooral tot de aankoop van iets: ★ *zich een dure computer laten ~* ★ *iem. een kwaal ~* iem. wijsmaken dat hij een kwaal heeft

aan·prij·zen ww [prees aan, h. aangeprezen] iets aanbevelen door er lovend over te spreken

aan·pun·ten ww [puntte aan, h. aangepunt] puntig maken

aan·raak·scherm het [-en] comput touchscreen

aan·ra·den I ww [raadde en ried aan, h. aangeraden] raad geven iets te doen **II** het het raad geven iets te doen, advies: ★ *op ~ van*

aan·ra·der de (m) [-s] iets dat men iem. aanbeveelt: ★ *zijn laatste film is een absolute ~*

aan·ra·ken ww [raakte aan, h. aangeraakt] ❶ eventjes lichtjes beroeren, in contact komen met: ★ *verboden de voorwerpen aan te raken* ★ *raak me niet aan!* kom niet aan mijn lichaam ❷ fig even ter sprake brengen: ★ *het precaire onderwerp werd even aangeraakt*

aan·ra·king de (v) [-en] ❶ het aanraken ❷ fig contact, omgang: ★ *in ~ brengen, komen met* ★ *met de politie in ~ komen*

aan·ra·kings·punt het [-en] ❶ punt van aanraking ❷ fig punt van overeenkomst of gemeenschappelijke belangstelling

aan·ran·den ww [randde aan, h. aangerand] ❶ met geweld of onder bedreiging met geweld dwingen tot het ondergaan of plegen van ontuchtige handelingen: ★ *een meisje* ~ ❷ ⟨bij uitbreiding⟩ BN (NN vero) overvallen met meer dan alleen de eerbaarheid van het slachtoffer op het oog ❸ wederrechtelijk, meestal gewelddadig aantasten van personen, goederen of waarden ★ *iem. in zijn eer* ~ *schaden*

aan·ran·der *de (m)* [-s] iem. die aanrandt

aan·ran·ding *de (v)* [-en] ❶ het aanranden ★ *recht* ~ *der eerbaarheid* het iem. dwingen met geweld of anderszins tot het doen of dulden van ontuchtige handelingen ★ *recht* ~ *van goede naam* aantasting van iemands goede naam en reputatie ❷ bij uitbreiding BN ook het overvallen met meer dan alleen de eerbaarheid van het slachtoffer op het oog

aan·recht *de (m) & het* [-en] werkblad met kastjes in de keuken, doorgaans voorzien van een gootsteen

aan·recht·blad *het* [-bladen] werkblad van een aanrecht

aan·recht·kast·je *het* [-s] kastje onder het aanrechtblad

aan·rei·ken *ww* [reikte aan, h. aangereikt] ❶ in handen geven: ★ *kunt u mij die tas even* ~*?* ★ *ook fig: mogelijke oplossingen voor een probleem* ~ ❷ bij iem. thuis afgeven: ★ *ik kom het vanavond wel even* ~

aan·re·ke·nen *ww* [rekende aan, h. aangerekend] ❶ ⟨iem.⟩ ergens de schuld van geven, iets kwalijk nemen: ★ *zo'n puber kun je zoiets nog niet* ~ ★ *dat kun je hem niet als fout* ~ ❷ BN ook ⟨van de prijs e.d.⟩ rekenen, mee laten tellen bij de berekening

aan·ren·nen *ww* [meestal vervoegd met *komen*, zie aldaar] rennend naderen

aan·rich·ten *ww* [richtte aan, h. aangericht] ❶ bereiden, houden: ★ *een feestmaal* ~ ❷ veroorzaken: ★ *schade, een ravage* ~

aan·rij·den *ww* [reed aan, h. & is aangereden] ❶ met een voertuig tegen iets of iem. aan botsen: ★ *het meisje werd op het zebrapad aangereden* ❷ rijdend aanvoeren: ★ *betonplaten* ~ ❸ [meestal vervoegd met *komen*, zie aldaar] rijdend naderen: ★ *de auto kwam met grote vaart op ons* ~

aan·rij·ding *de (v)* [-en] botsing met een voertuig

aan·rij·gen *ww* [reeg aan, h. aangeregen] aan een snoer enz. rijgen

aan·rij·rou·te [-roe-] *de* [-s *en* -n] vooral NN weg die toegang geeft tot een grote verkeersweg

aan·roe·pen *ww* [riep aan, h. aangeroepen] ❶ roepen ❷ om gehoor smeken: ★ *God* ~ ❸ toeroepen om te laten stilhouden: ★ *een taxi* ~

aan·roe·ping *de (v)* [-en] het om gehoor smeken: ★ *onder* ~ *van Allah*

aan·roe·ren *ww* [roerde aan, h. aangeroerd] ❶ aanraken ❷ ter sprake brengen: ★ *een heikele kwestie* ~

aan·rol·len *ww* [rolde aan, h. aangerold] rollend naar een bep. plaats brengen [[meestal vervoegd met *komen*, zie aldaar] rollend naderen]

aan·rom·me·len *ww* [rommelde aan, h.

aangerommeld] weinig doelgericht te werk gaan: ★ *hij rommelt maar wat aan*

aan·rot·zooi·en *ww* [rotzooide aan, h. aangerotzooid] NN aanrommelen: ★ *maar wat* ~

aan·ruk·ken *ww* [rukte aan, is aangerukt] mil in het gelid naderen: ★ *op de vijand* ~ ★ *laten* ~ *schertsend* (een consumptie) laten brengen, bestellen

aan·schaf *de (m)* ❶ het aanschaffen: ★ *duur in de* ~ *zijn* ❷ wat aangeschaft is: ★ *nieuwe* ~

aan·schaf·fen *ww* [schafte aan, h. aangeschaft] kopen, zich voorzien van; *ook wederkerend: zich* ~ ★ *hij heeft (zich) een nieuwe televisie aangeschaft*

aan·scher·pen *ww* [scherpte aan, h. aangescherpt] ❶ scherper maken, bijslijpen: ★ *een beitel* ~ ❷ fig duidelijker tot uitdrukking brengen: ★ *de probleemstelling moet wat worden aangescherpt* ❸ fig feller doen worden: ★ *door de beschietingen werd het grensconflict verder aangescherpt*

aan·schie·ten *ww* [schoot aan, h. aangeschoten] ❶ licht verwonden door een schot: ★ *een vogel* ~ ❷ NN, fig even aanspreken: ★ *iem. in het voorbijgaan* ~ ❸ vlug aantrekken: ★ *een broek* ~ ❹ [meestal vervoegd met *komen*, zie aldaar] NN haastig naderen: ★ *hulpverleners kwamen aangeschoten* ; zie ook bij → **aangeschoten**

aan·schijn *het* plechtig uiterlijk, gelaat ★ *in / voor het* ~ *van* in de nabijheid van, ten aanschouwen van ★ *in het* ~ *van de dood* vlak voor het sterven

aan·schik·ken *ww* [schikte aan, is aangeschikt] NN aan tafel gaan zitten

aan·schof·fe·len *ww* [schoffelde aan, h. aangeschoffeld] schoffelend wat opknappen: ★ *de tuin* ~

aan·schom·me·len *ww* [meestal vervoegd met *komen*, zie aldaar] schommelend naderen: ★ *daar kwam de dikke waardin* ~

aan·schop·pen *ww* [schopte aan, h. aangeschopt] ★ ~ *tegen* ❶ een schop geven tegen ❷ fig zich afzetten tegen: ★ *tegen de regering* ~

aan·schou·we·lijk *bn* zó dat men het voor zich ziet: ★ *iets* ~ *maken* ★ ~ *onderwijs*

aan·schou·wen I *ww* [aanschouwde, h. aanschouwd en schouwde aan, h. aangeschouwd] zien **II** *het* ★ *ten* ~ *van* voor de ogen van: ★ *ze werd vernederd ten* ~ *van het hele dorp*

aan·schrij·den *ww* [meestal vervoegd met *komen*, zie aldaar] schrijdend naderen: ★ *de vorst kwam* ~

aan·schrij·ven *ww* [schreef aan, h. aangeschreven] een (vooral ambtelijke) brief sturen naar ★ *goed aangeschreven staan* een goede naam hebben, in de gunst staan

aan·schrij·ving *de (v)* [-en] ❶ het aanschrijven ❷ brief waarmee dit gebeurt, NN, vooral ambtelijke brief die een opdracht, bevel e.d. inhoudt; *bij de gemeentelijke huisvestingsdiensten* schriftelijke mededeling van Burgemeester en Wethouders aan de eigenaar van een woning, dat hij voorzieningen moet treffen om gebreken aan de woning te

verhelpen
aan·schroe·ven ww [schroefde aan, h. aangeschroefd] ❶ door schroeven bevestigen ❷ vaster schroeven
aan·schui·ven ww [schoof aan, h. & is aangeschoven] ❶ schuivend dichterbij brengen: ★ *een stoel ~* ❷ aan tafel gaan zitten ❸ BN in de file staan
aan·schur·ken ww [schurkte aan, h. aangeschurkt] ❶ zich schurkend bewegen tegen: ★ *de hond schurkt tegen mijn been aan* ❷ hulp zoeken bij: ★ *de regeringsleiders schurkten tegen elkaar aan*
aan·sjok·ken ww [meestal vervoegd met *komen*, zie aldaar] sjokkend naderen
aan·sjor·ren ww [sjorde aan, h. aangesjord] stevig aanhalen: ★ *de touwen ~*
aan·sjou·wen ww [sjouwde aan, h. aangesjouwd] ❶ sjouwend op een bep. plaats brengen: ★ *stoelen ~* ❷ [meestal vervoegd met *komen*, zie aldaar] sjouwend naderen: ★ *de poes kwam met haar jongen in de bek ~*
aan·slaan ww [sloeg aan, h. & is aangeslagen] ❶ met een slaande beweging aanraken, in trilling brengen: ★ *een toets, een snaar, een stemvork ~* ★ *een vat ~* een vat openen om af te tappen ❷ door aanslaan (bet 1) laten horen: ★ *een akkoord op een gitaar ~* ★ *een hoge toon ~* ★ *een andere toon ~* zie bij → **toon**¹ (bet 1) ❸ waarderen, schatten: ★ *je moet het belang van dit onderzoek niet te hoog ~* ❹ de belastingsom bepalen: ★ *iem. te hoog ~ in de belasting* ❺ aanplakken, ophangen ter bekendmaking: ★ *een verordening ~* ❻ vaster slaan: ★ *een spijker ~* ❼ een bedrag op een kassa doen verschijnen: ★ *prijzen ~* ❽ aan de haak slaan door een kleine ruk aan de hengel te geven: ★ *een vis ~* ❾ de hand aan de pet brengen als militaire groet, salueren ❿ even geluid geven ★ *de merel slaat aan* begint te zingen ★ *de hond slaat aan* blaft waarschuwend ⓫ beginnen te draaien: ★ *de motor slaat aan* ⓬ waardering ontmoeten, bijval krijgen: ★ *het toneelstuk sloeg niet aan bij het publiek* ⓭ na het verplanten weer wortel schieten: ★ *deze bomen willen niet ~* ⓮ med niet afgestoten worden van getransplanteerd weefsel ⓯ zich als een dunne laag afzetten: ★ *de damp slaat aan* ⓰ met een dunne laag bedekt worden: ★ *de ruiten slaan aan*
aan·slag de (m) [-slagen] ❶ misdrijf gericht tegen het leven van een hooggeplaatst of algemeen bekend persoon: ★ *een ~ op de president* ❷ fig ernstige benadeling: ★ *een ~ op de gezondheid, rechtszekerheid* ❸ belastingrecht formele vaststelling door de bevoegde ambtenaar van het aan de belasting verschuldigde bedrag; mededeling daarvan aan de belastingplichtige, aanslagbiljet ❹ wijze van indrukken van de toetsen, wijze van aanslaan van snaren; *ook* wijze waarop de toetsen zich laten aanslaan: ★ *de pianist had een harde ~; deze piano heeft aan zware ~* ❺ het indrukken van een toets op een toetsenbord: ★ *hij tikt met een snelheid van 250*

aanslagen per minuut ❻ dunne laag die zich op iets vastzet: ★ *een vettige ~ op het fornuis* ❼ ★ *in de ~ gereed voor direct gebruik:* ★ *het geweer in de ~ brengen / houden* ★ *met de pen in de ~ zitten* ❽ het klotsen van water tegen iets: ★ *de ~ van de zee tegen de pier*
aan·slag·bil·jet het [-ten] schriftelijk stuk waarop de belastinginspecteur aangeeft hoeveel belasting iem. verschuldigd is
aan·slag·voet de (m) BN percentage van de belastingheffing
aan·slen·te·ren ww [meestal vervoegd met *komen*, zie aldaar] slenterend naderen: ★ *op zijn dooie gemak kwam hij ~*
aan·sle·pen ww [sleepte aan, h. aangesleept] ❶ slepend op een bep. plaats brengen: ★ *zakken meel ~* ❷ voortduren, onafgerond blijven: ★ *die zaak blijft maar ~* ★ NN *het bier was / viel niet aan te slepen* er werd erg veel bier geconsumeerd
aan·slib·ben ww [slibde aan, is aangeslibd] ❶ aanspoelen van gronddeeltjes ❷ groter worden door aanspoelen van grond
aan·slib·sel het [-s] het aangeslibde
aan·slin·ge·ren ww [slingerde aan, h. aangeslingerd] ❶ met een → **slinger** (bet 2) op gang brengen: ★ *een motor ~* ❷ NN, fig op gang brengen: ★ *de discussie opnieuw ~*
aan·slof·fen ww ❶ [meestal vervoegd met *komen*, zie aldaar] sloffend naderen ❷ [slofte aan, h. aangesloft] NN niet worden afgerond, zich blijven voortslepen: ★ *die kwestie blijft maar ~*
aan·slui·pen ww [meestal vervoegd met *komen*, zie aldaar] sluipend naderen
aan·slui·ten I ww [sloot aan, h. aangesloten] ❶ zonder tussenruimte met elkaar verbonden zijn, dadelijk op elkaar volgen: ★ *het voor- en achterpand van deze jas sluiten niet mooi aan* ★ *deze weg sluit aan op de snelweg* ★ *de treinen (bussen, trams &) sluiten goed aan* de aankomst- en vertrektijden zijn zodanig op elkaar afgestemd dat men zonder (veel) tijdverlies van de ene trein (bus, tram e.d.) op de andere kan overstappen ❷ nauw met elkaar verbonden zijn, in elkaar overvloeien: ★ *jouw plannen sluiten precies aan bij de mijne* ★ *de lesprogramma's sluiten niet op elkaar aan* ❸ dichter op elkaar gaan staan: ★ *kunt u nog een stukje ~?* ❹ een verbinding tot stand brengen: ★ *een computer op internet ~* ★ *een telefoon ~* verbinden met het telefoonnet **II** wederk ❶ zich voegen (bij): ★ *ik sluit mij bij de demonstratie aan* ❷ lid worden van, toetreden tot: ★ *ik heb me bij de vakbond aangesloten* ❸ instemming betuigen met: ★ *ik sluit me bij de vorige spreker aan*
aan·slui·tend bn in de tijd volgend op: ★ *~ op de documentaire volgde een discussie*
aan·slui·ting de (v) [-en] ❶ het aansluiten, verbinding: ★ *~ op een computernetwerk* ★ *~ zoeken bij* in contact trachten te komen met ★ *geen ~ hebben / vinden bij*

zijn collega's fig weinig met zijn collega's omgaan ❷ op elkaar aansluitende verbinding van het openbaar vervoer: ★ de ~ missen ~ in ~ op (uw brief) in vervolg op

aan·sme·ren *ww* [smeerde aan, h. aangesmeerd] ❶ met mooie praatjes iem. iets verkopen wat hij eigenlijk niet van plan was aan te schaffen: ★ *iem. een encyclopedie* ~ ❷ met metselspecie de oneffenheden dichtsmeren: ★ *een muur* ~

aan·snel·len *ww* [meestal vervoegd met *komen*, zie aldaar] hard komen aanlopen

aan·snij·den *ww* [sneed aan, h. aangesneden] ❶ het eerste stuk eraf snijden: ★ *een brood* ~ ❷ fig ter sprake brengen: ★ *een nieuw onderwerp* ~

aan·snoe·ren *ww* [snoerde aan, h. aangesnoerd] vaster snoeren: ★ *een ceintuur* ~

aan·span·nen *ww* [spande aan, h. aangespannen] ❶ ‹v. trekdieren› voor een voertuig spannen: ★ *de paarden* ~ ❷ aan een trekdier vastmaken: ★ *de wagen* ~ ❸ strakker spannen: ★ *de snaren* ~ ❹ recht aanhangig maken: ★ *een geding* ~ *tegen iem.*

aan·speel·baar *bn* sp in zo'n positie dat de bal toegespeeld kan worden: ★ *door de scherpe dekking was de spits nauwelijks* ~

aan·spe·len *ww* [speelde aan, h. aangespeeld] ❶ balsport de bal toespelen: ★ *de spits werd goed aangespeeld* ❷ bilj de speelbal naar de tweede bal stoten: ★ *de rode bal links* ~

aan·spoe·len *ww* [spoelde aan, h. & is aangespoeld] ❶ op het strand werpen: ★ *de zee heeft deze wrakstukken aangespoeld* ❷ uit het water aan land drijven: ★ *er is veel dode vis aangespoeld*; **aanspoeling** *de (v)* [-en]

aan·spoor·der *de (m)* [-s] iem. die aanspoort

aan·spo·ren *ww* [spoorde aan, h. aangespoord] ❶ eig met sporen aandrijven: ★ *een paard* ~ ❷ fig aanzetten, opwekken: ★ *iem. tot daden* ~

aan·spo·ring *de (v)* [-en] ❶ het aansporen: ★ *die jongen heeft enige* ~ *nodig* ★ *op* ~ *van de leraar* ❷ datgene waardoor men aangespoord wordt: ★ *het verkrijgen van de subsidie was voor het toneelgezelschap een* ~ *om nog harder aan de slag te gaan*

aan·spraak *de* ❶ gelegenheid om te praten: ★ *de oude dame had niet veel* ~ ❷ ★ ~ *maken op iets* zeggen het recht te hebben op iets: ★ ~ *maken op de kroon, op reiskostenvergoeding* ★ *niet te veel aanspraken maken* geen te hoge eisen stellen

aan·spra·ke·lijk *bn* verantwoordelijk; aangesproken kunnende worden (om vergoeding, betaling enz.): ★ ~ *zijn voor de vernieling* de door de vernieling aangerichte schade moeten betalen ★ recht *hoofdelijk* ~ gezamenlijk en apart ~, dat wil zeggen dat wanneer op één van de groep is verhaald ook de anderen bevrijd zijn van hun aansprakelijkheid ★ BN *burgerlijk* ~ wettelijk aansprakelijk; **aansprakelijkheid** *de (v)*

aan·spra·ke·lijk·heid *de (v)* het aansprakelijk zijn:
★ *wettelijke* ~, BN *burgerlijke* ~

aan·spra·ke·lijk·heids·ver·ze·ke·ring *de (v)* [-en] verzekering die financiële dekking biedt bij schade veroorzaakt door een daad waarvoor de verzekerde aansprakelijk kan worden gesteld

aan·spreek·baar *bn* ❶ in staat tot communicatie: ★ *ondanks haar ziekte was de oude vrouw nog goed* ~ ❷ toegankelijk: ★ *deze functionaris is gemakkelijk* ~ *voor zijn ondergeschikten* ❸ verantwoordelijk zijn voor: ★ *de burgemeester is* ~ *op het gevoerde politiebeleid*

aan·spreek·ti·tel *de (m)* [-s] titel gebruikt bij het aanspreken: ★ *'mevrouw' heeft 'mejuffrouw' als* ~ *voor ongehuwde vrouwen inmiddels verdrongen*

aan·spreek·vorm *de (m)* [-en] woord, vooral voornaamwoord, naam of titel waarmee men iem. aanspreekt

aan·spre·ken *ww* [sprak aan, h. aangesproken] ❶ het woord richten tot, toespreken: ★ *ik werd op straat aangesproken* ★ *iem. op iets* ~ iem. terechtwijzen of om verantwoording of opheldering vragen ★ *iem. om iets* ~ iem. om iets verzoeken ★ NN *iem. in rechte(n)* ~ iem. een proces aandoen ❷ betitelen: ★ *iem. met 'mijnheer'* ~ ❸ beginnen op te maken: ★ *zijn spaargeld* ~ ★ *een gerecht duchtig* ~ er flink van eten ❹ instemming of weerklank wekken: ★ *dat argument sprak hem wel aan* ★ *die muziek spreekt mij erg aan* ❺ muz toon geven bij het aanslaan, aanstrijken enz.: ★ *die viool spreekt mooi aan*

aan·spre·ker *de (m)* [-s] vroeger iem. die mondeling een overlijdensbericht overbracht aan buurtgenoten, familie enz., doodbidder

aan·staan *ww* [stond aan, h. aangestaan] ❶ bevallen: ★ *het plan staat me niet aan* ❷ NN een beetje openstaan, op een kier staan: ★ *de deur staat aan*

aan·staand, **aan·staand** *bn* ❶ eerstkomend: ★ *aanstaande zondag* ❷ toekomstig: ★ *aanstaande moeder* vrouw die zwanger is van haar eerste kind

aan·staan·de *de* [-n] verloofde

aan·stal·ten *mv* voorbereidingen, toebereidselen: ★ ~ *maken om te vertrekken*, ~ *maken voor vertrek*

aan·stam·pen *ww* [stampte aan, h. aangestampt] vaststampen: ★ *aarde* ~

aan·stap·pen *ww* [stapte aan, h. aangestapt] ❶ NN vlug of vlugger lopen: ★ *flink moeten* ~ *om niet te laat te komen* ❷ [meestal vervoegd met *komen*, zie aldaar] stappend naderbij komen

aan·sta·ren *ww* [staarde aan, h. aangestaard] met starende blik aankijken: ★ *iem.* ~

aan·ste·ke·lijk *bn* bij anderen hetzelfde teweegbrengend: ★ *haar lach werkt* ~

aan·ste·ken *ww* [stak aan, h. aangestoken] ❶ doen branden: ★ *een kaars, een sigaret* ~ ❷ besmetten: ★ *jij zult iedereen nog* ~ *met je verkoudheid* ❸ openen om af te tappen: ★ *een nieuw vat* ~ ; zie ook bij → **aangestoken**

aan·ste·ker *de (m)* [-s] apparaatje waarmee men iets aansteekt (→ **aansteken**, bet 1), vooral sigaretten

aan·stel·len I ww [stelde aan, h. aangesteld] benoemen: ★ *iem.* ~ *als projectmanager* **II** *wederk* zich overdreven gedragen (vooral om de aandacht op zich te vestigen of belangwekkend te schijnen); zie ook bij → **burgerlijk**

aan·stel·ler *de (m)* [-s] iem. die zich aanstelt (→ **aanstellen**, bet 2)

aan·stel·le·rig *bn* zich aanstellend (→ **aanstellen**, bet 2)

aan·stel·le·rij *de (v)* [-en] overdreven gedrag, komedie, gemaaktheid

aan·stel·le·ri·tis *de (v)* schertsend, quasimedische term aanstellerij: ★ *ach, van dat huilen moet je je niets aantrekken, dat is pure* ~

aan·stel·ling *de (v)* [-en] benoeming: ★ *een vaste* ~ *krijgen als leraar*

aan·stel·lings·brief *de (m)* [-brieven] brief waarin aan iem. wordt meegedeeld dat hij in een bep. functie is aangesteld

aan·ster·ken ww [sterkte aan, is aangesterkt] sterker worden, weer op krachten komen (van herstellende zieken)

aan·ste·ve·nen ww [stevende aan, h. & is aangestevend] ❶ varen in de richting van: ★ *op de kust* ~ ❷ [meestal vervoegd met *komen*, zie aldaar] snel op iem. afkomen: ★ *hij kwam op mij aangestevend*

aan·stich·ten ww [stichtte aan, h. aangesticht] ‹iets kwaads› veroorzaken, teweegbrengen

aan·stich·ter *de (m)* [-s] ‹v. iets kwaads› veroorzaker

aan·stich·ting *de (v)* ★ *op* ~ *van* op initiatief van

aan·stie·fe·len ww [meestal vervoegd met *komen*, zie aldaar] NN, spreektaal lopend naderen: ★ *daar kwam het jongetje* ~

aan·stip·pen ww [stipte aan, h. aangestipt] ❶ met een stip merken ❷ even aanraken met een geneesmiddel: ★ *een wond* ~ ❸ fig terloops ter sprake brengen, kort vermelden: ★ *een probleem* ~

aan·sto·ken ww [stookte aan, h. aangestookt] fig aansporen tot iets kwaads: ★ *iem.* ~ *tot vernieling*; **aanstoker** *de (m)* [-s]

aan·stonds, **aan·stonds** bijw dadelijk, zo meteen

aan·stoot *de (m)* ergernis ★ *steen des aanstoots (Jesaja 8: 14) iets waaraan men zich bijzonder ergert* ★ ~ *geven* ergernis wekken ★ ~ *nemen aan iets* zich ergeren aan iets, iets onbetamelijk vinden

aan·stoot·ge·vend *bn* ergernis opwekkend

aan·stor·men ww [meestal vervoegd met *komen*, zie aldaar] snel en wild op iem. afkomen: ★ *hij kwam op mij aangestormd*

aan·sto·ten ww [stootte en stiet aan, h. aangestoten] even stoten tegen, bijv. om de aandacht te trekken

aan·stou·wen ww [stouwde aan, h. aangestouwd] zie bij → **aanstuwen** (bet 2)

aan·stre·pen ww [streepte aan, h. aangestreept] een streep zetten bij: ★ *passages in een boek* ~

aan·strij·ken ww [1-3 streek aan, h. aangestreken, 4 meestal vervoegd met *komen*, zie aldaar] ❶ doen branden: ★ *een lucifer* ~ ❷ strijkend aanraken: ★ *een snaar* ~ ❸ met een dunne laag ❹ ‹verf, kalk› bedekken: ★ *de deur een beetje* ~ ★ *een muur* ~ ❺ NN, schertsend statig, gewichtig aankomen: ★ *daar kwam hij* ~

aan·stro·men ww [meestal vervoegd met *komen*, zie aldaar] ❶ stromend naderen (van vloeistoffen) ❷ in grote aantallen naar een bep. plaats komen: ★ *uit alle zijstraten kwamen mensen* ~

aan·stui·ven ww [stoof aan, is aangestoven] ergens heen stuiven [meestal vervoegd met *komen*, zie aldaar] met haast aankomen, snel naderen

aan·stu·ren ww [stuurde aan, h. aangestuurd] ❶ al sturend naar een bep. plaats gaan: ★ *op de haven* ~ ❷ streven naar, trachten te bereiken: ★ *op vergroting van het marktaandeel* ~ ❸ comput opdrachten van de centrale verwerkingseenheid naar een randapparaat verzenden ❹ richting en leiding geven aan een bep. ontwikkeling: ★ *veranderingen in het productieproces* ~

aan·stu·wen ww [stuwde aan, h. aangestuwd] ❶ aandrijven ❷ ‹scheepslading› in een zo klein mogelijke ruimte openpakken; *in bet 2 ook:* aanstouwen; **aanstuwing** *de (v)*

aan·tal het [-len] hoeveelheid: ★ *een* ~ *dagen* ★ *de vluchtelingen zijn groot in* ~*;* (opmerking: de constructie het ~... regeert een persoonsvorm in het enkelvoud: ★ *het* ~ *slachtoffers was groot; na een* ~... kan zowel een persoonsvorm in het enkelvoud als in het meervoud volgen: ★ *een* ~ *auto's raakte / raakten in een slip)*

aan·tal·re·gu·la·tie, **aan·tals·re·gu·la·tie** [-(t)sie] *de (v)* NN, ecologie het door natuurlijke oorzaken binnen betrekkelijk nauwe grenzen blijven van het aantal individuen van een planten- of diersoort in een woongebied in de loop van de jaren

aan·tas·ten ww [tastte aan, h. aangetast] ❶ inwerken op iets en het beschadigen: ★ *zuren tasten metaal aan* ★ *aangetast zijn door een slopende ziekte* ★ *tot in de wortels aangetast zijn* fig volledig verziekt zijn ❷ aanvallen: ★ *de vijand* ~ *in de linkerflank* ★ *iem. in zijn eer* ~ iem. beledigen ❸ doen verminderen: ★ *door die schade zijn mijn financiële reserves danig aangetast*

aan·tas·ting *de (v)* het aantasten, beschadiging: ★ *de* ~ *van de bossen door de zure regen*

aan·te·ken·boek *het* [-en], **aan·te·ken·boek·je** [-s] boek voor het maken van aantekeningen

aan·te·ke·nen ww [tekende aan, h. aangetekend] ❶ opschrijven; fig opmerken: ★ *ik wil hierbij* ~ *dat ik dit een onzinnig plan vind* ❷ NN op het stadhuis aangeven dat men wil trouwen, in ondertrouw gaan ❸ een verzending laten registreren bij de post, waardoor men zich verzekert van goede bezorging en van vergoeding bij eventuele schade: ★ *een aangetekende brief* ❹ ★ voetbal *een doelpunt (laten)* ~ scoren; zie ook bij → **beroep** (bet 3), → **verzet** (bet 2)

aan·te·ke·ning de (v) [-en] ❶ het aantekenen; opgeschreven opmerking, notitie: ★ *aantekeningen maken;* ~ *maken van iets* ❷ NN het in ondertrouw gaan ❸ NN verklaring op een diploma of akte die één of meer extra bevoegdheden aangeeft

aan·tel·len ww [telde aan, h. aangeteld] NN oplopen, groter worden van een bedrag of hoeveelheid: ★ *al die kleine bedragen tellen toch lekker aan*

aan·tij·gen ww [teeg aan, h. aangetegen] aantijgingen maken

aan·tij·ging de (v) [-en] kwaadwillige, meestal valse beschuldiging

aan·tik·ken ww [tikte aan, h. aangetikt] ❶ even met de hand aanraken ❷ het eindpunt bereiken: ★ *de zwemster in baan drie tikte als eerste aan* ❸ NN flink oplopen van geldbedragen: ★ *al die fooitjes tikken toch lekker aan*

aan·tocht de (m) ★ *in* ~ *zijn* naderen, eraan komen

aan·to·nen ww [toonde aan, h. aangetoond] ❶ bewijzen, aan anderen duidelijk maken: ★ ~ *dat iem. ongelijk heeft* ★ *de juistheid van een stelling* ~ ❷ tot uiting brengen, kenbaar maken: ★ *zijn gedrag toont aan dat hij laf is* ❸ chem de aanwezigheid laten zien (van een stof): ★ *zwavel in een verbinding* ~

aan·to·nen·de wijs de ❶ taalk werkelijkheidswijs ❷ van het werkwoord, wijs die geen gebod of wens uitdrukt, tegenover *aanvoegende* en *gebiedende wijs*: ★ '*ik lees' staat in de* ~

aan·toon·baar bn aangetoond kunnende worden: ★ *dit is* ~ *gelogen*

aan·trap·pen ww [trapte aan, h. aangetrapt] NN ❶ ⟨bij een fiets⟩ de trappers snel(ler) doen rondgaan: ★ *ik moest flink* ~ *om op tijd te komen* ❷ ⟨bij een motor- of bromfiets⟩ de motor in werking stellen door het omlaag trappen van een pedaal

aan·tre·den ww [trad aan, is aangetreden] in het gelid gaan staan op de aangewezen plaats

aan·tref·fen ww [trof aan, h. aangetroffen] ❶ vinden: ★ *delfstoffen* ~ ❷ toevallig ontmoeten: ★ *een vriend in een restaurant* ~

aan·trek·ke·lijk bn aanlokkelijk, verleidelijk, bekoorlijk; **aantrekkelijkheid** de (v) [-heden]

aan·trek·ken I ww [trok aan, h. & is aangetrokken] ❶ aan het lichaam doen ⟨(van kleding)⟩: ★ *een jas, een broek, sokken* ~ ; zie ook bij → **schoen** ❷ naar zich toe trekken: ★ *een magneet trekt ijzer aan* ❸ bekoren, aanlokken: ★ *zich tot iem., iets aangetrokken voelen* iem., iets leuk vinden ❹ tot zich trekken, aan zich verbinden: ★ *personeel* ~ ★ *kapitaal* ~ ❺ door trekken strakker spannen of nauwer doen sluiten: ★ *het hoeslaken wat* ~ ★ *schoenveters stevig* ~ ; zie ook bij → **buikriem** ❻ ★ *de sprint* ~ sp in een snelheidswedstrijd bij het naderen van de finish beginnen te sprinten en zo de andere deelnemers achter zich meetrekken ❼ stijgen, hoger worden: ★ *de koersen, prijzen trekken aan* ★ *de economie trekt aan* het gaat beter met de economie ❽ aanrukken: ★ *het leger trekt op de vijand aan* **II** wederk [trok aan, h. aangetrokken] ❶ er verdriet, zorg over hebben: ★ *zij heeft zich de dood van haar vader erg aangetrokken* ❷ het zich ter harte nemen: ★ *hij trekt zich niets van mijn woorden aan*

aan·trek·king de (v) het naar zich toe trekken

aan·trek·kings·kracht de kracht waarmee een lichaam een ander naar zich toe trekt; ook fig: ★ *die jongen heeft een grote* ~ *op mij*

aan·trou·wen ww [trouwde aan, h. aangetrouwd] ❶ door trouwen in de familie krijgen: ★ *een aangetrouwde neef* ❷ NN door trouwen in bezit krijgen: ★ *grote bezittingen* ~

aan·vaard·baar bn aanvaard kunnende worden: ★ *dat voorstel was* ~ *voor de vergadering*

aan·vaar·den ww [aanvaardde, h. aanvaard] ❶ beginnen, ondernemen: ★ *de tocht* ~ ❷ op zich nemen, zich belasten met: ★ *een betrekking, de regering, het opperbevel* ~ ❸ zich schikken in, zich laten welgevallen: ★ *zij moet de gevolgen van haar gedrag* ~ ★ *dit onrecht is moeilijk te* ~ ❹ aannemen: ★ *een geschenk* ~ ★ *een erfenis* ~ in de rechten en plichten van de erflater treden ★ *dit huis is direct te* ~ kan direct worden betrokken ❺ zich akkoord verklaren met, zich verenigen met: ★ *de vergadering aanvaardde het voorstel*

aan·vaar·ding de (v) [-en] het aanvaarden

aan·vaart de aankomst van een schip: ★ *aan- en afvaart*

aan·val de (m) [-len] ❶ mil, sp actie die gericht is op het overwinnen van de tegenstander: ★ *in de* ~ *gaan, zijn* ★ *ten* ~ *trekken* ★ *een* ~ *afslaan, pareren niet doen slagen* ★ *de guerrillastrijders openden de* ~ *op de hoofdstad* ★ *de thuisclub faalde in het afwerken van de* ~ ★ *de* ~ *is de beste verdediging* door zelf aan te vallen voorkom je een aanval van de tegenstander ❷ fig aantasting in woord of geschrift: ★ *een* ~ *op het regeringsbeleid* ❸ korte, plotseling optredende, heftige lichamelijke of geestelijke aandoening: ★ *een* ~ *van koorts, van woede*

aan·val·len ww [viel aan, h. & is aangevallen] ❶ met geweld of met woorden bestrijden: ★ *een stad* ~ ★ *iems. mening* ~ ❷ inf gretig beginnen te eten: ★ *hij viel op de hutspot aan*

aan·val·lend bn op het → **aanvallen** (bet 1) gericht: ★ *een aanvallende tactiek*

aan·val·ler de (m) [-s] iem. die aanvalt, aanvallende partij

aan·val·lig bn lief, aantrekkelijk: ★ *een* ~ *kind* ★ *op de aanvallige leeftijd van 12 jaar*

aan·vals·lei·der de (m) [-s] sp leider van de aanvalslinie

aan·vals·li·nie de (v) [-s] linie van aanvallende soldaten of spelers

aan·vals·wa·pen het [-s en -en] wapen dat bedoeld is om mee aan te vallen

aan·vang de (m) begin: ★ *een* ~ *maken met* ★ *een* ~ *nemen*

aan·van·gen ww [ving aan, h. & is aangevangen]
❶ beginnen; starten: ★ *met iets ~* ★ *niets met iem. kunnen ~* geen raad of weg met iem. weten ★ *wat moeten we met hem ~?* hoe moeten we met hem handelen? ❷ beginnen te bestaan, van start gaan: ★ *de wedstrijd vangt aan*

aan·vangs·sa·la·ris het [-sen] salaris dat men verdient bij het begin van een dienstverband

aan·vangs·snel·heid de (v) [-heden] snelheid bij het begin van de beweging

aan·van·ke·lijk I bijw in het begin, eerst: ★ *~ liep alles naar wens* **II** bn waarmee begonnen wordt: ★ *onze aanvankelijke uitgangspunten bleken onjuist*

aan·va·ren ww [voer aan, h. aangevaren] ❶ varend botsen tegen ❷ over water aanvoeren: ★ *zand ~* ❸ [meestal vervoegd met *komen*, zie aldaar] varend naderen: ★ *hij kwam in zijn roeiboot ~*

aan·va·ring de (v) [-en] ❶ botsing bij het varen ❷ fig conflict: ★ *een ~ hebben met iem.* ★ *met iem. in ~ komen*

aan·va·rings·re·gle·men·ten mv reglementen dienend ter voorkoming van botsingen van schepen onderling of met andere voorwerpen

aan·vat·ten ww [vatte aan, h. aangevat] aanpakken, beginnen, starten: ★ *besprekingen ~* ★ *een lange tocht ~*

aan·vecht·baar bn vatbaar voor bestrijding, betwistbaar: ★ *die conclusie lijkt me zeer ~*

aan·vech·ten ww [vocht aan, h. aangevochten] ❶ bestrijden, betwisten: ★ *een theorie ~* ❷ kwellend overvallen: ★ *aangevochten door twijfel*

aan·vech·ting de (v) [-en] onweerstaanbare lust, neiging: ★ *een ~ van slaap, twijfel* ★ *ik voelde een sterke ~ om een sigaret op te steken*

aan·ve·gen ww [veegde aan, h. aangeveegd] door vegen enigszins schoonmaken: ★ *de zolder ~* ★ *met iem. de vloer ~* a) iem. ver de baas zijn; b) iem. vernederend behandelen

aan·ver·want I bn ❶ door huwelijk verwant ❷ fig soortgelijk, bijeenhorend: ★ *aanverwante artikelen* **II** de (m) [-en] door huwelijk verwant persoon; **aanverwante** de (v) [-n]

aan·ver·want·schap de (v) ❶ het aanverwant zijn ❷ de aanverwante familie

aan·vin·ken ww met een V-teken markeren: ★ *namen op een lijst ~*

aan·vlie·gen ww [vloog aan, h. & is aangevlogen] ❶ plotseling heftig lichamelijk aanvallen: ★ *in mijn woede kon ik hem wel ~* ❷ in een bep. richting vliegen: ★ *we vliegen op Malta aan* ❸ door de lucht aanvoeren: ★ *er zullen spoedig nieuwe medicamenten worden aangevlogen* ❹ [meestal vervoegd met *komen*, zie aldaar] vliegend naderen: ★ *de duiven kwamen ~* ❺ met grote snelheid naderen: ★ *de hond kwam op ons ~*

aan·vlieg·rou·te [-roetə] de [-s, -n] richting die een vliegtuig moet volgen direct vóór het landen

aan·voe·gen·de wijs de taalk conjunctief, nog weinig gebruikte werkwoordsvorm die te kennen geeft: een wens (*God geve dat...*), een aanwijzing (*men neme...*), een aansporing (*men hoede zich voor...*) of een verzoek (*u gelieve...*)

aan·voe·len ww [voelde aan, h. aangevoeld] ❶ een fijn gevoel hebben voor: ★ *abstracte kunst goed ~* ❷ intuïtief vaststellen of gewaarworden: ★ *precies ~ wat iem. bedoelt* ❸ een bepaald gevoel wekken: ★ *die stof voelt prettig aan*

aan·voer de (m) [-en] ❶ het brengen van goederen naar een bepaalde plaats ❷ de aangevoerde goederen ❸ verkorte vorm van aanvoerbuis: ★ *de ~ is verstopt*

aan·voer·buis de [-buizen] buis waardoor gas, water enz. wordt aangevoerd

aan·voer·der de (m) [-s] leider, bevelhebber; vooral sp iem. die in het veld leiding geeft aan zijn teamgenoten

aan·voe·ren ww [voerde aan, h. aangevoerd] ❶ leiden, bevel voeren over: ★ *een expeditie, een elftal ~* ❷ met een vervoermiddel of door middel van leidingen naar een bep. plaats brengen: ★ *bouwmateriaal ~* ★ *gas ~* ❸ naar voren brengen, als beweegreden of bewijs vermelden: ★ *argumenten ~ voor een bewering*

aan·voe·ring de (v) het → **aanvoeren** (bet 1), leiding: ★ *onder ~ van*

aan·voer·ster de (v) [-s] leidster, bevelvoerende

aan·voer·weg de (m) [-wegen] weg waarlangs aanvoer plaatsvindt

aan·vraag de [-vragen] verzoek, veelal aan een ambtelijke instantie: ★ *een ~ voor subsidie indienen* ★ *een ~ tot uitstel van betaling doen* ★ *op ~*

aan·vraag·for·mu·lier het [-en] formulier waarmee men iets aanvraagt

aan·vra·gen ww [vroeg aan, h. aangevraagd] (officieel) verzoeken bij de bevoegde instantie: ★ *ontslag ~* ★ *een uitkering ~* ★ *een boek ~* bij de bibliotheek een boek ter inzage of te leen vragen ★ *telefoon ~* vragen op het telefoonnet te worden aangesloten ★ *een telefoongesprek ~* bij de telefooncentrale vragen een telefonische verbinding tot stand te brengen ★ *een plaatje ~* vragen een bep. verzoeknummer te draaien (vooral op de radio)

aan·vre·ten ww [vrat aan, h. aangevreten] ❶ beginnen te vreten aan: ★ *de muizen vreten het brood aan* ❷ fig beschadigend aantasten: ★ *door kanker aangevreten organen*;

aan·vul·len ww [vulde aan, h. aangevuld] het ontbrekende bijvoegen: ★ *de voorraad ~* ★ *elkaar ~* gezegd van twee personen waarvan de een eigenschappen heeft die bij de ander ontbreken en omgekeerd ★ *aanvullend recht* wettelijke bepalingen voor gevallen waarin tussen de partijen niets was overeengekomen

aan·vul·ling de (v) [-en] het aanvullen; het bijgevoegde: ★ *een ~ op iets zijn* ★ *ter ~ van*

aan·vul·lings·be·gro·ting de (v) [-en] toevoeging van

een bedrag dat in de begroting niet was voorzien

aan·vu·ren ww [vuurde aan, h. aangevuurd] geestdriftig aansporen; **aanvuring** de (v) [-en]

aan·waai·en ww [waaide of woei aan, is aangewaaid] ❶ door de wind naderbij gebracht worden: ★ er is veel stof aangewaaid ❷ onaangekondigd op bezoek komen ★ hij kwam even ~ gisteren ❸ zonder inspanning in iemands bezit raken: ★ die kennis komt je niet zomaar ~

aan·wak·ke·ren ww [wakkerde aan, h. & is aangewakkerd] ❶ doen toenemen: ★ de oorlog wakkerde het gevoel van nationalisme aan ❷ toenemen: ★ de wind is aangewakkerd

aan·was de (m) [-sen] ❶ toeneming ❷ aangeslibde grond

aan·was·sen ww [wies aan, is aangewassen] ❶ groter worden: ★ van beekje tot snelle stroom ~ ❷ aangroeien: ★ de schors is aangewassen

aan·wen·den ww [wendde aan, h. aangewend] gebruiken, toepassen: ★ invloed ~ ★ geld ten eigen bate ~

aan·wen·nen wederk [wende aan, h. aangewend] NN tot gewoonte maken

aan·wen·sel het [-s] NN zonderlinge gewoonte, hebbelijkheid: ★ een slecht ~

aan·wer·ven ww [wierf aan, h. aangeworven] ❶ in dienst nemen: ★ rekruten ~ ★ nieuw personeel ~ ❷ werven, winnen: ★ nieuwe leden voor een vereniging ~; **aanwerving** de (v) [-en]

aan·we·zig bn ❶ ⟨van personen⟩ tegenwoordig, ter plaatse: ★ er waren maar weinig mensen ~ op de vergadering ❷ ⟨van zaken⟩ voorradig: ★ er zijn onvoldoende onderdelen ~ voor de reparatie

aan·we·zi·gen mv degenen die aanwezig zijn of waren

aan·we·zig·heid de (v) het aanwezig zijn, tegenwoordigheid: ★ uw ~ wordt op prijs gesteld ★ in ~ van

aan·we·zig·heids·lijst de [-en] BN presentielijst

aan·wijs·baar bn aangewezen kunnende worden, aantoonbaar: ★ tussen deze gebeurtenissen bestaat geen ~ verband

aan·wij·zen ww [wees aan, h. aangewezen] ❶ tonen door te wijzen: ★ iem. iets op een landkaart ~; ook gezegd m.b.t. meetinstrumenten e.d.: ★ de thermometer wees 10° vorst aan ★ de kompasnaald wijst het noorden aan ❷ aanduiden, doen kennen: ★ men kon geen duidelijke oorzaken van de ramp ~ ★ iem. als schuldige ~ ❸ toewijzen, voor een bep. doel bestemmen: ★ extra gelden voor de woningbouw ~ ; zie ook bij → **aangewezen**

aan·wij·zend bn ★ ~ voornaamwoord voornaamwoord dat een genoemde zelfstandigheid aanduidt: deze, dit, dat, zulke enz.

aan·wij·zing de (v) [-en] ❶ het aanwijzen: ★ op ~ van een getuige werd de vermoedelijke dader gearresteerd ❷ inlichting, vingerwijzing: ★ er waren aanwijzingen voor schuld van de exploitant ❸ handel stuk waarop

men geld kan verkrijgen: ★ een ~ op de bank

aan·win·nen ww [won aan, h. aangewonnen] NN ❶ erbij verwerven ❷ door inpoldering tot vast land maken: ★ land ~

aan·winst de (v) [-en] ❶ het aanwinnen: ★ de ~ van abonnees ❷ iets bijzonders dat verworven wordt of is: ★ dit zelfportret is een ~ voor onze collectie; ook van personen gezegd: ★ deze jonge keeper is een ~ voor ons team

aan·wip·pen ww [wipte aan, is aangewipt] NN een kort bezoek brengen: ★ ze kwam even bij me ~

aan·wo·nen·de, **aan·wo·nen·de** de [-n] NN iem. die aan een weg, rivier, kanaal e.d. woont

aan·wrij·ven ww [wreef aan, h. aangewreven] beschuldigen van: ★ hij probeerde me die inbraak aan te wrijven

aan·zeg·gen ww [zegde en zei aan, h. aangezegd] ❶ laten weten, bekendmaken (op enigszins plechtige wijze): ★ een sterfgeval ~ ❷ laten weten dat iets gebeuren moet, gelasten: ★ er is ons aangezegd de vuilnis alleen op maandag buiten te zetten ❸ ★ men zou hem niet ~ men zou het niet van hem denken; zie ook bij → **wacht** (bet 2)

aan·zeg·ger de (m) [-s] vroeger iem. die een geboorte of sterfgeval meldde

aan·zeg·ging de (v) [-en] mededeling, vooral ambtelijk

aan·zet de (m) [-ten] handeling of gebeurtenis waardoor iets in gang wordt gezet, begin, impuls, prikkel: ★ de (eerste) ~ geven tot iets ★ het incident vormde de ~ tot ernstige rellen

aan·zet·sel het [-s] wat aangezet wordt of zich vasthecht

aan·zet·staal het [-stalen] stuk staal waarop een mes wordt geslepen

aan·zet·stuk het [-ken] los onderdeel dat aan een apparaat bevestigd kan worden voor bijzondere werkzaamheden; verlengstuk

aan·zet·ten I overg [zette aan, h. & is aangezet] ❶ zetten tegen: ★ een dominosteen ~ ★ stoelen ~ bij de tafel zetten ❷ vastnaaien, vastmaken: ★ knopen ~ ; zie ook bij → **duimschroef** ❸ scherp maken: ★ een mes ~ ❹ aansporen: ★ iem. tot grote daden ~ ★ een paard ~ tot grotere vaart aandrijven ❺ ophitsen: ★ een menigte tot plunderen ~ ❻ op gang brengen, in werking stellen: ★ een machine ~ ★ de televisie ~ ❼ vaster aandrijven of aandraaien: ★ bouten, schroeven, moeren ~ ❽ ⟨van een schilderij⟩ de eerste laag verf aanbrengen: ★ een schilderij in groen ~ ❾ accentueren, extra nadruk geven: ★ het rood in deze prent is sterk aangezet ❿ op een kier zetten: ★ de deur, het venster ~ **II** onoverg [zette aan, is aangezet] zich als een korst op iets vastzetten: ★ het ~ van ketelsteen **III** onoverg [zette aan, h. aangezet] ❶ NN gewichtstoename veroorzaken: ★ zo'n slagroompunt zet behoorlijk aan ❷ de snelheid vermeerderen: ★ de wielrenner moest aanzetten om niet achterop te raken sp ~ voor de sprint, snelheid vermeerderen als begin van de sprint **IV** onoverg

[meestal vervoegd met *komen*, zie aldaar] naderen: ★ *daar komt hij ~ iets onverwachts of ongewensts naar voren brengen*: ★ *nou moet je niet weer aan komen zetten met die belachelijke leugens*
aan·zet·ter *de (m)* [-s] ❶ iem. die aanspoort, ophitst ❷ iem. die op gang brengt; werktuig dat een motor op gang brengt
aan·zet·ting *de (v)* ❶ het → **aanzetten** (vooral I bet 4 en II bet 2) ❷ [*mv:* -en] wat zich op iets vastzet
aan·zeu·len *ww* ❶ [zeulde aan, h. aangezeuld] moeizaam aanslepen ❷ [meestal vervoegd met *komen*, zie aldaar] moeizaam naderen met iets zwaars
aan·zicht *het* [-en] ❶ aanblik, voorkomen, uiterlijke vorm van iets: ★ *door de restauratie is het aanzicht van het gebouw veranderd* ❷ technische tekening van het uiterlijk van een constructie
aan·zien I *ww* [zag aan, h. aangezien] zien naar; beschouwen: ★ *iets niet kunnen ~ iets onduldbaar of ontoelaatbaar vinden* ★ *het is niet om aan te zien de aanblik is onverdraaglijk* ★ *iets met lede ogen ~ zie bij* → **leed**[1] (II) ★ NN *iem. ~ op iets* iem. verdenken van iets ★ *iem. voor een ander ~* menen dat iem. een andere persoon is ★ *iem. niet voor vol ~* beschouwen als iem. met wie geen rekening hoeft te worden gehouden ★ *waar zie je me voor aan?* door iem. gezegd als een ander een onjuiste indruk of verwachting van hem blijkt te hebben ★ *het is hem aan te zien dat...* uit zijn uiterlijk kun je afleiden dat... ★ *je ziet hem zijn leeftijd niet aan* hij is ouder dan je naar zijn uiterlijk zou denken ★ *naar het zich laat ~* zoals waarschijnlijk is ★ *het nog eens / even ~* het nog eens / even overwegen, er nog niet over beslissen **II** *het* ❶ voorkomen, uiterlijk: ★ *het ~ hebben van een welgesteld burger* ★ *dat geeft de zaak een ander ~* ★ *zonder ~ des persoons* zonder te letten op stand, familie enz.; voor allen gelijk ❷ achting: ★ *hoog in ~ staan bij* ★ *een man van ~* ❸ *ten ~ van...* wat betreft... ★ *te dien ~* daarover
aan·ziend *bn* herald naar de toeschouwer kijkend
aan·zien·lijk *bn* ❶ tamelijk groot, nogal van belang: ★ *een ~ bedrag* ★ *een ~ verschil* ★ *dit boek is ~ beter dan het vorige* ❷ voornaam: ★ *een ~ man*
aan·zijn *het* plechtig bestaan, leven ★ *het ~ geven aan* (iets) doen ontstaan
aan·zit·ten *ww* [zat aan, h. aangezeten] ❶ aan de maaltijd zitten om te eten ★ *de aanzittenden* de deelnemers aan de maaltijd ❷ *ergens ~* iets met de handen aanraken (waar men beter van af kan blijven)
aan·zoek *het* [-en] verzoek om een huwelijk aan te gaan: ★ *een ~ krijgen, afwijzen* ★ *iem. een ~ doen*
aan·zoe·ken *ww* [zocht aan, h. aangezocht] verzoeken, vragen: ★ *de kabinetsformateur heeft de heer X. aangezocht zitting in het kabinet te nemen*
aan·zui·ve·ren *ww* [zuiverde aan, h. aangezuiverd] het nog verschuldigde betalen: ★ *een tekort ~*;
aanzuivering *de (v)* [-en]

aan·zwel·len *ww* [zwol aan, is aangezwollen] fig langzaam in kracht toenemen: ★ *het geluid zwol aan* ★ *de storm zwol aan tot een orkaan*
aan·zwem·men *ww* [meestal vervoegd met *komen*, zie aldaar] zwemmend naderen
aan·zwen·ge·len *ww* [zwengelde aan, h. aangezwengeld] ❶ met een zwengel in beweging brengen of sneller doen bewegen ❷ fig aanwakkeren, een impuls geven, tot grotere werkzaamheid prikkelen: ★ *de economie, de discussie ~*
aan·zwe·pen *ww* [zweepte aan, h. aangezweept] NN ❶ met een zweep voortdrijven: ★ *een paard ~* ❷ fig krachtig aansporen: ★ *het team werd door het publiek aangezweept*
aan·zwe·ven *ww* [meestal vervoegd met *komen*, zie aldaar] zwevend naderen
aap *de (m)* [apen] ❶ hoogontwikkeld zoogdier uit de onderorde Simiae van de primaten, in uiterlijk gelijkend op de mens ★ *daar komt de ~ uit de mouw* nu blijkt de eigenlijke toedracht, bedoeling ★ *in de ~ gelogeerd zijn* (tegen de verwachting in) in moeilijkheden geraakt zijn, bedrogen uitgekomen zijn ★ NN *zich een ~ lachen, ergeren, vervelen* erg, in hoge mate ★ NN *hij speelt ~ wat heb je mooie jongen* hij is overdreven vriendelijk (tegenover iem. van wie hij wat verwacht *of* tegenover wie hij wat goed te maken heeft) ★ *voor ~ staan* voor gek staan ★ *iem. voor ~ zetten* een mal figuur laten slaan ★ *al draagt een ~ een gouden ring, het is en blijft een lelijk ding* de mooiste kleren maken een lelijk mens nog niet mooi ★ NN *als apen hoger klimmen willen, dan ziet men juist hun naakte billen* als iem. zich voornamer wil voordoen dan hij is, merkt men juist zijn gebrek aan opvoeding en beschaving ★ BN, spreektaal *iem. voor de ~ houden* iem. voor de gek houden ❷ ondeugend kind: ★ *een ~ van een jongen* ❸ tekenaap, pantograaf
aap·ach·tig *bn* ❶ op een aap lijkend, als (van) een aap ❷ bespottelijk, raar
aap·je *het* [-s] ❶ kleine of jonge aap ❷ NN, vroeger huurrijtuig in Amsterdam (zo genoemd naar de bonte kleding die de koetsiers aanvankelijk droegen en die deed denken aan de kleurige uitdossing van circusaapjes)
aap·mens *de (m)* [-en] uitgestorven wezen, vroeger beschouwd als hypothetische overgangsvorm tussen aap en mens, tegenwoordig vrij algemeen gezien als een rechtstreekse voorouder van de mens (*pithecanthropus*)
aar *de* [aren] ❶ ongesteelde bloeiwijze ❷ korenaar
aard[1] *de (m)* ❶ wezen, natuur, karakter ★ *van die(n) ~ zodanig* ★ *uit de(n) ~ der zaak* vanzelfsprekend ★ *van dien ~ zodanig*: ★ *de situatie is van dien ~ dat ingrijpen noodzakelijk is* ★ *hij werkt dat het een ~ heeft* zeer hard ❷ inborst, karakter: ★ *zij is vrolijk van ~* ★ *hij heeft een aardje naar zijn vaartje* hij lijkt in karakter op zijn vader; zie ook bij → **beestje**

aard² *de* vero → **aarde**

aard·aker *de (m)* [-s] plant met eetbare wortels (*Lathyrus tuberosus*)

aard·ap·pel [aardap-] *de (m)* [-s, -en] ❶ plantensoort (*Solanum tuberosum*) uit de familie van de nachtschaden ❷ algemeen bekende eetbare knol van deze plant: ★ *aardappels schillen, koken, bakken, poffen* ★ NN *met een (hete) ~ in de keel praten*, BN *met een (hete) ~ in de mond praten* geaffecteerd praten, waarbij het stemgeluid diep uit de keel komt ★ *de aardappels afgieten* a) het water waarin de aardappels zijn gekookt weg laten lopen; b) NN, schertsend urineren ★ NN *een mens is geen ~ een mens wil wel eens een verzetje*

aard·ap·pel·bloem [aardap-] *de* BN, spreektaal aardappelmeel

aard·ap·pel·bo·vist [aardap-] *de (m)* [-en] op een aardappel gelijkende paddenstoel (*Scleroderma aurantium*)

aard·ap·pel·ke·ver [aardap-] *de (m)* [-s] coloradokever

aard·ap·pel·kro·ket [aardap-] *de* [-ten] kroket met als hoofdbestanddeel fijngestampte aardappelen

aard·ap·pel·meel [aardap-] *het* zetmeel van de aardappel

aard·ap·pel·mes·je [aardap-] *het* [-s] mesje om aardappels mee te schillen

aard·ap·pel·moe·heid [aardap-] *de (v)* ziekte van aardappels, veroorzaakt door het aardappelaaltje

aard·ap·pel·pu·ree [aardap-] *de (v)* zeer fijn gemaakte en met melk aangemengde aardappels

aard·ap·pel·sa·la·de [aardap-] *de* [-s] met gekookte aardappels bereide salade

aard·ap·pel·schil [aardap-] *de* [-len] schil van een aardappel

aard·ap·pel·ziek·te [aardap-] *de (v)* [-n, -s] schimmelziekte in aardappel

aard·as *de* de denkbeeldige as door de Noord- en Zuidpool waarom de aarde draait

aard·baan *de* ellipsvormige baan die de aarde rond de zon beschrijft, ecliptica

aard·bei *de* [-en] eetbare, rode vrucht van een roosachtige kruipende plant (*Fragaria elatior*)

aard·bei·en·jam [-sjem, -zjem] *de* jam van aardbeien

aard·bei·en·tijd *de (m)* tijd dat de aardbeien rijp zijn en volop te koop worden aangeboden

aard·bei·plant *de* [-en] plant waaraan aardbeien groeien

aard·be·ving *de (v)* [-en] trilling van de aarde, meestal veroorzaakt door een plotselinge verschuiving van gedeelten van de aardkorst of van de daaronder liggende aardmantel

aard·be·wo·ner *de (m)* [-s] bewoner van de aarde (vooral in sciencefictionverhalen)

aard·bo·dem *de (m)* oppervlak van de aarde: ★ *van de ~ verdwenen zijn* spoorloos verdwenen zijn

aard·bol *de (m)* ❶ de aarde als hemellichaam ❷ [*mv:* -len] bolvormige afbeelding van de aarde, globe

aard·draad *de (m)* [-draden] draad voor de geleiding naar de aarde ⟨bij elektrische apparatuur, aardleiding⟩

aar·de *de* ❶ de door de mens bewoonde planeet, onderdeel van ons zonnestelsel, naar grootte de vijfde, naar afstand tot de zon de derde planeet ❷ grond: ★ *ter ~ bestellen* begraven ★ NN *boven (de) ~ staan* nog niet begraven zijn ⟨*gezegd van pas overledenen*⟩ ★ *in goede ~ vallen* in de smaak vallen, instemming vinden ★ BN *geen ~ aan de dijk brengen* geen zoden aan de dijk zetten, niet helpen; zie ook bij → **voet** ❸ teelaarde ❹ soort klei waarvan aardewerk wordt vervaardigd ❺ *korte aanduiding voor* aarddraad: ★ *~ maken* via een aarddraad met de aarde verbonden zijn

aar·de·baan *de* [-banen] grondophoging als onderlaag voor een weg of spoorweg

aar·de·don·ker NN **I** *bn* zeer donker: ★ *buiten was het ~* **II** *het* volledige duisternis: ★ *in het ~ tastte ik om me heen*

aard·elek·tro·de *de (v)* [-n *en* -s] metalen staaf, buis e.d. die in goed geleidende verbinding met de aarde staat en waaraan een aardleiding is verbonden

aar·den¹ *bn* van → **aarde** (bet 4): ★ *een ~ bloempot*

aar·den² *ww* [aardde, h. geaard] ❶ wennen: ★ *de Engelsman kon hier niet ~* ❷ gedijen: ★ *die plant aardt hier niet* ❸ in karakter lijken op: ★ *hij aardt naar zijn vader*

aar·den³ *ww* [aardde, h. geaard] elektr door middel van een aardleiding met de aarde verbinden om te voorkomen dat de buitenzijde van elektrische apparaten onder stroom kan komen te staan: ★ *een bliksemafleider, een stopcontact ~*

aard- en na·gel·vast *bn* vast met de grond of met een gebouw verbonden en daarmee een geheel vormend: ★ *voorwerpen die ~ aan een onroerende zaak zijn verbonden worden onroerend*

aar·de·werk *het* voorwerpen van gebakken klei

aar·de·wer·ken *bn* vervaardigd van gebakken → **aarde** (bet 4): ★ *een ~ kruik*

aard·fout *de* [-en] fout in de verbinding van elektrische apparaten met de aarde

aard·gas *het* brandbaar gasmengsel dat is opgehoopt in poriën en kleine spleten in de aardkorst, meestal met methaan als hoofdbestanddeel

aard·geest *de (m)* [-en] in de aarde wonende geest: ★ *kabouters zijn aardgeesten*

aard·ge·lei·ding *de (v)* [-en] → **aardleiding**

aard·glo·be *de* [-s] → **aardbol** (bet 2)

aard·gor·del *de (m)* [-s] elk van de vijf luchtstreken, gescheiden door poolcirkels en keerkringen

aard·hars *de (m) & het* [-en] harsachtige stoffen in de aardlagen

aard·hom·mel *de* [-s] hommel die een hol in de grond als nest heeft (*Bombus terrestris*)

aard·hoop *de (m)* [-hopen] stapel aarde; heuvel

aar·dig *bn* ❶ prettig in de omgang, vriendelijk, lief: ★ *een ~ kind* ❷ aangenaam, plezierig, tamelijk leuk:

★ *een ~ uitstapje* ★ *een aardige film* ❸ aanzienlijk: ★ *een ~ bedrag* ❹ tamelijk goed: ★ *hij voetbalt wel ~*
aar·dig·heid *de (v)* [-heden] ❶ aantrekkelijkheid ★ *er is geen ~ (meer) aan, de ~ is er af* het is niet leuk meer ★ NN *~ in iets hebben* er genoegen in scheppen ❷ klein geschenk: ★ *het is maar een aardigheidje* ❸ grap: ★ *een flauwe ~* ★ *voor de ~* bij wijze van grap, zonder ernstige bedoelingen
aar·ding *de (v)* geleidende verbinding van elektrische apparaten met de aarde (om te voorkomen dat de buitenzijde van deze apparaten onder stroom kan komen te staan)
aard·je *ww* zie → **aard**[1]
aard·kern *de* het binnenste van de aarde
aard·klomp *de (m)* [-en] groot stuk → **aarde** (bet 2)
aard·kloot *de (m)* vero, plechtig aarde, aardbol
aard·korst *de* ongeveer 30 kilometer dikke, buitenste schil van de aarde, uit betrekkelijk lichte gesteenten opgebouwd
aard·kre·kel *de (m)* [-s] veenmol (*Gryllotalpa gryllotalpa*)
aard·kun·dig *bn* geologisch
aard·kun·di·ge *de* [-n] geoloog
aard·laag *de* [-lagen] ❶ laag grond ❷ laag van de aardkorst
aard·lei·ding *de (v)* [-en] nat leiding verbonden aan een aardelektrode, waarop te aarden delen van een elektrisch apparaat worden aangesloten
aard·lek·scha·ke·laar *de (m)* [-s] elektrische schakelaar die bij een lek of dreigende kortsluiting automatisch de stroom onderbreekt
aard·mag·ne·tis·me *het* de magnetische kracht van de aarde
aard·man·ne·tje *het* [-s] ⟨in het volksgeloof⟩ soort aardgeest, vaak gelijkgesteld met de kabouter
aard·man·tel *de (m)* gedeelte van de aarde tussen de aardkorst en de aardkern
aard·noot *de* [-noten] pinda, apennoot, grondnoot
aard·olie *de* [-liën] mengsel van vnl. vloeibare koolwaterstoffen dat op diverse plaatsen in de aardkorst wordt gevonden en is ontstaan uit organische resten, o.a. verwerkt tot benzine, kerosine of gasolie
aard·op·per·vlak *het*, **aard·op·per·vlak·te** *de (v)* oppervlak van de aarde
aard·peer *de* [-peren] samengesteldbloemige plant met eetbare knol (*Helianthus tuberosus*)
aard·rijk *het* plechtig ❶ de aarde met alles wat daartoe behoort ❷ het aardoppervlak
aard·rijks·kun·de *de (v)* wetenschap waarin studie wordt gemaakt van de aarde, geografie: ★ *de term ~ wordt vooral gebruikt ter aanduiding van het schoolvak*
aard·rijks·kun·dig *bn* van, betreffende de aardrijkskunde, geografisch
aard·rijks·kun·di·ge *de* [-n] kenner, beoefenaar(ster) van de aardrijkskunde, geograaf
aard·rol *de* [-len] landbouwwerktuig voor het glad

rollen van de grond
aard·rook *de (m)* de plantensoort duivenkervel (*Fumaria officinalis*)
aards *bn* ❶ op, van de aarde, *tegengest*: → **hemels** ❷ vergankelijk ★ *het aardse slijk* geld
aard·sa·tel·liet *de (m)* [-en] om de aarde draaiende satelliet
aard·schok *de (m)* [-ken] korte aardbeving
aard·schors *de* het buitenste van de aardkorst
aards·ge·zind, **aards·ge·zind** *bn* NN aan het aardse leven en de aardse dingen gehecht;
aardsgezindheid *de (v)*
aard·slak *de* [-ken] slak zonder huisje
aard·ster *de* [-ren] paddenstoel behorend tot het geslacht *Geastrum*
aard·stra·len *mv* veronderstelde stralingen van de aarde, die een ongunstige invloed zouden hebben op de gezondheid
aard·stra·len·kast·je *het* [-s] kastje dat vermeende kwade invloed van zogenaamde aardstralen zou neutraliseren
aard·tor *de* [-ren] loopkever
aard·var·ken *het* [-s] in Midden- en Zuid-Afrika levend, plomp zoogdier met een lange, spitse kop, een ronde snuit en lange oorschelpen, dat zich voedt met het oplikken van mieren en termieten (*Orycteropus afer*)
aard·ver·schui·ving *de (v)* [-en] ❶ het plotseling naar beneden glijden van een grote massa grond ❷ fig grote verandering ★ *een politieke ~* een ingrijpende wijziging in de politieke verhoudingen
aard·vlo *de* [-vlooien] 2-4 mm grote kever die schadelijk is voor sommige gewassen, zoals kool en koolzaad
aard·vrucht *de* [-en] in de aarde groeiende vrucht
aard·was *de (m) & het* fossiele paraffine
aard·we·ten·schap·pen *mv* wetenschappen die de aarde bestuderen, geowetenschappen
aard·wolf *de (m)* [-wolven] tot de hyena-achtigen behorend roofdier uit zuidelijk Afrika, 80 cm lang met een 35 cm lange staart (*Proteles cristatus*)
aard·worm *de (m)* [-en] regenworm
aars[1] *de (m)* [aarzen] eindopening van de endeldarm, anus
aars[2] *bijw* dial anders
aars·ma·de *de* [-n] kleine, draadvormige worm, in de ingewanden van de mens levend, vooral bij kinderen
aars·vin *de* [-nen] ⟨bij vissen⟩ vin bij de aars
aarts- ⟨‹Gr› voorvoegsel⟩ ❶ hoogst, eerst, oer ❷ onverbeterlijk; *vgl*: → **aartsleugenaar** ❸ vooral BN in veel samenstellingen: ★ *aartslui, aartsmoeilijk* zeer lui, zeer moeilijk
aarts·bis·dom *het* [-men] gebied waarover een aartsbisschop kerkelijk gezag uitoefent
aarts·bis·schop *de (m)* [-pen] hoofdbisschop van een kerkprovincie
aarts·bis·schop·pe·lijk, **aarts·bis·schop·pe·lijk** *bn* van

de aartsbisschop
aarts·broe·der·schap *de (v)* [-pen] RK broederschap die het recht heeft om met pauselijke toestemming broederschappen van dezelfde naam en doelstelling in zich op te nemen
aarts·deug·niet *de (m)* [-en] erge deugniet
aarts·di·a·ken *de (m)* [-s] RK priester die bij de priesterwijding de bisschop bijstaat
aarts·di·o·cees *het* [-cesen] aartsbisdom
aarts·en·gel *de (m)* [-en] engel van hoge rang:
★ *Michaël, Gabriël, Rafaël en Uriël zijn aartsengelen*
aarts·her·tog *de (m)* [-togen] hertog van hoge rang, vooral titel van de prinsen van het Habsburgs-Oostenrijkse vorstenhuis vóór de val van de Donaumonarchie in 1918
aarts·her·tog·dom, **aarts·her·tog·dom** *het* [-men] gebied van een aartshertog
aarts·her·to·ge·lijk, **aarts·her·to·ge·lijk** *bn* van de aartshertog
aarts·her·to·gin, **aarts·her·to·gin** *de (v)* [-nen]
❶ hertogin van hoge rang, vooral titel van de prinsessen van het Habsburgs-Oostenrijkse vorstenhuis vóór de val van de Donaumonarchie in 1918 ❷ vrouw van een aartshertog
aarts·kan·se·lier *de (m)* [-s, -en] hist hoofd van een → **kanselarij**, bet 2
aarts·leu·ge·naar *de (m)* [-s] iem. die altijd liegt
aarts·lui *bn* zeer lui
aarts·va·der *de (m)* [-s, -en] ❶ eerbiedwaardige oude stamvader in het Oude Testament, vooral Abraham, Isaak en Jakob ❷ fig eerbiedwaardige oude man te midden van zijn familie
aarts·va·der·lijk, **aarts·va·der·lijk** *bn* met de waardigheid van een aartsvader
aarts·vij·and *de (m)* [-en] ❶ grootste vijand ❷ de duivel
aar·ze·len *ww* [aarzelde, h. geaarzeld] weifelen, niet kunnen besluiten; **aarzeling** *de (v)* [-en]
aas[1] *het* ❶ prooi, voedsel voor roofdieren ❷ lokspijs om vissen te vangen ❸ rottend dierenlijk
aas[2] *(‹Lat) de (m) & het* [azen] ❶ de één in het kaartspel: ★ *het ~ spelen* ❷ uitblinker: ★ *de azen van het Nederlandse volleybal*
aas·dier *het* [-en], **aas·eter** *de (m)* [-s] dier dat zich voedt met het vlees van dieren die het niet zelf heeft gedood
aas·gier *de (m)* [-en] ❶ kleine gier met een lange snavel, die leeft van dode dieren (*Neophron pernopterus*) ❷ fig iem. die tracht voordeel te trekken uit tegenslagen van een ander
aas·je *het* [-s] NN ★ *geen ~* niet het minste, volstrekt geen: ★ *geen ~ wind*
aas·ke·ver *de (m)* [-s], **aas·tor** *de* [-ren] kever die in ingegraven dode muizen enz. zijn eieren legt
aas·vlieg *de* [-en] bromvlieg
A-at·test *het* [-en] BN, onderw getuigschrift waarmee men mag overgaan naar de volgende klas in het secundair onderwijs

AAW *afk* in Nederland Algemene Arbeidsongeschiktheidswet
AB *afk* ❶ Aktiebolaget *(‹Zw)* [naamloze vennootschap] ❷ bouwk: algemene bestekbepaling ❸ zie → **AB(N)** ❹ algemeen bevelhebber ❺ Algemene Bedrijfsorganisatie
ab *(‹Lat) vz* van, vanaf, uit (de verschillende verbindingen met *ab-* worden op hun alfabetische plaats naar de eerste letter van het tweede woord behandeld)
a.b. *afk* ❶ aan boord (van) ❷ als boven
ab·ac·tis *(‹Lat) de* [-sen] secretaris van een college, vooral van universitaire en studentencolleges
aba·cus *(‹Lat‹Gr) de (m)* [-ci] ❶ bouwk dekplaat van het kapiteel van een zuil ❷ hist rekentafel; telraam
aban·don·ne·ment *(‹Fr) het* NN prijsgeving, afstand; vooral bij zeeverzekering: afstand door de verzekerde aan de verzekeraar van hetgeen na een ramp van de verzekerde zaak is overgebleven, tegen uitkering van de verzekerde som
aban·don·ne·ren *ww (‹Fr)* [abandonneerde, h. geabandonneerd] NN prijsgeven, afstand doen van
abat·toir [aabattwaar] *(‹Fr) het* [-s] slachthuis, bedrijf waar dieren, waarvan het vlees bestemd is voor menselijke consumptie, worden gekeurd en geslacht
ab·bé *(‹Fr) de (m)* [-s] ❶ wereldlijk geestelijke ❷ als titel: eerwaarde heer
ab·bre·vi·a·tie [-(t)sie] *(‹Lat) de (v)* [-s] afkorting
ab·bre·vi·a·tuur *(‹Lat) de (v)* [-turen] afkorting, verkortingsteken, vooral in handschriften en in het notenschrift
ab·bre·vi·ë·ren *ww* [abbrevieerde, h. geabbrevieerd] afkorten, verkort schrijven
ABC *afk* American Broadcasting Company *(‹Eng)* [omroeporganisatie in de Verenigde Staten]
abc, **ABC** [aabeesee] *het* ['s] ❶ de lettertekens van het Latijnse alfabet in volgorde, genoemd naar de eerste drie letters ❷ fig de grondbeginselen
ABC-ei·lan·den *mv* aanduiding voor Aruba, Bonaire en Curaçao
ab·ces *(‹Fr) het* [-sen] openhoping van etter in een weefselholte, etterbuil, gezwel
ABC-sta·ten *mv* aanduiding van de drie grote Zuid-Amerikaanse staten Argentinië, Brazilië en Chili
abc'tje [aabeeseetje] *het* [-s] NN eenvoudige opgave of opdracht, iets heel makkelijks: ★ *de tweede examenopgave was een ~*
ABC-wa·pens [aabeesee-] *mv* atoom-, bacteriologische en chemische wapens
ab·di·ca·tie [-kaa(t)sie] *(‹Lat) de (v)* [-s] afstand, het vrijwillig afstand doen, vooral troonsafstand of andere neerlegging van een ambt
ab·di·ce·ren *ww (‹Lat)* [abdiceerde, h. geabdiceerd], **ab·di·que·ren** [-kee-] *(‹Fr)* [abdiqueerde, h. geabdiqueerd] vrijwillig afstand doen van een ambt of waardigheid, vooral afstand doen van de troon

door een regerend vorst: ★ *koningin Juliana abdiceerde in 1980 ten gunste van haar dochter Beatrix*

ab·dij *(‹Lat) de (v)* [-en] klooster door een abt of abdis bestuurd

ab·di·que·ren *ww* [-keerǝ(n)] *(‹Fr)* [abdiqueerde, h. geabdiqueerd] → **abdiceren**

ab·dis *de (v)* [-sen] bestuurster van een vrouwenabdij

ab·do·men *(‹Lat) het* [-s] ❶ onderlijf, buik ❷ ‹bij insecten› achterlijf

abeel [aabeel] *(‹Oudfr‹Lat) de (m)* [abelen] zilverpopulier *(Populus albus)*

abel *(‹Lat) bn* ★ *abele spelen* oudst bekende wereldlijke spelen in de Nederlandse taal (14de eeuw): *Esmoreit, Gloriant, Lanseloet van Denemarken, Vanden Winter en Vanden Somer*

aber·ra·tie [-(t)sie] *(‹Lat) de (v)* [-s] ❶ afdwaling, vooral geestelijke afdwaling, afwijking ❷ astron schijnbare verplaatsing van een hemellichaam ❸ vervorming door een lens van een puntvormige lichtbron tot een vlek

aber·re·ren *ww* [aberreerde, h. geaberreerd] afwijken, afdwalen

Abes·sijn *de (m)* [-en] iem. geboortig of afkomstig uit Abessinië, verouderde benaming voor Ethiopië

abes·sijn *de (m)* [-en] lid van een slank kattenras met haren die aan de basis licht en aan de top donker gekleurd zijn

Abes·sijns *bn* van, uit, betreffende Abessinië, verouderde benaming voor Ethiopië

abies [aabie(j)es] *de (m)* geslacht van naaldbomen, zilverspar, waarvan sommige soorten in Nederland en België worden aangeplant, zoals de *A. alba* (eveneens zilverspar geheten) en de *A. procera* (edelspar)

ab·i·tu·ri·ënt *(‹Du‹Lat) de (m)* [-en], **ab·i·tu·ri·ën·te** *de (v)* [-n] iem. die het eindexamen van een school voor voorbereidend wetenschappelijk onderwijs gaat doen of gedaan heeft, of een andere cursus met het einddiploma verlaat

ab·ject *(‹Fr‹Lat) bn* laag, verachtelijk

ab·jec·tie [-sie] *(‹Lat) de (v)* laagheid, verachtelijkheid

ab·la·tief *(‹Lat) de (m)* [-tieven], **ab·la·ti·vus** *(‹Lat) de (m)* [-tivi] taalk zesde naamval van de Latijnse verbuiging, die dient om aan te duiden vanwaar of waaruit iets komt of voortkomt, waar iets is, waardoor of waarmee iets gebeurt

ab·laut *(‹Du) de (m)* klankwisseling, regelmatige afwisseling van klinkers in de vervoeging van sterke werkwoorden *(spreken, sprak, gesproken)* en in de vorming van verwante woorden *(breken-breuk)*

ab·lau·tend *bn* ablaut vertonend, met ablaut

ABM *afk* antiballistic missile *(‹Eng)* [geleid wapen dat als afweer tegen ballistische wapens kan worden gebruikt]

AB(N) *afk* vroeger Algemeen Beschaafd (Nederlands) [de standaardtaal in het Nederlands taalgebied, thans AN genoemd]

ab·nor·maal *(‹Lat) bn* ❶ afwijkend van de regel, de gewoonte of het gewone: ★ *een abnormale ontwikkeling; ~ lage temperaturen* ❷ geestelijk afwijkend, niet geheel toerekenbaar: ★ *dat kind is een beetje ~*

ab·nor·ma·li·teit, **ab·nor·mi·teit** *de (v)* [-en] ❶ het abnormaal zijn ❷ iets wat abnormaal is, afwijking

abo·li·tie [-(t)sie] *(‹Fr‹Lat) de (v)* ❶ afschaffing, opheffing ❷ hist afschaffing van de slavernij

abo·li·tio·nis·me [-(t)sjoo-] *(‹Fr) het* het streven naar afschaffing van een bep. zaak (bijv. de doodstraf); vooral het streven naar afschaffing van de slavernij in Engeland en de Verenigde Staten in de 19de eeuw

abo·li·tio·nist [-(t)sjoo-] *de (m)* [-en] aanhanger van het abolitionisme

A-bom *de* [-men] atoombom

abo·mi·na·bel *(‹Fr‹Lat) bn* afschuwelijk, verfoeilijk

abon·dant *(‹Fr) bn* overvloedig, rijkelijk

abon·nee *(‹Fr) de* [-s] iem. die zich geabonneerd heeft

abon·nee·num·mer *het* [-s] nummer waarmee een telefoon is aangesloten op een lokaal telefoonnet: ★ *bij een interlokaal gesprek moet men na het netnummer het ~ draaien*

abon·nee·te·le·vi·sie [-zie,], **abon·nee-tv** *de (v)* vooral NN televisiesysteem waarbij men tegen betaling via een apart kanaal bep. programma's kan ontvangen

abon·ne·ment *(‹Fr) het* [-en] ❶ het zich abonneren; het geabonneerd zijn: ★ *een ~ op een krant hebben* ❷ prijs voor het abonneren ❸ kaart als bewijs dat men zich geabonneerd heeft

abon·ne·ments·con·cert *het* [-en] NN concert behorende tot een reeks waarop men zich kan abonneren

abon·ne·ments·kaart *de* [-en] → **abonnement** (bet 3)

abon·ne·ren *(‹Fr)* **I** *ww* [abonneerde, h. geabonneerd] ★ *iem. abonneren op een weekblad* **II** *wederk* zich tegen betaling van een bepaald bedrag verzekeren van de geregelde ontvangst van een krant, tijdschrift enz., of van het recht om van iets gebruik te maken gedurende een bepaalde tijd: ★ *zich op een tijdschrift ~* ★ *het lijkt wel alsof je erop geabonneerd bent* fig dat overkomt je zeer regelmatig

ABOP *afk* in Nederland Algemene Bond van Onderwijzend Personeel

Ab·o·rig·i·nals [ebbǝridzjǝnǝls] *(‹Eng) mv* oorspronkelijke bewoners van Australië

Ab·o·rig·i·nes [ebbǝridzjǝniez] *(‹Eng‹Lat) mv* oorspronkelijke bewoners van een gebied of werelddeel, inboorlingen; vgl: → **autochtoon**

abor·te·ren *(‹Fr‹Lat) ww* [aborteerde, h. geaborteerd] ❶ abortus verwekken bij, een zwangerschap afbreken ★ *zich laten ~* abortus bij zich teweeg laten brengen ❷ voortijdig eindigen, mislukken

abor·teur *(‹Fr) de (m)* [-s], **abor·teu·se** [-teuzǝ] *(‹Fr) de (v)* [-s, -n] iem. die abortus bewerkstelligt (soms minachtend gebruikt)

abor·tief *(‹Lat) bn* ❶ vruchtafdrijvend ❷ niet tot volledige ontwikkeling komend, voortijdig eindigend
abor·ti·vum *(‹Lat) het* [-va] med vruchtafdrijvend middel
abor·tus [aabor-] *(‹Lat) de (m)* ❶ oorspr voortijdige bevalling (vóór de 28ste week), miskraam ❷ pregnant voor: ★ ~ provocatus opzettelijk opgewekte, kunstmatige vruchtafdrijving, afbreking van de zwangerschap
abor·tus·kli·niek [aabor-] *de (v)* [-en] medische inrichting waar vrouwen hun zwangerschap kunnen laten afbreken
abor·tus·pil [aabor-] *de* [-len] pil waarvan er in een vroegtijdig stadium van de zwangerschap een aantal geslikt moeten worden en die leidt tot zwangerschapsafbreking
abor·tus·wet [aabor-] *de* wet waarin bepaald is onder welke voorwaarden en op welke wijze zwangerschap mag worden afgebroken
ABOS *afk* in België Algemeen Bestuur voor Ontwikkelingssamenwerking
à bout por·tant [aa boe portā] *(‹Fr) bijw* ❶ eig met het pistool op de borst, van vlakbij: ★ iem. ~ neerschieten ❷ fig zonder inleiding, geheel onverwachts: ★ iem. ~ een vraag stellen
ABP *afk* ❶ in Nederland Algemeen Burgerlijk Pensioenfonds ❷ in België Algemene Belgische Persbond
abra·ca·da·bra *(‹Lat‹Gr) het* ❶ eig een magische formule of toverspreuk ❷ fig onbegrijpelijke taal, wartaal
Abra·ham, Abram *de (m)* ❶ Bijbel oudste van de aartsvaders ★ in Abrahams schoot in de hemel, schertsend zeer prettig en rustig ★ hij weet waar ~ de mosterd haalt hij is goed op de hoogte, hij kent de kneepjes ★ ~ gezien hebben 50 jaar oud zijn (naar Johannes 8: 57) ❷ NN speculaaspop als geschenk voor mannen die vijftig jaar worden
abra·ham *de (m)* [-s] speculaaspop die de aartsvader Abraham moet voorstellen, gegeven bij de vijftigste verjaardag van een man
abri [aabrie] *(‹Fr) de (m)* ['s] NN schuilhokje, wachthuisje, vooral bij tram- en bushaltes
abri·koos *(‹Fr‹Arab‹Lat)* [-kozen] I *de* op een kleine perzik lijkende vrucht van de abrikozenboom II *de (m)* abrikozenboom
abri·ko·zen·boom *de (m)* [-bomen] boom waaraan abrikozen groeien (Prunus armeniaca)
abri·ko·zen·jam [-sjem, -zjem] *de* jam van abrikozen
abri·ko·zen·pit *de* [-ten] pit van een abrikoos
ab·rupt *(‹Fr‹Lat) I bn* ❶ plotseling plaatshebbend, onverwacht: ★ een ~ einde ❷ kort afgebroken, hortend II *bijw* opeens, zonder aankondiging: ★ de onderhandelingen ~ beëindigen
ABS *afk* ❶ antiblokkeersysteem ❷ groep kunststoffen op basis van acrylonitril, butadieen & styreen, gekenmerkt door een aantrekkelijk glanzend uiterlijk, maar slecht bestand tegen hoge temperaturen
abs. *afk* absoluut
ab·scis *(‹Lat) de* [-sen] wisk ❶ horizontale as in een coördinatenstelsel ❷ afstand van het bedoelde punt tot de verticale as
ab·scis·sie *(‹Lat) de (v)* biol het afvallen van bladeren, vruchten en andere plantendelen door vorming van scheurweefsel in de stelen daarvan aan het einde van het seizoen
ab·sei·len [-sai-] *(‹Du) ww & het* het zich langs een touw van een bergwand naar beneden laten zeilen
ab·sence [apsās(ə)] *(‹Fr) de (v)* [-s] afwezigheid, vooral kort durende stoornis in het bewustzijn als licht verschijnsel van epilepsie
ab·sent *(‹Fr‹Lat) bn* ❶ afwezig, niet aanwezig op de plek waar men behoorde te zijn: ★ er waren veel mensen ~ op de vergadering ❷ verstrooid, met zijn gedachten er niet bij
ab·sen·te·ïs·me *(‹Fr) het* ❶ het (vaak of langdurig) afwezig zijn ❷ het niet-wonen van grondbezitters op of nabij hun goederen, resp. verpachte landerijen
ab·sen·ten *mv* zij die afwezig zijn
ab·sen·tie [-sie] *(‹Lat) de (v)* ❶ het absent zijn, afwezigheid ❷ verstrooidheid
ab·sen·tie·lijst [-sie-] *de* [-en] lijst voor het optekenen van absenten
ABS-har·sen [aabee-es-] *mv* zie → ABS
ab·si·de *(‹Fr‹Gr) de (v)* [-n] → apsis
ab·si·di·ool *(‹Fr) de & het* [-diolen] elk van de kleine kapellen om een apsis
ab·sint *(‹Fr‹Gr) de (m) & het* sterk alcoholische, groen gekleurde drank, bereid uit alcohol en water met verschillende kruiden (resp. etherische oliën) als angelica, alsem, anijs, venkel en koriander
ab·so·lu·tie [-(t)sie] *(‹Lat) de (v)* RK ❶ kwijtschelding van zonden in de biecht door de priesterlijke macht ❷ kwijtschelding van kerkelijke straffen ❸ → **absoute**
ab·so·lu·tis·me *(‹Fr) het* volstrekte gelding, volstrekt gezag, vooral onbeperkte heerschappij van een soeverein, niet gebonden aan een grondwet van andere wetten, alleenheerschappij
ab·so·luut *(‹Lat) bn* ❶ volstrekt, volkomen: ★ absolute stilte; van niets afhankelijk ★ absolute cijfers cijfers in gewone getallen, i.t.t. percentages: ★ 73% van de ondervraagden verklaarden zich tegen het voorstel, in absolute cijfers komt dit neer op 365 personen ★ ~ gehoor het vermogen direct de hoogte van een gehoorde toon te kunnen bepalen, benoemen en reproduceren, buiten het verband met andere tonen ★ absolute meerderheid meerderheid bestaande uit meer dan 50%: ★ deze partij heeft de absolute meerderheid in de gemeenteraad ★ ~ nulpunt de laagst bestaande (theoretische) temperatuur, waarbij de beweging van de moleculen geheel tot stilstand is gekomen (-273, 15° Celsius of 0° kelvin)

★ ~ *vorst* vorst die heerst met onbeperkte macht, zonder gebonden te zijn aan een grondwet of andere wetten, vgl: → **absolutisme** ★ ~ *gebruikt overgankelijk werkwoord* overgankelijk werkwoord dat stilzwijgend een lijdend voorwerp veronderstelt, bijv. 'abdiceren' in de zin: *koningin Juliana abdiceerde in 1980* (t.w. de troon) ❷ onvermengd: ★ *absolute alcohol* ❸ beslist: ★ *je hebt ~ gelijk* ★ *als je het dan ~ wilt* ★ *dat kan ik ~ niet toestaan*

ab·sol·ve·ren *ww* (‹Lat› [absolveerde, h. geabsolveerd] ❶ vrijspreken ❷ de absolutie geven

ab·sor·be·ren *ww* (‹Lat› [absorbeerde, h. geabsorbeerd] ❶ in zich opnemen, inzuigen, opslorpen ❷ geheel in beslag nemen: ★ *volledig door iets geabsorbeerd zijn*

ab·sorp·tie [-sie] (‹Lat› *de (v)* ❶ inzuiging, opslorping ❷ chem het opnemen van een vloeistof of gas in het inwendige van een vaste stof of vloeistof ❸ nat verschijnsel dat de energie van een systeem (geluidsgolven, lichtstraling e.d.) door een ander systeem wordt opgenomen en omgezet in een andere energievorm

ab·sorp·tie·spec·trum [-sie-] *het* [-tra] spectrum waarin donkere lijnen voorkomen die aanduiden dat het licht door een aanwezige stof geabsorbeerd wordt

ab·soute [apsoet(ə)] (‹Fr› *de* RK godsdienstige ritus (gebeden en zegen) na de uitvaartmis, bij de kist van de gestorvene

ab·sti·nent (‹Fr‹Lat› **I** *bn* zich vrijwillig van iets onthoudend, matig **II** *de* [-en] iem. die zich van iets onthoudt, vooral geheelonthouder

ab·sti·nen·tie [-sie] (‹Lat› *de (v)* vrijwillige onthouding, vooral van voedsel en drank, van drugs of van geslachtsverkeer ★ ~ *van alcohol*

ab·sti·nen·tie·ver·schijn·sel [-sie-] *het* [-en] ziekelijk verschijnsel dat zich voordoet bij het zich plotseling onthouden van een middel waaraan men verslaafd is of van iets waaraan men (sinds lang) gewend is, onthoudingsverschijnsel

ab·sti·ne·ren (‹Lat› *wederk* [abstineerde, h. geabstineerd] zich onthouden, vooral van bepaalde spijzen of dranken, drugs of geslachtsverkeer

ab·stract[1] (‹Lat› *bn* niet aanschouwelijk, niet als vorm voorstelbaar, onstoffelijk; *ook* afzonderlijk, los van zijn samenhang beschouwd; *tegengest*: → **concreet** ★ *abstracte kunst* beeldende kunst die geen objecten uit de zichtbare werkelijkheid weergeeft

ab·stract[2] [epstrekt] (‹Eng› *het* [-s] samenvatting, uittreksel (v.e. wetenschappelijke publicatie, redevoering e.d.)

ab·strac·tie [-sie] *de (v)* [-s] ❶ het abstraheren: ★ *onder ~ van* het genoemde buiten beschouwing latend ❷ abstract begrip: ★ BN ~ *maken van iets* iets buiten beschouwing laten, ergens geen rekening mee houden

ab·stra·he·ren *ww* (‹Lat› [abstraheerde, h. geabstraheerd] ❶ in gedachte afzonderen

❷ ontdoen van het bepalende of toevallige, als begrip afleiden ★ ~ *van iets* iets buiten beschouwing laten

ab·surd (‹Fr‹Lat› *bn* ongerijmd, strijdig met de rede, volkomen dwaas ★ ~ *toneel*, ~ *theater* toneel, theater dat zich distantieert van logische opbouw en dat nauwelijks of geen mogelijkheid biedt tot identificatie met de personages

ab·sur·dis·me (‹Fr› *het* kunstrichting waarbij irrationaliteit en ongerijmdheid tot leidende principes zijn verheven

Ab·sur·di·stan *het* denkbeeldig land waar absurde politieke en / of bureaucratische toestanden heersen: ★ *het lijkt hier wel ~*

ab·sur·dis·tisch (‹Fr› *bn* van, betreffende het absurdisme

ab·sur·di·teit (‹Fr‹Lat› *de (v)* [-en] ❶ dwaasheid, ongerijmdheid ❷ iets wat dwaas, ongerijmd is, onzinnigheid

abt (‹Lat‹Aram› *de (m)* [-en] bestuurder van een abdij voor mannen

abuis [aabuis] **I** *het* [abuizen] vergissing ★ *per ~ bij vergissing* **II** *bn alleen predicatief:* ★ ~ *zijn* a) zich vergissen; b) op de verkeerde plek, het verkeerde adres zijn

abun·dant *bn* → **abondant**

abu·sief (‹Fr‹Lat› *bn* verkeerd, onjuist: ★ *een abusieve interpretatie van de gegevens*

abu·sie·ve·lijk *bijw* verkeerd, bij vergissing: ★ *ik ging er ~ van uit dat alles al geregeld was*

AbvaKabo *de (m)* in Nederland vakbond die is ontstaan door een fusie van de *Algemene Bond van Ambtenaren* en de *Katholieke Bond van Overheidspersoneel* en die is aangesloten bij de FNV

ABVV *afk* in België Algemeen Belgisch Vakverbond [nationale organisatie van Belgische socialistische vakbonden]

ABW *afk* in Nederland Algemene Bijstandswet [wet die de rechtsplicht van de overheid tot financiële bijstand aan haar onderdanen regelt]

A.C. *afk* anno Christi [in het jaar na Christus]

Ac *afk* chem symbool voor het element actinium

a.C. *afk* ante Christum [voor Christus]

a.c. *afk* ‹van wijn› appellation contrôlée

aca·cia [aakaasie(j)aa] (‹Lat‹Gr› *de (m)* ['s] Amerikaanse sierboom met witte bloemtrossen (*Robinia pseudoacacia*)

aca·de·mi·ca (‹Lat› *de (v)* [-cae, 's] vrouwelijk persoon met een academische opleiding

aca·de·mi·cus (‹Lat› *de (m)* [-ci] persoon die een academische opleiding heeft ontvangen

aca·de·mie (‹Lat‹Gr› *de (v)* [-s, -miën] ❶ oorspr naam van het terrein waar een beroemd Atheens gymnasium was gesitueerd en waar zich tevens het heiligdom van de Attische held Akadèmos bevond ❷ ‹vanaf de renaissance› genootschap van geleerden en letterkundigen ❸ thans genootschap van vooraanstaande beoefenaars van

ac

wetenschappen en kunsten ❹ school voor kunstonderwijs ❺ school voor hoger beroepsonderwijs: ★ *de pedagogische* ~
aca·de·mie·jaar *het* [-jaren] BN academisch jaar
aca·de·mie·lid *het* [-leden] lid van een → **academie** (bet 2 en 3a)
aca·de·misch (‹Lat› *bn* ❶ van, betreffende, behorende tot een academie of hogeschool ★ ~ *gevormd* aan een universiteit gestudeerd hebbend ★ *academische graad* rang van iem. die hetzij aan een hogeschool of universiteit is gepromoveerd, hetzij met goed gevolg het afsluitend examen van een universitaire studie heeft afgelegd ★ ~ *jaar* periode van ca. september tot juli, waarin colleges worden gegeven ★ ~ *ziekenhuis* bij een universiteit horend ziekenhuis ❷ slechts van theoretisch belang, in de praktijk (bijna) niet voorkomend: ★ *een academische kwestie* ❸ ‹in de kunst› schools, niet berustend op eigen inzichten maar op overgeleverde principes: ★ *een schilder met een academische stijl*
aca·jou [-zjoe] (‹Fr› Tupi, een Zuid-Amerikaanse indianentaal **I** *het* kostbare tropische houtsoort, lijkend op mahonie **II** *bn* BN mahoniehouten
acan·thus [aakantus] *de (m)* [-sen], **akant** [aakant] [-en] (‹Gr› ❶ plant behorend tot het geslacht *Acanthus*, dat voorkomt in de Aziatische en Afrikaanse tropen en in het Middellandse Zeegebied, vooral in de droge streken ❷ ‹in de beeldende kunst› gestileerd decoratief motief, ontleend aan de sierlijk getande bladeren van deze plant
a ca·pel·la, a cap·pel·la (‹It› *bijw* muz zonder instrumentale begeleiding: ★ ~ *zingen*
ac·ce·le·ra·tie (‹Lat› [-(t)sie] *de (v)* versnelling (in verschillende betekenissen)
ac·ce·le·ra·tie·ver·mo·gen [-(t)sie-] *het* vermogen van een motorvoertuig om in een bep. tijd een hogere snelheid te bereiken
ac·ce·le·re·ren *ww* (‹Fr› [accelereerde, h. & is geaccelereerd] ❶ versnellen, bespoedigen ❷ optrekken, een hogere snelheid krijgen: ★ *de auto accelereerde fel*
ac·cent[1] (‹Lat› *het* [-en] ❶ klemtoon, bijzondere nadruk op of hoogte van een klinker ❷ teken ter aanduiding van de klemtoon of voor een andere onderscheiding ❸ nadruk, het aandacht-vestigen op: ★ *het ~ leggen op iets* ❹ eigenaardige buitenlandse wijze van uitspreken, tongval: ★ *hij spreekt met een Frans* ~ ❺ nuance, toon: ★ *een ~ van weemoed*
ac·cent[2] [aksã] (‹Fr‹Lat› *het* [-s] uitspraakteken ★ ~ *aigu* het leesteken als op de e in café ★ ~ *grave* het leesteken als op de eerste e in scène ★ ~ *circonflexe* het leesteken als op de tweede e in enquête, dakje
ac·cen·tu·a·tie [-(t)sie] (‹Fr‹Lat› *de (v)* [-s] ❶ het leggen van de klemtoon of klemtonen ❷ het leggen van de nadruk op
ac·cen·tu·e·ren *ww* (‹Fr‹Lat› [accentueerde, h. geaccentueerd] ❶ de accenttekens aanbrengen

❷ de nadruk leggen op; veelal fig: sterk doen uitkomen: ★ *de vrouwelijke vormen* ~; *de voordelen van een bep. aanpak* ~
ac·cept (‹Du‹Lat› *het* [-en] NN ❶ het accepteren van een wissel ❷ geaccepteerde wissel
ac·cep·ta·bel (‹Fr› *bn* aannemelijk, aanvaardbaar: ★ *deze aantijgingen achten wij niet* ~
ac·cep·ta·tie [-(t)sie] (‹Fr‹Lat› *de (v)* [-s] ❶ aanvaarding ❷ handel op een wissel geplaatste verklaring van de betrokkene dat hij aan de opdracht tot betaling op de vervaldag zal voldoen
ac·cep·te·ren *ww* (‹Fr‹Lat› [accepteerde, h. geaccepteerd] ❶ aannemen, aanvaarden (in verschillende opvattingen): ★ *een uitnodiging* ~ ★ *excuses* ~ ★ *de verzekeringsvoorwaarden* ~ ❷ handel ter betaling aanvaarden, met zijn handtekening het woord 'geaccepteerd' op een wissel schrijven
ac·cept·gi·ro *de* ['s] NN verkorting van → **acceptgirokaart**
ac·cept·gi·ro·kaart *de* [-en] NN vooraf ingevulde girokaart als nota voor een rekeninghouder, die het bedrag voldoet door ondertekening en verzending van de kaart aan het girokantoor
ac·cep·tie [-sie] (‹Fr‹Lat› *de (v)* [-s] ❶ aanneming, aanvaarding ❷ (aangenomen) betekenis van een woord
ac·cep·tor (‹Lat› *de (m)* [-s] ontvanger, vooral med iem. bij wie bloed, organen of weefsel wordt overgebracht van een donor
ac·ces·soir [assesswaar] (‹Fr› *bn* bijkomend, bijkomstig, toegevoegd ★ *accessoire rechten* die slechts kunnen ontstaan uit en bestaan door verbinding met een ander recht
ac·ces·soi·res [assesswaarəs] (‹Fr‹Lat› *mv* bijkomstige, toegevoegde zakeen onderdelen die horen bij kledingstukken, apparaten e.d.: ★ *deze auto wordt geleverd met tal van* ~
ac·ci·den·teel (‹Lat› *bn* BN ook toevallig aanwezig, niet-essentieel, bijkomend
ac·cijns (‹Lat› *de (m)* [-cijnzen] belasting op sommige voor binnenlands verbruik bestemde levens- en genotmiddelen, brandstof e.d.
ac·cla·ma·tie [-(t)sie] (‹Fr‹Lat› *de (v)* ❶ oorspr toejuiching; alleen nog in: ★ *bij ~ aannemen* ❷ ‹een voorstel› met algemene goedkeuring en zonder stemming aannemen
ac·cli·ma·ti·sa·tie [-zaa(t)sie] (‹Fr› *de (v)* het acclimatiseren
ac·cli·ma·ti·se·ren *ww* [-zeerə(n)] (‹Fr› [acclimatiseerde, h. geacclimatiseerd] ❶ zich aanpassen ❷ ‹van een organisme› aan een gewijzigd milieu, in engere zin zich aanpassen en wennen aan een ander klimaat, zowel van mensen en dieren als van planten gezegd: ★ *na een verblijf van zes maanden in Florida was zij nog steeds niet geacclimatiseerd*
ac·co·la·de (‹Fr› *de (v)* [-s] ❶ omhelzing bij de ridderslag, thans bij de uitdeling van het ridderkruis

en soortgelijke plechtigheden; *ook* als begroetingsceremonie ❷ haak ter verbinding van onder elkaar staande regels: { en } ❸ wisk dit teken met dezelfde functie als ronde haakjes als deze reeds in een formule voorkomen

ac·com·mo·da·tie [-(t)sie] *(‹Fr) de (v)* [-s] ❶ mogelijkheid tot verblijf van personen op schepen, in vakantiecentra e.d.: ★ *er is ~ voor 50 personen* ❷ med de aanpassing van de lens van het oog aan het zien op verschillende afstanden

ac·com·mo·da·tie·ver·mo·gen [-(t)sie-] *het* vermogen van het oog om zich in te richten op het zien van verschillende afstanden

ac·com·mo·de·ren (‹Fr‹Lat) **I** *ww* [accommodeerde, h. geaccommodeerd] ❶ zich aanpassen, vooral (van de lens) van het oog gezegd *vgl*: → **accommodatie** (bet 2) ❷ NN schikken, in orde brengen; een minnelijke schikking treffen, vooral een overeenkomst sluiten met schuldeisers **II** *wederk NN* een vergelijk treffen; zich schikken naar / in

ac·com·pag·ne·ren *ww* [-panjee-] *(‹Fr)* [accompagneerde, h. geaccompagneerd] ❶ vergezellen, begeleiden ❷ muz zang of een solo-instrument met muziek begeleiden

ac·cor·de·on *(‹Fr‹Du) de (m) & het* [-s] draagbaar toetsinstrument, waarbij het geluid wordt voortgebracht door het in- en uittrekken van een blaasbalg, trekharmonica: ★ *de ~ is in 1829 uitgevonden door Buschmann (uit Berlijn) en Damian (uit Wenen)*

ac·cor·de·on·deur *de* [-en] BN harmonicadeur

ac·cor·de·o·nist *(‹Fr) de (m)* [-en] iem. die een accordeon bespeelt

ac·cor·de·ren *ww (‹Fr)* [accordeerde, h. geaccordeerd] overeenkomen, overeenstemmen

ac·count [əkaunt] *(‹Eng)* **I** *het* [-s] NN ❶ verzorging van de reclame en promotie voor een product ❷ belangrijke klant van een dienstverlenende organisatie: ★ *een grote ~ van een reclamebureau* **II** *de (m)* [-s] comput toegangsrecht tot een computernetwerk: ★ *een ~ hebben bij een internetprovider*

ac·coun·tan·cy [əkauntənsi] *(‹Eng) de (v)* vakgebied van accountants

ac·coun·tant [əkauntənt] *(‹Eng) de (m)* [-s] deskundige in het inrichten en controleren van handels- en bedrijfsboekhoudingen en -rekeningen: ★ *de taak van de ~ is vooral het controleren van de financiële verantwoording die de beheerder van een bedrijf aflegt aan hen die bij de bedrijfshuishouding belang hebben*

ac·coun·tants·ver·kla·ring [əkauntənts-] *de (v)* [-en] verklaring waarin de accountant een oordeel uitspreekt over de door hem gecontroleerde financiële verantwoording

ac·count-exec·u·tive [əkauntɛɣzekjoetiv] *(‹Eng) de (m)* [-s] medewerker van een reclamebureau die het contact met de opdrachtgever onderhoudt

ac·cre·di·te·ren *ww (‹Fr)* [accrediteerde, h. geaccrediteerd] ❶ vertrouwen, krediet verschaffen, vooral krediet bij een bank ★ *goed geaccrediteerd staan* fig goed aangeschreven ❷ van geloofsbrieven voorzien ★ *geaccrediteerd gezant* die zich bij een vreemd hof aan de regering heeft doen voorstellen en deze zijn geloofsbrieven overhandigd heeft ❸ ‹journalisten› in de gelegenheid stellen hun werk te verrichten bij (sport)manifestaties e.d.: ★ *er werden honderden journalisten geaccrediteerd bij de wereldkampioenschappen*

ac·cres *(‹Lat) het* [-sen] toeneming, aanwas, vermeerdering

ac·cu *de (m)* ['s] (verkorting van *accumulator*) toestel voor het opslaan van energie; vooral toestel waarmee elektrische energie als chemische energie kan worden opgeslagen en vervolgens weer als elektrische energie kan worden vrijgemaakt: ★ *de startinrichting van een auto werkt op een ~*

ac·cul·tu·ra·tie [-(t)sie] *de (v)* het overnemen door een volk van een vreemde beschaving of van elementen daarvan ten gevolge van aanraking met die beschaving

ac·cu·mu·la·tie [-(t)sie] *(‹Lat) de (v)* [-s] opeenhoping, opeenstapeling, vooral van ambten en inkomsten; *vgl*: → **cumulatie**

ac·cu·mu·la·tor *(‹Lat) de (m)* [-toren, -s] ❶ → **accu** ❷ comput register dat onderdeel is van de centrale verwerkingseenheid en waarin de resultaten van rekenkundige bewerkingen (tijdelijk) kunnen worden opgeslagen

ac·cu·mu·le·ren *ww (‹Fr)* [accumuleerde, h. geaccumuleerd] opeenhopen, opeenstapelen, tot een massa samenbrengen

ac·cu·raat *(‹Lat) bn* zeer nauwkeurig of nauwgezet, zorgvuldig, stipt, zonder fouten

ac·cu·ra·tes·se *(‹It) de (v)* het accuraat zijn, grote nauwkeurigheid, stiptheid, zorgvuldigheid

ac·cu·sa·tief [-zaa-] *(‹Lat) de (m)* [-tieven] taalk vierde naamval

ace [ees] *(‹Eng‹Lat) de (m)* [-s] [eesiz] tennis correcte opslag die onbereikbaar is voor de tegenstander en waaruit dus direct gescoord wordt: ★ *een ~ slaan*

ace·faal *(‹Gr) bn* biol geen als zodanig te onderscheiden kop bezittend

ace·fa·lie *(‹Gr) de (v)* biol koploosheid

ace·taat *(‹Lat) het* [-taten] ❶ chem zout of ester van azijnzuur ❷ verkorting van → **acetaatrayon**

ace·taat·ray·on [-raajon] *het* uit celluloseacetaat verkregen textiel

ace·ton *(‹Lat) de (m) & het* chem kleurloze brandbare vloeistof met karakteristieke geur, veel gebruikt als oplosmiddel, o.a. van nagellak

ace·ton·u·rie *(‹Lat-Gr) de (v)* med het vóórkomen van aceton in de urine

ace·tyl [-tiel] *(‹Lat-Gr) het* chem de atoomgroep CH_3CO, die veel in organische verbindingen voorkomt

ace·ty·leen [-tie-] *(‹Lat-Gr) het* een koolwaterstofgas

(C_2H_2), oorspronkelijk als verlichtingsgas gebruikt, thans een belangrijke grondstof in de chemische industrie

ach *tsw* ❶ uitroep van verdriet en medeleven: ★ ~, *wat zielig!* ★ NN ~ *en wee roepen* jammeren, hevig klagen ❷ uitroep van ergernis: ★ ~, *loop naar de maan!* ❸ uitroep om aan te geven dat iets niet erg is: ★ ~, *zo ziek ben ik niet* ❹ uitroep van onverschilligheid: ★ ~, *wat kan mij dat schelen!*

à char·ge *bijw* [aa sjarzjə] (‹Fr›) ten laste ★ *getuige* ~ getuige ten nadele van de beschuldigde *vgl:* → **à decharge**

ache·neb·bisj (‹Jidd›) NN **I** *tsw* uitroep van medelijden **II** *bn* armzalig, zielig: ★ *een ~ buurt*

achil·les·hiel [aggil-] *de (m)* myth kwetsbare plaats of plek, naar de Griekse held Achilles, die slechts kwetsbaar was aan de hiel

achil·les·pees [aggil-] *de* [-pezen] pees waarmee de kuitspier aan het hielbeen vast zit

achro·ma·tisch (‹Gr›) *bn* ❶ kleurloos ★ *achromatische lens* lens waarin de fouten die het gevolg zijn van kleurschifting zijn opgeheven ❷ muz niet chromatisch

acht[1] **I** *hoofdtelw* **II** *de* [-en] ❶ het aantal, cijfer 8 ★ *met zijn achten* acht personen of dingen tezamen ★ *in achten* in acht delen ❷ roeisport ranke roeiboot bemand door acht roeiers

acht[2] *de* aandacht ★ *geef ~!* let op! ★ *in ~ nemen* nakomen, naar behoren doen ★ NN *zich in ~ nemen* zich ontzien met het oog op zijn gezondheid ★ *zich in ~ nemen voor iem.* of *iets* op zijn hoede zijn voor iem. of iets ★ *~ slaan op* letten op

acht·arm *de (m)* [-en] inktvis met acht armen, voorkomend in de Noordzee en de Middellandse Zee, kraak, de soort *Octopus vulgaris*

acht·baan *de* [-banen] attractie op kermissen en in pretparken, waarbij men in een wagentje op rails met hoge snelheid over een op wisselende hoogte gelegen, bochtig traject wordt gevoerd

acht·baar *bn* eerbiedwaardig, in aanzien

acht·daags *bn* acht dagen durend; om de acht dagen

acht·dui·zend *hoofdtelw*, **acht·dui·zend·ste** *rangtelw*

ach·te·loos *bn* slordig, zonder acht te slaan op: ★ ~ *ging hij voorbij aan mijn tegenwerpingen*

ach·te·loos·heid *de (v)* [-heden] slordigheid

ach·ten *ww* [achtte, h. geacht] ❶ waarderen, respect hebben voor: ★ *ik acht mijn ouders zeer* ❷ beschouwen als, menen, denken: ★ *iets fout ~* ★ *iem. schuldig, verantwoordelijk ~* ★ *hij acht haar niet tot zo'n misdaad in staat* ★ *iedere Nederlander wordt geacht de wet te kennen*

ach·tens·waard, **ach·tens·waar·dig** *bn* waard om geacht te worden: ★ *een achtenswaardige vrouw*

ach·ter I *vz* ❶ plaatsbepaling: ★ *de boom staat ~ het huis* ★ *de mens ~ de politicus* de politicus beschouwd als mens, met al zijn gevoelens, twijfels enz. ❷ steun: ★ *z'n vader staat altijd ~ hem* ★ *alle geleerden stonden ~ deze theorie* ★ *meneer X zit er ~* heeft dit bewerkstelligd **II** *bijw* ❶ plaatsbepaling: ★ *ze hebben een groot kippenhok ~* ★ *die bal is ~* sp over de achterlijn ❷ tijd: ★ *dit horloge loopt vijf minuten ~* ★ *mijn moeder is nu ~ in de zeventig* bijna tachtig jaar oud ❸ financiële achterstand: ★ *ik ben nog duizend euro (ten) ~* ❹ achterstand in sport of spel: ★ *de uitdager stond al snel met 2-0 ~* ❺ ontdekking: ★ *hij kwam er toevallig ~*

ach·ter·aan, **ach·ter·aan** *bijw* ❶ aan de achterkant: ★ *helemaal ~ in de zaal zitten* ❷ achterheen: ★ *er ~ zitten*

ach·ter·aan·ko·men *ww* [kwam achteraan, is achteraangekomen] later dan de anderen komen; later dan de anderen klaar zijn

ach·ter·aan·zicht *het* aanblik vanaf de achterkant

ach·ter·af *bijw* ❶ afgelegen, op een afstand: ★ *zich ~ houden* zich ergens niet mee bemoeien, op de achtergrond blijven ❷ na afloop: ★ *~ beschouwd had ik beter kunnen zwijgen*

ach·ter·af·buurt *de* [-en] afgelegen buurt

ach·ter·as *de* [-sen] achterste → **as**[1] (bet 1)

ach·ter·bak *de (m)* [-ken] vooral NN, auto bagageruimte achterin

ach·ter·baks *bn* stiekem, niet openhartig, in het geheim: ★ *achterbakse streken* ★ *hij is ~* hij doet dingen stiekem, hij is onbetrouwbaar

ach·ter·bal *de (m)* voetbal bal die buiten de doelpalen over de doellijn is gegaan na het laatst door een speler van de aanvallende partij te zijn aangeraakt

ach·ter·bal·kon *het* [-s] ❶ balkon aan de achterzijde van een huis ❷ vroeger staanruimte achter in een tram

ach·ter·ban *de (m)* ❶ hist heerban van achterleen ❷ thans groep waarop iem. steunt, groep die door iem. vertegenwoordigd wordt: ★ *de vakbondsbestuurder wilde eerst zijn ~ raadplegen*

ach·ter·band *de (m)* [-en] band van het achterwiel

ach·ter·bank *de* [-en] achterste bank in een voertuig

ach·ter·bank·ge·ne·ra·tie [-(t)sie] *de (v)* schertsende benaming voor de huidige generatie kinderen, die vanwege de toegenomen verkeersdrukte niet meer spontaan buiten kan of mag spelen, en veel tijd op de achterbank van de auto doorbrengt tijdens vervoer van en naar school, clubs, vriend(innet)jes enz.

ach·ter·blij·ven *ww* [bleef achter, is achtergebleven] ❶ achter anderen blijven: ★ *de wielrenner bleef honderden meters achter bij de kopgroep* ❷ minder presteren of minder vooruitgang boeken dan werd verwacht: ★ *de resultaten blijven achter bij de verwachtingen* ★ *niet willen / kunnen ~* fig iets doen in navolging van anderen: ★ *toen iedereen een rondje gaf, wilde Luc niet ~* ★ *achtergebleven gebieden* gebieden die niet met de algemene ontwikkeling zijn meegegaan ❸ in zijn eentje blijven na vertrek of overlijden van anderen: ★ *de vergeten hond bleef achter in het restaurant* ★ *de weduwe bleef alleen achter in het grote huis*

ach·ter·blij·ver *de (m)* [-s] ❶ iem. die achterblijft ❷ iem. die het tempo van de rest niet bijhoudt: ★ *een paar achterblijvers kwamen pas een uur later over de finish* ook fig: ★ *op school behoort hij tot de achterblijvers* maakt hij minder vorderingen dan de rest

ach·ter·buurt *de* [-en] armoedige buurt

ach·ter·deel *het* [-delen] ❶ achterste gedeelte ❷ achterste, zitvlak

ach·ter·dek *het* [-ken] dek aan de achterzijde van een schip

ach·ter·deur *de* [-en] deur aan de achterzijde van een huis ★ *een achterdeurtje openhouden* fig een mogelijkheid openhouden om zich uit een moeilijke situatie te redden

ach·ter·docht *de* wantrouwen: ★ *~ koesteren*

ach·ter·doch·tig *bn* wantrouwig

ach·ter·een *bijw* zonder of met geringe tussenpozen, achterelkaar: ★ *Ajax won drie jaar ~ de Europacup*

ach·ter·een·vol·gend *bn* na elkaar

ach·ter·een·vol·gens *bijw* na elkaar: ★ *de tennisser won ~ drie grandslamtoernooien*

ach·ter·eind [-en], **ach·ter·ein·de** [-n], **ach·ter·end** *het* [-en] ❶ achterste deel ❷ achterwerk, de billen ★ NN *zo stom als het ~ van een varken* zeer dom

ach·ter·el·kaar *bijw* na elkaar: ★ *de bezoekers kwamen ~ binnen*

ach·te·ren *bijw* achter ★ *naar ~* a) achterwaarts, naar een achtergelegen deel; b) naar het toilet ★ *van ~ van, aan de achterzijde* ★ *van ~ naar voren* ★ *ten ~ achter, niet bij*

ach·ter·end *het* [-en] → **achtereind**

ach·ter·flap *de (m)* [-pen] het naar binnen geslagen deel van een boekomslag aan de achterzijde

ach·ter·ge·steld *bn* ★ *achtergestelde lening* die bij faillissement het laatst voor uitkeringen in aanmerking komt (na de preferente en normale schuldeisers)

ach·ter·ge·vel *de (m)* [-s] gevel aan de achterzijde van een huis of gebouw

ach·ter·grond *de (m)* [-en] ❶ eig het van de beschouwer veraf gelegen gedeelte van een landschap, toneel e.d.: ★ *op de ~ kun je de Mount Everest zien* ❷ fig alles wat niet van direct belang is: ★ *op de ~ speelde een oude vete mee* ★ *op de ~ raken* een positie van minder belang innemen, minder aandacht krijgen ★ *op de ~ blijven* of *zich op de ~ houden* zich onopvallend gedragen ❸ de diepere oorzaken van iets: ★ *de achtergronden van een conflict*

ach·ter·grond·ef·fect *het* [-en] nat effect dat storend werkt bij een fysische meting

ach·ter·grond·for·ma·tie [-(t)sie] *de (v)* [-s] muz band of groep die muziek maakt ter ondersteuning van een solist of een andere groep

ach·ter·grond·ge·heu·gen *het* [-s] comput geheugeneenheid als aanvulling op het interne geheugen, zoals een diskette of een magneetband

ach·ter·grond·in·for·ma·tie [-(t)sie] *de (v)* inlichtingen omtrent motieven, doeleinden enz., waardoor iets beter begrepen wordt

ach·ter·grond·mu·ziek *de (v)* zachte muziek, die is bedoeld om de gezelligheid te verhogen, maar die de gesprekken niet stoort

ach·ter·grond·stra·ling *de (v)* nat de zeer geringe hoeveelheid radioactieve straling van stoffen om ons heen, zoals stenen, hout, beton e.d.

ach·ter·ha·len *ww* [achterhaalde, h. achterhaald] ❶ inhalen, vooral iem. die vlucht; ★ *achterhaald* niet meer volgens tegenwoordige inzichten: ★ *die theorie is al lang achterhaald* ❷ nagaan, nasporen: ★ *de ware toedracht is niet meer te ~*

ach·ter·ham *de* ham van de dijen van een varken, vooral als broodbeleg gegeten

ach·ter·hand *de* [-en] ❶ achterdeel van paarden en van andere huisdieren ❷ handwortel die de hand met de voorarm verbindt ❸ ★ NN *aan, op de ~ zitten* het laatst aan de beurt zijn bij het kaartspel

ach·ter·heen *bijw* ★ *ergens ~ gaan* iets gaan uitzoeken, opsporen ★ *ergens ~ zitten* a) trachten de voortgang van iets te versnellen; b) goed toezicht op iets houden

ach·ter·hoe·de *de* [-n, -s] ❶ achterste deel van het leger ❷ de verdedigende groep spelers in een sportteam ❸ ⟨in een snelheidswedstrijd⟩ laatste groep die de eindstreep passeert

ach·ter·hoe·de·ge·vecht *het* [-en] strijd over minder belangrijke kwesties, terwijl de eigenlijke strijd al beslist is

ach·ter·hoe·de·spe·ler *de (m)* [-s] speler in de achterhoede van een sportteam; *vgl*: → **achterspeler**

Ach·ter·hoe·ker *de (m)* [-s] iem. geboortig of afkomstig uit de Achterhoek

Ach·ter·hoeks I *bn* van, uit, betreffende de Achterhoek II *het* het dialect uit de Achterhoek

ach·ter·hoofd *het* [-en] achterdeel van het hoofd ★ *in het ~ hebben* een vage herinnering hebben aan of voorlopig (nog) niet denken aan ★ *hij is niet op zijn ~ gevallen* hij heeft een goed verstand, hij is niet gek

ach·ter·hoofds·been *het* [-deren] anat het achterste van de beenderen van de hersenschedel (*os occipitale*)

ach·ter·hoofds·lig·ging *de (v)* meest voorkomende ligging van het kind bij geboorte, waarbij het achterhoofd het eerst de ingang van het baringskanaal bereikt

ach·ter·hou·den *ww* [hield achter, h. achtergehouden] ❶ verborgen houden ❷ voor zich houden (iets wat men verplicht is af te staan): ★ *informatie ~*

ach·ter·hou·dend *bn* ⟨van personen⟩ geneigd om zaken te verzwijgen, niet ronduit

ach·ter·hou·ding *de (v)* het achterhouden, het niet verstrekken: ★ *alle documentatie werd overhandigd met ~ van een drietal contracten*

ach·ter·huis *het* [-huizen] ❶ achterste deel van een

huis, vooral schuur of werkplaats ❷ huis achter een ander huis gebouwd, daarmee door een gang of een ander bouwsel verbonden, vooral voorkomend in oude havensteden ★ *het Achterhuis* een dergelijk huis in Amsterdam waar het Joodse meisje Anne Frank tijdens de Tweede Wereldoorlog ondergedoken was; titel waaronder haar dagboek uit die periode is uitgegeven

ach·ter·in, **ach·ter·in** *bijw* in het achterste deel: ★ *ik ga wel ~ zitten* (bijv. in een auto)

Ach·ter-In·disch *bn* van, uit, betreffende Achter-Indië, vroegere benaming voor Thailand, Birma en Indochina

ach·ter·ka·mer *de* [-s] woonvertrek aan de achterzijde van het huis

ach·ter·ka·mer·tjes·po·li·tiek *de (v)* vooral NN politiek die bedreven wordt zonder openbare discussie

ach·ter·kant *de (m)* [-en] ❶ die kant van een voorwerp waar men niet tegenaan kijkt: ★ *de ~ van de maan*, *van een doos* ❷ de andere zijde van iets met een duidelijke voorkant: ★ *de achterkant van een huis*, *van een postzegel*

ach·ter·keu·ken *de* [-s] BN bijkeuken

ach·ter·klap *de (m)* kwaadsprekerij

ach·ter·klein·kind *het* [-eren] kind van een kleinkind

ach·ter·la·der *de (m)* [-s] vuurwapen dat van achteren geladen wordt

ach·ter·land *het* [-en] ❶ gebied achter een economisch of militair belangrijke strook van een land ❷ gebied dat over een havenstad in- en uitvoert: ★ *het Rijnland behoort tot het ~ van Rotterdam*

ach·ter·las·tig *bn* in het achterschip te zwaar geladen

ach·ter·la·ten *ww* [liet achter, h. achtergelaten] ❶ laten op de plek waar men zelf vandaan gaat: ★ *een koffer in een hotel ~* ★ *iem. alleen / verbaasd ~* ❷ bij overlijden doen achterblijven: ★ *een vrouw en twee kinderen ~* ❸ merkbaar laten blijven: ★ *littekens ~* ★ *sporen ~*

ach·ter·la·ting *de (v)* het achterlaten: ★ *met ~ van...*

ach·ter·leen *het* [-lenen] hist leen ontvangen van iem. die zelf leenman is over dat gebied

ach·ter·leen·man *de (m)* [-nen] hist bezitter van een achterleen

ach·ter·licht *het* [-en] rood licht aan de achterkant van een voertuig

ach·ter·lig·gen *ww* [lag achter, h. achtergelegen] ★ *~ bij (op) iem.* tegenover iem. in het nadeel zijn, iems. mindere zijn

ach·ter·lijf *het* [-lijven] ❶ achterste deel van een insectenlichaam ❷ rugkant van een kledingstuk

ach·ter·lijk *bn* ❶ vero achter in verstandelijke ontwikkeling: ★ *een ~ kind* ❷ vooral NN, spreektaal raar, stom, ouderwets: ★ *een achterlijke jas* ★ *doe niet zo ~* doe niet zo dom; **achterlijkheid** *de (v)*

ach·ter·lijn *de* [-en] sp lijn aan de achterzijde van het speelveld

ach·ter·lo·pen *ww* [liep achter, h. achtergelopen] ❶ ⟨uurwerk⟩ te langzaam lopen ❷ fig niet meer voldoen aan de eisen van de tijd ❸ fig niet op de hoogte zijn van de actuele stand van zaken

ach·ter·man *de (m)* [-nen] iem. die in het gelid achter een ander loopt

ach·ter·na *bijw* achter iets of iem. aan: ★ *hij er vandoor en ik hem ~*

ach·ter·naad *de (m)* [-naden] naad aan de achterzijde van een kledingstuk

ach·ter·naam *de (m)* [-namen] familienaam

ach·ter·na·gaan *ww* [ging achterna, is achternagegaan] ❶ op enige afstand volgen: ★ *iem. ~* ❷ in de voetsporen treden van: ★ *die meid is altijd dronken, die gaat haar vader achterna*

ach·ter·na·lo·pen *ww* [liep achterna, h. & is achternagelopen] ❶ eig achter iem. of iets aan lopen ❷ ★ *iem. ~* fig trachten met iem. in contact te komen, bij iem. in de gunst te komen, iets van iem. gedaan te krijgen ★ *een meisje ~* proberen verkering met haar te krijgen

ach·ter·na·mid·dag *de (m)* [-dagen] ❶ laatste gedeelte van de namiddag ❷ fig kort tijdsverloop: ★ *dat klusje kunnen we in een ~ klaren*

ach·ter·na·rij·den *ww* [reed achterna, h. & is achternagereden] rijdend achtervolgen

ach·ter·na·zet·ten *ww* [zette achterna, h. achternagezet] achtervolgen

ach·ter·na·zit·ten *ww* [zat achterna, h. achternagezeten] ❶ achtervolgen ❷ iems. gedragingen steeds nagaan, aansporen tot plichtsvervulling

ach·ter·neef *de (m)* [-neven], **ach·ter·nicht** *de (v)* [-en] neef of nicht met wie men verder dan in de vijfde graad is verwant

ach·ter·om *bijw* langs de achterkant: ★ *omdat de voordeur op slot was kwam hij ~*

ach·ter·om·kij·ken *ww* [keek achterom, h. achteromgekeken] ❶ het hoofd zodanig draaien of gedraaid houden dat men achter zich kijkt ❷ fig steeds verwijzen naar gebeurtenissen uit het verleden: ★ *je moet niet steeds ~, maar je op de toekomst richten*

ach·ter·om·lo·pen *ww* [liep achterom, is achteromgelopen] langs de achterkant gaan

ach·ter·on·der *het* ⟨op een schip⟩ ruimte onder het achterdek

ach·ter·op *bijw* op het achterste deel van iets wat niet wordt genoemd maar uit het verband blijkt ★ *zij zat ~ op een fiets, motor, paard, wagen␣␣␣␣* ★ *~ raken* niet mee kunnen komen, in minder gunstige omstandigheden geraken

ach·ter·op·hin·ken *ww* [hinkte achterop, h. & is achteropgehinkt] BN ook, fig achterlopen

ach·ter·op·ko·men *ww* [kwam achterop, is achteropgekomen] ★ *NN iem. ~* iem. achternagaan en inhalen

ach·ter·over *bijw* naar achteren hellend of vallend:

★ *ik viel ~ op de grond (achterover vormt scheidbare samenstellingen met werkwoorden die aangeven dat iem. of iets in een naar achteren hellende toestand is, komt of gebracht wordt:* ★ *achteroverhellen, -leunen; achterovervallen, -tuimelen; achteroverbuigen, -duwen; hieronder zijn alleen die samenstellingen vermeld die ook een figuurlijke betekenis hebben)*

ach·ter·over·druk·ken ww [drukte achterover, h. achterovergedrukt] ❶ naar achteren drukken ❷ <u>fig</u> zich onrechtmatig toe-eigenen

ach·ter·over·leu·nen ww [leunde achterover, h. achterovergeleund] ❶ naar achteren leunen ❷ niets doen, geen actie ondernemen: ★ *dit succesje betekent niet dat we nu achterover kunnen gaan leunen*

ach·ter·over·slaan ww [sloeg achterover, is & h. achterovergeslagen] ❶ plotseling achterovervallen ★ *daar sla ik steil van achterover* daar ben ik uitermate verbaasd over ❷ snel drinken, <u>vooral</u> alcoholhoudende drank: ★ *ze hadden flink wat jenever achterovergeslagen*

ach·ter·over·val·len ww [viel achterover, is achterovergevallen] naar achteren omvallen

ach·ter·pand het [-en] rugstuk van een kledingstuk

ach·ter·plecht de [-en] ❶ achterdek ⟨van een klein vaartuig⟩ ❷ zitplaats van een stuurman

ach·ter·poort de [-en] ⟨vaak verkleinw.⟩ <u>BN</u> onzorgvuldigheid in een wet of maatregel waarvan iem. gebruikmaakt om die te omzeilen

ach·ter·poot de (m) [-poten] elk van de achterste poten van een dier of van een meubel

Ach·ter·raad de (m) ★ *de Achterraad* <u>hist</u> het niet-officiële lichaam dat de landvoogdes Margaretha van Parma (1559-1567) van advies diende bij benoemingen in staatsdienst

ach·ter·ruit de [-en] ruit aan de achterzijde, <u>vooral</u> bij auto's

ach·ter·ruit·ver·war·ming de (v) verwarming van de achterruit om beslaan tegen te gaan

ach·ter·schip het [-schepen] achterste deel van het schip

ach·ter·spe·ler de (m) [-s] achterhoedespeler

ach·terst bn het meest achteraan

ach·ter·staan ww [stond achter, h. achtergestaan] minder goed zijn of geacht worden ★ *~ bij onderdoen voor, de mindere zijn van*

ach·ter·staand bn ❶ hierachter volgend ❷ aan de ommezijde staand

ach·ter·stal·lig bn ❶ niet op tijd voldaan: ★ *achterstallige huur* ❷ nog een schuld te voldoen hebbend: ★ *hij is ~ met de huur* ❸ nog niet verricht: ★ *~ werk* ★ *~ onderhoud*

ach·ter·stand de (m) [-en] ❶ wat men achter is: ★ *een ~ oplopen, inlopen, inhalen* ★ *een ~ op het schema hebben* ★ *op ~ staan* ❷ de achterstallige geldelijke verplichtingen: ★ *een ~ aanzuiveren* ❸ werk dat al verricht had moeten zijn: ★ *een ~ in de bouw* ❹ <u>sp</u> wat men bij de tegenstander achterop is geraakt: ★ *het team wist de ~ in te lopen*

ach·ter·stands·groep de [-en] <u>vooral NN</u> sociale groep in de samenleving die achterop raakt wat betreft inkomen, opleiding, culturele vorming e.d.

ach·ter·stands·wijk de [-en] <u>vooral NN</u> wijk in een stad of dorp waar overwegend mensen wonen met een laag inkomen, een lage opleiding enz.

ach·ter·ste I de [-n] persoon die zich het meest achteraan bevindt: ★ *wij liepen als achtersten in de stoet* **II** het [-n en -s] ❶ het achterste deel; zie ook bij → **tong** ❷ zitvlak: ★ *zij heeft bij die val haar ~ bezeerd*

ach·ter·stel het [-len] achterste gedeelte ⟨van voertuig, werktuig, meubel enz.; het geheel van de achterpoten bij viervoeters⟩

ach·ter·stel·len ww [stelde achter, h. achtergesteld] minder goed achten; minder gunstig behandelen: ★ *achtergesteld worden bij zijn collega's* ; zie ook bij → **achtergesteld**

ach·ter·ste·ven de (m) [-s] achterkant van een schip

ach·ter·ste·voor, ach·ter·ste·vo·ren bijw ❶ omgedraaid, met het achterste aan de voorzijde: ★ *een trui ~ dragen* ❷ <u>fig</u> averechts, glad verkeerd: ★ *hij doet altijd alles ~*

ach·ter·stop·per de (m) [-s] <u>voetbal</u> laatste verdediger (in systemen met een voorstopper)

ach·ter·tuin de (m) [-en] tuin achter het huis: ★ *voor- en ~*

ach·ter·uit I bn ❶ naar achteren, terug: ★ *we moesten ~ toen de optocht voorbijkwam* ❷ **II** de (m) stand van de versnelling waarin een auto achteruitrijdt: ★ *de wagen in zijn ~ zetten*

ach·ter·uit·boe·ren ww [boerde achteruit, is achteruitgeboerd] achteruitgaan in zaken

ach·ter·uit·dein·zen ww [deinsde achteruit, is achteruitgedeinsd] naar achteren wijken (van schrik, angst e.d.)

ach·ter·uit·gaan ww [ging achteruit, is achteruitgegaan] ❶ achterwaarts gaan ❷ in minder gunstige toestand geraken: ★ *haar gezondheid gaat hard achteruit*

ach·ter·uit·gang[1] de (m) het → **achteruitgaan** (bet 2): ★ *de economische ~*

ach·ter·uit·gang[2] de (m) [-en] uitgang aan de achterkant

ach·ter·uit·kijk·spie·gel de (m) [-s] spiegel waarin de bestuurder van een voertuig achter zich op de weg kan zien

ach·ter·uit·krab·be·len ww [krabbelde achteruit, is achteruitgekrabbeld] trachten eerdere beloftes of toezeggingen weer ongedaan te maken

ach·ter·uit·lo·pen ww [liep achteruit, h. & is achteruitgelopen] ❶ achterwaarts lopen ❷ ⟨fig van zaken enz.⟩ in minder gunstige toestand raken: ★ *de economie loopt hard achteruit*

ach·ter·uit·rij·den ww [reed achteruit, is & h. achteruitgereden] ❶ achterwaarts rijden: ★ *we reden achteruit de afrit op* ❷ met de rug naar de voortbewegingsrichting zitten in een bus, trein e.d. ❸ rijdend naar achteren verplaatsen: ★ *hij reed de*

auto een stukje achteruit
ach·ter·uit·rij·lamp *de* [-en] lamp aan de achterzijde van een auto, die gaat branden als de auto achteruitrijdt
ach·ter·uit·slaan *ww* [sloeg achteruit, h. achteruitgeslagen] ⟨van een paard⟩ de achterbenen naar achteren uitslaan
ach·ter·uit·wij·ken *ww* [week achteruit, is achteruitgeweken] naar achteren wijken
ach·ter·uit·zet·ten *ww* [zette achteruit, h. achteruitgezet] ❶ meer naar achteren zetten; zie ook bij → **klok¹** ❷ achterstellen: ★ *ondanks zijn toewijding werd hij steeds achteruitgezet*
ach·ter·voe·gen *ww* [voegde achter, h. achtergevoegd] erachter bijvoegen
ach·ter·voeg·sel *het* [-s] achtergevoegde lettergreep of klank, zoals *-achtig* in het woord *schoolmeesterachtig*, suffix
ach·ter·vol·gen *ww* [achtervolgde, h. achtervolgd] achternagaan om te vangen of te verdrijven; fig steeds lastig vallen: ★ *iem. ~ met problemen* ★ *die kwestie achtervolgt mij* ik denk er voortdurend aan
ach·ter·vol·ging *de (v)* [-en] ❶ het achtervolgen ❷ wielersport achtervolgingswedstrijd
ach·ter·vol·gings·waan·zin *de (m)* waan waarbij de lijder meent dat hij bedreigd wordt, dat er complotten tegen hem worden gesmeed of dat er over hem wordt geroddeld
ach·ter·vol·gings·wed·strijd *de (m)* [-en] wielersport baanwedstrijd waarbij men elk aan één zijde van de baan start en moet trachten elkaar in te halen
ach·ter·waarts *bijw bn* naar achteren, achteruit
ach·ter·wacht vooral NN **I** *de* het fungeren als plaatsvervanger in geval van nood **II** *de (m)* [-en] iem. die als plaatsvervanger optreedt in geval van nood
ach·ter·we·ge *bijw* ★ *~ blijven* wegblijven, niet gebeuren ★ *~ laten* weglaten, nalaten
ach·ter·werk *het* [-en] zitvlak
ach·ter·wiel *het* [-en] wiel aan de achterkant
ach·ter·wiel·aan·drij·ving *de (v)* ❶ vorm van aandrijving van een auto waarbij de motor op de achterwielen werkt ❷ mechanisme dat voor een dergelijke aandrijving zorg draagt
ach·ter·zak *de (m)* [-ken] zak aan de achterzijde van een kledingstuk, vooral van een broek, kontzak
ach·ter·zet·sel *het* [-s] voorzetsel dat is geplaatst achter het woord waar het bij hoort, zoals *door* in de zin: *hij liep het bos door*
ach·ter·zij, **ach·ter·zij·de** *de (v)* [-zijden] achterkant
acht·hoek *de (m)* [-en] meetkunde plat vlak ingesloten door acht rechte zijden, figuur met acht hoeken
acht·hoe·kig, **acht·hoe·kig** *bn* met acht hoeken
acht·hon·derd *telw;*, **acht·hon·derd·ste** *rangtelw*
ach·ting *de (v)* waardering: ★ *~ hebben voor iem.* ★ *in iemands ~ stijgen (dalen)* meer (minder) gewaardeerd worden
acht·kant I *bn* met acht kanten **II** *de (m) & het* [-en] achtkantige figuur
acht·ste¹ *rangtelw* ★ *de ~ dag*
acht·ste² *zn* [-n] een achtste deel, 1/8
acht·tal *het* [-len] groep van acht
acht·tien *telw;* **achttienhonderd** *telw*
acht·tien·de·eeuws *bn* van, uit de 18de eeuw
acht·tien·hon·derd *telw*
acht-tot-tweeca·fé *het* [-s], **acht-tot-tweezaak** *de* [-zaken] café dat vergunning heeft om van 8 uur 's avonds tot 2 uur 's nachts geopend te zijn
acht·uren·dag *de (m)* [-dagen] achturige werkdag
acht·urig, **acht·urig** *bn* acht uur durende: ★ *de achturige werkdag*
8 uur·jour·naal [-zjoer-] *het* [-s] televisiejournaal dat om 20.00 uur wordt uitgezonden
acht·uur·jour·naal [-zjoer-] *het* [-s] 8 uurjournaal
acht·vlak *het* [-ken] lichaam door acht platte vlakken ingesloten
acht·voud *het* [-en] getal dat door acht deelbaar is; acht maal zo groot getal
acht·vou·dig *bn* acht maal zo veel *of* zo groot
acht·zij·dig *bn* met acht zijvlakken: ★ *een achtzijdige piramide*
acid [essid] ⟨Eng⟨Lat⟩ *de (m)* slang lsd
acid house [essid haus] ⟨Eng⟩ *de (v)* bep. soort housemuziek, vooral gebruikt bij *acid house party's*
acid house par·ty [essid haus pà(r)tie] ⟨Eng⟩ *de (v)* ['s] dansfeest met *acid house* als muziek en gekenmerkt door veelvuldig gebruik van drugs, vooral xtc
aci·di·me·ter [aasie-] ⟨Lat-Gr⟩ *de (m)* [-s] zuurmeter, toestel ter bepaling van de relatieve hoeveelheid zuur die in een oplossing aanwezig is
aci·di·teit ⟨Lat⟩ *de (v)* chem zuurgraad, gehalte aan zure stof
aci·dum ⟨Lat⟩ *het* [-da] chem zuur
à ci·re per·due *bijw* [aa sier perduu] zie bij → **cire perdue**
ACLVB *afk* in België Algemene Centrale der Liberale Vakbonden van België [in 1930 opgerichte Belgische liberale vakbond]
ac·me ⟨Gr⟩ *het* hoogtepunt, eig van een ziekte, vervolgens ook van andere verschijnselen gezegd
ac·ne ⟨Gr⟩ *de* [-s] huidaandoening door chronische ontsteking van de haarzakjes; vetpuistje
ACOD *afk* in België Algemene Centrale der Openbare Diensten [Belgische socialistische vakbond]
aco·liet ⟨Gr⟩ *de (m)* [-en] ❶ RK misdienaar; *tot 1972* ook geestelijke die de hoogste van de vier kleinere orden (lagere wijdingen) heeft ontvangen ❷ fig aanhanger, volgeling
ACOP *afk* Algemene Centrale voor Overheidspersoneel
acqui·re·ren [akkwie-] ⟨Fr⟨Lat⟩ *ww* [acquireerde, h. geacquireerd] ❶ aanwerven, verwerven ❷ econ een andere onderneming of nieuwe orders verwerven
acqui·si·teur [akkwiezie-] ⟨quasi-Fr⟩ *de (m)* [-s] iem. die zich bezighoudt met het werven van klanten, abonnees, adverteerders e.d.

acqui·si·tie [akkwiezie(t)sie] (⟨Fr⟨Lat⟩ de (v) [-s] ❶ het aanwerven of verwerven; econ verwerving van een andere onderneming of van nieuwe orders ❷ wat men verworven heeft, aanwinst

acquit [akkiet] (⟨Fr⟩ het bilj plaats waar de bal opgezet moet worden; ⟨vandaar⟩ eerste stoot: ★ *wie geeft* ~? ★ NN, fig van ~ *gaan* van start gaan, beginnen

acre¹ [eeka(r)] (⟨Eng⟩ de [-s] Engelse en Amerikaanse vlaktemaat, 4047 m²

acre² (⟨Fr⟩ de [-s] oude Franse vlaktemaat, 50 aren

acri·bie (⟨Gr⟩ de (v) uiterste nauwkeurigheid

acro·baat (⟨Gr⟩ de (m) [-baten] iem. die als schouwspel behendigheidstoeren verricht waarvoor grote lenigheid, kracht en evenwichtskunst is vereist

acro·ba·tie [-(t)sie] (⟨Fr⟨Gr⟩ de (v) [-tieën], **acro·ba·tiek** (⟨Du⟨Gr⟩ kunst van of als van acrobaten, halsbrekende toeren

acro·ba·tisch (⟨Fr⟨Gr⟩ bn van of als van een acrobaat of als in de acrobatie, halsbrekend

acro·niem (⟨Gr⟩ het [-en] letterwoord, zoals *radar, NATO*

acro·po·lis [aakroo-] (⟨Gr⟩ de (v) ❶ hist, eig hoge stad; burchtheuvel of rots waarop de bevolking van een stad zich bij oorlogsgevaar kon terugtrekken ❷ vooral: ★ *de Acropolis* die van Athene

acros·ti·chon [aakrostiegon] (⟨Gr⟩ het [-s] ❶ de beginletters van de regels van een gedicht (soms ook van bepaalde woorden daarin) die samen een naam, een spreuk of een vers vormen ❷ gedicht dat dit verschijnsel vertoont, naamdicht

acryl [aakriel] het in de textielindustrie gebruikte kunststofvezel, o.a. voor gebreide kleding, dekens, tapijten, gordijnen

acry·laat [aakrie-] het [-laten] soort kunststof, vaak gebruikt als bindmiddel, o.a. in verf

acryl·verf [aakriel-] de verf waarin acrylaat is verwerkt

acryl·zuur [aakriel-] het etheencarbonzuur, een belangrijke grondstof voor de bereiding van kunststoffen

act [ekt] (⟨Eng⟨Lat⟩ de (m) [-s] ❶ ⟨in Engelstalige landen⟩ besluit van een bestuurslichaam of vergadering: ★ *Act of Parliament* ★ *Act of Congress* ❷ ★ recht *Act of God* onvoorziene gebeurtenis die leidt tot overmacht en die iem. ontslaat van de verplichting een aangegane overeenkomst na te komen ❸ uit- of opvoering door een artiest, vooral in het amusementsbedrijf ❹ fig, slang vertoning: ★ *dat was een fraaie* ~

ac·te de pré·sence [preeză̄s(ǝ)] (⟨Fr⟩ de (v) ★ ~ *geven* zich even ergens vertonen, blijk geven van zijn aanwezigheid

ac·te·ren ww (⟨Lat⟩ [acteerde, h. geacteerd] ❶ toneelspelen; in een film spelen ❷ actief zijn, optreden (*van voetballers enz.*): ★ *Seedorf acteerde matig op het middenveld*

ac·teur (⟨Fr⟨Lat⟩ de (m) [-s] ❶ toneelspeler ❷ filmspeler

ac·tie [aksie] (⟨Fr⟨Lat⟩ de (v) [-s] ❶ werking; handeling: ★ *in* ~ *komen* ★ *tot* ~ *overgaan* ★ ~ *en reactie* werking en weerslag ❷ vooral rechtshandeling; vervolging: ★ *een* ~ *instellen tegen* ❸ mil gevechtshandeling ❹ handeling(en) ter ondersteuning van een gezamenlijk opgezet streven: ★ *een* ~ *beginnen* ★ ~ *voeren voor, tegen* ★ *een* ~ *ontketenen* ❺ een hoge mate van beweging, vaart: ★ *een film met veel* ~ ❻ [mv: -tiën] vero aandeel in een onderneming, stuk

ac·tie·be·reid·heid [aksie-] de het bereid zijn actie te ondernemen tegen een bep. onrecht; vooral bereidheid van werknemers tot staking, stiptheidsacties e.d.: ★ *de vakbond meldde dat de* ~ *onder de leden groot was*

ac·tie·co·mi·té [aksie-] het [-s] groep van personen die het initiatief nemen tot en de leiding hebben van een → actie (bet 4) tot het bereiken van een bep. doel of om tegen iets te protesteren

ac·tief (⟨Fr⟨Lat⟩ I bn ❶ werkzaam (in verschillende opvattingen), bedrijvig: ★ *actieve dienst* feitelijke, werkelijke dienst ★ *actieve handel* uitvoerhandel ★ *actieve immuniteit* immuniteit die door het lichaam zelf wordt opgebouwd na contact met ziekteverwekkende organismen of lichaamsvreemde stoffen ★ ~ *kiesrecht* het recht om te kiezen, aan een stemming deel te nemen ★ *actieve kool* verzamelnaam voor een groep preparaten die voornamelijk uit koolstof bestaan en die veel gas, kleurstof e.d. kunnen opnemen ★ *actieve schuld* uitstaande schuld ❷ levendig: ★ *de beurs was zeer* ~ ★ *actieve fondsen* fondsen waarin veel wordt omgezet ❸ ★ taalk *een actieve zin* een zin in de bedrijvende vorm ❹ ★ *een taal* ~ *beheersen* in die taal kunnen spreken en schrijven II het ❶ zie bij → activa ❷ ★ BN ook *iets op zijn* ~ *hebben* (een prestatie e.d.) op zijn naam hebben staan

ac·tie·film [aksie-] de (m) [-s] film met veel actie

ac·tie·fo·to [aksie-] de (m) ['s] foto waarvoor niet geposeerd is, maar die genomen werd terwijl de gefotografeerde(n) in beweging was (waren)

ac·tie·groep [aksie-] de [-en] groep die een → actie (bet 4) voert; actiecomité

ac·tie·han·del [aksie-] de (m) handel in actiën (→ actie, bet 6), vooral hist de windhandel ±1720

ac·tie·ra·di·us [aksie-] de (m) ❶ afstand waarover een werking zich kan doen gelden ❷ afstand die een schip, vlieg- of voertuig kan afleggen zonder nieuwe brandstof te hoeven innemen

ac·tie·ve·ling de (m) [-en] (meestal schertsend) iem. die zeer actief is

ac·tie·voer·der [aksie-] de (m) [-s] iem. die aan een → actie (bet 4) deelneemt

ac·ti·ni·um (⟨Gr⟩ het chemisch element, symbool Ac, atoomnummer 89, een zilverwit radioactief metaal dat in pikblende gevonden wordt

ac·tion·paint·ing [eksjǝnpeenting] (⟨Eng⟩ de (v) & het ❶ abstracte vorm van schilderkunst waarbij de maker de daad van het schilderen tot onderwerp van het kunstwerk maakt, zoals Jackson Pollock (1912-1956) met zijn 'dripping'-methode

❷ recreatief schilderen op muziek

ac·ti·va (‹Lat) mv handel bezittingen van een bedrijf; tegengest: → **passiva**

ac·ti·ve·ren ww (‹Fr) [activeerde, h. geactiveerd] ❶ actief maken, aanwakkeren, tot (sterkere) werking brengen: ★ leerlingen ~ ★ de economie ~ ❷ het optreden van een chemische reactie bevorderen; **activering** de (v)

ac·ti·vis·me (‹Fr) het ❶ streven naar activiteit, vooral streven om door het voeren van een actie bep. maatschappelijke doelstellingen te verwezenlijken ❷ streven van de Vlaamse activisten (zie → **activist** (bet 2)

ac·ti·vist (‹Fr) de (m) [-en] ❶ actievoerder ❷ BN, hist voorstander van de verwerkelijking van de doeleinden van de Vlaamse Beweging met behulp van de bezettende macht tijdens de Eerste Wereldoorlog

ac·ti·vis·tisch bn van, behorende tot de activisten

ac·ti·vi·teit (‹Fr‹Lat) de (v) ❶ het actief zijn, werkzaamheid, bedrijvigheid ❷ [mv: -en] iets wat verricht wordt als deel van een programma, een bepaalde uitvoering, vertoning enz.: ★ activiteiten organiseren op een festival

ac·ti·vum (‹Lat) het [-va] taalk ❶ bedrijvende vorm van het werkwoord ❷ bedrijvend (overgankelijk) werkwoord

ac·tri·ce (‹Fr) de (v) [-s] toneel-, filmspeelster

ac·tu·a·li·se·ren ww [-zeerə(n)] (‹Fr) [actualiseerde, h. geactualiseerd] ❶ actueel maken, aan de eigen tijd aanpassen: ★ deze encyclopedie moet geactualiseerd worden ❷ verwerkelijken, realiseren

ac·tu·a·li·teit (‹Fr) de (v) [-en] ❶ thans bestaande toestand, werkelijkheid ❷ zaak die op dit moment van werkelijk belang is; gebeurtenis van de dag: ★ het tv-journaal besteedt aandacht aan actualiteiten ❸ het belang-hebben voor dit ogenblik: ★ de ~ van een kwestie

ac·tu·a·li·tei·ten·pro·gram·ma het ['s] radio- of televisieprogramma waarin actuele gebeurtenissen worden behandeld en becommentarieerd

ac·tu·a·li·teits·waarde de (v) waarde van iets in verband met de actualiteit: ★ dit bericht heeft grote ~

ac·tu·a·ris (‹Lat) de (m) [-sen] wiskundig raadgever bij een levensverzekeringmaatschappij

ac·tu·eel (‹Fr‹Lat) bn ❶ op het ogenblik bestaande of werkzaam: ★ de actuele toestand ❷ aan de orde, van ogenblikkelijk belang: ★ een actuele kwestie ★ dat is niet ~ meer

acu·punc·teur de (m) [-s], **acu·punc·tu·rist** [-en] iem. die acupunctuur toepast

acu·punc·tuur (‹Lat) de (v) oorspronkelijk met name in China toegepaste genees- of verdovingswijze die bestaat in het op bep. plaatsen in het lichaam steken van lange, dunne naalden van zilver, goud of staal

acuut [aakuut] (‹Lat) bn ❶ med plotseling optredend en snel verlopend (tegengest: → **chronisch**): ★ acute blindedarmontsteking ❷ dringend, in scherpe vorm optredend en om een onmiddellijke oplossing vragend: ★ ~ gevaar ★ dat is niet ~

ACV afk in België Algemeen Christelijk Vakverbond [nationale organisatie van de Belgische christelijke vakbonden]

ACVW afk in België Algemeen Christelijk Verbond van Werkgevers

ACW afk in België Algemeen Christelijk Werknemersverbond [koepel van christelijke werknemersorganisaties]

A.D. afk anno Domini (‹Lat) [in het jaar van onze Heer, na Christus]

ad¹ (‹Lat) vz tot, te, voor; belopend: ★ de rekening ~ 24 euro [(de verschillende verbindingen met ad- worden op hun alfabetische plaats naar de eerste letter van het tweede woord behandeld)]

ad² [èd] (‹Eng) de [-s] comput tekst of grafische voorstelling op een internetpagina die dient als reclame en na aanklikken een andere pagina opent

a.d. afk ❶ → **a dato** (‹Lat) ❷ ante diem (‹Lat) [vóór de dag]

a/d afk ‹in plaatsnamen› aan de: ★ Krimpen a / d Lek

ad ab·sur·dum bijw (‹Lat) tot in het ongerijmde: ★ een stelling ~ voeren

ada·gio [aadaadzjoo] (‹It) muz **I** bijw langzaam **II** het ['s] langzaam te spelen stuk of gedeelte

ada·gi·um [aada-] (‹Lat) het [-gia] spreuk, filosofische of moraliserende uitspraak, gevleugeld woord

Adam de (m) Bijbel de eerste mens (Genesis 1-3) ★ de oude ~ de zondige mens

A'dam afk Amsterdam

adams·ap·pel de (m) [-s] beweeglijk, vooruitstekend deel van het strottenhoofd

adams·kos·tuum het ★ in ~ naakt

adap·ta·tie [-(t)sie] (‹Lat) de (v) [-s] aanpassing (in verschillende opvattingen): ★ ~ van het oog aan wisselende lichtsterkten

adap·ter [ədeptə(r)] (‹Eng) de [-s] hulpmiddel om twee apparaten of onderdelen die anders niet aan elkaar passen, toch aan elkaar te kunnen bevestigen: ★ een ~ voor stekkers met platte pennen

adap·te·ren ww (‹Fr‹Lat) [adapteerde, h. geadapteerd] ❶ aanpassen ❷ bewerken, bijv. een roman voor een film

adap·tief bn gericht op, berustend op aanpassing

adat (‹Mal) de (m) NN traditie, oud gebruik, vooral in Indonesië

a da·to voorz (‹Lat) van de dagtekening, vanaf heden

adat·recht het ❶ gewoonterecht ❷ NN ‹in Indonesië› op gewoonte berustend, ongeschreven recht van de verschillende bevolkingsgroepen

ADC afk comput analogue digital converter (‹Eng) [omzetter van analoog naar digitaal]

ad·den·dum (‹Lat) het [-denda] bijlage, bijvoegsel, toevoegsel, aanhangsel

ad·der de [-s, -en] ❶ gifslang met een (niet altijd duidelijke) donkere zigzagstreep op de rug (Vipera *berus*): ★ *de ~ is de enige soort gifslang die in Nederland en België voorkomt* ★ *er schuilt een addertje onder het gras* er zit wat onaangenaams verborgen achter een schone schijn ★ *een ~ aan zijn borst (boezem) koesteren* iem. vertrouwen schenken die dat vertrouwen zal beschamen ★ *als door een ~ gebeten* heel fel en verontwaardigd reagerend ❷ fig venijnig, gemeen persoon

ad·der·beet *de (m)* [-beten] giftige beet van een adder
ad·de·ren·ge·broed, **ad·der·ge·broed** *het* fig gemene, boosaardige mensen
ad·der·kruid *het* adderwortel
ad·der·tong *de* [-en] ❶ tong van een adder ❷ naam van een plantenfamilie: *Ophioglossum*
ad·der·wor·tel *de (m)* plant met kromme wortelstok (*Polygonum bistorta*)
ad·dict [eddikt] *(‹Eng‹Lat) de* [-s] iem. die verslaafd is aan een drug
ad·dic·tie [-diksie] *(‹Lat) de (v)* [-s] ❶ gerechtelijke toekenning, toewijzing ❷ verslaafdheid
ad·di·tie [-(t)sie] *(‹Fr‹Lat) de (v)* [-s] optelling, toevoeging, bijeenvoeging
ad·di·tief *(‹Fr‹Lat)* **I** *bn* door bijeenvoeging ontstaan of verkregen **II** *het* [-tieven] toegevoegde stof, vooral kleur- of smaakverbeterings- of conserveringsmiddel
ad·di·tio·neel [-(t)sjoo-] *(‹Fr) bn* toegevoegd, bijgevoegd
adé [aadee] *tsw* adieu
à de·char·ge *bijw* [aa deesjarzja] *(‹Fr)* ter ontlasting ★ *getuige ~* getuige ten voordele van de beschuldigde; *vgl*: → **à charge**
adel *de (m)* ❶ stand van edelen, maatschappelijke stand waaraan een bep. aanzien en bep. voorrechten zijn verbonden en die veelal bij de geboorte is verkregen: ★ *zij is van ~* ❷ de edelen als groep: ★ *de ~ is meestal behoudend* ❸ edele aard
ade·laar *de (m)* [-s, -laren] arend
ade·laars·blik *de (m)* [-ken] ❶ blik van een arend ❷ fig zeer scherpe blik
ade·laars·va·ren *de* [-s] een varensoort, *Pteris aquilina*
ade·laars·vlucht *de* [-en] het vliegen met brede vleugelslag
adel·borst *de (m)* [-en] iem. die opgeleid wordt tot marineofficier
adel·brief *de (m)* [-brieven] ❶ bewijs dat men van adel is ❷ fig hoog eerbewijs
adel·dom *de (m)* ❶ het van adel zijn ❷ de edelen ❸ edele aard
ade·len *ww* [adelde, h. geadeld] ❶ in de adelstand verheffen ❷ veredelen, zedelijk verheffen: ★ *arbeid adelt*
adel·lijk[1] *bn* ❶ van adel ❷ zoals een edelman betaamt
adel·lijk[2] *bn* ‹van wild› nog net niet bedorven en daardoor malser en sneller gaar
adel·stand *de (m)* stand van de edelen: ★ *iem. in (of tot) de ~ verheffen*
adem *de (m)* ❶ door levende wezens ingezogen en uitgeblazen lucht ❷ ademhaling ★ *buiten ~* moeilijk ademend ten gevolge van grote inspanning ★ *met ingehouden ~* uiterst geboeid ★ *naar ~ happen* op verkrampte wijze trachten lucht binnen te krijgen bij benauwdheid ★ *de ~ inhouden* niet ademen, vooral van spanning ★ *op ~ komen* zich herstellen, bijkomen ★ *in één ~ uitlezen* zeer geboeid, achter elkaar uitlezen ★ *iets in één ~ noemen met* iets als gelijkwaardig doen voorkomen met ★ *~ scheppen* weer tot rust komen ★ *de laatste ~ uitblazen* sterven ★ *een toespraak, betoog van lange ~* breedvoerig ★ *een werk, onderneming van lange ~* veel tijd vergend ★ *een lange ~ hebben* iets lange tijd kunnen volhouden ★ *een slechte ~ hebben* uit de mond stinken

adem·be·ne·mend *bn* hevige spanning veroorzakend: ★ *in ~ tempo*
ade·men *ww* [ademde, h. geademd] ❶ lucht door inzuigen in het lichaam opnemen en weer uitblazen ❷ fig van zich doen uitgaan: ★ *haar wezen ademt rust*
adem·ha·len *ww* [haalde adem, h. ademgehaald] ademen
adem·ha·lings·oe·fe·ning *de (v)* [-en] oefening ter beheersing van de ademhaling (bijv. bij yoga, zangonderwijs, zwemsport)
adem·ha·lings·or·gaan *het* [-ganen] elk van de organen die de mens of het dier gebruikt bij de ademhaling
adem·loos *bn* ❶ zonder adem te halen ❷ vanwege spanning of geboeidheid: ★ *in ademloze spanning keken we toe*
adem·nood *de (m)* benauwdheid door gebrek aan adem
adem·pauze *de* [-n, -s] ❶ pauze om op adem te komen ❷ fig korte periode van rust tussen inspannende werkzaamheden of spannende gebeurtenissen
adem·proef *de* [-proeven], **adem·test** *de (m)* [-s] controle op alcoholgebruik door onderzoek van de adem (van bijv. verkeersdeelnemers)
adem·tocht *de (m)* ademhaling ★ *tot de laatste ~* tot de dood
ade·ni·tis *(‹Gr) de (v)* med klierontsteking
adept [aadept] *(‹Fr‹Lat) de (m)* [-en] ❶ oorspr ingewijde in de geheimen van een sekte of van een wetenschap ❷ thans volgeling, aanhanger
ad·e·quaat [-kwaat] *(‹Fr‹Lat) bn* met het voorbeeld of het object overeenstemmend, passend, gepast: ★ *een adequate behandeling van een ziekte*
ader *de* [-en, -s] ❶ anat vat waardoor bloed stroomt, vooral naar het hart toe ❷ kronkelige doorgang in de aardkorst waaruit water opwelt ❸ smalle kronkelgang in de aarde met delfstof ❹ kronkelige streep (bijv. in marmer)
ader·la·ten *ww* [verleden tijd ongebruikelijk, h. adergelaten] ❶ bloed aftappen uit een ader, vooral als verouderde geneeswijze ❷ fig veel geld laten

betalen

ader·la·ting *de (v)* [-en] ❶ het aderlaten ❷ fig grote, veelal ongewilde uitgave van geld: ★ *dat etentje was een hele ~*

ader·lijk *bn* ★ *~ bloed* bloed dat naar het hart terugstroomt

ader·ont·ste·king *de (v)* [-en] pijnlijke, etterige opzwelling van de aderen, *flebitis*

ader·spat *de* [-ten] knobbel of zwelling als gevolg van aderuitzetting

ader·ver·kal·king *de (v)* degeneratieproces in de wanden van slagaderen, waardoor deze verharden en nauwer worden, arteriosclerose

ad fun·dum *bijw* (‹Lat›) tot de bodem ★ *~ drinken* het glas geheel uitdrinken

ADHD *afk* Attention Deficit Hyperactivity Disorder (‹Eng›) [aandachtstekortstoornis met hyperactiviteit]

ad·he·rent (‹Fr‹Lat›) **I** *bn* aanklevend, onafscheidelijk verbonden aan **II** *mv,* **adherenten** aanhangers

ad·he·sie [-zie] (‹Fr‹Lat›) *de (v)* ❶ nat kracht waarmee de moleculen van lichamen die met elkaar in aanraking zijn elkaar trachten vast te houden ❷ instemming: ★ *~ betuigen (met)*

ad·he·sie·be·tui·ging [-zie-] *de (v)* [-en] betuiging van instemming

ad hoc *bn* (‹Lat›) voor deze zaak, hiertoe ★ *commissie ~* voor een bepaalde zaak benoemde commissie ★ *een ad-hocbeslissing* beslissing die slechts voor één bep. geval geldt

ad ho·mi·nem *bijw* (‹Lat›) op de man af, zonder omwegen ★ *~ disputeren* a) de tegenpartij met haar eigen wapens bestrijden; b) bij uitbreiding persoonlijk of handgemeen worden

adi·an·tum (‹Gr›) *het* varengeslacht waarvan de meeste soorten in tropische gebieden voorkomen en waarvan vele soorten in kassen worden gekweekt of als kamerplant worden gehouden (bijv. → **venushaar**)

adieu [aadjeu] (‹Fr›) *tsw* vaarwel

ad in·fi·ni·tum *bijw* (‹Lat›) tot in het oneindige

ad in·te·rim *bn* (‹Lat›) voor de tussentijd, waarnemend: ★ *een directeur ~*

adj. *afk* ❶ adjectief ❷ adjudant ❸ adjunct

ad·jec·tief (‹Fr‹Lat›) **I** *het* [-tieven] bijvoeglijk naamwoord **II** *bn* bijvoeglijk, als bijvoeglijk naamwoord

ad·ju·dant (‹Fr›) *de (m)* [-en] ❶ officier (kapitein of luitenant) die aan een vorstelijk persoon eershalve, of aan een opper- of hoofdofficier om deze bij te staan, is toegevoegd ❷ verkorting van → **adjudant-onderofficier** ❸ benaming van een ooievaarachtige vogel

ad·ju·dant-chef *de (m)* [-s] BN onderofficier, één rang hoger dan adjudant

ad·ju·dant-on·der·of·fi·cier *de (m)* [-en] hoogste rang van onderofficier

ad·junct (‹Lat›) *de (m)* [-en] ‹in samengestelde titels› benaming voor een ambtenaar of functionaris die aan een hogere is toegevoegd om hem in zijn beroepsbezigheden bij te staan, bijv.: ★ *adjunct-commies* ★ *adjunct-directeur*

ad·junct-com·mies *de (m)* [-miezen] ambtenaar van de rang beneden commies

ad li·bi·tum *bijw* (‹Lat›) naar believen, naar welgevallen, zoveel men wil

adm. *afk* administratie

ad·mi·ni·stra·teur (‹Fr›) *de (m)* [-s] ❶ iem. die de administratie voert ❷ beheerder, vooral van de geldzaken van een bedrijf, instelling enz. ❸ titel van departementsambtenaar, boven referendaris ❹ NN ‹in voormalig Nederlands-Oost-Indië› iem. die een onderneming (plantage, fabriek) bestuurde voor de eigenaar

ad·mi·ni·stra·tie [-(t)sie] (‹Lat›) *de (v)* [-s] ❶ bestuur of beheer voor zover dit betreft alles wat in stukken, akten, formulieren enz. is neergelegd ❷ het schriftelijk (resp. machinaal) vastleggen van gegevens die nodig zijn voor het beheer: ★ *de ~ wordt steeds meer geautomatiseerd* ❸ metonymisch afdeling waar, gebouw waarin de administratie gevoerd wordt en het daarmee belaste personeel werkt ❹ BN ook overheid, bestuur, regering, overheidsdienst ❺ ‹m.b.t. de Verenigde Staten› zittingsperiode van een president

ad·mi·ni·stra·tief (‹Lat›) *bn* ❶ de administratie betreffend of daartoe dienend: ★ *een administratieve functie* ★ *~ onderlegd zijn* ❷ ★ *~ recht* al de rechtsregels die de betrekking bepalen tussen de als uitvoerende macht optredende overheid en de onderdanen, of andere overheidslichamen ❸ BN betrekking hebbend op de overheid, rijks ★ *administratieve gezondheidsdienst* rijksgeneeskundige dienst

ad·mi·ni·stra·tie·kan·toor [-(t)sie-] *het* [-toren] kantoor van beheer, vooral instelling die certificaten in omloop brengt van aandelen in Amerikaanse of Canadese ondernemingen of die het beheer voert over het vermogen van beleggingsdepots waarover eveneens certificaten worden uitgegeven

ad·mi·ni·stra·tie·kos·ten [-(t)sie-] *mv* onkosten voor → **administratie** (bet 2)

ad·mi·ni·stra·tor (‹Lat›) *de (m)* [-toren, -s] ❶ persoon die de administratie van iets bijhoudt: ★ *hij is een goede ~* ❷ ★ *~ apostolicus* RK geestelijke die tijdelijk het bestuur over een bisdom voert zonder daarvan de titel te hebben

ad·mi·ni·stra·tri·ce *de (v)* [-s] vrouwelijke administrateur

ad·mi·ni·stre·ren *ww* (‹Fr‹Lat›) [administreerde, h. geadministreerd] ❶ beheren, besturen ❷ in een administratie opnemen ❸ toedienen (vooral de sacramenten van de Rooms-Katholieke Kerk)

ad·mi·raal (‹Fr‹Arab›) *de (m)* [-s, -ralen] ❶ opperbevelhebber van een oorlogsvloot ❷ in Nederland en België veelvoorkomende vlinder,

atalanta, schoenlappervlinder, nummervlinder (*Vanessa atalanta*)

ad·mi·raal-ge·ne·raal *de (m)* [admiraals-generaal, admiralen-generaal] vroeger hoofd van het zeewezen

ad·mi·raals·schip *het* [-schepen] schip waarop de admiraal is, vlaggenschip

ad·mi·raal·vlin·der *de (m)* [-s] admiraal

ad·mi·raal·zei·len *ww & het* (het) onder zeil uitvoeren van bep. manoeuvres door in formatie varende schepen onder leiding van een 'admiraal', vroeger ter beveiliging van de koopvaardij, thans nog als feestelijke gebeurtenis

ad·mi·ra·li·teit *de (v)* [-en] NN historische benaming voor de provinciale colleges die tijdens de Republiek der Verenigde Nederlanden de marine bestuurden

ad·mi·ra·li·teits·col·le·ge [-leezjə] *het* [-s] NN, hist ten tijde van de Republiek der Verenigde Nederlanden elk van de vijf colleges van toezicht op het zeewezen

ad·mis·sie *(Fr‹Lat) de (v)* toelating, vergunning om iets te doen, een instelling te bezoeken enz.

ado·be [aadoo-] *(Sp‹Arab) de (m)* in de zon gedroogde klei als bouwmateriaal

ado·les·cent *(Fr‹Lat) de (m)* [-en] jongen of meisje in de leeftijd van ±16 tot ±20 jaar

ado·les·cen·tie [-sie] *(Fr‹Lat) de (v)* leeftijdsfase van meisjes en jongens na de puberteit en vóór de volwassenheid (globaal van 16 tot 20 jaar)

Ado·nai *zn (Hebr)* Mijn Heer, in het Oude Testament soms gebruikte naam voor God; in het bijzonder gebruikt ter vervanging van de onuitsprekelijk (verboden) geachte naam JHVH of Jahwe

ado·nis [aadoo-] *de (m)* [-sen] ❶ schone jongeling, naar Adonis, in de mythologie een zeer schone jongeling, bemind door Venus ❷ ranonkelachtig plantengeslacht

adop·tant *(Lat) de (m)* [-en] iem. die iem. adopteert

adop·te·ren *ww (Fr‹Lat)* [adopteerde, h. geadopteerd] ❶ als kind aannemen ❷ ‹een mening e.d.› aanvaarden, tot de zijne maken

adopt·ers [ədoptə(r)s] *mv* consumenten die besluiten een nieuw product te gaan gebruiken ★ *early ~* kopers die nauwlettend de trends volgen en geneigd zijn om nieuwe producten snel aan te schaffen

adop·tie [aadopsie] *(Fr‹Lat) de (v)* [-s] aanneming als kind

adop·tief *(Fr‹Lat) bn* aangenomen

adop·tief·kei·zers *mv* Romeinse keizers die door hun voorgangers, bij gemis aan wettige zoons, als zoon en opvolger werden aangenomen (98-180 n.C.)

adop·tie·kind, **adop·tief·kind** *het* [-eren] aangenomen kind

adop·tie·ou·ders [aadopsie-], **adop·tief·ou·ders** *mv* ouderpaar dat een of meer kinderen heeft geadopteerd

---

49   admiraal-generaal–adsorptie

adop·tie·ver·lof [aadopsie-] *het* (recht op) verlof voor werknemers die een kind adopteren

ado·ra·bel *(Fr‹Lat) bn* aanbiddelijk, verrukkelijk mooi

ado·ra·tie [-(t)sie] *(Fr‹Lat) de (v)* aanbidding, hoogste verering

ado·re·ren *ww (Fr‹Lat)* [adoreerde, h. geadoreerd] aanbidden, verafgoden

ad pa·tres *bijw (Lat)* tot de vaderen ★ *~ gaan, zijn sterven, gestorven zijn*

ad rem *bn (Lat)* ❶ ter zake, raak, hout snijdend: ★ *die opmerking was ~* ❷ snedig, gevat: ★ *hij is zeer ~*

ad·re·na·li·ne *(Lat) de* med hormoon uit het merg van de bijnieren: ★ *~ wordt aan het bloed afgegeven bij lichamelijke inspanning, dreigend gevaar, emoties als woede en pijn, grote geestelijke spanning e.d. en heeft o.a. versnelde hartslag en ademhaling tot gevolg*

adres [aadres] *(Fr) het* [-sen] ❶ straat, postcode en plaats waar iem. woont of waar een instelling, bedrijf, instantie gevestigd is ★ *je bent bij mij aan het verkeerde ~ ik ga niet op je verzoek of voorstel in* ★ *een hatelijkheid aan jouw ~ voor jou bedoeld* ★ *per ~ (p/a)* formule gebruikt bij de adressering van een poststuk aan iem. die op een ander dan zijn eigen adres verblijft ❷ NN verzoekschrift, verklaring gericht tot bestuurslichamen: ★ *men richtte een ~ aan de Tweede Kamer* ❸ comput aanduiding, d.m.v. een naam of getal, van een plaats in het geheugen

adres·boek [aadres-] *het* [-en] boek met naam en adres van de inwoners van een stad, de leden van een vereniging e.d.

adres·kaart [aadres-] *de* [-en] kaart met naam en adres, gebruikt bij verzending van goederen

adres·lijst [aadres-] *de* [-en] lijst met adressen → **adres** (bet 1)

adres·seer·baar *bn* comput rechtstreeks benaderbaar via een instructie aan de computer (gezegd van plaatsen in het computergeheugen waar informatie kan worden opgeslagen)

adres·seer·ma·chi·ne [-sjienə] *de (v)* [-s] machine die namen en adressen stempelt

adres·sen·be·stand [aadres-] *het* [-en] al dan niet elektronische verzameling adressen van personen en bedrijven voor verschillende doeleinden

adres·se·ren *ww (Fr)* [adresseerde, h. geadresseerd] van een adres voorzien: ★ *een brief adresseren aan het ministerie*

adres·wij·zi·ging [aadres-] *de (v)* [-en] ❶ verandering van adres ❷ kaartje waarop een verandering van adres wordt aangekondigd

ADSL *afk* telec *Asymmetric Digital Subscriber Line* *(Eng)* [breedbandtechniek voor aanzienlijk snellere verbindingen over de koperen telefoonlijn, die er o.a. mogelijk maakt om supersnel bewegend beeld te verzenden en ontvangen]

ad·sorp·tie [-sie] *(Lat) de (v)* het binden, resp. gebonden-worden van een stof aan de oppervlakte van een andere stof (dus zonder dat zij wordt opgeslorpt)

ad·struc·tie [-struksie] *(‹Lat) de (v)* toelichting bij een betoog, staving: ★ *ter ~ van*

ad·stru·e·ren *ww (‹Lat)* [adstrueerde, h. geadstrueerd] met bewijzen staven, toelichten

adv *afk* arbeidsduurverkorting

ad·vent *(‹Lat) de (m)* periode van vier weken van het kerkelijk jaar voorafgaande aan het kerstfeest: ★ *de eerste zondag van de ~ is de eerste dag van het kerkelijk jaar*

ad·ven·tief *(‹Fr‹Lat) bn* biol zich op een andere dan de gewone plaats ontwikkelend: ★ *een adventieve knop aan de bladrand*

ad·ven·tief·plant *de* [-en] plant of plantensoort die door menselijke invloed voorkomt in een gebied dat niet tot haar oorspronkelijke verspreidingsgebied behoort

ad·ven·tis·ten *mv* aanhangers van sekten die de spoedige wederkomst van Christus verwachten

ad·ven·ture·game [ədvɛntsjə(r)γeem] *(‹Eng) de (m)* [-s] computerspel waarbij men via avontuurlijke omzwervingen een opdracht moet uitvoeren, gebruikmakend van aanwijzingen die men tijdens het spel krijgt

ad·ver·bi·aal *(‹Lat) bn* bijwoordelijk

ad·ver·bi·um *(‹Lat) het* [-bia] bijwoord

ad·ver·teer·der *de (m)* [-s] iem. die adverteert

ad·ver·ten·tie [-sie] *(‹Lat) de (v)* [-s] tegen betaling geplaatste aankondiging of mededeling in een krant, tijdschrift of ander openbaar orgaan buiten de redactionele tekst, meestal van commerciële of persoonlijke aard

ad·ver·ten·tie·blad [-sie-] *het* [-bladen] gratis verspreide krant met hoofdzakelijk advertenties

ad·ver·te·ren *ww (‹Lat)* [adverteerde, h. geadverteerd] ❶ door advertenties aanprijzen ❷ advertenties plaatsen: ★ *~ voor een product, voor nieuw personeel* ❸ NN openlijk bekendmaken, kennis geven van

ad·ver·to·ri·al [edvùr)tòrie(j)əl] *(‹Eng) de* [-s] NN (versmelting van *advertisement* en *editorial*) advertentie in een tijdschrift die zich qua stijl en vormgeving niet of nauwelijks onderscheidt van redactionele artikelen in dat tijdschrift

ad·vies *(‹Fr) het* [-viezen] (gevraagde, resp. medegedeelde) mening, gevoelen, raad: ★ *~ vragen, geven (aan iem. over iets)* ★ *op ~ van* overeenkomstig de raad van ★ *bindend ~* uitspraak van een derde waaraan twee partijen vooraf verklaren zich te zullen houden

ad·vies·bu·reau [-buuroo] *het* [-s] instelling die, vaak tegen betaling, adviezen geeft op een bep. terrein

ad·vies·koers *de (m)* [-en] globale aanduiding van de koers waartegen een transactie in effecten tot stand kan komen

ad·vies·prijs *de (m)* [-prijzen] door fabrikant aangegeven prijs, waaraan de detailhandel niet verplicht is zich te houden

ad·vies·snel·heid *de (v)* snelheid die via bep. borden aan het snelverkeer op verkeerswegen wordt geadviseerd

ad·vi·se·ren *ww* [-zeerən] *(‹Fr)* [adviseerde, h. geadviseerd] ❶ advies geven, als deskundige zijn raad of gevoelen geven: ★ *iem. ~ betreffende een hypotheek* ❷ in verzwakte opvatting aanraden: ★ *iem. ~ naar bed te gaan*

ad·vi·seur [-zeur] *(‹Fr) de (m)* [-s] iem. die advies geeft, raadsman, voorlichter

ad·vo·caat¹ *(‹Lat) de (m)* [-caten] raadsman in juridische zaken die zijn cliënt bijstaat in een proces, maar ook daarbuiten met zijn kennis van het recht van nut kan zijn ★ NN *~ van piket* advocaat die verdachten bijstaat die op het politiebureau in verzekering zijn gesteld ★ *~ van kwade zaken* iem. die voor slechte dingen pleit ★ *~ van de duivel* → **advocatus diaboli**

ad·vo·caat² *(‹Lat) de (m)* dikvloeibare drank bereid uit eieren, brandewijn, suiker en vanille; ★ *een advocaatje* een glaasje advocaat

ad·vo·caat-fis·caal *de (m)* [advocaten-fiscaal] NN ❶ vertegenwoordiger van het Openbaar Ministerie bij het Hoog Militair Gerechtshof ❷ vertegenwoordiger van de procureur-fiscaal in de Bijzondere Rechtspleging

ad·vo·caat-ge·ne·raal *de (m)* [advocaten-generaal] NN plaatsvervangend vertegenwoordiger van het Openbaar Ministerie bij de Hoge Raad of bij een gewoon gerechtshof

ad·vo·ca·ten·col·lec·tief *het* [-tieven] groep samenwerkende advocaten die op ideële grondslag rechtshulp verlenen aan kwetsbare individuen en groepen in de samenleving

ad·vo·ca·ten·streek *de* [-streken] listige streek om zich ergens uit te redden

ad·vo·ca·te·rij *de (v)* ❶ schertsend beroep van een advocaat ❷ [*mv*: -en] advocatenstreek

ad·vo·ca·tus di·a·bo·li *(‹Lat) de (m)* ❶ RK advocaat, woordvoerder van de duivel: iem. die bij een voorstel tot heiligverklaring van een overledene tegenwerpingen tegen de heiligverklaring verzamelt, die door de *advocatus Dei* (woordvoerder van God) bestreden worden ❷ bij uitbreiding iem. die ten behoeve van een juiste besluitvorming de negatieve aspecten van een, overigens ook door hem als positief ervaren, zaak belicht

ad·vo·ca·tuur *de (v)* ❶ ambt of de stand van advocaat ❷ de gezamenlijke advocaten, de balie

ad·ware [edwè(r)] *(‹Eng) de* comput programma dat ongemerkt wordt geïnstalleerd en waardoor ongewenste reclame op het beeldscherm verschijnt

ady·na·misch [aadie-] *bn* krachteloos

a.d.z. *afk* als daar zijn

AE *afk* ❶ astronomische eenheid [zie bij → **astronomisch**] ❷ → **account-executive** (zie aldaar)

ÅE *afk* ångström-eenheid

AED *de* [-'s] Automatische Externe Defibrillator apparaat om bij levensbedreigende hartritmestoornissen de normale hartfunctie te herstellen

ae·ro- (⟨Gr⟩ als eerste lid in samenstellingen betrekking hebbend op de lucht of de luchtvaart

ae·ro·bic·cen ww [èr**o**bbikkə(n)] (⟨Eng⟩ [aerobicte, h. geaerobict] doen aan aerobics

aer·o·bic danc·ing [èr**o**bbik d**e**nsing] (⟨Eng⟩ het → aerobics

aer·o·bics [èr**o**bbiks] (⟨Eng⟩ het het onder begeleiding van ritmische popmuziek uitvoeren van oefeningen ter verbetering van de lichamelijke conditie

ae·ro·club [**ee**roo-] (⟨Gr-Eng⟩ de [-s] club van beoefenaars van de sportvliegerij

ae·ro·dy·na·mi·ca [**ee**roodie-] (⟨Gr⟩ de (v) wetenschap die zich bezighoudt met de bestudering van stromingen van lucht en andere gassen en van de daarbij optredende krachten

ae·ro·dy·na·misch [**ee**roodie-] bn betrekking hebbend op de aerodynamica

ae·roob [**ee**roop] (⟨Gr⟩ bn biol de benodigde zuurstof rechtstreeks aan de lucht onttrekkend: ★ aerobe bacteriën

ae·ro·sta·ti·ca [**ee**roo-] (⟨Gr⟩ de (v) leer van het evenwicht van de gassen en van de lucht

ae·ro·trein [**ee**roo-] de (m) [-en] trein die zich op luchtkussens voortbeweegt

AEX afk in Nederland Amsterdam Exchange (⟨Eng⟩ [de Amsterdamse effectenbeurs]

AEX-in·dex de (m) NN in punten uitgedrukt gemiddelde van de vijfentwintig meest verhandelde fondsen op de Amsterdamse effectenbeurs (AEX): ★ de ~ is de belangrijkste graadmeter van de Nederlandse aandelenmarkt

A.F. afk ❶ Académie Française ❷ audio frequency [laagfrequentiegebied: ±16-20000 trillingen per seconde, het voor het menselijk oor waarneembare toongebied]

af bijw ❶ ⟨verwijdering, meestal in combinatie met van⟩ (; zie ook bet 6a en 6b) ★ de schepen voeren ~ en aan ★ ga van mijn stoel ~ ★ hoeveel moet er ~? hoeveel moet ik eraf halen? ★ dat kan er niet ~ dat kunnen we niet betalen ❷ als toneelaanduiding: ★ Hamlet ~ verlaat het toneel ❸ ⟨toestand van verwijderd zijn, meestal in combinatie met van⟩ (; zie ook bet 8 en 9) ★ het dorp ligt een kwartier van de spoorweg ~ ❹ fig gescheiden, bevrijd zijn van: ★ hij is van zijn vrouw (van de drank) ~ ❺ naar beneden ★ hij kwam de trap ~ ★ hij liep trap op trap ~ ★ zij zakten de rivier ~ stroomafwaarts ❻ ★ ~ en toe soms ❼ in combinatie met op ★ ik ga er meteen op ~ iets ondernemen ★ op de man ~ ronduit ★ de vliegen kwamen op de lucht ~ werden aangelokt door ★ ik ga op het rijtje ~ van voor naar achter de rij langs ❽ ⟨in combinatie met van⟩ ★ van hier ~ moet je lopen vanuit dit punt ★ van dit ogenblik ~ ★ van kindsbeen ~ al sinds de kindertijd ❾ ⟨in combinatie met van en aan⟩ ★ van jongs ~ aan onafgebroken sinds iemands kindertijd ★ van nu ~ aan voortaan ★ van voren ~ aan opnieuw ❿ ter uitdrukking van een beëindiging: ★ ~ zijn ⓫ ⟨in een spel⟩ uitgeschakeld zijn, niet meer mogen meedoen ★ het gebeurde om half drie of drie uur, daar wil ik (van)af zijn dat weet ik niet precies meer ★ hij is uitgever ~ hij is geen uitgever meer ★ ~! (als bevel tegen honden:) hou op ★ hij is goed (slecht) ~ hij heeft het goed (slecht) getroffen ⓬ voltooid: ★ het werk is ~ ★ daarmee is de kous ~ zie bij → kous ⓭ in combinatie met bij of op ★ bij de beesten ~ heel grof ★ op de minuut ~ precies op tijd ★ op het gevaar ~ voor een dwaas versleten te worden het risico lopend ★ zijn verhaal was bij het langdradige ~ enigszins langdradig ⓮ ★ terug bij ~ zijn helemaal opnieuw moeten beginnen

afa·sie [-zie] (⟨Gr⟩ de (v) med onvermogen zich uit te drukken d.m.v. spraak, schrift of tekens, dan wel om gesproken of geschreven taal te begrijpen, veroorzaakt door een stoornis in het centrale zenuwstelsel

afa·ti·cus [aaf**aa**-] de (m) [-ci] iem. die lijdt aan afasie

afa·tisch [aaf**aa**-] bn van de aard van, of lijdende aan afasie

afb. afk afbeelding

af·ba·ke·nen ww [bakende af, h. afgebakend] ❶ de grens aangeven: ★ het terrein voor de te bouwen fabriek wordt afgebakend ★ een vaargeul ~ met bakens aangeven waar gevaren kan worden ❷ fig: ★ een gespreksonderwerp ~; **afbakening** de (v) [-en]

af·beel·den ww [beeldde af, h. afgebeeld] in een beeld weergeven

af·beel·ding de (v) [-en] ❶ het afbeelden ❷ portret, plaatje, tekening

af·bek·ken ww [bekte af, h. afgebekt] ruw afsnauwen

af·bel·len ww [belde af, h. afgebeld] ❶ telefonisch afzeggen ❷ door bellen het teken geven van: vertrek einde (van schooltijd enz.) ★ heel wat ~ veel telefoongesprekken voeren

af·be·stel·len ww [bestelde af, h. afbesteld] een bestelling afzeggen

af·be·ta·len ww [betaalde af, h. afbetaald] ❶ wat men nog schuldig is (in gedeelten) betalen ❷ in mindering betalen: ★ elke maand vijftig euro ~ op een lening

af·be·ta·ling de (v) [-en] het afbetalen: ★ iets op ~ kopen

af·be·ta·lings·kre·diet het krediet in het afbetalingssysteem

af·be·ta·lings·stel·sel het [-s], **af·be·ta·lings·sys·teem** [-sis-, -sies-] [-systemen] afbetaling van de koopprijs in termijnen, waarbij de verkoper veelal het recht heeft het geleverde terug te nemen indien de koper de termijnen niet op tijd voldoet

af·be·ta·lings·ter·mijn de (m) [-en] ❶ tijdstip waarop een bepaald gedeelte van een afbetalingsschuld voldaan moet zijn ❷ het tegen deze termijn te betalen deel van de schuld

af·bet·ten ww [bette af, h. afgebet] door betten wegnemen, voorzichtig schoonmaken door er met een natte doek of spons zacht op te drukken: ★ *het bloed van een wond* ~

af·beu·len *ww* [beulde af, h. afgebeuld] te hard laten werken ★ *zich* ~ te hard werken

af·bie·den *ww* [bood af, h. afgeboden] BN ook afdingen, proberen iets goedkoper te krijgen

af·bij·ten *ww* [beet af, h. afgebeten] ❶ door bijten wegnemen: ★ *hij beet een stuk van de reep af* ❷ met behulp van een bijtend chemisch middel verwijderen: ★ *een verflaag* ~ ❸ ⟨van dieren⟩ door bijten van zich afhouden: ★ *de herdershond beet de bouvier af* ❹ ★ *van zich* ~ scherp antwoorden, zich in scherpe bewoordingen verweren; zie ook bij → **spits**

af·bijt·mid·del *het* [-en] bijtend chemisch middel waarmee men verflagen verwijdert

af·bik·ken *ww* [bikte af, h. afgebikt] ❶ door bikken metselkalk wegnemen ❷ door bikken oneffenheden van steen of muur wegnemen

af·bin·den *ww* [bond af, h. afgebonden] ❶ losmaken, vooral schaatsen losmaken ❷ door stijf binden de toevoer belemmeren, vooral van bloed naar een lichaamsdeel: ★ *een slagader* ~ *om de bloeding te stoppen*

af·blad·de·ren *ww* [bladderde af, is afgebladderd] ⟨van verf⟩ blaren vormen en losgaan

af·blaf·fen *ww* [blafte af, h. afgeblaft] afsnauwen

af·bla·zen *ww* [blies af, h. afgeblazen] niet door laten gaan, afgelasten, doen ophouden: ★ *een voorstelling, een staking* ~ ★ *stoom* ~ a) stoom laten ontsnappen; b) fig hevige gevoelens, vooral boosheid, in woorden uiten

af·blij·ven *ww* [bleef af, is afgebleven] niet aanraken: ★ *je moet van dat dier* ~ ★ *daar wil ik* ~ fig daarover wil ik geen oordeel uitspreken

af·bluf·fen *ww* [blufte af, h. afgebluft] overdonderen, uit het veld slaan door zelfverzekerd en imponerend optreden: ★ *hij laat zich gemakkelijk* ~

af·boe·ken *ww* [boekte af, h. afgeboekt] ❶ volledig boeken ❷ door een andere boeking wegwerken ❸ als verlies boeken

af·boe·nen *ww* [boende af, h. afgeboend] NN door boenen schoonmaken

af·bor·ste·len *ww* [borstelde af, h. afgeborsteld] met een borstel schoonmaken

af·bot·te·len *ww* [bottelde af, h. afgebotteld] op flessen tappen

af·bouw *de (m)* het afbouwen

af·bou·wen *ww* [bouwde af, h. afgebouwd] ❶ voltooien door te bouwen: ★ *een huis, een kerk* ~ ❷ geleidelijk tenietdoen, geleidelijk verminderen: ★ *een subsidieregeling* ~

af·braak *de* ❶ het afbreken: ★ *voor* ~ *verkopen* ❷ fig het beroven van kracht of waarde: ★ *de* ~ *van het basisonderwijs* ❸ materiaal dat overblijft na de sloop van gebouwen of schepen, puin ❹ chem ontleding van samengestelde verbindingen in stoffen met een eenvoudiger samenstelling, vooral als deze ontleding teweeg wordt gebracht door levende organismen (zoals bacteriën) of in een organisme plaatsvindt (zoals bij spijsvertering)

af·braak·buurt *de* [-en] vervallen buurt waar veel huizen gesloopt (moeten) worden

af·braak·mid·del *het* [-en] middel dat iets afbreekt, vooral middel dat organische stoffen langs biologische weg afbreekt

af·braak·prijs *de (m)* [-prijzen] erg lage prijs: ★ *computers tegen afbraakprijzen te koop aanbieden*

af·braak·pro·duct *het* [-en] product dat door chemische afbraak ontstaat

af·braak·voet·bal *het* wijze van voetballen die erop gericht is de tegenstander van aanvallen af te houden (al dan niet door middel van overtredingen), zonder zelf op de aanval te spelen, sterk verdedigend voetbal

af·braak·wer·ken *mv* BN ook (bedrijf gespecialiseerd in) het slopen van (oude) woningen

af·bran·den *ww* [brandde af, is & h. afgebrand] ❶ door brand vernield worden: ★ *de bioscoop is volledig afgebrand* ❷ door brand vernielen ❸ ⟨verf⟩ met een brander verwijderen ❹ ⟨een publieke figuur⟩ zeer zwaar bekritiseren: ★ *de minister werd in de pers volledig afgebrand*

af·bras·sen *ww* [braste af, is afgebrast] scheepv de brassen aanhalen en daardoor de zeilen doen volstaan, wegzeilen

af·breek·baar *bn* chem in minder samengestelde stoffen gesplitst, afgebroken kunnende worden ★ *biologisch* ~ afgebroken kunnende worden door levende organismen, bijv. bacteriën

af·bre·ken *ww* [brak af, h. & is afgebroken] ❶ door breken van iets af doen gaan: ★ *een tak* ~ ❷ een bouwsel, constructie tenietdoen door het weer tot zijn samenstellende (onder)delen terug te brengen: ★ *een huis* ~ ❸ chem samengestelde verbindingen ontleden in stoffen van eenvoudiger samenstelling ❹ ernstige kritiek uiten op iem. of iets: ★ *een cabaretier, een toneelvoorstelling* ~ ★ *afbrekende kritiek* kritiek waarbij uitsluitend de negatieve aspecten van iets worden benadrukt ❺ vóór het einde ophouden met: ★ *een gesprek* ~ ★ *een woord* ~ tussen twee lettergrepen in tweeën delen ★ *een partij* ~ schaken, dammen voorlopig beëindigen om op een later tijdstip verder te spelen ❻ door breken zich scheiden van het overblijvende gedeelte: ★ *mijn tand is afgebroken* ❼ chem zich splitsen in stoffen van eenvoudiger samenstelling (van samengestelde verbindingen); vgl: → **afbraak**, bet 4

af·bre·king *de (v)* [-en] het→ **afbreken**, ⟨vooral van woorden⟩

af·bre·kings·te·ken *het* [-s] ❶ teken van afbreking van een woord ten het eind van een regel ❷ teken van verkorting van een woord

af·bren·gen *ww* [bracht af, h. afgebracht] ★ *iem. van iets* ~ uit zijn gedachten doen gaan ★ *het er goed (slecht)* ~ tot een gunstig (ongunstig) einde brengen

★ *het er levend van* ~, NN ook *er het leven* ~ *het leven* behouden
af·breuk *de* schade, nadeel ★ ~ *doen aan* nadeel berokkenen aan
af·brok·ke·len *ww* [brokkelde af, h. & is afgebrokkeld] ❶ brokjes afnemen van ❷ brokjes loslaten ❸ *fig* in waarde dalen: ★ *afbrokkelende koersen*
af·bui·gen *ww* [boog af, is afgebogen] geleidelijk een andere richting ingaan
Afcent *de (m) in Nederland* Allied Forces Central (Europe) *(‹Eng›)* [NAVO-hoofdkwartier te Brunssum (Nederlands Limburg) van de troepen in Centraal-Europa]
af·checken *ww* [-(t)sjekkə(n)] [checkte af, h. afgecheckt] ★ *een lijst e.d.* ~ puntsgewijs controleren
afd. *afk* afdeling
af·dak *het* [-daken, *ook wel* -ken] voorbij de muur stekend dak(deel)
af·da·len *ww* [daalde af, is afgedaald] ❶ naar beneden gaan: ★ *in de kelder* ~ ★ ~ *op ski's* ❷ *fig* zich met een mindere in rang of ontwikkeling op één hoogte stellen ★ NN *(tot) in bijzonderheden* ~ tot in de kleinste details bespreken
af·da·ling *de (v)* ❶ het afdalen ❷ [*mv:* -en] skisport wedstrijd waarbij zo snel mogelijk langs een uitgezet parcours moet worden afgedaald
af·dam·men *ww* [damde af, h. afgedamd] afsluiten door een → **dam¹**; **afdamming** *de (v)* [-en]
af·dan·ken *ww* [dankte af, h. afgedankt] ❶ als onbruikbaar wegdoen: ★ *kleding* ~ ❷ *vooral* BN, spreektaal ontslaan: ★ *personeel* ~
af·dan·ker·tje *het* [-s] afgedankt kledingstuk
af·dek·ken *ww* [dekte af, h. afgedekt] geheel bedekken
af·de·ling *de (v)* [-en] ❶ algemeen elk van de delen waarin een geheel is verdeeld, onderdeel; *bijv.* in winkels: ★ *de speelgoedafdeling; bij politieke partijen:* ★ *de* ~ *Zuid van de PvdA; in ziekenhuizen:* ★ *de* ~ *chirurgie* ❷ geol groep aardlagen ontstaan in één tijdvak
af·de·lings·chef [-sjef] *de (m)* [-s] hoofd van een afdeling
af·din·gen *ww* [dong af, h. afgedongen] ❶ proberen de prijs lager te krijgen: ★ ~ *op de vraagprijs* ❷ aanmerkingen maken op: ★ *daar is niets op af te dingen*
af·doen *ww* [deed af, h. afgedaan] ❶ in orde brengen, afwikkelen ❷ betalen ★ *die zaak is afgedaan* afgehandeld ★ *dat doet niets af aan het feit dat...* dat is niet van invloed op het feit dat...; *zie ook:* → **afgedaan**
af·doend, **af·doen·de**, **af·doen·de** *bn* beslissend: afdoende bewijs; de gewenste uitwerking hebbend: ★ *afdoende maatregelen*
af·doe·ning *de (v)* [-en] NN ❶ het afhandelen, het ten einde brengen ❷ betaling, vereffening ★ ~ *buiten proces* bevoegdheid van de politie om bij lichte overtredingen geldboetes te innen
af·dok·ken *ww* [dokte af, h. afgedokt] BN, spreektaal betalen, afgeven
af·draai·en *ww* [draaide af, h. & is afgedraaid] ❶ in een andere richting draaien: ★ *het hoofd* ~ ❷ laten horen: ★ *een cd* ~ ❸ opdreunen: ★ *zijn lesje* ~ ❹ draaiend losmaken: ★ *de dop van een fles* ~
af·dracht *de* het afgeven ‹v. geld›
af·dra·gen *ww* [droeg af, h. afgedragen] ❶ door veelvuldig dragen verslijten: ★ *schoenen, een rok* ~ ❷ afgeven ‹v. geld›: ★ *contributie* ~ *aan de penningmeester*
af·dreg·gen *ww* [dregde af, h. afgedregd] helemaal met een dreg doorzoeken: ★ *een gracht* ~
af·drei·gen *ww* [dreigde af, h. afgedreigd] vooral BN door bedreiging geld afpersen; door dreigementen afweren of afhouden; bedreigen
af·drij·ven *ww* [dreef af, is & h. afgedreven] ❶ uit de richting, met de stroom meedrijven: ★ *de boot is afgedreven* ❷ het lichaam doen verlaten: ★ *de vrucht* ~; **afdrijving** *de (v)*
af·drin·ken *ww* [dronk af, h. afgedronken] ❶ ★ NN *het* ~, *een onenigheid* ~ zich verzoenen met een gemeenschappelijke dronk ❷ een afdronk nalaten: ★ *goed afdrinkende wijn*
af·dro·gen *ww* [droogde af, h. afgedroogd] ❶ droog maken: ★ *de vaat* ~ ★ *een kind* ~ *na het wassen* ❷ fig een pak slaag geven, afranselen: ★ *iem.* ~ ❸ ruimschoots verslaan, een flinke nederlaag toebrengen: ★ *de kampioen droogde de plaatselijke club behoorlijk af*
af·dronk *de (m)* nasmaak ‹v. wijn›
af·droog·doek *de (m)* [-en] doek waarmee men de vaat afdroogt, theedoek
af·drui·pen *ww* [droop af, is afgedropen] ❶ naar beneden druipen ❷ fig bang of teleurgesteld weggaan: ★ *het publiek droop teleurgesteld af* ★ *hij maakte wel zijn excuses, maar de schijnheiligheid droop ervan af* de excuses waren zichtbaar ongemeend
af·druip·rek *het* [-ken] rek waarop men het water van gewassen vaatwerk laat afdruipen
af·druk *de (m)* [-ken] ❶ fotogr afbeelding op fotografisch papier op basis van een negatief: ★ *op welk formaat wilt u de afdrukken?* ❷ comput uitdraai ❸ vorm die ontstaat door iets in een zachte ondergrond te drukken: ★ *de afdrukken van schoenzolen in de aarde*
af·druk·ken *ww* [drukte af, h. afgedrukt] ❶ door drukken zichtbaar maken: ★ *een ets* ~ ❷ fotogr een afdruk maken ❸ fotogr op de ontspanner van een fotocamera drukken: ★ *bij sportfotografie is het de kunst om precies op het goede moment af te drukken* ❹ comput printen
af·druk·sel *het* [-s] wat afgedrukt is
af·druk·snel·heid *de (v)* [-heden] comput snelheid waarmee een printer afdrukt
af·druk·voor·beeld *het* [-en] comput mogelijkheid in

af·du·wen *ww* [duwde af, h. afgeduwd] ⟨een vaartuig⟩ van de wal duwen

af·dwa·len *ww* [dwaalde af, is afgedwaald] ❶ van de goede richting afwijken ❷ niet bij zijn onderwerp blijven; **afdwaling** *de (v)* [-en]

af·dwin·gen *ww* [dwong af, h. afgedwongen] ❶ door dwang verwerven: ★ *iem. een belofte ~* ❷ inboezemen: ★ *eerbied ~*

af·eb·ben *ww* [ebde af, is afgeëbd] NN ❶ wegvloeien bij eb ❷ fig langzamerhand minder worden

afe·re·sis [aafeereezis] *(⟨Gr⟩ de (v)* taalk weglating van een of meer letters aan het begin van een woord, bijv. *'t* voor *het, 's nachts* voor *des nachts*

af·eten *ww* [at af, h. afgegeten] NN de maaltijd beëindigen: ★ *mogen wij eerst even ~?*

af·faire [-fèr(ə)] *(⟨Fr⟩ de* [-s] ❶ (meestal onplezierige) zaak of aangelegenheid, kwestie: ★ *in een onverwikkelijke ~ verwikkeld zijn* ★ *de affaire-Jansen* de kwestie of het schandaal waarin Jansen een centrale rol speelt / speelde ❷ liefdesrelatie: ★ *hij heeft nog een ~ met Greet gehad*

af·fak·ke·len *ww* [fakkelde af, h. afgefakkeld] gas dat in een leiding zit doen verbranden om het uit de leiding te verwijderen of om de capaciteit van de leiding te meten

af·fect *(⟨Du⟨Lat⟩ het* [-en] ❶ aandoening van het gemoed of de ziel ❷ psych ingrijpende ervaring in verband met de nawerking ❸ innigheid van gevoel, warmte

af·fec·ta·tie [-(t)sie] *(⟨Fr⟨Lat⟩ de (v)* [-s] gemaaktheid, gekunsteldheid, aanstellerij

af·fec·te·ren *ww* *(⟨Fr⟨Lat⟩* [affecteerde, h. geaffecteerd] ❶ NN voorwenden, de schijn aannemen van ❷ uittrekken, bestemmen ⟨van gelden⟩, (zekere uitgaven) brengen op een bepaalde post van de begroting

af·fec·tie [-sie] *(⟨Fr⟨Lat⟩ de (v)* [-s] genegenheid, liefde

af·fec·tief *(⟨Fr⟨Lat⟩ bn* het gevoelsleven betreffend, gevoels

af·fec·tie·waar·de [-sie-] *de (v)* [-n] waarde die berust op persoonlijke betrokkenheid, niet op het gehalte van de zaak

af·fi·che [-fiesjə] *(⟨Fr⟩ de & het* [-s] aanplakbiljet; → **poster²** grote gedrukte afbeelding als wandversiering: ★ *BN ook op de ~ staan* op het programma staan

af·fi·che·ren *ww* [-sjeerə(n)] *(⟨Fr⟩* [afficheerde, h. geafficheerd] ❶ aanplakken, door middel van affiches bekend maken ❷ te koop lopen met, rondbazuinen: ★ *zijn verdriet ~*

af·fi·li·a·tie [-(t)sie] *(⟨Fr⟨Lat⟩ de (v)* ❶ aanhechting aan een moederorganisatie ❷ verbintenis tussen perifere ziekenhuizen en academische ❸ aanneming als medelid van een orde, een vereniging enz.

af·fi·li·ë·ren *ww* *(⟨Fr⟨Lat⟩* [affilieerde, h. geaffilieerd] als medelid beschouwen of opnemen, de voorrechten van een orde, genootschap enz. verlenen aan ★ *geaffilieerd zijn aan* of *met* in verbintenis staan tot ★ *geaffilieerde loge* bij een grotere aangesloten vrijmetselaarsloge

af·fi·ne·ren *ww (⟨Fr⟩* [affineerde, h. geaffineerd] zuiveren, louteren

af·fi·ni·teit *(⟨Fr⟨Lat⟩ de (v)* [-en] ❶ verwantschap, vooral door huwelijk ❷ overeenkomst van verwantschap met iem. of iets waardoor men zich tot die persoon of zaak aangetrokken voelt: ★ *geen ~ hebben met moderne muziek* ❸ chem geneigdheid van een element om verbindingen met een ander element aan te gaan: ★ *chloor heeft een grote ~ tot de meeste metalen*

af·fir·ma·tie [-(t)sie] *(⟨Fr⟨Lat⟩ de (v)* [-s] bevestiging, bekrachtiging

af·fir·ma·tief *(⟨Fr⟨Lat⟩ bn* bevestigend, bekrachtigend

af·fir·me·ren *ww (⟨Fr⟨Lat⟩* [affirmeerde, h. geaffirmeerd] bevestigen, beamen; bekrachtigen

af·fix *(⟨Lat⟩ het* [-en] toegevoegd woorddeel, voor- of achtervoegsel

af·flui·ten *ww* [floot af, h. afgefloten] sp door een fluitsignaal het spel tijdelijk of voorgoed doen ophouden: ★ *de scheidsrechter floot de wedstrijd af*

af·fo·dil, af·fo·dil·le *(⟨Lat⟨Gr⟩ de* [-dillen] lelieachtige plant

af·freus *(⟨Fr⟩ bn* ❶ verschrikkelijk lelijk, afschuwelijk: ★ *affreuze toestanden* ❷ ijselijk, akelig

af·front *(⟨Fr⟩ het* [-en] belediging, hoon

af·fron·te·ren *ww (⟨Fr⟩* [affronteerde, h. geaffronteerd] voor het hoofd stoten, beledigen

af·fuit *(⟨Fr⟩ de* [-en] onderstel van een stuk geschut waarop de vuurmond rust

af·gaan *ww* [ging af, is afgegaan] ❶ naar beneden gaan: ★ *een trap ~* ❷ naar toe gaan: ★ *op iem. ~* ★ *recht op zijn doel ~* zonder omwegen trachten zijn doel te bereiken ❸ vandaan gaan, verlaten: ★ *van school ~* ★ *toneel Macbeth gaat af* verlaat het toneel ★ *van zijn vrouw ~* het samenleven met zijn vrouw verbreken ❹ vertrouwen op: ★ *op iemands woorden ~* ★ *op praatjes ~* ❺ ontbranden, knallen ⟨van vuurwapens, vuurwerk e.d.⟩ ❻ een signaal geven: ★ *de wekker gaat af* ❼ ontlasting hebben ❽ ★ *het gaat hem niet gemakkelijk af* hij heeft er moeite mee ❾ inf een slecht figuur slaan; zie ook bij → **gieter** ❿ volgens een bepaalde volgorde te werk gaan: ★ *het lijstje ~* ★ *op het rijtje ~* ⓫ bezoeken: ★ *vrienden en kennissen ~*

af·gaand *bn* ❶ afnemend: ★ *afgaande maan* ❷ dalend: ★ *~ tij*

af·gang *de (m)* [-en] ❶ NN weg naar beneden, afrit ❷ totale mislukking, terwijl op een succes gerekend was: ★ *wat een ~!*

af·ge·be·ten *bn* ⟨m.b.t. manier van spreken⟩ kortaf, bits

af·ge·brand *bn* NN totaal uitgeput: ★ *na het concert was de dirigent helemaal ~*

af·ge·bro·ken bn ★ een ~ partij schaken, dammen partij die nog uitgespeeld moet worden
af·ge·daan bn afgehandeld: ★ een afgedane zaak ★ ~ hebben niet meer van belang zijn, geen waarde of aanzien meer hebben ★ bij mij heeft hij afgedaan ik wil niets meer met hem te maken hebben
af·ge·draaid bn uitgeput
af·ge·knoe·deld bn NN uitgeput, zeer vermoeid na een bijzondere inspanning
af·ge·knot bn met afgesneden top: ★ een afgeknotte piramide
af·ge·la·den bn tot het uiterste volgeladen: ★ de zaal was ~
af·ge·las·ten ww [gelastte af, h. afgelast] niet door laten gaan: ★ een wegens regen afgelaste voetbalwedstrijd
af·ge·leefd bn zwak van ouderdom
af·ge·le·gen, af·ge·le·gen bn ver en afgezonderd: ★ een ~ hoeve
af·ge·leid bn ❶ met de gedachten niet bij het onderwerp (vgl: → **afleiden**, bet 1) ❷ door afleiding gevormd (vgl: → **afleiden**, bet 5): ★ een ~ woord ❸ ★ een ~ inkomen econ inkomen dat niet ontleend wordt aan productieve prestaties, bijv. zakgeld, een bijstandsuitkering e.d.
af·ge·likt bn ★ een afgelikte boterham geringsch een meisje dat al verscheidene liefdesverhoudingen achter de rug heeft
af·ge·lo·pen bn voorbij, klaar, voltooid, vorig: ★ ~ jaar
af·ge·mat bn zeer moe
af·ge·me·ten bn ❶ precies, nauwkeurig gemeten ★ ~ porties kleine, bekrompen porties ★ ~ spreken heel weloverwogen en nauwkeurig formulerend spreken ❷ afgepast, stijf-deftig: ★ met ~ passen lopen
af·ge·past bn NN ❶ juist volgens de maat ★ een afgepaste hoeveelheid medicijnen ❷ ⟨van geld⟩ precies het juiste bedrag vormend ★ geef uw kinderen ~ geld mee op het schoolreisje ❸ stijf-deftig, niet spontaan: ★ de gitarist kreeg een ~ applausje
af·ge·pei·gerd bn inf uitgeput, zeer vermoeid
af·ge·plat bn niet volkomen rond
af·ge·ren ww [geerde af, h. afgegeerd] in schuine richting lopen, schuin afwijken: ★ een afgerende schutting
af·ge·rond bn voltooid: ★ het onderwerp is ~
af·ge·schei·den bn BN, sp met voorsprong: ★ de marathon werd ~ gewonnen door een Keniaan
af·ge·schei·de·nen mv NN degenen die zich in 1834 van de Nederlandse Hervormde Kerk hebben afgescheiden, later verenigd in de Christelijke Gereformeerde Kerk
af·ge·sloofd bn door te hard werken oververmoeid, uitgeput
af·ge·slo·ten bn ❶ een geheel vormend ❷ afgezonderd, weinig toegankelijk
af·ge·spro·ken bn ★ ~ werk iets wat vooraf is overeengekomen; zie verder bij → **afspreken**
af·ge·stampt bijw ★ NN ~ vol tot het uiterste vol

af·ge·stompt bn geestelijk minder gevoelig dan voorheen
af·ge·te·kend bn duidelijk: ★ een afgetekende overwinning
af·ge·tobd bn door hard werken, zorgen of ziekte uitgeput
af·ge·trapt bn ⟨schoeisel⟩ erg versleten
af·ge·trok·ken, af·ge·trok·ken bn ❶ in gedachten verzonken, in zichzelf gekeerd ❷ er slecht uitziend, vermoeid, afgetobd ❸ NN abstract
af·ge·vaar·dig·de de [-n] ❶ vertegenwoordiger, iem. die door anderen is gestuurd om namens hen iets te doen: ★ zij is onze ~ bij de onderhandelingen ★ BN bestendig ~ lid van de provincieraad ❷ NN volksvertegenwoordiger in de Tweede Kamer: ★ de geachte ~ ❸ BN handelsvertegenwoordiger: ★ deze firma zoekt een commercieel ~ voor Antwerpen ★ medisch ~ iemand die voor een bedrijf dat geneesmiddelen of medische apparatuur e.d. produceert of verkoopt, artsen en apothekers hierover informeert
af·ge·ven I ww [gaf af, h. afgegeven] ❶ geven, overhandigen: ★ een brief ~ ★ de bal ~ sp naar een medespeler spelen ❷ afstaan, verspreiden: ★ warmte, stank ~ ❸ ⟨van een kleur⟩ vlekken achterlaten: ★ deze kleren geven af in de was ★ op iem. ~ kwaadspreken over iem. II wederk ★ zich ~ met iem. zich inlaten met iem. die niet deugt
af·ge·werkt bn reeds gebruikt en niet meer bruikbaar: ★ afgewerkte motorolie
af·ge·zaagd bn te vaak herhaald: ★ een afgezaagde mop
af·ge·zant de (m) [-en] door een vorst of regering gezondene
af·ge·zien ww ★ ~ van zonder te letten op, met uitzondering van: ★ ~ van het slechte weer hadden we een prachtige vakantie
af·ge·zon·derd bn eenzaam, zonder veel omgang met mensen
Af·ghaan de (m) [-ghanen] iem. geboortig of afkomstig uit Afghanistan
af·ghaan de (m) [-ghanen] ❶ langharige windhond, oorspronkelijk uit Afghanistan ❷ Afghaans tapijt ❸ hasj uit Afghanistan
Af·ghaans I bn van, uit, betreffende Afghanistan II het in Afghanistan gesproken taal, Pasjtoe
af·gie·ten ww [goot af, h. afgegoten] ❶ het vocht eraf gieten ★ de aardappels ~ zie bij → **aardappel** ❷ een gegoten afbeelding maken van
af·giet·sel het [-s] gegoten afbeelding
af·giet·sel·dier·tjes mv infusiediertjes, infusoriën
af·gif·te de (v) overhandiging, terhandstelling: ★ tegen ~ van deze bon ontvangt u een leuke verrassing
af·glij·den ww [gleed af, is afgegleden] ❶ naar beneden glijden ❷ fig naar een lager niveau afzakken: ★ de club is afgegleden naar de middenmoot
af·god de (m) [-goden] ❶ valse god: ★ de Egyptenaren

aanbaden afgoden ❷ zeer vereerde persoon of zaak: ★ *goud was voor hen een* ~ ; zie ook bij → **buik**

af·go·den·die·naar *de (m)* [-naren, -s] vereerder van een afgod *of* afgoden

af·go·den·dienst *de (m)* verering van een afgod *of* afgoden

af·go·de·rij *de (v)* [-en] afgodendienst

af·go·disch *bn* als (voor) een afgod: ★ ~ *vereren*

af·gods·beeld *het* [-en] gebeeldhouwde voorstelling van een afgod

af·god·slang *de* [-en] boa constrictor

af·gooi·en *ww* [gooide af, h. afgegooid] ❶ naar beneden gooien (bijv. uit vliegtuig): ★ *bommen* ~ ❷ ‹m.b.t. kleding› achteloos of gehaast uittrekken

af·gra·ven *ww* [groef af, h. afgegraven] ❶ weggraven: ★ *veen, zand* ~ ❷ door graven gelijkmaken: ★ *een weg* ~

af·gra·ving *de (v)* ❶ het afgraven ❷ [*mv:* -en] plaats waar afgegraven is *of* wordt

af·gra·zen *ww* [graasde af, h. afgegraasd] ❶ al het gras opeten van: ★ *een weide* ~ ❷ fig in alle bijzonderheden doorvorsen: ★ *een afgegraasd gebied waarop niet veel nieuws meer is te vinden*

af·gren·de·len *ww* [grendelde af, h. afgegrendeld] ❶ met een grendel afsluiten ❷ fig geheel afsluiten: ★ *het gebied van de ramp werd hermetisch afgegrendeld*

af·grij·se·lijk, af·grijs·lijk *bn* verschrikkelijk, afschrikwekkend

af·grij·zen *het* afkeer, afschuw, weerzin: ★ *met* ~ *naar iets kijken*

af·gris·sen *ww* [griste af, h. afgegrist] NN met een snelle beweging afpakken

af·grond *de (m)* [-en] steile diepte; zie ook bij → **rand**[1]

af·gunst *de (v)* jaloersheid, nijd: ★ ~ *koesteren (jegens iem.)*

af·gun·stig *bn* jaloers: ★ *er werden afgunstige blikken op het geschenk geworpen*

af·haal·chi·nees [-sjie-] *de (m)* [-nezen] Chinees-Indonesisch restaurant waar men de bereide maaltijd niet ter plekke nuttigt, maar mee naar huis neemt

af·haal·res·tau·rant *het* [-s] restaurant waar men maaltijden kan afhalen

af·ha·ken *ww* [haakte af, h. afgehaakt] ❶ van de haak losmaken: ★ *een aanhangwagen* ~ ❷ niet langer meedoen: ★ *twee gegadigden haakten af* ❸ sp het tempo niet langer kunnen volgen: ★ *halverwege de race moest hij* ~

af·hak·ken *ww* [hakte af, h. afgehakt] door hakken scheiden: ★ *iem. een hand* ~

af·ha·len *ww* [haalde af, h. afgehaald] ❶ ‹iem., iets› van huis, de trein enz. halen: ★ *de kinderen van school* ~ ★ *een maltijd bij de chinees* ~ ❷ NN van de draden ontdoen: ★ *bonen* ~ ❸ NN het beddengoed van het bed halen: ★ *een bed* ~ ❹ BN ook, ‹van geld e.d.› opnemen

af·ha·me·ren *ww* [hamerde af, h. afgehamerd] ❶ met spoed afhandelen (door afkloppen met de voorzittershamer) ❷ niet in bespreking laten komen

af·han·de·len *ww* [handelde af, h. afgehandeld] tot een einde brengen, regelen, afwikkelen: ★ *een kwestie* ~

af·han·dig *bn* ★ *iem. iets* ~ *maken* ontnemen, afpakken

af·han·gen *ww* [hing af, h. afgehangen] ❶ ★ ~ *van* bepaald, beslist worden door, afhankelijk zijn van: ★ *het hangt van het weer af waar we naar toe gaan* ★ *iets laten* ~ *van* pas iets beslissen als er meer over iets anders bekend is ❷ naar beneden hangen: ★ *afhangende oren* ❸ NN ‹van deuren, ramen› op de goede maat in de kozijnen hangen en aan de scharnieren bevestigen

af·han·ke·lijk *bn* steun behoevend, niet zelfstandig, ondergeschikt: ★ *hij stelt zich erg* ~ *op* ★ ~ *van* beïnvloed, geleid, beslist wordend door, afhangend van: ★ ~ *van het weer gaan we naar het strand of naar het museum*

af·han·ke·lijk·heid *de (v)* ondergeschiktheid, het afhankelijk zijn

af·has·pe·len *ww* [haspelde af, h. afgehaspeld] ❶ afwinden (*van de cocons, van de haspel*) ❷ BN (iets) snel uitvoeren, afwerken; overhaast en slordig afmaken

af·hech·ten *ww* [hechtte af, h. afgehecht] NN ❶ ‹breiwerk› een rand maken aan ❷ ‹naai- of borduurwerk› een draad vastmaken en het resterende eind afknippen ❸ ‹fig van overleg of discussie› afronden, tot een beslissing of conclusie brengen

af·hel·len *ww* [helde af, h. afgeheld] schuin aflopen

af·hel·pen *ww* [hielp af, h. afgeholpen] ❶ tot het eind toe helpen: ★ *een klant, een patiënt* ~ ❷ bevrijden van: ★ *iem. van de drank* ~

af·hou·den *ww* [hield af, h. afgehouden] ❶ weghouden, verwijderd houden: ★ *iem. van zijn werk* ~ ★ *hij kon zijn ogen niet van haar benen* ~ *hij bleef de hele tijd naar haar benen kijken*; zie ook bij → **boot** ❷ niet uitbetalen, inhouden: ★ *een gedeelte van iemands loon* ~ ❸ voetbal, hockey een tegenstander beletten bij de bal te komen door het lichaam op ongeoorloofde wijze tussen hem en de bal te plaatsen

af·hou·wen *ww* [hieuw af, h. afgehouwen] afhakken

af·hu·ren *ww* [huurde af, h. afgehuurd] in zijn geheel huren: ★ *een zaal, een hotel* ~

afi·ci·o·na·do [aafiesjoo-] [‹*Sp*› *de (m)* [-do's] fervent aanhanger of liefhebber, fan

afijn [aafein] *tsw* inf → **enfin**

A-film *de (m)* [-s] meestal groots opgezette speelfilm waarvoor door de filmproductiemaatschappij een ruim budget is gereserveerd; *vgl:* → **B-film**

af·jak·ke·ren *ww* [jakkerde af, h. afgejakkerd] ❶ door zware arbeid uitputten ❷ ★ NN *werk* ~ afraffelen, snel maar onzorgvuldig afmaken ❸ ★ NN *een weg* ~ met grote vaart en veel risico nemend over een weg rijden

af·jat·ten ww [jatte af, h. afgejat] NN, spreektaal afpakken, afpikken

afk. afk afkorting

af·kaar·ten ww [kaartte af, h. afgekaart] NN een zaak definitief regelen

af·kal·ven ww [kalfde af, is afgekalfd] ❶ door verzakking of verschuiving grote stukken grond loslaten: ★ *de dijk, de rivieroever kalft af* ❷ fig geleidelijk minder of kleiner worden: ★ *het vertrouwen in deze regering kalft af*; **afkalving** *de (v)* [-en]

af·kam·men ww [kamde af, h. afgekamd] veel kwaad zeggen van: ★ *iemands werk ~*

af·kan·ten ww [kantte af, h. afgekant] ❶ de scherpe kanten wegnemen: ★ *een grasrand ~* ❷ ⟨aan breiwerk⟩ een rand maken

af·ka·pen ww [kaapte af, h. afgekaapt] NN wegnemen, ontfutselen: ★ *de nieuwe politieke partij zal zeker stemmen ~ van de bestaande liberale partij*

af·kap·pen ww [kapte af, h. afgekapt] ❶ door kappen afscheiden ❷ plotseling doen ophouden, een eind maken aan: ★ *de onderhandelingen ~*

af·kap·pings·te·ken *het* [-s] apostrof, weglatingskomma, zoals voor de s in *'s nachts*

af·kat·ten ww [katte af, h. afgekat] vooral NN, spreektaal vernederend toespreken, terechtwijzen; afsnauwen: ★ *iem. ~*

af·keer *bn (m)* gevoel wanneer men iets zeer onprettig vindt, weerzin: ★ *een ~ van levertraan* ★ *~ inboezemen*

af·ke·ren I ww [keerde af, h. afgekeerd] omdraaien; afwenden ★ *een aanval ~* afwenden, afweren II *wederk* ★ *zich ~ van* niet meer te maken willen hebben met

af·ke·rig *bn* een afkeer hebbend; ★ *~ zijn van vriendjespolitiek*; **afkerigheid** *de (v)*

af·ker·ven ww [kerfde af, h. & is afgekerfd *of* korf af, h. & is afgekorven] NN ❶ met een forse snede afsnijden ❷ ⟨van stoffen⟩ uiteengaan op het naaisel

af·ket·sen ww [ketste af, is & h. afgeketst] ❶ terugstuiten: ★ *de kogel ketste af op de muur* ❷ fig verworpen worden: ★ *het voorstel ketste af op bezwaren van een aantal betrokkenen; niet doorgaan:* ★ *de voorgenomen fusie is afgeketst* ❸ verwerpen: ★ *een voorstel ~*

af·keu·ren ww [keurde af, h. afgekeurd] ❶ ongeschikt verklaren: ★ *iem. ~ voor militaire dienst* ❷ veroordelen: ★ *ik keur deze handelwijze ten zeerste af*

af·keu·rens·waard, **af·keu·rens·waar·dig** *bn* af te keuren: ★ *een afkeurenswaardige houding*

af·keu·ring *de (v)* het afkeuren, negatief oordeel over iets: ★ *zijn ~ over iets uitspreken*

af·kick·cen·trum *het* [-tra, -s] inrichting waar verslaafden aan drugs een ontwenningskuur kunnen ondergaan

af·kicken ww [kickte af, is afgekickt] van een drugsverslaving afkomen; een ontwenningskuur ondergaan

af·kij·ken ww [keek af, h. afgekeken] ❶ door naar een ander te kijken leren die ander na te doen: ★ *iem. de kunst ~* ❷ ⟨door scholieren e.d.⟩ stiekem bij een ander kijken en van hem overschrijven ❸ tot het einde toe bekijken: ★ *een televisieserie ~* ★ *het moois van iem. ~ door er veel naar te kijken op den duur het mooie ervan niet meer zien* ❹ NN tot aan het eind kijken: ★ *de weg ~*

af·kla·ren ww [klaarde af, h. & is afgeklaard] ❶ zuiver, helder maken ⟨van wijn enz.⟩ ❷ helder worden

af·kle·den ww [kleedde af, h. afgekleed] NN ⟨van kleding⟩ een slank voorkomen geven: ★ *dit kostuum kleedt (slank) af*

af·klem·men ww [klemde af, h. afgeklemd] NN ❶ door klemmen verliezen: ★ *bij het ongeluk werd zijn hand afgeklemd* ❷ boksen de tegenstander op ongeoorloofde wijze beletten te stoten door zijn armen onder de eigen armen klem te zetten

af·klok·ken ww [klokte af, h. afgeklokt] de werktijdenkaart afstempelen in de prikklok; ook: → **klokken**[1]

af·klop·pen ww [klopte af, h. afgeklopt] ❶ schoon kloppen ❷ een ongeluk bezweren door op ongeverfd hout te kloppen: ★ *even ~!*

af·klui·ven ww [kloof af, h. afgekloven] door kluiven afeten: ★ *een afgekloven been*

af·knab·be·len ww [knabbelde af, h. afgeknabbeld] ❶ knabbelend wegnemen: ★ *de muis knabbelde wat kruimels van het brood af* ❷ fig geringer maken: ★ *ze knabbelen steeds meer van onze verworvenheden af*

af·knap·pen ww [knapte af, is afgeknapt] ❶ knappend breken: ★ *door de storm knapten enkele hoogspanningskabels af* ❷ fig plotseling niet meer kunnen (ten gevolge van overspanning) ★ *op iem. of iets ~* ernstig teleurgesteld raken in iem. of iets vgl: → **flippen** (bet 2)

af·knap·per *de (m)* [-s] onverwachte tegenvaller, iets waarin men ernstig teleurgesteld is: ★ *ik vond haar nieuwe cd een vreselijke ~*

af·knel·len ww [knelde af, h. afgekneld] NN afklemmen

af·knib·be·len ww [knibbelde af, h. afgeknibbeld] trachten er steeds een klein beetje af te krijgen ⟨bijv. van prijs, eis, voorschrift⟩

af·knij·pen ww [kneep af, h. afgeknepen] ❶ door knijpen scheiden ❷ ★ *iem. ~* inf bovenmatige inspanningen van iem. eisen

af·knip·pen ww [knipte af, h. afgeknipt] knippend verwijderen: ★ *een draad ~*

af·koe·len ww [koelde af, h. & is afgekoeld] ❶ koel maken ❷ koel worden: ★ *het koelde af na die stortbui* ❸ fig tot bedaren komen: ★ *de opgewonden speler werd naar de kleedkamer gestuurd om af te koelen*; **afkoeling** *de (v)*

af·koe·lings·pe·ri·o·de *de (v)* [-n, -s] ❶ tijd voor

afkoeling, <u>vooraal</u> periode in een strijd waarin er geen directe confrontatie is ❷ <u>NN</u> tijd tussen het uitroepen van een staking en het daadwerkelijk neerleggen van het werk, bedoeld voor onderhandelingen ❸ ‹m.b.t. colportage› periode na ondertekening van een door middel van colportage bewerkstelligd contract, waarin de koper dit contract nog kan annuleren

af·ko·ken ww [kookte af, h. afgekookt] ❶ door koken bepaalde stoffen onttrekken of verliezen ❷ ‹van aardappels› tot kruim koken

af·ko·ker de (m) [-s] gauw tot kruim kokende aardappel

af·ko·men ww [kwam af, is afgekomen]
❶ gereedkomen: ★ het werk komt morgen af ❷ ★ ~ van kwijtraken: ★ ze konden niet van hem ~ ❸ <u>NN</u> officieel bekendgemaakt worden: ★ de benoeming zal binnenkort ~ ❹ <u>NN</u> zijn (geldelijk) aandeel leveren: ★ hij moet altijd nog met zijn deel in de kosten ~ ❺ gunstiger uit een situatie te voorschijn komen dan was voorzien: ★ hij kwam er met een boete (de schrik, genadig, goed, goedkoop enz.) van af ❻ afstammen ❼ <u>BN</u>, <u>spreektaal</u> (van personen) op bezoek komen, overkomen (voor een bep. gelegenheid)

af·komst de (v) oorsprong, afstamming: ★ een meisje van Marokkaanse ~

af·kom·stig bn voortgekomen, ontstaan, komend: ★ dit woord is ~ uit het Latijn

af·kon·di·gen ww [kondigde af, h. afgekondigd]
❶ bekendmaken, officieel begonnen of in werking verklaren: ★ een wet ~ ★ een staking ~ ❷ <u>NN</u>, <u>RTV</u> aan het eind van het programma(onderdeel) meedelen wat men gehoord of gezien heeft

af·kon·di·ging de (v) [-en] bekendmaking

af·koop de (m) [-kopen] het zich vrijkopen: ★ de ~ van de verplichtingen ★ ~ van een levensverzekering beëindiging van een levensverzekeringsovereenkomst door de verzekeringnemer vóór de betaling van de laatste premietermijn, waarna uitkering volgt van het door de verzekeringnemer gereserveerde kapitaal met aftrek van het rouwgeld

af·koop·som de [-men] bedrag betaald voor afkoop

af·ko·pen ww [kocht af, h. afgekocht] ❶ zich vrijkopen, zich door betaling ontheffen van: ★ een levensverzekering ~ ★ kan ik de schoonmaakbeurt in het clubhuis niet ~? ★ zich laten ~ tegen betaling van een bep. prijs afzien van een recht, een voornemen enz. ❷ ★ iem. iets ~ iets van iem. kopen ❸ <u>BN</u>, <u>kaartsp</u> overtroeven

af·kop·pe·len ww [koppelde af, h. afgekoppeld] losmaken wat aan- of vastgekoppeld was: ★ wagons ~

af·kor·ten ww [kortte af, h. afgekort] korter maken; verkort opschrijven: ★ een woord ~

af·kor·ting de (v) [-en] verkort geschreven of uitgesproken woord of woorden: ★ m.b.t. is de afkorting van / voor 'met betrekking tot'

af·krab·ben ww [krabde af, h. afgekrabd] krabbend verwijderen

af·kra·ken ww [kraakte af, h. afgekraakt] <u>inf</u> vernietigend beoordelen: ★ die musical is door de pers afgekraakt

af·krij·gen ww [kreeg af, h. afgekregen] klaar krijgen: ★ het werk ~

af·kui·sen ww [kuiste af, h. afgekuist] <u>BN</u>, <u>spreektaal</u> reinigen (door het wegnemen van het vuil dat zich erop bevindt)

af·kun·nen ww [kon af, h. afgekund] kunnen beëindigen ★ het alleen ~ geen hulp nodig hebben

af·kus·sen ww [kuste af, h. afgekust] <u>NN</u> door kussen een geschil bijleggen: ★ de ruzie werd afgekust

afl. afk ❶ aflevering ❷ afleiding ❸ aflossing

af·laat de (m) [-laten] <u>RK</u> kwijtschelding van tijdelijke straffen, die na de vergeving van zonden nog moeten worden ondergaan

af·la·den ww [laadde af, h. afgeladen] ❶ (goederen) van een vervoermiddel afnemen ❷ ter verzending inladen; zie ook → **afgeladen**

af·lan·dig bn ‹van wind› van het land naar de zee waaiend

af·la·ten ww [liet af, h. afgelaten] ❶ weg, naar beneden laten (gaan) ❷ ophouden: ★ hij liet niet af mij met e-mails te bestoken ★ een niet aflatende stroom geruchten ❸ niet aantrekken: ★ zijn das ~

af·la·toxi·ne [-toksienə] ‹Lat› de & het verondersteld kankerverwekkend vergif dat zich soms bevindt in bewerkte pinda's

AFL-CIO afk American Federation of Labor - Congress of Industrial Organization [federatie van vakverenigingen in de Verenigde Staten die de belangen van de bij haar aangesloten bonden behartigt, onder erkenning van de autonomie van deze bonden]

af·leb·be·ren ww [lebberde af, h. afgelebberd]
❶ aflikken ❷ <u>inf</u>, <u>geringsch</u> veelvuldig kussen: ★ die twee zitten elkaar de hele dag af te lebberen

af·leg·bak de (m) [-ken] bak waarin afgehandelde paperassen worden weggelegd

af·leg·gen ww [legde af, h. afgelegd] ❶ doen, volbrengen: ★ een bezoek, examen, proeve van bekwaamheid, verklaring, eed, gelofte, (geloofs)belijdenis ~ ❷ zich over een zekere afstand verplaatsen: ★ gemiddeld veertig kilometer per uur ~ ❸ uittrekken: ★ zijn mantel ~ ❹ wegdoen, afdanken: ★ oude kleding ~ ❺ laten varen, niet volharden in: ★ zijn schaamte ~ ❻ ‹van een lijk› wassen en het doodskleed aandoen ❼ ★ het ~ a) sterven; b) het opgeven, moeten onderdoen ★ het ~ tegen iem. voor iem. onderdoen ❽ <u>NN</u> door takken of twijgen met grond te bedekken een nieuwe plant zelfstandig laten opgroeien ❾ <u>NN</u> als afgehandeld wegleggen: ★ de reeds beantwoorde post ~

af·leg·ger de (m) [-s] ❶ iem. die een lijk aflegt ❷ <u>NN</u> nieuwe plant gewonnen door → **afleggen** (bet 8)

af·leg·ger·tje *het* [-s] kledingstuk dat men niet meer draagt en aan een ander geeft, afdankertje

af·lei·den *ww* [leidde af, h. afgeleid] ❶ wegvoeren, een andere richting geven: ★ *de bliksem ~* ★ *de gedachten ~* ★ *dat kind is gauw afgeleid* dat kind kan zich niet goed concentreren ❷ ontspanning geven ❸ doen voortkomen uit, besluiten uit: ★ *men leidt uit zijn weigering af, dat hij grote bezwaren heeft* ❹ tot een gevolgtrekking komen: ★ *een formule ~* ❺ woorden van andere woorden vormen: ★ *veel verkleinwoorden worden afgeleid door achtervoeging van -je: kind - kindje*

af·lei·ding *de (v)* [-en] ❶ het afleiden van woorden; afgeleid woord: ★ *'roersel' is een ~ van 'roeren'* ❷ het afgeleid worden ❸ ontspanning: ★ *voor ~ zorgen* ❹ het afvoeren: ★ *~ van water via een kanaal*

af·lei·dings·ma·noeu·vre [-nùvrə] *de & het* [-s] handeling die in de eerste plaats is bedoeld om de aandacht van iets anders af te leiden

af·le·ren *ww* [leerde af, h. & is afgeleerd] ❶ ontwennen: ★ *dat nagelbijten moet je ~* ❷ leren na te laten: ★ *dat zal ik je ~*

af·le·ve·ren *ww* [leverde af, h. afgeleverd] ❶ overhandigen, brengen, vooral het gekochte aan de koper: ★ *een bestelling ~* ❷ BN ook, ‹van documenten, diploma's e.d.› uitreiken

af·le·ve·ring *de (v)* [-en] ❶ overhandiging, bezorging ❷ RTV deel van een serie ❸ afzonderlijk nummer van een tijdschrift

af·le·zen *ww* [las af, h. afgelezen] ❶ voorlezend opnoemen *of* bekendmaken: ★ *de namen ~* ★ *een verordening ~* ❷ op een meetinstrument, een grafiek e.d. waarnemen: ★ *de temperatuur ~ van (op) een thermometer* ★ *de daling van de verkoopcijfers kun je op deze grafiek ~*

af·lik·ken *ww* [likte af, h. afgelikt] door likken van iets ontdoen: ★ *een bord ~* ; zie ook bij → **afgelikt**

af·loe·ren *ww* [loerde af, h. afgeloerd] stiekem afkijken

af·loop *de (m)* [-lopen] einde, uitkomst: ★ *een film met een merkwaardige ~* ★ *na ~ van de wedstrijd vond de huldiging plaats*

af·lo·pen *ww* [liep af, h. & is afgelopen] ❶ weg, naar toe, ten einde, naar beneden lopen ★ *stad en land ~* overal bezoeken afleggen ❷ eindigen: ★ *de voorstelling is afgelopen* ★ *het zal nog slecht met jou ~* ❸ ‹van een wekker› signaal geven ❹ door lopen slijten: ★ *zijn hakken ~* ❺ schuin naar beneden lopen: ★ *de vloer loopt licht af*

af·lo·pend *bn* ❶ gaandeweg minder wordend: ★ *een aflopende reeks cijfers* ❷ fig zijn einde naderend: ★ *het is een aflopende zaak (gezegd van ernstig zieken, slechtlopende bedrijven e.d.)*

af·los·baar *bn* af te lossen

af·los·sen *ww* [loste af, h. afgelost] ❶ de plaats innemen van: ★ *de wacht ~* ❷ geheel of gedeeltelijk voldoen: ★ *een hypotheek ~*

af·los·sing *de (v)* [-en] ❶ het aflossen: ★ *de aflossing van de wacht* ❷ iem. die aflost, aflossende ploeg ❸ het afgeloste of af te lossen bedrag

af·luis·ter·ap·pa·ra·tuur *de (v)* technische hulpmiddelen waarmee men afluistert

af·luis·te·ren *ww* [luisterde af, h. afgeluisterd] heimelijk beluisteren

af·maai·en *ww* [maaide af, h. afgemaaid] maaiende wegnemen

af·ma·ken I *ww* [maakte af, h. afgemaakt] ❶ voltooien, beëindigen: ★ *zijn werk ~* ❷ doden, vooral van een ongeneeslijk ziek dier: ★ *de poes moest worden afgemaakt; ook (van mensen) op wrede wijze om het leven brengen, alsof het dieren zijn:* ★ *de gevangenen werden afgemaakt* ❸ vernietigend beoordelen: ★ *het boek werd door de recensenten afgemaakt* ❹ sp een vernietigende nederlaag toebrengen: ★ *in zijn glorietijd maakte deze ploeg elke tegenstander af* ❺ door toevoeging van kruiden op de juiste smaak brengen: ★ *een gerecht ~ met wat marjolein* ❻ NN tot overeenstemming komen bij een transactie: ★ *de prijs werd op vijfduizend euro afgemaakt* **II** *wederk* ★ *zich ~ van* met de geringst mogelijke moeite zich vrijmaken van: ★ *zich ergens met een grapje van ~* ; zie ook bij → **jantje-van-leiden**

af·ma·ker *de (m)* [-s] NN, voetbal iem. die vaak een aanval afrondt door te scoren: ★ *deze voetballer heeft zich tot een typische ~ ontwikkeld*

af·mar·che·ren *ww* [-sjeerə(n)] [marcheerde af, is afgemarcheerd] ❶ ‹van troepen› inrukken, marcherend weggaan ❷ schertsend zich verwijderen

af·mar·te·len *ww* [martelde af, h. afgemarteld] door harde inspanning uitputten ★ *zich ~* zich (te) zwaar inspannen

af·mat·ten *ww* [matte af, h. afgemat] uitputten

af·mat·tend *bn* zeer vermoeiend

af·mel·den I *ww* [meldde af, h. afgemeld] het weggaan of de afwezigheid van iem. melden: ★ *mevrouw Stip werd afgemeld* **II** *wederk* melden dat men weggaat ★ *wegens ziekte heeft hij zich afgemeld*

af·me·ren *ww* [meerde af, h. afgemeerd] ‹een vaartuig› met touwen vastleggen in een haven

af·me·ten *ww* [mat af, h. afgemeten] ❶ de afmeting(en) bepalen van: ★ *iets nauwkeurig ~* ★ *de populariteit van een artiest kun je ~ aan de hoeveelheid fanmail* ❷ iets afnemen na het gemeten te hebben: ★ *een stuk laken ~*

af·me·ting *de (v)* [-en] ❶ het afmeten ❷ maat, grootte ★ *van geringe ~ klein* ❸ wisk een van de drie richtingen waarin iets zich uitstrekt: ★ *een vlak heeft twee afmetingen, een lichaam heeft drie afmetingen*

af·mij·nen *ww* [mijnde af, h. afgemijnd] vooral NN kopen door 'mijn' te roepen op een veiling bij afslag

af·mon·ste·ren *ww* [monsterde af, h. afgemonsterd] ❶ ‹van scheepsvolk› ontslaan ❷ ontslag nemen

af·na·me *de* afzet, verkoop: ★ *de afname van*

exportgoederen; het minder-worden: ★ *de afname van de bevolking op het platteland*

af·ne·men *ww* [nam af, h. & is afgenomen] ❶ ontnemen, afpakken: ★ *een kind gevaarlijk speelgoed ~* ★ *bloed ~* een kleine hoeveelheid bloed aan het lichaam onttrekken voor onderzoek enz. ❷ van het hoofd nemen: ★ *zijn hoed ~* ❸ minder worden: ★ *zijn krachten zijn snel afgenomen* ❹ kopen: ★ *Japan neemt veel olie af* ❺ ★ *een examen, verhoor ~* onderwerpen aan een examen, verhoor ❻ ⟨vuil⟩ verwijderen: ★ *stof ~* ★ *een kast ~* ontdoen van stof of vuil; zie ook bij → **dank**

af·ne·mer *de (m)* [-s] → **koper**¹

af·ne·ming *de (v)* het → **afnemen** (bet 3)

af·neu·zen *ww* [neusde af, h. afgeneusd] nieuwsgierig bekijken

af·nok·ken *ww* (⟨Eng⟩ [nokte af, is afgenokt] inf ❶ na het werk naar huis gaan ❷ weggaan, vertrekken

à fonds per·du [aa fô perduu] *bijw* (⟨Fr⟩ ❶ zonder kans op terugkrijgen ❷ ⟨van kapitaal⟩ renteloos en niet terug betaalbaar; ⟨bij lijfrenten⟩ met afstaan van het kapitaal

afo·ris·me (⟨Fr⟨Gr⟩ *het* [-n] korte, kernachtige spreuk

afo·ris·tisch *bn* in de vorm van een aforisme, als een aforisme

a for·ti·o·ri *bijw* [-(t)sie-] (⟨Lat⟩ met des te meer reden, te meer nog

AFP *afk* Agence France Presse [Frans internationaal persbureau]

af·pak·ken *ww* [pakte af, h. afgepakt] ontnemen

af·pa·len *ww* [paalde af, h. afgepaald] ❶ met palen de grens aangeven ❷ fig begrenzen

af·pas·sen *ww* [paste af, h. afgepast] de juiste maat, hoeveelheid geven, afmeten

af·pei·ge·ren *ww* [peigerde af, h. afgepeigerd] inf afjakkeren; zie ook bij → **afgepeigerd**

af·pei·len *ww* [peilde af, h. afgepeild] de diepte, hoeveelheid van een vloeistof bepalen

af·pel·len *ww* [pelde af, h. afgepeld] van de schil ontdoen

af·per·ken *ww* [perkte af, h. afgeperkt] ❶ in perken verdelen ❷ de grens aangeven, afbakenen

af·per·sen *ww* [perste af, h. afgeperst] ❶ door dwang verkrijgen: ★ *iem. geld ~* ❷ dwingen tot: ★ *iem. een verklaring ~*

af·per·sing *de (v)* ❶ het afpersen ❷ recht misdrijf waarbij men iem. door geweld of bedreiging met geweld dwingt tot het afgeven van geld of goederen

af·pij·nen *ww* [pijnde af, h. afgepijnd] ★ NN, vero *zich ~* de geest kwellen, zich grote inspanning getroosten

af·pij·ni·gen *ww* [pijnigde af, h. afgepijnigd] zwaar pijnigen ★ *zijn hersens / hoofd ~ over iets* heel diep nadenken

af·pik·ken *ww* [pikte af, h. afgepikt] ❶ pikkend wegnemen ❷ behendig ontnemen: ★ *iem. zijn portemonnee ~*

af·pin·ge·len *ww* [pingelde af, h. afgepingeld] van een lage prijs nog iets afdingen

af·plat·ten *ww* [platte af, h. afgeplat] plat maken

af·plat·ting *de (v)* [-en] ❶ het afplatten ❷ afgeplat gedeelte

af·pluk·ken *ww* [plukte af, h. afgeplukt] plukkend wegnemen

af·poei·e·ren *ww* [poeierde af, h. afgepoeierd] NN met een praatje wegsturen: ★ *klagers werden direct afgepoeierd*

af·pra·ten *ww* [praatte af, h. afgepraat] door praten weerhouden van: ★ *hij liet zich niet van zijn plannen ~*

af·prij·zen *ww* [prijsde af, h. afgeprijsd] in prijs verlagen

af·ra·den *ww* [ried, raadde af, h. afgeraden] adviseren iets niet te doen

af·raf·fe·len *ww* [raffelde af, h. afgeraffeld] NN gehaast en slordig afmaken: ★ *zijn huiswerk ~*

af·ra·ken *ww* [raakte af, is afgeraakt] ❶ ⟨v. verkering⟩ uitgaan, ten einde raken ❷ ⟨goederen⟩ verkopen: ★ *wij moeten eerst van onze voorraden zien af te raken* ❸ zich verlossen van: ★ *ik kan maar niet van die verkoudheid ~*

af·ram·me·len *ww* [rammelde af, h. afgerammeld] ❶ afranselen ❷ BN afraffelen, vlug opzeggen of oplezen: ★ *een gedicht ~*

af·ram·me·ling *de (v)* [-en] pak slaag

af·ran·se·len *ww* [ranselde af, h. afgeranseld] slaag geven

af·ras·te·ren *ww* [rasterde af, h. afgerasterd] met een hek afsluiten

af·ras·te·ring *de (v)* [-en] afsluiting met een hek

af·ra·te·len *ww* [ratelde af, h. afgerateld] vlug opzeggen of oplezen: ★ *een verhaal ~*

af·re·a·ge·ren (⟨Du⟩ *ww* [reageerde af, h. afgereageerd] heftige gevoelens kalmeren door ze op iem. of iets te botvieren: ★ *de spelers reageerden hun woede af op de scheidsrechter*

af·reis *de* BN, form vertrek

af·rei·zen *ww* [reisde af, is & h. afgereisd] ❶ BN, form vertrekken ❷ reizend bezoeken, doorreizen

af·re·ke·nen *ww* [rekende af, h. afgerekend] het verschuldigde bedrag (laten) berekenen en betalen: ★ *bij welke kassa kan ik deze artikelen ~? ★ met iem. ~* fig iem. verslaan, afstraffen, ter verantwoording roepen ★ *iem. op zijn behaalde resultaten ~* hem daarop beoordelen ★ *met iets afgerekend hebben* ergens voorgoed mee opgehouden zijn, afstand van iets hebben genomen

af·re·ke·ning *de (v)* [-en] het afrekenen ★ *op ~* later te verrekenen

af·rem·men *ww* [remde af, h. afgeremd] ❶ door remmen snelheid verminderen ❷ fig te snelle ontwikkeling tegengaan: ★ *de economie wat ~*

af·rich·ten *ww* [richtte af, h. afgericht] ❶ dresseren, door geregelde oefening bekwamen: ★ *een hond ~ voor de jacht, op het opsporen van drugsvoorraden*

❷ afwenden: ★ *de ogen* ~
af·rich·ting *de (v)* het → **africhten** (bet 1)
af·rij·den *ww* [reed af, is & h. afgereden] ❶ naar beneden rijden, helemaal tot het eind rijden: ★ *een helling, een weg* ~ ❷ NN rijexamen doen ❸ ‹een rij- of trekdier› door te veel rijden vermoeien ❹ aan het rijden gewennen: ★ *een paard* ~ ❺ BN, spreektaal ‹van gras› maaien
Afri·kaan *de (m)* [-kanen] iem. geboortig of afkomstig uit Afrika; zie ook bij → **afrikaantje**
Afri·kaan·der *de (m)* [-s] → **Afrikaner**
Afri·kaans I *bn* ❶ van, uit, betreffende Afrika ❷ van, uit, betreffende Zuid-Afrika **II** *het* een nauw aan het Nederlands verwante taal die in Zuid-Afrika gesproken wordt
afri·kaan·tje *het* [-s] samengesteldbloemige plant met bruingele bloemen (*Tagetes*): ★ *het ~ is afkomstig uit Mexico*
Afri·ka·ner *de (m)* [-s] blanke, Afrikaans sprekende bewoner van Zuid-Afrika
afri·ka·ni·se·ren *ww* [-zee-] [afrikaniseerde, h. & is geafrikaniseerd] ❶ Afrikaans maken of doen worden ❷ Afrikaans worden
afri·ka·nis·tiek *de (v)* wetenschap van de Afrikaanse talen en culturen
af·ris·sen *ww* [riste af, h.afgerist], **af·ris·ten** [ristte af, h. afgerist] van de ris(t) af halen: ★ *bessen* ~
af·rit *de (m)* [-ten] ❶ weg waarlangs men een auto- of snelweg verlaat: ★ *op- en afrit* ❷ helling waarlangs men naar beneden rijdt ❸ begin van een rit, het wegrijden
af·rits·broek *de* [-en] sportieve lange broek die tot korte(re) broek kan worden gemaakt door een deel van de pijpen er af te ritsen
Afro-Azi·a·tisch *bn* zowel Afrika als Azië betreffend
afro·di·si·a·cum [-zie-] ‹*Gr*› *het* [-ca] middel dat de geslachtsdrift of potentie kunstmatig versterkt
af·roep ‹*Du*› *de (m)* het afroepen ★ *op ~ beschikbaar zijn* direct beschikbaar zijn als daarom wordt gevraagd ★ *levering op ~ zie bij* → **afroepen** (bet 3)
af·roe·pen *ww* [riep af, h. afgeroepen] ❶ wegroepen ❷ roepend opnoemen, afkondigen ★ *iets over zichzelf ~ zelf veroorzaken*: ★ *hij heeft die ellende over zichzelf afgeroepen* ❸ NN opdracht geven tot gehele of gedeeltelijke aflevering (van reeds vroeger bestelde goederen)
af·rof·fe·len *ww* [roffelde af, h. afgeroffeld] NN → **afraffelen**
afro·kap·sel *het* ver uitstaand, kroezend, rond afgeknipt kapsel, naar de haargroei van de Afro-Afrikanen
af·rol·me·nu *het* ['s] vooral NN, comput venster met een keuzemenu
afro·look [-loek] ‹*Eng*› *de (m)* Afrikaans aandoend uiterlijk, vooral gekenmerkt door een afrokapsel
af·ro·men *ww* [roomde af, h. afgeroomd] ❶ de room afscheppen ❷ fig een aanmerkelijk deel weghalen ★ *de winst, een inkomen ~ aanmerkelijk geringer maken*
af·ron·den *ww* [rondde af, h. afgerond] ❶ van een hoeveelheid een geheel getal maken door er een beetje bij te tellen of er juist wat van af te trekken: ★ *een bedrag ~ op 100 euro* ★ *iets naar beneden, naar boven* ~ ❷ voltooien, beëindigen, afmaken: ★ *besprekingen* ~ ❸ rond of ronder maken: ★ *de hoeken van een tafelblad* ~; **afronding** *de (v)* [-en]
af·ros·sen *ww* [roste af, h. afgerost] ❶ roskammen ❷ afranselen
afro·teak ‹*Eng*› [-tiek] *het* in reclame gebruikelijke aanduiding voor een Afrikaanse houtsoort (*afrormosia*), niet verwant aan teak
af·rui·men *ww* [ruimde af, h. afgeruimd] eetgerei enz. wegnemen: ★ *de tafel* ~
af·ruk·ken *ww* [rukte af, h. & is afgerukt] ❶ met geweld lostrekken: ★ *tijdens de storm werden enkele daken afgerukt* ❷ ★ *inf zich ~ masturberen* (van mannelijke personen) ❸ NN afmarcheren: ★ *de troepen zijn naar het oosten afgerukt*
af·scha·du·wen *ww* [schaduwde af, h. afgeschaduwd] NN ❶ een onvolkomen beeld geven van ❷ ‹iets toekomstigs› aankondigen, voorspellen; **afschaduwing** *de (v)* [-en]
af·schaf·fen *ww* [schafte af, h. afgeschaft] ❶ niet meer doen, niet meer gebruiken, niet langer behouden: ★ *een wet, de slavernij* ~ ❷ BN buiten dienst stellen, door onvoorziene omstandigheden (laten) vervallen ★ *de trein naar Brugge van 17.03 u. is afgeschaft* de trein naar Brugge van 17.03 u. zal niet rijden
af·schaf·fer *de (m)* [-s] NN, vero iem. die sterke drank wil afschaffen; geheelonthouder
af·scham·pen *ww* [schampte af, is afgeschampt] ‹van een projectiel e.d.› langs een oppervlak schieten en dit licht raken: ★ *de bal schampte af op het been van een verdediger*
af·schat·ten *ww* [schatte af, h. afgeschat] NN de WAO-uitkering van iem. verlagen omdat hij slechts gedeeltelijk arbeidsongeschikt is en derhalve voor een aanvullende WW-uitkering in aanmerking komt
af·scha·ven *ww* [schaafde af, h. & is afgeschaafd] ❶ door schaven of schuren verwijderen: ★ *oneffenheden* ~ ★ *de huid* ~ ❷ door schuring losgaan: ★ *de huid is afgeschaafd*
af·scheep *de (m)* verzending per schip, verscheping
af·scheep·ha·ven *de* [-s] haven waar de afscheep plaatsvindt
af·scheid *het* het, voor kortere of langere tijd, scheiden van personen en de gevoelens, handelingen en woorden die de hiermee gepaard gaan: ★ *een koel, ontroerend, warm* ~ ★ *zij drukte mij de hand ten (tot)* ~ ★ ~ *nemen van iem.* iem. op het punt van vertrek een handdruk, kus e.d. geven of groeten
af·schei·den I *ww* [scheidde af, h. afgescheiden] ❶ doen vrijkomen: ★ *ijzer uit het erts* ~ ❷ losmaken,

afscheiding–afschrikking

scheiden: ★ *twee vakgebieden van elkaar* ~ ❸ afgeven: ★ *de vloeistof scheidt een scherpe geur af* ❹ afgrenzen ❺ van een ruimte: ★ *een hoekje van de kamer als studieruimte* ~ **II** *wederk* uittreden, op zichzelf gaan staan, zich losmaken: ★ *zich van een politieke partij* ~ ★ *een kopgroep scheidde zich van het peloton af*

af·schei·ding *de (v)* [-en] ❶ het afscheiden ❷ wat ter afscheiding dient, zoals een hek, heg e.d. ❸ med afzondering van vocht, bijv. door klieren, secretie; het afgescheiden vocht; ★ *in Nederland de Afscheiding* uittreding uit de Ned-herv. Kerk in 1834, zie bij → **afgescheidenen**

af·scheids·be·zoek *het* [-en] ❶ bezoek waarbij men afscheid neemt ❷ laatste bezoek, vooral vóór het neerleggen van een functie

af·scheids·col·le·ge [-zjə] *het* [-s] laatste college van een hoogleraar, gegeven als afscheid

af·scheids·groet *de (m)* [-en] groet ten afscheid

af·scheids·pre·mie *de (v)* [-s] BN ook ontslagpremie, afvloeiingspremie, opzeggingsvergoeding

af·scheids·re·de *de* [-s] ❶ redevoering bij een afscheid ❷ laatste redevoering vóór het neerleggen van een functie

af·schen·ken *ww* [schonk af, h. afgeschonken] NN vloeistof die boven iets anders staat laten wegvloeien: ★ *het zand laten bezinken en dan het water* ~

af·sche·pen *ww* [scheepte af, h. afgescheept] ❶ in schepen laden ter verzending ❷ fig niet datgene geven wat iem. verlangt of waar iem. recht op heeft, zich van iem. afmaken: ★ *zij scheepte mij af met een smoesje* ★ *iem. ~ met een tweedehands T-shirt*

af·sche·ren[1] *ww* [schoor af, h. afgeschoren] ❶ door scheren verwijderen: ★ *de baard* ~ ❷ door scheren kaal maken: ★ *het hoofd* ~

af·sche·ren[2] *ww* [scheerde af, is afgescheerd] door wind of stroom van richting veranderen ⟨schip⟩

af·scher·men *ww* [schermde af, h. afgeschermd] ❶ zodanig met een scherm enz. omgeven of afsluiten, dat geen uitstraling plaatsvindt: ★ *een kernreactor* ~ ❷ fig beschermen tegen of isoleren van (schadelijke) invloeden van buiten: ★ *zich volledig ~ van de buitenwereld* ★ *kinderen ~ voor / tegen gevaarlijke indrukken*

af·schet·sen *ww* [schetste af, h. afgeschetst] NN karakteriserend beschrijven: ★ *de nieuwe partijleider wordt in de kranten afgeschetst als een over het paard getilde blaaskaak*

af·scheu·ren I *ww* [scheurde af, h. & is afgescheurd] ❶ door scheuren losmaken: ★ *een blaadje papier* ~ ❷ scheurend losgaan: ★ *het behang scheurde van de wand af* **II** *wederk* [scheurde zich af, h. zich afgescheurd] BN ook zich losmaken van, zich afscheiden (van een partij, een organisatie e.d.)

af·schie·ten *ww* [schoot af, h. & is afgeschoten] ❶ afvuren: ★ *een pistool* ~ ❷ toesnellen: ★ *gehaast op iem.* ~ ❸ negatief beoordelen en afwijzen: ★ *een*

voorstel ~ ❹ door een schot, schutting, muur enz. afscheiden: ★ *een ruimte* ~ ❺ wat teveel is doodschieten ❻ wild: ★ *konijnen* ~

af·schijn·sel *het* [-s, -en] ❶ teruggekaatst of afgegeven licht ❷ fig verzwakt beeld, verzwakte navolging

af·schil·de·ren *ww* [schilderde af, h. afgeschilderd] ❶ in beeld brengen ❷ fig beschrijven ★ *iets ~ als iets ten onrechte doen voorkomen als*: ★ *hij schilderde zijn kantoorbaantje af als een topfunctie in het bedrijfsleven*

af·schil·fe·ren *ww* [schilferde af, is & h. afgeschilferd] ❶ in schilfers afvallen: ★ *de huid bij mijn ellebogen schilfert af* ❷ van schilfers ontdoen

af·schil·len *ww* [schilde af, h. afgeschild] ❶ schillend verwijderen ❷ van de schil ontdoen

af·schmin·ken *ww* [-sjmienkə(n)] [schminkte af, h. afgeschminkt] van de grimering ontdoen

af·schot *het* ❶ het afschieten ❷ wild; zie bij → **afschieten** (bet 5)

af·schraap·sel *het* [-s] het afgeschraapte

af·schrab·ben *ww* [schrabde af, h. afgeschrabd] ❶ door schrabben verwijderen: ★ *modder* ~ ❷ door schrabben reinigen of van iets ontdoen: ★ *de schoenen* ~

af·schra·pen *ww* [schraapte af, h. afgeschraapt] afkrabben, schoonkrabben

af·schrap·pen *ww* [schrapte af, h. afgeschrapt] ❶ schrappend verwijderen ❷ door schrappen reinigen

af·schrap·sel *het* [-s] het afgeschrapte

af·schrift *het* [-en] nagedrukt, gekopieerd of overgeschreven exemplaar: ★ *een ~ van een contract* ★ *authentiek ~* ★ *eensluidend ~*

af·schrij·ven *ww* [schreef af, h. afgeschreven] ❶ waardevermindering van bezittingen boeken, vermindering van een bedrag of aantal opschrijven: ★ *een oninbare schuld* ~ ★ *jaarlijks een bedrag ~ op het machinepark* ❷ fig niet meer verwachten: ★ *dat bezoek kun je wel* ~ ❸ een geldbedrag in mindering brengen op het saldo van een bank- of girorekening: ★ *de huur is nog niet (van mijn rekening) afgeschreven* ❹ NN, sp door zijn naam te noteren kenbaar maken dat men als volgende gebruik wil maken van een bep. sportfaciliteit (biljarttafel, tennisbaan enz.) ❺ schrijven dat iets niet doorgaat: ★ *genodigden voor een feest* ~ ❻ ten einde schrijven: ★ *een brief* ~

af·schrij·ving *de (v)* ❶ het afschrijven ❷ [mv: -en] bericht daarvan, vooral van een giro- of bankinstelling dat er geld is afgehaald van de rekening

af·schrik *de (m)* afkeer, angst

af·schrik·ken *ww* [schrikte af, h. afgeschrikt] ❶ schrik aanjagen ❷ door schrik aan te jagen weerhouden: ★ *de hoge entreeprijzen schrikten veel dagjesmensen af*

af·schrik·king *de (v)* het dreigen met ernstige maatregelen om anderen te weerhouden iets te doen: ★ *~ met zware straffen om de misdaad te* *bestrijden*

af·schrik·kings·wa·pens *mv* wapens van zodanige kracht (bijv. kernwapens) dat van het bezit ervan zoveel afschrikking uitgaat dat een eventuele vijand wordt weerhouden een oorlog te beginnen

af·schrik·wek·kend *bn* afschrik aanjagend: ★ *een ~ voorbeeld stellen*

af·schroei·en *ww* [schroeide af, h. & is afgeschroeid] ❶ door schroeien verwijderen ❷ door schroeien van iets ontdoen ❸ door schroeien van iets afgaan

af·schroe·ven *ww* [schroefde af, h. afgeschroefd] door losschroeven verwijderen

af·schud·den *ww* [schudde af, h. afgeschud] schuddend verwijderen of naar beneden doen vallen: ★ *vruchten ~* ★ *van zich ~ ontkomen aan, zich ontdoen van:* ★ *een achtervolger van zich ~, sombere gevoelens van zich ~*

af·schui·e·ren *ww* [schuierde af, h. afgeschuierd] NN met een borstel schoonmaken

af·schuif·sys·teem [-sis-] *het* schertsend handelwijze waarbij vervelende werkzaamheden naar anderen worden doorgeschoven

af·schui·men *ww* [schuimde af, h. afgeschuimd] schuim wegnemen, van schuim ontdoen ★ *de zee ~ aan zeeroverij deelnemen* ★ *een markt ~ overal op de markt kijken of er iets van zijn gading is*

af·schui·ven *ww* [schoof af, h. afgeschoven] wegschuiven ★ *van zich ~ zich vrijmaken van, zich onttrekken aan* ★ *iets op iem. ~ de verantwoordelijkheid of last van iets op iem. anders afwentelen:* ★ *hij probeert de schuld op mij af te schuiven*

af·schut·ten *ww* [schutte af, h. afgeschut] met een schut afsluiten; **afschutting** *de (v)* [-gen]

af·schuw *de (m)* diepe afkeer: ★ *een ~ hebben van muizen*

af·schu·we·lijk *bn* afschuw wekkend, vreselijk, afgrijselijk, walgelijk

af·ser·ve·ren *ww* [serveerde af, h. afgeserveerd] ★ *iem. ~ iem. in scherpe bewoordingen terechtwijzen en belachelijk maken* ★ *een voorstel ~ afwijzen*

af·sjou·wen *ww* [sjouwde af, h. afgesjouwd] veel lopen, hard werken ★ *stad en land ~ alle plaatsen bezoeken* ★ *zich ~ overmatig hard werken*

af·slaan *ww* [sloeg af, h. & is afgeslagen] ❶ wegslaan, terugslaan: ★ *de aanval ~* ❷ weigeren: ★ *een aanbod, een koekje ~* ; zie ook → **vlieg** ❸ in prijs verminderen ❹ van richting veranderen: ★ *links, rechts ~* ❺ plotseling ophouden te werken ⟨motor⟩

af·slach·ten *ww* [slachtte af, h. afgeslacht] ❶ in massa slachten ⟨vee⟩ ❷ in massa doden ⟨mensen⟩

af·slag *de (m)* [-slagen] ❶ vooral NN punt waar men van richting verandert (*vgl*: → **afslaan**, bet 4) ❷ lager bod; prijsvermindering ❸ wijze van veilen waarbij de eerste bieder in een afdalende reeks van prijzen het geveilde toegewezen krijgt: ★ *bij ~ veilen* ❹ veiling waar dit gebeurt ❺ het losgaan van grond aan de kust door invloed van het water ❻ BN, spreektaal korting, reductie: ★ *~ krijgen*

af·sla·ger *de (m)* [-s] iem. die bij veilingen de afslag regelt

af·slan·ken *ww* [slankte af, is & h. afgeslankt] ❶ slanker worden ❷ fig kleiner doen worden van het personeelsbestand van bedrijven en instellingen door afvloeiing en natuurlijk verloop ❸ kleiner worden van het personeelsbestand

af·slijp·sel *het* [-s] wat door slijpen verwijderd wordt

af·slij·ten *ww* [sleet af, h. & is afgesleten] ❶ door slijten doen vergaan ❷ door slijten geheel onbruikbaar worden ❸ fig zijn kracht verliezen: ★ *een afgesleten woordspeling*

af·slo·ven *wederk* [sloofde af, h. afgesloofd] zich uitputten door grote inspanning of door zware arbeid

af·sluit·dam *de (m)* [-men] dam die een deel van een open water afsluit

af·sluit·dijk *de (m)* [-en] dijk die een deel van een open water afsluit ★ *in Nederland de Afsluitdijk* zware zeedijk van Noord-Holland naar Friesland, die de voormalige Zuiderzee (sindsdien IJsselmeer geheten) afsluit

af·slui·ten I *ww* [sloot af, h. afgesloten] ❶ door sluiten ontoegankelijk maken: ★ *een huis, een weg ~* ❷ op slot doen: ★ *een deur ~* ❸ geheel dicht maken: ★ *een vat luchtdicht ~* ❹ de toevoer versperren: ★ *het gas, de elektriciteit ~* ❺ beëindigen: ★ *ze sloot haar carrière af* ★ *het festival werd afgesloten met een prijsuitreiking* ❻ het eindbedrag bepalen: ★ *een balans ~* ❼ aangaan, sluiten: ★ *een contract, een verzekering ~* **II** *wederk* contact met anderen vermijden ★ *zich ~ voor iets zich van iets afwenden omdat men er niets mee van doen wil hebben*

af·slui·ting *de (v)* ❶ het afsluiten ❷ [*mv*: -en] dat wat afsluit

af·sluit·pro·vi·sie [-zie] *de (v)* [-s] NN provisie die verkregen wordt bij afsluiting van een contract

af·sme·ken *ww* [smeekte af, h. afgesmeekt] smeken om

af·snau·wen *ww* [snauwde af, h. afgesnauwd] bits, onvriendelijk toespreken

af·snij·den *ww* [sneed af, h. afgesneden] ❶ door snijden afscheiden ❷ doorsnijden: ★ *een schaap de hals ~* ❸ afsluiten: ★ *de elektrische stroom ~* ❹ versperren: ★ *de terugtocht ~* ❺ een kortere weg nemen: ★ *een heel stuk ~*

af·snoe·pen *ww* [snoepte af, h. afgesnoept] ★ *iets van iem. ~, iem. iets ~* iem. net vóór zijn met het behalen van een voordeeltje

af·snoe·ren *ww* [snoerde af, h. afgesnoerd] → **afbinden** (bet 2)

af·span·nen *ww* [spande af, h. afgespannen] losmaken uit het span: ★ *paarden ~*

af·speel·ap·pa·ra·tuur *de (v)* de gezamenlijke apparaten voor het → **afspelen** (bet 3)

af·spel·den *ww* [speldde af, h. afgespeld] ⟨op een

kledingstuk› met spelden de gewenste vorm aangeven

af·spe·len I *ww* [speelde af, h. afgespeeld] ❶ ‹een spel› beëindigen ❷ ‹cd's, geluidsbanden e.d.› laten horen ❸ sp de bal aan een medespeler geven II *wederk* plaatsvinden

af·spie·ge·len I *ww* [spiegelde af, h. afgespiegeld] als het ware een spiegelbeeld geven van; tot uiting brengen, openbaren II *wederk* merkbaar worden, tot uiting komen, zich openbaren: ★ *in dit boek spiegelt zich een omslag af in het denken van de auteur*

af·spie·ge·ling *de (v)* [-en] ❶ spiegelbeeld ❷ weergave, weerspiegeling, voorstelling: ★ *dit rapport is / geeft een goede ~ van de stand van zaken*

af·spie·ge·lings·col·le·ge [-leezǝ] *het* [-s] NN bestuurscollege waarvan de numerieke samenstelling overeenkomt met de politieke verscheidenheid van de groep waaruit het gekozen is, vooral het college van B en W; *tegengest*: → **programcollege**

af·spin·nen *ww* [spon af, h. afgesponnen] zie bij → **levensdraad**

af·splij·ten *ww* [spleet af, h. & is afgespleten] ❶ door splijting losmaken ❷ door splijting losgaan ❸ fig zich afscheiden

af·split·sen I *ww* [splitste af, h. afgesplitst] door splitsen afscheiden II *wederk* ❶ ‹van een weg, rivier› van de hoofdrichting afgaan ❷ ‹van een vereniging, partij› uittreden uit een groter verband

af·spoe·len *ww* [spoelde af, h. & is afgespoeld] ❶ wegspoelen, schoon spoelen ❷ door water weggespoeld worden

af·spon·sen *ww* [sponste af, h. afgesponst], **af·spon·zen** [sponsde af, h. afgesponsd] ❶ met een spons reinigen: ★ *een vuil raam ~* ❷ met een spons ontdoen van: ★ *het vuil van de tafel ~*

af·spraak *de* [-spraken] overeenkomst: ★ *een ~ maken met iem.* ★ *consult op (volgens, na) ~* ★ *een ~ hebben bij de dokter* op een overeengekomen tijdstip naar de dokter gaan voor consult

af·spraak·je *het* [-s] overeenkomst tussen twee, vooral jeugdige personen die zich tot elkaar aangetrokken voelen, om elkaar op een bep. plaats te ontmoeten

af·spre·ken *ww* [sprak af, h. afgesproken] ❶ een afspraak maken, overeenkomen: ★ *een nieuwe regeling ~* ❷ overeenkomen elkaar ergens te treffen: ★ *om 5 uur met iem. ~ bij het station* ★ *afgesproken werk* iets wat vooraf door afspraak is beraamd

af·sprin·gen *ww* [sprong af, is afgesprongen] ❶ wegspringen ❷ plotseling beëindigd worden, afgebroken worden: ★ *de onderhandelingen sprongen af op bezwaren van de directie*

af·sprong *de (m)* ❶ het van iets af springen ❷ vooral turnen sprong waarmee men een turntoestel verlaat

af·spui·ten *ww* [spoot af, h. afgespoten] ❶ spuitend reinigen ❷ met een rokkenspuit de gewenste lengte aangeven ‹van een rok of jurk›

af·staan *ww* [stond af, h. afgestaan] ❶ geven, prijsgeven, in gebruik geven: ★ *zijn auto ~ aan de politie* ❷ niet meer op het vuur staan: ★ *de groente staat af*

af·staand *bn* van iets af staand: ★ *afstaande oren* van het hoofd af staande oren

af·stam·me·ling *de (m)* [-en] nakomeling; **afstammelinge** *de (v)* [-n]

af·stam·men *ww* [stamde af, is afgestamd] voortkomen uit: ★ *~ van een gegoede familie*

af·stam·ming *de (v)* het afgestamd zijn, het afstammen, afkomst

af·stam·mings·leer *de* vero evolutieleer, evolutietheorie

af·stand *de (m)* [-en] ❶ het → **afstaan** (bet 1), overgave ★ *~ doen van* prijsgeven, aan een ander overlaten: ★ *~ doen van de troon* ❷ tussenruimte; weg, lengte: ★ *grote afstanden afleggen* ★ *~ bewaren* a) ‹in het verkeer› tussenruimte tussen voertuigen in acht nemen; b) fig stand- of rangverschil in acht nemen ★ *op een ~ houden* niet vertrouwelijk omgaan met ★ *zich op een ~ houden* zich afzijdig houden ★ *zij is altijd erg op een ~* zij is altijd terughoudend, wordt nooit vertrouwelijk ★ NN *hij is op ~ de beste schaker* verreweg de beste schaker ★ *~ nemen van iets* a) zich tot op zekere afstand van iets verwijderen; b) fig proberen zich minder bij iets betrokken te voelen: *~ nemen van het toneel*; c) fig zich distantiëren van iets: *de politicus nam ~ van de kwalijke praktijken van zijn partijgenoten*

af·stan·de·lijk *bn* zich op afstand houdend; zich niet persoonlijk erbij betrekkend

af·stands·be·die·ning *de (v)* ❶ het op afstand bedienen of besturen van een apparaat, bijv. door middel van geluids-, licht- of radiogolven ❷ [*mv*: -en] apparaat waarmee men iets op afstand kan bedienen: ★ *de ~ van de tv, de cd-speler*

af·stands·bril *de (m)* [-len] bril om in de verte te zien

af·stands·maat *de* [-maten] maat voor afstanden: kilometer, mijl enz.

af·stands·on·der·wijs *het* BN onderwijs dat gebruikmaakt van andere middelen dan het gesproken woord, onderwijs op afstand

af·stands·rit *de (m)* [-ten] rit over grote afstand

af·stands·schot *het* [-schoten] sp schot van grote afstand op het doel

af·stands·vlucht *de* [-en] luchtv vlucht zonder tussenlandingen over grote afstand

af·stands·wij·zer *de (m)* [-s] overzicht van afstanden tussen plaatsen

af·stap·je *het* [-s] vooral NN plaats waar men een stapje moet maken naar een lager niveau: ★ *denk aan het ~!*

af·stap·pen *ww* [stapte af, is & h. afgestapt] ❶ van een voertuig of een rijdier stappen ❷ even rust nemen of zijn intrek nemen: ★ *bij een hotel ~* ❸ fig laten varen, tot iets anders overgaan: ★ *van een onderwerp ~* ❹ ★ *op iem. ~* naar iem. toe gaan

❺ wielersport voortijdig ophouden met deelname aan een wedstrijd ❻ ‹een paard› een rustige rit laten maken (om stijfheid te voorkomen) ❼ ‹van het parket› ter plaatse ~ een onderzoek instellen
af·ste·ken ww [stak af, overg h., onoverg is afgestoken] ❶ ‹van vuurwerk› laten ontbranden ❷ uitspreken: ★ een rede ~ ❸ duidelijk uitkomen tegen, een vergelijkende indruk maken: ★ scherp ~ tegen de witte achtergrond ★ (on)gunstig ~ tegen ❹ van wal steken, afvaren ❺ ★ NN een visite ~ afleggen ❻ een kortere weg nemen: ★ een heel stuk ~
af·stel het ★ van uitstel komt ~ uitstellen leidt vaak tot niet doorgaan; zie ook bij → **uitstel**
af·stel·len ww [stelde af, h. afgesteld] nauwkeurig regelen: ★ een machine ~
af·stem·men ww [stemde af, h. afgestemd] ❶ bij stemming verwerpen: ★ een voorstel ~ ❷ RTV op een bep. golflengte instellen om een zender goed te kunnen ontvangen: ★ op een klassieke zender ~ ❸ fig doen aansluiten bij: ★ de productie ~ op de vraag ★ iets ~ met zijn collega's een afspraak over iets maken met zijn collega's
af·stem·oog het [-ogen] onderdeel van een radiotoestel dat aangeeft hoe zuiver op een bep. golflengte is afgestemd
af·stem·pe·len ww [stempelde af, h. afgestempeld] van een stempel voorzien ★ aandelen ~ op 50% de nominale waarde tot 50% verminderen; **afstempeling** de (v) [-en]
af·ster·ven ww [stierf af, is afgestorven] ❶ sterven ❷ langzamerhand doodgaan, langzamerhand tenietgaan: ★ deze bossen zijn aan het afsterven; **af·ster·ving** de (v)
af·ste·ve·nen ww [stevende af, is afgestevend] ❶ afvaren ★ ~ op koers zetten naar ❷ ‹meestal van personen› (snel) gaan naar: ★ hij stevende op mij af ★ ~ op de overwinning de overwinning zeker zullen behalen
af·stij·gen ww [steeg af, is afgestegen] van een paard afstappen
af·stof·fen ww [stofte af, h. afgestoft] schoonmaken door het stof weg te vegen: ★ een bureau ~
af·stom·pen ww [stompte af, overg h., onoverg is afgestompt] ❶ stomp maken ❷ fig geestelijk ongevoelig maken ❸ stomp worden ❹ fig geestelijk ongevoelig worden
af·stoot de (m) [-stoten] bilj eerste stoot (vanaf acquit)
af·stop·pen ww [stopte af, h. afgestopt] ❶ wielersport langzaam aan de kop van het peloton rijden om dit te vertragen, ten behoeve van een ploeggenoot die aan het peloton is ontsnapt ❷ voetbal een tegenstander de doorgang beletten: ★ de spits werd op onreglementaire wijze afgestopt
af·stor·men ww [stormde af, is afgestormd] ★ op iem., iets ~ iem., iets met grote snelheid naderen
af·sto·te·lijk bn afschuwelijk, afstotend
af·sto·ten ww [stiet, stootte af, h. afgestoten] ❶ wegstoten ❷ van zich doen verwijderen, zich ontdoen van: ★ personeel ~ ★ een filiaal ~ ❸ fig weerzin inboezemen: ★ de kleuren in dit schilderij stoten mij af ❹ med niet accepteren van een getransplanteerd orgaan door het lichaam: ★ het lichaam stootte de getransplanteerde huid af
af·sto·tend bn afkeer wekkend
af·sto·ting de (v) het afstoten
af·straf·fen ww [strafte af, h. afgestraft] ❶ een scherpe terechtwijzing geven: ★ een brutale leerling ~ ❷ sp een fout van de tegenstander gebruiken voor eigen voordeel: ★ de verdedigingsfout werd direct afgestraft
af·straf·fing de (v) [-en] scherpe terechtwijzing
af·strij·ken ww [streek af, h. afgestreken] ❶ wegstrijken, gelijk strijken: ★ een afgestreken eetlepel ❷ ‹in recepten› zoveel van een (vloei)stof als precies in een eetlepel past, waarbij alles wat boven de rand uitkomt wordt weggestreken ❸ ‹lucifers› door strijken tot ontbranding brengen ❹ ‹bij alternatieve therapieën› negatieve energie uit het lichaam afvoeren d.m.v. strijkende handbewegingen langs het lichaam
af·stro·pen ww [stroopte af, h. afgestroopt] ❶ aftrekken van een vel: ★ paling ~ ❷ ‹van kleding› benedenwaarts (met enige moeite) van het lichaam trekken: ★ een panty, een zwembroek ~ ❸ zoekend lopen door: ★ een veld ~ fig alle warenhuizen ~ naar voordelige aanbiedingen
af·strui·nen ww [struinde af, h. afgestruind] vooal NN zoekend doorkruisen, zoekend langsgaan: ★ de hele stad ~ ★ winkels ~ op zoek naar antiquiteiten
af·stu·deer·scrip·tie [-sie] de (v) [-s] NN scriptie die een student moet schrijven in het kader van het afstuderen, eindscriptie
af·stu·de·ren ww [studeerde af, h. & is afgestudeerd] een universitaire studie voltooien: ★ ~ aan de Vrije Universiteit ★ op een bep. onderwerp ~
af·stui·ten ww [stuitte af, is afgestuit] NN ❶ terugstuiten, niet binnendringen ❷ fig door sterke tegenstand niet kunnen geschieden: ★ de voorstellen stuitten af op bezwaren van het bestuur
af·stui·ven ww [stoof af, is afgestoven] ❶ stof afgeven ❷ ★ ~ op haastig gaan naar
af·taai·en ww [taaide af, is afgetaaid] NN, spreektaal weggaan
af·tak·doos de [-dozen] nat doos die wordt gebruikt bij het splitsen van elektrische leidingen
af·ta·ke·len ww [takelde af, is afgetakeld] achteruitgaan: ★ mijn vader is de laatste tijd erg afgetakeld; **aftakeling** de (v)
af·tak·ken ww [takte af, h. afgetakt] nat een zijleiding aanleggen bij; **aftakking** de (v) [-en]
af·tands bn ❶ ‹oorspr van paarden› een volledig gebit hebbend (rond het zevende jaar): ★ van aftandse paarden kan men de leeftijd moeilijk vaststellen ❷ zwak of versleten door ouderdom, afgetakeld: ★ hij wordt een beetje ~ ★ een aftandse auto

af·tap *de (m)* het aftappen
af·tap·kraan *de* [-kranen] kraan waarmee men aftapt
af·tap·pen *ww* [tapte af, h. afgetapt] ❶ ‹vocht› doen uitvloeien ❷ van vocht ontdoen door een opening te maken: ★ *een boom ~* ★ *een patiënt bloed ~* ❸ ★ *elektrische stroom ~* door middel van een vertakking elektrische stroom onttrekken aan een bestaand circuit ★ *iems. telefoon ~* heimelijk afluisteren
af·tas·ten *ww* [tastte af, h. afgetast] ❶ tastend onderzoeken ❷ fig voorlopig en voorzichtig een indruk trachten te krijgen van: ★ *de stemming ~*
af·te·ke·nen I *ww* [tekende af, h. afgetekend] ❶ voor gezien tekenen ❷ beschrijven ❸ BN voor ontvangst tekenen **II** *wederk* uitkomen, zichtbaar *of* merkbaar worden: ★ *de kerktoren tekende zich scherp af tegen de helblauwe lucht* ★ *er tekende zich een verkiezingsnederlaag af voor de rechtse partijen*
af·te·ke·ning *de (v)* [-en] ‹bij dieren› pigmentloze vlek in het haarkleed op kop of poten, dan wel hoofd en benen
af·tel·len *ww* [telde af, h. afgeteld] ❶ nauwkeurig uittellen ★ *de gevangene telde de dagen af hij hield nauwkeurig bij hoe lang hij nog in de gevangenis moest blijven* ★ *we zijn aan het ~ gezegd als de dag van een belangrijke gebeurtenis snel naderbij komt* ❷ van een getal aftrekken ❸ door het opzeggen van een aftelversje iem. aanwijzen ❹ omgekeerd tellen (naar nul toe) in seconden tijdens de voorbereidingstijd voorafgaande aan de lancering van een ruimtevaartuig
af·tel·rijm·pje *het* [-s], **af·tel·vers·je** [-s] versje, opgezegd bij het tellend bepalen wie bij een kinderspel de anderen moet tikken, zoeken enz.
af·ten *(‹Lat) mv* med blaasjes of witte plekjes in de mond, veroorzaakt door een ontsteking in het mondslijmvlies
af·ter all [àftə(r) ol] *(‹Eng) bijwoordelijke uitdrukking* ten slotte, alles wel beschouwd
af·ter·beat [aaftə(r)biet] *(‹Eng) de (m)* bep. soort ritme, vooral in popmuziek
af·ter·care·groep [àftə(r)kè(r)-] *(‹Eng) de* [-en] groep van ex-patiënten die samen met professionele hulpverleners andere patiënten bijstaan bij de verwerking van de gevolgen van ernstige medische ingrepen (bijv. borstamputaties)
af·termar·ket [àftə(r)mà(r)kət] *(‹Eng) de* ❶ marketing markt van nevenproducten naast een hoofdproduct ❷ eff handel in en koersontwikkeling van een aandeel na de beursemissie
af·ter·par·ty [aaftə(r)pà(r)tie] *(‹Eng) de (v)* ['s] feest na afloop van een popconcert, vaak bezocht door de optredende artiesten
af·ter·shave [àftə(r)sjeev] *(‹Eng) de (m)* [-s] lotion (geparfumeerd water) om na het scheren te gebruiken
af·ter·sun *(‹Eng) de (m)* verzorgende crème voor na een zonnebad

af·tik·ken *ww* [tikte af, h. afgetikt] ❶ ‹bij kinderspelen› door tikken buiten spel zetten ❷ ‹van een dirigent› een orkestrepetitie of -uitvoering onderbreken door met de dirigeerstok op zijn lessenaar te tikken
af·tim·me·ren *ww* [timmerde af, h. afgetimmerd] ❶ timmerend de laatste hand leggen aan: ★ *een boot ~* ❷ met timmerwerk een ruimte afscheiden: ★ *een zolderkamertje ~* ❸ fig ontoegankelijk maken, afsluiten: ★ *alle onderhandelingsruimte is volledig afgetimmerd*
af·ti·te·ling *de (v)* weergave van de namen van de medewerkers aan het slot van een film, documentaire e.d.
af·tob·ben *ww* [tobde af, h. afgetobd] ❶ uitputten ❷ veel zorgen hebben ★ *zich ~* a) zich overmatig inspannen; b) zich veel zorgen maken
af·tocht *de (m)* [-en] het wegtrekken ★ *de ~ blazen* (het sein geven tot) vertrekken ★ *de ~ dekken* maatregelen nemen om de aftocht veilig te doen geschieden
af·top·pen *ww* [topte af, h. afgetopt] ❶ lager maken van hoge bedragen ❷ ‹lonen enz.› om ze op een meer harmonisch peil in vergelijking met andere te brengen
af·trai·nen *ww* [-tree-] [trainde af, h. afgetraind] na het beëindigen van een sportcarrière doortrainen om het lichaam te laten wennen aan de overgang
af·trap *de (m)* [-pen] voetbal eerste schop tegen de bal vanaf de middenstip: ★ *Moeskroen verrichtte de ~*
af·trap·pen *ww* [trapte af, h. & is afgetrapt] ❶ de aftrap verrichten ❷ fietsend afleggen ❸ ★ BN, spreektaal *het ~ opstappen, vertrekken, weggaan* ★ *trap het af!* hoepel op!
af·tre·den *ww* [trad af, is afgetreden] een functie neerleggen: ★ *het kabinet / de minister trad af*
af·trek *de (m)* ❶ het in mindering brengen, vermindering: ★ *na ~ van de kosten* ★ *de ~ bedraagt 200 euro* ★ *zij werd veroordeeld tot drie jaar gevangenisstraf met ~ van voorarrest* drie jaar minus de tijd die zij heeft vastgezeten vóór de veroordeling ★ *met ~ van voorlopige hechtenis* waarbij de tijdsduur die een verdachte vast heeft gezeten in voorlopige hechtenis wordt afgetrokken van de opgelegde strafduur ❷ ★ *~ vinden* gewild zijn, goed verkocht worden: ★ *dat nieuwe kookboek vindt gretig ~*
af·trek·baar *bn* wat voor aftrek in aanmerking komt ‹bij belasting›
af·trek·ken *ww* [trok af, h. & is afgetrokken] ❶ wegtrekken, lostrekken; zie bij → hand ❷ wisk in mindering brengen, afhalen: ★ *5 ~ van 9* ❸ weggaan ★ *de troepen trokken af* ❹ door verwarmen in vloeistof bestanddelen onttrekken aan: ★ *kruiden ~* ❺ ★ *zich ~ masturberen* (van jongens of mannen) ❻ van kledingstukken: ★ *iems. broek, rok ~* ❼ ‹het bed› afhalen; ❽ ‹bloed› afnemen ❾ BN, spreektaal ontkurken, openen: ★ *een fles ~*

af·trek·ker *de (m)* [-s] ❶ getal dat van een ander wordt afgetrokken ❷ BN, spreektaal flesopener (voor kroonkurken) ❸ BN, spreektaal soort schuiver van rubber of kunststof, aan een steel bevestigd, waarmee men het water van vloeren weghaalt, vloerwisser, vloertrekker
af·trek·king *de (v)* [-en] het → **aftrekken** (bet 2)
af·trek·post *de (m)* [-en] bedrag dat bij de berekening van de verschuldigde belasting op het belastbaar inkomen in mindering gebracht mag worden
af·trek·schaak *het* figuur in het schaakspel waarbij een koning schaak komt te staan, niet na een zet van het aanvallende stuk, maar doordat een stuk weggespeeld is tussen de koning en het aanvallende stuk: ★ *de kampioen verraste zijn tegenstander met een* ~
af·trek·sel *het* [-s] door → **aftrekken** (bet 4) verkregen vloeistof ★ *een slap* ~ *van een flauwe weergave van:* ★ *de film was maar een slap* ~ *van het boek*
af·trek·som *de* [-men] rekenopgave om het → **aftrekken** (bet 2) te oefenen
af·trek·tal *het* [-len] getal waarvan iets afgetrokken wordt
af·troe·ven *ww* [troefde af, h. afgetroefd] ❶ kaartsp met een troefkaart een slag afnemen ❷ fig door een gevat antwoord terechtwijzen *of* in het debat verslaan: ★ *iem.* ~ ❸ zich de betere tonen van: ★ *het Nederlands elftal werd op alle fronten afgetroefd* ❹ BN, spreektaal afranselen, een pak slaag geven
af·trog·ge·len *ww* [troggelde af, h. afgetroggeld] op slinkse wijze *of* door gevlei weten te verkrijgen: ★ *iem. geld* ~
af·tro·nen *ww* [troonde af, h. afgetroond] NN, vero ❶ weglokken ❷ door mooie praatjes verkrijgen
af·tui·gen *ww* [tuigde af, h. afgetuigd] ❶ van het tuig ontdoen: ★ *een schip* ~ ❷ de versieringen wegnemen: ★ *de kerstboom* ~ ❸ inf ernstig mishandelen, afranselen: ★ *hij werd door een stel dronken jongens afgetuigd*
af·tur·ven *ww* [turfde af, h. afgeturfd] tellen door te → **turven** (bet 1)
af·vaar·di·gen *ww* [vaardigde af, h. afgevaardigd] met een opdracht als vertegenwoordiger zenden: ★ *iem. naar een vergadering* ~
af·vaar·di·ging *de (v)* [-en] ❶ het afvaardigen ❷ de gezonden afgevaardigden
af·vaart *de* [-en] het afvaren
af·val I *de (m)* afvalligheid, ontrouw, vooral m.b.t. een geloof **II** *de (m) & het* ❶ dat wat (zo goed als) waardeloos of onbruikbaar is en weggegooid wordt ★ *klein chemisch* ~ lege batterijen, verfresten, oplosmiddelen, medicijnen e.d. ❷ dat wat afgevallen is, bijv. uit een boom
af·val·len *ww* [viel af, is afgevallen] ❶ naar beneden vallen ❷ wegvallen, niet meer deelnemen: ★ *er zijn drie deelnemers afgevallen* ❸ mager worden, in gewicht afnemen: ★ *ze is vier kilo afgevallen* ❹ ontrouw worden ★ *iem.* ~ iem. niet steunen waar dat wel werd verwacht ★ *van zijn geloof* ~ a) niet langer zijn godsdienst belijden; b) fig zich in bep. situaties plotseling anders gedragen of opstellen dan voorheen ❺ ‹bij zeilen› van de wind afdraaien, meer voor de wind gaan varen
af·val·lig *bn* ontrouw
af·val·li·ge *de* [-n] iem. die afvallig is
af·val·lig·heid *de (v)* het afvallig zijn
af·val·pro·duct *het* [-en] nuttig verwerkte → **afval** (II bet 1)
af·val·race [-rees] *de (m)* [-s] race waarbij volgens een bepaalde regeling achterblijvende deelnemers afvallen; ook fig
af·val·schei·ding *de (v)* het scheiden van verschillende soorten afval, zoals glas, oud papier, gft-afval en klein chemisch afval
af·val·stof·fen *mv* stoffen, vooral restproducten van een bep. proces, die geen nut (meer) hebben: ★ *radioactieve* ~
af·val·sys·teem [-sis-] *het* sp systeem voor het spelen van een serie wedstrijden, waarbij een persoon of van een ploeg voor verdere deelname wordt uitgeschakeld zodra deze een wedstrijd verliest
af·val·warm·te *de (v)* warmte die bij een proces vrijkomt en aan de omgeving wordt afgegeven omdat ze niet kan worden benut
af·val·wa·ter *het* water dat verontreinigd is door (industrieel of huishoudelijk) afval
af·val·wed·strijd *de (m)* [-en] wedstrijd waarbij volgens een bepaalde regeling verliezende of achterblijvende deelnemers afvallen
af·van·gen *ww* [ving af, h. afgevangen] ❶ ‹bij balsporten› na een mislukte doelpoging de in het veld terugspringende bal vangen ❷ zie bij → **vlieg**
af·va·ren *ww* [voer af, is & h. afgevaren] ❶ wegvaren ❷ ten einde varen: ★ *een rivier* ~ ★ ~ *op* varen in de richting van
af·ve·gen *ww* [veegde af, h. afgeveegd] ❶ wegvegen: ★ *stof* ~ ❷ schoon vegen: ★ *zijn handen* ~
af·vin·ken *ww* [vinkte af, h. afgevinkt] vinken (→ **vink**, bet 2) plaatsen bij het afchecken van een lijst e.d.
af·vis·sen *ww* [viste af, h. afgevist] vissend helemaal langs gaan: ★ *een sloot* ~
af·vlag·gen *ww* [vlagde af, h. afgevlagd] ❶ beëindigen door het geven van een vlagsignaal: ★ *de race werd afgevlagd* ★ voetbal *de aanvaller wordt afgevlagd wegens buitenspel* de grensrechter geeft met zijn vlag aan dat de aanvaller buitenspel staat ❷ ‹bij auto- en motorraces› een vlagsignaal geven als een coureur de finish passeert: ★ *Verstappen werd als vijfde afgevlagd*
af·vloei·en *ww* [vloeide af, is afgevloeid] ❶ wegstromen ❷ fig ontslagen worden wegens bezuiniging of inkrimping van het bedrijf
af·vloei·ing *de (v)* het → **afvloeien** (bet 2)
af·vloei·ings·re·ge·ling *de (v)* [-en] regeling betreffende de (vooral financiële) voorwaarden

af·voer *de (m)* ❶ het wegvoeren, vooral van water ❷ afvoerleiding

af·voer·buis *de* [-buizen] buis voor de afvoer

af·voe·ren *ww* [voerde af, h. afgevoerd] wegvoeren; doen afstromen; schrappen: ★ *iem. van de lijst* ~

af·voer·ka·naal *het* [-nalen] ❶ → **kanaal** (bet 1) voor de afvoer ❷ afvoerbuis

af·voer·pijp *de* [-en] afvoerbuis

af·vra·gen *wederk* [vroeg of vraagde af, h. afgevraagd] bij zichzelf de vraag opwerpen, nadenken over

af·vul·len *ww* [vulde af, h. afgevuld] de juiste hoeveelheid aanbrengen in een verpakking

af·vu·ren *ww* [vuurde af, h. afgevuurd] afschieten: ★ *kanonnen* ~ ★ *vragen* ~ *op iem.* bestoken met vragen

af·waar·de·ren *ww* [waardeerde af, h. afgewaardeerd] vooral NN een lagere waarde geven aan, devalueren

af·waarts *bijw* weg, naar beneden

af·wach·ten *ww* [wachtte af, h. afgewacht] ❶ wachten op iets, vooral op een bijzondere gebeurtenis: ★ *de verkiezingen* ~ ❷ wachten tot iets afgelopen is: ★ *een onweersbui* ~ ★ *een afwachtende houding aannemen* het beloop van zaken afwachten om daarna maatregelen te nemen

af·wach·ting *de (v)* het afwachten ★ *in* ~ *van* wachtend op: ★ *wij zijn in* ~ *van uw reactie*

af·was *de (m)* ❶ het reinigen van bestek, pannen, serviesgoed e.d. na gebruik: ★ *de* ~ *doen* ❷ vaatwerk dat gereinigd moet worden: ★ *een berg* ~

af·was·au·to·maat [-autoo-, -ootoo-] *de (m)* [-maten] → **afwasmachine**

af·was·baar *bn* afgewassen kunnende worden: ★ *afwasbare verf, ~ behang*

af·was·bak *de (m)* [-ken] losse bak, meestal van plastic, waarin men de afwas doet

af·was·bor·stel *de (m)* [-s] borstel met behulp waarvan men de afwas doet

af·was·ma·chi·ne [-sjənə] *de* [-s] machine voor de afwas

af·was·mid·del *het* [-en] reinigingsmiddel dat bij de afwas gebruikt wordt

af·was·sen *ww* [waste of wies af, h. afgewassen] schoonwassen, vooral van gebruikt bestek, serviesgoed, pannen e.d.

af·wa·te·ren *ww* [waterde af, h. afgewaterd] het overtollige water afvoeren: ★ *deze landerijen wateren af op de IJssel*; **afwatering** *de (v)* [-en]

af·wa·te·ring *de (v)* [-en] ❶ het afwateren ❷ voorziening (zoals een pijp, een kanaal enz.) waardoor overtollig water wordt afgevoerd

af·wa·te·rings·ka·naal *het* [-nalen] kanaal waarlangs de afwatering plaatsvindt

af·weer *de (m)* het afweren: ★ ~ *hebben tegen een besmettelijke ziekte*

af·weer·ge·schut *het* geschut voor afweer, vooral van luchtaanvallen

af·weer·hou·ding *de (v)* afwerende houding

af·weer·me·cha·nis·me *het* [-n] psych methode door middel waarvan het 'ik' zich verdedigt tegen uit het driftleven stammende impulsen

af·weer·re·ac·tie [-sie] *de (v)* [-s] reactie als afweer tegen een aanval

af·weer·stof *de* [-fen] antistof

af·weer·sys·teem *het* med systeem van barrières waarmee het lichaam zich verdedigt tegen binnendringende organismen en lichaamsvreemde stoffen die ziekten kunnen veroorzaken

af·we·gen *ww* [woog af, h. afgewogen] ❶ nauwkeurig wegen: ★ *een pond pindarotsen* ~ ❷ fig nauwkeurig overwegen: ★ *zijn woorden* ~ ★ *voor- en nadelen tegen elkaar* ~

af·we·ken *ww* [weekte af, h. afgeweekt] door weken losmaken: ★ *postzegels* ~

af·wen·den *ww* [wendde af, h. afgewend] ❶ wegdraaien: ★ *de ogen* ~ ❷ tegenhouden, bezweren: ★ *onheil, een gevaar* ~

af·wen·nen *ww* [wende af, h. & is afgewend] langzamerhand afleren: ★ *het roken* ~

af·wen·te·len *ww* [wentelde af, h. afgewenteld] ❶ rollend verwijderen ❷ ⟨fig van kosten, werk e.d.⟩ op een ander overdragen: ★ *de kosten van het nieuwe sociale stelsel worden op de middeninkomens afgewenteld*

af·we·ren *ww* [weerde af, h. afgeweerd] tegenhouden, afslaan: ★ *een klap, een aanval* ~ ★ *vragen* ~ er niet op reageren; **afwering** *de (v)*

af·wer·ken *ww* [werkte af, h. afgewerkt] ❶ beëindigen, voltooien, de laatste hand leggen aan: ★ *een klus* ~ ★ *deze boekenkast is niet netjes afgewerkt* vertoont een aantal onvolkomenheden ★ *een aanval* ~ sp scoren ❷ door overmatig werken uitputten

af·wer·ker *de (m)* [-s] sp iem. die een aanval afrondt door te scoren

af·wer·king *de (v)* het → **afwerken** (bet 1)

af·werk·plek *de* [-ken] NN plaats waar een straatprostituee haar klanten seksueel bevredigt

af·wer·pen *ww* [wierp af, h. afgeworpen] ❶ afgooien: ★ *bommen* ~ ❷ ★ *vrucht* ~ fig tot gunstige resultaten leiden

af·we·ten *ww* ★ *het laten* ~ a) berichten dat het niet doorgaat of dat men niet komt; b) fig niet doen wat verwacht mag worden: ★ *mijn auto liet het vanochtend* ~

af·we·zig *bn* ❶ er niet zijnde: ★ *ze was* ~ *op het diner* ❷ fig niet met zijn aandacht bij het gesprokene zijnde, verstrooid: ★ *hij staarde* ~ *voor zich uit*; **afwezige** *de* [-n]

af·we·zig·heid *de (v)* het afwezig zijn: ★ *tijdens uw* ~ *zijn reeds enkele besluiten genomen* ★ *in iems.* ~ terwijl hij niet aanwezig is ★ *schitteren door* ~ opvallen juist doordat men ergens niet aanwezig is

af·we·zig·heids·lijst *de* [-en] BN ook presentielijst

af·wij·ken *ww* [week af, is afgeweken] ❶ een andere richting nemen, hebben: ★ *van de route ~* ❷ verschillen van wat gewoon is, anders zijn ★ *~ van niet overeenkomen met* ★ *een afwijkende mening* een andere mening dan de meest gangbare
af·wij·king *de (v)* [-en] ❶ het afwijken: ★ *een ~ naar rechts* ★ *in ~ van eerdere mededelingen* anders dan eerder is meegedeeld ❷ geestelijk of lichamelijk gebrek: ★ *hij heeft een ~ aan zijn hart*
af·wij·zen *ww* [wees af, h. afgewezen] niet toelaten, niet aanvaarden, weigeren: ★ *een aanbod, voorstel, kandidaat, minnaar ~*
af·wij·zend *bn* negatief, niet goedkeurend: ★ *een afwijzende beschikking*
af·wij·zing *de (v)* ❶ het afwijzen ❷ [*mv:* -en] weigering
af·wik·ke·len *ww* [wikkelde af, h. afgewikkeld] ❶ loswikkelen: ★ *een draad ~* ❷ in orde brengen, regelen: ★ *een kwestie vlot ~* ★ *naar winst ~* schaken, dammen vanuit een voordelige stand tot winst komen; **afwikkeling** *de (v)* [-en]
af·wim·pe·len *ww* [wimpelde af, h. afgewimpeld] afwijzen: ★ *een verzoek ~* ★ *iem. ~ hem onverrichter zake weer laten vertrekken*
af·win·den *ww* [wond af, h. afgewonden] loswinden
af·win·nen *ww* [won af, h. afgewonnen] ★ *iem. iets ~* door overwinning (in strijd of spel) ontnemen
af·wis·se·len *ww* [wisselde af, h. afgewisseld] (beurtelings) vervangen: ★ *elkaar, iem. ~* ★ *werk ~ met ontspanning*
af·wis·se·lend *bn* gevarieerd: ★ *een afwisselende show*
af·wis·se·ling *de (v)* ❶ het afwisselen ❷ [*mv:* -en] verandering, verscheidenheid: ★ *ter ~, voor de ~ eens in eigen land op vakantie gaan*
af·wis·sen *ww* [wiste af, h. afgewist] afvegen
af·wrij·ven *ww* [wreef af, h. afgewreven] ❶ wegwrijven ❷ schoonwrijven
afz. *afk* afzender
af·za·de·len *ww* [zadelde af, h. afgezadeld] ontdoen van het zadel: ★ *een paard ~*
af·zak·ken *ww* [zakte af, is afgezakt] ❶ naar beneden zakken: ★ *je broek zakt af* ❷ stroomafwaarts gaan: ★ *een rivier ~* ❸ ⟨bij uitbreiding⟩ naar een zuidelijker gelegen plaats gaan: ★ *elk jaar zakken veel landgenoten naar de Spaanse kusten af* ❹ NN verminderen, afnemen: ★ *de pijn zakt af* ❺ ⟨van regen-, onweersbuien⟩ langzaam wegdrijven ❻ in sociaal opzicht achteruitgaan: ★ *~ tot het niveau van een drankzuchtige clochard* ❼ BN komen, komen opdagen ★ *~ naar*
af·zak·ker·tje *het* [-s] glaasje sterke drank tot besluit
af·zeg·gen *ww* [zei(de), zegde af, h. afgezegd] melden dat iets niet doorgaat: ★ *een afspraak ~* ★ *~ voor een vergadering*; **afzegging** *de (v)* [-en]
af·zei·ken *ww* [zeikte af, h. afgezeikt] NN, spreektaal voor schut zetten, treiterige opmerkingen maken tegen
af·ze·men *ww* [zeemde af, h. afgezeemd] met een zeem reinigen

af·zen·den *ww* [zond af, h. afgezonden] versturen
af·zen·der *de (m)* [-s] iem. die iets verzendt
af·zen·ding *de (v)* ❶ het afzenden ❷ het afgezondene
af·zet *de (m)* ❶ verkoop: ★ *de ~ naar Duitsland, de ~ op de Duitse markt* ❷ het zich → **afzetten** (bet 14) voor een sprong
af·zet·ge·bied *het* [-en] gebied waar men zijn product(en) in grote hoeveelheden kan verkopen: ★ *dit bedrijf is op zoek naar nieuwe afzetgebieden*
af·zet·ka·naal *het* [-nalen] distributiekanaal
af·zet·markt *de* [-en] alle afnemers tezamen voor een bepaald product of een bepaalde producent
af·zet·ten I *ww* [zette af, h. afgezet] ❶ wegnemen: ★ *zijn hoed ~* ★ *een arm ~* amputeren ❷ de doorgang of toegang beletten: ★ *een straat ~* ❸ omzomen: ★ *een mouw ~ met kant* ❹ in lijnen aftekenen, afbakenen: ★ *een terrein ~* ❺ uit een ambt of functie zetten: ★ *een minister ~* ❻ te veel laten betalen ❼ doen stilhouden, uitschakelen: ★ *de motor ~* ❽ iem. naar een bep. plaats brengen en daar laten uitstappen: ★ *ik zet je wel even af bij het station* ❾ verkopen: ★ *deze industrie moet haar producten vooral in het buitenland ~* ❿ NN (meestal vervoegd met *komen*, zie aldaar) naderen ★ *hij kwam dreigend op mij ~* ⓫ doen bezinken: ★ *die zeearm zet slib af* ⓬ kwijtraken: ★ *ik kan die gedachten niet van mij ~* **II** *wederk* ❶ zich als een dunne laag vastzetten: ★ *de kalk zet zich op het glas af* ❷ door een krachtige duw met een voet, met de handen of met de poten zich van een plaats verwijderen: ★ *~ voor een sprong* ❸ ★ *zich ~ tegen* zich verzetten tegen, met nadruk afwijzen ★ *zij wil zich altijd tegen haar vader ~* ze laat steeds blijken het niet met hem eens te zijn
af·zet·ter *de (m)* [-s] iem. die te veel laat betalen
af·zet·te·rij *de (v)* [-en] het te veel laten betalen, bedrog
af·zet·ting *de (v)* [-en] ❶ het uit een ambt of functie zetten ❷ obstakel dat een gebied afsluit: ★ *de ~ werd doorbroken* ❸ wat zich afzet: ★ *een ~ van kalk*
af·zet·tings·ge·steen·te *het* [-n] gesteente ontstaan door afzetting van slib in water, sediment
af·zet·zaag *de* [-zagen] zaag voor gaten en bochten
af·zich·te·lijk *bn* afschuwelijk om te zien; **afzichtelijkheid** *de (v)* [-heden]
af·zien *ww* [zag af, h. afgezien] ❶ zich bovenmatig inspannen, veel moeten doorstaan, lijden: ★ *de wielrenners hadden flink afgezien in het hooggebergte* ★ *de soldaten moesten ~ in de loopgraven* ❷ niet langer nastreven, niet meer willen: ★ *~ van verdere deelname* ❸ ★ *iets aan iets ~* op grond van het uiterlijk een bep. aspect van iets beoordelen: ★ *je kunt aan dit boek niet ~ dat er jaren aan is gewerkt*
af·zien·baar *bn* te overzien ★ *binnen afzienbare tijd* binnen niet te lange tijd
af·zij·dig *bn* aan de kant, geen partij kiezend ★ *zich ~ houden* niet meedoen *of* geen partij kiezen
af·zin·ken *ww* [zonk af, h. afgezonken] ⟨een caisson,

afzoeken–aggregatie

af·zoe·ken *ww* [zocht af, h. afgezocht] helemaal doorzoeken: ★ *de hele buurt* ~
af·zoe·nen *ww* [zoende af, h. afgezoend] met een zoen een onenigheid bijleggen
af·zon·de·ren *ww* [zonderde af, h. afgezonderd] apart houden, van iets anders afscheiden ★ *zich* ~ zich van anderen afscheiden; geen contact hebben met anderen
af·zon·de·ring *de (v)* ❶ situatie van het afgescheiden zijn van anderen: ★ *in* ~ *leven* ★ BN, sp *in* ~ *gaan* op trainingskamp gaan ❷ het afzonderen
af·zon·der·lijk *bn* apart, alleen: ★ *voor iedere taal is er een afzonderlijke tolk* ★ *iedere kandidaat* ~ *spreken*
af·zui·gen *ww* [zoog af, h. afgezogen] ❶ wegzuigen: ★ *damp* ~ ❷ aan de penis zuigen (om iem. te bevredigen), pijpen
af·zuig·kap *de* [-pen] vooral NN apparaat dat bij koken ontstane dampen wegzuigt
af·zwaai·en *ww* [zwaaide af, is afgezwaaid] uit militaire dienst gaan
af·zwaai·er *de (m)* [-s] ❶ militair die afzwaait ❷ voetbal mislukt schot dat door het effect of door de wind van het doel wegdraait
af·zwak·ken *ww* [zwakte af, is & h. afgezwakt] ❶ zwakker worden, in kracht afnemen ❷ zwakker maken, verzachten: ★ *scherpe kritiek* ~
af·zwem·men *ww* [zwom af, h. afgezwommen] NN vaardigheidsproeven afleggen voor een zwemdiploma
af·zwe·ren¹ *ww* [zwoer af, h. afgezworen] ❶ in een eed verwerpen: ★ *een koning* ~ ❷ verloochenen: ★ *God* ~ ❸ fig zich voornemen om met iets op te houden, om iets te laten varen: ★ *ik heb het roken afgezworen*
af·zwe·ren² *ww* [zwoor af, zweerde af, is afgezworen] door ²zweren loslaten: ★ *de nagel is afgezworen*
af·zwe·ring *de (v)* [-en] plechtige vervallenverklaring: ★ *de* ~ *van Filips II in 1581*
AG *afk* ❶ advocaat-generaal [vertegenwoordiger van het Openbaar Ministerie] ❷ Aktiengesellschaft *((Du)* [vennootschap op aandelen]
Ag *afk* chem symbool voor het element zilver (*argentum*)
aga *((Turks) de (m)* ['s] thans niet meer gebruikte Turkse aanspreekvorm, heer ★ *Aga Khan* titel van het hoofd van een grotendeels in Pakistan wonende islamitische sekte
agaat [aagaat] *((Lat(Gr) als stof: het, als voorwerp: de (m)* [agaten] zeer harde soort van gelaagde halfedelsteen met veel kleurschakeringen
Agalev *afk* in België Anders gaan leven [Belgische milieupartij en -beweging; thans *Groen!* geheten]
aga·pan·thus *((Gr) de (m)* plantensoort met blauwe, trechtervormige bloemen, in Nederland en België geteeld als sierplant, blauwe tuberoos (*Agapanthus africanus*)
aga·pe [aagaapè] *((Gr) de* [-n] ❶ hist voor allen toegankelijke liefdemaaltijd bij de eerste christenen ❷ fig vriendenmaal
aga·ten [aagaa-] *bn* van agaat
aga·ve [aagaa-] *((Fr(Gr) de* [-n] geslacht van tropische planten (vooral de soort *Agave americana*) die slechts eenmaal in de 10 tot 30 jaar bloeit
agen·da [aagen-] *((Lat) de* ['s] ❶ lijst van de bespreken onderwerpen (op een vergadering) ❷ aantekenboekje, huiswerkboekje
agens *((Lat) het* [agentia] [aagensie(j)aa] ❶ werkende oorzaak of kracht ❷ stof die een chemische werking teweegbrengt
agent [aagent] *((Fr(Lat) de (m)* [-en], **agen·te** *de (v)* [-s] ❶ vertegenwoordiger, gevolmachtigde van een handelshuis, een onderneming of maatschappij ❷ diplomatiek vertegenwoordiger van lagere rang ❸ politieagent ❹ iem. die werkzaam is bij een veiligheidsdienst ★ *geheim* ~ spion
agent-pro·vo·ca·teur [aazjā proovookaatùr] *((Fr) de (m)* [agents-provocateurs] uitlokker tot verboden handelingen, betaalde onruststoker, gehuurde stille opruier
agent·schap [aagent-] *het* [-pen] ❶ betrekking van vertegenwoordiger ❷ kantoor *of* zetel van een vertegenwoordiger ❸ BN woningbureau, makelaardij ❹ BN organisatie: ★ *antidopingagentschap*
agen·tuur *((Du) de (v)* [-turen] ambt, werkkring of kantoor van een → **agent** (bet 1)
age·ren *ww* [aagee-] *((Lat)* [ageerde, h. geageerd] ❶ handelen, handelend optreden, vooral in rechte optreden ❷ ★ ~ *tegen / voor iets* in woord en / of daad optreden, strijden, een campagne voeren tegen / voor iets
ag·glo·me·raat *((Lat) het* [-raten] opeenhoping zonder innerlijke samenhang: ★ *een* ~ *van wetten en regels*
ag·glo·me·ra·tie [-(t)sie] *((Lat) de (v)* [-s] ❶ complex van steden en voorsteden: ★ *de* ~ *van Rotterdam* ❷ uitwendige aanzetting, samenklontering
ag·glo·me·ra·tie·raad [-(t)sie] *de (m)* BN bestuur dat in de Brusselse agglomeratie de activiteiten van de negentien gemeenten coördineert
ag·glu·ti·ne·ren *ww* *((Lat)* [agglutineerde, h. & is geagglutineerd] ❶ doen samenklonteren; doen aaneenkleven ❷ samenklonteren; aaneenkleven ★ *agglutinerende talen* talen waarbij vaak een groot aantal woorden tot één zijn samengevoegd, zoals het Fins en het Turks
ag·gre·gaat *((Lat) het* [-gaten] samenstel van een machine die kracht opwekt en een machine die werk verricht, bijv. een benzinemotor met een pomp, vooral apparaat dat elektrische stroom kan leveren, bestaande uit een elektrische generator en een aandrijfmachine
ag·gre·ga·tie [-(t)sie] *((Lat) de (v)* ❶ samenvoeging, aaneenvoeging ❷ het opnemen van een persoon in een organisatie, gemeenschap of stand ❸ BN academische bevoegdheid tot lesgeven in hoger

secundair onderwijs ❸ BN lerarenopleiding
ag·gre·ga·tie·toe·stand [-(t)sie-] *de (m)* [-en] elk van de vier toestanden (vast, vloeibaar, gasvormig, plasma) waarin een stof kan verkeren
agio (‹It‹Gr) *het* handel opgeld boven de nominale koers van een valuta, aandeel enz.
agio·bo·nus *de (m)* [-sen] uitkering ten laste van de agioreserve, in aandelen of in contanten
agio·re·ser·ve [-zer-] *de* reserve die berust op het agio, de koers boven de nominale waarde, dat aandelen bij uitgifte doen
agi·ta·tie [aagietaa(t)sie, aazjietaa(t)sie] (‹Fr‹Lat) *de (v)* [-s] ❶ opgewondenheid, zenuwachtige gemoedstoestand ❷ opruiende propaganda voor bepaalde politieke opvattingen
agi·ta·tor (‹Lat) *de (m)* [-s, -toren] ❶ opruier, volksmenner ❷ techn apparaat waarin vloeistoffen in beweging worden gehouden en daardoor vermengd raken ❸ achter op een vrachtwagen bevestigde, langzaam draaiende trommel voor het vervoer van betonspecie van de fabriek naar de bouwplaats
agi·ta·to·risch *bn* als van of op de wijze van een agitator, opruiend
agi·te·ren *ww* [aazjie-, aagie-] (‹Fr‹Lat) [agiteerde, h. geagiteerd] ❶ verontrusten; zenuwachtig maken; *vgl*: → **geagiteerd** ❷ → **agitatie** (bet 2) voeren
agit·prop *de (m)* hist aanduiding voor de agitatie en propaganda van de Communistische Partij in de Sovjet-Unie en in andere communistische landen, met als doel de idealen van het communisme onder de bevolking te verspreiden
ag·naat (‹Lat) *de (m)* [-naten] recht bloedverwant aan vaderszijde, *vgl*: → **cognaat**
agnost [aagnost] (‹Gr) *de (m)* [-en] agnosticus
agnos·ti·cis·me (‹Gr) *het* leer dat de mens van de eerste oorzaak van de dingen (God, het absolute) en in het algemeen van al het bovenzinnelijke niets kan weten
agnos·ti·cus [aagnos-] (‹Gr) *de (m)* [-ci] aanhanger van het agnosticisme
agnos·tisch [aagnos-] (‹Gr) *bn* betrekking hebbend op het agnosticisme
Ag·nus Dei [dee-ie] (‹Lat) *het* ❶ Lam Gods, d.w.z. Jezus (*Johannes* 1: 29) ❷ [*mv*: 's] RK liturgisch misgezang dat met deze woorden begint; muziek daarop
ago·gie (‹Gr) *de (v)* werkzaamheid tot beïnvloeding, vooral verbetering van het sociaal gedrag van mensen om tot een hogere graad van welzijn te komen
ago·giek (‹Gr) *de (v)* ❶ muz leer van de kleine veranderingen in de tijdmaat, die door de opvatting van het te spelen stuk vereist worden ❷ systeem volgens hetwelk de agogie verricht wordt
ago·gisch [aagoo-] *bn* ❶ muz betrekking hebbende op de agogiek ❷ betrekking hebbend op of van de aard van agogie; daarin werkzaam
ago·lo·gie (‹Gr) *de (v)* overkoepelende benaming voor

de wetenschappen die studie verrichten naar het opvoedend, vormend en hulpverlenend handelen, zowel m.b.t. kinderen als tot volwassenen
ago·lo·gisch *bn* de agologie betreffend
ago·loog *de (m)* [-logen] deskundige in de agologie
ago·nie (‹Fr‹Gr) *de (v)* doodsstrijd
agoog [aagoog] (‹Gr) *de (m)* [agogen] iem. die agogisch werkzaam is
ago·ra (‹Gr) *de* ['s] ❶ marktplein ❷ ‹in Griekenland in de klassieke oudheid› op het marktplein gehouden volksvergadering
ago·ra·fo·bie (‹Gr) *de (v)* med pleinvrees, ziekelijke angst voor open ruimten
agra·fe [aagraa-] (‹Fr) *de* [-n] ❶ versierde sluithaak, gesp ❷ med klemmetje om wonden te hechten
agra·fie (‹Gr) *de (v)* med onvermogen om te schrijven
agra·ri·ër [aagraa-] (‹Lat) *de (m)* [-s] landbouwer, boer
agra·risch [aagraa-] (‹Lat) *bn* op de landbouw of de landbouwers betrekking hebbend: ★ *de agrarische sector*
agree·ment [əyrie-] (‹Eng) *het* [-s] ❶ overeenkomst ❷ politiek informele overeenkomst tussen staten; zie ook bij → **gentleman**
agre·ment (‹Fr) *het* [-en] ❶ versiersel; lint of boordsel voor het opmaken van japonnen, het afzetten van beklede stoelen enz. ❷ [uitspraak ook: aayrəmã] bewilliging; goedkeuring van de benoeming van een buitenlandse diplomaat door het staatshoofd
agres·sie [aagres-] (‹Fr‹Lat) *de (v)* [-s] ❶ vijandig of gewelddadig gedrag of gevoel: ★ *de toenemende ~ onder voetbalsupporters* ❷ aanval, vijandige aantasting, vooral aanval van een staat op een andere staat: ★ *~ tegen een kleine buurstaat*
agres·sief (‹Fr) *bn* ❶ aanvallend: ★ *een agressieve zet bij het schaken* ❷ geneigd om aan te vallen, conflicten zoekend: ★ *agressieve jongeren* ★ *een ~ dier* ❸ chem, techn aantastend, invretend: ★ *agressieve schoonmaakmiddelen* ❹ met veel overredingskracht en soms onfatsoenlijke methoden gepaard gaand: ★ *agressieve verkoopmethoden*
agres·sie·ve·ling *de (m)* [-en] agressief persoon
agres·si·vi·teit (‹Fr) *de (v)* agressie
agres·sor [aagres-] (‹Lat) *de (m)* [-s, -soren] iem. die agressie pleegt; aanvaller
agri·cul·tuur (‹Fr‹Lat) *de (v)* land-, akkerbouw
A-griep *de* griep door besmetting met het met A aangeduide virus, zo genoemd sinds de epidemie van 1957 (Aziatische griep)
agro·no·mie (‹Fr‹Gr) *de (v)* landbouwkunde
ah *tsw* uitroep van verbazing, toorn, afkeer enz.
aha [aahaa] *tsw* uitroep van aangename verrassing
aha-er·leb·nis [aahaa-erleepnis] (‹Du) *de (m)* [-se] aanduiding voor de ervaring waarbij men plotseling de oplossing ziet van een probleem waarover men reeds lang heeft nagedacht
ahob *de (m)* [-s] letterwoord, NN, spoorwegen: *automatische halve overwegboom*
ahoi [aahoj] (‹Eng) *tsw* roep waarmee men de

aandacht trekt van de bemanning van een schip: ★ *schip ~!*
ahorn [aahorn] *(‹Du) de (m)* [-en, -s] esdoorn
a.h.w. *afk* als het ware
AI *afk* ❶ Amnesty International *(‹Eng)* [internationale mensenrechtenorganisatie] ❷ artificial intelligence *(‹Eng)* [kunstmatige intelligentie]
ai¹ *tsw* uitroep van pijn, verdriet
ai² *de (m)* [-s] → **luiaard** (bet 2)
a.i. *afk* ❶ ad interim ❷ alles inbegrepen
AID *afk* in Nederland Algemene Inspectiedienst [inspectie- en opsporingsdienst van het ministerie van Landbouw, Natuur en Voedselkwaliteit die o.a. controles uitvoert m.b.t. het welzijn van dieren en de veiligheid van het voedsel]
aids [eets] *de (m)* acquired immune deficiency syndrome *(‹Eng)* [door een virus veroorzaakte ziekte waardoor het afweersysteem van het lichaam ernstig wordt verzwakt en er ernstige infecties en soms ook kanker kunnen optreden, met op den duur een dodelijke afloop]
aidsrem·mer [eeds-] *de (m)* [-s] geneesmiddel dat de vermenigvuldiging van hiv (de veroorzaker van aids) remt
ai·ki·do *(‹Jap) het* Japanse worstelmethode, een vorm van jiujitsu waarbij het meegeven met de tegenstander het voornaamste beginsel is
ai·ma·bel [è-] *(‹Fr) bn* beminnelijk
aio [ajoo] *de* ['s] NN assistent in opleiding [iem. die na het behalen van het doctoraalexamen gedurende een bep. periode een verdergaande wetenschappelijke opleiding volgt]
aioli [aajoolie] *(‹Fr) de* koude saus op basis van knoflook, ei en olie
air¹ [èr] *(‹Fr‹Lat‹Gr) het* [-s] hooghartige houding ★ *zich airs geven* gewichtig doen, aanmatigend of pedant optreden
air² [èr] *(‹Fr‹It) de (m) & het* [-s] eenvoudig muziekstuk, melodie
air·bag [è(r)bèy] *(‹Eng) de* [-s] in een auto ingebouwde luchtzak die zichzelf bij een aanrijding razendsnel opblaast en bescherming biedt aan de inzittende(n)
air·bus [èr-] *(‹Eng) de (m)* [-sen] luchtbus
air·co [è(r)koo] *(‹Eng) de (v)* airconditioning
air·con·di·tion·ing [èr-kəndisjəning] *(‹Eng) de (v)* ❶ klimaatregeling binnenshuis of in een vaar-, voer- of vliegtuig ❷ ook de installatie daarvoor
aire·dale·ter·ri·ër [èrdeel-] *(‹Eng) de (m)* [-s] grote soort terriër met draadachtig roestbruin en zwart haar
air·hos·tess [èrhoostəs] *(‹Eng) de (v)* [-es] [-sis, -en] BN ook stewardess bij de luchtvaart
air·mail [è(r)meel] *(‹Eng) de* luchtpost
air·mar·shal [è(r)marsjəl] *(‹Eng) de (m)* [-s] niet-geüniformeerde gewapende veiligheidsagent die meereist met een verkeersvliegtuig ter voorkoming van eventuele terreuracties
airmile [è(r)majl] *(‹Eng) de* [-s] spaarpunt als onderdeel van een door een aantal bedrijven gebruikt spaarsysteem waarbij de klanten op basis van het bestede aankoopbedrag punten *(airmiles)* op een speciale kaart bijgeschreven krijgen die recht geven op gereduceerde prijzen van goederen, uitstapjes, reizen enz.

air·play [è(r)plee] *(‹Eng) de (m)* aantal keren dat een zanger, band, cd enz. op de radio ten gehore wordt gebracht: ★ *deze single krijgt veel ~*
aïs *de* [-sen] muz met een halve toon verhoogde a
AIVD *afk* in Nederland Algemene Inlichtingen- en Veiligheidsdienst [voorheen: BVD]
Aja·cied *de (m)* [-en] NN ❶ speler bij de Amsterdamse voetbalclub Ajax ❷ bij uitbreiding, aanhanger van Ajax
ajam *(‹Mal) de (v)* [-s] NN kip
ajas·ses [aajas-], **ajak·kes** [aajak-] *tsw* vooral NN uitroep van afkeer
AJC *afk* Arbeiders Jeugdcentrale [in Nederland, hist socialistische jongerenbeweging (1920-1958)]
ajour [aazjoer] *(‹Fr) bn* ‹bij borduren› opengewerkt, met een netwerk van openingen
aju, **ajuus** [aajuu(s)] *tsw* NN, spreektaal adieu
ajuin [aajuin] *(‹Fr) de (m)* [-en] BN ook ui
A-kant *de (m)* [-en] vroeger de kant van een → **single** (bet 2) waarop bij de verkoop de aandacht wordt gericht
akant [aakant] *de (m)* [-en] → **acanthus**
ake·la [aakee-] *(‹Hindi) de* ['s] leidster of leider van een groep welpen bij scouting, genoemd naar de aanvoerder van de wolven in *The Jungle Book* van R. Kipling ((1865-1936)
ake·lei, **ako·lei** *(‹Lat) de* [-en] ranonkelachtige plant met klokbloemen *(Aquilegia)*
ake·lig *bn* ❶ onaangenaam: ★ *een akelige smaak in de mond* ❷ griezelig, huiveringwekkend: ★ *akelige verhalen* ❸ NN misselijk: ★ *ik voel me een beetje ~*
aker *(‹Lat) de (m)* [-s] putemmertje
aki *de (v)* ['s] letterwoord, NN, spoorwegen: *automatische knipperlichtinstallatie*
ak·ke·fie·tje, **ak·ke·vie·tje** *(‹Lat) het* [-s] ❶ onaangename taak of boodschap, vervelend karweitje: ★ *ik mag altijd dit soort smerige akkefietjes opknappen* ❷ afkeurenswaardige onderneming, smerig zaakje: ★ *hij is betrokken bij allerlei duistere akkefietjes* ★ *een ~ met iem. hebben* onenigheid, ruzie over iets ❸ karweitje in het algemeen: ★ *ik heb vanavond nog wat akkefietjes te doen*
ak·ker *de (m)* [-s] stuk land waarop landbouw bedreven wordt ★ *op zijn dooie akkertje* op zijn dooie gemak; zie ook bij → **water**
ak·ker·bouw *de (m)* het bebouwen van akkers, landbouw
ak·ker·hoorn·bloem, **ak·ker·ho·ren·bloem** *de* [-en] plant met hoornvormige vruchten *(Cerastium arvense)*
ak·ker·kool *de* samengesteldbloemige plant met bleekgele bloempjes *(Lampsana communis)*
ak·ker·leeu·we·rik *de (m)* [-riken] de gewone

leeuwerik, veldleeuwerik
ak·ker·maals·hout *het* eikenhakhout, gebruikt voor de afscheiding van akkers
ak·ker·win·de *de* [-n, -s] soort winde met rood gestreepte klokbloemen (*Convolvulus arvensis*)
ak·ke·vie·tje *het* [-s] → **akkefietje**
ak·koord *(‹Fr›)* **I** *het* [-en] ❶ overeenstemming ❷ overeenkomst, schikking, vergelijk: ★ *een ~ tussen twee partijen over iets* ★ *een ~ sluiten* ★ *tot een ~ komen* ★ *~ gaan met* instemmen met ★ *het op een akkoordje gooien* wederzijds wat toegeven om tot overeenstemming te komen ★ BN *interprofessioneel ~* overeenkomst tussen werkgevers en werknemers uit verschillende sectoren van het bedrijfsleven ❸ (in het bijzonder) schikking tot betaling ❹ muz samenklank van ten minste drie tonen van verschillende toonhoogte **II** *bn* ❶ in orde: ★ *de rekening is ~* ❷ *~ gaan met* het eens zijn met, instemmen met **III** *tsw* ★ *~!* geen bezwaar!, toegestemd!
ak·koord·loon *het* beloning in één bedrag van de gezamenlijke arbeidsprestatie van een groep arbeiders
akoe·pe·die *(‹Gr›) de (v)* paramedisch beroep met als taken het verrichten van gehooronderzoek en het begeleiden van slechthorenden bij hun revalidatie
akoe·pe·dist *(‹Gr›) de (m)* [-en] beoefenaar van de akoepedie
akoes·tiek *(‹Fr‹Gr›) de (v)* ❶ leer van het geluid en de geluidswaarneming ❷ wijze waarop het geluid zich in een ruimte verbreidt en voortplant: ★ *de ~ van die zaal is slecht*
akoes·tisch [aakoes-] *bn* ❶ betrekking hebbend op de akoestiek ❷ werkend op het gehoor of door geluid: ★ *akoestische signalen, mijnen* ★ *akoestische gitaar* gitaar waarvan de tonen niet elektrisch worden versterkt, *tegengest.: elektrische gitaar*
ako·lei *de* [-en] → **akelei**
ako·niet *(‹Lat‹Gr›) de* [-en] biol monnikskap, een giftige plant
aks, akst *de* [-en] bijl met lange steel
ak·te *(‹Fr‹Lat›) de* [-n, -s] ❶ elk van de hoofddelen van een toneelstuk of opera, bedrijf ❷ in de voorgeschreven vorm opgemaakt en door een bevoegd persoon gewaarmerkt schriftelijk stuk, dat dient om een feit of een handeling vast te leggen en zo nodig als bewijs te dienen: ★ *een notariële ~* ★ *de akten van de burgerlijke stand* ★ *recht onderhandse ~* akte opgesteld door partijen onderling zonder ambtelijke steun of bemiddeling ❸ schriftelijk stuk dat toestemming voor iets of een bevoegdheid tot iets verleent, bewijs, getuigschrift: ★ *~ van bekwaamheid; vgl.:* → **hoofdakte**, → **visakte** ❹ RK gebed als belijdenis; zie bij → **berouw** ❺ optekening tijdens een rechtszitting: ★ *~ nemen, verlenen* ★ *~ nemen van* kennis nemen van ★ *waarvan ~!* dat is dus duidelijk afgesproken! ★ *Akte van Navigatie* scheepvaartmaatregelen van Cromwell in 1651, die

73   **akkermaalshout–alarmcentrale**

o.a. de Nederlandse handel sterk belemmerden
ak·te·tas *de* [-sen] platte tas waarin men papieren en boeken vervoert
AKW *afk* in Nederland Algemene Kinderbijslagwet
AL *afk* ‹als nationaliteitsaanduiding op auto's› Albanië
Al *afk* chem symbool voor het chemisch element *aluminium*
al I *onbep vnw* het geheel, alles, iedereen betreffend: ★ *in alle geval* ★ *allen zijn gered* (van mensen) ★ *alle zijn geteld* (van dieren en zaken) **II** *het* ❶ alles ★ *~ met ~* alles overwogen hebbend ❷ de wereld, het heelal **III** *bijw* ❶ reeds: ★ *hij is er ~* ❷ wel: ★ *dat is ~ heel erg* ★ *~ of niet leuk* ❸ helemaal: ★ *geheel en ~* ❹ steeds opnieuw: ★ *~ maar* **IV** *bijw van graad* ★ *~ te goed* ★ *~ fietsend, ~ lezend* tijdens het fietsen, lezen **V** *voegw* ofschoon: ★ *zij staat altijd voor je klaar, ~ is het midden in de nacht*
al. *afk* alinea
a.l. *afk* alle leeftijden
à la *bijw (‹Fr›)* op de manier van, in de stijl van: ★ *een schilderij ~ Picasso*
alaaf [aalaaf] *tsw* in streken waar carnaval gevierd wordt gebruikte heilwens
à la baisse *bijw* [aa laa bes] *(‹Fr›)* ★ *~ speculeren* beurshandel op daling van koersen speculeren
à la bonne heure *bijw* [bonneur] *(‹Fr›)* het moet maar, het zij zo, vooruit maar
à la carte *bijw (‹Fr›)* volgens de spijskaart ★ *~ dineren* zelf de gerechten uit de spijskaart kiezend
à la hausse *bijw* [aa laa oos] *(‹Fr›)* ★ *~ speculeren* beurshandel op stijging van koersen speculeren
à la let·tre *bijw (‹Fr›)* naar de letter, letterlijk
à la mi·nute *bijw* [minuut] *(‹Fr›)* bijwoordelijke uitdrukking onmiddellijk, terstond: ★ *wij moesten ~ reageren*
à la mo·de *(‹Fr›)* bijwoordelijke uitdrukking in de, volgens de (heersende) mode
alang·alang *(‹Mal›) de & het* zeer hoge tropische grassoort
alarm [aalarm] *(‹Fr‹It›)* **I** *tsw* er is gevaar! (oorspronkelijk: *te wapen!*) **II** *het* ❶ kreet of signaal om een dreigende aanval of noodtoestand te melden: ★ *~ slaan, blazen* ★ *stil ~* noodsein waarvan het signaal onhoorbaar is voor inbrekers, overvallers e.d. ★ *loos ~* alarmsignaal terwijl er niets aan de hand is ❷ toestand van dreigend gevaar of nood: ★ *bij ~; vgl.:* → **luchtalarm** ❸ opschudding
alarm·bel [aalarm-] *de* ★ BN *de ~ luiden, aan de ~ trekken* aan de bel trekken
alarm·bel·pro·ce·du·re [aalarm-] *de* [-s] BN, pol procedure waarmee een taalminderheid in de Kamer en de Senaat een discriminerend wetsontwerp kan verhinderen
alarm·cen·tra·le [aalarm-] *de* ❶ NN ‹bij de ANWB› afdeling die via de radio of de krant reizenden oproept om contact met haar op te nemen in geval van dringende omstandigheden thuis ❷ BN bedrijf dat verbinding heeft met in huizen en gebouwen

al

aanwezige alarminstallaties en alarm slaat bij onraad

alar·me·ren *ww (‹Fr)* [alarmeerde, h. gealarmeerd] ❶ door → **alarm** (II, bet 1) op- of bijeenroepen: ★ *de politie* ~ ❷ verontrusten, in opschudding brengen: ★ *alarmerende berichten*

alarm·fa·se [aalarmfaazə] *de (v)* [-s] fase waarin een noodsituatie dreigt en uit voorzorg de nodige maatregelen worden getroffen: ★ ~ *1, 2 of 3 bij luchtverontreiniging*

alarm·in·stal·la·tie [aalarminstallaa(t)sie] *de (v)* [-s] installatie die alarm veroorzaakt bij inbraak, overval of andere noodsituaties

alarm·klok [aalarm-] *de* [-ken] klok die geluid wordt als er gevaar dreigt

alarm·kreet [aalarm-] *de (m)* [-kreten] kreet als waarschuwing bij dreigend gevaar

alarm·num·mer [aalarm-] *het* [-s] vooral NN telefoonnummer dat men kan bellen om alarm te slaan in geval van een noodsituatie

alarm·peil [aalarm-] *het* dreigend hoge waterstand

alarm·pis·tool [aalarm-] *het* [-tolen] pistool dat hard knalt en daardoor geschikt is om alarm te slaan

alarm·sein [aalarm-] *het* [-en], **alarm·sig·naal** [aalarmsinjaal] [-nalen] sein, signaal bij dreigend gevaar

alarm·toe·stand [aalarm-] *de (m)* toestand waarin alle voorbereidingen getroffen worden tegen een dreigend gevaar (oorlog, overstroming, rellen enz.)

Al·ba·nees¹ *de (m)* [-nezen] iem. geboortig of afkomstig uit Albanië

Al·ba·nees² I *bn* van, uit, betreffende Albanië II *het* taal van Albanië

al·bast *(‹Fr‹Gr) het* ❶ op marmer lijkende grijsachtige gipssoort, min of meer doorschijnend en gebruikt voor vensters, vazen en kleine beeldjes ❷ vroeger variëteit van calciet (CaCO₃), een zuivere, witte marmersoort met donkere en lichte banden of strepen

al·bas·ten *bn* ❶ van albast ❷ blank en doorschijnend als albast: ★ *een ~ huid*

al·ba·tros *(‹Port‹Arab) de (m)* [-sen] grote, op een meeuw lijkende vogel die vooral leeft boven zeeën op het zuidelijk halfrond, stormvogel

al·be *(‹Lat) de* [-n] koorhemd, wit miskleed van rooms-katholieke priesters

al·be·dil *de (m)* [-len] NN iem. die zich overal mee wil bemoeien, bedilal

al·bi·gen·zen *mv* Zuid-Franse sekte in de 12de en 13de eeuw, wegens ketterij nagenoeg uitgeroeid, genoemd naar de Zuid-Franse stad Albi, één van de centra van deze beweging

al·bi·nis·me *het* het geheel of nagenoeg geheel ontbreken van pigment in haar, huid en ogen waar dat normaal wel aanwezig is

al·bi·no, **al·bi·no** *(‹Port) de* ['s] iem. zonder of vrijwel zonder pigment in huid, haar en ogen, waar dat normaal wel aanwezig is; ook in het dierenrijk bij vossen, konijnen, scholeksters enz.

Al·bion [elbjən] *(‹Eng) het* naam voor Groot-Brittannië, het Britse Rijk

al·bum *(‹Lat) het* [-s] ❶ boek waarin men foto's, postzegels e.d. bewaart of waarin men verzen schrijft ❷ bundel bijdragen als huldiging ❸ elpee of cd met lange speelduur

al·bu·mi·ne *(‹Lat) de* belangrijkste soort van eiwitstof

al·ca·zar *(‹Sp‹Arab) het* [-s] Moorse burcht of Moors paleis in Spanje

al·che·mie, **al·chi·mie** *(‹Fr‹Arab) de (v)* benaming voor de chemie toen deze nog niet op modern-wetenschappelijke wijze werd beoefend; vooral kunst om d.m.v. de 'steen der wijzen' onedele metalen in goud om te zetten en om het elixer te maken dat het leven moest verlengen

al·che·mist, **al·chi·mist** *de (m)* [-en] beoefenaar van de alchemie

al·co·hol *(‹Arab) de (m)* [-holen] ❶ soortnaam van scheikundige verbindingen, afgeleid van koolwaterstoffen, waarbij waterstofatomen zijn vervangen door een hydroxylgroep; vooral ethylalcohol of spiritus (C₂H₅OH), die een kenmerkend bestanddeel vormt van bier, wijn en sterke drank ❷ alcoholhoudende drank, sterke drank

al·co·hol·hou·dend, **al·co·hol·hou·dend** *bn* alcohol bevattend

al·co·ho·li·ca¹ *mv* alcohol bevattende dranken

al·co·ho·li·ca² *de (v)* [-cae *of* 's] alcoholiste

al·co·ho·li·cus *de (m)* [-ci] iem. die verslaafd is aan alcohol, alcoholist

al·co·ho·lisch *bn* alcoholhoudend: ★ *alcoholische dranken*

al·co·ho·lis·me *het* drankzucht; verslaving aan alcoholische drank

al·co·ho·list *de (m)* [-en], **al·co·ho·lis·te** *de (v)* [-n *en* -s] iem. die verslaafd is aan alcohol, drankzuchtige

al·co·ho·lis·tisch *bn* betrekking hebbend op alcoholisme of alcoholisten

al·co·hol·pro·mil·la·ge [-mielaazjə] *het* NN het aantal milligrammen zuivere alcohol per milliliter van een oplossing: ★ *in Nederland is het verboden een voertuig te besturen als het ~ in het bloed hoger is dan 0,5*

al·co·hol·vrij *bn* zonder alcohol

al·co·mo·bi·lis·me *het* het rijden onder invloed van alcohol

al·co·pop *de* [-s] licht alcoholische kant-en-klare mixdrank met vruchtensap

ald. *afk* aldaar

al·daar *bijw* op die plaats

al den·te *(‹It) bn* bijna gaar, beetgaar

al·door *bijw* steeds, aanhoudend

al·dra *bijw* spoedig

al·dus *bijw* op die wijze: ★ *~ sprak het opperhoofd*

ale [eel] *(‹Eng) de (m)* licht Engels bier

ale·a·toir [-twaar] *(‹Lat) bn* onzeker, wisselvallig ★ *aleatoire overeenkomst* kansovereenkomst

al·eer *voegw* alvorens: ★ *voor en* ~
alert [aalert] *(‹Fr‹It) bn* oplettend, opmerkzaam, waakzaam: ★ ~ *reageren* ★ ~ *zijn op nieuwe ontwikkelingen*
ale·viet *(‹Arab) de (m)* [-en] lid van een vrijzinnige sjiitische sekte, vooral in Syrië en Turkije
ale·vi·tisch *(‹Arab) bn* van, behorend tot de alevieten
alexan·drijn *de (m)* [-en] vers in klassieke maat, bestaande uit zes voeten van twee lettergrepen (jamben), met een rust (cesuur) in het midden
alexie [aaleksie] *(‹Gr) de (v)* woordblindheid, onvermogen om te lezen
al·fa¹ *(‹Gr) de* ['s] ❶ eerste letter van het Griekse alfabet, als kleine letter α, als hoofdletter A geschreven ★ *de* ~ *en de omega* het begin en het einde, het een en het al ❷ vooral NN leerling van de *alfa-afdeling* van een gymnasium, waar in de eerste plaats talen en geschiedenis onderwezen worden
al·fa² *(‹Arab) het* vezel afkomstig van het blad van espartogras
al·fa·bet *(‹Gr) het* [-ten] ❶ de gezamenlijke letters van een taal in hun bepaalde volgorde, abc: ★ *een lijst op* ~ *sorteren* ❷ geheel van volgens het alfabet gerangschikte namen, fiches enz. ❸ fig eerste beginselen
al·fa·be·tisch *bn* in de volgorde van het alfabet: ★ *de trefwoorden in dit woordenboek zijn* ~ *gerangschikt*
al·fa·be·ti·se·ren *ww* [-zeerə(n)] [alfabetiseerde, h. gealfabetiseerd] ❶ plaatsen in de volgorde van het alfabet ❷ leren lezen en schrijven aan analfabeten ❸ gebruik gaan maken van het romeinse schrift in plaats van andere schrijfwijzen, zoals bijv. bij het pinyin in China
al·fa·be·ti·se·rings·pro·gram·ma [-zee-] *het* ['s] onderwijsprogramma waarbij men analfabeten leert lezen en schrijven
al·fa·deel·tje *het* [-s] kern van een heliumatoom, bestaande uit twee protonen en twee neutronen, die samen met andere dergelijke heliumkernen in een bundel door zware radioactieve kernen wordt uitgezonden
al·fa·hulp *de* [-en] NN iem. die zonder in dienst te zijn van een officiële instelling (bejaarde) hulpbehoevenden verzorgt en wordt betaald door de betreffende hulpbehoevende zelf
al·fa·nu·me·riek *bn* werkend met letters, cijfers en gewoonlijk ook nog andere tekens (gezegd van informatieverwerkende systemen)
al·fa·stra·len *mv* radioactieve stralen die bestaan uit heliumkernen
al·fa·stra·ling *de (v)* uit bundels snelle alfadeeltjes bestaande straling die door zware radioactieve kernen wordt uitgezonden
al·fa·test *de (m)* [-s] comput eerste testfase van een nieuw softwareprogramma
al·fa·vak *het* [-ken] NN leervak dat vooral op de alfa-afdeling van scholen wordt onderwezen (vgl: →

alfa¹, bet 2 en → **bètavak**
al·fa·we·ten·schap·pen *mv* samenvattende benaming voor wetenschappen die individuele en sociale uitingen, teksten en vormen van menselijke creativiteit als studieobject hebben: ★ *taal- en literatuurwetenschap, de sociale wetenschappen, geschiedenis, theologie, recht behoren tot de ~; vgl:* → **bètawetenschappen**, → **gammawetenschappen**
alf·rank *de* [-en] biol bitterzoet (*Solanum dulcamara*)
al fre·sco *bijw (‹It)* ‹muurschilderwerk› op verse natte kalk; *vgl*: → **al secco**
ALG *afk* ‹als nationaliteitsaanduiding op auto's› Algerije
alg *(‹Lat) de* [-en], **al·ge** [-n] wier
alg. *afk* ❶ algemeen ❷ algebra
al·ge·bra *(‹Lat‹Arab) de* deel van de wiskunde waarbij berekeningen worden uitgevoerd met symbolen zoals letters in plaats van cijfers
al·ge·bra·ï·cus *(‹Lat) de (m)* [-ci] beoefenaar, kenner van de algebra
al·ge·bra·ïsch *bn* van, uit de algebra
al·ge·heel *bn* volkomen: ★ *algehele rouw*
al·ge·meen, al·ge·meen *bn* ❶ van, betreffende, bij allen of alles: ★ ~ *stemrecht* ★ *er heerste algemene vreugde* ❷ globaal, niet gedetailleerd, niet ingaand op bijzonderheden: ★ *dit is een heel algemene schatting* ❸ gebruikelijk, normaal: ★ *dit verschijnsel is heel* ~ ★ *het* ~ *beschaafd Nederlands* de Nederlandse standaardtaal ★ *in het* ~ over het geheel; niet in bijzonderheden ★ *over of in het* ~ doorgaans, gewoonlijk
al·ge·meen·heid *de (v)* [-heden] ❶ oppervlakkig, vaag gezegde zonder veel inhoud ❷ het algemeen zijn: ★ *in zijn* ~ zonder te letten op bijzonderheden of details, zo vaag gedacht of geformuleerd ★ BN ook *met* ~ *van stemmen* unaniem
Al·ge·rijn *de (m)* [-en] iem. geboortig of afkomstig uit Algerije
Al·ge·rijns *bn* van, uit, betreffende Algerije
Algol *het letterwoord*: *algorithmic language* een hogere programmeertaal voor computers
Al·gon·kin *het* familie van talen van indianen in Noord-Amerika, genoemd naar de gelijknamige indianenstam
al·go·rist *de (m)* [-en] rekenwonder, iem. die zeer snel uit het hoofd ingewikkelde berekeningen maakt
al·go·ris·tisch *bn* betrekking hebbend op algoristen en hun prestaties
al·go·rit·me *(‹Fr‹Arab) het* reken-, bewijs- of werkschema bestaande uit een reeks voorschriften die bepalen welke achtereenvolgende bewerkingen uitgevoerd moeten worden
al·hier *bijw* in / op deze plaats
al·hoe·wel *voegw* ofschoon
ali·as *(‹Lat)* I *bijw* anders gezegd, bijgenaamd: ★ *onze directeur,* ~ *'de Neus'* II *de (m)* [-sen] ❶ schertsende bijnaam ❷ comput door een individuele gebruiker te kiezen verkorte vorm van een e-mailadres

alias·ing [əlai(j)zing] *(‹Eng) de* comput verstorend effect bij weergave van grafische elementen op een beeldscherm

ali·bi *(‹Lat) het* ['s] ❶ het aanwezig zijn elders ★ *zijn ~ bewijzen* bewijzen, dat men op het ogenblik van het misdrijf op een andere plaats dan die van het misdrijf was ❷ bewijs dat men elders was: ★ *hij had een goed ~*

ali·ë·na·tie [-(t)sie] *(‹Lat) de (v)* [-s] ❶ vervreemding, verkoop, verpanding ❷ afstand van grondgebied, van rechten enz.

ali·ë·ne·ren *ww (‹Lat)* [aliëneerde, h. gealiëneerd] vervreemden, overdragen

ali·kruik *de* [-en] tot de kieuwslakken behorend geslacht van weekdieren, waarvan de in Zeeland voor de consumptie verkochte soort, de gewone ~ (*Littorina littorea*), het bekendst is

ali·men·ta·tie [-(t)sie] *(‹Lat) de (v)* [-s] ❶ voeding, levensonderhoud ❷ bedrag dat door de curator in een faillissement aan de gefailleerde, door een gescheiden echtgenoot aan zijn vroegere partner, door een vader aan een buitenechtelijk kind uitgekeerd wordt (moet worden) voor levensonderhoud

à l'im·pro·vis·te [aa lĕmprooviest] *(‹Fr) bijwoordelijke uitdrukking* onvoorzien, onvoorbereid, voor de vuist

ali·nea [aalie-] *(‹Lat) de (v)* ['s] ❶ deel van een geschreven of gedrukte tekst dat met een nieuwe regel begint en doorloopt tot de eerstvolgende nieuwe regel: ★ *vaak is de eerste regel van een alinea gekenmerkt door een inspringing of door een voorafgaande lege regel* ❷ deel van een wetsartikel, reglement e.d. dat aldus begint

ali·nea·mar·ke·ring [aalie-] *de (v)* [-en] comput bij tekstverwerking de code voor het begin van een alinea in de tekstopmaak

alk *(‹Scand) de* [-en] lid van een vogelfamilie (Alcidae), waarvan de soorten broeden in het Noordpoolgebied en uiterlijke overeenkomst vertonen met de pinguïns

al·ka·li *(‹Fr‹Arab) het* [-liën] ❶ vroeger benaming voor potas en soda ❷ thans base

al·ka·li·me·taal *het* [-talen] benaming voor de metalen van de groep kalium, rubidium, cesium, natrium, lithium, alle zilverwit, eenwaardig en sterk oxideerbaar

al·ka·lisch *bn* van de aard van een alkali, basisch

al·kan·na *(‹Sp‹Arab) de* ['s] ❶ ★ *echte ~ plant* uit de kattenstaartfamilie, waarvan de bladeren de kleurstof henna leveren, voorkomend tot Noord-Afrika tot in West-Azië (*Lawsonia alba*) ❷ plantengeslacht uit de familie van de ruwbladigen, vooral de ★ *valse ~ (A. tinctoria)* een Zuid-Europese sierplant waarvan de wortel de kleurstof alkannine bevat

al·koof *(‹Fr‹Sp‹Arab) de* [-koven] klein kamertje aan een grotere kamer

al·la *(‹Fr) tsw* vooruit dan maar

Al·lah *(‹Arab) de (m)* naam van God bij de moslims ★ *~ akbar* God is groot

al·lang *bijw* ❶ reeds geruime tijd: ★ *dat weet ik ~* ❷ heus, echt wel: ★ *ik heb je ~ door!* ; zie ook: → lang

al·le·bei, al·le·bei·de *telw* alle twee

al·le·daags *bn* zeer gewoon, van elke dag: ★ *alledaagse bezigheden, alledaagse kleding*

al·le·dag *bijw* dagelijks ★ *NN op ~ lopen (ook: op alle dagen lopen)* op het punt staan te bevallen ★ *van ~ gewoon, alledaags* ★ *NN een mens van ~* iem. die heel zwak is en elk moment kan sterven

al·lee¹ *(‹Fr) de* [-leeën] laan, wandelweg tussen twee rijen bomen

al·lee² *(‹Fr)*, **al·lez** *tsw* BN, spreektaal ❶ vooruit!, komaan! ❷ toe nou, kom nou, ik bedoel [ter voortzetting of beëindiging van een mededeling, met toegevende kracht, ter aansporing, als stopwoord]

al·leen **I** *bn* zonder anderen, zonder iets anders: ★ *~ in een café zitten* **II** *bijw* ❶ slechts: ★ *ik wilde ~ even weten hoe laat het was* ❷ echter: ★ *ik wilde je een computer geven, ~ die was zo duur*

al·leen·han·del *de (m)* NN het recht om als enige handel in iets te drijven, monopolie

al·leen·heer·schap·pij *de (v)* onbeperkte macht van één persoon

al·leen·heer·ser *de (m)* [-s] iem. met onbeperkte macht, absoluut heerser

al·leen·recht *het* recht om alleen, met uitsluiting van anderen, te mogen fabriceren of verkopen; monopolie

al·leen·recht·spraak *de* rechtspraak door een enkele rechter (enkelvoudige kamer)

al·leen·spraak *de* [-spraken] niet tot een bepaalde persoon gerichte, lange ontboezeming op het toneel, in een verhaal enz., monoloog

al·leen·staand *bn* ❶ op zichzelf staand: ★ *een ~ huis* ❷ alleen levend, geen vaste partner hebbend: ★ *een alleenstaande vrouw*

al·leen·staan·de *de* [-n] iem. die niet in een gezin of samen met anderen leeft

al·leen·ver·die·ner *de (m)* [-s] iem. die als enige in een huishouden de kost verdient

al·leen·ver·koop *de (m)* het recht de enige verkoper te zijn, monopolie

al·leen·za·lig·ma·kend, al·leen·za·lig·ma·kend *bn* ❶ waarzonder geen zaligheid mogelijk is: ★ *het ~ geloof* ❷ schertsend als enige juist, als enige doeltreffend: ★ *deze procedure is uiteraard niet ~*

al·le·gaar·tje *het* [-s] mengelmoes, verzameling ongelijksoortige zaken of personen: ★ *een ~ van kunstwerken*

al·le·go·rie *(‹Gr) de (v)* [-rieën] zinnebeeldige voorstelling, voorstelling of verhaal waarin abstracte begrippen (zoals tijd, liefde, geluk, recht enz.) worden voorgesteld als personen: ★ *een ~ van de dood*

al·le·go·risch *bn* van de aard van of als (in) een allegorie

al·le·gret·to [-γret-] *(‹It)* muz **I** *bijw* enigszins levendig (te spelen), minder snel dan *allegro* **II** *het* ['s] stuk in dat tempo

al·le·gro [-γroo] *(‹It)* muz **I** *bijw* levendig, vlug (te spelen) ★ ~ *ma non troppo* niet te vlug **II** *het* ['s] stuk of passage in het genoemde tempo

al·le·hens *zn* zie bij → **hens¹**

al·le·je·zus NN, spreektaal **I** *tsw* uitroep van verbijstering **II** *bijw* zeer, in hoge mate, erg: ★ *die soep is ~ heet!*

al·le·lu·ja *tsw & het (‹Lat‹Hebr)* → **halleluja**

al·le·maal *telw* alles, alle of allen bij elkaar: ★ *ze waren er ~* ★ *er zitten ~ scheuren in het ijs* heel veel scheuren

al·le·mach·tig I *tsw* uitroep van verbazing of ontzetting: ★ *wel ~!* **II** *bijw van graad* ★ *~ knap* zeer knap

al·le·man, **al·le·man** *vnw* iedereen: ★ *ze maakt ruzie met Jan en ~* met iedereen

al·le·man·de *(‹Fr) de* muz oude Duitse dans in tweedelige maat en rustige beweging

al·le·mans·vriend *de (m)* [-en] iem. die met iedereen bevriend is; NN, vaak hond die tegen iedereen vriendelijk is

al·lengs *bijw* langzamerhand

al·le·nig *bn* NN, spreektaal alleen

al·ler·aar·digst, **al·ler·aar·digst** *bn* vooral NN heel aardig, mooi enz.: ★ *een ~ schilderij*

al·ler·best, **al·ler·best** *bn* het best van alles ★ *op zijn ~* hoogstens, ten hoogste

al·ler·eerst, **al·ler·eerst** *bn* vóór al het andere

al·ler·geen *(‹Gr) het* [-genen] med stof die allergie kan veroorzaken

al·ler·gi·cus *(‹Gr) de (m)* [-ci] persoon die allergisch is

al·ler·gie *(‹Gr) de (v)* [-gieën] veranderde, vooral verhoogde gevoeligheid voor stoffen of invloeden, die tot ziekelijke reacties leidt, zoals jeuk, niesbuien of benauwdheid

al·ler·gisch *bn* van de aard van of onderworpen aan allergie ★ *allergische ziekten* overgevoeligheidsziekten, zoals astma en hooikoorts ★ *hij is daar ~ voor* hij is daar over gevoelig voor ★ fig, schertsend *hij is ~ voor modern ballet* modern ballet boezemt hem weerzin in

al·ler·go·lo·gie *(‹Gr) de (v)* leer van de allergische ziekten

al·ler·go·loog *(‹Gr) de (m)* [-logen] specialist voor allergische ziekten

al·ler·han·de I *bn* allerlei: ★ *allerhande postzegels* **II** *het* allerlei koekjes

Al·ler·hei·li·gen *de (m)*, **al·ler·hei·li·gen·feest** *het* RK feest op 1 november ter ere van alle heiligen

al·ler·hei·ligst *bn* zeer heilig, hoogheilig

Al·ler·hei·lig·ste *het* ❶ Bijbel het heilige der heiligen ❷ RK het Sacrament des Altaars

al·ler·hoogst *bn* hoger dan al het andere

Al·ler·hoog·ste *de (m)* het Opperwezen, God

al·ler·ijl *zn* ★ *in ~* zie bij → **ijl¹**

al·ler·laatst, **al·ler·laatst** *bn* later dan alle anderen ★ *op zijn ~* uiterlijk

al·ler·lei, **al·ler·lei I** *bn* van alle soorten: ★ *er stonden ~ planten op de vensterbank* **II** *het* ❶ allerlei dingen ❷ afdeling (in krant of tijdschrift) voor kleine nieuwtjes en wetenswaardigheden *(in deze betekenis steeds uitgesproken: allerlei)*

al·ler·liefst, **al·ler·liefst** *bn* ❶ zeer lief: ★ *een ~ meisje* ❷ liever dan iets anders: ★ *wij gaan het ~ naar Frankrijk met vakantie*

al·ler·meest, **al·ler·meest** *bn* meer dan alle anderen

al·ler·minst, **al·ler·minst** *bn* ❶ het minst van alles of allen: ★ *ik kreeg de allerminste punten* ❷ helemaal niet: ★ *ik ben ~ tevreden over zijn werk*

al·ler·naast, **al·ler·naast** *bn* ❶ ‹m.b.t. ligging› het dichtstbij ❷ ‹m.b.t. verwantschap› het nauwst verwant, het meest dierbaar

al·ler·we·gen *bijw* overal

Al·ler·zie·len *de (m)*, **al·ler·zie·len·feest** *het* RK feest ter herdenking van de overledenen, op 2 november

al·les zelfst onbep *vnw* alle dingen: ★ *ze heeft ~ verteld* ★ *~ op ~ zetten* er alles aan doen, zich de uiterste inspanning getroosten ★ *van ~ (en nog wat)* allerlei zaken ★ *vóór ~* in de eerste plaats ★ *dat is ook niet ~ dat is niet ideaal, niet aangenaam*

al·les·be·hal·ve, **al·les·be·hal·ve** *bijw* volstrekt niet ★ *dat is ~ netjes* heel onbehoorlijk

al·les·bran·der *de (m)* [-s] type kachel waarin allerhande zaken als brandstof kunnen dienen

al·les·eter *de (m)* [-s] dier dat zowel dierlijk als plantaardig voedsel gebruikt, omnivoor

al·les·rei·ni·ger *de (m)* [-s] in het huishouden gebruikt reinigingsmiddel met diverse toepassingsmogelijkheden

al·les·zins *bijw* ❶ volkomen, in alle opzichten: ★ *hij heeft ~ gelijk* ❷ BN ook in ieder geval, zeker: ★ *we komen ~ voor het weekend*

al·lez *(‹Fr) tsw* → **allee²**

al·li·an·tie [-sie] *(‹Fr) de (v)* [-s] verbond, verbintenis, bondgenootschap; zie ook → **triple¹**

al·licht *bijw* ❶ vanzelfsprekend, uiteraard: ★ *~ niet* natuurlijk niet ❷ op zijn minst, in elk geval: ★ *je kunt ~ om meer informatie vragen*

al·li·ë·ren *(‹Fr‹Lat)* **I** *ww* [allieerde, h. geallieerd] vermengen, legeren **II** *wederk* zich verbinden, een bondgenootschap sluiten

al·li·ga·tor *(‹Eng‹Sp) de (m)* [-s] geslacht van krokodillen in Amerika en (veel kleiner) in China

all-in [òl-] *(‹Eng)* **I** *bijwoordelijke uitdrukking* alles inbegrepen; ook **II** *voorvoegsel* ★ *all-inprijs*, *all-intarief*

al·lin·son¹ *het* [-s] bep. soort bruin brood

allin·son², **allin·son·brood** *het* stevig, gezond volkorenbrood, naar de receptuur van de Britse arts T.R. Allinson (1858-1918)

al·li·te·ra·tie, **al·lit·te·ra·tie** [-(t)sie] *(‹Lat) de (v)* [-s]

allitereren–alpenroos 78

al

gelijkheid van de beginletters op beklemtoonde plaatsen (in verzen en in uitdrukkingen), stafrijm, bijv.: ★ *in weer en wind, in rep en roer*
al·li·te·re·ren *ww*, **al·lit·te·re·ren** [allit(t)ereerde, h. geallit(t)ereerd] met dezelfde klanken beginnen, een alliteratie vormen
al·lo·ca·tie [-(t)sie] *(‹Fr‹Lat) de (v)* [-s] toewijzing; econ verdeling van de beschikbare goederen en productiemiddelen over de verschillende mogelijke aanwendingen: ★ *bij economische crisis of oorlog zal ~ van overheidswege plaatsvinden*
al·loch·toon *(‹Gr)* **I** *bn* van elders aangevoerd of gekomen: ★ *een allochtone bevolkingsgroep* **II** *de* [-tonen] iem. die in oorsprong uit een ander land, vooral een ontwikkelingsland, afkomstig is of die ouders heeft die uit een ander land afkomstig zijn; tegengest: → autochtoon
al·lo·di·aal *(‹Lat) bn* hist erfvrij, niet leenroerig
al·lo·di·um *(‹Lat‹Germaans) het* [-dia] hist vervreemdbaar vrij erfgoed
al·lon·ge·pruik [-lõzjə-] *de* [-en] lange krulpruik, statiepruik
al·lons [-lõ] *(‹Fr) tsw* laten we gaan!, komaan!, och kom!
al·looi *(‹Fr) het* ❶ gehalte aan edel metaal in legeringen, vooral in munten, graad van fijnheid ❷ fig innerlijk gehalte, waarde, hoedanigheid, kwaliteit ★ *van laag / slecht / gering allooi* slecht, van lage kwaliteit
al·lo·paat *(‹Gr) de (m)* [-paten] ❶ iem. die werkt volgens de principes van de allopathie ❷ voorstander van de allopathie
al·lo·pa·thie *(‹Gr) de (v)* geneesmethode waarbij men door de geneesmiddelen uitwerkingen zoekt voort te brengen, die de ziekteverschijnselen tegenwerken; *tegengest*: → homeopathie
al·lo·pa·thisch *bn* volgens de allopathie
al·lo·trans·plan·ta·tie *de (v)* [-s] med transplantatie van organen en weefsel van de ene mens naar een ander
all right [òl rait] *(‹Eng)* **I** *tsw* in orde, goed, afgesproken **II** *bn* in goede toestand, in orde
all-risk [òl-] *(‹Eng) bijw* uitdrukking NN tegen alle mogelijke risico's: ★ *~ verzekerd zijn*
all-risk·po·lis [òl-] *de* [-sen] NN polis van een allriskverzekering
all-risk·ver·ze·ke·ring [òl-] *de (v)* [-en] NN verzekering die de meest ruime dekking biedt tegen schade
all-round [òl-, òlraund] *(‹Eng) bn* in alle opzichten bedreven, veelzijdig: ★ *een allround loodgieter, sportman*
all-round·er [òl-, òlraundə] *de (m)* [-s] iem. die alle onderdelen van een vak, tak van sport e.d. beheerst
all-ter·rain·bike [òlterreinbaik] *(‹Eng) de* [-s] mountainbike, ATB
al·lu·re *(‹Fr) de* [-s] ❶ ‹m.b.t. mensen› houding, wijze van optreden waarbij het vooral gaat om de indruk die bij anderen wordt achtergelaten: ★ *een zangeres van grote ~* ❷ ‹m.b.t. gebouwen, kunstwerken e.d.› indruk in verbinding met het formaat of de opzet: ★ *een monument van bescheiden ~* ★ *met ~* indrukwekkend

al·lu·sie [-zie] *(‹Fr‹Lat) de (v)* [-s] ❶ verwijzing naar een bekende persoon, tekst e.d. als stijlvorm ❷ BN ook toespeling, zinspeling
al·lu·vi·aal *(‹Lat) bn* ❶ aangeslibd, door aanslibbing ontstaan ❷ behorend tot het alluvium
al·lu·vi·um *(‹Lat) het* ❶ door een rivier of beek neergelegd los materiaal, soms ook afzetting vanuit zee ❷ vero holoceen
alm *(‹Du) de (v)* [-en] bergweide
al·maar *bijw* voortdurend
al·macht *de* macht over alles
al·mach·tig *bn* alle macht hebbend ★ *de Almachtige* wezensaspect toegedacht aan God
al·ma ma·ter *(‹Lat) de (v)* eig milde voedstermoeder: benaming voor de universiteit die iem. bezoekt of bezocht heeft
al·ma·nak *(‹Lat‹Arab) de (m)* [-ken] jaarboek, oorspr met een kalender en diverse gegevens over markten, getijden, weersvoorspelling e.d.; tegenwoordig ook met veel statistische gegevens, historische gebeurtenissen e.d.
al·mo·gend *bn* almachtig
al·mo·gend·heid *de (v)* almacht
aloë *(‹Gr) de* ['s] ❶ tot de leliefamilie behorend, in droge streken van Afrika en de Arabische landen voorkomend plantengeslacht met dikke, harde, doorgaans stekelig getande bladeren in een krans dicht bij de grond en een al of niet vertakte, korte of lange stam ❷ benaming voor sommige soorten van agave, vooral de zogenaamde Amerikaanse ~ (*Agave americana*)
alo·gisch [aaloo-] *bn* tegen de logica indruisend
al·om, **al·om** *bijw* overal: ★ *~ bekend zijn*
al·om·te·gen·woor·dig *bn* overal aanwezig
al·om·vat·tend *bn* alles in zich hebbend
al·oud, **al·oud** *bn* zeer oud: ★ *zoals een ~ gezegde luidt:....*
al·pa·ca *(‹Sp)* **I** *de* ['s] bergschaap van de Andes in Zuid-Amerika dat wol levert **II** *het* wol daarvan of een daaruit geweven stof **III** *het* nieuwzilver, legering van koper, zink en nikkel, meest verzilverd **IV** *bn* ★ *~ lepels* van → **alpaca** (I bet 3) (in deze betekenis meestal *alpaca*)
al pa·ri *bijw (‹It)* handel van gelijke waarde, gelijk zonder opgeld, zonder aftrek of verlies
al·pen·bloem *de* [-en] uit de Alpen afkomstige bloem
al·pen·gloei·en *het* rode gloed rond de toppen van de Alpen bij zonsopgang en zonsondergang
al·pen·hoorn, **al·pen·ho·ren** *de (m)* [-s] zeer oud blaasinstrument van alpenherders
al·pen·ja·ger *de (m)* [-s] ❶ jager in de Alpen ❷ bergsoldaat
al·pen·roos *de* [-rozen] soort rododendron, inheems in de Alpen, de soorten *Rhododendron ferrugineum*

en *R. hirsutum*
al·pien, **al·pi·ne** (‹Lat› bn behorend tot, zoals voorkomt in de Alpen ★ *het alpiene ras* één van de in Europa wonende mensenrassen, met korte schedel en donkere haren en ogen
al·pi·nis·me *het* bergsport, het bergbeklimmen en bergwandelen als sport
al·pi·nist *de (m)* [-en] beoefenaar van het alpinisme: bergbeklimmer, bergwandelaar
al·pi·no *de (m)* ['s], **al·pi·no·pet** *de* [-ten] meer of minder nauw om het hoofd sluitende baret zonder klep, Baskische muts
al·ras *bijw* al gauw, slechts korte tijd later: ★ *de wedstrijd begon en ~ viel het eerste doelpunt*
al·reeds *bijw* plechtig reeds: ★ *het is ~ avond*
al·ruin *de* [-en], **al·ruin·wor·tel** *de (m)* [-s] wortel van de mandragora, waarvan de vorm doet denken aan een mensenfiguurtje (*alruinmannetje*), zodat er toverkracht aan werd toegekend, heksenwortel
als *voegw* ❶ ‹een vergelijking aangevend› gelijk: ★ *ze lijken ~ twee druppels water op elkaar* ★ *zo groen ~ gras* ★ *ik stond ~ herboren op alsof ik herboren was* ★ *zowel... ~...* beide in gelijke mate: ★ *zowel de compositie ~ de kleur van dit schilderij zijn zeer geslaagd* ★ *zo goed ~ bijna, nagenoeg:* ★ *het werk is zo goed ~ voltooid* ★ *niet zozeer... ~ wel het eerstgenoemde in mindere mate dan het als tweede genoemde:* ★ *hij is niet zozeer stug ~ wel verlegen* ❷ een hoedanigheid of functie aanduidend: ★ *~ mens heeft hij een andere mening dan ~ politicus* ❸ een verklaring aangevend: ★ *~ oudste lid verving hij de voorzitter* ★ *sportief ~ hij was hielp hij zijn tegenstander overeind* ❹ ‹een voorwaarde aangevend› indien: ★ *~ ik tijd heb, kom ik vanavond nog even langs* ❺ ‹een tijd aangevend in de toekomst› wanneer: ★ *~ je jarig bent, krijg je een cadeautje* ❻ BN, spreektaal ‹een tijd aangevend in het verleden› toen: ★ *~ ik klein was, gingen we elk jaar naar zee* ❼ ‹regelmaat, herhaling aangevend› wanneer: ★ *~ wij met vakantie gaan, nemen we altijd de hond mee* ❽ spreektaal na een comparatief: ★ *ik ben groter ~ jij*
als·dan *bijw* op die tijd, in dat geval
al sec·co *bijw* (‹It› met lijmverf op droge kalk (geschilderd); *vgl:* → **al fresco**
al·sem *de (m)* ❶ bittere plant ❷ aftreksel daarvan ❸ fig bitter leed
als·je·blieft *tsw* ❶ ‹tot personen die men tutoyeert› beleefdheidsformule bij het overhandigen van iets: ★ *~, hier is je zakgeld* ❷ bij het doen van een verzoek: ★ *kom ~ gauw weer terug* ❸ als bevestigend antwoord op een aanbod: ★ *wilt u een kopje thee? ~!* ❹ uitroep van verwondering of bewondering: ★ *heb jij een negen voor wiskunde? ~!; ook:* → **asjeblieft**
als·maar *bijw* almaar, voortdurend, steeds
als·me·de *voegw* plechtig en ook: ★ *de koningin ~ de minister-president kwamen naar de opening*
als·nog *bijw* toch nog: ★ *indien u de antwoordkaart nog niet heeft teruggestuurd, verzoeken wij u om dit ~ te doen*
als·nu *bijw* versterking van nu
als·of *voegw van vergelijking* ★ *hij keek ~ hij het in Keulen hoorde donderen* ★ *doen ~ zich de (valse) schijn geven van:* ★ *hij deed ~ hij een belangrijk uitgever was*
als·ook *voegw* versterking van ook
als·tu·blieft *tsw* ‹tot personen die men niet tutoyeert› beleefdheidsformule, *vgl:* → **alsjeblieft**
alt (‹Lat› [-en] **I** *de* tweede zangstem, lage vrouwenstem **II** *de (v)* vrouw die alt zingt **III** *de* ❶ altviool ❷ in samenstellingen ter aanduiding van instrumenten waarvan het bereik lager ligt dan die van de gewone, bijv. *althobo, altsaxofoon, altviool*
alt. *afk* altitude (‹Fr› [hoogte])
al·taar (‹Lat› *de (m) & het* [-taren] ❶ tafel of steenblok waarop offers worden gebracht, offertafel ❷ ‹in christelijke kerken› het centrale punt van de eucharistieviering ★ *iem. naar het ~ voeren / (ge)leiden* met iem. huwen
al·taar·stuk *het* [-ken] schilderij of beeldhouwwerk boven een altaar
Al·ta·ïsch *bn* ★ *Altaïsche talen* samenvattende benaming voor de talen die worden gesproken door de Turken, de Mongolen en de Toengoezen
al·te·ra·tie [-(t)sie] (‹Fr‹Lat› *de (v)* [-s] ❶ verandering ❷ muz chromatische verandering van een toon binnen een akkoord ❸ hist verandering van de regering van Amsterdam door de calvinisten in 1578
al·ter ego (‹Lat› *het* ❶ tweede ik ❷ echtgenoot, echtgenote, vaste partner, onafscheidelijke vriend(in)
al·ter·nan·tie [-sie,], **al·ter·na·tie** [-(t)sie] (‹Fr› *de (v)* [-s] beurtwisseling, afwisseling, vooral in de dichtkunst: afwisseling van mannelijk en vrouwelijk rijm
al·ter·na·tief (‹Lat› **I** *bn* ❶ elkaar afwisselend ❷ de keuze latend tussen twee of meer mogelijkheden: ★ *wij kunnen kiezen uit drie alternatieve oplossingen* ❸ anders dan gebruikelijk, afwijkend van het normale of heersende: ★ *zich ~ kleden* ★ *alternatieve geneeswijzen* ★ *alternatieve woonvormen* ★ *alternatieve straf* straf die als alternatief voor onvoorwaardelijke vrijheidsstraf wordt opgelegd en die bestaat uit de verplichting om gedurende een bep. periode nuttige werkzaamheden ten behoeve van de maatschappij te verrichten, een cursus te volgen e.d. **II** *het* [-tieven] ❶ aantal (vaak twee) mogelijkheden waaruit gekozen moet worden: ★ *de alternatieven tegen elkaar afwegen* ❷ een andere mogelijkheid: ★ *een alternatief bieden voor de intensieve veehouderij*
al·ter·na·tie·ve·ling *de (m)* [-en] iem. die zich anders kleedt, gedraagt e.d.; iem. met een alternatieve levensstijl
al·ter·ne·ren *ww* (‹Lat› [alterneerde, h. gealterneerd] ❶ elkaar afwisselen ❷ in regelmatige afwisseling op

al

elkaar volgen
Al·tes·se *(‹Fr) de (v)* [-s] Hoogheid; titel van prinsen en prinsessen
al·thans *bijw* tenminste: ★ *Piet komt niet, dat heb ik ~ begrepen*
Al·thing *(‹IJsl) het* het IJslands parlement
alt·hoorn, **alt·ho·ren** *de (m)* [-s] koperen blaasinstrument, een soort hoger gestemde bugel, vaak gebruikt in fanfare- en harmoniekorpsen
al·tijd, **al·tijd** *bijw* ❶ steeds, voortdurend, elke keer: ★ *zij is nog ~ ziek* ★ *het regent ~ in dat gebied* ★ *ze geeft ~ hetzelfde antwoord* ❷ in elk geval, toch wel: ★ *je wordt er ~ beter van*
al·tijd·du·rend *bn* nooit ophoudend
al·tijd·groen *bn* waarvan de bladeren niet afvallen
al·ti·me·ter *de (m)* [-s] hoogtemeter
al·ti·me·trie *(‹Lat-Gr) de (v)* hoogtemeting
al·tist *muz* I *de* [-en] bespeler van de altviool II *de (v)* [-en] altzangeres
al·ti·tu·de *(‹Fr)*, **al·ti·tu·do** *(‹Lat) de (v)* hoogte boven het zeeoppervlak
al·to *de* ['s] *inf* alternatieveling
al·toos, **al·toos** *bijw* vero altijd
al·tru·ïs·me *(‹Fr) het* onzelfzuchtigheid, het handelen in het belang van anderen
al·tru·ïst *(‹Fr) de (m)* [-en] onbaatzuchtig mens, iem. die veel voor anderen over heeft
al·tru·ïs·tisch *bn* onzelfzuchtig, menslievend
alt·saxo·foon *de (m)* [-s en -fonen] saxofoon met een toonhoogte tussen die van de sopraansaxofoon en de tenorsaxofoon
alt·sleu·tel *de (m)* [-s] *muz* C-sleutel (C-eengestreept) op de derde lijn
alttoets *de (m)* [-en] ‹comput afkorting van *alternatieve*toets› toets op een toetsenbord die, wanneer hij gelijk wordt ingedrukt met een andere toets, deze toets een andere waarde geeft
alt·vi·ool *de* [-violen] viool met een lagere toonhoogte dan de gewone viool
aluin [aaluin] *(‹Fr‹Lat) de (m)* dubbelzout, samentrekkende stof
aluin·aar·de [aaluin-] *de* oxide van aluminium
alu·mi·ni·um *(‹Lat)* I *het* chemisch element (symbool: Al; atoomnummer 13), een zeer licht, zilverkleurig metaal II *bn* van aluminium: ★ *een ~ pan*
alu·mi·ni·um·fo·lie *de* zeer dun vel aluminium waarin bijv. levensmiddelen worden bewaard, zilverpapier
alum·nus *(‹Lat) de (m)* [alumni] BN ook afgestudeerde, oud-student van een universiteit
al·vast *bijw* nu reeds, in afwachting van wat komen gaat: ★ *ik ga ~ iets te drinken bestellen*
al·ver, **al·ve·naar** *de (m)* [-s] tot 20 cm lange karpersoort met zilverkleurige schubben (*Alburnus alburnus*)
al·ver·mo·gen *het* almacht
al·ver·mo·gend, **al·ver·mo·gend** *bn* almachtig
al·vlees·klier *de* [-en] klier onder de maag die uitmondt in de twaalfvingerige darm en enzymen afscheidt, *pancreas*
al·vlees·sap *het* vocht door de alvleesklier afgescheiden
al·vo·rens *bijw voegw* daarvóór, voordat: ★ *~ een besluit te kunnen nemen, moeten we alle feiten kennen*
al·waar *bijw (betr, niet vragend)* op welke plaats, versterking van → **waar³**: ★ *de reis voerde ons naar Den Haag, ~ de regering zetelt*
al·weer *bijw* ❶ versterking van weer, reeds weer: ★ *ik ben ~ drie weken terug van vakantie* ❷ nogmaals: ★ *komt je moeder nu ~ logeren?*
al·we·tend *bn* alles wetend
Alz·hei·mer *zn* [altshaimər:] ★ *ziekte van ~* meest voorkomende vorm van dementie, genoemd naar de Duitse medicus A. Alzheimer (1864-1915)
al·ziend *bn* alles ziende ★ *~ oog* oog in driehoek met kring van gouden stralen erom, zinnebeeld van Gods alwetendheid
al·zij·dig, **al·zij·dig** *bn* naar alle zijden, in allerlei richting
al·zo, **al·zo** *bijw* op die wijze, aldus
AM *afk* **amplitudemodulatie**
Am *afk chem* symbool voor het element *americium*
a.m. *afk* ‹bij tijdaanduidingen› ante meridiem, 's ochtends
ama *de* ['s] NN alleenstaande minderjarige asielzoeker
ama·bi·le [aamaa-] *(‹It‹Lat) bijw muz* liefelijk, teder
Amada *afk* in België Alle macht aan de arbeiders [Belgische marxistische politieke organisatie en partij; thans: PVDA]
amai [amaj, amaaj] *tsw* BN, spreektaal uiting van verbazing of teleurstelling
amal·ga·ma *(‹Lat‹Arab) het* ['s], **amal·gaam** [-gamen] ❶ legering van een metaal en kwik ❷ mengsel, mengelmoes ❸ amalgamatie
amal·ga·ma·tie [-(t)sie] *de (v)* ❶ het amalgameren of geamalgameerd-worden ❷ methode om goud of zilver te winnen door oplossing in kwik
amal·ga·me·ren *ww* [amalgameerde, h. geamalgameerd] ❶ met kwik legeren of behandelen, vooral goud- of zilvererts ❷ vermengen, samensmelten
amal·ga·misch *bn* uit verschillende bestanddelen samengesteld, dooreengemengd
aman·del [aaman-] *(‹Lat‹Gr) de* [-s, -en] ❶ tot de rozenfamilie behorende boom of heester met eetbare noten (*Prunus amygdalus* of *Amygdalus communis*) ❷ noot en het zich daarin bevindend zaad van de amandelboom ❸ amandelvormige klier in de overgang tussen neus- en keelholte, die ziektekiemen tegenhoudt
aman·del·bloe·sem [aaman-] *de (m)* [-s] bloesem van de → **amandel** (bet 1)
aman·del·brood·je [aaman-] *het* [-s] NN langwerpig broodje gevuld met amandelspijs
aman·del·olie [aaman-] *de* uit amandelen geperste olie

aman·del·pers [aaman-] *het*, **aman·del·spijs** [aaman-] *de* geperste amandelen met eierdooier en suiker
amant [aamã] *(‹Fr‹Lat) de (m)* [-s] minnaar
amante [aamãnt(ǝ)] *(‹Fr) de (v)* [-s] minnares
ama·nu·en·sis [-zis] *(‹Lat) de* [-sen, -enses] helper bij proeven in een natuur- of scheikundig laboratorium, op scholen en in musea, laboratoriumbediende
ama·rant *(‹Gr)* **I** *de* [-en] sierplant met meestal purperen bloemen **II** *het* purperkleur, donkerrood **III** *bn* purperkleurig
ama·ril *(‹Oudfr‹Gr) de & het* smergel, harde steen in poedervorm, gebruikt voor het polijsten van metalen, glas enz.
ama·ryl·lis [-ril-] *(‹Gr) de* [-sen] als tuinplant geteelde bolplant uit de narcissenfamilie met kelkvormige bloemen, de soort *A. belladonna*, maar soms ook het geslacht *Hippeastrum*, genoemd naar een schone mythische herderin
ama·teur *(‹Fr‹Lat) de (m)* [-s] ❶ niet-vakman, iem. die een tak van sport, kunst e.d. niet als broodwinning beoefent; *tegengest.:* → **professional** ❷ geringsch ondeskundige, knoeier: ★ *die ~ heeft mijn computer helemaal ontregeld!* ❸ BN liefhebber: ★ *een ~ van goede sigaren*
ama·teur·band *de (m)* frequentiegebieden waarbinnen radiozendamateurs mogen uitzenden
ama·teur·fo·to·graaf *de (m)* [-grafen] iem. die fotografeert uit liefhebberij
ama·teu·ris·me *het* beoefening van een kunst, wetenschap of sport als amateur
ama·teu·ris·tisch *bn* ❶ als van of bij het amateurisme ❷ geringsch ondeskundig, als van of door een amateur: ★ *het onderzoek was ~ opgezet*
ama·teur·voet·bal *het* vooral NN voetbalspel door niet-beroepsspelers
ama·tri·ce *(‹Lat) de (v)* [-s] vrouwelijke amateur
ama·zo·ne [-zònǝ] *de (v)* [-n, -s] ❶ kloeke, strijdbare vrouw, genoemd naar de Amazonen, een krijgshaftig, uit louter vrouwen bestaand volk in de Griekse mythologie ❷ vrouw die paardrijdt
ama·zo·ne·zit [-zò-] *de (m)* bep. manier van zitten op een paard of achter op een tweewieler, namelijk met beide benen aan één kant
am·bacht *het* [-en] ❶ vak, beroep, handwerk (zoals timmerman, schoenmaker, smid e.d.) ★ NN *twaalf ambachten en dertien ongelukken* gezegd van iem. die telkens een ander middel van bestaan kiest en nooit succes heeft ❷ hist dienst die door een schout als rechtsvorderaar in een gebied wordt uitgevoerd ❸ gebied waarbinnen de schout zijn ambt uitoefende
am·bach·te·lijk *bn* door middel van handwerk, niet machinaal, ouderwets degelijk: ★ *ambachtelijke productiemethoden* ★ *~ brood*
am·bachts·heer *de (m)* [-heren] iem. die in een → **ambacht** (bet 2) de rechtspraak uitoefent
am·bachts·man *de (m)* [-lieden, -lui] iem. die een ambacht uitoefent
am·bachts·school *de* [-scholen] NN, vroeger school die tot verschillende ambachten opleidde, later *LTS* genaamd en thans de afdeling techniek van het vbo
am·bas·sa·de *(‹Fr‹It) de (v)* [-s] ❶ diplomatieke zending ❷ de gezamenlijke diplomatieke vertegenwoordigers van een staat bij een andere staat ❸ gebouw van deze diplomatieke vertegenwoordiging
am·bas·sa·deur *(‹Fr‹It) de (m)* [-s] diplomatiek vertegenwoordiger van de hoogste rang
am·bas·sa·dri·ce *(‹Fr) de (v)* [-s] ❶ echtgenote van een ambassadeur ❷ vrouwelijke ambassadeur
am·ber *(‹Fr‹Arab) de (m)* ❶ welriekende vettige stof uit het darmkanaal van de potvis *(grijze ~)* ❷ welriekende hars van de amberboom *(storax* of *vloeibare ~)* ❸ barnsteen *(gele ~)*
am·ber·boom *de (m)* [-bomen] boom die welriekende hars levert *(Liquidambar)*
am·be·tant *bn* BN, spreektaal onaangenaam, vervelend
am·bi·ance [-bie(j)ãs(ǝ)] *(‹Fr) de (v)* omgeving met betrekking tot de sfeer:
am·bi·ent [embie(j)ǝnt] *(‹Eng) het* muz voornamelijk elektronische en instrumentale muzieksoort waarbij ritme van ondergeschikt belang is, bedoeld voor het oproepen van een bep. sfeer of stemming, vooral geliefd bij aanhangers van *new age*
am·bi·ë·ren *ww (‹Lat)* [ambieerde, h. geambieerd] streven, dingen naar bijv. een betrekking: ★ *een leidinggevende positie ~*
am·bi·gu [-guu, -yuu] *(‹Fr‹Lat) bn* dubbelzinnig
am·bi·gu·ï·teit [-guu-, -yuu-] *(‹Fr‹Lat) de (v)* [-en] dubbelzinnigheid
am·bi·tie [-(t)sie] *(‹Fr‹Lat) de (v)* [-s] ❶ eerzucht, streven om iets te bereiken: ★ *het was zijn ~ om piloot te worden* ❷ streven om iets goed te doen: ★ *uit de meeste werkstukken sprak weinig ~*
am·bi·tieus [-(t)sjeus] *(‹Fr‹Lat) bn* ❶ eerzuchtig ❷ lust tot het vak hebbend, ijverig ❸ hoog grijpend, groots: ★ *een ~ plan*
am·bi·va·lent *(‹Lat) bn* tegenstrijdige gevoelens hebbend: ★ *~ staan tegenover een voorstel*
am·bi·va·len·tie [-sie] *de (v)* gelijktijdige aanwezigheid van tegengestelde gevoelens en wensen
Am·bo·nees I *bn* van, uit, betreffende Ambon **II** *de (m)* [-nezen] iem. geboortig of afkomstig van Ambon (bij uitbreiding ook van andere Zuid-Molukse eilanden)
am·bro·sia [-zie(j)aa] *(‹Lat‹Gr) de* ❶ ⟨in de Griekse myth⟩ godenspijs ❷ fig heerlijke spijs
am·bro·zijn *het* → **ambrosia**
ambt *het* [-en] ❶ betrekking bij de overheid ❷ kerkelijke bediening
amb·te·lijk *bn* het ambt betreffende, ambtshalve ★ *ambtelijke stijl* schrijftrant van ambtenaren ★ *ambtelijke stukken* documenten die zijn gemaakt

door een overheidsdienst
amb·te·loos *bn* geen ambt bekledend: ★ ~ *burger*; **ambteloosheid** *de (v)*
amb·te·naar *de (m)* [-s, -naren] iem. die in overheidsdienst is en ondergeschikt is aan de gekozen leden van vertegenwoordigende overheidslichamen: ★ *gekozen politieke vertegenwoordigers zijn geen ~* ★ *~ van de burgerlijke stand*
amb·te·naars·sa·la·ris *het* [-sen] bezoldiging van een ambtenaar
amb·te·na·ren·ap·pa·raat *het* de gezamenlijke ambtenaren
amb·te·na·ren·ge·recht *het* NN college dat rechtspreekt in zaken tussen ambtenaren en de overheid
amb·te·na·res *de (v)* [-sen] vrouwelijke ambtenaar
amb·te·na·rij *de (v)* ❶ het ambtelijke wereldje ❷ ambtelijke omhaal en gewichtigdoenerij
ambt·ge·noot *de (m)* [-noten] iem. die hetzelfde ambt bekleedt
ambts·aan·vaar·ding *de (v)* het aanvaarden van een ambt, vooral een hoog ambt
ambts·be·die·ning *de (v)* het vervullen, uitoefenen van een ambt
ambts·broe·der *de (m)* [-s] iem. die hetzelfde (vooral kerkelijk) ambt bekleedt
ambts·dra·ger *de (m)* [-s] bekleder van een ambt, vooral kerkelijk
ambts·eed *de (m)* [-eden] eed afgelegd bij het aanvaarden van een ambt
ambts·ge·heim *het* ❶ verplichting tot geheimhouding van zaken waarmee iem. ambtshalve bekend is ❷ [*mv:* -en] geheim dat iem. uit hoofde van zijn ambt verplicht is te bewaren
ambts·ge·waad *het* [-waden] ambtskleding bij plechtige gelegenheden gedragen
ambts·hal·ve, **ambts·hal·ve** *bijw* krachtens, in verband met het ambt ★ ~ *aanslag* aanslag van de belastingdienst, vastgesteld op grond van een schatting van iems. inkomen wanneer de belastingplichtige geen aangiftebiljet heeft ingediend
ambts·ke·ten *de* [-s] NN keten als symbool van een ambt (o.a. dat van burgemeester)
ambts·pe·ri·o·de *de (v)* [-n, -s], **ambts·ter·mijn** *de (m)* [-en], **ambts·tijd** *de (m)* [-en] tijd dat men een ambt bekleedt: ★ *de ~ van een president*
ambts·wege *zn* ★ *van ~ officieel*
ambts·woning *de (v)* [-en] woning die voor de bekleder van het ambt is bestemd: ★ *de ~ van een burgemeester*
am·bu·lan·ce [-lãs(ə)] *⟨Fr⟩ de* [-s] ziekenwagen, voertuig voor het vervoer van gewonden of zieken
am·bu·lan·ce·trein [-lãsə-] *de (m)* [-en] trein voor vervoer en voorlopige behandeling van gewonden
am·bu·lan·cier [-sier] *de* [-s] BN lid van het ambulancepersoneel

am·bu·lant *⟨Fr⟨Lat⟩ bn* ❶ niet gebonden aan een vaste plaats ★ *ambulante patiënten* patiënten in een ziekenhuis die niet in bed hoeven te blijven ★ *ambulante handel* handel zoals bedreven door marktkooplieden, venters e.d. ❷ ⟨van schooldirecteuren⟩ geen vaste standplaats, geen eigen groep hebbend
am·bu·la·to·ri·um *⟨Lat⟩ het* [-s, -ria] ❶ inrichting waar ambulante patiënten verpleegd worden ❷ wandelgang, kloostergang, kooromgang in een kerk
AMC *afk* in Nederand Academisch Medisch Centrum [gevestigd in Amsterdam]
amech·tig [aamech-] *bn* hijgend, buiten adem: ★ ~ *spreken*
amen *⟨Hebr⟩* **I** *tsw* bekrachtigings- en slotformule van gebeden: het zij zo **II** *het* ★ *(ja en) ~ zeggen op* volkomen instemmen met ★ BN, spreektaal *het is ~ en uit* het is afgelopen, gedaan
amen·de·ment [-men- of -man-] *⟨Fr⟩ het* [-en] voorstel tot wijziging, vooral van een wetsontwerp, door leden van een volksvertegenwoordiging: ★ *een ~ op een wetsontwerp indienen* ★ *iets bij ~ bepalen*
amen·de·ren *ww ⟨Fr⟨Lat⟩* [amendeerde, h. geamendeerd] wijzigingen voorstellen in een wetsontwerp
ame·nor·roe [-reu] *⟨Gr⟩ de (v)* med het wegblijven van de menstruatie
Amer·i·can dream [əmerrikən driem] *⟨Eng⟩ de* ❶ de hoop of illusie dat in Amerika het verloren paradijs weergevonden of hersteld zou kunnen worden ❷ de hoop dat rijkdom en roem voor iedere Amerikaan bereikbaar is
ame·ri·ci·um [-(t)sie(j)um] *het* tot de transuranen behorend kunstmatig chemisch element, symbool Am, atoomnummer 95, genoemd naar Amerika waar dit element werd ontdekt
Ame·ri·kaan *de (m)* [-kanen], **Ame·ri·kaan·se** *de (v)* [-n] iem. geboortig of afkomstig uit Amerika
Ame·ri·kaans **I** *bn* van, uit, betreffende Amerika **II** *het* het Engels in Noord-Amerika
ame·ri·ka·ni·sa·tie [-zaa(t)sie] *de (v)* het Amerikaans-worden of -maken
ame·ri·ka·ni·se·ren *ww* [-zeerə(n)] [amerikaniseerde, h. geamerikaniseerd] Amerikaans maken, naar Amerikaanse stijl inrichten
ame·ri·ka·nis·me *het* [-n] idiomatische eigenaardigheid van het Amerikaans-Engels
ame·ri·ka·nis·tiek *de (v)* wetenschap en studie van de samenleving in de Verenigde Staten van Noord-Amerika
A-merk *het* [-en] marketing merk met een grote bekendheid, grote distributiespreiding en een hoog prijs- en kwaliteitsniveau
ame·thist *⟨Fr⟨Gr⟩ als stof: het, als voorwerp: de (m)* [-en] violetkleurige soort van kwarts, een halfedelsteen, vroeger gedragen als amulet tegen dronkenschap
ameu·ble·ment *⟨Fr⟩ het* [-en] stel bij elkaar

behorende meubels voor een vertrek
am·fe·ta·mi·ne *het* [-n] stimulerend middel, een soort wekamine, ook speed of pep genoemd
am·fi·bie *(‹Fr‹Gr) de (m)* [-bieën] lid van een klasse van gewervelde dieren die zowel op het land als in het water kunnen leven, tweeslachtige dieren (*Amphibia*): ★ ~ *tot de amfibieën behoren o.a. de kikkers en de salamanders*
am·fi·bie·tank [-tenk] *de (m)* [-s] tank die zowel op het land als bij het oversteken van ondiepe rivieren e.d. is te gebruiken
am·fi·bie·voer·tuig *het* [-en] voertuig dat zich zowel over land als over water kan voortbewegen
am·fi·bisch *bn* → **tweeslachtig** (bet 1); *amfibische operaties* oorlogshandelingen èn te land èn ter zee èn in de lucht
am·fi·bra·chisch *(‹Gr) bn* uit amfibrachen bestaande
am·fi·bra·chys [-braggis] *(‹Gr) de (m)* [-brachen] (eig: aan beide zijden kort) drielettergrepige versvoet, kort-lang-kort, ∪ - ∪
am·fi·the·a·ter *(‹Gr) het* [-s] ❶ openluchtschouwburg in de klassieke oudheid met in een halve cirkel oplopende rijen zitplaatsen tegenover het toneel ❷ aldus ingerichte toeschouwersruimte in moderne theaters of lokalen
am·fi·the·a·ters·ge·wijs, **am·fi·the·a·ters·ge·wij·ze** *bn* schuin oplopend zoals de zitplaatsen in een amfitheater: ★ ~ *aangelegde sawa's*
am·foor *(‹Gr) de* [-foren], **am·fo·ra** ['s] hist buikige vaas of kruik met twee oren
ami·caal *(‹Fr‹Lat) bn* vriendschappelijk en ongedwongen
ami·ca·li·teit *de (v)* [-en] ongedwongen vriendschappelijkheid
ami·ce *de (m)* [aamiesə] *(‹Lat)* aanspreekvorm: vriend!
ami·no·zuur [aamie-] *het* [-zuren] benaming voor organische zuren die amino- en carboxylgroepen bevatten, bouwstenen van de eiwitten
amish [aamisj] *(‹Eng) de* [*mv* idem] lid van een doopsgezinde sekte, vooral wonend in het noordoosten van de Verenigde Staten en gekenmerkt door strikte geweldloosheid en afwijzing van overheidsgezag en moderne techniek
am·me·hoe·la *tsw* NN nooit van mijn leven! (naar de Afghaanse koning Amanoellah, die de regeerde van 1919-1929)
am·mo·nia *(‹Lat) de (m)* oplossing van ammoniak in water (~ *liquida*), o.a. gebruikt als reinigingsmiddel
am·mo·ni·ak *(‹Lat) de (m)* prikkelend, sterk riekend gas, verbinding van waterstof en stikstof (NH_3), o.a. gebruikt als grondstof voor kunstmest
am·mo·niet *de (m)* [-en] fossiel weekdier met opgerold omhulsel
am·mo·ni·um *het* atoomgroep (NH_4) die in vele chemische verbindingen voorkomt, maar niet vrij bestaat
am·mo·ni·um·sul·faat *het* chemische verbinding ($NH_4)_2So_4$, zwavelzure ammoniak, gebruikt als kunstmeststof
am·mu·ni·tie [-(t)sie] *(‹Fr) de (v)* munitie
amne·sie [aa-mneezie] *(‹Gr) de (v)* med geheugenverlies
am·nes·tie *(‹Lat) de (v)* [-tieën] kwijtschelding van straf aan een groep overtreders: ★ ~ *verlenen aan politieke gevangenen*
am·nes·ti·ë·ren *ww* [amnestieerde, h. geamnestieerd] amnestie verlenen aan, de straf kwijtschelden van
amoe·be [aameu-] *(‹Gr) de* [-n] eencellig, steeds van vorm veranderend slijmdiertje, vrij levend en als parasiet, o.a. als darmparasiet, verwekker van de tropische dysenterie
amok [aamok, aamok] *(‹Mal) het* ❶ toestand van razernij waarbij iem. een ieder die hij ontmoet tracht te doden, voornamelijk vroeger voorkomend bij leden van oosterse volken ❷ ★ *bij uitbreiding, vooral NN ~ maken* plotseling agressief worden, ruzie maken
amok·ma·ker *de (m)* [-s] vooral NN iem. die amok maakt
amor *(‹Lat) de (v)* liefde: ★ ~ *fati* liefde tot het eigen lot, aanvaarding van het noodlot ★ ~ *vincit omnia* de liefde overwint alles
amo·reel *bn* buiten zedelijke overwegingen om (handelend of geschiedend), zonder overwegingen m.b.t. goed en slecht
amorf [aamorf] *(‹Gr) bn* ❶ vormloos, zonder vorm ❷ ‹van vaste stoffen› niet-kristallijn, zonder uitwendig zichtbare kristalvorm: ★ *glas is een amorfe stof*
amor·ti·sa·tie [-zaa(t)sie] *(‹Lat) de (v)* schulddelging door geregelde aflossingen
amor·ti·se·ren *ww* [-zeerə(n)] *(‹Fr)* [amortiseerde, h. geamortiseerd] ❶ door aflossing delgen, afbetalen (vooral staatsschuld) ❷ bilj (de speelbal) stilleggen door hem vol op een andere bal te stoten
amou·reus [aamoe-] *(‹Fr) bn* ❶ verliefd ❷ betrekking hebbend op de liefde: ★ *amoureuze betrekkingen*
amo·ve·ren *ww (‹Lat)* [amoveerde, h. geamoveerd] ❶ slopen, slechten, afbreken, opruimen, wegruimen ❷ ontzetten uit een ambt
amp. *afk* ampère
am·pel *(‹Fr‹Lat) bn* breedvoerig: ★ *na ampele overwegingen werd besloten om...*
am·per *bijw* ternauwernood, nauwelijks: ★ *dat kind kan ~ lezen* ★ *we waren ~ onderweg of het begon te plenzen*
am·pè·re *de (m)* [-s] eenheid waarin de sterkte van elektrische stroom wordt uitgedrukt, symbool: → **A** genoemd naar de Franse wis- en natuurkundige A.M. Ampère (1775-1836)
am·pè·re-uur *het* [-uren] maateenheid van hoeveelheid elektriciteit, gedefinieerd als het product ampère × uur
am·per·sand *de (m)* [-s] *het* &-teken, de ligatuur die 'en' betekent
am·pex *de (m)* ❶ ampexband ❷ ampexsysteem

am·pex·band *de (m)* [-en] magnetische band waarop televisiebeelden geregistreerd kunnen worden; ook → **ampex** genoemd

am·pex·sys·teem [-sis-, -sies-] *het* systeem voor het registreren van televisiebeelden op een magnetische band

am·pli·tu·de (‹Fr‹Lat) *de (v)* [-n], **am·pli·tu·do** (‹Lat) ['s] ❶ ‹nat van slingerende en trillende voorwerpen, ook bij golven› de grootste uitwijking uit de ruststand ❷ astron afstand van de plaats van opgang tot de plaats van ondergang in graden uitgedrukt

am·pli·tu·de·mo·du·la·tie [-(t)sie] *de (v)* techn het moduleren van een hoogfrequente wisselspanning door wijziging van de amplitude

am·pul (‹Lat) *de* [-len] ❶ (vaak in de Latijnse vorm *ampulla*) buikig kruikje, flesje ter bewaring van vloeistoffen die bij de eredienst in gebruik zijn, vooral het schenkkannetjes voor water en wijn bij het bedienen van de mis ❷ dichtgesmolten cilindertje voor het bewaren van kleine hoeveelheden van een geneesmiddel, vooral die ingespoten moeten worden

am·pu·ta·tie [-(t)sie] (‹Lat) *de (v)* [-s] afzetting van een lichaamsdeel

am·pu·te·ren *ww* (‹Fr‹Lat) [amputeerde, h. geamputeerd] ‹een lichaamsdeel› afzetten

am·soi *de (m)* op een kruising van andijvie en raapstelen lijkende, oorspronkelijk uit China afkomstige bladgroente

Am·ster·dam·mer *de (m)* [-s] iem. geboortig of afkomstig uit Amsterdam

am·ster·dam·mer·tje *het* [-s] verkeerspaaltje waarmee auto's van het trottoir geweerd worden, in Amsterdam gesierd met de drie sint-andrieskruisen uit het wapen van deze stad

Am·ster·dams I *bn* van, uit, betreffende Amsterdam ★ ~ *Peil* vloedhoogte in het IJ, later nauwkeurig bepaald: *Normaal ~ Peil*, waaraan hoogtemetingen in Nederland worden gerelateerd **II** *het* Amsterdams dialect

amu·let (‹Lat) *de* [-ten] ❶ ‹in het volksgeloof› afweermiddel dat men bij zich draagt en dat helpt tegen ziekte, tovenarij en gevaren ❷ *soms ook* gelukaanbrengend voorwerp, (soms ook → **talisman** genoemd

amu·sant [-zant] (‹Fr) *bn* vermakelijk, onderhoudend

amu·se·ment [-zə–] (‹Fr) *het* [-en] vermaak; tijdverdrijf

amu·se·ments·hal [-zə–] *de* [-len] ruimte met gok- en speelautomaten

amu·se·ments·mu·ziek [-zə–] *de (v)* muziek die met name bedoeld is ter verhoging van de sfeer bij bep. gelegenheden: ★ *volgens sommigen bezit ~ slechts geringe artistieke waarde*

amu·se·ments·we·reld [-zə–] *de* geheel van personen en bedrijven dat beroepshalve betrokken is bij de verschaffing van amusement

amu·se·ren [-zeerə(n)] (‹Fr) **I** *ww* [amuseerde, h. geamuseerd] vermaken, aangenaam bezighouden **II** *wederk* een aangename tijd doorbrengen: ★ *wij hebben ons kostelijk geamuseerd*

amu·zisch [aamuzies] *bn* zonder kunstgevoel

AMvB *afk* in Nederland Algemene Maatregel van Bestuur [Koninklijk Besluit met algemene werking]

AMVC *afk* Archief en Museum voor het Vlaamse Cultuurleven

AMVJ *afk* in Nederland Algemene Maatschappij voor Jongemannen [sinds 1946 de naam van een in 1918 opgerichte jongerenorganisatie op evangelische grondslag]

AN *afk* Algemeen Nederlands [de standaardtaal in het Nederlands taalgebied, vroeger AB(N) genoemd]

anaal [aanaal] (‹Lat) *bn* van of betrekking hebbend op de anus, de aars: ★ *de anale opening* ★ *anale erotiek* ★ *~ stadium* psych periode in de vroege kinderjaren waarin de ontlasting bijzondere belangstelling heeft

ana·bap·tis·me (‹Fr‹Gr) *het* leer van de wederdopers, wederdoperij

ana·bap·tist (‹Fr‹Gr) *de (m)* [-en] wederdoper

ana·bool (‹Gr) *bn* zie bij → **steroïden**

ana·cho·reet (‹Gr) *de (m)* [-reten] kluizenaar, vooral die uit de eerste eeuwen van het christendom

ana·chro·nis·me (‹Fr‹Gr) *het* [-n] ❶ zonde tegen de tijdrekening bij de opgave van gebeurtenissen ❷ zaak die in een bep. tijd niet kon voorkomen, zoals een vliegtuig in de middeleeuwen

ana·chro·nis·tisch *bn* in strijd met de tijdrekening

ana·con·da (‹wrsch. Singalees) *de* ['s] in tropisch Zuid-Amerika voorkomende, in het water levende reuzenslang, waterboa, de soort *Eunectes murinus*: ★ *de langste ~ die men ooit heeft gemeten had een lengte van 11,43 m*

ana·fo·ra [aanaa-] (‹Gr) *de* ['s], **ana·foor** [-foren] als stijlfiguur gebruikte herhaling van hetzelfde woord aan het begin van verscheidene op elkander volgende zinnen of versregels

ana·gram (‹Gr) *het* [-men] woord, zin of zinspreuk, verkregen door verplaatsing van de letters van een ander woord of andere zin of zinspreuk, letterkeer: ★ *'achterbalkon' is een ~ van 'aanrechtblok'*

ana·ko·loet (‹Gr) *de* [-en] verkeerde voortzetting van een begonnen zin, zin die niet loopt

an·al·fa·beet (‹It‹Gr) **I** *de (m)* [-beten] ❶ iem. die niet lezen en schrijven kan ❷ fig iem. die de eerste beginselen van een wetenschap of kunst niet kent **II** *bn* niet in staat tot lezen en schrijven: ★ *een analfabete bevolking*

an·al·fa·be·tis·me *het* ❶ het analfabeet zijn ❷ het in een bevolking aanwezig zijn van volwassenen die niet kunnen lezen en schrijven: ★ *er is veel ~ in deze streek*

ana·list (‹Fr) *de (m)* [-en], **ana·lis·te** *de (v)* [-n, -s] iem. die analyses verricht, vooral als hulpkracht in laboratoria

ana·lo·gie (‹Fr‹Gr) *de (v)* [-gieën] ❶ overeenkomst, overeenstemming die men tot grondslag neemt

voor een redenering of een formatie: ★ *naar* ~ *van* op basis van overeenkomst met ❷ wat door analogie gevormd is, vooral een dergelijk woord
ana·lo·gisch *bn* het karakter dragend van, of op de wijze van (een) analogie
ana·loog *(‹Gr) bn* ❶ overeenkomstig, gelijksoortig: ★ *een analoge redenering* ★ *deze verklaring is* ~ *aan*, *met de voorgaande* ❷ techn werkend met continu veranderlijke gegevens, waarbij tussen elke twee waarden een oneindig aantal andere waarden mogelijk is ★ *een* ~ *horloge* horloge dat de tijd aangeeft door middel van wijzers op een wijzerplaat ★ *een analoge thermometer* waarop de temperatuur is af te lezen aan de stand van een vloeistof, in tegenstelling tot een *digitale thermometer*, die de temperatuur weergeeft in cijfers
ana·loog·kaas *de (m)* NN imitatiekaas die wordt bereid uit palmvetolie, zetmeel, melkeiwit en zouten, aangevuld met geur-, kleur- en smaakstoffen, veel gebruikt in pizza's, lasagne e.d.
ana·ly·se [-lieze] *(‹Fr‹Gr) de (v)* [-n, -s] ❶ ontleding in bestanddelen, ontbinding: ★ *chemische* ~ ❷ onderzoek waarbij langs logische weg wordt achterhaald hoe iets daadwerkelijk in elkaar zit, logische uiteenrafeling: ★ *volgens de analyse van de detective was de pizzakoerier de dader* ❸ psychoanalyse
ana·ly·se·lamp [-lieze-] *de* [-en] lamp die ultraviolette stralen uitzendt, o.a. gebruikt om vervalsing van schilderijen, papiergeld e.d. vast te stellen
ana·ly·se·ren *ww* [-liezeere(n)] *(‹Fr)* [analyseerde, h. geanalyseerd] ontleden, een analyse toepassen op
ana·ly·ti·cus [-lie-] *(‹Lat) de (m)* [-ci] persoon die analyseert, die (psycho)analyse toepast
ana·ly·tisch [-lie-] *(‹Fr‹Lat) bn* berustend op, werkend met analyse
anam·ne·se [-ze] *de (v)* ❶ med voorgeschiedenis van een ziekte zoals de betrokken patiënt die zich herinnert; het verslag daarvan ❷ het terugroepen in het geheugen
ana·nas *(‹Sp‹Guaraní, een Zuid-Amerikaanse indianentaal) de* [-sen] ❶ tot de familie Bromeliaceae behorende, oorspronkelijk in Brazilië afkomstige plantensoort *(Ananas comosus)* ❷ van de ananas afkomstige, grote, sappige vrucht met geel vruchtvlees
ana·nas·jam [-sjem, -zjem] *de* jam waarin ananas is verwerkt
ana·pest *(‹Lat‹Gr) de (m)* [-en] versvoet van drie lettergrepen met de klemtoon op de laatste (∪ ∪ –)
an·ar·chie [ook aanarchie] *(‹Fr‹Gr) de (v)* ❶ regeringloosheid, toestand waarbij ieder staatsgezag ontbreekt ❷ ordeloze toestand, chaos: ★ *er heerste volstrekte* ~ *op die afdeling*
an·ar·chis·me [ook aanar-] *(‹Fr) het* leer die de staat als instelling die van boven af haar gezag oplegt aan individuen verwerpt, om de mens zich los van

overheersing en dwang in vrijheid te laten ontplooien
an·ar·chist [ook aanar-] *(‹Fr) de (m)* [-en] aanhanger van het anarchisme ★ ~ *van de daad* die niet terugdeinst voor moord op regeringspersonen tot bereiking van zijn ideaal
an·ar·chis·tisch [ook aanar-] *bn* van, volgens het anarchisme
ana·stig·ma·tisch *bn* ‹van lenzen› niet-vervormde beelden gevend
ana·the·ma *(‹Gr)*, **ana·the·ma** [aanaa-] *(‹Gr) het* ['s] vervloeking; banvloek, kerkban ★ ~ *sit* hij / zij zij vervloekt
ana·to·mie *(‹Lat‹Gr) de (v)* ❶ wetenschap van de bouw en de vorm van menselijke en dierlijke organismen, ontleedkunde ❷ lichaamsbouw: ★ *dit dier heeft een fraaie* ~
ana·to·misch *bn* ontleedkundig
ana·toom *de (m)* [-tomen] ontleedkundige
ANBO *afk* in Nederland onafhankelijke belangen- en emancipatieorganisatie voor vijftigplussers
ANC *afk* African National Congress *(‹Eng)* [politieke organisatie in Zuid-Afrika, oorspr van zwarten, gericht tegen de apartheid, thans een Zuid-Afrikaanse politieke partij]
an·chor·man [enkə(r)men] *(‹Eng) de (m)* [-men], **an·chor·wo·man** [enkə(r)woemən] *de (v)* [-women] televisiepresentator, resp. -presentatrice die zorgt voor de verbindende teksten tussen de verschillende onderdelen van een nieuws- of actualiteitenprogramma
an·cien [ãsjẽ] *(‹Fr) de (m)* [-s] BN, spreektaal ❶ mil dienstplichtige die de opleidingsperiode achter de rug heeft ❷ stud ouderejaars(student); *vandaar* ervaren persoon, oudgediende; *tegengest:* → **schacht²**
an·ciën·ni·teit [-sjen-] *(‹Fr) de (v)* rangorde naar het aantal dienstjaren
an·ciën·ni·teits·re·gel [-sjen-] *de (m)* [-s] principe waarbij jonge werknemers die pas kort in dienst zijn, eerder ontslagen worden dan oudere werknemers met meer dienstjaren, 'last in, first out'
an·cien ré·gime [ãsjẽ reezjiem] *(‹Fr) het* ❶ vroegere heerschappij of staatsvorm, t.w. de monarchie vóór de Franse Revolutie ❷ benaming van andere regeringsvormen die door een revolutie of hervorming vernietigd zijn
An·da·lu·si·ër [-zie(j)ər] *de (m)* [-s] iem. geboortig of afkomstig uit Andalusië, een landstreek in Zuid-Spanje
An·da·lu·sisch [-zies] **I** *bn* van, uit, betreffende Andalusië **II** *het* het dialect van Andalusië
an·dan·te *(‹It) muz* **I** *bijw* matig langzaam (te spelen) **II** *het* ['s] aldus te spelen stuk muziek
an·dan·ti·no *(‹It) muz* **I** *bijw* iets sneller (soms: iets langzamer) dan *andante* **II** *het* ['s] aldus te spelen stuk muziek
an·der I *bn* ❶ niet dezelfde persoon of zaak als eerder

genoemd: ★ *hij woont niet in dat grote huis, maar in het andere* ★ *aan de andere kant van de weg* aan de overzijde ❷ niet aan de bestaande ordening aangepast, alternatief: ★ *de andere keuken* ★ *een andere geneeswijze* **II** *telw* tweede, volgende: ★ *om de andere dag* ★ BN, spreektaal *ten andere* bovendien, trouwens, overigens **III** *onbep vnw* niet met name genoemde personen of zaken: ★ *een ~ zou er misschien iets kwaads van denken* ★ *onder andere(n)* naast andere dingen (personen): ★ *ik kreeg onder andere een paar skeelers* ★ *onder anderen was Madonna aanwezig* ★ *een of andere idioot heeft dat raam ingegooid* een onbekende idioot ★ *een en ~ een onderwerp dat reeds eerder is genoemd*: ★ *de minister lichtte een en ~ nader toe* ★ *het een en ~* allerhande zaken: ★ *ik heb het een en ~ over zijn verleden gehoord* ★ *als geen ~* als niemand anders: ★ *hij kan schaken als geen ~* ★ *als geen ~ besef ik dat...*
an·der·daags *bn* om de andere dag
an·der·deels *bijw* aan de andere kant, *gebruikt na*: *eensdeels*
an·der·en·daags, 's an·der·en·daags *bijw* BN ook de volgende dag
an·der·half, an·der·half *telw* één en een half ★ *anderhalve man (en een paardenkop)* heel weinig mensen
an·der·maal *bijw* voor de tweede keer: ★ *een en ~* ★ *eenmaal, ~!* (bij verkopingen) uitroep bij het laatste bod vóór de toewijzing
an·der·mans *vnw* van iem. anders: ★ *je moet van ~ spullen afblijven*
an·ders I *bijw* ❶ op andere wijze: ★ *hij beoordeelt de zaken ~ dan ik* ❷ in het andere geval: ★ *ik greep hem bij zijn arm, ~ was hij van de trap gevallen* ❸ op een andere tijd: ★ *we hadden minder lust om te voetballen dan ~* ❹ evenwel, overigens: ★ *het is ~ flink koud vandaag* ★ *iem., iets ~* een ander mens of ding **II** *bn* [*predicatief gebruikt*] een ander karakter, andere hoedanigheid hebbend ★ *hij is nu eenmaal ~ dan anderen* ★ *het is niet ~ het is nu eenmaal zo* ★ *leuk is ~ het is niet leuk*
an·ders·den·kend *bn* met andere opvattingen, vooral in geloofszaken
an·ders·den·ken·de *de* [-n] iem. van andere opvattingen, vooral in geloofszaken
an·ders·glo·ba·lis·me *het* een maatschappelijke beweging die zich verzet tegen de huidige vorm van de globalisering van de economie, die ten koste zou gaan van de welvaart in de derdewereldlanden
an·ders·glo·ba·list *de (m)* [-en] aanhanger van het andersglobalisme
an·ders·om *bijw* omgekeerd, achterstevoren, binnenstebuiten: ★ *letters ~ schrijven* ★ *een jas ~ dragen*
an·der·soor·tig *bn* van andere soort
an·ders·ta·lig *bn* ❶ een andere moedertaal dan de landstaal hebbend: ★ *anderstalige kinderen* ❷ in een andere taal dan de landstaal gesteld: ★ *anderstalige publicaties*
an·ders·ta·li·ge *de* [-n] iem. die als moedertaal een andere taal heeft dan de taal van het land waar hij of zij woonachtig is
an·ders·zins *bijw* op andere wijze
an·der·zijds *bijw* daartegenover, *meestal na voorafgaand: enerzijds*: ★ *enerzijds heb je gelijk, maar ~ had je dat niet zo moeten zeggen*
an·dij·vie (‹Fr‹Lat) *de* samengesteldbloemige plant (*Cichorium endivia*), waarvan de bladen als groente worden gegeten
an·doorn, an·do·ren *de (m)* [-s] behaarde lipbloemige plantensoort (*Stachys*)
An·dor·rees I *de (m)* [-rezen] iem. afkomstig of geboortig uit Andorra **II** *bn* van, uit, betreffende Andorra
an·dra·go·gie (‹Gr) *de (v)* deskundige hulpverlening aan en vorming van volwassenen; *vgl*: → agogie
an·dra·go·giek *de (v)* vorm van andragogie waarbij de doelstellingen en methoden nauw samenhangen met de levensovertuiging en de mens- en maatschappijvisie van de betrokken andragogen: ★ *een humanistische, een christelijke ~*
an·dra·go·gisch *bn* de andragogie betreffend, sociaalpedagogisch
an·dra·go·lo·gie *de (v)* wetenschap die de deskundige hulpverlening aan en vorming van volwassenen bestudeert
an·dra·go·loog *de (m)* [-logen] beoefenaar van de andragologie
an·dra·goog (‹Gr) *de (m)* [-gogen] beoefenaar van andragogie
an·dre·as·kruis *het* [-en] kruis in de vorm van de letter X
an·dro·gyn [-gien] (‹Gr) **I** *bn* ❶ mannelijke en vrouwelijke geslachtsorganen tegelijk bezittend; tweeslachtig ❷ *psych* zowel mannelijke als vrouwelijke karaktereigenschappen bezittend: ★ *een androgyne persoonlijkheid* **II** *de (m)* [-en] tweeslachtig wezen
anek·do·te (‹Gr) *de* [-s, -n] kort en grappig verhaal over een bep. gebeurtenis
anek·do·tisch *bn* ❶ van de aard van een anekdote ❷ uit anekdoten samengesteld
an·e·mie [ook aanee-] (‹Gr) *de (v)* bloedarmoede
an·e·misch [ook aanee-] *bn* aan bloedarmoede lijdend
ane·moon (‹Gr) *de* [-monen] ranonkelachtige plant
an·es·the·se·ren *ww* [-zeerə(n)] [anestheseerde, h. geanestheseerd] plaatselijk gevoelloos maken (bij operaties)
an·es·the·sie [-zie] (‹Gr) *de (v)* med ❶ ongevoeligheid voor aanraking, koude, pijn enz. ❷ medisch specialisme dat zich bezighoudt met toediening van medicamenten en toepassing van technieken die operaties en andere medische ingrepen mogelijk maken met zo gering mogelijke schade en pijn voor de patiënt ❸ het toepassen van dit specialisme:

★ men onderscheidt lokale ~ (plaatselijke verdoving) en algemene ~ (narcose), waarbij het bewustzijn van de patiënt wordt uitgeschakeld
an·es·the·si·o·lo·gie (‹Gr› de (v) wetenschap m.b.t. pijnbestrijding en het gevoelloos maken
an·es·the·si·o·loog de (m) [-logen] beoefenaar van de anesthesiologie, anesthesist
an·es·the·sist [-zist] de (m) [-en] specialist op het gebied van de → **anesthesie** (bet 2), narcotiseur
an·gel de (m) [-s] ❶ steekorgaan van een bij, wesp enz. ★ de ~ uit een conflict halen het punt waarover de grootste onenigheid bestaat oplossen, bespreekbaar maken, afzonderen enz. ❷ vishaak
An·ge·len mv zie bij → **Angelsaksen**
An·gel·sak·sen mv groep Germaanse stammen, Angelen, Saksen e.a., die in de vijfde eeuw n.C. naar Engeland overstaken en het veroverden
An·gel·sak·sisch I bn ❶ van, betreffende de Angelsaksen ❷ van, betreffende de landen en volken met de Engelse taal ★ de Angelsaksische landen landen waar Engels de voertaal is II het West-Germaanse taal die in de vroege middeleeuwen in Engeland werd gesproken, Oudengels
an·ge·lus (‹Lat‹Gr› het ❶ (verkorting van Angelus Domini) de Engel des Heren, een rooms-katholiek gebed waarin de menswording van Jezus Christus uit Maria wordt herdacht ❷ klokje dat driemaal daags tot dat gebed oproept
an·ge·lus·klok·je het [-s] → **angelus** (bet 2)
an·gi·na [anggie-] (‹Lat‹Gr› de med keelontsteking ★ ~ pectoris aandoening bestaande uit aanvallen van beklemming op het hart als gevolg van een te gering zuurstofaanbod aan de hartspier, hartkramp
an·gio·plas·tiek [ang-gie] de (v) med dottermethode
ang·li·caan [ang-glie-] (‹Lat› de (m) [-canen] lid van de Anglicaanse Kerk
ang·li·caans [ang-glie-] bn betreffende, van de Anglicaanse Kerk ★ Anglicaanse Kerk Engelse bisschoppelijke staatskerk, in 1534 gesticht, met de koning als hoofden de daaruit ontstane dochterkerken
ang·li·ca·nis·me [ang-glie-] het leer en systeem van de Anglicaanse Kerk
ang·li·cis·me [ang-glie-] het [-n] uit het Engels overgenomen woord of zinswending, afwijkend van het eigen taalgebruik, bijv. ik zie je dat is afgeleid van de Engelse afscheidsgroet see you
ang·list [angglist] de (m) [-en] wetenschappelijk beoefenaar van de Engelse taal- en letterkunde
ang·lis·tiek [ang-glis-] de (v) wetenschappelijke studie van de Engelse taal- en letterkunde
Ang·lo-Ame·ri·kaans [ang-gloo-] (‹Lat› bn betrekking hebbend op Engeland en Amerika (de Verenigde Staten) samen of onderling
ang·lo·fiel [ang-gloo-] I de (m) [-en] persoon die een voorliefde heeft voor al wat Engels is II bn voorliefde tonend voor de Engelsen en al wat Engels is

ang·lo·fo·bie [ang-gloo-] de (v) afkeer van de Engelsen en al wat Engels is
ang·lo·maan [ang-gloo-] de (m) [-manen] blind vereerder, na-aper van al wat Engels is
ang·lo·ma·nie [ang-gloo-] de (v) overdreven voorkeur voor al wat Engels is
An·go·lees I de (m) [-lezen] iem. afkomstig of geboortig uit Angola II bn van, uit, betreffende Angola
an·go·ra [anggoo-] de ['s] ❶ verkorting van angorageit, angorakat, angorakonijn ❷ zacht, lang, wit haar met zijdeachtige glans, afkomstig van het angorakonijn ❸ wol van de angorageit
an·go·ra- voorvoegsel [anggoo-] in samenstellingen met diernamen, duidt rassen aan met lang haar: angorageit, angorakat enz.; genoemd naar Angora, de vroegere naam van Ankara, de hoofdstad van Turkije
an·go·ra·geit [anggoo-] de [-en] langharig geitenras, gekenmerkt door lange, schroefvormig gewonden horens en wit, lang, fijn haar (Capra aegagrus hircus)
an·go·ra·kat [anggoo-] de [-ten] uit Voor-Indië en Midden-Azië afkomstig kattenras, gekenmerkt door een zware lichaamsbouw en lang, zijdeachtig haar
an·go·ra·ko·nijn [anggoo-] het [-en] konijnenras met lang, zacht en zijdeachtig haar
an·go·ra·wol [anggoo-] de wol van de angorageit, mohair
angst de (m) [-en] gevoel van vrees (variërend van lichte beklemming tot hevige paniek): ★ ~ voor spoken ★ in ~ zitten bang zijn ★ duizend angsten uitstaan heel bang zijn
angst·aan·ja·gend bn angstwekkend
angst·geg·ner [-γeeγnər] (‹Du› de (m) [-s] sp zwakkere tegenstander die angst inboezemt omdat men er in het verleden herhaaldelijk van heeft verloren
angst·haas de (m) [-hazen] bangerik
ang·stig bn ❶ angst voelend: ★ ~ in een hoekje kruipen ❷ angst uitdrukkend: ★ angstige ogen ❸ angstaanjagend: ★ angstige dromen
angst·kreet de (m) [-kreten] kreet van angst
angst·psy·cho·se [-psiegoozə] de (v) ziekelijke gemoedstoestand van hevige angst
ång·ström, **ång·ström·een·heid** [òngstreum-] de (v) naar de Zweed A.J. Ångström (1814-1874) genoemde eenheid (Å) waarin zeer kleine golflengten worden uitgedrukt, is 1 tienmiljoenste van een millimeter
angst·val·lig bn ❶ vreesachtig: ★ een ~ kind ❷ pijnlijk nauwkeurig, pijnlijk nauwgezet: ★ ~ te werk gaan; **angstvalligheid** de (v)
angst·wek·kend bn angst veroorzakend
angst·zweet het zweet dat uitbreekt bij hevige angst
anijs [aaneis] (‹Fr‹Gr› de (m) niet in wilde staat bekende, maar sedert oude tijden om de geneeskrachtige eigenschappen en voor het gebruik van de vruchten (anijszaad) als keukenkruid

an

geteelde plantensoort (*Pimpinella anisum*)
anijs·melk [aaneis-] *de* melk met anijszaad gekookt
anijs·zaad [aaneis-] *het* vrucht van anijs
ani·li·ne (‹*Arab*› *de* een uit steenkolenteer gedestilleerde kleurloze vloeistof die grondstof is voor de fabricage van kleurstoffen
ani·maal (‹*Fr*‹*Lat*› *bn* ❶ dierlijk ❷ van dieren afkomstig ❸ (zoals) eigen aan dieren: ★ *animale lusten*
ani·ma·tie [-(t)sie] (‹*Lat*› *de (v)* ❶ filmtechniek waarbij met een speciale camera de bewegingsfasen van een object één voor één worden opgenomen, waarna bij projectie de illusie van een beweging ontstaat ❷ BN het organiseren van activiteiten, verlevendiging, activering
ani·ma·tie·film [-(t)sie-] *de (m)* [-s] tekenfilm of film met bewegende poppen
ani·ma·to (‹*It*‹*Lat*› *bijw* muz opgewekt, levendig
ani·ma·tor (‹*Lat*› *de (m)* [-s] iem. die animeert, stuwende kracht, gangmaker
ani·meer·meis·je (‹*Du*› *het* [-s] meisje dat in horecagelegenheden bezoekers moet verleiden veel te verteren
ani·me·ren *ww* (‹*Fr*‹*Lat*› [animeerde, h. geanimeerd] opwekken, aanmoedigen; zie ook bij → **geanimeerd**
ani·mis·me *het* bij sommige natuurvolken aanwezig geloof dat ook levenloze voorwerpen een ziel bezitten
ani·mist *de (m)* [-en] aanhanger van het animisme
ani·mis·tisch *bn* betrekking hebbend op, van de aard van het animisme of de animisten
ani·mo (‹*It*› *de (m) & het* ❶ lust om iets ter hand te nemen of aan iets deel te nemen, geestdrift: ★ *er is weinig ~ voor de nieuwe plannen* ❷ lust tot kopen: ★ *er was veel ~ op de beurs* ❸ opgewektheid, levendigheid (in een gezelschap, een bijeenkomst)
ani·mo·si·teit [-zie-] (‹*Fr*‹*Lat*› *de (v)* persoonlijke vijandigheid, geprikkelde stemming tegenover iem.: ★ *er was veel ~ op het voetbalveld*
an·ion (‹*Gr*› *het* [-ionen] negatief geladen deeltje dat zich bij elektrolyse naar de positieve pool beweegt
an·je·lier *de* [-en], **an·jer** [-s] geurige sierbloem (*Dianthus*), wsch. genoemd naar de Noord-Italiaanse plaats Angera
an·ker[1] (‹*Lat*‹*Gr*› *het* [-s] ❶ ijzeren werktuig om een schip vast te haken ★ *het ~ laten vallen* a) een schip aan het anker vastleggen; b) fig een verblijfplaats kiezen ★ *het ~ lichten* a) het anker binnenhalen en wegvaren; b) fig vertrekken ★ *voor, ten ~ gaan* het schip vastleggen ★ *voor ~ liggen* aan het anker vastliggen ❷ onderdeel van een uurwerk ❸ onderdeel van een magneet, een dynamo e.a. ❹ muurhaak om balken vast te maken ❺ bilj met krijtlijnen getekende kleine vierhoeken op de biljarttafel ten behoeve van de kaderspelen
an·ker[2] (‹*Lat*› *het* [-s] 45 flessen wijn
an·ker·boei *de* [-en] boei die de plaats van het → **anker**[1] (bet 1) aangeeft

an·ke·ren *ww* [ankerde, h. & is geankerd] ❶ ‹een schip› aan het anker vastleggen ❷ voor anker liggen ❸ ‹een muur› van ankers (→ **anker**[1], bet 4) voorzien
an·ker·gat *het* [-gaten] opening voor een → **anker**[1] (bet 4)
an·ker·grond *de (m)* [-en] bodem waarin een → **anker**[1] (bet 1) vastgelegd wordt
an·ker·ka·der *het* bilj spelsoort waarbij men slechts een beperkt aantal caramboles achtereen mag maken in elk van de vakken die met krijtlijnen op het laken zijn aangebracht
an·ker·ket·ting *de* [-en] ketting waaraan het → **anker**[1] (bet 1) hangt
an·ker·man *de (m)* [-nen] BN anchorman
an·ker·tros *de (m)* [-sen] ankerkabel
ank·let [enklət] (‹*Eng*› *de (m)* [-s] korte sok
An·na *de (v)* ★ NN *daar loopt wat van St.-Anna onder daar zit iets onbehoorlijks in, dat is niet helemaal pluis* ‹naar St.-Anna, moeder van Maria›
an·na·len (‹*Lat*› *mv* ❶ jaarboeken, geschiedwerk waarin de gebeurtenissen in chronologische volgorde zijn opgetekend ❷ fig geschiedenis: ★ *dit feit zal als een grootse gebeurtenis worden opgetekend in de ~ van de vredesbeweging*
an·nex I *bn* daarbij behorend, daaraan verbonden: ★ *een vliegveld met annexe gebouwen* ★ *een universiteitscomplex met alle voorzieningen die daaraan ~ zijn* **II** *voegw* met daarbij behorend, met daaraan verbonden: ★ *een huis ~ garage* **III** *mv*, **annexen** bijbehorende documenten: ★ *een akte met annexen*
an·nexa (‹*Lat*› *mv* ❶ aanhangsels, bijlagen ❷ bijkomende gevolgen
an·nexa·tie [-neksaa(t)sie] (‹*Lat*› *de (v)* ❶ het annexeren of geannexeerd-worden, inlijving ❷ [*mv*: -s] ingelijfd gebied
an·nexe·ren *ww* [-nekseerə(n)] (‹*Lat*› [annexeerde, h. geannexeerd] ❶ bij het eigen gebied trekken, inlijven: ★ *Irak probeerde Koeweit te ~* ❷ fig tot de zijne maken, overnemen: ★ *die politieke partij heeft een aantal van onze ideeën geannexeerd*
an·ni·hi·la·tie [-(t)sie] (‹*Lat*› *de (v)* ❶ vernietiging ❷ nat totale omzetting van materie in straling ❸ nietigverklaring
an·no *bijw* (‹*Lat*› in het genoemde jaar: ★ *~ 1584* ★ *~ Domini* in het jaar onzes Heren ★ *~ nu* tegenwoordig
an·non·ce [-nõsə] (‹*Fr*› *de* [-s] ❶ advertentie, aankondiging (in een krant) ❷ kaartsp bod
an·non·ce·ren *ww* (‹*Fr*› [annonceerde, h. geannonceerd] ❶ adverteren, aankondigen ❷ kaartsp kleur laten horen, een bod doen
an·no·ta·tie [-(t)sie] (‹*Lat*› *de (v)* ❶ het annoteren ❷ [*mv*: -s] verklarende aantekening
an·no·te·ren *ww* (‹*Fr*‹*Lat*› [annoteerde, h. geannoteerd] voorzien van verklarende aantekeningen: ★ *een geannoteerde uitgave van Alice*

in Wonderland

an·nu·ï·teit (‹*Lat*› *de* (*v*) [-en] jaarlijkse betaling van de rente van een kapitaal, tegelijk met de aflossing van een gedeelte van dat kapitaal, op een zodanige manier dat rente plus aflossing steeds hetzelfde bedrag vormen

an·nu·ï·tei·ten·hy·po·theek *de* (*v*) [-theken] hypotheekvorm die is gebaseerd op het principe van annuïteit (zie aldaar)

an·nu·la·tie [-(t)sie] (‹*Lat*› *de* (*v*) vernietiging, nietigverklaring

an·nu·le·ren *ww* (‹*Fr*‹*Lat*) [annuleerde, h. geannuleerd] ❶ herroepen, ongeldig verklaren: ★ *een besluit* ~ ❷ niet laten doorgaan: ★ *een vlucht, een wedstrijd* ~; **annulering** *de* (*v*) [-en]

an·nu·le·rings·ver·ze·ke·ring *de* (*v*) [-en] verzekering tegen financiële schade ten gevolge van het annuleren van een reis

an·nun·ci·a·tie [-(t)sie] (‹*Lat*› *de* (*v*) ❶ aankondiging, vooral Maria-Boodschap, het bezoek van de aartsengel Gabriël aan Maria, waarbij hij haar de geboorte van Christus aankondigde ❷ feest daarvan (25 maart) ❸ [*mv:* -s] voorstelling daarvan

an·nus hor·ri·bi·lis (‹*Lat*) *de* rampzalig jaar, rampjaar

an·o·de [aanoo-] (‹*Gr*› *de* (*v*) [-n, -s] nat positieve elektrode; pool waar de stroom in een elektrolytisch te splitsen vloeistof intreedt

ano·ma·lie (‹*Fr*‹*Gr*) *de* (*v*) [-lieën] ❶ onregelmatigheid, afwijking van de regel ❷ astron hoek die de voerstraal van een planeet maakt met de grote as van haar baan

ano·mie (‹*Gr*) *de* (*v*) ❶ wetteloosheid, onwettigheid ❷ sociologie sociale situatie die gekenmerkt wordt door het ontbreken van normen en gedragsregels

ano·niem (‹*Fr*‹*Lat*) *bn* naamloos, ongenoemd: ★ *een anonieme gift; zonder auteursnaam of zonder ondertekening*: ★ *een ~ artikel*

ano·ni·mi·teit *de* (*v*) het anoniem zijn, naamsverzwijging; het ongenoemd-blijven

ano·ny·mus [aanoonie-] (‹*Lat*‹*Gr*) *de* (*m*) [-mi] een ongenoemde of iem. die zijn naam niet wil of durft te noemen

ano·rak [aanoo-], **ano·rak** (‹*De*‹*Eskimotaal*) *de* (*m*) [-s] jack zoals de Eskimo's dragen, windjack dat over het hoofd moet worden aangetrokken, voorzien van een capuchon

ano·rec·tisch *bn* lijdend aan anorexia nervosa

an·o·rexia ner·vo·sa [-zaa] *de* (*v*) med als gevolg van een psychische oorzaak optredende anorexie, gekenmerkt door een allesoverheersend streven naar vermagering en zich o.a. uitend in extreme gewichtsvermindering

an·o·rexie [-reksie] (‹*Gr*) *de* (*v*) med volkomen en langdurig gebrek aan eetlust

an·or·ga·nisch *bn* ❶ niet-organisch, niet levend, niet tot het dieren- of plantenrijk behorend: ★ *de anorganische natuur* ❷ chem niet tot de koolstofverbindingen behorend: ★ *anorganische*

stoffen

ANP *afk* Algemeen Nederlands Persbureau

ANS *afk* ❶ Astronomische Nederlandse Satelliet ❷ Algemene Nederlandse Spraakkunst [een in 1984 verschenen en in 1997 herziene, uitvoerige en praktische spraakkunst van het hedendaagse Nederlands]

An·schluss [-sjloes] (‹*Du*› *de* (*m*) aansluiting, vooral hist de aansluiting van Oostenrijk bij Duitsland in 1938

an·sicht [-zicht] (‹*Du*› *de* [-en], **an·sicht·kaart** [-en] vooral NN via de post te versturen kaart met aan één zijde een afbeelding

an·sjo·vis (‹*Sp*› *de* (*m*) [-sen] lid van een vissenfamilie die behoort tot de orde van de haringachtigen en waarvan de soort *Engraulis encrasicholus* sterk gezouten gegeten wordt

an·ta·go·nis·me (‹*Fr*‹*Gr*) *het* tegenstreving, tegengestelde gezindheid of werking; het bestrijden van elkaar

an·ta·go·nist (‹*Gr*) *de* (*m*) [-en] ❶ tegenstander, bestrijder ❷ ‹in het Griekse drama› tegenspeler van de hoofdfiguur ❸ anat spier waarvan de werking die van een andere spier opheft ❹ tegenoverstaande tand of kies

An·tarc·tisch (‹*Lat*‹*Gr*) *bn* behorend tot, voorkomend in Antarctica of het Zuidpoolgebied

an·te[1] (‹*Lat*) *vz* voor (van tijd)

an·te[2] (‹*Lat*) *de* [-n] bouwk vierkante pilaster die zich aan de buitenzijde van een muur bevindt of die een muur beëindigt

an·te·ce·dent (‹*Lat*) **I** *het* ❶ voorafgaand feit in betrekking tot de gevolgen of gevolgtrekkingen die eruit voortvloeien, of waarnaar een nieuw feit beoordeeld kan worden ★ *iemands antecedenten* feiten uit zijn leven vóór een bep. tijdstip ❷ taalk woord of zinsdeel waarop een betrekkelijk voornaamwoord terugwijst **II** *bn* ❶ voorafgaand ❷ geol ouder in vorming

an·te·ce·den·ten·on·der·zoek *het* onderzoek naar iems. antecedenten, met name naar zijn strafrechtelijke verleden, als onderdeel van een sollicitatieprocedure, vooral een dergelijk onderzoek door de rijksoverheid uitgevoerd alvorens iem. in openbare dienst aan te stellen

an·te·da·te·ren *ww* [antedateerde, h. geantedateerd], **an·ti·da·te·ren** [antidateerde, h. geantidateerd] op een vroegere dagtekening stellen dan het stuk in feite geschreven is: ★ *een brief* ~

an·ten·ne (‹*Fr*) *de* [-s, -n] ❶ ontvang- of zenddraad of -stang voor elektromagnetische golven (radio, radar, televisie) ★ fig *een speciale ~ voor iets hebben* een bijzondere gevoeligheid hebben voor bep. signalen: ★ *zij heeft een speciale ~ voor seksistische uitlatingen* ★ BN *ook op ~ zijn / gaan* in de ether zijn / komen ❷ voelspriet van insecten ❸ dun bovenstuk van een dobber

an·tho·lo·gie (‹*Gr*) *de* (*v*) [-gieën] bloemlezing

an·ti (‹*Lat*‹*Gr*) **I** *bijw* tegen: ★ *wij zijn ~* **II** *de* ['s] iem.

die zich verzet tegen iets dat in de context wordt genoemd, tegenstander: ★ *tijdens de raadsvergadering riepen de anti's leuzen vanaf de publieke tribune*

an·ti- *(‹Lat‹Gr)* als eerste lid in samenstellingen ter uitdrukking van een *gezindheid* of *gerichtheid* tegen hetgeen het tweede lid noemt (bij een tegengestelde *werking* spreekt men meer van *contra*; vgl: *antirevolutionair* naast *contrarevolutionair*); idem ter uitdrukking, dat de door de samenstelling genoemde persoon (zaak) het tegendeel is of beoogt te zijn van het traditionele type persoon (zaak) dat door het tweede lid van de samenstelling genoemd wordt: ★ *antiheld, antireclame*

an·tialias·ing [entai əlai(j)zing] *(‹Eng) de* comput proces dat de kwaliteit van grafische afbeeldingen op een beeldscherm verbetert

an·ti·Ame·ri·kaans *bn* gericht tegen Amerika, de Amerikaanse cultuur, politiek e.d.

an·ti·au·to·ri·tair [-autoo-, -ootoorietèr] *bn* tegen gezag gericht, gezagsvoorschriften afwijzend ★ *antiautoritaire opvoeding* opvoeding waarbij het principe van gehoorzaamheid wordt verworpen en waarbij wordt gestreefd naar ontwikkeling van het eigen oordeel bij het kind

an·ti·bi·o·ti·cum *(‹Gr) het* [-ca] benaming voor middelen die infectieziekten bestrijden en die de bacteriën (geen virussen) direct aantasten, het eerst bereid uit bep. soorten schimmels (penicilline)

an·ti·bi·o·tisch *bn* werkend als antibioticum

an·tiblok·keer·sys·teem [-sis-] *het* [-temen] vooral NN elektronisch systeem in een auto dat ervoor zorgt dat de wielen bij sterk remmen niet geblokkeerd raken en de auto bestuurbaar blijft

an·ti·cham·bre·ren *ww* [-sjam-] *(‹Fr)* [antichambreerde, h. geantichambreerd] (in een voorvertrek) moeten wachten voordat men toegelaten wordt: ★ *iem. laten ~*

an·ti·christ [-krist] *de (m)* door Satan gezonden bestrijder van Christus

an·ti·ci·pa·tie [-(t)sie] *(‹Fr‹Lat) de (v)* [-s] het van te voren rekening houden met iets wat naar verwachting zal gaan gebeuren

an·ti·ci·pa·tie·ver·mo·gen [-(t)sie] *het* vermogen tot → **anticiperen**: ★ *het moderne verkeer vereist een goed ~*

an·ti·ci·pe·ren *ww* *(‹Fr)* [anticipeerde, h. geanticipeerd] rekening houden met, vooruitlopen op iets wat naar verwachting zal gaan gebeuren: ★ *~ op toekomstige ontwikkelingen*

an·ti·cli·max *de (m)* [-en] ❶ het uitblijven van iets waarvan men hoge verwachtingen had, teleurstelling na een hoopvolle verwachting: ★ *de met veel spanning tegemoet geziene finale werd een ~* ❷ stilistiek omgekeerde climax, van het grotere naar het kleinere, van het sterkere naar het zwakkere afdalende reeks

an·ti·co·a·gu·lan·tia [-sie] *mv* stoffen die de stolling van het bloed verminderen of opheffen

an·ti·com·mu·nis·tisch *bn* tegen het communisme gekant

an·ti·con·cep·tie [-sepsie] *de (v)* het tegengaan van conceptie, voorkoming van zwangerschap

an·ti·con·cep·tie·mid·del [-sepsie-] *het* [-en] middel ter voorkoming van zwangerschap, voorbehoedmiddel

an·ti·con·cep·tie·pil [-sepsie-] *de* [-len] pil ter voorkoming van bevruchting

an·ti·con·cep·tio·neel [-sepsjoo-] *bn* dienend ter voorkoming van zwangerschap

an·ti·con·cep·ti·vum *(‹Lat) het* [-va] middel ter voorkoming van zwangerschap, voorbehoedmiddel

an·ti·cy·cloon [-siekloon] *(‹Gr) de (m)* [-clonen] meteor hogedrukgebied

an·ti·da·te·ren *ww* [antidateerde, h. geantidateerd] → **antedateren**

an·ti·deel·tje *het* [-s] elementair deeltje met aan een ander deeltje tegengestelde elektrische en magnetische krachten: ★ *bij samenkomst van een elementair deeltje en zijn corresponderende ~ volgt* **annihilatie**

an·ti·de·pres·si·vum *(‹Lat) het* [-va] med middel dat depressies bestrijdt en de gemoedsstemming verbetert

an·ti·do·tum *(‹Lat‹Gr) het* [-ta] tegengif

an·tiek *(‹Fr‹Gr)* I *bn* ❶ behorend tot of betrekking hebbend op de (cultuur van de) Grieken en Romeinen in de klassieke oudheid: ★ *de antieke wijsbegeerte* ❷ afkomstig uit oude tijden (100 jaar of langer geleden), vooral een oude kunststijl vertegenwoordigend: ★ *een antieke kast* ❸ schertsend ouderwets: ★ *antieke opvattingen over het stakingsrecht* II *het* ‹collectief› oude kunst-, sier- en gebruiksvoorwerpen: ★ *een verzamelaar van ~* III *mv*, **de antieken** de Grieken en Romeinen in de klassieke oudheid

an·ti·fas·cis·tisch *bn* tegen het fascisme gericht

an·ti·geen *het* [-genen] med stof die bij inspuiting zorgt voor de productie van afweerstof

an·ti·gif·cen·trum *het* [-s, -centra] BN centrum dat bij vergiftiging advies geeft via de telefoon

antiglobalisme *het* maatschappelijke beweging die zich verzet tegen de culturele en economische globalisering

an·tiglo·ba·list *de (m)* [-en] tegenstander van de (vooral economische) globalisering

an·ti·held *de (m)* [-en] iem. die, als reactie op het stereotiepe beeld van de held in de traditionele literatuur, films e.d., optreedt als het tegendeel van een held

an·ti·klop·mid·del *het* [-en] aan de brandstof toegevoegde stof die het kloppen van verbrandingsmotoren met zuigers tegengaat

an·ti·li·chaam *het* [-chamen] antistof

An·til·li·aan *de (m)* [-anen] iem. geboortig of

afkomstig van de Antillen

An·til·li·aans bn van, uit, betreffende de Antillen

an·ti·lo·pe (‹Eng‹Lat‹Gr) de [-n] verzamelnaam voor tal van soorten, tot de familie der holhoornigen behorende, herkauwende zoogdieren die voornamelijk voorkomen in Afrika: ★ *tot de antilopen behoren o.a. de spiesbokken, de gnoes, de impala's, de springbokken en de gazellen*

an·ti·ma·te·rie de (v) stof bestaande uit antideeltjes

an·ti·mi·li·ta·ris·me het principiële afwijzing van bewapening en legers

an·ti·mi·li·ta·rist de (m) [-en] aanhanger van het antimilitarisme

an·ti·mi·li·ta·ris·tisch bn volgens de beginselen van het antimilitarisme

an·ti·mo·ni·um, **an·ti·moon** (‹Lat) het chemisch element, symbool Sb (*stibium*), atoomnummer 51, een zilverwit, bros metaal

an·ti·paaps bn gekant tegen de Rooms-Katholieke Kerk, haar vertegenwoordigers en haar leden

an·ti·pa·pis·me het gezindheid tegen de macht van de paus, bij uitbreiding tegen de katholieken

an·ti·pa·pist de (m) [-en] iem. die antipaaps is

an·ti·pa·pis·tisch bn antipaaps

an·ti·pas·saat de (m) in tegengestelde richting van de passaat waaiende wind

an·ti·pa·thie [-thieën] (‹Fr‹Gr) de (v) niet beredeneerde afkeer of tegenzin: ★ *een sterke ~ koesteren tegen overijverige ambtenaren*

an·ti·pa·thiek (‹Fr) bn afkeer inboezemend, onsympathiek

an·ti·po·den (‹Lat‹Gr) mv ❶ tegenvoeters, bewoners van tegenovergestelde punten van de aarde: ★ *de Nieuw-Zeelanders zijn de antipoden van de Nederlanders* ❷ fig wederstrevers of een tegenstelling met elkaar vormende personen

an·ti·pro·pa·gan·da de iets wat een uitwerking heeft die tegengesteld is aan de uitwerking die met propaganda wordt beoogd: ★ *deze uiterst ruwe wedstrijd was ~ voor de voetbalsport*

an·ti·psy·chi·a·trie [-psie-] de (v) opvatting die de gevestigde psychiatrische behandelingswijzen (en de rechtmatigheid daarvan) in twijfel trekt

an·ti·qua [-kwaa] (‹Lat) de ['s] gewone Latijnse drukletter

an·ti·quaar [-kwaar] (‹Du‹Lat) de (m) [-s, -quaren] handelaar in oude boeken, handschriften, gravures e.d.

an·ti·quair [-kèr] (‹Fr‹Lat) de (m) [-s] handelaar in oudheden, oude kunst en oude sier- en gebruiksvoorwerpen

an·ti·qua·ri·aat [-kwaa-] (‹Du) het [-riaten] ❶ handel in oude boeken, handschriften, gravures e.d. ❷ winkel, bedrijf waar men oude boeken, handschriften, gravures e.d. verhandelt ★ *modern ~ winkel waar men tweedehands boeken en uitgeversrestanten verhandelt*

an·ti·qua·risch [-kwaa-] (‹Lat) bn ❶ betrekking hebbend op oude boeken, handschriften, gravures e.d. ❷ ‹van boeken› niet meer als nieuwe uitgave te verkrijgen: ★ *dit boek is alleen nog ~ verkrijgbaar*

an·ti·qui·teit [-k(w)ie-] (‹Fr‹Lat) de (v) [-en] ❶ voorwerp, overblijfsel uit vroeger tijd ❷ zaak van historische waarde ❸ in engere zin oud kunst- of gebruiksvoorwerp

an·ti·ra·ket·ra·ket de [-ten], **an·ti·ra·ket·wa·pen** het [-s] raket die is bedoeld om vijandelijke raketten onschadelijk te maken

an·ti·re·cla·me de ❶ negatieve publiciteit rond een product ❷ datgene wat die publiciteit veroorzaakt: ★ *zo'n fout is een vreselijke ~ voor ons woordenboek*

an·ti·re·vo·lu·tio·nair [-(t)sjoonèr] I bn ❶ gezind of gericht tegen de beginselen van de Franse Revolutie ❷ de partij van de antirevolutionairen aanhangend II de (m) [-en] NN, vroeger aanhanger van de Antirevolutionaire Partij (ARP), een Nederlandse politieke partij met christelijk-gereformeerde beginselen (1878-1980, daarna opgegaan in het CDA)

an·ti·se·miet de (m) [-en] Jodenhater

an·ti·se·mi·tisch bn gericht, gekant tegen de Joden

an·ti·se·mi·tis·me het vijandigheid jegens de Joden als zodanig

an·ti·sep·ti·cum (‹Gr) het [-ca] med ontsmettingsmiddel

an·ti·sep·tisch bn desinfecterend, ontsmettend, steriel

an·ti·slip het middel tegen het slippen

an·ti·slip·cur·sus de (m) [-sen] cursus waar men leert hoe het slippen met een auto kan worden voorkomen en wat men moet doen als men toch in een slip geraakt

an·ti·slip·school de [-scholen] instelling waar men antislipcursussen geeft

an·ti·sta·tisch bn elektrostatische oplading verhinderend of opheffend

an·ti·stof de [-fen] med benaming voor stoffen (eiwitten) die in het lichaam werkzaam zijn tegen bacteriën, virussen en vreemde stoffen

an·ti·tank·wa·pen [-tenk-] het [-s] wapen tegen tanks (→ tank, bet 2) gebruikt

an·ti·the·se [-teezə] (‹Gr) de (v) [-n, -s] ❶ filos het tegengestelde; ❷ ‹bij Hegel (1770-1831)› tegenstelling die, door versmelting met de stelling waartegen zij zich keert (*these*), tot een hogere eenheid kan komen (*synthese*)

an·ti·the·tisch bn van de aard van, berustend op een tegenstelling

an·ti·toxi·ne het [-n] tegengif, vooral zoals in het lichaam gevormd tegen daarin doorgedrongen giftige stoffen

an·ti·trust·wet·ge·ving de (v) verzameling wetten (in de Verenigde Staten, uitgevaardigd vanaf 1890) die trustvorming tegengaat

an·ti·vi·rus·pro·gram·ma het ['s] comput programma dat een computerdisk of -systeem checkt op de

aanwezigheid van bekende computervirussen
an·ti·vries *het* middel tegen bevriezing van het koelwater voor motoren
an·to·niem *((Gr)* **I** *bn* tegengesteld van betekenis **II** *het* [-en] woord van tegengestelde betekenis, tegendeel: ★ *'hoog' is het ~ van 'laag'*
an·to·ni·us·kruis *het* [-en] kruis in de vorm van de Griekse letter T (een staf in die vorm is één van de attributen van de Egyptische kluizenaar Antonius Abt, 251/2-356)
an·tra·ciet *((Gr)* **I** *de (m) & het* steenkool met een laag gasgehalte en een koolstofgehalte van 94%, magere steenkool **II** *bn* de kleur van antraciet hebbend, zwartgrijs
an·trax *de* miltvuur
an·tro·po- *((Gr) als eerste lid in samenstellingen* betrekking hebbend op de mens, mens(en)
an·tro·po·bi·o·lo·gie *((Gr) de (v)* biologie van de mens, wetenschap die studie verricht naar o.a. uitgestorven mensgroepen en de diversiteit van de mens(enrassen)
an·tro·po·cen·trisch *bn* de mens als middelpunt beschouwend: ★ *een ~ wereldbeeld*
an·tro·po·faag *((Gr) de (m)* [-fagen] menseneter, kannibaal
an·tro·po·fo·bie *((Gr) de (v)* mensenschuwheid
an·tro·po·geen *((Gr) bn* door menselijke werking ontstaan: ★ *antropogene klimaatveranderingen*
an·tro·po·lo·gie *((Gr) de (v)* wetenschap betreffende de mens ★ *fysische ~* vroegere benaming voor → **antropobiologie** ★ *culturele ~* volkenkunde, wetenschap waarin onderzoek wordt gedaan naar de culturen van volken in al hun aspecten
an·tro·po·lo·gisch *bn* de antropologie betreffend
an·tro·po·loog *((Gr) de (m)* [-logen] beoefenaar van de antropologie
an·tro·po·morf *((Gr) bn* een menselijke gedaante hebbend: ★ *antropomorfe goden*
an·tro·po·so·fie *((Gr) de (v)* door Rudolf Steiner (1861-1925) ontwikkelde leer, waarbij de mens in samenhang met de kosmos wordt beschouwd
an·tro·po·so·fisch *bn* volgens de antroposofie
an·tro·po·soof *((Gr) de (m)* [-sofen] aanhanger van de antroposofie
Ant·wer·pe·naar *de (m)* iem. geboortig of afkomstig uit Antwerpen
Ant·werps **I** *bn* van, uit, betreffende Antwerpen **II** *het* het Antwerps dialect
ant·woord *het* [-en] ❶ mondelinge of schriftelijke reactie op een vraag of oproep e.d.: ★ *~ op een vraag geven* ★ *in ~ op uw brief deel ik u mee dat...* ★ *een bevestigend ~ geven* 'ja' zeggen ★ *altijd een ~ klaar hebben* overal meteen op kunnen reageren ★ *het ~ schuldig blijven* iets niet weten ❷ *recht* verweer tegen een eis: ★ *memorie van ~* ❸ uitkomst van een rekenopgave
ant·woord·ap·pa·raat *het* [-raten] *telec* toestel dat, indien de telefoon niet wordt opgenomen,

automatisch een op een bandje ingesproken boodschap weergeeft, eventueel met de mogelijkheid voor de opbeller om zelf een boodschap in te spreken
ant·woord·cou·pon [-koepon] *de (m)* [-s] *NN* coupon bij een advertentie of aanbieding, die men kan insturen om zijn belangstelling kenbaar te maken
ant·woor·den *ww* [antwoordde, h. geantwoord] antwoord geven: ★ *~ op een vraag*
ant·woord·num·mer *het* [-s] *vooral NN* nummer dat, naast de naam, de postcode en de woonplaats van de geadresseerde, op poststukken wordt vermeld, waardoor deze ongefrankeerd kunnen worden verzonden
anus *((Lat) de (m)* uitwendige opening van de endeldarm, poepgaatje
ANW *afk* in Nederland Algemene Nabestaandenwet [opvolger van de AWW (Algemene Weduwen- en Wezenwet)]
ANWB *afk* in Nederland Algemene Nederlandse Wielrijdersbond [thans: Koninklijke Nederlandse Toeristenbond-ANWB]
a° *afk*, **A°** anno *((Lat)* [in het (genoemde) jaar]
AOC *afk* in Nederland agrarisch opleidingscentrum
A-om·roep *de (m)* [-en] *NN* televisie- en radio-omroep met meer dan 450.000 leden, die op grond daarvan maximale zendtijd krijgt
aor·ta [aaor-] *((Gr) de* ['s] in de linkerhartkamer ontspringende grote lichaamsslagader via welke zuurstofrijk bloed van het hart naar de rest van het lichaam wordt gepompt
AOV *afk* in Nederland arbeidsongeschiktheidsverzekering
AOW *afk* in Nederland Algemene Ouderdoms(verzekerings)wet [NN uitkering krachtens deze wet:] ★ *hij leeft van zijn ~*
AOW'er *de (m)* [-s] *NN* iem. die krachtens de AOW een uitkering geniet
AP *afk* ❶ in Nederland Amsterdams Peil ❷ Associated Press [Noord-Amerikaans persbureau]
APA *afk* in België Algemeen Plan van Aanleg
apa·na·ge [-naazjə] *((Fr) het* [-s] *hist* aan jongere, niet opvolgende vorstelijke kinderen toegekende inkomsten of goederen, als vergoeding voor hun uitsluiting van de erfopvolging en voor hun onderhoud
a pa·ri *bijw* → **al pari**
apart [aapart] *((Fr)* **I** *bn* afgezonderd, afzonderlijk: ★ *iem. ~ spreken* ★ *een aparte afdeling voor besmettelijke ziekten* **II** *bn* spreektaal bijzonder, opmerkelijk: ★ *een heel aparte jurk*
apart·heid [aapart-] *de (v) hist* scheiding tussen de rassen, zoals in de praktijk gebracht in Zuid-Afrika in de periode van 1948 tot 1991
apart·heids·po·li·tiek [aapart-] *de (v) hist* het in Zuid-Afrika ontwikkelde beleid om de in dat land levende rassen zoveel mogelijk van elkaar te scheiden (van 1948 tot1991)

apa·thie *(‹Fr‹Gr) de (v)* lusteloosheid, onverschilligheid
apa·thisch [aapaa-] *bn* lusteloos, onverschillig, afgestompt: ★ ~ *voor zich uit zitten staren*
apa·tri·de *(‹Fr‹Gr) de* recht persoon zonder staatsburgerschap
apc'tje *het* [-s] tablet van een geneesmiddel dat *aspirine, fenacetine* en *cafeïne* bevat
ape·ga·pen *het* ★ vooral NN *op ~ liggen* doodop zijn
ape·kool *de* onzin, geklets
ape·la·za·rus NN, spreektaal **I** *het* ★ *zich het ~ schrikken, werken* e.d. hevig schrikken, hard werken e.d.: ★ *ik heb me het ~ gezocht naar dat boek* **II** *bn* erg dronken
apen·boom *de (m)* [-bomen] uit Zuid-Amerika afkomstige boom met stijve, scherp gepunte bladeren, in onze streken ook wel als sierboom geteeld *(Araucaria araucana)*
apen·brood·boom *de (m)* [-bomen] grote boom in tropisch Afrika *(Adansonia digitata)*
ap- en de·pen·den·ties [-sies] *mv* al het aan- en bijbehorende
apen·ja·ren *de (mv)* ★ BN *in z'n ~ zijn* in de puberteit zijn
apen·kooi *de* [-en] verblijf voor apen, bijv. in een dierentuin
apen·kooi·en *ww & het* spel waarbij men zich over een aantal in een ruimte opgestelde gymnastiektoestellen moet begeven zonder de grond te raken
apen·kop *de (m)* [-pen] NN, scheldwoord vlegel
apen·kuur *de* [meestal mv: *apenkuren*] dwaze grillen, fratsen
apen·lief·de *de (v)* NN onverstandige liefde van ouders voor kinderen
Apen·nijns *bn* ★ *het ~ schiereiland* Italië
apen·noot *de* [-noten], **apen·noot·je** *het* [-s] aardnoot, pinda
apen·pak *het* [-ken], **apen·pak·je** [-s] ❶ fel gekleurd pak waarin circusapen werden uitgedost ❷ spottend opzichtig kostuum of uniform
apen·staart *de (m)* [-en] ❶ staart van een aap ❷ (vaak: *apenstaartje*) het teken @, dat voorkomt op het toetsenbord van de computer en dat standaard onderdeel is van een e-mailadressen, at-sign, at
apep·sie *(‹Gr) de (v)* med slechte spijsvertering
aper·çu [-suu] *(‹Fr) het* ['s] kort overzicht, hoofdinhoud
ape·ri·tief *(‹Fr‹Lat) de (m) & het* [-tieven] de eetlust opwekkende alcoholische drank; glas daarvan
apert [aapert] *(‹Lat) bn* voor iedereen duidelijk, onmiskenbaar: ★ *een aperte leugen*
ape·trots, **ape·trots** *bn* schertsend erg trots
ape·zuur *het* ★ NN, spreektaal *zich het ~ werken, zoeken* hard werken, grondig zoeken
api·cul·tuur *de (v)* bijenteelt
apin [aapin] *de (v)* [-nen] vrouwtjesaap
apk *afk* in Nederland algemene periodieke keuring [verplichte jaarlijkse keuring van personenauto's van drie jaar oud en ouder]

APL *afk* comput Advanced Programming Language [een hogere programmeertaal]
aplomb [aaplõ] *(‹Fr) het* stelligheid, vastheid van overtuiging, zekerheid van optreden: ★ *met veel ~ iets te berde brengen*
apneu *(‹Gr) de (m)* [-s] med tijdelijke ademstilstand
apo- *(‹Gr)* als eerste lid in samenstellingen weg van, af
Apo·ca·lyps [-lips] *(‹Gr) de (v)* ❶ (in *bet* 2 en 3 zonder hoofdletter) ❷ de Openbaring van Johannes, het laatste Bijbelboek ❸ profetie betreffende de ondergang van de wereld ❹ toestand van algehele ontreddering en ondergang
apo·ca·lyp·tisch [-lip-] *(‹Gr) bn* ❶ betrekking hebbend op of ontleend aan de Apocalyps ★ *het apocalyptische getal* het getal 666, genoemd in *Openbaringen* 13: 18 ❷ als een ondergang aandoend, catastrofaal: ★ *de apocalyptische gevolgen van de aardbeving*
apo·co·pe [aapookoopee] *(‹Gr) de* ['s] weglating van een lettergreep aan het eind van een woord, bijv. *eind* voor *einde*
apo·crief *(‹Gr) bn* ❶ niet als echt erkend ★ *de apocriefe boeken* ❷ van de Bijbel, de apocriefen de Bijbelboeken die niet in de canon zijn opgenomen, die niet als gezaghebbend worden erkend ❸ fig ongeloofwaardig, onaannemelijk: ★ *een ~ verhaal*
apo·dic·tisch *(‹Lat‹Gr) bn* ❶ onweerlegbaar, noodzakelijk waar ❷ met stelligheid, vooral al te stellig geponeerd; fig meesterachtig
a·po·li·tiek *bn* geen belangstelling of begrip voor politiek hebbend: ★ *mijn schoonvader is volstrekt ~*
apol·li·nisch *bn* als van Apollo, met de geest van Apollo harmoniërend: statisch, evenwichtig en harmonisch *(tegengest:* → *dionysisch)*
apol·lo [aapol-] *de (m)* ['s] ideaal van mannelijke schoonheid (naar Apollo, de Griekse god van de zon, de natuur en van de dicht- en toonkunst)
apo·lo·geet *(‹Gr) de (m)* [-geten] verdediger, geloofsverdediger, vooral benaming van de christelijke schrijvers van ±120 - ±180, die hun geloof verdedigden
apo·lo·ge·tisch *bn* verdedigend
apo·lo·gie *(‹Gr) de (v)* [-gieën] verdedigingsrede, verweerschrift
apo·lo·gisch *bn* van de aard van een apoloog of deze bevattend ★ *apologische spreekwoorden* spreekwoorden van het type: 'alles met mate, zei de snijder, en hij sloeg zijn vrouw met de el'
apo·plexie [-pleksie] *(‹Gr) de (v)* [-plexieën] beroerte, hersenbloeding
apo·staat *(‹Lat‹Gr) de (m)* [-staten] geloofsverzaker, afvallige
apo·sta·sie [-zie] *(‹Lat‹Gr) de (v)* geloofsverzaking, afvalligheid
apos·tel [aapos-] *(‹Lat‹Gr) de (m)* [-en, -s] ❶ benaming voor elk van de twaalf discipelen van Jezus; bij uitbreiding verkondiger van het christelijke geloof: ★ *de ~ Paulus* ❷ fig verkondiger en verdediger van

een leer, van een stelsel: ★ *een ~ van het marxisme*
a pos·te·ri·o·ri *bijw* (‹*Lat*) achteraf beschouwd
apos·til (‹*Fr*), **apos·til·le** (‹*Fr*‹*Lat*) *de* [-tillen] ❶ kort begeleidend briefje ❷ kanttekening, bericht met kanttekening
apos·to·laat *het* apostelschap; verbreiding van het geloof
apos·to·lisch (‹*Lat*) *bn* ❶ afkomstig van de apostelen ❷ op de apostelen betrekking hebbend ❸ het geloof verkondigend
apo·strof (‹*Fr*‹*Gr*) *de* [-s, -fen] weglatingsteken (') voor een of meer niet-geschreven letters
apo·theek (‹*Lat*‹*Gr*) *de* [-theken] winkel waar geneesmiddelen onder verantwoordelijkheid van een apotheker worden bereid en verkocht
apo·the·ker *de (m)* [-s] iem. die, na hiertoe de academische opleiding te hebben voltooid, bevoegd is tot het bereiden en verkopen van geneesmiddelen; **apothekeres** *de (v)* [-sen]
apo·the·kers·as·sis·tent *de (m)* [-en] helper van een apotheker; **apothekersassistente** *de (v)* [-n]
apo·the·ma (‹*Gr*) *het* ['s] wisk loodlijn, uit het middelpunt van een regelmatige veelhoek neergelaten op een van de zijden
apo·the·o·se [-zə] (‹*Fr*‹*Gr*) *de (v)* [-n] schitterend of indrukwekkend slotstuk van een voorstelling, ceremonie, concert enz.
ap·pa·raat (‹*Lat*) *het* [-raten] ❶ (samengesteld) toestel, ontworpen als hulpmiddel bij een bep. bewerking of activiteit: ★ *een ~ om flessen te ontkurken* ★ *een huishoudelijk ~* ❷ geheel van personen en instellingen die betrokken zijn bij een bep. sector binnen het maatschappelijk leven: ★ *het ambtenaren-, politie-, overheidsapparaat* ❸ verzameling van hulpmiddelen die nodig is bij de samenstelling van een geschrift: ★ *voor de samenstelling van een woordenboek is een groot ~ nodig*
ap·pa·rat·sjik (‹*Russ*) *de (m)* [-s] minachtend benaming voor partijfunctionarissen die uitsluitend het partijbelang dienen
ap·pa·ra·tuur (‹*Du*‹*Lat*) *de (v)* geheel, samenstel van apparaten
ap·pa·ren·te·ren *ww* [apparenteerde, h. geapparenteerd] BN, pol aangaan van een lijstverbinding tussen verschillende politieke partijen bij verkiezingen
ap·par·te·ment (‹*Fr*) *het* [-en] deel van een huis of (flat)gebouw als aparte woning
ap·par·te·men·ten·flat [-flet] *de (m)* [-s] NN flatgebouw met luxueuze appartementen
ap·par·te·ments·ge·bouw *het* [-en] BN ook flatgebouw
ap·par·te·ments·recht *het* recht recht verbonden aan het bezit van een gedeelte van een gebouw en het uitsluitend gebruik van dat appartement
ap·pel[1] *de (m)* [-s, -en] ❶ vrucht van de appelboom ★ *een appeltje voor de dorst* iets extra's voor tijden van gebrek ★ *appels met peren vergelijken* geheel ongelijksoortige zaken met elkaar vergelijken ★ *voor een ~ en een ei* voor zeer weinig geld ★ *door de zure ~ heen bijten* iets onprettigs moeten doen, doorstaan ★ NN *een appeltje te schillen hebben met iem.* iets onaangenaams met iem. af te handelen hebben ★ *de ~ valt niet ver van de boom* kinderen hebben vaak dezelfde eigenschappen als hun ouders ★ *één rotte ~ in de mand maakt ook het gave fruit te schand* het kwaad is aanstekelijk, één ongunstig element bederft een gehele kring ★ *gezien zijn als een rotte ~ bij de groentevrouw* in hoge mate veracht worden ★ NN *daar komt een schip met zure appelen aan* uit die zware bewolking zal een hevige bui vallen ★ BN *appelen voor citroenen verkopen* knollen voor citroenen verkopen, iem. beetnemen met mooie praatjes ❷ pupil van het oog ❸ knop van een zwaard ❹ bol als symbool van vorstelijke macht
ap·pel[2] (‹*Fr*) *het* [-s] ❶ mil verzameling van de troepen en afroeping van de namen om te controleren of iedereen aanwezig is, bij uitbreiding ook gebruikt bij niet-militaire aangelegenheden ★ *op het ~ verschijnen, ontbreken* aanwezig, resp. afwezig zijn op een bijeenkomst ❷ recht hoger beroep: ★ *in ~ gaan* ★ *~ aantekenen tegen* ★ *hof van ~* ❸ sp gebaar waarmee de scheidsrechter op iets attent wordt gemaakt: ★ *op ~ van de grensrechter* ❹ van dieren ★ *onder ~ staan* zich laten terugroepen of -fluiten ❺ ★ *een ~ doen op iem.* een beroep doen op iem., iem. om iets verzoeken ★ *een ~ doen op iems. gevoel voor rechtvaardigheid* iem. vragen om iets rechtvaardig te beoordelen
ap·pe·laar *de (m)* [-s] BN, spreektaal appelboom
ap·pel·beig·net [-benjee] *de (m)* [-s] schijfje appel in deeg gebakken
ap·pel·bloe·sem *de (m)* [-s] roze bloem van de appelboom
ap·pel·bol *de (m)* [-len] NN appel in deeg gebakken
ap·pel·boom *de (m)* [-bomen] vruchtboom, behorend tot de roosachtigen (*Pyrus malus*)
ap·pel·boor *de* [-boren] boor om klokhuizen uit appels te verwijderen
ap·pel·flap *de* [-pen] ❶ appelgebak, bestaande uit een vierkant lapje deeg dat, belegd met stukjes appel en krenten, in een driehoek wordt gevouwen en gebakken in frituurvet ❷ appelbeignet
ap·pel·flauw·te *de (v)* [-n, -s] voorgewende bewusteloosheid
ap·pel·la·bel (‹*Fr*) *bn* recht vatbaar voor appel
ap·pel·lant (‹*Fr*) *de (m)* [-en] iem. die in hoger beroep gaat; iem. die in appel gaat
ap·pel·la·tion con·trô·lée [-sjō kōtroolee] (‹*Fr*) *de* ‹van wijn› garantie dat de herkomst is gecontroleerd
ap·pel·le·ren *ww* (‹*Fr*‹*Lat*) [appelleerde, h. geappelleerd] ❶ recht in hoger beroep gaan ❷ ★ *~ aan* een beroep doen op, aanspreken: ★ *dat appelleert aan mijn gevoel van rechtvaardigheid* ❸ sp

de aandacht van de scheidsrechter vestigen op een door hem niet geconstateerde overtreding
ap·pel·moes *de & het* moes van fijngekookte en gezeefde appels
ap·pel·punt *de (m)* [-en] NN stuk van een appeltaart
ap·pel·sap *het* niet-alcoholische, uit appels bereide drank
ap·pel·schim·mel *de (m)* [-s] → **schimmel¹** met appelvormige plekken op de huid
ap·pel·sien *de* [-en] BN, spreektaal sinaasappel
ap·pel·stroop *de* vooral NN door indamping van appelsap verkregen stroop
ap·pel·taart *de* [-en] taart waarin appel is verwerkt
ap·pel·tje-ei·tje ★ *dat is (een)* ~ dat is heel eenvoudig
ap·pel·wan·gen *mv* blozende, ronde wangen
ap·pel·wijn *de (m)* uit appels bereide lichtalcoholische drank
ap·pen·da·ges [-zjəs] *(Eng‹Lat) mv* techn bijbehorende onderdelen
ap·pen·dance [-dãs(ə)] *(Fr) de (v)* [-s] dependance, bijgebouw (vooral van een hotel)
ap·pen·den·tie [-sie] *de (v)* [-s, -tiën] zie bij → **ap- en dependenties**
ap·pen·di·ci·tis *(Lat) de (v)* med ontsteking van het wormvormig aanhangsel van de blindedarm, blindedarmontsteking
ap·pen·dix *(Lat) de (m) & het* [-dices] ❶ aanhangsel, toevoegsel bij een boek ❷ med wormvormig aanhangsel van de blindedarm
ap·pe·tijt *de (m)* BN ook eetlust
ap·pe·tij·te·lijk *bn* ❶ de eetlust opwekkend: ★ *die pannenkoek ziet er* ~ *uit* ❷ fig aanlokkelijk, aantrekkelijk, begeerlijk: ★ *een* ~ *voorstel*
ap·plau·dis·se·ren *ww* [-dies-] *(Fr)* [applaudisseerde, h. geapplaudisseerd] in de handen klappen als teken van waardering
ap·plaus *(Lat) het* handgeklap als huldeblijk
ap·plaus·ver·van·ging *de (v)* [-en] BN, sp applauswissel
ap·plaus·wis·sel *de (m)* [-s] sp wissel van een uitblinkende speler kort voor het einde van een wedstrijd, zodat het publiek hem bij het verlaten van het veld kan toejuichen
ap·plet [epplət] *(Eng) de* [-s] comput klein programma dat tegelijk met een groot programma draait
ap·pli·ca·bel *bn* toepasselijk, toepasbaar, bruikbaar
ap·pli·ca·tie [-(t)sie] *(Fr‹Lat) de (v)* [-s] ❶ toepassing, aanwending ❷ comput programma dat bepaalde taken uitvoert ❸ toediening van uitwendige geneesmiddelen; het aanbrengen van een verband ❹ opgelegd ornament
ap·pli·ca·tie·cur·sus [-(t)sie-] *de (m)* [-sen] cursus voor voortgezet onderwijs aan mensen die reeds in een beroep werkzaam zijn
ap·pli·qué [-kee] *(Fr) het* ❶ stukje stof dat d.m.v. grote of kleine steken langs de randen op een grondweefsel is vastgezet ❷ edelsmeedkunst versiering die afzonderlijk is gegoten of geperst en

vervolgens op een voorwerp is bevestigd
ap·pli·que·ren *ww* [-keerə(n)] *(Fr)* [appliqueerde, h. geappliqueerd] aanbrengen als → **appliqué** (bet 2)
ap·por·te·ren *ww (‹Fr‹Lat)* [apporteerde, h. geapporteerd] ❶ ‹van honden› door de baas weggeworpen voorwerpen terugbrengen: ★ *Kazan apporteerde het tennisballetje* ❷ ‹bij de jacht› geschoten wild bij de jager brengen
ap·po·si·tie [-zie(t)sie] *(‹Fr‹Lat) de (v)* [-s] ❶ aanhechting, vooral van zegels ❷ taalk bijstelling ❸ biol diktegroei
ap·pre·cia·tie [-sjaa(t)sie] *(Fr‹Lat) de (v)* [-s] ❶ schatting, waardetoetsing; vooral positieve waardering ❷ econ waardestijging van een valuta met een zwevende wisselkoers, opwaardering; *tegengest:* → **depreciatie**
ap·pre·ci·ë·ren *ww* [-sjeerə(n)] *(Lat)* [apprecieerde, h. geapprecieerd] ❶ waarderen, op prijs stellen ❷ op waarde schatten
ap·pret [-prè] *(Fr) het* [-s] het appreteren en het daarvoor gebruikte middel
ap·pre·te·ren *ww (‹Fr)* [appreteerde, h. geappreteerd] ‹m.b.t. textielproducten› toebereiden, gereedmaken, vooral weefsels glanzen, pappen enz.
ap·pre·tuur *de (v)* [-turen] ❶ toebereiding ❷ glanzing van stoffen ❸ datgene wat tot het appreteren van weefsels dient, pap
ap·proach [əprootsj] *(Eng) de (m)* ❶ benadering, wijze van aanpak: ★ *deze zaak vereist een totaal andere* ~ ❷ luchtv het aanvliegen op de landingsbaan
ap·proxi·ma·tief *bn* benaderend, naar schatting
après-ski [aaprè-] *(Fr) de (m) & het* ['s] ❶ gezelligheidsleven na het skiën ❷ informele kleding daarvoor
april [aapril] *(‹Lat) de (m)* vierde maand van het jaar, grasmaand ★ ~ *doet wat hij wil* in april is het weer zeer veranderlijk ★ *op de eerste* ~ *verloor Alva zijn bril* spreuk ter herinnering aan de inneming van Den Briel door de watergeuzen op 1 april 1572
april·vis [aapril-] *de* [-sen] BN, spreektaal aprilgrap
a pri·ma vis·ta *bijw (‹It)* muz op het eerste gezicht, van het blad (spelen)
a pri·o·ri¹ *(Lat) bijwoordelijke uitdrukking* van tevoren, vooruit, zonder het gezien, ervaren of onderzocht te hebben: ★ *wij kunnen niet* ~ *uitgaan van het welslagen van deze onderneming*
a pri·o·ri² *(Lat) het* ['s] ❶ filos wat van tevoren gegeven is (als kenniselement) ❷ vaststelling van oordeel vooraf, zonder onderzoek
a-pri·o·ris·me *het* [-n] ❶ van tevoren aangenomen opvatting ❷ filos opvatting dat er een van de ervaring onafhankelijke kennis bestaat
a-pri·o·ris·tisch *bn* van de aard van, of op de wijze van een a priori of van het a-priorisme
à pro·pos [proopoo] *(Fr)* **I** *het* eerste, eigenlijke onderwerp van gesprek ★ *van zijn* ~ *raken* van zijn onderwerp afdwalen, van zijn stuk raken **II** *bijw* NN van pas, gelegen: ★ *dat kwam zeer* ~ **III** *tsw* wat ik

ap

zeggen wilde
ap·sis *(‹Gr) de (v)* ❶ *[mv: -sen]* bouwk halfronde afsluiting van het koor van een kerk of van een transept ❷ *[mv: -siden]* astron elk van de uiteinden van de grote as van de elliptische baan van een hemellichaam
APV *afk* in Nederland Algemene Politieverordening
APZ *afk* in Nederland Algemeen Psychiatrisch Ziekenhuis
aqua [aakwaa] *(‹Lat)* het water ★ ~ *destillata* gedistilleerd water ★ ~ *fortis* sterkwater ★ ~ *vitae* brandewijn
aqua·duct [aakwaa-] *(‹Lat)* het [-en] ❶ hist gemetselde waterleiding over bogen ❷ holle brug waarmee een kanaal over een dal of een grote weg wordt gevoerd
aqua·joggen [aakwaadzjoγγə(n)] *(‹Lat-Eng)* het het bewegen op muziek in heupdiep water als conditietraining
aqua·long [aakwaa-] *de* [-en] door duikers gebruikte cilinder met samengeperste lucht
aqua·ma·rijn [aakwaa-] *(‹Lat)* **I** als stof: het, als voorwerp: *de (m)* [-en] blauwgroene edelsteen, variëteit van beril **II** *het* zeegroene verf of kleur **III** *bn* zeegroen
aqua·pla·ning [aakwaapleening] *(‹Eng)* het ❶ het slippen van een auto, doordat zich een dunne laag water gevormd heeft tussen de banden en de rijbaan (waarvan het regenwater niet voldoende weggevloeid is) ❷ watersport waarbij men zich tracht staande te houden op twee, tot een zeer stompe hoek verenigde, door een motorboot of een vliegtuig voortgetrokken planken, waterskiën
aqua·rel [aakwaa-] *(‹Fr‹It) de* [-len] waterverfschilderij
aqua·ri·um [aakwaa-] *(‹Lat) het* [-s, -ria] ❶ (glazen) bak waarin men levende waterdieren en -planten houdt ❷ gebouw met zulke bakken of bassins (vooral in een dierentuin)
Aqua·ri·us [aakwaa-] *(‹Lat) de (m)* Waterman (teken van de dierenriem)
aqua·ro·bics [aakwaarobbiks] *(‹Eng) mv* → **aquajoggen**
aqua·spin·nen *ww en het* NN fietsen in het water als vorm van fitnesstraining
aqua·tint [aakwaa-] *(‹It) de* ❶ grafische methode waardoor men gewassen tekeningen in ets kan nabootsen ❷ prent in deze techniek
aqua·vit [aakwaaviet] *(‹Scand‹Lat) de (m)* Scandinavische brandewijn met een alcoholpercentage tot 45%
AR *afk* antirevolutionair
Ar *afk* chem symbool van het element *argon*
ar[1] *de* [-ren] arrenslee
ar[2] *bn* ★ *in arren moede* teleurgesteld, verontwaardigd, ten einde raad, niets beters te doen wetend
ara *de (m)* ['s] geslacht van bontgekleurde Zuid-Amerikaanse papegaaien met lange staart
ara·besk *(‹Fr) de* [-en] ❶ bouwk siermotief bestaande uit gebogen lijnen waaruit bloemen en bladeren ontspringen, toegepast in de bouwkunst en in de kunstnijverheid ❷ fig kronkeling, siermotief in het algemeen ❸ muz omspeling van een thema of een muzikale lijn ❹ ballethouding waarbij één been ten opzichte van het lichaam gestrekt naar achteren is geheven
Ara·bier *de (m)* [-en] ❶ bewoner van Arabië; ‹in ruimere zin› bewoner van een van de Arabische landen ❷ ★ *arabier* oud paardenras, eeuwenlang in het Nabije Oosten en later ook elders gefokt
Ara·bisch [aaraa-] **I** *bn* van Arabië: ★ *Arabische cijfers* de gewone cijfers, tegenover de Romeinse **II** *het* semitische taal, in veel varianten algemeen gesproken in het Midden-Oosten en Noord-Afrika
ara·bist *de (m)* [-en] wetenschappelijk beoefenaar van het Arabisch
ara·bis·tiek *de (v)* wetenschappelijke beoefening van de Arabische taal- en letterkunde
arach·no·fo·bie *(‹Gr) de (v)* angst voor spinnen
à rai·son van [aa rèzò -] voorzetselgroep tegen betaling, vergoeding van: ★ *ik kocht die tv ~ 500 euro*
arak [aarak] *(‹Arab) de (m)* sterkalcoholische drank, in Zuidoost-Azië door destillatie bereid uit rijst of maïs, in Noord-Afrika en het Midden-Oosten ook uit andere grondstoffen
Ara·mees I *het* Semitische taal, ten tijde van Christus door de joden gesproken **II** *bn* behorende tot, gesteld in die taal
ar·beid *de (m)* ❶ werk, inspanning van lichamelijke of geestelijke aard om een taak te verrichten ★ ~ *adelt* werken veredelt de mens ★ *na gedane ~ is het goed rusten* als het werk is verricht, kan men goed genieten van de rust ★ *dag van de ~*, BN *feest van de ~* feest van de socialistische partijen en vakbonden op 1 mei ❷ nat product van kracht en weg, in de richting van de kracht afgelegd
ar·bei·den *ww* [arbeidde, h. gearbeid] werken
ar·bei·der *de (m)* [-s] iem. die in loondienst (vooral lichamelijke) arbeid verricht waarvoor geen of weinig opleiding nodig is: ★ *geschoolde, ongeschoolde arbeiders*
ar·bei·de·ris·me *het* het in overdreven mate rekening houden (door niet-arbeiders) met gedragingen, wensen enz. van de arbeiders
ar·bei·de·ris·tisch *bn* zich op het standpunt van de arbeider plaatsend, zonder zelf arbeider te zijn: ★ *een arbeideristische maatschappijvisie*
ar·bei·ders·be·we·ging *de (v)* [-en] aaneensluiting, samenwerking van arbeiders ter bevordering van hun belangen
ar·bei·ders·buurt *de* [-en] volksbuurt
ar·bei·ders·klas·se *de (v)* maatschappelijke klasse van de arbeiders
ar·bei·ders·par·tij *de (v)* [-en] politieke partij die de belangen van de arbeiders bevordert
ar·bei·ders·wo·ning *de (v)* [-en] eenvoudige woning
ar·beids·ana·list *de (m)* [-en], **ar·beids·ana·lis·te** *de (v)* [-n, -s] iem. die zich bezighoudt met arbeidsanalyse

ar·beids·ana·ly·se [-liezə] *de (v)* het in onderdelen beschouwen van arbeidshandelingen met het oog op de efficiëntie

ar·beids·be·mid·de·ling *de (v)* bemiddeling tussen vraag en aanbod van arbeidskrachten

ar·beids·bu·reau [-roo] *het* [-s] bureau dat zich bezighoudt met arbeidsbemiddeling en toezicht houdt op ontslagen en tewerkstellingen

ar·beids·con·tract *het* [-en] overeenkomst tussen werkgever en -nemer ★ *collectief* ~ zie bij → **collectief**

ar·beids·con·trac·tant *de (m)* [-en] ❶ werknemer op arbeidscontract ❷ ⟨bij de overheid⟩ niet vast aangestelde ambtenaar

ar·beids·duur *de (m)* arbeidstijd

ar·beids·duur·ver·kor·ting *de (v)* arbeidstijdverkorting

ar·beids·ethos *het* mentale houding t.a.v. de plicht tot het verrichten van arbeid: ★ *een onderzoek naar de invloed van dreigende werkloosheid op het* ~

ar·beids·ex·ten·sief *bn* weinig werk vergend in verhouding tot de overige productiemiddelen: ★ *een arbeidsextensieve bedrijfstak; tegengest:* → **arbeidintensief**

ar·beids·ge·nees·heer *de (m)* [-heren] BN ook bedrijfsarts

ar·beids·ge·nees·kun·de *de (v)* BN ook bedrijfsgeneeskunde, tak van de geneeskunde die zich bezighoudt met situaties in een bep. type bedrijf of beroep

ar·beids·ge·schil *het* [-len] geschil tussen werknemer(s) en werkgever (over loon, werktijden enz.)

ar·beids·hof *het* BN arbeidsrechtbank die in hoger beroep oordeelt over vonnissen

ar·beids·in·spec·tie [-speksie] *de (v)* [-s] ❶ toezicht op de naleving van de wetten die de arbeidstijden, werkomstandigheden e.d. regelen ❷ overheidsdienst die dit toezicht uitoefent

ar·beids·in·ten·sief *bn* veel werk vergend in verhouding tot de overige productiemiddelen: ★ *arbeidintensieve tuinbouwmethoden; tegengest:* → **arbeidextensief**

ar·beids·kli·maat *het* geheel van omstandigheden waaronder arbeid moet worden verricht: ★ *het* ~ *in dit bedrijf is totaal verziekt*

ar·beids·kracht *de* ❶ vermogen tot arbeiden ❷ [*mv:* -en] *iem.* die arbeid verricht of verrichten kan: ★ *wij kampen met een tekort aan arbeidskrachten*

ar·beids·krap·te *de (v)* schaarste op de arbeidsmarkt door een tekort aan beschikbare arbeidskrachten

ar·beids·loon, **ar·beids·loon** *het* [-lonen] loon voor verrichte arbeid

ar·beids·markt *de* verhouding tussen vraag en aanbod van arbeidskrachten ★ *krappe* ~ waarbij het aanbod van arbeidskrachten groter is dan de vraag, waardoor er werkloosheid kan ontstaan ★ *tegengest:* **ruime** ~

ar·beids·on·ge·schikt *bn* wegens lichamelijke of geestelijke gesteldheid niet in staat tot werken: ★ ~ *verklaard worden;* **arbeidsongeschiktheid** *de (v)*

ar·beids·on·ge·schikt·heids·ver·ze·ke·ring *de (v)* verzekering tegen arbeidsongeschiktheid

ar·beids·on·ge·val *het* [-len] vooral BN ook bedrijfsongeval

ar·beids·over·een·komst *de (v)* [-en] arbeidscontract: ★ *collectieve* ~ *(cao)*

ar·beids·plaats I *de* [-en] werkgelegenheid voor één werknemer **II** *meestal mv* ★ *er komen 300 arbeidsplaatsen te vervallen*

ar·beids·plaat·sen·over·een·komst *de (v)* [-en] overeenkomst tussen werkgever en werknemers, waarbij de werkgever garandeert in zijn bedrijf een vast aantal arbeidsplaatsen aan te zullen houden

ar·beids·pro·duc·ti·vi·teit *de (v)* hoeveelheid productie per arbeider of eenheid arbeidstijd

ar·beids·recht *het* recht geheel van rechtsregels betreffende de verhouding werkgever en werknemer, arbeidscontracten, arbeidsvoorwaarden e.d.

ar·beids·recht·bank *de* [-en] BN rechterlijke instantie bevoegd voor arbeids- en socialezekerheidsgeschillen

ar·beids·re·ser·ve [-zer-] *de* aantal arbeidskrachten dat geen werk heeft, maar wel zou kunnen werken: ★ ~ *wordt wel gebruikt als* euf *voor werklozen*

ar·beids·rust *de* NN rust in de verhouding tussen werkgevers en werknemers, afwezigheid van stakingen, loongeschillen e.d.

ar·beids·schuw *bn* lui, afkerig van werk

ar·beid·ster *de (v)* [-s] vrouwelijke arbeider

ar·beids·the·ra·pie *de (v)* therapie als onderdeel van de geestelijke gezondheidszorg, waarbij patiënten werkzaamheden te verrichten krijgen

ar·beids·tijd *de (m)* het aantal uren dat werknemers normaal per week werken: ★ *de* ~ *wordt in dit bedrijf tot 36 uur teruggebracht*

ar·beids·tijd·ver·kor·ting *de (v)* vermindering van het aantal uren dat werknemers dienen te werken

ar·beids·veld *het* gebied van werkzaamheid

ar·beids·ver·hou·ding *de (v)* [-en] gezagsverhouding tussen werkgever en werknemer op grond van de arbeidsovereenkomst

ar·beids·ver·le·den *het* de gezamenlijke werkkringen die iem. in het verleden heeft gehad

ar·beids·ver·mo·gen *het* arbeid die verricht kan worden

ar·beids·voor·waar·de *de* [-n] voorwaarde waaronder men werk verricht ★ *primaire arbeidsvoorwaarden* regeling van loon, arbeidsduur en vakantieduur ★ *secundaire arbeidsvoorwaarden* regeling van de werkomstandigheden

ar·beid·zaam *bn* werkzaam, graag en hard werkend; **arbeidzaamheid** *de (v)*

ar·bi·ter ⟨*Lat*⟩ *de (m)* [-s] ❶ scheidsman ❷ scheidsrechter

ar·bi·traal (‹Fr‹Lat) bn scheidsrechterlijk ★ voetbal het *arbitrale trio* de scheidsrechter en beide grensrechters (thans vaak aangevuld met een toezichthouder, die *vierde arbiter* wordt genoemd)
ar·bi·tra·ge [-zjə] (‹Fr) de (v) ❶ de werkzaamheden van arbiters, de beslissing(en) die door arbiters worden genomen, scheidsrechterlijke behandeling ❷ volkenrecht het voorleggen van een geschil tussen staten of tussen een staat en een internationaal orgaan aan een onpartijdige derde partij, waarbij de strijdende partijen de arbiter(s) zelf kiezen ❸ handel transactie met het doel voordeel te trekken uit een prijsverschil op hetzelfde ogenblik tussen verschillende markten, zowel voor goederen, als valuta's, effecten en wissels
Ar·bi·tra·ge·hof [-zjə] het BN hoog gerechtshof dat nagaat of het parlement, de gemeenschapsraden e.d. binnen hun bevoegdheden blijven
ar·bi·tra·ge·ren ww [-zjeerə(n)] [arbitrageerde, h. gearbitrageerd] zich bezighouden met → **arbitrage** (bet 3)
ar·bi·trair [-trèr] (‹Fr‹Lat) bn ❶ willekeurig, toevallig: ★ *dit voorbeeld is wel erg ~ dit voorbeeld is niet representatief* ❷ ★ *arbitraire bepaling* bepaling dat geschillen die zich voordoen door scheidsrechters zullen worden beslecht
ar·bi·tre·ren ww (‹Fr‹Lat) [arbitreerde, h. gearbitreerd] ❶ als scheidsrechter optreden ❷ scheidsrechterlijk afdoen, aan arbitrage onderwerpen ❸ → **arbitrageren**
ar·bo·dienst de (m) [-en] NN dienst die toeziet op naleving van de Arbowet
Ar·bo·wet de *Arbeidsomstandighedenwet*, in Nederland wet die regels geeft voor de arbeidsomstandigheden in bedrijven, vooral op het gebied van de gezondheid van werknemers en het bewaken van de veiligheid
ar·ca·de (‹Fr‹It) de (v) [-n, -s] boog of reeks bogen met ondersteunende pijlers of zuilen
ar·ca·dia (‹Gr) de ['s] herdersroman
ar·ca·disch (‹Lat‹Gr) bn ❶ landelijk, herderlijk, idyllisch ❷ van of als in een arcadia
ar·ce·ren ww (‹Fr) [arceerde, h. gearceerd] ❶ evenwijdige streepjes trekken ter aanduiding van schaduw of reliëf, of als onderscheiding van andere vlakken ❷ ‹een vlak› met dergelijke streepjes vullen
ar·chaïsch (‹Gr) bn ❶ behorend tot het vroegste tijdperk van een kunst of cultuur ❷ sinds lang verouderd: ★ *archaïsche woorden*
ar·cha·ï·se·ren ww [-zeerə(n)] [archaïseerde, h. gearchaïseerd] archaïsche woorden of motieven toepassen
ar·cha·ïs·me (‹Gr) het [-n] verouderde uitdrukking of zinswending, opzettelijk gebruikt oud woord, zoals *inzonderheid*
ar·cha·ïs·tisch bn archaïsmen bevattend; opzettelijk verouderde woorden of motieven gebruikend

ar·che·o·lo·gie (‹Gr) de (v) wetenschap van de menselijke geschiedenis zoals die aan ons is overgeleverd via niet-schriftelijke, materiële resten: ★ *de ~ houdt zich bezig met opgravingen, de bestudering van ruïnes e.d.* ; zie ook → **industrieel**
ar·che·o·lo·gisch bn oudheidkundig, betrekking hebbend op de archeologie
ar·che·o·loog de (m) [-logen] beoefenaar van de archeologie
ar·che·ty·pe [-tiepə] (‹Lat‹Gr) het [-n] ❶ oeroude voorstelling van iets, zoals die algemeen wordt gebruikt: ★ *het ~ van de duivel heeft hoorntjes en bokkenpoten* ❷ psych benaming voor voorstellingen die betrekking hebben op oeroude, bij de hele mensheid bekende, richtinggevende beelden, de inhoud van het 'collectieve onbewuste'
ar·che·ty·pisch [-tie-] bn een archetype zijnd of vertegenwoordigend, daaruit voortkomend
ar·chief (‹Lat‹Gr) het [-chieven] ❶ bewaarplaats van schriftelijke stukken, akten, oorkonden enz. ❷ verzameling van zulke stukken ❸ comput verzameling bestanden op een computerschijf, veelal in gecomprimeerde vorm en bedoeld als back-up
ar·chief·stuk het [-ken] in een archief bewaard document
ar·chi·me·disch bn van, volgens Archimedes, 287-212 v.C., Grieks wiskundige te Syracuse
ar·chi·pel [-gie- of -sjie-] (‹Fr‹Gr) de (m) [-s] eilandengroep: ★ *de Indonesische ~*
ar·chi·tect [-gie- of -sjie-] (‹Lat‹Gr) de (m) [-en] ❶ iem. die bouwwerken ontwerpt en toezicht houdt op de totstandkoming daarvan ❷ bij uitbreiding ontwerper van landschappelijke of stedelijke projecten ❸ fig iem. die iets tot stand brengt: ★ *de ~ van de Europese eenwording*
ar·chi·tec·ten·bu·reau [-gie- of -sjie-, -roo] het [-s] bedrijf van met elkaar samenwerkende architecten
ar·chi·tec·to·nisch [-gie- of -sjie-] (‹Gr) bn ❶ op de bouwkunst betrekking hebbend ❷ uit het oogpunt daarvan beschouwd
ar·chi·tec·tuur [-gie- of -sjie-] (‹Lat) de (v) ❶ bouwkunst: ★ *onder ~ gebouwd* door een architect ontworpen ❷ bouwstijl ❸ wat gebouwd is, bouwwerken ❹ bouw in figuurlijke zin: ★ *de ~ van de Europese Unie*
ar·chi·traaf (‹Gr-Lat) de (m) [-traven] bouwk hoofdbalk waarop het bovenstuk van een bouwwerk rust, onderste deel van de kroonlijst
ar·chi·va·lia (‹Lat) mv archiefstukken
ar·chi·va·ris (‹Lat) de (m) [-sen] beheerder van een archief
ar·chi·ve·ren ww [archiveerde, h. gearchiveerd] volgens bep. voorschriften in een archief opbergen en rangschikken
ar·chont (‹Gr) de (m) [-en] titel van de hoogste overheidspersoon in het oude Athene na de afschaffing van het koningschap

Arc·tisch (‹Lat‹Gr) bn tot het Noordpoolgebied behorend, daar voorkomend of van daar afkomstig: ★ ~e fauna
Ar·deens bn BN ook Ardens, van de Ardennen
Ar·den·ner, Ar·dens bn vooral NN van, uit de Ardennen: ★ Ardenner ham
ar·duin (‹Fr) het blauwachtig grijze kalksteen uit de Ardennen, gebruikt voor stoepranden, trappen, zerken e.d.; hardsteen
ar·dui·nen bn BN van arduin, hardstenen
are (‹Lat) de [-n] vlaktemaat in het metrieke stelsel, is 100 m²
are·aal het [arealen] ❶ (bebouwde) oppervlakte ❷ verbreidingsgebied van planten- en diersoorten
are·li·gieus [-gjeus] bn ❶ zonder enig begrip voor godsdienst, zonder godsdienstig gevoel: ★ een ~ mens ❷ de godsdienst buiten beschouwing latend: ★ een areligieuze gedachtegang
are·na [aaree-] (‹Lat) de ['s] ❶ met zand bestrooid strijdperk, geheel of gedeeltelijk omgeven door tribunes: ★ stierengevechten vinden plaats in een ~ ❷ strijdperk in het algemeen: ★ de politieke ~
arend de (m) verzamelnaam voor een aantal roofvogelgeslachten van de familie der havikachtigen, adelaar, vooral de soort Aquila chrysaëtos, een ca. 85 cm lange roofvogel, grotendeels donker van kleur, maar met goudkleurige kop en hals, ook → **steenarend** of → **goudarend**genoemd
arends·blik de (m) [-ken] scherpe, doordringende blik
arends·nest het [-en] ❶ nest van een arend ❷ fig moeilijk bereikbare, hooggelegen versterking (fort, kasteel e.d.)
arends·neus de (m) [-neuzen] gebogen neus
arends·oog het [-ogen] scherpziend oog
ar·ge·loos bn geen kwaad vermoedend, te goeder trouw: ★ ~ in de val lopen; **argeloosheid** de (v)
Ar·gen·tijn de (m) [-en] iem. geboortig of afkomstig uit Argentinië
Ar·gen·tijns bn van, uit, betreffende Argentinië
arg·list de boze bedoeling, kwade trouw
arg·lis·tig bn boosaardig slim, met kwaadaardige bedoelingen; **arglistigheid** de (v) [-heden]
ARGO afk in België Autonome Raad voor het Gemeenschapsonderwijs
ar·gon (‹Lat) het chemisch element, symbool Ar, atoomnummer 18, een edelgas
ar·got [-goo of -γoo] (‹Fr) het ❶ het Franse equivalent van Bargoens, de taal van zwervers en dieven ❷ slang, jargon, geheimtaal in het algemeen
ar·gu·ment (‹Lat) het [-en] ❶ bewijsgrond, wat men aanvoert om tot een conclusie te komen: ★ hij onderbouwde zijn stelling met sterke argumenten ❷ reden: ★ dat is geen ~
ar·gu·men·ta·tie [-(t)sie] (‹Lat) de (v) [-s] bewijsvoering, betoog
ar·gu·men·ta·tie·the·o·rie [-(t)sie-] de (v) tak van wetenschap waarin onderzoek wordt gedaan naar de deugdelijkheid van argumentatie en naar de normen die worden aangelegd bij de beoordeling van de deugdelijkheid van argumentatie
ar·gu·men·te·ren ww (‹Fr‹Lat) [argumenteerde, h. geargumenteerd] ❶ argumenten aanvoeren (voor of tegen) ❷ redetwisten
ar·gus·ogen mv altijd open, waakzame ogen, zoals die van Argus, de met 100 ogen bezaaide reus, bewaker van Io (in de Griekse mythologie) ★ iets met ~ bekijken iets oplettend en met wantrouwen in de gaten houden: ★ de gemeenteraad bekeek de ontwikkelingen rond de coffeeshops met ~
arg·waan de (m) vermoeden van kwaad, achterdocht, wantrouwen: ★ ~ koesteren
arg·wa·nend bn achterdochtig, wantrouwend
aria (‹It) de ['s] lyrisch-dramatisch zangstuk voor één stem met instrumentale begeleiding
ari·aan de (m) [arianen] aanhanger van het → **arianisme** of de leer van Arius (4e eeuw), die Jezus' godheid loochende
Ari·ad·ne de (v) ★ draad van ~ ❶ ‹eig in de mythologie› het kluwen dat Ariadne aan Theseus gaf om uit het labyrint van de Minotaurus te komen ❷ fig middel om uit een netelige omstandigheid te komen of om een ingewikkeld vraagstuk op te lossen
ari·a·nis·me het leer van Arius; vgl: → **ariaan**
ari·ër (‹Sanskr) de (m) [-s] ‹in het nationaalsocialisme› iem. van zuiver Germaanse, niet-Joodse afstamming
Ari·es (‹Lat) de (m) Ram (teken van de dierenriem)
Arisch (‹Du‹Sanskr) bn ★ Arische talen Indo-Europese talen: Sanskriet, Zend, Perzisch, Grieks, Latijn, Keltisch, Germaans, Slavisch; in beperkte zin de talen van Indo-Europese oorsprong in Indië en Perzië ★ arisch ‹in het nationaalsocialisme› van zuiver Germaanse, niet-Joodse afkomst
aris·to·craat (‹Fr) de (m) [-craten] iem. die tot de hoogste maatschappelijke kringen behoort; lid van een aristocratie
aris·to·cra·tie [-(t)sie] (‹Gr) de (v) ❶ heerschappij van de adellijken of voornamen ❷ [mv: -tieën] aristocratisch bestuurde staat ❸ de gezamenlijke aristocraten, de vertegenwoordigers van de hoogste standen
aris·to·cra·tisch (‹Fr‹Gr) bn wat tot de aristocratie of de aristocraten behoort of daaraan eigen is, zeer voornaam en fijn beschaafd
aris·to·lo·chia (‹Lat‹Gr) de plantengeslacht uit de pijpbloemfamilie, waartoe o.a. de soort → **pijpbloem** (A. clematitis) behoort, een rechtopstaande plant (tot ca. 1 meter lang) met lichtgele bloemen, in Nederland en België; zeer weinig voorkomend
aris·to·te·li·aans, aris·to·te·lisch bn, volgens de leer van de Griekse wijsgeer Aristoteles, 384-322 v.C.
arit·me·ti·ca (‹Gr) de (v) rekenkunde
ark (‹Lat) de [-en] ❶ ★ Ark des Verbonds kist waarin de Israëlieten de tafelen van de wet (de 'verbondstekst')

bewaarden (*Exodus* 25: 10-22) ❷ Bijbel door Noach gebouwd vaartuig, waarin hij, zijn familie en van elke diersoort één paar de zondvloed overleefden (*Genesis* 5: 25-9: 28) ❸ woonschip
ARKO *afk* in België Algemene Raad van het Katholiek Onderwijs
arm¹ *de (m)* [-en] ❶ elk van de twee aan de schouder vastzittende ledematen van de mens, *ook* van apen ★ ~ *in* ~ *lopen* gearmd lopen ★ *een slag om de* ~ *houden* de mogelijkheid tot terugtrekken of veranderen openhouden ★ NN *iem. in de* ~ *nemen*, BN *iem. onder de* ~ *nemen* iem. om raad, hulp vragen ★ *iem. in de armen sluiten* iem. omhelzen ★ *met open armen ontvangen* hartelijk verwelkomen, fig gunstig reageren op ★ *met de sterke* ~ met ingrijpen van politie of militaire macht ★ *een lange* ~ *hebben* verreikende macht hebben ★ *de armen (slap) laten hangen* door moedeloosheid niets meer doen ★ *zich in de armen werpen van* bescherming zoeken bij *of* zich overgeven aan: ★ *hij wierp zich in de armen van het fascisme* ; zie ook bij → **Morpheus** en → **ziel** ❷ gedeelte dat uitsteekt: ★ *de armen van een anker, een lamp* ❸ ‹van een platenspeler› uitstekend en beweegbaar gedeelte naast de draaitafel, met behulp waarvan de naald contact maakt met de grammofoonplaat ❹ armleuning: ★ *de armen van een stoel* ❺ vertakking van een rivier: ★ *de IJssel is een* ~ *van de Rijn* ❻ zoveel als één arm kan omvatten: ★ *een* ~ *stro*
arm² *bn* ❶ weinig bezittend: ★ *in die buurt wonen arme mensen* ★ *dit gebied is* ~ *aan grondstoffen* ❷ beklagenswaardig: ★ *arme kerel* ★ *die arme hond moest uren alleen blijven* ; zie ook bij → **Job**, → kerkrat, → mier¹ vgl.: → arme
ar·ma·da (‹Sp‹Lat) *de* ['s] oorlogsvloot ★ *de Armada Invencible, (kortweg:) de Armada* de zogenaamde Onoverwinnelijke (Spaanse) Vloot die in 1588 ten onder ging
ar·ma·dil (‹Sp) *de (m)* [-len], **ar·ma·dil·lo** [-dieljoo] ['s] gordeldier (Centraal- en Zuid-Amerika) met schubachtige schilden
Ar·ma·ged·don (‹Hebr) *het* ❶ Bijbel, eig plaats waar Christus de tegen hem verenigde vijandelijke machten verslaat (*Openbaringen* 16:16) ❷ fig geweldige strijd, wereldbrand
ar·mag·nac [-manjak] (‹Fr) *de (m)* soort brandewijn uit het gelijknamige gebied in het departement Gers in Zuidwest-Frankrijk, die minder fijn is dan cognac
ar·ma·tuur (‹Fr‹Lat) *de (v)* [-turen] ❶ wapening van een constructie ❷ draagconstructie, vooral van een lamp ❸ anker van een elektromagneet of van een dynamo
arm·band *de (m)* [-en] band om de arm, vooral als versiering, soms als herkenningsteken
arm·band·hor·lo·ge [-zjə] *het* [-s] polshorloge
arm·be·stuur *het* [-sturen] vroeger groep personen belast met de zorg voor de armen
ar·me *de* [-n] iem. die arm is ★ ~ *van geest* eenvoudige van geest ★ *stille armen* die stille armoede lijden (zie bij → **stil**)
ar·mee (‹Fr) *de (v)* [-s, -meeën] (groot) leger
Ar·meens I *bn* van, uit, betreffende Armenië **II** *het* de taal van de Armeniërs
ar·me·lijk *bn* armoedig
ar·me·lui *mv* arme mensen
ar·me·luis·kind *het* [-eren] kind van arme mensen
Ar·me·ni·ër *de (m)* [-s] iem. geboortig of afkomstig uit Armenië
Ar·me·nisch *bn & het* Armeens
ar·men·zorg *de* zorg voor de armen
ar·me·tie·rig, arm·tie·rig *bn* armoedig, armzalig: ★ *een armetierige maaltijd* ★ *de kamer was* ~ *ingericht*
ar·me·zon·daars·ge·zicht *het* [-en] ❶ zeer deemoedig en berouwvol gezicht ❷ quasionschuldig gezicht
arm·har·tig *bn* klein van geest, benepen, kleinzielig
ar·mi·ni·aan *de (m)* [-ianen] aanhanger van Arminius (1560-1609), remonstrants theoloog, bekend door zijn strijd tegen Gomarus tijdens het Twaalfjarig Bestand
arm·las·tig *bn* financiële ondersteuning nodig hebbend, noodlijdend; **armlastigheid** *de (v)*
arm·leu·ning *de (v)* [-en] stoelleuning waarop de arm kan rusten
ar·moe, ar·moe·de *de* ❶ toestand van iem. die vrijwel niets bezit: ★ *in* ~ *leven* ★ *er heerste hier veel* ~ *in de 19de eeuw* ★ *als de* ~ *binnenkomt, vliegt de liefde het venster uit* bij gebrek verdwijnt de liefde ★ *het is er* ~ *troef* er heerst voortdurend armoede ★ NN *ik doe het van mijn armoedje* zover mijn geringe middelen het toelaten ★ *stille* ~ armoede die naar buiten niet blijkt ❷ armzalige omstandigheden, ellende: ★ *na drie dagen regen wisten de kinderen van* ~ *niets meer te doen* ❸ last, zorgen: ★ *die mensen hebben veel* ~ *gehad met hun zoon*
ar·moe·de·grens *de* inkomensgrens waaronder men niet in zijn levensonderhoud kan voorzien
ar·moe·de·val *de (m)* vooral NN toestand waarin een uitkeringsgerechtigde zich bevindt die nauwelijks meer of soms zelfs minder inkomen heeft als hij gaat werken, omdat hij dan bep. voordelen mist die hij als uitkeringsgerechtigde wel heeft (bijv. huursubsidie)
ar·moe·dig *bn* van armoede blijk gevend, *tegengestelde van* rijk of royaal: ★ *een* ~ *bestaan* ★ *een* ~ *salaris* een laag salaris ★ *een armoedige vertoning* een weinig verheffend schouwspel
ar·moed·zaai·er, BN **ar·moe·zaai·er** *de (m)* [-s] heel arm persoon, iem. met weinig financiële middelen
arms·gat *het* [-gaten] opening in kledingstuk waaraan de mouw gezet wordt *of* waardoor de arm gestoken wordt
arm·slag *de (m)* ❶ ruimte om de armen uit te strekken ❷ fig mogelijkheid tot ontplooiing, bewegingsvrijheid: ★ *na die belastingmeevaller hadden wij iets meer financiële* ~
arm·stoel *de (m)* [-en] stoel met armleuningen

arm·vol *de (m)* [-len] zoveel als één arm bevatten kan
arm·za·lig *bn* armoedig, ellendig: ★ *een ~ loon verdienen*
Arn·hem·mer *de (m)* [-s] iem. geboortig of afkomstig uit Arnhem
Arn·hems *bn* van Arnhem ★ *Arnhemse meisjes* soort koekjes
AROB *afk* in Nederland (Wet) administratieve rechtspraak overheidsbeschikkingen [wet die de administratiefrechtelijke beroepsmogelijkheid tegen beslissingen van de overheid regelt, waarbij de afdeling rechtspraak van de Raad van State als beroepsinstantie fungeert]
aro·ma [aaroo-] *het* ['s], **aroom** [aaroom] [aromen] (‹Lat‹Gr›) ❶ fijne, kenmerkende geur, vooral van spijzen of dranken ❷ stof die wordt gebruikt ter versterking van de smaak en de geur van soepen, sausen e.d.
aro·ma·ten *mv* ❶ welriekende stoffen, specerijen ❷ aromatische verbindingen
aro·ma·tisch (‹Du‹Lat‹Gr›) *bn* ❶ aroma hebbend, geurig ❷ ★ *aromatische verbindingen* chem verbindingen die een gesloten koolstofketen bevatten
aro·ma·ti·se·ren *ww* [-zeerə(n)] (‹Lat‹Gr›) [aromatiseerde, h. gearomatiseerd] aromatisch maken, geur geven aan
arons·kelk *de (m)* [-en] sierplant uit het plantengeslacht *Arum* ★ *witte ~ kamerplant*, de soort *Zantedeschia aethiopica*
aroom [aaroom] *het* [aromen] → **aroma**
ARP *afk* in Nederland, vroeger Antirevolutionaire Partij [in 1980 opgegaan in het CDA]
arr. *afk* arrondissement
ar·ran·ge·ment [-ranzjə-] (‹Fr) *het* [-en] ❶ schikking, regeling, vergelijk ❷ regeling van reis en logies voor toeristen ❸ muz het arrangeren van een muziekstuk voor een ander instrument of een andere combinatie van instrumenten of stemmen dan waarvoor het oorspronkelijk gecomponeerd was
ar·ran·ge·ren *ww* [-ranzjee-] (‹Fr) [arrangeerde, h. gearrangeerd] ❶ in orde brengen, schikken, een regeling maken ❷ muz bewerken van een muziekstuk voor een ander instrument of een andere combinatie van instrumenten of stemmen dan waarvoor het oorspronkelijk gecomponeerd was
ar·ran·geur [-ranzjeur] (‹Fr) *de (m)* [-s] iem. die arrangeert, vooral die muzikale arrangementen schrijft
ar·ren·sle·de *de* [-n], **ar·ren·slee** [-sleeën] door een of meer paarden getrokken grote slee
ar·rest (‹Fr) *het* [-en] ❶ hechtenis: ★ *in ~ nemen* ★ *onder ~ staan* ❷ uitspraak van een gerechtshof of van de Hoge Raad: ★ *onherroepelijk ~* ❸ beslaglegging
ar·res·tant *de (m)* [-en], **ar·res·tan·te** *de (v)* [-n]

❶ aangehouden persoon: ★ *de ~ ontkende hardnekkig* ❷ beslaglegger
ar·res·tan·ten·ka·mer *de* [-s] NN verblijf voor gearresteerden
ar·res·tan·ten·wa·gen *de (m)* [-s] NN wagen waarin de politie arrestanten vervoert
ar·res·ta·tie [-(t)sie] *de (v)* [-s] ❶ aanhouding, gevangenneming: ★ *de politie verrichte verscheidene arrestaties* ❷ beslaglegging
ar·res·ta·tie·be·vel [-(t)sie-] *het* [-velen] bevel tot het aanhouden van een persoon die wordt verdacht van het plegen van een strafbaar feit
ar·res·ta·tie·team [-(t)sietiem] *het* [-s] ❶ groep agenten die gespecialiseerd is in het arresteren van (vuur)gevaarlijke misdadigers ❷ groep agenten die zich in burger onder ordeverstoorders mengt om daar bep. geselecteerde personen uit te verwijderen
ar·res·te·ren *ww* (‹Fr) [arresteerde, h. gearresteerd] ❶ ‹verdachten› aanhouden, in hechtenis nemen ❷ goedkeuren: ★ *de notulen ~*
ar·ri·vé (‹Fr) *de (m)* [-s] iem. die een gevestigde positie veroverd heeft
ar·ri·ve·der·ci [-tsjie] (‹It) *tsw* tot ziens
ar·ri·ve·ren *ww* (‹Fr) [arriveerde, is gearriveerd] aankomen: ★ *na een lange reis arriveerden ze te Oklahoma*
ar·ri·vis·me *het* het streven om hoe dan ook vooruit te komen; ook overtuiging dat men het hoogste bereikt heeft
ar·ri·vist *de (m)* [-en] persoon die hoe dan ook een bep. positie wil veroveren, streber
ar·ro·gant (‹Fr‹Lat) *bn* laatdunkend, verwaand, hooghartig: ★ *een ~ mens* ★ *zich ~ gedragen*
ar·ro·gan·tie [-sie] (‹Lat) *de (v)* laatdunkendheid, verwaandheid, hooghartigheid
ar·ron·dis·se·ment [-diesə-] (‹Fr) *het* [-en] ❶ onderdeel van een gebied (provincie, departement of schooldistrict) ❷ rechtsgebied van een arrondissementsrechtbank ❸ BN grootste bestuurlijk onderdeel van een provincie: ★ *de Belgische provincies zijn verdeeld in arrondissementen*
ar·ron·dis·se·ment·eel [-diesə-] *bn* BN van, wat te maken heeft met een arrondissement
ar·ron·dis·se·ments·com·mis·sa·ris [-diesə-] *de* [-en] BN bestuursambtenaar aan het hoofd van een arrondissement
ar·ron·dis·se·ments·recht·bank [-diesə-] *de* [-en] rechtbank in een arrondissement die in eerste aanleg de burgerlijke rechtspraak, de strafrechtspraak en de administratieve rechtspraak uitoefent, hoger dan het kantongerecht, maar lager dan het gerechtshof: ★ *Nederland telt 19 arrondissementsrechtbanken*
ar·row·root [erroeroet] (‹Eng) *de (m) & het* West-Indische plant (*Maranta arundinacea*) en het zetmeel uit de wortel daarvan
ar·seen *het* → **arsenicum**
ar·se·naal (‹It‹Arab) *het* [-nalen] ❶ opslagplaats van

wapens, wapenmagazijn ❷ geheel van ter beschikking staande middelen: ★ *deze voetballer beschikt over een uitgebreid ~ van passeerbewegingen*
ar·se·ni·cum, ar·seen *(⟨Lat⟨Gr)* het ❶ chemisch element, symbool As, atoomnummer 33, een grijze, brosse, metaalachtige stof ❷ rattenkruit (eig arsenicumtrioxide, As₂O₃), een zeer giftige stof, vroeger gebruikt als verdelgingsmiddel en door gifmengers, ook *witte arsenicum* genoemd
art. *afk* artikel
art de·co [aar -] *(⟨Fr)* de decoratieve kunst: benaming voor een sierstijl van ± 1915-'25, strakker en minder grillig dan → **art nouveau**
art·di·rec·tor [à(r)tdairektə(r)] *(⟨Eng)* de *(m)* [-s] iem. die leiding geeft aan een groep van ontwerpers (voor verschillende doeleinden)
ar·te·fact *(⟨Lat)* **I** het [-en] ❶ door de mens gemaakt voorwerp; ❷ ⟨meer in het bijzonder⟩ handgemaakt voorwerp dat karakteristiek is voor een bep. tijd of cultuur, bijv. uit steen vervaardigde pijlpunten uit prehistorische tijd; ❸ med kunstmatig veroorzaakte misvorming; zelf toegebracht letsel **II** *bn* kunstmatig veroorzaakt
ar·te·rie *(⟨Lat⟨Gr)* de *(v)* [-riën, -s] slagader
ar·te·ri·eel *(⟨Fr) bn* slagaderlijk
ar·te·ri·o·scle·ro·se [-zə] *(⟨Gr)* de *(v)* med verkalking van de slagaderen
ar·te·si·sch [-zies] *bn* ★ *artesische put* gedolven put of boorput die het water uit een diepliggende ader opbrengt, genoemd naar het Franse landschap *Artesië* of *Artois*, waar reeds in 1126 dergelijke putten werden aangelegd
art·house [aa(r)thaus] *(⟨Eng)* het [-s] kleine, gespecialiseerde bioscoop voor artistieke en avant-gardefilms
art·house·film [aa(r)thaus-] *(⟨Eng)* de [-s] artistieke film, avant-gardefilm
Ar·thur·ro·man de *(m)* [-s] berijmd ridderverhaal uit de middeleeuwen, waarin de legendarische Brits-Keltische koning Arthur en (of) de ridders van de Ronde Tafel de hoofdpersonen zijn
ar·ti·cu·la·tie [-(t)sie] *(⟨Fr⟨Lat)* de *(v)* [-s] ❶ opeenvolging en geheel van de spraakbewegingen ❷ duidelijke klank- en woordvorming bij het spreken
ar·ti·cu·la·tie·or·gaan [-(t)sie-] het [-ganen] spraakorgaan
ar·ti·cu·le·ren *ww (⟨Fr)* [articuleerde, h. gearticuleerd] nauwkeurig en duidelijk uitspreken
ar·tiest *(⟨Fr)* de *(m)* [-en], **ar·ties·te** de *(v)* [-n, -s] ❶ kunstenaar, kunstenares ❷ iem. die optreedt in een vermaaksgelegenheid
ar·ties·ten·naam de *(m)* [-namen] goed klinkende schuilnaam die een uitvoerend artiest gebruikt bij de uitoefening van zijn beroep om zijn bekendheid te vergroten en zijn privacy te waarborgen
ar·ti·fi·cial in·tel·li·gence [à(r)tiffisjəl intellidzjəns] *(⟨Eng)* de *(m)* comput kunstmatige intelligentie, het vermogen van computers om het menselijk denken te simuleren
ar·ti·fi·cieel [-sjeel] *(⟨Fr⟨Lat) bn* ❶ kunstmatig ★ *artificiële intelligentie* zie → **artificial intelligence** ❷ kunstig ❸ gekunsteld, onnatuurlijk
ar·ti·kel *(⟨Fr⟨Lat)* het [-en] ❶ handelswaar: ★ *er zijn veel artikelen in de aanbieding* ❷ [*mv*:-en, -s] punt, lid van een wet of reglement: ★ *~ 461 van het Wetboek van Strafrecht* ❸ [*mv*:-en, -s] geschreven stuk over een bep. onderwerp: ★ *een ~ in een krant, in een encyclopedie* ❹ [*mv*:-s] taalk lidwoord
ar·ti·kel·co·de de *(m)* [-s] ❶ code van een artikel ❷ NN streepjescode
ar·til·le·rie [-tillə- of -tiejə-] *(⟨Fr)* de *(v)* ❶ geschut, vuurwapens van zwaar kaliber (tegenover handvuurwapens) ❷ legerafdeling die het geschut bedient
ar·til·le·rie·park [-tillə- of -tiejə-] het [-en] plaats waar geschut met toebehoren opgesteld wordt
ar·til·le·rist [-tillə- of -tiejə-] de *(m)* [-en] soldaat van de artillerie
Ar·tis de *(m)* in Nederland naam van de dierentuin te Amsterdam, naar de Latijnse inspreuk: *natura artis magistra* (de natuur is de leermeesteres van de kunst)
ar·ti·sa·naal [-zaa-] *(⟨Fr) bn* BN ambachtelijk: ★ *artisanale producten*
ar·ti·sjok *(⟨It⟨Arab)* de [-ken] ❶ distelsoort met vlezige bloembodem en schubben (*Cynara scolymus*) ❷ bloem van deze plant die als groente wordt gegeten
ar·tis·ti·ci·teit *(⟨Fr)* de *(v)* ❶ kunstvaardigheid ❷ kunstzinnigheid, kunstzin
ar·tis·tiek *(⟨Fr) bn* ❶ zoals past bij een kunstenaar, kunstzinnig: ★ *hij beschikt over grote artistieke talenten* ❷ in overeenstemming met de regels of eisen van de kunst: ★ *een restaurant met een artistieke inrichting* ❸ kunstlievend of aanleg hebbend voor de kunst: ★ *een artistieke man* ❹ verantwoordelijk voor de kunstzinnige kant van een onderneming: ★ *~ leider van een balletgezelschap*
ar·tis·tie·ke·ling de *(m)* [-en] minachtend iem. die zich als artiest voordoet zonder het te zijn of op overdreven wijze blijk geeft van zijn artisticiteit
ar·tis·tie·ke·rig *bn* minachtend erg artistiek doende
art nou·veau [aar noevoo] de *(m)* stijlvernieuwing in de kunst die tussen 1890 en 1910 in Europa optrad, ook bekend als → **jugendstil** (zie aldaar)
ar·to·theek de *(m)* [-theken] instelling die werken van eigentijdse beeldende kunst in leen geeft
ar·tri·tis *(⟨Gr)* de *(v)* med gewrichtsontsteking
ar·trose [-zə] *(⟨Gr)* de *(v)* med slijtage van het kraakbeen van de gewrichten
arts *(⟨Du⟨Gr)* de *(m)* [-en] iem. die bevoegd is tot het uitoefenen van de geneeskunde
art·sen·be·zoe·ker de *(m)* [-s] iem. die in opdracht van een farmaceutische industrie bij artsen langsgaat om hen medische preparaten te tonen

art·se·nij *de (v)* [-en] geneesmiddel
art·sen·syn·di·caat [-sin-] *het* [-caten] BN artsenvereniging die de beroepsbelangen van haar leden behartigt
arts·exa·men *het* [-s] NN na het doctoraalexamen in de geneeskunde af te leggen examen, ter verkrijging van de titel van arts
art·work [aa(r)twù(r)k] *(‹Eng) het* benaming voor door een vormgever gemaakte ontwerpen
Aru·baan *de (m)* [-banen] *iem.* geboortig of afkomstig uit Aruba
Aru·baans *bn* van, uit, betreffende Aruba
As *afk* ❶ chem symbool voor het element *arsenicum* ❷ nat: ampèreseconde
as¹ *de* [-sen] ❶ spil: lijn *of* voorwerp waarom iets draait *of* gedacht wordt te draaien ★ NN *vervoer per ~* met een rijdend vervoermiddel ❷ middellijn, lijn die door het midden van iets gaat: ★ *de ~ van een cilinder, van een weg* ❸ ★ *As Berlijn-Rome* verbond tussen Duitsland en Italië van 1936 tot 1943
as² *de* overblijfsel van verbranding: ★ *de ~ van een sigaret aftippen* ★ *de ~ van een gecremeerde verstrooien* ★ NN *~ is verbrande turf* schertsend antwoord tot *iem.* die voortdurend bezwaren maakt die met 'a(l)s' beginnen ★ *iets in de ~ leggen* iets verbranden ★ *uit zijn ~ herrijzen* na een ondergang mooier of beter terugkeren, zoals de mythische vogel Phoenix
as³ *de* [-sen] muz met een halve toon verlaagde a
a.s. *afk* aanstaande
as·bak *de (m)* [-ken] ❶ bakje waarin restanten van rookartikelen gedeponeerd kunnen worden, zoals as, peukjes en afgebrande lucifers ❷ asla(de)
as·best, **as·best** *(‹Gr) het* onbrandbare, vezelachtige, voornamelijk uit silicaten bestaande delfstof
as·bes·ten, **as·bes·ten** *bn* van asbest
as·best·long, **as·best·long** *de* asbestose
as·bes·to·se [-zə] *(‹Gr) de (v)* med aandoening van de longen door het inademen van asbestvezels, asbestlong
as·blond *bn* lichtblond
as·ceet [-seet, -keet] *(‹Gr) de (m)* [-ceten] ❶ eig *iem.* die zich in de eenzaamheid aan godsdienstige praktijken en boetedoening wijdt ❷ fig *iem.* die zich onthoudt van alle zinnelijke genoegens
as·cen·dant *(‹Fr‹Lat) de (m)* [-en] astrol teken dat op het ogenblik van de geboorte boven de horizon komt
as·cen·den·ten *(‹Lat) mv* verwanten in opklimmende lijn (zoals moeder, grootmoeder, overgrootmoeder enz.)
as·cen·den·tie [-sie] *de (v)* verwantschap in opklimmende lijn
as·ce·se [-seezə, -keezə] *(‹Gr) de (v)* systematische strenge onthouding van alle zinnelijke genoegens
as·ce·tisch [-see-, -kee-] *(‹Gr) bn* de asceten of de ascese betreffend, zich onthoudend van weelde en genot

as·ce·tis·me [-see-, -kee-] *(‹Gr) het* beoefening van de ascese
ASCII *afk* [askie] American Standard Code for Information Interchange *(‹Eng)* [comput coderingssysteem opgebouwd uit binaire codes voor de weergave van tekens (cijfers, letters, speciale tekens, grafische symbolen) ten behoeve van de informatie-uitwisseling tussen verschillende computersystemen]
Asd. *afk* NN Amsterdam
asdic [esdik] *de (m)* [-s] Anti Submarine Detection Investigation Committee [naam voor een echoapparaat dat via een buis onder de scheepskiel hoogfrequente trillingen uitzendt; thans → **sonar** genoemd]
asek·su·a·li·teit *de (v)* het aseksueel zijn
asek·su·eel *bn* ❶ geslachtloos: ★ *aseksuele voortplanting* ❷ ongevoelig voor seksuele prikkels: ★ *een ~ mens*
ase·lect, **a·se·lect** *bn* niet uitgekozen, willekeurig genomen: ★ *aselecte steekproef* ★ *aselecte waarnemingen*
asem *de (m)* inf adem ★ NN *geen ~ geven* niets van zich laten horen
as·em·mer *de (m)* [-s] vuilnisbak
Asen [òsən] *mv* in de Oudnoorse mythologie het van Odin afstammende godengeslacht
asep·sis [aasep-] *(‹Gr) de (v)* ziektekiemvrije wondbehandeling
asep·tisch [aasep-] *(‹Gr) bn* vrij van ziektekiemen
as·falt *(‹Lat‹Gr) het* ❶ natuurlijk of kunstmatig mengsel van asfaltbitumen en zand, steen, klei e.d., vooral toegepast in de weg- en waterbouw ❷ wegdek van dit materiaal
as·falt·be·ton *het* vooral NN mengsel van steenslag, steengruis, grind of zand en asfaltbitumen, o.a. gebruikt voor tuintegels en in → **zoab** (zie aldaar)
as·falt·bi·tu·men *het* donker, dikvloeibaar tot vast, natuurlijk of kunstmatig verkregen residu van aardolie
as·fal·te·ren *ww* [asfalteerde, h. geasfalteerd] met asfalt bestrijken of bestraten
as·falt·jeugd *de* jongeren die in de grote stad die het grootste deel van hun tijd op straat doorbrengen
as·falt·jun·gle [-dzjunɣəl] *de (m)* grotestadsleven voorgesteld als leven vol gevaren waarin het moeilijk is zich te handhaven
as·falt·meer *het* [-meren] geheel of gedeeltelijk met taaivloeibaar asfalt gevuld meer: ★ *er is een groot ~ op Trinidad*
as·falt·pa·pier *het* in asfalt of teerolie gekookt papier, gebruikt als dakbedekking
asfyxie [aasfiksie] *(‹Gr) de (v)* med dreigende verstikking door het uitvallen van de ademhaling
as·grauw *bn* grauw als → **as²**: ★ *een ~ gelaat*
ash·ram [asj-] *(‹Hindi‹Sanskr) de (m)* [-s] religieuze levens-, studie- en arbeidsgemeenschap in India
asiel [-ziel] *(‹Fr‹Gr) het* [-en] ❶ toevlucht, bescherming

as

door de staat of de kerk verleend aan mensen die elders worden vervolgd: ★ *aan een politieke vluchteling ~ verlenen* ❷ toevluchtsoord; vrijplaats voor door de wet vervolgden ❸ opvanghuis voor dieren

asiel·cen·trum [-ziel-] *het* [-tra, -s] BN asielzoekerscentrum, accomodatie waar asielzoekers verblijven in afwachting van de uitspraak over hun asielaanvraag

asiel·recht [-ziel-] *het* recht om asiel te verlenen

asiel·zoe·ker [-ziel-] *de (m)* [-s] iem. die om politieke redenen zijn land is ontvlucht en asiel vraagt in een ander land

asiel·zoe·kers·cen·trum [-ziel-] *het* [-tra, -s] NN accomodatie waar asielzoekers verblijven in afwachting van de uitspraak over hun asielaanvraag

as·je·blieft *tsw* → **alsjeblieft**

asjeme·nou *tsw* NN uitroep van verbazing

Asj·ke·na·zim [-ziem] *(‹Hebr) mv* Joden van wie de voorouders uit Oost- of Midden-Europa komen en van wie de oorspronkelijke omgangstaal Jiddisch was; *vgl*: → **Sefardim**

as·kruis·je *het* [-s] zie bij → **Aswoensdag**

as·la(·de) *de* [-laden] lade voor → **as²** onder in een kolenkachel

as·mo·gend·he·den *mv* Duitsland en Italië van 1936 tot 1943 en de met hen verbonden landen als Japan e.d., genoemd naar de 'As Berlijn-Rome' (zie bij → **as¹**, bet 3)

aso¹ *bn & de* ['s] NN verkorting van → **asociaal**

a.s.o.² *afk* in België algemeen secundair onderwijs

aso·ciaal [-sjaal] **I** *bn* onmaatschappelijk, niet aangepast of niet in staat of bereid zich aan te passen aan het leven in de maatschappij; ★ *het is ~ om voor te dringen in een rij* **II** *de* [-cialen] NN persoon met dergelijke eigenschappen

asp. *afk* aspirant

as·pect *(‹Lat) het* [-en] ❶ elk van de kanten die van iets of van waar uit iets beschouwd kan worden: ★ *de verschillende aspecten van een probleem belichten* ❷ vooruitzicht: ★ *een baan met gunstige aspecten*

as·per·ge [-zjə] *(‹Fr‹Gr) de* [-s] ❶ lelieachtige plant, als groente gekweekt (*Asparagus officinalis*) ❷ als groente gegeten spruit van de wortelstok van deze plant

as·per·ge·soep [-zjə] *de* met asperges bereide soep

as·per·ge·tang [-zjə] *de* [-en] tang om klaargemaakte asperges op te scheppen

as·pic [-piek] *(‹Fr) de (m)* [-s] stevige, elastische, gekruide gelei, o.a. gebruikt voor het garneren van gerechten

as·pi·dis·tra *(‹Gr) de* ['s] kamerplant met witgestreepte bladeren

as·pi·rant *(‹Lat) de (m)* [-en] ❶ iem. die naar een lidmaatschap, post of graad dingt; veel in titels: ★ *aspirant-onderofficier, aspirant-vaandrig e.d.* ★ *~koper* iem. die het voornemen heeft om iets te kopen ❷ jeugdlid van een sportvereniging in de leeftijd van 12-14 jaar

as·pi·rant-om·roep *de (m)* [-en] NN omroepvereniging die voorlopig zendtijd krijgt zonder het vereiste aantal leden te hebben om C-omroep te worden

as·pi·ra·teur *(‹Fr)*, **as·pi·ra·tor** *(‹Lat) de (m)* [-s] toestel waarmee een gas of een vloeistof aan- of opgezogen kan worden, zuigapparaat

as·pi·ra·tie [-(t)sie] *(‹Lat) de (v)* [-s] ❶ het streven naar iets: ★ *aspiraties hebben om leraar te worden* ❷ uitspraak van een klank met hoorbare adem, aanblazing: ★ *een klank met ~ uitspreken*

as·pi·ra·tor *(‹Lat) de (m)* [-s] → **aspirateur**

as·pi·re·ren *ww (‹Fr‹Lat)* [aspireerde, h. geaspireerd] ❶ met hoorbare adem uitspreken: ★ *een medeklinker geaspireerd uitspreken* ❷ streven, dingen, verlangen naar: ★ *het presidentschap ~*

as·pi·rien·tje *het* [-s] een tabletje aspirine

as·pi·ri·ne *de* onder het woordmerk aspirin in de handel gebrachte pijnstillend en koortsonderdrukkend middel met als hoofdbestanddeel acetylsalicylzuur

as·re·gen *de (m)* [-s] regen van as bij vulkaanuitbarstingen

Ass. *afk* Association *(‹Eng & Fr)* [vereniging]

as·sa·gaai, **as·se·gaai** *(‹Sp‹Arab) de* [-en] Afrikaanse houten werpspies

as·se *de* BN, m.g. zie bij → **as²**

as·se·gaai *de* [-en] → **assagaai**

as·sem·bla·ge [-sāblaazjə] *de (v)* het assembleren

as·sem·blee [-sam-] *(‹Fr) de* [-s] ❶ algemene vergadering ❷ thans vooral de jaarlijkse Algemene Vergadering van de Verenigde Naties

as·sem·bleer·pro·gram·ma [-sam-] *het* ['s] comput programma dat instructies vertaalt in machinecode

as·sem·bleer·taal [-sam-] *de* [-talen] comput lagere programmeertaal met symboolcodes die door een assembleerprogramma worden vertaald in machinecodes

as·sem·bler [essemblə(r)] *(‹Eng) de* comput programma dat in assembleertaal geschreven opdrachten vertaalt in machinetaal die door de computer kan worden gelezen

as·sem·ble·ren *ww* [-sam-] *(‹Fr)* [assembleerde, h. geassembleerd] samenstellen uit (ingevoerde) vooraf gereedgemaakte onderdelen, bijv. van auto's en machines

as·se·poes *de (v)* [-en], **as·se·poes·ter** [-s] slecht behandeld meisje, verschoppelingetje, naar de sprookjesfiguur Assepoester

as·ser·tie [-(t)sie] *(‹Fr‹Lat) de (v)* [-s] bewering, verzekering, het beweerde

as·ser·tief *bn* zelfbewust, zelfverzekerd, met de durf om voor zichzelf op te komen: ★ *~ optreden*

as·ser·ti·vi·teit *de (v)* zelfverzekerdheid, het zich-doen-gelden

as·ser·ti·vi·teits·trai·ning [-tree-] *de (v)* [-en] oefening in het zich assertief opstellen jegens anderen

as·sess·ment [esses-] ‹Eng› de [-s] intensieve test om iems. vaardigheden en bekwaamheden in kaart te brengen, bijv. bij een sollicitatieprocedure

as·ses·sor ‹Lat› de (m) [-soren, -s] ❶ toegevoegd bestuurslid ❷ BN, recht jurist die een rechter bijstaat

as·sig·naat [-sienjaat] ‹Fr‹Lat› het [-naten] papieren geld tijdens de Franse Revolutie

as·sig·na·tie [-sienjaa(t)sie] ‹Lat› de (v) [-s] schriftelijke opdracht tot betaling van een geldsom aan een derde, wissel

as·si·mi·la·tie [-(t)sie] ‹Lat› de (v) [-s] ❶ gelijkmaking, aanpassing ❷ aanpassing aan een andere (heersende) volksgroep ❸ opneming en verwerking van voedsel ❹ taalk gedeeltelijke of gehele aanpassing van een spraakklank aan de voorafgaande of volgende spraakklanken, zoals bijv. in *avdeling, ontsien, affallen* en *obbouwen*

as·si·mi·le·ren ‹Fr‹Lat› I ww [assimileerde, h. geassimileerd] ❶ gelijkmaken ❷ in zich opnemen, in zich op laten gaan, opslorpen: ★ *een allochtone bevolkingsgroep* ~ II *wederk* zich aanpassen (aan)

as·si·sen·hof [-zan-] het [-hoven] BN rechtscollege, zetelend in de hoofdplaats van iedere provincie, belast met het vonnissen van zware misdrijven, alsook van politieke en persdelicten, hof van assisen

as·sist [əsist] ‹Eng› de (m) [-s] sp voorzet van pass waaruit gescoord wordt

as·sis·tent ‹Lat› de (m) [-en], **as·sis·ten·te** de (v) [-n, -s] helper, hulp: ★ *de ~ van een bedrijfsleider* ★ BN ook *sociaal, maatschappelijk ~ iem. die belast is met de uitvoering van maatschappelijk werk en die als zodanig een wettelijk erkend diploma bezit, maatschappelijk werk(st)er*

as·sis·ten·tie [-sie] de (v) hulp, bijstand: ★ ~ *verlenen bij iets*

as·sis·tent-re·si·dent de (m) [-en] NN onderresident in het voormalige Nederlands Oost-Indië: ★ *hij was ~ te Lebak*

as·sis·te·ren ww ‹Fr‹Lat› [assisteerde, h. geassisteerd] helpen, bijstaan: ★ *iem. bij iets ~*

as·so·cia·tie [-sjaa(t)sie] ‹Fr› de (v) [-s]
❶ aaneensluiting van personen met een economisch doel, maat- of vennootschap
❷ aansluiting van staten bij de EU (en soortgelijke organisaties), zonder volledig lidmaatschap ❸ psych verbinding van bewustzijnsinhouden, onwillekeurige verbinding van verwante voorstellingen: ★ *deze muziek roept associaties op met de Beatles* ❹ BN, onderw vereniging van tertiaire onderwijsinstellingen (universiteiten en hogescholen) onder één koepel met het oog op samenwerking en integratie ★ *de Associatie Leuven samenwerkingsverband tussen de KULeuven en een aantal Vlaamse hogescholen*

as·so·cia·tief [-sjaa-] ‹Fr› bn (gevormd) door associatie, door aaneenknoping van voorstellingen: ★ ~ *denken*

as·so·cié [-sjee] ‹Fr› de (m) [-s] deelhebber; handelsgenoot, compagnon

as·so·ci·ë·ren [-sjeerə(n)] ‹Fr› I ww [associeerde, h. geassocieerd] associaties tot stand brengen, doen denken aan, in de geest verbinden, aaneenknopen: ★ *ik associeer het geluid van de branding altijd met vakantie* II *wederk* zich aaneensluiten om gemeenschappelijk een bedrijf uit te oefenen of tot enig ander oogmerk

as·so·nan·tie [-sie] ‹Fr› de (v) [-s] gelijkheid van klinker in woordparen, halfrijm, bijv. *bomen - rozen*

as·so·ne·ren ww ‹Lat› [assoneerde, h. geassoneerd] samen een assonantie vormen

as·sor·te·ren ‹Fr› ww [assorteerde, h. geassorteerd] NN ‹m.b.t. te verkopen artikelen› verschillende soorten bijeenzoeken, sorteren ★ *deze winkel is ruim geassorteerd in melkproducten heeft veel verschillende soorten melkproducten*

as·sor·ti·ment ‹Fr› het [-en] vooral NN warenvoorraad, verzameling artikelen die een winkel of organisatie op de verkoopmarkt aanbiedt: ★ *een groot ~ aan wasmiddelen*

as·su·me·ren ww ‹Fr‹Lat› [assumeerde, h. geassumeerd] aan zich toevoegen: ★ *een lid aan een bestuurscollege ~*

as·sump·tie [-sie] ‹Lat› de (v) [-s] ❶ bij- of opneming, toevoeging ❷ veronderstelling, aanname
❸ ★ Assumptie RK Maria-Tenhemelopneming (15 augustus)

as·sump·tio·nist [-sjoo-] de (m) [-en] augustijn van O.L. Vrouw Assumptie, een in 1845 te Frankrijk gestichte orde

as·su·ra·deur de (m) [-s, -en] NN verzekeraar

as·su·ran·tie [-sie] ‹Fr› de (v) [-s, -tiën] verzekering tegen schade als gevolg van een ongeluk, ziekte, brand enz.

as·su·ran·tie·be·zor·ger [-sie-] de (m) [-s] NN bemiddelaar bij het sluiten van een verzekering

as·su·ran·tie·ma·ke·laar de (m) [-s] NN door de rechtbank beëdigde makelaar die beroepshalve verzekeringsovereenkomsten afsluit

as·su·ré·lijn de [-en] balklijn op wissels en andere waardepapieren en op kwitanties, waarop het bedrag in letters wordt geschreven

as·su·re·ren ww ‹Fr› [assureerde, h. geassureerd] verzekeren, waarborgen tegen schade ★ *zich ~ een verzekering sluiten*

As·sy·ri·ër [-sie-] de (m) [-s] iem. uit Assyrië, in de oudheid een rijk in het Midden-Oosten

As·sy·risch [-sie-] I bn (als) van Assyrië II het de taal van de Assyriërs

ast de (m) [-en] BN, vero → eest

as·taat, as·ta·ti·um [-(t)sie(j)um] ‹Gr› het chemisch element, symbool At, atoomnummer 85, het zwaarste van de halogenen

asta·tisch [aastaa-] ‹Gr› bn aan geen vaste stand gebonden, onafhankelijk van de stand in evenwicht verkerend

A·sta·tus *de (m)* NN ❶ RTV status van een A-omroep, d.w.z. een radio- en televisieomroep met meer dan 450.000 leden ❷ recht vluchtelingenstatus die toegekend wordt aan asielzoekers die om reden van politieke vervolging en individueel levensgevaar asiel aangevraagd hebben en die recht geeft op o.a. een paspoort, een woning en gezinshereniging

as·ter *(‹Lat‹Gr) de* [-s] samengesteldbloemige plant met stervormige bloemen, behorend tot het plantengeslacht *Aster*

as·te·risk *(‹Fr‹Gr) de (m)* [-en] sterretje * als aandachts- of verwijzingsteken in teksten

as·te·ro·ï·de *(‹Gr) de (v)* [-n] elk van de kleine planeten tussen Mars en Jupiter, planetoïde

asthe·nie *(‹Gr) de (v)* med krachteloosheid, algemene lichaamszwakte

astig·ma·tisch *bn* betrekking hebbend op, lijdend aan astigmatisme

astig·ma·tis·me *(‹Gr) het* ❶ onscherpe beeldvorming door een lens ❷ med het onduidelijk zien door verschillen in de kromming van de verschillende delen van het oog

as·ti (spu·man·te) [- spoe-] *(‹It) de (m)* schuimende wijn uit Asti, een stad in Noord-Italië

ast·ma *(‹Gr) de & het* aanvalsgewijs optredende vernauwing van de kleinste vertakkingen van de luchtpijp, zich uitend in een bemoeilijkte ademhaling

ast·ma-aan·val *de (m)* [-len] plotseling optredende ademhalingsstoornis bij astmalijders

ast·ma·pa·tiënt [-sjent] *de (m)* [-en] iem. die aan astma lijdt

ast·ma·ti·cus *(‹Lat‹Gr) de (m)* [-ci] astmapatiënt

ast·ma·tisch *bn* lijdend aan astma

as·traal *(‹Lat) bn* de sterren betreffend

as·traal·li·chaam *het* [-chamen] parapsychologie niet-materieel, ijl en onder gewone omstandigheden niet voor de zintuigen waarneembaar tweede lichaam van de mens

as·traal·licht *het* schemerachtig licht, afkomstig van met het blote oog niet zichtbare sterren

as·tra·kan *het* ❶ gekruld zwart bont, afkomstig van pasgeboren lammeren (oorspronkelijk uit de stad Astrachan in Rusland) ❷ wollen stof als imitatie van het onder 1 genoemde bont

as·trant *(‹Fr) bn* volkstaal vrijpostig, brutaal, driest

as·tro- *(‹Gr) als eerste lid in samenstellingen* betrekking hebbend op de sterren

as·tro·fy·si·cus [-fiezie-] *(‹Gr) de (m)* [-ci] astronoom die natuurkundige eigenschappen van planeten, sterren, sterrenstelsels e.d. bestudeert

as·tro·la·bi·um *het* [-s & -bia] benaming voor verschillende oude astronomische instrumenten, meestal gebruikt voor het meten van de poolshoogte

as·tro·lo·gie *(‹Gr) de (v)* leer van de invloed van de stand van de hemellichamen op de eigenschappen en het lot van de mens en op de gebeurtenissen op aarde

as·tro·lo·gisch *(‹Gr) bn* de astrologie betreffend

as·tro·loog *(‹Lat) de (m)* [-logen] beoefenaar van de astrologie

as·tro·naut *(‹Gr) de (m)* [-en] ruimtevaarder

as·tro·no·mie *(‹Lat‹Gr) de (v)* sterrenkunde

as·tro·no·misch *(‹Lat‹Gr) bn* ❶ de sterrenkunde betreffend ★ ~ *jaar* zonnejaar, tijd waarin de aarde eenmaal om de zon loopt, nl. 365 dagen, 5 uur, 48 minuten en 45 seconden ★ *astronomische eenheid* de gemiddelde afstand van de aarde tot de zon (149,6 × 10^6 km) ❷ buitensporig, onvoorstelbaar groot: ★ *er zijn astronomische bedragen in dit project geïnvesteerd*

as·tro·noom *(‹Lat‹Gr) de (m)* [-nomen] sterrenkundige

ASVA *afk* in Nederland Algemene Studentenvereniging Amsterdam

as·wen·te·ling *de (v)* [-en] wenteling van een lichaam om zijn as

As·woens·dag *de (m)* [-dagen] woensdag na Vastenavond, de eerste dag dat de priester de gelovigen door hun een askruisje op het voorhoofd te drukken kan herinneren aan de boetvaardigheid

asym·me·trie [aasiem- of aasim-] *(‹Gr) de (v)* het ontbreken van symmetrie

asym·me·trisch [aasiem- of aasim-] *bn* niet symmetrisch, onevenredig ★ *een asymmetrische figuur* figuur waarvan de ene helft niet exact het spiegelbeeld is van de andere

asymp·toot [aasimp-] *(‹Gr) de (m)* [-toten] wisk rechte lijn tot welke een kromme nadert, zonder haar ooit te raken

asymp·to·tisch [aasimp-] *bn* van de aard van een asymptoot

asyn·chroon [aasin-] *(‹Gr) bn* niet synchroon, ongelijktijdig

AT *afk* comput advanced technology *(‹Eng)* [aanduiding voor een bep. type IBM-pc; thans ook aanduiding voor elke pc met een 80286 processor]

At *afk* symbool voor het chemisch element astaat (astatium)

at¹ *ww* verl. tijd van → eten

at² [et] *(‹Eng) de* comput at-sign, apenstaart:@

ata·lan·ta *(‹Gr) de* ['s] biol admiraalvlinder, schoenlappervlinder, nummervlinder (*Vanessa atalanta*)

ata·vis·me *(‹Lat) het* [-n] het plotseling weer optreden van kenmerken of gedragingen die behoren tot een vroegere generatie; terugval

ataxie [aataksie] *(‹Gr) de (v)* ❶ wanorde ❷ med stoornis in de samenwerking van de spieren

ATB *afk* ❶ all terrain bike [mountainbike] ❷ NN automatische treinbeïnvloeding of -besturing

ate·lier [aatəljee] *(‹Fr) het* [-s] werkplaats van een beeldend kunstenaar, fotograaf, modeontwerper, in BN ook timmerman, enz.

a tem·po *(‹It) bijw* ❶ muz weer in het oorspronkelijke tempo ❷ ★ ~ *een zet doen, spelen* schaken, dammen

een zet doen, spelen zonder bedenktijd te nemen
aten *ww verl.* tijd meervoud van → **eten**
Atheens [aateens] *bn* (als) van Athene
athe·ïs·me *(‹Gr) het* [-n] niet uitgaan van het bestaan van God of goden; het ontbreken van religieus gevoel
athe·ïst *de (m)* [-en] iem. die niet uitgaat van het bestaan van God of goden; iem. zonder religieus gevoel
athe·ïs·tisch *bn* behorend tot het atheïsme of dit aanhangend
Athe·ner [aatee-] *de (m)* [-s] iem. uit Athene
athe·ne·um *(‹Gr) het* [-nea, -s] **❶** hist aan de Griekse godin Athena gewijde tempel **❷** vroeger instelling voor hoger onderwijs, veelal als voorbereiding op de universiteit **❸** NN, thans school voor voorbereidend wetenschappelijk onderwijs zonder klassieke talen **❹** BN school voor secundair onderwijs behorend tot het gemeenschapsonderwijs
à ti·tre per·son·nel *(‹Fr)* bijwoordelijke uitdrukking persoonlijk, op persoonlijke verantwoordelijkheid, niet vanuit een functie of volgens opdracht: ★ *het kamerlid gaf ~ zijn mening*
at·jar *(‹Mal) de (m)* NN ingelegd zuur (palmiet, uitjes, boontjes) ★ *~ ikan* ingelegde vis
At·jee·ër, At·jee·ër *de (m)* [-s] iem. uit Atjeh, een landstreek in het noorden van Sumatra
At·jees *bn* (als) van Atjeh
at·lant *(‹It‹Gr) de (m)* [-en] steunpilaar in de vorm van een mannenfiguur
At·lan·tisch *(‹Lat‹Gr) bn* betrekking hebbende op de Atlantische Oceaan en de aanliggende landen ★ *het ~ Pact of Verbond* verdedigingsverdrag tussen de Verenigde Staten, Canada en veel West-Europese staten (NAVO of NATO)
at·las¹ *de (m)* [-sen] **❶** verzameling van, boek met landkaarten (naar Atlas, één van de Titanen in de Griekse mythologie, die het hemelgewelf torste en wordt afgebeeld met de wereldbol op zijn schouders) **❷** boek met afbeeldingen die bij de tekst van een werk behoren, verzameling afbeeldingen: ★ *een ~ van de Nederlandse flora* **❸** anat bovenste halswervel
at·las² *(‹Arab) het* een zware, zijden stof, satijn
at·las·vlin·der *de (m)* [-s] grote vlinder in Zuidoost-Azië
at·leet *(‹Lat‹Gr) de (m)* [-leten] **❶** beoefenaar van de atletiek **❷** sportbeoefenaar in het algemeen **❸** man met een goed ontwikkeld lichaam
at·le·tiek *(‹Lat‹Gr) de (v)* verzamelnaam voor hardlopen, steeplechase, snelwandelen, hoog- en verspringen, polsstokhoogspringen, discus- en speerwerpen, kogelstoten en -slingeren, de hordeloop en de hink-stap-sprong
at·le·tisch *(‹Lat‹Gr) bn* **❶** betrekking hebbend op de atletiek **❷** als van een atleet: ★ *een ~ lichaam*
atm. *afk* symbool voor *normale atmosfeer,* verouderde eenheid van druk

at·mos·feer *de* [-feren] *(‹Gr)* **❶** dampkring: ★ *de aarde en Venus hebben een ~* **❷** dampkringslucht: ★ *een bedompte ~* **❸** nat, vero eenheid van druk, ongeveer gelijk aan de luchtdruk op zeeniveau **❹** sfeer, ambiance: ★ *er ontstond een verhitte ~ op de tribune*
at·mos·fe·risch *bn* van, voorkomend in de → **atmosfeer** (bet 1)
atol [aatol] *(‹Malayalam) de (m) & het* [-len] ringvormig koraaleiland
ato·mair [-mèr,], **ato·misch** [aatoo-] *bn* **❶** betrekking hebbend op atomen **❷** betrekking hebbend op of werkend door de splitsing van atoomkernen
ato·mi·se·ren *ww* [-zeerə(n)] [atomiseerde, h. geatomiseerd] *(‹Fr)* tot in de kleinst mogelijke delen verdelen
ato·naal *bn* **❶** ★ *atonale muziek* muziek waarbij iedere betrekking van de tonen tot een grondtoon wordt afgewezen **❷** ★ *atonale poëzie* benaming voor de experimentele poëzie van de Vijftigers (zie bij → **vijftiger**)
ato·na·li·teit *de (v)* **❶** het atonaal zijn **❷** muz compositie in het twaalftoonsysteem
atoom [aatoom] *(‹Lat‹Gr) het* [atomen] **❶** vroeger als volstrekt ondeelbaar gedacht kleinste bestanddeel van elk element, drager van de eigenschappen daarvan, opgebouwd uit een kern en daaromheen wentelende elektronen; *(vgl:* → **elektron,** → **meson,** → **neutron,** → **positron) ❷** fig allerkleinste deeltje, nietigheid
atoom·bom [aatoom-] *de* [-men] bom waarvan de explosieve kracht door atoomsplitsing vrijkomt
atoom·cen·tra·le [aatoom-] *de* [-s] fabriek voor het opwekken van atoomenergie, kerncentrale
atoom·ener·gie [aatoomeenerzjie, -gie] *de (v)* energie die vrij komt bij kernsplitsing of kernfusie; kernenergie
atoom·fy·si·ca [aatoomfieziekaa] *de (v)* natuurkunde van de atoomenergie en de toepassingen daarvan, kernfysica
atoom·ge·wicht [aatoom-] *het* [-en] verhouding tussen het gewicht van een atoom van een stof en dat van een atoom waterstof
atoom·kern [aatoom-] *de* [-en] kern van een atoom, met daarin protonen en neutronen
atoom·klok [aatoom-] *de* [-ken] vooral NN zeer nauwkeurig uurwerk, berustend op de overgang van een atoom, vooral een cesiumatoom, van de ene grondtoestand in de andere
atoom·kop [aatoom-] *de (m)* [-pen] door een raket vervoerde kernbom, kernkop
atoom·on·der·zee·ër [aatoom-] *de (m)* [-s] **❶** onderzeeboot die voortgestuwd wordt door middel van kernenergie **❷** met kernwapens toegeruste onderzeeër
atoom·oor·log [aatoom-] *de (m)* [-logen] oorlog met kernwapens
atoom·pa·ci·fis·me [aatoom-] *het* het zich keren tegen bewapening met kernwapens zonder

at

bezwaar te hebben tegen conventionele bewapening

atoom·pa·ci·fist [aatoom-] *de (m)* [-en] aanhanger van atoompacifisme

atoom·proef [aatoom-] *de* [-proeven] proef met een atoombom, kernproef

atoom·re·ac·tor [aatoom-] *de (m)* [-s, -toren] toestel voor het opwekken van energie door splitsing van atoomkernen, kernreactor

atoom·spec·trum [aatoom-] *het* [-s, -tra] spectrum van stralen die door vrije trilling van atoomdeeltjes opgewekt worden

atoom·splij·ting, atoom·split·sing [aatoom-] *de (v)* het (doen) uiteenvallen van een zware kern van een atoom in twee middelzware kernen, waarbij neutronen en kernenergie vrijkomen

atoom·taak [aatoom-] *de* [-taken] in het kader van een militaire alliantie aan een land toegewezen taak m.b.t. de uitrusting van de krijgsmacht met kernwapens

atoom·wa·pen [aatoom-] *het* [-s] kernwapen

à tout prix *bijw* [aa toe prie] *⟨Fr⟩* tot elke prijs, koste wat het kost: ★ *ze wilde ~ naar Groenland*

atri·um *⟨Lat⟩ het* [-s, atria] grote zaal, huiskamer van het Oud-Romeinse huis, met haard en altaar

atro·fie *⟨Gr⟩ de (v)* med wegkwijning, uittering, verschrompeling

atro·fië·ren *ww* [-fjee-] [atrofieerde, is geatrofieerd] med wegkwijnen, uitteren, verschrompelen

atro·pi·ne *⟨Lat⟩ de & het* giftig alkaloïde uit bep. nachtschadesoorten, zoals de wolfskers (*Atropa belladonna*), o.a. gebruikt als tegengif bij vergiftigingen met bep. insecticiden, om spierkrampen en kliersecretie tegen te gaan en in de oogheelkunde om de pupil te verwijden

at-sign [etsain] *⟨Eng⟩ het* [-s] → **apenstaart**, bet 2

at·ta·ché [-sjee] *⟨Fr⟩ de (m)* [-s] diplomatieke titel van een persoon die op grond van zijn speciale deskundigheid op enig terrein is toegevoegd aan een diplomatieke dienst: ★ *militair ~, landbouwattaché*

at·ta·ché·kof·fer·tje [-sjee-] *het* [-s] diplomatenkoffertje

at·tach·ment [ətetsjmənt] *⟨Eng⟩ het* [-s] computbestand dat als een bijlage bij een e-mailbericht wordt meegestuurd

at·taque [-tak] *⟨Fr⟩ de* [-s] ❶ aanval van een ziekte, vooral (lichte) beroerte ❷ mil aanval

at·ta·que·ren *ww* [-kee-] *⟨Fr⟨It⟩* [attaqueerde, h. geattaqueerd] aanvallen

at·ten·de·ren *ww* *⟨Lat⟩* [attendeerde, h. geattendeerd] opmerkzaam maken: ★ *iem. op zijn fouten ~*

at·te·no·je *⟨Jiddisch⟨Hebr⟩ tsw NN, Barg* uitroep van verbazing of verontrusting

at·tent *⟨Lat⟩ bn* ❶ oplettend, opmerkzaam: ★ *iem. ~ maken op een foutje* ❷ erop uit om kleine diensten te bewijzen: ★ *hij is altijd erg ~*

at·ten·taat *⟨Du⟨Lat⟩ het* [-taten] moordaanslag

at·ten·tie [-sie] *⟨Lat⟩* I *de (v)* [-s] ❶ opmerkzaamheid, aandacht: ★ *wij vragen uw ~ voor het volgende* ★ *ter ~ van de heer Hermans* ❷ ⟨op een brief⟩ bestemd voor de heer Hermans ❸ kleine beleefdheidsdienst: ★ *iem. attenties bewijzen* II *tsw* opgelet!: ★ *~!, ~!, hier volgt een mededeling voor de reizigers langs spoor 4*

at·test *⟨Lat⟩ het* [-en] ❶ schriftelijk getuigenis, verklaring (bijv. van een arts): ★ *op ~ van de dokter* ❷ BN ook certificaat in het secundair onderwijs dat bepaalt of een leerling mag overgaan

at·tes·ta·tie [-(t)sie] *⟨Lat⟩ de (v)* [-s] ❶ attest ★ *~ de vita* schriftelijke verklaring van in leven zijn ★ *~ de morte* overlijdensakte ❷ bewijs van lidmaatschap van een protestantse kerk: ★ *zijn ~ opvragen*

at·tes·te·ren *ww ⟨Fr⟨Lat⟩* [attesteerde, h. geattesteerd] getuigen, verklaren

at·ti·tu·de *⟨Fr⟩ de (v)* [-s, -n] ❶ houding, instelling ❷ psych innerlijke houding, geheel van opvattingen en waardeoordelen met betrekking tot bep. mensen of zaken en de neiging daar op een bepaalde manier op te reageren: ★ *een negatieve ~ ten aanzien van minderheden*

at·trac·tie [-traksie] *⟨Fr⟨Lat⟩ de (v)* [-s] ❶ aantrekkelijkheid ❷ vermaaksmogelijkheid die (veel) mensen trekt: ★ *een pretpark boordevol attracties* ★ *de Van Goghtentoonstelling is dit jaar de grote ~ in Amsterdam*

at·trac·tief *⟨Fr⟨Lat⟩ bn* aantrekkelijk: ★ *een attractieve meid* ★ *een ~ aanbod*

at·trac·tie·park *de* [-en] pretpark

at·tri·bu·tie [-(t)sie] *⟨Lat⟩ de (v)* toekenning, toeschrijving

at·tri·bu·tief *⟨Fr⟩ bn* ⟨taalk van bijvoeglijke naamwoorden⟩ vóór het zelfstandig naamwoord geplaatst, zoals 'hoge' in 'de hoge boom'

at·tri·buut *⟨Lat⟩ het* [-buten] zinnebeeldig kenteken, onderscheidingsteken: ★ *de knots is een ~ van Hercules*

atü *afk ⟨Du⟩* atmosfeer overdruk

atv *afk NN* arbeidstijdverkorting

aty·pisch [aatie-] *bn* van het type of de regel afwijkend, niet karakteristiek

Au *afk chem* symbool voor het element goud (*aurum*)

au *tsw* uitroep van pijn

a.u.b. *afk* alstublieft

au·ba·de [oo-] *⟨Fr⟩ de (v)* [-s] ochtendhulde met muziek en / of zang: ★ *iem. een ~ brengen*

au bain-ma·rie [oo bẽ-] *⟨Fr⟩* bijwoordelijke uitdrukking kookkunst geplaatst in een bad met warm water (om een gerecht op temperatuur te houden) of gaar gemaakt in een pan die in een grotere pan met kokend water staat

au·ber·gine [ooberzjien(ə)] *⟨Fr⟩ de (v)* [-s] ❶ de plantensoort *Solanum ovigerum* met paarse, langwerpige vruchten, eierplant ❷ als groente gegeten vrucht van deze plant

au cou·rant [oo koerã] *⟨Fr⟩ bijw* ❶ handel tegen de

geldende prijs ❷ op de hoogte, bekend met:
★ *iem. ~ houden van de laatste ontwikkelingen*
auc·tie [-sie] *(‹Lat) de (v)* [-s] verkoping bij opbod
auc·tio·na·ris [auksjoo-] *(‹Lat) de (m)* [-sen] iem. die openbare verkopingen bij opbod houdt
auc·to·ri·aal, auc·to·ri·eel *bn* een auteur als zodanig betreffend of van hem afkomstig ★ *auctoriale roman* waarin het verhaal niet door de hoofdpersoon wordt verteld, maar door een alwetende verteller
auc·tor in·tel·lec·tu·a·lis *(‹Lat) de (m)* aanstichter, uitlokker, geestelijk vader
au·di·cien [oodiesjē] *(‹quasi-Fr) de (m)* [-s] maker en verkoper van gehoorapparaten en auditieve instrumenten
au·di·ën·tie [au- of oodie(j)ensie] *(‹Lat) de (v)* [-s] officiële ontvangst door een hooggeplaatst persoon: ★ *iem. ~ verlenen* ★ *op ~ gaan bij de paus*
audio- *(‹Lat)* als eerste lid in samenstellingen betrekking hebbend op het gehoor, het horen
au·dio·ap·pa·ra·tuur *de (v)* geluidsapparatuur
au·di·o·lo·gie *(‹Lat-Gr) de (v)* wetenschap die alle verschijnselen bestudeert die samenhangen met het horen
au·di·o·lo·gisch *bn* gehoorkundig
au·di·o·loog *(‹Lat-Gr) de (m)* [-logen] specialist in de geluidsleer en voor stoornissen van het gehoor
au·dio·me·trie *(‹Lat-Gr) de (v)* bepaling van de gevoeligheid van het gehoor
au·dio·rack [-rek] *(‹Lat-Gr) het* [-s] kast met geluidsapparatuur (cd-speler, tuner, versterker enz.)
au·dio·sig·naal [-sinjaal] *het* [-nalen] elektrisch of elektromagnetisch equivalent van een geluidssignaal, dat o.a. ontstaat wanneer geluidstrillingen worden omgezet in elektrische trillingen
au·dio·vi·su·eel [-zuu-] *bn* zowel het gehoor als het gezicht betreffend, het horen en het zien combinerend ★ *audiovisuele leermiddelen* leermiddelen waarbij gebruik wordt gemaakt van beeldschermen en geluidsapparatuur
au·dit [òdit] *(‹Eng) de* [-s] doorlichting van een bedrijf, onderzoek naar de bedrijfsorganisatie
au·di·te·ren *ww* [au-, oo-] [auditeerde, h. geauditeerd] toehoorder zijn, toehoren, bijv. bij een examen
au·di·teur [au-, oo-] *(‹Fr) de (m)* [-s] ❶ toehoorder ❷ raad en bijzitter in gerechtshoven ❸ BN magistraat bij de Raad van State, een arbeidsrechtbank of een arrondissementeel parket
au·di·teur-ge·ne·raal [au-, oo-] *de (m)* [auditeurs-] BN openbaar aanklager bij het Krijgshof of de Raad van State
au·di·teur-mi·li·tair [au-, ooditeur-mielietèr] *de (m)* [auditeurs-] NN openbaar aanklager bij een krijgsraad
au·di·tie [au-, oodie(t)sie] *(‹Fr‹Lat) de (v)* [-s] gelegenheid voor een artiest een proeve van bekwaamheid af te leggen om bij een gezelschap te komen, een bep. rol te spelen e.d.: ★ *de actrice*

mocht ~ doen voor de rol van Kniertje
au·di·tief [au-, oo-] *(‹Fr) bn* ❶ het gehoor betreffend: ★ *~ gehandicapt zijn* ❷ gemakkelijk het gehoorde in zich opnemend *(tegengest: → visueel)*: ★ *~ ingesteld zijn*
au·di·tor *(‹Lat) de (m)* [-tores, -toren] ❶ NN toehoorder; iem. die lessen volgt bij een onderwijsinstelling, maar geen examen mag doen ❷ iem. die een audit uitvoert ❸ RK benaming voor verschillende kerkelijke functionarissen
au·di·to·ri·um [au-, oo-] *(‹Lat) het* [-s, -ria] ❶ gehoor, gezamenlijke toehoorders ❷ gehoorzaal, vooral in universiteiten
au·er·haan *(‹Du) de (m)* [-hanen] mannetjesauerhoen
au·er·hoen *(‹Du) het* [-ders] grootste Europese wilde hoen (*Tetrao urogallus*)
auf·klä·rung [-kleeroeng] *(‹Du) de (v)* Verlichting (geestesstroming in de 18de eeuw)
au fond *bijw* [oo fô] *(‹Fr)* in de grond, in het wezen van de zaak, in wezen, eigenlijk: ★ *~ gaat het in dit arbeidsconflict maar om één geschilpunt*
aug. *afk* augustus
au·gi·as·stal *de (m)* ❶ Griekse myth de stal van koning Augias van Elis, waar 3000 runderen stonden, en die in 30 jaar niet gereinigd was ❷ fig een door nalatigheid ontstane hoogst wanordelijke toestand, een bende
au·gur *(‹Lat) de (m)* [au-guren, au-gures *of* augurs] lid van een priestercollege te Rome in de oudheid, dat de wil der goden moest verklaren, o.a. uit de vlucht van vogels
au·gurk *(‹Litouws‹Pools‹Gr) de* [-en] ❶ tot het geslacht komkommer behorende plantensoort *Cucumis sativus* ❷ op een kleine komkommer lijkende vrucht van deze plant, meestal ingemaakt in azijn en kruiden (*zure bom*)
au·gus·tijn *de (m)* [-en] ❶ monnik die leeft volgens de regel van Augustinus (kerkvader, 354-430) ❷ druktechn typografische maat van 12 punten (4,51278 mm), cicero, genoemd naar de letter die in 1467 werd gebruikt voor de druk van Augustinus' *De Civitate Dei*
au·gus·ti·nes *de (v)* [-sen] non die leeft volgens de regel van de kerkvader Augustinus (354-430)
au·gus·tus *de (m)* achtste maand van het jaar, oogstmaand, genoemd naar Augustus (de 'Verhevene'), de eerste keizer van het Romeinse Rijk (63 v.C.-14 n.C.)
au·la *(‹Lat) de* ['s] grote zaal voor bijeenkomsten, gehoorzaal
au pair [oo pèr] *(‹Fr)* **I** *bijw* kost en inwoning genietend voor huishoudelijke diensten: ★ *~ werken in Engeland* **II** *de (v)* [-s] meisje dat op deze wijze werkzaam is
au·ra *(‹Lat) de (v)* ['s] ❶ vage gewaarwording die een epilepticus voelt voor de aanvang van een toeval ❷ parapsychologie kleurenspel dat bep. helderzienden om of nabij personen beweren te

au

zien en dat een afspiegeling zou zijn van de karaktereigenschappen, de gemoeds- en de gezondheidstoestand van die personen ❸ uitstraling, werking op de omgeving die van een persoon uitgaat

au·re·ool [au-, oo-] *(‹Fr‹Lat) de & het* [-reolen] ❶ stralenkrans om de figuur of het hoofd van Christus en de heiligen ❷ fig omgevende glans, bijzondere sfeer van bijv. heiligheid of waardigheid: ★ *er hing een ~ van onoverwinnelijkheid rond deze club*

au re·voir [oo rəvwaar] *(‹Fr) tsw* tot weerziens

au·ri·kel *(‹Fr‹Lat) de* [-s] sleutelbloem (*Primula auricula*)

aus·cul·ta·tie [-(t)sie] *(‹Lat) de (v)* med diagnostisch medisch onderzoek door beluistering van de geluiden van het lichaam, bijv. door middel van een stethoscoop

aus·cul·te·ren *ww (‹Fr‹Lat)* [ausculteerde, h. geausculteerd] med luisteren naar geluiden in het lichaam, voornamelijk in de borstkas, meestal met een stethoscoop

aus·dau·er *(‹Du) de (v)* taaiheid, uithoudingsvermogen

au sé·rieux *bijw* [oo seerjeu] *(‹Fr)* in ernst ★ *iets of iem. niet ~ nemen* geen rekening houden met iets of iem., als onbetekenend terzijde schuiven

aus·pi·ciën [-pie(t)s(ie)jə(n)] *(‹Lat) mv* ★ *onder ~ van* onder bescherming, leiding van, georganiseerd door: ★ *deze documentaire is gemaakt onder ~ van Amnesty International*

aus·put·zer [-poetsər] *(‹Du) de (m)* [-s] voetbal laatste verdediger voor het eigen doel

aus·sie [òsie] *de (m)* [-s] ❶ bijnaam voor Australiër ❷ NN bep. type trainingspak, destijds veel gedragen door gabbers (→ **gabber**, bet 2)

aus·traal *(‹Lat) bn* betrekking hebbend op of zich bevindend het zuidelijk halfrond

Aus·tra·li·ër *de (m)* [-s] iem. geboortig of afkomstig uit Australië

Aus·tra·lisch *bn* van, uit, betreffende Australië

aus·weis [-wais] *(‹Du) de (m)* [-weise] [-zə] legitimatie, persoonsbewijs, vooral tijdens de Tweede Wereldoorlog

au·tar·kie *(‹Fr‹Gr) de (v)* economisch stelsel waarbij een staat geheel in eigen behoeften kan voorzien en dus niet afhankelijk is van handel met het buitenland

au·tar·kisch *bn* zelfvoorzienend, economisch onafhankelijk van anderen

au·teur [au-, oo-] *(‹Fr‹Lat) de (m)* [-s] schrijver

au·teur·schap [au-, oo-] *het* het schrijver zijn

au·teurs·recht [au-, oo-] *het* geestelijk eigendomsrecht van de maker van een werk van kunst of wetenschap, copyright

au·then·ti·ci·teit *(‹Fr)* [au-, oo-] *de (v)* het authentiek zijn, echtheid, geloofwaardigheid: ★ *er wordt getwijfeld aan de ~ van dit historische document*

au·then·tiek [au-, oo-] *(‹Fr‹Gr) bn* ❶ oorspronkelijk, echt, geloofwaardig: ★ *een ~ verhaal* ❷ in de wettelijke vorm door een bevoegd ambtenaar opgemaakt, ambtelijk: ★ *een authentieke akte* ❸ echt in de zin van niet vervalst: ★ *authentieke postzegels*

au·tis·me *(‹Du) het* med ziekelijke in-zichzelf-gekeerdheid, ontwikkelingsstoornis die wordt gekenmerkt door een duidelijk verminderde belangstelling voor en een onderontwikkeld inlevingsvermogen in andere mensen

au·tist *de (m)* [-en] iem. die aan autisme lijdt

au·tis·tisch *bn* van de aard van of lijdend aan autisme

au·to [ootoo, autoo] *de (m)* ['s] wegvoertuig op meer dan twee wielen met ingebouwde motor

au·to- *(‹Gr)* als eerste lid in samenstellingen zelf-, eigen

au·to·baan [ootoo-, autoo-] *(‹Du) de* [-banen] autosnelweg

au·to·bi·o·graaf *(‹Gr) de (m)* [-grafen] schrijver van een autobiografie

au·to·bi·o·gra·fie *(‹Gr) de (v)* [-fieën] levensbeschrijving van de auteur zelf

au·to·bi·o·gra·fisch *bn* van de aard van of betrekking hebbend op een autobiografie

au·to·bom [ootoo-, autoo-] *de* [-men] hoeveelheid explosieven die in een auto tot ontploffing wordt gebracht: ★ *autobommen eisen in Baskenland per jaar verscheidene doden*

au·to·box [ootoo-, autoo-] *de (m)* [-en] overdekte en afsluitbare ruimte waar men een auto stalt

au·to·bus [ootoo-, autoo-] *de* [-sen] groot, d.m.v. een motor voortbewogen wegvoertuig dat plaats biedt aan meer dan zeven personen, vaak als middel van openbaar vervoer gebruikt, meestal kortweg → **bus²** genoemd

au·to·car [ootoo-, autoo-] *de* [-s] BN touringcar

au·toch·toon *(‹Gr)* **I** *de* [-tonen] oorspronkelijk inwoner van een land **II** *bn* op de bodem zelf ontstaan, uit het land zelf afkomstig, zuiver inheems, oorspronkelijk: ★ *de Berbers zijn de autochtone bewoners van Noord-Afrika* ★ *autochtone muziek* ★ *de autochtone keuken*

au·to·con·tro·le [ootoo-, autoo-, -tròle, -troolə] *de* [-s] BN algemene periodieke keuring van auto's, apk

au·to·cou·reur [ootookoe-, autookoe-] *de (m)* [-s] iem. die deelneemt aan snelheidswedstrijden met auto's

au·to·craat *(‹Gr) de (m)* [-craten] ❶ alleenheerser; staatshoofd dat alle macht aan zich heeft getrokken ❷ eigenmachtig optredend persoon

au·to·cra·tie [-(t)sie] *de (v)* ❶ onbeperkte opperheerschappij ❷ [mv: -tieën] staat die door een autocraat beheerst wordt

au·to·cra·tisch *bn* van, op de wijze van een autocraat

au·to·cross [ootoo-, autoo-] *(‹Eng) de (m)* [-es] wedstrijd van (oude) auto's over natuurlijk terrein, waarbij in veel gevallen hinderen, botsen enz. geoorloofd is

au·to·cue [-kjoe] *(‹Eng) de (m)* voor het publiek onzichtbare monitor waarvan een tv-presentator

zijn tekst afleest
au·to·da·fe *(‹Port‹Lat) het* ['s] eig geloofsdaad; hist plechtigheid waarbij de Spaanse en Portugese Inquisitie van ketterij verdachte personen weer in de schoot der Kerk opnam of ze aan de wereldlijke macht uitleverde ter bestraffing (wat meestal inhield dat ze levend werden verbrand)
au·to·de·len [ootoo-, autoo-] *ww & het* BN de auto ter beschikking stellen aan meerdere personen die er tegen kostenvergoeding gebruik van kunnen maken
au·to·di·dact *(‹Gr) de (m)* [-en] iem. die zich door zelfstudie gevormd heeft
au·to·di·dac·tisch *bn* (als) van een autodidact
au·to·fo·cus *de (m)* systeem van automatische scherpstelling van foto- en filmcamera's
au·to·gas [ootoo-, autoo-] *het* LPG, brandstof voor motorvoertuigen
au·to·geen *(‹Gr) bn* vanzelf plaats vindend ★ ~ *lassen* doen samensmelten van metalen door middel van een steekvlam van een brandbaar gas met zuurstof ★ *autogene training* eenvoudige psychische therapie ter ontspanning en kalmering
au·to·gor·del [ootoo-, autoo-] *de (m)* [-s] gordel die automobilisten en hun passagiers beveiligt bij aanrijdingen e.d.
au·to·graaf *(‹Gr) de (m)* [-grafen] eigenhandig geschreven document
au·to·gra·fisch *(‹Gr) bn* eigenhandig geschreven
au·to·gram *(‹Gr) het* [-men] ❶ eigenhandig geschreven stuk ❷ handtekening
au·to·hoes [ootoo-, autoo-] *de* [-hoezen] hoes die als bescherming tegen weersinvloeden over een auto wordt getrokken
au·to·im·muunsys·teem [-sis-, -sies-] *het* med afweersysteem
au·to·im·muun·ziek·te *de (v)* [-n *en* -s] ziekte waarbij in het bloed van de patiënt antilichamen voorkomen die tegen de eigen lichaamsstoffen (rode of witte bloedcellen, spierweefsel enz.) zijn gericht
au·to·in·dus·trie [ootoo-, autoo-] *de (v)* industrie waarin auto's in serie worden vervaardigd
au·to·kerk·hof [ootoo-, autoo-] *het* [-hoven] terrein waar afgedankte auto's worden gedumpt
au·to·keu·ring [ootoo-, autoo-] *de (v)* [-en] (regelmatige) technische keuring van auto's
au·to·kraak [ootoo-, autoo-] *de (m)* [-kraken] inbraak in een auto
au·to·kra·ker [ootoo-, autoo-] *de (m)* [-s] iem. die inbreekt in auto's
au·to·loos [ootoo-, autoo-] *bn* zonder auto's: ★ *een ~ eiland* ★ *autoloze zondag* zondag waarop geen autogereden mag worden
au·to·luw [ootoo-, autoo-] *bn* met weinig autoverkeer: ★ *een ~ winkelcentrum*
au·to·maat [autoo-, ootoo-] *(‹Gr) de (m)* [-maten] ❶ schijnbaar uit zichzelf werkend of zichzelf bewegend toestel, bijv. een *wasautomaat* ❷ toestel dat na inwerpen van een geldstuk bepaalde werkingen verricht: ★ *onze koffie komt uit een ~* ❸ iem. die geheel werktuiglijk handelt ❹ auto met een automatisch werkende versnelling
au·to·ma·tie [autoo-, ootoomaa(t)sie] *de (v)* werkzaamheid (als) van een automaat; onwillekeurigheid van handelingen
au·to·ma·tiek [autoo-, ootoo-] *(‹Fr) de (v)* [-en] NN toestel voor of hal met toestellen voor verkoop per automaat, vooral van snacks
au·to·ma·tisch [autoo-, ootoo-] *(‹Gr) bn* ❶ van de aard van of op de wijze van een automaat, onwillekeurig, werktuiglijk: ★ *~ schonk hij twee kopjes koffie in* ❷ door een automaat, zonder tussenkomst van de mens ★ *automatische camera* camera met automatische instelling van de juiste belichting ★ *automatische piloot* besturingsmechanisme waardoor een vliegtuig zonder menselijke ingreep in de goede koers wordt gehouden ★ *~ vuurwapen* vuurwapen waarmee automatisch een aantal schoten snel na elkaar afgevuurd kan worden
au·to·ma·ti·seer·der [ootoo-, autoomaatiezeer-] *de (m)* [-s] iem. die zich beroepshalve bezighoudt met automatisering
au·to·ma·ti·se·ren *ww* [ootoo-, autoomaatiezee-] [automatiseerde, h. geautomatiseerd] automatisch doen werken, inrichten met automatisch werkende machines, vooral computers
au·to·ma·ti·se·ring [ootoo-, autoomaatiezee-] *de (v)* het automatiseren, het door machines laten uitvoeren van handelingen die vroeger door mensen werden verricht
au·to·ma·tis·me [ootoo-, autoo-] *(‹Gr) het* [-n] handeling die men uitvoert zonder erbij na te denken, instincthandeling; werking of verrichting die automatisch plaatsvindt
au·to·mo·biel [ootoo-, autoo-] *(‹Gr‹Lat) de (m)* [-en] vero auto
au·to·mo·biel·in·spec·tie [ootoo-, autoo-, -sie] *de (v)* BN autokeuring, apk
au·to·mo·bi·lis·me [ootoo-, autoo-] *het* het gebruikmaken van auto's
au·to·mo·bi·list [ootoo-, autoo-] *de (m)* [-en] iem. die een auto bestuurt
au·to·mo·bi·li·teit [ootoo-, autoo-] *de (v)* het zich verplaatsen in auto's: ★ *de ~ is de laatste decennia enorm toegenomen*
au·to·mon·teur [ootoo-, autoo-] *de (m)* [-s] iem. die beroephalve auto's repareert
au·to·mu·ti·la·tie [-(t)sie] *(‹Gr‹Lat) de (v)* zelfverminking
au·to·na·vi·ga·tie·sys·teem [ootoo-, autoonaaviegaatsiesis-, -sies-] *het* [-temen] vooral NN in een auto ingebouwd navigatiesysteem dat met behulp van een satellietontvanger de bestuurder instrueert over de te volgen route naar een opgegeven bestemming, door middel van

au

aanwijzingen op een beeldscherm en in gesproken vorm
au·to·no·men (‹It: *autonomia operaia* ‹arbeidersautonomie›) *mv* bep. type anarchistische jongeren, oorspronkelijk uit Italië, wier ideeën rond 1980 hier en daar weerklank vonden
au·to·no·mie [autoo-, ootoo-] (‹Gr) *de (v)* ❶ volkenrecht bevoegdheid om binnenlandse aangelegenheden zelf te regelen, terwijl buitenlandse zaken en / of defensie aan een andere staat worden overgelaten, zelfbestuur: ★ *~ verlenen aan een kolonie* ❷ staatsrecht bevoegdheid van lagere rechtsgemeenschappen voorschriften te geven in eigen aangelegenheden, zelfbestuur ❸ mogelijkheid om in eigen kring zelfstandige beslissingen te nemen: ★ *de ~ van de wetenschappen* ❹ filos mogelijkheid van de mens zelf te beslissen wat hij doet, de vrije wil
au·to·noom [autoo-, ootoo-] (‹Gr) *bn* zelfstandig in filosofische, juridische of biologische zin ★ *~ zenuwstelsel* dat de vegetatieve functies verzorgt, die buiten de wil om gaan ★ *autonome gebieden, staten* gebieden, staten waaraan autonomie is verleend
au·to·on·ge·luk *het* [-ken], **au·to·on·ge·val** [ootoo-, autoo-] [-len] verkeersongeluk met één of meer auto's
au·to·pa·pie·ren [ootoo-, autoo-] *mv* officiële documenten die de bestuurder van een auto bij zich moet hebben
au·to·park [ootoo-, autoo-] *het* [-en] ❶ NN groot parkeerterrein ❷ de gezamenlijke auto's (bijv. van een onderneming, een overheidsdienst enz.)
au·to·ped [ootoo-, autoo-] *de (m)* [-s] vooral NN voertuig bestaande uit een plank op twee wielen en een stuurstang, waarop men zich steppend voortbeweegt
au·to·pet·ten *ww* [ootoo-, autoo-] [autopette, h. geautopet] vooral NN zich op een autoped voortbewegen
au·top·sie (‹Gr) *de (v)* lijkschouwing, onderzoek van de inwendige organen bij lijkopening, sectie
au·to·race [ootoo-, autoorees] *de (m)* [-races] [-reesiz] snelheidswedstrijd voor auto's
au·to·ra·dio [ootoo-, autoo-] *de (m)* ['s] radiotoestel voor gebruik in een auto
au·to·ral·ly [ootoo-, autoorellie] *de (m)* ['s] snelheidswedstrijd op de weg over grote afstand, soms met vaardigheidsproeven
au·to·ren·ner [ootoo-, autoo-] *de (m)* [-s] iem. die geregeld deelneemt aan autoraces, autocoureur
au·to·re·verse [autoorievù(r)s] (‹Eng) **I** *bn* ‹m.b.t. cassetterecorders› aan het eind van het cassettebandje automatisch beginnend met het afspelen van de andere kant van het bandje **II** *de* een dergelijke voorziening op een cassetterecorder: ★ *een cassettedeck met ~*
au·to·rij·den *ww* [ootoo-, autoo-] [reed auto, h. autogereden] een auto besturen

au·to·rij·les [ootoo-, autoo-] *de* [-sen] les in het bedienen en het besturen van een auto
au·to·rij·school [ootoo-, autoo-] *de* [-scholen] instelling voor les in het autorijden
au·to·ri·sa·tie [au-, ootooriezaa(t)sie] (‹Fr) *de (v)* [-s] volmacht, machtiging, vergunning
au·to·ri·se·ren *ww* [au-, ootooriezee-] (‹Fr‹Lat) [autoriseerde, h. geautoriseerd] ❶ machtigen, volmacht geven: ★ *iem. ~ tot het tekenen van contracten* ★ *geautoriseerde vertaling* waartoe de oorspronkelijke schrijver volmacht gegeven heeft ❷ geldigheid geven, erkennen
au·to·ri·tair [autoorietèr, ootoo-] (‹Fr) *bn* ❶ van een of de autoriteit: ★ *het autoritaire gezag* ❷ gebaseerd op of gebruikmakend van macht alleen, niet-democratisch: ★ *een ~ bewind* ❸ bazig, geen tegenspraak duldend: ★ *die afdelingschef is nogal ~*
au·to·ri·teit [au-, oo-] (‹Fr‹Lat) *de (v)* [-en] ❶ gezag, wettige macht: ★ *de ~ van het Koninklijk Huis* ❷ overheidslichaam of -persoon: ★ *hierover zullen de bevoegde autoriteiten moeten beslissen* ❸ zedelijk of wetenschappelijk gezag, overwicht: ★ *dit wetenschappelijk instituut heeft door de recente ontdekkingen aan ~ gewonnen* ❹ iem. met veel gezag op een bep. terrein: ★ *deze arts wordt beschouwd als een ~ op het gebied van aids*
au·to·run (‹Eng) *de* [-s] comput het automatisch opstarten van bepaalde programma's of programmaonderdelen
au·to·sa·lon *de (m)* & *het* [-s] BN autotentoonstelling
au·to·save [-seev] (‹Eng) *de* [-s] comput regelmatig uitgevoerde automatische gegevensopslag ter voorkoming van gegevensverlies bij een crash
au·to·slaap·trein [ootoo-, autoo-] *de (m)* [-en] nachttrein die ook auto's vervoert
au·to·snel·weg [ootoo-, autoo-] *de (m)* [-wegen] grote verkeersweg met door een middenberm gescheiden rijbanen en ongelijkvloerse kruisingen, uitsluitend toegankelijk voor snelverkeer
au·to·sport [ootoo-, autoo-] *de* [-en] verzamelnaam voor die takken van sport waarbij auto's betrokken zijn, zoals autoraces en autorally's
au·to·stop [ootoo-] [-s] ★ BN, spreektaal *~ doen* liften
au·to·stop·per *de* BN, spreektaal lifter
au·to·stra·da (‹It) *de (v)* ['s] autoweg, (auto)snelweg
au·to·stra·de (‹It) *de* [-s] BN, spreektaal autoweg, (auto)snelweg
au·to·sug·ges·tie *de (v)* overtuiging die men aan zichzelf opdringt, aan zichzelf opgedrongen voorstelling
au·to·te·le·foon [ootoo-, autoo-] *de (m)* [-s] toestel waarmee men vanuit een auto een telefoongesprek kan voeren
au·to·trein [ootoo-, autoo-] *de (m)* [-en] trein die ook auto's vervoert
au·to·weg [ootoo-, autoo-] *de (m)* [-wegen] vooral NN slechts voor snelverkeer bestemde weg met gelijkvloerse kruisingen

au·to·wij·ding [ootoo-, autoo-] *de (v)* [-en] BN jaarlijkse zegening van auto's in parochies waar de Heilige Christoffel of Onze-Lieve-Vrouw-van-de-weg wordt aangeroepen

au·to·wrak [ootoo-, autoo-] *het* [-ken] als gevolg van een ongeval of van verregaande slijtage volstrekt onbruikbare auto

au·to·zetel *de* [-s] BN ook autostoel

aval [aaval] *(‹Fr) het* wisselborgtocht

avan·ce [aavās(ə)] *(‹Fr) de* ❶ ★ *avances maken* of *doen* toenadering zoeken, trachten nadere betrekkingen aan te knopen, vaak om een relatie te beginnen ❷ beurs koersstijging

avant-gar·de [aavā-γardə] *(‹Fr) de* eig voorhoede; fig groep van jonge kunstenaars die nieuwe, grensverleggende vormen zoeken; ook als eerste lid in samenstellingen: ★ *avant-gardefilm, avant-gardetoneel*

avant-gar·dist [aavā-γar-] *de (m)* [-en] lid van een avant-garde

avan·ti [aavan-] *(‹It) tsw* voorwaarts!

avant la let·tre *bijw* [aavā -] *(‹Fr)* voordat het begrip of de term bekend was: ★ *Shakespeare was een psycholoog ~*

avant-pre·miè·re [aavā-prəmjèrə] *(‹Fr) de* [-s] BN vertoning van een film, toneelstuk e.d. voorafgaand aan de eigenlijke première

ava·tar *(‹Hindi: incarnatie) de (m)* [-s] comp personage waarmee iem. zichzelf op het internet presenteert, bijv. in games of op forums

AVBB *afk* in België Algemene Vereniging van Beroepsjournalisten in België

ave [-vee] *(‹Lat)* **I** *tsw* wees gegroet ★ *~ Caesar* begroeting van de Romeinse keizer ★ *~ Caesar, morituri te salutant* vaarwel Caesar, zij die gaan sterven groeten u (groet van de gladiatoren bij het betreden van de arena) **II** *het* ['s] RK het gebed weesgegroet

ave·gaar *de (m)* [-s] grote houtboor met aan de bovenkant een dwarshoutje als handvat

Ave Ma·ria *(‹Lat) het* ['s] Wees gegroet, Maria; met die woorden beginnend rooms-katholiek gebed

ave·nue [-nuu] *(‹Fr) de* [-s] ❶ brede laan met bomen ❷ brede hoofdstraat in een grote stad

ave·recht *bn* bepaalde breisteek: ★ *twee recht, twee ~ breien* ★ *een averechte steek*

ave·rechts *bn* ❶ verkeerd, omgekeerd ★ *deze maatregel werkt ~ of pakt ~ uit* heeft een uitwerking die tegengesteld is aan wat men beoogt ❷ → averecht

ave·rij *(‹FrIt) de (v)* [-en] ❶ gedurende de reis aan een schip overkomen schade: ★ *~ oplopen in een storm* ★ *averij-grosse* schade aan schip en lading gezamenlijk ★ *particuliere* of *kleine ~* schade aan schip of aan lading afzonderlijk ❷ fig schade in het algemeen

avers [aavers] *(‹Lat) bn* afkerig

aver·sie [aaverzie] *(‹FrLat) de (v)* afkeer, tegenzin, walging: ★ *~ hebben tegen iem., iets*

A4 *het* ❶ papierformaat van 21 cm × 29,7 cm ❷ vel papier van dit formaat: ★ *een scriptie van tien A4-tjes*

avi·fau·na *(‹Lat) de* de vogelwereld van een land of streek

avio·brug *de* [-gen] NN slurfachtige loopgang waardoor passagiers uit het centrale gebouw van een luchthaven in de gereedstaande vliegtuigen kunnen komen

avo·ca·do *(‹Sp‹Nahuatl) de (m)* ['s] peervormige steenvrucht van de advocaatboom *(Persea americana)* uit de laurierfamilie, oorspronkelijk afkomstig uit Midden-Amerika

avond *de (m)* [-en] ❶ het gedeelte van een etmaal tussen namiddag en nacht ★ *'s avonds, des avonds* in de avond ★ *hoe later op de ~, hoe schoner volk* gezegd bij vriendelijke ontvangst van late bezoekers ❷ fig tijd van achteruitgang: ★ *de ~ van het leven*

avond·blad *het* [-bladen] 's middags verschijnende krant

avond·dienst *de (m)* [-en] ❶ kerkdienst in de avond ❷ werktijd in de avonduren: ★ *~ hebben*

avond·eten *het* maaltijd die men aan het begin van de avond gebruikt

avond·japon *de (m)* [-nen] lange, geklede japon voor schouwburgbezoek, officiële ontvangsten in de avond e.d.

avond·je *het* [-s] gezellig samenzijn in de avond ★ NN *het heerlijk ~* sinterklaasavond

avond·jurk *de* [-en] avondjapon

avond·kle·ding *de (v)* kleding die bij speciale gelegenheden 's avonds wordt gedragen

avond·kleed *het* [-kleden] BN ook avondjurk

avond·klok *de* tijdstip waarna het verboden is op straat te zijn: ★ *na de ongeregeldheden stelde de regering een ~ in*

Avond·land *het* het westen van de Oude Wereld, West-Europa

avond·lijk *bn* 's avonds plaatsvindend, zich 's avonds voordoend: ★ *het avondlijke schemerlicht*

avond·ly·ce·um [-lie-] *het* [-cea, -s] NN, vroeger inrichting voor voortgezet onderwijs in de avond

avond·maal *het* maaltijd die men 's avonds gebruikt ★ *het Avondmaal* plechtige nuttiging van brood en wijn in de Protestantse Kerk, ter herdenking van de laatste maaltijd van Christus met zijn discipelen

avond·mens *de (m)* [-en] persoon die zich 's avonds het lekkerst voelt en het meest actief is: *tegengest:* → ochtendmens

avond·re·tour [-toer] *het* [-s] NN, vroeger treinkaartje waarop men 's avonds tegen sterk gereduceerd tarief heen en terug kon reizen

avond·rood *het* rode lucht bij zonsondergang

avond·sche·mer *de (m)*, **avond·sche·me·ring** *de (v)* het licht na zonsondergang

avond·school *de* [-scholen] school waar 's avonds lessen worden gegeven

avond·spits *de* [-en] grote verkeersdrukte aan het

einde van de middag en in het begin van de avond
Avond·ster *de* de planeet Venus als deze rond zonsondergang aan de westelijke hemel te zien is
avond·stond *de (m)* [-en] plechtig avonduur
avond·toi·let [-twaa-] *het* [-ten] → **toilet** (bet 3) voor een feest, schouwburgbezoek enz.
avond·uur *het* [-uren] ★ *in de avonduren* 's avonds
avond·vier·daag·se *de* [-n] op vier achtereenvolgende zomeravonden plaatsvindende afstandsmars
avond·vul·lend *bn* ★ *~ programma* programma dat een hele avond duurt
avond·win·kel *de (m)* [-s] NN winkel die in de avonduren en vaak ook op zondag geopend is
avond·zon *de* zon zoals die zich in de avond vertoont, ondergaande zon
avon·tu·ren·ro·man *de (m)* [-s] roman die spannende, avontuurlijke gebeurtenissen tot onderwerp heeft
avon·tu·rier *(‹Fr) de (m)* [-s] ❶ iem. die graag avonturen beleeft ❷ weinig betrouwbare zakenman, gelukzoeker
avon·tu·rie·ren *ww* [avonturierde, h. geavontuurd] avonturen beleven, het leven van een avonturier leiden: ★ *die zomer avonturierde ik wat in Noord-Afrika*
avon·tuur *(‹Fr) het* [-turen] onverwachte, opwindende belevenis: ★ *we hebben die vakantie heel wat avonturen beleefd* ★ *op* ~ op goed geluk
avon·tuur·lijk *bn* ❶ vol ongewone belevenissen: ★ *een avontuurlijke reis* ❷ gewaagd: ★ *dit wordt een avontuurlijke onderneming* ❸ graag avonturen belevend: ★ *een ~ mens*
avon·tuur·tje *het* [-s] vluchtige, niet serieus bedoelde liefdesverhouding
à vo·tre san·té *bijw* [aa vottrə sātee] *(‹Fr)* op uw gezondheid
AVRO *afk* in Nederland Algemene Vereniging Radio-Omroep [omroepvereniging]
à vue [aa vuu] *(‹Fr) bijw* uitdrukking muz zonder voorbereiding, direct van het blad: ★ *~ spelen, zingen*
AVV/VVK *afk* in België Alles Voor Vlaanderen - Vlaanderen Voor Kristus [leus van een Vlaams-nationalistische beweging, ontstaan tijdens de Eerste Wereldoorlog]
a.w. *afk* aangehaald werk
AWACS *afk* Airborne Warning and Control System *(‹Eng)* [een elektronisch systeem voor verkenning en bewaking van het luchtruim vanuit vliegtuigen]
A-wa·pens *mv* atoomwapens
AWBZ *afk* in Nederland Algemene Wet Bijzondere Ziektekosten [verplichte verzekering tegen bep. ziektekosten zoals langdurige verpleging in een inrichting en psychiatrische hulp]
AWW *afk* in Nederland Algemene Weduwen- en Wezenwet (thans vervangen door de ANW, zie aldaar)
axel *de (m)* [-s] benaming voor een sprong met anderhalve draai in het kunstrijden op de schaats

axi·aal *(‹Lat) bn* ❶ de as volgend, in de as liggend ❷ behorend tot de as ❸ om de as bewegend
axi·o·ma *(‹Lat‹Gr) het* ['s] niet bewezen en naar men aanneemt geen bewijs behoevende uitspraak of eigenschap, a priori als waarheid aangenomen
axo·lotl, **axo·lotl** *(‹Nahuatl, een Mexicaanse indianentaal) de (m)* [-s] salamander die zich als larve voortplant, voorkomend in Mexico, veel gebruikt voor hormoonproeven *(Ambystoma mexicanum)*
aya·tollah [aajaa-] *(‹Perz‹Arab) de (m)* [-s] ‹in de sjiitische richting van de islam› hoge geestelijke leider
ayur·ve·da [ajjoer-] *de* uit India afkomstige holistische natuurgeneeswijze, werkend met kruiden, planten, vruchten en oliën
ayur·ve·disch *bn* van, volgens of in overeenstemming met de ayurveda
a/z *afk* aan zee: ★ *Katwijk a / z*
aza·lea [aazaa-] *(‹Gr) de* ['s] verzamelnaam van een aantal tuin- en kamerplanten uit het geslacht *Rhododendron*: ★ *vooral de Indische ~ (R. simsii) is bekend als potplant*
azc *afk* NN asielzoekerscentrum
azen *ww* [aasde, h. geaasd] ‹bij roofdieren› voedsel, prooi zoeken ★ *~ op* fig sterk begeren: ★ *hij aast op promotie*
Azer·bei·dzjaan *de (m)* [-dzjanen], **Azer·bei·dzja·ni** [*mv* idem] iem. geboortig of afkomstig uit Azerbeidzjan
Azer·bei·dzjaans I *bn* van, uit, betreffende Azerbeidzjan **II** *het* taal van Azerbeidzjan
azer·ty·toet·sen·bord [aazertie-] *het* [-en] toetsenbord zoals gebruikelijk in o.a. Frankrijk en België, waarvan de lettertoetsen vanaf linksboven beginnen met de letters *a z e r t y*
Azi·aat *de (m)* [Aziaten] iem. geboortig of afkomstig uit Azië
Azi·a·tisch *bn* van, uit, betreffende Azië
azijn [aazijn] *(‹Fr‹Lat) de (m)* oplossing van 6%-10% azijnzuur in water ★ NN *men vangt meer vliegen met een lepel stroop dan met een vat ~*, BN *men vangt geen vliegen met ~* met vriendelijkheid of vleierij is meer te bereiken dan met hardheid
azijn·aal·tje [aazijn-] *het* [-s] wormpje dat in azijn leeft
azijn·pis·ser [aazijn-] *de (m)* [-s] inf zuurpruim, stuk chagrijn
azijn·zuur [aazijn-] *het* chem kleurloze vloeistof, CH_3COOH
azi·mut *(‹Fr‹Arab) het* kosmografie boog van de horizon, begrepen tussen de meridiaan van een plaats en een of andere verticaal- of hoogtecirkel, toppuntshoek
Az·teeks *bn* van de Azteken, indianen van hoge beschaving in Mexico vóór de verovering door Spanje in 1521
azu·ren [aazuu-] *bn* blauw als azuur
azuur [aazuur] *(‹Fr‹Lat‹Arab) het* ❶ hemelsblauwe kleur ❷ blauw in de wapenkunde ❸ plechtig de

(blauwe) hemel

B

b¹ *de* [b's] ❶ de tweede letter van het alfabet ❷ de zevende toon van de diatonische toonladder, de muzieknoot si
b² *afk* ❶ <u>nat</u> symbool voor *breedte* ❷ <u>handel</u> bieden
B *afk* ❶ <u>chem</u> symbool voor het element *boor* ❷ als nationaliteitsaanduiding op auto's: *België*
B- *voorvoegsel* niet behorend tot de beste kwaliteit: ★ *B-merk, B-film*
b2b *afk* [bietoebie] *(⟨Eng)* business-to-business
b2c *afk* [bietoesie] *(⟨Eng)* business-to-consumer
BA *afk* Bachelor of Arts
Ba *afk* <u>chem</u> symbool voor het element *barium*
ba¹, bah *tsw* uitroep van afschuw
ba² *het* ★ geen boe of ~ zeggen of boe noch ~ zeggen geen woord spreken
baad·je *(⟨Mal)* het [-s] <u>vero</u> jasje, nauwsluitend kledingstuk voor het bovenlichaam ★ <u>NN</u> *iem. op zijn ~ geven* slaag geven ★ <u>NN</u> *op zijn ~ krijgen* slaag krijgen
baad·ster *de (v)* [-s] badende vrouw
baai¹ *de* [-en] inham van een zee
baai² *(⟨Fr) de (m) & het* dik, zuiver wollen flanel
baai³ *de (m)* tabak van fijne snede
baai·en *bn* van ²baai: ★ *een ~ rok*
baai·erd *de (m)* toestand van de aarde vóór de schepping; <u>fig</u> verwarde massa
baak *de* [baken] → **baken**
baal *(⟨Fr) de* [balen] grote jute- of linnen zak ★ <u>NN</u> *(de) balen hebben van* meer dan genoeg hebben van; *vgl:* → **balen**
baal·dag *de (m)* [-dagen] <u>vooral NN</u> dag waarop men zich lusteloos voelt en nergens zin in heeft
ba·äls·pries·ter *de (m)* [-s] afgodendienaar
baan *de* [banen] ❶ <u>algemeen</u> weg, strook, pad, traject ★ <u>NN</u> *ruim, vrij ~ maken* de weg vrijmaken, hindernissen wegnemen ook (<u>fig</u>) ★ *van de ~ niet* meer aan de orde, voorgoed opgegeven ★ <u>NN</u> *de ~ op gaan* een lichtzinnig leven gaan leiden ★ *iets op de lange ~ schuiven* iets voor lange tijd uitstellen ★ *iets in goede banen leiden* zorgen dat iets goed verloopt ★ *zich ~ breken* met kracht opkomen ★ <u>NN</u> *vrije ~* strook van de openbare weg die uitsluitend gebruikt mag worden voor het openbaar vervoer ★ <u>BN</u>, <u>spreektaal</u> *grote ~* autoweg, hoofdweg, weg voor doorgaand verkeer ★ <u>BN</u>, <u>spreektaal</u> *niet over de ~ kunnen met iem.* niet kunnen opschieten met iem., niet met iem. overweg kunnen ❷ bep. traject bij snelheidssporten: ★ *de zwemster in ~ zeven;* <u>vooral</u> *een ovaal traject:* ★ *wielrennen op de ~* ★ *een baantje trekken (bij zwemmen en schaatsen)* een kort traject afleggen ook bij andere sporten: *vgl:* → **tennisbaan**, → **kaatsbaan** ❸ <u>nat</u> kromme die een bewegend voorwerp onder invloed van een kracht of krachten aflegt: ★ *de ~ van een elektron om een*

atoomkern ★ *een satelliet in een ~ om de aarde brengen* ❹ werkkring, betrekking: ★ *een leuke ~ bij een uitgeverij* ❺ strook stof of behang: ★ *een ~ in een rok* ★ *de Belgische zowel als de Nederlandse vlag bestaat uit drie banen*

baan·bre·kend, baan·bre̲·kend *bn* wegbereidend, nieuwe gezichtspunten openend

baan·bre̲·ker *de (m)* [-s] iem. die de weg baant, vooral fig

baan·ca·fé̲ *het* [-s] BN aan een grote verkeersweg gelegen café of café-restaurant, vooral voor passerende automobilisten

baan·com·mis·sa̲·ris *de (m)* [-sen] sp persoon die bij wedstrijden op de → **baan** (bet 2) toezicht houdt op de naleving van de reglementen

baan·der·heer ‹*Du*› *de (m)* [-heren] hist edelman die onder eigen banier krijgslieden mocht aanvoeren

baan·re·cord [-rəkoor, -rəkort] *het* [-s] sp snelste tijd die ooit op een bep. baan is verwezenlijkt

baan·schui̲·ver *de (m)* [-s] NN toestel onder een tramwagen om obstakels op de trambaan weg te schuiven en zoodoende overrijden te voorkomen

baan·tjes·ja̲·ger *de (m)* [-s] iem. die naar allerlei betrekkingen dingt

baan·vak *het* [-ken] ❶ gedeelte van een spoor- of trambaan ❷ BN ook rijstrook

baan·vast *bn* BN ‹van auto's› met goede wegligging

baan·ve̲·ger *de (m)* [-s] iem. die de ijsbaan schoonveegt

baan·wach·ter *de (m)* [-s] iem. die een deel van de spoorbaan bewaakt

baan·wed·strijd *de (m)* [-en] sp wedstrijd die op een speciaal voor die sport aangelegde baan wordt gehouden: ★ *naast de ~ bestaat er de crosscountry en de wedstrijd op de weg*

baar[1] *de* [baren] ❶ draagbaar ❷ lijkbaar

baar[2] ‹*Fr*› *de* [baren] staaf (van goud of zilver)

baar[3] *de* [baren] vero golf

baar[4] *bn* ★ *~ geld* contant geld ★ *de bare duivel de duivel in levenden lijve*

baard *de (m)* [-en] ❶ haren die op de kin en de wangen groeien ★ *zijn ~ laten staan* niet afscheren ★ *een mop met een ~ een oude, al vaak vertelde mop ★ de ~ in de keel hebben* stemverzwaring krijgen ❷ baardachtig aangroeisel bij sommige dieren ❸ het gedeelte van een sleutel dat in het slot draait; zie ook bij → **keizer**

baard·aap *de (m)* [-apen] ❶ soort aap met ringbaard ❷ schertsend man met een baard

baar·de·loos *bn* ❶ nog geen baardgroei hebbend ❷ fig jong, onervaren: ★ *een baardeloze jongeman*

baard·gras *het* soort pluimgras (*Phleum monspeliensis*)

baard·groei *de (m)* het groeien van een baard

baar·dig *bn* een zware baard hebbend

baard·man *de (m)* [-nen] geglazuurde kruik van hard aardewerk, oorspronkelijk rond Keulen vervaardigd, met daarop in reliëf een baardig mannengezicht

baard·man·ne·tje *het* [-s] zeldzaam meesachtig vogeltje in moerasstreken, o.a. om het Naardermeer (*Panurus biarmicus*)

baard·mees *de* [-mezen] baardmannetje

baard·schurft *de & het* med aandoening van de haarzakjes in het gebied van de baard

baard·vin *de* ontsteking van de huid onder de baard

baard·wal·vis *de (m)* [-sen] baleinwalvis

baar·kleed *het* [-kleden] kleed over een lijkbaar

baar·kruk *de* [-ken] NN krukje als hulpmiddel om zittend te bevallen

baar·lijk *bn* ★ *de baarlijke duivel* de duivel in levenden lijve ★ *baarlijke nonsens* klinkklare onzin

baar·moe·der *de* [-s] lichaamsdeel van vrouwen en vrouwelijke zoogdieren waarin zich de vrucht ontwikkelt

baar·moe·der·hals *de (m)* [-halzen] de toegang tot de baarmoeder aan het uiteinde van de schede

baar·moe·der·ring *de (m)* [-en] pessarium

baars *de (m)* [baarzen] zoetwatervis met stekelige vinnen

baar·zen *ww* [baarsde, h. gebaarsd] met de hengel naar baars vissen

baas *de (m)* [bazen] ❶ leider, hoofd, iem. die bevelen geeft ★ *de ~ spelen (over iem.)* macht uitoefenen (over iem.) ★ *iem. de ~ zijn* iem. overtreffen ★ *iets de ~ kunnen* het kunnen klaarspelen ★ *er is altijd ~ boven ~* er is altijd iem. die beter is (meent te zijn) dan de anderen ★ *een oude ~* een oude man ★ *~ in eigen buik* leus gebruikt in de strijd voor de vrijheid van abortus ❷ iem. in betrekking tot zijn personeel, chef, patroon ★ *eigen ~ zijn* aan niemand ondergeschikt zijn ★ *NN in de tijd van de ~* onder werktijd ★ NN *het zo druk hebben als een klein baasje* het erg druk hebben (als iem. zonder personeel) ❸ knapperd, iem. die ergens zeer bedreven in is: ★ *hij is een ~ in wiskunde* ❹ mannelijk persoon in betrekking tot zijn huisdier: ★ *bent u de baas van dit hondje?*

baat *de* [baten] voordeel: ★ *baten en lasten* activa en passiva ★ *ten bate van* ten voordele van ★ *ten eigen bate* tot voordeel voor zichzelf ★ *iets te ~ nemen* iets aanwenden ★ *~ hebben, vinden bij* voordeel hebben van ★ *geen ~ hebben bij een medicijn* niet beter worden van een medicijn ★ vooral NN *de kost gaat voor de ~ uit* geen winst zonder kosten vooraf, fig geen resultaat zonder inspanning ★ recht *om ~ tegen een gelijkwaardige tegenprestatie*

baat·be·las·ting *de (v)* [-en] NN gemeentebelasting op eigendommen die voordeel hebben van door de gemeente uitgevoerde werken

baat·zucht *de* zucht om zoveel mogelijk te krijgen

baat·zuch·tig *bn bijw* zoveel mogelijk willende krijgen; op eigen voordeel bedacht

bab·bel [-s] **I** *de (v)* iem. die graag babbelt **II** *de (m)* praatje ★ vooral NN *veel babbels hebben* aanmatigend praten, veel praatjes hebben ★ *een vlotte ~ hebben* vlot kunnen spreken

bab·be·laar *de (m)* [-s] ❶ iem. die graag babbelt

❷ zoet snoepje in de vorm van een kussentje
bab·be·laar·ster *de (v)* [-s] vrouw die of meisje dat graag babbelt
bab·bel·box *de (m)* [-en] telefoonservice waarbij men met een groep bellers gezamenlijk kan converseren na het draaien van een bep. telefoonnummer beginnend met 0906
bab·be·len *ww* [babbelde, h. gebabbeld] veel praten over onbelangrijke dingen
bab·bel·kous *de* [-en] iem. die graag babbelt
bab·bel·tje *het* [-s] kort informeel gesprek, praatje: ★ *een ~ met iem. maken*
bab·bel·ziek *bn* vaak babbelend
babe [beeb] *(‹Eng› de (v)* [-s] inf aantrekkelijk meisje
Ba·bel *(‹Hebr› het* Bijbelse benaming voor de stad Babylon ★ *toren van ~* toren die de afstammelingen van Noach wilden bouwen en die de oorzaak werd van hun spraakverwarring (Genesis 11) vandaar, fig spraakverwarring
ba·be·lut·te *de* [-n] BN langwerpig karamelsnoepje in wit-blauw papiertje
ba·bi *(‹Mal› de (m)* varkensvlees ★ *~ pangang* geroosterd varkensvlees
ba·boe *(‹Mal› de (v)* [-s] NN vrouwelijke Indonesische bediende of kinderoppas
ba·by [beebie] *(‹Eng› de (m)* ['s] zuigeling, zeer jong kind dat nog niet kan spreken: ★ *zij heeft pas een ~ gekregen*
ba·by- [beebie-] *als eerste lid in samenstellingen* ter aanduiding van een zeer klein model: ★ *babypiano*
ba·by·boom [beebieboem] *(‹Eng› de (m)* [-s] geboortegolf
ba·by·boom·er [beebieboemə(r)] *(‹Eng› de (m)* [-s] iem. die geboren is tijdens een geboortegolf
ba·by·box [beebieboks] *(‹Eng› de (m)* [-en] → **box**, bet 1
ba·by·doll [beebie-] *(‹Eng› de (m)* [-s] pyjama voor vrouwen en meisjes dat bestaat uit een wijd loshangend jak en een kort pofbroekje
ba·by·foon [beebie-] *de (m)* [-s] microfoon in een kinderkamer, verbonden met een luidspreker elders, om geluiden uit de kinderkamer door te geven
Ba·by·lo·nisch [baabie-] *bn* uit of van Babylon ★ *een Babylonische spraakverwarring* toestand waarbij men elkaar niet meer begrijpt en allen door elkaar spreken (naar Genesis 11: 9) ★ *de Babylonische ballingschap* gevangenschap van de Israëlieten in Babylon, 588-536 v.C. ★ *de Babylonische gevangenschap* verblijf van de pausen in Avignon, 1309-1377
ba·by·poe·der [beebie-] *de (m) & het* talkpoeder, speciaal voor gevoelige huid
ba·by·sho·wer [beebiesjouwə(r)] *(‹Eng› de (m)* [-s] feestje ter viering van een pasgeboren baby
ba·by·sit, **ba·by·sit·ter** [beebie-] *(‹Eng› de (m)* [-s] iem. die op de baby of de kinderen past als de ouders uit zijn
ba·by·sit·ten [beebie-] *(‹Eng› ww & het* het passen op baby's of kinderen als de ouders uit zijn
ba·by·tuig·je [beebie-] *het* [-s] stel banden waarmee een baby in bed, op een stoel of in een wagentje vastgebonden wordt
ba·by·uit·zet [beebie-] *de (m) & het* [-ten] uitrusting aan kleertjes en linnengoed die nodig is voor de verzorging van een baby
ba·by·voe·ding [beebie-] *de (v)* fijngemaakt, lichtverteerbaar voedsel, speciaal voor baby's
ba·by·weeg·schaal [beebie-] *de* [-schalen], **ba·by·we·ger** [beebie-] *de (m)* [-s] weegschaal die speciaal is geconstrueerd voor het wegen van baby's
bac·ca·lau·re·aat *(‹Lat› het* laagste universitaire graad in de middeleeuwen, thans nog bestaand in o.a. België, Groot-Brittannië en de Verenigde Staten
bac·ca·lau·re·us [-lauree(j)us] *(‹Lat› de (m)* [-laurei] iem. die het baccalaureaat heeft verkregen aan een universiteit of hogeschool die deze graad kent (in opklimmende orde: baccalaureus, licentiaat, magister, doctor)
bac·ca·rat [-rà] *(‹Fr› het* kansspel met kaarten
bac·cha·naal [bachaa-] *(‹Lat› het* [-nalen] woest drinkgelag
bac·chant [bachant] *(‹Lat› de (m)* [-en] ❶ priester van Bacchus ❷ deelnemer aan een bacchanaal
bac·chan·te [bachante] *de (v)* [-n] ❶ eig (in vervoering zijnde) priesteres van Bacchus ❷ fig losbandige, dronken vrouw
bac·chan·tisch [bachan-] *bn* als een bacchante, losbandig, schaamteloos
Bac·chus *zn (‹Lat›* [bachus] Romeinse god van de wijn; fig de wijn zelf
ba·che·lor [betsjələ(r)] *(‹Eng› de (m)* [-s] titel van een student aan een hogeschool of universiteit die de eerste fase van de opleiding heeft afgerond
ba·che·lor·mas·ter·stel·sel *het* fasering van een academische opleiding die in drie jaar leidt tot de graad van bachelor en vervolgens in één of twee jaar tot de graad van master
ba·cil *(‹Lat› de (m)* [-len] ❶ staaf- of kommavormige bacterie ❷ bij uitbreiding bacterie in het algemeen
ba·cil·lair [-lèr] *(‹Fr› bn* betrekking hebbend op, veroorzaakt door bacillen
ba·cil·len·dra·ger *de (m)* [-s] iem. die ziekteverwekkende bacillen bij zich draagt waarmee hij anderen kan besmetten, maar zelf niet ziek wordt
back [bek] *(‹Eng› de (m)* [-s] sp achterspeler, verdediger
back·beat [bekbiet] *(‹Eng› de (m)* ritme waarbij van een maat met vier tellen de tweede en de vierde tel worden benadrukt
back·bone [bekboon] *(‹Eng› de* [-s] comput (eig. wervelkolom) de snelle datacommunicatieverbindingen in een netwerk
back·gam·mon [bekγemmən] *(‹Eng› het* op triktrak gelijkend spel
back·ground [bekγround] *(‹Eng› de (m)* [-s] achtergrond in figuurlijke betekenis (in film,

popmuziek, psychologie enz.)
back·hand [bekhend] (⟨Eng⟩ de (m)) ❶ (tafel)tennis, badminton wijze van slaan waarbij de slag wordt ingezet met de rug van de hand naar voren en de arm van het lichaam af wordt gezwaaid ❷ [mv: -s] op deze wijze uitgevoerde slag; tegengest.:→ **forehand**
back·ing [bekking] (⟨Eng⟩ de) ❶ ruggensteun, ondersteuning ❷ in de amusementsmuziek benaming voor de (instrumentale) begeleiding van een solozanger of vocale groep
back·light·ing [beklaiting] (⟨Eng⟩ de) comput zodanige beeldschermbelichting dat de tekens en afbeeldingen op de voorgrond scherp contrasteren met de achtergrond
back·of·fice [bek-offis] (⟨Eng⟩ de (m) & het) deel van een bedrijf of organisatie dat geen directe contacten heeft met de klanten; tegengest.: **frontoffice**
back·packer [bekpekkə(r)] (⟨Eng⟩ de [-s]) toerist die zijn bagage in een rugzak meevoert
back·ser·vice [beksù(r)vis] (⟨Eng⟩ de (v) [-s]) aanspraken op pensioen die een werkgever aan zijn werknemer op een bep. moment toekent en die betrekking hebben op de op dat moment verstreken dienstjaren van de werknemer
back·slash [bekslesj] (⟨Eng⟩ de [-es]) schuin naar achteren gericht streepje, het teken \
back·space [bekspees] (⟨Eng⟩ de [-s]) comput toets op het toetsenbord waarmee de cursor één positie naar links verspringt en er tegelijkertijd een karakter wordt gewist
back-up [bek-] (⟨Eng⟩ de (m) [-s]), **back-up copy** [bekup koppie] comput kopie van een computerbestand, te gebruiken als het origineel verloren is gegaan
ba·co de (m) ['s] mixdrankje van cola met bacardi
ba·con [beekən] (⟨Eng⟩ de (m) & het) licht gezouten en gerookt of gedroogd, mager varkensspek
ba·co·ve (⟨Port⟩ de [-n]) in Suriname benaming voor de rauw gegeten banaan
bac·te·ri·ci·de I bn bacteriëndodend **II** het [-n] bacteriëndodend middel
bac·te·rie (⟨Gr⟩ de (v) [-riën]) microscopisch klein organisme, vaak ziekteverwekkend
bac·te·ri·eel bn op bacteriën betrekking hebbend of daardoor veroorzaakt
bac·te·ri·o·lo·gie (⟨Gr⟩ de (v)) leer van de bacteriën
bac·te·ri·o·lo·gisch (⟨Gr⟩ bn) betrekking hebbend op de bacteriologie ★ bacteriologische oorlogvoering biologische oorlogvoering
bac·te·ri·o·loog de (m) [-logen] iem. die zich bezighoudt met bacteriologie
bad¹ het [baden] ❶ kuip waarin men zich kan baden: ★ in ~ gaan ★ een hotelkamer met ~ ❷ onderdompeling van het hele lichaam in water: ★ een ~ nemen ❸ zwembad ❹ vloeistof waarin men een voorwerp dompelt om het een bep. bewerking te laten ondergaan: ★ bij het etsen legt men de plaat in een zuurbad

bad² ww verl tijd enk van → **bidden**
bad·cel de [-len] kleine badkamer, vaak alleen met douche
bad·de·ren ww [badderde, h. gebadderd] NN ❶ een bad nemen ❷ spelen in het water
bad·ding de (m) [-s] → **batting**
ba·den¹ ww [baadde, h. gebaad] een bad nemen ★ in tranen ~ fig hevig huilen ★ in weelde ~ alles in overvloed hebben; zie ook bij → **bloed¹**
ba·den² ww verl tijd meerv van → **bidden**
ba·den³ zn meerv van → **bad¹**
ba·der de (m) [-s] iem. die baadt
bad·gast de (m) [-en] bezoeker van badplaats
badge [bedzj] (⟨Eng⟩ de (m) [-s]) ❶ plaatje of insigne waarop naam, functie e.d. van degene die het draagt (bijv. op een congres) zijn aangegeven ❷ speldje met daarop een grappige tekst of tekening of een politiek getinte leus, button
bad·hand·doek de (m) [-en] grote handdoek van badstof
bad·huis het [-huizen] inrichting waar men kan douchen en / of baden
ba·di·ne·ren ww (⟨Fr⟩ [badineerde, h. gebadineerd]) luchtig schertsen, gekscheren: ★ je moet geen badinerende opmerkingen maken over deze serieuze zaak
bad·in·rich·ting de (v) [-en] ❶ badhuis ❷ zwembad
bad·jas de [-sen] jas of mantel die men over de badkleding draagt
bad·juf·frouw de (v) [-en] NN vrouw die toezicht houdt in een zwembad
bad·ka·mer de [-s] kamer waar men zich kan baden
bad·kos·tuum het [-s] badpak
bad·kuip de [-en] kuip waarin men zich kan baden
bad·la·ken het [-s] vooral NN groot formaat handdoek, dikwijls van badstof
bad·man·tel de (m) [-s] badjas
bad·mees·ter de (m) [-s] iem. die toezicht houdt in een zwembad
bad·min·ton [bedmintən] (⟨Eng⟩ het) uit India afkomstig spel waarbij met lichte rackets een shuttle heen en weer over een net wordt geslagen
bad·min·ton·nen ww [betmintonnə(n)] [badmintonde, h. gebadmintond] badminton spelen
bad·muts de [-en] gummi muts, meestal door personen met lang haar gedragen bij het zwemmen
bad·pak het [-ken] eendelig badkostuum voor meisjes en vrouwen dat een groot deel van de romp bedekt
bad·plaats de [-en] ❶ plaats aan zee waar gelegenheid is tot baden, zoals Zandvoort of Oostende ❷ plaats met geneeskrachtig bronwater, zoals Spa of Vichy
bad·schuim het middel dat het badwater hevig doet schuimen
bad·spons de [-en en -sponzen] ❶ spons gebruikt bij het baden ❷ soort spons uit de Middellandse Zee en de Golf van Mexico (*Spongia officinalis*)
bad·stad de [-steden] BN ook badplaats

bad·stof *de* katoenen weefsel met kleine lusjes voor badhanddoeken, badjassen e.d., frotteerstof
bad·wa·ter *het* water waarin men baadt ★ *het kind met het ~ weggooien* met het verkeerde tevens het goede weggooien
bad·zeep *de* zachte, drijvende zeepsoort
bad·zout *het* [-en] geurig zout voor badwater
bae·de·ker [bee-] *de (m)* [-s] reishandboek voor een bepaalde streek, zoals het eerst (in 1827) uitgegeven door Karl Baedeker (1801-1859)
ba·ga·ge [baagaazjə] *(‹Fr) de (v)* ❶ wat men meeneemt op reis, zoals koffers, rugzakken e.d. ❷ fig wat men meevoert in geestelijke zin, kennis, ontwikkeling: ★ *hij heeft slechts weinig wetenschappelijke ~*
ba·ga·ge·de·pot [-zjədeepoo] *de (m) & het* [-s] afdeling op stations waar bagage in bewaring kan worden gegeven
ba·ga·ge·dra·ger [-zjə-] *de (m)* [-s] ❶ ijzeren draagstel achterop een fiets voor bagage of waarop iem. kan zitten ❷ BN imperiaal op een auto
ba·ga·ge·kluis [-zjə-] *de* [-kluizen] vooral NN door de reiziger zelf te bedienen kluis in een bagagedepot
ba·ga·ge·net [-zjə-] *het* [-ten] net in bussen of treinen voor bagage
ba·ga·ge·rek [-zjə-] *het* [-ken] ❶ rek voor handbagage in trein of bus ❷ BN imperiaal (op auto's)
ba·ga·ge·wa·gen [-zjə-] *de (m)* [-s] spoorwagon voor bagage
ba·ga·tel *(‹Fr) de & het* [-len] kleinigheid, nietigheid
ba·ga·telle [baayaatel] *de (v)* [-s] muz kleine compositie, vooral voor piano
ba·ga·tel·li·se·ren ww [-zee-] [bagatelliseerde, h. gebagatelliseerd] als een kleinigheid voorstellen, als onbelangrijk afdoen: ★ *je moet de armoede in dat land niet ~*
ba·gel [beeyəl] *(‹Eng) de* [-s] cirkelvormig compact broodje
bag·ger *de* ❶ modder, vooral op de bodem van stilstaand of langzaam stromend water ❷ NN rotzooi, troep ★ *~ schijten* inf zeer bang zijn
bag·ger·ei·land *het* [-en] kunstmatig eiland gebruikt bij baggerwerkzaamheden
bag·ge·ren ww [baggerde, h. & is gebaggerd] ❶ modder verwijderen (uit sloten, grachten, van de zeebodem e.d.) ❷ waden: ★ *door de modder ~*
bag·ger·laar·zen *mv* hoge, waterdichte laarzen
bag·ger·ma·chi·ne [-sjienə] *de (v)* [-s] baggermolen
bag·ger·mo·len *de (m)* [-s] molen om bagger uit water op te halen
ba·gijn *de (v)* [-en] → begijn
bag·no [banjoo] *(‹It) het* ['s] ❶ gevangenis voor galeislaven ❷ galeistraf ❸ deportatieoord voor zware misdadigers (zoals voorheen Duivelseiland en Frans-Guyana)
ba·guette [-γet] *(‹Fr) de* [-s] klein stokbrood
bah tsw → ba¹
ba·hai *(‹Perz)* **I** bn van, betreffende het bahaigeloof **II** *de* ['s] volgeling van Bahá'u'lláh

ba·haige·loof *het* uit Perzië stammende wereldreligie, genoemd naar de stichter Bahá'u'lláh (1817-1892)
ba·ha·ïs·me *(‹Perz) het* bahaigeloof
ba·ha·ïst *de (m)* [-en] aanhanger van het bahaigeloof
Ba·ha·mi·aan *de (m)* [-ianen] iem. geboortig of afkomstig van de Bahama's
Ba·ha·mi·aans bn van, uit, betreffende de Bahama's
Ba·ha·sa In·do·ne·sia *(‹Mal) het* Indonesische eenheidstaal, officiële taal van de Republiek Indonesië
bah·co *de* ['s] type steeksleutel met een stelschroef, oorspronkelijk van de Zweedse fabrikant B.A. Hjorth & Company
bai·ley·brug [beelie-] *de* [-gen] geprefabriceerde stalen vakwerkbrug, in 1940 ontwikkeld door de Britse uitvinder Donald C. Bailey (1901-1985)
bain-ma·rie [bē-] *(‹Fr) het* de → au bain-marie
Bai·ram *(‹Turks) het* → Bayram
baisse [bes(sə)] *(‹Fr) de (v)* daling van de prijzen van effecten en koopwaren ★ *à la ~* op daling van de prijzen (speculeren)
bais·sier [besjee] *(‹Fr) de (m)* [-s] speculant op daling van de effectenkoers
ba·jes *(‹Hebr) de* vooral NN, Barg gevangenis
ba·jes·klant *de (m)* [-en] vooral NN, spreektaal iem. die (regelmatig) in de gevangenis zit
ba·jo·net *(‹Fr) de (m)* [-ten] steekwapen dat op een geweerloop gezet kan worden, genoemd naar de Franse stad Bayonne, waar dit wapen ca. 1650 voor het eerst werd vervaardigd ★ *op bajonetten zitten* alleen steunen op de militaire macht
ba·jo·net·slui·ting *de (v)* [-en] bevestiging van twee onderdelen van een apparaat aan elkaar, zodanig dat op het ene onderdeel aangebrachte pennen in gleuven van het andere onderdeel schuiven: ★ *de ~ wordt wel gebruikt voor de bevestiging van een lens op een camera*
bak *de (m)* [-ken] ❶ ondiepe kist, doos, schaal e.d.: ★ *er werd een ~ met oude munten te koop aangeboden* ★ *een ~ voer voor de hond* ★ *de regen kwam met bakken naar beneden* het regende heel hard ❷ groep schepelingen die gezamenlijk eten, ± 20 man ★ *aan de ~ komen* a) aan de beurt komen, een rol (mogen) spelen; b) een baan vinden; c) vanuit een minder bedeelde positie opklimmen naar een meer bevoorrechte: ★ *de laagstbetaalden willen nu eindelijk ook wel eens aan de ~ komen* ★ NN *weer aan de ~ moeten* weer moeten beginnen aan de gebruikelijke routine ★ NN *geen slag aan de ~ kunnen krijgen* niet aan het werk kunnen komen doordat een ander te veel praat ★ *een volle ~* een uitverkochte zaal, tribune e.d. ❸ vooral NN mop: ★ *ik weet nog een goeie ~!* ❹ spreektaal gevangenis: ★ *in de ~ zitten* ❺ BN ook krat (voor het vervoer van flessen bier, frisdrank e.d.): ★ *een ~ bier*
bak·beest *het* [-en] gevaarte, iets wat groot is in zijn soort: ★ *een ~ van een auto*

bak·blik *het* [-ken] blikken vorm, waarin cake en brood gebakken worden
bak·boord *het* van achter naar voren gezien: linkerzijde van een schip
ba·ke·lie·ten *bn* van bakeliet
ba·ke·liet *het* naam van een groep van kunstharsen, genoemd naar de Belgische uitvinder L.H. Baekeland (1863-1944)
ba·ken *het* [-s], **baak** *de (v)* [baken] teken dat vaarwater aangeeft ★ *een schip op strand, een ~ in zee* het ongeluk van een ander is een waarschuwing ★ *de bakens verzetten* de toestand veranderen, de zaken anders regelen in verband met veranderde toestanden
ba·ker *de (v)* [-s] NN, vroeger kraamverpleegster
ba·ke·ren *ww* [bakerde, h. gebakerd] NN kraamvrouw en pasgeboren kind verzorgen
ba·ker·mat *de* ❶ oorspr biezen stoel met hoge kant voor de baker ❷ kweekplaats, plaats van oorsprong: ★ *Chicago is de ~ van de housemuziek*
ba·ker·praat·je *het* [-s] ongeloofwaardig praatje
ba·ker·speld *de* [-en] grote veiligheidsspeld
ba·ker·sprook·je *het* [-s] sprookje door bakers aan kinderen verteld; fig onwaarschijnlijk vertelsel
bak·fiets *de* [-en] fiets met een grote bak ervoor voor goederenvervoer
bak·je *het* [-s] ❶ kleine bak ❷ kopje: ★ *een ~ koffie* ❸ vooral NN kopje koffie: ★ *ik lust nog wel een ~*
bak·ke·baard *de (m)* [-en] baard op de wangen vóór het oor langs en niet doorlopend over de kin
bak·ke·lei·en *ww* [bakkeleide, h. gebakkeleid] (‹Mal›) ❶ vechten ❷ redetwisten
bak·kel·jauw *de* Surinaams-Nederlands geweekte, in stukken gesneden stokvis
bak·ken *ww* [bakte, h. gebakken] ❶ iets bereiden in een sterk verhitte oven: ★ *brood ~* ★ *potten ~* hard laten worden in de oven ❷ bereiden met verhitte vetten: ★ *eieren, pannenkoeken ~* ★ *er niets van ~* er niets van terechtbrengen ★ vooral NN *ze bruin ~* a) erg overdrijven; b) onbetamelijke dingen doen ❸ ★ *in de zon ~* zonnebaden
bak·ke·nist *de (m)* [-en] motorsport persoon die de zijspan bemant bij races van motoren met zijspan
bak·ker *de (m)* [-s] ❶ iem. die brood, banket enz. bakt ❷ verkoper of bezorger van brood, banket enz. ★ vooral NN *dat is voor de ~* dat is in orde, afgewerkt, klaar ★ *warme ~* iem. die door hemzelf gebakken brood verkoopt
bak·ke·rij *de (v)* [-en] bakkerswerkplaats
bak·kers·ec·zeem *het* eczeem dat ontstaat door allergie voor meelverbeteringsmiddelen
bak·kers·kar *de* [-ren] bakkerswagen
bak·kers·oven *de (m)* [-s] oven van een bakker
bak·kers·tor *de* [-ren] soort grote kakkerlak die bij bakkersovens leeft (*Blatta orientalis*)
bak·kers·wa·gen *de (m)* [-s] gesloten handwagen voor het rondbrengen van brood
bak·kes *het* [-en] inf gezicht ★ *hou je ~!* bek dicht!

bak·kie *het* [-s] ❶ toestel waarmee zendamateurs elkaar, meestal via de 27MC-band, kunnen oproepen en ontvangen ❷ open aanhangwagentje achter een auto; zie ook → **bakje**
bak·meel *het* meel bij het bakken gebruikt
bak·olie *de* [-liën] olie bij het bakken gebruikt
bak·oven *de (m)* [-s] oven om in te bakken
bak·pan *de* [-nen] hoge pan met een deksel, geschikt om in te braden, braadpan
bak·plaat *de* [-platen] ijzeren plaat in een oven waarop het te bakken voedsel geplaatst wordt
bak·poe·der, bak·poei·er *het* chemisch preparaat dat deeg doet rijzen
bak·schie·ten *ww & het* BN sjoelen
bak·sel *het* [-s] wat gebakken is
bak·sjisj [-sjiesj] (‹Perz› *de (v)* ❶ ‹in Zuid-Azië en Noord-Afrika› fooi ❷ omkoopsom, steekpenning, smeergeld
bak·steen als stof: *de (m) & het*, als voorwerp: *de* [-stenen] steen verkregen door het verhitten van klei ★ *zinken als een ~* snel zinken ★ *zakken als een ~* ruimschoots zakken voor een examen ★ *iem. als een ~ laten vallen* iem. plotseling geen steun meer verlenen, zich opeens niet meer met iem. bemoeien ★ BN *een ~ in de maag hebben* de behoefte voelen een eigen huis te bouwen
bak·ste·nen *bn* van baksteen
bak·vis *de (v)* [-sen] ❶ vis die men kan bakken ❷ fig, vroeger meisje in de puberteit
bak·vorm *de (m)* [-en] blikken vorm waarin fijn gebak wordt bereid
bak·zeil *zn* ★ *~ halen* de zeilen zo trekken dat de wind er van voren inkomt; fig zijn eisen lager stellen, terugkrabbelen
bal¹ *de (m)* [-len] ❶ bolrond voorwerp, gebruikt bij sport en spel ★ *een balletje trappen* een partijtje voetballen ★ *het balletje aan het rollen brengen* iets aan de gang brengen ★ *een balletje opgooien (over iets)* (iets) voorzichtig ter sprake brengen ★ *de ~ is rond* er is nog van alles mogelijk zolang het spel niet is afgelopen ★ NN *wie kaatst, moet de ~ verwachten* actie wekt reactie op of wie een grappige opmerking maakt, moet een schertsende tegenopmerking kunnen verdragen ★ *de ~ misslaan* een fout begaan ★ NN *elkaar de ~ toewerpen / toespelen* elkaar steunen ★ *geen ~ niks*: ★ *het kan hem geen ~ schelen* ★ *hij weet er geen ~ van, hij weet er de ballen van* hij weet er niets van ★ sp *aan de ~ zijn* in balbezit zijn ★ vooral BN *kort op de ~ spelen* snel reageren ★ *de ~ ligt bij hem,* BN *ook de ~ ligt in zijn kamp* hij moet de volgende stap zetten ❷ bolvormig voorwerp: ★ *een ~ gehakt* ★ *de ~ van de voet* de welving van de voetzool voor de tenen ❸ zaadbal, testikel ★ NN *de ballen!* informele afscheidsgroet ★ NN, geringsch *een rechtse ~* iem. met rechtse politieke ideeën ★ *spreektaal (geen) ballen hebben* (geen) moed hebben
bal² (‹Fr› *het* [-s] dansfeest, danspartij ★ *~ masqué*

gemaskerd bal
ba·la·lai·ka, **ba·la·lei·ka** *(⟨Russ⟩ de* ['s] Russisch tokkelinstrument met een driehoekige klankkast en drie snaren
ba·lan·ce·ren *ww (⟨Fr⟩)* [balanceerde, h. gebalanceerd] zich op iets in evenwicht houden: ★ *op een balk* ~ ★ *op de rand van de afgrond* ~ dreigen ten onder te gaan, vooral in financieel opzicht
ba·lans *(⟨Fr⟩ de* [-en] ❶ vooral NN evenwicht: ★ *in* ~ *zijn / houden* ★ *in* ~ *brengen met* in de juiste verhouding ★ *na dat ongeluk was hij helemaal uit* ~ uit zijn gewone doen ❷ weegschaal, vooral die met twee aan weerszijden van een hefboom opgehangen schalen ❸ slotrekening, eindafrekening van het grootboek, staat van bezittingen en vorderingen enerzijds en schulden anderzijds: ★ *op de* ~ *staan* ★ *de* ~ *opmaken* fig de sterke en zwakke kanten van iets tegen elkaar afwegen ★ *drie doden en zes zwaargewonden vormen de trieste* ~ *van deze kettingbotsing* bij de kettingbotsing vielen drie doden en zes zwaargewonden ❹ raamwerk boven op het gebint van een ophaalbrug
ba·lans·dag *de* [-dagen] dag waarop je je inhoudt bij het eten en meer beweegt, na een dag waarop je (te) veel hebt gegeten en weinig bewogen
ba·lans·op·rui·ming *de (v)* [-en] opruiming in verband met het opmaken van de → balans (bet 3)
ba·lans·waar·de *de (v)* [-n] in geld uitgedrukte waarde van de verschillende posten die op een → balans (bet 3) voorkomen
ba·la·tum *de (m) & het* viltzeil, op linoleum gelijkende vloerbedekking van een bepaald fabricaat
bal·be·zit *het* sp: ★ *in* ~ *zijn* de bal kunnen spelen ★ *op* ~ *spelen* op zodanige wijze spelen dat de tegenstander niet in het bezit van de bal komt, ook al bereikt men er zelf nauwelijks resultaat mee
bal·boek·je *het* [-s] boekje waarin men tijdens een bal opschrijft met wie men zal dansen
bal·da·dig *bn* wild, streken uithalend, neigend tot vernielzucht
bal·da·dig·heid *de (v)* [-heden] wildheid, roekeloosheid, vernielzuchtigheid
bal·da·kijn *(⟨Fr⟩ de (m) & het* [-en, -s] troonhemel, draaghemel, op zuilen rustend sierdak van fraaie stof
bal·de·ren *ww* [balderde, h. gebalderd] ⟨van vogels⟩ dansen in de paartijd
ba·lein *(⟨Fr⟩* I *de* [-en] ❶ dun, veerkrachtig stangetje: ★ *de baleinen van een paraplu* ❷ driehoekige, hoornen plaat waarvan er 300 à 400 in een rij aan weerszijden van de bek van baleinwalvissen van het gehemelte af naar beneden hangen II *het* buigzame hoornachtige stof uit de baleinen van de baleinwalvis
ba·lei·nen *bn* van balein
ba·lein·wal·vis *de (m)* [-sen] baardwalvis
ba·len *ww* [baalde, h. gebaald] ❶ meer dan genoeg hebben van iets: ★ ~ *van een opdracht* ❷ zich lusteloos voelen, nergens zin in hebben: ★ *ik loop de hele dag al te* ~ ★ NN ~ *als een stier, een stekker vreselijk balen* vgl: → baal
balg *de (m)* [-en] leren blaas van een harmonica, blaasbalg e.d.
bal·hoofd *het* [-en] draaiinrichting van een fietsstuur
ba·lie *(⟨Fr⟩ de (v)* [-s] ❶ leuning, balustrade, vooral ter afsluiting van een gedeelte van een lokaal ❷ toonbank in een bank, informatiebureau, hotelreceptie e.d., van waarachter de bezoekers te woord worden gestaan ❸ hekje waarbinnen de advocaten zitten in een rechtszaal ❹ gezamenlijke advocaten, de advocatenstand
ba·lie·klui·ver *de (m)* [-s] NN leegloper, nietsnut
Ba·li·ër *de (m)* [-s] → **Balinees** (II)
Ba·li·nees I *bn* van, uit, betreffende Bali: ★ *de Balinese cultuur* II *de (m)* [-nezen] iem. geboortig of afkomstig van Bali III *het* de taal van Bali
Ba·lisch I *bn* → **Balinees** (I) II *het* → **Balinees** (III)
bal·juw *(⟨Fr⟩ de (m)* [-s] hist ambtenaar die door de landsheer met de rechtspraak in een bep. gebied is belast
bal·juw·schap *het* [-pen] gebied van een baljuw; het baljuw zijn
balk *de (m)* [-en] ❶ langwerpig rechthoekig stuk hout of metaal ★ *geen geld over de* ~ *gooien* geen geld verspillen ❷ herald dwarsband op een wapenschild ❸ notenbalk ❹ verbindingsstuk tussen de twee halfronden van de grote hersenen ❺ NN, mil onderscheidingsteken voor hoge officieren: ★ *balken en strepen*
bal·ka·ni·se·ren *ww* [-zee-] [balkaniseerde, h. & is gebalkaniseerd] ❶ toestanden in het leven roepen zoals rond de Eerste Wereldoorlog op het Balkanschiereiland ontstonden, staatkundig versplinteren ❷ staatkundig versplinterd raken: ★ *de Arabische wereld is tegenwoordig gebalkaniseerd*
bal·ken *ww* [balkte, h. gebalkt] ❶ ⟨van ezels⟩ schreeuwen ❷ onwelluidend hard zingen
bal·ken·brij *de (m)* gerecht van meel met vleesnat
balk·ijzer *het* [-s] ijzer dat als balk gebruikt wordt
bal·kon *(⟨Fr⟩ het* [-s] ❶ open uitbouw aan een bovenverdieping ❷ ruimte tussen de coupés in een tram of een trein ❸ rang van plaatsen in schouwburgen en bioscopen, vaak op een hogere verdieping
bal·kon·ka·mer *de* [-s] kamer die op een balkon uitkomt
bal·kon·plant *de* [-en] sierplant die geschikt is om op balkons e.d. te worden geteeld, zoals de petunia en de geranium
bal·lad [bɛləd] *(⟨Eng⟩ de* [-s] romantisch-weemoedig popsong
bal·la·de *(⟨Fr⟩ de (v)* [-n en -s] ❶ verhalend volkslied of literaire navolging daarvan ❷ muz lied of muziekstuk op een verhalende tekst, meestal droefgeestig van karakter

bal·last *de (m)* ❶ waardeloze belasting van schepen (bijv. zand) om deze een grotere stabiliteit te geven ❷ zakken zand die men leegwerpt vanuit een luchtballon om deze verder te laten stijgen ❸ nutteloze last: ★ *moet al die ~ mee op reis?* ★ *ook vaak* fig: *al die feitjes die wij moeten leren vind ik alleen maar ~*

bal·last·bed *het* [-den] vooral NN onderlaag van kiezel voor de dwarsliggers van een spoorbaan

bal·len *ww* [balde, h. gebald] ❶ tot een bal vormen: ★ *zijn vuist ~* ❷ met een bal spelen

bal·len·bak *de (m)* [-ken] NN grote, met gekleurde ballen gevulde bak, waarin kinderen spelen, vooral in restaurants

bal·len·jon·gen *de (m)* [-s] jongen die bij een balspel verdwaalde ballen terugbrengt

bal·len·tent *de* [-en] ❶ kermistent waar men met ballen naar voorwerpen gooit ❷ NN minachtende benaming voor een (uitgaans)gelegenheid waar voornamelijk vervelende, zelfingenomen mensen komen

bal·le·ri·na *(‹It) de (v)* ['s] danseres die in een ballet een solistische rol vervult ★ *prima ~ die de hoofdrol vervult*

bal·le·ri·no *(‹It) de (m)* ['s] eerste mannelijke danser in een ballet

bal·let *(‹Fr) het* [-ten] ❶ gestileerde danskunst ❷ door een choreograaf ontworpen dansstuk ❸ balletgezelschap

bal·let·dan·ser *de (m)* [-s], **bal·let·dan·se·res** *de (v)* [-sen] iem. die ballet danst

bal·let·ge·zel·schap *het* [-pen] groep dansers en / of danseressen die balletten uitvoert

bal·le·tje *het* [-s] zie bij → **bal¹**

bal·le·tje-bal·le·tje *het* spel met drie bekers (of soortgelijke voorwerpen), waarbij de spelleider met vingervlugheid en schijnbewegingen ongemerkt een balletje onder een beker stopt en omstanders tegen een inzet laat raden onder welke beker het balletje zich bevindt

bal·let·mees·ter *de (m)* [-s] iem. die een ballet leidt

bal·let·mu·ziek *de (v)* muziek bij een ballet

bal·ling *de (m)* [-en], **bal·lin·ge** *de (v)* [-n] banneling(e)

bal·ling·schap *de (v)* het balling zijn: ★ *in ~ leven* ★ *im. tot ~ veroordelen* ★ *een regering in ~ die is gevestigd in een ander land dan waarover zij zegt te regeren*

bal·lings·oord *het* [-en] verblijfplaats voor ballingen

bal·lis·tiek *de (v)* leer van de beweging van afgeschoten projectielen

bal·lis·tisch *bn* betrekking hebbend op de ballistiek ★ *~ projectiel waarvan de baan tijdens de vlucht niet meer geregeld kan worden*

bal·lon *(‹Fr) de (m)* [-s, *ook* -nen] ❶ omhulsel gevuld met een gas dat lichter is dan lucht, bestemd voor het vervoer door de lucht, luchtballon ★ *een ballonnetje oplaten* fig voorzichtig proberen de stemming of gezindheid te peilen ❷ kinderspeelgoed bestaande uit een opblaasbaar zakje van rubber, soms gevuld met een gas dat lichter is dan lucht

bal·lon·fok *de* [-ken] scheepv grote kluiver op wedstrijdjachten

bal·lon·hal *de* [-len] vooral NN overdekte, tegen weersinvloeden afgeschermde hal die wordt gevormd door het inblazen van lucht, vooral gebruikt als accommodatie voor zaalsporten

bal·loon [bəloen] *(‹Eng) de (m)* [-s] ‹in strips› wit vlak, als uit de mond van een afgebeeld sprekend persoon (of dier) komend, met daarin tekst

bal·lo·ta·ge [-taazjə] *(‹Fr) de (v)* [-s] stemming over de aanneming van personen als lid van een vereniging (geschiedde vroeger met witte en zwarte balletjes)

bal·lo·te·ren *ww (‹Fr)* [balloteerde, h. geballoteerd] zijn stem uitbrengen betreffende de aanneming van personen als lid van een vereniging

ball·point [bol-] *(‹Eng) de (m)* [-s] pen die schrijft door middel van een metalen kogeltje waarlangs pasta-achtige inkt uit een reservoir geleid wordt, balpen

ball·room·dans [bolroem] *(‹Eng) de (m)* [-en] door een man en een vrouw uitgevoerde dans, bestaande uit een bep. aantal figuren die de man, als leider, zelf kan combineren: ★ *tot de ballroomdansen behoren o.a. de foxtrot, de tango, de Engelse en Weense wals, de chachacha en de rumba*

bal mas·qué [-kee] *(‹Fr) het* [-s] gemaskerd bal, bal waarop alle genodigden onherkenbaar verkleed zijn

ba·lo·rig *bn* ❶ weerspannig, recalcitrant ❷ gemelijk, knorrig; **balorigheid** *de (v)*

bal·pen *de* [-nen] vooral NN ballpoint

bal·roos *de* [-rozen] plantengeslacht sneeuwbal

bal·sa·mi·co·azijn *de (m)* bep. soort gearomatiseerde Italiaanse azijn

bal·sa·miek, **bal·se·miek** *(‹Fr) bn* bijzonder welriekend

bal·sa·mi·ne *de* [-n], **bal·se·mien** *(‹Gr)* kamerplant met roze bloemen *(Balsamina)*

bal·sem *(‹Lat) de (m)* [-s] verzamelnaam voor vloeibare, geurige, harsbevattende, plantaardige producten, meestal gebruikt als uitwendig geneesmiddel ★ *~ op de wond doen* fig iets onaangenaams verzachten

bal·se·men *ww* [balsemde, h. gebalsemd] ❶ vroeger met balsem onbederfelijk maken: ★ *een lijk ~* ❷ thans conserveren van stoffelijke overschotten door inspuiting van formaldehyde in de bloedbaan ❸ fig verzachten: ★ *leed ~*

bal·se·miek *(‹Fr) bn* → **balsamiek**

bal·se·mien *de* [-en] → **balsamine**

bal·spel *het* [-spelen] spel waarbij één of meer ballen gebruikt worden

bal·stu·rig *bn* NN koppig, ongezeglijk, weerbarstig

Bal·tisch *bn* van de Oostzee, daarbij gelegen ★ *de Baltische staten* Estland, Letland en Litouwen

balts *(‹Du) de (m)* het baltsen

balt·sen ww (⟨Du⟩) [baltste, h. gebaltst] *bij dieren* het uitvoeren van stereotiepe bewegingen en / of het voortbrengen van bepaalde geluiden om aan soortgenoten van het andere geslacht de bereidheid tot paring kenbaar te maken

balts·roep *de (m)* [-en] geluid voortgebracht bij de balts

ba·lus·ter (⟨Fr⟩) *de (m)* [-s] → **stijl** (bet 3) van een balustrade

ba·lus·tra·de (⟨Fr⟩) *de (v)* [-s, -n] leuning van kleine kolommen of stijlen met een dekstuk daarover

bal·voor·deel *het* ★ BN, voetbal ~ *hebben* door toepassing van de voordeelregel verder mogen spelen omdat het team waartegen een overtreding wordt begaan in balbezit blijft

bal·zaal *de* [-zalen] zaal waar een danspartij gehouden wordt

bal·zak *de (m)* [-ken] mannelijk lichaamsdeel waarin de zaadballen zitten; scrotum

ba·ma·stel·sel *het* bachelor-masterstelsel

bam·boe (⟨Mal⟩) **I** *de (m) & het* verzamelnaam voor een aantal grassoorten, voornamelijk in Azië voorkomend, die zich kenmerken door een lange, houtige stengel: ★ *jonge scheuten van ~ worden wel gegeten* **II** *de (m)* [-boezen] stok van bamboe, gebruikt voor de vervaardiging van voorwerpen, bouwwerken e.d.: ★ *een brug gemaakt van bamboezen* **III** *bn* gemaakt van bamboe (I): ★ *een ~ stoel*

bam·boe·beer *de (m)* [-beren] reuzenpanda

bam·boe·gor·dijn *de & het* hist grens tussen de Chinese Volksrepubliek en andere staten in de tijd van de koude oorlog, analoog aan *ijzeren gordijn*

ba·mi (⟨Mak/Chin⟩) *de (m)* soort Chinese vermicelli (→ mi²) met varkensvlees) ★ ~ *goreng* gerecht met gebakken bami als hoofdbestanddeel ★ ~ *rames* gebakken bami met allerlei bijgerechten

ba·mi·bal *de (m)* [-len] snack van kleine hoeveelheid bami met daaromheen gefrituurd paneermeel

ba·mis *de (m)* BN, hist, spreektaal mis op 1 oktober (het feest van St.-Bavo); vandaar 1 oktober, betaaldag, dag waarop in sommige streken de pacht betaald moest worden

ba·mi·soep *de* soep met Chinese vermicelli, varkensvlees, uien en groente

bam·zaai·en *ww* [bamzaaide, h. gebamzaaid] NN door loting beslissen, bijv. door te laten raden hoeveel lucifers iem. in zijn hand verborgen heeft

ban *de (m)* [-s, -nen] ❶ vogelvrijverklaring, verbanning, uitbanning ★ *in de ~ doen* a) uitsluiten van de kerkelijke gemeenschap; b) fig uitsluiten, afschaffen, verbieden ❷ oproep om ten strijde te trekken, de opgeroepen strijders; ★ *de eerste ~, de tweede ~* ❸ betovering: ★ *in, onder de ~ van videoclips* ★ *de ~ breken* a) de betovering verbreken; b) fig een impasse doorbreken

ba·naal (⟨Fr⟩) *bn* alledaags, plat, afgezaagd, haast platvloers: ★ *banale opmerkingen maken*

ba·naan (⟨Port⟩) *de* [-nanen] gele of groene, enigszins kromme tropische vrucht van de banaanboom, met zacht, wit vruchtvlees ★ NN, schertsend *gaan met die ~!* opwekkende uitroep om voortvarend met iets van start te gaan

ba·naan·boom, ba·na·nen·boom *de (m)* [-bomen] boom waaraan de banaan groeit (*Musa*)

ba·na·li·teit (⟨Fr⟩) *de (v)* [-en] ❶ alledaagsheid ❷ alledaags, afgezaagd gezegde

ba·na·na split (⟨Eng⟩) *de (m)* [-s] benaming voor een met banaan bereid ijsgerecht

ba·na·nen·boom *de (m)* [-bomen] → **banaanboom**

ba·na·nen·re·pu·bliek *de (v)* [-en] smalende benaming voor sommige Midden- en Zuid-Amerikaanse republieken, waarvan de economie grotendeels berust op de teelt en de export van bananen, en waarin de ene militaire dictatuur de andere in snel tempo pleegt op te volgen

ba·na·nen·stek·ker *de (m)* [-s] NN bepaald model stekker

ban·blik·sem *de (m)* [-s] kerkelijke → **ban** (bet 1): ★ *met de ~ treffen*

ban·cair [-kèr] (⟨Fr⟩) *bn* van, betreffende een bank: ★ *~ krediet*

ban·con·tact *zn* BN betaalpas ★ *met ~ betalen* pinnen

band¹ **I** *het* in smalle stroken geweven textiel **II** *de (m)* [-en] ❶ iets wat samenbindt: ★ *banden om takkenbossen* ★ *iets aan banden leggen* geen vrijheid laten ★ *door de ~* gemiddeld ❷ fig gevoel van verbondenheid: ★ *de ~ tussen ouders en kinderen* ❸ luchtband: ★ *een lekke ~ hebben* ❹ magnetiseerbare strook waarop geluiden en / of beelden kunnen worden vastgelegd, videoband, cassetteband: ★ *een televisieprogramma op (de) ~ opnemen* ❺ omslag waarin een boek gebonden is: ★ *iets leren ~* ❻ reep, strook stof, lint: ★ *een ~ om het hoofd* ❼ veerkrachtige rand van een biljarttafel ★ *over de ~ spelen* a) bilj een carambole (trachten te) maken door de speelbal via een van de randen te spelen; b) NN, fig via een omweg of tussenfase een doel trachten te bereiken ★ *over de losse ~ spelen* bilj een carambole (trachten te) maken door de speelbal eerst via een van de randen te spelen alvorens hij een andere bal raakt ❽ transportband, vooral: ★ *de lopende ~* waarbij de arbeiders van een industrie slechts één handeling moeten verrichten aan een groot aantal op een band langs hen heen schuivende producten ★ *aan de lopende ~* voortdurend, zonder ophouden ❾ telec begrensd frequentiegebied ❿ hoepel rond een vat of ton ★ *uit de ~ springen* zich losbandig gedragen, zich ongeremd laten gaan ⓫ herald balk die van de linkerbovenhoek naar de rechterbenedenhoek van een wapen loopt, rechterschuinbalk ⓬ anat bindweefselband, ligament

band² [bend] (⟨Eng⟩) *de (m)* [-s] orkest of groep musici in de jazz, de pop- of de amusementsmuziek

ban·da·ge [-daazjə] *(‹Fr) de (v)* [-s] zwachtel, windsel ★ *bandages* breukbanden, elastieken kousen, gordels enz.

ban·da·na *(‹Hindi) de* ['s] doek die tot band is gevouwen en om het hoofd wordt gedragen

band·breed·te *de (v)* ❶ telec breedte van een frequentiegebied, gemeten in hertz ❷ comput maat voor de snelheid waarmee gegevens kunnen worden getransporteerd via een datacommunicatieverbinding

band·dik·te *de (v)* [-n *en* -s] dikte van een (fiets)band ★ *winnen met een ~ verschil* wielersport met een minimaal verschil winnen

ban-de-bom *bijw* leuze die een protest (uit de jaren '50 en beginjaren '60) uitdrukt tegen de atoombom, ook gebruikt als eerste lid in samenstellingen: ★ *Ban-de-bombeweging* ★ *Ban-de-bomgroep*

ban·de·loos *bn* ❶ ongeremd, onbeteugeld: ★ *~ plezier* ❷ niet geremd door gevoelens van schaamte of eer, tuchteloos: ★ *een bandeloze vrouw* ★ *zich ~ in het nachtleven storten;* **bandeloosheid** *de (v)* [-heden]

ban·den·lich·ter *de (m)* [-s] vooral NN gereedschap waarmee men een band van een (fiets)wiel verwijdert

ban·den·pech *de (m)* lek in fietsbanden enz.

ban·den·plak *het* NN lijmachtige stof waarmee men lekke binnenbanden repareert, solutie

ban·den·span·ning *de (v)* druk in een luchtband

ban·de·ril·la [-rieljaa] *(‹Sp) de* ['s] puntige werpstok met kleurige linten en crêpepapier erom, bij stierengevechten gebruikt

ban·de·rol *(‹Fr) de* [-len] ❶ NN papieren bandje om rookartikelen, dienend als bewijs van inning van de accijns op tabak, BN, vroeger ook gebruikt voor de accijns op mineraalwater en limonade ❷ adresstrookje rond een via de post verzonden tijdschrift

ban·de·rol·le·ren *ww* [banderolleerde, h. gebanderolleerd] van een banderol voorzien

ban·diet *(‹It) de (m)* [-en] boef

ban·dijk *de (m)* [-en] NN dijk die de hoogste waterstanden van een rivier kan keren

band·ijzer *het* dun ijzer in stroken

ban·di·tis·me *het* bandietenwezen, georganiseerde criminaliteit

band·je *het* [-s] cassettebandje; zie ook: → **band¹**

band·na·gel *de (m)* [-s] spijker met brede kop voor de bevestiging van bandijzer

ban·do·ne·on *(‹Sp) de* [-s] accordeon met toetsen, veel gebruikt in tangomuziek

band·ont·werp *het* [-en] (ontwerp voor) versiering, tekening op boekband

band·op·na·me *de* [-n] ❶ het opnemen van geluid en / of beeld op een band ❷ hetgeen is opgenomen

band·op·ne·mer *de (m)* [-s] bandrecorder

band·plooi·broek *de* [-en] broek waarvan het voorpand aan de bovenrand geplooid is vastgestikt

band·re·cor·der [-riekò(r)də(r)] *(‹quasi-Eng) de (m)* [-s] toestel voor het registreren van geluiden op een magnetische band waarmee ze gereproduceerd kunnen worden

band·rem *de* [-men] rem die op de band van een voertuig werkt

band·snel·heid *de (v)* [-heden] snelheid waarmee de geluidsband in een band- of cassetterecorder bij opname en weergave wordt doorgevoerd

band·staal *het* staal in de vorm van smalle, dunne stroken

band·stoot *de (m)* [-stoten] bilj stoot die een of meer banden (→ **band¹**, II bet 7) raakt

band·sto·ten *ww & het* bilj spelsoort waarbij de speelbal ten minste één band moet raken alvorens te caramboleren

band·wag·on·ef·fect [bendweɣɣən-] *(‹Eng) het* NN verschijnsel dat een partij waarvan verwacht wordt dat die een verkiezingsoverwinning zal halen, extra veel stemmen trekt, genoemd naar de *bandwagon*, een wagen met daarop een muziekband die in de Verenigde Staten wordt gebruikt voor propagandadoeleinden

ba·nen *ww* [baande, h. gebaand] vrijmaken: ★ *(zich) een weg ~ door het oerwoud* ★ fig *zij baande zich een weg naar het premierschap*

ba·nen·markt *de (v)* [-en] marktachtig gebeuren waarbij werkzoekenden en werkgevers elkaar kunnen ontmoeten om tot een arbeidsovereenkomst te komen

bang *bn* ❶ vreesachtig: ★ *een ~ hondje* ❷ in angst, bevreesd: ★ *~ zijn voor iem., iets* ❸ angstig makend, beangstigend, angstwekkend: ★ *een ~ avontuur*

ban·ge·lijk *bn* ❶ vreesachtig, snel bang: ★ *een ~ meisje* ❷ BN, jeugdtaal geweldig, super: ★ *het is ~ goed*

ban·gerd *de (m)* [-s] iem. die bang is

ban·ge·rik *de (m)* [-riken] iem. die bang is

bang·ma·ke·rij *de (v)* [-en] het angstig maken

ba·nier *(‹Fr) de* [-en] vaandel

ban·je·ren *ww* [banjerde, h. gebanjerd] NN ❶ met grote stappen, onbehouwen en onrustig heen en weer lopen: ★ *door een zaal ~* ❷ zwerven: ★ *door de stad ~*

ban·jo *de (m)* ['s] van de Afro-Amerikanen afkomstig tokkelinstrument met geheel ronde, met vellen bespannen klankkast en ten minste vier snaren

bank¹ *(‹Fr) de* [-en] ❶ vooral NN lang zitmeubel dat plaats biedt aan twee of meer personen: ★ *op de ~ zitten* sp reservespeler zijn ❷ ondiepte in zee ❸ donkere wolkenmassa aan de horizon: ★ NN *door de ~ (genomen)* gemiddeld

bank² *(‹It) de* [-en] ❶ handelshuis in geld en effecten, instelling voor geld-, effecten-, kredietomloop ❷ het gebouw waar deze instelling gevestigd is ★ NN *zo vast als de ~* zeer betrouwbaar, volkomen zeker ★ vooral NN *~ van lening* instelling waar men krediet krijgt tegen verstrekking van roerende goederen als onderpand, volkskredietbank, lommerd ❸ instelling voor kansspelen om geld

❹ ‹bij gezelschapsspelen› inzet van de speler die tegen al de anderen samen speelt ★ *de ~ laten springen* de bankhouder alles afwinnen ❺ bewaar- of opslagplaats; *vgl*: → **bloedbank**, → **spermabank**, → **databank** enz.

bank·be·dien·de *de* [-n *en* -s] iem. die administratieve werkzaamheden verricht bij een bank

bank·bil·jet *het* [-ten] papiergeld door de circulatiebank uitgegeven

bank·breuk *de* [-en] benadeling van schuldeisers door iem. die failliet is: ★ *eenvoudige ~* ★ *bedrieglijke ~*

bank·brief *de (m)* [-brieven], **bank·brief·je** *het* [-s] ❶ econ door een bank uitgegeven waardepapier als schuldbewijs of obligatie ❷ (in verkleinvorm)BN, m.g. bankbiljet

Bank·com·mis·sie *de* in België verkorte aanduiding van *Commissie voor het bank- en financiewezen*, een officiële instelling die waakt over de toepassing van de bankreglementen

bank·dis·con·to *het* ['s] disconto berekend door de circulatiebank

bank·em·ployé [-amplwajjee] *de (m)* [-s], **bank·em·ployee** [-amplwajjee] *de (v)* [-s] bankbediende

ban·ken *ww* [bankte, h. gebankt] een gezelschapsspel spelen waarbij iem. de bank houdt

ban·ket (‹Fr› *het* [-ten] feestmaal, groot gastmaal **II** *het* gebak van bladerdeeg gevuld met amandelspijs

ban·ket·bak·ker *de (m)* [-s] bakker en verkoper van fijn gebak

ban·ket·bak·ke·rij *de* [-en] bedrijf van een banketbakker

ban·ket·let·ter *de* [-s] NN letter van amandelspijs met bladerdeeg erom

ban·ket·staaf *de* [-staven] NN staaf van amandelspijs met bladerdeeg erom

bank·ga·ran·tie [-sie] *de (v)* [-s] bereidverklaring van een bank om een bepaalde financiële verplichting van een persoon of instelling na te komen als de betreffende persoon of instelling zelf in gebreke blijft

bank·ge·heim *het* [-en] principe dat bankinstellingen aan derden geen gegevens verstrekken aangaande hun cliënten

bank·geld *het* [-en] door banken in omloop gebracht geld, namelijk bankbiljetten en giraal geld

bank·gi·ro *de (m)* ['s] NN ❶ giroverkeer tussen banken ❷ instelling die dit voor de banken verzorgt

bank·gi·ro·cen·tra·le *de* NN, vroeger door banken opgerichte instelling voor de administratieve verwerking van betalingsopdrachten, acceptgiro's en gegarandeerde cheques

bank·hou·der *de (m)* [-s] ❶ iem. die een speelbank houdt ❷ iem. die bij een gezelschapsspel de bank houdt

ban·kier (‹Fr› *de (m)* [-s] iem. die een bankinstelling beheert of bezit

ban·kie·ren *ww* [bankierde, h. gebankierd] het beroep van bankier uitoefenen

ban·kiers·huis *het* [-huizen] NN particuliere bankinstelling

bank·je *het* [-s] inf bankbiljet

bank·kaart *de* [-en] BN ook bankpas, betaalkaart, betaalpas

bank·lo·per *de (m)* [-s] iem. die bij een bankinstelling zorg draagt voor het transport van geld, waardepapieren e.d., geldloper

bank·noot *de* [-noten] bankbiljet

bank·oc·trooi *het* [-en] octrooi verleend aan een bank om bankbiljetten uit te geven

bank·over·val *de (m)* [-len] overval op een bankinstelling om geld enz. te roven

bank·pa·pier *het* bankbiljetten

bank·pas *de (m)* [-sen] door een bank verstrekte betaalpas

bank·post, **bank·post·pa·pier** *het* NN stevig briefpapier in formaat A4

bank·re·ke·ning *de (v)* [-en] rekening-courant bij een bank

bank·roet (‹It› **I** *het* [-en] ❶ faillissement: ★ *het ~ van een bedrijf* ❷ fig mislukking: ★ *het ~ van dit subsidiebeleid is nu duidelijk* **II** *bn* failliet: ★ *~ zijn* ★ *~ gaan* ★ *een bankroete onderneming*

bank·roe·tier *de (m)* [-s] iem. die zijn geldelijke verplichtingen niet meer kan nakomen

bank·roof *de (m)* [-roven] gewelddadige beroving van een bank

bank·schroef *de* [-schroeven] aan een werkbank bevestigd toestel om te bewerken voorwerpen in te klemmen

bank·staat *de (m)* [-staten] overzicht van de geldelijke toestand van een bank, vooral van een circulatiebank

bank·stel *het* [-len] vooral NN zitbank met één of meer (meestal twee) bijpassende stoelen

bank·wer·ker *de (m)* [-s] iem. die metaal koud bewerkt

bank·wet *de* [-ten] wet betreffende de inrichting van een bankinstelling

bank·we·zen *het* al wat behoort tot de inrichting en werkwijze van bankinstellingen

ban·ne·ling *de (m)* [-en], **ban·ne·lin·ge** *de (v)* [-n] iem. die uit zijn land is verbannen

ban·nen *ww* [bande, h. gebannen] uitwijzen, verjagen, verdrijven: ★ *iem. uit het bestuur ~*

ban·ner [bennə(r)] (‹Eng› *de (m)* [-s] comput advertentie op een webpagina die vaak de mogelijkheid biedt om met de muis door te klikken naar de website van de adverteerder

ban·tam·ge·wicht (‹Eng› **I** *het* gewichtsklasse van boksers (51-54 kg) **II** *de (m)* [-en] bokser van dat gewicht

Ban·toe (‹Bantoetaal› *de (m)* [-s] zwarte uit zuidelijk Afrika die een Bantoetaal spreekt

ban·toe·stan *de (m)* [-s] hist 'thuisland' voor de zwarte bevolking in Zuid-Afrika, benaming voor min of meer autonome of vermeend zelfstandige vestigingsgebieden voor deze bevolking

Ban·toe·taal *de* [-talen] elk van de ca. 400 talen uit Afrika bezuiden de evenaar die samen een grote taalgroep vormen

ban·vloek *de (m)* [-en] woorden waarmee iem. in de kerkelijke ban werd gedaan: ★ *de ~ uitspreken over iem.* ★ *een ~ over iets uitspreken* fig iets volledig afwijzen of verbieden: ★ *een ~ uitspreken over harddrugs*

ba·o·bab *(‹West-Afrikaanse taal) de (m)* [-s] apenbroodboom, tropische boom met verfrissende vruchten

ba·pao *de (m)* [-'s] gestoomd broodje met vlees

bap·tis·me *(‹Lat‹Gr) het* leer van de baptisten

bap·tist *(‹Lat‹Gr) de (m)* [-en] naam voor de aanhangers van protestantse sekten die alleen de doop bij volwassenen toelaten

bap·tis·te·ri·um *(‹Lat‹Gr) het* [-ria] doopkapel

Bar. *afk* Baron

bar¹ *(‹Eng) de* [-s] ❶ buffet waarachter drank geschonken wordt en waaraan men, vaak gezeten op hoge krukken, het geschonkene kan nuttigen: ★ *iets aan de ~ drinken* ★ *thuis een ~ hebben* ❷ ruimte, café waar men aan een dergelijke bar schenkt en serveert: ★ *een ~ bezoeken* ❸ *ballet* op ca. één meter hoogte aan de wand bevestigde horizontale balk waaraan balletdansers oefeningen doen

bar² *(‹Gr) de (m)* [baren] eenheid van luchtdruk, 10⁵ pascal

bar³ I *bn* ❶ kaal, onvruchtbaar: ★ *een barre landstreek* ❷ guur, buiig: ★ *het is ~ weer vandaag* ❸ slecht, van geringe waarde: ★ *die film was ~* ★ NN ~ *en boos* buitengewoon slecht of onaangenaam II *bijw* in hoge mate: ★ *een ~ slecht boek* ★ *een ~ vervelende wedstrijd*

ba·rak *(‹Fr) de* [-ken] eenvoudig houten gebouw waarin mensen tijdelijk worden gehuisvest: ★ *de vluchtelingen moesten in barakken wonen*

ba·rat·han·del *(‹It) de (m)* ruilhandel

bar·baar *(‹Gr) de (m)* [-baren] ❶ ‹bij de Grieken en Romeinen› onverstaanbaar sprekende buitenlander ❷ thans gevoelloos, ruw, wreed mens, woesteling

bar·baars *bn* wreed, onbeschaafd

bar·baars·heid *de (v)* ❶ wreedheid, onbeschaafdheid ❷ [*mv:* -heden] wrede, onbeschaafde daad

Bar·ba·daan *de (m)* [-danen] iem. afkomstig van geboortig van het West-Indische eiland Barbados

Bar·ba·daans *bn* van, uit, betreffende het West-Indische eiland Barbados

bar·ba·ra·kruid *het* kruisbloemige plant met gele bloemen (*Barbarela vulgaris*)

bar·ba·ris·me *(‹Lat‹Gr) het* [-n] benaming voor woorden of uitdrukkingen naar buitenlands voorbeeld gevormd in strijd met het inheemse taaleigen zoals *anglicismen, gallicismen, germanismen*

bar·be·cue [bà(r)bəkjoe] *(‹Eng‹Sp) de (m)* [-s] ❶ vleesrooster in open lucht te gebruiken ❷ maaltijd in de open lucht, waarbij stukken vlees (oorspronkelijk gehele dieren) boven hete as of op houtskool geroosterd worden

bar·be·cue·ën *ww* [bà(r)bəkjoe-] [barbecuede, h. gebarbecued] een maaltijd bereiden op de → **barbecue** (bet 1)

bar·beel *(‹Lat) de (m)* [-belen] karperachtige vis met vier baarddraden aan de bovenlip (*Barbus barbus*)

Bar·ber·tje *de (v)* ★ *~ moet hangen* wie eenmaal tot slachtoffer bestemd is, kan er niet meer aan ontkomen (verkeerd citaat uit Multatuli's *Max Havelaar* waar niet Barbertje, maar haar vermeende moordenaar moet hangen)

bar·bier *de (m)* [-s] vroeger iem. die haren knipte en baarden schoor en ook geneeskundige handelingen verrichtte, vooral aderlatingen

bar·bie·ren *ww* [barbierde, h. gebarbierd] *inf* scheren

bar·bies·jes, bar·re·bies·jes *mv* ★ NN *iem. naar de ~ wensen* naar Berbice, het vroegere Brits-Guyana, waar een moordend klimaat heerst, dus zoveel als: naar de Mokerhei

bar·bi·tu·raat *het* [-raten] zout van barbituurzuur

bar·bi·tuur·zuur *(‹Du) het* organisch zuur dat de basis is voor vele thans gebruikte slaapmiddelen (*barbituurpreparaten*)

bar·ca·rol·le *(‹Fr) de* [-s] ❶ oorspr lied van Venetiaanse gondeliers, gondellied ❷ lied in een rustig wiegend tempo, meestal in 6/8 maat

bar·code [bà(r)koodə] *(‹Eng) de (m)* [-s] artikelcode, streepjescode

bard *(‹Keltisch) de (m)* [-en] ❶ zanger en lierdichter bij de oude Kelten ❷ bij uitbreiding dichter en / of zanger in het algemeen

ba·re·ma *(‹Fr) het* ['s] BN ook reeks van getallen als grondslag voor het vaststellen van prijzen, lonen e.d., loon- of tariefschaal; *ook:* bedrag, tarief

ba·ren *ww* [baarde, h. gebaard] ❶ ter wereld brengen: ★ *een dochter ~* ❷ veroorzaken: ★ *dit baart mij zorgen*

ba·rens·nood *de (m)* de toestand van een barende vrouw: ★ *in ~ verkeren*

ba·rens·wee·ën *mv* ❶ pijnen bij het baren ❷ fig moeizame voorbereidingen

ba·ret *(‹Fr) de* [-ten] ❶ hoofdbedekking met slappe, lage bol en stijve rand, thans nog behorend tot het ambtskostuum van geestelijken, de rechterlijke macht, advocaten en hoogleraren ❷ op een Baskische muts lijkend militair hoofddeksel ★ *groene baretten* leden van bepaalde commandogroepen

Bar·goens *(‹Fr)* I *het* ❶ geheimtaal met veel Jiddische elementen, gesproken door mensen aan de zelfkant van de maatschappij ❷ bij uitbreiding onverstaanbare taal, koeterwaals II *bn* behorend tot die taal: ★ *een ~ woord*

ba·ri·bal *de (m)* [-s] vreedzame, vrij kleine beer met een zwarte pels uit de bossen van Noord-Amerika,

zwarte beer (*Euarctos americanus*)
ba·riet (*‹Gr*) *het* chem bariumsulfaat (BaSO₄), zwaarspaat
ba·ring *de (v)* [-en] bevalling
ba·ri·ton (*‹Gr*) *de (m)* muz ❶ mannenstem tussen bas en tenor ❷ [*mv:* -s] zanger met zo'n stem
ba·ri·um (*‹Gr*) *het* chemisch element, symbool Ba, atoomnummer 56, behorend tot de aardalkalimetalen, komt niet vrij in de natuur voor
bark (*‹Fr*) *de* [-en] scheepv koopvaardijschip met drie of meer masten
bar·kas (*‹Sp*) *de* [-sen] ❶ oorspr zwaarste sloep van een (oorlogs)schip ❷ thans grote, stevig gebouwde sloep, soms voorzien van een motor
bar·keeper [-kiepər] (*‹Eng*) *de (m)* [-s] buffethouder in een → **bar**¹ (bet 2)
bar·kruk *de* [-ken] hoge kruk aan een → **bar**¹ (bet 1)
bar·man *de (m)* [-nen] barkeeper
barm·har·tig *bn* mededogend, medelijdend
barm·har·tig·heid *de (v)* het barmhartig zijn ★ *werken van ~* daden van christelijke naastenliefde ★ hist *berg van ~* bank van lening, pandjeshuis
bar mits·wa (*‹Hebr*) *de (m)* religieus meerderjarige bij de joden; jongen die de leeftijd bereikt heeft waarop hij of zij de joodse plichten moet vervullen (te weten 13 jaar)
bar·ne·vel·der *de (m)* [-s] NN soort kip, genoemd naar de Gelderse plaats Barneveld
barn·steen *de (m) & het* soort fossiele hars
barn·ste·nen *bn* van barnsteen
bar·num·re·cla·me *de* [-s] BN overdreven reclame
ba·ro- (*‹Gr*) als eerste lid in samenstellingen zwaar; zwaarte
ba·ro·graaf (*‹Gr*) *de (m)* [-grafen] toestel dat de barometerstanden zelf registreert op een rol bevestigd papier
ba·rok (*‹Fr‹Port*) **I** *de* cultuurperiode en samenstel van kunstvormen, ontstaan in het tijdvak volgend op de renaissance en uitlopend in de periode van het rococo, met als kenmerken o.a. sterke licht- en schaduweffecten, grootsheid, vormenrijkdom en onrust **II** *bn* volgens de barok (I), met veel onregelmatige versieringen: ★ *een barokke kerk*
ba·ro·me·ter (*‹Gr*) *de (m)* [-s] toestel dat de plaatselijke luchtdruk aanmeeft en als weervoorspeller dient
ba·ro·me·ter·stand *de (m)* [-en] stand van de barometer
ba·ro·me·ter·vis *de (m)* [-sen] modderkruiper (*Cobitis*)
ba·ro·me·trisch *bn* op de luchtdruk betrekking hebbend
ba·ron (*‹Fr*) *de (m)* [-nen, -s] ❶ laagste adellijke titel ❷ *in samenstellingen* machtige figuur in het bedrijfsleven: ★ *oliebaron* ★ *havenbaron*
ba·ro·nes, ba·ro·nes·se *de (v)* [-nessen] vrouw of dochter van een baron
bar·on·et [bèrənet] (*‹Eng*) *de (m)* [-s] laagste erfelijke adellijke titel in Groot-Brittannië: de *~* heeft *Sir* vóór zijn doopnaam en *Bart.* achter zijn familienaam

ba·ro·nie *de (v)* [-nieën] gebied van een baron
ba·ro·scoop (*‹Gr*) *de (m)* [-scopen] natuurkundig toestel om de opwaartse druk van gassen aan te tonen
bar·ra·cu·da [-koe-] (*‹Sp*) *de (m)* ['s] (sub)tropische roofvis (*Sphyraena*)
bar·ra·ge [-zjə] (*‹Fr*) *de (v)* [-s] sp beslissende extra partij of wedstrijd als twee of meer deelnemers gelijk eindigen (vooral in de paardensport)
bar·ra·ge·par·tij [-zjə-] *de (v)* [-en] beslissende partij bij schaken, biljarten e.d.
barre [bar(rə)] (*‹Fr*) *de (v)* [-s] ❶ eig staaf ❷ sp horizontale boom waarover de paarden bij een springconcours moeten springen ❸ ballet → **bar**¹ (bet 3)
bar·re·bies·jes *mv* NN → **barbiesjes**
bar·rel¹ *het* [-s] ❶ ★ *aan barrels* in stukken, kapot: ★ *bij de ruzie ging de spiegel aan barrels* ❷ NN, spreektaal oude fiets, oude auto enz.
bar·rel² [berrəl] (*‹Eng*) *het* [-s] Amerikaanse inhoudsmaat en gewicht van verschillende grootte; voor bier: 36 gallons is 163,56 liter
bar·re·voe·ter *de (m)* [-s] NN kloosterling die blootsvoets gaat of slechts sandalen draagt, zoals bij de ongeschoeide karmelieten, de kapucijnen enz.
bar·re·voets *bijw* met blote voeten
bar·ri·ca·de (*‹Fr*) *de (v)* [-n, -s] versperring ter verdediging bij straatgevechten e.d.: ★ *de opstandelingen wierpen barricaden op* ★ *voor iets op de barricaden gaan* daadwerkelijk voor iets strijden
bar·ri·ca·de·ren *ww* (*‹Fr*) [barricadeerde, h. gebarricadeerd] ❶ de toegang versperren met opgeworpen materiaal: ★ *de deur ~* ❷ met straatverschansingen verdedigen: ★ *een kruispunt ~*
bar·riè·re [barjèrə] (*‹Fr*) *de* [-s] ❶ versperring, iets dat tegenhoudt, belemmering, hindernis, ook fig: ★ *haar gebrekkige scholing vormt een ~ bij het solliciteren* ❷ slagboom of draaihek ❸ hist reeks vestingen
bars *bn* nors, onvriendelijk: ★ *op barse toon iets zeggen*
barst, berst *de* [-en] scheur, vooral in een hard oppervlak: ★ *een ~ in een vaas* ★ *geen ~* inf helemaal niets: ★ *het kan me geen ~ schelen*
bar·sten *ww* [barstte, is gebarsten] ❶ scheuren, splijten: ★ *het ijs barstte* ❷ door te splijten in stukken breken, uit elkaar springen: ★ *het glas, de fles barstte* ★ *het barst hier van de muggen* het is er vol van ★ *tot barstens toe vol* helemaal vol ★ *~ van een overvloed hebben aan:* ★ *~ van het geld* ★ *~ van nieuwsgierigheid* ★ *~ van de hoofdpijn* of *barstende hoofdpijn hebben* een zo hevige hoofdpijn hebben, dat het hoofd lijkt te zullen barsten ★ NN *zich te ~ werken, lachen e.d.* heel hard werken, lachen e.d. ★ *iem. laten ~* iem. in de steek laten, niet meer steunen ook als verwensing: ★ *barst! ★ je kunt ~!* ; zie ook bij → **buigen** en → **bom**¹
bar·stens·vol *bn* tot het uiterste gevuld: ★ *de zaal zat ~*

Bar·tho·lo·me·us·nacht *de (m)* nacht van 23 op 24 augustus 1572, waarin duizenden hugenoten in Frankrijk werden vermoord, Parijse Bloedbruiloft (genoemd naar het feest van de H. Bartholomeus op 24 augustus)

Bart·jens *de (m)* NN ★ *volgens* ~ goed uitgerekend, naar de 17de-eeuwse Hollandse rekenmeester uit Zwolle (1569-1638): ★ *3 x 3 is volgens* ~ *nog steeds 9*

ba·ry- [-rie-] *(‹Gr)* als eerste lid in samenstellingen zwaar

ba·ry·sfeer *(‹Gr)* [-rie-] *de* binnenste deel, zware kern van de aarde

bar·zoi *(‹Russ) de (m)* [-s] Russische windhond, lid van een hoogbenig, langharig windhondenras

bas *(‹It)* I *de* [-sen] ❶ lage zangstem ❷ contrabas ❸ basgitaar II *de (m)* [-sen] baszanger

ba·saal [-zaal] *bn* tot de basis behorend, elementair, fundamenteel: ★ *basale sociale vaardigheden*

ba·salt *(‹Lat)* [-zalt] *het* zeer hard vulkanisch gesteente, grauw van kleur

ba·salt·blok [-zalt-] *het* [-ken] groot stuk basalt

ba·sal·ten [-zal-] *bn* van basalt

bas·cu·le *(‹Fr) de* [-s], **bas·kuul** [-kules] ❶ balans met ongelijke armen, brugbalans ❷ onderdeel van een basculebrug

bas·cu·le·brug, **bas·kuul·brug** *de* [-gen] ophaalbrug die kan bewegen door basculewerking

ba·se *(‹Gr)* [-zə] *de (v)* [-n] chem stof die in oplossing hydroxylionen levert (OH-groep); scheikundige verbinding waaruit door toevoeging van zuur een zout wordt gevormd

base·ball [beezbòl] *(‹Eng) het* honkbal

base·ball·pet·je [beezbòl-] *het* [-s] pet met een lange klep zoals honkballers die dragen, ook vaak gedragen buiten het honkbal

base·jum·pen [beesdzjum-] *(‹Eng) ww* [basejumpte, gebasejumpt] met een parachute van hoge, vaste objecten (gebouwen, bruggen enz.) springen

base·line [beezlain] *(‹Eng) de* [-s] achterlijn van een tennisveld

ba·se·ment [-zə-] *(‹Gr) het* [-en] ❶ voetstuk ❷ onderste deel van een gevel, zuil of beeld

ba·sen *ww* [beezə(n)] [basede, h. gebased] slang een cocaïnebase vervaardigen uit cocaïnezout en de rook ervan vervolgens inhaleren

ba·se·ren [-zee-] *(‹Fr‹Gr)* I *ww* [baseerde, h. gebaseerd] grondvesten, gronden II *wederk* steunen op, uitgaan van: ★ *ik baseer me op de uitkomsten van een wetenschappelijk onderzoek*

bas·gi·taar *de* [-taren] gitaar, meestal met vier snaren, die een lager geluid geeft dan de gewone gitaar

bash·ing [bessjing] *(‹Eng) de* achtervoegsel waarmee wordt aangegeven dat het in het eerste lid genoemde in diskrediet wordt gebracht (bijv. *moslimbashing*)

Ba·sic [beesik] *(‹Eng) het* comput Beginner's All-purpose Symbolic Instruction Code, een bep. programmeertaal

ba·sics [beesiks] *(‹Eng) de (mv)* grondbeginselen: ★ *de* ~ *van surfen*

ba·si·li·ca [-zie-] *(‹Lat‹Gr) de (v)* ['s] ❶ ‹bij de Romeinen› een rechthoekige zuilenhal, gebruikt als beurs, markt of gerechtshof ❷ kerkgebouw met een dergelijke hal als grondpatroon en een verhoogd middenschip, vooral in de vroegchristelijke bouwkunst

ba·si·li·cum [-zie-] *(‹Lat) het* bep. keukenkruid (*Ocimum basilicum*)

ba·si·liek [-zie-] *(‹Lat‹Gr) de (v)* [-en] ❶ basilica ❷ eretitel door de paus aan sommige kerken verleend

ba·si·lis·cus *(‹Lat) de (m)* [-ci], **ba·si·lisk** [-zie-] [-en] ❶ mythologisch dier dat met zijn blik kon doden ❷ geslacht van Zuid-Amerikaanse boomhagedissen uit de familie van de leguanen (*Basiliscus*)

ba·sis [-zis] *(‹Lat‹Gr) de (v)* [-sen, bases] ❶ onderste deel, datgene waarop iets rust of steunt: ★ *de* ~ *van een zuil* ❷ meetkunde grondvlak, grondlijn ★ *de* ~ *van een driehoek* de zijde tegenover de tophoek ★ *de* ~ *van een piramide, een kegel* ❸ grondgetal van een getallenstelsel: ★ *tien is de* ~ *van ons getallenstelsel* ❹ grondslag, uitgangspunt: ★ *de* ~ *van een theorie* ★ *de* ~ *voor een gesprek* ★ *op* ~ *van deze gegevens kan ik verder werken* ★ *een kabinet op brede* ~ dat op ruime steun in het parlement kan rekenen ❺ mil plaats, landstreek vanwaar de operaties uitgaan, steunpunt (*vgl:* → **luchtbasis**, → **vlootbasis**) ❻ grondstof voor de bereiding van een chemisch preparaat ❼ aanduiding voor al diegenen in een groep of organisatie (bijv. een politieke partij) die niet direct deel hebben aan de leiding, achterban ❽ sp → **basisopstelling**: ★ *in de* ~ *staan*

ba·sis·arts *de (m)* [-en] NN iem. die zijn artsenopleiding heeft afgerond, maar zich nog niet verder heeft gespecialiseerd

ba·sis·beurs [-zis-] *de* [-beurzen] NN beurs waar iedere, bij een universiteit of hogeschool ingeschreven student van een bep. leeftijdscategorie recht op heeft, onafhankelijk van het inkomen van de ouders

ba·sisch [-zies] *bn* als, van een base ★ ~ *zout* zout dat zich meer als een base dan als een zuur gedraagt

ba·sis·edu·ca·tie [baaziseeduukaa(t)sie] *de (v)* onderricht, ook aan volwassenen, in elementaire vaardigheden die minimaal noodzakelijk zijn voor het maatschappelijk functioneren, zoals lezen, rekenen en maatschappijleer

ba·sis·in·dus·trie [-zis-] *de (v)* [-trieën] industrie die machines of halffabricaten levert aan andere industrieën

ba·sis·in·ko·men [-zis-] *het* [-s] ❶ door sommigen nagestreefd, door de overheid uit te keren inkomen waar iedere burger recht op heeft, ongeacht inkomsten uit arbeid of bezit ❷ inkomen exclusief toeslagen

ba·sis·on·der·wijs [-zis-] *het* eerste onderwijs dat aan een kind gegeven wordt, vanaf vier tot ca. twaalf jaar, samenvoeging van het vroegere kleuteronderwijs en lager onderwijs

ba·sis·op·stel·ling [-zis-] *de (v)* [-en] sp opstelling van een team zoals dit de wedstrijd begint

ba·sis·school [-zis-] *de* [-scholen] school waar basisonderwijs wordt gegeven, samenvoeging van de vroegere kleuterschool en lagere school

ba·sis·snel·heid [-zis-] *de (v)* sp hoogste gemiddelde snelheid die sportlieden gedurende een hele wedstrijd of een lange tijd kunnen volhouden

ba·sis·vor·ming [-zis-] *de (v)* onderwijs in de eerste leerjaren van het voortgezet onderwijs, waarin de algemene vorming op intellectueel, cultureel en sociaal gebied plaatsvindt

bas·ket [baaskət] *(Eng) de (m)* [-s] ring en het daaraan bevestigde netje bij basketbal

bas·ket·bal [baaskət-] *(Eng) het* zaalsport, gespeeld door twee vijftallen, waarbij de bal geworpen moet worden door een aan een bord bevestigde ring, waaraan zich een net bevindt

bas·ket·bal·len *ww* [baaskətballə(n)] [basketbalde, h. gebasketbald] basketbal spelen

Bas·kisch I *bn* van, betreffende de Basken, een volk dat ten noorden en ten zuiden van de westelijke Pyreneeën woont **II** *het* taal van de Basken, de enige niet-Indo-Germaanse taal in West-Europa

bas·kuul *(Fr) de* [-kules] → bascule

bas·kuul·brug *de* [-gen] → basculebrug

bas·re·liëf [bàraljef] *(Fr) het* [-s] halfverheven beeldhouwwerk

bass·drum [beez-] *(Eng) de* [-s] grote, met de zijkant op de grond rustende trommel als onderdeel van een drumstel, door middel van een pedaal met de voet bespeeld

bas·sen *ww* [baste, h. gebast] BN, spreektaal ❶ ‹van honden› blaffen ❷ ‹van personen› snauwen

bas·set *(Fr) de (m)* [-s] kortharige jachthond met korte poten en lange, hangende oren

bas·sin [-sẽ] *(Fr) het* [-s] ❶ bekken, kom ❷ zwembad in een badinrichting ❸ havenafdeling, dok

bas·sist *de (m)* [-en] muz ❶ bespeler van een contrabas of basgitaar ❷ iem. die de baspartij zingt

bas·sleu·tel *de (m)* [-s] teken op de tweede lijn van de notenbalk, dat de plaats van de f aangeeft

bas·stem *de* [-men] zeer lage mannenstem

bast *de (m)* [-en] ❶ weefsellaag van een boom tussen de schors en het hout ❷ bij uitbreiding schors ❸ inf huid, lichaam ★ NN iem. op zijn ~ geven iem. een pak slaag geven ★ in zijn blote ~ geheel of gedeeltelijk naakt, vooral met een ontbloot bovenlijf

bas·ta *(It) tsw* genoeg!, halt!

bas·taard, bas·terd *(Fr) de (m)* [-s, -en] ❶ niet uit een wettig huwelijk geboren kind, onecht kind ❷ dier of plant door kruising van twee soorten of rassen ontstaan ❸ ‹in samenstellingen› mindere soort, vooral bastaardsuiker

bas·taard·hond *de (m)* [-en] hond die niet tot een bep. ras behoort, vuilnisbakkenras

bas·taar·dij *de (v)* vermenging met een ander ras of soort

bas·taard·spin *de* [-nen] → hooiwagen (bet 2)

bas·taard·sui·ker, bas·terd·sui·ker *de (m)* niet geheel gezuiverde suiker

bas·taard·vloek *de (m)* [-en] vervormde vloek, zoals *gadverdamme, potdorie, tjee* e.d.

bas·taard·we·de·rik *de (m)* [-en] sleutelbloemachtige plant

bas·taard·woord *het* [-en] woord uit een vreemde taal, dat min of meer vernederlandst is, zoals *horloge* en *keeper*

bas·terd *de (m)* [-s, -en] → bastaard(-)

bas·ti·on *(Fr) het* [-s] vooruitstekend gedeelte van een vestingfront, bolwerk

bast·ke·ver *de (m)* [-s] kever die bomen, vooral naaldbomen, ernstig beschadigt

bas·vi·ool *de* [-violen] contrabas

bat [bet] *(Eng) het* [-s] ❶ slaghout bij het cricketspel ❷ slagplankje bij het tafeltennis

Ba·taaf *(Lat) de (m)* [-taven] hist ❶ Batavier ❷ burger van de Bataafse republiek

Ba·taafs *bn* ❶ als, van de Bataven ❷ Nederlands: ★ *de Bataafse republiek (1795-1806)*

ba·taat *(Sp‹Port) de (m)* [-taten] eetbaar knolgewas uit de tropen (*Ipomoea batatas*)

ba·tal·jon *(Fr) het* [-s] deel van een regiment, onderverdeeld in 4 of 5 compagnieën

Ba·ta·vier *(Lat) de (m)* [-en] lid van een Germaanse volksstam ten tijde van de Romeinen in het huidige Nederland

batch [betsj] *(Eng) de (m)* comput wijze van gegevensverwerking waarbij de computer automatisch een aantal opdrachten achterelkaar uitvoert: ★ *een ~ draaien*

batch·be·stand [betsj-] *het* [-en] comput bestand met daarin een lijst commando's die achtereenvolgens worden uitgevoerd

batch·file [betsjfail] *(Eng) de (m)* [-s] computerprogramma dat verschillende opdrachten achtereen uitvoert

ba·te *de* [-n] → baat

ba·ten *ww* [baatte, h. gebaat] helpen, voordeel brengen: ★ *onze inspanningen mochten niet ~* ★ *baat het niet, het schaadt het niet* of ★ *baat het niet, het schaadt ook niet* ook al helpt het misschien niet, kwaad kan het evenmin

ba·tig *bn* voordelig ★ *~ slot, ~ saldo* overschot

ba·tik *(Mal) de (m)* ❶ op Java inheems procedé om gekleurde weefsels te vervaardigen, berustend op het afdekken van de patronen met was ❷ [*mv:* -s] dit weefsel zelf

ba·tik·ken *ww* [batikte, h. gebatikt] volgens het batikprocedé bewerken

ba·tist *het* fijn, doorschijnend weefsel, meestal van katoen, ook van linnen of zijde, voor zakdoeken, blouses e.d., genoemd naar de 13de-eeuwse linnenwever Baptiste de Cambrai

ba·tis·ten *bn* van batist
bats·man [betsmen] *(‹Eng) de (m)* [-men] iem. die het slaghout (bat) hanteert bij het cricketspel
bat·ten *ww* [bet-] *(‹Eng)* [batte, h. gebat] het slaghout hanteren, het doel (wicket) verdedigen bij het cricketspel
bat·te·rij *(‹Fr) de (v)* [-en] ❶ kleine bron van elektriciteit in zaklantaarns, horloges e.d.; BN, spreektaal accu ★ *de ~ is leeg* ook gezegd van mensen die geen energie meer hebben voor een nieuwe inspanning ❷ fig aantal kanonnen van dezelfde soort ❸ grote hoeveelheid gelijke voorwerpen: ★ *een ~ fietsen* ❹ NN, schertsend achterwerk: ★ *een dikke ~* ★ *iem. op zijn ~ geven* ❺ legbatterij
bat·te·rij·kip *de (v)* [-pen] kip die wordt vetgemest in de bio-industrie en nauwelijks bewegingsvrijheid heeft in haar legbatterij
B-at·test *het* [-en] BN, onderw getuigschrift waarmee men mag overgaan naar een volgende klas in het secundair onderwijs, maar in een lagere afdeling
bat·ting, **bad·ding** *(‹Fr) de (m)* [-s] balk van vuren- of grenenhout, 6¹/₂ bij 16¹/₂ cm
bat·tle [betl] *(‹Eng) de* [-s] strijd
bat·tle·dress [bettəl-] *(‹Eng) de (m)* [-en, -es] ❶ mil veldtenue zoals sinds de Tweede Wereldoorlog in gebruik ❷ hierop gelijkende, door niet-militairen gedragen kleding
baud *(‹Eng‹Fr) de (m)* comput eenheid waarin de snelheid van informatieoverdracht wordt uitgedrukt (meestal het aantal bits dat per seconde wordt overgedragen), genoemd naar de Franse uitvinder J.M.E. Baudot, 1845-1903
baud·rate [-reet] *(‹Eng) de (m)* comput maat voor de snelheid van informatieoverdracht, uitgedrukt in bits per seconde
baudsnel·heid *de (v)* [-heden] comput maat waarmee snelheid van informatieoverdracht wordt uitgedrukt in aantal bits per seconde, genoemd naar de Franse uitvinder Jean Baudot (1845-1903)
bauxiet [bauksiet] *het* steensoort die veel aluminiumoxide bevat en de grondstof is voor aluminium, genoemd naar het Franse stadje Les Baux-de-Provence (Bouches-du-Rhône)
ba·va·rois [-rwà] *(‹Fr) de (v)* schuimige gelatinepudding met slagroom, opgeklopt eiwit en vruchten
ba·vi·aan *(‹Fr) de (m)* [-anen] geslacht krachtig gebouwde apen met vooruitstekende snuit uit Arabië en Afrika bezuiden de Sahara *(Papio)*
bax·ter *de (m)* [-s] BN ook infuus, fles van een infuus
Bay·ram [baaj-] *(‹Turks) het* benaming voor de grootste twee islamitische feestdagen, waarvan het eerste op de eerste dag na de vastenmaand ramadan wordt gevierd en het tweede op de dag dat de bedevaartgangers in Mekka aan hun offerverplichtingen voldoen; *vgl:* → **Id**
ba·zaar *(‹Perz) de (m)* [-s] ❶ verkoping van vrijwillig afgestane voorwerpen voor een liefdadig doel, fancy fair ❷ markt in Noord-Afrika en het Midden-Oosten, soek
ba·ze·len *ww* [bazelde, h. gebazeld] onzin praten, over onbeduidende dingen praten, kletsen
ba·zen *ww* [baasde, h. gebaasd] de baas spelen
ba·zig *bn* geneigd de baas te spelen
ba·zin *de (v)* [-nen] ❶ vrouw die de baas is: ★ *zij is de ~ in huis* ❷ vrouw of meisje in verhouding tot haar huisdier: ★ *de hond gehoorzaamde zijn ~ niet*
ba·zoo·ka [-zoe-] *(‹Eng) de (m)* ['s] licht raketwapen tegen tanks
ba·zuin *(‹Lat) de* [-en] ❶ trombone, schuiftrompet ❷ hist grote trompet met krachtige klank ★ NN *de ~ steken* lof uitspreken (over iem. of iets)
BB *afk* ❶ (dienst van) bescherming bevolking (1952-1986) ❷ scheepv bakboord ❸ Brigitte Bardot [bekende voormalige Franse filmster en seksbom (geb. 1934)] ❹ NN ‹vroeger in Nederlands-Indië› binnenlands bestuur ❺ in België Belgische Boerenbond ❻ Big Brother
BBC *afk* British Broadcasting Corporation [de Britse nationale omroepmaatschappij]
b.b.h.(h.) *afk* NN ‹in advertenties› bezigheden buitenshuis hebbende
BBI *afk* in België Bijzondere Belastinginspectie
BBK *afk* Beroepsvereniging van Beeldende Kunstenaars
BBL *afk* in België Bond Beter Leefmilieu
bbp *afk* bruto binnenlands product *zie bij* → **bruto**
BBQ *de (m)* verkorte aanduiding van *barbecue*
BBS *afk* comput Bulletin Board System [dienstencentrum voor elektronische informatie, doorgaans met elektronische brievenbussen, een vraagbaak en de mogelijkheid om velerlei computerprogramma's te downloaden]
bc. *afk* NN titel na voltooiing van een bacheloropleiding in het hoger beroepsonderwijs (maar niet op het gebied van techniek en landbouw)
bcc *afk* blind carbon copy *(‹Eng)* [‹bij e-mail › kopie van een bericht, waarbij niet zichtbaar is aan wie nog meer een kopie is verzonden]
b.d. *afk* buiten dienst
Be *afk* chem symbool voor het element *beryllium*
bè *tsw* geluid van schapen en geiten
beach·vol·ley·bal [bietsjvollie-] *(‹Eng) het* type volleybal, met teams van twee personen, op zand (vaak het strand) gespeeld
be·ade·men *ww* [beademde, h. beademd] ❶ op kunstmatige wijze de ademhaling op gang houden: ★ *een drenkeling ~* ❷ de adem (over iets) doen gaan: ★ *een spiegel ~ en vervolgens schoonpoetsen*
be·ade·ming *de (v)* [-en] het beademen; zie ook bij → **mond-op-mondbeademing**
be·ade·mings·ap·pa·raat *het* [-raten] vooral NN, med apparaat waarmee de ademhaling kunstmatig op gang wordt gehouden

be·ade·mings·cen·trum *het* [-tra *en* -s] NN, med ruimte waar d.m.v. apparatuur de ademhaling op gang wordt gehouden van patiënten die niet meer zelfstandig kunnen ademhalen

beagle [bieɣəl] *(‹Eng) de (m)* [-s] → **brak²** (bet 1), klein soort jachthond, gebruikt bij de jacht op klein wild

be·amb·te *de* [-n] ambtenaar van lage rang

be·amen *ww* [beaamde, h. beaamd] instemmen met, zeggen dat iets waar is: ★ *een bewering ~*; **beaming** *de (v)* [-en]

bea·mer [biemə(r)] *(‹Eng) de (m)* [-s] apparaat waarmee beelden uit de computer of videobeelden groot kunnen worden geprojecteerd

be·ang·sti·gen *ww* [beangstigde, h. beangstigd] angstig maken

be·ang·sti·gend *bn* griezelig, angstig makend: ★ *met een ~ hoge snelheid*

be·ant·woor·den *ww* [beantwoordde, h. beantwoord] ❶ een antwoord geven op ★ *iems. liefde ~ iem.* wederliefde schenken ❷ voldoen aan: ★ *het resultaat beantwoordt niet aan de verwachtingen* ❸ overeenstemmen met: ★ *dit beantwoordt aan de beschrijving*

be·ant·woor·ding *de (v)* het beantwoorden, het antwoord

be·ar·bei·den *ww* [bearbeidde, h. bearbeid] bewerken

bear·nai·se·saus [bee(j)arnèzə-] *de* saus met o.a. eierdooier, witte wijn, room en dragon, meestal geserveerd bij rundvlees

beat [biet] *(‹Eng) de (m)*, **beat·mu·ziek** [biet-] *de (v)* ❶ vorm van populaire muziek die met name gekenmerkt is door een specifiek ritme, vooral gebruikt m.b.t. popmuziek uit het midden van de jaren '60 van de vorige eeuw ❷ ritme van beat

beat·band [bietbend] *(‹Eng) de (m)* [-s] beatgroep

beat·box [biet-] *(‹Eng) de* [-en] persoon die met zijn mond het geluid van percussie-instrumenten imiteert, vooral in hiphop

beat·boxen *ww* [biet-] *(‹Eng)* [beatboxte, h. gebeatboxt] met de mond het geluid van percussie-instrumenten imiteren, vooral in hiphop

beat·groep [biet-] *de* [-en] groep musici die beatmuziek spelen

beat·mis [biet-] *de* [-sen] → **mis¹** met beatmuziek

beat·mu·ziek *de (v)* [biet-] → **beat** (bet 1)

beat·nik [biet-] *(‹Eng) de (m)* [-s] lid of volgeling van de beatgeneration, een groep Engelse en Amerikaanse schrijvers uit de jaren '50 van de 20ste eeuw, die rebelleerden tegen de gevestigde maatschappelijke orde

beau·fort·schaal [boofòr-] *de* schaal waarop de windkracht wordt uitgedrukt, met een verdeling van 1 tot 12, genoemd naar de Engelse weerkundige Sir Francis Beaufort (1774-1857), die in 1808 deze schaal introduceerde

beau·jo·lais [boozjoolè] *(‹Fr) de (m)* bekende Franse bourgognewijn, afkomstig uit de Franse streek Beaujolais

beau mon·de [boo mõdə] *(‹Fr) de (m)* de deftige stand, de grote wereld

beau·ty [bjoetie] *(‹Eng) de (v)* ['s] ❶ mooie vrouw, mooi meisje ❷ prachtig exemplaar, prachtstuk

beau·ty·case [bjoetiekees] *(‹Eng) de (m)* [-s] koffertje of necessaire met cosmetische benodigdheden

beau·ty·farm [bjoetiefà(r)m] *(‹Eng) de* [-s] op het platteland gevestigde schoonheidssalon

be·ba·ke·nen *ww* [bebakende, h. bebakend] van bakens voorzien; **bebakening** *de (v)* [-en]

be·bloed *bn* met bloed bevlekt

be·boe·ten *ww* [beboette, h. beboet] een boete opleggen

be·boomd *bn* met bomen bezet

be·bop [bie-] *(‹Eng) de (m)* ❶ jazzstijl uit het begin van de jaren veertig die tot ca. 1965 de jazz domineerde, gekenmerkt door een gecompliceerd ritme en snelle veranderingen van harmonie; bop, rebop ❷ kapsel met zeer kort, recht overeindstaand haar, indertijd in zwang bij liefhebbers van bebop

be·bos·sen *ww* [beboste, h. bebost] met bos beplanten

be·bou·wen *ww* [bebouwde, h. bebouwd] ❶ gewassen verbouwen op ❷ gebouwen zetten op; **bebouwing** *de (v)* [-en]

be·bou·wing *de (v)* [-en] ❶ het bebouwen ❷ wat gebouwd is ★ *BN halfopen ~* twee huizen onder één kap

be·broe·den *ww* [bebroedde, h. bebroed] broeden op (eieren)

be·cij·fe·ren *ww* [becijferde, h. becijferd] berekenen, uittrekenen; **becijfering** *de (v)* [-en]

be·com·men·ta·ri·ë·ren *ww* [becommentarieerde, h. becommentarieerd] van commentaar voorzien, opmerkingen maken bij

be·con·cur·re·ren *ww* [beconcurreerde, h. beconcurreerd] concurreren tegen

bec·que·rel [bekkə-] *de (m)* eenheid van (kern)activiteit; symbool Bq, genoemd naar Henri Becquerel (1852-1908), een Franse natuurkundige

bed & breakfast [bed end brèkfəst] *(‹Eng) de* [-s] overnachtingsmogelijkheid met ontbijt, pension, oorspronkelijk in Engeland

bed *het* [-den] ❶ meubel waarop men slaapt, slaapgelegenheid: ★ *een kind in ~ stoppen* ★ *in, op ~ liggen* (zonder lidwoord indien gebruikt m.b.t. mensen) ★ *het boek, de kat lag op het ~* ★ *het ~ opmaken* het beddengoed rechttrekken of netjes neerleggen, zodat iem. in het bed kan slapen ★ *scheiding van tafel en ~* beëindiging van de echtelijke samenwoning waarbij de huwelijksband in stand blijft, maar wel scheiding van goederen plaats vindt ★ *met iem. naar ~ gaan* geslachtsgemeenschap hebben met iem. ★ *het ~ moeten houden* in bed moeten blijven liggen (van zieken) ★ NN *in een opgemaakt ~(je) komen* in een situatie waar alles al geregeld is ★ *zijn bedje is* *gespreid* zijn vooruitzichten zijn beslist gunstig ★ *hij staat ermee op en gaat ermee naar* ~ het houdt hem constant bezig (gezegd van problemen, werk e.d.) ★ *dat is ver van mijn* ~ daar voel ik me niet of nauwelijks bij betrokken ★ *een ziekenhuis met 300 bedden* met plaats voor driehonderd interne patiënten ❷ verhoogd stuk grond waarop men gewassen kweekt: ★ *een* ~ *aardbeien* ❸ bedding van een rivier: ★ *het* ~ *van de Regge*

be·daagd *bn* tamelijk oud

be·daard *bn* kalm, rustig; **bedaardheid** *de (v)*

be·dacht *bn* ❶ naar iets streven, op iets rekenen: ★ ~ *zijn op voordeel* ❷ ergens voor op zijn hoede zijn: ★ *op alle eventualiteiten* ~ *zijn*

be·dacht·zaam *bn* voorzichtig, bezonnen, met overleg; **bedachtzaamheid** *de (v)*

be·dam·pen *ww* [bedampte, is bedampt] BN ook beslaan, met een vochtige waas bedekt worden (van ruiten, spiegels e.d.)

be·dan·ken *ww* [bedankte, h. bedankt] ❶ zijn dank uiten: ★ *iem. bedanken voor een cadeau* ★ NN, *iron je wordt bedankt!* gezegd als men door toedoen van een ander in een moeilijke situatie terecht komt ❷ ontslag nemen, zijn functie neerleggen: ★ *ik heb gisteren bedankt als voorzitter* ❸ niet aanvaarden, met beslistheid afwijzen: ★ *daar bedank ik voor!* ★ ~ *voor een functie, voor de eer* ❹ zijn abonnement of lidmaatschap opzeggen: ★ ~ *als lid van een vereniging* ★ ~ *voor een tijdschrift*

be·dank·je *het* [-s] ❶ woord van dank of briefje waarin men bedankt ★ *er kon geen* ~ *van af* ik werd er helemaal niet voor bedankt ❷ opzegging ❸ v. abonnement, lidmaatschap e.d.: ★ *na dat controversiële artikel stroomden er veel bedankjes binnen*

be·da·ren *ww* [bedaarde, h. & is bedaard] ❶ kalm maken: ★ *iem.* ~ ❷ kalm worden: ★ *tot* ~ *komen*

be·dau·wen *ww* [bedauwde, h. bedauwd] met dauw bevochtigen: ★ *bedauwde grasvelden*

bed·den·goed *het* matras, kussens, lakens enz.

bed·den·kruik *de* [-en] kruik die dient om, met heet water gevuld, een bed te verwarmen

bed·den·la·ken *het* [-s] laken als bedbedekking

bed·den·pan *de* [-nen] bedverwarmer, ronde ijzeren bak met een scharnierend deksel en een steel, vroeger dienend voor de voorverwarming van een bed

bed·den·zak *de (m)* [-ken] omhulsel van een matras ★ NN *luilak,* ~ scheldwoord voor een luiaard *en kreet bij de luilakviering*

bed·ding *de* [-en] ❶ geul in de aardbodem waardoor een rivier stroomt ❷ geol aardlaag

be·de *de* [-n, -s] ❶ smekend verzoek, gebed ❷ hist aanvraag van de landsheer geld te betalen, een soort belasting

be·deel·de *de* [-n] iem. die bedeeld wordt; zie ook bij → bedelen²

be·deesd *bn* verlegen; **bedeesdheid** *de (v)*

be·de·huis *het* [-huizen] ruimte waar men bidt: kerk, kapel, moskee e.d.

be·dek·ken *ww* [bedekte, h. bedekt] iets over iets anders heen leggen, verbergen onder: ★ *een vloer met oude kranten* ~

be·dek·king *de (v)* ❶ het bedekken ❷ [*mv:* -en] dat wat bedekt

be·dekt *bn* ❶ niet helder: ★ *de lucht is* ~ ❷ niet openlijk: ★ *in bedekte termen spreken*

be·dekt·za·di·gen *mv* planten waarvan de zaden in het vruchtbeginsel zijn ingesloten, Angiospermen

be·de·laar *de (m)* [-s], **be·de·laar·ster** *de (v)* [-s] iem. die bedelt

be·de·la·res *de (v)* [-sen] vrouw die bedelt, bedelaarster

be·de·la·rij *de (v)* het → **bedelen¹** (bij herhaling, als kostwinning)

be·del·arm·band *de (m)* [-en] vooral NN kettingvormige armband, waaraan siervoorwerpen (bedeltjes) kunnen worden gehangen

be·del·brief *de (m)* [-brieven] brief of circulaire met een verzoek om geldelijke hulp

be·de·len¹ *ww* [bedelde, h. gebedeld] ❶ een aalmoes vragen ★ ~ *om geld* ❷ smekend om iets blijven vragen: ★ *om aandacht* ~

be·de·len² *ww* [bedeelde, h. bedeeld] ❶ een deel geven ★ *rijk, goed bedeeld zijn* veel rijkdom, talenten, gaven hebben ★ *met veel goederen bedeeld zijn* veel bezittingen hebben ★ *de minder bedeelden* mensen die een klein inkomen hebben ❷ ondersteuning verlenen (aan armen) ❸ BN, spreektaal bezorgen, uitdelen: ★ *kranten, post* ~

be·de·ling *de (v)* [-en] ❶ NN, vroeger ondersteuning van armen: ★ *wij leven hier niet van de* ~! wij kunnen ons financieel best redden ❷ BN, spreektaal de bezorging, uitdeling, voorziening, distributie: ★ *de* ~ *van kranten, poststukken e.d.*

be·del·mon·nik *de (m)* [-niken] lid van een bedelorde

be·del·or·de *de* [-n, -s] kloosterorde waarvan de leden leven van aalmoezen als het loon van eigen arbeid niet voldoende is, zoals de franciscanen en de dominicanen

be·del·staf *de (m)* fig armoede ★ *iem. tot de* ~ *brengen / veroordelen* tot armoede doen geraken

be·del·tje *het* [-s] vooral NN siervoorwerp (gewoonlijk van zilver), dat aan een bedelarmband gehangen wordt

be·del·ven *ww* [bedolf, h. bedolven] ❶ bedekken onder aarde, puin enz. ❷ fig (te) veel geven: ★ *iem.* ~ *onder het werk* ★ *zij werd bedolven onder de complimenten*

be·den·ke·lijk *bn* ❶ zorgelijk, ongerustheid wekkend: ★ *een bedenkelijke ontwikkeling* ❷ twijfel of onzekerheid uitdrukkend: ★ *een* ~ *gezicht trekken*

be·den·ken I *ww* [bedacht, h. bedacht] ❶ overwegen: ★ *bedenk wel dat Japan een heel duur land is* ❷ verzinnen: ★ *een list, een surprise* ~ ❸ ★ *iem.* ~ *met iets* iem. iets schenken **II** *wederk* van gedachten

be‧den‧king *de (v)* [-en] ❶ bezwaar: ★ *bedenkingen hebben tegen een plan* ❷ overweging: ★ *iets in ~ houden*

be‧denk‧sel *het* [-s] dat wat uitgedacht is (meestal geringsch), verzinsel

be‧denk‧tijd *de (m)* tijd om over iets te denken: ★ *twee minuten ~ krijgen bij een quiz*

be‧derf *het* ❶ het bederven: ★ *aan ~ onderhevig zijn* kunnen bederven ❷ fig achteruitgang: ★ *het ~ van de zeden*

be‧der‧fe‧lijk *bn* snel bedervend, aan bederf onderhevig

be‧derf‧we‧rend *bn* het bederven voorkomend

be‧der‧ven *ww* [bedierf, h. & is bedorven] ❶ waardeloos, slecht maken, verknoeien: ★ *een verrassing ~* ★ *een maaltijd ~* ★ NN *hier valt niets meer aan te ~* slechter dan het nu is kan het niet ❷ verwennen: ★ *een kind ~* ❸ rotten, waardeloos of onbruikbaar worden, vooral van voedingsmiddelen: ★ *dit vlees is bedorven*

be‧de‧vaar‧der *de (m)* [-s] vooral BN bedevaartganger

be‧de‧vaart *de* [-en] tocht naar een heilige plaats

be‧de‧vaart‧gan‧ger *de (m)* [-s] iem. die een bedevaart maakt

be‧de‧vaart‧plaats *de* [-en] heilige plaats waarnaar bedevaarten gehouden worden: ★ *Lourdes, Mekka en Varanasi zijn bedevaartplaatsen*

bed‧ge‧heim *het* [-en] datgene wat er in de seksuele relatie tussen partners plaatsvindt waarover men niet wordt geacht met anderen te praten

be‧die‧naar *de (m)* [-s, -naren] ★ *~ des Woords* plechtig predikant

be‧dien‧baar *bn* te → bedienen (bet 2): ★ *automatisch ~, met de hand ~*

be‧dien‧de *de* [-n, -s] ❶ iem. die in ondergeschikte betrekking werkzaam is op een kantoor, in een winkel e.d. ❷ BN, recht in ruimere zin: werknemer in loondienst die geen arbeider is en hoofdzakelijk kantoorwerk verricht ❸ vroeger iem. die tegen betaling huishoudelijke diensten verrichtte

be‧dien‧de‧con‧tract *het* [-en] BN arbeidsovereenkomst voor bedienden

be‧die‧nen I *ww* [bediende, h. bediend] ❶ iem. geven wat hij vraagt ★ *een klant ~* ❷ ⟨in een restaurant, winkel e.d.⟩ helpen ★ *iem. op zijn wenken ~* onmiddellijk aan zijn verzoek voldoen ❸ de handelingen verrichten om een machine te laten werken, doen functioneren: ★ *het geschut ~* ★ *een hijskraan ~* ❹ RK de laatste Heilige Sacramenten toedienen: ★ *een stervende ~* **II** *wederk* gebruik maken van, tot zich nemen: ★ *hij bediende zich van de smakelijke hapjes op de schalen*

be‧die‧ning *de (v)* [-en] het bedienen: ★ *dit restaurant heeft een uitstekende ~* ★ *de ~ van dit apparaat is eenvoudig*

be‧die‧nings‧geld *het* [-en] NN ⟨in de horeca⟩ percentage van de prijs, bestemd voor degene die de klanten bedient

be‧die‧nings‧pa‧neel *het* [-nelen] paneel met knoppen, schakelaars e.d., waarmee men een machine of apparaat bedient

be‧dierf *ww*, **be‧dier‧ven** *verl tijd van* → **bederven**

be‧dij‧ken *ww* [bedijkte, h. bedijkt] met een dijk omgeven

be‧dij‧king *de (v)* ❶ het bedijken ❷ [*mv:* -en] het bedijkte land

be‧dil‧al *de (m)* [-len] NN iem. die zich overal mee wil bemoeien

be‧dil‧len *ww* [bedilde, h. bedild] NN vitten op ⟨iem.⟩, zich op een vervelende manier bemoeien met (andermans) zaken

be‧dil‧ziek *bn* NN geneigd te bedillen

be‧dil‧zucht *de* NN neiging tot bedillen

be‧ding *het* [-en] voorwaarde ★ *onder géén ~ beslist niet*

be‧din‧gen *ww* [bedong, h. bedongen] bij onderhandeling als voorwaarde stellen en aanspraak verkrijgen op: ★ *een hoog honorarium ~*

be‧dis‧cus‧si‧ë‧ren *ww* [-sjee-] [bediscussieerde, h. bediscussieerd] discussiëren over, bespreken

be‧dis‧se‧len *ww* [bedisselde, h. bedisseld] regelen, voor elkaar brengen, afspreken: ★ *dat is buiten mij om bedisseld*

bed‧le‧ge‧rig *bn* in bed door ziekte

be‧doe‧ïe‧nen ⟨‹Fr‹Arab›› *mv* in de woestijn rondzwervende nomaden in het Arabische cultuurgebied

be‧doeld *bn* waarover zo-even is gesproken: ★ *~ artikel* ★ *de bedoelde paragraaf*

be‧doe‧len *ww* [bedoelde, h. bedoeld] ❶ ten doel hebben, willen bereiken, beogen: ★ *wat bedoel je met dit plan?* ★ *het was goed bedoeld* vanuit goede oogmerken verricht ★ *het goed ~ met iem.* het beste met iem. voor hebben ★ *bedoeld zijn voor* bestemd zijn voor: ★ *deze regeling is speciaal bedoeld voor de lagere inkomens* ❷ met woorden of gebaren aanduiden, tot uitdrukking brengen: ★ *wat bedoelde je met die knipoog?* ★ *ik bedoel maar...* uitdrukking die wordt gebruikt als de strekking van een betoog overduidelijk wordt geacht

be‧doe‧ling *de (v)* [-en] wil, plan, opzet, oogmerk: ★ *het ligt in de ~ van de regering de kleine criminaliteit te bestrijden* ★ *met de beste bedoelingen iets doen* vanuit welgemeende oogmerken

be‧doen *wederk* [bedeed zich, h. zich bedaan] NN, spreektaal zich bevuilen ★ *'t is om je te ~* het is uiterst komisch

be‧doe‧ning *de (v)* [-en] ❶ gedoe, drukte: ★ *zo'n verhuizing is een hele ~* ★ *een rare ~* een vreemde gang van zaken ❷ in samenstellingen bedrijf, woning: ★ *boerenbedoening*

be‧dompt *bn* onfris, verstoken van frisse lucht: ★ *een bedompte ruimte*

be‧don‧derd *bn* NN, spreektaal ❶ slecht, akelig

❷ gek: ★ *ben je* ~?
be·don·de·ren *ww* [bedonderde, h. bedonderd] *inf* bedriegen
be·dor·ven[1] *bn* ❶ door bederf onbruikbaar ❷ verwend
be·dor·ven[2] *ww volt deelw* van → **bederven**
be·dot·ten *ww* [bedotte, h. bedot] voor de gek houden, foppen, bedriegen; **bedotterij** *de (v)* [-en]
bed·pan *de* [-nen] BN ondersteek
bed·plas·sen *ww & het* bedwateren
be·dra·ding *de (v)* [-en] ❶ het samenstel van elektriciteitsdraden, kabels enz. ❷ het aanbrengen daarvan
be·drag *het* [-dragen] geldsom: ★ *een ~ van 10.000 euro* ★ *een schadevergoeding ten bedrage van 5000 euro*
be·dra·gen *ww* [bedroeg, h. bedragen] de hoeveelheid hebben van: ★ *de kosten ~ 1215 euro*
be·drei·gen *ww* [bedreigde, h. bedreigd] dreigen schade of letsel te berokkenen: ★ *iem. met een vuurwapen ~* ★ *de opstandelingen werden bedreigd met de doodstraf* ★ *bedreigde diersoort, plantensoort* diersoort, plantensoort die met uitsterven wordt bedreigd
be·drei·ging *de (v)* [-en] ❶ het bedreigen: ★ *iem. beroven onder ~ met een mes* ❷ datgene waarvan dreiging uitgaat: ★ *een ~ vormen voor de wereldvrede*
be·drem·meld *bn* onthutst, verlegen
be·dre·ven *bn* geoefend, handig: ★ *zeer ~ zijn in iets*
be·drie·gen *ww* [bedroog, h. bedrogen] ❶ misleiden: ★ *argeloze klanten ~* ❷ anders lijken dan het in werkelijkheid is: ★ *schijn bedriegt* ❸ ontrouw zijn: ★ *zijn vrouw ~* ; zie ook bij → **bedrogen**[1]
be·drie·ger *de (m)* [-s], **be·drieg·ster** *de (v)* [-s] iem. die bedriegt
be·drie·ge·rij *de (v)* [-en] bedrog
be·drieg·lijk *bn* misleidend, bedriegend, vals, waarin men zich vergissen kan
be·drijf *het* [-drijven] ❶ beroepsmatige bezigheid: ★ *het ~ van timmerman uitoefenen* ❷ inrichting waar een bep. vorm van industrie, handel enz. wordt bedreven, onderneming, zaak: ★ *een ~ met 200 werknemers* ❸ afgesloten deel van een toneelstuk: ★ *het eerste, tweede, derde ~* ★ *tussen de bedrijven (door)* fig tussen andere bezigheden door ❹ werkzaamheid in het algemeen ★ *buiten ~ stellen* buiten werking stellen ★ *in ~ stellen* in werking stellen; zie ook bij → **gemengd**
be·drijfs·ad·mi·nis·tra·tie [-(t)sie] *de (v)* [-s] het beheer van een bedrijf
be·drijfs·arts *de (m)* [-en] NN arts die aan een bedrijf is verbonden
be·drijfs·be·zet·ting *de (v)* [-en] actie van arbeiders, waarbij deze de leiding en de organisatie van een onderneming in handen nemen
be·drijfs·blind *bn* lijdend aan bedrijfsblindheid
be·drijfs·blind·heid *de (v)* NN zodanige gefixeerdheid op de bestaande situatie binnen een bedrijf dat men geen oog heeft voor mogelijke verbeteringen in de bedrijfsvoering
be·drijf·schap *het* [-pen] publiekrechtelijke organisatie van verwante, tot dezelfde bedrijfstak behorende bedrijven
be·drijfs·eco·no·mie *de (v)* studie van de economische aspecten van verschijnselen die zich voordoen binnen een bedrijfshuishouding
be·drijfs·eco·no·misch *bn* volgens de bedrijfseconomie
be·drijfs·eco·noom *de (m)* [-nomen] NN bedrijfseconomisch deskundige
be·drijfs·ge·nees·kun·de *de (v)* vooral NN tak van de geneeskunde die zich bezighoudt met situaties in een bep. type bedrijf of beroep
be·drijfs·groep *de* [-en] publiekrechtelijke organisatie van gelijke of verwante bedrijven
be·drijfs·huis·hou·ding *de (v)* organisatie van de productiemiddelen binnen een onderneming op zodanige wijze dat de inkomsten zo hoog mogelijk zijn en dat de inkomstenstroom voor een langere periode is gegarandeerd
be·drijfs·huis·houd·kun·de *de (v)* leer van de bedrijfshuishouding
be·drijfs·hulp·ver·le·ning *de (v)* vooral NN eerstelijnshulpverlening, zoals EHBO en calamiteitenbeheersing, bij (arbeids)ongevallen in een bedrijf; ook ter preventie
be·drijfs·in·ko·men *het* [-s] BN inkomen uit loon of salaris
be·drijfs·ka·pi·taal *het* [-talen] voor het bedrijf beschikbaar kapitaal
be·drijfs·klaar *bn* geheel afgewerkt, klaar om in gebruik gesteld te worden
be·drijfs·kle·ding *de (v)* bij het werk gedragen kleding
be·drijfs·ko·lom *de* [-men] econ alle bedrijven die achtereenvolgens betrokken zijn bij het voortbrengen en afzetten van een bep. type product
be·drijfs·kun·de *de (v)* wetenschap waarin problemen binnen organisaties vanuit verschillende disciplines worden benaderd (technische wetenschappen, economie, sociale wetenschappen, rechtswetenschappen e.d.)
be·drijfs·las·ten *mv* BN exploitatiekosten
be·drijfs·leer *de* de theorie van organisatie en leiding van een bedrijf
be·drijfs·lei·der *de (m)* [-s] iem. die daadwerkelijk leiding geeft aan een bedrijf
be·drijfs·le·ven *het* de wereld van industrie en handel
be·drijfs·on·ge·val *het* [-len] vooral NN ongeval dat zich voordoet bij het verrichten van werkzaamheden voor een bedrijf of onderweg van huis naar dat bedrijf of omgekeerd
be·drijfs·or·ga·ni·sa·tie [-zaa(t)sie] *de (v)* [-s] ★ *publiekrechtelijke ~* wettelijk geregelde samenwerking tussen werkgevers en werknemers in

het **bedrijfsleven**
be·drijfs·pand *het* [-en] → **pand** (I, bet 3) voor de uitoefening van een bedrijf
be·drijfs·raad *de (m)* [-raden] ❶ NN, vroeger commissie door werkgevers en -nemers samen gekozen, ter behandeling van geschillen enz.; voorloper van de ondernemingsraad ❷ BN raad die aan een minister voorstellen en adviezen van economische aard verstrekt betreffende de bedrijfstak die hij vertegenwoordigt
be·drijfs·re·sul·taat [-zul-] *het* [-taten] winst of verlies van een bedrijf over een bep. periode
be·drijfs·re·vi·sor [-reeviezor] *de (m)* [-sors, -soren] BN onafhankelijk controleur van de boekhouding van een bedrijf
be·drijfs·ruim·te *de (v)* [-n] ruimte voor het uitoefenen van een bedrijf (*tegengest*: → **woonruimte**)
be·drijfs·spi·o·na·ge [-naazjə] *de (v)* het heimelijk verzamelen van gegevens van technische of economische aard bij concurrerende bedrijven
be·drijfs·tak *de (m)* [-ken] geheel van bedrijven die zich richten op dezelfde soort producten of diensten (bijv. de bouw, de horeca, het bankwezen enz.)
be·drijfs·uit·ga·ven *mv* BN exploitatiekosten
be·drijfs·ver·eni·ging *de (v)* [-en] vereniging van werkgevers en werknemers in verwante bedrijven, o.a. ter uitvoering van de sociale verzekeringswetten
be·drijfs·ver·ze·ke·ring *de (v)* [-en] verzekering tegen materiële schade opgelopen door het stilleggen van een bedrijf wegens storingen e.d.
be·drijfs·voe·ring *de (v)* het besturen, inrichten van een bedrijf
be·drijfs·voor·hef·fing *de (v)* [-en] BN loonheffing, voorheffing op het bedrijfsinkomen
be·drijfs·ze·ker *bn* betrouwbaar in gebruik, vrij van storingen; **bedrijfszekerheid** *de (v)*
be·drij·ven *ww* [bedreef, h. bedreven] aanrichten, doen, *vooral* iets ongunstigs: ★ *kwaad, ontucht* ~ ★ *bedrijvende vorm* de vorm van zinnen waarin het onderwerp de handeling zelf verricht, zoals in de zin *de man slaat de hond*; vgl: *lijdende vorm*, zie bij → **lijden**¹
be·drij·ven·park *het* [-en] gebied met uitsluitend bedrijfsruimten en kantoren
be·drij·vig *bn* ❶ altijd bezig, levendig, druk: ★ *een ~ kind* ❷ met veel (economische) activiteit: ★ *een bedrijvige havenwijk*
be·drij·vig·heid *de (v)* ❶ drukte, levendigheid ❷ werkzaamheid, (economische) activiteit: ★ *er is veel ~ in die stad*
be·drin·ken *wederk* [bedronk, h. bedronken] zich dronken drinken
be·droefd I *bn* verdriet hebbend, verdrietig: ★ *~ zijn over, om iets* II *bijw* zeer: ★ *~ weinig*
be·droe·ven *ww* [bedroefde, h. bedroefd] verdriet doen: ★ *dit bericht bedroeft mij zeer*

be·droe·vend I *bn* ❶ droef makend ❷ ergerlijk, miserabel: ★ *een ~ rapport* II *bijw* zeer: ★ *~ slechte resultaten*
be·drog *het* bedriegerij, misleiding; zie ook bij → **droom** en → **optisch**
be·dro·gen¹ *bn* in zijn verwachtingen teleurgesteld: ★ *~ uitkomen*
be·dro·gen² *ww verl tijd meerv* en *volt deelw* van → **bedriegen**
be·droog *ww verl tijd* van → **bedriegen**
be·drui·pen *ww* [bedroop, h. bedropen] druppelsgewijze bevochtigen ★ *zich kunnen ~* in zijn eigen onderhoud kunnen voorzien, zonder geldelijke steun van buitenaf kunnen voortbestaan: ★ *na een tijdje moeten de ontwikkelingslanden zichzelf kunnen ~*
be·druk·ken *ww* [bedrukte, h. bedrukt] figuren, letters enz. drukken op iets ★ *bedrukt katoen* met figuren erop gedrukt, niet erin geweven
be·drukt *bn* neerslachtig, somber; **bedruktheid** *de (v)*
bed·rust *de* het in bed blijven liggen, *vooral* van zieken: ★ *de arts schreef de patiënt ~ voor*
bed·scè·ne *de* [-s] erotische scène in een film, tv-serie e.d.
bed·ste·de [-n], **bed·stee** [-steden] *de* geheel omsloten slaapplaats die in een vertrek is ingebouwd
bed·tijd *de (m)* tijd om naar bed te gaan
be·ducht *bn* bevreesd, bang: ★ *~ zijn voor een ongeluk*
be·dui·den *ww* [beduidde, h. beduid] ❶ betekenen: ★ *wat hebben al die aantekeningen te ~?* ❷ aangeven, duidelijk maken *vooral* met gebaren: ★ *de gastheer beduidde ons te gaan zitten*
be·dui·dend *bn* aanzienlijk, aanmerkelijk
be·dui·me·len *ww* [beduimelde, h. beduimeld] vuile vingers zetten op: ★ *dit woordenboek is helemaal beduimeld*
be·duusd *bn* vooral NN beteuterd, onthutst
be·du·ve·len *ww* [beduvelde, h. beduveld] bedriegen, misleiden ★ *ben je beduveld?* ben je niet wijs?
be·dwang *het* het bedwingen, beheersing ★ *in ~ hebben / houden* onder controle hebben / houden, beheersen: ★ *een agressieve hond in ~ houden*
bed·wants *de* [-en] wandluis (*Cimex lectularius*)
bed·wa·te·ren *ww & het* (het) urine lozen tijdens de slaap
be·dwel·men *ww* [bedwelmde, h. bedwelmd] verdoven, bewusteloos maken; **bedwelming** *de (v)*
be·dwin·gen I *ww* [bedwong, h. bedwongen] ❶ in bedwang houden, onder zijn macht houden: ★ *een menigte ~* ★ *zijn tranen ~* niet gaan huilen of ophouden met huilen ❷ onder zijn macht brengen, onderdrukken: ★ *een opstand ~* ★ *een berg ~* een berg beklimmen tot de top II *wederk* geen uiting geven aan heftige gevoelens
be·ëdi·gen *ww* [beëdigde, h. beëdigd] ❶ een eed laten afleggen ★ *beëdigd* een eed afgelegd hebbend, onder ede staand: ★ *beëdigd makelaar* ★ *beëdigd vertaler* ❷ door een eed bevestigen: ★ *een beëdigde*

verklaring; **beëdiging** *de (v)* [-en]
be·ëin·di·gen *ww* [beëindigde, h. beëindigd] tot een einde brengen; **beëindiging** *de (v)*
beek *de* [beken] klein riviertje, stroompje
beek·be·zin·king *de (v)* [-en], **beek·klei** *de* aangeslibde klei langs beek
beek·pun·ge *de* [-n] op waterereprijs gelijkend leeuwenbekachtig plantje (*Veronica beccabunga*)
beeld *het* [-en] ❶ voorstelling of nabootsing van iets of iem., vervaardigd van steen, hout, was e.d.: ★ *een marmeren ~ ★ een ~ voor iem. oprichten ★ deze volken aanbidden beelden* ❷ door middel van lichtstralen verkregen voorstelling, zoals een foto of een filmbeeld: ★ *beelden van het Toscaanse landschap* ❸ voorstelling van iets in de geest: ★ *ik kan me nog geen helder ~ van de situatie vormen ★ een vertekend ~ van iets hebben* een onjuist, vervormd idee van iets hebben ❹ door een beschrijving opgeroepen voorstelling: ★ *een realistisch ~ geven, schetsen van de armoede* ❺ voorstelling die wordt verkregen door middel van een optisch of elektronisch apparaat: ★ *deze televisie heeft een onscherp, korrelig ~ ★ in ~ zijn* a) op het beeld zichtbaar zijn; b) als kandidaat voor een bep. functie worden genoemd ❻ toonbeeld: ★ *die man is een ~ van werklust* ❼ bijzonder mooi exemplaar van iets: ★ *een ~ van een hoedje, een vrouw* ❽ evenbeeld: ★ *de mens is geschapen naar Gods ~*
beeld·band *de (m)* [-en] dunne kunststofband met een magnetiseerbare laag voor het opnemen en weergeven van beelden, videoband
beeld·buis *de* [-buizen] ❶ elektronenstraalbuis waarin ontvangen signalen worden omgezet in beeld, o.a. aanwezig in televisietoestellen ❷ televisietoestel, vaak verkort tot → **buis**: ★ *zij zat uren voor de ~*
beeld·dra·ger *de (m)* [-s] medium waarop een beeld is vastgelegd, dat door een bepaalde overbrengtechniek zichtbaar kan worden gemaakt, bijv. negatief, drukvorm, stempel, videoband en cd-rom
beel·de·naar *de (m)* [-s] beeltenis op munten
beel·dend *bn* levendige voorstellingen oproepend: ★ *zij kan heel ~ vertellen ★ ~ kunstenaar* beoefenaar van de beeldende kunsten ★ *beeldende kunsten* die takken van kunst waarbij een bepaald gegeven in twee of drie dimensies wordt uitgebeeld: ★ *beeldhouw-, schilder-, teken-, graveerkunst zijn beeldende kunsten*
beel·den·dienst *de (m)* verering van beelden
beel·den·ga·le·rij *de (v)* [-en] galerij met beeldhouwwerken; rij beelden
beel·den·storm *de (m)* ❶ vernieling van beelden ★ *hist de Beeldenstorm* de vernieling van rooms-katholieke beelden en religieuze gebruiksvoorwerpen in de Nederlanden in augustus 1566 ❷ *fig* het aanvallen van traditionele opvattingen en gebruiken: ★ *een ~ ontketenen*
beel·den·stor·mer *de (m)* [-s], vooral: **Beeldenstormer**

❶ deelnemer aan de Beeldenstorm ❷ vurig tegenstander van beelden in de kerken, iconoclast ❸ *fig* iem. die traditionele opvattingen en gebruiken aanvalt
beel·den·strijd *de (m)* strijd in de 8ste en 9de eeuw in het Byzantijnse rijk over de beeldenverering
beel·de·rig *bn* NN heel lief en mooi: ★ *een ~ jurkje*
beeld·hou·wen *ww* [beeldhouwde, h. gebeeldhouwd] een beeld vervaardigen uit steen, hout of een ander hard materiaal
beeld·hou·wer *de (m)* [-s] iem. die beeldhouwt
beeld·houw·kunst *de (v)* kunst van het beeldhouwen
beeld·houw·werk *het* ❶ het beeldhouwen ❷ [*mv*: -en] voortbrengsel van het beeldhouwen, beeld, sculptuur
beel·dig *bn* heel mooi en lief
beeld·krant *de* [-en] informatiesysteem waarbij nieuwtjes, reclame enz. op een beeldscherm verschijnen, vaak gericht op een specifieke doelgroep
beeld·lijn *de* [-en] elk van de lijnen waaruit een door een transmissietechniek overgebracht beeld (bijv. een televisiebeeld) is gevormd
beeld·ma·ni·pu·la·tie [-(t)sie] *de (v)* het veranderen van foto's en andere afbeeldingen met behulp van een computer
beeld·merk *het* [-en] NN handels- of fabrieksmerk bestaande uit een afbeelding of een teken
beeld·punt *het* [-en] comput elk van de punten waaruit een (licht)beeld is opgebouwd, pixel: ★ *het aantal beeldpunten per inch bepaalt de resolutie van het beeld en daarmee de scherpte*
beeld·recht *het* [-en] auteursrecht op beeldmateriaal zoals vervaardigd door beeldende kunstenaars, fotografen, architecten enz.
beeld·re·dac·teur *de (m)* [-en en -s] redacteur die verantwoordelijk is voor de afbeeldingen en foto's in een krant, tijdschrift enz.
beeld·re·so·lu·tie [-zooluu(t)sie] *de (v)* scherpte waarmee een beeldscherm beelden weergeeft: ★ *een hoge ~ geeft een scherp beeld*
beeld·rijk *bn* met veel beeldspraak: ★ *beeldrijke taal*
beeld·ro·man *de (m)* [-s] beeldverhaal, strip
beeld·scherm *het* [-en] scherm waarop beelden worden gevormd, vooral als onderdeel van een beeldbuis en in een televisietoestel of computer
beeld·scherm·fil·ter *het* [-s] comput kap die over het beeldscherm wordt gezet om lichtreflectie tegen te gaan en om het beeld op het scherm voor de gebruiker te verbeteren
beeld·scherm·ter·mi·nal [-tù(r)minəl] *de (m)* [-s] computereindstation, bestaande uit een beeldscherm en een toetsenbord, waarmee gegevens naar een computersysteem worden ingevoerd en gegevens uit het computersysteem zichtbaar worden
beeld·schoon *bn* heel mooi: ★ *een beeldschone jurk*
beeld·schrift *het* voorstelling van begrippen door

beelden of pictogrammen, niet door letters
beeld·spraak *de* personen of zaken niet met hun eigen naam noemen, maar met die van erop lijkende of ertoe in betrekking staande personen of zaken, bijv.: ★ *een boom van een kerel* ★ *het regent pijpenstelen*
beeld·spra·kig *bn* in beeldspraak; beeldrijk
beeld·sta·tis·tiek *de (v)* [-en] vooral NN statistiek in duidelijk sprekende figuren, bijv. een hoeveelheid identieke soldaatjes om de sterkte van legers aan te geven
beeld·te·le·fo·nie *de (v)* telefoonsysteem waarbij men elkaar niet alleen kan horen, maar ook kan zien
beeld·te·le·foon *de (m)* [-s] telefoon waarbij men niet alleen geluid, maar ook beelden kan ontvangen en overbrengen, videofoon
beeld·te·le·gra·fie *de (v)* het overseinen van niet-bewegende beelden door middel van kabel- of draadloze telegrafie
beeld·ver·haal *het* [-halen] verhaal bestaande uit een reeks plaatjes, al of niet door korte bijschriften toegelicht, strip
beeld·vor·ming *de (v)* het (doen) ontstaan van een zeker image van een zaak of een persoon: ★ *er is een ongunstige ~ rond onze beweging ontstaan*
beeld·woor·den·boek *het* [-en] woordenboek waarin de betekenis van de behandelde woorden wordt weergegeven in de vorm van afbeeldingen, vaak met bijschriften
beel·te·nis *de (v)* [-sen] afbeelding
beemd *de (m)* [-en] ❶ vero (waterrijk) weiland; ❷ *beemden* landschap of veld in het algemeen
been[1] *het* [benen] ❶ elk van de twee ledematen waarop een mens staat of loopt; *ook* elk van de vier ledematen van een paard ★ NN *benen maken* het op een lopen zetten ★ *de benen nemen* ervandoor gaan ★ *op eigen benen staan* maatschappelijk zelfstandig zijn ★ *niet meer op zijn benen kunnen staan* zeer vermoeid zijn ★ *met één ~ in het graf staan* niet lang meer te leven hebben ★ *op zijn laatste benen lopen* spoedig dood gaan, *ook* spoedig ontslagen zullen worden ★ *met het verkeerde ~ uit bed stappen* slecht gehumeurd zijn ★ *iem. op het verkeerde ~ zetten* hem in een verkeerde richting laten denken ★ *het ~ stijf houden* niet toegeven ★ *de zieke is weer op de ~* de zieke is weer op, ligt niet meer op bed ★ *er is veel volk op de ~* er komen veel mensen samen om naar iets te kijken of aan iets deel te nemen ★ *een leger op de ~ brengen* gereed maken voor de strijd ★ *slecht (goed) ter ~ zijn* moeilijk (goed) kunnen lopen ★ *geen ~ hebben om op te staan* geen enkel steekhoudend argument naar voren kunnen brengen ★ *op één ~ kun je niet lopen* gezegd wanneer men iem. een tweede glas alcoholische drank wil opdringen ★ *iem. tegen het zere ~ schoppen* iem. kwetsen op voor hem (geestelijk) gevoelig gebied ★ *op zijn achterste benen staan* zeer verontwaardigd reageren ★ *zich de benen uit het lijf*

---

137   **beeldspraak–beentje**

zijn gat lopen heel gehaast lopen, zich bijzonder inspannen ★ *de benen strekken* een stukje gaan lopen, zich vertreden ★ *het zijn sterke benen die de weelde kunnen dragen* slechts geestelijk weerbare mensen gaan niet ten onder aan plotselinge roem of rijkdom ★ *met beide benen op de grond blijven staan* zich niet overgeven aan zweverig idealisme, realistisch blijven ; zie ook bij → **blok** (bet 9) en → **staart** ★ BN, spreektaal *ergens zijn benen onder tafel steken / schuiven* ergens komen eten ★ BN, spreektaal *iets aan zijn ~ hebben* ergens mee opgescheept zitten, bedrogen zijn ❷ bovendeel van een kous ❸ wisk elk van de twee lijnen die een hoek insluiten ❹ elk van de beide stangen van een passer ; zie ook → **beentje**
been[2] *het* [-deren, benen] ❶ onderdeel van een geraamte van mens of dier, bot ❷ stof waarvan beenderen gemaakt zijn ★ vooral NN *ergens geen ~ in zien* er geen bezwaar tegen hebben ; zie ook bij → **hond**, → **merg**, → **steen** en → **vel**
been·ach·tig *bn* als van → **been**[2], gelijkend op → **been**[2]
been·be·scher·mer *de (m)* [-s] voorwerp dat de benen beschermt, o.a. gebruikt door sommige sportlieden en door leden van een mobiele eenheid
been·breek *de* beschermde plantensoort met gele bloemen, behorend tot de leliefamilie, vooral groeiend op moerassige plaatsen (*Narthecium ossifragum*)
been·breuk *de* [-en] het breken van een → **been**[1]; de plaats waar het → **been**[1] gebroken is
been·der·ge·stel *het* [-len] de gezamenlijke beenderen in een menselijk of dierlijk lichaam of in een deel daarvan
been·der·lijm *de (m)* lijm uit beenderen bereid
been·der·meel *het* fijngemalen beenderen
been·der·stel·sel *het* [-s] beendergestel
been·eter *de (m)* tuberculose in de beenderen
been·ham *de* ham van de poot van een varken met nog een stuk dijbeen erin
been·hard *bn* BN ook heel hard
been·hou·wer *de (m)* [-s] BN, spreektaal slager
been·hou·we·rij *de (v)* [-en] BN, spreektaal slagerij
been·kap *de* [-pen] beschermende leren kap om het → **been**[1]
been·merg *het* merg
been·merg·trans·plan·ta·tie [-(t)sie] *de (v)* overbrenging van rood beenmerg van een gezond persoon in het lichaam van iem. met een ernstige beenmergziekte
been·ruim·te *de (v)* ruimte waar de benen geplaatst kunnen worden vóór een zitplaats: ★ *de stoelen stonden zo dicht op elkaar dat er weinig ~ overbleef*
been·stuk *het* [-ken] gedeelte (van harnas, kous e.a.) dat het been bedekt
been·tje *het* [-s] klein been ★ vooral NN *iem. ~ lichten* a) iem. laten struikelen door een been voor het zijne te zetten; b) fig iem. handig tegenwerken of

wegwerken ★ *zijn beste ~ voorzetten* het beste van zichzelf laten zien, zijn uiterste best doen

been·vis·sen *mv* klasse van vissen met een benig geraamte (*Osteichthyes*)

been·vlies *het* [-vliezen] vlies om de beenderen

been·war·mer *de (m)* [-s] door vrouwen en meisjes om het onderbeen gedragen omhulsel ter bescherming tegen de kou

beep [biep] (‹Eng) *tsw* klanknabootsing van een kort piepgeluid

beer¹ *de (m)* [beren] ❶ roofdier met dikke vacht ★ *zo sterk als een ~* zeer sterk ★ NN *de ~ is los* de situatie kan niet meer in bedwang worden gehouden ★ NN *beren op de weg zien* allerlei al dan niet ingebeelde gevaren of moeilijkheden verwachten ★ *de huid niet verkopen voor de ~ geschoten is* geen beslissingen nemen (vooral in geldzaken) die afhankelijk zijn van een verwacht, maar nog onzeker verloop van zaken ❷ *fig* forse, sterke persoon: ★ *een ~ van een jongen* ★ *een ongelikte ~* een ruwe, onbehouwen kerel ❸ op een → **beer¹** (bet 1) gelijkend speelgoedbeest, vooral teddybeer

beer² *de (m)* [beren] ❶ mannetjesvarken ❷ stut in de vorm van een pilaar aan de buitenkant van muren ❸ waterkering

beer³ *de (m)* vero menselijke uitwerpselen

beer·put *de (m)* [-ten] vroeger put waarin menselijke uitwerpselen werden verzameld ★ *de ~ ging open* de wantoestanden, de fraude, het bedrog e.d. kwam(en) aan het licht

be·ër·ven *ww* [beërfde, h. beërfd] door erven verkrijgen

beest *het* [-en] ❶ dier, vooral wild, verscheurend dier: ★ *het ~ viel zelfs mensen aan* ★ *eruitzien als een ~* er smerig en haveloos uitzien ★ *bij de beesten af* hoogst ergerlijk ★ BN, spreektaal *'t is een mager ~je* 't is niet veel zaaks, iets van weinig waarde, van slechte kwaliteit ❷ *fig* ruw, wreed mens: ★ *als een ~ te keer gaan* ★ *de ~ uithangen* zich zeer onbehoorlijk gedragen ❸ bilj stoot die toevallig raak is; zie ook bij → **geest¹** (bet 7) en → **beestje**

beest·ach·tig I *bn* wreed, ruw: ★ *~ tekeergaan* **II** *bijw* in hoge mate, verschrikkelijk: ★ *~ slecht weer* ★ *die taart is ~ lekker*

bees·ten·ben·de, **bees·ten·boel** *de (m)* rommel, zeer wanordelijke toestand

bees·ten·stal *de (m)* [-len] ❶ stal voor vee ❷ *fig* smerige boel

bees·ten·weer *het* inf beestachtig slecht weer

beest·je *het* [-s] klein beest ★ *beestjes* kleine, lastige insecten, schertsend luizen: ★ *wat zit je toch te krabben, heb je beestjes?* ★ *de aard van het ~* iemands eigenaardigheden, karaktertrekken

beest·mens *de (m)* [-en] mens die zich gedraagt als een beest

beet¹ *de (m)* [beten] ❶ het bijten ★ *~ hebben* zie → **beethebben** ❷ afgebeten stuk: ★ *een ~ van een perzik nemen* ❸ wond door bijten ontstaan: ★ *de hond bracht het kind talloze beten toe*

beet² *de* [beten] → **biet**

beet³ *ww verl tijd* van → **bijten**

beet·gaar *bn* licht gekookt

beet·heb·ben *ww* [had beet, h. beetgehad] ❶ ‹bij het vissen› een vis aan de haak hebben ❷ *fig* kans hebben op een gewenste beslissing ★ *het ~ hebben* (van verkoudheid, verliefdheid) het te pakken hebben ★ *iem. ~ fig* iem. voor de gek hebben gehouden

beet·je I *het* [-s] ❶ weinig, geringe hoeveelheid: ★ *nog maar een ~ geld hebben* ★ *een ~ verliefd, bedroefd zijn* in lichte mate ★ *alle beetjes helpen* iedere kleinigheid aan hulp komt van pas ★ *bij stukjes en beetjes*, *~ bij ~* geleidelijk ❷ NN om aan te geven dat het genoemde volstrekt belachelijk is: ★ *ik ga me daar een ~ dansen* ❸ hapje; **II** *bn* van enig belang, van enig aanzien, van enige kwaliteit: ★ *een ~ politicus kan zo'n probleem wel aan*

beet·krij·gen *ww* [kreeg beet, h. beetgekregen] in handen krijgen; krijgen

beet·ne·men *ww* [nam beet, h. beetgenomen] ❶ eig vastpakken ❷ *fig* foppen, ertussen nemen ❸ *fig* oneerlijk behandelen (bijv. bij een koop): ★ *je hebt je vreselijk laten ~ door die verkoper*

beet·pak·ken *ww* [pakte beet, h. beetgepakt] vastgrijpen

beet·sui·ker *de (m)* → **bietsuiker**

beet·wor·tel *de (m)* [-s, -en] suikerbiet

BEF *afk* in België Belgische frank [munteenheid in België voor de introductie van de euro]

bef *de* [-fen] ❶ wit borststuk aan de hals bevestigd, gedragen op een toga ❷ deel van de hals of de borst van een dier, met een kleur die sterk afwijkt van de rest van de kleur van dat dier: ★ *een kat met een witte ~*

be·faamd *bn* vermaard

bef·fen *ww* [befte, h. gebeft] inf cunnilingus bedrijven, kutlikken

bef·lijs·ter *de* [-s] lijster met een witte bef aan de hals

be·floer·sen *ww* [befloerste, h. befloerst] met floers bedekken

be·gaafd *bn* met talent: ★ *een ~ dichter* ★ *~ met ~* bedeeld, begiftigd met

be·gaafd·heid *de (v)* ❶ het knap zijn ❷ [*mv*: -heden] gave, talent

be·gaan I *ww* [beging, h. begaan] ❶ lopen of rijden over ★ NN *de begane grond* verdieping van een gebouw die op hetzelfde niveau ligt als het straatoppervlak buiten ❷ doen (iets slechts): ★ *een misdaad, een overtreding ~* ❸ ★ *laat hem maar ~* laat hem zijn gang maar gaan **II** *bn* ★ *~ zijn met iem.* medelijden met iem. hebben

be·gaan·baar *bn* geschikt om over te lopen of te rijden: ★ *het trottoir was niet meer ~*

be·geer·lijk *bn* ❶ te begeren: ★ *~ voedsel* ★ *een begeerlijke vrouw* ❷ begerig, begeerte tonend: ★ *begeerlijke blikken op iem. / iets werpen*

be·geer·te *de (v)* [-n] hevig verlangen
be·gees·te·ren *ww* [begeesterde, h. begeesterd] bezielen, enthousiast maken; **begeestering** *de (v)*
be·ge·lei·den *ww* [begeleidde, h. begeleid] ❶ vergezellen, samengaan: ★ *ik begeleidde haar naar de deur* ❷ ondersteunen, met raad en daad bijstaan, richting geven: ★ *deze jeugd dient beter begeleid te worden* ❸ bijpassende muziek spelen: ★ *de zanger begeleidt zichzelf op de gitaar*
be·ge·na·digd *bn* met veel talent: ★ *een ~ schilder*
be·ge·na·di·gen *ww* [begenadigde, h. begenadigd] genade schenken, straf kwijtschelden
be·ge·ren *ww* [begeerde, h. begeerd] sterk wensen, hevig verlangen naar
be·ge·rens·waard, **be·ge·rens·waar·dig** *bn* waard om naar te verlangen
be·ge·rig *bn* begerend, begeerte tonend, sterk verlangend: ★ *met een begerige blik in de ogen*
be·ge·ven *ww* [begaf, h. & is begeven] in de steek laten: ★ *mijn krachten ~ mij* ★ *het ~ bezwijken, stukgaan:* ★ *mijn fiets heeft het begeven* **II** wederk [begaf, h. begeven] gaan naar ★ *zich naar voren ~*
be·gie·ten *ww* [begoot, h. begoten] nat gieten: ★ *de planten ~*
be·gif·ti·gen *ww* [begiftigde, h. begiftigd] ★ *iem. ~ met iets* iem. iets schenken
be·gijn (‹Fr› *de (v)*) [-en] naam voor ongehuwde rooms-katholieke vrouwen, soms weduwen die, zonder gelofte afgelegd te hebben, in gemeenschap op een hofje leven
be·gijn·hof *het* [-hoven] complex woningen rond een tuin voor begijnen
be·gin *het* het eerste deel van een verrichting, afstand, tijdsverloop enz., aanvang: ★ *aan het ~ van de wedstrijd* ★ *in het ~ van het schooljaar* ★ *alle ~ is moeilijk* als je met iets nieuws begint, kom je vaak moeilijkheden tegen ★ NN *een goed ~ is het halve werk* als je goed begint is de rest veel makkelijker ★ *een ~ met iets maken* ergens mee beginnen ★ *een ~ zonder eind* een zeer langdurige zaak ★ *in den beginne* Bijbel de eerste woorden van het scheppingsverhaal in oudere spellingen (*Genesis* 1: 1) ★ *~ volgend jaar* in het eerste deel van volgend jaar
be·gin·let·ter *de* [-s] letter aan het begin van een zin, een hoofdstuk, een artikel e.d.: ★ *in oude handschriften treft men vaak rijk versierde beginletters aan*
be·gin·ne·ling *de (m)* [-en] ❶ iem. die pas begint met iets ❷ BN jong wielrenner, behorend tot de laagste klasse van renners aangesloten bij de KBWB
be·gin·nen *ww* [begon, is begonnen] ❶ een begin maken (met): ★ *een studie, een eigen bedrijf ~* ★ *~ aan, met iets* ★ *voor zichzelf ~* een eigen onderneming starten ★ *ergens over ~* iets ter sprake brengen ★ *niets met iem. of iets kunnen (weten) te) ~* geen raad of weg weten met ★ *er is geen ~ aan* het is niet te volbrengen ★ BN *goed begonnen, (is) half gewonnen*

als je goed begint is de rest veel makkelijker ❷ een aanvang nemen: ★ *de wedstrijd begint om 14.00 uur*
be·gin·ner *de (m)* [-s] iem. die pas met iets begint, beginneling
be·gin·punt *het* [-en] punt waar iets begint, vooral punt waar een af te leggen afstand begint
be·gin·rijm *het* [-en] het gelijk zijn van de beginklank van enkele opeenvolgende woorden, alliteratie
be·gin·sel *het* [-en, -s] ❶ eenvoudig grondbegrip van een wetenschap: ★ *de beginselen van de evolutietheorie* ★ *in ~* voorlopig, wat het beginsel betreft (zonder in nadere bijzonderheden te treden) ❷ overtuiging, principe, stelregel: ★ *een ~ huldigen* ★ *uitgaan van het ~ dat alle mensen gelijk zijn* ★ *dit gaat tegen mijn beginselen in* ❸ begin, oorsprong
be·gin·sel·pro·gram·ma *het* ['s] ❶ geheel van beginselen van een politieke partij ❷ geschrift waarin deze beginselen zijn weergegeven
be·gin·sel·vast *bn* niet van zijn beginselen afwijkend
be·gin·sel·ver·kla·ring *de (v)* [-en] ‹bij een politieke partij, kabinet› verklaring over de beginselen die men volgen zal
be·gin·sig·naal [-sinjaal] *het* [-nalen] signaal waarmee iets, bijv. een wedstrijd, een aanvang neemt
be·gla·zen *ww* [beglaasde, h. beglaasd] van glasruiten voorzien; **beglazing** *de (v)* [-en]
be·glu·ren *ww* [begluurde, h. begluurd] stiekem kijken naar: ★ *hij zit me de hele tijd te ~*
be·goed *bn* BN ook bemiddeld, welgesteld, tamelijk rijk, gegoed
be·gon *ww* verl tijd van → **beginnen**
be·go·nia *de* ['s] bep. sierplant afkomstig uit tropische en subtropische gebieden, genoemd naar Michel Bégon (1638-1710), de Franse generaal-intendant van het eiland Santo Domingo
be·gon·nen *ww* verl tijd meerv en *volt deelw* van → **beginnen**
be·goo·che·len *ww* [begoochelde, h. begoocheld] misleiden, bedriegen door schone schijn of illusie
be·goo·che·ling *de (v)* [-en] illusie: ★ *zich (geen) begoochelingen maken*
be·graaf·plaats *de* [-en] plaats waar men doden begraaft
be·gra·fe·nis *de (v)* [-sen] ❶ het begraven van een dode ❷ daarbij behorende plechtigheid: ★ *de ~ vindt om 11 uur plaats* ★ BN *burgerlijke ~* niet-kerkelijke begrafenis ★ BN ook *~ in alle intimiteit* begrafenis in besloten kring, in familiekring ❸ bij uitbreiding uitvaartplechtigheid in het algemeen, ook bij crematies e.d.: ★ *hij heeft al heel wat begrafenissen bijgewoond*
be·gra·fe·nis·fonds *het* [-en] fonds waaruit de begrafenis van de leden wordt bekostigd
be·gra·fe·nis·ge·zicht *het* [-en] strak, ernstig gezicht, zoals men ziet bij begrafenissen
be·gra·fe·nis·on·der·ne·ming *de (v)* [-en] onderneming die uitvaartplechtigheden verzorgt
be·gra·fe·nis·plech·tig·heid *de (v)* [-heden] het geheel

van plechtige handelingen die bij een begrafenis worden verricht

be·gra·fe·nis·stoet *de (m)* [-en] stoet van mensen (al dan niet in auto's) die een overledene naar het graf begeleiden

be·gra·ven *ww* [begroef, h. begraven] ❶ onder de aarde verbergen: ★ *een schat* ~ ❷ ‹een dode› ter aarde bestellen, een begrafenisplechtigheid bijwonen: ★ *gisteren heb ik mijn grootvader begraven* ★ *ergens levend* ~ *zijn* schertsend in een zeer afgelegen oord wonen ❸ bedelven: ★ *mijn schoenen lagen begraven onder een berg kleren* ★ *onder het werk begraven zijn* het buitengewoon druk hebben ❹ fig nooit meer spreken over: ★ *laten we die kwestie nu maar* ~

be·gra·zen *ww* [begraasde, h. begraasd] grazen op

be·grensd *bn* ❶ binnen bep. grenzen gelegen ❷ fig beperkt: ★ *een* ~ *verstand*; **begrensdheid** *de (v)*

be·gren·zen *ww* [begrensde, h. begrensd] ❶ de grens vormen van: ★ *begrensd worden door* ❷ fig scherp omlijnen; **begrenzing** *de (v)* [-en]

be·grij·pe·lijk *bn* te begrijpen

be·grij·pe·lij·ker·wij·ze, **be·grij·pe·lij·ker·wijs** *bijw* zoals men gemakkelijk begrijpt

be·grij·pen *ww* [begreep, h. begrepen] ❶ met het verstand bevatten, doorhebben: ★ *een opdracht* ~ ★ *als je begrijpt wat ik bedoel* ★ *dit begreep ik uit zijn woorden* ❷ gevoelsmatig bevatten wat iem. beroert, wat er in iem. omgaat, wat iets inhoudt: ★ *de jeugd* ~ ★ *een gedicht* ~ ★ *niemand begrijpt me!* ❸ omvatten, erbij rekenen: ★ *dat is bij de prijs (in)begrepen* ❹ ★ vooral NN *het niet begrepen hebben op* (een persoon) niet welgezind zijn, niet gunstig denken over (een zaak) ★ vooral NN *het op iem. begrepen hebben* het gemunt hebben op die persoon

be·grin·den *ww* [begrindde, h. begrind], **be·grin·ten** [begrintte, h. begrint] met grind bedekken; **begrinding** *de (v)*

be·grip *het* ❶ vermogen om iets te begrijpen: ★ *vlug van* ~ *zijn* ★ *dat gaat mijn* ~ *te boven* dat is mij te moeilijk of te zot ❷ wil, bereidheid om iets te begrijpen: ★ *de buren vroegen* ~ *voor hun moeilijkheden* ★ ~ *hebben,* ~ *kunnen opbrengen voor* zich kunnen indenken, niet afwijzen of veroordelen: ★ *ik heb geen* ~ *voor haar opvliegend gedrag* ★ *voor dat vandalisme kon hij geen enkel* ~ *opbrengen* ❸ [mv: -pen] idee, abstracte voorstelling die bij een woord of een term hoort: ★ *'intelligentie' is een wetenschappelijk* ~ ❹ algemeen bekend fenomeen: ★ *Cruijff is een* ~ ❺ [-pen] zakelijke samenvatting: ★ *een kort* ~ *van de grammatica*

be·grips·ver·war·ring *de (v)* [-en] verwarring van het ene → **begrip** (bet 3) met een ander

be·groei·en *ww* [begroeide, h. begroeid] groeiende bedekken ★ *begroeid* bedekt met iets wat groeit (*gewas, haar*)

be·groei·ing *de (v)* ❶ het begroeien ❷ [mv: -en] dat wat op iets groeit, vooral gewas

be·groe·ten *ww* [begroette, h. begroet] welkom heten: ★ *iem. aan de deur* ~ ★ *met applaus, met instemming* ~ enthousiast aanvaarden: ★ *zijn plannen werden met instemming* ~

be·gro·te·lijk *bn* NN te duur in verhouding tot de waarde of het genot:

be·gro·ten *ww* [begrootte, h. begroot] schatten, ramen: ★ *de kosten worden begroot op 1000 euro*

be·gro·ting *de (v)* [-en] ❶ voorlopige schatting van kosten ❷ voorlopige schatting van inkomsten en uitgaven, vooral van de overheid ★ *de minister diende een* ~ *in bij de Tweede Kamer* ★ BN ook ~ *in evenwicht* sluitende begroting

be·gro·tings·de·bat *het* [-ten] debat in de volksvertegenwoordiging over de ingediende begroting

be·gro·tings·over·schot *het* [-ten] overschot dat ontstaat doordat de begrote uitgaven lager zijn dan de te verwachten inkomsten

be·gro·tings·te·kort *het* [-ten] tekort dat ontstaat doordat de begrote uitgaven hoger zijn dan de te verwachten inkomsten

be·gun·stig·de *de* [-n] iem. aan wie iets uitgekeerd wordt

be·gun·sti·gen *ww* [begunstigde, h. begunstigd] ❶ bevoordelen: ★ *iem.* ~ *met een studietoelage* ❷ gunstig zijn voor, beschermen; gunstige voorwaarden scheppen voor: ★ *de industrie* ~

be·gun·sti·ger *de (m)* [-s] beschermer, klant; iem. die iets met een vaste bijdrage steunt, donateur

be·gun·sti·ging *de (v)* het begunstigen, bevoordeling

be·ha *de (m)* ['s] bustehouder

be·haag·lijk *bn* aangenaam, genotvol: ★ *een behaaglijke temperatuur* ★ *de poes vlijde zich* ~ *in een hoekje*

be·haag·ziek *bn* een overdreven sterke neiginghebbend om te behagen: ★ *een* ~ *meisje*

be·haag·zucht *de* sterk verlangen om te behagen

be·haard *bn* met haar bedekt: ★ *sterk* ~ *zijn*

be·ha·gen I *ww* [behaagde, h. behaagd] welgevallig, aangenaam zijn voor, in de smaak vallen bij: ★ *hij wil altijd iedereen* ~ ★ *het heeft H.M. behaagd om... H.M. heeft besloten om...* II *het* genoegen: ★ ~ *in iets scheppen*

be·ha·len *ww* [behaalde, h. behaald] met inspanning verwerven; zie ook bij → eer¹

be·hal·ve *voegw* ❶ uitgezonderd: ★ *ik zal komen,* ~ *als mijn fiets nog kapot is* ★ *ik houd van alle dieren* ~ *honden* ❷ niet meegerekend, naast: ★ ~ *een hond had hij nog drie katten*

be·han·de·len *ww* [behandelde, h. behandeld] ❶ bejegenen, omgaan met: ★ *krijgsgevangenen correct* ~ ★ *iem. onbeschoft* ~ ❷ bespreken: ★ *een agendapunt* ~ ❸ verzorgen, onderzoeken: ★ *iem. voor een peesontsteking* ~

be·han·de·ling *de (v)* [-en] het behandelen ★ *in* ~ *zijn* in voorbereiding, in onderzoek: ★ *uw aanvraag is in* ~ ★ *onder* ~ *zijn bij / van een dokter* door een

dokter behandeld worden ★ *Algemene Wet Gelijke Behandeling* wet die het recht vastlegt om gelijk behandeld te worden, ongeacht godsdienst, geslacht, seksuele gerichtheid, levensovertuiging, politieke voorkeur, ras, nationaliteit of burgerlijke staat
be·han·del·stoel *de (m)* [-en] vooral NN stoel waarin de tandarts zijn patiënt behandelt
be·hang *het* papier ter bekleding van muren ★ *muzikaal ~ veelal karakterloze achtergrondmuziek (bijv. in supermarkten)* ★ *iem. wel achter het ~ kunnen plakken schoon genoeg hebben van iem.* ★ vooral NN, spreektaal *door het ~ gaan* uitzinnig worden van woede of ellende
be·han·gen *ww* [behing, h. behangen] ❶ ophangen aan of tegen: ★ *een kamer met posters ~* ❷ muren bekleden met behang
be·han·ger *de (m)* [-s] iem. die muren behangt; zie ook bij → **lul**
be·hang·pa·pier *het* [-en] BN ook behang, behangselpapier
be·hang·sel *het* [-s], **be·hang·sel·pa·pier** [-en] behang
be·hap·pen *ww* ★ *iets (niet) kunnen ~* iets (niet) kunnen begrijpen, bevatten: ★ *ik kan die ingewikkelde problematiek niet zo snel ~*
be·har·tens·waar·dig *bn* → **behartigenswaard**
be·har·ti·gen *ww* [behartigde, h. behartigd] ❶ ter harte nemen: ★ *een les ~* ❷ zorgen voor: ★ *belangen ~*
be·har·ti·gens·waard, **be·har·ti·gens·waar·dig** *bn* waard om ter harte te nemen
be·har·ti·ging *de (v)* het behartigen
be·ha·vio·ris·me [bieheevie(j)oorismə] (‹Eng› het richting in de psychologie die alleen het waarneembare gedrag bestudeert
be·ha·vio·rist [bieheevie(j)oorist] (‹Eng› [-en] *de (m)* psycholoog die de beginselen van het behaviorisme onderschrijft
be·heer *het* het beheren, bestuur: ★ *het ~ hebben, voeren over een afdeling* ★ *onder ~ staan van* ★ *iets in eigen ~ uitgeven* zonder tussenkomst van een uitgeversmaatschappij; zie ook bij → **raad**
be·heer·der *de (m)* [-s] iem. die beheert ★ BN afgevaardigd ~ gedelegeerd bestuurder
be·heer·raad *de (m)* [-raden] BN raad van beheer
be·heer·sen *ww* [beheerste, h. beheerst] in zijn macht hebben, bedwingen, meester zijn over, onder controle hebben: ★ *een gebied ~* ★ *zijn emoties ~* ★ *zich ~* kalm blijven ★ *een taal ~* deze kunnen verstaan, spreken, lezen en schrijven
be·heer·sing *de (v)* het beheersen, controle, het macht hebben over: ★ *de ~ van de overheidsuitgaven* ★ *de ~ van een taal*
be·heerst *bn* zich beheersend, gematigd; kalm
be·hek·sen *ww* [behekste, h. behekst] betoveren
be·hel·pen *wederk* [behielp, h. beholpen] zich kunnen redden met de weinige middelen die men heeft ★ *het blijft ~* de ter beschikking staande middelen

zijn eigenlijk ontoereikend
be·hel·zen *ww* [behelsde, h. behelsd] ‹van een boek, brief, geschrift e.d.› bevatten, inhouden
be·hen·dig *bn* vlug, handig: ★ *~ een berg af rennen*
be·hen·dig·heid *de (v)* [-heden] lichaamsvlugheid, handigheid
be·hen·dig·heids·spel *het* [-spelen] spel waarbij de speler door behendigheid beslissende invloed kan uitoefenen op het eindresultaat en dus niet alleen afhankelijk is van het toeval: ★ *flipperen is een ~*; *tegenstel:* → **kansspel**
be·hen·noot [beehen- of beehen-] *de* [-noten] op de hazelnoot gelijkende vrucht van een in Afrika en Azië voorkomende boom, rijk aan olie
be·hept *bn* ★ *~ met* lijdend aan, niet vrij van: ★ *~ zijn met een ziekelijke achterdocht*
be·he·ren *ww* [beheerde, h. beheerd] besturen, zorg dragen voor ★ *beherend vennoot* iem. die in een commanditaire vennootschap handelend optreedt (*tegenstel: stille vennoot, zie bij* → **stil**)
be·hoe·den *ww* [behoedde, h. behoed] beschermen: ★ *iem. ~ voor ongelukken*
be·hoe·der *de (m)* [-s], **be·hoed·ster** *de (v)* [-s] beschermer, beschermster
be·hoed·zaam *bn* voorzichtig: ★ *~ betrad de inbreker de woonkamer*; **behoedzaamheid** *de (v)*
be·hoef·te *de (v)* [-n, -s] ❶ wat nodig is, wat men verlangt: ★ *~ hebben aan slaap* ★ *in een ~ voorzien* verschaffen wat wordt gemist ★ *zijn (natuurlijke) ~ doen* zich ontlasten, poepen ★ *het is mij een ~ u dank te betuigen* ik acht mij zodanig aan u verplicht dat ik u dank wil betuigen ❷ gebrek: ★ *er is ~ aan voedsel*
be·hoef·tig *bn* gebrek lijdend
be·hoe·ve *zn* ★ *ten ~ van* voor, ten bate van
be·hoe·ven *ww* [behoefde, h. behoefd] ❶ nodig hebben: ★ *dit woordenboek behoeft geen nadere toelichting* ❷ plechtig hoeven, nodig zijn: ★ *u behoeft geen postzegel te plakken*
be·hoor·lijk *bn* ❶ zoals het behoort ❷ redelijk, voldoende ❸ iron in hoge mate: ★ *~ vrijpostig*
be·ho·ren *ww* [behoorde, h. behoord] ❶ passen, aansluiten bij: ★ *die jas behoort bij die broek* ❷ lid zijn van een verzameling of groep: ★ *Kloos behoort tot de Tachtigers* ❸ onderdeel vormen of bezit zijn van: ★ *de Azoren ~ aan Portugal* ❹ moeten, genoodzaakt zijn, nodig geacht worden: ★ *voor het eten behoor je je handen te wassen* ★ *dat behoor je te weten* ★ *naar ~* zoals de eis is, zoals het hoort
be·houd *het* ❶ het in leven, in stand houden: ★ *een regelmatige onderhoudsbeurt is het ~ van de auto* ❷ het blijven houden: ★ *verlof met ~ van salaris* ❸ behoudende richting: ★ *de partij van het ~*
be·hou·den I *ww* [behield, h. behouden] houden, overhouden, blijven houden, in het leven houden **II** *bn* veilig, ongedeerd: ★ *een ~ thuiskomst*
be·hou·dend *bn* conservatief, gehecht aan het oude of bestaande: ★ *mijn ouders zijn nogal ~*
be·hou·de·nis *de (v)* redding, behoud

be·hou·dens *vz* ❶ behalve: ★ ~ *enkele uitzonderingen komt deze ziekte alleen bij bejaarden voor* ❷ onder voorbehoud van: ★ ~ *goedkeuring door de directie*
be·houds·ge·zind *bn* BN ook behoudend
be·houd·zucht *de* sterk behoudende gezindheid
be·huild *bn* NN sporen van een huilbui vertonend: ★ *een ~ gezicht*
be·huisd *bn* ★ *klein ~* in een klein huis wonende
be·hui·zing *de (v)* [-en] onderkomen›, huisvesting, woongelegenheid: ★ *de club zoekt een nieuwe ~*
be·hulp *het* ★ *met ~ van* gebruik makend van, geholpen door: ★ *met ~ van een ladder* ★ *met ~ van de buurman*
be·hulp·zaam *bn* ❶ helpend, hulp verlenend ★ *iem. ~ zijn bij iets* iem. hulp bieden bij iets ❷ graag helpend: ★ *een ~ kind*
be·huwd *bn* NN aangetrouwd; **behuwdbroeder** *de (m)* [-s;]; **behuwddochter** *de (v)* [-s;]; **behuwdoom** *de (m)* [-s;]; **behuwdtante** *de (v)* [-s;]; **behuwdzuster** *de (v)* [-s]
bei *(‹Turks› de (m)* [-s] hist ❶ titel van hoge functionarissen in het Osmaanse Rijk ❷ titel van de vorst van Tunis (tot 1957)
bei·aard *de (m)* [-s, -en] klokkenspel
bei·aar·dier *de (m)* [-s] bespeler van een klokkenspel, klokkenist
bei·de *telw* allebei, ieder van twee mensen, dieren of dingen: ★ *beide echtelieden kregen een verrassing* ★ *beide benen gebroken hebben* ★ *met zijn beiden* wij of zij of jullie tweeën ★ *met ons beiden,* inf *met zijn of ons beidjes* wij tweeën
bei·den *ww* [beidde, h. gebeid] plechtig ❶ wachten: ★ *ergens langdurig ~* ❷ afwachten, verwachten ★ *beid uw tijd* wacht het juiste moment af
bei·der·han·de, **bei·der·lei** *bn* van beide soorten ★ *van beiderlei kunne* van allebei de geslachten, zowel mannen als vrouwen
bei·der·zijds *bn* van beide kanten, van weerskanten
Bei·er *de (m)* [-en] iem. geboortig of afkomstig uit Beieren
bei·e·ren *ww* [beierde, h. gebeierd] ‹van klokken› luiden
Bei·ers I *bn* van, uit, betreffende Beieren II *het* het dialect van Beieren
bei·ge [bèzjə] *(‹Fr) bn* geelgrijs
beig·net [benjee] *(‹Fr) de (m)* [-s] luchtig gebak waarin vruchten, vooral appels, verwerkt zijn
be·ij·ve·ren *wederk* [beijverde, h. beijverd] zich inspannen: ★ *de vakbond beijvert zich voor betere arbeidsomstandigheden*
be·ijzeld *bn* bedekt met ijzel
be·in·vloe·den *ww* [beïnvloedde, h. beïnvloed] invloed uitoefenen op
beis·je *(‹Hebr) het* [-s] NN, Barg dubbeltje (van *Barg*: *beis* twee, te weten: twee stuivers)
bei·tel *de (m)* [-s] hakijzer
bei·te·len *ww* [beitelde, h. gebeiteld] ❶ met een beitel hakken ❷ met een beitel bewerken
beits *(‹Du) de (m) & het* [-en] chemisch middel waarmee men de kleur van hout verandert met behoud van de natuurlijke tekening; ook gebruikt voor het kleuren of bewerken van andere materialen
beit·sen *ww (‹Du)* [beitste, h. gebeitst] met beits kleuren
be·jaard *bn* vrij oud, niet jong meer
be·jaar·de *de* [-n] oude man of vrouw
be·jaar·den·cen·trum *het* [-s, -tra] stel woningen of groot gebouw voor bejaarden
be·jaar·den·flat [-flet] *de (m)* [-s] flat(gebouw) voor bejaarden
be·jaar·den·huis *het* [-huizen], **be·jaar·den·oord** [-en] bejaardentehuis
be·jaar·den·pas *de (m)* [-sen], **be·jaar·den·pas·poort** *het* [-en] document waarop bejaarden tegen lagere prijs gebruik kunnen maken van openbare voorzieningen
be·jaar·den·te·huis *het* [-huizen] tehuis voor bejaarden
be·jaar·den·werk *het* cultureel of sociaal werk ten behoeve van bejaarden
be·jaar·den·zorg *de* → **zorg** (bet 2) voor bejaarden
be·jag *het* het hevig streven naar; *vgl*: → **effectbejag**, → **winstbejag**
be·ja·gen *ww* [bejoeg, bejaagde, h. bejaagd] ❶ jagen op: ★ *olifanten ~* ❷ hevig streven naar: ★ *roem ~*
be·jam·me·ren *ww* [bejammerde, h. bejammerd] jammeren over; diep betreuren
be·je·ge·nen *ww* [bejegende, bejegend] zich gedragen jegens: ★ *iem. vriendelijk ~*
be·ju·be·len *ww* [bejubelde, h. bejubeld] ❶ jubelend toejuichen: ★ *een popster ~* ❷ fig enthousiast zijn over: ★ *een nieuwe theorie ~*
bek *de (m)* [-ken] ❶ mond van een dier: ★ *de poes droeg haar jongen in de ~* ❷ inf mond van een mens: ★ *een grote ~ hebben* of *opzetten* brutale dingen zeggen ★ *hou je ~!* zwijg!, hou je mond! ★ NN *dat kind heeft een brutaal bekkie* een brutaal gezicht ★ *bekken trekken* rare gezichten maken ★ vooral NN *breek me de ~ niet open* breng me niet zover dat ik hierover begin te spreken ★ *spreektaal (plat) op zijn ~ gaan* a) vallen; b) falen, afgaan; zie ook bij → **spek** ❸ snavel; ‹van voorwerpen› opening, punt enz. die op een bek of mond gelijkt: ★ *de ~ van een nijptang*
be·kaaid *bn* teleurgesteld, bedrogen: ★ *er ~ afkomen*
be·ka·be·len *ww* [bekabelde, h. bekabeld] ‹een gebied› voorzien van kabels, vooral voor telecommunicatiedoeleinden
be·ka·den *ww* [bekaadde, h. bekaad] met een kade afsluiten
bek·af, **bek·af** *bn* doodmoe
be·kakt *bn* quasivoornaam, gewild keurig, geaffecteerd: ★ *~ praten*
be·kap·ping *de (v)* [-en] ❶ de dakbinten ❷ algemene benaming voor een dak
be·keerd *bn* zich bekeerd hebbende

be·keer·ling *de (m)* [-en] iem. die tot een (andere) godsdienst of gezindte is overgegaan
be·kend *bn* ❶ door iem. gekend wordend: ★ *zij kwam mij ~ voor* ★ *hij had een ~ gezicht* ★ *zich ~ maken* zeggen of tonen wie men is ❷ algemeen gekend: ★ *een ~ schilder, politicus* ★ *~ zijn (staan) om zijn prestaties* ★ *~ staan als een bekwaam bestuurder*; zie ook bij → **hond** ❸ kennis hebbend van, op de hoogte: ★ *ergens goed ~ zijn* er de weg kennen ★ *hij is ~ met deze machines* hij weet hoe ze werken; zie ook bij → **weg**¹
be·ken·de *de* [-n] iem. die men kent
be·kend·heid *de (v)* ❶ het bekend zijn: ★ *deze artiest heeft zijn ~ te danken aan één grote hit* ❷ het op de hoogte zijn van: ★ *~ met actuele politieke ontwikkelingen*
be·kend·ma·ken *ww* [maakte bekend, h. bekendgemaakt] laten weten, wereldkundig maken: ★ *iets ~ bij een groot publiek*
be·kend·ma·king *de (v)* [-en] het bekendmaken; afkondiging, openbare mededeling
be·kend·staan *ww* [stond bekend, h. bekendgestaan] de naam hebben, gekend zijn
be·ken·nen *ww* [bekende, h. bekend] ❶ toegeven, erkennen: ★ *een misdrijf ~* ❷ *kaartsp* een kaart van de gevraagde kleur opgooien: ★ *als je niet kan ~ moet je troef opgooien* ★ *kleur ~* zie bij → **kleur** ❸ ★ alleen in: *te ~ te zien*: ★ *er was geen sterveling te ~*
be·ken·te·nis *de (v)* [-sen] het erkennen van schuld
be·ken·te·nis·li·te·ra·tuur,
be·ken·te·nis·lit·te·ra·tuur [-liet-] *‹Du› de (v)* literatuur in de ik-vorm, waarin een schrijver getuigenis aflegt van zijn eigen gevoelens en gedachten
be·ker *‹Lat› de (m)* [-s] ❶ drinkgereedschap, meestal in de vorm van een afgeknotte kegel ❷ daarop gelijkende voorwerpen, te gebruiken voor andere doeleinden (bijv. om mee te dobbelen) *of* als hoofdprijs voor toernooien enz. (wereldbeker, wisselbeker) ★ *voetbal ~ met de grote oren* bijnaam van de beker die de winnaar van de Champions League ontvangt
be·ker·du·el *het* [-s *en* -len] wedstrijd tussen twee ploegen of personen in een reeks wedstrijden met een → **beker** (bet 2) als inzet
be·ke·ren¹ *ww* [bekeerde, h. bekeerd] tot betere of andere gedachten brengen op godsdienstig, zedelijk of politiek gebied ★ *zich ~ (tot een andere godsdienst)* tot een andere godsdienst of gezindheid overgaan
be·ke·ren² *ww* [bekerde, h. gebekerd] wedstrijden spelen met als inzet een → **beker** (bet 2): ★ *Sparta bekert verder na deze overwinning*
be·ke·ring *de (v)* [-en] het (zich) bekeren
be·ker·mos *het* [-sen] soort korstmos (*Cladonia*)
be·ker·win·naar *de (m)* [-s] ploeg of persoon die een → **beker** (bet 2) wint
be·keu·ren *ww* [bekeurde, h. bekeurd] als bevoegd (politie)ambtenaar procesverbaal opmaken tegen iem. wegens een geconstateerde overtreding: ★ *iem. ~ wegens (voor) te hard rijden*
be·keu·ring *de (v)* [-en] het bekeuren: ★ *iem. een ~ geven wegens een snelheidsovertreding*
be·kij·ken *ww* [bekeek, h. bekeken] ❶ kijken naar: ★ *een film ~* ❷ overwegen: ★ *wij moeten dit voorstel nog eens nauwkeurig op alle onderdelen ~* ★ *dat is gauw bekeken* dat is gauw klaar *of* dat heeft niet veel te betekenen ★ *dat heb je goed bekeken* goed beoordeeld ★ *bekijk het maar!* zoek het zelf maar uit! ★ *het voor bekeken houden* het voor gezien houden, stoppen, opgeven
be·kijks *zn* ★ *veel ~ hebben* de aandacht van velen trekken
be·kis·ten *ww* [bekistte, h. bekist] een bekisting maken, vooral voor betonwerk
be·kis·ting *de (v)* [-en] ❶ kistvormig houten omhulsel ❷ vervaardiging daarvan
bek·ken¹ *‹Lat› het* [-s] ❶ schotelvormig bassin van betrekkelijk grote afmetingen ❷ schotelvormig, van koper vervaardigd slaginstrument: ★ *het ~ is vaak onderdeel van een drumstel* ❸ komvormig beenderstelsel waaraan de benen bevestigd zijn ❹ bodeminzinking, laagte; stroomgebied: ★ *het ~ van de Rijn, de Mississippi*
bek·ken² *ww* [bekte, h. gebekt] ❶ vooral NN vlot uitspreekbaar zijn (van een tekst): ★ *de dialogen in dit toneelstuk ~ niet lekker* ❷ NN, spreektaal (tong)zoenen
bek·ke·nist *de (m)* [-en] bespeler van een → **bekken**¹ (bet 2)
bek·ken·slag *de (m)* [-slagen] het slaan op een → **bekken**¹ (bet 2): ★ *bekendmaking bij ~*
bek·ken·sla·ger *de (m)* [-s] iem. die een → **bekken**¹ (bet 2) bespeelt
be·klaag·de *de* [-n] ❶ iem. die aangeklaagd is bij het → **gerecht**¹ ❷ BN verdachte die voor een politierechtbank of correctionele rechtbank moet verschijnen
be·klaag·den·bank *de* [-en], **be·klaag·den·bank·je** *het* [-s] bank waarop de beklaagden zitten: ★ *in het beklaagdenbankje zitten* aangeklaagd *of* verdacht zijn
be·klad·den *ww* [bekladde, h. beklad] ❶ ‹met verf enz.› vlekken maken op, besmeuren: ★ *een muur ~* ❷ *fig* belasteren, beschimpen: ★ *iems. goede naam ~*
be·klag *het* het beklagen, klacht: ★ *zijn ~ doen bij iem. over iets* ★ *reden van ~*
be·kla·gen I *ww* [beklaagde, h. beklaagd] ❶ klagen over ❷ medelijden hebben met, uiting geven aan medelijden **II** *wederk* klagen, zijn beklag doen, zijn ontevredenheid uiten ★ *hij heeft zich tegenover zijn baas beklaagd over het vele werk*
be·kla·gens·waar·dig *bn* te beklagen
be·kle·den *ww* [bekleedde, h. bekleed] ❶ bedekken, overtrekken met een of andere stof, vooral stofferen van meubels: ★ *een versleten bankstel opnieuw ~* ❷ *fig*: ★ *iem. ~ met een ambt, een post* iem. een ambt

of post opdracht ❸ vervullen, innemen: ★ *een ambt, een waardigheid ~*
be·kle·ding *de (v)* [-en] ❶ het bekleden ❷ bekleedsel
be·kleed·sel *het* [-s] stof waarmee men bekleedt
be·klemd *bn* ❶ bedrukt, bezorgd: ★ *met ~ gemoed* ❷ ★ *beklemde breuk* → **breuk** *(bet 4) waarbij een deel van de ingewanden (bijv. een stuk darm) door de breukopening naar buiten wordt gedrukt* ❸ met het recht van → **beklemming** (bet 2) ; zie ook bij → **meier**
be·klemd·heid *de (v)* bedruktheid, bezorgdheid, angst
be·klem·men *ww* [beklemde, h. beklemd] klemmen in; fig benauwen, angstig maken
be·klem·ming *de (v)* [-en] ❶ benauwdheid: ★ *~ op de borst* ❷ in Nederland erfelijk gebruiksrecht van landerijen tegen betaling van zekere pacht en het geven van geschenken bij sommige gelegenheden
be·klem·recht *het* → **beklemming** (bet 2)
be·klem·to·nen *ww* [beklemtoonde, h. beklemtoond] ❶ de klemtoon leggen op, accentueren: ★ *een lettergreep ~* ❷ fig met klem de aandacht vestigen op, benadrukken: ★ *de noodzaak van snel ingrijpen ~*; **beklemtoning** *de (v)* [-en]
be·klij·ven *ww* [beklijfde, h. & is beklijfd] duren, blijven bestaan, niet vergaan: ★ *dit muziekgenre zal niet lang ~*
be·klim·men *ww* [beklom, h. beklommen] klimmen op: ★ *een berg ~*; **beklimming** *de (v)* [-en]
be·klon·ken *bn* afgesproken, beslist
be·klop·pen *ww* [beklopte, h. beklopt] door kloppen onderzoeken; **beklopping** *de (v)* [-en]
be·kneld *bn* ❶ vastgeklemd: ★ *~ zitten* ❷ fig bedrukt, benauwd
be·knel·len *ww* [beknelde, h. bekneld] klemmen tussen; fig bedrukken, benauwen; **beknelling** *de (v)* [-en]
be·knib·be·len *ww* [beknibbelde, h. beknibbeld] bezuinigen, afdingen op, een gedeelte inhouden van: ★ *~ op de uitkeringen*
be·knopt *bn* in het kort, kort samengevat: ★ *een beknopte versie van een wetenschappelijke studie*; **beknoptheid** *de (v)*
be·knor·ren *ww* [beknorde, h. beknord] NN een standje geven
be·knot·ten *ww* [beknotte, h. beknot] erg beperken: ★ *iemands macht ~* ★ *iem. in zijn vrijheid ~*
be·kocht *bn* een onvoordelige koop gedaan hebbend: ★ *zich aan iets ~ hebben* ★ *aan iets ~ zijn* ★ *zich ~ voelen*
be·koe·len *ww* [bekoelde, h. & is bekoeld] ❶ koel maken ❷ fig in kracht doen afnemen: ★ *zijn woede ~ op het meubilair* ❸ koel worden ❹ fig in kracht afnemen, verminderen: ★ *onze vriendschap is bekoeld*
be·ko·ge·len *ww* [bekogelde, h. bekogeld] met voorwerpen gooien naar: ★ *politieagenten met stenen ~*

be·kok·sto·ven *ww* [bekokstoofde, h. bekokstoofd] in het geheim beslissen / voorbereiden, bekonkelen: ★ *de directie heeft deze ontslagen bekokstoofd*
be·ko·men *ww* [bekwam, h. & is bekomen] ❶ zich herstellen, → **bijkomen** (bet 2): ★ *van de schrik ~* ❷ gevolgen, een bep. uitwerking hebben: ★ *dat is mij slecht ~* ★ *wel bekome het u!* wens aan het eind van een maaltijd
be·ko·ming *de (v)* het → **bekomen** (bet 1): ★ *ter ~ van*
be·kom·merd *bn* vol kommer, bezorgd
be·kom·me·ren *wederk* [bekommerde, h. bekommerd] ★ *zich ~ over* zorg hebben over ★ *zich (niet) ~ om* zich (geen) zorgen maken over *of* (niet) zorgen voor
be·kom·me·ring *de (v)* [-en] zorg, bezorgdheid, angst
be·kom·mer·nis *de (v)* [-sen] BN ook ❶ bekommering, zorg, bezorgdheid ❷ aandacht, belangstelling
be·komst *de (v)* zoveel men verlangt ★ *zijn ~ van iets hebben* er (meer dan) genoeg van hebben
be·kon·ke·len *ww* [bekonkelde, h. bekonkeld] in het geheim beramen of afspreken
be·koor·lijk *bn* liefelijk, bekorend
be·ko·pen *ww* [bekocht, h. bekocht] ★ *iets met de dood* of *met zijn leven ~* de dood vinden bij een bep. onderneming of daad: ★ *hij moest zijn reddingspoging met de dood ~*; → **bekocht**
be·ko·ren *ww* [bekoorde, h. bekoord] ❶ door schoonheid bewondering wekken: ★ *haar gratie bekoorde mij* ❷ bevallen, aanstaan: ★ *dit schilderij kan mij niet ~* ❸ RK verleiden tot zonde, → **verzoeken** (bet 3)
be·ko·ring *de (v)* [-en] ❶ het bekoren ★ *onder de ~ raken van iems. charmes* ❷ schoonheid, liefelijkheid ❸ RK verleiding tot zonde, verzoeking: ★ *leid ons niet in ~*
be·kor·ten I *ww* [bekortte, h. bekort] korter maken: ★ *de inschrijfperiode wordt met twee weken bekort* II *wederk* een betoog, verhaal e.d. korter maken dan men zich voorgesteld had; **bekorting** *de (v)* [-en]
be·kos·ti·gen *ww* [bekostigde, h. bekostigd] betalen
be·krach·ti·gen *ww* [bekrachtigde, h. bekrachtigd] bevestigen, van kracht maken: ★ *een overeenkomst ~ met een handtekening*
be·kras·sen *ww* [bekraste, h. bekrast] krassen zetten op
be·kreu·nen *wederk* [bekreunde, h. bekreund] vooral NN zich bekommeren: ★ *zich nergens om ~*
be·kri·ti·se·ren *ww* [-zeerə(n)] [bekritiseerde, h. bekritiseerd] afkeurend beoordelen
be·krom·pen *bn* ❶ krap, nauw: ★ *een ~ woning* ❷ kleingeestig: ★ *~ opvattingen hebben*
be·kro·nen *ww* [bekroonde, h. bekroond] ❶ een prijs toekennen: ★ *de film werd bekroond met een Oscar* ❷ tot een prachtig einde brengen: ★ *de atleet bekroonde zijn carrière met een gouden medaille op de Olympische Spelen*; **bekroning** *de (v)* [-en]
be·krui·pen *ww* [bekroop, h. bekropen] langzaam opkomen: ★ *toen bekroop hem de lust stilletjes weg te*

gaan
be·krui·sen *ww* [bekruiste, h. bekruist] een kruis zetten op; ★ RK *zich ~ het kruisteken maken*
bek·vech·ten *ww* [geen verleden tijd, h. gebekvecht] twisten, een scherpe woordenstrijd voeren
bek·vech·ter *de (m)* [-s] twistziek persoon, iem. met scherpe tong of pen
be·kwaam *bn* ❶ in staat tot: ★ *hij is niet ~ tot het besturen van een auto* ❷ knap, bedreven, zijn vak goed verstaand: ★ *een ~ loodgieter* ★ *zij is erg ~ in het analyseren van complexe problemen* ★ *met bekwame spoed* met de nodige snelheid, vlug en goed
be·kwaam·heid *de (v)* [-heden] het bekwaam zijn; geschiktheid, kundigheid
be·kwaam·heids·di·plo·ma *het* ['s] BN bekwaamheidsgetuigschrift
be·kwaam·heids·ge·tuig·schrift *het* [-en] BN officieel getuigschrift van vakkundigheid, afgegeven door bep. ministeries, na het voltooien van bep. studies; vooral diploma dat toegang verleent tot het universitair onderwijs
be·kwa·men *ww* [bekwaamde, h. bekwaamd] bekwaam maken, opleiden ★ *zich ~ in iets* zich iets eigen maken ★ *zich ~ tot* de bekwaamheid verwerven voor
bel[1] *de* [-len] ❶ klok- of halvebolvormig metalen voorwerp dat een helder geluid geeft als er een klepel of hamer tegen slaat: ★ *de ~ gaat* ★ *de ~ voor de laatste ronde* ★ *ik heb een ~ op mijn fiets* ★ fig *er rinkelde een belletje / er begon een belletje te rinkelen* ik kon mij wat herinneren, ik kreeg het door ★ BN, spreektaal *iets aan de ~ hangen* iets aan de grote klok hangen ❷ knopje, koord e.d. waarmee men de bel in werking stelt: ★ *op de ~ drukken* ★ fig *aan de ~ trekken (bij iem.)* een klacht of een wens kenbaar maken (bij iem.), wijzen op een misstand ★ NN *belletje trekken,* BN *belleketrek doen* aanbellen en vervolgens hard weglopen (als kwajongensstreek) ★ *iem. een belletje geven* iem. opbellen, telefoneren ❸ luchtblaas in water ★ *bellen blazen* een pijp of ringvormig voorwerp in zeepsop dopen en er vervolgens in blazen, waardoor er doorzichtige bollen ontstaan die zweven ❹ grote hoeveelheid gas in de bodem: ★ *de gasbel bij Slochteren* ❺ groot glas: ★ *ik krijg deze ~ vruchtensap niet op* ; zie ook bij → **toeter**
bel[2] *de (m)* [mv idem] eenheid van geluidsintensiteit, veelal verdeeld in → **decibel**, genoemd naar de Amerikaanse natuurkundige Alexander Graham Bell (1847-1922), de uitvinder van de telefoon
be·lab·berd *bn* beroerd, akelig
be·la·che·lijk *bn* bespottelijk ★ *iem. / iets ~ maken* bespotten
be·la·den *ww* [belaadde, h. beladen] volleggen of -zetten: ★ *een vrachtwagen ~* ; zie ook bij → **belast**
be·la·der *de (m)* [-s] iem. die geregeld belaadt
be·la·gen *ww* [belaagde, h. belaagd] bedreigen, overvallen: ★ *belaagd worden door een zwerm wespen*
★ *door journalisten belaagd worden*
be·lan·den *ww* [belandde, is beland] terechtkomen
be·lang *het* [-en] wat iem. raakt omdat zijn voordeel ermee gemoeid is of omdat het zijn nieuwsgierigheid, genegenheid e.d. wekt ★ *~ stellen in iets* ★ *tegenstrijdige belangen* ★ *~ hebben bij iets* erbij gebaat zijn ★ *van ~ zijn* belangrijk zijn ★ *het algemeen ~* wat de hele samenleving raakt ★ *een ~ hebben in een onderneming* er geld in hebben geïnvesteerd ★ *iems. belangen behartigen* iems. zaken waarnemen ★ *een drukte van ~* een grote drukte
be·lan·ge·loos *bn* zonder eigen voordeel te zoeken, zonder betaling
be·lan·gen *ww* [belangde, h. belangd] ★ *wat mij belangt* wat mij betreft
be·lan·gen·con·flict *het* [-en] ❶ botsing van belangen ❷ BN, pol situatie waarbij een conflict tussen de belangen van twee gemeenschappen in België ontstaat en waarbij de gemeenschap die haar belangen door de voorgenomen maatregel(en) geschaad meent te zien, een rechtsprocedure kan beginnen om de uitvoering van de maatregel(en) te beletten
be·lan·gen·ge·meen·schap *de (v)* [-pen] samenwerkingsverband tussen personen of ondernemingen die een gemeenschappelijk, doorgaans economisch belang hebben, vooral doordat één onderneming aandelen van een of meer andere bezit
be·lan·gen·or·ga·ni·sa·tie [-zaa(t)sie] *de (v)* [-s] samenwerkingsverband van personen of organisaties die voor een gemeenschappelijk belang opkomen, bijv. vakbonden, consumentenorganisaties e.d.
be·lan·gen·par·tij *de (v)* [-en] politieke partij die vooral de belangen van één bevolkingsgroep behartigt
be·lan·gen·sfeer *de* [-sferen] gebied waar een staat belangen heeft en invloed wil uitoefenen
be·lan·gen·ver·men·ging *de (v)* BN belangenverstrengeling
be·lan·gen·ver·stren·ge·ling *de (v)* NN het niet gescheiden houden van de verschillende belangen die iem. heeft en op grond van de verschillende functies die hij uitoefent
be·lang·heb·bend *bn* ★ taalk *~ voorwerp* indirect, meewerkend voorwerp
be·lang·heb·ben·de, be·lang·heb·ben·de *de* [-n] iem. die belang bij iets heeft
be·lang·rijk Ⅰ *bn* ❶ van veel betekenis: ★ *een belangrijke gebeurtenis* ❷ aanzienlijk, groot: ★ *een ~ bedrag* ★ *een belangrijke hoeveelheid* Ⅱ *bijw* in hoge mate, veel: ★ *de winst is ~ kleiner dan vorig jaar*;
belangrijkheid *de (v)*
be·lang·stel·lend *bn* met belangstelling
be·lang·stel·len·de *de* [-n] iem. die belang in iets stelt
be·lang·stel·ling *de (v)* aandacht, interesse: ★ *met ~*

ergens naar kijken ★ *een blijk van* ~ ★ *in de* ~ *staan*
be·lang·wek·kend *bn* belangstelling wekkend
be·last *bn* een last dragend ★ *zwaar* ~ een zware taak hebbend *of* grote geldelijke lasten dragend ★ *erfelijk* ~ *zijn* overgeërfde gebreken hebben ★ ~ *en beladen* zwaar bepakt ★ *een belaste term* term die (onaangename) bijgedachten wekt
be·last·baar *bn* waarop belasting kan worden geheven: ★ *het* ~ *inkomen*
be·las·ten *ww* [belastte, h. belast] ❶ een last leggen op: ★ *een auto te zwaar* ~ ★ *zich* ~ *met (een taak)* op zich nemen ❷ belasting heffen op: ★ *sigaretten zwaarder* ~ ❸ opdracht geven tot: ★ *iem.* ~ *met de uitvoering van een onderzoek*
be·las·te·ren *ww* [belasterde, h. belasterd] leugenachtig kwaadspreken van
be·las·ting *de (v)* [-en] ❶ verplichte geldelijke bijdrage aan de overheid waartegenover geen bepaalde tegenprestatie wordt geleverd: ★ ~ *heffen op / over iets* ★ ~ *innen van iem.* ; zie ook → **direct**, → **indirect** ❷ het leggen van een last op iets ❸ deze last zelf: ★ *dit geweld vormt een enorme* ~ *voor de pilaren* ★ fig *het ouderschap is een zware* ~ *voor haar* ★ *erfelijke* ~ het door overerving belast zijn met bep. gebreken
be·las·ting·aan·slag *de (m)* [-slagen] ❶ opdracht van de belastingdienst een bep. geldbedrag aan deze dienst te voldoen: ★ *een* ~ *ontvangen* ❷ door de belastingdienst berekend bedrag dat iem. als belasting moet betalen: ★ *een hoge* ~
be·las·ting·bil·jet *het* [-ten] biljet met daarop vermeld iemands aanslag in een belasting
be·las·ting·brief *de (m)* [-brieven] BN, spreektaal aanslag- of aangiftebiljet van de belasting
be·las·ting·con·su·lent *de (m)* [-en] deskundige die men over belastingzaken kan raadplegen
be·las·ting·con·tro·leur *de (m)* [-s] BN ook belastinginspecteur
be·las·ting·druk *de (m)* ❶ zwaarte van de → **belasting** (bet 1) ❷ econ belastingopbrengst over een bep. jaar, uitgedrukt in een percentage van het nationaal inkomen van dat jaar, belastingquote
be·las·ting·in·spec·teur *de (m)* [-s] ambtenaar belast met de vaststelling van de hoogte van de belastingaanslagen en de controle op de juiste afdracht van de belastingen, inspecteur der belastingen
be·las·ting·kan·toor *het* [-toren] gebouw waarin de belastingdienst is gevestigd
be·las·ting·ont·dui·king *de (v)* [-en] ontduiking van het betalen van belasting
be·las·ting·ont·wij·king *de (v)* het betalen van minder belasting door gebruikmaking van wettelijke middelen, dus zonder fraude te plegen
be·las·ting·pa·ra·dijs *het* [-dijzen] staat waar het belastingstelsel wordt gekenmerkt door bijzondere tegemoetkomingen, zoals Liechtenstein en de Bahama's
be·las·ting·plich·tig *bn* verplicht tot betalen van belasting
be·las·ting·schijf *de* [-schijven] deel van het inkomen waarover een bepaald percentage belasting moet worden betaald
be·las·ting·vlucht *de* vestiging in het buitenland om te ontkomen aan zware binnenlandse belastingen
be·las·ting·vrij, be·las·ting·vrij *bn* vrij van belasting ★ *de belastingvrije voet (van het inkomen)* gedeelte van het inkomen waarover geen belasting hoeft te worden betaald
be·la·ta·feld *bn* ★ NN, spreektaal *ben je* ~? ben je gek?
be·la·zerd *bn* spreektaal ❶ gek, niet wijs: ★ *jij denkt zeker dat ik* ~ *ben* ❷ vooral NN belabberd, slecht: ★ *ik voel me* ~
be·la·ze·ren *ww* [belazerde, h. belazerd] spreektaal bedriegen, voor de gek houden ★ NN *hij belazert de kluit* hij bedriegt de boel
bel·boei *de* [-en] scheepv boei die belt ter waarschuwing
bel·bus *de* [-sen] vorm van openbaar vervoer, vooral op het platteland, waarbij een bus van zijn vaste route afwijkt om passagiers op te halen die hiertoe telefonisch hebben opgeroepen
bel·can·to *(‹It) het* eig schone zang; zangkunst volgens de klassieke Italiaanse zangtechniek, vooral gericht op klankschoonheid en virtuositeit
be·le·digd *bn* ★ recht *beledigde partij* iem. die rechtstreekse schade heeft ondervonden door een strafbaar feit en zich daarom in de betreffende strafzaak voegt, civiele partij
be·le·di·gen *ww* [beledigde, h. beledigd] iem. krenken in zijn eer; **belediging** *de (v)* [-en]
be·le·di·ging *de (v)* [-en] het beledigen
be·leefd *bn* welgemanierd, hoffelijk: ★ *iem.* ~ *laten voorgaan*
be·leefd·heid *de (v)* [-heden] ❶ welgemanierdheid, hoffelijkheid ❷ uiting van welgemanierdheid: ★ *enige beleefdheden uitwisselen*
be·leefd·heids·be·zoek *het* [-en] bezoek dat men uit beleefdheid jegens iem. aflegt
be·leefd·heids·for·mu·le *de* [-s] min of meer gestandaardiseerde formulering om op beleefde wijze iets uit te drukken: ★ *'aangenaam kennis te maken' is een* ~
be·leefd·heids·hal·ve *bijw* ter wille van de beleefdheid
be·leefd·heids·vorm *de (m)* [-en] taalk beleefde aanspreekvorm (met 'u' en 'uw'), gebruikt tegen iem. die men niet tutoyeert: ★ *het Engels kent geen* ~
be·leg[1] *het* belegering: ★ *het* ~ *slaan, opbreken* ★ *staat van* ~ toestand waarin militaire autoriteiten de hoogste macht hebben
be·leg[2] *het* dat wat op een snee brood wordt gelegd of gesmeerd, zoals kaas of jam
be·le·gen *bn* lang gelegen hebbende en daardoor van smaak veranderd: ★ ~ *wijn, kaas*
be·le·ge·raar *de (m)* [-s] iem. die belegert
be·le·ge·ren *ww* [belegerde, h. belegerd] met een

leger insluiten: ★ *een stad* ~
be·le·ge·ring *de (v)* [-en] het belegeren
be·leg·gen *ww* [belegde, h. belegd] ❶ bedekken met: ★ *de vloer met kleden* ~ ❷ ⟨brood⟩ met beleg bedekken ❸ ⟨geld⟩ rentegevend maken ❹ ⟨een vergadering⟩ bijeenroepen
be·leg·ger *de (m)* [-s] iem. die belegt (→ **beleggen**, bet 2)
be·leg·ging *de (v)* [-en] het → **beleggen** (bet 1 en 2)
be·leg·gings·fonds *het* [-en] handel ❶ effecten die niet aan snelle koersverandering onderhevig zijn en die men koopt als waardevaste investering ❷ instelling voor het collectief beleggen van het vermogen van zijn deelnemers, verdeeld in participaties: ★ *een* ~ *geeft geen aandelen, maar participatiebewijzen uit*
be·leg·gings·hy·po·theek *de (v)* [-theken] hypotheekvorm waarbij kapitaal wordt opgebouwd door te beleggen in aandelen
be·leg·gings·maat·schap·pij *de (v)* [-en],
be·leg·gings·trust *de (m)* [-s] bedrijf dat aandelen van uiteenlopende ondernemingen beheert ter verdeling van het risico
be·leg·gings·pand *het* [-en] NN → **pand** (I, bet 3) dat (verhuurd wordt en) als geldbelegging dient
be·leg·sel *het* [-s] → **beleg**²
be·leg·stuk *het* [-ken] stuk stof dat ter versterking op een kledingstuk wordt aangebracht (bijv. bij de ellebogen)
be·leid *het* ❶ bestuur, wijze van besturen: ★ *het* ~ *van de regering* ❷ voorzichtig overleg: ★ *met* ~ *handelen*
be·leids·no·ta *de* ['s] uiteenzetting over het (door de regering) te voeren beleid
be·leids·om·bui·ging *de (v)* [-en] heel andere koers in het (door de regering) te voeren beleid
be·leid·vol *bn* met overleg
be·lem·me·ren *ww* [belemmerde, h. belemmerd] bemoeilijken, hinderen: ★ *het verkeer* ~ ★ *iem.* ~ *in zijn ontwikkeling*
be·lem·me·ring *de (v)* [-en] ❶ het belemmeren ❷ hindernis
be·len·dend *bn* aangrenzend
be·le·nen *ww* [beleende, h. beleend] ❶ in ruil voor geld een onderpand geven, vooral roerende goederen: ★ *kostbaarheden* ~ ❷ hist: ★ *iem.* ~ *met iem. iets als* → **leen** (II, bet 1) geven: ★ *de prins werd met een graafschap beleend*
be·le·ner *de (m)* [-s] iem. die beleent; **belening** *de (v)* [-en]
be·le·rend *bn* schoolmeesterachtig: ★ *iem.* ~ *toespreken*
be·let *het* verhindering wegens familiale omstandigheden ★ ~ *geven* doen weten dat men verhinderd is te ontvangen ★ ~ *hebben* verhinderd zijn (te komen, te ontvangen) ★ ~ *vragen* verzoeken om ontvangen te worden
bel-eta·ge [-eetaazjə] *de (v)* [-s] eerste verdieping van een huis met souterrain

be·let·sel *het* [-s, -en] datgene waardoor iets wordt verhinderd, verhindering, bezwaar
be·let·sel·te·ken *het* [-s] rij puntjes ter aanduiding van een pauze
be·let·ten *ww* [belette, h. belet] verhinderen: ★ *iem. de toegang* ~
be·let·te·ring *de (v)* ❶ manier waarop letters op iets worden of zijn aangebracht ❷ vorm van de letters
be·le·ven *ww* [beleefde, h. beleefd] ondervinden, meemaken: ★ *spannende avonturen* ~ ★ *daar is niets te* ~ *daar is niets te doen*
be·le·ve·nis *de (v)* [-sen] wat iem. beleeft, avontuur
be·le·ving *de (v)* het beleven, het meemaken
be·le·vings·we·reld *de* wijze waarop iem. de werkelijkheid ervaart: ★ *de* ~ *van het hedendaagse kind*
be·le·zen *bn* veel gelezen hebbende: ★ *heel* ~ *zijn*
bel·fort (⟨Fr⟩ *het* [-en] toren met luidklokken aan of bij het stadhuis of de markthal in vele middeleeuwse steden, met name in België
Belg *de (m)* [-en] jongen, man geboortig of afkomstig uit België
Bel·ga *zn* BN Belgisch persbureau, te vergelijken met het ANP
bel·gen *wederk* [belgde, h. gebelgd] boos worden
Bel·gen·mop *de* [-pen] mop waarin een Belg een komische rol vervult vanwege een karaktereigenschap die door sommigen aan Belgen wordt toegedacht
bel·gi·cis·me *het* [-n] ❶ in België gebruikte taalwending die in strijd is met hetzij het Nederlandse, hetzij het Franse taaleigen ❷ BN gezindheid ten gunste van een niet-federalistische staatsorde in België
bel·gi·cist *de (m)* [-en] BN voorstander van een niet-federalistisch België
Bel·gisch *bn* van, uit, betreffende België
★ *Belgisch-Nederlands* taalk natiolect van het Nederlands zoals dat wordt gesproken in België
Bel·gi·sche *de (v)* [-n] vrouw, meisje geboortig of afkomstig uit België
Bel·go·wiet *de (m)* BN in Vlaanderen geteelde marihuana, die een grotere concentratie aan psychoactieve stof bevat dan nederwiet
bel·ha·mel *de (m)* [-s] ❶ *oorspr* hamel met een bel om zijn hals, die vooraan in de kudde loopt ❷ vandaag aanvoerder in het kwaad, raddraaier: ★ *hij is de* ~ *van die groep* ❸ stout kind
be·li·cha·men *ww* [belichaamde, h. belichaamd] een waarneembare vorm geven, concreet voorstellen;
belichaming *de (v)* [-en]
be·lich·ten *ww* [belichtte, h. belicht] ❶ het licht laten vallen op ❷ *fotogr* licht laten inwerken (op een lichtgevoelige film of op lichtgevoelig papier) ❸ *fig* duidelijk doen uitkomen: ★ *een probleem van verschillende zijden* ~
be·lich·tings·me·ter *de (m)* [-s] fotogr apparaat dat de lichtsterkte vaststelt (waarnaar de instelling van de

believen-bemalen

lens geregeld wordt)

be·lie·ven I *ww* [beliefde, h. beliefd] willen, de wens hebben: ★ *hij beliefde geen bruine bonen* ★ *zij belieft u te spreken* ★ *naar ~ nemen* zoveel nemen als men wil *vgl:* → **blieven** en → **alstublieft**, → **alsjeblieft** **II** *het* wens: ★ *naar ~*

be·lij·den *ww* [beleed, h. beleden] ❶ ‹een overtuiging› plechtig uitspreken ★ *iets met de mond ~* iets beweren zonder ernaar te handelen ❷ ‹een geloof› aanhangen: ★ *het christendom ~* ❸ bekennen: ★ *zijn zonden ~*

be·lij·dend *bn* prot: ★ *~ lid(maat)* die belijdenis gedaan heeft (i.t.t. dooplid)

be·lij·de·nis *de (v)* [-sen] ❶ het belijden van zijn geloof ★ NN, prot ~ *doen* of *~ afleggen* lidmaat van de kerk worden ❷ de omschrijving van het geloof in artikelen enz. ❸ bekentenis

be·lij·der *de (m)* [-s] ❶ aanhanger (van een geloof) ❷ RK heilige niet-martelaar

be·lij·nen *ww* [belijnde, h. belijnd] ❶ liniëren ❷ scherp omschrijven

bel·la·don·na (‹It) *de* ['s] wolfskers (*Atropa belladonna*)

belle époque *de (v)* (‹Fr) [bel eepok] zie → **epoque**

bel·le·fleur, **bel·le·fleur** (‹Fr) *de (m)* [-s, -en] geelrode appelsoort

bel·le·ke·trek *het* ★ BN *~ doen* aanbellen en vervolgens hard weglopen (als kwajongensstreek), belletje trekken

bel·len *ww* [belde, h. gebeld] ❶ aanbellen: ★ *er wordt gebeld* ❷ telefoneren: ★ *ik bel je morgen wel* ❸ met een bel roepen: ★ *een bediende ~*

bel·len·ge·heu·gen *het* [-s] comput geheugen waarbij informatie wordt opgeslagen in microscopisch kleine gemagnetiseerde gebieden (bellen) en waarbij de opgeslagen informatie behouden blijft als de voedingsspanning van de computer wegvalt

bel·len·man *de (m)* BN (stads)omroeper

bel·le·tje *het* [-s] zie bij 1 → **bel¹**

bel·let·trie (‹Fr) *de (v)* letterkunde, literaire kunst, geschriften waarbij het in de eerste plaats gaat om de literaire kwaliteiten

bel·let·trist *de (m)* [-en] beoefenaar van de bellettrie

bel·let·tris·tisch *bn* tot de bellettrie behorend

bel·le·vue [-vuu] (‹Fr) *de* [-s] mooi uitzicht

bel·li·ge·rent (‹Lat) **I** *bn* oorlogvoerend **II** *mv* ★ *de belligerenten* de oorlogvoerende partijen

be·loe·ga (‹Russ) *de* ['s] witte dolfijn

be·loe·ren *ww* [beloerde, h. beloerd] loeren op

be·lof·te *de (v)* [-n, -s] ❶ toezegging om iets te doen, uiting waarmee men iets in het vooruitzicht stelt: ★ *een ~ doen, nakomen, breken* ★ *zich aan een ~ houden* ★ *onder ~ van* ★ *~ maakt schuld* wat men beloofd heeft moet men doen ★ *het Land van Belofte* a) Bijbel het Beloofde Land, Kanaän; b) fig gebied, plaats waar men het goed heeft of meent het goed te zullen krijgen ❷ recht formule ter vervanging van de eed, te bezigen door personen die bezwaren hebben tegen de eedsaflegging ❸ iem. van wie men

in de toekomst goede prestaties verwacht: ★ *die zwemmer is een ~*

be·lo·ken *bn* ★ *~ Pasen* RK de eerste zondag na Pasen

be·lom·merd *bn* met lommer, schaduwrijk: ★ *een belommerde weg*

be·lo·nen *ww* [beloonde, h. beloond] ❶ ‹iem.› iets geven na een goede daad of prestatie: ★ *de beste kandidaat werd beloond met een videocamera* ❷ voldoening schenken aan: ★ *na de klimpartij werden we beloond met een prachtig uitzicht*; **beloning** *de (v)* [-en]

be·lo·ning *de (v)* [-en] dat wat men krijgt na een goede daad of prestatie: ★ *een ~ uitloven*

be·lood·sen *ww* [beloodste, h. beloodst] een → **loods¹** op een schip brengen

be·loop *het* ❶ gang, ontwikkeling: ★ *het ~ van zaken* ★ *iets op zijn ~ laten* zonder zich ermee te bemoeien afwachten ❷ vorm, richting: ★ *het ~ van een lijn* ❸ [*mv:* -lopen] helling, talud ❹ bedrag ★ *vooral* BN *ten belope van* ten bedrage van

be·lo·pen *ww* [beliep, h. belopen] ❶ bedragen: ★ *de schade beloopt duizenden euro's* ❷ lopen over: ★ *het tapijt wordt veel ~* ★ *met bloed ~* met rode adertjes (in het oogwit) ❸ vooral NN te voet afleggen: ★ *die afstand is in een uur te ~* ★ *die bal is niet te ~* sp is niet te halen door de speler voor wie de pass is bedoeld

be·lo·ven *ww* [beloofde, h. beloofd] ❶ toezeggen: ★ *iem. iets ~* ★ *het Beloofde Land* a) Bijbel Kanaän; b) fig land van geluk, waar men het goed heeft ❷ doen verwachten: ★ *dat zwarte wolkendek belooft zwaar weer* ★ *dat belooft wat!* dat is de voorbode van iets bijzonders ❸ verzekeren: ★ *dat beloof ik je!*

bel pae·se [-paaeesee] (‹It) *de (m)* stevige, geurige Italiaanse dessertkaas

bel·roos *de* een soort huiduitslag, wondroos (*erysipelas*)

belt *de* [-en] hoop, vooral vuilnishoop

bel·te·goed *het* [-en] het resterende bedrag waarvoor nog (mobiel) getelefoneerd kan worden: ★ *het ~ opwaarderen*

bel·toon *de (m)* [-tonen] geluid waarmee een mobiele telefoon een oproep kenbaar maakt

be·luik *het* [-en] BN besloten ruimte, hofje, vooral overdekte, smalle doorgang tussen twee huizen, gang, steeg

be·luis·te·ren *ww* [beluisterde, h. beluisterd] ❶ luisteren naar, afluisteren ❷ door luisteren geneeskundig onderzoeken

be·lust *bn* ★ *~ op* begerig naar

bel·ve·dè·re (‹Fr‹It) *de (m)* [-s] uitzichttoren, uitzichtkoepel

bel·win·kel *de (m)* [-s] winkel waar men goedkoop naar het (verre) buitenland kan telefoneren

be·mach·ti·gen *ww* [bemachtigde, h. bemachtigd] in zijn macht krijgen, (met moeite) in zijn bezit krijgen: ★ *ik heb nog net een exemplaar kunnen ~*

be·ma·len *ww* [bemaalde, h. bemalen] op het juiste waterpeil houden met behulp van molens of

gemalen: ★ *polders ~*; **bemaling** *de (v)* [-en]
be·mand *bn* met mensen erin: ★ *een ~ ruimteschip*
be·man·nen *ww* [bemande, h. bemand] van bemanning voorzien
be·man·ning *de (v)* [-en] degenen die tot het personeel van een schip, vliegtuig enz. behoren
be·man·te·len *ww* [bemantelde, h. bemanteld] verbergen, verbloemen: ★ *de waarheid ~*
be·mer·ken *ww* [bemerkte, h. bemerkt] zien, plotseling gewaarworden
be·mer·king (⟨Du⟩ *de (v)* [-en] opmerking, aanmerking
be·mes·ten *ww* [bemestte, h. bemest] mest geven; **bemesting** *de (v)* [-en]
be·meu·be·len *ww* [bemeubelde, h. bemeubeld] BN meubileren
be·mid·de·laar *de (m)* [-s] iem. die bemiddelt
be·mid·deld *bn* vermogend
be·mid·de·len *ww* [bemiddelde, h. bemiddeld] door tussenkomst tot overeenstemming trachten te brengen: ★ *tussen twee partijen ~* ★ *~ in een conflict*
be·mid·de·ling *de (v)* ❶ het bemiddelen ❷ [*mv*: -en] tussenkomst
be·mind *bn* geliefd
be·min·de *de* [-n] geliefde
be·min·naar *de (m)* [-s] liefhebber, iem. die liefde of smaak voor iets heeft
be·min·ne·lijk *bn* vriendelijk, aardig; **beminnelijkheid** *de (v)* [-heden]
be·min·nen *ww* [beminde, h. bemind] enigszins plechtig ❶ liefhebben, liefde toedragen: ★ *hij beminde zijn zoon zeer* ★ *de muziek van Mozart ~* ❷ vrijen met: ★ *zij beminden elkaar die nacht*
be·moe·de·ren *ww* [bemoederde, h. bemoederd] ❶ moeder spelen over ❷ overdreven zorgzaam zijn voor
be·moe·di·gen *ww* [bemoedigde, h. bemoedigd] moed inspreken, moed geven; **bemoediging** *de (v)* [-en]
be·moei·al *de (m)* [-len] iem. die zich met alles bemoeit
be·moei·en *wederk* [bemoeide, h. bemoeid] zich inlaten met, vooral met andermans zaken: ★ *zich ergens mee ~,* (sterker ook:) *zich ergens tegenaan ~*
be·moei·e·nis *de (v)* [-sen], **be·moei·ing** [-en] ❶ het zich moeite geven, inmenging: ★ *~ hebben met een project* ❷ bevoegdheid: ★ *dat hoort niet tot zijn ~*
be·moei·lij·ken *ww* [bemoeilijkte, h. bemoeilijkt] moeilijk maken
be·moei·sels *mv* ★ NN *bemoei je met je eigen ~ met je eigen zaken*
be·moei·ziek *bn* zich met alles bemoeiend
be·moei·zucht *de* sterke neiging om zich met andermans zaken te bemoeien
be·mon·ste·ren *ww* [bemonsterde, h. bemonsterd] monsters zenden bij: ★ *een bemonsterde offerte*
be·mor·sen *ww* [bemorste, h. bemorst] morsen op
be·most *bn* begroeid met mos
ben[1] (⟨Fr⟩ *de* [-nen] mand die uit dunne twijgen is gevlochten: ★ *een ~ vis*
ben[2] (⟨Hebr⟨Arab⟩ *de (m)* [-] zoon (van); veel gebruikt in eigennamen: ★ *Ben Goerion* ★ *Bendjedid*
be·na·de·len *ww* [benadeelde, h. benadeeld] nadeel bezorgen; **benadeling** *de (v)* [-en]
be·na·de·ren *ww* [benaderde, h. benaderd] ❶ nader komen bij; fig zich wenden tot iem., vooral met een verzoek: ★ *hij is vandaag niet te ~* ❷ onderzoeken, een oplossing trachten te vinden voor: ★ *we moeten dit probleem van een andere kant ~* ❸ steeds nauwkeuriger de juiste waarde bepalen: ★ *de waarde van het getal pi ~* ❹ beslag leggen op goederen wegens ontduiking van verschuldigde belasting
be·na·de·ring *de (v)* [-en] het benaderen ★ *bij ~ ongeveer*
be·na·druk·ken *ww* [benadrukte, h. benadrukt] de nadruk leggen op: ★ *ik wil ~ dat ik fel tegen dit voorstel ben*
be·na·ming *de (v)* [-en] naam, naamgeving
be·nard *bn* moeilijk, hachelijk: ★ *in een benarde situatie verkeren*
be·nat·ten *wederk* [benatte, h. benat] NN ❶ eig in de broek plassen ❷ fig uitbundig lachen: ★ *het is om je te ~*
be·nauwd *bn* ❶ gehinderd in de ademhaling: ★ *het ~ hebben* ❷ drukkend, muf: ★ *een benauwde atmosfeer* ❸ angstig: ★ *benauwde avonturen beleven* ❹ erg klein, bekrompen: ★ *een ~ hokje* ; zie ook: → **Spaans**
be·nauwd·heid *de (v)* [-heden] het benauwd zijn; gebrek aan adem
be·nau·wen *ww* [benauwde, h. benauwd] ❶ benauwd maken ❷ bang maken: ★ *de dreiging van ontslag benauwde haar*
be·nau·wend *bn* ❶ bang makend: ★ *een ~ toekomstbeeld* ❷ drukkend: ★ *benauwende hitte*
be·nau·we·nis *de (v)*, **be·nau·wing** benauwdheid, beklemdheid, angst
bench·mark [bentsjmà(r)k] (⟨Eng⟩ *de* [-s] kwalitatieve vergelijking van prestaties van een product of bedrijf: ★ *een ~ voor computers, een ~ voor vermogensbeheer*
bench·mark·ing [bentsjmà(r)king] (⟨Eng⟩ het evaluatie van de prestaties van een onderneming, een computer enz. in vergelijking met de prestaties van andere ondernemingen, computers enz.
bench·mark·pro·gram·ma [bentsjmà(r)k-] (⟨Eng⟩ het ['s] programma dat de prestaties van een computer test in vergelijking met andere computers
ben·de *de* [-n, -s] ❶ grote hoeveelheid: ★ *een ~ papieren* ❷ wanordelijke troep, wanordelijke toestand: ★ *het was een enorme ~ in het magazijn* ❸ groep misdadigers, rovers e.d.: ★ *een ~ autodieven*
be·ne·den I *vz* lager dan, onder: ★ *~ de dijk liep een sloot* ★ *dit is ~ mij* of *~ mijn waardigheid hiertoe verlaag ik mij niet* ★ *dit is ~ alle kritiek zo slecht dat iedere kritiek overbodig is* ★ *onze club staat ~ Vitesse lager dan Vitesse in de competitie* ★ *~ iem. staan*

benedenburen–benzeen 150

ondergeschikt zijn aan iem. in een hiërarchie ★ *eilanden ~ de wind* zie → **benedenwinds** ★ *~ alle peil*, BN *~ alles* onder de maat **II** *bijw* ❶ onderaan, op een lager gelegen plaats: ★ *~ aan de piramide bevond zich een tempel* ★ fig *iets naar ~ halen* bovenmatig of afbrekend bekritiseren ★ *zie ~* zie verderop in de tekst of onderaan de bladzijde ★ *hier ~* op de aarde (i.t.t. in de hemel) ❷ op een lagere of de laagste verdieping: ★ *de leeszaal is ~* ★ *de kinderen van ~* die op een lagere verdieping wonen

be·ne·den·bu·ren *mv* buren die een lagere verdieping bewonen

be·ne·den·dijks *bijw* onder aan de dijk

be·ne·den·eind, be·ne·den·ein·de *het* [-einden] laagste stuk

be·ne·den·huis *het* [-huizen] NN huisdeel gelijk met de straat, dat een afzonderlijke woning vormt

be·ne·den·loop *de (m)* [-lopen] rivierdeel dat het dichtst bij de monding ligt

be·ne·den·ri·vier *de* [-en] deel van een rivier waar de getijden nog merkbaar zijn

be·ne·denst *bn* het verst naar beneden

be·ne·den·ver·die·ping *de (v)* [-en] laagste verdieping

be·ne·den·waarts *bijw* ❶ stroomafwaarts ❷ naar de laagte

be·ne·den·winds *bijw* aan de zijde waar de wind niet vandaan komt ★ *de Benedenwindse eilanden* die eilanden van de Kleine Antillen, die daar liggen waar de wind naar toe waait, o.a. Aruba, Bonaire en Curaçao

be·ne·dic·tie [-diksie] *(〈Lat〉 de (v)* [-s, -tiën] zegening, vooral priesterlijke zegen

be·ne·dic·tijn *de (m)* [-en] monnik van de in 528 door St.-Benedictus gestichte orde

be·ne·dic·tijns *bn* van, volgens de orde van de benedictijnen

be·ne·dic·ti·ne *(〈Fr〉 de* likeur, in 1510 voor het eerst door de benedictijnen van Fécamp gemaakt

be·ne·fiet *(〈Eng〉 het* [-en] culturele of sportieve manifestatie ten bate van een artiest(e), een sportman of -vrouw, een goed doel enz.; ook als eerste lid in samenstellingen: ★ *benefietconcert, benefietwedstrijd enz.*

ben·e·fit of the doubt [bennəfit ov thə daut, Engelse th] *(〈Eng〉 het* voordeel van de twijfel, het beslissen in twijfelgevallen ten gunste van de beklaagde, resp. van de benadeelde

Be·ne·lux [-luuks] *de (m)* het samenwerkingsverband tussen België, Nederland en Luxemburg

be·ne·men *ww* [benam, h. benomen] ontnemen ★ *zich het leven ~* zelfmoord plegen

be·nen¹ *bn* van → **been²**

be·nen² *ww* [beende, h. gebeend] met grote stappen snel lopen

be·nen·wa·gen *de (m)* schertsend: ★ *met de ~ te voet*

be·ne·pen *bn* ❶ klein: ★ *een ~ hotelkamer* ❷ angstig, benauwd: ★ *met een ~ gezicht* ★ *~ gaf ze antwoord op mijn beschuldigingen* ❸ kleinburgerlijk, bekrompen: ★ *een ~ milieu*

be·ne·pen·heid *de (v)* bekrompenheid

be·ne·veld *bn* enigszins dronken, aangeschoten

be·ne·ve·len *ww* [benevelde, h. beneveld] ❶ in een nevel hullen, vervagen ❷ dronken maken

be·ne·vens *vz* met, samen met

be·ne·vo·lent [beenee-, beenə-] *(〈Lat〉 bn* welwillend

be·ne·vo·len·tie [beeneevoolensie, beenə-] *(〈Lat〉 de (v)* welwillendheid

Ben·gaals *bn* van, uit, betreffende Bengalen ★ *~ vuur* hel brandend vuur in verschillende kleuren, als vuurwerk gebruikt

Ben·ga·li *het* door de Bengalen gesproken taal

ben·gel *de (m)* [-s] ❶ ondeugend kind ❷ NN klepel ❸ NN klok

ben·ge·len *ww* [bengelde, h. gebengeld] ❶ hangend heen en weer slingeren: ★ *de parachutist bengelde aan een boomtak* ❷ vooral NN luiden (van klokken)

be·nieuwd *bn* nieuwsgierig

be·nieu·wen *ww* [benieuwde, h. benieuwd] ★ *het zal mij ~* ik ben er nieuwsgierig naar

be·nig *bn* ❶ van → **been²**, beenachtig: ★ *de benige borstwand* ❷ door magerheid de beenderen vertonend: ★ *een ~ gezicht* ❸ met veel bot: ★ *een ~ stuk vlees*

be·nig·ne *(〈Lat〉 bn* med goedaardig: ★ *een ~ gezwel*; tegengest: → **maligne**

be·nijd·baar *bn* te benijden

be·nij·den *ww* [benijdde, h. benijd] afgunstig, jaloers zijn op: ★ *iem. ~ om zijn uitgebreide cd-collectie*

be·nij·dens·waard, be·nij·dens·waar·dig *bn* te benijden

ben·ja·min *(〈Hebr〉 de (m)* [-s] jongste kind, naar Benjamin, in de Bijbel de jongste zoon van Jakob ★ *~ af* zijn niet langer de jongste zijn

be·no·digd *bn* nodig: ★ *de benodigde grondstoffen* ★ *hiervoor is veel geld ~*

be·no·digd·he·den *mv* nodige zaken: ★ *de ~ voor een Indische rijsttafel*

be·noem·baar *bn* benoemd kunnende worden; **benoembaarheid** *de (v)*

be·noe·men *ww* [benoemde, h. benoemd] ❶ aanstellen in een functie: ★ *iem. tot directeur ~* ❷ een naam geven: ★ *ik kan dat gevoel niet goed ~*

be·noe·ming *de (v)* [-en] aanstelling

be·noor·den *vz* ten noorden van

bent *de* club, groep, vooral van kunstenaars

bent·gras *het* [-sen] pijpestrootje, een in Nederland en België algemeen voorkomende grassoort (*Molinia caerulea*)

be·nul *het* besef, begrip ★ *geen ~ hebben van* niets snappen van, geen idee hebben van

be·nut·ten *ww* [benutte, h. benut] nuttig gebruiken, gebruik maken van: ★ *een kans ~*

B en W *afk* NN Burgemeester en Wethouders

ben·zeen *het* kleurloze, aromatisch riekende vloeistof die dient als grondstof voor chemische producten:

C_6H_6

ben·zi·ne *(‹Du) de* uit petroleum gewonnen mengsel van licht ontvlambare koolwaterstoffen, gebruikt als motorbrandstof

ben·zi·ne·bom *de* [-men] met benzine gevulde fles die als explosief wordt gebruikt, molotovcocktail

ben·zi·ne·me·ter *de (m)* [-s] meter op het dashboard van een auto die de hoeveelheid benzine in de tank aangeeft

ben·zi·ne·mo·tor *de* [-s, -toren] motor die gedreven wordt door benzine

ben·zi·ne·pomp *de* [-en] → **pomp**, vooral bij benzinestations, die benzine uit een reservoir naar boven pompt

ben·zi·ne·tank [-tenk] *de (m)* [-s] tank in een motorvoertuig van waaruit benzine naar de motor wordt geleid

ben·zol *de (m) & het* ❶ vroeger benzeen ❷ thans onzuivere benzeen

beo *(‹Mal) de (m)* ['s] spreeuwachtige vogel uit Zuidoost-Azië, die men gemakkelijk kan leren praten (*Gracula religiosa*)

be·oe·fe·naar *de (m)* [-s, -naren] iem. die iets beoefent: ★ ~ *van de wetenschap, van een sport, van muziek*

be·oe·fe·nen *ww* [beoefende, h. beoefend] zich oefenen in, zich bezighouden met, zich toeleggen op: ★ *een sport* ~; **beoefening** *de (v)*

be·ogen *ww* [beoogde, h. beoogd] trachten te bereiken: ★ *een bep. doel* ~

be·oor·de·laar *de (m)* [-s, -laren] iem. die iets beoordeelt

be·oor·de·len *ww* [beoordeelde, h. beoordeeld] een oordeel geven over: ★ *een film* ~

be·oor·de·ler *de (m)* [-s] beoordelaar

be·oor·de·ling *de (v)* [-en] ❶ het beoordelen, het bespreken ❷ oordeel

be·oor·lo·gen *ww* [beoorloogde, h. beoorloogd] oorlog voeren tegen

be·oos·ten *vz* ten oosten van

bep. *afk* bepaald(e)

be·paald I *bn* ❶ vastgesteld, welomschreven: ★ *op een bepaalde plaats en tijd afspreken* ★ *met een ~ doel voor ogen* ❷ van andere personen of zaken onderscheiden, zeker: ★ *een ~ boek zoeken* ★ *in bepaalde gevallen komt dit voor* ❸ taalk bepalend: ★ *'de' en 'het' zijn bepaalde lidwoorden* **II** *bijw* beslist, stellig: ★ *ik zou dit ~ niet willen beamen* ★ *iron niet ~ volstrekt niet* ★ *niet ~ vriendelijk erg onvriendelijk*

be·paal·de·lijk *bijw* ❶ in het bijzonder ❷ uitdrukkelijk, stellig

be·paald·heid *de (v)* ❶ vastheid, stelligheid ❷ ★ taalk *lidwoorden van ~ de lidwoorden* de *en* het

be·pak·ken *ww* [bepakte, h. bepakt] pakken leggen op: ★ *een ezel* ~

be·pak·king *de (v)* ❶ het bepakken ❷ [*mv:* -en] het opgeladene, dat waarmee een mens of dier bepakt wordt

be·pakt *bn* ★ NN ~ *en bezakt* met veel bagage

be·pa·len I *ww* [bepaalde, h. bepaald] ❶ vaststellen, beslissen: ★ *de rechtbank bepaalt de strafmaat* ★ *zijn keus* ~ ★ ~ *wat er zal gebeuren* ❷ op grond van waarneming, berekening, redenering e.d. vaststellen: ★ *de eigenschappen van een chemische verbinding* ~ ❸ van beslissende invloed zijn op: ★ *de kiezers ~ de samenstelling van het parlement* ❹ taalk als bepaling dienst doen bij **II** *wederk* zich beperken tot: ★ *laten wij ons tot (bij) de hoofdzaken* ~

be·pa·lend *bn* ❶ beslissend: ★ *dit examen is ~ voor mijn toekomst* ❷ taalk als bepaling dienstdoend

be·pa·ling *de (v)* [-en] ❶ voorschrift: ★ *de bepalingen van de wet* ❷ vaststelling: ★ *de bepaling van de juiste hoeveelheid* ❸ taalk zinsdeel dat een ander deel van de zin nader bepaalt

be·pa·ling·aan·kon·di·gend *bn* ★ ~ *voornaamwoord* voornaamwoord dat een met *die* of *dat* beginnende bijzin doet verwachten (bijv. *degene*)

be·pant·se·ren *ww* [bepantserde, h. bepantserd] met pantserplaten versterken; **bepantsering** *de (v)* [-en]

be·pa·reld *bn* ❶ met parels versierd ❷ fig met druppels bedekt

be·pein·zen *ww* [bepeinsde, h. bepeinsd] overdenken

be·per·ken I *ww* [beperkte, h. beperkt] binnen zekere grenzen brengen of houden: ★ *de import ~* ★ *iems. bevoegdheden tot een minimum* ~ **II** *wederk* ❶ niet te uitvoerig worden: ★ *de voorzitter verzocht de spreker zich te* ~ ❷ niet meer doen of behandelen dan: ★ *dit geschiedenisboek beperkt zich tot de middeleeuwen*; **beperking** *de (v)* [-en]

be·perkt *bn* ❶ klein, nauw begrensd: ★ *een beperkte ruimte* ★ *beperkte middelen* geringe geldmiddelen ❷ eng, bekrompen: ★ *iem. met een beperkte maatschappijvisie* ★ ~ *van verstand* niet veel verstandelijke vermogens hebbend ★ *een beperkte voetballer, acteur* met betrekkelijk weinig talent ❸ enigszins verminderd: ★ *beperkte veerdiensten*

be·perkt·heid *de (v)* kleinheid, bekrompenheid

be·plak·ken *ww* [beplakte, h. beplakt] plakken op

be·plan·ten *ww* [beplantte, h. beplant] planten zetten in of op: ★ *de tuin met struiken* ~

be·plan·ting *de (v)* ❶ het beplanten ❷ [*mv:* -en] de geplante gewassen

be·pleis·te·ren *ww* [bepleisterde, h. bepleisterd] bedekken met gipskalk; **bepleistering** *de (v)* [-en]

be·plei·ten *ww* [bepleitte, h. bepleit] pleiten voor (iets)

be·ploe·gen *ww* [beploegde, h. beploegd] met de ploeg bewerken

be·poe·de·ren *ww* [bepoederde, h. bepoederd], **be·poei·e·ren** [bepoeierde, h. bepoeierd] poeder strooien op

be·po·te·len *ww* [bepotelde, h. bepoteld] BN, spreektaal ❶ betasten, (langdurig) met de vingers aanraken; *ook* met erotische bedoelingen, op erotische wijze betasten ❷ vies maken door herhaald betasten, beduimelen, bevlekken

be·po·ten ww [bepootte, h. bepoot] jonge plantjes zetten in

bep·pe (‹Fries› de (v) [-s] NN grootmoeder, oma

bep·pen ww [bepte, h. gebept] NN, spreektaal kletsen

be·pra·ten ww [bepraatte, h. bepraat] ❶ door praten tot andere gedachten brengen: ★ *zich laten ~* ❷ bespreken

be·proefd bn van oudsher goed bevonden: ★ *een ~ medicijn*

be·proe·ven ww [beproefde, h. beproefd] ❶ proberen: ★ *een nieuwe uitvinding ~* ❷ op de proef stellen: ★ *beproefd worden door veel tegenslag*

be·proe·ving de (v) [-en] groot verdriet, tegenspoed; een onaangename opgave waarmee men op de proef wordt gesteld: ★ *het is een hele ~ om met dit mooie weer binnen te moeten blijven*

be·raad het overweging, overleg ★ *na rijp ~ na langdurig overleg* ★ *recht van ~ recht van erfgenamen op onderzoek van een nalatenschap, alvorens te beslissen over de aanvaarding*

be·raad·sla·gen ww [beraadslaagde, h. beraadslaagd] door gedachtewisseling tot een besluit trachten te komen

be·raad·sla·ging de (v) ❶ het beraadslagen ❷ [mv: -en] onderling overleg: ★ *na urenlange beraadslagingen waren de onderhandelaars nog niet tot overeenstemming gekomen*

be·ra·den¹ bn bedachtzaam: ★ *een ~ handelwijze*

be·ra·den² wederk [beried of beraadde, h. beraden] nadenken over een te nemen beslissing: ★ *zich ~ op / over zijn positie*

be·ra·men ww [beraamde, h. beraamd] ❶ bedenken: ★ *een complot ~* ❷ voorlopig berekenen, schatten: ★ *de kosten ~*; **beraming** de (v) [-en]

be·ra·pen ww [beraapte, h. beraapt] kalkspecie aanbrengen op metselwerk

Ber·ber I de (m) [-s] lid van een volk dat reeds sinds lang woont in het westelijk deel van de Sahara **II** het taal van de Berbers

ber·ber (‹Arab‹Gr› de (m) [-s] ❶ wollen tapijt, oorspronkelijk vervaardigd door de Berbers ❷ op deze tapijten gelijkend, machinaal vervaardigd tapijt

ber·be·ris (‹Lat‹Arab› de [-sen] ❶ voor het grootste deel uit heesters bestaand plantengeslacht, waarvan sommige soorten als sierheester worden geteeld (*Berberis*) ❷ langwerpige, rode bes van de in Nederland en België voorkomende zuurbes (*Berberis vulgaris*)

ber·ber·ta·pijt het [-en] → **berber**

ber·ceu·se [-zə] (‹Fr› de (v) [-s] ❶ wiegeliedje ❷ schommelstoel

ber·de zn ★ *iets te ~ brengen* iets ter sprake brengen, naar voren brengen

be·re- voorvoegsel erg, in hoge mate: ★ *beredruk, beregoed, berekoud enz.*

be·rech·ten ww [berechtte, h. berecht] ❶ rechtspreken over: ★ *een misdadiger ~* ❷ BN, spreektaal de laatste sacramenten toedienen; **berechting** de (v) [-en]

be·red·de·ren ww [beredderde, h. beredderd] in orde brengen

be·red·de·ring de (v) het beredderen, drukte, gedoe

be·re·den bn te paard: ★ *de ~ politie*

be·re·de·neerd bn ❶ met toelichtingen en verklaringen: ★ *een ~ overzicht* ❷ verstandelijk, zich door de rede latende leiden

be·re·de·ne·ren ww [beredeneerde, h. beredeneerd] met bewijzen aantonen, redenen geven voor, verklaren: ★ *een antwoord ~*

be·re·goed, be·re·goed bn vooral NN zie bij: → **bere-**

be·reid bn gereed ★ *zich ~ verklaren* zeggen dat men iets kan en wil doen ★ *~ zijn tot iets* iets willen doen, tot iets genegen zijn

be·rei·den ww [bereidde, h. bereid] gereedmaken: ★ *een maaltijd ~* ★ *iem. een feest ~* fig voor iem. een feest organiseren ★ *voor iem. de weg ~* voorbereidingen treffen om iemands taak vergemakkelijken

be·rei·ding de (v) [-en] het maken van iets, het bereiden, vooral van een product uit grondstoffen: ★ BN, med *magistrale ~* het maken van een geneesmiddel volgens recept

be·rei·dings·wij·ze de [-n] wijze waarop iets bereid wordt

be·reid·vaar·dig bn bereid om te helpen

be·reid·ver·kla·ring de (v) [-en] verklaring dat men tot iets bereid is

be·reid·wil·lig bn graag helpend, gewillig; **bereidwilligheid** de (v)

be·reik het afstand die iem. of iets kan bereiken: ★ *een geweer met een groot ~* ★ *binnen het ~ liggen van bereikbaar, verkrijgbaar zijn voor* ★ *dat is boven / buiten zijn ~* dat gaat hem te hoog, is hem te moeilijk ★ *deze zender heeft een ~ van drie km* is op drie km nog te ontvangen

be·reik·baar bn te bereiken: ★ *~ met de tram en de bus* ★ *ik ben ~ op telefoonnummer...*

be·rei·ken ww [bereikte, h. bereikt] ❶ aankomen op een beoogde plaats: ★ *de top van een berg ~* ★ *een hoge leeftijd ~* oud worden ❷ in verbinding komen met: ★ *ik wilde je iets vragen, maar je was de hele dag niet te ~* ❸ een beoogd resultaat boeken: ★ *zijn doel ~* ★ *het tegendeel ~ van wat men wil*

be·reisd bn veel gereisd hebbend

be·rei·zen ww [bereisde, h. bereisd] reizen door: ★ *een land ~*

be·re·kend bn ★ *~ voor* deskundig, bekwaam genoeg voor: ★ *voor zijn taak ~ zijn* ★ *~ op* ingericht voor, geschikt voor: ★ *het hotel is ~ op honderd gasten*

be·re·ke·nen ww [berekende, h. berekend] ❶ uitrekenen: ★ *een afstand ~* ❷ in rekening brengen: ★ *de garagehouder berekende mij een fors bedrag voor die reparatie*

be·re·ke·nend bn steeds op eigen voordeel bedacht: ★ *hij is heel ~*

be·re·ke·ning *de (v)* [-en] ❶ het berekenen: ★ *volgens mijn ~ zijn we failliet* ❷ schriftelijke opstelling van het berekende: ★ *een papiertje vol berekeningen* ❸ verwachting: ★ *naar alle ~* ❹ poging om voordeel te behalen: ★ *hij doet alleen maar zo vriendelijk uit ~*
be·re·koud, be·re·koud *bn* zie bij → **bere-**
be·ren·hap *de (m)* [-pen] NN snack bestaande uit stukken aan een spies geregen gehakt met daartussen stukken ui, overgoten met satésaus
be·ren·huid *de* [-en] huid van een beer ★ *een ~ hebben* fig ongevoelig zijn
be·ren·klauw *de* [-en] ruw behaarde veldplant met witte schermbloemen (*Heracleum sphondylium*)
be·ren·kuil *de (m)* [-en] kuil voor een of meer beren
be·ren·lul *de* [-len] inf ❶ penis van een beer ❷ NN frikadel
be·ren·muts *de* [-en] ruige, militaire muts gemaakt van de huiden van jonge baribals, kolbak
be·re·sterk *bn* zo sterk als een beer, zeer sterk
berg[1] *de (m)* [-en] ❶ sterke verhoging van het aardoppervlak: ★ *een ~ beklimmen* ★ *de ~ heeft een muis gebaard* gezegd als iets waarvan men hoge verwachtingen had op niets is uitgelopen ★ *iem. gouden bergen beloven* allerlei moois voorspiegelen ★ *als de ~ niet tot Mohammed komt, zal Mohammed tot de ~ gaan* als iem. star op zijn standpunt blijft staan, moet je zelf maar wat inschikkelijk zijn ★ *als een ~ tegen iets opzien* in hoge mate tegen iets opzien ❷ grote stapel: ★ *een ~ boeken* ★ *zijn haren rezen te berge of de haren rezen hem te berge* hij werd door grote schrik of afschuw bevangen ❸ grote hoeveelheid ★ *bergen (werk) verzetten* veel werk verrichten, zeer hard werken
berg[2] *de (m) & het* med met schilfers bedekte uitslag van de pas behaarde hoofdhuid van zuigelingen (*crusta sebacea* of *crusta lactea*)
berg·ach·tig *bn* met bergen
berg·af I *bijw*, **berg·af·waarts** ❶ langs de berg naar beneden ❷ fig minder, slechter: ★ *het gaat ~ met zijn gezondheid* **II** *de (m)* [-fen] BN, spreektaal ❶ dalende helling ❷ afdaling ⟨met een voertuig⟩
ber·ga·mot ⟨*Fr*⟩ Turks *de* [-ten] bep. soort bijzonder sappige peer
berg·be·klim·men *ww & het* het beklimmen van bergen als sport, alpinisme
berg·be·klim·mer *de (m)* [-s] iem. die bergen beklimt, vooral als sport, alpinist
berg·blauw *het* hemelsblauwe verf
berg·eend *de* [-en] wilde eendsoort (*Tadorna tadorna*)
ber·gen *ww* [borg, h. geborgen] ❶ ruimte hebben voor: ★ *deze parkeergarage kan 2000 auto's ~* ❷ in veiligheid brengen, vooral van schepen, goederen e.d.: ★ *het wrak werd geborgen* ★ *berg je!* a) maak dat je wegkomt!; b) fig pas op voor wat er nu gaat gebeuren!
berg·eng·te *de (v)* [-n, -s] nauwe doorgang tussen bergen
ber·ge·rac [-zjərak] *de (m)* witte Franse wijn uit de omstreken van Bergerac in het departement Dordogne
ber·gè·re [-zjèrə] ⟨*Fr*⟩ *de (v)* [-s] dikbeklede ruststoel, fauteuil met beklede zijstukken en leuningen
berg·groen *het* soort groene verfstof
berg·hok *het* [-ken] klein vertrek waarin men spullen opbergt
berg·hut *de* [-ten] onderdak voor bergbeklimmers of -wandelaars
ber·ging *de (v)* ❶ bergplaats ❷ het bergen, vooral van schepen en / of hun lading
ber·gings·be·drijf *het* [-drijven], **ber·gings·maat·schap·pij** *de (v)* [-en] bedrijf dat zich belast met → **berging** (bet 2)
ber·gings·vaar·tuig *het* [-en] schip dat goederen en / of opvarenden van vergane schepen bergt
berg·kam *de (m)* [-men] lijn die de hoogste toppen van een bergketen verbindt
berg·ke·ten *de* [-s] reeks bergen
berg·klas·se·ment *het* [-en] wielersport klassement volgens de punten die verdiend zijn bij de beklimming van bergen in een etappewedstrijd
berg·ko·ning *de (m)* [-en] wielersport de beste klimmer in een wedstrijd met bergetappes
berg·kris·tal *het* kleurloze tot gelige, doorzichtige kwarts, gebruikt als siersteen
berg·land *het* gebied met grote bodemverheffingen
berg·loon *het* [-lonen] loon voor het → **bergen** (bet 2)
berg·mas·sief *het* [-sieven] uitgestrekt hooggebergte
berg·meer *het* [-meren] hoog gelegen meer tussen bergen
berg·meu·bel *het* [-s, -en] losse kast voor glas, serviezen enz.
berg·op I *bijw*, **berg·op·waarts** langs de berg omhoog **II** *de (m)* [-pen] BN, spreektaal ❶ stijgende helling ❷ beklimming ⟨met een voertuig⟩
berg·pas *de (m)* [-sen] plaatselijke laagte tussen bergen die als doorgang dient
berg·plaats *de* [-en] plaats waar iets opgeborgen wordt: ★ *een goede ~ voor mijn verzameling*
Berg·re·de *de* Bijbel rede door Jezus op een berg in Palestina gehouden (*Matteüs* 5-7)
berg·rug *de (m)* [-gen] golvende bovenrand van bergketen
berg·ruim·te *de (v)* [-n, -s] gelegenheid om op te bergen, bergplaats
berg·schoen *de* [-en] zware schoen, waarvan de zool diep profiel vertoont
berg·spoor *het* [-sporen] spoorweg in de bergen
berg·sport *de* het bergbeklimmen of wandelen in de bergen als sport
berg·stok *de (m)* [-ken] stok met een ijzeren punt, gebruikt als steun bij het lopen door bergachtig gebied
berg·stor·ting *de (v)* [-en] het neervallen van los materiaal, soms ook rotsblokken, van een bergwand
berg·stroom *de (m)* [-stromen] snelstromende bergrivier

berg·teer *de (m) & het* overgangsvorm tussen asfaltachtige aardolie en harde asfalt
berg·top *de (m)* [-pen] ❶ hoogste punt van een berg: ★ *een ~ bereiken* ❷ bij uitbreiding bovenste gedeelte van een berg: ★ *een besneeuwde ~*
berg·wand *de (m)* [-en] steile kant van een berg
berg·wind *de (m)* [-en] luchtstroom die langs de berghelling van boven naar beneden gaat
berg·ziek·te *de (v)* in het hooggebergte als gevolg van zuurstofgebrek optredende verschijnselen als duizeligheid, snelle vermoeidheid en kortademigheid, hoogteziekte
berg·zout *het* zout uit bergen gedolven
be·ri·be·ri *(‹Singalees) de* tropische ziekte, gekenmerkt door verlamming van de perifere zenuwen, veroorzaakt door tekort aan vitamine B_1
be·richt *het* [-en] mededeling: ★ *iem. (een) ~ sturen* ★ *bericht krijgen* ★ *nog nader ~ ontvangen* nog preciezer worden geïnformeerd ★ *geen ~, goed ~* bij uitblijven van nieuws over iets, moeten we maar aannemen dat alles goed gaat
be·rich·ten *ww* [berichtte, h. bericht] mededelen, melden: ★ *iem. ~ over de stand van zaken*
be·rig *bn* ‹van zeugen› bronstig
be·rijd·baar *bn* bereden kunnende worden
be·rij·den *ww* [bereed, h. bereden] rijden op: ★ *een paard, kameel, motor ~*
be·rij·der *de (m)* [-s], **be·rijd·ster** *de (v)* [-s] iem. die berijdt
be·rij·men *ww* [berijmde, h. berijmd] op rijm zetten
be·rij·ming *de (v)* ❶ het berijmen ❷ [*mv:* -en] berijmde tekst
be·rijpt *bn* met rijp bedekt
be·ril *(‹Gr) als stof: het, als voorwerp: de (m)* [-len] geheel of gedeeltelijk doorschijnend mineraal waarvan de meest algemene soorten wit tot lichtgroen zijn: ★ *aquamarijn en smaragd zijn bekende variëteiten van ~*
be·rin *de (v)* [-nen] vrouwtjesbeer
be·ris·pe·lijk *bn* vero af te keuren
be·ris·pen *ww* [berispte, h. berispt] streng toespreken, terechtwijzen
be·ris·ping *de (v)* [-en] ❶ standje: ★ *de jongen kreeg een ~ van de leraar* ❷ NN vermanende toespraak van de rechter tot een jeugdige delinquent ❸ BN maatregel (geen straf) die door de jeugdrechter wordt genomen ten aanzien van een minderjarige die een misdrijf heeft gepleegd
berk *de (m)* [-en] katjesdragende loofboom met schilferige witte schors (*Betula*)
ber·ke·li·um *het* kunstmatig chemisch element, symbool Bk, atoomnummer 97, een van de transuranen
ber·ken *bn* van berkenhout
ber·ken·blad *het* [-bladeren, -bladen, -blaren] blad van de berk
ber·ken·bos *het* [-sen] → **bos²** van berken
ber·ken·hou·ten *bn* van berkenhout

Ber·lij·ner *de (m)* [-s] iem. geboortig of afkomstig uit Berlijn
Ber·lijns *bn* van, uit, betreffende Berlijn ★ *~ blauw* Pruisisch blauw
ber·li·ne *(‹Fr) de (v)* [-s] vroeger vierpersoonsreiskoets op vier wielen met twee banken vis-à-vis
berm *de (m)* [-en] ❶ strook grond aan weerszijden van een (spoor)weg, sloot of dijk ❷ strook grond tussen twee rijstroken van een verkeersweg, middenberm
berm·be·vei·li·ging *de (v)* geheel van voorzieningen langs verkeerswegen ter voorkoming van schade veroorzaakt door het van de weg af raken van voertuigen
berm·lamp *de* [-en], **berm·licht** *het* [-en] schijnwerper op een auto, die de zijkanten van de weg kan verlichten
berm·mo·nu·ment *het* [-en] gedenkteken in de berm van een weg op de plaats waar een dodelijk verkeersongeval heeft plaatsgevonden
berm·pros·ti·tu·tie [-(t)sie] *de (v)* prostitutie bedreven langs wegen
berm·toe·ris·me *het* het zich verpozen in de berm van verkeerswegen
ber·mu·da *de (m)* [ʼs] → **bermudashort**
Ber·mu·daan *de (m)* [-danen] iem. geboortig of afkomstig van de Bermuda-eilanden
Ber·mu·daans *bn* van, uit, betreffende de Bermuda-eilanden
ber·mu·da·short *de (m)* [bù(r)mjoedaasjù(r)t] [-s] korte broek met pijpen tot aan de knie
Ber·mu·da tri·angle [bù(r)mjoedaa tra(j)enɣl] *de (m)* zeegebied tussen de Bermuda-eilanden, Florida en Porto Rico, waar veel schepen en vliegtuigen op mysterieuze wijze verdwenen zijn
ber·nar·dijn *de (m)* [-en] cisterciënzer
ber·nards·hond *de (m)* [-en] → **sint-bernard**
be·roemd *bn* om een of andere bekwaamheid of eigenschap overal goed bekend: ★ *een beroemde schilder* ★ *Frankrijk is beroemd om zijn wijnen*
be·roemd·heid *de (v)* ❶ het beroemd zijn ❷ [*mv:* -heden] persoon of zaak die beroemd is
be·roe·men *wederk* [beroemde, h. beroemd] zich verheffen op, trots zijn op: ★ *zich ~ op zijn kennis van triviale feitjes*
be·roep I *het* [-en] ❶ bezigheid waarmee men in zijn levensonderhoud voorziet, betrekking, werkkring: ★ *haar ~ was lerares* ★ *automonteur van ~ zijn* ★ *het oudste ~ (van de wereld)* de prostitutie ★ *de vrije beroepen* beroepen die men uitoefent zonder in loondienst te zijn, bijv. notaris, belastingadviseur, arts e.d. ❷ vooral NN uitnodiging aan een predikant of proponent om in een gemeente predikant te worden: ★ *een ~ uitbrengen op...* II *het* ❶ verzoek om steun ★ *een ~ doen op iem., iets* de steun van iem., iets inroepen ★ *een ~ doen op iems. gevoel voor rechtvaardigheid* trachten hem overeenkomstig dat gevoel te laten handelen ❷ recht poging bij een hogere rechter herziening te verkrijgen van een

door een lagere rechter gedane uitspraak: ★ *in ~ gaan tegen een vonnis* ★ *in hoger ~ gaan* ★ *~ aantekenen tegen een vonnis* ★ *Centrale Raad van Beroep (CRvB)* recht beroepsinstantie voor beslissingen inzake sociale verzekeringswetten en ambtenarenzaken

be·roep·baar *bn* → **beroepen** (bet 2) kunnende worden ★ vooral NN *zich ~ stellen* bekendmaken dat men wenst → **beroepen** (bet 4) te worden

be·roe·pen I *ww* [beriep, h. beroepen] ❶ met de roepende stem kunnen bereiken ❷ vooral NN een → **beroep** (bet 4) uitbrengen op (*predikant*) **II** *wederk* ★ *zich ~ op* rechtvaardiging ontlenen aan: ★ *zich op de wet ~*

be·roe·pen·gids *de (m)* [-en] gids met uiteenzettingen over beroepen en de benodigde vooropleiding

be·roeps I *de (m)* [*mv* idem] verkorte vorm van samenstellingen met als tweede lid de activiteit die als beroep wordt uitgeoefend, bijv. ★ *beroepsvoetballer, beroepsofficier* **II** *bn* als beroep uitoefenend: ★ *deze tennisser is ~*

be·roeps·be·vol·king *de (v)* deel van de bevolking dat voor eigen rekening dan wel tegen geldelijke beloning werkzaamheden verricht (de werkenden) of zou kunnen verrichten (de tijdelijk niet-werkenden)

be·roeps·be·zig·he·den *mv* werkzaamheden die uit het → **beroep** (bet 1) voortvloeien

be·roep·schrift *het* [-en] bezwaarschrift om herziening te verkrijgen van een administratieve maatregel

be·roeps·de·for·ma·tie [-(t)sie] *de (v)* [-s] psychische of lichamelijke afwijking, veroorzaakt door het langdurig uitoefenen van een bep. beroep

be·roeps·ge·heim *het* [-en] verplichting tot geheimhouding van bijzonderheden waarmee men beroepshalve bekend is: ★ *artsen en advocaten hebben een ~*

be·roeps·hal·ve *bijw* krachtens een beroep, voortvloeiende uit een → **beroep** (bet 1): ★ *~ heb ik wel eens contact met Tweede Kamerleden*

be·roeps·keu·ze *de* ★ *bureau voor ~* bureau waar men jeugdige personen raad geeft inzake het kiezen van een beroep

be·roeps·kle·ding *de (v)* kleding bij het uitoefenen van een beroep gedragen

be·roeps·ma·tig *bn* uit hoofde van iems. beroep: ★ *ik ken deze vrouw ~*

be·roeps·mis·da·di·ger *de (m)* [-s] iem. die door het plegen van misdrijven in zijn levensonderhoud voorziet

be·roeps·of·fi·cier *de (m)* [-en] iem. die officier van beroep is

be·roeps·on·der·wijs *het* onderwijs dat opleidt voor een bepaald beroep

be·roeps·ori·ën·ta·tie [-(t)sie] *de (v)* [-s], **be·roeps·ori·ën·te·ring** [-en] NN beroepskeuzevoorlichting; bureau, dienst voor beroepskeuze

be·roeps·ren·ner *de (m)* [-s] iem. die als beroep de wielersport beoefent

be·roeps·school *de (v)* [-scholen] BN school voor voortgezet onderwijs waar men voor allerlei beroepen wordt opgeleid, school voor beroepsonderwijs, vakschool

be·roeps·spe·ler *de (m)* [-s] iem. die van een sport of spel zijn beroep maakt, professional, prof

be·roeps·ver·bod ⟨*Du*⟩ *het* [-boden] bepaling dat mensen die verdacht worden van extreme politieke opvattingen niet meer in bepaalde functies werkzaam mogen zijn

be·roeps·voet·bal·ler *de (m)* [-s] iem. die voor zijn beroep voetbalt

be·roeps·wer·ke·lo·ze, **be·roeps·werk·lo·ze** *de* [-n] smalend iem. die langdurig werkloos is en niet van plan is werk te zoeken

be·roeps·ziek·te *de (v)* [-n, -s] ziekte die veroorzaakt wordt door de uitoefening van een bep. beroep

be·roerd *bn* ellendig, akelig: ★ *zich ~ voelen* ★ vooral NN *hij is te ~ om een vinger uit te steken* hij is niet bereid om iets te doen ★ *ik ben niet te beroerd om... ik wil best...* ★ NN *zij is de beroerdste niet* zij is wel voor rede vatbaar *of* bereidwillig

be·roe·ren *ww* [beroerde, h. beroerd] ❶ even aanraken: ★ *ze beroerde mijn arm* ❷ verontrusten, in beroering brengen: ★ *de oorlogsberichten beroerden de bevolking*

be·roe·ring *de (v)* [-en] ❶ beweging: ★ *het water in ~ brengen* ❷ onrust, opschudding: ★ *er ontstond ~ in de zaal*

be·roer·ling *de (m)* [-en] NN, spreektaal beroerde vent

be·roer·te *de (v)* [-n, -s] ❶ hersenbloeding ❷ hist ordeverstoring, verzet ★ *Raad van Beroerten* in 1567 door Alva opgerichte instelling, belast met de berechting van de personen die in de Nederlanden betrokken waren bij de Beeldenstorm en de daarmee samenhangende onlusten, Bloedraad

be·roe·zen *ww* [beroesde, h. beroesd] BN, schrijftaal zich bedrinken, zich een roes drinken; *ook* (zich) bedwelmen

be·rok·ke·nen *ww* [berokkende, h. berokkend] ⟨iets onaangenaams⟩ veroorzaken, bezorgen: ★ *iem. schade ~*

be·rooid *bn* van alles ontbloot, zonder bezit; **be·rooid·heid** *de (v)*

be·rookt *bn* met rook doortrokken of bedekt

be·rouw *het* spijt over een verkeerde daad ★ *~ hebben over / van iets* ★ *~ komt na de zonde* ★ RK *akte van ~* gebed tot uiting van berouw

be·rou·wen *ww* [berouwde, h. berouwd] spijt of teleurstelling doen hebben: ★ *die keus zal je niet ~* ★ *het zal hem ~* hij zal er spijt van hebben

be·rouw·vol *bn* oprecht en diep berouw hebbend

be·ro·ven *ww* [beroofde, h. beroofd] ❶ door roof ontnemen, met geweld ontstelen: ★ *een vrouw van haar handtas ~* ★ *een juwelier ~* met geweld geld of kostbaarheden uit een juwelierszaak stelen ❷ ontnemen, doen missen: ★ *iem. van zijn vrijheid ~* ★ *iem. (zich) van het leven ~* iem. (zich) doden ★ *van het verstand beroofd* krankzinnig

be·ro·ving *de (v)* [-en] gewelddadige ontneming, → **roof¹**

ber·rie *de* [-s] draagbaar

ber·serk (*‹Oudnoors) de (m)* [-serker] myth benaming voor krijgers die, gehuld in een berenhuid, ten strijde trokken en tot woeste razernij opgezweept werden

berst *de* [-en] → **barst**

ber·sten *ww* [berstte *of* borst, is geborsten] vero barsten, scheuren

be·rucht *bn* als slecht bekendstaand, met een slechte naam: ★ *een ~e oorlogsmisdadiger*

be·rufs·ver·bot [bəroefsverboot] (*‹Du) het* [-e] beroepsverbod

be·rui·ken *ww* [berook, h. beroken] ruiken aan

be·rus·ten *ww* [berustte, h. berust] ❶ steunen, gegrond zijn op ★ *deze theorie berust op nieuw ontdekte feiten* ❷ zich schikken: ★ *~ in* zich neerleggen bij, zich niet meer verzetten tegen: ★ *in een verlies ~* ❸ in bewaring zijn: ★ *de koopakte berust bij de notaris*

be·rus·ting *de (v)* ❶ lijdzaamheid, onderwerping ❷ ★ *onder ~ van* in bewaring bij

be·ryl·li·um [-ril-] (*‹Gr) het* chemisch element, symbool Be, atoomnummer 4, een licht, moeilijk smeltbaar metaal

bes¹ *de* [-sen] vlezige vrucht met min of meer zachte wand en vrij in het vruchtvlees liggende, harde zaden

bes² *de* muz door een mol een halve toon verlaagde b of si

bes³ *de (v)* [-sen], **best** [-en] oud vrouwtje

be·schaafd *bn* ❶ met een zekere geestelijke ontwikkeling: ★ *een beschaafde maatschappij* ❷ welgemanierd: ★ *een ~ jongmens* ★ *het Algemeen Beschaafd (Nederlands)* de taal die beschaafde Nederlanders en Nederlandstalige Belgen geacht worden te spreken

be·schaamd *bn* ❶ zich schamend: ★ *~ zijn over iets* ❷ BN, spreektaal verlegen, schuchter

be·scha·di·gen *ww* [beschadigde, h. beschadigd] schade toebrengen: ★ *de hooligans beschadigden tientallen auto's* ★ *iem. ~ zijn gezag of goede naam* aantasten

be·scha·di·ging *de (v)* ❶ het beschadigen ❷ [*mv:* -en] de toegebrachte schade

be·scha·men *ww* [beschaamde, h. beschaamd] ❶ schaamte doen gevoelen ❷ teleurstellen: ★ *ik werd in mijn verwachtingen beschaamd* ★ *iems. vertrouwen ~* iems. vertrouwen niet waardig blijken te zijn

be·scha·mend *bn* schaamte veroorzakend, vernederend: ★ *een beschamende nederlaag*

be·scha·ven *ww* [beschaafde, h. beschaafd] ❶ met de schaaf bewerken ❷ ontwikkelen, opvoeden

be·scha·ving *de (v)* [-en] ❶ veredeling van geest en manieren: ★ *een man van ~* ★ *iem. wat ~ bijbrengen* ❷ het geheel van waarden, kunsten, wetenschappen en religies van een samenleving, cultuur: ★ *de ~ van de Maya's* ★ *de westerse ~* ★ *een hoge trap van ~ bereiken*

be·scheid *het* plechtig ❶ bericht, verslag ❷ antwoord: ★ *iem. ~ geven* ★ *bescheiden* geschreven of gedrukte stukken:, kunt u de bescheiden overleggen?

be·schei·den *bn* ❶ niet veeleisend of aanmatigend: ★ *een ~ meisje* ★ *~ verlangens koesteren* ★ *naar mijn ~ mening* ❷ klein, gering, simpel: ★ *een televisie van ~ afmetingen* ★ *er klonken ~ protesten* ★ *een ~ onderkomen*; **beschei·den·heid** *de (v)*

be·scher·me·ling *de (m)* [-en], **be·scher·me·lin·ge** *de (v)* [-n] iem. die door een ander bijzonder in bescherming wordt genomen, protegé

be·scher·men *ww* [beschermde, h. beschermd] ❶ ervoor zorgen dat iem. of iets geen kwaad of schade ondervindt, behoeden, beschutten: ★ *iem. tegen gevaren ~* ★ *deze jas beschermt me tegen de kou* ★ *beschermende rechten* invoerrechten die de buitenlandse producten duurder maken en daardoor het binnenlandse bedrijfsleven bevoordelen ★ *beschermd pand, beschermd stads- of dorpsgezicht* waaraan niets veranderd mag worden zonder toestemming van Monumentenzorg ★ *beschermde dier- of plantensoorten* dier- of plantensoorten die in hun bestaan worden bedreigd en waarvoor maatregelen zijn genomen om hun voortbestaan in een gebied te garanderen ❷ bevorderen, bevoordelen: ★ *de schone kunsten, de handel ~* ❸ door aanwending van zijn invloed vooruithelpen, protegeren: ★ *deze man wordt in alles door zijn machtige vrienden beschermd*

be·scherm·en·gel *de (m)* [-en] ❶ RK engel die een bepaalde persoon beschermt, engelbewaarder ❷ algemeen beschermer

be·scher·mer *de (m)* [-s] iem. die beschermt, bevoordeelt

be·scherm·heer *de (m)* [-heren] voornaam begunstiger van een vereniging

be·scherm·hei·li·ge *de* [-n] RK heilige of engel die bescherming biedt tegen bep. noden of ziekten of optreedt als beschermer van bep. personen, kerken, steden, landen e.d., schutspatroon, schutspatrones: ★ *St.-Anna is de ~ van de gehuwde vrouwen, St.-Isidoor die van de computerprogrammeurs*

be·scher·ming *de (v)* ❶ het beschermen, beveiliging: ★ *iem. in ~ nemen tegen de aanzwellende kritiek* ★ BN *Civiele Bescherming* federale organisatie om de bevolking in oorlogstijd te beschermen en voor hulp bij rampen in vredestijd ❷ bevoordeling

be·scher·mings·fac·tor *de (m)* [-toren] getal dat aangeeft hoeveel bescherming een zonnebrandcrème of -olie biedt

be·scherm·vrouw, be·scherm·vrou·we *de (v)* [-vrouwen] voorname begunstigster van een vereniging

be·sche·ten *bn* inf ❶ (met poep) besmeurd ❷ bedonderd, belazerd, in de maling genomen ★ *zich ~ voelen* ❸ fig bleek, ziekelijk: ★ *er ~ uitzien* ❹ erg verlegen: ★ *~ in een hoekje zitten*

be·scheu·ren *wederk* [bescheurde, h. bescheurd] vooral NN, spreektaal uitbundig lachen

be·schie·ten *ww* [beschoot, h. beschoten] ❶ schieten op: ★ *een fort ~* ❷ betimmeren: ★ *de wand met planken ~*

be·schij·nen *ww* [bescheen, h. beschenen] schijnen op *of* over

be·schik·baar *bn* waarover men beschikken kan: ★ *~ hebben* ★ *er is een auto ~* ★ *(zich) ~ stellen* (zich) ter beschikking stellen

be·schik·ken *ww* [beschikte, h. beschikt] ❶ regelen ★ *de mens wikt, God beschikt (*ontleend aan Spreuken 16: 9) ❷ een beslissing nemen ★ *gunstig, afwijzend op een verzoek ~* ★ *de rechter beschikte anders* ❸ gebruik kunnen maken van, tot zijn dienst hebben, bezitten: ★ *over veel personeel ~* ★ *over een flink kapitaal ~* ★ *over een goede gezondheid ~*

be·schik·king *de (v)* [-en] ❶ regeling, beslissing: ★ *een gerechtelijke ~* ★ *een ministeriële ~* ❷ het beschikken over iets of iem.: ★ *de ~ over iets hebben* ★ *ter ~ staan, zijn van* ★ *iets ter ~ stellen aan iem.* ★ *recht ter ~ van de regering* een misdadiger gedurende een niet vooraf bepaalde tijd een verpleging laten ondergaan in een inrichting ❸ recht beslissing of uitvaardiging (van bijv. een vergunning) door een bestuursorgaan

be·schil·de·ren *ww* [beschilderde, h. beschilderd] voorstellingen schilderen op; **beschildering** *de (v)* [-en]

be·schim·meld *bn* bedekt met schimmel: ★ *~ brood*

be·schim·me·len *ww* [beschimmelde, is beschimmeld] met schimmel bedekt worden

be·schim·pen *ww* [beschimpte, h. beschimpt] schimpende woorden zeggen over; **beschimping** *de (v)* [-en]

be·schoei·en *ww* [beschoeide, h. beschoeid] oevers met hout of steen bekleden

be·schoei·ing *de (v)* ❶ het beschoeien ❷ planken e.d. waarmee men een oever beschoeit

be·schon·ken *bn* dronken

be·scho·ren *bn* ten deel gevallen, toebedeeld: ★ *er is mij weinig geluk ~*

be·schot *het* [-ten] afscheiding of bekleding met planken

be·schou·we·lijk *bn* geneigd tot overdenken, bespiegelend

be·schou·wen *ww* [beschouwde, h. beschouwd] ❶ (aandachtig) bekijken ❷ overdenken, overwegen: ★ *wij moeten dit voorstel nog eens nader ~* ★ *~ als* opvatten als, houden voor: ★ *hij wordt algemeen beschouwd als de belangrijkste hedendaagse componist*

★ *iets als een compliment ~*

be·schou·wend *bn* overpeinzend, vooral godsdienstig overpeinzend

be·schou·wer *de (m)* [-s] iem. die iets bekijkt, beoordeelt

be·schou·wing *de (v)* [-en] ❶ het aandachtig bekijken ❷ het overpeinzen, overweging ★ *iets buiten ~ laten* met iets geen rekening houden ★ *bij nadere ~* ❸ onder woorden gebrachte gedachtegang over een bep. onderwerp: ★ *een ~ over de politieke situatie* ★ *algemene beschouwingen* algemene bespreking in het parlement over begrotingszaken

be·schreeu·wen *ww* [beschreeuwde, h. beschreeuwd] NN door schreeuwen zich verstaanbaar maken: ★ *de straatkoopman had zo'n luide stem dat hij de hele buurt makkelijk kon ~*

be·schrijf *het* BN, jur ❶ het opmaken van een verkoopakte ❷ kosten van het opmaken van een verkoopakte

be·schrijf·baar *bn* waarop behoorlijk geschreven kan worden: ★ *~ papier*

be·schrij·ven *ww* [beschreef, h. beschreven] ❶ opschrijven hoe iem. of iets eruitziet of zich voordoet ❷ schrijven op: ★ *een schoolbord ~* ❸ schrijven, trekken: ★ *een cirkel ~* ★ *een baan om de aarde ~* ❹ een voorstelling van iets geven: ★ *zijn gevoelens ~* ❺ BN een verkoopakte opmaken

be·schrij·vend *bn* ❶ beschrijvingen gevend, descriptief, vooral gezegd van wetenschappelijke studies die geen verklaringen of oorzakelijke verbanden zoeken, maar uitsluitend een beschrijving van het waargenomene geven: ★ *een beschrijvende studie van de grammatica* ❷ ★ *beschrijvende meetkunde* type meetkunde waarin ruimtelijke figuren worden beschreven aan de hand van daarmee wetmatig samenhangende vlakke figuren

be·schrij·ving *de (v)* ❶ het beschrijven ❷ [mv: -en] dat wat beschreven is: ★ *een ~ geven van een ongeluk*

be·schroomd *bn* verlegen

be·schuit *(‹Fr) de* [-en] bros, luchtig, goudgeel bakproduct van tarwe

be·schuit·bol *de (m)* [-len] NN rond, zacht broodje dat doorgesneden wordt, waarna van de helften twee beschuiten worden gebakken

be·schuit·bus *de* [-sen] bus waarin beschuit wordt bewaard

be·schul·dig·de *de* [-n] ❶ iem. die de schuld krijgt van iets, die is aangeklaagd bij het gerecht, beklaagde ❷ BN verdachte in een zaak die wordt behandeld door een hof van assisen

be·schul·di·gen *ww* [beschuldigde, h. beschuldigd] de schuld geven: ★ *iem. van diefstal ~; aanklagen bij het gerecht*

be·schul·di·ging *de (v)* ❶ het beschuldigen ❷ [mv: -en] aanklacht

be·schut *bn* beschermd, afgeschermd, vooral tegen wind, regen, gevaar enz. ★ *beschutte werkplaats*

werkplaats voor gehandicapten
be·schut·ten *ww* [beschutte, h. beschut] beschermen: ★ *gewassen ~ tegen de ijzige oostenwind*
be·schut·ting *de (v)* [-en] bescherming, dekking: ★ *~ bieden* ★ *onder ~ van*
be·sef *het* bewustzijn, inzicht, benul: ★ *nog geen ~ van gevaar hebben*
be·sef·fen *ww* [besefte, h. beseft] inzien, zich realiseren: ★ *niet ~ wat men aangericht heeft*
bes·je *het* [-s] oud vrouwtje
be·sjoe·me·len *ww* [besjoemelde, h. besjoemeld] NN, spreektaal bedriegen, oneerlijk behandelen
be·slaan *ww* [besloeg, h. & is beslagen] ❶ geheel of gedeeltelijk bekleden, vooral met metaal: ★ *met koper ~* ★ *een paard ~ van hoefijzers voorzien* ★ *beslagen ten ijs komen* goed voorbereid zijn ❷ met een vloeistof mengen om het vervolgens te bakken: ★ *meel ~ voor pannenkoeken* ❸ bedekken, innemen (*van ruimte*): ★ *deze hal beslaat 5000 m²* ❹ met een aanslag bedekt worden: ★ *als wij bij het koken de afzuigkap niet aanzetten, beslaan de ramen* ★ *een beslagen tong* ❺ BN ook onderlegd ★ *beslagen zijn in een vak*
be·slag *het* ❶ mengsel van meel, water, eieren, gist e.d. om te bakken: ★ *~ voor pannenkoeken* ❷ het door de overheid onder zich nemen van zaken, het onttrekken van zaken aan de vrije beschikking van de eigenaar of van anderen ★ *~ leggen op* in bezit nemen, o.a. als onderpand van betaling, ook fig: ★ *~ leggen op iems. tijd* iems. tijd en aandacht opeisen ★ *in ~ nemen* in bezit nemen: ★ *gestolen goederen in ~ nemen*; fig opeisen, eisen: ★ *de werkzaamheden namen veel tijd in ~* ★ *recht conservatoir ~* door een schuldeiser gelegd beslag op goederen van de schuldeigenaar ter bewaring, om niet benadeeld te worden ★ *recht executoriaal ~* beslag binnen de uitvoering van burgerlijke vonnissen ❸ *[mv: -slagen]* belegsel, bekleedsel, vooral van metaal; ❹ ⟨van paarden⟩ stel hoefijzers ❺ oeverbekleding ❻ voltooiing ★ *zijn ~ krijgen* in orde komen, definitief geregeld zijn
be·sla·gen *bn* zie bij → **beslaan** (bet 1, 4 en 5)
be·sla·ge·ne *de* [-n] persoon bij wie iets in beslag genomen wordt
be·slag·leg·ging *de (v)* [-en] het beslag leggen als rechtsmaatregel
be·sla·pen *ww* [besliep, h. beslapen] slapen op: ★ *dit bed is vannacht niet ~*
be·slech·ten *ww* [beslechtte, h. beslecht] ⟨een twist, geschil⟩ bijleggen; beslissen,; zie ook → **pleit**; **beslechting** *de (v)*
be·slijkt, be·slikt *bn* met modder bespat
be·slis·kun·de *de (v)* leer betreffende het langs wiskundige weg bepalen van beslissingen; vertaling van het Engelse *decision theory*
be·slis·sen *ww* [besliste, h. beslist] ❶ een besluit nemen: ★ *~ over iets* ★ *positief ~ op / over een verzoek* ❷ de uitslag bepalen: ★ *dat doelpunt besliste de wedstrijd* ❸ uitspraak doen: ★ *de rechter besliste in mijn voordeel*
be·slis·send *bn* de beslissing gevend, afdoend: ★ *het beslissende doelpunt*: ★ *dit doelpunt was ~ voor het verdere verloop van de wedstrijd*
be·slis·sing *de (v)* [-en] ❶ het beslissen ❷ uitspraak: ★ *rechterlijke ~* ❸ uitslag: ★ *er is nog geen ~ gevallen*
be·slis·sings·wed·strijd *de (m)* [-en] NN extra wedstrijd die beslissend is voor het kampioenschap, de promotie e.d., wanneer twee clubs gelijk in punten zijn geëindigd
be·slist I *bn* vastberaden, gedecideerd, doortastend: ★ *ze was zeer ~ in haar optreden* II *bijw* in ieder geval, stellig: ★ *hij heeft ~ gelijk*
be·slist·heid *de (v)* vastbeslotenheid, stelligheid
be·slom·me·rin·gen *mv* ❶ zorgen ❷ bezigheden: ★ *de dagelijkse ~*
be·slo·ten *bn* ❶ afgesloten: ★ *~ terrein* ★ *in ~ kring* vooral NN alleen toegankelijk voor genodigden ★ *~ tijd* tijd waarin iets niet mag plaats hebben, vooral m.b.t. jacht, visserij; RK tijd waarin het sluiten van huwelijken niet geoorloofd is zonder dispensatie (Advent en vastentijd) ★ *~ vennootschap* vennootschap waarvan de aandelen niet vrij overdraagbaar zijn en die slechts een beperkte publicatieplicht heeft ★ *~ vergadering* alleen toegankelijk voor leden en genodigden ★ *~ water* onbevaarbaar wegens ijs ★ *~ uiterste wil* testament in gesloten omslag ❷ ★ *~ zijn vast van plan zijn*; zie ook bij → **besluiten**
be·slo·ten·heid *de (v)* het afgesloten zijn, afzondering
be·slui·pen *ww* [besloop, h. beslopen] sluipend naderen: ★ *de kat besloop het vogeltje*
be·sluit *het* [-en] ❶ einde, slot: ★ *tot ~ werden de prijzen uitgereikt* ❷ slotsom: ★ *de detective kwam tot het ~ dat Gijs de dader was* ❸ beslissing: ★ *een ~ nemen* ★ *tot een ~ komen* ❹ vastgestelde maatregel ★ *Koninklijk Besluit* besluit uitgaande van de Kroon zonder inschakeling van de Staten-Generaal
be·slui·te·loos *bn* niet in staat om tot een besluit te nemen: ★ *~ bleef zij in de deuropening staan*; **besluiteloosheid** *de (v)*
be·slui·ten *ww* [besloot, h. besloten] ❶ een beslissing nemen: ★ *~ tot beëindiging van het contract* ❷ tot de slotsom komen, concluderen ❸ beëindigen: ★ *~ met een dankwoord* ❹ omvatten, inhouden ★ fig *dit werk was in het hele plan besloten*
be·sluit·vaar·dig *bn* snel in staat om tot een besluit te komen
be·sluit·vor·ming *de (v)* het komen tot een besluit, een beslissing
be·sme·ren *ww* [besmeerde, h. besmeerd] ⟨iets⟩ smeren op: ★ *een boterham met pindakaas ~*
be·smet *bn* ❶ smetstof dragend: ★ *besmette varkens* ❷ fig niet zuiver volgens voorschriften of afspraken: ★ NN *~ werk* arbeid verricht voor een onderneming waarvan de werknemers staken ★ NN *besmette lading* lading waarin smokkelwaar voorkomt ★ *een ~*

woord woord dat men beter niet kan gebruiken, om te voorkomen dat men verdacht wordt van verderfelijke opvattingen: ★ *voor sommige mensen is 'ras' een ~ woord*

be·smet·te·lijk *bn* ❶ ⟨van ziekten⟩ van de een op de ander over kunnende gaan ❷ ⟨v. kleding⟩ waarop vlekken duidelijk zichtbaar zijn: ★ *een besmettelijke kleur*; **besmettelijkheid** *de (v)*

be·smet·ten *ww* [besmette, h. besmet] ❶ vlekken maken op ❷ een ziekte overbrengen op, infecteren

be·smet·ting *de (v)* het overbrengen van een ziekte

be·smet·tings·haard *de (m)* [-en] plaats van waaruit een ziekte verspreid wordt

be·smeu·ren *ww* [besmeurde, h. besmeurd] bezoedelen, vuil maken

be·smuikt *bn* vooral NN heimelijk, in het geniep, achterbaks: ★ *~ lachen*

be·sna·ren *ww* [besnaarde, h. besnaard] van snaren voorzien: ★ *een gitaar, een tennisracket ~*

be·sne·den *bn* ❶ bewerkt, gevormd: ★ *fraai ~ houtwerk* ❷ de besnijdenis ondergaan hebbend

be·sneeuwd *bn* met sneeuw bedekt

be·snij·den *ww* [besneed, h. besneden] ❶ snijwerk maken ❷ de besnijdenis aanbrengen: ★ *een jongen ~*

be·snij·de·nis *de (v)* ❶ ⟨bij jongens of mannen⟩ het verwijderen van de voorhuid van de penis als inwijdingsgebruik, bijv. bij joden en moslims; circumcisie ★ *Besnijdenis des Heren* RK feest op 1 januari ter gedachtenis van Jezus' besnijdenis ❷ ⟨bij meisjes of vrouwen⟩ het wegnemen van de clitoris en soms ook (een deel van) de kleine schaamlippen, als inwijdingsgebruik bij sommige Noord-Afrikaanse volken, clitoridectomie

be·snoei·en *ww* [besnoeide, h. besnoeid] ❶ snoeien ❷ fig beperken: ★ *(op) de uitgaven ~*; **besnoeiing** *de (v)* [-en]

be·snuf·fe·len *ww* [besnuffelde, h. besnuffeld] ruiken aan

be·so·de·mie·terd, **be·so·de·mie·terd** *bn* NN, spreektaal ❶ gek, krankzinnig: ★ *ben je nou helemaal ~?* ❷ ziek, beroerd: ★ *ik voel me behoorlijk ~ vandaag*

be·so·de·mie·te·ren *ww* [besodemieterde, h. besodemieterd] NN, spreektaal bedriegen

be·sog·nes [bəzɔnjəs] *⟨Fr⟩ mv* zaken, aangelegenheden, beslommeringen: ★ *huishoudelijke ~*

be·span·nen *ww* [bespande, h. bespannen] ❶ spannen voor: ★ *een wagen met verse paarden ~* ❷ spannen over: ★ *een gitaar met snaren ~*

be·span·ning *de (v)* ❶ het bespannen ❷ [mv: -en] de voorgespannen paarden

be·spa·ren *ww* [bespaarde, h. bespaard] ❶ door zuinigheid overhouden: ★ *door te liften bespaarden we heel wat geld* ★ *energie ~* ❷ *iem. iets ~* van iets onaangenaams vrij doen blijven: ★ *die moeite hadden we u kunnen ~* ★ *dat heeft hem veel verdriet bespaard*

be·spa·ring *de (v)* ❶ het besparen ❷ [mv: -en] econ deel van het inkomen dat niet voor consumptie wordt gebruikt, dat niet wordt uitgegeven

be·spat·ten *ww* [bespatte, h. bespat] spatten doen vallen op

be·speel·baar *bn* bespeeld kunnende worden: ★ *het voetbalveld was goed ~*

be·spe·len *ww* [bespeelde, h. bespeeld] ❶ spelen op: ★ *een muziekinstrument ~* ❷ als vast toneelgezelschap in een theater spelen: ★ *de Stadsschouwburg ~* ★ *het publiek ~* het publiek meekrijgen door in te spelen op bij dat publiek levende gevoelens en gedachten; **bespeling** *de (v)*

be·speu·ren *ww* [bespeurde, h. bespeurd] gewaarworden, bemerken

be·spie·den *ww* [bespiedde, h. bespied] beloeren, begluren

be·spie·ge·len *ww* [bespiegelde, h. bespiegeld] overpeinzen, beschouwen; **bespiegeling** *de (v)* [-en]

be·spi·o·ne·ren *ww* [bespioneerde, h. bespioneerd] bespieden

be·spoe·di·gen *ww* [bespoedigde, h. bespoedigd] vlugger doen verlopen; **bespoediging** *de (v)*

be·spot·te·lijk *bn* waard om bespot te worden, belachelijk: ★ *een ~ voorstel*; **bespottelijkheid** *de (v)* [-heden]

be·spot·ten *ww* [bespotte, h. bespot] belachelijk maken

be·spot·ting *de (v)* ❶ het bespotten ❷ [mv: -en] spottende uiting

be·spraakt *bn* gemakkelijk en vlot sprekend; **bespraaktheid** *de (v)*

be·spreek·baar *bn* vatbaar voor (nader) overleg, besproken kunnen worden: ★ *een twistpunt, een taboe ~ maken*

be·spreek·bu·reau [-buuroo] *het* [-s] NN bureau waar men plaatsen kan → **bespreken** (bet 2)

be·spre·ken *ww* [besprak, h. besproken] ❶ spreken over: ★ *zijn toekomstplannen ~* ★ *een boek ~* een beoordeling ervan geven ❷ vooruit bestellen: ★ *een plaats ~ voor een theatervoorstelling*

be·spre·king *de (v)* [-en] ❶ onderhandeling, gesprek: ★ *besprekingen over een wapenstilstand* ★ *een ~ hebben* ★ *in ~ zijn* bezig zijn met een (officieel) gesprek ❷ verhandeling, het bespreken, het beoordelen: ★ *de ~ van een boek in een krant*; vgl: → **plaatsbespreking**

be·spren·ke·len *ww* [besprenkelde, h. besprenkeld] met de hand vloeistof druppelen op

be·sprin·gen *ww* [besprong, h. besprongen] ❶ onverwacht aanvallen: ★ *de panter besprong het hertje* ❷ ⟨een vrouwelijk dier⟩ trachten te bevruchten: ★ *de hengst besprong de merrie*

be·sproei·en *ww* [besproeide, h. besproeid] ❶ begieten: ★ *planten ~* ❷ water toevoeren naar, irrigeren: ★ *een akker ~*; **besproeiing** *de (v)* [-en]

be·spui·ten *ww* [bespoot, h. bespoten] spuiten op, vooral bestrijdingsmiddelen (tegen onkruid,

insecten) op gewassen
be·spu·wen *ww* [bespuwde, h. bespuwd] spuwen op
bes·se·mer·staal *het* staal, vervaardigd uit ruw ijzer, volgens de methode van de Engelsman H. Bessemer (1813-1898), door inblazen van hete lucht ontkoold en gezuiverd
bes·sen·je·ne·ver *de (m)* jenever die met bessen is bereid
bes·sen·sap *het* sap van een of meer bessen
bes·sen·struik *de (m)* [-en] struik waaraan bessen groeien, vooral de aalbessenstruik (*Ribes*)
best¹ *de (v)* [-en] 3 → **bes¹**
best² I *bn bijw* ❶ overtreffende trap van goed: ★ *dat is het beste boek dat ik ooit gelezen heb* ❷ heel goed: ★ *een ~ boek* ★ *beste Jan* waarde, dierbare Jan (als aanhef van brieven aan intimi) ★ *dat zijn (bovenste) beste mensen* dat zijn (heel) aardige mensen ★ *(dat is) mij ~!* akkoord!, ik heb geen bezwaar ★ *dat kan ik ~!* dat kan ik heus wel! ★ *het gaat niet ~ het gaat slecht* ★ *het is ~ een... (mooie film, knappe prestatie e.d.) het is toch wel een... (enz.)* ★ *dit kan de beste overkomen* dit falen komt niet door domheid of onervarenheid ★ *dat de beste mag winnen!* uitroep, wens aan het begin van een wedstrijd ★ *het beste ervan hopen* hopen dat alles goed zal komen ★ *het beste!* informele groet bij het afscheid ★ *het is het best(e) nu te vertrekken* het meest wenselijke; zie ook bij → **lest** II *het* ★ *op zijn ~* hooguit, als alles meezit ★ *iets ten beste geven* voordragen, uitvoeren ★ *zijn ~ doen* zich inspannen
be·staan I *ww* [bestond, h. bestaan] ❶ leven, zijn: ★ *spoken ~ niet* ★ *~ van* zich in zijn levensonderhoud voorzien door: ★ *dit land bestaat van de verbouw van koffie* ❷ gevormd worden door: ★ *dit apparaat bestaat uit talloze onderdelen* ★ *zijn vrijetijdsbesteding bestaat in lezen en televisie kijken* ❸ mogelijk zijn: ★ *dat bestaat niet* ★ *hoe bestaat het?* ❹ wagen, (iets moeilijks) ondernemen en volvoeren: ★ *een heldenstuk ~* ★ *hij heeft het bestaan mij tegen te spreken* II *het* ❶ het zijn: ★ *het ~ van God loochenen* ★ *een fatsoenlijk ~ leiden* ★ *het tienjarig ~ van een vereniging vieren* ❷ broodwinning: ★ *middelen van ~ vinden*
be·staan·baar *bn* kunnende bestaan; mogelijk
be·staans·mid·del *het* [-en] middel van bestaan, broodwinning
be·staans·mi·ni·mum *het* inkomen dat op zijn allerminst nodig is voor levensonderhoud
be·staans·recht *het* recht van bestaan
be·staans·ze·ker·heid *de (v)* zekerheid te kunnen bestaan
be·stand¹ *bn* ★ *~ zijn tegen* opgewassen zijn tegen, kunnen verdragen: ★ *goed ~ zijn tegen de hitte*
be·stand² *het* [-en] wapenstilstand ★ *het Twaalfjarig Bestand* onderbreking van de oorlogshandelingen in de Tachtigjarige Oorlog, 1609-1621
be·stand³ *het* [-en] ❶ aanwezig aantal, aanwezige hoeveelheid: ★ *boekenbestand, personeelsbestand*

❷ comput verzameling van met elkaar samenhangende gegevens die door de computer verwerkt kunnen worden
be·stand·deel *het* [-delen] samenstellend deel
be·stands·be·heer *het* comput ❶ het administreren van alle bestanden en hun bewerkingen in een bepaalde werkomgeving ❷ onderdeel van Windows 3.x dat een overzicht geeft van alle bestanden en waarmee bestanden kunnen worden gekopieerd, verplaatst, weggegooid e.d.: ★ *~ heet in de latere versies van Windows 'verkenner'*
be·stands·ex·ten·sie *de (v)* [-s] comput de drie letters rechts van de punt in een bestandsnaam, waarmee het type bestand wordt aangegeven, bijv. '.txt' voor tekstfiles
be·stands·for·maat *het* [-maten] comput manier waarop gegevens in een bestand zijn opgeslagen
be·stands·lijn *de* [-en] grens tussen strijdende groepen tijdens een wapenstilstand
be·stands·naam *de (m)* [-namen] comput naam van een gegevensbestand, veelal opgebouwd uit een vrij gedeelte voor de punt en de extensie na de punt (bijv.: verslag.doc)
be·stands·naam·ex·ten·sie *de (v)* [-s] comput → **bestandsextensie**
be·ste·den *ww* [besteedde, h. besteed] ❶ gebruiken: ★ *veel tijd aan correctiewerk ~* ❷ uitgeven ❸ van geld: ★ *1000 euro aan kleding ~* ❹ aanwenden: ★ *veel zorg aan een werkstuk ~* ★ *het is aan hem goed of wel besteed* hij is het waard
be·ste·ding *de (v)* [-en] dat wat men van het inkomen uitgeeft
be·ste·dings·be·per·king *de (v)* beperking van uitgaven, bezuiniging
be·ste·dings·pak·ket *het* [-ten] het totaal aan bestedingen
be·ste·dings·pa·troon *het* [-tronen] wijze waarop het inkomen wordt besteed
be·steed·baar *bn* ★ *~ inkomen* inkomen dat overblijft na aftrek van alle belastingen enz.
be·stek *het* [-ken] ❶ tafelgerei waarmee men eet: messen, vorken en lepels ❷ bouwk beschrijving van de wijze waarop een werk wordt uitgevoerd, bouwplan ❸ BN ook prijsopgave ❹ begrensde ruimte; veelal fig: ★ *dit onderwerp valt buiten / binnen het ~ van deze studie* ★ *in kort ~* beknopt ❺ plaatsbepaling van een schip op zee of van een luchtvaartuig: ★ *het ~ opmaken*
bes·te·ka·mer *de* [-s] vero wc
be·stek·bak *de (m)* [-ken] bak waarin men vorken, messen en lepels bewaart
be·stel *het* ❶ bestuur, regeling: ★ *Gods ~* ❷ inrichting, organisatie: ★ *het staatsbestel* ★ *het onderwijsbestel*
be·stel·au·to [-ootoo, -autoo] *de (m)* ['s] klein type vrachtauto, waarvan de overdekte transportruimte één geheel is met de ruimte van de chauffeur
be·stel·bil·jet *het* [-ten] biljet waarmee men iets

bestelt
be·stel·bon *de (m)* [-nen *en* -s] bon in tijdschriften e.d. waarmee men iets kan bestellen
be·stel·dienst *de (m)* [-en] geregelde vervoer- of bezorgingsdienst
be·ste·len *ww* [bestal, h. bestolen] geld of goederen stelen van: ★ *toeristen* ~
be·stel·goed *het* [-eren] snel vervoerd vrachtgoed
be·stel·huis *het* [-huizen] huis of kantoor waar men orders voor een andere firma kan opgeven
be·stel·kaart *de* [-en] bestelbiljet
be·stel·kan·toor *het* [-toren] ❶ kantoor dat zorgt voor het bezorgen van goederen ❷ bestelhuis
be·stel·len *ww* [bestelde, h. besteld] ❶ ‹van zaken› opdracht geven te leveren *of* te zorgen voor: ★ *boeken ~ bij de boekhandel* ★ *een consumptie ~* ❷ ‹van mensen› laten komen om iets te doen: ★ *een loodgieter ~* ❸ bezorgen, vooral postzendingen; zie ook bij → **aarde**
be·stel·ler *de (m)* [-s] iem. die thuisbezorgt, vooral postzendingen, postbode
be·stel·ling *de (v)* [-en] ❶ het bestellen ❷ bezorging van post ❸ wat besteld is: ★ *de ~ aan huis afleveren*
be·stel·wa·gen *de (m)* [-s] bestelauto
be·stemd *bn* bepaald, vastgesteld: ★ *NN te bestemder tijd* ★ *~ voor of tot* aangewezen voor, dienende tot: ★ *ertoe ~ zijn later koning te worden* ★ *~ om te* ten doel hebbend
be·stem·me·ling *de (m)* [-en] BN ook geadresseerde, persoon voor wie iets bestemd is
be·stem·men *ww* [bestemde, h. bestemd] ★ *~ voor of tot* aanwijzen voor, richten op *of* tot: ★ *die brief was voor mij bestemd;* zie bij → **bestemd**
be·stem·ming *de (v)* [-en] ❶ bedoeling, doel: ★ *dit grachtenpand heeft nog geen nieuwe ~* ★ *plaats van ~* plaats waar iem. of iets naar toe moet ❷ levenslot
be·stem·mings·plan *het* [-nen] gemeentelijk plan voor toekomstige bestemming van een bepaald terrein
be·stem·mings·ver·keer *het* verkeer waarvan de bestemming in de directe omgeving ligt van de plaats waar het verkeer zich op dat moment bevindt: ★ *hier komt uitsluitend ~ en geen doorgaand verkeer*
be·stem·pe·len *ww* [bestempelde, h. bestempeld] ❶ een stempel zetten op ❷ fig de naam geven, noemen: ★ *iem. als oplichter ~*
be·sten·dig *bn* ❶ duurzaam, niet veranderend: ★ *het weer is ~* ❷ ‹BN van bestuurslichamen› permanent, niet tijdelijk, niet steeds wisselend of aftredend ★ *de Bestendige Deputatie* de Gedeputeerde Staten, provinciebestuur
be·sten·di·gen *ww* [bestendigde, h. bestendigd] laten voortduren: ★ *het succes ~*
be·sten·dig·heid *de (v)* duurzaamheid, het voortduren
bes·tens *bw* ★ *~ order* opdracht op de effectenbeurs te kopen of te verkopen zonder een prijslimiet te noemen
be·ster·ven *ww* [bestierf, is bestorven] ❶ zeer ontsteld raken ★ *hij bestierf het van het lachen* hij werd bijna onwel van het lachen ❷ ‹van woorden› blijven steken: ★ *de woorden bestierven op zijn lippen* ❸ ★ *in iemands mond bestorven liggen* vaak door iem. gezegd worden ❹ ‹van vlees› minder vers en daardoor voor het gebruik geschikt worden
bes·ti·aal *(‹Fr› bn)* dierlijk, beestachtig
bes·ti·a·li·teit *(‹Fr› de (v))* ❶ dierlijkheid, beestachtigheid ❷ seksuele omgang met dieren, sodomie, zoöfilie
bes·ti·a·ri·um *(‹Lat› het)* [-s, -ria] middeleeuws boek over bestaande en aan de fantasie ontsproten dieren en hun eigenschappen
be·stie·ren *ww* [bestierde, h. bestierd] vero besturen: ★ *een land, een bedrijf ~*
be·stie·ring *de (v)* plechtig beschikking, bijzondere leiding: ★ *Gods ~*
be·stij·gen *ww* [besteeg, h. bestegen] klimmen op: ★ *een paard ~;* **bestijging** *de (v)* [-en]
best of five *de* [best ov faiv] *(‹Eng›)* wedstrijdregeling waarbij de speler die drie van de in totaal maximaal vijf te spelen sets, wedstrijden e.d. wint, de algehele winnaar is
best of three *de* [best ov thrie, Engelse th] *(‹Eng›)* wedstrijdregeling waarbij de speler die twee van de in totaal maximaal drie te spelen sets, wedstrijden e.d. wint, de algehele winnaar is
be·sto·ken *ww* [bestookte, h. bestookt] ❶ beschieten: ★ *een stad ~ met raketten* ❷ aanvallen, lastigvallen: ★ *iem. ~ met vragen*
be·stor·men *ww* [bestormde, h. bestormd] met grote kracht en snelheid aanvallen: ★ *een gevangenis ~* ★ *ook fig: de zanger werd bestormd door handtekeningenjagers*; **bestorming** *de (v)* [-en]
be·straf·fen *ww* [bestrafte, h. bestraft] straf geven; **bestraffing** *de (v)* [-en]
be·stra·len *ww* [bestraalde, h. bestraald] ❶ stralen werpen op: ★ *de zon bestraalt de heuvels* ❷ blootstellen aan natuurlijke of kunstmatig opgewekte straling: ★ *kankerpatiënten ~* ★ *landbouwgewassen ~ om de groei te beïnvloeden*; **bestraling** *de (v)* [-en]
be·stra·ten *ww* [bestraatte, h. bestraat] met stenen, klinkers e.d. gemakkelijk begaanbaar maken
be·stra·ting *de (v)* ❶ het bestraten ❷ het stenen wegdek
be·strij·den *ww* [bestreed, h. bestreden] ❶ strijden tegen: ★ *de misdaad ~* ★ *een veel bestreden stelling* ❷ ‹van kosten› betalen: ★ *de kostenstijging ~ met een contributieverhoging*
be·strij·dings·mid·de·len *mv* middelen ter bestrijding, vooral van schadelijke insecten e.d.
be·strij·ken *ww* [bestreek, h. bestreken] ❶ strijken op: ★ *behang met plaksel ~* ❷ kunnen beschieten: ★ *dit geschut bestrijkt een groot gebied* ❸ fig zich uitstrekken over, betrekking hebben op: ★ *het boek*

bestrijkt alle onderdelen van het vak
be·strooi·en *ww* [bestrooide, h. bestrooid] strooien op
best·sel·ler *(‹Eng) de (m)* [-s] boek waarvan zeer veel exemplaren verkocht worden
be·stu·deerd *bn* ingestudeerd, opzettelijk aangenomen: ★ *een bestudeerde houding*
be·stu·de·ren *ww* [bestudeerde, h. bestudeerd] aandachtig in zich opnemen, studie maken van, leren; zie ook → **bestudeerd**
be·stui·ven *ww* [bestoof, h. bestoven] ❶ stuifmeel brengen op bloemen ❷ met stof, meel e.d. bedekken
be·stui·ving *de (v)* [-en] het bestuiven van bloemen
be·stu·ren *ww* [bestuurde, h. bestuurd] ❶ ‹een boot, voertuig, vliegtuig› doen bewegen in de gewenste richting ❷ leiden, leiding geven aan: ★ *het land ~*
be·stu·ring *de (v)* het → **besturen** (bet 1)
be·stu·rings·sys·teem [-sis-] *het* [-temen] basisprogrammatuur die de computer, het toetsenbord, het scherm en de printer bestuurt: ★ *gangbare besturingssystemen zijn o.a. Windows, Unix en Linux*
be·stuur *het* [-sturen] ❶ het → **besturen** (bet 2) ❷ groep mensen die bestuurt ★ *dagelijks ~ bestuur dat bestaat uit enkele leden van het algemeen bestuur en dat zorg draagt voor de afhandeling van de dagelijkse zaken (van een vereniging, bedrijf e.d.)* ★ *recht (on)behoorlijk ~ goede, resp. onoorbare taakvervulling door een bestuurder*
be·stuur·der *de (m)* [-s] ❶ iem. die bestuurt; iem. die aan het roer of het stuur zit: ★ *de ~ van een tram* ❷ iem. die in een bestuur zit ★ BN ook *gedelegeerd ~* afgevaardigd bestuurder, directeur belast met dagelijks bestuur van een bedrijf
be·stuur·lijk *bn* het bestuur betreffend, administratief ★ *bestuurlijke scheiding* deling van België in twee zelfstandig bestuurde delen: Vlaanderen en Wallonië
be·stuurs·ap·pa·raat *het* personen en zaken die nodig zijn voor het bestuur van een staat, bedrijf e.d.
be·stuurs·func·tie [-sie] *de (v)* [-s] besturende taak, functie als bestuurslid
be·stuurs·ka·mer *de* [-s] NN kamer waar het bestuur vergadert
be·stuurs·kun·de *de (v)* tak van wetenschap die zich bezighoudt met de bestudering van de inhoud van collectieve beslissingen en de wijze waarop deze beslissingen in een samenleving tot stand komen
be·stuurs·li·chaam *het* [-chamen] besturend college
be·stuurs·lid *het* [-leden] lid van een bestuur
be·stuurs·se·cre·ta·ris *de (v)* [-sen] BN hoofdambtenaar bij een overheidsdienst
be·stuurs·ta·fel *de* [-s] NN tafel waaraan het bestuur zit
be·stuur·ster *de (v)* [-s] vrouwelijke bestuurder
be·stuurs·ver·ga·de·ring *de (v)* [-en] vergadering van een bestuur

be·stuurs·we·ten·schap *de (v)* bestuurskunde
best·wil *zn* ★ *om je eigen ~ in je eigen belang* ★ *een leugentje om ~ leugen die men vertelt om een groter kwaad te voorkomen*
bet. *afk* ❶ betekenis ❷ betaald
bè·ta *(‹Gr) de* ['s] ❶ tweede letter van het Griekse alfabet, als kleine letter β, als hoofdletter B ❷ leerling van de bèta-afdeling van een gymnasium, met een uitgebreid studieprogramma in wiskunde en natuurwetenschappen
be·taal·baar *bn* ❶ te betalen, betaald kunnende of moetende worden: ★ *een betaalbare pc* ❷ m.b.t. cheques e.d. ★ *~ aan toonder*
be·taal·baar·stel·ling *de (v)* vaststelling van de tijd dat iets (bijv. dividend) betaald kan worden
be·taal·che·que [-sjek] *de (m)* [-s] NN formulier waarmee men, tot een bep. bedrag gegarandeerd, betalingen kan laten verrichten door een bank; vgl: → **betaalkaart**
be·taald *bn* ★ NN *~ voetbal* voetbal voor beroepsspelers ★ *iem. iets ~ zetten* zie bij → **betalen**
be·taal·dag *de (m)* [-dagen] ❶ dag dat iets betaald moet worden ❷ dag waarop uitbetaald wordt
be·taal·kaart *de* [-en] ❶ kunststof pas waarmee betalingen kunnen worden verricht ❷ NN girobetaalkaart
be·taal·mid·del *het* [-en] iets waarmee betaald kan worden, vooral geld: ★ *vanaf 1 januari 2002 is de euro het wettig ~ in veel Europese landen*
be·taal·pas *de (m)* [-sen] NN door een bank of girodienst uitgegeven legitimatiebewijs voor een cliënt die betaalcheques resp. betaalkaarten gebruikt
be·taal·staat *de (m)* [-staten] lijst van personen met de hun toekomende salarissen
be·taal-tv, be·taal·te·le·vi·sie [-zie] *de (v)* abonneetelevisie
bè·ta·blok·ker *de (m)* [-s] med bep. geneesmiddel dat de contractiekracht en de frequentie van het hart doet afnemen, de bloedvaten verwijdt, de luchtwegen vernauwt en de stofwisseling vermindert
bè·ta·deel·tje *het* [-s] bij radioactieve splitsing uitgezonden atoomdeeltje, elektron
be·ta·len *ww* [betaalde, h. betaald] geld (of andere dingen) in ruil geven voor iets: ★ *iem. een groot bedrag ~* ★ *de consumpties ~* ★ *voor een maaltijd ~* ★ *iem. iets betaald zetten* vanwege een eerder voorval wraak nemen op iem.
be·ta·ler *de (m)* [-s] iem. die betaalt ★ *een goed (slecht) ~* iem. die zijn geldelijke verplichtingen vlot (traag) nakomt
be·ta·ling *de (v)* [-en] het betalen
be·ta·lings·ba·lans *de* [-en] staat die het totaal van de internationale betalingen en ontvangsten van een land weergeeft of het totaal van de geldwaarde van de transacties gedurende een jaar
be·ta·lings·con·di·tie [-(t)sie] *de (v)* [-s]

betalingsvoorwaarde, vooral regeling van de betaling in termijnen, afbetaling
be·ta·me·lijk *bn* passend, netjes; **betamelijkheid** *de (v)*
be·ta·men *ww* [betaamde, h. betaamd] passen, netjes zijn: ★ *zich kleden zoals het betaamt*
be·tas·ten *ww* [betastte, h. betast] bevoelen: ★ *een vrouw onzedelijk ~*
bè·ta·stra·len *mv* radioactieve stralen die bestaan uit bètadeeltjes
bè·ta·test *de (m)* [-s] comput test van software in de laatste fase van de ontwikkeling
bè·ta·tron *het* [-s] toestel voor het versnellen van bètadeeltjes, versnellingsmachine
bè·ta·vak *het* [-ken] leervak voor bèta's (→ **bèta**, bet 2)
bè·ta·ver·sie *de (v)* [-s] comput testversie van een nieuw softwareprogramma die onder een beperkt aantal gebruikers wordt verspreid om eventuele nog onbekende onvolkomenheden aan het licht te brengen
bèta·we·ten·schap·pen *mv* de wis- en natuurkundige wetenschappen; *vgl*: → **alfawetenschappen** en → **gammawetenschappen**
be·te *de* [-n] vero stuk, hap: ★ *een ~ broods*
bête [bèt(ə)] (<Fr) *bn* dom, onnozel: ★ *hij zat een beetje ~ te lachen*
be·te·ge·len *ww* [betegelde, h. betegeld] ‹een vloer, muur e.d.› met tegels bedekken; **betegeling** *de (v)*
be·te·ke·nen *ww* [betekende, h. betekend] ❶ als betekenis hebben, willen zeggen: ★ *wat betekent dit woord?* ★ *dat gebaar betekende dat we naderbij moesten komen* ❷ waard zijn: ★ *muziek betekent veel voor haar* ❸ tot gevolg hebben, inhouden: ★ *die lekke band betekent een flink oponthoud* ❹ recht bij deurwaardersexploot kennis geven van
be·te·ke·ning *de (v)* het → **betekenen** (bet 4)
be·te·ke·nis *de (v)* [-sen] ❶ zin, waarde, inhoud, bedoeling: ★ *de ~ van een woord, van een verkeersbord* ❷ belang: ★ *van grote ~*
be·te·ke·nis·leer *de* leer van de betekenis van woorden, semantiek
be·ten *ww verl tijd meerv van* → **bijten**
be·ten·ge·len *ww* [betengelde, h. betengeld] dunne latten aanbrengen, bijv. op een muur of plafond, om daar vervolgens platen op vast te zetten
be·ter *bn* ❶ vergrotende trap van → **goed**[1]: ★ *Ali was een betere bokser dan Tyson* ★ *ik weet niet ~ dan dat... ik meen te weten dat...* ★ *iets altijd ~ (willen) weten eigenwijs zijn* ★ *het wat ~ hebben, krijgen* materieel, financieel in wat gunstiger omstandigheden verkeren, resp. komen te verkeren ★ *ergens ~ van worden* ergens voordeel uit halen ★ *des te ~!* uitroep wanneer men iets verneemt dat men gunstig acht ★ *je had ~ moeten weten* je had moeten weten dat de feiten anders lagen ★ *bij gebrek aan ~* gezegd als men genoegen neemt met iets van geringe kwaliteit omdat er niets beters voorradig is ★ *de betere boekhandel, dealer e.d.* die algemeen bekend staat om zijn kwaliteit; zie ook bij → **stand**[1]

❷ hersteld van een ziekte, genezen ★ NN *aan de beterende hand zijn* aan het opknappen zijn na een ziekte
be·te·ren *ww* [beterde, h. & is gebeterd] beter maken: ★ *zijn leven ~* ★ *God betere het!* uitroep bij iets naars of slechts
be·ter·hand *de* ★ BN *aan de ~ zijn* langzaam weer opknappen na een ziekte
be·ter·schap *de (v)* ❶ het beter worden, genezing ★ *~!* groet bij het afscheid van een zieke ❷ ★ *~ beloven* beloven zijn leven te beteren
be·teu·ge·len *ww* [beteugelde, h. beteugeld] bedwingen, betomen; **beteugeling** *de (v)*
be·teu·terd *bn* verlegen, onthutst: ★ *~ staan te kijken*
be·tich·ten *ww* [betichtte, h. beticht] beschuldigen: ★ *hij betichtte mij van diefstal*
be·tij·en *ww* ★ *laten ~* laten begaan
be·tim·me·ren *ww* [betimmerde, h. betimmerd] hout e.d. timmeren op
be·tim·me·ring *de (v)* ❶ het timmeren ❷ [*mv*: -en] hetgeen op iets is getimmerd, opgetimmerde wand e.d.
be·ti·te·len *ww* [betitelde, h. betiteld] noemen met de titel of naam van; **betiteling** *de (v)* [-en]
be·tjak (<Mal) *de* [-s] fietskarretje voor personenvervoer, waarbij de fietser achterop zit
Bet·je ★ vooral NN *tante ~ de (v)* [-s] taalk stijlfout bestaande uit een incorrecte inversie in een bijzin, bijv.: *ik ging naar de stad en kocht ik een boek*; een soort anakoloet
be·toe·terd *bn* NN, spreektaal gek, dwaas ★ *ben je (een haartje) ~?* ben je niet wijs?
be·to·gen *ww* [betoogde, h. betoogd] ❶ trachten te bewijzen: ★ *~ dat de aarde plat is* ❷ een betoging houden, demonstreren: ★ *~ tegen de prijsverhogingen*
be·to·ger *de (m)* [-s] ❶ iem. die deelneemt aan een betoging, demonstrant ❷ iem. die een betoog houdt
be·to·ging *de (v)* [-en] demonstratie, propagandaoptocht
be·to·men *ww* [betoomde, h. betoomd] NN in toom houden
be·ton *het* bouwmateriaal bestaande uit een mengsel van zand, grind en steenslag, met cement, kalk en / of asfalt als bindmiddel ★ *gewapend ~ beton dat versterkt is met stalen wapening*
be·to·nen[1] *ww* [betoonde, h. betoond] doen blijken: ★ *dankbaarheid ~*
be·to·nen[2] *ww* [betoonde, h. betoond] ❶ de klemtoon leggen op: ★ *de eerste lettergreep van een woord ~* ❷ nadrukkelijk wijzen op
be·ton·mo·len *de (m)* [-s] werktuig voor het bereiden van beton
be·ton·mor·tel *de (m)* mortel voor het maken van beton
be·ton·nen[1] *bn* van beton; **betonning** *de (v)* [-en]
be·ton·nen[2] *ww* [betonde, h. betond] afbakenen met drijvende voorwerpen, zoals tonnen, lichtboeien,

belboeien e.d.: ★ *een vaarweg, een ondiepte ~*
be·ton·nings·vaar·tuig *het* [-en] schip dat betonningen legt
be·ton·rot *de (m)* het loslaten van stukken beton als gevolg van verkeerde samenstelling van het materiaal, verkeerde toepassing ervan of externe omstandigheden (zoals zure regen)
be·ton·spe·cie *de (v)* mengsel van cement, water en andere materialen dat kort na het storten verhardt tot een steenachtige massa
be·ton·vlech·ter *de (m)* [-s] iem. die de stalen wapening van gewapend beton vlecht
be·ton·voet·bal *het* harde, sterk defensieve en weinig speelse manier van voetballen
be·toog *het* [-togen] redenering, bewijsvoering ★ *het behoeft geen ~ dat* het spreekt vanzelf dat
be·toog·kracht *de* bewijskracht
be·toog·trant *de (m)* wijze van redeneren
be·toon *het* het → **betonen**[1], uiting: ★ *een ~ van vriendschap, van medeleven*
be·to·ve·ren *ww* [betoverde, h. betoverd] ❶ onder invloed van toverij brengen: ★ *een betoverde prinses* ❷ in hoge mate bekoren, verrukken: ★ *de zangeres wist het publiek te ~*
bet·over·groot·moe·der *de (v)* [-s] moeder van overgrootouders
bet·over·groot·va·der *de (m)* [-s] vader van overgrootouders
be·to·ve·ring *de (v)* [-en] het betoveren
betr. *afk* ❶ betreffend(e) ❷ betrekkelijk
be·traand *bn* nat van tranen
be·trach·ten *ww* [betrachtte, h. betracht] in acht nemen, doen, vervullen: ★ *zijn plicht ~;* **betrachting** *de (v)* [-en]
be·tra·li·ën *ww* [betraliede, h. betralied] traliewerk aanbrengen op: ★ *een betralied venster*
be·trap·pen *ww* [betrapte, h. betrapt] bezig vinden met iets ongeoorloofds: ★ *iem. ~ op diefstal* ; zie ook bij → **heterdaad**
be·tre·den *ww* [betrad, h. betreden] de voet zetten op of in: ★ *de zaal, het voetbalveld ~*
be·tref·fen *ww* [betrof, h. betroffen] ❶ betrekking hebben op: ★ *dit betreft een recente ontwikkeling* ❷ aangaan: ★ *wat mij betreft mag je op vakantie*
be·tref·fend *bn* waar het om gaat, om wie het gaat: ★ *de betreffende boom wordt direct gekapt* ★ *de betreffende medewerker is inmiddels ontslagen*
be·tref·fen·de *vz* over, omtrent: ★ *opmerkingen maken ~ iems. wangedrag*
be·trek·ke·lijk *bn* ❶ alleen in bepaalde verhoudingen geldend: ★ *een ~ dure auto* ❷ taalk betrekking hebbend op een reeds genoemd woord ★ *~ voornaamwoord* voornaamwoord dat kenmerkend is voor de betrekkelijke bijzin, bijv. *dat* in *'het huis dat daar staat'*
be·trek·ken *ww* [betrok, h. & is betrokken] ❶ iem. een rol laten spelen in een zaak: ★ *iem. ~ in een ruzie* ★ *betrokken zijn bij de onderhandelingen* ★ *iets op zichzelf ~* zichzelf met iets in verband brengen ❷ gaan wonen in: ★ *een appartement ~* ❸ laten komen (*koopwaar*): ★ *grondstoffen ~ uit Zuid-Amerika* ❹ ⟨van de lucht⟩ bewolkt worden: ★ *zijn gezicht betrok* werd somber
be·trek·king *de (v)* [-en] ❶ verhouding, verband: ★ *dit artikel heeft ~ op de toenemende agressie in het verkeer* ★ *de diplomatieke betrekkingen verbreken* ★ *met ~ tot* aangaande, over: ★ *met ~ tot het laatste agendapunt wil ik opmerken dat...* ★ *buitenlandse betrekkingen* a) relaties met het buitenland; b) BN buitenlandse zaken ❷ beroep, baan: ★ *een goede ~ hebben* ❸ betrekkingen verwanten, familie ❹ BN, spreektaal *betrekkingen* geslachtsgemeenschap, coïtus: ★ *betrekkingen hebben met iem.*
be·trek·kings·waan *de (m)* psychische kwaal waarbij de lijder alles wat er gebeurt op zichzelf betrekt
be·treu·ren *ww* [betreurde, h. betreurd] ❶ treuren over: ★ *er waren veel slachtoffers te ~* ❷ jammer vinden: ★ *ik betreur het dat je niet op mijn verjaardag bent geweest*
be·treu·rens·waard, be·treu·rens·waar·dig *bn* waard betreurd te worden: ★ *een betreurenswaardig incident*
be·trok·ken *bn* ❶ bewolkt, fig somber: ★ *met een ~ gezicht* ❷ iets te maken hebbend met, gemoeid met, in verband staand met: ★ *het ~ departement* ★ *bij iets ~ raken / zijn*
be·trok·ke·ne *de* [-n] ❶ iem. die met een zaak te maken heeft: ★ *de betrokkenen bij een ongeval* ❷ handel iem. op wie een wissel getrokken is
be·trok·ken·heid *de (v)* het zich betrokken voelen (bij iets)
be·trouw·baar *bn* te vertrouwen: ★ *uit betrouwbare bron hebben wij vernomen dat...*; **betrouwbaarheid** *de (v)*
be·trouw·baar·heids·rit *de (m)* [-ten] NN rit waarbij van de voertuigen veel geëist wordt als proef van hun degelijkheid
be·trou·wen[1] *ww* [betrouwde, h. betrouwd] vero: ★ *~ op* vertrouwen op
be·trou·wen[2] *het* vero aan wie men zich toevertrouwt, toeverlaat ★ *mijn schild ende ~* woorden uit het Wilhelmus (het Nederlandse volkslied)
bet·ten *ww* [bette, h. gebet] door middel van vochtig gemaakte watten e.d. bevochtigen: ★ *een ontstoken plek ~*
be·tui·gen *ww* [betuigde, h. betuigd] uitspreken, tot uiting brengen: ★ *zijn leedwezen ~* ★ *spijt ~*
be·tui·ging *de (v)* [-en] uiting, verzekering: ★ *betuigingen van medeleven*
be·tu·li·ne ⟨‹Lat⟩ *de* berkenkamfer, in de bast van de witte berk aangetroffen kristallijnen stof
be·tut·te·len *ww* [betuttelde, h. betutteld] al te zeer bemoederen, als onzelfstandig behandelen: ★ *iem. ~;* **betuttelen** *de (v)* [-en]
Be·tuws *bn* van, uit de Betuwe

bet·we·ter *de (m)* [-s] iem. die alles beter meent te weten; **betweterig** *bn*
bet·we·te·rig *bn* als, op de wijze van een betweter
bet·we·te·rij *de (v)* het beter menen te weten
be·twij·fe·len *ww* [betwijfelde, h. betwijfeld] twijfelen aan
be·twist·baar *bn* te betwisten: ★ *een ~ argument*
be·twis·ten *ww* [betwistte, h. betwist] ❶ twisten over het recht op iets of de juistheid van iets ★ *iem. iets ~ iem. iets trachten te onthouden, iem. het recht op iets ontzeggen* ★ BN *betwiste zaken* afdeling geschillen (van verzekeringsmaatschappijen) ❷ BN, m.g., sp deelnemen aan, spelen, lopen, rijden e.d.: ★ *een wedstrijd ~*
be·twis·ting *de (v)* [-en] BN onenigheid, geschilpunt, conflict
beu *bn* ★ *iets ~ zijn of ~ van iets zijn* genoeg van iets hebben, iets zat zijn: ★ *ik ben die soapseries ~*
beug *de* [-en] lange vislijn met dwarslijnen met haakjes aan het eind: ★ *vissen met de ~ wordt in Nederland en België niet meer toegepast*
beu·gel *de (m)* [-s] ❶ voorwerp met gebogen vorm, veelal van metaal, o.a. gebruikt om het gebit of een ander deel van het lichaam recht te doen groeien ❷ stijgbeugel ❸ stroomafnemer op elektrische trams, treinen of trolleybussen ❹ ★ *dat kan niet door de ~ dat is ongeoorloofd*
beu·gel·fles *de* [-sen] fles met beugelsluiting
beu·gel·slui·ting *de (v)* [-en] flesstop aan een beugel
beu·gel·tas *de* [-sen] damestas met een beugel
beug·lijn *de* [-en] beug
beug·vis·se·rij *de (v)* visserij met beugen
beuk¹ *de (m)* [-en] nootjesdragende loofboom met gladde stam (*Fagus*)
beuk² (‹*It*) *de* [-en] gedeelte van een gebouw, vooral een kerk, dat zich bevindt tussen twee rijen pilaren of tussen een rij pilaren en een muur
beuk³ *de (m)* [-en] harde klap, stoot ★ *de ~ erin zetten* a) erop los slaan; b) flink aan het werk gaan
beu·ken¹ *ww* [beukte, h. gebeukt] bonzen, hard slaan op: ★ *op de deur ~*
beu·ken² *bn* van beukenhout
beu·ken·blad *het* [-bladeren, -bladen, -blaren] blad van de beukenboom
beu·ken·boom *de (m)* [-bomen] → **beuk¹**
beu·ken·bos *het* [-sen] bos bestaande uit beukenbomen
beu·ken·hout *het* hout van de beukenboom
beu·ken·noot *de* [-noten] nootje van de beukenboom
beul *de (m)* [-en] ❶ persoon die folteringen, lijf- en doodstraffen voltrekt ★ *zo brutaal als de ~ zeer brutaal* ❷ wreed persoon
beu·len *ww* [beulde, h. gebeuld] erg hard werken
beu·ling (‹*Oudfr‹Lat*) *de (m)* [-en] leverworst
beuls·han·den *mv* ★ *sterven door of onder ~ de doodstraf ondergaan*
beuls·knecht *de (m)* [-en] ❶ helper van de beul ❷ fig iem. die moordt op bevel van een ander

beuls·werk *het* wrede arbeid: ★ *de kampwachten verrichtten hun ~*
beun *de* [-en] viskaar
beun·haas *de (m)* [-hazen] ❶ iem. die een vak uitoefent zonder daartoe de bekwaamheid te bezitten *of* zonder in het bezit te zijn van de vereiste papieren ❷ NN arbeider die zijn baas concurrentie aandoet door ook voor zichzelf te werken ❸ NN iem. die slecht werk aflevert
beun·ha·zen *ww* [beunhaasde, h. gebeunhaasd] werken als een beunhaas, niet vakkundig werken
beun·ha·ze·rij *de (v)* onvakkundig, dilettanterig gedoe
beu·ren *ww* [beurde, h. gebeurd] ❶ ‹geld› ontvangen ❷ optillen
beurs¹ (‹*Lat*) *de* [beurzen] ❶ portemonnee ★ *met gesloten beurzen betalen* verrekenen zonder dat er geld aan te pas komt zie bij → **koord** ❷ openbare samenkomst van handelaren, schippers, makelaars, bankiers of andere personen die een bedrijf uitoefenen, ter bespreking van hun transacties; gebouw daarvoor; *ook:* verkorting van → **effectenbeurs** ★ *naar de ~ gaan* ❸ ‹m.b.t. ondernemingen› beursnotering aanvragen voor de uitgegeven aandelen ★ *ter beurze* op de beurs ❹ tentoonstelling met gelegenheid tot kopen of verkopen: ★ *antiekbeurs, huishoudbeurs enz.* ❺ studietoelage waarvoor geen verplichting tot terugbetaling bestaat: ★ *van een ~ leven*
beurs² *bn* ‹van fruit› te week door overrijpheid of door vallen of stoten
beurs·ba·ro·me·ter *de (m)* eff graadmeter voor de beurs, beursindex
beurs·be·las·ting *de (v)* [-en] belasting geheven bij de aan- en verkoop van effecten
beurs·ben·gel *de (m)* [-s] klokje dat men luidt bij het begin van een beurs
beurs·be·richt *het* [-en] mededeling over de beurskoersen of -prijzen
beurs·com·mis·sie *de (v)* [-s] organisatie die toezicht houdt op het naleven van de regels op een effectenbeurs
beurs·con·di·ties *mv* voorwaarden die op de beurs gelden m.b.t. transacties
beurs·gang *de (m)* eff het naar de effectenbeurs gaan van een onderneming om aandelen te verkopen
beurs·ge·no·teerd *bn* met aandelen die op de beurs verhandeld kunnen worden: ★ *een beursgenoteerde onderneming*
beurs·in·dex *de (m)* indexcijfer van de koers van een aantal belangrijke aandelen, koersgemiddelde van een aantal belangrijke aandelen
beurs·kli·maat *het* stemming op een beurs
beurs·krach *de (m)* [-s] zie: → **krach**
beurs·no·te·ring *de (v)* [-en] op de beurs vastgestelde → **koers¹**
beurs·on·der·ne·ming *de (v)* [-en] onderneming waarvan de aandelen op de beurs worden

be

genoteerd
beurs·po·lis *de* [-sen] verzekeringspolis met standaardvoorwaarden, vooral gebruikt voor verzekering van zakelijke risico's en geldend voor op de assurantiebeurzen verrichte transacties
beurs·stu·dent *de (m)* [-en] iem. die van een → **beurs¹** (bet 4) studeert
beurs·tijd *de (m)* [-en] de uren gedurende welke de → **beurs¹** (bet 2) geopend is
beurs·waarde *de (v)* ❶ beurskapitalisatie ❷ [*mv:* -n] op de effectenbeurs genoteerd fonds
beurt *de* [-en] keer dat iem. iets moet doen of dat er iets met hem wordt gedaan, in betrekking tot anderen die voor of na hem komen ★ *aan de ~ zijn* de beurt hebben of spoedig zullen krijgen ★ *om de ~, om beurten* afwisselend ★ *voor je ~ gaan* iets doen voordat je aan de beurt bent, voordringen ★ *te ~ vallen* ten deel vallen ★ *een goede (slechte) ~ maken* fig een gunstige (ongunstige) indruk wekken ★ *het huis een (goede) ~ geven* (flink) onder handen nemen, schoonmaken, opknappen ★ *iem. een ~ geven* a) ⟨een leerling⟩ in de klas ondervragen; b) NN, spreektaal geslachtsgemeenschap met iem. hebben
beur·te·lings *bn* om beurten
beurt·ge·zang *het* [-en] gezang waarin verschillende partijen om beurten zingen
beurt·rol *de (m)* [-len] BN regelmatig afwisselende beurt, toerbeurt ★ *volgens ~* om de beurt
beurt·schip *het* [-schepen] vaartuig van een beurtschipper
beurt·schip·per *de (m)* [-s] iem. die een kleine, regelmatige bootdienst op binnenwater onderhoudt tussen twee of meer plaatsen
beurt·sta·king *de (v)* [-en] BN gedeeltelijke staking die één onderneming beurtelings in verschillende afdelingen of op niet vooraf bekendgemaakte tijdstippen treft, prikactie, werkonderbreking
beurt·sys·teem [-sis-, -sies-] *het* [-temen] BN werkregeling volgens een vaste volgorde ★ *volgens een ~ werken* in ploegen werken
beurt·vaart *de* [-en] het varen van beurtschepen
beurt·veer *het* [-veren] het traject van een beurtschip
beurt·zang *de (m)* [-en] beurtgezang
beur·zig *bn* → **beurs²**
beu·zel·ach·tig *bn* onbeduidend, flauw
beu·ze·la·rij *de (v)* [-en] ❶ gebeuzel, geklets ❷ kleinigheid, onbeduidende zaak
beu·ze·len *ww* [beuzelde, h. gebeuzeld] ❶ onzin praten ❷ zich bezighouden met onbeduidende dingen
beu·ze·ling *de (v)* [-en] kleinigheid, nietigheid
beu·zel·praat *de (m)* kinderachtig gepraat, geleuter
be·vaar·baar *bn* te bevaren
be·vak *de (v)* BN beleggingsvennootschap met vast kapitaal
be·val *ww*, **be·va·len** *verl tijd* van → **bevelen**
be·val·len¹ *ww* [beviel, is bevallen] in de smaak

vallen: ★ *het nieuwe huis bevalt ons goed*
be·val·len² *ww* [beviel, is bevallen] een kind baren: ★ *zij is gisteren ~ (van een jongen)*
be·val·lig *bn* bekoorlijk, elegant, lief: ★ *een ~ meisje*
be·val·ling *de (v)* [-en] het → **bevallen²** ★ *een zware ~* fig een moeilijk karwei
be·van·gen I *ww* [beving, h. bevangen] overmeesteren: ★ *zij was door de kou ~* **II** *bn* verlegen, schuchter
be·va·ren I *ww* [bevoer, h. bevaren] varen op **II** *bn* veel gevaren hebbend; ervaren
be·vat·te·lijk *bn* ❶ NN gemakkelijk begrijpend, vlot van begrip: ★ *een bevattelijk kind* ❷ gemakkelijk te begrijpen: ★ *een ~ betoog*; **bevattelijkheid** *de (v)*
be·vat·ten *ww* [bevatte, h. bevat] ❶ inhouden: ★ *de doos bevatte allerlei lekkers* ❷ geestelijk verwerken, erbij kunnen: ★ *dit wonder kon hij niet ~*
be·vat·ting *de (v)* begripsvermogen, verstand
be·vat·tings·ver·mo·gen *het* aanleg tot begrijpen
be·vech·ten *ww* [bevocht, h. bevochten] ❶ vechten tegen, bestrijden: ★ *de vijand ~* ❷ door vechten verkrijgen: ★ *de vrijheid ~* ★ *een zwaar bevochten overwinning*
be·vei·li·gen *ww* [beveiligde, h. beveiligd] beschermen, zorg dragen voor de veiligheid van iets of iem.: ★ *een woning ~ tegen inbraak*; **beveiliging** *de (v)* [-en]
be·vei·li·gings·dienst *de (m)* [-en] particuliere organisatie die zich bezighoudt met de beveiliging van personen en zaken
be·vek *de (v)* [-s] BN type beleggingsfonds
be·vel *het* [-velen] ❶ opdracht die moet worden uitgevoerd: ★ *een ~ geven* ★ *op ~ van hogerhand* ★ *~ tot aanhouding* ★ *rechterlijk ~* aanwijzing door een rechter ❷ gezag, opperste leiding: ★ *het ~ voeren over* ★ *onder ~ staan van*
be·ve·len *ww* [beval, h. bevolen] ❶ gebieden: ★ *de sergeant beval de manschappen in te rukken* ❷ toevertrouwen, aanbevelen in iemands zorg of bescherming: ★ *in Uw handen beveel ik mijn geest* (Lucas 23: 46)
be·vel·heb·ber *de (m)* [-s] legeraanvoerder: ★ *de ~ over een tankdivisie*
be·vel·schrift *het* [-en] geschrift dat een bevel inhoudt, lastbrief: ★ *een ~ tot betaling*
be·vel·voer·der *de (m)* [-s] bevelhebber
be·vel·voe·rend *bn* het bevel hebbend
be·vel·voe·ring *de (v)* ❶ het bevelen over een leger(afdeling) ❷ degene(n) die hiermee belast is (zijn)
be·ven *ww* [beefde, h. gebeefd] trillen ★ *~ voor iem.* bang zijn voor iem.
be·ver I *de (m)* [-s] knaagdier met een brede platte staart, levend aan de oever van rivieren en meren (*Castor fiber*) **II** *het* beverbont
be·ver·bont *het* bont van beverhuiden
be·ver·dam *de (m)* [-men] door bevers gebouwde dam in rivieren e.d., waarmee ze zich verzekeren van

een constant waterpeil in hun woongebied
be·ver·geil *het* product uit dicht bij de anus van de bever gelegen klieren, gebruikt in de parfumindustrie, castoreum
be·ve·rig *bn* bevend, niet vast van bewegingen
be·ver·rat *de* [-ten] zowel in het water als op het land levende knaagdiersoort, sporadisch in Nederland en België voorkomend, bekend om zijn bont, nutria (*Myocastor coypus*)
be·ves·ti·gen *ww* [bevestigde, h. bevestigd] ❶ vastmaken: ★ *een schilderij aan de muur* ~ ❷ fig bekrachtigen: ★ *iets onder ede* ~ ★ *ik werd bevestigd in mijn opvatting dat...* ik vond steun voor mijn opvatting dat... ❸ instemmen met, met 'ja' beantwoorden: ★ *een uitspraak* ~ ❹ officieel aanstellen of installeren: ★ *iem. in een ambt* ~ ★ *nieuwe lidmaten (van een protestantse kerk)* ~
be·ves·ti·gend *bn* instemmend, ja zeggend: ★ ~ *antwoorden*
be·ves·ti·ging *de (v)* [-en] het bevestigen
be·vind *het* ★ *naar* ~ *van zaken handelen* handelen afhankelijk van de situatie die men aantreft
be·vin·de·lijk *bn* NN berustend op innerlijke godsdienstige ervaring: ★ ~ *preken*
be·vin·den I *ww* [bevond, h. bevonden] na onderzoek tot een gevolgtrekking omtrent iets komen: ★ *iets niet deugdelijk* ~ ★ *iets akkoord* ~ **II** *wederk* ❶ in een bep. toestand verkeren: ★ *zich wel* ~ *bij tropische weersomstandigheden* ❷ op een bep. plaats zijn: ★ *zich in Utrecht* ~
be·vin·ding *de (v)* [-en] ❶ resultaat van waarneming of onderzoek: ★ *ik heb mijn bevindingen in dit rapport weergegeven* ❷ gemoedservaring, vooral in godsdienstige zin
be·ving *de (v)* [-en] het beven
be·vin·ge·ren *ww* [bevingerde, h. bevingerd] ❶ met de vingers betasten ❷ vlekken maken op iets door het met de vingers aan te raken
be·vis·sen *ww* [beviste, h. bevist] vissen in: ★ *de Noordzee* ~
be·vit·ten *ww* [bevitte, h. bevit] kleinzielige aanmerkingen maken op
be·vlek·ken *ww* [bevlekte, h. bevlekt] ❶ vlekken maken op ❷ fig onteren, een smet werpen op: ★ *iems. reputatie* ~
be·vlie·ging *de (v)* [-en] plotseling opkomend gevoelen, opwelling: ★ *in een* ~ *besloot hij op wereldreis te gaan*
be·vloei·en *ww* [bevloeide, h. bevloeid] landerijen met water drenken, irrigeren; **bevloeiing** *de (v)* [-en]
be·vloei·ings·wer·ken *mv* installaties om te bevloeien
be·vloe·ren *ww* [bevloerde, h. bevloerd] een vloer leggen in *of* op
be·vloe·ring *de (v)* [-en] ❶ het bevloeren ❷ vloer
be·vlo·gen *bn* bezield, geestdriftig: ★ ~ *door nieuwe ideeën*
be·voch·ti·gen *ww* [bevochtigde, h. bevochtigd] nat maken; **bevochtiging** *de (v)*
be·voegd *bn* gerechtigd, de vereiste bekwaamheid hebbend: ★ ~ *zijn tot het geven van onderwijs*
be·voegd·heid *de (v)* [-heden] het bevoegd zijn, vereiste bekwaamheid: ★ *rechterlijke* ~
be·voe·len *ww* [bevoelde, h. bevoeld] voelen aan
be·vo·len *ww* volt deelw van → **bevelen**
be·vol·ken *ww* [bevolkte, h. bevolkt] ❶ in een groot aantal (komen) wonen in: ★ *het eiland werd door verschillende stammen bevolkt* ❷ personen (bewoners, personeel e.d.) brengen in ★ *een school* ~ leerlingen naar die school zenden
be·vol·king *de (v)* [-en] gezamenlijk in een bep. gebied wonende personen, populatie ★ BN ook *de actieve* ~ beroepsbevolking
be·vol·kings·aan·was *de (m)* toeneming van de bevolking
be·vol·kings·cij·fer *het* [-s] cijfer dat de bevolkingsgrootte aangeeft
be·vol·kings·dicht·heid *de (v)* aantal inwoners per vierkante kilometer
be·vol·kings·ex·plo·sie [-zie] *de (v)* sterk versnelde bevolkingsgroei
be·vol·kings·on·der·zoek *het* geregeld onderzoek van de bevolking, vooral met het oog op de gezondheidstoestand
be·vol·kings·pi·ra·mi·de *de (v)* [-n, -s] demografie grafische, piramidevormige weergave van de samenstelling van een bevolking naar leeftijd en geslacht
be·vol·kings·re·gis·ter *het* [-s] bureau dat de lijst van de ingezetenen van een gemeente bijhoudt
be·vol·kings·sta·tis·tiek *de (v)* [-en] statistische beschrijving en analyse van de bevolkingsverschijnselen
be·vol·kings·vraag·stuk *het* [-ken] vraagstuk dat betrekking heeft op (een onderdeel van) de bevolkingsopbouw, zoals over- of onderbevolking, de samenstelling van de bevolking, bevolkingsveroudering e.d.
be·volkt *bn* bewoond ★ *dicht* ~, *dun* ~ zie → **dichtbevolkt**, → **dunbevolkt**
be·voog·den *ww* [bevoogdde, h. bevoogd] macht uitoefenen over een persoon of een volk zonder inspraak of zelfbeschikking te dulden, over iets of iem. heersen als een voogd: ★ *de burgemeester bevoogdde de inwoners van zijn gemeente*; **bevoogding** *de (v)*
be·voor·de·len *ww* [bevoordeelde, h. bevoordeeld] voordeel bezorgen: ★ *de scheidsrechter bevoordeelde de thuisclub*; **bevoordeling** *de (v)*
be·voor·oor·deeld, be·voor·oor·deeld *bn* met een vooropgezette mening, niet onpartijdig, vooringenomen
be·voor·ra·den *ww* [bevoorraadde, h. bevoorraad] voorzien van voorraad, vooral van levensmiddelen; **bevoorrading** *de (v)*
be·voor·rech·ten *ww* [bevoorrechtte, h. bevoorrecht]

een voorrecht geven, bijzondere gunsten verlenen: ★ *iem.* ~ *boven een ander*; **bevoorrechting** *de (v)*
be·vor·de·ren *ww* [bevorderde, h. bevorderd] ❶ in rang of klasse verhogen, → **promoveren** (bet 1): ★ ~ *tot majoor* ★ *een leerling* ~ *(naar de volgende klas) laten overgaan naar een hogere klas* ❷ begunstigen: ★ *de export* ~ ★ *deze bewerking zal de kwaliteit van onze woordenboeken* ~
be·vor·de·ring *de (v)* [-en] ❶ het bevorderen of bevorderd worden ❷ keer dat men bevordert ❸ BN, sp vierde klasse in het voetbal
be·vor·der·lijk *bn* gunstig: ★ *veel alcohol drinken is niet* ~ *voor de gezondheid*
be·vrach·ten *ww* [bevrachtte, h. bevracht] ruimte verwerven in een vaartuig of luchtvaartuig voor het vervoer van personen of goederen, charteren: ★ *een schip* ~
be·vrach·ter *de (m)* [-s] iem. die bevracht
be·vrach·ting *de (v)* [-en] het bevrachten
be·vra·gen *ww* [bevroeg of bevraagde, h. bevraagd] ❶ ★ *te* ~ *bij* gevraagd kunnende worden bij ❷ BN onderzoeken, ter discussie stellen: ★ *iets kritisch* ~ ❸ ★ BN, spreektaal *zich* ~ inlichtingen vragen: ★ *zich* ~ *bij de jeugddienst*
be·vre·di·gen *ww* [bevredigde, h. bevredigd] tevreden stellen: ★ *de nieuwsgierigheid* ~ ★ *haar reactie bevredigde mij niet* ★ *zich* ~ masturberen
be·vre·di·gend *bn* naar behoren, naar wens: ★ *een* ~ *antwoord geven*
be·vre·di·ging *de (v)* het bevredigen
be·vreem·den *ww* [bevreemdde, h. bevreemd] verwonderen: ★ *je houding bevreemdt me*
be·vreem·dend *bn* verwondering wekkend
be·vreem·ding *de (v)* verwondering
be·vreesd *bn* bang
be·vriend *bn* een vriendschapsverhouding hebbend: ★ *ze zijn dik* ~ *met elkaar* ★ *bevriende getallen* getallenpaar met de eigenschap dat de som van de delers van het ene getal gelijk is aan het andere getal en omgekeerd, bijv. 220 en 284, amicale getallen
be·vrie·zen *ww* [bevroor, is & h. bevroren] ❶ door een lage temperatuur hard worden: ★ *water bevriest bij nul graden Celsius* ❷ van vorst schadelijke invloed ondergaan: ★ *mijn vingers zijn bevroren* ❸ ⟨fig van vorderingen, kredieten enz.⟩ vastzitten, voorlopig niet te innen of te vereffenen zijn: ★ *bevroren kredieten* ❹ niet verhogen: ★ *de lonen* ~; **bevriezing** *de (v)*
be·vrij·den *ww* [bevrijdde, h. bevrijd] ❶ vrijmaken, de vrijheid geven: ★ *gevangenen* ~ ★ *mensen* ~ *uit een vastzittende lift* ❷ fig verlossen: ★ *we zijn bevrijd van die geluidsoverlast* ★ *het bevrijdende nieuws* goed nieuws dat de spanning over iets wegneemt; **bevrijder** *de (m)* [-s]; **bevrijding** *de (v)*
Be·vrij·dings·dag *de (m)* NN dag dat men de bevrijding van een bezettende mogendheid viert; in Nederland vooral het einde van de Duitse bezetting op 5 mei 1945

be·vrij·dings·front *het* [-en] leger dat strijdt tegen een onderdrukkend regime, verzetsfront
be·vrij·dings·the·o·lo·gie *de (v)* RK, hist leer die voornamelijk wordt aangehangen door geestelijken in de derde wereld, volgens welke de uitdraging en beleving van het geloof onlosmakelijk verbonden is met de verdediging van de zwakken en de bestrijding van dictaturen
be·vroe·den *ww* [bevroedde, h. bevroed] vermoeden: ★ *ik kon niet* ~ *dat hij zo kwaad zou worden*
be·vro·ren *bn* zie bij → **bevriezen**
be·vruch·ten *ww* [bevruchtte, h. bevrucht] door versmelting van een eicel met een zaadcel een vrucht doen ontstaan; **bevruchting** *de (v)* [-en]
be·vui·len *ww* [bevuilde, h. bevuild] vuil maken
be·waar·der *de (m)* [-s] iem. die iets bewaart, onder zijn hoede heeft
be·waar·en·gel *de (m)* [-en] engelbewaarder
be·waar·ge·ver *de (m)* [-s] iem. die in bewaring geeft
be·waar·ge·ving *de (v)* het in bewaring geven, vooral bij een bank ★ *open* ~ in bewaring geven van geldswaardige papieren zodanig, dat de bank er toegang toe heeft en er de nodige werkzaamheden (bijv. verzilvering van coupons) mee kan verrichten
be·waar·hei·den *ww* [bewaarheidde, h. bewaarheid] waar maken, bevestigen: ★ *ons vermoeden werd bewaarheid*
be·waar·loon *het* vergoeding voor bewaring
be·waar·mid·del *het* [-en] BN conserveringsmiddel
be·waar·ne·mer *de (m)* [-s] iem. die in bewaring neemt
be·waar·ne·ming *de (v)* het in bewaring nemen
be·waar·plaats *de* [-en] plaats waar iets bewaard wordt
be·waar·school *de* [-scholen] vroegere benaming van de voormalige kleuterschool
be·wa·ken *ww* [bewaakte, h. bewaakt] waken over, passen op: ★ *gevangenen* ~, *een industrieterrein* ~
be·wa·ker *de (m)* [-s] iem. die over iets of iem. waakt
be·wa·king *de (v)* het waken over ★ *onder* ~ *staan* bewaakt worden
be·wa·kings·dienst *de (m)* [-en] particuliere organisatie die zich bezighoudt met bewaking, bijv. van gebouwen en terreinen
be·wan·de·len *ww* [bewandelde, h. bewandeld] wandelen op ★ *de juiste weg* ~ fig de geëigende procedures volgen om een bep. doel te bereiken: ★ *dit is de weg die u moet* ~ *om voor subsidie in aanmerking te komen*
be·wa·pe·nen *ww* [bewapende, h. bewapend] van wapens voorzien: ★ *opstandige boeren* ~ ★ *zich* ~ zich voorzien van wapens; **bewapening** *de (v)*
be·wa·pe·nings·wed·loop *de (m)* het tot bizarre hoogte opvoeren van de hoeveelheid wapens bij twee of meer staten, omdat de ene staat bang is hierin achter te blijven bij de andere: ★ *de* ~ *tussen de Verenigde Staten en de Sovjet-Unie tijdens de Koude*

Oorlog
be·wa·ren *ww* [bewaarde, h. bewaard] ❶ tijdelijk wegbergen, niet weggooien, niet verbruiken: ★ *zijn liefdesbrieven* ~ ★ *ik bewaar deze banaan voor vanavond* ❷ zorgen voor, beschermen: ★ *de hemel beware ons voor dit onheil!* ★ *God bewaar me!* uitroep van schrik of afkeer ❸ in acht nemen: ★ *het stilzwijgen* ~ ❹ in stand houden: ★ *het evenwicht* ~, *een geheim* ~
be·wa·ring *de (v)* het bewaren: ★ *iets in* ~ *geven* ★ vooral NN *huis van* ~ gevangenis waar personen in voorlopige hechtenis worden gehouden en waar gevangenisstraffen van maximaal drie maanden worden uitgezeten ★ *iem. in verzekerde* ~ *nemen* in hechtenis nemen
be·wa·se·men *ww* [bewasemde, h. bewasemd] wasem doen aanslaan tegen
be·weeg·baar *bn* te bewegen
be·weeg·grond *de (m)* [-en] reden, drijfveer
be·weeg·kracht *de* [-en] in beweging brengende kracht
be·weeg·lijk *bn* levendig, niet rustig, druk: ★ *een* ~ *kind*; **beweeglijkheid** *de (v)*
be·weeg·re·den *de* [-en] reden waarom men iets doet of laat
be·we·gen I *ww* [bewoog, h. bewogen] ❶ doen veranderen van plaats of stand: ★ *zijn hand* ~ ★ *de wind bewoog de blaadjes* ❷ in het gemoed treffen: ★ *tot tranen (toe) bewogen zijn* ❸ door aansporing overhalen tot: ★ *iem.* ~ *tot het nemen van een besluit* ❹ zich verroeren: ★ *hij beweegt nog* **II** *wederk* veranderen van plaats of stand: ★ *de bal bewoog zich naar het doel* ★ *de zieke kan zich nauwelijks bewegen* ★ *de discussie bewoog zich op abstract niveau* fig ging over abstracte zaken
be·we·ging *de (v)* [-en] ❶ verandering van plaats: ★ *in* ~ *komen* ★ *iets in* ~ *zetten* ★ *er is geen* ~ *in te krijgen* ❷ verandering van stand, lichaamsbeweging: ★ *je moet meer* ~ *nemen* ❸ drukte, vertier: ★ *er was veel* ~ *op straat* ❹ geestelijke stroming; groep mensen die zich inzet voor een bep. doel: ★ *een politieke* ~ ★ *Witte Beweging* beweging die in België in 1996 ontstond naar aanleiding van de affaire-Dutroux en zich richtte tegen de laksheid en corruptie bij overheidsinstanties ★ BN *de Vlaamse Beweging* alle pro-Vlaamse groepen ❺ gedrag: ★ *niet helemaal vrij in zijn bewegingen* ❻ aandrang ★ *uit eigen* ~ uit zichzelf ertoe gekomen
be·we·ging·loos *bn* zonder de geringste beweging, volkomen in rust; **beweginglooosheid** *de (v)*
be·we·gings·leer *de (v)* leer van de lichaamsbewegingen
be·we·gings·oor·log *de (m)* [-logen] oorlog waarin de legers steeds van plaats veranderen (*tegengest*: → **stellingoorlog**)
be·we·gings·the·ra·peut [-puit] *de (m)* [-en] iem. die bewegingstherapie toepast, ergotherapeut

be·we·gings·the·ra·pie *de (v)* vooral NN geneeswijze door beweging van het lichaam, ergotherapie
be·we·gings·vrij·heid *de (v)* gelegenheid om zich vrij te bewegen
be·weg·wij·ze·ren *ww* [*verl tijd ongebr*, h. bewegwijzerd] voorzien van wegwijzers; **bewegwijzering** *de (v)*
be·wei·den *ww* [beweidde, h. beweid] laten grazen op
be·we·nen *ww* [beweende, h. beweend] plechtig huilen om, treuren om
be·we·ren *ww* [beweerde, h. beweerd] met stelligheid een mededeling doen of een mening verkondigen: ★ *hij beweert niets van die inbraak af te weten* ★ ~ *dat er leven is op Mars*
be·wer·ke·lijk *bn* veel werk eisend: ★ *een bewerkelijke opdracht*
be·wer·ken *ww* [bewerkte, h. bewerkt] ❶ een verandering doen ondergaan, omwerken: ★ *akkers* ~ ★ *een roman* ~ *voor de film* ★ *een muziekstuk* ~ *voor viool en fluit* ❷ versieren: ★ *een fraai bewerkte kandelaar* ❸ overreden, overhalen: ★ *zijn ouders* ~ *om toestemming te geven* ❹ doen gebeuren, veroorzaken ★ *de benoeming van X.* ~ ervoor zorg dragen dat X. benoemd wordt
be·wer·ker *de (m)* [-s] iem. die iets bewerkt, tot stand brengt, veroorzaakt
be·wer·king *de (v)* [-en] ❶ het bewerken: ★ *deze computer kan tegelijkertijd een aantal bewerkingen uitvoeren* ❷ omwerking, verandering: ★ *ze speelden een bewerking voor cello en fagot*
be·werk·stel·li·gen *ww* [bewerkstelligde, h. bewerkstelligd] volvoeren, uitvoeren, tot stand brengen: ★ ~ *dat er vrede komt*
be·wie·ro·ken *ww* [bewierookte, h. bewierookt] fig lof toezwaaien; overdadig prijzen
be·wijs *het* [-wijzen] ❶ redenering die een stelling bevestigt: ★ *het* ~ *voor iets leveren; blijk, teken dat iets waar is* ★ *een* ~ *van iems. schuld* ★ *ten bewijze van* als bewijs voor ★ recht *onrechtmatig verkregen* ~ bewijs dat verkregen is op een manier die in strijd is met de rechtsregels, bijv. in strijd met het huisrecht, telefoongeheim e.d., en dus niet gebruikt mag worden in een proces ❷ schriftelijke verklaring: ★ NN ~ *van goed gedrag*, BN ~ *van goed gedrag en zeden*, BN ~ *van goed zedelijk gedrag* ❸ NN, vero een heel klein beetje (in deze bet. vooral: → **bewijsje**): ★ *een bewijsje melk in de thee*
be·wijs·baar *bn* te bewijzen
be·wijs·exem·plaar *het* [-plaren] exemplaar van een tijdschrift dat aan iem. wordt gezonden ten bewijze dat een advertentie is geplaatst, een bep. artikel is opgenomen e.d.
be·wijs·grond *de (m)* [-en] grond waarop men iets bewijst of tracht te bewijzen
be·wijs·je *het* [-s] NN zie bij → **bewijs** (bet 3)
be·wijs·kracht *de* bewijzende kracht
be·wijs·last *de (m)* recht verplichting die op een

procederende partij rust om iets te bewijzen; zie ook bij → **omkering**

be·wijs·ma·te·ri·aal *het* wat als bewijs voor iets kan dienen: ★ ~ *verzamelen*

be·wijs·mid·de·len *mv* gegevens die vereist zijn voor een oordeelvorming door een rechter

be·wijs·num·mer *het* [-s] bewijsexemplaar

be·wijs·plaats *de* [-en] passage uit een geschrift dat ten bewijze wordt aangevoerd

be·wijs·stuk *het* [-ken] verklaringen, voorwerpen enz. die bewijskracht hebben

be·wijs·voe·ring *de (v)* [-en] redenering waarmee men iets tracht te bewijzen

be·wij·zen *ww* [bewees, h. bewezen] ❶ aantonen dat iets waar is: ★ *zijn onschuld, een hypothese* ~ ❷ betonen, uiting geven aan: ★ *iem. een dienst* ~ ★ *iem. zijn liefde* ~

be·wil·li·gen *ww* [bewilligde, h. bewilligd] toestemmen, veroorloven ★ ~ *in* toestemmen in; **bewilliging** *de (v)*

be·wim·pe·len *ww* [bewimpelde, h. bewimpeld] verbloemen, niet ronduit erkennen

be·wind *het* ❶ het uitoefenen van macht; regering, bestuur: ★ *aan het* ~ *komen / zijn* ★ *onder het* ~ *van Augustus* ★ *het* ~ *voeren over* ❷ recht beheer over een vermogen van een bedrijf als dit beheer aan de oorspronkelijke rechthebbenden is onttrokken wegens faillissement, onbekwaamheid e.d.

be·winds·man *de (m)* [-lieden] bestuurder, regeerder, vooral minister

be·winds·vrouw *de (v)* [-en], **be·winds·vrou·we** [-n] vrouw die bestuurt, vooral vrouwelijke minister

be·wind·voer·der *de (m)* [-s] iem. die het → **bewind**, bet 2 voert: ★ ~ *bij een faillissement*

be·wo·gen *bn* ❶ ontroerd, getroffen: ★ *tot tranen toe* ~ *zijn door een film* ❷ met veel bijzondere voorvallen: ★ *een* ~ *dag* ★ *een* ~ *discussie*

be·wol·ken *ww* [bewolkte, h. & is bewolkt] ❶ met wolken bedekken ❷ met wolken bedekt worden, betrekken: ★ *een bewolkte hemel*

be·wol·king *de (v)* de gezamenlijke wolken

be·wolkt *bn* ❶ met wolken ❷ fig somber

be·won·de·raar *de (m)* [-s], **be·won·de·raar·ster** *de (v)* [-s] persoon die iem. of iets bewondert

be·won·de·ren *ww* [bewonderde, h. bewonderd] ❶ eerbied hebben voor: ★ *een popster* ~ ★ *veel Fransen* ~ *Napoleon* ❷ eerbiedig bekijken: ★ *een schilderij* ~ ❸ schertsend nieuwsgierig bekijken, bezichtigen: ★ *kom, laat ons je nieuwe jurk eens* ~

be·won·de·rens·waard, **be·won·de·rens·waar·dig** *bn* waard bewonderd te worden

be·won·de·ring *de (v)* eerbied voor iets moois of knaps

be·wo·nen *ww* [bewoonde, h. bewoond] ❶ wonen in: ★ *een groot huis* ~ ❷ vóórkomen in: ★ *stokstaartjes* ~ *de vlakten van zuidelijk Afrika*

be·wo·ner *de (m)* [-s] iem. die iets (een huis, stad e.d.) bewoont

be·wo·ners·kaart *de* [-en] BN kaart die een bewoner van een straat het recht geeft er te parkeren

be·wo·ning *de (v)* het bewonen

be·woon·baar *bn* te bewonen: ★ *een huis* ~ *maken*; **bewoonbaarheid** *de (v)*

be·woond *bn* een bewoner of bewoners hebbend

be·woon·ster *de (v)* [-s] vrouwelijke bewoner

be·woor·ding *de (v)* [-en] meestal *mv bewoordingen*: woorden, uitdrukkingen: ★ *niet de juiste bewoordingen kunnen vinden* ★ *in algemene bewoordingen het doel van een bijeenkomst aangeven*

be·wust *bn* ❶ wetend, besef hebbend: ★ *zich van iets* ~ *zijn* of *zich iets* ~ *zijn* iets weten, zich van iets rekenschap geven: ★ *pas later werd zij zich ten volle* ~ *van de gevolgen van haar daad* ❷ weloverwogen, 'met opzet': ★ *een bewuste leugen* ❸ bekend, bedoeld: ★ *de bewuste persoon woont in Gent*

be·wus·te·loos *bn* buiten kennis, niet meer reagerend op prikkels van buiten: ★ ~ *raken, zijn*; **bewusteloosheid** *de (v)*

be·wust·heid *de (v)* besef van wat men doet

be·wust·zijn *het* besef, kennis van zichzelf en zijn omgeving ★ *het* ~ *verliezen, buiten* ~ *raken* bewusteloos raken ★ *tot* ~ *komen* bij kennis komen ★ *tot het* ~ *komen dat...* inzien dat...

be·wust·zijns·in·houd *de (m)* wat het bewustzijn omvat

be·wust·zijns·ver·nau·wing *de (v)* overwicht van bepaalde voorstellingen in het bewustzijn, bijv. bij hypnose

be·wust·zijns·ver·rui·mend *bn* iemands waarneming en beleving zo veranderend dat zijn bewustzijn, voor zijn gevoel, meer omvattend is geworden; gezegd bijv. van psychedelica; *vgl*: → **geestverruimend**

be·wust·zijns·ver·rui·ming *de (v)* verruiming van het bewustzijn; zie bij → **bewustzijnsverruimend**

be·zaai·en *ww* [bezaaide, h. bezaaid] ❶ zaad strooien in: ★ *akkers* ~ ❷ bestrooien: ★ *de weg lag bezaaid met dode takken*

be·zaan *de* [-zanen] achterste zeil op een driemaster

be·zaans·mast *de (m)* [-en] achterste kleine mast

be·za·digd *bn* bedaard, niet overijld; **bezadigdheid** *de (v)*

be·zat·ten *wederk* [bezatte, h. bezat] zich dronken drinken

be·ze·ge·len *ww* [bezegelde, h. bezegeld] ❶ van een zegel voorzien ❷ fig bekrachtigen: ★ *een afspraak* ~ *met een handdruk*

be·ze·ge·ling *de (v)* [-en] bekrachtiging

be·zei·len *ww* [bezeilde, h. bezeild] zeilen over: ★ *de wereldzeeën* ~ ★ *er is geen land met hem te* ~ hij is onhandelbaar, koppig, onwillig

be·zem *de (m)* [-s] veger aan een lange steel ★ *nieuwe bezems vegen schoon* nieuwe functionarissen hebben (vaak) een verfrissende inbreng ★ *ergens de* ~ *doorhalen* maatregelen nemen ter bestrijding van misstanden

be·zem·bin·der *de (m)* [-s] iem. die bezems maakt
be·ze·men *ww* [bezemde, h. gebezemd] ❶ met de bezem schoonmaken ❷ fig wegjagen: ★ *iem. de deur uit* ~
be·zem·steel *de (m)* [-stelen] ❶ lange stok van een bezem ❷ fig lange, magere gestalte ★ NN *een ~ ingeslikt hebben* erg stijf en houterig zijn
be·zem·struik *de (m)* [-en] sierheester met bloemen als de brem (*Spartium junceum*)
be·zem·wa·gen *de (m)* [-s] wielersport auto die uitvallers oppikt
be·ze·ren *ww* [bezeerde, h. bezeerd] licht, maar pijnlijk verwonden: ★ *hij heeft zijn arm bezeerd* **II** *wederk* een lichte, maar pijnlijke verwonding oplopen
be·zet *bn* in beslag genomen, in gebruik: ★ *deze stoel is ~* ★ *de hele dinsdag ben ik ~* de hele dinsdag heb ik andere verplichtingen ★ *een druk ~ persoon* iem. wiens tijd zeer gevuld is met bezigheden ★ *~ gebied, een bezette stad* gebied, stad onder het gezag van een vijandelijke strijdmacht ★ *een sterk ~ toernooi* toernooi met sterke deelnemers
be·ze·ten *bn* ❶ eig een boze geest in zich hebbend, krankzinnig: ★ *van / door de duivel ~ zijn* ❷ verrukt van, dol op: ★ *~ zijn van rapmuziek*
be·ze·te·ne *de* [-n] iem. die een boze geest in zich heeft, krankzinnige: ★ *als een ~ tekeergaan*
be·zet·ten *ww* [bezette, h. bezet] ❶ gaan zitten op: ★ *een rij stoelen ~* ❷ soldaten legeren in, militair overmeesteren en de leiding overnemen: ★ *een land ~* ❸ bedekken met: ★ *een diadeem met edelstenen ~* ❹ innemen, in beslag nemen: ★ *een zitplaats ~* ❺ ⟨van een orkest⟩ voorzien van spelers in de verschillende partijen ❻ met een groep zich meester maken van een gebouw of vertrek waar een (officiële) instantie of bedrijf gevestigd is, teneinde bepaalde eisen ingewilligd te krijgen: ★ *in 1969 ~ studenten het Maagdenhuis in Amsterdam* ❼ (muren, plafonds) bepleisteren; *ook* (muren) betegelen
be·zet·ter *de (m)* [-s] iem. die bezet (→ **bezetten**, bet 2 en 6) ★ *de ~* de bezettende macht
be·zet·ting *de (v)* [-en] ❶ het → **bezetten** (vooral bet 2 en 6) ❷ garnizoen: ★ *de ~ van een fort* ❸ personen van een orkest, aangewezen voor de verschillende partijen; personen die de posten of ambten bekleden in een college (rechtbank, ministerie, faculteit enz.)
be·zet·tings·graad *de (m)* econ mate waarin iets gebruikt wordt of bezet is (vervoermiddelen, hotels e.d.)
be·zet·tings·sta·king *de (v)* [-en] staking waarbij de arbeiders het bedrijf → **bezetten** (bet 6)
be·zet·tings·zo·ne [zònə] *de* [-n en -s] gebied waarin zich een bezettende militaire macht bevindt
be·zet·toon *de (m)* telec toon die aangeeft dat de telefoon waarmee men verbinding zoekt 'in gesprek' is

be·zich·ti·gen *ww* [bezichtigde, h. bezichtigd] met aandacht bekijken: ★ *een tentoonstelling ~*; **bezichtiging**
be·zield *bn* ❶ geestdriftig, enthousiast ❷ met emoties: ★ *~ zingen* ★ *~ met* vervuld van, gedreven door
be·zie·len *ww* [bezielde, h. bezield] ❶ tot leven wekken, geestdriftig maken ❷ een gezindheid of gevoel doen hebben: ★ *de overtuiging die hem bezielde* ❸ drijven, aandrijven tot een handeling: ★ *wat bezielt je?*
be·zie·ling *de (v)* het bezielen; geestdrift, innerlijke aandrift
be·zien *ww* [bezag, h. bezien] overwegen ★ *dat staat nog te ~* dat is nog niet zo zeker
be·ziens·waar·dig *bn* interessant om te bekijken
be·ziens·waar·dig·heid *de (v)* [-heden] wat interessant is om te bezichtigen: ★ *de bezienswaardigheden van een stad*
be·zig *bn* ❶ doende, aan het werk, in de weer: ★ *hij is dag en nacht ~* ★ *met iets ~ zijn* a) met iets aan de slag zijn; b) over iets piekeren: ★ *zij is nog steeds ~ met de dood van haar vader* ❷ ijverig, bedrijvig: ★ *een bezige hond*; vgl: → **bezighouden**
be·zi·gen *ww* [bezigde, h. gebezigd] gebruiken, aanwenden: ★ *ruwe taal ~*
be·zig·heid *de (v)* [-heden] werk
be·zig·heids·the·ra·peut [-puit] *de (m)* [-en] iem. die bezigheidstherapie toepast
be·zig·heids·the·ra·pie *de (v)* het verschaffen van zinvolle bezigheden, zoals handenarbeid en spel, aan bedlegerige patiënten en anderen die aan een sterk beperkte omgeving gebonden zijn
be·zig·hou·den I *ww* [hield bezig, h. beziggehouden] bezig doen zijn: ★ *terwijl vader aan het koken was, hield moeder de kinderen bezig* **II** *wederk* ★ *zich ~ met* doende zijn met, tijd besteden aan
be·zij·den I *vz* naast ★ *dit is ~ de waarheid* dit is onwaar **II** *bijw* opzij: ★ *iem. van ~ aankijken*
be·zin·gen *ww* [bezong, h. bezongen] ❶ zingen over ❷ fig dichterlijk vertellen over: ★ *heldendaden ~*
be·zin·ken *ww* [bezonk, is bezonken] ❶ naar de bodem zakken: ★ *slib dat bezinkt uit water* ❷ helder worden doordat iets naar de bodem zakt ❸ fig door rustig overdenken verwerkt worden: ★ *nieuwe informatie even laten ~*
be·zink·sel *het* [-s] naar de bodem van vloeistoffen gezakt vuil enz., neerslag
be·zin·nen I *ww* [bezon, h. bezonnen] overdenken **II** *wederk* ❶ nadenken: ★ *zich ~ op passende maatregelen* ❷ van gedachten veranderen
be·zin·ning *de (v)* het (zich) bezinnen; besef van wat er gebeurt; bewustzijn ★ *tot ~ komen* weer kalm worden, weer kunnen nadenken
be·zit *het* ❶ eigendom ★ *in ~ hebben* ★ *in ~ nemen* ★ *~ nemen van* ★ *in ~ zijn van* ❷ recht het houden of genieten van een zaak, die iem. in zijn macht heeft alsof zij hem toebehoorde ❸ dat wat men bezit

be·zit·loze *de* [-n] iem. die geen vermogen bezit
be·zit·ne·ming *de (v)* het in bezit nemen
be·zits·ac·tie [-sie] *de (v)* [-tiën, -s] rechtsvordering tot handhaving of herstel van het bezit van een zaak
be·zits·vor·ming *de (v)* het vormen van eigen bezit door sparen
be·zit·te·lijk *bn* ★ ~ *voornaamwoord* voornaamwoord dat een bezit aanduidt van of een betrekking met de eerste (mijn / ons boek), tweede (jouw / jullie/ uw probleem) of derde (zijn / haar / hun vakantie) persoon
be·zit·ten *ww* [bezat, h. bezeten] in bezit hebben; zie ook bij → **lijdzaamheid**
be·zit·ter *de (m)* [-s], **be·zit·ster** *de (v)* [-s] iem. die bezit
be·zit·ting *de (v)* [-en] datgene wat men bezit
be·zocht *bn* ❶ bezoek hebbend: ★ *een druk bezochte plaats* ❷ beproefd, leed of tegenslag ondervindend: ★ *die man wordt ~ met tragedies in de familie*
be·zoe·de·len *ww* [bezoedelde, h. bezoedeld] vero besmetten, bevlekken (met); vooral fig onteren: ★ *iems. goede naam ~*; **bezoedeling** *de (v)* [-en]
be·zoek *het* [-en] ❶ het bezoeken: ★ *op ~ gaan / zijn bij een vriend* ★ *een ~ brengen aan een oude tante* ★ *een ~ afsteken bij iem.* iem. bezoeken ❷ een of meer bezoekers: ★ *het ~ ging pas laat weg*
be·zoek·dag *de (m)* [-dagen] dag waarop bezoek is toegestaan, vooral in verpleeginrichtingen
be·zoe·ken *ww* [bezocht, h. bezocht] ❶ gaan naar iem. of iets om enige tijd te verblijven: ★ *kennissen ~* ★ *een theater, een stad ~* ❷ beproeven, leed of tegenslag doen ondervinden: ★ *dat land wordt bezocht met aardbevingen*; vgl: → **bezocht**
be·zoe·ker *de (m)* [-s], **be·zoek·ster** *de (v)* [-s] iem. die een bezoek brengt
be·zoe·king *de (v)* [-en] kwelling, ramp
be·zoek·recht *het* omgangsrecht
be·zoek·re·ge·ling *de (v)* [-en] omgangsregeling
be·zoek·uur *het* [-uren] tijd waarin bezoek is toegestaan, vooral in verpleeginrichtingen
be·zol·di·gen *ww* [bezoldigde, h. bezoldigd] loon, salaris betalen, vooral aan ambtenaren en leden van colleges
be·zol·di·ging *de (v)* [-en] beloning van ambtenaren en leden van colleges
be·zon·di·gen *wederk* [bezondigde, h. bezondigd] ★ *zich ~ aan* zich schuldig maken aan
be·zon·ken *bn* NN degelijk overdacht, weloverwogen: ★ *een ~ oordeel*
be·zon·nen *bn* weloverdacht, bedachtzaam; **bezonnenheid** *de (v)*
be·zo·pen *bn* spreektaal ❶ dronken ❷ NN dwaas, gek: ★ *ben jij nou helemaal ~?* ★ *wat heb jij een ~ jurk aan!*
be·zorgd *bn* zich zorgen om iets makend, ongerust: ★ *~ zijn over de toekomst*
be·zor·gen *ww* [bezorgde, h. bezorgd] ❶ brengen, aan huis brengen, verschaffen: ★ *kranten ~* ★ *een pakje ~* ❷ veroorzaken: ★ *iem. vreugde, verdriet,*

moeilijkheden ~ ❸ verzorgen: ★ *de herdruk van een boek ~*
be·zor·ger *de (m)* [-s] iem. die boodschappen enz. aan huis brengt, besteller
be·zor·ging *de (v)* het brengen aan huis
be·zui·den *vz* ten zuiden van
be·zui·ni·gen *ww* [bezuinigde, h. bezuinigd] zuiniger zijn ★ *~ op* minder geld besteden aan; **bezuiniging** *de (v)* [-en]
be·zui·pen *wederk* [bezoop, h. bezopen] inf zich dronken drinken
be·zu·ren *ww* [bezuurde, h. bezuurd] NN lijden, boeten voor: ★ *deze opmerking zal je ~!* ★ *iets met de dood ~* sterven ten gevolge van een bep. daad
be·zwaar *het* [-zwaren] ❶ moeilijkheid, nadeel: ★ *het vliegtuiglawaai vormt een ernstig ~ tegen deze locatie* ★ *buiten ~ van de schatkist* zonder kosten voor het rijk ❷ bedenking, tegenwerping: ★ *bezwaren aanvoeren (hebben, maken, opperen) tegen iets*
be·zwaard *bn* schuld, berouw voelend: ★ *met een ~ gemoed* ★ *zich ~ voelen over iets* ergens berouw van hebben
be·zwaar·de *de* [-n] ❶ iem. die zich bezwaard voelt, die protesteert tegen genomen beslissingen ❷ iem. die bij erfstelling over de hand (zie bij → **erfstelling**) de uitkering aan de rechthebbende(n) verzorgt
be·zwaar·lijk *bn* ❶ moeilijk, niet zonder bezwaar: ★ *die lange reistijd vind ik ~* ❷ nauwelijks, moeilijk: ★ *je kunt ~ verlangen dat ze zich volledig neerleggen bij onze eisen*
be·zwaar·schrift *het* [-en] op schrift gezette bezwaren ter indiening bij een bestuur, overheid enz.: ★ *een ~ indienen tegen iets*
be·zwan·gerd *bn* doortrokken, vol van: ★ *met rook bezwangerde lucht*
be·zwa·ren *ww* [bezwaarde, h. bezwaard] zwaar maken; belasten, hinderen ★ *met hypotheek bezwaard* belast met hypotheek
be·zwa·rend *bn* ❶ bezwaar gevend, lastig: ★ *bezwarende voorwaarden* ❷ op schuld wijzende: ★ *bezwarende omstandigheden*
be·zweek *ww* verl tijd van → **bezwijken**
be·zweet *bn* nat van het transpireren
be·zwe·ken *ww* verl tijd meerv en volt deelw van → **bezwijken**
be·zwen·de·len *ww* [bezwendelde, h. bezwendeld] oplichterij plegen tegen
be·zwe·ren *ww* [bezwoer, h. bezworen] ❶ onder ede bevestigen, ook fig: ★ *ik bezweer je dat ik zo weer terug ben* ❷ smeken, dringend vragen: ★ *ze bezwoer me geen gevaarlijke dingen te doen* ❸ in zijn macht brengen: ★ *slangen ~* ★ *boze geesten ~* doen opkomen of uitbannen ★ *een gevaar ~* afwenden
be·zwe·ring *de (v)* [-en] het in zijn macht brengen van boze geesten, het oproepen of uitbannen daarvan
be·zwij·ken *ww* [bezweek, is bezweken] ❶ sterven: ★ *het verkeersslachtoffer bezweek aan zijn verwondingen* ❷ niet bestand zijn tegen iets: ★ *de*

schommel bezweek onder haar gewicht ❸ geen weerstand kunnen bieden: ★ *voor de verleiding* ~
be·zwij·men *ww* [bezwijmde, is bezwijmd] flauwvallen
be·zwij·ming *de (v)* [-en] flauwte
BF *afk* in België Belgische frank [munteenheid van België vóór de euro]
B-film *de (m)* [-s] ❶ speelfilm waar slechts een betrekkelijk klein budget voor gereserveerd is en die veelal wordt vervaardigd op momenten dat de werkzaamheden voor een grotere filmproductie (de → **A-film**) even stilliggen ❷ bij uitbreiding slechte film
BFO *afk* in Nederland Bureau Financiële Ondersteuning [eenheid binnen de politie die zich bezighoudt met de opsporing en inbeslagname van geld en goederen die verkregen zijn door criminele activiteiten, ook 'kaalplukteam' of 'pluk-ze-team' genoemd]
Bfr. *afk* [Bfrs.] in België Belgische frank [munteenheid van België vóór de euro]
BG *afk* als nationaliteitsaanduiding op auto's: Bulgarije
BGD *afk* in Nederland Bedrijfsgeneeskundige Dienst
b.g.g. *afk* bij geen gehoor [(bij de vermelding van een tweede telefoonnummer)]
BGJG *afk* in België Bond van Grote en Jonge Gezinnen
bh [beehaa] *de (m)* [bh's] bustehouder
Bhu·taans [boe-] *bn* van, uit, betreffende het koninkrijk Bhutan
bhv *afk* vooral NN bedrijfshulpverlening
BHV *afk* in België Brussel - Halle - Vilvoorde [naam van een communautair omstreden kiesdistrict]
bhv'er *de (m)* [-s] vooral NN iem. die aan bedrijfshulpverlening doet
Bi *afk* chem *symbool voor het element bismut*
bi *bn* verkorting van → **biseksueel**
b.i. *afk* bouwkundig ingenieur
bi- (‹Lat: bis*› voorvoegsel* dubbel
bi·ais [biejee, bie(j)è] (‹Fr› *de (m)* in de schuinte geknipte strook als garnering, boordband
bi·at·lon (‹Lat-Gr› *de (m)* [-s] wintersport bestaande uit een langlauf, waarbij met een geweer uit liggende en staande houding op doelen moet worden geschoten
BIB *afk* Bank voor Internationale Betalingen [internationale instelling die zorgt draagt voor de bevordering van de samenwerking van centrale banken en de vergemakkelijking van internationale financiële operaties]
bib *de (v)* [-s] NN, spreektaal verkorting voor bibliotheek, bieb
bib·ber *de (m)*, NN **bib·be·ra·tie** [-(t)sie] *de (v)* spreektaal beving, rilling
bib·be·ren *ww* [bibberde, h. gebibberd] rillen, vooral van de kou
bib·ber·geld *het* BN, spreektaal ‹voor mijnwerkers

e.d.› gevarengeld, gevarentoeslag
bib·be·rig *bn* beverig, rillerig
bi·be·lot [biebəloo] (‹Fr› *het* [-s] snuisterij
Bi·ble·belt [baibl-] (‹Eng› *de (m)* streek waar veel orthodoxe christenen wonen (oorspronkelijk gezegd van het zuidoosten van de Verenigde Staten, in Nederland gezegd van een langgerekt gebied lopend van de Zeeuwse eilanden tot in Overijssel)
bi·bli·o·bus *de* [-sen] in een bus gevestigd en zich verplaatsend uitleenbureau van openbare bibliotheken
bi·bli·o·fiel (‹Gr› **I** *de (m)* [-en] liefhebber van boeken **II** *bn* voor de liefhebbers uitgegeven (fraai verzorgd en in beperkte oplage)
bi·bli·o·fi·lie (‹Gr› *de (v)* boekenliefhebberij
bi·bli·o·graaf (‹Gr› *de (m)* [-grafen] boekbeschrijver; beoefenaar van de bibliografie
bi·bli·o·gra·fie (‹Gr› *de (v)* [-fieën] ❶ boekbeschrijving, leer van de uitwendige beschrijving van boeken ❷ beschrijvende lijst van de boeken, artikelen enz. van een auteur *of* over een of ander onderwerp, *of* voor een bepaald gebied
bi·bli·o·gra·fisch (‹Gr› *bn* betrekking hebbend op de bibliografie
bi·bli·o·maan (‹Gr› *de (m)* [-manen] overdreven boekverzamelaar, boekengek
bi·bli·o·ma·nie (‹Gr› *de (v)* hartstochtelijke liefhebberij voor boeken
bi·blio·the·cair [-kèr] *bn* bibliotheken betreffend
bi·bli·o·the·ca·ris (‹Lat‹Gr› *de (m)* [-sen] beheerder, bestuurder, directeur van een bibliotheek; **bibliothecaresse** *de (v)* [-n]
bi·bli·o·theek (‹Gr› *de (v)* [-theken] ❶ verzameling boeken, tijdschriften e.d., boekerij ❷ gebouw, vertrek waar men boeken, tijdschriften e.d. bewaart ❸ instelling die boeken uitleent
bi·bli·o·theek·kaart *de* [-en] bewijs van lidmaatschap van een bibliotheek
bi·blist (‹Gr› *de (m)* [-en] Bijbelkenner
bi·blis·tiek (‹Gr› *de (v)* Bijbelkunde; kennis van de uitgaven en vertalingen van de Bijbel
bic [biek] *de (m)* [-s, bikken] BN, spreektaal ballpoint, balpen
bi·car·bo·naat *het* [-naten] in de geneeskunde gangbare term voor waterstofcarbonaat
bi·ce·fa·lisch (‹Lat-Gr› *bn* tweehoofdig
bi·ceps (‹Lat› *de (m)* [-en] tweehoofdige bovenarmspier
bi·chroom, **bi·chroom** (‹Lat-Gr› *bn* tweekleurig
bi·com·mu·nau·tair [biekommuunootèr] *bn* BN behorend tot zowel de Vlaamse als de Waalse gemeenschap in België
bi·con·caaf (‹Lat› *bn* aan weerszijden holrond, dubbelhol
bi·con·vex (‹Lat› *bn* aan weerszijden bolrond, dubbelbol
bid·bank *de* [-en] knielbankje om op te bidden
bid·book [-boek] (‹Eng› *het* [-s] schriftelijk verslag van

wat men te bieden heeft (bijv. bij een bedrijfsovername), hoe men iets denkt te gaan organiseren enz.: ★ *de kandidaat-steden voor de Olympische Spelen stelden alle een ~ samen*

bid·cel *de* [-len] bidvertrekje

bid·dag *de (m)* [-dagen] dag waarop voor bepaalde dingen gebeden wordt ★ NN *~ voor het gewas* dag waarop men een bidstond houdt voor het welslagen van de oogst, nog gebruikelijk in protestante gebieden in Oost-Nederland op de tweede woensdag in maart

bid·den *ww* [bad, h. gebeden] ❶ zich tot God richten, al dan niet hardop een gebed uitspreken: ★ *het onzevader ~* ★ *moslims moeten vijf keer per dag ~* ★ *~ om vergeving* ★ *tot Maria ~* ❷ smekend vragen: ★ *ik bad hem voorzichtig te zijn* ❸ ‹van roofvogels› klapwiekend stilhangen in de lucht

bid·der *de (m)* [-s] ❶ iem. die bidt ❷ doodbidder, aanspreker

bi·det [biedè] *(‹Fr) de (m) & het* [-s] klein wasbekken om het onderlichaam te reinigen

bid·kleed *het* [-kleden] kleed waarop men bidt, vooral in gebruik bij moslims

bi·don [biedon, biedô] *(‹Fr) de (m)* [-s] wielersport drinkbus (op een racefiets)

bi·don·ville [biedôviel] *(‹Fr) de (v)* [-s] armoedige buitenwijk bij grote steden, waar de huizen gebouwd zijn van petroleumblikken (*bidons*), karton, planken enz.

bid·prent·je *het* [-s] RK plaatje waarop een sterfgeval staat vermeld, met opwekking tot bidden voor de overledene

bid·pro·ces·sie *de (v)* [-s] RK ommegang door akkers en velden, waarbij kerkdienaars en priesters met het kruis de biddende boeren voorafgaan

bid·snoer *het* [-en] snoer kralen gebruikt bij het bidden, rozenkrans

bid·sprink·haan *de (m)* [-hanen] in de tropen en subtropen levende sprinkhaan die stilzittend met opgeheven of gevouwen poten zijn prooi afwacht om deze vervolgens met een snelle beweging te grijpen, de insectenonderorde Mantodea

bid·stoel *de (m)* [-en] RK stoel waarin gebeden wordt

bid·stond *de (m)* [-en], **bid·uur** *het* [-uren] prot korte samenkomst voor gebed

bie¹ *bn* verkorting van bijzonder: ★ *niet ~*

bie² *de (v)* [bieën] ❶ BN, m.g. bij (het insect) ❷ bijdehand kind; lief, aardig meisje (varianten: *bieke, bietje*)

bieb *de (v)* jeugdtaal bibliotheek

biecht *de* [-en] RK één van de zeven sacramenten: het belijden van de zonden aan de priester, om vergiffenis te verkrijgen ★ *de priester hoort ~* ★ *de biechteling spreekt ~* ★ *fig iem. de ~ afnemen* iem. streng ondervragen en vermanen ★ *bij de duivel te ~ gaan* om hulp gaan bij iem. van wie men het tegenovergestelde kan verwachten ★ BN *uit de ~ klappen* uit de school klappen, zaken vertellen die men geheim behoort te houden

biech·te·ling *de (m)* [-en] iem. die biecht

biech·ten *ww* [biechtte, h. gebiecht] ❶ RK zijn zonden belijden aan de priester ❷ bij uitbreiding iets bekennen waarover men zich schaamt

biecht·ge·heim *het* [-en] plicht van de biechtvader tot geheimhouding van wat hem tijdens de biecht ter ore is gekomen

biecht·stoel *de (m)* [-en] afgesloten ruimte tegen de kerkmuur, verdeeld in drieën, waarin priester en biechteling(en) zitten

biecht·va·der *de (m)* [-s] ❶ RK priester die de biecht afneemt ❷ fig iem. met wie men vertrouwelijke zaken bespreekt

bie·den *ww* [bood, h. geboden] ❶ geven, reiken, toesteken: ★ *iem de helpende hand ~* ★ *fig verzet ~* ★ *de mogelijkheid ~ om…* ; zie ook bij → **hoofd** ❷ een geldprijs noemen waarvoor men iets wil kopen: ★ *er werd 2000 euro geboden voor die postzegel* ★ *bij een veiling ~ op een antieke kast* ❸ bridge het aantal slagen noemen dat men denkt te halen

bie·der·mei·er [-maiər] *(‹Du) het* stijltijdperk van ± 1815-1840, gekenmerkt door burgerlijkheid, bekrompenheid en optimisme, genoemd naar de brave schoolmeester Gottlieb Biedermaier, hoofdpersoon uit een reeks humoristische gedichten die tussen 1855 en 1857 in de *Fliegende Blätter* verscheen

bied·koers *de (m)* [-en] ❶ koers waartegen een bank vreemd geld koopt ❷ *op de effectenbeurs* advieskoers die ontstaat als de aankooporders de verkooporders zodanig overtreffen, dat geen notering tot stand kan worden gebracht; vgl: → **laatkoers**

bied·prijs *de (m)* [-prijzen] handel (hoogste) prijs die voor een artikel is geboden zonder dat er zaken zijn gedaan

bief·bur·ger *de (m)* [-s] ❶ platte schijf gemalen vlees ❷ broodje met een dergelijk stuk vlees

bief·stuk *(‹Eng) de (m)* [-ken] mals en dun stuk vlees van de bovenbil van een rund of paard dat gebakken of geroosterd wordt ★ NN *~ tartaar* gekruide en gemalen rauwe biefstuk ★ BN *gepelde ~* runderlapje uit het staartstuk of de platte bil waaruit de pezen e.d. zijn verwijderd

biel *(‹Fr) de (m)* [-s], **biels** [bielzen] grote, houten dwarsligger waarop rails rusten, ook gebruikt als decoratie in tuinen

biel·sen *bn* uit biels bestaande

bi·ën·na·le [bie-en-] *(‹It) de (m)* [-s] om de twee jaar gehouden manifestatie of tentoonstelling, vooral de tentoonstelling voor moderne kunst in Venetië

bier *het* [-en] uit gerst en hop bereide lichtalcoholische drank: ★ *~ brouwen* ★ BN, spreektaal *dat is geen klein ~* dat is niet niks

bier·ac·cijns *de (m)* belasting op bier

bier·blik·je *het* [-s] blikje voor de verpakking van bier

bier·brou·wer *de (m)* [-s] iem. die bier brouwt

bier·brou·we·rij *de (v)* [-en] fabriek, bedrijf waar iem bier

gebrouwen wordt
bier·buik *de (m)* [-en] ❶ buik die dik is van bier drinken ❷ iem. met zo'n buik
bier·fles *de* [-sen] fles voor de verpakking van bier
bier·glas *het* [-glazen] groot glas, speciaal bedoeld om bier uit te drinken
bier·kaai *de* ★ *vechten tegen de* ~ vechten met een zekere nederlaag voor ogen, naar een vroegere Amsterdamse buurt waar vaak gevochten werd
bier·kaart·je *het* [-s] BN, spreektaal bierviltje
bier·pomp *de* [-en] pomp waarmee het bier uit het vat wordt opgepompt
bier·pul *de* [-len] groot bierglas met oor
bier·tje *het* [-s] glaasje bier
bier·ton *de* [-nen], **bier·vat** *het* [-vaten] ton, vat voor de opslag van bier
bier·vilt·je *het* [-s] viltpapieren onderzetter voor bierglazen
bier·wacht I *de (m)* [-en] iem. die de leidingen van het biervat naar de tapplaats controleert en reinigt II *de* organisatie waarin deze personen zijn verenigd
bier·worst·je *het* [-s] klein, gekruid worstje
bies *de* [biezen] ❶ oeverplant met lange stengel, gebruikt voor matten enz. ❷ smalle strook als afwerking of versiering ★ *zijn biezen pakken* haastig vertrekken
bies·look *het* soort look waarvan de bladeren op biezen lijken (*Allium schoenoprasum*)
biest *de* eerste melk van een koe die gekalfd heeft
biet *(‹Lat) de* [-en], **beet** [beten] ❶ plantengeslacht (*Beta*) uit de ganzenvoetfamilie, voorkomend in Europa, Noord-Afrika en Azië ❷ de ondersoort *B. vulgaris vulgaris* van dit plantengeslacht, algemeen bekend als cultuurgewas ★ *rode* ~ cultuurvorm van de biet, vanwege de als groente eetbare, donkerrode, sterk verdikte wortel, kroot (*B. vulgaris vulgaris* var. *rubra*) ★ NN *een hoofd als een* ~ een zeer rood hoofd (van schaamte, inspanning enz.) ★ NN *mij een* ~*!* dat kan me niets schelen ★ NN *geen* ~ niets
bie·te·bauw *de (m)* [-en] bullebak, boeman, een kinderschrik
biet·sen *ww* [bietste, h. gebietst] NN, spreektaal bedelen (om), vragen (om): ★ *(om) een sigaretje* ~
biet·ser *(‹Eng) de (m)* [-s] NN, spreektaal iem. die bietst, bedelaar, klaploper
biet·sui·ker, **beet·sui·ker** *de (m)* suiker uit de beetwortel
bie·zen *bn* van → **bies** (bet 1)
bie·zon·der *bn* BN ook **bijzonder**
bi·fo·caal *(‹Lat) bn* met twee brandpunten, gezegd van brillenglazen die dienen voor zowel bij- als verziendheid, dubbelfocus
big *de* [-gen] jong varken
bi·ga·mie *(‹Fr) de (v)* het gelijktijdig gehuwd zijn met twee personen
bi·ga·mist *de (m)* [-en] iem. die in bigamie leeft
big·band [biybend] *(‹Eng) de (m)* [-s] groot jazzorkest

big bang [biy beng] *(‹Eng) de (m)* letterlijk grote knal; oerexplosie waarvan men aanneemt dat zij ca. 16,5 miljard jaar geleden plaatsvond en via welke het huidige heelal tot stand is gekomen
big boss [biy -] *(‹Eng) de (m)* grote baas
big broth·er [biy bràthə(r) (Engelse th)] *(‹Eng) de (m)* alziende, alles en iedere burger via spionage en door camera's in de gaten houdende overheidsinstantie, naar de bijnaam van een dictator in de roman *1984* van George Orwell (1903-1950); thans ook tv-programma waarin het leven van een aantal op een bep. locatie samengebrachte personen voortdurend door camera's in beeld wordt gebracht
big busi·ness [biy biznis] *(‹Eng) de (m)* grote zaken, zaken waarin veel geld omgaat: ★ *internet is tegenwoordig* ~
big·ge·len *ww* [biggelde, h. & is biggeld] (van tranen) langzaam naar beneden rollen: ★ *er biggelden dikke tranen over zijn wangen*
big·gen *ww* [bigde, h. gebigd] biggen werpen
big·no·nia [bienjoonie(j)aa] *de* ['s] sierheester met trompetvormige bloemen, genoemd naar Bignon, bibliothecaris van Lodewijk XV
bi·got [-γot] *(‹Fr) bn* kwezelachtig, domvroom, schijnheilig
bi·got·te·rie [-γot-] *(‹Fr) de (v)* kwezelachtigheid, domvroomheid
big·shot [biyʃjot] *(‹Eng) de* [-s] invloedrijke figuur
bij¹ *de* [-en] lid van de insectenfamilie Apidae of de insectensuperfamilie Apoidea, vooral de honingbij (*Apis mellifica*)
bij² I *vz* ❶ in de nabijheid van: ★ *Schiedam ligt* ~ *Rotterdam* ★ *het café dicht* ~ *de hoek* ❷ in het huis, het kantoor e.d. van: ★ *hij is* ~ *zijn moeder* ★ ~ *de directeur moeten komen* ❸ met zich dragend: ★ *een paspoort* ~ *zich hebben* ❹ door middel van: ★ *dit is* ~ *wet geregeld* ★ ~ *monde van* ★ ~ *iets* ~ *de naam noemen* ❺ in dienst van: ★ ~ *de politie werken* ❻ tijdens: ★ ~ *zijn leven* ★ ~ *nacht en ontij* ★ ~ *dag* overdag ❼ in geval van: ★ ~ *voldoende deelname gaat de tocht door* ❽ bijna, niet veel vroeger *of* later dan: ★ *het is* ~ *twaalven;* ★ *het is* ~ *de middag* tegen de middag ❾ aan een onderdeel of lichaamsdeel van: ★ *de kat* ~ *zijn nekvel oppakken* ❿ vergeleken met: ★ ~ *die sportman valt hij in het niet* ⓫ in hoeveelheden van: ★ ~ *het pond verkopen* ★ ~ *God zweren* met God als getuige ★ ~ *hem kan ik niks goed doen* in zijn ogen II *bijw* ❶ op adem, tot rust, bij kennis: ★ *de patiënt is weer* ~ ❷ niet meer achter met werk: ★ *de leerling is weer* ~ *met zijn lessen* ❸ NN verstandig: ★ *dat kind is niet goed* ~ ❹ op de hoogte: ★ *na dit bericht was ik weer helemaal* ~ ❺ ★ *er* ~ *zijn* betrapt zijn, iets onaangenaams (*bijv.* straf, verlies, schade) onvermijdelijk te wachten hebben ❻ ★ *...is er niet* ~ *...komt niet voor,...is niet toegestaan, voor... is geen gelegenheid*
bij·baan·tje *het* [-s] baan voor een beperkt aantal

uren, naast een andere betrekking
bij·bal *de (m)* [-len] anat mannelijk geslachtsorgaan, bij de mens boven in de balzak tegen de achterzijkant van de zaadbal gelegen
bij·be·doe·ling *de (v)* [-en] onuitgesproken bedoeling naast die welke men duidelijk tot uiting laat komen
bij·be·ho·rend *bn* behorend tot: ★ *een boerderij met bijbehorende landerijen*
Bij·bel (<Lat) *de (m)* de Heilige Schrift van de christenen: ★ *dit staat in de ~*
bij·bel (<Lat) *de (m)* [-s] ❶ een exemplaar daarvan: ★ *een ~ in huis hebben* ❷ fig boek waarin alles over een bepaald onderwerp te vinden is *of* waaraan mensen veel gezag toekennen: ★ *de ~ van de architecten*
Bij·bel·boek *het* [-en] elk van de boeken uit de Bijbel
Bij·bel·ge·noot·schap *het* [-pen] vereniging die de verspreiding van de Bijbel bevordert
Bij·bel·ken·nis *de (v)* kennis van de inhoud, de geschiedenis enz. van de Bijbel
Bij·bel·kring *de (m)* [-en] kleine groep personen die bijeenkomt voor Bijbelstudie
Bij·bel·kri·tiek *de (v)* kritisch onderzoek van de Bijbel met het oog op de historische waarde en de juistheid van de overgeleverde tekst
Bij·bel·le·zing *de (v)* [-en] ❶ het lezen en verklaren van de Bijbel ❷ kerkelijke samenkomst waar dit geschiedt
Bij·bel·plaats *de* [-en] tekstgedeelte uit de Bijbel
Bij·bels *bn* volgens, naar de Bijbel ★ *Bijbelse geschiedenis* de geschiedverhalen in de Bijbel
Bij·bel·stu·die *de (v)* [-s] bestudering van Bijbelteksten
Bij·bel·tekst *de (m)* [-en] Bijbelse zinsnede
Bij·bel·vast *bn* goed thuis in de Bijbel; vooral in staat Bijbelteksten letterlijk te citeren
Bij·bel·ver·ta·ling *de (v)* ❶ het vertalen van de Bijbel ❷ [*mv:* -en] Bijbeltekst door vertaling ontstaan; zie ook bij → **Statenbijbel**
Bij·bel·woord *het* [-en] uitspraak in de Bijbel
bij·be·nen *ww* ★ *kunnen ~ kunnen* → **bijhouden** (bet 2)
bij·be·roep *het* [-en] BN ook nevenbetrekking
bij·be·ta·len *ww* [betaalde bij, h. bijbetaald] ❶ een aanvullend bedrag betalen bovenop het bedrag dat men reeds betaald heeft ❷ toeslag betalen (bijv. in de trein); **bijbetaling**
bij·be·te·ke·nis *de (v)* [-sen] bijkomende betekenis naast de hoofdbetekenis
bij·beu·nen *ww* [beunde bij, h. bijgebeund] NN als bijverdienste klussen uitvoeren waarvoor je geen bevoegdheid hebt
bij·blij·ven *ww* [bleef bij, is bijgebleven] ❶ niet achter raken ❷ in de herinnering blijven: ★ *die leuke tripjes bleven hem altijd bij*
bij·boek *het* [-en] ⟨in de boekhouding⟩ handelsboek naast grootboek en journaal
bij·boe·ken *ww* [boekte bij, h. bijgeboekt] ❶ op het saldo van een rekening bijschrijven: ★ *er is rente bijgeboekt op mijn spaarrekening* ❷ in de boekhoudboeken bijschrijven
bij·bouw *de (m)* bijgebouwd gedeelte
bij·bou·wen *ww* [bouwde bij, h. bijgebouwd] door bouwen toevoegen: ★ *een serre ~*
bij·bras·sen *ww* [braste bij, h. bijgebrast] de ra's naar de wind zetten; bijdraaien (ook fig)
bij·bren·gen *ww* [bracht bij, h. bijgebracht] ❶ in de geest doen opnemen: ★ *iem. kennis ~; aan het verstand brengen* ❷ weer tot bewustzijn brengen: ★ *de flauwgevallen actrice werd met vlugzout weer bijgebracht*
bij·de·hand *bn* vlug, slim, pienter: ★ *een bijdehante leerling*
bij·de·hand·je *het* [-s] NN kind dat bijdehand is
bij·de·hands *bn* ★ *het bijdehandse paard* paard dat links in een tweespan loopt
bij·de·tijds *bn* modern, van deze tijd
bij·draai·en *ww* [draaide bij, is bijgedraaid] ❶ de zeilen zo stellen dat het schip bijna stilligt ❷ fig toegeven, inschikkelijk worden, zijn boosheid vergeten
bij·dra·ge *de* [-n, -s] ❶ gift, contributie: ★ *een ~ voor een collecte* ★ *een ~ leveren aan iets* een aandeel hebben in iets, een deel v.e. gemeenschappelijke inspanning voor zijn rekening nemen ❷ opstel, artikel: ★ *een ~ in een krant*
bij·dra·gen *ww* [droeg bij, h. bijgedragen] ❶ meebetalen, geven: ★ *~ aan een cadeau* ★ *~ in de kosten* ❷ helpen, bevorderlijk zijn: ★ *~ aan de winst van een onderneming* ★ *ergens toe ~* ergens gunstig voor zijn
bij·een *bijw* bij elkaar
bij·een·bren·gen *ww* [bracht bijeen, h. bijeengebracht] verzamelen
bij·een·ko·men *ww* [kwam bijeen, is bijeengekomen] bij elkaar komen, vergaderen
bij·een·komst *de (v)* [-en] samenkomst, vergadering
bij·een·ra·pen *ww* [raapte bijeen, h. bijeengeraapt] ❶ dingen die verspreid liggen bij elkaar doen ❷ fig met moeite verzamelen: ★ *al zijn moed, zijn kracht ~*
bij·een·roe·pen *ww* [riep bijeen, h. bijeengeroepen] samenroepen, ter vergadering roepen
bij·een·zijn I *ww* [was bijeen, is bijeengeweest] bij elkander zijn II *het* samenzijn
bij·een·zit·ten *ww* [zat bijeen, h. bijeengezeten] bij elkaar zitten: ★ *de kinderen zaten angstig bijeen*
bij·en·an·gel *de (m)* [-s] angel van een bij
bij·en·cel *de* [-len] cel in een bijenkorf
bij·en·eter *de (m)* [-s] vogel in Zuid-Europa en Afrika, die bijen eet (*Merops apiaster*)
bij·en·hou·der *de (m)* [-s] iem. die bijen teelt
bij·en·kap *de* [-pen] kap over het hoofd als bescherming tegen het steken van bijen
bij·en·kast *de* [-en] houten kast met ramen waarin men bijen houdt
bij·en·ko·lo·nie *de (v)* [-s] groep samenlevende bijen met een koningin

bij·en·ko·nin·gin *de (v)* [-nen] grote moederbij van een bijenkorf
bij·en·korf *de (m)* [-korven] stolpvormige mand waarin men bijen houdt
bij·en·mas·ker *het* [-s] bijenkap
bij·en·stal *de (m)* [-len] hok waarin bijenkorven staan
bij·en·teelt *de* het houden van bijen
bij·en·volk *het* [-en] bijenkolonie
bij·en·was *de (m) & het* door bijen bereide → **was²**
bij·en·wolf *de (m)* [-wolven] ❶ bijeneter ❷ graafwesp die bijen doodt
bij·en·zwerm *de (m)* [-en] zwerm bijen die met een koningin de korf verlaat
bij·fi·guur *de* [-guren] minder op de voorgrond tredende figuur *of* persoon
bij·gaand *bn* gelijk met iets anders verzonden, bijgevoegd: ★ *~ zenden wij u een fotokopie*
bij·ge·bouw *het* [-en] bijbehorend gebouw
bij·ge·dach·te *de (v)* [-n] bijkomende gedachte
bij·ge·loof *het* het geloof aan krachten, verschijnselen en praktijken die noch door de officiële godsdienst noch door de eigentijdse wetenschap worden aanvaard: ★ *dat gebroken spiegels ongeluk zouden brengen is ~*
bij·ge·lo·vig *bn* ❶ met bijgeloof, gelovend aan bijgeloof: ★ *een ~ mens* ❷ voortkomend uit bijgeloof: ★ *bijgelovige rituelen*; **bijgelovigheid** *de (v)*
bij·ge·luid *het* [-en] geluid dat (meestal min of meer storend) samengaat met een 'hoofdgeluid'
bij·ge·naamd *bn* met de bijnaam van: ★ *Willem van Hanegem, ~ de Kromme*
bij·ge·val I *bijw* soms, toevallig: ★ *hebt u ~ een vuurtje voor me?* **II** *voegw* indien: ★ *~ dit weer gebeurt...*
bij·ge·volg *bijw* derhalve, dus
bij·goo·chem *de (m)* [-s] NN, Barg eigenwijs persoon, betweter
bij·heb·ben *ww* [had bij, h. bijgehad] BN ook bij zich hebben: ★ *de postbode had de brief bij*
bij·hol·te *de (v)* [-n *en* -s] anat met de neusholte in verbinding staande holte
bij·hou·den *ww* [hield bij, h. bijgehouden] ❶ dichtbij houden: ★ *houd je bord eens bij (om er wat op te laten scheppen)* ❷ gelijk blijven met; niet achter raken: ★ *ik kan je niet ~* ★ *er is geen ~ aan* er is zóveel te doen, dat men het haast niet volbrengen kan ❸ niet achterop doen raken, regelmatig bijwerken: ★ *de boeken, de administratie, de studie ~* ★ *een dagboek ~* regelmatig in een dagboek schrijven ❹ BN (tijdelijk) bij zich houden, bewaren
bij·huis *het* [-huizen] BN ook filiaal
bij·kaart *de* [-en] ❶ geogr kleine kaart als onderdeel naast van een hoofdkaart: ★ *in de hoek is een ~ van de hoofdstad* ❷ kaartsp kaart die een speler heeft buiten de troefkaarten
bij·kans, **bij·kans** *bijw* bijna
bij·kan·toor *het* [-toren] hulpkantoor
bij·keu·ken *de* [-s] klein vertrek achter de keuken
bij·kleu·ren *ww* [kleurde bij, h. bijgekleurd] ❶ een mooiere, helderder kleur geven ❷ fig gunstiger doen voorkomen dan het in werkelijkheid is: ★ *de gevolgen van die maatregel zijn in dit verslag wat bijgekleurd*
bij·klus·sen *ww* [kluste bij, h. bijgeklust] naast de hoofdbron van inkomsten extra geld verdienen met andere werkzaamheden
bij·knip·pen *ww* [knipte bij, h. bijgeknipt] met de schaar weer in het gewenste model brengen: ★ *het haar ~*
bij·ko·men *ww* [kwam bij, is bijgekomen] ❶ komen bij: ★ *er is 100 euro bijgekomen* ★ *dat moest er nog ~!* dat zou helemaal onaanvaardbaar zijn geweest ❷ herstellen van een flauwte of inspanning ★ *niet meer ~ van het lachen* erg hard moeten lachen
bij·ko·mend *bn* ❶ bij een hoofdzaak komend, begeleidend, neven-: ★ *bijkomende kosten, voordelen* ❷ BN nieuw, extra: ★ *bijkomende voorwaarden*
bij·kom·stig *bn* niet de hoofdzaak vormend
bij·kom·stig·heid *de (v)* [-heden] minder belangrijke begeleidende omstandigheid
bijl *de* [-en] hakwerktuig of wapen, bestaande uit een stok met daaraan een scherp metalen blad ★ *het bijltje erbij neerleggen* voorgoed ophouden met werken ★ *NN met hetzelfde (een ander) bijltje hakken* dezelfde (een andere) gedragslijn volgen ★ *NN hij heeft lang met dat bijltje gehakt* hij heeft veel ervaring daarin ★ *voor de ~ gaan* a) ter verantwoording worden geroepen, straf krijgen; b) je ergens niet meer tegen kunnen verzetten ★ *met de botte ~ doorhakken* grofweg, zonder veel overwegingen beslissen, niets en niemand ontzien
bijl. *afk* bijlage
bij·la·ge *de* [-n] bijgevoegd stuk, bijv. bij een brief, e-mail, dagblad e.d.: ★ *als ~ (BN ook: in ~) vindt u de routebeschrijving*
bij·lan·ge *bijw* ★ *~ niet, ~ na niet* nog lang niet
bijl·bun·del *de (m)* [-s] bundel roeden rond een bijl, symbool van gezag bij de Romeinen, fasces; *ook* symbool van het fascisme
bij·leg·gen *ww* [legde bij, h. bijgelegd] ❶ bijbetalen ★ *~ op* verliezen op: ★ *op die producten moeten we ~* ❷ zich verzoenen na een onenigheid: ★ *een ruzie ~* ❸ een schip onder klein zeil bij de wind houden
bij·les *de* [-sen] privéles naast het schoolonderwijs
bij·lich·ten *ww* [lichtte bij, h. bijgelicht] een licht houden bij iem. zodat hij iets beter kan zien
bijl·tje *het* zie **bij** → **bijl**
bijl·tjes·dag *de (m)* ❶ NN, hist dag waarop men aan het eind van de Tweede Wereldoorlog wraak nam op diegenen die collaboreerden met de bezetters ❷ thans ook dag waarop mensen op hun daden worden afgerekend, het 'uur van de waarheid'
bij·maan *de* [-manen] lichtplek die soms dicht bij de maan zichtbaar is
bij·na *bijw* (nog) niet geheel: ★ *we zijn er ~ (maar nog niet helemaal)*
bij·naam *de (m)* [-namen] naam waaronder iem.

bekend is, maar die niet zijn echte naam is: ★ *'de Generaal' of 'de Sfinx' waren bijnamen van de Nederlandse voetbaltrainer Rinus Michels*

bij·na-dood·er·va·ring *de (v)* [-en] gewaarwording van mensen die op het randje van de dood hebben gezweefd

bij·nier *de* [-en] met de nier verbonden bolvormig orgaan

bij·nier·schors *de* [-en] schors van de bijnier, die diverse hormonen, o.a. geslachtshormonen, produceert

bij·oog·merk *het* [-en] bijbedoeling

bi·jou [biezjoe] *(‹Fr› het* [-s] kleinood, juweel (eig en fig)

bi·jou·te·rie·ën [biezjoetərie(j)ən] *(‹Fr› mv* sieraden, kleinoden, juwelen

bij·pas·sen *ww* [paste bij, h. bijgepast] het ontbrekende bijbetalen

bij·pas·send *bn* bij iets anders passend: ★ *ze zocht een jurk met bijpassende schoenen*

bij·pra·ten *ww* [praatte bij, h. bijgepraat] persoonlijke nieuwtjes uitwisselen met iem. die men enige tijd niet heeft gezien

bij·pro·duct *het* [-en] bij de bereiding van ander product ontstane stof

bij·pun·ten *ww* [puntte bij, h. bijgepunt] ❶ ‹van haar› een klein stukje van de onderkant afknippen ❷ de punt bijslijpen: ★ *een potlood ~*

bij·rij·der *de (m)* [-s] iem. die naast de chauffeur van een vrachtauto als helper meerijdt

bij·rol *de* [-len] toneel, film ondergeschikte rol

bij·scha·ven *ww* [schaafde bij, h. bijgeschaafd] ❶ door schaven effen maken ❷ fig kleine gebreken wegwerken: ★ *een werkstuk nog een beetje ~*

bij·schen·ken *ww* [schonk bij, h. bijgeschonken] inschenken bij *of* na iets anders, bijv. in een halfvol glas: ★ *zal ik nog wat cola ~?*

bij·scho·ling *de (v)* aanvullend vakonderwijs ter verhoging van de vakbekwaamheid

bij·schrift *het* [-en] tekst die een foto, tekening e.d. vergezelt: ★ *een ~ bij een foto*

bij·schrij·ven *ww* [schreef bij, h. bijgeschreven] ❶ in de boeken of aantekeningen opnemen ❷ toevoegen aan (een brief) ❸ toevoegen aan het saldo van iems. rekening

bij·schrij·ving *de (v)* [-en] ‹bij de bank, giro› boeking bij het tegoed

bij·slaap vero I *de (m)* geslachtsgemeenschap II *de* [-slapen] bedgenoot, bedgenote

bij·slag *de (m)* [-slagen] bijzondere toelage, toeslag

bij·slij·pen *ww* [sleep bij, h. bijgeslepen] ❶ wat scherper maken ❷ fig de gewenste vorm geven door kleine veranderingen

bij·slof·fen *ww* ★ NN *het niet kunnen ~* het tempo van anderen niet kunnen volgen

bij·slui·ter *de (m)* [-s] ‹in een verpakt geneesmiddel› beschrijving van de samenstelling, de gebruiksaanwijzing en een opsomming van eventuele bijwerkingen

bij·smaak *de (m)* [-smaken] ❶ vreemde smaak naast de gewone: ★ *die chocola heeft een ~* ❷ fig minder aangename meewerkende factor: ★ *kritiek met een ~ van jaloezie*

bij·spij·ke·ren *ww* [spijkerde bij, h. bijgespijkerd] ❶ vluchtig herstellen ❷ fig ophalen, weer op het gewenste niveau brengen: ★ *ik moet nodig mijn Frans weer even ~* ★ *hij is weer behoorlijk bijgespijkerd* hij is weer aardig hersteld

bij·sprin·gen *ww* [sprong bij, h. & is bijgesprongen] te hulp komen, vooral bij geldnood

bij·staan *ww* [stond bij, h. bijgestaan] ❶ helpen, ondersteunen: ★ *iem. ~ bij een moeilijke klus* ★ *iem. met raad en daad ~* ❷ in de geest aanwezig zijn, zich herinneren: ★ *het staat mij vaag bij dat ik nog geld van je krijg*

bij·stand *de (m)* ❶ hulp, ondersteuning: ★ *~ verlenen* ★ *de plaatselijke brandweer ontving ~ van de omringende korpsen* ❷ NN, vooral geldelijke hulp die men krijgt op grond van de bijstandswet: ★ *in de ~ lopen / zitten* ❸ NN de sociale dienst van een gemeente die verantwoordelijk is voor de uitkeringen krachtens de bijstandswet

bij·stands·moe·der *de (v)* [-s] NN alleenstaande moeder die (nagenoeg) uitsluitend leeft van een bijstandsuitkering

bij·stands·uit·ke·ring *de (v)* [-en] NN financiële uitkering die men ontvangt op grond van de bijstandswet

bij·stands·wet *de* NN verkorte benaming voor de *Algemene Bijstandswet* van 13 juni 1963, volgens welke de overheid geldelijke bijstand moet geven aan Nederlanders die niet in de noodzakelijke kosten van levensonderhoud kunnen voorzien

bij·stand·trek·ker *de (m)* [-s] NN iem. die ondersteuning van de → **bijstand** (bet 2) geniet

bij·stel·len *ww* [stelde bij, h. bijgesteld] ❶ weer in de gewenste stand brengen: ★ *de remmen ~* ❷ fig aanpassen aan veranderde inzichten of omstandigheden: ★ *een plan, het beleid ~*

bij·stel·ling *de (v)* [-en] ❶ het enigszins aanpassen: ★ *~ van de plannen* ❷ taalk omschrijving achter een zelfstandig naamwoord, zoals in: *Frederik Hendrik, de Stedendwinger*

bijs·ter I *bn* kwijt: ★ *het spoor ~ zijn* II *bijw* zeer, erg (vrijwel altijd gecombineerd met een ontkenning): ★ *dat boek is niet ~ interessant*

bij·stu·ren *ww* [stuurde bij, h. bijgestuurd] de richting wijzigen waarin men rijdt, vaart of vliegt (ook fig): ★ *een schip ~* ★ *de plannen ~*

bijt *de* [-en] in het ijs gehakt gat, bijv. voor vissers

bij·tan·ken *ww* [-te] [tankte bij, h. bijgetankt] ❶ de benzinevoorraad aanvullen ❷ schertsend nieuwe kracht opdoen: ★ *na afronding van het woordenboek moest de redactie even ~*

bij·te·ke·nen *ww* [tekende bij, h. bijgetekend] zich voor een langere tijd contractueel verbinden: ★ *voor een jaar ~*

bij·ten ww [beet, h. gebeten] ❶ de tanden zetten in: ★ *in een perzik* ~ ★ *deze hond bijt niet* ★ *in het stof ~ vallen* ★ *iem. in het stof laten* ~ iem. verslaan ★ *onze ideeën ~ elkaar niet* zijn niet met elkaar in tegenspraak ★ BN *gebeten zijn door de X-microbe* in de ban zijn van een hobby, bezigheid enz. (hier aangeduid met X) ★ BN *gebeten zijn door de voetbalmicrobe* ❷ scherp inwerken op: ★ *dit zuur bijt op de huid*
bij·tend bn ❶ scherp inwerkend: ★ *bijtende zuren* ★ *bijtende vorst* ❷ grievend, hatelijk, bits: ★ *bijtende opmerkingen maken*
bij·tijds bijw vroeg, vroeg genoeg: ★ *ik had haar ~ gewaarschuwd*
bijt·mid·del het [-en] scherp inwerkende stof
bij·toon de (m) [-tonen] zwakkere toon naast de hoofdtoon
bij·tre·den ww [trad bij, is bijgetreden] BN ook bijvallen, het eens zijn met, instemmen met, ‹een mening› onderschrijven
bij·trek·ken ww [trok bij, h. & is bijgetrokken] ❶ dichterbij trekken: ★ *een stoel ~* ❷ ‹bij verf› gaandeweg dezelfde kleur krijgen als de verf die reeds eerder was aangebracht ❸ NN ophouden boos te zijn, weer in een beter humeur komen: ★ *je vader is nu even kwaad, maar hij trekt wel weer bij* ❹ ★ NN, sp *tijd ~* extra speeltijd toevoegen (vanwege blessures e.d.)
bijt·ring de (m) [-en] stevige ring van kunststof, waarop een zuigeling kan bijten
bijv. afk bijvoorbeeld
bij·vak het [-ken] studievak dat men naast een hoofdvak doet
bij·val de (m) instemming, waardering, toejuiching: ★ *~ krijgen*
bij·val·len ww [viel bij, is bijgevallen] instemming betuigen met
bij·vals·be·tui·ging de (v) [-en] hoorbaar teken van instemming
bij·veld het [-en] sportveld bij een belangrijker veld van een stadion
bij·ver·dien·ste de (v) [-n] dat wat men naast de vaste inkomsten nog verdient
bij·vij·len ww [vijlde bij, h. bijgevijld] ❶ in de juiste vorm vijlen: ★ *nagels ~* ❷ fig door kleine veranderingen de gewenste vorm geven
bij·voe·der, **bij·voer** het bijkomend voedsel (voor dieren)
bij·voe·ding de (v) bijkomend voedsel voor kinderen, zieken, zwangere vrouwen e.d.
bij·voe·gen ww [voegde bij, h. bijgevoegd] toevoegen
bij·voe·ging de (v) [-en] toevoeging: ★ *onder ~ van...*
bij·voeg·lijk bn kenmerken noemend van zelfstandigheden ★ *~ naamwoord* woord dat een eigenschap noemt van een mens, dier of ding, zoals 'hoog' in *een hoog gebouw*
bij·voeg·sel het [-s, -en] bijgevoegd gedeelte, aanhangsel, vooral van een krant of een ander geschrift: ★ *een ~ bij een tijdschrift*
bij·voer het → **bijvoeder**
bij·voet de (m) [-en] een samengesteldbloemige plant (*Artemisia vulgaris*)
bij·voor·beeld bijw als voorbeeld: ★ *ik wil eens naar een andere vakantiebestemming, ~ naar Turkije*
bij·vul·len ww [vulde bij, h. bijgevuld] wat voller maken
bij·wa·gen de (m) [-s] NN ❶ aanhangwagen ❷ fig plaats, positie van mindere rang, naast een andere ❸ persoon of groep die een dergelijke positie inneemt
bij·werk het [-en] ❶ extra werk ❷ versierend werk
bij·wer·ken ww [werkte bij, h. bijgewerkt] ❶ aanvullen, aanpassen aan de actuele stand van zaken: ★ *een encyclopedie, de boekhouding ~* ❷ opknappen: ★ *het schilderwerk hier en daar nog wat ~* ❸ extra les geven: ★ *een scholier ~*
bij·wer·king de (v) [-en] andere, meestal ongunstige uitwerking dan de bedoelde, vooral van geneesmiddelen
bij·wij·len bijw plechtig soms
bij·wo·nen ww [woonde bij, h. bijgewoond] ❶ aanwezig zijn bij: ★ *een officiële opening ~* ❷ fig beleven, meemaken: ★ *dat heb ik nog nooit bijgewoond*
bij·woord het [-en] taalk woord dat iets zegt van een werkwoord, een hele zin, een bijvoeglijk naamwoord van een ander bijwoord
bij·woor·de·lijk bn met de functie van een bijwoord
bijz. afk bijzonder
bij·zaak de [-zaken] wat niet het belangrijkste is: ★ *dat is maar ~*
bij·zet·ta·fel·tje het [-s] kleine lage tafel die gemakkelijk verplaatst kan worden
bij·zet·ten ww [zette bij, h. bijgezet] ❶ zetten bij: ★ *er nog een glas ~* ❷ begraven in een grafkelder ❸ toevoegen aan, verlenen: ★ *iets kracht, luister ~* ❹ naar de wind zetten ★ *alle zeilen ~* fig al het mogelijke doen, zich met alle krachten inspannen
bij·zet·ting de (v) [-en] begrafenis in grafkelder
bij·ziend, **bij·zient** bn alleen van dichtbij scherp ziend, myoop
bij·ziend·heid de (v) het bijziend zijn, kippigheid, myopie
bij·zijn het tegenwoordigheid, aanwezigheid: ★ *ze rookte in het ~ van haar vader*
bij·zin de (m) [-nen] taalk zin met de functie van een zinsdeel
bij·zit de (v) [-ten] vero vrouw met wie een man leeft zonder met haar gehuwd te zijn, concubine
bij·zit·ter de (m) [-s] ❶ deskundig toehoorder bij een examen, een rechtsprekend college enz. ❷ BN assistent van de voorzitter van een stembureau
bij·zon de [-nen] op de zon gelijkende lichtplek dicht bij de zon
bij·zon·der [bie-] **I** bn ❶ niet algemeen, particulier, apart: ★ *een bijzondere gunst; bijzondere belangen* ;

zie ook bij → **hoogleraar** en → **onderwijs**
❷ afwijkend, raar: ★ *dit is een ~ geval* ★ *hij loopt heel ~* **II** *bijw* zeer, in hoge mate, buitengewoon: ★ *een ~ hoge berg* ★ *dit komt ~ slecht uit* **III** *het* ★ *in het ~ vooral* ★ *iets bijzonders* iets van bijzondere waarde *of* bijzonder belang ★ *dat is niets bijzonders* dat is heel normaal *of* dat is niet van belang

bij·zon·der·heid [bie-] *de (v)* [-heden] ❶ klein onderdeel, detail: ★ *er zijn nog geen bijzonderheden bekend* ★ *in bijzonderheden treden* details vermelden ❷ merkwaardig voorval of verschijnsel, merkwaardigheid ❸ bezienswaardigheid: ★ *deze streek kent vele bijzonderheden*

bij·zon·der·lijk [bie-] *bijw* vooral, voornamelijk, in het bijzonder

bik *de (m)* inf eten: ★ *de ~ is er goed*

bi·ki·ni *de (m)* ['s] tweedelig badpakje voor vrouwen en meisjes, bestaande uit een broekje en een bovenstukje, genoemd naar het eiland Bikini in de Stille Oceaan, waar de Verenigde Staten indertijd proeven met atoombommen namen

bi·ki·ni·lijn *de* veelal behaarde huid in de schaamstreek van een vrouw die net niet door een bikinibroekje wordt bedekt: ★ *de ~ ontharen*

bik·kel *de (m)* [-s] kootbeentje van een schapenpoot (of daarop gelijkend metalen voorwerp), vroeger als speelgoed gebruikt ★ *zo hard als een ~* zeer hard

bik·ke·len *ww* [bikkelde, h. gebikkeld] ❶ vroeger met bikkels spelen ❷ sp zeer hard en ruw spelen ❸ erg hard werken

bik·kel·hard *bn* zo hard als een bikkel, buitengewoon hard: ★ *de politie trad ~ op*

bik·ken *ww* [bikte, h. gebikt] ❶ ⟨steen⟩ afhakken ❷ inf eten: ★ *heb je wat te ~?*

bik·ke·se·ment *het* inf eten, voedsel

bil *de* [-len] ❶ vooral NN elk van beide lichaamsdelen aan de achterzijde van het lichaam, ter hoogte van de heupgewrichten: ★ *een kind op, voor de billen geven* daar een pak slaag geven ★ *met de billen bloot moeten* zich moeten verantwoorden ★ *NN wie zijn billen brandt, moet op de blaren zitten* wie iets fout doet moet over de gevolgen daarvan niet klagen ★ *spreektaal van ~ gaan* geslachtsgemeenschap hebben ❷ BN, spreektaal vlezig deel van het bovenbeen, dij ❸ BN, spreektaal bout

bi·la·bi·aal *(Fr<Lat) bn* met de beide lippen gevormd: ★ *de bilabiale medeklinkers zijn de b, de m en de p*

bi·lan *het* BN ook, handel balans; (vandaar) overzicht (van voor- en nadelen): ★ *het ~ opmaken*

bi·la·te·raal *(Fr) bn* tweezijdig, beiderzijds, wederzijds verbindend: ★ *een bilaterale overeenkomst*

bil·bo·quet [bielbokkè(t)] *(Fr) de (m)* [-s, -ten] balvanger, een bep. kinderspeelgoed

bil·har·zia *de* in de tropen voorkomende parasitaire worminfectie

bi·lin·gu·is·me [-ɣwismə] *(Lat),* **bi·lin·gua·lis·me** [-ɣwaa-, -gwaa-] *het* tweetaligheid, afwisselend gebruik van twee talen of twee dialecten van een

taal door dezelfde persoon

bil·jard *telw* duizend biljoen (1.000.000.000.000.000)

bil·jart *(Fr) het* [-s, -en] ❶ stootspel met drie ballen van kunststof, vroeger van ivoor gemaakt ★ *een biljartje leggen / maken* een partijtje biljarten ❷ tafel met groen laken waarop het biljartspel gespeeld wordt

bil·jart·bal *de (m)* [-len] harde bal van kunststof (vroeger van ivoor), waarmee men biljart ★ *zo kaal als een ~* geheel kaal

bil·jar·ten *ww* [biljartte, h. gebiljart] het biljartspel spelen

bil·jart·keu *de* [-s, -en] stootstok bij het biljartspel gebruikt

bil·jart·la·ken *het* groen (soms blauw) laken op het biljart

bil·jart·zaal *de* [-zalen] zaal waarin een of meer biljarten staan

bil·jet *(Fr) het* [-ten] gedrukt stukje papier, kaart(je): ★ *~ van toegang* ★ *een ~ van 100 euro*

bil·joen *telw* duizend miljard, 1.000.000.000.000 (in de Verenigde Staten is *billion* echter miljard)

bill *(Eng) de (m)* [-s] ontwerp van wet ★ *Bill of Rights* parlementaire verklaring, tot stand gekomen bij de troonsbestiging van Koning-Stadhouder Willem III van Engeland en zijn gemalin Mary Stuart, over de afbakening van de koninklijke bevoegdheden

bill·board [-bò(r)d] *(Eng) het* [-s] groot reclamebord

bil·len·koek *de (m)* vooral NN ⟨tegen kinderen gezegd⟩ klappen voor de billen

bil·len·tik·ker *de (m)* [-s] NN kort jasje met slippen

bil·lijk *bn* ❶ rechtvaardig: ★ *de gevangenen werden ~ behandeld* ❷ redelijk: ★ *billijke eisen* ★ *dat zou niet ~ zijn tegenover (jegens) de kiezers*

bil·lij·ken *ww* [billijkte, h. gebillijkt] goedkeuren, redelijk achten

bil·lijk·heid *de (v)* rechtmatigheid, redelijkheid

bil·naad *de (m)* [-naden] anat naad tussen beide billen

bi·lo·ca·tie *(Lat)* [-(t)sie] *de (v)* het gelijktijdig aanwezig zijn van een persoon op twee verschillende plaatsen (als parapsychologisch verschijnsel)

bil·spier *de* [-en] elk van de beide goed ontwikkelde, tegen de achterzijde van het bekken gelegen spieren bij de mens

bil·tong *(ZA) de* gedroogd vlees

bil·ze·kruid *het* giftige plant met paars geaderde gele bloemen (*Hyoscyamus niger*)

bim·bam *tsw* geluid van een klok die wordt geluid

bi·me·taal *het* strook van twee op elkaar gesoldeerde metalen met verschillende uitzettingscoëfficiënt

bims *(Du) het* puimsteengruis

BIN *afk* in België Belgisch Instituut voor Normalisatie

bi·nair [-nèr] *(Fr<Lat) bn* tweetallig, tweedelig ★ *~ stelsel* tweetallig rekenstelsel, stelsel waarin uitsluitend de waarden 0 en 1 voorkomen, vooral toegepast bij computers ★ *binaire wapens* chemische wapens die zijn opgebouwd uit twee bestanddelen

die afzonderlijk onschadelijk zijn, maar in combinatie met elkaar een gifgas vormen

bin·den *ww* [bond, h. gebonden] ❶ met touwen, banden e.d. in zijn bewegingen belemmeren: ★ *de gevangenen werden gebonden* ★ *een hond aan een boom* ~ ❷ met touwen, banden e.d. bevestigen aan: ★ *een kaartje aan een koffer* ~ ❸ fig in zijn of haar vrijheid belemmeren: ★ *door de kinderen was de vrouw aan huis gebonden* ★ *zich niet willen* ~ geen vaste relatie willen aangaan ★ *zich binden aan iets* zich aan iets moeten houden: ★ *wij achten ons niet aan dit akkoord gebonden* ❹ verenigen, een band tot stand brengen: ★ *een gemeenschappelijk doel bindt ons* ★ *proberen klanten aan zich te* ~ ❺ een → **band**¹ (bet 5) aanbrengen aan: ★ *een boek, tijdschriften* ~ ❻ chem aaneenschakelen van atomen tot moleculen: ★ *koolmonoxide bindt zuurstof* ❼ ‹van soepen, sausen e.d.› dik maken

bin·dend *bn* verplichtend, nagekomen moetende worden: ★ *bindende voorschriften*

bin·der *de (m)* [-s] boekbinder

bin·de·rij *de (v)* [-en] boekbinderij

bind·ga·ren *het* [-s] garen om te binden

bin·ding *de (v)* [-en] ❶ chem aaneenschakeling van atomen tot moleculen ❷ geestelijke band: ★ *hij heeft een sterke* ~ *met zijn moeder* ❸ skibinding

bind·mid·del *het* [-en] middel om vloeibare stof dik te maken (soep, saus enz.)

bind·sel *het* [-s] iets wat bindt, iets waarmee men bindt

bind·vlies *het* [-vliezen] slijmvlies dat de binnenkant van het ooglid en de voorzijde van de oogbol bedekt, conjunctiva

bind·weef·sel *het* [-s] rekbaar weefsel in het menselijk en dierlijk lichaam dat steun geeft en zorgt voor de samenhang van de organen

bin·gel·kruid *het* giftige plant met groenige bloemen en borstelige vruchten (*Mercurialis*)

bin·go [-γoo] *‹Eng›* **I** *het* kansspel met nummers op een kaart **II** *tsw* ❶ uitroep als men een volle kaart heeft bij bingo (I) ❷ fig uitroep bij het winnen of verkrijgen van iets aangenaams

bin·go·ën *ww* [-γoo-] [bingode, h. gebingood] bingo spelen

bink *de (m)* [-en] vooral NN, spreektaal vent, kerel: ★ *een rijke* ~ ★ *een stoere* ~

bin·nen I *vz* ❶ in een bepaalde ruimte: ★ ~ *de stad* ★ ~ *handbereik* ❷ in een bepaalde tijdsruimte: ★ ~ *een uur heb ik het werk af* in minder dan een uur ❸ BN na verloop van, niet eerder dan, over: ★ *deze actie zal pas* ~ *een jaar vruchten afwerpen* **II** *bijw* ❶ in een bepaalde ruimte: ★ ~ *in deze vrucht zit een pit* ★ *de kinderen spelen* ~ in het huis ★ *het schip is* ~ in de haven ★ ~ *zijn* zich financieel geen zorgen meer behoeven te maken ★ *te* ~ *schieten* in de herinnering ★ *niets* ~ *kunnen houden* steeds moeten overgeven ★ *sp de bal is* ~ in het speelveld ❷ inwendig: ★ *van* ~ *heel opgewonden zijn* ★ *iem. van* ~ *en van buiten*

kennen iem. door en door, zeer goed kennen

bin·nen·baan *de* [-banen] sp baan het dichtst bij het midden

bin·nen·bad *het* [-baden] overdekte zweminrichting

bin·nen·band *de (m)* [-en] dunne binnenste gummiband van een fiets- of autowiel

bin·nen·blad *het* [-bladen] ❶ kleinste tandwiel aan de trapas van een fiets met versnellingen ❷ blad van een sigaar onder het dekblad

bin·nen·bocht *de* [-en] sp bocht in de binnenbaan

bin·nen·boord *bijw* in de boot: ★ *visnetten* ~ *halen* ★ NN ~ *houden* proberen te behouden binnen een partij, vereniging enz.: ★ *alles in het werk stellen om ontevreden leden* ~ *te houden*

bin·nen·brand *de (m)* [-en] niet uitslaande brand ★ NN, fig *binnenbrandje* conflict, ruzie binnen een groep, afdeling, organisatie enz.

bin·nen·bren·gen *ww* [bracht binnen, h. binnengebracht] ❶ binnenshuis, binnenskamers brengen ❷ ‹een schip› in de haven brengen ❸ BN, spreektaal inleveren, inzenden (advertenties, teksten e.d.)

bin·nen·dijk *de (m)* [-en] dijk langs een binnenwater; niet meer dienstdoende dijk

bin·nen·dijks, **bin·nen·dijks** *bn* aan de binnenkant van de dijk

bin·nen·door, **bin·nen·door** *bijw* langs een binnenweg, niet buitenom: ★ *zullen we de snelweg nemen of gaan we* ~?

bin·nen·drin·gen *ww* [drong binnen, is binnengedrongen] met geweld *of* onrechtmatig binnengaan

bin·nen·drup·pe·len *ww* [druppelde binnen, is binnengedruppeld] ❶ in druppels naar binnen vallen ❷ fig (van personen) in kleine groepjes of (van geld) in kleine hoeveelheden langzaam binnenkomen

bin·nen·gaats, **bin·nen·gaats** *bijw* in een zeegat, in een haven, niet in de open zee

bin·nen·grens *de* [-grenzen] onderlinge grens tussen staten of provincies van een federatie, zoals die tussen de landen van de Europese Unie

bin·nen·ha·len *ww* [haalde binnen, h. binnengehaald] binnenshuis, binnen een kring of ruimte halen ★ *de buit* ~ het geld opstrijken ★ *de oogst* ~ a) oogsten; b) fig de resultaten vastleggen ★ *een opdracht, order* ~ verwerven

bin·nen·ha·ven *de* [-s] haven die niet vlak aan zee, maar aan een binnenwater is gelegen: ★ *Bazel is een belangrijke* ~

bin·nen·hof *het* [-hoven] binnenplaats: ★ NN *het Binnenhof* plein te Den Haag, met de omringende gebouwen, waarin de Staten-Generaal vergaderen

Bin·nen·hofs *het* NN jargon gesproken door politici op het Binnenhof (het politieke centrum in Nederland), te vergelijken met het *Wetstratees* in België

bin·nen·huis *het* [-huizen] ❶ een huis van binnen

❷ inrichting van een huis ❸ schilderij dat een binnenhuis voorstelt

bin·nen·huis·ar·chi·tect *de (m)* [-en] architect die leiding geeft bij het indelen en inrichten (meubileren, stofferen enz.) van een woning

bin·nen·huis·in·rich·ting *de (v)* BN binnenhuisarchitectuur

bin·nen·in, bin·nen·in *bijw* versterking van → **binnen**

bin·nen·ka·mer *de* [-s] rondom ingesloten kamer ★ *in de ~* in de afzondering, waar men met zichzelf alleen is

bin·nen·kant *de (m)* [-en] de naar binnen gerichte zijde: ★ *de ~ van een jas*

bin·nen·koer *de (v)* [-en] BN ook binnenplaats, binnenhof

bin·nen·ko·men *ww* [kwam binnen, is binnengekomen] ❶ in een ruimte (kamer, huis, haven enz.) komen ❷ ⟨geld⟩ ontvangen worden: ★ *mijn salaris is binnengekomen*

bin·nen·ko·mer *de (m)* [-s] ⟨van een toespraak, optreden e.d.⟩ pakkend, verrassend of grappig begin, dat boeit en de aandacht wekt

bin·nen·komst *de (v)* het binnenkomen

bin·nen·kort *bijw* weldra, spoedig

bin·nen·krij·gen *ww* [kreeg binnen, h. binnengekregen] ❶ in de maag krijgen: ★ *de zieke kon niets ~* ❷ vergif ~ ❷ ⟨verschuldigd geld⟩ ontvangen

bin·nen·land *het* [-en] ❶ het eigen land: ★ *deze producten worden in het ~ afgezet* ❷ het deel van een land dat ver van de kust is verwijderd, moeilijk bereikbaar gebied: ★ *de binnenlanden van Brazilië* ★ *dit dorp ligt diep in het ~*

bin·nen·lands *bn* van, in het eigen land: ★ *de binnenlandse handel* ★ *Binnenlandse Zaken* naam van een → **departement** (bet 3)

bin·nen·la·ten *ww* [liet binnen, h. binnengelaten] in een bepaalde ruimte laten komen

bin·nen·lood·sen *ww* [loodste binnen, h. binnengeloodst] ❶ uit zee (door moeilijk vaarwater) in de haven brengen ❷ fig op slinkse wijze binnenlaten: ★ *hij loodste zijn vrienden het stadion binnen*

bin·nen·lo·pen *ww* [liep binnen, is binnengelopen] ❶ een ruimte in lopen ❷ NN, fig fortuin maken ❸ ⟨van een schip⟩ een haven binnen varen ❹ BN ook ⟨van telefoontjes⟩ binnenkomen

bin·nen·plaats *de* [-en] ingesloten pleintje bij een gebouw

bin·nen·pla·neet *de* [-neten] planeet waarvan de baan binnen die van de aarde ligt: ★ *Mercurius en Venus zijn binnenplaneten*

bin·nen·post *de (m)* BN interne post in een bedrijf

bin·nen·pra·ten *ww* [praatte binnen, h. binnengepraat] luchtv de piloot per radio aanwijzingen geven voor het landen

bin·nen·pret *de* heimelijk plezier: ★ *binnenpretjes hebben*

bin·nen·re·ge·nen *ww* [regende binnen, h. binnengeregend] ★ BN *het regent binnen* de regen komt door de spleten e.d. het huis binnen

bin·nen·rijm *het* [-en] het optreden van op elkaar rijmende beklemtoonde woorden binnen een en dezelfde versregel

bin·nen·scheep·vaart *de* scheepvaart op de binnenwateren

bin·nen·schip *het* [-schepen] schip in de binnenvaart

bin·nen·schip·per *de (m)* [-s] schipper in de binnenvaart

bin·nens·huis, bin·nens·huis *bijw* in het huis: ★ *de hele zondag ~ doorbrengen*

bin·nens·ka·mers, bin·nens·ka·mers *bijw* niet in het openbaar, in het geheim: ★ *we willen dit liever ~ houden*

bin·nens·lands, bin·nens·lands *bijw* in het eigen land

bin·nen·slui·zen *ww* [sluisde binnen, h. binnengesluisd] (op onregelmatige wijze) naar zich toe halen, inhalen: ★ *hij heeft zijn vriendjes op een handige manier het bedrijf binnengesluisd*

bin·nen·smok·ke·len *ww* [smokkelde binnen, h. binnengesmokkeld] heimelijk binnenbrengen: ★ *wapens de gevangenis ~*

bin·nens·monds *bijw* mompelend, slecht articulerend: ★ *~ praten*

bin·nen·spe·len *ww* [speelde binnen, h. binnengespeeld] BN, spreektaal naar binnen slaan, opeten of opdrinken: ★ *een grote portie van iets ~*

bin·nen·spe·ler *de (m)* [-s] ⟨in diverse teamsporten⟩ één van de twee aanvallers die naast of vlak achter de spits spelen

bin·nen·spie·gel *de (m)* [-s] achteruitkijkspiegel binnen in een auto

bin·nen·sport *de* [-en] sport in een overdekte ruimte, indoorsport

bin·nenst *bn* het meest naar binnen

bin·nen·stad *de* [-steden] het (oude) centrum van een stad

bin·nen·ste *het* ❶ het inwendige: ★ *het ~ van een ei* ❷ innerlijk, gemoed: ★ *in zijn ~ brandde hij van verlangen*

bin·nen·ste·bui·ten *bijw* met het inwendige naar buiten gekeerd: ★ *ze droeg het truitje ~* ★ *iets ~ keren* a) de binnenkant naar buiten brengen; b) fig veel overhoop halen

bin·nens·tijds, bin·nen·tijds *bijw* binnen de gestelde tijd

bin·nen·stui·ven *ww* [stoof binnen, is binnengestoven] plotseling en haastig binnenkomen

bin·nen·tijds *bijw* → **binnenstijds**

bin·nen·vaart *de* de binnenscheepvaart

bin·nen·val·len *ww* [viel binnen, is binnengevallen] onverwacht binnenkomen

bin·nen·vet·ter *de (m)* [-s] ❶ iem. die meer weet of meer bezit dan men zou denken ❷ ⟨thans meestal⟩ iem. die niet veel over zijn gevoelens praat

bin·nen·waarts *bn* naar binnen
bin·nen·wa·ter *het* [-en, -s] ❶ water dat geen onderdeel vormt van een zee, zoals een rivier, meer e.d. ❷ door sluizen enz. afgesloten water
bin·nen·weg *de (m)* [-wegen] minder belangrijke, veelal kortere weg binnendoor
bin·nen·werk *het* ❶ werk in huis ❷ ‹van machines› het inwendige ❸ wat binnen in een gebouw aanwezig is (*vloeren, deuren* e.d.) ❹ ‹van schoenen, kleding e.d.› binnenbekleding
bin·nen·werks *bijw* langs de binnenkant gemeten
bin·nen·wip·pen *ww* [wipte binnen, is binnengewipt] kort ergens op bezoek gaan, langsgaan: ★ *even bij je oma* ~
bin·nen·zak *de (m)* [-ken] zak aan de binnenkant van een jas
bin·nen·zee *de* [-zeeën] bijna geheel door land omsloten zee
bin·nen·zij *de* [-den], **bin·nen·zij·de** [-n] binnenkant
bi·no·cle [bienoklə, bienokkəl] *(‹Fr) de (m)* [-s] kijkglas voor beide ogen, toneelkijker
bi·no·cu·lair [-kuulèr] *(‹Fr) bn* met *of* voor beide ogen: ★ *een binoculaire microscoop*
bi·no·mi·naal *bn* dubbelnamig
bi·no·mi·um *(‹Lat) het* tweeterm, som van twee grootheden
bint *het* [-en] ❶ zware balk van hout of staal ❷ gebint
bint·je *het* [-s] lichtgele consumptieaardappel, genoemd naar Bintje Jansma (1888-1976), leerlinge van de kweker-onderwijzer K.L. de Vries
bint·laag *de* [-lagen] verbindende laag van balken of stenen
bio·bak *de (m)* [-ken] speciale afvalbak voor gft-afval (groente-, fruit- en tuinafval)
bio·brand·stof *de* [-fen] brandstof gewonnen uit plantaardige *of* dierlijke grondstoffen, bijv. maïs of rietsuiker; tegengest: fossiele brandstof
bio·che·mi·cus *de (m)* [-mici] beoefenaar van de biochemie
bio·che·mie *de (v)* leer van de scheikundige omzettingen in het levende organisme
bio·che·misch *bn* van, betreffende de biochemie
bio·ci·de *het* [-n] chemische verbinding met dodelijke werking op levende organismen, vooral die welke gebruikt wordt als bestrijdingsmiddel of pesticide
bio·coe·no·se [-seenoozə] *(‹Gr) de (v)* levensgemeenschap, de in een biotoop samen levende dieren en / of planten
bio·di·ver·si·teit *de (v)* totaal van verschillende biologische soorten, rassen enz. die in een bep. gebied voorkomen, biologische verscheidenheid
bio·dy·na·misch [-die-] *bn* biologisch-dynamisch
bio·ener·ge·ti·ca *de (v)* gedragstherapie die uitgaat van de gedachte dat gedragsstoornissen en spanningen zijn terug te voeren op verstoringen in de energiestroom in het lichaam en waarbij door oefeningen wordt getracht de balans in deze energiestroom te herstellen

bio·ener·gie [-zjie, -gie] *de (v)* energie die wordt verkregen door processen die zich in het lichaam afspelen
bio·fy·si·ca [-fiezie-] *(‹Gr) de (v)* fysica in zoverre deze van toepassing is op de biologie
bio·fy·si·cus [-fiezie-] *de* [-ci] beoefenaar van de biofysica
bio·gar·de *de* yoghurt met rechtsdraaiend melkzuur
bio·gas *het* [-sen] verbrandingsgas verkregen uit het rottingsproces van plantaardige en dierlijke stoffen, bijv. uit stro (in China) of uitwerpselen
bio·ge·ne·se [-geeneezə] *de (v)* ontstaan en ontwikkeling van levende organismen
bio·graaf *(‹Gr) de (m)* [-grafen] levensbeschrijver
bio·gra·fie *(‹Gr) de (v)* ❶ het maken van levensbeschrijvingen van afzonderlijke personen ❷ [*mv:* -fieën] een dergelijke levensbeschrijving: ★ *een ~ van Mahatma Gandhi*
bio·gra·fisch *bn* betrekking hebbend op de biografie
bio·in·dus·trie *de (v)* het op industriële wijze bedrijven van vee- en pluimveeteelt, intensieve veehouderij
bio·in·ge·neur [-gee- of -zjənjeur] *de (m)* [-s] BN ook landbouwingenieur
bio·lo·ge·ren *ww* [biologeerde, h. gebiologeerd] geheel in de ban, onder invloed brengen: ★ *door iem. gebiologeerd worden* ★ *het muisje biologeerde de kat*
bio·lo·gie *(‹Gr) de (v)* studie van de levende wezens en de levensverschijnselen in algemene zin
bio·lo·gisch *bn* betrekking hebbende op de biologie ★ *~ actief (van wasmiddelen)* werkzaam door de afbrekende werking van daarin aanwezige enzymen ★ *biologische landbouwmethoden* waarin geen gebruik van kunstmest en chemische bestrijdingsmiddelen ★ *biologische oorlogvoering* oorlogvoering met behulp van schadelijke levende wezens (ziektekiemen, insecten enz.) vgl: → **afbreekbaar**
bio·lo·gisch-dy·na·misch [- die-] *bn* volgens de natuurlijke groei, zonder gebruik van kunstmeststoffen (gekweekt)
bio·loog *(‹Gr) de (m)* [-logen] beoefenaar van, student in de biologie
bio·mas·sa *de* ['s] verzamelnaam voor allerlei soorten organisch materiaal, zoals hout, gras, mest en groen tuinafval: ★ *~ gebruiken voor de ontwikkeling van duurzame energie*
bio·me·cha·ni·ca *(‹Gr) de (v)* tak van de biofysica die zich bezighoudt met de mechanica en de mechanische aspecten van biologische problemen
bio·me·trie *de (v)* studie van de meetbare fysieke kenmerken van mensen, o.a. van belang voor bijv. beveiliging, teneinde personen op grond van deze kenmerken (zoals een door een scanner vastgelegde vingerafdruk of iris) te kunnen identificeren
bio·mor·fo·se [-foozə] *(‹Gr) de (v)* fysiologisch proces van het oud worden van de weefsels van alle

meercellige organismen
bi·o·ni·ca *de (v)* biotechnologie
bi·o·nisch *bn* betrekking hebbend op de bionica
bi·op·sie *(‹Gr) de (v)* het uitsnijden van een stukje levend weefsel voor microscopisch onderzoek
bio·rit·me *het* het periodiek optreden van veranderingen in de levensprocessen of -activiteiten, bijv. het slaap-waakritme en de menstruele cyclus
BIOS *afk* comput basic input/output system *(‹Eng)* [in de computer ingebouwde software (in een chip) die bepaalt wat de computer kan zonder gebruik te maken van op een schijf opgeslagen software, bijv. het aansturen van het toetsenbord, het beeldscherm, de diskdrives e.d.]
bi·os *de (m)* inf verkorting van → **bioscoop**
bio·scoop *(‹Gr) de (m)* [-scopen] gebouw, zaal geschikt voor het vertonen van films in het openbaar, filmtheater
bio·scoop·bon *de (m)* [-nen, -s] bon tegen inlevering waarvan men gerechtigd is een film te zien in iedere bioscoop
bio·scoop·lad·der *de (m)* [-s] NN overzicht in een krant of tijdschrift van de films die in de diverse bioscopen draaien, in een opmaak die enigszins aan een ladder doet denken
bio·scoop·re·cla·me *de* [-s] in de bioscoop vertoonde reclame, voorafgaande aan de hoofdfilm
bio·sfeer *(‹Gr) de* de hele ruimte op aarde waarin levende wezens voorkomen
bio·tech·niek *de (v)* ❶ bionica ❷ het verzorgen van en praktisch werken met proefdieren
bio·tech·no·lo·gie *de (v)* studie van de werking van organische systemen en organen als mechanismen en de toepassing daarvan op technische problemen en methoden, bionica
bio·ter·ro·ris·me *het* terrorisme waarbij gebruik wordt gemaakt van biologische wapens
bio·toop *(‹Gr) de (m)* [-topen] specifiek woon- of groeigebied van een dier, resp. plant
bio·we·ten·schap·pen *mv* wetenschappen van de levende organismen
bi·pa·tri·de *(‹Fr‹Gr) de* recht persoon die meer dan één staatsburgerschap heeft
bips *de* [-en] kindertaal achterwerk, de beide billen: ★ *op zijn ~ vallen* ★ *ze speelde in haar blote ~ op het strand*
bir·die *[bù(r)-] (‹Eng) de* [-s] golf score van een onder par op een hole
Bir·maan *[bur-] de (m)* [-manen] ❶ iem. geboortig of afkomstig uit Birma ❷ ★ *heilige birmaan* heilige Birmaanse kat
Bir·maans *[bur-] bn* van, uit, betreffende Birma ★ *heilige Birmaanse kat* langharige kat met de tekening van een Siamese kat
bir·mees *[bur-]* **I** *bn* ★ *Birmese kat* slanke, kortharige kat met wigvormige kop in tal van kleurvariëteiten **II** *de (m)*, **birmeis** [-mezen] Birmese kat

bis¹ [bies] *(‹Lat)* **I** *bijw* ❶ tweemaal, nog eens ❷ als tweede toegevoegd: ★ *artikel 5 ~* het na artikel 5 ingelaste artikel **II** *de (m)* [-sen] tweede exemplaar
bis² [bies] *de* [-sen] muz noot die een halve toon hoger is dan de b
bi·sam·rat [-zam-] *de* [-ten] Noord-Amerikaans knaagdier, gekweekt om de pels, muskusrat
bis·cuit [biskwie] *(‹Fr ‹eig tweemaal gebakken›) de (m) & het* [-s] bros koekje, kaakje
bis·dom *het* [-men] kerkelijk gebied van een bisschop, diocees
bi·seks *bn* verkorting van → **biseksueel**
bi·sek·su·a·li·teit *de (v)* seksuele gerichtheid op beide geslachten
bi·sek·su·eel *bn* ❶ seksueel gericht op beide geslachten ❷ genetica zowel vrouwelijke als mannelijke kenmerken kunnende ontplooien
bis·jaar *het* BN jaar dat men overdoet aan een universiteit of hogeschool
bis·mut *(‹Du) het* chemisch element, symbool Bi, atoomnummer 83, een bros metaal met roodachtige glans
bis·schop *(‹Lat‹Gr) de (m)* [-pen] ❶ iem. van hoge rang in een kerkelijke hiërarchie ❷ warme rode wijn, gemengd met kruiden en suiker
bis·schop·pe·lijk *bn* van een bisschop
bis·schops·ring *de (m)* [-en] ring door een bisschop gedragen als zinnebeeld van zijn huwelijk met de kerk
bis·schops·stad *de* [-steden] stad waar een bisschop zetelt
bis·schops·staf *de (m)* [-staven] gebogen staf, teken van de bisschoppelijke waardigheid
bis·schops·wij·ding *de (v)* [-en] wijding tot bisschop
bis·schop·wijn *de (m)* → **bisschop** (bet 2)
bis·sec·tri·ce *(‹Fr‹Lat) de* [-s] wisk lijn die een hoek middendoor deelt
bis·sen *ww* [biste, h. gebist] BN een studiejaar opnieuw doen
bis·ser *de (m)* [-s] BN iemand die een studiejaar opnieuw doet, zittenblijver
bis·se·ren *ww* [bies-] *(‹Fr)* [bisseerde, h. gebisseerd] ❶ bis roepen ❷ doen herhalen ❸ herhalen
bis·stro *(‹Fr) de (m)* ['s] klein restaurant in Franse sfeer
bit¹ *(‹Eng:* samentrekking van *binary digit* tweetallig cijfer) *de (m)* [-s] kleinste eenheid waarmee een gegeven kan worden voorgesteld, in het bijzonder de waarde 0 of 1 uit het binaire stelsel (zie → **binair**)
bit² *het* [-ten] mondstang, tussen het gebit van een paard geplaatst, waaraan de teugels bevestigd zijn
bi·tac *de* een middel om te tectyleren
bi·tac·cen *ww* [bitacte, h. gebitact] tectyleren
bitch [bitsj] *(‹Eng) de (v)* [-es] *(eig:* teef, vrouwtjeshond) plat scheldwoord voor harde, onaardige vrouwen of meisjes
bit·map [-mep] *(‹Eng) de* [-s] comput digitaal beeld bestaande uit beeldpuntjes
bits *bn* onvriendelijk, scherp; **bitsheid** *de (v)* [-heden]

bit·sig *bn* BN *ook* bits, vinnig, onvriendelijk
bit·ter I *bn* ❶ op een bep. wijze scherp van smaak (zoals rauwe Brussels lof of grapefruit); vaak met de bijgedachte aan onaangenaam: ★ *dit medicijn smaakt ~* ❷ fig hard, smartelijk, moeilijk te verdragen: ★ *een ~ lot* ★ *bittere humor* ★ *het is ~ koud* ★ *een bittere pil* iets wat moeilijk te verwerken is ★ *bittere tranen schreien* plechtig vreselijk huilen vanwege een groot verdriet **II** *als stof: de & het, als voorwerp: de (m)* [-s] ❶ extract van kruiden, vruchten e.d. om smaak en geur te geven aan sommige sterkalcoholhoudende dranken ❷ glas jenever met enkele druppels van een bitter erin
bit·ter·bal *de (m)* [-len] vooral NN klein bolvormig kroketje, vaak gegeten bij een drankje
bit·ter·gar·ni·tuur *de (v)* [-turen] NN verzameling hartige hapjes bij een borrel, receptie e.d.
bit·ter·kers *de* sterkers, tuinkers, eetbaar kruisbloemig plantje (*Lepidium sativum*)
bit·ter·koek·je *het* [-s] vooal NN hard koekje met een enigszins bitterzoete smaak, bereid met amandelen
bit·ter·kruid *het* harige samengesteldbloemig plant met goudgele bloemen (*Picris hieracioides*)
bit·ter·ling *de (m)* [-en] tot de gentianen behorend plantje met gele bloemen (*Chlora*)
bit·ter·tje *het* [-s] NN glaasje sterke drank met een kruidenmengsel
bit·ter·voorn, **bit·ter·vo·ren** *de (m)* [-s] soort karper die eieren legt in riviermossels
bit·ter·wa·ter *het* magnesiumzouten bevattend mineraalwater
bit·ter·zoet *het* klimplant met kleine paarse bloemen en vergiftige rode bessen (*Solanum dulcamara*)
bit·ter·zout *het* Engels zout, magnesiumsulfaat
bi·tu·men *(‹Lat) het* [bitumina] in de bodem voorkomende koolwaterstoffen als aardolie en aardgas, aardwas, bergteer, asfalt enz.
bi·tu·mi·ne·ren *ww* [bitumineerde, h. gebitumineerd] met bitumen bestrijken of behandelen
bi·tu·mi·neus *(‹Fr‹Lat) bn* bitumen bevattend, bitumenachtig
bi·vak *(‹Fr) het* [-ken] nachtverblijf in de open lucht of in tenten, oorspronkelijk van soldaten, thans ook van alpinisten e.d. ★ *zijn ~ opslaan* fig ergens enige tijd verblijven
bi·vak·ke·ren *ww* [bivakkeerde, h. gebivakkeerd] ❶ de nacht in de open lucht of in tenten doorbrengen ❷ verblijven: ★ *hij heeft een tijd bij zijn zuster gebivakkeerd*
bi·vak·muts *de* [-en] muts die over het hele hoofd wordt getrokken en alleen de ogen vrijlaat
bi·va·lent *(‹Lat) bn* chem tweewaardig
BiZa *afk* in Nederland (ministerie van) Binnenlandse Zaken
bi·zar *(‹Fr) bn* zonderling, wonderlijk, grillig: ★ *bizarre gewoonten*
bi·zon *(‹Lat) de (m)* [-s] ❶ grote, Noord-Amerikaanse rundersoort met een massieve kop (*Bison bison*)

❷ rundergeslacht *Bison*, bestaande uit de Noord-Amerikaanse bizon en de Europese bizon of wisent (*B. bonasus*)
Bk *afk* chem symbool voor het element *berkelium*
B-kant *de (m)* [-en] vroeger de zijde van een → **single** (bet 2) tegenover de A-kant
BKR *afk* ❶ in Nederland Bureau Krediet Registratie [centraal register met gegevens van alle consumenten die in Nederland een krediet hebben of de laatste vijf jaar hebben gehad] ❷ in Nederland, vroeger Beeldende-Kunstenaarsregeling (afgeschaft in 1987)
blaad·je *het* [-s] klein blad ★ NN *bij iem. in een goed ~ staan*, BN *bij iem. op een goed ~ staan* bij iem. in de gunst staan, goed aangeschreven staan
blaag *de* [blagen] lastig of brutaal kind: ★ *wat maken die blagen hier voor de deur een herrie*
blaam *(‹Fr) de* afkeuring, smet ★ *hem treft geen ~* hij kan er niets aan doen, hem valt niets te verwijten
blaar *de* [blaren] ❶ opgelichte huid waaronder vochtophoping ❷ witte plek op het voorhoofd van sommige dieren ❸ dier met een blaar
blaar·kop *de (m)* [-pen] koe met een → **blaar** (bet 2)
blaar·trek·kend *bn* blaren veroorzakend
blaas *de* [blazen] ❶ holte die met gas is gevuld, luchtbel: ★ *blazen in een verflaag* ❷ anat hol, met gas en / of vloeistof gevuld orgaan bij mens of dier, vooral de urineblaas
blaas·balg *de (m)* [-en] werktuig dat door samentrekking lucht uitperst
blaas·in·stru·ment *het* [-en] muziekinstrument waarop men moet blazen om geluid voort te brengen (fluit, trompet e.d.)
blaas·je *het* [-s] ❶ kleine → **blaas** (bet 1) ❷ klein blaartje op de huid
blaas·jes·kruid *het* een waterplant (*Utricularia*)
blaas·kaak *de* [-kaken] opschepper, bluffer
blaas·ka·ken *ww* [blaaskaakte, h. geblaaskaakt] bluffen; **blaaskakerij** *de (v)* [-en]
blaas·ka·pel *de* [-len] muziekkorps met blaasinstrumenten
blaas·ont·ste·king *de (v)* [-en] ontsteking van de urineblaas
blaas·or·kest *het* [-en] orkest van blaasinstrumenten
blaas·pijp *de* [-en] ❶ buis waaruit men pijltjes of kogeltjes blaast ❷ buis waardoor lucht wordt gedreven, o.a. om vuur aan te blazen ❸ (meestal *blaaspijpje*) apparaat waarmee de ademproef wordt uitgevoerd
blaas·proef *de* [-proeven] ademproef
blaas·roer *het* [-en, -s] houten blaaspijp als schietwerktuig
blaas·steen *het* steen in de urineblaas
bla·bla *het* opgeblazen, onbeduidende praatjes, geleuter
black box [blek -] *(‹Eng) de (m)* [-es] ❶ luchtv apparaat dat in een feloranje, beschermend omhulsel is ingebouwd en dat de vluchtgegevens van een

vliegtuig registreert (hoogte, snelheid, koers e.d.), vluchtrecorder, zo genoemd naar de Britse luchtvaarttechnoloog Black ❷ onderw doos met onbekende inhoud waarvan men d.m.v. proeven te weten moet komen wat erin zit

black·jack [blek (d)zjek] *(‹Eng) de (m)* uit Amerika afkomstig kansspel met kaarten dat lijkt op eenentwintigen

black·light [blek lait] *(‹Eng) het* onzichtbare elektromagnetische straling in de ultraviolette en infrarode gebieden van het spectrum die lichte kleuren doet oplichten, vaak gebruikt in disco's

black-out [blekkaut] *(‹Eng) de (m)* [-s] ❶ verduistering bij een luchtaanval ❷ kortstondig verlies van bewustzijn of geheugen ❸ *minder sterk* verlies van concentratie, waardoor vreemde vergissingen ontstaan: ★ *de schaker verloor door een ~ bij de twintigste zet* ❹ plotseling optredende, voorbijgaande blindheid, meestal aan één oog

blad *het* ❶ [*mv:* bladeren] schijfvormig deel van een boom of een plant ★ *omdraaien als een ~ aan een boom* zeer veranderlijk zijn ❷ [*mv:* bladen] benaming van allerlei platte voorwerpen of onderdelen van voorwerpen: ★ *het ~ van een tafel, zaag, roeispaan enz.* ❸ vooral dienblad: ★ *de kopjes stonden op het ~* ❹ [*mv:* bladen] stuk papier ★ *geen ~ voor de mond nemen* onverbloemd, rechtuit spreken ★ *van (het) ~ spelen* gebruikmakend van bladmuziek ❺ [*mv:* bladen] tijdschrift ; zie ook bij → **onbeschreven**

blad·aar·de *de* vergane bladeren
blad·ader *de* [-s, -en] bladnerf
blad·cac·tus *de (m)* [-sen] cactus met bladvormige stengels
blad·de·ren *ww* [bladderde, h. gebladderd] blaasjes vormen en afschilferen
bla·der·deeg *het* luchtig deeg dat uit vele dunne laagjes bestaat, feuilletee(deeg)
bla·der·dos *de (m)* rijke bladertooi
bla·de·ren¹ *ww* [bladerde, h. gebladerd] een boek of tijdschrift, al bladen omslaand, inkijken: ★ *in een boek ~*
bla·de·ren² *zn meerv* van → **blad** (I)
bla·der·loos *bn* zonder bladeren
bla·der·rijk *bn* met veel bladeren
blad·goud *het* goud in zeer dunne blaadjes
blad·groen *het* groene kleurstof in planten, chlorofyl
blad·groen·te *de (v)* [-n, -s] groente waarvan de bladeren (eventueel samen met de malse stengels) worden gegeten, zoals andijvie, prei, sla en spinazie
blad·knop *de (m)* [-pen] knop waaruit zich een blad ontwikkelt
blad·ko·per *het* koper in dunne bladen
blad·lood *het* lood in de vorm van dunne bladen
blad·luis *de* [-luizen] lid van een superfamilie (Aphidoidea) van enkele millimeters lange insecten die op planten leven
blad·moes *het* de cellen tussen de nerven van de bladeren

blad·mos *het* [-sen] bladdragend mos (*Musci*)
blad·mu·ziek *de (v)* muziek zoals die in notenschrift op papier is afgedrukt
blad·nerf *de* [-nerven] draad, nerf in een blad
blad·ok·sel *de (m)* [-s] plantk kleinste hoek tussen een blad of bladsteel en de stengel
blad·sche·de *de* [-n] aanhechting van het blad aan de stengel
blad·schijf *de* [-schijven] het eigenlijke blad (zonder de stengel)
blad·sel·de·rij *de (m)* selderij met sterk ontwikkelde bladeren
blad·spie·gel *de (m)* [-s] druktechn afmetingen van een bladzijde (buiten vakkringen ook wel → **zetspiegel** genoemd)
blad·stand *de (m)* stand van de bladeren ten opzichte van elkaar
blad·steel *de (m)* [-stelen], **blad·sten·gel** [-s] steel, stengel van een blad van een plant
blad·stil *bn* roerloos stil
blad·tin *het* tin in uiterst dunne bladen, zilverpapier, thans geheel vervangen door aluminiumfolie
blad·ver·sie·ring *de (v)* [-en] ❶ bladvormige versiering ❷ versiering van een boekblad
blad·vul·ling *de (v)* [-en] anekdote, versje, tekening enz. om een niet geheel gevulde bladzijde vol te maken
blad·wij·zer *de (m)* [-s] ❶ inhoudsopgave ❷ boekenlegger ❸ comput in de eigen computer opgeslagen referentie aan een veelbezochte internetpagina, ook 'favoriet' genoemd
blad·zij·de, **blad·zij** *de* [-zijden, -zijdes en -zijs] elk van de zijden van een blad van een boek, tijdschrift e.d., pagina
blaf·fen *ww* [blafte, h. geblaft] ❶ ‹van honden› stemgeluid geven ❷ ‹van mensen› hard en vaak hoesten bij verkoudheid ❸ uitvaren, tekeergaan ‹tegen iem.›
blaf·fer *de (m)* [-s] ❶ hond die blaft ❷ fig iem. met grote woorden ❸ inf vuistvuurwapen (pistool of revolver)
blaf·hert *het* [-en] → **muntjak**
blaf·hoest *de (m)* hevige hoest, waarbij een blaffend geluid wordt gemaakt
bla·ken *ww* [blaakte, h. geblaakt] ❶ branden, gloeien: ★ *in de blakende zon liggen* ❷ ‹v. gezicht› stralen: ★ *~ van gezondheid* ★ *~ van ijver* zich zeer ijverig betonen ★ *blakende welstand* grote welstand
bla·ker *de (m)* [-s] NN bepaald type kandelaar
bla·ke·ren *ww* [blakerde, h. geblakerd] ❶ zengen, schroeien: ★ *na de brand waren de muren geblakerd* ❷ ‹van kaarsen› roet afgeven ❸ brandend schijnen op
bla·ma·ge [-maazjə] *de (v)* [-s] schande, oneer, afgang: ★ *de vroegtijdige uitschakeling was een ~ voor het Nederlands team*
bla·me·ren *(‹Fr)* I *ww* [blameerde, h. geblameerd] een

slechte naam bezorgen, een smet werpen op **II** *wederk* zich te schande of belachelijk maken: ★ *met die ongelukkige uitspraak blameerde de minister zich*
blanc de blancs [blã də blã] *(‹Fr) de (m)* uit witte druiven bereide witte wijn
blan·che·ren *ww* [blãsjee-] *(‹Fr)* [blancheerde, h. geblancheerd] ‹spijzen› even opkoken vóór de eigenlijke bereiding, om bruin worden te voorkomen
blan·co *(‹It) bn* ‹van papier› blank, oningevuld, onbeschreven ★ *~ stemmen* een oningevuld stembriefje inleveren, zich bij stemming niet verklaren voor of tegen een voorstel of een persoon ★ *ergens ~ tegenover staan* ergens geen mening over hebben ★ *~ aandeel* aandeel niet op naam van een bepaald persoon ★ *~ krediet* open krediet, geheel op persoonlijk vertrouwen berustend, waarbij de kredietgever niet gedekt is, *ook* bevoegdheid of vrijheid om over een onbepaald bedrag te beschikken ★ *~ volmacht* volmacht zonder beperkingen
blan·da *(‹Mal) de (m)* ['s] NN ❶ ‹in het voormalig Nederlands-Indië› Hollander ❷ blanke
blan·je *bn* NN zie bij → **oranje-blanje-bleu**
blank *bn* ❶ helder, glanzend: ★ *~ metaal* ★ *~ staan* onder water staan. ★ *blanke wapens* wapens die werden gebruikt om in het gevecht van man tegen man de tegenstander door stoten, houwen of anderszins buiten gevecht te stellen, zoals zwaarden, dolken, knotsen e.d. ★ *met de blanke sabel* met getrokken sabel ❷ met een huid met weinig pigment ★ *het blanke ras* het Europide ras ❸ wit, smetteloos: ★ *~ papier* ★ *een ~ geweten* ❹ rijmloos: ★ *blanke verzen* ❺ ongeschilderd: ★ *~ hout*
blan·ke *de* [-n] lid van het blanke of Europide ras
bla·ren[1] *ww* [blaarde, h. geblaard] blaten
bla·ren[2] *zn meerv van →* **blad** (I)
bla·ren·plant *de* [-en] plantensoort uit het geslacht *Aspidistra* met grote vlezige bladeren, bekend als kamerplant (*A. elatior*)
bla·sé [blaazee] *(‹Fr) bn* oververzadigd, ongevoelig voor verder genot
blas·fe·me·ren *ww (‹Fr‹Lat)* [blasfemeerde, h. geblasfemeerd] godslasteringen uiten
blas·fe·mie *(‹Fr‹Lat) de (v)* [-mieën] ❶ godslastering ❷ heiligschennis
blas·fe·misch *bn* godslasterlijk, ontheiligend
blas·ter [blaastər] *(‹Eng) de (m)* [-s] mixdrankje met 10% alcohol
bla·ten *ww* [blaatte, h. geblaat] het geluid van een schaap maken
blauw I *bn* één van de drie hoofdkleuren ★ *~ bloed* adellijk bloed ★ NN, scheldwoord *een blauwe iem.* met niet-blanke huidskleur ★ *een blauwe boon* een kogel uit een vuurwapen ★ *blauwe knoop* insigne van geheelonthouders ★ *een blauwe maandag* zeer korte tijd ★ *Delfts ~* met blauwe verf beschilderd

Delfts aardewerk ★ *Zeeuwse blauwen* aardappelsoort; zie ook bij → **bont** (II), → **zone**, → **oog II** *het* de blauwe kleur ★ *er is een roep om meer ~ op straat* men wil meer politietoezicht op straat
blauw·ach·tig *bn* enigszins blauw, gelijkend op blauw
blauw·baard *de (m)* [-s] vrouwenbeul, naar Blauwbaard, wrede sprookjesfiguur die vrouwen vermoordde
blauw·bek·ken *ww* [blauwbekte, h. geblauwbekt] langdurig kou lijden: ★ vooral NN *staan te ~ op een perron*
blauw·bes *de* [-sen] blauwe bosbes, blueberry (*Vaccinium myrtillus*)
blauw·blauw *bn* ★ *~ laten* laten rusten, geen beslissing nemen
blauw·borst·je *het* [-s] vogeltje met blauwe borst
blauw·druk *de (m)* ❶ het drukken in witte lijnen op blauwe grond ❷ [*mv:* -ken] op deze wijze uitgevoerde tekening ❸ [*mv:* -ken] *fig* voorlopig ontwerp: ★ *een ~ van / voor een nieuw belastingstelsel*
blau·we·re·gen *de (m)* [-s] vlinderbloemige plant met blauwe bloemtrossen (*Wistaria chinensis*)
blauw·helm *de (m)* [-en] militair die deel uitmaakt van de strijdkrachten van de Verenigde Naties
blauw·keel·tje *het* [-s] blauwborstje
blauw·sel *het* blauw poeder, dat wasgoed helderder maakt
blauw·tje *het* [-s] ❶ ★ *een ~ lopen* afgewezen worden na een liefdesbetuiging ❷ klein blauw vlindertje
blauw·tong *de* via knutten (een soort kleine muggen) overgedragen veeziekte, gekenmerkt door een blauwe tong en leidend tot kreupelheid en soms tot de dood
blauw·voet *de (m)* [-en] ❶ soort valk ❷ BN stormvogel, symbool van de strijd tegen de verfransing van Vlaanderen
blauw·voe·te·rie *de (v)* BN West-Vlaamse negentiende-eeuwse studentenbeweging tegen de verfransing van Vlaanderen
blauw·zuur *het* zeer giftig zuur, cyaanwaterstof
bla·zen *ww* [blies, h. geblazen] ❶ lucht krachtig uitstoten of voortstoten: ★ *beter hard geblazen dan de mond gebrand* voorzichtigheid is altijd aan te bevelen ★ BN *warm en koud tegelijk ~* eromheen draaien, tegenovergestelde standpunten innemen afhankelijk van de gesprekspartner, de omstandigheden enz. ★ BN, spreektaal *in het zakje ~* een alcoholtest doen in de vorm van een blaasproef ❷ ‹van katten, zwanen en enkele andere dieren› bep. sissend geluid diep uit de keel maken bij woede of ter afschrikking ❸ op een blaasinstrument spelen ★ *het is oppassen geblazen* pas vooral goed op ❹ door blazen voortbrengen: ★ *bellen ~* ★ *glas ~* ❺ ‹dammen› tegen de officiële regels› een steen wegnemen als de tegenpartij vergeet te slaan
bla·zer[1] *de (m)* [-s] ❶ gat waaruit mijngas ontsnapt ❷ bespeler van een blaasinstrument
bla·zer[2] [bleezə(r)] *(‹Eng) de (m)* [-s] niet gevoerd

sportief colbert van lichte ruwe stof (in Engeland oorspronkelijk in clubkleuren)

bla·zoen *(<Fr) het* [-en] ❶ heraldiek wapen, schild: ★ *dat is een smet op ons ~ dat is schadelijke voor onze goede naam* ❷ embleem van een rederijkerskamer

bleef *ww verl tijd van* → **blijven**

bleek¹ *bn* lichter gekleurd dan normaal: ★ *een ~ gezicht* ★ *je ziet ~ vandaag* ★ *een ~ zonnetje* de zon die met moeite door de wolken of de nevel schijnt

bleek² *de* [bleken] bleekveld

bleek³ *ww verl tijd van* → **blijken**

bleek·ge·zicht *het* [-en] benaming die door Noord-Amerikaanse indianen gebruikt zou zijn voor iem. van het blanke ras

bleek·heid *de (v)* het bleek zijn

bleek·jes *bn* nogal bleek, smalletjes

bleek·mid·del *het* [-en] stof die wordt gebruikt voor het bleken van textiel

bleek·neus *de* [-neuzen] iem. die er bleek, zwak uitziet

bleek·poe·der, bleek·poei·er *de (m) & het* vast bleekmiddel dat chloorkalk bevat

bleek·scheet *de (m)* [-scheten] ❶ smalend iem. die er bleek uitziet ❷ scheldwoord iem. van het blanke ras

bleek·sel·de·rij *de (m)* selderie met dikke stengels, veel als groente gebruikt

bleek·wa·ter *het* oplossing van natriumhypochloriet (NaOCl) in water, gebruikt als bleekmiddel en als schoonmaakmiddel

bleek·zucht *de* vorm van bloedarmoede die vroeger veel bij meisjes voorkwam, chlorose

blei *de* [-en] bliek, een zoetwatervis

ble·ken¹ *ww* [bleekte, h. & is gebleekt] ❶ helder doen worden ❷ ontkleuren ❸ helder worden

ble·ken² *ww verl tijd meerv van* → **blijken**

blen·de *(<Du) de* benaming voor zwavelverbindingen van metalen, die glinsteren, maar geen metaalglans vertonen en meestal licht doorlaten

blen·der *(<Eng) de (m)* [-s] keukenmachine waarin men voedsel fijnmaakt en mengt

blè·ren *ww* [blèrde, h. geblèrd] ❶ ⟨van schapen⟩ blaten ❷ ⟨van personen⟩ onwelluidend huilen of schreeuwen

bles I *de* [-sen] ❶ witte vlek op het voorhoofd van een dier, vooral van een paard ❷ lichte streng in het haar ❸ plek zonder schors (aan een boom) ❹ BN haarlok die over het voorhoofd valt **II** *de (m)* [-sen] paard met een bles

bles·se·ren *ww* [blesseerde, h. geblesseerd] *(<Fr)* verwonden, kwetsen: ★ *de keeper blesseerde een tegenstander* ★ *zich ~ een blessure oplopen*

bles·su·re *(<Fr) de (v)* [-n, -s], **bles·suur** [-suren] wond, verwonding, kwetsuur, alle deze is opgelopen bij sportbeoefening: ★ *een ~ oplopen*

bles·su·re·tijd *de (m) sp* tijd na het verstrijken van de officiële speeltijd waarin nog doorgespeeld wordt in verband met eerder door blessures of anderszins veroorzaakt oponthoud

bleu *(<Fr)* **I** *bn* ❶ lichtblauw; zie ook bij → **oranje-blanje-bleu** ❷ bedeesd, schuchter: ★ *ik was erg ~ en durfde niets tegen het meisje te zeggen* **II** *het* lichtblauwe kleur **III** *de (m)* [-s] BN, spreektaal rekruut; eerstejaarsstudent; ⟨in het algemeen⟩ onervaren persoon

BLEU *afk* in België Belgisch-Luxemburgse Economische Unie

ble·ven *ww verl tijd meerv van* → **blijven**

bliek *de (m)* [-en] op de brasem gelijkende vis uit de familie van de karpers (*Blicca björkna*)

bliep *tsw* nabootsende aanduiding van een kort, hoog geluid

blies *ww verl tijd van* → **blazen**

blie·ven *ww* [bliefde, h. gebliefd] believen, wensen: ★ *blieft u nog iets? ★ ik blief geen spinazie* ik heb geen zin in, ik lust geen spinazie

blie·zen *ww verl tijd meerv van* → **blazen**

blij, blij·de *bn* ❶ verheugd, vrolijk, gelukkig: ★ *zich blij voelen* ★ *een blij kind* ★ *blij zijn met een geschenk* ★ NN *~ toe!* gelukkig maar! ★ *blij zijn om, over iems. welzijn* ; zie ook bij → **verwachting** ❷ vreugde veroorzakend ★ *de blijde Boodschap* het Evangelie ★ *blijde incomste* zie bij → **inkomst** ❸ blijk gevend van vreugde: ★ *een ~ gezicht zetten*

blij·de *(<Lat) de* [-n] middeleeuws belegeringswerktuig om stenen te gooien

blijd·schap *de (v)* aangenaam gevoel van vrolijkheid, veroorzaakt door een prettige gebeurtenis: ★ *juichen van ~* ★ *met ~ van iets kennis nemen* ★ *~ tonen om, over iets*

blijf *zn* ★ BN, spreektaal *er geen ~ mee weten* er geen weg mee weten

blijf-van-m'n-lijf·huis *het* [-huizen] NN huis voor tijdelijke huisvesting van vrouwen (eventueel met hun kinderen) die door hun man zijn mishandeld

blij·gees·tig *bn* opgewekt

blij·heid *de (v)* vreugde, opgewektheid

blijk *het* [-en] bewijs, teken: ★ *een ~ van vertrouwen* ★ *~ geven van* bewijzen te beschikken over, bewijzen te bezitten of te voelen

blijk·baar *bijw* duidelijk blijkend: ★ *ik heb me ~ vergist*

blij·ken *ww* [bleek, is gebleken] duidelijk zijn of worden: ★ *uit de resultaten blijkt dat...* ★ *hij bleek een oplichter te zijn* of ★ *het bleek dat hij een oplichter was* ★ *zij liet niets van haar onzekerheid ~* zij verborg haar onzekerheid

blij·kens *vz* zoals blijkt uit: ★ *~ het rapport was die overname niet verantwoord*

blij·moe·dig *bn* blij, opgewekt gestemd; **blijmoedigheid** *de (v)*

blij·spel *het* [-spelen] vrolijk toneelspel, komedie

blij·ven *ww* [bleef, is gebleven] ❶ voortduren, bij voortduring zijn, niet veranderen van plaats, hoedanigheid enz.: ★ *de toestand blijft precair* ★ *zeeman ~* ★ *thuis ~* ★ *het blijft vervelend voor haar* ★ *kalm ~ onder de aanhoudende kritiek* ❷ voortgaan

met: ★ ~ *werken* ★ *het ~ proberen* ❸ niet afwijken van: ★ *bij zijn mening ~* ❹ eindigen: ★ *we beginnen waar we de vorige keer gebleven waren* ★ *het bleef bij een vermaning* er werd geen zwaardere straf opgelegd ❺ terechtkomen: ★ *waar is mijn pen gebleven?* ❻ over zijn: ★ *tien min twee blijft acht* ❼ sneuvelen, sterven: ★ *in de slag gebleven* ★ *op zee gebleven* ★ *dood ~* ★ *hij bleef er haast in* a) hij ging bijna dood; b) hij moest vreselijk lachen ❽ op zich laten wachten: ★ *waar blijf je toch?* ★ *waar blijf je nou met je beloftes?* je hebt je beloftes tot nu toe niet waar kunnen maken
blij·vend *bn* duurzaam, voorgoed: ★ *blijvende herinneringen*
blij·ver·tje *het* [-s] iem. die blijft: ★ *ik vraag me af of die nieuwe personeelschef een ~ is*
blik¹ *de (m)* [-ken] ❶ oogopslag, het gedurende korte tijd naar iem. of iets kijken: ★ *ergens een ~ in slaan* (bijv. *een boek*) ★ *een ~ werpen op een schilderij* ★ *een ~ uit het raam werpen* ★ *iem. een vriendelijke ~ toewerpen* ★ *iem. geen ~ waardig keuren* iem. negeren, iem. te min vinden om naar te kijken ❷ uitdrukking van de ogen: ★ *een scherpe ~* ★ *een onderzoekende ~* ★ *een ~ van verstandhouding* ★ *de ~ op oneindig, het verstand op nul* gezegd wanneer iem. een langdurige, geestdodende inspanning moet leveren ❸ inzicht, kijk: ★ *een juiste ~ hebben op iets* ★ *zijn ~ verruimen* zich verder ontwikkelen, nieuwe inzichten of ideeën opdoen
blik² *l het* dunne vertinde staalplaat, veel gebruikt als verpakkingsmateriaal: ★ *dit is van ~ gemaakt* **II** *het* [-ken] ❶ stuk verpakkingsmateriaal van blik: ★ *een ~ olie* ❷ verduurzaamde voedings- of genotsmiddelen in dergelijke verpakking (vaak *blikje*): ★ *een blikje kattenvoer, tomatenpuree, cola* ★ *die hond krijgt altijd voedsel uit ~ te eten* ❸ NN, schertsend één of meer auto's: ★ *er stond veel ~ op de stoep* ❹ plaat met een handvat, meestal van metaal, waarop men samengeveegd stof e.d. verzamelt: ★ *stoffer en ~*
blik·groen·te *de (v)* [-n, -s] in blikken geconserveerde groente
blik·je *het* [-s] zie bij → **blik²**
blik·ken¹ *bn* van blik ★ *~ bruiloft* 6 1/4-jarig huwelijksfeest ★ *~ dominee* zie bij → **dominee** ★ *~ keteltje* zie bij → **ketel**
blik·ken² *ww* [blikte, h. geblikt] kijken: ★ *ze blikte mijn kant op*
blik·ken³ *ww* ★ *zonder ~ of blozen* zonder schaamte
blik·ke·ren *ww* [blikkerde, h. geblikkerd] ⟨van licht⟩ flitsend glinsteren; **blikkering** *de (v)* [-en]
blik·ke·rig *bn* klinkend als op → **blik²**: ★ *een ~ geluid*
blik·ope·ner *de (m)* [-s] werktuig om conservenblikken te openen
blik·scha·de *de* beschadiging aan de carrosserie van een auto na een botsing
blik·sem *de (m)* [-s] ❶ elektrische ontlading die tijdens onweer plaatsvindt in een wolk of tussen een wolk en het aardoppervlak: ★ *door de ~ getroffen worden*

★ *als door de ~ getroffen* zeer ontdaan of geschrokken ★ *hete ~ stamppot* van appelen en aardappelen ★ *als de ~, (NN ook:) als de gesmeerde ~* zeer snel ❷ NN ⟨in bep. verbindingen⟩ persoon: ★ *een arme, een luie ~* ❸ in krachttermen: ★ *loop naar de ~* ★ *alles is naar de ~* alles is kapot of bedorven ★ NN *geen ~* niets
blik·sem·af·lei·der *de (m)* [-s] ❶ metalen stang, die de bliksem afvoert naar de aarde ❷ fig wie of wat afleiding geeft bij een aanval van woede: ★ *als ~ fungeren*
blik·sem·be·zoek *het* [-en] zeer kort bezoek, vooral van staatslieden: ★ *een ~ aan Frankrijk brengen*
blik·sem·car·riè·re [-rjèrə] *de* [-s] stormachtig verlopende carrière
blik·se·men *ww* [het bliksemde, het h. gebliksemd] flitsen van, als de bliksem
blik·sem·flits *de (m)* [-en] → **bliksemstraal**, bet 1
blik·sem·in·slag *de (m)* het inslaan van de bliksem
blik·sem·oor·log *de (m)* [-logen] zeer snel ten einde gebrachte oorlog, oorlog waarbij de aanvaller zeer snel toeslaat, blitzkrieg
blik·sems I *tsw* krachtterm, uitroep bij schrik e.d. **II** *bn* duivels, ondeugend: ★ *bliksemse kwajongen* **III** *bijw* in hoge mate: ★ *het is ~ koud*
blik·sem·schicht *de (m)* [-en] → **bliksemstraal**, bet 1
blik·sem·snel *bn* zeer snel
blik·sem·straal *de* [-stralen] ❶ zichtbare straal van de bliksem ❷ scheldwoord beroerde, onaangename vent
bliks·ka·ter, bliks·ka·ters *bn* NN bliksem(s) *in krachtuitdrukkingen*
blik·sla·ger *de (m)* [-s] iem. die voorwerpen van blik maakt en repareert
blik·van·ger *de (m)* [-s] iets wat sterk de aandacht trekt
blik·veld *het* [-en] gezichtsveld
blik·voed·sel *het* voedsel dat in blik is verduurzaamd
blik·werk *het* blikken artikelen
blind¹ *bn* ❶ niet kunnende zien: ★ *~ zijn, worden* ★ *~ typen* typen zonder naar het toetsenbord te kijken ★ *~ schaken* schaken zonder de stelling voor zich op het bord te hebben ★ NN *een ~ paard kan hier nog geen schade aanrichten* gezegd m.b.t. een ruimte die leeg en kaal is; zie ook bij → **staren**, → **ziende** ❷ fig onvoorwaardelijk, volkomen: ★ *iem. ~ vertrouwen* ★ *in den blinde* zonder uit te kijken, zonder te kunnen zien, zomaar erop los ❸ niet te zien: ★ *een blinde klip* ❹ dichtgemetseld, zonder raam of deur: ★ *een blinde muur* ❺ doodlopend: ★ *een blinde steeg* ★ *een blinde kaart* landkaart zonder namen ★ *een blinde passagier* verstekeling
blind² *het* [-en] vensterluik
blind date [blaind deet] ⟨⟨Eng⟩ *de* [-s] afspraakje met een onbekende
blind·doek *de (m)* [-en] doek voor de ogen
blind·doe·ken *ww* [blinddoekte, h. geblinddoekt] een doek voor de ogen binden
blind·druk *de (m)* ❶ nog niet gekleurde ingedrukte

letters (bijv. op een boekband) ❷ reliëfdruk
blin·de *de* [-n] ❶ iem. die blind is ★ *in het land der blinden is éénoog koning* onder minder begaafden blinkt een middelmatige al uit ❷ bridge de partner van de hoogste bieder die zijn kaarten open voor zich heeft liggen
blin·de·darm *de (m)* [-en] begindeel van de dikke darm, met het wormvormig aanhangsel
blin·de·darm·ont·ste·king *de (v)* [-en] ontsteking van het wormvormig aanhangsel van de blindedarm, appendicitis
blin·de·lings *bijw* ❶ zonder te kijken: ★ *~ zijn weg in het donker vinden* ❷ fig zonder zich te bedenken: ★ *~ gehoorzamen*
blin·de·man *de (m)* [-nen] blinde
blin·de·man·ne·tje *het* kinderspel vorm van krijgertje, waarbij degene die hem is, wordt geblinddoekt
blin·den·bi·bli·o·theek *de (v)* [-theken] openbare bibliotheek ten behoeve van blinden en slechtzienden, met (cassette)bandopnamen en brailleboeken
blin·den·ge·lei·de·hond *de (m)* [-en] hond die een blinde leidt
blin·den·in·rich·ting *de (v)* [-en], **blin·den·in·sti·tuut** *het* [-tuten] inrichting voor onderwijs aan blinden
blin·den·on·der·wijs *het* onderricht aan blinden
blin·den·school *de* [-scholen] school waar onderwijs aan blinden wordt gegeven
blin·den·schrift *het* voor blinden leesbaar schrift met tastbare tekens, bijv. het brailleschrift
blin·den·stip *de* [-pen] NN elk van de in reliëf op een bankbiljet gedrukte stippen waaraan een blinde kan voelen wat de waarde van het biljet is
blin·den·stok *de (m)* [-ken] wandelstok voor blinde, waarmee hij tasten kan, en door de kleur, wit met rode ringen, voorbijgangers op zijn gebrek opmerkzaam maakt
blin·de·ren *ww* [blindeerde, h. geblindeerd] *(Fr)* ❶ scherf- of bomvrij maken, versterken tegen inbraak door afsluiting met planken enz., pantseren ❷ iets zo maken dat het aan het gezicht onttrokken wordt: ★ *een lelijke muur met tegels ~* ★ *de gekaapte trein werd met kranten geblindeerd* door kranten tegen de ramen te plakken kon men niet naar binnen kijken
blin·de·ring *de (v)* [-en] ❶ het scherf- of bomvrij maken ❷ scherf- of bomvrije dekking ❸ het aan het gezicht onttrekken ❹ dat waarmee iets aan het gezicht wordt onttrokken
blind·gan·ger *(‹Du) de (m)* [-s] niet ontplofte bom of granaat
blind·ge·bo·re·ne *de* [-n] iem. die van de geboorte af blind is
blind·heid *de (v)* het blind zijn
blind tik·ken, **blind ty·pen** [-tie-] *ww & het* (het) typen zonder op de toetsen te kijken
blind·va·ren *ww* [voer blind, h. blindgevaren] fig kritiekloos volgen: ★ *je kunt niet ~ op deze aanwijzingen*
blind vlie·gen *ww* [vloog blind, h. blind gevlogen] vliegen zonder zicht, uitsluitend met behulp van instrumenten vliegen
bling·bling *(‹Eng)* **I** *de* opzichtige juwelen, vooral gedragen door hiphopartiesten **II** *bn* opzichtig schitterend of blinkend: ★ *een ~ telefoon, een ~ riem*
blin·ken *ww* [blonk, h. geblonken] ❶ helder glanzen; schitteren ❷ ★ BN, spreektaal *te ~ staan* voor schut, in zijn hemd staan
blin·kerd *de (m)* [-s] kale duintop
blis·ter·ver·pak·king *(‹Eng) de (v)* verpakking van bijv. tabletten op een kaartje of een strip van tamelijk hard materiaal waar deze gemakkelijk uit gedrukt kunnen worden
blits **I** *bn* de aandacht trekkend door moderniteit: ★ *een ~ hemd* **II** *de (m)* ★ NN *de ~ maken* blitsen
blit·sen *ww* [blitste, h. geblitst] NN de aandacht trekken, bijv. door flitsende kleding of door stoer en opvallend gedrag
blits·kik·ker *de (m)* [-s] NN modieus en opvallend geklede persoon
blitz·krieg [blietskriey] *(‹Du) de (m)* bliksemoorlog
bliz·zard [blizza(r)d] *(‹Eng) de (m)* [-s] hevige sneeuwstorm met felle kou in Canada en het noordwesten van de Verenigde Staten
blo, **blo·de** *bn* vero bedeesd ★ *beter blo Jan dan do Jan liever laf zijn dan sneuvelen*
b.l.o. *afk* ❶ in Nederland bijzonder lager onderwijs ❷ in België buitengewoon lager onderwijs
block·bus·ter *(‹Eng) de* [-s] succesvolle, massaal bezochte theatervoorstelling, film enz.
bloc·note [-noot] *(‹Fr‹Eng) de (m)* [-s] aanteken- of schrijfboek met aan de bovenkant bevestigde geperforeerde bladen
blo·de *bn* → blo
bloed[1] *het* ❶ rode, doorzichtige vloeistof die voortdurend rondstroomt in het lichaam van mensen en gewervelde dieren ★ *van koninklijken bloede, (een prins e.d.) van den bloede* behorend tot een vorstenhuis ★ *het ~ kruipt waar het niet gaan kan* de ware aard vindt ondanks beheersing een uitweg ★ *kwaad ~ zetten bij iem.* zijn ergernis wekken ★ *badend in het ~* hevig bloedend ★ *~ vergieten* mensen doden of verwonden ★ *in den bloede bestaan* familie zijn van ★ *blauw ~ hebben* van adel zijn ★ *iem. het bloed onder de nagels vandaan halen* iem. tot het uiterste treiteren of dwarszitten ★ *zijn ~ kookt* hij is woedend ★ *iems. ~ wel kunnen drinken* iem. haten ★ fig *~ ruiken* onderkennen dat een tegenstander zwak staat en meewerken aan zijn ondergang ★ *~ willen zien* een harde straf verlangen ★ NN *daar loopt geen ~ uit* dat heeft vooralsnog nauwelijks of geen nadelige gevolgen; zie ook → koel ❷ die (erfelijke) eigenschappen waarvan men vroeger aannam dat ze in het bloed zetelden: ★ *nieuw ~ in een veestapel inbrengen* ★ *dat zit me in*

het ~ *dat is een gewoonte die ik niet af kan leren* ★ *onze vereniging kan wel nieuw* ~ *gebruiken* nieuwe leden

bloed² *de (m)* [-en] beklagenswaardig schepsel; sukkel; zie bij → **bloedje**

bloed- *voorvoegsel in hoge mate:* ★ *bloedgeil, bloedmooi, bloedzuiver; soms ook bloedje-*

bloed·aan·drang *de (m)* te sterke toestroming van bloed

bloed·arm *bn* ❶ lijdend aan bloedarmoede ❷ fig krachteloos

bloed·ar·moe·de *de* tekort aan rode bloedlichaampjes, anemie

bloed·baan *de* weg van de bloedsomloop

bloed·bad *het* moord op veel mensen tegelijk

bloed·bank *de* [-en] bewaarplaats van voor transfusie bestemd bloed

bloed·beeld *het* [-en] tabel met het resultaat van een bloedonderzoek, hemogram

bloed·be·zin·king *de (v)* het bezinken van de bloedlichaampjes in afgetapt bloed: ★ *de snelheid van de* ~ *is een waardevolle aanwijzing voor het verloop van ziekten*

bloed·blaar *de* [-blaren] met bloed gevulde blaar

bloed·broe·der *de (m)* [-s] persoon met wie iem. de verbintenis van bloedbroederschap gesloten heeft

bloed·broe·der·schap *de (v)* plechtige, met een paar druppels bloed bezegelde verbintenis tussen twee personen elkaar bij te staan als waren zij broeders

Bloed·brui·loft *de* bruiloft van Hendrik van Navarre en Margaretha van Valois in de → **Bartholomeusnacht** (24 augustus 1572)

bloed·cel *de* [-len] bloedlichaampje

bloed·do·nor *de (m)* [-s] zie bij → **donor**

bloed·doop *de (m)* marteldood van een ongedoopte om het geloof

bloed·door·lo·pen, bloed·door·lo·pen *bn* met bloed doorlopen; met zichtbaar rode adertjes: ★ ~ *ogen*

bloed·do·ping *de (v)* sp doping door transfusie van zuurstofrijk bloed in het lichaam

bloed·dor·stig *bn* belust op moorden; wreed; **bloeddorstigheid** *de (v)*

bloed·druk *de (m)* druk die het bloed uitoefent op de vaatwanden: ★ *de* ~ *meten*

bloed·ei·gen *bn* nauwverwant, van eigen bloed: ★ *dat had ik niet verwacht van mijn* ~ *zoon*

bloe·de·loos *bn* ❶ zonder bloed ❷ fig slap, ongeïnspireerd: ★ *een* ~ *gelijkspel*

bloe·den *ww* [bloedde, h. gebloed] bloed verliezen ★ ~ *als een rund* hevig bloeden ★ *met bloedend hart* fig met groot verdriet, met grote tegenzin ★ *ervoor moeten* ~ ervoor boeten, vooral moeten betalen ★ *hij werd tot bloedens toe geslagen* zo hard en vaak dat hij ging bloeden

bloe·der *de (m)* [-s] lijder aan bloederziekte

bloe·de·rig *bn* met veel bloed, waar veel bloed aan te pas komt: ★ *een* ~ *verhaal* ★ *bloederige rituelen*

bloe·der·ziek·te *de (v)* het niet stollen van het bloed na verwondingen, waardoor de patiënt gevaar loopt dood te bloeden, hemofilie

bloed·gang *de (m)* NN, spreektaal zeer hoge snelheid: ★ *met een* ~ *voorbijrijden*

bloed·geld *het* ❶ beloning voor een misdaad ❷ NN, fig weinig geld voor zwaar werk

bloed·ge·tui·ge *de* [-n] martelaar

bloed·ge·ver *de (m)* [-s] iem. die zich bloed laat aftappen voor een bloedtransfusie, bloeddonor

bloed·groep *de* [-en] ❶ elk van de erfelijke hoofdgroepen waarin het bloed van mensen kan worden verdeeld op grond van hun bep. eigenschappen: ★ *men onderscheidt* ~ *A, B, AB en 0 met resusfactor positief of negatief* ❷ factie binnen een door fusie ontstane politieke partij

bloed·heet, bloed·heet *bn* erg heet

bloed·he·kel *de (m)* ★ vooral NN *een* ~ *aan iem. of iets hebben* een zeer grote afkeer hebben van iem. of iets

bloed·hond *de (m)* [-en] ❶ kortharige, ruim in de huid zittende jachthond met een lange kop ❷ fig wreed mens: ★ *zijn chef was een* ~

bloe·dig *bn* ❶ waarbij veel bloed vergoten wordt: ★ *een bloedige strijd* ❷ fig met zeer veel inspanning: ★ *ergens* ~ *op studeren*

bloe·ding *de (v)* [-en] het bloeden, bloeduitstorting

bloed·je *het* [-s] hulpeloos kind: ★ *die arme bloedjes van kinderen* ★ *(als voorvoegsel:) bloedje-* zie → **bloed-**

bloed·jong *bn* heel jong, zeer jeugdig

bloed·kan·ker *de (m)* leukemie

bloed·koek *de (m)* gestold bloed

bloed·ko·raal *als stof: het, als voorwerp: de (m)* [-ralen] ❶ rood koraal ❷ kraal van bloedkoraal

bloed·ko·ra·len *bn* van bloedkoraal

bloed·li·chaam·pje *het* [-s] naam van de witte en rode deeltjes in het bloed

bloed·link *bn* NN, spreektaal heel gevaarlijk

bloed·neus *de (m)* [-neuzen] bloedende neus

bloed·plaat·je *het* [-s] bloedcel die de stolling bewerkstelligt, trombocyt

bloed·plas·ma *het* bloed zonder de bloedlichaampjes

Bloed·pro·ces·sie *de (v)* in België op Hemelvaartsdag te Brugge gehouden processie ter ere van Christus' bloed

bloed·proef *de* [-proeven] ⟨onder weggebruikers⟩ onderzoek van het bloed, vooral op het alcoholgehalte

Bloed·raad *de (m)* hist benaming voor de *Raad van Beroerten*, door Alva in 1567 ingesteld

bloed·rood *bn* donkerrood

bloed·schan·de *de* vero geslachtsgemeenschap tussen nauwe bloedverwanten, incest

bloed·schen·dig, bloed·schen·nig *bn* vero in bloedschande, incestueus: ★ *een* ~ *huwelijk* ★ *een* ~ *kind* kind van personen tussen wie, wegens te nauwe verwantschap, geen huwelijk mogelijk is

bloed·schen·nend *bn* bloedschande plegend

bloed·schuld *de* schuld wegens moord

bloed·se·ri·eus *bn* ernstig gemeend, doodernstig: ★ *ik maak geen grapje, ik meen dit* ~
bloed·sinaas·ap·pel *de (m)* [-s] sinaasappel die van binnen rood is
bloeds·om·loop *de (m)* kringloop van het bloed
bloed·spie·gel *de (m)* med gehalte van een stof in het bloed
bloed·spu·wing *de (v)* [-en] het opgeven van bloed uit de longen
bloed·stel·pend *bn* ervoor zorgend dat het bloeden ophoudt
bloed·stol·lend, **bloed·stol·lend** *bn*
❶ huiveringwekkend, gruwelijk: ★ *een ~ misdrijf*
❷ bijzonder spannend: ★ *een bloedstollende partij voetbal*
bloed·stol·sel *het* [-s] stukje gestold bloed
bloed·sui·ker *de (m)* in bloed opgeloste glucose afkomstig uit voedsel
bloed·sui·ker·spie·gel *de (m)* gehalte van glucose in het bloed
bloed·trans·fu·sie [-zie] *de (v)* [-s] overbrenging van bloed uit het lichaam van een gezonde in dat van een gewonde of zieke
bloed·uit·stor·ting *de (v)* [-en] opeenhoping van bloed dat buiten de bloedvaten is getreden in een weefsel of een deel van een orgaan, hematoom
bloed·vat *het* [-vaten] buis waardoor het bloed stroomt in het lichaam: ader of slagader
bloed·ver·gie·ten *het* het doden van mensen, bijv. in een oorlog
bloed·ver·gif·ti·ging *de (v)* besmetting van het bloed met bacteriën vanuit een wond
bloed·ver·lies *het* het verliezen van bloed: ★ *zeer verzwakt door* ~
bloed·ver·want *de (m)* [-en], **bloed·ver·wan·te** *de (v)* [-n] persoon tot wie men in bloedverwantschap staat
bloed·ver·want·schap *de (v)* het hebben van een aantal gemeenschappelijke voorouders
bloed·wei *de* vocht boven de bloedkoek in stilstaand bloed
bloed·worst *de* [-en] worst grotendeels uit gekookt bloed en meel bereid
bloed·wraak *de* het doden van een moordenaar of een van diens mannelijke familieleden door een familielid van de vermoorde
bloed·zui·ger *de (m)* [-s] ❶ bloed zuigende worm (*Hirudo*) ❷ fig uitzuiger, woekeraar
bloed·zweer *de* [-zweren] steenpuist
bloei *de (m)* het bloeien: ★ *de perenboom staat in* ~ ★ *in de* ~ *van zijn leven* in de beste tijd van zijn leven ★ *tot volle* ~ *komen* zich tot grote hoogten ontwikkelen
bloei·en *ww* [bloeide, h. gebloeid] ❶ bloemen of bloesems dragen ❷ fig een periode van hoge ontwikkeling doormaken, zich krachtig ontplooien: ★ *kunsten en wetenschappen bloeiden in de renaissance*
bloei·end *bn* ‹v. bedrijven e.d.› zeer goed lopend

bloei·er *de (m)* [-s] bloemen dragende plant
bloei·kolf *de* [-kolven] soort bloeiwijze: aar met een dikke hoofdas die door een schutblad is omgeven, zoals bij maïs
bloei·maand *de* mei
bloei·tijd *de (m)* [-en] ❶ tijd dat een plant bloeit ❷ fig tijd van hoge ontwikkeling, van krachtige ontplooiing: ★ *de* ~ *van de gotiek*
bloei·wij·ze *de* [-n] stand en vorm van de bloemen van een plant
bloem *de* [-en] ❶ voortplantingsorgaan van een plant ★ *bloemen op de ruiten* bloemvormige figuren op ruiten ontstaan door bevroren waterdamp ❷ plant die deze voortplantingsorganen draagt ❸ het beste van iets: ★ *de* ~ *der natie* de jeugd ❹ meel zonder zemelen; zie ook → **bloemetje**
bloem·bed *het* [-den] bloemperk
bloem·be·kleed·sels *mv* kelk- en kroonbladeren van een plant
bloem·blad *het* [-bladen] blad van de bloemkroon van een plant
bloem·bo·dem *de (m)* [-s] bovendeel van de steel waarop kelk, kroon enz. bevestigd zijn
bloem·bol *de (m)* [-len] ❶ bolvormig, onderaards stengeldeel met reservevoedsel, waardoor bolgewassen zich voortplanten ❷ bloeiend bolgewas: ★ *de toeristen bezichtigden de bloembollen*
bloem·bol·len·veld *het* [-en] veld met (bloeiende) bolgewassen
bloem·dek *het* [-ken] kelk en kroon van één kleur
bloe·men *ww* [bloemde, h. gebloemd] ‹van aardappelen› na het koken los en kruimig worden
bloe·men·cor·so *de (m) & het* ['s] NN optocht van met bloemen versierde voertuigen
bloe·men·han·ger *de (m)* [-s] hangende bloempot
bloe·men·hul·de *de (v)* huldeblijk in de vorm van bloemen
bloe·men·mand *de* [-en] siermand met bloemen
bloe·men·markt *de* [-en] markt waar men snijbloemen en planten verkoopt
bloe·men·stoet *de (m)* [-en] vooral BN bloemencorso, optocht van met bloemen versierde voertuigen
bloe·men·vaas *de* [-vazen] vaas voor snijbloemen
bloe·men·win·kel *de (m)* [-s] winkel waar men snijbloemen en planten verkoopt
bloe·men·zee *de* [-zeeën] grote hoeveelheid bloemen, bijv. op een plaats waar iets herdacht wordt.
bloe·me·tje *het* [-s] ❶ kleine bloem ❷ bosje bloemen: ★ *een* ~ *voor zijn moeder meenemen* ★ *de bloemetjes buiten zetten* feestvieren, het ervan nemen ★ *de bloemetjes en de bijtjes* eufemistische uitdrukking voor de geslachtsgemeenschap en alles wat samenhangt met de voortplanting
bloe·me·tjes·be·hang *het* [-en] behang met bloemfiguren
bloe·mig *bn* ‹van aardappelen› los en kruimig
bloe·mist *de (m)* [-en] ❶ bloemkweker
❷ bloemenverkoper

bloe·mis·te·rij *de (v)* [-en] ❶ bloemkwekerij ❷ bloemenwinkel

bloem·kelk *de (m)* [-en] krans groene bladeren rond een bloem

bloem·knop *de (m)* [-pen] knop waaruit zich een bloem ontwikkelt

bloem·kool *de* [-kolen] geelwitte, bloemvormige kool, waarvan de bloeiwijze in het beginstadium als groente gegeten wordt (*Brassica oleracea* var. *botrytis* subvar. *cauliflora*)

bloem·kool·oor *het* [-oren] misvormd oor

bloem·kroon *de* [-kronen] krans van gekleurde bloembladen

bloem·le·zen *ww* [bloemleesde, h. gebloemleesd] een bloemlezing samenstellen (uit)

bloem·le·zing *de (v)* [-en] boek bevattende uitgezochte stukken proza en / of poëzie

bloem·perk *het* [-en] klein veldje met bloemen in een tuin, park enz.

bloem·pot *de (m)* [-ten] pot voor een sierplant

bloem·rijk *bn* met veel mooie woorden, beeldspraak enz.: ★ *bloemrijke taal*

bloem·schik·ken *ww & het* het kunstig ordenen van bloemen tot een fraai geheel

bloem·steel *de (m)* [-stelen], **bloem·sten·gel** [-s] steel, stengel van een bloem

bloem·stuk *het* [-ken] ❶ mand, schaal met daarin sierlijk gerangschikte bloemen ❷ schilderij waarop bloemen staan afgebeeld

bloem·sui·ker *de (m)* BN ook poedersuiker

bloem·tros *de (m)* [-sen] bloeiwijze waarbij de bloemen duidelijk gesteeld aan de hoofdas staan

bloem·zoet *bn* onnozel lief

bloes *de (v)* [bloezen] kledingstuk voor het bovenlijf, gedragen door kinderen en vrouwen, vaak van dunne stof en met knoopsluiting

bloe·sem *de (m)* [-s] bloem van een boom

bloe·se·men *ww* [bloesemde, h. gebloesemd] bloeien

bloes·jes·dag *de (m)* [-dagen] NN eerste aangename lentedag waarop veel mensen hun jas thuis laten: ★ *in het park ontdekte hij dat het ~ was*

bloe·zen *ww* [bloesde, h. gebloesd] als een blouse enigszins ruim vallen

blog [bloγ] *(Eng) de (m)* [-s] verkorting van → **weblog**

blok [-ken] **I** *het* ❶ groot stuk hout, metaal enz. met regelmatige vormen ★ *voor het ~ zitten* niet anders kunnen dan een bepaald besluit nemen, ook tegen eigen zin ★ *iem. voor het ~ zetten* iem. dwingen tot een bep. besluit ★ *als een ~ in slaap vallen* direct in een diepe slaap vallen ❷ (ook: de (m)) regelmatig gevormd, tamelijk klein stuk hout, thans ook van plastic, gebruikt als kinderspeelgoed: ★ *met blokken spelen* ❸ groep bij elkaar staande huizen: ★ *hij woont twee blokken verder* ★ *een blokje om lopen, omgaan* een korte wandeling maken ❹ spoorwegen baanvak ❺ groep samenwerkende politieke partijen, staten e.d.: ★ *de oppositiepartijen stonden als één ~ tegenover de regering* ★ *als één ~ achter iem.*

staan iem. onverdeeld steunen ❻ offerbus of offerkist ❼ scheepv katrol ❽ vroeger houten halskraag, vroeger gebruikt als strafwerktuig ❾ stuk hout aan de poot van dieren om ze in hun bewegingen te belemmeren ★ *dat is een ~ aan het been* dat is een grote belemmering ❿ vierkante of rechthoekige figuur op textiel: ★ *een rok met blokken* ⓫ aantal aaneengesloten zaken, bijv. onderw aantal aaneengesloten lesuren die geheel aan één bepaald onderwerp worden besteed ★ *reclameblok* diverse reclamespots achter elkaar ⓬ wisk parallellepipedum ⓭ volleybal een of meer spelers van de verdedigende partij die, in een poging om de aanval van de tegenpartij te keren, met geheven armen vlak achter het net hoog opspringen: ★ *een ~ zetten* **II** *de (m)* [-ken] ❶ BN, spreektaal, stud studieperiode van langere tijd ter voorbereiding op een examen of een examenperiode ❷ ★ BN *in ~ in zijn geheel, tezamen, en bloc*

Blok *het* BN verkorting van *Vlaams Blok* [extreem-rechtse politieke partij die nu *Vlaams Belang* heet]

blok·boek *de (m)* [-en] boek gemaakt via blokdruk

blok·cur·sus *de (m)* [-sen] cursus waarbij verscheidene aaneengesloten lesuren geheel besteed worden aan één bepaald onderwerp

blok·di·a·gram *het* [-men] grafische voorstelling bestaande uit een aantal blokken, waarmee een systeem, werkwijze e.d. beeldend wordt weergegeven

blok·druk *de (m)* het afdrukken van boeken van houten blokken waarin hele bladzijden zijn uitgesneden

blok·fluit *de* [-en] eenvoudige houten fluit met zeven vingergaten en een duimgat

blok·hak *de* [-ken] vrij hoge, vierkante hak onder een schoen

blok·hoofd *het* [-en] vroeger iem. die de leiding had van de luchtbescherming voor een groep bijeenliggende straten

blok·hut *de* [-ten] van blokken hout vervaardigde hut

blok·ka·de *de (v)* [-s] ❶ het → **blokkeren**, bet 1 & 2: ★ *een ~ opwerpen* ❷ dat waarmee men iets blokkeert: ★ *een ~ van vrachtwagens op de snelweg*

blok·ken *ww* [blokte, h. geblokt] ❶ hard studeren: ★ *~ voor een examen* ❷ volleybal d.m.v. een → **blok** (bet 13) een aanval van de tegenpartij keren

blok·ken·doos *de* [-dozen] doos met blokken als kinderspeelgoed

blok·ker *de (m)* [-s] iem. die hard studeert

blok·ke·ren *ww (‹Fr)* [blokkeerde, h. geblokkeerd] ❶ mil een haven of kust met oorlogsschepen afsluiten ❷ bij uitbreiding de door- of toegang weigeren: ★ *een weg ~* ❸ verbieden van aflevering uit voorraad: ★ *een bestelling ~* ❹ onttrekken aan gebruik, vooral van geldmiddelen: ★ *een rekening ~* ❺ (m.b.t. personen) van slag raken en tot niets

meer in staat zijn: ★ *ik blokkeerde volledig toen ik voor die zaal met mensen moest verschijnen* ❻ sp obstructie plegen: ★ *een tegenstander ~* ★ *een schot ~* tegenhouden, keren ❼ auto vastzitten, niet meer draaien: ★ *het stuur blokkeert* ★ *de wielen ~*;
blokkering *de (v)* [-en]
blok·let·ter *de* [-s] geschreven drukletter
blok·let·te·ren *ww* [blokletterde, h. geblokletterd] BN ook koppen, in grote krantenkoppen schrijven
blok·pe·ri·o·de *de (v)* [-s, -n] BN, stud studieperiode voor de examens
blok·po·lis *de* [-sen] BN polis met een aantal verzekeringen
blok·rij·den *ww* BN met een bepaalde snelheid onder politiebegeleiding rijden van groepen auto's, zonder in te halen, om files te voorkomen
blok·schaaf *de* [-schaven] schaaf voor bewerking van ruwe oppervlakten
blok·schrift *het* het schrijven in blokletters
blok·stel·sel, **blok·sys·teem** [-sis- of -sies-] *het* beveiligingsstelsel waarbij een spoorbaan in vakken is verdeeld, gedekt door signalen die op onveilig blijven staan zolang zich een trein in het vak bevindt
blok·tijd *de (m)* [-en] ❶ NN gezamenlijke uren gedurende welke een werknemer verplicht aanwezig moet zijn bij glijdende werktijden ❷ BN, stud periode waarin hard moet worden gestudeerd voor examens
blok·tre·de *de* [-n] eerste trede van een trap, vaak van steen of massief hout
blok·uur *het* [-uren] twee onmiddellijk op elkaar aansluitende lesuren in hetzelfde vak
blok·ver·war·ming *de (v)* centrale verwarming van een complex of een blok huizen d.m.v. één ketel
blok·vor·ming *de (v)* tijdelijke aaneensluiting van staten of politieke partijen
blok·wach·ter *de (m)* [-s] bewaker van één vak van het blokstelsel
blom *de* [-men] inf bloem
blond *bn* lichtgekleurd, vooral van haar; ook fig: ★ *de blonde duinen* ★ *een blonde vrouw* vrouw met blond haar
blon·de·ren *ww* ‹Fr› [blondeerde, h. geblondeerd] ‹van haar› kunstmatig blond maken
blon·di·ne ‹Fr› *de (v)* [-s] blond meisje, blonde vrouw
blond·je *het* [-s] blondine ★ *dom ~* denigrerend prototype van de domme, maar seksueel aantrekkelijke vrouw, vaak met hoogblond haar: ★ *Marilyn Monroe was een ster in het vertolken van domme blondjes*
blonk *ww*, **blon·ken** verl tijd enk en meerv van → blinken
blood·aard *de (m)* [-s] vero lafaard
bloody mary [bluddie merie] ‹Eng› *de (v)* ['s] cocktail van tomatensap met wodka, genoemd naar de Engelse koningin Mary Tudor (1553-1558), wier bijnaam *Bloody Mary* (Maria de Bloedige) luidde

bloop·er [bloepə(r)] ‹Eng› *de (m)* [-s] video- of tv-opname waarop een toevallig ontstane komische situatie is vastgelegd
bloot *bn* ❶ naakt; onbedekt: ★ *blote voeten* ★ *een ~ kind* ★ *open en ~* zodat iedereen het zien kan ★ *onder de blote hemel* zonder dak boven het hoofd; zie ook bij → knie ❷ ‹van kleding› veel onbedekt latend: ★ *een blote jurk* ❸ zonder meer, eenvoudig: ★ *een ~ toeval* ★ *blote eigendom* eigendom waarvan een ander het vruchtgebruik heeft ❹ zonder hulpmiddelen ★ *met het blote oog* zonder kijker, vergrootglas of bril ★ *met blote handen* zonder wapens of gereedschappen ★ *iets uit het blote hoofd vertellen* zonder notities of boeken te hoeven raadplegen
bloot·blad *het* [-bladen] blad, tijdschrift met veel erotische foto's
bloot·ge·ven *wederk* [gaf bloot, h. blootgegeven] ❶ zich onbeschermd in een gevaarlijke positie brengen ❷ zich van zijn zwakke kant laten zien
bloot·je *het* ★ *in zijn of d'r ~* helemaal naakt
bloot·leg·gen *ww* [legde bloot, h. blootgelegd] van de bedekkende laag ontdoen, zichtbaar maken: ★ *de fundamenten van het huis werden blootgelegd;* ook fig: ★ *hij legde zijn ziel bloot*
bloot·lig·gen *ww* [lag bloot, h. blootgelegen] onbedekt, onbeschermd liggen
bloots·hoofds, **bloots·hoofds** *bijw* met ongedekt hoofd
bloot·staan *ww* [stond bloot, h. blootgestaan] onbeschermd zijn tegen, het gevaar lopen van: ★ *~ staan aan een verleiding, invloed, gevaar*
bloot·stel·len *ww* [stelde bloot, h. blootgesteld] onbeschermd laten tegen, in gevaar brengen van: ★ *iem. ~ aan gevaarlijke straling*
bloots·voets, **bloots·voets** *bijw* met blote voeten
blos *de (m)* rode gelaatskleur
Bloso *afk* in België Bestuur voor Lichamelijke Opvoeding, Sport en Openluchtleven
blo·te·bil·len·ge·zicht *het* [-en] NN dik, vlezig gezicht zonder snor of baard
blo·te·voe·ten·dok·ter *de (m)* [-s] arts met een geringe opleiding in een derdewereldland (vooral in China)
blou·se [bloezə] ‹Fr› *de (v)* [-s] → bloes
blow [bloow] ‹Eng› *de (m)* [-s] ❶ een trek aan een joint, stick of pijp gevuld met hasj of marihuana ❷ stickie, joint: ★ *een blowtje roken*
blo·wen *ww* ‹Eng› [blowde, h. geblowd] slang hasj of marihuana roken
blow-up [bloowup] ‹Eng› *de* [-s] reclame reclame of advertentie vergroot tot posterformaat voor een beurs of de plaats van verkoop
blo·zen *ww* [bloosde, h. gebloosd] rood in het gezicht worden of zijn; **blozend** *bn*
blub·ber ‹Eng› *de (m)* ❶ eig walvisspek ❷ vandaar vettige modder ★ NN *zich de ~ werken* erg hard werken, zich hard inspannen

blue chip [bloe tsjip] *(‹Eng) de (m)* [-s] aanduiding voor een kwalitatief hoogstaand aandeel
blue·fort [bloefò(r)] *de (m)* stevige, milde, pikante Nederlandse kaassoort met blauwe schimmeladeren
blue·jeans [bloe (d)zjiens] *(‹Eng) de (m)* ❶ sterk gekeperde katoenen stof, meestal blauw van kleur, denim, spijkerstof ❷ [*mv*: idem] broek van deze stof, spijkerbroek
blues [bloez] *(‹Eng) de* ❶ zwaarmoedige volksmuziek, oorspronkelijk van de Amerikaanse negers, in 4/4-maat: ★ *de ~ is één van de bronnen van de jazz* ❷ langzame dans op deze muziek in de jaren twintig
blue screen [bloe skrien] *(‹Eng) het* [-s] *comput* blauw scherm na een fatale fout bij Windows, ook *blue screen of death* (blauw scherm van de dood) genoemd
blue·tooth [bloetoeth, Engelse th] *(‹Eng) de* draadloze verbinding via radiogolven tussen elektronische apparaten op korte afstand
bluf *(‹Eng) de (m)* snoeverij, opsnijderij ★ NN *Haagse ~* gerecht van geklopt eiwit met bessensap
bluf·fen *ww (‹Eng)* [blufte, h. gebluft] ❶ zijn krachten, rijkdommen e.d. groter doen lijken dan ze in werkelijkheid zijn ❷ *kaartsp* doen alsof de eigen kaart zeer sterk is in de hoop dat de ander opgeeft, vooral bij gokspelen
bluf·fer *de (m)* [-s] iem. die bluft
bluf·fe·rig *bn* geneigd tot bluffen; met bluf
bluf·fe·rij *de (v)* [-en] bluf
bluf·po·ker *de* wijze van pokeren waarbij men veel bluft ★ *~ spelen* fig veel riskeren door te bluffen, bijv. bij onderhandelingen
blun·der *(‹Eng) de (m)* [-s] domme fout, flater, stommiteit: ★ *een ~ maken, begaan*
blun·de·ren *ww* [blunderde, h. geblunderd] een blunder maken
blus·ap·pa·raat *het* [-raten] toestel om meteen een beginnende brand te blussen
blus·mid·del *het* [-en] middel waarmee men vuur kan doven
blus·sen *ww* [bluste, h. geblust] ❶ doen doven door middel van water of blusmiddelen: ★ *een brand ~* ❷ sterk doen afkoelen: ★ *de gemoederen ~* ❸ ★ *kalk ~* door toevoeging van water ongebluste kalk omzetten in gebluste kalk
blut *bn* alles kwijt zijnde, geheel platzak
bluts *de* [-en] BN, spreektaal deuk of buil ★ *de ~ met de buil nemen* naast de voordelen ook de nadelen van iets accepteren
blut·sen *ww* [blutste, h. geblutst] BN, spreektaal door slaan of stoten een deuk of deuken (doen) krijgen (vooral in metalen voorwerpen)
blvd. *afk* boulevard
blz. *afk* bladzijde
BMD *afk* NN Brede Maatschappelijke Discussie
BM'er *de (m)* [-s] zeilschip uit de *Bergumermeerklasse*
B-merk *het* [-en] marketing merk met een mindere bekendheid, kleinere distributiespreiding en een lager prijs- en kwaliteitsniveau dan een → **A-merk**
bmi *afk* body mass index
bmr-prik *de (m)* [-ken] NN injectie ter voorkoming van bof, mazelen en rodehond
BMX bicycle motocross **I** *het* sport waarbij op speciale kleine fietsen wordt gecrosst of gestunt **II** *de* ['en] een dergelijke fiets
BNA *afk* Bond van Nederlandse Architecten
BN'er *de* [-s] bekende Nederlander
BNG *afk* Bank voor Nederlandsche Gemeenten nv
BNN *afk* in Nederland Bart's News Network [omroepvereniging]
bnp *afk* Bruto Nationaal Product, thans → **bbp**
BO *afk* in Nederland bijzonder onderwijs; in België buitengewoon onderwijs
boa *(‹Lat) de (m)* ['s] ❶ lid van een familie van niet-giftige reuzenslangen (Boidae), voornamelijk levend in de Nieuwe Wereld, waarvan de boa constrictor en de anaconda de bekendste zijn ★ *~ constrictor* fraai gekleurde, tot vier meter lang wordende wurgslang uit Midden-Amerika en het noorden van Zuid-Amerika, afgodsslang (*Constrictor constrictor*) ❷ rolrond damesbont, ook van veren gemaakt
board [bò(r)d] *(‹Eng) het* in platen geperste plantaardige vezels, vooral houtvezels, bouwplaat
board·ing [bò(r)ding] *(‹Eng) de (m)* balsport wand die het speelgebied begrenst en waarvan de spelers gebruik mogen maken (zoals bij ijshockey)
board·ingpass [bò(r)dingpaas] *(‹Eng) de (m)* [-es] luchtv instapkaart
BOB *afk* in België, *hist* Bewakings- en Opsporingsbrigade [een afdeling van de federale politie in België]
bob¹ *(‹Eng) de (m)* [-s] bobslee
bob² *de (m)* [-s] iem. die tijdens het uitgaan geen alcohol drinkt om de rest van het uitgaansgezelschap veilig in de auto te kunnen vervoeren (wel opgevat als afkorting van: *bewust onbeschonken bestuurder*)
bob·bel *de (m)* [-s] ❶ bult, zwelling, oneffenheid: ★ *bobbels in het wegdek* ❷ luchtbel ‹in verf e.d.›
bob·be·len *ww* [bobbelde, h. gebobbeld] bobbels vertonen
bob·be·lig *bn* hobbelig, oneffen
bob·ben *ww (‹Eng)* [bobde, h. gebobd] ❶ bobsleeërijden ❷ als bob (bewust onbeschonken bestuurder) optreden bij het uitgaan
bob·ber *de (m)* [-s] iem. die aan bobsleeën doet
bob·by [-bie] *(‹Eng) de (m)* ['s] *inf* benaming voor de Engelse politieagent, genoemd naar Sir Robert (Bob) Peel (1788-1850), die de Londense politie organiseerde
bo·bijn *(‹Fr) de* [-en] BN ook spoel, (garen)klos ★ *aflopen als een ~* veel en vlot praten ★ *zijn bobijntje is af* hij is op, moe, uitgeput
bo·bo *de (m)* ['s] vooral NN verkorting van *bondsbons*,

bo

afkeurende benaming voor iem. die hooggeplaatst is in een organisatie (term bekend geworden door de voetballer R. Gullit, die er de KNVB-bestuurders mee bedoelde; oorspr *Surinaams-Nederlands*: domme man)

bob·slee *(‹Eng) de* [-sleeën] lange slee voor 2 of 4 personen met en stuur- en reminrichting en gebruikt voor snelheidswedstrijden op speciale banen

BOC *afk* in België Belgisch Olympisch Comité

bo·chel *de (m)* [-s] ❶ verkromming van de ruggengraat ❷ iem. met een bochel

bocht¹ *de* [-en] ❶ buiging, kromming in wegen, lijnen e.d. ★ fig *zich in allerlei bochten wringen* allerlei pogingen doen om iets te bereiken of om een vervelende situatie op te lossen ★ vooral NN *dit is kort door de bocht* dit is voorbarig, weinig doordacht ★ NN *Fatima in de ~!* Fatima is (weer) bezig!, Fatima doet iets geks! ❷ deel van een springtouw dat tijdens het zwaaien gebogen is ❸ deel van de zee langs een gebogen kustlijn, baai

bocht² *de (m) & het* Barg ondeugdelijke waar

boch·tig *bn* met bochten

bock·bier *(‹Du) het* zoetige, donkergekleurde biersoort

bod *het* ❶ het bieden: ★ *een ~ doen, uitbrengen op een schilderij* ❷ de geboden prijs: ★ *zijn ~ verhogen* ★ *aan ~ komen* a) tot bieden komen; b) fig een kans krijgen ★ *aan ~ zijn* a) geboden hebben, bezig zijn te bieden; b) fig gezocht zijn, de algemene belangstelling hebben

bo·de *de (m)* [-n, -s] ❶ boodschapper ❷ iem. die een geregelde boodschappendienst onderhoudt: ★ *de ~ op Overschie* ❸ dienaar, bediende

bo·de·ga [-γaa, -gaa] *(‹Sp) de (m)* ['s] wijnhuis

bo·dem *de (m)* [-s] ❶ bovenste laag van de aardkorst: ★ *de ~ bewerken* ★ *in de ~ van dit land vond men olie* ★ *van eigen ~* uit het eigen land afkomstig ❷ onderste deel of laag van een vertrek, voorwerp, orgaan e.d.: ★ *op de ~ liggen* ★ *(verwachtingen, hoop e.d.) de ~ inslaan* vernietigen, tenietdoen ★ *een kwestie tot op de ~ uitzoeken* helemaal uitzoeken ★ *(iets) met een dubbele bodem* (iets) waar meer achter zit dan men op het eerste gezicht denkt (zoals bij dozen, kisten e.d. van goochelaars) ❸ minimumprijs, minimumbedrag, laagst bereikbaar of toegelaten punt of niveau: ★ *de scores zakten tot onder de ~* ❹ (oorlogs)schip

bo·dem·ar·chief *het* [-chieven] geheel van historisch belangrijke gegevens dat in de bodem aanwezig is: ★ *het Amsterdamse ~*

bo·dem·be·slag *het* recht beslag op onroerend goed dat staat op een stuk grond van een schuldenaar

bo·de·me·rij *de (v)* [-en] geldlening op een schip of lading als onderpand

bo·dem·ge·steld·heid *de (v)* toestand van de bodem: verdeling van hoog en laag, grondsoorten enz.

bo·dem·kun·de *de (v)* studie van de grondsoorten, pedologie

bo·dem·loos *bn* zonder bodem, zeer diep ★ *een bodemloze put* iets wat veel geld verslindt en niets opbrengt

bo·dem·pen·sioen [-sjoen] *het* [-en] NN algemeen ouderdomspensioen (krachtens de AOW) waarboven eventueel ander pensioen genoten kan worden

bo·dem·prijs *de (m)* [-prijzen] laagste prijs, minimumprijs

bo·dem·pro·ce·du·re *de* [-s] NN rechtsgeding waarbij een zaak uitvoerig wordt bestudeerd *(tegengest: kort geding)*

bo·dem·schat *de (m)* meestal *mv bodemschatten* delfstoffen

bo·den *ww verl tijd meerv* van → **bieden**

bo·dy [boddie] *(‹Eng) het* ['s] ❶ lichaam ❷ bodystocking ❸ stevigheid, kracht, inhoud: ★ *een beleid met te weinig ~* ❹ de krachtige smaakindruk van een wijn met veel vaste stoffen en een evenredig hoog alcoholgehalte

bo·dy·art [boddieà(r)t] *(‹Eng) de (m)* kunstuiting bestaande uit het beschilderen of bewerken of anderszins versieren van eigen of andermans lichaam of het aannemen van bep. poses

bo·dy·build·er [boddiebildə(r)] *(‹Eng) de (m)* [-s] iem. die aan bodybuilding doet

bo·dy·build·ing [boddiebilding] *(‹Eng) de* (beoogde) verfraaiing van het lichaam door spieroefening

bo·dy·check [boddietsjek] *(‹Eng) de (m)* [-s] ijshockey harde tackle met het volledige lichaam

bo·dy·co·py [boddiekoppie] *(‹Eng) de* ['s] reclame tekstgedeelte van een advertentie

bo·dy·guard [boddieγà(r)d] *(‹Eng) de (m)* [-s] lijfwacht

bo·dy·lo·tion [boddieloosjən,], **bodymilk** [boddie-] *(‹Eng) de (m)* vloeibaar cosmetisch middel om de huid soepel te houden

bo·dy mass in·dex [boddie màs -] *(‹Eng) de* index om vast te stellen of men het juiste lichaamsgewicht heeft, te weten: het gewicht in kilo's gedeeld door het kwadraat van de lengte in meters

bo·dy·odour [boddie-oodə(r)] *(‹Eng) de (m)* lichaamsgeur, vooral zweetlucht

bo·dy·scan [boddiesken] *(‹Eng) de* driedimensionale afbeelding van het lichaam voor medisch onderzoek of het opsporen van drugs en wapens

bo·dy·stock·ing [boddie-] *(‹Eng) de* [-s] nauwsluitende, elastische onderkleding voor vrouwen, die de gehele romp bedekt en soms ook de armen en benen, veelal met een sluiting in het kruis

body·suit [boddiesoet] *(‹Eng) de* [-s] kledingstuk van elastische stof dat het gehele lichaam nauw omsluit

bo·dy·warm·er [boddiewò(r)mə(r)] *de (m)* [-s] korte jas zonder mouwen van dikke, gevulde stof

boe *tsw* ❶ geluid van een koe ❷ uitroep om iem. schrik aan te jagen of om afkeuring te laten blijken: ★ *~ roepen* ★ *~ noch ba zeggen* zie bij → **ba¹**

Boed·dha *(‹Sanskr) de (m)* de 'Verlichte'; erenaam van

de Indische prins Siddharta Gautama (ca. 560-ca. 480 v.C.), de stichter van het → **boeddhisme**
boed·dhis·me *het* godsdienst of godsdienstige wijsbegeerte, gesticht door Boeddha in de zesde eeuw v.C., die vooral veel aanhangers heeft in Oost- en Zuidoost-Azië
boed·dhist *de (m)* [-en] aanhanger van de leer van Boeddha
boed·dhis·tisch *bn* van, volgens het boeddhisme
boe·del *de (m)* [-s] ❶ nalatenschap ❷ bezit aan roerende goederen, inboedel ❸ het vermogen van iemand die failliet gegaan is ★ *insolvente ~* boedel betreffende welke geen overeenstemming bereikt is tussen de gefailleerde en de crediteur(en)
boe·del·af·stand *de (m)* het afstand doen door insolvent schuldenaar van al zijn goederen aan de schuldeisers
boe·del·bak *de (m)* [-ken] NN gesloten aanhangwagentje om inboedel mee te verhuizen
boe·del·be·schrij·ving *de (v)* [-en] opsomming van de bestanddelen van een boedel
boe·del·schei·ding *de (v)* [-en] verdeling van een gemeenschappelijke boedel tussen de verschillende gerechtigden
boe·del·ver·de·ling *de (v)* NN, recht regeling bij testament waarbij een ouder zijn bezittingen verdeelt over zijn nakomelingen en eventuele echtgenoot: ★ *ouderlijke ~*
boef *de (m)* [boeven] schurk
boef·je *het* [-s] straatjongen; kwajongen
boeg *de (m)* [-en] voorkant van een schip ★ *voor de ~ hebben* nog te doen of te ondergaan hebben ★ *het over een andere ~ gooien* (of *wenden*) a) fig iets op een andere manier gaan aanpakken; b) een wending aan een gesprek geven, van onderwerp veranderen ★ *schot voor de ~* a) schot dat een schip niet raakt, maar dient als waarschuwing; b) vooral NN, fig dringende waarschuwing
boeg·an·ker *het* [-s] anker op het voorschip gebruikt
boeg·beeld *het* [-en] ❶ figuur als versiering aan de boeg van een schip ❷ fig persoon die voor de buitenwereld toonaangevend is voor een organisatie, bedrijf, partij enz.
boeg·spriet *de (m)* [-en] rondhout dat buiten de voorsteven van een schip uitsteekt
boei *de* [-en] ❶ ijzeren band die men aanbrengt om de polsen of enkels van arrestanten: ★ *iem. in de boeien slaan* ❷ scheepv felgekleurde baken ★ NN *een kleur als een ~ hebben, krijgen* heel erg blozen, een rood hoofd krijgen ❸ reddingsgordel
boei·en *ww* [boeide, h. geboeid] ❶ in boeien sluiten ❷ geheel bezighouden, de aandacht vasthouden: ★ *die film kon mij niet ~*
boei·end *bn* spannend, de aandacht vasthoudend
boei·en·ko·ning *de (m)* [-en] artiest die zich uit stevige boeien weet los te maken
boei·er *de (m)* [-s] voor en achter hoog oplopend plezierscheepje

boek *het* [-en] ❶ bundel bedrukte of beschreven vellen papier, die in een band zijn samengebonden ★ *het Boek der Boeken* de Bijbel ★ *het is een gesloten ~ voor me* ik weet er niets van ★ *een open boek voor iem. zijn* iem. zo goed kennen dat men kleine gebaren of gelaatsuitdrukkingen meteen weet te duiden ❷ opschrijfboek, boekhoudboek, notitieboekje: ★ *buiten zijn boekje gaan* iets doen waartoe men niet gemachtigd is ★ *een boekje over iemand opendoen* vertellen over de minder fraaie dingen die iemand zoal gedaan heeft ★ *te ~ staan als* bekend zijn als ★ *te ~ stellen* opschrijven, schriftelijk vastleggen ★ *iets volgens het boekje doen* geheel volgens de voorschriften ★ BN ook *de ~en neerleggen* faillissement aanvragen ❸ onderdeel van een boekwerk: ★ *de boeken van de Bijbel* ❹ vijfentwintig vel papier
boek·aan·kon·di·ging *de (v)* [-en] aankondiging van een nieuw boek
boe·ka·nier *‹Fr‹Tupi, een Zuid-Amerikaanse indianentaal› de (m)* [-s] benaming van de Franse en Engelse zeerovers in West-Indië in de 17de-18de eeuw
boek·band *de (m)* [-en] omslag waarin de boekbladen genaaid of gebonden zijn
boek·be·oor·de·ling *de (v)* [-en], **boek·be·spre·king** [-en] beschouwing over een nieuw boek
boek·bin·der *de (m)* [-s] iem. die boeken naait of inbindt
boek·bin·de·rij *de (v)* [-en] bedrijf waar men boeken naait of inbindt
boek·deel *het* [-delen] deel van een boek ★ *zoiets spreekt boekdelen* veel wat onuitgesproken blijft kan men daaruit afleiden
boek·druk *de (m)* wijze van drukken als in een boek, hoogdruk
boek·druk·ker *de (m)* [-s] iem. die boeken drukt
boek·druk·ke·rij *de (v)* [-en] bedrijf waar men boeken drukt
boek·druk·kunst *de (v)* de kunst van of de kundigheid in het boeken drukken, typografie
boe·ken *ww* [boekte, h. geboekt] ❶ inschrijven: ★ *een bedrag, uitgaven, rente ~* ❷ reserveren, bespreken: ★ *een reis ~* ❸ behalen: ★ *winst, vooruitgang ~*
boe·ken·bal *het* [-s] bal bij de opening van de Boekenweek
boe·ken·beurs *de* [-beurzen] ❶ ‹op scholen› georganiseerde handel in gebruikte schoolboeken tussen leerlingen of hun ouders ❷ beurs waarop uitgevers aan boekhandelaren hun nieuwe uitgaven te koop aanbieden
boe·ken·bon *de (m)* [-s, -nen] bon waarop in iedere boekhandel een of meer boeken te verkrijgen zijn tegen het op de bon vermelde bedrag
boe·ken·club *de* [-s] vereniging waarvan de leden tegen gereduceerde prijzen boeken en cd's kunnen kopen, maar wel met de verplichting om in een vastgestelde periode ten minste een bepaald bedrag

te besteden
boe·ken·fonds *het* [-en] → **fonds** (bet 2) waaruit kosteloos schoolboeken worden verstrekt
boe·ken·kast *de* [-en] kast waarin boeken bewaard kunnen worden
boe·ken·kraam *de & het* [-kramen] marktkraam waar boeken verkocht worden
boe·ken·leg·ger *de (m)* [-s] strook die men in een boek legt om aan te geven waar men is gebleven
boe·ken·lijst *de* [-en] lijst met titels van boeken die men moet aanschaffen of die men moet lezen, bijv. voor school
boe·ken·plank *de* [-en] plank waarop boeken bewaard kunnen worden
boe·ken·rek *het* [-ken] rek voor boeken
boe·ken·stal·le·tje *het* [-s] boekenkraam
boe·ken·steun *de (m)* [-en] voorwerp dat steun biedt aan een rij rechtopstaande boeken
boe·ken·taal *de* stijve, onnatuurlijke taal
boe·ken·tas *de* [-sen] ❶ tas waarin men boeken vervoert ❷ BN schooltas
Boe·ken·week *de* [-weken] week in het voorjaar, waarin de boekhandel propaganda maakt voor het boek, vooral het Nederlandse boek
boe·ken·wijs·heid *de (v)* wijsheid uit boeken en niet uit eigen ervaring, theorie
boe·ken·worm, **boe·ken·wurm** *de (m)* [-en] iem. die altijd in boeken aan het lezen is
boe·ke·rij *de (v)* [-en] boekenverzameling, bibliotheek
boe·ket (‹Fr) *de (m) & het* [-ten] ❶ ruiker: ★ *een ~ rozen* ❷ fijne geur van wijn ❸ indrukwekkend slotnummer van een evenement, vnl. vuurwerk
boek·han·del *de (m)* [-s] ❶ boekwinkel ❷ het verkopen van boeken
boek·han·de·laar *de (m)* [-s, -laren] verkoper van boeken
boek·hou·den I *ww* [hield boek, h. boekgehouden] feiten en ontwikkelingen van financiële aard volgens bep. regels vastleggen II *het* de leer, de studie van het boekhouden
boek·hou·der *de (m)* [-s] iem. die de handelsboeken bijhoudt
boek·hou·ding *de (v)* [-en] het bijhouden van handelsboeken
boek·houd·kun·dig *bn* betreffende het boekhouden
boe·king *de (v)* [-en] ❶ het boeken, het inschrijven (in handelsboeken) ❷ sp notitie in het scheidsrechtersboekje na een overtreding: ★ *een ~ krijgen voor / wegens protesteren*
boek·jaar *het* [-jaren] handel administratief jaar, gerekend van balans tot → **balans** (bet 3)
boek·long *de* [-en] ademhalingsorgaan van spinnen en schorpioenen
boek·maag *de* [-magen] één van de magen bij herkauwers
boek·om·slag *de (m) & het* [-slagen] → **omslag** (I, bet 1) om een boek (van papier of ander materiaal)
boek·rol *de* [-len] vorm waarin boeken werden vervaardigd in de klassieke oudheid
boek·sken *het* [-s] ★ BN, spreektaal *de boekskens* rijk geïllustreerde sensatiebladen waarin over het privé-leven van bekende Vlamingen en andere prominenten wordt geschreven
boek·sta·ven *ww* [boekstaafde, h. geboekstaafd] ❶ te boek stellen, in een boek vastleggen ❷ staven d.m.v. documentatie; **boekstaving** *de (v)*
boek·ver·bran·ding *de (v)* [-en] het demonstratief verbranden van onwelgevallige boeken
boek·ver·ko·per *de (m)* [-s] boekhandelaar
boek·vink *de* [-en] de gewone vink
boek·vorm *de (m)* als boek (niet als artikel): ★ *in ~ verschenen*
boek·waar·de *de (v)* waarde volgens de handelsboeken: aanschaf minus afschrijving
boek·weit *de* plant waarvan het zaad als meel gebruikt wordt (*Fagopyrum esculentum*)
boek·weit·meel *het* meel van boekweit
boek·weit·pap *de* pap van boekweit
boek·werk *het* [-en] ❶ groot boek ❷ boek van verscheidene delen
boek·win·kel *de (m)* [-s] winkel waar boeken verkocht worden
boek·winst *de (v)* winst die ontstaat als een actief bij verkoop meer opbrengt dan de boekwaarde
boek·worm *de (m)* [-en] bep. papieretend insect
boel *de (m)* [-en] ❶ inboedel ❷ menigte, grote hoeveelheid: ★ *er waren een ~ mensen* ★ *hij had een ~ postzegels*; vgl: → **heleboel** ❸ rommel, wanordelijke hoop ★ *een saaie (dooie) ~* een saaie toestand ★ *een dolle ~* een uitgelaten sfeer ★ NN *de ~ de ~ laten* alles achterlaten zoals het is ★ *laat de ~ maar waaien* laten we ons er maar niet druk over maken ★ NN *het is foute ~* er is iets mis
boe·le·ren *ww* [boeleerde, h. geboeleerd] vero in ontucht leven
boem *tsw* woord dat een luide klap nabootst: ★ *~, daar viel alles op de grond*
boe·man *de (m)* [-nen] bep. kinderschrik
boem·boe (‹Mal) *de (m)* NN verzamelterm voor specerijen en kruiden
boe·mel *de (m)* [-s] ❶ ★ *aan de ~* aan het → **boemelen** (bet 3) ❷ boemeltrein
boe·me·laar *de (m)* [-s] iem. die boemelt (→ **boemelen**, bet 3)
boe·me·len *ww* (‹Du) [boemelde, h. geboemeld] ❶ met een boemeltrein reizen ❷ langzaam lopen, slenteren ❸ fuiven, veel uitgaan, stappen
boe·mel·trein *de (m)* [-en] spreektaal stoptrein
boe·me·rang (‹Eng‹Australische Aboriginalstaal) *de (m)* [-s] sikkelvormig werphout van de Aboriginals, ± 0,8 m lang, gaat tot 60 à 70 m, en keert als het doel gemist wordt langs elliptische baan bij de werper terug ★ *dat werkt als een ~* daar ondervindt degene van wie het is uitgegaan, zelf last of nadeel van
boen·der *de (m)* [-s] lange, stevige borstel
boe·nen *ww* [boende, h. geboend] schoonwrijven,

schoonborstelen
boen·was *de (m) & het* wrijfwas
boer¹ *de (m)* [-en] ❶ iem. die landbouw of veeteelt bedrijft, agrariër ★ *wat de ~ niet kent, dat eet hij niet* bij veel mensen bestaat wantrouwen tegen nieuwe en onbekende dingen ★ *de ~ op gaan* eropuit gaan, naar buiten gaan ★ *lachen als een ~ die kiespijn heeft* niet erg gul lachen ★ *zo leer je de boeren de kunst af* je wilt al te veel weten; zie ook bij → **vos** ❷ figuur in het kaartspel ❸ scheldwoord lomp, ruw persoon ❹ *de Boeren*: nakomelingen van voornamelijk van Hollanders afstammende kolonisten in Zuid-Afrika
boer² *de (m)* [-en] oprisping: ★ *een ~ laten*
boer·de *de* [-n] kluchtig Middelnederlands volksverhaal
boer·de·rij *de (v)* [-en] boerenhuis met omliggende landerijen
boe·ren¹ *ww* [boerde, h. geboerd] ❶ boer zijn ★ *goed ~* ❷ met succes het boerenbedrijf uitoefenen ❸ *fig* maatschappelijk vooruitgaan: ★ *hij heeft goed geboerd de laatste jaren*
boe·ren² *ww* [boerde, h. geboerd] oprispen, een boer laten
boe·ren³ *ww* [boerde, h. geboerd] klaverjassen bepalen welke deelnemers als partners zullen gaan spelen door de kaarten te verdelen, waarna diegenen moeten samenspelen die de boeren van dezelfde kleur ontvangen
boe·ren·ar·bei·der *de (m)* [-s] knecht bij een boer
boe·ren·be·drijf *het* [-drijven] bedrijf van een boer
boe·ren·be·drog *het* grof bedrog
boe·ren·bond *de (m)* [-en] vereniging van boeren
boe·ren·bont *het* NN ❶ grof aardewerk met bloemmotieven in heldere kleuren ❷ geblokte katoenen stof
boe·ren·brui·loft *de* [-en] ❶ bruiloft op het platteland volgens oude gewoonten ❷ *fig* rumoerig, wild feest
boe·ren·bruin *het* [-en] bep. type stevig bruin brood
boe·ren·bui·ten *de (m)* ★ BN, spreektaal *op de ~ op het platteland*
boe·ren·doch·ter *de (v)* [-s] dochter van een boer
boe·ren·dorp *het* [-en] klein, agrarisch dorp
boe·ren·erf *het* [-erven] erf rond een boerderij
boe·ren·fluit·jes *mv* zie: → **janboerenfluitjes**
boe·ren·golf [-γolf] *het* variant van het golfspel, in gewone weilanden gespeeld met een grote bal en grote clubs (**club** bet 4)
boe·ren·hoe·ve *de* [-n] boerderij
boe·ren·hof·ste·de, **boe·ren·hof·stee** *de* [-steden] grote boerderij
boe·ren·huf·ter *de (m)* [-s] NN, scheldwoord hufter
boe·ren·jon·gen *de (m)* [-s] jongen van het platteland
boe·ren·jon·gens *mv* NN brandewijn met rozijnen
boe·ren·kaas *de (m)* [-kazen] kaas gemaakt door een zelfkazende boer
boe·ren·ker·mis *de* [-sen] dorpskermis
boe·ren·kers *de* een kruisbloemige plant (*Thlaspi*)
boe·ren·kin·kel *de (m)* [-s] onbeschaafde, ruwe vent

boe·ren·knecht *de (m)* [-s, -en] boerenarbeider
boe·ren·kool *de* [-kolen] ❶ eetbaar gewas uit het plantengeslacht kool (*Brassica oleracea* var. *acephala* subvar. *laciniata*) ❷ dit gewas met aardappelen tot een stamppot verwerkt: ★ *vanavond eten we ~ met worst*
Boe·ren·krijg *de (m)* BN, hist boerenopstand tegen de Franse bezetter (1798-1799)
boe·ren·leen·bank *de* [-en] bank die voorschotten geeft aan boeren
boe·ren·lul *de (m)* [-len] scheldwoord boerenkinkel
boe·ren·meis·je *het* [-s] meisje van het platteland
boe·ren·meis·jes *mv* NN brandewijn met abrikozen
boe·ren·nach·te·gaal *de (m)* [-galen, -s] groene kikker, die zeer luid kwaakt
boe·ren·paard *het* [-en] zwaar paard
boe·ren·plaats *de* [-en] ❶ boerendorp ❷ boerderij
boe·ren·pum·mel *de (m)* [-s] onbeschaafde kerel
boe·ren·sjees *de* [-sjezen] licht tweewielig wagentje
boe·ren·slim·heid *de (v)* [-heden] slimheid die berust op een nuchtere beschouwing van de feiten en niet op een bep. scholing of opleiding
boe·ren·stand *de (m)* de boeren
boe·ren·trien *de (v)* [-en] scheldwoord lompe, onbeschaafde (boeren)vrouw
boe·ren·ver·stand *het* gewone, menselijke verstand (zonder verdere scholing): ★ *dat had ik met mijn ~ ook kunnen ontdekken*
boe·ren·vrouw *de (v)* [-en] boerin, plattelandsvrouw
boe·ren·wa·gen *de (m)* [-s] wagen in het boerenbedrijf gebruikt
boe·ren·worm·kruid *het* soort wormkruid met geveerde bladeren en gele bloemen, in Nederland en België voorkomend als bermplant (*Tanacetum vulgare*)
boe·ren·zoon *de (m)* [-s, -zonen] zoon van een boer
boe·ren·zwa·luw *de* [-en] zwaluw met staalblauwe rug en vuilwitte buik die nestelt in stallen enz. (*Hirundo rustica*)
boe·rig *bn* boers, boerachtig
boe·rin *de (v)* [-nen] ❶ vrouw van een boer ❷ vrouw die landbouw of veeteelt bedrijft
boer·ka *de* ['s] gewaad dat het gehele lichaam, inclusief het hoofd, bedekt en waarbij men slechts door een gaasje kan kijken, vooral gedragen door vrouwen in Afghanistan
boer·ki·ni *de (m)* ['s] samentrekking van *boerka* en *bikini*, tweedelig badpak dat het gehele lichaam bedekt, behalve gelaat, handen en voeten, bedoeld voor moslima's
boer·noes ⟨*Arab*⟩ *de (m)* [-en] Arabische mantel van witte wollen stof met een kap
boers *bn* enigszins lomp, onbeschaafd: ★ *boerse manieren*
boers·heid *de (v)* [-heden] het boers zijn, wat boers is
boert ⟨*Fr*⟩ *de* vero scherts, veelal grove scherts
boer·tig *bn* vero grofgrappig
boe·te *de* [-n, -s] ❶ geldstraf: ★ *iem. een ~ opleggen*

★ *een ~ krijgen voor / wegens rijden onder invloed* ❷ straf die wordt opgelegd voor bedreven kwaad ❸ daden of ontzegging van genoegens ten teken van berouw over begane zonden: ★ *~ doen*

boe·te·be·ding *het* bepaling dat boete betaald moet worden, als een contract niet wordt nagekomen

boe·te·doe·ning *de (v)* [-en] daden of ontzegging van genoegens, ten teken van berouw

boe·te·kleed *het* [-kleren] ruw haren kleed van een boeteling ★ *het ~ aantrekken* fig in het openbaar blijk geven van berouw

boe·te·ling *de (m)* [-en], **boe·te·lin·ge** *de (v)* [-n] iem. die boete doet

boe·ten *ww* [boette, h. geboet] ❶ boete doen: ★ *~ voor een zonde* ❷ ⟨van visnetten⟩ repareren

boe·te·preek *de* [-preken] boetpredicatie

boe·te·sa·cra·ment *het* [-en] RK biecht

boe·tiek *(⟨Fr⟩ de (m)* [-s] kleine winkel voor luxe- en modeartikelen

boet·pre·di·ca·tie [-(t)sie] *de (v)* [-s, -tiën] aanmaning tot boetedoening, vermanend woord

boet·pre·di·ker *de (m)* [-s] iem. die boetpredicaties houdt

boet·preek *de* [-preken] → **boetepreek**

boet·psalm *de (m)* [-en] om verzoening met God smekende psalm

boet·seer·der *de (m)* [-s] iem. die boetseert

boet·seer·klei *de* klei bij boetseren gebruikt

boet·se·ren *ww* (⟨Oudfr⟩ [boetseerde, h. geboetseerd] ⟨een beeldje, figuur⟩ vormen uit kneedbaar materiaal, bijv. klei

boet·straf·fe·lijk *bn* BN correctioneel, boete opleggend: ★ *boetstraffelijke rechtbank* correctionele rechtbank, belast met het oordelen in strafzaken

boet·vaar·dig *bn* tot boete bereid

boet·vaar·dig·heid *de (v)* bereidheid tot boete ★ RK *het sacrament der ~* de biecht

boe·ven·ben·de *de* [-n, -s], **boe·ven·pak** *het* troep boeven

boe·ven·taal *de* taal die door boeven wordt gebruikt, bijv. Bargoens

boe·ven·tro·nie *de (v)* [-s] misdadigersgezicht

boe·ven·wa·gen *de (m)* [-s] inf wagen waarmee veroordeelden of verdachten van of naar gevangenissen resp. huizen van bewaring worden vervoerd

boe·ze·laar *de (m)* [-s] wijd schort zoals vroeger gedragen door kinderen en vrouwen

boe·zem *de (m)* [-s] ❶ borst: ★ *een kind aan de ~ drukken* ❷ ruimte tussen de borst en de bovenkleding bij vrouwen: ★ *zij verborg het briefje in haar ~* ★ *de hand in eigen ~ steken* het eigen geweten onderzoeken en schuld erkennen ❸ zeebocht, zee-inham ❹ watervlak waarop de polders afwateren ❺ elk van de twee bovenste van de vier afdelingen van het hart

boe·zem·fi·bril·le·ren *ww & het* med ritmestoornis van het hart waarbij de boezems snel en onregelmatig samentrekken

boe·zem·land *het* [-en] land dat zonder bemaling afwatert op een → **boezem** (bet 4)

boe·zem·vriend *de (m)* [-en] intieme vriend

boe·zem·vrien·din *de (v)* [-nen] intieme vriendin

boe·zem·wa·ter *het* water van een → **boezem** (bet 4)

boe·ze·roen (⟨Fr⟩ *de (m) & het* [-s, -en] vroeger kort, wijd overhemd; → **Jan Boezeroen** zie aldaar

bof *de (m)* [-fen] ❶ onverwacht voordeeltje ❷ ontsteking van de oorspeekselklier en soms ook van andere speekselklieren

bof·fen *ww* [bofte, h. geboft] geluk hebben

bof·fer *de (m)* [-s], vooral NN **bof·kont** *de (m)* [-en] spreektaal iem. die geluk heeft, geluksvogel

bo·gaard *de (m)* [-en] → **boomgaard**

bo·gen[1] *ww* [boogde, h. geboogd] ★ *~ op* zich beroemen op, trots zijn op, zich in het bezit weten van: ★ *deze stad kan ~ op een rijk verleden*

bo·gen[2] *ww* verl tijd meerv van → **buigen**

bo·gey [-yie] (⟨Eng⟩ *de* [-s] golf score van een boven par op een hole

Bo·heems *bn* van, uit, betreffende Bohemen, een deel van Tsjechië: ★ *~ kristal*

Bo·he·mer *de (m)* [-s] iem. geboortig of afkomstig uit Bohemen

bo·he·mien [-heemjē] (⟨Fr⟩ *de (m)* [-s] iem. die een onconventioneel, artistiek leven leidt

BOIC afk in België Belgisch Olympisch en Interfederaal Comité

boi·ler (⟨Eng⟩ *de (m)* [-s] toestel om heet water of stoom te produceren

boil·er·plate [boilə(r)pleet] (⟨Eng⟩ *de* [-s] standaardtekst vol clichés in een reclame-uiting

bo·jaar (⟨Russ⟩ *de (m)* [-jaren] lid van de hoge adel in Rusland van de 9de-17de eeuw

bok[1] *de (m)* [-ken] ❶ mannetje van de geit, het hert enz.: ★ *de bokken van de schapen scheiden* de slechten van de goeden *of* de mannen van de vrouwen scheiden ★ *een oude ~ lust nog wel een groen blaadje* een man op leeftijd houdt nog wel van jonge meisjes ★ NN *als een ~ op de haverkist zitten* zeer begerig, gretig zijn ❷ bep. hijswerktuig met twee vaste staanders die bovenaan bij elkaar komen ★ *drijvende ~* ponton met een hijskraan ❸ springtoestel op vier poten, gebruikt bij gymnastiek ★ *~ staan* gebogen staan zodat anderen over je heen kunnen springen ❹ koetsiersbank: ★ *op de ~ van een rijtuig zitten* ❺ hist geselpaal

bok[2] *de (m)* [-ken] flater ★ *een ~ schieten* een flater begaan

bo·kaal (⟨Fr⟩ *de (m)* [-kalen] ❶ grote beker, pronkbeker op een voet ❷ BN, spreektaal inmaakfles, weckfles, glazen pot, jampot

bok·ken *ww* [bokte, h. gebokt] bokkig zijn, bokkig doen

bok·ken·poot·je *het* [-s] twee langwerpige koekjes met schuim ertussen, aan de uiteinden in chocolade gedoopt

bok·ken·pruik *de* ★ *de ~ op hebben* slechtgehumeurd zijn

bok·ken·rij·der *de (m)* [-s] lid van een roversbende in Zuid-Limburg in de 18de eeuw

bok·ken·sprong *de (m)* [-en] ❶ sprong van een bok ❷ fig dwaze, zonderlinge handeling, gril ★ *geen bokkensprongen kunnen maken* niet veel geld kunnen uitgeven

bok·ken·wa·gen *de (m)* [-s] wagentje door een of twee bokken getrokken

bok·kig *bn* stuurs, slecht gehumeurd, onvriendelijk, nors

bok·king *de (m)* [-en] gerookte haring ★ *verse ~ panharing*

bok·king·hang *de (m)* [-en] loods om haring te roken

bok·king·ro·ke·rij *de (v)* [-en] bedrijf waar haring gerookt wordt

Bok·mål [boekml] *(‹No)* het variant van de Noorse taal die voornamelijk in Oslo en de andere grote steden wordt gesproken en als Noorse standaardtaal geldt; *vgl*: → **Nynorsk**

boks *de* BN vuistslag, stomp

boks·baard *de (m)* [-en] samengesteldbloemige veldplant met gele of paarse bloemen (*Tragopogon*)

boks·bal *de (m)* [-len] tussen twee elastische banden bevestigde leren of kunststofbal voor de oefening van snelle stoten

boks·beu·gel *de (m)* [-s] handbeugel met punten als vuistwapen

bok·schip *het* [-schepen] platte schuit die geduwd of getrokken wordt

bok·sen *ww (‹Eng)* [bokste, h. gebokst] ❶ vechten met de vuisten, vooral als sport ❷ krachtdadig te werk gaan ★ *iets voor elkaar ~ iets handig klaarspelen* ★ BN, spreektaal *iets in elkaar ~* in elkaar zetten, opzetten, voorbereiden

bok·ser *de (m)* [-s] ❶ iem. die het boksen als sport beoefent ❷ naam van de leden van een geheim Chinees verbond, gericht tegen christenen en Europeanen, dat in 1900 de *Bokseropstand* veroorzaakte ❸ hond, → **boxer**

boks·hand·schoen *de* [-en] grote, gewatteerde handschoen, gebruikt bij het boksen

boks·poot *de (m)* [-poten] poot van een bok, ook als symbool van de duivel

bok·sprin·gen *ww & het* springoefeningen maken op een → **bok¹** (bet 3)

boks·ring *de (m)* [-en] vierkant podium, door drie of vier strakgespannen koorden omgeven, als strijdperk voor bokswedstrijden

boks·sport *de* het boksen als sport

bok·tor *de* [-ren] lid van een keverfamilie (Cerambycidae) met een forse maar slanke lichaamsbouw en zeer lange antennes

bol¹ *de (m)* [-len] ❶ wisk lichaam met een oppervlak waarvan alle punten even ver liggen van het middelpunt ❷ balvormig voorwerp in het algemeen; ★ *de waarzegster keek in de kristallen ~* ★ BN, spreektaal *een bolletje* een snoepje ❸ rond baksel, zoals de oliebol, krentenbol e.d. ❹ bloembol: ★ *bollen pellen* ❺ rond hemellichaam ❻ bol gedeelte van een hoed ❼ hoofd van een mens: ★ *iem. over de ~ aaien* ★ *het is hem in de ~ geslagen* hij is gek geworden ★ *het hoog in de ~ hebben* erg trots of ambitieus zijn ★ *uit zijn ~ gaan* uitzinnig, dol worden (van vreugde, woede e.d.)

bol² *bn* ❶ rond naar buiten, opgezwollen: ★ *bolle wangen* ★ *de zeilen staan ~* ★ *~ staan van* in hoge mate vertonen, uitpuilen van: ★ *de kranten stonden ~ van het nieuws over de verloving* ❷ ‹van de wind:› wel krachtig, maar niet koud

bol·blik·sem *de (m)* [-s] bliksem die zich vertoont als een lichtende bol met een doorsnede van 10 tot 20 cm

bol·der *(‹Oudfr) de (m)* [-s] paaltje op een schip of een kade om touwen of kettingen aan vast te maken

bol·de·ren *ww* [bolderde, h. gebolderd] met veel lawaai lopen of rijden

bol·de·rik *de (m)* [-riken] grijs-viltige plant met vuilpurperen bloemen tussen graan (*Agrostemma githago*)

bol·der·kar *de* [-ren], **bol·der·wa·gen** *de (m)* [-s] ❶ rammelende, schokkende kar; wagen zonder vering of ophanging ❷ vooral op het strand gebruikte lage, rechthoekige kar, die aan een stok wordt voortgetrokken en dient voor het vervoer van kinderen of strandbenodigdheden

bol·drie·hoek *de (m)* [-en] figuur dat deel uitmaakt van een boloppervlak en dat begrensd wordt door bogen van drie grote cirkels van de bol

bol·drie·hoeks·me·ting *de (v)* wetenschap die zich bezighoudt met boldriehoeken

bo·leet *(‹Lat) de (m)* [-leten] naam voor vlezige buiszwammen, bijv. het eetbare eekhoorntjesbrood

bo·le·ro¹ *(‹Sp) de (m)* ['s] langzame Spaanse volksdans in 3/4 maat, met castagnetten begeleid

bo·le·ro² *(‹Sp) de (m)* ['s] kort, openvallend, mouwloos damesjasje

bol·ge·was *het* [-sen] plant die zich ontwikkelt uit een bloembol

bol·hoed *de (m)* [-en] herenhoed met een ronde bol

bo·li·de *(‹Fr‹Gr) de (v)* ❶ [*mv: -s*] raceauto ❷ [*mv: -n*] zeer heldere meteoor, vuurkogel

bo·li·var *de (m)* [-s] munteenheid van Venezuela, genoemd naar Simón Bolívar (1783-1830), een Zuid-Amerikaanse vrijheidsstrijder

Bo·li·vi·aan *de (m)* [-anen] iem. geboortig of afkomstig uit Bolivia

Bo·li·vi·aans *bn* van, uit, betreffende Bolivia

bo·li·vi·a·no *de* ['s] munteenheid van Bolivia

bol·knak *de (m)* [-s] NN sigaar met een verdikking vóór de spitstoelopende punt

bol·le·bof *(‹Barg) de (m)* [-fen] NN ❶ baas; hoge autoriteit ❷ geleerd persoon, bolleboos

bol·le·boos *(‹Jidd‹Hebr) de (m)* [-bozen] knapperd, uitblinker

bol·le·ke *het* [-s] BN een glas met bier van het merk De Koninck

bol·len *ww* [bolde, h. gebold] ❶ bol gaan staan: ★ *het zeil bolde* ❷ BN, spreektaal rijden op een rustige en ongehinderde manier (van voertuigen, automobilisten, wielrijders e.d.) ❸ BN een bep. werpspel spelen

bol·len·glas *het* [-glazen] hoge smalle vaas voor een bolgewas

bol·len·kwe·ker *de (m)* [-s] iem. die bolgewassen kweekt

bol·len·streek *de* NN gebied waar veel bloembollen gekweekt worden, vooral de streek tussen Leiden en Haarlem

bol·len·veld *het* [-en] veld waarop men bolgewassen kweekt

bol·le·tje *het* [-s] ❶ kleine bol ❷ NN halfrond, meestal zacht broodje

bol·le·tjes·slik·ker *de (m)* [-s] vooral NN iem. die kleine hoeveelheden in plastic verpakte drugs inslikt om ze zo een land binnen te smokkelen

bol·le·tjes·trui *de* [-en] witte trui met rode bollen voor de leider van het bergklassement in de Tour de France

bol·le·wan·gen·hap·snoet *de (m)* [-en] NN iem., vooral een kind, met een bol, blozend gezicht

Bo·log·ne·zer [-lonjee-,], **Bo·log·nees** [-lonjees] I *de (m)* [-s] iem. afkomstig uit de Italiaanse stad Bologna II *bn* van Bologna

bol·rond *bn* bolvormig

bol·sje·wiek (‹Russ› *de (m)* [-en] aanhanger van de meerderheid op het congres van de Russische sociaaldemocratie in Londen in 1903; aanhanger van het bolsjewisme

bol·sje·wis·me *het* leer en praktijk van het Russische communisme, beogend de dictatuur van het proletariaat

bol·sje·wist *de (m)* [-n] bolsjewiek

bol·sje·wis·tisch *bn* van, op de wijze van de bolsjewieken

bol·ster *de (m)* [-s] bast van noten enz., schil van peulvruchten ★ *ruwe ~, blanke pit* fig een onvriendelijk uiterlijk dat een zacht innerlijk verbergt

bol·ste·ren *ww* [bolsterde, h. gebolsterd] van de bolster ontdoen

bo·lus (‹Gr› I *de (m)* [-sen] NN ❶ rond gebak met meel, melk, stroop en sukade ❷ spreektaal drol, hoop II *de (m)* fijne, vettige kleiaarde

bol·vorm *de (m)* bolle vorm

bol·vor·mig, **bol·vor·mig** *bn* bol van vorm

bol·wan·gig *bn* met bolle wangen

bol·was·sing *de (v)* [-en] BN ook standje, uitbrander: ★ *iemand een ~ geven*

bol·werk *het* [-en] ❶ sterk verschanst gedeelte van een vestingwal, bastion ❷ fig dat wat beschermt, verdedigt: ★ *een ~ van de vrijheid* ❸ stadsdeel waar vroeger een verschansing was: ★ *het ~ van Haarlem is nu een wandelpark*

bol·wer·ken *ww* [meestal vervoegd met *kunnen*] klaarspelen, volbrengen: ★ *hij kon het niet ~*

bol·wo·ning *de (v)* [-en] geheel bolvormige woning

bom¹ (‹Fr› *de* [-men] ❶ voorwerp, vooral projectiel dat schade veroorzaakt door een explosie: ★ *een stad met bommen bestoken* ★ *een ~ plaatsen bij een ambassadegebouw* ★ *de ~ is gebarsten* dat wat al enige tijd dreigde is werkelijk gebeurd ★ *het nieuws sloeg in als een ~* veroorzaakte grote opschudding ❷ voorwerp dat stank, rook e.d. voortbrengt ❸ *pregnant voor kernbom*: ★ *bang zijn voor de ~*

bom² *de* [-men] ❶ groot voorwerp, grote hoeveelheid: ★ *een ~ duiten* ★ NN *zure ~* grote augurk in zuur of zoetzuur ❷ platboomde vissersschuit, in gebruik tot het begin van de 20ste eeuw

bom³ *tsw* nabootsing van een dof, zwaar geluid

bom⁴ *de* [-men] sluitstop, spon

bom⁵ *afk* bewust ongehuwde moeder

bom·aan·slag *de (m)* [-slagen] moordaanslag met een → **bom¹**

bom·aan·val *de (m)* [-len] aanval met bommen uit vliegtuigen geworpen

bom·bar·de (‹Fr› *de* [-s] middeleeuws kanon voor stenen kogels

bom·bar·de·ment (‹Fr› *het* [-en] ❶ beschieting met bommen e.d. ❷ het massaal afwerpen van bommen uit vliegtuigen: ★ *het ~ van Dresden*

bom·bar·de·ments·vlieg·tuig *het* [-en] bommenwerper

bom·bar·de·ren *ww* (‹Fr› [bombardeerde, h. gebombardeerd] ❶ met bommen beschieten ❷ fig bestoken: ★ *iem. met vragen ~* ❸ onverwacht (en onverdiend) bevorderen: ★ *hij is tot directeur gebombardeerd*

bom·bar·don (‹It› *de (m)* [-s] muz tuba met lage klank, bastuba

bom·ba·rie *de (v)* vooral NN overdreven drukte, spektakel, kabaal: ★ *een hoop ~ maken*

bom·bast (‹Eng› *de (m)* hoogdravende, gezwollen, zinledige taal

bom·bas·tisch (‹Eng› *bn* met bombast, hoogdravend, naar (de stijl van) de Zwitserse geneeskundige en alchemist Bombastus Paracelsus (1493-1541)

bom·ba·zijn (‹Fr› *het* katoenen weefsel met een glad oppervlak en links geruwd, moleskin

bom·be·ren *ww* (‹Fr› [bombeerde, h. gebombeerd] bol maken

bom·ber·jack [-dzjek] (‹Eng› *de (m)* [-s] NN ❶ kort leren jasje, gelijkend op de jacks van gevechtsvliegers in de Tweede Wereldoorlog ❷ bij uitbreiding soortgelijk jasje van ander materiaal

bom·brief *de (m)* [-brieven] envelop met explosieve inhoud die bij opening ontploft

bo·men *ww* [boomde, h. geboomd] ❶ een schip met een vaarboom voortbewegen ❷ langdurig en diepgaand praten: ★ *wij hebben de hele avond zitten ~ over morele kwesties*

bom·gat *het* [-gaten] gat voor een ⁴bom, spongat
bom·ijs *het* zwak luchtbellenijs, ijs waaronder het water is weggelopen
bom·in·slag *de (m)* [-slagen] het inslaan van een ¹bom
bom·kra·ter *de (m)* [-s] kuil door bominslag ontstaan
bom·mel *de (m)* [-s] sluitstop van een vat
bom·mel·ding *de (v)* [-en] melding dat ergens een → **bom¹** geplaatst is
bom·men *ww* [bomde, h. gebomd] ❶ een dof geluid laten horen ❷ *inf* schelen: ★ *het kan hem niks* ~
bom·men·ta·pijt, bom·ta·pijt *het* [-en] ★ *een* ~ *leggen* een uitgestrekt gebied zwaar bombarderen
bom·men·wer·per *de (m)* [-s] vliegtuig dat bommen afwerpt
bom·me·tje *het* [-s] NN bep. manier van in het water springen, met de benen tegen de borst opgetrokken, waardoor een grote plons ontstaat
bom·moe·der *de (v)* [-s] bewust ongehuwde moeder
B-omroep *de (m)* [-en] NN televisie- en radio-omroep met tussen de 300.000 en 450.000 leden
bom·schuit *de* [-en] platboomde vissersschuit (→ **bom²**, bet 2)
bom·ta·pijt *het* [-en] bommentapijt
bom·trech·ter *de (m)* [-s] trechtervormig gat door een bom in de grond geslagen
bom·vol *bn* helemaal gevuld
bom·vrij *bn* zodanig ingericht dat de kans op schade door bominslag minimaal is: ★ *een bomvrije kluis*
bon *(‹Fr) de (m)* [-s, -nen] ❶ briefje dat recht geeft op iets ★ *op de ~ zijn* slechts verkrijgbaar zijn tegen inlevering van een distributiebon (in tijden van schaarste) ❷ bewijs van betaling, rekening ❸ bekeuring ★ *vooral* NN *op de ~ gaan* een bekeuring krijgen ★ *vooral* NN *iem. op de ~ slingeren* iem. een bekeuring geven
bo·na·fi·de *(‹Lat) bn* te goeder trouw, betrouwbaar: ★ *een ~ instelling*
bo·nan·za *(‹Sp) de (m)* ['s] gelukje, meevaller, vooral rijke ertsvindplaats of bloeiende farm in Amerika
bon·boek·je *het* [-s] boekje met uitscheurbare bonnen
bon·bon *(‹Fr) de (m)* [-s] NN lekkernij van chocolade met een vulling van suikerwerk en aroma, of met likeur
bon·bon·niè·re [-bonjèrə] *(‹Fr) de* [-s] ❶ bonbondoos ❷ *fig* overdreven knus ingericht zaaltje of huisje
bond¹ *de (m)* [-en] vereniging van personen of staten
bond² *ww verl tijd van* → **binden**
bon·da·ge [-zjə] *de (v)* seksueel gedrag waarbij een passieve partner door de ander vastgebonden is
bon·den *ww verl tijd meerv van* → **binden**
bond·ge·noot *de (m)* [-noten] medelid van een verbond, medestander, helper
bond·ge·noot·schap *het* [-pen] ❶ het bondgenoot zijn ❷ verbond
bond·ge·noot·schap·pe·lijk *bn* van het bondgenootschap, verbonds
bon·dig *bn* beknopt en zakelijk: ★ *kort en* ~
bonds·coach [-kootsj] *de (m)* [-es] coach van een nationaal sportteam
bonds·dag *de (m)* [-dagen] ❶ congres van een bond ❷ *Bondsdag* de volksvertegenwoordiging van de Bondsrepubliek Duitsland
bonds·ho·tel *het* [-s] hotel door de ANWB aan zijn leden aanbevolen
bonds·kan·se·lier *de (m)* [-s] regeringsleider van de Bondsrepubliek Duitsland en Oostenrijk
bonds·lid *het* [-leden] lid van een bond
bonds·pre·si·dent [-zie-] *de (m)* [-en] ❶ staatshoofd van de Bondsrepubliek Duitsland en Oostenrijk ❷ voorzitter van de Zwitserse Bondsraad
bonds·re·pu·bliek *de (v)* [-en] republiek die een bondsstaat is: ★ *de Bondsrepubliek Duitsland*
bonds·staat *de (m)* [-staten] verbond van afzonderlijke staten die naar buiten optreden als één geheel en ook in hun binnenlandse aangelegenheden verschillende gemeenschappelijke organen hebben, bijv. voor wetgeving en rechtspraak
bo·nen·kruid, boon·kruid *het* toekruid, vooral bij tuinbonen gebruikt
bo·nen·staak, boon·staak *de (m)* [-staken] ❶ lange stok waartegen bonen groeien ❷ *fig* lang en mager persoon
bon·gerd *de (m)* [-s] boomgaard
bon·go¹ [-γoo] *(‹Sp) de (m)* ['s] slaginstrument van Cubaanse oorsprong, meestal bestaande uit twee naast elkaar gemonteerde trommeltjes, die elk slechts aan één zijde van een vel zijn voorzien en waarop met de vingers wordt geslagen
bon·go² [-γoo] *de (m)* ['s] fraaie, stevig gebouwde antilope met een bruin haarkleed met witte strepen, uit Midden- en West-Afrika (*Boocercus eurycerus*)
bon·ho·mie [bonnommie] *(‹Fr) de (v)* goedhartigheid
bon·homme [bonnom(mə)] *(‹Fr) de (m)* [-s] eenvoudig mens, goede ziel, onnozele hals, sukkel, sul
bo·ni *het* [-'s] BN, handel batig saldo, overschot (bij het opmaken van de balans); *tegengest*: **mali**
bo·ni·fi·ca·tie [-(t)sie] *(‹Fr) de (v)* [-s] ❶ vergoeding voor schade aan geleverde waren ❷ wielersport tijdaftrek voor de eerstaankomenden en voor de winnaars van tussensprints
bo·nis *zn* ★ *hij is een man in* ~ hij heeft geld en goederen
bon·je *de (m)* NN, Barg ruzie, twist
bon·jour [bōzjoer] *(‹Fr) tsw* goedendag!, dag!;
bon·jou·ren *ww* [-zjoe-] [bonjourde, h. gebonjourd] ★ *iem. eruit* ~ onder dwang doen vertrekken, ontslaan
bonk *de (m)* [-en] ❶ brok, groot stuk ★ *één ~ energie* iem. die zeer energiek is ★ *één ~ ellende* a) een zeer ellendige toestand; b) iem. in een zeer ellendige toestand ❷ grof bot, schonk ❸ lomp persoon ❹ afgeleefd paard
bon·ken *ww* [bonkte, h. gebonkt] hard slaan
bon·kig *bn* grof van botten, grof gebouwd, schonkig
bon mot [bō moo] *(‹Fr) het* [-s] geestige zet, kwinkslag

bon·ne·fooi *de (v)* (*‹Frans: verbastering van* bonne foi*)* goede trouw: ★ NN *op de ~* op goed geluk

bon·nen·stel·sel *het* [-s] regelmatige uitreiking van distributiebonnen

bon·net *(‹Fr) de (m)* [-ten] hoofddeksel met drie of vier opstaande randen van katholieke geestelijken

bon·net·te·rie *(‹Fr) de (v)* [-rieën] handel in, winkel van geweven of gebreide goederen

bons[1] **I** *de (m)* [bonzen] plof: ★ *met een ~ neerkomen* ★ *iem. de ~ geven* een einde maken aan een relatie met iem., iem. afwijzen ★ *de ~ krijgen* afgewezen worden **II** *tsw* klanknabootsing van een doffe klap: ★ *~, daar lag ze op de grond*

bons[2] *de (m)* [bonzen] → **bonze**

bon·sai *(‹Jap) de (m)* [-s] ❶ miniatuurboompje dat door speciale snoeitechnieken klein is gehouden ❷ kunst van het kweken van miniatuurboompjes

bon·soir [bôswaar] *(‹Fr) tsw* goedenavond!

bont I *het* ❶ verzamelnaam voor huiden van pelsdieren, geprepareerd en verwerkt voor kledingdoeleinden; zie ook → **bontje** ❷ katoenen stof in platbinding geweven, bestaande uit groepen witte en gekleurde garens, waardoor een ingeweven blok- of streepeffect ontstaat: ★ **Brabants ~** ★ **Haarlemmer ~** ❸ het vóórkomen van witte en gekleurde vlekken naast elkaar bij huisdieren **II** *bn* ❶ veelkleurig, met vlekken ★ *bonte was* gekleurd wasgoed ★ *iem. ~ en blauw slaan* iem. een flink pak slaag geven ★ NN *bekend zijn als de bonte hond* overal berucht zijn; zie ook bij → **koe** ❷ gemengd, ongelijksoortig: ★ *een bonte stoet van kreupelen en dwergen* ★ *het te ~ maken* te ver gaan

bon·ten *bn* van bont

bont·heid *de (v)* ❶ veelkleurigheid ❷ het gemengd zijn, verscheidenheid

bont·jas *de* [-sen] jas van bont

bont·je *het* [-s] sjaal van losse kraag van bont

bont·laars *de* [-laarzen] laars die met bont is gevoerd of afgezet

bont·man·tel *de (m)* [-s] mantel van bont

bont·muts *de* [-en] muts van bont

bon ton [bô tô] *(‹Fr) de (m)* goede, beschaafde omgangsvormen: ★ *het is hier niet ~ om tijdens de lunch zulke moppen te tappen*

bont·wer·ker *de (m)* [-s] iem. die bontkleren maakt

bo·nus *(‹Lat) de (m)* [-sen] handel uitkering van bijzondere aard, premie, winstaandeel

bo·nus·aan·deel *het* [-delen] extra aandeel ten laste van de reserve voor aandeelhouders

bo·nus·ma·lus·re·ge·ling *de (v)*,
bo·nus·ma·lus·sys·teem [-sis-] *het* verz systeem bij autoverzekeringen waarbij het schadevrij rijden de premie elk jaar doet zakken en een schadeclaim de verzekeringspremie doet stijgen

bon vi·vant [bô vievā] *(‹Fr) de (m)* [-s] vrolijke frans, losbol, pretmaker

bon·ze *(‹Fr‹Port‹Jap) de (m)* [-n] ❶ eig boeddhistische priester ❷ enigszins geringsch invloedrijk persoon; leider van een politieke partij, een vakbond e.d.

bon·zen *ww* [bonsde, h. gebonsd] slaan of stoten

boo·by·trap [boebietrep] *(‹Eng) de (m)* [-s] ❶ eig kwajongensstreek waarbij een voorwerp op een half geopende deur is geplaatst, zodat het op het hoofd valt van iemand die binnenkomt ❷ schijnbaar onschuldig voorwerp dat met explosieven is verbonden, zodanig dat het ontploft bij aanraking of bij normale behandelingen van dit voorwerp

bood *ww verl tijd van* → **bieden**

bood·schap *de (v)* [-pen] ❶ bezigheid van het inkopen van artikelen voor persoonlijk gebruik: ★ *boodschappen doen* inkopen verrichten ❷ (*meestal mv*: *boodschappen*) een dergelijk artikel ★ *de boodschappen afrekenen, in de tas doen* ❸ mededeling, het vertellen of berichten van iets: ★ *een ~ overbrengen* ★ *de blijde ~* het evangelie ★ *er geen ~ aan hebben* er zich niet aan storen ★ NN *je kunt hem wel om een ~ sturen* hij weet zich wel te redden ★ *een kleine ~ doen* kindertaal plassen ★ *een grote ~ doen* kindertaal poepen; zie ook bij → **Maria**

bood·schap·pen *ww* [boodschapte, h. geboodschapt] berichten overbrengen

bood·schap·pen·jon·gen *de (m)* [-s] ❶ loopjongen ❷ iem. die voor een ander diensten verricht: ★ *ik ben je ~ niet!*

bood·schap·pen·lijst·je *het* [-s] lijstje met te kopen artikelen

bood·schap·pen·tas *de* [-sen] tas om gekochte levensmiddelen e.d. in te vervoeren

bood·schap·pen·wa·gen·tje *het* [-s] winkelwagentje

bood·schap·per *de (m)* [-s] berichtgever

boog[1] *de (m)* [bogen] ❶ poort, ronde overkapping ❷ gebogen hout met een gespannen koord tussen de uiteinden om pijlen af te schieten ★ *de ~ kan niet altijd gespannen zijn* men kan niet steeds ingespannen bezig zijn; zie ook bij → **pijl** ❸ kromme lijn, deel van een cirkelomtrek ★ *met een grote boog om iem., iets heen lopen* iem., iets mijden

boog[2] *ww verl tijd van* → **buigen**

boog·bal *de (m)* [-len] sp met een boog geschoten of geworpen bal

boog·graad *de (m)* [-graden] 1/360 van een cirkelomtrek

boo·gie·woo·gie [boeyiewoeyie] *(‹Eng) de (m)* [-s] muz pianostijl in de swingjazz, waarbij de linkerhand bestaat uit niet veranderende staccato gespeelde basmotieven van een veel sterkere melodische waarde dan de gewone linkerhand

boog·lamp *de* [-en] elektrische lamp met tot gloeiing gebrachte koolspitsen, de eerste met succes toegepaste elektrische lichtbron

boog·raam *het* [-ramen] boogvenster

boog·scheut *de (m)* [-en] BN kleine afstand ★ *op een ~ van* op een steenworp van

boog·schie·ten *ww & het* (het) schieten met pijl en boog als sport

boog·schut·ter *de (m)* [-s] ❶ iem. die met pijl en boog schiet; ❷ *Boogschutter* negende teken van de dierenriem (van ± 21 november tot ± 21 december), Sagittarius

boog·ven·ster *het* [-s] boogvormig venster

book·mak·er [boekmeeka(r)] *(<Eng) de (m)* [-s] persoon die zijn beroep maakt van het tegenover elkaar stellen van weddenschappen, zoals bij paardenrennen, voetbalkampioenschappen, verkiezingen e.d.

book·mark [boekmà(r)k] *(<Eng) de* [-s] in de eigen computer opgeslagen referentie aan een veelbezochte internetpagina, favoriet

book·mar·ken *ww* [boek-] *(<Eng)* [bookmarkte, h. gebookmarkt] comput voorzien van een bookmark

boo·le·aans [boe-] *bn* (genoemd naar Engelse wiskundige G. Boole, 1815-1864) betrekking hebbend op een logica die uitgaat van de kenmerken 'waar' en 'niet waar' van stellingen, in computers toegepast met de binaire tegenstelling 0 (niet waar) tegenover 1 (waar) ★ *booleaanse operator* operator die gebruikt kan worden in zoekpatronen, bijv. AND, OR, XOR, NOR en NOT

boom¹ *de (m)* [bomen] ❶ groot gewas met houtige stam ★ *aan de vruchten kent men de ~ men kent iemand in zijn werken of in zijn kinderen terug* ★ *de kat uit de ~ kijken* zie bij → **kat** ★ *een ~ over iets opzetten* een uitgebreid gesprek over iets voeren ★ *de appel valt niet ver van de ~* kinderen lijken op hun ouders ★ *hoge bomen vangen veel wind* op hooggeplaatste personen wordt vaak kritiek geuit ★ *men moet geen oude bomen verplanten* oude mensen wennen niet meer in een nieuwe omgeving ★ *door de bomen het bos niet meer zien* door te veel kleinigheden het geheel niet meer overzien ★ *een ~ van een kerel* een lange, stevig gebouwde man ★ *de bomen groeiden niet tot in de hemel* de welvaart heeft zijn grenzen ★ NN, kinderspel *boompje verwisselen* soort tikkertje waarbij men van boom tot boom rent en getikt mag worden als men los is van een boom ★ *boompje groot, plantertje dood* als de boom volgroeid is, is de planter ervan meestal overleden ★ *vooral* NN, spreektaal *van mij kan ze de ~ in* van mij kan ze barsten, ik trek mij niets meer van haar aan ❷ *vooral* NN balk, paal ter afsluiting enz. ★ *de bomen van een spoorwegovergang* ❸ vaarboom

boom² [boem] *(<Eng) de (m)* [-s] plotseling sterke stijging van koersen, plotseling grote vraag naar een artikel, en opleving van de handel daarin

boom·bast *de (m)* [-en] boomschors

boom·chi·rurg [-sjie-] *de (m)* [-en] iem. die via meestal mechanische ingrepen zieke of beschadigde bomen geneest

boom·di·a·gram *het* [-men] <in de generatieve grammatica> grafische weergave van de structuur van een zin

boo·men *ww* [boema(n)] *(<Eng)* [boomde, h. geboomd] spectaculair groeien; ★ *het ~ van de aandelenkoersen*

boom·gaard, **bo·gaard** *de (m)* [-en] stuk land met vruchtbomen

boom·grens *de* grens tot waar nog bomen groeien, in gebergten en nabij de poolstreken

boom·ing [boeming] *(<Eng) bn* snel in prijs, in aantal e.d. stijgend: ★ *aandelen in internetbedrijven waren enige tijd ~* ★ *~ business* een zich explosief ontwikkelende bedrijfstak

boom·kik·vors *de (m)* [-en] kleine kikker die op bomen leeft (*Hyla arborea*)

boom·kle·ver *de (m)* [-s] dunsnavelig klimvogeltje (*Sitta europaea*)

boom·kor·vis·se·rij *de (v)* vorm van visserij waarbij met ijzeren staven en zware kettingen tot zes cm door de zeebodem wordt geploegd om de bodemvissen schol en tong op te schrikken en in de netten te drijven

boom·krui·per *de (m)* [-s] bruin zangvogeltje met slanke, gebogen snavel (*Certhia brachydactyla*)

boom·kwe·ker *de (m)* [-s] iem. die bomen kweekt als beroep

boom·kwe·ke·rij *de (v)* ❶ het boomkwekersbedrijf ❷ [*mv:* -en] plaats waar het boomkwekersbedrijf wordt uitgeoefend

boom·lang *bn* erg lang: ★ *een boomlange kerel*

boom·mar·ter *de (m)* [-s] marter met een gele bef op keel en borst, die in bomen leeft (*Martes martes*)

boom·schors *de* [-en] schors van een boom

boom·stam *de (m)* [-men] rechtopgaande schacht van een boom

boom·stronk *de (m)* [-en] afgeknotte boomstam

boom·struc·tuur *de (v)* [-turen] grafische voorstelling van gegevens en hun onderlinge hiërarchische relaties, bijv. in een familiestamboom

boom·town [boemtaun] *(<Eng) de (m)* [-s] stad die in korte tijd groot is geworden door (de ontdekking van) een bijzondere bron van inkomsten: ★ *de auto-industrie maakte van Detroit een ~*

boom·valk *de* [-en] in bomen nestelende valk (*Falco subbuteo*)

boom·va·ren *de* [-s] zeer hoge tropische varen

boon *de* [bonen] ❶ vlinderbloemig plantengeslacht met melige zaden in peulvruchten, *Phaseolus*, vooral de soort *P. vulgaris* ★ NN *in de bonen zijn* in de war zijn (volgens een oud volksgeloof was de geur van een bloeiende boonakker bedwelmend) ❷ peulvrucht van deze plant: ★ *witte ~, bruine ~, sperzieboon* e.d. ★ *een heilig boontje* iem. die erg braaf is ★ NN *boontje komt om zijn loontje,* BN, m.g. *loontje komt om zijn boontje* een boosdoener ontgaat zijn straf niet ★ *honger maakt rauwe bonen zoet* heeft men honger, dan smaakt alles lekker ★ *zijn eigen boontjes doppen* zelf voor zijn aangelegenheden zorgen ★ NN *ik mag een ~ zijn, als...* gezegd als men iets met zekerheid beweert of ontkent ★ BN *een boontje voor iem. hebben* een bijzondere genegenheid, een zwak, een voorliefde voor iem. hebben; zie ook bij → **spek** ★ BN, spreektaal *zijn boontjes te week leggen op iets* naar iets verlangen, er

sterk op rekenen, zijn hoop vestigen op iets ❸ op een boon (bet 2) gelijkend voorwerp, zoals de koffieboon ★ *een blauwe ~* een kogel uit een vuurwapen
boon·kruid *het* → **bonenkruid**
boon·staak *de (m)* [-staken] → **bonenstaak**
boon·tje *het* [-s] zie bij → **boon**
boor¹ *de* [boren] werktuig om gaten te draaien
boor² *het* grondstof, borium
boor·band *het* → **boordband**
boord I *de (m) & het* [-en] ❶ halskraag: ★ *een stijf boordje* ★ *de witte ~* aanduiding voor de hoofdarbeider, kantoorbediende ★ *tegengest: de blauwe ~* handarbeider ❷ rand van een schip ★ *aan ~ zijn, komen* op een schip of vliegtuig zijn, komen: ★ *aan ~ van de Titanic* ★ *over ~ vallen, gooien* van een schip in het water vallen, gooien ★ *man over ~!* uitroep als er iem. van een schip in het water gevallen is ★ *van ~ gaan* een schip of vliegtuig verlaten ★ BN *iets aan ~ leggen* een lastige zaak goed aan weten te pakken **II** *de (m)* [-en] ❶ *vero* oever: ★ *de boorden van de Schelde* ❷ bovenrand van kopjes, borden e.d.: ★ *tot de ~ toe vol*
boord·band *het* strookje stof als boordsel gebruikt
boord·com·pu·ter [-pjoe-] *de (m)* [-s] computer in een (lucht- of ruimte)vaartuig of voertuig die storingen signaleert
boor·den *ww* [boordde, h. geboord] omzomen
boor·den·knoop·je *het* [-s] knoopje waarmee een boord aan het overhemd bevestigd wordt
boor·de·vol *bn* vol tot aan de rand
boord·ge·schut *het* geschut waarmee helikopters en vliegtuigen zijn uitgerust
boord·licht *het* licht aan een vliegtuig of boot
boord·lint *het* boordband
boord·schut·ter *de (m)* [-s] iem. die het geschut bedient in een militair vliegtuig
boord·sel *het* [-s] stof waarmee men iets omzoomt
boord·steen *de (m)* [-stenen] BN trottoirband, stoeprand
boord·wa·pen *het* [-s] wapen van een boordschutter (in een vliegtuig)
boord·werk·tuig·kun·di·ge *de (m)* [-n] werktuigkundige in vliegtuig
boor·ei·land *het* [-en] kunstmatig eiland voor boringen in de zeebodem
boor·ha·mer *de* [-s] zware elektrische boormachine waarbij de boorkom behalve een draaiende ook een hamerende beweging maakt
boor·ma·chi·ne [-sjie-] *de (v)* [-s] machine om in grond, hout enz. te boren
boor·mees·ter *de (m)* [-s] leider van grondboringen
boor·mos·sel *de* [-s, -en] mosselachtig schelpdier dat gangen graaft in de grond
boort *het* afval bij het diamantslijpen, tot poeder gestampt, gebruikt als slijpsel voor de diamantschijf
boor·to·ren *de (m)* [-s] toren met een boormachine voor grondboringen

boor·wa·ter *het* oplossing van boorzuur in water
boor·zalf *de* zalf van boorzuur en vaseline
boor·zuur *het* verbinding van borium, zuurstof en waterstof
boos *bn* ❶ kwaad: ★ *een boze buurman* ★ *~ zijn op iem.* ❷ slecht, kwaadaardig, verdorven: ★ *een ~ karakter hebben* ★ *geloven in boze geesten* ★ *boze opzet* ; zie ook bij → **bar**³ (bet 3), → **oog** en → **boze**
boos·aar·dig *bn* ❶ boos van aard, slecht van bedoeling: ★ *een ~ mens* ❷ gevaarlijk: ★ *een ~ gezwel*
boos·doe·ner *de (m)* [-s] iem. die iets slechts gedaan heeft
boos·heid *de (v)* [-heden] slechtheid
boost·er [boestə(r)] *(<Eng) de (m)* [-s] ❶ ruimtevaart hulpraket die het normale voortstuwingsmechanisme van het ruimtevaartuig assisteert in de eerste fase van de lancering ❷ apparaat dat dient om het vermogen van een ander apparaat te vergroten ❸ in blikjes verkocht niet-alcoholisch drankje met opwekkende werking door de toevoeging van o.a. cafeïne en guarana
boos·wicht *de (m)* [-en] slecht, verdorven mens
boot *de* [boten] vaartuig, schip ★ NN, *fig toen was de ~ aan* toen begon de heibel ★ *de ~ afhouden* zich onttrekken aan iets wat men liever niet wil ★ *fig de ~ missen* niet het gewenste bereiken, een goede kans missen ★ NN *iem. in de ~ nemen* iem. misleiden, foppen ★ *uit de ~ vallen* erbuiten komen te staan, zijn functie of positie verliezen ★ *de ~ in gaan* verliezen, falen
boot·camp [boetkemp] *(<Eng) het* ❶ vorm van fitnessbeoefening, geïnspireerd op de Amerikaanse legeropleiding ❷ *fig* intensieve cursus
boo·tee [boetie] *(<Eng) de (m)* [-s] korte laars
boo·ten *ww* [boetə(n)] *(<Eng)* [bootte, h. geboot] een computer opstarten
boot·hals *de (m)* [-halzen] breed uitgesneden hals aan jurk, blouse of shirtje
boot·leg [boetleɣ] *de (m)* [-s] illegaal artikel, product, vooral illegale drank (in de Verenigde Staten tijdens de drooglegging) of illegale cd (waarover geen auteursrecht is betaald)
boot·leng·te *de (v)* [-n, -s] <bij snelheidswedstrijden met boten en -kano's> lengte van een boot: ★ *met een ~ verschil winnen*
boot·reis *de* [-reizen] reis per boot
boots·haak *de (m)* [-haken] stok met haak om een boot af te zetten
boots·man *de (m)* [bootslui, -lieden] onderofficier bij de marine met toezicht op het dek; bij de koopvaardij met toezicht op het tuig
boot·tocht *de (m)* [-en] bootreis
boot·trein *de (m)* [-en] trein die op een boot aansluit
boot·vluch·te·ling *de (m)* [-en] iem. die met nauwelijks zeewaardig materiaal zijn land over zee ontvlucht
boot·wer·ker *de (m)* [-s] iem. die schepen lost en laadt; *bij uitbreiding* ruwe, stevig gebouwde man

★ *eten als een* ~ veel eten
bop *(‹Eng› de (m))* verkorting van → **bebop**
Bo·rain *de (m)* [-en] iem. geboortig of afkomstig uit de Borinage
Bo·rains *bn* van de Borinage of de Borainen
bo·rat *(‹Fr› het)* → **brat**
bo·rax *(‹Lat‹Arab› de (m))* natriumzout van (tetra)boorzuur ($Na_2B_4O_7.10H_2O$), o.a. gebruikt bij de bereiding van insecticiden en in de leer-, papier- en kunststoffenindustrie
bord *het* [-en] ❶ etensbord: ★ *een ~ bruine bonen* ★ *iets op iemands bordje leggen* de verantwoordelijkheid voor iets bij iem. neerleggen ❷ uithangbord ★ NN *de bordjes zijn verhangen* de omstandigheden zijn totaal veranderd ❸ houten of metalen plaat (o.a. verkeersbord, waarschuwingsbord, voor opschriften) ❹ schoolbord: ★ *voor het ~ moeten komen* ❺ speelbord: ★ *dambord, schaakbord* ★ vooral NN *een ~ voor zijn kop hebben* ongevoelig zijn voor kritiek
bor·deaux [-doo] *(‹Fr›)* **I** *de (m)* [-s] wijn uit het gebied van Bordeaux in zuidwest Frankrijk **II** *bn* bordeauxrood
bor·deaux·rood [-doo-] *bn* (met de) kleur van rode wijn
Bor·deauxs [-doos] *bn* van, uit, betreffende de Franse stad Bordeaux
bor·deel *(‹Fr› het* [-delen] huis waarin prostitutie als bedrijf wordt uitgeoefend
bor·deel·hou·der *de (m)* [-s] iem. die een bordeel houdt als bedrijf
bor·deel·slui·per *de (m)* [-s] NN, spreektaal bep. type herenschoen van suède met crêpezool
bor·der [bò(r)də(r)] *(‹Eng› de (m))* [-s] rand met bloemplanten, smal langgerekt bloemperk
bor·de·rel *(‹Fr› het* [-len] staat van waarden of van de samenstelling van een hoeveelheid waren; lijst van incassoposten
bor·der·line [bò(r)də(r)lain] *de (m)*,
bor·der·line·stoor·nis *de (v)* geestesziekte gekenmerkt door sterk wisselende stemmingen, impulsiviteit en soms psychosen
bor·des *(‹It› het)* [-sen] verhoogde stoep met treden
bord·pa·pier *het* vero karton
bord·pa·pie·ren *bn* vero kartonnen
bord·spel *het* [-spelen] spel dat op een bord wordt gespeeld, zoals schaken, dammen, ganzenborden e.d.
bor·du·ren *ww* [borduurde, h. geborduurd] met de naald versieringen op stof aanbrengen
bor·duur·gaas *het* gaas om op te borduren
bor·duur·raam *het* [-ramen] raam waarop te borduren stof gespannen wordt
bor·duur·sel *het* [-s] geborduurde versiering
bor·duur·werk *het* [-en] geborduurd goed
bo·re·aal *(‹Lat› bn* noordelijk, Arctisch
bo·re·ling *de (m)* [-en] vooral BN pasgeboren kind
bo·ren *ww* [boorde, h. geboord] ❶ draaiende een gat

maken: ★ *een gat ~* ★ *naar olie ~* ❷ met moeite ergens in of doorheen gaan: ★ *zich door dicht struikgewas ~* ★ *de grond in ~* a) ‹een schip› tot zinken brengen door beschieting of torpedering; b) fig vernietigend bekritiseren
borg¹ *de (m)* [-en] ❶ iem. die zich aansprakelijk stelt voor een ander: ★ *~ staan / blijven voor iem.* ★ *zich ~ stellen voor iem.* ❷ borgsom, onderpand: ★ *100 euro ~ moeten betalen*
borg², **bor·gen** *ww verl tijd* van → **bergen**
bor·gen *ww* [borgde, h. geborgd] ‹een spie, moer e.d.› goed vastmaken
borg·kop·pe·ling *de* [-en] veiligheidsketting
borg·som *de* [-men] waarborgsom, geldbedrag dat men betaalt voordat men iets leent of huurt en terugontvangt als men het geleende / gehuurde weer onbeschadigd inlevert / achterlaat
borg·stel·ling *de (v)* [-en] het geven van borgtocht
borg·tocht *de (m)* [-en] overeenkomst waarbij iemand zich aansprakelijk stelt voor de geldelijke verplichtingen van een ander ★ *iem. op ~ vrijlaten* vrijlaten tegen betaling van een bedrag als waarborg tegen vluchten of onderduiken
borg·voe·ring *de (v)* [-en] losse, warme, ruwe voering in bijv. een regenjas
bo·ri·um *(‹Lat› het)* chemisch element, symbool B, atoomnummer 5, een zeer hard metalloïde dat in de natuur alleen in verbindingen voorkomt
Bor·ne·oos *bn* van, uit, betreffende Borneo, een eiland in Zuidoost-Azië: ★ *de Borneose wouden*
bor·rel *de (m)* [-s] ❶ glaasje sterke drank, vooral jenever: ★ *een ~ drinken* ; zie ook bij → **slok** ❷ vooral NN gezellige bijeenkomst laat in de middag met drank en hapjes: ★ *elke laatste donderdag van de maand hebben we een ~*
bor·re·laar *de (m)* [-s] iem. die (geregeld) een of meer borrels drinkt
bor·re·len *ww* [borrelde, h. geborreld] ❶ ‹van vloeistoffen› door opstijgende luchtbellen in beweging zijn: ★ *de soep borrelde op het fornuis* ❷ sterke drank, vooral jenever drinken
bor·rel·gar·ni·tuur *het* [-turen] NN bittergarnituur
bor·rel·glas *het* [-glazen] ❶ glas waaruit men jenever drinkt ❷ *borrelglaasjes* NN, schertsend zeer dikke brillenglazen
bor·rel·noot·je *het* [-s] pinda met kruidig omhulsel, vooral gegeten bij het nuttigen van sterke drank
bor·rel·praat *de (m)* NN vrijblijvende praatjes, vooral over sociaaleconomische en politieke kwesties, zoals vaak gedebiteerd aan de borreltafel
bor·rel·ta·fel *de* ★ *praatjes voor aan de ~* borrelpraat
bor·rel·tje *het* [-s] → **borrel** (bet 1)
bor·sa·li·no *(‹It› de* [´s] bep. type hoed met gleuf, oorspr. uit Italië
borsjtsj *(‹Russ› de (m))* nationaal Russisch gerecht, een soort soep met zure room erin
borst¹ *de* [-en] ❶ menselijk lichaamsdeel aan de voorzijde van de romp ter hoogte van de ribben:

★ *zijn kind aan de ~ drukken* ★ *dat stuit mij tegen de ~ dat wekt mijn afkeer* ★ *een hoge ~ opzetten* trots zijn ★ *zich op de ~ slaan, kloppen* zich beroemen op iets ★ *met het pistool op de ~* onder hevige druk, gedwongen ★ vooral NN *maak je ~ maar nat* bereid je maar voor op veel en zwaar werk *of* op onaangename toestanden ❷ vrouwelijk lichaamsdeel waaraan men een baby zoogt: ★ *een kind de ~ geven* ★ *zij heeft een zuigeling aan de ~* ; zie ook bij → **adder** ❸ inwendige van mens en dier dat door de ribben is ingesloten, borstholte ★ *uit volle ~ zingen, joelen* zeer luid, onbelemmerd ★ *het op de ~ hebben* kortademig zijn, een aandoening hebben aan de luchtwegen ❹ deel van de kleding dat de borst bedekt

borst[2] *de (m)* [-en] vero jongeman ★ *brave ~ goedig persoon, sul*

borst·aan·doe·ning *de (v)* [-en] ziekte van de longen

borst·beeld *het* [-en] beeld van iems. hoofd en borst

borst·been *het* [-deren, -benen] plat beenstuk van de hals tot aan de maagstreek

borst·crawl [-kròl] *de (m)* zwemmen crawlslag met de borst naar beneden

bor·stel *de (m)* [-s] ❶ stuk gereedschap bestaande uit een handgreep van hout of kunststof, waarin rijen of bosjes stugge haren (ook wel van kunststof of metaal) van gelijke lengte zijn bevestigd, gebruikt om iets te reinigen ❷ dergelijk voorwerp om het haar te kammen ❸ BN bezem: ★ *met de grove ~ doorgaan* iets ruw aanpakken, niets of niemand ontzien ❹ BN verfkwast, scheerkwast

bor·stel·baan *de* [-banen] kunstmatige skipiste met een borstelachtige kunststof in plaats van sneeuw

bor·ste·len ww [borstelde, h. geborsteld] met een borstel reinigen of fatsoeneren

bor·ste·lig *bn* stijf rechtopstaand: ★ *~ haar*

borst·hol·te *de (v)* [-n, -s] lichaamsholte omsloten door de ribben, het middenrif en de wervelkolom

borst·kan·ker *de (m)* kanker in een vrouwenborst, *mammacarcinoom*

borst·kas *de* [-sen] ribben die de borstholte omsluiten

borst·kind *het* [-eren] zuigeling die aan de borst gevoed wordt

borst·kruis *het* [-en] op de borst gedragen kruis, vooral door hoge geestelijken

borst·kwaal *de* [-kwalen] slepende ziekte van de longen

borst·plaat *de* ❶ [*mv:* -platen] onderdeel van een harnas dat de borst bedekt ❷ NN baksel van suiker in de vorm van ronde stukjes ❸ [*mv:* -platen] NN een dergelijk stukje baksel

borst·re·con·struc·tie [-sie] *de* het zo goed mogelijk nabootsen van de vorm van een door borstamputatie verwijderde borst

borst·rok *de (m)* [-ken] vroeger wollen onderhemd

borst·slag *de (m)* manier van zwemmen met de borst op het water

borst·stuk *het* [-ken] ❶ deel van de kleding, vooral van een harnas, dat de borst bedekt ❷ middelste deel van het lichaam van een insect

borst·vlies *het* [-vliezen] vlies aan de binnenzijde van de borstholte

borst·vlies·ont·ste·king *de (v)* ontsteking van het borstvlies, pleuritis

borst·voe·ding *de (v)* [-en] voeding met moedermelk

borst·we·ring *de (v)* [-en] beschermende wal, muur, leuning

borst·zak *de (m)* [-ken] zak bij de borst van een jas

bos[1] *de (m)* [-sen] aantal bijeengebonden of bijeengehouden langwerpige voorwerpen, bundel: ★ *een ~ sleutels* ★ *een ~ bloemen* ; zie ook → **bosje**

bos[2] *het* [-sen] stuk grond met dicht bijeenstaande bomen erop ★ *iem. het ~ in sturen* iem. afschepen ★ *door de bomen het ~ niet meer zien* zie bij → **boom**[1]

bos·ach·tig *bn* met veel bos

bos·ane·moon *de* [-monen] in bossen groeiende plant van de ranonkelfamilie (*Anemone nemorosa*)

bos·bes *de* [-sen] ❶ heestertje met rode of blauwe bessen (*Vaccinium*) ❷ vrucht van dat heestertje

bos·bes·sen·jam [-sjem, -zjem] *de* jam waarin bosbessen zijn verwerkt

bos·bouw *de (m)* het aanleggen en onderhouden van bossen

bos·brand *de (m)* [-en] brand in een bos

bos·duif *de* [-duiven] lichtgekleurde in bossen levende duif, houtduif, ringduif (*Columba palumbus*)

bos·dui·vel *de (m)* [-s] ❶ slingeraap in de bossen van het noorden van Zuid-Amerika (*Ateles paniscus*) ❷ mandril

bos·god *de (m)* [-goden] in bossen levend goddelijk wezen, bijv. een faun of sater

bos·je *het* [-s] kleine bos of bundel ★ *~s* vooral struikgewas ★ *bij ~s* in grote hoeveelheden

Bos·jes·man·nen *mv* benaming voor een volk van kleine en tengere gestalte in zuidelijk Afrika

bos·kat *de* [-ten] ❶ wilde kat (*Felis silvestris*) ❷ serval

bos·klas *de (v)* [-sen] BN verblijf van een klas in een bosachtige streek, met aangepaste lessen

bos·land·cre·o·len *mv* bosnegers

bos·ne·gers *mv* afstammelingen van weggelopen negerslaven in Suriname, die thans in stamverband in de oerwouden woonachtig zijn, Marrons, boslandcreolen

Bos·ni·ër *de (m)* [-s] iem. geboortig of afkomstig uit Bosnië

Bos·nisch *bn* van, uit, betreffende Bosnië

bos·peen *de* [-penen] aan het loof tot bosjes samengebonden worteltjes

bos·pest *de* Amerikaanse vogelkers, een heester met witte bloemen die zich op veel plaatsen tot een plaag heeft ontwikkeld (*Prunus serotina*)

boss ‹Eng› *de (m)* [-es] baas, voorman ★ *the big ~* de grote baas, degene die de meeste macht heeft

bos·sa·no·va ‹Port› *de (m)* ['s] uit de samba voortgekomen en door de jazz geïnspireerde Braziliaanse dans en muziek

bos·scha·ge [-saazjə] (‹Oudfrans) het [-s] klein bos
bos·schap het bedrijfschap voor bosbouw en houtteelt
Bos·sche [-sə] bn van, uit 's-Hertogenbosch: ★ NN ~ bol een met slagroom gevulde en geheel met chocola bedekte soes
Bos·sche·naar [-sə-] de (m) [-s, -naren] iem. geboortig of afkomstig uit 's-Hertogenbosch
bos·ton [-tən] (‹Eng) I het op whist lijkend kaartspel voor vier personen, populair tot in het midden van de 19de eeuw II de (m) [-s] dans in driekwartsmaat, die omstreeks 1915 de gewone wals verdrong (genoemd naar de stad Boston in de Verenigde Staten)
bos·va·ren de [-s] soort varen (Polystichum filix mas)
bos·wach·ter de (m) [-s] opsporingsambtenaar belast met het opsporen van strafbare feiten met betrekking tot bossen
bos·wach·te·rij de (v) [-en] ❶ de gezamenlijke boswachters ❷ kantoor of bureau van een boswachter ❸ bosgebied waarop een boswachter toezicht heeft
bot¹ het [-ten] → been², knook ★ tot op het ~ verkleumd zijn het heel erg koud hebben ★ iets tot op het ~ uitzoeken heel grondig onderzoeken
bot² bn ❶ niet scherp: ★ een ~ mes ❷ traag van begrip ★ hoe haal je het in je botte kop? hoe kom je op dat stomme idee? ❸ onbeleefd, onbehouwen: ★ een botte opmerking
bot³ de (m) [-ten] platte, groengrijze vissoort met oranjebruine vlekken uit de familie van de schollen, met overlangs rijen dorentjes (Platessa flesus)
bot⁴ zn ★ ~ vangen geen succes hebben, een verzoek niet ingewilligd zien
bot⁵ de [-s] comput programma dat zelfstandig geautomatiseerd werk kan uitvoeren
bo·ta·ni·cus (‹Gr) de (m) [-ci] plantkundige
bo·ta·nie (‹Gr) de (v) plantkunde
bo·ta·nisch (‹Gr) bn plantkundig ★ botanische tuin plantentuin
bo·ta·ni·seer·trom·mel [-zeer-] de [-s] bus voor het bewaren van later te determineren of te drogen planten
bo·ta·ni·se·ren ww [-zee-] [botaniseerde, h. gebotaniseerd] planten of kruiden zoeken en determineren
bo·ta·nist de (m) [-en] botanicus
bo·tel het [-s] samentrekking van boot en hotel: varend hotel
bo·ter (‹Lat‹Gr) de door karnen, afscheppen, kneden enz. uit melkvet verkregen vet ★ ~ bij de vis contante betaling ★ ~ aan de galg smeren vergeefse moeite doen ★ NN het is botertje tot de boom het gaat voorspoedig, er is welvaart, alles is in de beste harmonie (boom is bodem) ★ NN met zijn neus in de ~ vallen, BN met zijn gat in de ~ vallen juist op een gunstig ogenblik aankomen en geluk hebben, een ongezocht voordeel behalen ★ ~ op het hoofd hebben anderen van iets beschuldigen waar men zichzelf ook schuldig aan maakt ★ zo geil als ~ zeer geil
bo·ter·berg de (m) te grote hoeveelheid geproduceerde boter
bo·ter·bloem de [-en] ranonkelachtige veldplant met gele bloemen (Ranunculus)
bo·ter·brief·je het [-s] schertsend bewijs dat men is gehuwd ★ zijn ~ gaan halen gaan huwen, ook al woont men reeds samen (term uit de Eerste Wereldoorlog, toen de boter op de bon was en slechts werd verstrekt aan officieel gehuwde personen)
bo·te·ren ww [boterde, h. geboterd] ❶ boter maken ❷ met boter besmeren ❸ gelukken, vlotten: ★ het wil niet ~ ★ het botert niet tussen die twee ze kunnen niet met elkaar opschieten
bo·ter·fa·briek de (v) [-en] ❶ fabriek waar boter gemaakt wordt ❷ bij uitbreiding zuivelfabriek
bo·ter·ham de [-men] enkele of dubbele snee brood met boter (en beleg) ★ een flinke (dikbelegde) ~ verdienen veel geld verdienen met zijn werk ★ er geen ~ minder om eten geen financieel nadeel van iets ondervinden ★ iets op zijn ~ krijgen de schuld van iets krijgen, een verwijt over iets krijgen; zie ook bij → tevredenheid
bo·ter·ham·zak·je het [-s] zakje, meestal van dun plastic, geschikt om boterhammen in mee te nemen
bo·ter·kaas·en·ei·e·ren het spel waarbij men moet proberen drie kruisen of drie cirkels op een rij te krijgen in een veld van 9 vakjes
bo·ter·koek de (m) [-en] ❶ gebak van meel, suiker en boter ❷ BN zacht koffiebroodje, vaak met rozijnen
bo·ter·let·ter de [-s] NN letter van amandelgebak
bo·ter·markt de [-en] markt voor boter; handel in boter
bo·ter·saus de [-en, -sauzen] uit boter bereide saus
bo·ter·spaan de [-spanen] geribbelde boterschep
bo·ter·vloot·je het [-s] schaaltje met een deksel waarin boter op tafel komt
bo·ter·zuur het gebruikelijke benaming voor butaanzuur, een onaangenaam ruikende vloeistof die o.a. voorkomt in zweet, sommige kaassoorten en zuurkool
bot·heid de (v) ❶ onbeleefdheid, grofheid ❷ [mv: -heden] botte uitspraak, botte daad
bot·je het [-s] middeleeuws muntstuk ★ NN ~ bij ~ leggen iets samen betalen
bot·kan·ker de (m) kwaadaardig gezwel in het beendergestel (osteocarcinoom)
bot·net het comput netwerk van een groot aantal zombie-pc's die alle besmet zijn met dezelfde botnet [5] en die van één persoon opdracht kunnen krijgen een bepaalde taak uit te voeren (o.a. gebruikt door criminelen om spam te versturen of websites plat te leggen)
bo·tox de botuline-toxine middel dat spieren slapper maakt, gebruikt als cosmetisch middel tegen rimpels in het gezicht

bots *de (m)* [-en] stoot, schok, slag
bots·au·to [-ootoo, -autoo] *de (m)* ['s] klein, elektrisch aangedreven voertuig waarmee men tegen andere, dergelijke voertuigen botst als kermisattractie
bot·sen *ww* [botste, is & h. gebotst] ❶ stoten tegen iets: ★ *tegen een boom* ~ ❷ fig met iets in strijd komen ★ *onze belangen* ~ zijn in strijd met elkaar
bot·sing *de (v)* [-en] ❶ het tegen elkaar stoten ❷ onzachte aanraking ❸ vijandelijke ontmoeting: ★ *de krakers kwamen in* ~ *met de ME*
Bots·waan *de (m)* [-wanen] iem. geboortig of afkomstig uit de Afrikaanse republiek Botswana
Bots·waans *bn* van, uit, betreffende de Afrikaanse republiek Botswana
bot·tel *de* [-s] schijnvrucht van de roos
bot·te·la·rij *de (v)* [-en] inrichting waar drank op flessen getapt wordt
bot·te·len *ww* (‹Eng›) [bottelde, h. gebotteld] op flessen tappen
bot·te·lier *de (m)* [-s] ❶ keldermeester ❷ hofmeester op schepen
bot·ten *ww* [botte, is gebot] uitlopen, knoppen zetten
bot·ten·kra·ker *de (m)* [-s] chiropracticus
bot·ter *de (m)* [-s] platboomd vissersvaartuig, vroeger veel gebruikt voor de visserij op het zuidelijk deel van de Zuiderzee, nu IJsselmeer geheten
bot·te·rik *de (m)* [-riken] ❶ stommeling ❷ ongemanierd persoon
bot·tle·neck [-təl-] (‹Eng› *de (m)* [-s] ❶ eig hals van een fles ❷ fig knelpunt: vernauwing van een verkeersstroom, plaats van stagnatie in productie ❸ ‹bij een gitaar› een over één van de vingers te schuiven kokervormig voorwerp waarmee men de snaren tegen de hals drukt, waardoor een speciaal geluid ontstaat
bo·tu·lis·me (‹Lat› *het* med zeer gevaarlijke vergiftiging veroorzaakt door de bacterie *Clostridium botulinum*: ★ ~ *veroorzaakt massale sterfte van watervogels tijdens hete zomers*
bot·vie·ren *ww* [vierde bot, h. botgevierd] de vrije teugel laten: ★ *zijn lusten* ~
bot·weg *bijw* ronduit, onbewimpeld
bou·clé [boeklee] (‹Fr› *het* nopjesgaren; ruw aanvoelende mantel- of tapijtstof daarvan
boud *bn* stoutmoedig, gedurfd: ★ *een boude* of *een boute bewering*
bou·doir [boedwaar] (‹Fr› *het* [-s] eigen vertrek voor de vrouw des huizes, vooral in zwang in Frankrijk in de 18de eeuw
boud·weg *bijw* ronduit, zonder schroom of aarzeling
bouf·fan·te [boefãtə] (‹Fr› *de* [-s] lange, gebreide wollen das
bou·gain·ville [boeyẽviel] *de* [-s] tropische sierheester, genoemd naar de Franse ontdekkingsreiziger L.A. comte de Bougainville (1729-1811)
bou·gie [boezjie] (‹Fr› *de (v)* [-s] onderdeel van een verbrandingsmotor, dienende om door het doen overspringen van een elektrische vonk het gasmengsel in de cilinder te doen ontbranden
bou·gie·sleu·tel [boezjie-] *de (m)* [-s] → **sleutel** (bet 3) die dient voor het bevestigen en losmaken van bougies
bouil·la·baisse [boejabes(sə)] (‹Fr› *de* Provençaalse vissoep; fig ratjetoe
bouil·lon [boeljon, boe(l)jõ] (‹Fr› *de (m)* aftreksel van vlees, gevogelte, vis of groenten
bouil·lon·blok·je [boeljon-, boe(l)jõ-] *het* [-s] stukje samengeperst vleesextract, waarvan door bijvoeging van heet water bouillon kan worden gemaakt
bou·lan·ge·rie [boelãzjə-] (‹Fr› *de (v)* [-s] bakkerij
boul·de·ren [bool-] (‹Eng› *ww* [boulderde, h. gebouldered] klimsportvariant met korte en lage, maar moeilijke parcoursen
bou·le·vard [boeləvaar] (‹Fr› *de (m)* [-s] ❶ vroeger wandelweg op de plaats waar aanvankelijk een bolwerk was ❷ thans brede straat met bomen in een grote stad: ★ *de boulevards van Parijs* ❸ ook wandelweg langs een kust: ★ *de* ~ *van Zandvoort*
bou·le·vard·blad [boeləvaar-] *het* [-bladen],
bou·le·vard·krant *de* [-en] ❶ *oorspr* op straat verkochte krant met sensationeel nieuws ❷ algemeen krant van gering allooi, die zonder enige terughoudendheid bericht over het privéleven van bekende personen
bou·le·vard·pers [boeləvaar-] *de* de boulevardbladen tezamen: ★ *dit schandaal stond breed uitgemeten in de* ~
bou·li·mie [boe-] (‹Gr› *de (v)* med ziekte waarbij aanvallen van extreme eetlust veelal worden gevolgd door braken of het innemen van laxeermiddelen
bour·bon [bù(r)bən] (‹Eng› *de (m)* ❶ Amerikaanse whisky, oorspronkelijk uit het district van die naam in Kentucky ❷ [*mv*: -s] glas met die whisky
bour·don [boerdõ] (‹Fr› *de (m)* [-s] ❶ muz laagste bassnaar ❷ naam van de grootste klok in sommige kerken
bour·geois [boerzjwà] (‹Fr› **I** *de (m)* [*mv* idem] burger, met verschillende gevoelswaarden gebruikt; veelal bekrompen burger, behoudend, ongevoelig voor idealisme en afkerig van sociale verandering **II** *bn* kleinburgerlijk
bour·geoi·sie [boerzjwàzie] (‹Fr› *de (v)* ❶ burgerij ❷ bezittende klasse
bour·gog·ne [boeryonjə] (‹Fr› *de (m)* Franse rode wijn uit de streek ten zuiden van de Bourgondische stad Dijon
Bour·gon·di·ër [boer-] *de (m)* [-s] ❶ lid van een Germaanse volksstam die zich tijdens de Grote Volksverhuizing langs de oevers van de Rhône en de Saône vestigde ❷ iem. geboortig of afkomstig uit het Oost-Franse gebied Bourgondië ❸ *bourgondiër* iem. met een levensstijl die zich kenmerkt door rondborstigheid, gastvrijheid en liefde voor feesten
Bour·gon·disch [boer-] *bn* als in, van, betreffende de

Oost-Franse streek Bourgondië
bour·ree [boer-] *(‹Fr) de (v)* muz Oudfranse, vrij snelle volksdans in 2/2 maat, uit Auvergne, bekend als deel van suites, o.a. van Bach
bout *de (m)* [-en] ❶ algemeen metalen staaf of stang ❷ strijkbout ❸ soldeerbout ❹ stuk vlees met been erin van vee, wild, gevogelte ❺ bij uitbreiding gebraden gevogelte of wild ❻ NN, spreektaal drol: ★ *je kan me de ~ hachelen* verwensing: je kunt van mij de pot op!
bou·ta·de [boe-] *(‹Fr) de (v)* [-s] ❶ niet ernstig gemeende uitval in sterke, gespierde bewoordingen ❷ muz improvisatie
bou·ten *ww* [boutte, h. gebout] NN, spreektaal poepen, zich ontlasten
bou·tique [boetiek] *(‹Fr) de (v)* [-s] → **boetiek**
bou·vier [boevjee] *(‹Fr) de (m)* [-s] oorspronkelijk uit België afkomstige, ruwharige herdershond
bouw *de (m)* ❶ het verbouwen van gewassen: ★ *de ~ van aardappelen* ❷ het bouwen van woningen en andere constructies: ★ *met de ~ van de sporthal kan direct begonnen worden* ❸ bouwnijverheid: ★ *het gaat goed / slecht met de ~* ❹ wijze waarop iets is gevormd of opgebouwd: ★ *dit dier is fraai van ~*
bouw·be·drijf *het* samenvattende benaming voor de werkzaamheden bij de constructie van gebouwen e.d.
bouw·boer *de (m)* [-en] NN boer die van landbouw leeft *(tegengest:* → **veeboer**)
bouw·doos *de* [-dozen] doos met onderdelen van een zelf te vervaardigen constructie, meestal als kinderspeelgoed
bou·wen *ww* [bouwde, h. gebouwd] ❶ maken, in elkaar zetten: ★ *een huis, een kast ~* ★ *een feestje ~* organiseren, regelen ❷ fig steunen, vertrouwen: ★ *op hem kan men ~* ❸ de grond bewerken, verbouwen
bouw- en wo·ning·toe·zicht *de (m)* NN overheidsinstelling die toezicht houdt op de bouw en de staat van onderhoud van woningen
bou·wer *de (m)* [-s] iem. die bouwt
bouw·fonds *het* [-en] ❶ kapitaal ter financiering van woningbouw ❷ vereniging die zo'n kapitaal bijeenbrengt en beheert
bouw·grond *de (m)* [-en] grond waarop gebouwd kan worden
bouw·heer *de (m)* [-heren] BN iem. die (aan een architect) opdracht geeft tot het ontwerpen en uitvoeren van een bouwwerk
bouw·jaar *het* [-jaren] jaar waarin iets (bijv. een huis, auto) is gebouwd
bouw·keet *de* [-keten] vooral NN loods voor de aannemer, opzichter e.a. bij een bouwwerk
bouw·kos·ten *mv* de kosten van een bouwwerk
bouw·kun·de *de (v)* de theorie van het → **bouwen** (bet 1)
bouw·kun·dig *bn* van, in de bouwkunde
bouw·kun·di·ge *de* [-n] iem. met kennis van de bouwkunde
bouw·kunst *de (v)* de kunst van het → **bouwen** (bet 1), architectuur
bouw·land *het* [-en] landbouwgrond
bouw·mees·ter *de (m)* [-s] architect
bouw·or·de *de* bouwstijl, vooral uit de klassieke oudheid: ★ *Dorische, Ionische ~*
bouw·pak·ket *het* [-ten] samenstel van onderdelen waaruit de koper zelf een bepaald voorwerp dient te vervaardigen
bouw·plaat *de* [-platen] vel karton, waarop onderdelen staan afgedrukt die moeten worden uitgeknipten vervolgens samengevoegd tot een geheel (huis, schip enz.)
bouw·pre·mie *de (v)* [-s] subsidie voor de bouw van woonhuizen
bouw·pro·mo·tor *de (m)* [-s, -toren] BN ook projectontwikkelaar, eigenaar of medewerker van een projectbureau
bouw·put *de* [-ten] tijdelijke put waarin het in de grond komende gedeelte van een gebouw kan worden opgetrokken, funderingsput: ★ *het plein was veranderd in één enorme ~*
bouw·rijp *bn* in zodanige toestand dat erop gebouwd kan worden: ★ *~ terrein* ★ *bouwrijpe grond*
bouw·sel *het* [-s] eenvoudig bouwwerk
bouw·som *de* [-men] bouwkosten
bouw·steen *de (m)* [-stenen] stuk steen als bouwmateriaal, vaak fig
bouw·stijl *de (m)* [-en] bouwwijze in een bepaalde periode
bouw·stof *de* [-fen] waar iets of gebouwd is of wordt; fig (vooral in het *mv*) gegevens, aantekeningen e.d. waaruit een boek wordt samengesteld
bouw·stop *de (m)* het niet meer verstrekken van bouwvergunningen
bouw·ter·rein *het* [-en] stuk bouwgrond
bouw·toe·la·ting *de (v)* [-en] BN, spreektaal bouwvergunning
bouw·trant *de (m)* bouwwijze
bouw·vak *het* [-ken] ❶ het bouwen van woningen e.d. als vak of een vak dat hiermee is verbonden, zoals metselen of beton vlechten ❷ NN verkorting van *bouwvakvakantie*, vakantieperiode van de bouwvakkers
bouw·vak·ar·bei·der *de (m)* [-s], **bouw·vak·ker** [-s] arbeider in het bouwbedrijf
bouw·vak·va·kan·tie [-sie] *de (v)* [-s] NN vakantieperiode van de bouwvakkers
bouw·val *de (m)* [-len] ineengestort, vervallen gebouw, ruïne
bouw·val·lig *bn* oud, bijna instortend
bouw·ver·bod *het* [-boden] verbod om een terrein te bebouwen
bouw·ver·gun·ning *de (v)* [-en] toestemming (van de overheid) tot bouwen
bouw·ver·lof *het* BN vakantieperiode van de

bouwvakkers
bouw·ver·or·de·ning *de (v)* [-en] voorschrift omtrent het bouwen en inrichten van huizen en gebouwen
bouw·vo·lu·me *het* [-n *en* -s] toegestane hoeveelheid nieuwe bouwwerken, gerekend naar de inhoud
bouw·werf *de (v)* [-werven] BN ook gebouw in aanbouw en het bijbehorende terrein, bouwterrein, bouwplaats
bouw·werk *het* [-en] gebouw, iets dat is gebouwd
bouw·zo·ne [zònə] *de (v)* [-s] BN woongebied
bou·zou·ki [boezoekie] *(‹Gr) de (m)* ['s] muz Griekse luit met lange hals, peervormige klankkast en vier paar snaren
Bovag *afk* in Nederland Bond van autohandelaren en garagehouders
bo·ven I *vz* hoger dan: ★ ~ *de tafel hing een lamp* ★ *de prijs is* ~ *de 100 euro* dit kost meer dan 100 euro ★ *hij staat* ~ *ons* hij is hoger dan wij in een hiërarchie, hij is in een of ander opzicht beter dan wij ★ *onze club staat* ~ *Excelsior* hoger dan Excelsior in de competitie ★ *eilanden* ~ *de wind* zie → **bovenwinds** ★ *dit is* ~ *alle (iedere) twijfel verheven* hieraan wordt niet getwijfeld ★ *Luik ligt* ~ *Maastricht* Luik ligt meer stroomopwaarts dan Maastricht ★ *Nederland* ~ *de grote rivieren* het deel van Nederland ten noorden van de grote rivieren (Maas, Waal en Lek) **II** *bijw* op een hoger gelegen plaats: ★ ~ *op de kast* ★ ~ *in de boom* ★ vooral NN *mijn neef woont* ~ op een hoger gelegen verdieping ★ *als* ~ zoals hiervóór is gezegd of beschreven ★ *naar* ~ omhoog ★ *te* ~ *gaan* te hoog zijn voor ★ *dat gaat mijn begrip te* ~ dat begrijp ik niet ★ *te* ~ *komen* niet bezwijken onder, goed doorstaan, overwinnen ★ *te* ~ *zijn* achter de rug hebben ★ *derde regel van* ~ drie regels vanaf het begin van de bladzijde ★ *van* ~ *naar beneden* van hoog naar laag
bo·ven·aan I *bijw* in de hoogte, op de hoogste plaats: ★ *Ajax staat* ~ *in de competitie* **II** *vz* aan de bovenzijde van: ★ ~ *de dijk* ★ ~ *de bladzijde*
bo·ven·aards, **bo·ven·aards** *bn* niet van de aarde, hemels
bo·ven·al, **bo·ven·al** *bijw* vóór alles
bo·ven·arm *de (m)* [-en] armgedeelte boven de elleboog
bo·ven·arms *bijw* ❶ met de hand boven de schouder: ★ ~ *gooien* ❷ ★ BN, spreektaal *het zit er* ~ *op* ze zijn aan het ruziën, er is onenigheid
bo·ven·be·doeld *bn* tevoren bedoeld
bo·ven·been *het* [-benen] beengedeelte boven de knie
bo·ven·blad *het* [-bladen] ❶ ‹v. e. sigaar› dekblad ❷ plaat of blad bovenop
bo·ven·bouw *de (m)* ❶ bovengedeelte van een bouwwerk ❷ vooral NN de hogere klassen of groepen van een onderwijsinstelling ❸ ‹in de marxistische filosofie› de gezamenlijke instellingen van een samenleving waarin zich het politieke en juridische leven afspeelt en welke bepaald worden door de productiewijzen van de samenleving
bo·ven·bu·ren *mv* buren die een verdieping hoger wonen
bo·ven·dek *het* [-ken] ❶ bovenste dek van een schip ❷ bovenlaken en dekens van een bed
bo·ven·dien *bijw* daarbij, ook nog: ★ *de maaltijd was lekker en* ~ *gezond*
bo·ven·dijks, **bo·ven·dijks** *bijw* op de dijk
bo·ven·drij·ven *ww* [dreef boven, h. bovengedreven] bovenop drijven, naar de oppervlakte komen en daar blijven drijven: ★ *het lijk kwam* ~ ★ *bovendrijvend* de overhand hebbend: ★ *de bovendrijvende partij*
bo·ven·druk *de (m)* med bloeddruk op het moment dat het hart bloed in de slagaders pompt, systolische bloeddruk
bo·ven·eind *het* [-en], **bo·ven·ein·de** [-n] ❶ hoogste gedeelte ❷ ereplaats aan de tafel
bo·ven·ge·noemd, **bo·ven·ge·noemd** *bn* tevoren genoemd
bo·ven·gis·tend *bn* ‹bij bier brouwen, gezegd van gist› zich boven op de gistende wort afzettend
bo·ven·gronds, **bo·ven·gronds** *bn* boven de grond
bo·ven·ha·len *ww* [haalde boven, h. bovengehaald] BN ook te voorschijn halen, uit zijn zak halen: ★ *hij haalde zijn sigaretten boven*
bo·ven·hand *de* ★ BN ook *de* ~ *halen, krijgen* winnen, de overhand krijgen
bo·ven·hands *bn* met de hand boven schouderhoogte: ★ ~ *werpen*
bo·ven·huis *het* [-huizen] NN huisgedeelte boven de verdieping op de begane grond, dat een afzonderlijke woning vormt
bo·ven·in, **bo·ven·in** *bijw* binnen iets op een hoger gedeelte: ★ *in deze kast liggen de shirts* ~
bo·ven·kaak *de* [-kaken] kaakgedeelte boven de mond
bo·ven·ka·mer *de* [-s] ❶ kamer op bovenverdieping ❷ schertsend hersens ★ *hem mankeert iets in zijn* ~ hij is gek, gestoord
bo·ven·kant *de (m)* [-en] de naar boven gerichte zijde
bo·ven·kast *de* typografie hoofdletters, kapitalen
bo·ven·kle·ding *de (v)*, **bo·ven·kle·ren** *mv* kleren die men over de onderkleding draagt
bo·ven·ko·men *ww* [kwam boven, is bovengekomen] ❶ naar boven komen, naar de oppervlakte komen ❷ fig zich doen gevoelen: ★ *het oude verdriet kwam weer boven*
bo·ven·krui·er *de (m)* [-s] vooral NN windmolen met een draaibare kap
bo·ven·laag *de* [-lagen] hoogste laag, ook fig ★ *de* ~ *van de maatschappij* de hoogste klassen en / of standen
bo·ven·la·ken *het* [-s] laken tussen het onderlaken en de dekens op een bed
bo·ven·lei·ding *de (v)* [-en] bovengrondse leiding: ★ *de* ~ *van een tram*
bo·ven·li·chaam *het* [-chamen] gedeelte van het

menselijk lichaam boven het middel
bo·ven·licht *het* [-en] ❶ door de zoldering invallend licht ❷ raam boven een deur
bo·ven·lig·gen *ww* [lag boven, h. bovengelegen] boven op iets of iem. liggen
bo·ven·lijf *het* [-lijven] bovenlichaam
bo·ven·lip *de* [-pen] lip boven de mondopening
bo·ven·loop *de (m)* gedeelte van een rivier dat door bergland stroomt: ★ *de ~ van de Rijn*
bo·ven·maats *bn* groter dan de gewone maat
bo·ven·ma·te, **bo·ven·ma·te**, **bo·ven·ma·tig**, **bo·ven·ma·tig** *bijw* heel erg, bijzonder, buitengewoon: ★ *~ blij zijn*
bo·ven·mees·ter *de (m)* [-s] vero hoofd van een school
bo·ven·men·se·lijk *bn* ❶ boven het menselijk vermogen uitgaand, buitengewoon: ★ *een bovenmenselijke prestatie* ❷ van hogere orde dan de mens: ★ *bovenmenselijke wezens*
bo·ven·moer·dijks, **bo·ven·moer·dijks** *bn* van, in, behorende tot Nederland ten noorden van de grote rivieren
bo·ven·na·tuur·lijk, **bo·ven·na·tuur·lijk** *bn* niet volgens de natuurwetten, behorend tot de wereld die buiten het bereik van de gebruikelijke zintuigen ligt: ★ *bovennatuurlijke krachten*
bo·ven·op *bijw* op de bovenzijde ★ *er weer ~ komen* een ziekte enz. te boven komen ★ *daar ~ dadelijk daarna*
bo·ven·ri·vier *de* [-en] riviergedeelte zonder eb en vloed
bo·venst *bn* hoogst: ★ *de bovenste takken van een boom* ★ *een bovenste beste hond* een zeer goede, vriendelijke hond ★ *van de bovenste plank* van de beste soort, van de eerste kwaliteit
bo·ven·staand *bn* hierboven geplaatst:
★ *bovenstaande tekst* ★ *bovenstaande foto*
bo·ven·stad *de* [-steden] hoger gelegen stadsgedeelte
bo·ven·stan·dig *bn* ★ *~ vruchtbeginsel* boven de bloembodem staand
bo·ven·strooms, **bo·ven·strooms** *bijw* aan de kant vanwaar de stroom komt
bo·ven·tal·lig *bn* boven het gestelde aantal uitkomend
bo·ven·tand *de (m)* [-en] tand in de bovenkaak
bo·ven·toon *de (m)* [-tonen] ❶ toon die boven de andere uitklinkt ★ *de ~ voeren* zich het luidst laten horen, het meest naar voren komen ❷ toon die meeklinkt met een grondtoon
bo·ven·uit, **bo·ven·uit** *bijw* ❶ boven iets uit komend ❷ hoger, luider dan alle andere(n): ★ *je hoorde Jan er ~*
bo·ven·ver·die·ping *de (v)* [-en] verdieping boven het gelijkvloers gelegen huisgedeelte
bo·ven·ver·meld, **bo·ven·ver·meld** *bn* tevoren genoemd
bo·ven·waarts *bijw bn* naar boven, naar omhoog
bo·ven·wa·ter *het* ⟨v. polders⟩ hoger gelegen water
bo·ven·wind *de (m)* [-en] wind in de hogere luchtlagen
bo·ven·winds *bn* aan de zijde waar de wind invalt:
★ *de Bovenwindse eilanden* die eilanden van de Kleine Antillen, die gelegen zijn daar waar de wind vandaan komt, o.a. Saba, St.-Eustatius, St.-Maarten
bo·ven·wo·ning *de (v)* [-en] NN bovenhuis
bo·ven·zaal *de* [-zalen] op een hogere verdieping gelegen zaal
bo·ven·zij *de* [-den], **bo·ven·zij·de** [-n] bovenkant
bo·ven·zin·ne·lijk, **bo·ven·zin·ne·lijk** *bn* ❶ niet voor de menselijke zintuigen waar te nemen ❷ geestelijk
bo·vist *de* [-en] benaming voor twee paddenstoelgeslachten uit de klasse van de steeltjeszwammen, te weten het geslacht *Bovista*, waaronder de soort *B. gigantea* of → **reuzenbovist**, en het geslacht Scleroderma
bowl [bool] ⟨‹Eng› *de (m)* [-s] ❶ grote kom ❷ wijn, rum of limonade met vruchten en kruiden in een grote kom bereid
bow·len *ww* [boolə(n)] ⟨‹Eng› [bowlde, h. gebowld] ❶ bowling spelen ❷ cricket de bal naar de batsman werpen
bowl·er [boolə(r)] ⟨‹Eng› *de (m)* [-s] iem. die bowlt
bowl·ing [booling] ⟨‹Eng› I *het* het kegelen op Amerikaanse wijze, met tien kegels en waarbij de bal over een houten baan wordt gerold II *de (m)* [-s] bowlingcentrum
bowl·ing·baan [booling-] *de* [-banen] baan voor het spelen van bowling
bowl·ing·cen·trum [booling-] *het* [-tra en -s] ruimte met een aantal banen waarop men bowling speelt
box ⟨‹Eng, eig doos› *de (m)* [-en] ❶ door een hek omgeven vierkante vloertje als speelruimte voor kleine kinderen, babybox ❷ postbus ❸ afgescheiden gedeelte van een stal, bestemd voor één paard ❹ afgescheiden deel van een garage waarin één auto kan worden geparkeerd ❺ verkorting van → **speakerbox**, losse luidspreker ❻ berghok in souterrain of parterre van een flatgebouw, behorend bij een van de appartementen ❼ eenvoudige camera in doosvorm ❽ schouwburgloge
boxen·stel·sel *het* NN onderdeel van het belastingstelsel, waarin wordt uitgegaan van drie boxen voor verschillende soorten van belastbaar inkomen met een eigen belastingtarief: box 1 omvat inkomen uit werk en woning, box 2 inkomen uit aanmerkelijk belang en box 3 inkomen uit sparen en beleggen
boxer ⟨‹Eng› *de (m)* [-s] hoogbenige, kortharige, dogachtige hond
boxer·short [-sjò(r)t] ⟨‹Eng› *de (m)* [-s] ruimvallende korte broek als herenondergoed
boy [boj] ⟨‹Eng› *de (m)* [-s] ❶ jongen ❷ vroeger inlandse huisbediende in Midden- en Oost-Azië en in Zuid-Afrika
boy·cot [boj-] ⟨‹Eng› *de (m)* [-s] uitsluiting van het maatschappelijk of van het handelsverkeer: ★ *de ~*

van Irakese olie; genoemd naar de Engelse pachter in Ierland Charles Boycott (1832-1897), die in 1879 door zijn pachters werd geïsoleerd
boy·cot·ten *ww* [boj-] [boycotte, h. geboycot] de boycot toepassen op, uitsluiten: ★ *een dictatuur ~* ★ *Amerikaanse producten ~*
bo·ze *de (m)* ❶ de duivel ★ *uit den ~ zijn* ongepast, verwerpelijk zijn ❷ slecht mens, zondaar
BPA *afk* in België Bijzonder Plan van Aanleg
bpm *afk* beats per minute [aanduiding voor het tempo van dansmuziek, vooral house]
bps *afk* comput: *bits per second (‹Eng)* [eenheid waarin de snelheid wordt uitgedrukt waarmee informatie van het ene computersysteem naar het andere wordt overgedragen]
Bq *afk* symbool voor *becquerel, eenheid van (kern)activiteit*
Br *afk* chem symbool voor het element *bromium, broom*
br *tsw* uitroep van afkeer of van kou; zie ook → **brr**
br. *afk* ❶ breed(te) ❷ bruto
braad·bo·ter *de* vooral NN boter, speciaal voor braden
braad·pan *de* [-nen] pan gebruikt voor het braden
braad·sle·de *de* [-n], **braad·slee** [-sleeën] vierkante bak om in de oven iets op te braden
braad·spit *het* [-ten] puntige ijzeren staaf met handvat om vlees aan te braden
braad·stuk *het* [-ken] stuk vlees om te braden
braad·vet *het* vet geschikt om iets in te braden
braad·worst *de* [-en] worst die men gebraden eet
braaf *bn* ❶ deugdzaam, goed, niets kwaads doend: ★ *mijn ouders waren brave lieden* ❷ gehoorzaam: ★ *een ~ kind* ★ *een brave hond* ★ *een brave Hendrik* iem. die weerzinwekkend gehoorzaam of deugdzaam is, naar de titel van een moralistisch kinderboek van N. Anslijn uit 1818 ❸ vaak iron suf, niet flink: ★ *de brave burgerman laat alles over zich heen gaan,* **braaf·heid** *de (v)*
braak[1] *bn* ★ *~ liggen* ‹v. grond› niet bebouwd worden fig niet beoefend worden, nog niet onderzocht of beproefd zijn: ★ *het onderzoek naar de oorsprong van deze talen ligt nog ~*
braak[2] *de* [braken] ❶ het verbreken van een afsluiting ❷ inbraak: ★ *diefstal met ~*
braak·bal *de (m)* [-len] uit onverteerbare voedselbestanddelen bestaand balletje dat door sommige vogels (bijv. uilen) wordt uitgebraakt
braak·gas *het* [-sen] strijdgas dat → **braken** (bet 1) veroorzaakt, soms vermengd met traangas, o.a. gebruikt bij rellenbestrijding
braak·land *het* land dat braak ligt
braak·lig·gend *bn* ❶ niet bebouwd ❷ fig nog niet beoefend of onderzocht, onbekend
braak·mid·del *het* [-en] middel dat doet braken
braak·noot *de* [-noten] zaad van een plant waaruit strychnine wordt bereid
braak·scha·de *de* vooral NN schade door (in)braak of poging daartoe
braak·sel *het* dat wat uitgebraakt is
braam[1] *de* [bramen] eetbare vrucht van de braamstruik
braam[2] *de* [bramen] oneffen rand aan materialen als papier, hout, metaal, ontstaan na bewerkingen als knippen, snijden, zagen, slijpen e.d.: ★ *een ~ aan een schaats*
braam[3] *de (m)* [bramen] op grote diepte levende, tot 70 cm lange, zilverkleurige zeevis, *Brama brama*
braam·bos *het* [-sen] bos van braamstruiken, doornachtig struikgewas: ★ *het brandende ~ (Exodus* 3: 2) plaats waar Mozes van God opdracht kreeg het volk Israël uit Egypte te voeren
braam·struik *de (m)* [-en] tot de roosachtigen behorende struik met eetbare bessen (*Rubus*)
Bra·ban·çon·ne [-bãson-] *(‹Fr) de (v)* Belgisch nationaal volkslied, vgl. met Wilhelmus
Bra·ban·der *de (m)* [-s] iem. geboortig of afkomstig uit Brabant
Bra·bants *bn* van, uit, betreffende Brabant
brab·be·laar *de (m)* [-s] iem. die brabbelt
brab·be·len *ww* [brabbelde, h. gebrabbeld] verward of gebrekkig praten: ★ *de baby lag te ~*
brab·bel·taal *de* wartaal, onverstaanbaar gepraat
brace [brees] *(‹Eng) de* [-s] constructie van kunststof als steun om een gewricht: ★ *een kniebrace*
bra·ce·let *(‹Fr) de (m)* [-ten] armband
bracht *ww,* **brachten** *verl tijd van* → **brengen**
bra·chy- [braggie-] *(‹Gr) als eerste lid in samenstellingen* kort
bra·chy·gra·fie *(‹Gr)* [braggie-] *de (v)* kortschrift, stenografie
bra·den *ww* [braadde, h. gebraden] verhitten van vlees, wild of gevogelte met behulp van vet, meestal langduriger maar bij lagere temperatuur dan bakken: ★ *een konijn ~*
bra·de·rie *(‹Fr) de (v)* [-rieën] feestelijke, kermisachtige markt
brah·maan *(‹Sanskr) de (m)* [-manen] ❶ aanhanger van het brahmanisme ❷ lid van de hoogste kaste in de Indiase samenleving, de kaste van de priesters
brah·ma·nis·me *het* godsdienst en cultuur in India vóór het hindoeïsme
brail·le [brajjə] *het* brailleschrift
brail·le·druk [brajjə-] *de (m)* drukwerk in brailleschrift
brail·le·schrift [brajjə-] *het* blindenschrift, waarbij elke letter wordt voorgesteld door in zwak reliëf op papier aangebrachte punten, zodat men ze met de vingers voelen kan, genoemd naar de Franse uitvinder Louis Braille (1809-1852)
brain·drain [breen dreen] *(‹Eng) de (m)* het wegvloeien van de beste geleerden en vaklieden naar andere landen, waarheen zij gelokt worden door hogere betaling of betere voorwaarden dan in hun vaderland
brain·storm [breenstò(r)m] *(‹Eng) de (m)* bijeenkomst van een aantal mensen, waar ongeremd ideeën

gelanceerd worden tot oplossing van een voorgelegde moeilijkheid

brain·stor·men *ww* [br<u>ee</u>n-] *(‹Eng)* [brainstormde, h. gebrainstormd] deelnemen aan een brainstorm

brain·trust [br<u>ee</u>n-] *(‹Eng) de (m)* [-s] niet-officieel lichaam van intellectuelen voor advies aan de regering over planning en strategie, vooral in de Verenigde Staten ten tijde van president F.D. Roosevelt (1933-1945)

brain·wa·shen *ww* [br<u>ee</u>nwosjə(n)] *(‹Eng)* [brainwashte, h. gebrainwasht] een hersenspoeling (doen) ondergaan

brain·wa·shing [br<u>ee</u>nwosjing] *(‹Eng) de (m)* hersenspoeling

brain·wave [br<u>ee</u>nweev] *(‹Eng) de* [-s] inval, lumineus idee: ★ *een ~ hebben, krijgen*

brak¹ *bn* ziltig

brak² *de (m)* [-ken] soort jachthond, lopende hond die het wild zelf opdrijft

brak³ *ww*, **bra·ken** *verl tijd van* → **breken**

bra·ken *ww* [braakte, h. gebraakt] ❶ overgeven, uitspuwen, kotsen ❷ ‹v. vlas, hennep› de stengel breken

bral·len *ww* [bralde, h. gebrald] op luide en snoevende toon spreken

bral·ler *de (m)* [-s] iem. die (vaak) bralt

bral·le·rig *bn* als (van) een braller: ★ *brallerige redevoeringen*

bram·steng *de* [-en] het tweede verlengstuk van een vierkant getuigde mast

bram·zeil *het* [-en] zeil aan de bramsteng gehesen

bran·card [-kaar] *(‹Fr) de (m)* [-s] draagbaar voor transport van zieken of gewonden: ★ *per ~ afgevoerd worden*

bran·car·dier [-kaardj<u>ee</u>] *(‹Fr) de (m)* [-s] ❶ drager, resp. rijder van een brancard, ziekendrager ❷ BN, hist hospitaalsoldaat, hospik, vooral geestelijke die als zodanig zijn militaire dienstplicht vervult

branche [br<u>ã</u>sj(ə)] *(‹Fr) de* [-s] tak van bedrijf of handel, vak

branche·ver·va·ging [br<u>ã</u>sj(ə)-] *de (v)* NN het verschijnsel dat in de handel de vroeger bestaande duidelijke afgrenzingen tussen de assortimenten vager worden: ★ *dat men kaas kan kopen bij de bakker is een vorm van ~*

branche·ver·eni·ging [br<u>ã</u>sj(ə)-] *de (v)* [-en] NN vereniging van bedrijven in dezelfde bedrijfstak

branche·vreemd [br<u>ã</u>sj(ə)-] *bn* NN buiten de eigen branche gaand

brand¹ *de (m)* [-en] ❶ heftig vuurverschijnsel, meestal van vernielende aard: ★ *het huis staat in ~* ★ *iets in ~ steken* ★ *iem. uit de ~ helpen* uit de moeilijkheden; zie ook bij → **moord** ★ BN *ook uit de ~ slepen* in de wacht slepen, zich toe-eigenen, behalen ❷ bep. huiduitslag ❸ zeer verspreid voorkomend schimmelgeslacht uit de klasse van de steeltjeszwammen *(Ustilago)*

brand² [brend] *(‹Eng) de (m)* merk, soort, (eigen) melange

brand·alarm *het* waarschuwing dat er brand is

brand·as·su·ran·tie [-sie] *de (v)* [-s, -tiën] verzekering tegen brandschade

brand·baar *bn* kunnende branden

brand·blaar *de* [-blaren] blaar door branden ontstaan

brand·blus·ap·pa·raat *het* [-raten] toestel dat zuurstof om de brandhaard verdringt en door sterke afkoeling verder branden onmogelijk maakt

brand·bom *de* [-men] brand veroorzakende bom

brand·brief *de (m)* [-brieven] ❶ oorspr schriftelijke bedreiging met brandstichting ❷ thans meestal brief waarin dringend gevraagd wordt om bijstand of geldelijke steun

brand·deur *de* [-en] deur die zo geconstrueerd is, dat zij, mits gesloten, uitbreiding van brand enige tijd kan voorkomen

bran·den *ww* [brandde, h. gebrand] ❶ in vuur, vlammen (doen) zijn: ★ *dit hout brandt goed* ★ *de lamp brandt* straalt licht uit ★ *ze was niet naar het museum te ~* ondanks grote aandrang wilde zij niet naar het museum ★ *vooral* NN *die politicus is niet van het scherm te ~* is voortdurend op de tv ❷ heet zijn, prikkelend zijn: ★ *in de brandende zon* ★ *sambal brandt op de tong* ❸ hartstochtelijk zijn: ★ *~ van verlangen, nieuwsgierigheid* hartstochtelijk verlangen, heel erg nieuwsgierig zijn ★ *een brandende kwestie* een dringende kwestie ★ *die vraag brandde hem op de lippen* hij wilde heel graag die vraag stellen ❹ door vuur beschadigen ★ *zich aan iets ~* een brandwond van iets krijgen ★ *daaraan wil ik me (of: mijn vingers) niet ~* daaraan wil ik niet meedoen, omdat ik schadelijke gevolgen verwacht ❺ door vuur een of andere bewerking laten ondergaan: ★ *glas ~* ★ *gebrande amandelen* ❻ comput ★ *een cd ~* gegevens kopiëren op die cd

bran·der *de (m)* [-s] ❶ toestel dat een vlam een bepaalde vorm geeft: ★ *de branders van een gasfornuis* ❷ likeurstoker ❸ hist brand veroorzakend scheepje

bran·de·rig *bn* ❶ als van brand ❷ prikkelend, ontstoken, met huiduitslag

bran·de·rij *de (v)* [-en] bedrijf waar men sterke drank stookt

bran·de·wijn *de (m)* sterke drank verkregen door destillatie van vloeistoffen waarin door gisting alcohol is ontstaan, brandy

brand·gang *de (m)* [-en] doorgang tussen twee percelen of strook in een bos om overslaan van de brand tegen te gaan en het optreden van de brandweer te vergemakkelijken

brand·gans *de* [-ganzen] zeegans die de wintermaanden in Nederland en België doorbrengt

brand·gat *het* [-gaten], **brand·gaat·je** [-s] door een vonk veroorzaakt gaatje in kleding

brand·ge·vaar *het* gevaar voor brand

brand·glas *het* [-glazen] bolle lens waarmee men de zonnestralen op één punt kan doen samenvallen

brand·haar *het* [-haren] haar (aan een plant) dat bij aanraking een brandend gevoel met zwelling veroorzaakt
brand·haard *de (m)* [-en] ❶ punt waar de brand van uitgaat, middelpunt van de brand ❷ fig wat aanleiding geeft tot bijzondere verontrusting
brand·hout *het* ❶ hout om te stoken ❷ fig iets waardeloos: ★ *die film, die wedstrijd was ~!* ★ NN *mager als een ~* erg mager
brand·ijzer *het* [-s] werktuig om brandmerken aan te brengen
bran·ding¹ *de (v)* botsing van golven met vorming van schuim aan de kust
bran·ding² [bren-] *‹‹Eng›› de* marketing vergroting van de naamsbekendheid van een merk
brand·kast *de* [-en] brand- en inbraakvrije kast
brand·klok *de* [-ken] klok die geluid wordt bij brand
brand·kluis *de* [-kluizen] brand- en inbraakvrije kluis
brand·ko·ren *het* ❶ naam van een graanziekte ❷ koren door die ziekte aangetast
brand·kraan *de* [-kranen] waterleidingkraan gebruikt in geval van brand
brand·lad·der *de* [-s] ❶ hoge ladder bij het blussen van branden gebruikt ❷ ladder aan buitenkant van gebouw waarlangs men zich bij brand kan redden
brand·lucht *de* lucht die men ruikt als iets brandt: ★ *er hing een doordringende ~ in de keuken*
brand·mees·ter *de (m)* [-s] leider van een groep brandweerlieden
brand·mel·der *de (m)* [-s] op de openbare weg aangebrachte telefoon, die rechtstreeks verbinding geeft met brandweerkazerne
brand·merk *het* [-en] ❶ ingebrand merkteken op het lichaam van dieren, op vaten e.d.; vroeger ook als teken op het lichaam van slaven of veroordeelde misdadigers aangebracht ❷ fig onuitwisbare schandvlek: ★ *deze cultuurperiode draagt het ~ van wrede veroveringszucht*
brand·mer·ken *ww* [brandmerkte, h. gebrandmerkt] ❶ een brandmerk geven: ★ *vee ~* ❷ fig een slechte naam bezorgen, aanmerken als: ★ *iem. als oplichter ~*
brand·muur *de (m)* [-muren] muur tussen (gedeelten van) gebouwen om uitbreiding of overslaan van brand tegen te gaan
brand·ne·tel *de* [-s] met brandharen bedekte plant (*Urtica*)
brand·ne·tel·soep *de* van brandnetels getrokken soep
brand·of·fer *het* [-s] het offeren van dieren of gewas door verbranding, holocaust: ★ *een godheid een ~ brengen*
brand·pre·ven·tie [-sie] *de (v)* het nemen van maatregelen ter voorkoming van brand
brand·punt *het* [-en] ❶ verenigingspunt van door een lens gebroken of door een spiegel weerkaatste lichtstralen ❷ fig middelpunt: ★ *in het ~ van de belangstelling staan*

brand·punts·af·stand *de (m)* [-en] optica afstand van het (hoofd)brandpunt tot het midden van de lens of tot de spiegel
brand·raam *het* [-ramen] BN gebrandschilderd raam, glas-in-loodraam
brand·scha·de *de* door brand veroorzaakte schade
brand·schat·ten *ww* [brandschatte, h. gebrandschat] schatting opleggen onder bedreiging met brand en / of plundering; **brandschatting** *de (v)* [-en]
brand·scherm *het* [-en] ijzeren toneelscherm
brand·schil·de·ren *ww* [brandschilderde, h. gebrandschilderd] NN ❶ ‹v. glas› op doorzichtig, kleurloos glas afbeeldingen schilderen en vervolgens daarin kleuren fixeren d.m.v. verhitting ❷ ‹v. hout› met een gloeiende staaf figuren inbranden
brand·schoon *bn* zeer schoon, kraakhelder
brand·slang *de* [-en] → **slang**¹ (bet 2) die men gebruikt bij het blussen van een brand
brand·spi·ri·tus *de (m)* spiritus als brandstof
brand·spuit *de* [-en] verplaatsbaar pomptoestel, gebruikt voor het blussen van brand
brand·sta·pel *de (m)* [-s] stapel hout waarop men vroeger mensen verbrandde: ★ *iem. tot de ~ veroordelen*
brand·stich·ter *de (m)* [-s] iem. die met opzet brand veroorzaakt
brand·stich·ting *de (v)* [-en] het opzettelijk veroorzaken van brand
brand·stof *de* [-fen] stof die gebruikt wordt voor het verkrijgen van warmte of energie door verbranding, zoals steenkool, olie enz.
brand·trap *de* [-pen] metalen trap (gewoonlijk aan de achterkant) waarlangs men zich uit een brandend gebouw kan redden
brand·vei·lig·heid *de (v)* geheel van voorzieningen ter voorkoming of beperking van brand
brand·verf *de* brandvertragende verf
brand·ver·tra·gend *bn* ‹van materiaal, muren, deuren› zo samengesteld dat het enige tijd brand kan tegenhouden
brand·ver·ze·ke·ring *de (v)* [-en] verzekering tegen brandschade
brand·vrij, **brand·vrij** *bn* beschermd tegen brand
brand·wacht I *de* groep ordebewaarders in geval van brand **II** *de (m)* [-en] ordebewaarder bij brand
brand·weer *de* groep mensen die branden blussen, waken tegen brandgevaar enz.
brand·weer·ka·zer·ne *de* [-s, -n] verblijf van brandweermannen
brand·weer·korps *het* [-en] groep gezamenlijk optredende brandweermannen
brand·weer·man *de (m)* [-nen, -lieden] lid van de brandweer
brand·wond *de* [-en] door verbranding of bijtende stoffen veroorzaakte wond
bran·dy [brendie] *‹‹Eng›› de (m)* brandewijn; eau de vie ★ *~ soda* cognac met sodawater

brand·zalf *de* [-zalven] zalf die in bep. gevallen wordt aangebracht op lichte brandwonden
brand·zwam *de* [-men] zwam die korenbrand veroorzaakt
bra·nie (‹*Mal*) *de* [-s] NN ❶ durfal ❷ bluffer II *de (m)* vooral NN durf, lef: ★ *veel ~ hebben*; **branieachtig** *bn bijw*
bra·nie·ma·ker *de (m)* [-s], **bra·nie·schop·per** [-s] vooral NN ❶ druktemaker ❷ opschepper
bras (‹*Fr*) *de (m)* [-sen] scheepv elk van de twee touwen waarmee de raas omgehaald of in een horizontaal vlak gedraaid worden
bra·sem *de (m)* [-s] karpersoort met een hoog en sterk zijdelings afgeplat lichaam (*Abramis brama*)
bras·par·tij *de (v)* [-en] overdadige maaltijd
brass·band [bràsbend] (‹*Eng*) *de (m)* [-s] fanfarekorps, gezelschap dat muziek maakt op koperen blaasinstrumenten
bras·sen[1] *ww* (‹*Fr*) [braste, h. gebrast] overdadig eten en drinken
bras·sen[2] *ww* [braste, h. gebrast] zeil of ra verstellen naar de wind
bras·ser *de (m)* [-s] iem. die brast → **brassen**[1]
bras·se·rie *de (v)* [-ën] soort eetcafé
bras·se·rij *de (v)* [-en] het overdadig eten en drinken
brass·mu·ziek [bràs-] (‹*Eng*) *de (v)* muziek van (koperen) blaasinstrumenten
brat, **bo·rat** (‹*Fr*) *het* stopwol
bra·ve·ren *ww* (‹*Fr*) [braveerde, h. gebraveerd] trotseren, tarten
bra·vis·si·mo [-vies-] (‹*It*) *tsw* uitmuntend!
bra·vo (‹*It*) I *tsw* goed zo! uitstekend II *het* bravogeroep
bra·vo·ge·roep *het* het 'bravo' roepen
bra·voure [-voer(ə)] (‹*Fr*) *de* ❶ dapperheid, durf ❷ zelfverzekerdheid, lef
bra·voure·aria [-voer-] *de* ['s] aria met bijzondere moeilijkheden en effecten, die aan zangers en zangeressen de gelegenheid biedt om hun kunnen te tonen
bra·ziel (‹*Sp*‹*Port*) *het* braziëlhout, zeer hard hout, van oranje tot donkerrood verkleurend, van de in Brazilië groeiende boomsoort *Guilandina echinata*, vroeger gebruikt in de verfindustrie, thans o.a. voor strijkstokken, pernambuco
Bra·zi·li·aan *de (m)* [-anen] iem. geboortig of afkomstig uit Brazilië
Bra·zi·li·aans *bn* van, uit, betreffende Brazilië
BRD *afk* Bundesrepublik Deutschland [Bondsrepubliek Duitsland]
break[1] [breek] (‹*Eng*) *de (m)* [-s] ❶ open vierwielig rijtuig, brik ❷ stationcar
break[2] [breek] (‹*Eng*) *de (m)* [-s] ❶ pauze, rust ❷ popmuziek onderbreking, waarna wordt overgegaan op een andere melodielijn of waarna een solo wordt ingezet
break[3] [breek] (‹*Eng*) *tsw* ❶ boksen los!, bevel van de scheidsrechter weer de beginhouding aan te nemen als de boksers elkaar vastgrijpen of aan elkaar gaan hangen ❷ teamsporten snelle tegenaanval vanuit de verdediging ❸ sp winst van een game waarin de tegenstander aan service is
break·beat [breekbiet] (‹*Eng*) *de (m)* ‹in popmuziek› zeer snelle beat
break·danc·ing [breekdensing] (‹*Eng*) *het* bep. manier van dansen met schokkende, robotachtige bewegingen, op soul- of discomuziek, waarbij ook acrobatische toeren worden verricht als draaien op het hoofd e.d.
break·dan·sen [breek-] *ww & het* breakdancing beoefenen
break·down [breek-daun] (‹*Eng*) *de (m)* [-s] instorting, ineenstorting, faillliet
break·even·point [breekievən-] (‹*Eng*) *het* moment waarop de opbrengsten en kosten gelijk zijn en er geen verlies en geen winst wordt gemaakt
break·point [breek-] (‹*Eng*) *het* [-s] tennis wedstrijdsituatie waarbij de speler die serveert bij verlies van zijn opslag de game zal verliezen; game die gewonnen wordt terwijl de tegenstander serveert
Bre·daas *bn* van, uit, betreffende Breda
Bre·da·naar *de (m)* [-s] iem. geboortig of afkomstig uit Breda
breed *bn* ❶ een bep. of grote dwarsafmeting hebbend: ★ *de weg was zeven meter ~* ★ *een ~ bed* ❷ ruim, uitvoerig: ★ *een ~ opgezet plan* ; zie ook bij → **lang** ❸ fig niet bekrompen: ★ *het ~ zien* ★ *een brede belangstelling hebben* ★ *het niet ~ hebben* weinig bemiddeld zijn ★ *die het ~ heeft, laat het ~ hangen* wie rijk is, kan zich veel veroorloven
breed·band *de (m)* [-en] communicatiekanaal voor snelle datatransmissie
breed·beeld-tv, **breed·beeld·te·le·vi·sie** [-zie] *de (v)* ['s] tv met een rechthoekig beeldscherm in de verhoudingen van een bioscoopscherm
breed·er [briedə(r)] (‹*Eng*) *de (m)* [-s] kweekreactor
breed·ge·bouwd *bn* met brede borst en schouders
breed·ge·schou·derd *bn* met brede schouders
breed·heid *de (v)* ❶ uitvoerigheid ❷ veelzijdigheid, ruimheid van opvatting of kennis
breed·spoor *het* spoorbaan met grote afstand tussen de rails; *tegengest:* → **smalspoor**
breed·spra·ke·rig *bn* BN breedsprakig
breed·spra·kig *bn* een overvloed aan woorden gebruikend: ★ *hij is nogal ~* ★ *een breedsprakige verteltrant*
breed·te *de (v)* [-n, -s] ❶ de mate van het breed zijn: ★ *een spandoek over de volle ~ van het gebouw* ★ *het moet uit de lengte of uit de ~ komen* het moet op de een of andere manier betaald worden ❷ geol afstand in graden waarop een punt ligt ten noorden of ten zuiden van de evenaar
breed·te·cir·kel *de (m)* [-s] elk van de cirkels op de aardbol evenwijdig aan de evenaar, parallel: ★ *Utrecht ligt op dezelfde ~ als Warschau*

breed·te·graad *de (m)* [-graden] 1/360 van een meridiaan

breed·te·in·ves·te·ring *de (v)* [-en] investering die wel de hoeveelheid kapitaal opvoert, maar zo dat de hoeveelheid kapitaal per arbeider gelijk blijft; *tegengest*: → **diepte-investering**

breed·uit, **breed uit** *bijw* ❶ in volle breedte: ★ ~ *gaan zitten* ❷ fig breedvoerig: ★ *iets ~ vertellen* ❸ zonder beperking, vrijuit: ★ ~ *lachen*

breed·voe·rig *bn* omstandig, in bijzonderheden: ★ ~ *verslag doen*; **breedvoerigheid** *de (v)*

breek·baar *bn* teer, gemakkelijk brekend; **breekbaarheid** *de (v)*

breek·ijzer *het* [-s] metalen, beitelvormig werktuig waarmee men deuren e.d. openbreekt en metselwerk afbreekt

breek·punt *het* [-en] ❶ plaats waar een breuk ontstaat ❷ vooral fig moeilijkheid waarop onderhandelingen (kunnen) afstuiten

breek·scha·de *de* schade die ontstaat door breken: ★ *de afwashulp moest de ~ zelf betalen*

breek·werf *de* [-werven] BN verzamelplaats waar afvalstoffen recyclebaar gemaakt worden

breeu·wen *ww* [breeuwde, h. gebreeuwd] scheepsnaden dichten, kalefaten

bree·zer [brie-] *(‹Eng) de (m)* [-s] drankje van rum of likeur gemengd met frisdrank of vruchtensap

bree·zer·slet·je [brie-] *het* [-s] schertsend meisje dat bereid is om tegen een kleine vergoeding (bijv. een breezer) seksuele handelingen te verrichten

brei·del *de (m)* [-s] plechtig toom, teugel

brei·de·len *ww* [breidelde, h. gebreideld] beheersen, in toom houden

brei·del·loos *bn* tomeloos

brei·en *ww* [breide, h. gebreid] ❶ met breinaalden kledingstukken e.d. maken van (wollen) draden: ★ *kousen ~* ★ *iets recht ~* iets weer in orde maken ★ *een einde aan iets ~* een moeizaam einde voor iets (verhaal, betoog e.d.) verzinnen ❷ knopen: ★ *netten ~*

brei·ka·toen *de (m) & het* katoenen garen om te breien

brei·ma·chi·ne [-sjie-] *de (v)* [-s] machine waarmee breiwerk kan worden vervaardigd

brein *het* hersenen

brei·naald *de* [-en] pen waarmee men breit

brein·bre·ker *de (m)* [-s] moeilijke puzzel

brei·pa·troon *het* [-tronen] model, voorbeeld waarnaar men breit

brei·pen *de* [-nen] breinaald

brei·ster *de (v)* [-s] vrouw die breit ★ *de beste ~ laat wel eens een steek vallen* ook de bekwaamste kan een fout maken

brei·werk *het* [-en] ❶ werk waaraan gebreid wordt ❷ gebreid goed

bre·ke·been *de* [-benen] vooral NN onhandig persoon, knoeier, sukkel

bre·ken *ww* [brak, braken, h. & is gebroken] ❶ stuk maken: ★ *een glas ~* ★ *een arm / been ~* een verwonding oplopen waarbij er een breuk ontstaat in het bot van een arm / been ★ *zijn belofte, zijn woord ~* zijn belofte niet nakomen ★ *het verzet ~* fig met geweld een eind maken aan het verzet ❷ ontspanning, afwisseling geven: ★ *een pauze breekt de lange werkdag* ❸ knakken, stukgaan, in stukken uiteenvallen: ★ *het kopje brak* ★ *de golven ~ op de rotskust* ❹ ★ *met iem. ~* niet meer met iem. omgaan ❺ zich een weg banen: ★ *naar buiten ~* ★ *de zon brak door de wolken* ❻ tennis een game winnen waarin de tegenstander serveert: ★ *Federer breekt Nadal* ; zie ook bij → **gebroken** en → **hoofd**

bre·ker *de (m)* [-s] ❶ hoge golf bij ondiepte ❷ golf die over het schip slaat ❸ golfbreker

bre·king *de (v)* [-en] wijziging van de richting van lichtstralen e.a. bij overgang in een stof van andere dichtheid

brem *de (m)* vlinderbloemige heester met gele bloemen *(Sarothamnus)*

brem·raap *de* [-rapen] op andere planten parasiterend plantengeslacht, waarvan nog enkele soorten hier en daar in België voorkomen *(Orobanche)*

brems *de* [bremzen] soort steekvlieg, daas

brem·struik *de (m)* [-en] brem

brem·zout *bn* zo zout als brijn (vroeger *brem* genaamd), zeer zout

bren·gen *ww* [bracht, h. gebracht] ❶ vervoeren, geleiden naar een bep. plaats: ★ *een kleuter naar bed ~* ★ *hij komt dat boek vanavond ~* ★ *dat brengt me op een heel ander onderwerp* dat doet me denken aan een heel ander onderwerp ★ NN *morgen ~!* reken daar maar niet op, dat gebeurt niet ❷ vertonen, laten blijken, ten beste geven: ★ *een film ~* ★ *iem. hulde ~* ❸ presenteren, onder woorden brengen: ★ *die eis had iets tactischer gebracht kunnen worden* ★ *iets onder woorden ~* formuleren ❹ ervoor zorgen dat iets in een bep. toestand komt: ★ *iets met iets anders in overeenstemming ~* ★ *iem. aan het huilen ~* ★ *iem. tot wanhoop ~* ★ *iets tot een goed einde ~* ★ *het tot minister ~* erin slagen minister te worden ❺ verkopen, ten verkoop aanbieden: ★ *iets aan de man ~* ★ *een product op de markt ~* ★ *dat bedrijf brengt de nieuwste apparatuur*

bren·ger *de (m)* [-s] bezorger ★ ~ *dezes* hij die dit brengt

bren·gun [-γun] *(‹Eng) de (m)* [-s] lichte mitrailleur, genoemd naar de vervaardigers *B*rown en *En*field

bres *(‹Fr) de* [-sen] gat in een vestingmuur of verdedigingslinie ★ *voor iem. in de ~ springen* iem. in groot gevaar verdedigen ★ *op de ~ staan voor* steeds gereed staan om iets te verdedigen ★ *dit nieuwe project slaat een flinke ~ in het budget* kost veel geld

bre·tel *(‹Fr) de* [-s, -len] over de schouder gedragen elastieken band die een broek ophoudt

Bre·ton *(‹Fr) de (m)* [-s], BN **Bre·toen** *de (m)* [-en] iem. geboortig of afkomstig uit Bretagne

Bre·tons (‹Fr›, BN **Bre·toens I** bn van, uit, betreffende Bretagne **II** het de taal van Bretagne

breuk de [-en] ❶ plaats waar iets gebroken of gebarsten is ❷ fig verbreking van goede verhouding: ★ een ~ in de vriendschap ★ een ~ tussen twee vrienden ★ een ~ met het verleden een ontwikkeling die een nieuw tijdperk aankondigt ❸ verbreking van de samenhang van een bot, fractuur ❹ het naar de oppervlakte komen van een deel van de buikingewanden; zie ook bij → **beklemd** ★ zich een ~ lachen heel hard lachen ❺ quotiënt van twee meestal hele getallen, op een bep. wijze geschreven, bijv. 3/4 of 0,75 ❻ geol onderbreking van de continuïteit van gesteentelagen in de aardkorst

breuk·band de (m) [-en] band tegen een → **breuk** (bet 4)

breuk·lijn de [-en] geol lijn in de aardbodem tussen gedeelten die door een breuk ten opzichte van elkaar zijn verschoven

breuk·vlak het [-ken] ❶ vlak waarlangs iets is gebroken ❷ fig aanleiding tot conflict of verdeeldheid

bre·vet (‹Fr) het [-ten] getuigschrift van bekwaamheid in iets: ★ vliegbrevet ★ ~ van onvermogen bewijs dat men ergens niet toe in staat is

bre·vet·te·ren ww [brevetteerde, h. gebrevetteerd] een brevet of diploma verlenen

bre·vi·a·tuur (‹Lat) de (v) [-turen] afkorting

bre·vier (‹Lat) het [-en] RK gebeden- of getijdenboek van de priesters

bric-à-brac [briek-aa-] (‹Fr) de (m) ❶ snuisterijen, prullaria ❷ oude rommel, rotzooi

bri·co·le·ren ww (‹Fr) [bricoleerde, h. gebricoleerd] bilj over de band spelen

bridge [bridzj] (‹Eng) het over de gehele wereld bekend kaartspel voor vier personen, die paarsgewijze spelen en waarbij men van tevoren door bieden moet aangeven hoeveel slagen men denkt te halen

bridge·drive [bridzj-draiv] (‹Eng) de (m) [-s] bridgewedstrijd

brid·gen ww [bridzjə(n)] (‹Eng) [bridgede, h. gebridged] bridge spelen

brie (‹Fr) de (m) schijfvormige zachte kaas met schimmel erop, oorspronkelijk uit het landschap Brie in Frankrijk, thans ook elders bereid

brief (‹Lat) de (m) [brieven] ❶ schriftelijke mededeling: ★ iem. een ~ sturen ★ een ~ ontvangen ★ open ~ zie bij → **open** ★ NN de oudste brieven hebben de oudste (dus beste) aanspraken hebben; zie ook → **briefje** ❷ ★ een ~ spelden stukje papier waarop spelden vastgeprikt zijn; zie ook → **briefje**

brief·adel de (m) jongere adel, verleend door een adelbrief

brie·fen ww (‹Eng) [briefte, h. gebrieft] instrueren, inlichten

brief·ge·heim het grondwettelijk verbod om aan de post toevertrouwde brieven te openen

brief·hoofd, brie·ven·hoofd het [-en] gedrukt hoofd boven briefpapier, dat de naam en het adres (en verdere bijzonderheden) van de schrijver vermeldt

brief·hou·der de (m) [-s] omslag om brieven te bewaren in alfabetische volgorde op de namen van de schrijvers of geadresseerden

brief·ing (‹Eng) de ❶ instructie voor een bepaalde opdracht ❷ het verstrekken van inlichtingen

brief·je het [-s] ❶ kleine brief, notitie op een klein stukje papier ★ dat geef ik je op een ~ daar kun je zeker van zijn ❷ bankbiljet: ★ een ~ van tien

brief·kaart de [-en] tegen een bep. tarief gefrankeerde kaart waarop men correspondentie voert

brief·om·slag de (m) [-slagen] BN, m.g. enveloppe

brief·ope·ner de (m) [-s] scherp, langwerpig voorwerp waarmee men brieven opent

brief·ord·ner de (m) [-s] briefhouder

brief·pa·pier het papier speciaal bedoeld voor het schrijven van brieven

brief·port de (m) & het [-en], **brief·por·to** ['s] verzendprijs voor een brief

brief·vorm de (m) ★ roman in ~ in de vorm van brieven

brief·we·ger de (m) [-s] → **brievenweger**

brief·wis·se·ling de (v) [-en] ❶ het schrijven van brieven naar elkaar, correspondentie: ★ met elkaar in ~ zijn ❷ de geschreven brieven: ★ een ~ publiceren

bries (‹Eng‹Sp) de matige tot harde wind, tussen 4 en 7 op de schaal van Beaufort; **briesje** het [-s]

brie·sen ww [brieste, h. gebriest] ‹van dieren› brullen, snuiven ★ ~ van woede flink tekeergaan va woede

brie·ven·be·stel·ler de (m) [-s] rondbrenger van brieven

brie·ven·boek het [-en] ❶ kopieboek van brieven ❷ boek met voorbeelden van brieven

brie·ven·bus de [-sen] ❶ bus, aan of nabij de huisdeur of bij de ingang van een terrein e.d., waarin brieven, kranten of andere papieren gedeponeerd kunnen worden; soms ook alleen de opening hiervan: ★ een smalle ~ ❷ bus aan de openbare weg of in het postkantoor, waarin men te verzenden post kan deponeren ❸ NN, Barg mond

brie·ven·bus·fir·ma de ['s] → **brievenbusmaatschappij**

brie·ven·bus·maat·schap·pij de (v) [-en] bedrijf dat slechts in naam in een bep. land gevestigd is, terwijl de werkelijke activiteiten elders plaatsvinden, om profijt te trekken van belasting- of andere voordelen

brie·ven·hoofd het [-en] → **briefhoofd**

brie·ven·tas de [-sen] tas voor brieven, vooral tas van een brievenbesteller

brie·ven·we·ger, brief·we·ger de (m) [-s] weegtoestel voor brieven

bri·ga·de (‹Fr) de (v) [-s, -n] ❶ groep personen met een bep. opdracht, bijv. bij de politie, de marechaussee, het reddingwezen e.d. ❷ mil legerafdeling die uit enige regimenten bestaat

bri·ga·de·ge·ne·raal *de (m)* [-s] NN laagste opperofficier bij de Koninklijke Landmacht en de Koninklijke Marechaussee, een rang hoger dan kolonel en lager dan generaal-majoor

bri·ga·dier *(‹Fr) de (m)* [-s] ❶ algemeen hoofd, commandant van een brigade ❷ rang bij de politie (tussen hoofdagent en adjudant)

bri·gan·tijn *(‹It) de* [-en] snelvarend zeilschip met twee masten en een laag boord

brij *de (m)* [-en] dikke pap; zie ook bij → **verzouten**

brijn *het* ❶ pekel ❷ zoutige bestanddelen, drijvend vuil e.d. in stoomketels

brij·nen *ww* [brijnde, h. gebrijnd] van brijn ontdoen

brik[1] *(‹Eng) de* [-ken] ❶ open, vierwielig rijtuig ❷ NN, spreektaal gammele auto, gammele fiets: ★ *een ouwe ~*

brik[2] *(‹Eng) de* [-ken] soort zeeschip

brik[3] *(‹Fr) de (m)* [-ken] ❶ gebakken bouwsteen ❷ niet goed gebakken steen, grof puin ❸ BN rechthoekige kartonnen verpakking van dranken

bri·ket *(‹Fr) de* [-ten] in baksteenvorm geperst steenkolengruis, turf, zout e.d.

bril *de (m)* [-len] ❶ voorwerp bestaande uit twee lenzen in een montuur ter verbetering van het gezichtsvermogen ❷ voorwerp bestaande uit twee (gekleurde) glazen ter bescherming van de ogen tegen scherp licht, stof e.d.: ★ *de ~ van een lasser, een coureur* ★ *alles door een gekleurde ~ zien* alles van een bep. kant, niet onbevooroordeeld zien ★ *iets door een roze ~ zien* van iets alleen de gunstige aspecten zien ❸ wc-zitting

bril·dra·ger *de (m)* [-s] iem. die een bril draagt

bril·dui·ker *de (m)* [-s] soort zwemvogel, een wintergast in zout en zoet water, *Bucephala clangula*

bril·jant[1] *(‹Fr)* [-en] *de (m)* aan beide kanten met 58 facetten en van boven met een vlak (tafel) geslepen diamant

bril·jant[2] *(‹Fr) bn* schitterend, glansrijk, met glans: ★ *een briljante overwinning*

bril·jan·ten *bn* uit briljanten bestaande, met briljanten versierd ★ *~ bruiloft* feest bij het 65-jarig huwelijk

bril·lan·ti·ne *de (‹Fr)* [briljan-, briejan-] cosmetisch product dat tot doel heeft het hoofdhaar in model te houden, vnl. gebruikt door mannen

bril·le [briejə] *(‹Fr) de* glans van vernuft, briljantheid

bril·len *ww* [brilde, h. gebrild] een bril dragen

bril·len·doos *de* [-dozen] etui om een bril in te bewaren

bril·len·glas *het* [-glazen] glas van een bril

bril·len·huis *het* [-huizen] brillendoos

bril·len·jood *de (m)* [-joden] scheldwoord, vero iem. die een bril draagt

bril·len·ko·ker *de (m)* [-s] brillendoos

bril·mon·tuur *het* [-turen] uitrusting van een bril zonder het glas

bril·sco·re *de (m)* [-s] BN, sp nul-nulscore

bril·slang *de* [-en] giftige slangensoort uit Zuidoost-Azië, met een briltekening op het halsgedeelte, cobra *(Naja naja)*

bril·stand *de (m)* voetbal de stand 0 - 0

brink *de (m)* [-en] NN ❶ erf om een boerenhoeve ❷ dorpsplein, veelal beboomd

brio *(‹It) de (m) & het* levendigheid; *vgl:* ★ *con ~*

brioche [brie(j)osj(ə)] *(‹Fr) de* [-s] fijn wittebroodje met suiker, ook als gebak

bri·sant [-zant] *(‹Fr) bn* snel en heftig ontploffend

bri·sant·bom [-zant-] *de* [-men] bom met hevige ontploffingskracht

bri·sant·gra·naat [-zant-] *de* [-naten] granaat met brisante lading

Brit *de (m)* [-ten] ❶ iem. geboortig of afkomstig uit Groot-Brittannië ❷ vroeger algemene benaming voor blanke bewoners van het Britse Imperium

brit·pop *(‹Eng) de (v)* muz Britse popmuziek in de jaren '90, geïnspireerd door de Britse popmuziek in de jaren '60 van de 20ste eeuw en als reactie op de Amerikaanse grunge

Brits *bn* van, behorend tot, betreffende Groot-Brittannië of het voormalige Britse Imperium ★ *Britse romans* Arthurromans

brits *de* [-en] houten slaapbank in gevangenissen, soldatenwachtkamers e.d.

bro·can·te *de (v)* BN ook curiosa, spullen uit vroegere tijden die in trek zijn, maar niet als antiek kunnen worden beschouwd, nepantiek

bro·can·teur *de (m)* [-s] BN handelaar in curiosa

broc·co·li *(‹It) de (m)* bloemkoolachtige groentesoort *(Brassica oleracea,* var. *botrytis,* subvar. *cymosa)*

broche [brosj(ə)] *(‹Fr) de* [-s] sierspeld op kleding voor meisjes of vrouwen

bro·cheer·der [-sjeer-] *de (m)* [-s] innaaier van boeken

bro·che·ren *ww* [-sjee-] *(‹Fr)* [brocheerde, h. gebrocheerd] innaaien (van boeken)

bro·chette [-sjet(tə)] *(‹Fr) de* [-s] pen waaraan men stukjes vlees roostert

bro·cheur [-sjeur] *(‹Fr) de (m)* [-s] brocheerder

bro·chu·re [-sjuurə] *(‹Fr) de* [-s] klein gedrukt geschrift met informatie over een bep. onderwerp: ★ *in de wachtkamer bij de dokter lagen brochures over depressie*

brod·de·laar *de (m)* [-s] knoeier, prutser

brod·de·len *ww* [broddelde, h. gebroddeld] knoeien, prutsen, slordig werken

brod·del·werk *het* knoeiwerk, slecht werk

bro·de·loos *bn* zonder middel van bestaan

broed *het* broedsel

broed·ei *het* [-eren] ❶ bebroed ei ❷ ei dat bebroed kan worden

broe·den *ww* [broedde, h. gebroed] ❶ eieren door warmte doen uitkomen ❷ fig peinzen: ★ *over iets zitten ~* ★ *op iets zitten ~* een plan uitdenken

broe·der *de (m)* [-s, *deftig* -en] ❶ → **broer** ❷ kameraad, iem. jegens wie men vriendschappelijke gevoelens koestert ★ *ben ik mijn broeders hoeder?* ben ik verplicht mijn medemens te beschermen? (naar de

uitroep van Kaïn in *Genesis* 4: 9) ❸ kloosterling die de priesterwijding niet ontvangt, frater ❹ NN mannelijke verpleegkundige ❺ geloofsgenoot ★ *een zwakke ~* a) iem. die niet sterk is in zijn overtuiging; b) *bij uitbreiding* iem. die moeilijk mee kan komen ❻ aanspreektitel onder vrijmetselaars ❼ meelgerecht met krenten, rozijnen en sukade; zie ook bij → **Jonathan**
broe·der·dienst *de (m)* ★ *vrijstelling wegens ~* vroeger vrijstelling van de militaire dienstplicht als de dienstplichtige ten minste twee broers heeft of gehad heeft die de dienstplicht vervullen of reeds vervuld hebben
broe·der·ge·meen·te *de (v)* zie bij → **Moravisch**
broe·der·hand *de* ★ *de ~ reiken* de hand geven ten teken van vriendschap en eensgezindheid
broe·de·rij *de (v)* [-en] pluimveebedrijf waar door middel van broedmachines eieren worden uitgebroed
broe·der·lijk *bn* als een broeder, als broeders
broe·der·moord *de (m)* [-en] ❶ moord op een broer ❷ verraad aan een vriend
broe·der·over·ste *de (m)* [-n] hoofd van een huis van broeders (→ **broeder**, bet 3)
broe·der·schap *de (v)* [-pen] ❶ RK lekenvereniging met godsdienstig doel ❷ prot kerkgenootschap: ★ *de Remonstrantse Broederschap* ❸ betrekking (als) tussen broeders ★ *Broederschap des Gemenen Levens* 14de-eeuwse godsdienstige wetenschappelijke vereniging van leken en geestelijken, gesticht door Geert Grote ❹ vereniging van vakgenoten: ★ *~ van notarissen*
broe·der·twist *de (m)* [-en] twist tussen broeders
broe·der·volk *het* [-en en -eren] volk waaraan een ander volk zich verwant voelt op grond van een gemeenschappelijke taal of cultuur, zoals Oostenrijkers ten opzichte van Duitsers
broed·gast *de (m)* [-en] trekvogel die in een bepaald gebied broedt
broed·hen *de (v)* [-nen] ❶ broedende kip ❷ kip met kuikens
broed·ma·chi·ne [-sjie-] *de (v)* [-s] machine die door verwarming eieren doet uitkomen
broed·paar *het* [-paren] broedend paar (mannelijke en vrouwelijke) vogels
broed·pa·ra·si·tis·me *het* vorm van parasitisme waarbij een dier gebruik maakt van de broedruimte van een ander dier om zijn jongen groot te brengen, bijv. toegepast door de koekoek en sommige insecten
broed·plaats *de* [-en] ❶ plaats waar vogels broeden ❷ fig plaats waar iets (slechts) ontstaat: ★ *een ~ van opstandigheid*
broed·rijp *bn* ‹van vogels› geslachtsrijp
broeds *bn* willende broeden: ★ *een broedse kip*
broed·sel *het* [-s] eieren die tegelijk bebroed worden of de jongen die daaruit voortkomen
broed·stoof *de* [-stoven] toestel voor het kweken van

cultures van bacteriën en van cellen, weefsels of organen van planten en dieren
broei *de (m)* het broeien; *vgl*: → **hooibroei**
broei·bak *de (m)* [-ken] met glas beschermde plantenkweekbak
broei·en *ww* [broeide, h. gebroeid] ❶ ‹van hooi› door gisting heet worden ❷ benauwd zijn ★ *er broeit wat* fig er dreigt iets
broei·e·rig *bn* benauwd heet, zoals vlak voor het uitbarsten van onweer: ★ *~ weer*
broei·ing *de (v)* het → **broeien** (bet 1)
broei·kas *de* [-sen] NN glazen kweekkas
broei·kas·ef·fect *het* meteor geleidelijke algehele temperatuurverhoging op een planeet, doordat de dampkring rond die planeet niet de door die planeet uitgezonden infrarode straling (warmtestraling) doorlaat
broei·nest *het* [-en] fig kweekplaats, plaats van oorsprong, *meestal ongunstig*: ★ *een ~ van prostitutie, opstandigheid*
broei·raam *het* [-ramen] broeikas
broek¹ *de* [-en] ❶ kledingstuk ter bedekking van het onderlichaam met openingen of pijpen voor elk van de benen ★ *een korte ~* zonder of met slechts korte pijpen ★ *een lange ~* met pijpen tot aan de enkels ★ *een vrouw met de ~ aan* die thuis de baas speelt ★ *een jong broekje* of *broekie* een jong ventje dat nog niet als volwaardig wordt beschouwd ★ *achter de ~ zitten* ★ *een proces aan zijn ~ krijgen* a) voor de rechter gedaagd worden; b) krachtig aansporen ★ *het in de ~ doen* a) de urine of ontlasting laten lopen; b) fig zeer bang zijn ★ NN, spreektaal *het zal ze dun door de ~ lopen* het zal hun zwaar tegenvallen ★ *op (voor) de ~ krijgen* een pak slaag krijgen, verliezen ★ *een proces aan zijn ~ krijgen* als aangeklaagde een proces moeten voeren ★ vooral NN *daar zakt mijn ~ van af* dat vind ik bijzonder vreemd, dat verbaast me ten zeerste ★ BN, spreektaal *zijn ~ scheuren aan iets* verlies lijden ★ BN *van hetzelfde laken een ~ krijgen* dezelfde behandeling, straf enz. ondergaan ★ BN, spreektaal *ergens zijn ~ aan vegen* iets aan zijn laars lappen ❷ ‹bij een paard› bekleding van de achterbenen ❸ zeildoeks stoeltje dat wordt gebruikt bij het wippertoestel
broek² *het* drassig land
broe·ken·man *de (m)* [-nen] kleine jongen
broe·king *de (v)* [-s] met stootband versterkte korte zijde van een vlag, ook wel *vlaghoogte* genoemd, waaraan een oog en een korte lijn bevestigd zijn om de vlag aan te slaan
broek·je *het* [-s] zie bij → **broek¹**
broek·klem *de* [-men] ‹bij fietsers› klem om de onderkant van de broekspijp om te voorkomen dat deze in de fietsketting komt
broek·kou·sen *mv* BN, spreektaal ❶ maillot (van wol) ❷ panty (van nylon)
broek·land *het* [-en] ❶ drassig land ❷ kleigrond langs

rivieren
broek·pak *het* [-ken] kostuum bestaande uit een jasje met bijpassende lange broek, voor vrouwen en meisjes
broek·riem *de (m)* [-en] gordelriem die het afzakken van de broek belet ★ *de ~ aanhalen* zuiniger gaan leven, vooral wat de voeding betreft *vgl*: → **buikriem**
broek·rok *de (m)* [-ken] op een rok lijkende broek met wijde pijpen tot op of boven de knie
broeks·pijp *de* [-en] elk van de delen van een broek ter bedekking van (een deel van) de benen
broek·veer *de* [-veren] NN verende metalen knip om de broekspijpen bij het fietsen nauw om het been te doen sluiten
broek·kou·sen *het* [-s] BN, spreektaal broekie, onvolwassen persoon
broek·zak *de (m)* [-ken] ruimte in een broek waarin kleine voorwerpen bewaard kunnen worden ★ *iets kennen als zijn ~* er alles van weten
broer, **broe·der** *de (m)* [-s] mannelijk persoon in betrekking tot andere kinderen van zijn ouders ★ *een broertje dood hebben aan iets* een hekel aan iets hebben ★ *dat is broertje en zusje* dat lijkt precies op elkaar
broes *de* [broezen] sproeitrechter van een gieter, tuinslang enz.
broe·zen *ww* [broesde, h. gebroesd] water in fijnverdeelde toestand over een gewas of in de teeltruimte brengen, om de luchtvochtigheid te verhogen en zo de vruchtzetting te bevorderen
brogue [brooɣ] ⟨<Eng⟩ *de* [-s] herenschoen met gaatjes ter versiering
brok *de & het* [-ken] ❶ onderdeel van iets, tamelijk groot stuk: ★ *een ~ marmer, chocola* ★ *één ~ energie* gezegd van iem. die heel energiek is ★ *aan stukken en brokken* helemaal kapot ★ *bij stukken en brokken* bij kleine gedeelten ★ *brokken maken* ongelukken veroorzaken ★ *iem. met de brokken laten zitten* iem. alleen laten met de schade of de nadelige gevolgen ★ *een ~ in de keel krijgen* tot bijna-huilen toe ontroerd worden (zodat men herhaaldelijk moet slikken) ❷ een bepaalde hoeveelheid: ★ *een ~ informatie*
bro·kaat ⟨<It⟩ *het* zware zijden stof met een schering van goud- of zilverdraad, of met opgewerkte figuren
bro·kaat·pa·pier *het* met een kleefstof bestreken, daarna met goud en / of zilverpoeder bestoven papier
bro·ka·ten *bn* van brokaat
bro·ker ⟨<Eng⟩ *de (m)* [-s] effectenmakelaar, commissionair
brok·ke·len *ww* [brokkelde, h. & is gebrokkeld] ❶ in stukken uiteen doen vallen ❷ in stukken uiteenvallen
brok·ke·lig *bn* ❶ niet vast samenhangend, in brokjes uiteenvallend ❷ spoedig brokkelend
brok·ken *ww* [brokte, h. gebrokt] in brokken breken, brokkelen; zie ook bij → **melk** en → **pap¹**
brok·ken·ma·ker *de (m)* [-s] iem. die voortdurend door onhandigheid schade veroorzaakt
brok·ken·pi·loot *de (m)* [-loten] ❶ veel ongelukken veroorzakende piloot ❷ bij uitbreiding brokkenmaker
brok·stuk *het* [-ken] groot brok, groot onderdeel van iets
brol *de (m)* BN, spreektaal rommel
brom·beer *de (m)* [-beren] brompot
bro·me·lia *de* ['s] een tot de vetplanten behorende sierplant, verwant aan de ananas, genoemd naar de Zweedse arts Olaf Bromel (1639-1705)
brom·fiets *de* [-en] fiets met hulpmotor
brom·fiet·ser *de (m)* [-s] berijder van een bromfiets
bro·mi·um ⟨<Gr⟩ *het* chemisch element dat giftige dampen afscheidt, symbool Br, atoomnummer 35
brom·men *ww* [bromde, h. gebromd] ❶ een laag, dof geluid laten horen ★ *wat ik je brom* wat ik je zeg ❷ boos praten ★ *op iem. ~* boos tegen iem. praten ❸ gevangen zitten ❹ een bromfiets berijden
brom·mer *de (m)* [-s] ❶ iem. die brommende geluiden maakt ❷ bromfiets ❸ bromvlieg
brom·me·rig *bn* geneigd tot → **brommen** (bet 2), ontevreden, humeurig
brom·mo·biel *de (m)* [-en] NN kleine auto met een maximumsnelheid van 45 km / uur waarvoor geen rijbewijs nodig is
brom·pijp *de* [-en] orgelpijp met lage toon
brom·pot *de (m)* [-ten] knorrig mens
brom·snor *de (m)* [-ren] NN type van de altijd mopperende, maar in wezen goedaardige politieagent, naar een figuur uit de jeugd-tv-serie *Swiebertje*
brom·tol *de (m)* [-len] → **tol²** die als hij draait een brommend geluid geeft
brom·vlieg *de* [-en] zwaar zoemende, grote vlieg die haar eieren in vleeswaren legt, vooral de soort *Calliphora erythrocephala*, blauwe vleesvlieg
bron *de* [-nen] ❶ plaats waar water uit de bodem ontspringt ❷ fig oorsprong, begin, oorzaak: ★ *die treinvertragingen zijn een ~ van ergernis* ★ *iets uit betrouwbare ~ vernemen* ❸ mededeling of geschrift waaruit men gegevens put
bron·be·las·ting *de (v)* belasting geheven op inkomsten in het land waar zich het kapitaal (de bron) bevindt dat de inkomsten levert
bron·be·ma·ling *de (v)* het verlagen van de grondwaterstand (in verband met bouwwerkzaamheden)
bron·chi·ën ⟨<Lat<Gr⟩ *mv* med luchtpijpvertakkingen
bron·chi·tis ⟨<Lat⟩ *de (v)* ontsteking van de bronchiën
bron·co·de *de (m)* [-s] comput versie van software die in de oorspronkelijke programmeertaal staat en nog niet in machinecode is geconverteerd, de versie zoals die door de programmeur in een hogere programmeertaal is geschreven, sourcecode
bron·gas *het* gas dat samen met water uit de diepte

opwelt
bron·nen·lijst *de* [-en] lijst van boeken, geschriften e.d. die geraadpleegd zijn ten behoeve van een wetenschappelijk werk
bron·nen·stu·die *de (v)* bestudering van oorkonden, kronieken, archiefstukken enz., waaruit de kennis van het verleden geput wordt
brons (‹Fr‹It) *het* ❶ legering van koper met tin en andere metalen ★ *het ~ behalen* een bronzen medaille als derde prijs ❷ metaalpoeder waarmee men bronst ❸ bronskleur, bruingeel met een goudachtige glans ❹ [*mv*: bronzen] voorwerp van brons: ★ *in het graf vonden de archeologen enige bronzen*
bronst *de* paringsdrift van dieren
bron·stig *bn* ‹van dieren› seksueel opgewonden: ★ *~ wild*
brons·tijd *de (m)* prehistorische periode in Europa, het Midden-Oosten en China tussen de steentijd en de ijzertijd, waarin men bronzen voorwerpen gebruikte
bronst·tijd *de (m)* paartijd bij dieren
bron·to·sau·rus (‹Gr) *de (m)* [-sen] geslacht van gigantische, uitgestorven reptielen met een lange staart en hals
bron·ver·mel·ding *de (v)* het noemen van de persoon of het geschrift waaraan de informatie is ontleend: ★ *iets zonder ~ publiceren*
bron·wa·ter *het* water dat uit een bron komt, vaak geneeskrachtig van aard, mineraalwater
bron·zen I *bn* van brons **II** *ww* [bronsde, h.gebronsd] ❶ bronskleurig maken ❷ ‹door de zon› bruin worden: ★ *een gebronsde huid*
bron·zig *bn* min of meer bronskleurig
brood *het* [broden] ❶ gebakken meeldeeg ★ *dat eet geen ~* dat kost niets aan onderhoud ★ *NN bij gebrek aan ~ eet men korstjes van pasteien* als men het gewone niet heeft, gebruikt men iets van minder waarde ★ *zich de kaas niet van het ~ laten eten* niet de baas over zich laten spelen ★ *iem. iets op zijn ~ geven* iem. iets verwijten ★ *het op zijn ~ krijgen* de gevolgen ervan ondervinden ❷ een bepaalde hoeveelheid daarvan in zekere vorm ★ vooral NN *zoete (BN ook: platte) broodjes bakken* inschikkelijk worden, toegeven; zich zeer vriendelijk of gehoorzaam voordoen om iets goed te maken ★ BN *dat is gesneden ~* dat is gemakkelijk, dat is gesneden koek ❸ bij uitbreiding levensonderhoud: ★ *zijn eigen ~ verdienen* ★ *~ op de plank* een behoorlijk inkomen om van te leven ★ *om den brode* voor de kost ★ *daar zie ik wel ~ in* daar verwacht ik wel goede verdiensten van ★ *daar is geen droog ~ mee te verdienen* dat levert niets op ★ *wiens ~ men eet, diens woord men spreekt* men kiest partij voor degene van wie men voor zijn onderhoud afhankelijk is ★ NN *iem. het ~ uit de mond stoten* iem. zijn levensonderhoud onmogelijk maken
brood·be·leg *het* wat op een snee brood gelegd of gesmeerd wordt
brood·boom *de (m)* [-bomen] Aziatische plant met eetbare vruchten
brood·dron·ken *bn* op vrolijke en overmoedige wijze baldadig; **brooddronkenheid** *de (v)*
brood·heer *de (m)* [-heren] werkgever
brood·je *de (m)* [-s] klein brood, zoals een kadetje, bolletje, stokbroodje enz.: ★ *een ~ kaas* ★ BN *zijn ~ is gebakken* zijn fortuin is gemaakt, zijn toekomst is verzekerd ★ NN *~ aap* onwaarschijnlijk verhaal; zie ook → **brood** en → **gezond**
brood·jes·win·kel *de (m)* [-s], **brood·jes·zaak** *de* [-zaken] winkel waar belegde broodjes verkocht worden
brood·korst *de* [-en] (stuk van de) korst om het brood
brood·krui·mel *de (m)* [-s] zeer klein stukje brood ★ *de broodkruimels steken hem* hij heeft het te goed, hij doet gekke dingen uit weelde of overmatige levenslust
brood·maal·tijd *de (m)* [-en] maaltijd die in hoofdzaak uit brood bestaat
brood·ma·ger *bn* erg mager
brood·mes *het* [-sen] tamelijk groot mes waarmee men een brood in sneden kan verdelen
brood·nijd *de (m)* vooral NN afgunst op een voorspoedige collega of concurrent
brood·no·dig *bn* dringend nodig
brood·plank *de* [-en] plank om brood op te snijden
brood·roof *de (m)* iem. van een broodwinning beroven
brood·roos·ter *de (m) & het* [-s] toestel om brood te roosteren
brood·schrij·ver *de (m)* [-s] ❶ iem. die met schrijven de kost verdient ❷ smalend beroepsschrijver die werk van mindere kwaliteit levert
brood·trom·mel *de* [-s] trommel waarin men brood kan bewaren
brood·win·ning *de (v)* [-en] middel van bestaan
brood·wor·tel *de (m)* [-s] → **cassave** (bet 1)
broom (‹Gr) *het* ❶ bromium ❷ broomverbinding, zoals broomkalium, vroeger veel gebruikt als kalmerend middel, bromide
broom·ka·li, **broom·ka·li·um** *het* vroeger gebruikt kalmerend middel
broom·zil·ver *het* zilverzout van broomzuur
broos *bn* ❶ breekbaar: ★ *~ materiaal* ❷ fig onvast, onzeker; zwak: ★ *een broze gezondheid*
bros *bn* hard, maar gemakkelijk brekend: ★ *een ~ koekje*
brosse [bros] *de (v)* [-n] BN kort rechtopstaand kapsel
bros·sen *ww* [broste, h. gebrost] BN, spreektaal, stud spijbelen, de colleges verzuimen (aan een universiteit e.d.)
bros·ser *de (m)* [-s] BN, spreektaal spijbelaar
brouil·le [broeje] (‹Fr) *de* [-s] (langdurige) toestand van onenigheid
brouil·le·ren *ww* [broejee-] (‹Fr) [brouilleerde, h. gebrouilleerd] in onmin brengen, verwarren, onrust

verwekken ★ *gebrouilleerd zijn* overhoop liggen
brousse [broes] *(‹Fr› de)* [-s] BN ook rimboe, jungle
brou·wen¹ *ww* [brouwen, h. gebrouwen] ❶ bier bereiden ❷ fig maken, terechtbrengen: ★ *ik ben benieuwd wat hij van dat verslag gebrouwen heeft*
brou·wen² *ww* [brouwen, h. gebrouwd] de r achter in de keel zeggen
brou·wer *de (m)* [-s] iem. die bier bereidt
brou·we·rij *de (v)* [-en] bedrijf waar bier gebrouwen wordt ★ *dat bracht leven in de ~ dat gaf veel levendigheid, vertier*
brouw·sel *het* [-s] gebrouwen vocht, kooksel
brow·nie [brau-] *(‹Eng› de)* [-s] bruin, veerkrachtig baksel met chocola
brown·ing [brau-] *(‹Eng› de (m))* [-s] soort semiautomatisch pistool, genoemd naar de uitvinder John M. Browning (1855-1926)
brown sug·ar [braun sjoeɣə(r)] *(‹Eng› de (m))* slang heroïne
brow·sen *ww* [brauw-] *(‹Eng›* [browste, h. gebrowst] comput door gegevensbestanden bladeren, vooral op internet
brow·ser [brausər] *(‹Eng-Am› de (m))* [-s] comput bladerprogramma, programma dat de gebruiker in staat stelt pagina's op het world wide web op te roepen en te raadplegen
brr *tsw* zie → **br**
BRT *afk* Belgische Radio en Televisie; thans → **VRT**
brt *afk* ❶ brutoregisterton ❷ bruto
brug *de* [-gen] ❶ verbinding over water of over een diepte ★ *een ~ slaan tussen* fig contact leggen tussen (vijandige groepen of personen) ★ *over de ~ komen (met iets)* a) betalen; b) een tegemoetkomende stap doen ★ *fig dat is een ~ te ver* dat voert te ver ★ *in België Bruggen en Wegen* staatsinstelling belast met het toezicht op bruggen en wegen ❷ fig benaming van allerlei werktuigen of onderdelen die een verbinding vormen, o.a. het middenstuk van een bril ❸ loopplank tussen schip en wal ❹ hoge kapiteinsplaats op een schip ❺ gymnastiektoestel met twee (gelijke of ongelijke) leggers: ★ *oefeningen aan de ~* ❻ gymnastiek, worstelen lichaamshouding waarbij men achterover gebogen op handen (hoofd) en voeten op de grond steunt ❼ aan tanden of kiezen bevestigde gebitsprothese ter opvulling van een door trekken e.d. ontstaan gat ❽ *bruggetje* NN ‹op tv en radio› soepele overgang van het ene gespreksonderwerp naar het volgende ❾ ★ BN *de ~ maken* een dag vrij krijgen of nemen tussen een officiële feestdag en een weekeinde of tussen twee feestdagen
brug·ba·lans *de* [-en] bascule
brug·dag *de (m)* [-en] BN vrije dag tussen een officiële feestdag en een erop volgend of eraan voorafgaand weekeinde
Brug·ge·ling *de (m)* [-en] iem. geboortig of afkomstig uit Brugge
brug·gen·geld *het* [-en] geld door schepen betaald bij het passeren van een brug
brug·gen·hoofd *het* [-en] ❶ metselwerk waarop het uiteinde van een brug rust ❷ mil versterkte vooruitgeschoven plaats aan de overzijde van een water
brug·gen·wach·ter *de (m)* [-s] → **brugwachter**
brug·ge·pen·sio·neer·de [-sjoo-] *de* [-n] BN werknemer die met vervroegd pensioen (→ **brugpensioen**) gaat, vutter
brug·jaar *het* schooljaar doorgebracht in brugklas
brug·klas *de (v)* [-sen] ❶ NN eerste leerjaar van het voortgezet onderwijs waarin beoordeeld wordt welk schooltype voor de betreffende leerling(e) het meest geschikt is ❷ BN extra jaar na het kleuteronderwijs voor leerlingen die nog niet rijp worden geacht voor het lager onderwijs
brug·leu·ning *de (v)* [-en] elk van de rechtopstaande randen aan weerszijden van een brug die het te water geraken van mensen, voertuigen e.d. moeten voorkomen
Brug·man *zn* ★ NN *praten als ~* zeer welbespraakt zijn, naar Joh. Brugman, beroemd redenaar van de orde van de franciscanen (1399-1473)
brug·pen·sioen [-sjoen] *het* [-en] BN vervroegd pensioen, vervroegde uittreding (VUT)
brug·pie·per *de (m)* [-s] NN, schooltaal, smalend brugklasleerling
Brugs I *bn* van, uit, betreffende Brugge **II** *het* dialect van Brugge
brug·smurf *de (m)* [-en] NN, schooltaal, smalend brugklasleerling, brugpieper
brug·wach·ter, brug·gen·wach·ter *de (m)* [-s] iem. die belast is met het openen, sluiten enz. van een brug
brui *de (m)* ★ *de ~ geven aan* stoppen met, niet doorgaan met (een activiteit)
bruid *de (v)* [-en] ❶ vrouw in ondertrouw en op haar trouwdag ★ NN *men kan wel dansen al is het niet met de ~* men moet niet altijd het beste willen ❷ zij die het jubileum van haar bruiloft viert; zie ook → **bruidje**
brui·de·gom, brui·gom *de (m)* [-s] ❶ man in ondertrouw en op zijn trouwdag ❷ hij die het jubileum van zijn bruiloft viert
bruid·je *het* [-s] RK in het wit gekleed meisje bij de eerste communie of in een processie
bruids·boe·ket *de (m) & het* [-ten] ruiker voor de bruid
bruids·da·gen *mv* de dagen tussen ondertrouw en trouwdag
bruids·gift *de* [-en] bruidsschat
bruids·ja·pon *de (m)* [-nen] trouwjurk
bruids·jon·ker *de (m)* [-s] jongeman die bij de huwelijksplechtigheid de bruidegom behulpzaam is
bruids·jurk *de* [-en] bruidsjapon
bruids·meis·je *het* [-s] meisje dat bij de huwelijksplechtigheid de bruid behulpzaam is
bruids·paar *het* [-paren] bruid en bruidegom
bruids·prijs *de (m)* [-prijzen] geld of goederen, door

de bruidegom en / of zijn familie geschonken aan de bruid en / of haar familie

bruids·schat *de (m)* [-ten] ❶ geld of goederen door de bruid en / of haar familie geschonken aan de bruidegom en / of haar familie, bruidsgift ❷ soms ook bruidsprijs

bruids·slui·er *de (m)* [-s] ❶ door een bruid gedragen sluier ❷ anjerachtige plant, rijk vertakt met zeer vele fijne witte bloempjes (*Gypsophila paniculata*)

bruids·stoet *de (m)* [-en] stoet van bruidspaar en gasten

bruids·sui·ker *de (m)* [-s] suikerbonbon die bij een bruiloft wordt uitgedeeld

bruids·tooi *de (m)* bruidskleed

brui·gom *de (m)* [-s] → bruidegom

bruik·baar *bn* te gebruiken; **bruikbaarheid** *de (v)*

bruik·leen *de (m) & het* overeenkomst waarbij de ene partij aan de andere partij een bep. zaak tijdelijk en om niet ten gebruike geeft: ★ *een auto in ~ geven, hebben*

brui·loft *de* [-en] ❶ trouwfeest ❷ gedenkfeest van trouwdag: ★ *koperen ~, zilveren ~, gouden ~, diamanten ~, briljanten ~, platina ~*

brui·lofts·dis *de (m)* bruiloftstafel, bruiloftsmaaltijd

brui·lofts·gast *de (m)* [-en] iem. die deelneemt aan een bruiloftsfeest

brui·lofts·kleed *het* [-klederen, -kleren] ❶ kleding die men draagt tijdens de bruiloft ❷ bijzondere behariing, verenpracht e.d. van dieren tijdens de paartijd

brui·lofts·maal *het* [-malen] feestmaal op een bruiloft

Bruin *zn*, **Bruin·tje** benaming voor de bruine beer; ook bruin paard ★ *dat kan ~ niet trekken* dat kunnen we niet betalen

bruin I *bn* met de kleur verkregen door menging van rood, geel en zwart: ★ *de boomblaadjes worden al ~* ★ *bruine beer* berensoort met een bruine vacht, oorspronkelijk uit de bossen van Europa, Azië benoorden de Himalaya en Noord-Amerika (*Ursus arctos*) ★ vooral NN *~ café* rustig café met ouderwetse sfeer, waar de kleur bruin overheerst ★ *bruine rat* rattensoort met een bruine rugpels, oorspronkelijk uit Zuid- of Oost-Azië, inmiddels over de gehele wereld algemeen, rioolrat (*Rattus norvegicus*) ★ NN *dat is te ~* dat is te erg, dat gaat te ver ★ NN *een ~ leven leiden* het leven van een losbol leiden ★ NN *de koffie is ~ gezegd als de koffie klaar is* ★ BN *bruine zeep* groene zeep; zie ook bij → bakken II *het* ❶ bruine kleur; bruine verfstof ❷ bruinbrood: ★ *een half gesneden ~ kopen*

bruin·brood *het* brood van ongebuild tarwemeel

brui·nen *ww* [bruinde, is & h. gebruind] ❶ bruin worden ❷ bruin maken

brui·ne·ren *ww* [bruineerde, h. & is gebruineerd] ❶ metalen bruin kleuren door daarop een sulfidenlaagje te laten ontstaan ❷ bruin doen worden; *van vlees* bruin braden

bruin·geel *bn* bruinachtig geel

bruin·goed *het* verzamelnaam voor audiovisuele apparatuur (tv's, radio's, cd-spelers enz.) als handelswaar

bruin·hemd *de* [-en] ❶ lid van de SA, de eerste grote paramilitaire organisatie van de nationaalsocialisten, waarvan de leden in bruine hemden gekleed gingen ❷ bij uitbreiding nationaalsocialist

brui·nings·cen·trum *het* [-tra *en* -s] vooral NN instelling waar men de huid bruin kan laten worden

bruin·kool *de* [-kolen] donkerbruine, brandbare, fossiele delfstof van jongere vorming dan steenkool, ligniet

bruin·ogig, bruin·ogig *bn* met bruine ogen

bruin·steen *de (m) & het* mangaandioxide, de chemische verbinding MnO_2

bruin·vis *de (m)* [-sen] tandwalvis, voorkomend in het noorden van de Atlantische en de Grote Oceaan (*Phocaena phocaena*)

bruis *bn* BN, spreektaal ⟨in frisdranken⟩ met prik: ★ *Spa ~ Spa rood*

brui·sen *ww* [bruiste, h. gebruist] ❶ hoorbaar schuimen; ❷ *bruisend* dynamisch, waarin veel gebeurt: ★ *een bruisende sfeer, receptie* ★ *~ van energie, vlijt* zeer energiek, vlijtig zijn

bruis·poe·der, bruis·poei·er *de (m) & het* mengsel van wijnsteenzuur en natriumcarbonaat om water te doen schuimen

bruis·ta·blet *de & het* [-ten] tablet dat in water bruisend oplost

brul·aap *de (m)* [-apen] Zuid-Amerikaanse aap die vervaarlijk brult

brul·boei *de* [-en] boei die dof dreunt ter waarschuwing van schepen

brul·len *ww* [brulde, h. gebruld] een dof dreigend geluid laten horen

bru·maire [-mèr(ə)] ⟨*Fr*⟩ *de (v)* tweede maand van de Franse republikeinse kalender (22 oktober-21 november)

brunch [brunsj] ⟨*Eng*⟩ *de (m)* [-es] combinatie van *breakfast* en *lunch*, een maaltijd tussen het tijdstip van ontbijt en lunch in

brun·chen *ww* [brunsjə(n)] [brunchte, h. gebruncht] een brunch nuttigen

Bru·neis [broe-] *bn* van, uit, betreffende het sultanaat Brunei

bru·net·te ⟨*Fr*⟩ *de (v)* [-s, -n] meisje of vrouw met donkerbruin haar

brushes [brusjəs] ⟨*Eng*⟩ *de (mv)* soort kwastjes waarmee slaginstrumenten zacht worden bespeeld

Brus·se·laar *de (m)* [-s, -laren] iem. geboortig of afkomstig uit Brussel

Brus·sels *bn* van, uit, betreffende Brussel ★ NN *~ lof* soort bittere, witte groente, witlof

brut [bruu] ⟨*Fr*⟩ I *bn* ⟨van wijn, vooral van champagne⟩ niet bewerkt, niet gezoet, zeer droog II *de (m)* een dergelijke wijn / champagne

bru·taal (‹Fr› bn onbeschaamd, onbeschoft, zeer vrijpostig, vermetel ★ ~ als de beul zeer brutaal ★ een ~ mens heeft de halve wereld als je brutaal bent, krijg je veel gedaan
bru·taal·tje het [-s] brutaal kind
bru·taal·weg bijw zomaar brutaal
bru·ta·li·se·ren ww (‹Fr) [-zee-] [brutaliseerde, h. gebrutaliseerd] ❶ met grofheid of geweld bejegenen ❷ op plompe wijze ongehoorzaam zijn jegens
bru·ta·li·teit (‹Fr) de (v) [-en] onbeschoftheid
bru·to (‹It) bn ❶ ‹handel gewicht› met de verpakking; tegengest:→ **netto** ❷ ruw, zonder aftrek van onkosten enz.: ★ hij verdiende ~ 5000 euro ★ ~ binnenlands product waarde van de totale beloning van in een bep. land aangewende arbeidsfactoren ★ ~ registerton de scheepsruimte in registertonnen met inbegrip van de ruimten voor de machines, de navigatie en de bemanning
bru·to·loon het [-lonen] loon vóór aftrek van belastingen, sociale lasten enz.
bru·to·mar·ge [-zjə] de [-s] bedrijfsresultaat als percentage van de omzet
bru·to·winst de (v) (handels)winst vóór aftrek van kosten, belastingen enz.
bruusk (‹Fr) bn kortaf, kortaangebonden, nors: ★ ~ optreden
bruus·ke·ren ww (‹Fr) [bruuskeerde, h. gebruuskeerd] nors en ruw bejegenen ★ een zaak ~ met geweld doordrijven
bruut (‹Fr) **I** bn gewelddadig **II** de (m) [bruten] gewelddadig mens
BS afk ❶ Burgerlijke Stand ❷ Binnenlandse Strijdkrachten
BSc afk Bachelor of Science
BSD afk in België Belgische Strijdkrachten in Duitsland
BSE afk boviene spongiforme encefalopathie [gekkekoeienziekte, besmettelijke rundveeziekte die het centrale zenuwstelsel aantast, veroorzaakt door het eiwit prion en die mogelijk bij de mens de ziekte van Creutzfeldt-Jakob veroorzaakt]
bsn afk burgerservicenummer
bso afk ❶ in België bijzonder secundair onderwijs ❷ in België beroepssecundair onderwijs ❸ buitenschoolse opvang [opvang van kinderen buiten schooltijd]
btk afk in België bijzonder tijdelijk kader
btw afk belasting (op de) toegevoegde waarde [een in EG-verband ingevoerde vorm van de omzetbelasting]
bub·bel·bad het [-baden] bad waarin veel luchtbelletjes krachtig van de bodem naar het wateroppervlak stijgen, whirlpool
bub·be·len ww [bubbelde, h. gebubbeld] ❶ ‹van vloeistoffen› lucht- of gasbellen vertonen ❷ bubblin' dansen
bub·bel·tje het [-s] klein, bolvormig lucht- of vloeistofbelletje
bub·ble·gum [bubbəlyum] (‹Eng) de (m) ❶ eig klapkauwgom ❷ geringschattende benaming voor commerciële popmuziek, die zich vooral op jeugdigen richt
bub·blin' (‹Eng) het bep. erotische manier van dansen op reggaemuziek met hiphopinvloeden
bu·cen·taur (‹Gr) de (m) [-en] monster, half mens, half stier
bu·co·lisch (‹Lat‹Gr) bn herderlijk, uit het herdersleven: ★ bucolische poëzie
bud·dy [-die] (‹Eng) de (m) ['s] ❶ vriend ❷ vrijwilliger die een aidspatiënt bijstaat
bud·dy·seat [buddiesiet] (‹Eng) de (m) [-s] tweepersoonszadel van motor- of bromfiets
bud·get [budzjət, budzjet] (‹Eng) het [-s, -getten] raming van de ontvangsten en uitgaven, begroting ★ iems. ~ te boven gaan te duur zijn ★ persoonsgebonden ~ financiële toelage voor een zorgbehoevende, waarmee deze zelf naar eigen inzicht zorg kan inkopen
bud·get·be·wa·king [budzjət-, budzjet-] de (v) kostenbewaking
bud·get·recht [budzjet-] het recht van het parlement tot beslissing over de rijksbegroting en tot wijzigingen daarin
bud·get·tair [budzjettèr] (‹Eng) bn de begroting betreffend, begrotings
bud·get·te·ren ww [-zjet-] [budgetteerde, h. gebudgetteerd] de toekomstige financiële gang van zaken in een bedrijf ramen en de verantwoordelijkheid van elke functionaris voor onderdelen van de begroting vaststellen
bu·do (‹Jap) de (m) & het verzamelnaam voor oosterse vechtsporten als judo, karate enz.
buf·fel (‹Fr‹Gr) de (m) [-s] ❶ soort rund (Bubalus) ❷ fig lomperd, onbeschaamde vent
buf·fe·len ww [buffelde, h. gebuffeld] schrokken, gulzig eten
buf·fer (‹Eng) de (m) [-s] ❶ verend stootkussen aan spoorwagens e.d. ❷ fig iets wat dient om schokken of sterke schommelingen op te vangen, zoals een: ★ ~voorraad ❸ tijdelijke bewaarplaats voor informatie in het geheugen van een computer
buf·fer·staat de (m) [-staten] kleine staat, gecreëerd tussen twee grotere, onderling op elkaar na-ijverige landen, om hun wrijvingen op te vangen: ★ Polen was een ~ tussen Duitsland en Rusland
buf·fer·voor·raad de (m) [-raden] voorraad aangehouden met het oog op prijsdaling en stilstand in de aanvoer
buf·fer·zo·ne [-zònə] de [-n, -s] ❶ strook land als scheiding tussen twee (vijandige) landen ❷ planologie gebied tussen twee of meer steden waarin geen stadsuitbreiding mag plaatsvinden, groengordel
buf·fet [buufèt] (‹Fr) het [-ten] ❶ toonbank in een café of cafetaria e.d. waaraan men dranken en spijzen

kan verkrijgen ❷ wat aan een → **buffet** (bet 1) verkrijgbaar is, verversingen ★ *koud ~ schaal* met koude plakken vlees, wild e.d. ❸ soort dressoir met een terugspringende bovenkast voor het opbergen van serviesgoed

buf·fet·juf·frouw [buufet-] *de (v)* [-en] vrouw die, meisje dat in een café achter het buffet staat

buf·fet·wa·gen [buufet-] *de (m)* [-s] wagen waarmee eet- en drinkwaren in treinen gevent worden

bug [buʏ] (⟨Eng⟩ *de (m)* [-s] comput fout in een computerprogramma

bu·gel (⟨Eng⟨Oudfrans⟩ *de (m)* [-s] koperen blaasinstrument met kenmerken van een trompet en een piston

bug·fix [buʏ-] (⟨Eng⟩ *de* comput oplossing voor een fout in een programma

bug·gy [buʏɣie] (⟨Eng⟩ *de (m)* ['s] ❶ soort open personenauto met brede banden ❷ klein, licht, opklapbaar wagentje waarin een kind zittend kan worden vervoerd

büh·ne [buunə] (⟨Du⟩ *de (v)* podium, toneel

bui *de* [-en] ❶ regen-, hagelval enz. van korte duur ❷ wolk waaruit een bui zal vallen ★ *de ~ al zien hangen* de ellende al van tevoren zien aankomen ★ *de ~ voorbij / over laten drijven* de ellende laten passeren zonder wat te doen ❸ voorbijgaande stemming: ★ *in een goede ~ zijn*

bui·del *de (m)* [-s] ❶ beurs, zak: ★ *een ~ met geld* ★ *diep in de ~ moeten tasten* veel geld moeten betalen ❷ huidplooi bij buideldieren

bui·del·die·ren *mv* groep zoogdieren met zakvormige huidplooi voor de jongen, bijv. de → **kangoeroe** (*Marsupialia*)

bui·del·rat *de* [-ten] buideldier dat bont levert; zie ook bij → **opossum**

buig·baar *bn* te buigen; **buigbaarheid** *de (v)*

bui·gen *ww* (boog, h. gebogen) ❶ krom gaan staan, kromtrekken: ★ *de takken bogen onder het gewicht van de sneeuw* ★ *~ of barsten* toegeven of het op een conflict laten aankomen ❷ uit eerbied het hoofd of bovenlichaam neigen: ★ *de gelovigen bogen richting Mekka* ★ *de artiest boog voor het publiek* ★ *het hoofd ~* uit beleefdheid, schaamte of als teken van onderwerping het hoofd laten zaken ★ *voor iem. in het stof ~* zich slaafs onderwerpen aan iem. ★ *~ als een knipmes* zeer diep buigen, overdreven beleefd zijn ❸ krom doen staan: ★ *een rietstengel ~* ❹ ★ *zich over iets ~* iets bestuderen, veel aandacht aan iets besteden ❺ een andere richting nemen: ★ *de weg buigt hier naar rechts*

bui·ging *de (v)* [-en] ❶ keer dat men buigt uit eerbied: ★ *een ~ maken* ❷ taalk zie → **verbuiging** (bet 2)

bui·gings·uit·gang *de (m)* [-en] taalk uitgang bij verbuiging aan een woord gevoegd

buig·tang *de* [-en] tang waarmee men metalen draden, buizen of staven buigt

buig·zaam *bn* ❶ gemakkelijk te buigen ❷ fig gewillig; **buigzaamheid** *de (v)*

bui·ig *bn* ❶ regenachtig, onbestendig ❷ fig afwisselend van humeur

buik *de (m)* [-en] ❶ voorste deel van de romp onder de borst: ★ *op de ~ liggen* ★ *de ~ ontbloten* ★ *iets op de ~ kunnen schrijven* iets niet krijgen: ★ *na het tegendoelpunt kon de ploeg de overwinning wel op zijn ~ schrijven* ; zie ook bij → **hand** ❷ dergelijk deel van het lichaam bij dieren: ★ *er liep een vlo over de ~ van de hond* ❸ inwendige van de romp waar de spijsverteringsorganen e.d. zitten: ★ *pijn in de ~ hebben* ★ *zijn ~ vol eten* eten tot men verzadigd is ★ *zijn ~ vol hebben van* meer dan genoeg hebben van, van iets afkerig geworden zijn ★ *van zijn ~ een afgod maken* leven om lekker te eten ★ NN, spreektaal *een ~ met benen hebben* zwanger zijn ; zie ook bij → **baas** ❹ wijdste deel van een fles, kruik e.d. ❺ nat elk punt met de grootste trilling in een golfbeweging; *tegengest*: → **knoop**

buik·band *de (m)* [-en] band om de buik

buik·dans *de (m)* [-en] dans, oorspronkelijk uit het Midden-Oosten, waarbij heupen en buik ritmisch bewogen worden

buik·dan·sen *ww & het* een buikdans uitvoeren

buik·dan·se·res *de (v)* [-sen] vrouw die een buikdans uitvoert

buik·den·ning *de (v)* [-en] losse houten vloer op de bodem van het ruim van een schip

buik·griep *de* populaire aanduiding voor een ingewandsstoornis die door een virus of bacterie is veroorzaakt

buik·hol·te *de (v)* [-n] onderste lichaamsholte

bui·kig *bn* met een dikke buik

buik·je *het* [-s] ❶ bierfles met een inhoud van een halve liter ❷ ★ *een ~ hebben* gezet zijn in de buikstreek

buik·lan·ding *de (v)* [-en] (nood)landing van vliegtuig zonder gebruikmaking van het landingsgestel

buik·loop *de (m)* te overvloedige waterachtige ontlasting, diarree

buik·pijn *de* [-en] pijn in de buik

buik·po·tig *bn* ★ *buikpotige weekdieren* slakken

buik·riem *de (m)* [-en] riem om de buik ★ *de ~ aantrekken* of *aanhalen* zich tevredenstellen met minder ruime voeding; fig van minder inkomsten moeten rondkomen; *vgl*: → **broekriem**

buik·spier *de* [-en] elk van de spieren die samen de buikwand vormen

buik·spre·ken *ww & het* (het) diep in de keel spreken met weinig of geen beweging van de lippen

buik·spre·ker *de (m)* [-s] iem. die kan buikspreken

buik·vin *de* [-nen] vin aan de buikzijde

buik·vlies *het* vlies aan de binnenzijde van de buikholte

buik·vlies·ont·ste·king *de (v)* [-en] ontsteking van het buikvlies, peritonitis

buik·voe·ti·gen *mv* buikpotige weekdieren, zie bij → **buikpotig**

buik·ziek *bn* → **beurs**[2] (van vruchten)

buik·zwam·men *mv* zwammen waarvan de sporen zich in een vruchtlichaam ontwikkelen

buil [-en] **I** *de* plaatselijke zwelling na een slag of stoot: ★ *een ~ op het hoofd* ★ *daar kun je je geen ~ aan vallen* dat zal niet veel onkosten meebrengen, daar loop je niet veel risico mee **II** *de* zwelling van lymfklieren bij pest of geslachtsziekten **III** *de (m)* buidel, zakje: ★ *een builtje kruiden*

build·ing [bilding] *((Eng) de (m)* [-s] BN, spreektaal hoog modern gebouw, flatgebouw

bui·len *ww* [builde, h. gebuild] ontdoen van de zemelen: ★ *gebuild meel*

bui·len·pest *de* besmettelijke ziekte, waarbij de lymfklieren in de lies, maar soms ook in de oksels en in de hals, tot builen opzwellen

buis *de* [buizen] ❶ holle koker, bijv. voor het transport van gassen of vloeistoffen of om iets in te bewaren, pijp: ★ *de buizen van een riool* ★ *iets door een ~ laten lopen* ★ *een buisje pijnstillers* ; zie ook bij → **Eustachius** ❷ radiolamp ❸ verkorting van beeldbuis; vandaar televisie: ★ *wat is er vanavond op de ~?* ❹ haringbuis ❺ BN, spreektaal, stud onvoldoende (bij een examen, tentamen e.d.) ★ *een ~ hebben, krijgen* niet slagen bij een examen, zakken

buis·lamp *de* [-en] nat staafvormige lamp, die in zijn geheel licht uitstraalt

buis·wa·ter *het* over de boeg van een schip opspattend water

buit *de (m)* wat men veroverd heeft: ★ *een grote ~ binnenhalen*

bui·te·len *ww* [buitelde, h. & is gebuiteld] over de kop rollen, tuimelen; **buiteling** *de (v)* [-en]

bui·ten I *bijw* ❶ niet binnen: ★ *~ spelen* ★ *naar ~ gaan voor wat frisse lucht* ★ *zich te ~ gaan* onmatig zijn ★ *van ~ kennen, leren* uit het hoofd kennen, leren ★ *ergens ~ staan* er niet bij betrokken zijn, niet ingewijd zijn ❷ niet in de stad, op het platteland: ★ *~ wonen* ★ *van ~ komen* ❸ BN, spreektaal eruit: ★ *Jan, ~!* **II** *vz* ❶ niet in, niet binnen: ★ *de bal was ~ de lijnen* ❷ zonder: ★ *~ iemand om* zonder hem erin te kennen ★ *~ adem zijn* naar adem happen ❸ behalve: ★ *~ deze klassieke muziek bevat het programma nog werken van hedendaagse componisten* ❹ boven: ★ *~ verwachting* ★ *~ kennis bewusteloos* ★ *~ zichzelf* opgewonden: ★ *hij was ~ zichzelf van woede, vreugde enz.* ★ BN, sp *~ de tijd aankomen* na de gestelde tijd **III** *het* [-s] landgoed **IV** *de (m)* BN ook platteland: ★ *op de ~*

bui·ten·aards *bn* buiten de aarde voorkomend: ★ *~ leven*

bui·ten·af *bijw* in een uithoek: ★ *~ wonen*

bui·ten·baan *de* [-banen] → **baan** (bet 2) het verst van het midden

bui·ten·band *de (m)* [-en] buitenste rubberband om een wiel

bui·ten·been·tje *het* [-s] zonderling, iemand met afwijkende denkbeelden of gedragingen

bui·ten·beu·gel *de (m)* [-s] beugel tot het rechtgroeien van het gebit, die gedeeltelijk buiten de mond is aangebracht

bui·ten·blad *het* [-en] grootste tandwiel aan de trapas van een fiets met het versnellingen

bui·ten·bocht *de* [-en] bocht in een buitenbaan

bui·ten·boord·mo·tor *de (m)* [-s, -toren] aanhangmotor voor boten

bui·ten·deur *de* [-en] deur naar buiten

bui·ten·dien *bijw* bovendien

bui·ten·dienst *de (m)* dienst buitenshuis of buiten de plaats van vestiging

bui·ten·dijks, bui·ten·dijks *bn* gelegen tussen een dijk en een rivier *of* tussen een dijk en de zee: ★ *buitendijkse gronden*

bui·ten·ech·te·lijk, bui·ten·ech·te·lijk *bn* ❶ zonder huwelijk: ★ *buitenechtelijke betrekkingen* ❷ buiten het huwelijk geboren: ★ *een ~ kind*

bui·ten·gaats *bijw* in volle zee

bui·ten·ge·meen, bui·ten·ge·meen *bn bijw* vooral NN bijzonder, buitengewoon

Bui·ten·ge·wes·ten *mv* ❶ vroegere benaming voor de Oost-Indische Archipel buiten Java en Madoera ❷ schertsend afgelegen gebieden

bui·ten·ge·woon, bui·ten·ge·woon I *bn* bijzonder, ongewoon: ★ *een buitengewone prestatie* ★ *~ onderwijs* speciaal onderwijs **II** *bijw* in hoge mate: ★ *een ~ fraaie stijl*

bui·ten·goed *het* [-eren] landgoed

bui·ten·gooi·en *ww* [gooide buiten, h. buitengegooid] BN, spreektaal ❶ iem. eruit gooien ❷ ontslaan

bui·ten·grens *de* [-grenzen] grens van een federatie met een andere staat of statenbond, vgl.:→ **binnengrens**: ★ *de ~ van de Europese Unie*

bui·ten·huis *het* [-huizen] woning buiten de stad

bui·te·nis·sig *bn* afwijkend van het gewone, zonderling, excentriek; **buitenissigheid** *de (v)* [-heden]

bui·ten·kans·je *het* [-s] onverwacht gelukkig toeval, meevallertje

bui·ten·kant *de (m)* [-en] de naar buiten gerichte zijde

bui·ten·ker·ke·lijk *bn* niet tot een kerkgenootschap behorend

bui·ten·land *het* alle landen behalve het eigen land: ★ *naar het ~ reizen*

bui·ten·lan·der *de (m)* [-s] ❶ iemand uit het buitenland: ★ *er verblijven altijd veel ~s in dit hotel* ❷ allochtoon: ★ *er zitten veel kinderen van ~s op die school*

bui·ten·lands *bn* uit of van het buitenland ★ *Buitenlandse Zaken* regeringsafdeling voor zaken die het buitenland betreffen

bui·ten·le·ven *het* het leven op het platteland

bui·ten·lucht *de* de lucht buitenshuis

bui·ten·man *de (m)* [-lui, -lieden] man van het platteland, niet-stedeling

bui·ten·ma·te, bui·ten·ma·te *bijw* in zeer hoge mate

bui·ten·ma·tig, bui·ten·ma·tig *bn bijw* ❶ meer

(hoger, groter) dan gewoon ❷ meer (hoger, groter) dan gewenst
bui·ten·mens *de (m)* [-en] iem. van het platteland
bui·ten·mo·del *bn* niet volgens het gebruikelijke model: ★ ~ *hoeden op Ascot*
bui·ten·om, bui·ten·om *bijw* langs de buitenkant om
bui·ten·par·le·men·tair [-tèr] *bn* buiten het parlement om: ★ *buitenparlementaire oppositie*
bui·ten·plaats *de* [-en] ❶ buitengoed ❷ NN afgelegen plaats: ★ *noem maar een ~ noem maar een willekeurige naam die je voor de geest komt*
bui·ten·pla·neet *de* [-neten] planeet met een baan buiten die van de aarde
bui·ten·pol·der *de (m)* [-s] buitendijks gelegen polder
bui·ten·post *de (m)* [-en] ❶ mil verafgelegen post ❷ fig afgelegen gebied
bui·ten·schools *bn* buiten de schooluren plaatsvindend: ★ *buitenschoolse activiteiten*
bui·tens·huis, bui·tens·huis *bijw* niet in huis
bui·tens·lands *bijw* in het buitenland
bui·ten·slui·ten *ww* [sloot buiten, h. buitengesloten] ❶ geen toegang verlenen ❷ fig buiten iets houden: ★ *vreemdelingen ~* ❸ onmogelijk maken: ★ *fraude ~*
bui·ten·spel¹ *het & bijw* benaming voor een spelsituatie die zich bij hockey, voetbal, rugby en ijshockey kan voordoen waarbij de aanvallende partij zich in overtreding bevindt, omdat één of meer aanvallers zich dichter bij de achterlijn van de verdedigende partij bevinden dan de bal (of puck) en ten minste twee tegenstanders op het moment dat de bal door een medespeler wordt gespeeld (op deze regel bestaan vele uitzonderingen) ★ *~ staan* fig niet meer meedoen, geen invloed meer kunnen uitoefenen ★ *iem. ~ zetten* fig maken dat iem. geen invloed meer kan uitoefenen
bui·ten·spel² *het* [-spelen] spel dat buiten wordt gespeeld
bui·ten·spe·ler *de (m)* [-s] buitenste speler in de aanvalslinie van een sportteam
bui·ten·spel·val *de (m)* voetbal het afbreken van een aanval van de tegenpartij door één of meer spelers van die partij opzettelijk buitenspel te zetten door het gezamenlijk naar voren lopen van de verdedigers: ★ *de ~ openzetten*
bui·ten·spie·gel *de (m)* [-s] achteruitkijkspiegel aan zijkant van een auto
bui·ten·spo·rig I *bn* de grenzen van rede en fatsoen te buiten gaand: ★ *buitensporige luxe* **II** *bijw* in te hoge mate: ★ *ze had ~ veel schoenen*; **buitensporigheid** *de (v)* [-heden]
bui·tenst *bn* het meest naar buiten
bui·ten·staan·der *de (m)* [-s] iem. die niet ingewijd is, iem. die er niet mee te maken heeft: ★ *buitenstaanders dienen zich niet met deze regelgeving te bemoeien*
bui·ten·tijds, bui·ten·tijds *bijw* buiten de gewone tijd
bui·ten·ver·blijf *het* [-blijven] ❶ woning buiten de stad ❷ hok, verblijfplaats voor dieren of

buitenlucht: ★ *zomers bevinden de apen zich in de buitenverblijven*
bui·ten·vlie·gen *ww* [vloog buiten, is buitengevlogen] BN, spreektaal ❶ naar buiten vliegen ❷ eruit gezet worden
bui·ten·waar·de *de (v)* waarde van een valuta uitgedrukt in buitenlandse valuta, wisselkoers
bui·ten·waarts *bijw bn* naar buiten
bui·ten·wacht *de* [-en] ❶ wachtpost buitenaf ❷ degenen die buiten een zaak staan, niet bij een zaak betrokken zijn: ★ *iets van de ~ vernemen*
bui·ten·wa·ter *het* [-en, -s] water dat in open verbinding staat met de zee
bui·ten·we·reld *de* degenen die buiten een bepaalde kring staan, het grote publiek
bui·ten·werks *bijw* tussen de buitenkanten gemeten
bui·ten·wijk *de* [-en] stadsdeel ver van het centrum
bui·ten·wip·per *de* [-s] BN ook uitsmijter, iemand die lastige bezoekers verwijdert
bui·ten·zij *de* [-den], **bui·ten·zij·de** [-n] buitenkant
buit·ma·ken *ww* [maakte buit, h. buitgemaakt] veroveren
bui·zen *ww* [buisde, is & h. gebuisd] BN, spreektaal, stud ❶ een onvoldoende krijgen bij een examen e.d., zakken, niet slagen ❷ laten zakken voor een examen e.d.
bui·zen·post *de* [-en] stelsel van buizen, waardoor in een groot gebouw stukken van de ene afdeling naar een andere geblazen worden
bui·zer *de (m)* [-s] BN, spreektaal, stud onderwijsgevende die de reputatie heeft lage examencijfers toe te kennen
bui·zerd ‹Oudfrans› *de (m)* [-s] naam voor een aantal geslachten van de familie van de havikachtigen, vooral voor de *Europese ~ (Buteo buteo)*, een schaars voorkomende broedvogel in bosrijke streken in België en Nederland
buk·ken *ww* [bukte, h. gebukt] ❶ naar de grond buigen: ★ *we moesten ~ om onder de slagboom door te komen* ❷ fig zwichten: ★ *we zullen niet ~ voor het geweld* ; zie ook → **gebukt**
buks¹ ‹Du› *de* [-en] kort geweer
buks² ‹Lat› *de (m)* [-en], **buks·boom** [-bomen] altijdgroen palmboompje (*Buxus sempervirens*)
buk·skin ‹Eng› *het* gekeperde wollen stof
bul¹ *de (m)* [-len] stier
bul² ‹Lat› *de* [-len] ❶ open brief van een paus ❷ gezegelde oorkonde ❸ NN oorkonde van een academische senaat waarbij de doctorsgraad wordt verleend
bul·de·raar *de (m)* [-s] iem. die buldert
bul·der·baan *de* [-banen] veel geluidsoverlast veroorzakende start- en landingsbaan
bul·der·bast *de (m)* [-en] NN iem. die raast en tiert
bul·de·ren *ww* [bulderde, h. gebulderd] razen, daveren
bul·dog ‹Eng› *de (m)* [-gen] kortbenige, kortharige dog met zeer brede, korte snuit

Bul·gaar de (m) [-garen] iem. geboortig of afkomstig uit Bulgarije
Bul·gaars I bn van, uit, betreffende Bulgarije **II** het taal van de Bulgaren
bulk (‹Eng› de (m) inhoud van het ruim van een schip ★ in ~ niet verpakt, als stortgoed
bulk·ar·ti·ke·len mv onverpakt geladen goederen
bulk·boek het [-en] boek dat in massale oplage in zeer goedkope uitvoering wordt uitgegeven, maar niet minderwaardig van inhoud is
bulk·car·rier [-kerrie(j)ə(r)] (‹Eng› de (m) [-s] vrachtschip voor bulkartikelen
bul·ken ww [bulkte, h. gebulkt] loeien ★ ~ van het geld veel geld bezitten
bulk·goe·de·ren mv bulkartikelen
bulk·ver·voer het vervoer in bulk
bull·do·zer [boel-] (‹Eng› de (m) [-s] zware tractor op rupsbanden met een schuiver voor het opruimen van terreinhindernissen, puin enz.
bull·do·ze·ren ww [boel-] [bulldozerde, h. gebulldozerd] bewerken of verwijderen m.b.v. een bulldozer: ★ de krottenwijk werd tegen de vlakte gebulldozerd
bul·le·bak de (m) [-ken] nors, onvriendelijk persoon die anderen angst aanjaagt door ze op luide, barse toon aan te spreken
bul·len mv spreektaal spullen, benodigdheden: ★ NN zijn ~ pakken aanstalten maken om te vertrekken
bul·len·bij·ter de (m) [-s] NN ❶ buldog ❷ fig bullebak
bul·len·pees de [-pezen] NN bep. slagwapen, oorspronkelijk gedroogde penis van een stier, o.a. gebruikt bij rellenbestrijding
bul·le·tin [buulətē] (‹Fr› het [-s] ❶ via de nieuwsmedia verspreide mededeling(en) ❷ door een instelling uitgebracht mededelingenblad ❸ dagbericht, o.a. omtrent de toestand van een zieke ❹ legerbericht omtrent een of ander krijgsbedrijf
bul·le·tin·board [boelittinbò(r)d] (‹Eng› het [-s] vroeger plek in een computernetwerk die wordt gebruikt voor gegevensuitwisseling tussen gebruikers
bul·let·le·ning [boelət-] (‹Eng› de (v) [-en] lening die in één keer moet worden afgelost
bull's eye [boels ai] (‹Eng› de [-s] cirkelvormig middelpunt van de schietschijf bij verschillende schietsporten en bij darts, roos
bull·shit [boelsjit] (‹Eng› de (m) slang ❶ onzin: ★ hou eens op met die ~! ❷ rommel, rotzooi: ★ ik vind zijn laatste roman echt ~
bult de (m) [-en] ❶ vooral NN plaatselijke opzwelling van de huid, buil: ★ een muggenbeet veroorzaakt een ~ ; zie ook bij → schuld ❷ plaatselijke verhoging in een oppervlak: ★ het wegdek vertoont tal van bulten ❸ bochel ★ zich een ~ lachen heel erg lachen
bul·te·naar de (m) [-s] iemand met een bochel
bul·ter·ri·ër (‹Eng› de (m) [-s] kortharige terriër met lang, eivormig hoofd
bul·tig bn met één of meer bulten
bult·rund het [-eren] rund met een vetbult, zeboe

Buma/Stemra afk in Nederland Bureau voor muziekauteursrecht/Stichting tot exploitatie van mechanische reproductierechten voor auteurs
bum·per (‹Eng› de (m) [-s] buffer aan een auto
bum·per·kle·ven ww & het onverantwoord dicht en opdringerig achter een auto gaan rijden
bun de [-nen] vismand, visreservoir, mand waarin gevangen vis levend wordt gehouden
bun·del de (m) [-s] ❶ bos, pakje: ★ een ~ bankbiljetten ❷ verzameling verhalen, gedichten enz.
bun·de·len ww [bundelde, h. gebundeld] ❶ verspreide stukken in een bundel uitgeven ❷ fig tot samenwerking brengen: ★ de krachten ~ ★ groeperingen ~
bun·der (‹Lat› het [-s] vero hectare, 10.000 m²
bun·ga·low [buŋɣaaloo] (‹Eng›Hindi) de (m) [-s] ❶ oorspr lichte villa of landhuis, meest van hout, in India ❷ vrijstaand woonhuis van één verdieping van zeker model ❸ NN kampeerhuisje, weekendhuisje
bun·ga·low·park [buŋɣaaloo-] het [-en] groep bij elkaar staande bungalows in een landelijke omgeving, vaak als vakantieoord
bun·ga·low·tent [buŋɣaaloo-] de [-en] aan een geraamte opgehangen tent met rechtopstaande wanden, ingedeeld in vertrekken
bun·gee·jum·pen [buŋyiedzjumpə(n)] (‹Eng› het met een elastisch touw aan de enkels van grote hoogte naar beneden springen, zodanig dat men op enige afstand boven de grond terugveert, elastiekspringen
bun·ge·len ww [bungelde, h. gebungeld] slingeren: ★ aan een touw ~
bun·ker (‹Eng› de (m) [-s] ❶ bomvrij gewelf onder de vestingwallen of in een permanent verdedigingswerk, kazemat ❷ kolen- of olieruim ❸ zandkuil als hindernis op een golfterrein
bun·ke·ren ww [bunkerde, h. gebunkerd] ❶ scheepv kolen of olie aan boord nemen ❷ fig, inf (veel) eten
bun·ker·ha·ven de [-s] haven waar gebunkerd wordt
bun·ker·ko·len mv kolen voor een schip
bun·sen·bran·der de (m) [-s] gasbrander waarbij onder het lichtgas een regelbare hoeveelheid lucht wordt toegevoegd, genoemd naar de Duitse natuurkundige C.K.J. Bunsen (1791-1860)
bunt·gras het grijsgroene grassoort op zandgrond (Corynephorus canescens)
bun·zing de (m) [-s, -en] zwartbruin marterachtig roofdier (Putorius foetidus)
bups de (m) NN, spreektaal ❶ boeltje, zaakje: ★ geef die hele ~ maar hier! ❷ ongedifferentieerde hoeveelheid: ★ een hele ~ kinderen
burcht de [-en] ❶ versterkt kasteel ❷ hol van dassen
bu·reau [-roo] (‹Fr› het (-s) ❶ schrijftafel, vaak met laden ❷ gebouw voor zekere dienst: ★ politiebureau
bu·reau·blad [-roo-] het [-en] ❶ bovenblad van een bureau ❷ comput in Windows de eerste schermvulling met daarin aanklikbare iconen (snelkoppelingen) voor de diverse programma's,

bestanden of systeemcomponenten
bu·reau·craat [-roo-] *de (m)* [-craten] ❶ volgens de principes van een bureaucratie optredende, starre ambtenaar ❷ *bij uitbreiding* iem. die al te strikt volgens de heersende regels handelt
bu·reau·cra·tie [buurookraa(t)sie] *de (v)* ❶ het (al te) strikt volgens de voorschriften handelen van ambtenaren, met als gevolg een starre, verstikkende houding tegenover het publiek ❷ [*mv:* -tieën] het geheel van op deze wijze optredende ambtenaren en de ambtelijke voorschriften die zij volgen
bu·reau·cra·tisch [-roo-] *bn* als in een bureaucratie, als van een bureaucraat
bu·reau·kos·ten [-roo-] *mv* uitgaven voor schrijfwerk enz.
bu·reau·re·dac·teur [buuroo-] *de (m)* [-s] iem. die (door anderen geschreven) kopij geschikt maakt voor publicatie
bu·reau·stoel [-roo-] *de (m)* [-en] leunstoel waarin men aan een schrijftafel zit
bu·reel (‹Oudfrans› het [-relen] BN, vero ❶ schrijftafel met vakken of laden, bureau ❷ ambtelijk kantoor of bureau; kamer, vertrek waar een administratie wordt gehouden ★ *ten burele van* op het kantoor van
bu·ren·ge·rucht *het* lawaai dat omwonenden hindert
burg *de* [-en] burcht
burg. *afk* burgemeester
bur·ge·mees·ter *de (m)* [-s] hoofd van een gemeente ★ *burgemeester en wethouders* het dagelijks bestuur van een gemeente
bur·ge·mees·ter·schap *het* het ambt van burgemeester
bur·ge·mees·ters·sjerp *de (m)* [-en] BN lint gedragen door een burgemeester als teken van zijn waardigheid: ★ *de Vlaamse ~ is geel-zwart*
bur·ger *de (m)* [-s] ❶ iem. die in een stad of een land woont ★ *de eerste ~ van een stad* de burgemeester ★ *vooral* NN *dat geeft de ~ moed* dat is een belangrijke stimulans ★ *in ~ niet in uniform* ❷ broodje met een gefrituurde schijf vlees of groente (afgeleid van → **hamburger**)
bur·ger·band *de (m) radio* citizens' band, 27MC-band
bur·ger·dienst *de (m)* [-en] hist dienst in het maatschappelijk leven ter vervanging van de militaire dienst
bur·ger·dom *het* geringsch de (bekrompen) burgerij
bur·ge·rij *de (v)* de gezamenlijke burgers
bur·ger·kle·ding *de (v)* niet-uniformkleding
Bur·ger·ko·ning *de (m)* ★ *de ~* bijnaam van Louis-Philippe, koning van Frankrijk (1830-'48)
bur·ger·lijk *bn* ❶ hist tot de burgerstand behorend, niet tot de geestelijkheid of de adel ❷ eigenschappen van de kleine burgerstand bezittend: stijf, bekrompen: ★ *heel ~ gingen we elk jaar met vakantie naar de Veluwe* ❸ voor of van of betrekking hebbend op de burgers van stad of staat: ★ *de burgerlijke beleefdheid in acht nemen* zich zo

gedragen als men tegenover medeburgers verplicht is ★ *de burgerlijke gemeente* → **gemeente** (bet 1), in onderscheid met de kerkelijke gemeente ★ *~ recht* recht tussen burgers onderling, geregeld in het *Burgerlijk Wetboek* ★ *burgerlijke staat* persoonlijke toestand t.a.v. afstamming, geboorte, huwelijk enz.
★ *Burgerlijke Stand* geregeld bijgehouden register van de bevolking van een gemeente met de geboorten, huwelijken en sterfgevallen ★ *burgerlijke ongehoorzaamheid* niet-gewelddadige vorm van verzet tegen een bezettende macht of ongewenste overheid door het negeren van de door haar uitgevaardigde wetten en verordeningen ★ BN, recht *zich burgerlijke partij stellen* zich civiele partij stellen ★ BN *Burgerlijke Bescherming* Bescherming Burgerbevolking, Civiele Bescherming ★ BN ‹in het verzekeringswezen› *burgerlijke aansprakelijkheid* wettelijke aansprakelijkheid
bur·ger·lucht·vaart *de* niet-militaire luchtvaart
bur·ger·man, **bur·ger·man** *de (m)* [-lieden, -lui] man uit de eenvoudige burgerstand
bur·ger·oor·log *de (m)* [-logen] oorlog tussen partijen van één volk
bur·ger·plicht *de* [-en] plicht die men als burger heeft
bur·ger·pot, **bur·ger·pot** *de (m)* NN ❶ degelijke maar vrij eenvoudige warme maaltijd ❷ spreektaal ‹bij de politie› recherche
bur·ger·recht *het* [-en] recht dat men als burger heeft ★ fig *~ krijgen* gebruikelijk worden
bur·ger·rech·te·lijk *bn* volgens het burgerrecht
bur·ger·schap I *het* het burger zijn **II** *de (v)* burgerij
bur·ger·ser·vice·num·mer *het* [-s] NN uniek identiteitsnummer voor Nederlandse burgers dat wordt gebruikt in contacten met overheidsinstellingen, belastingdienst, zorginstellingen enz. (sinds eind 2007 opvolger van het sofinummer)
bur·gers·huis *het* [-huizen] BN ook vooral in advertenties herenhuis
bur·ger·stand *de (m)* maatschappelijke middenklasse
bur·ger·va·der, **bur·ger·va·der** *de (m)* [-s] burgemeester
bur·ger·wacht *de* [-en] ❶ groep vrijwilligers die 's avonds en / of 's nachts in een woonwijk patrouilleert om criminaliteit tegen te gaan ❷ lid van zo'n groep
bur·ger·za·ken *mv* afdeling op een gemeentehuis waar zaken als paspoorten, rijbewijzen en uittreksels uit de burgerlijke stand worden aangevraagd en afgegeven
bur·ger·zin *de (m)* besef van burgerplicht
burg·graaf *de (m)* [-graven] ❶ hist bevelhebber van een burcht ❷ thans adellijke titel lager dan die van graaf; **burggravin** *de (v)* [-nen]
burg·wal *de (m)* [-len] muur van een burcht, vestingwal of -gracht
bu·rijn (‹Fr› *de (m)* [-en], **bu·rin** [-rē] [-s] graveerijzer met ruitvormige punt

bur·ka [boerkaa] *de* ['s] → **boerka**
Bur·ki·nees I *de (m)* [-nezen] iem. geboortig of afkomstig uit de Afrikaanse republiek Burkina Faso **II** *bn* van, uit, betreffende Burkina Faso
bur·lesk *(‹Fr) bn* plat of gechargeerd komisch; grof parodiërend: ★ *een burleske film, ~ cabaret*
bur·les·ke *(‹Fr) de* [-n] stuk in burleske stijl
burn-out·syn·droom [bù(r)n-autsin-] *(‹Eng) het* toestand van geestelijke en soms ook lichamelijke uitputting, als gevolg van te langdurige intensieve activiteit en stress
bur·saal *de* [-salen] beursstudent
Bu·run·di·ër *de (m)* iem. geboortig of afkomstig uit de Afrikaanse republiek Burundi
Bu·run·disch *bn* van, uit, betreffende de Afrikaanse republiek Burundi
bus¹ *(‹Lat) de* [-sen] ❶ cilindervormige blikken doos of trommel: ★ *een ~ met beschuit* ★ *NN in de ~ blazen* grote uitgaven doen ★ *uit de ~ komen* als resultaat opleveren ★ *goed uit de ~ komen* een goed resultaat boeken ❷ brievenbus ❸ stembus ❹ *vroeger* fonds gevormd ter verzekering van nodige doktershulp in tijd van ziekte e.d., ziekenfonds ❺ *comput* intern communicatiekanaal, bestaande uit koperen draden, tussen de verschillende onderdelen van een computer; zie ook → **kloppen**
bus² *de* [-sen] ❶ autobus ★ *de ~ missen* fig een goede kans verspelen ❷ *wielrennen* grote aaneengesloten groep achterblijvers in een bergetappe
bus·chauf·feur [-sjoofeur] *de (m)* [-s] bestuurder van een bus
bus·dienst *de (m)* [-en] autobusdienst
bush [boesj] *(‹Eng) de (m)* ❶ oerwoud ❷ *bushbush* rimboe
bus·hal·te *de* [-n, -s] stopplaats van een autobus
busi·ness [biznis] *(‹Eng) de (m)* zaak, zaken ★ *~ as usual* de zaken gaan gewoon door
busi·ness-card [biznisca(r)d] *(‹Eng) de* [-s] visitekaartje ★ *digitale ~* visitekaartje in de vorm van een kleine cd, met de mogelijkheid tot een multimediapresentatie van een bedrijf
busi·ness-class [biznizklàs] *(‹Eng) de (m)* luxe, duurdere klasse in vliegtuigen
busi·ness-to-busi·ness [biznis-toe-biznis] *(‹Eng) bn* (ook *b2b*) de relatie tussen ondernemingen betreffend
business-to-con·sum·er [biznis-toe-konsjoemə(r)] *(‹Eng) bn* (ook *b2c*) de relatie betreffend tussen onderneming en klant
bus·je *het* [-s] ❶ kleine bus ❷ type bestelauto waarbij de ruimte waarin de chauffeur zit in open verbinding staat met de rest van de wagen
bus·kruit *het* ontplofbaar mengsel ★ *het ~ niet uitgevonden hebben* niet al te slim zijn
bus·lich·ting *de (v)* [-en] het legen van een brievenbus door een functionaris van de posterijen
bus·sta·tion [-(t)sjon] *het* [-s] plaats waar veel autobussen aankomen en vertrekken

bus·te [buus-] *(‹Fr) de* [-s, -n] ❶ borstbeeld ❷ vrouwenborsten, boezem
bus·te·hou·der [buus-] *de (m)* [-s] ondergoed dat steun biedt aan de vrouwenborsten
bus·tier [buustjee] *(‹Fr) de (m)* [-s] strakzittend mouwloos topje als vrouwen- of meisjeskleding
but [buut] *(‹Fr) het* doel, oogmerk, voornemen
bu·taan *(‹Lat) het* kleur- en reukloos brandbaar gas (C_4H_{10})
bu·ta·gas *het* in cilinders geperst butaan: ★ *koken op ~*
but·ler *(‹Eng) de (m)* [-s] chef van de huisbedienden
buts *de (m)* [-en] deuk: ★ *een steelpan vol butsen*
but·sen *ww* [butste, h. gebutst] deuken maken in; zie ook → **gebutst**
but·ter·fly [buttə(r)flaai] *de (m)* ['s] vlinderdasje
but·ton [buttən] *(‹Eng) de (m)* [-s] plaatje met een afbeelding of opschriftje, dat op de kleding kan worden gespeld
butt·plug [-pluɣ] *(‹Eng) de* [-s] seksspeeltje dat in de anus wordt ingebracht
buuf *de (v) NN* informele aanspreekvorm van → **buurvrouw**
buur *de (m)* [buren] iem. die in de nabijheid woont ★ *beter een goede ~ dan een verre vriend* een goede buurman / vrouw geeft meer kans op hulp in nood dan een verre vriend(in)
buur·jon·gen *de (m)* [-s] zoon van de buren
buur·man *de (m)* [-lui, -lieden] ❶ buur ❷ jongen, man naast wie men zit ★ *al te goed is buurmans gek* te veel goedheid wordt belachelijk
buur·meis·je *het* [-s] dochter van de buren
buur·praat·je *het* [-s] praatje tussen buren over onbelangrijke zaken
buur·schap¹ *de (v)* betrekkingen als buren ★ *goede ~ onderhouden* als goede buren met elkaar omgaan
buur·schap² *de (v)* [-pen] → **buurtschap**
buurt *de (v)* ❶ wijk: ★ *we verhuizen naar een nette ~* ❷ omgeving, nabijheid: in de *~* van het station wonen
buurt·bus *de* [-sen] autobus die kleine dorpen verbindt met grotere plaatsen
buurt·ca·fé *het* [-s] café in een woonwijk
buur·ten *ww* [buurtte, h. gebuurt] vooral *NN* een praatje gaan maken in de buurt
buurt·feest *het* [-en] feest in een stadswijk
buurt·ge·meen·te *de (v)* [-n, -s] *prot* deel van een grote kerkelijke gemeente, een bepaalde buurt omvattend
buurt·groep *de* [-en] werkgroep die zich beijvert voor de belangen van de bewoners van een bepaalde stadswijk
buurt·huis *het* [-huizen] centrum voor cultureel en maatschappelijk werk in een bepaalde buurt
buurt·huis·werk *het* vorm van cultureel en maatschappelijk werk bedreven vanuit buurthuizen
buurt·schap *de (v)* [-pen] *NN* gehucht
buurt·ver·eni·ging *de (v)* [-en] vereniging van

bewoners van eenzelfde wijk
buurt·wer·ker *de (m)* [-s], **buurt·werk·ster** *de (v)* [-s] iem. die buurthuiswerk verricht
buur·vrouw *de (v)* [-en] ❶ vrouwelijke buur ❷ vrouw of meisje naast wie men zit
buut *(‹Fr) het* ❶ → **but** ❷ eindpunt bij verstoppertje e.d.
buut·reed·ner [-reednər] *de (m)* [-s] iem. die tijdens carnaval of een soortgelijk feest op een podium grappen vertelt
buy·ersmar·ket [baiə(r)zmà(r)kət] *(‹Eng) de* econ kopersmarkt, markt met meer aanbod dan vraag en dientengevolge lage prijzen
buz·zer *(‹Eng) de (m)* [-s] zoemer, vooral telec
bv, **BV** *afk* besloten vennootschap; zie bij → **besloten**
bv. *afk* bijvoorbeeld
BV *de (m)* ['s] BN Bekende Vlaming
bvba *afk* in België besloten vennootschap met beperkte aansprakelijkheid
BVD *afk* in Nederland Binnenlandse Veiligheidsdienst
BW *afk* Burgerlijk Wetboek
B-wa·pens *mv* biologische wapens
B-weg *de (m)* [-wegen] weg die niet bereden mag worden door voertuigen met een breedte of wieldruk die uitgaat boven een bepaalde waarde
BWP *afk* Belgische Werkliedenpartij [voorloper van Belgische socialistische partij]
bye[1] [baai] *(‹Eng) de (m)* [-s] sp vrijstelling van het spelen van een ronde in een toernooi
bye[2] [baai,], **byebye** [baaibaai] *(‹Eng) tsw* groet bij het afscheid
by·pass [baipaas] *(‹Eng) de (m)* [-es] med nieuw stukje (natuurlijk of kunstmatig) bloedvat ter overbrugging van een verstopping in een bestaand bloedvat, vooral in de kransslagader
by·pass·ope·ra·tie [baipaasopəraa(t)sie] *(‹Eng) de (v)* [-s] med operatie waarbij een bypass wordt aangebracht
byte [bait] *(‹Eng) de (m)* [-s] comput eenheid van een aantal bits (meestal acht), gebruikt om een teken te coderen
By·zan·tijn [bie-] *(‹Lat) de (m)* [-en] ❶ inwoner van Byzantium, de oude naam van Constantinopel (Istanboel) ❷ inwoner van het Oost-Romeinse Keizerrijk, waarvan Constantinopel de hoofdstad was
By·zan·tijns [bie-] *(‹Lat) bn* ❶ van, uit Byzantium, de oude naam van Constantinopel (Istanboel), de hoofdstad van het Oost-Romeinse Rijk en de naam van het Oost-Romeinse Rijk zelf na de ondergang van het West-Romeinse Rijk ❷ betrekking hebbend op de Grieks-katholieke Kerk en cultuur ❸ byzantijns slaafs, kruipend onderdanig, kleingeestig
by·zan·ti·nis·me *ww* [bie-] ❶ kruiperige, slaafse vleierij van hooggeplaatsten ❷ haarkloverij
BZ *afk* in Nederland (ministerie van) Buitenlandse Zaken
b.z.a. *afk* biedt zich aan [in advertentieteksten]

C

c[1] *de* ['s] ❶ derde letter van het alfabet ❷ muz de eerste toon van de gewone diatonische toonladder
c[2] *afk* nat symbool voor het voorvoegsel *centi-* (een honderdste)
c. *afk* cent, centiem
C *afk* ❶ Celsius ❷ chem symbool voor het element koolstof (*carbonium*) ❸ Romeins cijfer voor 100 (*centum*) ❹ bep. hogere programmeertaal voor computers
C++ *zn* comput hogere programmeertaal
C14-me·tho·de *de (v)* archeol radiokoolstofdatering
Ca *afk* chem symbool voor het element *calcium*
ca *afk* centiare
ca. *afk* circa
ca·bal·le·ro [-baljeeroo] *(‹Sp) de (m)* ['s] heer, mijnheer
ca·ba·ret [-rè, -ret] *(‹Fr) het* [-s] ❶ vorm van theater bestaande uit een afwisseling van liedjes, conferences en sketches, vaak met een komische of satirische inhoud ❷ theater waar dergelijke voorstellingen worden gegeven ❸ gezelschap dat dergelijke voorstellingen geeft
ca·ba·ret·ar·tiest [-rè-, -ret-] *de (m)* [-en] artiest die cabaretprogramma's brengt
ca·ba·re·tier [-rettjee] *(‹Fr) de (m)* [-s], **ca·ba·re·tiè·re** [-rettjèrə] *de (v)* [-s] cabaretartiest
ca·bi·ne *(‹Fr) de (v)* [-s] ❶ scheepshut, kajuit ❷ kleedhokje in een zwembad e.d. ❸ plaats waar in de bioscoop de film gedraaid wordt ❹ passagiersruimte in een verkeersvliegtuig ❺ bestuurdershokje van een vrachtauto, een hefkraan e.d.
ca·bi·ne·per·so·neel *het* vliegtuigpersoneel dat diensten verleent aan de passagiers
ca·bret *(‹Lat)*, **ca·bret·leer** *het* geitenleer (voor handschoenen)
ca·bri·o·let [-lè, -let] *(‹Fr) de (m)* [-s] ❶ sportieve auto met een kap die kan worden neergeklapt ❷ vroeger licht rijtuig op twee wielen, getrokken door één paard
ca·cao [-kau] *(‹Sp‹Nahuatl, een Mexicaanse indianentaal) de (m)* ❶ cacaobonen ❷ tot poeder verwerkte cacaobonen, gebruikt als grondstof voor chocola ❸ drank uit dit poeder bereid
ca·cao·boom [-kau-] *de (m)* [-bomen] in tropische streken voorkomende boom, waarvan de vruchten cacaobonen bevatten (*Theobroma cacao*)
ca·cao·boon [-kau-] *de* [-bonen] zaad van de cacaoboom
ca·cao·bo·ter [-kau-] *de* vet uit cacaobonen, o.a. gebruikt als smeersel tegen droge lippen
ca·cao·fan·ta·sie [kaakaufantaazie] *de (v)* soort chocola waarin geen of zeer weinig cacao is verwerkt, imitatiechocola
cache [kesj] *(‹Eng) de*, **cache·ge·heu·gen** *het* [-s] comput

ca

deel van het werkgeheugen van een computer dat fungeert als buffer voor het opslaan van frequent geraadpleegde gegevens waardoor snelle toegang mogelijk is: ★ *opgevraagde webpagina's worden vastgelegd in het cachegeheugen, zodat ze snel weer kunnen worden opgeroepen*

ca·che·lot [-sjalot] *(‹Fr) de (m)* [-ten] potvis

ca·chet [-sjè, -sjet] *(‹Fr) het* [-ten] ❶ stempel, vooral stempel in figuurlijke zin: persoonlijk kenteken, distinctie ★ ~ *aan iets geven* een bijzonder aanzien aan iets geven ❷ afdruk van een wapen of naamcijfer, zegel

ca·chot [-sjot] *(‹Fr) het* [-ten] ❶ kerker, strafcel ❷ opsluiting daarin

cac·tee *(‹Lat‹Gr) de* [-teeën] cactusachtige plant

cac·tus *(‹Lat‹Gr) de (m)* [-sen] naam van oorspronkelijk in woestijnachtige gebieden thuishorende vetplanten met zuil- en bolvormige stengels en dikke, vaak stekelige bladen

CAD¹ *afk* Computer Aided Design *(‹Eng)* [vervaardiging van technische ontwerpen met behulp van computers]

CAD² *afk* Consultatiebureau voor Alcohol en Drugs

ca·dans *(‹Fr) de* ritmische beweging in poëzie en muziek; zie verder → **cadens**

cad·die [keddie] *(‹Eng) de (m)* [-s] jongen die de golfstokken draagt

ca·deau [-doo] *(‹Fr) het* [-s] geschenk: ★ *iem. een ~ geven* ★ *iets ~ krijgen* iets ten geschenke krijgen ★ *dat kan hij (zij, jij) van mij ~ krijgen* daar moet ik niets van hebben ★ *iets ~ geven* fig iets zonder er veel strijd voor te leveren prijsgeven: ★ *de overwinning, de wedstrijd ~ geven*

ca·deau·bon [-doo-] *de (m)* [-s, -nen] door een winkel uitgegeven bon die recht geeft op een artikel ter waarde van het op de bon vermelde bedrag

ca·deau·card [-kà(r)d] *de (m)* [-s] elektronische cadeaubon in de vorm van een prepaid chipkaart

ca·deau·stel·sel [-doo-] *het* [-s] het cadeaus geven bij koopwaar

ca·dens *(‹It) de* [-en] ❶ muz afsluiting van een (deel van een) muziekstuk door akkoorden ❷ vrije improvisatie in het klassieke soloconcert tegen het eind van het eerste deel ❸ metrische vorm waarmee een vers eindigt

ca·det *(‹Fr) de (m)* [-ten] ❶ leerling van een militaire school, in opleiding voor officier, adelborst ❷ BN jong lid van een sportclub (van 12 tot 15 jaar)

cad·mi·um *(‹Lat‹Gr) het* chemisch element, symbool Cd, atoomnummer 48, een zacht, zilverwit, zeer giftig metaal met blauwachtige glans ★ *~geel* een heldergele verf

ca·fé *(‹Fr) het* [-s] lokaal waar verschillende dranken besteld en genuttigd kunnen worden, kroeg; zie ook bij → **bruin**

ca·fé chan·tant [-sjätä] *(‹Fr) het* [-s] café waar programma's met muziek, zang, dans en variété worden uitgevoerd

ca·fé com·plet [-plè] *(‹Fr) de (m)* koffie met gebak e.d.

ca·fé·hou·der *de (m)* [-s] iem. die een café houdt als beroep

ca·fe·ï·ne *(‹Fr) de* opwekkend bestanddeel van koffiebonen, thee en kola, een alkaloïde

ca·fe·ï·ne·vrij *bn* geen cafeïne bevattend: ★ *cafeïnevrije koffie*

ca·fé·res·tau·rant [-toorā, -toorant] *(‹Fr) de (v)* [-s] café dat tevens restaurant is

ca·fe·ta·ria *(‹Sp) de* ['s] zelfbedieningscafé-restaurant

ca·hier [kaajee] *(‹Fr) het* [-s] schrift, schrijfboek

CAI¹ *afk* Computer Aided Instruction [computerondersteund onderwijs]

CAI² *afk* Centrale Antenne-Inrichting [officiële naam voor de televisie- en radiokabel]

cairn [kè(r)n] *(‹Eng‹Schots) de (m)* [-s] heuvel van opgeworpen stenen uit de jongere steentijd op de Britse eilanden

cais·siè·re [kessjèrə] *(‹Fr) de (v)* [-s] kashoudster, vrouw die een kassa bedient

cais·son [kessô, kesson] *(‹Fr) de (m)* [-s] ❶ werkkamer onder water met verhoogde luchtdruk bij pneumatische funderingen ❷ doosvormige constructie, meestal van gewapend beton, dienend als element voor o.a. afsluitdammen, onderwatertunnels en metrotunnels ❸ verdiept vak in een zoldering

cais·son·dam [kessô-, kesson-] *de (m)* [-men] een uit caissons (→ **caisson**, bet 2) gebouwde dam

cais·son·ziek·te [kessô-, kesson-] *de (v)* ziekte die zich voordoet wanneer personen die onder verhoogde druk hebben gewerkt (bijv. in een → **caisson**, bet 1) plotseling onder normale atmosferische druk komen, decompressieziekte

cajon [kaagon] *(‹Sp) de* [-s] percussie-instrument bestaande uit een houten kist met klankgat, waarop met de handen wordt getrommeld

Ca·jun [keedzjun] *(‹Eng) de (m)* ❶ Franssprekende bewoner van het zuiden van de Amerikaanse staat Louisiana (verbastering van *Acadian*, bewoner van *Acadia*, een vroegere Franse kolonie in Canada); ❷ *cajun* cultuuruiting van deze personen, zoals hun muziek (met als belangrijkste instrumenten de viool en de accordeon) en hun keuken

cake [keek] *(‹Eng) de (m)* [-s] ❶ zacht, luchtig, meestal geel gebak ❷ hoeveelheid van dergelijk gebak in een bepaalde vorm; *ook*: cakeje

Cal *afk* grote calorie *(1000 calorie)*

cal *afk* calorie

ca·la·di·um *(‹Mal) het* tropische plant uit de familie van de Araceeën met knolvormige, eetbare wortelstok

ca·la·ma·res *de (mv)* inktvisringen, meestal gefrituurd

ca·la·mi·teit *(‹Fr‹Lat) de (v)* [-en] grote ramp; algemene noodtoestand

ca·la·mi·teus *(‹Fr) bn* met veel rampspoed, met zware tegenslagen

ca·lan·do *(‹It) bn* muz in sterkte en tempo gelijkmatig

afnemend, wegsmeltend
cal·ciet *het* vorm van natuurlijk calciumcarbonaat (CaCO₃), een in zuivere vorm wit tot transparant mineraal, kalkspaat: ★ ~ *is een belangrijk mineraal, o.a. gebruikt als grondstof voor cement en kunstmest en als bouwmateriaal*
cal·ci·na·tie [-(t)sie] *(‹Fr) de (v)* [-s] ❶ verkalking ❷ ontleding van een chemische verbinding door gloeien
cal·ci·ne·ren *ww (‹Fr)* [calcineerde, is & h. gecalcineerd] ❶ kalkachtig worden ❷ kalkachtig maken, vooral van chemische producten door branden of gloeien
cal·ci·um *(‹Lat) het* chemisch element, symbool Ca, atoomnummer 20, in zuivere vorm een zilverkleurig metaal, behorend tot de aardalkalimetalen
cal·ci·car·bid *het* carbid
cal·cu·la·tie [-(t)sie] *(‹Fr‹Lat) de (v)* [-s] berekening, vooral van kostprijzen
cal·cu·la·tor *(‹Lat) de (m)* [-s, -toren] ❶ persoon belast met de calculatie ❷ elektronische rekenmachine, vooral zakrekenmachine
cal·cu·le·ren *ww (‹Fr‹Lat)* [calculeerde, h. gecalculeerd] berekenen, vooral de kostprijs vaststellen van ★ NN *de calculerende burger* iem. die steeds op zoek is naar mogelijkheden om voordeel te behalen
cal·cu·le·rend *bn* berekenend, op eigen voordeel uit zijnd: ★ *de ~e burger*
ca·lèche [-lèsj(ə)] *(‹Fr‹Pools) de* [-s] licht open rijtuig, op vier wielen met een beweegbare kap
ca·lei·do·scoop *(‹Gr) de (m)* [-scopen] optisch speelgoed, waarbij door herhaalde weerspiegeling van gekleurde stukjes glas in een buis door draaiing telkens nieuwe regelmatige figuren ontstaan
ca·lei·do·sco·pisch *bn* als in een caleidoscoop
ca·li·for·ni·um *het* radioactief chemisch element, symbool Cf, atoomnummer 98, kunstmatig bereid door kernreacties (genoemd naar de *University of California* in Berkeley, VS)
call·cen·ter [kòlsentə(r) Eng] *het* bedrijfsafdeling die is ingericht op contact met klanten via telecommunicatiemiddelen: ★ *bij een ~ kan men bijv. terecht voor het boeken van een reis, informatie over het openbaar vervoer of advies bij een computerprobleem*
call·geld [kòl-] *het* → **daggeld** (bet 2), geleend geld dat direct teruggevorderd kan worden
call·girl [kòlgyù(r)l] *(‹Eng) de (v)* [-s] prostituee waarmee men telefonisch een afspraak maakt
call·mo·ney [kòlmunnie] *(‹Eng) het* handel callgeld
call·op·tie [kòl-opsie] *(‹Eng) de (v)* [-s] handel optie (bet 4) die het recht geeft om op een van tevoren vastgestelde datum een aandeel te kopen tegen een van tevoren vastgestelde koers; *tegengest:* → **putoptie**
call-tv [kòltievie] *(‹Eng) de (m)* genre

televisieprogramma's waarbij de kijkers worden uitgenodigd direct telefonisch te reageren
ca·lo·rie *(‹Fr) de (v)* [-rieën] (symbool *cal*) verouderde warmte-eenheid: hoeveelheid warmte, nodig om 1 gram water 1 graad Celsius te doen stijgen; thans vervangen door de → **joule** (0, 24 calorie) ★ *slagroom bevat veel calorieën* slagroom levert veel energie, gebruikt in de zin van: slagroom maakt dik
ca·lo·ri·me·ter, ca·lo·ri·me·ter *de (m)* [-s] toestel voor het meten van warmtehoeveelheden, vooral om de soortelijke warmte te bepalen
ca·lo·risch *bn* betrekking hebbend op warmteontwikkeling ★ *calorische waarde* warmtegevend vermogen
calque [kalk] *(‹Fr) de* [-s] ❶ doortrektekening, overtrek op doorschijnend papier of linnen ❷ fig slaafse navolging
cal·queer·pa·pier [-keer-] *het* doorschijnend papier waarop men (technische) tekeningen kan overtrekken
cal·que·ren *ww* [-kee-] *(‹Fr)* [calqueerde, h. gecalqueerd] op doorschijnend papier of linnen overtrekken
ca·lu·met *(‹Fr‹Lat) de (m)* [-ten] ongeveer één meter lange vredespijp bij de indianen in Noord-Amerika
cal·va·dos [-doo] *(‹Fr) de (m)* uit appelwijn gestookte brandewijn uit het Franse departement Calvados
cal·va·rie·berg *(‹Lat) de (m)* [-en] RK ❶ kruisheuvel, hoogte waarop een kruis is opgericht, waarheen men ter bedevaart trekt ❷ voorstelling van Christus aan het kruis met Maria en Johannes aan weerszijden, genoemd naar de berg waar Jezus werd gekruisigd
cal·va·rie·tocht *(‹Lat) de (m)* [-en] BN, lit lijdensweg, zware tocht
cal·vi·nis·me *het* het reformatorisch christendom volgens de leer van Calvijn
cal·vi·nist *de (m)* [-en] aanhanger van het calvinisme
cal·vi·nis·tisch *bn* ❶ volgens het calvinisme ❷ fig streng, hard werkend en genot verwerpend: ★ *een calvinistische levenswijze*
ca·lyp·so [-lip-] *de (m)* ['s] ❶ van de Caribische eilanden (met name Trinidad) afkomstig lied, vaak met gedurfde satirische teksten ❷ geïmproviseerde jazzmuziek in rumbaritme
ca·ma·ra·de·rie *(‹Fr) de (v)* kameraadschap
cam·bi·um *(‹Lat) het* biol teeltweefsel, voortdurend aangroeiend weefsel tussen bast en hout
Cam·bod·jaan *de (m)* [-janen] iem. geboortig of afkomstig uit Cambodja
Cam·bod·jaans *bn* van, uit, betreffende Cambodja
cam·bri·um *(‹Lat) het* geol oudste tijdperk van het paleozoïcum, 565-500 miljoen jaar geleden, waarin veel dieren met harde delen (schalen, skeletten) verschenen
cam·cor·der [kemkò(r)də(r)] *(‹Eng) de (m)* [-s] combinatie van videocamera en videorecorder
ca·mee *(‹Fr) de (v)* [-meeën] in reliëf gesneden steen

met lagen van verschillende kleur
cam·el [kemməl] **I** *de (m) & het* voor de vervaardiging van jassen gebruikte stof, geweven uit de donsharen van kamelen en fijne merinoswol **II** *bn* kameelkleurig, lichtbruin
ca·me·lia *de* ['s] (wetenschappelijke naam: *Camellia*) uit Oost-Azië afkomstige heester met witte of rode bloemen, waarvan sommige soorten, vooral de *Camellia japonica* worden geteeld als kamerplant of tuinheester, genoemd naar de missionaris George Kamel, S.J (1661-1701)
ca·mem·bert [-mãbèr] *(<Fr) de (m)* volvette zachte kaas, oorspronkelijk uit het dorp Camembert in Normandië
ca·meo *de (m)* [-'s] kleine gastrol van een bekende persoon in een film
ca·me·ra *(<Lat) de (v)* ['s] eig toestel voor het maken van foto's, films of video-opnamen ★ ~ *lucida* optisch hulpmiddel bij het landschaptekenen, tekenprisma ★ ~ *obscura* gesloten kistje met zeer kleine opening in het midden van een wand, waardoor op de tegenoverliggende wand een beeld geprojecteerd wordt
ca·me·ra·man *de (m)* [-nen] iem. die een film- of televisiecamera bedient
ca·me·ra·voe·ring *de (v)* de wijze waarop, de stijl waarin iem. filmt of fotografeert
ca·mi·on *(<Fr) de (m)* [-s] BN, spreektaal vrachtwagen, vrachtauto
ca·mi·o·net·te [-net] *(<Fr) de* [-n *en* -s] BN, spreektaal bestelwagen, bestelauto; kleine vrachtauto
ca·mi·o·neur *de (m)* [-s] BN, spreektaal vrachtwagenchauffeur
ca·mor·ra *(<It) de (v)* Italiaanse misdadigersorganisatie, wat betreft organisatie gelijkend op de maffia en voornamelijk werkend in en rond Napels
ca·mou·fla·ge [-moeflaazjə] *(<Fr) de (v)* ❶ het onopvallend maken van militairen, geschut enz. door beschildering, nabootsing van terreinvoorwerpen of door bedekking met groen en takken ❷ tekening op de vacht, veren of huid van dieren waardoor deze niet opvallen in hun natuurlijke omgeving ❸ fig schijnvertoning: ★ *die overdreven vriendelijkheid was allemaal* ~
ca·mou·fla·ge·kleu·ren [-moeflaazjə-] *mv* schutkleuren
ca·mou·fle·ren *ww* [-moe-] *(<Fr)* [camoufleerde, h. gecamoufleerd] wegmoffelen, vermommen, onopvallend maken
camp [kemp] *(<Eng) bn* zo lelijk, smakeloos, ouderwets enz. dat het weer mooi of interessant gevonden wordt
cam·pag·ne [-panjə] *(<Fr) de* [-s] ❶ veldtocht; vgl: ★ *plan de* ~ ❷ werkseizoen in suikerfabrieken e.d. ❸ stelselmatige publieke actie voor een bepaald doel: ★ ~ *voeren voor (tegen) iets*
cam·pa·ni·le *(<It) de (m)* [-s] (vrijstaande) klokkentoren

cam·pa·nu·la *(<It) de* ['s] plantk klokje
camp·er [kempə(r)] *de (m)* [-s] auto waarvan het achterdeel is ingericht als woon- en slaapverblijf, vooral gebruikt op vakantiereizen
cam·ping [kem-] *(<Eng) de (v)* [-s] ❶ kampeerterrein ❷ het kamperen
cam·ping·reis [kemping-] *de* [-reizen], **cam·ping·vlucht** [-en] vliegreis met daarbij reservering van een campingplaats in het land van bestemming
cam·ping·stoel [kemping-] *de* [-en] opklapbare stoel voor gebruik op een camping
cam·pus [kempəs; ook kampus] *(<Eng<Lat) de (m)* [-es; ook -sen] terrein van een universiteit of hogeschool met gebouwen voor onderwijs, huisvesting van studenten, sportaccommodatie enz.
cam·py·lo·bac·ter [-pie-] *de (m)* [-s] bep. geslacht van bacteriën, veel voorkomend bij kippen: ★ *bij de mens leidt* ~ *tot buikkrampen, koorts en diarree*
ca·na·da·dry·re·ge·ling [-drai-] *de (v)* [-en] BN ontslagregeling waarbij de ontslagen werknemer van de werkgever een toeslag krijgt boven op de werkloosheidsuitkering, waardoor zijn inkomen onveranderd blijft
Ca·na·dees I *de (m)* [-dezen] iem. geboortig of afkomstig uit Canada **II** *bn* van, uit, betreffende Canada ★ *Canadese kano* rond model kano
ca·nail·le [-najjə] *(<Fr) het* ruw volk, gespuis, tuig
ca·na·pé¹ *(<Fr) de (m)* [-s] gestoffeerde zitbank met leuningen ★ ~ *à la turquoise* canapé met alleen zijleuningen
ca·na·pé² *(<Fr) de (m)* [-s] geroosterd sneetje wittebrood met beleg
ca·na·pé·be·noe·ming *de (v)* [-en] BN benoeming als gevolg van een seksuele relatie met een hogergeplaatst persoon
ca·nard [-naar] *(<Fr) de (m)* [-s] NN vals krantenbericht, journalistiek bedrog: ★ *het nieuws over de dagboeken van Hitler bleek een* ~
ca·nas·ta *(<Sp) het* uit Argentinië afkomstig kaartspel, gespeeld met twee stellen van 52 kaarten en 4 jokers
can·can [kãkã] *(<Fr) de (m)* wilde, uitgelaten dans, waarbij de benen om beurten zo hoog mogelijk naar voren worden uitgestrekt, na ± 1830 in Frankrijk populair geworden, thans alleen nog als revuedans
can·ce·len *ww* [kàn-, ken-] *(<Eng)* [cancelde, h. gecanceld] annuleren, afbestellen: ★ *een vlucht* ~ *wegens een technisch mankement*
Can·cer *(<Lat) de (m)* Kreeft (teken van de dierenriem)
can·ce·ro·geen *bn* med kankerverwekkend:
★ *cancerogene stoffen*
cand. *afk* candidatus [kandidaat]
can·de·la *(<Lat) de* ['s] eenheid van lichtsterkte
can·di·dan·da *(<Lat) de (v)* [-dae] [-dee], **can·di·dan·dus** *de (m)* [-di] student(e) die het kandidaatsexamen moet afleggen
can·did ca·me·ra [kendid kemmərə] *(<Eng) de (m)*

verborgen of gecamoufleerde camera, waarmee personen worden gefotografeerd of gefilmd zonder dat zij zich daarvan bewust zijn

can·dy·bar [kendiebà(r)] *(‹Eng) de (m)* [-s] lekkernij bestaande uit een stuk chocola met vulling

can·na *(‹Lat‹Gr) de (v)* in tropisch en subtropisch Amerika voorkomend plantengeslacht met als bekende vertegenwoordiger het bloemriet *(Canna indica)*

can·na·bis *(‹Lat‹Gr) de (v)* hennep *(Cannabis sativa)*

can·na·bis·pro·duct *het* [-en] product vervaardigd uit delen van de plantensoort *Cannabis sativa*, zoals touw en vooral hasj of marihuana

can·ne·le·ren *ww (‹Fr)* [canneleerde, h. gecanneleerd] van groeven voorzien: ★ *een zuil ~*

can·nel·lo·ni *(‹It) de* Italiaans gerecht van pasta in de vorm van buisjes met een vulling van groente en gehakt en met kaassaus

can·ne·lu·re *(‹Fr) de* [-s] elk van de gootvormige groeven op zuilen en pilaren in de lengterichting aangebracht

ca·non *(‹Lat‹Gr) de (m)* [-s, -nones] ❶ muz meerstemmig gezang, waarbij de verschillende stemmen dezelfde melodie zingen, maar deze op verschillende momenten inzetten ❷ theol kerkelijke leerstelling ❸ lijst van door de kerk erkende Bijbelboeken ❹ RK lijst van door de kerk erkende heiligen ❺ kunst vaste verhouding van de afmetingen van delen van het lichaam ❻ jaarlijkse som bij erfpacht

ca·no·niek *(‹Fr‹Lat) bn* in overeenstemming met de → canon (bet 2), volgens kerkelijke wetten vastgesteld ★ *canonieke boeken* Bijbelboeken die gelden als door God ingegeven *(tegengest: apocriefe boeken,* zie: → apocrief) ★ *~ recht* kerkrecht

ca·no·ni·sa·tie [-zaa(t)sie] *de (v)* heiligverklaring

ca·no·ni·se·ren *ww* [-zee-] *(‹Lat)* [canoniseerde, h. gecanoniseerd] in de → canon (bet 4) van de heiligen opnemen, heilig verklaren

ca·no·nist *de (m)* [-en] beoefenaar van het canoniek recht, het kerkrecht

Ca·nos·sa *het* voormalige rotsburcht in Italië ★ *naar ~ gaan* zich vernederen en onderwerpen, naar de tocht van de Duitse keizer Hendrik IV, die zich daar in 1077 aan de paus onderwierp

can·ta·bi·le [-bielee] *(‹It)* **I** *bijw* muz zangerig **II** *het* [-s] zangerig voor te dragen gedeelte van een muziekstuk

can·ta·te *(‹It) de* [-s, -n] ❶ meerdelig, in hoofdzaak lyrisch zangstuk met instrumentale begeleiding, voor solo of solo en koor ❷ dichtwerk bestemd om als cantate te worden gezongen

can·tha·rel *(‹Lat) de (m)* [-len] dooierzwam, hanenkam, een eetbare paddenstoel

can·tha·ri·de *de* [-n] Spaanse vlieg (soort kever), waaruit vroeger een soort blaartrekkend middel werd bereid, ook gebruikt als afrodisiacum

can·ti·cum *(‹Lat) het* [-ca] lof- of kerkzang ★ *Canticum*

canticorum de zang der zangen, het Hooglied

can·ti·le·ne *(‹It) de* [-s, -n] ❶ ‹in de middeleeuwen› klaagzang met muziek ❷ zeer zangerige melodie

can·to *(‹It) de (m)* [-ti, 's] ❶ zang, gezang; *vgl:* → belcanto ❷ elk van de grote delen van een episch dichtstuk

can·tor *(‹Lat) de (m)* [-s] zanger, voorzanger

can·to·rij *de (v)* [-en] kerkkoor

ca·nule [-nuul(ə)] *(‹Fr) de* [-s] (glazen of metalen) pijpje, vooral om wonden open te houden; (ebonieten) buisje van een irrigator of spuit; holle injectienaald

can·vas *(‹Eng) het* ❶ sterk ruw linnen, o.a. gebruikt voor zeilen en boodschappentassen ❷ materiaal voor de bedekking van de vloer van boksringen ★ *tegen het ~ gaan* na een stoot van de tegenstander onderuitgaan bij een bokswedstrijd

can·vas·sen *ww (‹Eng)* [canvaste, h. gecanvast] werven van aanhangers of kiezers door mensen op straat aan te spreken en bij mensen aan te bellen

ca·nyon [kenjən] *(‹Eng‹Sp) de (m)* [-s] → cañon ★ *Grand Canyon* het zeer diepe en uitgestrekte kloofdal van de Coloradorivier in Arizona

can·yon·ing [kenjəning] *(‹Eng) het* langs een touw afdalen in een diepe rotskloof als sport

can·zo·ne [-tsoo-] *(‹It) de* [-s] ❶ lyrische dichtvorm in strofen van wisselende lengte, in de Italiaanse literatuur (later ook elders) ❷ ‹muz oorspronkelijk bij de troubadours› een- of meerstemmig lied, later instrumentaal muziekstuk

ca·ñón [kanjon] *(‹Sp) de (m)* [cañones] diep, nauw en steilwandig rivierdal, geheel door erosie ontstaan ★ *Gran Cañón* zie bij → canyon

cao *afk* collectieve arbeidsovereenkomst

caout·chouc·ar·ti·kel [kaaoetsjoek-] *het* [-en, -s] recht artikel in een wet of verordening dat ruimte laat voor zeer ruime interpretatie

cap [kep] *(‹Eng) de (m)* [-s] ❶ voetbal aanduiding voor een interlandwedstrijd die iem. heeft gespeeld: ★ *deze speler heeft 26 caps* ❷ hoofddeksel met harde bol bij het paardrijden

ca·pa·bel *(‹Fr‹Lat) bn* ❶ bekwaam, in staat tot *(in gunstige zin):* ★ *zij is ~ voor dit werk* ★ *niet ~ (ook) dronken* ❷ BN in staat tot *(in ongunstige zin):* ★ *hij is ~ om een moord te plegen*

ca·pa·ci·teit *(‹Fr‹Lat) de (v)* [-en] ❶ bekwaamheid, geschiktheid, kundigheid: ★ *de capaciteiten hebben om een studie te volgen* ❷ vermogen om te vervoeren, te verwerken, te produceren enz.: ★ *deze verpakkingsmachine heeft een ~ van 1000 dozen per uur* ★ *de inrichting heeft een ~ van 124 cliënten* ❸ laadvermogen van een condensator ❹ nat hoeveelheid elektriciteit die toegevoerd moet worden om de potentiaal met een eenheid te verhogen

cape [keep] *(‹Eng) de* [-s] schoudermantel met kap of hoge kraag

ca·pel·la *zn (‹It)* zie bij → a capella

ca·pil·lair [kaapielèr] *(‹Fr)* **I** *bn* van de aard van of betrekking hebbend op haarvaten II *het* [-en] haarvat, zeer dun kanaaltje

ca·pil·la·ri·teit *(‹Fr)* [-pielaa-] *de (v)* werking van of als van haarvaten, opzuigende kracht

ca·pi·ta se·lec·ta *(‹Lat) mv* uitgezochte hoofdstukken, (verhandelingen over) verschillende onderwerpen uit een bepaald gebied

ca·pi·ton·ne·ren *ww (‹Fr)* [capitonneerde, h. gecapitonneerd] ‹wanden, meubelen› bekleden met een verende laag

ca·pi·tu·la·tie [-(t)sie] *(‹Fr) de (v)* [-s] mil overeenkomst tussen de bevelhebbers van strijdende partijen waarbij de voorwaarden worden vastgesteld waaronder één van de partijen het verzet zal staken; *vandaar* overgave in het algemeen

ca·pi·tu·le·ren *ww (‹Fr)* [capituleerde, h. gecapituleerd] ❶ zich (onder bep. voorwaarden) overgeven: ★ ~ *voor een sterkere tegenstander* ❷ bij uitbreiding de strijd opgeven: ★ *Duitsland capituleerde in 1945*

ca·po·tas·to *(‹It) de (m)* ['s] muz apparaatje dat om de hals van een gitaar of luit wordt gespannen om de snaren hoger te stemmen

cap·puc·ci·no [-poetsjienoo] *(‹It) de (m)* ['s] kop espressokoffie, bereid met gestoomde en daardoor schuimende melk, vaak met wat cacaostrooisel erop

ca·pric·cio [-prietsjoo] *(‹It) het* ['s] muz muziekstuk zonder vast schema

ca·pri·cieus [-sjeus] *(‹Fr) bn* grillig, vol luimen of kuren

Ca·pri·cor·nus *(‹Lat) de (m)* Steenbok (teken van de dierenriem)

ca·pri·ool *(‹It) de* [-olen] ❶ bokkensprong, rare sprong: ★ *de capriolen van een jong katje* ❷ fig dwaze streek ★ *vreemde capriolen maken* gekke dingen doen

caps lock [kepslok] *(‹Eng) de* comput toets op het toetsenbord die het mogelijk maakt in hoofdletters te typen zonder de shifttoets ingedrukt te houden

cap·su·le *(‹Fr) de* [-s] ❶ omhulsel (meest van gelatine of zetmeel) voor een geneesmiddel; hoeveelheid van een geneesmiddel in zo'n omhulsel ❷ ruimtevaartuig, met een raket afgeschoten ❸ dop van dun metaal over de opening van een fles

cap·tain [keptən] *(‹Eng) de (m)* [-s] ❶ gezagvoerder in een vliegtuig, eerste piloot ❷ aanvoerder van een sportploeg ★ ~ *of industry* leidende figuur in de industrie

cap·te·ren *ww (‹Lat)* [capteerde, h. gecapteerd] BN ook ontvangen, horen: ★ *een radiobericht* ~

ca·pu·chon [-sjô, -sjon] *(‹Fr) de (m)* [-s] aan een jas bevestigde kap voor over het hoofd

ca·put *(‹Lat) het* [capita] hoofd; hoofdstuk; zie ook → **capita selecta**

ca·ra *mv* med letterwoord voor *chronische aspecifieke respiratoire aandoeningen* een verzamelnaam voor aandoeningen van de luchtwegen met uiteenlopende, niet-specifieke verschijnselen, zoals chronische bronchitis en astma

ca·ra·bi·nie·ri [-bienjeerie] *(‹It) mv* Italiaanse gendarmes

ca·ra·cal *(‹Turks: zwartoor) de (m)* [-s] woestijnlynx, een op de lynx gelijkend roodbruin roofdier met grote zwarte oren, *Felis caracal*

ca·ra·co·le *de (m)* [-s] BN, spreektaal alikruik, wijngaardslak

Ca·ra·ï·bisch *bn* → **Caribisch**

ca·ram·bo·la·ge [-zjə] *(‹Fr) de (v)* [-s] ❶ bilj het met de speelbal raken van de beide andere biljartballen ❷ gecompliceerde botsing van voertuigen

ca·ram·bo·le [-bool, -bol] *(‹Fr)* I *het* biljartspel met één rode en twee witte ballen II *de (m)* [-s] → **carambolage** (bet 1)

ca·ram·bo·le·ren *ww (‹Fr)* [caramboleerde, h. gecaramboleerd] ❶ bilj de beide andere ballen met de speelbal raken ❷ botsen

ca·ra·vag·gis·ten [-vaddzjies-] *mv* kunsthist benaming voor de Nederlandse en Belgische navolgers van de Italiaanse schilder Michelangelo Merisa da Caravaggio (1560-1609)

ca·ra·van [kerrəvən] *(‹Eng‹It‹Perz) de (m)* [-s] aan een personenauto te koppelen aanhangwagen, ingericht als onderkomen voor vakanties

ca·ra·van·park [kerrəvən-] *het* [-en] aantal bij elkaar staande caravans

car·bid [-bied] *(‹Lat) het* benaming voor calciumcarbide (CaC_2), een vaste stof waaruit zich, bij contact met water, acetyleen ontwikkelt

car·bid·bus [-biet-] *de* [-sen] (melk)bus waarin met een luide knal carbid tot ontploffing wordt gebracht (vooral rond oud en nieuw)

car·bi·de *(‹Lat-Gr) het* [-n] chem verbinding van koolstof met een metaal

car·bid·gas [-biet-] *het* acetyleen

car·bid·lamp [-biet-] *de* [-en] op acetyleen brandende lamp met een sterk lichtgevende vlam

car·bol *de (m) & het* (verkorting van *carbolzuur*) een sterk riekende vloeistof die als ontsmettingsmiddel dient

car·bo·li·ne·um *(‹Lat) het* bep. teerproduct dat houtwerk beschermt tegen rotting

car·bon *(‹Lat) het* carbonpapier

car·bo·naat *(‹Lat) het* [-naten] chem koolzuurzout

car·bo·ni·se·ren *ww* [-zee-] *(‹Fr)* [carboniseerde, h. gecarboniseerd] ❶ verkolen ❷ aanbranden

car·bo·ni·um *het* chem koolstof

car·bon·pa·pier *het* van een laagje donkere kleurstof voorzien dun papier waarmee men doorslagen kan maken

car·boon *(‹Lat) het* geol periode binnen het paleozoïcum, 345-280 miljoen jaar geleden, waarin de eerste reptielen verschenen en de vorming van steenkool begon

car·bu·ra·teur *(‹Fr) de (m)* [-s], **car·bu·ra·tor** [-s, -toren] onderdeel van een verbrandingsmotor waarin de zeer fijn verdeelde brandstof met lucht vermengd

wordt
car·ci·no·geen (‹Lat-Gr›) med **I** bn kanker teweegbrengend, cancerogeen **II** het [-genen] stof die kanker kan veroorzaken
car·ci·no·lo·gie (‹Lat-Gr›) de (v) medisch specialisme dat onderzoek doet naar kanker
car·ci·noom (‹Lat›) het [-nomen] kankergezwel
car·dan·as de [-sen] as in een auto die de motorkracht naar de wielen overbrengt d.m.v. een cardankoppeling, genoemd naar de Italiaanse taalkundige Cardano (1501-1576)
car·dan·kop·pe·ling de (v) [-en] koppeling van assen die in een constante of veranderlijke hoek ten opzichte van elkaar staan
car·dio- (‹Gr›) als eerste lid in samenstellingen betrekking hebbend op het hart
car·di·o·chi·rurg [-sjie-] de (m) [-en] hartchirurg
car·di·o·chi·rur·gie [-sjierurgie, -sjierurzjie] de (v) hartchirurgie
car·di·o·graaf (‹Gr›) de (m) [-grafen] instrument dat de hartslag registreert
car·di·o·gra·fie de (v) het registreren van de hartslag door middel van een cardiograaf
car·di·o·gram (‹Gr›) het [-men] grafische voorstelling van de hartslag
car·di·o·lan·ce (‹Gr-Fr›) de [-s en -n] → **cardulance**
car·di·o·lo·gie (‹Gr›) de (v) medisch specialisme dat zich bezighoudt met de bestudering van hart en bloedvaten en de ziekten daarvan
car·di·o·lo·gisch bn van, volgens de cardiologie
car·di·o·loog (‹Gr›) de (m) [-logen] specialist op het gebied van cardiologie, hartspecialist
car·du·lan·ce de [-s] NN ziekenauto waarin personen die een hartaanval of hartinfarct hebben gehad, reeds tijdens het vervoer naar het ziekenhuis de eerste medische hulp kunnen krijgen
car·ga (‹Sp›) de ['s] ❶ scheepslading ❷ ladingsfactuur, laadbrief
car·ga·door (‹Sp›) de (m) [-s] scheepsbevrachter, persoon die zich bezighoudt met alle werkzaamheden in verband met het bevrachten en lossen van schepen, het zoeken van nieuwe vrachten, de uitvoering van de douaneformaliteiten enz.
car·ga·lijst de [-en] ladinglijst, lijst van goederen die door een zeeschip zijn aangevoerd
car·go (‹Sp›) de (m) ['s] → **carga**
Ca·ri·bisch bn van, uit, betreffende de eilanden en de oostelijke kustgebieden van Midden-Amerika: ★ de Caribische Zee ★ Caribische muziek
ca·ri·ës (‹Lat›) de (v) ❶ aandoening die tandweefsel aantast, tandbederf ❷ med beeneter, tuberculose in de beenderen
ca·ri·eus bn door cariës aangestoken (van tanden en beenderen)
ca·ril·lon [-riljon] (‹Fr›) de (m) & het [-s] vooral NN klokkenspel (in torens), beiaard
ca·ri·tas (‹Lat›) de (v) → **charitas**

ca·ri·ta·tief (‹Lat›) bn → **charitatief**
car·jack·ing [kà(r)dzjekking] (‹Eng›) de een bestuurder onder bedreiging met een wapen van zijn auto beroven
car·kit [kà(r)-] (‹Eng›) de (m) [-s] installatie om in een auto handsfree mobiel te telefoneren
car·list de (m) [-en] ‹in Spanje› aanhanger van de troonpretendent Don Carlos (1788-1855) en diens mannelijke afstammelingen
car·ma·gnole [-manjòl(ə)] (‹Fr›) de (v) Frans revolutionair danslied, ontstaan in ± 1792
car·na·val (‹Fr‹It›) het [-s] in sommige landen en gebieden uitbundig gevierd volksfeest op de zondag, maandag en dinsdag vóór de rooms-katholieke 40-daagse vasten
car·na·va·lesk (‹Fr›) bn als van, zoals gebruikelijk is bij het carnaval
car·na·vals·lied het [-eren] tijdens carnaval gezongen, makkelijk in het gehoor liggend lied
car·net [-nè] (‹Fr›) het [-s] ❶ zakboekje, aantekenboekje ❷ (boekje met) een aantal bijeenbehorende zegels, toegangsbiljetten e.d.
car·ni·voor (‹Lat›) **I** de (m) [-voren] vleesetend dier, roofdier **II** bn vleesetend
ca·ro·teen (‹Lat›) het provitamine A, dat in het lichaam wordt omgezet in vitamine A: ★ ~ komt voor in oranje en gele groenten en fruitsoorten
ca·rotte [-rot(tə)] (‹Fr›) de ★ bilj ~ spelen opzettelijk zo stoten dat de tegenstander de ballen in moeilijke ligging krijgt
car·pac·cio [-patsjoo] (‹It›) de Italiaans voorgerecht van zeer dungesneden plakjes rauwe ossenhaas
car·pe di·em tsw (‹Lat›) pluk de dag, geniet van het heden
car·pool [kà(r)poel] (‹Eng›) de (m) [-s] samenwerking van autogebruikers om één auto gezamenlijk te gebruiken indien een aantal personen regelmatig en gelijktijdig hetzelfde traject moet afleggen
car·pool·en [kà(r)poelə(n)] ww & het carpools vormen
car·pool·ing [kà(r)poeling] de (m) het vormen van carpools
car·pool·strook [kà(r)poel-] de [-stroken] rijstrook op een snelweg, uitsluitend bestemd voor carpoolende autogebruikers
car·port [kà(r)pò(r)t] (‹Eng›) de (m) [-s] staanplaats, stalling voor een auto onder een vrijstaand dak (zonder wanden) of afdak aan het huis
car·ré (‹Fr›) de (m) & het [-s] ❶ vierkant ❷ mil vierhoekige slagorde ❸ vierkant stuk gebak of koek ❹ poker vier kaarten of stenen met dezelfde waarde
car·ri·er [kerrie(j)ə(r)] (‹Eng›) de (m) [-s] ❶ mil licht gepantserd voertuig op rupsbanden ❷ biol plant die als drager van ziektekiemen besmetting kan overbrengen ❸ med bacillendrager ❹ telecomaanbieder
car·riè·re [karjèrə] (‹Fr›) de [-s] reeks maatschappelijke posities die iem. doorloopt of doorlopen heeft, loopbaan ★ ~ maken goed vooruitkomen, vlot

promotie maken
car·riè·re·ja·ger [karrjɛ̀rə-] *de (m)* [-s] iem. die op weloverwogen wijze probeert steeds betere maatschappelijke posities te verkrijgen, vooral *in ongunstige zin* ten koste van anderen
car·riè·re·plan·ning [karrjɛ̀rəplenning] *de (m)* het uitstippelen van een maatschappelijke loopbaan
car·ros·se·rie *(⟨Fr⟩ de (v)* [-rieën] bovenstel van een auto, zonder motor, wielen, chassis e.d., koetswerk ★ *zelfdragende* ~ zodanig geconstrueerde carrosserie dat een chassis niet meer nodig is
car·rou·sel [-roesel] *(⟨Fr⟩ de (m) & het* [-s] fraai opgetuigde draaimolen
carte [kart(ə)] *(⟨Fr⟩ de (v)* zie bij → **à la carte**
carte blanche *de (v)* [kart(ə)blãsj(ə)] *(⟨Fr⟩* onbeperkte volmacht ★ *iemand* ~ *geven* hem geheel de vrije hand laten
car·ter *(⟨Eng⟩ het* [-s] kast waarin de krukas van een verbrandingsmotor zit
car·te·si·aans [-zie-] *bn* van de Franse wijsgeer Cartesius (Descartes, 1596-1650) ★ ~ *assenstelsel* stelsel van loodrecht op elkaar staande assen (x- en y-as)
car·te·si·a·nis·me [-zie-] *het* wijsgerig stelsel van Cartesius (Descartes, 1596-1650)
Car·thaags *bn* van, uit, betreffende Carthago, een stad in de klassieke oudheid nabij de plaats van het huidige Tunis
car·to- *als eerste lid in samenstellingen* betrekking hebbend op kaarten
car·to·fiel *(⟨Lat-Gr⟩ de* [-en] liefhebber van landkaarten
car·to·graaf *(⟨Lat-Gr⟩ de (m)* [-grafen] tekenaar, ontwerper van landkaarten
car·to·gra·fie *(⟨Lat-Gr⟩ de (v)* kunst van het vervaardigen van landkaarten
car·to·gra·fisch *bn* de cartografie betreffend
car·to·gram *(⟨Lat-Gr⟩ het* [-men] op een landkaart uitgebeelde verzameling statistische gegevens
car·toon [kartoen] *(⟨Eng⟩ de (m)* [-s] humoristische tekening
car·toon·ist [kartoenist] *(⟨Eng⟩ de (m)* [-s] maker van cartoons
car·to·theek *(⟨Lat-Gr⟩ de (v)* [-theken] kaartenverzameling
car·touche [-toesj(ə)] *(⟨Fr⟩ de* [-s] ❶ sierlijke lijst of lofwerk waarbinnen een opschrift of bijschrift voor een prent of kaart of op een bouwwerk wordt aangebracht ❷ patroonhuls ❸ rolletje geldstukken van dezelfde soort
car·tridge [kà(r)tridzj] *(⟨Eng⟩ de* [-s] comput houdertje bijv. met gegevens die onontbeerlijk zijn om een computerspel te spelen of met toner voor een printer
carve·ski [kà(r)v-] *(⟨Eng⟩ de (m)* ['s] type alpineski die, ten behoeve van een grotere wendbaarheid, aan de voor- en achterzijde iets breder is
car·wash [kà(r)wosj] *(⟨Eng⟩ de (m)* [-es] bedrijf waar men auto's kan laten wassen

ca·sa·no·va *de (m)* ['s] vrouwenverleider, naar de Italiaanse avonturier Giacomo Girolamo Casanova (1725-1798)
cas·ca·de *(⟨Fr⟩ de (v)* [-s] ❶ waterval of trapsgewijs verlopende reeks watervallen ❷ BN, onderw het afzakken naar een steeds lager onderwijstype
cas·co *(⟨Sp⟩ het* ['s] ❶ romp van een voertuig (schip, vliegtuig, auto e.d.) ❷ woning zonder het interieur
cas·co·as·su·ran·tie [-sie] *de (v)* [-s],
cas·co·ver·ze·ke·ring [-en] ❶ ⟨bij schepen⟩ verzekering van het schip zonder het tuig ❷ NN ⟨bij auto's⟩ verzekering tegen schade aan de eigen auto, ook als die door eigen schuld is ontstaan
cas·co·wo·ning *de (v)* [-en] huis dat niet geheel gereed wordt opgeleverd en door de eigenaar naar eigen inzichten wordt afgebouwd
ca·se·ï·ne [-zeeienə] *(⟨Fr⟩ de* kaasstof, eiwitachtig bestanddeel van melk
case·sto·ry [keez-stòrie] *(⟨Eng⟩ de* ['s] de voorgeschiedenis van een geval waarin casework wordt gedaan
case·study [keez-studdie] *(⟨Eng⟩ de (m)* ['s] onderzoek van een bep. bijzonder geval
case·work [keez-wù(r)k] *(⟨Eng⟩ het* op individuele gevallen gericht maatschappelijk werk
cash [kesj] *(⟨Eng⟩* **I** *bijw* in baar geld, contant ★ ~ *betalen* contant betalen, dus niet met een cheque, creditcard, pinpas e.d. **II** *het* contant geld; ★ *veel* ~ *bij zich hebben*
cash-and-car·ry [kesj 'n kerrie] *(⟨Eng⟩ de (m)* beding in de handel waarbij men de goederen contant betaalt en zelf komt halen; ook in samenstellingen als: ★ ~*bedrijf*, ~*winkel enz.*
cash·di·vi·dend [kesj-] *het* dividend dat in contant geld wordt uitgekeerd; *tegengest*: → **stockdividend**
ca·shen *ww* [kesjə(n)] *(⟨Eng⟩* [cashte, h. gecasht] iets waardevols te gelde maken
cash·ew·noot [kesjoe-] *(⟨Eng⟩ de (m)* [-noten] eetbare noot met gebogen vorm van de tropische boom *Anacardium occidentale*
cash·flow [kesj-floo(w)] *(⟨Eng⟩ de (m)* econ benaming voor winst na aftrek van belastingen, maar vóór afschrijving; ook gedefinieerd als netto winst + afschrijvingen (+ uitkeringen aan niet-aandeelhouders)
ca·si·no [-zienoo] *(⟨It⟩ het* ['s] ❶ gebouw met gelegenheid tot het spelen van kansspelen ❷ *verkorting van* casinobrood
ca·si·no·brood [-zie-] *het* [-broden] fijn, in een bus gebakken witbrood
cas·sant *bn* BN ⟨van uitspraken⟩ bits, scherp
cas·sa·tie *de (v)* [-(t)sie] *(⟨Lat⟩* ❶ vernietiging van een vonnis in hoogste instantie, in Nederland door de Hoge Raad, in België door het Hof van – ★ *in* ~ *gaan (tegen een vonnis),* ~ *aantekenen* een vonnis ter vernietiging voorleggen aan de hoogste rechterlijke instantie ❷ BN verkorting van Hof van Cassatie
cas·sa·ve *(⟨Fr⟨Sp⟨Taino, een Haïtiaanse indianentaal⟩ de*

❶ meel uit de wortels van de maniok ❷ maniok
cas·se·ler·rib *(‹Du› de)* gezouten en gekookte varkensrib zonder wervels, genoemd naar de Duitse stad Kassel: ★ *~ wordt, ontbeend, gekookt en in dunne plakjes gesneden, als broodbeleg gegeten*
cas·se·ren *ww (‹Fr‹Lat›)* [casseerde, h. gecasseerd] ‹een vonnis› vernietigen, ongeldig verklaren
cas·set·te *(‹Fr› de)* [-n, -s] ❶ kistje, geldkistje ❷ doosje waarin een geluidsbandje of filmpje zit gemonteerd ❸ doos of kistje voor of met tafelzilver en -messen ❹ verdiept vlak in een plafond of gewelf ❺ stevige kartonnen, aan één zijde open doos als houder voor één of meer boeken
cas·set·te·band·je *het* [-s] geluidsbandje in een cassette
cas·set·te·deck *het* [-s] cassetterecorder zonder ingebouwde versterker en luidsprekers
cas·set·te·pla·fond [-fon] *het* [-s] plafond bestaande uit een aantal rechthoekig snijdende balken met verdiepte velden ertussen
cas·set·te·re·cor·der [-riekò(r)də(r)] *de (m)* [-s] bandrecorder voor het opnemen en afspelen van cassettebandjes
cas·siè·re [-sjèrə] *(‹Fr› de (v)* [-s] → **caissière**
cas·sis [kassis] *(‹Fr› de)* uit sap van zwarte bessen bereide drank
cast [kaast] *(‹Eng› de (m))* rolbezetting bij films, toneelstukken e.d.
cas·tag·net·ten [-tanjet-] *(‹Sp› mv)* uit Spanje afkomstig instrument, bestaande uit twee komvormige kleppers die door een lint los aan elkaar zijn verbonden en in de handpalm worden gehouden, vooral gebruikt als begeleiding bij Spaanse dansen
cas·ten *ww* [kaastə(n)] *(‹Eng›)* [castte, h. gecast] de geschikte acteurs en actrices zoeken voor de vertolking van rollen in films, toneelstukken e.d.: ★ *iem. ~ voor de rol van een schurk*
cas·ti·ge·ren *ww (‹Lat›)* [castigeerde, h. gecastigeerd] vero ❶ tuchtigen, kastijden ❷ de aanstootgevende passages verwijderen (uit een boek, een film), kuisen
Cas·ti·li·aan *de (m)* [-anen] iem. geboortig of afkomstig uit Castilië (Midden-Spanje)
Cas·ti·li·aans I *bn* van, uit, betreffende Castilië II *het* het Spaans zoals gesproken in Castilië, de Spaanse standaardtaal: ★ *hij sprak zuiver ~*
Cas·tor en Pol·lux *zn* onafscheidelijke vrienden, naar de tweelingzonen van Leda uit de Griekse mythologie
cas·traat *(‹Lat› de (m))* [-traten] iem. die gecastreerd is
cas·tra·tie [-(t)sie] *(‹Lat› de (v))* [-s] ❶ ‹bij mannen of mannelijke dieren› wegneming van de zaadballen, ontmanning ❷ ‹bij vrouwen of vrouwelijke dieren› wegneming van de eierstokken ★ *chemische ~* het wegnemen van seksuele driften van mannen door toediening van chemische middelen
cas·tre·ren *ww (‹Fr‹Lat›)* [castreerde, h. gecastreerd] ❶ ‹bij mannen of mannelijke dieren› ontmannen,

de zaadballen van mannen of mannelijke dieren verwijderen ❷ ‹bij vrouwen of vrouwelijke dieren› verwijderen van de eierstokken
cas·u·al [kezjoewəl] *(‹Eng› bn)* ‹v. kleding› informeel
ca·su·a·lis·me *(‹Lat›)* [-zuu-] *het* stelsel waarin men toeval als oorsprong van alle dingen aanneemt
ca·su·a·list [-zuu-] *de (m)* [-en] iem. die het casualisme aanneemt of aanhangt
ca·su·ïst [-zuu-] *(‹Fr› de (m))* [-en] ❶ beoefenaar van de casuïstiek ❷ godgeleerde die zich met de beslissing in of de oplossing van gewetensvragen bezighoudt
ca·su·ïs·tiek [-zuu-] *(‹Fr› de (v))* ❶ ‹in het algemeen› leer van de gevallen ❷ ethiek toepassing van de algemene ethische regels op concrete gevallen en situaties ❸ leer van de oplossing van gewetensvragen ❹ med beschrijving en verzameling van ziektegevallen
ca·su quo *bijw* [kaazuu kwoo] *(‹Lat›)* in het gegeven geval, in welk geval: ★ *een reis maken naar Friesland, ~ naar Harlingen*
ca·sus [-zus] *(‹Lat› de (m)* [-sen *of mv* idem)] ❶ geval, voorval ★ *~ belli* reden tot oorlog ❷ taalk naamval
ca·ta·clys·me [-klismə] *(‹Gr› het* [-n]) ❶ geweldige ramp, zoals een grote aardbeving of overstroming ❷ grote ommekeer
ca·ta·com·be *(‹It‹Gr› de* [-n]) onderaardse gang(en) met gewelven en groeven als begraafplaatsen, vooral van de eerste christenen in Rome: ★ *de catacomben van Parijs onderaardse groeven in Parijs als bewaarplaats voor doodsbeenderen* ★ *catacomben* ruimten onder de tribunes van een stadion
Ca·ta·laan *de (m)* [-lanen] iem. geboortig of afkomstig uit Catalonië (Noordoost-Spanje)
Ca·ta·laans I *bn* van, uit, betreffende Catalonië II *het* de taal van Catalonië
ca·ta·lep·sie *(‹Lat‹Gr› de (v))* med toestand van algemene verstarring, waarbij ledematen een onveerkrachtige buigzaamheid behouden
ca·ta·lep·tisch *(‹Lat‹Gr› bn)* stijf, star
ca·ta·lo·ge·ren *ww (‹Fr›)* [catalogeerde, h. gecatalogeerd] BN ook catalogiseren, classificeren
ca·ta·lo·gi·se·ren *ww* [-zee-] [catalogiseerde, h. gecatalogiseerd] een catalogus maken van, ordelijk beschrijven, in een catalogus opnemen
ca·ta·lo·gus *(‹Lat‹Gr› de (m))* [-logussen, -logi] geordende lijst of opsomming van voorwerpen: ★ *een ~ van boeken, van oude munten*
ca·ta·lo·gus·win·kel *de (m)* [-s] winkel waar gekocht wordt aan de hand van demonstratiemateriaal of een catalogus
ca·ta·loog *(‹Fr› de (m))* [-logen] BN ook → **catalogus**
ca·ta·ma·ran *(‹Eng‹Tamil› de (m))* [-s] het boot met twee gescheiden en evenwijdig naast elkaar liggende rompen, die door een dek met elkaar verbonden zijn
ca·ta·ract *(‹Lat‹Gr› de* [-en]) ❶ geogr grote waterval of serie watervallen: ★ *de cataracten van de Nijl* ❷ med grijze staar

ca·tar·raal *bn* betrekking hebbend op, ontstaan uit een catarre
ca·tarre [-tar] *(‹Fr‹Gr) de* [-s] ontsteking van een slijmvlies met veel slijmachtige afscheiding, vaak bij de bovenste luchtwegen of bij een darm
ca·ta·stro·faal *bn* van de aard of op de wijze van een catastrofe; rampzalig, hoogst noodlottig: ★ *een aardbeving met catastrofale gevolgen*
ca·ta·stro·fe *(‹Gr) de* [-s, -n] ❶ eig ontknoping met noodlottige afloop in een drama, droevige lotswending ❷ vandaar grote ramp
catch-as-catch-can [ketsj as ketsj ken] *(‹Eng) het* worstelwijze waarbij alle handgrepen toegelaten zijn
catch·er [ketsjə(r)] *(‹Eng) de (m)* [-s] ❶ worstelaar bij het catch-as-catch-can ❷ honkbal speler achter de thuisplaat die de door de pitcher geworpen ballen vangt
ca·te·cheet *de (m)*, **ca·te·che·te** *(‹Gr) de (v)* [-cheten] godsdienstonderwijzer(es)
ca·te·che·se [-zə] *(‹Lat‹Gr) de (v)* godsdienstonderwijs door middel van vraag en antwoord
ca·te·che·tisch *(‹Gr) bn* in de vorm van vraag en antwoord, als in een catechismus
ca·te·chi·sant *(‹Lat)* [-zant] *de (m)* [-en], **ca·te·chi·san·te** [-zantə] *de (v)* [-n] leerling die ter catechisatie gaat
ca·te·chi·sa·tie *(‹Lat)* [-zaa(t)sie] *de (v)* vraagonderricht, vooral prot: godsdienstonderwijs ter voorbereiding op de openbare geloofsbelijdenis
ca·te·chi·se·ren *ww* [-zee-] *(‹Lat‹Gr)* [catechiseerde, h. gecatechiseerd] ❶ vragend onderwijs geven, vooral in de godsdienstleer, godsdienstonderwijs geven ❷ de catechisatie volgen
ca·te·chis·mus *(‹Lat‹Gr) de (m)* [-sen] ❶ overzicht van de leer van een godsdienst in vragen en antwoorden, vragenboek over de geloofsleer ❷ protestants onderwijs in de geloofsleer
ca·te·chist *(‹Lat‹Gr) de (m)* [-en] lekenhelper van een missionaris
ca·te·go·raal *bn* betrekking hebbend op, gebaseerd op categorieën ★ NN *categorale vakbond* vakvereniging van arbeiders in een bepaalde bedrijfstak
ca·te·go·ri·aal *bn* → **categoraal** ★ NN *categoriale school* school van een bepaald type, niet opgenomen in een scholengemeenschap
ca·te·go·rie *(‹Fr‹Gr) de (v)* [-rieën] bepaalde klasse waarin iets wordt ingedeeld, (onder)afdeling, groep, soort: ★ *een bepaalde ~ jongeren* ★ *iets in categorieën indelen*
ca·te·go·riek *bn* BN categorisch, stellig
ca·te·go·risch *(‹Du‹Gr) bn* onvoorwaardelijk, onomwonden, stellig, zonder omwegen: ★ *iets ~ weigeren* ★ *categorische imperatief* gebod in de vorm van een definitieve uitspraak, dus zonder verdere argumentatie (in de filosofie van Kant, 1742-1804)
ca·te·go·ri·se·ren *ww* [-zee-] [categoriseerde, h. gecategoriseerd] in categorieën indelen
ca·te·nac·cio [-natsjoo] *(‹It) het* voetbal sterk verdedigende speelwijze, vooral in de jaren '60 van de vorige eeuw in zwang
ca·te·raar *de (m)* [-s] bedrijf dat de catering verzorgt, cateringbedrijf
ca·te·ren *ww* [keetərə(n)] *(‹Eng)* [caterde, h. gecaterd] de catering verzorgen
ca·ter·ing [keetəring] *(‹Eng) de (v)* verzorging van de maaltijden aan boord van vliegtuigen, in kantines, bij feesten e.d.
cat·gut [ketγut] *(‹Eng) het* med draad van geprepareerde katten- of schapendarm, voor hechtingen gebruikt
ca·thar·sis *(‹Gr) de (v)* reiniging, zuivering, vooral fig van de ziel, met name de zuivering van hartstochten in het treurspel ★ **ex cathedra** pauselijke stoel
ca·the·dra, **ca·the·dra** *(‹Lat‹Gr) de* leerstoel, katheder; *vgl*: → **ex cathedra** pauselijke stoel
C-at·test *het* [-en] BN, onderw getuigschrift waarmee men niet mag overgaan naar een hogere klas in het secundair onderwijs
cat·walk [ketwòk] *(‹Eng) de (m)* [-s] ❶ plankier waarover de mannequins lopen bij een modeshow ❷ smalle loopbrug
cau·dil·lo [-dieljoo] *(‹Sp) de (m)* ['s] ❶ militaire leider van een politieke beweging; ❷ *Caudillo* titel van het voormalige Spaanse staatshoofd Franco (1892-1975)
cau·saal [-zaal] *(‹Lat) bn* ❶ oorzakelijk ★ *~ verband* verband van oorzaak en gevolg: ★ *er bestaat een ~ verband tussen roken en longkanker* ❷ grammatica redengevend: ★ *~ voegwoord*
cau·sa·li·teit [-zaalie-] *(‹Lat) de (v)* oorzakelijk verband
cau·se·ren *ww* [koozee-] *(‹Fr‹Lat)* [causeerde, h. gecauseerd] gezellig praten, keuvelen
cau·se·rie [koozə-] *(‹Fr) de (v)* [-rieën] ❶ oorspr gezellig praatje ❷ thans korte voordracht of opstel in de vorm van een gezellig praatje
cau·seur [koozeur] *(‹Fr) de (m)* [-s] gezellige prater
cau·te·ri·sa·tie *de (v)* [-zaa(t)sie] *(‹Fr)* med het door hitte vernietigen van kleine structuren, zoals het wegbranden van een klein huidgezwel of het dichtschroeien van een bloedvat
cau·te·ri·se·ren *ww* [-zee-] *(‹Fr‹Lat)* [cauteriseerde, h. gecauteriseerd] uitbranden; dichtschroeien
cau·tie [-(t)sie] *(‹Fr‹Lat) de (v)* [-s] borgtocht, geldelijke zekerheidstelling
cau·tio·ne·ren *ww* [-(t)sjoo-] *(‹Fr)* [cautioneerde, h. gecautioneerd] borg blijven, zich tot borg stellen voor
ca·val·ca·de *(‹Fr‹It) de (v)* [-s, -n] ruiteroptocht, ruiterstoet
ca·va·le·rie *(‹Fr) de (v)* mil ❶ hist de te paard vechtende strijders, ruiterij ❷ thans pantser- en verkenningstroepen
ca·va·le·rist *de (m)* [-en] cavaleriesoldaat
ca·va·lier [-ljee] *(‹Fr) de (m)* [-s] ❶ begeleider van een dame op een bal e.d. ❷ galante heer: ★ BN *~ seul*

individualist
ca·ver·ne (‹Fr‹Lat) de [-s] ❶ spelonk ❷ med door vertering van weefsel ontstane holte, vooral in de longen
ca·via (‹Fr‹Caribische indianentaal) de ['s] tot 35 cm groot knaagdier met korte poten en een relatief grote kop, met als tamme variant het Guinees biggetje
cay·en·ne·pe·per [kaajennə-] (‹Tupi, een Zuid-Amerikaanse indianentaal) de (m) als specerij gebruikte vrucht van de plantensoort *Capsicum frutescens*
CB afk ❶ Citizens' Band (‹Eng) [radiofrequentie waarop amateurs zonder speciale vergunning mogen zenden] ❷ Centraal Beheer ❸ in België Civiele Bescherming
Cb afk ❶ chem symbool voor het element *columbium* ❷ meteor: cumulonimbus
CBP afk in Nederland College Bescherming Persoonsgegevens [organisatie die toezicht houdt op het beheer van persoonsgegevens door gemeenten]
CBR afk in Nederland Centraal Bureau (voor de afgifte van) Rijvaardigheidsbewijzen
CBS afk ❶ in Nederland Centraal Bureau voor de Statistiek [overheidsorgaan dat statistische informatie levert over uiteenlopende aspecten van het maatschappelijk leven] ❷ Columbia Broadcasting System [omroeporganisatie in de Verenigde Staten]
cc afk ❶ comput carbon copy (‹Eng) [e-mailkopie gericht aan een derde] ❷ centimètre cubique [kubieke centimeter]
CCC afk in België Cellules Communistes Combattantes (‹Fr) [Strijdende Communistische Cellen]
CCCP afk hist Cyrillisch voor SSSR: *Sojoes Sovjetskich Sotsjalistitsjeskich Respoeblik* [Unie van Socialistische sovjetrepublieken]
cc'en ww [cc'de, h. ge-cc'd] een e-mailkopie als cc verzenden aan een derde: ★ *ik heb die e-mail aan Sander ook aan jou ge-cc'd*
CCOD afk in België Christelijke Centrale van de Openbare Diensten
cc'tje het [-s] als cc verzonden e-mailkopie
CD afk ❶ corps diplomatique ❷ in Nederland Centrumdemocraten [vroegere Nederlandse extreemrechtse politieke partij, van 1989 tot1998 vertegenwoordigd in de Tweede Kamer]
Cd afk chem symbool voor het element *cadmium*
cd de (m) ['s] ❶ compact disc: ★ *een ~ branden* informatie op de cd zetten ❷ nat: candela
CDA afk in Nederland Christendemocratisch Appel [politieke partij]
cd-bran·der [seedee-] m [-s] comput apparaat waarmee digitale informatie op een beschrijfbare cd kan worden vastgelegd (of 'gebrand')
CDH afk in België Centre démocrate humaniste [politieke partij]

cd-i (‹Eng) de (m) ['s] compact disc-interactive [compact disc met interactieve software, afspeelbaar op een cd-i-speler]
cd-i-spe·ler de (m) [-s] apparaat waarop, in combinatie met een televisie, cd-i's worden afgespeeld
CdK afk in Nederland Commissaris der Koningin
CDN afk als nationaliteitsaanduiding op auto's Canada (Canadian Dominion)
cd-r de ['s] cd-recordable
cd-r-drive [-draiv] (‹Eng) de [-s] comput drive voor beschrijfbare cd-roms
cd-re·cor·dable [-riekò(r)dəbl] (‹Eng) de [-s] compact disc waarop men eenmalig zelf informatie kan vastleggen en die op een cd-, cd-rom- of cd-i-speler kan worden afgespeeld
cd-re·writ·able [seedeerieraitəbl] (‹Eng) de (m) [-s] comput cd die meer malen beschreven kan worden
cd-re·writ·er [seedeerieraitə(r)] (‹Eng) de (m) [-s] comput apparaat waarmee informatie kan worden vastgelegd op cd-recordables en cd-rewritables
cd-rom afk compact disc-read only memory (‹Eng) [compact disc waarop informatie is vastgelegd die niet kan worden gewijzigd]
cd-r-spe·ler de (m) [-s] comput drive voor beschrijfbare cd-roms
cd-rw de (m) ['s] cd-rewritable (‹Eng) [cd die meerdere malen kan worden beschreven, in tegenstelling tot de cd-recordable (cd-r) die slechts eenmaal kan worden beschreven]
cd-rw-disk (‹Eng) de (m) [-s] comput cd-rewritable, beschrijfbare cd
cd-single [seedeesinɣəl] (‹Eng) de (m) [-s] audio-cd met korte speelduur
cd-spe·ler [see dee-] de (m) [-s] installatie waarmee de op compact discs vastgelegde informatie d.m.v. een laserstraal wordt afgelezen en zichtbaar of hoorbaar wordt gemaakt
CDU afk Christlich-Demokratische Union [Duitse politieke partij]
CD&V afk in België Christendemocratisch en Vlaams [politieke partij]
cd-writ·er [-raitə(r)] de (m) [-s] apparaat waarmee men op cd-rom opgeslagen informatie kan lezen, maar ook informatie op cd-recordables kan vastleggen
CE afk ❶ Centraal Examen ❷ Conformité Européenne [markering op producten die aangeeft dat die producten voldoen aan de daarvoor geldende regels binnen de Europese Economische Ruimte]
Ce afk chem symbool voor het element *cerium*
ce·del [-s], **ceel** (‹Fr) de & het [celen] ❶ bewijs, veelal aan toonder, van opslag van goederen in een pakhuis of veem ❷ lijst; (lange) opsomming
ce·dent (‹Lat) de (m) [-en] iem. die afstand van iets doet of een vordering overdraagt
ce·der (‹Lat‹Gr) de (m) [-s] subtropische, altijdgroene soort van pijnboom met laagsgewijze geplaatste takken, nationaal symbool van Libanon

ce·de·ren[1] *bn* van cederhout
ce·de·ren[2] *ww* (‹*Lat*) [cedeerde, h. gecedeerd]
❶ afstand doen van, overlaten ❷ wijken, zwichten
ce·der·hout *het* hout van de ceder
ce·dil·le [seedieje] (‹*Fr*) *de* [-s] ❶ ‹in West-Europese talen› teken onder de c (ç), om die vóór a, o en u te doen uitspreken als s, zoals in *reçu*, ❷ ‹in overige talen› soms onder andere letters en met een afwijkende functie
ceel *de & het* [celen] → **cedel**
cein·tuur [sen-] (‹*Fr*) *de (v)* [-turen, -s] siergordel, band om het middel
cein·tuur·baan [sen-] *de* [-banen] NN, vroeger ringbaan, vooral ringtram- of spoorlijn om of binnen een stad
cel[1] (‹*Lat*) *de* [-len] ❶ elk van de kamertjes in een gevangenis, een klooster e.d. ★ *natte ~ ruimte* in een huis met daarin douche, wasbak, ligbad e.d. ❷ omsloten ruimte in een organisme of mineraal, vooral elk van de door een vlies omsloten gedeelten van het protoplasma als kleinste element van de organische bouw ★ *de grijze cellen* de hersenen ❸ eenkamerige kluizenaarswoning ❹ elk van de zeszijdige holten in een honingraat ❺ elk van de delen van een batterij die een element bevatten ❻ kleinste eenheid van een politieke organisatie ❼ BN team van bijzondere afdeling binnen de politie
cel[2] *de* [-len] verkorting van → **violoncel**
cel·au·to [-ootoo, -autoo] *de (m)* ['s] gevangenenauto
cel·de·ling *de (v)* [-en] vermenigvuldiging van cellen (→ **cel**[1], bet 2) door splitsing
ce·le·bes·ba·vi·aan *de (m)* [-vianen] kuifmakaak
ce·le·brant (‹*Lat*) *de (m)* [-en] RK geestelijke die de mis opdraagt
ce·le·bra·tie [-(t)sie] (‹*Lat*) *de (v)* ❶ viering ❷ RK het opdragen van de mis
ce·le·bre·ren *ww* (‹*Lat*) [celebreerde, h. gecelebreerd] ❶ vieren, plechtig gedenken ❷ RK ‹de mis› opdragen
ce·le·bri·teit (‹*Fr*‹*Lat*) *de (v)* [-en] ❶ vermaardheid; beroemde naam ❷ vermaard persoon op het gebied van wetenschap of kunst
ce·le·bri·ty [sǝlebbrittie] (‹*Eng*) *de* ['s] beroemd persoon
ce·les·ta [tsjee-] (‹*It*) *de* ['s] muz orkestinstrument bestaande uit door toetsen aangeslagen metalen staven
ce·les·tijn *de (m)* [-en] lid van de orde van de Celestijnen, door de latere paus Celestinus V ca. 1235 gestichte monniksorde
ce·li·baat (‹*Fr*‹*Lat*) *het* ongehuwde staat, vooral die welke voor rooms-katholieke geestelijken verplicht is
ce·li·ba·tair [-tèr] (‹*Fr*) *de (m)* [-s] ongehuwde man, vrijgezel
cel·kern *de* [-en] lichaampje in een → **cel**[1] (bet 2), omgeven door een membraan dat de kernvloeistof omsluit waarin zich de chromosomen bevinden
cel·len·be·ton *het* lichte soort beton, met heel kleine, met lucht gevulde cellen erin
cel·list *de (m)* [-en] bespeler van een cello
cel·lo [sel-, tsjel-] *de (m)* ['s] verkorting van *violoncello*: groot, zittend te bespelen strijkinstrument met vier snaren, gestemd op c, g, d en a
cel·lo·faan *het* doorzichtige, uit cellulose vervaardigde folie, gebruikt als verpakkingsmateriaal
cel·lu·lair [-lèr] (‹*Fr*) *bn* ❶ in cellen, vakken, kamertjes verdeeld ★ *cellulaire gevangenis* waar de gevangenen elk afzonderlijk in een cel worden opgesloten ★ *hij heeft drie maanden ~ gekregen* gevangenisstraf in een cel ❷ med betrekking hebbend op de lichaamscellen: ★ *cellulaire pathologie*
cel·lu·li·tis *de (v)* zwelling van het onderhuidse bindweefsel waardoor de huid er als de schil van een sinaasappel gaat uitzien, sinaasappelhuid
cel·lu·loid (‹*Eng*) *het* kunststof voornamelijk bestaande uit cellulosenitraat en kamfer, vroeger gebruikt als fotografie- en filmmateriaal
cel·lu·lo·se [-zǝ] (‹*Fr*) *de* een macromoleculair koolhydraat dat een belangrijk bestanddeel vormt van de meeste plantaardige celwanden
Cels. *afk* Celsius
Cel·si·us *de (m)* eenheid van temperatuur, uitgezet op een zodanige thermometerschaal dat de afstand tussen het vriespunt en het kookpunt van water honderd van deze eenheden bevat, genoemd naar de Zweedse natuurkundige A. Celsius (1701-1744)
cel·split·sing *de (v)* [-en] celdeling
cel·stof *de* technische benaming voor vezels waarin cellulose het hoofdbestanddeel vormt
cel·straf *de* [-fen] gevangenisstraf
cel·the·ra·pie *de (v)* [-pieën] therapie waarbij celmateriaal van ongeboren of jonge dieren wordt geïnjecteerd om zwakke organen beter te laten functioneren
cel·wa·gen *de (m)* [-s] vooral BN arrestantenwagen, gevangenwagen
cel·weef·sel *het* [-s] cellen (→ **cel**[1], bet 2) tot een weefsel verenigd
cem·ba·list [sem-, tsjem-] (‹*It*) *de (m)* [-en] bespeler van een cembalo
cem·ba·lo [sem-, tsjem-] (‹*It*) *het* ['s] verkorting van *clavecimbalo*; zie bij → **klavecimbel**
ce·ment (‹*Fr*‹*Lat*) *de (m) & het* ❶ benaming voor stoffen die, met water vermengd, een snel hard wordend bindmiddel opleveren, gebruikt in de bouwnijverheid ❷ beenachtige laag om de tandwortels van zoogdieren ❸ fig bindende kracht
ce·men·ten I *bn* van cement **II** *ww* [cementte, h. gecement] → **cementeren**
ce·men·te·ren *ww* (‹*Fr*) [cementeerde, h. gecementeerd] door cement verbinden of daarmee bestrijken of pleisteren
ce·na·kel *het* [-s] BN kleine, besloten kring, omgeven door een waas van geheimhouding: ★ *weten de*

partijcenakels wel wat er bij de bevolking leeft?
ce·no·taaf *de (m)* [-tafen], **ce·no·ta·phi·um** [-fie-] (‹Lat‹Gr) *de (m)* [-phia] leeg praalgraf, grafmonument of -teken ter ere van een dode van wie men het lijk niet heeft of die op een andere plaats ligt begraven
ce·no·zo·ï·cum *het* geologisch tijdperk van 65 miljoen jaar geleden tot nu, bestaande uit het tertiair en het quartair
cen·se·ren *ww* (‹Lat) [censeerde, h. gecenseerd] beoordelen; schatten
cen·sor (‹Lat) *de (m)* [-s, -soren] ❶ ‹bij de Romeinen› regeringspersoon, belast met de handhaving van de goede zeden en openbare orde ❷ *vandaar* ambtenaar die geschriften, films e.d. beoordeelt op hun geschiktheid voor openbaarmaking, resp. vertoning
cen·su·re·ren *ww* (‹Fr) [censureerde, h. gecensureerd] aan censuur onderwerpen
cen·sus (‹Lat) *de (m)* ❶ belasting (*vgl:* → **cijns**) ❷ periodieke officiële volkstelling
cen·sus·kies·recht *het* kiesstelsel waarbij alleen zij mogen stemmen die een bepaald bedrag aan belasting betalen
cen·suur (‹Fr‹Lat) *de (v)* ❶ toezicht op voor publicatie bestemd drukwerk, toneel, film enz. door een kerkelijke of wereldlijke overheid: ★ *onder* ~ *staan* ❷ kerkelijk toezicht op leer en levenswandel
cent (‹Lat) *de (m)* [-en, -s] ❶ waarde van 1/100 euro: ★ *dit artikel kost 50* ~ ★ *(veel) centen hebben* rijk zijn ★ *geen (rooie)* ~ *hebben, bezitten* heel arm zijn ★ *een aardig centje verdienen* veel verdienen ★ *op de centen zijn* zuinig zijn ★ NN *op een* ~ *dood blijven* zeer gierig zijn ★ *geen* ~ *fig* niets: ★ *het kan hem geen* ~ *schelen* ★ *hij deugt voor geen* ~ hij is onbetrouwbaar ★ *geen* ~ *waard zijn* niets waard zijn, fig er slecht aan toe zijn ★ NN *geen centje pijn van iets hebben* er helemaal geen nadeel van ondervinden ❷ munt van ⅟₁₀₀ euro ❸ waarde en munt van het ⅟₁₀₀ deel van enkele andere munteenheden, zoals de dollar en de voormalige Nederlandse gulden
cen·taur, ken·taur (‹Lat‹Gr) *de (m)* [-en] paardmens, mythisch wezen, half paard, half mens
cen·ta·vo (‹Sp) *de (m)* ['s] ❶ vroeger munt ter waarde van 1/100 → **escudo** in Portugal ❷ munt en waarde van 1/100 van de munteenheid in een aantal Latijns-Amerikaanse landen
cen·te·naar (‹Lat) *de (m)* [-s] vroeger gewichtseenheid van 100 pond, ook wel van 100 kg
cen·ten·bak *de (m)* [-ken] ❶ bakje waarin een straatmuzikant geld inzamelt ❷ NN, schertsend sterk vooruitstekende onderkaak
cen·ten·kwes·tie *de (v)* [-s] zaak die vooral afhangt van geld: ★ *of de verbouwing doorgaat, is vooral een* ~
cen·ter (‹Fr) *de (m)* [-s] basketbal speler die centraal onder het bord speelt
cen·ter·boor *de* [-boren] boor voor grote gaten
center·court [sεnta(r)kò(r)t] (‹Eng) *het* [-s] tennis baan waarop de belangrijkste wedstrijden van een toernooi worden gespeeld
cen·te·ren *ww* (‹Eng) [centerde, h. gecenterd] voetbal een pass geven door het middenveld
cen·ter·fold [sεntù(r)foolt] **I** *de (m)* [-s] (naakt)foto op twee pagina's in het midden van een tijdschrift **II** *de (v)* [-s] persoon die (naakt) is afgebeeld op zo'n foto
cen·te·si·maal [-zie-] (‹Fr‹Lat) *bn* honderdtallig, honderddelig
cen·ti·are *de* [-n, -s] 1/100 are, 1 m²
cen·tiem *de (m)* [-en] → **centime**
cen·ti·graad *de (m)* [-graden] 1/100 graad
cen·ti·gram (‹Lat-Gr) *het* [-men] 1/100 gram
cen·ti·li·ter *de (m)* [-s] 1/100 liter
cen·time [sätiem] (‹Fr) [-s], **cen·tiem** (‹Fr) [-en] *de (m)* waarde en munt van 1/100 frank (o.a. vroeger in België, Luxemburg en Frankrijk)
cen·ti·me·ter (‹Lat-Gr) *de (m)* [-s] ❶ 1/100 meter ❷ NN meetlint of -stok
cen·traal (‹Fr) **I** *bn* tot het middelpunt of het midden behorend, in het midden gelegen: ★ *een centrale positie innemen* ★ ~ *staan* het belangrijkst zijn ★ *de Centralen* **II** *mv* ❶ Duitsland, Oostenrijk-Hongarije, Bulgarije en Turkije in de Eerste Wereldoorlog, 1914-1918 ❷ van één middelpunt (of persoon) uitgaand: ★ *iets* ~ *besturen* ★ ~ *akkoord* voor alle bedrijfstakken geldende overeenkomst tussen sociale partners op het terrein van loonpolitiek en arbeidsvoorwaarden ★ ~ *geleide economie* economie die wordt gestuurd door centraal genomen beslissingen in plaats van door het marktmechanisme, planeconomie ★ *centrale verwerkingseenheid* comput deel van een computer dat zorg draagt voor de besturing, de interpretatie en uitvoering van instructies, het beheer van de informatie en de uitvoering van berekeningen
cen·traal·sta·tion [-(t)sjon] *het* [-s] hoofdstation in een plaats met meer dan één treinstation
cen·tra·le *de* [-s] hoofdpost van een vertakt stelsel, hoofdkantoor ★ *elektrische* ~ fabriek waar elektriciteit wordt opgewekt
cen·tra·li·sa·tie [-zaa(t)sie] (‹Fr) *de (v)* [-s] samentrekking in één punt; in één orgaan, persoon enz. samenbrengen: ★ ~ *van de bestuurlijke macht*
cen·tra·li·se·ren *ww* [-zee-] (‹Fr) [centraliseerde, h. gecentraliseerd] in één punt verenigen, samentrekken: ★ *de bestuurlijke macht* ~
cen·tra·lis·tisch *bn* sterk geneigd tot centraliseren
cen·tre·ren *ww* (‹Fr) [centreerde, h. gecentreerd] ❶ in het middelpunt brengen, vooral het middelpunt van een draaiend lichaam in de rotatieas brengen ❷ fig richten op
cen·tri·fu·gaal (‹Eng‹Lat) *bn* middelpuntvliedend
cen·tri·fu·gaal·pomp *de* [-en] draaiende pomp met centrifugale kracht werkend
cen·tri·fu·ge [-zjǝ] (‹Fr‹Lat) *de* [-s] machine waarbij door snelle ronddraaiing wasgoed wordt gedroogd, melk ontroomd, houtstof ontwaterd enz.
cen·tri·fu·ge·ren *ww* (‹Fr) [centrifugeerde, h.

gecentrifugeerd] met een centrifuge drogen, stoffen van elkaar scheiden, fijn verdelen enz.

cen·tri·pe·taal (‹Eng‹Lat) bn middelpuntzoekend

cen·trisch bn door het middel- of zwaartepunt gaand of ermee samenvallend

cen·trum (‹Lat‹Gr) het [-tra, -s] ❶ middelpunt, punt van vereniging: ★ *in het ~ van de belangstelling staan* ❷ stadskern: ★ *het oude ~ van Maastricht* ❸ gematigde richting in de politiek, tussen links en rechts: ★ *een coalitie van links met het ~* ❹ (centraal) instituut, inrichting: ★ *een ~ voor de opvang van verwaarloosde kinderen*

cen·trum·spits de [-en] balsport speler in het centrum van de aanval

cen·tu·rie (‹Lat) de (v) [-riën] ❶ afdeling van 100 man ❷ uit 100 eenheden bestaande groep

cen·tu·rio (‹Lat) de (m) ['s, -ri·ones] hoofdman over een centurie

CEO [sie-ie-oo] (‹Eng) de chief executive officer [president-directeur]

Cepess afk in België Centrum voor Politieke, Economische en Sociale Studies

ce·ra·miek, ke·ra·miek (‹Gr) de (v) ❶ het vervaardigen van voorwerpen van aardewerk, pottenbakkerskunst ❷ gebakken aardewerk

ce·ra·misch, ke·ra·misch (‹Gr) bn op de ceramiek betrekking hebbend

cer·be·rus (‹Lat‹Gr) de (m) [-sen] norse portier, naar *Cerberus*, de driekoppige hond die volgens de Griekse mythologie de ingang van de onderwereld bewaakte

cer·cle (‹Fr) de (m) [-s] kring; besloten gezelschap

ce·re·braal (‹Fr‹Lat) bn ❶ de hersenen betreffend ❷ al te verstandelijk, alles uitsluitend verstandelijk benaderend

ce·re·mo·nie (‹Fr‹Lat) de (v) [-s, -niën] ❶ voorgeschreven, geordende plechtigheid: ★ *de ~ van de inhuldiging vond in de Nieuwe Kerk plaats* ❷ plichtpleging: ★ *zonder veel ~ afscheid nemen*

ce·re·mo·ni·eel (‹Fr) I bn ❶ betrekking hebbend op een ceremonie, plechtig ❷ vol plichtplegingen, vormelijk deftig: ★ *een ceremoniële ontvangst* II *het* [-niëlen] het geheel van vormen en plichtplegingen die bij plechtigheden, feesten enz. zijn voorgeschreven

ce·re·mo·nie·mees·ter de (m) [-s] iem. die de leiding heeft bij feestelijke gebeurtenissen en plechtigheden (in België alleen bij huwelijken en begrafenissen)

cé·ré·mo·nie pro·to·co·laire [-lèr] (‹Fr) de (v) sp plechtige prijsuitreiking na een wedstrijd

ce·re·mo·nie·wa·gen de (m) [-s] BN luxeauto voor plechtige gelegenheden

ce·ri·se [-zə] (‹Fr) bn & het kersrood

ce·ri·um (‹Lat) het chemisch element, symbool Ce, atoomnummer 58, een week, slechts zelden onvermengd voorkomend grijsachtig metaal, gebruikt in de aardewerk- en glasindustrie en voor vuursteentjes in aanstekers, genoemd naar de planetoïde Ceres (die weer is genoemd naar de Romeinse godin van de landbouw)

CERN afk Conseil Européen pour la Recherche Nucléaire [Europese Raad voor Kernonderzoek (zetelend in Genève)]

cert. afk certificaat

cer·ti·fi·caat (‹Fr) het [-caten] ❶ getuigschrift, schriftelijke verklaring: ★ *~ van echtheid bij een zeldzame postzegel* ❷ door een administratiekantoor uitgegeven bewijs van aandeel

cer·ti·fi·ce·ren ww (‹Lat) [certificeerde, h. gecertificeerd], **cer·ti·fi·ë·ren** (‹Fr) [certifieerde, h. gecertifieerd] verzekeren, bevestigen; zwart-op-wit geven

cer·ti·tu·de de (v) [-s] BN ook vaste waarde, succes

cer·ve·la (‹Fr) de (m) [-s] BN, spreektaal cervelaatworst

cer·ve·laat·worst (‹It) de [-en] vooral NN gekruide, licht gerookte worst, bereid uit een mengsel van vlees en hard spek, vooral in dunne plakjes als broodbeleg gegeten

ce·sar·the·ra·pie [seezar-] de (v) door mevr. Cesar-Pollak (1894-1975) ontwikkelde bewegingstherapie voor het aanleren van een natuurlijke houding, vooral bij zwangerschap

ce·si·um [-zie-] (‹Lat) het chemisch element, symbool Cs, atoomnummer 55, een zacht metaal met goudgele glans

ce·si·um·klok [-zie-] de [-ken] atoomklok

ces·se·ren ww (‹Fr) [cesseerde, h. gecesseerd] ophouden, een einde nemen, vervallen

ces·sie (‹Fr‹Lat) de (v) [-s] het afstand doen, overdracht van een recht of zaak

ce·suur [-zuur] (‹Lat) de (v) [-suren] stemrust die in een versvoet valt bij het lezen van verzen

ce·taan·ge·tal het getal dat de ontstekingskwaliteit van dieselbrandstof aangeeft

ce·te·ris pa·ri·bus bijw (‹Lat) onder overigens gelijke omstandigheden

Cé·ve·nol de (m) [-nolen] iem. geboortig of afkomstig uit de Cevennes

Cé·ve·nols bn van, betreffende de Cevennes of de Cevenolen

Cey·lo·nees [sei-] I de (m) [-nezen] iem. geboortig of afkomstig uit Ceylon (thans Sri Lanka geheten) II bn van, uit, betreffende Ceylon: ★ *Ceylonese thee*

Cey·lons [sei-] bn → Ceylonees (II)

CF afk Centrum voor Fondsenadministratie [centrum waar men aandeelbewijzen en obligaties administreert die geen dividendbewijzen resp. coupons hebben]

Cf afk chem symbool voor het element californium

cf afk (‹Lat) confer [vergelijk]

c.f. afk (‹Eng) cost (and) freight [vrachtkosten in de prijs inbegrepen]

cfk's mv chloorfluorkoolwaterstofverbindingen [o.a. in drijfgassen voorkomende chemische verbindingen, die de ozonlaag aantasten]

c·f-stuk *het* [-ken] beursterm door het Centrum voor Fondsenadministratie geadministreerd effect
cg *afk* centigram
cgs-stel·sel *het* stelsel van eenheden met de centimeter, het gram en de seconde als grondeenheden
CH *afk* ❶ christelijk-historisch ❷ Confoederatio Helvetica [Zwitsers eedgenootschap, Zwitserland (o.a. als nationaliteitsaanduiding op auto's)]
cha·blis [sjaablie] *(‹Fr) de (m)* Franse witte wijn uit Bourgondië, vooral uit de streek rond het dorp Chablis ten oosten van Auxerre
chachacha [tsjaa-tsjaa-tsjaa] *(‹Spaans-Am) de (m)* ['s] uit Cuba afkomstige dans die zich in de jaren vijftig uit de mambo ontwikkelde
cha·dor [sjaddor] *(‹Perz) de (m)* [-s] lang gewaad voor vrouwen in islamitische landen, dat slechts het gezicht onbedekt laat
cha·grijn[1] [sja-,], **se·grijn** *(‹Fr‹Turks) het* Turks leer, met een korrelig oppervlak
cha·grijn[2] [sja-] *(‹Fr) het* NN ❶ slechte gehumeurdheid, ontevredenheid, onvriendelijkheid ❷ *[mv: -en]* slechtgehumeurde, ontevreden, onvriendelijke persoon: ★ *gaat dat (stuk) ~ ook mee naar de film?*
cha·grij·nig [sjaa-] *bn* NN slecht gehumeurd: ★ *een chagrijnige puber* ★ *in een chagrijnige bui zijn*
cha·kra [sjak-] *(‹Hindi) de* ['s] yoga elke van de punten waar in het lichaam de energiestromen samenkomen
chal·ce·don *(‹Lat‹Gr)* als stof: *het*, als voorwerp: *de (m)* [-donen] enigszins doorschijnende halfedelsteen, in diverse kleuren voorkomend, een variëteit van kwarts, genoemd naar de stad Chalcedon uit de oudheid, op de Klein-Aziatische oever van de Bosporus
Chal·dee·ër *(‹Lat) de (m)* [-s] iem. die tot het volk van de Chaldeeën in Mesopotamië behoorde
Chal·deeuws *(‹Lat) het* oude benaming voor Aramees
cha·let [sjaalè] *(‹Zwitsers-Fr) de (m) & het* ❶ Zwitsers houten huis ❷ kleine villa in Zwitserse stijl
cham·bre·ren *ww* [sjam-] *(‹Fr)* [chambreerde, h. gechambreerd] ‹wijn› op kamertemperatuur brengen
cha·mois [sjaamwà] *(‹Fr)* **I** *het* ❶ leer van gemzenhuid ❷ kleur van gemzenleer, lichtgele kleur **II** *bn* lichtgeel
cham·pag·ne [sjampanjə] *(‹Fr) de (m)* schuimende, koolzuurhoudende wijn, afkomstig uit het Franse gebied Champagne, gelegen rond de stad Reims
cham·pag·ne·ci·der [sjampanjə-] *de (m)* schuimende, verfrissende drank
cham·pag·ne·glas [sjampanjə-] *het* [-glazen] smal, hoog glas waaruit men champagne drinkt
cham·pe·noi·se [sjäpənwaazə] *(‹Fr) de* [-s] mousserende wijn uit Champagne
cham·pet·ter [sjam-] *(‹Fr) de (m)* [-s] BN, spreektaal, vero ❶ veldwachter ❷ bazige vrouw

cham·pig·non [sjampienjon] *(‹Fr) de (m)* [-s] tot het geslacht *Agaricus* behorende eetbare paddenstoel, waarvan met name de soort *A. bisporus* voor de consumptie wordt geteeld
cham·pig·non·soep [sjampienjon-] *de* gebonden soep met champignons
Cham·pi·ons League [tsjempie(j)əns lieɣ] *(‹Eng) de* voetbal wedstrijdenreeks om het Europees kampioenschap van clubteams
chance [sjäs(ə)] *(‹Fr) de (v)* kans; zie ook → **sjans**
change [sjäzjə] *(‹Fr,)* [tsjeenzj] *(‹Eng) de (m)* ❶ het inwisselen van vreemd geld ❷ *[mv: -s]* wisselkantoor
chan·ge·ment [sjäzjəment] *(‹Fr)* **I** *het* [-en,] [sjäzjəmä] *(‹Fr)* **II** *het* [-s] ❶ verandering ❷ verwisseling van decors ★ *~ à vue* verwisseling van decors bij open doek
chan·ge·ren *ww* [sjäzjee-] *(‹Fr)* [changeerde, h. gechangeerd] veranderen, verwisselen
Cha·noe·ka *(‹Hebr) het* joods feest in december ter herinnering aan de inwijding van de tempel na de verontreiniging door Antiochus Epiphanes (165 v.C.)
cha·noe·ka·lamp *de* [-en] olielamp met negen pitbakjes (acht naast elkaar en een negende enigszins apart), die wordt aangestoken ter gelegenheid van Chanoeka
chan·son [sjäsô] *(‹Fr) de & het* [-s] lied, vooral lied waarbij de tekst centraal staat ★ *~ de geste* Frans heldenepos
chan·son·nier [sjäsonjee] *(‹Fr) de (m)* [-s], **chan·son·niè·re** [sjäsonjèrə] *de (v)* [-s] vertolk(st)er van chansons
chan·ta·ge [sjantaazjə, sjätaazjə] *(‹Fr) de (v)* geldafpersing door bedreiging iemand te belasteren en te schande te maken, of hem anderszins te benadelen of geweld aan te doen
chan·te·ren *ww* [sjan-] [chanteerde, h. gechanteerd] chantage op iem. plegen
chan·teur [sjan-, sjä-] *(‹Fr) de (m)* [-s], **chan·teu·se** [sjan-, sjäteuzə] *de (v)* [-s] ❶ iem. die chantage pleegt ❷ zanger(es)
cha·oot *de* [chaoten] ❶ chaotisch persoon ❷ *(‹Du)* politiek actieve Duitse punker
cha·os *(‹Lat‹Gr) de (m)* ❶ eig ongeordende, vormloze ruimte, waarin al het bestaande zijn oorsprong vond, baaierd, het tegendeel van → **kosmos** ❷ ongeordende toestand, warboel: ★ *het was een vreselijke ~ in die kamer*
cha·os·the·o·rie *de (v)* wisk theorie volgens welke onvoorspelbaarheid en chaos eerder regel dan uitzondering zijn: ★ *volgens de ~ blijft het weer, ook met de beste computers, op langere termijn onvoorspelbaar*
cha·o·tisch *bn* in de toestand van chaos verkerend, verward, ongeordend
chape [sjap] *de (v)* [-s] BN ondervloer
cha·peau [sjaapoo] *(‹Fr) de (m)* [-x] hoed ★ *~!* uitroep van bewondering voor een geleverde prestatie, bravo!, goed gedaan!

cha·pel·le ar·den·te [sjaapel ardāt(ə)] (⟨Fr⟩ de (v) door kaarsen verlichte kamer, waarin een dode opgebaard ligt
cha·pe·ron [sjaapərõ] (⟨Fr⟩ de (m) [-s], **cha·pe·ron·ne** [sjaapə-] de (v) [-s] iem. die chaperonneert, geleider, geleidster van een (jonge)dame
cha·pe·ron·ne·ren ww [sjaa-] (⟨Fr⟩ [chaperonneerde, h. gechaperonneerd] als beschermer begeleiden
cha·pi·ter [sjaa-] (⟨Fr⟩ het [-s] ❶ eig hoofdstuk ❷ vandaar onderwerp van gesprek, onderhavig punt ★ dat is een ander ~ dat is een andere aangelegenheid
char·ac·ter [kerrəktə(r)] (⟨Eng⟩ de (m) [-s] comput aanduiding voor een letter, cijfer, leesteken, spatie of ander teken
cha·rac·ter·set [kerrəktə(r)-] (⟨Eng⟩ de [-s] comput verzameling gedefinieerde tekens, gebruikt in hardware en software
char·cu·te·rie [sjar-] (⟨Fr⟩ de (v) [-s] BN ook ❶ fijne vleeswaren ❷ winkel, afdeling van een warenhuis waar fijne vleeswaren worden verkocht
char·cu·tier [sjarkutjee] (⟨Fr⟩ de (m) [-s] BN ❶ verkoper van fijne vleeswaren ❷ → **charcuterie** (bet 2)
char·ge [sjarjə] (⟨Fr⟩ de [-s] ❶ hist gesloten aanval van de cavalerie met de blanke sabel ❷ thans aanval van de politie met de wapenstok: ★ een ~ uitvoeren ; zie ook → **à charge**
char·ge·ren ww [sjarjee-] (⟨Fr⟩ [chargeerde, h. gechargeerd] iets overdreven voorstellen om het belachelijk te maken, overdrijven: ★ een gechargeerde voorstelling van zaken geven
cha·ris·ma (⟨Gr⟩ het [-mata, 's] ❶ eig bijzondere genadegave die God door de Heilige Geest aan de gelovigen verleent ❷ thans bijzondere gave om anderen te boeien, te inspireren en te leiden door de kracht van de eigen persoonlijkheid, uitstraling
cha·ris·ma·tisch bn het charisma betreffend; daaruit voortvloeiend: ★ ~ leiderschap
cha·ri·tas (⟨Lat⟩ de (v) ❶ christelijke liefde voor de medemens ❷ liefdadigheid en de uitingen daarvan
cha·ri·ta·tief bn liefdadig ★ charitatieve instelling liefdadigheidsinstelling
cha·ri·va·ri [sjaa-] (⟨Fr⟩ het ['s] ❶ oorverdovend getier, lawaai, ketelmuziek ❷ allerlei sieraden aan een ketting of een armband
char·la·tan [sjarlaatan, sjarlaatan] (⟨FrJt⟩ de (m) [-s] kwakzalver, beunhaas, knoeier
char·la·ta·ne·rie [sjar-] (⟨Fr⟩ de (v) kwakzalverij, beunhazerij, geknoei
charles·ton [tsjàlstən] de (m) oorspronkelijk dans van Afro-Amerikanen negers in 4/4-maat, populair in de jaren '20, voorloper van de quickstep en de foxtrot, genoemd naar de stad Charleston in Zuid-Carolina (VS)
char·mant [sjar-] (⟨Fr⟩ bn bekoorlijk, innemend, lieflijk: ★ een charmante jongedame
char·me [sjar-] (⟨Fr⟩ de (v) [-s] bekoorlijkheid; aantrekkelijkheid: ★ zij gooide al haar charmes in de strijd om haar zin te krijgen
char·me·ren ww [sjar-] (⟨Fr⟩ [charmeerde, h. gecharmeerd] sterk voor zich innemen, bekoren
char·meur [sjar-] (⟨Fr⟩ de (m) [-s] man die door innemende manieren en woorden anderen, vooral vrouwen, weet te bekoren
char·me·zan·ger [sjar-] de (m) [-s] BN zanger die voor de microfoon heel zacht zingt, crooner
Cha·ron zn (⟨Gr⟩ ★ in Charons boot stappen sterven, naar Charon, in de Griekse mythologie de veerman die de zielen van de gestorvenen over de rivieren van de onderwereld zet
char·taal (⟨Lat⟩ bn ★ ~ geld geld (bankbiljetten en munten) dat zijn waarde ontleent aan een wettelijke bepaling (tegengest: giraal geld, zie: → **giraal**)
char·ter [tsjà(r)tə(r), in bet 3 en 4 ook: sjartər] (⟨Eng⟩ het [-s] ❶ hist staatsstuk waarbij aan personen of lichamen speciale rechten werden toegekend ❷ statuut, grondwet, handvest, overeenkomst ❸ overeenkomst betreffende de bevrachting van een schip of vliegtuig ❹ verkorting van → **chartervliegtuig**, → **chartervlucht** enz.; vgl: → **charteren**
char·te·ren ww [(t)sjar-] (⟨Eng⟩ [charterde, h. gecharterd] ❶ een schip of vliegtuig huren voor een bepaalde reis ❷ fig de hulp inroepen van: ★ vrienden ~ om te helpen bij een verhuizing
char·ter·vlieg·tuig [tsjà(r)tə(r)-, sjartər-] het [-en] gecharterd vliegtuig
char·ter·vlucht [tsjà(r)tə(r)-, sjartər-] de [-en] vliegtocht met een chartervliegtuig
char·treu·se [sjartreuzə] (⟨Fr⟩ de (v) [-s] ❶ kartuizerklooster ❷ in het eerste kartuizerklooster bij Grenoble vervaardigde kruidenlikeur
chas·si·dis·me het joodse godsdienstige beweging, in het begin van de 18de eeuw ontstaan onder de Joden in Polen en gebaseerd op de gedachte dat alles vervuld is van Gods aanwezigheid en dat het hierdoor mogelijk is om vanuit de dingen van het gewone leven te komen tot de hoogste extase
chas·sie·den [-diem] (⟨Hebr⟩ mv aanhangers van het chassidisme
chas·sis [sjassie] (⟨Fr⟩ het [mv idem] ❶ onderstel van een auto, meestal van stalen buizen, waaraan de motor, de stuurinrichting, de wielen, de carrosserie e.d. bevestigd zijn ❷ fotogr dunne, lichtdichte houder voor lichtgevoelige platen of films
chat·box [tsjet-] (⟨Eng⟩ de (m) comput mogelijkheid op internet om met een aantal mensen tegelijk berichten uit te wisselen, praatgroep op internet
cha·teau [sjaatoo] (⟨Fr⟩ het [-x] kasteel; vooral kasteel op het gebied waarvan een bepaalde wijnsoort verbouwd wordt, die daarnaar genoemd wordt (chateauwijn)
cha·teau·bri·and [sjaatoobrie(j)ā] (⟨Fr⟩ de (m) [-s] dikke schijf ossenhaas, als biefstuk gebakken of geroosterd

chat·room [tsjetroem] (‹Eng› de [-s] plaats op internet waar wordt gechat

chat·ten ww [tsjetə(n)] (‹Eng› [chatte, h. gechat] deelnemen aan een praatgroep op een → **chatbox**

chauf·fa·ge [sjoofaazjə] (‹Fr› de (v) [-s] BN, spreektaal (centrale) verwarming; verwarmingsinstallatie

chauf·fe·ren ww [sjoo-] (‹Fr› [chauffeerde, h. gechauffeerd] een auto besturen

chauf·feur [sjoo-] (‹Fr› de (m) [-s] iem. die een auto bestuurt, vooral als dit beroepshalve gebeurt

chauf·feu·se [sjoofeuzə] (‹quasi-Fr› de (v) [-s] vrouwelijke chauffeur

chau·vi·nis·me [sjoo-] (‹Fr› het blinde vooringenomenheid met het eigen land, naar Nicolas Chauvin, een enthousiast veteraan uit Napoleons leger, belachelijk gemaakt in *La Cocarde Tricolore* (1831) door de gebroeders Cogniard

chau·vi·nist [sjoo-] de (m) [-en] iem. met overdreven vaderlandsliefde

chau·vi·nis·tisch [sjoo-] bn van de aard van, betrekking hebbend op chauvinisme of chauvinisten

check [tsjek] (‹Eng› de (m) [-s] controle

check·en ww [tsjekkə(n)] (‹Eng› [checkte, h. gecheckt] ❶ controleren, nagaan, verifiëren: ★ *check even of de eur op slot zit* ❷ jongerentaal kijken (naar): ★ *hé man, check dat leuke grietje daar*

check·list [tsjek-] (‹Eng› de [-s] lijst van zaken die gecontroleerd moeten worden

check·point [tsjek-] (‹Eng› het [-s] controleplaats, vooral aan een grens

check-up [tsjek-] (‹Eng› de (m) [-s] algemene controle, medisch onderzoek naar de algemene lichamelijke conditie

ched·dar, ched·dar·kaas [tsjeddə(r)(-)] de (m) harde, vette kaassoort, naar het Engelse dorp Cheddar genoemd

chee·rio [tsjie-] (‹Eng› tsw ❶ proost! ❷ adieu!

cheer·lead·er [tsjie(r)liedə(r)] (‹Eng› de (v) [-s] fraai uitgedost meisje dat in Amerika bij sportwedstrijden d.m.v. yells en danspassen tracht het publiek tot aanmoedigingen aan te sporen

cheers [tsjie(r)z] (‹Eng› tsw proost

cheese·bur·ger [tsjiezbù(r)γə(r)] (‹Eng› de (m) [-s] hamburger met kaas

chee·ta [tsjietaa] (‹Eng‹Hindi› de (m) [-s] jachtluipaard: groot, katachtig roofdier met een geelbruine pels met kleine, donkere vlekken, levend in Afrika en Zuidwest-Azië (*Acinonyx jubatus*)

chef [sjef] (‹Fr› de (m), -s] ❶ hoofd, leider, superieur, baas ❷ ‹in samenstellingen› eerste, hoofd ★ *~kok* ★ *~ de clinique* afdelingshoofd in een ziekenhuis ★ *~ de cuisine* opperkok ★ *~ de mission* leider van een nationale ploeg bij de Olympische Spelen ★ *~ d'équipe* leider van een sportploeg bij een wedstrijd

chef-d'oeuvre [sjefdùvrə] (‹Fr› het [-s-d'oeuvre] meesterstuk

chef·fin [sjef-] de (v) [-nen] vrouwelijke chef

chef-staf [sjef-] de (m) [-s of chefs van staven] mil hoofd van een staf, vooral de generale staf

che·la·tie·the·ra·pie [-(t)sie-] (‹Gr› de (v) med therapie waarbij overtollig kalk uit de bloedvaten wordt verwijderd

che·mi·ca·li·ën (‹Eng› mv scheikundig bereide stoffen

che·mi·cus (‹Gr› de (m) [-ci] scheikundige

che·mie (‹Gr› de (v) ❶ scheikunde ❷ goede onderlinge verstandhouding: ★ *dit team presteert goed vanwege de speciale ~ tussen de spelers*

che·misch bn scheikundig; gebruik makend van scheikunde: ★ *een ~ proces* ★ *kleding ~ laten reinigen* ★ *chemische oorlogvoering* het in een oorlog toepassen van chemicaliën tegen de vijand, zoals strijdgassen, ontbladeringsmiddelen e.d.

che·mo·box de (m) [-en] bak voor klein chemisch afval

che·mo·kar (‹chemo-Gr› de [-ren] vooral NN wagen die chemisch afval ophaalt

che·mo·the·ra·peu·ti·cum [-pui-] het med synthetische chemische verbinding (die geen antibioticum is) ter bestrijding van ziekteverwekkende parasieten in het organisme

che·mo·the·ra·pie de (v) med ❶ behandeling van een infectieziekte met een chemotherapeuticum ❷ behandeling van kanker met cytostatica

che·nil·le [sjəniejə] (‹Fr: rups› het ❶ fluweelkoord voor boordsel en voor belegsel ❷ pluchegaren ontstaan uit de in de lengte in smalle stroken gesneden weefsel

cheque [sjek] (‹Eng› de (m) [-s] document waarmee aan een bank of een girodienst opdracht wordt gegeven een bep. geldsom te betalen of over te maken: ★ *een ~ van duizend euro uitschrijven, innen* ★ *~ aan toonder* niet op naam gestelde cheque, waarbij het op de cheque vermelde bedrag wordt uitbetaald aan degene die de cheque aanbiedt

cheque·boek [sjek-] het [-en] aantal cheques in een boek of etui bij elkaar

cheque·boek·di·plo·ma·tie [sjekboekdieploomaa(t)sie] de (v) diplomatie waarbij het geven van giften of het verlenen van economische hulp een belangrijke rol speelt

cher, chère [sjèr(ə)] (‹Fr› bn waard(e), lief ★ *mon cher, ma chère* mijn waarde

cher·ry·bran·dy [tsjerrie brendie] (‹Eng› de (m) kersenbrandewijn, kersenlikeur

cher·ry·to·maat [tsjerrie-] de [-maten] kleine soort tomaat

che·rub de (m) [-s], **che·ru·bijn** (‹Hebr› [-en] ❶ hemelgeest, engel van de tweede rang (na de serafijnen) ❷ bevallig jong kind

ches·ter, ches·ter·kaas [tsjestə(r)(-)] (‹Eng› de (m) volvette kaas in cilindervorm, genoemd naar de Engelse stad Chester

chev·iot [tsjevvie(j)ət] (‹Eng› de (m) & het fijne Engelse wollen stof, oorspronkelijk van de wol van Schotse bergschapen van de Cheviotheuvels

che·vreau [sjəvroo] (‹Fr› het geitenleer

che·vron [sjə-] (‹Fr› de (m) [-s] V-vormig

onderscheidingsteken van militairen beneden de rang van adjudant-onderofficier, tot 1945 in gebruik

chi de ['s] 22ste letter van het Griekse alfabet, als hoofdletter X, als kleine letter χ: ★ ~ *is de beginletter van de Griekse naam Christus en X wordt wel als afkorting van die naam gebruikt*

chian·ti [kjan-] (‹It) de (m) Italiaanse rode wijn uit Toscane

chi·as·ma het ['s], **chi·as·me** (‹Gr) [-n] stijlfiguur waarbij ter wille van de nadruk of de tegenstelling corresponderende woordparen in twee zinnen in tegengestelde volgorde worden geplaatst, kruisstelling

chic [sjiek] (‹Fr) I de (m) ❶ modieuze verfijning in uiterlijk of gedrag ❷ de mensen die chic zijn II bn modieus-verfijnd, deftig: ★ *een chique vent*

chi·ca·ne [sjie-] (‹Fr) de [-s] ❶ onbenullig bezwaar ❷ afkeurenswaardig, spitsvondig verweermiddel in een proces ❸ sp kunstmatige bocht in een circuit voor auto- en motorraces

chi·ca·ne·ren ww [sjie-] (‹Fr) [chicaneerde, h. gechicaneerd] gezochte bezwaren opwerpen, rechtsverdraaiingen gebruiken, het iemand lastig maken

chi·ca·neur [sjie-] (‹Fr) de (m) [-s] iem. die chicaneert, haarklover

chi·ca·no [(t)sjie-] de (m) ['s] in de Verenigde Staten benaming voor Mexicaanse immigranten, Mexicaans-Amerikanen

chick [tsjik] (‹Eng) de (v) [-s] slang meisje

chick·lit [tjsik-] (‹Eng) de verkorting van *chick literature*, benaming voor een genre lichtvoetige, romantische boeken voor jonge vrouwen

chi·hua·hua [tsjiewaawaa] (‹Sp) de (m) ['s] Mexicaans hondenras, het kleinste hondje ter wereld

Chi·leen [sjie-] de (m) [-lenen] iem. geboortig of afkomstig uit Chili

Chi·leens [sjie-] bn van, uit, betreffende Chili

chi·li [sjielie] de (m) ❶ chilipoeder ❷ chili con carne

chi·li·as·me (‹Gr) het leer van het duizendjarig vrederijk na de terugkomst van Christus, volgens Openbaringen 20: 2-7

chi·li·ast de (m) [-en] aanhanger van het chiliasme

chi·li con car·ne [tsjielie -] (‹Sp) de (m) kruidig gerecht met bonen, tomaten, uien en gehakt

chi·li·pe·per [sjie-] (‹Sp‹Nahuatl, *een Mexicaanse indianentaal*) de (m) [-s] cayennepeper

chi·li·poe·der, **chi·li·poei·er** [sjie-] het chilipeper in poedervorm

chi·li·sal·pe·ter [sjie-] de (m) & het veelal kleurloos mineraal met een glasachtige glans (NaNO₃), vooral voorkomend in de woestijnen van Noord-Chili: ★ ~ *was vroeger de belangrijkste kunstmeststof*

chill [tsjil] (‹Eng) bn jeugdtaal leuk, aangenaam, relaxed

chil·len ww [tsjil-] (‹Eng) [childe, h. gechild] inf zich ontspannen, relaxen

chill-out [tsjil-] (‹Eng) de het weer tot rust komen tijdens houseparty's en in disco's

chill-out·room [tsjil-autroem] (‹Eng) de (m) [-s] ruimte om even bij te komen ‹bij houseparty's, in disco's›

chi·mè·re [sjie-] (‹Gr) de (v) [-s] ❶ monsterdier bestaande uit delen van verschillende diersoorten, naar Chimaera, een monster uit de Gr. myth. met een leeuwenkop, geitenlijf en slangenstaart ❷ biol organisme bestaande uit weefsels van genetisch verschillende oorsprong ❸ hersenschim, droombeeld

chim·pan·see [sjim-] (‹Fr‹Kikongo, *een West-Afrikaanse taal*) de (m) [-s] tot de familie Mensapen behorende aap met zwarte pels, voorkomend in West- en Centraal-Afrika, de soort *Pan troglodytes* of gewone chimpansee en de soort *P. paniscus* of dwergchimpansee

chin·chil·la [sjinsjil-] (‹Sp‹Lat) I de ['s] ❶ knaagdier uit Zuid-Amerika met een zachte, zilverkleurige of blauwgrijze pels (*Chinchilla laniger*) ❷ konijnenras waarvan het haar op dat van het onder 1 genoemde dier lijkt II het bont daarvan

Chi·nees [sjie-] (‹Port‹Chin: *Qin, de eerste Chinese dynastie van 256-206 v.C.*) I de (m) [-nezen] iem. geboortig of afkomstig uit China II het de Chinese taal III bn van, uit, betreffende China ★ *Chinese blow* het gebruiken van drugs, vooral heroïne, door deze te verhitten en de rooksliert via een koker te inhaleren ★ BN *Chinese inkt* Oost-Indische inkt

chi·nees [sjie-] de (m) [-nezen] Chinees-Indonesisch restaurant: ★ *we gingen naar de ~ in de Heemstedestraat*

chi·ne·zen ww [sjie-] [chineesde, h. gechineesd] ❶ de maaltijd gebruiken in een Chinees(-Indonesisch) restaurant ❷ slang heroïne gebruiken door deze te verhitten en de rooksliert via een koker te inhaleren

chintz [tsjints] (‹Eng‹Hindi) het bedrukte katoenen stof, die met een zeer dun laagje was is bedekt

chip [tsjip] (‹Eng) de (m) [-s] comput klein, rechthoekig plaatje van een halfgeleidend materiaal, waarop een complex circuit van elektronische schakelingen is aangebracht en dat vele functies kan vervullen, o.a. als microprocessor in computers

chip·kaart [tsjip-] de [-en] kunststofkaart die een chip bevat waarmee gegevens kunnen worden vastgelegd, o.a. gebruikt in het elektronisch betalingsverkeer

chip·knip [tsjip-] de [-s] NN chipkaart met een saldo dat in de geldautomaat kan worden opgeladen en waarmee (vooral kleine) betalingen kunnen worden verricht in winkels, restaurants, bij automaten enz. (BN: protonkaart)

chip·munk [tsjip-] (‹Eng) de (m) [-s] wangzakeekhoorn

chi·po·la·ta [sjie-] (‹It) de ❶ garnituur van braadworstjes, uien, wortelen, kastanjes en spek ❷ NN chipolatapudding

chi·po·la·ta·pud·ding [sjie-] de (m) NN pudding met biscuits, vruchten en likeur

chip·pen ww [tsjip-] (‹Eng) [chipte, h. gechipt] ❶ ‹bij

(huis)dieren> onder de huid een chip aanbrengen als identificatiemiddel ❷ NN betalen door middel van een chipknip of chipper
chip·per [tsjip-] *de* [-s] NN chipknip
chips [tsjips] *(‹Eng) mv* ❶ diamantafval ❷ dunne, hardgebakken plakjes aardappel: ★ *fish and* ~ ❸ ‹in Groot-Brittannië› gerecht van gebakken vis met patates frites
chi·que [sjiekə] *(‹Fr) bn* verbogen vorm van → **chic**
Chi·ro *de (v)* ['s] in België benaming voor een zekere (algemene) katholieke jeugdbeweging, voortgekomen uit de vroegere patronaten
chi·ro- *(‹Gr)* als eerste lid in samenstellingen hand
chi·ro·man·tie [-sie] *(‹Gr) de (v)* waarzeggerij uit de lijnen van de hand, handleeskunde
chi·ro·po·die *(‹Gr) de (v)* behandeling van hand- en voetgebreken, als misvormde nagels, eeltknobbels, likdoorns enz.
chi·ro·po·dist *de (m)* [-en] beoefenaar van de chiropodie
chi·ro·prac·ti·cus *(‹Gr) de (m)* [-ci], **chi·ro·prac·tor** [-s] beoefenaar van de chiropraxie, bottenkraker
chi·ro·praxie [-praksie] *(‹Gr) de (v)* alternatieve geneeswijze, waarbij door een manuele behandeling een gedeeltelijk ontwrichte wervel in de wervelkolom weer op de juiste plaats wordt gebracht
chi·rurg [sjie-] *(‹Gr) de (m)* [-en] heelkundige, arts die operaties verricht
chi·rur·gie [sjieurgie, sjieurzjie] *(‹Gr) de (v)* heelkunde, operatieve geneeskunde
chi·rur·gijn [sjieurzjein] *de (m)* [-s] vroeger ❶ wondheler, heelmeester ❷ scheeps- of plattelandsdokter
chi·rur·gisch [sjie-] *(‹Gr) bn* de chirurgie betreffend, heelkundig
chla·my·dia [-mie-] *mv* med geslacht van bacteriën die o.a. geslachtsziekten bij de mens overbrengen: ★ *bij chlamydia-infectie raken urinebuis en / of baarmoederhals ontstoken*
chloor *(‹Gr) het* ❶ chemisch element, symbool Cl, atoomnummer 17, een sterk prikkelend, groengeel gas ❷ verkorting van → **chloorkalk**
chloor·am·mo·ni·um *het* salmiak
chloor·fluor·kool·water·stof *de* zie → cfk's
chloor·gas *het* chloor gebruikt als gifgas, vooral in de Eerste Wereldoorlog
chloor·kalk *de (m)* wit poeder, gebruikt als bleekmiddel en desinfecterend middel, bleekpoeder
chlo·ri·de *(‹Gr) het* [-n] chem verbinding van chloor met een metaal
chlo·ro·form *(‹Gr-Lat) de (m)* vroeger voor narcose gebruikelijke, zeer vluchtige chloorverbinding
chlo·ro·for·me·ren *ww* [chloroformeerde, h. gechloroformeerd] gevoelloos maken met chloroform
chlo·ro·fyl [-fiel] *(‹Gr) het* bladgroen, groene kleurstof in planten

chlo·ro·phy·tum [-fie-] *(‹Gr) de (m)* plantengeslacht uit de leliefamilie, waarvan enkele soorten als kamerplant worden geteeld, o.a. de sprietenplant (*C. comosum variegatum*), een sterke plant met lange, smalle groen-witte bladeren en pluimen van witte bloemen
chlo·ro·se [-roozə] *(‹Gr) de (v)* ❶ med bleekzucht ❷ verlies van groene kleur in plantendelen
cho·co [sjoo-] *de (m)* BN chocoladepasta
cho·co·la, **cho·co·la·de** [sjoo-] *(‹Sp‹Nahuatl, een Mexicaanse indianentaal) de (m)* ❶ lekkernij bereid uit cacao en suiker: ★ *een reep* ~ ★ *daar kan ik geen* ~ *van maken* daar kan ik niets mee doen, daar kan ik niet wijs uit worden ❷ chocolademelk: ★ *een glas* ~
cho·co·laatje -la-tje [sjoo-] *het* [-s] stukje chocola
cho·co·la·de·ijs·je [sjoo-] *het* [-s] NN ijsje met een dun laagje chocolade (vgl: BN *frisco*)
cho·co·la·de·let·ter [sjoo-] *de* [-s] NN stuk chocola in de vorm van een letter
cho·co·la·de·melk [sjoo-] *de* vooral NN van cacao en melk bereide drank
cho·co·la·de·mousse [sjoo-, -moes] *de* luchtig nagerecht, bereid uit gesmolten chocola en geklopte eieren
cho·co·la·de·pas·ta [sjoo-] *de (m)* smeerbare chocolade als broodbeleg
cho·co·la·de·reep [sjoo-] *de (m)* [-repen] langwerpig stuk chocola
cho·co·la·te·rie [sjoo-] *(‹Fr) de (v)* [-rieën] chocoladewinkel
cho·co·pas·ta [sjoo-] *de (m)* smeerbaar broodbeleg met o.a. cacao
choke [sjook] *(‹Eng) de (m)* [-s] ❶ klep in de carburateur van een auto, waarmee de luchttoevoer aan het brandstofmengsel kan worden beperkt om de motor beter te laten starten ❷ knop waarmee men de choke bedient
cho·ken *ww* [sjoo-] [chookte, h. gechookt] de choke gebruiken
cho·le·ra *(‹Gr) de (v)* door een bacterie veroorzaakte, zeer besmettelijke ziekte met als voornaamste verschijnselen hevige buikloop en heftig braken ★ ~ *asiatica* uit de Gangesdelta afkomstige echte cholera ★ ~ *nostras* verouderde benaming voor op cholera lijkende, niet-tropische ziekten
cho·le·ra·epi·de·mie *de (v)* [-mieën] snel om zich heen grijpende uitbarsting van cholera
cho·le·ri·cus *(‹Lat) de (m)* [-ci] driftkop
cho·le·riek *(‹Fr) bn*, **cho·le·risch** driftig, opvliegend
cho·les·te·rol *(‹Gr) de (m)* bij gewervelde dieren voorkomende vettige stof waarvan de vorming voornamelijk in de lever plaatsvindt en die als uitgangsproduct dient voor de vorming van tal van stoffen, waaronder geslachtshormonen, vitamine D en galzuren
chop·per [tsjop-] *(‹Eng) de (m)* [-s] (brom)fiets of motor met verlengde voorvork, vaak ook van een lang zadel en een rugsteun voorzien

cho·que·ren *ww* [sjokk<u>ee</u>-] *(‹Fr)* [choqueerde, h. gechoqueerd] aanstoot geven; aanstotelijk zijn; *gechoqueerd* pijnlijk getroffen

cho·re·o·graaf *(‹Gr) de (m)* [-grafen] ontwerper van balletten en dansen; balletregisseur

cho·re·o·gra·fie *(‹Gr) de (v)* beschrijving of aanduiding van de bewegingen van balletten en dansen

cho·re·o·gra·fisch *bn* de choreografie betreffend, van de balletkunst, ballet

cho·ri·zo [tsjooriethoo (Engelse th)] *(‹Sp) de (m)* ['s] Spaanse salami

chowchow [tsjautsj<u>au</u>] *(‹Eng‹Chin) de (m)* [-s] uit China afkomstige, enigszins op de keeshond gelijkende hond met een brede kop en een zwartblauwe tong

Chr. *afk* ❶ Christus ❷ christelijk

chris·ma [gris-, kris-] *(‹Gr) het* ❶ zalfolie, wijolie ❷ zalving

chris·te·lijk [kris-] *bn* ❶ de leer van Christus aanhangend, deze betreffend: ★ *een christelijke feestdag* ❷ <u>NN</u> protestants-christelijk: ★ *een christelijke school* ❸ <u>NN</u> netjes, fatsoenlijk: ★ *iem. ~ behandelen* ★ *heb je ook christelijke muziek in plaats van deze herrie?*

chris·te·lijk-his·to·risch [kris-] *bn* ★ in Nederland *Christelijk-Historische Unie* een protestants-christelijke staatkundige partij, in 1980 opgegaan in het CDA

chris·ten [kris-] *(‹Lat) de (m)* [-en] iem. die de christelijke godsdienst belijdt

chris·ten·de·mo·craat [kris-] *de (m)* [-craten] aanhanger van een christendemocratische politieke partij, in Nederland vooral het CDA, in België CD&V

chris·ten·de·mo·cra·tisch [kris-] *bn* getuigend van een politiek die is gebaseerd op zowel christelijke als democratische grondslag, in Nederland vooral van, betreffende het CDA, in België vooral van, betreffende de CD&V

chris·ten·dom [kris-] *het* ❶ de christelijke godsdienst ❷ het geheel van christelijke waarden, normen en gebruiken

chris·te·ne zie·len *tsw* <u>NN</u> uitroep van verbazing of ontsteltenis: ★ *~, wat is het hier druk!*

chris·ten·heid [kris-] *de (v)* alle christenen

chris·ten·hond [kris-] *de (m)* [-en] scheldwoord christen

chris·ten·mens [kris-] *de (m)* [-en] ❶ eig christen ❷ <u>NN</u> fatsoenlijk mens: ★ *dat is teveel voor een ~*

ChristenUnie *de* Nederlandse politieke partij, in 2000 ontstaan door het samengaan van de christelijke partijen GPV en RPF

Chris·ti·an Sci·ence [kristjən saiəns] *(‹Eng) de (v)* godsdienstige leer van Mary Baker Eddy (1821-1910), gebaseerd op de woorden en werken van Jezus, inhoudende ondermeer de genezing door gebed

chris·tin [kris-] *de (v)* [-nen] vrouwelijke christen

chris·to·gram [kris-] *het* [-men] Christusmonogram, monogram dat de naam van Christus voorstelt

chris·to·lo·gie [kris-] *(‹Gr) de (v)* leer omtrent de persoon van Christus; **christologisch** *bn*

Chris·tus *zn* [kris-] *(‹Lat‹Gr)* de Gezalfde, de Zoon van God; zie ook bij → **gezalfde**

chris·tus·doorn *de (m)* [-s, -en], **chris·tus·do·ren** [kris-] van Madagaskar afkomstige, scherp gedoornde struik met rode schutbladeren, geliefd als kamerplant (*Euphorbia splendens*)

chro·ma [gr<u>oo</u>-, kr<u>oo</u>-] *(‹Gr) de* ❶ kleur ❷ muz verhogingsteken ❸ interval van een halve toon

chro·ma·tiek *(‹Gr) de (v)* ❶ leer van het ontstaan en de verhouding der kleuren ❷ muz opeenvolging in chromatische intervallen

chro·ma·tisch *(‹Fr) bn* ❶ gekleurd ★ *chromatische aberratie* vertekening door kleurschifting ❷ muz in op elkander volgende halve tonen opgaand of afdalend

chro·mi·um *(‹Gr) het* het chemisch element chroom

chro·mo·li·tho·gra·fie *de (v)* ❶ steendruk in kleuren ❷ [*mv:* -fieën] aldus gedrukte prent

chro·mo·soom [-z<u>oo</u>m] *(‹Gr) het* [-somen] min of meer staafvormig lichaampje in de celkern, drager van de erfelijke eigenschappen, die gemakkelijk kleurstof opneemt, bij celdeling een belangrijke rol speelt en waarvan het aantal voor elke plant- of diersoort bepaald is

chro·ni·queur [krooniek<u>eu</u>r] *(‹Fr) de (m)* [-s] kroniekschrijver, iem. die regelmatig verslag van iets geeft, bijv. in een dagblad

chro·nisch [gr<u>oo</u>-, kr<u>oo</u>-] *(‹Lat‹Gr) bn* ❶ med langzaam, slepend verlopend (tegendeel van → **acuut**): ★ *een chronische ontsteking* ❷ fig voortdurend: ★ *dit bedrijf lijdt ~ verlies*

chro·no [gr<u>oo</u>-, kr<u>oo</u>-] *(‹Fr) de (m)* ['s] BN, sp tijd waarin een bep. afstand wordt afgelegd

chro·no- [gr<u>oo</u>-, kr<u>oo</u>-] *(‹Gr) als eerste lid in samenstellingen* betrekking hebbend op de tijd, tijd(s)

chro·no·lo·gie [gr<u>oo</u>-, kr<u>oo</u>-] *(‹Gr) de (v)* [-gieën] ❶ tijdrekenkunde, tijdleer ❷ volgorde, opeenvolging in de tijd

chro·no·lo·gisch [gr<u>oo</u>-, kr<u>oo</u>-] *bn* ❶ tijdrekenkundig ❷ naar tijdsvolgorde: ★ *de gebeurtenissen ~ weergeven*

chro·no·me·ter [gr<u>oo</u>-, kr<u>oo</u>-] *(‹Gr) de (m)* [-s] ❶ zeer nauwkeurig lopend uurwerk ❷ vooral uurwerk waarmee korte tijdintervallen (bijv. bij sportwedstrijden) gemeten worden, stopwatch

chro·no·me·tre·ren [gr<u>oo</u>-, kr<u>oo</u>-] *ww* [chronometreerde, h. gechronometreerd] BN de tijd opnemen met een chronometer

chroom *(‹Gr) het* chemisch element, symbool Cr, atoomnummer 24, een hard, bros, sterk glanzend metaal

chroom·di·oxi·de [-oksie-] *het* chemische verbinding van chroom en zuurstof (CrO_2), toegepast als magnetiseerbaar materiaal op geluidsbanden ★ *chroomdioxidetape* cassettebandje met een goede

signaal-ruisverhouding
chry·sant [griezant, kriezant] ‹Lat› de (v) [-en],
chry·san·the·mum (‹Lat‹Gr) de (m) [-s] Japanse goudsbloem, een zeer grote soort aster, een herfstsierplant
CHU afk in Nederland Christelijk-Historische Unie [vroegere politieke partij, in 1980 opgegaan in het → **CDA**]
churros [tsjoeros] ‹Sp› mv gefrituurde deegstengels, in Spanje als ontbijt gegeten
chut·ney [tsjutnie] (‹Eng‹Hindi) de (m) [-s] pittig zoetzuur met vruchten, als toespijs bij oriëntaalse gerechten
c.i. afk NN civiel ingenieur
CIA afk [sie ai ee] Central Intelligence Agency [Centrale inlichtingendienst in de Verenigde Staten]
cia·bat·ta [tsjaa-] ‹It› de ['s] met olijfolie bereid Italiaans brood
ciao [tsjau] ‹It› tsw groet bij het afscheid
ci·bo·rie de (v) [-s, -riën], **ci·bo·ri·um** (‹Lat‹Gr) het [-ria] RK ❶ hostiekelk met deksel ❷ overkapping van het altaar
ci·ce·ro de ['s] typografische maat van 12 punten (4,513 mm), in 1567 voor het eerst gebruikt bij een uitgave van de brieven van de Romeinse schrijver en redenaar Cicero
ci·ce·ro·lat de [-ten] lat met typografische maatverdeling
ci·cho·rei (‹Oudfr‹Lat) de ❶ samengesteldbloemige plant met blauwe bloem (Cichorium intybus), wordt als groente gegeten ❷ koffiesurrogaat, bereid uit de gebrande wortels van deze plant
ci·der (‹Fr) de (m) wijn bereid uit gegist appelsap of ander vruchtensap, behalve dat van de druif
cie. afk ❶ commissie ❷ ‹achter firmanamen› compagnie
cif afk handel cost, insurance, freight (‹Eng) [onkosten, verzekeringspremie en vracht in de prijs inbegrepen]
ci·ga·ril·lo [-γarrieljoo] (‹Sp) de (m) ['s] klein dun sigaartje
cij·fer (‹Oudfr‹Arab: sifr ‹= leeg, nul›) het [-s] ❶ teken waarmee een getal wordt voorgesteld: ★ Arabische, Romeinse cijfers ★ in de rode cijfers komen / raken verlies gaan lijden ❷ in een getal uitgedrukte waardering voor een prestatie: ★ mooie cijfers halen op school
cij·fe·ren ww [cijferde, h. gecijferd] met cijfers rekenen
cij·fer·klok de [-ken] klok die de tijd d.m.v. verspringende cijfers aangeeft i.p.v. op een wijzerplaat, digitale klok
cij·fer·lijst de [-en] NN lijst van cijfers, vooral op school of bij een examen behaalde cijfers
cij·fer·ma·te·ri·aal het gegevens in getallen uitgedrukt
cij·fer·ma·tig bn in cijfers (uitgedrukt): ★ cijfermatige gegevens ★ ~ aantonen dat iets niet klopt

cij·fer·schrift het geheimschrift in cijfers
cij·fer·slot het [-sloten] → **slot** (bet 1) dat uitsluitend geopend kan worden door het instellen van een bep. combinatie van cijfers
cijns (‹Lat) de (m) [cijnzen] vero belasting
ci·lin·der (‹Lat‹Gr) de (m) [-s] ❶ rol, rolrond lichaam, besloten tussen twee gelijke en evenwijdige platte cirkelvlakken ❷ buis waarin een zuiger zich beweegt ❸ hoge hoed
ci·lin·der·blok het [-ken] metalen blok met cilindrische holten waarin zuigers kunnen bewegen
ci·lin·der·bu·reau [-buroo] het [-s] NN schrijflessenaar met een opschuifbare halfronde klep ter afsluiting van het blad
ci·lin·der·in·houd de (m) [-en] inhoud van een → **cilinder** (bet 2): ★ een motor met een ~ van 1000 cc
ci·lin·der·slot het [-sloten] slot waarin, in gesloten toestand, een cilinder geblokkeerd wordt door een aantal pennen die d.m.v. een sleutel kunnen worden opgelicht zodat de cilinder vrij kan draaien; eigenlijke benaming voor lipsslot
ci·lin·drisch (‹Gr) bn de vorm van een cilinder hebbend
CIM afk in België Centrum voor Informatie over de Media
cim·baal (‹Fr‹Lat‹Gr) de [-balen] muz ❶ elk van de in het midden gewelfde slagbekkens ❷ cimbalon
cim·ba·list de (m) [-en] bespeler van een → **cimbaal** (bet 1)
cim·ba·lon (‹Gr) het [-s] Hongaarse, met hamertjes bespeelde citer
ci·ne·ac de (m) [-s] (letterwoord uit cinema en actualiteit) vroeger bioscoop waar in een doorlopende voorstelling actueel nieuws werd vertoond
ci·ne·ast, ki·ne·ast de (m) [-en] praktisch beoefenaar van de filmkunst, maker van films
ci·ne·club de [-s] club van filmliefhebbers die o.a. voorstellingen organiseert van films die voor het grote publiek niet aantrekkelijk zijn
ci·ne·fiel I de [-en] filmliefhebber, filmliefhebster **II** bn van films houdend
ci·ne·ma, ki·ne·ma (‹Gr) de (m) ['s] BN, spreektaal bioscoop
ci·ne·ma·theek (‹Gr) de (v) [-theken] archief voor films
ci·ne·ma·to·graaf, ki·ne·ma·to·graaf (‹Gr) de (m) [-grafen] bioscoopfilmprojector
ci·ne·ma·to·gra·fie, ki·ne·ma·to·gra·fie (‹Gr) de (v) het geheel van kunst en techniek, gericht op de vervaardiging en vertoning van films
ci·ne·ra·ma (‹Gr) het ['s] projectiemethode waarbij op een vergroot filmdoek door middel van drie projectors, de linker voor het rechterdoekdeel, de middelste voor het midden en de rechter voor het linkerdoekdeel, geprojecteerd wordt
ci·ne·ra·ria (‹Lat) de ['s] samengesteldbloemige sierplant met vele variëteiten
cin·na·ber (‹Lat) het ❶ vermiljoen ❷ belangrijk

kwikertsmineraal met de samenstelling HgS: ★ *in de oudheid werd gemalen ~ gebruikt als rood pigment*
CIOS *afk* in Nederland Centraal Instituut voor de Opleiding van Sportleiders
ci·pier *(‹Oudfr‹Lat) de (m)* [-s] gevangenbewaarder
ci·pres *(‹Lat‹Gr) de (m)* [-sen] altijdgroene naaldboom uit Zuid-Europa, zinnebeeld van rouw
cir·ca *(‹Lat) bijw* omtrent, ongeveer: ★ *er waren ~ 2000 toeschouwers*
cir·cuit [-kwie] *(‹Fr‹Lat) het* [-s] ❶ sp aaneengesloten baan, gebruikt voor snelheidswedstrijden ❷ → **rotonde** (bet 2) ❸ gesloten systeem van leidingen, kabels e.d. waardoor iets rondgaat: ★ *een elektrisch ~* ★ *een gesloten televisiecircuit* ❹ kring van personen met een gemeenschappelijke interesse of activiteit ★ *het Haagse ~* de gezamenlijke politici en ambtenaren in Den Haag ★ *het alternatieve ~* kring van met elkaar voeling houdende instellingen en personen die concerten, filmvoorstellingen e.d. organiseren die niet in de eerste plaats bedoeld zijn voor het grote publiek ★ *het zwartgeldcircuit* geheel van personen die zich bezighouden met het witwassen van zwart geld
cir·cu·lair [-lèr] *(‹Fr) bn* ❶ kringvormig ❷ in een kring rondgaand
cir·cu·lai·re [-lèrə] *(‹Fr) de* [-s] bericht dat onder alle betrokkenen wordt verspreid, een rondschrijven: ★ *iets per ~ bekendmaken*
cir·cu·la·tie [-laa(t)sie] *(‹Fr) de (v)* kringloop, omloop bijv. van het bloed, van geld enz.: ★ *deze biljetten kwamen 1 januari 2002 in ~*
cir·cu·la·tie·bank [-laa(t)sie] *de* [-en] bank die het recht heeft bankbiljetten uit te geven
cir·cu·la·tie·pomp [-(t)sie] *de* [-en] pomp die een gas of vloeistof in een gesloten kringloop rondpompt: ★ *een ~ die warm water door de centrale verwarming stuwt*
cir·cu·le·ren *ww (‹Fr)* [circuleerde, h. gecirculeerd] zich in een kring bewegen, rondgaan, in omloop zijn: ★ *het nieuwtje circuleerde door het hele bedrijf* ★ *onder de medewerkers circuleert het gerucht dat…*
cir·cum·ci·sie [-zie] *(‹Lat) de (v)* besnijdenis van een jongen of man
cir·cum·flex *(‹Lat) de (m) & het* [-en] dakje als accentteken boven een letter, bijv. in het woord *gêne*, samentrekkingsteken
cir·cus *(‹Lat) de (m) & het* [-sen] ❶ ‹bij de Romeinen› ovale renbaan voor wedrennen met paard en wagen ❷ thans onderneming die voorstellingen geeft met dierendressuur, acrobatiek enz.; de tent of het gebouw daarvoor
cir·cus·ar·tiest *de (m)* [-en] artiest die in het circus optreedt, zoals de clown, acrobaat, dierentemmer enz.
cir·cus·tent *de* [-en] zeer grote tent waarin circusvoorstellingen worden gegeven
cire per·due [sier perduu] *(‹Fr) de* eig verloren was; methode voor het vervaardigen van bronzen

beelden waarbij de vorm in was wordt geboetseerd op een kern van klei; bij het gieten smelt de was weg en het brons neemt er de vorm van aan
cir·kel *(‹Lat) de (m)* [-s] gesloten kromme lijn waarvan alle punten op dezelfde afstand liggen van één punt (het middelpunt) ★ *vicieuze ~* cirkelredenering, waarbij men hetgeen bewezen moet worden als bewezen aanneemt, toestand waarbij men steeds weer op het uitgangspunt terugkeert: ★ *de vicieuze ~ van loon- en prijsstijgingen* ; zie ook bij → **aangeschreven**, → **omgeschreven** en → **ingeschreven**
cir·kel·boog *de (m)* [-bogen] deel van een cirkelomtrek
cir·kel·boor *de (m)* [-boren] BN boor om cirkelvormige gaten te maken
cir·kel·di·a·gram *het* [-men] diagram waarin de gegevens in de vorm van een cirkel worden weergegeven
cir·ke·len *ww* [cirkelde, h. gecirkeld] in een kring ronddraaien
cir·kel·gang *de (m)* [-en] vooral NN rondgang in een cirkelbeweging; herhaling van hetzelfde patroon, sleur: ★ *de ~ van de verslaving*
cir·kel·om·trek *de (m)* [-ken] → **cirkel**
cir·kel·re·de·ne·ring *de (v)* [-en] redenering die als een kringloop tot het uitgangspunt terugvoert, die voor waar aanneemt wat bewezen zou moeten worden
cir·kel·schijf *de* [-schijven] gebied dat door een cirkel wordt ingesloten
cir·kel·sec·tor *de (m)* [-s, -toren] deel van een cirkel ingesloten door twee stralen en de boog daarvan
cir·kel·seg·ment *het* [-en] deel van een cirkel ingesloten door een koorde en de boog daarop
cir·kel·zaag *de* [-zagen] cirkelvormige zaag
cir·ro·cu·mu·lus *(‹Lat) de (m)* meteor bank, veld of laag van kleine, ronde, dunne wolkjes, schapenwolken
cir·ro·stra·tus *(‹Lat) de (m)* meteor witachtige doorzichtige wolksluier met een vezelig of egaal uiterlijk
cir·rus *(‹Lat) de (m)* meteor wolken in de vorm van draden, banden of witte plukken
cis [sies] *de* [-sen] muz de een halve toon verhoogde c, c-kruis
cis- *(‹Lat) als eerste lid in samenstellingen* aan deze zijde gelegen, bijv. in ★ *cisjordaans* aan deze zijde van de rivier de Jordaan gelegen; *tegengest:* → **trans-**
ci·se·le·ren *ww* [-zə-] *(‹Fr)* [ciseleerde, h. geciseleerd] ❶ gegoten metalen voorwerpen met een steekbeitel bewerken, drijven ❷ fig heel fijn bewerken
ci·se·leur [siezə-] *(‹Fr) de (m)* [-s] iem. die ciseleert
cis·ter·ciën·zer [-sjenzər] *de (m)* [-s] lid van een in 1098 in het klooster Cîteaux bij Dijon gestichte contemplatieve kloosterorde, ook → **bernardijn** genoemd
cis·ter·ne *(‹Lat) de* [-n] waterbak, regenput

ci·taat (‹Lat› het [-taten] aanhaling, aangehaalde (bewijs)plaats uit een geschrift

ci·ta·del (‹Fr› de [-len, -s] vroeger afzonderlijk te verdedigen vestingwerk dat ten doel had het gezag te handhaven over de bewoners van een vesting, dwangburcht

ci·ter (‹Lat‹Gr› de [-s] muz elk van een gevarieerde groep snaarinstrumenten waarbij de snaren over de hele klankkast zijn gespannen, uit verschillende culturen, op verschillende manieren bespeeld, zoals de koto, het cymbaal en de piano

ci·te·ren ww ‹Lat› [citeerde, h. geciteerd] ‹een uitspraak van iem., een passage uit een geschrift› aanhalen: ★ *een krantenartikel ~* ★ *~ uit de Bijbel*

Cito afk in Nederland Centraal instituut voor toetsontwikkeling [instituut dat tracht school- en studietoetsen te construeren ter objectieve beoordeling van kennis, inzicht en vaardigheden van leerlingen en studenten]

Cito-toets de (m) [-en] NN door het → **Cito** geconstrueerde toets

ci·troen (‹Fr› de [-en] ❶ zure, gele citrusvrucht ❷ boom waaraan deze vruchten groeien (*Citrus medica*) ❸ citroensap ❹ citroenjenever; zie ook bij → knol

ci·troen·geel bn geel als citroen

ci·troen·je·ne·ver de (m) jenever bereid met citroenschillen

ci·troen·pers de [-en] werktuig om het sap uit een citroen of andere citrusvrucht te persen

ci·troen·tje het [-s] glaasje citroenjenever

ci·troen·zuur het kleurloze stof, veel voorkomend in de natuur (vooral in citroenen) en gebruikt in de limonade-industrie, de farmacie en als middel om kalkvlekken te verwijderen

ci·trus (‹Lat› de (m) plantengeslacht uit de Wijnruitfamilie, waarvan sommige soorten geteeld worden om hun vruchten (sinaasappels, citroenen e.d.), en andere als sierplant worden gekweekt

ci·trus·pers de [-en] apparaat waarmee men citrusvruchten uitperst

ci·trus·vruch·ten mv vruchten van het plantengeslacht *Citrus*, verzamelnaam van citroenen, limoenen, sinaasappelen, grapefruits en mandarijnen

ci·ty [sittie] (‹Eng› de binnenstad, waar de kantoren en zaken gevestigd zijn, oorspronkelijk in Londen, vervolgens ook met betrekking tot andere steden

ci·ty·bag [sittiebeγ] (‹quasi-Eng› de (m) [-s] handreistas

ci·ty·vor·ming [sittie-] de (v) NN omvorming van het stadscentrum tot zakencentrum ten koste van de woongelegenheid

ci·vet (‹Fr› de (m) & het olieachtige stof met een doordringende geur, door verschillende soorten civetkatten in klieren bij de aars afgescheiden: ★ *~ wordt tegenwoordig nog in geringe mate in de parfumindustrie toegepast*

ci·vet·kat de [-ten] aan de katachtigen verwant roofdier, waarvan sommige soorten civet leveren, het geslacht *Viverra*

ci·viel (‹Fr‹Lat› bn burger-; burgerlijk (*tegengesteld*: → **militair** of → **geestelijk**): ★ NN *civiele luchtvaart* niet-militaire luchtvaart ★ NN *civiele dienst* huishoudelijke dienst ter verzorging van personen in instellingen als ziekenhuizen, bejaardentehuizen e.d. ★ NN, recht *civiele partij* de benadeelde in een burgerlijk proces, of degene die schadevergoeding eist in een strafproces ★ in België *Civiele Bescherming* overheidsdienst die zich o.a. richt op hulpverlening aan personen en bescherming van goederen in geval van rampen, gewapende conflicten e.d.

ci·viel in·ge·nieur [-geenjeur, -zjənjeur] de (m) [-s] NN weg- en waterbouwkundig ingenieur

ci·viel recht het NN burgerlijk recht

ci·viel·rech·te·lijk bn NN van, volgens het burgerlijk recht

ci·viel·tech·nisch bn NN betrekking hebbend op de burgerlijke bouwkunde

ci·vi·li·sa·tie [-zaa(t)sie] (‹Fr› de (v) [-s] beschaving

ci·vi·li·se·ren ww [-zee-] (‹Fr› [civiliseerde, h. geciviliseerd] beschaven, beschaving bijbrengen

ci·vi·list de (m) [-en] recht iemand die gespecialiseerd is in het civiel recht

CJIB afk in Nederland Centraal Justitieel Incassobureau [bureau dat bedoeld is om bijvoorbeeld verkeersovertredingen incasseert]

CJP afk Cultureel Jongeren Paspoort

ckv afk culturele en kunstzinnige vorming [vak in het Nederlandse voortgezet onderwijs]

Cl afk chem symbool voor het element chloor

cl afk centiliter

claim [kleem] (‹Eng› de (m) [-s] ❶ aanspraak, eis: ★ *een ~ indienen (tegen iem.)* ★ *een ~ leggen op iets* aanspraak op iets maken ❷ handel bewijs dat men recht heeft op een aandeel in de winst of voorrang bij uitbreiding van het aandelenkapitaal ❸ bewijs dat men recht heeft op een stuk grond voor mijnbouwkundige ontginning ❹ recht op vergoeding van verzekerde schade; *vgl*: → **no-claim**

claim·emis·sie [kleem-] de (v) [-s] handel uitgifte van voorkeurdividendbewijzen

clai·men ww [klee-] (‹Eng› [claimde, h. geclaimd] aanspraak maken op, vorderen, opeisen: ★ *een vergoeding ~* ★ *aandacht ~* ★ *claimend gedrag* psych gedrag waarbij steeds een beroep gedaan wordt op iemand, vooral om aandacht te krijgen

clair-ob·scur [klèr-opskuur] (‹Fr› het eig licht-donker; schilderwijze, waarbij sterk met licht- en schaduweffecten wordt gewerkt

clan [klen] (‹Eng‹Gaelic› de (m) [-s] ❶ stam, familiegroep: ★ *Schotse clans* ❷ ‹in de volkenkunde› groep van een stam die zich als afkomstig van een gemeenschappelijke voorouder beschouwt ❸ fig groep mensen met een sterke onderlinge band

clan·de·stien (‹Fr‹Lat› bn heimelijk en in strijd met de

voorschriften: ★ *clandestiene handel*
clap·board [klepbò(r)d] *(‹Eng) de* [-s] film bord dat voor de camera wordt dichtgeklapt voor iedere opname ten behoeve van de synchronisatie van beeld en geluid
claque [klak] *(‹Fr) de (v)* [-s] ❶ klap met de vlakke hand ❷ de gezamenlijke claqueurs ❸ hoge hoed die plat ineengedrukt kan worden, chapeau-claque
cla·queur [klakkeur] *(‹Fr) de (m)* [-s] gehuurd toejuicher in een theater
cla·ris *de (v)* [-sen] lid van een door de H. Clara met de H. Franciscus in 1212 gestichte nonnenorde
clash [klesj] *(‹Eng) de (m)* [-es] hevige botsing van meningen die tot een breuk kan leiden
clash·en *ww* [klesjə(n)] [clashte, is & h. geclasht] ❶ botsen: ★ *er zijn twee auto's geclasht* ❷ heftig in conflict komen: ★ *de meningen clashten*
clas·sic [klessik] *(‹Eng) de (m)* [-s] reeds geruime tijd geleden verschenen film, boek, stripverhaal e.d., nog steeds geldend als toonaangevend in zijn genre: ★ *'Casablanca' is een ~ onder de films*
clas·si·ca *(‹Fr‹Lat) de (v)* ['s] beoefenaarster van, studente in de klassieke talen
clas·si·cis·me *(‹Fr)* het navolging van de Grieks-Romeinse oudheid in kunst en letteren, of van een ander als klassiek gesteld voorbeeld
clas·si·cis·tisch *bn* het classicisme aanhangend, op de wijze daarvan
clas·si·cus *(‹Fr‹Lat) de (m)* [-ci] beoefenaar van, student in de klassieke talen
clas·si·fi·ca·tie [-(t)sie] *de (v)* [-s] rangschikking in klassen, indeling, verdeling
clas·si·fi·ceer·der *de (m)* [-s] NN schoonmaker van tanks, ketels e.d. op schepen en in fabrieken
clas·si·fi·ce·ren *ww* [classificeerde, h. geclassificeerd] ❶ in klassen rangschikken; scheiden naar grootte ❷ NN ketels, tanks, ruimen e.d. op schepen en in fabrieken schoonmaken
clas·sis *(‹Lat) de (v)* [-ses] onderafdeling van een provinciaal kerkbestuur in de Nederlands-hervormde Kerk, weer onderverdeeld in ringen (→ **ring**, bet 3)
claus *(‹Lat) de* [-en, clauzen] ❶ door één acteur gesproken passage in een toneelstuk ❷ laatste woord van zijn voorganger, waarop een andere acteur invalt
claus·tro·fo·bie *(‹Lat-Gr) de (v)* med ziekelijke vrees om te vertoeven in gesloten ruimten, volle zalen, volle treinen e.d.
claus·tro·foob I *bn* lijdend aan claustrofobie, bang voor verblijf in gesloten ruimten, volle zalen e.d. II *de* [-foben] iem. die lijdt aan claustrofobie
clau·su·le [-zuulə] *(‹Fr) de* [-s] toevoegsel bij een voorschrift, contract, vooral toevoeging waardoor bijzondere punten beperkt of uitgebreid worden; beding, bepaling
clau·su·le·ren *ww* [-zuu-] [clausuleerde, h. geclausuleerd] in een clausule bepalen

Cla·van *de (m)* ★ NN drs. ~, Oost-Europadeskundige schertsend iem. die als deskundige op de tv op een schoolmeesterachtige wijze achtergrondinformatie geeft bij een actueel onderwerp (naar een persoon gecreëerd door de cabaretiers Van Kooten en De Bie)
claves [kleevz] *(‹Eng‹Spaans-Amerikaans) mv* muz percussie-instrument bestaande uit twee hardhouten stokjes die op elkaar worden geslagen
cla·vi·a·tuur *(‹Du) de (v)* [-turen] muz al de toetsen, het volledige toetsenbord
claxon *(‹Eng) de (m)* [-s] autotoeter
claxon·ne·ren *ww* [claxonneerde, h. geclaxonneerd] de claxon gebruiken, toeteren
CLB *afk* in België Centrum voor Leerlingenbegeleiding [Belgische instelling voor onderwijsbegeleiding]
clean [klien] *(‹Eng) bn* ❶ (al te) schoon, (al te) netjes: ★ *een cleane wachtkamer* ★ *een cleane woonwijk* ★ *cleane bom* atoombom die geen radioactieve neerslag veroorzaakt ❷ fig rechtuit, zonder omhaal van emoties, steriel: ★ *zijn levensverhaal ~ op schrift stellen* ❸ niet (meer) verslaafd aan drugs, niet onder invloed van drugs: ★ *zij is al twee jaar ~*
cleans·ing milk [klensing -] *(‹Eng) de (m)* middel waarmee men cosmetica verwijdert
clear·ing [kliering] *(‹Eng) de* verrekensysteem van vorderingen en schulden met gesloten beurzen tussen banken, landen of personen
clear·ing·bank [kliering-] *de* [-en] bank voor vereffening van rekeningen tussen banken, zoveel mogelijk met gesloten beurzen
cle·ma·tis *(‹Lat‹Gr) de* [-sen] ranonkelachtige klimplant met witte, gele of paarse bloemen
cle·ment *(‹Fr‹Lat) bn* toegeeflijk, zacht, niet streng
cle·men·tie [-sie] *(‹Lat) de (v)* toegeeflijkheid, zachtheid, welwillendheid
cle·men·ti·ne [kleemã-] *de (v)* [-s] variëteit van de mandarijn (voor het eerst geteeld door pater Clement in 1902 in Algerije)
clen·bu·te·rol *het* antihoestmiddel, ook gebruikt als illegaal groeimiddel in de veefokkerij en als dopingmiddel voor sporters
cle·re·sie [-zie] *(‹Oudfr) de (v)* geestelijkheid ★ *Oudbisschoppelijke Cleresij* Oudkatholieke Kerk *vgl*: → **jansenisme**
cle·rus *(‹Lat) de (m)* geestelijke stand, priesterklasse
clev·er [klevvər] *(‹Eng) bn* knap, slim, handig, pienter: ★ *een clevere meid* ★ *dat heb je niet zo ~ gedaan*
cli·ché [kliesjee] *(‹Fr) het* [-s] ❶ druktechn plaat waarop of waarin een negatief beeld is aangebracht waarvan afdrukken kunnen worden gemaakt; fotografisch negatief ❷ stilistiek afgesleten beeld of uitdrukking, gemeenplaats
cli·ché·ma·tig [kliesjee-] *bn* volgens een → **cliché** (bet 2), voorspelbaar, afgezaagd: ★ *een clichématige beschrijving van iets geven*
cli·che·ren *ww* [kliesjee-] *(‹Fr)* [clicheerde, h.

geclicheerd] een cliché maken van
click *(‹Eng) de (m)* [-s] bij inademen gevormde taalklank, o.a. bekend van de talen van Hottentotten
click·fonds *het* [-en] bep. type beleggingsfonds dat werkt met opties en waarbij koerswinsten worden veiliggesteld en het verliesrisico beperkt is
cli·ent [klaiənt] *(‹Eng) de* [-s] comput computer binnen een client-serversysteem die in verbinding staat met de server en die deze server bep. taken kan laten uitvoeren
cli·ënt *(‹Lat) de (m)* [-en], **cli·ën·te** *de (v)* [-n, *ook* -s] ❶ klant, vooral van een advocaat, notaris, bankier enz. ❷ persoon die gebruikmaakt van de diensten van een ziekenhuis, een therapeutisch centrum, een maatschappelijke instelling enz. ❸ hist beschermd en tot dienstbetoon gehouden volgeling of huisgenoot van een aanzienlijk Romein ❹ politiek iem. die afhankelijk is van een bep. politicus (zijn *patroon*) en deze daarom steun verleent
cli·ën·teel *de* BN *ook* cliëntèle
cli·en·tè·le [klie(j)ā-] *(‹Fr) de* de gezamenlijke cliënten of klanten
client-serv·er·sys·teem [klaiəntsù(r)və(r)-] *(‹Eng) het* [-temen] comput systeem waarbij een grotere computer (*server*) een reeks kleinere computers (*clients*) van gegevens voorziet
cliff·hang·er [-henyə(r)] *(‹Eng) de (m)* [-s] spannende scène met open einde als besluit van een aflevering van een tv-serie, om de kijker nieuwsgierig te maken naar de volgende aflevering
clig·no·teur [klienjoo-] *(‹Fr) de (m)* [-s] knipperlicht aan een motorvoertuig als richtingaanwijzer
cli·mac·te·ri·um *(‹Gr) het* overgangsjaren van de vrouw, waarin de → **menopauze** optreedt
cli·max *(‹Lat‹Gr) de (m)* [-en] ❶ opklimmende reeks; opklimming in kracht van op elkaar volgende uitdrukkingen of van de stem ❷ hoogtepunt: ★ *de strafschoppenserie vormde de ~ van een zinderende finale*
clinch [klintsj] *(‹Eng) de (m)* omvatting, omklemming bij het worstelen ★ *met iem. in de ~ liggen of gaan fig met hem in conflict zijn (komen)*
cli·nic [klinnik] *de (m)* [-s] workshop onder leiding van een bekende professional: ★ *de hockeyclinic wordt gegeven door de aanvoerder van het Nederlandse team*
cli·ni·clown [-klaun] *de (m)* [-s] clown die ziekenhuizen langsgaat om het leven van daar verblijvende kinderen op te vrolijken
cli·ni·cus *(‹Lat‹Gr) de (m)* [-ci] arts die zich vooral bezighoudt met de klinische geneeskunde
clip *(‹Eng) de (m)* [-s] ❶ knijper, klem ❷ oorbel die om de oorlel wordt geklemd ❸ videoclip
clipart [-à(r)t] *(‹Eng) de* comput in een tekstverwerkingsprogramma bijgeleverde elektronische illustraties die in een tekstdocument kunnen worden geplaatst
clip·board [-bò(r)d] *(‹Eng) het* [-s] comput → **klembord**

clique [kliek] *(‹Fr) de (v)* [-s] aanhang in ongunstige zin, kliek
cli·to·ri·dec·to·mie *(‹Gr) de (v)* het geheel of gedeeltelijk wegnemen van de clitoris, soms ook van (een deel van) de kleine schaamlippen, als besnijdenis van meisjes of vrouwen
cli·to·ris *(‹Gr) de* [-sen] anat kittelaar, voor seksuele prikkeling vatbaar orgaan in de vrouwelijke geslachtsdelen
cli·via *de (v)* ['s] uit Zuid-Afrika afkomstig plantengeslacht, waarvan de soort *C. miniata*, met grote klokvormige, oranje bloemen, als kamerplant wordt gehouden
clo·a·ca *(‹Lat) de* ['s] ❶ riool, afvoerkanaal voor vuilnis, genoemd naar een kunstmatig aangelegd kanaal in Rome, dat het vuil van de straten naar de Tiber afvoerde ❷ ‹bij sommige dieren› één ruimte waarin de endeldarm, de urineleiders en de uitvoergangen van de geslachtsorganen uitmonden
clo·a·ca·die·ren *mv* orde van primitieve zoogdieren (Monotremata), waartoe de mierenegel en het vogelbekdier behoren, o.a. gekenmerkt door het bezit van een → **cloaca** (bet 2)
clo·chard [klossjaar] *(‹Fr) de (m)* [-s] zwerver, dakloze (in Parijs)
close [kloos] *(‹Eng) bn* ★ *~ zijn met iem.* vertrouwelijk met iem. omgaan
close har·mo·ny [kloos hà(r)mənie] *(‹Eng) bijw* het op zodanige wijze meerstemmig zingen dat de afzonderlijke stemmen nauwelijks onderscheidbaar zijn
close read·ing [kloos rieding] *(‹Eng) de (v)* methode van literaire interpretatie en kritiek die uitgaat van een zo nauwkeurig mogelijk lezen van de teksten, met uitsluiting van gegevens buiten die teksten (zoals de figuur van de schrijver)
clo·set [-zet] *(‹Eng) het* [-s] toilet, wc
clo·set·pa·pier [-zet-] *het* wc-papier, toiletpapier
clo·set·rol [-zet-] *de* [-len] rol closetpapier
clo·set·rol·hou·der [-zet-] *de (m)* [-s] apparaat waaraan men een closetrol bevestigt
close-up [kloozup] *(‹Eng) de (m)* [-s] film- of foto-opname van heel dichtbij ★ *in ~ van dichtbij opgenomen*
clou [kloe] *(‹Fr) de (m)* ❶ het wezenlijke, dat waarom het eigenlijk gaat (in een anekdote, een mop) ❷ voornaamste aantrekkingspunt
clown [klaun] *(‹Eng) de (m)* [-s] grappenmaker, vooral de potsierlijk uitgedoste en in felle kleuren geschminkte grappenmaker in een circus
clow·nesk [klau-] *bn* als van, op de wijze van een clown
club *(‹Eng)* I *de* [-s] ❶ vereniging, vooral die waarbij men gezamenlijk een activiteit bedrijft: ★ *tennisclub, handenarbeidclub* ❷ sociëteit ❸ (meestal *clubje*) groep bevriende personen die elkaar regelmatig ontmoeten: ★ *hij hoort niet bij ons clubje* ❹ golfstok II *de (m)* [-s] verkorting van → **clubfauteuil**

club·card [-kà(r)d] *(‹Eng) de (m)* [-s], **club·kaart** *de* [-en] voetbal identiteitsbewijs dat men nodig heeft voor het bezoeken van wedstrijden van bepaalde clubs

club·das *de* [-sen] das in de kleuren van een → **club** (I, bet 1 en 2)

club·fau·teuil [-footuij] *de (m)* [-s] gemakkelijke, veelal leren stoel

club·ge·noot *de (m)* [-noten], **club·ge·no·te** *de (v)* [-n; ook -s] medelid van een club

club·huis *het* [-huizen] huis waarin een club samenkomt

club·kaart *de* [-en] → **clubcard**

club·kam·pi·oen *de (m)* [-en] iem. die winnaar is van de interne competitie van de club waarin hij een sport of spel bedrijft

clus·ter *(‹Eng) de (m)* [-s] ❶ opeenhoping, groep, tros ❷ astron sterrenhoop, groep fysisch bijeenhorende sterren ❸ statistiek groep van eenheden waarop een steekproef wordt gehouden

clus·te·ren *ww* [clusterde, h. geclusterd] in groepen samenbrengen op grond van een of meer gemeenschappelijke kenmerken

cm *afk* centimeter

Cm *afk* chem symbool voor het element curium

CM *afk* in België Christelijke Mutualiteit

cms *het* [-'en] comput contentmanagementsysteem

CN-gas *het chlooracetofenon* bij militaire oefeningen en oproerbestrijding gebruikt type traangas

CNN *afk* [sie-en-en] *(‹Eng)* Cable News Network [Amerikaanse televisiezender die zich op het (wereld)nieuws concentreert]

CNV *afk* in Nederland Christelijk Nationaal Vakverbond

Co *afk* chem symbool voor het element *kobalt*

co *de* ['s] NN verkorting van → **coassistent**

co. *afk* ‹achter firmanamen› compagnie, compagnon

coach [kootsj] *(‹Eng) de (m)* [-es] ❶ persoon die tijdens wedstrijden instructies geeft aan een sportploeg of sporter ❷ iem. die begeleidt en steunt ❸ gesloten automodel met twee deuren, geschikt voor vier of meer personen

coa·chen *ww* [kootsjə(n)] *(‹Eng)* [coachte, h. gecoacht] als coach optreden, (sportief) begeleiden

coa·ching [kootsjing] *(‹Eng) de (v)* het coachen, (sportieve) begeleiding: ★ *onvoldoende ~ krijgen*

co·ad·ju·tor *(‹Lat) de (m)* [-s, -toren] helper en plaatsvervanger van een bisschop, met recht van opvolging

co·a·gu·la·tie [-(t)sie] *(‹Lat) de (v)* het coaguleren, uitvlokking

co·a·gu·le·ren *ww (‹Lat)* [coaguleerde, h. gecoaguleerd] vlokken of klonters vormen, stremmen, stollen

co·a·li·tie [-(t)sie] *(‹Fr‹Lat) de (v)* [-s] ❶ verbond, vereniging van partijen of staten tegen een gemeenschappelijke vijand ❷ verbond van politieke partijen die tezamen regeringsverantwoordelijkheid dragen

co·a·li·tie·re·ge·ring [-(t)sie-] *de (v)* [-en] regering die steunt op een vereniging van partijen, niet op één partij met absolute meerderheid

co·as·sis·tent *de (m)* [-en], **co·as·sis·ten·te** *de (v)* [-n, -s] NN medisch student(e) die als helper van een hoogleraar stage loopt in een ziekenhuis

co·as·sis·tent·schap *het* [-pen] NN het coassistent zijn

coas·ter [koostə(r)] *(‹Eng) de (m)* [-s] kustvaartuig

co·ax *de* [-en] coaxkabel, coaxiale kabel

co·axi·aal·ka·bel *de (m)* [-s] coaxkabel

co·ax·ka·bel *de (m)* [-s] coaxiale kabel, d.w.z. een kabel, bestaande uit twee van elkaar geïsoleerde coaxiale geleiders, toegepast o.a. in de telecommunicatie

Co·bol *afk* Common Business Oriented Language *(‹Eng)* [hogere programmeertaal voor computers, vooral geschikt voor administratieve toepassingen]

co·bra *(‹Port) de* ['s] ❶ naam voor diverse soorten gifslangen uit Zuid-Azië en Afrika met als gemeenschappelijk kenmerk dat ze bij gevaar het voorste deel van het lichaam oprichten en de huid in de halsstreek lepelvormig uitspreiden, vooral de brilslang *(Naja naja)*; ❷ *Cobra* afkorting van *Co*penhagen, *Br*ussel, *A*msterdam, een in 1948 in Parijs opgerichte vernieuwende beweging in de schilderkunst

COC *afk* in Nederland oorspr Cultuur- en Ontspanningscentrum [(schuil)naam van de in 1946 opgerichte Nederlandse Vereniging tot Integratie van Homoseksualiteit, thans officieel genaamd: *NVIH-COC*]

co·ca *(‹Sp‹Quechua, een Peruaanse indianentaal) de* ❶ naam van twee soorten heesters (*Erythroxylon coca* en *E. novogranatense*) ❷ blad van deze heesters dat o.a. cocaïne bevat en door de indianen in de Andes wordt gekauwd om de sterk opwekkende werking

co·ca·ï·ne *(‹Sp-Lat) de* alkaloïde uit de bladeren van de coca, aangewend tot verkrijging van plaatselijke gevoelloosheid en als opwekkend (in grotere doses verdovend) middel

co·ca·ï·ne·lijn·tje *het* [-s] streepje cocaïne dat d.m.v. een stukje opgerold papier opgesnoven wordt; *ook*: → **lijntje**

coc·cus *(‹Lat‹Gr) de (m)* [cocci] bolvormige bacterie, kok

cock·erspa·niël [kokkə(r)spenjəl] *(‹Eng) de (m)* [-s] tamelijk kortbenige, langharige jachthond van Engelse oorsprong met lange, afhangende oren

cock·ney [koknie] *(‹Eng)* **I** *de (m)* [-s] bijnaam van de geboren Londenaar **II** *het* plat Engels dialect van de Londenaar

cock·pit *(‹Eng) de (m)* [-s] ❶ ruimte voor de bestuurder(s) van een vliegtuig ❷ ruimte voor de plecht van een motorboot ❸ plaats voor de bestuurder in een raceauto

cock·tail [-teel] *(‹Eng) de (m)* [-s] ❶ *eig* hanenstaart ❷ naam voor allerlei mengsels van verschillende

sterke dranken met vruchtensap en andere toevoegsels ❸ fig mengelmoes: ★ *deze roman is een ~ van allerlei genres*
cock·tail·par·ty [-teelpà(r)tie] *(‹Eng) de (v)* ['s] feestelijke bijeenkomst waarbij cocktails, kleine hapjes e.d. worden geserveerd
cock·tail·prik·ker [-teel-] *de (m)* [-s] houten stokje met scherpe punt waaraan men een cocktailhapje prikt
cock·tail·shak·er [-teelsjeekə(r)] *(‹Eng) de (m)* [-s] mengbeker voor cocktails
co·con *(‹Fr) de (m)* [-s] tonnetje, spinsel waarin de poppen van vele insecten gehuld zijn
co·coo·nen *ww* [-koe-] *(‹Eng)* [cocoonde, h. gecocoond] zich terugtrekken in de beslotenheid van de huiselijke kring
co·coo·ning [kookoening] *(‹Eng) de (m)* levenswijze waarbij men zich, samen met de partner, knus terugtrekt in de huiselijke omgeving en zich afsluit van de buitenwereld
co·coun·sel·ing *(‹Eng) de (m)* psychotherapie het bedrijven van therapie in groepen van twee, waarbij de betrokkenen om beurten elkaars gedrag spiegelen
cod. *afk* codex
c.o.d. *afk* cash on delivery *(‹Eng)* [handel betaling bij aflevering; onder rembours]
code¹ [kòd(ə)] *(‹Fr) de (m)* [-s] wetboek ★ *~ civil* of *~ Napoléon* het Franse, door Napoleon I tot stand gebrachte burgerlijk wetboek (in Nederland geldig geweest tot 1 oktober 1838) ★ *~ pénal* wetboek van strafrecht
co·de² *(‹Fr) de (m)* [-s] ❶ stelsel van woorden, letters, cijfers en andere tekens met een overeengekomen betekenis voor de verkorte weergave van boodschappen en als geheimschrift: ★ *een bericht in ~* ❷ comput stelsel van overeengekomen symbolen waarin gegevens, instructies e.d. worden weergegeven ❸ afspraak, conventie: ★ *uw kleding is niet conform de binnen dit bedrijf geldende ~*
co·dec *de* comput compressor/decompressor *(‹Eng)* [chiptechniek voor het comprimeren en decomprimeren van data]
co·de·ï·ne *(‹Fr) het* een alkaloïde uit opium met zwak verdovende werking, verwerkt in middelen tegen hoest
co·de·ren *ww (‹Fr)* [codeerde, h. gecodeerd] in (een) → **code²** over- of onderbrengen
co·de·te·le·gram *het* [-men] telegram in → **code²**
co·deur *de (m)* [-s] iem. die iets in → **code²** brengt, of die codetekens aanbrengt, bijv. op ponsbanden voor computers
co·de·woord *het* [-en] woord van een → **code²**
co·dex *(‹Lat) de (m)* [-dices] ❶ handschrift, vooral de met de hand geschreven boeken vóór de uitvinding van de boekdrukkunst ❷ wetboek, boek met voorschriften of normen ❸ BN boek met drink- en andere liederen, gebruikt door studenten op zangfeesten

co·di·cil *(‹Fr) het* [-len] ❶ schriftelijke onderhandse beschikking van erflating, vooral als toevoegsel aan een testament ❷ schriftelijke verklaring waarin men te kennen geeft dat men na overlijden lichaamsdelen ter beschikking stelt voor een nuttig doel, vooral voor transplantatie
co·di·fi·ca·tie [-kaa(t)sie] *(‹Fr) de (v)* [-s] het verenigen van verspreide regels, gewoonten en voorschriften betreffende (een deel van) de rechtspraak in een wetboek
co·di·fi·ce·ren *ww (‹Lat)* [codificeerde, h. gecodificeerd] in een wetboek verenigen en vastleggen
co·edu·ca·tie [-(t)sie] *de (v)* gemeenschappelijke opvoeding van of gemeenschappelijk onderwijs aan jongens en meisjes
co·ëf·fi·ciënt [-fiesjent] *(‹Fr) de (m)* [-en] ❶ medewerkende factor ❷ wisk constante factor van een onbekende of veranderlijke grootheid: ★ *in $2x^2-3x+5$ zijn 2, -3 en 5 de coëfficiënten*
co·exis·ten·tie [-eksistensie] *(‹Lat) de (v)* ❶ het tegelijk aanwezig kunnen zijn in ruimte of tijd ❷ ★ *vreedzame ~* het vreedzaam naast elkaar bestaan van staten met tegengesteld politiek en sociaal systeem
co·exis·te·ren *ww* [co-existeerde, h. geco-existeerd] tegelijk bestaan; vreedzaam naast elkaar bestaan
cof·fee·cream·er [koffiekrieməⁿ(r)] *(‹Eng) de (m)* koffiemelkpoeder
cof·fee·shop [koffiesjop] *(‹Eng) de (m)* [-s] → **koffieshop**
cof·fe·ï·ne *(‹Eng) de* → **cafeïne**
cof·fer·dam [-dem] *(‹Eng) de (m)* [-s] ❶ scheepv smalle ruimte tussen ruimen of tanks ❷ klein droogdok, naar de scheepsvorm gebouwd ❸ tandheelkunde stukje gummi dat voorkomt dat speeksel vloeit naar plaatsen in de mond waar de behandeling plaatsvindt
cog·naat *(‹Lat) de (m)* [-naten] recht bloedverwant aan moederszijde, vgl → **agnaat**
cog·nac [konjak] *(‹Fr) de (m)* destillaat van wijnen uit de omgeving van de West-Franse stad Cognac en in dat gebied op eikenhouten fusten gerijpt
cog·ni·tie [-nie(t)sie] *(‹Lat) de (v)* psych verzamelnaam voor alles wat met kennisverwerving te maken heeft (zintuiglijke waarneming, onthouden, begripsvorming, logisch denken), soms ook opgevat als betrekking hebbend op verwachting, interesse e.d.
cog·ni·tief *(‹Fr) bn* psych kennend, het kenvermogen betreffend, kennis
cog·nos·se·ment *(‹Oudfr) het* [-en] handel ontvangstdocument afgegeven door de kapitein aan de inlader, ladingsbrief
co·ha·bi·ta·tie [-(t)sie] *(‹Lat) de (v)* [-s] ❶ (gedwongen) samenwerking van tegenstanders ❷ vero geslachtsgemeenschap
co·ha·bi·te·ren *ww* [cohabiteerde, h. gecohabiteerd]

co·he·rent *(‹Lat)* ❶ (gedwongen) samenwerken van tegenstanders ❷ vero geslachtsgemeenschap hebben

co·he·rent *(‹Fr‹Lat) bn* samenhangend: ★ *een ~ beleid voeren*

co·he·ren·tie [-sie] *(‹Fr‹Lat) de (v)* [-s] ❶ samenhang ❷ nat eigenschap van trillingen en golven die dezelfde frequentie en een constant faseverschil hebben

co·he·sie [-zie] *(‹Fr) de (v)* kracht die de moleculen van een stof bij elkaar houdt, samenhang

co·hort [-en], **co·hor·te** *(‹Lat) de* [-n] ❶ onderafdeling (500 man) van een Oud-Romeins legioen ❷ grote menigte, meute ❸ grote groep personen die gedurende langere tijd wordt onderzocht bij sociaalwetenschappelijk onderzoek

coif·fe·ren *ww* [kwaffee-] *(‹Fr)* [coiffeerde, h. gecoiffeerd] ❶ kappen, knippen, (zijn haar) verzorgen ❷ NN, fig vleien, prijzen; *vgl:* → **gecoiffeerd**

coif·fu·re [kwaffuurə] *(‹Fr) de (v)* [-s] kapsel

co·in·ci·den·tie [-sie] *(‹Lat) de (v)* toevallige samenloop van omstandigheden

co·ï·te·ren *ww (‹Lat)* [coïteerde, h. gecoïteerd] geslachtsgemeenschap hebben, neuken

co·ï·tus *(‹Lat) de (m)* [-sen] geslachtsgemeenschap, paring ★ *~ interruptus* het terugtrekken van de penis uit de schede vóór de zaadlozing, gebruikt als (vrij onbetrouwbare) methode om zwangerschap te voorkomen

coke [kook] *(‹Eng) de (m)* ❶ coladrank ❷ slang cocaïne

cokes [kooks] *(‹Eng) de* steenkolen waaraan het gas onttrokken is

Col. *afk* (brief aan de) Kolossenzen; zie aldaar

col *(‹Fr) de (m)* [-s] ❶ opstaande kraag aan een trui, een jurk e.d. (soms ook los) die de hals geheel omsluit ❷ bergpas

co·la *de (m)* ['s] verkorting van *coladrank*: ★ *een glaasje ~* ★ NN *colaatje pils* pils in een klein, voor cola bestemd glas

co·la·drank *de (m)* [-en] koolzuurhoudende bruine frisdrank, op basis van kolanoten vervaardigd

co·la·tic *de (m)* drank bestaande uit cola en jenever

col·bert [-bèr] *(‹Fr) de (m) & het* [-s] NN kort herenjasje, ook binnenshuis gedragen, genoemd naar de Franse econoom Colbert (1619-1683)

col·bert·kos·tuum [-bèr-] *het* [-s] NN mannenpak met colbert

cold·pack [kooldpek] *(‹Eng) het* [-s] med met kunststof gevulde plastic zak die in gekoelde toestand op een gekwetst lichaamsdeel wordt gelegd om zwelling tegen te gaan

cold tur·key [koold tù(r)kie] *(‹Eng) de (m)* ernstige onthoudingsverschijnselen na het plotseling niet meer gebruiken van drugs of vervangingsmiddelen door een verslaafde, vooral een verslaafde aan heroïne

co·lère [-lèr(ə)] *(‹Fr) de (v)* BN, spreektaal drift, woede,

kwaadheid ★ *in een Franse ~ schieten* plotseling woedend worden

co·li·bac·te·rie *(‹Lat) de (m)* [-riën] normale darmbacterie, die onder bep. omstandigheden urineweginfectie of diarree kan veroorzaken

col·laar *(‹Lat) het* [-s *of* -laren] witte, van voren gesloten, staande boord van rooms-katholieke geestelijken

col·la·bo·ra·teur *(‹Fr) de (m)* [-s] ❶ eig medewerker ❷ ‹sinds de Tweede Wereldoorlog› benaming voor iem. die in bezet land met de vijand samenwerkt

col·la·bo·ra·tie [-(t)sie] *(‹Fr) de (v)* medewerking, in het bijzonder samenwerking met een vijandelijke mogendheid in bezet gebied

col·la·bo·re·ren *ww (‹Fr)* [collaboreerde, h. gecollaboreerd] als collaborateur optreden: ★ *met de vijand ~*

col·la·ge [-zjə] *(‹Fr) de (v)* [-s] lijm- of plakwerk; opgeplakte stukjes gekleurd papier, karton, hout enz. met artistieke pretentie

col·la·te·raal *(‹Fr) bn* ❶ van ter zijde met iets in verband staand, zijdelings: ★ *collaterale schade* schade die in een omgeving van bijv. een militair doelwit wordt aangericht ❷ genealogie in de zijlinie: ★ *collaterale erfgenamen* ★ *collaterale successie* ★ *collaterale knoppen* biol bijknoppen

col·la·tie [-(t)sie] *(‹Fr‹Lat) de (v)* [-s] ❶ het vergelijken van een afschrift met het oorspronkelijke ❷ het nagaan of een boekwerk volledig is ❸ opgave van het aantal bladzijden of vellen, platen enz. van een boekwerk of een reeks uitgaven

col·la·tio·ne·ren *ww* [-(t)sjoo-] *(‹Fr)* [collationeerde, h. gecollationeerd] ❶ een afschrift met het origineel vergelijken, geschriften, rekeningen enz. met elkaar vergelijken ❷ nagaan of een boekwerk, tijdschriftenreeks enz. compleet is *(vgl:* → **collatie**, bet 2*)*

col·lec·tant *de (m)* [-en], **col·lec·tan·te** *de (v)* [-n, -s] iem. die collecteert, inzamelaar van giften

col·lect call *(‹Eng)* [- kl] *de (m)* ❶ telefonische communicatie waarvan de kosten door de opgebelde worden betaald ❷ [*mv:* - calls] een aldus gevoerd telefoongesprek

col·lec·te *(‹Fr) de (v)* [-s, -n] inzameling van giften ten behoeve van een goed doel: ★ *een ~ houden voor de slachtoffers van een aardbeving*

col·lec·te·bus *de* [-sen] bus waarin men geld deponeert bij een collecte

col·lec·te·ren *ww (‹Fr)* [collecteerde, h. gecollecteerd] inzamelen, geld ophalen voor een goed doel

col·lec·te·zak·je *het* [-s] zakje waarmee men collecteert, vooral in de kerk

col·lec·tie [-sie] *(‹Fr) de (v)* [-s] verzameling van gelijksoortige voorwerpen, vooral van waardevolle exemplaren: ★ *een ~ zeldzame postzegels*

col·lec·tief *(‹Fr)* **I** *bn* gezamenlijk, gemeenschappelijk ★ *collectieve arbeidsovereenkomst* (→ **cao**), overeenkomst tussen werkgevers- en

werknemersorganisaties waarbij de regels worden vastgesteld die bij individuele arbeidsovereenkomsten in acht genomen moeten worden ★ *collectieve lasten* geld dat men afdraagt aan de overheid voor gemeenschappelijke zaken, bijv. belasting en sociale lasten ★ *collectieve sector* sector in de economie bestaande uit door de overheid gefinancierde gemeenschappelijke zaken ★ *collectieve voorzieningen* door de overheid gefinancierde gemeenschappelijke voorzieningen (‹Lat) **II** *het* [-tieven] ❶ taalk verzamelnaam: ★ *'zwerm' is een ~* ❷ een als eenheid optredende groep mensen, die betrokken zijn bij een gezamenlijke onderneming en allen dezelfde rechten en plichten hebben: ★ *dit bedrijf is als ~ opgezet*
col·lec·tio·neur [-sjoo-] (‹Fr) *de (m)* [-s] verzamelaar (van kunstvoorwerpen, boeken enz.)
col·lec·ti·vi·sa·tie [-zaa(t)sie] *de (v)* het gemeenschappelijk maken van de productiemiddelen
col·lec·ti·vi·se·ren *ww* [-zee-] (‹Fr) [collectiviseerde, h. gecollectiviseerd] tot gemeenschappelijk eigendom maken
col·lec·ti·vis·me (‹Fr) *het* ❶ opvatting dat de gemeenschap belangrijker is dan het individu ❷ socialistisch stelsel dat verlangt dat de productiemiddelen aan de gemeenschap behoren
col·lec·ti·vist *de (m)* [-en] aanhanger van het collectivisme; **collectivistisch** *bn bijw*
col·lec·ti·vi·teit *de (v)* [-en] groep als eenheid, groot aantal individuen dat in een bepaald opzicht als een eenheid kan worden beschouwd
col·lec·tor (‹Lat) *de (m)* [-toren *of* -s] ❶ nat bij een gelijkstroomdynamo het gedeelte van het anker waar de opgewekte elektrische stroom aan de borstels en zo aan de buitenleiding wordt afgestaan ❷ BN verzamelbekken voor afvalwater
col·lec·tor's item [kollektə(r)s aitəm] (‹Eng) *het* [-items] voorwerp dat vanwege zijn zeldzaamheid vooral wordt begeerd door verzamelaars
col·le·ga (‹Lat) *de* ['s, *ook* -gae] ❶ iem. die hetzelfde beroep uitoefent ❷ iem. die in hetzelfde bedrijf werkt
col·le·ge[1] [-zjə] (‹Lat) *het* [-s] ❶ groep van personen die een gemeenschappelijke taak of gemeenschappelijke belangen hebben: ★ in Nederland *het ~ van burgemeester en wethouders*, in België *het ~ van burgemeester en schepenen* ★ *het ~ van kardinalen* ★ recht *colleges van advies* bij de wet ingestelde commissies die de regering adviseren bij zaken van overheidsbeleid, bijv. de SER: (Sociaaleconomische Raad) ❷ les aan een universiteit of hogeschool: ★ *~ lopen, volgen, geven* ❸ school voor algemeen voortgezet of voorbereidend wetenschappelijk onderwijs ❹ BN katholieke (dus niet door de staat opgerichte) instelling voor secundair onderwijs

col·lege[2] [kollidzj] (‹Eng) *het* [-s] ❶ ‹in Engeland› afdeling van een universiteit onder eigen bestuur ❷ ‹in de Verenigde Staten› inrichting voor voortgezet onderwijs na de middelbare school
col·le·ge·geld [-leezjə-] *het* [-en] bedrag voor het volgen van colleges, (→ **college**[1], bet 2)
col·le·ge·kaart [-leezjə-] *de* [-en] NN identiteitskaart t.b.v. iem. die college volgt
col·le·ge·zaal [-leezjə-] *de* [-zalen] zaal in een universiteitsgebouw, waar colleges worden gegeven
col·le·gi·aal (‹Lat) *bn* zoals onder collega's past, kameraadschappelijk: ★ *het gesprek verliep in een collegiale sfeer*
col·le·gi·a·li·teit *de (v)* kameraadschap onder collega's
col·li (‹It) *het* ['s] (*mv van* collo) pak, zending: ★ *transport van colli's* of *colli per vliegtuig*
col·lie (‹Eng) *de (m)* [-s] hoogbenige, langharige herdershond met een zeer smalle, lange kop, meestal bruin met wit van kleur, Schotse herdershond
col·lier [-jee] (‹Fr) *het* [-s] halssnoer, halsketting
col·li·ne·air [-nee(j)èr] *bn* wisk op één rechte lijn
col·li·sie [-zie] (‹Lat) *de (v)* [-s] ❶ botsing; het tegen elkaar indruisen van wetten, plichten enz. ❷ med beklemdheid, nood
col·lo (‹It) *het* [-li] → **colli**
col·lo·ca·tie (‹Lat) *de (v)* [-s] ❶ taalk vaste verbinding van twee of meer woorden, zoals *sterke koffie* en *slappe thee* ❷ BN, jur plaatsing in een inrichting (van rechtswege)
col·lo·ï·daal *bn* van de aard van, zich bevinden in de toestand van een colloïde ★ *colloïdale oplossing* oplossing waarin colloïden zijn verdeeld
col·lo·ï·de (‹Gr) *de & het* [-s] molecule of deeltje met afmetingen tussen 10⁻⁹ en 10⁻⁶ m
col·lo·que·ren [-kee-] *ww* [colloqueerde, h. gecolloqueerd] BN, jur van rechtswege in een instelling plaatsen
col·lo·qui·um [-kwie(j)um] (‹Lat) *het* [-quia] samenspraak, gesprek, discussiecollege aan een universiteit ★ *~ doctum* onderzoek naar de geschiktheid van personen van 25 jaar of ouder om universitair onderwijs te volgen zonder dat zij daarvoor de vereiste diploma's bezitten
co·lo·fon, **co·lo·fon** (‹Gr) *de (m) & het* [-s] ❶ mededeling in een boek betreffende de naam van de drukker, de zetter, de datum van de voltooiing, eventueel de oplage, het gebruikte papier enz. ❷ lijst van redacteuren en medewerkers in een tijdschrift
co·lo·fo·ni·um (‹Gr) *het* een bep. hars, o.a. gebruikt in papierlijm, in fixatief en als vioolhars, genoemd naar de stad Colophon in Klein-Azië in de oudheid
Co·lom·bi·aan *de (m)* [-anen] iem. geboortig of afkomstig uit de Zuid-Amerikaanse republiek Colombia, genoemd naar Christoffel Columbus, de ontdekker van Amerika in 1492

Co·lom·bi·aans *bn* van, uit, betreffende de Zuid-Amerikaanse republiek Colombia

co·lon (‹Lat‹Gr›) *het* ❶ anat dikke darm ❷ dubbele punt

co·lon·na·de (‹Fr› *de* (v) [-s] zuilenrij, zuilengalerij

co·lon·ne (‹Fr› *de* [-s] militaire formatie met een front dat smal is in vergelijking met de lengte, stoet: ★ *een ~ soldaten, legerwagens* ★ *vijfde ~* verkapte aanhangers van een vijandelijke macht in het eigen gebied

co·lo·ra·do·ke·ver *de (m)* [-s] kever, iets groter dan het lieveheersbeestje, met overlangs zwarte strepen op gele dekschilden, aardappelkever (*Leptinotarsa decemlineata*): ★ *coloradokevers zijn zeer schadelijk voor de aardappelteelt*

co·lo·ra·tuur (‹It› *de* (v) [-turen] muz versiering van enkele noten door cadansen en loopjes bij de solozang

co·lo·riet (‹It› *het* kleurmenging, kleurgeving, effect van de kleuren op een schilderij; fig het 'schilderen' met woorden

co·lo·rist (‹Fr› *de (m)* [-en] schilder die bekwaam is in het aanbrengen van kleureffecten

col·por·ta·ge [-taːʒə] (‹Fr› *de* (v) het colporteren

col·por·te·ren *ww* (‹Fr› [colporteerde, h. gecolporteerd] ❶ potentiële kopers persoonlijk benaderen om te trachten verzekeringen, artikelen, vooral boekwerken te verkopen of ze op seriewerken te laten intekenen ❷ ‹nieuwtjes, praatjes› uitstrooien

col·por·teur (‹Fr› *de (m)* [-s] iem. die colporteert

colt *de (m)* [-s] pistool van het model van de Amerikaanse constructeur Colt (1814-1862)

col·trui *de* [-en] trui met hoge, nauw om de hals sluitende, rond afgewerkte kraag

co·lum·ba·ri·um (‹Lat› *het* [-s en -ria] ❶ eig duivenhok ❷ hist gewelfde ruimte met nissen, waarin de Romeinen de urnen of begrafenisbussen met de as van overledenen plaatsten, als zij geen familiegraf bezaten ❸ thans bewaarplaats van urnen in of bij een crematorium

col·umn [kɔlləm] (‹Eng› *de (m)* [-s] geregeld verschijnende, korte bijdrage in een dagblad of tijdschrift, waarvan de schrijver een grote vrijheid heeft in keuze en behandeling van zijn onderwerpen

col·um·nist [kɔlləm-] (‹Eng› *de (m)* [-en] iem. die geregeld columns schrijft

co·ma (‹Gr› *het* med toestand van langdurige, diepe bewusteloosheid, waaruit de patiënt ook door krachtige prikkels niet gewekt kan worden: ★ *in ~ raken, liggen*

co·ma·teus *bn* van de aard van een coma

co·ma·zui·pen *ww & het* zoveel alcohol drinken dat men door alcoholvergiftiging in coma raakt

com·bat·tant (‹Fr› *de (m)* [-en] militair, bestemd om aan de strijd deel te nemen; *vgl*: → **non-combattant**

com·bat·tief (‹Fr› *bn* strijdvaardig

com·bi *de (m)* ['s] verkorting van combinatiewagen

com·bi·kaart *de* [-en] vooral NN gecombineerd vervoers- en toegangsbewijs voor een evenement (concert, voetbalwedstrijd e.d.)

com·bi·ke·tel *de (m)* [-s] kachel waarin de cv-ketel voor de verwarming en de geiser voor het warme water gecombineerd zijn

com·bi·na·tie [-(t)sie] *de (v)* [-s] ❶ verbinding, samenvoeging, koppeling ❷ in verschillende opvattingen: ★ *sardientjes en slagroom zijn een merkwaardige ~* ★ *kracht in ~ met souplesse* ❸ vereniging van handelaren: ★ *inkoop~* ❹ → **trekker** (bet 5) waaraan een oplegger is gekoppeld ❺ schaken, dammen een enige zetten durend samenspel van stukken of schijven met de bedoeling direct voordeel te behalen ❻ sp vloeiend samenspel tussen twee of meer spelers ❼ paardensport ruiter met springpaard ❽ twee bij elkaar passende kledingstukken: ★ *een ~ bestaande uit een geblokt jasje en een effen broek*

com·bi·na·tie·bad [-(t)sie-] *het* [-baden] zwembad met een overdekt en een openluchtgedeelte

com·bi·na·tie·slot [-(t)sie-] *het* [-sloten] slot dat opengaat door zekere beweeglijke delen in een bepaald verband te brengen

com·bi·na·tie·spel [-(t)sie-] *het* sp spel waarin veel combinaties (→ **combinatie**, bet 4, 5) voorkomen

com·bi·na·tie·tang [-(t)sie-] *de* soort (nijp)tang, waarmee tevens ijzerdraad gebogen, geknipt kan worden

com·bine[1] [-bain] (‹Eng› *de (v)* [-s] maaidorsmachine

com·bine[2] [-biːnə] (‹Fr› *de (v)* sp het samenspannen van een aantal wedstrijddeelnemers om een kanshebber het winnen moeilijk of onmogelijk te maken

com·bi·ne·ren *ww* (‹Fr‹Lat› [combineerde, h. gecombineerd] ❶ (eig paarsgewijze) verbinden, verenigen, samenstellen ★ *deze kleuren ~ niet goed passen niet goed bij elkaar* ❷ met elkaar in verband brengen: ★ *de detective combineerde alle gegevens* ❸ sp vloeiend samenspelen

com·bo (‹Eng› *de (v)* ['s] orkest van drie tot zeven personen dat amusementsmuziek of jazz speelt

come·back [kumbek] (‹Eng› *de (m)* [-s] terugkeer, t.w. van een kunstenaar of een sportman tot het niveau van zijn vroegere prestaties of faam

Comecon *afk* hist Council for Mutual Economic Assistance (‹Eng› [Raad voor Wederzijdse Economische Hulp, internationale economische organisatie van (voornamelijk Oost-Europese) communistische landen]

co·me·dy [kɔmmədie] (‹Eng› *de (m)* ['s] humoristisch televisiespel, vaak als serie vertoond

co·mes·ti·bles [-blə] (‹Fr› *mv* fijne eetwaren

com·fort [-foːr] (‹Fr› *het* gemak, gemakkelijke inrichting met betrekking tot zaken van dagelijks gebruik: ★ *een vakantiehuisje met veel ~*

com·for·ta·bel (‹Fr› *bn* comfort biedend, gerieflijk:

★ *een comfortabele auto* ★ *een comfortabele meerderheid* een ruime meerderheid in een vertegenwoordigend lichaam, waardoor het regeren of besturen zonder veel oppositie kan plaatsvinden ★ ~ *kunnen leven* het ruim hebben, het er goed van kunnen nemen

com·ic [kommik] *(‹Eng) de (m)* [-s] beeldverhaal, strip

com·ing man [kumming men] *(‹Eng) de (m)* [- men] persoon van wie op een bepaald gebied veel verwacht wordt, die een belangrijke rol kan gaan spelen

com·ing-out [kumming-] *(‹Eng) de* het publiekelijk bekendmaken dat men homoseksueel is (afgeleid van het Engelse *come out of the closet*, dat dezelfde betekenis heeft)

co·mi·té *(‹Fr) het* [-s] groep van personen belast met een bepaalde incidentele taak, of die deze vrijwillig op zich genomen heeft: ★ *een ~ ter bestrijding van kinderarbeid* ★ *en petit ~* in vertrouwelijke bijeenkomst van een klein aantal personen ★ BN *paritair ~* adviesorgaan per bedrijfstak voor sociale aangelegenheden

com·man·dant *(‹Fr) de (m)* [-en] iem. die de leiding heeft, bijv. over een groep brandweermannen, politieagenten e.d., bevelhebber van een kleine militaire eenheid, gezagvoerder van een oorlogsschip

com·man·de·ren *ww (‹Fr)* [commandeerde, h. gecommandeerd] ❶ bevelen geven: ★ *iem. ~* ★ NN *commandeer je hondje en blaf zelf!* ik wil niet door jou gecommandeerd worden ❷ het bevel voeren ★ *commanderend officier* bevelhebber over een grote militaire eenheid

com·man·deur *(‹Fr) de (m)* [-s] een van de hoogste rangen van de meeste ridderorden

com·man·di·tair [-tèr] *(‹Fr) bn* ★ *commanditaire vennootschap* vennootschap tussen een of meer hoofdelijk voor het geheel aansprakelijke vennoten die het in de vennootschap uitgeoefende bedrijf beheren en een of meer andere personen die slechts kapitaal inbrengen ★ *commanditaire vennoot* iem. die deelneemt in een commanditaire vennootschap en slechts kapitaal inbrengt

com·man·do *(‹Port)* I *het* ['s] ❶ bevel, bevoegdheid om te bevelen: ★ *het ~ hebben, voeren over* ★ *onder ~ staan van* ❷ bevel, militaire order: ★ *iem. een ~ geven* ★ *op ~ iets doen* ❸ mil kleine groep militairen, opgeleid en uitgerust voor het uitvoeren van bep. bijzondere, riskante ondernemingen ❹ comput via het toetsenbord of de muis gegeven opdracht aan de computer II *de (m)* ['s] lid van een → **commando** (I, bet 3)

com·man·do·brug *de* [-gen] verhoging op het scheepsdek, waar de gezagvoerder staat

com·man·do·to·ren *de (m)* [-s] verhoogd en gepantserd gedeelte van de commandobrug op oorlogsschepen

com·man·do·troe·pen *mv* eenheden van geselecteerde militairen voor de uitvoering van bep. bijzondere, riskante taken

com·me·dia dell'·ar·te *(‹It) de (v)* kluchtspel met vaste figuren, op vaste thema's variërende handeling en ten dele geïmproviseerde dialoog, vooral populair in Italië in de 16de en 17de eeuw

comme il faut [kom iel foo] *(‹Fr) bijw* zoals het behoort, in orde, netjes

com·men·saal *(‹Lat) de (m)* [-salen, -s] ❶ kostganger ❷ biol dier dat of plant die samenleeft met een ander dier, resp. een andere plant zonder nadelige invloed voor deze laatste

com·men·taar *(‹Fr‹Lat) de (m) & het* [-taren] ❶ verklarende aantekening, toelichting, uitlegging; het geheel van zulke aantekeningen bij een tekst ❷ bij uitbreiding kritische meningsuiting: ★ *~ op iets hebben, leveren* ★ *hij heeft overal ~ op* hij heeft op alles wat aan te merken

com·men·ta·ri·ë·ren *ww* [commentarieerde, h. gecommentarieerd] van commentaar, van verklarende aantekeningen voorzien

com·men·ta·tor *(‹Lat) de (m)* [-s, -toren] ❶ iem. die commentaar geeft, verklaarder, uitlegger ❷ RTV iem. die een gebeurtenis begeleidt met verklarende tekst: ★ *onze commentator bij de wedstrijd is...*

com·mer·çant [-sant] *(‹Fr) de (m)* [-en] BN, spreektaal (gewiekst) zakenman; handelaar

com·mer·cial [-mù(r)sjəl] *(‹Eng) de (m)* [-s] reclameboodschap op radio of televisie, reclamefilmpje in de bioscoop

com·mer·cia·li·se·ren *ww* [-sjaaliezee-] *(‹Fr)* [commercialiseerde, h. gecommercialiseerd] commercieel maken, tot voorwerp van handel maken: ★ *de Olympische Spelen worden steeds meer gecommercialiseerd*

com·mer·cie *(‹Lat) de (v)* veelal ongunstig handel die uitsluitend op winst uit is

com·mer·cieel [-sjeel] *(‹Fr) bn* in, van, betreffende de handel; handels-: ★ *een commerciële onderneming* ★ *commerciële omroep* de gezamenlijke televisie- of radiozenders die naar winst streven en die hun inkomsten voornamelijk halen uit het uitzenden van reclame, *tegengest*: publieke omroep

com·mies *(‹Fr) de (m)* [-miezen] administratieve ambtenaar van middelbare rang, lager dan een referendaris, hoger dan een klerk

com·mies·brood *het* [-broden] soldatenbrood

com·mi·li·to *(‹Lat) de (m)* [commilitones] BN aanspreekvorm voor medestudentengoed?

com·mis·sa·ri·aat *(‹Fr) het* [-aten] ❶ ambt van, functie als commissaris ❷ bureau van de commissaris (van politie)

com·mis·sa·ris *(‹Lat) de (m)* [-sen] ❶ gelastigde, gevolmachtigde ★ NN *~ der Koningin* door de Kroon benoemde hoogste gezagsdrager in een Nederlandse provincie ★ *~ van politie* hoge, leidinggevende ambtenaar in een politiekorps met enige eigen bevoegdheden, vooral bij de

gemeentepolitie ❷ NN lid van een college van toezicht of advies van een naamloze of besloten vennootschap, een maatschappij of een onderneming (zie ook bij → **gedelegeerd**) ❸ bestuurslid van een sociëteit, club enz.

com·mis·sie *(‹Fr› de (v) [-s]* ❶ opdracht uitgaande van een openbaar lichaam: ★ *in ~ een onderzoek uitvoeren* ★ *als ik lieg, lieg ik in ~* als ik iets zeg dat onwaar is, doe ik dat te goeder trouw, afgaande op berichten van anderen ❷ groep personen die door een bestuur, een vertegenwoordigend lichaam e.d. met een bep. taak is belast: ★ *een ~ benoemen* ★ *technische ~* ❸ handel bedrag dat een handelaar of makelaar voor de bezorging van een zaak aan zijn opdrachtgever in rekening brengt ❹ BN, spreektaal boodschap, behoefte ★ *een kleine, grote ~ (moeten) doen* een kleine, grote boodschap (moeten) doen

com·mis·sie·han·del *de (m)* tak van handel waarbij iem. tegen een bep. vergoeding of provisie op zijn eigen naam handelsovereenkomsten sluit in opdracht en voor rekening van een ander

com·mis·sie·loon *het [-lonen]* → **commissie** (bet 3)

com·mis·sio·nair *[-sjoonèr] (‹Fr› de (m) [-s]* persoon die tegen een bepaalde vergoeding of provisie onder zijn eigen naam, maar in opdracht van en voor rekening van derden handelstransacties verricht

com·mit·ment *(‹Eng› de [-s]* vrijwillig aangegane verplichting om voor iets zorg te dragen, om een bep. beleid te volgen enz.: ★ *een ~ aangaan*

com·mit·tent *(‹Lat› de (m) [-en]* lastgever, volmachtgever

com·mit·te·ren *ww* [committeerde, h. gecommitteerd] *(‹Lat›)* ❶ ‹iem.› een opdracht, volmacht geven ❷ binden ‹aan iets›, verplichten ‹tot iets›: ★ *zich aan iets ~* ★ *ik voel mij niet gecommitteerd aan die toezeggingen*

com·mo·de *(‹Fr› de (v) [-s]* brede kast op vier korte poten met laden, ladekast, latafel, in Nederland vaak gebruikt om baby's te verschonen en aan te kleden

com·mo·dore *[kommədoor] (‹Eng› de (m) [-s]* ❶ laagste rang van vlagofficier bij de Britse marine en van opperofficier bij de Britse luchtmacht ❷ NN laagste opperofficier van de Koninklijke Luchtmacht ❸ oudste kapitein van een scheepvaartmaatschappij ❹ BN laagste rang van opperofficier bij de Belgische zeemacht

com·mon sense *[kommən sens] (‹Eng› de (v)* gezond verstand

com·mo·tie *[-(t)sie] (‹Lat› de (v) [-s]* opschudding, (nodeloze) drukte, beweging

com·mu·naal *(‹Fr› bn* gemeentelijk, plaatselijk

com·mu·nau·tair *[-nootèr] (‹Fr› bn* ❶ betrekking hebbend op een gemeenschap, in het bijzonder op de Europese Unie ❷ BN betrekking hebbend op de verschillende bevolkingsgroepen (met name Vlamingen, Walen, Duitsers en Brusselaars) of de verschillende gewesten, vooral toegespitst op de taalstrijd: ★ *de communautaire tegenstellingen in België*

com·mu·nau·ta·ri·se·ring *[-nootaariezeering] de (v)* BN overdracht van nationale bevoegdheden aan gewesten of gemeenschappen

com·mu·ne *(‹Fr› de (v) [-s]* ❶ eig gemeente ❷ leefgemeenschap, meestal met als grondbeginselen gelijkheid van alle deelnemers en gemeenschappelijk bezit: ★ *in de jaren '60 herleefde de ~ als alternatief voor het samenleven in gezinsverband* ❸ vroeger arbeidseenheid in de volksrepubliek China ❹ *de Commune* bewind van revolutionairen in Parijs in 1871

com·mu·ni·cant *de (m) [-en]*, **com·mu·ni·can·te** *de (v) [-n]* ❶ iem. die deelneemt aan het Avondmaal ❷ iem. die zijn of haar eerste communie doet

com·mu·ni·ca·tie *[-(t)sie] (‹Fr‹Lat› de (v) [-s]* ❶ uitwisseling van informatie, berichten, signalen enz., contact, verbinding: ★ *er was geen ~ mogelijk met het rampgebied* ★ *de ~ tussen de onderhandelaars verliep stroef* ❷ mededeling, kennisgeving

com·mu·ni·ca·tief *(‹Fr› bn* mededeelzaam ★ *over goede communicatieve vaardigheden beschikken* goed zijn gedachten en gevoelens onder woorden kunnen brengen, goed zijn in de omgang met mensen

com·mu·ni·ca·tie·mid·del *[-(t)sie-] het [-en]* ❶ middel dat verkeer mogelijk maakt, zoals een weg, een kanaal, een vervoermiddel e.d. ❷ vooral medium waarlangs informatie mogelijk is, zoals post, telefoon, internet, radio, televisie e.d.

com·mu·ni·ca·tie·sa·tel·liet *[-(t)sie-] de (m) [-en]* kunstmaan die als reflector voor signalen, voor het overbrengen van berichten dient

com·mu·ni·ca·tie·stoor·nis *[-(t)sie-] de (v) [-sen]* ❶ stoornis in de → **communicatie** (bet 2) ❷ bij uitbreiding het verkeerd begrijpen of begrepen worden in een dialoog

com·mu·ni·ca·tie·sys·teem *[-(t)siesies-] het [-temen]* geheel van middelen dat dient tot het onderhouden van verbindingen (verkeer van informatie en berichten)

com·mu·ni·ce·ren *ww (‹Lat›* [communiceerde, h. gecommuniceerd] ❶ mededelen, kennis geven van ❷ met elkaar in verbinding staan ★ *communicerende vaten* nat vaten die met elkaar in verbinding staan en in open verbinding met de buitenlucht en waarin, als zij met één vloeistof zijn gevuld, die vloeistof overal even hoog staat, ongeacht de grootte of de vorm van de vaten ❸ informatie uitwisselen, in geestelijk contact met elkaar staan: ★ *met iem. ~* ❹ de communie ontvangen; ter communie gaan

com·mu·nie *(‹Lat› de (v) [-s, -niën]* RK ❶ het nuttigen van de hostie door de priester (tijdens de mis): ★ *ter of te ~ gaan* ★ *zijn eerste ~ doen* voor de eerste maal ter communie gaan ; zie ook bij → **plechtig** ❷ het

gedeelte van de mis dat eindigt met de →
com·mu·nie (bet 1) van de priester ❸ de hostie zelf:
★ *de* ~ *ontvangen*
com·mu·ni·qué [-kee] *(‹Fr)* het [-s] officiële mededeling, kort verslag aan vertegenwoordigers van de pers
com·mu·nis·me *(‹Fr)* het politiek-economisch stelsel dat in navolging van de leer van Karl Marx door middel van revolutie de productiemiddelen in eigendom aan het volk wil geven
com·mu·nis opi·nio [oopie-] *(‹Lat) de (v)* algemeen gevoelen omtrent iets, de algemene mening of opvatting
com·mu·nist *de (m)* [-en] aanhanger van het communisme; lid van een communistische partij
com·mu·nis·ten·vre·ter *de (m)* [-s] iem. met een grote haat jegens communisten en het communisme
com·mu·nis·tisch *bn* betrekking hebbend op, volgens de leer van het communisme of de communisten
com·mu·ni·teit *(‹Lat) de (v)* [-en]
❶ gemeenschappelijkheid; gemeenschappelijk bezit
❷ de gezamenlijke kloosterlingen in een convent
com·mu·ni·ty [komjoenittie] *(‹Eng) de* [-ty's] gemeenschap van mensen met dezelfde interesses en voorkeuren, die via internet met elkaar contact onderhouden
com·muun *(‹Lat) bn* algemeen
comp. *afk* ❶ compagnie ❷ compagnon
com·pact *(‹Lat) bn* dicht ineengedrongen, dicht opeen
com·pact disc [kompekt disk] *de (m)* [-s] zilverkleurig metalen schijfje van 12 cm doorsnee waarop in een spiraalvormig spoor van microscopisch kleine putjes geluid is opgeslagen die door een laserstraal kan worden afgespeeld; vgl: → **cd-rom**, → **cd-i**
com·pag·nie [-panjie] *(‹Fr) de (v)* [-s, -nieën] ❶ mil kleinste tactische eenheid bij de onbereden wapens (infanterie, genie e.d.) van ca. 150 man, meestal als onderdeel van een bataljon en onder commando van een kapitein ❷ handelmaatschappij: ★ *de Oost-Indische Compagnie* ❸ vennoot: ★ *Muller en ~ (co. of cie.)*
com·pag·nie·com·man·dant [-panjie-,],
com·pag·nies·com·man·dant [-panjies-] *de (m)* [-en] iem. die het bevel voert over een compagnie, kapitein
com·pag·non [-panjon] *(‹Fr) de (m)* [-s]
❶ handelsgenoot, vennoot ❷ makker, gezel
com·pa·rant *(‹Lat) de (m)* [-en] iem. die voor een notaris of voor het gerecht verschijnt
com·pa·ra·tief *(‹Lat)* **I** *bn* vergelijkend, de vergrotende trap uitdrukkend **II** *de (m)* [-tieven] vergrotende trap: ★ *'mooier' is de ~ van 'mooi'*
com·pa·re·ren *ww (‹Lat)* [compareerde, h. gecompareerd] verschijnen, vooral voor het gerecht of de notaris
com·par·ti·ment *(‹Fr) het* [-en] afgescheiden ruimte, vooral spoorwegcoupé

com·par·ti·men·te·rings·dam *de (m)* [-men] dam met grote sluizen die bij extreem hoge waterstanden worden gesloten ter beveiliging van het land
com·pas·sie *(‹Fr) de (v)* medelijden: ★ ~ *met iem. hebben*
com·pa·ti·bel [-bǝl] *(‹Fr) bn* ❶ verenigbaar, overeenstemmend, uitwisselbaar ❷ comput geschikt om gebruikt te kunnen worden in combinatie met de hardware of software van een ander computersysteem
com·pa·ti·bi·li·teit *(‹Fr) de (v)* verenigbaarheid, overeenstemming; uitwisselbaarheid
★ *achterwaartse* ~ comput het verenigbaar zijn met oudere versies van programmatuur of hardware
com·pat·ible [kompettibǝl] *(‹Eng) bn* → **compatibel** (bet 2)
com·pen·di·um *(‹Lat) het* [-s, -dia] samenvattend handboek: ★ *het* ~ *van de psychologie*
com·pen·sa·bel *bn* voor vergoeding of een vergelijk vatbaar
com·pen·sa·tie [-(t)sie] *(‹Fr) de (v)* [-s] ❶ vergoeding, vereffening ❷ schuldvergelijking ❸ psych het zoeken van bevrediging in een ander object ter opheffing van minderwaardigheidsgevoelens
com·pen·sa·tie·kas [-(t)sie-] *de (m)* [-sen] BN instelling die de kinderbijslaguitkering verzorgt; kinderbijslagfonds
com·pen·se·ren *ww (‹Fr‹Lat)* [compenseerde, h. gecompenseerd] vergoeden: ★ *de schade* ~ ★ *iem.* ~ *voor inkomensderving; vereffenen, tegen elkander (doen) opwegen:* ★ *een tekortkoming* ~ ★ *blinden* ~ *hun handicap door zich meer op het gehoor te oriënteren*
com·pe·tent *(‹Fr) bn* ❶ volgens het recht aan iem. toekomend ❷ tot handelen of oordelen bevoegd, de vereiste kundigheden bezittend: ★ ~ *zijn voor een taak*
com·pe·ten·tie [-sie] *(‹Fr) de (v)* [-s] bevoegdheid, rechtmatig oordeel, recht van spreken of oordelen ★ *dit valt buiten mijn* ~ *daartoe ben ik niet bevoegd*
★ recht *absolute* ~ bevoegdheid naar rang, bepaling van het soort gerecht (kantongerecht, arrondissementsrechtbank enz.) dat in een bepaalde zaak bevoegd is ★ recht *relatieve* ~ bevoegdheid naar plaats binnen de rang, bepaling welk gerechtshof (Gerechtshof van Amsterdam, Arnhem, Leeuwarden enz.) van een bepaalde soort in een zaak bevoegd is
com·pe·ten·tie·ge·richt [-sie-] *bn* gericht op het uitbreiden van persoonlijke vaardigheden: ★ ~ *onderwijs*
com·pe·ti·tie [-ti(t)sie] *(‹Fr) de (v)* [-s] ❶ mededinging ❷ reeks van wedstrijden waarbij iedere deelnemer tegen alle andere uitkomt
com·pe·ti·tief *bn* wedijverend
com·pe·ti·tie·ver·val·sing [-(t)sie-] *de* sp het niet eerlijk laten verlopen van een competitie, bijv. door een van de deelnemers te bevoordelen, door wedstrijden niet gelijktijdig te laten plaatsvinden

e.d.
com·pe·ti·tie·wed·strijd [-tie(t)sie-] *de (m)* [-en] sp wedstrijd in het kader van een competitie
com·pi·la·tie [-(t)sie] *(‹Fr) de (v)* [-s] ❶ het samenbrengen van stukjes van diverse schrijvers, gedeelten uit radio- of televisieprogramma's e.d., zonder daar iets aan te veranderen of toe te voegen ❷ een dergelijke verzameling: ★ *een ~ van krantenartikelen over een bep. onderwerp* ❸ comput het omzetten naar machinecode
com·pi·la·tor *(‹Fr‹Lat) de (m)* [-s, -toren] ❶ samensteller van een of meer compilaties ❷ comput compiler
com·pi·leer·pro·gram·ma *het* ['s] comput programma dat programmeertaal omzet in machinecodes
com·pil·er [kəmpailə(r)] *(‹Eng) de (m)* [-s] comput vertaalprogramma dat een in een hogere programmeertaal geschreven programma omzet in machinetaal
com·pi·le·ren *ww (‹Fr‹Lat)* [compileerde, h. gecompileerd] ❶ een compilatie maken ❷ comput omzetten van programmeertaal in machinecode
com·pleet *(‹Fr)* **I** *bn* volledig, voltallig, ongeschonden: ★ *een complete collectie kinderpostzegels van Nederland* **II** *bijw* geheel en al, volledig: ★ *zij was de afspraak ~ vergeten*
com·ple·ment *(‹Fr) het* [-en] ❶ aanvulling ❷ wisk wat aan een hoek ontbreekt, om die tot 90° te maken; *vgl*: → supplement
com·ple·men·tair [-tèr] *(‹Fr) bn* aanvullend, volledig makend ★ *complementaire goederen* die alleen bij en met elkaar waarde hebben, zoals sleutels en sloten ★ *complementaire kleuren* kleuren die, elkaar aanvullend, wit opleveren
com·ple·ten *(‹Lat) mv* RK slotgebeden, avondgebed in klooster
com·ple·te·ren *ww* [completeerde, h. gecompleteerd] aanvullen, voltallig of tot een geheel maken; **completering** *de (v)*
com·plex *(‹Fr)* **I** *bn* samengesteld, ingewikkeld: ★ *een ~ probleem* **II** *het* [-en] ❶ samengesteld geheel: ★ *een ~ van maatregelen* ❷ geheel van bouwwerken (en terreinen) ❸ psych geheel van voorstellingen, gedachten, ervaringen enz. die een onderlinge verbinding hebben door het sterke gevoel dat zij bij iem. oproepen: ★ *een bekend voorbeeld van een ~ is het minderwaardigheidscomplex* ❹ populair geestesziekte: ★ *die meid heeft allerlei complexen*
com·plexie *(‹Lat) de (v)* persoonlijke geaardheid, gesteldheid, geheel van aanleg en karakter
com·plexi·teit *(‹Fr) de (v)* het complex zijn, ingewikkeldheid
com·pli·ca·tie [-(t)sie] *(‹Lat) de (v)* [-s] ❶ verwikkeling, ongunstige samenloop van omstandigheden ❷ bijkomend verschijnsel dat een ziekte erger maakt
com·pli·ce·ren *ww (‹Fr)* [compliceerde, h. gecompliceerd] verwikkelen, ingewikkeld(er) maken

com·pli·ment *(‹Fr) het* [-en] ❶ beleefdheidsbetuiging, groet: ★ *de complimenten aan uw vrouw* ❷ vleiende plichtpleging, uiting van waardering: ★ *iem. een ~ geven / maken voor zijn ijver* ★ *naar een complimentje vissen* zich uitsloven in de hoop op een waarderend woord
com·pli·men·te·ren *ww (‹Fr)* [complimenteerde, h. gecomplimenteerd] ❶ begroeten, verwelkomen ❷ zijn waardering uitspreken, prijzen: ★ *iem. ~ met een behaald succes*
com·pli·men·teus *bn* ❶ vol complimenten of plichtplegingen, hoffelijk ❷ vleiend
com·plot *(‹Fr) het* [-ten] samenzwering; metonymisch de samengezworenen
com·plot·te·ren *ww (‹Fr)* [complotteerde, h. gecomplotteerd] samenzweren, een complot maken
com·plot·teur *(‹Fr) de (m)* [-s] deelnemer aan een complot
com·plot·the·o·rie *de (v)* [-rieën] (ingebeeld) vermoeden van een samenzwering: ★ *zij heeft de neiging gauw in complottheorieën te geloven*
com·po·nent *(‹Lat) de (m)* [-en] ❶ samenstellend deel van een geheel ❷ elk van de krachten die samen dezelfde werking hebben als een gegeven kracht
com·po·ne·ren *ww (‹Lat)* [componeerde, h. gecomponeerd] muz een muziekstuk maken ‹samenstellen›
com·po·nist *de (m)* [-en] iem. die muziekstukken maakt, toondichter
com·po·sie·ten [-zie-] *(‹Lat) mv* samengesteldbloemige planten
com·po·si·tie [-zie(t)sie] *(‹Lat) de (v)* [-s] ❶ het toonzetten, het samenstellen van een muziekstuk ❷ het muziekstuk als resultaat daarvan: ★ *een ~ van Brahms* ❸ opbouw van verschillende onderdelen tot een samenhangend geheel, samenstelling: ★ *de ~ van een schilderij* ★ *een qua ~ geslaagde roman* ❹ kunstwerk met een abstracte voorstelling: ★ *een ~ van Mondriaan*
com·po·si·tie·fo·to [-zie(t)sie-] *de* ['s], **com·po·si·tie·te·ke·ning** *de (v)* [-en] foto, resp. tekening van een niet geïdentificeerde verdachte van een misdrijf, vervaardigd aan de hand van aanwijzingen van één of meer getuigen
com·po·si·to·risch [-zie-] *bn* de compositie betreffend, uit het oogpunt van compositie
com·po·si·tum [-zie-] *(‹Lat) het* [-ta] ❶ iets samengestelds, mengsel ❷ taalk samengesteld woord, samenstelling
com·post *(‹Eng‹Lat) de (m) & het* mengsel van organische afvalstoffen die zekere tijd gestapeld zijn geweest, als meststof gebruikt
com·pos·te·ren *ww* [composteerde, h. gecomposteerd] ‹afval› tot compost verwerken; **compostering** *de (v)*
com·post·mees·ter *de* [-s] BN adviseur m.b.t. compostering
com·pote [-pòt] *(‹Fr) de* [-s] ❶ vruchtenmoes, met

suiker gekookte vruchten ❷ schaal daarvoor
com·pound (‹Eng›) [kəmpaund] **I** bn samengesteld [kompaund] **II** de (m) & het wat samengesteld is, mengsel, vooral mengsel van een kunststof met de voor de verwerking daarvan noodzakelijke hulpstoffen
com·pres·sie (‹Fr›) de (v) samendrukking, persing, verdichting, bijv. van lucht
com·pres·sie·pomp de [-en] perspomp
com·pres·sie·tech·niek de (v) [-en] comput techniek om data te comprimeren en decomprimeren
com·pres·sor (‹Lat›) de (m) [-s, -soren] ❶ pomp voor het samenpersen van gassen ❷ aanjager die lucht of gasmengsel naar de inlaat van de motor voert en daardoor de druk verhoogt
com·pri·me·ren ww (‹Fr›) [comprimeerde, h. gecomprimeerd] samendrukken, samenpersen ★ een computerbestand ~ op zodanige wijze opslaan dat het minder geheugenruimte in beslag neemt
com·pro·mis [-mie of -mis] (‹Fr›) het [mv idem en -missen] ❶ minnelijke schikking, vergelijk waarbij beide partijen iets toegeven: ★ een ~ sluiten ❷ hist verbond
com·pro·mit·te·ren ww [-mietee-] (‹Lat›) [compromitteerde, h. gecompromitteerd] in opspraak of onder verdenking brengen: ★ zich ~ door vaak naar duistere kroegen te gaan
comp·ta·bel (‹Fr›) bn verantwoordelijk voor geldelijk beheer, rekenplichtig
comp·ta·bi·li·teit (‹Fr›) de (v) verantwoordelijkheid voor geldelijk beheer; rekenplichtigheid
com·pu·ter [-pjoetər] (‹Eng›) de (m) [-s] elektronische informatieverwerkende machine die een groot aantal rekenkundige en logische handelingen kan verrichten en daarbij door een intern programma wordt bestuurd
com·pu·ter·an·al·fa·beet [-pjoetər-] de (m) [-beten] iem. die niets weet van de werking en de bediening van computers
com·pu·ter·be·stand [-pjoetər-] het [-en] bestand van digitale gegevens dat op een harde schijf, diskette, cd-rom enz. kan worden opgeslagen en dat op een beeldscherm zichtbaar kan worden gemaakt, file
com·pu·ter·cri·mi·na·li·teit [-pjoe-] de (v) criminaliteit die te maken heeft met computers, zoals het illegaal kopiëren van auteursrechtelijk beschermde software, het frauderen m.b.v. de computer, het verspreiden van computervirussen enz.
com·pu·te·ren ww [-pjoe-] (‹Eng›) [computerde, h. gecomputerd] spelen of werken op een computer
com·pu·ter·frau·de [-pjoe-] de [-s] fraude waarbij gebruik wordt gemaakt van een computer
com·pu·ter·ge·stuurd [-pjoe-] bn met besturing door een computer
com·pu·te·ri·sa·tie [-pjoetəriezaa(t)sie] de (v) het computeriseren
com·pu·te·ri·se·ren ww [kompjoetəriezee-]

[computeriseerde, h. gecomputeriseerd]
❶ ‹informatie› door computers (laten) verwerken
❷ d.m.v. computers verzamelen, daarin vastleggen
com·pu·ter·kra·ker [-pjoetər-] de (m) [-s] iem. die met behulp van een computer binnendringt in de gegevens van databanken zonder daartoe bevoegd te zijn
com·pu·ter·lin·guïs·tiek [kompjoetərliŋwistiek] de (v) tak van wetenschap die zich bezighoudt met de ontwikkeling van programmeertechnieken waarmee de computer in staat is om in natuurlijke taal vervatte informatie te verwerken
com·pu·ter·pro·gram·ma [-pjoeter-] het ['s] reeks instructies voor een computer
com·pu·ter·spel [-pjoetər-] het ❶ [mv: -spelen] type spel dat men speelt met behulp van een computer en een beeldscherm ❷ [mv: -spellen] exemplaar van een dergelijk spel; vgl: → **videospel**
com·pu·ter·taal [-pjoetər-] de [-talen] programmeertaal
com·pu·ter·taal·kun·de [-pjoe-] de (v) → **computerlinguïstiek**
com·pu·ter·uit·draai [-pjoe-] de (m) [-en] afdruk van een (deel van een) computerbestand, computerprint
com·pu·ter·vi·rus [-pjoe-] het [-sen] onderdeel van een onschuldig uitziend computerprogramma dat bestanden of programma's vernietigt of beschadigt en zich, doordat het zich in een computer dringt buiten de wil van de bezitter om, als een 'besmettelijke ziekte' uitbreidt
com·pu·ter·vre·de·breuk [-pjoe-] de NN het opzettelijk wederrechtelijk binnendringen in een computersysteem
C-om·roep de (m) [-en] in Nederland televisie- en radio-omroep in Nederland met een ledental van 150.000 tot 300.000
con amo·re bijw [-mooree] (‹It›) muz met liefde, met toewijding
con brio bijw (‹It›) muz levendig
con·caaf (‹Fr‹Lat›) bn hol, holrond ★ concaaf-convex holbol, met de sterkste kromming aan de bolle kant
con·ce·le·bre·ren ww (‹Lat›) [concelebreerde, h. geconcelebreerd] RK celebreren door meer dan één celebrant
con·cen·tra·tie [-(t)sie] (‹Fr›) de (v) [-s] ❶ het richten van de aandacht op één punt of één zaak ★ iem. uit zijn ~ halen ervoor zorgen dat iem. niet met zijn volle aandacht ergens mee bezig kan zijn
❷ vereniging in één punt, samentrekking: ★ ~ van legereenheden bij de grens ❸ verdichting van een vloeistof ❹ sterkte van een oplossing, uitgedrukt in grammoleculen per liter ❺ vereniging van alle macht in handen van één of van weinig personen
con·cen·tra·tie·kamp [-(t)sie-] het [-en] afgesloten terrein met barakken, waar aan het heersende regime onwelgevallige personen of veroordeelden gevangen gehouden worden
con·cen·tra·tie·kamp·syn·droom [-(t)siekampsin-] het

[-dromen] → **postconcentratiekampsyndroom**
con·cen·tra·tie·land [-(t)sie-] het [-en] land waar men zich bij de verlening van ontwikkelingshulp vooral op richt
con·cen·tra·tie·school de [-scholen] BN school met veel allochtone leerlingen
con·cen·tra·tie·ver·mo·gen [-(t)sie-] het het vermogen zijn aandacht op een bepaalde zaak gericht te houden
con·cen·tre·ren (‹Fr› I ww [concentreerde, h. geconcentreerd] ❶ in één punt verzamelen of naar één middelpunt samentrekken: ★ *alle macht was geconcentreerd in het bestuur van de Partij* ❷ chem (een oplossing) dichter maken, versterken II wederk de aandacht op een bep. zaak richten: ★ *zich op een bep. probleem* ~
con·cen·trisch (‹Lat› bn met een gemeenschappelijk middelpunt: ★ *concentrische cirkels*
con·cept (‹Fr› het [-en] ❶ ontwerp, voorlopige formulering, schets: ★ *het* ~ *voor een scriptie* ❷ wijsgerig begrip
con·cep·tie [-sie] (‹Fr› de (v) [-s] ❶ bevruchting van een eicel door een zaadcel ❷ vorming van een begrip in de geest en vandaar: gedachte, denkbeeld
con·cep·tu·eel (‹Fr› bn betrekking hebbend op of uitgaand van een bep. idee of begrip
con·cern [-sù(r)n] (‹Eng› het [-s] samenwerking van verschillende ondernemingen die formeel juridisch veelal zelfstandig blijven, maar in economisch opzicht volledig of in belangrijke mate onderling afhankelijk zijn
con·cert (‹Fr› het [-en] ❶ muziekuitvoering voor publiek ❷ muziekstuk voor één of meer solo-instrumenten met orkestbegeleiding
con·cert·agen·da de [ˈs] lijst met (op korte termijn) te houden concerten
con·cert·agent de (m) [-en] bemiddelaar tussen uitvoerende musici en orkestbesturen
con·cer·te·ren ww (‹Fr› [concerteerde, h. geconcerteerd] ❶ een concert of concerten geven ❷ als solist optreden bij een concert
con·cer·ti·na (‹Fr› de (v) muz klein type trekzak met zeshoekige zijkanten
con·cert·mees·ter de (m) [-s] leider van de eerste violen in een orkest, die tevens uitvoerder van de solopartijen in een symfonie is en ook plaatsvervangend dirigent tijdens repetities
con·ces·sie (‹Fr‹Lat› de (v) [-s] ❶ tegemoetkoming, punt waarop men toegeeft: ★ *concessies doen aan de tegenpartij* ❷ vergunning van de overheid om iets te ondernemen ❸ stuk land waarvoor men een dergelijke vergunning heeft ❹ gebied in een vreemd land waar vreemdelingen van een bepaalde nationaliteit mogen wonen, maar dat niet hun eigendom is ❺ BN, recht, vooral bij contract vastgelegd recht tot het exploiteren van een handelszaak, tot het verkopen van een bep. artikel in een bep. gebied (met uitsluiting van anderen)

enz. ❻ BN (gemeentelijke) vergunning om, voor een bepaalde periode, op een stuk grond van een begraafplaats, een graf op te richten
con·ces·sie·hou·der de (m) [-s] BN tussenpersoon, onderneming e.d. die in een bep. gebied het uitsluitend recht tot het verkopen van een bep. artikel heeft verkregen, officieel dealer
con·ces·sio·na·ris [-sjoo-] (‹Lat› de (m) [-sen] iem. die een → **concessie** (bet 1) heeft; concessiehouder
con·chi·glie [konkieljə] (‹It› de cul deegwaar in de vorm van schelpen
con·chy·li·ën [-gie-] (‹Lat› mv schaaldieren, schelpdieren
con·ciër·ge [-sjerzjə] (‹Fr› de [-s] huisbewaarder(-ster), bediende die in een gebouw belast is met het toelaten en aandienen van personen, het toezicht op de sluiting, de schoonmaak en dergelijke werkzaamheden
con·cies (‹Fr› bn bondig, kort en scherp geformuleerd
con·ci·li·air [-lie(j)èr] (‹Fr› bn een of het concilie betreffend
con·ci·lie (‹Lat› het [-s, -liën] algemene kerkvergadering die beraadslaagt en beslist omtrent vragen van geloof, kerkelijke organisatie, tucht enz. ★ *nationaal* ~ vergadering van bisschoppen van een land
con·ci·lie·va·der [-s] de (m) stemgerechtigd deelnemer aan een concilie
con·ci·pi·ë·ren ww [-pjee-] (‹Lat› [concipieerde, h. geconcipieerd] ❶ ontvangen, zwanger worden ❷ ‹een gedachte› opvatten ❸ ontwerpen, volgens zeker plan schetsen
con·claaf (‹Lat› het [-claven] → **conclave** ★ *in* ~ *gaan* fig in besloten sfeer iets uitvoerig bespreken
con·cla·ve (‹Lat› het [-s] ❶ afgesloten vertrekken in het Vaticaan waarin de kardinalen een nieuwe paus kiezen ❷ vergadering voor de pauskeuze
con·clu·de·ren ww (‹Lat› [concludeerde, h. geconcludeerd] ❶ besluiten, een gevolgtrekking maken ❷ recht formuleren van de eis
con·clu·sie [-zie] (‹Fr› de (v) [-s] ❶ besluit, gevolgtrekking, slotsom: ★ *tot een* ~ *komen* ★ *conclusies trekken uit gegevens* ❷ recht advies ★ ~ *nemen* formuleren van de eis
con·cor·daat (‹Lat› het [-daten] ❶ staatsverdrag, vooral overeenkomst van een regering met het Vaticaan over de aangelegenheden van de Rooms-Katholieke Kerk in het betrokken land ❷ BN gerechtelijk akkoord, schuldregeling, vooral bij een dreigend faillissement
con·cor·dan·tie [-sie] (‹Lat› de (v) [-s, -tiën] ❶ overeenstemming ❷ alfabetisch register met alle woorden die door een auteur zijn gebruikt met aanwijzing van de plaats waar ze staan, vooral een dergelijk register op de Bijbel ❸ geol evenwijdige gelaagdheid, niet-verstoorde ligging van gesteentelagen boven elkaar
con·cor·de·ren ww (‹Lat› [concordeerde, h.

geconcordeerd] overeenstemmen
con·cours [kŏkoer, konkoers] (‹Fr› de (m) & het [-en] open wedstrijd ★ ~ *hippique* paardensportwedstrijd
con·creet (‹Lat› bn ❶ als vorm gedacht of voorstelbaar ❷ ‹in engere zin› stoffelijk (*tegengest*: → **abstract¹**) ★ ~ *getal* benoemd getal ★ *concrete poëzie* dichtvorm waarin de typografie een wezenlijk element van de expressie vormt ❸ werkelijk bestaand: ★ *een ~ geval*
con·cre·ti·se·ren ww [-zee-] [concretiseerde, h. geconcretiseerd] concreet maken, vaste vorm geven aan: ★ *een plan ~*
con·cu·bi·naat (‹Lat› het buitenechtelijke samenleving van man en vrouw
con·cu·bi·ne (‹Fr‹Lat› de (v) [-s] vrouw met wie men in concubinaat leeft
con·cu·le·ga (‹Lat› de ['s, ook -gae] ‹schertsende samentrekking van› concurrent en collega
con·cur·rent (‹Lat› I de (m) [-en] ❶ mededinger, iem. die hetzelfde wil bereiken, die handel drijft in dezelfde branche: ★ *er waren veel concurrenten op de veiling* ❷ niet-bevoorrecht schuldeiser **II** bn niet bevoorrecht ★ *concurrente crediteuren* ★ *concurrente schulden*
con·cur·ren·tie [-sie] (‹Lat› de (v) ❶ mededinging, wedijver, vooral van fabrikanten, handelaren enz. in hun pogingen hun producten te verkopen: ★ *moordende ~; wedijver in de sport:* ★ *de atleet ondervond weinig ~ van andere deelnemers* ❷ de mededingers, de concurrenten: ★ *de ~ reageerde direct met een prijsverlaging* ❸ gelijkgerechtigheid van schuldeisers
con·cur·ren·tie·be·ding [-sie-] *het* ‹in een arbeidscontract› bepaling die de werknemer beperkt in zijn vrijheid om na ontslag op bep. wijze in handel of bedrijf voor anderen werkzaam te zijn (om nadelen voor de eerste werkgever te voorkomen)
con·cur·ren·tie·ver·val·sing [-sie-] de (v) verschijnsel in de → **concurrentie** (bet 1), waarbij men klanten tracht te werven d.m.v. waardebonnen, cadeaus enz., zodat de werkelijke prijzen verhuld worden
con·cur·re·ren *ww* (‹Lat› [concurreerde, h. geconcurreerd] ❶ wedijveren, mededingen naar begunstiging door de afnemers ❷ ‹van vorderingen› op gelijke voet staan met andere
con·cur·re·rend *bn* zodanig dat geconcurreerd kan worden: ★ *concurrerende prijzen*
con·dens (‹Lat› *de (m)* condensatiewater
con·den·saat *het* (‹Lat› het product van condensatie
con·den·sa·tie [-(t)sie] (‹Lat› *de (v)* ❶ verdichting, vooral van gasvormige tot vloeibare toestand: ★ *~ van stoom tot water* ❷ het terugbrengen tot kleinere omvang
con·den·sa·tie·streep [-(t)sie-] *de* [-strepen] → **condensstreep**
con·den·sa·tie·wa·ter [-(t)sie-] *het* water door neerslaan van waterdamp gevormd

con·den·sa·tor (‹Lat› *de (m)* [-toren, -s] ❶ toestel tot condenseren ❷ elektr fundamenteel element in een stroomnetwerk, in beginsel bestaande uit twee geleiders, gescheiden door een isolerende laag, bij gelijkstroom dienend om lading op te zamelen, bij wisselstroom om stroom door te laten
con·den·se·ren *ww* (‹Lat› [condenseerde, is & h. gecondenseerd] ❶ overgaan van gasvormige tot vloeibare toestand: ★ *de damp condenseerde tegen de ruiten* ❷ doen overgaan van de gasvormige tot vloeibare toestand: ★ *door samenpersing of afkoeling kan men gas ~* ❸ in weinig woorden samenvatten, bekorten
con·dens·streep *de* [-strepen] witte streep, in koude hogere lucht ontstaan door condensatie van uitlaatgassen van een vliegtuig
con·di·tie [-(t)sie] (‹Fr› *de (v)* [-s, -tiën] ❶ toestand waarin iets of iem. verkeert ★ *in goede ~ zijn* een zodanige lichamelijke gesteldheid hebben dat men tot goede prestaties in staat is, vooral op sportgebied ❷ voorwaarde, beding
con·di·tie·trai·ning [-(t)sietreening] *de (v)* training ter verbetering van de lichamelijke conditie
con·di·tio·na·lis [-(t)sjoo-] (‹Lat› *de (m)* taalk voorwaardelijke wijs
con·di·tio·neel [-(t)sjoo-] (‹Lat› bn ❶ voorwaardelijk; op zekere voorwaarden ❷ de lichamelijke gesteldheid, het uithoudingsvermogen betreffend: ★ *~ deden de elftallen niet voor elkaar onder*
con·di·tion·er [kondisjənə(r)] (‹Eng› *de (m)* [-s] middel dat het haar in vorm houdt
con·di·tio·ne·ren *ww* [-(t)sjoo-] (‹Fr› [conditioneerde, h. geconditioneerd] ❶ als voorwaarde stellen, bedingen ❷ in zekere toestand brengen of houden ★ *een mens of dier ~* psych hem aanleren om na toediening van een bep. prikkel een bep. reactie te vertonen die oorspronkelijk niet door die prikkel werd opgewekt *vgl*: → **geconditioneerd**; **conditionering**
con·di·tio si·ne qua non [-(t)sie(j)oo - kwaa -] (‹Lat› *de (m)* voorwaarde zonder welke iets niet bestaat: ★ *goed weer is een ~ voor een aangename strandvakantie*
con·do·le·ance [-lee(j)ās(ə)] (‹Fr›, **con·do·le·an·tie** [-sie] *de (v)* [-s] rouwbeklag
con·do·le·an·ce·re·gis·ter [-lee(j)āsə-], **con·do·le·an·tie·re·gis·ter** [-sie-] *het* [-s] NN boek waarin de bezoekers van een begrafenis of crematie hun naam zetten
con·do·le·ren *ww* (‹Fr› [condoleerde, h. gecondoleerd] vooral NN (iem.) rouwbeklag betuigen: ★ *iem. ~ met een sterfgeval*
con·do·maat *de (m)* [-maten] NN condoomautomaat
con·do·me·rie (‹quasi-Fr› *de (v)* [-rieën] NN condoomwinkel
con·do·mi·ni·um (‹Lat› *het* door twee of meer staten uitgeoefende soevereiniteit
con·doom *het* [-s] uit gummi of kunststof vervaardigd

voorbehoedmiddel dat over de penis wordt geschoven, als bescherming tegen seksueel overdraagbare ziektes of tegen zwangerschap, preservatief, genoemd naar de Engelse uitvinder Contom (17de eeuw)

con·dor (‹Sp‹Quechua, een Peruaanse indianentaal› de (m) [-s] grote, aasetende roofvogel met een kale kop uit de familie van de gieren van de Nieuwe Wereld: ★ de Andes-condor (Vultur gryphus) bereikt een spanwijdte van bijna drie meter

con·duc·teur (‹Fr› de (m) [-s] ❶ functionaris op treinen en sommige trams (vroeger ook in bussen), die toezicht houdt op het in- en uitstappen van de passagiers, de kaartjes controleert en / of verkoopt e.d. ❷ BN opzichter, vooral in de bouw

con·duc·tor (‹Lat› de (m) [-s, -toren] geleider, vooral van elektriciteit

con·duc·tri·ce (‹Fr› de (v) [-s] vrouwelijke conducteur

con·duite [kŏdwiet(ə)] (‹Fr› de (v) gedrag, vooral als militaire term, (beoordeling van) het gedrag van een officier t.o.v. zijn superieuren en aantekening daarvan

con·dui·te·lijst [-dwietə-] de [-en] mil gedragslijst voor beoordeling van bekwaamheid en kans op bevordering, vaak fig

con·dui·te·staat [-dwietə-] de (m) [-staten] overzicht van iems. gedragingen en bekwaamheden

conf. afk confer, conferatur

con·fec·tie [-sie-] (‹Fr› de (v) ❶ in grote aantallen gemaakte kleding volgens vaste maten ❷ het vervaardigen van zulke kleding; tegengest: → **maatkleding**

con·fec·tie·ma·ga·zijn [-sie-] het [-en] winkel waar men confectie verkoopt

con·fec·tie·pak [-sie-] het [-ken] als confectie vervaardigd kostuum

con·fec·tio·nair de (m) [-sjoonèr] [-s] confectiefabrikant, handelaar in confectie

con·fec·tio·ne·ren ww [-sjoo-] (‹Fr› [confectioneerde, h. geconfectioneerd] als confectie fabriceren

con·fe·de·ra·tie [-(t)sie] (‹Lat› de (v) [-s] statenbond, groep van geassocieerde staten die naar buiten gemeenschappelijk handelen, terwijl iedere verbonden staat inwendig zijn onafhankelijkheid behoudt

con·fer tsw (‹Lat› vergelijk, men vergelijke

con·fe·rence [kŏfeerãsə] (‹Fr› de (v) [-s] humoristische voordracht, vaak als onderdeel van een cabaretvoorstelling

con·fe·ren·cier [kŏfeerãsjee] (‹Fr› de (m) [-s] ❶ iem. die conferences houdt ❷ iem. die de nummers van een cabaretvoorstelling aankondigt en inleidt

con·fe·ren·tie [-sie] (‹Fr› de (v) [-s] samenkomst, vergadering om zaken te bespreken ★ in ~ zijn een bespreking hebben

con·fe·re·ren ww (‹Fr› [confereerde, h. gefereerd] een bespreking houden, overleggen, beraadslagen

con·fes·sie (‹Lat› de (v) [-s] ❶ geloofsbelijdenis

❷ belijdenis, bekentenis van schuld

con·fes·sio·neel [-sjoo-] (‹Fr› bn de geloofsbelijdenis betreffend, geloofs ★ een confessionele partij een politieke partij die haar inspiratie vindt in het geloof ★ NN de confessionelen a) zij die zich streng houden aan de Confessie of Belijdenis (van de Hervormde Kerk); b) politiek zij die een op godsdienstige uitgangspunten gebaseerde politiek voorstaan

con·fet·ti (‹It› de gekleurde papiersnippers die bij feestelijke gelegenheden worden uitgestrooid

con·fi·den·tie [-sie] (‹Fr› de (v) [-s] ❶ vertrouwen ❷ vertrouwelijke mededeling

con·fi·den·tieel [-sjeel] (‹Fr› bn vertrouwelijk

con·fi·gu·ra·tie [-(t)sie] (‹Lat› de (v) [-s] ❶ wisk stelsel van punten en lijnen (resp. vlakken) ❷ astron onderlinge stand van planeten en satellieten ❸ onderlinge verhouding of gesteldheid van zaken of toestanden

con·fi·gu·re·ren ww [configureerde, h. geconfigureerd] in een computersysteem de software en hardware aan de wensen van de gebruiker aanpassen

con·fir·ma·tie [-(t)sie] (‹Lat› de (v) [-s] ❶ bekrachtiging, bevestiging ❷ opneming onder de leden van een protestants kerkgenootschap ❸ RK sacrament van het vormsel

con·fir·me·ren ww (‹Lat› [confirmeerde, h. geconfirmeerd] ❶ bevestigen, bekrachtigen ❷ opnemen als lid van een protestants kerkgenootschap ❸ RK het sacrament van het vormsel toedienen

con·fis·ca·tie [-(t)sie] (‹Lat› de (v) [-s] gerechtelijke verbeurdverklaring, inbeslagneming

con·fi·se·rie [-zə-] de (v) [-rieën] banketbakkerszaak

con·fis·que·ren ww [-kee-] (‹Fr› [confisqueerde, h. geconfisqueerd] gerechtelijk verbeurd verklaren, in beslag nemen: ★ smokkelwaar ~

con·fi·tu·ren (‹Fr› mv gekonfijte, d.w.z. in suiker ingelegde vruchten

con·fi·tuur (‹Fr› de [-turen] BN jam

con·flict (‹Lat› het [-en] botsing, strijd, verschil van mening

con·flic·te·ren ww [conflicteerde, h. geconflicteerd] ★ ~ met in strijd zijn met, botsen met

con·flict·mo·del het opstelling waarbij de sociale tegenstellingen bewust tot een botsing gevoerd worden; tegengest: → **harmoniemodel**

con·flict·si·tu·a·tie [-(t)sie] de (v) [-s] stand van zaken waarbij zich een conflict voordoet; toestand van innerlijke tegenstrijdigheden in iemands leven

con·flict·stof de iets wat aanleiding kan geven tot een conflict

con·flic·tu·eus bn mogelijk aanleiding gevend tot conflicten: ★ conflictueuze onderwerpen

con·form (‹Fr‹Lat› bn overeenstemmend, overeenkomstig het genoemde: ★ ~ de afspraak ★ iem. veroordelen ~ de eis ★ voor kopie ~ als

gelijkluidend afschrift
con·for·me·ren (‹Fr› I *ww* [conformeerde, h. geconformeerd] gelijkvormig maken, in overeenstemming brengen: ★ *een wetsontwerp ~ aan de bestaande wetgeving* II *wederk* zich aansluiten (bij), zich schikken (naar): ★ *hij weigert zich aan de heersende normen te ~*
con·for·mis·me *het* bereidheid zich naar de heersende opvattingen te richten
con·for·mist *de (m)* [-en] ❶ iem. die zich gemakkelijk bij de heersende meningen aansluit ❷ aanhanger van de Anglicaanse Kerk
con·fra·ter (‹Lat› *de (m)* [-s] ambtsbroeder, ambtgenoot
con·frère [kôfrèr(ə)] (‹Fr› *de (m)* [-s] ambtgenoot (vooral gebruikt bij advocaten)
con·fron·ta·tie [-(t)sie] (‹Fr› *de (v)* [-s] ❶ het confronteren, het tegenover elkaar stellen ter vergelijking ❷ het tegenover elkaar stellen van verdachten en / of getuigen teneinde afgelegde verklaringen op juistheid te controleren of om verdachten door slachtoffers of getuigen te laten herkennen ❸ openlijke botsing van tegengestelde partijen of meningen: ★ *een felle ~ van demonstranten met de ME*
con·fron·ta·tie·spie·gel [-(t)sie-] *de (m)* [-s] *NN* stuk glas in een wand dat aan de ene zijde doorzichtig is en aan de andere zijde spiegelend, zodat men personen in een vertrek kan observeren zonder zelf gezien te worden (o.a. gebruikt in politiebureaus)
con·fron·te·ren *ww* (‹Fr› [confronteerde, h. geconfronteerd] ❶ tegenover elkaar stellen, vergelijken ❷ een → **confrontatie** (bet 2) doen plaatsvinden ❸ plaatsen voor (een probleem, een feit) ★ *iem. met de werkelijkheid ~ hem de harde feiten tonen*
con·fu·ci·a·nis·me *het* leer van Confucius, Chinees godsdiensthervormer en wijsgeer (551-478 v.C.)
con·fu·sie [-zie] (‹Lat› *de (v)* [-s] ❶ verwarring, verwarde toestand ❷ verlegenheid, beschaamdheid
con·fuus (‹Lat› *bn* verward, verlegen, verbluft
con·ga [-yaa] (‹Cubaans-Sp› *de* ❶ Cubaanse dans ❷ [*mv:* 's] trommel van Latijns-Amerikaanse afkomst, die met de handen wordt bespeeld
con·gé [kôzjee] (‹Fr› *de (m) & het* [-s] ontslag ★ *zijn ~ krijgen, geven* zijn ontslag krijgen, geven
con·ge·ni·taal (‹Lat› *bn* aangeboren, vooral van ziekten en afwijkingen
con·ges·tie (‹Lat› *de (v)* [-s] ❶ med opeenhoping van (vrijwel stilstaand) bloed in delen van het lichaam ❷ opstopping: ★ *een ~ van verkeer;* ook opstopping in havens en op of boven vliegvelden
con·glo·me·raat (‹Lat› *het* [-raten] samenklontering; opeengepakte massa, samenpakking
con·glo·me·ra·tie [-(t)sie] (‹Lat› *de (v)* [-s] geheel van een stad met voorsteden (d.i. de agglomeratie) en omliggende gemeenten
Con·go·lees I *de (m)* [-lezen] iem. geboortig of afkomstig uit Congo (is Congo-Kinshasa of Congo-Brazzaville) II *bn* van, uit, betreffende Congo (is Congo-Kinshasa of Congo-Brazzaville)
con·gre·ga·tie [-(t)sie] (‹Lat› *de (v)* [-s, -tiën] RK ❶ vereniging die is opgericht voor een godsdienstig of liefdadig doel, vaak op de bevordering van de eredienst ❷ vereniging van leken die volgens bepaalde geloften en regels leven; bijeenkomst daarvan in de kerk ❸ groep kardinalen, met een bepaalde taak belast
con·gres (‹Fr‹Lat› *het* [-sen] ❶ samenkomst voor gemeenschappelijke beraadslaging, meest op internationaal niveau, van staatslieden, geleerden, letterkundigen enz. ❷ *het Congres* wetgevend lichaam in de Verenigde Staten van Noord-Amerika (Huis van Afgevaardigden en Senaat)
con·gres·gan·ger *de (m)* [-s] deelnemer aan een congres
con·gres·se·ren *ww* [congresseerde, h. gecongresseerd] een congres houden
con·gru·ent (‹Lat› *bn* ❶ overeenstemmend ❷ ‹van figuren› van dezelfde grootte en gelijkvormig
con·gru·en·tie [-sie] (‹Lat› *de (v)* [-s] ❶ overeenstemming ❷ ‹van figuren› gelijkheid en gelijkvormigheid; overeenstemming in vormen
con·gru·e·ren *ww* (‹Lat› [congrueerde, h. gecongrueerd] van dezelfde grootte en gelijkvormig zijn
co·ni·feer (‹Lat› *de (m)* [-feren] kegeldragende plant, naaldboom
co·nisch (‹Gr› *bn* kegelvormig
con·ju·ga·tie [-(t)sie] (‹Lat› *de (v)* [-s] vervoeging (van werkwoorden)
con·ju·ge·ren *ww* (‹Lat› [conjugeerde, h. geconjugeerd] ‹van werkwoorden› vervoegen
con·junc·tie [-sie] (‹Fr› *de (v)* [-s] ❶ verbinding ❷ logica vorming van een nieuwe uitspraak door de verbinding met *en* van twee uitspraken ❸ taalk voegwoord ❹ astron samenstand van twee of meer hemellichamen van de aarde af gezien
con·junc·tief, con·junc·tief (‹Lat› *de (m)* [-tieven] taalk ❶ aanvoegende wijs ❷ vorm daarvan
con·junc·tu·reel *bn* met de conjunctuur samenhangend
con·junc·tuur (‹Lat› *de (v)* [-turen] min of meer regelmatige afwisseling van perioden met groeiende en perioden met afnemende economische activiteit
con·junc·tuur·ge·voe·lig *bn* gevoelig voor schommelingen in de conjunctuur
con·nais·seur [-nes-] (‹Fr› *de (m)* [-s] kenner (van kunstzaken, van wijn enz.), deskundige
con·nec·tie [-sie] (‹Fr› *de (v)* [-s] ❶ verbinding, familieverbinding ❷ (handels)betrekking ❸ (invloedrijke) kennis: ★ *via zijn connecties kon hij veel invloed uitoefenen*
con·nec·ti·vi·teit *de (v)* comput mogelijkheid van een programma of apparaat om zich te laten koppelen

aan een ander programma of apparaat
con·no·ta·tie [-(t)sie] *(‹Lat) de (v)* [-s] ❶ inhoud van een begrip, de groep van kenmerken die een zaak moet bezitten wil de gebruikte term erop van toepassing zijn ❷ bijgedachte, bijsmaak (bij een woord of term): ★ *het woord socialist heeft voor sommige mensen een ongunstige ~*
con·quis·ta·dor [-kies-] *(‹Sp) de (m)* [-dores] hist Spaanse veroveraar in Amerika in de 16de eeuw
con·rec·tor *(‹Lat) de (m)* [-toren, -s] NN plaatsvervanger van de rector op een middelbare school
con·sa·cre·ren *ww (‹Lat)* [consacreerde, h. geconsacreerd], **con·se·cre·ren** *(‹Lat)* [consecreerde, h. geconsecreerd] de consecratie verrichten
con·sciën·tie [-sjensie] *(‹Lat) de (v)* [-s] geweten
con·sciën·tieus [-sjensjeus] *(‹Fr) bn* nauwgezet, gewetensvol
con·scrip·tie [-sie] *(‹Fr) de (v)* hist verplichte inschrijving voor de militaire dienst, waarna door loting bepaald werd wie werkelijk in het leger ingelijfd moest worden (in Nederland van 1798-1813)
con·se·cra·tie [-(t)sie] *(‹Lat) de (v)* [-s] RK ❶ plechtige wijding van personen of zaken door een bisschop: ★ *de ~ van een kerk* ❷ verandering van brood en wijn in lichaam en bloed van Christus tijdens de mis
con·se·cre·ren *ww (‹Lat)* [consecreerde, h. geconsecreerd] → **consacreren**
con·se·cu·tief *(‹Fr) bn* ❶ in tijd op elkaar volgend; uit elkaar voortkomend ❷ taalk gevolgaanduidend
con·sen·sus *(‹Lat) de (m)* algemene overeenstemming van gevoelens of mening, overeenstemming in opvatting, eenstemmigheid: ★ *in Nederland heerst de ~ dat kinderporno bestreden moet worden*
con·sent *((Oudfrans) het* [-en] ❶ toestemming, vergunning ❷ bewijs van vergunning, vooral voor de uitvoer van goederen
con·se·quent [-kwent] *(‹Lat) bn* ❶ logischerwijze uit het voorafgaande of gestelde voortvloeiend ❷ zichzelf gelijkblijvend, naar aangenomen beginselen handelend of redenerend
con·se·quen·tie [-kwensie] *(‹Lat) de (v)* ❶ het consequent zijn, het trouw blijven aan aangenomen beginselen ❷ *[mv: -s]* logisch, noodzakelijk gevolg, uitvloeisel: ★ *je moet de consequenties van je daden accepteren*
con·ser·va·tie *(‹Lat) de (v)* bewaring, behoud
con·ser·va·tief I *bn* behoudend (vooral in de politiek) **II** *de* [-tieven] ❶ iem. die behoudend is ❷ aanhanger, lid van een behoudende politieke partij, vooral in Groot-Brittannië *(tory)*
con·ser·va·tis·me *het* behoudzucht
con·ser·va·toir [-twaar, -toor] *(‹Fr) bn* zie → **beslag**
con·ser·va·tor *(‹Lat) de (m)* [-s, -toren] persoon die belast is met de leiding (van een afdeling) in een museum, bibliotheek enz.
con·ser·va·to·ri·um *(‹It) het* [-ria, -s] instelling voor hoger en middelbaar muzikaal vakonderricht
con·ser·veer·mid·del, **con·ser·ve·rings·mid·del** *het* [-en] middel dat dient om producten tegen aantasting of bederf te beschermen
con·ser·ven *(‹Fr) mv* verduurzaamde levensmiddelen
con·ser·ve·ren *ww (‹Fr‹Lat)* [conserveerde, h. geconserveerd] ❶ in stand of in goede staat houden: ★ *oude boeken ~* ★ *goed geconserveerd* ❷ ‹van mensen› in goede conditie en er nog jong uitziend voor hun leeftijd ❸ tegen bederf beschermen, verduurzamen, inleggen, inmaken: ★ *groente ~*
con·si·de·rans, **con·si·de·rans** *(‹Lat) de* [-en] beweegreden, inleidende paragraaf die aan een besluit, een wet enz. voorafgaat
con·si·de·ra·tie [-(t)sie] *(‹Lat) de (v)* [-s] ❶ toegeeflijkheid, inschikkelijkheid ★ *~ met iem. hebben* iem. niet te hard vallen ❷ overweging: ★ *een voorstel in ~ nemen* ❸ hoogachting: ★ *iem. met ~ behandelen*
con·si·de·re·ren *ww (‹Fr)* [considereerde, h. geconsidereerd] overwegen, in aanmerking nemen, in het oog houden
con·sig·na·tie [-sinjaa(t)sie] *(‹Fr) de (v)* [-s] ❶ toezending van koopwaren om deze te verkopen voor rekening van de toezender ❷ bewaring van gelden waarover een rechtsgeding hangende is of waarvan de eigenaar niet te vinden is
con·sig·na·tie·kas [-sienjaa-] *de (v)* [-sen] recht kas waarin alle gelden uit consignatie worden beheerd door de Minister van Financiën
con·sig·ne [-sienjə] *(‹Fr) het* [-s] ❶ wachtwoord, parool ★ *het ~ forceren* zich met geweld toegang verschaffen ❷ opdracht betreffende een maatregel van orde: ★ *de politie kreeg het ~ alle bezoekers te fouilleren* ❸ BN lichte krijgstuchtelijke straf
con·sig·ne·ren *ww* [-sinjee-] *(‹Fr)* [consigneerde, h. geconsigneerd] ❶ ter bewaring gerechtelijk neerleggen ❷ handel waren of goederen toezenden om te verkopen voor rekening van de afzender ★ *soldaten in de kazerne ~* hun verbieden de kazerne te verlaten
con·sis·tent *(‹Fr) bn* ❶ vast, dicht, duurzaam ❷ vrij van innerlijke tegenspraak, stand kunnende houden: ★ *een ~ betoog*
con·sis·ten·tie [-sie] *(‹Lat) de (v)* ❶ samenhang, dichtheid, mate van vastheid; lijvigheid (van vloeistoffen) ❷ het vrij zijn van innerlijke tegenspraak: ★ *er zat weinig ~ in die getuigenverklaring*
con·sis·to·rie *(‹Lat) het* [-s] ❶ prot kerkenraad ❷ RK buitengewone vergadering van de kardinalen onder voorzitterschap van de paus ❸ → **consistoriekamer**
con·sis·to·rie·ka·mer *de* [-s] kerkenraadskamer
con·sole¹ [-sòl(ə)] *(‹Fr) de (m)* [-s] kraagsteen, uitbouwsel dat als steun dient
con·so·le² [-sool] *(‹Eng) de* [-s] comput bedieningspaneel

con·so·li·da·tie [-(t)sie] *de (v)* het consolideren of geconsolideerd worden

con·so·li·de·ren *ww (‹Fr)* [consolideerde, h. geconsolideerd] ❶ vast en duurzaam maken: ★ *een verworven positie, een voorsprong ~* ❷ kortlopende schuld omzetten in langlopende, vooral vlottende overheidsschuld omzetten in vaste schuld; zie ook → **geconsolideerd**

con·som·mé [kõ-] *(‹Fr) de (m)* [-s] heldere bouillon

con·so·nant *(‹Lat)* **I** *de* [-en] ❶ medeklinker ❷ muz welluidende samenklank **II** *bn* muz harmonisch samenklinkend

con·sor·ten *(‹Lat) mv* ongunstig medestanders; soortgenoten, gelijkgezinden: ★ *daar heb je Bakker en ~*

con·sor·ti·um [-(t)sie(j)um] *(‹Lat) het* [-s] vereniging van bankiers of andere zakenlieden tot gezamenlijke uitvoering van een financiële onderneming

con·spi·ra·tie [-(t)sie] *(‹Lat) de (v)* [-s] samenzwering

con·stant¹ *(‹Fr‹Lat) bn* bestendig, niet veranderend, gelijk blijvend, standvastig: ★ *het weer bleef ~*

con·stant² *(‹Fr‹Lat) bijw* doorlopend, voortdurend: ★ *ze zeurde ~ om een ijsje*

con·stan·te *de* [-n] onveranderlijke grootheid ★ *~ van Planck* een door de Duitse fysicus Max Planck in 1900 ingevoerde natuurconstante (*h*), die tot grote denkveranderingen in de natuurkunde heeft geleid

con·sta·ta·tie [-(t)sie] *(‹Fr) de (v)* [-s] BN, m.g. constatering, bevinding, vaststelling

con·sta·te·ren *ww (‹Fr)* [constateerde, h. geconstateerd] vaststellen: ★ *hij constateerde dat het ijs nog te dun was*; **constatering** *de (v)* [-en]

con·stel·la·tie [-(t)sie] *(‹Fr) de (v)* [-s] ❶ onderlinge stand van de sterren, sterrenbeeld ❷ stand van zaken, geheel van omstandigheden

con·ster·na·tie [-(t)sie] *(‹Fr‹Lat) de (v)* ontsteltenis, opschudding

con·sti·pa·tie [-(t)sie] *(‹Lat) de (v)* med verstopping, trage, moeilijke ontlasting

con·sti·tu·an·te *(‹Fr) de (v)* wetgevende vergadering, vergadering belast met het ontwerpen van een grondwet

con·sti·tu·ent *(‹Lat) de (m)* [-en] ❶ onderdeel ❷ taalk deel van een zin

con·sti·tu·e·ren *(‹Fr)* **I** *ww* [constitueerde, h. geconstitueerd] vaststellen, verordenen **II** *wederk* zich als wettig instellen (van een vergadering)

con·sti·tu·tie [-(t)sie] *(‹Lat) de (v)* [-s] ❶ geheel van grondregels van de organisatie van de staat, veelal beschreven in de grondwet, ook zelf *constitutie* genoemd ❷ lichamelijke gesteldheid van een organisme, vooral van een mens

con·sti·tu·tio·neel [-(t)sjoo-] *(‹Fr) bn* ❶ grondwettig, in overeenstemming met de grondwet of constitutie of daaruit voortvloeiend; zie ook: → **monarchie** ❷ med: ★ *constitutionele ziekte* ziekte die in het gestel ligt

con·struc·teur *(‹Fr) de (m)* [-s] bouwmeester; maker of ontwerper (van werktuigen, machines, schepen enz.)

con·struc·tie [-sie] *(‹Fr‹Lat) de (v)* [-s] ❶ het construeren, het bouwen ❷ inrichting, schikking van de delen, bouw ❸ wat door construeren ontstaat, samengesteld geheel; ook fig: ★ *een ingewikkelde boekhoudkundige ~* ❹ wisk het vormen van een figuur die aan bepaalde vereisten voldoet ❺ samenvoeging van woorden tot zinnen of zinsdelen, woordschikking

con·struc·tief *(‹Lat) bn* ❶ behorend tot, betrekking hebbend op de of een constructie ❷ opbouwend: ★ *constructieve kritiek*

con·struc·tie·werk·plaats [sie-] *de* [-en] werkplaats waar men (meestal metalen) constructies vervaardigt

con·stru·e·ren *ww (‹Fr‹Lat)* [construeerde, h. geconstrueerd] ❶ samenstellen, vervaardigen, opbouwen ❷ meetkundige figuren volgens bepaalde gegevens in tekening brengen: ★ *een kubus ~* ❸ kunstmatig vormen, bedenken: ★ *een geconstrueerd geval*

con·sul *(‹Lat) de (m)* [-s] ❶ gevolmachtigd ambtenaar in het buitenland belast met de behartiging van de belangen (vooral de handelsbelangen) van zijn land ❷ hoogste overheidspersoon tijdens de Romeinse republiek, en in Frankrijk van 1799-1804 ❸ plaatselijk vertegenwoordiger van een vereniging

con·su·laat *(‹Lat) het* [-laten] ❶ ambt, waardigheid van consul ❷ kantoor van een consul

con·su·lair [-lèr] *(‹Fr) bn* consul of een consulaat betreffend: ★ *de consulaire dienst* ★ *~ agent* gevolmachtigd vertegenwoordiger met geringere bevoegdheden dan een consul

con·su·lent *(‹Lat) de (m)* [-en] deskundig raadgever

con·sul·ge·ne·raal *de (m)* [consuls-] hoofdconsul (voor een geheel land)

con·sult *(‹Fr) het* [-en] vooral NN ❶ raadpleging van een advocaat of arts ❷ beraadslaging van artsen over een patiënt

con·sult·an·cy [kənsultənsie] *(‹Eng) de* werkzaamheden van een consultant

con·sul·tant [-tənt] *(‹Eng) de (m)* [-s] iem. die beroepsmatig adviezen verstrekt op een bep. terrein

con·sul·ta·tie [-(t)sie] *(‹Fr‹Lat) de (v)* [-s] consult

con·sul·ta·tie·bu·reau [-(t)siebuuroo] *het* [-s] instelling waar advies en hulp wordt gegeven op medisch of sociaal gebied: ★ *~ voor alcohol en drugs, voor geslachtsziekten, voor zuigelingenzorg*

con·sul·te·ren *ww (‹Fr‹Lat)* [consulteerde, h. geconsulteerd] de raad inwinnen van, raadplegen (een advocaat, dokter e.d.)

con·su·ment *(‹Lat) de (m)* [-en] verbruiker, afnemer; tegengest: → **producent**

con·su·men·ten·elek·tro·ni·ca *de (v)* verzamelnaam voor elektrische apparatuur die is bestemd voor de gewone consumenten, niet voor het bedrijfsleven

con·su·men·ten·or·ga·ni·sa·tie [-zaa(t)sie] *de (v)* [-s] organisatie die de consument voorlicht over prijzen en kwaliteit van producten en ook waakt over de rechtspositie van de consument

con·su·me·ren *ww (‹Fr‹Lat)* [consumeerde, h. geconsumeerd] ❶ nuttigen, verorberen ❷ verbruiken (in economische zin)

con·su·min·de·ren *ww* [consuminderde, h. geconsuminderd] schertsend minder gaan consumeren

con·sump·tie [-sie] *(‹Lat) de (v)* [-s] ❶ verbruik van levensbehoeften, het nuttigen: ★ *de ~ van vlees* ★ *deze wijn is niet geschikt voor ~* ★ NN, schertsend *spreken met ~* zodanig spreken dat er speeksel uit de mond vliegt ❷ vertering in een café, restaurant e.d.: ★ *een ~ bestellen* ❸ econ verbruik van goederen

con·sump·tie·aard·ap·pel [-sie-aardap-] *de (m)* [-en of -s] aardappel die geschikt is om gegeten te worden; tegengest: → **fabrieksaardappel**

con·sump·tie·bon [-sie-] *de (m)* [-nen *en* -s] bewijs tegen inlevering waarvan men recht heeft op een consumptie

con·sump·tief *bn* voor consumptie dienend: ★ *uitgaven in de consumptieve sfeer* ★ *~ krediet* krediet aan particulieren dat wordt verleend voor de besteding aan verbruiksgoederen en / of diensten

con·sump·tie·goe·de·ren [-sie-] *mv* verbruiksgoederen

con·sump·tie·ijs [-sie-] *het* speciaal voor de consumptie als lekkernij bestemd ijs

con·sump·tie·maat·schap·pij [-sie-] *de (v)* samenleving waarin verbruiksartikelen in overvloed aangeboden en gekocht worden

con·sump·tie·pa·troon [-sie-] *het* [-tronen] manier waarop een consument producten aanschaft, gebruikt en weer van de hand doet

con·sump·tie·pi·o·nier [-sie-] *de (m)* [-s] NN iem. die steeds behoort tot de eersten die een nieuw type product aanschaffen

con·tact *(‹Lat) het* [-en] ❶ onderlinge aanraking: ★ *lichamelijk ~* ❷ onderlinge betrekking, voeling: ★ *personen met elkaar in ~ brengen* ★ *met iem. in ~ komen* ★ *~ opnemen met iem.* ❸ onderlinge aanraking van twee of meer elektrisch geleidende lichamen ★ *~ geven* de elektrische stroom inschakelen ★ *~ maken*

con·tact·ad·ver·ten·tie [-sie] *de (v)* [-s] vooral NN kleine annonce in een tijdschrift via welke men tracht met iem. in contact te komen, soms met bedoelingen in de sfeer van de seksualiteit

con·tact·arm *bn* met weinig sociale contacten: ★ *contactarme scholieren*

con·tact·avond *de (m)* [-en] samenkomst in de avonduren, bedoeld om mensen met elkaar in contact te brengen

con·tact·doos *de* [-dozen] stopcontact

con·tact·ec·zeem [-ekseem] *het* [-zemen] vorm van eczeem die door uitwendig contact met bep. stoffen ontstaat

con·tac·te·ren *(‹Fr)* [contacteerde, h. gecontacteerd] *ww* BN contact opnemen

con·tact·ge·stoord *bn* niet of slecht in staat tot het leggen of onderhouden van contacten

con·tact·lens *de* [-lenzen] lens die ter vervanging van een bril onder de oogleden op het hoornvlies gedragen wordt

con·tact·lijm *de (m)* type lijm dat zich snel hecht als het in contact komt met het te lijmen oppervlak

con·tact·man *de (m)* [-nen] iem. die met een andere groep contact onderhoudt

con·tact·or·gaan *het* [-ganen] college dat contact onderhoudt tussen groepen met verwante belangen

con·tact·per·soon *de (m)* [-sonen] contactman

con·tact·sleu·tel *de (m)* [-s] sleutel ter uit- en inschakeling van de elektrische startinrichting in een auto

con·tact·sport *de* [-en] sport waarbij de beoefenaars lichamelijk met elkaar in contact komen, zoals bijv. bij boksen, judo, rugby enz.

con·tac·tu·eel *bn* het contact tussen personen, resp. het leggen van contacten betreffende: ★ *goede contactuele eigenschappen hebben*

con·tai·ner [-teenər] *(‹Eng) de (m)* [-s] ❶ reservoir ❷ grote bak van gestandaardiseerd formaat waarin goederen of stoffen per trein, schip enz. vervoerd kunnen worden

con·tai·ner·ha·ven [-teenər-] *de* [-s] haven, speciaal ingericht voor het laden, lossen en overslaan van containers

con·tai·ner·klas [-teenər-] *de* [-sen] BN soort container die dienstdoet als leslokaal

con·tai·ner·park [-teenər-] *het* [-en] BN plaats waar containers voor verschillende soorten afval staan, milieupark

con·tai·ner·schip [-teenər-] *het* [-schepen] schip, speciaal ingericht voor het vervoer van containers

con·ta·mi·na·tie [-(t)sie] *(‹Lat) de (v)* [-s] ❶ taalk het vermengen van verwante woorden of uitdrukkingen, bijv. *dat kost duur* uit: *dat kost veel* en *dat is duur* ❷ verontreiniging, besmetting

con·tant *(‹Fr) bn* in gereed geld, cash: ★ *~ betalen* ★ *contante waarde* waarde op dit ogenblik van een later te verrekenen bedrag

con·tan·ten *mv* vooral NN baar geld, cash: ★ *ik heb geen ~ bij me, alleen cheques*

con·tem·pla·tie [-(t)sie] *(‹Fr‹Lat) de (v)* [-s] beschouwing, bespiegeling, vooral in godsdienstige zin

con·tem·pla·tief *(‹Fr)* I *bn* ❶ beschouwend, bespiegelend ❷ RK gewijd aan de beschouwing van de bovennatuurlijke waarheden en het gebed: ★ *de contemplatieve orden* II *de* [-tieven] iem. die een beschouwend leven leidt

con·tem·po·rain [-tãpoorę̃] *(‹Fr‹Lat)* I *bn* gelijktijdig, hedendaags II *de (m)* [-s] tijdgenoot

con·tent¹ (⟨Eng⟨Lat⟩ de [-s] inhoud, vooral van softwareprogramma's en internetsites
con·tent² (⟨Fr⟨Lat⟩ bn tevreden, vergenoegd, in zijn schik
con·ten·tieux [kõtãsjeu] de (m) BN geheel van (juridische) geschillen, in de praktijk vooral m.b.t. de verhouding tussen België en Congo
con·tent·ma·nage·ment·sys·teem (⟨Eng⟩ het [-stemen] comput applicatie voor het beheren en bewerken van gegevens, doorgaans bestaande uit een database en extra modules om de gebruikers toegang tot de gegevens te verschaffen, de gegevens online te publiceren enz.
con·tent·pro·vi·der [-vaidə(r)] (⟨Eng⟩ de (m) [-s] iem. die, bedrijf dat de inhoud van softwareproducten en van internetsites levert
con·tes·ta·tie [-(t)sie] (⟨Fr⟩ de (v) [-s] betwisting, twist; verzet tegen een bestaande orde, vooral het verzet op de universiteiten aan het eind van de jaren zestig
con·tes·te·ren ww (⟨Fr⟩ [contesteerde, h. gecontesteerd] BN aanvechten, fel bekritiseren
con·text (⟨Lat⟩ de (m) ❶ taaluitingen die voorafgaan aan of volgen op een gegeven taaluiting: ★ *de betekenis van een woord is vaak sterk afhankelijk van de ~ waarin het voorkomt* ❷ bij uitbreiding samenhang waarin zich iets voordoet: ★ *deze verschijnselen moeten in hun maatschappelijke ~ worden beschouwd*
con·ti·nent¹ (⟨Fr⟩ het [-en] ❶ vasteland ★ *op het ~ wonen* niet op een eiland ❷ werelddeel: ★ *de zes continenten*
con·ti·nent² (⟨Lat⟩ bn met beheersing over de lozing van urine enz.
con·ti·nen·taal (⟨Fr⟩ bn wat tot het vasteland behoort, vastelands ★ *~ klimaat* landschap ★ *~ plat of ~ plateau* voortzetting onder zee van een vasteland tot ongeveer 200 meter diepte ★ *Continentaal Stelsel* afsluiting van het Europese vasteland voor de Engelse handel door Napoleon I vanaf 1806
con·tin·gent (⟨Fr⟩ het [-en] ❶ verschuldigd aandeel of bijdrage in troepen, in oorlogslasten enz. ❷ maximum hoeveelheid goederen voor in- of uitvoer tijdens een bepaalde periode toegestaan ❸ toegestane hoeveelheid van een gedistribueerd artikel
con·tin·gen·te·ren ww (⟨Fr⟩ [contingenteerde, h. gecontingenteerd] het van regeringswege vaststellen van de hoeveelheden van de in en uit te voeren waren en van gedistribueerde artikelen
con·tin·gen·te·ring de (v) [-en] het contingenteren
con·ti·nu (⟨Fr⟨Lat⟩ bn voortdurend, onophoudelijk, aanhoudend: ★ *een continue stroom van geruchten*
con·ti·nu·be·drijf het [-drijven] bedrijf waarin in ploegen het gehele etmaal wordt doorgewerkt
con·ti·nu·dienst de (m) [-en] dienst in een ploeg in een continubedrijf
con·ti·nu·e·ren ww (⟨Fr⟨Lat⟩ [continueerde, h.

gecontinueerd] ❶ voortzetten, laten voortduren: ★ *een dienstverband ~* ❷ voortduren
con·ti·nu·ï·teit (⟨Lat⟩ de (v) ononderbroken samenhang of duur
con·ti·nu·üm (⟨Lat⟩ het [-s, -nua] doorlopend, aansluitend geheel; ononderbroken en samenhangende uitgebreidheid
con·to (⟨It⟩ de (m) ['s, -ti] handel rekening ★ *iets op iems. ~ schrijven* fig hem voor iets aansprakelijk stellen
con·tour [-toer] (⟨Fr⟨It⟩ de (m) [-en] omtrek, omtreklijn (van een tekening, een beeld, een berg enz.)
con·tour·licht [-toer-] het [-en] ⟨van hoge vrachtauto's⟩ omtreklicht
con·tra (⟨Lat⟩ **I** vz tegen: ★ *de wedstrijd Nederland ~ Spanje* **II** bijw tegen: ★ *twee afgevaardigden stemden ~* **III** het ★ *het pro en het ~* het voor en tegen **IV** de ['s] aanhanger van de contrarevolutie, vooral in Nicaragua in de jaren '80 van de 20ste eeuw
con·tra- muz als eerste lid in samenstellingen de laagste: ★ *contrabas, contrafagot e.d.*
con·tra·ban·de (⟨Fr⟩ de smokkelwaar, verboden waar
con·tra·bas de [-sen] muz grootste en laagste strijkinstrument, basviool met meestal vijf snaren
con·tra·bas·sist de (m) [-en] bespeler van contrabas
con·tra·be·zoek het [-en] tegenbezoek
con·tra·boek het [-en] boekhouden boek waarin de controle van de rekeningen wordt bijgehouden
con·tra·cep·tie [-sie] (⟨Lat⟩ de (v) med het tegengaan van de bevruchting
con·tra·cep·tief I bn de bevruchting tegengaand **II** het [-tieven] middel dat bevruchting tegengaat
con·tra·cep·ti·vum (⟨Lat⟩ het [-va] → **contraceptief** (II)
con·tract (⟨Fr⟩ het [-en] ❶ schriftelijk vastgestelde overeenkomst: ★ *een ~ tekenen* ❷ ⟨termijnhandel⟩ transactie voor een standaardhoeveelheid goederen
con·trac·tant (⟨Fr⟩ de (m) [-en], **con·trac·tan·te** de (v) [-n; ook -s] iem. die een contract sluit
con·tract·bridge [-bridzj] het vorm van bridge waarbij een speler op zich neemt een bepaald aantal slagen te zullen maken
con·trac·te·ren ww (⟨Fr⟩ [contracteerde, h. gecontracteerd] een contract sluiten, een schriftelijke overeenkomst aangaan ★ *een speler ~* sp door middel van een contract aan een club binden
con·trac·tie [-sie] (⟨Fr⟨Lat⟩ de (v) [-s] samentrekking
con·tract·po·lis de [-sen] aflaadpolis
con·tract·spe·ler de (m) [-s] sp speler die voor een bep. periode door een club is gecontracteerd
con·trac·tu·eel (⟨Fr⟩ **I** bn voortvloeiend uit of op grond van het of een contract: ★ *zijn contractuele verplichtingen nakomen* **II** de (m) [-tuelen] BN ambtenaar met een tijdelijk contract
con·tra·dic·tie [-sie] (⟨Fr⟨Lat⟩ de (v) [-s] tegenspraak; logische tegenstrijdigheid
con·tra·dic·tio [-sie(j)oo] (⟨Lat⟩ de (v) tegenspraak ★ *~ in adjecto* tegenspraak in het bijgevoegde, bijv. *koud vuur, gouden oorijzer* ★ *~ in terminis* tegenspraak in

de gebruikte woorden, bijv. *een gedwongen vrijwillige lening*
con·tra·dic·toir [-diektwaar, -diktoor] *(‹Fr‹Lat) bn* recht op tegenspraak ★~ *vonnis* op tegenspraak gewezen vonnis, waarbij in het geding beide partijen verschenen zijn
con·tra·ex·pert [-pèr] *de (m)* [-s] deskundige van de tegenpartij
con·tra·ex·per·ti·se [-tiezə] *de (v)* [-s *en* -n] onderzoek door een deskundige van de tegenpartij
con·tra·ge·wicht *het* [-en] gewicht waarvan de werking tegengesteld is aan de werking van een ander gewicht: ★ *door middel van een ~ kan men het omhooggaan van een hefboom vergemakkelijken*
con·tra·in·di·ca·tie *de (v)* [-s] aanwijzing die pleit tegen het gebruik van een bepaald (genees)middel
con·trair [-trèr] *bn* tegengesteld, tegenstrijdig: ★~ *aan* ★~ *beding* afwijkend beding van het tegengestelde
con·tra·mi·ne *(‹Fr) de* ❶ het speculeren à la baisse ❷ de personen, die dat doen ❸ : ★ *in de ~ zijn* dwarsliggen, steeds iets anders willen dan de anderen
con·tra·moer *de* [-en] tweede moer om het terugdraaien van de eerste te beletten
con·tra·pres·ta·tie [-(t)sie] *de (v)* [-s] tegenprestatie; vooral (*vroeger in Nederland*) de regeling waarbij kunstenaars werk afstonden aan de overheid in ruil voor een vergoeding; later Beeldende-Kunstenaarsregeling genoemd (BKR) en in 1987 afgeschaft
con·tra·pro·duc·tief *bn* de productie tegengaand of tenietdoend, het tegengestelde effect hebbend dan het beoogde, averechts: ★ *te hardhandig straffen werkt ~*
con·tra·punt *het* muz kunst om zelfstandige melodieën harmonisch te verenigen; de voornaamste vormen zijn canon en fuga
con·tra·re·for·ma·tie [-(t)sie] *de (v)* van de Rooms-Katholieke Kerk uitgaande beweging tot bestrijding van de reformatie door innerlijke zuivering en ordening (16de-17de eeuw)
con·tra·re·mon·strant *de (m)* [-en] tegenstander van Arminius tijdens de godsdienststrijd in Nederland gedurende het Twaalfjarig Bestand, gomarist
con·tra·re·vo·lu·tie [-(t)sie] *de (v)* [-s] tegenrevolutie, omverwerping van een door revolutie ontstane toestand en herstel van de oude toestand
con·tra·rie *(‹Fr) bn* tegenovergesteld; ongunstig (van winden enz.)
con·tra·seign [-sein] *(‹Fr) het* medeondertekening van wetten en besluiten door een of meer verantwoordelijke ministers, naast de ondertekening van het staatshoofd
con·tra·sig·ne·ren *ww* [-sinjee-] [contrasigneerde, h. gecontrasigneerd] (ambtshalve) medeondertekenen
con·tra·spi·o·na·ge [-naazjə] *de (v)* (dienst van) de bestrijding van vijandelijke spionage
con·trast *(‹Fr) het* [-en] ❶ in het oog lopende tegenstelling: ★ *een schril ~ tussen arm en rijk* ★ *in ~ staan met* ★ *een ~ vormen met* ❷ tegenstelling tussen zwart en wit, licht en donker: ★ *een schilderij met veel ~*
con·tras·te·ren *ww (‹Fr)* [contrasteerde, h. gecontrasteerd] tegen elkaar afsteken, een opvallende tegenstelling vormen
con·trast·mid·del *het* [-en] med stof die in organen of holten wordt ingespoten om deze met röntgenstralen zichtbaar te kunnen maken
con·trast·re·ge·laar *de (m)* [-s] onderdeel van een televisietoestel waarmee de helderheidscontrasten in het beeld geregeld kunnen worden
con·trast·rijk *bn* met veel contrast: ★ *een contrastrijke foto*
con·trast·stof *de* [-fen] contrastmiddel
con·tra·te·nor *de (m)* [-noor] [-s, -noren] ❶ mannelijke altstem ❷ zanger met zo'n stem
con·tre·coeur *bijw* [kõtrəkùr] *(‹Fr)* ★ *à ~* met tegenzin, niet graag
con·trei·en *(‹Fr) mv* streek, gebied, omstreken: ★ *in deze ~ heersen vreemde gebruiken*
con·tri·bu·ant *(‹Fr) de (m)* [-en] iem. die contributie betaalt
con·tri·bu·e·ren *(‹Fr‹Lat) ww* [contribueerde, h. gecontribueerd] ❶ vooral NN zijn deel betalen, bijdragen: ★ *alle deelnemers aan deze reis ~ hetzelfde bedrag* ❷ meewerken aan
con·tri·bu·tie [-(t)sie] *(‹Lat) de (v)* [-s] vooral NN periodieke vaste bijdrage, meestal wegens lidmaatschap van een vereniging
con·trol-alt-delete [kontrool-alt-dieliet] *(‹Eng)* comput toetscombinatie (ctrl+alt+del) waarmee men een applicatie geforceerd kan afsluiten of een overzicht kan krijgen van geopende applicaties en documenten
con·tro·le [-tròlə, -troolə] *(‹Fr) de* [-s] ❶ het controleren, toezicht: ★~ *uitoefenen op de naleving van de reglementen* ★ *onder ~ van een specialist staan* regelmatig onderzocht worden door een specialist ❷ beheersing, bedwang: ★ *de situatie onder ~ hebben* de situatie in de hand hebben, de toestand in bedwang kunnen houden; zie ook bij → sociaal (bet 2)
con·tro·le·klok [-tròlə-, -troolə-] *de* [-ken] NN klok waarmee in bedrijven de komst en het vertrek van het personeel wordt gecontroleerd, prikklok
con·tro·le·ren *ww (‹Fr)* [controleerde, h. gecontroleerd] ❶ nagaan, toezicht houden, kijken of iets juist is: ★ *iems. papieren ~* ★~ *of de deur goed op slot is* ★ *iets ~ op echtheid* ❷ beheersen: ★ *de situatie, een wedstrijd ~*
con·tro·leur *(‹Fr) de (m)* [-s] persoon belast met controle, o.a. bij de belastingen, het openbaar vervoer e.d. ★ BN ook ~ *der belastingen* belastinginspecteur
con·trol·ler [-troolər] *(‹Eng) de (m)* [-s] functionaris in een bedrijf, belast met het goed doen functioneren

van de administratie, het leveren van cijfermateriaal en het adviseren omtrent het te voeren beleid
con·trol·toets [kəntrool-] *de (m)* → **ctrl-toets**
con·tro·ver·se *(‹Fr‹Lat) de (v)* [-n, -s] twistpunt, verschil van mening
con·tro·ver·sieel [-sjeel] *(‹Lat)*, **con·tro·ver·sio·neel** [-sjoo-] *bn* onderwerp van controverse zijnde, betwist: ★ *een ~ standpunt* ★ *een controversiële columnist* een columnist die zowel aanhangers als tegenstanders heeft
con·ur·ba·tie [-(t)sie] *(‹Eng) de (v)* [-s] complex van aaneengegroeide steden
co·nus *(‹Lat‹Gr) de (m)* [-sen] kegel, kegelvormig voorwerp
con·vec·tie [-sie] *de (v)* ❶ nat stroming in gassen of vloeistoffen ❷ meteor verticale verplaatsing van een luchthoeveelheid van beperkte omvang
con·vec·tor *(‹Lat) de (m)* [-s of -toren] verwarmingstoestel dat een sterke, warme luchtstroming doet ontstaan
con·ve·nant *(‹Fr) het* [-en] overeenkomst, afspraak, vooral met betrekking tot echtscheiding, regelingen van financiële aard en betreffende de positie van de kinderen, hun bezoek enz.
con·ve·ni·ë·ren *ww* [-njeerə(n)] *(‹Fr‹Lat)* [convenieerde, h. geconvenieerd] schikken, gelegen komen: ★ *de datum voor onze afspraak convenieert mij niet*
con·vent *(‹Lat) het* [-en] ❶ klooster ❷ de gezamenlijke bewoners daarvan ❸ vergadering, bijeenkomst
con·ven·tie [-sie] *(‹Fr‹Lat) de (v)* [-s] ❶ vergadering: ★ *de ~ van de Democratische Partij in de Verenigde Staten* ★ *Nationale Conventie* naam van het Franse parlement van 10 augustus 1792 tot 26 oktober 1795 ❷ internationale overeenkomst ❸ geheel van ongeschreven, stilzwijgend aanvaarde regels omtrent hetgeen gebruikelijk is in het maatschappelijk verkeer: ★ *handelen in strijd met de ~; ook elk van deze regels:* ★ *de conventies overtreden* ❹ vaste bied- en openingsgebruiken bij het bridgen
con·ven·ti·kel *(‹Lat) het* [-s] besloten godsdienstige bijeenkomst
con·ven·tio·neel [-sjoo-] *(‹Lat) bn* ❶ op gewoonte of overeenkomst berustend, niet oorspronkelijk: ★ *~ gekleed gaan* ❷ niet betrekking hebbend op kernenergie of kernwapens: ★ *conventionele wapens* ❸ bij wederkerig verdrag geregeld
con·ver·gent *(‹Lat) bn* tot elkaar naderend, naar één punt samenlopend (van lijnen, stralen); *tegengest:* → **divergent**
con·ver·gen·tie [-sie] *(‹Lat) de (v)* ❶ toenadering naar één punt ❷ onderlinge gelijkenis van verschillende planten of dieren, die in dezelfde omstandigheden leven, bijv. van walvissen en vissen ❸ samenstroming van vloeistoffen of gassen; *tegengest:* → **divergentie**
con·ver·ge·ren *ww (‹Fr‹Lat)* [convergeerde, h.

geconvergeerd] ❶ naar één punt samenlopen (van lijnen bij verlenging, lichtstralen enz.); *tegengest:* → **divergeren** ❷ steeds kleiner worden (van de achtereenvolgende termen van een oneindige reeks)
con·ver·sa·tie [-(t)sie] *(‹Fr) de (v)* [-s] (gezellig) gesprek: ★ *een levendige ~ met iem. hebben*
con·ver·sa·tie·les [-(t)sie-] *de* [-sen] les in het spreken van een vreemde taal
con·ver·sa·tie·zaal *de* [-zalen] NN vertrek (in een inrichting, bedrijf enz.) waar gasten, verpleegden of personeel zich in gesprekken kunnen verpozen
con·ver·se·ren *ww (‹Fr)* [converseerde, h. geconverseerd] ❶ een gesprek voeren, onderhoudend praten ❷ omgang hebben
con·ver·sie *(‹Lat) de (v)* [-s] ❶ algemeen omzetting, omkering ❷ omzetting van een lening tegen een bep. rente in een lening tegen een lagere rente ❸ omwisseling van converteerbare obligaties in aandelen ❹ comput het aanbrengen van veranderingen in bestanden en programma's teneinde deze bruikbaar te maken voor een ander computersysteem of een andere toepassing ❺ rugby, American football het → **converteren** (bet 4)
con·ver·sie·koers *de (m)* [-en] koers waartegen converteerbare obligaties kunnen worden omgezet in aandelen
con·ver·teer·baar *bn* ❶ inwisselbaar tegen aandelen: ★ *converteerbare obligaties* ❷ vrij inwisselbaar tegen andere valuta ❸ comput om te zetten in een andere programmeertaal, code of vorm
con·ver·te·ren *ww (‹Fr)* [converteerde, h. geconverteerd] ❶ inwisselen van een lening tegen één met (meestal) lagere rente ❷ omzetten van een obligatie in aandelen ❸ comput een → **conversie** (bet 3) uitvoeren ❹ rugby, American football na een try de bal vanaf een bepaalde plaats over de dwarslat van het H-vormige doel schieten en zo twee punten behalen
con·ver·ti·bel *bn* fin, eff inwisselbaar tegen gelijk- of andersoortige valuta of waardepapieren
con·vex *(‹Lat) bn* bolrond ★ *convex-concaaf* bol aan de ene en hol aan de andere zijde
con·vo·caat *(‹Lat) het* [-caten] brief waarin men een vergadering bijeenroept
con·vo·ca·tie [-(t)sie] *(‹Lat) de (v)* [-s] ❶ oproeping, bijeenroeping (van een vergadering) ❷ oproepingskaart
con·vo·ce·ren *ww (‹Lat)* [convoceerde, h. geconvoceerd] ⟨een vergadering⟩ oproepen, bijeenroepen (meestal schriftelijk)
con·vul·sief *bn* med stuiptrekkend, krampachtig
cook·ie [koekie] *(‹Eng‹Am‹Nederlands) het* [-s] comput tekstbestandje dat de server van een bezochte internetpagina naar de computer van de gebruiker stuurt en dat persoonlijke instellingen (bijv. inlognaam en wachtwoord van de gebruiker) bevat

cool [koel] ‹Eng› bn ❶ rustig, beheerst: ★ *heel ~ over straat lopen* ★ *~ jazz* beheerste vorm van jazz, ontstaan na de bebop en qua melodie en ritme teruggrijpend op de stijl vóór de bebop ❷ jeugdtaal in orde, goed, oké: ★ *die muziek is ~, man!*

cool·ing·down [koelingdaun] *de* vooral NN, sp lichte training om de spieren weer los te maken na een geleverde prestatie

co·ö·pe·rant *de (m)* [-en] BN ook ontwikkelingswerker

co·ö·pe·ra·tie [koo-ooperaa(t)sie] ‹Lat› *de (v)* ❶ samenwerking, medewerking ❷ [*mv:* -s] vereniging van personen die bevordering van de stoffelijke belangen van de leden ten doel heeft, bijv. door uitschakeling van de tussenhandel, gemeenschappelijke uitoefening van handel of beroep, verstrekking van voorschotten of krediet

co·ö·pe·ra·tief *bn* ❶ gezind tot samenwerking: ★ *zich ~ opstellen* ❷ van de aard van of berustend op een → **coöperatie** (bet 2): ★ *een coöperatieve zuivelfabriek*

co·ö·pe·re·ren *ww* ‹Fr‹Lat› [coöpereerde, h. gecoöpereerd] samenwerken

coo·per·test [koepe(r)-] *de (m)* [-s] conditietest bestaande uit het hardlopend afleggen van een zo groot mogelijke afstand in twaalf minuten, ontwikkeld door de Amerikaanse luchtmachtarts Kenneth H. Cooper

co·öp·ta·tie [-(t)sie] ‹Lat› *de (v)* [-s] het kiezen van nieuwe leden van een lichaam door de leden die reeds zitting hebben

co·öp·te·ren *ww* ‹Fr‹Lat› [coöpteerde, h. gecoöpteerd] ‹van vereniging of college› zelf nieuwe leden verkiezen ★ *zich ~ zichzelf aanvullen*

co·ör·di·na·ten ‹Lat› *mv* ❶ wisk getallen die dienen ter bepaling van de ligging van een punt, lijn of vlak; *vgl*: → **abscis** en → **ordinaat** ❷ BN ook persoonlijke (identificatie)gegevens

co·ör·di·na·ten·stel·sel *het* [-s] wisk stelsel van elementen in de ruimte, bijv. twee elkaar loodrecht snijdende lijnen, ten opzichte waarvan de plaats van een punt wordt bepaald

co·ör·di·na·tie [-(t)sie] ‹Fr‹Lat› *de (v)* [-s] ❶ het coördineren, het ordelijk of effectief doen samengaan of samenwerken ❷ samenwerking van verschillende spieren voor het tot stand komen van een beweging ❸ taalk nevenschikking

co·ör·di·na·tor *de (m)* [-toren, -s] iem. die coördineert, vooral die bepaalde werkzaamheden of functies goed doet samengaan

co·ör·di·ne·ren *ww* ‹Lat› [coördineerde, h. gecoördineerd] rangschikken in onderling verband, bij elkaar doen aansluiten, goed op elkaar afstemmen: ★ *de werkzaamheden op een afdeling ~*

co·ou·ders *mv* gescheiden ouders die om beurten voor hun kind(eren) zorgen

co·per·ni·caans *bn* volgens, berustend op het stelsel van de Poolse sterrenkundige Copernicus (1473-1543), die de zon als middelpunt van het heelal opvatte: ★ *het ~e stelsel* ★ *een ~e omkering* filos een volledige omslag in het denken over iets

cop·i·er [koppie(j)e(r)] ‹Eng› *de (m)* [-s] kopieerapparaat

co·pieus [-pjeus] ‹Fr‹Lat› *bn* rijkelijk, overvloedig, vooral van maaltijden: ★ *een copieuze lunch*

co·pi·loot *de (m)* [-loten] tweede piloot

co·pla ‹Sp› *de* ['s] gedichtje van drie tot vijf, meest echter vier regels in de Spaanse volkspoëzie

co·pro·du·cent *de (m)* [-en] iem. die iets produceert samen met iem. anders

co·pro·duc·tie [-sie] *de (v)* [-s] gezamenlijke productie (van films, boeken e.d.)

co·pro·fa·gie ‹Gr› *de (v)* het eten van uitwerpselen, vooral door dieren

co·pro·la·lie ‹Gr› *de (v)* psych het dwangmatig uiten van obscene en beledigende taal, vaak gezien als kenmerk van het syndroom van Gilles de la Tourette

co·pu·la·tie [-(t)sie] ‹Lat› *de (v)* [-s] ❶ verbinding, koppeling ❷ vooral paring, geslachtsgemeenschap, het copuleren ❸ entmethode waarbij het schuin afgesneden entrijs precies op de andere boom gepast wordt

co·pu·le·ren *ww* ‹Lat› [copuleerde, h. gecopuleerd] ❶ eig verbinden, koppelen ❷ geslachtsgemeenschap hebben, paren ❸ op zodanige wijze enten dat de onderstam en het entrijs op elkaar passen en een groot raakvlak hebben

co·py [koppie] ‹Eng› *de* ['s] reclame tekstgedeelte van een advertentie

co·py·cat [koppieket] ‹Eng› *de (m)* [-s] iemand die de werkwijze kopieert van een bekend voorbeeld

co·py·pas·ten [koppie-peeste(n)] ‹Eng› overg [copy-pastete, h. gecopy-pastet] comput (tekst) kopiëren en elders invoegen

copy·right [koppierait] ‹Eng› *het* [-s] auteursrecht

co·py·test [koppie-] *de (m)* [-s] test om te onderzoeken of een reclametekst aan de doelstellingen voldoet

copy·writ·er [koppieraite(r)] ‹Eng› *de (m)* [-s] tekstschrijver voor reclame

co·quette [-ket(te)] ‹Fr› *de (v)* [-s] zeer behaagzieke (jonge) vrouw

cor *afk* centrale ondernemingsraad

cor·di·aal ‹Fr› *bn* ❶ hartelijk: ★ *een cordiale begroeting* ❷ hartsterkend

cor·di·a·li·teit ‹Fr› *de (v)* hartelijkheid, rondheid

cor·don bleu [-dõ -] ‹Fr: *blauwe band*› *de (m)* ❶ bekwame kok, genoemd naar de blauwe band, gedragen door de ridders van de H. Geest, later aanduiding van een belangrijk persoon ❷ schnitzel of stukje opgerold kalfsvlees gevuld met ham en kaas en vervolgens gepaneerd

cor·don sa·ni·taire [cordõ sanitèr] ‹Fr› *het* [cordons sanitaires] ❶ geheel van maatregelen om verspreiding van iets akeligs te voorkomen: ★ *een ~ aanleggen rond een besmettingshaard* ❷ (stilzwijgende) afspraak om een persoon of partij

stelselmatig buiten te sluiten ★ *een ~ rond een politieke partij*
cor·du·roy [kɔrduuroj] *(‹Eng)* **I** *het* ribfluweel **II** *bn* gemaakt van ribfluweel, ribfluwelen: ★ *een ~ broek*
core·busi·ness [kò(r) bizn]s] *(‹Eng) de (m)* kernactiviteiten van een bedrijf
cor·gi [kò(r)γie] *de (m)* ['s] lid van een Brits hondenras (*Welsh corgi's*) met een vosachtige kop en korte poten
cor·ned·beef [kɔrnetbief] *(‹Eng) de (m)* fijngemaakt en gekruid rundvlees in blik
cor·ner [kò(r)nə(r)] *(‹Eng) de (m)* [-s] ❶ voetbal hoekschop; hockey hoekslag ❷ combinatie van handelaars en makelaars, die zich verenigen om door opkoping van de gehele voorraad van een bep. product het monopolie in handen te krijgen
cor·ner·vlag *de* [-gen] sp hoekvlag
corn·flakes [kò(r)nfleeks] *(‹Eng) mv* maïsvlokken, geplette en gedroogde maïskorrels die vooral bij het ontbijt worden genuttigd, meestal met melk
co·ro·na *(‹Lat) de* [-nae, 's] astron gasomhulsel rond bep. soorten sterren: ★ *de ~ van de zon is tijdens een totale zonsverduistering zichtbaar als een stralenkrans*
co·ro·nair [-nèr] *(‹Fr‹Lat) bn* de kransslagaderen betreffend
cor·po·ra·tie [-(t)sie] *(‹Fr) de (v)* [-s] vereniging van vakgenoten, gilde, broederschap
cor·po·ra·tief *(‹Lat) bn* verenigings-, vooral volgens bedrijven of beroepen georganiseerd ★ *de corporatieve staat* gebaseerd op samenwerking van corporaties
cor·po·ra·tis·me *het* het streven naar staatsordening op corporatieve grondslag
corps [kòr] *(‹Fr) het* [*mv*: idem] ❶ groep of vereniging ★ *~ diplomatique* gezamenlijk bij een staat geaccrediteerde gezanten van vreemde mogendheden ❷ [*mv*: corpora] NN vooral studentencorps, een traditioneel type studentenvereniging; zie ook → **korps**
corps·bal [kòr-] *de (m)* [-len] NN smalende benaming voor een bep. type brallerige student zoals men die veel in studentencorpora kan aantreffen
corps·lid [kòrs-] *het* [-leden] NN student die lid is van een corps
cor·pu·lent *(‹Fr) bn* zwaarlijvig, gezet, dik
cor·pu·len·tie [-sie] *(‹Lat) de (v)* zwaarlijvigheid, gezetheid, dikheid
cor·pus *(‹Lat) het* [-sen] ❶ lichaam, vaak met bijgedachte aan: log, zwaar ❷ verzamelwerk ★ *Corpus Juris (Civilis)* wetboek van het Romeinse recht door keizer Justinianus in de 6de eeuw bijeengebracht ❸ ★ *~ delicti* voorwerp waaraan of waarmee een misdaad is begaan
cor·rect *(‹Fr) bn* ❶ zuiver, vrij van fouten, foutloos: ★ *een ~antwoord* ❷ in behoorlijke vorm, naar de eisen van de welvoeglijkheid, onberispelijk: ★ *zich ~ gedragen*; zie ook: → **politiek**
cor·rect·heid *de (v)* ❶ zuiverheid van taal, van

spelling, van druk, van tekening enz., juistheid, het foutloos zijn ❷ behoorlijkheid, onberispelijkheid, welvoeglijkheid
cor·rec·tie [-sie] *(‹Fr‹Lat) de (v)* [-s] ❶ verbetering van een fout of van fouten, vooral in schoolwerk en in drukproeven ❷ werk dat verbeterd moet worden ❸ terechtwijzing
cor·rec·tief *(‹Fr) het* [-tieven] middel tot verbetering of tot het onschadelijk maken van een defect ★ *~ referendum* referendum waarmee besluiten van de overheid ongedaan gemaakt kunnen worden
cor·rec·tio·neel [-sjoo-] *(‹Fr) bn* ❶ wat tot verbetering moet of kan dienen ★ *correctionele straf* niet-onterende straf ❷ ★ BN *correctionele rechtbank* één van de drie afdelingen van de rechtbank van eerste aanleg, vooral belast met het oordelen in strafzaken
cor·rec·tor *(‹Lat) de (m)* [-s, -toren], **cor·rec·tri·ce** *de (v)* [-s] iem. die corrigeert, vooral iem. die correcties aanbrengt in drukproeven
cor·re·laat *(‹Lat)* **I** *het* [-laten] wederzijds betrekkelijk begrip, wisselbegrip, bijv. oud en jong, warm en koud **II** *bn* een correlaat zijnde
cor·re·lair [-lèr] *bn* ❶ in correlatie staand ❷ correlatie uitdrukkend
cor·re·la·tie [-(t)sie] *(‹Fr) de (v)* [-s] wederzijdse betrekking, onderlinge afhankelijkheid, samenhang tussen twee reeksen van waarnemingen: ★ *er bestaat een correlatie tussen alcoholgebruik en het aantal verkeersdoden*
cor·re·la·tief *(‹Fr)* **I** *bn* in wederzijdse betrekking, in wisselwerking staande **II** *het* [-tieven] taalk antecedent waarop een woord in een zin betrekking heeft
cor·re·le·ren *ww* [correleerde, h. gecorreleerd] ❶ in correlatie staan met ❷ in correlatie brengen met
cor·res·pon·dent *de (m)* [-en], **cor·res·pon·den·te** *de (v)* [-n, ook -s] ❶ persoon met wie men een briefwisseling onderhoudt ❷ berichtgever uit een andere plaats voor een krant, een omroep enz. ❸ kantoorbediende, belast met het voeren van de briefwisseling ❹ bedrijf, vooral bank, in het buitenland als vertegenwoordiger van een ander bedrijf optredend
cor·res·pon·den·tie [-sie] *de (v)* [-s] ❶ briefwisseling ❷ gewisselde brieven ❸ aansluiting (van treinen of andere openbaarvervoermiddelen) ❹ onderling verband ❺ wisk overeenkomst van punten, lijnen en vlakken onderling
cor·res·pon·den·tie·adres [-sie-] *het* [-sen] adres waar men niet woont, maar waar men wel zijn correspondentie naartoe laat sturen
cor·res·pon·den·tie·schaak [-sie-] *het* wijze van schaakspelen waarbij twee personen elkaar om beurten per brief een zet toesturen
cor·res·pon·den·tie·vriend *de (m)* [-en], **cor·res·pon·den·tie·vrien·din** [-sie-] *de (v)* [-nen] persoon met wie men via brieven vriendschappelijk

contact onderhoudt
cor·res·pon·de·ren ww (⟨Fr⟩) [correspondeerde, h. gecorrespondeerd] ❶ een briefwisseling onderhouden ❷ aansluiting hebben (van treinen of andere openbaarvervoermiddelen) ❸ overeenkomen: ★ *onze ideeën ~ met elkaar*
cor·ri·da (⟨Sp⟩ de ['s]) ❶ stierengevecht ❷ BN stratenloop
cor·ri·dor [-dòr] (⟨Fr⟨It⟩ de (m) [-s]) ❶ gang in een gebouw ❷ smalle strook grondgebied die een van de zee afgesloten staat toegang geeft tot de zee
cor·ri·ge·ren ww [-gee-, -zjee-] (⟨Fr⟨Lat⟩) [corrigeerde, h. gecorrigeerd] ❶ verbeteren, van fouten zuiveren ❷ ⟨een persoon⟩ berispen, afstraffen
cor·ro·de·ren ww (⟨Lat⟩) [corrodeerde, h. gecorrodeerd] ❶ uitbijten, wegbijten ❷ aantasten
cor·ro·sie [-zie] (⟨Lat⟩ de (v) [-s]) ❶ aantasting van een materiaal, beginnend aan het oppervlak: ★ *roest is een vorm van ~* ❷ geol afslijping door stromend water
cor·rum·pe·ren ww (⟨Lat⟩) [corrumpeerde, h. & is gecorrumpeerd] ❶ bederven (in zedelijk opzicht), tot moreel verval brengen: ★ *macht corrumpeert* ❷ bedorven worden, ontaarden
cor·rupt (⟨Lat⟩ bn) ❶ omkoopbaar: ★ *een corrupte politicus* ❷ zedelijk bedorven ★ *een corrupte plaats in een handschrift* plaats in een handschrift die is bedorven door kopiisten
cor·rup·tie [-sie] (⟨Lat⟩ de (v) [-s]) ❶ omkoping, het aannemen van geld of geschenken door een politicus, ambtenaar of functionaris als tegenprestatie voor een bep. gunst ❷ bederf, bedorvenheid
cor·sa·ge [-saazjə] (⟨Fr⟩ de (v) & het [-s]) ❶ garnering, versiersel, gewoonlijk van (kunst)bloemen ❷ lijf van een japon
cor·se·let (⟨Fr⟩ het [-s]) combinatie van korset en bustehouder
Cor·si·caan de (m) [-canen] iem. geboortig of afkomstig van het eiland Corsica ★ *de ~ Napoleon I*
Cor·si·caans I bn van, betreffende Corsica: ★ *de Corsicaanse maquis* II het de gezamenlijke Italiaanse dialecten van Corsica
cor·so (⟨It⟩ het ['s]) optocht van versierde wagens, vooral bloemencorso
Cor·tes (⟨Sp⟩ de (m)) benaming voor de volksvertegenwoordiging in haar geheel in enige Spaans en Portugees sprekende landen
cor·tex de (m) [-en] ❶ bast, schors ❷ buitenste laag van een orgaan
cor·ti·co·ï·de het [-n] ontstekingsremmend medicijn
cor·ti·co·ste·ro·ï·den mv bijnierschorshormonen en daarvan afgeleide medicijnen
cor·ti·son [-zon] (⟨Lat-Gr⟩ het) med hormoon van de bijnierschors, middel tegen reumatische aandoeningen en ontstekingen
cor·vee (⟨Fr⟩ de (v) [-s]) werkdienst, karwei; fig lastig, onaangenaam werk

cor·vee·ën ww [corveede, h. gecorveed] als corveeër een taak verrichten
cor·vee·ër de (m) [-s] iemand die (een) corvee verricht
co·ry·fee [koorie-] (⟨Fr⟩ de [-feeën] ❶ oorspr koorleider in de Griekse tragedie ❷ thans uitblinker in een wetenschap, kunst of tak van sport
cos afk symbool voor *cosinus*
coschap het [-pen] NN coassistentschap: ★ *~pen lopen*
cosec afk symbool voor *cosecans*
co·se·cans (⟨Lat⟩ de [-en] wisk secans van het complement van een hoek (*symbool*: → **cosec**)
co·si·nus (⟨Lat⟩ de (m) [-sen] wisk sinus van de complementshoek (*symbool*: → **cos**)
cos·me·ti·ca (⟨Gr⟩ mv) schoonheidsmiddelen, zoals lippenstift, mascara, huidcrème e.d.
cos·me·tiek (⟨Fr⟨Gr⟩ de (v)) ❶ leer van de schoonheidsmiddelen ❷ schoonheidsmiddel
cos·me·tisch (⟨Fr⟨Gr⟩ bn) ❶ de cosmetiek betreffend ❷ fig voor het uiterlijk, niet ingrijpend, oppervlakkig: ★ *deze regering heeft alleen maar cosmetische veranderingen in die wet aangebracht*
cos·ta (⟨Sp⟩ de (m) [-s]) Spaanse kust aan de Middellandse Zee: ★ *de vakantie doorbrengen aan een ~*
Cos·ta Ri·caan de (m) [-canen] iem. geboortig of afkomstig uit de Midden-Amerikaanse republiek Costa Rica
Cos·ta Ri·caans bn van, uit, betreffende de Midden-Amerikaanse republiek Costa Rica
cos·tu·mier [-mjee] (⟨Fr⟩ de (m) [-s]), **cos·tu·miè·re** [-mjèrə] de (v) [-s] iem. die toneelkostuums vervaardigt of er zorg voor draagt
cot afk symbool voor *cotangens*
CO2 afk kooldioxide
co·tan·gens (⟨Lat⟩ de [-en, -genten] wisk tangens van het complement van een hoek; (*symbool*: → **cot**)
co·te·rie (⟨Fr⟩ de (v) [-s, -rieën] intiem kringetje, kliek, bent
co·thurn, co·thur·ne (⟨Fr⟨Lat⟩ de [-thurnen]) toneellaars, halve laars met zeer dikke zolen en hoge hakken
cot·tage [kottidzj] (⟨Eng⟩ de (m) [-s] [-dzjz]) ❶ eig hut, boerenhuis ❷ klein landhuis, huis in landelijke stijl
cot·tage·cheese [kottidzjtsjiez] (⟨Eng⟩ de (m)) hüttenkäse
cou·chet·te [koesjettə] (⟨Fr⟩ de [-s] slaapgelegenheid op een schip of in een trein
cou·lance [koelãs(ə)] (⟨quasi-Fr⟩ de (v)) het coulant zijn, inschikkelijkheid
cou·lant [koelant] (⟨Fr⟩ bn) niet streng, gemakkelijk en inschikkelijk, tegemoetkomend: ★ *de verzekeringsmaatschappij was heel ~ bij de afwikkeling van onze schadeclaim*
cou·leur lo·cale [koelùr lookaal] (⟨Fr⟩ de (v)) lokale kleur, details die het milieu schilderen, sfeer van de plaats
cou·lis·se [koeliesə] (⟨Fr⟩ de (v) [-s, -n] beweegbaar zijstuk van een toneeldecor ★ *achter of in de*

coulissen in het geheim, niet openbaar ★ *achter de coulissen kijken* kennis nemen van de ware toedracht van iets

cou·lomb [koelô] *de (m)* [-s] eenheid van elektrische lading: hoeveelheid elektriciteit die in 1 seconde bij een stroomsterkte van 1 ampère verplaatst wordt (1/3600 ampère-uur), genoemd naar de Franse natuurkundige C.A. de Coulomb (1736-1806)

coun·se·len *ww (‹Eng›)* [counselde, h. gecounseld] ‹een cliënt› hulp verlenen door middel van gesprekken die hem meer inzicht beogen te verschaffen in zijn moeilijkheden

coun·se·ling *(‹Eng) de (v)* eig raadgeving; het counselen

coun·se·lor *(‹Eng)* [kaunsələ(r)] *de (m)* [-s] raadgever, begeleider

count·down [-daun] *(‹Eng) de (m)* ruimtevaart het → **aftellen** (bet 4)

coun·ter *(‹Eng) de (m)* [-s] ❶ toonbank, balie ❷ voetbal snelle tegenaanval ★ *op de ~ spelen* verdedigend spelen in de hoop door snelle uitvallen te kunnen scoren

coun·te·ren *ww (‹Eng)* [counterde, h. gecounterd] sp vanuit een verdedigingspositie snel overgaan tot een tegenaanval

coun·try, coun·try·mu·ziek [kauntrie-] *de (v)*, **coun·try and west·ern** [kauntrie end westə(r)n] *(‹Eng) de (m)* volksmuziek van de blanken uit het zuiden van de Verenigde Staten, vaak met viool, banjo en steelguitar als belangrijke begeleidingsinstrumenten

coun·try·rock [kauntrie-] *(‹Eng) de (m)* countrymuziek in rock-'n-rollritme

coup [koe] *(‹Fr) de (m)* [-s] slag, stoot, schok ★ *~ d'état* staatsgreep (in deze betekenis ook alleen *coup* [koep]): ★ *een ~ plegen*

coupe [koep] *(‹Fr) de* [-s] ❶ snit van kleren of haardracht ★ *~ soleil* kapsel bestaande uit punten recht overeind staand haar waarvan de uiteinden gebleekt zijn ❷ wijde beker, schaal ❸ ijsgerecht in een beker of schaal

cou·pé [koepee] *(‹Fr) de (m)* [-s] ❶ halve koets; rijtuig met één zitbank ❷ afdeling van een spoorwegrijtuig voor reizigersvervoer

coupe·naad [koep-] *de (m)* [-naden] figuurnaad

cou·pe·ren *ww* [koe-] *(‹Fr)* [coupeerde, h. gecoupeerd] ❶ korter maken van oren of staart bij dieren ❷ ‹uit films, toneelstukken e.d.› stukken weghalen, aanstootgevende scènes verwijderen ❸ ‹een leiding of toevoer› afsnijden ❹ kaartsp kaarten afnemen, van de stapel nemen ❺ ‹wijn› versnijden

cou·peur [koe-] *(‹Fr) de (m)* [-s], **cou·peu·se** [koepeuzə] *de (v)* [-s] kleermaker, kleermaakster die het snijden of knippen van de stof tot taak heeft

cou·plet [koe-] *(‹Fr) het* [-ten] elk van de gelijkgebouwde delen van een gedicht of lied, strofe

cou·pon [koe-] *(‹Fr) de (m)* [-s] ❶ overgebleven stuk stof ❷ rentebewijs van een obligatie ❸ kaart, biljet

waarmee men iets kan verkrijgen of van iets gebruik kan maken

cou·pon·blad [koe-] *het* [-bladen] bij een obligatie behorend blad met coupons

cou·pu·re [koe-] *(‹Fr) de* [-s] ❶ weglating van delen van een toneelstuk, opera, film enz. ❷ geldswaarde die door een bankbiljet wordt vertegenwoordigd: ★ *iem. betalen in coupures van 100 euro* ❸ eenheid waarin een aandelenemissie of obligatielening wordt uitgegeven: ★ *de obligaties zijn verkrijgbaar in coupures van 500 en 1000 euro*

cour [koer] *(‹Fr) de* [-s] ❶ hof ❷ → **koer**

cou·ra·ge [koeraazjə] *(‹Fr) de (m)* moed ★ *~!* moed houden!

cou·rant¹ [koe-] *(‹Fr)* **I** *bn* lopend, gangbaar, geldig ★ *courante schulden* kleine lopende schulden, zonder onderpand ★ *courante waren* goed verkoopbare waren **II** *bijw* BN ook regelmatig: ★ *dat gebeurt ~* **III** *het* gangbare munt

cou·rant² [koe-] *(‹Fr) de* [-en] → **krant**, thans hoofdzakelijk gebruikt in eigennamen: ★ *de Harlinger Courant*

cou·reur [koe-] *(‹Fr) de (m)* [-s] renner; deelnemer aan een auto- of motorrace of een wielerwedstrijd

cour·gette [koerzjet(ə)] *(‹Fr) de (v)* [-s] uit het Middellandse Zeegebied afkomstige, op de komkommer gelijkende eetbare vrucht (*Cucurbita melopepo*)

course·ware [kò(r)swè(r)] *(‹Eng) de (m)* [-s] met behulp van een computer te volgen cursus

court [kò(r)t] *(‹Eng) het* [-s] tennisveld

cour·ta·ge [koertaazjə] *(‹Fr) de (v)* [-s] makelaarsloon, provisie

cour·ti·sa·ne [koertiezaanə] *(‹Fr) de (v)* [-s] vrouw van lichte zeden die in hogere kringen verkeert

cous·cous [koeskoes] *(‹Fr‹Arab) de* Noord-Afrikaans gerecht op basis van griesmeel, meestal opgediend met vlees en groenten

coûte que coûte *bijw* [koet kə koet] *(‹Fr)* het koste wat het wil, tot elke prijs: ★ *ze wilde ~ op vakantie naar Amerika*

cou·ture [koetuur(ə)] *(‹Fr) de (v)* het vervaardigen van maatkleding; zie ook → **haute couture**

cou·tu·rier [koetuurjee] *(‹Fr) de (m)* [-s] modekleermaker

cou·vert¹ [koevèr] *(‹Fr) het* [-en] vooral NN briefomslag, envelop ★ *een geldbedrag onder ~ ontvangen* in een gesloten envelop

cou·vert² [koevèr] *(‹Fr) het* [-s] tafelgerei voor één persoon ★ *een diner voor zes couverts* voor zes personen ★ *dit diner kost 45 euro per ~ per persoon*

cou·veu·se [koeveuzə] *(‹Fr) de (v)* [-s] ❶ ruimte met nauwkeurige temperatuurregeling, waarin pasgeborenen die te vroeg ter wereld zijn gekomen of die een bep. aandoening hebben, kunnen worden verpleegd ❷ broedmachine

cou·veu·se·kind [koeveuzə-] *het* [-eren] ❶ pasgeboren kind dat in een couveuse verpleegd wordt ❷ fig

zwak, kwetsbaar maaksel
COV *afk* in België Christelijk Onderwijzersverbond
cov·er [kuvvər] *(‹Eng› de (m) [-s]* ❶ omslag van een boek of tijdschrift ❷ coverversie ❸ beursterm beperkt risicobedrag bij effectenspeculatie
co·ver·band [kuvvə(r)bend] *(‹Eng› de (m) [-s]* band die liedjes van anderen naspeelt
co·ve·ren *ww* [kuvvərən] *(‹Eng›* [coverde, h. gecoverd] ❶ verslag uitbrengen van een bep. gebeurtenis: ★ *deze omroep heeft de straatgevechten in Monrovia gecoverd* ❷ ‹v.e. bestaand lied› een nieuwe versie maken: ★ *veel liedjes van de Beatles zijn al ontelbare malen gecoverd*
cov·er·sto·ry [kuvvə(r)stòrie] *(‹Eng› de (v)* ['s] verhaal of artikel waarvan de titel op het omslag van een tijdschrift vermeld is, als belangrijkste stuk in de aflevering
co·ver·ver·sie [kuvvə(r)-] *de (v)* [-s] versie van een muziekstuk door een ander dan de oorspronkelijke vertolker
cow·boy [kauboi] *(‹Eng› de (m)* [-s] koeherder te paard, veedrijver uit het westen van Noord-Amerika
cow·boy·film [kauboi-] *de (m)* [-s] speelfilm over het leven en de avonturen van cowboys, western
cox *de (m)* [-en] naar een Engelse kweker genoemde appelsoort (voluit *Cox Orange*)
coy·ote [koojootə] *(‹Sp‹Nahuatl, een Mexicaanse indianentaal› de (m)* [-s] Amerikaanse prairiewolf
CP *afk* ❶ Code Pénal ❷ Communistische Partij ❸ Centrumpartij
Cp *afk chem* symbool voor het element *cassiopeium*
CPB *afk* in Nederland Centraal Planbureau [overheidsorgaan met als belangrijkste taak het opstellen van berekeningen die van belang zijn voor het economische, sociale en financiële beleid]
CP/M *afk* comput Control Program for Microcomputers *(‹Eng›* [besturingsprogramma voor microcomputers]
CPN *afk* in Nederland Communistische Partij van Nederland [in 1991 opgegaan in GroenLinks]
CPNB *afk* Commissie voor de Propaganda van het Nederlandse Boek
cps *afk* characters per second *(‹Eng›* [comput eenheid waarin de snelheid van printers wordt uitgedrukt]
CPU *afk* central processing unit *(‹Eng›* [comput centrale verwerkingseenheid]
c.q. *afk* casu quo *(‹Lat›* ❶ in welk geval, in dit geval, in het zich voordoende geval: ★ *een deel van de Tweede Kamer, ~ de PvdA-fractie, verzette zich tegen het voorstel* ❷ soms ook respectievelijk, bovendien: ★ *de christendemocraten, ~ de liberalen stemden tegen de motie*
Cr *afk chem* symbool voor het element *chroom*
crack [krek] *(‹Eng› de (m)* [-s] ❶ uitblinker in een sport ❷ zeer zuivere cocaïne die gerookt (niet gesnoven) wordt en die een korte maar hevige uitwerking heeft
crack·er [krekkər] *(‹Eng› de (m)* [-s] knapperig baksel van bladerdeeg, vooral rechthoekig of vierkant van vorm en meestal met beleg gegeten
cran·ber·ry [krenbərie] *(‹Eng› de (m)* ['s] ❶ oorspronkelijk Noord-Amerikaanse besvrucht, die ook op Terschelling en Vlieland voorkomt en meestal wordt geconsumeerd als jam of compote en waarvan wijn gemaakt wordt ❷ plant waaraan deze bessen groeien, de soort *Oxycoccus macrocarpos* uit het geslacht veenbes, lepeltjesheide
crank [krenk] *(‹Eng› de (m)* [-s] verbindingsstuk tussen de pedaal en de trapas van een fiets
cra·paud [kraapoo] *(‹Fr› de (m)* [-s] lage, ronde, dik beklede leunstoel
cra·puul *(‹Fr› het* gespuis, gepeupel, grauw
cra·que·lé [krakkəlee] *(‹Fr› het* ❶ geheel van haarscheurtjes in het glazuur op porselein, glas enz.; barstjes in het vernis van een schilderij ❷ crêpeachtige stof met geverfd oppervlak
cra·que·lure [krakkəluur(ə)] *(‹Fr› de* [-s] elk van de barstjes in het vernis van een schilderij, in glazuur, op glas, porselein enz.
crash [kresj] *(‹Eng› de (m)* [-es] [krezjiz] ❶ het neerstorten van een vliegtuig, raket e.d. ❷ ongeval van een vlieg- of voertuig met veel materiële schade ❸ ineenstorting, krach, bankroet ❹ comput het plotseling vastlopen van een computer door een fout in de programmatuur of door het overbelast raken van de processor
crash·en *ww* [kresj-] *(‹Eng›* [crashte, is gecrasht] ❶ neerstorten of botsen (van een vliegtuig resp. voertuig) ❷ bankroet gaan ❸ comput vastlopen van de computer
crawl [kròl] *(‹Eng› de (m)* zwemslag waarbij de armen beurtelings boven het hoofd worden uitgeslagen en de benen op en neer worden bewogen
craw·len *ww* [kròl-] *(‹Eng›* [crawlde, h. gecrawld] zwemmen met de crawlslag
cray·on [kreijon] *(‹Fr›* [-s] **I** *het* tekenstift, pijpje tekenkrijt **II** *de (m)* krijttekening, schets in crayon
cra·zy [kreezie] *(‹Eng› bn* gek, krankzinnig, dol: ★ *ik word ~ van die harde muziek*
cream·crack·er [kriemkrekkə(r)] *(‹Eng› de (m)* [-s] soort cracker
cream·er [kriemə(r)] *(‹Eng› de (m)* [-s] poeder dat men ter vervanging van melk in de koffie doet
cre·a·tie [kree(j)aa(t)sie] *(‹Fr› de (v)* [-s] ❶ eig schepping, werk, voortbrengsel ❷ modeontwerp
cre·a·tief *bn* scheppend, oorspronkelijk ★ *~ bezig zijn* zelf iets maken, ontwerpen ★ *~ met de waarheid omgaan* euf liegen
cre·a·tio·nis·me [-(t)sjoo-] *(‹Lat› het* theol leer dat het heelal, de aarde en alle levende wezens zijn ontstaan uit de scheppingsdaad van een bovennatuurlijk wezen, als tegenhanger van wetenschappelijke inzichten, met name over evolutie
cre·a·tio·nist [-(t)sjoo-] *(‹Lat› de (m)* [-en] aanhanger van het creationisme
cre·a·ti·vi·teit *de (v)* scheppingskracht, het vermogen

om iets nieuw te maken
cre·a·tuur *(‹Fr‹Lat) het* [-turen] ❶ schepsel ❷ stroman van een invloedrijk persoon ❸ verachtelijk mens
crèche [kresj] *(‹Fr) de* [-s] plaats waar kleine kinderen van wie de ouders overdag andere bezigheden hebben, gedurende enige tijd worden ondergebracht
cre·dit¹ *(‹Fr) het* rechterzijde van boekhoudkundige rekeningen, waar de schulden, het tenietgaan van bezittingen en het eigen vermogen geboekt staan ★ *dat komt in zijn ~* dat wordt hem ten gunste gerekend; *tegengest:* → **debet**
cre·dit² [kreddit] *(‹Eng) m* [-s] erkenning, waardering: ★ *de credits krijgen voor een behaald succes* ★ *credits* NN lijst met medewerkers, bijv. getoond aan het slot van een film, documentaire enz.
cre·dit·card [kreddītkà(r)t] *(‹Eng) de (m)* [-s] kaart op vertoon waarvan men op krediet kan kopen, eten in restaurants, overnachten in hotels e.d.
cre·di·te·ren *ww (‹Fr)* [crediteerde, h. gecrediteerd] ❶ op vertrouwen leveren, borgen ❷ op de creditzijde boeken, als schuld optekenen
cre·di·teur *(‹Fr) de (m)* [-s, -en] schuldeiser; *tegengest:* → **debiteur**
cre·dit·no·ta *de* ['s] nota voor boeking op de creditzijde van een boekhoudkundige rekening
cre·dit·ren·te *de* rente aan schuldeisers, vooral rente die een bank of giro-instelling betaalt op de saldi van haar rekeninghouders
cred·its [kreddits] *(‹Eng) mv* ❶ NN lijst van medewerkers, bijv. getoond aan het slot van een film, documentaire enz. ❷ waardering: ★ *hij verdient alle ~ voor deze prestatie*
cre·do *(‹Lat) het* ['s] ❶ geloofsbelijdenis ❷ in de mis na de evangelielezing gezongen of gezegd vers, beginnend met het woord *credo* ❸ fig diepe overtuiging: ★ *iems. politieke ~*
creep [kriep] *(‹Eng) de* [-s] engerd
cree·py [kriepie] *(‹Eng) bn* eng, bangmakend
cre·ë·ren *ww (‹Fr‹Lat)* [creëerde, h. gecreëerd] ❶ scheppen, doen ontstaan, voortbrengen: ★ *een kunstwerk ~, ruimte ~, een nieuwe kledinglijn ~* ❷ benoemen, aanstellen, vooral kardinalen door de paus ❸ instellen; stichten, oprichten
cre·ma·tie [-(t)sie] *(‹Lat) de (v)* [-s] lijkverbranding, verassing
cre·ma·to·ri·um *(‹Lat) het* [-s, -ria] inrichting tot lijkverbranding
crème [krèm] *(‹Fr)* I *de* [-s] ❶ room ❷ huidzalf ❸ het beste van een zaak, neusje van de zalm; ook: ★ *~ de la ~* II *bn* roomkleurig
cre·me·ren *ww (‹Lat)* [cremeerde, h. gecremeerd] ‹een lijk› verbranden, verassen
cre·o·li·ne *(‹Gr) de & het* bruin, naar teer riekend ontsmettingsmiddel
cre·ool *(‹Fr‹Port) de (m)* [-olen], **cre·ool·se** *de (v)* [-n] ❶ iem. die in een ander werelddeel, voornamelijk in Zuid- en Midden-Amerika, uit vroeger geïmmigreerde blanke (voor)ouders is geboren; soms ook voor iemand van blanke en indiaanse afstamming, mesties ❷ NN in Suriname geboren neger(in) of kleurling(e)
cre·ool·taal *de* [-talen] volwaardige natuurlijke taal die zich uit een pidgintaal ontwikkelt
cre·o·soot [-zoot] *(‹Gr) de (m) & het* ❶ kleurloze, olieachtige vloeistof, door destillatie uit beukenhouteer verkregen, gebruikt als bestanddeel van hoestdranken en in de tandheelkunde als verdovingsmiddel ❷ creosootolie
cre·o·soot·olie [-zoot-] *de* door destillatie uit houtteer of steenkoolteer verkregen olieachtige vloeistof, gebruikt als bederfwerend middel voor hout
cre·o·so·te·ren *ww* [-zoo-] [creosoteerde, h. gecreosoteerd] ‹hout› door behandeling met creosootolie verduurzamen
crêpe [krep] *(‹Fr‹Lat) de (m)* [-s] ❶ weefsel met rimpelig uiterlijk ❷ dun pannenkoekje, flensje
cre·peer·ge·val *het* [-len] NN noodgeval waarin beslist verbetering moet komen, vooral gebruikt m.b.t. mensen die in mensonwaardige omstandigheden leven
crêpe·pa·pier [krep-] *het* dun papier met oneffen oppervlak
cre·pe·ren *ww (‹Lat)* [crepeerde, is gecrepeerd] inf doodgaan, ellendig omkomen
cresc. *afk* crescendo
cres·cen·do [-sjendoo] *(‹It) muz* I *bijw* toenemend in sterkte van toon II *het* ['s] het crescendo te spelen muziekgedeelte
cre·ti·nis·me *het* vorm van dwerggroei, gepaard gaande met ontwikkelingsstoornissen, veroorzaakt door het onvoldoende functioneren van de schildklier vóór de geboorte en in de prille jeugd
Creutz·feldt·Ja·kob *zn* [kroits-] ★ *ziekte van Creutzfeldt-Jakob* ziekte die wordt gekenmerkt door coördinatiestoornissen en een uiteindelijk dodelijke vorm van dementie, waarschijnlijk veroorzaakt door het eten van met BSE besmet rundvlees
crew [kroe] *(‹Eng) de (m)* [-s] ❶ scheepsvolk, bemanning (ook van vliegtuigen) ❷ groep mensen die samen een film maken, filmploeg
CRI *afk* in Nederland Centrale Recherche Informatiedienst
cri·ant *(‹Fr) bn* NN om wraak roepend, hemeltergend ★ *~ vervelend* stomvervelend
crick·et *(‹Eng) het* van oorsprong Engels slagbalspel, door twee elftallen gespeeld
cricke·ten *ww* [crickette, h. gecricket] cricket spelen
crime [kriem] *(‹Fr) de (m)* ★ *het is een ~* ellendig karwei, onaangename omstandigheid
cri·mi·na·li·se·ren *ww* [-zee-] [criminaliseerde, h. gecriminaliseerd] als misdadig doen voorkomen, als misdaad afschilderen: ★ *een politieke actie ~*
cri·mi·na·li·teit *(‹Fr) de (v)* misdadigheid, aantal begane misdaden ★ *kleine of veelvoorkomende ~* type misdaden als winkeldiefstal, fietsendiefstal,

vandalisme e.d.

cri·mi·neel (‹Fr‹Lat›) I *bn* ❶ betrekking hebbend op misdrijven: ★ *criminele activiteiten* ★ *criminele antropologie* of *biologie* leer van de lichamelijke en geestelijke kenmerken van misdadigers ❷ strafrechtelijk ★ ~ *recht* strafrecht ★ ~ *vonnis* strafrechtelijk vonnis ❸ inf enorm, in hoge mate: ★ *een criminele honger hebben* ★ *het is* ~ *koud* ❹ inf zeer prettig of aangenaam: ★ *ik vind het ~ van je dat je dit wilt doen* II *de* [-nelen] misdadiger: ★ *er zijn drie criminelen ontsnapt uit de gevangenis* III *tsw* geweldig!, reuze!

cri·mi·no·geen *bn* misdrijven veroorzakend

cri·mi·no·lo·gie (‹Lat-Gr) *de (v)* wetenschap die het wezen van de misdaad en de misdadigers, alsmede de oorzaken van het ontstaan van misdadigheid bestudeert

cri·mi·no·lo·gisch *bn* de criminologie betreffend

cri·mi·no·loog *de (m)* [-logen] beoefenaar van de criminologie

cri·no·li·ne (‹Fr) *de (v)* [-s] hoepelrok

cri·set·te *de* [-s] BN kleine politieke crisis [meestal binnen de regering]

cri·sis [-zis] (‹Gr) *de (v)* [crises *en* crisissen] ❶ keerpunt in het verloop van een ziekte, waarbij verbetering of verdergaande verslechtering kan optreden ❷ periode van verslechtering, vooral economische verslechtering: ★ *de ~ van de jaren dertig* ❸ ernstige verstoring van de normale gang van zaken: ★ *een ~ in de betrekkingen tussen twee landen* ★ *ministeriële ~ periode*, waarin een minister of het kabinet ontslag heeft aangevraagd

cri·sis·cen·trum [-zis-] *het* [-tra, -s] ❶ crisisinterventiecentrum ❷ plaats waar centraal besluiten worden genomen en opdrachten gegeven in ernstige crisisgevallen als kapingen of gijzelingen

cri·sis·in·ter·ven·tie [kriezisintərvensie] *de (v)* korte (veelal slechts enkele dagen durende) psychotherapie, waarbij getracht wordt inzicht te krijgen in de psychische problematiek van een patiënt, waarna bepaald wordt of en hoe verdere hulpverlening zal plaatsvinden

cri·sis·in·ter·ven·tie·cen·trum [-zisintərvensie-] *het* [-tra, -s] instelling voor opvang van personen met acute psychische moeilijkheden

cri·sis·ma·na·ger [kriezismennidzjər] *de (m)* [-s] manager die, meestal op tijdelijke basis, wordt aangetrokken om leiding te geven aan een noodzakelijk geachte reorganisatie binnen een bedrijf

cri·sis·tijd [-zis-] *de (m)* [-en] tijd waarin zich een economische crisis voordoet

cri·te·ri·um (‹Gr) *het* [-ria] ❶ onderscheidend kenmerk, toets, maatstaf ter beslissing van deze of gene zaak: ★ *criteria aanleggen voor de beoordeling van iets* ❷ [*mv ook*: -s] wielersport wegwedstrijd over een herhaaldelijk af te leggen parcours

cri·ti·cas·ter (‹Lat) *de (m)* [-s] iem. die bovenmatige kritiek heeft, muggenzifter

cri·ti·cus (‹Lat) *de (m)* [-ci] ❶ recensent, iem. die, vooral in dagbladen en tijdschriften, beoordelingen geeft van boeken, films, toneel e.d. ❷ ‹bij uitbreiding, in ongunstige zin› vitter, hekelaar, bediller

Croe·sus [kreuzus] (‹Gr) *de (m)* [-sen] schatrijke man, naar een zeer rijke koning van Lydië uit de zesde eeuw v. C. van die naam

crof·ty·bom [-tie-] *de* [-men] bom bestaande uit een fles met een explosief mengsel op basis van gootsteenontstopper

crois·sant [krwassã] (‹Fr) *de (m)* [-s] luxe broodje in de vorm van de maansikkel

croo·nen *ww* [kroe-] (‹Eng) [croonde, h. gecroond] half neuriënd, half declamerend sentimenteel zingen

croon·er [kroenə(r)] (‹Eng) *de (m)* [-s] zanger die croont

croque-ma·dame [krok-] *de (m)* [-s] BN tosti met ham, kaas en een gebakken ei

croque-mon·sieur [krokməsjeu] (‹Fr) *de (m)* [-s] BN tosti

cro·quet [krokkət] (‹Eng) *het* balspel met houten hamers waarmee men de bal door hoepels moet slaan

cross (‹Eng) *de (m)* [-es] ❶ sp snelheidswedstrijd over een op natuurlijk terrein uitgezet parcours; vgl: → **crosscountry**, → **cyclecross**, → **motorcross** ❷ *verkorting van:* → **crosspass**

cross·country [-kuntrie] (‹Eng) *de (m)* ['s] ❶ atletiek veldloop ❷ paardensport snelheidswedstrijd over een op natuurlijk terrein uitgezet parcours met hindernissen als hekken, greppels e.d.

cros·sen *ww* [croste, h. gecrost] ❶ op een (brom)fiets, motor of in een auto over natuurlijk geaccidenteerd terrein rijden: ★ *een paar jongens hebben een tijdlang met een oude motor op dit terrein gecrost* ❷ deelnemen aan een → **cross** (bet 1) ❸ hard, onvoorzichtig rijden, scheuren ❹ natuurlijk, geaccidenteerd terrein in een bep. richting doorkruisen op een (brom)fiets, motor of in een auto: ★ *wij volgden de weg niet, maar crosten dwars door de weilanden naar de boerderij*

cross·fiets *de* [-en] speciaal voor het crossen geconstrueerde fiets, met een stevig frame, een laag zadel en sterk geprofileerde banden

cross·mo·tor *de (m)* [-toren *en* -s] speciaal voor het crossen geconstrueerde motorfiets

cross·over (‹Eng) *de* genre in de popmuziek die kenmerken vertoont van verschillende stijlen, bijv. hiphop en jazz

cross·pass [-paas] (‹Eng) *de (m)* [-es] voetbal pass in diagonale richting over het veld

crou·pier [kroepjee] (‹Fr) *de (m)* [-s] medewerker van een casino die de inzetten opneemt en de winst aan de spelers uitbetaalt

crou·ton [kroetõ] *de* [-s] stukje geroosterd of gebakken brood

crowd·sur·fen [krauwd-] (‹Eng) *ww & het* ‹bij

popconcerten> het zich over de hoofden van het publiek heen in de richting van het podium laten dragen
cru[1] *(‹Fr)* bn rauw, ruw, onkies, grofweg gezegd, ongezouten: ★ *in crue bewoordingen*
cru[2] *(‹Fr) de (m)* ['s] ‹in de wijnhandel› klasse waarin goede Franse wijnen naar kwaliteit worden ingedeeld
cru·ci·aal [kruusjaal] *(‹Fr) bn* ❶ een crux vormend, de eigenlijke moeilijkheid bevattend of aanduidend: ★ *een cruciale vraag* ❷ doorslaggevend, beslissend: ★ *het vinden van een nieuwe sponsor is van ~ belang voor het voortbestaan van deze vereniging*
cru·ci·feer *(‹Lat) de* [-feren] biol kruisbloemige plant
cru·ci·fix *(‹Fr‹Lat) het* [-en] kruisbeeld
cruijffiaans bn ‹m.b.t. taalgebruik› (als) van Johan Cruijff (geb. 1947): eigenzinnig en met verrassende wendingen in zinsbouw en logica
cruise [kroez] *(‹Eng) de* [-s] vakantiereis met een luxueus schip over zee
cruise·con·trol [kroezkontrool] *(‹Eng) de (m)* technische voorziening in een auto die ervoor zorgt dat de snelheid constant blijft zonder dat de bestuurder het gaspedaal hoeft in te trappen
cruise·mis·sile [kroezmissiel] *(‹Eng) de (m)* [-s] kruis(er)raket, raket die een gestuurde, beïnvloedbare baan in de dampkring evenwijdig aan het aardoppervlak (dus niet ballistisch) volgt
crui·sen ww [kroezə(n)] *(‹Eng)* [cruisede, h. gecruised] ❶ een cruise maken ❷ ‹van homoseksuelen› in een bep. gebied op zoek gaan naar seksueel contact
crus·ta·cee·ën mv schaaldieren
crux *(‹Lat) de (v)* [cruces] moeilijkheid, struikelblok, knelpunt: ★ *dat is de ~, daar zit hem de ~*
cru·zei·ro [kroezeiroo] *(‹Port) de (m)* ['s] vroeger munteenheid van Brazilië
CRvB afk in Nederland, recht Centrale Raad van Beroep
cry·o·nist *(‹Gr) de (m)* [-en] iem. die zich na zijn dood laat invriezen in de hoop dat hij over geruime tijd (bijv. twee eeuwen) weer tot leven kan worden gewekt
crypt [kript,], **cryp·te** [kriptə] *(‹Lat) de* [crypten] ❶ ondergrondse ruimte, vooral zo'n ruimte ingericht als kapel onder het hoogkoor in sommige kerken ❷ grafkelder
crypt-, **cryp·to-** [kript(oo)-] *(‹Lat‹Gr) als eerste lid in samenstellingen* verborgen, bedekt, heimelijk
cryp·tisch [kripties] *(‹Lat‹Gr) bn* verborgen, heimelijk, met een verborgen betekenis, duister: ★ *een cryptische omschrijving*
cryp·to·ga·men [kriptoo-] *(‹Gr) mv* biol bedektbloeiende planten, sporenplanten
cryp·to·gra·fie [krip-] *(‹Gr) de (v)* geheimschrift; het op zodanige wijze coderen van (digitale) informatie dat deze voor derden onleesbaar wordt
cryp·to·gram [kriptoo-] *(‹Gr) de (m)* [-men] ❶ kruiswoordraadsel waarbij de omschrijvingen van de in te vullen woorden in raadselachtige of speelse bewoordingen gesteld zijn ❷ in geheimschrift geschreven stuk
cryp·to·zo·ï·cum [krip-] *(‹Gr) het* geol precambrium
CS afk ❶ Centraal Station ❷ chef staf
Cs afk chem symbool voor het element cesium
c.s. afk *(‹Lat)* cum suis
csar·das [tsjardas] *(‹Hong) de (m)* [-sen] Hongaarse volksdans in twee delen, in tweekwarts- en vierkwartsmaat
CS-gas *het chloorbenzilydeenmalononitril* bij militaire oefeningen en oproerbestrijding gebruikt type traan- en braakgas
CSU afk Christlich-Soziale Union [Beierse politieke partij]
ct. afk ❶ courant ❷ cent ❸ centime
ctrl-toets de (m) [-en] comput controltoets toets die gelijk met een andere toets kan worden ingedrukt en dan de waarde van die andere toets verandert
cts. afk cents
CT-scan [-sken] [Eng] de (m) [-s] med (CT = *computertomografie*) door röntgenapparatuur en een computer gemaakte doorsnede van een lichaamsdeel
CTSV afk in Nederland College van Toezicht Sociale Verzekeringen
Cu afk ❶ chem symbool voor het element koper (*cuprum*) ❷ meteor cumulus
Cu·baan de (m) [-banen] iem. geboortig of afkomstig uit Cuba
Cu·baans bn van, uit, betreffende Cuba
cue [kjoe] *(‹Eng) de* [-s] teken aan iem. dat hij ergens mee kan beginnen: ★ *de nieuwslezer van het journaal kreeg een ~ van de regisseur*
cul-de-sac [kuul-] *(‹Fr) de (m)* [culs-] doodlopende straat
cu·li·nair [-nèr] *(‹Fr) bn* de kookkunst betreffend, keuken
cul·mi·na·tie [-(t)sie] *(‹Fr) de (v)* [-s] ❶ het bereiken van het hoogste punt in een (loop)baan ❷ astron hoogste stand van een hemellichaam t.o.v. de beschouwer, doorgang door de meridiaan
cul·mi·na·tie·punt [-(t)sie-] *het* ❶ hoogste standpunt van een hemellichaam ❷ hoogste punt, toppunt: ★ *de onderscheiding met de Nobelprijs was het ~ van zijn wetenschappelijke carrière*
cul·mi·ne·ren ww *(‹Fr)* [culmineerde, h. geculmineerd] ❶ astron door de plaatselijke meridiaan gaan ❷ de grootste hoogte of het toppunt bereiken: ★ *de ruzie culmineerde in handtastelijkheden*
cu·lotte [kuulot(tə)] *(‹Fr) de* [-s] korte broek tot even over de knieën, aan het eind van de 16de eeuw ontstaan en tot in de 19de eeuw gedragen; vgl: → **sansculotten**
cul·pa *(‹Lat) de (v)* schuld
cul·pa·bi·li·se·ren ww [culpabiliseerde, h. geculpabiliseerd] BN de schuld leggen bij,

beschuldigen

cult (‹Eng› de (m)) stroming in de kunst, vooral in de popmuziek en de filmkunst, gekenmerkt door een zekere geavanceerdheid, die slechts door een betrekkelijk klein, select publiek wordt gewaardeerd

cult·film de (m) [-s] film die zich mag verheugen in de waardering van een betrekkelijk kleine schare fanatieke bewonderaars

cult·groep de [-en] popgroep die cultmuziek (zie → cult) maakt

cul·ti·ve·ren ww (‹Fr) [cultiveerde, h. gecultiveerd] ❶ bebouwen, aanbouwen: ★ grond ~ ❷ beschaven, vormen, ontwikkelen ❸ fig met zorg onderhouden: ★ een bep. levenshouding ~; ook vaak gebruikt m.b.t. een negatieve eigenschap: ★ zijn onhandigheid met computers ~

cul·tu·re (‹Fr) de (v) ❶ verbouw van nuttige planten, vooral in de tropen ❷ [mv: -s] plaats waar dit gebeurt, plantage

cul·tu·reel bn op de cultuur betrekking hebbend; aan de cultuur gewijd: ★ culturele vorming ★ ~ werk zie bij → sociaal-cultureel ★ culturele revolutie poging de cultuur van een land geheel te wijzigen en ondergeschikt te maken aan een ideaal of aan de belangen van een bepaalde klasse; vooral de massabeweging (burgeroorlog) in de Chinese Volksrepubliek van 1966-1969; zie ook bij → antropologie

cul·tus (‹Lat) de (m) [culten] ❶ vorm van verering van God of een godheid, openbare erediensten ❷ geheel van uitingen, voortkomend uit de verheerlijking van iem. of iets: ★ de ~ rond de Beatles

cul·tuur (‹Fr‹Lat) de (v) [-turen] ❶ bebouwing van de grond: ★ een steppe in ~ brengen ❷ geestelijke en maatschappelijke ontwikkeling en beschaving, veredeling van de geest: ★ interesse in kunst en ~ ❸ wijze waarop een maatschappij haar normen en waarden inricht: ★ de Inca's hadden een hoge ~ ★ Afrikaanse culturen ★ BN nieuwe politieke ~ politiek zonder dienstbetoon en gesjoemel, met meer openheid en debat ❹ op een voedingsbodem aangekweekte massa bacteriën

cul·tuur·bar·baar de (m) [-baren] iem. die er regelmatig blijk van geeft geen gevoel en interesse voor cultuur te hebben

cul·tuur·fi·lo·so·fie de (v) wijsgerige beschouwing van de cultuur (fenomenologisch, kritisch, sociologisch enz.)

cul·tuur·fi·lo·soof [-sofen] de (m) beoefenaar van de cultuurfilosofie

cul·tuur·ge·schie·de·nis de (v) [-sen] beschavingsgeschiedenis

cul·tuur·ge·was het [-sen] aangekweekt gewas

cul·tuur·goed het [-eren] voortbrengsel, stoffelijk of geestelijk, van een bep. cultuur

cul·tuur·grond de (m) [-en] ❶ in cultuur gebrachte grond ❷ grond die geschikt is om in cultuur te worden gebracht

cul·tuur·his·to·ri·cus de (m) [-ci] beoefenaar van de cultuurgeschiedenis

cul·tuur·his·to·risch bn op de cultuurgeschiedenis betrekking hebbend

cul·tuur·op·ti·mis·me het vertrouwen in de vooruitgang (door voortgaande beschaving)

cul·tuur·pact het [-en] BN overeenkomst tussen Belgische politieke partijen om de achterstelling van levensbeschouwelijke minderheden te voorkomen

cul·tuur·pes·si·mis·me het negatieve gevoelens over de ontwikkeling van de cultuur

cul·tuur·po·li·tiek de (v) bemoeiing van overheidswege ter bevordering van de cultuur

cul·tuur·pro·duct het [-en] ❶ cultuurgewas ❷ verschijnsel of voortbrengsel van een beschaving

cul·tuur·raad de (m) [-raden] BN elk van de drie bestuursorganen, bevoegd tot het bij decreet regelen van culturele aangelegenheden, het onderwijs enz. (in het Nederlandse, het Franse, resp. het Duitse taalgebied)

cul·tuur·sprei·ding de (v) decentralisatie van belangrijke culturele manifestaties (concerten, tentoonstellingen e.d.)

cul·tuur·stel·sel het NN, ‹hist op Java› gedwongen verbouw van bepaalde gewassen door de inheemsen voor de Nederlandse regering in de 19de eeuw

cul·tuur·step·pe de [-n] gebied waarin de natuur te gronde is gegaan ten gevolge van overwoekering door de menselijke bewoning, industrie enz.

cul·tuur·taal de [-talen] taal van een cultuurvolk, vooral taal die schriftelijk is vastgelegd

cul·tuur·vlie·der de (m) [-s] biol dier- of plantensoort die verdwijnt waar de mens verschijnt: ★ de wolf is een ~; tegengest: → **cultuurvolger**

cul·tuur·vol·ger de (m) [-s] biol dier- of plantensoort die de mens volgt overal waar deze zich vestigt: ★ de mus is een ~; tegengest: → **cultuurvlieder**

cul·tuur·volk het [-en] volk met een hoge graad van vooral technologische ontwikkeling; tegengest: → **natuurvolk**

cum (‹Lat) vz met ★ ~ annexis met toe- of bijbehoren ★ handel ~ dividend met het dividendbewijs ★ ~ grano salis met een korreltje zout, niet letterlijk ★ NN ~ laude met lof ★ ~ suis met de zijnen

cu·mul [kumuul] (‹Fr) de (v) [-s] BN bekleding van meer dan één ambt of betrekking tegelijk, bijbaan, nevenfunctie

cu·mu·la·tie [-(t)sie] de (v) [-s] ophoping, opeenstapeling, samenvoeging: ★ een ~ van fouten; vooral bekleding van meer dan één ambt of betrekking tegelijk; vgl: → **accumulatie**

cu·mu·la·tief (‹Fr) bn opstapelend, aanwassend doordat het volgende steeds aan het voorgaande wordt toegevoegd ★ ~ preferent aandeel aandeel dat, na jaren dat geen dividend is uitgekeerd, recht geeft op uitkering van het gehele achterstallige preferente dividend ★ ~ *register* (van een boek) waarin voorgaande registers telkens opnieuw worden opgenomen

cu·mu·le·ren *ww* (‹Fr) [cumuleerde, h. gecumuleerd] ❶ opeenhopen, opstapelen, samenvoegen ❷ BN verschillende ambten tegelijk uitoefenen

cu·mu·lo·cir·rus (‹Lat) *de (m)* meteor schapenwolkjes

cu·mu·lo·nim·bus (‹Lat) *de (m)* meteor zware, dichte, soms zeer donkere stapelwolk, onweerswolk

cu·mu·lus (‹Lat) *de (m)* [-li] meteor stapelwolk

cun·ni·lin·gus (‹Lat) *de (m)* stimulering van de vrouwelijke geslachtsdelen met de tong, het likken of beffen

cun·nus (‹Lat) *de (m)* [-ni] vrouwelijk schaamdeel

cup (‹Eng) *de (m)* [-s] ❶ sp beker (als wedstrijdprijs) ❷ komvormig deel van een bustehouder

cup·fight·er [-faitə(r)] (‹Eng) *de (m)* [-s] sp ploeg die vooral goede prestaties verricht in wedstrijden waarin het gaat om het halen van een beker

cup·fi·na·le *de* [-s] sp laatste wedstrijd tussen de twee overgebleven ploegen of personen uit een serie wedstrijden met een cup als inzet

cu·pi·dootje cupido-tje *het* [-s] beeldje van de Romeinse minnegod Cupido

cu·ra·çao [-sau] *de (m)* witte of gele likeur, waarvoor als aromatische stof schillen van de West-Indische pomerans worden gebruikt, genoemd naar het Caribische eiland Curaçao waar deze drank oorspronkelijk werd gestookt

Cu·ra·çao·ë·naar [-sau(w)ənaar] *de (m)* [-s] iem. geboortig of afkomstig uit Curaçao

Cu·ra·çaos [-saus] *bn* van, uit, betreffende Curaçao

cu·ran·dus *de (m)* [-di], **cu·ran·da** (‹Lat) *de (v)* [-dae] [-dee] onder curatele gestelde persoon of firma

cu·ra·re (‹Sp‹Caribische indianentaal) *het* pijlgif van Zuid-Amerikaanse indianen

cu·ra·te·le (‹Lat) *de* recht ❶ toestand waarin aan een meerderjarige beheer en beschikking over zijn goederen is ontnomen vanwege een geestelijke stoornis, verkwisting, drankmisbruik: ★ *een geesteszieke onder ~ stellen* ★ *onder ~ staan* ❷ ambt van curator

cu·ra·tief (‹Fr) *bn* genezend, gericht op genezing

cu·ra·tor (‹Lat) *de (m)* [-toren, -s] ❶ iem. die belast is met de zorg voor een onder curatele gestelde ❷ iem. die het toezicht heeft op de vereffening van een failliete boedel, boedelredder ❸ NN lid van een raad van toezicht op een stichting of een onderwijsinrichting

cu·ra·to·ri·um (‹Lat) *het* [-ria] NN college dat toezicht houdt op een onderwijsinstelling of een stichting

cu·ra·tri·ce *de (v)* [-s] NN vrouwelijke curator

cu·re·ren *ww* [cureerde, h. gecureerd] genezen, beter maken

cu·ret·ta·ge [-zjə] (‹Fr) *de (v)* med reiniging met een curette, vooral van de baarmoederwand

cu·ret·te (‹Fr) *de* [-s] med lepelvormig instrument met scherpe rand en een opening in het midden,

gebruikt voor het schoonkrabben van slijmvliezen, vooral van de baarmoeder, teneinde achtergebleven resten van een bij een miskraam afgestoten vrucht te verwijderen

cu·ret·te·ren *ww* (‹Fr) [curetteerde, h. gecuretteerd] med curettage uitvoeren

cu·rie¹ (‹Lat) *de (v)* ★ *pauselijke of roomse ~* hof van de paus, alle pauselijke ambtenaren en gerechtshoven in kerkelijke zaken ★ *bisschoppelijke ~* de gezamenlijke personen die een bisschop bijstaan in het bestuur van zijn bisdom

cu·rie² *de (v)* [mv idem] eenheid van radioactiviteit, genoemd naar de natuurkundigen Marie (1867-1934) en Pierre Curie (1859-1906); symbool: Ci

cu·ri·eus (‹Fr) *bn* merkwaardig, opmerkelijk, bijzonder: ★ *een ~ geval* ★ *curieuze mensen*

cu·ri·eu·ze·neu·ze·mos·terd·pot *de (m)* BN, spreektaal nieuwsgierig mens

cu·ri·o·sa [-zaa] (‹Lat) *mv* van → *curiosum*

cu·ri·o·si·teit [-zie-] (‹Fr‹Lat) *de (v)* ❶ zeldzaamheid, merkwaardigheid ❷ [mv: -en] iets wat waarde heeft vanwege de zeldzaamheid of merkwaardigheid ervan: ★ *een verzamelaar van curiositeiten*

cu·ri·o·sum [-zum] (‹Lat) *het* [-sa] zeldzaamheid, merkwaardigheid

cu·ri·um *het* tot de transuranen behorend, radioactief chemisch element, symbool Cm, atoomnummer 96, genoemd naar Marie en Pierre Curie

cur·ling [kù(r)ling] (‹Eng) *het* ijssport van Schotse oorsprong, waarbij zware, granieten schijven over het ijs worden geschoven met de bedoeling zo dicht mogelijk te komen in de buurt van het doel (het middelpunt van een aantal cirkels)

cur·ri·cu·lum *het* [-cula] ❶ verkorting van → **curriculum vitae** ❷ onderwijsprogramma

cur·ri·cu·lum vi·tae [vietee] (‹Lat) *het* (korte beschrijving van de) levensloop

cur·ry [-rie] *de (m)* ❶ verzamelnaam voor een groot aantal schotels uit de Indiase keuken, bereid op basis van vlees, groenten, kruiden en saus ❷ kerrie; met kerrie bereid gerecht

cur·ry·worst [-rie] *de (m)* [-en] ❶ BN frikandel ❷ worst met ketchup en kerriepoeder

cur·sief (‹Fr) **I** *de* ⟨van drukletters⟩ schuin op de regel staand **II** *de* [-sieven] cursief lettertype

cur·sief·je *het* [-s] stukje van luchtige of kritische aard in een tijdschrift of krant, column (vroeger in cursieve letters gedrukt, nu in veel gevallen niet meer)

cur·sist *de (m)* [-en], **cur·sis·te** *de (v)* [-s] iem. die deelneemt aan een cursus

cur·si·ve·ren *ww* [cursiveerde, h. gecursiveerd] ❶ met schuine letter drukken ❷ fig onderstrepen; **cursivering**

cur·sor (‹Eng‹Lat) *de (m)* [-s] comput indicator op het beeldscherm die aangeeft waar op het scherm de bewerkingen uitgevoerd worden

cur·sus (‹Lat) *de (m)* [-sen] reeks lessen in een bepaald

vak: ★ *een* ~ *Spaans volgen*
cur·sus·jaar *het* [-jaren] jaarlijkse leergang aan onderwijsinrichtingen, meestal niet samenvallend met het kalenderjaar
cur·ve (*‹Lat*) *de* [-n] kromme lijn, vooral in een grafische voorstelling
cur·vi·me·ter *de (m)* [-s] instrument voor het meten van de lengte van een kromme lijn
cus·tard [kustə(r)d] (*‹Eng‹Fr‹Lat*) *de* ❶ puddingpoeder met vanillearoma ❷ met dit poeder bereide pudding of vla ❸ ‹in Engeland› zoet of hartig, op pudding gelijkend gerecht, bereid in een pasteikorst
cut (*‹Eng*) film, video **I** *de (m)* [-s] onderbreking van een opname; overgang van de ene scène naar de andere **II** *tsw* stop, onderbreek het opnemen!
cut·ter (*‹Eng*) *de (m)* [-s] ❶ op een bep. type baggermachine gebruikte snijkop, bestaande uit een stelsel van messen dat vaste bodem openbreekt en verzuigbaar maakt ❷ verkorting van → cutterzuiger ❸ film persoon die stroken van een film snijdt en in bepaalde volgorde aan elkaar lijmt
cut·ter·zui·ger *de (m)* [-s] baggermachine uitgerust met een → cutter (bet 1), een werktuig dat de bodem opensnijdt
CV *afk* ❶ cheval vapeur (*‹Fr*) [paardenkracht] ★ *een 2* ~ a) oorspr auto met een motor van twee paardenkracht; b) thans benaming voor een bep. type (inmiddels niet meer geproduceerde) auto, deux-chevaux, ook bekend als *lelijke eend* ❷ coöperatieve vereniging ❸ commanditaire vennootschap
cv *afk* ❶ curriculum vitae ❷ centrale verwarming
CVE *afk* comput centrale verwerkingseenheid
c·v·ke·tel *de (m)* [-s] reservoir waarin het water voor de centrale verwarming wordt verhit
CVP[1] *afk* in België, hist Christelijke Volkspartij [vroegere politieke partij, thans CD&V]
CVO[2] *afk* in België Centrum voor Volwassenenonderwijs
C & W *afk* (*‹Eng*) country and western
CWI *afk* in Nederland Centrum voor werk en inkomen [overheidsinstelling die uitkeringen toekent en die werkzoekenden helpt bij het vinden van een baan]
cy·aan [sie(j)aan] (*‹Gr*) *het* ❶ zeer giftig, sterk riekend gas (C_2N_2) ❷ groenblauwe kleur
cy·aan·ka·li [sie(j)aan-] **I** *de (m)* **II** *het* kaliumcyanide, zeer giftige kristallijnen stof (KCN)
cy·aan·wa·ter·stof *de*, **cy·aan·wa·ter·stof·zuur** *het* [sie(j)aan-] blauwzuur, een kleurloze, uiterst vergiftige vloeistof, riekt naar bittere amandelen (HCN)
cy·ber- [saibə(r)-] *als eerste lid in samenstellingen* plaatshebbend in cyberspace, betrekking hebbend op internet, virtueel
cy·ber·bucks [saibə(r)buks] (*‹Eng*) *mv* comput virtueel geld waarmee computergebruikers betalen voor geleverde diensten in de cyberspace

cy·ber·cash [saibə(r)kesj] (*‹Eng*) *de* comput elektronisch geld
cy·ber·ne·ti·ca [siebər-] (*‹Eng‹Gr*) *de (v)* wetenschap die zich bezighoudt met de bestudering van besturings- en regelprocessen in organismen, in gemeenschappen en in de techniek, vooral met de bestudering van de analogieën tussen deze processen bij levende wezens en machines
cy·ber·pes·ten [saibər-] *ww & het* pesten onder jongeren via chatprogramma's op internet
cy·ber·space [saibə(r)spees] (*‹Eng*) *de (m)* comput virtuele ruimte waarin alle handelingen, verricht op internet, worden gesitueerd
cy·cla·maat [sie-] (*‹Gr*) *het* [-maten] synthetische stof, gebruikt als zoetstof in voedingsmiddelen
cy·cla·men [sie-] (*‹Gr*) *de* [-s], **cy·claam** [-clamen] geslacht van sleutelbloemige planten, in vele variëteiten als sierplant gekweekt (*Cyclamen*)
cy·cle·cross [saikəl-] (*‹Eng*) *de (m)* [-es] wielerwedstrijd over een op natuurlijk terrein uitgezet parcours
cy·clisch [sieklies] (*‹Lat‹Gr*) *bn* ❶ een cyclus of kring vormend ★ *cyclische verbindingen* chem verbindingen met een gesloten keten ★ *cyclische begroting* begroting die over meer dan een jaar loopt ❷ op één cirkelomtrek liggend (van vier of meer punten)
cy·clo·cross [sie-] *de (m)* [-es] ❶ het veldrijden ❷ veldrit
cy·clo·ï·de [sie-] (*‹Gr*) *de (v)* [-n] wisk lijn beschreven door een punt op de omtrek van een cirkel die over een rechte lijn voortrolt: ★ *het ventiel van een over een weg rollend fietswiel beschrijft een* ~
cy·clo·me·ter [sie-] (*‹Gr*) *de (m)* [-s] omwentelingsmeter, toestel voor het meten van de afstand door een wiel afgelegd
cy·cloon [siekloon] (*‹Gr*) *de (m)* [-clonen] ❶ wervelstorm, zeer harde, in de tropen ontstane, in een cirkel rondgaande storm ❷ meteor vrij groot gebied van lage luchtdruk, waar de lucht om heen beweegt in de richting van de rotatie van de aarde ❸ toestel waarbij een gas of een vloeistof in een roterende beweging wordt gebracht, waardoor deeltjes vaste stof eruit worden verwijderd
cy·cloop [siekloop] (*‹Gr*) *de (m)* [-clopen] Griekse myth reus met één oog in het midden van het voorhoofd: ★ *bij Homerus waren de cyclopen een woest volk van menseneters*
cy·clo·tron [sie-] (*‹Gr*) *het* [-s] bep. type deeltjesversneller
cy·clus [sie-] (*‹Lat‹Gr*) *de (m)* [-sen, *ook* cycli] ❶ kring, tijdkring, regelmatige opeenvolging van perioden waarin zich dezelfde verschijnselen voordoen ★ *menstruele* ~ maandelijkse terugkeer van de menstruatie ❷ reeks gedichten, liederen, sagen, verhalen, romans, muziekstukken op een centraal thema ❸ BN reeks van opeenvolgende leerjaren in het middelbaar onderwijs: ★ *in het Vernieuwd Secundair Onderwijs zijn er drie cyclussen van ieder*

twee jaar ★ *lagere en hogere* ~ *onderbouw en bovenbouw*
cym·baal [sim-] *(‹Gr) het* [-balen], **cym·ba·lom** [-s] muz soort citer, bespeeld met twee stokken waarvan de uiteinden meestal zijn omwikkeld, veel gebruikt in zigeunermuziek
cy·ni·cus [sie-] *(‹Lat) de (m)* [-ci] ❶ aanhanger van het → **cynisme** (bet 1) ❷ cynisch denkend en / of zich uitend mens
cy·nisch [sie-] *(‹Lat) bn* ❶ eig behorende tot, zich aansluitende bij de wijsbegeerte van Antisthenes, die doceerde in de Cynosarges, en Diogenes ❷ thans op stuitende wijze ongevoelig, gevoelloos en bitter, niet gelovend in hogere waarden: ★ *een cynische opmerking maken* ★ ~ *reageren*
cy·nis·me [sie-] *(‹Lat) het* ❶ eig een Oudgriekse filosofische leer die haar ideaal vond in een zo groot mogelijke onafhankelijkheid van hogere waarden of sociale conventies ❷ thans gedrag of uitingswijze (resp. uiting, uitspraak) van een → **cynicus** (bet 2)
cy·pers [siepərs] *(‹Lat‹Gr) bn* ★ *cyperse kat* de gestreepte variant van de Europese kortharige kat
Cy·pri·oot [sie-] *de (m)* [-oten] iem. geboortig of afkomstig van het eiland Cyprus
Cy·pri·o·tisch [sie-,], **Cy·prisch** [sie-] *bn* van, uit, betreffende Cyprus
cy·ril·lisch [sie-] *bn* ★ ~ *schrift* in verscheidene Slavische talen (Russisch, Wit-Russisch, Oekraïens, Servisch, Bulgaars, Macedonisch) gebruikt schrift, ingevoerd door Cyrillus, de apostel van de Slaven (9de eeuw)
cys·te [kistə, kiestə] *(‹Gr) de* [-n] ❶ med holte met een eigen wand en vloeibare of brijige inhoud ❷ tegen uitdroging dienend omhulsel van vele lagere dieren
cy·to·lo·gie [sie-] *(‹Gr) de (v)* leer van de organische cellen
cy·to·sta·ti·ca [sie-] *(‹Gr) mv* med stoffen die de groei van cellen remmen: ★ ~ *worden gebruikt in de behandeling tegen kwaadaardige gezwellen*
cy·tosta·ti·cum [sie-] *het* [-ca] med geneesmiddel dat de celdeling remt en daardoor ook de groei van gezwellen: ★ *de therapie met cytostatica bij kanker wordt ook wel chemotherapie genoemd*

D

d¹ *de* ['s] ❶ de vierde letter van het alfabet ❷ muz de tweede toon van de diatonische toonladder, de muzieknoot re; kleine terts met een mol
d² *afk* deci- *een tiende*, bijv. *dm* decimeter
D *afk* ❶ Romeins cijfer 500 ❷ chem symbool voor *deuterium* ❸ muz grote terts met twee kruisen ❹ *Duitsland* (als nationaliteitsaanduiding op auto's)
D66 *afk in Nederland* Democraten '66 [in 1966 opgerichte politieke partij]
da *afk* deca is 10, bijv. in *dag* → **decagram**
da. *afk* domina [predikante, vrouwelijke dominee]
daad *de* [daden] het doen, een afgeronde handeling: ★ *een goede* ~ *verrichten* ★ *de daden van een held* ★ *iets in daden omzetten* ★ *geen woorden, maar daden liever handelen, dan doorgaan met praten* ★ *een* ~ *stellen* een duidelijke actie ondernemen als signaal dat het ernst is ★ *de* ~ *bij het woord voegen* direct doen wat men zegt; zie ook bij → **anarchist**, → **man**, → **raad**
daad·krach·tig *bn* doortastend: ★ *een* ~ *optreden*
daad·wer·ke·lijk *bn* met daden, metterdaad: ★ *iem.* ~ *terzijde staan*
daags I *bn* voor of van iedere (werk)dag: ★ *de daagse en de zondagse kleren* II *bijw* per dag: ★ *driemaal* ~; *op de dag*: ★ ~ *na een feestdag*
daal·der *de (m)* [-s] ❶ oude zware zilveren munt ❷ Oudhollandse munt ter waarde van anderhalve gulden ★ NN *de eerste klap is een* ~ *waard* wie als eerste durft aan te vallen, heeft een voorsprong ★ NN *op de markt is je gulden een* ~ *waard* op de markt zijn veel dingen goedkoop te krijgen
daar I *bijw* ❶ op die genoemde plaats: ★ *hij staat bij die boom* ~ ★ *hier en* ~ op sommige plaatsen ★ ~ *ga je!* inf gezegd bij het proosten ❷ er: ★ *ik ben* ~ *wel aan gewend* ❸ in spreektaaluitdrukkingen zonder duidelijke betekenis ★ NN *ik ben me* ~ *een beetje gek! ik ben niet zo gek om zoiets te doen* ★ ~ *niet van daarover bestaat geen twijfel* ★ *dat is nog tot* ~ *aan toe* dat is nog wel te begrijpen II *voegw* omdat
daar·bin·nen *bijw* binnen die (genoemde) ruimte: ★ *vóór het huis was het koud, maar* ~ *was het te benauwd*
daar·bo·ven *bijw* boven dat (genoemde): ★ *op de begane grond was een bakker en* ~ *woonden wij*
daar·bui·ten *bijw* buiten die (genoemde) ruimte: ★ *in het huis was het benauwd, maar* ~ *veel te koud*
daar·door, daar·door *bijw* door dat feit, die gebeurtenis, die omstandigheid: ★ *het regende en* ~ *werden de straten nat*
daar·en·bo·ven *bijw* bovendien
daar·en·te·gen *bijw* tegenover dat (genoemde): ★ *de bus stopte niet, maar reed* ~ *nog harder door*
daar·ge·la·ten *bn* buiten beschouwing gelaten: ★ *de uitvoering van dit plan is onmogelijk, de hoge kosten*

nog ~
daar·gin·der, daar·ginds *bijw* op die (verderaf gelegen) plaats, plek
daar·na, daar·na *bijw* na dat (genoemde), later: ★ *we gaan eerst naar de bioscoop en ~ op een terrasje zitten*
daar·naast *bijw* naast dat (genoemde): ★ *een schuur met ~ een kippenhok*
daar·net *bijw* zo-even
daaro *bijw* NN, spreektaal daarzo
daar·om, daar·om *bijw* ❶ om dat (genoemde), daaromheen ❷ om die (genoemde) reden: ★ *het regende en ~ zochten we een schuilplaats* ★ *(waarom wil je dat niet?) ~ niet!* gezegd als men de reden voor iets niet wil geven
daar·om·heen *bijw* om dat (genoemde) heen: ★ *Mars is een rode planeet en ~ cirkelen twee manen*
daar·om·trent, daar·om·trent *bijw* ❶ in die omgeving, daar in de buurt: ★ *dat kost 100 euro of iets ~* ❷ betreffende die zaak, dienaangaande: ★ *~ doet de politie geen nadere mededelingen*
daar·op, daar·op *bijw* ❶ op dat (genoemde): ★ *een kast met ~ twee vazen* [daarop] ❷ daarna
daar·over, daar·over *bijw* over dat (genoemde): ★ *ik had al zoveel schuld en ~ moest ik nog rente betalen*
daar·te·gen, daar·te·gen *bijw* tegen dat (genoemde): ★ *een lantaarnpaal met ~ twee gestalde fietsen* ★ *de fractie van D66 was daar fel tegen*
daar·toe, daar·toe *bijw* tot dat (genoemde) doel: ★ *de overwinning is belangrijk en ~ dienen we ons allen in te spannen*
daar·uit, daar·uit *bijw* uit dat (genoemde): ★ *weliswaar zijn de feiten duidelijk, maar ~ kun je nog niets definitiefs concluderen*
daar·van, daar·van *bijw* ❶ om die (genoemde) reden: ★ *hij had niet moeten gaan, want ~ kwamen de grootste moeilijkheden* ❷ → **daarvandaan**
daar·van·daan, daar·van·daan *bijw* van die (genoemde) plaats af: ★ *om acht uur ben ik in Utrecht en ~ is het nog maar tien minuten*
daar·voor, daar·voor *bijw* ❶ vóór die (genoemde) plaats of tijd: ★ *een huis met ~ een grote tuin* ❷ om die (genoemde) reden, wegens dat (genoemde): [daarvoor] ★ *ik wilde die auto wel hebben, maar kon het geld ~ niet missen*
daar·zo *bijw* NN, spreektaal versterking van → **daar**
daas¹ *de* [dazen] lid van een tweevleugelige insectenfamilie (*Tabanidae*), waarvan de wijfjes over het algemeen hinderlijke bloedzuigers zijn
daas² *bn* versuft, gek: ★ *ik word ~ van dat gezeur*
DAC *afk* in België derde arbeidscircuit [regeling waarbij werklozen te werk worden gesteld binnen projecten van algemeen maatschappelijk belang]
da ca·po (‹It) *bijw* muz van voren af aan; nog eens te spelen; ook fig
dacht *ww,* dach·ten *verl tijd* van → **denken**
dac·ty·lo·sco·pie [-tie-] *de (v)* bestudering van de lijnen in de huid van vingertoppen van mensen en de identificatie d.m.v. deze lijnen in vingerafdrukken
dac·ty·lus [-tie-] *(‹Lat‹Gr) de (m)* [-tylen, -tyli] versvoet van één lange (betoonde) en twee korte (zwakbetoonde) lettergrepen (– ∪ ∪)
da·da *de (v),* **da·da·ïs·me** *het* in 1916 in Zürich ontstane anarchistische beweging in de kunst en literatuur; de naam is afgeleid van het Franse *dada* stokpaardje
da·da·ïst *de (m)* [-en] kunstenaar die dadaïstisch te werk gaat
da·da·ïs·tisch *bn* betrekking hebbend op of volgens het dadaïsme
da·del (‹Du‹Gr) **I** *de (m)* [-s] tropische vruchtboom (*Phoenix dactylifera*) **II** *de* [-s] langwerpige, bruine, meestal gekonfijt gegeten vrucht van deze boom
da·de·lijk *bn bijw* ❶ onmiddellijk, aanstonds, direct: ★ *de dokter kwam ~* ★ *de hoofdfilm komt ~ na deze voorfilm* ❷ straks, zo direct: ★ *de ober riep: ik kom dadelijk naar uw tafel*
da·del·palm *de (m)* [-en] → **dadel** (bet 1)
da·der *de (m)* [-s] iem. die iets heeft gedaan; vooral pleger van een strafbaar feit: ★ *de daders van de overval zijn gepakt* ★ NN *de ~ ligt op het kerkhof* niemand weet wie het gedaan heeft
da·der·pro·fiel *het* [-en] vermoedelijke lichamelijke en / of psychologische eigenschappen van de nog niet opgespoorde dader van een misdrijf
da·ding *de (v)* [-en] recht schriftelijk vastgelegde minnelijke schikking
dag I *de (m)* [dagen] ❶ tijdsperiode van 24 uur, etmaal ★ *een week heeft zeven dagen* ★ *over drie dagen* ★ *op een goede ~* ★ *heden ten dage* tegenwoordig ★ *ten eeuwigen dage* voor altijd ★ *de ~ des Heren* zondag ★ *jaar en ~* lange tijd ★ *de jongste ~, de laatste ~* of *de ~ des oordeels* oordeelsdag ★ *van de ene ~ in de andere leven,* NN ook *bij de ~ leven* zonder zich zorgen te maken over de toekomst ★ *~ in, ~ uit* elke dag, voortdurend ★ *op alle dagen lopen* hoogzwanger zijn, binnenkort moeten bevallen ★ *prijs de ~ niet voor het avond is* wees niet blij als het nog niet af is ★ *zijn ~ niet hebben* in een toestand zijn waarin niets lukt ★ *vandaag de ~* tegenwoordig ★ BN *~ op ~* op de dag af ★ BN, spreektaal *in een goeie, slechte ~ zijn* goed, slecht gehumeurd zijn ★ BN ook *in zijn dag(je) zijn* in vorm zijn, zijn dag hebben (bij een spel of een wedstrijd); zie ook bij → **hemdsmouw**, → **jaar** en → **orde** ★ BN ook *de ~ van vandaag* vandaag de dag ❷ tijd dat er daglicht is, *tegengest:* → **nacht** ★ *het wordt ~* ★ *de ~ breekt aan* ★ *bij ~* als het daglicht is ★ *iets voor de ~ halen* iets tevoorschijn halen ★ *voor de ~ komen met iets* met iets te voorschijn komen (*eigenschappen, talent e.d.*) ★ *aan de ~ leggen* tonen, laten blijken ★ *van een ~ een nacht maken* overdag slapen en 's nachts wakker zijn ★ *voor ~ en dauw* op een zeer vroeg tijdstip van de dag ★ *morgen is het weer vroeg* ~ morgen moeten we vroeg opstaan (dus laten we nu maar gaan slapen) ★ *het is kort ~* we

hebben nog maar weinig tijd ★ *dat scheelt ~ en nacht* of *dat is een verschil van ~ en nacht* daar is een groot verschil tussen ★ *hoe later op de ~, hoe schoner volk* gezegd als vriendelijke begroeting van late gasten ❸ leeftijd ★ *de oude ~* tijd dat men bejaard is ★ *een dagje ouder worden* bejaard worden ★ *geld opzij leggen voor de oude ~* **II** tsw verkorting van goedendag ★ *iem. ~ zeggen* ★ *~, tot een volgende keer!* ★ *zeg maar ~ met je handje* dat ben je kwijt, dat zul je niet krijgen ; zie ook bij → **dagje**
dag. afk dagelijks
dag·af·schrift *het* [-en] ⟨bij bank- en girorekeningen⟩ regelmatig toegestuurd bericht waarop staat hoeveel het saldo bedraagt en welke bedragen zijn af- en bijgeschreven
dag·blad *het* [-bladen] krant die iedere dag verschijnt
dag·blad·pers *de* de gezamenlijke dagbladen
dag·blind *bn* bij helder licht slechter ziend dan bij gedempt licht
dag·bloem *de* [-en] soort winde, een tropische sierplant (*Ipomoea*)
dag·boek *het* [-en] ❶ boek waarin men zijn dagelijkse belevenissen optekent: ★ *een ~ bijhouden* ❷ boekhoudregister waarin men inkomsten, uitgaven enz. dagelijks bijhoudt
dag·boog *de (m)* [-bogen] het deel van de parallelcirkel van een hemellichaam dat boven de horizon te zien is
dag·bouw *de (m)* bovengrondse ontginning
dag·cen·trum *het* [-tra en -s] ★ *medisch, psychiatrisch ~* instelling waar personen alleen overdag medisch resp. psychiatrisch worden behandeld
dag·crème [-krèm] *de* [-s] cosmetisch smeersel voor de gezichtshuid dat 's morgens wordt aangebracht
dag·da·ge·lijks *bn* BN ook ❶ dagelijks, elke dag ❷ alledaags, heel gewoon
dag·dief *de (m)* [-dieven] luiaard, lui mens
dag·dienst *de (m)* [-en] dienst overdag
dag·die·ven *ww* [dagdiefde, h. gedagdiefd] luieren
dag·dro·men *ww* [dagdroomde, h. gedagdroomd] zich lange tijd bezighouden met het fantaseren van (gewoonlijk prettige) onwerkelijke dingen
dag·dro·mer *de (m)* [-s] iem. die dagdroomt
dag·droom *de* [-dromen] dat wat een dagdromer fantaseert
da·ge·lijks *bn* ❶ op of van elke dag: ★ *het ~ leven* ★ *hij gaat ~ naar school* ★ RK *dagelijkse zonde* geringe zonde; tegengest: → **doodzonde**[1]; zie ook bij → **bestuur** ❷ gewoontjes, niet bijzonder: ★ *de dagelijkse dingen*
da·gen *ww* [daagde, h. gedaagd] ❶ voor het → **gerecht**[1] roepen ❷ ★ *het daagt* het wordt dag ❸ voor de geest komen, weer in herinnering komen: ★ *langzaam begon het hem te ~*
da·gen·lang *bn* enige dagen durend: ★ *een dagenlange strijd*
dag·en·nacht·eve·ning *de (v)* [-en] gelijke duur van dag en nacht op 21 maart en 22 september,
equinoctium, equinox
da·ger *de (m)* [-s] eiser in een proces
da·ge·raad *de (m)* het aanbreken van de dag, het opkomen van de zon
dag·geld *het* [-en] ❶ per dag verdiend geld ❷ op zeer korte termijn geleend geld, callgeld, callmoney
dag·in·de·ling *de (v)* wijze waarop men de bezigheden over een dag verspreid
da·ging (‹Mal›) *de (m)* (rund)vlees
dag·je *het* ★ *een ~ uitgaan* dagrecreatie beoefenen
dag·jes·men·sen *de (m), mv* mensen die één dag op stap gaan: ★ *een trein vol ~*
dag·kaart *de* [-en] ❶ kaart (toegangsbiljet, openbaarvervoerbewijs) die één dag geldig is ❷ ‹in restaurants› lijst van gerechten die op een bepaalde dag verkrijgbaar zijn
dag·klap·per *de (m)* [-s] BN agenda van evenementen
dag·le·lie *de* [-s, -liën] lelieachtige plant (*Hemerocallis fulva*)
dag·licht *het* het licht van de zon ★ *het (eerste) ~ zien* geboren worden, ontstaan ★ *het ~ niet kunnen verdragen* of *zien* wegens onbehoorlijkheid niet openbaar mogen worden ★ *in een goed* of *kwaad ~ stellen* waarderend of afkeurend bespreken ★ *in een helder ~ stellen* duidelijk doen uitkomen
dag·lo·ner *de (m)* [-s] arbeider die zich per dag verhuurt
dag·loon *het* [-lonen] per dag verdiend loon
dag·markt *de* [-en] → **markt** (bet 1) die op alle werkdagen gehouden wordt
dag·mars *de* [-en] afstand die men op één dag te voet aflegt
dag·me·nu *het* ['s] uit een aantal gangen bestaand menu in een restaurant dat tegen een voordelige prijs wordt aangeboden en iedere dag wisselt
dag·moe·der *de (v)* [-s] NN vrouw die overdag kinderen van werkende ouders opvangt
dag·op·lei·ding *de (v)* [-en] vakonderwijs in de daguren
dag·or·de *de* lijst van de in een vergadering te behandelen punten, agenda; *ook* dagindeling
dag·or·der *de & het* [-s] ❶ mil bekendmaking ❷ handel order die slechts één dag geldig is, bijv. betreffende de aan- of verkoop van effecten
dag·pauw·oog *de (m)* [-ogen] vlinder met een oogtekening op de vleugels (*Inachis io*)
dag·ploeg *de* [-en] groep arbeiders die overdag werken; *tegengest*: → **nachtploeg**
dag·prijs *de (m)* [-prijzen] op een bepaalde dag geldende prijs (o.a. in restaurants)
dag·re·cre·ant *de (m)* [-en] dagjesmens, iemand die doet aan dagrecreatie
dag·re·cre·a·tie [-(t)sie] *de (v)* het ontspanning zoeken op het strand, in de bossen of pretparken of door het bezoeken van bezienswaardigheden e.d. gedurende één dag
dag·re·gis·ter *het* [-s] → **dagboek** (bet 2)
dag·reis *de* [-reizen] afstand in een dag af te leggen

dag·re·tour [-rətoer] *het* [-s] vooral NN retourbiljet dat één dag geldig is, gewoonlijk tegen verlaagd tarief
dag·school *de* [-scholen] school die overdag gehouden wordt; *tegengest*: → **avondschool**
dag·scho·tel *de* [-s] meestal de goedkoopste maaltijd in een restaurant, uit één gang bestaande en iedere dag variërend
dag·sla·per *de (m)* [-s] nachtzwaluw
dag·slui·ting *de (v)* [-en] korte stichtelijke toespraak tot besluit van de dag
dag·taak *de* [-taken] ❶ werk waar men de hele dag over doet: ★ *dat grote huis schoonhouden was een ~* ❷ werk dat men iedere dag doet: ★ *post rondbrengen was zijn ~*
dag·te·ke·nen *ww* [dagtekende, h. gedagtekend] ❶ de datum van ontstaan aangeven op, dateren: ★ *een brief ~* ❷ ontstaan zijn in: ★ *dit gebouw dagtekent uit de 14de eeuw* ★ *deze maatregel dagtekent van 1900*
dag·te·ke·ning *de (v)* [-en] vermelding van de datum op brieven, aktes e.d.
dag·tocht *de (m)* [-en] tocht van één dag
dag·toe·ris·me *het* het maken van dagtochtjes
da·guer·re·o·ty·pe [daaγerree(j)ootiepə] *de* [-n] fotografisch beeld op een metalen plaat
da·guer·re·o·ty·pie [daaγerree(j)ootiepie] *de (v)* kunst om lichtbeelden op metalen platen voort te brengen, oudste vorm van de fotografie, genoemd naar de uitvinder (1837), de Fransman Louis Daguerre
dag·vaar·den *ww* [dagvaardde, h. gedagvaard] oproepen om voor het → **gerecht¹** te verschijnen
dag·vaar·ding *de (v)* [-en] het dagvaarden, de bewoordingen daarvan en het stuk dat deze bevat
dag·ver·blijf *het* [-blijven] ❶ plaats waar men overdag is gehuisvest ❷ plaats waar dieren in een dierentuin overdag verblijven
dag·vlin·der *de (m)* [-s] lid van een groep vlinderfamilies (*Papilionina*) met levendige kleuren en een bont vlekkenpatroon: ★ *de meeste vlinders die overdag rondvliegen behoren tot de dagvlinders*
dag·waar·de *de* waarde op een bepaalde (beurs)dag
dag·werk *het* werk dat de hele dag in beslag neemt ★ *~ aan iets hebben* er voortdurend mee bezig zijn
dag·zie·ken·huis *het* [-huizen] ziekenhuisafdeling waarin patiënten niet 's nachts verblijven
dag·zus·ter *de (v)* [-s] verpleegster die overdag in dienst is
dah·lia *de* ['s] samengesteldbloemige sierplant met wortelknol en bloemen in velerlei kleur, genoemd naar de Zweedse plantkundige Andreas Dahl (1751-1789)
daim [dẽ] *(<Fr) het* BN ook suède
dai·mio *(<Jap) de (m)* ['s] hist leenheer en grootgrondbezitter in Japan
dai·sy·wheel [deezie wiel] *(<Eng) het* [-s] in printers en schrijfmachines gebruikt draaibaar wieltje met verende spaken waarop lettertekens, leestekens e.d.

zijn gemonteerd die met een hamertje tegen het papier worden geslagen
dak *het* [daken] bedekking van een gebouw, van een voertuig e.d.: ★ *het ~ van een huis, school, bus* ★ *op het ~ zitten* ★ *het gaat van een leien dakje* het gaat vlot ★ *iemand iets op zijn ~ schuiven* iemand de last van iets bezorgen ★ *van de daken verkondigen / schreeuwen* overal bekendmaken ★ *onder ~ zijn* geen zorgen meer hebben, huisvesting hebben ★ *onder één ~* in hetzelfde huis ★ *een ~ boven zijn hoofd hebben* een woning, een verblijfplaats hebben ★ *het ~ van de wereld* bijnaam van Tibet ★ *op zijn ~ krijgen* een uitbrander, straf krijgen ★ *iem. op zijn ~ krijgen* ongewenst bezoek van iem. krijgen; last krijgen met iem. ★ *dat viel hem koud op het ~* dat was een onaangename verrassing voor hem ★ NN *hij kan het ~ op* of *hij kan op het ~ gaan zitten* aan zijn verzoek wordt niet voldaan *of* hij is ongewenst ★ *twee onder één ~* gezegd van twee woningen die zich in dezelfde constructie bevinden ★ *een open ~ van een auto* bovendeel van een personenauto dat verwijderd of weggeklapt kan worden ★ NN *iem. iets op het ~ sturen* iem. iets onaangenaams bezorgen; zie ook bij → **dakje**
dak·ap·par·te·ment *het* [-en] BN, spreektaal penthouse, luxeappartement op de bovenste verdieping
dak·balk *de (m)* [-en] hanenbalk
dak·be·dek·king *de (v)* [-en] datgene waarmee een dak bedekt wordt, bijv. pannen, lood, stro enz.
da·ken *zn meerv* van → **dak**
dak·goot *de* [-goten] afvoergeul voor regenwater langs de dakrand
dak·haas *de (m)* [-hazen] schertsend kat
dak·je *het* [-s] samentrekkingsteken, accent circonflexe: ★ *er staat een ~ op de ê*
dak·ka·mer·tje *het* [-s] kamertje vlak onder het dak
dak·ka·pel *de* [-len] vooruitstekend dakvenster
dak·look *het* huislook (*Sempervivum tectorum*)
dak·loos *bn* zonder huisvesting: ★ *tehuis voor daklozen*
dak·pan *de* [-nen] van gebakken klei vervaardigd stuk dakbedekking
dak·pans·ge·wijs, **dak·pans·ge·wij·ze** *bn* op de manier van dakpannen over elkaar
dak·raam *het* [-ramen] raam in een schuin oplopend dak
dak·rui·ter *de (m)* [-s] torentje op de nok van een dak, bij kerken veelal op de kruising
dak·stoel *de (m)* [-en] constructie van houten balken waarop het dak rust
dak·ter·ras *het* [-sen] terras op een plat dak
dak·tuin *de (m)* [-en] beplanting op een plat dak
dak·ven·ster *het* [-s] dakraam
dak·vorst *de* [-en] rij pannen op de nok van een huis
dal¹ *het* [dalen] ❶ bodeminzakking; brede strook grond tussen bergen, langgerekte laagte ❷ fig dieptepunt, depressie: ★ *we moeten eerst door een ~*

heen
dal² *afk* vero deciliter
da·lai la̱ma (‹Mongools & Tibetaans› de (m)) ['s] hogepriester van de boeddhisten in Tibet, van de 17de eeuw tot 1959 tevens wereldlijk heerser
da·len¹ *ww* [daalde, is gedaald] ❶ naar omlaag, naar beneden gaan: ★ *de lift, het vliegtuig daalt* ❷ ‹van de stem› afnemen in kracht ❸ afnemen in waarde: ★ *de temperatuur daalt* ★ *de koersen* ~
da·len² *zn meerv* van → **dal¹**
dal·grond *de (m)* [-en] grond onder afgegraven hoogveen
da·ling *de (v)* [-en] het dalen
dal·kruid *het* plantensoort uit de leliefamilie, o.a. in Nederland en België voorkomend, met witte, in een tros staande bloemetjes (*Maianthemum bifolium*)
dal·les *de (m)* NN, Barg armoede, berooidheid
dal·ma·ti·ër [-tsie(j)ər,], **dal·ma·ti·ner** *de (m)* [-s] hoogbenige, kortharige, witte jachthond met zwarte of leverkleurige vlekken
Dal·ma·tisch *bn* van, uit, betreffende Dalmatië, streek in Kroatië aan de Adriatische Zee: ★ *Dalmatische hond* → **dalmatiër**
dal·to·nis·me *het* kleurenblindheid, vooral voor rood en groen, genoemd naar de Britse schei- en natuurkundige John Dalton (1766-1844), die zelf kleurenblind was en deze afwijking voor het eerst beschreef
dal·ton·school *de* [-scholen] school waarin het daltonstelsel wordt toegepast
dal·ton·stel·sel *het* onderwijsstelsel, ontworpen en, voor het eerst rond 1920, toegepast door Helen Parkhurst in Dalton (Massachusetts, VS), dat berust op de zelfwerkzaamheid van de leerlingen
dal·uren *mv* stille uren, uren dat het rustig is, bijv. in het openbaar vervoer; *tegengest:*→ **spitsuren**
dal·ven *ww* [dalfde, h. gedalfd] NN, Barg ❶ bedelen ❷ aannemen van kleine attenties of korting van winkeliers, caféhouders e.d. door politieagenten ❸ rondzwerven
dal·wind *de (m)* [-en] wind die langs de berghellingen opstijgt
dam¹ *de (m)* [-men] wal in een rivier, kanaal, zee enz. om met het water tegen te houden, waterkering ★ *het hek is van de* ~ door afwezigheid van toezicht of controle is er een onhoudbare situatie ontstaan, omdat iedereen maar doet wat hij wil ★ *een* ~ *tegen iets opwerpen* de voortgang van iets belemmeren, een ongewenste ontwikkeling een halt toeroepen; zie ook bij → **schaap**
dam² *de (m)* [-men] dubbele damschijf die over meer dat één vak mag worden verplaatst: ★ *een* ~ *halen*
dam³ *afk* decameter
da·mar (‹Fr: samentrekking van *dame de marine*› de (v) [-s], BN vrijwilligster bij de zeemacht, Belgische marva
Da·mas·ce·ner I *bn* van, uit, betreffende Damascus **II** *de (m)* [-s] iem. geboortig of afkomstig uit Damascus, de hoofdstad van Syrië
da·mast (‹It› het eenkleurig glanzend weefsel waarin figuren geweven zijn, vooral wit tafellinnen
da·mas·ten *bn* van damast
dam·bord *het* [-en] bord voor het damspel
da·me (‹Fr› de (v)) [-s] ❶ vrouw, vooral van enig aanzien of van enige beschaving: ★ *ze gedroeg zich niet als een* ~ ❷ aanspreektitel voor vrouwelijk persoon: ★ *kan ik u helpen, dames?* ❸ schaken, kaartsp koningin ❹ [uitspraak: daam] ‹in Frankrijk› oorspronkelijk adellijke titel en aanspreekvorm voor een vrouw uit de hogere stand ★ ~ *de compagnie* gezelschapsdame ★ ~ *de réception* dame voor de ontvangst van de gasten, receptioniste ★ ~ *d'honneur* eredame aan het hof
dame blanche [daam blãsj] (‹Fr› de (v)) [dames blanches] ijsgerecht met slagroom en gesmolten chocolade
da·mes·blad *het* [-bladen] weekblad of maandblad dat speciaal bestemd is voor vrouwelijke lezers, met informatie over huishouding, opvoeding, mode e.d.
da·mes·en·kel·spel *het* enkelspel tussen twee vrouwen (bij tennis, badminton enz.)
da·mes·fiets *de* [-en] fiets die door de bouw van het frame geschikt is om bereden te worden door personen die een → **rok¹** (bet 1) of jurk dragen
da·mes·hond *de (m)* [-en] gezelschapshond, schoothondje
da·mes·krans·je *het* [-s] gezelschap regelmatig bijeenkomende vrouwen
da·mes·paard *het* [-en] paard waarop dames plegen te rijden, hakkenei
da·mes·ver·band *het* maandverband
da·mes·za·del *de (m) & het* [-s] rijzadel of fietszadel voor vrouwen
dam·hert *het* [-en] wit gevlekt hert, de soort *Dama dama*
dam·men *ww* [damde, h. gedamd] het damspel spelen
dam·mer *de (m)* [-s] iem. die damt
dam·na·tie [-(t)sie] (‹Fr‹Lat› de (v)) verdoemenis, veroordeling
Da·mo·cles *de (m)* ★ *het zwaard van* ~ steeds dreigend gevaar (volgens Cicero was Damocles de gunsteling van Dionysius I, tiran van Syracuse, 4de eeuw v. Chr., die hem een dag koning liet zijn, maar een zwaard aan een paardenhaar boven zijn hoofd deed hangen)
damp *de (m)* [-en] nevelige massa, wasem; wolk van stoom, rook e.d. ★ NN *iemand de dampen aandoen* iemand kwellen, iemand het leven vergallen
dam·paal *de (m)* [-palen] elk van de palen die bij grondwerk naast elkaar in de grond worden geslagen om grond- of waterdruk te weerstaan
dam·pen *ww* [dampte, h. gedampt] ❶ damp afgeven: ★ *de sloot dampte* ❷ roken: ★ *iedereen zat te* ~ *in die kroeg*
dam·pig *bn* mistig, nevelig

damp·kap *de* [-pen] BN wasemkap, afzuigkap
damp·kring *de (m)* [-en] ❶ luchtlaag om een hemellichaam, atmosfeer ❷ fig sfeer waarin men leeft ★ *een onweer zuivert de* ~ het is goed als men iemand *of* elkaar (in drift) eens goed de waarheid zegt
dam·plank *de* [-en] plank gebruikt bij grondwerk om grond- of waterdruk te weerstaan; *vgl:* → **dampaal**
damp·span·ning *de (v)* spanning of druk van een damp
dam·schijf *de* [-schijven] schijf waarmee men het damspel speelt
Dam·sla·per *de (m)* [-s] NN, vero jongere, hippie, in het begin van de jaren '70 van de vorige eeuw, die de nacht doorbracht op de Dam te Amsterdam
dam·spel *het* ❶ [*mv:* -spelen] spel tussen twee personen met elk 20 (in sommige landen 12) schijven op een bord van 100 (in sommige landen 64) vakken ❷ [*mv:* -spellen] dambord met bijbehorende schijven: ★ *heb je een* ~ *in huis?*
dam·wand *de (m)* [-en] aaneengesloten rij van dampalen of damplanken
Dan. *afk* Daniël [een van de vier grote profeten in het Oude Testament]
dan¹ I *bijw* ❶ toekomst ★ *morgen is het zondag,* ~ *gaan we naar het strand* ❷ volgorde ★ *eerst even uitrusten en* ~ *gaan we verder* ❸ voorwaarde ★ *als je naar Parijs wilt,* ~ *kun je het best via Brussel reizen* ❹ in vragen ★ *als je die boontjes ook niet wilt, wat wil je* ~*?* ★ *wat* ~ *nog?* wat zou dat? ❺ in de gebiedende wijs ★ *kijk* ~ *eens wat vrolijker!* ★ *ga* ~ *maar!* ik vind het goed dat je gaat ❻ dan ook ★ *hij heeft er* ~ *ook veel voor over gehad* ❼ ★ *tot* ~ tot dat (genoemde) moment ❽ ★ *nu en* ~ soms ❾ BN, spreektaal toen, destijds, op dat ogenblik: ★ *ze was* ~ *15 jaar* ★ *van* ~ *af* van dat ogenblik af, van toen af II *voegw* ❶ na de vergrotende trap ★ *hij verdient meer* ~ *zijn broer* ❷ na anders ★ *dit verhaal eindigt anders* ~ *je denkt* ❸ na een ontkenning ★ *hij gaat nooit uit* ~ *met zijn vrouw* ★ *ze verlieten Parijs niet* ~ *nadat ze de Eiffeltoren hadden beklommen* ❹ al dan niet ★ *speelt hij al* ~ *niet mee in die wedstrijd morgen?* ❺ met wel ★ *wat wil je, een pindarots* ~ *wel een pindakoek?*
dan² *‹Jap› (m)* [-s] systeem van tien onderscheidingen in een aantal Oosterse vechtsporten (judo, jiujitsu, taekwondo, karate e.d.)
Da·na·ï·den *mv* Griekse myth de 50 dochters van Danaos, waarvan er 49 als straf voor het doden van hun echtgenoten in de Tartarus een bodemloos vat moesten vullen; vandaar: ★ *het vat der* ~ *vullen, Danaïdenwerk doen* vergeefse zware arbeid verrichten
dance [daans, dens] *‹Eng› de (m)* verzamelnaam voor ritmische popmuziekgenres die geschikt zijn om op te dansen, zoals disco, house, hiphop enz.
dan·cing [dàn-, densing] *‹Eng› de (m)* [-s] dansgelegenheid
dan·dy [dendie] *‹Eng› de (m)* ['s] jongeman die door verfijnd modieus gedrag en chique kleding de aandacht trekt, fat
da·nig *bijw* zeer, erg, geducht: ★ *ik kreeg er* ~ *van langs*
Da·nish blue [dennisj bloe] *‹Eng› de (m)* soort van zachte Deense kaas met blauwe aderen
dank *de (m)* het blijk geven van erkentelijkheid in woord of gebaar na een gift of een verleende dienst: ★ *iem.* ~ *betuigen* ★ *ik ben u veel* ~ *verschuldigd* ★ *geen* ~ beleefdheidsfrase die men uit na bedankt te zijn ★ *iets in* ~ *aanvaarden* er blij mee zijn ★ *iets niet in* ~ *afnemen* erover ontstemd zijn ★ BN, spreektaal *zonder* ~ geen dank, tot uw dienst; zie ook bij → **dankzij**, → **stank**, → **wil**
dank·baar *bn* ❶ dank voelend: ★ *ik ben u* ~ *voor deze gift* ❷ lonend, voldoening gevend: ★ *een dankbare taak*
dank·baar·heid *de (v)* het gevoelen van dank
dank·be·toon *het* het uiten van dank
dank·be·tui·ging *de (v)* [-en] ❶ uiting van dank: ★ *onder, met* ~ ❷ geschrift e.d. waarin de dank geuit wordt: ★ *een* ~ *aan het organiserend comité*
dank·dag *de (m)* [-dagen] prot dag om in een kerkdienst God te danken: ★ ~ *voor het gewas* voor de oogst
dan·ken *ww* [dankte, h. gedankt] ❶ dank uiten jegens iemand: ★ *iem.* ~ *voor een gunst, gift* ★ *mag ik u* ~ ★ *dank je, dank u* gezegd na het aannemen van iets ★ ‹bij een weigering› *daar dank ik voor* dat weiger ik ★ *dank je (feestelijk)!* gezegd bij een pertinente weigering ★ *God op zijn blote knieën* ~ bijzonder dankbaar zijn ★ *iets te* ~ *hebben aan* ❷ ‹iets positiefs› door of met hulp van de genoemde hebben kunnen verkrijgen: ★ *die salarisverhoging heb ik aan mijn chef te* ~*; tegengest:* → **wijten** ❸ een dankgebed uitspreken (na een maaltijd): ★ *laat ons* ~ ; zie ook bij → **knie**
dank·zeg·gen *ww* [zei en zegde dank, h. dankgezegd] danken
dank·zeg·ging *de (v)* [-en] ❶ het dankzeggen: ★ *onder* ~ *voor betoonde diensten* ❷ geschrift e.d. waarin dankgezegd wordt: ★ *we hebben veel dankzeggingen ontvangen*
dank·zij *vz* door de gunstige werking van: ★ ~ *uw hulp is het goed afgelopen*
dans *‹Fr› de (m)* [-en] ❶ stuk muziek waarop men kan dansen ❷ wijze van dansen: ★ *de tango is een Argentijnse* ~ ❸ keer dat men danst: ★ *mag ik deze* ~ *van u?* ★ *iem. ten* ~ *vragen* iem. vragen om samen te dansen; zie ook bij → **ontspringen**
dan·sant [dãsã] *‹Fr› bn* waarbij gedanst wordt: ★ *diner* ~
danse ma·ca·bre [dãns maakaabrə] *‹Fr› de* [danses macabres] dodendans (zie aldaar)
dan·sen *ww* [danste, h. gedanst] ❶ het ritmisch bewegen van het lichaam op de maat van muziek: ★ *de rumba* ~ ★ ~ *van vreugde* op- en neerspringen van blijdschap ❷ ‹van dingen› onrustig op en neer

bewegen: ★ *de letters* ~ *voor mijn ogen* ; zie ook bij → **pijpen**, → **pop¹**
dan·ser *de (m)* [-s], **dan·se·res** *de (v)* [-sen] iem. die danst
dans·le·raar *de (m)* [-s, -raren] iemand die dansles geeft
dans·les *de* [-sen] onderricht in het dansen
dans·ma·rie·ke *het* [-s] meisje dat in een fraai uniform dansend marcheert tijdens carnavals- en andere feesten
dans·mees·ter *de (m)* [-s] dansleraar
dans·mu·ziek *de (v)* muziek waarop gedanst kan worden
dans·paar *het* [-paren] dame en heer die samen dansen
dans·pas *de (m)* [-sen] pas die men maakt bij het dansen
dans·school *de* [-scholen] gelegenheid waar men dansles geeft
dans·vloer *de (m)* [-en] (gedeelte van) vloer gereserveerd voor dansen
dans·zaal *de* [-zalen] zaal waarin men kan dansen
dap·per *bn* geneigd riskante zaken aan te durven pakken, geen angst tonend bij (dreigend) gevaar: ★ *een dappere brandweerman* ★ *iem.* ~ *de waarheid durven vertellen*
dar *de (m)* [-ren] mannetjesbij
dark horse [dà(r)k hò(r)s] *(‹Eng) de (m)* [-s] sp iem. die, ploeg die, paard dat weinig kans maakt op de overwinning, outsider
dark·room [dà(r)kroem] *(‹Eng) de (m)* [-s] donkere ruimte in homobars, waar seks wordt bedreven
dar·ling [dà(r)ling] *(‹Eng) de* [-s] lieveling, schat
darm *de (m)* [-en] ❶ buis voor de spijsvertering, van de maag tot de anus: ★ *eerst komt de dunne* ~, *daarna de dikke* ~ ❷ BN, spreektaal buigzame buis, → **slang¹** (bet 2)
darm·ca·tar·re [-tar] *de* [-s] acute, onschuldige darmontsteking bij de mens
darm·flo·ra *de* gezamenlijke bacteriën die in het darmkanaal voorkomen
darm·ka·naal *het* [-nalen] darmstelsel van een dier of mens
darm·sap *het* [-pen] vocht in de darmen dat op de spijzen inwerkt
dar·tel *bn* speels: ★ *dartele veulens*
dar·te·len *ww* [dartelde, h. gedarteld] op speelse manier springen, bewegen of huppelen: ★ *de kalfjes dartelden in het gras*
darts [dà(r)ts] *(‹Eng) mv* spel waarbij men pijltjes werpt naar een in kringen met verschillende waardeaanduiding verdeelde schijf
darts·pijl·tje *het* [-s] klein pijltje met stabilisatoren en een scherpe punt, gebruikt bij darts
dar·wi·nis·me *het* leer van de Engelse natuuronderzoeker C. Darwin (1809-1882) dat alle levende wezens zich trapsgewijs tot hun tegenwoordige staat ontwikkeld hebben en de soorten zijn ontstaan door natuurlijke selectie
dar·wi·nist *de (m)* [-en] aanhanger van het darwinisme
dar·wi·nis·tisch *bn* van, volgens de theorie van het darwinisme
das¹ *de (m)* [-sen] plomp, marterachtig roofdier (*Meles meles*)
das² *de* [-sen] ❶ NN kledingstuk om de hals te dragen tegen de kou, sjaal: ★ fig *iemand de* ~ *omdoen* een voor iemand ongunstige afloop bewerken ❷ stropdas: ★ *het dragen van een* ~ *is verplicht*
dash·board [desjbò(r)d] *(‹Eng) het* [-en, -s] instrumentenbord in een auto of vliegtuig
dash·board·kast·je [desjbò(r)d-] *het* [-s] afsluitbaar kastje in het dashboard van een auto, waarin men kleine spullen zoals handschoenen, brillen, doekjes e.d. bewaart
das·hond *de (m)* [-en] kortpotige (jacht)hond, teckel
das·sen·burcht *de* [-en] dassenhol, ondergrondse woning van een → **das¹**
das·sen·hol *het* [-holen] hol van een → **das¹**
das·speld *de* [-en] sierspeld die op een das gedragen wordt
dat I *aanw vnw* iets aanduidend dat verder weg is van de spreker: ★ *niet dit boek, maar* ~ *boek* ★ *ik bedoel* ~ ★ vooral NN *het is niet je dàt* het is niet erg bijzonder II *betr vnw* ★ *het boek* ~ *je las* III *voegw* ★ *ik wou* ~ *je kwam*
dat. *afk* ❶ datum ❷ taalk datief
da·ta *(‹Lat) mv* gegevens, voorstellingen van feiten, begrippen of instructies in zodanige vorm dat ze kunnen worden overgedragen of in een proces kunnen worden verwerkt; zie ook bij → **datum**
da·ta·bank *de* [-en], **da·ta·base** [deetaabees] *(‹Eng) de (m)* [-s] [-beesiz] gestructureerd bestand van samenhangende gegevens, waaruit met behulp van een computer direct informatie opgeroepen kan worden ★ *relationele* ~ database waarin groepen gegevens onderling naar elkaar verwijzen (bijv. velden in een tabel met klantgegevens verwijzen naar velden in een tabel met producten en prijzen)
da·ta·base·man·age·ment·sys·teem [-mennidzjməntsis-] *het* [-temen] comput (afkorting: DBMS) programmatuur om data uit een database te kunnen onderhouden, manipuleren en toegankelijk te houden
da·ta·com·mu·ni·ca·tie [-(t)sie] *de (v)* overdracht van gegevens tussen computers
da·ta·com·pres·sie *de (v)* [-s] comput het terugbrengen van de omvang van opgeslagen data door een efficiënte manier van opslaan
da·ta-en·try [deetaa entrie] *(‹Eng) de (m)* comput het vastleggen van gegevens op een door een computer verwerkbare gegevensdrager
da·ta·her·stel *het* comput het herstellen van gegevens die zijn opgeslagen op een beschadigde schijf of tape
da·ta·mart [deetaamà(r)t] *(‹Eng) de* [-s] comput grote

verzameling gegevens
da·ta·min·ing [deetaamaining] (‹Eng) de comput informatievergaring
da·ta·pro·ces·sing (‹Eng) de (v) het uitvoeren van een aantal opeenvolgende bewerkingen (bijv. transporteren, sorteren, samenvoegen) van gegevens
da·ta·trans·mis·sie de (v) overbrenging van gegevens tussen van elkaar verwijderde punten, in gecodeerde (bijv. digitale) vorm door middel van (meestal elektrische) signalen
da·ta·ty·pist [-tie-] de (m) [-en], **datatypiste** de (v) [-s] iem. die gegevens in een computer typt
da·ta·ware·house [deetaawè(r)haus] (‹Eng: gegevenspakhuis) het [-s] comput combinatie van een aantal databanken
da·ta·ware·hou·sing [deetaa wè(r)hauzing] (‹Eng) de comput methode om snel informatie te betrekken uit een *datawarehouse*
date [deet] (‹Eng) de [-s] ❶ afspraak om iem. te ontmoeten ❷ degene met wie men zo'n afspraakje maakt
da·te·ren ww (‹Fr) [dateerde, h. gedateerd] ❶ dagtekenen: ★ *een brief* ~ ❷ van zekere datum af gerekend moeten worden: ★ *dit kruikje dateert uit de 12de eeuw* ❸ de ouderdom bepalen van: ★ *het schilderij is moeilijk te* ~ ❹ het stempel van zijn tijd dragen, verouderd zijn: ★ *die popopera is nogal gedateerd*
da·te·ring de (v) [-en] ❶ het dateren ❷ ouderdomsbepaling
dat·ge·ne aanw vnw dat wat: ★ ~ *wat moet gebeuren zal morgen worden bekendgemaakt*
da·tief (‹Lat) **I** bn gegeven ★ *datieve voogd* door de rechter of de ouders benoemde voogd **II** de (m) [-tieven] taalk derde naamval
dat·je het [-s] zie bij → **ditje**
da·to (‹Lat) bijw op de vermelde dag ★ *a* ~ of *de* ~ van de dag van de ondertekening of van de opstelling af ★ *na* ~ na die dag
dat·re·cor·der [-riekò(r)də(r)] (‹Eng) de (m) [-s] digital audio taperecorder [opname- en weergaveapparaat waarmee geluid digitaal op tape wordt vastgelegd, zodat bij de weergave een hoogwaardige geluidskwaliteit wordt bereikt]
dat·sja (‹Russ) de ['s] buitenhuis, vooral in Rusland
dat·tum zn NN ★ *van* ~ *iets wat men niet wil noemen, meestal seks*: ★ *hij denkt altijd aan van* ~
da·tum (‹Lat) de (m) [-s, data] dagtekening, bepaalde kalenderdag ★ *een* ~ *afspreken, prikken* de datum bepalen voor een afspraak
da·tum·grens de denkbeeldige lijn in de Grote Oceaan, nabij de 180°-lengtegraad, waarop de datum verandert
da·tum·stem·pel de (m) & het [-s] stempel dat de datum aangeeft, vooral op poststukken
dau·phin [doofẽ] (‹Fr) de (m) [-s] (titel van de) kroonprins van Frankrijk van 1349-1830

dauw de (m) vochtigheid in de lucht, die zich 's ochtends tot druppels verdicht op alles wat zich dicht bij de grond bevindt, zoals planten, bladeren enz.; zie ook bij → **dag**: ★ BN ook *leven van de hemelse* ~ een zorgeloos, onbekommerd leventje leiden, zonder vaste bron van inkomsten
dau·wen ww [het dauwde, het h. gedauwd] zich vormen van dauw
dauw·trap·pen ww & het ❶ 's morgens vroeg een fietstocht of wandeling door de natuur maken ❷ NN op Hemelvaartsdag of 2de pinksterdag 's morgens vroeg in de natuur gaan wandelen of fietsen
dauw·trip de (m) [-s] BN tocht in de vroege ochtend
dauw·worm de (m) huiduitslag op hoofd en gezicht, ontstaan op de zuigelingenleeftijd
d.a.v. afk daaraanvolgend
da·ver de (m) ★ BN ook *iemand de* ~ *op het lijf jagen* iemand geweldig doen schrikken, bang maken
da·ve·ren ww [daverde, h. gedaverd] een dreunend, rollend geluid geven: ★ *de trein daverde over de rails* ★ *een daverende ovatie*
da·ve·rend bn ❶ schitterend, enorm, geweldig ★ *een* ~ *applaus, succes* een enorm applaus, succes ❷ zeer luid: ★ *een daverende knal*
da·vid·ster (‹Hebr) de [-ren] joods embleem van twee elkaar kruisende gelijkzijdige driehoeken
Da·vis·cup [deeviskup] (‹Eng) de (m) wisselbeker voor de jaarlijkse tenniswedstrijden tussen landenteams, genoemd naar de Amerikaanse tennisser D.T. Davis (1876-1945), die hem in 1900 beschikbaar stelde
da·vit (‹Eng) de (m) [-s] ijzeren stut met katrollen aan de zijden van een schip om sloepen aan te hangen
da·zen ww [daasde, h. gedaasd] NN, spreektaal onzin vertellen, zwammen
DB afk ❶ dagelijks bestuur ❷ Deutsche Bundesbahn [Duitse staatsspoorweg]
dB afk symbool voor *decibel*
DBMS afk comput *database management system* (‹Eng) [programmatuur voor het beheer van een database]
d.c. afk *da capo*
dcc afk *digital compact cassette* [cassette voor digitale opslag van geluid]
d.d. afk *de dato* of *de die dienstdoend*
D-day de (m) [die dee] Decision day (‹Eng) [dag van de invasie van de Geallieerden in Normandië, 6 juni 1944]
DDR afk hist *Deutsche Demokratische Republik* [Duitse Democratische Republiek, Oost-Duitsland]
DDT afk *dichloordiphenyl-trichloorethaan* [chemisch poeder, vroeger veel gebruikt ter bestrijding van ongedierte]
de bep lidw mannelijk, vrouwelijk en meervoud: ★ ~ *koe* ★ ~ *stier* ★ ~ *huizen*; met nadruk de beste, de belangrijkste: ★ *Rembrandt was dé schilder uit de Gouden Eeuw*
dead·line [dedlain] (‹Eng) de (m) [-s] tijdstip waarvóór iets moet zijn verricht, betaald, ingeleverd e.d.,

uiterste termijn: ★ *uw bijdrage aan ons blad kon niet worden geplaatst aangezien de ~ al was overschreden*
deal [diel] *(Eng) de (m)* [-s] overeenkomst, transactie
dea·len *ww* [dielə(n)] *(‹Eng›)* [dealde, h. gedeald] handeldrijven in drugs
dea·ler [dielər] *(‹Eng›) de (m)* [-s] ❶ detailhandelaar, vertegenwoordiger van een handelsartikel, vooral van een automerk ❷ handelaar in drugs
dea·ling·room [dielingroem] *(‹Eng›) de (m)* [-s] kantoor van waaruit men valuta's, effecten, opties en termijncontracten verhandelt
deb. *afk* debet
de·ba·cle [-baakəl] *(‹Fr›) de & het* [-s] volslagen ineenstorting, ondergang, algehele mislukking
de·bal·lo·te·ren *ww* [deballoteerde, h. gedeballoteerd] bij stemming afwijzen als lid voor een vereniging
de·bar·deur *(‹Fr›) de (m)* [-s] BN slip-over
de·bar·ke·ren *ww* *(‹Fr›)* [debarkeerde, is & h. gedebarkeerd] ❶ aan land gaan ❷ aan land zetten, ontschepen, lossen
de·bat *(‹Fr›) het* [-ten] twistgesprek, gedachtewisseling over het voor en tegen van een zaak: ★ *de debatten in de Tweede Kamer*
de·ba·ten [diebee-] *(‹Eng›) ww* [debatete, h. gedebatet] een debat voeren, met name ter oefening of als wedstrijd
de·ba·ter [diebeetə(r)] *(‹Eng›) de (m)* [-s] iemand die debatteert, vooral iem. die zich in debatten danig roert
de·ba·ting·club [diebeeting-] *(‹Eng›) de (v)* [-s] vereniging tot oefening in het debatteren
de·bat·te·ren *ww* *(‹Fr›)* [debatteerde, h. gedebatteerd] een debat voeren; het voor en tegen van een zaak bespreken, redetwisten
de·bet *(‹Lat›: eig (de genoemde) is schuldig, moet betalen)* I *het* ❶ wat als bezit of vordering geboekt staat ❷ linkerzijde van boekhoudkundige rekeningen, waar de bezittingen, vorderingen en het tenietgaan van schuld geboekt worden; *tegengest:* → credit¹ II *bn* schuldig, eig en fig ★ *hij is eraan ~ het is zijn schuld*
de·bet·no·ta *de* ['s] nota voor boeking op de debetzijde van een boekhoudkundige rekening
de·bet·post *de (m)* [-en] boekingspost aan de debetzijde
de·bet·ren·te *de* rente die verschuldigd is wegens een negatief saldo op een bank- of girorekening
de·bet·zij·de *de* [-n] linkerzijde van boekhoudkundige rekeningen, waar het debet wordt geboekt
de·biel *(‹Lat›)* I *bn* ❶ zwakzinnig, in verstandelijke ontwikkeling achterblijvend ❷ fig, inf stom, achterlijk: ★ *wat een ~ badpak is dat!* II *de* [-en] iem. die in verstandelijke ontwikkeling achterblijft, vaak gebruikt als scheldwoord: ★ *die debiel heeft mijn computer gemold!*
de·biet *(‹Fr›) het* ❶ afzet van waren, verkoop ❷ opbrengst, productie van een olieveld e.d.
❸ vermogen, capaciteit, vooral in toepassing op de hoeveelheid doorstromend water, bloed e.d. per tijdseenheid: ★ *een pomp met een te klein ~*
de·bi·li·teit *(‹Lat›) de (v)* zwakzinnigheid
de·bi·te·ren *ww* *(‹Fr›)* [debiteerde, h. gedebiteerd] ❶ verkopen ❷ op de debetzijde brengen, als vordering boeken ❸ vertellen, opdissen, verspreiden: ★ *nieuwtjes, grappen ~*
de·bi·teur *(‹Fr›) de (m)* [-s, -en] schuldenaar
de·bi·tri·ce *(‹Fr›) de (v)* [-s] schuldenares
de·blok·ke·ren *ww* [deblokkeerde, h. gedeblokkeerd] ❶ ontzetten, de blokkade opheffen ❷ vrijmaken ‹een spoorwegblok› ❸ vrijgeven ‹m.b.t. geld enz.›
de·brief·ing [die-] *(‹Eng›) de* [-s] onderhoud na afloop van een (militaire) operatie
de·bug·gen *ww* [diebuɣɣə(n)] *(‹Eng›)* [debugde, h. gedebugd] fouten verwijderen uit, vooral uit een computerprogramma
de·bug·ger [diebuɣɣə(r)] *(‹Eng›) de (m)* [-s] comput programma dat fouten (bugs) in een softwareprogramma opspoort en herstelt
de·bu·tant *(‹Fr›) de (m)* [-en], **de·bu·tan·te** *de (v)* [-s of -n] iem. die in het openbaar het eerste proefstuk van bekwaamheid geeft; beginner, nieuweling
de·bu·te·ren *ww* *(‹Fr›)* [debuteerde, h. gedebuteerd] voor het eerst in het openbaar optreden in de een of andere hoedanigheid (als acteur, sporter, muzikant, auteur enz.): ★ *~ met een kleine dichtbundel*
de·buut *(‹Fr›) het* [-buten] ❶ eerste optreden van een sporter, acteur, muzikant, auteur enz. ❷ de rol, het werk enz. waarmee iemand debuteert
dec. *afk* december
de·ca- *(‹Gr›) als eerste lid in samenstellingen* tien-; in namen van eenheden: tienmaal de genoemde eenheid
de·caan [-canen] *(‹Lat›) de (m)* ❶ voorzitter van een faculteit, subfaculteit of afdeling aan een universiteit ❷ NN begeleider van studenten en scholieren
de·ca·de *(‹Fr‹Lat›) de (v)* [-s, -n] ❶ periode van tien dagen ❷ week van tien dagen in de Franse republikeinse kalender
de·ca·dent *(‹Fr›)* I *bn* ❶ in verval, achteruitgaand, naar zijn ondergang gaand, zonder morele kracht ❷ behagen scheppend in de sfeer van (soms bizarre) luxe die vaak kenmerkend is voor een cultuur die haar hoogtepunt reeds gehad heeft: ★ *decadente badplaatsen* ★ *dit boek ademt verlangen naar de decadente ambiance van de belle époque* II *mv*, **decadenten** kunstenaars in wier werk het verval van een cultuurtijdperk tot uiting komt, vooral een groep Franse schrijvers en dichters aan het eind van de 19de eeuw
de·ca·den·tie [-densie] *(‹Lat›) de (v)* het decadent zijn, neergang, verval
de·ca·ë·der *(‹Gr›) de (m)* [-s] regelmatig tienvlak
de·ca·gram *het* [-men] tien gram

de·ca·la·ge [-laazjə] *(‹Fr) de (m)* [-s] BN ook verschil, onderscheid

de·ca·li·ter *de (m)* [-s] (hoeveelheid of maat van) tien liter

de·ca·me·ter *de (m)* [-s] tien meter

de·ca·naat *(‹Lat) het* [-naten] ❶ RK ambt, gebied of woning van een deken ❷ BN dienst van de decaan (faculteitsvoorzitter)

de·can·te·ren *ww (‹Fr)* [decanteerde, h. gedecanteerd] chem een vloeistof langzaam van het bezinksel afgieten, klaren ★ *wijn ~* wijn voorzichtig uit een fles in een karaf overschenken

de·cat·lon *(‹Gr) de (m)* sp tienkamp

de·cem·ber *(‹Lat) de (m)* twaalfde maand van het jaar, wintermaand

de·cen·ni·um *(‹Lat) het* [-niën, -nia] periode van tien jaar

de·cent *(‹Fr‹Lat) bn* welvoeglijk, gepast, fatsoenlijk, eerbaar: ★ *een ~ bloesje* ★ *zich ~ kleden*

de·cen·tie [-sensie] *(‹Lat) de (v)* eerbaarheid, welvoeglijkheid, zedigheid

de·cen·tra·li·sa·tie [-zaa(t)sie] *de (v)* spreiding, verdeling over een aantal punten; vooral het aan lagere bestuursorganen en delen van een land grotere zelfstandigheid geven in verhouding tot het centraal gezag

de·cen·tra·li·se·ren *ww* [-zeerə(n)] *(‹Fr)* [decentraliseerde, h. gedecentraliseerd] decentralisatie toepassen, spreiden

de·cep·tie [-sepsie] *(‹Fr‹Lat) de (v)* [-s] teleurstelling, ontgoocheling

de·char·ge [deesjarzj(ə)] *(‹Fr) de (v)* ❶ kwijting, ontheffing van verantwoordelijkheid: ★ *aan de penningmeester ~ verlenen* zijn rekening en verantwoording goedkeuren ❷ vrijspreking van schuld ★ *getuige à ~* getuige ter ontlasting (van de beschuldigde)

de·char·ge·ren *ww* [deesjarzjeerə(n)] *(‹Fr)* [dechargeerde, h. gedechargeerd] ❶ ontlasten, ontheffen van een bep. verantwoordelijkheid ★ *de penningmeester ~* zijn financiële beheer goedkeuren ★ *iem. ~ voor een bedrag van...* hem dat bedrag kwijtschelden ❷ vrijspreken

dé·chéance [deesjeeāns(ə)] *(‹Fr) de (v)* verval van een recht door tijdsverloop

de·ci- *(‹Lat) als eerste lid in samenstellingen* tiende deel

de·ci·bel *de (m)* [-s] tiende deel van een → bel²; eenheid voor de verhouding van geluidssterkten

de·ci·de·ren *ww (‹Fr‹Lat)* [decideerde, h. gedecideerd] ❶ beslissen, een bepaalde uitspraak doen ❷ besluiten

de·ci·gram *het* [-men] een tiende deel van een gram

de·ci·li·ter *de (m)* [-s] een tiende deel van een liter

de·ci·maal *(‹Lat)* **I** *bn* tiendelig ★ *~ stelsel* tientallig stelsel ★ *decimale breuk* manier van weergave van breuken, waarbij cijfers achter de komma van een getal de teller voorstellen ★ *decimale classificatie* systeem van indeling, vooral van geschriften, gebaseerd op de cijfers 0 tot 9, waarbij er voor iedere onderafdeling een cijfer bijkomt **II** *de* [-malen] elk van de eenheden kleiner dan 1 in decimale breuken

de·ci·maal·te·ken *het* [-s] komma die de gehelen van de decimalen scheidt

de·ci·me·ren *ww (‹Fr‹Lat)* [decimeerde, h. gedecimeerd] ❶ eig loten om of doden van elke tiende man ❷ fig sterk uitdunnen, aanmerkelijk verminderen (nl. de bevolking door ziekte, geweld, natuurrampen enz.)

de·ci·me·ter *de (m)* [-s] een tiende deel van een meter

de·ci·sie [-zie] *(‹Lat) de (v)* [-s] ❶ beslissing, besluit ❷ rechterlijke uitspraak

deck *(‹Eng) de (m)* [-s] verkorting van → **cassettedeck**

de·cla·ma·tie [-(t)sie] *(‹Lat) de (v)* [-s] ❶ het voordragen, met juist begrip en gevoel, van literaire werken ❷ holle hoogdravendheid, woordenpraal

de·cla·ma·tor *(‹Lat) de (m)* [-toren, -s] voordrachtskunstenaar

de·cla·ma·tri·ce *de (v)* [-s] voordrachtskunstenares

de·cla·me·ren *ww (‹Fr‹Lat)* [declameerde, h. gedeclameerd] ❶ ‹op gedragen toon› letterkundige werken mondeling voordragen ❷ met overdreven pathos spreken

de·cla·rant *(‹Lat) de (m)* [-en] ❶ iem. die declareert, die iets in rekening brengt, die een → **declaratie** (bet 2) indient ❷ werknemer bij een expeditiefirma die voor de in- en uitklaring zorgt

de·cla·ra·tie [-(t)sie] *(‹Fr‹Lat) de (v)* [-s] ❶ verklaring ❷ opgave van wat men te vorderen heeft, vooral van terug te ontvangen uitgaven voor reis- en verblijfkosten van werknemers ❸ rekening, o.a. van een arts, advocaat of notaris ❹ aangifte van goederen aan douanekantoren ❺ bewijs van die aangifte

de·cla·re·ren *ww (‹Fr‹Lat)* [declareerde, h. gedeclareerd] ❶ verklaren, betuigen ❷ waren of goederen bij de douane aangeven ❸ ‹reis- en verblijfkosten en andere onkosten› in rekening brengen

de·clas·se·ren *ww (‹Fr)* [declasseerde, h. gedeclasseerd] ❶ rang of stand doen verliezen, buiten de maatschappij plaatsen ❷ BN, sp (iem.) terugzetten in het klassement, uitsluiten; **declassering** *de (v)*

de·cli·na·tie [-(t)sie] *(‹Lat) de (v)* [-s] ❶ afwijking, vooral die van de magneetnaald ❷ afstand van een ster tot de evenaar, uitgedrukt in graden ❸ taalk verbuiging van een woord

de·cli·ne·ren *ww (‹Fr‹Lat)* [declineerde, h. gedeclineerd] ❶ van de hand wijzen ❷ taalk verbuigen

de·co·der [diekoodə(r)] *(‹Eng) de (m)* [-s] apparaat dat, gekoppeld aan een beeldscherm (bijv. van een televisietoestel), gecodeerde signalen gedecodeerd op dat scherm laat verschijnen

de·co·de·ren *ww* [decodeerde, h. gedecodeerd] uit

code overbrengen in gewone taal, gewoon beeld enz., ontcijferen

de·col·le·té *(‹Fr)* het [-s] laag uitgesneden hals van een dameskledingstuk ★ *décolleté en coeur* zeer diep en smal decolleté

de·com·pres·sie·ka·mer *de* [-s], **de·com·pres·sie·tank** [-tenk] *de (m)* [-s] ruimte waarin duikers die op grote diepte zijn geweest, zich geleidelijk kunnen aanpassen aan de verminderde druk bij het bovenkomen

de·com·pres·sie·ziek·te *de (v)* caissonziekte

de·con·fes·sio·na·li·se·ren ww [-sjoonaaliezee-] [deconfessionaliseerde, is gedeconfessionaliseerd] niet langer de godsdienstige gezindte als grondslag erkennen voor een politieke partij, vakbond enz.

de·con·fes·sio·na·li·se·ring [-sjoonaaliezee-] *de (v)* het verschijnsel dat mensen zich bij hun keuze van maatschappelijke organisaties (politieke partij, vakbond, school enz.) niet meer in de eerste plaats laten leiden door hun godsdienstige overtuiging

de·con·fi·ture [-tuur(ə)] *(‹Fr) de (v)* [-s] ❶ volkomen nederlaag ❷ (volslagen) onvermogen om te betalen, failliet

de·cor [-kòr] *(‹Fr) het* [-s] ❶ de gezamenlijke rekwisieten die dienen als achtergrond in films, toneelstukken, shows e.d. ❷ fig omgeving waarin iets zich afspeelt: ★ *de vredesonderhandelingen vonden plaats tegen een ~ van verwoeste gebouwen*

de·co·ra·teur *(‹Fr) de (m)* [-s] ❶ schilder van decors ❷ ontwerper van versieringen voor etalages enz.

de·co·ra·tie [-(t)sie-] *(‹Fr‹Lat) de (v)* [-s] ❶ versiering van een interieur: ★ *een stationsklok in de huiskamer als ~* ❷ versiersel dat hoort bij een ridderorde, erekruis e.d., lintje

de·co·ra·tief I *bn* als versiering dienend, versierend, fraai om te zien: ★ *decoratieve snuisterijen* II *het de* gezamenlijke versieringen, decor

de·co·ra·tie·schil·der [-(t)sie-] *de (m)* [-s] sierschilder

de·co·re·ren *ww (‹Fr‹Lat)* [decoreerde, h. gedecoreerd] ❶ versieren, opsieren: ★ *een interieur ~* ❷ een ridderorde verlenen

de·cor·stuk [-kòr-] *het* [-ken] onderdeel van → **decor** (bet 1)

de·co·rum *(‹Lat) het* uiterlijke waardigheid, goede maatschappelijke vormen, fatsoen: ★ *het ~ bewaren, in acht nemen*

de·cou·peer·zaag·ma·chi·ne [-koe-/-sjenə] *de (v)* [-s] machine waarmee langs gebogen lijnen gezaagd kan worden

de·cou·pe·ren *ww* [-koe-] *(‹Fr)* [decoupeerde, h. gedecoupeerd] ❶ in stukken snijden ❷ uitzagen met een figuurzaag

de·creet *(‹Lat) het* [-creten] ❶ bevel van de overheid, verordening van een autocratische regering ❷ BN wet uitgevaardigd door het Vlaams of het Waals parlement

de·cre·scen·do [-sjen-] *(‹It) bijw* muz afnemend in toonsterkte

de·cre·taal *bn* BN ‹m.b.t. een wet› bij decreet vastgelegd

de·cre·te·ren *(‹Lat) ww* [decreteerde, h. gedecreteerd] ❶ bij decreet vaststellen, bevelen, op autocratische wijze beslissen ❷ BN ‹m.b.t. de Vlaamse regering› een wet uitvaardigen, verordenen

de·cu·mul *de (m)* BN verbod op of tegengaan van het combineren van verschillende ambten

de·cu·mu·la·tie [-(t)sie] *de (v)* [-s] BN het ongedaan maken van de samenvoeging van de inkomsten van echtgenoten voor de berekening van de inkomstenbelasting

de·dain [deedɛ̃] *(‹Fr) de (m) & het* minachting: ★ *met ~ over iets spreken*

de da·to *voorz (‹Lat)* van de (genoemde) dag: ★ *uw schrijven ~ 20 april 2001*

de·den *ww verl tijd meerv* van → **doen**[1]

de·dju *tsw* BN, plat verdomme

de·du·ce·ren *ww (‹Lat)* [deduceerde, h. gededuceerd] logisch afleiden, verklaren, uit algemene wetten afleiden hoe verschijnselen zich in bep. gevallen voordoen: ★ *tot iets ~; tegengest:* → **induceren**

de·duc·tie [-sie] *(‹Lat) de (v)* [-s] ❶ het deduceren; redenering waarbij men van het algemeen geldende tot het bijzondere besluit ❷ afgeleide waarheid

de·duc·tief *(‹Fr‹Lat) bn* ❶ op deducties berustend ❷ volgens deductie te werk gaand, het bijzondere uit het algemene afleidend

deed *ww verl tijd* van → **doen**[1]

deeg *het* [degen] ❶ mengsel om te bakken ❷ voer om te hengelen: ★ *met ~ vissen*

deeg·rol *de (m)* [-len], **deeg·rol·ler** [-s] zwaar, rond, houten voorwerp, gebruikt bij het rollen van deeg

deeg·wa·ren [mv] pasta's, zoals macaroni, spaghetti e.d.

dee·jay [diedzjee] *(‹Eng) de (m)* [-s] → **diskjockey** andere schrijfwijze voor → **dj**

deel[1] *het* [delen] ❶ element dat kleiner is dan het geheel, gedeelte, onderdeel: ★ *iets in delen uiteen nemen* ★ *een ~ van een huis bewonen* ★ *voor een ~* ★ *ten dele* gedeeltelijk ★ *part noch ~ aan iets hebben* zie bij → **part**[1] ★ *ten ~ vallen* geschonken worden, te beurt vallen ★ *in genen dele* volstrekt niet ★ *zijn ~ gehad hebben* veel nare dingen meegemaakt hebben ★ *~ hebben aan, in iets* bij iets betrokken zijn, aan iets meewerken ★ *~ uitmaken van* onderdeel zijn van, horen bij; zie ook bij → **edel** ❷ boekdeel: ★ *een roman in twee delen*

deel[2] *de* [delen] ❶ plank: ★ *vloerdelen* ❷ dorsvloer

deel·ach·tig *bn* deftig deel hebbend aan, delend in, in het bezit van: ★ *een serene levenswijze ~ worden* ★ *iem. iets ~ maken, iem. ~ maken aan iets*

deel·baar *bn* te delen: ★ *56 is ~ door 7;* **deelbaarheid** *de (v)*

deel·cer·ti·fi·caat *het* [-caten] certificaat als bewijs dat men in één of een beperkt aantal vakken van een vakkenpakket met goed gevolg examen heeft gedaan

deel·ge·meen·te *de (v)* [-n, -s] ❶ onderdeel van een gemeente waaraan enkele bevoegdheden van de gemeente gedelegeerd kunnen worden ❷ BN deel van een gemeente dat voordien een zelfstandige gemeente was

deel·ge·noot *de (m)* [-noten], **deel·ge·no·te** *de (v)* [-n] iem. die aandeel heeft aan *of* in iets ★ *iem. ~ maken van een geheim* iem. een geheim vertellen

deel·ge·rech·tigd *bn* gerechtigd om een → **deel¹** te krijgen

deel·heb·ber *de (m)* [-s] iem. die voor een deel eigenaar van iets is

deel·na·me *de* het meedoen

deel·ne·men *ww* [nam deel, h. deelgenomen] ❶ meedoen: ★ *~ aan de Vierdaagse* ❷ meegevoelen: ★ *~ in iemands smart*

deel·ne·mer *de (m)*, **deel·neem·ster** *de (v)* [-s] iem. die meedoet

deel·ne·ming *de (v)* ❶ het meedoen, deelname ❷ het meevoelen ❸ vooral bij trieste aangelegenheden: ★ *zijn deelneming betuigen* ❹ [*mv:* -en] handel bezit door een vennootschap van een pakket aandelen in een andere vennootschap: ★ *~ in een buitenlandse beleggingsmaatschappij*

deel·raad *de (m)* [-raden] volksvertegenwoordiging van een deelgemeente

deel·re·ge·ring *de (v)* [-en] BN regering van een gewest of deelstaat (tegenover federale regering)

deels *bijw* ten dele: ★ *~ gelijk hebben*

deel·som *de* [-men] opgave ter oefening in het 'delen', het berekenen van de verhouding tussen deler en deeltal

deel·staat *de (m)* [-staten] staat die deel uitmaakt van een bondsstaat

deel·streep *de* [-strepen] streep die deeltal en deler scheidt

deel·tal *het* [-len] getal waarop een ander getal (de *deler*) gedeeld wordt

deel·te·ken *het* [-s] ❶ rekenkunde dubbele punt die 'gedeeld door' betekent, bijv. in 9: 3 ❷ trema, dubbele punt die aangeeft dat van twee letters de tweede tot een volgende lettergreep behoort, bijv. in *zeeën, poëzie*

deel·tijd *de (m)* ❶ gedeelte van de normale volledige arbeidstijd, parttime: ★ *in ~ werken* ❷ vooral NN als eerste deel van samenstellingen: ★ *deeltijdarbeid, deeltijdbaan, deeltijdwerk*

deel·tijd·ar·beid *de (m)* vooral NN werk dat slechts een gedeelte van de normale arbeidsdag in beslag neemt

deel·tijd·baan *de* [-banen] vooral NN werkbetrekking in deeltijd, parttimebaan

deel·tijds *bn* in deeltijd: ★ *hij werkt ~* ★ *deeltijdse arbeid*

deel·tje *het* [-s] ❶ klein deel ❷ nat onderdeel van een atoom

deel·tjes·ver·snel·ler *de (m)* [-s] versnellingsmachine, versneller, cyclotron, toestel waarmee men deeltjes kleiner dan atomen (bijv. elektronen, atoomkernen, ionen) een zeer grote snelheid geeft

deel·ver·za·me·ling *de (v)* [-en] wisk verzameling die onderdeel is van een andere, grotere verzameling

deel·woord *het* [-en] woord dat 'deel' heeft aan het werkwoord en aan het naamwoord ★ *onvoltooid of tegenwoordig ~ van zeggen:* zeggend ★ *voltooid of verleden ~ van zeggen:* gezegd

dee·moed *de (m)* grote nederigheid

deem·ste·ring *de (v)* BN, vero het (half)donker

deem·ste·ring *de (v)* BN, vero het (half)donker

Deen *de (m)* [Denen] iem. geboortig of afkomstig uit Denemarken

Deens I *bn* van, uit, betreffende Denemarken: ★ *Deense kaas* ★ *Deense dog* Duitse dog **II** *het* de Deense taal

Deen·se *de (v)* [-n] vrouw, meisje, geboortig of afkomstig uit Denemarken

deer·lijk *bn* jammerlijk, heel erg: ★ *zich ~ vergissen*

deern *de (v)* [-en, -s], **deer·ne** [-n] ❶ meisje, meid ❷ minachtend ontuchtige vrouw, slet

deer·nis *de (v)* diep medelijden

deer·nis·wek·kend, deer·nis·wek·kend *bn* diep medelijden opwekkend, zeer beklagenswaardig

de-es·ca·la·tie [-(t)sie] *(‹Lat) de (v)* trapsgewijze vermindering: ★ *de ~ van de oorlog*

de fac·to *(‹Lat) bijw* feitelijk, metterdaad (maar niet → **de jure**, niet op rechtsgronden)

de·fai·tis·me [deefè-] *(‹Fr)* het moedeloosheid, gezindheid om de strijd op te geven omdat er toch geen hoop op overwinning meer is

de·fai·tist [deefè-] *(‹Fr) de (m)* [-en] iem. die de strijd niet voort wil zetten, omdat hij de nederlaag verwacht; **defaitistisch**

de·fault [diefòlt] *(‹Eng) de* [-s] comput standaardwaarde, beginwaarde die zonder ingrijpen hetzelfde zal blijven

de·fect *(‹Lat)* **I** *bn* ❶ beschadigd, niet functionerend: ★ *de motor is ~* ❷ onvolledig, geschonden **II** *het* [-en] gebrek, beschadiging

de·fec·tief *(‹Lat) bn* ❶ gebrekkig, onvolledig ❷ taalk niet alle vormen of niet de gewone afleidingen hebbend ★ *defectieve werkwoorden* zoals bijv. *zullen* dat geen gebiedende wijs en geen voltooid deelwoord kent

de·fe·de·ra·li·se·ren *ww* [defederaliseerde, h. gedefederaliseerd] BN federaal naar gewestelijk niveau brengen

de·fen·sie *(‹Lat) de (v)* [-s] ❶ verdediging, verweer ❷ ministerie *van Defensie*

de·fen·sief *(‹Fr‹Lat)* **I** *bn* verdedigenderwijs, verdedigend ★ *defensieve alliantie* verbond van wederzijdse verdediging **II** *het* verdediging, verdedigende houding: ★ *in het ~ gaan, zijn; tegengest.:* → **offensief**

de·fe·ren·tie [-sie] *(‹Fr) de (v)* inschikkelijkheid uit achting en ontzag, eerbied ★ *uit ~ voor* uit eerbied

voor
de·fi·bril·le·ren *ww* [defibrilleerde, h. gedefibrilleerd] een elektrische schok toedienen aan het hart, bijv. bij een levensbedreigende hartritmestoornis
de·fi·ciën·tie [-sjensie] (‹Lat) *de (v)* tekort, het tekortschieten, gebrek, vooral med met betrekking tot het ontbreken van vereiste bestanddelen in de voeding
de·fi·ciën·tie·ziek·te [-sjensie-] *de (v)* [-s, -n] ziekte ontstaan door een tekort aan bep. voedingsbestanddelen
de·fi·cit [-siet] (‹Lat) *het* [-s] ❶ tekort ❷ nadelig saldo
de·fi·ci·tair [-tèr] (‹Fr) *bn* een tekort vertonend of veroorzakend: ★ *een deficitaire begroting* ★ *een ~ saldo*
de·fi·lé (‹Fr) *het* [-s] ❶ het defileren ❷ defilerende rij mensen, stoet
de·fi·le·ren *ww* (‹Fr) [defileerde, h. gedefileerd] in een stoet voorbijmarcheren aan degene die de inspectie afneemt (als slot van een parade of bij een huldiging)
de·fi·ni·ë·ren *ww* [-njeerə(n)] (‹Lat) [definieerde, h. gedefinieerd] een bepaling geven van, duidelijk omschrijven en afbakenen: ★ *een woord ~*
de·fi·ni·tie [-(t)sie] (‹Lat) *de (v)* [-s] samenvattende omschrijving van de kenmerken van een begrip, begripsbepaling ★ *per ~ uit de aard der zaak*, bij uitbreiding beslist, ontegenzeggelijk: ★ *een spin heeft per ~ acht poten* ★ *de Brazilianen zijn per ~ sterke voetballers*
de·fi·ni·tief (‹Lat) *bn* ❶ afdoend, volkomen bepalend: ★ *een definitieve regeling treffen* ❷ vast bepaald, voorgoed, blijvend: ★ *iem. ~ verslaan*
de·fla·tie [-(t)sie] (‹Fr) *de (v)* verhoging van de koopkracht van het geld; *tegengest:* → **inflatie**
de·fla·toir [-twaar] *bn* met deflatie samenhangend of die bevorderend
de·flo·ra·tie [-(t)sie] (‹Lat) *de (v)* ontmaagding, doorscheuring van het maagdenvlies
de·flo·re·ren *ww* (‹Lat) [defloreerde, h. gedefloreerd] ontmaagden
de·for·ma·tie [-(t)sie] (‹Fr‹Lat) *de (v)* [-s] ❶ misvorming ❷ vervorming, vormverandering (vooral als wis- en natuurkundige term)
de·for·me·ren *ww* (‹Fr‹Lat) [deformeerde, h. gedeformeerd] vervormen, misvormen
de·frag·men·ta·tie [-(t)sie] *de (v)* [-s] comput groepering van gegevens die verspreid staan op een geheugenschijf
de·frag·men·te·ren *ww* [defragmenteerde, h. gedefragmenteerd] comput gegevens groeperen die verspreid staan op een geheugenschijf
def·tig *bn* ❶ voornaam, statig, stijf-vormelijk: ★ *een deftige dame* ★ *~ spreken* ❷ *bn*, spreektaal (van mensen) welgemanierd, fatsoenlijk, deugdzaam ★ *zich ~ gedragen* zich netjes gedragen ❸ BN, spreektaal (van zaken) behoorlijk, aan redelijke eisen beantwordend, degelijk: ★ *je verzorgt je niet*

301   defibrilleren–deinen

goed, met moeite eet je nog een deftige maaltijd; **deftigheid** *de (v)*
de·ge·lijk *bn* betrouwbaar, deugdelijk: ★ *~ gereedschap* ★ *een degelijke auto* ★ *wel ~* zeker wel (gezegd om twijfel weg te nemen)
de·gel·pers *de* [-en] eenvoudige hoogdrukpers voor klein drukwerk (visitekaartjes, briefpapier e.d.)
de·gen *de (m)* [-s] ❶ smal, recht stootwapen met een tweesnijdende, puntige kling ★ *de degens kruisen* a) een tweegevecht met de degen voeren; b) fig met elkaar debatteren ❷ wapen bij het schermen, iets minder zwaar en buigzaam dan de floret
de·ge·ne *aanw vnw* hij of zij die: ★ *~ die zoiets zegt, deugt zelf niet*
de·ge·ne·ra·tie [-(t)sie] (‹Lat) *de (v)* ❶ ontaarding ❷ med achteruitgang in wezen en functie van cellen en weefsels ❸ morele ontaarding
dé·gé·né·ré [-zjee-] (‹Fr) *de (m)* [-s] gedegenereerde
de·ge·ne·re·ren *ww* (‹Fr‹Lat) [degenereerde, is gedegenereerd] ontaarden, de goede eigenschappen verliezen, minderwaardig worden: ★ *~ tot een zwerver*
de·gen·kop·pel *de (m)* [-s] gordel waaraan men de degen draagt
de·gen·slik·ker *de (m)* [-s] artiest in circussen enz., die een degen door de slokdarm laat glijden
de·gou·te·ren [-γoe-] (‹Fr) *ww* [degouteerde, h. gedegouteerd] ❶ een tegenzin of afkeer inboezemen, doen walgen ❷ ★ BN, spreektaal *(van iets) gedegouteerd zijn* er genoeg van hebben, ervan balen
de·gra·dant *de (m)* [-en] ploeg, sportman die degradeert
de·gra·da·tie [-(t)sie] (‹Fr) *de (v)* [-s] ❶ verlaging in rang ❷ sp plaatsing in een lagere klasse van de competitie; *tegengest:* → **promotie**
de·gra·da·tie·kan·di·daat [-(t)sie-] *de (m)* [-daten] ploeg, sportman die (grote) kans loopt te degraderen
de·gra·da·tie·spook [-(t)sie-] *het* sp de dreiging van degradatie
de·gra·de·ren *ww* (‹Fr‹Lat) [degradeerde, h. & is gedegradeerd] ❶ verlagen in rang: ★ *een sergeant tot korporaal ~* ❷ sp overbrengen in een lagere klasse de competitie ❸ sp overgeplaatst worden naar een lagere klasse van de competitie: ★ *naar de tweede divisie ~*; *tegengest:* → **promoveren**
de·gres·sie (‹Lat) *de (v)* trapsgewijze relatieve afneming (bij belastingen of tarieven)
de·gus·ta·tie [-(t)sie] (‹Lat) *de (v)* BN ook het proeven, vooral om aard en herkomst van wijn te bepalen
de·gus·te·ren (‹Fr‹Lat) *ww* [degusteerde, h. gedegusteerd] BN ook proeven, om de kwaliteit te bepalen; (met smaak) tot zich nemen, nuttigen
dei (‹Turks) *de (m)* [-s] titel van de vroegere heersers van Algiers (1671-1830)
dei·nen *ww* [deinde, h. gedeind] een langzame golfbeweging maken, langzaam op en neer of heen

en weer gaan: ★ *het scheepje deinde op het meer* ★ *een deinende menigte*
dei·ning *de (v)* [-en] ❶ regelmatige maar sterke golfbeweging ❷ fig onrust: ★ *het nieuws van de verloving veroorzaakte veel* ~
de·ïn·stal·le·ren *ww* [deïnstalleerde, h. gedeïnstalleerd] comput een op de harde schijf geïnstalleerd programma met het besturingssysteem gecontroleerd verwijderen
dein·zen *ww* [deinsde, is gedeinsd] achteruitwijken
de·ïs·me *het* geloof aan het bestaan van een God als schepper, die echter geen invloed meer uitoefent op hetgeen geschapen is
de·ïst *de (m)* [-en] aanhanger van het deïsme
dé·jà vu [deezjaa vuu] (<Fr) *het* ['s] gevoel dat men iets wat zich voordoet, reeds vroeger heeft meegemaakt, ook al is dit feitelijk onmogelijk
de·jeu·ner [deezjeunee] (<Fr) *het* [-s] middagmaaltijd, lunch
de ju·re (<Lat) *bijw* van rechtswege, op rechtsgronden
dek *het* [-ken] ❶ bedekking: ★ *een ~ van sneeuw* ❷ horizontale scheiding van ruimte op een schip, vooral scheepsvloer in de buitenlucht: ★ *hij huppelde het ~ op en neer* ★ *aan ~ op het dek* ❸ lakens, dekens, dekbed e.d. op een bed ❹ kleed tegen de kou voor dieren: ★ *een ~ voor een paard* ❺ dekblad van sigaren
dek·bed *het* [-den] hoes die is gevuld met dons, veren of synthetisch materiaal en wordt gebruikt als deken
dek·blad *het* [-bladen] buitenste laag van een sigaar
de·ken¹ (<Lat) *de (m)* [-s] ❶ RK geestelijke, hoofd van een kapittel ❷ oudste of hoofd van een orde, van het corps diplomatique enz.
de·ken² *de* [-s] tamelijk dikke, grote lap stof waarmee men iets bedekt, veel gebruikt voor op bed: ★ *een wollen ~* ★ *onder de dekens kruipen* naar bed gaan
de·ke·naal *bn* van, betreffende een → deken¹ of een decanaat
de·ke·naat *het* [-naten] → decanaat
de·ke·nij *de (v)* [-en] BN ambtswoning van een deken
de·ken·speld *de* [-en] grote veiligheidsspeld
de·ken·zak *de (m)* [-ken] in de vorm van een zak genaaide deken
dek·hengst *de (m)* [-en] ❶ hengst voor het → dekken (bet 6) ❷ inf man die met veel vrouwen een seksuele relatie aangaat
dek·ken *ww* [dekte, h. gedekt] ❶ bedekken ★ *de verf dekt goed* de ondergrond wordt door de verf geheel aan het oog onttrokken ❷ voor de maaltijd gereedmaken: ★ *de tafel ~* ❸ beschermen: ★ *de aftocht ~* ★ *de ambtenaar werd gedekt door zijn meerderen* ❹ balsport zich zodanig opstellen dat de directe tegenstander niet kan worden aangespeeld: ★ *de gevaarlijke spits kort ~* ❺ vergoeden: ★ *de verzekering dekt de schade* ❻ ⟨van dieren⟩ paren met een vrouwelijk exemplaar: ★ *de reu dekte de teef*
dek·king *de (v)* ❶ bedekking ❷ beschutting, o.a.

tegen aanval: ★ *~ zoeken* ★ *in ~ gaan* ❸ vrijwaring tegen geldelijke schade: ★ *er is voldoende ~ voor deze lening* ❹ [mv: -en] regeling voor het financieren van uitgaven ❺ paring, het → **dekken** (bet 6) ❻ balsport het dekken ❼ boksen bescherming met de handen van hoofd en lichaam
dek·kings·bij·dra·ge *de* [-n, -s] econ bedrag dat ter beschikking komt voor de dekking van de constante kosten, het verschil tussen de verkoopprijs en de variabele kosten
dek·kings·plan *het* [-nen] voorstel tot → **dekking** (bet 4)
dek·kleed *het* [-kleden] ❶ kleed waarmee men iets bedekt (bijv. voor een paard) ❷ herald kleed gedrapeerd achter het wapen, afhangend van de wapenhelm
dek·laag *de* [-lagen] bedekkende bovenlaag, vooral van schilderwerk
dek·la·ding *de (v)* [-en] deklast
dek·lan·ding *de (v)* [-en] landing van een vliegtuig op een vliegdekschip
dek·last *de (m)* [-en] lading op het dek van een schip
dek·lat *de* [-ten] ❶ lat waarmee een opening wordt afgedekt ❷ BN, vero, sp dwarslat van een doel
dek·man·tel *de (m)* [-s] voorwendsel, schone schijn: ★ *dat familiebezoek was de ~ voor een grootscheepse drugstransport* ★ *onder de ~ van hulpvaardigheid*
de·ko·lo·ni·sa·tie [-zaa(t)sie] *de (v)* het dekoloniseren, het staatkundig onafhankelijk maken of worden van koloniën: ★ *de ~ van Afrika*
de·ko·lo·ni·se·ren *ww* [-zeerə(n)] [dekoloniseerde, h. gedekoloniseerd] staatkundige onafhankelijkheid verlenen aan een kolonie: ★ *de Caribische eilanden ~*
dek·pas·sa·gier [-zjier] *de (m)* [-s] passagier op een schip die geen hut heeft
dek·reu *de (m)* [-en] reu voor het → **dekken** (bet 6)
dek·schaal *de* [-schalen] schaal met een deksel
dek·schild *het* [-en] schild dat de vleugels van een kever bedekt
dek·schuit *de* [-en] schip zonder motor, kajuit e.d., waarvan het platte dek als laadruimte of voor andere functies wordt gebruikt
dek·sel *de (m) & het* [-s] voorwerp waarmee men een pan, schaal e.d. kan afsluiten ★ *geen pot (zo scheef) of er past wel een ~ op* ook weinig aantrekkelijke mensen kunnen wel een partner vinden
dek·sels NN **I** *tsw* drommels **II** *bijw* in hoge mate: ★ *het was ~ druk* **III** *bn* ondeugend: ★ *een dekselse meid*
dek·stier *de (m)* [-en] stier voor → **dekking** (bet 6)
dek·stoel *de (m)* [-en] ligstoel op het dek van een passagiersschip
dek·stuk *het* [-ken] afdekkend sluitstuk
dek·verf *de* [-verven] ondoorschijnende verf
dek·zeil *het* [-en] zeildoek ter bedekking van iets
del¹ *de* [-len] vallei
del² *de (v)* [-len] inf slet
de·le·ga·tie [-(t)sie] (<Fr<Lat) *de (v)* [-s] ❶ groep

personen die een grotere groep vertegenwoordigt, afvaardiging ★ *een zware* ~ een afvaardiging van hooggeplaatste personen ❷ overdracht, vooral van een taak of een bevoegdheid

de·le·ge·ren *ww* (‹Fr‹Lat) [delegeerde, h. gedelegeerd] ❶ afvaardigen: ★ *de bond delegeerde drie personen naar de conferentie* ; zie ook → **gedelegeerde** ❷ overdragen van een taak, een bevoegdheid of macht: ★ *werk aan een ondergeschikte* ~

de·len *ww* [deelde, h. gedeeld] ❶ iets in stukken, in porties splitsen of verdelen: ★ *samen de buit* ~ ❷ van een getal (deeltal) uitrekenen welk veelvoud het is van een ander getal (deler): ★ *12 gedeeld door 3 is 4* ❸ met iem. een mening, smaak e.d. gemeen hebben: ★ *ik deel jouw voorkeur voor deze componist* ★ *iems. mening* ~ het met iem. eens zijn ❹ deelhebben aan, deelnemen in: ★ ~ *in de winst, in de feestvreugde*

de·ler *de (m)* [-s] ❶ kaartsp gever, degene die de kaarten ronddeelt ❷ getal dat op een ander gedeeld wordt ★ *grootste gemene* ~ a) hoogste getal dat op elk van twee of meer getallen gedeeld kan worden; b) fig datgene wat verschillende opvattingen met elkaar gemeen hebben ★ *5 is de grootste gemene* ~ *van 30 en 55*

de·le·ten *ww* [dielietə(n)] (‹Eng) [deletete, h. gedeletet] comput verwijderen, wissen

de·lete·toets [dieliet-] (‹Eng) *de (m)* [-en] comput toets voor het wissen van data uit een bestand

Del·fisch [-fies] (‹Lat‹Gr) *bn* ❶ van Delphi, een plaats aan de voet van de Parnassus, centrum van de Apollodienst en plaats van het beroemdste Griekse orakel (*het Delfisch orakel* of *het orakel van Delphi*) ❷ vandaar orakelachtig, in raadselachtige taal uitgedrukt ; zie ook → **Pythisch**

delf·stof *de* [-fen] uit de aardkorst gewonnen nuttige stof: ★ *marmer, olie, aardgas e.d. zijn delfstoffen*

delf·stof·kun·de, delf·stof·fen·kun·de *de (v)* leer van de delfstoffen, mineralogie

Delf·te·naar *de (m)* [-s, -naren] inwoner van Delft

Delfts[1] *het* Delfts aardewerk

Delfts[2] *bn* van, uit, betreffende Delft; zie ook → blauw

del·gen *ww* [delgde, h. gedelgd] afbetalen: ★ *schuld* ~; **delging** *de (v)*

de·li·be·ra·tie [dee-, -(t)sie] (‹Fr‹Lat) *de (v)* [-s] ❶ beraadslaging, langdurig beraad ❷ BN beraadslaging over examencijfers

de·li·be·re·ren *ww* (‹Fr‹Lat) [delibereerde, h. gedelibereerd] beraadslagen, langdurig gezamenlijk overleggen

de·li·caat (‹Fr‹Lat) *bn* ❶ teer, fijn in verschillende opvattingen: ★ *een delicate gezondheid* ❷ kiesheid vereisend, netelig, moeilijk: ★ *een delicate kwestie*

de·li·ca·tes·se (‹Fr) *de (v)* ‹concreet› lekkernij; [-n], **delicatessen** *mv* ❶ fijne eetwaren ❷ ‹abstract› tederheid; kiesheid

de·li·ca·tes·sen·win·kel *de* [-s], **de·li·ca·tes·sen·zaak**

[-zaken] winkel waar men fijne eetwaren verkoopt

de·li·cieus [-sjeus] (‹Fr‹Lat) *bn* kostelijk, overheerlijk: ★ *delicieuze gerechten*

de·lict (‹Lat) *het* [-en] misdaad, strafbaar feit ★ recht *eenvoudig* ~ minst erge vorm van een delict, niet-gekwalificeerd delict

de·ling *de (v)* [-en] ❶ het delen ❷ deelsom

de·lin·quent [-kwent] (‹Lat) *de (m)* [-en] misdadiger, bedrijver van een strafbaar feit ★ *politiek* ~ iem. die een politiek misdrijf heeft gepleegd

de·li·ri·um (‹Lat) *het* geestverwarring, bewustzijnsstoornis met hallucinaties ★ ~ *tremens* psychotisch ziektebeeld bij iem. die lijdt aan chronisch alcoholisme, waarbij de patiënt beeft, zweet en hallucinaties heeft

de·loy·aal [deelwajjaal] (‹Fr) *bn* oneerlijk, ontrouw, niet te goeder trouw

de·loy·a·li·teit [deelwajjaa-] (‹Fr) *de (v)* het deloyaal zijn, gebrek aan goede trouw

del·ta (‹Gr‹Hebr) *de* ['s] ❶ vierde letter van het Griekse alfabet, als kleine letter δ, als hoofdletter Δ ❷ land tussen een meerarmige riviermond in de vorm van een hoofdletter ~ ❸ draagvlak van een vliegtuig in de vorm van een hoofdletter ~

del·ta·hoog·te *de (v)* die hoogte van dijken, waarbij de kans dat het door de dijken beschermde land overstroomd wordt, beperkt blijft tot gemiddeld eens in de 10.000 jaar

Del·ta·plan *het* in Nederland plan tot afdamming van zeearmen tussen de Zeeuwse en Zuid-Hollandse eilanden en het verrichten van andere werkzaamheden ter verdediging van de kust tegen het water

del·ta·vlie·gen, del·ta·zei·len *ww & het* zeilvliegen

del·ta·vlieg·tuig *het* [-en] zeilvliegtuig met een vleugel in de vorm van de Griekse hoofdletter delta, hangglider

Del·ta·wer·ken *mv* in Nederland werkzaamheden ter uitvoering van het Deltaplan

del·ven *ww* [delfde, dolf, h. gedolven] graven, opgraven, uitgraven

de·ma·go·gie (‹Gr) *de (v)* het voor zich winnen van toehoorders d.m.v. mooiklinkende maar misleidende argumenten, opruiende leuzen e.d., volksmennerij

de·ma·go·gisch *bn* het volk opruiend

de·ma·goog (‹Gr) *de (m)* [-gogen] volksmenner, opruier

de·mar·ca·tie [-(t)sie] (‹Fr‹Sp) *de (v)* [-s] afbakening, grensscheiding

de·mar·ca·tie·lijn [-(t)sie-] *de* [-en] grenslijn, scheidslinie, vooral die tussen oorlogvoerende partijen bij een wapenstilstand

de·marche [-marsj(ə)] (‹Fr) *de* [-s] stap, poging, vooral diplomatieke stap ★ *demarches doen* stappen doen, pogingen aanwenden

de·mar·que·ren *ww* [-kee-] (‹Fr) [demarqueerde, h. gedemarqueerd] afbakenen, de grens aangeven;

demarrage–demoraliseren

★ *een jachtgebied met prikkeldraad* ~
de·mar·ra·ge [-raazjə] ‹*Fr*› *de (v)* [-s] sp het demarreren, uitlooppoging
de·mar·re·ren ‹*Fr*› *ww* [demarreerde, h. & is gedemarreerd] sp snel opvoeren van de snelheid en daardoor een voorsprong nemen: ★ *uit het peloton* ~
de·mas·ke·ren *ww* ‹*Fr*› [demaskeerde, h. gedemaskeerd] ontmaskeren
de·mas·qué [-kee] ‹*Fr*› *het* [-s] ❶ het afdoen van de maskers aan het eind van een gemaskerd bal ❷ fig ontmaskering: ★ *het* ~ *van een complot*
de·ment ‹*Lat*› *bn* lijdend aan dementie
de·men·te·ren *ww* ‹*Lat*› [dementeerde, is gedementeerd] dement worden
de·men·tie [-sie] ‹*Lat*› *de (v)* aftakeling van de persoonlijkheid, waarbij vooral de verstandelijke functies achteruitgaan, vooral bij bejaarden: ★ *de ziekte van Alzheimer is een van de meest voorkomende oorzaken van* ~ ★ *dementia sinilis* kindsheid
de·mi ‹*Fr*› *de (m)* ['s] verkorting van → **demi-saison**, een zomeroverjas
de·mi-fi·na·le *de* [-s] halve eindstrijd
de·mi·li·ta·ri·sa·tie [-zaa(t)sie,], **de·mi·li·ta·ri·se·ring** [-zeering] *de (v)* het demilitariseren
de·mi·li·ta·ri·se·ren *ww* [-zeerə(n)] [demilitariseerde, h. gedemilitariseerd] in een gebied alle verdedigingswerken slechten en militaire bases opheffen, militaire troepen laten vertrekken uit: ★ *een gebied, een zee* ~
de·mi-mon·de [-môdə] ‹*Fr*› *de (m)* mensen, vooral vrouwen, van schijnbaar fatsoenlijke stand, maar van bedenkelijke zeden
de·mi-pen·sion [-pãsjõ] ‹*Fr*› *het* logies met ontbijt en diner, maar zonder lunch, halfpension
de·mi-sai·son [-sèzõ] ‹*Fr*› *de (m)* [-s] zomeroverjas
de·mi-sec ‹*Fr*› *bn* enigszins sec (van wijn), halfzoet
de·mis·sie ‹*Fr‹Lat*› *de (v)* [-s] afdanking, ontslag uit een dienst of functie
de·mis·sio·nair [-sjoonèr] ‹*Fr*› *bn* ‹van een minister, een kabinet› aftredend, zijn ontslag genomen hebbend
de·mo *de (m)* ['s] ❶ verkorting van → **demobandje** ❷ verkorting van → **demonstratie** ❸ diskette, cd-rom e.d. met een verkorte versie van een programma om de potentiële gebruikers een indruk te geven van het functioneren daarvan
de·mo·band·je *het* [-s] bandje met daarop enkele songs van een beginnende (pop)groep of (pop)zanger(es), bedoeld om ter beoordeling naar een platenmaatschappij te sturen, demonstratiebandje
de·mo·bi·li·sa·tie [-zaa(t)sie] *de (v)* het demobiliseren, opheffing van de mobilisatie
de·mo·bi·li·se·ren *ww* [-zeerə(n)] [demobiliseerde, h. gedemobiliseerd] op vredessterkte terugbrengen van de strijdkrachten: ★ *het leger* ~
de·mo·craat ‹*Gr*› *de (m)* [-craten] aanhanger van de democratie of van een democratische partij

de·mo·cra·tie [-(t)sie] ‹*Gr*› *de (v)* ❶ politiek staatsvorm waarbij nagenoeg het gehele volk aan de collectieve besluitvorming deelneemt; zie ook → **parlementair** ❷ bij uitbreiding besluitvorming waaraan de gehele erbij betrokken populatie mag deelnemen ❸ [*mv:* -tieën*]* staat waarin op democratische wijze wordt geregeerd
de·mo·cra·tisch *bn* ❶ de democratie aanhangend: ★ *een democratische partij* ❷ volgens de principes van een democratie: ★ *een* ~ *genomen besluit*
de·mo·cra·ti·se·ren *ww* [-zeerə(n)] ‹*Fr*› [democratiseerde, h. gedemocratiseerd] op democratische voet inrichten
de·mo·cra·ti·se·ring [-zeering] *de (v)* het democratiseren: ★ *de* ~ *van bedrijven en universiteiten*
de·mo·graaf ‹*Gr*› *de (m)* [-grafen] beoefenaar van de demografie
de·mo·gra·fie ‹*Gr*› *de (v)* statistische volksbeschrijving, gegevens betreffende geboorte, sterfte, huwelijk enz.; leer van de opbouw en samenstelling van bevolkingen; **demografisch** *bn bijw*
de·mon ‹*Fr‹Gr*› *de (m)* [-monen, -s] ❶ boze geest, duivel: ★ *door demonen bezeten* ❷ duivels mens
de·mo·nisch ‹*Gr*› *bn* ❶ van of als van een demon, duivels ❷ van geheimzinnige, toverachtige (verleidings)kracht
de·mo·ni·se·ren *ww* [-zee-] [demoniseerde, h. gedemoniseerd] als slecht of duivels afschilderen: ★ *een politieke beweging* ~
de·mon·strant ‹*Lat*› *de (m)* [-en], **de·mon·stran·te** *de (v)* [-s] iem. die demonstreert, vooral deelnemer aan een → **demonstratie** (bet 2)
de·mon·stra·teur ‹*Fr*› *de (m)* [-s] iem. die demonstreert (→ **demonstreren**, bet 2)
de·mon·stra·tie [-(t)sie] ‹*Fr‹Lat*› *de (v)* [-s] ❶ het tonen van de werking van een apparaat of middel ❷ betoging, gezamenlijk openbaar optreden om een wens, of protest kenbaar te maken
de·mon·stra·tief ‹*Fr‹Lat*› *bn* bedoeld om de aandacht op de meningen of gevoelens van een persoon of een groep te richten: ★ ~ *optreden* ★ *zij verlieten* ~ *de zaal*
de·mon·stra·tri·ce ‹*Fr*› *de (v)* [-s] vrouwelijke demonstrateur
de·mon·stre·ren *ww* ‹*Lat*› [demonstreerde, h. gedemonstreerd] ❶ laten zien: ★ *de juffrouw demonstreerde de leerlingen hoe je correct moet oversteken* ❷ de werking tonen van: ★ *een nieuw type stofzuiger* ~ ❸ een betoging houden: ★ ~ *tegen belastingverhoging, voor de vrede in het Midden-Oosten*
de·mon·ta·ge [-taazjə] ‹*Fr*› *de (v)* het demonteren
de·mon·te·ren *ww* ‹*Fr*› [demonteerde, h. gedemonteerd] ❶ uit elkaar nemen (machine), onttakelen ❷ onbruikbaar maken: ★ *explosieven* ~
de·mo·ra·li·sa·tie [-zaa(t)sie] ‹*Fr*› *de (v)* het verloren-gaan van het moreel, moedeloosheid
de·mo·ra·li·se·ren *ww* [-zeerə(n)] ‹*Fr*›

[demoraliseerde, h. gedemoraliseerd] moedeloos maken, het moreel ondermijnen: ★ *het ongeval met zijn zoon heeft hem volkomen gedemoraliseerd*
de·mo·tie [-(t)sie] *(‹Lat) de (v)* [-s] plaatsing in een lagere functie, degradatie; *tegengest: promotie*
de·mo·ti·ve·ren *ww* [demotiveerde, h. gedemotiveerd] motivatie wegnemen (van), ontmoedigen
dem·pen *ww* [dempte, h. gedempt] ❶ dichtgooien met aarde e.d.: ★ *een gracht* ~ ❷ bedwingen: ★ *een oproer* ~ ❸ matigen, temperen: ★ *geluid* ~ ★ *licht* ~
dem·per *de (m)* [-s] geluiddovende houten kam voor snaarinstrumenten, sourdine
dem·ping *de (v)* [-en] het dempen
de·mys·ti·fi·ca·tie [-mis-, -(t)sie] *(‹Fr) de (v)* [-s] BN het rechtzetten van een misvatting, het ontdoen van zijn misleidend karakter
den¹ *de (m)* [-nen] bep. naaldboom, in Nederland vooral de grove den of de pijnboom (*Pinus sylvestris*) (het hout ervan heet Europees grenen) ★ *een slanke* ~ een zeer slanke vrouw
den² *lidw* vero 'de' in de voorwerpsvorm bij mannelijke zelfstandige naamwoorden ★ *in* ~ *beginne...* de eerste woorden van het eerste Bijbelboek *Genesis* in oudere vertalingen
den·ap·pel *de (m)* [-s] → **dennenappel**
de·nar *(‹Macedonisch‹Lat) de* [-s] munteenheid van Macedonië
de·na·ri·us *(‹Lat) de (m)* [-rii] ❶ de voornaamste Romeinse zilveren munt ❷ benaming voor verschillende munten in de middeleeuwen
de·na·tio·na·li·se·ren *ww* [-(t)sjoonaaliezeerə(n)] [denationaliseerde, h. gedenationaliseerd] de nationalisatie (van bedrijven) ongedaan maken
de·na·tu·re·ren *ww (‹Fr)* [denatureerde, h. gedenatureerd] zijn eigen karakter ontnemen, vooral aan accijns onderhevige stoffen zodanig bewerken dat ze ongeschikt worden voor consumptie, waardoor zij vrij van accijns worden
den·de·ren *ww* [denderde, h. gedenderd] ❶ een dreunend, schokkend geluid geven ❷ zich dreunend voortbewegen: ★ *de trein denderde over de brug*
den·de·rend *bn* geweldig, buitengewoon: ★ *een denderende show* ★ *ik vond dat boek niet zo* ~
den·driet *(‹Gr) de (m)* [-en] ❶ op een struik gelijkend kristal ❷ stuk steen met op bomen of takken gelijkende formatie, ontstaan door afscheiding van metaaloxiden ❸ vertakte uitloper van een zenuwcel
den·dro·gra·fie *(‹Gr) de (v)* boombeschrijving
den·dro·lo·gie *(‹Gr) de (v)* leer van de houtgewassen, boomkunde
de·nier [-njee] *(‹Fr) de* [-s] gewichtsmaat voor synthetische garens, uitgedrukt in grammen per 9000 m
de·ni·gre·rend *(‹Fr) bn* met minachting, laatdunkend ★ ~ *over iets sprekend* als over iets minderwaardigs
de·nim [dee-, dennəm] *(‹Eng: (serge) de Nîmes: serge uit*

Nîmes, een stad in Frankrijk waar deze stof het eerst werd vervaardigd) het sterke, gekeperde katoenen stof, spijkerstof: ★ *een spijkerbroek van blauw* ~
de·ni·vel·le·ren *ww (‹Fr)* [-s] [denivelleerde, h. gedenivelleerd] een nivellering ongedaan maken, het verschil vergroten
de·ni·vel·le·ring *de (v)* het denivelleren, vooral in salarissen
denk·baar *bn* gedacht kunnende worden, in te denken, voor te stellen
denk·bal·lon *de (m)* [-s, -nen] getekende ballon in een stripverhaal met de gedachten van een personage
denk·beeld *het* [-en] voorstelling, gedachte, idee
denk·beel·dig *bn* alleen in de verbeelding bestaand: ★ *deze roman speelt zich af in een denkbeeldige republiek*
den·ke·lijk *bijw* waarschijnlijk, vermoedelijk
den·ken *ww* [dacht, h. gedacht] ❶ de intellectuele vermogens gebruiken, nadenken: ★ *eerst* ~ *voor je aan die klus begint* ❷ vermoeden: ★ *ik denk dat ze zo wel komt* ❸ van mening zijn, menen: ★ *als kind dacht zij dat de wereld rechtvaardig was* ★ *er het zijne van* ~ zijn afwijkende mening over iets voor zich houden ❹ in de geest bezig zijn met, niet vergeten: ★ *zij denkt aan haar vriendje* ★ *heb je aan je paspoort gedacht?* ❺ voor mogelijk of aannemelijk houden: ★ *als oorzaak voor de ziekte* ~ *de artsen aan een virusinfectie* ★ *geen* ~ *aan! dat kun je* ~*!* dat gebeurt nooit, dat is onaanvaardbaar ★ *daar valt niet aan te* ~ dat is onmogelijk ❻ vooral NN rekening houden met: ★ *denk om het afstapje!* ★ *denk erom dat je de volgende keer wel op tijd bent* vergeet dat niet, zorg daarvoor ❼ zich een mening of plan (trachten te) vormen, overwegen: ★ *wij* ~ *erover om te gaan verhuizen* ★ *zo denk ik erover* dat is mijn mening
den·kend *bn* kunnende denken: ★ *de mens is een* ~ *wezen* ★ *het* ~ *deel der natie* de meer ontwikkelden
den·ker *de (m)* [-s] ❶ iem. die ernstig nadenkt ❷ wijsgeer: ★ *de Griekse denkers*
denk·fout *de* [-en] fout in het denken, verkeerde redenering
denk·kracht *de* het kunnen denken
denk·pa·troon *het* [-tronen] sfeer waarin iems. denken zich beweegt, wijze van denken
denk·pis·te *de* [-s, -n] BN ook denkspoor
denk·raam *het* [-ramen] NN, schertsend omvang van het denkvermogen: ★ *een groot* ~ *hebben*
denk·sport *de* [-en] ❶ sport, spel waarbij de krachtmeting voornamelijk op geestelijk niveau plaatsvindt: ★ *schaken, dammen, bridge en go zijn denksporten* ❷ het oplossen van puzzels als tijdverdrijf: ★ ~ *beoefenen*
denk·tank [-tenk] *de (m)* [-s] groep deskundigen die tracht oplossingen te vinden voor diverse ingewikkelde problemen
denk·ver·mo·gen *het* denkkracht
denk·wijs, denk·wij·ze *de* [-wijzen] mening, inzicht, gevoelens

den·nen *bn* van dennenhout
den·nen·ap·pel, **den·ap·pel** *de (m)* [-s, -en] geschubde vrucht van de den
den·nen·bok·tor *de (m)* [-ren] boktor die op dennen leeft, *Aconthocinus aedilis*
den·nen·boom *de (m)* [-bomen] den
den·nen·bos *het* [-sen] bos van dennen
den·nen·groen *het* ❶ de altijdgroene dennennaalden ❷ takken van naaldbomen die vooral met Kerstmis als versiering worden gebruikt
den·nen·hout *het* hout van de zilverspar (*Abies alba*) (dus *niet* van de den)
den·nen·naald *de* [-en] naaldvormig blad van de den
den·nen·rups *de* [-en] rups van de nonvlinder
den·nen·scheer·der *de (m)* [-s] schorskever die jonge loten van dennen eet (*Myelophilus piniperda*)
den·nen·tak *de (m)* [-ken] ❶ tak van een den ❷ als kerstversiering gebruikte tak van een naaldboom, meestal van de fijnspar (*Picea abies*)
de·no·mi·na·tie [-(t)sie] *(‹Lat) de (v)* [-s] ❶ het noemen of aanduiden door een gepaste naam; benaming, naam ❷ geloofsgemeenschap, kerkgenootschap
de·no·mi·na·tief *(‹Lat)* **I** *bn* van een nomen of naamwoord afgeleid **II** *het* [-tieven] van een nomen of naamwoord afgeleid werkwoord, bijv. *huizen* van *huis*, *blauwen* van *blauw*
den·si·me·ter *(‹Lat) de (m)* [-s] nat toestel dat de dichtheid van een stof meet
den·si·teit *(‹Lat) de (v)* ❶ nat dichtheid van een stof ❷ fotogr graad van zwarting ❸ comput opnamecapaciteit van een diskette: ★ *tegenwoordig hebben alle floppy's een hoge ~ van zo'n 1,4 megabyte*
den·taal *(‹Lat)* **I** *bn* met, tegen de tanden gevormd: ★ *dentale medeklinkers* **II** *de* [-talen] tandletter, dentale medeklinker
den·tal floss [dentəl] *(‹Eng) de (m)* draad die men tussen de tanden en kiezen heen en weer beweegt ter reiniging van de tussenruimten
de·nun·ci·a·tie [-sjaa(t)sie] *(‹Lat) de (v)* aangifte, kennisgeving, verklikkerij
de·nun·ci·ë·ren *ww* [-sjee-] *(‹Lat)* [denuncieerde, h. gedenuncieerd] bij het gerecht aangeven, aanbrengen
Deo *zn (‹Lat)* aan of met God ★ *~ gratias* God zij dank ★ *~ volente* zo God wil, insjallah: ★ *als we morgen, ~ volente, in Wenen aankomen*
de·odo·rant *(‹Lat) het* [-en] middel om onaangename geuren weg te nemen, vooral transpiratiegeuren
de·on·to·lo·gie *de (v)* ❶ ethische stroming die zich bezighoudt met gedragsregels ❷ BN ook leer van de plichten voor een bepaald beroep
de·on·to·lo·gisch *bn* BN m.b.t. de plichtenleer van een bepaald beroep
dep. *afk* departement
de·pan·na·ge [-naazjə] *(‹Fr) de (v)* BN takel- en sleephulp, pechdienst
de·pan·ne·ren *ww* [depanneerde, h. gedepanneerd] BN ❶ een auto met pech repareren ❷ iemand hulp bieden, uit de nood helpen

de·par·te·ment *(‹Fr) het* [-en] ❶ bestuurlijk gewest, bijv. in Frankrijk: ★ *het ~ Cantal* ❷ tak van dienst van het uitvoerend gezag, ministerie ❸ gebied van ambtsbemoeiing of bevoegdheid: ★ *dat hoort niet tot mijn ~* ❹ BN subfaculteit
de·par·te·men·taal *(‹Fr) bn* tot een departement behorende of daarvan uitgaande
de·pen·dan·ce [deepādā̱s(ə)] *(‹Fr) de* [-s] vooral NN bijgebouw, bijv. bij een hotel, school of inrichting
de·pen·den·tie [-sie] *(‹Lat) de (v)* [-s] afhankelijkheid; zie ook → **ap- en dependenties**
de·per·so·na·li·sa·tie [-zaa(t)sie] *(‹Fr) de (v)* [-s] het teloorgaan van of stoornis in het gevoel van de eigen persoonlijkheid
de·plo·ra·bel *(‹Fr) bn* betreurenswaardig, jammerlijk
de·po·li·ti·se·ren [-zeerə(n)] *ww* [depolitiseerde, h. gedepolitiseerd] ❶ uit de sfeer van de politieke partijstrijd halen: ★ *de besluitvorming omtrent euthanasie ~* ❷ BN de invloed van de politieke partijen op benoemingen (van hoge ambtenaren, rechters) proberen te verminderen
de·po·nens *(‹Lat) het* [-nentia] [-sie(j)aa] werkwoord met actieve betekenis en passieve vorm (in Latijn en Grieks)
de·po·ne·ren *ww (‹Lat)* [deponeerde, h. gedeponeerd] ❶ neerleggen, afgeven, in bewaring geven: ★ *een koffer in een hotel ~* ❷ terzijde leggen: ★ *geld op een spaarrekening ~* ❸ ter inzage leggen ❹ (een handels- of fabrieksmerk) te bevoegder plaatse inleveren om zich recht van gebruik te verzekeren ★ *wettig gedeponeerd* gangbare uitdrukking waarmee wordt aangegeven dat een merk in het merkenregister voorkomt en op grond daarvan is beschermd
de·por·ta·tie [-(t)sie] *(‹Fr‹Lat) de (v)* [-s] wegvoering, verbanning naar een strafkamp
de·por·te·ren *ww (‹Fr‹Lat)* [deporteerde, h. gedeporteerd] wegvoeren, als straf of maatregel naar een verbanningsoord of strafkamp brengen
de·po·si·to [-zietoo] *(‹It) het* ['s] handel ❶ het voor langere tijd in bewaring geven van geld tegen rente: ★ *1000 euro in ~ storten* ❷ het voor langere tijd in bewaring gegeven geld
de·po·si·to·bank [-zie-] *de* [-en] vroeger bank die geld tegen rente leende en weer uitleende
de·pot [deepoo] *(‹Fr) de (m) & het* [-s] ❶ bewaargeving ❷ in bewaring gegeven goederen of geld ❸ bewaarplaats, magazijn ❹ mil plaats voor de uitrusting en training van reservetroepen ❺ bezinksel, vooral in wijn, droesem
de·pot·frac·tie·be·wijs [deepoofraksie-] *het* [-wijzen] bewijs van deelgerechtigheid aan de aandelen in het bezit van een beleggingsfonds
dep·pen *ww* [depte, h. gedept] met een doekje of watten ergens zacht op drukken om vocht weg te nemen
de·pre·cia·tie [-sjaa(t)sie] *(‹Fr) de (v)* [-s] ❶ vermindering van de waarde van een geldsoort

ten opzichte van buitenlandse geldsoorten en vervolgens waardevermindering in het algemeen ❷ afkeurende beoordeling, geringschatting ❸ notering op de balans beneden de waarde
de·pre·ci·ë·ren *ww* [-sjee-] *(⟨Fr⟩)* [deprecieerde, h. & is gedeprecieerd] ❶ in waarde of koers verlagen ❷ geringschattend oordelen over ❸ in waarde of waardering dalen
de·pres·sie *(⟨Fr⟨Lat⟩) de (v)* [-s] ❶ ⟨in het algemeen⟩ neerdrukking ❷ ziekelijk gedrukte gemoedstoestand, ziekelijk sombere stemming, vaak gepaard gaand met geremdheid in handelen en denken ❸ meteor (gebied van) lage luchtdruk ❹ econ toestand van diepgaande en lang aanhoudende laagconjunctuur, crisis ❺ geogr gebied dat lager ligt dan de zeespiegel
de·pres·sief *(⟨Fr⟩) bn* van de aard van of gekenmerkt door → **depressie** (bet 2): ★ *een depressieve bui*
de·pri *bn* inf verkorting van → **depressief**: ★ *ik voel me een beetje ~*
de·pri·me·ren *ww (⟨Fr⟨Lat⟩)* [deprimeerde, h. gedeprimeerd] neerdrukken, terneerslaan, ontmoedigen
de·pri·va·tie [-(t)sie] *(⟨Lat⟩ de (v)* psych tekort aan voor het normale leven essentiële dingen als moederliefde, slaap, zintuigprikkels e.d.
de·pri·ve·ren *ww (⟨Lat⟩)* [depriveerde, h. gedepriveerd] ontnemen, ontzeggen; *vgl*: → **deprivatie**
de pro·fun·dis *bijw* [dee -] *(⟨Lat⟩)* uit de diepten (klaag ik); beginwoorden van psalm 130 (in de Vulgata 129), een van de boetpsalmen
dept. *afk* departement
de·pu·ta·tie [-(t)sie] *(⟨Fr⟨Lat⟩) de (v)* [-s] ❶ afvaardiging ❷ de afgevaardigden ★ BN *Bestendige Deputatie* lichaam belast met het dagelijks bestuur van een provincie en het toezicht op de gemeentebesturen
der *lidw* vero tweede naamval van 'de' bij de vrouwelijke zelfstandige naamwoorden en die in het meervoud: ★ *Commissaris ~ Koningin* ★ *de cultuur ~ Oude Romeinen*
de·rail·le·ren *ww* [deerajjeerə(n)] *(⟨Fr⟩)* [derailleerde, is gederailleerd] uit het spoor lopen, ontsporen, ook fig
de·rail·leur [deerajjeur] *(⟨Fr⟩ de (m)* [-s] versnellingsapparaat aan een racefiets
de·ran·ge·ren *ww* [deerãzjeerə(n)] *(⟨Fr⟩)* [derangeerde, h. gederangeerd] storen, hinderen, lastig vallen
Der·by [dà(r)bie] *(⟨Eng⟩ de (m)* klassieke paardenren over 2400 m zonder hindernissen, zoals sinds 1780 jaarlijks te Epsom gehouden op woensdag voor Pinksteren
der·by [dà(r)bie] *(⟨Eng⟩ de (m)* ['s] wedstrijd tussen twee clubs uit dezelfde stad of streek
der·de I *rangtelw* behorend bij 'drie' ★ *uit de ~ hand kopen* van de tweede eigenaar ★ *het Derde Rijk* het Duitse rijk van Hitler, 1933-1945 ★ *de ~ wereld* de ontwikkelingslanden; zie ook bij → **leeftijd II** *de* [-n] *in het mv* personen buiten twee partijen staand:

★ *aan derden geen inzage in het contract geven* **III** *het* [-n] derde deel
der·de·graads *bn* ★ *~ verbranding* zware verbranding, waarbij de gehele huid dood is en ook dieper gelegen lagen beschadigd zijn ★ *~ verhoor* zwaar verhoor, waarbij de ondervraagde geestelijk en lichamelijk wordt gepijnigd
der·de·machts·wor·tel *de (m)* [-s] getal dat, tot de derde macht verheven, een bep. gegeven getal vormt: ★ *de ~ van 64 is 4*
der·den·daags *bn* iedere derde dag terugkerend: ★ *de derdendaagse koorts*
der·de·rangs *bn* nog minder dan tweederangs, zeer slecht: ★ *een ~ toneelstuk*
der·de-we·reld·win·kel *de (m)* [-s] winkel die artikelen uit ontwikkelingslanden verkoopt om deze landen economisch te steunen
de·re·gu·la·ri·se·ring *de (v)* BN deregulering
de·re·gu·le·ren *ww* [dereguleerde, h. gedereguleerd] deregulering toepassen
de·re·gu·le·ring *de (v)* vereenvoudiging of afschaffing van (wettelijke) reglementen of restricties, vooral opheffing van bep. wettelijke verplichtingen waaraan bedrijven gebonden zijn, ter stimulering van de economische groei: ★ *door ~ van de arbeidswetgeving hoopt men de economie weer aan te zwengelen*
de·ren *ww* [deerde, h. gedeerd] schaden, verdriet doen, leed berokkenen: ★ *die wind deert me niet*
derg. *afk* dergelijke
der·ge·lijk *vnw* zoals eerder genoemd: ★ *iets dergelijks* ★ *en dergelijke*
der·hal·ve, der·hal·ve *bijw* plechtig dus, daarom
de·ri·vaat *(⟨Lat⟩) het* [-vaten] ❶ wat afgeleid is ❷ chem stof die uit andere, eenvoudiger stoffen kan worden verkregen ❸ taalk afgeleid woord
de·ri·va·tie [-(t)sie] *(⟨Fr⟨Lat⟩) de (v)* [-s] ❶ afleiding ❷ zijdelingse afwijking, o.a. van een afgeschoten kogel ❸ wat afgeleid is
der·ma- *(⟨Gr⟩)* als eerste lid in samenstellingen betrekking hebbend op de huid
der·ma·te *bijw* zó zeer, in dié mate: ★ *hij was ~ verliefd, dat hij twee keer per dag langs haar huis liep*
der·ma·to·lo·gie *(⟨Gr⟩) de (v)* wetenschap betreffende de huid, vooral leer van de huidziekten
der·ma·to·loog *(⟨Gr⟩) de (m)* [-logen] arts voor huidziekten, huidarts; **dermatologisch** *bn bijw*
der·ny [-nie] *(⟨Eng⟩) de (m)* ['s] motor gebruikt bij het stayeren
der·rie *de* ❶ kleiachtige laagveensoort ❷ NN bij uitbreiding modder, drek, vieze massa
der·riè·re [-rjèrə] *(⟨Fr⟩) de (v)* [-s] achterste, achterwerk
der·tien *hoofdtelw* ★ *met zijn dertienen* ★ *~ is het ongeluksgetal* ★ *daarvan gaan er ~ in een dozijn* dat ding of die persoon is onbeduidend, niets bijzonders, van weinig waarde; zie ook bij → **ambacht**
der·tig *hoofdtelw*

der·ti·ger *de (m)* [-s] iem. die tussen 30 en 40 jaar oud is

der·tig·ja·rig *bn* ❶ dertig jaar durend ★ *de Dertigjarige Oorlog* zeer bloedige oorlog in het Duitse Rijk van 1618-1648 ❷ dertig jaar oud: ★ *een dertigjarige vrouw*

der·ven *ww* [derfde, h. gederfd] ❶ missen, niet ontvangen: ★ *winst ~* ❷ BN, vero zich onthouden van: ★ *vroeger moest men op vrijdag nog vlees ~*

der·ving *de (v)* het niet ontvangen, niet genieten: ★ *~ van inkomsten*

der·waarts *bijw* vero daarheen

der·wisj *(‹Perz) de (m)* [-en] lid van een mystieke islamitische broederschap, bedelmonnik

des[1] *bijw* daarom: ★ *~ te meer* ★ *~ te erger*

des[2] *de* [-sen] muz met een halve toon verlaagde → **d**[1]

des[3] *lidw* vero tweede naamval van *de*, mannelijk, en van *het*: ★ *de tand ~ tijds* ★ *de plaats ~ onheils* ★ *het is niet ~ Harry's om zoiets te doen* zoiets doet Harry normaal niet

des- *voorvoegsel* voorvoegsel dat een ontkenning, wegneming of verlaging uitdrukt

de·sa [dessa] *(‹Mal) de* ['s] Indonesische dorpsgemeente op Java, Madoera, Bali en Lombok

des·al·niet·te·min *bijw* niettegenstaande dat

de·sas·treus [deezas-] *(‹Fr) bn* rampzalig, heilloos: ★ *desastreuze ontwikkelingen*

des·avou·e·ren *ww* [-voe-] *(‹Fr)* [desavoueerde, h. gedesavoueerd] ❶ loochenen ❷ niet erkennen, wraken ★ *iemand ~ zijn handelingen of uitspraken niet steunen, niet erkennen, hem afvallen*

des·be·tref·fend *bn* daarop betrekking hebbend, betreffend

des·cen·dant *de (m)* [-en] → **descendent** (bet 2)

des·cen·dent *(‹Lat) de (m)* [-en] ❶ nakomeling, afstammeling ❷ astrol het ondergaande teken van de dierenriem

des·cen·den·tie [-sie] *(‹Lat) de (v)* afstamming; nakomelingschap

de·scrip·tie [-skripsie] *(‹Fr‹Lat) de (v)* [-s] beschrijving

de·scrip·tief *(‹Fr‹Lat) bn* beschrijvend ★ *descriptieve methode, wetenschappen* die zich beperken tot beschrijving (tegengest: *verklarende methode, wetenschappen* enz.)

de·sem *de (m)* zuur geworden deeg, gebruikt als gistmiddel

de·se·men *ww* [desemde, h. gedesemd] desem doen in: ★ *brood ~*

de·sen·si·bi·li·sa·tie [-zaa(t)sie] *de (v)* ❶ algemeen het minder gevoelig maken ❷ fotogr afname van de lichtgevoeligheid van fotografisch materiaal ❸ med behandeling die tot doel heeft een allergisch proces tot staan te brengen

de·ser·te·ren *ww* [deezer-] *(‹Fr)* [deserteerde, is gedeserteerd] weglopen met het doel zich blijvend aan de militaire dienst of de scheepsdienst te onttrekken

de·ser·teur [deezer-] *(‹Fr) de (m)* [-s] iem. die deserteert

de·ser·tie [deezer(t)sie] *(‹Fr) de (v)* het deserteren, ongeoorloofde afwezigheid van een militair

des·ge·val·lend *bijw* BN ook zo nodig, eventueel; in voorkomend geval

des·ge·vraagd *bijw* als het gevraagd wordt: ★ *~ antwoordde hij drie kinderen te hebben*

des·ge·wenst *bijw* als het gewenst wordt: ★ *u kunt ~ gebruik maken van onze sauna*

des·ha·bil·lé [deezaabiejee] *(‹Fr) het* [-s] ochtendgewaad, huisgewaad, negligé

de·si·de·ra·tum [deeziedee-] *(‹Lat) het* [-ta] plechtig iets wat begeerd wordt, maar niet voorhanden is, wens, vereiste

de·sign [dizain] *(‹Eng) de (m)* ❶ het ontwerpen, vooral van industriële vormgeving ❷ (industrieel) ontwerp, vormgeving: ★ *een tv met een strak ~*

de·sig·na·tie [deezienjaa(t)sie] *(‹Lat) de (v)* aanduiding, aanwijzing

de·sig·nen [diesainə(n)] *(‹Eng) ww* [designde, h. gedesignd] ontwerpen

de·sig·ner [dizainər] *(‹Eng) de (m)* [-s] ontwerper, vooral iem. die zich bezighoudt met industriële vormgeving

des·il·lu·sie [-zie] *(‹Fr) de (v)* [-s] ontgoocheling, ernstige tegenvaller

des·il·lu·sio·ne·ren *ww* [-zjoo-] *(‹Fr)* [desillusioneerde, h. gedesillusioneerd] ontgoochelen, hevig teleurstellen

des·in·fec·tans *(‹Lat) het* [-tantia] [-tansie(j)aa] ontsmettingsmiddel

des·in·fec·te·ren *ww (‹Fr)* [desinfecteerde, h. gedesinfecteerd] grotendeels ontsmetten: ★ *een wond ~; vgl:* → **steriliseren**

des·in·fec·tie [-sie] *(‹Fr) de (v)* ontsmetting

des·in·te·gra·tie [-(t)sie] *de (v)* ❶ het uiteenvallen van een geheel in zijn samenstellende delen, o.a. gezegd van een staat of maatschappelijk bestel, ook van radioactieve stoffen ❷ psych het niet meer evenwichtig functioneren van verstand en driftleven

des·in·te·gre·ren *ww (‹Fr)* [desintegreerde, is gedesintegreerd] uiteenvallen

des·in·te·res·se *het* het niet-geïnteresseerd zijn, gebrek aan belangstelling, onverschilligheid

des·in·ves·te·ren *ww* [desinvesteerde, h. gedesinvesteerd] investeringen tenietdoen, bijv. door verkoop van productiemiddelen: ★ *door de oplopende schuldenlast zag de onderneming zich genoodzaakt te ~*

des·in·ves·te·ring, **des·in·ves·te·ring** *de (v)* het tenietdoen van investeringen

desk *(‹Eng) de (m)* [-s] toonbank, balie

desk·top *(‹Eng) de (m)* [-s] comput bureaublad

desk·top·pub·lish·ing [-lisj-] *(‹Eng) het* het met behulp van een personal computer vervaardigen van te publiceren drukwerk

des·kun·dig *bn* met kennis van zaken, vakkundig: ★ *~ zijn op het gebied van automatisering*

des·kun·di·ge *de* [-n] ❶ persoon met kennis van zaken, expert ❷ recht persoon die is aangewezen om onderzoek te doen en inlichtingen te geven omtrent een punt van geschil voor de beoordeling waarvan bijzondere kennis vereist is
des·kun·do·lo·gie *de (v)* schertsend zogenaamde deskundigheid
des·kun·do·loog *de (m)* [-logen] schertsend zogenaamd deskundige
des·niet·te·gen·staan·de *bijw* plechtig ondanks dat, niettemin, evenwel
des·niet·te·min, des·niet·te·min *bijw* ondanks dat
des·noods *bijw* in het uiterste geval: ★ ~ *ga ik wel lopend naar huis*
de·so·laat [deezoo-] *(‹Lat) bn* ❶ troosteloos, diep bedroefd, terneergeslagen: ★ *hij zat ~ in een hoekje* ❷ zich in ontredderde toestand bevindend ★ NN, recht *desolate boedel* insolvente boedel, failliete nalatenschap ❸ verlaten, onherbergzaam: ★ *een desolate landstreek*
des·on·danks *bijw* ondanks dat: ★ *het mistte hevig, maar ~ ging de wedstrijd door*
des·or·ga·ni·sa·tie [-zaa(t)sie] *de (v)* ❶ verwarring, ontreddering, ontwrichting ❷ ontbinding, rotting
des·ori·ën·ta·tie [-taa(t)sie] *(‹Fr) de (v)* psych toestand van verwardheid, onvermogen om zijn plaats in zijn omgeving en onder zijn medemensen te bepalen; (ook) onvermogen tot tijdschatting
des·pe·raat *(‹Lat) bn* wanhopig, radeloos, vertwijfeld
des·pe·ra·do *(‹Sp) de (m)* ['s] wanhopige waaghals, iem. die in vertwijfeling niets ontziet
des·poot *(‹Fr‹Gr) de (m)* [-poten] ❶ alleenheerser; dwingeland ★ *verlicht ~* benaming voor vorsten die van hun oppermacht een heilzaam gebruik maakten (of meenden te maken) ❷ heerszuchtig persoon
des·po·tisch *bn* van, als van of op de wijze van een despoot
des·po·tis·me *het* dwingelandij, willekeurige heerschappij
des·sert *(‹Fr) het* [-en] nagerecht, toetje
des·sert·bord *het* [-en] BN klein bordje, gebruikt voor taart e.d.
des·sin [dessé] *(‹Fr) het* [-s] ‹van stoffen e.d.› tekening, patroon: ★ *een behang met een speels ~*
de·sta·li·ni·sa·tie [-zaa(t)sie] *de (v)* wijziging van de aard van de communistische regimes in Oost-Europa vanaf 1956, bestaand uit de verzachting van diverse strenge maatregelen, afschaffing van de persoonsverheerlijking e.d., genoemd naar Stalin, dictator over de Sovjet-Unie, 1924-1953
de·sta·li·ni·se·ren *ww* [-zeere(n)] *(destaliniseerde, h. gedestaliniseerd)* in de praktijk brengen van de destalinisatie
des·tijds *bijw* in die tijd, vroeger
des·til·laat *(‹Fr), dis·til·laat* *het* [-laten] product van destillatie

des·til·la·teur *(‹Fr), dis·til·la·teur* *de (m)* [-s] iem. die sterke drank stookt
des·til·la·tie, dis·til·la·tie [-(t)sie] *(‹Fr‹Lat) de (v)* [-s] ❶ het destilleren ★ *droge ~* chemische ontleding van organische verbindingen door verhitting zonder zuurstoftoevoer ❷ het stoken van sterkedrank
des·til·leer·der, dis·til·leer·der *de (m)* [-s] → destillateur
des·til·leer·de·rij, dis·til·leer·de·rij *de (v)* [-en] plaats waar men sterke drank stookt
des·til·leer·kolf, dis·til·leer·kolf *de* [-kolven] → kolf (bet 2) bij destilleren gebruikt
des·til·le·ren *ww (‹Fr‹Lat)* [destilleerde, h. gedestilleerd], **dis·til·le·ren** *(‹Lat)* [distilleerde, h. gedistilleerd] ❶ door verhitting doen verdampen en vervolgens condenseren, om te zuiveren (★ *gedestilleerd water*) of af te scheiden ❷ stoken van sterkedrank ❸ fig afleiden (vaak met enige moeite): ★ *vooronderstellingen ~ uit iems. uitspraken*
de·stroy·er [distròje(r)] *(‹Eng) de (m)* [-s] torpedobootjager
de·struc·tie [-struksie] *(‹Fr‹Lat) de (v)* verwoesting, vernietiging, vooral de verwerking van dierlijk afvalmateriaal tot nuttige producten
de·struc·tie·be·drijf [-struksie-] *het* [-drijven] NN bedrijf dat zich bezighoudt met destructie van dierlijk afvalmateriaal
de·struc·tief *(‹Fr‹Lat) bn* verwoestend, vernielend, vernietigend
de·struc·tor *(‹Lat) de (m)* [-s] toestel voor destructie, vooral van kadavers
des·ver·langd *bijw* als men dat verlangt: ★ *~ dienen de bezoekers zich te legitimeren*
des·we·ge *bijw* plechtig daarom
de·ta·che·ment [deetasje-] *(‹Fr) het* [-en] uit een groter geheel voor een bepaalde opdracht afgezonderde troep soldaten
de·ta·che·ren *ww* [-sjeere(n)] *(‹Fr)* [detacheerde, h. gedetacheerd] voor een tijd elders te werk stellen of plaatsen, elders een taak laten uitvoeren: ★ *als automatiseerder gedetacheerd worden bij een bedrijf in Groningen*
de·tail [deetajj] *(‹Fr) het* [-s] ❶ bijzonderheid, klein onderdeel van een geheel: ★ *zich iets in ~ kunnen herinneren* ★ *in details treden* de kleine onderdelen behandelen of benoemen ❷ ondergeschikt punt, futiliteit, onbenulligheid ★ *laten we ons niet in details verliezen* ★ *en ~* a) in 't klein (verkopen); b) fig uitvoerig, haarfijn
de·tail·han·del [deetajj-] *de (m)* handel in 't klein, kleinhandel, verkoop direct aan de consument
de·tail·kwes·tie [deetajj-] *de (v)* [-s] kwestie die niet de hoofdzaak, maar de (minder belangrijke) bijzonderheden betreft
de·tail·le·ren *ww* [deetajjeere(n)] *(‹Fr)* [detailleerde, h. gedetailleerd] ❶ in bijzonderheden vertellen of beschrijven ❷ op grote schaal of op ware grootte in tekening brengen

de·tail·list [deetajjist] *de (m)* [-en] kleinhandelaar
de·tail·prijs [deetaj-] *de (m)* [-prijzen] prijs die geldt voor de detailhandel
de·tec·te·ren *ww (‹Lat)* [detecteerde, h. gedetecteerd] met behulp van een apparaat de aanwezigheid vaststellen van zaken of verschijnselen die zintuiglijk niet waarneembaar zijn: ★ *straling* ~
de·tec·tie *(‹Lat)* [-sie] *de (v)* het vaststellen van de aanwezigheid van iets, het ontdekken, ontdekking
de·tec·tive [dietektiv] *(‹Eng) de (m)* [-s] ❶ persoon die speurwerk verricht naar misdrijven of andere zaken, met hulpmiddelen die ook door de politie worden gebruikt ❷ politiespeurder, rechercheur ❸ (hier soms ook [deetektievə] verkorting van detectiveroman]
de·tec·tive·ro·man [dietektiv-, deetektievə-] *de (m)* [-s] verhaal waarvan de ontraadseling van een misdaad door een detective het hoofdmotief is
de·tec·tor *(‹Lat) de (m)* [-s] apparaat voor het opsporen van zaken en verschijnselen die niet direct waarneembaar zijn: ★ *met een* ~ *een vuurwapen in een koffer opsporen*
de·tente [deetãt(ə)] *(‹Fr) de (v)* ontspanning in de betrekkingen tussen (grote) mogendheden
de·ten·tie [-sie] *(‹Fr) de (v)* recht ❶ opsluiting, hechtenis ❷ het houden, onder zich hebben
de·ter·mi·nant *(‹Lat) de (m)* [-en] ❶ factor die een ontwikkeling of een toestand (mede) bepaalt, bijv. in de genetica ❷ wisk verzameling van getallen als hulpmiddel voor de oplossing van vergelijkingen met meer dan een onbekende
de·ter·mi·na·tie [-(t)sie] *(‹Lat) de (v)* [-s] ❶ het determineren; bepaling; vaststelling van de aard van iets op grond van bepaalde kenmerken ❷ BN vaststelling van of definitieve beslissing inzake de studierichting van een leerling; zie bij → **secundair**
de·ter·mi·na·tie·graad [-(t)sie-] *de (m)* BN, vroeger laatste twee jaar van het secundair onderwijs, waarin de definitieve beslissing inzake de studierichting van de leerlingen wordt bepaald; thans derde graad; zie ook: **observatiegraad** en **oriëntatiegraad**
de·ter·mi·ne·ren *ww (‹Fr‹Lat)* [determineerde, h. gedetermineerd] ❶ bepalen, vaststellen, de aard van iets vaststellen aan de hand van bepaalde kenmerken, vooral van planten ❷ de bepalende factor, vaststaande oorzaak zijn van iets: ★ *volgens hem wordt de politiek door de sociale verhoudingen gedetermineerd*
de·ter·mi·nis·me *(‹Du) het* leer dat alle gebeurtenissen en alle wilsuitingen bepaald zijn door voorafgaande omstandigheden, door vaststaande oorzaken; leer van de onvrije wil
de·ti·ne·ren *ww (‹Lat)* [detineerde, h. gedetineerd] vasthouden, gevangenhouden; *vgl*: → **gedetineerde**
de·to·na·tie [-(t)sie] *(‹Fr) de (v)* [-s] ❶ muz het onzuiver klinken ❷ ontploffing, knal
de·to·ne·ren *ww (‹Fr‹Lat)* [detoneerde, h. gedetoneerd] ❶ muz onzuiver klinken ❷ fig

misstaan, lelijk afsteken: ★ *deze bloes detoneert bij die rok* ❸ ontploffen
de·toxi·fi·ca·tie [-(t)sie] *de (v)* bestrijding van vergiftiging, vooral als gevolg van overmatig alcohol- of drugsgebruik
de·tri·ment *(‹Lat) het* nadeel ★ *ten detrimente van* ten nadele van
deuce [djoes] *(‹Eng) het* tennis gelijke stand in een game (40-40): ★ *bij* ~ *moet een van de partijen twee achtereenvolgende punten maken om de game te winnen*
deugd *de* [-en] geneigdheid tot het goede, goede eigenschap: ★ *eerlijkheid is een grote* ~ ★ *lieve* ~ uitroep van verbazing ★ ~ *doen* goeddoen, weldadig aandoen: ★ *het doet me* ~ *jou zo vrolijk te zien* ★ BN ook ~ *aan iets beleven* er plezier aan hebben ; zie ook bij → **nood**
deug·de·lijk *bn* degelijk, goed in orde: ★ ~ *bewijsmateriaal*
deugd·zaam *bn* braaf; **deugdzaamheid** *de (v)*
deu·gen *ww* [deugde, h. gedeugd] ❶ goed oppassen, een braaf leven lijden: ★ *haar zoon wilde niet* ~ ❷ goed in orde zijn, geschikt zijn: ★ *die auto deugt wel* ★ *een aardige man, maar als onderhandelaar deugt hij niet*
deug·niet *de (m)* [-en] ondeugend kind, ook schertsend als liefkozing gebruikt
deuk *de* [-en] indrukking, gleuf ontstaan door indrukken of door stoten: ★ *een* ~ *in de motorkap* ★ *een pan vol deuken* ★ *een* ~ *krijgen (oplopen)* fig schade oplopen, aangetast worden: ★ *door dit voorval heeft zijn reputatie een behoorlijke* ~ *gekregen* ★ *hij schiet nog geen* ~ *in een pakje boter* ‹m.b.t. een voetballer› hij heeft een zwak schot in de benen ★ NN *in een* ~ *liggen (gaan)* een lachbui hebben, onbedaarlijk lachen
deu·ken *ww* [deukte, h. gedeukt] een deuk maken in: ★ *een blikje* ~
deuk·hoed *de (m)* [-en] slappe hoed met een deuk
deun *de (m)* [-en] melodietje, wijsje: ★ *ik krijg dat deuntje maar niet uit mijn hoofd*
deu·nen *ww* [deunde, h. gedeund] als een deun klinken: ★ *dat liedje deunt mij steeds in de oren*
deur *de* [-en] verticale, beweegbare afsluiting van de toegang tot een huis, vertrek, kast e.d. ★ *dat doet de* ~ *dicht* dat is beslissend, nu is het genoeg! ★ *een open deur intrappen*, ook: *dat is een open* ~ iets beweren dat al bekend is ★ *voor de* ~ *staan* fig aanstaande zijn ★ *buiten de* ~ *eten* (niet thuis, maar) in een restaurant ★ *aan, buiten de* ~ *zetten* op straat zetten ★ *niet naast de* ~ niet dichtbij, ver weg ★ *de* ~ *voor iets openzetten* gelegenheid geven tot het binnendringen, gemakkelijk maken, vooral van misbruiken ★ *met de* ~ *in huis vallen* het gesprek dadelijk brengen op het punt waar het om gaat ★ *politiek van de open* ~ vrijheid van handel voor vreemde landen ★ *net de* ~ *uit zijn* net het huis verlaten hebben ★ *iem. de* ~ *wijzen* iem. gebieden

zijn huis te verlaten ★ *rechtszaak* of *vergadering met gesloten deuren* waarbij geen publiek wordt toegelaten ★ *de ~ bij iem. platlopen* heel vaak bij iem. op bezoek komen ★ vooral NN *niet samen door een ~ kunnen* ruzie hebben, niet meer met elkaar om willen gaan; zie ook bij → **stok**, → **vegen** ★ BN ook *iemand aan de ~ zetten* ontslaan, buitenzetten
deur·con·tact *het* [-en] elektrisch contact dat werkt op het open- en dichtgaan van een deur
deur·dran·ger *de (m)* [-s] vooral NN verende stang waardoor een deur zichzelf sluit, dranger
deur·klop·per *de (m)* [-s] zwaar voorwerp aan een deur waarmee men klopt om zijn aanwezigheid kenbaar te maken
deur·knop *de (m)* [-pen] kruk waarmee een deur wordt geopend of gesloten
deur·mat *de* [-ten] mat voor de deur
deur·post *de (m)* [-en], **deur·stijl** [-en] elk van de stijlen langs een deur
deur·waar·der *de (m)* [-s] ambtenaar bij het gerecht, belast met de dienst bij de zittingen, het doen van gerechtelijke aanzeggingen en het ten uitvoer brengen van rechterlijke uitspraken
deur·waar·ders·ex·ploot *het* [-ploten] aanzegging door een deurwaarder
De·us *(‹Lat) de (m)* God, godheid ★ *deus ex machina* god uit de (toneel)machine, d.w.z. onverwachte verschijning van een persoon, die aan een ingewikkelde toestand een gelukkige wending geeft ★ *~ vobiscum* God zij met u
Deu·te·ro·no·mi·um [dui-] *(‹Lat‹Gr) het* Bijbel tweede wetgeving; vijfde boek van Mozes
deu·vik *de (m)* [-viken] stop in het spongat
deux-che·vaux [deusjəvoo] *(‹Fr) de (m)* [*mv* idem] auto van het merk Citroën 2cv; ook geschreven als *2CV*; *vgl*: → **eend**
deux-pièces [deupjes] *(‹Fr) de (m)* [*mv* idem] tweedelig dameskostuum (jasje en rok)
de·va·lu·a·tie [-(t)sie] *(‹Fr) de (v)* [-s] ❶ verlaging van de waarde van een munt t.o.v. andere valuta's, vermindering van de koopkracht van het geld ❷ fig vermindering in waarde: ★ *de waardering voor operette is tegenwoordig sterk aan ~ onderhevig*
de·va·lu·e·ren *ww (‹Fr)* [devalueerde, h. & is gedevalueerd] ❶ de waarde van een munt doen verminderen t.o.v. andere valuta's: ★ *de lire* ~ ❷ fig in waarde doen verminderen ❸ minder waard worden: ★ *de waarde van deze collectie is de laatste jaren sterk gedevalueerd;* ook fig: ★ *door het zwakke deelnemersveld is het toernooi sterk gedevalueerd*
De·ven·te·naar *de (m)* [-s, -naren] iemand geboortig of afkomstig uit Deventer
De·ven·ter *bn* van, uit, betreffende Deventer: ★ *~ koek*
de·vi·ant *(‹Lat)* **I** *bn* afwijkend, vooral afwijkend van een norm: ★ *~ gedrag* **II** *de* [[-en]] ❶ afwijkende vorm ❷ iem. die afwijkend gedrag vertoont
de·vi·a·tie [-(t)sie] *(‹Fr‹Lat) de (v)* [-s] ❶ afwijking van

een lichaam uit zijn baan, van het kompas ❷ scheepv koersverandering ❸ afdwaling, afwijking van de normale toestand
de·vi·ë·ren *ww (‹Fr‹Lat)* [devieerde, is gedevieerd] van een bep. richting afwijken
de·vies *(‹Fr) het* [-viezen] ❶ zinspreuk, lijfspreuk ❷ *deviezen* buitenlandse betaalmiddelen, geldswaardige papieren en vorderingen
de·vie·zen·con·tro·le [-tròlə, -troolə] *de* toezicht van een overheid op het betalingsverkeer met andere landen
de·vie·zen·han·del *de (m)* handel in vreemde valuta
de·vie·zen·re·ser·ve [-zer-] *de* [-s] bezit aan buitenlandse valuta's (bij een centrale bankinstelling)
de·vo·lu·tie·recht [-(t)sie-] *het* ❶ procesrecht recht om een zaak van een lagere naar een hogere rechter over te brengen ❷ erfrecht overgang van een vermogensobject op een andere persoon ❸ hist overgang van een goed of recht door erfenis op kinderen uit een eerste huwelijk, met voorbijgaan van die uit een later huwelijk
de·voon *(‹Eng) het* geologische periode binnen het *paleozoïcum*, van 395-345 miljoen jaar geleden, waarin de eerste amfibieën, insecten en landslakken leefden
de·voot *(‹Lat) bn* vroom, godvruchtig
de·vo·tie [-(t)sie] *(‹Fr‹Lat) de (v)* [-s] ❶ vroomheid, godvruchtigheid, innige verering ★ *Moderne Devotie* zie bij → **modern** ❷ bijzondere religieuze praktijk
de·vo·tie·prent·je [-(t)sie-] *het* [-s] RK prentje met een godsdienstig opvoedende strekking, santje
de·wel·ke *betr vnw* vero welke, die
de·wijl *voegw* deftig omdat
dex·tri·ne *(‹Lat) de* afbraakproduct van zetmeel dat dient als kleefpasta of vloeibare lijm
dex·tro·gyr [-gier] *(‹Lat) bn* rechtsdraaiend; *tegengest*: → **sinistrogyr**
dex·tro·se [-ze] *(‹Lat-Gr) de* druivensuiker, glucose
dey *(‹Turks) de (m)* [-s] → **dei**
de·ze *aanw vnw* iets aanduidend dat dicht bij de spreker is, in combinatie met mannelijke, vrouwelijke en meervoudige zelfstandige naamwoorden: ★ *~ koe, ~ stier, ~ dieren* ★ *bij dezen met deze brief, met dit bericht:* ★ *bij dezen meld ik mij aan als lid* ★ *in dezen* in dit opzicht, in deze zaak ★ *een dezer dagen* binnenkort ★ *schrijver of steller dezes* hij die dit geschreven heeft ★ NN, schertsend *~ jongen ik:* ★ *~ jongen denkt daar anders over* ★ *~ en gene* verscheidene personen ★ *~ Bernlef is net zo goed als de vorige* dit werk van Bernlef is net zo goed als het vorige
de·zelf·de *aanw vnw* ❶ *bijvoeglijk gebruikt:* ★ *~ persoon* de eerder genoemde persoon ❷ *zelfstandig gebruikt* ★ *dat is ~ van zo-even* dezelfde persoon of hetzelfde ding van zo-even
de·zel·ve *aanw vnw* plechtig deze, de zo-even genoemde

de·zer·zijds *bn* van deze zijde, van onze kant
dg *afk* decigram
dgl. *afk* dergelijke
dhar·ma *(‹Sanskr) het* kosmische orde; harmonie en regelmaat in de natuur en de mensenwereld; de leer van Boeddha, het zedelijke gebod
dhr. *afk* de heer
d.i. *afk* dat is
di- *(‹Gr) als eerste lid in samenstellingen* twee, dubbel
dia *de (m)* ['s] verkorting van → **diapositief**, fotografische afbeelding op doorzichtig materiaal, gebruikt voor projectie en voor reproductiedoeleinden
di·a·beet *de (m)* [-beten] diabeticus
di·a·be·tes *(‹Gr) de (m)* med suikerziekte
di·a·be·ti·ca *de (v)* [-ticae] [-tiesee] med vrouwelijke lijder aan suikerziekte
di·a·be·ti·cus *de (m)* [-tici] med lijder aan suikerziekte
di·a·be·tisch *bn* betreffende suikerziekte
di·a·bo·lisch *(‹Fr) bn* duivels, duivelachtig: ★ ~ *lachen*
di·a·bo·lo *(‹It) de (m)* ['s] stuk speelgoed, bestaande uit twee bij de punt aan elkaar vastzittende kegels, dat op een tussen twee stokjes bevestigd koord in draaiende beweging gebracht wordt om daarna omhoog gegooid en weer op het koord opgevangen te worden
di·a·chro·nisch, di·a·chroon *bn* de ontwikkeling in de tijd volgend, naar historische volgorde: ★ *een ~ woordenboek*
di·a·co·naal *(‹Lat) bn* betreffende de diaconie
di·a·co·naat *(‹Lat) het* ❶ het werk van de diaconie, diakenschap ❷ RK tweede van de hogere orden, voorlaatste rang tot het priesterschap
di·a·co·nes *(‹Lat) de (v)* [-sen] NN protestantse verpleegster, die de verpleging als liefdewerk verricht
di·a·co·nes·sen·huis *het* [-huizen] NN ziekenhuis waar diaconessen werkzaam zijn
di·a·co·nie *(‹Lat) de (v)* [-nieën] ❶ oorspr dienend werk, dienstbetoon, ondersteuning ❷ NN, prot dienstbetoon aan hulpbehoevenden ❸ NN, prot de gezamenlijke diakenen van een plaatselijke kerk
di·a·deem *(‹Fr‹Gr) de (m) & het* [-demen] ❶ fraaie vorstelijke hoofdband, meestal van edelmetaal en versierd met edelstenen ❷ stevige hoofdband (meestal van harde kunststof) als vrouwelijk sieraad
di·a·fo·nie *(‹Gr) de (v)* [-nieën] muz wanklank, dissonant
di·a·frag·ma *(‹Gr) het* ['s] ❶ anat middenrif ❷ schermpje met verstelbare opening om de hoeveelheid invallend licht te regelen in camera's en optische instrumenten
di·a·gno·se [-zə] *de (v)* [-n, -s] *(‹Gr)* ❶ med onderscheiding, bepaling van een ziekte naar haar symptomen ❷ fig analyse van toestanden die met een ziekte vergeleken worden: ★ *de ~ van een economische crisis*
di·a·gnos·ti·ce·ren *ww* [-zee-] [diagnosticeerde, h. gediagnosticeerd] med als diagnose, de diagnose stellen (van)
di·a·gnos·tiek *(‹Gr) de (v)* med leer en kunde van het stellen van de diagnose
di·a·go·naal *(‹Fr‹Gr)* **I** *de* [-nalen] verbindingslijn van twee hoekpunten in een veelhoek, die geen zijde van deze veelhoek is **II** *bn* overhoeks, dwars: ★ *een weiland ~ doorkruisen*
di·a·gram *(‹Fr‹Gr) het* [-men] ❶ schets, schema ❷ voorstelling van de verschillende bereikte waarden in een coördinatensysteem, grafische voorstelling
di·a·ken *(‹Lat) de (m)* [-s, -en] ❶ NN, prot kerkelijk ambtsdrager, belast met de uitoefening van de dienst der barmhartigheid ❷ RK geestelijke die de vier lagere en twee van de drie hogere wijdingen heeft ontvangen
di·a·ken·huis *het* [-huizen] NN, prot, vroeger kerkelijke verzorgingsinrichting
di·a·kri·tisch *(‹Gr) bn* onderscheidend, verduidelijkend ★ *diakritische tekens* tekens boven of onder letters ten behoeve van de juiste uitspraak: ★ *accenttekens op letters zijn diakritische tekens*
di·a·lect *(‹Fr‹Gr) het* [-en] omgangstaal van een streek of stad, die afwijkt van de standaardtaal: ★ *het ~ van de Achterhoek* ★ *zij zongen ~*
di·a·lect·ge·o·gra·fie *de (v)* leer van de verbreiding van de dialecten en dialectverschijnselen en de cartografische voorstelling daarvan
di·a·lec·ti·ca *(‹Lat)*, **di·a·lec·tiek** *de (v)* ❶ wetenschappelijke twist- of disputeerkunst; kunst van de wijsgerige redenering ❷ leer van de Duitse filosoof G. W. F. Hegel (1773-1831), dat de gedachte, tegen zichzelf reagerend, tot verzoening komt in een hogere gedachteorde
di·a·lec·tiek *de (v)* → **dialectica**
di·a·lec·tisch *(‹Lat) bn* ❶ van, behorend tot, betrekking hebbend op een dialect of dialecten ❷ betrekking hebbend op de dialectiek ★ *~ materialisme* leer van de grondbegrippen van de dialectiek en het materialisme volgens de communistische opvatting
di·a·lec·to·lo·gie *de (v)* kennis en leer van de dialecten
di·a·lec·to·loog *de (m)* [-logen] beoefenaar van de dialectologie
di·a·lo·gisch *bn* de vorm hebbend van, bij wijze van samenspraak
di·a·loog *(‹Fr‹Gr) de (m)* [-logen] ❶ tweespraak, samenspraak; *tegengest:* → **monoloog** ❷ uitwisseling van standpunten: ★ *de ~ tussen christenen en moslims*
di·a·loog·ven·ster *het* [-s] comput klein venster op het scherm waarin de gebruiker door het lopende programma wordt gevraagd iets te doen of te kiezen
di·a·ly·sa·tor [-liezaator] *de (m)* [-toren, -s] toestel voor dialyse
di·a·ly·se [-liezə] *(‹Fr‹Gr) de (v)* ❶ chem scheiding van

stoffen in kristalloïden en colloïden door diffusie ❷ med kunstmatige zuivering van het bloed bij personen van wie de nieren niet of onvoldoende functioneren

di·a·mag·ne·tis·me, **di·a·mag·ne·tis·me** *het* magnetisme dat elke stof vertoont die in een magneetveld wordt geplaatst

di·a·mant¹ *(‹Fr‹Gr) als stof: het, als voorwerp: de (m)* [-en] hard, kleurloos edelgesteente, dat bestaat uit zuivere gekristalliseerde koolstof

di·a·mant² *de* [-en], **di·a·mant·let·ter** [-s] lettertype van vier punten

di·a·man·tair [-tèr] *(‹Fr) de (m)* [-s] iem. die diamanten bewerkt en verhandelt

di·a·mant·be·wer·ker *de (m)* [-s] iem. die beroepshalve diamanten bewerkt

di·a·man·ten *bn* van diamant ★ *de ~ bruiloft vieren* 60 jaar getrouwd zijn

di·a·mant·klo·ver *de (m)* [-s] iem. die beroepshalve diamant splijt om de stenen de juiste vorm te geven

di·a·mant·let·ter *de* [-s] → **diamant²**

di·a·mant·slij·per *de (m)* [-s] iem. die diamanten slijpt als beroep

di·a·mant·slij·pe·rij *de (v)* [-en] bedrijf waar men diamanten slijpt

di·a·mant·wer·ker *de (m)* [-s] diamantbewerker

di·a·me·ter *(‹Fr‹Gr) de (m)* [-s] middellijn, doorsnede: ★ *een cirkel met een ~ van 15 cm*

di·a·me·traal *(‹Fr) bn* volgens de diameter ★ *~ tegenover elkaar staan* fig scherp, lijnrecht tegenover elkaar ‹van meningen, opponenten e.d.›

di·a·pa·son [-zon] *(‹Fr‹Gr) de (m)* muz ❶ toonomvang ❷ algemeen aangenomen toonhoogte van de *a*; toon van de stemvork

dia·po·si·tief [-zie-] *het* [-tieven] ❶ → **dia** ❷ ‹in de typografie› witte tekst op een zwarte achtergrond

dia·pro·jec·tor *de (m)* [-s, -toren] toestel om dia's te projecteren

dia·raam·pje *het* [-s] houdertje voor dia's

di·a·ri·um *(‹Lat) het* [-ria] dagboek

di·ar·ree *(‹Fr‹Gr) de (v)* buikloop

di·a·scoop *de (m)* [-scopen] toestel voor het projecteren van doorzichtige voorwerpen

di·a·spo·ra *(‹Gr) de* verstrooiing, het tussen andersdenkenden verstrooid wonen van de joden buiten Israël, ook van leden van andere religies

di·a·sto·le *(‹Lat‹Gr) de* [-n] med rustfase van het hart, waarin het hart met bloed wordt gevuld, waarna de samentrekking (→ **systole**) volgt

di·a·sto·lisch *(‹Gr) bn* van, behorend tot de diastole ★ *diastolische bloeddruk* zie → **onderdruk**

di·a·to·nisch *(‹Lat‹Gr) bn* betreffende de diatoniek: ★ *een diatonische toonladder*

dia·view·er [-vjoewə(r)] *de (m)* [-s] klein toestel voor het bekijken van dia's

dib·bel·ma·chi·ne [-sjie-] *(‹Eng) de (v)* [-s] zaaimachine

dib·bes *de (m)* ★ NN, spreektaal *een ouwe ~ een lieve oude hond, een aardige oude man*

di·cho·to·mie *(‹Gr) de (v)* ❶ tweedeling ❷ tweeledige indeling, plantk gaffelvormige splitsing

di·cho·toom, **di·cho·to·misch** *(‹Gr) bn* tweedelig; **dichotomisch** *bn*

dicht¹ *bn* ❶ nauw aaneensluitend, met weinig tussenruimte: ★ *~ bebouwd* ★ *een ~ woud* ★ *dichte mist* ❷ gesloten, zonder openingen of gaten: ★ *de deur is ~* ★ *het dak is ~* ❸ op kleine afstand: ★ *~ bij de kerk* ★ *~ op elkaar rijden* ★ *zo ~ als een pot gezegd* van personen die goed kunnen zwijgen

dicht² *het* [-en] gedicht, dichtwerk ★ *~ en ondicht* poëzie en proza

dicht·ader *de* [-en] ★ *zijn ~ laten vloeien* schertsend gaan dichten

dicht·be·volkt, **dicht·be·volkt** *bn* met een hoge bevolkingsdichtheid, met veel inwoners per km²: ★ *Bangladesh is een ~ land*

dicht·bij *bijw* op kleine afstand: ★ *zij woont ~*; zie bij → **dicht¹** en → **dichterbij**

dicht·bun·del *de* [-s] boek met gedichten

dicht·doen *ww* [deed dicht, h. dichtgedaan] zo maken dat het dicht is, sluiten

dich·ten¹ *ww* [dichtte, h. gedicht] in dichtvorm schrijven, gedichten maken

dich·ten² *ww* [dichtte, h. gedicht] dichtmaken: ★ *een lek ~*

dich·ter *de (m)* [-s] iem. die gedichten maakt

dich·ter·bij, **dich·ter·bij** *bijw* meer dichtbij

dich·te·res *de (v)* [-sen] vrouwelijke dichter

dich·ter·lijk *bn* als van een dichter, poëtisch ★ *dichterlijke vrijheid* taalkundige onnauwkeurigheid die alleen dichters zich mogen veroorloven

dicht·gaan *ww* [ging dicht, is dichtgegaan] zich sluiten, gesloten worden

dicht·gooi·en *ww* [gooide dicht, h. dichtgegooid] dichtmaken, dichtdoen, sluiten ★ spreektaal *een gracht ~ met aarde een kroeg ~* ★ BN *de remmen ~* bruusk remmen, plotseling het rempedaal intrappen

dicht·groei·en *ww* [groeide dicht, is dichtgegroeid] ❶ ‹van water› door welige groei van planten bijna gedempt worden ❷ NN, schertsend ‹van mensen› overmatig dik worden: ★ *als ik niet minder ga snoepen, groei ik helemaal dicht*

dicht·heid *de (v)* [-heden] ❶ het dicht of vast aaneengesloten zijn ❷ de mate van verdeling of hoeveelheid: ★ *de ~ van de bevolking; vgl:* → **kijkdichtheid** ❸ nat massa per volume-eenheid

dich·ting *de (v)* het dichtmaken

dicht·klap·pen *ww* [klapte dicht, h. & is dichtgeklapt] ❶ met een klap dicht doen slaan ❷ met een klap dichtslaan ❸ fig niet meer openhartig kunnen praten, zich niet meer kunnen uiten, zich afsluiten: ★ *tijdens het examen klapte ik helemaal dicht*

dicht·knij·pen *ww* [kneep dicht, h. dichtgeknepen] knijpend sluiten ★ *een oogje ~ (iets) oogluikend toestaan*; zie ook bij → **hand**

dicht·kunst *de (v)* de kunst van het gedichten maken
dicht·maat *de* [-maten] de → **maat²** (bet 3) van een vers
dicht·ma·ken *ww* [maakte dicht, h. dichtgemaakt] ervoor zorgen dat iets dicht wordt: ★ *een luik, doos ~*
dicht·naai·en *ww* [naaide dicht, h. dichtgenaaid] door → **naaien** (bet 1) dichtmaken
dicht·re·gel *de (m)* [-s, -en] ❶ regel uit een gedicht ❷ voorschrift waaraan een dichter zich houdt
dicht·slaan *ww* [sloeg dicht, h. & is dichtgeslagen] ❶ met een harde slag sluiten: ★ *een deur ~* ❷ zich met een harde slag sluiten: ★ *de deur slaat dicht*
dicht·slib·ben *ww* [slibde dicht, is dichtgeslibd] door slib niet of slecht toegankelijk worden voor schepen: ★ *deze zeearm is dichtgeslibd*
dichtst·bij·zijnd *bn* het meest in de buurt zijnd: ★ *ik ga altijd naar de dichtstbijzijnde bakker*
dicht·trant *de (m)* wijze van dichten
dicht·vorm *de (m)* [-en] vorm van een gedicht: ★ *een verhaal in ~*
dicht·vrie·zen *ww* [vroor dicht, is dichtgevroren] met een aaneengesloten laag ijs bedekt raken: ★ *de haven is dichtgevroren*
dicht·werk *het* [-en] ❶ lang gedicht ❷ verzamelde gedichten van een auteur
dic·taat *(‹Lat) het* [-taten] ❶ de gezamenlijke aantekeningen van een les in het onderwijs ❷ opgelegd voorschrift ★ *het ~ van Versailles* benaming voor de Vrede van Versailles (1918), waarbij Duitsland veel zware verplichtingen opgelegd kreeg
dic·taat·ca·hier [-kaajee] *het* [-s] schrift waarin een dictaat wordt opgenomen
dic·ta·foon *de (m)* [-s] klein formaat cassetterecorder, bestemd voor het vastleggen van teksten die later worden opgeschreven of uitgetikt
dic·ta·tor *(‹Lat) de (m)* [-s] ❶ hist alleen in buitengewone omstandigheden door de Romeinse Senaat benoemd onbeperkt gezaghebber voor bepaalde tijd ❷ thans niet-vorstelijk gezaghebber met onbeperkte macht die meestal op strenge wijze regeert
dic·ta·to·ri·aal *(‹Lat) bn* van, als van of als een dictator
dic·ta·tuur *(‹Lat) de (v)* [-turen] ❶ dictatorschap, waardigheid of regering van een dictator ★ *~ van het proletariaat* leer van Marx betreffende de handhaving van het door het proletariaat veroverde staatsgezag ❷ door een dictator geregeerd land
dic·tee *(‹Fr) het* [-s] voorgelezen stuk dat moet worden opgeschreven, vooral als schooloefening in het spellen
dic·teer·ap·pa·raat *het* [-raten], **dic·teer·ma·chi·ne** [-sjienə] *de (v)* [-s] dictafoon
dic·te·ren *ww (‹Fr‹Lat)* [dicteerde, h. gedicteerd] ❶ een tekst uitspreken die door een ander moet worden opgeschreven: ★ *de minister dicteerde een brief aan zijn secretaresse* ❷ fig zonder

onderhandeling opleggen, voorschrijven
dic·tie [-sie] *(‹Fr‹Lat) de (v)* zegging, wijze van voordragen of uitspreken
dic·tio·nai·re [-sjoonèr(ə)] *(‹Fr) de (m)* [-s] woordenboek
di·dac·ti·cus *de (m)* [-ci] ❶ beoefenaar van de didactiek ❷ iem. die een ander of anderen iets leert
di·dac·tiek *(‹Gr) de (v)* kunst of het onderwijzen, deel van de opvoedkunde dat de overdracht van kennis behandelt
di·dac·tisch *bn* ❶ betrekking hebbend op de didactiek ❷ onderwijzend, lerend
did·ge·ri·doo [didzjəriedoe] *(‹Eng‹Aboriginaltaal) de* [-s] muz van oorsprong inheems Australisch blaasinstrument, bestaande uit een holle stam van een kleine boom, zonder gaten of ventielen
die I *aanw vnw* iets aanduidend dat op enige afstand van de spreker is of waarover al eerder is gesproken, in combinatie met mannelijke, vrouwelijke en meervoudige zelfstandige naamwoorden: ★ *~ koe, ~ stier, ~ dieren daar* ★ *wat heb je op ~ reis allemaal gezien?* ★ *ik bedoel niet ~, maar ~* ★ *van dien aard* van dergelijke soort, zodanig: ★ *de bezwaren waren van dien aard dat het voorstel werd ingetrokken* ★ *met alle gevolgen van dien* met alle ongunstige dingen die hiervan het gevolg zijn **II** *betr vnw* ★ *de tafel ~ daar stond*
di·eet *(‹Gr) het* [diëten] ❶ leefregel met betrekking tot het gebruik van spijs en drank, voorgeschreven voedingswijze: ★ *een ~ volgen* ★ *op ~ zijn* ❷ sociografie door natuurlijke omstandigheden geconditioneerde voedingswijze: ★ *dit volk leeft op een ~ van voornamelijk rijst*
di·eet·keu·ken *de* [-s] keuken ingericht op spijzen volgens dieet
di·eet·win·kel *de (m)* [-s] BN reformwinkel
dief *de (m)* [dieven] ❶ iemand die steelt ★ *als een ~ in de nacht* onopvallend; zeer onverwacht ★ *wie eens steelt, is altijd een ~* of *eens een ~, altijd een ~* wanneer men eens iets heeft misdaan, wordt men er blijvend op aangekeken ★ *~ zijn van zijn eigen portemonnee* zichzelf financieel benadelen, bijv. door te veel geld te betalen voor iets; zie ook → **diefjesmaat** en → **gelegenheid** ❷ ongewenste loot of knop aan een plant
dief·ach·tig *bn* geneigd tot diefstal
dief·fen·ba·chia *de (m)* ['s] plantengeslacht uit de aronskelkfamilie uit tropisch Amerika, waarvan sommige soorten als kamerplant worden geteeld, genoemd naar de Oostenrijkse plantkundige J. Dieffenbach (1796-1863)
dief·je-met-ver·los *het* bep. kinderspel, een soort tikkertje waarbij de getikte kinderen niet meer mogen deelnemen, maar later 'bevrijd' kunnen worden
dief·jes·maat, **dief·jes·maat** *de (m)* NN ★ *dief en ~* allerlei geboefte ★ *het is dief en ~* de een is niet beter dan de ander
dief·stal *de (m)* [-len] ❶ het stelen ★ *recht ~ met braak*

diefstal waarbij de dief toegang heeft verkregen door braak, inklimming, valse sleutels of vals uniform ❷ dat wat gestolen is: ★ *die goederen zijn afkomstig van ~*

die·ge·ne, die·ge·ne *aanw vnw* hij of zij die (iets nadrukkelijker dan → **degene**)

die·hard [daihà(r)d] (<Eng> *de (m)* [-s] ❶ oorspronkelijke benaming voor een lid van de uiterste rechtervleugel van de conservatieve partij; vandaar fanatiek aanhanger van een systeem ❷ iem. die tot het einde toe volhoudt, doordouwer

di·ëlek·trisch *bn* slecht geleidend, isolerend

dien *vnw* vero *voorwerpsvorm mannelijk en onzijdig enkelvoud en voorwerpsvorm meervoud van* die: ★ *met alle gevolgen van ~*

dien·aan·gaan·de, dien·aan·gaan·de *bijw* daarover, daaromtrent: ★ *heeft iemand nog vragen ~?*

die·naar *de (m)* [-s, -naren] ❶ iem. die dient, iem. die diensten of arbeid verricht voor een hogergeplaatst persoon: ★ ~ *des konings* ❷ fig iem. die zich wijdt aan een bep. zaak of persoon: ★ ~ *van de wetenschap* ❸ huisknecht

die·na·res [-sen], **die·na·res·se** *de (v)* [-n] vrouwelijke dienaar

dien·blad *het* [-bladen] blad voor het opdienen van gerechten en dranken

dien·der *de (m)* [-s] NN, vero politieagent ★ *een dooie ~ een saaie vent*

die·nen *ww* [diende, h. gediend] ❶ werken voor: ★ *het vaderland ~* ❷ eer en hulde bewijzen: ★ *God ~* ❸ behulpzaam zijn: ★ *waarmee kan ik u ~?* ❹ van nut zijn: ★ *dat dient tot niets* ❺ gebruikt worden: ★ *als wasmiddel ~* ❻ ★ vooral NN *dienen te* verplicht zijn te, behoren te: ★ *bezoekers dienen zich te melden bij de receptie* ❼ verstrekken, geven: ★ *van advies, repliek ~* advies, antwoord geven aan ❽ <van rechtszaken> in behandeling komen: ★ *in maart dient deze zaak voor de rechter* ❾ zijn dienstplicht vervullen: ★ *bij de marine ~* ❿ ★ NN *niet gediend zijn van iets* iets niet willen, iets niet op prijs stellen

dien·luik *het* [-en] opening in een wand voor het aangeven van gerechten

dien·over·een·kom·stig, dien·over·een·kom·stig *bijw* daarmee overeenkomend

diens *aanw vnw* die zijn: ★ *bij de aanslag op de president kwam diens lijfwacht om*

dien·scho·tel *de* [-s] BN dekschaal

dienst *de (m)* [-en] ❶ het dienen, het werkzaam-zijn: ★ *ik heb vandaag ~ tot vijf uur* ★ *de dokter heeft vandaag geen ~* ★ *in ~ zijn van* werkzaam zijn voor ★ *in ~ treden bij* gaan werken voor ★ *in militaire ~ zijn* dienstplichtig militair zijn ★ *de ~ uitmaken* beslissen wat er gebeurt ★ *buiten ~* <m.b.t. personen> niet (meer) in dienst; <m.b.t. machines, apparaten e.d.> niet functionerend ★ BN, spreektaal *van ~ zijn* dienst hebben, vooral wacht- of weekenddienst ❷ overheidsinstelling: ★ *de ~ stadsontwikkeling en volkshuisvesting* ❸ godsdienstoefening bij de protestanten ❹ verering: ★ *de ~ van God* ❺ handeling in iemands belang: ★ *iem. een ~ bewijzen* ★ *waarmee kan ik u van ~ zijn?* ★ *tot uw ~* beleefd antwoord als men wordt bedankt ★ *de ene ~ is de andere waard* als iem. iets voor een ander doet, moet die ander wat terugdoen ❻ nut: ★ *ten dienste van* ❼ geregelde verbinding met vervoermiddelen: ★ *deze busmaatschappij onderhoudt een ~ tussen Ommen en Dedemsvaart* ❽ BN ook bediening, service ★ ~ *na verkoop* (klanten)service ★ ~ *inbegrepen* inclusief bediening; zie ook bij → **uitmaken**

dienst·au·to [-ootoo, -autoo] *de (m)* ['s] in overheidsdienst gebruikte auto

dienst·baar *bn* in dienst zijnde, ondergeschikt, in onderwerping; nuttig ★ ~ *maken aan* ten nutte doen komen aan

dienst·baar·heid *de (v)* het ondergeschikt zijn, staat van onderwerping

dienst·be·toon *het* ❶ hulpbetoon, hulpvaardigheid ❷ BN bemiddeling bij de overheid door een politicus, ten voordele van zijn kiezers

dienst·be·vel *het* [-en] opdracht van een meerdere aan een mindere gegeven, bijv. in het leger

dienst·bo·de *de (v)* [-n *en* -s] hulp in de huishouding

dienst·brief *de (m)* [-brieven] brief van een overheidsinstelling, ambtelijke brief

dienst·doen *ww* [deed dienst, h. dienstgedaan] gebruikt worden: ★ *het schoteltje deed dienst als asbak*

dienst·doend *bn* ❶ in dienst zijnde: ★ *de dienstdoende arts* ❷ BN, spreektaal *van een functionaris* plaatsvervangend, waarnemend, ad interim

dien·sten·cen·trum *het* [-s, -tra] instelling voor maatschappelijke hulp en voorlichting

diens·ten·cheque [-sjek] *de (m)* [-s] BN door de federale staat gesubsidieerd betaalmiddel waarmee particulieren een werknemer van een erkende onderneming kunnen inhuren voor het verrichten van huishoudelijk werk

dien·sten·sec·tor *de (m)* dat deel van het economisch leven dat buiten land- en tuinbouw, industrie en mijnbouw valt, zoals vervoer, handel, bank- en verzekeringswezen, tertiaire sector

dien·ster *de (v)* [-s] ❶ BN ook serveerster in een lunchroom, cafetaria e.d. ❷ dienstmeisje

dienst·ge·heim *het* [-en] ❶ ambtsgeheim ❷ laagste graad van geheimhouding in het leger e.d.

dien·stig *bn* geschikt, nuttig voor iets: ★ *ergens ~ voor zijn*

dienst·jaar *het* [-jaren] ❶ jaar dat men in dienst is geweest: ★ *een ambtenaar met tien dienstjaren* ❷ jaar waarover het beheer gerekend wordt: ★ *de begroting voor het nieuwe ~*

dienst·klop·per *de (m)* [-s] iem. met overdreven plichtsvervulling

dienst·knecht *de (m)* [-en] plechtig dienaar

dienst·meis·je *het* [-s] meisje als hulp in de huishouding

dienstpersoneel–diepvriesmaaltijd 316

dienst·per·so·neel *het* allen die bij iem. in dienst zijn, vooral in huiselijke dienst
dienst·plicht *de* verplichting tot militaire dienst (in Nederland en België niet meer bestaand) ★ *vervangende* ~ dienstplicht in niet-militaire sfeer te vervullen door dienstweigeraars
dienst·plich·tig *bn* verplicht tot het vervullen van militaire dienst; **dienstplichtige** *de (m)* [-n]
dienst·re·ge·ling *de (v)* [-en] ❶ regeling van werkzaamheden ❷ lijst van aankomst- en vertrektijden van openbaarvervoersmiddelen
dienst·reis *de* [-reizen] reis in dienst van de overheid, ambtelijke reis
dienst·tijd *de (m)* [-en] tijd die men dienen moet *of* gediend heeft
dienst·vaar·dig *bn* bereid tot het bewijzen van diensten
dienst·ver·band *het* betrekking in dienst van een werkgever: ★ *een* ~ *aangaan, verbreken* ★ *in* ~ *staan* ★ *een los (vast)* ~ zonder (met) een vaste aanstelling
dienst·ver·le·nend *bn* behorende tot de dienstverlening
dienst·ver·le·ning *de (v)* ❶ het verrichten van diensten als maatschappelijke functie ❷ het verrichten van bep. taken als alternatieve straf, werkstraf
dienst·weg *de (m)* [-wegen] BN weg die alleen bestemd is voor dienstverleners of dienstvoertuigen
dienst·wei·ge·raar *de (m)* [-s] iem. die weigert de militaire dienstplicht te vervullen, vooral op grond van gewetensbezwaren
dienst·wei·ge·ring *de (v)* ❶ weigering krijgsdienst te verrichten ❷ weigering door een lid van de krijgsmacht om een bevel op te volgen
dienst·wil·lig *bn* dienstvaardig
dienst·wo·ning *de (v)* [-en] woning die iem. die een bep. functie verricht toegewezen krijgt
dien·ta·fel *de* [-s] tafel met benodigdheden voor het opdienen van een maaltijd
dien·ten·ge·vol·ge, **dien·ten·ge·vol·ge** *bijw* ten gevolge daarvan
diep¹ *bn* ❶ met grote afstand onder het oppervlak of de bovenrand: ★ ~ *water* ★ *een diepe put* ❷ met grote afstand tussen voor- en achterkant: ★ *een* ~ *huis* ❸ ver naar beneden: ★ ~ *vallen* ★ *een diepe buiging maken* ❹ fig groot, ernstig: ★ *een diepe zucht slaken* ★ *een* ~ *geheim* ★ *diepe ellende* ★ ~ *in de ellende zitten* ★ *we waren* ~ *bedroefd* ❺ met geestelijke achtergrond of ondergrond: ★ *diepe gedachten* ★ *niet* ~ *oppervlakkig* ❻ ver naar binnen: ★ ~ *in de Braziliaanse oerwouden*
diep² *het* [-en] NN vaarwater; kanaal ‹vooral in de noordelijke Nederlandse provincies›
diep·druk I *de (m)* grafisch procedé waarbij tekeningen e.d. verdiept zijn aangebracht op een plaat **II** *de (m)* [-ken] volgens dat procedé vervaardigde afdruk
die·pe *het* diep gedeelte van een zwembad ★ *in het diepe springen* fig iets wagen waarvan de uitkomst onzeker is
die·pe·rik *de (m)* ★ BN *de* ~ *ingaan* naar de haaien gaan, ten onder gaan
diep·gaand *bn* fig grondig, diep doordringend: ★ *een* ~ *onderzoek instellen*
diep·gang *de (m)* ❶ afstand tussen de waterspiegel en de onderkant van een schip ❷ fig het diepgaand zijn: ★ *een essay met veel* ~ ★ *weinig* ~ *hebben* oppervlakkig zijn
diep·la·der *de (m)* [-s] vooral NN vrachtwagen met de bodem laag boven de grond
diep·lig·gend *bn* ver naar binnen, naar onderen liggend: ★ *een* ~ *schip* ★ *diepliggende ogen* achter in de oogkas
diep·lood *het* [-loden] peillood
diep·te *de (v)* [-n, -s] ❶ het diep-zijn: ★ *de* ~ *van dit meer is 20 m* ★ *een schilderij met veel* ~ met veel perspectivische vertekening ❷ iets dat heel diep is, afgrond: ★ *hij stortte in de* ~
diep·te·bom *de* [-men] bom die onder water ontploft; wapen tegen duikboten
diep·te·in·ter·view [-vjoe] *het* [-s] langdurig, intensief interview om achter de verborgen motieven van iems. handelen te komen, o.a. toegepast in de sociale wetenschappen
diep·te·in·ves·te·ring *de (v)* [-en] investering die de hoeveelheid kapitaal per arbeider opvoert en veelal leidt tot vervanging van arbeid door kapitaalgoederen; *tegengest*: → **breedte-investering**
diep·te·lijn *de* [-en] denkbeeldige lijn die in water de punten op gelijke diepte verbindt
diep·te·me·ter *de (m)* [-s] instrument dat de diepte van iets meet
diep·te·pass [-paas] *de (m)* [-es] voetbal pass in de richting van het doel van de tegenpartij tussen een aantal tegenstanders door
diep·te·psy·cho·lo·gie [-psiegoo-] *de (v)* psychologie van het onderbewustzijn
diep·te·punt *het* [-en] laagste punt, ook fig: ★ *we zijn het* ~ *van de economische crisis gepasseerd*
diep·te·scherp·te *de (v)* fotogr scherptediepte
diep·te·struc·tuur *de (v)* [-en] taalk (in de transformationeel-generatieve taalkunde) de meest abstracte weergave van een zin d.m.v. een boomdiagram waarin alleen de meest elementaire grammaticale gegevens aanwezig zijn
diep·te·wer·king *de (v)* door het perspectief opgewekte suggestie van diepte in schilderijen, foto's e.d.
diep·vries *de (m)* ❶ installatie waarin levensmiddelen onder zeer lage temperatuur worden bewaard: ★ *brood uit de* ~ ❷ voedsel dat in de genoemde installatie wordt bewaard
diep·vries·kast, **diep·vries·kist** *de* [-en] NN → **diepvries** (bet 1)
diep·vries·maal·tijd *de (m)* [-en] kant-en-klare maaltijd die diepgevroren wordt gekocht en na op

temperatuur gebracht te zijn zonder verdere bereiding kan worden genuttigd

diep·vries·pro·duc·ten *mv* ter conservering bevroren levensmiddelen

diep·vrie·zen *ww* [h. diepgevroren] levensmiddelen conserveren door snelle bevriezing

diep·vrie·zer *de (m)* [-s] diepvries

diep·zee *de* [-zeeën] gedeelte van de oceanen dat onttrokken is aan directe invloeden van buitenaf: ★ *in de ~ dringt geen zonlicht door*

diep·zee·on·der·zoek *het* onderzoek in de diepzee

diep·zin·nig *bn* waarvan de betekenis moeilijk is te volgen, op diep denken berustend: ★ *diepzinnige romans*; **diepzinnigheid** *de (v)* [-heden]

dier *het* [-en] ❶ samenvattende benaming voor alle levende wezens met een zintuiglijk leven, die gewoonlijk in staat zijn zich te verplaatsen (in strikt wetenschappelijke zin met inbegrip van de mens): ★ *bij eencelligen is de grens tussen plant en ~ moeilijk te trekken* ★ *een mooi, een gevaarlijk ~* ★ *een politiek, sociaal ~* persoon die graag politiek, sociaal bezig is ❷ troetelnaam: ★ *lekker, lief ~*

dier·baar *bn* zeer geliefd

die·ren·am·bu·lance [-lãs(ə)] *de* [-s] ❶ ambulance voor het vervoer van zieke of gewonde dieren ❷ instelling die zo'n ambulance exploiteert: ★ *de ~ bellen*

die·ren·arts *de (m)* [-en] dokter voor dieren, vooral kleine huisdieren

die·ren·asiel [-ziel] *het* [-s, -en] inrichting voor (tijdelijke) huisvesting van dieren

die·ren·be·scher·ming *de (v)* ❶ het beschermen van dieren tegen mishandeling en verwaarlozing ❷ ★ *de Dierenbescherming* populaire benaming voor instellingen die dieren beschermen

die·ren·beul *de (m)* [-en] iem. die dieren mishandelt

die·ren·dag *de (m)* dag van bijzondere aandacht voor het dier (4 oktober)

die·ren·epos *het* [-epen, -sen] epos dat in de dierenwereld speelt, bijv. Van den Vos Reinaerde

die·ren·fa·bel *de* [-s] fabel die in de dierenwereld speelt, bijv. de fabels van Esopus, Lafontaine

die·ren·mis·han·de·ling *de (v)* het zonder redelijk doel leed of pijn bezorgen aan dieren

die·ren·park *het* [-en] dierentuin waar de dieren zoveel mogelijk vrij rondlopen

die·ren·riem *de (m)* gordel van twaalf sterrenbeelden in de zonneweg, bekend in de astrologie; zie bij → **zodiak**

die·ren·rijk *het* fauna; de gezamenlijke dieren

die·ren·spe·ciaal·zaak [-sjaal-] *de* [-zaken] winkel waar men benodigdheden (voer, medicijnen, speeltjes e.d.) voor kleine huisdieren verkoopt

die·ren·tem·mer *de (m)* [-s] iem. die wilde dieren temt, dompteur

die·ren·tuin *de (m)* [-en] terrein waar men vooral uitheemse dieren houdt

die·ren·vriend *de (m)* [-en] iem. die veel van dieren houdt

die·ren·we·reld *de* dierenrijk

dier·gaar·de *de* [-n, -s] dierentuin

dier·ge·nees·kun·de *de (v)* geneeskunde toegepast op dieren, wetenschap van de dierenziekten; **diergeneeskundig** *bn bijw*

dier·kun·de *de (v)* wetenschap die zich richt op de studie van dieren, zoölogie

dier·kun·dig *bn* van, volgens de dierkunde

dier·lijk *bn* van dieren, als van een dier ★ *dierlijke driften* (van de mens) grove lichamelijke neigingen of hartstochten

dier·meel *het* meel uit slachtafval

dier·proef *de* [-proeven] wetenschappelijke proef op dieren toegepast: ★ *hoeveel dierproeven worden er in de cosmetische industrie gedaan?*

dier·psy·cho·lo·gie [-psie-] *de (v)* wetenschap die het gedrag van dieren bestudeert, ethologie

dier·vrien·de·lijk *bn* dieren niet nodeloos kwellend, bio-industriële productiemethoden mijdend: ★ *een diervriendelijke slager*

dies[1] **I** *bijw* vero daarom **II** *vnw* vero daarvan: ★ *en wat ~ meer zij* en dergelijke

di·es[2] (‹Lat) *de (m)* ❶ eig dag ❷ NN (verkorting van ~ *natalis*) gedenkdag van de stichting ‹van een hogeschool e.d.›

die·sel [-zəl] *de (m)* [-s] ❶ verkorting van ❷ dieseltrein ❸ dieselolie

die·sel·elek·trisch [diezəl-] *bn* met elektriciteit werkend, opgewekt door een dynamo, bewogen door een dieselmotor

die·sel·mo·tor [diezəl-] *de (m)* [-toren, -s] verbrandingsmotor, genoemd naar de uitvinder, de Duitse ingenieur R. Diesel (1858-1913), waarbij de brandstof fijn verdeeld in de cilinders wordt gespoten en daar zonder ontstekingsmechanisme ontbrandt

die·sel·olie [diezəl-] *de (v)* zware olie voor dieselmotoren

die·sel·trein [diezəl-] *de (m)* [-en] trein met ingebouwde dieselmotoren

di·ë·te·tiek (‹Gr) *de (v)* leer van de diëten, voedingsleer

di·ë·tist *de (m)* [-en], **di·ë·tis·te** *de (v)* [-n, -s] voedingsspecialist(e), iem. die zich bezig houdt met de uitwerking van (en het toezicht op) dieetvoorschriften

Diets *bn & het* ❶ Middelnederlands, Nederlands ❷ Groot-Nederlands, Nederlands binnen en buiten de grenzen van Nederland ★ *iets diets maken* a) iets wijsmaken; b) BN ook iets duidelijk maken

diets *bn* ★ *iem. iets ~ maken* wijsmaken

die·veg·ge *de (v)* [-s, -n] vrouwelijke dief

die·ven *ww* [diefde, h. gediefd] NN stelen

die·ven·ben·de *de* [-n, -s] groep dieven

die·ven·klauw *de* [-en] beveiligend scharnier bij vensters

die·ven·lan·taarn, **die·ven·lan·ta·ren** *de* [-s] lantaarn

di

waarvan het licht afgedekt kan worden
die·ven·moord *de* ★ NN, spreektaal *de* ~ *steken* bijna sterven van angst, ademnood e.d.
die·ven·pad *het* ★ *het* ~ *op gaan* uit stelen gaan
die·ven·poort·je *het* [-s] poortje met een alarminstallatie tegen diefstal in een winkelbedrijf die iem. bij het verlaten van dat bedrijf of een afdeling daarvan moet passeren
die·ven·taal *de* [-talen] ❶ door dieven gebruikte geheimtaal ❷ bij uitbreiding Bargoens of ander jargon
die·ven·wa·gen *de (m)* [-s] NN, vero arrestantenwagen, gevangenwagen
dif·fa·ma·tie [-(t)sie] *(‹Fr‹Lat) de (v)* [-s] eerroof, laster
dif·fe·rent *(‹Fr‹Lat) bn* verschillend, onderscheiden
dif·fe·ren·tiaal [-sjaal] *(‹Lat)* **I** *de* [-tialen] oneindig kleine toeneming van een veranderlijke grootheid **II** *in samenstellingen* berustend op, werkend met een verschil, een ongelijkheid
dif·fe·ren·tiaal·re·ke·ning [-sjaal-] *de (v)* wiskundige rekenmethode ter vaststelling van de veranderingen die grootheden ondergaan als aan ermee samenhangende grootheden oneindig kleine veranderingen optreden
dif·fe·ren·tiaal·ther·mo·me·ter [-sjaal-] *de (m)* [-s] thermometer die zeer kleine temperatuurverschillen aangeeft
dif·fe·ren·tia·tie [-sjaa(t)sie] *de (v)* [-s] het differentiëren, het uiteenlopen, het ontstaan van verscheidenheid in oorspronkelijke eenvormigheid: ★ ~ *aanbrengen*
dif·fe·ren·tie [-sie] *(‹Lat) de (v)* [-s] verschil, onderscheid
dif·fe·ren·tieel [-sjeel] *(‹Lat)* **I** *bn* verschillen betreffend ★ handel *differentiële rechten* invoerrechten waarbij onderscheid gemaakt wordt naar gelang van het land van herkomst van de goederen **II** *het* [-tiëlen] constructie in auto's waardoor de aangedreven wielen in een bocht tegelijkertijd met verschillende snelheden kunnen draaien
dif·fe·ren·tië·ren [-sjee-] *(‹Lat) v* ww [differentieerde, h. gedifferentieerd] onderscheid maken: ★ *sollicitanten ~ naar vooropleiding* ★ ~ *tussen grote en kleine huisdieren* **II** *wederk* ❶ zich verschillend ontwikkelen ❷ econ bepaalde onderdelen van het productieproces over verschillende bedrijfstakken verdelen
dif·frac·tie [-sie] *(‹Fr) de (v)* nat buiging (van licht- en andere golven die een hindernis treffen)
dif·fu·sie [-zie] *(‹Fr‹Lat) de (v)* ❶ geleidelijke vermenging van aan elkaar grenzende vloeistoffen of gassen met elkaar, zonder inwerking van buiten ❷ ongelijkmatige terugkaatsing van licht of warmte
dif·fuus *(‹Lat) bn* ❶ verstrooid, zonder bepaalde grens, verspreid ★ ~ *licht* naar alle richtingen verspreid licht ❷ vaag, onduidelijk, niet helder: ★ *een ~ betoog, beeld*

dif·tar *afk* gedifferentieerd tarief [systeem waarbij men betaalt op basis van de hoeveelheid afval die men aanbiedt]
dif·te·rie *(‹Fr‹Gr)*, **dif·te·ri·tis** *(‹Gr) de (v)* med besmettelijke ontsteking van een slijmvlies, vooral van de luchtpijpen en de keelholte
dif·tong *(‹Fr‹Gr) de* [-en] taalk tweeklank, zoals au, ui enz.
dif·ton·ge·ren *ww* [diftongeerde, is gediftongeerd] tot tweeklank worden
dif·ton·ge·ring *de (v)* taalk het ontstaan van een tweeklank uit een klinker, bijv. van de *ui* uit *u* (*huis*, oorspronkelijk *huus*)
di·ges·tie *(‹Fr‹Lat) de (v)* spijsvertering
di·ges·tief *(‹Fr‹Lat) het* [-tieven] middel dat de spijsvertering bevordert
dig·gel *de (m)* [-s, -en] scherf: ★ *aan diggelen vallen, slaan, zijn*
di·gi·beet *de* [-beten] (samenvoeging van *digitaal* en *analfabeet*) computeranalfabeet, iem. die niets van computers weet
DigiD [diegiedee] *afk* Digitale iDentiteit [systeem waarmee burgers en bedrijven, met behulp van een inlogcode, gebruik kunnen maken van digitale overheidsdiensten]
di·gi·taal *(‹Lat) bn* ❶ een niet-continue vorm hebbend, namelijk die van cijfers; in de vorm van binaire codes: ★ *geluid ~ opnemen* ★ *gegevens ~ opslaan* gegevens vastleggen in de vorm van binaire codes, bijv. in een computer, op cd-rom enz. ★ *een digitale klok* klok die de tijd weergeeft in cijfers (dus zonder wijzers op een wijzerplaat) *tegengest*: → **analoog** ❷ de vingers of de tenen betreffend ★ ~ *onderzoek* of *digitale exploratie* medisch onderzoek met de vinger
di·gi·ta·lis *(‹Lat) de* ❶ vingerhoedskruid ❷ extract daaruit
di·gi·ta·li·se·ren *ww* [digitaliseerde, h. gedigitaliseerd] comput in digitale vorm vastleggen van informatie
di·gi·zerk *de* [-zerken] grafzerk met ingebouwd beeldscherm dat afbeeldingen of een film van de overledene vertoont
dig·ni·ta·ris *(‹Fr) de (m)* [-sen] waardigheidsbekleder, bezitter van een ereambt of van een geestelijke waardigheid
dij *de* [-en] deel van het been tussen knie en heup
dij·been *het* ❶ [*mv*: -benen] dij, deel van het been tussen knie en heup [-deren, -benen] ❷ [*mv*: -beenderen, -benen] bot in het bovenbeen
dij·en·klet·ser *de (m)* [-s] daverende grap (waarbij men zich op de dijen slaat van plezier)
dijk *de (m)* [-en] ❶ bouwwerk ter bescherming van het achterliggende land tegen water ★ *aan de ~ zetten* ontslaan uit een betrekking ★ NN *aan de ~ staan* zonder betrekking zijn ★ kaartsp *een ~ van een kaart* een erg goede kaart ★ *een ~ van een film, cd e.d.* een heel goede of mooie film, cd e.d.; zie ook bij →

zode ❷ <u>BN</u> wandelpromenade langs het strand
dijk·be·stuur *het* [-sturen] <u>NN</u> college dat toezicht houdt op een of meer dijken
dijk·be·wa·king *de (v)* het bewaken van dijken tijdens storm e.d.: ★ *aan de Noordzeekust is verscherpte ~ ingesteld*
dijk·breuk *de* [-en] doorbraak van een dijk
dij·ker *de (m)* [-s] <u>NN</u> benaming voor iemand behorend tot de groep van rumoerige jongeren die zich in het begin van de jaren zestig van de 20ste eeuw vooral in de omgeving van de Nieuwendijk in Amsterdam ophield
dijk·graaf *de (m)* [-graven] <u>NN</u> voorzitter van het bestuur van een polder of een waterschap
dijk·le·ger *het* <u>NN</u> degenen die bij watersnood verplicht zijn hulp te verlenen bij de waterkering
dijk·li·chaam *het* [-chamen] <u>NN</u> de aarden massa die de dijk vormt, de eigenlijke dijk
dijk·raad *de (m)* [-raden] <u>NN</u> ❶ lid van een dijkbestuur ❷ dijkbestuur
dijk·rech·ten *mv* <u>NN</u> ❶ rechten betreffende dijken ❷ belasting voor het onderhoud van dijken
dijk·schouw *de (m)* [-en] <u>NN</u> het inspecteren van dijken e.d.
dijk·val *de (m)* [-len] vooral <u>NN</u> verzakking van een dijk
dijk·wacht <u>NN</u> **I** *de* dijkbewaking **II** *de (m)* [-en] iem. die een dijk bewaakt
dijk·wer·ker *de (m)* [-s] iem. die aan dijken werkt; *vgl:* → **dijker** (bet 1)
dijn *bez vnw* <u>vero</u> jouw ★ *het mijn en het ~* zie bij → **mijn**¹
dik¹ *bn* ❶ van grote omvang of doorsnede: ★ *een dikke stok* ★ *een ~ stuk* ★ *de dikke darm* ★ *zich (niet) ~ maken* zich (niet) opwinden ★ *door ~ en dun gaan* niets ontzien ★ *iem. door ~ en dun verdedigen* onder alle omstandigheden ★ *dikke vrienden zijn, ~ zijn met iem.* zeer bevriend zijn ★ <u>BN</u> *dubbel en ~* meer dan genoeg, dubbel en dwars ❷ ⟨fig van bedragen⟩ groot: ★ *~ geld verdienen* ★ *dikke fooien* ❸ dicht, ondoordringbaar: ★ *dikke duisternis* ★ *een dikke brij* een weinig vloeibare substantie ❹ dicht op elkaar groeiend: ★ *~ haar* ❺ ruim, meer dan: ★ *~ honderd euro, een dikke honderd euro* ★ *we hebben ~ gewonnen* ★ <u>BN</u>, <u>spreektaal</u> ⟨m.b.t. personen⟩ *niet ~ lopen* niet veel voorkomen, uitzonderlijk zijn ❻ volkomen: ★ *het is ~ in orde* ❼ nauw verbonden: ★ *dikke vrienden* ❽ <u>spreektaal</u>: ★ *~ doen* gewichtig doen, opscheppen ★ *er ~ in zitten* kapitaalkrachtig zijn ★ *dat zit er ~ in* dat is zeer waarschijnlijk ★ *iets er ~ bovenop leggen* de bedoelingen duidelijk laten blijken zie bij → **dikdoenerij** ❾ <u>BN</u>, <u>spreektaal</u> in negatieve uitdrukkingen erg, in hoge mate ★ *een dikke leugenaar* een onverbeterlijke leugenaar ★ *een dikke boer* zeer lomp persoon
dik² *het* bezinksel, droesem; *vgl:* → **koffiedik**
dik·bil *de* [-len] runderras met dikke billen
dik·buik *de (m)* [-en] dik persoon

dik·doe·ner *de (m)* [-s] iem. die houdt van dikdoenerij
dik·doe·ne·rij *de (v)* het gewichtig doen, opschepperij
dik·huid *de (m)* [-en] ❶ dier met een dikke huid, zoals de olifant, het nijlpaard e.d., pachyderm ❷ <u>fig</u> iem. die niet gevoelig is voor beledigingen, terechtwijzingen e.d.
dik·hui·dig *bn* ❶ dik van huid ❷ <u>fig</u> zonder fijn gevoel, niet gevoelig voor beledigingen of zachte terechtwijzingen
dik·kerd *de (m)* [-s] dik persoon of dier
dik·kop *de (m)* [-pen] iem. met een dikke kop; zie ook bij → **dikkopje**
dik·kop·je *het* [-s] ❶ larve van de kikker ❷ vlinder die behoort tot een familie die over de gehele wereld verspreid voorkomt en die gekenmerkt wordt door smalle vleugels en een brede kop
dik·sap *het* geconcentreerd sap van vruchten
dik·te *de (v)* [-n, -s] ❶ het dik-zijn, dikheid ❷ graad van dikheid: ★ *de ~ van de veenlaag* ❸ verdikte plaats: ★ *een ~ aan het been*
dik·te·groei *de (m)* groei in de breedte; *tegengest:* → **lengtegroei**
dik·vloei·baar *bn* enigszins vloeibaar, stroperig
dik·werf *bijw* <u>vero</u> vaak, dikwijls
dik·wijls *bijw* menigmaal, vaak, vele keren: ★ *ik ging indertijd ~ naar de bioscoop*
dik·zak *de (m)* [-ken] dikkerd
dil·do ⟨Eng⟩ *de (m)* ['s] kunstpenis, godemiché
di·lem·ma ⟨Lat⟨Gr⟩ *het* ['s] toestand waarin men moet kiezen tussen twee, beide bezwaarlijke of onaangename, mogelijkheden: ★ *iem. voor een ~ plaatsen*
di·let·tant ⟨It⟩ *de (m)* [-en], **di·let·tan·te** *de (v)* [-n, ook -s] ❶ <u>oorspr</u> beoefenaar(ster) van een kunst of wetenschap uit liefhebberij, niet-vakman of -vrouw ❷ <u>thans meestal</u> beunhaas, knoeier, prutser
di·let·tan·te·rig *bn* op de wijze van een dilettant, amateuristisch
di·let·tan·tis·me *het* ❶ <u>oorspr</u> liefhebberij in de kunst e.d. ❷ <u>thans meestal</u> geknoei, knoeierwerk
di·li·gen·ce [dieliezjãsə] ⟨Fr⟩ *de* [-s] <u>hist</u> wagen die een geregelde dienst van reizigers- en postverkeer onderhield vóór er spoorwegen bestonden, postkoets
dil·le *de* [-n] schermbloemige plant die als specerij wordt gebruikt (*Anethum graveolens*)
di·lu·vi·aal ⟨Lat⟩ *bn* tot het diluvium behorend, daaruit daterend
di·lu·vi·um ⟨Lat⟩ *het* <u>geol</u>, <u>vero</u> pleistoceen
dime [daim] ⟨Eng⟩ *de (m)* [-s] muntstuk van tien Amerikaanse dollarcent
di·men·sie ⟨Fr⟨Lat⟩ *de (v)* [-s] ❶ afmeting: ★ *een boek heeft drie dimensies: hoogte, breedte, dikte* ❷ <u>nat</u> uitdrukking die het verband aangeeft tussen een fysische grootheid en de drie fundamentele grootheden (lengte, tijd, massa) ❸ element, aspect, facet: ★ *de muziek voegt een extra ~ toe aan deze film* ❹ draagkracht, strekking: ★ *de ~ van een ideologie*

di·men·sio·naal [-sjoo-] *bn* de dimensies of afmetingen betreffend

di·mi·nuen·do [-nwen-] *(‹It) bijw* muz langzaam afnemend in toonsterkte

di·mi·nu·tief *(‹Fr) het* [-tieven], **di·mi·nu·ti·vum** *(‹Lat)* [-tiva] taalk verkleinwoord

dim·licht *het* [-en] auto gedempt groot licht

dim·men *ww (‹Eng)* [dimde, h. gedimd] de lichtsterkte dempen, vooral van lampen van voertuigen (koplampen) ★ inf *even ~!* hou je even rustig!

dim·mer *de (m)* [-s] schakelaar voor het regelen van de lichtsterkte van een lamp

di·morf *(‹Gr) bn* in twee vormen, vooral in twee kristalvormen voorkomend

di·mor·fie *de (v)*, **di·mor·fis·me** *(‹Gr) het* ❶ het voorkomen in twee vormen, bijv. als mannetje en wijfje, zomerkleed en winterkleed ❷ het vertonen van twee verschillende vormen van kristallisatie

dim·scha·ke·laar *de (m)* [-s] schakelaar waarmee men de lichtsterkte van een brandende lamp kan regelen

dim·sum [-soem] *(‹Kantonees) de* Chinese brunch met jasmijnthee en (hartige) hapjes

DIN *afk* Deutsche Industrie-Norm [normalisatie voor producten van de Duitse industrie]

di·nar *(‹Lat) de (m)* [-s] munteenheid in een groot aantal landen die in de islamitische invloedssfeer liggen of hebben gelegen: Algerije, Bahrein, Bosnië, Irak, Joegoslavië, Jordanië, Koeweit, Libië, Macedonië en Tunesië

di·ner [dienee] *(‹Fr) het* [-s] warme hoofdmaaltijd, vooral als avondmaal ★ *~ dansant* diner waarbij ook gedanst wordt

di·ne·ren *ww* [dineerde, h. gedineerd] een diner gebruiken

ding *het* [-en] ❶ voorwerp, iedere zaak behalve mensen en dieren; vaak gebruikt voor zaken waarvan men de naam niet weet: ★ *wat is dat voor een ~?; ook abstract:* ★ *nadenken over de dingen des levens* ★ spreektaal *zijn ~ (mogen, kunnen) doen* a) iets met gedrevenheid (mogen, kunnen) doen, b) BN zijn bijdrage (mogen, kunnen) leveren, zich (mogen, kunnen) uitleven als ❷ spreektaal jong vrouwelijk persoon: ★ *een aardig ~* ❸ vooral Surinaams-Nederlands zaak, aangelegenheid: ★ *je moet je eigen ~ doen, man!*

ding·dong *de (m)* [-s] ‹klanknabootsend woord› huisbel die signaal geeft in een hoge en een lage toon

din·gen *ww* [dong, h. gedongen] trachten te verwerven: ★ *~ naar de hand van een meisje, naar een order* ★ *~ om de gunst van iem.*

din·ges *de* aanduiding van personen of zaken waarvan men zich de naam niet herinnert: ★ *gisteren heb ik,...eh, dinges nog gezien*

din·ghy [dingyie] *(‹Hindi) de (m)* ['s] opblaasbaar reddingsvlot aan boord van zeeschepen

din·go *(‹Aboriginalstaal) de (m)* ['s] verwilderde hond in Australië, geelbruingrijs van kleur en iets kleiner dan de herdershond *(Canis familiaris dingo)*

ding·sig·heid·je *het* [-s] NN snuisterij, aardig voorwerp van weinig waarde

di·no *de (m)* ['s] verkorting van → **dinosauriër**

di·no·sau·ri·ër [-s], **di·no·sau·rus** *(‹Gr) de (m)* [-sen] verzamelnaam voor soms gigantisch grote, voorhistorische reptielen, zoals de *stegosaurus*, de *tyrannosaurus* en de *diplodocus*

dins·dag *de (m)* [-dagen] dag van de week

dins·dags *bn* ❶ op dinsdag ❷ elke dinsdag

di·o·cees, **di·o·ce·se** [-zə] *(‹Lat‹Gr) het* [-cesen] bisschoppelijk ambtsgebied, bisdom

di·o·ce·saan [-zaan] **I** *bn* tot een bisdom behorend **II** *de (m)* [-sanen] iem. die tot een bisdom behoort of die het bestuurt

di·o·ce·se [-zə] *de (v)* [-n] → **diocees**

di·o·de *(‹Gr) de (v)* [-n, -s] element dat de elektrische stroom in de ene richting beter geleidt dan in de andere

di·o·ny·sisch [-niezies] *bn* ❶ van of als van Dionysus, Griekse god van de wijn en de vervoering ❷ door vervoering bewogen, uitbundig; *tegengest:* → **apollinisch**

di·op·ter *(‹Gr) het* [-s] kijkspleet, vizier aan landmeetinstrumenten

di·op·trie *(‹Gr) de (v)* [-trieën] eenheid van brekend vermogen van lenzen (D)

di·op·triek, **di·op·tri·ca** *(‹Gr) de (v)* leer van de breking van lichtstralen

di·o·ra·ma *(‹Gr) het* ['s] ❶ schildering op doorzichtig materiaal ❷ kijkkast met een tafereel dat door belichting een perspectivisch effect geeft

di·oxi·de [die(j)oksiedə] *(‹Gr) het* [-n] chem anorganische verbinding van een metaal of niet-metaal met twee zuurstofatomen

di·oxi·ne [-oksie-] *(‹Gr) het* gechloreerde koolwaterstof, een uiterst giftige stof, o.a. gebruikt als ontbladeringsmiddel

dip *de* ❶ kortdurende sombere stemming: ★ *in een ~ zitten* ★ *een dipje hebben* ❷ inzinking, terugval: ★ *een ~ in de koersontwikkeling*

di·plo·ïd, **di·plo·ï·de** *bn* biol met elk chromosoom in tweevoud

di·plo·ma *(‹Lat‹Gr) het* ['s] ❶ bewijs van een met goed gevolg afgelegd examen: ★ *een ~ halen* ❷ oorkonde, officieel stuk

di·plo·maat *(‹Fr) de (m)* [-maten] ❶ staatsman die de buitenlandse betrekkingen behartigt, ambtenaar die contact onderhoudt tussen zijn regering en een buitenlandse, zoals een ambassadeur, een gezant e.d. ❷ fig iem. die handelt als een → **diplomaat** (bet 1), die zeer omzichtig te werk gaat

di·plo·ma·ten·kof·fer·tje *het* [-s] kleine platte handkoffer voor papieren, attachékoffertje

di·plo·ma·tie [-(t)sie] *(‹Fr) de (v)* ❶ kunst of taak van de diplomatie, het leiden of voeren van staatsonderhandelingen ❷ fig handelwijze als van een diplomaat, het omzichtig of tactvol optreden,

tact
di·plo·ma·tiek *(‹Fr› bn)* ❶ tot de diplomatie behorend, daarop betrekking hebbend ★ *diplomatieke onschendbaarheid* immuniteiten (→ **immuniteit**, bet 1) en voorrechten die gelden voor diplomatieke ambtenaren en soms voor hun gezinnen en in beperkte mate ook voor het aan de diplomatieke missie verbonden technische en administratieve personeel ❷ gelijk aan het origineel: ★ *een ~ afschrift* ❸ fig op de wijze van een diplomaat, zeer omzichtig: ★ *een ruzie ~ oplossen*
di·plo·ma·ti·que [dieploomaatiek] *(‹Fr› bn)* ★ *corps ~* zie bij → **corps**
di·plo·ma·tisch *(‹Fr› bn)* volgens het origineel ★ *diplomatische uitgave* boekuitgave waarin een tekst letterlijk naar het handschrift is afgedrukt
di·plo·me·ren *ww* [diplomeerde, h. gediplomeerd] een → **diploma** (bet 1) verlenen
di·pool *de (m)* ❶ nat dubbele pool; combinatie van twee gelijke, maar van teken verschillende ladingen ❷ techn enkelvoudige antenne in de vorm van een gestrekte metalen geleider
dip·pen *ww (‹Eng›)* [dipte, h. gedipt] indopen, stippen, even onderdompelen: ★ *een cracker in een sausje ~*
dip·saus *de* [-en, -sauzen] een doorgaans pittige saus, waarin chips, stukjes brood, crackers, vlees e.d. worden gedoopt, veel gebruikt bij borrelhapjes
dip·so·ma·nie *(‹Gr› de (v))* med (periodieke) drankzucht
dip·te·ra *(‹Gr› mv)* tweevleugelige insecten
dip·tiek *(‹Lat› het)* [-en] tweeluik, beschilderd of gebeeldhouwd dubbelpaneel
di·rect *(‹FrLat› bn)* ❶ rechtstreeks: ★ *directe verbindingen* ★ BN ook, spreektaal *een directe trein* sneltrein, intercity ❷ zonder tussentrap: ★ *directe verkiezingen* ★ *directe belastingen* belastingen die rechtstreeks geheven worden, zoals inkomstenbelasting *(tegengest: indirecte belastingen,* zoals btw en *accijns)* ★ taalk *directe rede* waarbij het gesprokene letterlijk wordt aangehaald (zoals in: *hij zei: 'ik ga naar huis' i.p.v. hij zei dat hij naar huis ging)* ★ taalk *~ object* lijdend voorwerp ❸ terstond, meteen: ★ *ik kom ~ naar je toe* ★ *per ~* onmiddellijk ❹ ★ *niet ~* niet echt, eigenlijk niet: ★ *hij houdt niet ~ van jazz*
di·rec·teur *(‹FrLat› de (m))* [-en, -s] (titel van) iem. die een instelling, kantoor, bedrijf leidt, bewindhebber: ★ *~ van een basisschool, van een bank*
di·rec·teur-ge·ne·raal *de (m)* [-teuren- en -teurs-generaal] ❶ algemeen directeur ❷ algemeen leidend ambtenaar onder de secretaris-generaal ❸ hoogste functionaris bij sommige semioverheids- en overheidsinstellingen
di·rect·heid *de (v)* rechtstreekse benadering, zonder om de zaken heen te draaien: ★ *door zijn ~ weet hij misverstanden te voorkomen*
di·rec·tie [-sie] *(‹FrLat› de (v))* [-s] ❶ bestuur, leiding ❷ de gezamenlijke personen die het bestuur uitoefenen ❸ muz het als dirigent leiding geven aan een orkest
di·rec·tie·keet [-sie-] *de* [-keten] NN verblijf van de aannemer en de opzichter bij een bouwwerk
di·rec·tie·ven *(‹FrLat› mv)* richtlijnen, voorschriften
di·rect·klaar·fo·to·gra·fie *de (v)* fotografie waarbij de foto's zich (zonder apart negatief) direct na de opname buiten de camera kunnen ontwikkelen (bij voldoende dag- of kunstlicht)
di·rect mail [dairekt meel] *(‹Eng› de (m))* reclame d.m.v. geadresseerde post
di·rect mar·ket·ing [dairekt mà(r)-] *(‹Eng› de (v))* marketingvorm waarbij gestreefd wordt naar het opbouwen van een directe en duurzame relatie tussen aanbieder en afnemers
Di·rec·toire [-twaar(ə)] *(‹Fr› het)* staatsbewind dat in Frankrijk op 23 september 1795 ingesteld en door Bonaparte op 9 november 1799 weer ontbonden werd; stijl en mode uit die tijd
di·rec·toire [-twaar(ə)] *(‹Fr› de (m))* [-s] vero vrouwenonderbroek of meisjesonderbroek
di·rec·to·raat *het* functie of kantoor van een directeur
di·rec·to·ri·um *(‹Lat› het)* [-ria] raad van bestuurders, besturende raad
di·rec·to·ry [dairektərie] *(‹Eng-Am› de ['s])* comput map, folder, waar bestanden geordend bewaard kunnen worden en waar ze ook weer teruggevonden kunnen worden
di·rec·tri·ce *(‹Fr› de (v))* [-s] vrouwelijke directeur
dir·ham [dier-] *(‹ArabGr› de (m))* [-s] munteenheid van Marokko en de Verenigde Arabische Emiraten
di·ri·geer·stok *de (m)* [-ken] stokje waarmee een dirigent zijn aanwijzingen geeft
di·ri·gent *(‹Lat› de (m))* [-en] leider van een muziek- of zanguitvoering, leider van een orkest; ook fig: ★ *het elftal mist een ~ op het middenveld*
di·ri·ge·ren *ww (‹FrLat›)* [dirigeerde, h. gedirigeerd] ❶ besturen, leiden, vooral een orkest ❷ richten, zenden, sturen: ★ *ik werd het huis uit gedirigeerd*
di·ri·gis·me *het* bemoeizucht van de overheid met allerhande zaken, vooral de economie
di·ri·gis·tisch *bn* van de aard van, volgens het dirigisme
dirk ★ NN *dat slaat als kut op ~* dat slaat nergens op, dat slaat als een tang op een varken
dir·ty mind [dù(r)tie maind] *(‹Eng› de)* wijze van denken waarbij men allerlei zaken meteen met seks associeert: ★ *een ~ hebben*
DIRV *afk* in België Derde Industriële Revolutie in Vlaanderen
dis[1] [dies] *de* [-sen] muz de een halve toon verhoogde d
dis[2] *de (m)* [-sen] ❶ voor een maaltijd gedekte tafel ❷ opgediende maaltijd: ★ *aan de ~ zitten*
dis- *(‹Lat› voorvoegsel)* een tegenstelling, ontkenning of onderbreking aanduidend
dis·ablen [dis-eeblə(n)] *(‹Eng› ww)* [disablede, h.

gedisabled] uitschakelen (vooral m.b.t. computerprogramma's)

dis·agio *het* nadelig verschil tussen nominale en werkelijke waarde of opbrengst van geld of geldswaardige papieren

disc. *afk* disconto

dis·cant, **dis·cant** (<Lat) *de (m)* [-en] muz hoogste tonen van een instrument

dis·ci·pel (<Lat) *de (m)* [-en, -s] leerling, volgeling, vooral elk van de twaalf leerlingen van Christus

dis·ci·pli·nair [-nèr] (<Fr) *bn* de tucht betreffend, tucht-: ★ *iem. ~ straffen*

dis·ci·pli·ne (<Fr<Lat) *de (v)* ❶ tucht, het zich stipt houden aan de (strenge) regels: ★ *in het leger heerste een strakke ~* ❷ [*mv:* -s] tak van wetenschap, sport enz.

dis·ci·pli·ne·ren *ww* (<Fr) [disciplineerde, h. gedisciplineerd] onder tucht brengen, aan tucht en orde laten wennen; zie ook bij → **gedisciplineerd**

dis·claim·er [-kleemə(r)] (<Eng) *de (m)* [-s] korte tekst als onderdeel van een publicatie (boek, cd-rom, internetsite enz.) waarin de producent van de publicatie meedeelt dat aan de inhoud geen rechten of aanspraken kunnen worden ontleend

disc·man [-men] (<Eng) *de (m)* draagbare cd-speler met koptelefoon

dis·co (<Eng<Gr) **I** *de (m)* ❶ aanduiding voor discomuziek en verder voor alle omstandigheden als kleding e.d. die horen in de sfeer van een → **discotheek** (bet 1); ook als voorvoegsel gebruikt: ★ *discodreun* ★ *discoklere* ❷ → **discotheek** (bet 1): ★ *naar de ~ gaan* **II** *de* ['s] vooral NN jongere die van discomuziek houdt, in discokleding loopt e.d.

dis·co·gra·fie *de (v)* [-fieën] lijst van grammofoonplaten of cd's met werken van een bepaalde persoon, of van uitvoeringen van een bepaald werk

dis·co·mu·ziek *de (v)* ritmische popmuziek, geschikt om op te dansen in discotheken

dis·con·te·ren *ww* [disconteerde, h. gedisconteerd] handel een wissel vóór de vervaldag met aftrek van zeker percentage tegen contant geld kopen

dis·con·ti·nu (<Lat) *bn* niet continu, niet doorlopend, onderbroken

dis·con·to (<It) *het* ['s] handel ❶ aftrek van de rente, in percenten uitgedrukt ❷ basisrente waartegen banken bij de centrale bank geld kunnen lenen in ruil voor bep. waardepapieren ❸ bedrag dat op de winst gekort wordt bij verrekening in termijnzaken, wanneer die verrekening plaats heeft vóór het daarvoor bepaalde tijdstip

dis·con·to·po·li·tiek *de (v)* door een centrale bank gevoerd beleid ter beïnvloeding van de valutamarkt, waarbij zij officiële percentages vaststelt waartegen zij wissels van banken koopt, promessen overneemt of voorschotten verleent

dis·co·theek (<Gr) *de (v)* [-theken] ❶ gebouw of zaal waarin men kan dansen op popmuziek, vaak kortweg → **disco** genoemd ❷ grammofoonplaten- of cd-verzameling, tevens instelling die cd's en grammofoonplaten uitleent (meestal → **fonotheek** genoemd)

dis·co·trein *de (m)* [-en] NN laatste trein op een bep. traject, waarmee bezoekers van een discotheek naar huis worden gebracht (vaak met veel rumoer)

dis·count (<Eng) *de (m)* korting, vooral korting op nominale prijzen

dis·count·zaak *de* [-zaken] sober ingerichte winkel met een beperkt assortiment en weinig service, waarin goederen vaak bij aanzienlijke hoeveelheden tegen lage prijzen en dikwijls alleen à contant verkocht worden, cash-and-carrywinkel

dis·cours [dieskoers] (<Fr<Lat) *het* [-en] ❶ gesprek, redevoering, speech: ★ *een ~ houden over een bep. onderwerp* ❷ geneigdheid of stof tot spreken: ★ *weinig ~ hebben*

dis·creet (<Fr<Lat) *bn* ❶ bescheiden, kies, wetende te zwijgen: ★ *~ omgaan met vertrouwelijke informatie* ❷ kiesheid vereisend: ★ *een discrete opdracht* ❸ niet opvallend, niet luid

dis·cre·pan·tie [-sie] (<Lat) *de (v)* [-s] onderlinge afwijking, het uiteenlopen, tegenstrijdigheid: ★ *er bestaan duidelijke ~s tussen de uitkomsten van deze twee onderzoeken*

dis·cre·tie [-(t)sie] (<Lat) *de (v)* ❶ het discreet-zijn ❷ kiesheid, bescheidenheid: ★ *iets met ~ behandelen* ❸ oordeel, goedvinden, beschikking: ★ *iets aan iemands ~ overlaten* ❹ geheimhouding: ★ *om ~ verzoeken*

dis·cri·mi·na·tie [-(t)sie] (<Fr<Lat) *de (v)* [-s] onderscheid, meestal ten ongunste van anderen, vooral van bevolkingsgroepen in het maatschappelijk leven (zoals bij → **rassendiscriminatie**) en verschillende behandeling van naties in het handelsverkeer ★ *positieve ~* achtergestelde individuen of bevolkingsgroepen bijzondere rechten of gunsten verlenen teneinde hun positie te verbeteren, ook *positieve actie* genoemd

dis·cri·mi·na·toir [-twaar] *bn* discriminerend: ★ *discriminatoire gevolgen van een maatregel*

dis·cri·mi·ne·ren *ww* (<Fr<Lat) [discrimineerde, h. gediscrimineerd] onderscheid maken ten ongunste van, discriminatie toepassen ★ *positief ~* bevoordelen

dis·cul·pe·ren *ww* (<Fr) [disculpeerde, h. gedisculpeerd] van schuld vrijpleiten, ontlasten, van blaam zuiveren

dis·cur·sief (<Fr<Lat) *bn* redenerend, stap voor stap van de ene gedachte tot de andere overgaand: ★ *~ denken*

dis·cus (<Lat<Gr) *de (m)* [-sen] ❶ atletiek werpschijf ❷ plantk kussenvormige verdikking van de bloembodem ❸ anat schijfvormige structuur, bijv. in het kniegewricht

dis·cus·sie (<Fr<Lat) *de (v)* [-s] gedachtewisseling,

wederzijdse beredenering, bespreking, vooral tussen personen die het met elkaar oneens zijn: ★ een ~ houden over iets ★ iets in ~ brengen ★ dit staat nog ter ~ hierover kan nog beraadslaagd worden, dit staat nog niet vast

dis·cus·sie·groep de [-en] groep mensen die over een bepaald onderwerp van gedachten wisselen

dis·cus·sie·no·ta de ['s] stuk geschreven ter voorbereiding van een discussie

dis·cus·sië·ren ww [-sjee-] [discussieerde, h. gediscussieerd] onderling bespreken, door gedachtewisseling wikken en wegen, redekavelen

dis·cus·wer·pen ww & het atletiek een → **discus** (bet 1) zo ver mogelijk werpen

dis·cus·wer·per de (m) [-s] iem. die aan discuswerpen doet

dis·cu·ta·bel (‹Fr› bn onderwerp van discussie kunnende zijn, kwestieus

dis·cu·te·ren ww (‹Fr‹Lat› [discuteerde, h. gediscuteerd] discussiëren

dis·ge·noot de (m) [-noten], **dis·ge·no·te** de (v) [-n, ook -s] medendeelnemer aan een maaltijd

dis·har·mo·nie de (v) ❶ gebrek aan harmonie, wanklank ❷ onenigheid, twist

disk (‹Eng› de (m) [-s] comput harde, platte, in de computer ingebouwde schijf waarop een magnetiseerbare laag is aangebracht en waarop gegevens kunnen worden opgeslagen

disk·drive [-draiv] (‹Eng› de (m) [-s] comput apparaat waarin een disk(ette) draait en waarmee gegevens van de disk(ette) worden gehaald of erop worden vastgelegd

dis·ket·te de [-s] comput relatief kleine schijf waarop een magnetiseerbare laag is aangebracht en waarop door middel van een diskdrive gegevens kunnen worden vastgelegd

disk·jock·ey [diskdzjokkie] (‹Eng› de (m) [-s] iem. die cd's en grammofoonplaten draait en aankondigt voor de radio en in discotheken (→ **discotheek**, bet 1), dj

dis·kre·diet (‹Fr› het ★ iem. of iets in ~ brengen de reputatie schaden van iem. of iets, een slechte naam bezorgen

dis·kwa·li·fi·ca·tie [-(t)sie] (‹Fr› de (v) [-s] het diskwalificeren of gediskwalificeerd worden

dis·kwa·li·fi·ce·ren ww [diskwalificeerde, h. gediskwalificeerd] ❶ uitsluiten van een wedstrijd wegens overtreding van de reglementen: ★ de atleet werd na twee valse starts gediskwalificeerd ❷ ongeschikt verklaren, wraken: ★ iem. ~ als kandidaat voor een functie

dis·lo·ca·tie [-(t)sie] (‹Fr‹Lat› de (v) [-s] ❶ verplaatsing, verschuiving van delen van gebroken beenderen t.o.v. elkaar ❷ verstoring in de oorspronkelijke ligging van gesteenten of aardlagen ❸ verdeling van troepen over garnizoenen, strategische punten enz.

dis·or·de de wanorde, verwarring

dis·pache [-pasj(ə)] (‹Sp‹Port› de [-s] handel averijregeling; door deskundigen opgemaakte berekening en verdeling van zeeschade onder de belanghebbenden (reder en assuradeur)

dis·pa·raat (‹Fr‹Lat› bn ❶ ongelijksoortig, niet bij elkaar passend ❷ ongerijmd, tegenstrijdig; **disparaatheid** de (v)

dis·pat·ching [-petsjing] de (m) BN verkeerscentrale

dis·pen·sa·tie [-(t)sie] (‹Lat› de (v) [-s] ontheffing, vrijstelling van een gebod, voorschrift of verplichting: ★ ~ verlenen voor iets

dis·pen·se·ren ww (‹Fr‹Lat› [dispenseerde, h. gedispenseerd] ❶ uitdelen; geneesmiddelen bereiden en geven ❷ vrijstellen, ontheffen van een voorschrift of verplichting: ★ iem. ~ van / voor iets

dis·placed per·sons [displeest pù(r)səns] (‹Eng› mv door oorlogsomstandigheden uit hun woonplaatsen verdreven personen die geen nieuw vaderland gevonden hebben

dis·play [-plee] (‹Eng› de (m) ❶ [mv: -s] beeldscherm, bijv. van een televisietoestel of een computer ❷ [mv: -s] leesvenster van elektronische apparaten ❸ comput visuele weergave van gegevens, meestal op een beeldscherm ❹ reclame het tonen van artikelen tegen een aantrekkelijke achtergrond ❺ [mv: -s] reclamebord

dis·po·ne·ren ww (‹Lat› [disponeerde, h. gedisponeerd] ❶ beschikken; regelen ❷ ★ ~ over beschikken over, gebruik maken van ❸ ‹een schuld› invorderen; zie ook → **gedisponeerd**

dis·po·ni·bel (‹Fr› bn beschikbaar, ter beschikking staande

dis·pos·a·ble [-poozəbəl] (‹Eng› het [-s] wegwerpartikel

dis·po·si·tie [-zie(t)sie] (‹Lat› de (v) [-s] ❶ beschikking, inrichting ❷ aanleg: ★ een ~ voor talen; vatbaarheid voor een ziekte ❸ gemoedsgesteldheid, stemming ❹ beschikking, vrij gebruik: ★ iets ter ~ stellen

dis·po·si·tie·kos·ten [-zie(t)sie-] mv kosten verbonden aan het invorderen van een bedrag

dis·pro·por·tie [-sie] (‹Fr› de (v) wanverhouding, onevenredigheid

dis·pro·por·tio·neel [-sjooneel] bn in disproportie staand, onevenredig: ★ een ~ zware straf

dis·pu·te·ren ww (‹Fr‹Lat› [disputeerde, h. gedisputeerd] ❶ een wetenschappelijke discussie houden ❷ redetwisten

dis·puut (‹Fr› het [-puten] ❶ geleerd twistgesprek ❷ NN studentenvereniging voor de beoefening van het disputeren; onderdeel van een studentengezelligheidsvereniging

dis·sec·tie [-sie] (‹Lat› de (v) ontleding van een lichaam, lijkopening, het uitsnijden van organen of weefsels voor anatomische studie

dis·sel de (m) [-s] ❶ boom tussen de twee voor een wagen gespannen paarden ❷ trekstang aan een caravan of aanhangwagen

dis·sel·boom de (m) [-bomen] → **dissel** bet 1

dis·sen ww [diste, h. gedist] NN, straattaal voor schut

dissenter–divergeren 324

zetten, beledigen
dis·sen·ter (‹Eng› de (m) [-s] ❶ andersdenkende ❷ in Engeland iem. die niet tot de Anglicaanse Kerk behoort, non-conformist
dis·ser·ta·tie [-(t)sie] (‹Fr‹Lat› de (v) [-s] geleerde verhandeling, vooral academisch proefschrift
dis·si·dent (‹Lat› I bn ❶ andersdenkend ❷ zich afscheidend of afgescheiden hebbend, anders georiënteerd: ★ *een dissidente vereniging* II *de (m)* [-en] ❶ andersdenkende, iem. die zich verzet tegen het heersende regime of de heersende partij ❷ dissenter, iem. die niet tot de staatskerk behoort
dis·so·nant (‹Fr› I *de (m)* [-en] wanklank, ook fig II *bn* vals klinkend
dis·so·ne·ren *ww* (‹Fr‹Lat› [dissoneerde, h. gedissoneerd] een dissonant vormen, onwelluidend klinken, niet overeenstemmen
dis·tan·tie [-sie] (‹Lat› *de (v)* [-s] afstand; het afstand-houden, afzijdigheid: ★ ~ *bewaren tot iets of iem.*
dis·tan·ti·ë·ren [-sjeerə(n)] *wederk* [distantieerde, h. gedistantieerd] ❶ afstand nemen, zich terugtrekken, niet meedoen ❷ het bedoelde niet onderschrijven: ★ *hij distantieerde zich van de mening van zijn partijgenoten*
dis·tel *de* [-s] ❶ plantengeslacht (*Carduus*) uit de familie van de samengesteldbloemigen, waarvan o.a. de soort knikkende distel (*C. nutans*) in Nederland en België voorkomt ❷ bij uitbreiding verzamelnaam voor diverse planten met stekelige bladen uit andere geslachten, meestal met paarse bloemen
dis·tel·vink *de* [-en] bontgekleurde vink, putter, *Carduelis carduelis*
dis·tel·vlin·der *de (m)* [-s] bruinwitzwarte vlinder waarvan de rups op distels leeft, *Vanessa cardui*
dis·ti·chon (‹Gr› *het* [-cha, -s] tweeregelig vers dat een volledige zin vormt; vooral zo'n vers dat bestaat uit een hexameter en een pentameter
dis·til·laat (‹Lat› *het* [-laten] → **destillaat**
dis·til·la·teur *de (m)* [-s] → **destillateur**
dis·til·la·tie [-(t)sie] (‹Lat› *de (v)* → **destillatie**
dis·til·leer·der *de (m)* [-s] → **destilleerder**
dis·til·leer·de·rij *de (v)* [-en] → **destilleerderij**
dis·til·leer·kolf *de* [-kolven] → **destilleerkolf**
dis·til·le·ren *ww* (‹Lat› [distilleerde, h. gedistilleerd] → **destilleren**
dis·tinc·tie [-sie] (‹Fr‹Lat› *de (v)* onderscheiding, eigenschap van zich in gunstige zin te onderscheiden door houding en beschaafdheid, voornaamheid
dis·tinc·tief (‹Fr› I *bn* onderscheidend, een verschil aanduidend meest II *mv*, **distinctieven** onderscheidingstekenen, vooral die op een uniform
dis·tin·ge·ren *ww* (‹Fr‹Lat› [distingeerde, h. gedistingeerd] onderscheiden; zie ook → **gedistingeerd**
dis·tri·bu·e·ren *ww* (‹Fr‹Lat› [distribueerde, h. gedistribueerd] uitdelen, verdelen, ronddelen
dis·tri·bu·tie [-(t)sie] (‹Fr‹Lat› *de (v)* [-s] ❶ het uit- of ronddelen ❷ vooral verdeling van levensbehoeften van overheidswege ten tijde van schaarste; de dienst en het bureau daarvan ❸ econ het brengen van de goederen bij de consument
dis·tri·bu·tie·ap·pa·raat [-(t)sie-] *het* [-raten] alles wat nodig is voor de distributie van iets; vooral alle middelen en voorzieningen die nodig zijn om producten bij de consument te krijgen
dis·tri·bu·tie·gebied [-(t)sie-] *het* [-en] handel afzetgebied, verspreidingsgebied
dis·tri·bu·tie·ka·naal [-(t)sie-] *het* [-nalen] alle opeenvolgende partijen die betrokken zijn bij de distributie van een product
dis·trict (‹Fr› *het* [-en] elk van de afdelingen waarin een gebied is verdeeld voor een bepaalde tak van dienst, voor inspectie, verkiezingen enz.
dis·tric·ten·stel·sel *het* systeem van → **verkiezing** (bet 2) waarbij het land naar districten is ingedeeld
dit *aanw vnw* iets aanduidend dat dicht bij de spreker is, in combinatie met onzijdige zelfstandige naamwoorden: ★ ~ *huis is groter dan dat huis* ★ ~ *Ajax is onverslaanbaar* het elftal in de huidige vorm en samenstelling
di·ther·ing [dithəring, Engelse th] (‹Eng› *de* comput bij grafische gegevensverwerking het creëren van de illusie van nieuwe kleuren en schaduwen door te variëren in het patroon en de kleuren van de beeldpunten
di·thy·ram·be [dietie-] (‹Gr› *de* [-n] ❶ eig loflied op Bacchus ❷ bij uitbreiding uitbundig loflied in het algemeen, uitstorting vol vervoering
dit·je *het* [-s] ★ *ditjes en datjes* geklets over kleinigheden
dit·maal *bijw* deze keer
di·to (‹It› I *bijw bn* evenzo, insgelijks, van hetzelfde II *het* ['s] iets van hetzelfde, eenzelfde
di·u·re·ti·cum (‹Gr› *het* [-tica] med middel dat de afscheiding van urine bevordert, plaspil
di·u·re·tisch (‹Gr› *bn* med urinelozing bevorderend
div. *afk* ❶ dividend ❷ divers(e)
di·va (‹It› *de (v)* ['s] gevierde zangeres of actrice, ster
di·van (‹Turks‹Perz› *de (m)* [-s] lage rustbank zonder leuning, met aan het hoofdeinde een ingebouwd kussen
di·van·bed *het* [-den] divan die als bed kan dienen, slaapbank
di·ver·gent (‹Fr‹Lat› *bn* ‹van stralen, fig van opvattingen e.d.› uiteenlopend, steeds verder van elkaar wijkend; *tegengest*: → **convergent**
di·ver·gen·tie [-sie] (‹Lat› *de (v)* het divergent-zijn, het uiteenlopen, het uiteenvloeien; *tegengest*: → **convergentie**
di·ver·ge·ren *ww* (‹Fr› [divergeerde, h. gedivergeerd] ❶ uiteenlopen, van elkaar afwijken; *tegengest*: → **convergeren** ★ *divergerende lens* lens die de stralen verspreidt ❷ wisk: ★ *divergerende reeks*

opklimmende reeks die niet tot een limiet nadert
di·vers (‹Fr‹Lat) bn ❶ verschillend, onderscheiden:
★ *diverse broodjes* ❷ verscheiden: ★ *ik heb al diverse aanbiedingen ontvangen*
di·ver·sen *mv* verschillende dingen
di·ver·si·fi·ca·tie *de (v)* verscheidenheid
di·ver·si·fi·ë·ren *ww* [diversifieerde, h. gediversifieerd] verscheidenheid (aan)brengen in
di·ver·si·teit (‹Lat) *de (v)* verscheidenheid, het uiteenlopen
di·ver·ti·men·to (‹It) *het* ['s] muz opgewekt, ontspannend muziekstuk in zes of zeven korte delen
di·ver·tis·se·ment [-ties-] (‹Fr) *het* [-en] vermaak, ontspanning, plezier
di·vi·de et im·pe·ra *tsw* (‹Lat) verdeel en heers
di·vi·dend (‹Lat) *het* [-en] deel van de winst dat aan de aandeelhouders van een onderneming periodiek wordt uitgekeerd
di·vi·dend·be·las·ting *de (v)* [-en] belasting geheven op de opbrengst (het dividend) van aandelen
di·vi·dend·be·wijs *het* [-wijzen] coupon door inlevering waarvan het dividend kan worden geïnd
di·vi·dend·blad *het* [-bladen] bij een aandeel behorend blad met dividendbewijzen of (*bij CF-aandelen*) blad waarvan de houder periodiek dividend krijgt uitgekeerd
di·vi·dend·stop *de (m)* van overheidswege vastgesteld maximum voor dividenduitkeringen
di·vi·na·tie [-(t)sie] (‹Fr‹Lat) *de (v)* inzicht in de toekomst door bovennatuurlijke gave, voorspellingskunst
di·vi·ne·ren *ww* (‹Lat) [divineerde, h. gedivineerd] waarzeggen
di·vi·sie [-zie] (‹Fr‹Lat) *de (v)* [-s] ❶ uit verschillende wapens bestaande grote legerafdeling; vlootafdeling, deel van een eskader ❷ grote werkeenheid binnen een onderneming: ★ *de ~ verkoop en publiciteit* ❸ klasse van sportclubs die samen een competitie spelen ❹ druktechn afbrekingsteken
di·vi·sie·ad·mi·raal [-zie-] *de (m)* [-ralen, -s] BN opperofficier bij de zeemacht
Dixie *het* de zuidelijke staten van de Verenigde Staten, genoemd naar het Franse woord *dix* (tien), dat op de bankbiljetten van $10 uit Louisiana stond, vooral bekend geworden door het lied getiteld *Dixie* (1859) van de zanger Daniel D. Emmet (gest. 1904)
dixie·land [-lend] (‹Eng) *de (v)* ❶ dixielandmuziek ❷ Dixieland Dixie, zuidelijke staten van de VS
dixie·land·mu·ziek [-lend-] *de (v)*, **dixie·land·stijl** [-lend-] *de (m)* soort jazz, de eerste die door blanken van negers is overgenomen, met veel improvisatie; gewoonlijk afgekort: *dixieland*
diz·zy [-zie] (‹Eng) *bn* duizelig, draaierig in het hoofd: ★ *nadat de bal hem vol in het gezicht had geraakt, bleef hij ~ op de grond liggen*
dj [diedzjee] *de (m)* ['s] diskjockey
dja·hé (‹Jav) *de (m)* vooral NN gember

dja·ti (‹Mal) **I** *het* djatihout **II** *de (m)* ['s] djatiboom
dja·ti·boom *de (m)* [-bomen] in Zuidoost-Azië voorkomende boom (*Tectona grandis*) die teak levert
dja·ti·hout *het* teakhout
djel·la·ba (‹Arab) *de (m)* ['s] Arabisch, vooral Noord-Afrikaans kleed, met of zonder capuchon, voor mannen en vrouwen
djem·bé (‹Malinke, West-Afr. taal) *de* [-s] grote Afrikaanse trommel
djinn [dzjin] (‹Arab) *de (m)* [-s] (vaak vijandige) geest in het volksgeloof van islamitische volken
djin·ten (‹Mal) *de (m)* vooral NN komijn
DK *afk* (als nationaliteitsaanduiding op auto's) Denemarken
dkt·p·in·jec·tie [-sie] *de (v)* [-s] injectie ter voorkoming van difterie, kinkhoest, tetanus en polio
Dl *afk* decaliter
dl *afk* deciliter
dl. *afk* deel
DM *afk* Deutsche Mark [vroeger Duitse mark]
Dm *afk* decameter
dm *afk* decimeter
d.m.v. *afk* door middel van
dn *afk* dyne
DNA *het* ❶ desoxyribonucleïnezuur [biol een fundamenteel eiwitbestanddeel van de levende stof, moleculaire drager van alle erfelijke eigenschappen] ❷ Deutscher Normenausschuss (‹Du) [het Duitse normalisatiebureau]
DNA-test *de (m)* [-s] proef waarbij men iem. met behulp van de structuur van het DNA kan identificeren: ★ *met de ~ kan men plegers van misdaden opsporen, maar ook bijv. bepalen of personen aan elkaar verwant zijn*
DNA-vin·ger·af·druk *de* [-ken] het kenmerkende van het DNA-patroon van elk individu, waardoor het, net als een vingerafdruk, kan fungeren als aanwijzing bij het oplossen van misdrijven, genetische vingerafdruk
do (‹It) *de* ['s] muz eerste toon van de diatonische toonladder, ut, c
dob·be·laar *de (m)* [-s] iem. die veel dobbelt
dob·be·len *ww* [dobbelde, h. gedobbeld] een gokspel met dobbelstenen spelen
dob·bel·steen *de (m)* [-stenen] ❶ kleine kubus met op ieder vlak een aantal ogen, van 1 t/m 6, gebruikt bij spelletjes ❷ zaak in de vorm van een kleine kubus: *dobbelsteentjes spek*
dob·ber[1] *de (m)* [-s] ❶ drijver die aangeeft waar een onder water gelegen voorwerp (anker, net e.d.) zich bevindt ❷ aan een hengelsnoer bevestigde drijver die onder water wordt getrokken als men beet heeft
dob·ber[2] *de (m)* ★ *ergens een harde ~ aan hebben* een zware strijd moeten leveren voor iets, veel moeite moeten doen
dob·be·ren *ww* [dobberde, h. gedobberd] rustig drijven op kleine golfjes
do·ber·mann *de (m)* [-en], **do·ber·mann·pin·cher** [-sjər]

(‹Du-Eng) [-s] kortharig, stevig gebouwd hondenras, meestal bruin met zwart, met een schofthoogte van 60-70 cm

do·cent *(‹Lat) de (m)* [-en], **do·cen·te** *de (v)* [-s of -n] leraar, in Nederland vooral bij het voortgezet en wetenschappelijk onderwijs, in België op hogescholen en universiteiten

do·ce·ren *ww (‹Lat)* [doceerde, h. gedoceerd] onderwijzen, les geven (in)

doch *voegw* plechtig maar

docht *ww verl tijd van* → **dunken**[1]

doch·ter *de (v)* [-s; *deftig* dochteren] ❶ kind van het vrouwelijk geslacht in betrekking tot de ouders: ★ *twee dochters hebben* ; zie ook bij → **Zion** ❷ dochtermaatschappij

doch·ter·maat·schap·pij *de (v)* [-en],

doch·ter·on·der·ne·ming [-en] onderneming die door een andere onderneming wordt beheerst doordat deze een belangrijk deel van de aandelen van de eerste bezit

doch·ter·taal *de* [-talen] uit een oudere grondtaal voortgekomen taal: ★ *het Afrikaans is een ~ van het Nederlands*

do·ciel *(‹Fr‹Lat) bn* gedwee, meegaand

do·ci·li·teit *(‹Fr‹Lat) de (v)* gedweeheid

doc·tor *(‹Lat) de (m)* [-s, -toren] ❶ hoogste academische graad die behaald wordt na het succesvol verdedigen van een proefschrift ❷ iem. die gepromoveerd is op een proefschrift ★ ~ *honoris causa* eredoctor

doc·to·raal *(‹Fr)* I *bn* ❶ van of als een doctor, doctors ❷ gezaghebbend: ★ ~ *spreken* II *het NN, vroeger* doctoraal examen, afsluitend examen van een universitaire studie, waarna men de titel 'doctorandus' krijgt

doc·to·raat *(‹Lat) het* [-raten] waardigheid of graad van doctor

doc·to·ran·da *(‹Lat) de (v)* [-dae, -da's] NN, vroeger vrouwelijk persoon die het doctoraal examen gedaan heeft en daardoor gerechtigd is als titel → **dra.** voor de naam te dragen

doc·to·ran·dus *(‹Lat) de (m)* [-di, -dussen] ❶ NN, thans titel (zowel voor mannen als vrouwen) na voltooiing van een masteropleiding in het wetenschappelijk onderwijs die geen betrekking heeft op landbouw, techniek of recht ❷ NN, vroeger mannelijk persoon die het doctoraal examen gedaan had en daardoor gerechtigd was als titel → **drs.** voor de naam te dragen: ★ ~ *in de psychologie*

doc·to·re·ren *ww* [doctoreerde, is gedoctoreerd] BN ook de doctorsgraad verwerven, tot doctor promoveren

doc·tors·bul *de* [-len] NN getuigschrift dat men doctor is

doc·tri·nair [-nèr] *(‹Fr)* I *bn* vasthoudend aan, tewerkgaand volgens een doctrine, leerstellig, een theorie door dik en dun verdedigend, of zij houdbaar is of niet II *mv* ★ *de doctrinairen* zij die een theorie door dik en dun verdedigen, fanatici

doc·tri·ne *(‹Fr‹Lat) de (v)* [-s] leer, leerstelling: ★ *de doctrines van een kerkgenootschap, van een politieke partij*

do·cu·ment *(‹Fr‹Lat) het* [-en] ❶ schriftelijk bewijsstuk; oorkonde ❷ comput (relatief klein) bestand dat tekst bevat, zoals brieven, artikelen e.d. ❸ *documenten* bescheiden, papieren

do·cu·men·tair [-tèr] *(‹Fr) bn* ❶ op documenten berustend ★ ~ *krediet* krediet verstrekt op overgegeven connossementen, vrachtbrieven enz. ❷ ★ *documentaire film* zie → **documentaire**

do·cu·men·tai·re [-tèrə] *de (m)* [-s] informatieve film over waar gebeurde zaken

do·cu·men·ta·list *de (m)* [-en] persoon die zich bezighoudt of belast is met documentatie

do·cu·men·ta·tie [-(t)sie] *(‹Fr) de (v)* ❶ het verzamelen, ordenen en toegankelijk maken van documenten, oorkonden, bronnen, bewijsstukken, artikelen enz. voor bepaald gebruik ❷ informatiemateriaal

do·cu·men·te·ren *ww* [documenteerde, h. gedocumenteerd] ❶ met oorkonden of bescheiden staven ❷ voorzien van documentatie (gegevens, bewijsmateriaal): ★ *een goed gedocumenteerd verslag*

do·daars *de (m)* [-daarzen] ❶ soort watervogel, een kleine fuut *(Podiceps ruficollis)* ❷ dodo

dod·de *de* [dodden] lisdodde

dod·den·gras *het* grassoort met dichte ronde aren

dod·der *de (v)* [-s] biol huttentut

dod·de·rig, dod·dig *bn* NN lief, schattig

do·de *de* [-n] overledene ★ *over de doden niets dan goeds* men dient over (pas) overleden personen geen kwade dingen te vertellen ★ *laat de doden de doden begraven (Mattheus 8: 28)* men mag zich niet door aardse aangelegenheden van een hogere roeping laten afhouden

do·de·ca·ë·der *(‹Gr) de (m)* [-s] een door twaalf regelmatige vijfhoeken ingesloten lichaam

do·de·ca·fo·nie *(‹Gr) de (v)* muz twaalftoontechniek

do·de·ca·goon *(‹Gr) de (m)* [-gonen] regelmatige twaalfhoek

do·de·hoek·spie·gel *de (m)* [-s] spiegel aan een (vracht)auto die de bestuurder zicht biedt op het gebied links achter zich, een gebied dat via de andere spiegels niet zichtbaar is (de *dode hoek*)

do·de·lijk *bn* ❶ de dood ten gevolge hebbend, met de dood gepaard gaande: ★ *een ~ ongeluk* ★ *een ziekte met dodelijke afloop* ❷ heel erg: ★ ~ *verliefd zijn* ★ *zich ~ vervelen*

do·de·mans·knop *de (m)* [-pen] knop die de bestuurder van een elektrische trein of een dieseltrein ingedrukt moet houden; laat hij die los (bijv. door bewusteloosheid), dan komt de trein automatisch tot stilstand

do·den *ww* [doodde, h. gedood] ❶ doen sterven ❷ fig: ★ *de tijd ~ de tijd verdrijven, iets doen om zich niet te hoeven vervelen*

do·den·ak·ker *de (m)* [-s] plechtig kerkhof
do·den·cel *de* [-len] cel waarin een ter dood veroordeelde voor zijn executie wordt opgesloten
do·den·dans *de (m)* [-en] voorstelling van de dans van de doden van alle leeftijden en uit alle rangen en standen naar het graf, voorafgegaan door de als geraamte voorgestelde dood als muzikant, danse macabre
do·den·her·den·king *de (v)* [-en] herdenking van gestorvenen; in Nederland vooral jaarlijkse herdenking op 4 mei van degenen die tijdens de Tweede Wereldoorlog de dood hebben gevonden
do·den·lijst *de* [-en] lijst met te doden personen: ★ *de ~ van een terreurorganisatie*
do·den·mars [-en] *de* langzame, klagende marsmuziek bij een uitvaart
do·den·mas·ker *het* [-s] afdruk in gips of was van het gezicht van een overledene
do·den·mis *de* [-sen] RK uitvaartmis
do·den·rijk *het* verblijfplaats van de afgestorvenen
do·den·rit *de (m)* [-ten] roekeloze rit met levensgevaar
do·den·sprong *de (m)* [-en] zeer riskante sprong, bijv. van acrobaten, salto mortale
do·den·stad *de* [-steden] grote begraafplaats bij de Egyptenaren in de oudheid; zie ook → **necropolis**
do·den·tal *het* het aantal doden bij een natuurramp, epidemie e.d.
do·den·tol *de (m)* BN aantal slachtoffers
do·den·wacht, do·den·wa·ke *de* het wacht houden bij een dode: ★ *de ~ betrekken*
do·dij·nen *ww* (‹Fr) [dodijnde, h. gedodijnd] wiegen
do·ding *de (v)* [-en] recht het doden in het algemeen
do·do (‹Port) *de (m)* ['s] in de 17de eeuw uitgestorven loopvogel van Mauritius, ongeveer ter grootte van een kalkoen, met een plomp lichaam, een forse haaksnavel en losse, gekrulde veren als staart, walgvogel, dodaars (*Raphus cucullatus*)
doeal *de (m)* [-s] iem. die voortdurend in de weer is
doe·de·len *ww* [doedelde, h. gedoedeld] spelen op de doedelzak
doe·del·zak (‹Du‹Pools) *de (m)* [-ken] blaasinstrument waarbij de lucht via een balg in de pijpen wordt geblazen, vooral bekend uit Schotland
doeg *tsw* NN, spreektaal groet bij het weggaan
doe-het-zelf- *voorvoegsel* eerste lid in samenstellingen waar aangegeven wordt dat de in het tweede lid genoemde zaak (persoon) betrekking heeft op het zelf construeren van meubels, toestellen e.d.
doe-het-zelf-zaak *de* [-zaken] winkel van benodigdheden voor doe-het-zelvers
doe-het-zel·ver *de (m)* [-s] iemand die meubels e.d. zelf bouwt en in het eigen huis onderhoudswerkzaamheden verricht zonder hulp van een vakman
doei *tsw* vooral NN, spreektaal groet bij het weggaan, doeg
doe·jong (‹Mal) *de (m)* [-s] Indische zeekoe (*Dugong*

dugon)
doek [-en] **I** *de (m)* ❶ stuk stof, zakdoek, handdoek enz. ★ *zo wit als een ~* zeer bleek ★ *een ~je voor het bloeden* uitvlucht, gezegde of gift als vergoeding ★ *ergens geen ~jes om winden* het niet verbloemen, er rond voor uitkomen ★ *uit de ~en doen* helder uiteenzetten, ophelderen ❷ BN, spreektaal luier ★ BN, spreektaal *in de ~en doen* iem. beetnemen, bedotten, in de luren leggen **II** *het* ❶ geweven stof ❷ schilderij: ★ *er hingen een aantal ~en van Hals* ❸ toneelgordijn ★ *een open ~je* applaus waarbij het toneelgordijn geopend wordt ★ *het ~ is gevallen voor de heer X* er is een einde gekomen aan zijn rol of invloed ❹ bioscoopscherm: ★ *het witte ~*
doe·koe (‹Sranantongo) *de* NN, jeugdtaal geld
doel *het* [-en] ❶ iets waarnaar gestreefd wordt: ★ *een ~ beogen* ★ *zich iets ten ~ stellen* ★ *zijn ~ bereiken* ★ *een goed ~* een liefdadigheidsactie ★ *het ~ heiligt de middelen* het doel is zo goed dat minder goede middelen toegestaan zijn ❷ eindpunt, bestemming van een reis ❸ sp iets waarop gemikt of geschoten wordt: ★ *het schot ging naast het ~* ★ NN *op ~ staan,* BN *in doel staan* keeper zijn ; zie ook bij → **voorbijschieten**
doel·be·wust, doel·be·wust *bn* het doel scherp voor ogen houdend: ★ *een doelbewuste poging tot misleiding*
doel·ein·de *het* [-n] beoogd doel
doe·len[1] *de (m)* [-s] schietbaan, verenigingsgebouw van de schutters
doe·len[2] *ww* [doelde, h. gedoeld] ★ *op iets ~* iets in het oog hebben, op iets zinspelen
doe·len·stuk *het* [-ken] schilderij van een schuttersvereniging: ★ *de Nachtwacht van Rembrandt is een ~*
doel·ge·bied *het* [-en] balsport met lijnen aangegeven gebied rond het doel waarbinnen de doelverdediger meer bevoegdheden heeft dan de andere spelers
doel·ge·mid·del·de *het* [-n, -s] het aantal door een sportclub gescoorde doelpunten gedeeld door het aantal tegen haar gescoorde doelpunten
doel·ge·richt *bn* met een bepaald doel voor ogen: ★ *~ leidinggeven aan een onderneming*
doel·groep *de* [-en] groep die men wil bereiken, op wie een bep. actie is gericht: ★ *jonge volwassenen vormen de ~ voor dit nieuwe tijdschrift*
doel·lat *de* [-ten] lat die de twee doelpalen aan de bovenzijde met elkaar verbindt
doel·lijn *de* [-en] sp lijn langs de zijde waar het doel ligt
doel·loos *bn* zonder doel, niet tot een doel kunnende leiden: ★ *~ ronddwalen*; **doelloosheid** *de (v)*
doel·man *de (m)* [-nen] sp doelverdediger, keeper
doel·ma·tig *bn* waarmee het doel bereikt kan worden, dienstig voor het doel
doel·mond *de (m)* [-en] balsport voorzijde, open zijde van een doel, omsloten door de doelpalen en de doellat: ★ *de bal verdween in de ~*

doel·paal *de (m)* [-palen] sp elk van de verticale palen waartussen het doel ligt

doel·po·ging *de (v)* [-en] sp poging om een doelpunt te maken

doel·punt *het* [-en] sp punt dat geteld wordt voor de partij die de bal in het doel van de tegenpartij brengt, goal

doel·pun·ten *ww* [doelpuntte, h. gedoelpunt] een doelpunt maken

doel·rijp *bn* ★ *een doelrijpe kans* sp kans waaruit vrij eenvoudig gescoord kan worden

doel·sal·do *het* ['s, -di] het aantal door een sportclub gescoorde doelpunten minus het aantal tegen haar gescoorde doelpunten

doel·schop *de (m)* [-pen] voetbal trap uit het doelgebied, te nemen door een speler van de verdedigende partij als de bal via een speler van de aanvallende partij over de doellijn buiten de doelpalen is gegaan, doeltrap

doel·stel·ling *de (v)* [-en] doel dat men zich stelt

doel·trap *de (m)* [-pen] voetbal doelschop

doel·tref·fend *bn* waarmee het doel bereikt wordt; **doeltreffendheid** *de (v)*

doel·ver·de·di·ger *de (m)* [-s] sp iem. die de bal uit het doel moet houden, keeper

doel·ver·mo·gen *het* recht vermogen met een bepaalde bestemming, ondergebracht in een fonds of een stichting

doel·vrouw, **doel·vrou·we** *de (v)* [-n] sp doelverdedigster, keepster

doel·wach·ter *de (m)* [-s] BN, vero doelverdediger

doel·wit *het* ❶ iets waarop iets gericht wordt, mikpunt: ★ *hij is het ~ van onze kritiek* ❷ plechtig oogmerk, doel

doem *de (m)* ❶ oordeel, veroordeling ❷ → **vloek** (bet 3): ★ *onder de ~ van de honger*

Doe·ma *de (m)* het parlement van Rusland

doem·den·ken *ww & het* het koesteren van uiterst sombere verwachtingen over de toekomst van de wereld

doem·den·ker *de (m)* [-s] iem. die geneigd is tot doemdenken

doe·men *ww* [doemde, h. gedoemd] veroordelen ★ *gedoemd zijn tot* niet kunnen ontkomen aan

doem·sce·na·rio *het* ['s] voorstelling van de loop van de gebeurtenissen indien zich de meest rampzalige ontwikkelingen zouden voordoen die denkbaar zijn

doem·von·nis *het* [-sen] zwaar strafvonnis, vooral veroordeling door God

doem·waar·dig *bn* een zware straf verdienend, vooral strafwaardig voor God

doen[1] *ww* [deed, h. gedaan] ❶ een handeling verrichten: ★ *zijn plicht ~* zijn werk doen ★ *het er om ~ iets (hinderlijk) opzettelijk doen* ★ *er lang over ~* er lang mee bezig zijn ★ *weinig, niets te ~ hebben* weinig, geen bezigheden hebben ★ *er niets aan kunnen ~* a) er geen invloed op kunnen uitoefenen; b) er geen schuld aan hebben ★ *wat staat ons nog te ~?* wat moeten we nog doen? ★ *het is te ~* a) dat kan verricht worden; b) dat valt mee ★ *daar is veel over te ~ (geweest)* daar is veel opschudding over ontstaan ★ *er is wat te ~ in de stad* er gebeurt iets bijzonders ★ *er is veel te ~ op het plein* het is er druk, er gebeurt van alles ★ *daar kan ze het (wel) mee ~* a) meer krijgt ze niet; b) dat zal haar (wel) leren ★ *zij kan het wel ~* zij kan het zich (financieel) wel veroorloven ★ *het ~* neuken ★ *hij doet het met de buurvrouw* ★ *ik doe het ermee* ik kom er (net) van rond, ik heb er (net) genoeg aan ★ *niets ~ dan slapen, voetballen etc.* alleen maar slapen, voetballen etc. ★ *niet weten wat te ~* (hevig) twijfelen ★ *je krijgt met hém te ~* je krijgt moeilijkheden met hem, hij zal je wel leren ★ *hij zal je niets ~* geen kwaad ★ *met iem. te ~ hebben* medelijden met iem. hebben ★ *zoiets doet men niet* dat is onbehoorlijk, dat hoort niet ★ *dat doet er niet(s) toe* dat geeft niet ★ *je doet maar (wat je niet laten kan)* ga je gang maar, mij interesseert het niet ★ *zij heeft het méér gedaan* zij heeft (duidelijk) ervaring ★ NN *het is niets gedaan met haar* het gaat slecht met haar ★ NN, spreektaal *een bakkie ~* een kop koffie drinken ★ *iets gedaan (weten te) krijgen* ervoor zorgen, voor elkaar krijgen dat iets gebeurt ★ *ik heb het altijd bij hem gedaan* hij geeft me altijd de schuld ★ *zo gezegd, zo gedaan* er werd onmiddellijk begonnen met het uitvoeren van het besluit ★ *al doende leert men* door iets dikwijls te doen krijgt men er vaardigheid in ★ *met een houding, air, gezicht van wie-doet-me-wat* zelfverzekerd, brutaal ★ BN, spreektaal *zich (niet) laten ~* (niet) met zich sollen laten, zich (niet) seksueel laten gebruiken ❷ wegstoppen, plaatsen, zetten: ★ *knikkers in de zak ~* ❸ veroorzaken, (een bep. emotie) teweegbrengen: ★ *iem. pijn ~* ★ *iem. ~ vallen, struikelen e.d.* ervoor zorgen dat iem. valt, struikelt e.d. ★ *zijn woorden deden me niets* maakten totaal geen indruk op me ★ *altijd als ik haar zie doet het me wat* voel ik iets bijzonders, iets moois ★ *het doet me deugd, goed* ik vind het fijn ❹ de beoogde (uit)werking hebben, op de gewenste wijze functioneren ★ *de bel doet het niet* is stuk ★ *dat doet het hem* dat zorgt voor het bijzondere effect ★ NN *het nieuwe product doet helemaal niets* slaat niet aan, wordt zeer slecht verkocht ❺ zich gedragen: ★ *raar, vreemd, leuk, zielig, vervelend ~* ★ *hij doet moeilijk* hij gedraagt zich vervelend, nukkig ★ *(net) ~ alsof* voorgeven, voorwenden dat ❻ geven: ★ *iets cadeau ~* ★ *doe mij maar een pils* ❼ handel drijven, handelen: ★ *in fruit, computers, olie ~* ❽ NN kosten: ★ *hoeveel ~ de aandelen Unilever?* ❾ schoonmaken: ★ *het huis, de slaapkamer ~* ❿ (vluchtig) bezichtigen, bereizen: ★ *die Amerikaanse toeristen ~ Amsterdam en Brussel in één dag* ⓫ ★ *~ aan* zich bezighouden met: ★ *aan sport, toneel ~* ★ *aan de slanke lijn ~* afslanken ⓬ ★ *~ over* een bep. tijd nodig hebben voor, gedurende een bep. tijd bezig zijn met: ★ *Piet doet*

gemiddeld 3 uur over een marathon ⓭ BN, spreektaal maken: ★ *overuren* ~ ★ *de proef* ~ nemen ⓮ BN, spreektaal brengen: ★ *de ouders deden de kinderen naar bed*
doen² *het* verrichten ★ *in goede(n)* ~ *zijn* veel geld bezitten of verdienen ★ *uit zijn* ~, *niet in zijn gewone* ~ niet zoals gewoon, van streek ★ *van* ~ *hebben met* te maken hebben met *vgl*: → **vandoen** ★ *voor mijn* ~ gerekend naar mijn omstandigheden, mogelijkheden ★ *dat is geen* ~ dat is zeer moeilijk, onmogelijk uit te voeren ★ *haar* ~ *en laten bevalt me niet* de manier waarop zij zich gedraagt ★ *er is geen* ~ *aan* er is niets aan te doen, er is geen beginnen aan
doen·baar *bn* BN ook mogelijk, te verwezenlijken
doen·de *bn* bezig: ★ *met iets* ~ *zijn*
doe·ner *de (m)* [-s] iem. die (graag) actief bezig is
doen·lijk *bn* uitvoerbaar, te doen ★ *niet* ~ niet uitvoerbaar
doe·rak *(‹Russ) de (m)* [-s, -ken] NN ❶ oorspr. scheldwoord smeerlap, gemeen persoon ❷ ondeugend kind
doe·ri·an *(‹Mal) de (m)* [-s] eetbare vrucht van de Zuidoost-Aziatische boom *Durio zibethinus*, gekenmerkt door een penetrante geur
does *de (m)* [doezen] NN poedel (hond)
doet·je *het* [-s] sukkel, onnozele ziel
doe·zel *de (m)* [-s] halfslaap
doe·ze·len *ww* [doezelde, h. gedoezeld] half slapen
doe·ze·lig *bn* slaperig; vaag
dof¹ *de (m)* [-fen] slag, stoot
dof² *bn* mat, gedempt, gesmoord: ★ *doffe kleuren* ★ *die muziek klinkt* ~
dof·fer *de (m)* [-s] mannetjesduif
doft *de* [-en] roeibank
dog *(‹Eng) de (m)* [-gen] fors hondenras met brede kop ★ *Deense, Duitse* ~ zeer hoogbenige, kortharige dog met smalle kop en lange, brede snuit
do·ge *(‹It) de (m)* [-n, -s] leider, titel van het hoofd van de regering in de vroegere republieken Venetië en Genua
dog·ger *de (m)* [-s] ❶ kabeljauwvisser ❷ vissersschuit voor de kabeljauwvangst
dog·gybag [doɣɣiebɛɣ] *(‹Eng) de (m)* [-s] *(lett: hondenzak)* zakje waarin men de restjes van een in een restaurant genuttigde maaltijd kan meenemen, zogenaamd 'voor de hond', gebruikelijk in de Verenigde Staten
dog·ma *(‹Lat‹Gr) het* ['s, -ta] ❶ vaststaand geloofsartikel dat geen bewijs behoeft, leerstelling: ★ *het* ~ *van de Drie-eenheid* ❷ geheel van geloofsartikelen, geloofsleer
dog·ma·ti·cus *(‹Lat‹Gr) de (m)* [-tici] ❶ iem. die aan dogma's hangt, die (uitsluitend) leerstellig denkt ❷ beoefenaar van de dogmatiek
dog·ma·tiek *(‹Lat‹Gr) de (v)* leer van de dogma's, wetenschappelijke geloofsleer
dog·ma·tisch *(‹Lat‹Gr) bn* ❶ op een dogma of dogma's berustend, leerstellig: ★ *dogmatische opvattingen verkondigen* ❷ geen tegenspraak duldend
dog·ma·tis·me *(‹Gr) het* denkwijze waarbij wordt uitgegaan van dogma's
do·jo *(‹Jap) de (m)* ['s] judoschool, leslokaal voor judo
dok *het* [-ken] soort vaste of drijvende haven waarin schepen voor herstel e.d. door leegpompen drooggelegd kunnen worden
do·ka *de* ['s] donkere kamer
do·ken *ww verl tijd meerv van* → **duiken**
dok·ken¹ *ww* [dokte, h. gedokt] in het dok brengen of liggen
dok·ken² *ww* [dokte, h. gedokt] betalen, veelal met tegenzin: ★ *je moet nog* ~ *voor dat cadeau*
dok·ke·ren *ww* [dokkerde, h. gedokkerd] BN het geluid maken van wielen op straatstenen: ★ *de kar dokkerde over de straatstenen*
dok·saal *(‹Lat) het* [-salen] → **oksaal**
dok·ter *(‹Lat) de (m)* [-s, -toren] arts ★ NN *bij de* ~ *lopen* geneeskundig behandeld worden
dok·te·ren *ww* [dokterde, h. gedokterd] ❶ het doktersberoep uitoefenen ❷ fig trachten te verbeteren, te verhelpen ★ ~ *aan iets* lang bezig zijn met iets om het te verbeteren
dok·te·res *de (v)* [-sen] vrouwelijke arts
dok·ters·ad·vies *het* [-viezen] advies van een arts: ★ *op* ~
dok·ters·at·test *het* [-en] zie bij → **attest**
dok·ters·ro·man *de (m)* [-s] lectuur met als onderwerp verwikkelingen in de wereld van dokters en verpleegsters
dok·wer·ker *de (m)* [-s] havenwerker
dol¹ I *bn* ❶ waanzinnig: ★ *ben je nou helemaal* ~ *geworden?* ; zie ook → **Dolle Mina** ❷ uitgelaten: ★ ~ *zijn van vreugde* ★ *een dolle boel* een zeer vrolijke toestand ★ ~ *zijn op iem., iets* hartstochtelijk houden van ★ *vooral* NN *door het dolle (heen) zijn* bijzonder opgewonden zijn van woede of blijdschap ❸ ‹van dieren› razend door hondsdolheid: ★ *een dolle hond* ❹ ‹van schroeven en moeren› met versleten schroefdraad, doordraaiend II *als eerste lid in samenstellingen* in hoge mate: ★ *dolgelukkig* ★ *dolgraag e.d.*
dol² *de (m)* [-len] ❶ roeipen ❷ bol uitsteeksel dat past in een gleuf, bijv. bij een trottoirband
dol·blij *bn* heel blij
dol·by [-bie] *de (m)*, **dol·by·sys·teem** [-biesiesteem] *het bep.* manier van ruisonderdrukking bij geluidsopnamen, genoemd naar R. M. Dolby, die dit systeem in 1966 introduceerde
dol·ce [doltsjee,], **dol·ce·men·te** [doltsjee-] *(‹It) bijw muz* liefelijk, zoetvloeiend, zacht
dol·ce far nien·te [doltsjee far njentee] *(‹It) het* zoete niets-doen
dol·draai·en *ww* [draaide dol, is dolgedraaid] ❶ ‹van een schroef› draaien zonder dat het schroefdraad pakt (doordat het versleten is) ❷ gek, overspannen

worden door te veel werk, emoties e.d.; *vgl*: →
dolgedraaid
dol·driest, **dol·drif·tig** *bn* woest en onbezonnen
do·le·an·tie [-sie] *((Fr) de (v)* ❶ bezwaar, klacht
❷ ★ NN, hist *de Doleantie* de afscheiding van een groep gelovigen uit de Nederlands-hervormde Kerk in 1886 (*vgl*: → **dolerenden**)
do·len *ww* [doolde, h. gedoold] dwalen ★ *dolende ridder* op avontuur beluste, rondzwervende ridder
do·le·ren·den *mv* NN in 1886 uit het synodaal verband van de Nederlands-hervormde Kerk getreden protestanten, die zich in 1892 met de afgescheidenen verenigd hebben tot de Gereformeerde Kerken
dolf *ww verl tijd van* → **delven**
dol·fijn *((Fr) de (m)* [-en] walvisachtig zeezoogdier, vooral de soort *Delphinus delphis* of *gewone ~* en de soort *Turciups truncatus*, ook wel → **tuimelaar** genoemd
dol·fi·na·ri·um *het* [-s, -ria] vijver met gedresseerde dolfijnen als publieke attractie
dol·ge·draaid *bn* ❶ → **dol**¹ (bet 4) geworden ❷ *fig* te ver doorgedreven en daardoor niet meer de gewenste uitwerking hebbend: ★ *volgens sommigen is ons stelsel van sociale zekerheid ~* ❸ *fig* zo actief geweest zijnde dat men er overspannen van is geraakt
dol·ge·luk·kig *bn* uiterst gelukkig
dol·graag *bijw* heel graag
dol·huis *het* [-huizen] vero inrichting waar geesteszieken verpleegd werden
do·li·cho·ce·faal *((Gr)* **I** *bn* langschedelig **II** *de* [-falen] langschedelige
do·li·cho·ce·fa·lie *((Gr) de (v)* het langschedelig-zijn
do·lik *de* giftige grassoort op korenvelden, *Lolium temulentum*
dolk *de (m)* [-en] kort, spits stootwapen
dol·ko·misch *bn* erg komisch, kluchtig
dol·kruid *het* naam van verschillende vergiftige planten: bitterzoet, nachtschade enz.
dolk·steek *de (m)* [-steken] ❶ steek met een dolk ❷ fig diep kwetsende hatelijkheid
dolk·stoot *de (m)* [-stoten] dolksteek ★ ~ *in de rug* fig verraderlijke, achterbakse aanval
dol·lar *((Eng(Du) de (m)* [-s] munteenheid in o.a. Australië, de Bahama's, Barbados, Belize, Bermuda, Brunei, Canada, de Kaaimaneilanden, Fiji, Guyana, Hongkong, Jamaica, Liberia, Namibië, Nieuw-Zeeland, Singapore, de Solomoneilanden, Taiwan, Trinidad en Tobago, Tuvalu, de Verenigde Staten en Zimbabwe
dol·lar·cent *de (m)* [-en en -s] ❶ een honderdste deel van een dollar ❷ munt ter waarde van éénhonderdste deel van een dollar
dol·lar·koers *de (m)* [-en] wisselkoers van de Amerikaanse dollar
dol·lar·land *het* [-en] land waar men alleen kan kopen met Amerikaanse dollars of met een aan de

Amerikaanse dollar gekoppelde valuta
dol·lar·te·ken *het* [-s] het teken $ als aanduiding van de dollar als munteenheid ★ *met ~s in z'n ogen* duidelijk belust op geldwinst
dol·le·ker·vel *de (m)* vergiftige schermbloemige plant (*Chaerophyllum temulum*)
dol·le·koei·en·ziek·te *de (v)* BN ook gekkekoeienziekte
dol·le·man *de (m)* [-nen] woesteling
dol·le·mans·streek *de* [-streken] dwaze daad van een dolleman
Dol·le Mi·na *de (v)* ['s] iem. die deel uitmaakte van 'Dolle Mina', een in 1969 opgerichte beweging voor vrouwenemancipatie, genoemd naar de Nederlandse feministe Wilhelmina Drucker (1847-1925)
dol·len *ww* [dolde, h. gedold] ❶ door een slag bedwelmen ❷ grapjes maken, lol maken: ★ *die twee zitten altijd te ~* ★ *iem. ~* iem. in de luren leggen, voor schut zetten ❸ voetbal iem. met schijnbewegingen misleiden
dol·le·tjes *bijw bn* NN, spreektaal (in meisjestaal) heel leuk, heel prettig
dol·ly [dollie] *((Eng) de (m)* ['s] verrijdbaar onderstel voor zeer zware instrumenten of werktuigen
dol·men *((Fr(Bretons) de (m)* [-s] tafelvormig grafmonument uit de jonge steentijd of bronstijd, o.a. in Bretagne
do·lo·miet *het* gesteente uit calcium- en magnesiumcarbonaat, genoemd naar de Franse geoloog Déodat Dolomieu (1750-1801) ★ *de Dolomieten* uit deze steen bestaand gebergte in Zuid-Tirol
do·lo·ro·so, **do·lo·ro·sa·men·te** *((It) bijw* muz smartelijk, treurig
dol·ven *ww verl tijd meerv van* → **delven**
DOM *afk* Département d'Outre Mer *((Fr)* [overzees departement (van Frankrijk)]
dom¹ *bn* ❶ niet intelligent: ★ *een ~ kind* ★ *~ lachen* ★ *zo ~ als het achterend van een varken* zeer dom ❷ getuigend van gebrek aan inzicht: ★ *een domme vraag* ★ *zich van de(n) domme houden* zich als onnozel, oningewijd voordoen; zie ook bij → **achtereind** en → **duvel**
dom² *((Lat) de (m)*, **dom·kerk** *de* [-en] hoofdkerk van een aartsbisschop, bisschop of kapittel; vaak als willekeurige benaming voor grote kerken
dom³ *((Port) de (m)* heer, priesterlijke titel, o.a. in Portugal en Brazilië; titel van benedictijnenpriesters
do·ma·ni·aal *((Lat) bn* tot het domein behorende ★ *vroeger domaniale mijn* aanvankelijk aan de staat toebehorende, door een particuliere maatschappij geëxploiteerde mijn in Zuid-Limburg
dom·bo *de (m)* ['s] NN scheldnaam voor een dom persoon, naar het vliegende olifantje uit de strips en tekenfilms van Walt Disney
do·mein *((Fr) het* [-en] ❶ erfgoed, kroongoed, eigendom, van de vorst (→ **kroondomein**) of van de

staat (→ **staatsdomein**) ❷ fig gebied dat men beheerst; geestelijk gebied: ★ *in het ~ van de kunst* ❸ groep computers in een netwerk met een gezamenlijk adres, of sectie op het internet, aangeduid met een → **domeinnaam**
do·mein·naam *de (m)* [-namen] comput naam van een → **domein** (bet 3), naam die een locatie aangeeft op internet, bijv. *www.prisma.nl*
do·mes·ti·ca·tie [-(t)sie] (‹Lat› *de (v)*) het maken van in het wild levende dieren tot huisdieren en van planten tot landbouwgewassen
do·mes·ti·ce·ren *ww* (‹Lat›) [domesticeerde, h. gedomesticeerd] domesticatie toepassen
dom·heer *de (m)* [-heren] kanunnik van een domkerk
dom·heid *de (v)* ❶ het → **dom¹**-zijn ❷ [*mv:* -heden] domme daad
do·mi·ci·lie (‹Fr‹Lat›) het [-s, -liën] woonplaats, vaste verblijfplaats, wettelijk (of wettig) verblijf
do·mi·ci·li·ë·ren *ww* (‹Fr›) [domicilieerde, h. gedomicilieerd] woonachtig zijn, zich metterwoon vestigen
do·mi·ci·li·ë·ring *de (v)* [-en] BN automatische incasso, automatische opdracht om regelmatig terugkerende kosten te betalen via bank- of girorekening
do·mi·nant (‹Fr›) *bn* overheersend: ★ *een dominante moeder hebben* II *de* [-en] ❶ wie of wat domineert ❷ overheersende erfelijke factor ❸ overheersende kleur ❹ muz vijfde toon van de toonladder, die de grondtoon overheerst
do·mi·nan·tie [-sie] *de (v)* het dominant-zijn, overheersing
do·mi·nee (‹Lat› *de (m)*) [-s] (aanspreekvorm van → **dominus**) titel voor en aanduiding van een predikant ★ NN *een blikken ~* spottende benaming voor een onbevoegd predikant ★ NN *er gaat een ~ voorbij* gezegd bij een plotseling optredende stilte tijdens een levendige conversatie
do·mi·nee·se *de (v)* [-n] NN vrouw van een dominee
do·mi·nees·land *het* NN smalende benaming voor Nederland, waarbij men doelt op het protestants-moralistische karakter, naar het boek *Afscheid van domineesland* (1931) van Menno ter Braak (1902-1940)
do·mi·ne·ren *ww* (‹Fr‹Lat›) [domineerde, h. gedomineerd] overheersen, de boventoon voeren, zich als machtigste doen gelden: ★ *de burgemeester domineerde de raadsvergadering* ★ *het nieuws werd gedomineerd door de scheepsramp*
Do·mi·ni·caan *de (m)* [-canen] ❶ iem. geboortig of afkomstig van het eiland Dominica ❷ iem. geboortig of afkomstig van de Dominicaanse Republiek
do·mi·ni·caan *de (m)* [-canen] lid van de orde van de Heilige Dominicus (Domingo de Guzmán), Spaans geestelijke (1170-1221), predikheer
Do·mi·ni·caans *bn* ❶ van, uit, betreffende het eiland Dominica ❷ van, uit, betreffende de Dominicaanse Republiek
do·mi·ni·ca·ner I *de (m)* [-s] dominicaan II *bn* dominicaans
do·mi·ni·ca·nes *de (v)* [-sen] non van de orde van de Heilige Dominicus (Domingo de Guzmán), Spaans geestelijke (1170-1221)
do·min·ion [dəminjən] (‹Eng› *het* [-s] benaming van sommige zelfbesturende leden van het Britse Gemenebest van Naties
do·mi·no *het* ['s], **do·mi·no·spel** [-len] spel waarbij 28 van stippen voorziene stenen op bep. wijze aan elkaar moeten worden gelegd
do·mi·no-ef·fect *het* ❶ verschijnsel dat ontstaat als men de eerste van een rij op hun kant gezette dominostenen omverwerpt, waardoor ook alle andere vallen ❷ fig gezegd van een gebeurtenis die een reeks van andere, soortgelijke gebeurtenissen tot gevolg heeft
do·mi·no·ën *ww* [dominode, h. gedominood] domino spelen
do·mi·no·steen *de (m)* [-stenen] elk van de 28 stenen bij het domino gebruikt
do·mi·no·stek·ker *de (m)* [-s] BN ook verdeelstekker
Do·mi·nus (‹Lat› *de (m)*) de Heer, God ★ *~ vobiscum* God zij met ulieden liturgische groet, ontleend aan *Ruth 2: 4*
do·mi·nus (‹Lat› *de (m)*) [-mini] heer; titel van predikanten
dom·ka·pit·tel *het* gezamenlijke besturende geestelijken van een domkerk
dom·kerk *de* [-en] → **dom²**
dom·kop *de (m)* [-pen] dom persoon
dom·me·kracht *de* [-en] ❶ bep. hefwerktuig ❷ fig dom persoon met veel lichaamskracht
dom·mel *de (m)* halfslaap
dom·me·len *ww* [dommelde, h. gedommeld] half slapen
dom·me·lig *bn* half slapend, soezerig
dom·me·rik *de (m)* [-riken] dom persoon
dom·mig·heid *de (v)* [-heden] domheid
dom·oor *de* [-oren] dom persoon
dom·pe·laar *de (m)* [-s] ❶ bep. watervogel, duiker ❷ onderdeel van een perspomp ❸ elektrisch verwarmingstoestel, dat in de te verwarmen vloeistof wordt gedompeld ❹ BN, m.g. stumper, sukkel
dom·pe·len *ww* [dompelde, h. gedompeld] ❶ in vloeistof (even) onder doen gaan ❷ fig doen verzinken, storten: ★ *in rouw ~* ❸ BN, m.g. sukkelen, in moeilijke omstandigheden verkeren
dom·per *de (m)* [-s] ❶ aan een stangetje bevestigd kegelvormig kapje om kaarsen te doven ★ *een ~ zetten op* fig doen verflauwen: ★ *dit bericht zette een domper op de feestvreugde* ❷ teleurstelling: ★ *de uitschakeling van het Nederlands elftal was een flinke ~*
dom·pig *bn* ❶ bedompt ❷ mistig
dom·proost *de (m)* [-en] proost van een domkapittel
domp·teur (‹Fr› *de (m)*) [-s], **domp·teu·se** [-tøzə] *de (v)*

[-s] dierentemmer
dom·to·ren *de (m)* [-s] toren bij een → **dom²**
dom·weg *bijw* zonder nadenken, zomaar, eenvoudigweg: ★ *ik ben er ~ vanuit gegaan dat...* ★ *dat is ~ onmogelijk*
don *(‹Sp› de (m))* heer, eretitel, oorspr voor aristocraten en hoge geestelijken, thans algemene beleefdheidstitel, steeds gevolgd door de voornaam, in Spaanssprekende landen en Italië
do·na·teur *(‹Fr› de (m))* [-s] schenker, begunstiger van een vereniging, meestal met een jaarlijks bedrag
do·na·tie [-(t)sie] *(‹Lat› de (v))* [-s] schenking, gift
do·na·tor *(‹Lat› de (m))* [-s, -toren] schenker, vooral iem. die een kunstwerk schenkt aan een instelling: ★ *in de middeleeuwen en de renaissance stond vaak het portret van de ~ op het kunstwerk afgebeeld*
do·na·tri·ce *(‹Fr› de (v))* [-s] vrouwelijke donateur of donator, begunstigster
don·der *de (m)* [-s] ❶ gerommel bij onweer ❷ geluid dat aan dat gerommel doet denken: ★ *de ~ van het geschut* ❸ in verschillende informele uitdrukkingen: ★ *geen ~ niets* ★ *iem. op zijn ~ geven* a) een pak slaag geven; b) streng berispen ★ *een mes in zijn ~ in zijn lichaam* ★ *voor de ~* voor de duivel ★ *een arme ~* een arme kerel ★ *vooral NN daar kun je ~ op zeggen* daar kun je van verzekerd zijn
don·der·aal *de (m)* [-alen] grote modderkruiper, *Misgurnus fossilis*
don·der·beest·je *het* [-s] kevertje uit de orde Thysanoptera dat vaak bij onweerachtig weer verschijnt
don·der·bui *de* [-en] onweersbui
don·der·bus *de* [-sen] ouderwets vuurwapen
don·der·dag *de (m)* [-dagen] dag van de week ★ *Witte Donderdag* RK donderdag vóór Pasen, als de priesters in het wit gekleed zijn en het Laatste Avondmaal van Jezus met zijn discipelen wordt herdacht
don·der·dags *bijw bn* op donderdag
don·de·ren *ww* [donderde, h. & is gedonderd] ❶ rommelen van het onweer ❷ een daarop lijkend geluid maken; ★ *BN te dom, lelijk enz. om te helpen ~ heel dom, lelijk enz.* ❸ spreektaal vallen: ★ *hij is van de trap gedonderd* ❹ gooien: ★ *ik donder hem het huis uit* ❺ ★ *NN het dondert niet* het geeft niks, het komt er niet op aan
don·der·god *de (m)* [-goden] god van de donder en de bliksem: Jupiter (bij de Romeinen), Donar, Thor (bij de Germanen)
don·der·ja·gen *ww* [donderjaagde, h. gedonderjaagd] NN druk en vervelend doen: ★ *de kinderen waren de hele dag aan het ~*
don·der·kop *de (m)* [-pen] ❶ verre onweerswolk ❷ kikkervisje
don·der·pad *de* [-den] ❶ kikvorslarve ❷ breedkoppige riviervis, de onderorde Cotoidei
don·der·preek *de* [-preken] terechtwijzing in de vorm van een felle toespraak
don·ders NN I *bijw* zeer, buitengewoon: ★ *dat weet je ~ goed* II *bn* vervloekt: ★ *een donderse kerel* III *tsw* bastaardvloek: ★ *~, wat is hier aan de hand?*
don·der·slag *de (m)* [-slagen] knallend of rommelend geluid bij onweer ★ *als een ~ bij* of *uit heldere hemel* totaal onverwacht; zie ook bij → **scheet**
don·der·speech [-spietsj] *de (m)* [-es *en* -en] donderpreek
don·der·steen *de (m)* [-stenen] ❶ steen waarvan men vroeger aannam dat hij door blikseminslag ontstaan was ❷ NN, scheldwoord lastig, vervelend kind; schertsend als liefkozing gebruikt: ★ *kleine ~!*
don·der·straal *de* [-stralen] NN ❶ scheldwoord lastig, vervelend kind, dondersteen ❷ brutaal, levendig kind
don·der·wolk *de* [-en] wolk die onweer doet verwachten
do·ne·ren *ww* [doneerde, h. gedoneerd] (geld) schenken, met name aan goede doelen
dong¹ *de (m)* [-s] munteenheid van Vietnam
dong² *ww*, **don·gen** *verl tijd* van → **dingen**
don·gle [dongɣəl] *(‹Eng› de)* [-s] comput stukje hardware dat met de computer moet worden verbonden en dat noodzakelijk is om een bepaald programma te kunnen draaien, bedoeld als beveiliging tegen illegaal softwaregebruik
don·jon [dõzjõ] *(‹Fr› de (m))* [-s] hoofdtoren van een kasteel of vesting, torenvesting
donjuan [-choe(w)an, Duitse ch] *(‹Sp› de (m))* onweerstaanbare vrouwenverleider, naar de legendarische Spaanse edelman Don Juan Tenorio, een amorele, wrede vrouwenverleider
don·ker I *bn* ❶ niet helder, waarbinnen geen of slechts weinig licht doordringt: ★ *een donkere nacht* ★ *het is ~ in deze ruimte* ★ *donkere kamer* donkere ruimte om foto's en films te ontwikkelen ★ *de donkere dagen voor kerst* de periode in midden december met lange nachten en vaak somber weer ❷ weinig licht terugkaatsend: ★ *donkere kleuren* ❸ fig somber, naargeestig, triest: ★ *een donkere periode in de geschiedenis* ★ *iets ~ inzien* pessimistisch over iets zijn II *het* duisternis: ★ *in het ~* ★ *voor (het) ~ thuis zijn*
don·ker- voorvoegsel ★ *donkerblauw, donkerrood enz.* naar donkere tinten overhellende kleur blauw, rood enz.
don·ke·ren *ww* [het donkerde, het h. gedonkerd] donker worden
don·na *(‹It› de (v))* vrouwelijke titel, mevrouw
do·nor *(‹Fr› de (m))* [-s] ❶ gever, schenker; vooral ❷ iem. die bloed of een orgaan afstaat ten behoeve van anderen ❸ man die sperma afstaat voor kunstmatige inseminatie ❹ ‹m.b.t. ontwikkelingshulp› land dat die hulp verstrekt in betrekking tot het ontvangende land
do·nor·co·di·cil *het* [-s] schriftelijke verklaring volgens welke organen en weefsels na de dood beschikbaar zijn voor transplantatiedoeleinden

do·nor·hart *het* [-en] ruilhart
Don Qui·chot [kiesjot] *(‹Fr‹Sp) de (m)* hersenschimmen najagende onpraktische idealist, naar de held van de roman *Don Quijote* (1605) van Cervantes
don·qui·chot·te·rie [-kiesjotta-] *(‹Du) de (v)* [-rieën] daad als van Don Quichot, avontuurlijke, onpraktische idealistische daad, onhandig toegepaste ridderlijkheid
dons *het* ❶ fijne vogelveertjes ❷ daarvan gemaakt vulmateriaal ❸ de eerste, zachte baardharen ❹ zachte haartjes op een vrucht ❺ poederdons
dons·de·ken *de & het* [-s] BN, spreektaal dekbed
dons·je *het* [-s] NN poederkwastje in poederdoos
do·nut *(‹Eng) de* [-s] luchtig gebak van zoet deeg, rond van vorm met een gat in het midden
don·zen *bn* van dons; als dons
do·ña [donjaa] *(‹Sp) de (v)* het vrouwelijk equivalent van → **don** in Spanje; mevrouw
dood¹ *bn* ❶ geen leven (meer) bezittend ★ *goederen in de dode hand* bezittingen als die van kerken enz., die niet in handen van personen overgaan ★ *~ kapitaal* renteloos kapitaal ★ *dood punt* a) stilstand door onderlinge opheffing van de krachten; b) algemeen toestand waarin men niet verder kan: ★ *we zitten op een ~ punt* ★ *op (een) ~ spoor zitten* door een verkeerde benadering niet het gewenste resultaat zullen bereiken, vastgelopen zijn ★ *dode stad* vroeger welvarende stad, nu zonder handel of industrie, bijv. Veere ★ *dode talen* door geen volk meer gesproken, bijv. het Latijn ★ *de dode letter* wet die, voorschrift dat door niemand meer wordt nageleefd ★ BN, spreektaal *~ van de honger, dorst e.d.* heel hongerig, dorstig ❷ ‹in de verbogen vorm *dooie*› saai: ★ *een dooie kerel* ★ *een dooie boel* ❸ gevoelloos: ★ *dode vingers hebben door de kou*
dood² *de* [doden *zeldzaam*] ❶ het sterven ★ *recht ~ door schuld* het niet-opzettelijk veroorzaken van iemands overlijden ❷ toestand waarin het leven afwezig is ★ *als de ~ zijn voor iets* vreselijk bang ervoor ★ *de één z'n ~ is de ander z'n brood* nadeel voor de één betekent vaak voordeel voor een ander ★ *duizend doden sterven* velerlei kwellingen of angsten doorstaan ★ NN *om de dooie ~ niet* volstrekt niet ★ *vooral* NN *het is er de ~ in de pot* het is er een saaie boel ★ *ten dode opgeschreven zijn* a) weldra moeten sterven; b) fig binnenkort zullen ophouden te bestaan: ★ *dit bedrijf is ten dode opgeschreven* ★ *ter ~ veroordelen* ★ *de ~ vinden* sterven ★ *de ~ onder ogen zien* zich erop voorbereiden ★ *~ en verderf zaaien* veel mensen ombrengen of ernstig leed toebrengen ★ BN *Pietje de Dood* magere Hein ★ *de zwarte ~* zie bij → **zwart**
dood·arm, **dood·arm** *bn* zeer arm
dood·be·daard *bn* zeer bedaard
dood·bid·der *de (m)* [-s] aanspreker
dood·blij·ven *ww* [bleef dood, is dood gebleven] ★ *~ op een cent* zeer gierig zijn
dood·bloe·den *ww* [bloedde dood, is doodgebloed]

❶ sterven door bloedverlies ❷ fig langzamerhand ophouden of tenietgaan ★ *wij zullen die zaak maar laten ~* er niet meer over spreken, er niets meer aan doen ★ *de vereniging is doodgebloed*
dood·braaf *bn* BN heel braaf
dood·doe·ner *de (m)* [-s] zeer algemene en daardoor nietszeggende uitspraak die verdere discussie over iets doodslaat
dood·druk·ken *ww* [drukte dood, h. doodgedrukt] door drukken doodmaken: ★ *in het gedrang werden veel mensen doodgedrukt*
dood·een·vou·dig, **dood·een·vou·dig** *bn* zeer eenvoudig
dood·eer·lijk, **dood·eer·lijk** *bn* volkomen eerlijk
dood·eng, **dood·eng** *bn* NN erg griezelig
dood·en·kel *bn* heel enkel: ★ *een doodenkele keer* ★ *een ~ geval*
dood·er·ge·ren *wederk* [ergerde dood, h. doodgeërgerd] zich hevig ergeren
dood·ern·stig, **dood·ern·stig** *bn* in volkomen ernst, vooral in een niet-ernstige situatie: ★ *met een ~ gezicht kon zij de waanzinnigste opmerkingen maken*
dood·gaan *ww* [ging dood, is doodgegaan] sterven: ★ *~ aan kanker* ★ *~ van verdriet* ★ *daar ga je niet ~ van* dat is niet zo erg ★ *ik ga liever gewoon dood* gezegd als men een aanbod afslaat
dood·ge·bo·ren *bn* levenloos op de wereld gekomen ★ *een ~ kindje* fig een onderneming die geen uitzicht op succes biedt
dood·ge·moe·de·reerd, **dood·ge·moe·de·reerd** *bn* alsof er niets aan de hand is, doodleuk: ★ *de boekhouder kwam ons ~ vertellen dat ons bedrijf failliet was*
dood·ge·woon, **dood·ge·woon** *bn* heel gewoon
dood·goed, **dood·goed** *bn* zeer goedhartig
dood·gooi·en *ww* [gooide dood, h. doodgegooid] inf overstelpen: ★ *ze gooien je dood met reclame*
dood·gra·ver *de (m)* [-s] ❶ iem. die graven delft en weer dichtmaakt ❷ oranje gestreepte zwarte aaskever (*Nicrophorus*)
dood·grie·ze·lig, **dood·grie·ze·lig** *bn* erg griezelig
dood·jam·mer, **dood·jam·mer** *bn* erg jammer
dood·kalm, **dood·kalm** *bn* volkomen kalm
dood·kist, **doods·kist** *de* [-en] lijkkist ★ *een drijvende ~* een onzeewaardig schip ★ *een nagel aan mijn ~* iets wat, iem. die mij voortdurend verdriet of ergernis bezorgt
dood·klap *de (m)* [-pen] NN, fig zeer harde klap: ★ *iem. een ~ geven*
dood·klop·per·tje *het* [-s] → **doodskloppertje**
dood·knuf·fe·len *ww* [knuffelde dood, h. doodgeknuffeld] te erg verwennen en ontzien en daardoor verzwakken: ★ *een etnische minderheid ~*
dood·kruid *het* plantk wolfskers (*Atropa belladona*)
dood·la·chen *wederk* [lachte dood, h. doodgelachen] uitbundig lachen
dood·leuk, **dood·leuk** *bn* vooral NN alsof er niets aan de hand is, zomaar: ★ *hij vertelde haar ~ dat hij al*

doodliggen–doodverklaren

drie jaar een verhouding met een ander had

dood·lig·gen *ww* [lag dood, h. doodgelegen] ‹bij honden› op bevel onbeweeglijk liggen

dood·lo·pen I *ww* [liep dood, is doodgelopen] ❶ ‹van wegen› nergens heen leiden, op een afsluiting stuiten: ★ *een doodlopende straat* ❷ fig zijn kracht verliezen, ten onder gaan: ★ *de politieke beweging is doodgelopen* II *wederk* [liep dood, h. doodgelopen] zich hevig inspannen om iets te bereiken of te verkrijgen

dood·lo·per *de (m)* [-s] zie bij → **hardloper**

dood·ma·ken *ww* [maakte dood, h. doodgemaakt] doden ★ voetbal *de bal ~* een door de lucht aangespeelde bal door een bep. beweging met de voet geheel stilleggen

dood·moe, **dood·moe** *bn* zeer vermoeid

dood·nor·maal, **dood·nor·maal** *bn* volkomen normaal

dood·nuch·ter, **dood·nuch·ter** *bn* ❶ helemaal nuchter ❷ kalm en zakelijk, zonder omhaal

dood·op, **dood·op** *bn* uitgeput: ★ *~ zijn*

dood·rij·der *de (m)* [-s] BN wegpiraat, roekeloze chauffeur

doods *bn* ❶ als de dood, zeer somber: ★ *een doodse stilte* ★ *na dit bericht staarde hij ~ voor zich uit* ❷ saai, uitgestorven: ★ *het doodse centrum van een provinciestadje*

doods·ak·te *de* [-n, -s] akte van overlijden

doods·angst *de (m)* [-en] hevige angst

doods·bang, **doods·bang** *bn* in hevige angst

doods·bed *het* [-den] sterfbed

doods·been·de·ren *mv* overblijfselen van (een) geraamte(n)

doods·be·nauwd, **doods·be·nauwd** *bn* doodsbang

doods·be·richt *het* [-en] kennisgeving van overlijden

doods·bleek, **doods·bleek** *bn* zeer bleek

doods·brief *de (m)* [-brieven] BN rouwbrief

dood·scha·men *wederk* [schaamde dood, h. doodgeschaamd] zich diep schamen

dood·schie·ten *ww* [schoot dood, h. doodgeschoten] door schieten doden

dood·schop *de (m)* [-pen] harde, op een levend wezen gerichte trap: ★ *iem. een ~ geven*

dood·schrik·ken *wederk* [schrok dood, is doodgeschrokken] hevig schrikken

doods·drift *de* verlangen naar de dood

dood·se·ri·eus *bn* doodernstig

doods·es·ka·der *het* [-s] in bep. landen voorkomende organisatie die zich (soms met verhulde instemming van de regering) toelegt op het zonder vorm van proces doden van haar of de regering onwelgevallige personen, zoals politieke tegenstanders of misdadigers

doods·ge·vaar *het* [-gevaren] gevaar van te sterven, levensgevaar

doods·ge·vaar·lijk *bn* BN ook levensgevaarlijk

doods·hoofd *het* [-en] schedel van een gestorvene; zinnebeeld van sterfelijkheid en vergankelijkheid

doods·hoofd·aap·je *het* [-s] levendig breedneusaapje met een lange staart, uit het geslacht *Saimiri* van de familie van de grijpstaartapen, voorkomend in de wouden van tropisch Amerika, doodskopaapje

doods·hoofd·vlin·der *de (m)* [-s] avondvlinder met een doodskoptekening op het kopborststuk, *Acherontia atropos*

doods·kist *de* [-en] → **doodkist**

doods·kleed *het* [-kleden] lijkkleding

doods·klok *de* [-ken] klokgelui bij een begrafenis ★ *de ~ over iets luiden* fig de teloorgang van iets aankondigen: ★ *de ~ werd over het bedrijf geluid*

doods·klop·per·tje, **dood·klop·per·tje** *het* [-s] houtworm, die een kloppend geluid in hout veroorzaakt

doods·kop *de (m)* [-pen] doodshoofd; vooral afbeelding daarvan

doods·kop·aapje *het* [-s] doodshoofdaapje

dood·slaan *ww* [sloeg dood, h. doodgeslagen] ❶ door slaan doden ★ *al sla je me dood* gezegd als men het antwoord op een vraag volstrekt niet weet ❷ NN zijn levendigheid ontnemen: ★ *door die ellenlange betogen sloeg de discussie helemaal dood*

dood·slag *de (m)* [-slagen] het opzettelijk doden van een mens

dood·smak *de (m)* [-ken] fig zeer harde val: ★ *een ~ maken*

doods·nood *de (m)* uiterste stervensnood: ★ *in ~ sprong hij van het dak*

doods·prent·je *het* [-s] BN, spreektaal **bidprentje**

doods·schrik *de (m)* hevige schrik

doods·strijd *de (m)* het verzet tegen de dood in het stervensuur, agonie

doods·stuip *de* [-en] laatste stuiptrekking

dood·steek *de (m)* ★ *de ~ geven aan* een vernietigende slag toebrengen aan, een einde maken aan

dood·ste·ken *ww* [stak dood, h. doodgestoken] met een steekwapen doden

dood·stil *bn* zeer stil

dood·straf *de* [-fen] gerechtelijke straf bestaande uit het ter dood brengen van de veroordeelde

doods·ver·ach·ting *de (v)* dapperheid zonder vrees voor de dood: ★ *met ware ~ redde hij het meisje uit het brandende huis*

doods·vij·and *de (m)* [-en] hevige vijand, verklaarde tegenstander

doods·zweet *het* zweet dat een stervende uitbreekt

dood·tij, **dood·tij** *het* weinig verschil tussen eb en vloed, voorkomend kort na het eerste en laatste kwartier van de maan

dood·val·len *ww* [viel dood, is doodgevallen] ❶ door een val sterven ❷ dood neervallen ★ *val dood!, van mij kun je ~!* verwensing ★ *op een cent ~* heel erg gierig zijn

dood·vech·ten *wederk* [vocht dood, h. doodgevochten] blijven vechten tot de dood

dood·ver·kla·ren *ww* [verklaarde dood, h. doodverklaard] ★ *iem. ~* doen alsof hij niet meer

bestaat, iem. volkomen negeren
dood·ver·ve·len *wederk* [verveelde dood, h. doodverveeld] zich uitermate vervelen
dood·ver·ven *ww* [doodverfde, h. gedoodverfd] ❶ in de grondverf zetten ❷ noemen, bestemmen: ★ *iem. als winnaar ~* ; zie ook: → **gedoodverfd**
dood·von·nis *het* [-sen] ❶ veroordeling tot de dood ❷ fig beslissing die afschaffing of opheffing ten gevolge heeft: ★ *het ~ voor dit subsidiebeleid*
dood·wer·ken *wederk* [werkte dood, h. doodgewerkt] overmatig hard werken
dood·wond *de* ★ NN *het is geen ~ zo erg is het niet*
dood·ziek, **dood·ziek** *bn* zeer ernstig ziek ★ *~ van iets worden* fig iets uitermate vervelend of storend vinden
dood·zon·de¹ *de* [-n] ❶ RK grote zonde waarmee men de heiligmakende genade verbeurt ❷ fig onvergeeflijke fout
dood·zon·de², **dood·zon·de** *bn* ★ *het is ~ erg jammer, zeer te betreuren*
dood·zwij·gen *ww* [zweeg dood, h. doodgezwegen] niet spreken over, negeren (met de bedoeling iets te verbergen of tegen te werken): ★ *de aanmerkingen op het beleid van de regering zijn doodgezwegen*
doof *bn* niet of slecht horend ★ *zo ~ als een kwartel, zo ~ als een pot* stokdoof ★ *~ zijn voor tegenwerpingen* deze niet willen horen; **doofheid** *de (v)*
doof·pot *de (m)* [-ten] vroeger pot waarin men kolen of turf doofde ★ *in de ~ stoppen* verder zwijgen over, verder niet meer bespreken of behandelen
doof·stom *bn* doof en → **stom** (bet 3)
dooi *de (m)* ❶ het dooien: ★ *de ~ valt in* ❷ fig verbetering van de betrekkingen: ★ *er is ~ opgetreden in de relatie tussen deze twee vijandige buurlanden*
dooi·en *ww* [het dooide, het h. gedooid] opgehouden hebben te vriezen
dooi·er *de (m)* [-s] geel van een ei
dooi·er·zak *de (m)* [-ken] orgaan in het embryo van vissen, reptielen en vogels, dat dient voor de verwerking van de buiten het embryo gelegen dooier
dooi·er·zwam *de* [-men] cantharel
dooie·vis·jes·vre·ter *de (m)* [-s] NN, spreektaal saai, zwijgzaam mens
dooi·weer *het* weer waarbij het dooit
dook *ww verl tijd van* → **duiken**
dool *de (m)* ★ BN ook *op de ~ zijn / raken* op de vlucht zijn, rondzwerven
dool·hof *de (m)* [-hoven] ❶ dwaaltuin, labyrint ❷ fig moeilijk ontwarbaar samenstel: ★ *een ~ van bepalingen en verordeningen*
doop *de (m)* ❶ het dopen ★ *ten ~ houden* ★ *de ~ toedienen* ★ *de ~ van een schip* ❷ BN, spreektaal ‹bij studenten enz.› ontgroeningsceremonie
doop·ak·te *de* [-n, -s], **doop·at·test** *het* [-en]
doop·at·tes·ta·tie [-(t)sie] *de (v)* [-s] prot bewijs van dooplidmaatschap

doop·bek·ken *het* [-s] bekken waarin zich het doopwater bevindt
doop·be·lof·te *de (v)* belofte afgelegd door doopouders over de godsdienstige opvoeding van het kind
doop·boek *het* [-en] kerkelijk register van dopelingen
doop·ceel *de & het* [-celen] ❶ bewijs dat men gedoopt is ❷ fig (ongunstig) verleden ★ *iemands ~ lichten* al het kwaad opsporen uit iems. verleden
doop·feest *het* [-en] feest bij de doop van een kind
doop·for·mu·le *de* [-s] de woorden uitgesproken bij het toedienen van de doop
doop·for·mu·lier *het* [-en] prot formulier dat bij het verrichten van de doop wordt voorgelezen
doop·ge·lof·te *de (v)* [-n] gelofte door peter en meter bij de doop afgelegd
doop·ge·tui·gen *mv* peter en meter
doop·jurk *de* [-en] lange jurk door jonge dopelingen gedragen
doop·ka·pel *de* [-len] RK ruimte waarin het doopsel wordt toegediend
doop·lid *het* [-leden] iem. die door doop lid is van een protestants kerkgenootschap
doop·maal *het* [-malen] maaltijd bij een doopfeest
doop·moe·der *de (v)* [-s] NN peettante
doop·naam *de (m)* [-namen] bij de doop gegeven voornaam of voornamen
doop·ou·ders *mv* ouders die een kind laten dopen
doop·plech·tig·heid *de (v)* [-heden] plechtige handelingen bij de doop
doop·re·gis·ter *het* [-s] doopboek
doop·sel *het* [-s] RK de doop, een van de sacramenten
doops·ge·zind, **doops·ge·zind** *bn* behorend tot de groep protestanten die haar leden pas op volwassen leeftijd wil dopen
doop·sui·ker *de* BN suikerbonen aangeboden aan familie en vrienden bij de geboorte van een baby
doop·va·der *de (m)* [-s] NN peetoom
doop·vont *de* [-en] kom voor water bij een doopplechtigheid ★ BN ook *iets boven de ~ houden* iets oprichten
doop·wa·ter *het* water waarmee gedoopt wordt
door¹ I *vz* ❶ van de ene zijde van een voorwerp of een ruimte naar de andere: ★ *een tunnel ~ een berg* ★ *~ iem. heen kijken* fig doorgronden wat er in iemand omgaat ❷ van het ene punt binnen een voorwerp of een ruimte naar het andere: ★ *~ de lucht vliegen* ★ *~ de zaal lopen* ❸ van het ene tijdspunt naar het andere: ★ *~ de eeuwen heen* ❹ (duidt vermenging van zaken met elkaar aan): ★ *zout ~ het eten* ★ *jongens en meisjes ~ elkaar* ❺ (duidt de handelende persoon aan in zinnen met de lijdende vorm): ★ *dit boek is ~ een Nobelprijswinnaar geschreven* ❻ (duidt de oorzaak van iets aan of het middel waarmee iets wordt bewerkstelligd): ★ *onbekwaam ~ de drank* II *bijw* ★ *~ en ~ volkomen, helemaal* ★ *(er) ~ zijn* ‹bij zwemmen› gewend zijn aan de lagere temperatuur van het

water
door² *de (m)* [doren] → **dooier**
door·aderd *bn* met aderen doortrokken: ★ ~ *gesteente*
door·bak·ken *bn* goed gaar gebakken
door·be·re·ke·nen *ww* [berekende door, h. doorberekend] in de leveringsprijs verrekenen: ★ *een loonstijging ~ in de prijzen*
door·bij·ten *ww* [beet door, h. doorgebeten] ❶ stukbijten, een opening bijten in ★ *die hond bijt niet door* hij hapt wel, maar niet zo hard dat er een wond ontstaat ❷ verder bijten ❸ fig ondanks moeilijkheden voortgaan met, doorzetten: ★ *we hebben de bergtop haast bereikt, even ~ nog*
door·bij·ter *de (m)* [-s] doorzetter
door·bla·de·ren *ww* [bladerde door, h. doorgebladerd], **door·bla·de·ren** [doorbladerde, h. doorbladerd *of* h. doorgebladerd] bladerend vluchtig inzien: ★ *een boek ~*
door·bloed *bn* met bloed doortrokken: ★ ~ *vlees*
door·bor·du·ren *ww* [borduurde door, h. doorgeborduurd] ★ ~ *op* doorgaan met spreken of schrijven over
door·bo·ren *ww* [doorboorde, h. doorboord] ❶ een opening maken in (al of niet met een boor) ❷ fig doordringen: ★ *een doorborende blik*
door·bo·ring *de (v)* [-en] het doorboren
door·braak *de* [-braken] ❶ het doorbreken ‹dijk, gevechtsfront› ❷ begin van een grote (politieke) verandering: ★ *een ~ in de besprekingen tussen de werkgevers en de vakbonden* ❸ prestatie waardoor iem. tot de besten in een sport, kunstvorm e.d. gaat behoren ❹ NN het opruimen van een stadsgedeelte ten behoeve van een verkeersweg of metrolijn ❺ ‹in de jaren na de Tweede Wereldoorlog› aanduiding van de poging om de scheidslijn tussen confessionele en niet-confessionele politieke partijen te doorbreken
door·bran·den *ww* [brandde door, is doorgebrand] tijdens het branden stukgaan ‹van lampen e.d.›
door·bre·ken¹ *ww* [brak door, h. & is doorgebroken] ❶ in tweeën doen gaan: ★ *een stok ~* ❷ in tweeën gaan: ★ *de stok brak door* ❸ een opening krijgen of maken: ★ *de dijk is doorgebroken, de vijand is na een hevige aanval doorgebroken* ❹ door iets heen dringen, door iets heen tevoorschijn komen: ★ *de zon is doorgebroken, de tandjes zijn aan het ~* ❺ fig duidelijk merkbaar worden: ★ *het ~ van een nieuwe toekomst* ★ *die zanger is doorgebroken* hij is beroemd geworden; **doorbreking** *de (v)*
door·bre·ken² *ww* [doorbrak, h. doorbroken] een opening of scheuring maken in, ook fig: ★ *de gelederen ~* ★ *een scheidslijn ~* ★ *de stilte ~*
door·bren·gen *ww* [bracht door, h. doorgebracht] ❶ besteden: ★ *de tijd met werken ~* ★ *een weekje ~ op Corsica* ❷ verkwisten: ★ *zijn geld ~*
door·bui·gen *ww* [boog door, h. & is doorgebogen] ❶ een bocht doen krijgen ❷ een bocht krijgen
door·dacht *bn* diep overdacht

door·dat *voegw* door het feit dat (een oorzaak aangevend): ★ *doordat het die nacht had gestormd, lagen er veel takken op de weg*
door·den·ken¹ *ww* [dacht door, h. doorgedacht] ❶ verder denken ❷ scherp, helder denken: ★ *je moet goed ~*
door·den·ken² *ww* [doordacht, h. doordacht] diep overdenken, met zorg overwegen: ★ *hij doordacht zijn daden*
door·den·ker·tje *het* [-s] iets waarover men even moet nadenken voor men het begrijpt (bijv. een grap, toespeling, raadsel e.d.)
door·de·weeks *bn* niet op zondag of zaterdag, niet als op zondag of zaterdag ★ *een doordeweekse dag* een gewone werkdag ★ *in zijn doordeweekse kleren*
door·dou·wer *de (m)* [-s] vooral NN hardnekkige doorzetter
door·draai·en *ww* [draaide door, h. & is doorgedraaid] ❶ verder, te ver draaien ❷ ‹geld› verkwisten ❸ NN ‹goederen op veilingen› onverkoopbaar, waardeloos verklaren wegens te veel aanbod, om de prijs niet te laag te laten worden, waarna de producten worden vernietigd: ★ *er wordt veel groente doorgedraaid* ❹ overspannen raken: ★ *door de aanhoudende stress is zij doorgedraaid*
door·draai·er *de (m)* [-s] verkwister
door·dram·men *ww* [dramde door, h. doorgedramd] aanhoudend drammen; **doordrammer** *de (m)* [-s]
door·dra·ven *ww* [draafde door, h. & is doorgedraafd] fig in het wild doorredeneren: ★ *je bent aan het ~*
door·drenkt *bn* ❶ ★ ~ *van* of *met* helemaal doortrokken van ‹vloeistof› ❷ fig sterk de geest of invloed vertonend van: ★ *van het communisme ~*
door·drij·ven *ww* [dreef door, h. doorgedreven] tegen de wens van anderen doen gebeuren of aanvaarden: ★ *hij wil altijd zijn ideeën ~*; **doordrijver** *de (m)* [-s]
door·drin·gen¹ *ww* [drong door, is doorgedrongen] met enige moeite iets bereiken: ★ *tot de kern van de zaak ~* ★ *het dringt niet tot hem door, dat hij iets fout gedaan heeft* hij kan het niet begrijpen *of* hij wil het niet inzien
door·drin·gen² *ww* [doordrong, h. doordrongen] overtuigen: ★ *doordrongen zijn van de noodzaak van iets*
door·drin·gend *bn* door alles heen dringend: ★ *doordringende kou* ★ *een ~ geluid*
door·druk·ken *ww* [drukte door, h. doorgedrukt] ❶ door iets heen drukken ❷ fig tegen de wens van anderen doen gebeuren of aanvaarden, doordrijven: ★ *een plan ~*
door·druk·strip *de (m)* [-s, -pen] strip voor verpakking van pillen of tabletten, die door middel van drukken tevoorschijn komen
door·een *bijw* door elkaar
door·gaan *ww* [ging door, is doorgegaan] ❶ doorheen gaan: ★ *een poort ~* ❷ verder gaan,

voortgaan: ★ ~ *met werken* ★ *dat gaat in één moeite door dat kan tegelijk met een andere handeling worden gedaan* ★ ~ *in de muziek* zich verder muzikaal bekwamen ★ ~ *op een onderwerp* het verder uitdiepen, er verder over praten ❸ ondanks bezwaren plaatsvinden: ★ *ondanks de regen gaat de wedstrijd door* ❹ beschouwd worden als: ★ *hij gaat voor rijk door* ❺ stukgaan, een opening krijgen: ★ *de mouw begint door te gaan* ❻ BN, spreektaal plaatshebben, plaatsvinden; gehouden, gevierd worden: ★ *het feest gaat door op dinsdag 16 november*

door·gaand *bn* ❶ een geheel traject afleggend: ★ *een doorgaande trein* ❷ door een plaats heen gaand: ★ ~ *verkeer*

door·gaans *bijw* in de regel, gewoonlijk: ★ ~ *is hij om 9 uur op zijn werk*

door·gang *de (m)* [-en] ❶ gang of weg ergens doorheen ★ *de portier belette me de* ~ *hij zorgde ervoor dat ik niet verder kon gaan* ❷ het tot uitvoering komen, het daadwerkelijk gebeuren: ★ *de vergadering kan geen* ~ *hebben, vinden*

door·gangs·huis *het* [-huizen] ❶ tijdelijke verblijfplaats voor gevangenen, zwervers enz. ❷ NN, fig plaats of positie die iem. tijdelijk inneemt

door·ge·draaid *bn* fig dolgedraaid

door·ge·dre·ven *bn* BN intensief

door·geef·luik *het* [-en] ❶ wegschuifbaar luik waardoor men verbinding heeft tussen eetkamer en keuken ❷ fig tussenpersoon

door·ge·sto·ken *bn* ★ ~ *kaart* a) waar een gaatje in gestoken is als kenteken; b) fig afgesproken werk: ★ *dat hij die baan kreeg was allemaal* ~ *kaart*

door·ge·ven *ww* [gaf door, h. doorgegeven] ❶ verder geven ❷ van de ene persoon aan de ander: ★ *de suiker* ~ ★ *een bericht aan iem.* ~

door·ge·win·terd *bn* vooral NN zeer ervaren; door lange praktijkervaring op de hoogte van alle bijzonderheden: ★ *een doorgewinterde onderhandelaar*

door·goed *bn* zeer goed

door·gron·den *ww* [doorgrondde, h. doorgrond] tot op de bodem leren kennen

door·hak·ken *ww* [hakte door, h. doorgehakt] in twee of meer stukken hakken; zie ook bij → bijl, → gordiaanse knoop, → knoop

door·ha·len *ww* [haalde door, h. doorgehaald] ❶ NN doorheen trekken ★ *een nacht* ~ *een nacht zonder slapen doorbrengen* ❷ doorschrappen: ★ ~ *wat niet van toepassing is*

door·ha·ling *de (v)* [-en] ❶ het doorschrappen ❷ dat wat is doorgeschrapt

door·heb·ben *ww* [had door, h. doorgehad] begrijpen, doorzien: ★ *een grap* ~ ★ *ik heb je door*

door·heen *bijw* ★ *er* ~ *zijn* a) het doorstaan of voltooid hebben; b) geen voorraad meer hebben

door·ja·ger *de (m)* [-s] BN, spreektaal iem. die veel eet, maar toch mager blijft

door·kies·num·mer *de (m)* [-s] telefoonnummer van een toestel van een (huis)telefooninstallatie dat direct via een buitenlijn bereikbaar is

door·kies·sys·teem [-sis- of -sies-] *het* [-temen] automatische (huis)telefooninstallatie waarbij men zonder tussenkomst van een telefonist(e) een verbinding tot stand kan brengen met de afzonderlijke toestellen

door·kijk *de (m)* uitzicht door *of* tussen iets: ★ *een aardig doorkijkje op de toren*

door·kijk·blouse [-bloeza,], **door·kijk·bloes** *de (v)* [-s] blouse van doorzichtig materiaal

door·kij·ken *ww* [keek door, h. doorgekeken] snel, oppervlakkig bekijken: ★ *een boek* ~

door·kneed *bn* volkomen bekend zijn met, veel ervaring hebben met: ★ ~ *zijn in de effectenhandel*

door·knoop·jurk *de* [-en], **door·knoop·rok** *de (m)* [-ken] NN jurk, rok die over de hele lengte dichtgeknoopt wordt

door·ko·men *ww* [kwam door, is doorgekomen] ❶ door iets heen komen: ★ *het struikgewas is te dicht, ik kan er niet* ~ ★ *een examen, een voorronde* ~ ★ *er is geen* ~ *aan* a) wij kunnen niet verder wegens een mensenmenigte, obstakels e.d.; b) de hoeveelheid werk is te groot ★ *ik hoop dat dit voorstel er doorkomt* zal worden aangenomen ❷ ⟨bij radio, televisie⟩ hoorbaar of zichtbaar worden: ★ *deze zender komt slecht door* ❸ ★ NN, spreektaal ~ *met opdienen*: ★ *toen kwam Mien nog effe met een pan snert door*

door·kras·sen *ww* [kraste door, h. doorgekrast] doorschrappen

door·krijgen *ww* [kreeg door, h. doorgekregen] begrijpen ★ *iem.* ~ *iems. (slechte) bedoelingen achterhalen*

door·krui·sen *ww* [doorkruiste, h. doorkruist] ❶ in vele richtingen gaan door: ★ *een streek* ~ ❷ ingaan tegen: ★ *een plan* ~

door·laat *de (m)* [-laten] opening in een dijk om water door te laten

door·laat·dam *de (m)* dam met sluizen die water kunnen doorlaten (bijv. de Oosterscheldedam)

door·laat·post *de (m)* [-en] post ter controle bij een overgang, o.a. bij grensoverschrijding

door·la·ten *ww* [liet door, h. doorgelaten] ❶ laten passeren: ★ *de portier wilde me niet* ~ ❷ laten doordringen: ★ *vocht* ~

door·leefd *bn* ❶ waaraan is te zien dat iem. veel heeft meegemaakt in het leven: ★ *een* ~ *gezicht* met veel rimpels en groeven ❷ met veel gevoel: ★ *een doorleefde vertolking van een lied*; zie ook: → **doorleven**

door·le·ren *ww* [leerde door, h. doorgeleerd] ❶ doorgaan met leren ❷ een (school)opleiding volgen na (met succes) een vorige opleiding voltooid te hebben, doorstuderen

door·le·ven *ww* [doorleefde, h. doorleefd] beleven, ondervinden: ★ *gelukkige jaren* ~ ★ *hij heeft veel verdriet doorleefd*

door·le·zen¹ *ww* [las door, h. doorgelezen] ❶ verder lezen ❷ tot het eind toe lezen

door·le·zen² *ww* [doorlas, h. doorlezen] lezende kennis nemen van: ★ *archiefstukken ~*

door·lich·ten *ww* [lichtte door, h. doorgelicht] ❶ met röntgenstralen inwendige organen, vooral de longen, bekijken ❷ fig controlerend nagaan, grondig onderzoeken; **doorlichting** *de (v)* [-en]

door·lig·gen *ww* [lag door, is doorgelegen] door langdurig op bed liggen wonden krijgen: ★ *de zieke is doorgelegen*

door·loop *de (m)* [-lopen] plaats of ruimte waar men doorloopt

door·loop·tijd *de (m)* [-en] comput tijd die een programma nodig heeft om een opdracht uit te voeren

door·lo·pen¹ *ww* [liep door, is & h. doorgelopen] ❶ verder lopen: ★ *hij is vast doorgelopen* ❷ ‹van kleuren› in elkaar overvloeien: ★ *het rood en geel zijn doorgelopen* ❸ snel lopen: ★ *we moesten flink ~ om op tijd te komen* ❹ doorheen lopen: ★ *het huis ~* ❺ vluchtig doorzien of nagaan: ★ *alle inzendingen ~* ❻ kapot lopen: ★ *zijn schoen ~*

door·lo·pen² *ww* [doorliep, h. doorlopen] ❶ lopend gaan door: ★ *het park ~* ❷ volledig volgen: ★ *een studie ~ hebben*

door·lo·pend¹ *bn* aan één stuk, onafgebroken voortgaand: ★ *een ~ verhaal* ★ *een doorlopende voorstelling* die na het einde telkens opnieuw begint

door·lo·pend² *bijw* voortdurend: ★ *hij is ~ ziek*

door·lo·per *de (m)* [-s] ❶ ouderwetse, houten schaats met een ver achterwaarts doorlopend ijzer (om hard te kunnen rijden): ★ *Friese ~* ❷ kruiswoordraadsel zonder zwarte hokjes

door·luch·tig *bn* ❶ aanzienlijk, voornaam ❷ *in titels*: ★ *Doorluchtige Hoogheid* zie → **hoogheid**

door·luch·tig·heid *de (v)* [-heden] titel van prinsen van lagere rang dan koninklijke: ★ *Zijne Doorluchtigheid*

door·ma·ken *ww* [maakte door, h. doorgemaakt] ondervinden, beleven: ★ *heel wat ~* ★ *een moeilijke tijd ~*

door·mid·den *bijw* in twee ongeveer even grote stukken: ★ *de hond beet de stok ~*

door·mod·de·ren *ww* [modderde door, h. doorgemodderd] doorgaan met het verrichten van werkzaamheden zonder uitzicht op resultaat: ★ *de uitgever liet de schrijver ~ met een Turks woordenboek*

doorn *de (m)* [-s, -en], **do·ren** [-s] ❶ stekel aan een plant of struik ★ *een ~ in het oog* een aanleiding tot ergernis ★ *een ~ in het vlees* een voortdurende kwelling (naar II Korinthiërs 12: 7) ❷ stekelige struik; zie ook bij → **roos¹** (bet 1)

doorn·ach·tig *bn* ❶ op een doorn gelijkend ❷ met doorns bezet of bezaaid: ★ *een doornachtige struik*

doorn·ap·pel *de (m)* [-s] vergiftige plantensoort (*Datura stramonium*)

door·nat *bn* ❶ zeer nat ❷ met volledig doorweekte kleren

door·ne·men *ww* [nam door, h. doorgenomen] ❶ ter verantwoording roepen, ondervragen, terechtwijzen: ★ *iem. duchtig ~* ❷ studerende doorgaan: ★ *een boek ~*

door·nen *bn* van dorens

door·nen·kroon *de* [-kronen] krans van doornen die Jezus bij zijn kruisiging op het hoofd werd gezet

door·neu·zen *ww* [neusde door, h. doorgeneusd] vluchtig doorkijken, doorsnuffelen

doorn·haag *de* [-hagen] haag van doornige struiken

doorn·haai *de (m)* [-en] speerhaai, kleine haai met stekels op de rugvinnen (*Acanthias vulgaris*)

door·nig *bn* doornachtig

doorn·krui·per *de (m)* [-s] Australische zangvogel (*Atrichornis clamosus* en *A. rufescens*)

doorn·struik *de (m)* [-en] ❶ struik met doorns ❷ gaspeldoorn (*Ulex europaeus*)

door·ploe·gen¹ *ww* [doorploegde, h. doorploegd] met de ploeg bewerken: ★ *een akker ~* ★ fig *de zee ~* (met moeite) bevaren

door·ploe·gen² *ww* [ploegde door, h. doorgeploegd] fig in grote hoeveelheid bewerken of bekijken: ★ *we hebben al die boeken doorgeploegd*

door·pra·ten *ww* [praatte door, h. doorgepraat] ❶ verder praten ❷ grondig bespreken: ★ *we moeten dat eerst eens goed ~*

door·prik·ken *ww* [prikte door, h. doorgeprikt] ❶ doorheen prikken: ★ *blaren ~* ❷ fig als nietswaardig of nietszeggend ontmaskeren: ★ *mooie beloftes ~*

door·re·gen *bn* doorwassen, doorgroeid: ★ *~ spek* met vlees doorgroeid spek ★ *~ vlees* met spek doorgroeid vlees

door·reik·luik *het* [-en] doorgeefluik

door·reis *de* ★ *op ~* op weg naar een verdergelegen bestemming: ★ *op ~ naar Marokko overnachtten we in Málaga*

door·rei·zen¹ *ww* [reisde door, h. & is doorgereisd] verder reizen, aanhoudend reizen

door·rei·zen² *ww* [doorreisde, h. doorreisd] reizend doortrekken: ★ *hij heeft de halve wereld doorreisd*

door·rij·den *ww* [reed door, is doorgereden] voortgaan met rijden: ★ *~ na een aanrijding*

door·rit *de (m)* [-ten] opening waar men doorheen kan rijden

door·scha·ke·len *ww* [schakelde door, h. doorgeschakeld] ❶ ‹m.b.t. telefoongesprekken› een inkomend gesprek op een ander telefoontoestel laten binnenkomen: ★ *kun je alle telefoontjes van Peter naar mij ~?* ❷ auto naar een hogere versnelling schakelen

door·sche·me·ren *ww* ★ *laten ~* door uitlatingen doen vermoeden, in bedekte termen kenbaar maken: ★ *hij liet ~ dat hij zijn ontslag zou indienen*

door·schie·ten¹ *ww* [schoot door, h. & is doorgeschoten] ❶ verder schieten, doorgaan met schieten ❷ te ver doorgroeien: ★ *doorgeschoten sla*

❸ verder gaan dan verwacht: ★ *de bal schoot door over het natte gras* ★ *naar de andere kant* ~ te ver doorgaan naar het tegengestelde van wat men aanvankelijk was, dacht e.d.: ★ *toen hij zich bekeerde, schoot hij meteen door naar het fundamentalisme*

door·schie·ten² *ww* [doorschoot, h. doorschoten] tussen elke twee bladzijden van een boek een blad blanco papier aanbrengen

door·schij·nend *bn* licht doorlatend, enigszins doorzichtig

door·schrap·pen *ww* [schrapte door, h. doorgeschrapt] een streep zetten door: ★ *een letter* ~

door·sij·pe·len *ww* [sijpelde door, is doorgesijpeld], **door·zij·pe·len** [zijpelde door, is doorgezijpeld] ❶ door iets heen sijpelen ❷ *fig* uitlekken

door·slaan *ww* [sloeg door, is & h. doorgeslagen] ❶ ‹na streng verhoor› bekennen *of* tot nog toe verzwegen informatie prijsgeven: ★ *de verdachte is doorgeslagen* ❷ onverantwoorde uitspraken doen: ★ *nu ben je aan het* ~ ❸ ‹van een balans› uit de evenwichtsstand slaan ❹ stukgaan: ★ *de stop van het elektrisch licht is doorgeslagen* ❺ doorheen slaan, kapot slaan ❻ doorgaan met slaan ❼ vocht doorlaten: ★ *de muur slaat door*

door·slaand *bn* enorm: ★ *een* ~ *succes*

door·slag *de (m)* [-slagen] ❶ beslissing, feit waardoor iets wordt beslist: ★ *dat geeft de* ~ ❷ door middel van carbonpapier gemaakte kopie van een op een schrijfmachine getypte tekst

door·slag·ge·vend *bn* beslissend, afdoende

door·slag·pa·pier *het* dun papier dat dient voor het maken van doorslagen

door·slik·ken *ww* [slikte door, h. doorgeslikt] naar binnen slikken

door·slui·zen *ww* [sluisde door, h. doorgesluisd] overbrengen, doorgeven (vaak op slinkse of onwettige wijze): ★ *geld* ~ *naar een geheime organisatie*

door·smel·ten *ww* [smolt door, is doorgesmolten] smelten van een elektrische draad door kortsluiting

door·sme·ren *ww* [smeerde door, h. doorgesmeerd] ‹van motoren, machines e.d.› alle bewegende delen voorzien van smeerolie

door·sne·de [-n], **door·snee** [-sneden, -sneeën] ❶ vlak dat ontstaat bij doorsnijden ❷ grootste afstand tussen de randen van het doorsnijvlak: ★ *de* ~ *van een cirkel is de diameter* ❸ tekening in doorsnijvlak ❹ gemiddelde: ★ *die boeken kosten in doorsnee 30 euro* ★ *de doorsnee Fries* de gewone, gemiddelde Fries ❺ verzamelingenleer gezamenlijke elementen die onderdeel uitmaken van twee genoemde verzamelingen: ★ *de* ~ *van verzameling van de zesvouden is de* ~ *van de verzameling van de even getallen en de verzameling van de drievouden*

door·snij·den¹ *ww* [sneed door, h. doorgesneden] ❶ in tweeën snijden ❷ verder snijden

door·snij·den² *ww* [doorsneed, h. doorsneden] door iets heen lopen of stromen: ★ *de rivier doorsnijdt het gebergte*

door·snuf·fe·len¹ *ww* [snuffelde door, h. doorgesnuffeld] vluchtig doorkijken, doorzoeken

door·snuf·fe·len² *ww* [doorsnuffelde, h. doorsnuffeld] nauwkeurig doorzoeken

door·spek·ken *ww* [doorspekte, h. doorspekt] al te overvloedig vermengen: ★ *deze tekst is doorspekt met vreemde woorden*

door·spe·len *ww* [speelde door, h. doorgespeeld] ❶ verder spelen ❷ sp doorgeven, passen: ★ *de bal* ~ *naar de rechtsbuiten* ❸ fig doorgeven, doen toekomen: ★ *de zaak* ~ *aan een andere ambtenaar* ★ *een rapport naar de pers* ~

door·spoe·len *ww* [spoelde door, h. doorgespoeld] ❶ wegspoelen ❷ door spoelen reinigen: ★ *een wc* ~

door·spre·ken *ww* [sprak door, h. doorgesproken] ❶ verder spreken ❷ → **doorpraten** (bet 2)

door·staan *ww* [doorstond, h. doorstaan] lijden, verduren en te boven komen: ★ *een crisis* ~ ★ *veel leed* ~

door·start *de (m)* het doorstarten (bet 1, 2)

door·star·ten *ww* [startte door, h. doorgestart] ❶ ‹van voertuigen of schepen› opnieuw de motor starten terwijl men nog in beweging is; ❷ ‹van vliegtuigen› weer optrekken vlak voor de landing: ★ *een* ~ *maken wegens een defect aan het landingsgestel* ❸ ‹fig van noodlijdende bedrijven› voortzetten na een reorganisatie of afslanking

door·steek *de (m)* [-steken] ❶ plaats waar een dijk doorgestoken is ❷ het recht maken van een bocht in een rivier; plaats waar dat gebeurd is

door·ste·ken¹ *ww* [stak door, h. & is doorgestoken] ❶ een opening maken in: ★ *een dijk* ~ ❷ ergens doorheen zichtbaar zijn: ★ *doorstekende ellebogen* ❸ een snellere weg kiezen door een stuk af te snijden; zie ook bij → **doorgestoken** ❹ BN, spreektaal fijnstampen, fijnmaken: ★ *aardappelen* ~; *ook door een zeef wrijven, zeven:* ★ *groenten* ~

door·ste·ken² *ww* [doorstak, h. doorstoken] met een steek van een scherp voorwerp doorboren

door·sto·ten *ww* [stootte, stiet door, is doorgestoten] met kracht, resoluut verder gaan: ★ ~ *naar het doel van de tegenstander; ook fig:* ★ ~ *tot de kern van een probleem*

door·stre·pen *ww* [streepte door, h. doorgestreept] een streep geven door, doorschrappen

door·stro·men *ww* [stroomde door, is doorgestroomd] ❶ verder stromen ❷ NN, fig doorschuiven, vooral verhuizen naar een woning die wat betreft huur en ruimte passender is voor de bewoner(s) ❸ fig een hoger niveau van onderwijs gaan volgen: ★ ~ *naar het vwo*

door·stro·ming *de (v)* ❶ doorschuiving, het plaats maken voor anderen ❷ NN ‹m.b.t. huisvesting› het verhuizen naar een wat betreft huur en ruimte passender woning ❸ het komen van een lagere in een hogere tak van onderwijs

do

door·stu·de·ren ww [studeerde door, h. doorgestudeerd] ❶ doorgaan met studeren: ★ *nog een uurtje ~* ❷ na het afronden van een studie aan een volgende studie beginnen, doorleren: ★ *na die opleiding wilde ik nog ~*

door·tas·tend bn niet aarzelend, krachtig ingrijpend: ★ *~ optreden van de politie*

door·tim·merd bn degelijk opgebouwd, degelijk van opzet: ★ *een hecht ~ plan* ★ *een goed ~ betoog*

door·tocht de (m) [-en] ❶ doorreis, het reizen door iets heen: ★ *op ~ naar Tsjechië kwamen we door Beieren* ❷ doorgang: ★ *iem. de ~ beletten*

door·trap·pen ww [trapte door, h. doorgetrapt] BN, spreektaal niet goed wijs zijn

door·trapt bn listig, gemeen, in kwaaddoen ervaren: ★ *een doortrapte oplichter*

door·trek de (m) het doortrekken, doortocht, vooral gezegd van trekvogels: ★ *op ~*

door·trek·ken¹ ww [trok door, is & h. doorgetrokken] ❶ reizen (door een streek, land e.d.): ★ *het circus trok het land door* ❷ naar een verder gelegen punt voortzetten: ★ *een trambaan ~* ❸ doorspoelen: ★ *de wc ~*

door·trek·ken² ww [doortrok, h. doortrokken] geheel en al doordringen in; zie → **doortrokken**

door·trek·ker de (m) [-s] die doortrekt, vooral trekvogel die op doortrek ergens passeert

door·trok·ken bn geheel doordrenkt met (vaak fig): ★ *~ van conservatisme*

door·vaart de [-en] plaats waar men kan doorvaren; het doorvaren

door·ver·bin·den ww [verbond door, h. doorverbonden] telec een verdere aansluiting tot stand brengen: ★ *ik verbind u door met een collega*

door·voed bn welgevoed

door·voeld bn met veel gevoel: ★ *een doorvoelde vertolking van een pianoconcert*

door·voer de (m) [-en] vervoer door een land, transito

door·voe·ren ww [voerde door, h. doorgevoerd] ❶ door een land voeren ❷ streng toepassen, volledig ten uitvoer brengen: ★ *regels consequent ~*

door·voer·han·del de (m) handel in niet voor het land van invoer bestemde artikelen

door·voer·ha·ven de [-s] haven waar goederen worden verscheept om ze naar een andere haven te vervoeren

door·vor·sen ww [doorvorste, h. doorvorst] nauwkeurig onderzoeken

door·waad·baar bn ⟨van een rivier e.d.⟩ wadend over te steken

door·waakt bn zonder slaap: ★ *een ~e nacht*

door·wa·ken ww [doorwaakte, h. doorwaakt] niet-slapend doorbrengen: ★ *een doorwaakte nacht*

door·was de (m) [-sen] schermbloemige plant (*Bupleurum rotundifolium*)

door·weekt bn ❶ week geworden door vocht ❷ helemaal nat: ★ *~ kwamen we aan in het hotel*

door·we·gen ww [woog door, h. doorgewogen] BN ook van doorslaggevend belang zijn

door·wer·ken ww [werkte door, h. doorgewerkt] ❶ verder werken: ★ *stug ~* ❷ snel, hard werken: ★ *flink moeten ~ om iets af te krijgen* ❸ van langdurige invloed zijn op: ★ *dat conflict heeft nog jaren doorgewerkt in de verhoudingen tussen de partijen*

door·werkt bn ❶ degelijk bewerkt: ★ *een doorwerkte studie* ❷ erdoorheen gewerkt: ★ *met goud ~*

door·we·ven ww [doorweefde, h. doorweven] fig vermengen met: ★ *een vertelling ~ met muzikale intermezzo's*

door·win·terd bn BN, spreektaal zeer ervaren; door lange praktijkervaring op de hoogte van alle bijzonderheden: ★ *een doorwinterd politicus*

door·wrocht bn getuigend van degelijke studie: ★ *een ~ werkstuk*

door·za·gen ww [zaagde door, h. doorgezaagd] ❶ in tweeën zagen ❷ verder zagen ❸ fig aanhoudend over hetzelfde praten: ★ *zit daar toch niet zo over door te zagen* ★ *iem. ~ over iets* langdurig ondervragen

door·zak·ken ww [zakte door, is doorgezakt] ❶ verzakken ❷ verder zakken ❸ inf veel alcohol drinken: ★ *we zijn gisteravond doorgezakt*

door·zeefd bn op vele plaatsen doorboord: ★ *~ met kogels*

door·zet·ten ww [zette door, h. doorgezet] ❶ spoed maken: ★ *als we nog op tijd willen komen, moeten we even ~* ❷ volhouden: ★ *om te slagen moet je ~* ★ *de dooi zet niet door* het blijft niet lang dooien ❸ door volhouden doen doorgaan: ★ *zijn wil ~*

door·zet·ter de (m) [-s] iem. die doorzet, doordouwer, volhouder

door·zet·tings·ver·mo·gen het vermogen om vol te houden, iets door te zetten

door·zicht het scherpzinnigheid

door·zich·tig bn ❶ waar men doorheen kan zien, transparant ❷ fig gemakkelijk te begrijpen, helder: ★ *een ~ plan;* (al te) gemakkelijk te doorzien: ★ *een doorzichtige aanvalsopbouw*

door·zien¹ ww [zag door, h. doorgezien] vluchtig nalezen

door·zien² ww [doorzag, h. doorzien] de bedoeling begrijpen ★ *iem. ~* weten hoe die persoon in elkaar zit

door·zij·pe·len ww [zijpelde door, is doorgezijpeld] → **doorsijpelen**

door·zit·ten ww [zat door, h. doorgezeten] ❶ ⟨van zitmeubelen⟩ door veelvuldig of langdurig gebruik doen slijten: ★ *een stoel ~* ❷ door lang zitten een pijnlijke huid krijgen, bijv. bij fietsen

door·zoe·ken ww [doorzocht, h. doorzocht] zoekende doorgaan, nauwkeurig zoeken in: ★ *een woning ~ op drugs*

door·zon·ka·mer de [-s] woonkamer met aan voor- en achterzijde een groot raam

door·zon·wo·ning de (v) [-en] woning met grote

ramen aan de voor- en achterzijde
door·zwel·gen *ww* [zwolg door, h. doorgezwolgen] gulzig doorslikken
doos *de* [dozen] ❶ verpakkingsartikel met een deksel, vaak van karton of een andere lichte stof vervaardigd: ★ *schoenendoos* ★ *pizzadoos* ★ *een ~ sigaren* ★ *hij gaat de ~ in* de gevangenis in ★ *uit de oude ~ van* vroeger tijd, ouderwets ❷ ★ NN, spreektaal *de ~* de wc ❸ spreektaal vrouwelijk geslachtsdeel ❹ spreektaal meisje, vrouw ❺ BN, spreektaal blik, conservenblik: ★ *een doosje tomatenpuree*
doos·vrucht *de* [-en] droge, openspringende veelzadige vrucht
dop¹ *de (m)* [-pen] ❶ leeg, min of meer rond omhulsel (van bijv. een ei of een noot) ★ *in de ~* in het eerste stadium van ontwikkeling: ★ *een wereldkampioen in de ~* ❷ voorwerp ter afsluiting van een buisvormig voorwerp: ★ *de ~ van een fles, een ballpoint e.d.*
★ *doppen* *inf* ogen: ★ *kijk uit je doppen*
dop² *de (m)* BN, spreektaal ❶ uitkering aan werklozen, steun ❷ instantie die de uitkeringen aan werklozen verzorgt ★ *aan de ~ zijn* werkloos zijn, steun trekken
do·pa·mi·ne *de* [-n] een van de belangrijke neurotransmitters
dope [doop] *(‹Eng› de (m)* ❶ slang drugs, vooral opiaten ❷ doping ❸ mengstof, aan smeermiddelen en vloeibare brandstoffen toegevoegd om de eigenschappen te verbeteren
do·pe·ling *de (m)* [-en] iem. die gedoopt wordt
do·pen *ww* [doopte, h. gedoopt] ❶ de doop toedienen, d.w.z. met water besprenkelen als symbool van afwassing van de zonden ❷ een naam geven; ❸ ‹bij schepen› vlak vóór de tewaterlating een fles champagne tegen de boeg stukslaan onder het noemen van de naam van het schip ❹ in vloeistof dompelen, soppen: ★ *een koekje in de thee ~*
do·per *de (m)* [-s] ❶ iem. die doopt ❷ Bijbel:
★ *Johannes de Doper* wegbereider van Christus
do·pers *bn* doopsgezind
do·per·se *de* [-n] doopsgezinde
dop·erwt [-ert] *de* [-en] peulvrucht
dop·hei, **dop·hei·de** *de* heisoort met rozig-paarse, dopvormige bloempjes, *Erica*
dop·hoed *de (m)* [-en] stijve bolvormige herenhoed
do·ping *(‹Eng› de* ❶ het toedienen van (tijdelijk) prestatieverhogende middelen bij mens of dier, vooral in de sport ❷ een dergelijk middel zelf: ★ *~ gebruiken*
do·ping·con·tro·le [-tròlə] *de* [-s] sp controle op doping
dop·pen¹ *ww* [dopte, h. gedopt] van de dop of peul ontdoen; zie ook → boon
dop·pen² *ww* [dopte, h. gedopt] BN, spreektaal
❶ dompelen, dopen; soppen: ★ *zijn brood in de koffie ~* ❷ deppen, betten
dop·pen³ *ww* [dopte, h. gedopt] BN, spreektaal steun trekken, werkloos zijn
dop·per¹ *de (m)* [-s] NN doperwt
dop·per² *de (m)* [-s] BN, spreektaal steuntrekker, werkloze
dopp·ler·ef·fect *het* nat benaming voor een verschuiving in het waargenomen licht of geluid van een object dat zich zeer snel van de waarnemer af of naar hem toe beweegt, genoemd naar de Oostenrijkse natuurkundige Christian J. Doppler (1803-1853)
dop·sleu·tel *de (m)* [-s] moersleutel bestaande uit een handvat waarop koppen van wisselend formaat passen
dop·vrucht *de* [-en] droge, niet-openspringende eenzadige vrucht
dor *bn* ❶ tekort aan vocht hebbend, droog: ★ *een dorre zandvlakte* ❷ fig saai, vervelend: ★ *een dorre speech*
Dordt *het* Dordrecht; zie ook bij → **Rome**
Dord·te·naar *de (m)* [-s, -naren] iem. geboortig of afkomstig uit Dordrecht
Dordts *bn* van, uit, betreffende Dordrecht ★ *hist Dordtse synode* synode van Dordrecht (1618-'19), die de strijd tussen remonstranten en contraremonstranten ten gunste van de laatsten besliste
do·ré *de (m)* [-s] consumptieaardappel met een gele schil, een eersteling die echter niet lang bewaard kan worden
do·ren *de (m)* [-s] → **doorn**
dor·heid *de (v)* het dor zijn
Do·risch *bn* van of uit Dorië (landschap in het oude Griekenland) ★ *Dorische zuil* zuil met ondiepe groeven zonder voetstuk, en met eenvoudig kapiteel
dor·mi·tief *(‹Fr› het* [-tieven] med slaapmiddel
dor·mi·to·ri·um *(‹Lat› het* [-ria, -s], **dorm·ter** *de (m)* [-s] slaapzaal in kloosters
dorp *het* [-en] ❶ landelijke nederzetting, groter dan een gehucht, maar kleiner dan een stad ❷ de gezamenlijke bewoners van een dergelijke nederzetting: ★ *het hele ~ liep uit om de kampioen te huldigen* ; zie ook bij → **stad**
dor·pel *de (m)* [-s] → **drempel** (bet 1)
dor·pe·ling *de (m)* [-en] bewoner van een dorp
dorps *bn* dorpachtig, als op het platteland
dorps·gek *de (m)* [-ken] idioot of dwaas persoon in een dorp, die een bijzondere, opvallende rol in het sociale leven vervult, ook fig: ★ *hij was de ~ van dat bedrijf*
dorps·ge·meen·schap *de (v)* [-pen] zie bij → **gemeenschap** (bet 4)
dorps·hoofd *het* [-en] leider van een dorpsgemeenschap, vooral bij niet-westerse volken
dorps·school *de* [-scholen] in een dorp gevestigde basisschool
dorps·straat *de* [-straten] hoofdstraat van een dorp
dor·ren *ww* [dorde, is gedord] dor worden

dor·sen ww [dorste, h. gedorst] de graankorrels uit de aren slaan
dors·ma·chi·ne [-sjienə] de (v) [-s] machine waarmee men kan dorsen
dor·so zn (‹It) ★ in ~ op de achterzijde (van wissels, akten enz.)
dorst¹ de (m) ❶ behoefte aan drinken: ★ de ~ lessen ❷ hevig verlangen: ★ ~ naar roem
dorst² ww verl tijd van → **durven**: durfde
dor·sten¹ ww [dorstte, h. gedorst] ❶ vero dorst hebben ❷ hevig verlangen: ★ ~ naar roem
dor·sten² ww verl tijd meerv van → **durven**: durfden
dor·stig bn dorst hebbend
dorst·les·send bn het dorstgevoel tenietdoend, de dorst stillend: ★ dorstlessende dranken
dors·vle·gel de (m) [-s] werktuig om te dorsen: stok met door een riem daaraan los bevestigd dik stuk hout
dors·vloer de (m) [-en] vloer waarop gedorst wordt
DOS afk (‹Eng) Disk Operating System [besturingssysteem waarmee de schijfgeheugens van computers worden aangestuurd]
dos de (m) ❶ kledij ❷ haarkleed van edelhert en ree
dos-à-dos [doozaadoo] (‹Fr) I bijw rug aan rug II de (m) [mv idem] ❶ voorheen in Indonesië huurrijtuigje waarin men rug aan rug zit met de bestuurder ❷ stoel waarin twee personen naast elkaar kunnen zitten met de rug in tegenovergestelde richting
do·se·ren ww [-zee-] (‹Fr) [doseerde, h. gedoseerd] ❶ de dosis bepalen ❷ in doses verdelen ❸ in afgepaste hoeveelheden geven, niet alles ineens ★ je kunt je complimenten / kritiek beter ~ je moet niet te veel complimenten / kritiek tegelijk geven; **dosering**
do·sis [-zis] (‹Lat‹Gr) de (v) [-sen, doses] hoeveelheid die men geeft, oorspronkelijk van een geneesmiddel, vervolgens in meer algemeen gebruik; ook mate waarin men een eigenschap bezit: ★ een flinke ~ zelfvertrouwen
dos·sen ww [doste, h. gedost] kleden
dos·sier [dosjee] (‹Fr) het [-s] alle tot een zaak behorende documenten; bundel, verzameling (proces)stukken
dot de [-ten] ❶ kleine hoeveelheid van een pluizige of wollige stof, pluk: ★ een ~ watten ❷ van haar ★ in een ~ in een wrong ❸ NN liefkozende benaming, vooral voor iets wat klein en mooi is: ★ een ~ van een kind ★ een ~ van een poes ❹ NN, spreektaal grote hoeveelheid, hoop: ★ een ~ geld
do·ta·tie [-(t)sie] (‹Fr‹Lat) de (v) [-s] ❶ schenking, vooral bruidsgift, uitzet, bruidsschat ❷ BN subsidie (van de overheid) aan officiële instellingen, politieke partijen en leden van het koningshuis
dot·com de (‹Eng) comput het laatste deel van sommige internetadressen: .com; gebruikt ter aanduiding van bedrijven die actief zijn op internet
dot·com·be·drijf het [-drijven],
dot·com·on·der·ne·ming de (v) [-en] bedrijf dat zich bij zijn activiteiten vooral richt op internet, genoemd naar de internetadressen die eindigen op .com

do·te·ren ww (‹Fr‹Lat) [doteerde, h. gedoteerd] ❶ schenken ❷ van inkomsten voorzien ❸ een uitzet of bruidsschat medegeven ❹ voorzien van prijzengeld: ★ een met hoge prijzen gedoteerde paardenkoers

dot·ter de [-s], **dot·ter·bloem** [-en] ranonkelachtige waterplant met gele bloemen (Caltha palustris)

dot·te·ren ww [dotterde, h. gedotterd] med een behandelingsmethode toepassen waarbij dichtgeslibde kransslagaders worden verwijd door een ballonnetje, dat aan het eind van een katheter is bevestigd, in de slagader te brengen en op te blazen (genoemd naar de Amerikaanse arts C.T. Dotter)

dot·ter·me·tho·de de (v) med het dotteren, angioplastiek

dou·ai·riè·re [doe(w)erjèrə] (‹Fr) de (v) [-s] adellijke weduwe

dou·a·ne [doe(w)aanə] (‹Fr‹Arab‹Perz) I de [-n] ❶ dienst belast met het innen van in- en uitvoerrechten en de controle op het goederenvervoer ❷ kantoor van die dienst II de (m) [-n, -s] beambte bij de genoemde dienst, douanier

dou·a·ne·af·slui·ting [doe(w)aanə-,],
dou·a·ne·slui·ting de (v) ★ onder ~ het verzegelen van bagage bij de doorreis naar een ander vreemd land

dou·a·ne·unie [doe(w)aanə-] de (v) overeenkomst van gemeenschappelijke douanetarieven tussen een aantal staten

dou·a·nier [doe(w)aanjee] (‹Fr) de (m) [-s] beambte werkzaam bij de douane

dou·ble [dubbəl] (‹Eng) I de [-s] vervanger van een filmacteur of -actrice in voor hen minder aangename of gevaarlijke scènes II de (m) ❶ verdubbeling van de inzet bij het spel; darts verdubbeling van het aantal punten dat is geworpen ❷ ★ sp de ~ behalen het behalen van zowel het kampioenschap als de beker in één seizoen ❸ dubbelspel

dou·blé [doeblee] (‹Fr) het & bn geelkoper of ander metaal met een dun laagje goud belegd: ★ een ~ ketting

double-breasted [dubbəlbrestid] (‹Eng) bn ‹van een colbert› met over elkaar vallende voorpanden en twee rijen knopen

dou·ble·ren [doe-] (‹Fr) ww [doubleerde, h. gedoubleerd] ❶ verdubbelen, de inzet verdubbelen ❷ NN een klas voor de tweede maal doorlopen, blijven zitten ❸ bridge een doublet geven

dou·blet [doeblet] (‹Fr) het [-ten] ❶ dubbel voorhanden stuk, dubbel exemplaar (van boeken, postzegels enz.) ❷ bridge bod waarmee men twijfel omtrent de maakbaarheid van een door de tegenspelers geboden contract te kennen geeft, met als gevolg extra verlies- of winstpunten; wordt ook wel gebruikt om de partner informatie te geven

dou·ble·ton [dubbəltən] *(‹Eng) de (m)* [-s] kaartsp (na het delen) bezit van slechts twee kaarten van een bep. kleur

dou·bleur [doe-] *de (m)* [-s] ❶ iem. die als → **double** (I) optreedt ❷ NN leerling die is blijven zitten

dou·blu·re [doe-] *(‹Fr) de* [-s] ❶ het ten onrechte tweemaal voorkomen van iets: ★ *deze lijst bevat een aantal doublures* ❷ toneel acteur of actrice die als plaatsvervanger optreedt

dou·ceur [doeseur] *(‹Fr) de (m)* [-s] gunstgeschenk, geschenk in geld, fooi, bijverdienste; NN *meestal als verkl:* douceurtje

douche [doesj] *(‹Fr) de* [-s] ❶ bad van neerstortend water, stortbad: ★ *een ~ nemen* ★ *een koude ~ fig* een ontnuchterende ervaring, een onverwachte teleurstelling ❷ toestel, installatie voor het nemen van een → **douche** (bet 1) ❸ doucheruimte, douchecel

douche·cel [doesj(ə)-] *de* [-len] hokje waarin men een douche neemt

douche·gor·dijn [doesj(ə)-] *de & het* [-en] gordijn waarmee de doucheruimte van andere ruimten afgescheiden kan worden

douche·muts [doesj(ə)-] *de* muts die men kan dragen tijdens het douchen om het hoofdhaar droog te houden

dou·chen *ww* [doesjə(n)] [douchte, h. gedoucht] een douche nemen

dough·nut [doo-] *de* [-s] → **donut**

dou·glas·spar [duɣləs-] *de (m)* [-ren] de sparrensoort *Pseudotsuga menziesii*, veel aangeplant in o.a. Nederland en de Verenigde Staten, bekend als leverancier van hout; genoemd naar de Schotse botanist *David Douglas* (1798-1834)

douw *de (m)* [-en] ❶ inf duw ❷ fig iets waardoor iem. gevoelig getroffen wordt: straf, berisping, achteruitzetting, achteruitgang in gezondheid: ★ *een flinke ~ krijgen*

dou·wen *ww* [douwde, h. gedouwd] NN, spreektaal duwen

do·ve *de* [-n] iem. die niet of slecht hoort

do·ve·mans·ge·sprek *het* [-ken] BN gesprek tussen mensen die elkaar niet willen begrijpen

do·ve·mansoren *mv* ★ NN *dat was niet aan ~ gezegd* daar werd gretig op ingegaan ★ BN *dat valt in dovemansoren* daar wordt niet naar geluisterd

do·ven *ww* [doofde, h. & is gedoofd] ❶ ‹vuur, licht› doen verminderen, doen uitgaan ❷ fig doen verflauwen: ★ *de geestdrift ~* ❸ ‹van vuur, licht› minder worden, uitgaan; ❹ ‹van geluid› doffer worden

do·ve·ne·tel, do·ve·ne·tel *de* [-s] lipbloemige plant (*Lamium*)

do·ven·in·sti·tuut *het* [-tuten] instelling waar doven leren spreken, leren liplezen en onderwijs in andere vaardigheden ontvangen

do·ven·tolk *de (m)* [-en] iem. die het gesproken woord omzet in gebarentaal, duidelijke mondbewegingen en vingerspelling, en die de gebaren van een doofstomme omzet in gesproken woord

do·vig *bn* vooral NN enigszins doof

Dow-Jonesin·dex [dau dzjoons-] *(‹Eng) de (m)* [-dices] in punten uitgedrukt koersgemiddelde van de aandelen van een aantal Amerikaanse bedrijven, de belangrijkste graadmeter voor de trends van de New Yorkse effectenbeurs, genoemd naar de Amerikaanse financiële nieuwsdienst Dow, Jones & Co.

Down *zn* ★ *syndroom van ~* mongolisme, genoemd naar de Londense arts J.L. Down, die in 1866 deze afwijking uitvoerig documenteerde

down [daun] *(‹Eng) bn* ❶ neerslachtig ❷ buiten werking (gezegd van computers): ★ *het netwerk is ~* ❸ ★ *~ gaan* bridge minder slagen maken dan men geboden heeft zie → **ups en downs**

down·er [daunə(r)] *(‹Eng) de (m)* [-s] NN, slang tranquillizer

down·load [dounloot] *(‹Eng) de (m)* [-s] comput gedownload bestand

down·loa·den *ww* [daunlodə(n)] *(‹Eng)* [downloadde, h. gedownload] comput informatie overbrengen van internet of van een centrale computer naar de computer van een eindgebruiker; *tegengest:* → **uploaden**

down·sizen [daunsaizə(n)] *(‹Eng) ww* [downsizede, h. gedownsized] terugbrengen in omvang: ★ *een bedrijf downsizen*

down·slag [daun-] *de (m)* [-slagen] bridge slag die de spelende partij te kort komt

down·stem·ming [daun-] *de (v)* neerslachtige stemming: ★ *na dit bericht heerste er een ~ in de zaal*

do·zijn *(‹Fr) het* [-en] twaalftal; zie ook bij → **dertien**

dpi *afk* dots per inch [beeldpunten per inch: maat voor de resolutie, vooral van gedrukte tekst en afbeeldingen]

dr. *afk* ❶ doctor ❷ druk

d'r NN, spreektaal **I** *bez vnw* haar (vrouwelijk enkelvoud): ★ *ze trok ~ jurk aan* **II** *bijw* er: ★ *we zijn ~ zo*

dra *bijw* vero spoedig

dra. *afk* doctoranda; *vgl:* → **drs.**

draad *als stof: de (m) & het, als voorwerp: de (m)* [draden] ❶ dun gesponnen (textiel)vezel ★ *tot op de ~ versleten* zeer versleten ★ NN *geen droge ~ meer aan het lijf hebben* door en door nat zijn ★ NN *er zit een draadje los bij hem* hij is niet helemaal goed wijs ★ *zijn leven, geluk hangt aan een zijden draadje* is ernstig in gevaar ❷ lengterichting van textielvezels ★ fig *tegen de ~ in* dwars, eigenwijs: ★ *hij is altijd tegen de ~ in* ❸ zeer lang, dun, buigbaar voorwerp van ander materiaal dan textiel: ★ *een metalen, een plastic ~* ★ *de draden in hout, vlees e.d.* ❹ samenhang van een betoog of vertelling ★ *de ~ kwijt zijn* niet meer weten waar men in een betoog of verhaal gebleven is ★ *de ~ weer opnemen, oppakken* aansluiten bij het eerder vertelde of gebeurde ★ *als een rode ~ lopen door* steeds als motief in een betoog, verhaal e.d. terugkomen ★ *met iets voor de ~ komen* (na aanvankelijke aarzeling of weigering) iets vertellen of verklaren ❺ schroefdraad ❻ BN, spreektaal snoer (van elektrische apparaten)

draad·glas *het* glas met daarin een netwerk van metaaldraad

draad·jes·vlees *het* NN rundvlees dat na bereiding een vezelige structuur heeft, runderlappen: ★ *ik lust geen ~*

draad·loos *bn* waarbij een ontvangtoestel geluiden niet via draden van een zendtoestel ontvangt, maar door uit de lucht opgevangen, door het zendtoestel uitgezonden elektrische golven: ★ *draadloze telefonie*

draad·na·gel *de (m)* [-s] soort lange, dunne spijker

draad·plas·tiek *de (v)* [-en] plastiek van metaal, gemaakt uit aaneengelaste of -gesmede voorwerpen, ijzerdraad e.d.

draad·schaar *de* [-scharen] schaar waarmee men metaaldraad kan doorknippen

draad·worm *de (m)* [-en] dunne, ongelede worm (*Nemathelminthes*)

draag·baar[1] *bn* ❶ gedragen kunnende worden, gemakkelijk te dragen: ★ *een draagbare televisie* ❷ ook m.b.t. kleding: ★ *die nieuwe modellen zijn toch niet ~*

draag·baar[2] *de* [-baren] voorwerp waarop men zieken of gewonden verplaatst, brancard

draag·balk *de (m)* [-en] steunbalk

draag·band *de (m)* [-en] band om iets te dragen

draag·ber·rie *de* [-s] BN ook brancard

draag·golf *de* [-golven] hoogfrequente, elektromagnetische golf, zoals die uitgaat van een modulator of een zender wanneer deze geen modulerend (informatie bevattend) signaal toegevoerd krijgt

draag·hemel *de (m)* [-s] draagbare baldakijn in processies enz.

draag·kar·ton *het* [-s] kartonnen doos met een handvat, voor het vervoer van bep. zaken, vooral flessen

draag·koets *de* [-en] draagstoel

draag·kracht *de* ❶ kracht, vermogen tot dragen: ★ *de ~ van een imperiaal* ❷ vooral vermogen om financiële lasten te dragen ★ *belasting naar ~* heffing van belasting evenredig met iems. inkomen of vermogen

draag·kracht·be·gin·sel *het* beginsel dat een belastingplichtige betaalt naar zijn persoonlijke financiële draagkracht

draag·krach·tig *bn* in staat ruim geld te besteden

draag·lijk *bn* te verdragen: ★ *de pijn was niet ~ meer*

draag·moe·der *de (v)* [-s] vrouw die een kind draagt en baart met de bedoeling het aan een ander af te staan

draag·ra·ket *de* [-ten] projectiel met vulling die ontploft en daardoor een ander projectiel voortdrijft

draag·riem *de (m)* [-en] riem om iets te dragen

draag·stoel *de (m)* [-en] stoel waarop iem., bijv. een vorst, voortgedragen wordt

draag·tas *de* [-sen] papieren of plastic boodschappentas, door een winkelier aan een klant verstrekt

draag·tijd *de (m)* tijd dat een zwangerschap duurt

draag·ver·mo·gen *het* hoogste gewicht dat gedragen kan worden: ★ *die brug heeft een ~ van 500 ton*

draag·vlak *het* [-ken] ❶ vlak waarop iets rust ❷ fig ondersteuning: ★ *deze plannen van de regering hebben geen ~ in de maatschappij*

draag·vleu·gel·boot *de* [-boten] boot met draagvleugels die hem bij grote snelheid voor een gedeelte boven het water heffen

draag·wijd·te *de (v)* ❶ afstand die iets, bijv. een afgeschoten projectiel haalt: ★ *de ~ van een geweer* ❷ fig betekenis, invloed: ★ *de ~ van een beslissing*

draai *de (m)* [-en] ❶ keer dat iem. of iets draait, wending ★ *een ~ geven aan iets* iets zo voorstellen, dat men er een andere kijk op krijgt, vooral om een redenering te laten kloppen ❷ plaats waar iets afbuigt: ★ *de weg maakt hier een ~ naar rechts* ❸ ★ *zijn ~ vinden* bezigheden vinden waarbij men zich lekker voelt ❹ klap: ★ *een ~ om de oren*

draai·baar *bn* gedraaid kunnende worden: ★ *een ~ raam*

draai·bank *de* [-en] werktuig waarop voorwerpen in draaiende beweging worden gebracht om ze te bewerken

draai·bei·tel *de (m)* [-s] aan de draaibank gebruikte beitel

draai·boek *het* [-en] ❶ filmmanuscript, uitvoerige handleiding, met alle gegevens, voor het vervaardigen van een film ❷ fig uitgewerkt plan voor een te ondernemen actie: ★ *het ~ van een feest*

draai·boom *de (m)* [-bomen] horizontaal draaibare afsluitboom

draai·brug *de* [-gen] brug die horizontaal draaien kan

draai·cir·kel *de (m)* [-s] cirkel waarbinnen een voertuig kan draaien

draai·deur *de* [-en] draaibare constructie van vier stervormig om een centrale as gemonteerde deuren, ter afsluiting van tocht

draai·deur·cri·mi·neel *de (m)* [-nelen] vooral NN misdadiger die telkens direct na uit de gevangenis vrijgelaten te zijn weer in de criminaliteit vervalt

draai·deur·pa·tiënt [-sjent] *de (m)* [-en] vooral NN chronisch psychiatrische patiënt die regelmatig en met tussenpozen in een inrichting verblijft

draai·en *ww* [draaide, h. & is gedraaid] ❶ in het rond bewegen: ★ *de molenwieken ~* ★ *op zijn stoel zitten (te) ~* steeds heen en weer schuiven op zijn stoel ★ *de wind is gedraaid* de wind waait nu uit een andere richting ❷ in het rond doen bewegen: ★ *(aan) het stuur ~* ★ *een film ~* vertonen *of* opnemen ★ *er draait deze week een spannende film* er wordt deze week een spannende film vertoond in de bioscoop ❸ wenden, omkeren: ★ *naar links ~* ★ BN *hoe je het ook draait of keert* hoe je het ook wendt of keert, hoe je de zaak ook bekijkt ❹ aan een draaibank werken ❺ onoprecht zijn: ★ *om de zaak heen ~* niet rechtuit spreken *of* niet de kern raken ❻ talmen, treuzelen ❼ op gang zijn, vlot verlopen: ★ *de zaak draait* ★ *een vereniging draaiende houden* ★ *de motor draait* is in werking ★ *dit programma draait niet op mijn pc* werkt niet, kan niet worden gebruikt op mijn pc ❽ draaiende vervaardigen: ★ *touw ~* ★ *een sjekkie ~* ❾ ★ *~ om* afhangen van ★ *het draait niet om mij* ★ *daar draait het om* dat is de essentie; zie ook bij → indraaien

draai·er *de (m)* [-s] ❶ iem. die werkt aan een draaibank ❷ anat tweede halswervel ❸ fig iem. die niet rechtuit spreekt of handelt

draai·e·rig *bn* duizelig: ★ *zich een beetje ~ voelen*

draai·e·rij *de (v)* [-en] ❶ onoprechtheid ❷ draaibankafdeling

draai·hals *de (m)* [-halzen] soort specht *(Jynx torquilla)*

draai·ing *de (v)* [-en] het draaien

draai·kap *de* [-pen] draaibare molenkap

draai·ke·ver *de (m)* [-s] zwart kevertje dat kringen op het water beschrijft, uit de familie Gyrinidae, schrijverke

draai·kolk *de* [-en] plaats waar het water in sterk draaiende en daardoor zuigende beweging is

draai·kont *de* [-en] ❶ iem. die niet stil kan zitten ❷ iem. die voortdurend van mening verandert of tegenstrijdige beweringen doet

draai·kruis *het* [-en] paal met daarop een horizontaal draaiend kruis, als toegangsmiddel voor voetgangers, tourniquet

draai·mo·len *de (m)* [-s] (kermis)attractie voor kinderen waarbij deze, op houten paarden of in speelgoedautootjes e.d. gezeten, rondjes kunnen draaien, een eenvoudige carrousel

draai·or·gel *het* [-s] verplaatsbaar orgel dat door een draaiende beweging muziek voortbrengt

draai·schijf *de* [-schijven] ❶ draaibare schijf waarop de pottenbakker werkt ❷ kiesschijf aan een ouderwets telefoontoestel ❸ draaibare schijf met rails om locomotieven in een andere richting te zetten

draai·stel *het* [-len] draaibaar onderstel (van spoorwagen of locomotief)

draai·stroom *de (m)* [-stromen] bepaalde elektrische stroom

draai·ta·fel *de* [-s] ❶ ronddraaiende schijf van een platenspeler; ❷ ⟨ook⟩ de platenspeler zelf

draai·tol *de (m)* [-len] ❶ kinderspeelgoed dat, op een bepaalde wijze op de grond geworpen, op een punt blijft draaien ❷ NN, fig draaikont

draai·to·neel *het* [-nelen] in twee of meer afdelingen verdeeld rond toneel, waardoor verschillende scènes direct na elkaar gespeeld kunnen worden door draaiing na afloop van een scène

draai·trap *de (m)* [-pen] BN ook wenteltrap

draai·ziek·te *de (v)* dolheid bij schapen

draak (⟨Lat⟨Gr⟩ *de (m)* [draken] ❶ in veel sagen, mythen en sprookjes voorkomend groot monster, vaak vuurspuwend en met een hagedisachtig lichaam ❷ ouderwets, oversentimenteel toneelstuk e.d. ❸ onaangenaam mens ❹ *Draak* bepaald sterrenbeeld ❺ ★ *de ~ steken met iets* ermee spotten

drab *de & het* ❶ bezinksel (in koffie, wijn e.d.) ❷ dikke, troebele vloeistof

drab·big *bn* dik, troebel, modderig

drach·me (⟨Gr⟩ *de & het* [-n] ❶ Oudgriekse zilveren munt ❷ munteenheid in Griekenland vóór de invoering van de euro

dracht *de* [-en] ❶ gedragen, te dragen hoeveelheid ❷ kleding: ★ *ouderwetse ~* ❸ draagwijdte: ★ *de ~ van een geweer* ❹ ⟨bij dieren⟩ zwangerschap

drach·tig *bn* ⟨bij dieren⟩ zwanger

dra·co·nisch *bn* in de geest van Draco (Atheens wetgever ± 620 v.C.) opgesteld, zeer streng

dra·de·rig, dra·dig *bn* met draden, vezelig: ★ *~ vlees*

draf *de (m)* ❶ gang van een paard waarbij eerst het rechtervoorbeen en het linkerachterbeen naar voren worden geplaatst en vervolgens het linkervoorbeen en het rechterachterbeen ★ *in gestrekte ~* met zo groot mogelijke stappen; haastig, snel lopend ❷ snelle gang: ★ *het op een draf(je) zetten* ❸ als veevoeder gebruikt afval van graan waaruit alcohol gestookt is, spoeling; vloeibaar varkensvoer

draf·sport *de* het harddraven met paarden als sport

drag-and-drop *het* [drey̆end-] ⟨Eng⟩ comput het met behulp van de computermuis verslepen van bestandselementen

dra·gee [-gee, -zjee] ⟨Fr⟩ *de (v)* [-s] ❶ meermalen geglaceerde amandel ❷ tablet of pil, voorzien van één of meer lagen suiker of kunstmatig gefabriceerde zoetstof

dra·gen *ww* [droeg, h. gedragen] ❶ zo vasthouden en / of vervoeren dat het niet de grond raakt: ★ *een koffer ~* ★ *een kind de trap af ~*; *ook* fig: ★ *een naam ~* ★ *veel leed te ~ hebben* ❷ aan zich hebben: ★ *kleren ~* ★ *vruchten ~* ★ fig *vrucht ~* een goed resultaat opleveren ❸ op zich nemen, aansprakelijk zijn voor: ★ *de schade ~* ★ *de gevolgen ~* ★ *zorg ~ voor* ❹ draagwijdte hebben: ★ *een revolver draagt niet ver* ❺ zwanger zijn (vooral van dieren gezegd) ❻ BN (met een bep. doel) brengen; (aan huis) bezorgen, bestellen: ★ *een kistje sigaren bij naar je vader ~*

dra·ger *de (m)* [-s] ❶ iem. die iets draagt, vooral een van degenen die het lijk dragen bij een begrafenis ❷ voorwerp dat iets draagt, steunt

drag·line [dreɣlaɪn] ⟨Eng⟩ *de (m)* [-s] graafmachine met een grijper

dra·go·man, dra·go·man ⟨It⟨Arab⟩, **drog·man** ⟨Fr⟩ *de (m)* [-s] tolk in de landen van het Nabije Oosten

dra·gon ⟨Fr⟩ *de (m)* bep. keukenkruid

dra·gon·der *de (m)* [-s] ❶ bereden militair ❷ fig forse,

sterke, enigszins ruwe vrouw
dra·go·niet *het* zekere soort bergkristal
drain [dreen] *(‹Eng) de (m)* [-s] afvoerbuis, afvoerpijp, ook voor wondvocht; *vgl*: → **braindrain**
drai·na·ge [drènaazjə] *(‹Fr‹Eng) de (v)*, **drai·ne·ring** [drè-] ❶ afvoer van overtollig grondwater uit percelen of landerijen door onderaardse buizen ❷ med doen afvloeien van wondvocht en etter ❸ fig doen wegvloeien van winst
drai·neer·buis [drè-] *de* [-buizen] buis voor drainage
drai·ne·ren *ww* [drè-] *(‹Fr)* [draineerde, h. gedraineerd] ❶ droogleggen ❷ med doen afvloeien van wondvocht en andere producten uit wonden of lichaamsholten
dra·ken·bloed *het* ❶ roodpaarse harssoort, gebruikt als kleurstof ❷ soort rode rijnwijn, afkomstig van de Drachenfels in Duitsland
dra·ken·klas·se *de (v)* bepaalde klasse van zeilschepen bij wedstrijden gebruikt
dra·ke·rig *bn* als (in) een → **draak** (bet 2), overdreven sentimenteel: ★ *een drakerige film*
dra·len *ww* [draalde, h. gedraald] aarzelen, talmen: ★ ~ *met het nemen van een beslissing*
dram *(‹Armeens) de* [-s] munteenheid van Armenië
dra·ma *(‹Gr) het* ['s] ❶ oorspr toneelstuk in het algemeen ❷ film, toneelstuk met een tragisch verloop, tragedie, treurspel ❸ aangrijpende gebeurtenis(sen): ★ *het verlies van de vader was een ~ voor dat gezin*
dra·ma·tiek *(‹Fr) de (v)* ❶ toneelkunst ❷ dramatische aard, het dramatische
dra·ma·tisch *(‹Lat) bn* ❶ op het drama, de toneelkunst betrekking hebbend ❷ van de aard van of op de wijze van een drama; aangrijpend: ★ *dramatische gebeurtenissen; toneelachtig, gemaakt bewogen, aanstellerig*: ★ *doe niet zo ~*
dra·ma·ti·se·ren *ww* [-zee-] [dramatiseerde, h. gedramatiseerd] ❶ als drama voor het toneel of film bewerken ❷ dramatisch voorstellen, een drama maken van: ★ *laten we deze tegenslag niet al te zeer ~*
dra·ma·turg *(‹Gr) de (m)* [-en] ❶ kenner en beoordelaar van toneelstukken; letterkundig raadgever van een toneeldirectie of een regisseur ❷ toneelschrijver
dra·ma·tur·gie *(‹Gr) de (v)* de leer, de theorie van de toneelkunst en de toepassing daarvan bij de uitvoering van bepaalde stukken
dram·men *ww* [dramde, h. gedramd] vooral NN zeurend blijven aandringen: ★ *zit niet zo te ~!*; **drammer** *de (m)* [-s]
dram·me·rig *bn* vooral NN voortdurend drammend, steeds aandringend
drang *de (m)* ❶ het dringen, het aandringen: ★ *iets met ~ verzoeken* ❷ aandrift: ★ *de ~ voelen om een liedje te schrijven* ★ *de ~ naar vrijheid*
dran·ger *de (m)* [-s] vooral NN verende stang waardoor een deur zichzelf sluit
drang·hek *het* [-ken] hek om toeschouwers of een menigte tegen te houden, gebruikt bij optochten, sportmanifestaties e.d.
drank *de (m)* [-en] ❶ algemeen wat men drinkt: ★ *een verfrissende ~* ❷ vooral alcoholhoudende drank: ★ *~ maakt meer kapot dan je lief is* ★ *aan de ~ zijn* een dronkaard zijn
drank·be·strij·der *de (m)* [-s] iem. die het gebruik van sterke drank bestrijdt; **drankbestrijding** *de (v)*
drank·je *het* [-s] ❶ vloeibaar medicijn ❷ glas met een (al dan niet alcoholische) drank
drank·mis·bruik *het* misbruik van sterke drank
drank·neus *de (m)* [-neuzen] rode neus als gevolg van drankmisbruik
drank·or·gel *het* [-s] inf iem. die geregeld veel drinkt, dronkaard
drank·wet *de* [-ten] wet die de verkoop van sterke drank regelt
drank·zucht *de* neiging tot drankmisbruik; **drankzuchtige** *de* [-n]
dra·peau [-poo] *(‹Fr) de (m)* [-s] vaandel
dra·pe·ren *ww (‹Fr)* [drapeerde, h. gedrapeerd] ❶ ‹een persoon of figuur› met ruim geplooide gewaden of stoffen omhangen ❷ ‹stoffen› in ruime plooien schikken
dra·pe·rie *(‹Fr) de (v)* [-rieën] versiering van vrij afhangende geplooide stof; geplooide stof als bekleding of versiering van een wand, een ingang enz.
dra·pe·ring *de (v)* [-en] ❶ het draperen ❷ omkleedsel
dras I *de* natte grond **II** *bn* drassig
drasland *het* [-en] moerassig land
dras·sig *bn* uit weke grond bestaand, moerassig
dras·tisch *(‹Gr) bn* ❶ med snel en krachtig werkend, hevig ingrijpend ❷ krachtig ingrijpend, doortastend: ★ *drastische maatregelen* ❸ in krachtige, min of meer ruwe bewoordingen uitgedrukt of zich uitdrukkend
dra·ven *ww* [draafde, h. gedraafd] ❶ in draf lopen ❷ hardlopen, hollen
dra·ver *de (m)* [-s] snel lopend paard; paard dat meeloopt in draverijen
dra·ve·rij *de (v)* [-en] wedstrijd voor dravers
dra·vik *de* geslacht grassen met overhangende pluimen *(Bromus)*
draw [drò] *(‹Eng) de (m)* [-s] sp onbeslist gebleven wedstrijd, gelijkspel
draw·back [dròbek] *(‹Eng) de (m)* [-s] keerzijde van iets, nadelige bijkomstigheid, nadeel, tegenslag
dread·lock [dred-] *(‹Eng) de (m)* [-s] elk van de zeer dunne vlechtjes die o.a. gedragen worden door rastafari's
dreef[1] *de* [dreven] ❶ laan, brede landweg ❷ ★ *op ~ op gang* ★ *goed (slecht) op ~ zijn* in goede (slechte) vorm zijn, goede (slechte) prestaties leveren
dreef[2] *ww verl tijd van* → **drijven**
Drees *de (m)* ★ NN, vroeger *van ~ trekken* ouderdomspensioen genieten krachtens de uit 1947 daterende noodwet-Drees (genoemd naar de

Nederlandse staatsman Dr. W. Drees, 1886-1988), voorloper van de Algemene Ouderdomswet

drees·trek·ker *de (m)* [-s] NN, vroeger iem. die ouderdomspensioen genoot krachtens de noodwet-Drees

dreg (‹Eng› *de* [-gen] stok met een grote haak eraan om drenkelingen of voorwerpen uit het water te vissen; meerarmig werpanker om iets uit het water te halen

dreg·gen *ww* [dregde, h. gedregd] met een dreg proberen op te halen uit het water: ★ *naar iets* ~

dreig·brief *de (m)* [-brieven] brief waarin men iem. met straf, moord o.i.d. bedreigt als hij niet aan bepaalde eisen voldoet

drei·ge·ment *het* [-en] bedreiging

drei·gen *ww* [dreigde, h. gedreigd] ❶ iem. iets onaangenaams in het vooruitzicht stellen als er niet aan bep. voorwaarden wordt voldaan: ★ ~ *te slaan* ★ *met ontslag* ~ ❷ ‹van iets onaangenaams› te verwachten zijn of geven: ★ *er dreigt hongersnood* ★ *dreigend onweer* ★ *de tijger nam een dreigende houding aan* ★ *de dijk dreigt door te breken*

drei·ging *de (v)* ❶ het dreigen ❷ [*mv:* -en] dat wat dreigt

drei·nen *ww* [dreinde, h. gedreind] NN huilerig zeuren

drek *de (m)* uitwerpselen

drem·pel *de (m)* [-s] ❶ verhoging onder een deur ★ *bij iem. niet meer over de* ~ *komen* iem. niet meer thuis bezoeken ❷ fig scheidslijn: ★ *op de* ~ *van de nieuwe tijd* ❸ verhoging van de zeebodem ❹ te overwinnen weerstand, belemmering: ★ *een* ~ *vormen* ❺ psych kleinste hoeveelheid van waarde die vereist is om iets waar te nemen of verschil te merken tussen twee waargenomen zaken ❻ ‹bij verkiezingen› minimaal vereiste aantal stemmen om gekozen te worden, kiesdrempel

drem·pel·prijs *de (m)* [-prijzen] laagste prijs die berekend mag worden of die de kopers aanvaarden

drem·pel·ver·la·gend *bn* bevorderlijk voor de begrijpelijkheid of toegankelijkheid van iets: ★ *we verwachten dat door deze drempelverlagende maatregelen meer personen onze cursus willen volgen*

drem·pel·vrees *de* ❶ aarzeling om ergens binnen te gaan, vooral uit verlegenheid of wantrouwen ❷ fig vrees om aan iets nieuws te beginnen

drem·pel·waar·de *de (v)* waarde die net ligt boven de grens van aannemelijkheid of nauwkeurigheid

dren·ke·ling *de (m)* [-en], **dren·ke·lin·ge** *de (v)* [-n] ❶ iem. die in het water gevallen is en die het gevaar loopt te verdrinken ❷ iem. die verdronken is

dren·ken *ww* [drenkte, h. gedrenkt] ❶ doen drinken: ★ *het vee* ~ ❷ bevochtigen: ★ *iets in een vloeistof* ~

drenk·plaats *de* [-en] plaats waar men vee laat drinken, wed

Drent *de (m)* [-en] iem. geboortig of afkomstig uit Drenthe

dren·te·len *ww* [drentelde, h. & is gedrenteld] met kleine stapjes lopen: ★ *rustig drentelde het hondje naast zijn baasje*

Dren·the·naar *de (m)* [-s, -naren] Drent

Drents I *bn* van, uit, betreffende Drenthe II *het* het Drentse dialect

dren·zen *ww* [drensde, h. gedrensd] NN huilerig zeuren, dreinen

drep *de* biol dravik

dress·boy [dresbɔj] (‹quasi-Eng› *de (m)* [-s] vooral NN stander voor herenkleding

dress·code [dreskoːd] (‹Eng› *de (m)* [-s] kledingvoorschrift, bijv. voor een party of een receptie

dres·se·ren *ww* ‹<Fr› [dresseerde, h. gedresseerd] ❶ ‹dieren› africhten, kunstjes leren ❷ ‹fig mensen› leren te doen wat men van hen verlangt ❸ ingrediënten van een maaltijd rangschikken alvorens op te dienen

dres·seur *de (m)* [-s] iem. die dieren africht

dres·sing (‹Eng› *de (m)* [-s] mengsel van olie, azijn en kruiden om sla aan te maken

dress·man [-men] (‹Eng› *de (m)* [-men en -mannen] mannelijke mannequin, mannequin voor herenmode

dres·soir [-swaːr] (‹Fr› *de (m)* & *het* [-s] lage kast

dres·suur *de (v)* africhting, drilling

dreu·mes *de (m)* [-mesen] klein kind

dreun *de (m)* [-en] ❶ monotoon dof geluid ❷ eentonige manier van spreken of voordragen: ★ NN *op één* ~ *praten* ❸ klap, slag: ★ *met een* ~ *op de grond vallen* ★ *ik gaf hem een vreselijke* ~ ★ *ook* fig: *het ontslag was een vreselijke* ~ *voor hem*

dreu·nen *ww* [dreunde, h. gedreund] trillen, gepaard gaande met een dof geluid: ★ *als jij loopt, dreunt het hele huis*

dreu·tel *de (m)* [-s] NN dreumes, klein kind

dreu·te·laar *de (m)* [-s] NN treuzelaar

dreu·te·len *ww* [dreutelde, h. gedreuteld] NN treuzelen

dre·vel *de (m)* [-s] ❶ ijzeren pen om spijkers mee in te slaan, drijfijzer ❷ pin voor houtverbinding

dre·ve·len *ww* [drevelde, h. gedreveld] met een drevel inslaan

dre·ven *ww verl tijd meerv van* → drijven

drib·bel *de (v)* [-s] het dribbelen

drib·be·laar *de (m)* [-s] iem. die dribbelt

drib·be·len *ww* [dribbelde, h. & is gedribbeld] ❶ met kleine snelle pasjes lopen ❷ voetbal met kleine pasjes de bal opdrijven ❸ basketbal, handbal stuiterend de bal opdrijven

drie I *hoofdtelw* II *de* [drieën] ★ NN *alle goede dingen bestaan in drieën*, BN *uit drieën* bij de derde poging slaagt men, men mag drie maal proberen ★ *de regel van drieën* rekenkundige bewerking waarbij men een te berekenen getal als het vierde getal van een evenredigheid beschouwt

drie·baans·weg *de (m)* [-wegen] weg met drie rijstroken

drie·ban·den, drie·ban·den ww & het bilj
❶ driebandenspel ❷ het driebandenspel beoefenen
drie·ban·den·spel, drie·ban·den·spel het biljartspel waarbij de speelbal drie banden moet raken alvorens te caramboleren
drie·blad het schermbloemig onkruid (Aegopodium)
drie·daags, drie·daags bn drie dagen durend
drie·de·lig bn uit drie delen bestaand ★ een ~ kostuum jas, broek en vest
drie·dik bn in drie lagen op elkaar
drie·di·men·sio·naal [-sjoo-] bn drie afmetingen hebbend (hoogte, dikte, breedte) ★ driedimensionale film ruimtefilm, stereoscopische film
drie·dub·bel, drie·dub·bel bn drievoudig
drie·dui·zend hoofdtelw;, **drie·dui·zend·ste** rangtelw
drie·een·heid de (v) een eenheid vormend drietal ★ de Heilige Drie-eenheid God de Vader, God de Zoon, God de Heilige Geest
drie-enig bn uit een drie-eenheid bestaande
drie·ën·twin·tig, drie·ën·twin·tig hoofdtelw;, **drie·ën·twin·tig·ste, drie·ën·twin·tig·ste** rangtelw
drie·ër·han·de, drie·ër·han·de bn van drie soorten
drie·ër·lei, drie·ër·lei bn van drie soorten
drie·gen ww [driegde, h. gedriegd] BN, spreektaal met losse rijgsteken vasthechten, voorlopig vastnaaien
drie·ge·slacht het [-en] BN drie levende personen van hetzelfde geslacht die in rechte lijn van elkaar afstammen
drie·hoek de (m) [-en] door drie rechte lijnen begrensd vlak
drie·hoe·kig, drie·hoe·kig bn de vorm van een driehoek hebbend
drie·hoeks·me·ting de (v) ❶ onderdeel van de meetkunde: berekening van elementen van een driehoek, trigonometrie ❷ landmeting met behulp van een stelsel van driehoeken, triangulatie
drie·hoeks·over·leg het overleg tussen burgemeester, politie en het Openbaar Ministerie
drie·hoeks·ruil de (m) [-en] NN ruil, vooral woningruil, waarbij drie partijen betrokken zijn
drie·hoeks·ver·hou·ding de (v) [-en] situatie in een huwelijk of daarop gelijkende relatie die ontstaat als één van de partners intieme betrekkingen met een derde aanknoopt
drie·hon·derd, drie·hon·derd hoofdtelw;, **drie·hon·derd·ste, drie·hon·derd·ste** rangtelw
drie-in-de-pan de [-nen] vooral NN dik pannenkoekje, waarvan er drie tegelijk gebakken worden
drie·ka·mer·flat [-flet] de → flat (bet 1) van drie kamers
drie·kant, drie·kan·tig, drie·kan·tig bn met drie kanten ★ NN een driekante doek veel als verbandmateriaal gebruikte doek, mitella
drie·klank de (m) [-en] ❶ muz samenklank van drie tonen van een octaaf: grondtoon, terts en kwint ❷ taalk vereniging van drie verschillende klinkers in één lettergreep

drie·kleur de driekleurige vlag
drie·kleu·ren·druk de (m) [-ken] door over elkaar drukken van drie kleuren gemaakte gekleurde afbeelding
Drie·ko·nin·gen de (m) feest op 6 januari ter herinnering aan de drie Wijzen uit het oosten, die geleid door een ster naar Bethlehem trokken om de pasgeboren Jezus te zien; zij heetten volgens de overlevering Caspar, Melchior en Balthasar
drie·ko·nin·gen·brood het [-broden],
drie·ko·nin·gen·koek de (m) [-en] vooral NN brood met een boon erin gebakken: wie deze boon krijgt, is koning
drie·kroon de pauselijke kroon, tiara, in 1964 afgeschaft als pauselijk symbool
drie·kwart, drie·kwart I het drie vierden: 3/4 **II** bn voor drievierde deel ★ een ~ jas damesmantel van driekwart van de gewone lengte
drie·kwarts·maat de [-maten] muz maat die uit drie kwarten bestaat
drie·kwart·vi·ool de [-olen] klein formaat viool
drie·lan·den·punt het [-en] punt waar drie landen aan elkaar grenzen, zoals de Vaalserberg (Nederland, België en Duitsland)
drie·le·dig bn uit drie delen bestaande
drie·let·ter·woord het [-en] onnet woord van drie letters: kut, pik, lul
drie·ling de (m) [-en] drie broers of zusters die in dezelfde zwangerschap zijn gedragen; ook elk van deze drie
drie·ling·ze·nuw de [-en] trigeminus
drie·luik het [-en] schilderij uit drie door scharnieren verbonden panelen bestaande, triptiek
drie·maal bijw drie keer; zie ook → scheepsrecht
drie·maan·de·lijks, drie·maan·de·lijks bn om de drie maanden: ★ een ~ tijdschrift
drie·maands bn van drie maanden: ★ een ~ kind ★ een ~ verblijf
drie·mach·ten·leer de leer volgens welke het staatsgezag uit drie onafhankelijke instanties dient te bestaan: de wetgevende, de uitvoerende en de rechterlijke macht, trias politica, gepropageerd door de Franse politiek denker Montesquieu (1689-1755)
drie·man de (m) [-nen] lid van een Romeins driemanschap, triumvir
drie·man·schap het [-pen] groep van drie samenwerkende mannen; vooral Romeinse regering van drie personen: ★ eerste ~ 60 v.C.: Pompejus, Caesar, Crassus ★ tweede ~ 43 v.C.: Antonius, Octavianus en Lepidus
drie·mas·ter de (m) [-s] zeeschip met drie masten
drie·mijls·zo·ne [-zònə] de [-s] zeestrook tot op drie zeemijlen uit de kust waarover een aan zee liggend land gezag heeft, territoriale wateren
drie·pik·kel de (m) [-s] BN drievoet
drie·pits bn met drie pitten: ★ een ~ gasstel
drie·ploe·gen·stel·sel het stelsel waarbij

onafgebroken wordt doorgewerkt met drie ploegen arbeiders

drie·poot *de (m)* [-poten] ❶ vooral NN voorwerp met drie poten (zoals een stoeltje of een statief) ❷ de letter m [in tegenstelling tot de *tweepoot*, de letter n]

drie·pun·ter *de (m)* [-s] basketbal score van drie punten door een doeltreffend schot van achter de driepuntslijn

drie·punts·gor·del *de (m)* [-s] aan twee punten in een auto bevestigde veiligheidsgordel die de inzittende zelf aan een derde punt kan sluiten

drie·punts·lan·ding *de (v)* [-en] vlakke landing van een vliegtuig (op twee wielen en een derde steunpunt)

drie·punts·lijn *de* [-en] basketbal halfcirkelvormige lijn om de basket met een straal van 4,5 m: ★ *een score van achter de ~ levert drie punten op*

drie·slag·stel·sel *het* verouderd landbouwstelsel waarbij op een stuk land het ene jaar zomergraan wordt verbouwd en het volgende jaar wintergraan, waarna het land het derde jaar braak ligt

drie·span *het* [-nen] span van drie paarden

drie·sprong *de (m)* ❶ [mv: -en] punt waar drie wegen samenkomen ❷ sp hink-stap-sprong ❸ [mv: -en] paardensport geheel van drie kort achter elkaar geplaatste hindernissen

driest *bn* onbeusisd, overmoedig: ★ *~ op de vijand af stappen*

drie·stem·mig *bn* met of voor drie zangstemmen

driest·heid *de (v)* ❶ het driest zijn ❷ [mv: -heden] drieste handeling

drie·stui·vers·ro·man *de (m)* [-s] goedkope roman met weinig literaire diepgang

drie·tal *het* [-len] groep van drie mensen, dieren of dingen

drie·tand *de (m)* [-en] vork met drie tanden, attribuut van Neptunus, symbool van de heerschappij over zee

drie·traps·ra·ket *de* [-ten] ❶ raket die uit drie delen bestaat, waarvan de onderste twee brandstoftanks zijn en afgestoten worden zodra ze leeg zijn ❷ fig iets wat zich in drie fasen afspeelt

3VO *afk* in Nederland Verenigde Verkeers Veiligheids Organisatie

drie·voet *de (m)* [-en] vooral NN statief met drie poten

drie·voud *het* [-en] ❶ getal deelbaar door drie ❷ driemaal zo grote hoeveelheid ★ *afschrift in ~ in drie exemplaren*

drie·vou·dig, drie·vou·dig *bn* uit drie delen bestaande, van drie soorten ★ *het drievoudige* een drie maal zo grote hoeveelheid

Drie·vul·dig·heid *de (v)* de Heilige Drie-eenheid

Drie·vul·dig·heids·dag *de (m)* RK de eerste zondag na Pinksteren

drie·weg·kraan *de* [-kranen] kraan met waterafvoer naar drie zijden

drie·weg·stek·ker *de (m)* [-s] stekker die naar drie kanten aansluiten kan

drie·werf *bijw* driemaal: ★ *een ~ hoera voor...!*

drie·wie·ler *de (m)* [-s] voertuig op drie wielen

drie·zij·dig *bn* met drie zijden

drie·zits·bank *de* [-en] bank waarop drie personen kunnen zitten

drift *de* [-en] ❶ plotselinge woede: ★ *in mijn ~ heb ik hem uitgescholden* ❷ hartstocht: ★ *zijn driften niet kunnen beheersen* ❸ stroming ❹ kudde: ★ *een ~ ossen* ❺ het afdrijven: ★ *op ~ raken (ijsberg, schip)* ❻ luchtv weerstandskracht van de luchtstroming

drift·bui *de* [-en] plotselinge, korte aanval van woede

drif·tig *bn* ❶ opvliegend: ★ *een driftige leraar* ❷ los drijvend: ★ *door de storm was het schip ~ geworden* ❸ in hoge mate, intensief: ★ *~ op zoek zijn naar iets*

drift·kik·ker *de (m)* [-s], **drift·kop** [-pen] opvliegend persoon

drift·le·ven *het* geheel van driften (begeerten, hartstochten, lusten) in het zielenleven

drijf *bn* NN, spreektaal drijfnat: ★ *ik ben helemaal ~!*

drijf·an·ker *het* [-s] drijvend toestel om afdrijven van een schip tegen te gaan

drijf·gas *het* [-sen] gas dat onder druk een substantie uit een spuitbus drijft

drijf·hout *het* in zee, in een rivier enz. drijvend hout

drijf·ijs *het* drijvende ijsschotsen

drijf·jacht *de* [-en] jacht waarbij het wild opgejaagd wordt: ★ *een ~ op vossen*

drijf·kaars *de* [-en] kleine kaars die op water blijft drijven

drijf·kracht *de* kracht die iets in beweging brengt

drijf·nat *bn* kletsnat

drijf·net *het* [-ten] viss net dat blijft drijven d.m.v. kurken

drijf·riem *de (m)* [-en] leren riem zonder eind, die de beweging van de ene machine op de andere overbrengt

drijf·sijs *de* [-sijzen] NN ‹in Amsterdam› eend of watervogel in het algemeen

drijf·til *de* [-len] drijvend eiland in een veenplas

drijf·tol *de (m)* [-len] tol die met een zweepje wordt voortgedreven

drijf·veer *de* [-veren] beweegreden

drijf·werk *het* [-en] ❶ samenstel van onderdelen die iets in beweging brengen ❷ gehamerd metaal

drijf·wiel *het* [-en] wiel op de as van een motor, waarover de drijfriem loopt naar een andere machine

drijf·zand *het* door water min of meer vloeibaar gemaakt zand, waarin mensen kunnen wegzakken ★ *die theorieën berusten op ~ ze berusten op de verkeerde aannames, ze zijn waardeloos*

drij·ven *ww* [dreef, h. & is gedreven] ❶ op een vloeistof gedragen worden: ★ *het vlot blijft ~* ★ *de onderneming drijft op hem* fig is sterk van zijn inbreng afhankelijk ❷ fig zeer nat zijn: ★ *ze dreef van de regen* ❸ ‹iem.› ergens toe aanzetten, ergens toe brengen: ★ *iem. tot waanzin ~* ★ *wat heeft je tot dit besluit gedreven?* ❹ zweven: ★ *de luchtballon is* *naar het westen gedreven* ❺ in een bepaalde richting jagen: ★ *koeien ~* ❻ in beweging zetten en houden: ★ *een door twee motoren gedreven machine* ❼ uitoefenen, besturen: ★ *handel ~* ★ *een winkel ~* ❽ hameren: ★ *een spijker in een plank ~* ★ *gedreven zilver*

drij·ver *de (m)* [-s] ❶ iem. die drijft (→ **drijven**, bet 3); ook fig: ijveraar ❷ voorwerp dat drijft (→ **drijven**, bet 1)

dril[1] *de (m)* [-len] drilboor

dril[2] *de* gelei, gestold vleesnat

dril·boor *de* [-boren] boor die draait door op- en neergaande beweging van een ring langs schroefdraad

dril·len *ww* [drilde, h. gedrild] ❶ africhten, afknijpen, onder strenge tucht houden: ★ *soldaten ~* ★ *leerlingen ~ voor een examen* ❷ boren (met een drilboor)

drin·gen *ww* [drong, is & h. gedrongen] ❶ zich met gebruik van lichaamskracht een weg banen: ★ *hij drong door de menigte naar voren* ❷ door het uitoefenen van druk naar een bepaalde plaats brengen: ★ *de politie drong de menigte naar buiten* ❸ krachtig aansporen, noodzaken: ★ *de omstandigheden drongen mij tot handelen* ★ *de tijd dringt* er is haast geboden, we moeten opschieten

drin·gend *bn* wat dringt, met aandrang, hoognodig

drink *⟨Eng⟩ de (m)* [-s] glas met een drankje, vooral alcoholische drank; zie ook → **longdrink**

drink·baar *bn* gedronken kunnende worden

drink·bak *de (m)* [-ken] bak waaruit gedronken kan worden, vooral voor huisdieren

drink·be·ker *de (m)* [-s] beker waaruit men kan drinken ★ *laat deze ~ aan mij voorbijgaan* (Matthéus 26: 39) bespaar mij deze zware beproeving

drink·bus *de* [-sen] BN ook bidon (bij racefiets)

drin·ke·broer *de (m)* [-s] iem. die veel sterkedrank drinkt

drin·ken *ww* [dronk, h. gedronken] ⟨algemeen vloeistof⟩ door de mond tot zich nemen; (vaak zonder lijdend voorwerp) alcoholhoudende drank gebruiken: ★ *er werd stevig gedronken* ★ *hij drinkt* hij is aan de drank ★ *~ op iem.* of *iets* het glas heffen ter ere van iem. of iets

drin·ker *de (m)* [-s] iem. die drinkt, vooral iem. die veel sterke drank gebruikt

drink·ge·lag *het* [-lagen] bijeenkomst waarop men zich aan sterke drank te buiten gaat

drink·geld *het* [-en] bedieningsgeld, fooi: ★ *~ inbegrepen*

drink·lied *het* [-eren] lied waarin het drinken of de drank wordt bezongen

drink·wa·ter *het* water om te drinken, drinkbaar water

drink·yog·hurt [-jog-] *de (m)* [-s] yoghurt die zodanig vloeibaar is gemaakt dat hij goed drinkbaar is

Dri·on *zn* ★ *pil van ~* de dood veroorzakende pil die wordt verstrekt aan hoogbejaarde of ongeneeslijk zieke personen, waardoor ze zelf het moment van hun overlijden kunnen bepalen, zelfmoordpil, genoemd naar de heer Huib Drion, die aan het eind van de 20ste eeuw de introductie van een dergelijke pil heeft voorgesteld

drive [draiv] *⟨Eng⟩ de (m)* [-s] ❶ tennis slag waardoor de bal vlak over het net scheert ❷ bridgewedstrijd voor paren

drive-in [draiv-in] *⟨Eng⟩ de (m)* [-s] openbare gelegenheid die men kan bezoeken zonder zijn auto te verlaten; ook wel bank, bioscoop, kerk e.d. die daarvoor ingericht is

drive-in-wo·ning [draiv-in] *de (v)* [-en] woning met gelijkvloers een garage en daarboven, binnendoor bereikbaar, het woongedeelte

driv·er [draivə(r)] *⟨Eng⟩ de (m)* [-s] comput software die bep. onderdelen van een computer aanstuurt, bijv. diskdrive, videokaart, toetsenbord of printer

droe·del *de (m)* [-s] krabbel die men gedachteloos neerschrijft, vooral bij het luisteren naar iets

droef *bn* ❶ treurig: ★ *ik voel me ~* ❷ droefenis verwekkend: ★ *een droeve tijding*

droe·fe·nis *de (v)* droevige stemming

droef·gees·tig *bijw* droef gestemd, zwaarmoedig; **droefgeestigheid** *de (v)*

droef·heid *de (v)* het droef zijn; treurige omstandigheid

droeg *ww*, **droegen** *verl tijd van* → **dragen**

droes *de (m)* ❶ bezinksel, droesem ❷ slijmvliesontsteking bij paarden

droe·sem *de (m)* [-s] grondsop, bezinksel

droe·vig *bn* treurig, tot droefheid stemmend: ★ *een droevige mededeling*

drog·beeld *het* [-en] bedrieglijk beeld; gedaantevervorming

dro·ge *het* droge plek, oever: ★ *eindelijk bereikten de schipbreukelingen het ~* ★ *op het ~ zitten* geen geld meer hebben; zie ook bij → **schaap**

dro·gen *ww* [droogde, h. & is gedroogd] ❶ droog maken: ★ *de kopjes ~* ❷ droog worden: ★ *de was te ~ hangen*

dro·ge·ren *ww* [drogeerde, h. gedrogeerd] drugs of doping toedienen

dro·ge·rij *de (v)* [-en] ❶ drooginrichting ❷ *drogerijen* gedroogde kruiden

dro·gist *⟨Fr⟩ de (m)* [-en] ❶ oorspr verkoper van gedroogde kruiden ❷ thans ook van o.a. genees- en schoonmaakmiddelen, huishoudelijke artikelen enz.

dro·gis·te·rij *de (v)* [-en] winkel van een drogist

drog·man *de (m)* [-s] → **dragoman**

drog·re·den *de* [-en] bedrieglijke redenering

drol *de (m)* [-len] ❶ langwerpig uitwerpsel van mens of dier ❷ NN, fig, plat vent van niks; ook wel ironisch liefkozend: ★ *een lekkere ~*

drol·len·van·ger *de (m)* [-s] NN, vero, schertsend plusfour

drom *de (m)* [-men] dichte menigte: ★ *er kwam een ~ toeristen de kerk binnen* ★ *de kooplustigen kwamen in*

drommen *naar de uitverkoop*
dro·me·da·ris *(‹Lat‹Gr) de (m)* [-sen] kameel met één bult, veel gebruikt als rij- en lastdier *(Camelus dromedarius)*
dro·men *ww* [droomde, h. gedroomd] ❶ tijdens het slapen voorstellingen in de geest hebben: ★ *ik heb naar gedroomd vannacht* ★ *over iem.* / *iets* ~ ★ *zijn les wel kunnen* ~ *zijn les zeer goed kennen* ❷ mijmeren: ★ *zitten* ~ ❸ mooie verwachtingen hebben: ★ ~ *van wereldvrede* ★ *wie had dit kunnen, durven* ~ *deze heuglijke gebeurtenis had niemand verwacht*
dro·men·land *het* ★ *in* ~ *zijn* slapen
dro·mer *de (m)* [-s] ❶ iem. die droomt ❷ iem. die geneigd is tot mijmeren, die verstrooid is
dro·me·rig *bn* mijmerend, vaag als in een droom, suf, slaperig
dro·me·rij *de (v)* [-en] mijmering; droombeeld
drom·mel *de (m)* [-s] vero duivel ★ NN *om de* ~ *niet beslist niet* ★ *een arme* ~ stakker
drom·mels *bn bijw & tsw* vooral NN verduiveld ★ *dat is verboden en dat wist jij* ~ *goed daarvan was jij goed op de hoogte*
drom·men *ww* [dromde, h. gedromd] zich tot een drom vormen, zich in een drom bewegen: ★ *de mensen dromden om de verongelukte auto*
drong *ww*, **dron·gen** *verl tijd van* → **dringen**
dronk¹ *de (m)* [-en] ❶ teug, slok ★ *een* ~ *instellen of uitbrengen op iem.* / *iets* het glas heffen ter ere van iem. / iets ★ *een kwade* ~ *hebben* in onaangename stemming komen bij dronkenschap ★ *op* ~ *zijn* ❷ ‹van wijn› voldoende gerijpt zijn om gedronken te kunnen worden
dronk² *ww verl tijd van* → **drinken**
dronk·aard *de (m)* [-s] iem. die aan de drank verslaafd is
dron·ken¹ *bn* ❶ zo veel sterke drank gedronken hebbend dat men zijn bewegingen en gedachten niet meer onder controle heeft, beschonken ❷ fig buiten zichzelf, opgetogen: ★ ~ *van vreugde*
dron·ken² *ww verl tijd meerv van* → **drinken**
dron·ken·lap *de (m)* [-pen] dronkaard
dron·ken·man *de (m)* [-nen] iem. die (vaak) dronken is
dron·ken·mans·ge·bed *het* ★ NN, vero *een* ~ *doen* zijn geld natellen
dron·ken·mans·taal *de* onsamenhangende taal (als) van een dronken persoon
dron·ken·schap *de (v)* toestand van dronken zijn
droog *bn* ❶ niet (meer) nat: ★ *de was is al* ~ ★ *het is* ~ *het regent niet (meer)* ❷ niet vochtig: ★ *een* ~ *klimaat* ★ *een droge sinaasappel* ★ *mijn keel is* ~ ★ NN *iets niet met droge ogen kunnen aanzien* ervan moeten huilen, erdoor geëmotioneerd raken ❸ ongesmeerd of niet belegd: ★ ~ *brood* ★ *geen* ~ *brood verdienen* zeer weinig verdienen ❹ saai, niet levendig: ★ *een* ~ *verhaal* ★ *een droge vent* ❺ schijnbaar ongewild geestig: ★ *droge humor; laconiek:* ★ *een* ~ *antwoord* ❻ ‹van wijn› niet zoet, sec ❼ zonder alcohol; waar geen alcohol verkocht

mag worden: ★ *veel islamitische landen liggen* ~ ; zie ook bij → **hoog** en → **oor**
droog·bloei·er *de (m)* [-s] zonder aarde of water uitlopend en bloeiend bolgewas
droog·bloem *de* [-en] ❶ gedroogde bloem ❷ naam voor bepaalde planten uit de familie van Samengesteldbloemigen, geschikt om te worden gedroogd (strobloem, papierbloem enz.) en vooral voor het plantengeslacht *Gnaphalium*
droog·boe·ket *het* [-ten] boeket van droogbloemen
droog·doek *de (m)* [-en] doek om af te drogen
droog·dok *het* [-ken] dok dat leeggepompt kan worden, waardoor het komt te drijven
droog·je *het* ★ NN *op een* ~ *zitten* niets te drinken krijgen; zie ook bij → **nat**
droog·jes *bijw* koel, nuchter
droog·ka·mer *de* [-s] ruimte waarin producten gedroogd worden
droog·kap *de* [-pen] kap waaronder gewassen hoofdhaar gedroogd wordt
droog·kast *de* [-en] BN droogautomaat, wasdroger, droogtrommel
droog·kloot *de (m)* [-kloten] NN, spreektaal ❶ saaie kerel ❷ droogkomiek
droog·ko·ker *de (m)* [-s] aardappel(soort) die na gekookt te zijn droog en kruimig is
droog·ko·miek I *de (m)* [-en] schijnbaar ongewild geestig persoon **II** *bn* droog-grappig, grappig onder de schijn van ernst
droog·kuis *de (m)* BN ook stomerij, chemische wasserij
droog·leg·gen *ww* [legde droog, h. drooggelegd] ❶ water uit iets wegmalen: ★ *een meer* ~ ❷ verkoop van sterke drank verbieden; **drooglegging** *de (v)* [-en]
droog·lijn *de* [-en] touw of draad waaraan men wasgoed te drogen hangt
droog·lo·pen *ww* [liep droog, is drooggelopen] door wegstroming van water droog worden (bijv. bij eb)
droog·ma·ken *ww* [maakte droog, h. drooggemaakt] ❶ afdrogen ❷ water wegmalen uit een meer e.d.
droog·ma·ke·rij *de (v)* [-en] drooggemalen meer
droog·ma·len *ww* [maalde droog, h. drooggemalen] het water wegmalen
droog·mo·len *de (m)* [-s] op een parasol gelijkende constructie van buizen en drooglijnen waaraan wasgoed te drogen wordt gehangen
droog·oven *de (m)* [-s] oven waarin gedroogd wordt
droog·pa·ra·sol *de (m)* [-s] droogmolen
droog·pruim *de* [-en], **droog·prui·mer** *de (m)* [-s] saaie man
droog·rek *het* [-ken] rek waaraan men iets te drogen hangt
droog·scheer·der *de (m)* [-s] gebruiker van een elektrisch scheerapparaat
droog·schuur *de* [-schuren] schuur waarin iets gedroogd wordt
droog·staan *ww* [stond droog, h. drooggestaan] ❶ ‹van koeien› geen melk geven ❷ ‹van planten›

een tijd lang geen water gehad hebben ❸ ‹van motorvoertuigen› geen benzine meer hebben ❹ ‹van meren, rivieren e.d.› geen water meer bevatten ❺ ‹van alcoholici› niet meer drinken

droog·stop·pel *de (m)* [-s] saaie, bekrompen man, naar *Batavus Droogstoppel*, makelaar in koffie uit Multatuli's Max Havelaar

droog·te *de (v)* [-n, -s] ❶ droog weer, droge tijd ❷ het droog zijn ❸ droge plek

droog·trom·mel *de* [-s] draaiende trommel waarin iets gedroogd wordt (vooral wasgoed)

droog·val·len *ww* [viel droog, is drooggevallen] bij daling van het water droog komen te liggen

droog·vrie·zen *ww* [droogvriesde, h. gedroogvriesd] → vriesdrogen

droog·vrie·zer *de (m)* [-s] → vriesdroger

droog·weg *bijw* zonder enige emotie te laten blijken

droog·zol·der *de (m)* [-s] zolder voor droging, vooral van de → was¹

droog·zwem·men *ww* [verl tijd ongebr, h. drooggezwommen] ❶ ter oefening in het zwemmen de bewegingen daarvoor maken buiten het water ❷ fig (voor)oefening houden met nabootsing van de werkelijke verrichting

droog·zwier·der *de (m)* [-s] BN, spreektaal centrifuge

droog·zwie·ren *ww* [zwierde droog, h. drooggezwierd] BN, spreektaal centrifugeren

droom *de (m)* [dromen] ❶ reeks van voorstellingen in de geest tijdens het slapen ❷ natte ~ zaadlozing tijdens de slaap gepaard gaande met erotische dromen ❷ fig iets heel moois: ★ *een ~ van een jurk* ★ *iemand uit de ~ helpen* iem. tot het juiste, realistische inzicht brengen ★ *dromen zijn bedrog* wat in dromen gebeurt heeft geen betrekking op de werkelijkheid of de toekomst

droom·beeld *het* [-en] hersenschim

droom·fa·briek *de (v)* [-en] bedrijf dat of plaats waar men onrealistische, romantische verhalen (romans, films e.d.) maakt: ★ *de ~ Hollywood*

droom·ge·zicht *het* [-en] wat men in een droom ziet

droom·slaap *de (m)* remslaap, periode tijdens het slapen waarin gedroomd wordt, gekenmerkt door snelle oogbewegingen

droom·uit·leg·ger *de (m)* [-s] iem. die verklaart wat dromen betekenen of voorspellen

droom·we·reld *de* [-en] gedroomde, onwerkelijke wereld, wereld die alleen in de fantasie bestaat

droop *ww verl tijd van* → druipen

drop¹, drup *de (m)* [-pen] ❶ druppel ❷ plaats waar water druipt ★ *van de regen in de ~ van een onaangename in een nog onaangenamere toestand*

drop² *de & het* [-pen] snoep gemaakt van ingedikt aftreksel van zoethout; zie ook bij → Engels

dro·pen *ww verl tijd meerv van* → druipen

drop·je *het* [-s] stukje drop

drop·lul *de (m)* [-len] NN, scheldwoord dom, onhandig persoon, stommeling

drop-out ‹Eng› *de (m)* [-s] iem. die in het maatschappelijk leven geen plaats gevonden heeft of de maatschappij opzettelijk de rug toekeert

drop·pel *de (m)* [-s] → druppel

drop·pe·len *ww* [droppelde, h. gedroppeld] → druppelen

drop·pels·ge·wijs, drop·pels·ge·wij·ze *bn* → druppelsgewijs

drop·pen¹ *ww* [dropte, h. gedropt] → druppen

drop·pen² *ww* ‹Eng› [dropte, h. gedropt] ❶ aan parachutes neerwerpen uit vliegtuigen (voedsel, wapens e.d.) ❷ inf op een bep. plaats afzetten met een voertuig: ★ *kun je me even bij de bakker ~?* ❸ neerleggen, -zetten, achterlaten: ★ *een boodschap ~* ★ *je bagage in een café ~* ❹ personen op een hun onbekende plaats afzetten als onderdeel van een dropping

drop·ping ‹Eng› *de (m)* [-s] spel waarbij men personen 's nachts op een hun onbekende plek afzet ('dropt'), waarna ze op eigen gelegenheid de weg naar het uitgangspunt terug moeten vinden

drop-shot [-sjot] ‹Eng› *de (m)* tennisslag waarbij de bal vlak achter het net neerkomt en nauwelijks meer opstuit

drop·wa·ter *het* water waarin drop is opgelost

dro·se·ra [-zee-] ‹Gr› *de* zonnedauw, geslacht van insectenetende moerasplanten

dros·saard *de (m)* [-s] → drost

dros·sen *ww* [droste, is gedrost] NN weglopen, vooral van militairen, zeelui, slaven enz.

drost *de (m)* [-en], **dros·saard** *de (m)* [-s] ❶ hist titel van een belangrijk ambtenaar die met name optrad in juridische aangelegenheden ★ *de ~ van Muiden* P.C. Hooft ❷ NN, vroeger bestuurder van in 1949 bij Nederland ingelijfd Duits gebied ❸ NN, vroeger bestuurder van een gebied dat nog niet in de provinciale indeling is opgenomen, zoals voorheen de Zuidelijke IJsselmeerpolders

drost·ambt *het* [-en] NN gebied bestuurd door een landdrost

dros·te·ef·fect *het* illusie van oneindigheid die wordt opgewekt door een zich steeds in zichzelf herhalende afbeelding, o.a. toegepast in de afbeelding op (oude) blikken cacao van het merk Droste

drs. *afk* ❶ NN doctorandus ❷ titel (zowel voor mannen als vrouwen) na voltooiing van een masteropleiding in het wetenschappelijk onderwijs die geen betrekking heeft op landbouw, techniek of recht

dru·de·voet ‹Du› *de (m)* [-en] als afweer- of tovermiddel gebruikt pentagram

drug [druy] ‹Eng› *de (m)* [-s] verdovend, resp. hallucinogeen of stimulerend genotmiddel

drugs·baron [druys-] *de (m)* [-nen] iem. die zeer rijk geworden is door drugshandel

drugs·ge·brui·ker, drug·ge·brui·ker [druy-] *de (m)* [-s] iem. die geregeld drugs gebruikt

drugs·han·del [druys-] *de (m)* handel in drugs

drugs·han·de·laar, drug·han·de·laar [druɣ-] *de (m)* [-s, -laren] iem. die in drugs handelt
drugs·koe·rier [druɣs-] *de (m)* [-s] iem. die drugs over de grens smokkelt voor een bende
drugs·lijn [druɣs-] *de* [-en] route waarlangs drugs worden vervoerd van de producent naar de consument
drugs·pand [druɣs-] *het* [-en] pand of woning waar drugs worden verhandeld
drugs·run·ner [druɣs-] *de (m)* [-s] iem. die klanten werft voor een drugshandelaar
drugs·toe·ris·me [druɣs-] *het* vorm van toerisme waarbij de toeristen vooral een land bezoeken vanwege de liberale houding van dat land jegens verkoop en gebruik van drugs
drug·store [druɣstò(r)] ‹Eng› *de (m)* [-s] (apotheek of) drogisterij in de Verenigde Staten, waar ook andere artikelen (tijdschriften, versnaperingen enz.) worden verkocht
drugs·tra·fiek [druɣs-] *de (v)* [-en] BN ook handel in drugs
dru·ï·de (‹Lat‹Keltisch› *de (m)* [-n] Keltisch priester in Gallië en Brittannië
druif *de* [druiven] ❶ vrucht van de wijnstok: ★ *de druiven zijn zuur (zei de vos, maar hij kon er niet bij)* gezegd wanneer men iets begeerlijks minachtend afkeurt, als men het niet bemachtigen kan ❷ NN, fig vreemde, zonderlinge man: ★ *een rare ~* ❸ ★ *blauwe druifjes* tuinplant uit het geslacht druifhyacint (*Muscari botryoides*)
druif·hy·a·cint [-hie(j)aa-] *de* [-en] laag plantje met trosjes blauwe bloemen (*Muscari*)
druif·luis *de* [-luizen] schadelijke luis op de bladeren van de wijnstok en op de wortels (*Phylloxera*)
drui·len *ww* [druilde, h. gedruild] ❶ lusteloos zijn, weinig lust tot aanpakken hebben; dommelen ❷ ‹van het weer› somber zijn, naar regen staan
drui·le·rig *bn* ‹van het weer› somber, regenachtig: ★ *een ~ weekend*
druil·oor *de* [-oren] NN sukkel, sufferd
drui·pen *ww* [droop, h. & is gedropen] ❶ druppelend neervallen ❷ druppels laten neervallen ❸ zakken voor een examen
drui·per *de (m)* [-s] bep. geslachtsziekte, gonorroe
druip·nat *bn* zeer nat, druipend nat
druip·neus *de (m)* [-neuzen] druipende neus; iem. met een druipende neus
druip·staar·ten *ww* [druipstaartte, h. gedruipstaart] ❶ de staart tussen de poten laten hangen ❷ *druipstaartend* fig beschaamd en verslagen
druip·steen *als stof: het, als voorwerp: de (m)* [-stenen] door afdruipend water gevormd kalkgesteente in grotten, zie → stalagmiet en → stalactiet
drui·sen *ww* [druiste, h. gedruist] een dof geraas maken
drui·ve·laar *de (m)* [-s] BN, spreektaal wijnstok
drui·ven·blad *het* [-bladeren, -bladen, -blaren] blad van de wijnstok

drui·ven·kas *de* [-sen] glazen kas waarin druiven geteeld worden
drui·ven·nat *het* ❶ wijn ❷ druivensap
drui·ven·pit *de* [-ten] pit van een druif
drui·ven·sap *het* niet-alcoholische drank gemaakt van druiven
drui·ven·sui·ker *de (m)* zoet bestanddeel van verschillende planten, glucose, dextrose
drui·ven·tros *de (m)* [-sen] tros druiven
druk¹ *de (m)* [-ken] ❶ het duwen of persen ★ *de ~ is van de ketel* het risico dat een gevaarlijke situatie uit de hand loopt is voorbij ❷ fig aandrang, invloed, pressie: ★ *de ~ der omstandigheden* ★ *onder (hoge, grote, zware) ~ staan* ★ *~ op iem. uitoefenen* ★ *iem. onder ~ zetten* sterk op iets aandringen bij iem. (eventueel met uiting van dreigementen) ❸ het drukken (met de drukpers): ★ *in ~ verschijnen; wijze van drukken:* ★ *boekdruk* ★ *steendruk* ❹ uitgave: ★ *de zesde ~ van een boek* ❺ luchtdruk: ★ *een gebied van hoge ~*
druk² *bn* ❶ veel werk gevend, met veel werk: ★ *een drukke dag, een drukke werkkring* ★ *het ~ hebben* veel werk hebben ★ NN *het zo ~ hebben als een klein baasje* (dat geen personeel heeft, dus alles zelf moet doen) ★ *~, ~, ~!* gezegd om aan te geven dat men het zeer druk heeft ❷ levendig, beweeglijk, met veel mensen, onrustig: ★ *een drukke straat* ★ *een ~ bezocht pretpark* ★ *een ~ behang* te levendig van patroon of kleur ❸ ‹van personen› zeer spraakzaam en beweeglijk: ★ *een ~ kind* ★ *zich (niet) ~ maken over iets* zich er (niet) over opwinden, zich er (niet) veel van aantrekken
druk·ca·bi·ne *de (v)* [-s] luchtv ruimte in een vliegtuig, waarin een overdruk ten opzichte van de buitenlucht wordt onderhouden
druk·fout *de* [-en] afgedrukte zetfout
druk·inkt *de (m)* [-en] dikke olieachtige inkt
druk·ken I *ww* [drukte, h. gedrukt] ❶ (met kracht) duwen: ★ *op een knop* ★ *pillen uit een strip* ★ *iem. de hand ~ de hand schudden* ★ *een plan erdoor ~* met veel aandrang laten aannemen door een vergadering ❷ fig moeilijk maken, bezwaren: ★ *drukkende lasten* ❸ terneerslaan, droevig maken: ★ *de omstandigheden ~ hem* ❹ laag houden, doen dalen: ★ *de prijzen ~* ★ NN, voetbal *de bal ~* de bal zodanig schieten dat hij laag over de grond scheert ❺ door de drukpers vermenigvuldigen, afdrukken maken van: ★ *een boek drukken* ❻ kindertaal poepen **II** *wederk* zich aan verplichtingen onttrekken
druk·kend *bn* ❶ benauwd, onweerachtig: ★ *~ weer* ❷ knellend, bezwarend: ★ *een drukkende stilte*
druk·ker *de (m)* [-s] ❶ boekdrukker ❷ (veelal verkl: drukkertje) drukknoop
druk·ke·rij *de (v)* [-en] drukkersbedrijf
druk·king *de (v)* [-en] ❶ → druk¹ (bet 1) ❷ BN ook morele beïnvloeding, druk, dwang, pressie: ★ *op iem. ~ uitoefenen*

druk·kings·groep de [-en] BN ook pressiegroep
druk·kings·mid·del het [-en] BN middel om iemand tot bepaalde handelingen te dwingen
druk·knoop de (m) [-knopen] tweedelige knoop, bestaande uit een bolletje en een holte die in elkaar sluiten; *veelal verkl*: ★ *een overhemd met drukknoopjes*
druk·knop de (m) [-pen] knop waarop men drukt om iets in werking te stellen, vooral een elektrisch apparaat
druk·let·ter de [-s] ❶ gegoten letter waarmee gedrukt wordt ❷ gedrukte letter ❸ geschreven letter in de vorm van een → **drukletter** (bet 2) (*tegenover* → **schrijfletter**)
druk·pan de [-nen] pan waarin onder → **druk¹** (bet 5) gekookt wordt, snelkookpan
druk·pers de [-en] pers om boeken enz. te drukken ★ *vrijheid van* ~ grondrecht om zonder voorafgaand verlof gedachten of gevoelens door middel van de drukpers of soortgelijke vermenigvuldigingstechnieken te openbaren
druk·proef de [-proeven] ❶ proefafdruk ter verbetering van drukfouten ❷ proef om draagkracht te meten
druk·raam het [-ramen] ❶ lijst waarin men onder glas foto's afdrukt ❷ vorm waarin het zetsel opgesloten wordt voor het afdrukken
druk·te de (v) ❶ toestand waarbij er veel mensen zijn, veel verkeer is e.d.: ★ *er was veel ~ op het station, op de wegen* ❷ toestand waarbij er veel werk te doen is: ★ *door die ~ kwam ik niet aan de lunch toe* ★ *~ maken* ophef maken ★ *kouwe ~* of ★ *veel ~ om niets* veel ophef zonder dat er reden toe is
druk·te·ma·ker de (m) [-s] iem. die veel ophef, veel lawaai maakt
druk·toets de (m) [-en] toets die ingedrukt moet worden om iets in werking te stellen
druk·ver·band het [-en] zeer strak aangelegd → **verband** (bet 1)
druk·vorm de (m) [-en] zetsel in raam, klaar om afgedrukt te worden
druk·werk het ❶ dat wat gedrukt wordt ❷ gedrukt stuk, vooral voor reclamedoeleinden
drum & bass [- end bees] (‹Eng› de (m) muz snelle dansmuziek die in het begin van de jaren negentig in Engeland is ontstaan en die vooral wordt gekenmerkt door de combinatie van snelle drumritmes met een op de helft van het tempo meelopende, zware baslijn
drum (‹Eng› de (m) [-s] ❶ slaginstrument in de jazz- of popmuziek ❷ ijzeren vat voor het vervoer van verf, olie enz.
drum·band [-bend] (‹Eng› de (m) [-s] uit trommelaars bestaand muziekkorps
drum·men ww [drumde, h. gedrumd] ❶ op een drumstel of een trommel spelen ❷ BN dringen: ★ *zich in een hoek laten~*
drum·mer (‹Eng› de (m) [-s] bespeler van slagwerk in de jazz- of popmuziek, percussionist

drum·stel het [-len] bep. opstelling van slaginstrumenten, te bespelen door één persoon
drum·stick de (m) [-s] gebraden kippenpootje als snack
drup de (m) [-pen] druppel
drup·pel, **droppel** de (m) [-s] klein, bolvormig vloeistofdeeltje ★ *als twee druppels water op elkaar lijken* precies, sprekend op elkaar lijken ★ *een ~ op een gloeiende plaat* een bestrijdingsmiddel waarvan de uitwerking te gering is in vergelijking met de grootte van het probleem; zie ook bij → **emmer**
drup·pe·len ww [druppelde, h. gedruppeld], **drop·pe·len** [droppelde, h. gedroppeld] ❶ in druppels neervallen ❷ druppels laten vallen
drup·pel·fles de [-sen] fles die bij de hals een inrichting heeft waardoor de vloeistof in druppels uitvloeit
drup·pels·ge·wijs, **drup·pels·ge·wij·ze**, **drop·pels·ge·wijs**, **drop·pels·ge·wij·ze** bn ❶ in druppels ❷ fig bij kleine hoeveelheden
drup·pel·van·ger de (m) [-s] instrumentje aan de tuit van een kan of theepot om druppels op te vangen
drup·pen ww [drupte, h. gedrupt] druppelen
drups mv NN soort zuurtjes
dru·zen mv leden van een volksstam, voornamelijk wonend in Libanon en Syrië, die een godsdienst aanhangen die verwant is aan die van de sjiieten
dry [drai] (‹Eng: droog› **I** bn ‹van wijn, champagne, cocktails› niet zoet, droog, sec **II** de (m) een droge, niet zoete wijn
ds. afk NN Dominus [dominee]
DSM afk, **DSO** Distinguished Service Medal resp. Distinguished Service Order [Engelse militaire onderscheidingen voor moed, beleid en trouw]
dtp afk comput desktoppublishing (‹Eng›
D-trein de (m) [-en] trein waarvoor toeslag op de gewone vervoersprijzen wordt geheven
du·a·lis (‹Lat› de (m) taalk tweevoud, eigen verbuigings- en vervoegingsvorm voor twee personen of zaken samen
du·a·lis·me het ❶ ‹in het algemeen› iedere leer of opvatting die twee niet aan elkaar herleidbare beginselen als uitgangspunt heeft, bijv. lichaam en geest; stof en vorm; bewustzijn en zijn; goed en kwaad ❷ ‹in bijzondere opvatting› innerlijk tegenstrijdige houding, tweeslachtigheid ❸ muz leer dat elke toon de vertegenwoordiger kan zijn van twee drieklanken
du·a·list de (m) [-en] aanhanger van een dualisme
du·a·lis·tisch bn van de aard van, volgens het dualisme
du·a·li·teit (‹Fr› de (v) [-en] ❶ tweevoudigheid; dualisme ❷ wisk verwisselbaarheid van punten en rechten in de projectieleer
dub·bel (‹Frans› **I** bn tweevoudig, tweemaal ★ *een postzegel ~ hebben* twee exemplaren van eenzelfde postzegel hebben ★ NN *~ en dwars*, BN *~ en dik ruimschoots, ten volle*: ★ *iets ~ en dwars verdienen*

★ *een dubbele bodem* a) eig hulpmiddel bij goocheltrucs, twee bodems, namelijk een zichtbare bodem en een zich daaronder bevindende onzichtbare bodem (met tussenruimte waarin men iets kan verstoppen); b) fig foefje, truc, bedriegerij in het algemeen *of* verborgen, diepere betekenis of bedoeling ★ *een dubbele deur* tweetal deuren in één deuropening, naast of achter elkaar ★ *met ~ krijven* kosten op een rekening (tweemaal) te hoog opvoeren ★ *~ liggen* zo hevig lachen dat men (bijna) kramp in de buik krijgt ★ *een dubbele longontsteking* ontsteking aan beide longen ★ *~ parkeren* een auto op de rijweg parkeren naast een reeds geparkeerde auto ★ *dubbele ramen* een tweetal ter isolering achter elkaar ingezette ramen ★ *(een) ~ spel spelen* bedrog plegen door in goede verstandhouding te staan met elkaar bestrijdende partijen, terwijl men tegenover elke partij afzonderlijk de schijn wekt alleen déze te steunen ★ *dubbele punt* het leesteken: (o.a. gebruikt ter inleiding van opsommingen en citaten) ★ BN *wegens ~ gebruik (te koop)* (wegens) overcompleet ; zie ook bij → **dik¹** II *het* [-s] sp dubbelspel; koppel dat het dubbelspel speelt ★ *gemengd ~* a) vrouw en man die als team een wedstrijd in het dubbelspel spelen; b) wedstrijd tussen dergelijke teams **III** *de* [-s] stand-in **IV** *de (m)* [-s] ★ voetbal *de ~ behalen* in één seizoen zowel landskampioen worden als bekerwinnaar **V** *het* [-s] BN ook (van brieven e.d.) doorslag, kopie, afschrift, duplicaat ★ *in het ~ hebben* in tweevoud, in duplo
dub·bel·agent *de (m)* [-en] dubbelspion
dub·bel·blank *het* [-en] dominospel steen met twee blanco helften, 'dubbel nul'
dub·bel·boek·hou·den *het* boekhouding waaruit blijkt, welke vorderingen en schulden een bedrijf heeft, wat de stand is van kas en in voorraden, en wat tot in onderdelen het bedrijfsresultaat over een zekere periode is
dub·bel·bol *bn* biconvex
dub·bel·dek·ker *de (m)* [-s] ❶ autobus of trein met twee verdiepingen ❷ tweedekker
dub·bel·drank *de (m)* NN frisdrank gemaakt van twee verschillende soorten fruit
dub·bel·el·pee *de* [-s] → **dubbel-lp**
dub·be·len *ww* [dubbelde, h. gedubbeld] ❶ bridge een dubbel geven ❷ sp het dubbelspel spelen ❸ BN ook blijven zitten op school, doubleren
dub·bel·fo·cus *bn* ⟨van brillenglazen⟩ een dubbel brandpunt hebbend: één deel waardoor men kan lezen en één waardoor men ver kan zien
dub·bel·gan·ger *de (m)* [-s] iem. die sprekend op een ander lijkt, lookalike
dub·bel·ge·beid *bn* twee maal gebeid: ★ *dubbelgebeide jenever*
dub·bel·glas *het* tweetal vensterglazen achter elkaar, gescheiden door een vacuüm, ter isolatie
dub·bel·har·tig *bn* niet eerlijk, vals; **dubbelhartigheid** *de (v)*

dub·bel·hol *bn* biconcaaf
dub·bel·klik·ken *ww* [dubbelklikte, volt. deelw ongebruikelijk] comput twee keer snel achter elkaar klikken met de muis
dub·bel·kruis *het* [-en] ❶ kruis met twee dwarsbalken ❷ muziekteken dat aangeeft dat een toon twee halve tonen verhoogd moet worden
dub·bel·le·ven *het* ★ *een ~ leiden* er twee levensstijlen op na houden, waarbij de mensen met wie men omgaat in de ene levensstijl niets van de andere weten, en omgekeerd
dub·bel·loops·ge·weer *het* [-weren] geweer met twee lopen
dub·bel·lp *de* ['s], **dub·bel·el·pee** [-s] twee langspeelplaten in één hoes
dub·bel·man·daat *het* [-daten] BN dubbele functie van een politicus, bijv. parlementslid in het federale én het Vlaamse parlement
dub·bel·mol *de* [-len] muziekteken dat aangeeft dat een toon twee halve tonen verlaagd moet worden
dub·bel·par·keer·der *de (m)* [-s] iem. die zijn auto op de rijweg parkeert naast een andere geparkeerde auto
dub·bel·pas *de (m)* [-sen] BN, sp combinatie waarbij twee spelers de bal in één keer snel heen en weer spelen, een-tweetje
dub·bel·por·tret *het* [-ten] schilderij met portretten van twee personen erop
dub·bel·punt *de & het* [-en] het leesteken: (o.a. gebruikt ter inleiding van opsommingen en citaten) [meestal 'dubbele punt' genoemd]
dub·bel·rijm *het* [-en] gelijkheid van twee opeenvolgende lettergrepen van twee regels
dub·bel·rol *de* [-len] ❶ toneel twee rollen door één acteur gespeeld ❷ fig handelwijze waarbij met elk van twee elkaar bestrijdende partijen wordt samengewerkt, vooral als dubbelspion
dub·bel·spel *het* [-spelen] spel van twee tegen twee spelers, bijv. bij tennis
dub·bel·spi·on *de* [-nen] iem. die spioneert voor twee (elkaar tegenwerkende) opdrachtgevers
dub·bel·spoor *het* [-sporen] spoorbaan bestaande uit twee sporen
dub·bel·stek·ker *de (m)* [-s] stekker waarin twee of drie andere stekkers gestoken kunnen worden
dub·bel·ster·ren *mv* twee sterren die één lijken
dub·bel·tje *het* [-s] munt of bedrag van 10 cent ★ NN *de dubbeltjes* het geld, de duiten: ★ NN *het gaat om de dubbeltjes* ★ vooral NN *het is een ~ op zijn kant* de uitkomst is zeer onzeker ★ NN *je weet nooit hoe een ~ rolt* de toekomst is altijd onzeker ★ NN *zo plat als een ~* zeer plat ★ NN *op de dubbeltjes passen*, letten zuinig zijn ★ vooral NN *voor een ~ op de eerste rij willen zitten* voor weinig moeite of kosten het beste verlangen ★ NN *wie voor een ~ geboren is wordt nooit een kwartje* iem. van eenvoudige komaf komt nooit echt hoog op de maatschappelijke ladder
dub·bel·tjes·kwes·tie *de (v)* [-s] NN ❶ kwestie van

dubbelzinnig–duiktoren

geld ❷ zaak van een klein geldelijk belang
dub·bel·zin·nig *bn* ❶ voor twee uitleggingen vatbaar: ★ *een ~ antwoord* ❷ met onnette of onkiese bijbetekenis: ★ *een dubbelzinnig lied* ❸ niet rechtuit, niet betrouwbaar: ★ *een dubbelzinnige houding*
dub·bel·zout I *het* chem samenstelling van twee zouten in een bep. gewichtsverhouding **II** *bn* zeer zout, vooral van drop gezegd
dub·ben¹ *ww* [dubde, h. gedubd] zwaar nadenken, piekeren
dub·ben² *ww* [dubde, h. gedubd] overdubben
dub·bing *(‹Eng) de (v)* het aanbrengen van stem of geluid op een filmstrook of grammofoonplaat, nadat de beeldopnamen zijn gemaakt
du·bi·eus *(‹Lat) bn* twijfelachtig, onzeker: ★ *de verkiezingsuitslag is nog ~* ★ *vlees van dubieuze kwaliteit* ★ *dubieuze debiteuren* schuldenaars van wie het onzeker is of zij zullen betalen
du·bio *zn (‹Lat)* ★ *in ~ staan* twijfelen
du·bloen *(‹Sp) de (m)* [-en] Nederlandse benaming voor een oude Spaanse gouden munt van 100 realen
du·ce *[doetsjee] (‹It‹Lat) de (m)* aanvoerder, legerhoofd ★ *il Duce* titel van Mussolini, de leider van het vroegere fascistische bewind in Italië (1922-1944)
duch·ten *ww* [duchtte, h. geducht] vrezen ★ *niets te ~ hebben* nergens bang voor hoeven zijn
duch·tig *bn* zeer, danig, fiks: ★ *een duchtige afstraffing* ★ *ze gingen ~ tekeer*
du·el *(‹Fr) het* [-s, -len] ❶ tweegevecht ter beslechting van een erezaak ❷ bij uitbreiding iedere strijd tussen twee partijen: ★ *een ~ aangaan met...* ★ *een ~ tussen Barcelona en Real Madrid*
du·el·le·ren *ww* [duelleerde, h. geduelleerd] een tweegevecht houden: ★ *~ op het pistool*
du·el·list *de (m)* [-en] iem. die een tweegevecht aangaat
du·et *(‹It) het* [-ten] muz tweestemmig zang- of muziekstuk; stuk voor twee solisten
duf *bn* ❶ muf, benauwd: ★ *een duffe kamer* ❷ NN, fig saai, vervelend, benepen: ★ *'t is een duffe boel hier vanavond* ❸ NN, suf, niet goed kunnende denken door slaperigheid of vermoeidheid: ★ *loop ik met mijn duffe kop de verkeerde kant op*; **dufheid** *de (v)*
duf·fel I *het* dikke wollen stof **II** *de (m)* [-s] overjas van zulke stof
duf·fel·coat *de (m)* [-s] BN zware (winter)jas van duffel
duf·fels *bn* van duffel: ★ *een duffelse jas*
dug·out *[duy-] (‹Eng) de (m)* [-s] sp overdekte zitbank langs de rand van het speelveld waarop tijdens de wedstrijd de trainer, de verzorgers en de wisselspelers plaats nemen
dui·de·lijk *bn* ❶ gemakkelijk te begrijpen: ★ *de spelregels ~ uitleggen* ❷ in het oog lopend: ★ *duidelijke verschillen* ★ *we zagen de vogel ~ voor ons*; **duidelijkheid** *de (v)*
dui·de·lijk·heids·hal·ve *bijw* voor de duidelijkheid
dui·den *ww* [duidde, h. geduid] wijzen, verklaren:

★ *een droom ~* ★ *~ op* doelen op, wijzen op: ★ *die donkere wolken ~ op slecht weer* ★ *iem. iets ten kwade ~* kwalijk nemen; zie ook bij → **euvel** (II)
dui·ding *de (v)* [-en] het duiden, verklaring
dui·dings·mag·a·zine [-magazinə] *het* [-s] BN televisieprogramma dat achtergrondinformatie bij het nieuws brengt
duif *de* [duiven] tot de familie *Columbidae* behorende vogel met een kenmerkend koerend geluid; symbool van vrede en onschuld ★ *onder iemands duiven schieten* op andermans gebied voordeel behalen ★ *de gebraden duiven vliegen hem in de mond* zonder inspanning bereikt hij voordeel of succes; zie ook bij → **havik**
duig *de* [-en] gebogen zijplankje van een ton ★ *in duigen vallen* fig mislukken; ★ *het plan is in duigen gevallen*
duik *de (m)* [-en] het duiken: ★ *een ~ nemen*
duik·bom·men·wer·per *de (m)* [-s] bommenwerper die door snel te duiken zijn bommen van dichtbij en in de juiste richting op het doel werpt
duik·boot *de* [-boten] schip dat geheel onder water kan varen
duik·boot·ba·sis [-zis] *de (v)* [-sen, -bases] steunpunt, haven voor duikboten
duik·bril *de (m)* [-len] bril die men tijdens het duiken gebruikt om onder water te kijken
dui·ke·laar *de (m)* [-s] NN van onderen verzwaard poppetje dat altijd weer recht overeind komt ★ *slome ~* zie bij → **sloom**
dui·ke·len *ww* [duikelde, h. & is geduikeld] buitelen, tuimelen
dui·ke·ling *de (v)* [-en] het duikelen: ★ *een ~ maken*
dui·ken *ww* [dook, h. & is gedoken] ❶ zich buigen, gebogen gaan zitten ❷ beschutting zoeken: ★ *in een hoek ~* ❸ onder water gaan: ★ *naar de zeebodem ~* ❹ zich met gestrekt lichaam en vooruitgestoken armen ergens op of in werpen: ★ *de keeper dook op de bal ~* ★ *zij dook sierlijk in het water* ❺ kaartsp opzettelijk een hoge(re) kaart niet bijspelen en daarmee de slag niet nemen: ★ *het aas, de vrouw ~*
dui·ker *de (m)* [-s] ❶ iem. die voor zijn beroep werkzaamheden onder water verricht, meest gekleed in een duikerpak ❷ zwemvogel uit het geslacht *Gavia* ❸ gang die water onder een dijk of weg door voert
dui·ker·helm *de (m)* [-en] metalen helm van een → **duiker** (bet 1)
dui·ker·klok *de* [-ken] toestel waarin personen die werkzaamheden onder water moeten uitvoeren, worden neergelaten
dui·ker·pak *het* [-ken] kleding van een → **duiker** (bet 1)
dui·ker·sluis *de* [-sluizen] sluis ter regeling van de waterstand ter weerszijden van een → **duiker** (bet 3)
duik·plank *de* [-en] verende plank waarvan men in een zwembad duikt
duik·to·ren *de (m)* [-s] toren waarvan men in een

zwembad duikt (vooral bij schoonspringen)
duik·vlucht *de* [-en] luchtv vrijwel loodrechte daling
duim *de (m)* [-en] ❶ stevige vinger die grijpend naar de andere vingers bewogen kan worden ★ vooral NN *met zijn duimen draaien* nietsdoen, de tijd verdoen, duimendraaien ★ NN *onder de ~ hebben* beheersen, macht hebben over ★ *op zijn duimpje kennen* zeer goed kennen ★ *uit zijn ~ zuigen* verzinnen ★ BN ook *de ~en leggen* zich gewonnen geven, het afleggen tegen ❷ deel van handschoen dat de duim bedekt ❸ NN in een rechte hoek gebogen staafje met aan een van de uiteinden een scherpe punt: ★ *een schilderij ophangen aan een duimpje* ❹ pen waarop een scharnier draait ❺ oude lengtemaat: ★ *de Engelse ~ of inch* 2,54 cm ★ *de Amsterdamse ~* 1 cm
duim·breed *het* zeer kleine afstand: ★ *geen ~ aan de kant gaan*
duim·dik *bn* zo dik als een duim
dui·me·ling *de (m)* [-en] duim van handschoen *of* afzonderlijke duimbedekking
dui·me·lot *de (m)* [-ten] klein persoon, kleinduimpje
dui·men *ww* [duimde, h. geduimd] ❶ een duimbeweging maken die geluk heet aan te brengen in een hachelijk ogenblik: ★ *ik zal voor je ~* ❷ ⟨van kinderen⟩ sabbelen op de duim, duimzuigen
dui·men·dik *bijw* ★ NN *het ligt er ~ (boven)op* de smoes, leugen e.d. is zeer duidelijk als zodanig herkenbaar
dui·men·draai·en *ww & het* vooral NN nietsdoen, de tijd verdoen
duim·greep *de* [-grepen] uitholling op de snede van een boek waarbij men dit op een bepaalde plaats kan opslaan
duim·kruid *het* schertsend geld
duim·schroef *de* [-schroeven] vroeger martelwerktuig waarin de duim werd vastgeschroefd ★ *iem. de duimschroeven aanleggen, aanzetten* door vragen in het nauw drijven
duim·spij·ker *de (m)* [-s] BN, vero punaise
duim·stok *de (m)* [-ken] vooral NN opvouwbare meetlat
duim·zui·gen *ww & het* op de duim zuigen
duim·zui·ger *de (m)* [-s] ❶ kind dat duimzuigt ❷ iem. die wat uit zijn duim zuigt, iem. die fantastische verhalen verzint
duim·zui·ge·rij *de (v)* [-en] door een → **duimzuiger** (bet 2) verzonnen vertelsels
duin I *de & het* [-en] door opgewaaid zand ontstane heuvel, bijv. langs een zandkust of in een woestijn **II** *het* de strook zandheuvels aan de Noordzeekust
duin·doorn, duin·do·ren *de (m)* [-s] struik met oranje bessen, kattendoorn (*Hippophaë rhamnoïdes*)
dui·nen·rij *de* [-en] onafgebroken reeks duinen
duin·flo·ra *de* planten die in het duin groeien
duin·ko·nijn *het* [-en] konijn dat in de duinen leeft
duin·pan *de* [-nen] komvormig dal in de duinen
duin·pie·per *de (m)* [-s] zangvogel (*Anthus campestris*)

duin·roos *de* [-rozen] roos die veel in de duinen voorkomt (*Rosa pimpinellifolia*)
duin·top *de (m)* [-pen] top van een duin
duin·wa·ter *het* uit de duinen gewonnen drinkwater
duin·zand *het* het soort zand waaruit de kustduinen van Nederland en België bestaan
duist I *de* 20 tot 50 cm hoog gras, vooral algemeen in de provincie Groningen, *Alopecurus myosuroides* **II** *het* kaf
duis·ter I *bn* ❶ donker: ★ *een duistere nacht* ❷ fig moeilijk te begrijpen, niet te doorzien: ★ *een ~ probleem* ★ *een duistere stijl* ❸ fig onbetrouwbaar, niet zoals het hoort: ★ *duistere praktijken* **II** *het* duisternis; zie ook bij → **sprong¹** en → **tasten**
duis·ter·heid *de (v)* [-heden] ❶ donkerheid ❷ fig onbegrijpelijkheid, iets wat moeilijk te doorzien is
duis·ter·nis *de (v)* [-sen] het duister zijn, afwezigheid van licht: ★ *de man verdween in de ~* ★ *Egyptische ~* zie bij → **Egyptisch**
duit I *de (m)* [-en] vroeger koperen muntstuk, = 1/8 stuiver ★ *geen rooie ~* niets ★ *een ~ in het zakje doen* een woordje meespreken **II** *mv*, **duiten** geld: ★ *het is om de duiten te doen* ★ *op de duiten zijn* zeer op geld gesteld
duit·blad *het* waterplant met hartvormige ronde bladeren en witte bloemen, kikkerbeet (*Hydrocharis morsus ranae*)
dui·ten·dief *de (m)* [-dieven] gierigaard
dui·ten·klie·ver *de (m)* [-s] BN, lit gierigaard
Duits I *bn* van, uit, betreffende Duitsland **II** *het* de Duitse taal
Duit·se *de (v)* [-n] vrouw, meisje, geboortig of afkomstig uit Duitsland
Duit·ser *de (m)* [-s] iem. afkomstig of geboortig uit Duitsland
dui·ve·ka·ter *de (m)* [-s] soort zoet brood
dui·vel *de (m)* [-s, -en] boosaardige geest, vaak voorgesteld met hoorns en bokkenpoten ★ *de Duivel* tegenstander van God, verpersoonlijking van het kwaad, Satan ★ *arme ~* arme drommel ★ *des duivels prentenboek* het kaartspel ★ NN *als je over de ~ spreekt, trap je hem op zijn staart*, BN *als je over de ~ spreekt, zie je zijn staart* gezegd als de persoon over wie men spreekt, juist binnenkomt ★ *de ~ in hebben* uit z'n humeur zijn ★ *des duivels zijn* erg boos zijn ★ *bij de ~ te biecht gaan* hulp inroepen van iem. van wie men niets goeds kan verwachten ★ *de rode duivels* de Belgische nationale voetbalploeg ★ BN *iem. de ~ aandoen* iem. plagen, pesten, sarren, treiteren ★ BN *tekeergaan als een ~ in een wijwatervat* erg wild en gewelddadig tekeergaan ★ BN *de Rode Duivels* bijnaam van het Belgische nationale voetbalelftal ; zie ook → **duvel** en → **moer⁴**
dui·vel·ach·tig *bn* boosaardig, zeer doortrapt
dui·vel·ban·ner *de (m)* [-s] iem. die duivels uitbant
dui·vel·doet·al *de (m)* BN ook manusje-van-alles, iemand die allerlei karweitjes opknapt
dui·ve·len *ww* [duivelde, h. & is geduiveld] → **duvelen**

du

dui·ve·lin *de (v)* [-nen] kwaadaardige vrouw
dui·vels *bn* ❶ als de duivel: boosaardig, doortrapt: ★ *zij schept er een ~ genoegen in mij steeds dwars te zitten* ❷ verwenst, vervloekt: ★ *die duivelse kerel* ❸ boos, ongeduldig: ★ *het is om ~ te worden*
dui·vels·ad·vo·caat *de (m)* [-caten] RK advocaat van de duivel: prelaat die bij een heiligverklaring het minder volmaakte naar voren brengt, advocatus diaboli; *tegengest*: → **godsadvocaat** ★ *voor ~ spelen* in een discussie vooral op de negatieve aspecten van iets wijzen
dui·vels·brood *het* paddenstoelen
dui·vels·drek *de (m)* soort gomhars met sterke geur
dui·vels·kers *de* heggenrank (*Bryonia dioica*)
dui·vels·kind *het* [-eren] ❶ doortrapte schurk ❷ schertsend handige vent
dui·vels·kunst *de (v)* [-en] toverkunst, zwarte kunst
dui·vels·kun·ste·naar *de (m)* [-s] zeer handig mens
dui·vels·naai·ga·ren *het* de plantensoort klein warkruid(*Cuscuta epithymun*)
dui·vels·toe·ja·ger, du·vels·toe·ja·ger *de (m)* [-s] NN ❶ iem. die allerlei karweitjes moet opknappen ❷ scheepv slipinrichting in de kettingbak welke normaal de ankerketting belet geheel uit te lopen en (in noodgeval) geopend, de ketting laat slippen
dui·vel·uit·drij·ver *de (m)* [-s] duivelbanner
dui·ven·boon *de* [-bonen] klein soort boon
dui·ven·ei *het* [-eieren] ei van een duif
dui·ven·hok *het* [-ken] hok waarin duiven verblijven
dui·ven·ker·vel *de (m)* plantengeslacht (*Fumaria*) uit de papaverfamilie, waarvan de soort *gewone ~ (F. officinalis)* in Nederland en België algemeen voorkomt langs akkers en wegen en op bebouwde plaatsen, aardrook
dui·ven·klok *de* [-ken] klok die de tijden aangeeft waarop postduiven (bij wedstrijden) vertrekken en aankomen
dui·ven·mel·ker *de (m)* [-s] duivenhouder
dui·ven·plat *het* [-ten] platje op een dak als thuishaven voor (post)duiven
dui·ven·post *de* berichtoverbrenging door postduiven
dui·ven·slag *het* [-slagen] sluitinrichting voor een duivenhok
dui·ven·sport *de* sport van het kweken van duiven en het ermee deelnemen aan wedstrijdvliegen en tentoonstellingen
dui·ven·til *de* [-len] hoog op een paal aangebracht duivenhok met verschillende ingangen
dui·vin *de (v)* [-nen] vrouwtjesduif
dui·ze·len *ww* [duizelde, h. geduizeld] draaierig worden ★ *het duizelt mij* gezegd als iets zo ingewikkeld, overdadig enz. is dat men het niet kan bevatten
dui·ze·lig *bn* licht in het hoofd
dui·ze·lig·heid *de (v)* [-heden] het duizelig zijn
dui·ze·ling *de (v)* [-en] aanval van draaierigheid
dui·ze·ling·wek·kend *bn* ❶ duizelingen

veroorzakend ❷ fig zeer groot: ★ *een ~ bedrag*
dui·zend I *hoofdtelw* ❶ tien keer honderd ❷ algemeen groot aantal: ★ *~ angsten uitstaan* ★ *~ doden sterven* zeer bang zijn ★ *een vrouw uit duizenden* een heel bijzondere vrouw **II** *het* [-en] zeer groot aantal
dui·zend·blad *het* samengesteldbloemige veldbloem met zeer fijn ingesneden blad en wit bloemscherm (*Achillea millefolium*)
dui·zend-en-een *hoofdtelw* ❶ duizend plus één, 1001 ❷ fig een groot aantal: ★ *we ontvingen ~ opzeggingen* ★ *Duizend-en-een-nacht* Arabische sprookjesverzameling uit de 10de eeuw, waarin de verhalen staan die Sheherazade in 1001 nachten aan de aan slapeloosheid lijdende koning vertelde om haar leven te redden
dui·zend·gul·den·kruid *het* geneeskrachtige gentiaansoort (*Erythraea centaureum*)
dui·zend·ja·rig *bn* ★ *het ~ rijk* a) rijk dat Jezus na zijn terugkeer op aarde zou stichten; zie verder bij → **chiliasme**; b) nationaalsocialistische benaming voor het Duitse Rijk onder Hitler
dui·zend·knoop *de (m)* [-knopen] plantengeslacht (*Polygonum*)
dui·zend·kop·pig *bn* heel groot in aantal: ★ *een duizendkoppige menigte*
dui·zend·kun·ste·naar *de (m)* [-s] iem. die handig is in allerlei werkzaamheden
dui·zend·poot *de (m)* [-poten] ❶ donkerbruin veelpotig diertje met 15 tot 181 paar poten, behorend tot de onderklasse Chilopoda ❷ schertsend iem. die op veel terreinen bedreven is
dui·zend·schoon *de* [-schonen] anjeliersoort met veelkleurige bloemen (*Dianthus*)
dui·zend·ste *rangtelw*
dui·zend·tal *het* [-len] een groep van duizend of ongeveer duizend mensen, dieren of dingen
dui·zend·voud *het* [-en] duizend maal zo grote hoeveelheid
dui·zend·vou·dig, dui·zend·vou·dig *bn* ❶ duizendmaal ❷ zeer vele malen
du·kaat *(‹Lat) de (m)* [-katen] vroegere gouden munt ★ *zilveren ~* munt van ongeveer fl. 2,50, de vroegere rijksdaalder
duk·dalf *de (m)* [-dalven] NN in het water geplaatst en daarboven uitstekend paalwerk ter geleiding of vastlegging van schepen (genoemd naar de Hertog van Alva (Fr: Duc d'Albe), die in het begin van de Tachtigjarige Oorlog in Nederland een schrikbewind uitoefende; deze palen waren even onverzettelijk als de hertog en werden ruw en onachtzaam behandeld)
dul·ci·nea [doelthie-, Engelse th] *de (v)* overdrachtelijk geliefde (naar *Dulcinea* de denkbeeldige beminde van Don Quichot)
dul·den *ww* [duldde, h. geduld] lijden, ondergaan, toelaten: ★ *ik duld deze brutaliteit niet* ★ *hij word er geduld* hij mag er komen, zonder dat hij echt word

geaccepteerd
dum·dum·ko·gel *de (m)* [-s] geweerkogel waarbij de spits van de mantel is weggenomen, zodat de loden kern bij het treffen uiteenbarst en zeer grote wonden veroorzaakt, genoemd naar de fabriek Dum Dum te Calcutta (Brits-Indië, thans India), waar deze kogels voor het eerst in 1895 werden gemaakt
dum·my [dummie] *(‹Eng) de (m)* ['s] ❶ model, vooral demonstratiemodel van een boek ❷ kaartsp blinde ❸ pop van een buikspreker ❹ stroman ❺ bij schietoefeningen gebruikte rubber kogel
du mo·ment [duu momã] *(‹Fr) bijw* NN op hetzelfde moment: ★ ~ *dat hij komt vertel ik het hem*
dump *(‹Eng) de (m)* [-s] ❶ depot, opslagplaats van legergoederen en die goederen zelf ❷ winkel waar afgedankte legergoederen worden verkocht
dum·pen *ww* [dumpte, h. gedumpt] ❶ dumping toepassen: ★ *overtollige goederen* ~ ❷ wegwerpen, lozen: ★ *radioactief afval* ~ *in de oceaan*
dump·goe·de·ren *mv* ongeregelde goederen, vooral legervoorraden
dum·ping *(‹Eng) de (v)* [-s] ❶ het verkopen tegen te lage prijs op de buitenlandse markt, teneinde deze te veroveren ❷ het dumpen, lozing
dumpprijs, BN **dum·ping·prijs** *de (m)* [-prijzen] tijdelijk zeer lage prijs, waartegen de normale handel niet kan concurreren (zie bij → **dumping**)
dump·schip *het* [-schepen] schip van waaruit afval in zee wordt gedumpt
dun *bn* ❶ met geringe breedte of dikte: ★ *een* ~ *plakje kaas* ★ *een* ~ *boompje* ❷ niet dicht opeen, her en der: ★ ~ *haar* ★ *een* ~ *bos* ★ ~ *gezaaid zijn* niet veel voorkomen ❸ (zeer) vloeibaar: ★ *een dunne stroop* ★ *het liep me* ~ *door de broek* ik was uiterst bang; zie ook → **dunne**
dun·be·volkt *bn* met een geringe bevolkingsdichtheid: ★ *Canada is een* ~ *land*
dun·doek *het* [-en] plechtig vlag
dun·druk *de (m)* [-ken] uitgave op zeer dun papier
Dunglish [dungylisj] *(‹Eng) het* samentrekking van *Dutch* en *English*, verbasterd Engels waar de invloed van het Nederlands in doorwerkt
dunk¹ *de (m)* mening, waardering: ★ *een hoge (goede / lage)* ~ *van iem. of iets hebben*
dunk² *(‹Eng) de (m)* [-s] basketbal score waarbij een speler, hoog opspringend, de bal van bovenaf door de ring werpt
dun·ken¹ *ww* [mij dunkt, mij docht *en* mij dunkte] van mening zijn
dun·ken² *ww (‹Eng)* [dunkte, h. gedunkt] basketbal een → **dunk²** uitvoeren
dun·ne *zn* ★ NN, spreektaal *aan de* ~ *zijn* diarree hebben
dun·nen *ww* [dunde, h. & is gedund] ❶ dunner maken ❷ dunner worden
dun·ne·tjes *bijw* ❶ in een dunne laag: ★ *de verf* ~ *aanbrengen* ❷ fig gering, matig: ★ *ik vond haar spreekbeurt wat* ~ ; zie ook bij → **overdoen**

dun·sel *het* jong uitgetrokken sla
dun·te *de (v)* het dun zijn
duo *(‹It‹Lat)* **I** *het* ['s] tweetal bij elkaar horende personen: ★ *een komisch* ~ **II** *de (m)* ['s] verkorting van → **duozitting**
duo·baan *de* [-banen] arbeidsplaats die bezet wordt door twee (elkaar afwisselende) werknemers
duo·blok *het* [-ken] wc-pot met een laag, eraan vastgebouwd waterreservoir
duo·de·ci·maal *(‹Lat) bn* twaalftallig: ★ ~ *systeem* of *stelsel*
duo·de·ci·mo *(‹Lat) het* ['s] ❶ boekformaat waarbij het vel in twaalven wordt gevouwen, zodat er 24 bladzijden op een vel komen (12°) ★ *in* ~ fig in zeer klein formaat, op zeer kleine schaal ❷ boekje in het onder bet 1 genoemde formaat
duo·pas·sa·gier [-zjier] *de (m)* [-s] iem. die achter op een motor, bromfiets of scooter meerijdt
duo·po·lie *het* [-s, -liën] econ marktvorm waarbij er slechts twee aanbieders zijn van een bep. product of een bep. dienst
duo·rij·der *de (m)* [-s], **duo·rijd·ster** *de (v)* [-s] iem. die op een duozitting meerijdt
duo·voor·zit·ter·schap *het* voorzitterschap dat door twee personen wordt bekleed
duo·zit·ting *de (v)* [-en] plaats voor een tweede persoon achter de berijder van een motorfiets, bromfiets of scooter
du·pe *(‹Fr) de* [-s] bedrogene, iem. die het slachtoffer wordt van de daden, de fouten of de onnadenkendheid van anderen: ★ ~ *de* ~ *van iets zijn (worden)*
du·pe·ren *ww (‹Fr)* [dupeerde, h. gedupeerd] tot slachtoffer maken, bedriegen, schade berokkenen: ★ *de onderneming is door de brand zwaar gedupeerd*
du·plex *(‹Lat)* **I** *bn* tweevoudig, dubbel **II** *de (m)* BN appartement met twee verdiepingen
du·plex·kar·ton *het* karton dat bestaat uit op elkaar geplakte lagen karton en papier
du·plex·wo·ning *de (v)* [-en] woning voor twee gezinnen, die tot één kan worden verbouwd
du·pli·caat *(‹Lat) het* [-caten] ❶ exemplaar dat naar vorm en inhoud identiek is met een ander ❷ volledig identieke kopie van een origineel ❸ afschrift van een akte, een kwitantie, een wissel enz.
du·pli·ce·ren *ww* [dupliceerde, h. gedupliceerd] ❶ op de repliek antwoorden ❷ een duplicaat maken
du·pliek *(‹Fr) de (v)* [-en] tweede verweerschrift, antwoord op een repliek
du·plo *(‹Lat) zn* ★ *in* ~ in tweevoud: ★ *een notariële akte in* ~
dur *de* [duur] *(‹Fr) muz* majeur, grote-tertstoongeslacht
dur·alu·mi·ni·um [duur-] *het* legering van koper en aluminium, licht maar zeer sterk, gebruikt voor vliegtuigen en auto's, genoemd naar de stad Düren in de Duitsland
du·ra·tief, **du·ra·tief** *(‹Lat)* taalk **I** *bn* een handeling

du

als voortdurend weergevend; *tegengest:* → **perfectief** II *het* [-tieven] duratief werkwoord

du·ren *ww* (‹Fr‹Lat) [duurde, h. geduurd] een bepaalde tijd beslaan: ★ *lang ~* ★ *een jaar ~* ★ *het duurt nog twee weken voordat hij komt* ★ *voor zolang het duurt* totdat er een eind aan komt (met de bijgedachte dat dat einde naar verwachting gauw komt)

durf *de (m)* moed, het durven

durf·al *de (m)* [-len] iem. die veel durft, waaghals

durf·ka·pi·ta·list *de (m)* [-en] investeerder die bijdraagt aan de financiering van (pas opgerichte) ondernemingen die hoge risico's lopen

dur·ven *ww* [durfde of dorst, h. gedurfd] de moed hebben iets bepaalds te doen: ★ *durf jij over die sloot te springen?*

dus I *voegw & voegwoordelijk bijw* ★ *ik heb het beloofd, ~ ik zal het doen* II *bijw* aldus, op deze wijze: ★ *het ~ geformuleerde voorstel*

dus·da·nig, dus·da·nig *bn bijw* in zo hoge mate, zodanig: ★ *het was ~ koud, dat we maar thuis bleven* ★ *de situatie was ~ dat direct ingrijpen noodzakelijk was*

dus·ter (‹Eng) *de (m)* [-s] vooral NN ochtendjas voor vrouwen

dus·ver, dus·ver·re *bijw* ★ *tot ~* tot zover, tot nu toe

dut·je *het* [-s] lichte slaap

duts *de (m)* [-en] BN, spreektaal sukkelaar

dut·ten *ww* [dutte, h. gedut] licht slapen

du·ty·free [djoetiefrie] (‹Eng) *bn* belastingvrij, taxfree

duur¹ *de (m)* tijdsruimte: ★ *op de(n) ~* na verloop van tijd ★ *van korte ~* niet lang durend ★ *rust noch ~ hebben* onrustig, steeds in de weer zijn ★ *voor de ~ van* gedurende ★ BN, spreektaal *op de lange ~* uiteindelijk

duur² *bn* ❶ kostbaar: ★ *een ~ sieraad* ★ *dat boek is ~* ; zie ook bij → **huid** en → **raad** ❷ inf een chique of gewichtige indruk willende maken: ★ *~ doen, ~ praten* ❸ zwaarwegend, onafwijsbaar: ★ *een dure plicht* ★ *dit kwam mij ~ te staan* ik moest er zwaar voor boeten

duur·koop *bn* ★ *goedkoop is ~* met goedkope, kwalitatief slechte waar komt men bedrogen uit

duur·re·cord [-koor] *het* [-s] record bestaande uit het zo lang mogelijk volhouden van een prestatie (paalzitten, op één been staan e.d.)

duur·te *de (v)* (tijd van) hoge prijzen

duur·te·bij·slag, duur·te·toe·slag *de (m)* [-slagen] NN verhoging van loon of salaris wegens duurte

duur·zaam *bn* van lange duur, blijvend, lang goedblijvend: ★ *~ materiaal, duurzame groei* ★ *duurzame energie* schone energie die nooit opraakt, zoals windenergie, zonne-energie enwaterkracht; **duurzaamheid** *de (v)*

du·vel *de (m)* [-s] ❶ ~ **duivel** ★ NN, spreektaal *de ~ en zijn ouwe moer* iedereen ★ *te dom (stom) om voor de ~ te dansen* zeer dom ★ NN *'t is alsof de ~ ermee speelt,* BN *'t is alsof de ~ ermee gemoeid is* er doen zich allerlei bizarre toevalligheden voor ★ *(een pak) op zijn ~ krijgen, geven* een pak slaag krijgen ❷ ondeugend slim kind: ★ *wat een ~ is het toch!*

du·ve·len *ww* [duvelde, h. & is geduveld] NN, spreektaal ❶ donderjagen, kabaal maken, vervelend zijn: ★ *die twee zitten altijd te ~* ❷ gooien, smijten: ★ *iem. de deur uit ~* ❸ vallen: ★ *van de trap ~* ❹ BN kwellen, pesten

du·vels *bn* → **duivels**

du·vels·toe·ja·ger *de (m)* [-s] → **duivelstoejager**

du·vel·tje *het* [-s] ★ *een ~ in een doosje* doos waaruit (door een veer) een poppetje omhoog schiet als men het deksel optilt ★ *hij kwam als een ~ uit een doosje te voorschijn* plotseling, zeer onverwacht

DUW *afk* Dienst Uitvoering Werken [vroeger organisatie, in de crisisjaren vóór de Tweede Wereldoorlog opgericht, die de werkverschaffing regelde]

duw *de (m)* [-en] stoot ★ *iem. een duwtje in de goede richting geven* iem. stimuleren tot het nemen van een juiste beslissing

DUW-ar·bei·der *de (m)* [-s] vroeger iem. die bij de DUW werkte

duw·bak *de (m)* [-ken] binnenvaartschip dat door een duwboot wordt voortbewogen

duw·boot *de* [-boten] in de duwvaart gebruikt schip dat één of meer andere vaartuigen (duwbakken) duwend voortbeweegt

duw·een·heid *de (v)* [-heden] duwboot met een aantal duwbakken tezamen

du·wen *ww* [duwde, h. geduwd] iem. of iets verplaatsen door er druk op uit te oefenen: ★ *iem. van de trap ~* ★ *een kast tegen de muur ~*

duw·fout *de* [-en] sp het duwen van de tegenstander als overtreding

duw·vaart *de* methode van transport op binnenwateren, waarbij duwbakken door een duwboot worden voortbewogen

D.V. *afk* Deo volente (‹Lat) [zo God wil, insjallah]

dvd *afk* digital versatile disc [kwalitatief hoogstaand opslagmedium voor digitale informatie (tekst, (bewegend) beeld, geluid) met een capaciteit die vele malen hoger is dan die van een normale cd]

dvd-r *afk* dvd-recordable [dvd waarop men eenmalig informatie kan vastleggen]

dvd-re·wri·ter [-rieraitər] (‹Eng) *de* [-s] apparaat voor dvd-rw's

dvd-rw *afk* dvd-rewritable [dvd waarop men meerdere malen informatie kan vastleggen]

dvd-spe·ler *de (m)* [-s] apparaat voor het afspelen van dvd's

dvd-wri·ter [-raitər] (‹Eng) *de* [-s] apparaat voor dvd-r's

dw. *afk* ❶ deadweight (‹Eng) [dood gewicht, laadvermogen] ❷ dienstwillige

dwaal·gast *de (m)* [-en] in een bep. gebied zelden gesignaleerde vogelsoort

dwaal·leer *de* [-leren] van de rechtzinnige leer afwijkende leer, ketterij

dwaal·licht *het* [-en] ❶ blauw vlammetje van verbrandend moerasgas ❷ fig slechte leidsman
dwaal·spoor *het* [-sporen] ★ *iem. op een ~ brengen* iem. misleiden, iem. in de verkeerde richting sturen
dwaal·weg *de (m)* [-wegen] verkeerde weg, verkeerde richting of denkwijze
dwaas I *bn* raar, zonderling, gek: ★ *een ~ plan* ★ *Dwaze Moeders* geuzennaam voor de vrouwen die ten tijde van de militaire dictatuur in Argentinië (1976-1983) in Buenos Aires demonstreerden om opheldering te eisen over het lot van hun verdwenen kinderen **II** *de* [dwazen] raar, gek persoon; **dwaasheid** *de (v)* [-heden]
dwa·len *ww* [dwaalde, h. gedwaald] ❶ verkeerd gaan, dolen: ★ *na urenlang dwalen vonden we eindelijk onze auto terug* ❷ fig een verkeerde mening hebben ❸ zonder doel rondlopen: ★ *we dwaalden wat door het bos*
dwa·ling *de (v)* [-en] vals begrip, vergissing ★ *een rechterlijke ~* een fout van de rechterlijke macht
dwang *de (m)* het dwingen: ★ *onder ~ een beslissing herroepen* ★ *onder de ~ van de omstandigheden*
dwang·ar·beid *de (m)* zware arbeid als straf
dwang·ar·bei·der *de (m)* [-s] iem. die zware arbeid als straf verrichten moet
dwang·be·vel *het* [-velen] bevel tot betaling, vooral van achterstallige belasting of van een andere heffing
dwang·buis *het* [-buizen] ❶ soort jas met dichte mouw, o.a. toegepast in psychiatrische inrichtingen, die agressieve of anderszins onhoudbare patiënten in bedwang houdt ❷ fig knellende bepalingen of voorschriften
dwang·burcht *de* [-en] hist burcht om de bevolking van een stad of een streek in bedwang te houden, citadel
dwang·ge·dach·te *de (v)* [-n] zich voortdurend opdringende, ziekelijke gedachte, obsessie
dwang·han·de·ling *de (v)* dwangmatige handeling; zie bij → **dwangneurose**
dwang·ma·tig *bn* (als) door innerlijke dwang gedreven
dwang·me·di·ca·tie [-(t)sie] *de (v)* het onder dwang toedienen van medicijnen (bijv. bij psychiatrische patiënten)
dwang·mid·del *het* [-en] middel waarmee men iem. ergens toe dwingt
dwang·na·gel *de (m)* [-s] stukje huid dat langs de nagel is ingescheurd, stroopnagel
dwang·neu·ro·se *de (v)* [-roozə] [-n, -s] geestesziekte waarbij de lijder dwangmatige handelingen verricht of dwangvoorstellingen heeft
dwang·neu·ro·ti·cus *de (m)* [-tici] lijder aan een dwangneurose
dwang·po·si·tie [-zie(t)sie] *de (v)* [-s] schaken, dammen, bridge positie waarin een speler een bepaald voordeel moet opgeven of een zet in zijn eigen nadeel moet doen; ook fig

dwang·som *de* [-men] bedrag dat iem. betalen moet als hij een bij rechterlijk vonnis opgelegde verplichting niet nakomt
dwang·ver·ple·ging *de (v)* het onder dwang verplegen van personen, vooral van geestesziek misdadigers: ★ *hij werd veroordeeld tot tbs met ~*
dwang·voe·ding *de (v)* voeding die onder dwang wordt toegediend aan een hongerstaker
dwang·voor·stel·ling *de (v)* [-en] gedachte of inbeelding die men niet kwijt kan raken, idee-fixe, obsessie
dwar·re·len *ww* [dwarrelde, h. gedwarreld] in onregelmatige draaiende beweging zijn: ★ *de sneeuw dwarrelde naar beneden*; **dwarreling**
dwar·rel·wind *de (m)* gedurende een korte tijd rondwervelende wind
dwars *bn* ❶ in richting loodrecht op een andere richting: ★ *de vrachtwagens stonden ~ op de snelweg* ❷ fig in verzet, altijd iets anders willend: ★ *een kind met een ~ karakter*
dwars·balk *de (m)* [-en] balk dwars op andere balken
dwars·beuk *de* [-en] loodrecht op de lengteas van een kerk staande beuk
dwars·bo·men *ww* [dwarsboomde, h. gedwarsboomd] tegenwerken: ★ *iem. ~, een plan ~*
dwars·door·sne·de, dwars·door·snee *de* [-sneden] dwarse doorsnede, loodrecht op de lengteas
dwars·drij·ven *ww & het* voortdurend tegenwerken
dwars·drij·ver *de (m)* [-s] iemand die voortdurend tegenwerkt
dwars·drij·ve·rij *de (v)* [-en] voortdurende tegenwerking
dwar·sen *ww* [dwarste, h. gedwarst] BN ook kruisen, dwars oversteken
dwars·fluit *de* [-en] fluit die dwars tegen de mond gehouden wordt
dwars·heid *de (v)* het tegenstreven, voortdurend verzet
dwars·kij·ker *de (m)* [-s] iem. die een ander op de vingers kijkt; **dwarskijkerij** *de (v)*
dwars·kop *de (m)* [-pen] iem. die steeds in verzet is
dwars·lae·sie [-leezie] *de (v)* med dwarse onderbreking van de continuïteit van het ruggenmerg waardoor het lichaam onder de plaats van die onderbreking verlamd en gevoelloos wordt
dwars·lat *de* [-ten] BN ook, sp (doel)lat
dwars·lig·gen *ww* [lag dwars, h. dwarsgelegen] een → **dwarsligger** (bet 2) zijn
dwars·lig·ger *de (m)* [-s] ❶ dwarsbalk tegen de onderkant van rails ❷ iem. die tegen de algemene richting of mening in gaat
dwars·scheeps, dwars·scheeps *bn* dwars op de lengteas van het schip: ★ *een schip ~ rammen*
dwars·schip *het* [-schepen] ⟨van een kerkgebouw⟩ dwarsbeuk
dwars·straat *de* [-straten] zijstraat dwars op een andere straat ★ NN *ik noem maar een ~ ik noem maar iets willekeurigs*

dwars·te *de (v)* overdwarse richting: ★ *in de* ~

dwars·ver·band *het* [-en], **dwars·ver·bin·ding** *de (v)* [-en] ❶ verbinding tussen twee punten die normaal weinig of niet met elkaar in aanraking komen ❷ fig verrassende verbinding, overeenkomst e.d. tussen twee of meer personen, feiten e.d.: ★ *er bestaan allerlei dwarsverbanden tussen deze twee organisaties*

dwars·zit·ten *ww* [zat dwars, h. dwarsgezeten] hinderen, tegenwerken: ★ *iem.* ~ ★ *wat zit je dwars? waar heb je last van?*

dweep·ziek *bn* met een sterke neiging tot dwepen

dweep·zucht *de* sterke neiging tot dwepen, vooral op godsdienstig of ideologisch gebied; **dweepzuchtig** *bn*

dweil *de (m)* [-en] ❶ grove doek waarmee men vloeren reinigt ★ *eruit zien als een* ~ *er zeer slecht, ziek uit zien* ❷ fig losbandig levend mens

dwei·len *ww* [dweilde, h. gedweild] ❶ met een dweil schoonmaken ★ ~ *met de kraan open* een probleem trachten op te lossen terwijl er aan de oorzaak van dat probleem niets gedaan wordt ❷ zijn tijd op straat verdoen: ★ *langs de straat* ~ ❸ NN tijdens een staking langs bedrijven gaan (door stakers) om werkwilligen te bewegen het werk ook neer te leggen of om hun het werken onmogelijk te maken ❹ schaatssport het ijs met een speciale wagen schoonmaken en gladvegen

dweil·pau·ze *de* [-n, -s] schaatssport onderbreking tussen de wedstrijden op de baan te → **dweilen** (bet 4)

dweil·ploeg *de* [-en] ploeg stakers die langs de bedrijven waar gestaakt wordt gaat om werkwilligen te verhinderen aan het werk te gaan

dwe·pen *ww* [dweepte, h. gedweept] overdreven gevoelens van bewondering, genegenheid enz. koesteren ★ ~ *met* zeer bewonderen

dwe·per *de (m)* [-s] iem. die dweept

dwe·pe·rig *bn* ❶ geneigd tot dwepen ❷ dwepend

dwe·pe·rij *de (v)* [-en] het dwepen; dweepzucht

dwerg *de (m)* [-en] ❶ zeer klein mens ❷ klein figuur uit volksverhalen, kabouter ❸ astron dwergster ★ *witte* ~ lichte ster in het eindstadium, afkoelend en ineengekrompen tot een compacte hoeveelheid wit licht uitstralende materie

dwerg·ach·tig *bn* als een dwerg; zeer klein

dwerg·berk *de (m)* [-en] klein soort berk, veel voorkomend in het noorden van Europa en Azië (*Betula nana*)

dwerg·groei *de (m)* verzamelnaam voor groeistoornissen die ertoe leiden dat er een abnormaal klein individu ontstaat, cretinisme

dwerg·palm *de (m)* [-en] kleine palm (*Chamaerops humilis*)

dwerg·pin·cher [-pintsjər] *de (m)* [-s] klein soort pincher

dwerg·poe·del *de (m)* [-s] klein soort poedel

dwerg·ster *de* [-ren] relatief kleine ster; zie ook → **dwerg** (bet 3)

dwerg·valk *de* [-en] zeer kleine roofvogel, voorkomend in Indonesië

dwerg·vol·ken *mv* klein mensenras o.a. in Centraal-Afrika, pygmeeën

dwerg·wer·pen *ww & het* vooral NN volksvermaak waarbij een dwerg (*bet 1*) zo ver mogelijk weggeworpen wordt

dwin·ge·land *de (m)* [-en] ❶ tiran ❷ iem. (vooral) kind) die door aanhoudend zeuren tracht iets af te dwingen

dwin·ge·lan·dij *de (v)* onderdrukking, tirannie

dwin·gen *ww* [dwong, h. gedwongen] met geweld of gezag invloed uitoefenen om iem. te laten doen wat men wenst: ★ *hij dwong me hem geld te geven* ★ *iem.* ~ *tot medewerking; ook gezegd bij niet-persoonlijke omstandigheden:* ★ *door de mist waren we gedwongen langzamer te rijden* ★ *gedwongen koers* van hogerhand vastgestelde koers, waartegen men geld of geldswaardig papier moet aannemen ★ *gedwongen lening* lening waarop men verplicht is in te tekenen ★ *gedwongen loop* honkbal, softbal spelsituatie waarbij aan het begin van een slagbeurt drie honken bezet zijn en de spelers op de honken genoodzaakt zijn naar het volgende honk te lopen

dwin·gend *bn* ❶ ‹m.b.t. een recht, voorschrift› bindend, niet van af te wijken ❷ ‹m.b.t. een argument, redenering› overtuigend ★ *op dwingende toon* met veel aandrang, gebiedend

dwin·ge·rig *bn* ‹van een kind› zeurend om zijn zin te krijgen

dwong *ww*, **dwon·gen** *verl tijd* van → **dwingen**

d.w.z. *afk* dat wil zeggen

Dy *afk* symbool voor het chemisch element dysprosium

dy·na·mi·ca [die-] ‹‹Gr› *de (v)* leer van de krachten die bewegingen doen ontstaan, bewegingsleer

dy·na·miek [die-] ‹‹Gr› *de (v)* ❶ vaart, beweging: ★ *er zat veel* ~ *in dat ballet* ❷ muz afwisseling van toonsterkten

dy·na·miet [die-] ‹‹Gr› *het* ontplofbare stof die bestaat uit nitroglycerine (tegenwoordig glyceroltrinitraat genaamd) die door een poreuze stof wordt vastgehouden

dy·na·misch [die-] ‹‹Gr› *bn* ❶ de dynamica, de beweging betreffend ★ ~ *stelsel* stelsel van eenheden in de werktuigkunde ★ *dynamische elektriciteit* elektriciteit die wordt opgewekt door een bewegende machine (dynamo) ★ muz *dynamische tekens* tekens die de toonsterkte aangeven ★ taalk ~ *accent* nadruk die de kracht van uitspraak betreft ❷ met veel dynamiek, vol beweging: ★ *een* ~ *bedrijf* ★ *New York is een dynamische stad*

dy·na·mo [die-] *de (m)* ['s] verkorting van ★ *dynamo-elektrische machine* machine tot opwekking van elektrische stroom door een gesloten geleider in een magnetisch krachtveld te doen draaien

dy·na·mo·me·ter, dy·na·mo·me·ter [die-] *(‹Gr) de (m)* [-s] krachtmeter, toestel om het arbeidsvermogen van een machine te meten
dy·nas·tie [die-] *(‹Fr‹Gr) de (v)* [-tieën] vorstenhuis, regerende familie ★ in België *Feest van de Dynastie* feestdag (15 november) ter ere van het vorstenhuis
dy·nas·tiek [die-] *bn* de of een dynastie betreffend: ★ *dynastieke belangen*
dy·ne [dienə] *(‹Gr) de (m)* [-s] nat kracht die aan een massa van één gram een versnelling geeft van 1 cm/s², symbool: dyn
dys- [dis] *(‹Gr) als eerste lid in samenstellingen* slecht, mis-, ziekelijk
dys·cal·cu·lie [dis-] *(‹Gr) de (v)* stoornis in het vermogen om te rekenen
dys·en·te·rie [dis-] *(‹Gr) de (v)* med hevige besmettelijke darmontsteking met bloedige ontlasting
dys·lec·ti·cus [dis-] *(‹Gr) de (m)* [-ci] iem. die aan dyslexie lijdt
dys·lec·tisch [dis-] *(‹Gr) bn* aan dyslexie lijdend, woordblind
dys·lexie [dislieksie] *(‹Gr) de (v)* stoornis waarbij men moeite heeft met het herkennen en reproduceren van letters en / of woorden, woordblindheid
dys·me·nor·roe [dismeenorreu] *(‹Gr) de* menstruatiepijn
dys·pep·sie [dis-] *(‹Gr) de (v)* med slechte, moeilijke spijsvertering
dys·pro·si·um *het* [disproozie(j)um] *(‹Gr) de* chemisch element, symbool Dy, atoomnummer 66, behorende tot de zeldzame aarden
dys·tro·fie [dis-] *(‹Gr) de (v)* med slechte ontwikkeling van een orgaan door stoornis in de voeding van het weefsel
DZ *afk* als nationaliteitsaanduiding op auto's *Algerije (Djaza'ir)*

E

e¹ *de* ['s] ❶ de vijfde letter van het alfabet ❷ de derde toon van de diatonische toonladder, de muzieknoot mi
e² *afk* (op voorverpakte producten) EU-teken, aanduiding dat de inhoud niet veel kan afwijken (volgens EU-richtlijnen) van de gemiddelde, op de verpakking vermelde inhoud van de andere pakken van dezelfde partij
E *afk* ❶ nat: elektriciteit ❷ als nationaliteitsaanduiding op auto's Spanje *(España)*
e.a. *afk* en andere(n)
easy lis·ten·ing [iezie lissəning] *(‹Eng) de (m)* pretentieloze amusementsmuziek, meestal uitgevoerd door orkesten met veel strijkers
eau [oo] *(‹Fr) de (v)* [-x] water ★ *~ de cologne* soort reukwater ★ *~ de toilette* toiletwater, lotion ★ *~ de vie* brandewijn
EB *afk* comput exabyte [1000 petabytes]
eb, eb·be *de* laag tij; *tegengest:* → vloed
eb·ben¹ *ww* [ebde, h. geëbd] ❶ eb worden ❷ fig achteruitgaan
eb·ben² *bn* van ebbenhout
eb·ben·hout *het* zwarte houtsoort
eb·ben·hou·ten *bn* van ebbenhout
eb·deur *de* [-en] sluis die bij aflopend buitenwater het binnenwater keert
ebi *de* ['s] in Nederland extrabeveiligde instelling [gevangenis voor vluchtgevaarlijke gedetineerden]
ebitda *afk* earnings before interest, taxes, depreciation and amortization [maatstaf voor de brutowinst van een bedrijf]
ebo·la·vi·rus [eeboo-] *het* (genoemd naar de *Ebola*, een rivier in Congo-Kinshasa) voor het eerst in 1976 in Afrika aangetoond virus dat o.a. koorts, hoofd- en spierpijn, bloedingen, diarree en hepatitis veroorzaakt, vaak met dodelijke afloop
ebo·niet *(‹Eng) het* zwart glimmende, harde stof, door vulkanisering van rubber met zwavel verkregen
ebo·nie·ten *bn* van eboniet
e-book [ieboek] *(‹Eng) het* [-s] comput verkorting van *electronic book*; elektronisch boek, computer ter grootte van een paperback waarmee men boekteksten, die bijv. van bep. websites zijn gedownload, kan opslaan, lezen, annoteren e.d.
EC *afk* ❶ Europese Commissie ❷ Eurocity [snelle internationale exprestrein op verschillende trajecten, met enkele speciale voorzieningen en slechts één klasse]
e-cash [iekesj] *(‹Eng) de* elektronisch geld waarmee op internet kan worden betaald
ECB *afk* Europese Centrale Bank
ec·ce ho·mo *(‹Lat)* zie de mens, gezegd door Pilatus toen hij Christus aan het volk toonde *(Johannes* 19: 5) *het* ['s] voorstelling van Jezus met de

doornenkroon
ec·cle·sia [ekkleezie(j)aa] *(‹Lat‹Gr) de (v)* kerk (als instelling)
Ec·cle·si·as·tes [-zie-] *(‹Lat‹Gr) de (m)* het Bijbelboek Prediker
ec·cle·si·as·tisch [-zie-] *(‹Lat‹Gr) bn* kerkelijk, van de kerk
ecg *afk* elektrocardiogram; elektrocardiografie
echap·pe·ment [eesjap-] *(‹Fr) het* [-en] ❶ ‹in uurwerken› onrust met een spiraalveer ❷ ‹in piano's› mechaniek voor het terugspringen van de hamertjes na de aanslag
echec [eesjek] *(‹Fr) het* [-s] ❶ eig schaak in het schaakspel ❷ fig mislukking, nederlaag, fiasco
eche·lon [eesjə-] *(‹Fr) de (m) & het* [-s]
❶ troepenafdeling die in een gevechtshandeling een afzonderlijke beperkte taak heeft ❷ rang van opstelling, gelid ❸ niveau, ook fig
eche·lon·ne·ren *ww* [eesjə-] *(‹Fr)* [echelonneerde, h. geëchelonneerd] in echelons opstellen, langs een weg in afzonderlijke afdelingen opstellen of doen oprukken
echo *(‹Lat‹Gr) de (m)* ['s] ❶ weerkaatsing van geluid tegen verwijderde voorwerpen ❷ weerkaatst geluid ❸ plaats waar zulk weerkaatst geluid gehoord kan worden; genoemd naar de nimf *Echo* uit de klassieke literatuur die door Hera werd gestraft tot het slechts kunnen herhalen van de laatste woorden van anderen ★ *iemands ~ zijn* fig alles herhalen, nazeggen wat hij gezegd heeft ❹ echografie: ★ *een ~ laten maken*
echo·ën *ww* [echode, h. geëchood] ❶ echo geven ❷ als een echo nazeggen
echo·ge·dicht *het* [-en], **echo·lied** [-eren] gedicht of lied waarin het laatste gedeelte van een regel telkens als echo wordt herhaald
echo·gra·fie *de (v)* [-fieën] med echoscopie waarbij een foto wordt gemaakt van het beeld op de oscilloscoop
echo·la·lie *(‹Gr) de (v)* het onwillekeurig herhalen van zelf gesproken of door anderen gezegde woorden
echo·lood *het* toestel om de zeediepte te peilen d.m.v. teruggekaatste geluidsgolven
echo·pei·ling *de (v)* [-en] meting met een echolood
echo·put *de (m)* [-ten] put die een duidelijke echo geeft
echo·sco·pie *de (v)* [-pieën] med techniek waarbij d.m.v. terugkaatsende ultrasone geluidsgolven ligging en grootte van inwendige organen, weefsels of van een foetus op een oscilloscoop zichtbaar worden gemaakt
echt[1] **I** *de (m)* huwelijk **II** *bn* ❶ huwelijks-, getrouwd: ★ *de echte staat* ★ *zijn echte vrouw* ❷ uit een wettig huwelijk voortgekomen: ★ *een ~ kind*
echt[2] **I** *bn* waar, werkelijk: ★ *een echte Rembrandt* ★ *een echte vriend* **II** *bijw* heus, werkelijk: ★ *dit is ~ gebeurd* ★ *~ wel!* gezegd ter bevestiging van een eerdere bewering na ontkenning door een ander

★ *dit is ~ iets voor Wiebe* van Wiebe kan je zoiets verwachten
echt·bre·ker *de (m)* [-s], **echt·breek·ster** *de (v)* [-s] iem. die echtbreuk begaat
echt·breuk *de* schending van de huwelijkstrouw, overspel
ech·te·lie·den *mv* echtgenoten
ech·te·lijk *bn* het huwelijk betreffend ★ *de echtelijke staat* het getrouwd zijn
ech·ten *ww* [echtte, h. geëcht] NN een onwettig kind als het zijne erkennen
ech·ter *voegw* evenwel, niettemin
echt·ge·noot *de (m)* [-noten] mannelijke partner in het huwelijk
echt·ge·no·te *de (v)* [-n, -s] vrouwelijke partner in het huwelijk
echt·heid *de (v)* het niet vals zijn, het waar zijn
echt·paar *het* [-paren] twee echtgenoten
echt·schei·ding *de (v)* [-en] ontbinding van een huwelijk
echt·ver·bin·te·nis *de (v)* [-sen] huwelijk
echt·ver·eni·ging *de (v)* het samen getrouwd zijn
eclair [eeklèr] *de (m)* [-s] BN langwerpige soes met banketbakkersroom, bedekt met chocolade of mokka
ecla·tant *(‹Fr) bn* schitterend, in het oog springend, opzienbarend: ★ *een ~ succes*
ec·lec·ti·cis·me *(‹Gr) het* ❶ kunstrichting die elementen uit stijlen uit het verleden wil combineren ❷ niet-oorspronkelijke wijsbegeerte die een keuze doet uit vroegere stelsels
ec·lec·ti·cus *(‹Gr) de (m)* [-ci] iemand die uit alle stelsels of stijlen overneemt wat hem het beste voorkomt
ec·lec·tisch *bn* (het beste) uitkiezend
eclips [eeklips] *(‹Fr‹Gr) de* [-en] ❶ verduistering van hemellichamen: zonsverduistering, maansverduistering ❷ fig verdwijning
eclip·ti·ca [eeklip-] *(‹Lat‹Gr) de (v)* cirkel aan de hemel die de zon in een jaar doorloopt
eco·bo·nus *de (m)* [-sen] BN bonus om het gebruik van milieuvriendelijke producten te stimuleren
eco·drug [-druɣ] *de (m)* [-s] verzamelnaam voor de verschillende hallucinogene paddenstoelen
Ecolo *afk* in België Ecologistes confédérés pour l'organisation de luttes originales [Franstalige groene politieke partij]
eco·lo·gie *(‹Gr) de (v)* wetenschap die zich bezighoudt met de verbanden en de wisselwerkingen tussen organismen en hun omgeving
eco·lo·gisch *bn* betrekking hebbend op de ecologie; zie ook **voetafdruk**
eco·loog *de (m)* [-logen] ❶ beoefenaar van de ecologie ❷ voorstander van een beleid dat bijzonder veel aandacht besteedt aan natuur- en milieubescherming, groene
e-com·merce [ie-kommu(r)s] *(‹Eng) de* elektronische handel, handel via computernetwerken, zoals

internet

eco·no·maat *((Fr) het* [-maten] BN kantoor van een → **econoom** (bet 2)

eco·no·me·trie *de (v)* onderdeel van de economie dat zich bezighoudt met de meting van economische verschijnselen en de kwantitatieve inhoud van economische samenhangen

eco·no·me·trist *de (m)* [-en] beoefenaar van de econometrie

eco·no·mie *(‹Fr‹Gr) de (v)* ❶ staathuishoudkunde; leer van de maatschappelijke verschijnselen voor zover zij betrekking hebben op het streven naar welvaart van de mens ❷ staathuishoudkundig bestuur, praktijk van de onder *bet* 2 bedoelde leer ★ *geleide* ~ waarbij de staat zich in belangrijke mate mengt in het economisch leven ★ *nieuwe* ~ theorie die uitgaat van economische groei gecombineerd met lage inflatie, te bereiken door inzet van ICT

eco·no·misch *(‹Gr) bn* ❶ betrekking hebbend op de economie, staathuishoudkundig ★ *economische eenheid* twee of meer personen die al dan niet in familieverband samen een huishouden vormen ❷ huishoudelijk, zuinig, doelmatig: ★ *dit apparaat is heel* ~ *in het stroomverbruik*

eco·no·mi·se·ren *ww* [-zee-] *((Fr)* [economiseerde, h. geëconomiseerd] bezuinigen, uitsparen

eco·no·mist *de (m)* [-en] econoom, staathuishoudkundige

econ·o·my·class [iekonnəmie-klàs] *(‹Eng) de (m)* goedkoopste klasse in het luchtverkeer

eco·noom *(‹Fr‹Gr) de (m)* [-nomen] ❶ beoefenaar van de economie ❷ BN huismeester, beheerder, persoon belast met de huishoudelijke dienst, vooral in scholen, kloosters e.d.

eco·stroom *de* groene stroom, stroom die is opgewekt uit duurzame energiebronnen, zoals zon, wind en water

eco·sys·teem [-sis-; -sies-] *het* [-temen] verkorting van *ecologisch systeem;* biol het functioneren van een levensgemeenschap in samenhang met het haar omringende niet-levende milieu

eco·taks *de* belasting die betaald moet worden voor milieuvervuilende producten, materialen, productiewijzen e.d., milieuheffing

ecru [eekruu] *(‹Fr) bn* ❶ ruw, ongebleekt ❷ roomgeel, touwkleurig

ecs·ta·sy *de* [ekstəzie] *(‹Eng)* drug met een oppeppende en bewustzijnsveranderende werking, veel gebruikt tijdens houseparty's, vaak als → **xtc** geschreven

ecu *de (m)* ['s] European currency unit [vroeger Europese financiële rekeneenheid waarin de munten van verschillende Europese landen waren vertegenwoordigd, later vervangen door de euro]

écu [eekuu] *(‹Fr) de (m)* [-s] eig schild; naam van een oude Franse munt, oorspronkelijk goud, later zilver: ★ *in de 18de eeuw was een ~ zes livres*

Ecua·do·ri·aan [eekwaa-] *de (m)* [-anen] iem. geboortig of afkomstig uit de Zuid-Amerikaanse republiek Ecuador

Ecua·do·ri·aans [eekwaa-] *bn* van, uit, betreffende Ecuador

ec·zeem [ekseem] *(‹Gr) het* [-zemen] jeukende huiduitslag

ed. *afk* editie

e.d. *afk* en dergelijke(n)

Edam·mer [eedam-] **I** *bn* van, uit Edam: ★ ~ *kaas* bolronde kaas, vooral in Noord-Holland gemaakt **II** *de (m)* [-s] inwoner van Edam

edam·mer [eedam-] *de (m)* [-s] Edammer kaas

ede *zn* zie → **eed**

edel *bn* ❶ hoogstaand: ★ *een edele houding jegens vrouwen* ❷ ‹van metalen› niet roestend ❸ ‹van gassen› zich niet met andere gassen verbindend ❹ voor het leven onmisbaar: ★ *edele delen* (ook schertsend voor geslachtsdelen)

edel·aar·dig *bn* edel van aard, op edele wijze; **edelaardigheid** *de (v)*

edel·acht·baar *bn* titel van magistraten en rechters van arrondissementsrechtbanken en kantongerechten, leden van gemeenteraden, wethouders: ★ *Edelachtbare Heer, Vrouwe*

ede·len *mv* adellijken, personen die van adel zijn

edel·gas *het* [-sen] gas dat behoort tot de edele gassen; zie bij → **edel**

edel·ge·steen·te *het* [-n, -s] kostbare delfstof (o.a. diamant, smaragd)

edel·groot·acht·baar *bn* in Nederland titel van magistraten en rechters van gerechtshoven: ★ *Edelgrootachtbare Heer, Vrouwe*

edel·hert *het* [-en] groot soort hert, *Cervus elaphus*

edel·hoog·acht·baar *bn* in Nederland titel van magistraten en rechters van de Hoge Raad der Nederlanden: ★ *Edelhoogachtbare Heer, Vrouwe*

edel·kitsch [-kitsj] *de (m)* kitsch die zo fraai is gemaakt, dat men geneigd is het weer als een vorm van kunst te beschouwen

edel·knaap *de (m)* [-knapen] zoon van een edelman, page

edel·man *de (m)* [-lieden] man van adel

edel·mar·ter *de (m)* [-s] boommarter (*Martes martes*)

edel·me·taal *het* metaal dat niet kan roesten of door zuur worden aangetast, zoals goud en platina

edel·moe·dig *bn* edel, onzelfzuchtig in zijn daden; **edelmoedigheid** *de (v)*

edel·smid *de (m)* [-smeden] vervaardiger van artistiek smeedwerk van edele metalen

edel·spar *de (m)* [-ren] als sierboom geteelde zilverspar, de soort *Abies procera*

edel·staal *het* verzamelnaam voor hoogwaardige staalsoorten

edel·steen *de (m)* [-stenen] zeer kostbare, gewoonlijk geslepen steen, bijv. diamant, robijn, smaragd

edel·vrouw *de (v)* [-en] adellijke vrouw

edel·weiss [-wais] *(‹Du) het* witte alpenbloem, die in gedroogde toestand haar natuurlijk uiterlijk

behoudt, *Leontopodium alpinum*
Eden *(‹Hebr)* *het* ❶ het paradijs ❷ *eden* fig lusthof, lustoord
EDI *afk* comput Electronic Data Interchange *(‹Eng)* [gegevensoverdracht tussen verschillende bedrijven met behulp van netwerken, zoals internet]
edict [eedikt] *(‹Lat) het* [-en] door een rijksoverheid, een vorst afgekondigd besluit, verordening: ★ *een ~ uitvaardigen*
edik *(‹Lat) de (m)* azijn
edi·ten *ww* [edditta(n)] *(‹Eng)* [editte, h. geëdit] ❶ klaarmaken voor publicatie: ★ *een tijdschriftartikel ~* ❷ ‹filmmateriaal› tot een geheel monteren
edi·tie [eedie(t)sie] *(‹Fr‹Lat) de (v)* [-s] ❶ uitgave van een boek of plaatwerk, van een krant enz. ❷ exemplaar van een dergelijke uitgave
ed·i·tor [edditta(r)] *(‹Eng) de (m)* [-s] ❶ iem. die filmmateriaal monteert ❷ iem. die teksten redigeert ❸ comput programma voor bewerking van bestanden
edi·to·ri·aal *(‹Fr) het* [-rialen] BN ook artikel van een hoofdredacteur, hoofdartikel
edoch [eedog] *voegw* plechtig maar
EDP *afk* [iediepie] Electronic Data Processing *(‹Eng)* [elektronische gegevensverwerking]
EDP-audit [iediepie-òdit] *(‹Eng) de* [-s] beoordeling van de betrouwbaarheid, beveiliging, effectiviteit en efficiency van geautomatiseerde informatiesystemen
edu·ca·tie [-(t)sie] *(‹Fr‹Lat) de (v)* opvoeding, vooral goede opvoeding, beschaving: ★ *(een goede) ~ genoten hebben*
edu·ca·tief *(‹Fr) bn* opvoedend, vormend, lerend: ★ *een educatieve film*
édu·ca·tion per·ma·nen·te [eeduukaasjõ permaanãt(ə)] *(‹Fr) de (v)* voortdurende ontwikkeling, het zich blijven ontwikkelen gedurende het hele leven (afgekort → **e.p.**)
edu·tain·ment [-teenmənt] *het* entertainment met een educatief karakter of doel
eed *de (m)* [eden] verklaring, waarbij God als getuige wordt aangeroepen: ★ *een ~ afleggen* ★ *onder ede verklaren* ★ *recht onder ede staan* na een eed of belofte verplicht zijn de volledige waarheid te spreken ★ *een dure ~ zweren* zich met stelligheid voornemen, nadrukkelijk beloven
eed·af·leg·ging, **eeds·af·leg·ging** *de (v)* [-en] het afleggen van een eed
eed·for·mu·lier, **eeds·for·mu·lier** *het* [-en] formule bij de eedaflegging uitgesproken
eed·ge·noot *de (m)* [-noten] iem. met wie men samen een eed zweert
eed·ge·noot·schap *het* [-pen] de gezamenlijke eedgenoten, vooral de gezamenlijke Zwitserse kantons, Zwitserland
eeds·af·leg·ging *de (v)* [-en] → **eedaflegging**
eeds·for·mu·lier *het* [-en] → **eedformulier**

EEG *afk* Europese Economische Gemeenschap [samenwerkingsorgaan van een aantal West-Europese staten die een verdrag tot economische samenwerking gesloten hebben (1958), inmiddels opgegaan in de Europese Unie (EU); zie ook bij → **Euromarkt**]
eeg *afk* elektro-encefalogram
ee·ga *de* ['s, -gaas, plechtig echtgenoot, echtgenote]
eek *de* eikenschors
eek·hoorn, **eek·ho·ren** *de (m)* [-s] roodbruin knaagdier met lange pluimstaart, *Sciurus vulgaris*
eek·hoorn·tjes·brood *het* soort eetbare paddenstoel
eelt *het* verharding van de huid ★ *~ op de ziel hebben* geen medelijden kennen
eel·te·rig, **eel·tig** *bn* met eelt
eelt·knob·bel *de (m)* [-s] knobbel van eelt
eelt·laag *de* [-lagen] laag eelt
een¹, **één** I *hoofdtelw* ★ *~ voor ~* na elkaar, niet allemaal tegelijk ★ NN *~*, twee, drie, BN *in ~, twee, drie* snel en makkelijk ★ NN *deze klus heb je niet zo ~, twee, drie af*, BN *deze klus heb je niet in ~, twee, drie af* ; zie ook bij → **tien** II *vnw* ★ *ene Jansen* een zekere Jansen III *bn* een eenheid vormend ★ *hij is ~ met zijn gezin* hij is hecht verbonden met zijn gezin ★ *het tafellaken was ~ en al vlekken* het zat onder de vlekken IV *de* [enen] het cijfer 1
een² [ən] *onbep lidw* ★ *~ man* ★ *~ vrouw* ★ *~ kind* ★ *dat kost ~ kleine 100 euro* bijna 100 euro
een·ak·ter *de (m)* [-s] toneelstuk van één bedrijf
april·grap [aapril-] *de* [-pen], **1 april-mop** [aapril-] [-pen] grap op 1 april waarbij mensen in de maling worden genomen
een·ar·mig *bn* met één arm ★ *eenarmige bandiet* schertsende benaming voor de fruitautomaat
een·cel·lig *bn* biol uit één cel bestaande
eend *de* [-en] ❶ algemeen bekende zwemvogel, uit de onderklasse Anatinae ❷ fig dom mens ★ *een vreemde ~ in de bijt* een vreemdeling in een kring van bekenden ❸ schertsend benaming voor deux-chevaux, vaak ook: ★ *lelijke ~ genoemd*
een·daags *bn* ❶ één dag durend: ★ *een eendaagse vergadering* ❷ één dag geldig: ★ *een ~ retour* ❸ één keer per dag: ★ *eendaagse postbestelling*
een·dags·kui·ken *het* [-s] kuiken dat kort na de geboorte wordt gedood en als kattenvoer wordt gebruikt
een·dags·toe·rist *de (m)* [-en] BN, spreektaal dagjesmens, dagrecreant
een·dags·vlieg *de* [-en] ❶ lid van een orde van insecten (*Ephemeroptera*), waarvan de volwassen dieren slechts enkele uren of enkele dagen leven ❷ fig iets van korte duur, iem. die slechts kort blijft
een·dek·ker *de (m)* [-s] vliegtuig met één stel draagvlakken
een·de·lig *bn* uit één deel bestaand: ★ *een ~ badpak*
een·den·bek *de* [-ken] med bij gynaecologisch onderzoek gebruikt instrument waarmee de vaginawanden enigszins van elkaar worden

getrokken, speculum
een·den·bout *de (m)* [-en] stuk bereide eend
een·den·ei *het* [-eren] ei van een eend
een·den·kooi *de* [-en] afgesloten waterrijke plek om wilde eenden te vangen
een·den·kroos *het* waterplantjes die de oppervlakte van stilstaand water bedekken (*Lemna*)
een·den·mos·sel *de* [-s, -en] gesteeld schaaldier, dat zich o.a. aan schepen vasthecht, *Lepas anatifera*
een·der *bn* gelijk, van dezelfde soort ★ ~ *wat* om het even wat ★ ~ *welke* welke... ook, om het even welke, onverschillig welke
een·dracht *de* gelijkgestemdheid, eensgezindheid: ★ ~ *maakt macht* als je samenwerkt, kun je veel bereiken
een·drach·te·lijk, **een·drach·tig** *bn* gelijkgestemd, eensgezind
een·dui·dig *bn* voor slechts één uitleg vatbaar, ondubbelzinnig: ★ *een ~ antwoord verlangen*
eend·vo·gel *de (m)* [-s] eend als spijs
een·ei·ig *bn* ‹van tweelingen› uit één ei ontstaan
een·en·der·tig hoofdtelw
een·en·der·ti·gen *ww* [eenendertigde, h. geëenendertigd] bep. kaartspel spelen waarbij iedere speler d.m.v. ruilen met een drietal kaarten 31 punten tracht te behalen
een·en·der·tig·ste rangtelw
een·en·twin·tig hoofdtelw
een·en·twin·tig·dui·zend hoofdtelw
een·en·twin·ti·gen *ww* [eenentwintigde, h. geëenentwintigd] een kaart- of dominospel spelen waarbij men een waarde van 21 punten moet trachten te behalen
een·en·twin·tig·ste rangtelw
een·ge·streept *bn* ★ ~ *octaaf* het octaaf in het midden van het pianoklavier
een·ge·zins·wo·ning *de (v)* [-en] huis bestemd voor bewoning door één gezin
een·han·dig *bn* ❶ slechts één hand hebbend ❷ ‹bij pianospel e.d.› met één hand spelend
een·heid I *de (v)* het één zijn, het één geheel vormen, gelijkheid: ★ *dit team vormt een hechte ~* **II** *de (v)* [-heden] ❶ samenhangend geheel ★ *economische ~* zie → **economisch** ❷ maat waarin men grootten of hoeveelheden uitdrukt: ★ *de meter is de eenheid van lengte* ❸ zelfstandige militaire of paramilitaire afdeling ★ *in Nederland Mobiele Eenheid* afdeling van de politie die wordt ingezet bij (dreigende) verstoring van de openbare orde
een·heids·po·li·tie *de (v)* BN samenvoeging van lokale en federale politie
een·heids·prijs *de (m)* [-prijzen] vastgestelde gelijke prijs
een·heids·ta·rief *het* [-rieven] één enkel tarief voor een gevarieerde hoeveelheid zaken: ★ *in deze stad geldt een ~ voor het openbaar vervoer*
een·heids·worst *de* [-en] afkeurende benaming voor een grote hoeveelheid op elkaar gelijkende zaken:

★ *al die spelprogramma's op de televisie zijn maar ~*
een·hel·mig *bn* biol met één meeldraad
een·hoe·vig, **een·hoe·vig** *bn* met één hoef aan elke voet
een·hoof·dig *bn* met één persoon aan het hoofd: ★ *een ~ bewind*
een·hoorn, **een·ho·ren** *de (m)* [-s] fabelachtig wit paard met een hoorn op het voorhoofd, dat alleen door een maagd gevangen kon worden
een·hui·zig *bn* biol met meeldraad- en stamperbloemen op dezelfde plant
een·ie·der *onbep vnw* plechtig iedereen
een·ja·rig *bn* ❶ één jaar oud ❷ één jaar durend: ★ *een eenjarige plant*
een·ka·mer·stel·sel *het* stelsel van volksvertegenwoordiging met slechts één kamer
een·ken·nig *bn* bang voor vreemden: ★ *een eenkennige kleuter*
een·klank *de (m)* [-en] ❶ muz samenklank van tonen op dezelfde toonhoogte ❷ taalk klinker die geen twee- of drieklank is
een·let·ter·gre·pig, **een·let·ter·gre·pig** *bn* uit één lettergreep bestaande
een·ling *de (m)* [-en] ❶ alleenstaand, eenzelvig persoon ❷ enkeling (tegenover een geheel van mensen): ★ *een ~ was tegen het voorstel*
een·maal *bijw* ❶ één keer (*in deze bet ook als twee woorden*: één maal), *vgl*: → **andermaal** ❷ ergens in de toekomst, ooit: ★ *~ komt de tijd* ❸ vaststaand, onveranderlijk (vaak met *nu*): ★ *je bent nu ~ arm en je blijft arm*
een·ma·king *de (v)* het tot een eenheid maken, het gelijk maken
een·ma·lig *bn* voor één keer: ★ *een eenmalige gift*
een·mans·be·drijf *het* [-ven] onderneming dat slechts door een man wordt gedreven
een·mei·vie·ring *de (v)* [-en] de viering op 1 mei van de Dag van de Arbeid
een·ogig *bn* met één oog
een·oog *de* [-ogen] iem. met één oog; zie ook bij → **blinde**
een·ou·der·ge·zin *het* [-nen] gezin waarin óf vader óf moeder niet (meer) aanwezig is
een·pans·maal·tijd *de (m)* [-en] maaltijd die in één pan bereid wordt
een·pa·rig *bn* ❶ BN, schrijftaal eenstemmig, algemeen ❷ in gelijke tijd gelijke afstanden afleggend; gelijkmatig: ★ *met eenparige snelheid*; **eenparigheid** *de (v)*
een·per·soons- *in samenstellingen* voor één persoon bestemd of ingericht, bijv. *eenpersoonsbed*
een·per·soons·huis·hou·den, **een·per·soons·huis·hou·den** *het* [-s] huishouden bestaande uit slechts één persoon
een·pits·stel *het* [-len] gas- of petroleumstel met één pit
een·rich·tings·ver·keer *het* ❶ het slechts in één richting mogen rijden op een bepaald stuk

openbare weg ❷ fig verschijnsel dat bij een (veronderstelde) uitwisseling van bep. zaken, bijv. informatie, geld, liefde, slechts door één partij gegeven wordt en door de andere alleen maar wordt genomen: ★ *in de gegevensuitwisseling was duidelijk sprake van* ~

eens I *bijw* een keer, ooit ★ *ik zal je gauw ~ bezoeken* ★ *ik ben wel ~ in Venlo geweest* ★ *er was ~ (een koning, prinses e.d.)* begin van veel sprookjes **II** *bn* ★ *het ~ zijn* van dezelfde mening zijn: ★ *we waren het ~ over deze kwestie* ★ *ik ben het er niet mee ~ dat je spijbelt* ik ben ertegen **III** *voegw* BN, spreektaal als, zodra; ★ *~ het voorbereidend werk klaar is, kan de beplanting beginnen* ★ *~ dat* als, zodra

eens·deels *bijw* voor één deel, aan de ene kant

eens·ge·vend *bn* ★ *~ geld* bedrag waartegen aandelen worden verhandeld, die geen nominale waarde hebben

eens·ge·zind, eens·ge·zind *bn* dezelfde opvatting toegedaan, eendrachtig; **eensgezindheid** *de (v)*

eens·klaps *bijw* plotseling

een·slach·tig *bn* biol óf mannelijk óf vrouwelijk

eens·lui·dend, eens·lui·dend *bn* gelijkluidend: ★ *een ~ afschrift*

een·steens·muur *de (m)* [-muren] muur die zo dik is als de lengte van een steen

een·stem·mig *bn* ❶ met algemene stemmen, unaniem ❷ met elkaar overeenkomend, gelijkluidend ❸ door alle zangers op dezelfde melodie te zingen; **eenstemmigheid** *de (v)*

een·tje *het* [-s] ❶ kleine één ❷ één exemplaar van iets, één persoon: ★ *geef hem er ook ~* ★ *zo ~ ben ik niet* ❸ ★ vooral NN *in zijn ~*, BN ook *op zijn ~* alleen, zonder gezelschap

een·to·nig *bn* ❶ met weinig afwisseling van toon: ★ *~ gezang* ❷ fig vervelend door gebrek aan afwisseling: ★ *een ~ verhaal*; **eentonigheid** *de (v)*

een·twee·tje *het* [-s] ❶ voetbal snelle combinatie tussen twee spelers ❷ fig actie of afspraak door twee partijen buiten de anderen om een ~ tussen twee fractieleiders

een·vor·mig·heids·at·test *het* [-en] BN gelijkvormigheidsattest, attest waarin verklaard wordt dat een voertuig aan de wettelijke normen voldoet

een·voud *de (m)* het eenvoudig-zijn, simpelheid, soberheid: ★ *in ~* zonder luxe, zonder pracht en praal

een·vou·dig *bn* ❶ weinig ingewikkeld: ★ *een eenvoudige rekensom* ❷ zonder pracht of praal: ★ *een eenvoudige ceremonie* ❸ weinig ontwikkeld: ★ *eenvoudige mensen* ❹ zonder meer, eenvoudigweg: ★ *als jij zo blijft zeuren, ga ik ~ naar huis toe*

een·vou·dig·weg *bijw* eenvoudig, zomaar

een·wie·ler *de (m)* [-s] fiets met één wiel

een·wor·ding *de (v)* het zich tot een eenheid ontwikkelen: ★ *de ~ van Europa*

een·zaad·lob·big *bn* biol met één zaadlob

een·zaam *bn* ❶ stil, weinig bezocht: ★ *een ~ dorp* ❷ met weinig sociale contacten, met het gevoel minder aanspraak te hebben dan men wil: ★ *een eenzame bejaarde*

een·zaam·heid *de (v)* het eenzaam-zijn ★ *de ~ zoeken* een plek zoeken waar men rustig alleen kan zijn

een·zaat *de (m)* [-zaten] BN eenzelvig iemand, iemand die graag alleen is, eenling

een·zel·vig *bn* in zichzelf gekeerd, niet op gezelschap gesteld; **eenzelvigheid** *de (v)*

een·zij·dig *bn* ❶ aan of van één kant: ★ *~ bedrukt papier* ★ ook fig: *een contract ~ opzeggen* ❷ partijdig, bevooroordeeld: ★ *een ~ oordeel geven*; **eenzijdigheid** *de (v)*

eer¹, ere *de* ❶ de reputatie een lid van onbesproken gedrag van een groep of de maatschappij te zijn: ★ *door dit vergrijp heeft hij zijn ~ verloren* ❷ bewijs van uitnemendheid, hoog aanzien: ★ *het geldt als bijzondere ~ tot die kringen toegelaten te worden* ❸ eerbetoon: ★ *met militaire ~ begraven worden* ★ *man van ~* volstrekt betrouwbaar, onkreukbaar man ★ *met de ~ gaan strijken* het eerbetoon ontvangen dat een ander verdient ★ *iem. ~ bewijzen* iem. laten blijken dat men hem eert ★ *de ~ aan zichzelf houden* zelf iets doen om te voorkomen dat een ander iets doet waardoor men zijn eer verliest, bijv. ontslag nemen om te voorkomen dat men wordt ontslagen ★ *op mijn woord van ~* erewoord ★ *zijn afkomst of naam ~ aandoen* zijn wat men op grond van afkomst of naam verwacht ★ *een maaltijd ~ aandoen* door flink te eten tonen dat men de maaltijd waardeert ★ *daar is geen ~ aan te behalen* daarmee bereik je geen bevredigend resultaat ★ *~ hebben van wat/iemand* hebben van ★ *~ inleggen met iets* zie bij → **inleggen** ★ *de ~ ophouden* doen wat men fatsoenshalve verplicht is ★ *de laatste ~ bewijzen* begrafenis bijwonen ★ *iem. in zijn ~ tasten* iem. beledigen ★ *in (alle) ~ en deugd* eerbaar, netjes ★ *naar ~ en geweten*, BN *in ~ en geweten* te goeder trouw, oprecht ★ NN *iems. ~ te na komen* indruisen tegen iems. eergevoel ★ NN *dat is mijn ~ te na* ik acht het oneervol om dat te doen ★ sp *de ~ redden* het enige tegendoelpunt scoren bij een grote nederlaag ★ *ter ere van...* a) om... te eren; b) ter gelegenheid van ★ *iets in ere herstellen* iets opnieuw gaan gebruiken ★ *ere wie ere toekomt* verdiensten moeten worden erkend ★ *in ere brengen* in gebruik brengen ★ *in ere houden* waarde blijven hechten aan, in gebruik doen blijven ★ BN, spreektaal *van iets ~ halen* er succes mee hebben ; zie ook bij → **God**

eer² **I** *bijw* vero eerder, vroeger: ★ *hoe ~ hoe liever* **II** *voegw* voordat: ★ *~ je er bent is het vijf uur*

eer·baar *bn* ❶ zedig, kuis ❷ BN ook respectabel, eerbiedwaardig, aanvaardbaar; **eerbaarheid** *de (v)*

eer·baar·heid *de (v)* het eerbaar zijn: ★ *schennis der ~*

eer·be·toon *het* uiterlijke blijken van verering

eer·be·wijs *het* [-wijzen] teken, uiting van eer
eer·bied *de (m)* ontzag, hoogachting: ★ ~ *koesteren voor iem.*
eer·bie·dig *bn* eerbied tonend, met eerbied
eer·bie·di·gen *ww* [eerbiedigde, h. geëerbiedigd] ❶ eerbied gevoelen voor, tonen voor ★ *iems. wens* ~ niet ingaan tegen iems. wens, naar iems. wens handelen ❷ BN, schrijftaal naleven, in acht nemen: ★ *de regels* ~ ❸ ook ontzien, met rust laten, rekening houden met: ★ *de wilde dieren* ~
eer·bied·waar·dig *bn* ❶ eerbied verdienend ❷ RK wiens proces tot zaligverklaring ingediend is
eer·bied·wek·kend *bn* tot eerbied dwingend
eer·daags *bijw* eerstdaags
eer·der *bijw* ❶ (vergrotende trap van → eer²) vroeger: ★ *ik ga vandaag wat ~ naar huis* ★ *hoe ~ hoe liever* ❷ waarschijnlijker: ★ *ik verwachtte ~ dat je bier dronk dan vruchtensap* ❸ meer volgens de waarheid: ★ *hij is ~ arm dan rijk* ❹ BN ook tamelijk, nogal, vrij, betrekkelijk: ★ *een ~ gering conflict werd een ware opstand*
eer·ge·voel *het* besef van eigen eer en van daaruit voortvloeiende verplichtingen
eer·gie·rig *bn* op eer gesteld
eer·gis·te·ren *bijw* twee dagen geleden
eer·her·stel *het* herstel van eer na een belediging, verdenking enz.
eer·lang, **eer·lang** *bijw* weldra
eer·lijk *bn* ❶ de waarheid zeggend, oprecht: ★ ~ *zeggen wat men denkt* ❷ betrouwbaar: ★ *een ~ zakenman* ❸ zoals het hoort, fair: ★ *het is niet ~ dat je zo over me roddelde* ★ ~ *is ~, ik moet dit zeggen om de waarheid te spreken:* ★ ~ *is ~, je bent niet muzikaal* ★ ~ *duurt het langst* met eerlijkheid komt men ten slotte het best uit; zie ook bij → vinder; **eerlijkheid** *de (v)*
eer·lijk·heids·hal·ve *bijw* ter wille van de eerlijkheid
eer·loos *bn* zonder eergevoel, laag
eer·roof *de (m)* BN het beschuldigen van iemand zonder het te kunnen bewijzen
eers·hal·ve *bijw* om de eer
eerst I *rangtelw* ★ *het eerste levensjaar* ★ NN *Eerste Hulp* ziekenhuisafdeling voor spoedeisende medische bijstand ★ in Nederland *Eerste Kamer (der Staten-Generaal)* door de Provinciale Staten gekozen college, dat door de Tweede Kamer behandelde onderwerpen nog eens behandelt II *bn* het best in zijn soort III *bijw* ❶ vóór het andere, vóór de ander: ★ vooral NN *wie het ~ komt, het ~ maalt* wie eerder komt, wordt eerder geholpen *of* wie eerder komt, heeft betere kansen ★ BN ook *~ en vooral* in de eerste plaats; zie ook bij → minister en → viool¹ ❷ vroeger: ★ ~ *ging het anders* ❸ pas: ★ ~ *nu is het bekend geworden*
eerst·af *bijw* ★ BN, vero *van ~ (aan)* van het begin af, vanaf het eerste ogenblik (ook los geschreven: *eerst af*)
eerst·daags, **eerst·daags** *bijw* binnen enkele dagen

eer·ste·dag·en·ve·lop, **eer·ste·dag·en·ve·loppe** [-āvəlop] *de* [-loppen] envelop met postzegels afgestempeld op de dag van uitgifte
eer·ste·graads *bn* ★ ~ *verbranding* lichtste mate van verbranding, waarbij de opperhuid rood en warm wordt, maar intact blijft ★ in Nederland *~ lesbevoegdheid* bevoegdheid om op alle niveaus in het middelbaar onderwijs les te geven
eer·ste·jaars I *bn* ★ ~ *student* van het eerste studiejaar II *de* [*mv* idem] student(e) in het eerste studiejaar
Eer·ste Ka·mer·lid *het* [-leden] in Nederland lid van de Eerste Kamer der Staten-Generaal
eer·ste·klas *bn* van hoge kwaliteit: ★ *dat hotel was ~!*
eer·ste·klas·cou·pé [-koepee] *de (m)* [-s] treinafdeling eerste klas
eer·ste·klas·ser *de (m)* [-s] ❶ sp club spelend in de eerste klasse ❷ leerling in de eerste klas van een school
eer·ste·lijns·hulp *de* hulp die in eerste instantie wordt verleend: ★ *de ~ in de gezondheidszorg* wordt verleend door huisartsen, maatschappelijk werkers enz.
eer·ste·lijns·wer·ker *de (m)* [-s] hulpverlener of arts die als eerste met iems. klachten in aanraking komt
eer·ste·ling *de (m)* [-en] ❶ eerstgeboren kind ❷ eerste voortbrengsel, vooral van een kunstenaar ❸ Bijbel eerstgeboren dier van de veestapel, eerste vrucht bestemd om aan God geofferd te worden
eer·ste·rangs *bn* van de eerste rang: ★ *een ~ hotel*
eer·ste·steen·leg·ging *de (v)* [-en] het leggen van de eerste steen; zie ook bij → steen (II, bet 3)
eerst·ge·boor·te·recht *het* het erfrecht van de eerstgeborene
eerst·ge·bo·ren *bn* ★ *het ~ kind*
eerst·ge·bo·re·ne, **eerst·ge·bo·re·ne** *de* [-n] iem. die het eerst geboren is
eerst·ge·noemd *bn* het eerst genoemd zijnd
eerst·ko·mend, **eerst·ko·mend**, **eerst·vol·gend**, **eerst·vol·gend** *bn* aanstaand: ★ *eerstkomende maandag gaan we van start*
eer·tijds *bijw* vroeger
eer·ver·le·den *bn* ★ ~ *jaar* het jaar vóór het laatst afgelopen jaar
eer·vol *bn* met eer ★ *een eervolle tweede plaats* die recht doet aan de verrichte prestatie ★ ~ *ontslag* ontslag waartoe niet iets afkeurenswaardigs in de ontslagene aanleiding gaf ★ *eervolle vermelding* zie bij → vermelding
Eerw. *afk* Eerwaarde
eer·waard *bn* titel van religieuzen: ★ *Eerwaarde Broeder* ★ *Eerwaarde Zuster* ★ *Eerwaarde Moeder* overste van een vrouwenklooster
eer·wraak *de* het doden van mensen om de eer van de familie te redden, vooral in de islamitische cultuur
eer·zaam *bn* ❶ braaf, deugdzaam ❷ vaak ironisch: ★ *de eerzame burgerij*
eer·zucht *de* zucht naar eer
eer·zuch·tig *bn* met een sterke zucht naar eer

eest, ast de (m) [-en] drooginrichting voor mout enz., gewoonlijk met een van onderen verwarmde vloer

eet·aard·ap·pel [-aardap-] de (m) [-s, -en] aardappel voor menselijk voedsel bestemd

eet·ap·pel de (m) [-s, -en] BN, spreektaal handappel

eet·baar bn gegeten kunnende worden: ★ dit fruit is nog niet ~

eet·ca·fé het [-s] café waar men ook maaltijden kan nuttigen

eet·ge·le·gen·heid de (v) [-heden] ruimte waar men iets kan eten: restaurant, kantine e.d.

eet·ge·rei het voorwerpen bij het eten gebruikt: borden, lepels, vorken enz.

eet·hoek de (m) [-en] gedeelte van een woonkamer waar men eet; de meubels daarvan

eet·huis het [-huizen] eenvoudig restaurant

eet·ka·mer de [-s] kamer waarin de maaltijden worden gebruikt

eet·keu·ken de [-s] keuken die als eetkamer kan dienen

eet·le·pel de (m) [-s] ❶ lepel waarmee men kan eten ❷ kookkunst, farmacie aanduiding voor een inhoudsmaat van 15 milliliter

eet·lust de (m) trek in eten

eet·plaats de [-en] BN, spreektaal ❶ eetkamer ❷ meubilair voor een eetkamer, eetkamerameublement

eet·stok·je het [-s] stokje waarmee in Oost-Azië gegeten wordt

eet·ta·fel de [-s] ❶ tafel waaraan men eet ❷ ‹voor studenten› gelegenheid tot gemeenschappelijke maaltijden, mensa

eet·waar de [-waren] voedsel

eet·zaal de [-zalen] zaal (in een hotel, tehuis, kazerne e.d.) waarin men de maaltijd kan nuttigen

eeuw de [-en] ❶ tijdvak van 100 jaren ★ de 20ste eeuw periode van het jaar 1901 t/m 2000 ❷ fig heel lange tijd: ★ dat duurt een ~

eeu·we·ling de (m) [-en] BN ook honderdjarige

eeu·wen·oud bn zeer oud: ★ een eeuwenoude eik

eeuw·feest het [-en] feest ter gelegenheid van een honderdjarig bestaan, een honderdste verjaardag enz.

eeu·wig bn ❶ altijddurend ★ ~ en erfelijk voortdurend, van geslacht tot geslacht ★ eeuwige student student die al lang niet meer feitelijk studeert, maar nog steeds aan het studentenleven deelneemt ★ niet het eeuwige leven hebben schertsend sterfelijk zijn of kapot kunnen gaan; zie ook bij → jachtveld en → stad ❷ in hoge mate: ★ dit is ~ zonde zeer jammer ★ dat eeuwige gezanik ook altijd! dat ergerlijke en aanhoudende zaniken

eeu·wig·heid de (v) [-heden] ❶ duur zonder begin of eind ❷ het leven na dit leven ★ NN van ~ tot amen steeds maar door, tot vervelens toe

eeu·wis·se·ling de (v) [-en] overgang van de ene eeuw in de volgende

Ef. afk (brief van Paulus aan de) Efeziërs

efe·dri·ne (‹Lat) de (v) plantaardig alkaloïde, verwant aan adrenaline, gebruikt als stimulerend middel

efe·meer, **efe·me·risch** [eefee-, effee-] (‹Gr) bn ❶ eig één dag durend ❷ vandaar kortstondig, snel voorbijgaand

efe·me·risch [eefee-, effee-] bn → efemeer

efen·di [eefen-] (‹Turks) de (m) ['s] ❶ heer, mijnheer ❷ vroeger Turkse aanspreekvorm voor hogere beambten en ontwikkelde personen

Efe·zi·ër [eefee-] de (m) [-s, Efezen] ❶ inwoner van Efeze, vroegere stad in Klein-Azië ❷ Efeziërs brief van Paulus aan de Efeziërs

ef·fect (‹Lat) het [-en] ❶ uitwerking, gevolg ★ ~ sorteren de beoogde uitwerking hebben ★ nuttig ~ deel van de bestede arbeid dat aan het beoogde doel ten goede komt ❷ richtingverandering van een bal door draaiing om zijn as ❸ geldswaardig papier, zoals de obligatie en het aandeel

ef·fect·bal de (m) [-len] bal die → effect (bet 2) krijgt

ef·fect·be·jag het overmatig streven naar wat indruk maakt

ef·fec·ten·ar·bi·tra·ge [-zjə] de (v) → arbitrage (bet 3) met betrekking tot effecten

ef·fec·ten·beurs de [-beurzen] beurs voor handel in effecten

ef·fec·ten·ma·ke·laar de (m) [-s] iem. die voor anderen effecten koopt en verkoopt

ef·fec·ten·por·te·feuil·le [-fuijə] de (m) [-s] alle effecten die iem. bezit

ef·fec·tief (‹Fr‹Lat) I bn ❶ doeltreffend: ★ een effectieve maatregel ❷ handel waarbij de goederen werkelijk door de verkoper geleverd en door de koper ontvangen worden ★ effectieve waarde markt- of koerswaarde ❸ BN ook ‹van een gevangenisstraf, schorsing e.d.› daadwerkelijk uitgevoerd, uitgezeten, onvoorwaardelijk ★ ~ worden in werking treden, tot stand komen ❹ ★ BN ~ kandidaat (bij parlementsverkiezingen) iem. die als kandidaat (niet als opvolger) op de voordracht staat II het [-tieven] ❶ werkelijk aanwezige hoeveelheid (geld) ❷ mil werkelijke sterkte van een leger ❸ ‹bij politie e.d.› eenheid III bijw BN, spreektaal inderdaad, echt: ★ het is ~ waar ★ het is ~ gebeurd

ef·fec·ti·vi·teit de (v) ❶ het effectief-zijn ❷ mate daarvan

ef·fec·tu·e·ren ww (‹Fr) [effectueerde, h. geëffectueerd] ❶ uitvoeren, uitwerken, tot stand brengen ❷ bewerkstelligen, verwezenlijken

ef·fen bn ❶ glad, vlak, strak ★ een ~ gezicht geen gevoelens uitdrukkend ❷ zonder patroon in één kleur: ★ een ~ groene lap katoen ❸ ‹van omstandigheden› weer normaal zijn of worden

ef·fen·af bijw BN, spreektaal zonder meer, doodgewoon; werkelijk; helemaal: ★ ~ mijn goesting helemaal naar mijn zin

ef·fe·nen ww [effende, h. geëffend] gelijk maken, vlak maken ★ het pad ~ voor de omstandigheden gunstig maken voor, bevorderen

ef·fi·cien·cy [effisjənsie] *(‹Eng) de (v)*, **ef·fi·ciën·tie** [-sjensie] doelmatigheid, het efficiënt-zijn in economisch of bedrijfskundig opzicht, het doelmatig (doen) functioneren, het tegengaan van verspilling van tijd, energie, materiaal en kosten
ef·fi·ciënt [-sjent] *(‹Fr‹Lat) bn* groot nuttig effect hebbend, doelmatig: ★ *een efficiënte werkwijze*
EG *afk* Europese Gemeenschappen [EEG, EGKS en Euratom tezamen; thans EU *Europese Unie*]
eg, **eg·ge** *de* [eggen] landbouwwerktuig voor het effenen van omgeploegde grond
e.g. *afk* eerstgenoemde
egaal [eegaal] *(‹Fr) bn* ❶ gelijkmatig van voorkomen, effen: ★ *een ~ blauwe lucht* ❷ gelijk, glad van oppervlak ❸ onverschillig, om het even
ega·li·sa·tie [-zaa(t)sie] *de (v)* [-s] het effenen, gelijkmaking, vereffening
ega·li·sa·tie·fonds [-zaa(t)sie-] *het* [-en] fonds dat van overheidswege ongewenste koersfluctuatie of de eigen munt tegengaat door goud en deviezen te kopen dan wel te verkopen
ega·li·se·ren *ww* [-zee-] *(‹Fr)* [egaliseerde, h. geëgaliseerd] ❶ effen, vlak maken ❷ vereffenen, gelijk maken
ega·li·tair [-tèr] *(‹Fr) bn* gelijkheid nastrevend, gericht op gelijke behandeling enz.: ★ *egalitaire denkbeelden*
ega·li·ta·ris·me *het* leer van en streven naar algemene gelijkheid van alle burgers
ega·li·teit *(‹Fr) de (v)* ❶ gelijkheid ❷ het egaal-zijn
egards [eeɣaars] *(‹Fr) mv* toegeeflijkheden uit ontzag, eerbiedsbetuigingen, beleefdheden: ★ *iemand met veel ~ behandelen, ontvangen*
egel *de (m)* [-s] insectenetend zoogdier met scherpe stekels aan de rugzijde (*Erinaceus europaeus*)
ege·lan·tier *(‹Fr) de (m)* [-en, -s] soort wilde roos, een 1-2 meter hoge struik, algemeen in de Nederlandse duinen (*Rosa rubiginosa*); zinnebeeld en vandaar naam van een vroegere Amsterdamse rederijkerskamer
egel·stel·ling *de (v)* [-en] mil rondom door vijand ingesloten stelling
egel·vis *de (m)* [-sen] met scherpe stekels gewapende vis, die zich als een egel kan opblazen (*Diodon hystrix*)
eg·ge *de* [-n] → **eg**
eg·gen *ww* [egde, h. geëgd] met de eg bewerken
egghead [eɣhed] *(‹Eng) de (m)* [-s] vooral NN, slang intellectueel
EGKS *afk* Europese Gemeenschap voor Kolen en Staal
ego *(‹Lat)* **I** *vnw* ik **II** *het* het *ik* in de psychologische betekenis; zie ook bij ★ *alter ~*
ego·cen·trisch *bn* het eigen ik middelpunt makend van alle aandoeningen, denken en handelen
ego·cen·tris·me *het* het zien van alles als betrokken op het eigen ik
ego·do·cu·ment *het* [-en] geschrift of ander artistiek product dat betrekking heeft op en voortvloeit uit persoonlijke ervaringen en gevoelens van de maker

ego·ïs·me *het* zelfzucht, eigenbaat; *tegengest*: → **altruïsme**
ego·ïst *de (m)* [-en] zelfzuchtig persoon, iemand die alléén zijn eigen belang zoekt, de bevrediging van eigen begeerten nastreeft; *tegengest*: → **altruïst**
ego·ïs·tisch *bn* zelfzuchtig, baatzuchtig; *tegengest*: → **altruïstisch**
ego·tis·me *het* overdreven zelfingenomenheid, zucht om voortdurend over zichzelf te praten, ik-cultus
ego·trip *(‹Eng) de (m)* [-s] gedrag van iemand die zichzelf in het middelpunt van de belangstelling wil zien
ego·trip·per *de (m)* [-s] iem. die door z'n gedrag zichzelf in het middelpunt van de belangstelling wil brengen
Egyp·te [eegiptə] *het* zie bij → **vleespot**
Egyp·te·naar [eegip-] *(‹Gr) de (m)* [-s, -naren] iem. geboortig of afkomstig uit Egypte
Egyp·tisch [eegip-] *bn* van, uit, betreffende Egypte ★ *Egyptische duisternis* ondoordringbare duisternis (als bij één van de tien plagen in Egypte, *Exodus* 10: 21-23)
egyp·to·lo·gie [eegip-] *de (v)* wetenschap die zich bezighoudt met de Oudegyptische cultuur en geschiedenis
egyp·to·lo·gisch [eegip-] *bn* van, betreffende de egyptologie
egyp·to·loog [eegip-] *de (m)* [-logen] beoefenaar van de egyptologie, kenner van Oudegyptische cultuur en geschiedenis
eh *tsw* onwillekeurige klank waarmee men aarzeling uitdrukt
EHBO *afk* eerste hulp bij ongelukken
EHIC *afk* European Health Insurance Card [Europese zorgpas]
EHRM *afk* Europees Hof voor de Rechten van de Mens
ei[1] *het* [-eren] ❶ biol kiem waaruit na bevruchting een nieuw individu kan ontstaan ❷ idem van vogels, ook als voedsel gedacht, vooral kippenei ★ *een (zacht) ~* een al te vriendelijk of welwillend persoon ★ NN *een eitje* een makkelijk karweitje, een makkelijke opgave ★ *eieren voor zijn geld kiezen* genoegen nemen met iets minders dan men zich had voorgesteld, om moeilijkheden of schade te ontgaan ★ *het ~ van Columbus* een zeer voor de hand liggende oplossing waar men echter alleen in een moment van grote helderheid op komt, zoals Columbus' oplossing om een ei rechtop te laten staan door er een deuk in te slaan ★ *beter een half ~ dan een lege dop* liever een beetje dan helemaal niets ★ NN *het ~ wil wijzer zijn dan de hen* het kind wil wijzer zijn dan zijn ouders ★ *zijn ~ niet kwijt kunnen* zich niet kunnen uiten, met zijn gevoelens geen raad weten ★ *op eieren lopen* zeer voorzichtig moeten manoeuvreren, zich in een bedreigende omgeving moeten bewegen ★ BN, spreektaal *met een ~ zitten* voor een dilemma staan, niet weten wat

te doen ★ BN *met iem. een eitje te pellen hebben* een appeltje met iemand te schillen hebben, iets onaangenaams met iemand af te handelen hebben; zie ook bij → **appel¹**

ei² *tsw* uitroep van aangename verrassing; vaak verdubbeld: ★ *ei, ei!*

ei³ *tsw* ★ BN ~ *zo na* bijna: hij verloor ~ zo na zijn evenwicht

e.i. *afk* elektrotechnisch ingenieur

ei·ber *de (m)* [-s] vero ooievaar

ei·cel *de* [-len] cel waaruit zich een ei ontwikkelt

ei·der·dons *(IJsl) het* dons van de eidereend

ei·der·eend *(IJsl) de* [-en], **ei·der·gans** [-ganzen] eend uit Noord-Europa met zeer zacht dons (*Somateria mollissima*)

ei·er·dans *de (m)* [-en] ❶ dans tussen eieren door ❷ fig handeling waarbij men zorgvuldig gevoeligheden moet ontzien

ei·er·dooi·er *de (m)* [-s] het geel van een ei

ei·er·dop *de (m)* [-pen] eierschaal

ei·er·dop·je *het* [-s] klein kopje waarin men een gekookt ei plaatst

ei·e·ren *zn meerv* van → **ei¹**

ei·er·eten *het* ★ vooral NN *dat is het hele* ~ daarmee is iets wat moeilijk lijkt, eenvoudig en overtuigend verklaard

ei·er·koek *de (m)* [-en] zachte koek, bereid met beslag waar eieren door geroerd zijn

ei·er·ko·ker *de (m)* [-s] elektrisch keukenapparaatje waarin een aantal eieren zolang verhit wordt door hete stoom tot het waterlaagje onderin geheel verdampt is

ei·er·le·pel·tje *het* [-s] kleine lepel, waarmee men gekookte eieren leegeet

ei·er·le·vend·ba·rend *bn* jongen ter wereld brengend uit eieren die in het lichaam zijn uitgebroed

ei·er·plant *de* [-en] aubergine

ei·er·rek *het* [-ken] rek met gaten waarin eieren passen

ei·er·schaal *de* [-schalen] schil om het ei

ei·er·schaal·por·se·lein *het* zeer fijn en broos porselein

ei·er·snij·der *de (m)* [-s] werktuig om hard gekookte eieren in schijfjes te snijden

ei·er·stok *de (m)* [-ken] anat orgaan waarin zich de eieren ontwikkelen, *ovarium*

ei·er·struif *de* [-struiven] inhoud van een rauw ei

ei·er·war·mer *de (m)* [-s] kapje op een gekookt ei om het warm te houden

ei·er·wek·ker *de (m)* [-s] wekkerklok die afloopt als waarschuwing dat het eten de vereiste tijd gekookt, gebakken e.d. is, vooral gebruikt bij het koken van eieren

eig. *afk* eigenlijk

ei·geel I *het* [-gelen] dooier (van een ei) **II** *bn* zo geel als de dooier van een ei

ei·gen I *bn* ❶ van iemand of iets zelf: ★ *hij heeft zijn ~ fiets vernield* ★ *iets met zijn ~ ogen zien* iets zelf zien

★ *eigener beweging* door eigen initiatief
❷ kenmerkend voor, behorend bij iem. of iets: ★ *dat ongemak is ~ aan het systeem; vgl:* → **eigene**
❸ vertrouwd, gemeenzaam: ★ ~ *met iemand zijn* ★ *zich ~ maken* zich degelijke kennis verwerven van, tot zijn geestelijk eigendom maken: ★ *zich een taal ~ maken* ★ *zich een overtuiging ~ maken* **II** *het* spreektaal: ★ *mijn, zijn* ~ mezelf, hemzelf; mij, zich
★ *op zijn ~ (willen) zijn* aan zichzelf overgelaten (willen) zijn, alleen, eenzaam, zonder vrienden (willen) zijn ★ *(dat is, spreekt) van eigen(s)* natuurlijk, vanzelf

ei·ge·naar *de (m)* [-s, -naren] aan wie iets toebehoort:
★ *wettige, rechtmatige* ~

ei·gen·aar·dig *bn* merkwaardig, zonderling, raar:
★ *een ~ ventje*; **eigenaardigheid** *de (v)* [-heden]

ei·gen·baat *de* eigenbelang: ★ *uit ~ handelen*

ei·gen·be·lang *het* zorg voor eigen voordeel: ★ *uit ~ iets doen*

ei·gen·dom I *het* [-men] wat iemand het zijne mag noemen, wat hem toebehoort **II** *de (m)* eigendomsrecht ★ BN *naakte* ~ zonder genot van de opbrengst, blote eigendom; zie ook bij → **bloot**, → **horizontaal**, → **industrieel**

ei·gen·doms·recht *het* [-en] volledig recht van bezit en beschikking daarover

ei·gen·dunk *de (m)* hoge dunk van zichzelf

ei·gen·dun·ke·lijk *bn* willekeurig, eigenmachtig, zonder rekening te houden met andermans wensen

ei·ge·ne *het* dat wat iem. of iets → **eigen** (bet 2) is

ei·gen·ge·maakt *bn* door iemand zelf gemaakt:
★ *eigengemaakte appeltaart*

ei·gen·ge·rech·tig *bn* op eigen gezag oordelende; van eigen voortreffelijkheid overtuigd; **eigengerechtigheid** *de (v)*

ei·gen·ge·reid *bn* op eigen gezag (handelend), eigenmachtig (optredend)

ei·gen·han·dig *bn* met eigen hand(en): ★ *iem. ~ uit het pand verwijderen*

ei·gen·heid I *de (v)* [-heden] kenmerkende eigenschap
II *de (v)* eigen aard

ei·gen·hei·mer *de (m)* [-s] ❶ bep. aardappelsoort
❷ NN, fig eigenzinnig persoon

ei·gen·lief·de *de (v)* ingenomenheid met zichzelf

ei·gen·lijk *bn* in wezen, welbeschouwd: ★ ~ *heb je wel gelijk*

ei·gen·mach·tig *bn* zonder toestemming te hebben gevraagd: ★ ~ *optreden*

ei·gen·naam *de (m)* [-namen] bijzondere, individuele naam, zoals *Loes, Zaandam*; *tegengest:* → **soortnaam**

ei·gen·rich·ting *de (v)* vooral NN het rechtdoen op eigen gezag, zijn eigen rechter zijn: ★ *in alle rechtsstaten is ~ verboden*

ei·gen·schap *de (v)* [-pen] kenmerk dat bij iets of iemand behoort: ★ *goede, slechte eigenschappen bezitten* ★ *hardheid is een ~ van diamant*

ei·gen·ste *bn* spreektaal precies de- of hetzelfde: ★ *op het ~ ogenblik*

ei·gen·tijds *bn* van de eigen tijd, contemporain, modern: ★ *de eigentijdse letterkunde*
ei·gen·waan *de (m)* te hoge dunk van zichzelf
ei·gen·waar·de *de (v)* ★ *gevoel van* ~ besef van wat men waard is
ei·gen·wijs *bn* menende alles beter te weten dan een ander: ★ *een* ~ *kind* ★ *heel* ~ *liep hij de andere kant op*
ei·gen·wijs·heid I *de (v)* het eigenwijs zijn **II** *de (v)* [-heden] eigenwijze opmerking of handeling
ei·gen·wil·lig *bn* naar eigen wil
ei·gen·zin·nig *bn* op eigen zin of inzicht afgaande, zonder acht te slaan op raad of wens van anderen, koppig; **eigenzinnigheid** *de (v)*
eight·track [eettrek] (‹Eng) *de (m)* [-s] geluidsband met acht sporen (→ **spoor**¹, bet 6)
eik *de (m)* [-en] grote loofboom (*Quercus*)
ei·kel *de (m)* [-s] ❶ vrucht van de eik ❷ voorste deel van de penis ❸ geringsch onbenullig persoon
ei·kel·kof·fie *de (m)* ❶ poeder van geroosterde eikels ❷ de hieruit bereide drank
ei·kel·worm *de (m)* [-en] klasse van wormvormige zeedieren (Enteropneusta), vnl. levend in ondiep zeewater, in lengte variërend van 9 cm tot 2,5 m
ei·ken *bn* van eikenhout
ei·ken·bast *de (m)* bast van eik(en)
ei·ken·blad *het* [-bladeren, -bladen, -blaren] blad van een eik
ei·ken·blad·rol·ler *de (m)* [-s] groen en grijs gekleurde vlinder, waarvan de rups op eiken leeft (*Teras viridana*)
ei·ken·boom *de (m)* [-bomen] eik
ei·ken·bos *het* [-sen] bos eikenbomen
ei·ken·hak·hout *het* akkermaalshout
ei·ken·hout *het* hout van de eik
ei·ken·hou·ten *bn* van eikenhout
ei·ken·loof *het* eikenbladeren
ei·ken·schors *de* ruwe bast van eikenhout
ei·ken·stam *de (m)* [-men] stam van een eik
ei·kern *de* [-en] kern van eicel
ei·land *het* [-en] een geheel door water omgeven stuk land
ei·lan·den·groep *de* [-en] groep eilanden, archipel
ei·lan·den·rijk *het* [-en] rijk uit eilanden bestaande
ei·lan·der *de (m)* [-s] NN eilandbewoner
ei·land·hop·ping *de* NN het kort na elkaar bezoeken van een aantal eilanden tijdens een vakantie: ★ ~ *in de Egeïsche Zee*
ei·lan·dist *de (m)* [-en] liefhebber van eilanden
ei·land·per·ron *het* [-s] vooralNN spoorwegperron met rails aan beide zijden
ei·lands·raad *de (m)* NN vertegenwoordigend lichaam op de Nederlandse Antillen
ei·lei·der *de (m)* [-s] buis waardoor een eicel van de eierstok naar de baarmoeder gevoerd wordt
eind, ein·de, end *het* [einden, enden] ❶ uiterste, laatste, verste gedeelte, slot ★ *aan het langste (kortste)* ~ *trekken* in de voordeligste (ongunstigste) positie zijn ★ *het bij het rechte* ~ *hebben* het juiste

inzicht hebben ★ *ten einde raad* zie bij → **raad**
★ *eind goed al goed* als iets een goede afloop heeft, is alles goed ★ *het einde!* uitroep met de betekenis: prachtig!, fantastisch! (zie ook bij → **eindeloos**)
★ *daar is het* ~ *van weg of zoek* dat houdt niet op, dat wordt een eindeloze affaire ★ *er een* ~ *aan maken* a) (iets) beëindigen; b) zelfmoord plegen ★ *doorgaan tot het bittere* ~ volhouden ondanks grote moeilijkheden ★ *de eindjes aan elkaar knopen* met moeite kunnen rondkomen ★ BN, spreektaal, fig *een straatje zonder* ~ een impasse ★ *op 't eind(e)* op den duur, ten slotte; zie ook bij → **gebed** ❷ (in deze betekenis alleen *eind* of *end*) stuk (van iets wat zich in de lengte uitstrekt): ★ *een* ~ *hout, een* ~ *touw; een heel* ~ een grote afstand ★ schertsend *een lang* ~ een lang persoon ❸ doel: ★ *ten einde* met het doel om ★ *te dien einde* met dat doel
eind·ac·cent *het* [-en] klemtoon op de laatste lettergreep of op het laatste woord van een zin
eind·be·drag *het* [-dragen] bedrag aan het eind van de berekening
eind·cij·fer *het* [-s] cijfer waarop een berekening uitkomt
eind·darm *de (m)* [-en] deel van de embryonale darm achter de dooierzak
eind·di·plo·ma *het* ['s] getuigschrift dat aan het einde van een opleiding wordt afgegeven
eind·doel *het* laatste doel, einde
ein·de *het* [-n, -s] → **eind**
ein·de·jaar *het* de periode rond Kerstmis en het einde van het jaar
ein·de·jaars·pre·mie *de* [-s] BN eindejaarsuitkering, kerstgratificatie
ein·de·jaars·uit·ke·ring *de (v)* [-en] NN salaristoeslag aan het einde van het jaar, dertiende maand
ein·de·lijk *bn* ten slotte, op het einde, nadat er lang op is gewacht: ★ ~ *kwam Akke opdagen*
ein·de·loos *bn* ❶ zonder eind, zonder ophouden ❷ NN, spreektaal heerlijk, prachtig, geweldig; **eindeloosheid** *de (v)*
ein·der *de (m)* plechtig horizon
ein·de·reeks *de* [-en] BN restanten die tegen verminderde prijs worden verkocht
eind·exa·men *het* [-s] examen aan het eind van een opleiding
eind·fa·se [-zə] *de (v)* [-s, -n] laatste fase
eind·gast·heer *de (m)* [-heren] biol laatste gastheer van een parasiet (na een eventuele tussengastheer), waarop deze geslachtsrijp wordt
eind·ge·brui·ker *de (m)* [-s] comput iem. die gebruik maakt van de faciliteiten van een computersysteem
ein·dig *bn* een eind hebbend, beperkt van duur: ★ *een eindige reeks getallen*; **eindigheid** *de (v)*
ein·di·gen *ww* [eindigde, h. & is geëindigd] ❶ een einde maken aan, besluiten: ★ *hij eindigde zijn rede met een dankwoord* ❷ een einde nemen: ★ *hier eindigt de bebouwde kom* ★ *de wedstrijd eindigde in een gelijkspel*

eind·in·druk *de (m)* [-ken] samenvattende indruk
eind·je *het* [-s] ❶ stukje: ★ *een ~ met iem. oplopen* ★ *een ~ verderop* ❷ eindstukje: ★ *het ~ van een koord*
eind·loon *het* NN loon van iem. aan het eind van zijn loopbaan (o.a. gebruikt als basis voor de pensioenberekening); *vgl*: → **middelloon**
eind·meet *de* [-meten] BN, spreektaal, sp eindstreep, finish
eind·mo·re·ne *de* [-n, -s] verst opgeschoven stuk van een morene
eind·on·der·wijs *het* afsluitend onderwijs, onderwijs dat niet in een hogere klas of hogere school voortgezet wordt
eind·pro·duct *het* [-en] product dat de laatste bewerking heeft ondergaan
eind·punt *het* [-en] laatste punt, einddoel
eind·re·dac·teur *de (m)* [-s, -en] iem. die de definitieve → **redactie** (bet 1) vaststelt
eind·rijm *het* [-en] rijm aan het eind van een versregel
eind·ron·de *de* [-n en -s] sp laatste ronde
eind·sig·naal *het* [-nalen] sp fluitsignaal dat een wedstrijd beëindigt
eind·spel *het* [-spelen] schaken, dammen laatste fase van een partij, waarbij nog maar weinig stukken, resp. schijven op het bord staan: ★ *hij is goed in het ~* ★ *er stonden wat eindspelen in de krant*
eind·sprint *de (m)* [-en en -s] ❶ sp het in versneld tempo afleggen van het laatste deel van een snelheidswedstrijd: ★ *hij versloeg zijn tegenstanders in de ~* ❷ fig laatste deel van een taak of van werkzaamheden, dat met extra energie wordt afgemaakt
eind·spurt *de (m)* [-s, -en] sp eindsprint
eind·stand *de (m)* [-en] verhouding tussen partijen aan het eind van een spel of wedstrijd
eind·sta·tion [-(t)sjon] *het* [-s] ❶ station aan het eind van een spoorweg ❷ station waar een reis eindigt
eind·streep *de* [-strepen] streep aan het eind van een wedstrijdbaan, finish ★ *de ~ halen* fig tot het einddoel komen
eind·strijd *de (m)* laatste, beslissende strijd
eind·uit·slag *de (m)* [-slagen] sp uitslag aan het eind van een wedstrijd of toernooi
eind·ver·slag *het* [-slagen] definitief verslag
eind·werk *het* [-en] BN, spreektaal afstudeerscriptie, eindscriptie
ein·stei·ni·um [aainstaainie(j)um] *het* kunstmatig chemisch element, symbool Es, atoomnummer 99, genoemd naar de Zwitserse natuurkundige Albert Einstein (1879-1955)
ein·zel·gän·ger [aintselyengər] *⟨Du⟩ de (m)* [-s] iem. die bij voorkeur alleen is en zijn eigen gang gaat
ei·poe·der, **ei·poei·er** *de (m) & het* poeder van gedroogde eieren
ei·rond *bn* ovaal
eis *de (m)* [-en] ❶ verlangen, het noodzakelijke: ★ *iets aanpassen aan de eisen van de tijd~* ❷ voorwaarde: ★ *hoge eisen stellen* ❸ rechtsvordering: ★ *een ~*

indienen ❹ vonnis dat het Openbaar Ministerie van de rechtbank verlangt: ★ *de eis is vier jaar gevangenisstraf*
eïs [eeies] *de* muz verhoogde e
ei·sen *ww* [eiste, h. geëist] verlangen, vorderen; als voorwaarde stellen
ei·sen·pak·ket *het* [-ten] het totaal van eisen van bijv. een actiegroep of vakbond
ei·ser *de (m)* [-s], **ei·se·res** *de (v)* [-sen] iem. die voor het → **gerecht**¹ eist
ei·sprong *de (m)* [-en] het loskomen v.d. eicel uit de eierstok, ovulatie
ei·tand *de (m)* [-en] soort tand met behulp waarvan zich nog in het ei bevindende vogels of reptielen de eierschaal doorprikken
ei·vlie·zen *mv* vliezen om het embryo
ei·vol *bn* propvol
ei·vor·mig *bn* de vorm van een ei hebbend, ovaal
ei·wit *het* [-ten] ❶ het wit van een ei ❷ stof met soortgelijke samenstelling, belangrijk bestanddeel van dierlijke en plantaardige organismen, proteïne
ei·wit·arm *bn* weinig proteïne bevattend
ei·wit·rijk *bn* veel proteïne bevattend
eja·cu·laat *⟨Lat⟩ het* hoeveelheid sperma die in één zaadlozing naar buiten komt
eja·cu·la·tie [-(t)sie] *⟨Lat⟩ de (v)* [-s] uitwerping, vooral zaadlozing
eja·cu·le·ren *ww* [ejaculeerde, h. geëjaculeerd] een zaadlozing hebben
EK *afk* ❶ in Nederland Eerste Kamer ❷ Europees Kampioenschap, Europese Kampioenschappen
e.k. *afk* ❶ eerstkomende ❷ eerste kwartier
ek·ster *de* [-s] zwart en wit gevederde vogel met een lange staart, veel voorkomend in Nederland en België, *Pica pica*
ek·ster·oog *het* [-ogen] eeltachtige verharding aan de voet, likdoorn
el *de* [-len] ❶ oude lengtemaat, ca. 69 cm ❷ vroeger meetstok
elan [eelã] *⟨Fr⟩ het* aandrift, vuur, bezieling
eland *⟨Du⟩ de (m)* [-en] het grootste hert, waarvan sommige exemplaren een zeer groot gewei hebben, *Alces alces*
eland·test *de (m)* [-s] ❶ eig proef waarbij men de stabiliteit test van een auto door deze bij een bep. snelheid plotseling te laten uitwijken voor een obstakel ❷ bij uitbreiding beslissende test in het algemeen
elas·ti·ci·teit *⟨Fr⟩ de (v)* ❶ veer- en spankracht, eig en fig ❷ rekbaarheid ❸ econ maatstaf waarmee men aangeeft in welke mate de waarde van een grootheid reageert op veranderingen in een of meer andere grootheden
elas·tiek *⟨Fr⟩* I *bn* veerkrachtig; elastisch II *het* ❶ zeer elastisch weefsel, materaal dat direct de oude vorm weer aanneemt nadat het uitgerekt is ❷ bandje of ringetje van gummi, *veelal verkl*: ★ *een pakje met twee elastiekjes erom*

elas·tie·ken I *bn* van elastiek **II** *ww* [elastiekte, h. geëlastiekt] kinderspel springend met de voeten figuren vormen van een lang stuk gespannen elastiek
elas·tiek·sprin·gen *ww & het* bungeejumping
elas·tisch [eelas-] *(‹Fr) bn* veerkrachtig, rekbaar, eig en fig
el·ders *bijw* ergens anders: ★ ~ wonen ★ naar ~ gaan
el·do·ra·do *het* ['s] *(‹Sp)* ❶ eig de vergulde ❷ Eldorado fabelachtig goudland dat in Zuid-Amerika werd gezocht (term in 1536 voor het eerst gebruikt door de Spaanse conquistador Belalcazar) ❸ fig heerlijk en gelukkig oord, paradijs: ★ *het Waddengebied is een ~ voor vogelaars*
elect [eelekt,], **elec·tus** [eelek-] *(‹Lat) de (m)* [electen] RK bisschop of abt die verkozen, maar nog niet gewijd is
elec·tie [eeleksie] *(‹Lat) de (v)* keus, keur, verkiezing
elec·to·raal *(‹Fr) bn* in verband staand met de verkiezingen, verkiezings-: ★ *een electorale overwinning*
elec·to·raat *(‹Fr) het* ❶ de gezamenlijke kiezers, het kiezersvolk ❷ keurvorstendom
elec·tric boo·gie [illektrik boeyie] *(‹Eng) de (m)* dans die gekenmerkt wordt door schokkende, robotachtige bewegingen
elec·tron·ic church [eliktronnik tsjù(r)tsj] *(‹Eng) de (m)* benaming voor televisie-uitzendingen van godsdienstige bijeenkomsten onder leiding van een enthousiast predikende geestelijke
ele·fan·ti·a·sis [-zis] *(‹Gr) de (v)* med olifantsziekte, huidziekte die in sommige lichaamsdelen een buitengewone verdikking veroorzaakt
élé·gance [-γās(ə)] *(‹Fr) de (v)* elegantie
ele·gant *(‹Fr‹Lat) bn* bevallig, sierlijk, aangenaam aandoend door fijne vormgeving of natuurlijke fijne vorm
ele·gan·tie [-sie] *(‹Lat) de (v)* het elegant-zijn, sierlijkheid, bevalligheid
ele·gie *(‹Lat‹Gr) de (v)* [-gieën] klaagzang, klaaglied, treurdicht
elek·tra [eelek-] *de & het* vooral NN, spreektaal elektriciteit, elektriciteitsvoorziening: ★ *in dat dorp hadden ze wel gas, maar nog geen ~*
elek·tra·com·plex [eelek-] *het* psych het equivalent van het oedipuscomplex bij meisjes, genoemd naar Elektra, dochter van Agamemnon, een figuur uit de Griekse mythologie
elek·tri·cien [-sjē] *(‹Fr) de (m)* [-s] vakman op het gebied van de praktische toepassingen van elektriciteit
elek·tri·ci·teit *(‹Fr‹Gr) de (v)* ❶ eig barnsteenkracht ❷ natuurkracht die langs scheikundige weg, door wrijving, of door magnetische inductie, kan worden opgewekt en door geleidende stoffen (metaaldraden enz.) geleid kan worden naar punten tot ver van de plaats waar zij opgewekt werd
elek·tri·ci·teits·ca·bi·ne *de (v)* [-s] BN

transformatorhuisje
elek·tri·ci·teits·me·ter *de (m)* [-s] meter die het verbruik van elektrische energie meet
elek·tri·fi·ca·tie [-(t)sie] *de (v)* het elektrificeren
elek·tri·fi·ce·ren *ww (‹Fr)* [elektrificeerde, h. geëlektrificeerd] voorzien van elektrische energie
elek·trisch [eelek-] *bn* betrekking hebbend op, van de aard van of werkend d.m.v. elektriciteit: ★ *elektrische leiding* ★ *elektrische gitaar* gitaar waarvan de tonen elektrisch worden versterkt, tegengest: akoestische gitaar ★ *elektrische stoel* stoel waarop mensen terecht worden gesteld door middel van elektrocutie
elek·tri·seer·ma·chi·ne [-zeermaasjienə] *de (v)* [-s] vroeger toestel tot opwekking van elektriciteit d.m.v. wrijving of inductie
elek·tri·se·ren *ww* [-zee-] *(‹Fr)* [elektriseerde, h. geëlektriseerd] ❶ elektriciteit opwekken of toevoeren aan ❷ fig krachtig aanvuren, bezielen, in beweging brengen
elek·tro- *(‹Gr) als eerste lid in samenstellingen* betrekking hebbend op of geschiedend door elektriciteit
elek·tro·car·di·o·graaf *de (m)* [-grafen] toestel dat de actiestromen van de hartspier registreert
elek·tro·car·di·o·gram *het* [-men] optekening van het verloop van elektrische stromen door het hart (afgekort → **ecg**)
elek·tro·che·mie *de (v)* leer van de samenhang tussen elektrische en scheikundige verschijnselen
elek·tro·cu·te·ren *ww (‹Fr)* [elektrocuteerde, h. geëlektrocuteerd] doden of ter dood brengen door elektrische stroom
elek·tro·cu·tie [-(t)sie] *de (v)* het doden of gedood-worden door elektrische stroom
elek·tro·de *(‹Gr) de (v)* [-n, -s] elk van de geleiders van waarlite elektrische stroom overgaat in een vloeistof, een gas of ledige ruimte
elek·tro·en·ce·fa·lo·gram *het* [-men] optekening van de zwakke stroomstootjes die met de functionering van de hersenschors gepaard gaan (afgekort → **eeg**)
elek·tro·ly·se [-liezə] *(‹Gr) de (v)* ontleding van (opgeloste of gesmolten) chemische verbindingen door elektrische stroom
elek·tro·mag·neet [eelek-] *de (m)* [-neten] weekijzeren staaf, omwonden met geïsoleerd metaaldraad waardoor een elektrische stroom gevoerd kan worden, die het ijzer magnetisch maakt
elek·tro·mag·ne·tisch *bn* betrekking hebbend op of geschiedend door middel van elektromagnetisme
elek·tro·mag·ne·tis·me [eelek-] *het* samenhang van elektrische en magnetische verschijnselen en de leer van de wisselwerking tussen elektriciteit en magnetisme
elek·tro·mon·teur [eelek-] *de (m)* [-s] NN elektricien
elek·tro·mo·tor [eelek-] *de (m)* [-toren, -s] machine die elektrisch arbeidsvermogen omzet in mechanisch arbeidsvermogen, die dus beweegkracht levert met

behulp van elektrische stroom
elek·tro·mo·to·risch *bn* ❶ met toepassing van een elektromotor ❷ met elektrische beweegkracht
elek·tron [eelek-] *(‹Gr) het* [-tronen] met negatieve elektriciteit geladen deeltje, zoals er een of meer in de buitenste laag van elk atoom voorkomt
elek·tro·nen·buis *de* [-buizen] buis waarin zich elektronen bewegen
elek·tro·nen·flit·ser *de (m)* [-s] fotogr bep. elektronisch werkend flitsapparaat
elek·tro·nen·mi·cro·scoop *de (m)* [-scopen] vergrotingstoestel dat niet met licht, maar met elektronenstralen werkt, waardoor men objecten zichtbaar kan maken die kleiner zijn dan de golflengte van het licht
elek·tro·ni·ca *(‹Gr) de (v)* ❶ leer van de toepassing van vrije of zwak gebonden elektronen in techniek en technologie (elektronenbuizen, transistors, computers enz.), elektronentechniek ❷ elektronische artikelen
elek·tro·nisch *bn* betrekking hebbend op, werkend met vrije of zwak gebonden elektronen ★ *elektronische muziek* muziek waarvan het klankmaterieel geheel door elektronische apparatuur wordt geproduceerd ★ *elektronische snelweg* infrastructuur die het mogelijk maakt om wereldwijd met elkaar te communiceren door gegevensuitwisseling in digitale vorm
elek·tro·shock [eelektroosjok] *de (m)* [-s] shock die wordt opgewekt door een elektrische, door de schedel geleide stroomstoot, toegepast in de psychotherapie
elek·tro·tech·ni·cus *de (m)* [-ci] beoefenaar van de elektrotechniek, elektricien
elek·tro·tech·niek [eelek-] *de (v)* praktische toepassing van de elektriciteit
elek·tro·tech·nisch *bn* betrekking hebbend op, van, bij of over elektrotechniek
ele·ment *(‹Lat) het* [-en] ❶ hist elk van de vier grondstoffen waaruit volgens klassieke opvatting alles is opgebouwd: lucht, water, vuur, aarde ❷ chem elk van de enkelvoudige, chemisch niet herleidbare stoffen waaruit alle samengestelde stoffen zijn opgebouwd ❸ vat waarin door de scheikundige inwerking van vloeistoffen op metalen elektriciteit ontwikkeld wordt, elektrische stroomcel ❹ grondbeginsel, grondslag ❺ bestanddeel ❻ plaats of omgeving waar een mens of een dier zich thuis voelt (leeft): ★ *in zijn ~ zijn* ❼ ★ *de elementen* de (slechte) weersomstandigheden: ★ *de elementen waren ons bij deze wedstrijd slecht gezind* ❽ onderdeel van een grammofoon dat de bewegingen van de naald omzet in elektrische spanning van verschillende variatie ❾ onderdeel van een verwarmingsapparaat dat verhit wordt ❿ ongunstig persoon: ★ *een onguur ~* ⓫ wisk lid van een verzameling ⓬ BN ‹vooral in personeelsadvertenties› persoon die een bep.

functie kan bekleden; functionaris, werkkracht: ★ *wij vragen een dynamisch ~ met diploma hotelschool*
ele·men·tair [-tèr] *(‹Fr‹Lat) bn* ❶ de eerste beginselen betreffend: ★ *elementaire kennis* ❷ onmisbaar: ★ *er ontbreekt een ~ onderdeel* ❸ de chemische elementen betreffend: ★ *elementaire deeltjes de samenstellende deeltjes van de atomen* ★ *elementaire lading* de kleinste hoeveelheid elektriciteit die in de natuur is aangetoond: ★ *het proton bezit een positieve elementaire lading* ★ *elementaire analyse* kwantitatieve bepaling van de elementen waaruit organische stoffen zijn samengesteld ❹ van de aard van een → **element** (bet 1): ★ *met ~ geweld*
ele·va·tie [-(t)sie] *(‹Fr‹Lat) de (v)* [-s] verheffing, verhoging
ele·va·tor *(‹Lat) de (m)* [-s, -toren] elektrisch of hydraulisch aangedreven hijs- of lostoestel, graanzuiger
elf[1] *hoofdtelw* ★ *met ons elven* wij als groep van elf personen **II** *de* [elven] ❶ het cijfer 11 ❷ sp elftal: ★ *de ~ van Oranje*
elf[2] *(‹Du‹Eng) de* [-en] toverachtige sprookjesfiguur, meestal voorgesteld als een jong wezen
elf·de *rangtelw* ★ *ter elfder ure* op het laatste ogenblik
el·fen·bank·je *het* [-s] tot het geslacht boomzwam behorende paddenstoelsoort, in grote aantallen levend op loof- en naaldbomen, met banden van diverse kleuren aan de bovenzijde (*Polyporus* of *Coriolus versicolor*)
elf·en·der·tigst *rangtelw* ★ *op zijn ~* zeer langzaam
elf·ju·li·vie·ring *de (v)* [-en] in België viering op 11 juli van de officiële feestdag van de Vlaamse Gemeenschap
elf·me·ter *de (m)* [-s] voetbal strafschop
elf·ste·den·koorts *de* NN zenuwachtige spanning die in een periode van strenge vorst ontstaat over het al dan niet doorgaan van de Elfstedentocht
Elf·ste·den·tocht *de (m)* [-en] in Nederland tocht per schaats langs elf Friese steden
elft *de (m)* [-en] haringachtige zeevis, *Alosa alosa*
elf·tal *het* [-len] sp groep van elf spelers
eli·mi·na·tie [-(t)sie] *de (v)* [-s] het elimineren, wegwerking; verwijdering; afstoting
eli·mi·ne·ren *ww (‹Fr)* [elimineerde, h. geëlimineerd] ❶ uitdrijven, uitschakelen: ★ *Ajax elimineerde RKC voor de beker* ❷ buiten beschouwing laten, weglaten: ★ *de verdere gegevens kun je ~* ❸ wisk een in de beide leden van een vergelijking of in verschillende vergelijkingen voorkomende zelfde grootheid wegwerken
eli·tair [-tèr] *(‹Du) bn* eigen aan of bestemd voor een elite, veelal in afkeurende zin gebruikt: ★ *een elitaire sport*
eli·te [eelietə] *(‹Fr) de* de hoogste maatschappelijke kringen, de toplaag van de maatschappij
elixer, elixir [eeliks-] *(‹Lat‹Arab) het* [-s] geneeskrachtige kruidendrank
elk *bn & onbep vnw* ieder

el·kaar, **el·kan·der** *wederkerig vnw* de één naar, tot, voor, tegen enz. de ander: ★ ~ *groeten* ★ *naar* ~ *schreeuwen* ★ *door* ~ a) zonder orde; b) gemiddeld ★ *in* ~ *slaan* ernstig mishandelen door te slaan ★ *in* ~ *zetten* samenstellen ★ *onder* ~ *zijn* bij elkaar zijn zonder vreemden ★ *uit* ~ *gaan* niet bij elkaar blijven, gaan scheiden ★ *voor* ~ *brengen* in orde brengen, klaarspelen ★ *ze niet allemaal bij* ~ *hebben* gek zijn

elk·een *onbep vnw* iedereen

el·le·bo·gen·werk *het* het in de maatschappij vooruit proberen te komen ten koste van anderen

el·le·boog *de (m)* [-bogen] ❶ gewricht tussen onder- en bovenarm ★ <u>NN</u> *ze / het achter de ellebogen hebben* er slinkse streken op na houden, achterbaks zijn ★ *met de ellebogen werken* ten koste van anderen een betere (maatschappelijke) positie trachten te verwerven ❷ in een rechte hoek gebogen stuk pijp

el·len·de *de* [-n] rampspoed ★ *in elkaar storten van* ~ uit zichzelf kapotgaan door slechte constructie ★ *een hoopje* ~ een zielig en / of verdrietig persoon, <u>vooral</u> een kind ★ *wat een* ~!, *doffe* ~! uitroep bij het ervaren van (veel) narigheid

el·len·de·ling *de (m)* [-en] slecht of onaangenaam mens

el·len·dig *bn* akelig, rampzalig

el·len·lang *bn* heel lang, onplezierig lang: ★ *een* ~ *sinterklaasgedicht*

el·le·pijp *de* [-en] dikste van de beide onderarmbeenderen

el·lips *(‹Fr‹Gr) de* [-en] ❶ een van de kegelsneden: een gesloten kromme lijn, waarbij voor ieder punt de som van de afstanden tot twee vaste punten, de brandpunten, gelijk is ❷ <u>taalk</u> weglating van een of meer woorden in een zin of woordgroep, die voor het begrip van het geheel niet vereist zijn; verkorte uitdrukkingswijze

el·lip·so·ï·de *(‹Gr) de (v)* [-n] lichaam dat ontstaat door de wenteling van een ellips om één van de assen

el·lip·tisch *(‹Gr) bn* ❶ ellipsvormig, langwerpig rond ❷ <u>taalk</u> met een → **ellips** (bet 2), waarbij wat weggelaten is

elms·vuur, **el·mus·vuur** *het* ★ *sint* ~ elektrisch verschijnsel in de gedaante van vlammetjes aan het einde van hoge en spitse voorwerpen

elo *(‹Eng) het* → **elorating**

elo·cu·tie [-(t)sie] *(‹Fr) de (v)* welbespraaktheid

élo·ge [eelòzjə] *(‹Fr‹Lat) de (m)* [-s], **elo·gi·um** [eeloo-] *(‹Lat) het* [-gia] op- of inschrift en vervolgens rede ter ere van een overledene, lofrede

elo·punt *het* [-en] <u>schaken</u> punt in het elosysteem, zie: → **elorating**

elo·quent [-kwent] *(‹Lat) bn* welsprekend, welbespraakt

elo·quen·tie [-kwensie] *(‹Fr) de (v)* welsprekendheid, welbespraaktheid

elo·rat·ing [ielooreeting] *de (m)* cijfer dat de sterkte van een (top)schaker aangeeft, volgens een systeem dat in 1970 is ontwikkeld door de Amerikaan A.E. Elo

el·pee *(‹Eng) de* [-s] langspeelplaat

el·pen·been *het* ivoor

el·pen·be·nen *bn* van elpenbeen

els¹ *de (m)* [elzen] berkachtige loofboom, meest aan het water groeiend, het geslacht *Alnus*

els² *de* [elzen] schoenmakerspriem

Ely·sees [eelie-] *bn* → **Elysisch**

Ely·sisch [eeliezies] *bn* van of als van het Elysium, paradijsachtig, verrukkelijk

Ely·si·um [eeliezie(j)um] *(‹Lat‹Gr) het* land van de zaligen in de Griekse mythologie, paradijs, verrukkelijk lustoord

El·zas·sisch, **El·zas·sisch I** *bn*, **Elzasser** van, uit de Elzas **II** *het* het dialect van de Elzas

el·zen *bn* van elzenhout

el·zen·boom *de (m)* [-bomen] → **els¹**

el·zen·bos *het* [-sen] bos elzen (zie → **els¹**)

el·zen·hout *het* hout van de → **els¹**

el·zen·hou·ten *bn* van elzenhout

el·zen·kat·je *het* [-s] bloeiwijze van de → **els¹**

el·zen·prop *de* [-pen] kegelvormige vrucht van de → **els¹**

el·ze·vier *de (m)* naam van een lettertype van de boekdrukkers Elzevier (of Elsevier)

Em. *afk* eminentie

em. *afk* emeritus

email [eemaj] *(‹Fr) het* ❶ glasachtige bedekking op aardewerk, metaal of glas, al of niet ter versiering (brandverf) ❷ voorwerpen die met glazuur als onder 1 bedekt zijn ❸ tandglazuur

e-mail *de* [iemeel] *(‹Eng)* ❶ *electronic mail* elektronische verzending van berichten via een computernetwerk; ❷ *e-mailtje* op deze wijze verzonden of ontvangen bericht

e-mail·adres [iemeel-] *(‹Eng) het* [-sen] <u>comput</u> adres voor het verzenden en ontvangen van elektronische post: ★ *een* ~ *bestaat uit een unieke string met gebruikersnaam en server- of domeinnaam gescheiden door een apenstaart (@)*

e-mai·len *ww* [iemeelə(n)] *(‹Eng)* [e-mailde, h. ge-e-maild] berichten verzenden via e-mail

email·le·ren *ww* [eemajjee-] *(‹Fr)* [emailleerde, h. geëmailleerd] met email bekleden of versieren, brandverven

ema·na·tie [-(t)sie] *(‹Lat) de (v)* [-s] ❶ uitvloeiing ❷ onzichtbare uitstroming ❸ uitstraling van geestelijke energie

eman·ci·pa·tie [-(t)sie] *(‹Lat) de (v)* [-s] ❶ toekenning van gelijke rechten aan eerst gediscrimineerde personen (vrouwen, Joden, negers) ❷ vrijlating, vrijverklaring, vrijmaking (van slaven, lijfeigenen) ❸ meerderjarigverklaring

eman·ci·pa·tie·raad [-(t)sie-] *de (m)* adviescollege van de regering inzake emancipatie van de vrouw

eman·ci·pa·to·risch, **eman·ci·pa·toir** *bn* emancipatie bevorderend

eman·ci·pe·ren *ww* (<*Fr*<*Lat*) [emancipeerde, h. geëmancipeerd] ❶ van maatschappelijke beperkingen bevrijden ★ *zich* ~ zich van belemmeringen bevrijden, zich dezelfde rechten en dezelfde maatschappelijke positie verwerven als anderen ❷ vrijmaken, van lijfeigenschap enz. ontheffen; zie ook bij → **geëmancipeerd**

ema·ne·ren *ww* (<*Fr*<*Lat*) [emaneerde, h. & is geëmaneerd] voortvloeien uit, afkomstig zijn van

em·bal·la·ge [amballaazjə] (<*Fr*) *de (v)* verpakking; verpakkingsmateriaal

em·bal·le·ren *ww* [am- of em-] (<*Fr*) [emballeerde, h. geëmballeerd] inpakken, verpakken

em·bar·go (<*Sp*) *het* ❶ het belemmeren of staken van handelsverkeer tussen landen, vooral voor politieke doeleinden: ★ *olie-embargo* ★ *graanembargo* ❷ het niet mogen publiceren van reeds aan de pers medegedeelde informatie: ★ *op dit verslag rust een* ~ ❸ beslaglegging, vooral in oorlogstijd, op vreemde schepen in de haven van een staat, die zijn rechten geschonden acht door de staat onder wiens vlag de schepen varen

em·bar·ke·ren [am-] (<*Fr*) *ww* [embarkeerde, h. & is geëmbarkeerd] ❶ aan boord brengen, inschepen, inladen ❷ aan boord gaan, zich inschepen ★ *zich* ~ scheep gaan

em·bed·ded [embeddəd] (<*Eng*) *bn* ❶ comput geïntegreerd, bijv. van een besturingssysteem in een apparaat ❷ fig ingebed, ingelijfd, bijv. gezegd van een journalist die in oorlogsgebied werkt onder bescherming van een leger (en daardoor niet als objectief wordt beschouwd)

em·bleem (<*Fr*<*Gr*) *het* [-blemen] zinnebeeld, voorstelling die een begrip of een persoon zinnebeeldig aanduidt, meestal met bijbehorende spreuk (devies); *vgl:* → **emblema**

em·ble·ma (<*Gr*) *het* (*meestal mv:* emblemata) zinneprenten, zinnebeeldige voorstellingen met een op- en een onderschrift waarin een zedelijke waarheid of een algemeen ervaringsbegrip wordt voorgesteld, vooral zoals verzameld in boeken (emblematabundels), die in de 16de-18de eeuw veel gedrukt werden

em·bo·lie (<*Du*<*Gr*) *de (v)* med (plotselinge) verstopping van een bloedvat

em·bon·point [ãmbôpwē] (<*Fr*) *de (m) & het* gezetheid, buikje

em·bou·chure [ãmboesjuur(ə)] (<*Fr*) *muz de (v)* [-s] ❶ mondstuk van een blaasinstrument ❷ techniek van de mondstelling voor het blazen van een instrument

em·bryo [-brie(j)oo] (<*Gr*) *het* ['s] wezen in het eerste stadium van ontwikkeling na de bevruchting (bij de mens tot in de achtste week; daarna spreekt men van → **foetus**)

em·bry·o·lo·gie [-brie-] (<*Gr*) *de (v)* ontwikkelingsleer van het embryo

em·bry·o·loog [-brie-] *de (m)* [-logen] beoefenaar van de embryologie

em·bry·o·naal [-brie-] *bn* ❶ van of als een embryo ❷ in de kiem aanwezig, in eerste wording

emelt *de* [-en] larve van de langpootmug

emer. *afk* emeritus

eme·rald *het* smaragd, groen edelsteen

eme·ri·taat *het* ambtsrust met pensioen van een predikant, professor e.d.: ★ NN *met* ~ *zijn*, BN *ook op* ~ *zijn*

eme·ri·tus [eemee-] (<*Lat*) I *bn* rustend, zijn functie neergelegd hebbend: ★ *een* ~ *hoogleraar* II *de (m)* [-ti] predikant, professor e.d. met pensioen

em·fa·se [-zə] (<*Fr*<*Gr*) *de (v)* nadruk bij het spreken, klem

em·fa·tisch (<*Gr*) *bn* ❶ betrekking hebbend op de emfase, de nadruk: ★ ~ *accent* ❷ nadrukkelijk, met klem of nadruk gesproken

emi·grant (<*Fr*) *de (m)* [-en] iem. die uit het eigen land verhuist; *tegengest:* → **immigrant**

emi·gran·ten·li·te·ra·tuur, **emi·gran·ten·lit·te·ra·tuur** *de (v)* door vluchtelingen in het buitenland gepubliceerde boeken, vooral door voor de nazi's uitgeweken Duitsers

emi·gra·tie [-(t)sie] (<*Fr*) *de (v)* verhuizing uit het eigen land; *tegengest:* → **immigratie**

emi·gré [eemieyree] (<*Fr*) *de (m)* [-s] uitgewekene, persoon die zijn vaderland ontvlucht is, vooral in toepassing op hen die na de opheffing van het edict van Nantes (1685) en tijdens de Franse Revolutie Frankrijk verlieten

emi·gre·ren *ww* (<*Fr*<*Lat*) [emigreerde, is geëmigreerd] het eigen land verlaten om zich elders te vestigen; *tegengest:* → **immigreren**

émi·nence grise [eemienãs griezə] (<*Fr*) *de (m)* [-s grises] ❶ oorspr adviseur die grote invloed heeft op de (politieke) besluitvorming van een land, zonder zelf naar voren te treden (naar père Joseph, de in grijze pij geklede kapucijner monnik en adviseur van de Franse staatsman Richelieu, 1585-1642) ❷ thans oude, eerbiedwaardige man die nog steeds als autoriteit geldt op een bep. gebied: ★ *de* ~ *van de Nederlandse politiek*

emi·nent (<*Fr*<*Lat*) *bn* voortreffelijk, uitstekend, uitmuntend: ★ *een* ~ *betoog*

emi·nen·tie [-sie] (<*Lat*) *de (v)* ❶ voortreffelijkheid ❷ titel van kardinalen

emir [eemir] (<*Arab*) *de (m)* [-s] Arabisch vorst

emi·raat *het* [-raten] gebied onder een emir; Arabisch vorstendom

emis·sie [eemis-] (<*Fr*) *de (v)* [-s] ❶ uitgifte van nieuwe obligaties, aandelen enz. ❷ nat uitstraling, uitzending van deeltjes

emis·sie·bank [eemis-] *de* [-en] bank die aandelen, obligaties e.d. uitgeeft t.b.v. andere bedrijven

emis·sie·koers [eemis-] *de (m)* [-en] ‹van aandelen, obligaties e.d.› koers van uitgifte

emit·te·ren *ww* (<*Lat*) [emitteerde, h. geëmitteerd] ❶ nieuwe aandelen enz. uitgeven ❷ uitstralen,

uitzenden
em·men·ta·ler (‹Du› de (m) stevige, enigszins zoet smakende, Zwitserse kaas met grote gaten, genoemd naar het Emmental, het dal van de rivier de Grosse Emme in Zwitserland
em·mer (‹Lat› de (m) [-s] vat of bak met hengsel ★ NN alsof je een ~ leeggooit dat is geen kleinigheid ★ de druppel die de ~ doet overlopen de laatste aanleiding tot een al lang dreigende uitbarsting
em·mer·bag·ger·mo·len de (m) [-s] baggermolen met regelmatig rondbewogen schepemmers, paternoster
em·me·ren ww [emmerde, h. geëmmerd] vooral NN, spreektaal zaniken, zeuren: ★ hij zit de hele tijd maar over zijn onkostenvergoeding te ~
emoe (‹Port› de (m) [-s] op een struisvogel lijkende loopvogel in Australië, Dromaius novae-hollandiae
emo·lu·men·ten (‹Lat› mv bijkomende inkomsten, bijverdiensten (aan een functie verbonden)
emo·ti·con [eemoo-] (‹Eng-Am› het [-s] in elektronische communicatie gebruikt, uit tekens van het toetsenbord samengesteld gezichtje waarmee een bep. gemoedsgesteldheid wordt uitgedrukt of een bep. type persoon wordt gekarakteriseerd, zoals:-) voor de glimlach,:- (voor boosheid, en:-o voor verbazing
emo·tie [eemoo(t)sie] (‹Fr› de (v) [-s] ❶ gemoedsbeweging, aandoening ❷ het vervuld-zijn door aandoeningen, ontroering, geestelijke onrust
emo·tio·na·li·teit [-(t)sjoo-] de (v) vatbaarheid voor aandoeningen, ontroerbaarheid
emo·tio·neel [-(t)sjoo-] (‹Fr› bn ❶ van de aard van een emotie: ★ een emotionele reactie ❷ vatbaar voor emoties, licht ontroerd, heftig reagerend: ★ een ~ kind
emo·tio·ne·ren ww [-(t)sjoo-] [emotioneerde, h. geëmotioneerd] emotioneel doen worden, op de gevoelens werken, ontroeren
em·pa·thie (‹Gr› de (v) ❶ het zich-invoelen, medevoelen ❷ vermogen zich in anderen in te leven
em·pa·thisch bn van de aard of op de wijze van empathie
Em·pire[1] [ãmpier(ə)] (‹Fr› het keizerrijk, vooral het Franse keizerrijk van Napoleon I ★ second ~ keizerrijk van Napoleon III (1852-'70) ★ empire stijl van het eerste Franse keizerrijk; mode en kunststijl van het begin van de 19de eeuw
Em·pire[2] [empaiə(r)] (‹Eng‹Fr› het keizerrijk vooral het Britse wereldrijk onder koningin Victoria (sinds 1876 keizerin van Indië) en haar opvolgers (tot 1948)
em·pi·ri·cus (‹Lat‹Gr› de (m) [-ci] iemand (vooral wetenschapper) die alleen waarde hecht aan proefondervindelijk verkregen kennis
em·pi·rie (‹Gr› de (v) ervaring, waarneming als bron van kennis

em·pi·risch (‹Gr› bn op ervaring, waarneming berustend; volgens de ervaring ★ empirische wetenschappen wetenschappen die hoofdzakelijk op waarneming berusten, zoals natuurkunde enz.
em·pi·ris·me het wijsgerige opvatting dat alle betrouwbare kennis alleen op ervaring, waarneming berust
em·pi·rist de (m) [-en] aanhanger van het empirisme; wetenschapper die empirisch te werk gaat
em·pla·ce·ment [am-] (‹Fr› het [-en] het tot een station behorend terrein
em·plooi [am-] (‹Fr› het [-en] werkzaamheid, functie, bezigheid: ★ ~ vinden bij een reclamebureau
em·ploy·a·bi·li·ty [emplojjəbillittie] (‹Eng› de inzetbaarheid op de arbeidsmarkt van werknemers
em·ployé [ãmplwajjee] (‹Fr› de (m) [-s], **em·ploy·ee** de (v) [-s] bediende (vooral op een kantoor, een bank)
em·ploy·e·ren ww [amplwajjee-] (‹Fr› [employeerde, h. geëmployeerd] aanwenden, gebruiken (tot)
EMS afk Europees Monetair Stelsel [voorloper van de EMU]
EMU afk Economische en Monetaire Unie [samenwerkingsverband binnen de Europese Unie voor de invoering van de euro]
emu·la·tie [-(t)sie] (‹Fr‹Lat› de (v) ❶ wedijver ❷ comput zodanige aanpassing binnen een computersysteem dat programma's kunnen worden verwerkt die eigenlijk voor een ander computersysteem zijn geschreven
emul·ga·tor (‹Lat› de (m) [-s] middel dat de vorming van een emulsie bevordert
emul·ge·ren (‹Lat› ww [emulgeerde, h. geëmulgeerd] tot een emulsie maken
emul·sie [eemul-] (‹Fr› de (v) [-s] ❶ vloeistof die in zeer fijne druppels in een andere vloeistof is verdeeld ❷ lichtgevoelige laag op fotografische platen, films en papieren
en voegw ❶ ‹tussen twee woorden, zinsdelen of zinnen› zowel het een als het ander: ★ honden ~ katten zijn roofdieren ★ ze danste ~ huppelde naar huis; ter aanduiding van volgorde: ★ ik ging naar de stad ~ kocht een broek ~ ging weer terug ❷ ‹aan het begin van een zin› ter aanloop: ★ ~ nu heb ik er genoeg van!; om aarzeling aan te duiden (vaak 'enne'): ★ enne..., zal ik dan maar afwassen? ❸ ‹vragend› ter aansporing naar verdere informatie: ★ je zoekt dus werk; ~? ❹ ‹in optelsommen› plus: ★ 7 ~ 3 is 10
en·ablen [en-eeblə(n)] (‹Eng› ww [enablede, h. geënabled] inschakelen (vooral m.b.t. computerprogramma's)
enaks·kind het [-eren] Bijbel mens van reusachtige gestalte, reus (naar Numeri 13: 28)
en bloc [ã blok] (‹Fr› bijw in zijn geheel, alle of alles samen: ★ we protesteerden ~ tegen deze plannen
en·ca·dre·ren [ãkaa-] (‹Fr› ww [encadreerde, h. geëncadreerd] ❶ omlijsten, inlijsten ❷ fig insluiten:
encadrering de (v) [-en]
en·ca·nail·le·ren [ãkaanajjee-] (‹Fr› wederk

[encanailleerde, h. geëncanailleerd] zich met mensen beneden zijn stand of rang afgeven: ★ *zich met criminelen* ~

en·ce·fa·li·tis *(‹Gr) de (v)* med hersenvliesontsteking

en·ce·fa·lo·gram *(‹Gr) het* [-men] grafische voorstelling van de uitwerking van een prikkel op de hersenen

en·cla·ve [āklaa-, enklaa-] *(‹Fr) de* [-s] door vreemd gebied of door iem. anders' eigendom ingesloten stuk land, zoals het Belgische Baarle-Hertog in Nederland

en·cli·se [-zə,], **en·cli·sis** [-zis] *(‹Gr) de (v)* taalk positie van een woord waarin het zijn eigen accent verliest door aansluiting aan een voorafgaand woord, bijv. *daar gaat-ie* (daar gaat hij)

en·cli·tisch *(‹Lat‹Gr) bn* door nauwe aansluiting aan het voorafgaande woord zijn eigen accent verloren hebbend

en·coun·ter·groep *(‹Eng) de* [-en] groep personen die aan encountertraining doen

en·coun·ter·train·ing [-treening] *(‹Eng) de (v)* een op sensitivitytraining gelijkende groepsoefening, waarbij ook veel lichamelijke oefeningen worden gedaan om spanningen het hoofd te bieden

en·cryp·te·ren [-krip-] *ww* [encrypteerde, h. geëncrypteerd] comput encryptie toepassen

en·cryp·tie [-kripsie] *de (v)* comput het coderen of omzetten van data ter beveiliging

en·cy·cliek [ensie-, ansie-] *(‹Lat‹Gr) de (v)* [-en] ❶ rondgaande brief ❷ vooral zendbrief van de paus aan alle bisschoppen; wordt genoemd naar de beginwoorden, bijv.: ★ *de* ~ *Rerum Novarum* (1891)

en·cy·clo·pe·die [ensie-, āsie-] *(‹Fr‹Gr) de (v)* [-dieën] ❶ naslagwerk (vaak alfabetisch op trefwoord geordend) waarin wetenschappelijke en culturele kennis is samengebracht ❷ bepaling en leer van de plaats die een wetenschap inneemt in haar samenhang met andere wetenschappen: ★ ~ *van de rechtswetenschap, van de theologie*

en·cy·clo·pe·disch [ensie-, āsie-] *bn* van de aard van of op de wijze van een encyclopedie, allesomvattend: ★ *encyclopedische kennis*

en·cy·clo·pe·dis·ten [ensie-, āsie-] *(‹Fr) mv* de bewerkers van de grote Franse *Encyclopédie* in de 18de eeuw (1751-'72), vooral Diderot en d'Alembert, en hun medestanders

end *het* [-en] → **eind**

en·del·darm *de (m)* [-en] einde van het darmkanaal, dat uitkomt in de anus

en·de·mie *(‹Gr) de (v)* [-mieën] med ziekte die hardnekkig in een bepaalde streek heerst

en·de·misch *bn* van de aard van of op de wijze van een endemie: ★ *cholera is een endemische ziekte in Bangladesh*

en dé·tail *bijw* [ā deetaj] *(‹Fr)* ❶ in het klein ❷ in bijzonderheden: ★ *iets* ~ *vertellen*

en dies meer *bijw* BN ook et cetera

end·je *het* [-s] → **eindje**

en·do·crien *(‹Gr) bn* met inwendige afscheiding: ★ *endocriene klieren*

en·do·cri·no·lo·gie *(‹Gr) de (v)* med leer m.b.t. de hormonen die door de endocriene klieren worden geproduceerd

en·do·ga·mie *(‹Gr) de (v)* huwelijkswet volgens welke men alleen binnen een bepaald sociaal verband (stam, sociale stand e.d.) een huwelijk kan aangaan

en·do·geen *(‹Gr) bn* ❶ uit het binnenste voortkomend ❷ med binnen het lichaam ontstaan ❸ geol in de aarde zelf zijn oorsprong vindend

en·dor·fi·ne *de (v)* [-s] in de hersenen aangemaakte, op morfine lijkende stof met pijnstillende werking

en·dos·sa·bel [ā-, en-,], **in·dos·sa·bel** *(‹Fr) bn* vatbaar voor endossement

en·dos·sant [ā-, en-,], **in·dos·sant** *de (m)* [-en] iem. die een wissel endosseert

en·dos·se·ment [ā-, en-] *(‹Fr),* **in·dos·se·ment** *het* [-en] overdracht van een wissel door een opdracht met handtekening aan de keerzijde

en·dos·se·ren *ww* [ā-, en-] *(‹Fr)* [endosseerde, h. geëndosseerd], **in·dos·se·ren** een wissel door opdracht met handtekening aan de keerzijde aan een ander overdragen; **endossering**; **indossering** *de (v)* [-en]

en·du·rance [endjoerəns] *(‹Eng) de (m)* paardensport het zo snel mogelijk te paard afleggen van een parcours van 25 tot maximaal 160 kilometer op één dag

end·zone [endzoon] *(‹Eng) de* American football gebied achter de achterlijn van de tegenstander waar d.m.v. een → **touchdown** gescoord kan worden

ene *vnw* zie bij → **een**[1]

enen·ma·le *bijw* ★ vooral NN ten ~ volkomen, volstrekt: ★ *dat is ten* ~ *onmogelijk*

ener·ge·tisch *(‹Gr) bn* van, betreffende de → **energie** (bet 1)

ener·gie [-zjie, -gie] *(‹Gr) de (v)* ❶ arbeidsvermogen, vermogen om licht, warmte, beweging e.d. te produceren: ★ *aardgas is in Nederland een belangrijke bron van* ~ ❷ energiebron, stof waarin arbeidsvermogen is opgeslagen: ★ *zuinig zijn met energie* ❸ kracht waarmee men iets doet, naar iets streeft, wilskracht: ★ *met veel* ~ *te werk gaan*

ener·gie·be·spa·ring [-zjie-, -gie-] *de (v)* vermindering van het verbruik van energie (aardolie, aardgas e.d.)

ener·gie·bron [-zjie-, -gie-] *de* [-nen] wat → **energie** (bet 1) levert: aardolie, steenkool, waterkracht

ener·gie·cer·ti·fi·caat [-zjie-, -gie-] *het* [-caten] certificaat dat inzicht geeft in het energieverbruik van een gebouw of woning

ener·gie·cri·sis [-zjie-, -giekriezis] *de (v)* [-sen, -crises] toestand die ontstaat als de energiebronnen de consument niet meer in voldoende mate bereiken door werkelijke tekorten, gebrek aan aanvoer, het spaak lopen van de distributie e.d.

ener·gie·dra·ger [-zjie-, -gie-] *de (m)* [-s] grondstof die de bron is van energie, zoals steenkool, aardolie, uranium e.d.

ener·gie·hef·fing [-zjie-, -gie-] *de (v)* extra belasting op het gebruik van fossiele brandstoffen

ener·giek [-zjiek, -giek] *bn* vervuld van een krachtig en volhardend streven om een doel te bereiken; flink, krachtig handelend of optredend

ener·gie·ver·bruik [-zjie-, -gie-] *het* het verbruiken van energie

ener·lei *bn* van dezelfde soort; hetzelfde

ener·ve·rend *(‹Fr‹Lat) bn* zeer spannend, opwindend, zenuwslopend: ★ *een ~ slot van de wedstrijd*

ener·zijds *bijw (meestal gevolgd door:* → **anderzijds)** aan *of* van één kant (beschouwd)

en face *bijw* [ã fàs] *(‹Fr)* ❶ van voren (gezien): ★ *een portret ~ (vgl:* → **en profil)** ❷ vlak tegenover

en fa·mil·le *bijw* [ã fàmiejə] *(‹Fr)* in de huiselijke kring

en·fant [ãfã] *(‹Fr) het* [-s] kind: ★ ~ *terrible iem. die zich altijd tegendraads opstelt, maar toch geaccepteerd blijft*

en·fin [ãfẽ] *(‹Fr) bijw* kortom, in 't kort; *vgl:* → **afijn**

Eng. *afk* ❶ Engeland ❷ Engels

eng *bn* ❶ nauw: ★ *een enge kloof* ★ *in engere zin* met minder ruime omschrijving ❷ NN griezelig: ★ *een enge film, enge geluiden*

en·ga·ge·ment [ãyaazjəment, anggaazjə-] *(‹Fr) het* [-en] ❶ verbintenis, vooral als artiest bij een of ander gezelschap ❷ verloving ❸ het geëngageerd-zijn

en·ga·ge·ren [ãyaazjee-, anggaazjee-] *(‹Fr)* **I** *ww* [engageerde, h. geëngageerd] in dienst nemen, vooral van artiesten, aanwerven; ten dans vragen **II** *wederk* ❶ in dienst treden ❷ zich verloven ❸ stelling nemen ten aanzien van hedendaagse sociale problemen; *vgl:* → **geëngageerd** ★ BN *ook zich ~ om* zich verplichten om

en·gel *(‹Lat‹Gr) de (m)* [-en] ❶ hemels wezen, bode van God, vaak voorgesteld als een onstoffelijk wezen met vleugels ❷ mens van zeer lief karakter ★ *een reddende ~* iem. die onverwacht reddend optreedt in een dreigende situatie; zie ook bij → **engeltje**

en·gel·ach·tig *bn* zeer lief en zacht, als een engel

En·ge·land·vaar·der *de (m)* [-s] iem. die tijdens de Tweede Wereldoorlog van het door de Duitsers bezette Europese vasteland naar Engeland wist te komen

en·gel·be·waar·der *de (m)* [-s] RK speciale beschermende engel van één persoon

en·ge·len·bak *de (m)* [-ken] hoogst gelegen, goedkoopste plaatsen in een schouwburg

en·ge·len·ge·duld *het* onuitputtelijk geduld

en·ge·len·haar *het* glinsterend glaswol dat op haar lijkt, als versiering in kerstbomen

en·ge·len·koor *het* [-koren] koor van engelen

en·ge·len·mis *de* [-sen] RK lijkmis voor een kind jonger dan zeven jaar

En·gels I *het* de taal van Engeland, die thans ook de officiële taal is in talloze andere staten **II** *bn* van, uit, betreffende Engeland; in het Engels geschreven ★ *Engelse drop* lekkernij bestaande uit laagjes → **drop²** en andere gekleurde zoetigheid ★ *Engelse ziekte* kinderziekte waarbij kalkgebrek in de beenderen optreedt, met als gevolg verkromming, rachitis; zie ook bij → **hoorn¹**, → **sleutel**, → **pleister**, → **wals¹**

En·gel·se *de (v)* [-n] vrouw, meisje geboortig of afkomstig uit Engeland

En·gels·man *de (m)* [Engelsen] man, jongen geboortig of afkomstig uit Engeland

en·gel·tje *het* [-s] kleine engel ★ *engeltjes maken* inf abortus plegen ★ *alsof er een ~ op je tong piest* (of *over je tong fietst*) gezegd van iets zeer smakelijks

en·gel·tjes·maak·ster *de (v)* [-s] inf aborteuse

en·gel·wor·tel *de (m)* plantengeslacht uit de schermbloemenfamilie (*Angelica*), waarvan de soort *grote ~* (*A. archangelica*) als kruiderijplant wordt geteeld en wordt verwerkt in jam, gebak e.d.

en·gerd *de (m)* [-s] naar, griezelig mens

en·ger·ling *(‹Du) de (m)* [-en] larve van de meikever

eng·gees·tig *bn* BN, spreektaal bekrompen, kleinzielig

eng·har·tig *bn* niet ruim denkend *of* voelend, bekrompen van geest; **enghartigheid** *de (v)*

en gros *bijw* [ã yroo] *(‹Fr)* ❶ in het groot ❷ ruw geschat

eng·te *de (v)* [-n, -s] nauwe doorgang, bergpas

eng·te·vrees *de* claustrofobie

enig I *bn* ❶ waarvan geen andere is: ★ *een ~ exemplaar* ★ *dit is de enige mogelijkheid* ★ *een ~ kind* een kind zonder broers of zusters ❷ uniek: ★ *een enige gelegenheid om te scoren* ❸ vooral NN heel leuk, heel mooi: ★ *wat is dat een enige jurk!* **II** *onbep telw* ❶ weinig, een kleine hoeveelheid: ★ *hij had ~ geld op zijn spaarrekening* ★ *we zijn enige keren in Hoogeveen geweest* ❷ welke, wat dan ook: ★ *heb je ~ idee wat dat is?* ★ *mooier dan ~ ander schilderij dat ik heb gezien*

eni·ger·lei, **eni·ger·lei** *bijw* plechtig van een of andere soort, van welke aard ook

eni·ger·ma·te, **eni·ger·ma·te** *bijw* plechtig een weinig, min of meer

eni·ger·wijs, **eni·ger·wijs**, **eni·ger·wij·ze**, **eni·ger·wij·ze** *bijw* plechtig op een of andere wijze

enig·ge·bo·ren *bn* ★ *Gods ~ Zoon* Jezus Christus

enig·heid *de (v)* eensgezindheid, eenstemmigheid

enig·ma *het* [eenig-] *(‹Lat‹Gr)* [-ta, 's] raadsel

enig·ma·tisch *(‹Lat) bn* raadselachtig

enigst *bn* (veelal afgekeurde) versterking van → **enig** (I bet 1): ★ *een ~ kind* ★ *het enigste redmiddel*

enigs·zins, **enigs·zins** *bijw* enigermate

en·jam·be·ment [ãzjam-, enjam-] *(‹Fr) het* [-en] het doorlopen van de zin (soms van een woord) van een versregel in de volgende regel zonder rust

en·jam·be·ren *ww* [ãzjam-, enjam-] *(‹Fr)* [enjambeerde, h. geënjambeerd] enjambement vertonen, zonder rust in elkaar overlopen

enk *de (m)* [-en] gemeenschappelijk bouwland in

dorpen
enk. *afk* enkelvoud
en·kel¹ *de (m)* [-s] ❶ gewricht tussen de voet en het onderbeen ❷ deel van de kous dat de enkel omsluit
en·kel² **I** *onbep vnw* enig, weinig: ★ *er kwamen slechts enkele bezoekers* ★ *we wisselden enkele woorden* ★ *een ~ keertje* slechts af en toe ★ *geen enkele dag* niet één dag **II** *bn* slechts uit één (onderdeel) bestaande, niet dubbel of meervoudig: ★ *een enkele boterham* ★ *een enkele reis* alleen heen- of terugreis ★ BN, spreektaal *enkele richting* eenrichtingsverkeer **III** *bijw* alleen, slechts: ★ *we moesten ~ de stad door*
en·ke·ling *de (m)* [-en] de afzonderlijke mens, individu, eenling ★ *er kwam maar een ~ naar de tentoonstelling* zeer weinig mensen
en·kel·spel *het* [-spelen] tennis spel van één tegen één
en·kel·spoor *het* één stel rails voor heen en terug
en·kel·tje *het* [-s] vooral NN enkele reis
en·kel·voud *het* [-en] woordvorm die op één persoon of ding betrekking heeft
en·kel·vou·dig *bn* niet samengesteld
Enk·hui·zer **I** *de (m)* [-s] inwoner van Enkhuizen, iem. uit Enkhuizen **II** *bn* van, uit Enkhuizen: ★ *de ~ Almanak*
en masse *bijw* [ã mas] *(‹Fr)* in massa, in grote menigte: ★ *de mensen trokken ~ naar het strand*
en·ne·a·gram *het* [-men] model waarin negen verschillende typen persoonlijkheden worden weergegeven als punten op een cirkel, die volgens vaste patronen met elkaar verbonden zijn
eno·lo·gie *de (v)* → **oenologie**
eno·loog *de (m)* [-logen] → **oenoloog**
enorm [enorm] *(‹Fr‹Lat) bn* ❶ buitengewoon groot, kolossaal, geweldig: ★ *een ~ kasteel* ❷ zeer sterk, in zeer hevige mate: ★ *we hebben ~ genoten*
enor·mi·teit *(‹Fr‹Lat) de (v)* ❶ het enorm-zijn, buitenmatigheid, gedrochtelijke grootte ❷ [*mv:* -en] zeer groot ding ❸ [*mv:* -en] grote domheid, uiting van verregaande onkunde: ★ *een ~ begaan*
en pas·sant [ã passã] *(‹Fr) bijw* in het voorbijgaan, terloops ★ *~ slaan* schaken een pion slaan met een andere pion die er vlak naast staat, wat slechts onder bep. voorwaarden mogelijk is
en pe·tit co·mi·té [ã ptie koomietee] *(‹Fr) bijw* in besloten kring
en plein pu·blic [ã plẽ puubliek] *(‹Fr) bijw* in volle openbaarheid: ★ *iem. ~ uitmaken voor leugenaar*
en pro·fil [ã proofiel] *(‹Fr) bn* van ter zijde (gezien): ★ *een portret ~ (vgl:* → **en face***)*
en·quê·te [ãkètə] *(‹Fr) de* [-s] ❶ onderzoek door ondervraging van een groot aantal personen naar bestaande meningen, gewoonten enz. ❷ NN onderzoek vanwege en tot voorlichting van de volksvertegenwoordiging: ★ *parlementaire ~* ★ *recht van ~* recht van een parlement om een parlementaire enquête te houden
en·quê·te·com·mis·sie [ãkètə-] *de (v)* [-s] NN commissie, belast met het instellen van een →

enquête (bet 2)
en·quê·te·ren *ww* [ãkè-] *(‹Fr)* [enquêteerde, h. geënquêteerd] ❶ ondervragen in een → **enquête** (bet 1) ❷ een enquête houden
en·quê·teur [ãkè-] *(‹Fr) de (m)* [-s] iem. die mensen ondervraagt in het kader van een enquête
en·quê·tri·ce [ãkè-] *(‹Fr) de (v)* [-s] vrouwelijke enquêteur
en route [ã roet] *(‹Fr)* op weg, onderweg: ★ *we gingen ~* ★ *~!* *tsw* op weg!
en·sce·ne·ren *ww* [ãsè-] *(‹Fr)* [ensceneerde, h. geënsceneerd] ❶ voor het toneel of de film inrichten of gereedmaken ❷ als schijnvertoning opvoeren: ★ *een ongeluk ~*; **enscenering**
en·sem·ble [ãsãmblə] *(‹Fr) het* [-s] ❶ het geheel, alles bijeen ❷ muziek- of toneelgezelschap ❸ uit delen bestaand (dames)kostuum dat geen mantelpak is; bij elkaar behorende jurk en mantel
ent *de* [-en] loot die in een stam wordt bevestigd om daarop te groeien
en·ta·me·ren *ww* [ãtaa-] *(‹Fr)* [entameerde, h. geëntameerd] aansnijden (fig); aanvangen, aanvatten, beginnen met (een onderhandeling); aanknopen (een gesprek)
en·teken *het* [-s] het teken &, ampersand
en·ten *ww* *(‹Fr‹Lat)* [entte, h. geënt] een ent bevestigen
en·ten·te [ãtãntə] *(‹Fr) de (v)* niet-gecontracteerde bondgenootschappelijke verhouding tussen twee of meer mogendheden ★ *de Entente* tijdens de Eerste Wereldoorlog de verbonden staten Groot-Brittannië, Frankrijk, Rusland en later Italië, de Geallieerden ★ *~ cordiale* in 1904 gesloten vriendschapsverdrag tussen Groot-Brittannië en Frankrijk
en·ter *de (m)* [-s] kalf, veulen van één winter oud
en·te·ren *ww* *(‹Sp‹Lat)* [enterde, h. geënterd] mil een schip aan boord klampen en betreden
en·ter·haak *de (m)* [-haken] haak om een schip aan boord te klampen
en·te·ri·tis *(‹Gr) de (v)* med darmontsteking
en·ter·tai·nen *ww* [-teenə(n)] *(‹Eng)* [entertainde, h. geëntertaind] een publiek vermaken, entertainment bieden
en·ter·tai·ner [-teenə(r)] *(‹Eng) de (m)* [-s] iem. die zich belast met entertainment
en·ter·tain·ment [-teenmənt] *(‹Eng) het* [-s] wat een gezelschap aangenaam bezighoudt, vermaak, zoals shows, muziek, cabaret e.d.
en·ter·toets *(‹Eng) de (m)* [-en] comput toets voor het afsluiten van een commando en voor het verspringen naar het begin van de volgende regel in een tekstbestand, returntoets
en·thou·sias·me [an-, entoezjasmə] *(‹Fr‹Gr) het* geestdrift
en·thou·sias·me·ren *ww* [an-, entoezjas-] *(‹Fr)* [enthousiasmeerde, h. geënthousiasmeerd] geestdriftig maken, in geestdrift brengen
en·thou·siast [an-, entoezjast] *(‹Fr‹Gr)* **I** *bn* geestdriftig,

met geestdrift II *de (m)* [-en] geestdriftig bewonderaar of ijveraar; mens vol geestdrift, dweper

en·thou·sias·te·ling [an-, entoezjas-] *de (m)* [-en] iem. die enthousiast is over iets

en·ti·teit *(‹Fr‹Lat) de (v)* [-en] ❶ het wezenlijk bestaan ❷ iets wat wezenlijk bestaat

en·to·mo·lo·gie *(‹Gr) de (v)* insectenkunde

en·to·mo·loog *de (m)* [-logen] insectenkundige

en·tou·ra·ge [ātoeraazjə] *(‹Fr) de (v)* [-s] omgeving, eig en fig

en·tr'acte [ātrakt(ə)] *(‹Fr) de (v)* [-s en -n] ❶ pauze tussen de bedrijven van een toneelvoorstelling of opera ❷ muzikaal tussenspel in de opera; tussenstukje, intermezzo

en·trai·ne·ren *ww* [ātrè-] *(‹Fr)* [entraineerde, h. geëntraineerd] meeslepen

en·tre·cote [ātrəkòt] *(‹Fr) de (v)* [-s] ribstuk (van het rund)

en·tree [ātree] *(‹Fr) de (v)* [-s] ❶ ingang, toegang ❷ het binnentreden, intrede: ★ *zijn ~ maken* ❸ recht om binnen te gaan: ★ *vrij ~* ❹ wat men moet betalen om binnen te treden, toegangsprijs ❺ muz voorspel; inleiding ❻ plechtig voorgerecht

en·tree·be·wijs [ātree-] *(‹Fr) het* [-zen] NN toegangsbewijs

en·tree·geld [ātree-] *het* [-en], NN **en·tree·prijs** [ātree-] *de (m)* [-prijzen] bedrag te betalen voor toegang

en·tre·mets [ātrəmè] *(‹Fr) de (m) & het* [*mv* idem] tussengerecht

en·tre nous *bijw* [ātrə noe] *(‹Fr)* onder ons (gezegd)

en·tre·pot [ātrəpoo] *(‹Fr) het* [-s] pakhuis waarin men aan invoerrecht onderhevige goederen, tot hun bestemming vaststaat, bewaren kan zonder die rechten te betalen ★ *fictief ~ particulier entrepot* dat niet wordt afgesloten of bewaakt door de overheid en waarop de controle administratief geschiedt

en·tre·pre·neur [ātrə-] *(‹Fr) de (m)* [-s] ondernemer die vernieuwend bezig is

en·tre·sol [ātrəsol] *(‹Fr) de (m)* [-s] tussenverdieping, vooral tussen begane grond en eerste verdieping

ent·rijs *het* [-rijzen] takje om te enten

en·tro·pie *(‹Du‹Gr) de (v)* nat grootheid van verlies van nuttig arbeidsvermogen bij arbeid die door warmte verricht wordt; grootheid voor de chaos in een systeem

ent·stof *de* [-fen] vaccin

enu·me·ra·tie [-(t)sie] *(‹Fr‹Lat) de (v)* opsomming, optelling

enu·me·ra·tief *(‹Fr) bn* opsommend

E-nummer *het* [-s] (*E* is *Europe*) met een *E* beginnend nummer in ingrediëntenlijsten op de verpakking van levensmiddelen ter aanduiding van de door de Europese Unie goedgekeurde smaakstoffen, kleurstoffen, conserveringsmiddelen e.d.

enun·tia·tief [-sjaa-] *(‹Lat) bn* verklarend, verduidelijkend

en·ve·lop, **en·ve·lop·pe** [āvəlop(pə)] *(‹Fr) de* [-loppen]

383 enthousiasteling-epicentrum

❶ papieren omhulsel waarin men een brief of andere zaken per post verstuurt: ★ *~ met inhoud* geld bevattende enveloppe als geschenk, o.a. gegeven bij jubilea en pensionering ❷ BN budget, beschikbare middelen ★ *de jaarlijkse enveloppe wordt aangepast aan de index*

en·vi·ron·ment [invairənmənt] *het (‹Eng)* een als kunstwerk gepresenteerde ruimtelijke opstelling van zaken in een bepaalde schikking, waarin de beschouwer kan binnengaan

en vogue *bijw* [ā vòg̀] *(‹Fr)* in zwang, in de mode, in trek

enz. *afk* enzovoort(s)

en·zo·voort(s) *bijw*, **en·zo·voort(s)** woord dat in de plaats komt van een opsomming: ★ *er stonden eiken, iepen, beuken ~* ★ *de kinderen speelden, renden, stoeiden ~*

en·zym [-ziem] *(‹Gr) het* [-en] benaming voor in planten en dieren geproduceerde stoffen die bepaalde reacties in de cellen versnellen en richten (als een soort van katalysators)

EO *afk* in Nederland Evangelische Omroep

e.o. *afk* en omstreken, en omgeving

eo·ceen *(‹Gr) het* geol geologisch tijdvak binnen het tertiair, van 53-37 miljoen jaar geleden, waarin de eerste exemplaren van thans nog bestaande zoogdieren voorkwamen

EOD *afk* explosievenopruimingsdienst

EOE *afk* European Options Exchange [te Amsterdam gevestigde optiebeurs]

eo·liet *(‹Gr) de (m)* [-en] niet of nauwelijks bewerkte steen, waarvan men aanneemt dat hij door voorhistorische mensen als werktuig gebruikt werd

eo·lisch [ee(j)oo-] *(‹Lat) bn* door de werking van de wind (ontstaan, gevormd)

eo·li·thi·cum *(‹Gr) het* periode vóór het paleolithicum, waarin eolieten gebruikt werden, zie → **eoliet**

eo·lus·harp *de* [-en] windharp, klankkast met snaren die, door de wind bewogen, geluid geven, genoemd naar Aeolus, de god van de winden in de Griekse mythologie

EP *afk* Europees Parlement

e.p. *afk* ❶ extended play ❷ éducation permanente ❸ en passant

epau·let [eepoolet] *(‹Fr) de* [-ten] schouderbelegsel met afhangende kwasten als onderscheidingsteken op een uniform

EPD *afk* NN Elektronisch Patiëntendossier → **patiëntendossier**

epen·the·sis [èpenteezis] *(‹Gr) de (v)* taalk invoeging, inlassing van een klank of een lettergreep

epen·the·tisch [èpen-] *bn* ingeschoven, ingelast, bijv. *d* in *diender* (diener)

epi·bre·ren *ww* [epibreerde, h. geëpibreerd] vooral NN, schertsend niet nader aan te duiden werkzaamheden verrichten (oorspr onzinwoord van de stukjesschrijver Simon Carmiggelt, 1913-1987)

epi·cen·trum *het* plaats op aarde boven het

hypocentrum, vanwaar een aardbeving zich naar alle richtingen verspreidt

epi·cu·risch *bn* van, betreffende de leer van Epicurus (Grieks wijsgeer, 341-270 v.C.), die geestelijk en ook lichamelijk welbehagen stelde als hoogste doel; fig genotzuchtig, weelderig

epi·cu·ris·me *het* ❶ eig leer van de Griekse filosoof Epicurus ❷ fig genotzucht, geneigdheid tot zinnelijkheid

epi·cu·rist *de (m)* [-en] ❶ eig volgeling van Epicurus ❷ fig genotzoeker

epi·cu·ris·tisch *bn* overeenkomstig de leer van Epicurus

epi·de·mie *(‹Fr‹Gr) de (v)* [-mieën] besmettelijke ziekte die in korte tijd een groot deel van de bevolking aantast

epi·de·mi·o·lo·gie *de (v)* leer van de epidemieën

epi·de·misch *bn* van de aard van of op de wijze van een epidemie: algemeen heersend, zich overal verbreidend, ook fig: ★ *deze gewoonte nam epidemische vormen aan*

epi·der·mis *(‹Lat‹Gr) de* opperhuid (ook van planten)

epiek [eepiek] *(‹Du‹Gr) de (v)* ❶ leer van het heldendicht ❷ epische poëzie, verhalende dichtkunst

epi·goon *(‹Gr) de (m)* [-gonen] navolger, volgeling, iem. die in kunst of wetenschap geen nieuw tijdvak opent, maar alleen het door zijn voorgangers begonnene voortzet

epi·graaf *(‹Gr) de (m)* [-grafen] in- of opschrift op monumenten

epi·gra·fie *(‹Gr) de (v)* opschriftenkunde

epi·gram *(‹Gr) het* [-men] puntdicht, zeer kort gedicht dat een afgesloten, meest hekelende of schertsende gedachte inhoudt

epi·gram·ma·tisch *bn* van de aard van of op de wijze van een epigram, puntig, zinrijk

epi·lep·sie *(‹Fr‹Gr) de (v)* med aandoening van het zenuwstelsel, gekenmerkt door aanvalsgewijs optreden van bep. stoornissen in de hersenen, ook *vallende ziekte* genoemd

epi·lep·ti·cus *de (m)* [-ci], **epi·lep·ti·ca** *(‹Fr‹Gr) de (v)* [-cae] [-see] med lijder, lijderes aan epilepsie

epi·lep·tisch *bn* betreffende epilepsie, lijdend aan epilepsie ★ *epileptische aanval* aanval van epilepsie, vooral die gekenmerkt door bewustzijnsverlies, samentrekkingen van de spieren e.d. (→ **toeval**)

epi·le·ren *ww (‹Fr)* [epileerde, h. geëpileerd] ontharen, de haren uittrekken

epi·loog *(‹Lat‹Gr) de (m)* [-logen] ❶ nawoord, slotwoord ❷ naspel, eig en fig

episch *(‹Du‹Lat) bn* ❶ van de aard van of behorend tot de verhalende poëzie; die poëzie beoefend: ★ *een ~ dichter* ❷ behorend tot het tijdvak dat in heldendichten bezongen wordt

epis·co·paal *(‹Lat) bn* bisschoppelijk ★ *de Episcopale Kerk* de Anglicaanse Kerk

epis·co·paat *(‹Lat) het* [-paten] ❶ bisschoppelijke waardigheid ❷ al de bisschoppen (van een land) samen ❸ bisdom

epi·so·de [-zoo-] *(‹Fr) de (v)* [-n, -s] ❶ op zichzelf staand of op zichzelf beschouwd deel van een verhaal, film enz. ❷ fig deel van een reeks gebeurtenissen dat min of meer een zelfstandig geheel vormt

epi·so·disch [-zoo-] *bn* van de aard of op de wijze van een episode

epis·tel [eepis-] *(‹Lat‹Gr) de (m) & het* [-s] ❶ meestal spottend brief, briefje: ★ *hij heeft me in dit ~ voor oplichter uitgemaakt* ❷ BN, spreektaal bestraffende uiteenzetting

epis·te·mo·lo·gie *(‹Gr) de (v)* kennisleer

epi·taaf *(‹Lat‹Gr) de (m)* [-tafen], **epi·ta·fi·um** [-fie(j)um] *(‹Lat) het* [-fia] grafschrift; grafteken

epi·theel *(‹Gr) het*, **epi·the·li·um** *(‹Gr)* bovenste laag van het bekleedsel van organen, van slijmvliezen

epi·the·ton [eepie-] *(‹Gr) het* [-ta] ❶ aan een zelfstandig naamwoord of een naam toegevoegd bijvoeglijk woord als kenschets of geijkte versiering (*epitheton ornans*), bijv. *de snelvoetige Achilles* ❷ biol tweede naam in de tweeledige nomenclatuur

epk *afk* effectieve paardenkracht

epo *de* erytropoëtine [de vorming van rode bloedcellen bevorderend hormoon, door wielrenners wel als doping gebruikt]

epo·niem *(‹Gr)* **I** *bn* naamgevend **II** *het* [-en] eigennaam die soortnaam geworden is (bijv. *molière, diesel*)

epo·pee *(‹Fr‹Gr) de (v)* [-peeën] epos, heldendicht

epoque [eepok(ǝ)] *(‹Fr) de* [-s] ❶ door gedenkwaardige gebeurtenissen of door een vernieuwing gekenmerkt tijdvak ★ *~ maken* groot opzien verwekken, een nieuw tijdvak openen ❷ tijdvak in het algemeen ★ *la belle époque* de tijd van ± 1890-1911

epos *(‹Gr) het* [epen, -sen] heldendicht

epo·xy·hars [eepoksie-] *de (m) & het* [-en] bij verhitting hard wordende kunsthars, o.a. gebruikt in bep. lijm en verf

epsi·lon *(‹Gr) de (m)* [-s] naam van de vijfde letter van het Griekse alfabet, als hoofdletter E, als kleine letter ε

e·pu·ra·tie *de (v)* [-s] BN vergeldingsmaatregelen tegen collaborateurs na afloop van de Tweede Wereldoorlog

EQ *afk* emotionele intelligentie

equa·tor [eekwaa-] *(‹Lat) de (m)* evenaar, evennachtslijn

equa·to·ri·aal [eekwaa-] **I** *bn* behorend of zoals aangetroffen bij, in de omgeving van de equator **II** *de (m) & het* [-alen] sterrenkijker die om twee assen draaibaar is, zodat men de baan van de sterren ermee kan volgen

equi·li·brist [eek(w)ie-] *(‹Fr) de (m)* [-en] evenwichtskunstenaar, koorddanser

equi·noc·ti·um [eek(w)ienoksie(j)um] *(‹Lat)*, **equi·nox** [eek(w)ienoks] *(‹Fr) het* dag- en nachtevening

equi·pa·ge [eek(w)iepaazjə] (‹Fr› de (v) [-s]
❶ reisbenodigdheden ❷ eigen rijtuig met toebehoren ❸ scheepsbemanning (zonder de officieren)
equipe [eekiep] (‹Fr› de [-s] sp ploeg
equi·pe·ren ww [eekie-] (‹Fr› [equipeerde, h. geëquipeerd] → **uitrusten** (bet 2), toerusten, bemannen
equi·va·lent [eek(w)ie-] (‹Fr‹Lat› I bn gelijkwaardig II het [-en] ❶ iets wat gelijkwaardig is, dat voor iets anders in de plaats gesteld kan worden: ★ het Lagerhuis is het Britse ~ van de Nederlandse Tweede Kamer ❷ gelijkwaardig woord of zulk een uitdrukking
equi·voque [eekievok] (‹Fr› I bn dubbelzinnig; twijfelachtig II de [-s] dubbelzinnigheid, onbetamelijke woordspeling
Er afk chem symbool voor het element erbium
er I bijw ❶ op die (genoemde) plaats: ★ ~ stonden veel bomen langs het water ❷ ter vervanging van een persoonlijk of aanwijzend voornaamwoord met voorzetsel (vaak met dat voorzetsel aaneengeschreven): ★ ik ga ~ vaak naar toe ★ morgen ga ik ernaar toe (bijv. een museum) ★ ~ goed of slecht uitzien een gezond, resp. ziekelijk uiterlijk hebben: ★ wat zie je eruit! II vnw tweede naamval van het persoonlijk voornaamwoord derde persoon meervoud: ★ ik heb ~ heel veel ★ ~ zijn ~ die alles geloven
era (‹Lat› de ['s] ❶ jaartelling ❷ tijdperk
er·aan bijw aan dat (genoemde): ★ je brief herinnerde me ~ dat je gauw jarig bent
er·ach·ter bijw achter dat (genoemde): ★ een huis met een grote tuin ~ ★ dat zit ~ dat is de verborgen beweegreden
er·af bijw van dat (genoemde) af: ★ dat ding kan ~ ★ de kat mag niet op tafel en daarom zetten we haar ~
eras·mi·aans bn van Erasmus, volgens of als Erasmus, Nederlands humanistisch schrijver (1467-1536)
er·bar·me·lijk bn medelijden wekkend, verschrikkelijk, ellendig: ★ erbarmelijke omstandigheden ★ ze zong ~ slecht
er·bar·men[1] het, **er·bar·ming** de (v) medelijden: ★ ~ hebben met de slachtoffers
er·bar·men[2] wederk [erbarmde, h. erbarmd] medelijden hebben met, zich ontfermen over: ★ zich ~ over een zwerfkatje ★ zich ~ over de laatste visstick de laatste visstick opeten
er·bij bijw bij dat (genoemde): ★ ik was ~ toen dat ongeluk plaatsvond
er·bi·um het chemisch element uit de lanthaanreeks, symbool Er, atoomnummer 68, genoemd naar de vindplaats Ytterby in Zweden
er·door bijw door het genoemde: ★ na een uur voor de ingang gewacht te hebben, mochten we ~ ★ vooral BN, spreektaal ~ zitten uitgeput zijn
er·door·heen bijw door het genoemde heen: ★ deze gordijnen zijn dun, het licht schijnt ~ ★ vooral NN ~

zitten uitgeput zijn
ere de → **eer**[1]
ere- voorvoegsel ❶ als aanduiding dat iem. eershalve een bep. functie, titel wordt verleend: ★ ereburger ★ eredoctor ❷ BN als aanduiding dat iem. een bep. ambt niet meer uitoefent (bijv. door het bereikt hebben van de pensioengerechtigde leeftijd), oud-: ★ ereonderwijzer ★ erevoorzitter ❸ BN honorair, niet bezoldigd ★ ereconsul honorair consul
ere·ambt het [-en] erebaantje
ere·baan·tje het [-s] ambt dat wel eer, maar weinig inkomsten geeft
ere·be·graaf·plaats de [-en] bijzondere begraafplaats voor mensen wier nagedachtenis geëerd moet worden
ere·blijk het [-en] blijk van verering
ere·boog de (m) [-bogen] sierlijke boog als eerbetoon, vooral op de weg waarlangs de geëerde persoon zal gaan
ere·bur·ger de (m) [-s] eretitel door een stadsbestuur verleend aan een ingezetene of niet-ingezetene
ere·co·de de (m) [-s] ongeschreven wet van eer en fatsoen
ere·con·sul de (m) [-s] BN honorair consul
erec·tie [eereksie] (‹Lat› de (v) [-s] oprichting; vooral het overeind (gaan) staan van de penis
erec·tie·pil [eereksie-] de [-len] pil die de potentie van mannen verhoogt
ere·da·me de (v) [-s] BN winnares van de tweede of derde prijs bij een schoonheidswedstrijd
ere·dienst de (m) [-en] godsdienstoefening
ere·di·vi·sie [-zie] de (v) NN hoogste → **divisie** (bet 4) van een wedstrijdsport die landelijk wordt beoefend: ★ de ~ voetbal
ere·di·vi·sio·nist [-zjoo-] de (m) [-en] NN, sp club die speelt in de eredivisie
ere·doc·tor de (m) [-toren, -s] bezitter van een eredoctoraat
ere·doc·to·raat het [-raten] eershalve verleende doctorstitel
ere·gast de (m) [-en] ❶ gast die men bij een bijzondere gelegenheid eer wil bewijzen: ★ de oud-voorzitter was ~ bij het jubileum van onze club ❷ gast die men bij een bijzondere gelegenheid vanwege de eer uitnodigt
ereis [əreis] bijw vero eens: ★ er was ~...
ere·kruis het [-en] ridderordeteken
ere·lid het [-leden] iem. die bij wijze van eerbetuiging het lidmaatschap van een vereniging heeft verkregen
ere·lid·maat·schap het [-pen] het bij wijze van eerbetuiging verkregen lidmaatschap van een vereniging
ere·lint het [-en] ridderlint
ere·loon het [-lonen] BN ook honorarium (voor iem. werkzaam in een van de vrije beroepen)
ere·me·dail·le [-dajjə] de [-s] als onderscheiding verleende medaille

e·re·me·taal *het* ❶ medaille van onderscheiding, ridderordeteken ❷ medaille behaald bij een sportwedstrijd

e·re·miet *(Lat‹Gr) de (m)* [-en] → **heremiet**

e·re·mis *de* BN de eerste, plechtige mis van een priester

eren *ww* [eerde, h. geëerd] eer bewijzen, eerbied betrachten jegens: ★ *een held* ~ ★ *eert uw vader en uw moeder (Exodus 20: 12)* ; zie ook bij → **klein** (II)

e·re·palm *de (m)* [-en] palm(tak) als teken van overwinning

e·re·plaats *de* [-en] voornaamste, mooiste plaats

e·re·po·di·um *het* [-s en -podia] sp podium of schavotje waarop de winnaars van een wedstrijd staan bij de prijsuitreiking

e·re·poort *de* [-en] ereboog

e·re·post *de (m)* [-en] erebaantje

e·re·prijs¹ *de* [-prijzen] lichtblauw veldbloempje (*Veronica*) behorend tot de helmkruidfamilie

e·re·prijs² *de (m)* [-prijzen] hoofdprijs

e·re·ron·de *de* [-n, -s] rondrit van een overwinnaar

e·re·sa·luut *het* [-luten] erende begroeting, fig waarderende vermelding: ★ *een ~ brengen*

e·re·schuld *de* [-en] ❶ schuld die men als iem. van eer zonder aanmaning voldoet ❷ morele (financiële) verplichting

e·re·te·ken *het* [-s, -en] teken van eervolle onderscheiding (medaille, ridderorde enz.)

e·re·ti·tel *de (m)* [-s] als eerbewijs verleende titel

e·re·tri·bu·ne *de* [-s] ❶ oorspr tribune alleen voor personen die men eren wil ❷ thans ook tribune die het beste uitzicht biedt op het geboden schouwspel

e·re·veld *het* [-en] erebegraafplaats

e·re·voor·zit·ter *de (m)* [-s] iem. aan wie als blijk van onderscheiding het voorzitterschap van een vereniging is verleend, maar die gewoonlijk niet de vergaderingen leidt

e·re·wacht *de* [-en] afdeling soldaten of burgers als wacht ter ere van een hooggeplaatst persoon opgesteld

e·re·woord *het* belofte of verzekering waaraan men zich moet houden op straffe van eerverlies ★ *op mijn ~ met mijn eer als pand*

e·re·zuil *de* [-en] erende gedenkzuil

erf *het* [erven], **er·ve** *de* [-n] ❶ stuk grond dat bij een huis behoort ❷ terrein, gebied

erf·adel *de (m)* erfelijke adel, geboorteadel

erf·deel *het* [-delen] ❶ wat men als erfgenaam verkrijgt ❷ fig geestelijk bezit

erf·dienst·baar·heid *de (v)* [-heden] zakelijke last die op de bezitter van een onroerend goed rust

erf·doch·ter *de (v)* [-s] meisje dat of vrouw die een belangrijk ouderlijk erfdeel te wachten heeft

er·fe·lijk *bn* door vererving of overerving overgaande: ★ *een erfelijke afwijking* ; zie ook bij → **belast**

er·fe·lijk·heid *de (v)* het erfelijk zijn, vooral het overgaan van generatie op generatie van lichamelijke of geestelijke eigenschappen, herediteit

er·fe·lijk·heids·leer *de* leer van de erfelijke eigenschappen in de opeenvolgende geslachten, genetica

er·fe·nis *de (v)* [-sen] ❶ het erven: ★ *door ~ verkregen* ❷ wat een overledene nalaat *of* wat men van hem erft

erf·ge·naam *de (m)*, **erf·ge·na·me** *de (v)* [-namen] iem. die erft of zal erven ★ *recht ~ bij versterf* natuurlijk erfgenaam t.o. tegenover testamentair erfgenaam ★ *recht testamentair ~* erfgenaam die in een testament genoemd wordt, t.o. natuurlijk erfgenaam

erf·ge·rech·tigd *bn* recht hebbende om te erven

erf·goed *het* [-eren] wat men geërfd heeft

erf·gooi·er *de (m)* [-s] NN bewoner van het Gooi die als afstammeling van oorspronkelijke bewoners een overgeërfd recht op de gemeenschappelijke gronden bezat

erf·laat·ster *de (v)* [-s] vrouwelijke erflater

erf·la·ter *de (m)* [-s] iem. die een erfenis nalaat

erf·la·ting *de (v)* [-en] het nalaten van een erfenis

erf·oom *de (m)* [-s] NN oom van wie men waarschijnlijk zal erven

erf·op·vol·ging *de (v)* [-en] het opvolgen krachtens erfrecht, vooral als staatshoofd

erf·pacht *de* [-en] ❶ langdurige, op erfgenamen of andere rechthebbenden overgaande pachtverbintenis ❷ bedrag dat (meestal jaarlijks) krachtens zulk een verbintenis moet worden betaald

erf·pach·ter *de (m)* [-s] iem. die een onroerend goed in erfpacht heeft

erf·prins *de (m)* [-en], **erf·prin·ses** *de (v)* [-sen] prins of prinses die in de toekomst troonopvolg(st)er zal worden

erf·recht *het* wettelijke bepalingen aangaande de vererving

erf·schuld *de* [-en] schuld die van een overledene naar levende personen overgaat door erfrecht

erf·stel·ling *de (v)* [-en] aanwijzing van erfgenamen ★ *~ over de hand* met bepalingen omtrent latere rechthebbenden na de dood van de eerste erfgenaam ★ *~ uit de hand* rechtstreeks van erflater naar begunstigde (de gewone gang van zaken)

erf·stuk *het* [-ken] van geslacht op geslacht overgeërfd waardevol voorwerp

erf·tan·te *de (v)* [-s] NN tante van wie men waarschijnlijk zal erven

erf·vij·and *de (m)* [-en] persoon die, volk dat generaties lang al iemands vijand geweest is

erf·vre·de·breuk *de* het onrechtmatig betreden van iemands erf

erf·zon·de *de* ‹in de christelijke opvatting› de zonde van Adam, te weten het eten van de vrucht van de Boom der Kennis, die op alle mensen is overgegaan (*Genesis* 3: 6)

erg¹ *bn* verschrikkelijk, zeer: ★ *hij is ~ rijk* ★ *ik schrok*

heel ~ ★ *een erge ziekte*
erg² *het* opzet ★ *zonder* ~ onwillekeurig, zonder bepaalde bedoelingen ★ ~ *hebben in iets* eraan denken, erop letten, iets bemerken
erg³ *(‹Gr) de (m)* [*mv* idem] nat, vero eenheid van arbeid in het cgs-stelsel
erg·den·kend *bn* achterdochtig
er·gens *bijw* ❶ op een niet nader aangegeven plaats: ★ *dat boek moet toch ~ liggen* ❷ in een of ander opzicht, op een of andere wijze: ★ ~ *heb je gelijk* ❸ ★ ~ *aan* aan iets, ★ ~ *in* in iets, ★ ~ *mee* ★ ~ *op* ★ ~ *van* enz.
er·ge·ren I *ww* [ergerde, h. geërgerd] aanstoot geven, ontstemmen, irriteren: ★ *ik erger me aan zijn seksistische grappen* **II** *wederk* ontstemd worden, aanstoot nemen
er·ger·lijk *bn* ergernis wekkend
er·ger·nis *de (v)* [-sen] ❶ het zich ergeren, irritatie: ★ *dit veroorzaakte veel ~* ★ *hij was een bron van ~* men ergerde zich aan hem ❷ wat aanleiding geeft tot ergernis: ★ *die quizmaster was een ~*
er·go *(‹Lat) bijw* dus, derhalve, bijgevolg: ★ *hij wilde graag een leeuw zien en er was juist een circus in de stad, ~...*
er·go·no·mie *(‹Gr) de (v)* ❶ leer van de (mechanische) arbeid ❷ leer van de aanpassing van de arbeid aan de mens
er·go·no·misch *bn* volgens inzichten van de ergonomie
er·go·the·ra·pie *(‹Gr) de (v)* bewegingstherapie, therapie aan mensen die bep. lichaamsdelen niet of slecht kunnen gebruiken
er·heen *bijw* naar dat (genoemde) toe: ★ *het wordt een spannende wedstrijd en ik denk dat ik ~ ga*
eri·ca *(‹Lat‹Gr) de* ['s] dopheide
er·in *bijw* in dat (genoemde): ★ *een doos met een grote taart ~*
Eri·ny·en [eerin-, eerienie(j)ə(n)] *(‹Gr) mv* myth wraakgodinnen, furiën
eris·ap·pel *de (m)* twistappel, genoemd naar de Griekse godin van de tweedracht, Eris
Eri·tree·ër *de (m)* [-s] iem. geboortig of afkomstig uit Eritrea
Eri·trees I *bn* van, uit, betreffende Eritrea **II** *het* de taal van Eritrea
er·ken·nen *ww* [erkende, h. erkend] toegeven, inzien, aanvaarden: ★ *ik erken dat ik ongelijk had* ★ *een onwettig kind ~* als het zijne erkennen ★ *erkend vaststaand:* ★ *een erkend feit* algemeen bekend ★ *een erkend reparateur* officieel bevoegd ★ *een erkende vereniging* ‹door de overheid› rechtspersoonlijkheid toegekend
er·ken·ning *de (v)* het erkennen; aanvaarding
er·ken·te·lijk *bn* dankbaar: ★ *ik ben u heel erkentelijk voor de hulp*
er·ken·te·nis *de (v)* inzicht, besef van de juistheid, erkenning
er·ker *(‹Du‹Oudfrans) de (m)* [-s] uitgebouwd venster

er·mee, er·me·de *bijw* met dat (genoemde): ★ *nu ik die nieuwe auto heb, ga ik ermee naar mijn werk*
er·mi·ta·ge, her·mi·ta·ge [-taazjə] *(‹Fr) de (v)* [-s] → hermitage
er·na *bijw* na dat (genoemde): ★ *wat een saai programma! Volgt ~ nog iets bijzonders?*
er·naar *bijw* naar dat (genoemde): ★ *de hond kwispelde met zijn staart en het kind greep ~*
er·naast *bijw* naast dat (genoemde): ★ *die camping was eerst rustig, maar nu hebben ze ~ een schietterrein aangelegd* ★ ~ *zitten* het mis hebben
ernst *de (m)* ❶ degelijke, tot nadenken en plichtsbetrachting neigende gemoedsgesteldheid: ★ ~ *betrachten* ❷ wat men ten volle meent: ★ *het is mij* ~ ★ *in* ~ zonder gekheid ❸ belang, gewicht: ★ *de ~ van de situatie inzien* ★ *nu wordt het ~* de zaak wordt nu serieus
ern·stig *bn* ❶ tot ernst geneigd ❷ het ten volle menend: ★ *een ~ woord* ❸ waarover niet lichtvaardig mag worden gedacht: ★ *een ~ ziektegeval*
ero·de·ren *ww* *(‹Lat)* [erodeerde, h. geërodeerd] ❶ afknagen, afslijpen ❷ wegbijten, wegvreten
ero·geen *(‹Gr) bn* gevoelig voor geslachtelijke prikkels, bij aanraking lust veroorzakend: ★ *de erogene zones van het lichaam*
er·om *bijw* om dat (genoemde): ★ *waarom sla je hem altijd? hij vraagt ~*
er·om·heen *bijw* rondom dat (genoemde): ★ *we vonden die kerk zo interessant dat we ~ gelopen zijn* ★ ~ *draaien* niet ter zake willen komen, tijdens een gesprek het punt waar het om gaat niet aanroeren
er·on·der *bijw* onder dat (genoemde): ★ *een huis met ~ een ruime kelderverdieping* ★ ~ *houden* fig in bedwang houden, in staat van ondergeschiktheid houden
er·op *bijw* op dat (genoemde): ★ *de ene kat lag onder de tafel en de andere zat ~* ★ *dat zit ~* dat is klaar ★ *met alles ~ en eraan* met alles wat erbij hoort ★ *het is ~ of eronder* winnen of verliezen
er·op·uit *bijw* ★ ~ *gaan* een uitstapje maken ★ ~ *zijn om...* het plan hebben om, als doel voor ogen hebben: ★ ~ *zijn iemand te benadelen*
eros *(‹Gr) de (m)* zinnelijke liefde
eros·cen·trum *het* [-tra, -s] in een gebouw of gebouwencomplex ondergebrachte prostitutiegelegenheid
ero·sie [eeroozie] *(‹Lat) de (v)* [-s] afknaging, wegvreting van gesteente of aarde door stromend water, de zee, ijs of de wind
ero·tiek *(‹Gr) de (v)* het geheel van de verschijnselen en gevoelens van de zinnelijke liefde
ero·tisch [eeroo-] *(‹Gr) bn* de (zinnelijke) liefde betreffend, zinnelijk: ★ *een erotische film*
ero·to·maan *(‹Gr)* **I** *bn* steeds vervuld van het seksuele **II** *de (m)* [-manen] iem. die op overdreven wijze met seks bezig is
er·over *bijw* over dat (genoemde): ★ *ik wil wel naar*

huis en hoe denk jij ~?
er·ra·tum *(‹Lat) het* [-ta] fout, vooral zetfout
er·rond *bijw* BN eromheen
er·satz *(‹Du) de (m)* vervangingsmiddel, surrogaat; ook in samenstellingen: ★ *~koffie*
er·te·gen *bijw* tegen dat (genoemde): ★ *bijna iedereen was voor het voorstel, alleen een paar dwarsliggers waren ~*
er·te·gen·aan *bijw* tegen dat (genoemde) aan ★ *~ gaan het energiek aanpakken*
er·te·gen·op *bijw* ❶ tegen iets omhoog ★ *~ zien* fig met vrees of zorg tegemoet zien ❷ tegen de richting in ★ *~ kunnen* fig tegen de moeilijkheden bestand zijn
er·toe *bijw* tot dat (genoemde): ★ *hoe kwam je ~ grapjes te maken bij die gelegenheid?*
erts *(‹Du) het* [-en] metaalhoudende delfstof
erts·ader *de* [-s] strook gesteente waarin zich erts bevindt
Erts·ge·berg·te *het* [-n, -s] gebergte dat erts bevat
erts·laag *de* [-lagen] laag erts
er·tus·sen *bijw* tussen dat (genoemde): ★ *toen hij die pakken opstapelde, kwamen zijn vingers ~*
er·tus·sen·door *bijw* ❶ tussen de genoemde zaken of personen door: ★ *die verdedigers stonden op een kluitje voor het doel, maar onze spits dribbelde ~* ❷ (ter aanduiding van een onderbreking) ★ *als ik iets uitleg, moet je niet steeds grappen ~ maken*
eru·diet *(‹Fr‹Lat)* **I** *de* [-en] iem. met eruditie **II** *bn* getuigend van eruditie
eru·di·tie [-(t)sie] *(‹Lat) de (v)* algemene ontwikkeling, belezenheid, gepaard gaande met veelzijdige interesse, vooral voor kunst en cultuur
er·uit *bijw* uit dat (genoemde): ★ *dat doolhof in gaan is gemakkelijk, maar ~ komen is wat anders!*
er·uit·zien *ww* [zag eruit, h. eruitgezien] het uiterlijk hebben van: ★ *~ als een vorstin* ★ *er niet uitzien* lelijk zijn ★ *het ziet er slecht voor hem uit* hem staat iets onaangenaams te wachten
erup·tie [eerupsie] *(‹Fr‹Lat) de (v)* [-s] uitbarsting, vooral van een vulkaan; ook van een gas- of oliebron
erup·tief *bn* van de aard van een uitbarsting
er·van *bijw* van dat (genoemde): ★ *ik heb wel zin in een dessert en wat denk jij ~?*
er·van·daan *bijw* van dat (genoemde) verwijderd: ★ *over enige ogenblikken zijn de wielrenners boven op de col, maar de finish is nog een paar kilometer ~*
er·van·door *bijw* ★ *~ gaan* weggaan
ervan·langs *bijw* ★ *~ geven (krijgen)* een pak slaag of een flinke uitbrander geven (krijgen)
er·van·tus·sen *bijw* ★ *~ gaan* inf ervandoor gaan
er·va·ren I *ww* [ervoer, h. ervaren] ondervinden **II** *bn* geoefend, bekwaam, geroutineerd: ★ *een ~ chauffeur*
er·va·ring *de (v)* [-en] ❶ ondervinding: ★ *uit ~ weet ik dat die ziekte heel pijnlijk kan zijn* ❷ kennis die men door ondervinding heeft verkregen: ★ *hij heeft nog weinig ~ in dit werk*

er·va·rings·des·kun·di·ge *de* [-n] iemand die door ervaring deskundig is geworden op een bepaald terrein
er·ve *de* [-n] → **erf**
er·ven **I** *ww* [erfde, h. geërfd] ❶ uit een nalatenschap verkrijgen ❷ ook fig van een (overleden) voorganger overnemen *(taak, werkzaamheid)* ❸ van het voorgeslacht overerven *(eigenschap)* **II** *mv* erfgenamen
er·voer *ww*, **er·voe·ren** *verl tijd van* → **ervaren**
er·voor *bijw* voor dat (genoemde): ★ *in de late avonduren trad Bob Dylan op en ~ speelde Eric Clapton* ★ *en gaan ~!* gezegd als men met enthousiasme iets wil bereiken
erwt [ert] *de* [-en] ❶ vlinderbloemige plant *(Pisum)* ❷ vrucht van die plant: een bekende eetbare peulvrucht, bijv. de doperwt of de groene *~*
erw·ten·soep [ertə(n)-] *de* soep bereid van groene erwten, vlees en diverse groenten
Es[1] *afk* chem symbool voor het element *einsteinium*
Es[2] *(‹Du) het* in de psychoanalyse de representant van de elementaire onbewuste driften en verlangens; *vgl:* → **id**
es[1] *de* [-sen] muz toon die een halve klanktrap lager is dan *e*
es[2] *de (m)* [-sen] bep. loofboom uit de olijffamilie, veel voorkomend in Nederland en België *(Fraxinus excelsior)*
es[3] *de (m)* [-sen] hoog bouwland, vroeger gemeenschappelijk dorpsbezit, vooral in het oosten des lands
es·ca·dril·le [-driejə] *(‹Fr‹Sp) de & het* [-s] ❶ marine klein eskader ❷ luchtv groep van (gewoonlijk vijf) vliegtuigen die in verband vliegen
es·ca·la·tie [-(t)sie] *(‹Eng) de (v)* trapsgewijze vergroting, verheviging, vooral van een conflict: ★ *een ~ van gewelddadigheden*
es·ca·le·ren *ww* [escaleerde, is & h. geëscaleerd] ❶ escalatie vertonen, trapsgewijs heviger worden ❷ trapsgewijs heviger doen worden
es·ca·lope [-lòp(ə)] *(‹Fr) de (v)* [-s] lapje vlees ★ *~ de veau* kalfsoester
es·ca·pa·de *(‹Fr‹Sp) de (v)* [-s] ❶ oorspr rare sprong van een paard ❷ fig moedwillige of zedelijk ongeoorloofde streek ❸ slippertje
es·cape [eskeep] *(‹Eng) de (m)* vlucht uit de werkelijkheid: ★ *het heroïnegebruik is voor hem een ~* ★ *narrow ~* ternauwernood plaatsvindende ontsnapping uit een dreigend gevaar
es·cape·toets [-keep-] *de (m)* [-en] → **esc-toets**
es·ca·pis·me *het* het streven of de neiging zich te onttrekken aan de druk van het heden, te ontsnappen uit de moeilijkheden van eigen tijd of eigen leven
es·ca·pist *de (m)* [-en] iem. met neiging tot escapisme
es·ca·pis·tisch *bn* van, volgens de neiging tot escapisme
es·car·gots [-γoo] *(‹Fr) mv* eetbare slakken als gerecht

es·cha·to·lo·gie (‹Gr› de (v) leer van alles wat betrekking heeft op het lot van de mensen na hun dood en op het einde van de wereld
es·cha·to·lo·gisch bn behorende tot de eschatologie
es·cort (‹Eng) de [-s] iem. die tegen betaling optreedt als gezelschapsdame of -heer, vaak in de sfeer van de prostitutie
es·cor·te (‹Fr‹It) het [-s] gewapende geleide als bescherming; vaak ook begeleiding als eerbetoon
es·cor·te·ren ww (‹Fr) [escorteerde, h. geëscorteerd] begeleiden ter bescherming ofwel als eerbetoon
es·cor·teur (‹Fr) de (m) [-s] licht bewapende torpedojager
es·cort·ser·vice [eskò(r)t sù(r)vis] (‹Eng) de (m) ❶ bemiddeling bij het huren van escorts ❷ bureau voor deze bemiddeling
esc·toets (‹Eng) de (m) [-en] comput escapetoets toets links bovenaan het toetsenbord waarmee een programma of een opdracht onderbroken kan worden
es·cu·do [-koe-] (‹Sp‹Port) de (m) ['s] ❶ vroegere gouden munt in Spanje en Portugal ❷ thans munteenheid in Kaapverdië en tot 2002 ook in Portugal
es·cu·laap de (m) [-lapen] (‹Lat: naar Aesculapius, de Latijnse naam voor de Griekse god van de geneeskunst Asklepios) ❶ (verkorting van esculaapteken) vakembleem van artsen, een staf met een slang eromheen gekronkeld ❷ vandaar geneesheer, dokter
es·doorn, **es·do·ren** de (m) [-s] boomsoort met gevleugelde vruchtjes, ahorn, Acer pseudoplatanus
ESE afk elektrostatische eenheid [eenheid van elektrische lading]
ESF afk Europees Sociaal Fonds [fonds voor de stimulering van de werkgelegenheid binnen de Europese Unie]
es·ka·der (‹Fr‹It) het [-s] ❶ smaldeel, afdeling van een oorlogsvloot onder een vlagofficier ❷ groep van enige escadrilles vliegtuigen
es·ka·dron (‹Fr‹It) het [-s] ❶ hist ruiterafdeling van twee of vier pelotons (ongeveer 150 ruiters) onder een ritmeester ❷ afdeling tanks
Es·ki·mo (‹Canadese indianentaal: rauw-vleeseter) I de (m) ['s] lid van een mongoloïde volk dat woont in Oost-Siberië, Alaska, Noord-Canada en de kusten van Groenland, Inuk (mv Inuit) II het taal van de Eskimo's
eso·te·rie [eezoo-] de (v) alles wat slechts voor ingewijden te begrijpen is, vooral alles wat te maken heeft met mystiek, occultisme enz.
eso·te·risch [eezoo-] (‹Gr) bn geheim, alleen voor ingewijden toegankelijk of bestemd
esp de (m) [-en] ratelpopulier, hoge boom waarvan de bladen zeer beweeglijk zijn, Populus tremula
es·pag·no·let [-panjoo-] de [-ten] → spanjolet
es·par·to (‹Sp), **es·par·to·gras** het de grassoort Stipa tenacissima, voorkomend in Spanje en Noord-Afrika en gebruikt als grondstof voor de fabricage van touw, matten en opdikkend, absorberend papier, (h)alfagras

es·pen bn van espenhout
es·pen·blad het [-bladen, -blaren, -bladeren] blad van een esp ★ beven, trillen als een ~ hevig beven; vgl: → esp
es·pen·boom de (m) [-bomen] esp
es·pe·ran·tist de (m) [-en] beoefenaar van het Esperanto
Es·pe·ran·to (‹Lat) het kunsttaal, in 1887 samengesteld door de Pool Dr. L. L. Zamenhof, bedoeld als internationale hulptaal
es·pla·na·de (‹Fr‹It) de (v) [-s, -n] open veld vóór grote gebouwen, zoals kerken en vestingen, wandelplein
es·pres·so (‹It‹Lat) de (m) op Italiaanse wijze met stoom bereide sterke, zwarte koffie
es·pres·so·bar [-baar] de (m) [-s] gelegenheid om aan een toonbank espresso te drinken
es·prit [-prie] (‹Fr) de (m) geest, vernuft, geestigheid ★ ~ de corps kameraadschappelijke geest, collegiale eensgezindheid
Esq. afk esquire (‹Eng)
es·quire zn [iskwaiə(r)] (‹Eng) in Engeland achter de naam gevoerde eretitel, ongeveer overeenkomstig met ons 'Weledelgeboren Heer', bijv.: ★ R.T. Jones Esq
es·saai (‹Fr) het bepaling van goud- of zilvergehalte van overheidswege
es·say [essee, essee] (‹Eng) het [-s] in goede stijl geschreven, persoonlijk gekleurde verhandeling over een wetenschappelijk of letterkundig onderwerp
es·say·e·ren ww [-saajeerə(n)] (‹Fr) [essayeerde, h. geëssayeerd] ❶ het gehalte van goud of zilver bepalen ❷ als gehalte in erts aantreffen
es·say·eur [-saajeur] (‹Fr) de (m) [-s] keurmeester, rijkscontroleur van het gehalte van goud en zilver
es·say·ist [-see-] de (m) [-en] schrijver van essays
es·say·is·tisch [-see-] bn als essay, zoals een essay
B^esse afk barones(se)
es·sen bn van essenhout
es·sen·boom de (m) [-bomen] → es²
es·sen·bos het [-sen] bos essen
es·sen·ce [-sãs(ə)] (‹Fr) de [-s, -n] ❶ het wezenlijke; vgl: → essentie ❷ sterk aftreksel van aromatische stoffen, vruchten enz.; kunstmatig bereid geconcentreerd vruchtensap
es·se·nen (‹Lat‹Gr) mv joodse, ascetisch-mythisch getinte sekte uit de tweede eeuw v. Chr.
es·sen·hout het hout van de es
es·sen·tie [-sie] (‹Lat) de (v) wezen, het wezenlijke, geestelijke kern; ★ de ~ van een betoog
es·sen·tieel [-sjeel] (‹Fr‹Lat) bn ❶ wezenlijk ❷ voor het bestaan noodzakelijk: ★ essentiële levensbehoeften
Est de (m) [-en] iem. geboortig of afkomstig uit Estland
es·tab·lish·ment [estèblisjmənt] (‹Eng) de (m) & het gevestigde orde, bestel, hetzij in algemeen

maatschappelijke zin of op een bepaald gebied van het maatschappelijk leven

es·ta·fet·te *(‹Fr) de* [-n, -s] ❶ een door een groep personen te houden snelheidswedstrijd (hardlopen of zwemmen), waarbij ieder lid van die groep een bepaald traject voor zijn rekening neemt ❷ vroeger koerier, ijlbode

es·ta·fet·te·loop *de (m)* [-lopen] hardloopwedstrijd in estafettevorm

es·ta·mi·net [-nè] *(‹Waals-Fr) het* [-s] herberg, bierhuis

Es·tec *afk* European Space and Technology Centre *(‹Eng)* [Europees centrum voor ruimte en techniek]

es·ter *(‹Du) de (m)* [-s] organische verbinding die ontstaat bij inwerking van een alcohol op een zuur onder uittreding van water

es·theet *(‹Gr) de (m)* [-theten] iem. die gevoelig is voor het schone

es·the·ti·ca *(‹Gr)*, **es·the·tiek** *de (v)* schoonheidsleer: theorie en filosofie van de schone vormen van de kunst

es·the·ti·cis·me *het* levensopvatting waarbij in alles het esthetische als primair geldt, overdreven waardering van het kunstzinnige

es·the·ti·cus *(‹Gr) de (m)* [-ci] beoefenaar van de esthetica

es·the·tisch *(‹Gr) bn* ❶ betrekking hebbend op de esthetica ❷ gevoelig voor het schone ❸ in overeenstemming met de regels of doelstellingen van de esthetica, schoon, smaakvol

Es·tisch I *bn* van, uit, betreffende Estland **II** *het* taal van Estland

es·tra·de *(‹Fr‹Sp) de (v)* [-n, -s] verhoogde plaats in een vertrek, een zaal; optree naar een troon e.d.

es·tro·geen *(‹Gr) bn* → **oestrogeen**

es·tu·a·ri·um *(‹Lat) het* [-ria, -s] wijd uitlopende, trechtervormige riviermond

ETA *afk* Euskadi Ta Askatasuna *(‹Baskisch)* [Baskenland En Vrijheid, Baskische afscheidingsbeweging]

êta" *sortname="êta (‹Gr) de* ['s] zevende letter van het Griekse alfabet, als hoofdletter H, als kleine letter η

eta·blis·se·ment [-blies-] *(‹Fr) het* [-en] ❶ in een gebouw gevestigd hotel, restaurant, café, casino e.d. ❷ geheel van gebouwen

eta·ge [eetaazjə] *(‹Fr) de (v)* [-s] vooral NN verdieping van een gebouw of huis

eta·gè·re [-zjèrə] *(‹Fr) de* [-s] ❶ meubelstuk, bestaande uit boven elkaar geplaatste plankjes, om daarop kleine snuisterijen e.d. te zetten ❷ open wandkastje

eta·ge·wo·ning [eetaazjə-] *de (v)* [-en] NN woning op één verdieping in een hoger gebouw

eta·la·ge [-laazjə] *(‹Fr) de (v)* [-s] ❶ ruimte achter een winkelraam waar artikelen zijn uitgestald ❷ het etaleren, uitstalling

eta·la·ge·be·nen [-laazjə-] *mv* NN vorm van spierkramp in de benen door vernauwing van de slagaderen hierin, waardoor men bij het lopen regelmatig gedwongen is even stil te staan

eta·la·ge·ma·te·ri·aal [-laazjə-] *het* voorwerpen als dozen enz. uitsluitend dienst doend als etalagevulling en niet voor de verkoop bestemd

eta·la·ge·pop [-laazjə-] *de* [-pen] grote pop in (kleding)winkels en etalages met behulp waarvan de collectie aan kleding e.d. getoond wordt

eta·la·gist [-zjist] *(‹Fr) de (m)* [-en] BN etaleur

eta·le·ren *ww (‹Fr)* [etaleerde, h. geëtaleerd] ❶ uitstallen achter een winkelraam ❷ tentoonstellen of -spreiden ❸ fig uitkramen, geuren met (kennis enz.)

eta·leur *de (m)* [-s] NN uitstaller, vakman die etalages inricht

etap·pe [eetap-] *(‹Fr) de* [-n, -s] ❶ te overbruggen afstand tussen twee rustpunten bij een meerdaagse sportwedstrijd, bijv. bij wielrennen: ★ *een bergetappe van 220 km* ❷ elk van de rustpunten van een leger of een reisgezelschap na een dagtocht ❸ gebied in de achterwaartse verbindingslijnen van een leger waar de voorraden bewaard worden en de verplegingsdienst zich bevindt, ook *etappegebied* genoemd

etap·pe·dienst [eetap-] *de (m)* [-en] dienst achter het front voor verzorging, verpleging enz.

etc. *afk* et cetera

et ce·te·ra *bijw (‹Lat)* enzovoort

eten I *ww* [at, h. gegeten] (als) voedsel tot zich nemen ★ *ik heb al gegeten en gedronken* fig voor mij hoeft het niet meer, voor mij is de lol er al af **II** *het* voedsel ★ *iem. te ~ vragen* uitnodigen voor het diner; zie ook → **etentje**

etens·bak *de (m)* [-ken] bak voor voedsel van huisdieren

etens·bel *de* [-len] bel die aankondigt dat de maaltijd gereed is

etens·lucht *de* geur van koken of bakken

etens·rest *de* [-en] wat van voedsel achterblijft, vooral tussen de tanden

etens·tijd *de (m)* [-en], **etens·uur** *het* [-uren] tijd waarop de (hoofd)maaltijd valt

etens·waar *de* [-waren] eetwaar, voedsel

eten·tje *het* [-s] enigszins feestelijke gezamenlijke maaltijd

eter *de (m)* [-s] ❶ iem. die komt eten: ★ *wij hebben tien eters vandaag* ❷ iem. die eet: ★ *hij is een flinke ~*

eter·niet *(‹Lat) het* benaming voor platen van asbestcementlei

eter·nie·ten *(‹Lat) bn* van eterniet

et·groen *het* nagras, tweede grasgewas

ethaan [eetaan] *het* gasvormige verzadigde koolwaterstof die in petroleum voorkomt, C_2H_6

etha·nol *de (m)* chem chemische benaming voor alcohol in zuivere vorm, ethylalcohol

etheen [eeteen] *de (m)* → **ethyleen**

ether *(‹Gr) de (m)* ❶ doorzichtige vluchtige vloeistof met sterke reuk en smaak, vroeger gebruikt als verdovingsmiddel, thans als oplosmiddel ❷ bovenlucht, dampkring, hemel ★ *in de ~ zijn*

(radio, televisie) in de directe uitzending zijn ❸ denkbeeldige stof die alle ruimte vult en volgens een vroegere theorie licht, elektriciteit e.d. voortplant
ethe·risch [eetee-] *bn* ❶ van de aard van de ether; verontstoffelijkt, vergeestelijkt, hemels ❷ snel verdampend, vluchtig
ether·pi·raat *de (m)* [-raten] clandestiene radio- of televisiezender
ether·re·cla·me *de* reclame via radio of televisie
ethi·ca, ethiek [eetiek] *(‹Lat‹Gr) de (v)* zedenkunde, leer van de zedelijke begrippen en gedragingen
ethi·cus *(‹Lat‹Gr) de (m)* [-ci] beoefenaar van, leermeester in de ethiek
Ethi·o·pi·ër *(‹Gr) de (m)* [-s] iem. geboortig of afkomstig uit Ethiopië
Ethi·o·pisch *(‹Gr) bn* van, uit, betreffende Ethiopië ★ *Ethiopische regio* diergeografisch gebied, omvattend: Afrika ten zuiden van de Sahara, Ethiopië, Zuid-Arabië en de kuststrook van de Arabische Zee tot India
ethisch *(‹Lat‹Gr) bn* tot de ethica behorend, het zedelijk gevoel betreffend, daarop gevestigd
etho·lo·gie *(‹Gr) de (v)* biol leer en beschrijving van de gedragingen van dieren en planten; **ethologisch** *bn bijw*
etho·loog *de (m)* [-logen] beoefenaar van de ethologie
ethos *(‹Gr) het* ❶ zedelijke houding, levenshouding ❷ zedelijk karakter
ethyl [eetiel] *(‹Gr) het* ❶ de eenwaardige atoomgroep C_2H_5, die in vele organische verbindingen voorkomt, maar op zichzelf niet bestaat ❷ verkorting van tetra-ethyllood, een antiklopmiddel
ethy·leen [eetie-] *(‹Gr) de (m)* een gasvormige zware koolwaterstof (C_2H_4), kleurloos met een zoetige geur, veel gebruikt als grondstof in de chemische industrie
eti·ket *(‹Fr) het* [-ten] ❶ opplakbriefje, bijv. op een potje, een fles, een schrift ★ *iem. een ~ opplakken* iem. in een categorie indelen (vaak in ongunstige zin) ❷ fig naam, titel: ★ *onder het ~ van liefdadigheid werkte de vereniging voor eigen belang*
eti·ket·te·ren *ww (‹Fr)* [etiketteerde, h. geëtiketteerd] ❶ van een etiket voorzien ❷ fig betitelen, de naam geven
eti·o·lo·gie *(‹Gr) de (v)* leer van de oorzaken van ziekten
eti·quet·te [-kettə] *(‹Fr) de* het geheel van de overgeleverde, voorgeschreven vormen van de beschaafde omgang: ★ *volgens de ~ dient men vrouwen te laten voorgaan*
et·maal *het* [-malen] periode van 24 uren
et·nisch *(‹Gr) bn* ❶ betrekking hebbend op, behorend tot een volk of volken als zodanig: ★ *etnische minderheden* ❷ bij uitbreiding behorend tot een volk dat een minderheid vormt: ★ *etnische jongeren* ★ *een etnische godsdienst*

et·no·cen·tris·me *het* het beoordelen van de normen en gewoonten van een andere cultuur naar die van de eigen groep
et·no·graaf *(‹Gr) de (m)* [-grafen] beoefenaar van de etnografie
et·no·gra·fie *(‹Gr) de (v)* beschrijvende volkenkunde
et·no·gra·fisch *bn* betrekking hebbend op de etnografie
et·no·lo·gie *(‹Gr) de (v)* vergelijkende en verklarende volkenkunde, culturele antropologie
et·no·lo·gisch *bn* betrekking hebbend op de etnologie
et·no·loog *(‹Gr) de (m)* [-logen] beoefenaar van de etnologie
être [ètrə] *(‹Fr) het* [-s] ❶ wezen ❷ mispunt
Etrus·kisch [eetrus-] *(‹Lat)* **I** *bn* van of betreffende de Etrusken of Etruriërs, een oud Italisch volk **II** *het* de taal van de Etrusken
ets *de* [-en] ❶ geëtste plaat ❷ de afdruk hiervan, ook als kunstwerk
et·sen *ww (‹Du)* [etste, h. geëtst] oppervlakken bewerken door ze chemisch aan te tasten om er vervolgens een afdruk van te maken
et·ser *de (m)* [-s] iem. die etsen maakt
ets·grond *de (m)* wasbedekking van de etsplaat
ets·ijzer *het* [-s], **ets·naald** *de* [-en] stift waarmee de figuren in de etsgrond worden getekend
ets·plaat *de* [-platen] metalen plaat die men bij het etsen gebruikt
et·te·lij·ke *(‹Du) telw* vele, verscheidene: ★ *ik heb het je ettelijke malen gezegd*
et·ter¹ *de (m)* ontstoken wondvocht
et·ter² *(‹Fr) de (m)* [-s], **et·ter·bak** [-ken] *NN* gemene, vervelende persoon
et·ter·buil *de* [-en] ❶ etterend gezwel ❷ gemene, vervelende persoon
et·te·ren *ww* [etterde, h. geëtterd] etter afscheiden
etu·de [eetuudə] *(‹Fr) de (v)* [-s] muz oefenstuk
etui [eetwie] *(‹Fr) het* [-s] koker, foedraal, doosje, vooral voor pennen, potloden e.d.
ety·mo·lo·gi·con [eetie-] *(‹Gr) het* [-s, -ca] etymologisch woordenboek
ety·mo·lo·gie [eetie-] *(‹Gr) de (v)* ❶ woordafleiding, woordafleidkunde ❷ afleiding van een bepaald woord
ety·mo·lo·gisch [eetie-] *(‹Gr) bn* op de etymologie betrekking hebbend, woordafleidkundig
ety·mo·loog [eetie-] *(‹Gr) de (m)* [-logen] beoefenaar van de etymologie, woordafleidkundige
EU *afk* Europese Unie
Eu *afk* chem symbool voor het element *europium*
eu- [ui-] *(‹Gr) als eerste lid in samenstellingen* goed; rijk aan
eu·ca·lyp·tus [uikaalip-] *(‹Gr) de (m)* [-sen] boomgeslacht met leerachtige bladeren, waaronder de soort *E. globulus*, met bladeren waaruit geneeskrachtige olie wordt getrokken
eu·cha·ris·tie [uigaa-] *(‹Gr) de (v)* RK het Sacrament

des Altaars; het lichaam en bloed van Jezus Christus, aanwezig in de gedaante van brood en wijn

eu·cha·ris·tie·vie·ring [uigaa-] *de (v)* [-en] misviering

eu·cli·di·sch [uiklie-] *bn* ★ *euclidische meetkunde* de gewone meetkunde, berustend op de leer van de Griek Euclides (± 300 v.C.)

eu·dio·me·ter [ui-] *(‹Gr) het* [-s] ❶ buis voor het afmeten van hoeveelheden gas ❷ toestel om in gasmengsels de verhouding van de bestanddelen te bepalen

eu·fe·mis·me [ui-, eu-] *(‹Gr) het* [-n] verzachtende, verbloemende uitdrukking: ★ *'een misstap begaan' is een ~ voor 'een misdrijf plegen'*

eu·fe·mis·tisch [ui-, eu-] *bn* verzachtend, verbloemend: ★ *iets ~ uitdrukken*

eu·fo·nie [ui-] *(‹Gr) de (v)* welluidendheid

eu·fo·nisch [ui-] *(‹Gr) bn* ❶ welluidend ❷ voor de welluidendheid in- of toegevoegd

eu·fo·rie [ui-] *(‹Gr) de (v)* gevoel van welbehagen of grote vreugde

eu·fo·risch [ui-] *bn* van, in de toestand van euforie

eu·ge·ne·se [ui-, -zə,], **eu·ge·ne·ti·ca, eu·ge·ne·tiek** [ui-] *(‹Gr) de (v)* wetenschappelijk onderzoek naar alle factoren waardoor het menselijk ras verbeterd zou kunnen worden

eu·ge·ne·tisch [ui-] *bn* betrekking hebbend op de eugenetica

EU-in·ge·ze·te·ne *de* [-n] inwoner van een EU-lidstaat

eu·nuch [uinug] *(‹Gr) de (m)* [-en] gecastreerde man, vooral als opzichter in een harem of als hofdienaar

EUR *afk* Erasmus Universiteit Rotterdam

Eur·a·tom, Eur·a·tom *de (v)* Europese Atoomgemeenschap [organisatie van Europese staten voor de gemeenschappelijke exploitatie van atoomenergie voor vreedzame doeleinden, één van de gemeenschappen van de EU]

eu·re·ka *tsw* [ui-] *(‹Gr)* ik heb het gevonden (t.w. de oplossing van een moeilijk probleem); uitroep van de Griekse wiskundige Archimedes (287-212 v.C.), nadat hij de wet van de ondergedompelde lichamen had gevonden

eu·rit·mie [ui-] *(‹Gr) de (v)* ❶ harmonie van bewegingen ❷ kunst van de harmonische lichaamsbewegingen in verbinding met woordklanken (bij de antroposofen) ❸ *med* regelmatige hartwerking; **euritmisch**

eu·ro *de (m)* ['s] munteenheid van een aantal landen van de Europese Unie, o.a. Duitsland, Italië, Nederland, Griekenland, Frankrijk, Luxemburg, Oostenrijk, Finland, België, Ierland, Portugal en Spanje

eu·ro·card [-kà(r)d] *de (m)* [-s] creditcard waarmee men in West-Europese landen betalingen kan verrichten

eu·ro·cent *de (m)* [-en] ❶ munt van 1/100 euro ❷ de waarde van deze munt

eu·ro·cheque [-sjek] *de (m)* [-s] cheque die (tot een bepaald bedrag) in een aantal Europese landen als betaalmiddel wordt aanvaard

eu·ro·ci·ty [-sittie] *de (m)* ['s] internationale sneltrein waarin toeslag verschuldigd is

eu·ro·craat *de (m)* [-craten] iron hoge functionaris binnen de Europese Unie

eu·ro·land *het* [-en] ❶ elk van de landen waarin de euro wettig betaalmiddel is ❷ eurozone

Eu·ro·markt *de* de gemeenschappelijke markt die bestaat binnen de gezamenlijke landen van de EU

Eu·ro·pa·be·ker *de (m)* BN ook Europacup

Eu·ro·pa·cup *de (m)* [-s] *sp* ❶ beker als inzet van een serie wedstrijden in Europees verband ❷ die serie wedstrijden: ★ *deelnemen aan de ~*

Eu·ro·par·le·ment *het* te Straatsburg en Luxemburg zetelend parlement van de Europese Unie

Eu·ro·par·le·men·ta·ri·ër *de (m)* [-s] lid van het Europarlement

Eu·ro·pe·aan *de (m)* [-anen] inwoner van of iemand afkomstig uit Europa of uit een van de landen van de Europese Unie

Eu·ro·pees *bn* van, uit, betreffende Europa of de Europese Unie ★ *~ Parlement* Europarlement

eu·ro·pi·de *bn* ★ *het ~ ras* het blanke ras, een van de drie hoofdrassen in een oude indeling; *vgl:* → **mongolide,** → **negroïde**

eu·ro·pi·um *het* chemisch element, symbool Eu, atoomnummer 63, een zeldzaam metaal uit de lanthaanreeks, smeltpunt bij ca. 820 °C, genoemd naar Europa

Eu·ro·poort *de* groot havengebied bij de monding van de Nieuwe Waterweg

eu·ro·ver·pak·king *de (v)* [-en] verpakking volgens in Europees verband afgesproken standaardafmetingen, zie bij → **e¹**

eu·ro·vig·net [-vienjet] *het* [-ten] vignet dat achter de ruit van een vrachtwagen wordt geplakt als bewijs dat aan de belastingverplichtingen voor zwaar vrachtverkeer is voldaan

Eu·ro·vi·sie, Eu·ro·vi·sie [-zie] *de (v)* Europese organisatie voor het relayeren van televisie-uitzendingen

eu·ro·zo·ne [-zònə] *de (v)* de gezamenlijke landen waarin de euro wettig betaalmiddel is

Eus·ta·chi·us *zn* [ui-:] ★ *buis van ~* verbinding tussen de keelholte en het middenoor, genoemd naar de Italiaanse anatoom Eustachio (1524-1574)

eu·tha·na·seren *ww* [uitaanaazeerə(n)] [euthanaseerde, h. geëuthanaseerd] het leven d.m.v. euthanasie beëindigen

eu·tha·na·sie [uitaanaazie] *(‹Gr) de (v)* het niet langer toepassen van levensverlengende middelen of handelingen *(passieve ~)* of het opzettelijk toedienen van een hoeveelheid middel(en) *(actieve ~)* waardoor een ongeneeslijke patiënt binnen afzienbare tijd overlijdt

eu·tha·na·sie·ver·kla·ring [-zie-] *de (v)* [-en] schriftelijke verklaring waarin iemand toestemming geeft om euthanasie op hem of haar toe te passen

eu·tha·na·ti·cum [ui-] (‹Gr) het [-ca] med middel waarmee men actieve euthanasie toepast
eu·vel I het [-en, -s] kwaad, kwaal: ★ een hardnekkig ~ bestrijden **II** bn kwalijk, ten kwade ★ iem. iets ~ duiden kwalijk nemen ★ de euvele moed hebben de vermetelheid, overmoed hebben, het lef hebben
EV afk fin eigen vermogen
eV afk symbool voor elektrovolt
ev. afk evangelie
e.v. afk ❶ eerstvolgend(e) ❷ en volgende(n)
eva de ['s] klein schortje, o.a. voor serveersters
e.v.a. afk ❶ en vele andere(n) ❷ en volgens afspraak
eva·cu·a·tie [-(t)sie] (‹Lat) de (v) [-s] ❶ ontruiming, het overbrengen van de bevolking van bedreigde plaatsen naar elders ❷ mil het wegzenden van zieken en gewonden naar het achterland ❸ nat het gasledig maken van een gesloten vat
eva·cué [-kuu(w)ee] (‹Fr) de (m), **eva·cu·ee** de (v) [-s] geëvacueerde
eva·cu·e·ren ww (‹Fr‹Lat) [evacueerde, h. geëvacueerd] ❶ ontruimen, personen weghalen uit: ★ een met overstroming bedreigde polder evacueren ❷ personen uit bedreigde oorden naar elders overbrengen ❸ mil zieken en gewonden uit het krijgsgebied wegzenden
eva·lu·a·tie [-(t)sie] (‹Fr) de (v) [-s] ❶ beoordeling achteraf van de waarde, uitwerking e.d. van een bepaalde handelwijze, regeling, strategie e.d., vooral om van de opgedane ervaringen te leren voor de toekomst ❷ waardeschatting, begroting, koersberekening ❸ bepaling van de muntwaarde naar gewicht en gehalte
eva·lu·e·ren ww (‹Fr) [evalueerde, h. geëvalueerd] ❶ schatten, begroten ❷ nog eens bekijken (vgl: → **evaluatie**, bet 1)
evan·ge·lie (‹Lat‹Gr) het [-liën, -s] ❶ blijde boodschap, de leer van Jezus Christus ❷ Evangelie elk van de eerste vier boeken van het Nieuwe Testament ❸ fig onbetwijfelbare waarheid
evan·ge·lie·pre·di·ker de (m) [-s] verkondiger van het evangelie, vooral aan niet-christenen
evan·ge·lie·woord I het [-en] ❶ tekstgedeelte uit het evangelie ❷ algemeen Bijbelplaats **II** het evangelie als geheel
evan·ge·li·sa·tie [-zaa(t)sie] de (v) evangelieprediking; verspreiding van het evangelie onder niet-christenen
evan·ge·lisch (‹Lat‹Gr) bn ❶ met het evangelie of Jezus' leer overeenstemmend, daarop berustend ❷ christelijk ★ in Nederland Evangelische Gezangen bundel gezangen in gebruik bij de Nederlands-hervormde Kerk ❸ aanduiding van een protestantse richting tussen orthodox en vrijzinnig
evan·ge·li·se·ren ww [-zeerə(n)] (‹Lat‹Gr) [evangeliseerde, h. geëvangeliseerd] ❶ tot het evangelie bekeren ❷ het evangelie verkondigen en verbreiden
evan·ge·list (‹Lat‹Gr) de (m) [-en] ❶ elk van de vier schrijvers van een Evangelie ❷ verkondiger van het evangelie
eva·po·ra·tie [-(t)sie] (‹Fr‹Lat) de (v) ❶ verdamping, uitdamping ❷ het vervliegen
eva·po·ra·tor (‹Fr) de (m) [-toren, -s] verdampingstoestel, toestel dat de uitdamping bevordert
even I bn deelbaar door twee: ★ 6, 8 en 10 zijn ~ getallen ★ het is mij om het ~ het maakt mij niet uit **II** bijw ❶ in gelijke mate: ★ die torens zijn ~ hoog ★ ~ goeie vrienden het maakt niet uit wat er gebeurt is, mijn (positieve) houding ten opzichte van jou verandert niet ❷ een ogenblik, een korte tijd: ★ hij ging ~ slapen ★ ga jij afwassen, dan ga ik ondertussen ~ boodschappen doen ❸ een beetje, enigszins: ★ als het ~ kan neem ik morgen een vrije dag ★ BN ook zo maar ~tjes maar liefst
eve·naar de (m) [-s] ❶ denkbeeldige parallelcirkel om de aarde precies midden tussen de beide polen, equator ❷ evenwichtsnaald aan een balans
even·als voegw net zoals: ★ hij voetbalt, ~ zijn broer
eve·na·ren ww [evenaarde, h. geëvenaard] hetzelfde niveau bereiken als: ★ ze evenaarde het wereldrecord
even·beeld het [-en] iem. die precies op een ander lijkt
even·eens, **even·eens** bijw ook: ★ ik ging naar dat concert en mijn buurman ~
eve·ne·ment (‹Fr) het [-en] ❶ voorval, vooral gewichtige of merkwaardige gebeurtenis, vooral op sportief of kunstzinnig gebied ❷ handel zee-evenement, gevaar, onheil dat zich kan voordoen
eve·ne·men·ten·bier het bier met een laag alcoholgehalte, geschonken bij massaal bezochte evenementen, om de kans op dronkenschap en daarmee gepaard gaande gewelddadigheden te verminderen
eve·ne·men·ten·hal de [-len] gebouw voor grote culturele, sportieve en andere gebeurtenissen
even·goed, **even·goed** bijw net zo goed, toch ook: ★ nu het regent kunnen we ~ thuisblijven ★ even goed (twee woorden) van dezelfde goede kwaliteit
even·knie de [-knieën] gelijke in bekwaamheid: ★ wat handigheid betreft is hij zijn vaders ~
even·mens de (m) [-en] medemens
even·min, **even·min** bijw net zo min, ook niet: ★ ik vier geen kerst en mijn dochter ~
even·naas·te, **even·naas·te** de [-n] naaste, medemens
even·nachts·lijn, **even·nachts·lijn** de → **evenaar** (bet 1)
even·re·dig bn in gelijke verhouding, in de juiste verhouding: ★ mijn salaris is niet ~ met het salaris dat ik ervoor krijg ★ evenredige vertegenwoordiging kiesstelsel waarbij de verdeling van zetels in vertegenwoordigende lichamen naar verhouding van de behaalde aantallen stemmen gaat
even·re·di·ge de [-n] grootheid die in evenredigheid staat

even·re·dig·heid *de (v)* [-heden] gelijkheid van verhoudingen

event [ievent] *(‹Eng) het* [-s] feestelijk, vaak cultureel groepsgebeuren

even·tjes *bijw* ❶ een ogenblik ❷ nog maar net, amper

even·tu·a·li·teit *(‹Fr) de (v)* [-en] ❶ mogelijkheid dat iets gebeurt ❷ mogelijke gebeurtenis: ★ *op alle eventualiteiten voorbereid zijn*

even·tu·a·li·ter *bijw* mogelijkerwijs, in voorkomend geval

even·tu·eel *(‹Fr)* **I** *bijw* in voorkomend geval: ★ *een andere regeling is ~ mogelijk* **II** *bn* kunnende gebeuren, mogelijk: ★ *eventuele schadelijke gevolgen*

even·veel *onbep telw* net zo veel: ★ *wij verdienen ~ geld*

even·vin·ge·rig *bn* tweehoevig

even·waar·dig *bn* gelijk, gelijkwaardig

even·wel *bijw* niettemin, echter

even·wicht *het* ❶ rust door gelijkheid van gewicht aan weerszijden van de balans *of* doordat geen van de op een lichaam werkende krachten zodanig overheerst dat het lichaam in beweging komt ❷ fig toestand van rust doordat geen neiging, stroming, richting enz. overheerst: ★ *geestelijk ~* ★ *staatkundig ~* ★ *uit zijn ~ raken* in onbalans raken, in geestelijke verwarring raken

even·wich·tig *bn* gelijkmatig, in geestelijk evenwicht: ★ *een ~ karakter hebben*

even·wichts·balk *de (m)* [-en] gymnastiektoestel bestaande uit een lange, smalle, enige decimeters van de grond op poten staande balk, waarop vooral oefeningen worden verricht die vaardigheid in het behouden van het evenwicht vereisen

even·wichts·or·gaan *het* [-ganen] orgaan dat het lichamelijk evenwicht regelt

even·wichts·stoor·nis *de (v)* [-sen] onvoldoende werking van het evenwichtsorgaan

even·wij·dig *bn* ❶ steeds op dezelfde afstand van elkaar ❷ in dezelfde richting lopend; **evenwijdigheid** *de (v)*

even·zeer, even·zeer *bijw* in dezelfde mate, niet minder, eveneens

even·zo, even·zo *bijw* net zo

ever *de (m)* [-s] everzwijn, wild zwijn

ever·green [evvə(r)γrien] *(‹Eng) de (m)* [-s] ❶ eig altijdgroene plant(heester) ❷ fig oud lied e.d. dat altijd in trek blijft, eeuwig succesnummer

ever·zwijn *het* [-en] wild zwijn, *Sus scrofa*

evi·dent *(‹FrLat) bn* zeer duidelijk, klaarblijkelijk, in 't oog springend: ★ *een evidente vergissing*

evi·den·tie [-sie] *(‹Lat) de (v)* klaarblijkelijkheid

evo·ca·tie [-(t)sie] *(‹Lat) de (v)* [-s] ❶ oproeping voor de geest ❷ het dagvaarden voor een andere dan de eigen rechter, bijv. in een vreemd land ❸ BN indienen van wijzigingen door de Senaat op een wetsvoorstel dat in de Kamer van Volksvertegenwoordigers al is aanvaard

evo·ca·tief *(‹Lat) bn* het vermogen tot oproepen van beelden bezittend, beeldend, suggestief

evo·lu·e·ren *ww (‹Fr)* [evolueerde, h. & is geëvolueerd] zich trapsgewijs ontwikkelen

evo·lu·tie [-(t)sie] *(‹Fr) de (v)* [-s] geleidelijke ontwikkeling tot iets hogers, vooral de trapsgewijze ontwikkeling van de diersoorten van lagere tot hogere volgens de evolutietheorieën

evo·lu·tie·leer [-(t)sie-] *de*, **evo·lu·tie·the·o·rie** [-(t)sie-] *de (v)* [-rieën] leer van de → **evolutie** (bet 1), vooral het darwinisme

evo·lu·tio·nair [-(t)sjoonèr] *bn* evolutie betreffend, daaruit voortkomend

evo·lu·tio·nis·me [-(t)sjoo-] *het* geloof aan een alom heersende evolutie

evo·lu·tio·nist [-(t)sjoo-] *de (m)* [-en] aanhanger van een evolutietheorie; *tegengest:* → **creationist**

evt. *afk* eventueel

E-weg *de (m)* [-wegen] grote verkeersweg, deel uitmakend van het Europese verkeerswegennet

Ex. *afk* Exodus

ex *(‹Lat)* **I** *vz* uit; zonder (zie voor de afzonderlijke verbindingen op hun alfabetische plaats) **II** *voorvoegsel* in de zin van voormalig: ★ *ex-minister* ★ *ex-politieke gevangenen* **III** *de* verkorting van ex-echtgenoot, ex-echtgenote, ex-vriend(in): ★ *ik heb mijn ~ weer gesproken*

ex. *afk* exemplaar

exa·byte [eksaabait] *de (m)* [-s] comput 1000 terabytes

exact [eksakt] *(‹FrLat) bn* stipt, nauwgezet, nauwkeurig ★ *exacte wetenschappen* wis- en natuurkundige wetenschappen

ex ae·quo *bijw* [eekwoo] *(‹Lat)* gelijk aankomend, evenveel punten behaald hebbend: ★ *Nederland en Duitsland behaalden ~ de eerste plaats*

exal·ta·tie [-(t)sie] *(‹Lat) de (v)* ❶ [*mv: -s*] geestvervoering ❷ [*mv: -s*] verheerlijking, ophemeling ❸ ziekelijke opgewondenheid, overspanning

exal·te·ren *ww (‹FrLat)* [exalteerde, h. geëxalteerd] ❶ in vervoering brengen, verrukken ❷ verheerlijken; zie ook → **geëxalteerd**

exa·men [eksaa-] *(‹Lat) het* [-s, -mina] onderzoek door ondervraging of toetsing naar iemands kennis of kundigheden

exa·men·com·mis·sie [eksaa-] *de (v)* [-s] commissie belast met het afnemen van een examen

exa·men·geld [eksaa-] *het* [-en] bedrag voor het afleggen van een examen verschuldigd

exa·men·op·ga·ve [eksaa-] *de* [-n] opgave tijdens een examen

exa·men·pak·ket [eksaa-] *het* [-ten] samenstel van te examineren vakken

exa·men·stof [eksaa-] *de* onderwerpen waarover geëxamineerd wordt

exa·men·vrees [eksaa-] *de* vrees, nervositeit voor het afleggen van een examen

exa·men·zit·tijd [eksaa-] *de (v)* [-s] BN, onderw periode

tijdens welke geëxamineerd wordt
exa·mi·nan·dus *de (m)* [-di], **exa·mi·nan·da** *(‹Lat) de (v)* [-dae] [-dee] iem. die een examen ondergaat
exa·mi·na·tor *(‹Lat) de (m)* [-s, toren], **exa·mi·na·tri·ce** *de (v)* [-s] iem. die examineert
exa·mi·ne·ren *ww (‹Lat)* [examineerde, h. geëxamineerd] iem. ondervragen naar zijn kennis of kundigheden; examen(s) afnemen
Exc. *afk* Excellentie
ex ca·the·dra *bijw*, BN **ex ca·the·dra** *(‹Lat)* ❶ eig gezegd van een uitspraak door de paus als opperste leraar en bindend voor alle gelovigen (voluit: ★ *ex cathedra Petri* van de stoel van Petrus) ❷ fig uit de hoogte, op een toon die geen tegenspraak duldt: ★ *iets ~ verkondigen*
ex·ca·the·dra·on·der·wijs *het* BN hoorcollege, onderwijsvorm waarbij de lesgever dicteert en de leerlingen noteren
ex·ca·va·teur *(‹Fr) de (m)* [-s] graafmachine met grijpemmers, baggermachine
ex·cel·lent *(‹Fr‹Lat) bn* uitmuntend, voortreffelijk: ★ *een ~ hotel*
ex·cel·len·tie [-sie] *(‹Fr‹Lat) de (v)* [-s] ❶ uitmuntendheid, voortreffelijkheid ❷ titel van een minister, gezant, staatssecretaris, ambassadeur, luitenant-generaal (en hogere bevelhebbers), viceadmiraal (en hoger), gouverneur van overzeese rijksdelen, grootofficier van het Koninklijk Huis: ★ *Zijne, Hare Excellentie*
ex·cel·le·ren *ww (‹Fr‹Lat)* [excelleerde, h. geëxcelleerd] uitmunten, uitblinken
ex·cel·si·or *bijw (‹Lat)* ❶ steeds hoger of beter ❷ *Excelsior* veel gebruikte naam voor muziekverenigingen, sportclubs, bioscoopgebouwen, hotels e.d.
ex·cen·tri·ci·teit *(‹Fr) de (v)* [-en] ❶ buitenissigheid; neiging zich op opvallende of grillige wijze te gedragen ❷ ligging buiten het middelpunt ❸ halve afstand van de brandpunten in een ellips
ex·cen·triek *(‹Fr)* **I** *bn* ❶ uitmiddelpuntig ❷ buitenissig, van het gewone afwijkend, zonderling: ★ *zich ~ kleden* **II** *het* [-en] machineonderdeel die een draaiende beweging in een heen-en-weergaande omzet, kolderschijf
ex·cen·trie·ke·ling *de (m)* [-en] iem. die zich zonderling gedraagt, excentriek mens
ex·cen·trisch *(‹Fr) bn* → **excentriek** (I)
ex·cep·tie [-sie] *(‹Fr‹Lat) de (v)* [-s] uitzondering
ex·cep·tio·neel [-sjoo-] *(‹Fr) bn* een uitzondering zijnd, bij uitzondering voorkomend; buitengewoon
ex·cer·pe·ren *ww (‹Lat)* [excerpeerde, h. geëxcerpeerd] een uittreksel of uittreksels maken uit
ex·cerpt *(‹Lat) het* [-en] uittreksel, samenvatting
ex·ces *(‹Fr‹Lat) het* [-sen] ❶ overschrijding van de gewone grenzen, buitensporigheid ❷ overdaad, uitspatting ❸ gewelddadigheid
ex·ces·sief *(‹Fr) bn* bovenmatig, buitensporig: ★ *~ geweld*
ex·change [ikstsjeenzj] *(‹Eng) de (m)* [-s] handel ❶ wisselkoers ❷ beurs
excl. *afk* exclusief
ex claim [-kleem] *(‹Eng) bijw* zonder de claim (bij verhandeling van effecten)
ex·cla·ma·tie [-(t)sie] *(‹Fr‹Lat) de (v)* [-s] uitroep, uitroeping, kreet
ex·cla·ve *de* [-s] geheel door vreemd gebied ingesloten deel van een land: ★ *Kaliningrad is een ~ van Rusland*
ex·clu·sief [-zief] *(‹Fr‹Lat) bn* ❶ het genoemde niet inbegrepen (bijv. van bedieningsgeld en btw) ❷ anderen uitsluitend ★ *een ~ interview* een interview speciaal voor dat betreffende tijdschrift ❸ sjiek, apart, bijzonder: ★ *een ~ diner* ★ *een exclusieve winkel*
ex·clu·si·vi·teit [-zie-] *de (v)* hoedanigheid van exclusief te zijn, het bijzonder-zijn, afgezonderdheid
ex·com·mu·ni·ca·tie [-(t)sie] *(‹Lat) de (v)* [-s] uitsluiting uit de kerkelijke gemeenschap, kerkban
ex·com·mu·ni·ce·ren *ww (‹Lat)* [excommuniceerde, h. geëxcommuniceerd] in de kerkban doen
ex·cre·ment *(‹Fr‹Lat) het* [-en] uitwerpsel van het lichaam, ontlasting
ex·cre·tie [-(t)sie] *(‹Lat) de (v)* [-s] uitscheiding, afscheiding
ex·curs *(‹Lat) de (m)* [-en] uitweiding
ex·cur·sie *(‹Fr‹Lat) de (v)* [-s] ❶ uitstapje, pleziertochtje ❷ → **excurs**
ex·cu·sa·bel [-zaa-] *(‹Fr‹Lat) bn* te verontschuldigen, verschoonbaar
ex·cu·se·ren [-zeerə(n)] *(‹Fr‹Lat) ww* [excuseerde, h. geëxcuseerd] verontschuldigen, verschonen: ★ *zich ~* a) zijn verontschuldigingen aanbieden; b) zich onder verontschuldiging aan iets onttrekken *of* een bijeenkomst verlaten ★ BN *ook excuseer!* neem me niet kwalijk
ex·cuus *(‹Fr) het* [-cuses] [-zəs] ❶ verontschuldiging, verschoning; betuiging van spijt: ★ *zijn ~ maken* ❷ reden tot verschoning ❸ ongunstig uitvlucht om van iets verschoond te blijven
ex·cuus·truus *de (v)* [-truzen] schertsend vrouw die werkt in een organisatie (waar verder alleen mannen werkzaam zijn), niet vanwege haar kwaliteiten, maar omdat die organisatie niet van seksisme verdacht wil worden
ex div. *afk* ex dividend [zonder het op dividend rechtgevende bewijs]
exe·be·stand *het* [-en] comput bestand dat de extensie '.exe' (voor 'executable') heeft en dat direct als programma door de computer kan worden uitgevoerd
exe·cut·a·ble [-kjoetəbəl] *(‹Eng) de* [-s] comput exe-bestand
exe·cu·tant *(‹Fr) de (m)* [-en], **exe·cu·tan·te** *de (v)* [-n, -s] uitvoerder, uitvoerster bij een reproducerende kunst, (mede)speler, (mede)speelster

exe·cu·te·ren ww (‹Fr›) [executeerde, h. geëxecuteerd] ❶ terechtstellen, als straf ter dood brengen ❷ ‹een vonnis› uitvoeren, voltrekken ❸ iemands bezittingen wegens schuld (doen) verkopen ★ *zich ~* zich insolvent verklaren

exe·cu·teur (‹Fr›) de (m) [-s] uitvoerder (van een vonnis) ★ *executeur-testamentair* uitvoerder van een laatste wil

exe·cu·tie [-(t)sie] (‹Fr‹Lat›) de (v) [-s] ❶ uitvoering, tenuitvoerlegging, voltrekking van een vonnis ❷ terechtstelling ★ *uitstel van ~ fig* het opschorten van iets onaangenaams dat toch moet gebeuren ❸ recht gerechtelijke verkoop van iemands boedel, wegens schuld: ★ *verkoop bij ~* ★ *parate ~* tenuitvoerlegging zonder dat daarvoor een executoriale titel (vonnis of notariële akte) vereist wordt, onmiddellijke uitvoering van een vonnis

exe·cu·tief (‹Fr›) **I** bn uitvoerend, voltrekkend (‹Eng›) **II** het [-tieven] → **executieve**

exe·cu·tie·pe·lo·ton [-(t)sie-] het [-s] afdeling soldaten belast met terechtstelling

exe·cu·tie·ve de [-n] BN, hist bestuursorgaan belast met het uitvoeren van wetten, uitvoerend bewind, bestuur ★ *de Vlaamse ~* de Vlaamse regering

exe·cu·tie·waar·de [-(t)sie-] de (v) [-n & -s] waarde van een goed (bijv. een huis) bij → **executie** (bet 3)

exe·cu·toir [-twaar] (‹Fr‹Lat›) bn volgens rechterlijk vonnis uitvoerbaar, invorderbaar

exe·cu·to·ri·aal (‹Lat›) bn bij of ten gevolge van een vonnis uitvoerbaar, strekkende tot uitvoering van een vonnis ★ *executoriale titel* rechtsgrond die zonder verdere tussenkomst van de rechter machtigt tot tenuitvoerlegging van een vonnis

exe·cu·tri·ce de (v) [-s] vrouwelijke executeur

exe·geet (‹Gr›) de (m) [-geten] Bijbelverklaarder, schriftverklaarder; uitlegger van een tekst in het algemeen

exe·ge·se [-zə] (‹Gr›) de (v) [-n] verklaring, uitlegging van een geschrift, van een tekst; vooral Bijbelverklaring

exe·ge·tisch (‹Gr›) bn verklarend, uitleggend

exem·pel [eksem-] (‹Fr‹Lat›) het [-en, -s] ❶ voorbeeld, voorschrift, model ❷ middeleeuws verhaal betreffende een ingrijpen van God of een heilige in de loop van de wereld

exem·plaar (‹Lat›) het [-plaren] ❶ elke afzonderlijke van een aantal gelijksoortige zaken, bijv. van dieren, tijdschriften e.d.: ★ *een oud ~ van de Panorama* ❷ schertsend of verachtend gebruikt met betrekking tot personen: ★ *jij bent ook een fijn ~, zeg!*

exem·plair [eksamplèr] (‹Fr‹Lat›) bn voorbeeldig; tot voorbeeld of waarschuwing dienend

exem·pla·risch (‹Du‹Lat›) bn tot voorbeeld kunnende dienen, representatief

exe·qua·tur [-kwaa-] (‹Lat›) het machtiging tot de tenuitvoerlegging van een vonnis door een vreemde rechter, bijv. een buitenlands vonnis

exer·ce·ren ww (‹Fr‹Lat›) [exerceerde, h. geëxcerceerd] militaire bewegingsoefeningen uitvoeren

exer·ci·tie [-(t)sie] (‹Lat›) de (v) [-s, -tiën] wapenoefening en oefening in bewegingen (van militairen)

exe·unt ww (‹Lat›) zij gaan heen, treden af (van het toneel); vgl: → **exit**

ex·ha·la·tie [-(t)sie] (‹Fr‹Lat›) de (v) [-tiën, -s] uitdamping, uitwaseming

ex·haus·tor, ex·haus·ter (‹Lat›) de (m) [-s] zuigmachine, afzuigapparaat, luchtververser

ex·hi·be·ren ww (‹Fr‹Lat›) [exhibeerde, h. geëxhibeerd] vertonen; overleggen, indienen (van een stuk)

ex·hi·bi·tie [-(t)sie] (‹Lat›) de (v) [-s] ❶ vertoning, voorlegging, openlegging, indiening ❷ tentoonstelling

ex·hi·bi·tio·nis·me [-(t)sjoo-] het ❶ psych de neiging tot het tonen van de geslachtsdelen in het openbaar ❷ fig het te koop lopen met bijzondere eigenschappen

ex·hi·bi·tio·nist [-(t)sjoo-] de (m) [-en] iem. met neiging tot exhibitionisme, potloodventer

ex·hi·bi·tio·nis·tisch [-(t)sjoo-] bn van de aard van (het) exhibitionisme

exil [eksiel] (‹Fr‹Lat›) het verbanning, verbanningsplaats

exi·sten·tia·lis·me [-sjaa-] (‹Lat›) het wijsbegeerte waarbij het persoonlijk bestaan van de mens in het middelpunt staat

exi·sten·tia·list [-sjaa-] de (m) [-en] aanhanger van het existentialisme

exi·sten·tia·lis·tisch [-sjaa-] bn van, volgens het existentialisme

exi·sten·tie [-sie] (‹Lat›) de (v) het bestaan, het werkelijk zijn; vooral het menselijk bestaan als zodanig, zoals het beleefd wordt

exi·sten·tieel [-sjeel] (‹Fr‹Lat›) bn ❶ op het onmiddellijke zijn betrokken ❷ ‹in speciale opvatting› het menselijk bestaan als zodanig betreffend; betrekking hebbend op de wezenlijke kenmerken van het mens-zijn

exi·sten·tie·fi·lo·so·fie [-stensie-] de (v) existentialisme

exi·ste·ren ww (‹Fr‹Lat›) [existeerde, h. geëxisteerd] zijn, bestaan; in leven, in stand blijven

exit (‹Lat›) **I** ww hij (zij) gaat heen, treedt af (van het toneel); vgl: → **exeunt II** de (m) [-s] uitgang

exit·poll [-pool] (‹Eng›) de [-s] verkiezingsonderzoek waarbij de kiezers aan de uitgang van het stembureau wordt gevraagd op welke partij of kandidaat zij hebben gestemd

ex li·bris (‹Lat›) het [-sen] kleine prent met een naam als eigendomsmerk van een boek, boekmerk, bibliotheekmerk

exo·bi·o·lo·gie (‹Gr›) de (v) wetenschap die (de mogelijkheden van) buitenaards leven bestudeert

Exod. afk Exodus

Exo·dus (‹Lat‹Gr›) de (m) ❶ naam van het tweede boek van Mozes in het Oude Testament, waarin de tocht van de Israëlieten uit Egypte verhaald wordt; ❷ *exodus* fig algemene uittocht

exo·ga·mie (‹Fr‹Gr) de (v) gewoonte of voorschrift om buiten de stam, de clan of een ander sociaal verband te huwen

exo·geen (‹Gr) bn door oorzaken van buitenaf ontstaan: ★ *een exogene afwijking*

exo·niem (‹Gr) het [-en] vreemde eigennaam (plaatsnaam) die aan de eigen taal is aangepast, zoals *Parijs* voor *Paris*, *Lissabon* voor *Lisboa*

exoot [eksoot] (‹Lat) de [exoten] exotische plant, dier of persoon

exor·bi·tant (‹Fr‹Lat) bn buitensporig, overdreven hoog: ★ *exorbitante prijzen*

exor·cis·me (‹Gr) het duiveluitbanning; bezwering

exor·cist (‹Gr) de (m) [-en] duivelbanner, bezweerder

exo·sfeer (‹Gr) de buitenlaag van de atmosfeer (waar deze overgaat in de interplanetaire ruimte)

exo·te·risch (‹Gr) bn ook voor oningewijden bestemd; onder de algemene bevatting vallend

exo·tisch [eksoo-] (‹Gr) bn uitheems, zoals men vindt in verre vreemde landen: ★ *exotische dieren als tijgers en tapirs*

exo·tis·me het voorkeur voor het verre en vreemde; cultus van het exotische

ex·pand·er [ikspendə(r)] (‹Eng) de (m) [-s] sterke spiraalveer die men moet uittrekken als krachtsoefening

ex·pan·de·ren ww (‹Lat) [expandeerde, h. & is geëxpandeerd] → **uitzetten** (bet 1)

ex·pan·sie (‹Fr‹Lat) de (v) uitzetting; uitbreiding over een grotere ruimte, vooral met betrekking tot gassen en tot het streven naar vergroting van grondgebied of van afzet

ex·pan·sief (‹Fr) bn ❶ betrekking hebbend op of van de aard van expansie, uitzetbaar ❷ geneigd tot expansie

ex·pan·sie·po·li·tiek de (v) staatkunde die gebiedsuitbreiding nastreeft

ex·pan·sio·nis·me [-sjoo-] het politiek streven naar expansie

ex·pan·sio·nist [-sjoo-] de (m) [-en] iem. die streeft naar expansie

ex·pan·sio·nis·tisch [-sjoo-] bn van, volgens het expansionisme

ex·pa·tri·ates [ekspeetrie(j)ets] (‹Eng) mv vaak verkort tot *expats* [ekspets], personen die (al dan niet gedwongen) buiten hun vaderland verblijven

ex·pa·tri·ë·ren ww (‹Fr) [expatrieerde, h. & is geëxpatrieerd] ❶ uit het vaderland verdrijven ❷ het vaderland verlaten

ex·pe·di·ë·ren ww (‹Fr) [expedieerde, h. geëxpedieerd] ❶ verzenden, afzenden ❷ wegzenden, de laan uit sturen

ex·pe·di·teur (‹Fr) de (m) [-s, -en] ❶ tussenpersoon tussen afzender en vervoerder, die zich bezighoudt met het doen vervoeren van goederen, vrachtondernemer, verzender ❷ sorteerder bij TPG

ex·pe·di·tie [-(t)sie] (‹Lat) de (v) [-s] ❶ afzending van goederen of waren; verzending ❷ tocht, vooral krijgstocht, militaire onderneming of wetenschappelijke onderzoekingstocht

ex·pe·di·tie·kan·toor [-(t)sie-] het [-toren] kantoor van een vrachtonderneming

ex·pe·ri·ment (‹Lat) het [-en] proefneming, proef, oorspr in de natuur- of scheikunde, maar thans ook op andere gebieden

ex·pe·ri·men·teel (‹Fr) I bn ❶ van de aard van een of bij wijze van proef, proefondervindelijk ❷ fig met betrekking tot kunst die zich kenmerkt door experimenten met taal en techniek om geheel nieuwe verwezenlijkingen te zoeken II mv, de **experimentelen** beoefenaars van de experimentele dicht- of schilderkunst

ex·pe·ri·men·te·ren ww (‹Fr) [experimenteerde, h. geëxperimenteerd] een proef of proeven nemen, iets uitproberen: ★ *met drugs ~*

ex·pert [-pèr] (‹Fr‹Lat) de (m) [-s] deskundige, vooral die in betwiste zaken wordt geraadpleegd om advies te geven

ex·per·ti·se [-zə] (‹Fr) de (v) [-s, -n] ❶ deskundig onderzoek ❷ scheepv onderzoek van schip en lading na averij ❸ verslag van een onderzoek, deskundig rapport ❹ kunsthandel verklaring van echtheid

ex·pert·sys·teem [ekspèrsisteem] (‹Eng) het [-temen] computerprogramma dat het denkpatroon van een deskundige nabootst

ex·pi·ra·tie [-(t)sie] (‹Fr‹Lat) de (v) [-s] ❶ uitademing ❷ afsterving, dood ❸ verloop van een termijn, vervaltijd, einde

ex·pi·re·ren ww (‹Fr‹Lat) [expireerde, h. & is geëxpireerd] ❶ uitademen ❷ de laatste adem uitblazen ❸ ten einde lopen, aflopen

expl. afk exemplaar

ex·pli·ca·tie [-(t)sie] (‹Fr‹Lat) de (v) [-s] uitlegging, verklaring, opheldering

ex·pli·ce·ren ww (‹Lat) [expliceerde, h. geëxpliceerd] → **!!Link!!**

ex·pli·ciet (‹Lat) bn uitdrukkelijk, niet stilzwijgend; tegengest: → **impliciet**

ex·pli·ci·te·ren ww [expliciteerde, h. geëxpliciteerd] expliciet maken, uitdrukkelijk zeggen of vermelden: ★ *vooronderstellingen ~*

ex·plo·de·ren ww (‹Lat) [explodeerde, is geëxplodeerd] ❶ ontploffen, uiteenspringen: ★ *de bom explodeerde* ❷ fig plotseling boos worden, losbarsten: ★ *hij explodeerde toen hij mij het kopje zag breken*

ex·ploi·tant [-plwà-] (‹Fr) de (m) [-en] vooral NN iem. die iets exploiteert, uitbater: ★ *de ~ van een café*

ex·ploi·ta·tie [-plwàtaa(t)sie] (‹Fr) de (v) [-s] ❶ het exploiteren: ontginning (van mijnen), bebouwing (van akkers), het in-bedrijf-brengen en -houden (bijv. een spoorwegbedrijf, een restaurant e.d.) ❷ fig uitbuiting

ex·ploi·te·ren ww [-plwà-] (‹Fr) [exploiteerde, h. geëxploiteerd] ❶ vooral NN winstgevend maken, in

bedrijf brengen en houden: ★ *een snackbar* ~
❷ ontginnen: ★ *een mijn* ~ ❸ ‹een bezit of arbeidskrachten› uitbuiten, gebruiken om er voordeel uit te trekken
ex·ploot *(‹Fr) het* [-ploten] ❶ recht ambtsverrichting van een deurwaarder, bijv. de betekening van een dagvaarding, vonnis, enz.; akte die de deurwaarder daarvan opmaakt ❷ BN ook, sp (opzienbarende) prestatie
ex·plo·ra·tie [-(t)sie] *(‹Fr‹Lat) de (v)* [-s] verkenning, onderzoeking, doorzoeking (van een landstreek); opsporingswerkzaamheden; onderzoek naar de mogelijkheden tot ontginning van een afzetting van erts of andere delfstoffen
ex·plo·re·ren *ww (‹Fr‹Lat)* [exploreerde, h. geëxploreerd] verkennen, doorzoeken, nauwkeurig onderzoeken, opsporingswerkzaamheden doen in een landstreek, op zee, e.d.
ex·plo·sie [-zie] *(‹Fr‹Lat) de (v)* [-s] ❶ ontploffing, uit- of losbarsting ❷ geluid daarvan, knal
ex·plo·sief [-zief] *(‹Fr) I bn* ❶ kunnende ontploffen, ontplofbaar: ★ *een* ~ *mengsel* ★ *de toestand is zeer* ~ *fig* er kan elk ogenblik een opstand, oorlog enz. uitbreken ❷ als een explosie verlopend ❸ zich zeer snel en sterk uitbreidend: ★ *de explosieve groei van het internationale verkeer* **II** *het* [-sieven] ontplofbare stof, zoals dynamiet **III** *de (m)* [-sieven] taalk plofklank, zoals de letter *p*
ex·plo·sie·ven·op·rui·mings·dienst [-zie-] *de (m) in Nederland* dienst die zich bezighoudt met het demonteren en verwijderen van ontplofbare voorwerpen
ex·po *de* ['s] verkorting van → **expositie**, resp. *exposition*) tentoonstelling
Ex·po·ge *de (v)* Comité van ex-politieke gevangenen
ex·po·nent *(‹Lat) de (m)* [-en] ❶ wisk getal dat of vorm die de macht aanwijst waartoe een getal of vorm is of moet worden verheven ❷ cijfertje of letter ter aanduiding van een speciale functie van een term ❸ persoon die een richting, een partij e.d. kenmerkend vertegenwoordigt: ★ *Picasso was een* ~ *van het kubisme*
ex·po·nen·tieel [-sjeel] *(‹Fr) bn* behorend tot, fungerend als of uitgedrukt in (een) exponent: ★ ~ *groeien*
ex·port, ex·port *(‹Eng) de (m)* ❶ uitvoer, uitvoerhandel; *tegengest*: → **import** ❷ metonymisch uitgevoerde goederen
ex·port·ar·ti·kel *het* [-en, -s] product bestemd voor de uitvoer
ex·por·te·ren *ww (‹Fr‹Lat)* [exporteerde, h. geëxporteerd] uitvoeren, uitvoerhandel drijven; *tegengest*: → **importeren**
ex·por·teur *de (m)* [-s] iem. die goederen naar het buitenland verkoopt en daarheen vervoert; *tegengest*: → **importeur**
ex·port·han·del *de (m)* uitvoerhandel, handel naar het buitenland

ex·port·pre·mie *de (v)* [-s] door de overheid verleende toeslag op naar het buitenland verkochte goederen
ex·po·sant [-zant] *(‹Fr) de (m)* [-en] iem. die iets tentoonstelt, inzender op een tentoonstelling
ex·po·sé [-zee] *(‹Fr) het* [-s] uiteenzetting, kort samenvattend overzicht
ex·po·se·ren *ww* [-zeerə(n)] *(‹Fr)* [exposeerde, h. geëxposeerd] ❶ tentoonstellen, op een tentoonstelling inzenden ❷ blootleggen, uiteenzetten, ontwikkelen ★ *zich* ~ zich blootstellen, zijn leven in de waagschaal stellen
ex·po·si·tie [-zie(t)sie] *(‹Lat) de (v)* [-s] tentoonstelling
ex·pres¹ *(‹Fr) bijw bn* ❶ met opzet ❷ uitdrukkelijk
ex·pres² *(‹Eng) de (m)* [-sen] exprestrein, vooral voor internationaal verkeer, eurocity
ex·pres·brief *de (m)* [-brieven] brief die met spoed bezorgd moet worden
ex·pres·se I *de (m)* [-n] bijzondere bode, ijlbode ★ *per* ~ met bijzondere spoed **II** *de (v)* [-s] expresbrief
ex·pres·sie *(‹Fr) de (v)* [-s] ❶ uitdrukking van het gelaat ❷ uitdrukking van de taal, gezegde ❸ gevoelsuitdrukking
ex·pres·sief *(‹Fr) bn* vol uitdrukking; sterk sprekend, veelzeggend
ex·pres·sie·vak *het* [-ken] onderw vak dat bij de leerlingen eigen artistieke uitingen bevordert (muziek, tekenen e.a.)
ex·pres·sio·nis·me [-sjoo-] *het* kunstrichting (± 1910-1925) die streeft naar het tot uiting brengen van de visie van de kunstenaar op de dingen, zonder objectieve weergave daarvan ★ *abstract* ~ richting in de beeldende kunst, ontstaan ca. 1950, die zowel abstract als expressionistisch was
ex·pres·sio·nist [-sjoo-] *de (m)* [-en] aanhanger van het expressionisme
ex·pres·sio·nis·tisch [-sjoo-] *bn* behorend tot of volgens de beginselen van het expressionisme
ex·pres·sis ver·bis *bijw (‹Lat)* uitdrukkelijk, met zoveel woorden
ex·pres·si·vi·teit *de (v)* kracht van uitdrukking, bijzonder uitdrukkingsvermogen
ex·pres·trein *(‹Eng) de (m)* [-en] snelle trein voor lange afstanden
ex·pres·weg *(‹Eng) de (m)* [-wegen] BN autoweg met gelijkvloerse kruisingen en aansluitingen
ex·quis [-kies] *(‹Fr)*, **ex·qui·siet** [-kwieziet] *(‹Lat) bn* uitgelezen, uitgezocht, fijn, keurig: ★ *een* ~ *restaurant*
ex·ta·se [-zə] *(‹Fr‹Gr) de (v)* toestand van buiten zichzelf te zijn, geestesvervoering, zielsverrukking: ★ *in* ~ *raken*
ex·ta·tisch *(‹Fr‹Gr) bn* van de aard van of (als) in extase, verrukt, verrukkend
ex·ten·sie *(‹Fr‹Lat) de (v)* [-s] ❶ omvang, uitgestrektheid ❷ uitbreiding; rekking ❸ uitwerking ❹ comput deel van een filenaam na de punt
ex·ten·sief *(‹Fr‹Lat) bn* ❶ uitgestrekt, omvattend

❷ over een grote landoppervlakte, maar slechts weinig bewerking vereisend: ★ *extensieve landbouwmethoden*

ex·ten·si·ve·ren *ww* [extensiveerde, h. geëxtensiveerd] meer extensief maken; **extensivering** *de (v)* [-en]

ex·ten·so *zn (‹Lat)* zie → **in extenso**

ex·te·ri·eur, **ex·te·ri·eur** *(‹Fr)* **I** *bn* uiterlijk, uitwendig **II** *het* [-s] het uiterlijke, de buitenzijde, het uitwendige

ex·tern *(‹Fr) bn* ❶ niet inwonend: ★ ~ *personeel van een sanatorium* ❷ het uitwendige betreffend ★ ~ *geheugen*, comput achtergrondgeheugen ❸ van buiten komend: ★ *externe oorzaken* ★ ~ *deskundige* deskundige die adviezen geeft aan een bedrijf of organisatie zonder er zelf werkzaam te zijn ❹ naar buiten voerend: ★ *externe secretie*

ex·ter·naat *het* [-naten] ❶ dagschool zonder kostleerlingen ❷ het uitwonen (niet in een inrichting wonen)

ex·ter·ri·to·ri·aal *bn* buiten het gebied van een staat vallend (ook te water)

ex·ter·ri·to·ri·a·li·teit *(‹Fr) de (v)* volkenrechtsbeginsel dat staatshoofden, gezanten en hun gevolg in vreemde landen, waar zij toegelaten zijn, niet onderworpen zijn aan de rechtspraak van andere gezagsoefening (directe belastingen, controle enz.) van die landen

ex·tra *(‹Lat)* **I** *bijw* ❶ boven het gewone of normale: ★ *dat kost een euro* ~ ❷ in bijzondere mate: ★ ~ *fraai* ★ ~ *zijn best doen* **II** *bn* ❶ bijkomend, nog een: ★ *een* ~ *stel kleren* ❷ bijzonder goed: ★ *die wijn is* ~

ex·traatje extra-tje *het* [-s] buitenkansje, meevallertje

ex·tract *(‹Lat) het* [-en] aftreksel, door aftrekken of indampen verkregen werkzaam bestanddeel

ex·trac·tie [-sie] *(‹Lat) de (v)* [-s] ❶ het uittrekken van tanden of kiezen ❷ het extraheren, het maken van een extract

ex·tra·he·ren *ww (‹Lat)* [extraheerde, h. geëxtraheerd] ❶ een stof uit een mengsel afscheiden d.m.v. een oplosmiddel ❷ uittrekken, uittreksels maken

ex·tra·le·gaal *(‹Fr) bn* BN ‹in toepassing op de secundaire arbeidsvoorwaarden› bijkomend, aanvullend, niet door de wet voorgeschreven: ★ *extralegale voordelen zoals een laptop of een bedrijfswagen zijn erg gewild*

ex·tra·mu·raal *bn* ❶ buiten het (bedoelde) gebouw, buiten de instelling plaatsvindend, gevestigd enz.: ★ *extramurale zorg verlenen aan een psychiatrische patiënt* ❷ extern

ex·tra·net *(‹Eng) het* comput intranet dat ook voor derden toegankelijk is

ex·tra·ne·us *de (m)* [-nei] [-nee(j)ie], **ex·tra·nea** *(‹Lat) de (v)* [-neae] [-nee(j)ee] iem. die examen aflegt zonder de betrokken school of universiteit te hebben bezocht

ex·tra·or·di·nair [-nèr] *(‹Fr) bn* buitengemeen, ongewoon

ex·tra·par·le·men·tair [-tèr] *bn* ★ *een ~ kabinet* kabinet dat optreedt zonder voorafgaand overleg en dus zonder toegezegde steun van fracties in de Tweede Kamer

ex·tra·po·la·tie [-(t)sie] *de (v)* het extrapoleren

ex·tra·po·le·ren *ww (‹Fr)* [extrapoleerde, h. geëxtrapoleerd] ❶ wisk een reeks voortzetten buiten haar limieten met behulp van reeds bekende waarden ❷ fig conclusies trekken of verwachtingen uitspreken op basis van doorberekening van gegevens en niet op basis van de gegevens zelf

ex·tra·va·gant *(‹Fr) bn* buitensporig, overdreven, onzinnig

ex·tra·va·gan·tie [-sie] *de (v)* [-s] buitensporigheid, overdrevenheid, onzinnigheid (abstract en concreet)

ex·tra·vert *(‹Lat) bn* naar buiten gekeerd, zeer open in handelen en spreken: ★ *een extraverte persoon*; (tegenstel: → **introvert**)

ex·treem *(‹Fr‹Lat)* **I** *bn* ❶ uiterst, tot het uiterste gaande: ★ *hij is vrij ~ in zijn politieke opvattingen* ★ *extreme sporten* zie → **extreme sports** ❷ in de hoogste graad: ★ *hij is ~ rijk* **II** *het* [-tremen] zaak in haar uiterste omvang of graad

ex·treme make-over [ekstriem meekoovə(r)] *(‹Eng) de* [-s] ingrijpende aanpassing van het uiterlijk, o.a. door middel van plastische chirurgie

ex·treme sports [ekstriem spò(r)ts] *(‹Eng) mv* sporten die buitengewone durf of uithoudingsvermogen vereisen, zoals bep. vormen van bergbeklimmen, parachutespringen, snowboarden e.d.

ex·tre·mis *zn* zie bij → **in extremis (momentis)**

ex·tre·mis·me *het* het gaan, het toepassen van beginselen tot het uiterste; hoogste radicalisme

ex·tre·mist *de (m)* [-en] iem. die tot het uiterste gaat, vooral in de politiek

ex·tre·mis·tisch *bn* (van de aard) van extremisten

ex·tre·mi·teit *(‹Fr) de (v)* [-en] ❶ uiterste, verst afgelegen deel, eindpunt; ❷ *extremiteiten* ledematen

exu·be·rant *(‹Lat) bn* overvloedig; rijkelijk, weelderig; overvloeiend van gemoed

ex vo·to *(‹Lat:* eig *ten gevolge van een gelofte) de (m) & het* ['s] ❶ geloftegift ❷ RK zinnebeeldig voorwerp (bijv. zilveren armpje of been), opgehangen voor het beeld van de heilige aan wiens voorspraak men het behoud van het voorgestelde meent verschuldigd te zijn; *vgl:* → **votief**

eye·cat·cher [aiketsjər] *(‹Eng) de (m)* [-s] voorwerp dat de aandacht trekt

eye·lin·er [ailainə(r)] *(‹Eng) de (m)* [-s] penseel, resp. cosmetisch middel om de randen van de oogleden te accentueren

eye·ope·ner [aioopənə(r)] *(‹Eng) de (m)* [-s] gebeurtenis waardoor men zich opeens van iets bewust wordt

Ez. *afk*, **Ezech.** Ezechiël

ezel *de (m)* [-s] ❶ aan het paard verwant dier met lange oren, waarvan de tamme variant (*Equus asinus*) veel als lastdier wordt gebruikt ★ *een ~ stoot zich (in 't gemeen) geen twee maal aan dezelfde steen* wie één maal een fout heeft begaan of een onaangename ervaring heeft gehad, vermijdt die voortaan ★ *zo koppig als een ~* zeer koppig ★ *zo dom als een ~* zeer dom ❷ fig dom mens ★ *ge zijt (als) ~ geboren en (als) ~ zult ge sterven* je zal altijd dom blijven ❸ standaard voor schilderijen

e̱zel·ach·tig *bn* als een ezel: dom

e̱zel·ach·tig·heid *de (v)* [-heden] domme fout, domme streek

e̱ze·len *ww* [ezelde, h. geëzeld] bepaald kaartspel waarbij het vooral gaat om snelle reactie

e̱ze·lin *de (v)* [-nen] vrouwelijke ezel

e̱ze·lin·nen·melk *de* melk van een ezelin

e̱zels·brug *de* [-gen] hulpmiddel om iets gemakkelijk te leren of te onthouden

e̱zels·oor *het* [-oren] oor van een ezel *(‹Du)* fig omgevouwen hoek van een blad in een boek of tijdschrift

e̱zels·rug *de (m)* [-gen] ❶ rug van een ezel ❷ NN afdekking van vrijstaande muren met scherpe bovenkant

e̱zels·stamp *de (m)* [-en] BN, spreektaal ontslag ★ *de ~ krijgen* ontslagen worden, bedankt worden zonder inachtneming van bewezen diensten

e̱zels·veu·len *het* [-s] ❶ jong van een ezel ❷ fig domoor

ezel·tje-prik *het* NN kinderspel waarbij men geblinddoekt op een afbeelding van een ezel een losse staart moet prikken

e-zine [iezien] *(‹Eng) het* [-s] op internet gepubliceerd of per e-mail verstuurd magazine

F

f *de* ['s] ❶ de zesde letter van het alfabet ❷ noot in de muziek: fa

f(.) *afk* ❶ femininum [vrouwelijk] ❷ florijn [gulden] ❸ forto [krachtig]

F *afk* [chem symbool voor *fluor*] ❶ Fahrenheit ❷ Frankrijk (France) (als nationaliteitsaanduiding op auto's) ❸ frank

fa *de* ['s] muz vierde toon van de diatonische en zesde van de chromatische toonschaal

fa. *afk* firma

FA *afk* Football Association *(‹Eng)* [voetbalbond, vooral die in Engeland]

faal·angst *de (m)* vrees om te falen, om fouten te maken of om niet te voldoen in de werksituatie of anderszins

faam *(‹Lat) de* roem, roep, vermaardheid; zie ook bij → **naam**

faas *(‹Fr) de* [fazen] dwarsbalk op een wapenschild

fa̱·bel *(‹Fr‹Lat) de* [-s, -en] ❶ vertelling waarin vaak dieren en dingen sprekend en handelend optreden, veelal met een opvoedkundig doel ❷ verzinsel, onzinverhaal, vaak als verkleinwoord: *fabeltje* ★ *naar het rijk der fabelen verwijzen* voor onwaar verklaren

fa·bel·ach·tig, **fa·bel·ach·tig** *bn* ❶ als een fabel, niet geloofwaardig ❷ ongelooflijk, wonderlijk, verbazend

fa̱·bel·dich·ter *de (m)* [-s] iem. die fabels in dichtvorm navertelt

fa̱·bel·dier *het* [-en] niet in werkelijkheid, maar wel in fabels en sprookjes voorkomend dier, zoals de eenhoorn en de draak

fa̱·be·len *ww* [fabelde, h. gefabeld] onwaarschijnlijke dingen of verzinsels vertellen

fa·bel·tje *het* [-s] zie → **fabel**

fa·bri·caat *(‹Lat) het* [-caten] fabrieksproduct ★ *van Nederlands ~* in Nederland vervaardigd

fa·bri·ca·ge [-kaazjə] *de (v)* het fabriceren, vervaardiging in een bedrijf

fa·bri·ca·tie [-(t)sie] *de (v)* → **fabricage**

fa·bri·ce·ren *ww (‹Lat)* [fabriceerde, h. gefabriceerd], **fa·bri·ke·ren** [fabrikeerde, h. gefabrikeerd] ❶ vervaardigen d.m.v. werktuigen op min of meer grote schaal ❷ fig in elkaar zetten; verzinnen, verdichten

fa·briek *(‹Fr‹Lat) de (v)* [-en] ❶ bedrijfsgebouw waar men op grote schaal met behulp van machines goederen produceert of bewerkt ❷ fig instelling waar men op grote schaal andere zaken massaal produceert of bewerkt: ★ *een ~ van amusementsprogramma's*

fa·brie·ken *ww* [fabriekte, h. gefabriekt] in elkaar zetten

fa·briek·ma·tig *(‹Du) bn* ❶ in fabrieken, machinaal

❷ als in een fabriek gemaakt (in massa, eenvormig)
fa·brieks·aard·ap·pel [-dappəl] *de (m)* [-s, -en] aardappel bestemd voor verwerking tot aardappelmeel
fa·brieks·ar·bei·der *de (m)* [-s] iem. die handarbeid verricht in een fabriek
fa·brieks·fout *de* [-en] fout bij het fabriceren gemaakt
fa·brieks·ge·heim *het* [-en] bijzonderheid aangaande de vervaardiging van een product, die alleen aan een bepaalde fabriek bekend is
fa·brieks·merk *het* [-en] teken dat de herkomst van een product uit een bepaalde fabriek aangeeft
fa·brieks·prijs *de (m)* [-prijzen] prijs die de fabriek (aan de verkoper) berekent
fa·brieks·rij·der *de (m)* [-s] coureur die in dienst rijdt van een bep. merk auto of motor
fa·brieks·schip *het* [-schepen] vissersschip dat tevens is ingericht voor het diepvriezen, het inblikken of de verwerking tot traan of vismeel van de gevangen vis
fa·brieks·schoor·steen *de (m)* [-stenen] hoge schoorsteen op een fabriek
fa·brieks·stad *de* [-steden] stad waar veel fabrieken gevestigd zijn
fa·bri·kant (‹Fr‹Lat) *de (m)* [-en] eigenaar van een fabriek
fa·bri·ke·ren *ww* [fabrikeerde, h. gefabrikeerd] BN, m.g. → fabriceren
fa·bu·le·ren *ww* (‹Du‹Lat) [fabuleerde, h. gefabuleerd] verhaaltjes, verzinsels vertellen, fantaseren
fa·bu·leus (‹Fr‹Lat) *bn* fabelachtig, ongelooflijk, onwaarschijnlijk
fa·ça·de [-saadə] (‹Fr) *de (v)* [-s, -n] ❶ voorgevel ❷ *fig* uiterlijk waarachter iets verborgen is, uiterlijke schijn: ★ *een ~ van zelfverzekerdheid ging een verlegen man schuil*
face-à-main [fàs-aa-mẽ] (‹Fr) *de (m)* [-s] (dames)lorgnet met handvat, lorgnon
face-lift (‹Eng) [fees-] *de (m)* [-s] ❶ cosmetische operatie om plooien of andere onvolkomenheden uit het gelaat weg te werken ❷ *fig* opknapbeurt ter verfraaiing van het uiterlijk: ★ *dit gebouwencomplex heeft een ~ ondergaan*
face·lif·ten *ww* [fees-] [faceliftte, h. gefacelift] een facelift verrichten of laten verrichten
fa·cet (‹Fr) *het* [-ten] ❶ geslepen vlak (van een edelsteen of ander geslepen voorwerp) ❷ aanblik van een bepaalde zijde, aspect: ★ *alle facetten van een zaak belichten* ❸ schuine rand aan een gegraveerde of geëtste plaat ❹ elk van de vakjes van een samengesteld oog
face to face [fees toe fees] (‹Eng) *bijw* (*eig:* van aangezicht tot aangezicht) in elkaars lijfelijke aanwezigheid: ★ *een conflict ~ oplossen*
fa·cet·oog *het* [-ogen] uit talloze vlakjes samengesteld oog van insecten
fa·cie (‹Lat) *de (v) & het* [-s] vero gezicht, tronie
fa·ci·li·tair [-tèr] *bn* ★ *~ bedrijf* bedrijf dat technische hulp verleent aan de verschillende (radio- en televisie)omroepen

fa·ci·li·teit (‹Fr) *de (v)* [-en] ❶ tegemoetkomende inschikkelijkheid die een verplichting lichter maakt ❷ voorziening ★ *dit cruiseschip is voorzien van tal van ~en* ★ BN *~en* voorzieningen voor een taalminderheid
fa·ci·li·tei·ten·ge·meen·te *de (v)* [-n en -s] in België elk van de gemeenten in de omgeving van Brussel en nabij de taalgrens die bijzondere voorzieningen voor de verschillende Franse, Nederlandse en Duitse taalminderheden moeten hebben
fa·ci·li·tei·ten·re·ge·ling *de (v)* [-en] BN regeling m.b.t. faciliteiten voor taalminderheden
fa·ci·li·te·ren *ww* [faciliteerde, h. gefaciliteerd] geld of middelen beschikbaar stellen: ★ *de gemeente faciliteert deze culturele manifestatie*
fa·cit (‹Lat) **I** *ww* het maakt, bedraagt samen **II** *het* [-s] uitkomst, som, bedrag
fac·si·mi·le [-lee] (‹Lat) *het* ['s] nauwkeurige nabootsing, vooral van geschriften, drukwerken, prenten en tekeningen
fac·si·mi·le·ren *ww* [facsimileerde, h. gefacsimileerd] in facsimile weergeven, nabootsen
fac·si·mi·le-uit·ga·ve [-lee-] *de* [-n] tekstuitgave in de vorm van een fotografische afbeelding van handschrift of oude druk
fac·tie [-sie] (‹Lat) *de (v)* [-s, -tiën] agerende politieke groep, kliek
fac·to *zn* (‹Lat) zie bij → de facto
fac·toor (‹Lat) *de (m)* [-toren] ❶ iem. die voor rekening van anderen handel drijft; zaakgelastigde ❷ ‹in de graanhandel› iem. die voor anderen graan opslaat ❸ handel → factor
fac·tor (‹Lat) *de (m)* [-toren] ❶ [*mv:* -toren] elk van de getallen waaruit een product bestaat: ★ *een getal in factoren ontbinden* ★ *iets met een ~ 2 vermenigvuldigen* vermenigvuldigen met 2 ❷ [*mv:* -toren] medebepalend deel, element, medewerkende omstandigheid, medeoorzaak: ★ *dit probleem is het gevolg van een complex van factoren* ❸ [*mv:* -s] hoofd van een factorij ❹ [*mv:* -s] handel iem. die de debiteurenadministratie verricht, zorgt voor kredietwaardigheidsonderzoek, die vorderingen incasseert e.d.
fac·tor·ana·ly·se [-liezə] *de (v)* bepaalde statistische berekening voor het opsporen of definiëren van de factoren die de oorzaak zijn van correlaties
fac·to·rij (‹Lat) *de (v)* [-en] nederzetting van een handelsmaatschappij; magazijn en kantoor van een handelsonderneming in een vreemd werelddeel
fac·to·rij·han·del *de (m)* commissiehandel
fac·tor·ing [fektəring] (‹Eng) *de* fin het uitbesteden van het incasseren van vorderingen
fac·to·tum (‹Lat) *de (m) & het* [-s] manusje-van-alles, loopjongen
fact·sheet [fektsjiet] (‹Eng) *de (m)* [-s] beknopt overzicht van feiten over een onderwerp

fac·tu·re·ren *ww* (‹*Fr*) [factureerde, h. gefactureerd] ❶ een factuur of facturen opmaken ❷ op de factuur vermelden

fac·tu·rist *de (m)* [-en], **fac·tu·ris·te** *de (v)* [-n, -s] kantoorbediende belast met het opmaken van de rekeningen

fac·tuur (‹*Fr*‹*Lat*) *de (v)* [-turen] ❶ gedateerde lijst van afgeleverde goederen met de berekende prijzen ❷ BN rekening

fac·tuur·be·drag *het* [-dragen] eindbedrag van een factuur

fa·cul·ta·tief (‹*Fr*) *bn* aan de eigen keuze overgelaten, naar keuze al of niet uit te voeren of toe te passen, niet-verplicht: ★ *een facultatieve excursie*

fa·cul·teit (‹*Fr*) *de (v)* [-en] ❶ elk van de hoofdafdelingen waarin het onderwijs aan een universiteit gesplitst is (godgeleerdheid, geneeskunde, rechten, letteren en wijsbegeerte, wis- en natuurkunde, sociale wetenschappen, economische wetenschappen enz.) ❷ vermogen, geestvermogens ❸ wisk product van de getallen van een reeks

fa·cul·teits·kring *de (m)* [-en] BN vereniging van studenten die aan dezelfde faculteit studeren

fa·cul·teits·raad *de (m)* [-raden] bestuursorgaan van een → **faculteit** (bet 1)

fa·den *ww* [feedə(n)] (‹*Eng*) [fadede, is gefaded] met behulp van een fader geluidssignalen zwakker maken of beelden laten vervagen tot een fade-out

fade-out [feedaut] (‹*Eng*) *de (m)* het langzaam laten vervagen en verdwijnen van een beeld of geluid (in films, op tv enz.)

fa·der [feedə(r)] (‹*Eng*) *de* [-s] technische voorziening om beeld- of geluidssignalen geleidelijk zwakker te maken

fad·ing [feeding] (‹*Eng*) *de (v)* ❶ het vervagen van de sterkte van een beeld- of geluidssignaal, sluiereffect, sluiering ❷ ‹bij auto's› het afnemen van de remkracht: ★ *zelfs bij herhaaldelijk remmen kon geen ~ worden vastgesteld*

fa·do (‹*Port*) *de (m)* ['s] melancholieke Portugese volksmuziek met gitaarbegeleiding

fa·got (‹*It*) *de (m)* [-ten] *muz* houten blaasinstrument met bastoon

fa·got·tist *de (m)* [-en] fagotblazer

Fah·ren·heit *de (m)* eenheid van temperatuur, genoemd naar de Duitse natuurkundige D.G. Fahrenheit (1686-1736) die als eerste een gemakkelijk afleesbare temperatuurschaal ontwikkelde, waarbij hij als nulpunt de laagste in het laboratorium bereikbare temperatuur nam en als tweede vast punt de lichaamstemperatuur die hij op 96° stelde: ★ *op de schaal van ~ liggen het vries- en kookpunt van water op resp. 32° en 212°*

faien·ce [faajãsə] (‹*Fr*) *de* ❶ geglazuurd aardewerk, plateelwerk, genoemd naar de Italiaanse stad Faënza, fijn aardewerk ❷ *[mv: -n]* BN (muurbekleding met) geglazuurde tegels

fail·liet [fajjiet] (‹*Fr*) **I** *bn* bankroet, blijkens rechterlijke uitspraak niet in staat aan zijn financiële verplichtingen te voldoen **II** *de (m)* [-en] persoon die failliet gegaan is **III** *het* [-en] faillissement; *fig* mislukking

fail·lis·se·ment [fajjiessə-] (‹*Fr*) *het* [-en] ❶ toestand van een persoon of zaak die zijn geldelijke verplichtingen niet na kan komen, ten gevolge waarvan op het vermogen beslag wordt gelegd: ★ *het ~ uitspreken* ❷ failliete boedel ❸ *het* failliet-gaan

fair [fè(r)] (‹*Eng*) *bn* overeenkomend met eer en billijkheid, eerlijk, fatsoenlijk ★ *eig en fig ~ play* eerlijk spel

fait [fè] (‹*Fr*) *het* [-s] feit, gebeurde, voorval ★ *~ accompli* voldongen feit ★ *faits divers* gemengde berichten

fake [feek] (‹*Eng*) **I** *de* [-s] vervalsing, alles wat nagemaakt is **II** *bn* nagemaakt, vals, onecht: ★ *die tranen in zijn ogen waren ~*

fa·kir (‹*Fr*‹*Arab*) *de (m)* [-s] ❶ *eig* arme ❷ ‹in islamitische landen› boetedoend kluizenaar die van aalmoezen leeft en zichzelf kastijdt ❸ thans meestal yogi die bovennatuurlijke dingen doet

fak·kel (‹*Lat*) *de* [-s] ❶ aan een stok gedragen brandende lichtbron ★ vooral NN *branden als een ~ hevig branden* ❷ *fig* iets wat licht verspreidt: ★ *de ~ der vrijheid* vrijheid *vandaar:* ★ *de ~ overnemen* de strijd, de (zware) taak voortzetten

fak·kel·dans *de (m)* [-en] dans met fakkelzwaaien

fak·kel·op·tocht *de (m)* [-en] optocht met brandende fakkels

fak·kel·zwaai·en *ww & het* (het) sierlijk bewegen van brandende fakkels

fa·la·fel (‹*Arab*) *de (m)* [-s] Egyptische en Israëlische snack, bestaande uit gefrituurde schijfjes van o.a. fijngemaakte kikkererwten met ui, knoflook en peterselie

fa·lan·gist (‹*Sp*) *de (m)* [-en] ❶ lid van de *Falange*) in 1933 opgerichte autoritair-politieke partij in Spanje, eenheidspartij van het Francoregime ❷ Spaans fascist ❸ benaming voor extreemrechtsgeoriënteerde personen in andere landen, o.a. Libanon

fa·lanx (‹*Gr*) *de* [-en] ❶ vinger- of teenkootje ❷ slagorde van het Oudgriekse leger; *fig* slagorde in het algemeen, dicht aaneengesloten schare

fal·de·rap·pes *het* NN schorremorrie, gemeen volk

fa·len *ww* (‹*Oudfrans*‹*Lat*) [faalde, h. gefaald] ❶ niet slagen, mislukken ❷ tekortschieten: ★ *hij heeft gefaald in het terugdringen van de kosten*

fa·lie (‹*Oudfrans*) *de (v)* [-s] hoofd- en schouderdoek; kapmantel ★ NN *iem. op zijn ~ geven* een pak slaag geven, een afstraffing geven

fa·lie·kant, fa·lie·kant *bn* geheel, totaal: ★ *een faliekante mislukking* ★ vooral NN *het ~ mis hebben* in hoge mate, helemaal ★ *~ tegen iets zijn* het er volstrekt mee oneens zijn

fa·ling *de (v)* [-en] BN ook faillissement ★ *in ~ zijn* failliet zijn ★ *in ~ stellen, verklaren* failliet verklaren

fal·lisch *(‹Gr) bn* betrekking hebbend op de fallus of het fallisme

fall-out [fol-aut] *(‹Eng) de (m)* uit de hogere lagen van de atmosfeer neerdalende stofdeeltjes die radioactief zijn geworden ten gevolge van een kernontploffing, radioactieve neerslag

fal·lus *(‹Gr) de (m)* [-sen] voorstelling van het mannelijk lid in de toestand van erectie

fal·sa·ris *(‹Lat) de (m)* [-sen] vervalser, vooral schriftvervalser

fal·set *(‹Fr)* [-ten] muz **I** *de (m) & het* kopstem, hoogste stemregister; nabootsing van de vrouwenstem **II** *de (m)* iem. die met falsetstem zingt **III** *bijw* met de genoemde stem: ★ *~ zingen*

fal·si·fi·ca·tie [-(t)sie] *(‹Fr) de (v)* [-s] vervalsing

fal·si·fi·ce·ren *ww (‹Lat)* [falsificeerde, h. gefalsificeerd], **fal·si·fi·ë·ren** *(‹Fr)* [falsifieerde, h. gefalsifieerd] ❶ vervalsen ❷ ‹in de wetenschap› de onjuistheid aantonen van

fa·meus *(‹Fr‹Lat) bn* ❶ veelbesproken, hooggeroemd (veelal ironisch) ❷ BN, spreektaal buitengewoon groot of veel; belangrijk, aanzienlijk, behoorlijk, geweldig: ★ *een fameuze tegenvaller* ★ *niet ~ niet bijzonder goed*

fa·mi·liaal [-ljaal] *(‹Fr) bn* ❶ huiselijk, gezellig ❷ BN, spreektaal de familie of het gezin betreffend; gezins-, familie-; ook privé-: ★ *~ geluk, ~ leven* ★ *familiale helpster* gezinsverzorgster ★ *familiale verzekering* vorm van WA-verzekering voor leden van een gezin

fa·mi·liaar [-ljaar] *(‹Lat)*, **fa·mi·liair** [-ljèr] *(‹Fr) bn* ❶ gemeenzaam, vertrouwelijk, ongedwongen ❷ onvormelijk

fa·mi·li·a·le *de* [-s] BN, spreektaal verkorting van *familiale verzekering*, zie bij → **familiaal**

fa·mi·lia·ri·teit [-ljaa-] *(‹Fr‹Lat) de (v)* [-en] ❶ vertrouwelijkheid, gemeenzame omgang ❷ uiting van grote of te grote vertrouwelijkheid

fa·mi·lie *(‹Lat) de (v)* [-s] ❶ het geheel van de personen die men als bloed- en aanverwant beschouwt: ★ *hij stamt uit een roemruchte ~* ★ *een huwelijk was vroeger iets wat de hele ~ aanging* ★ *het zit in de ~* veel personen in de familie hebben deze eigenaardigheid ★ *van je ~ moet je het hebben* vaak iron van familie zou men hulp verwachten en geen tegenwerking of aanvallen ★ *dat komt in de beste families voor* dat kan iedereen gebeuren ❷ in enkele betekenissen man, vrouw en hun eventueel inwonende kinderen, gezin: ★ *hier woont de ~ Elhabri* ★ *de Heilige Familie* Jozef en Maria met hun kind Jezus ❸ biol groep bestaande uit één of meer geslachten: ★ *de leeuw behoort tot de ~ van de katachtigen*

fa·mi·lie·aan·ge·le·gen·heid *de (v)* [-heden] zaak die een gehele familie aangaat

fa·mi·lie·band *de (m)* [-en] de verbondenheid tussen familieleden

fa·mi·lie·be·drijf *het* [-bedrijven] onderneming door leden van één familie beheerd en gefinancierd; *vgl*: → **familievennootschap**

fa·mi·lie·be·rich·ten *mv* krantenadvertenties waarin geboorten, sterfgevallen, huwelijken e.d. worden gemeld

fa·mi·lie·be·trek·king *de (v)* [-en] verwantschap

fa·mi·lie·feest *het* [-en] feest dat door een gehele familie gevierd wordt

fa·mi·lie·graf *het* [-graven] graf waarin een aantal leden van een familie begraven kunnen worden

fa·mi·lie·ho·tel *het* [-s] hotel vooral berekend op logies van gezinnen

fa·mi·lie·kring *de (m)* [-en] ❶ huiselijke kring ❷ kring van familieleden

fa·mi·lie·kun·de *de (v)* BN, vero. genealogie

fa·mi·lie·kwaal *de* [-kwalen] ziekte of afwijking die zich vaak in een familie voordoet

fa·mi·lie·lid *het* [-leden] bloedverwant

fa·mi·lie·naam *de (m)* [-namen] vooral BN naam die de leden van een familie dragen, achternaam (in tegenstelling tot de voornaam)

fa·mi·lie·om·stan·dig·he·den *mv* omstandigheden betreffende de familie, vaak euf voor sterfgeval: ★ *wegens ~ gesloten*

fa·mi·lie·pen·sion [-pãsjõ, -sjon] *het* [-s] pension, vooral ingericht voor het verblijf van gezinnen

fa·mi·lie·raad *de (m)* [-raden] bijeenkomst van familieleden ter bespreking van familieaangelegenheden

fa·mi·lie·re·ge·ring *de (v)* [-en] regering van personen die tot één of enkele families behoren

fa·mi·lie·ro·man *de (m)* [-s] roman die de geschiedenis van een familie beschrijft

fa·mi·lie·stuk *het* [-ken] ❶ schilderij waarop een familie is afgebeeld ❷ voorwerp dat al lang tot het bezit van een familie behoort

fa·mi·lie·trek *de (m)* [-ken] gelaatstrek of karaktertrek die aan vele leden van een familie eigen is

fa·mi·lie·ven·noot·schap *de (v)* [-pen] vennootschap waarvan de aandelen in handen van een familie zijn

fa·mi·lie·ve·te *de* [-n, -s] vete tussen twee families *of* tussen de leden van een familie

fa·mi·lie·wa·pen *het* [-s] → **wapen** (bet 3) van een familie

fa·mi·lie·ziek *bn* zeer gesteld op het onderhouden van de familieband

fam·i·ly·fil·ter [femmillie-] *(‹Eng) het* [-s] voorziening die ervoor zorgt dat op het internet geen ongewenste sites (bijv. voor kinderen) kunnen worden opgeroepen

fam·i·ly·plan·ning [femmillieplenning] *(‹Eng) de (v)* bewuste bepaling van de grootte van het gezin (door anticonceptionele maatregelen), geboorteregeling

fan[1] [fen] *(‹Eng) de* [-s] afkorting van *fanatic*,

enthousiast bewonderaar, groot liefhebber
fan² [fen] ‹*Eng*› *de (m)* [-s] ventilator
fa·naal ‹*Fr*› *de (m) & het* [-nalen] ❶ scheepslicht, zeelicht ❷ baken
fa·naat ‹*Lat*› *de* [-naten], **fa·na·ti·cus** *de (m)* [-ci] fanatiek aanhanger of voorstander
fa·na·tiek ‹*Fr*‹*Lat*› *bn* ❶ dweepzuchtig, buitengewoon geestdriftig, door blinde ijver gedreven ❷ het genoemde in hoge mate zijnde: ★ *een ~ bewonderaar*
fa·na·tie·ke·ling *de (m)* [-en] fanatiek persoon
fa·na·tis·me *het* het fanatiek-zijn, buitengewone geestdrift, dweperij, vooral godsdienstdweperij
fan·club [fen-] *de* [-s] club van fans (→ **fan¹**)
fan·cy [fensie] ‹*Eng*› *de (v)* inbeelding; inval *in samenstellingen ook* onecht, namaak-: ★ *fancybijouterie e.d.*
fan·cy·ar·ti·ke·len [fensie-] *mv* modewaren, weeldeartikelen
fan·cy fair [fensie fe̱(r)] ‹*Eng*› *de (m)* [-s] liefdadigheidsbazaar
fan·cy·prijs [fensie-] *de (m)* [-prijzen] fantasieprijs
fan·dan·go [-dangyoo] ‹*Sp*› *de (m)* ['s] Spaanse volksdans voor (twee) paren in 3-delige maatsoort
fan·fa·re ‹*Fr*› *de* [-s, -n] ❶ kort, vrolijk muziekstuk voor koperen instrumenten, vooral als hulde of aankondiging ❷ fanfarekorps
fan·fa·re·korps *het* [-en] muziekgezelschap dat alleen koperen blaasinstrumenten en slagwerk bespeelt
fa·nion·ploeg [-nie(j)o̱-] *de* [-en] vero, sp eerste elftal; selectie; kernploeg
fa·nion·spe·ler [-nie(j)o̱-] *de (m)* [-s] vero, sp speler van het eerste elftal; selectiespeler; kernploeglid
fan·mail [fenmeel] ‹*Eng*› *de (m)* correspondentie van fans (→ **fan¹**) aan popsterren enz.
fan·ta·se·ren *ww* [-zeerə(n)] [fantaseerde, h. gefantaseerd] ❶ zijn gedachten de vrije loop laten, zijn verbeelding de vrije teugel geven: ★ *~ over de toekomst* ❷ verzinnen, bedenken: ★ *een gefantaseerd verhaal*
fan·ta·sie [-zie] ‹*Fr*› *de (v)* [-sieën]
❶ verbeeldingskracht, verbeelding: ★ *in mijn ~ zat ik al op Ibiza* ★ *een grote ~ hebben* dingen makkelijk kunnen verzinnen ❷ droombeeld ❸ gril, luim ❹ muziekstuk of ander kunstvoortbrengsel waarbij de kunstenaar enkel zijn scheppende verbeelding, maar geen model of bepaalde regels gevolgd heeft
fan·ta·sie- [-zie-] *als eerste lid in samenstellingen* niet echt; niet in stijl: ★ *dat zijn fantasiejuwelen*
fan·ta·sie·ar·ti·kel [-zie-] *het* [-en, -s] snuisterij
fan·ta·sie·kos·tuum [-zie-] *het* [-s] kostuum van fantasiestof
fan·ta·sie·prijs [-zie-] *de (m)* [-prijzen] absurd hoge of lage prijs voor een artikel, die geen verband houdt met de werkelijke waarde daarvan
fan·ta·sie·stof [-zie-] *de* [-fen] niet effen gekleurde stof
fan·tast *de (m)* [-en], **fan·tas·te** *de (v)* [-n] iemand met zeer grote fantasie

fan·tas·tisch ‹*Lat*› **I** *bn* ❶ voortgebracht door de fantasie, op inbeelding berustend: ★ *een ~ verhaal* ❷ bijzonder goed of mooi: ★ *een fantastische vakantie* ❸ toverachtig, wonderlijk, grillig: ★ *een ~ landschap* **II** *bijw* in zeer hoge mate: ★ *een ~ mooie film*
fan·ta·sy [fentəzie] ‹*Eng*› *de* genre romans en verhalen die vooral berusten op verbeeldingskracht, veelal gesitueerd in een denkbeeldige werkelijkheid en vaak met vreemdsoortige wezens als hoofdpersonages
fan·toom ‹*Fr*› *het* [-tomen] ❶ hersenschim, droombeeld, spook ❷ model van een menselijk lichaamsdeel, gebruikt bij geneeskundig onderwijs
fan·toom·pijn *de* [-en] denkbeeldige pijn die men als werkelijk ervaart ondanks het feit dat het lichaamsdeel waarin men die pijn voelt, geamputeerd is
fan·zine [fenzien] ‹*Eng*› *het* [-s] tijdschrift van een fanclub
FAO *afk* Food and Agriculture Organization [voedsel- en landbouworganisatie van de Verenigde Naties]
FAQ *afk* Frequently Asked Questions [veelgestelde vragen; document met veelgestelde vragen (en de bijbehorende antwoorden) over een bep. onderwerp, meestal in elektronische vorm]
fa·rad *de (m)* eenheid van elektrische capaciteit (lading die één coulomb bij spanning van één volt), verkorting van *faraday*
fa·rao ‹*Gr*‹*Oudegyptisch*› *de (m)* ['s] titel van de Egyptische koningen in de oudheid
fa·rao·mier *de* [-en] soort rode, van oorsprong tropische mier, *Monomorium pharaonis*
fa·rao·rat *de* [-ten] ichneumon
farce [fars] ‹*Fr*› *de* [-n, -s] ❶ klucht(spel), schijnvertoning, malle vertoning: ★ *die vredesbesprekingen waren een ~* ❷ vulsel (voor spijzen)
far·ce·ren *ww* ‹*Fr*› [farceerde, h. gefarceerd] ‹wild of gevogelte› vóór het braden met vulsel stoppen: ★ *een paprika farceren met gehakt*
far·fal·le ‹*It*› *de* cul deegwaar in de vorm van vlinders
fa·ri·zee·ën ‹*Lat*‹*Gr*‹*Aram*› *mv* ten tijde van Jezus benaming voor een joodse sekte die zich op stipte naleving van de wet beroemde
fa·ri·zee·ër ‹*Lat*‹*Gr*‹*Aram*› *de (m)* [-s] iem. die, als de farizeeën, zich laat voorstaan op zedelijke voortreffelijkheid; schijnheilige, huichelaar
fa·ri·zees, **fa·ri·ze·ïsch** *bn* als van een farizeeër, schijnheilig
fa·ri·ze·ïs·me *het* gedrag als van farizeeërs, schijnheiligheid
farm [fà(r)m] ‹*Eng*› *de (m)* [-s] groot landbouwbedrijf in Noord-Amerika
far·ma·ceut [-suit] ‹*Gr*› *de (m)* [-en] ❶ apotheker ❷ student in de farmacie
far·ma·ceu·tisch [-sui-] ‹*Gr*› *bn* de bereiding van geneesmiddelen betreffend

far·ma·cie *(‹Fr‹Gr) de (v)* ❶ kennis van geneesmiddelen ❷ *[mv: -cieën]* apotheek
far·ma·co·lo·gie *(‹Gr) de (v)* kennis en leer van de geneesmiddelen
far·ma·co·lo·gisch *bn* betreffende de farmacologie
far·ma·co·loog *de (m)* [-logen] iem. die farmacologie beoefent
far·ma·co·theek *(‹Gr) de (v)* [-theken] medicijnkist, reisapotheek
farm·er [fà(r)mə(r)] *(‹Eng) de (m)* [-s] eigenaar van een groot landbouwbedrijf in Noord-Amerika
Far·si *het* taal van Iran
fa·rus *(‹Lat‹Gr) de (m)* [-sen] vuurtoren, genoemd naar het eiland Pharos voor de Egyptische kust bij Alexandrië, waar koning Ptolemaeus II in 279 v.C. een beroemde vuurtoren liet bouwen door Sostratus van Cnidos
Far ·West [fà(r)-] *(‹Eng) de (m) & het* het verre Westen, de meest westelijke staten van Noord-Amerika
f.a.s. *afk* free alongside ship *(‹Eng)* [vrij langs boord, levering door de verkoper van goederen langs boord of langs de wagen, waarbij de inlading voor rekening van de koper blijft]
fas·ci·na·tie [-naa(t)sie] *(‹Lat) de (v)* betovering; het beheersen of beheerst-worden door de blik of aanblik
fas·ci·ne·ren *ww (‹Fr‹Lat)* [fascineerde, h. gefascineerd] door de blik beheersen, verblinden, betoveren, zeer sterk boeien
fas·cis·me *(‹It) het* het door Mussolini gestichte Italiaanse nationalistische, autoritaire en onverdraagzame staatsstelsel dat van 1922-1943 bestond; dergelijk staatsstelsel in andere landen
fas·cist *(‹It) de (m)* [-en] aanhanger van het fascisme
fas·cis·tisch *bn* van het fascisme, het fascisme toegedaan
fas·cis·to·ï·de *(‹It-Gr) bn* lijkend op of neigend tot het fascisme
fa·se [-zə] *(‹Fr‹Gr) de (v)* [-s, -n] ❶ elk van de schijngestalten van de maan of van een planeet ❷ elk van een opeenvolgende reeks toestanden, ontwikkelingstoestand, stadium ❸ nat elk van de opeenvolgende standen of waarden in een wisselende toestand; afstand tussen twee uitersten of ruststanden bij trillingen en sterkteveranderingen
fa·se·ren *ww* [-zeerə(n)] [faseerde, h. gefaseerd] in fasen verdelen of doen verlopen, spreiden in de tijd
fash·ion [fesjən] *(‹Eng) de* mode
fash·ion·able [fesjənəbl] *(‹Eng) bn* naar de mode, modieus
fast·food [fàstfoed] *(‹Eng) de (m)* voedsel dat in restaurants of eethuizen snel bereid en geserveerd wordt
fast·food·res·tau·rant [fàstfoedrestoorant, -rã] *het* [-s] eenvoudig restaurant waar fastfood (zoals patat, hamburgers, kroketten e.d.) wordt geserveerd
fat *(‹Fr) de (m)* [-ten] man die zich overdreven modieus kleedt
fa·taal *(‹Fr‹Lat) bn* ❶ noodlottig, verderfelijk: ★ *deze prijsstijgingen zijn ~ voor de economie* ❷ dodelijk: ★ *een ongeluk met fatale afloop* ★ *de fatale termijn* de uiterste termijn, termijn binnen welke een vordering moet zijn ingesteld om niet te vervallen
fa·ta·lis·me *(‹Fr) het* geloof aan een onontkoombaar noodlot
fa·ta·list *de (m)* [-en] iem. die het noodlot aanvaardt als onvermijdelijk
fa·ta·lis·tisch *bn* overtuigd dat het noodlot onvermijdelijk is: ★ *een fatalistische politiek voeren*
fa·ta·li·teit *(‹Fr) de (v)* noodlottigheid, voorbeschikt ongeluk, onheil
fa·ta mor·ga·na *(‹It) de* ['s] meervoudige luchtspiegeling; gezichtsbedrog ten gevolge van atmosferische straalbreking waardoor men iets als nabij ziet wat in werkelijkheid elders is
fat·soen *(‹Fr)* I *het* goede manieren ★ *zijn ~ houden* de uiterlijke schijn van de vroegere (hogere) sociale status handhaven ★ *hou je ~!* hou je stil, doe niet zo opdringerig en luidruchtig! ★ *met goed ~* zoals het hoort ★ *voor zijn ~ niet kunnen wegblijven* komen omdat dat nu eenmaal hoort II *het* [-en] vero model, vorm: ★ *mijn hoed was uit zijn ~*
fat·soe·ne·ren *ww* [fatsoeneerde, h. gefatsoeneerd] een behoorlijke vorm geven, weer in het gewenste model brengen: ★ *zijn kleding, zijn haar ~*
fat·soen·lijk *bn* volgens de regels van de goede manieren, behoorlijk; **fatsoenlijkheid** *de (v)*
fat·soens·hal·ve *bijw* ter wille van het fatsoen
fat·soens·rak·ker *de (m)* [-s] smalend zich als erg braaf voordoend persoon (die vaak op anderen wat aan te merken heeft)
fat·te·rig *bn* als een fat, overdreven modieus
fa·tum *(‹Lat) het* [fata] noodlot, lot, bestemming
fat·wa *(‹Arab) de* ['s] gezaghebbende uitspraak van een islamitisch rechtsgeleerde (→ **moefti**)
faun *(‹Lat) de (m)* [-en] ❶ bos- en veldgod bij de Romeinen ❷ fig wellusteling
fau·na *(‹Lat) de* ['s] ❶ de dierenwereld van een bepaald gebied ❷ beschrijving daarvan in een boek
fau·teuil [footui] *(‹Fr) de (m)* [-s] ❶ vooral NN armstoel, leuningstoel ❷ vero rang in de (bioscoop)theaters
fau·vis·me [foo-] *het* in 1905 ingevoerde naam voor een richting in de Franse schilderkunst, die zich verzette tegen het impressionisme en kleur vooral beschouwde als uitdrukking van emoties (o.a. Matisse, Rouault Derain, Bracque, tijdelijk Kees van Dongen, door de journalist Vauxcelles aangeduid als *les fauves*, letterlijk 'de wilde beesten')
fau·vist [foo-] *de (m)* [-en] schilder volgens het fauvisme; **fauvistisch** *bn bijw*
faux [foo] *(‹Fr) bn* vals, onwaar, verkeerd ★ *~ pas* misstap (fig)
fa·ve·la *(‹Port) de (m)* ['s] sloppenwijk in Brazilië
fa·veur *(‹Fr‹Lat) de* [-s] gunst, begunstiging; welwillendheid ★ *ten faveure van* ten gunste van

fa·vo·ra·bel (‹Fr‹Lat) bn gunstig (gezind), voordelig
fa·vo·riet (‹Fr) I de (m) [-en] ❶ gunsteling, lieveling ❷ persoon aan wie, dier, team e.d. waaraan men de beste kansen toeschrijft II bn ❶ geliefkoosd, lievelings-: ★ *dit is mijn favoriete muziek* ❷ met de meeste kans op een overwinning of een goed resultaat: ★ *Argentinië was ~ voor de eindoverwinning*
fa·vo·rie·te (‹Fr) de (v) [-s, -n] ❶ gunstelinge ❷ maîtresse van een vorst
fa·vo·ri·se·ren ww [-zeerə(n)] (‹Fr) [favoriseerde, h. gefavoriseerd] begunstigen, bevoordelen
fa·vus (‹Lat) de (m) med besmettelijk hoofdzeer
fax de (m) (‹Eng‹Lat) ❶ → **faxapparaat** ❷ [mv: -en] via een faxapparaat ontvangen of verzonden bericht
fax·ap·pa·raat het [-raten] apparaat waarmee men zichtbare informatie (bijv. brieven, foto's, documenten e.d.) telefonisch via digitale signalen van de ene plaats naar de andere overbrengt
fax·be·richt het [-en] per faxapparaat ontvangen of verzonden bericht
faxen ww (‹Eng) [faxte, h. gefaxt] versturen met behulp van een faxapparaat: ★ *een document ~*
fax·mo·dem de (m) & het [-s] modem dat het mogelijk maakt om met een faxapparaat te communiceren vanaf een pc
fax·num·mer het [-s] nummer waarmee men verbinding kan maken met een faxapparaat
fa·zant (‹Fr‹Gr) de (m) [-en] hoenderachtige vogel uit de onderfamilie Phasianinae
fa·zan·ten·ei het [-eren] ei van een fazant
fa·zan·ten·haan de (m) [-hanen] mannelijke fazant
fa·zan·ten·hen de (v) [-nen] vrouwelijke fazant
fa·zan·ten·jacht de jacht op fazanten
FBI afk Federal Bureau of Investigation (‹Eng) [nationale recherchedienst van de Verenigde Staten, belast met het opsporen van strafbare feiten die onder de federale rechtsmacht vallen (zoals kidnapping en georganiseerde misdaad) en met het bestrijden van staatsgevaarlijke activiteiten]
FBO afk in Nederland Federatie Betaald Voetbal Organisaties
FC afk Footballclub, vaak gebruikt in de benamingen van voetbalverenigingen: ★ *FC Twente*
FDF afk in België Front démocratique des francophones [politieke partij]
Fe afk chem symbool voor het element ijzer (ferrum)
fea·ture [fietsjə(r)] (‹Eng) de [-s] wat het meest de aandacht trekt; kenmerk; vaste rubriek in een tijdschrift of krant
febr. afk februari
fe·bru·a·ri (‹Lat) de (m) tweede maand van het jaar, sprokkelmaand
fe·ca·li·ën [fee-], **fe·ces** [feeses] (‹Lat) mv uitwerpselen, poep
fe·de·raal (‹Fr‹Lat) bn ❶ een federatie betreffend, bondgenootschappelijk: ★ *de federale regering* in de Verenigde Staten de overkoepelende regering boven die van de afzonderlijke staten ❷ BN op nationaal, Belgisch niveau, i.t.t. gemeenschapsniveau
fe·de·ra·li·se·ring de (v) [-en] BN politieke ontwikkeling waarbij België wordt omgezet in een federatie van autonome(re) gebieden
fe·de·ra·lis·me het het voorstaan van of streven naar de stichting van een federatie
fe·de·ra·list de (m) [-en] aanhanger van het federalisme
fe·de·ra·lis·tisch bn van, behorende tot het federalisme of de federalisten
fe·de·ra·tie [-raa(t)sie] (‹Fr) de (v) [-s] verbond van samenwerkende lichamen of staten; algemene, overkoepelende bond
fe·de·ra·tief (‹Fr) bn van de aard van, op de grondslag van een federatie
fee de (v) (‹Fr‹Lat) [feeën] vrouwelijk sprookjeswezen met toverkracht
feed·back [fiedbek] (‹Eng) de (m) terugkoppeling, reactie van degene op wie een actie gericht is: ★ *~ krijgen van het publiek*
fee·ëriek (‹Fr) bn sprookjesachtig, toverachtig (mooi)
feeks de (v) [-en] boosaardige vrouw
feel·ing [fieling] (‹Eng) de (v) het aanvoelen, gevoel: ★ *~ hebben voor techniek*
feest (‹Oudfrans‹Lat) het [-en] ❶ samenkomst van mensen om enige tijd genoeglijk door te brengen met bijv. zang, dans, lekker eten, spel enz., meestal ter gelegenheid van iets bijzonders; zie ook bij → **bouwen** ★ BN ook *(niet) aan het ~ zijn* (geen) reden tot juichen hebben ❷ het vieren van iets op plechtige wijze: ★ *het ~ van de Martelaren van Gorkum* ❸ genot: ★ *het is een ~ om te zien* ★ NN, iron *dat zal me een ~ worden!* daarvan komen moeilijkheden, dat wordt niet leuk ★ *dat ~ gaat niet door* a) wat in de verwachting lag, zal niet gaan gebeuren; b) daar komt niets vanin
feest·ar·ti·ke·len mv spullen die een feestelijk aanzien geven: versieringen, grappige kledij enz.
feest·beest het [-en] iem. die graag uitgaat en feestviert
feest·com·mis·sie de (v) [-s] commissie die een feest of feesten organiseert
feest·dag de (m) [-dagen] ❶ dag waarop iets gevierd wordt ❷ officiële gedenkdag: ★ BN ook *wettelijke ~* officiële feestdag
feest·dis de (m) [-sen] feestmaaltijd
fees·te·lijk bn als voor of op een feest, opgewekt: ★ *feestelijke muziek* ★ *(ik) dank je ~ iron* dit wil ik helemaal niet
fees·te·lijk·heid de (v) [-heden] feest
fees·te·ling de (m) [-en], **fees·te·lin·ge** de (v) [-n] ❶ deelnemer (deelneemster) aan een feest ❷ BN ook iem. die gevierd wordt, feestvarken
fees·ten ww [feestte, h. gefeest] feestvieren
feest·ge·druis het lawaai, rumoer bij een feest, fig feestelijkheid
feest·lied het [-eren] lied ter gelegenheid van een

feest; lied tijdens een feest gezongen

feest·maal *het* [-malen], **feest·maal·tijd** *de (m)* [-en] maal(tijd) (als) tijdens een feest

feest·neus *de (m)* [-neuzen] ❶ raar gevormde, losse neus bij feesten opgezet ❷ iem. die graag feestviert

feest·num·mer *het* [-s] ❶ bijzonder nummer van krant of tijdschrift ter gelegenheid van een feest ❷ persoon voor wie een feest is georganiseerd ❸ iem. die graag feestviert

feest·pro·gram·ma *het* ['s] ❶ lijst van feestelijkheden, hun volgorde, plaats van uitvoering e.d. ❷ exemplaar daarvan

feest·re·de *de* [-s] rede ter gelegenheid van een feest

feest·re·de·naar *de (m)* [-s] iem. die een feestrede houdt

feest·roes *de (m)* uitbundige feestvreugde

feest·ter·rein *het* [-en] terrein waarop een feest gevierd wordt

feest·var·ken *het* [-s] persoon ter ere van wie feestgevierd wordt

feest·ver·lich·ting *de (v)* [-en] fraaie verlichting ter gelegenheid van een feest

feest·vier·der *de (m)* [-s] iem. die feestviert

feest·vie·ren *ww* [vierde feest, h. feestgevierd] het deelnemen aan een feest

feest·vreug·de *de (v)* prettige stemming (als) tijdens een feest

feest·zaal *de* [-zalen] zaal waarin men feestviert

feil *de* [-en] fout: ★ *de feilen van het vreemdelingenbeleid*

feil·baar *bn* fouten kunnende begaan; **feilbaarheid** *de (v)*

fei·len *ww* [feilde, h. gefeild] een fout of fouten maken, falen, zich vergissen

feil·loos *bn* zonder fouten: ★ *iets ~ aanvoelen*; **feilloosheid** *de (v)*

feit *(Fr‹Lat) het* [-en] daad, gebeurtenis, iets wat vaststaat ★ *historische feiten* dingen die echt gebeurd zijn ★ *achter de feiten aanlopen* maatregelen nemen om gebeurtenissen te voorkomen die al hebben plaatsgevonden ★ *in feite* in werkelijkheid, naar de werkelijke toestand ★ *het is een ~ dat...* het is een zeker iets wat...; zie ook bij → **voldongen**

fei·te·lijk I *bn* werkelijk, overeenstemmend met de feiten ★ *de feitelijke macht hebben* de macht daadwerkelijk uitoefenen **II** *bijw* welbeschouwd

fei·te·lijk·heid I *de (v)* werkelijkheid **II** *de (v)* [-heden] daad, gewelddaad

fei·ten·ken·nis *de (v)* kennis van feitelijke gegevens

fei·ten·ma·te·ri·aal *het* verzamelde gegevens betreffende feiten

fel I *bn* ❶ hevig, scherp, hel: ★ *de zon scheen ~* ★ *felle kleuren* ★ *~ zijn op* dol zijn op; *ook* een hevige afkeer hebben van: ★ *zij is heel ~ op racisme* ★ *felle pijn* ❷ dial ‹van personen› sterk; moedig; ijverig ★ *een felle kerel* **II** *bijw van graad* BN, spreektaal erg, zeer, in hoge mate: ★ *het valt ~ op* ★ *het is ~ in de mode*

III *eerste lid in samenstellingen*, **fel-** opvallend, hel ‹van kleur›: ★ felrood ★ felgroen

fel·ge·smaakt *bn* BN erg gewaardeerd, erg op prijs gesteld

fel·heid *de (v)* hevigheid, verbetenheid

fe·li·ci·ta·tie [-taa(t)sie] *(‹Fr) de (v)* [-s] gelukwens, het feliciteren

fe·li·ci·ta·tie·dienst [-taa(t)sie-] *de (m)* [-en] NN onderneming die bijzondere aanbiedingen bezorgt bij feestelijke gelegenheden, vooral bij een huwelijk

fe·li·ci·ta·tie·re·gis·ter [-taa(t)sie-] *het* [-s] NN lijst waarop men zijn naam kan zetten bij wijze van gelukwens voor degene aan wie de lijst wordt overhandigd

fe·li·ci·te·ren *ww (‹Fr)* [feliciteerde, h. gefeliciteerd] gelukwensen: ★ *iem. ~ met zijn verjaardag, met een behaald succes*

fel·la·tie [-laa(t)sie] *(‹Lat)*, **fel·la·tio** [-laa(t)sie(j)oo] *(‹Lat) de (v)* het zuigen aan de fallus, het pijpen

fel·lowtra·vel·ler [fellootrevlə(r)] *(‹Eng: eig medereiziger) de (m)* [-s] iem. die bepaalde politieke ideeën, met name de communistische, voorstaat zonder zich bij de partij aan te sluiten

fel·sen *ww (‹Du)* [felste, h. gefelst] metalen platen door samenpersing van de randen aan elkaar vast maken

fe·mel *de* [-s] iem. die femelt

fe·me·laar *de (m)* [-s, -laren] iem. die femelt, vroomprater; **femelaarster** *de (v)* [-s]

fe·me·la·rij *de (v)* [-en] vrome praatjes, gefemel

fe·me·len *ww* [femelde, h. gefemeld] vroom praten op temerige wijze

fe·mi·nien *(‹Fr‹Lat) bn* vrouwelijk

fe·mi·ni·sa·tie [-zaa(t)sie] *(‹Fr) de (v)* vervrouwelijking, het optreden van vrouwelijke kenmerken bij een mannelijk individu

fe·mi·ni·num *(‹Lat) het* ❶ vrouwelijk taalkundig geslacht ❷ vrouwelijk woord

fe·mi·ni·se·ren *ww* [-zee-] [feminiseerde, h. & is gefeminiseerd] ❶ vrouwelijk maken ❷ vrouwelijk worden

fe·mi·nis·me *het* vrouwenbeweging; principe volgens welke vrouwen gelijkwaardig zijn aan mannen en aanspraak kunnen maken op gelijke behandeling en dezelfde rechten; het streven daarnaar

fe·mi·nist *de (m)* [-en], **fe·mi·nis·te** *de (v)* [-s] voorstand(st)er van de emancipatie van de vrouw

fe·mi·nis·tisch *bn* betrekking hebbend op het feminisme, dit voorstaande

femme fa·tale [fàm(ə) faatal] *(‹Fr) de (v)* [femmes fatales] vrouw die haar minnaars tot noodlot wordt

fem·to- *voorvoegsel* voorvoegsel voor namen van eenheden dat een duizend biljoenste daarvan aangeeft (10^{-15})

fe·ne·griek *(‹Lat) de (m) & het* een vlinderbloemige plant, *Trigonella foenum-graecum*

feng shui [-sjoewie-] *(‹Chin: wind water) de* op oude Chinese principes gebaseerde filosofie over het harmonieus inrichten van de woon-, werk- en leefomgeving, met een groter geluksgevoel als gevolg

Fe·nians [fienjənz] *(‹Eng) mv* naam van de leden van een geheim genootschap, in Noord-Amerika gesticht in 1858, dat Ierland van Engeland wilde vrijmaken

Fe·ni·ci·ër *de (m)* [-s] bewoner van Fenicië, oude naam voor het land langs de oostkust van de Middellandse Zee

Fe·ni·cisch *bn* van, uit, betreffende Fenicië

fe·niks *(‹Lat‹Gr) de (m)* [-en] ❶ fabelachtige vogel met schitterend gekleurde veren die, na 500 jaar geleefd te hebben, zich liet verbranden op een door de zon ontstoken, brandstapel van welriekend hout, maar uit de as verjongd herrees ❷ fig iets zeldzaams, voortreffelijks, onvergankelijks

fe·nol *(‹Gr‹Lat) het* carbolzuur

fe·no·lo·gie *(‹Gr) de (v)* biol leer van de anorganische, in hoofdzaak klimaats- en bodeminvloeden, die op de dieren- en plantengroei inwerken

fe·no·meen *(‹Fr‹Gr) het* [-menen] ❶ verschijnsel, vooral natuurverschijnsel, luchtverschijnsel; zonderlinge of opmerkelijke gebeurtenis ❷ bijzonder begaafd persoon, genie

fe·no·me·naal *(‹Fr) bn* ❶ op de verschijnselen als zodanig betrekking hebbend ❷ verwonderlijk, buitengewoon

fe·no·me·no·lo·gie *(‹Gr) de (v)* filosofische en geesteswetenschappelijke richting die de verschijnselen alleen als zodanig, als verschijningsvormen beschouwt

fe·no·me·no·lo·gisch *bn* ❶ betrekking hebbend, gebaseerd op de fenomenologie ❷ nat waarbij geen atomaire of moleculaire begrippen of beschouwingen betrokken zijn

fe·no·me·no·loog *(‹Gr) de (m)* [-logen] aanhanger van de fenomenologie

fen·ta·nyl [-niel] *het* med als pijnstiller bij operaties gebruikte stof met dezelfde werking als morfine, maar sterker

fe·o·daal *(‹Fr‹Lat)*, **feu·daal** [fui-] *(‹Lat) bn* ❶ leenrechtelijk, het leenstelsel betreffende, leen ❷ fig herinnerend aan het vroegere leenstelsel, middeleeuws

fe·o·da·lis·me, **feu·da·lis·me** [fui-] *het* leenstelsel

fe·o·da·li·teit, **feu·da·li·teit** [fui-] *de (v)* leenroerigheid

fep *zn* ★ NN *aan de ~* aan de drank

ferm *(‹Fr‹Lat) bn* flink, stevig: ★ *ferme jongens, stoere knapen* ★ *iem. een ferme klap op de schouders geven* ★ *~ tegen iets optreden*

fer·ment *(‹Lat) het* [-en] ❶ stof die gisting veroorzaakt, ook fig ❷ ‹in de fysiologie› enzym

fer·men·ta·tie [-taa(t)sie] *(‹Lat) de (v)* gisting

fer·men·te·ren *ww (‹Lat)* [fermenteerde, h. gefermenteerd] gisten, in gisting geraken; broeien (van tabak)

fer·met·te *(‹Fr) de (v)* [-s] BN ook ❶ gerestaureerd boerderijtje ❷ nieuwbouwhuis in de stijl van een oude boerderij

fer·mi·um *het* kunstmatig chemisch element, symbool Fm, atoomnummer 100, genoemd naar de Italiaanse natuurkundige E. Fermi (1901-1954)

fer·moor *het* [-moren] zware hakbeitel

fe·ro·mo·nen *(‹Gr) mv* door dieren (en mensen) verspreide vluchtige (geur)stoffen die een specifiek gedrag bij andere dieren teweegbrengen, vooral seksuele lokstoffen

fer·ri- *voorvoegsel (‹Lat)* in namen van chemische verbindingen aanduiding van driewaardig ijzer

fer·ro- *voorvoegsel (‹Lat)* in namen van chemische verbindingen aanduiding van tweewaardig ijzer

fer·ro·tape [-teep] *(‹Eng) de (m)* [-s] geluidsband met een laag chroom en een laag ijzeroxide

fer·ry [-rie] *(‹Eng) de (m)* ['s], **fer·ry·boot** [-boten] veerboot, vooral brede veerboot waarmee motorvoertuigen en soms ook treinen overgezet kunnen worden

fer·vent *(‹Fr‹Lat) bn* ijverig, vurig: ★ *een ~ tegenstander van de doodstraf*

fes *de* muz een halve toon verlaagde f

fes·tijn *(‹Fr‹It) het* [-en] ❶ feestmaal, heerlijk maal ❷ feest in het algemeen

fes·ti·val *(‹Fr) het* [-s] muziekfeest; reeks van muziek-, toneel-, filmvoorstellingen enz. in een bepaald kader

fes·ti·vi·teit *(‹Fr‹Lat) de (v)* [-en] feestelijkheid, feestbetoon

fes·toen *(‹Fr) de (m) & het* [-en] ❶ slinger van groen en bloesems of vruchten als versiering, ook nagebootst in de bouwkunde ❷ geborduurd randje aan een kledingstuk of aan huishoudgoed

fes·ton *(‹Fr‹It) de (m) & het* [-s] ❶ bouwk ornament van bloemen en bladeren, niet als guirlande ❷ ‹aan kledingstukken enz.› schulpvormig uitgesneden en omgestoken rand

fes·ton·ne·ren *ww (‹Fr)* [festonneerde, h. gefestonneerd] van een → **feston** (bet 2) voorzien

fe·ta [fettaa] *(‹Nieuwgr) de (m)* Griekse of Turkse geitenkaas

fê·te·ren [fêteerə(n)] *(‹Fr) ww* [fêteerde, h. gefêteerd] vooral NN feestelijk onthalen, huldigen

fe·tisj *(‹Fr‹Port‹Lat) de (m)* [-en] ❶ volkenkunde voorwerp dat als heilig wordt vereerd ❷ fig voorwerp van ziekelijke verering, voorwerp waardoor iem. in verrukking raakt

fe·ti·sjis·me *het* ❶ fetisjdienst ❷ seksueel-erotische binding aan een bepaald lichaamsdeel of aan een voorwerp als een kledingstuk, stuk schoeisel enz.

fe·ti·sjist *de (m)* [-en] ❶ vereerder van fetisjen ❷ iem. die aan → **fetisjisme** (bet 2) doet

feu·daal [fui-] *(‹Lat) bn* → **feodaal**

feu·da·lis·me [fui-] *het* → **feodalisme**

feu·da·li·teit [fui-] *de (v)* → **feodaliteit**

feuil·le mor·te [fuijə-] *(‹Fr) bn* bruin-, donkergeel als verwelkt loof

feuil·le·tee, feuil·le·tee·deeg [fuijə-] (‹Fr› *het*) bladerdeeg

feuil·le·ton [fuijə-] (‹Fr› *de (m) & het* [-s]) vervolgverhaal in krant of tijdschrift

feut (‹Lat› *de (m)* [-en]) NN, stud eerstejaarsstudent die zich heeft aangemeld als nieuw lid van een studentenvereniging, noviet, groentje

fez *de (m)* [-zen] rode muts met afhangende kwast die vroeger veel in islamitische landen werd gedragen, genoemd naar de stad Fez in Noord-Marokko

ff[1] *afk* ❶ ‹achter namen› fecerunt (‹Lat›) [zij, de genoemden, hebben het gemaakt] ❷ muz fortissimo (zeer krachtig) ‹zo sterk mogelijk wordt aangeduid door fff›

ff[2] *bijw* ‹in sms-taal› even

fg. *afk* fungerend

fi·aal, fi·a·le (‹Gr› *de* [fialen]) pinakel, puntig (massief) siertorentje (ook op meubels)

fi·an·cé *de (m),* **fi·an·cee** *de (v)* [fie(j)āsee] (‹Fr›) [-s] verloofde, bruidegom, bruid

fi·as·co (‹Fr‹It›) *het* ['s] enorme mislukking: ★ *de recordpoging liep uit op een* ~

fi·at (‹Lat›) *het* toestemming: ★ *zijn* ~ *aan iets geven*

fi·at·te·ren *ww* (‹Lat›) [fiatteerde, h. gefiatteerd] zijn → fiat, zijn goedkeuring geven aan, ter goedkeuring tekenen

fi·ber (‹Fr‹Lat›) *de (m) & het* ❶ stof, o.a. voor koffers, uit sterk samengeperst, ondoordringbaar gemaakt papier ❷ bodemkunde zeer dun laagje (2-10 mm) van zandoer

fi·ber·glas *het* glasvezel

fi·bril·le·ren *ww* (‹Lat›) [fibrilleerde, h. gefibrilleerd] med trillen, zich onregelmatig zeer snel samentrekken van de afzonderlijke spiervezels van het hart

fi·bri·ne (‹Lat›) *de* plantenvezelstof; med bloedstollingseiwit in het bloedplasma, van belang bij bloedstolling en wondgenezing

fi·bro·my·al·gie [-mie-] *de (v)* aandoening van de weke delen van het bewegingsapparaat, zoals spieren, pezen, gewrichtsbanden en bindweefsel, wekedelenreuma

fi·bro·si·tis [-zie-] *de (v)* zie → fibromyalgie

fi·bu·la (‹Lat›) *de* [-lae] [-lee, 's] sluitspeld, gesp in de vorm van een veiligheidsspeld

fi·che [fiesjə] (‹Fr› *de & het* [-s]) ❶ speelmerk, voorlopig betaalmiddel gebruikt tijdens spelen, vooral gokspelen ❷ kaart of blaadje voor aantekeningen, vooral als deel van een kaartsysteem

fi·che·doos [fiesjə-] *de* [-dozen] doos om fiches (→ fiche, bet 2) in te bewaren

fic·tie [-sie] (‹Fr‹Lat› *de (v)*) [-s] niet op werkelijkheid berustende voorstelling of beschouwing ★ *dit verhaal is* ~ *het is niet echt gebeurd zie ook* → fiction

fic·tief (‹Fr›) *bn* fictie zijnd of inhoudend, denkbeeldig, bedacht; zie ook bij → entrepot

fic·tion [fiksjən] *de (m)* verzinsel, verdichting, vooral als letterkundig genre, romanliteratuur

fic·tio·na·li·teit [-sjoo-] *de (v)* het fictief-zijn

fic·tio·neel [-sjoo-] *bn* niet de werkelijkheid weergevend ‹gezegd van verhalen e.d.›

fi·cus (‹Lat› *de (m)*) naam van het plantengeslacht waartoe de vijgenboom behoort; in het dagelijks leven als verkorting van *Ficus elastica,* een kamerplant

FIDE *afk* Fédération Internationale des Echecs [Internationale Schaakfederatie]

fi·deel (‹Fr‹Lat›) *bn* ❶ hartelijk, trouwhartig, gezellig: ★ *een fidele vent* ❷ NN vrijgevig, niet krenterig: ★ *dat vind ik heel* ~ *van je*

fi·deï·com·mis (‹Lat›) *het* [-sen], **fi·dei·com·mis·sum** [-sa] ❶ erfstelling over de hand, d.w.z. erfmaking waarbij de erfgenaam de erfenis moet bewaren en aan een derde moet overdragen ❷ goed dat niet verkocht mag worden, maar in een familie moet blijven

fi·deï·com·mis·sair [-sèr] I *bn* op een fideï-commis betrekking hebbend II *de (m)* [-en] erfgenaam bij fideï-commis (ook: *fideï-commissaris*)

fi·du·ciair [-sjèr] (‹Fr‹Lat›) *bn* op vertrouwen berustend ★ ~ *geld* geld waarvan aangenomen wordt dat het waarde bezit, papieren geld

fi·du·ciaire [-sjèr(ə)] (‹Fr›) *de (m)* [-s] BN administratiekantoor

fi·du·cie (‹Lat›) *de (v)* vooral NN vertrouwen in een goede afloop of in de degelijkheid van iets of iemand: ★ *ik heb geen* ~ *in die plannen*

fie·del (‹Du›) *de (m)* [-s] inf viool

fie·de·len *ww* (‹Du›) [fiedelde, h. gefiedeld] inf vioolspelen, vooral voor het plezier

fiel·den *ww* (‹Eng›) [fieldde, h. gefield] cricket, honkbal de veldpartij zijn, de geslagen bal in het veld afwachten en terugspelen (*tegengest:* → batten)

fiel·der (‹Eng›) *de (m)* [-s] cricket, honkbal speler in het veld

fielt (‹Fr‹Lat›) *de (m)* [-en] vero schurk, schoft

fiel·ten·streek *de* [-streken] schurkenstreek

fiel·te·rig *bn* gemeen, schurkachtig

fier (‹Fr‹Lat›) *bn* ❶ trots; ★ BN ook ~ *op* trots op ★ BN, spreektaal *zo* ~ *als een gieter* heel trots, zo trots als een pauw ❷ zelfbewust, hooghartig

fier·ljep·pen (‹Fries›) *ww & het* NN (het) met een polsstok zo ver mogelijk over een sloot springen

fiës·ta [fie(j)estaa] (‹Sp›) *de (v)* feest, feestdag

fie·tel·dans *de (m)* → sint-veitsdans

fiets *de* [-en] tweewielig voertuig dat door middel van een trapbeweging voortbewogen wordt ★ NN *wat heb ik nou aan m'n* ~ *hangen?* wat gebeurt er nu voor raars?

fiets·band *de (m)* [-en] band van een fiets

fiets·bel *de* [-len] bel op een fiets

fiets·blok *het* [-ken] parkeertegel voor een fiets

fiets·club *de* [-s] vereniging van mensen die voor hun genoegen gaan fietsen

fiet·sen *ww* [fietste, h. & is gefietst] op een fiets

rijden: ★ *ik ben van Tilburg naar Turnhout gefietst* ★ *die weg fietst makkelijk* het is gemakkelijk over die weg te fietsen ★ NN *mijn paspoort is ~ verdwenen, weg* ★ NN *ga toch ~!* hou toch op, bemoei je er niet mee! ★ NN *ergens doorheen (of: tussendoor) ~ iets* verstoren, iets doorkruisen (plannen, afspraken enz.)

fiet·sen·dief *de (m)* [-dieven] iem. die regelmatig fietsen steelt

fiet·sen·hok *het* [-ken] kleine ruimte waarin men fietsen opbergt

fiet·sen·rek *het* [-ken] → **fietsrek**

fiet·sen·stal·ling *de (v)* [-en] plaats waar fietsen tijdelijk opgeborgen worden

fiet·sen·stan·daard *de (m)* [-s, -en] ❶ NN rek voor een of meer fietsen ❷ → **fietsstandaard** (bet 1)

fiet·ser *de (m)* [-s] iem. die fietst

fiets·ket·ting *de* [-en] aandrijfketting die de trapas met het achterwiel van een fiets verbindt

fiets·kluis *de* [-kluizen] kleine, afsluitbare ruimte waar men tegen betaling één fiets kan stallen

fiets·knoop·punt *het* [-en] vooral BN van een bordje voorzien, genummerd kruispunt waar bewegwijzerde fietspaden elkaar kruisen

fiets·pad *het* [-paden] gedeelte van de openbare weg dat speciaal bestemd is voor (brom)fietsers

fiets·pomp *de* [-en] apparaat waarmee men lucht in fietsbanden pompt

fiets·pool·ing [-poe-] *de (v)* BN met een groepje een plaats afspreken om vandaar gezamenlijk naar school te fietsen

fiets·rek, fiet·sen·rek *het* [-ken] ❶ → **fietsenstandaard** (bet 1) ❷ schertsend gebit met veel ruimte tussen de tanden

fiets·rij·der *de (m)* [-s], **fiets·rijd·ster** *de (v)* [-s] fietser, fietsster

fiets·rou·te [-roe-] *de* [-s, -n] ❶ exclusief voor fietsers bestemde route, vooral door het centrum van een stad ❷ voor fietsers uitgestippelde toeristische route, *vgl:* → **wandelroute**

fiets·slot *het* [-sloten] slot waarmee men een fiets beschermt tegen diefstal

fiets·speld *de* [-en] BN broekklem

fiets·stan·daard *de (m)* [-en, -s] NN ❶ standaard aan een fiets die omlaag kan worden geklapt en waarop de fiets zonder verdere steun kan blijven staan ❷ → **fietsenstandaard** (bet 1)

fiets·ster *de (v)* [-s] fietsrijdster

fiets·strook *de* [-stroken] strook langs een voor snelverkeer bestemde rijweg, daarvan afgescheiden door witte strepen, waarop alleen fietsers mogen rijden

fiets·tas *de* [-sen] grote tas voor vervoer op of aan de bagagedrager van een rijwiel

fiets·taxi *de (m)* ['s] driewielig rijtuig waarin men zich tegen betaling kan laten vervoeren, vooral in gebruik in Zuid- en Zuidoost-Azië

FIFA *afk* Fédération Internationale de Football Associations (‹Fr) [internationale federatie van voetbalbonden]

fifo *afk* first in, first out [gebruikt ter aanduiding van systemen waarbij datgene wat het eerst binnenkomt (bijv. bij voorraadbeheer, bij de afhandeling van computerbewerkingen e.d.) ook het eerst wordt afgehandeld; *vgl:* → **lifo**]

fif·ty-fif·ty [fiftiefiftie] *(‹Eng) bijw* gelijk verdeeld tussen twee personen, elk de helft ★ *~ doen* eerlijk in twee helften delen ★ *de kansen liggen ~* er is evenveel kans op de ene uitkomst als op de andere

fig. *afk* ❶ figuur ❷ figuurlijk

fi·gu·rant (‹Fr) *de (m)* [-en] persoon die in een toneelstuk of film een zwijgende of zeer kleine rol vervult

fi·gu·ran·ten·rol *de* [-len] ❶ kleine bijrol ❷ fig ondergeschikte functie

fi·gu·ra·tie [-raa(t)sie] *(‹Fr) de (v)* [-s] ❶ voorstelling in beeld, uitwendige of zichtbare vorm; vorming ❷ muz versiering van een melodie, vaak bestaande uit toonladder- of akkoordfiguren

fi·gu·ra·tief (‹Fr) *bn* ❶ met beelden werkend, iets uitbeeldend: ★ *figuratieve schilderkunst (tegengest:* → **abstract**[1]) ❷ versierend

fi·gu·re·ren *ww* (‹Fr‹Lat) [figureerde, h. gefigureerd] ❶ een zekere rol vervullen, een plaats innemen in zekere hoedanigheid: ★ *hij figureert daar als personeelschef* ❷ als figurant optreden: ★ *in een film* ~ ❸ muz versieren

fi·guur (‹Fr‹Lat) *de & het* [-guren] ❶ gestalte: ★ *een goed ~ hebben* ★ *geen gek ~ slaan* goed voor de dag komen ★ *met zijn ~ geen raad weten* verlegen zijn, zich geen houding weten te geven ❷ voorstelling van een persoon ❸ verhelderende afbeelding (bij een tekst e.d.) ❹ zichtbare voorstelling van een meetkundige uitgebreidheid ❺ muz groep van tonen om een hoofdtoon, als variatie of om het effect te verhogen ❻ rol in het maatschappelijk leven; positie in zekere situatie: ★ *de leidende figuren in de westerse wereld* ❼ personage in een roman enz. ❽ NN gang van zaken, procedure: ★ *ik vind de manier waarop hij is benoemd maar een rare ~* ❾ ★ *figuren* bij elkaar behorende bewegingen bij dansen, turnen, kunstschaatsen e.d.: ★ *verplichte figuren*

fi·guur·dans *de (m)* [-en] dans waarbij men bep. figuren (→ **figuur**, bet 9) uitvoert

fi·guur·lijk *bn* ❶ zich van een figuur of figuren bedienend ❷ niet letterlijk, overdrachtelijk, oneigenlijk: ★ *sambal, daar lustte hij wel pap van, althans ~ gezien*

fi·guur·naad *de (m)* [-naden] naad waarmee de pasvorm in een kledingstuk wordt gebracht

fi·guur·raad·sel *het* [-s] in een tekening verwerkt raadsel, rebus

fi·guur·rij·den *ww & het* (het) kunstige figuren vormen bij het schaatsenrijden

fi·guur·schil·de·ren *ww & het* (het) schilderen van menselijke gestalten

fi·guur·te·ke·nen *ww & het* (het) tekenen van menselijke gestalten
fi·guur·zaag *de* [-zagen] zeer fijne zaag waarmee men figuren kan zagen, fineerzaag
fi·guur·za·gen *ww & het* (het) werken met de figuurzaag
fi·guur·zwem·men *ww & het* (het) kunstige figuren maken bij het zwemmen
Fi·ji·ër [fiedzjie-] *de (m)* [-s] iem. geboortig of afkomstig van de Fiji-eilanden
Fi·jisch [fiedzjies] *bn* van, uit, betreffende Fiji
fijn (⟨Fr⟨Lat⟩) *bn* ❶ prettig, plezierig: ★ *een fijne vakantie* ❷ deftig, mooi, sierlijk: ★ *fijne manieren hebben* ★ *een fijne meneer* een deftige man ❸ zuiver: ★ *~ goud* ❹ niet grof, dun, in kleine deeltjes: ★ *een fijne kam* ★ *~ zand* ❺ fig scherp onderscheidend: ★ *een fijne intuïtie hebben* ❻ NN streng godsdienstig; zie ook bij → **poppenstront**
fijn·be·snaard *bn* ontvankelijk voor een verscheidenheid aan gevoelens, met verfijnde gevoelens
fij·ne I *de* [-n] iem. die streng godsdienstig is II *het* ★ *ik weet er het ~ niet van* ik ken de details niet
fijn·ge·voe·lig *bn* ❶ fijn van gevoel: ❷ ⟨in gunstige zin⟩ met veel tact; ❸ ⟨in ongunstige zin⟩ lichtgeraakt; **fijngevoeligheid** *de (v)* [-heden]
fijn·goed, **fijn·goed** *het* ❶ fijn linnengoed ❷ linnengoed dat bij het wassen en strijken bijzondere zorg vereist
fijn·hak·ken *ww* [hakte fijn, h. fijngehakt] door hakken fijnmaken
fijn·heid, **fij·nig·heid** I *de (v)* de eigenschap van fijn te zijn II *de (v)* [-heden] fijne trekjes, fijne bijzonderheden
fijn·kau·wen *ww* [kauwde fijn, h. fijngekauwd] door kauwen fijnmaken
fijn·kor·re·lig *bn* uit fijne korrels bestaande
fijn·kost *de (f)* BN ook fijne vleeswaren
fijn·ma·ken *ww* [maakte fijn, h. fijngemaakt] maken dat iets → **fijn** (bet 4) wordt, tot een poedervorm, tot een papje e.d.
fijn·ma·len *ww* [maalde fijn, h. fijngemalen] door malen fijnmaken
fijn·proe·ver *de (m)* [-s] ❶ iem. die gewend is aan en daardoor kenner van fijne gerechten en dranken ❷ fig iem. met verfijnde → **smaak** (bet 5)
fijn·re·ge·laar *de (m)* [-s] apparaat aan een radiotoestel e.d. waarmee men zeer nauwkeurig op een bep. zender kan afstemmen
fijn·schrij·ver *de (m)* [-s] zeer dun schrijvende viltstift
fijn·spar *de (m)* [-ren] naaldboom, bekend als 'kerstboom' (*Picea abies*)
fijn·stam·pen *ww* [stampte fijn, h. fijngestampt] door stampen fijnmaken
fijn·stof *het* verzamelnaam voor uiteenlopende deeltjes (o.a. roet) die door de lucht zweven: ★ *een hoge concentratie aan ~ is schadelijk voor de gezondheid*

fijn·tjes I *bijw* op fijne, slimme manier: ★ *~ lachen* II *bn* tenger, niet robuust
fijn·wrij·ven *ww* [wreef fijn, h. fijngewreven] door wrijven fijnmaken
fijn·zin·nig, **fijn·zin·nig** *bn* scherp onderscheidend, helder denkend
fijt (⟨Lat⟩) *de & het* ontsteking aan vingertop
fik *de (m)* [-ken] inf brand, vuur: ★ *in de ~ staan, steken* ★ *fikkie stoken* een vuurtje maken (door kwajongens)
fik·fak·ken *ww* [fikfakte, h. gefikfakt] BN, spreektaal ❶ stoeien, vooral van verliefden; ravotten ❷ prutsen, rotzooien
fik·ken¹ *mv* vooral NN, spreektaal vingers: ★ *afblijven met je ~!*
fik·ken² *ww* [fikte, h. gefikt] spreektaal branden: ★ *zo'n gebouw fikt als de hel*
Fik·kie *het* [-s] vroeger populaire benaming voor een hond ★ NN *geef mijn portie maar aan ~* a) ik hoef, lust dat niet; b) ik heb er genoeg van ★ NN *er zijn meer honden die ~ heten* er zijn er meer met die naam ★ *fikkie stoken* zie bij → **fik**
fiks (⟨Fr⟨Lat⟩) *bn* flink, behoorlijk: ★ *een ~ verlies* ★ *een ~ pak slaag*; **fiksheid** *de (v)*
fik·sen *ww* ⟨Eng⟩ [fikste, h. gefikst] klaarspelen, voor elkaar brengen: ★ *die verhuizing ~ we wel in een paar uurtjes*
fi·lan·troop (⟨Gr⟩) *de (m)* [-tropen] mensenvriend; weldoener; iem. die het welzijn van de mensen wil verbeteren
fi·lan·tro·pie (⟨Gr⟩) *de (v)* mensenliefde, liefdadigheid, menslievendheid
fi·lan·tro·pisch *bn* liefdadig, menslievend
fi·la·te·lie (⟨Gr⟩) *de (v)* liefhebberij voor postzegels; het verzamelen van postzegels
fi·la·te·list *de (m)* [-en] postzegelverzamelaar
fi·la·te·lis·tisch *bn* de filatelie betreffend
file¹ [fail] (⟨Eng⟩) *de (m)* [-s] comput ³bestand
fi·le² (⟨Fr⟩) *de* [-s] ❶ rij stilstaande voertuigen op de (snel)weg: ★ *bij Culemborg stond een ~ van 12 km* ❷ rij personen ★ *en ~* in de rij ★ *en of à la ~ indienne* in ganzenmars
fi·le·mel·ding *de (v)* [-en] melding over de radio dat er ergens een file staat en hoe lang deze is
fi·len [fai-] (⟨Eng⟩) *ww* [filede, h. gefiled] ⟨met name in de automatisering⟩ archiveren, opslaan
fi·le·ren *ww* (⟨Fr⟩) [fileerde, h. gefileerd] dun uitsnijden; tot filet maken
fi·le·rij·den [fiele-] *ww & het* in een file rijden
fi·let [-lè] (⟨Fr⟩) *de (m) & het* [-s] ❶ dun uitgesneden plak vlees of vis ❷ lendenstuk ★ *~ americain* gekruide en gehakte biefstuk ★ BN, spreektaal *~ pur* biefstuk van de haas ★ BN *~ d'anvers* rookvlees
fi·le·vor·ming *de (v)* het ontstaan van files in het verkeer
fil·har·mo·nisch *bn* de toonkunst beminnend
fil·hel·le·nen *mv* personen die zich bijverden om Griekenland te bevrijden van de Turkse overheersing (ca. 1820-'29)

fil·hel·le·nis·me *het* ❶ gezindheid van de filhelleen ❷ sterk met de Grieken sympathiserende stroming

fi·li·aal *(‹Fr) het* [-lialen] ❶ bijkantoor ❷ winkel die onderdeel is van een winkelketen

fi·li·aal·chef [-sjef] *de (m)* [-s] hoofd van een filiaal

fi·li·a·tie [-aa(t)sie] *(‹Fr) de (v)* [-s] ❶ afstamming, verwantschap; ook van handschriften en kunstwerken ❷ kinderlijke afhankelijkheid; gehoorzaamheid van kloosterlingen aan hun overheid

fi·li·bus·ter *(‹Eng‹Sp) de (m)* [-s] ❶ obstructievoering in het Amerikaanse parlement door het houden van urenlange redevoeringen ❷ iem. die dergelijke redevoeringen houdt

fi·li·graan *(‹Fr‹Lat)*, **fi·li·grein** *het* fijn werk van goud- en zilverdraad

fi·li·gram *(‹Lat-Gr) het* [-men] watermerk in papier, door een draadvorm ingedrukt

fi·lip·pi·ca *de (v)* ['s] hevige strafrede (naar de redevoeringen van Demosthenes tegen Filippus van Macedonië)

Fi·lip·pijn *de (m)* [-en] iem. geboortig of afkomstig van de Filippijnen

Fi·lip·pijns *bn* van, uit, betreffende de Filippijnen

fi·lip·pi·ne *(‹Fr) de (v)* [-s] ❶ dubbele amandel ❷ aan het gezamenlijk eten daarvan verbonden afspraak ❸ bep. type kruiswoordpuzzel

Fi·lip·pi·no I *de (m)* ['s] Filippijn **II** *het* nationale taal van de Filippijnen, verwant aan het Tagalog

fi·lis·ter *(‹Du‹Hebr) de (m)* [-s] platburgerlijk persoon, ploert

Fi·lis·tijn *de (m)* [-en] iem. behorende tot een oudtestamentisch volk in Palestina, voortdurend in strijd met de Joden ★ NN *naar de filistijnen* kapot, defect: ★ *mijn computer is naar de filistijnen*

fil·ler¹ *de (m)* [-s] Hongaarse munt, 1/100 van een forint

fil·ler² *de (m)* [-s] soldatentaal nieuwkomer bij de parate troepen, die hun opleiding al hebben gehad

film *(‹Eng) de (m)* [-s] ❶ dunne buigzame strook als fotografisch negatief, bedekt met een lichtgevoelige stof: ★ *een ~ voor een fotocamera* ❷ strook met positieven van op elkaar volgende foto's ter projectering op een wit doek: ★ *gisteren zag ik een ~ met Robert de Niro* ❸ het geheel van instellingen en personen, betrokken bij het maken van *films* als onder 2: ★ *bij de ~ werken* ❹ bioscoop: ★ *naar de ~ gaan* ❺ dunne bedekkende laag, vlies

film·ac·teur *de (m)* [-s], **film·ac·tri·ce** *de (v)* [-s] iem. die rollen speelt in films

film·ap·pa·raat *de (m)* [-raten] filmtoestel

film·ar·tiest *de (m)* [-en], **film·ar·ties·te** *de (v)* [-n, -s] filmacteur, filmactrice

film·ca·me·ra *de* ['s] camera voor het opnemen van films

film·cas·set·te *de* [-s] houder voor een film (voor een fototoestel) waarmee men gemakkelijk films kan verwisselen

film·cir·cuit [-kwie] *het* [-s] groep met elkaar verbonden filmhuizen waarin bepaalde films vertoond worden

film·di·va *de (v)* ['s] beroemde filmactrice

film·edi·tie [-(t)sie] *de (v)* [-s] uitgave van een boek waarnaar een film is gemaakt, met afbeeldingen uit die film

fil·men *ww* [filmde, h. gefilmd] ❶ opnames maken voor een film ❷ op een film vastleggen

fil·mer *de (m)* [-s] iem. die filmt, cineast

film·fes·ti·val *het* [-s] feestelijke vertoning van (nieuwe) films

film·huis *het* [-huizen] niet-commerciële bioscoop waar films vertoond worden met een bijzonder artistieke of andere waarde

fil·misch *bn* van, betreffende de film, eigen aan de film

film·jour·naal [-zjoer-] *het* [-s] film die een reeks opnamen van actuele gebeurtenissen bevat

film·keu·ring *de (v)* [-en] ❶ het keuren van films op de toelaatbaarheid voor de vertoning in openbare gelegenheden en het bepalen van minimumleeftijden onder welke het zien van een film niet toegestaan is ❷ instantie daarvoor: ★ *de ~*

film·kunst *de (v)* de kunst van het maken van films

film·li·ga *de* ['s] vereniging tot bevordering van de filmkunst

film·mu·ziek *de (v)* muziek speciaal gecomponeerd als begeleiding bij filmbeelden

film noir [fielm nwaar] *(‹Fr) de* [films noirs] genre actie- of detectivefilm, waarin ook het grauwe leven in een grote stad wordt geschilderd

film·ope·ra·teur *de (m)* [-s] iem. die een projectietoestel bedient in een bioscoop

film·op·na·me *de* [-n, -s] opname met een filmcamera

fil·mo·theek *de (v)* [-theken] instelling voor het bewaren en uitlenen van films

film·pro·du·cent *(‹Eng) de (m)* [-en] iem. die films doet opnemen en in de handel brengt

film·sce·na·rio *het* ['s] ontwerp, schema van de inhoud van een film

film·stad *de* [-steden] nederzetting voor het vervaardigen van films

film·ster *de* [-ren] beroemde filmspeler of -speelster

film·toes·tel *het* [-len] toestel om films op te nemen of af te draaien

fi·lo- *(‹Gr) als eerste lid in samenstellingen* houdende van, geneigd tot hetgeen in het tweede lid genoemd wordt

fi·lo·lo·gie *(‹Gr) de (v)* wetenschap van de taal- en letterkunde van een volk, oorspronkelijk vooral die van de Grieken en Romeinen

fi·lo·lo·gisch I *bn* op de filologie betrekking hebbend **II** *bijw* op de wijze van, als in de filologie

fi·lo·loog *(‹Gr) de (m)* [-logen] beoefenaar van de filologie

fi·lo·so·fe·ren *ww (‹Lat)* [filosofeerde, h. gefilosofeerd] ❶ wijsgerige bespiegelingen houden, wijsgerig behandelen ❷ door- of overdenken ❸ fig diep nadenken, peinzen

fi·lo·so·fie (‹Gr› de (v) ❶ wijsbegeerte: ★ ~ studeren ❷ [mv: -fieën] wijsgerig stelsel: ★ de ~ van Nietzsche ❸ [mv: -fieën] gedachtegang, denkwijze: ★ volgens deze ~ moet het openbaar vervoer goedkoper worden

fi·lo·so·fisch (‹Gr› bn ❶ op de wijsbegeerte betrekking hebbend ❷ kalm, met redelijke berusting: ★ iets ~ opnemen

fi·lo·soof (‹Gr› de (m) [-sofen] ❶ wijsgeer; beoefenaar van de filosofie; student daarin ❷ iem. die de zaken wijsgerig beschouwt

fi·lo·xe·nie (‹Gr› de (v) welgezindheid jegens vreemdelingen, gastvrijheid

fil·ter (‹Fr› de (m) & het [-s] ❶ toestel of poreuze stof waardoor men vloeistoffen laat lopen om ze te zuiveren ❷ fotogr doorzichtig voorwerp dat dient om de spectrale samenstelling van de erop vallende lichtstralen te veranderen ❸ mondstuk aan een sigaret of sigaar, dat sommige schadelijke stoffen tegenhoudt en de smaak milder maakt

fil·te·ren ww [filterde, h. gefilterd] door een filter doen gaan

fil·ter·kof·fie de (m) fijngemalen koffie om in een filter te gebruiken

fil·ter·si·ga·ret de [-ten] sigaret met een → filter (bet 3) in het mondstuk

fil·ter·toes·tel het [-len] → filter (bet 1)

fil·ter·zak·je het [-s] zakje van filtreerpapier, gebruikt bij het filteren van koffie

fil·traat (‹Lat› het [-traten] wat na filtreren overblijft

fil·tra·tie [-traa(t)sie] de (v) het filtreren

fil·treer de (m) [-treren] inf filtertoestel

fil·treer·pa·pier het vezelig papier bij filtreren gebruikt

fil·tre·ren ww (‹Fr‹Lat›) [filtreerde, h. gefiltreerd] door een filter laten lopen, door middel van een filter zuiveren of afscheiden: ★ grondwater ~

Fin de (m) [-nen] iem. geboortig of afkomstig uit Finland

fi·naal (‹Fr‹Lat›) I bn NN volkomen, volledig: ★ hij was ~ uitgeput ★ bij de storm is het dak er ~ afgerukt II bijw BN ook uiteindelijk

fi·na·le (‹It› de [-s] ❶ sp eindwedstrijd, strijd om de eerste plaats tussen de laatst overgebleven personen of teams; ook laatste serie vragen aan de enig overgebleven kandidaat in een quiz: ★ de ~ halen ★ in de ~ zitten ★ halve ~ wedstrijdenserie vlak voor de finale, waarin wordt uitgemaakt wie in de finale mag uitkomen ★ kleine ~ troostfinale ❷ slotstuk van een show, van een meerdelig instrumentaal muziekwerk of van een bedrijf uit een opera

fi·na·li·se·ren ww [finaliseerde, h. gefinaliseerd] BN ‹van een cd-opname, tekst, studie enz.› afmaken, voltooien

fi·na·list de (m) [-en] persoon die, team dat aan een finale, een eindwedstrijd, deelneemt

fi·na·li·teit (‹Lat› de (v) ❶ het gericht-zijn op een doel,

doelmatigheid ❷ [mv: -en] BN ook doel, doeleinde

fi·nan·cieel [-sjeel] (‹Fr› bn ❶ de geldzaken, het geldwezen betreffende: ★ in financiële moeilijkheden verkeren ❷ geldelijk: ★ een financiële vergoeding ontvangen

fi·nan·ci·ën (‹Fr› mv ❶ geldmiddelen, geldwezen ❷ verkorting van: ★ ministerie van Financiën ❸ spreektaal geld

fi·nan·cier (‹Fr› de (m) [-s] ❶ geldbeheerder ❷ geldschieter ❸ persoon of instelling die geldzaken doet

fi·nan·cie·ren ww (‹Fr› [financierde, h. gefinancierd] ❶ het geld verschaffen voor ❷ van kapitaal voorzien

fi·nan·cie·ring (‹Fr› de (v) het financieren ★ passieve ~ verkrijging van vermogen ★ actieve ~ vastlegging van vermogen, investering

fi·nan·cie·rings·te·kort het [-en] begrotingstekort

fin de siè·cle [fɛ̃ də sjɛklə] (‹Fr› het ❶ eig einde van een eeuw ❷ tijd en (decadente) stijl van het eind van een periode, vooral van het eind van de 19de eeuw

fi·neer het dunne plaat van een harde of kostbare houtsoort die op meubels van eenvoudig hout wordt aangebracht

fi·neer·blad het [-bladen] als bovenlaag gebruikt dun blad van fijn hout

fi·neer·zaag de [-zagen] zaag om platen fineer door te zagen, figuurzaag

fine fleur [fien(ə) flür] (‹Fr› de (v) de besten, degenen die tot de top behoren op enig gebied: ★ zij behoort tot de ~ van de Belgische wetenschappers

fine-liner [fainlainə(r)] (‹quasi-Eng› de (m) [-s] fijnschrijver, zeer dun schrijvende viltstift

fi·ne·ren ww [fineerde, h. gefineerd] ❶ houtwerk met fineer beleggen ❷ hout in dunne laagjes op elkaar lijmen

fines her·bes [fien erbə] (‹Fr› mv fijne kruiden (peterselie, kervel, tijm e.d.), o.a. bij een omelet opgediend

fi·nes·se (‹Fr› de (v) [-s] ❶ fijnheid, geslepenheid ❷ fijne bijzonderheden; ❸ finesses de fijne kneepjes van een zaak, de bijzonderheden waarop het aankomt

fin·ge·ren ww (‹Lat› [fingeerde, h. gefingeerd] verzinnen, voorwenden, veinzen, doen alsof: ★ een ziekte ~

fin·ger·spit·zen·ge·fühl [fiengərsjpietsənγəfuul] (‹Du› het subtiele gevoeligheid voor iets, fijnzinnig gevoel: ★ voor de diplomatie moet je een goed ~ hebben

fi·ni (‹Fr› bn afgelopen, uit

fi·niet (‹Lat› bn taalk bepaald ★ de finiete vorm de vervoegde, persoonlijke vorm van een werkwoord (tegengest: → **infinitief**)

fi·nish [finnisj] (‹Eng› de (m) [-es] ❶ eindpunt, eindstreep bij een wedstrijd ❷ slotgedeelte van een wedstrijd ❸ afwerking

fi·ni·shen ww [finnisjə(n)] *(‹Eng)* [finishte, h. & is gefinisht] de eindstreep bereiken

fi·nish·fo·to [finnisj-] *de* ['s] ‹bij snelheidswedstrijden› foto van het moment waarop de eerste deelnemers de eindstreep passeren, gebruikt om bij kleine verschillen te bepalen wat de precieze volgorde van binnenkomst is

fi·nish·ing touch [finnisjing tàtsj] *(‹Eng) de (m)* de laatste hand die men aan iets legt, fijne afwerking

fi·nis·sa·ge [finiesaazjə] *(‹Fr) de (v)* [-s] BN feestelijke afsluiting van een tentoonstelling; vgl: **vernissage**

fi·ni·to *(‹It‹Lat)*, **fi·ni·tum** *(‹Lat) bn* afgesloten, beëindigd

finn·jol *(‹Zw) de* [-len] zeilsport eenmaster voor één persoon, ontworpen voor de Olympische Spelen van 1952 in Helsinki (Finland)

Fins I *bn* van, uit, betreffende Finland **II** *het* de Finse taal

Fin·se *de (v)* [-n] vrouw, meisje geboortig of afkomstig uit Finland

Fins-Oe·grisch *bn* ★ **Fins-Oegrische talen** taalgroep waartoe o.a. het Fins, het Laps, het Estisch en het Hongaars behoren

fint *de* [-en] elftachtige vis, *Alosa fallax*

FIOD *afk* in Nederland Fiscale Inlichtingen- en Opsporingsdienst

fi·ool *(‹Lat‹Gr) de* [fiolen] sierlijk gevormd flesje ★ *de fiolen van zijn toorn over iem. uitgieten* (naar *Openbaringen* 15: 7) heftig tegen hem uitvaren

fire·proof [faiə(r)proef] *(‹Eng) bn* tegen vuur bestand, vuurvast

fire·wall [fai(r)wòl] *(‹Eng) de* [-s] comput beveiliging die een lokaal netwerk zodanig afscheidt van internet dat onbevoegden geen toegang hebben tot dat lokale netwerk

fir·ma *(‹It) de* ['s] ❶ bedrijf waarbij de vennoten hoofdelijk voor het geheel aansprakelijk zijn ❷ bij uitbreiding bedrijf in het algemeen ❸ naam waaronder een handelaar of vennootschap handel drijft

fir·ma·ment *(‹Fr) het* dichterlijk hemelgewelf, uitspansel

fir·ma·naam *de (m)* [-namen] → **firma** (bet 3)

fir·mant *de (m)* [-en], **fir·man·te** *de (v)* [-n] lid van een firma, deelgenoot, vennoot

fir·ma·wa·gen *de (m)* [-s] BN ook bedrijfsauto

firm·ware [fù(r)mwè(r)] *(‹Eng) de* comput software die permanent is vastgelegd in een read only memory

firn [fiern] *(‹Du) de* korrelig sneeuwijs in het hooggebergte

first [fù(r)st] *(‹Eng) bn* eerste ★ *~ class* eerste klas (als kwaliteit)

first la·dy [fù(r)st leedie] *(‹Eng) de (v)* ['s] eerste dame (van een staat, stad enz.), t.w. de echtgenote van het staatshoofd, van de burgemeester enz., vooral die van de president van de Verenigde Staten

fis [fies] *de* [-sen] muz een halve toon verhoogde f

fis·caal[1] *(‹Lat) bn* de fiscus betreffend, belasting-,

schatkist

fis·caal[2] *(‹Lat) de (m)* [-calen] openbare aanklager bij de zeekrijgsraden en de Bijzondere Rechtspleging

fis·ca·list *de (m)* [-en] deskundige in de fiscaliteit

fis·ca·li·teit *de (v)* het belastingwezen

fis·cus *(‹Lat) de (m)* ❶ de gezamenlijke ambtenaren van de belastingdienst, de belastingdienst zelf ❷ de staat als belastingheffer

fish·burg·er [fisjbù(r)γə(r)] *(‹Eng) de (m)* [-s] met vis bereide hamburger

fish·eyelens [fisj-aai-] *(‹Eng) de* [-lenzen] fotogr visooglens, lens met extreem grote hoek

fis·tel *(‹Lat) de* [-s] ❶ pijpzweer, kanaalvormige zweer ❷ onnatuurlijk kanaal tussen twee lichaamsholten of van een lichaamsholte naar buiten

fist·fuck·ing *(‹Eng) de (m)* seksuele handeling bestaande uit het duwen van de vuist in de anus van een ander

fit *(‹Eng) bn* ❶ zich fris en gezond voelend ❷ in goede conditie (bijv. voor een wedstrijd)

fi·tis *de (m)* [-sen] een bep. zangvogel, *Phylloscopus trochilus*

fit·ness [-nəs] *(‹Eng) de* geheel van uiteenlopende lichamelijke oefeningen om de conditie te onderhouden of te verbeteren

fit·ness·cen·trum *(‹Eng) het* [-tra] centrum waar men door middel van uiteenlopende oefeningen aan de lichamelijke conditie werkt, veelal met mogelijkheid tot krachttraining, sauna, massage e.d.

fit·nes·sen *ww (‹Eng)* [fitneste, h. gefitnest] aan fitnesstraining doen

fit·ness·trai·ning [-tree-] *(‹Eng) de (v)* training ter verbetering van de lichamelijke conditie

fit-o-me·ter *de (m)* [-s] BN hindernissenparcours dat de conditie verbetert

fit·ter *(‹Eng) de (m)* [-s] NN iem. die buisleidingen (voor water en gas) maakt en repareert

fit·ting *(‹Eng) de (m)* [-s, -en] ❶ deel van een lamp waarin een gloeilamp wordt gedraaid ❷ hulpstuk om pijpen aan elkaar te verbinden

fix[1] [fieks] *(‹Fr)*, **fixe** [fieks(ə)] *(‹Fr) bn* ❶ vast, bepaald ❷ handel voor levering op een bepaald tijdstip

fix[2] *(‹Eng) de (m)* [-en] slang injectie waarbij een drug in een ader wordt gespoten

fixa·tie [fiksaa(t)sie] *de (v)* [-s] ❶ vastlegging, bepaling ❷ het gefixeerd-zijn ❸ psych gevoelsbinding aan een bep. persoon of toestand

fixa·tief *het* [-tieven] fixeermiddel, vooral middel om houtskool- of krijttekeningen (door bespuiting) vast te leggen

fixeer [fikseer] *het*, **fixeer·bad** [fikseer-] [-baden] vloeistof waarin fotografische negatieven kleurvast worden gemaakt

fixeer·mid·del [fikseer-] *het* [-en] fotogr chemisch middel dat een fotografische plaat of film zodanig bewerkt dat de lichtval er geen invloed meer op uitoefent

fixen *ww* (‹Eng) [fixte, h. gefixt] slang een → **fix²** toedienen

fixe·ren [fikseerə(n)] *(‹Fr)* **I** *ww* [fixeerde, h. gefixeerd] ❶ vastzetten, onbeweeglijk bevestigen ❷ een fotografisch beeld of de afdruk daarvan voor verdere inwerking van het licht ongevoelig maken; een tekening onuitwisbaar maken ❸ vaststellen (een bedrag, prijs, datum) ❹ ★ *iem.* ~ strak aankijken **II** *wederk* zich volledig daarop concentreren: ★ *hij is gefixeerd op geld verdienen*

fixum *(‹Lat) het* [fixa] vaste som, vast bedrag, vooral als grondslag van een inkomen

fjeld *(‹No) het* [-s, -en] bergvlakte in Noorwegen en Zweden

fjord *(‹No) de (m)* [-en] smalle inham van grillige vorm in een hoge rotsachtige kust (Noorwegen, Groenland)

fjor·den·kust *de* [-en] kust met fjorden

fjor·den·paard *het* [-en] pony die behoort tot een stevig gebouwd, uit Noorwegen afkomstig ras, gebruikt als trekdier, o.a. in de bosbouw

FL *afk* als nationaliteitsaanduiding op auto's *(Fürstentum) Liechtenstein*

fl. *afk* florijn [gulden]

flab·be·ren *ww* [flabberde, h. geflabberd] ❶ zacht wapperen ❷ slordig los hangen

fla·con *(‹Fr) de (m)* [-s] sierlijke fles met een geslepen of metalen stop

flad·de·ren *ww* [fladderde, h. & is gefladderd] ❶ ongelijkmatig en niet snel vliegen ❷ *fig* onrustig rondlopen

FLAG *afk* Flemish Aerospace Group [Vlaamse Luchtvaartgroep (belangengroep van luchtvaartbedrijven)]

fla·gel·lant *(‹Lat) de (m)* [-en] geselaar, geselbroeder, iem. die zichzelf geselt om godsdienstige redenen

fla·gel·lan·tis·me *het* geselzucht; het zoeken van geslachtelijke bevrediging door geseling

fla·geo·let [-zjoolet] *(‹Fr) de (m)* [-ten] ❶ fluit die een octaaf hoger klinkt dan de dwarsfluit ❷ orgelregister in de toon van de genoemde fluit ❸ ‹bij snaarinstrumenten› fluitachtige toon, verkregen door een snaar op een bepaalde plaats zeer licht aan te raken en hem tegelijkertijd aan te slaan of te strijken ❹ bep. groenwitte boon

fla·geo·let·tist [-zjoo-] *de (m)* [-en] flageoletbespeler

fla·geo·let·toon [-zjoolet-] *de (m)* [-tonen] → **flageolet** (bet 3)

fla·grant *(‹Fr) bn* zonneklaar, duidelijk in 't oog vallend, onloochenbaar: ★ *een flagrante leugen*

flag·stone [fleystoon] *(‹Eng) de (m)* [-s] rode, onregelmatig gevormde tegel, in tuinen gebruikt

flair [flèr] *(‹Fr) de (m)* vlotheid in de omgang met mensen en in de benadering van zaken: ★ ~ *hebben*

flak·ke·ren *ww* [flakkerde, h. geflakkerd] branden met onrustige bewegingen: ★ *flakkerende kaarsen*

flam·bard [-baar] *(‹Fr) de (m)* [-s] slappe vilten hoed met brede rand

flam·be·ren *ww (‹Fr)* [flambeerde, h. geflambeerd] ‹een gerecht› met een sterk alcoholische drank overgieten en vervolgens aansteken

flam·bouw *(‹Fr) de* [-en] fakkel

flam·boy·ant [-bwajjant] *(‹Fr) bn* vlammend; vooral *fig* temperamentvol, vurig: ★ *een* ~ *karakter* ★ *flamboyante gotiek* laatgotische stijl met vlamvormig vulwerk en visblaasornamenten

flame [fleem] *(‹Eng: vlam) de* comput beledigende e-mailboodschap

fla·men·co *(‹Sp) de (m)* ['s] ❶ dans van de Spaanse zigeuners ❷ muziek daarvoor

flam·ing [fleeming] *(‹Eng) de* comput situatie dat een mailbox van een bepaalde ontvanger te vol is geraakt doordat veel andere gebruikers grote hoeveelheden, veelal vervelende, berichten hebben gestuurd in reactie op iets

fla·min·gant *(‹Fr) de (m)* [-en] aanhanger van de Vlaamse beweging in België, strevend naar Vlaamse autonomie op cultureel, politiek en sociaaleconomisch gebied en zich verzettend tegen verfransing

fla·min·gan·tis·me *het* het streven van de flaminganten

fla·min·go [-yoo] *(‹Sp) de (m)* ['s] reigerachtige vogel met roze veren uit de familie Phoenicopteridae

fla·moes *de (m)* [-moezen] plat vagina

flan·dri·cis·me *het* [-n] Vlaamse wending in het Frans

flan·drien [flãdriejè] *de (m)* [-s] BN wielrenner die op zijn best is bij slecht weer of moeilijke omstandigheden

fla·nel *(‹Fr‹Eng‹Kymrisch) het* ❶ geruwde wollen of katoenen stof voor lakens, hemden e.d. ❷ [*mv*: -len] hemd van die stof

fla·nel·len *bn* van flanel

fla·ne·ren *ww (‹Fr)* [flaneerde, h. geflaneerd] rondslenteren, vooral in een park, langs het strand e.d., om mensen te zien en gezien te worden

flank *(‹Fr) de* [-en] zijde ‹van lichaam, leger, sportteam›

flank·be·we·ging *de (v)* [-en] zijwaartse beweging

flan·ke·ren *ww (‹Fr)* [flankeerde, h. geflankeerd] ❶ aan een zijde of de zijden aanvullen met of doen vergezellen door: ★ *de president werd geflankeerd door twee lijfwachten* ❷ zich in de flank bevinden: ★ *het huis was geflankeerd door een hoge heg*

flank·vuur *het* beschieting van de flank van een leger

flan·sen *ww* [flanste, h. geflanst] gehaast en slordig in elkaar zetten: ★ *even snel een werkstuk in elkaar* ~

flap¹ **I** *tsw* **II** *de (m)* [-pen] ❶ harde slag of klap ❷ flapkan

flap² *(‹Eng) de (m)* [-pen] ❶ binnenkant van een boekomslag ❷ NN, spreektaal bankbiljet: ★ *twee flappen van 100 euro*

flap·drol *de (m)* [-len] NN, spreektaal karakterloze, slappe vent

flap·hoed *de (m)* [-en] hoed met een brede slappe rand

flap·kan *de* [-nen] kan met een opklappend deksel

flap·oor [-oren] **I** *het* ⟨bij mensen⟩ wijd uitstaand, groot oor **II** *het* ⟨bij dieren⟩ groot, hangend oor **III** *de (m)* iem. met flaporen

flap·pen *ww* [flapte, h. geflapt] ★ *eruit ~ zeggen wat voor de mond komt*

flap·pen·tap *de (m)* [-pen] NN, schertsend geldautomaat

flap·tekst *de (m)* [-en] tekst op de binnenzijde van een boekomslag

flap·uit, **flap·uit** *de (m)* [-en] iem. die alles er maar uit flapt

flard *de* [-en] ❶ gescheurde lap ★ *aan flarden* in stukken gescheurd ❷ fig onsamenhangend gedeelte van iets: ★ *uit de zaal klonken flarden muziek naar buiten*

flash [flesj] ⟨*Eng*⟩ *de (m)* [-es] lichtflits

flash·back [flesjbek] ⟨*Eng*⟩ *de (m)* [-s] ❶ episode in boek, toneel e.d., die zich heeft afgespeeld vóór het lopende verhaal: ★ *flashbacks uit de jeugd van de hoofdpersoon* ❷ het spontaan terugkeren van de effecten van drugs (vooral lsd, soms hasj)

flash·card [flesjkà(r)d] ⟨*Eng*⟩ *de* [-s] bep. type geheugenkaart in een computer

flat [flet] ⟨*Eng*⟩ *de (m)* [-s] ❶ vooral NN elk van de woningen in een complex gelijke woningen in woonlagen, waarbij alle vertrekken op één verdieping liggen ❷ NN hoog gebouw met zulke woningen of met kantoren, flatgebouw ❸ platte damesschoen (meestal: *flatje*)

flat·bed·scan·ner [fletbedskenna(r)] ⟨*Eng*⟩ *de* [-s] comput type scanner waarbij het te scannen document plat op een glasplaat ligt en de scanner eroverheen beweegt

fla·ter *de (m)* [-s] domme fout, onhandigheid: ★ *een ~ slaan*

flat·ge·bouw [flet-] *het* [-en] vooral NN hoog gebouw met eenverdiepingswoningen of met kantoren

flat·neu·ro·se [fletneuroozə] *de (v)* nervositeit en geprikkeldheid als gevolg van ergernissen waartoe het leven in flats aanleiding kan geven

flat·te·ren *ww* ⟨*Fr*⟩ [flatteerde, h. geflatteerd] ❶ mooier of beter voorstellen dan het eigenlijk is ❷ portret, balans, schoolrapport: ★ *geflatteerde winstcijfers* ❸ iemands uiterlijk (figuur) gunstig doen uitkomen ❹ van kleding: ★ *die rok flatteert je*

flat·teus ⟨*Fr*⟩ *bn* vleiend, flatterend, een goede indruk teweegbrengend: ★ *flatteuze kleding*

flat·wo·ning [flet-] *de (v)* [-en] NN eenverdiepingswoning in een flatgebouw

flauw *bn* ❶ niet kruidig, onvoldoende gezouten: ★ *flauwe aardappels* ★ *dat vlees smaakt ~* ❷ niet krachtig, slap: ★ *ik voel me ~ van de honger* ★ *ons team verdedigde zich ~* ❸ vaag, niet scherp: ★ *een flauwe bocht in de weg* ★ *het gebergte tekende zich ~ af* ★ *ik heb geen ~ idee* geen enkel vermoeden ❹ niet grappig, vervelend: ★ *een flauwe mop* ★ *~ gebeuzel*

flau·we·kul *de (m)* flauwe praat, onzin

flau·werd *de (m)* [-s], **flau·we·rik** [-riken] iem. die vervelend doet

flauw·har·tig *bn* niet dapper

flauw·heid *de (v)* [-heden] het flauw zijn, flauwe daad of opmerking

flau·wig·heid *de (v)* [-heden], **flau·wi·teit** [-en] flauwheid; flauwe grap, flauwe daad

flauw·te *de (v)* [-n, -s] lichte bewusteloosheid

flauw·tjes *bijw* zeer zwak

flauw·val·len *ww* [viel flauw, is flauwgevallen] in lichte bewusteloosheid vallen

flec·te·ren *ww* ⟨*Lat*⟩ [flecteerde, h. geflecteerd] ❶ taalk vervoegen of verbuigen ❷ vervoegd worden

fleece [flies] ⟨*Eng*⟩ *het* zachte isolerende synthetische stof met veloursstructuur, o.a. gebruikt voor truien, vesten e.d.

fleem·kous *de* [-en], **fleem·ster** *de (v)* [-s] mooipraatster

fleg·ma ⟨*Gr*⟩ *het* onverstoorbare kalmte, natuurlijke onaandoenlijkheid

fleg·ma·ti·cus ⟨*Lat*⟨*Gr*⟩ *de (m)* [-ci] voor aandoeningen weinig vatbaar mens

fleg·ma·tiek, **fleg·ma·tisch** ⟨*Lat*⟨*Gr*⟩ *bn* ❶ onverstoorbaar kalm, onaandoenlijk ❷ lauw

fle·men *ww* [fleemde, h. gefleemd] zoetjes vriendelijk praten, mooipraten

fle·mer *de (m)* [-s] mooiprater

fle·me·rig *bn* zoetjes vriendelijk

fle·me·rij *de (v)* [-en] zoetjes vriendelijk gepraat

flens ⟨*Eng*⟩ *de (m)* [flenzen] uitstekende rand aan buizen en aan de wielen van treinen

flens·je *het* [-s] dun pannenkoekje

flen·ter *de (m)* [-s] ❶ flard, afgescheurde lap ❷ dun sneetje ★ *aan flenters* aan flarden vgl: → **flinter**

flep·pen *ww* [flepte, h. geflept] NN, Barg geslachtsgemeenschap hebben, neuken

fles *de* [-sen] ❶ voorwerp van glas of kunststof met bovenin een nauwe opening, ter bewaring van vloeistoffen ★ *een kind de ~ geven* het voeden door middel van een zuigfles ★ *op de ~ gaan*, *zijn* failliet gaan, zijn ★ BN, spreektaal iem. *op flessen trekken* voor de gek houden, oplichten, bedriegen ❷ cilindervormig metalen voorwerp ter bewaring van gassen onder hoge druk: ★ *zuurstoffles*

fles·kind *het* [-eren] baby die door middel van een zuigfles gevoed wordt

fles·ope·ner *de (m)* [-s] voorwerp waarmee men flessen opent, vooral die met een kroonkurk

fles·sen *ww* [fleste, h. geflest] NN, spreektaal afzetten: te veel geld vragen of te weinig bieden

fles·sen·gas *het* in een metalen fles samengeperst gas, vooral voor koken of verlichting gebruikt bij het kamperen

fles·sen·hals *de (m)* [-halzen] ❶ hals van een fles ❷ fig vernauwing in een verkeersweg ❸ fig bottleneck, knelpunt

fles·sen·kind *het* [-eren] → **fleskind**

fles·sen·melk *de* gepasteuriseerde melk in flessen

fles·sen·post *de* berichtgeving door een brief te sluiten in een in zee te werpen, gesloten fles, zoals door schipbreukelingen in sommige verhalen
fles·sen·rek *het* [-ken] rek waarin men flessen bewaart
fles·sen·trek·ker *de (m)* [-s] NN iem. die aan flessentrekkerij doet
fles·sen·trek·ke·rij *de (v)* [-en] NN ❶ oplichting bestaande uit het kopen van goederen zonder de bedoeling te hebben hiervoor te betalen ❷ bij uitbreiding oplichting in het algemeen
fles·sen·voe·ding *de (v)* ❶ het toedienen van voedsel aan baby's m.b.v. een zuigfles ❷ voedsel voor baby's, speciaal klaargemaakt om met een zuigfles toegediend te worden
flets *bn* ❶ bleek, onfris, niet helder ❷ BN, spreektaal ‹van smaak, kleur› flauw; **fletsheid** *de (v)*
fleur (‹Fr›) *de* ❶ bloeiende toestand, bloeitijd ❷ opgewekte stemming ❸ frisse bekoorlijkheid: ★ *die nieuwe gordijnen geven de kamer meer ~* ❹ ongereptheid, frisse glans ★ *de ~ is eraf* het is niet meer fris; zie ook → **fine fleur**
fleu·rig *bn* vrolijk, aangenaam, fris: ★ *een ~ kind, een fleurige straat*
flex *bn* jeugdtaal goed, fijn
flex·con·tract *het* [-en] NN contract voor werk op flexibele basis
flexi·bel [fleksie-] (‹Fr‹Lat›) *bn* ❶ buigzaam, soepel, niet star: ★ *flexibele werktijden* ★ *~ arbeidscontract* arbeidscontract waarbij geen vaste werktijden vastgesteld zijn ★ *flexibele schijf* diskette ★ *flexibele wisselkoersen* met enige speling t.o.v. elkaar ❷ fig zich makkelijk aanpassend ❸ taalk voor verbuiging vatbaar
flexi·bi·li·se·ring *de (v)* het flexibeler maken of worden: ★ *~ van werktijden*
flexi·bi·li·teit (‹Fr›) *de (v)* buigzaamheid, soepelheid
flexie (‹Lat›) *de (v)* buiging; taalk vormverandering van de woorden ter aanduiding van de grammatische betrekking
flex·plek *de* [-ken] NN werkplek die door verschillende werknemers gebruikt kan worden
flex·wer·ker *de (m)* [-s] NN iem. die werkt op basis van een arbeidscontract waarin de arbeidstijden en de duur van het dienstverband niet zijn vastgelegd
fli·bus·tier (‹Fr›) *de (m)* [-s] zeerover, vooral in West-Indië in de 17de-18de eeuw
flie·re·flui·ten *ww & het* niets uitvoeren, lummelen; op vermaak uit zijn, fuiven
flie·re·flui·ter *de (m)* [-s] nietsdoener, boemelaar, losbol
flight·re·cord·er [flaitriekò(r)də(r)] (‹Eng›) *de (m)* [-s] vluchtrecorder
flik[1] *de (m)* [-ken], **flik·je** *het* [-s] rond chocolaatje, genoemd naar de eerste fabrikant ervan, Caspar Flick (gest. ± 1780)
flik[2] (‹Fr›) *de (m)* [-ken] BN, spreektaal smeris, politieagent

flik·flak *de (m)* [-ken] handstandoverslag gevolgd door een radslag
flik·flooi·en *ww* [flikflooide, h. geflikflooid] ❶ kruiperig vleien ❷ liefkozen
flik·flooi·er *de (m)* [-s], **flik·flooi·ster** *de (v)* [-s] iem. die flikflooit
flik·flooi·e·rij *de (v)* [-en] het voortdurend flikflooien
flik·je *het* [-s] zie bij → **flik**[1]
flik·ken *ww* (‹Du›) [flikte, h. geflikt] inf doen, volbrengen: ★ *dat moet hij niet nog eens ~!* ★ *dat heeft hij handig geflikt* netjes klaargespeeld ★ *iem. iets ~ iem.* op een achterbakse manier in de val laten lopen, een loer draaien
flik·ker *de (m)* [-s] ❶ scheldwoord mannelijke homoseksueel (vaak als geuzennaam aanvaard) ❷ lichaam: ★ *iem. op z'n ~ geven* ❸ ★ *geen ~ geen* snars, niets ❹ luchtsprong
flik·ke·ren[1] *ww* [flikkerde, h. geflikkerd] een onrustig schijnsel geven: ★ *flikkerende lichtreclame*
flik·ke·ren[2] *ww* [flikkerde, h. & is geflikkerd] inf ❶ gooien ❷ vallen
flik·ke·ring *de (v)* [-en] het → **flikkeren**[1]
flik·ker·licht *het* [-en] afwisselend sterk en zwak brandend licht
flink *bn* ❶ groot, stevig: ★ *een ~ stuk taart* ❷ moedig, volhardend: ★ *een flinke meid* ★ *~ doorlopen* ★ *~ zijn best doen* ★ *zich ~ houden* niet gaan huilen of emotioneel worden; **flinkheid** *de (v)*
flin·kerd *de (m)* [-s] flink persoon vaak iron
flin·ter *de (m)* [-s] dun sneetje; algemeen kleine hoeveelheid; vgl: → **flenter**
flin·ter·dun *bn* uiterst dun: ★ *een ~ plakje kaas*
flint·glas (‹Eng›) *het* loodhoudend sterk lichtbrekend glas voor optische instrumenten
flip-over [-oovə(r)] (‹Eng›) *de (m)* [-s] op een schoolbord gelijkend toestel waaraan een bundel papieren is gehecht die men kan beschrijven en omslaan
flip·pen *ww* (‹Eng›) [flipte, is geflipt] ❶ eig omslaan ❷ door het gebruik van drugs geheel uit zijn evenwicht raken, verkeerd reageren ❸ mislukken (vooral voltooid deelwoord: → **geflipt**, zie aldaar) ★ *~ op iets of iem.* daarin of in die persoon teleurgesteld zijn, erop uitgekeken zijn
flip·per (‹Eng›) *de (m)* [-s] ❶ een van de onderdelen van een flipperkast die het balletje kunnen beletten van het speelvlak te verdwijnen ❷ flipperkast
flip·per·au·to·maat [-autoo-, -ootoo-] *de (m)* [-maten] flipperkast
flip·pe·ren *ww* [flipperde, h. geflipperd] een behendigheidsspel spelen, waarbij men een metalen balletje laat rollen over het hellende vlak van een flipperkast en punten kan scoren door het te laten botsen tegen bepaalde mechaniekjes, verende banden, enz.
flip·per·kast *de* [-en] apparaat waarmee men flippert
flip·po *de (m)* ['s] klein kunststof schijfje met daarop een illustratie, oorspronkelijk bijgesloten in zakken met zoutjes, door kinderen gespaard en gebruikt

om spelletjes mee te doen
flip·side [-said] (‹Eng› de (m) [-s] vroeger B-kant van een → **single** (bet 2)
flirt [flù(r)t] (‹Eng›) **I** de (m) hofmakerij van voorbijgaande aard **II** de [-s] iem. die houdt van flirten, die geneigd is iem. op speelse wijze het hof te maken
flir·ten ww [flù(r)tə(n)] (‹Eng›) [flirtte, h. geflirt] op speelse wijze het hof maken, behaagziek-verliefd doen
flits (‹Fr› de (m) [-en] ❶ schicht ❷ vluchtige beweging: ★ in een – ❸ vluchtige indruk: ★ flitsen van de verkiezingen ❹ fotogr snelle, korte belichting d.m.v. een flitsapparaat
flits·ap·pa·raat het [-raten] flitser
flits·blok·je het [-s] op een fototoestel te bevestigen blokje met een of meer flitslampjes
flit·sen ww [flitste, is & h. geflitst] ❶ in snelle voorbijgaande beweging zijn, vooral fig: ★ het flitste me door het hoofd ❷ fotograferen met flitslicht
flit·send bn ❶ gedurfd modieus: ★ flitsende kleding ❷ wervelend: ★ een flitsende show
flit·ser de (m) [-s] fotogr apparaat dat flitslicht teweegbrengt
flits·lamp de [-en], **flits·lamp·je** het [-s] lamp die een kort, fel licht geeft, bij fotograferen gebruikt
flits·licht het kort, fel licht, bij fotograferen gebruikt
flits·ont·slag het snelle ontslagprocedure, zonder tussenkomst van een kantonrechter of het CWI
flits·paal de (m) [-palen] langs een verkeersweg opgestelde paal met ingebouwde camera die snelheidsovertreders vastlegt
flit·spuit de [-en] vroeger handspuit waarmee men door de inhoud te verstuiven insecten doodt
flits·schei·ding de (v) [-en] NN snelle ontbinding van een huwelijk zonder tussenkomst van rechter en advocaat
flits·trein de (m) [-en] TGV, hogesnelheidstrein
floa·ten [floota(n)] (‹Eng›) ww [floatte, h. gefloat] ter ontspanning drijven in een badkuip met zeer zout water, als in de Dode Zee
flo·bert [-bèr] de (m) [-s], **flo·bert·ge·weer** [-bèr-] het [-weren] licht geweer dat kogeltjes ter grootte van een grove hagelkorrel schiet, tot circa 10 m, genoemd naar de Franse wapenfabrikant L.N.A. Flobert, die het in 1845 uitvond
flod·der de [-s] ❶ flard, lomp, slordig kledingstuk ❷ fig slordig persoon ❸ ★ losse flodders (oefen)patronen, bestaande uit een slechts met kruit gevulde huls (dus zonder kogel), die uit een vuurwapen worden geschoten
flod·de·raar de (m) [-s] knoeier, iem. die slordig of vies werkt
flod·der·broek de [-en] zeer wijde broek
flod·de·ren ww [flodderde, h. geflodderd] ❶ te ruim en slordig om het lichaam hangen (van kleding): ★ die broek floddert om je benen ❷ BN, spreektaal fladderen, om iem. heen draaien (ook fig.): ★ om

iem. heen ~
flod·de·rig bn ❶ ‹van kleding› te ruim en daardoor te los om het lichaam hangend ❷ slordig; onverzorgd
flod·der·kous de [-en] slordig werkende vrouw
flod·der·ma·dam de (v) [-men, -s] vrouw met een slordig, onverzorgd uiterlijk
floep I tsw klanknabootsing, ter aanduiding van een snelle beweging **II** de (m) [-en] NN snelle beweging
floe·pen ww [floepte, h. en is gefloept] snel bewegen, vooral met een plofgeluidje: ★ de natte zeep floepte uit mijn hand
floers (‹Fr›) **I** het [-en] stof voor rouwkleding **II** het fig duisterheid, somberheid **III** het opstaande draden van fluweel
flon·ke·ren ww [flonkerde, h. geflonkerd] rustig schitteren; **flonkering** de (v) [-en]
flood·light [floedlait] (‹Eng›) het verlichting door een aantal schijnwerpers, zodanig dat geen schaduwen ontstaan, spreidlicht, strijklicht
floor·man·ag·er [flò(r)mennidzja(r)] (‹Eng›) de (m) [-s] ❶ iem. die bij een toneelstuk, een show enz. verantwoordelijk is voor het licht, het geluid e.d. ❷ afdelingschef in een winkel
floor·show [flò(r)sjoo] (‹Eng›) de (m) [-s] vertoning (dans e.d.) op de middenvloer in een openbare gelegenheid of een nachtclub (e.d.)
floot ww verl tijd van → **fluiten**
flop (‹Eng›) de (m) [-s] fiasco, grote mislukking
flop·pen ww (‹Eng›) [flopte, is geflopt] inf mislukken, geen succes hebben: ★ de film is geflopt
flop·py [floppie] de (m) ['s], **flop·py·disk** (‹Eng›) [-s] comput kleine, magnetiseerbare schijf waarop gegevens in digitale vorm worden opgeslagen die gelezen kunnen worden d.m.v. een diskdrive, diskette
flop·py·drive [-draiv] (‹Eng›) de (m) [-s] diskdrive
flo·ra de ['s] (naar de Romeinse godin Flora van de bloemen en de lente) ❶ de gezamenlijke planten die in een bepaalde streek of een bepaald land groeien ❷ lijst en beschrijving van de planten als onder 1 genoemd ❸ Flora naam van bloementoonstellingen
flo·raal (‹Lat›) bn van de aard van bloemen, bloem-: ★ florale motieven bloemmotieven (in de sierkunst)
flo·ra·lia (‹Lat›) mv Oud-Romeinse bloemenfeesten
flo·ra·li·ën mv BN bloementoonstelling
flo·réal [-ree(j)al] (‹Fr›) de (m) achtste maand van de Franse republikeinse kalender (20 april-19 mei)
Flo·ren·tijn de (m) [-en] iem. geboortig of afkomstig uit Florence
Flo·ren·tijns bn van, uit, betreffende Florence
flo·re·ren ww (‹Lat›) [floreerde, h. gefloreerd] bloeien, in welstand zijn
flo·ret[1] (‹It›) het zijde van het harde binnenste van de cocon
flo·ret[2] (‹Fr›) de & het schermdegen met een vierkante kling en een dopje op de punt
flo·ri·bun·da (‹Lat›) de ['s] lage rozenstruik met

trosbloemen

flo·rijn *(‹Fr‹Lat) de (m)* [-en] eig bloem- of leliegulden, een gouden munt in de 13de eeuw in Florence geslagen; bekend in de verkorting f of fl voor gulden (in 2002 vervangen door de euro)

flo·ris·sant [-ries-] *(‹Fr) bn* ❶ in bloeiende gezondheid, welvarend: ★ *zij ziet er ~ uit* ❷ aangenaam, gunstig: ★ *florissante vooruitzichten*

flos·draad *ww* draad die men tussen de tanden op en neer trekt om etensresten te verwijderen

flos·sen *ww (‹Eng)* [floste, h. geflost] het gebit reinigen met dental floss

flos·sig *bn* → **vlossig**

flos·zij, flos·zij·de *(‹Eng) de* soort zijde waarmee men het gebit reinigt; zie → **floret**[1]

flo·ten *ww verl tijd meerv van* → **fluiten**

flot·te·ren *ww (‹Fr)* [flotteerde, h. geflotteerd] ❶ vlotten, dobberen, in onvaste beweging zijn ❷ fig weifelen ❸ textiel zonder bindingspunten over andere draden heen liggen

flot·tiel·je *(‹Fr‹Sp) de (v)* [-s] in tactisch verband gebrachte groep of kleine vloot van lichte oorlogsschepen van gelijke soort

flot·tiel·je·lei·der *de (m)* [-s] kleine snelle kruiser, leider van een flottielje

flow·chart [flootsjà(r)t] *(‹Eng) de (m)* [-s] schema waarin de handelingen die leiden tot de oplossing van een probleem in volgorde d.m.v. symbolen zijn voorgesteld, stroomschema

flow·er·pow·er [flauwə(r)pauwə(r)] *(‹Eng) de (m)* eind jaren zestig binnen de hippiecultuur ontstane beweging die de nadruk legde op onderlinge genegenheid en liefde

flox *(‹Gr) de (m)* [-en] sierplant met kleurige bloemen

fluc·tu·a·tie [-aa(t)sie] *(‹Fr‹Lat) de (v)* [-s] golving, schommeling, het op-en-neer-gaan; med gewaarwording die men bij het betasten krijgt als er ergens een ophoping van vloeistof is

fluc·tu·e·ren *ww (‹Fr‹Lat)* [fluctueerde, h. gefluctueerd] ❶ dobberen ❷ weifelen, besluiteloos zijn ❸ schommelen, op en neer gaan ⟨van prijzen, koersen e.d.⟩

flu·ï·di·teit *(‹Fr) de (v)* ❶ mate van vloeibaarheid ❷ vloeiendheid, radheid (van rede) ❸ magnetische uitstraling

flu·ï·dum *(‹Lat) het* [-da] ❶ stroom van kleine deeltjes waaraan men vroeger magnetische en elektrische verschijnselen toeschreef ❷ fig geestelijke uitstraling ❸ nat gemeenschappelijke aanduiding van vloeistof en gas ❹ vloeibare make-up

fluim *(‹Oudfrans) de* [-en] ❶ hoeveelheid slijm die in één keer wordt uitgespuwd ❷ NN, scheldwoord verachtelijk persoon

flui·men *ww* [fluimde, h. gefluimd] fluimen lozen door de mond

fluis·ter·as·falt *het* soort asfalt dat minder geluid geeft als men er met de auto overheen rijdt en waarmee geluidshinder van het verkeer wordt tegengaat, zoab

fluis·ter·cam·pag·ne [-panjə] *de* [-s] vooral NN stelselmatig kwaadspreken, door praatjes kwade geruchten verspreiden

fluis·te·ren *ww* [fluisterde, h. gefluisterd] ❶ nauwelijks hoorbaar spreken, zonder de stembanden in trilling te brengen ❷ in het geheim vertellen: ★ *er wordt gefluisterd dat zij een verhouding hebben*; **fluistering** *de (v)* [-en]

fluit *(‹Oudfrans‹Provençaals) de* [-en] ❶ lang, cilindervormig blaasinstrument dat bij aanblazing een hoog geluid voortbrengt, blokfluit, dwarsfluit: ★ *zij speelt ~;* ❷ instrumentje waarmee men hoge signalen kan geven door erop te blazen: ★ *het fluitje van de scheidsrechter* ❸ het geluid van dit instrument, soms ook alleen met de lippen gemaakt: ★ *de hond luisterde naar het fluitje van zijn baas* ★ *geen ~* geen snars, niks ★ *dat is een fluitje van een cent* dat is een makkelijk karweitje ❹ brood van een bepaalde vorm ❺ hoog smal drinkglas ❻ fluitschip ❼ schertsend penis

fluit·con·cert *het* [-en] ❶ concert van of voor fluitisten ❷ uitfluiting door het publiek

fluit·eend *de* [-en] soort wilde eend, die een sissend geluid maakt tijdens het vliegen (Dendrocygnini)

flui·ten *ww* [floot, h. gefloten] ❶ een → **fluit** (bet 1) bespelen of daarmee een signaal geven ★ *een wedstrijd ~* als scheidsrechter optreden ★ *ergens naar kunnen ~* geen kans hebben iets te krijgen ★ *gaan ~* er vandoor gaan ❷ een op dat van een → **fluit** (bet 1) gelijkend geluid geven met de mond zonder instrument: ★ *een liedje ~* ★ *de hond ~* ★ *de vogels floten in de boom*

flui·ten·kruid *het* schermbloemige plant met witte bloemen

flui·ter *de (m)* [-s] ❶ iem. die fluit ❷ bep. zangvogeltje (Pachocephalinae)

flui·tist *de (m)* [-en] ❶ fluitspeler ❷ balsport scheidsrechter

fluit·jes·bier *het* BN flauw bier (van smaak en van alcoholgehalte)

fluit·ke·tel *de (m)* [-s] ketel die fluit als het water kookt

fluit·schip *het* [-schepen] langwerpig soort schip

fluit·sig·naal [-sinjaal] *het* [-nalen] met een fluit gegeven signaal: ★ *een ~ van de scheidsrechter* ★ *het laatste ~*

fluit·spe·ler *de (m)* [-s] iem. die een → **fluit** (bet 1) bespeelt

fluit·toon *de (m)* [-tonen] hoge, piepende toon, vooral als ongewenst bijgeluid geproduceerd door elektrische apparaten: ★ *er kwam een ~ uit de radio*

fluks bijw vlug, spoedig

flu·o *voorvoegsel* BN fluorescerend: ★ *een fluojasje*

flu·or *(‹Lat) het* geel gas, dat bijna alle metalen en ook glas aantast, atoomnummer 9, symbool F

flu·o·res·cen·tie [-sie] *(‹Eng) de (v)* eigenschap van sommige lichamen om, wanneer er licht opvalt, zelf licht te gaan uitstralen, zolang ze bestraald worden

(o.a. toegepast in tl-buizen)
flu·o·res·ce·ren *ww* [fluorescheerde, h. gefluorescheerd] fluorescentie vertonen
flu·o·ri·de *(‹Lat-Gr) het* [-n] zout van fluorzuur
flu·o·ri·de·ren *ww* [fluorideerde, h. gefluorideerd] een fluoride toevoegen aan: ★ *drinkwater ~;* fluoridering *de (v)*
flu·or·ta·blet *de & het* [-ten] tablet met fluor die men slikt om tandbederf tegen te gaan
flu·o·stift *de* [-en] BN markeerstift
flush [flusj] *(‹Eng‹Oudfrans) de (m)* poker (een hand met) vijf kaarten van dezelfde kleur ★ *straight ~* vijf opeenvolgende kaarten van dezelfde kleur ★ *royal ~* vijf hoogste opeenvolgende kaarten van dezelfde kleur
flut *bn* waardeloos, slap, vervelend: ★ *de voorstelling was ~;* vaak in samenstellingen: ★ *flutboek, flutjurk enz.*
flut·ter *(‹Eng) de (m)* [-s] snelle toonhoogtevariaties bij geluidsweergave, ten gevolge van technische onvolkomenheden; zie ook → **wow**
flu·vi·a·tiel *(‹Lat) bn* ❶ op rivieren betrekking hebbend ❷ door stromend water gevormd
flu·vi·o·me·ter *(‹Lat-Gr) de (m)* [-s] stroomsnelheidsmeter
flu·weel *(‹Oudfrans‹Lat) het* [-welen] zacht, glanzend weefsel met opstaande pool ★ *op ~ zitten* het goed en gemakkelijk hebben
flu·weel·ach·tig *bn* als fluweel, zacht als fluweel
flu·we·len *bn* van fluweel ★ *Fluwelen Revolutie* politieke omwenteling zonder bloedvergieten, zoals in de meeste communistisch geregeerde Oost-Europese landen die eind jaren tachtig van de 20ste eeuw democratische regeringen kregen
flu·we·lig *bn* fluweelachtig
flu·wijn¹ *(‹Fr) het* [-en] steenmarter
flu·wijn² *(‹Lat) de & het* [-en] dial sloop, kussensloop
flux *(‹Lat) de (m)* dichtheid van magnetische stroom; eenheid daarvoor
flux de bouche [fluu də boesj] *(‹Fr: speekselvloed) de (m)* woordenvloed, radheid van tong (in het Frans echter: *flux de paroles*)
fluxie *(‹Lat) de (v)* [-s] ❶ wisk differentiaalquotiënt van een functie ❷ med aandrang van bloed naar een lichaamsdeel
fly-drive [flai-draif] *(‹Eng) de (m)* reis waarbij men de vliegreis, een huurauto en soms verblijf in een hotel boekt
fly·er [flaiə(r)] *(‹Eng) de (m)* [-s] folder, brochure
Fly·ing Dutch·man [flaiing dutsjmən] *(‹Eng: Vliegende Hollander) de (m)* klasse van jollen in de internationale zeilsport (F.D.), lengte 6,05 m, zeiloppervlak 15 m²
fly-over [flaai-oovə(r)] *(‹Eng) de (m)* [-s] vooral NN, verkeer ongelijkvloerse kruising; verkeersweg over een stadswijk of over een industrieterrein heen
FM *afk* frequentiemodulatie
Fm *afk* chem symbool voor het element *fermium*

FN *afk* in België Front National [politieke partij]
fnui·ken *ww* [fnuikte, h. gefnuikt] ten onder brengen, kapot maken ★ *fnuikend* verderfelijk, van zeer ongunstige invloed: ★ *overmatig alcoholgebruik is ~d voor de gezondheid;* **fnuiking** *de (v)*
FNV *afk* in Nederland Federatie Nederlandse Vakbeweging [ontstaan door samenwerking van NVV en NKV]
fo *afk*, **fº** folio [(op) bladzijde]
foam [foom] *(‹Eng) de (m) & het* [-s] soort zeer licht schuim, gebruikt in de verpakkingsindustrie, maar ook om decoratieve voorwerpen van te maken
f.o.b. *afk* free on board *(‹Eng)* [handel vrij aan boord, alle kosten tot in het schip zijn voor de verkoper]
fo·bie *(‹Gr) de (v)* [-bieën] med benaming voor aanvallen van hevige angst, die onder bepaalde omstandigheden ontstaan, bijv. pleinvrees (agorafobie), angst voor onweer (keraunofobie)
fo·bisch *bn* betreffende fobieën; lijdend aan een of meer fobieën: ★ *een fobische angst voor katten*
fo·cac·cia [fookatsjaa] *(‹It) de (m)* [´s] Italiaans plat brood
fo·cus *(‹Lat) de (m)* [-sen] brandpunt (eig en fig)
fo·cus·sen *ww (‹Eng)* [focuste, h. gefocust] ❶ richten op, concentreren: ★ *de aandacht ~ op iets belangrijks* ❷ fotogr (de camera) richten en scherp stellen op: ★ *~ op een eekhoorntje*
F.O.D. *afk* in België federale overheidsdienst (sinds 2000 naam voor de federale ministeries): ★ *F.O.D. Justitie*
foe·draal *(‹Du) het* [-dralen] beschermend omhulsel, koker, doos, hoes
foe·fe·len *ww* [foefelde, h. gefoefeld] BN, spreektaal ❶ niet te werk gaan zoals het hoort, slecht of slordig werken ❷ vlug of heimelijk verbergen; wegmoffelen ❸ heimelijk met iets bezig zijn, scharrelen; bedriegen, vals spelen
foef·je *het* [-s] handigheidje, slimmigheidje; kneepje van het vak, truc: ★ *de foefjes kennen* ★ *daar weet ik wel een ~ op*
foei *tsw* uiting van afkeuring, afschuw, berisping
foei·le·lijk *bn* zeer lelijk
foe·lie *(‹Fr) de* ❶ buitenste bast van de muskaatnoot ❷ zie → **folie**
Foe·ni·ci·ër [feu-] *(‹Lat‹Gr) de (m)* [-s] → **Feniciër**
foe·ni·cisch [feu-] *bn* → **Fenicisch**
foe·ra·ge [-raazjə] *(‹Fr) de (v)* ❶ voer en stro voor paarden in het leger ❷ schertsend voedsel voor mensen
foe·ra·ge·ren *ww* [-zjeerə(n)] *(‹Fr)* [foerageerde, h. gefoerageerd] voedsel verschaffen, op voedsel uitgaan
foe·ra·geur [-zjeur] *(‹Fr) de (m)* [-s] iem. die foerageert
foe·rier *(‹Fr) de (m)* [-s] onderofficier belast met het administreren van uitrustingsstukken van soldaten
foert *tsw* BN, spreektaal ❶ verrek, bekijk het maar ❷ vort, donder op
foert·stem *de* [-men] BN (bij verkiezingen) blanco of

ongeldige stem als uiting van ongenoegen
foe·te·ren *ww* [foeterde, h. gefoeterd] vooral NN mopperen, schelden: ★ *op iem.* ~
foet·sie *bijw* inf weg, verdwenen: ★ *mijn pen is* ~
foe·tus [feu-] *(‹Lat) de (m) & het* [-sen] ❶ menselijke of dierlijke vrucht in de baarmoeder: ★ *bij de mens noemt men de vrucht vanaf het begin van de derde maand* ~ ❷ → **feut**
foe·yong·hai [-jong-] *(‹Chin) de (m)* Chinese omelet gevuld met stukjes kreeft, garnalen, varkensvlees of kip, in tomatensaus
foe·zel *(‹Du) de* slechte wijn of jenever
foe·ze·len *ww* [foezelde, h. gefoezeld] vooral NN stiekem doen, rommelen, rotzooien
föhn [feun] *(‹Du) de (m)* ❶ warme droge valwind in de Alpen ❷ [*mv:* -s] elektrisch haardroogapparaat
föh·nen *ww* [feunə(n)] [föhnde, h. geföhnd] ‹het haar› met de → **föhn** (bet 2) drogen
fok¹ *de* [-ken] ❶ scheepv driehoekig voorzeil ❷ schertsend bril
fok² *de (m)* het fokken
fok·ken *ww* [fokte, h. gefokt] zich doen vermeerderen en grootbrengen van dieren, aankweken, telen: ★ *honden* ~
fok·ken·maat *de (m)* [-maten, -s] iem. die de → **fok¹** bedient
fok·ken·mast *de (m)* [-en] voorste mast
fok·ken·ra *de* ['s, -raas] ra aan de fokkenmast
fok·ken·schoot *de (m)* [-schoten] → **schoot²** waarmee de stand van de → **fok¹** (bet 1) geregeld wordt
fok·ken·want *het* → **want²** van de fokkenmast
fok·ker *de (m)* [-s] iem. die dieren fokt, kweker van vee: ★ *varkensfokker*
fok·ke·rij *de (v)* ❶ het fokken van dieren ❷ [*mv:* -en] bedrijf waar men dieren fokt
fok·sia *de* ['s] → **fuchsia**
fok·stier *de (m)* [-en] stier die gebruikt wordt voor het fokken
fok·vee *het* ❶ vee dat wordt gebruikt voor het fokken ❷ aangefokt vee
fol. *afk* folio
fol·der *(‹Eng) de (m)* [-s] ❶ gevouwen drukwerk met reclame- of propagandadoeleinden, brochure ❷ comput Eng → **map**, bet 2 in een computersysteem
fo·li·ant *de (m)* [-en] boek in folio; groot boek in het algemeen
fo·lie *(‹Du‹Lat) de* metaal of kunststof (bijv. plastic) in zeer dunne bladen of vellen, o.a. gebruikt voor het afdekken van voedsel
fo·li·ë·ren *ww* [folieerde, h. gefolieerd] de bladen (van twee bladzijden) van een boek (handschrift) nummeren
fo·lio *(‹Lat) het* ['s] formaat van een boek waarbij het blad in tweeën gevouwen is
fo·lio·bij·bel *de (m)* [-s] bijbel in folio
folk [fook] *(‹Eng) de (m)* genre popmuziek dat is geïnspireerd door de traditionele, in oorsprong Anglo-Amerikaanse volksmuziek
folk·lo·re *(‹Eng) de* (kennis en leer van) de overgeleverde gewoonten, zeden, liederen, verhalen, gelovige en magische voorstellingen van een volk, volkskunde
folk·lo·rist *de (m)* [-en] beoefenaar, kenner van de folklore
folk·lo·ris·tisch *bn* betrekking hebbend op, behorende tot de folklore
folk·rock [fookrok] *(‹Eng) de (m)* folk in rock-'n-rollritme
folk·song [fook-] *(‹Eng) de (m)* [-s] populair folkloristisch getint lied
fol·li·kel *(‹Lat) de (m)* [-s] ❶ holte, zakje ❷ haarzakje ★ *follikels van De Graaf* ('Graafse follikels') blaasjes in de eierstok waarin de eicellen zich ontwikkelen
fol·low-up [folloo-] *(‹Eng) de (m)* [-s] ❶ het voortzetten van een behandeling, van sociale maatregelen, van een reclamecampagne enz. ❷ opvolger, volgende film, roman, cd enz.: ★ *haar eerste boek was een groot succes, maar de* ~ *liet lang op zich wachten*
fol·te·raar *de (m)* [-s] iem. die foltert
fol·ter·bank *de* [-en] pijnbank
fol·te·ren *ww* *(‹Du)* [folterde, h. gefolterd] pijnigen, martelen, ook fig; **foltering** *de (v)* [-en]
fol·ter·ka·mer *de* [-s] kamer met folterwerktuigen; kamer waarin gefolterd wordt
fol·ter·paal *de (m)* [-palen] paal waaraan iem. gebonden en gefolterd wordt
fol·ter·tuig *het* [-en], **fol·ter·werk·tuig** *het* [-en] apparaat waarmee men foltert
fo·men·te·ren *ww* *(‹Fr)* [fomenteerde, h. gefomenteerd] ❶ med warme pappen of omslagen gebruiken ❷ (aan)stoken ‹haat, ruzie enz.›
fond [fô] *(‹Fr)* **I** *de (m) & het* grond, ondergrond; diepere laag; zie ook → **au fond II** *de* [font] BN, sp lange afstand ★ *halve* ~ middellange afstand
fon·da·ment *(‹Fr) het* [-en] → **fundament**
fon·dant *(‹Fr) de (m) & het* ❶ zacht, in de mond smeltend suikergoed ❷ [*mv:* -s] kleurloos, glashelder email ❸ BN ook pure chocolade
fon·de·ment *(‹Fr) het* [-en] → **fundament**
fon·de·ren *ww* *(‹Lat)* [fondeerde, h. gefondeerd] → **funderen**
fon·de·ring *de (v)* [-en] → **fundering**
fonds *(‹Fr‹Lat) het* [-en] ❶ bedrijfskapitaal ❷ voor een bijzonder doel vastgelegd kapitaal ❸ middelen die uitkeringen voor een bepaald doel waarborgen: ★ *pensioenfonds, ziekenfonds e.d.* ❹ → **effect** (bet 3) ❺ de gezamenlijke boeken en tijdschriften waarvan een uitgever het recht van uitgave bezit
fonds·bril *de (m)* [-len] ziekenfondsbril
fonds·ca·ta·lo·gus *de (m)* [-sen, -gi] lijst van de uitgaven die bij een uitgever zijn verschenen
fond·sen·beurs *de* [-beurzen] effectenbeurs
fond·sen·lijst *de* [-en] lijst van effecten
fond·sen·markt *de* [-en] effectenmarkt
fonds·lijst *de* [-en] ❶ lijst van de uitgaven van een

uitgever ❷ prijslijst van effecten (*in deze betekenis ook*: → **fondsenlijst**)

fonds·wer·ving *de (v)* het verzamelen van geld, vooral in het kader van liefdadigheid, fundraising

fon·due [-duu] *(‹Fr) de* [-s] gerecht waarbij stukjes voedsel (brood, fruit e.d.) worden gedoopt in een saus van gesmolten kaas, chocola e.d. ★ ~ *bourguignonne* gerecht van kleine stukjes vlees die aan tafel in olie gebakken worden

fon·due·bord [-duu-] *het* [-en] bij de fondue bourguignonne gebruikt bord dat in vakken verdeeld is voor de diverse begeleidende sauzen

fon·du·en *ww* [fonduede, h. gefondued] met een gezelschap een fonduemaaltijd houden

fon·due·pan [-duu-] *de* [-nen] steelpan waarin de vloeibare massa voor een fonduegerecht op tafel heet gehouden wordt

fon·due·stel [-duu-] *het* [-len] tafelkomfoor met fonduepan

fon·due·vork [-duu-] *de* [-en] lange smalle vork, bij het fonduen gebruikt

fo·neem *(‹Gr) het* [-nemen] taalk kleinste taalklank met onderscheidende waarde in het systeem van een taal

fo·ne·ma·tiek *de (v)* leer van de fonemen

fo·ne·ma·tisch *bn* de fonemen betreffend

fo·ne·ti·cus *(‹Gr) de (m)* [-ci] beoefenaar van de fonetiek

fo·ne·tiek *(‹Fr‹Gr) de (v)* ❶ klankleer, fysische en fysiologische leer van de spraakklanken ❷ muz leer van het juiste stemgebruik

fo·ne·tisch *bn* ❶ de spraakklanken of de fonetiek betreffend ❷ volgens de spraakklanken ★ ~ *schrift* schrijfwijze waarbij afzonderlijke tekens voor elke bijzondere klank de uitspraak nauwkeurig aangeven

fo·ni·a·trie *(‹Gr) de (v)* ❶ leer van het onderzoek en de opheffing van spraakstoornissen ❷ geneeskunde van de spraakorganen

fon·ke·len *ww* [fonkelde, h. gefonkeld] schitteren, levendig licht geven: ★ *de sterren ~ aan de hemel*; **fonkeling** *de (v)* [-en]

fon·kel·nieuw *bn* geheel nieuw, gloednieuw

fo·no·graaf *(‹Gr) de (m)* [-grafen] toestel om geluiden op te nemen en later weer voort te brengen, spreekmachine, voorloper van de grammofoon

fo·no·gram *(‹Gr) het* [-men] ❶ rol van een fonograaf ❷ fonografische opname

fo·no·lo·gie *(‹Gr) de (v)* wetenschap van de spraakklanken van een taal als samenhangend systeem beschouwd

fo·no·lo·gisch *bn* de fonologie betreffend; daarop gebaseerd

fo·no·loog *(‹Gr) de (m)* [-logen] beoefenaar van de fonologie

fo·no·plaat *de* [-platen] BN, vero grammofoonplaat

fo·no·scoop *(‹Gr) de (m)* [-scopen] toestel om geluiden waar te nemen; stethoscoop met versterker

fo·no·theek *(‹Gr) de (v)* [-theken] verzameling cd's, grammofoonplaten en geluidsbanden of -cassettes, ook als uitleeninstelling

font *(‹Eng) het* [-s] druktechn, comput karakterset, lettertype

fon·ta·nel *(‹Fr) de* [-len] med door vliezen afgedekt gedeelte van het schedeldak dat bij de geboorte nog niet verbeend is

fon·tein *(‹Fr‹Lat) de* [-en] installatie waarmee men water kunstmatig omhoog laat spuiten, bijv. als sierlijk ornament of als attractie in zwembaden

fon·tein·kruid *het* waterplant met groene of roodbruine aarvormige bloemen (*Potamogeton*)

fon·tein·tje *het* [-s] NN kraan met wasbakje

fooi *(‹Fr) de* [-en] geld dat men extra geeft aan bijv. een kelner of een taxichauffeur, drinkgeld: ★ *3 euro ~ geven*

fooi·en·pot *de (m)* [-ten] pot waarin het personeel (van een horecagelegenheid) de ontvangen fooien deponeert, waarna de gezamenlijke opbrengst wordt verdeeld

fooi·en·stel·sel *het* wijze van beloning waarbij met fooien als onderdeel of hoofdbestanddeel van het loon wordt gerekend

foor *(‹Fr) de* [foren] BN, spreektaal ❶ kermis, plaatselijk volksfeest ❷ ★ *vaak ongunstig de truken van de ~* de kneepjes van het vak ❸ handelsbeurs, jaarbeurs

foor·kra·mer *de (m)* [-s] BN kermisexploitant, persoon die de kermissen afreist met een attractie

foot [foet] *(‹Eng) de (m)* [feet] [fiet] voet als lengtemaat; de Engelse voet is 1/3 yard = 12 inch = 0,305 m

foot·ball [foetbòl] *(‹Eng) het* een vooral in Noord-Amerika populaire, enigszins op rugby lijkende sport, gespeeld door twee elftallen, waarbij de elliptische bal zowel met de hand als met de voet mag worden gespeeld en waarbij op verschillende manieren punten kunnen worden behaald, Amerikaans voetbal

fop I *de (m)* het foppen **II** *de (m)* [-pen] fopspeen

fop·pen *ww* [fopte, h. gefopt] op grappige wijze beetnemen

fop·pe·rij *de (v)* [-en] het foppen

fop·speen *de* [-spenen] zuigspeentje om een zuigeling zoet te houden

f.o.r. *afk* free on rail *(‹Eng)* handel levering door verkoper van goederen vrij aan de spoorwagen, inladingskosten voor zijn rekening

fo·ra·mi·ni·fe·ren *(‹Lat) mv* eig gaatjesdragers, benaming voor eencellige zeediertjes met een kalk- of kiezelschaal, waarin gaatjes zitten

force [fors] *(‹Fr) de (v)* [-s] kracht, macht; geweld ★ ~ *de frappe* vermogen om toe te slaan, aanduiding van de Franse kernwapens ★ ~ *majeure* overmacht

for·ceps *(‹Lat) de (m)* med verlostang, tang

for·ce·ren *ww (‹Fr)* [forceerde, h. geforceerd] ❶ met geweld openmaken: ★ *een slot, een deur ~* ❷ door verkeerde krachtsaanwending beschadigen:

★ niet ~, anders breekt het pennetje af! ★ zich moeten ~ teveel van zijn krachten vergen om een prestatie te leveren ❸ met geweld, tegen de natuurlijke ontwikkeling doordrijven: ★ soepele samenwerking kun je niet ~ ★ een beslissing ~ met kunstgrepen en / of druk een beslissing afdwingen ❹ tuinbouw vóór de natuurlijke tijd tot ontwikkeling of bloei brengen ❺ techn metaal over een vorm buigen en wringen, ten einde voorwerpen zonder naad of soldeersel te kunnen maken; **forcering** de (v)
for·cing (‹Eng› de (m) ★ BN ook de ~ voeren het tempo, de druk opdrijven, pressen
fo·reest (‹Fr› het [-en] poëtisch woud
fore·hand [fò(r)hend] (‹Eng› de (m) ❶ sp wijze van slaan met een racket of bat, waarbij de slag wordt ingezet met de handpalm naar voren en de arm naar het lichaam toe wordt gezwaaid ❷ [mv: -s] op deze manier uitgevoerde slag
fo·rel (‹Du› de [-len] zalmachtige vis in bergstromen, Salmo trutta of Salmo gairdneri
fo·rel·len·kwe·ke·rij de (v) [-en] bedrijf waar men forellen in een vijver kweekt
fo·rel·schim·mel de (m) [-s] wit paard met rode vlekjes
fo·rens (‹Du‹Lat› de (m) [-en, -renzen] iem. die werkt buiten de plaats waar hij woont en die op en neer naar zijn werk moet reizen, pendelaar
fo·ren·sisch (‹Du› bn gerechtelijk ★ forensische geneeskunde die zich bezighoudt met medisch onderzoek in strafzaken (verwondingen, doodsoorzaak enz.) ★ forensische psychiatrie tak van medische wetenschap die tijdens een strafproces te hulp wordt geroepen om de rechter(s) psychiatrisch advies te geven betreffende de geestelijke vermogens van een verdachte, het ter beschikking van de regering stellen e.d.
fo·ren·zen ww [forensde, h. geforensd] als forens op en neer naar het werk reizen
for·fait [-fè] (‹Fr› het [-s] ❶ NN, econ vast bedrag; ‹in de belastingsfeer› vast bedrag dat bij de bepaling van het belastbaar inkomen of het inkomen mag worden afgetrokken of daarbij moet worden opgeteld: ★ reiskostenforfait, huurwaardeforfait ★ à ~ voor een bedrag ineens (bij aanneming van aanbesteding) ❷ BN het niet komen opdagen, verstek, afwezigheid; sp niet opkomen, te laat komen voor een wedstrijd; weigeren te spelen ★ ~ geven niet komen opdagen bij een sportwedstrijd
for·fai·tair [-fètèr] (‹Fr› bn ❶ BN ook van tevoren vastgesteld, vooraf overeengekomen: ★ forfaitaire belastingaftrek ❷ door middel van een bedrag ineens, een ronde som
for·fait·cij·fers I mv, **for·fait·sco·re** II de (m) [-s] BN, sp 5-0-score door het forfait van de andere voetbalploeg
for·get it [fò(r)γet -] (‹Eng› tsw dat kan je wel vergeten, daar komt niets van in
fo·rint de (m) [-en] naam van de Hongaarse munteenheid

for·maat (‹Fr› het [-maten] grootte, verhouding van de afmetingen: ★ ik wil een klein ~ televisietoestel ★ van ~ groot, van belang: ★ een geleerde van ~
for·mal·de·hy·de [-hiedə] het prikkelend gas (formule HCHO), in water opgelost als ontsmettingsmiddel gebruikt
for·ma·li·ne de ontsmettingsmiddel
for·ma·li·sa·tie [-zaa(t)sie] de (v) het formaliseren, het vervangen van de redenering door operaties met een formeel systeem
for·ma·li·se·ren ww [-zeerə(n)] (‹Fr› [formaliseerde, h. geformaliseerd] in regels vastleggen, formeel maken: ★ het wordt tijd om de procedures die in de praktijk allang worden gevolgd te ~; **formalisering** de (v) [-en]
for·ma·lis·me het het stellen van de vorm boven de inhoud van de geest; overdreven achting voor uiterlijkheden, vormendienst
for·ma·list de (m) [-en] iem. die zich geheel aan uiterlijke vormen houdt
for·ma·lis·tisch bn aan de vorm of formaliteiten hangend; behorend tot het formalisme
for·ma·li·teit (‹Lat› de (v) [-en] ❶ uiterlijke vorm die men bij een (publieke of officiële) handeling in acht moet nemen of pleegt te nemen ❷ iets wat alleen ter wille van de vorm wordt gedaan: ★ de verlening van die vergunning is slechts een ~
for·mat (‹Eng› het [-s] ❶ comput fysieke indeling van een computerschijf ❷ comput structuur van een bestand, bijv. tekst (in een tekstbestand) of spreadsheet (in een spreadsheetbestand) ❸ RTV formule volgens welke programma's worden gemaakt
for·ma·teur (‹Fr› de (m) [-s] vormer, samensteller, vooral kabinetsformateur
for·ma·tie [-maa(t)sie] (‹Fr‹Lat› de (v) [-s] ❶ vorming, schepping, bijv. van een kabinet door een formateur ❷ wijze waarop iets gevormd is ❸ wijze van op- of samenstelling van een legerafdeling; → **verband** (bet 2) van vliegtuigen ❹ getalssterkte, vastgestelde bezetting van een bureau, een dienst ❺ geol laag of groep van aardlagen die tot een zelfde tijd van vorming behoren ❻ groep musici in de pop-, jazz- of amusementsmuziek
for·ma·tie·po·ging [-maa(t)sie-] de (v) [-en] poging tot het formeren van een kabinet
for·mat·te·ren ww [formatteerde, h. geformatteerd] comput een informatiedrager (diskette, zipdisk enz.) geschikt maken voor gebruik in een computersysteem
for·meel (‹Fr‹Lat› I bn ❶ slechts de vorm betreffend: ★ afspraken ~ vastleggen in een contract ❷ geheel het voorkomen hebbend van hetgeen het zelfstandig naamwoord uitdrukt; in alle vorm ★ ~ recht procesrecht tegenest: materieel recht, zie: → **materieel** ❸ deftig, netjes, vormelijk: ★ ~ taalgebruik ★ ik werd er heel ~ verwelkomd II het [-melen] houtwerk waarop een boog of gewelf gemetseld

wordt
for·meer·der *de (m)* [-s] maker, schepper
for·me·ren *ww* (‹Fr‹Lat) [formeerde, h. geformeerd] ❶ vormen, samenstellen: ★ *een kabinet ~* ★ *een elftal ~* de opstelling bepalen ❷ een gedaante geven aan
for·mi·ca I *het* harde, plaatvormige kunststof **II** *bn* van formica: ★ *een ~ tafelblad*
for·mi·da·bel (‹Fr‹Lat) *bn* reusachtig, geweldig, ontzaglijk: ★ *een ~ gebouw* ★ *een formidabele prestatie*
for·mu·le (‹Fr‹Lat) *de* [-s] ❶ geheel van woorden of zinnen in vaste vorm, voor bijzondere gevallen voorgeschreven of door het gebruik ingevoerd ❷ korte vorm van een beginsel, een standpunt ❸ in (algebraïsche) tekens uitgedrukte waarde of grootheid; chem in cijfers en letters vervatte opgave van de samenstellende elementen van een stof: ★ *de ~ van zwavelwaterstof is* H_2S ❹ autosport aanduiding voor typen racewagens: ★ *met ~ 1 worden grand-prixwagens aangeduid*
for·mu·le·ren *ww* (‹Fr) [formuleerde, h. geformuleerd] in een vorm of formule uitdrukken, onder woorden brengen, uitdrukken in woorden
for·mu·le·ring *de (v)* [-en] het formuleren, de manier van uitdrukken
for·mu·le·wa·gen *de (m)* [-s] autosport bep. type speciale racewagens, waartoe o.a. de grand-prixwagens behoren
for·mu·lier (‹Fr) *het* [-en] ❶ model voor een verklaring, aanvraag enz., gedrukt of geschreven stuk dat moet worden ingevuld ❷ voorgeschreven bewoording, woordelijk voorschrift
for·mu·lier·ge·bed *het* [-beden] gebed in vastgestelde bewoordingen
for·mu·lier·toe·voer *de (m)* comput automatische toevoer van papiervellen bij het printen
for·nuis (‹Fr) *het* [-nuizen] combinatie van kooktoestel en oven
fors *bn* ❶ krachtig: ★ *forse bewoordingen* ❷ stevig, groot: ★ *een forse man* ★ vooral NN *een fors bedrag* een hoog bedrag
for·sy·thia [-sietsie(j)aa] *de* ['s] sierheester met gele bloemen, genoemd naar de Engelse botanicus William Forsyth (1737-1804)
fort[1] (‹Fr) *het* [-en] naar alle zijden verdedigbaar vestingwerk
fort[2] [fòr] (‹Fr) *de (m) & het* sterke zijde (meestal met een ontkenning): ★ *dat is niet zijn ~*
for·te (‹It) *bijw* muz sterk, luid
for·te·pi·a·no (‹It) **I** *bijw* muz hard-zacht **II** *de* [-s] pianoforte
for the time be·ing *bijw* [fò(r) thə (Engelse th) taim bie(j)ing] (‹Eng) voor zolang het noodzakelijk is
for·ti·fi·ca·tie [-(t)sie] (‹Fr) *de (v)* ❶ het voorzien van vestingwerken; versterkingskunst ❷ [*mv:* -s] vestingwerk
for·ti·fi·ce·ren *ww* (‹Lat) [fortificeerde, h.

gefortificeerd] ❶ van vestingwerken voorzien, versterken ❷ verschansen
for·tis (‹Lat) *de (m)* [fortes] taalk met grote articulatie-energie uitgesproken klank, niet-stemhebbende ruiskklank, zoals *t, k* en *s*
for·tis·si·mo [-ties-] (‹It) muz **I** *bijw* zeer sterk, allersterkst (te spelen) **II** *het* ['s] passage die luid gespeeld of gezongen wordt
for·to (‹It) *bijw* muz krachtig
For·tran *het* letterwoord uit *Formula translation* (‹Eng) een hogere programmeertaal die goed bruikbaar is voor het oplossen van wiskundige en wetenschappelijke problemen
for·tuin (‹Fr‹Lat) **I** *de* de geluksgodin; het lot **II** *het* [-en] ❶ van het lot afhankelijke mogelijkheid, wisselvalligheid: ★ *het ~ was me niet gunstig gezind* ❷ gelukkige lotsbeschikking, voorspoed: ★ *de Marokkaan zocht zijn ~ in Europa* ❸ vermogen, kapitaal, zeer grote som gelds: ★ *zij heeft met die opdracht een ~ verdiend* ★ *~ maken* rijk worden
for·tuin·lijk *bn* geluk hebbend
For·tu·na *de (v)* de godin van het geluk bij de Romeinen ★ *vrouwe ~* verpersoonlijking van het geluk
fo·rum (‹Lat) *het* [-ra, -s] ❶ groep van deskundigen die een bepaald onderwerp in het openbaar bespreken en daarna ter discussie stellen ★ *iets voor het ~ van de publieke opinie brengen* in het openbaar behandelen ❷ internetforum
fo·rum·dis·cus·sie *de (v)* [-s] NN bespreking onder leiding van een forum
for·ward [fò(r)wəd] (‹Eng) *de (m)* [-s] basketbal voorhoedespeler
for·war·den *ww* [fò‹u/›rwordən] (‹Eng) [forwardde, h. geforward] comput een e-mail doorsturen
f.o.s. *afk* free overside ship (‹Eng) [handel levering tot in het schip met inbegrip van de overladingskosten]
fos·bury·flop [fosbərie -] (‹Eng) *de (m)* techniek bij het hoogspringen waarbij de atleet ruggelings over de lat gaat, genoemd naar de Amerikaanse atleet Dick Fosbury die deze techniek in 1968 introduceerde
fos·faat (‹Gr) *het* [-faten] fosforzuur zout, o.a. gebruikt in wasmiddelen
fos·for (‹Gr) *de (m) & het* chemisch element, symbool P, atoomnummer 15, een kleurloze, ontvlambare, vergiftige, in het duister lichtende, naar knoflook riekende stof, meest uit beenderen verkregen
fos·for·bom *de* [-men] brandbom waarin fosfor verwerkt is
fos·fo·res·cen·tie [-sensie] *de (v)* het fosforesceren, het licht geven in het duister, na voorafgaande blootstelling aan licht of andere stralen
fos·fo·res·ce·ren *ww* [fosforesceerde, h. gefosforesceerd] in het duister licht geven zonder dat er gloeiing of verbranding mee gepaard gaat: ★ *de wijzers van de wekker ~*
fos·geen (‹Gr) *het* een zeer giftig gas ($COCl_2$), dat bij 8 °C vloeibaar wordt

fos·siel *(‹Lat)* **I** *bn* ❶ in de grond versteend ★ *fossiele brandstof* brandstof gewonnen uit delfstoffen die gevormd zijn door afgestorven organismen, zoals steenkool, aardgas en aardolie ❷ NN, fig totaal verouderd: ★ *fossiele leermethoden* **II** *het* [-en] ❶ versteend overblijfsel van een dier of een plant ❷ iem. die in opvattingen of levenswijze tot een voorbij tijdperk behoort, die in alles verouderd is

fo·to *de* ['s] afkorting van fotografie; afdruk van een fotografische opname

fo·to- *(‹Gr) als eerste lid in samenstellingen* betrekking hebbend op, gepaard gaand met of veroorzaakt door licht; *vgl*: → **fotosynthese**

fo·to·al·bum *het* [-s] album voor het bewaren van foto's

fo·to·ar·chief *het* [-chieven] historische verzameling van foto's

fo·to·cel *de* [-len] foto-elektrische cel

fo·to·che·mie *de (v)* leer van de scheikundige werking van het licht

fo·to·elek·trisch [-eelek-] *bn* onder invloed van licht elektrische verschijnselen teweegbrengend; werkend door foto-elektriciteit: ★ *een foto-elektrische cel*

fo·to·elek·tron *het* [-tronen] elektron dat wordt vrijgemaakt door bestraling met fotonen van een hoge lichtfrequentie

fo·to·fin·ish [-finnisj] *(‹Eng) de (m)* [-es] *sp* finish waarbij het verschil in aankomst zo gering is dat het alleen op grond van een foto is vast te stellen

fo·to·geen *(‹Gr)* **I** *bn* lichtgevend **II** *het* een zeer vluchtige, brandbare koolwaterstof (minerale olie)

fo·to·ge·niek [-zjə-, -gee-] *(‹Fr‹Lat) bn* zich goed latende fotograferen, op een foto voordelig uitkomend

fo·to·graaf *de (m)* [-grafen] iem. die (beroepshalve) foto's maakt

fo·to·gra·fe·ren *ww* [fotografeerde, h. gefotografeerd] ❶ door middel van foto's afbeelden: ★ *iem. ~* ❷ foto's maken: ★ *ik fotografeer graag*

fo·to·gra·fie *de (v)* ❶ de techniek en de kunst van het maken van afbeeldingen d.m.v. licht dat door een lens op een lichtgevoelige film valt ❷ [*mv: -fieën*] afdruk van een fotografische opname, foto

fo·to·gra·fisch *bn* betrekking hebbend op, geschiedend door de fotografie ★ *een fotografische afbeelding* een foto ★ *een ~ geheugen hebben* het vermogen hebben zich dingen die men slechts eenmaal heeft gezien tot in detail te herinneren

fo·to·gram *het* [-men] afbeelding van een voorwerp op lichtgevoelig materiaal zonder gebruikmaking van een objectief of een camera

fo·to·jour·na·list [-zjoer-] *de (m)* [-en] iem. die vooreen dagblad of tijdschrift foto's maakt

fo·to·ko·pie *de (v)* [-pieën] gefotokopieerd stuk

fo·to·ko·pieer·ap·pa·raat [-pjeer-] *het* [-raten] apparaat waarmee men fotokopieën maakt

fo·to·ko·pi·ë·ren *ww* [-pjee-] [fotokopieerde, h. gefotokopieerd] langs fotografische weg vermenigvuldigen (bijv. drukwerk, bewijsstukken enz.)

fo·to·mo·del *het* [-len] man of vrouw die zich beroepshalve laat fotograferen voor tijdschriften, modebladen, advertenties e.d.

fo·to·mon·ta·ge [-taazjə] *de (v)* [-s] ❶ het schikken van foto's in een ruimtelijk of chronologisch verband ter verkrijging van een bepaald effect ❷ geheel van aldus geschikte foto's

fo·ton *(‹Gr) het* [-tonen] lichtquant, deeltje van elektromagnetische straling

fo·to·re·a·lis·me *het* richting in de schilderkunst die objecten nagenoeg fotografisch correct weergeeft, hyperrealisme

fo·to·re·por·ta·ge [-taazjə] *de (v)* [-s] verslag in foto's

fo·to·sa·fa·ri *de (m)* ['s] vooral NN reis door tropisch natuurgebied om wild te fotograferen

fo·to·shop·pen *ww* [-sjop-] *(‹Eng)* [fotoshopte, h. gefotoshopt] werken met het softwaresysteem Photoshop voor beeldbewerking

fo·to·syn·the·se [-sinteezə] *(‹Gr) de (v)* de vorming van koolhydraten in planten uit koolzuur en water door de inwerking van het licht

fo·to·tech·nisch *bn* betrekking hebbend op de praktische fotografie ★ *fototechnische dienst* dienst van de luchtkartering

fo·to·toe·stel *het* [-len] toestel om te fotograferen, (foto)camera

fo·to·tro·pie *de (v)*, **fo·to·tro·pis·me** *(‹Gr) het* het zich-richten naar of gericht worden door het licht, van organen of plantendelen

fo·to·ty·pie [-tie-] *(‹Gr) de (v)* ❶ lichtdruk, reproductiemethode waarbij beelden fotografisch op chroomgelatineplaten worden overgebracht ❷ [*mv: -pieën*] afbeelding volgens die methode

fo·to·ver·slag·ge·ver *de (m)* [-s] fotojournalist

fo·to·zet·ma·chi·ne [-sjienə] *de (v)* [-s] machine die drukwerk fotografisch overbrengt

fo·to·zet·ten *ww & het* (het) verwerken van tekst met een fotozetmachine

fouil·le·ren *ww* [foejeerə(n)] *(‹Fr‹Lat)* [fouilleerde, h. gefouilleerd] iems. zakken en kleren doorzoeken; aan den lijve onderzoeken (op verboden waren, zoals drugs, wapens, smokkelwaar)

fou·lard [foelaar] *(‹Fr)* **I** *het* kleurige stof van ongetweernde zijde en floretzijde **II** *de (m)* [-s] halsdoek van de onder 1 genoemde of andere stof

foun·da·tion [faundeesjən] *(‹Eng) de (v)* [-s] ❶ grondlaag, basis, vooral voor make-up ❷ steunende onderkleding (korsetten, bh's etc.)

four·ne·ren *ww* [foer-] *(‹Fr)* [fourneerde, h. gefourneerd] NN ❶ verschaffen, leveren: ★ *geld ~* ❷ overleggen (bewijsstukken enz.) ❸ fineren, met fijn hout beleggen of inleggen

four·ni·tu·ren [foer-] *(‹Fr) mv* kleine benodigdheden voor het uitoefenen van een handwerk, vooral voor het maken van kleren

four of a kind [fò(r) of ə kaind] (‹Eng) de (m) poker carré

four·wheel·drive [fò(r)wieldraiv] (‹Eng) de (m) ❶ auto vierwielaandrijving ❷ auto met vierwielaandrijving

fout (‹Fr) **I** de [-en] verkeerde berekening, zet, antwoord e.d.; sp ook overtreding ★ een ~ maken ★ iem. op een ~ betrappen ★ in de ~ gaan een fout begaan ★ dat is zijn ~ schuld ★ BN, spreektaal in ~ zijn schuld hebben, fout zijn ★ BN ook zonder ~ zonder mankeren, in ieder geval **II** bn verkeerd: ★ een ~ antwoord ★ ~ geweest zijn (in de Tweede Wereldoorlog) met de bezetters geheuld hebben

fou·tief bn waarin een fout zit, verkeerd, niet juist: ★ een foutieve beoordeling

fout·loos bn zonder fout

fout·par·keer·der de (m) [-s] iem. die een auto parkeert op een plaats waar dat verboden is

FOW afk free on wagon (‹Eng) [handel] zonder kosten in de wagen afgeleverd]

fox (‹Eng) de (m) [-en], **fox·ter·ri·ër** [-s] kleine glad- of draadharige hond, wit met zwarte en / of bruine vlekken

fox·trot (‹Eng) de (m) [-s] dans in vierkwartsmaat, alleen uit looppassen bestaande

foyer [fwajjee] (‹Fr‹Lat) de (m) [-s] koffiekamer in bioscopen, schouwburgen, concertgebouwen en andere publieke gelegenheden

Fr afk chem symbool voor het element francium

Fr. afk Frater

fr. afk ❶ frank, francs ❷ franco

fraai bn mooi vaak iron

fraai·ig·heid de (v) [-heden] NN, spreektaal fraaiheid: ★ voor de ~

frac·taal de [-talen] wiskunde → **fractal**

frac·tal [frektəl] (‹Eng) de (m) [-s] wisk meetkundige figuur waarbij elk detail min of meer gelijkvormig is met het geheel en zich op een oneindig aantal niveaus herhaalt

frac·tie [-sie] (‹Fr‹Lat) de (v) [-s] ❶ breuk, deel van een geheel: ★ een ~ van een seconde ❷ klein deel: ★ hij verdient een ~ meer dan ik ❸ de gezamenlijke vertegenwoordigers van een partij in de volksvertegenwoordiging: ★ de ~ van de VVD

frac·tie·lei·der, **frac·tie·voor·zit·ter** [-sie-] de (m) [-s] leider van een → **fractie** (bet 3)

frac·tio·neel [-sjoo-] (‹Fr) bn slechts door een breukgetal weer te geven, zeer gering: ★ een ~ verschil

frac·tio·ne·ren ww [-sjoo-] (‹Fr) [fractioneerde, h. gefractioneerd] ❶ in fracties verdelen ❷ scheiden naar korrelgrootte, naar kristallisatiepunten of door trapsgewijze destillatie

frac·tuur (‹Fr‹Lat) de (v) [-turen] ❶ breuk, botbreuk: ★ een bekkenfractuur ❷ zogenaamde gotische drukletter, Duitse letter

fra·giel [-zjiel] (‹Fr‹Lat) bn ❶ licht breekbaar, bros, broos ❷ fig vergankelijk

fra·gi·li·teit [-zjie-] (‹Fr‹Lat) de (v) ❶ breekbaarheid,

broosheid ❷ fig vergankelijkheid

frag·ment (‹Fr‹Lat) het [-en] ❶ afgebroken stuk, brokstuk (vooral als overblijfsel) ❷ uit een geheel gelicht stuk, passage uit een boek, een film of een muziekstuk

frag·men·ta·risch (‹Du) bn slechts uit brokstukken bestaand, geen geheel vormend, niet samenhangend: ★ de informatie over de ramp was ~

frag·men·ta·tie [-taa(t)sie] (‹Fr) de (v) verdeling in kleine stukjes, versplintering

frag·men·ta·tie·bom [-taa(t)sie-] de [-men] bom met splinterwerking

fram·boe·sia [-beuzie(j)aa] (‹Fr) de (v) med zich door framboosvormige zweren en uitwassen kenmerkende, zeer besmettelijke huidziekte

fram·boos (‹Fr) de [-bozen] ❶ aan struiken groeiende kleine, rode vrucht ❷ de frambozenstruik

fram·bo·zen·jam [-zjem] de jam gemaakt van frambozen

fram·bo·zen·li·mo·na·de de [-s] limonade waarin frambozen zijn verwerkt

fram·bo·zen·struik de (m) [-en] struik waaraan frambozen groeien (Rubus idaeus)

frame [freem] (‹Eng) het [-s] ❶ draagraam, raamwerk van een constructie, vooral van een fiets ❷ sp spel bij het snooker

franc [frã] (‹Fr) de (m) [-s] ❶ → **frank²** ❷ munt van Djibouti ❸ ★ ~ CFA munt van een aantal francofone Afrikaanse staten

Fran·çai·se [frãsèzə] (‹Fr) de (v) [-s] ❶ vrouw, meisje geboortig of afkomstig uit Frankrijk ★ à la française op zijn Frans ❷ Franse dans, quadrille

fran·chi·se [frãsjiezə] (‹Fr) de (v) ❶ ‹bij verzekeringen› bepaling dat schade beneden een bep. bedrag niet door de verzekeraar wordt vergoed ❷ gedeelte van het salaris waarover geen premie wordt betaald ❸ franchising

fran·chi·se·ge·ver [frãsjiezə-] de (m) [-s] onderneming die bepaalde diensten, bijv. een verkoopformule, tegen vergoeding aanbiedt aan een andere onderneming, de franchisenemer

fran·chi·se·ne·mer [frãsjiezə-] de (m) [-s] onderneming die bepaalde diensten, bijv. een verkoopformule, tegen vergoeding neemt en exploiteert van een andere onderneming, de franchisegever

fran·chi·se·or·ga·ni·sa·tie [fr(entsjaizorgaaniezaa(t)sie] de (v) [-s] franchisegever

fran·chi·se·over·een·komst [frãsjiezə-] de (v) [-en] overeenkomst tussen franchisegever en franchisenemer

fran·chis·ing [frentsjaizing] (‹Eng) de recht van een (kleine) onderneming gebruik te maken van de naam, een merk of productiemethode van een andere (grotere) onderneming tegen een bepaalde vergoeding

fran·cis·caan de (m) [-canen] minderbroeder, monnik van de orde van Franciscus van Assisi, in 1209 gesticht; omvat drie takken, de observanten (gewoonlijk franciscanen genoemd), de *conventuelen* en de *kapucijnen*

fran·cis·caans *bn* ❶ van de franciscanen ❷ in de geest van Sint-Franciscus

fran·cis·ca·nen·kloos·ter *het* [-s] klooster van de orde van de franciscanen

fran·cis·ca·ner I *de (m)* [-s] franciscaan **II** *bn* franciscaans: ★ *een ~ klooster*

fran·cis·ca·nes·sen *mv* zusters van de tweede orde van Sint-Franciscus

fran·ci·um *het* scheikundig element uit de groep van de alkalimetalen, ontbindingsproduct van actinium, symbool Fr, atoomnummer 87, genoemd naar *Francia*, de Latijnse naam van het Frankische Rijk of Frankrijk

fran·co *(‹It) bijw* vrachtvrij, portvrij: ★ *het cursuspakket wordt ~ bij u thuis bezorgd*

fran·co·fiel *(‹Fr‹Gr)* **I** *bn* de Fransen welgezind, gallofiel **II** *de (m)* [-en] vriend van de Fransen

fran·co·fo·nie *(‹Fr) de (v)* Franstaligheid; de gezamenlijke Franssprekende personen

fran·co·foon *(‹Fr‹Gr)* **I** *bn* ❶ Franssprekend, zich in het Frans uitdrukkend: ★ *francofone Afrikaanse landen* ❷ BN franskiljons **II** *de (m)* [-fonen] ❶ Franssprekende, Franstalige ❷ BN franskiljon

franc·ti·reur [fråtierùr] *(‹Fr) de (m)* [francs-tireurs] niet onder militair commando staande vrijwilliger in de oorlog, gewapend tegen de vijand optredende burger, partizaan

fran·gi·pane [franzjiepaan(ə)] *(‹Fr) de (v)* ❶ amandelpersdeeg, amandelspijs of het deeg daarvan ❷ [*mv:* -s & -n] gebak of taart daarmee, amandelgebakje, amandeltaart

Fran·glais [frãylè] *(‹Fr) het* met Engelse woorden doorspekte Franse omgangs- en bedrijfstaal

fran·je *de* [-s] ❶ afhangende koorden of draden als versiering ❷ *fig* overbodige bijzonderheden: ★ *een herdenking zonder veel ~*

frank¹ *(‹Fr) bn* onbeschroomd, vrijmoedig; BN, vaak ongunstig brutaal, onbeschoft, vrijpostig ★ *~ en vrij* zeer vrij of vrijmoedig

frank² *(‹Fr) de (m)* [-en] munteenheid in een aantal landen, o.a. Zwitserland, Rwanda en Burundi (voor de invoering van de euro ook in België, Luxemburg en Frankrijk), verdeeld in 100 centimes ★ BN, spreektaal *zijn ~ valt* hij snapt het (eindelijk), hij heeft de clou begrepen ★ BN, spreektaal *een ~ in tweeën bijten* heel gierig of zuinig zijn ★ BN, spreektaal *geen ~ kosten* niets kosten

fran·keer·kos·ten *mv* verzendkosten

fran·keer·ma·chi·ne [-sjienə] *de (v)* [-s] apparaat dat langs machinale weg brieven enz. frankeert door deze te stempelen

fran·keer·ze·gel *de (m) & het* [-s] postzegel

Fran·ken *(‹Lat) mv* tot één volk verenigde groep Germaanse stammen, die onder Clovis in de vijfde eeuw het Frankische Rijk vormden

fran·ke·ren *ww* [frankeerde, h. gefrankeerd]

vrachtvrij maken door het opplakken van postzegels of het zetten van stempels

Fran·kisch *bn* (als) van de Franken

Frans¹ I *bn* van, uit, betreffende Frankrijk ★ *met de Franse slag* vluchtig, niet grondig of degelijk ★ *Franse titel* korte titel op het blad vóór het eigenlijke titelblad ★ BN, spreektaal *~ brood* stokbrood **II** *het* de Franse taal ★ NN *daar is geen woord ~ bij* dat is in krasse termen, die geen twijfel laten, uitgedrukt

Frans² *de (m)* [-en] mansnaam

frans *de (m)* [-en] ★ *een vrolijke ~* een zorgeloos persoon die veel plezier maakt; vrolijk, onbezorgd kind

Frans·dol *bn* BN, ongunstig heftig franskiljons

Fran·se *de (v)* [-n] zie bij → **Fransman**

frans·kil·jon *de (m)* [-s] in België Fransgezinde Vlaming die actief voorstander is van de verfransingspolitiek in België, *met name* Nederlandstalige Belg die de overheersing van het Frans in België voorstaat

frans·kil·jons *bn* van de gezindheid van een franskiljon

Frans·man *de (m)* [Fransen], **Fran·se** *de (v)* [-n] iem. geboortig of afkomstig uit Frankrijk

fran·soos *de (m)* [-sozen] geringsch Fransman

Frans·ta·lig *bn* Frans sprekend

frap·pant *(‹Fr) bn* opvallend, treffend, sprekend (van gelijkenis): ★ *er is een frappante overeenkomst tussen beide teksten*

frap·pé [-pee] *(‹Fr) de (m) & het* ❶ stof met ingeperst patroon ❷ met ijs gekoelde drank

frap·pe·ren *ww (‹Fr)* [frappeerde, h. gefrappeerd] ❶ treffen, opvallen ❷ in ijs zetten, sterk afkoelen

fra·se [-zə] *(‹Fr‹Gr) de (v)* [-n, -s] ❶ spreekwijze, volzin ❷ fraai klinkende maar zinledige volzin of uitdrukking: ★ *holle frasen* ❸ muz onderdeel van een passage dat in één adem wordt gezongen

fra·se·o·lo·gie [-zee-] *de (v)* ❶ leer van de aan een taal eigen zegswijzen ❷ vorming van frasen; woordenkeus en zinsbouw van een spreker; gebruik van holle frasen

fra·se·ren *ww* [-zeerə(n)] [fraseerde, h. gefraseerd] in frasen verdelen

fra·se·ring [-zee-] *de (v)* ❶ het waarneembaar maken van begin en einde van zinnen of zinsdelen ❷ muz muzikale interpunctie, indeling in muzikale volzinnen naar de bedoeling van de toondichter

fra·seur [-zùr] *(‹Fr) de (m)* [-s] mooiprater, praatjesmaker

fra·ter *(‹Lat) de (m)* [-s] broeder, vooral orde- of kloosterbroeder, die niet tot priester gewijd is

fra·ter·huis *het* [-huizen] klooster van fraters

frats *(‹Du) de* [-en] gril, kuur: ★ *ik heb genoeg van jouw fratsen!* ★ *rare fratsen uithalen*

frau·de *(‹Fr‹Lat) de* [-s] ❶ valsheid in geschrifte, bedrog in administratie of in geldelijk beheer: ★ *~ plegen* ❷ ontduiking van voorschriften

frau·de·of·fi·cier *de (m)* [-en] NN officier v. justitie die gespecialiseerd is in fraudezaken
frau·de·ren *ww* (<Fr<Lat) [fraudeerde, h. gefraudeerd] fraude, bedrog plegen
frau·deur (<Fr) *de (m)* [-s] iem. die fraude pleegt, bedrieger
frau·du·lent (<Lat), **frau·du·leus** (<Fr) *bn* met fraude gepaard gaand, bedrieglijk ★ ~ *bankroet* bankroet dat strekt tot benadeling van de schuldeisers
fra·ze·len *ww* [frazelde, h. gefrazeld] BN ook ‹van kinderen› beginnen te spreken, brabbelen
freak [friek] (<Eng) **I** *de* [-s] onconventioneel levend persoon, iem. die zich vreemd gedraagt **II** *als tweede lid in samenstellingen* fanatiek liefhebber van wat in het eerste lid is genoemd, bijv.: ★ *jezusfreak* ★ *speedfreak* ★ *computerfreak*
frea·ken *ww* [frie-] (<Eng) [freakte, h. gefreakt] zich te buiten gaan aan, zich volledig uitleven in iets wat men leuk vindt
frea·ky [frieky] (<Eng) *bn* uitzinnig, bizar
free·ba·sen [friebeesə(n)] (<Eng) *ww* [freebasede/ freebasete, gefreebased/gefreebaset] versneden cocaïne verdampen met bijv. maagzout en de gezuiverde cocaïne opsnuiven of inhaleren
free kick [frie kik] (<Eng) *de (m)* [-s] voetbal **❶** vrije schop **❷** bij uitbreiding de overtreding die aan een vrije schop voorafgaat: ★ ~ *maken*
free·lance [frielans] (<Eng) *bn* niet in vast dienstverband: ★ *een ~ medewerker* ★ *~ werken*
free·lan·cen *ww* [frielansa(n)] (<Eng) [freelancete, h. gefreelancet] werken als freelancer
free·lan·cer [frielansə(r)] *de (m)* [-s] iem. die op freelance basis werkt
free pub·li·ci·ty [frie pubblissittie] (<Eng) *de* gratis publiciteit in de media
frees *de* [frezen] snel draaiende schijf met scherpe tanden voor het bewerken van metaal en hout
free·style [friestail] (<Eng) *de* (*eig*: vrije stijl) zonder veel beperkende regels, gezegd van bep. disciplines binnen sporten, vooral vechtsporten
free·trade [frie treed] (<Eng) *de (m)* vrijhandel
free·ware [friewè(r)] (<Eng) *de* software die vrijelijk mag worden gebruikt en uitgewisseld
free·wheel [friewiel] (<Eng) *het* vrijloop, inrichting aan een fiets waardoor het achterwiel kan doorlopen zonder dat het trapwerk meegaat
free·whee·len *ww* [friewielə(n)] (<Eng) [freewheelde, h. gefreewheeld] **❶** op de fiets van het freewheel gebruikmaken **❷** fig het rustig aan doen, zich niet erg inspannen
fre·gat (<Fr<It) *het* [-ten], **fre·gat·schip** [-schepen] **❶** hist snelzeilend oorlogsschip met minder dan 65 stukken geschut **❷** klein type snel oorlogsschip voor konvooidienst en bestrijding van onderzeeboten
fre·gat·vo·gel *de (m)* [-s] een met grote snelheid vliegende zwemvogel op de Atlantische Oceaan (Fregatidae)
frei·net·on·der·wijs [freenet-] *het* alternatieve onderwijsmethode, waarin niet de klassieke leerstof centraal staat, maar het onderzoekend, lerend kind en zijn dagelijkse sociale omgeving (naar ideeën van de Franse onderwijzer en pedagoog Célestin Freinet (1896-1966))
frêle [frèl(ə)] (<Fr) *bn* broos, tenger, teer: ★ *een ~ voetballer*
fre·ne·sie [-zie] (<Fr<Gr) *de (v)* razernij, dolheid
fre·ne·tiek (<Fr<Gr) *bn* als bezeten, razend, dol, verwoed
fre·no·lo·gie (<Gr) *de (v)* vroeger schedelleer, theorie volgens welke men uit de schedelvorm het bezit van bepaalde geestelijke eigenschappen zou kunnen aflezen; **frenologisch** *bn bijw*
fre·on *het* [-s, freonen] soort koolwaterstof die o.a. in spuitbussen en als koelmiddel en brandblusmiddel wordt gebruikt
fre·quent [-kwent] (<Fr<Lat) *bn* veelvuldig, vaak voorkomend, vaak: ★ *een frequente gast* ★ *dit dier wordt daar ~ aangetroffen*
fre·quen·ta·tie [-kwentaa(t)sie] (<Lat) *de (v)* herhaald bezoek, geregeld verkeer, omgang
fre·quen·ta·tief [-kwen-] (<Lat) *het* [-tieven] werkwoord van herhaling, zoals huppelen, stuiteren, in het Nederlands veelal eindigend op *-elen, -eren*
fre·quen·te·ren *ww* [-kwen-] (<Fr<Lat) [frequenteerde, h. gefrequenteerd] vaak bezoeken: ★ *een café ~*
fre·quen·tie [-kwensie] (<Lat) *de (v)* [-s] **❶** menigvuldigheid, aantal malen dat een verschijnsel zich voordoet, dat iets wordt aangetroffen **❷** aantal trillingen per seconde van een trillingssysteem, vooral van radiogolven, golflengte
fre·quen·tie·band [-kwensie-] *de (m)* [-en] deel van het radiofrequentiespectrum, bijv. middengolf, korte golf, 27MC-band enz.
fre·quen·tie·mo·du·la·tie [-kwensie-, -(t)sie] *de (v)* modulatiemethode waarbij de frequentie van de draaggolf evenredig met de sterkte en de frequentie van het over te brengen signaal binnen bep. grenzen wordt gevarieerd; *vgl*: → **amplitudemodulatie**
fres·co (<It) *het* ['s] muurschildering in waterverf op verse natte kalk
fre·sia [-zie(j)aa] *de (v)* ['s] sierplant van de familie van de irisbloemigen, genoemd naar de botanicus E. M. Fries (1794-1878) (in verengelste vorm: Frees)
fret[1] (<Fr<Lat) *het* [-ten] klein marterachtig roofdier, *Putorius furo*, dat niet meer in het wild voorkomt en wordt gebruikt bij het vangen van konijnen
fret[2] (<Fr) *de (m)* [-ten] kurkentrekkervormige boor
fret[3] *de (m)* [-s *of* -ten] elk van de metalen staafjes, dwars op de hals van sommige tokkelinstrumenten, die aangeven waar men de vingers moet plaatsen om de toonhoogte te veranderen
fret·ten *ww* [frette, h. gefret], **fret·te·ren** (<Fr) [fretteerde, h. gefretteerd] jagen met een → **fret**[1]

freu·di·aan [froi-] *de (m)* [-anen] aanhanger van de methode van de Oostenrijkse psychiater Sigmund Freud (1856-1939), de grondlegger van de psychoanalyse

freu·di·aans [froi-] *bn* volgens de leer van de Weense psychiater Sigmund Freud (1856-1939), de psychoanalyse ★ *freudiaanse vergissing* of *verspreking* vergissing of verspreking waardoor men, voor een goed verstaander, iets prijsgeeft wat men onuitgesproken zou willen laten: ★ *toen hij zijn vrouw met de naam van zijn secretaresse aansprak, was dat zeker een freudiaanse verspreking*

freu·le [frùlə] (*Du*) *de (v)* [-s] ongehuwde adellijke dame

fre·zen *ww* [freesde, h. gefreesd] ❶ met een frees bewerken of afslijpen ❷ ‹de grond› losmaken en egaliseren

fre·zer *de (m)* [-s] iem. die freest

fri·can·deau [-doo] (*Fr*) *de (m)* [-s] vooral NN ❶ mager stuk kalfs- of varkensvlees uit de binnenkant van de schenkel ❷ plakken daarvan als fijne vleeswaar

fri·cas·see (*Fr*) *de (v)* [-ën] BN ook ragout, gestoofd kleingesneden vlees of vis met gekruide saus

fri·ca·tief (*Fr‹Lat*) *de (m)* [-tieven] taalk medeklinker met schurend, sissend of fluitend geluid, schuringsklank, zoals: ★ *f, s, ch*

fric·tie [friksie] (*Fr‹Lat*) *de (v)* [-s] ❶ wrijving; ook fig, o.a. als term in de economie (belemmering in de aanpassing aan veranderde omstandigheden) ❷ inwrijving ❸ onenigheid: ★ *er is tamelijk veel ~ tussen hem en zijn chef*

fric·tie·werk·loos·heid [friksie-] *de (v)* tijdelijke werkeloosheid, ontstaan doordat men na het verliezen van werk niet direct ander werk gevonden heeft

frie·me·len *ww* [friemelde, h. gefriemeld] (gewoonlijk op zenuwachtige manier) met de vingers aan iets zitten, aan iets pulken

Fries I *de (m)* [Friezen] iem. geboortig of afkomstig uit Friesland **II** *bn* van, uit, betreffende Friesland ★ *Friese ruiter* zie bij → **ruiter** (bet 6),; zie ook bij → **nagelkaas III** *het* Friese taal

fries (*Fr*) *de & het* [friezen] ❶ bovenlijst, band tussen architraaf en kroonlijst in de antieke bouworde ❷ versierde rand boven een gevel

Frie·se *de (v)* [-n] Friezin

friet *de*, **frie·ten** (*Fr*) *mv* → **frites**

friet·ke·tel *de (m)* [-s] BN ook friteuse

friet·kot *het* [-ten] BN, spreektaal patatkraam

friet·kraam *de & het* [-kramen] → **kraam** (bet 1) voor verkoop van patates frites

friet·saus *de* op mayonaise gelijkende saus die men over de patates frites doet

Frie·zin *de (v)* [-nen] Friese vrouw

fri·gi·daire [-zjiedèr(ə)] (*Fr‹Lat*) *de* [-s] elektrische, automatisch werkende koelkast

fri·gi·de (*Fr*) *bn* ‹van vrouwen› zelden of nooit zin hebbend in seks

fri·gi·di·teit (*Fr*) *de (v)* ongevoeligheid voor seksuele prikkels, geslachtelijke koelheid, vooral van vrouwen gezegd

fri·go [-γoo] *de (m)* ['s] ❶ BN ook ijskast, koelkast ❷ BN koelhuis

fri·go·box [friγoo-] *de (m)* [-en] BN ook koelbox

fri·go·box·toe·rist [-γoo-] *de (m)* [-en] BN dagjestoerist die met zijn koelbox naar de kust komt

frij·nen *ww* [frijnde, h. gefrijnd] gehouwen steen van groefjes voorzien

frik *de (m)* [-ken] NN, geringsch pietluttige schoolmeester of -juffrouw

fri·ka·del, **fri·kan·del** (*Fr*) *de* [-len] ❶ NN (gebraden) gehakt in de vorm van een worstje ❷ BN, spreektaal gebraden gehaktbal

fri·maire [friemèr(ə)] (*Fr*) *de (m)* derde maand in de Franse republikeinse kalender (22 november-21 december)

fris (*‹Du*) **I** *bn* ❶ tamelijk koud: ★ *het is ~ (frisjes) buiten* ❷ helder: ★ *frisse kleuren* ❸ zuiver, niet bedompt: ★ *frisse lucht* ★ *een frisse neus halen* even naar buiten gaan, een korte wandeling maken ★ *met frisse moed aan het werk gaan* met enthousiasme, met veel zin ❹ onbedorven, onbevooroordeeld: ★ *een frisse kijk op de zaak* ★ NN *niet helemaal ~ gek* ; zie ook bij → **hoen** en → **lever II** *de (m)* verkorting van → **frisdrank**: ★ *een glaasje ~*

fris·bee·ën *ww* [frisbeede, h. gefrisbeed] een frisbee overgooien als tijdverdrijf

fris·bee [-bie] (*‹Eng*) *de (m)* [-s] schijf van licht materiaal die men naar elkaar werpt

fris·co *de (m)* ['s] BN ook ijsje met een dun laagje chocolade, chocolade-ijsje

fris·drank *de (m)* [-en] verfrissende, niet-alcoholhoudende drank

fri·seer·ijzer [-zeer-] *het* [-s] friseertang

fri·seer·tang [-zeer-] *de* [-en] tang om het haar te friseren

fri·se·ren *ww* [-zeerə(n)] (*Fr*) [friseerde, h. gefriseerd] het haar krullen, in de krul zetten

fri·seur [-zeur] (*Fr*) *de (m)* [-s] kapper

fris·heid *de (v)* het fris zijn

fri·sis·me [-zis-] *het* [-n] Friese taaleigenaardigheid, vooral in het Nederlands

fris·jes *bijw* tamelijk koud: ★ *het is ~ vandaag*

fri·suur [-zuur(ə)] (*Fr*) *de (v)* ❶ kapsel, gekapt haar ❷ het verwijderen van pluizen op wollen stof

frites [friet] (*Fr*) *mv*, **friet** *de*, **frie·ten** *mv* verkorting van → **patates frites**, in frituurvet gebakken reepjes rauwe aardappel

fri·teu·se [-teuzə] (*Fr*) *de (v)* [-s] frituurpan

fri·tu·ren *ww* [frituurde, h. gefrituurd] in kokend vet of kokende olie bereiden (*van* spijs[1])

fri·tu·rist *de (m)* [-en] BN exploitant van een patatkraam

fri·tuur (*Fr*) *de (v)* ❶ bruin gebraden vlees; gebakken → spijs[1] in het algemeen ❷ bakje of ander omhulsel van in kokend vet gebakken deeg, dat met

ragout of iets anders gevuld wordt ❸ BN, spreektaal kraam of snackbar waar frites en ander voedsel verkocht en gegeten wordt

fri·tuur·mand·je *het* [-s] metalen mandje in een frituurpan dat in het vet wordt gehangen en waarin het voedsel wordt gefrituurd

fri·tuur·pan *de* [-nen] pan waarin spijzen gefrituurd worden

fri·tuur·vet *het* vet dat geschikt is voor de bereiding van etenswaren door onderdompeling hierin bij zeer hoge temperaturen (bijv. patates frites, kroepoek)

frit·vlieg *(‹Lat) de* [-en] een voor groeiende tarwe door haar larven schadelijke vlieg (*Oscinis frit*)

fri·vo·li·té *(‹Fr) het* een soort haakwerk; knoopwerktechniek met ringen en bogen, gemaakt met behulp van spoeltjes

fri·vo·li·teit *(‹Fr) de (v)* [-en] lichtzinnigheid; uiting daarvan

fri·vool *(‹Fr‹Lat) bn* lichtzinnig: ★ *een frivole opmerking*

frö·be·len [freu-] *ww* [fröbelde, h. gefröbeld] NN op kinderlijke wijze weinig doelgericht bezig zijn

frö·bel·school [freu-] *de* [-scholen] vroeger benaming voor een school waar men kinderen vóór de leerplichtige leeftijd bezighield met spelen die hun verstand ontwikkelden (genoemd naar Friedrich W.A. Fröbel, Duits pedagoog, 1782-1852)

from·mel *de (m)* [-s] kreuk

from·mel·doel·punt *het* [-en] voetbal doelpunt ontstaan uit een scrimmage voor het doel

from·me·len *ww* [frommelde, h. gefrommeld]
❶ kreuken ❷ rommelig omgaan met iets, rommelig bewegen; onordelijk iets ergens plaatsen of indoen: ★ *een portemonnee in zijn zak ~*

Fron·de [frɔ̃də] *(‹Fr) de (v)* hist politieke beweging en daaruit gevolgde burgeroorlog in Frankrijk van de hoge adel en het Parlement van Parijs tegen het bewind van Mazarin

fron·deel *(‹Fr) het* [-delen] voorhoofdsriem van een paard

frons *(‹Fr) de* [-en, fronzen] ❶ rimpel (op het voorhoofd) ❷ BN plooi (in een kledingstuk e.d.)

fron·sen *ww (‹Fr)* [fronste, h. gefronst] ❶ tot rimpels samentrekken: ★ *de wenkbrauwen, het voorhoofd ~*
❷ BN rimpels of plooien maken (in een kledingstuk e.d.); rimpelen

front *(‹Fr‹Lat) het* [-en] ❶ voorzijde: ★ *het ~ van een bankgebouw* ❷ mil voorste lijn, gevechtslijn: ★ *aan het ~ vechten* ★ *voor het ~ komen* voor de dag komen, ergens voor verschijnen ★ *~ maken naar* zich ergens tegen verzetten, strijden tegen ★ *op alle fronten winnen* overal, in alle opzichten winnaar worden ❸ meteor scheidingsvlak tussen koude en warme luchtmassa's ❹ zie bij → **frontje**

fron·taal *(‹Fr) bn* ❶ zich aan de voorzijde bevindend; op de voorzijde betrekking hebbend; van voren: ★ *een frontale botsing (vgl: →* **kop-staartbotsing**)

❷ mil tegen het front gericht (ook fig): ★ *een frontale aanval*

front·aan·val *de (m)* [-len] aanval tegen een vijandelijk → **front** (bet 2)

front·bal·kon *het* [-s] balkon recht tegenover het toneel

fron·ti·spice [-spies] *het* [-s], **fron·ti·spies** *(‹Fr‹Lat)* [-en] ❶ bouwk fronton ❷ illustratie tegenover het titelblad van een boek; ook wel een versierde titelpagina

front·je *het* [-s] NN los linnen borststuk waaraan de halsboord wordt bevestigd

front·lijn *de* [-en], **front·li·nie** *[-s]* lijn waarlangs zich het voorste deel van het leger bevindt

front·load·er [-loodə(r)] *(‹Eng) de (m)* [-s] elektrisch apparaat (cassetterecorder, wasautomaat e.d.) dat aan de voorzijde geladen wordt met de in te voeren artikelen (cassettes, wasgoed e.d.)

front·lo·ge [-lòʒə] *de* [-s] loge recht tegenover het toneel

front·of·fice [-offis] *(‹Eng) de (m) & het* deel van een bedrijf of organisatie dat de externe contacten onderhoudt met klanten; *tegengest:* **backoffice**

fron·ton *(‹Fr) het* [-s] driehoekige of boogvormige bekroning van een gevel, deur of venster

front·pa·gi·na *(‹Eng) de* ['s] voorpagina

front·pas·sa·ge [-zʒə] *de (v)* meteor het voorbijtrekken van een → **front** (bet 3)

frot·ta·ge [-taaʒə] *(‹Fr) de (v)* [-s] psych seksueel gedrag bestaande uit het zich met het lichaam of een deel daarvan (vooral het geslachtsdeel) tegen iemand anders aan wrijven, meestal in gedrang in een bus, tram of andere openbare gelegenheid en zonder dat de andere persoon er blijk van heeft gegeven dit gedrag op prijs te stellen

frot·té *het*, **frot·teer·stof** *de* badstof

frot·té·ga·ren *(‹Fr) het* [-s] garen ontstaan door twijnen van twee garens, waarbij het ene garen sneller wordt aangevoerd dan het andere, waardoor lusjes gevormd worden

frot·te·ren *ww (‹Fr)* [frotteerde, h. gefrotteerd] wrijven, inwrijven, boenen

frou·frou [froefroe] *(‹Fr) het* ❶ geruis van (zijden) vrouwenrokken ❷ ponyhaar, pony

fruc·ti·dor [fruuktiedòr] *(‹Fr‹Lat-Gr) de (m)* twaalfde maand van de Franse republikeinse kalender (18 augustus-16 september)

fruc·ti·voor *(‹Lat) de (m)* [-voren] dier dat uitsluitend of vrijwel uitsluitend van vruchten leeft

fruc·to·se [-toozə] *(‹Lat) de* vruchtensuiker

fru·gaal *(‹Fr‹Lat) bn* sober, zeer matig

fru·ga·li·teit *(‹Fr) de (v)* soberheid, matigheid

fruit *(‹Fr‹Lat) het* vruchten

fruit·au·to·maat [-autoo-, -ootoo-] *de (m)* [-maten] vooral NN soort gokautomaat (met afbeeldingen van vruchten e.d. op ronddraaiende rollen)

frui·ten *ww* [fruitte, h. gefruit] bruin braden: ★ *gefruite uitjes*

fruit·hap·je *het* [-s] vruchtenmoes voor baby's
frui·tig *bn* fris smakend als fruit
fruit·ma·chi·ne [-sjienə] *de (v)* [-s] vooral NN fruitautomaat
fruit·mand *de* [-en] mand met een rijk assortiment fruit, meestal geschonken als troost (bijv. bij ziekenhuisopname) of als cadeau bij bijzondere gelegenheden (jubileum e.d.)
fruit·mes *het* [-sen] mes om vruchten te schillen en te snijden
fruit·pap *de* BN kindervoeding bestaande uit een mengsel van droge koekjes en vruchten
fruit·sap *het* [-pen] BN ook vruchtensap
fruit·schaal *de* [-schalen] schaal om fruit op te bewaren
fruit·teelt *de* het telen van fruit
fruit·te·ler *de (m)* [-s] iem. die beroepshalve fruit teelt
fruit·vrouw *de (m)* [-en] koopvrouw in fruit
frul *de* [-len] BN, spreektaal prul, iets zonder waarde; lintje, strikje
frul·len *ww* [frulde, h. gefruld] BN, spreektaal prutsen, frutselen, knutselen
frun·ni·ken *ww* [frunnikte, h. gefrunnikt] vooral NN met de vingers frommelend of rommelend bezig zijn: ★ *zit toch niet overal aan te ~!*
frus·traat *⟨Lat⟩ de* [-traten] inf iem. die gefrustreerd is
frus·tra·tie [-traa(t)sie] *⟨Lat⟩ de (v)* [-s] ❶ hevige teleurstelling, grote ontevredenheid ❷ psych remming van de persoonlijkheidsontwikkeling door complexen en / of ontzeggingen van fundamentele behoeften
frus·tre·ren *ww* ⟨Lat⟩ [frustreerde, h. gefrustreerd] ❶ ernstig teleurstellen, het verwachte onthouden en daardoor grote ontevredenheid doen voelen: ★ *het uitblijven van promotie frustreert hem* ❷ NN tegenwerken, dwarsbomen: ★ *een plan ~*
frut·se·len *ww* [frutselde, h. gefrutseld] friemelen; prutsen, knoeien
F-side [efsaid] *de* afdeling van een voetbaltribune waar de fanatieke supporters of hooligans graag samenscholen, genoemd naar een dergelijke afdeling van het voormalige Ajaxstadion in de Watergraafsmeer in Amsterdam
f-sleu·tel *de (m)* [-s] teken dat de plaats van de f op de notenbalk aangeeft
ft. *afk* feet ⟨*Eng*⟩ [voet]
fte *afk* fulltime equivalent [eenheid waarin de personeelssterkte wordt uitgedrukt]: ★ *één ~ is één volledige werkweek*
FTP *afk* comput file transfer protocol ⟨*Eng*⟩ [protocol voor bestandsoverdracht van het ene computersysteem naar het andere]
ftp-ser·ver [-sùrvər] *de* [-s] comput server voor het uitwisselen van bestanden volgens het gestandaardiseerde *file transfer protocol*
fuch·sia [fuk-,], **fok·sia** *de* ['s] sierbloem, afkomstig uit Zuid-Amerika, genoemd naar de Duitse plantkundige Leonhard Fuchs (1501-1566)

fuck ⟨*Eng*⟩ spreektaal **I** *tsw* uitroep van afkeer of ergernis, verdomme **II** *de* ★ NN *geen ~* helemaal niets: ★ *er is geen ~ te doen in dit dorp*
fuck·ing ⟨*Eng*⟩ **I** *bn* vervloekt: ★ *die ~ rothonden!* **II** *tsw* uitroep van afschuw
fu·ga ⟨*It⟨Lat*⟩ *de* ['s] muz veelstemmig muziekstuk waarvan het hoofdthema, door één stem ingezet, achtereenvolgens in de andere stemmen optreedt volgens zekere strenge regels
Füh·rer [fuurər] ⟨*Du*⟩ *de (m)* leider, titel van Adolf Hitler als hoofd van de nationaalsocialisten en van het zgn. Derde Duitse Rijk (1933-1945)
fuif *de* [fuiven] vrolijk feest
fuif·num·mer *het* [-s] iem. die veel fuift
fuik *de* [-en] langwerpig visnet met afdelingen, waar de vis wel makkelijk in, maar niet makkelijk uit zwemt ★ NN *in de ~ zitten* in een moeilijke situatie terechtgekomen zijn waar niet eenvoudig uit te ontsnappen is
fui·ven *ww* [fuifde, h. gefuifd] feestvieren
full [foel] ⟨*Eng*⟩ *bn* vol; geheel ★ *~ employment* economisch systeem waarbij volledige arbeidsbezetting en werkgelegenheid voor iedereen wordt geschapen ★ *~ house* poker drie kaarten of stenen met dezelfde waarde, plus een pair met een andere waarde ★ *~ prof* sp iem. die in zijn levensonderhoud voorziet met geld dat hij verdient met de beoefening van een sport ★ *~ speed* met volle kracht, zo snel mogelijk
full-time [foel taim; accent wisselt:] ★ *hij werkt full-time, hij is een fulltimewerkkracht* ⟨*Eng*⟩ *bn* voor de gehele werktijd, volledig (van een functie, onderwijs enz.)
full·ti·mer [foeltaimə(r)] ⟨*Eng*⟩ *de (m)* [-s] iem. die een volledige dagtaak heeft
ful·mi·nant ⟨*Lat*⟩ *bn* hevig uitvarend, opspelend, razend
ful·mi·ne·ren *ww* ⟨*Fr⟨Lat*⟩ [fulmineerde, h. gefulmineerd] hevig uitvaren, opspelen, razen, tieren: ★ *tegen iem. ~*
fu·ma·ro·le ⟨*It⟨Lat*⟩ *de* [-n] plaatselijke uitstoting van gassen als vulkanisch verschijnsel
fu·mé ⟨*Fr*⟩ *bn* ⟨van etenswaar⟩ gerookt
func·tie [-sie] ⟨*Lat*⟩ *de (v)* [-s] ❶ uitoefening van een beroep: ★ *nog in ~ zijn* ★ *een ambtenaar in ~* ❷ beroep, taak: ★ *een ~ uitoefenen* ❸ dat waartoe iets dient; med werking: ★ *de ~ van een orgaan* ❹ wisk veranderlijke grootheid die als zodanig van een andere afhankelijk is ❺ ★ BN *in ~ van* op grond van, afhankelijk van, in verband met, in verhouding tot, in het kader van enz.
func·tie·ana·ly·se [funksie-aanaalieze] *de (v)* ontleding van een maatschappelijke of economische functie naar de taken en werkzaamheden die zij omvat
func·tie·toets [-sie-] *de (m)* [-en] comput toets op een toetsenbord met een andere functie dan het weergeven van een schriftteken
func·tio·na·lis·me [-sjoo-] *het* ❶ bouwk het streven om de functie van de bouwelementen duidelijk tot

uiting te doen komen ❷ politiek streven om langs functionele weg tot grotere internationale samenwerking te komen ❸ volkenkunde opvatting dat alle onderdelen van een cultuur, elkaar beïnvloedend, samen één onlosmakelijk geheel vormen

func·tio·na·list [-sjoo-] *de (m)* [-en] aanhanger van het functionalisme

func·tio·na·li·teit [-sjoo-] *de (v)* het functioneel-zijn; functioneel aspect

func·tio·na·ris [-sjoo-] *(‹Fr) de (m)* [-sen] bekleder van een functie, persoon die een bep. taak vervult: ★ *hij is een hoge ~ bij een multinational*

func·tio·neel [-sjoo-] *(‹Fr) bn* ❶ op de functie betrekking hebbend ★ *functionele stoornis* stoornis die alleen de werking van een orgaan betreft, niet het gevolg is van een afwijking daarvan ❷ een bepaalde functie hebbend, verantwoord, doelmatig

func·tio·ne·ren *ww* [-sjoo-] *(‹Fr)* [functioneerde, h. gefunctioneerd] zijn functie, zijn bepaalde werking verrichten: ★ *dit apparaat functioneert uitstekend* ★ *zij functioneert niet zo best op school*

func·tio·ne·rings·ge·sprek *het* [-ken] persoonlijk gesprek van een personeelslid met de directe chef over het functioneren

fun·da·ment, fon·da·ment, fon·de·ment *(‹Lat) het* [-en] ❶ grondslag (eig & fig) ❷ (in het *mv fundamenten*) eerste beginselen, grondbeginselen

fun·da·men·ta·lis·me *het* extreme rechtzinnigheid in godsdienstig opzicht, met afwijzing van moderne inzichten, o.a. in protestantse kringen en in de islam

fun·da·men·ta·list *de (m)* [-en] aanhanger van het fundamentalisme

fun·da·men·ta·lis·tisch *bn* volgens het fundamentalisme

fun·da·men·teel *(‹Lat) bn* de grondbeginselen betreffend, wezenlijk, gewichtigst, voornaamst ★ *fundamentele wetten* voornaamste wetten

fun·da·tie [-daa(t)sie] *(‹Lat) de (v)* [-s, -tiën] stichting, gevestigd op nagelaten fondsen

fun·de·ren *ww (‹Fr‹Lat)* [fundeerde, h. gefundeerd] ❶ grondvesten, doen rusten, bouwen op ❷ gronden, doen steunen ★ *gefundeerde schuld* een door bep. inkomsten gegarandeerde staatsschuld

fun·de·ring *de (v)* [-en] ❶ het funderen ❷ grondslag, fundament

fun·di [foendie] *(‹Du) de* ['s] pol iem. die niet bereid is tot compromissen, hardliner

fund·rai·sing [-reezing] *(‹Eng) de* het inzamelen van geld voor een goed doel

fun·dum *zn* zie bij → **ad fundum**

fu·ne·ra·ri·um *het* [funeraria, -s] BN uitvaartcentrum

fu·nest *(‹Fr‹Lat) bn* verderfelijk, noodlottig: ★ *roken is ~ voor de gezondheid*

fun·ge·ren *ww (‹Lat)* [fungeerde, h. gefungeerd] ❶ in functie zijn; zijn beroep uitoefenen ❷ optreden als: ★ *hij fungeert daar als portier*

fun·gi·bel *(‹Lat) bn* econ vervangbaar door andere waren

fun·gi·ci·de I *het* [-n] schimmeldodende stof **II** *bn* dodelijk voor schimmels

fun·gus *(‹Lat) de (m)* [-gi] paddenstoel; zwam; schimmel

fu·ni·cu·laire [-lèr(ə)] *(‹Fr‹Lat) de* [-s] kabelspoorweg, bergspoor

funk *(‹Eng) de (m)* ritmische, zwarte muziek met gesyncopeerde staccato drum-, bas-, toets- en gitaarpartijen, vaak opgevuld met blazerspartijen

funky *(‹Eng) bn* swingend

fun·shop·ping [-sjop-] *(‹Eng) de (m)* het winkelen voor het plezier

fu·rie *(‹Fr) de (v)* [-s, -riën] ❶ wraakgodin bij de Romeinen; *vgl*: → **Erinyen** ❷ in razende woede ontstoken vrouw ❸ razernij ★ *Spaanse ~ hist* muiterij van de Spaanse soldaten in 1576 ★ *Franse ~* onverwachte aanval van de hertog van Anjou op verschillende steden in 1583

furi·eus *(‹Fr‹Lat) bn* woedend, dol, uitzinnig, uiterst heftig

fu·rio·so [foerie(j)oosoo] *(‹It‹Lat) bijw* muz heftig, hartstochtelijk, woedend

fu·ro·re *(‹It) de (m)* uitbundige reactie ★ *~ maken* veel succes oogsten, opgang maken

fu·see [-zee] *(‹Fr‹Lat) de (v)* [-s] scharnier in de vooras van een auto

fu·see·pen [-zee-] *de* [-nen] as van de fusee, waarom de wielophanging draait

fu·se·lier [fuuzə-] *(‹Fr) de (m)* [-s] ❶ met een geweer bewapend soldaat ❷ gewoon soldaat, vooral in het voormalig Nederlands-Indië

fu·se·ren *ww* [-zeerə(n)] [fuseerde, is & h. gefuseerd] ❶ vooral NN samensmelten: ★ *die ondernemingen gaan ~* ★ *de atoomkernen ~* ❷ doen samensmelten: ★ *de geleerden hebben de atoomkernen gefuseerd*

fu·sie [-zie] *(‹Fr‹Lat) de (v)* [-s] ❶ samensmelting: ★ *de ~ van atoomkernen;* vaak fig *van bedrijven, partijen, verenigingen, enz.* ❷ BN samenvoeging van twee gemeenten

fu·sie·ge·meen·te *de (v)* [-s, -n] gemeente die is ontstaan door samenvoeging en herindeling

fu·sie·re·ac·tor [-zie-] *de (m)* [-s, -toren] kernreactor waar energie wordt opgewekt d.m.v. kernfusie

fu·sil·la·de [fuuziejaadə] *(‹Fr) de (v)* [-s] ❶ geweervuur ❷ het fusilleren

fu·sil·le·ren *ww* [fuuziejeerə(n)] *(‹Fr)* [fusilleerde, h. gefusilleerd] met geweerschoten doden (als straf)

fu·sil·li [foezielie] *(‹It) de* cul spiraalvormig deegwaar

fu·sion [fjoezjən] *(‹Eng) de* muz mengvorm van verschillende stijlen, vooral van jazz met uiteenlopende vormen van dans- en etnische muziek

fu·sion cook·ing [fjoezjən koeking] *(‹Eng) de* gemengde keuken, wijze van koken waarbij de kookstijlen van verschillende landen verenigd zijn

fu·sio·ne·ren [fuuzjoo-] *(‹Fr) ww* [fusioneerde, h. & is

gefusioneerd] ❶ BN ook fuseren, een fusie aangaan ❷ → **fuseren**

fust *(‹Oudfrans) het* [-en] ❶ houten vat ❷ verpakking, emballage

fut *de* werklust, pit, doorzettingsvermogen, opgewektheid: ★ *ik had geen ~ meer verder te klimmen* ★ *er zit weinig ~ in die jongen*

fu·tiel *(‹Fr‹Lat) bn* nietig, nietswaardig, armzalig

fu·ti·li·teit *(‹Fr‹Lat) bn* [-en] ❶ nietigheid ❷ onbeduidende zaak: ★ *het gesprek ging alleen maar over futiliteiten*

fut·loos *bn* lusteloos, slap: ★ *zich ~ voelen*

fut·sal [foet-] *het (‹Eng)* NN zaalvoetbal

fu·tu·ris·me *(‹Lat) het* in 1909 ontstane kunstrichting die niets van de overgeleverde kunstwetten wil behouden en die o.a. gekenmerkt wordt door het streven beweging weer te geven door het op elkaar volgende voor te stellen als iets gelijktijdigs

fu·tu·rist *de (m)* [-en] aanhanger van het futurisme

fu·tu·ris·tisch *bn* ❶ in de stijl van het futurisme ❷ als uit de toekomst lijkend te komen: ★ *een futuristische auto*

fu·tu·ro·lo·gie *(‹Lat-Gr) de (v)* speculatie over mogelijke toekomstige ontwikkelingen en de maatregelen die met het oog daarop genomen moeten worden

fu·tu·ro·lo·gisch *bn* de futurologie betreffend of daartoe behorend

fu·tu·ro·loog *de (m)* [-logen] beoefenaar van de futurologie

fu·tu·rum *(‹Lat) het* [-ra] taalk toekomende tijd

fuut *de (m)* [futen] zwemvogel met lange hals, puntige snavel en met 's zomers een kuif achter op de kop en bruine 'bakkebaarden', *Podiceps cristatus*

fuz·zy·lo·gic [fuzzielodzjik] *(‹Eng) de* comput vage logica, type logica die niet uitgaat van harde kenmerken als waar en niet waar (o.a. gebruikt bij bep. zoekstrategieën)

FWO *afk* in België Fonds voor Wetenschappelijk Onderzoek [Vlaamse stichting van openbaar nut ter financiering van fundamenteel wetenschappelijk onderzoek]

fy·lo·ge·ne·se [fieloogeeneezə,], **fy·lo·ge·nie** [fie-] *(‹Gr) de (v)* (leer van de) stamgeschiedenis van de soorten

fy·lo·ge·ne·tisch [fie-] *bn* de fylogenese betreffend

fy·si·ca [fiezie-] *(‹Gr) de (v)* natuurkunde, leer van de natuurverschijnselen

fy·si·ca·lis·me [fiezie-] *het* de opvatting dat alle wetenschap tot natuurwetenschap is te herleiden

fy·si·co·che·mi·cus *de (m)* [-ci] [fiezie-] iem. die zich bezighoudt met fysische chemie

fy·si·cus [fiezie-] *(‹Gr) de (m)* [-ci] beoefenaar van de fysica, natuurkundige

fy·siek [fieziek] *(‹Gr)* I *bn* ❶ de natuur betreffend; natuurkundig: ★ *dat is ~ onmogelijk* ❷ lichamelijk: ★ *~ is zij in orde, maar psychisch is zij een wrak* II *het* gestel, lichamelijke gesteldheid

fy·si·o·craat [fiezie-] *(‹Gr) de (m)* [-craten] aanhanger van het fysiocratisme

fy·si·o·cra·tie [fiezie(j)ookraa(t)sie] *(‹Gr) de (v)* natuurkracht, vermogen van de natuur

fy·si·o·cra·tis·me [fiezie-] *het* economische theorie, opgesteld in Frankrijk in de 18de eeuw, volgens welke de landbouw de enige echte productiebron en de belangrijkste bron van volkswelvaart is

fy·si·o·gno·mie [fiezie-] *(‹Gr) de (v)* → **fysionomie**

fy·si·o·gra·fie [fiezie-] *(‹Gr) de (v)* [-fieën] natuurbeschrijving

fy·si·o·lo·gie [fiezie-] *(‹Gr) de (v)* leer van de normale levensverrichtingen en -verschijnselen

fy·si·o·lo·gisch [fiezie-] *bn* de fysiologie betreffend

fy·si·o·loog [fiezie-] *(‹Gr) de (m)* [-logen] beoefenaar van de fysiologie

fy·si·o·no·mie [fiezie-] *(‹Gr) de (v)* [-mieën] gelaat, gezicht, gelaatsuitdrukking

fy·si·o·tech·ni·cus [fiezie-] *de (m)* [-ci] iem. die therapeutische instrumenten maakt

fy·si·o·the·ra·peut [fiezie(j)ooteeraapuit] *(‹Gr) de (m)* [-en], **fy·si·o·the·ra·peu·te** [fiezie(j)ooteeraapuitə] *de (v)* [-n] ❶ NN beoefenaar(ster) van de fysiotherapie ❷ BN in revalidatie gespecialiseerde arts, revalidatiearts, revalidatiespecialist

fy·si·o·the·ra·pie [fiezie-] *(‹Gr) de (v)* NN geneeskundige behandeling van allerlei afwijkingen van de normale lichaamshouding en -functie, waarbij uitsluitend gebruik wordt gemaakt van natuurlijke krachten (oefeningen, massage, water, licht e.d.)

fy·sisch [fiezies] *(‹Du‹Gr) bn* betrekking hebbend op de natuur of de natuurverschijnselen ★ *fysische geografie* onderdeel van de geografie dat onderzoek doet naar natuurlijke verschijnselen van en op het aardoppervlak ★ *fysische technologie* technologie die gebruik maakt van natuurkundige verschijnselen

fy·to- [fietoo-] *(‹Gr) als eerste lid in samenstellingen* planten

fy·to·faag [fie-] *(‹Gr)* I *de (m)* [-fagen] plantenetend dier II *bn* plantenetend

fy·to·geen [fie-] *(‹Gr) bn* uit planten ontstaan, door planten gevormd

fy·to·graaf [fie-] *(‹Gr) de (m)* [-grafen] plantenbeschrijver

fy·to·gra·fie [fie-] *(‹Gr) de (v)* plantenbeschrijving

fy·to·lo·gie [fie-] *(‹Gr) de (v)* plantkunde

fy·to·pa·tho·lo·gie *(‹Gr)* [fie-] *de (v)* leer van de plantenziekten

fy·to·pa·tho·loog [fie-] *(‹Gr) de (m)* [-logen] beoefenaar van de fytopathologie

G

g¹ *de* ['s] ❶ zevende letter van het alfabet ❷ muz vijfde noot (kwint) na de c
g² *afk* gram [muz kleine terts van g]
G *afk* ❶ muz grote terts van g ❷ comput giga
G7 *de* groep van de zeven rijkste landen van de wereld die regelmatig topoverleg hebben over mondiale economische problemen: Verenigde Staten, Canada, Frankrijk, Duitsland, Groot-Brittannië, Italië en Japan; soms uitgebreid met Rusland en dan *G7 + 1* of *G8* genoemd
G8 *de* zie: → **G7**
G20 *de* de twintig belangrijkste landen voor de wereldeconomie [sinds 2009 de opvolger van de G8]
GA. *afk* gewijzigde aansprakelijkheid ‹bij coöperatieve vereniging›
Ga *afk* chem *symbool voor het element gallium*
gaaf¹ *bn* ❶ ongeschonden: ★ *een nog gave kruik* ❷ NN, jeugdtaal mooi, goed, interessant: ★ *een gave film*
gaaf² *de* [gaven] → **gave**
gaaf·heid *de (v)* het gaaf zijn
gaai ‹*Fr*› *de (m)* [-en] ❶ Vlaamse gaai, zie bij → **Vlaams** ❷ BN houten namaakvogel waarnaar met een kruis- of handboog geschoten wordt, of waarnaar met platronde bollen geworpen wordt ★ *de ~ afschieten* de beste zijn
gaai·schie·ten *ww & het* BN, volksspel het schieten van een nagebootste vogel op een staak
gaal *de* [galen] ❶ dunne streep in tricotweefsel door het vallen van een steek, ladder in kous ❷ opening tussen twee geweven stukken in een weefsel
gaan I *ww* [ging, is gegaan] ❶ zich (te voet) voortbewegen: ★ *het ~ viel hem moeilijk* ★ *met de auto naar huis ~* ★ BN, spreektaal *nergens meer ~* nergens meer komen, nergens meer naartoe gaan (van zieken e.d.) ★ BN, spreektaal *naar de vijftig, zijn vijftigste ~* tegen de vijftig (jaar) lopen ❷ zich verwijderen: ★ *laten we ~* ★ *het was een komen en ~* ★ *ervandoor ~* weggaan, wegvluchten ★ *er ~ veel koekjes in die trommel* die trommel kan veel koekjes bevatten ❸ werkzaam zijn: ★ *de klok gaat niet* ★ *ik hoor de bel ~* ❹ zich (in een richting) uitstrekken: ★ *het pad gaat door de heide* ★ *die trap gaat naar de zolder* ❺ gebeuren: ★ *het werk gaat slecht* ★ *dat gaat vanzelf* ★ *hoe gaat het (ermee)?* beleefde vraag naar iems. welzijn ★ *het gaat wel* mijn situatie is redelijk ❻ de genoemde bezigheid (beginnen te) verrichten: ★ *we ~ eten* ★ *zullen we vanavond ~ schaken?* ★ *~ voor* zijn zinnen gezet hebben op: ★ *hij gaat voor goud* ★ *ik ga voor die knul!* ★ *ervoor ~ het* zeker gaan doen ★ *~ voor* (met nadruk op *voor*) voorrang hebben: ★ *werk gaat voor het meisje* ★ BN, spreektaal *dat / iets gaat me niet* dat ligt me niet, dat staat mij niet aan ❼ *als ~ over* als onderwerp hebben: ★ *dit boek gaat over moderne kunst* ❽ ★ *om kort te ~* kortom ★ *verloren ~* a) kwijt raken; b) geen uitzicht op redding meer hebben ★ *eraan ~* a) kapot gaan, b) spreektaal sterven ★ *zich laten ~* ongeremd doen wat men wil ★ *het boek gaat goed* wordt goed verkocht ❾ BN, spreektaal ‹ook in het Surinaams-Nederlands› zullen: ★ *ik ga morgen komen* **II** onpersoonlijk *ww* ★ *het gaat regenen* ★ *het gaat bergafwaarts met hem* ; zie ook bij → **gaande** en → **gaans**
gaan·de *bn* aan de gang: ★ *een gesprek ~ houden, maken* ★ *er is wat ~* er is iets aan de hand ★ *de komende en ~ man* af en aan lopende bezoekers, kijkers, klanten enz.; *ook* de man die in functie treedt en de man die vertrekt
gaan·de·rij *de (v)* [-en] → **galerij** (bet 1)
gaan·de·weg *bijw* langzamerhand
gaans *zn* ★ *twee uur ~* twee uur lopen
gaap *de (m)* [gapen] geeuw
gaar *bn* ❶ voldoende gekookt, gebakken, gebraden ❷ fig slim: ★ *een halve gare* iem. die niet goed wijs is ❸ fig zich duf en afgemat voelend: ★ *na die lange treinreis was ik helemaal ~*
gaard *de (m)* [-en] vero tuin
gaar·heid *de (v)* het gaar zijn; mate waarin iets gaar is
gaar·keu·ken *de* [-s] volkseethuis, eenvoudig eethuis waar maaltijden, die in grote hoeveelheden zijn bereid, goedkoop genuttigd kunnen worden
gaar·ne *bijw* plechtig graag
gaas *het* [gazen] ❶ open weefsel, vooral verbandgaas ★ *een gaasje* een stukje verbandgaas ❷ vlechtwerk van metaaldraad
gaas·vlieg *de* [-en] tot de netvleugeligen behorend insect met gaasachtige groene vleugels (*Chrysopa*)
gaat·je *het* [-s] zie bij → **gat**
GAB *afk in Nederland* Gewestelijk Arbeidsbureau
ga·baar, ga·bare [-baar(ə)] ‹*FrSpGr*› *de* [-baren] ❶ klein, plat roeischip tot in- en uitladen; → **lichter²** (bet 1) ❷ klein slagnet van vissers
ga·bar·di·ne ‹*Fr*› *de* [-s] ❶ licht, waterdicht gemaakt, elastisch kamgaren weefsel voor regenjassen ❷ regenjas van de genoemde stof
gab·ber *de (m)* [-s] NN ❶ Barg maat, kameraad, vent ❷ ‹in de jaren '90 van de vorige eeuw› jongere met kaalgeschoren hoofd en ruimzittende kleding, liefhebber van een bepaald soort snelle housemuziek
gab·ber·house [-haus] *de* type housemuziek met een zeer snel ritme, vooral in zwang bij gabbers (→ **gabber**, bet 2)
Ga·bo·nees I *de (m)* Gabonner **II** *bn* Gabons
Ga·bon·ner *de (m)* [-s] iem. geboortig of afkomstig uit de Afrikaanse republiek Gabon
Ga·bons *bn* van, uit, betreffende de Afrikaanse republiek Gabon
ga·de *de* [-n] plechtig echtgenoot, echtgenote
ga·de·slaan *ww* [sloeg gade, h. gadegeslagen], **ga·slaan** [sloeg ga, h. gageslagen] plechtig

beschouwen, letten op
gad·get [γedzjit] (‹Eng) het [-s] grappig maar nutteloos voorwerp, hebbedingetje
ga·ding de (v) genoegen, zin, lust ★ NN dat is van mijn ~, BN dat is mijn ~ dat kan ik gebruiken, dat komt mij van pas
ga·do·ga·do [γaddooγaddoo] de (m) Indonesisch gerecht bestaande uit gesneden groenten met pindasaus
ga·do·li·ni·um het chemisch element, symbool Gd, atoomnummer 64, behorende tot de zeldzame aarden, genoemd naar de Finse scheikundige Johan Gadolin (1760-1852)
gad·sie tsw → gatsie
gad·ver, gad·ver·dam·me tsw NN uitroep van weerzin of afkeer, getverderrie
Gael·ic [γeelik] (‹Eng) het, **Gae·lisch** [gee-] het Keltisch dat in Ierland en Noordwest-Schotland wordt gesproken
gaf ww verl tijd van → **geven**
gaf·fel de [-s] ❶ tweetandige vork ❷ hooivork ❸ ook benaming van verschillende voorwerpen die de vorm van een gaffel hebben, o.a. op schepen: voorwerp aan de mast ter bevestiging van een zeil
gaf·fel·bok de (m) [-ken] driejarige reebok met twee takken aan het gewei
gaf·fel·vor·mig bn de vorm van een gaffel hebbend
gaf·fel·zeil het [-en] aan een gaffel bevestigd zeil
gag [γeγ] (‹Eng) de (m) [-s] ❶ toneel door een acteur geïmproviseerde inlas ❷ grappig voorval in een film; zie ook → **running gag**
ga·ga [γaaγaa] (‹Fr) bn kinds, niet goed snik
ga·ge [gaazjə] (‹Fr) de [-s] loon van zeelui, artiesten en profsporters
ga·gel de (m) [-s] heester met gele katjes (Myrica gale)
gai·ne [γènə] de [-s] BN ook step-in, korset zonder sluiting
ga·jes (‹Hebr) het NN, Barg slecht volk, gepeupel
GAK afk in Nederland, vroeger Gemeenschappelijk Administratiekantoor [overheidsinstelling die sociale verzekeringen voor bedrijfsverenigingen en andere organisaties administreerde, in 2002 opgegaan in het UWV]
Gal de (m) eenheid van versnelling in het cgs-stelsel
Gal. afk Bijbel: (brief van Paulus aan de) Galaten
gal¹ de ❶ bitter levervocht ❷ fig bittere stemming, boosheid ★ de ~ loopt hem over hij is hevig vertoornd ★ deze criticus pleegt zijn pen in ~ te dopen is gewoon op venijnige wijze kritiek uit te oefenen ★ zijn ~ uitstorten, uitspuwen uiting geven aan zijn ergernis
gal² de [-len] blaasachtige uitwas bij paarden en koeien; door insecten, wormen enz. veroorzaakt gezwel op planten
gal. afk gallon
ga·la (‹Fr‹Sp) het ['s] ❶ hoffeest, grote partij aan het hof; luisterrijke partij in het algemeen ❷ staatsiekleding; feesttenue: ★ in ~ gekleed zijn
ga·la·avond de (m) [-en] avondbijeenkomst waarbij hooggeplaatste personen zijn genodigd
ga·la·bal het [-s] deftige danspartij waarop men in gala verschijnt
ga·lac·tiet (‹Gr) als stof: het, als voorwerp: de (m) [-en] een soort jaspis, melksteen, melkjaspis
ga·lac·tisch bn (‹Gr) op de Melkweg betrekking hebbend
ga·lac·to·me·ter (‹Gr) de (m) [-s] melkmeter, toestel om het roomgehalte van melk te bepalen
ga·lac·to·se [-zə] (‹Gr) I de chem melksuiker II de (v) med melkafscheiding
ga·la·de·gen de (m) [-s] degen bij een staatsiegewaad gedragen
ga·la·kos·tuum het [-s] staatsiekledij
ga·lant (‹Fr) I bn ❶ hoffelijk, voorkomend jegens vrouwen: ★ hij liet haar ~ voorgaan ❷ pikant erotisch: ★ een ~ avontuur ★ galante literatuur erotische literatuur II de (m) [-s, -en] verloofde, vrijer
ga·lan·te·rie (‹Fr) de (v) [-rieën] ❶ ridderlijkheid, hoffelijkheid ❷ hoffelijk gezegde, compliment ❸ ★ galanterieën, galanteriewaren snuisterijen
ga·lan·ti·ne (‹Fr) de ❶ koud vleesgerecht ❷ fijn gehakt vlees met dunne reepjes spek en truffels; ook een soort van worst van gevogelte met kruiderijen
gal·ap·pel de (m) [-s] galnoot
ga·la·pre·miè·re [-prəmjèrə] de [-s] feestelijke eerste uitvoering of vertoning
Ga·la·ten, Ga·la·ti·ërs (‹Lat‹Gr) mv ❶ inwoners van Galatië, landstreek in Klein-Azië ❷ verkorting van Brief van Paulus aan de Galaten
ga·la·voor·stel·ling de (v) [-en] bijzondere voorstelling ter ere van hooggeplaatste personen
gal·be·ker de (m) [-s] fig lijdensbeker
gal·blaas de [-blazen] blaas waarin de door de lever afgescheiden gal wordt opgeslagen
gal·buis de [-buizen] buis die de gal uit de galblaas afvoert
gal·bult de (m) [-en] NN jeukend bultje op de huid
ga·lei (‹Oudfrans) de [-en] hist gewoonlijk door dwangarbeiders of slaven geroeid, breed en laag op het water liggend oorlogsvaartuig op de Middellandse Zee
ga·lei·boef de (m) [-boeven] misdadiger die als straf roeier was op een galei
ga·lei·slaaf de (m) [-slaven] roeier op een galei
ga·lei·straf de [-fen] het voor straf roeier zijn op een galei
ga·le·rie [γaa-] (‹Fr‹It) de (v) [-s, -rieën] vooral NN kunstzaal; ruimte waar geregeld tentoonstellingen van beeldende kunst worden gehouden, annex kunsthandel
ga·le·rie·hou·der [γaa-] de (m) [-s] vooral NN iem. die een galerie heeft of exploiteert
ga·le·rij (‹Fr) de (v) [-en] ❶ overdekte gang; veranda ❷ BN galerie
ga·le·rij·flat [-flet] de (m) [-s] NN ❶ flatgebouw met woningen langs een open galerij ❷ woning in zo'n gebouw

ga·le·rij·hou·der *de (m)* [-s] BN ook galeriehouder, exploitant van een galerie

galg *de* [-en] strafwerktuig voor het ophangen van veroordeelden: ★ *iem. tot de ~ veroordelen* ★ *voor ~ en rad opgroeien* een slechte opvoeding krijgen, zodat men misdadiger wordt ★ *galgje* spelletje waarbij de speler d.m.v. het opgeven van letters een woord moet raden (voor elke foutieve opgave wordt een streep van een galg getekend; is de galg af dan heeft de speler verloren) ★ text *galgen* banden van textiel over de schouders, waarmee een broek of een rok omhoog gehouden wordt ; zie ook bij → **gehangene** en → **boter**

gal·gen·aas *het* [-azen], **gal·gen·brok** *de* [-ken] schurk

gal·gen·hu·mor *de (m)* spot ondanks tegenspoed

gal·gen·maal *het* [-malen] ❶ laatste, naar de wens van een ter dood veroordeelde, klaargemaakt maal ❷ bij uitbreiding afscheidsmaal

gal·gen·veld *het* [-en] veld waar een of meer galgen stonden

galg·je *het* zie → **galg**

Ga·li·ci·ër *de (m)* [-s] iem. geboortig of afkomstig uit het Spaanse of Poolse Galicië

Ga·li·ci·sch I *bn* van, uit, betreffende het Spaanse of Poolse Galicië **II** *het* taal van de Spaanse landstreek Galicië

Ga·li·ci·sche *de (v)* [-n] vrouw of meisje, geboortig of afkomstig uit het Spaanse of Poolse Galicië

ga·li·gaan *(‹Sp) de* [-ganen] soort gras, *Cladium mariscus*, over de gehele wereld voorkomend

Ga·li·lee·ër *de (m)* [-s] man uit Galilea, het noordelijk deel van Palestina ★ *de ~ Christus*

Ga·li·lees *bn* van Galilea

gal·jas *(‹Fr‹It) de* [-sen] hist ❶ groot zeil- en roeischip uit de bloeitijd van de Venetiaanse Republiek ❷ op een kofscip gelijkend klein koopvaardijschip in de Noord- en Oostzee

gal·joen *(‹Fr) het* [-en] hist ❶ groot schip van de Spaanse marine in de 16de-18de eeuw ❷ uitbouw aan de boeg van grote zeilschepen, ter ondersteuning van de boegspriet; roosterwerk onder deze uitbouw

gal·joot *(‹Fr) de* [-joten] hist ❶ kleine galei (16-20 riemen) ❷ platbodemd zeeschip met twee of drie masten; later een soort van kofschip met vaste verschansing

gal·ka·naal *het* [-kanalen] galbuis

gal·len *ww* [galde, h. gegald] ‹vis› van de gal ontdoen

gal·li·caans *bn* ★ *~e kerk* de nationale Franse katholieke kerk tot 1789, op grond van in de 15de en 16de eeuw verkregen privilegiën naar onafhankelijkheid van de paus strevend

gal·li·cis·me *(‹Fr) het* [-n] letterlijk in het Nederlands (of een andere taal) nagevolgde Franse uitdrukking, in strijd met het taaleigen van de overnemende taal

Gal·li·ër *de (m)* [-s] bewoner van Gallië, benaming voor het huidige Frankrijk en België en enkele omliggende gebieden in de Romeinse tijd

gal·lig *bn* ❶ lijdende aan overmatige galafscheiding ❷ fig gemelijk, onaangenaam van humeur

Gal·lisch *bn* (als) van Gallië ★ *de Gallische haan* heraldiek symbool van Frankrijk

gal·lisch *(‹Jidd) bn* NN wrevelig, geïrriteerd, kwaad: ★ *ik word ~ van dat gezeur*

gal·li·um *het* chemisch element, symbool Ga, atoomnummer 31, een hard, wit metaal, genoemd naar *Gallia*, de Latijnse naam van Frankrijk, waar de ontdekker Paul-Emile Lecoq de Boisbaudran vandaan kwam, alsook naar *gallus* (haan), de Latijnse vertaling van de naam van Lecoq

gal·lo·fiel *(‹Lat-Gr) de (m)* [-en] vriend van de Fransen, francofiel

gal·lo·fo·bie *(‹Lat-Gr) de (v)* overdreven vrees voor Frankrijk en al het Franse

gal·lon [yellən] *(‹Eng)*, **gal·lon** *de (m) & het* [-s] inhoudsmaat in Groot-Brittannië (4,546 liter) en de Verenigde Staten (3,785 liter)

gal·lup·poll [yelləppool] *(‹Eng) de (m)* het peilen van de publieke opinie over kwesties van algemeen belang, genoemd naar de Amerikaan G. H. Gallup (1901-1984)

galm *de (m)* [-en] ❶ volle klank ❷ weerklank, naklank

galm·bord *het* [-en] klankbord boven een preekstoel

gal·mei *(‹Du‹Lat‹Gr) het* kalamijn, oxidisch zinkerts

gal·men *ww* [galmde, h. gegalmd] luid weerklinken *of* doen weerklinken

galm·gat *het* [-gaten] geluidsgat in een klokkentoren

gal·mug *de* [-gen] insect uit de familie Cecidomyiidae, waarvan de larve galnootachtige gezwellen op bladeren doet ontstaan

gal·noot *de* [-noten] nootvormig gezwel op eikenbladeren ten gevolge van de steek van de galwesp

ga·lon *(‹Fr) de (m) & het* [-s, -nen] ❶ lint- of koordvormig weefsel, vooral van goud- of zilverdraad ❷ boordsel van het genoemde weefsel

ga·lon·ne·ren *ww (‹Fr)* [galonneerde, h. gegalonneerd] met galons, met goud- of zilverboordsel beleggen; zie ook → **gegalonneerd**

ga·lop *(‹Fr) de (m)* [-s] ❶ snelste van de drie natuurlijke gangen van het paard; bij uitbreiding snelle gang in het algemeen: ★ *in ~ ging ik naar huis* ❷ snelle rondedans in tweedelige maat, vooral populair in de 19de eeuw

ga·lop·pa·de *(‹Fr) de (v)* [-s] ❶ het galopperen ❷ → **galop** (bet 2)

ga·lop·pe·ren *ww (‹Fr)* [galoppeerde, h. gegaloppeerd] ❶ in galop rijden of lopen ❷ de galop dansen

gal·spat *de* [-ten] ‹bij paarden› blaasachtig gezwel aan het gewricht van de benen

gal·steen *de (m)* [-stenen] steenachtige afzetting in de galblaas

gal·steen·ko·liek *de (v)* hevige pijn ten gevolge van galsteen

gal·va·ni·sa·tie [-zaa(t)sie] *de (v)* het galvaniseren

gal·va·nisch *bn* van de aard van *of* met behulp van het galvanisme ★ ~ *element* toestel waarmee elektrische energie uit chemisch arbeidsvermogen verkregen wordt

gal·va·ni·se·ren *ww* [-zee-] (‹*Fr*) [galvaniseerde, h. gegalvaniseerd] ❶ een galvanische stroom voeren door ❷ door elektrolyse met een laagje metaal bedekken, vooral ijzer verzinken

gal·va·nis·me *het* door de Italiaanse natuurkundige Luigi Galvani (1737-1798) in 1791 te Bologna ontdekte elektriciteit die ontstaat door inwerking van twee ongelijksoortige stoffen op elkaar (gewoonlijk vloeistoffen op metalen)

gal·va·no- *als eerste lid in samenstellingen* door galvanische elektriciteit veroorzaakt of bewerkt

gal·va·no·mag·ne·tis·me *het* elektromagnetisme

gal·va·no·me·ter *de (m)* [-s] toestel om zwakke elektrische stromen te meten door middel van een vrij zwevende magneetnaald

gal·va·no·scoop *de (m)* [-scopen] verticale galvanometer (minder gevoelig soort galvanometer)

gal·va·no·the·ra·pie *de (v)* elektrotherapie

gal·wesp *de* [-en] galnoten veroorzakende wesp

ga·man·der *de* [-s] ❶ naam van een lipbloemig plantengeslacht (*Teucrium*) ❷ benaming voor een soort van ereprijs

ga·may [γamee] (‹*Fr*) *de* wijndruif die vooral groeit in de Beaujolaisstreek in Frankrijk

gam·ba[1] [γam-] (‹*Sp*) *de (m)* ['s] grote, eetbare, in de Middellandse Zee levende garnaal

gam·ba[2] [γam-] (‹*It*) *de (m)* ['s] verkorting van *viola da ~*: grote, tussen de knieën geklemd te bespelen viool

Gam·bi·aan *de (m)* [-anen] iem. geboortig of afkomstig uit de West-Afrikaanse republiek Gambia

Gam·bi·aans *bn* van, uit, betreffende de West-Afrikaanse republiek Gambia

gam·biet (‹*Fr*‹*It*) *het* opzet van een schaakpartij waarbij in het begin van het spel een of meer pionnen opgeofferd worden, om daarna met grotere kans op winst te kunnen doorspelen

gam·bir [γambier] (‹*Mal*) *de (m)* Indonesische heester met looizuurhoudende bladeren, waarvan een gestold afkooksel gebruikt wordt bij het sirihpruimen en het leerlooien, *Uncaria gambir*

game [γeem] (‹*Eng*) *de (m)* [-s] ❶ tennis onderdeel van een → set ❷ computer- of videospelletje

ga·mel (‹*Fr*) *de* [-len] ❶ eetketeltje van militairen ❷ grote ketel, gebruikt voor de bereiding van voedsel in ziekenhuizen, verzorgingstehuizen, leger e.d.

ga·me·lan [γammə-] (‹*Jav*) *de (m)* [-s] Javaans of Balinees orkest, in diverse samenstellingen optredend maar hoofdzakelijk bestaande uit slaginstrumenten

ga·men *ww* [γeemə(n)] (‹*Eng*) [gamede, h. gegamed] een computerspel spelen

game·point [γeem-] (‹*Eng*) *de (m)* [-s] tennis situatie waarin een van de spelers de game met één winnende slag in zijn voordeel kan beslissen: ★ *Clijsters staat op ~*

gam·ma (‹*Gr*) *de & het* ['s] ❶ naam van de derde letter in het Griekse alfabet, als hoofdletter Γ, als kleine letter γ ❷ muz toonladder, toonschaal ❸ fotogr verhoudingsgetal van de contrasten ❹ een geordende reeks van abstracte zaken: ★ *een ~ van mogelijkheden* ❺ BN ook een hoeveelheid, een ruime keuze van gelijksoortige zaken; assortiment, reeks, serie: ★ *een uitgebreid ~ brood, boeken, diepvriezers* ★ *een ~ van mogelijkheden*

gam·ma·stra·len *mv* radioactieve stralen met zeer kleine golflengte

gam·ma·we·ten·schap·pen *mv* benaming voor wetenschappen die niet (geheel) tot de alfa- of bètavakken behoren, zoals sociologie, sociale psychologie, andragogie enz.; *vgl*: → **alfawetenschappen**, → **bètawetenschappen**

gam·mel *bn* ❶ oud, vervallen: ★ *een gammele auto* ❷ NN slap, moe: ★ *zich ~ voelen na een ziekte*

gan·der *de (m)* [-s] mannetjesgans, gent

gang[1] *de (m)* [-en] ❶ het gaan ★ *zijn ~ gaan* beginnen of voortgaan met wat men voornemens was te doen, zonder zich te laten storen ★ *ga uw ~ doe wat u wenst te doen* ★ *aan de ~ bezig, begonnen* ★ *op ~ begonnen en bevredigend voortgaande* ★ NN *er zit ~ in* het loopt vlot, onderzoeken wat iem. gedaan heeft ★ *iems. gangen nagaan* ★ *een rare ~ van zaken* een merkwaardige manier van hoe iets geschiedt ★ NN *er flink de ~ in zetten* snel lopen, rijden *of* te werk gaan ★ BN, spreektaal *in ~ schieten* a) beginnen; b) starten (van een motor) ; zie ook bij → **gangetje** ❷ elk van de onderdelen van een maaltijd die achtereenvolgens worden opgediend: ★ *een diner van vier gangen*

gang[2] *de (m)* [-en] toegangsweg, doorgangsweg (in een mijn, in een huis enz.): ★ *er hing een kapstok in de ~*

gang[3] [yeng] (‹*Eng*) *de (m)* [-s] troep, bende, vooral misdadigersbende of jeugdbende

gang·baar *bn* ❶ ‹van munten, postzegels› geldig, in omloop ❷ ‹van goederen› vlot verkocht wordend, algemeen begeerd ❸ in gebruik, in zwang: ★ *een ~ begrip*; **gangbaarheid** *de (v)*

gang·boord *de (m) & het* [-en] smal pad langs de gehele buitenkant van een schip

gan·ge·tje *het* [-s] snelheid van voortgaan: ★ *een matig ~* ★ *het gaat zo z'n ~* het verloopt tamelijk bevredigend

gang·li·on (‹*Gr*) *de (m) & het* [-liën] ❶ anat zenuwknoop ❷ med peesknoop, klein hard gezwel, veroorzaakt door vochtophoping in een peesschede

gang·lo·per *de (m)* [-s] smal tapijt in de gang

gang·ma·ker *de (m)* [-s] ❶ iem. die voor de renner rijdt bij een wielerwedstrijd om hem op gang te helpen en te houden ❷ fig iem. die er de stemming in houdt op feesten of gezellige bijeenkomsten

gang·pad *het* [-paden] smal pad tussen zitplaatsen in een zaal, kerk enz.

gang·green [-ɣree-] *(‹Gr) het* med koudvuur, afsterving van een afzonderlijk deel van het levend organisme, met daarop volgende ontbinding

gan·gre·neus *(‹Fr) bn* med van de aard van gangreen, het verschijnsel van gangreen vertonend

gang·spil *het* [-len] loodrechte, staande windas om de ankerketting op te winden

gang·sta·rap [ɣengstarep] *(‹Eng) de (m)* genre rapmuziek met teksten die veelal handelen over geweld, seks, drugs en criminaliteit

gang·ster [ɣeng-] *(‹Eng) de (m)* [-s] lid van een → **gang³**, bendelid

gang·werk *het* raderwerk dat een uurwerk doet lopen

gan·nef *(‹Hebr) de (m)* [-en, -neven] NN dief; schelm

gans¹ *de* [ganzen] ❶ tamelijk grote, in Nederland en België algemeen voorkomende zwemvogel uit de onderfamilie Anserinae ★ *vertellingen (sprookjes) van Moeder de Gans* verzameling vertellingen van Charles Perrault, 1628-1703 ❷ fig onschuldig, dom meisje of vrouwtje

gans² *bn* BN, spreektaal (NN vero behalve in vaste uitdrukkingen) geheel, heel: ★ *de ganse straat werd uitgenodigd* ★ ~ *de wereld* ★ *van ganser harte* heel oprecht, met volkomen overtuiging of toewijding

gans·knup·pe·len *ww & het* volksvermaak van vroeger waarbij de deelnemers een in een mand geplaatste gans in het voorbijrijden moesten doodknuppelen

gans·rij·den, gans·trek·ken *ww & het* volksvermaak van vroeger: van een aan de poten opgehangen gans moesten de deelnemers rijdend of lopend de kop afslaan

gan·zen·bloem *de* [-en] samengesteldbloemige plant met witte of gele op madelieven gelijkende bloem (*Chrysanthemum segetum*)

gan·zen·bord *het* [-en] ❶ kartonnen of houten bord met 63 vakjes en verschillende afbeeldingen van ganzen ❷ gezelschapsspel dat op dit bord wordt gespeeld

gan·zen·bor·den *ww* [ganzenbordde, h. geganzenbord] ganzenbord spelen

gan·zen·ei *het* [-eren] ei van een gans

gan·zen·ha·gel *de (m)* grove hagel om ganzen te schieten

gan·zen·le·ver *de* [-s] lever van een gans, vooral als bestanddeel van een gerecht

gan·zen·mars *de (m)* ★ *in ~ lopen* als ganzen achter elkaar lopen

gan·zen·pas *de* ❶ ganzenmars ❷ wijze van lopen met rechte, hoog opgaande benen, zoals militairen tijdens parades in sommige landen

gan·zen·pen *de* [-nen] pen van een ganzenveer

gan·zen·veer *de* [-veren], **gan·zen·ve·der** [-en, -s] veer van een gans; schrijfpen daarvan gemaakt

gan·zen·voet *de (m)* [-en] onkruid met onaanzienlijke bloempjes, meestal geheel met witachtig meel bedekt (*Chenopodium*)

gan·ze·rik I *de (m)* [-riken] mannetjesgans II *de* zilverschoon

ga·pen *ww* [gaapte, h. gegaapt] ❶ de mond wijd openen en vervolgens diep in- en uitademen, door slaperigheid of verveling, geeuwen ❷ stompzinnig-nieuwsgierig kijken ❸ wijd openstaan: ★ *er gaapt een kloof tussen* ★ *gapend* wijd open: ★ *een gapende wond*

ga·per *de (m)* [-s] houten kop met gapende mond, uithangteken bij een drogist

ga·pe·rig *bn* geeuwerig

ga·ping *de (v)* [-en] grote opening, leegte

gap·pen *ww* [gapte, h. gegapt] vooral NN, spreektaal stelen

gap·per *de (m)* [-s] vooral NN, spreektaal dief

ga·ra·ge [gaaraazjə, ɣaaraazjə] *(‹Fr) de (v)* [-s] ❶ stalling voor auto's en (motor)fietsen, of voor de eigen auto (bij een huis) ❷ bedrijf waar auto's worden gestald, gerepareerd en / of verhandeld

ga·ra·ge·hou·der [gaaraazjə-, ɣaaraazjə-] *de (m)* [-s] vooral NN iem. die een garage exploiteert

ga·ra·ge·rock [-zjə-] *de (m)* ruige rockmuziek, eenvoudig van structuur, oorspronkelijk veelal beoefend in garages

ga·ra·gist [gaaraazjist, ɣaaraazjist] *(‹Fr) de (m)* [-en] BN ook garagehouder

ga·ran·de·ren *ww (‹Fr)* [garandeerde, h. gegarandeerd] ❶ waarborgen, borg blijven voor, garantie verstrekken ❷ fig verzekeren: ★ *ik verzeker je dat het straks gaat onweren*

ga·rant *(‹Fr) de (m)* [-en] iem. die garandeert, borg, waarborg ★ ~ *staan* borg blijven

ga·ran·tie [-sie] *(‹Fr) de (v)* [-s] ❶ verzekering van onbekend herstel binnen zekere termijn van defect geraakte of ondeugdelijke toestellen of andere producten door de producent-leverancier: ★ ~ *verstrekken* ★ *deze beschadiging valt niet onder de ~* ❷ borgtocht, waarborg, zekerheid

ga·ran·tie·be·wijs [-sie-] *het* [-wijzen] schriftelijk bewijs, afgegeven door de verkoper, dat men enige tijd → **garantie** (bet 1) heeft op een bep. artikel

ga·ran·tie·kre·diet [-sie-] *het* [-en] door een bank aan een bedrijf verstrekt krediet, waarbij de overheid garant staat voor de aflossing, rente en kosten

ga·ran·tie·prijs [-sie-] *de (m)* [-prijzen] van overheidswege gegarandeerde prijs

gard *de* [-en], **gar·de** [-n] ❶ → **roede** (bet 1)
❷ keukengereedschap om iets mee te roeren of te kloppen: ★ *eiwit kloppen met een ~*

gar·de¹ [gar-, ɣar-] *(‹Fr) I de* [-s] ❶ wacht van militairen, lijfwacht ❷ keurtroepen, uitgelezen groep militairen ★ *nationale ~* burgerwacht, schutterij ❸ ★ *de oude ~* a) de vertegenwoordigers van een oude, al lang bestaande richting; b) groep kamerleden die al lang zitting hebben ❹ ★ *en ~* in gevechtshouding ❺ bij het schermen II *de (m)* [-n] gardist

gar·de² *de* [-n] → **gard**
gar·de·nia *de* ['s] welriekende bloem van een altijdgroene heester, genoemd naar de Engelse natuurvorser Alexander Garden (1729-1791); ook *Kaapse Jasmijn* geheten
gar·de·ro·be [gardəròbə, ɣardəròbə] (<Fr) *de* [-s] ❶ voorraad bovenkledingstukken die iem. bezit ❷ <u>vooral</u> NN bewaarplaats voor jassen en hoeden in theaters enz.
gar·de·ro·be·juf·frouw [gardəròbə-, ɣardəròbə-] *de (v)* [-en] juffrouw van de garderobe in theaters enz.
gar·dist (<Du) *de (m)* [-en] lid van een garde, gardesoldaat
ga·reel (<Oudfrans) *het* [-relen] ❶ halsjuk van een trekdier ❷ <u>fig</u> juk, boei ★ *in het ~ lopen* a) vaste, regelmatige arbeid verrichten; b) zich conformeren aan het algemeen aanvaarde gedrag ★ *in hetzelfde ~ lopen* het goed met elkaar eens zijn, samenwerken
ga·ren¹ I *het* [-s] gesponnen draad ★ *ergens ~ bij (kunnen) spinnen* ergens voordeel uit (kunnen) trekken II *bn* van garen: ★ *~ kanten*
ga·ren² *ww* [gaarde, h. gegaard] <u>vero</u> verzamelen, inzamelen
ga·ren-en-band·win·kel *de (m)* [-s] winkel waar men fournituren verkoopt
ga·ren·klos *de (m)* [-sen] doorboorde klos waaromheen garen gewonden wordt
ga·ren·spin·ne·rij *de (v)* [-en] fabriek waar garen gesponnen wordt
garf *de* [garven], **gar·ve** [-n] schoof
gar·gouille [ɣarɣoej(ə)] (<Fr) *de* [-s] waterspuwer aan dakgoten van kerken e.d. in de vorm van een draken- of andere monsterkop
ga·ri·bal·di [ɣaa-] *de (m)* ['s] stijve herenhoed met ronde bol, genoemd naar de Italiaanse vrijheidsstrijder Garibaldi (1807-1882) die altijd zo'n hoed droeg
gar·naal *de (m)* [-nalen] klein kreeftachtig diertje, waarvan de soort *Crangon crangon* ook aan de Nederlands kust algemeen bekend is ★ *een geheugen als een ~, verstand als een ~* zeer beperkt geheugen, verstand ★ *zo stoned als een ~ stoned* ★ <u>BN</u>, <u>spreektaal</u> *kleine ~* minder belangrijk iemand
gar·naal·krui·en *het* <u>BN</u> met een sleepnet garnalen vangen, te voet of met trekpaard
gar·na·len·ge·heu·gen *het* zeer beperkt geheugen
gar·na·len·ver·stand *het* zeer weinig verstand
gar·neer·sel *het* [-s] boordsel, belegsel; versiersel
gar·ne·ren *ww* (<Fr) [garneerde, h. gegarneerd] ❶ ⟨kledingstukken⟩ met een opnaaisel of boord beleggen of omzomen ❷ ⟨een schotel⟩ opmaken en versieren: ★ *een salade ~ met schijfjes ei en peterselie* ❸ <u>scheepv</u> de lading beschermen tegen beschadiging door middel van matten, kleden of planken
gar·ne·ring *de (v)* [-en] het garneren-, garneersel
gar·ni·tuur (<Fr) *het* [-turen] ❶ garneersel, belegsel ❷ volledig stel van bijeenhorende dingen voor versiering of voor een bepaald gebruik, bijv.: ★ *naaigarnituur* ★ *nagelgarnituur*
gar·ni·zoen (<Fr) *het* [-en] ❶ in een stad blijvend gelegerde militaire afdeling; bezetting ❷ standplaats van militairen, plaats waar men in garnizoen ligt
gar·ni·zoens·com·man·dant *de (m)* [-en] iem. die het bevel voert over een garnizoen
gar·ni·zoens·plaats *de* [-en] plaats met een garnizoen
gar·stig *bn* ranzig, kwalijk riekend
gar·ve *de* [-n] → **garf**
gar·ven *ww* [garfde, h. gegarfd] ❶ het koren tot garven binden ❷ het koren binnenhalen
gas *het* [-sen] ❶ stof in ijle toestand (woord ontworpen door de Brusselse scheikundige Jean-Baptiste van Helmont, 1579-1644, naar het Griekse woord *chaos*): ★ *zuurstof en stikstof zijn gassen* ❷ de ijle stof die door middel van verbranding wordt gebruikt voor verwarming, verlichting en in de keuken: ★ *het in Nederland meest gebruikte gas is aardgas* ❸ gaskomfoor, gasstel: ★ *het ~ uitdraaien, op ~ koken* ❹ ★ *~ geven* het gaspedaal dieper intrappen en daardoor sneller gaan rijden ★ *~ terugnemen* (in een motorvoertuig) langzamer gaan rijden, <u>fig</u> het wat kalmer aan doen: ★ *na de rust nam Anderlecht wat ~ terug* ★ <u>NN</u> *met ~ op de plank rijden* autorijden met een geheel ingedrukt gaspedaal ★ *vol ~ geven* het gaspedaal geheel intrappen
gas·aan·ste·ker *de (m)* [-s] ❶ werktuig waarmee men door middel van een (elektrische of door vuursteen geslagen) vonk een gasstel aansteekt ❷ sigarettenaansteker die met gas is gevuld
gas·au·to·maat [-autoo-, -ootoo-] *de (m)* [-maten] automatisch werkende → **geiser** (bet 2)
gas·be·drijf *het* [-drijven] bedrijf dat gas produceert en / of distribueert
gas·bel *de* [-len] bel, blaas met gas gevuld, <u>vooral</u> voorraad aardgas in de bodem
gas·ben·zi·ne *de* zeer lichte en vluchtige benzine, gasoline
gas·be·ton *het* <u>NN</u> poreuze betonsoort, ontstaan door toevoeging van aluminiumpoeder aan een mengsel van zand, cement, kalk en water, waarna dit in sterk alkalisch milieu wordt gebracht
gas·bran·der *de (m)* [-s] bewerkte opening van gasbuis
gas·buis *de* [-buizen] buis waardoor → **gas** (bet 2) geleid wordt
Gas·cog·ner [ɣaskonjər] *de (m)* [-s] bewoner van Gascogne in Zuid-Frankrijk
gas·cokes [-kooks] *de* brandstof verkregen in de gasfabriek door verhitting van steenkool zonder toetreding van lucht
gas·de·tec·tor *de (m)* [-s] toestel dat de aanwezigheid van ongewenst gas aanwijst
gas·dicht *bn* geen gas doorlatend
gas·fa·briek *de (v)* [-en] fabriek waar → **gas** (bet 2) gemaakt wordt om aan verbruikers te leveren (vóór de tijd dat aardgas algemeen werd)

gas·fil·ter·bus *de* [-sen] ademhalingsbus van een gasmasker

gas·fit·ter *de (m)* [-s] NN zie bij → **fitter**

gas·for·nuis *het* [-nuizen] fornuis met gas als brandstof

gas·gei·ser *de (m)* [-s] met → **gas** (bet 2) verwarmde geiser

gas·ge·ne·ra·tor *de (m)* [-s, -toren] toestel om gas te bereiden uit vaste stoffen (steen- of bruinkool, hout, turf enz.)

gas·haard *de (m)* [-en] haard met gas als brandstof, gaskachel

gas·han·del [-hen-,], **gas·hen·del** *de (m) & het* [-s] hefboom tot regeling van de toevoer van het explosieve mengsel van lucht en vergaste benzine naar de cilinders van een verbrandingsmotor, waarmee dus het toerental van de motor wordt bepaald

gas·hou·der *de (m)* [-s] groot reservoir met een toe- en afvoerbuis, meestal drijvend op water, waarin de gasvoorraad van een gasfabriek bewaard wordt

gas·ka·chel *de* kachel met gas als brandstof

gas·ka·mer *de (m)* [-s] ❶ ruimte waarin mensen door gifgas werden omgebracht, vooral in de vernietigingskampen van het nationaalsocialistisch regime ❷ ruimte waarin dieren door gifgas worden omgebracht ❸ vertrek waarin geoefend wordt met gasmaskers

gas·klok *de* [-ken] hok waarin dieren (in een asiel) vergast worden

gas·kom·foor *het* [-foren] NN kooktoestel met gas als brandstof

gas·kous·je *het* [-s] gloeikousje

gas·kraan *de* [-kranen] kraan waarmee men de gastoevoer van een gasleiding regelt

gas·lan·taarn, **gas·lan·ta·ren** *de* [-s] vroeger straatlantaarn met gasverlichting

gas·lei·ding *de (v)* [-en] toevoerbuizen voor gas

gas·lek *het* [-ken] lek in een gasleiding

gas·licht *het* [-en] verlichting door middel van een gloeikous, die in een gasvlam gaat gloeien

gas·mas·ker *het* [-s] voor het gelaat gedragen toestel ter bescherming tegen giftige gassen, traangas e.d.

gas·me·ter *de (m)* [-s] toestel dat de verbruikte hoeveelheid gas aanwijst

gas·mo·tor *de (m)* [-s, -toren] door ontploffend gas gedreven motor

gas·olie *de* brandstof voor oliemotoren

gas·o·li·ne [gazzoo-] *de* ❶ gasbenzine ❷ ⟨in Amerika⟩ benzine in het algemeen

ga·so·me·ter [-zoo-] *de (m)* [-s] gasmeter

gas·oor·log *de (m)* [-logen] oorlog met giftige gassen als strijdmiddel

gas·oven *de (m)* [-s] met gas gestookte oven

gas·pa·troon *de* [-tronen] een verdovend gas ontwikkelende patroon, gebruikt door de politie

gas·pe·daal *de (m) & het* [-dalen] pedaal voor gastoevoer in auto's: ★ *het ~ indrukken*

gas·pel·doorn, **gas·pel·do·ren** *de (m)* [-s] doornige bremachtige plant (*Ulex europaeus*)

gas·pen·ning *de (m)* [-en] vroeger penning die bij inwerping in een muntgasmeter toevoer van een zekere hoeveelheid gas bewerkt

gas·pis·tool *het* [-tolen] pistool met een bedwelmende lading

gas·pit *de* [-ten] onderdeel van een gasstel waaruit het gas ontvlamt

gas·ra·di·a·tor *de (m)* [-s, -toren] gaskachel waarbij de verwarmde lucht door een stel opstaande buizen geleid wordt

gas·sen *ww* [gaste, h. gegast] ❶ winden laten ❷ met dodelijk gas zuiveren van ongedierte

gas·slang *de* [-en] slang waardoor gas wordt geleid, veelal van gummi

gas·sluis *de* [-sluizen] gasvrije ruimte tussen een schuilkelder en de open lucht

gas·stel *het* [-len] NN kooktoestel met gas als brandstof, gaskomfoor

gast *de (m)* [-en] ❶ iem. die op bezoek komt ★ *bij iem. te ~ komen, zijn* op bezoek komen, zijn ❷ iem. die een hotel, pension, café e.d. bezoekt ❸ *de gasten* sp het bezoekende team ❹ spreektaal kerel, vent; kwajongen: ★ *een rare ~* ★ BN *halve ~* leerling, jonge knecht in opleiding ★ BN *volle ~* ervaren vakman in dienstverband, volleerde knecht

gas·tank [-tenk] *de (m)* [-s] tank waarin men gas bewaart

gas·tan·ker [-tenkər] *de (m)* [-s] groot schip waarin vloeibaar gas wordt getransporteerd

gast·ar·bei·der *de (m)* [-s] uit het buitenland afkomstige arbeider

gas·ta·rief *het* [-rieven] berekening van de gasprijs

gast·col·le·ge [-zjə] *het* [-s] college door een hoogleraar die niet verbonden is aan de universiteit waar hij dat college geeft

gast·con·cert *het* [-en] concert gegeven door een ander orkest dan het gebruikelijke

gast·di·ri·gent *de (m)* [-en] tijdelijke, vooral buitenlandse orkestleider als gast

gas·ten·boek *het* [-en] boek waarin, bij hotels, musea e.d. de namen van gasten worden geschreven

gas·ten·doek·je *het* [-s] handdoekje in het toilet voor het gebruik door gasten

gas·te·ren *ww* [gasteerde, h. gegasteerd] toneel een gastrol, gastrollen vervullen

gast·heer *de (m)* [-heren] ❶ hij die iem. te gast heeft ❷ organisme waarop een parasiet leeft ❸ *de gastheren* sp het thuisspelende team

gast·hoog·le·raar *de (m)* [-raren, -s] buitenlands hoogleraar die tijdelijk colleges geeft aan een universiteit

gast·huis *het* [-huizen] vero ziekenhuis

gast·land *het* [-en] ❶ land op het grondgebied waarvan een internationale (sport)manifestatie plaatsvindt: ★ *het ~ speelde de wedstrijden in de hoofdstad* ❷ land dat optreedt als gastheer voor

vluchtelingen
gast·maal *het* [-malen] feestmaal waarop men gasten uitnodigt
gas·toe·stel *het* [-len] kooktoestel met gas als brandstof
gast·ou·der *de (m)* [-ouders] NN iem. die gedurende (een deel van) de dag zorgt voor de kinderen van anderen, vooral omdat beide ouders werken
gast·plant *de* [-en] plant die op andere planten leeft, maar geen parasiet is
gas·trisch *(‹Gr) bn* med de buik, de maag en ingewanden betreffend
gas·tri·tis *(‹Gr) de (v)* med maagontsteking
gas·tro·en·te·ri·tis *(‹Gr) de (v)* med maag- en darmontsteking
gast·rol *de* [-len] toneel rol die een toneelspeler als gast vervult
gas·tro·lo·gie *(‹Gr) de (v)* leer van de maagziekten
gas·tro·no·mie *(‹FrGr) de (v)* verfijnde kookkunst
gas·tro·no·misch *(‹FrGr) bn* de fijne kookkunst betreffende: ★ *gastronomische bekwaamheden*
gas·tro·noom *(‹FrGr) de (m)* [-nomen] iem. die graag lekker eet en dan ook veel van kookkunst afweet, lekkerbek
gas·tur·bi·ne *de (v)* [-s] door een gasmotor aangedreven turbine
gast·voor·stel·ling *de (v)* [-en] toneel opvoering door een vreemd, veelal buitenlands gezelschap
gast·vriend *de (m)* [-en] vriend op grond van verleende of genoten gastvrijheid
gast·vrij, gast·vrij *bn* gul onthalend, graag gasten ontvangend
gast·vrij·heid *de (v)* het gastvrij zijn
gast·vrouw *de (v)* [-en] ❶ zij die iem. te gast heeft ❷ vrouw die bezoekers ontvangt en begeleidt bij congressen, tentoonstellingen, rondleidingen e.d. ❸ prostituee, werkzaam in een seksclub
gas·veld *het* [-en] terrein met aardgas in de bodem
gas·ver·gif·ti·ging *de (v)* [-en] vergiftiging, veroorzaakt door gasvormige stoffen
gas·vlam *de* [-men] vlam veroorzaakt door gasverbranding
gas·vor·mig, gas·vor·mig *bn* de hoedanigheid van gas hebbend, niet vloeibaar en niet vast
gas·vuur *het* [-vuren] BN ook gasfornuis
gas·win·ning *de (v)* het verkrijgen van aardgas uit een gasveld
gas·wolk *de* [-en] grote hoeveelheid vrij in de atmosfeer voorkomend (giftig) gas: ★ *na die brand zweefde er een ~ boven de stad*
gat *het* [1, 2, 3 gaten, 4 gatten] ❶ opening ★ *een ~ in het hoofd een grote hoofdwond* ★ *er geen ~ (meer) in zien geen oplossing (meer) zien* ★ *praatjes vullen geen gaatjes praten helpt niet* ★ *in de gaten hebben opmerken, begrijpen* ★ *in de gaten houden blijven letten op* ★ *in de gaten krijgen bemerken* ★ *een ~ in de lucht springen zeer blij, opgelucht zijn* ★ *een ~ in de dag slapen zeer laat opstaan* ★ *het ~ stoppen het*

geldelijk tekort aanvullen ★ *het ene ~ met het andere dichten een geldelijk tekort doen ontstaan om elders een tekort aan te zuiveren* ★ *niet voor één ~ te vangen zijn zeer slim zijn* ★ NN *een dag met een gaatje dag waarop alles anders loopt dan gebruikelijk* ★ *een ~ in zijn hand hebben verkwistend zijn* ★ *een ~ in de markt iets waarnaar (latente) vraag bestaat zonder dat er aanbod is* ★ *een ~ in de begroting verschil tussen (te hoge) uitgaven en (te lage) inkomsten op een begroting* ★ *daar is het ~ van de deur gezegd als men iem. op onvriendelijke wijze de kamer of het huis uit stuurt* ★ *in een (zwart) ~ vallen na een enerverende, drukke periode in een vervelende, stille periode terechtkomen; zie ook* **gat** ❷ vaarwater tussen banken of kusten: ★ *het Eierlandsche Gat* ❸ kleine of weinig aantrekkelijke plaats: ★ *het is niet prettig in zo'n ~ te wonen* ❹ achterste, zitvlak ★ *wie zijn ~ brandt, moet op de blaren zitten wie iets fout doet, moet over de gevolgen daarvan niet klagen* ★ *op zijn luie ~ blijven zitten volstrekt inactief blijven* ★ *iem. achter zijn ~ zitten iem. achtervolgen of voortdurend controleren* ★ *zijn ~ er aan afvegen er lak aan hebben* ★ BN, spreektaal *geen stamp onder zijn ~ verdienen niets waard zijn* ★ BN *met zijn ~ in de boter vallen veel geluk hebben, met zijn neus in de boter vallen* ★ BN, spreektaal *geen zittend ~ hebben geen zitvlees hebben, niet lang kunnen blijven zitten*
gate [yeet] *(‹Eng) de (m)* [-s] elk van de op grotere luchthavens aanwezige toegangspoorten naar de vliegtuigen: ★ *het vliegtuig vertrekt van ~ D 13*
-gate [-yeet] *(‹Eng) achtervoegsel* duidend op een schandaal met betrekking tot wat in het eerste woorddeel wordt genoemd, ontstaan naar aanleiding van het *Watergate*schandaal (1973/1974) rond de Amerikaanse president Nixon en vervolgens gebruikt in o.a.*Monicagate*, genoemd naar Monica Lewinsky, die een ongepaste relatie zou hebben gehad met president Bill Clinton van de Verenigde Staten
ga·ten *zn meerv* van → **gat**
ga·ten·kaas *de (m)* [-kazen] kaas met gaten die door de bereidingswijze zijn ontstaan, zoals bijv. emmentaler
ga·ten·plant *de* [-en] hoog groeiende kamerplant met gaten in de bladeren (*Monstera deliciosa*)
gat·lik·ker *de (m)* [-s] inf laffe vleier
gat·lik·ke·rij *de (v)* [-en] laffe vleierij
gat·sie *tsw* NN gadverdamme, uitroep van afkeer of weerzin
gat·so·me·ter, gat·so·me·ter *de (m)* [-s] elektronisch tijdwaarnemingstoestel; apparaat om (op afstand) de snelheid van auto's te meten, genoemd naar de uitvinder, de Nederlandse autocoureur Gatsonides (1911-1998)
GATT *afk* General Agreement on Tariffs and Trade (‹Eng) [Algemene Overeenkomst inzake Tarieven en Handel, een in 1948 in werking getreden

internationale handelsovereenkomst, gebaseerd op het beginsel dat alle handelsvoordelen die het ene GATT-lid aan het andere toekent, onvoorwaardelijk aan alle andere GATT-leden worden toegekend]
gat·ver·dar·rie tsw → getver
gau·chis·me [γoosjis-] (‹Fr›) het sterk linksgericht politiek streven; m.n. in Frankrijk
gau·chist [γoosjist] (‹Fr›) de (m) [-en] aanhanger van het gauchisme
gau·cho [γautsjoo] (‹Sp›) de (m) ['s] cowboy in Argentinië en Chili
gaul·lis·me [γool-] (‹Fr›) het politieke stroming die zich baseert op de denkbeelden van de Franse president Charles de Gaulle (1890-1970)
gaul·list [γool-] (‹Fr›) de (m) [-en] aanhanger van het gaullisme
gauss [γaus] de (m) eenheid van magnetische inductie, 1 dyne op 1 cm afstand, genoemd naar de Duitse wiskundige Carl Friedrich Gauss (1777-1855)
gauss·krom·me [γaus-] de [-n] statistiek grafische voorstelling van een normale distributie, genoemd naar de Duitse wiskundige Carl Friedrich Gauss (1777-1855)
gauw bijw ❶ spoedig: ★ ik kom ~ eens bij je langs ★ dat kost al ~ 100 euro reken er maar op dat het 100 euro kost ❷ snel: ★ toen het begon te regenen, gingen we ~ naar binnen
gauw·dief de (m) [-dieven] geslepen dief
gauw·die·ve·rij de (v) [-en] het stelen door een geslepen dief
gau·werd de (m) [-s] iem. die vlug, slim is
gauw·heid de (v) vlugheid, behendigheid
gau·wig·heid de (v) haast, vlugheid: ★ iets in de ~ verkeerd doen
gauw·te de (v) ★ in de ~ inderhaast
ga·ve, gaaf de [gaven] geschenk, talent
ga·ven ww verl tijd meerv van → geven
ga·vi·aal (‹Fr›) de (m) [-alen] gangeskrokodil met een puntige bek
ga·vot·te [γaa-, gaa-] (‹Fr›‹Provençaals›) de [-s] oude dans in tweedelige maatsoort met sterk gemarkeerde accenten en matig tempo; deel van een → suite (bet 2) na de sarabande
gay [γee] (‹Eng›) **I** bn ‹van mannen gezegd› homoseksueel **II** de [-s] homoseksuele man, homofiel
ga·zel de [-len], **ga·zel·le** (‹Arab›) [-n] benaming voor een groep van sierlijke hoefdieren, behorende tot de onderfamilie van de antilopen
ga·zel·le·oog het [-ogen] ❶ oog van een gazelle ❷ mooi vrouwenoog
ga·zen bn van gaas
ga·zet de (v) [-ten] BN krant ★ de Gazet van Antwerpen [naam van een krant in Vlaanderen]
ga·zeus (‹Fr›) bn koolzuurhoudend (water enz.)
ga·zeu·se [-zə] (‹Fr›) de (v) koolzuurhoudende limonade
ga·zon (‹Fr›) het [-s] onderhouden, geregeld geschoren grasperk

ga·zon·sproei·er de (m) [-s] draaiende sproeier met armen
gaz·pa·cho [γathpatsjoo, Engelse th] (‹Sp›) de (m) Spaanse koude soep met komkommers, tomaten, olie en azijn als hoofdbestanddelen
GB afk ❶ comput gigabyte (1024 megabytes) ❷ als nationaliteitsaanduiding op auto's van Groot-Brittannië en Noord-Ierland (Great Britain)
gcm afk gram-centimeter
gcs afk gram-centimeter-seconde
Gd afk chem symbool voor het element gadolinium
Ge afk chem symbool voor het element germanium
ge pers vnw ❶ vero gij ❷ BN, spreektaal u
ge·aard¹ bn met de aarde verbonden (vgl: → aarden³): ★ een ~ stopcontact
ge·aard² bn van → aard¹, van natuur: ★ anders ~ ★ zo ~
ge·aard·heid de (v) [-heden] → aard¹: ★ iems. seksuele ~
ge·abon·neerd bn ★ ~ op een abonnement hebbend op
ge·ab·sor·beerd bn verdiept (in), in beslag genomen door
ge·ac·cep·teerd bn ❶ van wissels → wissel, bet 4 ❷ door betrokkene erkend ❸ algemeen aanvaard: ★ in de beste kringen ~
ge·ac·ci·den·teerd (‹Fr›) bn ‹van terrein› golvend, ongelijk
ge·ac·cre·di·teerd bn ❶ ‹van gezanten› door de uitzendende regering gevolmachtigd en bevoegd verklaard ❷ ‹van journalisten› in de gelegenheid gesteld hun werk te kunnen doen (door organisatoren van sportmanifestaties e.d.)
ge·acht bn gewaardeerd (beleefde aanspreekvorm, vaak in brieven en toespraken gebruikt): ★ geachte mevrouw Goes
ge·aderd bn met aderen
ge·adres·seer·de de [-n] aan wie een brief enz. gericht is
ge·af·fec·teerd (‹Fr›) bn gemaakt, gekunsteld, niet natuurlijk: ★ ~ spreken
ge·ag·gre·geerd bn ❶ NN toegevoegd ‹als ambtenaar of functionaris›; gezegd van iem. die de chef mag vervangen en in diens plaats bekleden ❷ BN van een examen onderwijsbevoegdheid hebbend voor een middelbare school, of door een proefschrift voor het hoger onderwijs
ge·ag·gre·geer·de (‹Fr›) de [-n] BN leraar, doctor die de (academische) graad heeft behaald waaraan onderwijsbevoegdheid is verbonden; leraar met onderwijsbevoegdheid
ge·agi·teerd bn onrustig, opgewonden
ge·al·li·eer·den mv bondgenoten, verbonden mogendheden; in de beide wereldoorlogen die landen die tegen Duitsland en de daarmee verbonden mogendheden streden
ge·amu·seerd [-zeert] bn met vermaak, zich amuserend

ge·ani·meerd bn opgewekt, levendig, druk, vrolijk
ge·armd bn arm in arm: ★ ~ *lopen* ★ *gearmde paren*
ge·ar·res·teer·de de [-n] aangehouden persoon
ge·ar·ri·veerd bn de algemene erkenning, de maatschappelijke positie bereikt hebbend waarnaar gestreefd is
ge·ar·ti·cu·leerd bn ❶ duidelijk en bepaald uitgesproken of sprekend ❷ geleed
ge·as·pi·reerd bn taalk met aanblazing (aspiratie) uitgesproken
ge·as·so·cieer·de [-sjeer-] de [-n] vennoot
ge·as·sor·teerd bn ❶ voorzien van een verscheidenheid aan koopwaren ❷ in soorten bij elkaar gevoegd
ge·as·su·reerd bn verzekerd
ge·au·to·ri·seerd [-au-, -ootooriezeert] bn gevolmachtigd, vergunning bezittende ★ *geautoriseerde vertaling* waartoe de oorspronkelijke auteur machtiging gegeven heeft
ge·avan·ceerd bn ❶ mil vooruitgeplaatst, vooruitgeschoven ❷ gevorderd
GEB afk in Nederland Gemeentelijk Energiebedrijf
geb. afk ❶ geboren ❷ gebonden
ge·baand bn begaanbaar gemaakt ★ *gebaande wegen* a) goed begaanbare wegen; b) fig gemakkelijk te volgen gedragslijn, die weinig zelfstandigheid vereist
ge·baar het [-baren] ❶ beweging van een lichaamsdeel om iets uit te drukken of te kennen te geven: ★ *met gebaren gaf de toerist te kennen in het hotel te willen overnachten* ❷ fig handeling waarvan de bedoeling vooral is een zekere indruk te vestigen: ★ *het aanbieden van vergoeding is een fraai ~* ★ *door hem te raadplegen hebben zij althans een vriendelijk ~ gemaakt*
ge·baard bn met een baard
ge·bak het ❶ het voortdurend bakken ❷ [mv: -ken] wat van deeg of → **beslag** (bet 1) gebakken is (maar geen brood) ❸ *gebakje* taartje, stuk zoet gebak van deeg met (slag)room en / of vruchten
ge·ba·kerd bn zie bij → **bakeren**
ge·bak·ken bn ★ NN ~ *zitten* een vaste, veilige positie hebben
ge·bak·stel het [-len] schaal voor gebak, met bijbehorende schoteltjes
ge·bak·vork·je het [-s] klein vorkje voor het nuttigen van gebak
ge·ba·ren ww [gebaarde, h. gebaard] ❶ gebaren maken ❷ BN, spreektaal veinzen, doen alsof ★ *van niets ~* doen alsof men nergens vanaf weet, niets laten blijken
ge·ba·ren·spel het geheel van gebaren en mimiek als uitdrukkingsmiddel voor gedachten en gevoelens
ge·ba·ren·taal de taal die niet verloopt d.m.v. klanken, maar door gebaren, mimiek, lichaamshouding e.d., vooral gebruikt door doven, maar vroeger ook in zwang bij Noord-Amerikaanse indianen

geb·be·tjes mv NN geintjes: ★ ~ *maken*
ge·bed het [-beden] wat men bidt; aanroeping van God of een godheid; bepaalde bewoordingen voor het bidden ★ ~ *zonder end* a) zeer langdurig gebed; b) fig iets wat eindeloos of zeer lang duurt: ★ *die schaakmatch werd een ~ zonder end*
ge·be·den[1] ww volt deelw van → **bidden**
ge·be·den[2] zn meerv van → **gebed**
ge·be·den·boek het [-en] bundel voorgeschreven gebeden
ge·beds·ge·ne·zer de (m) [-s] iem. die gebedsgenezing beoefent
ge·beds·ge·ne·zing de (v) [-en] genezing door middel van gebed
ge·beds·man·tel de (m) [-s] mantel door joden gedragen bij het gebed
ge·beds·mo·len de (m) [-s] draaibare cilinder met een gebed erop gedrukt, gebruikt door lamaïstische boeddhisten
ge·beds·riem de (m) [-en] riem door joden gedragen bij het ochtendgebed
ge·beeld·houwd bn fig in schone lijnen gebouwd
ge·been·te het [-n] ❶ beendergestel ★ *wee je ~!* uitroep waarmee men iem. ernstig waarschuwt ❷ doodsbeenderen
ge·beft bn met een bef
ge·beid bn ‹van jenever› gearomatiseerd met jeneverbessen
ge·bei·er het het luiden van kerkklokken
ge·bei·teld bn ★ ~ *zitten* gebakken zitten, zie: → **gebakken**
ge·bekt bn een bek hebbend ★ *goed ~ zijn* goed kunnen praten, goed van de tongriem gesneden zijn; zie ook bij → **vogel**
ge·belgd bn verontwaardigd
ge·be·ne·dijd bn gezegend ★ BN ook *geen ~ woord* geen enkel woord
ge·berg·te het [-n, -s] groep bergen
ge·be·ten volt deelw van → **bijten** bn boos: ★ *op iem. ~ zijn*
ge·beu·ren I ww [gebeurde, is gebeurd] geschieden, plaatsvinden ★ *het gebeurt mij* het overkomt mij ★ *het is met hem gebeurd* hij is gestorven of reddeloos verloren ★ *vooral NN het zal je (maar) ~!* het is heel vervelend als zoiets je overkomt ★ *het is zo gebeurd* het is snel klaar II het (belangrijke) gebeurtenis of reeks van gebeurtenissen, veelal in samenstellingen: ★ *het kerstgebeuren* ★ *het mediagebeuren*
ge·beur·lijk bn BN, schrijftaal wat kan gebeuren, eventueel, mogelijk; in voorkomend geval
ge·beur·lijk·heid de (v) [-heden] wat gebeuren kan, mogelijk geval
ge·beur·te·nis de (v) [-sen] ❶ voorval ❷ belangrijk voorval: ★ *dat was een ~ in de familie* ★ *blijde ~* bevalling
ge·bied I het [-en] ❶ landstreek: ★ *Twente is een ~ in het oosten van Nederland* ❷ stuk land onder iemands

gezag, → **rijk²**, → **staat II** *het* vero gezag: ★ *onder het ~ staan van*
ge·bie·den *ww* [gebood, h. geboden] ❶ het gezag voeren ❷ bevelen, voorschrijven, opdragen: ★ *mijn vader gebood me thuis te blijven* ★ *gebiedend recht* dwingend recht ★ taalk *gebiedende wijs* werkwoordsvorm die een gebod of wens uitdrukt; zie ook bij → **geboden¹**
ge·bie·der *de (m)* [-s] iem. die gebiedt
ge·bieds·deel *het* [-delen] deel van een rijksgebied: ★ *overzeese gebiedsdelen*
ge·bied·ster *de (v)* [-s] zij die gebiedt
ge·biesd *bn* met een bies afgezet
ge·bint *het* [-en], **ge·bin·te** [-n] de binten van een gebouw, het balkwerk, vooral die waarop het dak rust
ge·bi·o·lo·geerd *bn* zeer geboeid, zeer onder de indruk: ★ *~ naar een verhaal luisteren*
ge·bit *het* [-ten] ❶ tanden en kiezen ❷ kunstgebit: ★ *hij verloor zijn ~* ❸ ⟨bij paarden⟩ ²bit
ge·blaard *bn* met een witte vlek voor op de kop: ★ *een geblaarde koe*
ge·blaat *het* het blaten
ge·bla·der·te *het* de bladeren
ge·bla·seerd [-zeert] *bn* blasé
ge·ble·ken *ww volt deelw* van → **blijken**
ge·bles·seerd *bn* (licht) gewond, vooral ten gevolge van sportbeoefening
ge·ble·ven *ww volt deelw* van → **blijven**
ge·blin·deerd *bn* ❶ kogel- of bomvrij afgesloten: ★ *de terroristen werden in een geblindeerde auto afgevoerd* ❷ lichtdicht afgesloten
ge·bloemd *bn* met bloemversieringen
ge·blokt *bn* ❶ met blokfiguurtjes: ★ *een ~ tafelkleed* ❷ fors, stevig gebouwd, stoer, vierkant: ★ *een geblokte gestalte*
ge·blon·ken *ww volt deelw* van → **blinken**
ge·bo·cheld *bn* met een bochel
ge·bod *het* [-boden] ❶ bevel, voorschrift: ★ *een ~ uitvaardigen* ★ *een ~ nakomen* ★ *de Tien Geboden* door God op de berg Sinaï tot Mozes en Israël gesproken, en, op twee stenen tafelen geschreven, aan Mozes overhandigd, Deuteronomium 5: 6-21 ★ schertsend *met zijn tien geboden eten* met de vingers, zonder vork of mes ❷ wettelijke of kerkelijke huwelijksaankondiging ★ *onder de geboden staan* ondertrouwd zijn; zie ook bij → **God**
ge·bo·den¹ *volt deelw* van → **bieden** *bn* zeer raadzaam, hoogst gewenst
ge·bo·den² *ww meerv* van → **gebod**
ge·bods·bord *het* [-en] verkeer bord dat iets voorschrijft
ge·boef·te *het* gemeen volk, gespuis
ge·bo·gen *volt deelw* van → **buigen** *bn* krom, niet plat of recht
ge·bon·den *volt deelw* van → **binden** *bn* ❶ weinig vrijheid latend: ★ *~ stijl* ❷ van letterkundig werk: poëzie ❸ ⟨van soepen e.d.⟩ dikvloeibaar,

aangemengd met bloem enz. ❹ ⟨van boeken⟩ in harde band ❺ nat latent
ge·bon·den·heid *de (v)* het → **gebonden** (I bet 1) zijn, weinig vrijheid hebbend, verbondenheid
ge·boogd *bn* boogvormig
ge·boom·te *het* boomgewas, groep bomen
ge·boor·te *de (v)* [-n, -s] het geboren worden of zijn
ge·boor·te·adel *de (m)* adeldom door geboorte
ge·boor·te·ak·te *de* [-n, -s] officieel bewijsstuk met datum en plaats van geboorte
ge·boor·te·be·per·king *de (v)* opzettelijke beperking van het aantal geboorten
ge·boor·te·be·wijs *het* [-wijzen] geboorteakte
ge·boor·te·cij·fer *het* [-s] het aantal geboorten in de loop van een jaar per duizend van de gemiddelde bevolking in dat jaar
ge·boor·te·dag *de (m)* [-dagen] dag waarop men geboren is, verjaardag
ge·boor·te·golf *de* [-golven] tijdelijke sterke toeneming van het aantal geboorten
ge·boor·te·grond *de (m)* stad, streek enz. waar men geboren is
ge·boor·te·jaar *het* [-jaren] jaar van geboorte
ge·boor·te·land *het* land waarin men geboren is
ge·boor·te·lijst *de* [-en] BN verlanglijstje waaruit men een geschenk kan kiezen voor een pasgeborene
ge·boor·te·over·schot *het* [-ten] aantal waarmee het geboortecijfer het sterftecijfer in een bepaalde periode overtreft
ge·boor·te·plaats *de* [-en] plaats waar men geboren is
ge·boor·te·pre·mie *de (v)* [-s] BN kraamgeld, uitkering bij de geboorte van een kind
ge·boor·te·recht *het* [-en] recht dat iemand heeft krachtens zijn geboorte
ge·boor·te·re·ge·ling *de (v)* opzettelijke regeling van het aantal geboorten
ge·boor·te·re·gis·ter *het* [-s] boek waarin van gemeentewege geboorten met bijbehorende bijzonderheden worden ingeschreven
ge·boor·tig *bn* ★ *~ uit* geboren te of uit
ge·bo·ren *bn* ★ *~ worden* ❶ ter wereld komen ❷ fig ontstaan, voortkomen ★ *ergens ~ en getogen zijn* er ter wereld gekomen en opgegroeid zijn ★ *een ~ kunstenaar* met veel aanleg ★ *een ~ leider* iem. die alle voor het leiderschap benodigde karaktereigenschappen bezit ★ *mevrouw Jansen, geboren Pietersen* de naam van een vrouw wier meisjesnaam Pietersen is en die de achternaam van haar echtgenoot, Jansen, heeft aangenomen
ge·bor·gen *volt deelw* van → **bergen** *bn* in veiligheid, voor de toekomst goed verzorgd
ge·bor·gen·heid *de (v)* toestand van zich veilig en rustig te weten
ge·bor·neerd *bn* beperkt van verstand, kortzichtig, bekrompen
ge·bor·sten *ww volt deelw* van → **bersten**
ge·bouw *het* [-en] alles van enigszins grote omvang wat gebouwd is uit concrete materialen, zoals

woningen, kerken, fabrieken e.d.
ge·bouwd *bn* van lichaamsbouw: ★ *tenger ~*
gebr. *afk* gebroeders (in firmanamen)
ge·braad *het* vooral BN stuk vlees om te braden
ge·bracht *ww volt deelw* van → **brengen**
ge·bra·den *volt deelw* van → **braden** *bn* door braden bereid; zie ook → **duif** en → **haan**
ge·bral *het* het voortdurend brallen, schreeuwerig gesnoef: ★ *het ~ van een volksmenner*
ge·brand *bn* ★ *~ zijn op iets* het graag willen ★ *~ zijn op iem.* a) zeer op iem. gesteld zijn; b) kwaad op iem. zijn
ge·brand·schil·derd *bn* NN zie bij → **brandschilderen**: ★ *een ~ raam*
ge·brek *het* [-breken] ❶ tekort, gemis, het ontbreken: ★ *er heerste een ~ aan medicijnen* ★ *~ lijden* het allernodigste missen ★ *in gebreke blijven*, *in gebreke zijn* nalaten wat men verplicht is te doen ★ *in gebreke stellen* wijzen op het niet nakomen van een verplichting ★ *~ hebben aan* een tekort hebben aan ★ *bij ~ aan beter* als er niets beters beschikbaar is ★ NN *bij ~ aan brood eet men korstjes van pasteien* als men iets eenvoudigs ontbeert, gebruikt men desnoods iets duurs ❷ fout: ★ *slordigheid is een ~ in zijn karakter* ★ *iedere gek heeft zijn ~* niemand is volmaakt; zie ook bij → **verborgen** ❸ ziekte, afwijking: ★ *de ouderdom komt met gebreken*
ge·bre·ken *zn meerv* van → **gebrek**
ge·brek·ke·lijk *bn* ❶ lichamelijke ongemakken hebbend, vooral ten gevolge van ouderdom ❷ onvolkomen, met moeite en bezwaar
ge·brek·kig *bn* ❶ een lichamelijk gebrek hebbend ❷ met tekorten of leemten; **gebrekkigheid** *de (v)*
ge·brild *bn* een bril dragend
ge·broed *het* ❶ broedsel ❷ gespuis
ge·broe·ders *mv* mensen die elkaars broers zijn
ge·bro·ken *volt deelw* van → **breken** *bn* ❶ stuk, kapot ★ *een ~ getal* → **breuk** (bet 5) ❷ niet meer levenskrachtig: ★ *een ~ man* ★ *iem. met een ~ hart* iem. die teleurgesteld is in de liefde ★ *met ~ ogen* stervend ❸ zwak, verzwakt: ★ *met ~ stem* ❹ gebrekkig: ★ *~ Nederlands spreken* ★ *~ wit* niet zuiver wit
ge·brom *het* het voortdurend brommen
ge·bronsd *bn* glanzend bruin gebrand
ge·brouil·leerd [-broejeert] *bn* in onmin met elkaar zijnd
ge·bruik *het* [-en] ❶ het gebruiken: ★ *in ~ hebben, geven, nemen* ★ *~ maken* ★ *~ telen / invoeren voor eigen ~* om door de teler / invoerder zelf geconsumeerd te worden ❷ gewoonte, gewone wijze van doen: ★ *de heersende zeden en gebruiken* ★ BN *wegens dubbel ~* wegens overcompleet
ge·brui·ke·lijk *bn* normaal, gangbaar: ★ *het is ~ elkaar met Sinterklaas cadeautjes te geven*
ge·brui·ken *ww* [gebruikte, h. gebruikt] ❶ zich bedienen van: ★ *een computer ~* ★ *veel ruimte ~* ❷ nuttigen: ★ *suiker in de thee ~* ❸ bezigen: ★ *grote*

woorden ~ ❹ misbruik maken van (iems. vriendelijkheid, zwakheid, goedgelovigheid e.d.): ★ *je laat je ~ als je al die klusjes voor hem opknapt*
ge·brui·ker *de (m)* [-s] ❶ iem. die gebruikt ❷ iem. die drugs gebruikt, met name heroïne
ge·brui·kers·iden·ti·fi·ca·tie [-(t)sie] *de (v)* comput (Engels: *user ID*) unieke code of naam voor een individuele computergebruiker
ge·brui·kers·in·ter·face [-intərfees] *de* [-s] comput deel van de software dat voor de gebruiker zichtbaar is en waar hij mee communiceert, veelal datgene wat er op het beeldscherm zichtbaar is bij een bepaald programma
ge·brui·kers·naam *de (m)* [-namen] comput naam of identificatiecode waaronder een gebruiker bij een computersysteem bekend is
ge·brui·kers·vrien·de·lijk *bn* eenvoudig te bedienen of te gebruiken, ook door leken
ge·bruik·ma·king *de (v)* het gebruik maken: ★ *met ~ van*
ge·bruiks·aan·wij·zing *de (v)* [-en] beschrijving hoe iets gebruikt moet worden ★ *iem. met een ~* iem. met wie je pas goed kunt omgaan als je rekening houdt met een aantal slechte eigenschappen
ge·bruiks·goe·de·ren *mv* goederen bestemd voor geregeld gebruik
ge·bruiks·klaar, **ge·bruiks·klaar** *bn* klaar om gebruikt te worden
ge·bruiks·voor·werp *het* [-en] voorwerp waarvan men zich bij gewone werkzaamheden bedient
ge·bruiks·waar·de *de (v)* → **waarde** (bet 1) op grond van de gebruiksmogelijkheden
ge·bruind *bn* bruin geworden, vooral door invloed van de zon
ge·brul *het* het (herhaaldelijk) brullen
ge·build *bn* zie bij → **builen**
ge·bukt *bn* in bukhouding ★ *~ gaan onder iets* onder iets lijden, iets met moeite verdragen
ge·bul·der *het* het bulderen: ★ *het ~ van de kanonnen, van de storm*
ge·butst *bn* vol deuken
ge·buur *de* [-buren] BN, spreektaal ❶ buurman of buurvrouw ❷ ★ *in de geburen* in de buurt
ge·can·ne·leerd *bn* voorzien van cannelures
ge·cen·treerd *bn* met de middelpunten van de samenstellende delen op één lijn, vooral van een optisch stelsel
ge·char·meerd [-sjar-] *bn* bekoord, verrukt ★ *~ zijn van iem., iets* iem., iets heel aantrekkelijk vinden
ge·ci·vi·li·seerd [-zeert] *bn* beschaafd
ge·coif·feerd [-kwaf-] *bn* ❶ gekapt: ★ *keurig gecoiffeerde dames* ❷ NN sterk vereerd door, gevleid door: ★ *ze was zeer ~ door dat compliment*
ge·com·mit·teer·de *de* [-n] NN ❶ afgevaardigde, lasthebbende, gevolmachtigde, vooral iem. die toezicht houdt bij bepaalde examens ❷ lid van een dijk- of polderbestuur
ge·com·ple·xeerd *bn* BN met psychologische

problemen

ge·com·pli·ceerd *bn* ingewikkeld, moeilijk te doorzien ★ *gecompliceerde breuk* breuk van beenderen waarbij een deel van het bot door de huid steekt

ge·con·cen·treerd *bn* ❶ ⟨van vloeistoffen⟩ van sterk gehalte: ★ *~ zoutzuur* ❷ verdiept, ingespannen: ★ *~ lezen*

ge·con·den·seerd [-zeert] *bn* in verdichte toestand, ingedikt: ★ *gecondenseerde melk*

ge·con·di·tio·neerd [-(t)sjoo-] *bn* ❶ afhankelijk van zekere voorwaarden, alleen optredend onder bepaalde omstandigheden: ★ *geconditioneerde reflexen* ❷ in zekere toestand verkerend of bewaard: ★ *een wel geconditioneerde verzameling*

ge·con·fe·de·reer·den *mv* verbondenen, bondgenoten, vooral de zuidelijke staten tijdens de Amerikaanse Burgeroorlog (1861-1865)

ge·con·ser·veerd *bn* ❶ verduurzaamd ❷ fig in de oude toestand gebleven ★ *goed ~ nog in goede gezondheid, er nog goed uitziend* ⟨van oudere mensen⟩

ge·con·so·li·deerd *bn* bevestigd, vast ★ *geconsolideerde balans* balans waarin de activa en passiva van een aantal ondernemingen die een economisch geheel vormen zijn samengevoegd ★ *geconsolideerde schuld* langlopende staatsschuld

ge·con·sti·peerd *bn* med verstopt

ge·co·öp·teerd *bn* BN ⟨van een senator⟩ niet verkozen door het volk, maar opgevist door de andere senatoren

ge·cris·peerd ⟨⟨Fr⟩⟩ *bn* BN, spreektaal gespannen

ge·cul·ti·veerd *bn* ❶ aangekweekt ❷ ontwikkeld, met zorg aangekweekt

ge·daag·de *de* [-en] iem. die voor de rechtbank geroepen is

ge·daan *volt deelw* van → doen¹ *bn* afgedaan, afgehandeld; BN klaar, af, voorbij, uit: ★ *gedane zaken nemen geen keer* zijn niet meer ongedaan te maken ★ *iets ~ krijgen* tot stand brengen, bereiken, voor elkaar krijgen ★ NN *het is niets ~ het is niet goed, niet de moeite waard* ★ *het is met hem ~ hij is dood of verloren* ★ BN, spreektaal *~ zijn* klaar, af, voorbij zijn ★ BN *de school is al ~ uit* ★ BN *het moet nu maar eens ~ zijn (met iets)* afgelopen, uit zijn ★ BN, spreektaal *met iets ~ maken* aan iets een einde maken

ge·daan·te *de (v)* [-n, -s] vorm, gestalte ★ *zijn ware ~ tonen* laten zien wie men werkelijk is (meestal ongunstig) ★ *in de ~ van* er uitziend als ★ *van ~ veranderen* een andere vorm aannemen

ge·daan·te·ver·wis·se·ling *de (v)* [-en] het veranderen in een andere gedaante

ge·daas *het* het dazen, gezwam

ge·dacht *volt deelw* van → denken *het* BN, spreektaal gedachte, mening, idee, opvatting; bedoeling; zin ★ *ik heb er geen ~ van* ik heb er geen idee van ★ *van ~ veranderen* van mening veranderen ★ *zijn ~*

doen zijn zin doen

ge·dach·te *de (v)* [-n, -s] het denken, peinzen, overleg, voorstelling ★ *in gedachten verzonken* diep nadenkend ★ *zijn gedachten over iets laten gaan* over iets nadenken ★ *op de ~ komen* opeens een idee krijgen ★ *iem. op andere gedachten brengen* iem. ompraten, door praten ervoor zorgen dat iem. van mening verandert ★ *met iem. van gedachten wisselen* overleg plegen met iem., met iem. communiceren ★ *(bij) de ~ alleen al!* uitroep als het denken aan iets al weerzin oproept ★ *van ~ veranderen* een ander idee krijgen; zie ook bij → **hinken** en → **ziel** (bet 1)

ge·dach·te·gang *de (m)* opeenvolging van gedachten, redenering; denkwijze

ge·dach·te·goed *het* het geheel van bij een bep. persoon of binnen een bep. cultuur levende ideeën: ★ *het ~ van Marx, van de Azteken*

ge·dach·te·kring *de (m)* gedachtewereld

ge·dach·te·le·ven *het* gedachtewereld

ge·dach·te·le·zen *ww & het* de kunst om iemands gedachten te weten zonder dat die uitgesproken zijn, telepathie

ge·dach·te·loos *bn* zonder te denken; **gedachteloosheid** *de (v)*

ge·dach·te·nis *de (v)* [-sen] herinnering, aandenken; zie ook bij → **zaliger**

ge·dach·te·nis·vie·ring *de (v)* [-en] viering ter herdenking, vooral van een gestorvene

ge·dach·te·punt·jes *mv* drie of meer puntjes aan het eind van een niet voltooide zin, waarbij de lezer de niet geuite gedachte zelf moet afmaken: ★ *als ik hem te pakken krijg, dan...*

ge·dach·te·reeks *de* [-en] rij, opeenvolging van gedachten

ge·dach·te·sprong *de (m)* [-en] plotselinge overgang op andere gedachten

ge·dach·te·streep *de* [-strepen] aandachtsstreep

ge·dach·te·stroom *de (m)* vluggе gedachtegang, gedachtereeks

ge·dach·te·vlucht *de* verstoring in het ordelijk denken

ge·dach·te·we·reld *de* kring waarbinnen zich de gedachten bewegen

ge·dach·te·wis·se·ling *de (v)* [-en] uitwisseling van meningen over een onderwerp, bespreking, gesprek

ge·dach·te·wolk *de* [-en] ⟨in stripverhalen⟩ balloon met daarin de gedachten van een stripfiguur, d.m.v. witte bolletjes verbonden met het hoofd van deze stripfiguur

ge·dach·tig *bn* ★ *~ aan* denkend aan, voor ogen hebbend

ge·dag zeg·gen *ww* [zei gedag, h. gedag gezegd] goedendag zeggen

ge·da·teerd *bn* ❶ gedagtekend ❷ ⟨van geschriften, onderzoeken, films e.d.⟩ verouderd

ge·da·ver *het* het (aanhoudend) daveren

ge·de·ci·deerd *bn* vastberaden, zeker van zichzelf, beslist, zonder twijfel of weifeling: ★ *~ optreden*

ge·de·col·le·teerd (<Fr) bn met een laag uitgesneden halsopening

ge·de·co·reerd bn ❶ versierd met een ridderorde, geridderd ❷ versierd: ★ *een gedecoreerde boekband*

ge·deeld bn ❶ in delen verdeeld ❷ door anderen medegevoeld: ★ *gedeelde smart is halve smart*

ge·deel·te het [-n, -s] een onderdeel, een stuk van iets: ★ *een ~ van een boek* ★ *een ~ van de tijd*

ge·deel·te·lijk bn voor een deel

ge·de·gen bn ❶ degelijk, grondig, goed doordacht: ★ *een ~ werk* ❷ zuiver, onvermengd: ★ *~ goud*

ge·de·ge·ne·reerd bn ontaard, door erfelijke belasting minderwaardig

ge·deisd bn ★ *zich ~ houden* a) Barg kalm blijven; b) op de achtergrond blijven, niet opvallen

ge·dekt bn ❶ veilig, beschut ★ *zich ~ houden* zich veilig opstellen, zich niet bloot geven ❷ ⟨van kleuren⟩ stemmig, vrij donker, niet fel ❸ ⟨van de lucht⟩ bewolkt, niet helder ❹ een hoofddeksel op hebbend ❺ NN ⟨van kapsel⟩ kort geknipt, maar niet opgeschoren ❻ ★ taalk *gedekte klinkers* klinkers die niet in een open lettergreep kunnen staan, ook *korte klinkers* genoemd, bijv. die in bal, kip, munt e.d.

ge·de·le·geerd bn afgevaardigd ★ NN *~ commissaris* commissaris van een onderneming, belast met het toezicht vanwege de aandeelhouders op de directie en de gang van zaken

ge·de·le·geer·de de [-n] ❶ afgevaardigde, gevolmachtigde ❷ aangewezen schuldenaar

ge·dempt bn getemperd, dof, zacht: ★ *~ licht* ★ *op gedempte toon praten*

ge·de·na·tu·reerd bn door bijmenging voor inwendig gebruik onbruikbaar gemaakt, bijv. alcohol

ge·denk·boek het [-en] boekwerk uitgegeven ter herinnering aan een belangrijke gebeurtenis

ge·denk·dag de (m) [-dagen] dag waarop men iets gedenkt

ge·den·ken ww [gedacht, h. gedacht] niet vergeten, zich herinneren, herdenken ★ *gedenk mijner (Lucas 23: 42)* denk aan mij

ge·denk·jaar het [-jaren] jaar waarin een feit herdacht wordt

ge·denk·naald de [-en] naaldvormig gedenkteken

ge·denk·pen·ning de (m) [-en] penning ter gedachtenis aan een bepaald feit

ge·denk·plaat de [-platen] ❶ gedenksteen ❷ → **plaat** (bet 2) uitgegeven ter herinnering aan een belangrijk feit

ge·denk·re·de de [-s] redevoering ter gedachtenis aan iets of iemand

ge·denk·schrift het [-en] ❶ geschrift waarin gebeurtenissen ter herdenking zijn vastgelegd ❷ geschrift waarin het eigen verleden ter gedachtenis is opgetekend

ge·denk·spreuk de [-en] spreuk die in verband staat met een belangrijke gebeurtenis

ge·denk·steen de (m) [-stenen] stenen plaat met inscripties ter herinnering aan personen of gebeurtenissen

ge·denk·stuk het [-ken] voorwerp van waarde of kunst dat de herinnering aan iemand of iets levendig houdt

ge·denk·te·ken het [-s] monument ter herinnering aan iets of iemand

ge·denk·waar·dig bn waard herdacht te worden: ★ *een ~ moment*; **gedenkwaardigheid** de (v) [-heden]

ge·denk·zuil de [-en] zuil ter herinnering aan iets of iemand

ge·de·por·teer·de de [-n] iem. die weggevoerd is; banneling

ge·de·pri·meerd bn terneergeslagen, in een depressie verkerend

ge·de·pu·teer·de de [-n] ❶ afgevaardigde, vooral volksvertegenwoordiger ❷ NN lid van een dijk- of polderbestuur ❸ NN lid van *Gedeputeerde Staten*: het dagelijks bestuur van een provincie, gekozen uit en door de Provinciale Staten

ge·de·ran·geerd [-zjeert] (<Fr) bn ❶ in de war, niet goed bij het hoofd ❷ in ongunstige financiële omstandigheden verkerend

ge·des·il·lu·sio·neerd [-luuzjoo-] bn ontgoocheld, ernstig teleurgesteld

ge·des·in·te·res·seerd (<Fr) bn ❶ geen belang bij de zaak hebbend ❷ zonder belangstelling: ★ *~ luisteren*

ge·des·ori·ën·teerd bn het spoor bijster, in de war

ge·des·til·leerd bn & het → **gedistilleerd**

ge·de·tail·leerd [-tajjeert] bn omstandig, in bijzonderheden gaand: ★ *een ~ verslag*

ge·de·ti·neer·de de [-n] iemand die zich in detentie bevindt, gevangene

ge·dicht het [-en] uiting van gevoelens en gedachten, op zodanige wijze verwoord dat de vorm, het ritme, het beeldend vermogen enz. van de taal evenzeer bijdragen tot de betekenis van die uiting als de feitelijke betekenis van de gebruikte woorden en zinnen: ★ *het idee dat gedichten moeten rijmen, is in de twintigste eeuw verlaten*

ge·dich·ten·bun·del de (m) [-s] bundel met gedichten

ge·dien·stig bn graag diensten bewijzend, hulpvaardig

ge·dien·stig·heid de (v) [-heden] hulpvaardigheid

ge·dier·te het ❶ de dieren ❷ [mv: -n, -s] dier

ge·dij·en ww [gedijde, h. & is gedijd] voorspoedig, welig groeien ★ *gestolen goed gedijt niet* levert geen blijvend voordeel op

ge·ding het [-en] ❶ rechtszaak, proces ★ *kort ~* spoedeisend geding, gevoerd voor de president van een rechtbank ❷ fig geschil, kwestie; *bij uitbreiding* bespreking, behandeling: ★ *in ~ zijn* ★ *in het ~ komen*

ge·di·plo·meerd bn van een of meer getuigschriften van bekwaamheid voorzien

ge·dis·ci·pli·neerd bn aan orde en tucht gewend ★ *~ te werk gaan* volgens bepaalde strikte regels

ge·dis·po·neerd *bn* plechtig ❶ op zekere wijze gestemd of geluimd ❷ de juiste stemming tot iets hebbend ❸ aanleg hebbend (voor een kwaal)

ge·dis·pro·por·tio·neerd [-sjoo-] *(<Fr) bn* onevenredig, zonder goede verhoudingen

ge·dis·til·leerd, ge·des·til·leerd I *bn* gestookt II *het* sterkedrank

ge·dis·tin·geerd *bn* zich onderscheidend door fijne vormen en aan het uiterlijk bestede zorg, voornaam: ★ *een ~ heer*

ge·docht *ww volt deelw* van → **dunken¹**

ge·do·cu·men·teerd *bn* met bewijzen of stukken gestaafd

ge·doe *het* drukte, opschudding: ★ *het was een heel ~ alles weer op te ruimen*

ge·do·gen *ww* [gedoogde, h. gedoogd] ❶ toelaten, dulden: ★ *softdrugs ~* ❷ ⟨van politieke partijen⟩ passieve steun aan een kabinet geven door bij beslissende stemmingen in het parlement zich van stemming te onthouden, althans niet tegen het kabinet te stemmen

ge·do·ken *ww volt deelw* van → **duiken**

ge·dol·ven *ww volt deelw* van → **delven**

ge·do·mi·ci·li·eerd *bn* BN ook officieel woonachtig: ★ *stemgerechtigden die in de betreffende gemeente zijn ~*

ge·don·der *het* ❶ het (voortdurend) donderen ❷ gezeur, gezanik, drukte, vervelend gedoe: ★ *is dat ~ nu eens afgelopen!* ❸ moeilijkheden ★ *daar heb je het ~ in de glazen* nu beginnen de moeilijkheden die we al verwachtten

ge·don·der·jaag *het* het voortdurend donderjagen

ge·don·gen *ww volt deelw* van → **dingen**

ge·dood·verfd *bn* ★ *de gedoodverfde winnaar, kampioen e.d.* degene die naar verwachting winnaar, kampioen e.d. zal worden

ge·doog·be·leid *het* beleid waarbij handelingen die weliswaar onwettig zijn, maar minder ernstig worden gevonden (handel in softdrugs, prostitutie) oogluikend worden toegelaten

ge·doog·steun *de (m)* steun in het parlement aan de regering of aan regeringsvoorstellen van een partij die niet in de regering vertegenwoordigd is

ge·doog·zo·ne [-zònə] *de (v)* [-s] gebied waarbinnen bepaalde elders niet toegestane handelingen wèl worden toegelaten: ★ *een ~ voor straatprostituees*

ge·drag *het* [*als mv doet dienst*: gedragingen] manier waarop men zich gedraagt: ★ *bewijs van goed ~* ★ *daar sta je met je goede ~* gezegd als men machteloos staat tegenover onverwachte zaken

ge·dra·gen¹ *bn* ⟨voordracht, muziek, zang⟩ rustig en statig

ge·dra·gen² *wederk* [gedroeg, h. gedragen] gedrag vertonen: ★ *zich goed (slecht) ~* ★ *je moet je weten te ~ het juiste, gepaste gedrag weten te voeren* ★ *gedraag je!* gedraag je zoals het behoort!

ge·dra·gin·gen *mv* zie bij → **gedrag**

ge·drags·cij·fer *het* [-s] cijfer waarin het gedrag van een leerling wordt uitgedrukt

ge·drags·leer *de* tak van wetenschap binnen de psychologie die het menselijk gedrag bestudeert

ge·drags·lijn *de* weloverwogen handelwijze

ge·drags·pa·troon *het* [-tronen] vaste gewoonten en zeden

ge·drags·re·gel *de (m)* [-s, -en] regel voor gedragslijn

ge·drags·the·ra·pie *de (v)* psych benaming voor een aantal technieken gebruikt bij de behandeling van mensen, vooral die met neurotische gedragsstoornissen

ge·drags·we·ten·schap·pen *mv* wetenschappen van het menselijk gedrag (psychologie, sociologie e.d.)

ge·drang *het* ❶ het dringen ❷ dringende mensenmassa ★ *in het ~ fig* in het nauw: ★ *door de vele feestelijkheden komt (raakt) het werk in het ~* ★ *buiten het ~ blijven* zich niet bemoeien met zaken waaruit moeilijkheden kunnen voortvloeien

ge·dre·ven *volt deelw* van → **drijven** *bn* bezield, gemotiveerd, behept met een krachtige overtuiging: ★ *een ~ politicus*

ge·drie·ën *telw* met drie personen

ge·drocht *het* [-en] afzichtelijk wezen

ge·droch·te·lijk *bn* wanstaltig, afzichtelijk

ge·dron·gen *volt deelw* van → **dringen** *bn* ❶ klein, maar fors gebouwd: ★ *een ~ postuur* ❷ in beknopte vorm veel uitdrukkend: ★ *een ~ stijl*; **gedrongenheid** *de (v)*

ge·dron·ken *ww volt deelw* van → **drinken**

ge·dro·pen *ww volt deelw* van → **druipen**

ge·druis *het* dof geraas

ge·drukt *bn* ❶ neerslachtig: ★ *een gedrukte stemming* ❷ handel niet levendig: ★ *de Aziatische beurzen werden gedrukt door lagere grondstofprijzen*; **gedruktheid** *de (v)*

Ged. St. *afk* in Nederland Gedeputeerde Staten

ge·ducht *bn* gevreesd, geweldig: ★ *een ~ tegenstander* ★ *~ drinken*

ge·duld *het* eigenschap waarbij men met kalmte lang kan wachten en veel kan verdragen alvorens een te verwachten gebeurtenis plaatsvindt: ★ *om kinderen en honden iets bij te brengen moet men soms veel ~ betrachten* ★ *~ oefenen* geduld hebben ★ *zijn ~ verliezen* niet meer kalm en gelaten de dingen willen afwachten, ongeduldig worden ★ *iems. ~ op de proef stellen* zich zo tegenover iem. gedragen dat die makkelijk zijn geduld kan verliezen: ★ *die zeurende kinderen stelden haar ~ zwaar op de proef*

ge·dul·dig *bn* veel kunnende verdragen, kunnende wachten

ge·duld·oe·fe·ning *de (v)* ❶ het geduldig zijn ❷ geduldwerk

ge·duld·werk *het* werk, bezigheid waarvoor geduld vereist wordt: ★ *legpuzzelen is een ~*

ge·du·peerd *bn* beetgenomen, tot slachtoffer gemaakt; **gedupeerde** *de* [-n]

ge·du·ren·de *vz* binnen de tijd van: ★ *~ een jaar, ~ de oorlog*

ge·durfd bn van durf blijk gevend, gewaagd, gevaarlijk: ★ *een gedurfde onderneming*
ge·du·rig bn ❶ voortdurend, langdurig ❷ vaak herhaald
ge·du·vel *het* vervelende moeilijkheden, → **gedonder** (bet 2)
ge·dwee bn meegaand, volgzaam: ★ *een gedweeë bevolking* ★ *hij liet zich ~ meevoeren*; **gedweeheid** *de (v)*
ge·dwon·gen *volt deelw* van → **dwingen** bn onnatuurlijk, stijf ★ *~ ontslag* onvrijwillig ontslag, vooral bij sluiting of inkrimping van een bedrijf; **gedwongenheid** *de (v)*
ge·ëerd bn geacht
geef *de (m)* ★ *te ~* uiterst goedkoop
ge·ëi·gend (*‹Du*) bn geschikt
geel I bn bepaalde lichte hoofdkleur ★ *voetbal de gele kaart* kaart die door de scheidsrechter aan een speler getoond wordt als officiële waarschuwing na bepaalde overtredingen ★ *het gele ras* het mongolide ras ★ *het gele gevaar* de Oost-Aziatische volken, gezien als bedreiging voor de Westerse cultuur ★ NN *de gele pers* de sensatiepers, de boulevardpers ★ *gele koorts* door steekmuggen overgebrachte virusinfectie bij mens en dier, in tropisch Afrika en Amerika ★ *gele vlek* bep. gevoelige plek op het netvlies van het oog ★ wielersport *de gele trui* trui die de best geklasseerde renner in het algemeen klassement van de Tour de France draagt; zie ook bij → **groen¹**, → **libanon II** *het* ❶ gele kleur, gele kleurstof of verfstof ❷ dooier van een ei ❸ ★ *voetbal het ~ zien*, *voorgetoverd krijgen* een waarschuwing krijgen door middel van een gele kaart; **geelachtig** bn
geel·bes *de* [-sen] bes met gele kleurstof in Zuid-Frankrijk, *Rhamnus*
geel·blond bn heel licht blond
geel·fil·ter *de (m) & het* [-s] fotogr optisch filter dat de ultraviolette, violette en blauwe stralen van het spectrum geheel of gedeeltelijk absorbeert, o.a. gebruikt om de contrasten tussen wolken en de blauwe hemel op foto's te vergroten
geel·gie·ten *ww & het* (het) gieten van geel koper
geel·gie·te·rij *de (v)* [-en] ❶ het geelgieten ❷ geelgietersbedrijf
geel·gors *de* [-gorzen] zangvogeltje met gele kop (*Emberiza citrinella*)
geel·kop *de (m)* [-pen] zeearend: ★ *de ~ heeft een gele snavel*
geel·ko·per *het* verbinding van koper en zink, messing; *ook als twee woorden geschreven*: geel koper
geel·ko·pe·ren bn van geelkoper
geel·kruid *het* wouw (*Reseda luteola*)
geel·slang *de* [-en] brilslang
geel·ster *de* [-ren] lelieachtig bolgewas (*Gagea*)
geel·tje *het* [-s] ❶ NN, Barg, *vroeger* bankbiljet van 25 gulden ❷ geel voorwerp, geel diertje
geel·vink *de* [-en] soort vink (*Serinus hortulanus*)

geel·wor·tel *de (m)* ❶ in Noord-Amerika inheemse sierheester uit de ranonkelfamilie, met geveerde bladeren en kleine, donkerpaarse bloemen (*Xanthorrhiza simplicissima*) ❷ de gedroogde en verpoederde wortelstok van de kurkuma, gebruikt als specerij (koenjit) of als kleurstof
geel·zucht *de* ziekte waarbij de huid en het oogwit geel worden als gevolg van een te hoog gehalte aan galkleurstof in het bloed
ge·ëman·ci·peerd bn ❶ gelijkgesteld (in rechten): ★ *die bevolkingsgroep is nu ~* ❷ zich los gemaakt hebbend van maatschappelijke banden of conventies, vrij: ★ *een geëmancipeerde vrouw* ❸ uit slavernij of lijfeigenschap ontslagen, vrijgelaten, vrijverklaard
ge·ëmo·tio·neerd [-(t)sjoo-] (*‹Fr*) bn met merkbare gemoedsaandoening: ★ *hij sprak zeer ~ op die begrafenis*
ge·ëm·ploy·eer·de [-amplwajjeer-] *de* [-n] (kantoor)bediende
geen I *telw*, **II** *vnw* ❶ niet één: ★ *er was ~ mens aanwezig* ★ *hij heeft ~ kinderen* ★ *in ~ geval* beslist niet, nooit ❷ niet: ★ *ik heb ~ geld* ★ *zij lust ~ aardappels* ★ *dit is ~ doen* ondoenlijk ★ *dat zijn ~ manieren* dat gedrag is onbehoorlijk ★ *dat is ~ leven* het leven is onder de eerder genoemde omstandigheden slecht, ongelukkig ★ *van nul en gener(lei) waarde* waardeloos
-geen achtervoegsel (*‹Gr*) achtervoegsel dat aanduidt dat het in het voorafgaande deel genoemde gevormd wordt, bijv. ★ *hematogeen* bloedvormend
geen·eens *bijw* inf niet eens
ge·ën·ga·geerd [-āyaazjeert] bn ❶ persoonlijk betrokken bij, verplichtingen hebbend tegenover ❷ verloofd; *vgl*: → **engagement**; zie ook bij → **engageren**
geens·zins, **geens·zins** *bijw* helemaal niet
geep *de* (gepen) zeevis met een lange bek (*Belone*)
geer *de* [geren] schuine punt, scheve kant
ge·ërf·de *de* [-n] iem. die een erf of een stuk grond bezit
geer·valk *de* [-en] → **giervalk**
geest¹ *de (m)* [-en] ❶ het werkzaam gedachte- en wilsleven van de mens, psyche ★ *dat staat mij voor de ~* dat meen ik mij te herinneren ★ *de ~ is (wel) gewillig, maar het vlees is zwak* opkomende goede voornemens worden dikwijls door lichamelijke neigingen of gebrek aan wilskracht tenietgedaan ★ *de ~ krijgen* bezield worden tot iets groots of moois ❷ levenskracht ★ *de ~ geven* sterven ❸ stemming, sfeer: ★ *een ~ van verdraagzaamheid* ❹ gedachtewereld: ★ *de ~ van een volk* ❺ gedachtegang, opvatting: ★ *in iemands ~ handelen* ★ *in deze ~ volgens die gedachte* ★ *ze zei iets in de ~ van dat zij zou betalen* ze maakte een opmerking waarop opgemaakt kon worden dat ze zou betalen ❻ wezen zonder lichaam, spook: ★ *er waarde een ~ rond* ★ *een goede ~* ★ *een boze ~* ★ *er*

uitzien als een ~ er zeer bleek, mager of ziekelijk uitzien ❼ persoon met een krachtig geestesleven ★ *hoe groter ~, hoe groter beest* hoe groter begaafdheid, hoe groter beestachtigheid ❽ vluchtig bestanddeel: ★ *~ van salmiak* ★ *~ van zout*

geest² *de (m)* vooral NN zandgrond tussen duinen en polderland, geestgrond

geest·do·dend *bn* afstompend voor de → **geest¹** (bet 1), saai, vervelend

geest·drift *de* vervoering, enthousiasme

geest·drif·tig *bn* met geestdrift, enthousiast

geest·drij·ver *de (m)* [-s] NN dweepzuchtig, fanatiek persoon

gees·te·lijk *bn* ❶ eigen aan, betreffende de → **geest¹** (bet 1): ★ *~ overwicht* ★ *de geestelijke vader* zie bij → **vader** (bet 4) ❷ in de gedachtewereld bestaand: ★ *een ~ samenzijn* ❸ godsdienstig: ★ *geestelijke poëzie* ★ *~ leven* ❹ kerkelijk: ★ *geestelijke goederen*

gees·te·lij·ke I *de* [-n] iemand wiens levensstaak het is, de kerk te dienen; vooral RK alleen: II *de (m)* iem. die daartoe de kerkelijke wijding heeft ontvangen

gees·te·lijk·heid *de (v)* de gezamenlijke geestelijken

gees·te·loos *bn* zonder geest, zonder vernuft

gees·ten·ban·ner *de (m)* [-s] iem. die boze geesten uitbant

gees·ten·be·zweer·der *de (m)* [-s] iem. die geesten bezweert

gees·ten·we·reld *de* de wereld van de geesten (→ **geest¹**, bet 6)

gees·ten·zie·ner *de (m)* [-s] iem. die geesten (→ **geest¹**, bet 6) zien kan

gees·tes·ar·beid *de (m)* hersenarbeid

gees·tes·be·scha·ving *de (v)* beschaafdheid van de → **geest¹** (bet 1)

gees·tes·ga·ve *de* [-n] talent

gees·tes·ge·steld·heid *de (v)* [-heden] ❶ stemming ❷ manier van denken of gevoelens

gees·tes·hou·ding *de (v)* [-en] wijze van denken over de dingen

gees·tes·kind *het* [-eren] voortbrengsel van de → **geest¹** (bet 1), geestesproduct

gees·tes·le·ven *het* uitingen en werkingen van de menselijke → **geest¹** (bet 1)

gees·tes·oog *het* verbeelding, fantasie

gees·tes·pro·duct *het* [-en] voortbrengsel van de → **geest¹** (bet 1), zoals uitvindingen, theorieën, kunstuitingen e.d.

gees·tes·rich·ting *de (v)* [-en] richting van de → **geest¹** (bet 5), denkwijze, gezindheid

gees·tes·we·ten·schap·pen ⟨*Du*⟩ *mv* wetenschappen van de uitingen en werkingen van de menselijke geest (theologie, rechtswetenschap, taal- en letterkunde, wijsbegeerte) in tegenstelling tot natuurwetenschappen

gees·tes·ziek *bn* zielsziek

gees·tes·ziek·te *de (v)* [-n, -s] zielsziekte

geest·grond *de (m)* [-en] vooral NN zandgrond tussen duinen en polderland

gees·tig *bn* ❶ grappig, getuigend van een levendige → **geest¹** (bet 1): ★ *een geestige opmerking* ❷ leuke, scherpe opmerkingen makend: ★ *een ~ redenaar*

gees·tig·heid *de (v)* ❶ het geestig zijn ❷ [*mv*: -heden] geestige opmerking, aardigheid

geest·kracht *de* vastbeslotenheid, wilskracht

geest·loos *bn* → **geesteloos**

geest·rijk *bn* alcohol bevattend: ★ *~ vocht*

geest·ver·hef·fend, geest·ver·hef·fend *bn* een edele invloed uitoefenend op het denken en gevoelen

geest·ver·hef·fing *de (v)* hoge, edele gemoedsstemming

geest·ver·mo·gens *mv* bekwaamheden van de → **geest¹** (bet 1)

geest·ver·rui·mend *bn* ❶ ruimere, diepere inzichten gevend ❷ bewustzijnsverruimend: ★ *onder invloed van geestverruimende middelen* onder invloed van bepaalde drugs

geest·ver·schij·ning *de (v)* [-en] verschijning van een → **geest¹** (bet 6); spookverschijning

geest·ver·voe·ring *de (v)* [-en] toestand waarin gedachten en gevoelens een ongewone intensiteit hebben

geest·ver·want *de (m)* [-en] iem. met dezelfde opvattingen

geest·ver·want·schap *de (v)* het geestverwant zijn

geeuw *de (m)* [-en] het geeuwen, gaap

geeu·wen *ww* [geeuwde, h. gegeeuwd] gapen

geeu·we·rig *bn* neiging tot geeuwen hebbend; herhaaldelijk geeuwend

geeuw·hon·ger *de (m)* plotselinge hevige honger

ge·ëven·re·digd *bn* ❶ volgens evenredigheid, in juiste verhouding ❷ ★ *~ aan* overeenkomend met, beantwoordend aan

ge·ëxal·teerd *bn* ❶ overspannen, overdreven: ★ *~ kritiek geven* ❷ in vervoering, opgewonden

ge·fail·leer·de [-fajjeer-] *de* [-n] iem. die failliet verklaard is

ge·far·ceerd *bn* opgevuld (van vleesspijzen of vis)

ge·fe·li·ci·teerd *tsw* gelukgewenst: ★ *~ met je verjaardag!*

ge·fe·mel *het* het (voortdurend) femelen, geteem

ge·fin·geerd *bn* verzonnen, verdicht, niet werkelijk: ★ *een gefingeerde naam*

ge·flat·teerd *bn* zie bij → **flatteren**

ge·flipt *bn* inf mislukt; zie ook bij → **flippen**

ge·flo·ten *ww* volt deelw van → **fluiten**

ge·fluis·ter *het* ❶ het (aanhoudend) fluisteren ❷ heimelijk (meestal afkeurend) gepraat: ★ *dat geeft aanleiding tot ~* ❸ literair zacht geruis: ★ *het ~ van de bomen*

ge·fluit *het* het (telkens of aanhoudend) fluiten

ge·for·ceerd *bn* ❶ gedwongen, genoodzaakt ❷ gewild, onnatuurlijk: ★ *geforceerde hartelijkheid* ❸ met bovenmatige inspanning volbracht of verricht ❹ door kunstmatige vervroeging verkregen ⟨van bloemen en vruchten⟩

ge·for·tu·neerd ⟨*Fr*⟩ *bn* vermogend, rijk

ge·frus·treerd *bn* zich tekortgedaan voelend, teleurgesteld

ge·fun·deerd *bn* ❶ gevestigd, gesticht ❷ ‹van een schuld› voor de rente en aflossing waarvan bepaalde staatsinkomsten zijn aangewezen ❸ op goede gronden berustend: ★ *een gefundeerde theorie*

ge·fun·de·nes Fres·sen [γəfoendənəs -] *(‹Du) het geringsch* gebeurtenis waaruit men voordeel kan halen, vooral die men als argument kan gebruiken tegen tegenstanders

ge·ga·dig·de *de* [-n] belanghebbende, belangstellende, kooplustige

ge·gaf·feld *bn* met een gaffelvorm

ge·ga·lon·neerd *bn* ❶ met galon versierd ❷ gekleed in een uniform met galons

ge·gal·va·ni·seerd [-zeert] *bn* met een laagje zink bedekt (tegen roesten)

ge·ga·ran·deerd *bn* ❶ gewaarborgd ❷ stellig, zeker: ★ *hij komt ~ te laat*

ge·geerd[1] *bn* herald verdeeld in schuine hoeken

ge·geerd[2] *bn* BN ook gewild, gewenst, geliefd, in trek; begeerd; welkom: ★ *een ~ diploma, gerecht, publiek*

ge·ge·neerd [gəzjə-] *bn* belemmerd, gedwongen, zich onvrij voelend, met zijn figuur verlegen: ★ *ik voelde me ~ met mijn modderschoenen op die receptie*

ge·ge·ten *ww volt deelw van* → **eten**

ge·ge·ven I *het* [-s] ❶ bekende grootheid, waarmee men wiskundig kan voortwerken ❷ bekend feit, waaruit men gevolgtrekkingen kan maken: ★ *gegevens verzamelen die een theorie ondersteunen* **II** *bn* ❶ als gift verkregen; zie ook bij → **paard** ❷ als grootheid bekend; bepaald, door de loop van de gebeurtenissen ontstaan: ★ *in de ~ omstandigheden* ★ *op een ~ ogenblik*

ge·ge·ven·heid *de (v)* [-heden] vaststaand feit, waarvan kan worden uitgegaan

ge·ge·vens·com·pri·me·ring *de (v)* comput het efficiënt opslaan van data waarbij de omvang wordt verkleind

ge·ge·vens·ver·wer·king *de (v)* comput geautomatiseerd proces waarbij gegevens worden bewerkt en het resultaat wordt uitgedrukt in nieuwe gegevens

ge·gie·chel *het* flauw, kinderachtig gelach

ge·gij·zel·de *de* [-n] gijzelaar, iem. die gegijzeld is

ge·glansd *bn* glanzend gemaakt

ge·gle·den *ww volt deelw van* → **glijden**

ge·glom·men *ww volt deelw van* → **glimmen**

ge·goed *bn* welgesteld: ★ *de gegoede burgerij*

ge·gol·den *ww volt deelw van* → **gelden**

ge·golfd *bn* met golvende vorm

ge·gooi *het* het (voortdurend) gooien ★ *NN daar heb je het ~ in de glazen daar komt de (verwachte) narigheid*

ge·go·ten *volt deelw van* → **gieten** *bn* verkregen door het metaal in vloeibare toestand in bepaalde vormen te gieten ★ *die jas zit als ~, zit aan het lijf ~ is precies passend*

ge·gra·du·eerd *(‹Fr) bn* ❶ in het bezit van een academische graad of een militaire rang ❷ BN, vero in het bezit van het diploma van de graad van gegradueerde

ge·gra·du·eer·de *de* [-n] ❶ iem. die een graad heeft, vooral een academische graad ❷ met een rang bekleed militair ❸ BN, vero iem. die in het bezit is van een graad, verkregen aan een instituut voor niet-universitair hoger onderwijs van het korte type

ge·gre·pen *ww volt deelw van* → **grijpen**

ge·groefd *bn* met groeven

ge·groe·peerd *bn* ★ *~ voetbal* manier van voetballen waarbij vanuit de achterhoede aanvallen door korte passes worden opgezet

ge·grond *bn* op juiste overwegingen berustend: ★ *gegronde argumenten aanvoeren*; **gegrondheid** *de (v)*

ge·haaid *bn* geslepen, handig, gewiekst: ★ *een ~ diplomaat*

ge·haast *bn* met grote haast, zeer haastig

ge·haat *bn* haat ondervindend: ★ *een ~ regime*

ge·had *ww volt deelw van* → **hebben**

ge·hak·ke·tak *het* gezanik, gevit, voortdurende vervelende kritiek

ge·hakt *het* fijngemalen vlees ★ *~ van iem. maken* a) iem. in elkaar slaan; b) iem. een flinke nederlaag toebrengen

ge·hakt·bal *de (m)* [-len] ❶ hoeveelheid gehakt in de vorm van een bal, veelal aangemaakt met eieren en beschuit of paneermeel ❷ NN, scheldwoord slappeling, sufferd, sul

ge·hakt·mo·len *de (m)* [-s] machine om vlees fijn te malen tot gehakt

ge·hal·te *het* [-n, -s] ❶ bestanddeel aan een bepaalde stof zoals goud, zuurstof enz. in verhouding tot de rest ❷ fig innerlijke waarde

ge·han·di·capt [-hendiekept] *bn* in zijn bewegingen belemmerd; met een handicap ★ *meervoudig ~* met meer dan één handicap ★ *geestelijk ~*, BN ook *mentaal ~*

ge·han·di·cap·te [-hendiekep-] *de* [-n] persoon die wegens lichamelijke of geestelijke afwijkingen niet volledig arbeidsgeschikt is, resp. aan het normale maatschappelijk leven kan deelnemen

ge·han·ge·ne *de* [-n] iem. die opgehangen is ★ *in het huis van de ~ spreekt men niet over de strop (of de galg)* men vermijdt een onderwerp dat pijnlijke herinneringen kan opwekken

ge·han·nes *het* NN onhandig gedoe

ge·hard *bn* ❶ door oefening of ervaring bestand tegen ontberingen ❷ ‹van staal› hard gemaakt; **gehardheid** *de (v)*

ge·har·nast *bn* ❶ een harnas dragend: ★ *een geharnaste ridder* ❷ fig tegen aanvallen bestand; fel, scherp aanvallend: ★ *een ~ criticus*

ge·har·re·war *het* gekibbel, getwist, moeilijkheden

ge·has·pel *het* ❶ onhandig gedoe, geknoei

❷ geharrewar

ge·ha·vend *bn* nogal beschadigd, toegetakeld: ★ ~ *uit de strijd komen*

ge·hecht *bn* ★ ~ *zijn aan* zich verbonden voelen met, houden van; **gehechtheid** *de (v)*

ge·heel I *bn bijw* helemaal, totaal: ★ *de cursus duurt het gehele jaar* ★ *het kleed zat ~ onder de vlekken* ★ *een ~ getal* een getal dat geen breuk is **II** *het* [-helen] eenheid van samenstellende delen ★ *in het ~* alles samen ★ *in het ~ niet* helemaal niet ★ *over het ~ (genomen)* het geheel beschouwend, zonder bijzonderheden

ge·heel·ont·hou·der *de (m)* [-s] iem. die geen alcoholhoudende dranken gebruikt

ge·heid *bn* vooral NN, spreektaal beslist, zeker, overduidelijk: ★ *een geheide strafschop* ★ *wij gaan ~ winnen*

ge·hei·ligd *bn* ❶ gewijd aan (vooral aan God of een godheid) ❷ als heilig erkend

ge·heim (⟨Du⟩) **I** *bn* niet bekend gemaakt, verborgen gehouden ★ *geheime dienst* overheidsdienst die zorgt voor de staatsveiligheid ★ *geheim agent* lid van de geheime dienst ★ *geheime politie* politieafdeling die niet in het openbaar functioneert ★ *~ gemak* zie bij → **gemak** (bet 3) **II** *het* [-en] ❶ niet bekendgemaakt feit: ★ *een ~ bewaren* ❷ mysterieus feit: ★ *de geheimen van het oerwoud* ★ *een publiek ~* iets wat geheim zou moeten zijn, maar algemeen bekend is ★ *het ~ bezitten van* de manier van vervaardigen of toebereiden kennen, veelal fig bijzonder bedreven zijn in ★ *dat is mijn ~* die kunst versta ik ★ *een ~ (kunnen) bewaren* niet de neiging hebben een geheim openbaar te maken ★ *geen geheimen voor iem. hebben* niets voor iem. verborgen houden ★ *ergens geen geheim van maken* iets tegen iedereen (willen) vertellen; zie ook bij → **smid**

ge·hei·me·nis *de (v)* [-sen] geheim, verborgenheid

ge·heim·hou·den *ww* [hield geheim, h. geheimgehouden] niet bekendmaken, verborgen houden

ge·heim·hou·ding *de (v)* het niet bekendmaken

ge·heim·schrift *het* alleen aan ingewijden bekende schrifttekens

ge·heim·taal *de* [-talen] taal die alleen voor ingewijden verstaanbaar is, vooral jargon

ge·heim·zin·nig *bn* raadselachtig, waarvan de bedoeling niet duidelijk blijkt; waarvan niet veel bekend is: ★ *de geheimzinnige Azteken*

ge·heim·zin·nig·heid *de (v)* [-heden] iets wat geheimzinnig is, geheimzinnige handelwijze, geheimzinnig gedoe

ge·helmd *bn* een → **helm**[1] (bet 1) dragend

ge·he·mel·te *het* [-n, -s] bovenwand van de mondholte ★ *het ~ strelen* heel lekker zijn

ge·he·sen *ww volt deelw* van → **hijsen**

ge·heu·gen *het* ❶ het vermogen om feiten enz. te onthouden ★ *iem. iets in het ~ prenten* iem. iets zodanig vertellen dat deze het blijvend onthoudt ★ *vers in het ~ liggen* pas gebeurd zijn, zodat men het nog goed kan herinneren ★ *een geheugen als een olifant*, NN *een ~ als een ijzeren pot* een bijzonder goed geheugen ★ *een ~ als een zeef*, garnaal een bijzonder slecht geheugen ★ *fotografisch ~* vermogen om wat men gezien of gelezen heeft exact te onthouden ❷ comput onderdeel van een computersysteem waarin gegevens zodanig worden vastgelegd dat er later weer over beschikt kan worden

ge·heu·gen·ca·pa·ci·teit *de (v)* comput maat voor de hoeveelheid data die in een computergeheugen kan worden opgeslagen

ge·heu·ge·nis *de (v)* [-sen] heugenis

ge·heu·gen·leer *de* mnemotechniek

ge·heu·gen·lek *het* [-ken] comput bug in een programma waarbij geheugenruimte die niet meer wordt gebruikt, toch niet wordt vrijgemaakt

ge·heu·gen·plaats *de (v)* [-en] comput plek in het vaste geheugen op een schijf of in het werkgeheugen

ge·heu·gen·re·si·dent [-zie-] *bn* comput continu in het geheugen aanwezig

ge·heu·gen·steun·tje *het* [-s] middeltje om iets te onthouden

ge·heu·gen·stoor·nis *de (v)* [-sen] ziekelijke verzwakking van het geheugen

ge·heu·gen·uit·brei·ding *de (v)* [-en] comput het vergroten van het werkgeheugen van een computer door toevoeging van geheugenchips

ge·heu·gen·vak *het* [-ken] studievak waarbij het vooral op het geheugen aankomt, zoals geschiedenis

ge·heu·gen·ver·lies *het* verlies van het vermogen zaken te onthouden

ge·heu·gen·werk *het* werk waarbij veel van buiten geleerd moet worden, zodat er constant een beroep gedaan moet worden op het geheugen

ge·he·ven *ww volt deelw* van → **heffen**

ge·hin·derd *bn* een gevoel van belemmering hebbend

ge·hol·pen *ww volt deelw* van → **helpen**

ge·ho·mo·lo·geerd (⟨Fr⟩) *bn* BN ⟨in het onderwijs⟩ officieel bekrachtigd, goedgekeurd na controle van het lesprogramma en van het gepresteerde werk: ★ *een leerling met ~ diploma*

ge·hoor *het* ❶ het zintuig waarmee men hoort ★ *op het ~ spelen*, muz niet van papier ★ *dat ligt goed in het ~* klinkt prettig; zie ook bij → **absoluut** ★ *wat een vervelend ~ is dat zagen* vervelend om aan te horen ★ *geen ~ krijgen* geen blijk dat men gehoord wordt of de aandacht heeft ★ *~ geven aan iets* eraan gevolg geven ★ *een lied ten gehore brengen* een lied zingen ❷ toehoorders, publiek: ★ *een talrijk ~* ★ *ten gehore brengen* voor een publiek doen horen ❸ audiëntie: ★ *iem. in ~ ontvangen*

ge·hoor·ap·pa·raat *het* [-raten] toestel door slechthorenden gedragen ter versterking van het

geluid
ge·hoor·been·tjes *mv* drie beentjes achter het trommelvlies, die de trillingen overbrengen; naar de vorm *hamer, aambeeld* en *stijgbeugel* genoemd
ge·hoor·buis *de* [-buizen] gehoorgang
ge·hoor·cen·trum *het* [-tra] deel van de hersenen waar de gehoorzenuwen uitmonden
ge·hoor·drem·pel *de (m)* [-s] niveau van geluidssterkte tot waar men geluid niet kan waarnemen
ge·hoor·gang *de (m)* [-en] elk van de gangen in het gehoororgaan waardoor de trillingen van buitenaf de gehoorzenuw bereiken ★ *uitwendige ~* van de oorschelp naar het trommelvlies ★ *inwendige ~* van het trommelvlies naar de gehoorzenuw
ge·hoor·ge·stoord *bn* slechthorend
ge·hoor·hoorn, ge·hoor·ho·ren *de (m)* [-s] vroeger door hardhorende gebruikte hoornvormige buis voor versterking van het geluid
ge·hoornd, ge·ho·rend *bn* met horens
ge·hoor·ope·ning *de (v)* [-en] ooropening
ge·hoor·or·gaan *het* [-ganen] orgaan waarin het hoorvermogen zetelt
ge·hoors·af·stand *de (m)* afstand waartoe het gehoor nog reikt
ge·hoor·trech·ter *de (m)* [-s] binnenste van de gehoorgang
ge·hoor·vlies *het* [-vliezen] trommelvlies
ge·hoor·weg *de (m)* [-wegen] gehoorbuis
ge·hoor·zaal *de* [-zalen] ❶ zaal voor bijeenkomsten, aula ❷ zaal waarin een vorst audiëntie geeft
ge·hoor·zaam *bn* gewillig om te doen wat bevolen wordt en na te laten wat verboden wordt
ge·hoor·zaam·heid *de (v)* gewilligheid om te doen wat bevolen wordt en na te laten wat verboden wordt; zie ook bij → **klok¹** (bet 1)
ge·hoor·za·men *ww* [gehoorzaamde, h. gehoorzaamd] gehoorzaam zijn: ★ *de rekruut gehoorzaamde de sergeant*
ge·hoor·ze·nuw *de* [-en] zenuw die de trillingen in de inwendige gehoorgang overbrengt naar de hersenen
ge·ho·rend *bn* → **gehoornd**
ge·ho·rig *bn* veel geluid uit de omgeving doorlatend: ★ *een ~ hotel*; **gehorigheid** *de (v)*
ge·hos·pi·ta·li·seerd [-zeert] *bn* zodanig gewend aan het verblijf in een ziekenhuis dat terugkeer in de normale maatschappij moeilijk is
ge·hou·den *bn* verplicht
ge·hou·den·heid *de (v)* ★ *onder ~* onder verplichting
ge·hucht *het* [-en] klein dorp
ge·hui·cheld *bn* geveinsd
ge·huifd *bn* met een huif
ge·huil *het* ❶ het voortdurend huilen ❷ geluid (als) van huilen: ★ *het gehuil van de wind*
ge·huisd *bn* behuisd
ge·hu·meurd *bn* gestemd: ★ *goed (slecht) ~*
ge·huwd *bn* getrouwd ★ *~en* getrouwde mensen

gei *de* [-en] scheepv touw om het zeil in te halen of in te korten
gei·blok *het* [-ken] katrol waardoor de gei loopt
gei·en *ww* [geide, h. gegeid] scheepv het zeil inhalen of inkorten met de geitouwen
gei·ger·tel·ler [ɣaiɣər-] *de (m)* [-s] instrument waarmee men de aanwezigheid van afzonderlijke snel bewegende elektronen of andere elementaire deeltjes kan aantonen, genoemd naar de Duitse natuurkundige Hans Geiger (1882-1945)
ge·ijkt *bn* ❶ van een ijkmerk voorzien ❷ fig algemeen gangbaar, veel gebruikt: ★ *een geijkte term* ★ *de geijkte uitdrukking*
geil I *bn* ❶ seksuele prikkelingen voelend, naar seks verlangend, wellustig: ★ *het geile hondje rende op het teefje af* ★ *~ zijn op iem.* seksueel opgewonden raken van iem.; zie ook bij → **boter** ❷ seksuele prikkelingen opwekkend: ★ *geile foto's* ★ *een ~ rokje* ❸ ⟨vero van grond⟩ overmatig vet **II** *het* sperma
gei·laard *de (m)* [-s] iem. die vaak en onomwonden naar seksualiteit verlangt
gei·len *ww* [geilde, h. gegeild] ❶ inf op seksueel contact uit zijn ❷ dol zijn op: ★ *~ op horrorfilms*
geil·heid *de (v)* het geil zijn
ge·ïl·lus·treerd *bn* van platen en / of afbeeldingen voorzien
geil·neef *de (m)* [-neven] NN, schertsend man die altijd seksueel opgewonden is (naar een persoon gecreëerd door de cabaretiers Van Kooten en De Bie)
ge·ïm·pro·vi·seerd [-zeert] *bn* voor het ogenblik bedacht of ingericht, voorlopig, nood
gein (⟨Hebr⟩) *de (m)* vooral NN, spreektaal plezier, lol
ge·in·cri·mi·neerd *bn* voor misdadig of strafbaar gehouden; gewraakt ★ *het geïncrimineerde artikel*, woord dat waarop de beschuldiging van het ten laste gelegde feit berust, het aangevallen, gewraakte artikel of woord
gei·nig *bn* NN, spreektaal grappig
gein·po·nem (⟨Hebr⟩) *de* [-s] NN, spreektaal grapjas, grappenmaker
ge·in·te·greerd *bn* tot een geheel gemaakt, in een geheel opgegaan ★ *geïntegreerde schakeling* chip *vgl*: → **integreren**
ge·in·te·res·seerd *bn* ❶ belangstellend, vol interesse ❷ als belanghebbende betrokken bij, belanghebbend ❸ zelfzuchtig, niet belangeloos
ge·in·ter·neerd *bn* zie bij → **interneren**
gein·tje *het* [-s] vooral NN grapje
ge·in·vol·veerd *bn* in iets betrokken of besloten
gei·ser [geizar] (⟨IJslands⟩) *de (m)* [-s] ❶ in vulkanische gebieden periodiek heet water of waterdamp spuitende bron ❷ waterverwarmingstoestel in de badkamer of de keuken
gei·sha [ɣeisjaa] (⟨Jap⟩) *de (v)* ['s] in Japan benaming voor speciaal daartoe opgeleide meisjes die op feestmalen enz. de gasten moeten amuseren door zang, dans en geestige conversatie

ge·ï·so·leerd [-iezoo-] *bn* ❶ afgezonderd: ★ ~ *wonen* ❷ op zichzelf staand: ★ *er kwamen enkele geïsoleerde gevallen voor* ❸ ⟨van muren, kozijnen e.d.⟩ zo gemaakt of behandeld dat ze voor energiebesparing warmte binnen en kou buiten houden

geit I *de* [-en] hoefdier uit de familie van de evenhoevigen, waarvan de soort *Capra hircus* (huisgeit) in onze streken algemeen bekend is ★ *vooruit met de ~!* uitroep ter aansporing; zie ook bij → **kool²** **II** *de (v)* [-en] ❶ vrouwtje van de geit (I), het hert en andere evenhoevigen (*tegengest:* → **bok¹**) ❷ scheldwoord onnozele vrouw of onnozel meisje

geit·an·ti·lo·pen *mv* hoefdieren die zowel tot de geitachtigen als de antilopen gerekend kunnen worden, zoals de gems en de bosgems (de geslachtengroep Rupicaprini)

gei·ten *ww* [geitte, h. gegeit] lol maken, giebelen
gei·ten·baard *de (m)* [-en] de lange kinharen van een → **geit** (I)
gei·ten·blad *het* kamperfoelie
gei·ten·bok *de (m)* [-ken] mannetje van de → **geit** (I)
gei·ten·brei·er *de (m)* [-s] NN, scheldwoord suf, zeurderig persoon
gei·ten·haar *het* [-haren] haar van een geit; wol gesponnen van geitenhaar
gei·ten·ha·ren *bn* van geitenhaar
gei·ten·hoe·der *de (m)* [-s] iem. die geiten hoedt
gei·ten·kaas *de* kaas van geitenmelk
gei·ten·le·der, **gei·ten·leer** *het* leer van de huid van een geit
gei·ten·le·ren *bn* van geitenleer
gei·ten·melk *de* melk van een → **geit** (I)
gei·ten·mel·ker *de (m)* [-s] nachtzwaluw
gei·ten·neu·ker *de (m)* [-s] minachtende benaming voor een Marokkaan of meer algemeen voor moslim
gei·ten·oog *het* [-ogen] ❶ oog van een geit ❷ behaarde leren ring die men tot meerdere prikkeling over de penis schuift
gei·ten·stal *de (m)* [-len] stal voor geiten
gei·ten·vlees *het* vlees van geiten
gei·ten·wol·len *bn* geitenharen ★ ~ *sokken* sokken van geitenhaar, wel gezien als kenmerkend kledingstuk van bepaalde linkse, wereldvreemde idealisten
gei·ten·wol·len·sok·ken·dra·ger *de (m)* [-s] linkse, wereldvreemde idealist
gei·touw *het* [-en] gei
ge·jaag *het* ❶ gedraaf, geren ❷ het tot snelheid aansporen
ge·jaagd *bn* haastig, onrustig, nerveus; **gejaagdheid** *de (v)*
ge·jam·mer *het* het (aanhoudend) jammeren
ge·joel *het* ❶ vrolijk rumoer ❷ afkeurend of verontwaardigd geschreeuw: ★ *het voorstel werd met ~ ontvangen*
ge·juich *het* het juichen

gek I *bn* ❶ krankzinnig ★ *zich ~ lachen, zoeken e.d.* hevig, erg ★ *zo ~ als een deur* heel gek, hartstikke krankzinnig ★ *het is om ~ van te worden* zo erg dat men er haast het verstand bij verliest ★ *te ~ om los te lopen* zeer dwaas ★ *ik ben wel goed, maar niet ~* mij kan je niet in de maling nemen ★ *het is van de gekke* volkomen dwaas; zie ook bij → **figuur**, → **idee** en → **gewoon** ❷ zonderling, raar: ★ *wat heb jij een gekke jas aan!* ❸ ★ ~ *zijn op* verzot zijn op: ★ *zij zijn ~ op elkaar* ★ NN ~ *zijn met* zeer gesteld zijn op, veelvuldig en enthousiast in de weer zijn met: ★ *hij is ~ met zijn nieuwe computer* ❹ erg (*vooral in verbinding met niet*): ★ *niet ~ duur* ★ spreektaal *te ~* zeer bijzonder, zeer goed: ★ *een te gekke film, een te ~ goeie film* een zeer goede film **II** *de (m)* [-ken] iem. die gek is ★ NN *de ~ steken met* schertsen over, spotten met ★ *voor de ~ houden* foppen, in de maling nemen ★ *voor ~ lopen, staan* voorwerp van bespotting zijn ★ NN *de gekken krijgen de kaart* onverstandige of onbekwame mensen hebben succes ★ NN *voor ~ zetten* (in het openbaar) belachelijk maken ★ *een ~ kan meer vragen dan tien wijzen kunnen beantwoorden* men kan onmogelijke vragen stellen ★ *gekken en dwazen schrijven hun namen op deuren en glazen* gezegd als iem. overal zijn naam schrijft ★ *ik, zei de ~* gezegd door iem. die over zichzelf spreekt ★ *wat de ~ ervoor geeft* wat iem. ervoor wil betalen die het met alle geweld wil hebben; zie ook bij → **gebrek**

ge·kamd *bn* met een kam of kamvormig uitsteeksel
ge·kant *bn* ★ ~ *zijn tegen iets* er heftige bezwaren tegen hebben
ge·kapt *bn* ❶ met opgemaakt haar ❷ ⟨van monniken⟩ een kap dragend
ge·kar·teld *bn* met puntige uitsteeksels die in ronde lijnen in elkaar overgaan
ge·ke·ken *ww volt deelw* van → **kijken**
ge·kend *bn* BN, spreektaal bekend, vertrouwd, beroemd
ge·ke·perd *bn* op bepaalde manier geweven, zodat schuine strepen te zien zijn
ge·ke·ven *ww volt deelw* van → **kijven**
gek·heid *de (v)* ❶ het gek-zijn ❷ [*mv:* -heden] gekke of malle daad of opmerking ★ *uit ~* in scherts, niet in ernst ★ ~ *maken* schertsen ★ *alle ~ op een stokje* nu in ernst ★ *daar komt ~ van* dat loopt niet goed af ★ *zonder ~* serieus: ★ *nu even zonder ~*
gek·ke·koei·en·ziek·te *de (v)* vooral NN besmettelijke rundveeziekte die het centrale zenuwstelsel van de dieren aantast; officiële naam: → **BSE**
gek·ken *ww* [gekte, h. gegekt] gekheid maken
gek·ken·ge·tal *het* vooral NN het getal elf
gek·ken·huis *het* [-huizen] inf ❶ psychiatrische inrichting ❷ drukke, chaotische toestand, onoverzichtelijke bende
gek·ken·num·mer *het* vooral NN gekkengetal
gek·ken·praat *de (m)* onzin, onverstandige praat
gek·ken·werk *het* moeilijke of langdurige arbeid die

gekkerd–gelaat

niets of weinig oplevert: ★ *het is ~ dat allemaal zo precies uit te rekenen*
gek·kerd, **gek·kie** *de* [-s] schertsende koosnaam, gebruikt tegen iem. die zich merkwaardig gedraagt
gek·kig·heid *de (v)* [-heden] gekke handelwijze
gek·kin *de (v)* [-nen] vrouwelijke gek
gek·ko *de (m)* ['s] lid van een hagedisfamilie (Gekkonidae) uit de tropen en subtropen, met brede tenen waarmee ze tegen verticale en zelfs gladde wanden kunnen klimmen (naam afgeleid van het geluid dat een soort op Madagaskar maakt)
ge·klaag *het* het (aanhoudend) klagen
ge·klas·seerd (‹Fr› *bn* BN op de monumentenlijst geplaatst, als monument erkend ★ *een ~ monument, natuurgebied* beschermd
ge·klauwd *bn* herald met klauwen van een andere kleur dan het lichaam: ★ *een geklauwde leeuw*
ge·kleed *bn* de vereiste kleren dragend, deftig ★ *geklede jas* lange zwarte jas met dubbele rij knopen
ge·klets *het* ❶ het voortdurend kletsen ❷ het kwaadspreken, geroddel
ge·kleurd *bn* ❶ van een bepaalde kleur (niet wit of zwart) ★ NN *er ~ op staan* betrapt, ontmaskerd zijn ❷ fig van een bepaalde mening of gezindheid getuigend *of* een bepaalde indruk willende maken ★ *deze voorstelling is enigszins politiek ~* ★ *een sterk ~ verhaal* waarin opzettelijk bepaalde onderdelen op de voorgrond zijn gebracht of aangedikt ❸ ‹van rassen› niet blank: ★ *de gekleurde bevolking van een land*
ge·kloft *bn* NN, spreektaal netjes gekleed: ★ *~ in zwarte jas met bolhoed en stok*
ge·klom·men *ww volt deelw* van → **klimmen**
ge·klon·ken *volt deelw* van → **klinken** *bn* afgedaan, geregeld ★ *het is tussen hen ~* de zaak is tussen hen in orde
ge·klo·ven *ww volt deelw* van → **kluiven**
ge·kne·pen *ww volt deelw* van → **knijpen**
ge·kne·veld *bn* ❶ met een knevel ❷ zie bij → **knevelen**
ge·knipt *bn* zie bij → **knippen**
ge·kocht *ww volt deelw* van → **kopen**
ge·kon·kel *het* vooral NN het (aanhoudend) konkelen
ge·kon·kel·foes *het* BN, spreektaal gekonkel, kuiperij
ge·kooid *bn* ❶ opgesloten in een kooi: ★ *een gekooide vogel* ❷ die in een kooi moet leven ❸ fig iemand die geen ware vrijheid geniet
ge·kor·ven *volt deelw* van → **kerven** *bn* diep ingesneden: ★ *gekorven(e) dieren* insecten
ge·kos·tu·meerd *bn* verkleed in ongewoon kostuum ★ *~ bal* waar de gasten raar verkleed verschijnen
ge·krab·bel *het* ❶ het (aanhoudend) krabbelen ❷ slordig schrijven, slordig schrift ❸ eerste pogingen bij het schaatsenrijden
ge·kra·keel *het* het (aanhoudend) kibbelen
ge·kre·gen *ww volt deelw* van → **krijgen**
ge·krenkt *bn* ❶ diep beledigd ❷ ernstig beschadigd:

★ *~ in zijn verstandelijke vermogens* niet goed bij het verstand
ge·kre·ten *ww volt deelw* van → **krijten**[1]
ge·kroesd *bn* met kleine krullen: ★ *gekroesde haren*
ge·kromd *bn* krom, gebogen ★ *~ gaan onder* fig *zware last ondervinden van*
ge·krom·pen *ww volt deelw* van → **krimpen**
ge·kroond *bn* een kroon dragend
ge·kro·pen *ww volt deelw* van → **kruipen**
ge·kruid *bn* zie bij → **kruiden**
ge·kruist *bn* elkaar kruisend; kruiselings over elkaar ★ *~ ras* zie bij → **kruisen** (bet 4); zie ook bij → **rijm**[1]
ge·kruld *bn* met krullen ★ *gekrulde haren, gekrulde zinnen* wie krullend haar heeft, is lichtzinnig van aard
gek·sche·ren *ww* [gekscheerde, h. gegekscheerd] gekheid maken, spotten: ★ *met iets ~*
geks·kap *de* [-pen] NN, vroeger gekleurde muts met belletjes, gedragen door narren
geks·kolf *de* [-kolven] stok met bellen, door een nar bij wijze van scepter gedragen
gek·te *de (v)* gekheid, waanzin
ge·kuifd *bn* met een kuif of kuifvormig uitsteeksel
ge·kuip *het* het (voortdurend) kuipen, het op slinkse wijze iets trachten te bereiken
ge·kuist *bn* gezuiverd, zonder ruwheden of grofheden: ★ *gekuiste taal*
ge·kun·steld *bn* onnatuurlijk, gedwongen; **gekunsteldheid** *de (v)*
ge·kwa·li·fi·ceerd *bn* ❶ bevoegd, door de bevoegde macht aangesteld of tot iets gerechtigd ❷ ★ *recht gekwalificeerde diefstal* diefstal onder verzwarende omstandigheden ❸ ★ *gekwalificeerde meerderheid* voor bepaalde beslissingen, onder andere grondwetsherziening, vereiste versterkte meerderheid (in de Nederlandse volksvertegenwoordiging tweederde van het aantal stemmen)
ge·kwar·tierd, **ge·kwar·ti·leerd** *bn* herald in vier rechthoekige delen verdeeld
ge·kweld *bn* met onaangename gedachten, die men niet van zich kan afzetten
ge·kwe·ten *ww volt deelw* van → **kwijten**
ge·kwetst *bn* ❶ gegriefd, gekrenkt, beledigd ❷ m.g. gewond, geblesseerd: ★ *een gekwetste voetballer*
ge·kwet·ste *de* [-n] m.g. gewonde, geblesseerde: ★ *bij de gevechten vielen verscheidene gekwetsten*
gel[1] [zjel] (‹Fr‹Lat) *het* [-s, gelen] chem geleiachtige stof, ontstaan als neerslag uit een colloïdale oplossing
gel[2] [dzjel] (‹Eng) *de (m)* [-s] middel om het haar glanzend en stevig te maken, brillantine
ge·laagd *bn* in lagen gevormd, in lagen op elkaar liggend
ge·laarsd *bn* met laarzen aan: ★ *de Gelaarsde Kat* sprookje uit de vertellingen van Moeder de Gans
ge·laat *het* [-laten] plechtig gezicht ★ *zijn ware ~ tonen* zijn echte bedoelingen doen uitkomen (meestal

ge·laat·kun·de *de (v)* kunst om uit de gelaatstrekken karaktereigenschappen en aandoeningen af te lezen
ge·laats·hoek *de (m)* [-en] hoek gevormd door de lijn van het midden van de bovenste snijtanden naar de neuswortel met de lijn van dat midden naar de gehooropening
ge·laats·kleur *de* kleur van het gelaat, vooral van de wangen
ge·laats·spier *de* [-en] spier van het gelaat, aangezichtsspier
ge·laats·trek·ken *mv* lijnen die het gezicht een bepaalde uitdrukking geven
ge·laats·uit·druk·king *de (v)* de uitdrukking op het gezicht
ge·lach *het* het lachen
ge·la·den *bn* ❶ (elektrische) lading hebbend: ★ *het pistool was ~* ★ *een ~ accu* ❷ fig in hevige aandoening, op het punt om uit te barsten: ★ *een ~ sfeer* ★ *~ zijn voor de strijd* vol energie, zeer gemotiveerd
ge·lae·deer·de [-lee-] *de* recht benadeelde
ge·lag¹ *het* vertering: ★ *het ~ betalen* voor anderen betalen, ook fig
ge·lag² *het* ★ *een hard ~* een harde noodzakelijkheid, een moeilijk te verdragen toestand
ge·lag·ka·mer *de* [-s] kamer in een herberg waar gegeten en gedronken wordt
ge·lag·zaal *de* [-zalen] BN gelagkamer
ge·lakt *bn* met lak gevernist
ge·lam·bri·seerd [-zeert] *bn* met een lambrisering
ge·lan·de *de* [-n] iem. die een stuk land bezit in een bepaald gebied, bijv. van een polder
ge·lang *het* ★ *naar ~ (van)* in overeenstemming met, in verhouding tot, naar mate van: ★ *de hoogte van contributie wordt naar ~ (van) de draagkracht bepaald*
ge·lar·deerd *bn* met stukjes spek doorregen: ★ *gelardeerde lever*
ge·las·ten *ww* [gelastte, h. gelast] bevelen, opdragen
ge·la·ten *bn* lijdzaam, berustend: ★ *~ op de tandartsstoel zitten*
ge·la·ten·heid *de (v)* lijdzaamheid, berusting
ge·la·ti·ne [zjə-] (‹Fr‹Lat) *de* geleiachtige stof uit eiwit, waarmee bijv. pudding stevig wordt gemaakt
ge·lau·werd *bn* met lauweren als eretekenen versierd: ★ *een ~ sportman, legeraanvoerder*
ge·la·zer *het* inf gezeur, gedonder
geld *het* [-en] ieder algemeen gangbaar betaalmiddel, thans vooral munten en bankbiljetten ★ NN *~ als water*, BN ook *~ als slijk* geld in overvloed ★ *~ in het water gooien* nutteloze onkosten maken ★ *goed ~ naar kwaad ~ gooien* geld uitgeven om geldelijk voordeel te behalen, zonder kans op resultaat; zie ook bij → **smijten** ★ vooral NN *geen ~, geen Zwitser(s)* zonder betaling krijgt men niets gedaan ★ *dat is geen ~!* dat is buitengewoon goedkoop ★ *voor geen ~ (van de wereld) zou ik dat doen* onder geen voorwaarde, beslist niet ★ *het ~ groeit me niet op de rug* ik kan niet steeds geld uitgeven ★ *~ speelt geen rol* ik kan ieder verlangd bedrag betalen ★ *~ stinkt niet* geld is een aangenaam bezit, ongeacht hoe het verkregen is ★ *het ~ ligt er op straat* men kan er overal geld verkrijgen ★ *in het ~ zwemmen* geld in overvloed hebben ★ *voor hetzelfde ~* tegen dezelfde moeite of kosten ★ *te gelde maken* zie bij → **maken** ; zie ook bij → **zwart**
geld·adel *de (m)*, **geld·aris·to·cra·tie** [-(t)sie] *de (v)* de mensen die door grote rijkdom (en niet door geboorte) tot de aristocratie behoren
geld·au·to·maat [-autoo-, -otoo-] *de (m)* [-maten] apparaat waarbij een rekeninghouder van een bank of een girodienst contant geld kan opnemen (d.m.v. een pinpas of creditcard)
geld·be·leg·ging *de (v)* [-en] het uitzetten van geld tegen rente of het besteden aan goederen, aandelen e.d. die naar verwachting winst zullen opleveren
geld·boe·te *de* [-n, -s] boete in de vorm van geld
geld·cir·cu·la·tie [-(t)sie] *de (v)* omloop van geld
geld·dorst *de (m)* dorst, zucht naar geld
geld·dui·vel *de (m)* ❶ geldzucht als boze geest gedacht ❷ [*mv:* -s] vrek, schraper, geldzuchtige
gel·de·lijk *bn* geld betreffende, financieel; in geld: ★ *~ voordeel*
gel·den *ww* [gold, h. gegolden] ❶ waard zijn, waarde hebben ★ *dit doelpunt geldt niet* dit doelpunt is / wordt afgekeurd ❷ van kracht zijn: ★ *dan geldt hier de regel...* ❸ de kracht, waarde doen voelen: ★ *zich doen ~* ❹ beschouwd worden als: ★ *vroeger gold dat voor mooi* ❺ aangaan, betreffen: ★ *die opmerking geldt hem*
gel·dend *bn* van kracht, gezaghebbend
Gel·ders *bn* van, uit, betreffende Gelderland ★ NN *Gelderse worst* een soort rookworst
Gel·der·se *de (v)* [-n] meisje, vrouw geboortig of afkomstig uit Gelderland
Gel·ders·man *de (m)* [Geldersen] jongen, man geboortig of afkomstig uit Gelderland
geld·ge·brek *het* het te weinig geld hebben
geld·ge·ver *de (m)* [-s] geldschieter
geld·gie·rig *bn* begerig naar geld
geld·han·del *de (m)* handel in geld of geldswaardige papieren
geld·hark *de* [-en] bij de roulette gebruikt voorwerp om het geld of de fiches bijeen te schuiven
gel·dig *bn* ❶ waarde hebbend, geldigheid hebbend, tellend: ★ *een geldig doelpunt* ★ *~ verklaren* verklaren dat iets juist, werkelijk e.d. is ❷ aannemelijk, overtuigend: ★ *geldige redenen opgeven*
gel·dig·heid *de (v)* het geldig zijn
gel·dig·heids·duur *de (m)* tijdruimte gedurende welke een biljet enz. geldig is
gel·ding *de (v)* het gelden, het van kracht zijn
gel·dings·drang *de (m)* streven om zich te doen gelden
geld·kas *de* [-sen] ❶ kas voor het geld in een bedrijf

❷ geldvoorraad
geld·kist *de* [-en] kist waarin men geld bewaart
geld·klop·pe·rij *de (v)* [-en] streven om ergens (op onbehoorlijke wijze) geld uit te slaan
geld·koers *de (m)* [-en] ❶ waarde ten opzichte van buitenlands geld ❷ rentekoers
geld·kraan *de* ★ *de* ~ *open-, dichtdraaien* beginnen, resp. ophouden met het verstrekken van (veel) geld
geld·kwes·tie *de (v)* [-s] geldvraag ★ *dat is een* ~ daarbij komt het erop aan of men geld heeft
geld·la·de ['s, -laas], **geld·la·de** [-n] lade waarin men geld bewaart
geld·le·ning *de (v)* [-en] lening van een grote hoeveelheid geld, vooral door de staat
geld·lo·per *de (m)* [-s] bankloper
geld·mag·naat *de (m)* [-naten] iem. die door zijn rijkdom grote invloed heeft
geld·ma·ke·rij *de (v)* streven om gemakkelijk geld te verdienen
geld·markt *de* [-en] markt waar korte kredieten (d.w.z. kredieten voor ten hoogste één jaar) worden verstrekt en lopende korte kredieten worden verhandeld
geld·mid·de·len *mv* gelden, inkomsten, financiën
geld·ne·mer *de (m)* [-s] persoon die geld van iem. leent
geld·nood *de (m)* dringend gebrek aan geld
geld·ont·waar·ding *de (v)* vermindering van de waarde van het geld, inflatie
geld·prijs *de (m)* [-prijzen] → **prijs** (bet 2) in geld
geld·sa·ne·ring *de (v)* aanpassing van het in omloop zijnde munt- en papiergeld, bijv. vanwege inflatie of troonsopvolging
geld·schaars·te *de (v)* gebrek aan geld
geld·schie·ter *de (m)* [-s] persoon die geld aan iem. leent
geld·som *de* [-men] een bedrag aan geld
geld·stroom *de (m)* [-stromen] grote hoeveelheid toevloeiend geld
geld·stuk *het* [-ken] muntstuk
gelds·waar·de *de (v)* de waarde in geld
gelds·waar·dig *bn* geldswaarde hebbend, ★ ~ *papier* effecten, bankpapier e.d.
geld·te·rug·ac·tie [-sie] *de (v)* [-s] rechtstreekse korting van de producent aan de consument
geld·trom·mel *de* [-s] trommel voor het bewaren van geld
geld·ver·le·gen·heid *de (v)* tijdelijk gebrek aan geld
geld·ver·spil·ling *de (v)* het onnodig uitgeven van geld
geld·we·zen *het* alles wat het geld, de financiën betreft
geld·win·ning *de (v)* bedrijf dat veel geld opbrengt
geld·wis·se·laar *de (m)* [-s, -laren] persoon bij wie men geldsoorten tegen elkaar kan inwisselen
geld·wolf *de (m)* [-wolven] vrek, geldzuchtig mens
geld·zaak *de* [-zaken] zaak die geld betreft
geld·zak I *de (m)* [-ken] zak waarin geld geborgen

wordt **II** *de (m)* fig, neerbuigend de grote geldbezitters, de kapitalisten
geld·zor·gen *mv* zorg over geldgebrek
geld·zucht *de* hevig verlangen naar geldbezit; **geldzuchtig** *bn*
ge·le·den *volt deelw* van → **lijden**[1] *bn* de genoemde tijd terug, voorbij (in de tijd), verlopen: ★ *twee jaar* ~ *werkte ik hier nog* ★ *kort* ~, *lang* ~ ★ *het leed is* ~ de ellende is voorbij
ge·le·de·ren *zn meerv* van → **gelid**
ge·le·ding *de (v)* [-en] ❶ gewricht ❷ lid, deel ❸ verbindingsstuk ❹ insnijding in de kust
ge·leed *bn* met geledingen: ★ *gelede tram* of *bus* ★ *gelede dieren* geleedpotige dieren
ge·leed·po·tig *bn* met geledingen in de poten: ★ *geleedpotige dieren* → **geleedpotigen**
ge·leed·po·ti·gen *mv* stam uit het dierenrijk met als kenmerk het uit een aantal holle buizen bestaan van de poten: ★ *tot de* ~ *behoren* o.a. de insecten, de spinnen en de schaaldieren
ge·leerd *bn* ❶ knap, ontwikkeld, (veel) gestudeerd hebbend: ★ *een* ~ *man* ❷ moeilijk, (veel) kennis en studie vereisend: ★ *een* ~ *boek*
ge·leer·de *de* [-n] iem. die diepgaande studie gemaakt heeft van een of meer wetenschappen
ge·leerd·heid *de (v)* ❶ het geleerd zijn ❷ [*mv:* -heden] geleerde zaak ❸ [*mv:* -heden] schertsend geleerd persoon: ★ *professoren en andere geleerdheden*
ge·le·gen *volt deelw* van → **liggen** *bn* ❶ liggend: ★ *Nijmegen is aan de Waal gelegen* ❷ gunstig, passend: ★ *te gelegener tijd* ★ ~ *komen schikken*, op het juiste moment komen ❸ van belang ★ vooral NN *zich iets aan iem.* ~ *laten liggen* zich om iem. bekommeren, rekening houden met iem. ★ *daar is hem veel aan* ~ dat is heel belangrijk voor hem
ge·le·gen·heid *de (v)* [-heden] ❶ gunstige toestand, mogelijkheid: ★ *van de* ~ *gebruik maken om*... ★ *de* ~ *te baat nemen* ★ *bij het hotel is* ~ *om te zwemmen* ★ *iem. in de* ~ *stellen iets te zeggen* iem. daartoe de kans geven ★ *ik zal je bij* ~ *nader inlichten* op een daarvoor gunstig moment ★ *de* ~ *maakt de dief* als iets onbewaakt ligt, lokt het uit tot diefstal ❷ gebeurtenis: ★ *hij trakteerde ter* ~ *van zijn verjaardag* ★ *een plek voor plechtige gelegenheden* ❸ inrichting, plaats waar men kan eten, drinken, dansen enz.: ★ *Wat een saai café! Zullen we naar een andere* ~ *gaan?*
ge·le·gen·heids·dich·ter *de (m)* [-s] iem. die bij bepaalde gelegenheden gedichten maakt
ge·le·gen·heids·ge·dicht *het* [-en] gedicht dat bij een bepaalde gelegenheid gemaakt is
ge·le·gen·heids·ge·zicht *het* [-en] gezicht voor de bijzondere gebeurtenis in de plooi getrokken
ge·le·gen·heids·kle·ding *de (v)* kledij bij bijzondere gelegenheden gedragen
ge·le·gen·heids·stuk *het* [-ken] muziek- of toneelstuk bij een bepaalde gelegenheid geschreven
ge·le·gen·heids·wet·ge·ving *de (v)* wetgeving in een

spoedgeval, niet deugdelijk overwogen wetgeving
ge·le·gen·heids·ze·gel *het* [-s] postzegel uitgegeven ter gelegenheid van een bijzondere gebeurtenis of een herdenking
ge·lei [zjə-] ⟨*Fr*⟩ *de* [-en, *ook* -s] verdikt sap van plantaardige of dierlijke oorsprong
ge·lei·bil·jet *het* [-ten] bewijsstuk dat aan de formaliteiten voor vervoer is voldaan
ge·lei·brief *de (m)* [-brieven] vrijgeleidebewijs
ge·leid *bn* ❶ bestuurd, geregeld wordend ★ *een ~ projectiel* (nog) bestuurbaar (na afgeschoten te zijn); zie ook bij → **economie** ❷ ★ BN *ook ~ bezoek* rondleiding, bezoek onder (deskundige) leiding ★ *geleide reis* georganiseerde reis, reis onder leiding van een gids
ge·lei·de *het* ❶ het begeleiden, uit beleefdheid, ter bescherming enz.: ★ *onder ~ van een militair werden we naar de grens gebracht* ★ *ten ~ begeleidende of inleidende tekst bij een publicatie* ❷ geleidende personen
ge·lei·de·hond *de (m)* [-en] een hond die een blinde leidt
ge·lei·de·kaart *de* [-en] kaart in kaartsysteem, waarop een letter, trefwoord enz. is aangegeven, tabkaart
ge·lei·de·lijk *bn* ordelijk en regelmatig voortgaande; langzamerhand
ge·lei·den *ww* [geleidde, h. geleid] ❶ meegaan en leiden: ★ *toeristen door een grot ~* ❷ voeren: ★ *een gang die naar de binnenplaats geleidt* ❸ het voortplanten van elektriciteit of warmte
ge·lei·dend *bn* kunnende → **geleiden** (bet 3)
ge·lei·der *de (m)* [-s] ❶ iem. die geleidt ❷ voorwerp dat *of* stof die elektrische stroom voortplant
ge·lei·ding *de (v)* ❶ het geleiden ❷ [*mv*: -en] dat wat geleidt: ★ *de elektrische ~*
ge·lei·draad *de (m)* [-draden] draad ter geleiding van elektrische stroom
ge·lei·spoor *het* [-sporen], **ge·lei·stang** *de* [-en] spoor of stang waarlangs de beweging van machinedelen wordt geleid
ge·lei·taart [zjə-] *de* [-en] taart met gelei
ge·le·ken *ww volt deelw* van → **lijken**¹
ge·len *ww* [geelde, h. & is geegeeld] ❶ geel verven ❷ geel worden
ge·le·ren [zjə-] ⟨*Fr*⟩ *ww* [geleerde, h. & is gegeleerd] *cul* ❶ tot gelei maken ❷ tot gelei worden
ge·let·terd *bn* veel gelezen hebbend, belezen, gestudeerd, erudiet
ge·leu·ter *het* geklets
ge·li·be·ra·li·seerd [-zeert] *bn* bevrijd, vrijgemaakt, vooral van beperkende bepalingen met betrekking tot de handel
ge·lid *het* [-lederen] ❶ lid, gewricht ❷ aaneengesloten rij van personen, vooral soldaten ★ *de gelederen sluiten* gezamenlijk de strijd aanbinden ★ *in de voorste gelederen* vooraan ★ *in het voorste, eerste ~ staan* a) voorop staan; b) *fig* het initiatief nemen ★ *gelederen* a) strijdkrachten; b) groep, partij: ★ *hij*

streed in de gelederen van de Fransen; veel nieuwe leden kwamen onze gelederen versterken
ge·liefd *bn* ❶ bemind, waarop gevoelens van liefde zijn gericht: ★ *zijn geliefde nicht bezocht hem vaak* ❷ voorkeur genietend: ★ *een ~ onderwerp*
ge·lief·de *de* [-n] minnaar of minnares; iem. met wie men liefdesbetrekkingen onderhoudt
ge·lief·koosd *bn* BN *ook* geliefd, dierbaar, waarvoor men voorkeur heeft: ★ *een van zijn geliefkoosde uitdrukkingen*
ge·lie·ve *ww* [aanvoegende wijs] wees zo goed: ★ *~ de deur te sluiten*
ge·lie·ven *mv* elkaar minnende personen
ge·lig *bn* een beetje geel
ge·lijk I *bn bijw* ❶ even groot, even sterk, even rijk enz. ★ *~ spelen* met als eindresultaat verlies noch winst voor een van de partijen ★ *~ over iets denken* van dezelfde mening zijn ❷ de juiste tijd aangevend: ★ *de klok loopt ~* ❸ vlak, zonder oneffenheden ❹ tegelijkertijd: ★ *hij probeerde ~ tv te kijken en zijn huiswerk te maken* ❺ vooral NN direct, meteen: ★ *ik wil dat je ~ komt als ik je roep* ❻ ★ BN, spreektaal *~ wie* wie (dan) ook ★ BN, spreektaal *~ welk(e)* om het even welk(e) **II** *het* de juiste ziens- of handelwijze, de waarheid: ★ *~ hebben aan, in iets* ★ *iem. ~ geven, iem. in het ~ stellen* erkennen dat zijn ziens- of handelwijze de juiste was ★ *~ halen* gelijk hebben en krijgen **III** *voegw* vero zoals, evenals
ge·lijk·aar·dig ⟨*Du*⟩ *bn* BN gelijksoortig, soortgelijk
ge·lijk·be·nig *bn* ⟨driehoek⟩ met twee gelijke zijden
ge·lijk·be·rech·tigd *bn* gelijkgerechtigd
ge·lijk·be·rech·ti·ging *de (v)* toekenning van dezelfde (burger)rechten
ge·lijk·draads *bn* uit een gelijk aantal draden gesponnen
ge·lij·ke *de* [-n] iem. van dezelfde rang ★ *zijns ~ niet hebben* iedereen de baas zijn, beter zijn dan ieder ander
ge·lij·ke·lijk *bijw* in gelijke mate
ge·lij·ken *ww* [geleek, h. geleken] lijken: ★ *een goed gelijkend portret*
ge·lij·ke·nis *de (v)* [-sen] ❶ het gelijken, het bezitten van dezelfde uiterlijke kenmerken: ★ *deze twee schilderijen vertonen een treffende ~* ❷ zinnebeeldig verhaal, parabel, vooral in de Bijbel
ge·lijk·gaan *ww* [ging gelijk, is gelijkgegaan] ⟨van klokken, horloges⟩ de juiste tijd aangeven
ge·lijk·ge·rech·tigd *bn* dezelfde rechten hebbende
ge·lijk·ge·richt *bn* in dezelfde richting
ge·lijk·ge·zin·de, ge·lijk·ge·zin·de *de* [-n] iem. van dezelfde gezindheid
ge·lijk·heb·be·rig *bn* steeds erop uit om gelijk te krijgen
ge·lijk·heid *de (v)* het gelijk zijn ★ *op voet van ~ met elkaar omgaan* als gelijken
ge·lijk·knip·pen *ww* [knipte gelijk, h. gelijkgeknipt] door knippen de vereiste vorm geven
ge·lijk·lo·pen *ww* [liep gelijk, h. gelijkgelopen]

gelijkgaan
ge·lijk·lui·dend, ge·lijk·lui·dend *bn* ❶ van dezelfde betekenis of inhoud: ★ *een ~ antwoord* ❷ woordelijk overeenstemmend: ★ *een gelijkluidende brief*
ge·lijk·ma·ken *ww* [maakte gelijk, h. gelijkgemaakt] ❶ vlak, effen maken; zie ook bij → **grond** ❷ sp op gelijke hoogte komen met de tegenstander wat betreft de score
ge·lijk·ma·ker *de (m)* sp het doelpunt dat de stand van de twee partijen gelijk maakt
ge·lijk·ma·tig *bn* overal, steeds gelijk, zonder wisseling: ★ *een ~ karakter*; **gelijkmatigheid** *de (v)*
ge·lijk·moe·dig *bn* steeds met kalm gemoed; **gelijkmoedigheid** *de (v)*
ge·lijk·na·mig *bn* ❶ van dezelfde naam ❷ wisk ‹van breuken› met dezelfde noemer; ❸ wisk ‹van machten› met dezelfde exponent
ge·lijk·rich·ten *ww* [richtte gelijk, h. gelijkgericht] nat wisselstroom in gelijkstroom veranderen
ge·lijk·rich·ter *de (m)* [-s] toestel om wisselstroom in gelijkstroom te veranderen
ge·lijk·scha·ke·len *ww* [schakelde gelijk, h. gelijkgeschakeld] ❶ gelijk maken, ervoor zorgen dat iets gelijk wordt: ★ *de lonen ~* ❷ de ene elektrische stroom gelijk maken aan de andere ❸ in overeenstemming brengen met een bepaalde politieke gezindheid: ★ *de vakbonden ~*
ge·lijk·scha·ke·ling *de (v)* [-en] ❶ het gelijkschakelen ❷ het samenbrengen van personen, verenigingen of organisaties e.d. van verschillende ideologische kleur in één overkoepelend lichaam, vooral onder het nationaalsocialisme
ge·lijk·scha·ven *ww* [schaafde gelijk, h. gelijkgeschaafd] door schaven effen maken
ge·lijk·slach·tig *bn* van dezelfde soort, van dezelfde hoedanigheid
ge·lijk·soor·tig *bn* van dezelfde soort
ge·lijk·spel *het* [-spelen] ❶ gelijk resultaat, gelijke eindstand: ★ *de wedstrijd eindigde in ~* ❷ wedstrijd met gelijke eindstand: ★ *er waren veel gelijkspelen dit weekend*
ge·lijk·staan *ww* [stond gelijk, h. gelijkgestaan] ❶ dezelfde rang, waarde enz. hebben ❷ sp hetzelfde (doel)puntenaantal hebben
ge·lijk·stan·dig *bn* dezelfde stand hebbend: ★ *de gelijkstandige zijden van gelijkvormige driehoeken*
ge·lijk·stel·len *ww* [stelde gelijk, h. gelijkgesteld] gelijke rechten geven, dezelfde waarde toekennen; **gelijkstelling** *de (v)* [-en]
ge·lijk·strij·ken *ww* [streek gelijk, h. gelijkgestreken] gladstrijken
ge·lijk·stroom *de (m)* [-stromen] elektrische stroom met constante stroomrichting, zoals uit accu's en batterijen
ge·lijk·te·ken *het* [-s] het teken '='
ge·lijk·tij·dig *bn* op / in dezelfde tijd, tegelijkertijd; **gelijktijdigheid** *de (v)*
ge·lijk·trek·ken *ww* [trok gelijk, h. gelijkgetrokken]

door wegwerken van verschillen gelijk maken *of* in de juiste verhouding brengen
ge·lijk·vloers **I** *bn* op de begane grond **II** *het* BN ook benedenverdieping; begane grond ★ *op het ~ wonen* beneden, gelijkvloers wonen
ge·lijk·vor·mig *bn* van gelijke vorm; **gelijkvormigheid** *de (v)*
ge·lijk·vor·mig·heids·at·test *het* [-en] BN attest waarin verklaard wordt dat een voertuig aan de wettelijke normen voldoet
ge·lijk·waar·dig *bn* van dezelfde waarde: ★ *volgens velen zijn autochtonen en allochtonen niet gelijk, maar wel ~ aan elkaar* ★ *een ~ tegenstander* die ongeveer even sterk is; **gelijkwaardigheid** *de (v)*
ge·lijk·zet·ten *ww* [zette gelijk, h. gelijkgezet] ❶ ‹een klok› op de juiste tijd zetten; ❷ ‹bij een barometer› de losse wijzer op hetzelfde punt zetten als de wijzer die de druk aangeeft
ge·lijk·zij·dig *bn* ‹driehoek› waarvan de zijden aan elkaar gelijk zijn; **gelijkzijdigheid** *de (v)*
ge·lijnd *bn* ❶ met lijnen ❷ herald met een dun lijntje langs de rand
ge·likt *bn* ❶ glanzend gemaakt, gepolijst ❷ onoprecht, al te mooi gemaakt, clean: ★ *een gelikte videoclip*
ge·li·ni·eerd *bn* met lijnen
ge·lobd *bn* biol met diepe insnijdingen, die niet verder gaan dan de helft van het → **blad** (I)
ge·loei *het* het (herhaald en voortdurend) loeien
ge·lof·te *de (v)* [-n, -s] plechtige belofte, vooral aan God gedaan: ★ *een ~ houden, breken* ★ *een ~ afleggen* iets plechtig beloven
ge·lo·gen *ww* volt deelw van → liegen
ge·lo·ken *ww* volt deelw van → luiken
ge·lood *bn* met lood erin: ★ *gelode benzine*
ge·loof *het* ❶ vertrouwen dat iets waar is: ★ *~ hechten, slaan aan iemands woorden* ★ *~ vinden* geloofd worden ★ *op goed ~* zonder verder onderzoek ★ *een blind ~ hebben in* onvoorwaardelijk geloven in ❷ vertrouwen in God of goden of een goddelijke openbaring: ★ *een onwankelbaar, vurig ~* ★ *~, hoop en liefde* ❸ [mv: -loven] godsdienst, kerkleer: ★ *de twaalf artikelen des geloofs* de twaalf punten van de apostolische geloofsbelijdenis ★ NN *twee geloven op één kussen, daar slaapt de duivel* tussen een huwelijk tussen mensen van verschillende religie is onjuist ★ *van zijn ~ (af) vallen* a) zijn geloof niet meer aanhangen; b) fig zijn oude gewoonte verlaten, een geheel andere gewoonte aannemen
ge·loofs·ar·ti·kel *het* [-en, -s] geloofswaarheid
ge·loofs·be·lij·de·nis *de (v)* [-sen] ❶ het belijden van een geloof ❷ de geformuleerde geloofswaarheden ★ *iemands politieke ~* fig zijn meningen op staatkundig gebied
ge·loofs·brie·ven *mv* ❶ ‹in het staatsrecht› papieren die bewijzen dat men lid is van een vertegenwoordigend lichaam, bijv. van de Tweede

Kamer ❷ ⟨in het volkenrecht⟩ schriftelijke bevestiging dat een ambassadeur of gezant zijn staat vertegenwoordigt, afgegeven door zijn eigen staatshoofd en gericht aan het ontvangende staatshoofd

ge·loofs·ge·meen·schap *de (v)* [-pen] gemeenschap van geloofsgenoten

ge·loofs·ge·noot *de (m)* [-noten] iem. die hetzelfde geloof belijdt

ge·loofs·ge·tui·ge *de* [-n] martelaar, martelares voor het geloof

ge·loofs·held *de (m)* [-en] iem. die grote daden doet uit naam van het geloof, iem. die voor het geloof strijdt of lijdt

ge·loofs·ijver *de (m)* toewijding in het uitoefenen en het bevorderen van het godsdienstig geloof

ge·loofs·leer *de* de leerstellingen van een geloof

ge·loofs·over·tui·ging *de (v)* [-en] vast → **geloof** (bet 2 & 3)

ge·loofs·punt *het* [-en] onderdeel van de geloofsleer (waarover meer dan één mening bestaat)

ge·loofs·re·gel *de (m)* [-s, -en] leidend beginsel waarop het geloof berust, richtsnoer voor het geloof

ge·loofs·stuk *het* [-ken] geloofswaarheid

ge·loofs·ver·trou·wen *het* vertrouwen voortkomend uit → **geloof** (bet 2)

ge·loofs·ver·vol·ging *de (v)* [-en] vervolging om het geloof

ge·loofs·ver·za·ker *de (m)* [-s] iem. die zijn geloof verzaakt, afvallige, apostaat

ge·loofs·ver·za·king *de (v)* [-en] het verzaken, afvallig worden van zijn geloof

ge·loofs·vrij·heid *de (v)* vrijheid om het geloof te belijden dat men aanhangt, godsdienstvrijheid

ge·loof·waar·dig *bn* vertrouwen verdienend, wekkend: ★ *een ~ getuige*

ge·loof·waar·dig·heid *de (v)* ❶ het geloofwaardig zijn ❷ politiek de mate waarin bewindslieden vertrouwen wekken bij de personen waarop het bewind steunt door het nakomen van beloften en het geven van concrete informatie

ge·loop *het* het voortdurend lopen

ge·lo·ven *ww* [geloofde, h. geloofd] ❶ → **geloof** (bet 1) hebben: ★ *ik geloof hem niet, want hij liegt vaak* ★ *~ aan* aannemen dat iets of iem. bestaat: ★ *aan spoken ~, aan wonderen ~* ★ *eraan moeten ~* zich aan iets onaangenaams moeten onderwerpen *of opgeofferd, niet gespaard worden* ★ *niet te ~!* uitroep van verbazing ❷ → **geloof** (bet 2) hebben ★ *geloof je?* ben je godsdienstig? ★ *~ in* als waar aannemen en vast op de heilzame invloed ervan vertrouwen: ★ *~ in God, in de openbaring* ★ NN ~ doe je in de kerk gezegd tegen iem. die veel zinnen begint met 'ik geloof dat...' ❸ van mening zijn, denken: ★ *ik geloof van niet* ik meen dat het niet zo is ★ *hij gelooft het (verder) wel* hij heeft de moed opgegeven en doet geen moeite meer

ge·lo·vig *bn* een vast godsdienstig geloof hebbend, van zulk een geloof blijk gevend: ★ *een ~ christen, ~ vertrouwen*

ge·lo·vi·ge *de* [-n] aanhanger van een bep. godsdienst: ★ *de gelovigen gingen richting Mekka*

ge·lui *het* het luiden

ge·luid *het* [-en] klank: ★ *de snelheid waarmee het ~ zich voortplant in de lucht bedraagt 333 m per sec* ★ *een ander ~ uitdragen* een andere dan de gebruikelijke mening verkondigen

ge·luid·dem·pend *bn* het geluid matigend

ge·luid·dem·per *de (m)* [-s] voorwerp dat dient om het geluid te dempen

ge·luid·dicht *bn* het geluid tegenhoudend

ge·luid·ge·vend *bn* klanken voortbrengend

ge·luid·loos *bn* zonder geluid

ge·luid·na·boot·ser *de (m)* [-s] toestel in schouwburg of in studio om natuurgeluiden te imiteren

ge·luids·ap·pa·ra·tuur *de (v)* apparatuur voor het opnemen en / of weergeven van geluid

ge·luids·band *de (m)* [-en] band waarop geluid wordt vastgelegd ter reproductie

ge·luids·bar·riè·re [-rjɛrə] *de* vooral NN snelheidsdrempel waarboven men sneller gaat dan de snelheid van het geluid: ★ *de ~ doorbreken*

ge·luids·bron *de* [-nen] voorwerp dat geluid veroorzaakt

ge·luids·ca·me·ra *de* ['s] camera die beeld en geluid tegelijk opneemt

ge·luids·ca·pa·ci·teit *de (v)* geluidsvermogen, akoestisch vermogen

ge·luids·film *de (m)* [-s] film die ook de geluiden weergeeft, tegenover stomme film

ge·luids·golf *de* [-golven] golving van de lucht, waardoor geluid wordt voortgeplant

ge·luids·hin·der *de (m)* overlast van lawaai

ge·luids·in·stal·la·tie [-(t)sie] *de (v)* [-s] apparaat voor het opnemen, weergeven en versterken van geluid

ge·luids·ja·ger *de (m)* [-s] iem. met als liefhebberij het opnemen van diverse geluiden op een bandrecorder

ge·luids·kaart *de* [-en] computeronderdeel dat ervoor zorgt dat de computer geluid kan weergeven

ge·luids·muur *de* [-muren] BN geluidsbarrière

ge·luids·over·last *de (v)* geluidshinder

ge·luids·sterk·te *de (v)* kracht, omvang van het geluid

ge·luids·trog *de (m)* [-gen] NN trogvormig gebied waarin veel geluidshinder plaatsheeft

ge·luids·ver·ster·ker, **ge·luid·ver·ster·ker** *de (m)* [-s] → **versterker** (bet 2)

ge·luids·wa·gen *de (m)* [-s] wagen van waaruit berichten, reclames e.d. worden omgeroepen

ge·luids·wal *de (m)* [-len] vooral NN aarden wal, muur, schutting e.d. die lawaai (bijv. van een verkeersweg) enigszins moet tegenhouden

ge·luids·wand *de (m)* [-en] geluidswal

ge·luimd *bn* gestemd, gehumeurd: ★ *goed, slecht ~*

ge·luk *het* ❶ voorspoed ★ *stom of blind ~* louter toeval

★ *meer ~ dan wijsheid* voorspoed die niet te danken is aan eigen bekwaamheid of overleg ★ *op goed ~ (af)* in de hoop dat het goed zal aflopen ★ *een ~ bij een ongeluk* iets wat meevalt tijdens een onprettige of schadelijke gebeurtenis ★ *zijn ~ beproeven* door iets te wagen onderzoeken of men geluk heeft ★ *je mag van ~ spreken dat je thuisgekomen bent* er was sprake van gelukkig toeval dat je thuisgekomen bent ❷ het bewustzijn te verkeren in aangename omstandigheden, tevredenheid met zijn levenssituatie: ★ *huiselijk ~*
ge·**luk**·je *het* [-s] gelukkig toeval, meevaller
ge·**luk**·ken *ww* [gelukte, is gelukt] lukken, goed aflopen, het gewenste resultaat hebben
ge·**luk**·kig I *bn* ❶ een gevoel van geluk smakend, in een toestand van geluk verkerend: ★ *een ~ leven leiden* ★ *niet ~ zijn met* bezwaren hebben tegen ★ NN *dan ben je (nog) niet ~ dan krijg je het moeilijk* ❷ geluk brengend; voordeel trekkend van het gelukkige toeval: ★ *een ~ idee* ★ *~ zijn aan de roulettetafel* ★ *~ in het spel, ongelukkig in de liefde* II *bijw* tot mijn / zijn e.d. vreugde: ★ *~ ben je eindelijk thuis*
ge·**luk**·ki·ger·wijs, ge·**luk**·ki·ger·wijs, ge·**luk**·ki·ger·wij·ze, ge·**luk**·ki·ger·wij·ze *bijw* door gelukkige loop van omstandigheden, gelukkig
ge·**luks**·bo·de *de (m)* [-n, -s] iem. die een gelukkige tijding brengt
ge·**luks**·dag *de (m)* [-dagen] geluk aanbrengende dag, dag waarop iem. veel geluk heeft
ge·**luks**·fac·tor *de (m)* [-en] mate waarin iets van het toeval afhankelijk is: ★ *in dit gezelschapsspel speelt een ~ mee*
ge·**luks**·go·din *de (v)* Fortuna
ge·**luks**·kind *het* [-eren] iem. die voor het geluk geboren schijnt
ge·**luks**·num·mer *het* [-s] geluk aanbrengend nummer
ge·**luks**·spel *het* [-spelen] spel waarvan verloop en afloop door het toeval bepaald worden, kansspel
ge·**luks**·staat *de (m)* toestand van geluk, hemelse zaligheid
ge·**luks**·te·le·gram *het* [-men] vooral NN telegram op een speciaal versierd papier voor het overbrengen van gelukwensen of blijde tijdingen
ge·**luks**·vo·gel *de (m)* [-s] iem. die steeds geluk heeft
ge·**luk**·wens *de (m)* [-en] felicitatie
ge·**luk**·wen·sen *ww* [wenste geluk, h. gelukgewenst] feliciteren
ge·**luk**·za·lig *bn* in zalig geluk, ten hoogste gelukkig
ge·**luk**·za·li·ge *de* [-n] ❶ zalige in de hemel ❷ RK zalig maar nog niet heilig verklaarde ❸ iem. die dolgelukkig is
ge·**luk**·za·lig·heid *de (v)* hemels geluk
ge·**luk**·zoe·ker *de (m)* [-s] iem. die overal zijn geluk, avontuur zoekt
ge·**lul** *het* vooral NN, spreektaal vervelend, onzinnig gezwets ★ NN *in ~ kun je niet wonen* men moet niet

alleen praten, maar ook dingen doen (ooit gezegd door de Amsterdamse wethouder Schaeffer (1940-1994) tijdens een debat over de woningnood)
ge·**maakt** *bn* aanstellerig, gekunsteld; **gemaaktheid** *de (v)*
ge·**maal**¹ *de (m)* [-malen, -s] plechtig echtgenoot van een vorstin of van een hooggeplaatst, vrouwelijk persoon
ge·**maal**² *het* gezeur
ge·**maal**³ *het* [-malen] installatie waarmee water uit een polder wordt gepompt
ge·**mach**·tig·de *de* [-n] iem. die op last of verzoek voor anderen optreedt
ge·**mak** *het* [-ken] ❶ toestand van kalmte; weinig inspanning ★ *op zijn (dooie) ~* kalm, met weinig inspanning ★ *zijn ~ ervan nemen* het rustig aan doen ★ *iem. op zijn ~ stellen* ervoor zorgen dat iem. rustig wordt ★ *zich op zijn ~ voelen* zich rustig voelen, zich voelen alsof men thuis is, niet bang zijn ★ *hou je ~!* wind je niet op! ★ BN, spreektaal *op zijn duizendste ~, op zijn zeven / duizend gemakken* kalm, zonder zich te haasten ★ *op het ~* a) rustig, kalm aan; b) gemakkelijk, zonder problemen ★ BN, spreektaal *~ van betaling* gemakkelijke betaling(svoorwaarden) ❷ geriefelijkheid: ★ *dit huis is van alle gemakken voorzien* ★ *~ dient de mens* het is prettig als er veel gerief is
ge·**mak**·ke·lijk *bn* ❶ weinig inspanning vragend, zonder inspanning: ★ *een gemakkelijke opgave* ★ *gitaar spelen is niet ~* ❷ prettig in de omgang: ★ *die hond is niet ~* ❸ geriefelijk: ★ *zit u ~?* ★ *een gemakkelijke stoel* ❹ op gemak gesteld
ge·**mak**·ke·lijk·heid *de (v)* ❶ geringe inspanning ❷ vlotheid
ge·**mak**·ke·lijk·heids·op·los·sing *de (v)* BN oplossing die gemakkelijk is, maar niet echt ideaal
ge·**maks**·hal·ve, ge·**maks**·hal·ve *bijw* voor het gemak
ge·**mak**·zucht *de* neiging tot luiheid; **gemakzuchtig** *bn*
ge·**ma**·lin *de (v)* [-nen] plechtig echtgenote van een vorst of hooggeplaatst persoon
ge·**ma**·nië·reerd [-njee-] ⟨‹Fr› *bn* gemaakt, gekunsteld: ★ *een gemanieerde stijl*
ge·**ma**·ri·neerd *bn* in gekruide azijnsaus ingemaakt, ingelegd
ge·**mar**·merd *bn* als marmer geverfd of gekleurd
ge·**mar**·tel *het* moeizame inspanning (om iets gedaan te krijgen)
ge·**mas**·keerd *bn* zie bij → maskeren
ge·**mas**·kerd *bn* ❶ met een masker op: ★ *de bankrovers waren ~* ❷ waarbij maskers gedragen worden: ★ *~ bal*
ge·**ma**·tigd *bn* niet te uitersten gaand, kalm, bezadigd: ★ *een ~ politicus* ★ *een ~ klimaat, de gematigde luchtstreek* tussen koud en heet in
ge·**ma**·tigd·heid *de (v)* het gematigd zijn
ge·**mat**·teerd *bn* ⟨van sigaren⟩ met wat poeder bedekt

ge·ma·zeld *bn* zie bij → **gepokt**
gem·ber *de (m)* gekonfijte lekkernij uit de wortelstok van de tropische plant *Zingiber officinale*
gem·ber·bier *het* uit gember, suiker, honing, citroensap en water bereide drank
gem·ber·koek *de (m)* [-en] koek met gember
gem·ber·poe·der, **gem·ber·poei·er** *de (m) & het* de gemalen wortelstok van de tropische plant *Zingiber officinale* als specerij
gem·ber·pot *de (m)* [-ten] pot voor gember
ge·me·den *ww volt deelw* van → **mijden**
ge·meen I *bn* ❶ min, ordinair, laag: ★ *een gemene streek* ★ *dat vind ik ~ van je!* ❷ algemeen, gemeenschappelijk: ★ *dat heeft zij met mij ~* ★ *gemene zaak maken met iem.* zich bij iem. aansluiten, met iem. meewerken (vooral voor een minder edel doel) ★ *de gemene zaak* het algemeen belang, de staat; zie ook bij → **deler** en → **veelvoud** ❸ vero gewoon: ★ *een ~ soldaat* ★ *het gemene volk* de gewone mensen ★ BN, jur *~ recht* publiek recht ❹ NN in hoge mate (onaangenaam): ★ *het is ~ koud* **II** *het* ❶ ★ *in het ~* in het algemeen, gemeenlijk ❷ gepeupel, het lagere volk
ge·meen·goed, **ge·meen·goed** *het* ❶ wat aan iedereen toebehoort ❷ fig wat aan iedereen bekend is: ★ *deze uitdrukking is ~ geworden*
ge·meen·heid *de (v)* [-heden] laagheid
ge·meen·lands·huis *het* [-huizen] NN vergaderingbouw van een polderbestuur
ge·meen·lijk *bijw* gewoonlijk
ge·meen·plaats *de* [-en] afgezaagd gezegde, cliché
ge·meen·rech·te·lijk *bn* BN volgens het algemene recht
ge·meen·schap *de (v)* ❶ het gemeenschappelijk hebben, het deelhebben ★ *in ~ van goederen huwen* zo dat er een gemeenschappelijk vermogen ontstaat ❷ betrekking, verbinding, verkeer, omgang ❸ *[mv: -pen]* gemeenschappelijk vermogen ❹ *[mv: -pen]* personen die door gemeenschappelijke belangen, levensomstandigheden enz. met elkaar een eenheid vormen; algemeen maatschappij: ★ *dorpsgemeenschap, werkgemeenschap, Europese Economische Gemeenschap* ★ *hij is een nuttig lid van de ~* ❺ BN een van de drie delen van België met een eigen regering en parlement, bevoegd voor persoonsgebonden zaken, zoals onderwijs en cultuur ★ *de Vlaamse, Franse en Duitstalige Gemeenschap* ❻ geslachtsgemeenschap: ★ *(geslachtelijke, vleselijke) ~ met iem. hebben*
ge·meen·schap·pe·lijk *bn* in gemeenschap, gezamenlijk
ge·meen·schaps·aan·ge·le·gen·heid *de (v)* [-heden] BN aangelegenheid die onder de bevoegdheid valt van de Vlaamse, de Franse of de Duitstalige gemeenschap
ge·meen·schaps·com·mis·sie *de (v)* [-s] BN ommissie die bestaat uit leden van de Brusselse Hoofdstedelijke Raad, bevoegd voor cultuur,

onderwijs en welzijn
ge·meen·schaps·ge·voel *het* saamhorigheidsgevoel
ge·meen·schaps·huis *het* [-huizen] centrum voor cultureel en sociaal werk in dorp of stadswijk
ge·meen·schaps·mi·nis·ter *de (m)* [-s] BN minister van een gemeenschap
ge·meen·schaps·on·der·wijs *het* BN onderwijs georganiseerd door de overheid (tegenover het *vrij onderwijs*, zie bij **onderwijs**)
ge·meen·schaps·raad *de (m)* [-raden] ❶ wijkraad, vooral van een wijk die vroeger tot een andere gemeente behoorde ❷ BN de vertegenwoordigende en beraadslagende vergadering van een gemeenschap
ge·meen·schaps·re·ge·ring *de (v)* [-en] BN regering van een gemeenschap
ge·meen·schaps·school *de* [-scholen] BN school die tot het gemeenschapsonderwijs behoort
ge·meen·slach·tig *bn* taalk mannelijk of vrouwelijk van een geslacht, afhankelijk van de persoon die bedoeld wordt: ★ *verdachte is een ~ zelfstandig naamwoord*
ge·meen·te *de (v)* [-n, -s] laagste bestuurlijke eenheid in een land, bestuurd door een gemeenteraad en een college van burgemeester en wethouders / BN schepenen) [in België wordt 'gemeente' alleen gebruikt voor kleinere steden] plaatselijke geloofsgemeenschap, vooral binnen Protestante kerken; vgl: → **kerkelijk**, → **burgerlijk** (bet 3); zie ook bij → **spraakmakend**
ge·meen·te·ad·mi·nis·tra·tie [-(t)sie] *de (v)* het beheer van een gemeente of gemeenten
ge·meen·te·amb·te·naar *de (m)* [-naren, -s] ambtenaar in dienst van een → **gemeente** (bet 1)
ge·meen·te·ar·chief *het* [-chieven] verzameling van alle op de gemeente betrekking hebbende papieren
ge·meen·te·be·drijf *het* [-drijven] door een gemeente gevoerd bedrijf (bijv. de reinigingsdienst enz.)
ge·meen·te·be·las·ting *de (v)* [-en] aan de gemeente te betalen belasting
ge·meen·te·be·stuur *het* [-sturen] bestuur (burgemeester en wethouders en de gemeenteraad) van een → **gemeente** (bet 1)
ge·meen·te·huis *het* [-huizen] gebouw waar het bestuur van een gemeente zetelt, raadhuis
ge·meen·te·kas *de* [-sen] de gelden van een gemeente
ge·meen·te·le·ven *het* verband en samenwerking tussen de leden van een kerkelijke gemeente
ge·meen·te·lid *het* [-leden] NN lid van een kerkelijke gemeente
ge·meen·te·lijk *bn* van de gemeente
ge·meen·te·ont·van·ger *de (m)* [-s] ambtenaar die de gemeentebelastingen int en namens de gemeente betalingen verricht
ge·meen·te·pils *de (m) & het* schertsend leidingwater
ge·meen·te·po·li·tie [-(t)sie] *de (v)* politiekorps in een (grotere) → **gemeente** (bet 1)

ge·meen·te·raad *de (m)* [-raden] hoogste instantie binnen een → **gemeente** (bet 1), bestaande uit door de burgers gekozen leden onder voorzitterschap van de burgemeester

ge·meen·te·raads·lid *het* [-leden] lid van een gemeenteraad

ge·meen·te·rei·ni·ging, ge·meen·te·rei·ni·ging *de (v)* (gemeentelijke dienst belast met) het schoonhouden van de straten, afvoer van afval enz. in een gemeente

ge·meen·te·rei·ni·gings·dienst, ge·meen·te·rei·ni·gings·dienst *de (m)* dienst belast met het ophalen van huisvuil, stratenreiniging enz.

ge·meen·te·se·cre·ta·ris *de (m)* [-sen] ambtenaar, die als secretaris van het gemeentebestuur fungeert

ge·meen·te·ver·or·de·ning *de (v)* [-en] door een gemeenteraad vastgesteld voorschrift

ge·meen·te·we·ge *zn* ★ *van* ~ vanwege een → **gemeente** (bet 1), door een gemeentelijke dienst

ge·meen·te·wer·ken *mv* van de → **gemeente** (bet 1) uitgaande publieke werken

ge·meen·te·wet *de* wet die de inrichting en bevoegdheid van de gemeentebesturen regelt

ge·meen·zaam *bn* ❶ vertrouwelijk, als gelijke: ★ ~ *met iem. omgaan* ❷ gewoon, ongedwongen, niet stijf: ★ *een gemeenzame uitdrukking*

ge·meen·zaam·heid *de (v)* ❶ vertrouwelijkheid, goede bekendheid; alledaagsheid ❷ [*mv*: -heden] uiting of handeling van grote *of* te grote vertrouwelijkheid

ge·mei·er *het* NN aanhoudend geprat, gezeur

ge·meld *bn* genoemd, bovengenoemd

ge·mê·leerd *bn* ❶ ‹van een gezelschap› gemengd; ❷ ‹van kaarten› geschud; ❸ ‹van haar› grijzend

ge·me·lijk *bn* chagrijnig, onvriendelijk van humeur; **gemelijkheid** *de (v)*

ge·melk *het* aanhoudend gezeur

ge·me·ne·best *het* [-en] hist land dat niet door een vorst wordt bestuurd, republiek: ★ *na de afzwering van Filips II in 1581 werden de Verenigde Nederlanden een* ~ ★ *Gemenebest van Naties* ‹Eng: Commonwealth of Nations› het Verenigd Koninkrijk van Groot-Brittannië en Noord-Ierland en een aantal van zijn voormalige koloniën die de Britse kroon als middelpunt erkennen

ge·me·ne·best·land *het* [-en] land dat deel uitmaakt van een gemenebest, vooral van het (Britse) Gemenebest van Naties

ge·me·nerd *de (m)* [-s], **ge·me·ne·rik** [-riken] gemene vent

ge·mengd *bn* uit verschillende delen of soorten samengesteld ★ ~ *bedrijf* a) bedrijf waarin landbouw en veeteelt samengaan; b) bedrijf waarin overheid en particulieren aandeel hebben ★ *gemengde berichten* allerlei kleine berichten over ongevallen enz. ★ *gemengde gevoelens* prettige en minder prettige tegelijk ★ ~ *huwelijk* tussen mensen van verschillend geloof of ras ★ ~ *koor* koor van mannen en vrouwen ★ ~ *nieuws* allerlei kleine berichten over ongevallen enz. ★ *gemengde rechtsvordering* van persoonlijke en zakelijke aard ★ *gemengde school* voor jongens en meisjes *of* voor leerlingen van verschillende godsdienst ★ *gemengde verzekering* die uitkeert na een bepaald aantal jaren en ook bij overlijden ★ *gemengde smering* mengsmering

ge·me·nig·heid *de (v)* [-heden] gemeenheid; gemene streek; gemene opmerking

ge·merkt *bn* van een merk voorzien

ge·meu·beld *bn* m.g. gemeubileerd

ge·meu·bi·leerd *bn* met meubels

ge·mid·deld *bn* ❶ met de waarde die ontstaat door alle meetresultaten bij elkaar op te tellen en te delen door een bep. aantal: ★ *de gemiddelde lengte van rekruten* ❷ normaal, gewoon, modaal: ★ *het was een gemiddelde regenachtige, Nederlandse herfstdag*

ge·mid·del·de *het* [-n, -s] gemiddelde waarde, hoeveelheid enz.

ge·mier *het* NN het (aanhoudend) piekeren *of* zeuren

ge·mij·terd *bn* een mijter dragend

Ge·mi·ni ‹Lat› *de (m)* Tweelingen (teken van de dierenriem)

ge·mis *het* ❶ het missen van iets wat nodig of gewenst is: ★ *bij* ~ *van* ❷ het missen van iets wat *of* iem. die er niet meer is: ★ *een smartelijk* ~

ge·mocht *ww* volt deelw van → **mogen** (meer gebruikelijk is: → **gemogen**)

ge·mod·der *het* geknoei, gepruts

ge·mo·de·reerd *bn* kalm, gematigd

ge·moed I *het* [-eren] innerlijke gezindheid; gevoel ★ *in gemoede* op het geweten af, in vertrouwen ★ *op het* ~ *werken* op het gevoel, het geweten ★ *zijn* ~ *schoot vol* hij raakte aangedaan, hij begon te huilen ★ *zijn* ~ *luchten* zeggen wat men denkt of voelt ★ *de gemoederen raakten verhit* er ontstond een agressieve sfeer ★ *de gemoederen waren verdeeld* men was het oneens **II** *bn* in een bepaalde gemoedsstemming: ★ *vrolijk* ~; *vgl*: → **welgemoed**

ge·moe·de·lijk *bn* ❶ gezellig, genoeglijk ❷ gevoelig, op gemoedsstemmingen levend

ge·moe·de·lijk·heid *de (v)* ❶ gezelligheid, genoeglijkheid ❷ teerheid van gemoed, gevoeligheid

ge·moe·der *het* het (aanhoudend) moederlijk zorgen en bedillen: ★ *al dat* ~ *over de jongen maakt hem steeds onzelfstandiger*

ge·moe·de·reerd *bijw* doodleuk, kalmweg; *vgl*: → **doodgemoedereerd**

ge·moe·de·ren *zn meerv* van → **gemoed**

ge·moeds·aan·doe·ning *de (v)* [-en] het getroffen zijn van het gevoel

ge·moeds·be·we·ging *de (v)* [-en] innerlijke onrust, aandoening

ge·moeds·be·zwaar *het* [-zwaren] door het geweten ingegeven bezwaar

ge·moeds·ge·steld·heid *de (v)* [-heden] toestand van het gevoel of de gezindheid

ge·moeds·le·ven *het* het innerlijk leven
ge·moeds·rust *de* innerlijke kalmte dankzij een zuiver geweten
ge·moeds·stem·ming *de (v)* [-en] gemoedsgesteldheid
ge·moeds·toe·stand *de (m)* [-en] gemoedsgesteldheid op een bepaald ogenblik
ge·moeid *bn* betrokken bij, besteed: ★ *daar is veel geld mee* ~ *dat kost veel geld* ★ *daar is heel wat tijd mee gemoeid* dat neemt veel tijd in beslag
ge·mo·gen *ww*, gemoogd volt deelw van → **mogen**
ge·mol·ken *ww* volt deelw van → **melken**
ge·mor *het* afkeurend gemompel
ge·mo·ti·veerd *bn* ❶ ⟨van zaken⟩ op goede of bepaalde gronden gevestigd, redelijk; met redenen omkleed ❷ ⟨van personen⟩ door betrokkenheid bij de zaak bewogen, een bijzondere motivatie hebbend
ge·mo·to·ri·seerd [-zeert] *bn* voorzien van motoren als drijf- of beweegkracht: ★ *gemotoriseerde troepen*
gems *⟨Du⟩ de* [gemzen] berggeit, klipgeit (*Rupicapra rupicapra*)
gems·bok *de (m)* [-ken] mannetjesgems
gems·le·der, **gems·leer** *het* → **gemzenleder**
gems·le·ren *bn* → **gemzenleren**
ge·muil·korfd *bn* met een muilkorf
ge·munt *bn* ★ ~ *op* gericht tegen vgl: → **munten²**
ge·mutst *bn* geluimd: ★ *slecht* ~ *zijn*
gem·zen·le·der, **gem·zen·leer**, **gems·le·der**, **gems·leer** *het* leer uit gemzenhuiden bereid
gem·zen·le·ren, **gems·le·ren** *bn* van gemzenleer
gen [geen] *⟨Gr⟩ het* [genen] stoffelijke drager van de erfelijke eigenschappen in de celkern ★ *het zit hem in de genen* fig het is een onuitroeibare gewoonte van hem
gen. *afk* ❶ generaal ❷ genitief ❸ genoteerd
Gen. *afk* Genesis
ge·naak·baar *bn* ❶ te benaderen ❷ fig tegemoetkomend, minzaam
ge·naamd *bn* ❶ hetend ❷ de bijnaam dragende van
ge·na·de *de* ❶ vergiffenis: ★ *om* ~ *smeken* ★ *iem.* ~ *schenken* ★ ~ *voor recht doen gelden* uit barmhartigheid iem. niet straffen ★ *geen* ~ *vinden (in iems. ogen)* afgekeurd, afgewezen worden (door iem.) ❷ goedertierenheid, onverdiende vergevensgezindheid, vooral van God ★ *een dichter bij Gods* ~ een geboren dichter ★ *vooral NN goeie / grote* ~*!* uitroep van ontsteltenis ★ *weer in* ~ *aangenomen worden* weer geaccepteerd worden na verstoten te zijn geweest ❸ willekeur: ★ *aan iemands* ~ *zijn overgeleverd*
ge·na·de·brood *het* ★ ~ *eten* voor zijn onderhoud afhankelijk zijn van de (vernederende) goedheid van anderen
ge·na·de·gift *de* [-en] iets wat uit goedheid geschonken wordt
ge·na·de·klap *de (m)* [-pen] NN genadeslag
ge·na·de·kruid *het* zeldzame leeuwenbekachtige plant (*Gratiola officinalis*)

ge·na·de·leer *de* leer omtrent Gods genade
ge·na·de·loos *bn* zonder iets of iemand te ontzien, zonder medelijden, wreed
ge·na·de·mid·del *het* [-en] middel om Gods genade te verkrijgen; RK gebed, goede werken, sacramenten: ★ *de genademiddelen van de Heilige Kerk*; prot prediking en sacramenten
ge·na·de·schot *het* [-schoten] dodelijk schot, dat aan pijnlijk langzaam sterven een eind maakt
ge·na·de·slag *de (m)* [-slagen] ❶ laatste slag, die iem. doet sterven ❷ fig ramp of tegenslag, die iemand die reeds veel tegenspoed heeft gehad, geheel te gronde richt
ge·na·dig *bn* ❶ niet streng: ★ *een* ~ *vorst* ❷ neerbuigend vriendelijk: ★ *een* ~ *hoofdknikje* ❸ zonder veel straf of nadeel: ★ *er* ~ *afkomen*
ge·na·dig·heid *de (v)* neerbuigende vriendelijkheid
ge·na·geld [-gəlt] *bn* herald met nagels (→ **nagel**, bet 1) van een bepaalde kleur; zie ook bij ~ **nagelen**
ge·na·ken *ww* [genaakte, is genaakt] vero naderen ★ *niet te* ~ ongenaakbaar, zeer onwelwillend tegenover minderen of onbekenden
gê·nant [zjə-] *⟨Fr⟩ bn* een gevoel van verlegenheid (gêne) wekkend: ★ *het was* ~ *te zien hoe hij uitgescholden werd*
ge·nas *ww*, **ge·na·zen** verl tijd van → **genezen**
gen·darme [zjādarm(ə)] *⟨Fr⟩ de (m)* [-s] ❶ lid van militair politiekorps (vooral in Frankrijk) ❷ BN, spreektaal, hist marechaussee
gen·dar·me·rie [zjā-] *⟨Fr⟩ de (v)* ❶ ⟨in Frankrijk⟩ militaire rijkspolitie, legerpolitie ❷ [*mv*: -s] post van de genoemde politie
gen·der·dys·foor [dzjendərdis-] *⟨Eng⟨Gr⟩ bn* ontevreden met zijn of haar sekse
gen·der·kli·niek [dzjen-] *de (v)* [-en] kliniek die de toekomstige ouders de mogelijkheid biedt het geslacht van hun kind te bepalen d.m.v. zaadselectie en reageerbuisbevruchting
gen·der·stu·dies *⟨Eng⟩* [dzjen-] *mv* studies naar de maatschappelijke en psychologische verschillen tussen mannen en vrouwen
ge·ne *aanw vnw* ter aanduiding van een verder verwijderde persoon of zaak, tegenover *deze*: ★ *aan* ~ *zijde van het gebergte* ★ *deze(n) en gene(n)* sommigen ★ *deze of* ~ een onbekend persoon
gê·ne [zjènə] *⟨Fr⟩ de* verlegenheid, gehinderdheid; *vgl*: ★ *sans* ~
ge·ne·a·lo·gie *⟨Gr⟩ de (v)* ❶ geslachtsrekenkunde, leer van de ontwikkeling en verwantschap van geslachten ❷ [*mv*: -gieën] geslachtslijst, stamboom
ge·ne·a·lo·gisch *⟨Gr⟩ bn* betrekking hebbend op, volgens de genealogie
ge·ne·a·loog *⟨Gr⟩ de (m)* [-logen] beoefenaar van de genealogie
Ge·neefs *bn* van, uit, betreffende Genève
ge·nees·baar *bn* tot genezing kunnende komen, geneeslijk
ge·nees·heer *de (m)* [-heren] plechtig arts

ge·nees·heer-di·rec·teur *de (m)* [-heren-directeuren, -s] directeur van een ziekenhuis die zelf ook arts is
ge·nees·kracht *de* genezende werking
ge·nees·krach·tig *bn* met geneeskracht:
★ *geneeskrachtige kruiden*
ge·nees·kun·de *de (v)* wetenschap, theoretische kennis omtrent de aard en de geneeswijze van ziekten
ge·nees·kun·dig *bn* de geneeskunde betreffend ★ *geneeskundige dienst* tak van dienst die de openbare gezondheid verzorgt
ge·nees·kun·di·ge *de* [-n] beoefenaar van de geneeskunde
ge·nees·kunst *de (v)* bekwaamheid om te genezen
ge·nees·lijk, ge·ne·se·lijk *bn* te genezen
ge·nees·mid·del *het* [-en] middel dat iemand of iets doet genezen
ge·nees·wij·ze *de* [-n] wijze van genezen
ge·ne·gen *volt deelw van* → **nijgen** *bn* ❶ gunstig gezind ★ *iem. ~ zijn* iem. graag mogen ❷ geneigd tot, bereid tot: ★ *het bestuur was niet ~ om op de wensen van de leden in te gaan*
ge·ne·gen·heid *de (v)* ❶ gunstige gezindheid, liefde ❷ *[mv: -heden]* geneigdheid, lust
ge·neigd *bn* neiging gevoelend tot, overhellend tot: ★ *~ zijn tot onderhandelingen*
ge·neigd·heid *de (v)* [-heden] neiging, lust
ge·nen·bank *de* [-en] instelling waar genetisch materiaal van land- en tuinbouwgewassen wordt bijeengebracht en bewaard
ge·nen·pas·poort *het* [-en] persoonlijke kaart met daarop gegevens betreffende iems. erfelijke afwijkingen
ge·ne·pen *ww volt deelw van* → **nijpen**
ge·ne·raal[1] *(‹Fr‹Lat) bn* algemeen: ★ *~ pardon* ★ *generale repetitie* laatste algehele herhaling, voor de eigenlijke uitvoering van een toneelstuk, musical, show e.d. ★ *~ kapittel* vergadering van de hoofden en vertegenwoordigers van een rooms-katholieke orde ★ *generale staf* dienstvak voor de hogere bevelvoering van een leger *voorts in samenstellingen als tweede lid: directeur-, gouverneur-generaal enz.*
ge·ne·raal[2] *(‹Fr) de (m)* [-s] ❶ opperofficier van de hoogste rang; ook als verkorting van → **luitenant-generaal**, → **generaal-majoor** en → **brigadegeneraal** ❷ veldheer ❸ RK algemeen hoofd van een geestelijke orde
ge·ne·raal-ma·joor *de (m)* [-s] opperofficier, één rang hoger dan brigadegeneraal, één rang lager dan luitenant-generaal
ge·ne·raal·schap *het* waardigheid, functie van een → **generaal**[2]
ge·ne·raals·rang *de (m)* [-en] rang van → **generaal**[2] (bet 1)
ge·ne·ra·laat *(‹Fr) het* [-laten] ❶ de waardigheid van → **generaal**[2] (bet 3) ❷ zetel van die generaal ❸ algemeen zetel van het hoofdbestuur van een →

orde (bet 5)
ge·ne·ra·le *de (v)* [-s] generale repetitie
ge·ne·ra·li·sa·tie [-zaa(t)sie] *(‹Fr) de (v)* [-s] het generaliseren, algemeenmaking
ge·ne·ra·li·se·ren *ww* [-zee-] *(‹Fr)* [generaliseerde, h. gegeneraliseerd] van het bijzondere tot het algemene besluiten, uit een enkel geval een algemeen oordeel of een regel afleiden, vaak ongunstig: ★ *je mag niet ~ nu je toevallig een keer in die stad bestolen bent*
ge·ne·ra·li·se·ring [-zee-] *de (v)* [-en] veralgemening
ge·ne·ra·li·teit *(‹Fr‹Lat) de (v)* ❶ algemeenheid ❷ hist staatsmacht van de Republiek der Verenigde Nederlanden, vertegenwoordigd door de Staten-Generaal
Ge·ne·ra·li·teits·lan·den *mv* hist die gebieden van de Republiek der Verenigde Nederlanden die geen eigen afvaardiging hadden naar de Staten-Generaal, maar wel door de Staten-Generaal bestuurd werden: Staats-Brabant, Staats-Limburg, Staats-Opper-Gelre, Staats-Vlaanderen en Westerwolde
ge·ne·ra·li·ter *(‹Lat) bijw* in, over het algemene
ge·ne·ra·tie [-(t)sie] *(‹Lat) de (v)* [-s] ❶ geslacht, al de individuen van een zelfde trap in een voortplantingsreeks, vooral mensengeslacht ★ *tweede, derde enz. ~ gastarbeiders of allochtonen* die als kind met hun ouders zijn geïmmigreerd of zijn geboren in hun huidige verblijfsland ❷ tijdgenoten in een zelfde beroep of tak van kunst ❸ overdrachtelijk ★ *een nieuwe (tweede, derde enz.) ~ van computers, tanks e.d.* de van een nieuw grondmodel afgeleide uitvoeringen daarvan
ge·ne·ra·tie·con·flict [-(t)sie-] *het* moeilijkheden die worden veroorzaakt door de generatiekloof
ge·ne·ra·tief *(‹Fr) bn* ❶ geslachtelijk ❷ het vermogen tot voortplanting, verwekking in zich dragend
ge·ne·ra·tief-trans·for·ma·tio·neel [-(t)sjoo-] *bn* → **transformationeel**-generatief
ge·ne·ra·tie·kloof [-(t)sie-] *de* grote afstand (in opvattingen en levenswijze) tussen verschillende generaties mensen
ge·ne·ra·tie·pact [-(t)sie-] *het* BN, pol (in 2005 door de toenmalige Belgische regering voorgesteld) plan om het probleem van de vergrijzing tegen te gaan, onder meer d.m.v. maatregelen om meer mensen aan het werk te krijgen en langer werken aan te moedigen
ge·ne·ra·tie·stu·dent [-(t)sie-] *de (m)* [-en] BN student die zich voor het eerst aan een universiteit laat inschrijven
ge·ne·ra·tie·wis·se·ling [-(t)sie-] *de (v)* [-en] regelmatige wisseling van geslachtelijke en ongeslachtelijke voortplanting bij sommige planten en dieren
ge·ne·ra·tor *(‹Lat) de (m)* [-s, -toren] toestel dat energie, vooral elektrische energie opwekt
ge·ne·ren [zjə-] *(‹Fr)* **I** *ww* [geneerde, h. gegeneerd] ❶ hinderen, lastig zijn ❷ verlegen maken **II** *wederk*

zich schamen; met zijn figuur verlegen zijn: ★ *zich voor zijn familie* ~ ★ *geneer u niet* ga uw gang

ge·ne·re·ren *ww* (‹*Lat*) [genereerde, h. gegenereerd] ❶ voortbrengen, telen, verwekken ❷ vroeger benaming voor het verschijnsel dat een radio-ontvangtoestel zelf trillingen (elektrische golven) gaat uitzenden die op naburige antennes inducerend werken, waardoor in daarop aangesloten toestellen, door het interfereren van beide trillingen een combinatietoon (*Mexicaanse hond*) ontstaat ❸ zelfstandig voortbrengen van elektrische trillingen

ge·ne·reus (‹*Fr‹Lat*) *bn* ❶ edelmoedig, grootmoedig ❷ mild, royaal: ★ *genereuze giften*

ge·nerfd *bn* met nerven

ge·ne·riek (‹*Fr*) **I** *bn* tot het geslacht als zodanig behorende ★ ~ *onderscheid* geslachtsonderscheid **II** *de (m)* [-en] BN, film titel en lijst van de belangrijkste medewerkers aan het begin van een film; *ook* die aan het eind, aftiteling

ge·ne·risch (‹*Lat*) *bn* → generiek (I)

ge·ner·lei *bn* van geen soort, volstrekt geen: ★ *ik heb hier* ~ *bezwaar tegen*

ge·ne·ro·si·teit [-zie-] (‹*Fr‹Lat*) *de (v)* edelmoedigheid, grootmoedigheid; mildheid

ge·ne·se [geeneezə,], **ge·ne·sis** [-zis] (‹*Gr*) *de (v)* ❶ ontstaan, wording; ❷ *Genesis* naam van het eerste boek van het Oude Testament

ge·ne·se·lijk *bn* → geneeslijk

ge·ne·ti·ca (‹*Gr*) *de (v)* erfelijkheidsleer

ge·ne·ti·cus (‹*Gr*) *de (m)* [-ci] beoefenaar van de genetica

ge·ne·tisch (‹*Gr*) *bn* ❶ het ontstaan, de oorsprong betreffend ❷ de erfelijkheid betreffend ★ ~ *onderzoek* onderzoek naar iems. erfelijke afwijkingen

ge·net·kat *de* [-ten] soort civetkat uit het geslacht Genetta

ge·neug·te *de (v)* [-n] genoegen

ge·neu·zel *het* NN onzinnig gezeur

ge·ne·zen *ww* [genas, h. & is genezen] ❶ beter maken; afhelpen ❷ beter worden, herstellen ❸ fig bevrijd worden, kwijtraken: ★ *hij is voorgoed* ~ *van zijn goklust*

ge·ne·zing *de (v)* [-en] het genezen

gen·gen·was *het* [-sen] genetisch veranderd gewas

ge·ni·aal (‹*Fr*) *bn* ❶ met → genie¹ bedeeld, ongewoon begaafd: ★ *een* ~ *schilder* ❷ voortkomend uit, blijk gevend van → genie¹: ★ *dit is een* ~ *plan*

ge·ni·a·li·teit (‹*Fr*) *de (v)* ❶ begaafdheid met genie ❷ het blijk-geven van, gekenmerkt-zijn door → genie¹

ge·nie¹ [zjə-] (‹*Fr‹Lat*) *het* ❶ het normale ver te boven gaande scheppende begaafdheid ❷ [*mv:* -nieën] persoon met zulke begaafdheid

ge·nie² [zjə-] (‹*Fr*) *de (v)* afdeling ('wapen') van het leger, belast met het aanleggen en herstellen van militaire werken, wegen, bruggen enz.

ge·nie·of·fi·cier [zjə-] *de (m)* [-en] officier bij de → genie²

ge·niep *het* ★ *in het* ~ heimelijk, stiekem

ge·nie·perd *de (m)* [-s] geniepigerd

ge·nie·pe·rig, **ge·nie·pig** *bn* gluiperig, vals, stiekem, achterbaks, heimelijk: ★ *een geniepige streek*

ge·nie·pi·gerd *de (m)* [-s] gluiper, stiekemerd, vals persoon

ge·niet·baar *bn* wel gewaardeerd kunnende worden

ge·nie·ten *ww* [genoot, h. genoten] ❶ genoegen hebben (van): ★ *hij genoot van de sorbet* ★ *niet te* ~ *zijn* ❷ van personen in een zeer slecht humeur zijn ❸ ontvangen: ★ *een salaris* ~ *onderwijs* ~

ge·nie·ter *de (m)* [-s] iem. die genieten kan en graag genieten wil

ge·nie·ting *de (v)* [-en] het genieten; genot

ge·nie·troe·pen [zjə-] *mv* troepen van de afdeling → genie²

ge·nist [zjə-, gə-] *de (m)* [-en] bij de → genie² dienend soldaat of officier

ge·ni·taal (‹*Lat*) *bn* de geslachtsorganen betreffend of daartoe behorend

ge·ni·ta·lia, **ge·ni·ta·li·ën** (‹*Lat*) *mv* geslachtsdelen

ge·ni·tief (‹*Lat*) *taalk de (m)* [-tieven], **ge·ni·ti·vus** [-vi] ❶ tweede naamval ❷ vorm daarvan

ge·ni·us (‹*Lat*) *de (m)* [-niën] beschermgeest, schutsengel

gen·mu·ta·tie [-(t)sie] *de (v)* [-s] verandering in genetisch materiaal

ge·no·ci·de (‹*Gr-Lat*) *de (v)* de vernietiging van een bepaald volk, ras of aanhangers van een bepaalde godsdienst, soortmoord

ge·no·dig·de *de* [-n] iem. die uitgenodigd is

ge·noeg *onbep telw, bijw* voldoende, toereikend: ★ *er is* ~ *brood* ★ *er (meer dan of schoon)* ~ *van hebben* er liever niets meer mee te maken willen hebben ★ ~ *hebben aan zichzelf*, NN *zichzelf* ~ *zijn* geen behoefte hebben aan gezelschap of hulp van anderen ★ NN *ergens geen* ~ *van krijgen*, BN *ergens niet* ~ *van krijgen* van iets kunnen blijven genieten ★ *merkwaardig* ~ *mocht ik niet mee* het was nogal merkwaardig dat ik niet mee mocht ★ *mans* ~ zie bij → mans¹

ge·noeg·doe·ning *de (v)* schadeloosstelling, eerherstel

ge·noe·gen *het* [-s] plezier: ★ *met* ~ ★ ~ *scheppen in iets* ★ *de genoegens van het leven in de natuur* ★ *het was me een waar* ~ ik vond het heel leuk ★ *doe me een* ~ *(en zet die muziek uit)* wil je me een plezier doen (en die muziek uitzetten) ★ *ten* ~ *van iem. zó, dat iem. er tevreden mee is* ★ NN *naar* ~ zoveel men wenst, tot tevredenheid: ★ *men kan zich naar* ~ *bedienen van de drankjes en hapjes* ★ ~ *nemen met* zich tevredenstellen met (vooral met iets minders of geringers) ★ *tot* ~ beleefdheidsformule bij het afscheid

ge·noeg·lijk *bn* aangenaam, gezellig, gemoedelijk

ge·noeg·lijk·heid *de (v)* [-heden] gezelligheid, gemoedelijkheid

ge·noeg·zaam *bn* voldoend, toereikend

ge·noemd *bn* zo-even vermeld
ge·nof·fel [zjə-] *(‹Fr‹Gr) de* [-s] anjelier
ge·no·men *volt deelw* van → **nemen** *bn inf* beetgenomen, gedupeerd: ★ *zich ~ voelen*
ge·noot[1] *de (m)* [-noten] metgezel
ge·noot[2] *ww verl tijd* van → **genieten**
ge·noot·schap *het* [-pen] vereniging, meestal met een culturele doelstelling
ge·not I *het* het genieten: ★ *onder het ~ van een glas wijn* II *mv* ❶ genietingen ❷ dat waarvan of waardoor men geniet: ★ *het was een ~ de kinderen te zien spelen*
ge·no·ten *ww verl tijd meerv en volt deelw* van → **genieten**
ge·not·mid·del *het* [-en] middel zonder voedingswaarde dat lekker smaakt en / of lichamelijk welbehagen veroorzaakt: ★ *koffie, wijn, tabak enz. zijn genotmiddelen*
ge·nots·recht *het* recht tot het genieten van een goed
ge·not·te·ren *ww* [genotterde, h. genotterd] voor zichzelf lekker zitten te genieten
ge·not·vol *bn* veel genot gevend
ge·no·ty·pe [-tie-] *het* het geheel van de erfelijk bepaalde en bij vererving doorgegeven eigenschappen
ge·not·ziek *bn* met een ziekelijke begeerte naar genot
ge·not·zoe·ker *de (m)* [-s] iemand die steeds uit is op genot
ge·not·zucht *de* het steeds zoeken van genot
gen·re [zjãrə] *(‹Fr) het* [-s] ❶ soort, vooral soort van voorwerpen, voortbrengselen of stijlen van kunst of kunstnijverheid ❷ (schilder)kunst die taferelen uit het dagelijks leven uitbeeldt (*genrekunst, genreschilderij*)
gen·re·schil·der [zjã-] *de (m)* [-s] iem. die taferelen uit het dagelijks leven schildert
gen·re·stuk [zjã-] *het* [-ken] schilderij van een tafereel uit het dagelijks leven
gen·ster *de* [-s] BN, plechtig vonk, glinstering ★ *geen gensters slaan* niet goed presteren
gent *de (m)* [-en] mannetjesgans
gen·tech·ge·was·sen *mv* genetisch gemodificeerde gewassen
gen·tech·no·lo·gie *de* technologie die is gericht op het veranderen van genetische eigenschappen, bijv. van voedingsmiddelen
Gen·te·naar *de (m)* [-s] iem. geboortig of afkomstig uit Gent
gen·ti·aan [-sie-] *de* [-anen] ❶ elk van de planten uit het geslacht *Gentiana*, vooral de alpenplant met blauwe klokjes ❷ wortel van *G. lutea*, gebruikt als geneesmiddel en voor likeur
gen·tle·man [dzjentəlmən] *(‹Eng) de (m)* [-men] heer, man van opvoeding of stand, man van fatsoen ★ *~'s agreement* niet-vormelijke overeenkomst waaraan men zich als iem. van eer moet houden, herenakkoord ★ *a gentleman's ~* kamerdienaar van een heer, lijfbediende
ge·nu·an·ceerd *bn* met nuances, geschakeerd; niet eenzijdig of al te beslist: ★ *een genuanceerde mening over iets hebben*
Ge·nu·ees I *de (m)* [-ezen] iem. geboortig of afkomstig uit Genua II *bn* van, uit, betreffende Genua
Ge·nu·e·se *de (v)* [-n] vrouw of meisje uit Genua
ge·nus *(‹Lat) het* [genera] biol, taalk geslacht
ge·nus·koop *de (m)* [-kopen] soortkoop: koop waarbij het gekochte alleen bepaald is naar de soort en naar de hoeveelheid; *vgl*: → **specieskoop**
geo- *(‹Gr)* als eerste lid in samenstellingen betrekking hebbend op de aarde
ge·oc·cu·peerd *bn* NN ❶ bezig, bezet met werk ❷ in gedachten verzonken
geo·cen·trisch *bn* met de aarde als middelpunt: ★ *een ~ wereldbeeld*
ge·oc·trooi·eer·de *de* [-n] bezitter van een patent
geo·deet *de (m)* [-deten] ❶ beoefenaar van de geodesie ❷ wisk kortste verbinding
geo·de·sie [-zie] *(‹Gr) de (v)* landmeten en waterpassen tot het bepalen van de grootte en de vorm van (delen van) de aardoppervlakte
geo·de·tisch *bn* op de geodesie betrekking hebbend ★ *geodetische lijn* kortste afstand tussen twee punten op een oppervlak
geo·drie·hoek *de (m)* [-en] doorzichtige plastic driehoek met hoeken in standaardgrootte (30, 45, 60 resp. 90 graden) en met een graadboog en een centimeterverdeling erop, gebruikt als hulpmiddel bij het wiskundeonderwijs
ge·oe·fend *bn* door oefening bedreven: ★ *geoefende arbeiders*
geo·fy·si·ca [-fiezie-] *de (v)* leer van de natuurkundige eigenschappen van de aarde en van haar atmosfeer
geo·fy·si·cus [-fiezie-] *de (m)* [-ci] beoefenaar van de geofysica
geo·fy·sisch [-fiezies] *bn* betrekking hebbend op de geofysica
geo·fyt [-fiet] *(‹Gr) de (m)* [-en] benaming voor planten die overwinteren door in de aarde zittende delen (knollen, wortelstokken enz.)
geo·graaf *(‹Gr) de (m)* [-grafen] aardrijkskundige
geo·gra·fie *(‹Gr) de (v)* aardrijkskunde
geo·gra·fisch *(‹Gr) bn* ❶ aardrijkskundig ❷ betrekking hebbend op de verbreiding over de aarde
ge·olied *bn* zie bij → **oliën**
geo·lo·gie *(‹Gr) de (v)* aardkunde: leer van de bouw en de ontwikkelingsgeschiedenis van de aardkorst en van de processen die zich erin afspelen
geo·lo·gisch *bn* de aardkunde, de kennis van de aardvorming betreffend
geo·loog *(‹Gr) de (m)* [-logen] kenner, beoefenaar van de geologie
geo·mag·ne·tis·me *het* aardmagnetisme
geo·me·trie *(‹Gr) de (v)* meetkunde
geo·me·trisch *(‹Gr) bn* op de meetkunde betrekking

hebbend, meetkundig

ge·o·mor·fo·lo·gie *de (v)* leer van de uitwendige gedaante van de aarde en van de veranderingen daarvan

geo·niem (<*Gr*) *het* [-en] woord dat van een aardrijkskundige naam is afgeleid, zoals *champagne* of *chester*

geo·no·mie (<*Gr*) *de (v)* ❶ wiskundige aardrijkskunde ❷ fysische wetmatigheden van vooral de oppervlakte van de aarde ❸ het overkoepelend geheel van de aardwetenschappen

ge·oor·loofd *bn* toegelaten, niet verboden

geo·po·li·tiek, **geo·po·li·tiek I** *de (v)* ❶ wetenschap die de levensvoorwaarden van de staat onderzoekt, teneinde de gewonnen kennis te kunnen toepassen bij het politieke handelen ❷ politiek waarbij de geografische ligging van een staat bepalend is voor zijn buitenlandse politiek **II** *bn* van, betreffende de geopolitiek: ★ *Polen hoorde ~ bij Rusland*

ge·or·dend *bn* zie bij → **ordenen**

ge·or·ga·ni·seerd [-zeert] *bn* bij een organisatie aangesloten, in een organisatie verenigd, vooral bij een vakorganisatie: ★ *~ verzet* ★ *georganiseerde misdaad* misdaad bedreven door goed geleide bendes, zoals de maffia, cosa nostra e.d. ★ *~ overleg* overleg tussen organisaties van werknemers en die van werkgevers of de overheid over arbeidsvoorwaarden, lonen enz.

Ge·or·gi·ër *de (m)* [-s] iem. geboortig of afkomstig uit Georgië, een republiek in de Kaukasus

Ge·or·gisch I *bn* van, uit, betreffende Georgië **II** *het* taal van Georgië

ge·ori·ën·teerd *bn* ❶ ★ *~ op* gericht naar ❷ zich op de hoogte gesteld hebben: ★ *goed ~*

geo·rou·te [-roetə] *de* [-s, -n] BN software die de postbezorgingsroutes uitstippelt om het aantal routes per gebied zo klein mogelijk te houden

geo·sta·ti·ca *de (v)* leer van het evenwicht van vaste lichamen

geo·sta·tio·nair [-(t)sjoonèr] *bn* gezegd van een kunstmaan die in een zodanige baan om de aarde cirkelt, dat zij ten opzichte van deze steeds op hetzelfde punt schijnt te staan

geo·ther·misch *bn* op de aardwarmte betrekking hebbend

ge·ou·til·leerd [-oetiejeert] *bn* voorzien van de nodige werktuigen of installaties: ★ *een goed geoutilleerde haven*

ge·ou·we·hoer *het* NN, spreektaal geklets

geo·we·ten·schap·pen *mv* aardwetenschappen

gep. *afk* gepensioneerd

ge·paard *bn* een tweetal vormend ★ *~ gaan met* noodzakelijk als begeleidend verschijnsel of gevolg hebben ★ *~ rijm* zie bij → **rijm**[1]

ge·pakt *bn* ★ *~ en gezakt* met alle benodigdheden ingepakt gereed tot vertrek

ge·pa·la·ver *het* BN eindeloos gepraat

ge·pant·serd *bn* ❶ bedekt met een pantser *of*

pantserplaten: ★ *een gepantserde trein* ❷ fig niet trefbaar voor gemoedsaandoeningen *of* van gemoedsaandoeningen niets doende blijken

ge·pa·reld *bn* ❶ versierd met parels ❷ als parels

ge·pa·ren·teerd (<*Fr*) *bn* verwant

ge·par·fu·meerd *bn* ❶ welriekend gemaakt: ★ *geparfumeerde zeep* ❷ parfum gebruikt hebbend ❸ schertsend geaffecteerd: ★ *~ spreken*

ge·pas·sio·neerd [-sjoo-] *bn* hartstochtelijk, beheerst door sterke hartstochten of een bepaalde genoemde hartstocht: ★ *~ gitaar spelen*

ge·past *bn* ❶ bij de gelegenheid passend: ★ *hij droeg gepaste kleding* ❷ behoorlijk: ★ *~ groeten* ❸ de juiste hoeveelheid bedragend: ★ *met ~ geld betalen*

ge·pas·teu·ri·seerd [-zeert] *bn* bacterievrij door verhitting tot 70 °C

ge·pa·ten·teerd *bn* van een patent voorzien, geoctrooieerd ★ *een ~ leugenaar* fig een aartsleugenaar

ge·pa·voi·seerd [-vwàzeert] *bn* met vlaggen aan lijnen versierd

ge·peins *het* het peinzen: ★ *in ~ verzonken zijn*

ge·pe·keld *bn* in de pekel gelegd

ge·peld *bn* ❶ ontdaan van de schil: ★ *een gepelde banaan, gepelde bonen, pinda's* ❷ ★ BN *gepelde biefstuk* runderbiefstuk van een bep. gedeelte van de bil of schouder, waaruit de pezen e.d. zijn verwijderd

ge·pen·sio·neerd [-sjoo-] *bn* pensioen genietend

ge·pen·sio·neer·de [-sjoo-] *de* [-n] iem. die pensioen geniet

ge·pe·perd *bn* ❶ met (veel) peper: ★ *een gepeperde saus* ❷ pittig, pikant: ★ *een gepeperde vertelling* ❸ duur: ★ *een gepeperde rekening*

ge·per·fo·reerd *bn* ❶ doorboord ❷ van een reeks gaatjes voorzien om het afscheuren gemakkelijk te maken

ge·per·mit·teerd [-miet-] *bn* ❶ veroorloofd, toegestaan ❷ ★ BN, spreektaal *niet ~* niet gepast, onbetamelijk

ge·per·so·ni·fieerd [-fjeert] *bn* als persoon voorgesteld, belichaamd

ge·per·ver·teerd *bn* ontaard, verdorven; vgl: → **perversie**

ge·peu·pel (<*Fr*) *het* het lage volk, plebs, het grauw

ge·peu·ter *het* ❶ het (aanhoudend) peuteren ❷ geknutsel, gedoe met kleinigheden

ge·pi·keerd *bn* gebelgd, beledigd, op zijn tenen getrapt

ge·plaatst *bn* ❶ op zijn plaats: ★ *~ kapitaal* uitgegeven aandelen ❷ BN in een geschikte positie om iets te kunnen beoordelen: ★ *ze is goed ~ om te voelen wat er bij de jeugd leeft* ❸ sp bij de indeling van de loting in toernooien een zodanige plaats krijgend dat men eerst zwakkere tegenstanders ontmoet; zie ook bij → **plaatsen**

ge·pla·fon·neerd *bn* BN aan een maximumeis gebonden

ge·pla·veid *bn* met een hard wegdek
ge·ploe·ter *het* het (aanhoudend) ploeteren of plassen; hard en gestadig werken
ge·plo·gen·heid *(‹Du) de (v)* [-heden] BN ook gewoonte, gebruik
ge·plo·zen *ww volt deelw* van → **pluizen**
ge·po·cheerd [-sjeert] *bn* ‹van eieren› zonder de schaal gekookt
ge·poft *bn* ❶ droog verhit: ★ *gepofte gort, rijst, kastanjes* ❷ met poffen: ★ *gepofte mouwen*
ge·pokt *bn* ★ vooral NN ~ *en gemazeld zijn* veel ervaring opgedaan hebben en tegenslagen overwonnen hebben: ★ *hij is ~ en gemazeld in het baggerbedrijf*
ge·po·la·ri·seerd [-zeert] *bn* ❶ zie bij → **polarisatie** ❷ nat met gelijke, tegengestelde ladingen
ge·po·li·toerd *bn* glanzend gemaakt met politoer
ge·por·teerd *bn* ★ ~ *zijn voor* veel ophebben met
ge·po·seerd [-zeert] *bn* bezadigd, bedaard, evenwichtig
ge·praat *het* ❶ het (aanhoudend) praten ❷ praatjes, geroddel
ge·pre·dis·po·neerd *bn* voorbeschikt
ge·pre·oc·cu·peerd *bn* ❶ vooringenomen ❷ door bepaalde (zorgelijke) gedachten in beslag genomen
ge·pres·seerd *bn* haast hebbend
ge·pre·zen *ww volt deelw* van → **prijzen¹**
ge·prik·keld *bn* → **ontstemd**: (bet 1), zich ergerend, kortaf ★ ~ *reageren op gezeur*
ge·pri·vi·le·gieerd [-zjeert, -gjeert] *bn* bevoorrecht
ge·pro·gram·meerd *bn* in een programma vastgelegd, volgens een programma, een vaste opeenvolging van handelingen, verlopend ★ *geprogrammeerde instructie* onderwijsvorm waarbij de leerlingen telkens kleine hoeveelheden leerstof krijgen, vragen daarover beantwoorden en de mogelijkheid krijgen foutieve reacties op de vragen te herstellen
ge·pro·lon·geerd *bn* verlengd; zie ook bij → **prolongeren**
ge·pro·mo·veerd *bn* de doctorsgraad verworven hebbend
ge·pro·non·ceerd *bn* ❶ duidelijk uitkomend, sprekend: ★ *geprononceerde gelaatstrekken* ❷ bepaald, beslist: ★ ~ *slecht*
ge·pro·por·tio·neerd [-sjoo-] *bn* evenredig, in juiste verhouding ★ *goed* ~ *juiste lichaamsverhoudingen bezittend*
ge·pro·tes·teerd *bn* ‹van wissels› geweigerd, met protest teruggezonden
ge·pruts *het* geknoei
ge·punt *bn* in een punt uitlopend, met een scherpe punt: ★ *een gepunte helm*
ge·raad·zaam *bn* BN, spreektaal raadzaam, geraden, gunstig, gewenst
ge·raakt *bn* geprikkeld, beledigd; **geraaktheid** *de (v)*
ge·raam·te *het* [-n, -s] ❶ beendergestel, skelet ❷ samenstel van vaste bestanddelen, waaraan of waartussen de verdere onderdelen van een voorwerp worden aangebracht: ★ *het* ~ *van een gebouw* ❸ ontwerp, voorlopige schets ❹ zeer mager mens
ge·raas *het* ❶ het (aanhoudend) razen ❷ lawaai
ge·rad·braakt *bn* ❶ vermoeid en overal pijn voelend: ★ *we waren* ~ *na die busreis* ❷ misvormd, slecht uitgesproken: ★ ~ *Engels*
ge·ra·den *bn* aan te raden, raadzaam ★ vooral NN *het is je* ~*!* je moet het beslist doen: ★ *het is je* ~ *je huiswerk op tijd af te hebben*
ge·raf·fi·neerd *bn* ❶ gezuiverd: ★ *geraffineerde olie* ❷ verfijnd: ★ *een* ~ *bloemmotief* ❸ doortrapt: ★ *een* ~ *oplichter*
ge·ra·ken *ww* [geraakte, is geraakt] m.g., vero in een toestand komen, raken: ★ *in moeilijkheden* ~ ★ *aan iets* ~ in zijn bezit krijgen, bemachtigen, halen ★ *af, klaar* ~ klaarkomen, voltooid raken
ge·ramd *bn* ★ NN ~ *zitten* in een gunstige of stevige positie verkeren *vgl*: → **gebakken**, → **gebeiteld**
ge·ram·mel *het* het (herhaald of aanhoudend) rammelen
ge·ra·ni·um *(‹Gr) de* [-s] ❶ ooievaarsbek ❷ bekende kamer- of tuinplant behorend tot het geslacht *Pelargonium* ★ *achter de geraniums zitten* zijn oude dag vullen met nietsdoen
ge·rant [zjeerã, zjeerant] *de (m)* [-s, -en], **ge·ran·te** [zjeerãtə, zjeerantə] *(‹Fr) de (v)* [-n *of* -s] beheerder / niet-eigenaar / filiaalhouder van een grotere zaak, in Nederland vooral van een restaurant of hotel, in België ook van een supermarkt, kledingzaak e.d.
ger·be·ra *de* ['s] op de margriet lijkende veelkleurige snijbloem, genoemd naar de 18de-eeuwse botanicus T. Gerber (*Gerbera jamesonii*)
ger·bil *de (m)* [-s] in woestijnen en steppen levend knaagdier, woestijnrat
ge·recht¹ I *het* [-en] rechtbank, rechtsprekend lichaam: ★ *voor het* ~ *dagen, verschijnen* ★ recht ~ *in eerste aanleg* rechtbank die het eerst met een zaak te maken krijgt II *bn* rechtvaardig: ★ *gerechte hemel; gerechtvaardigd, billijk*: ★ *zijn gerechte straf ontvangen*
ge·recht² *het* [-en] portie klaargemaakt eten die in één gang wordt opgediend
ge·rech·te·lijk *bn* het → **gerecht¹** (I) betreffend; voor *of* vanwege het gerecht ★ *gerechtelijke geneeskunde* geneeskundig onderzoek bij strafzaken
ge·rech·tigd *bn* het recht hebbend: ★ ~ *tot iets*
ge·rech·tig·de *de* [-n] iem. die gerechtigd is, die recht op iets heeft
ge·rech·tig·heid *de (v)* rechtvaardigheid, recht: ★ *iem. of iets* ~ *laten wedervaren* ★ *eindelijk* ~*!* uitroep als er iets gebeurt wat naar redelijkheid al lang al had moeten gebeuren
ge·rechts·au·di·teur *de (m)* [-s] assistent van de rechter
ge·rechts·bo·de *de (m)* [-n, -s] bode in dienst van het → **gerecht¹** (I), deurwaarder
ge·rechts·dag *de (m)* [-dagen] dag van rechtszitting

ge·rechts·deur·waar·der *de (m)* [-s] recht → deurwaarder
ge·rechts·die·naar *de (m)* [-s, -naren] politieagent
ge·rechts·ge·bouw *het* [-en] gebouw waar een rechtbank zetelt
ge·rechts·hof *het* [-hoven] ❶ ‹in Nederland› hogere rechtbank waar men in beroep kan gaan tegen vonnissen van de arrondissementsrechtbanken ❷ BN niet-officiële aanduiding voor verschillende soorten rechtbanken
ge·rechts·kos·ten *mv* kosten van een proces
ge·rechts·zaak *de* [-zaken] rechtszaak
ge·rechts·zaal *de* [-zalen] rechtszaal
ge·recht·vaar·digd *bn* goede reden hebbend, op goede gronden berustend: ★ *gerechtvaardigde eisen*; vgl.: → **rechtvaardigen** *(bet 1)*
ge·re·de·lijk *bijw* gemakkelijk, vlug, bereidwillig
ge·re·den *ww volt deelw van* → **rijden**
ge·reed *bn* ❶ bereid, klaar: ★ *het boek is ~* ★ *bent u ~ om te vertrekken?* ★ *~ geld* geld waarover terstond beschikt kan worden, contanten ❷ gemakkelijk, zonder bezwaar: ★ *gerede ingang vinden*
ge·reed·heid *de (v)* het gereed zijn ★ *in ~ brengen* klaarmaken
ge·reed·hou·den *ww* [hield gereed, h. gereedgehouden] in gereedheid houden
ge·reed·ko·men *ww* [kwam gereed, is gereedgekomen] klaarkomen
ge·reed·leg·gen *ww* [legde of lei gereed, h. gereedgelegd] voor de hand leggen, klaarleggen
ge·reed·lig·gen *ww* [lag gereed, h. gereedgelegen] klaarliggen
ge·reed·ma·ken *ww* [maakte gereed, h. gereedgemaakt] bereiden, klaarmaken
ge·reed·schap *het* ❶ de verzameling werktuigen die men voor een bepaalde verrichting nodig heeft ❷ [*mv:* -pen] een stuk → **gereedschap** (bet 1)
ge·reed·schaps·kist *de* [-en] kist waarin men gereedschap bewaart
ge·reed·staan *ww* [stond gereed, h. gereedgestaan] klaarstaan
ge·reed·zet·ten *ww* [zette gereed, h. gereedgezet] klaarzetten
ge·re·for·meerd *bn* van, betreffende de gereformeerde godsdienst of de gereformeerde kerken, protestante kerkgenootschappen volgens streng calvinistische beginselen die hun oorsprong hebben in afsplitsingen van de Nederlands-hervormde Kerk in de 19de eeuw
ge·re·for·meer·de *de* [-n] lid van een van de gereformeerde kerken
ge·re·geld *bn* ❶ geordend, ordelijk, regelmatig: ★ *een ~ leven leiden* ❷ op gezette tijden, tamelijk vaak: ★ *hij komt ~ in dit restaurant*; **geregeldheid** *de (v)*
ge·re·gen *ww volt deelw van* → **rijgen**
ge·re·gu·leerd *bn* regelmatig geordend ★ *handel gereguleerde tarra* bepaald naar het gemiddeld gewicht uit een gedeelte van de partij
ge·rei *het* → **gereedschap** (bet 1)
ge·rekt *bn* ❶ lang aangehouden: ★ *een gerekte toon* ❷ langdradig, te uitvoerig; **gerektheid** *de (v)*
ge·remd *bn* niet vrijuit kunnende handelen of spreken: ★ *hij is te ~ om zijn gevoelens te uiten*
ge·ren¹ *ww* [geerde, h. gegeerd] vooral NN schuin lopen: ★ *een gerende rok*
ge·ren² *het* het voortdurend rennen
ge·re·nom·meerd (‹Fr› *bn* vermaard, een goede naam bij het publiek hebbend: ★ *een gerenommeerde firma*
ge·re·pu·teerd (‹Fr› *bn* met een goede reputatie
ge·re·ser·veerd [-zer-] *bn* ❶ voorbehouden, van tevoren toegewezen, besproken: ★ *deze tafels zijn ~* ❷ zich op een afstand houdend, niet toeschietelijk: ★ *de onderhandelaar stelde zich ~ op*; **gereserveerdheid** *de (v)*
ge·re·sig·neerd [-zienjeert] *bn* gelaten, berustend
ge·re·ten *ww volt deelw van* → **rijten**
ge·reu·tel *het* rochelend keelgeluid bij een tekort aan adem
ge·re·zen *ww volt deelw van* → **rijzen**
ge·ri·a·ter (‹Gr› *de (m)* [-s] arts speciaal voor ouderdomsverschijnselen en -ziekten
ge·ri·a·trie (‹Gr› *de (v)* geneeskundig specialisme voor de behandeling van bejaarden
ge·ri·a·trisch *bn* van, betreffende de geriatrie
ge·rib·beld, **ge·ribd** *bn* met ribbels
ge·richt¹ *het* [-en] Bijbel proces ★ *het jongste of laatste ~* het Laatste Oordeel
ge·richt² *bn* een bep. richting hebbend of gevend ★ *~ schieten* op een bep. doel schieten ★ *zij is socialistisch, liberaal ~* ze neigt tot het socialisme, liberalisme
ge·richt·heid *het* ❶ het op bep. wijze gericht, georiënteerd zijn ❷ geaardheid: ★ *wat is zijn politieke, seksuele ~?*
ge·rid·derd *bn* een ridderorde ontvangen hebbend; zie ook bij → **ridderen**
ge·rief *het* ❶ gemak, genot: ★ *ten gerieve van* ★ NN, spreektaal *aan, tot zijn ~ komen* een orgasme krijgen ❷ BN ook benodigdheden, gerei, gereedschap, materiaal, spullen: ★ ‹bij boodschappen doen› *ik heb mijn ~ niet kunnen vinden*
ge·rie·fe·lijk, **ge·rief·lijk** *bn* met veel gemakken, gemak gevend
ge·rie·ven *ww* [geriefde, h. geriefd] van dienst zijn
ge·rij *het* het (herhaald of voortdurend) rijden
ge·rij·mel *het* ❶ het rijmelen ❷ waardeloos dichtwerk
ge·rim·peld *bn* met rimpels
ge·ring *bn* klein, onbetekenend, onaanzienlijk, weinig ★ *~ niet ~ groot* (in aantal, omvang, belang, enz.)
ge·ring·ach·ten *ww* [achtte gering, h. geringgeacht] van geringe waarde *of* betekenis achten; **geringachting** *de (v)*
ge·ring·schat·ten *ww* [schatte gering *of* geringschatte, h. geringgeschat] voor onbetekenend

houden
ge·ring·schat·tend *bn* enigszins minachtend
ge·ring·schat·ting *de (v)* lichte vorm van minachting
ge·rist *bn* ❶ aan risten gebonden: ★ *geriste bloemen* ❷ afgerist: ★ *geriste bessen*
ge·rit·sel *het* het (voortdurend) ritselen
Ger·maan *(‹Lat› de (m)* [-manen] ❶ lid van een volk dat tezamen met andere volken in de tijd van de grote volksverhuizing Noord- en West-Europa bewoonden ❷ thans nakomeling van deze stammen ❸ vooral (licht minachtend) Duitser
Ger·maans I *bn* van, betreffende de Germanen: ★ *Germaanse talen* taalgroep binnen de Indo-Europese talen: Deens, Noors, Zweeds, IJslands, Fries, Nederlands, Duits, Engels en de taal van de Faeröer **II** *het* de gezamenlijke Germaanse talen
ger·ma·ni·se·ren *ww* [-zee-] *(‹Fr›* (germaniseerde, h. gegermaniseerd] Germaans of Duits maken
ger·ma·nis·me *het* [-n] uit het Duits overgenomen woord of uitdrukking, in strijd met het taaleigen van de overnemende taal
ger·ma·nist *de (m)* [-en] beoefenaar van de Germaanse taal- en letterkunde en cultuurgeschiedenis
ger·ma·nis·tiek *de (v)* wetenschap van de Germaanse taal en letterkunde
ger·ma·nis·tisch *bn* betrekking hebbend op de germanistiek
ger·ma·ni·um *het* chemisch element, symbool Ge, atoomnummer 32, een bros, grijswit metaal, genoemd naar het Latijnse woord voor Duitsland: *Germania*
ger·ma·no·fi·lie *(‹Lat-Gr› de (v)* bewondering voor alles wat Germaans of Duits is
ger·ma·no·fo·bie *(‹Lat-Gr› de (v)* overdreven vrees voor alles wat Germaans of Duits is
ger·mi·nal [zjer-] *(‹Fr› de (m)* zevende maand van de Franse republikeinse kalender (21 maart-19 april)
ge·rod·del *het* kwaadsprekerij
ge·roep *het* het (herhaald) roepen
ge·roe·pen *bn* ★ ~ *zijn om* uitverkoren zijn om, de juiste persoon zijn voor ★ *ik voel me daartoe niet* ~ dat ligt niet op mijn weg
ge·roe·ze·moes *het* het roezemoezen, geluid van veel door elkaar klinkende stemmen: ★ *het* ~ *in de zaal*
ge·ro·ken *ww* volt deelw van → **rieken** en → **ruiken**
ge·rokt *bn* in rok
ge·rom·mel *het* het rommelen
ge·rond *bn* taalk met ronding van de lippen: ★ *geronde klinkers*
ge·ronk *het* het ronken
ge·ron·nen *bn* ❶ gestold ❷ zie bij → **winnen** (bet 3)
ge·ron·to·fiel *(‹Gr› I de* [-en] iem. die een seksuele voorkeur heeft voor bejaarden **II** *bn* de gerontofilie betreffend
ge·ron·to·fi·lie *(‹Gr› de (v)* gezindheid van de gerontofiel
ge·ron·to·lo·gie *(‹Gr› de (v)* wetenschap van de ouderdom, van de ouderdomsverschijnselen en -ziekten
ge·ron·to·loog *(‹Gr› de (m)* [-logen] beoefenaar van de gerontologie
ge·rookt *bn* door roken verduurzaamd: ★ *gerookte vis* ★ BN ook ~ *vlees* rookvlees
ge·rou·ti·neerd [-roe-] *bn* geoefend, bedreven, vaardig door lange ondervinding
gerst *de* een van de oudste als graan geteelde gewassen, voorkomend op het noordelijk halfrond en in Zuid-Amerika, het plantengeslacht *Hordeum*
ger·ste·bier *het* uit gerst gebrouwen bier
ger·ste·brood *het* [-broden] uit gerst gebakken brood
ger·ste·kor·rel, **gerst·kor·rel** *de (m)* [-s] ❶ korrel van de gerst ❷ klein gezwel aan het ooglid
ger·ste·meel *het* gemalen gerst
ger·ste·nat *het* bier
gerst·kor·rel *de (m)* [-s] → **gerstekorrel**
ge·rucht *het* [-en] ❶ wat verteld wordt, maar helemaal niet zeker is: ★ *losse* of *loze geruchten, een vals* ~; *een* ~ *verspreiden; het* ~ *gaat dat...* ❷ geluid: ★ *de onderduikers mochten geen* ~ *maken*
ge·rucht·ma·kend, **ge·rucht·ma·kend** *bn* opschudding veroorzakend, opzienbarend: ★ *een* ~ *interview*
ge·rug·gen·steund, **ge·rug·steund** *bn* ❶ van achteren gesteund ❷ fig moreel gesteund: ★ ~ *door tal van solidariteitsverklaringen besloten de stakers hun actie voort te zetten*
ge·ruim *bn* tamelijk lang: ★ *geruime tijd*
ge·ruis *het* het voortdurend ruisen
ge·ruis·loos *bn* ❶ zonder geruis: ★ *die fiets loopt* ~ ❷ fig zonder opzien of protest te verwekken: ★ *de ambtenaar is* ~ *van zijn post verwijderd*
ge·ruit *bn* ‹van textielweefsels, wapens› met ruiten
ge·rust *bn* rustig; zonder nadeel of gevaar: ★ *dat kun je* ~ *proberen* ★ *u kunt* ~ *gaan slapen* ★ NN *er niet* ~ *op zijn*, BN ook *er niet* ~ *in zijn bezorgd zijn* ★ BN, spreektaal iem. ~ *laten* iem. met rust laten, iem. niet lastig vallen
ge·rust·heid *de (v)* ❶ innerlijke rust, het gerust zijn ❷ reden tot gerust zijn
ge·rust·stel·len *ww* [stelde gerust, h. gerustgesteld] kalm stemmen door bezorgdheid weg te nemen
ge·rust·stel·lend *bn* de bezorgdheid wegnemend: ★ *een geruststellende gedachte* ★ *een* ~ *bericht*
ge·rust·stel·ling *de (v)* het geruststellen, innerlijke rust: ★ *dat is een hele* ~
ger·we *de* duizendblad (*Achillea millefolium*)
ges *de* [-sen] muz de een halve klanktrap verlaagde toon *g*
ge·sab·bel *het* het (herhaald of voortdurend) sabbelen
ge·sak·ker *het* BN ook gemopper, gefoeter
ge·sa·la·ri·eerd *bn* bezoldigd, met een salaris
ge·sausd, **ge·saust** *bn* ❶ met saus overgoten, van saus voorzien ❷ ‹van tabak› door een bijzondere bewerking een zoetig smaakje hebbend

ge·schaard¹ *bn* zie bij → **scharen¹**: ★ *rond de piano ~*
ge·schaard² *bn* ‹van messen› met schaarden, met inkepingen in de scherpe kant
ge·scha·keerd *bn* ❶ met een grote hoeveelheid aan kleuren: ★ *een rijk ~ boeket* ❷ herald in vierkantjes verdeeld
ge·schal *het* krachtig geluid, geschetter
ge·scha·pen *volt deelw* van → **scheppen²** ★ *~ zijn voor* bijzonder geschikt zijn voor: ★ *hij is voor dit vak ~* ★ *het geschapene* de schepping, wat geschapen is ★ *groot, zwaar ~* gezegd van mannen met een groot geslachtsdeel
ge·schar·rel *het* het (voortdurend) scharrelen (in alle betekenissen)
ge·schei·den *bn* ❶ los van elkaar, niet bijeen ❷ wiens of wier huwelijk ontbonden is: ★ *een ~ vrouw*
ge·sche·nen *ww volt deelw* van → **schijnen**
ge·schenk *het* [-en] hetgeen men iem. schenkt, cadeau ★ BN *een vergiftigd ~* iets wat een cadeau lijkt, maar onaangename verplichtingen meebrengt
ge·schenk·bon *de (m)* [-s, -nen] cadeaubon
ge·schenk·ver·pak·king *de (v)* [-en] aardige verpakking van iets wat als geschenk moet dienen
ge·schept *bn* ★ *~ papier* papier dat handmatig vervaardigd wordt door het m.b.v. een vorm te scheppen
ge·scherm *het* het schermen (fig) ★ *een ~ met woorden* gebruik van grote woorden zonder veel inhoud
ge·sche·ten *ww volt deelw* van → **schijten**
ge·schet·ter *het* het (herhaald of voortdurend) schetteren
ge·schied·bron *de* [-nen] overblijfsel uit vroeger tijd (oorkonden, brieven, codices e.d.) waaruit men de geschiedkundige feiten kent
ge·schie·den *ww* [geschiedde, is geschied] plechtig ❶ gebeuren ❷ → **overkomen²**, ten deel vallen: ★ *er zal u geen leed ~* ★ *wat gij niet wilt dat u geschiedt, doe dat ook een ander niet* men moet de mensen behandelen, zoals men zelf behandeld wil worden
ge·schie·de·nis I *de (v)* [-sen] ❶ wat geschied is: ★ *~ maken* of *schrijven* iets verrichten waardoor men later algemene bekendheid zal genieten ★ *een vreemde ~* een vreemd voorval ★ *de oude ~* dat wat steeds gebeurt, hetzelfde liedje ❷ verhaal over wat geschied is **II** *de (v)* leer- en studievak: geschiedkunde
ge·schie·de·nis·boek *het* [-en] ❶ leerboek voor geschiedenis ❷ boek met feiten uit de geschiedenis
ge·schie·de·nis·les *de* [-sen] les in of over geschiedkunde
ge·schied·kun·de *de (v)* wetenschap die gebeurtenissen, feiten, omstandigheden enz. uit het verleden bestudeert
ge·schied·kun·dig *bn* de geschiedenis betreffend
ge·schied·kun·di·ge *de* [-n] kenner van de geschiedenis
ge·schied·schrij·ver *de (m)* [-s] iem. die over geschiedenis schrijft

ge·schied·schrij·ving *de (v)* het schrijven over geschiedenis
ge·schied·ver·val·sing *de (v)* [-en] onjuiste voorstelling van geschiedkundige feiten
ge·schied·vor·ser *de (m)* [-s] iem. die vooral de geschiedbronnen bestudeert
ge·schied·vor·sing *de (v)* het bestuderen van de geschiedenis, vooral door het raadplegen van de geschiedbronnen
ge·schied·werk *het* [-en] boek over een geschiedkundig onderwerp
ge·schift *bn* inf niet goed wijs, gek
ge·schikt *bn* ❶ passend, te gebruiken: ★ *dit gereedschap is hier niet ~ voor* ❷ prettig in de omgang: ★ *je bent een geschikte vriend*; **geschiktheid** *de (v)*
ge·schil *het* [-len] onenigheid ★ *~ van bestuur* meningsverschil over de uitoefening van de overheidstaak, waarover een hogere beslissing moet worden ingeroepen (bij de afdeling contentieux van de Raad van State)
ge·schil·len·com·mis·sie *de (v)* [-s] recht commissie binnen een branche in het bedrijfsleven die bemiddelt bij geschillen tussen consumenten en leveranciers
ge·schil·punt *het* [-en] zaak waarover onenigheid bestaat
ge·schoeid *bn* met schoeisel aan
ge·schol·den *ww volt deelw* van → **schelden**
ge·scho·len *ww volt deelw* van → **schuilen**
ge·schon·den *ww volt deelw* van → **schenden**
ge·schon·ken *ww volt deelw* van → **schenken**
ge·schoold *bn* geoefend, een opleiding genoten hebbend ★ *geschoolde arbeid* arbeid waarvoor scholing vereist is; **geschooldheid** *de (v)*
ge·scho·ren *volt deelw* van → **scheren¹** *bn* afgezet, opgelicht: ★ *ik voelde me flink ~ door die reparateur*
ge·scho·ten *ww volt deelw* van → **schieten**
ge·scho·ven *ww volt deelw* van → **schuiven**
ge·schre·den *ww volt deelw* van → **schrijden**
ge·schreeuw *het* het schreeuwen ★ *veel ~ en weinig wol* veel drukte zonder overeenkomstig resultaat
ge·schre·ven *ww volt deelw* van → **schrijven**
ge·schrift *het* [-en] ❶ het met de hand geschrevene ★ *mondeling of in geschrifte* sprekend of schrijvend ★ *valsheid in geschrifte* zie bij → **valsheid** ❷ geschreven stuk, al of niet in druk verschenen ❸ dial wijze van schrijven, schrift, handschrift ★ *een schoon ~ hebben* een mooi handschrift
ge·schrijf *het* ❶ het (herhaald of voortdurend) schrijven ❷ geringsch het geschrevene
ge·schrok·ken *ww volt deelw* van → **schrikken**
ge·schubd *bn* met schubben
ge·schuind *bn* herald door een schuine lijn van de rechterbovenhoek naar de linkerbenedenhoek in twee helften verdeeld
ge·schulpt *bn* met schelpvormig afgewerkte rand
ge·schut *het* de gezamenlijke kanonnen ★ *met grof of*

zwaar ~ fig met grove, harde woorden en / of maatregelen

ge·schut·koe·pel *de (m)* [-s] geschuttoren, *ook* op vliegtuigen

ge·schut·park *het* [-en] plaats waar geschut is opgesteld

ge·schut·poort *de* [-en] vierkante opening in de scheepsromp voor de loop van een kanon

ge·schut·to·ren *de (m)* [-s] toren voor het geschut op oorlogsschepen

ge·sel *de (m)* [-s, -en] ❶ tuchtzweep als strafwerktuig ❷ fig kwelling, plaag ★ *de* ~ *Gods* bijnaam van de Hunnenkoning Attila

ge·se·laar *de (m)* [-s] ❶ iem. die een ander geselt ❷ iem. die zichzelf geselt, vooral met godsdienstige motieven, flagellant

ge·sel·broe·der *de (m)* [-s] monnik van de middeleeuwse orde van flagellanten die zich in vervoering geselt

ge·se·len *ww* [geselde, h. gegeseld] ❶ slaan met een gesel ❷ fig kwellen, scherp hekelen ❸ fig hard slaan: ★ *de stortregen geselde het dak*

ge·se·ling *de (v)* [-en] tuchtiging met de gesel

ge·sel·koord *de & het* [-en] koord waarmee men geselt

ge·sel·paal *de (m)* [-palen] paal om tot geseling veroordeelden aan vast te binden

ge·sel·pro·ces·sie *de (v)* [-s] processie van flagellanten, zichzelf geselende personen

ge·sel·roe·de *de* [-n] gesel, *ook* fig

ge·sel·straf *de* geseling als straf

ge·se·pa·reerd *bn* gescheiden, afzonderlijk, vooral ‹van gehuwden› uit elkaar gegaan

ge·ser·reerd *bn* ❶ ‹van stijl of betoog› bondig, gedrongen ❷ ‹van spel› zeer sterk, degelijk

ge·set·teld *bn* de begeerde hoge positie in de maatschappij bereikt hebbend: ★ *een* ~ *zakenman*

ge·sig·na·leerd [-sinjaa-] *bn* ❶ opgemerkt, geconstateerd: ★ *de gesignaleerde verschillen in beloning* ❷ bekendgemaakt als waarschuwing en ter opsporing: ★ *in het politieblad* ~

ge·sis *het* het (herhaald of aanhoudend) sissen

ge·si·tu·eerd *bn* ❶ gelegen ❷ een zodanige maatschappelijke positie hebbend als de bepaling noemt ★ *de beter gesitueerden* de meer vermogenden ❸ een gevestigde maatschappelijke positie hebbend

ge·sja·cher *het* het sjacheren

ge·sjoch·ten ‹(Jiddisch) *bn* NN, Bargoens› geruïneerd, straatarm: ★ *een* ~ *straatventer* ★ spreektaal *dan ben je* ~ dan ben je de pineut, dan zit je in de problemen

ge·slaagd *bn* goed gelukt, met het gewenste resultaat: ★ *een geslaagde poging* ★ *een* ~ *zakenman* een succesvol zakenman

ge·slacht *het* [-en] ❶ gelijktijdig levende mensen, generatie: ★ *het tegenwoordige* ~ ★ *het opkomende* ~ ❷ sekse: ★ *het mannelijke en vrouwelijke* ~ ❸ familie ❹ biol groep van verwante soorten planten en dieren ❺ taal verbuigingsklasse, genus: ★ *het* ~ *van het woord 'huis' is onzijdig* ❻ de geslachtsdelen, vooral de mannelijke

ge·slach·te·lijk *bn* het → **geslacht** (bet 2) betreffend, seksueel: ★ *zich* ~ *verenigen*

ge·slacht·kun·de *de (v)* wetenschap die de verwantschap tussen leden van een familie bestudeert, genealogie

ge·slachts·boom *de (m)* [-bomen] boomvormige tekening die de hoofd- en zijtakken van een familie of geslacht aangeeft, stamboom

ge·slachts·daad *de* [-daden] paring, coïtus

ge·slachts·deel *het* [-delen] uitwendig geslachtsorgaan

ge·slachts·drift *de* natuurlijke drang tot seksueel contact

ge·slachts·ge·meen·schap *de (v)* seksueel verkeer: ★ ~ *met elkaar hebben*

ge·slachts·hor·mo·nen *mv* hormonen van belang voor de ontwikkeling van de secundaire geslachtskenmerken

ge·slachts·ken·merk *het* [-en] kenmerk van de sekse (→ **geslacht**, bet 2) ★ *secundaire geslachtskenmerken* kenmerken buiten de eigenlijke geslachtsorganen (stem, beharing e.a.)

ge·slachts·le·ven *het* geslachtelijk leven

ge·slachts·lijst *de* [-en] ❶ schema van de graden van verwantschap van leden van een → **geslacht** (bet 3) ❷ lijst die het → **geslacht** (bet 5) van zelfstandige naamwoorden vermeldt

ge·slachts·naam *de (m)* [-namen] familienaam

ge·slachts·ope·ra·tie [-(t)sie] *de (v)* [-s] operatie waarmee iemands geslachtelijke kenmerken worden veranderd, waarbij een man in een vrouw verandert of vice versa

ge·slachts·or·gaan *het* [-ganen] voor de voortplanting dienend orgaan

ge·slachts·re·gel *de (m)* [-s] regel voor het taalkundig geslacht

ge·slachts·re·gis·ter *het* [-s] → **geslachtslijst** (bet 1)

ge·slachts·rijp *bn* deel kunnende hebben aan de voortplanting

ge·slachts·ver·keer *het* seksueel verkeer

ge·slachts·wa·pen *het* [-s] wapen dat een familie voert, familiewapen

ge·slachts·ziek·te *de (v)* [-n, -s] besmettelijke ziekte die door geslachtsverkeer wordt overgebracht, zoals aids, syfilis en gonorroe

ge·sla·gen *volt deelw* van → **slaan** *bn* met de hamer bewerkt: ★ ~ *zilver*

ge·sle·pen *volt deelw* van → **slijpen** *bn* sluw: ★ *een* ~ *oplichter*; **geslepenheid** *de (v)*

ge·sle·ten *ww volt deelw* van → **slijten**

ge·slon·ken *ww volt deelw* van → **slinken**

ge·slo·pen *ww volt deelw* van → **sluipen**

ge·slo·ten *volt deelw* van → **sluiten** *bn* ❶ dicht, niet geopend ★ ~ *tijd* tijd waarin iets verboden is ‹jacht, visserij enz.› ★ ~ *circuit* weg waarlangs iets zich voortbeweegt zonder dat het ergens anders heen

kan, ringleiding, bijv. tv-uitzendingen die op een beperkt aantal toestellen opgevangen kunnen worden of koelwater dat steeds om dezelfde installatie geleid wordt ❷ in zichzelf gekeerd, zwijgzaam, zich niet uitend: ★ *een ~ karakter*
ge·slo·ten·heid *de (v)* inzichzelfgekeerdheid
ge·slui·erd *bn* ❶ een sluier dragend ❷ fig (van foto's, stemgeluid) niet helder, dof
ge·smaakt *bn* BN ook gewaardeerd, geapprecieerd: ★ *een ~ filmfestival*
ge·smeerd *bijw* zie bij → **smeren**
ge·sme·ten *ww volt deelw van* → **smijten**
ge·smol·ten *ww volt deelw van* → **smelten**
ge·snap *het* NN, vero geklets, gebabbel
ge·sne·den *ww volt deelw van* → **snijden**
ge·sne·de·ne *de (m)* [-n] gecastreerde man, ontmande
ge·snor *het* het → snorren (bet 1)
ge·sno·ten *ww volt deelw van* → **snuiten**
ge·sno·ven *ww volt deelw van* → **snuiven** (bet 1)
ge·so·de·mie·ter *het* NN ❶ drukte, lawaai: ★ *is dat ~ nu eens afgelopen!* ❷ last, moeilijkheden: ★ *daar komt ~ van*
ge·so·fis·ti·ceerd *(‹Eng›) bn* ❶ intellectueel ingesteld; spits, geestig; *vgl*: → **sophisticated** ❷ BN ook geavanceerd, ingewikkeld, met veel snufjes
ge·soig·neerd [-swanjeert] *bn* keurig; uiterlijk goed verzorgd
ge·sol *het* het zonderling of slordig omspringen: ★ *dat ~ met het speelgoed; ook* fig: ★ *het ~ met mensenrechten*
ge·sor·teerd *bn* ❶ in soorten bijeengevoegd ❷ ruime keuze hebbend, goed voorzien: ★ *een goed gesorteerde winkel*
gesp *de* [-en] ❶ sluitstuk van een riem of een kledingstuk ❷ dergelijk voorwerp als sieraad
ge·span *het* [-nen] paar, koppel
ge·span·nen *bn* ❶ zodanig dat een conflict te vrezen is: ★ *een ~ verhouding, de internationale toestand is ~* ; zie ook bij → **voet** (bet 5) ❷ ingespannen: ★ *met ~ aandacht luisteren*
ge·speend *bn* missend, niet bezittend: ★ *~ van muzikaal gevoel*
ge·spekt *bn* welvoorzien: ★ *een gespekte beurs*
ges·pen *ww* [gespte, h. gegespt] met een gesp of gespen vastmaken
ge·spe·ten *ww volt deelw van* → **spijten**
ge·spie·geld *bn* ‹van foto's› omgedraaid afgedrukt, zodat wat links staat op het negatief rechts staat op de afdruk: ★ *een gespiegelde foto*
ge·spierd *bn* met veel spieren, krachtig ★ *gespierde taal* krijgshaftige bewoordingen met veel dreigementen
ge·spik·keld *bn* met spikkels
ge·spitst *bn* vooral NN nauwkeurig lettend op: ★ *zij is ~ op alles wat naar racisme riekt*
ge·sple·ten *volt deelw van* → **splijten** *bn* fig innerlijk verdeeld, tegenstrijdige gevoelens of neigingen hebbend: ★ *een ~ persoonlijkheid*

ge·spo·gen *ww volt deelw van* → **spugen**
ge·spon·nen *ww volt deelw van* → **spinnen**
ge·spo·ten *ww volt deelw van* → **spuiten**
ge·sprek *het* [-ken] ❶ het met elkaar spreken: ★ *in ~ zijn, raken* ★ *een ~ met iem. aanknopen* ★ *het toestel is in ~* ❷ bij telefoons geeft signaal dat via het toestel dat men wil bellen al een ander gesprek gaande is ★ *dit is het gesprek van de dag* er wordt momenteel veel over gepraat ❸ gedachtewisseling tot onderling overleg en toenadering: ★ *interkerkelijk ~ over algemene ontwapening*
ge·spreks·cen·trum *het* [-s, -tra] instelling voor discussies over onderwerpen die in de belangstelling staan
ge·spreks·groep *de* [-en] groep personen die regelmatig bij elkaar komen om over een bep. onderwerp te spreken
ge·spreks·lei·der *de (m)* [-s] iem. die bij discussies de leiding heeft
ge·spreks·part·ner *de (m)* [-s] deelnemer aan een → **gesprek** (vooral bet 2)
ge·spreks·ron·de *de* [-n en -s] aantal besprekingen over een of meer vooraf bepaalde thema's
ge·spreks·stof *de* onderwerpen om over te praten
ge·spro·ken *ww volt deelw van* → **spreken**
ge·spron·gen *ww volt deelw van* → **springen**
ge·spro·ten *ww volt deelw van* → **spruiten**
ge·spuis *het* ❶ slecht volk, geboefte ❷ NN, schertsend kleine kinderen, grut: ★ *dat ~ moet vroeg naar bed*
ge·staag *bn* → **gestadig**
ge·staald *bn* gehard, sterk geworden ★ *de gestaalde kaders* die personen in een partij of actiegroep die al veel strijd hebben geleverd
ge·sta·dig *bn* aanhoudend, onophoudelijk, bestendig
ge·sta·dig·heid *de (v)* het voortduren
ge·stal·te *de (v)* [-n, -s] gedaante, uiterlijke vorm: ★ *een gespierde ~* ★ *~ geven aan ideeën* deze verwerkelijken, concretiseren
ge·stalt·psy·cho·lo·gie [γəsjtaltpsie-] *(‹Du›) de (v)* richting in de psychologie, ontstaan vóór de Eerste Wereldoorlog, die de dingen beschouwt als 'Gestalten' (d.w.z. in de aanschouwing onmiddellijk gegeven eenheden)
ge·stalt·the·ra·pie [γəsjtalt-] *(‹Du›) de (v)* [-pieën] psychotherapeutische behandeling (veelal met groepsgesprekken) waarbij de persoonlijkheid van de patiënt als één onlosmakelijk geheel wordt beschouwd, ontwikkeld door de Duits-Amerikaanse psycholoog Fritz Perls (1893-1970)
ge·sta·mel *het* het gebrekkig spreken
ge·stampt *bn* door stampen door elkaar gemengd ★ NN *gestampte pot* stamppot ★ NN *jongens van de gestampte pot* toffe jongens, vlotte kerels
ge·stand *zn* ★ *~ doen* houden, nakomen: ★ *zijn woord ~ doen*
Ge·sta·po [γestaa-; *ook* gestaa-] *de* Geheime Staatspolizei *(‹Du›)* [geheime Duitse staatspolitie tijdens het nationaalsocialistische bewind]

ge·sta·tio·neerd [-(t)sjoo-] *bn* een vaste standplaats hebbend: ★ *gestationeerde taxi's*
ges·te [zjes-] *(‹Fr‹Lat) de* [-s, -n] ❶ gebaar, handbeweging ❷ uiting van vriendelijke gezindheid, gebaar in figuurlijke zin; zie ook bij → chanson
ge·steen·te *het* [-n, -s] ❶ samenklontering van mineralen of van in oorsprong organische stoffen, als essentieel onderdeel van de aardkorst, ontstaan door stolling van gesmolten gesteentemassa of magma (bijv. graniet), afzetting (bijv. grind) of een omvorming van een van beide ❷ edelgesteente
ge·ste·gen *ww volt deelw van* → stijgen
ge·steg·gel *het* NN gekibbel, ruzie
ge·stel *het* [-len] ❶ samenstel van onderdelen, toestel ❷ natuurlijke lichaamsgesteldheid, lichaam ★ *een sterk ~ hebben* gezond zijn, niet gauw ziek worden
ge·steld I *bn* ★ *~ zijn op iem.* genegenheid voor iem. koesteren ★ *erop ~ zijn dat iets gebeurt* het nadrukkelijk wensen ★ *hoe is het ermee ~?* hoe is de toestand? **II** *voegw* verondersteld: ★ *~ dat hij gelijk heeft, wat moeten we dan doen?*
ge·stel·de *het* dat wat bewezen moet worden
ge·steld·heid *de (v)* toestand ★ taalk *bepaling van ~* bepaling die deel uitmaakt van het gezegde, maar betrekking heeft op een elders in de zin genoemde zelfstandigheid, bijv. *dronken* in *hij liep dronken op straat*
ge·stel·te·nis *de (v)* gesteldheid
ge·stemd *bn* gehumeurd, gezind: ★ *somber ~* ★ *niet ~ tot amusement*
ge·ste·ri·li·seerd [-zeert] *bn* ❶ bacterievrij gemaakt door verhitting boven 100°C ❷ med onvruchtbaar gemaakt
ge·stern·te *het* ❶ de sterren ❷ [*mv:* -n] sterrenbeeld ❸ [*mv:* -n] stand van de sterren als voorteken van de toekomst ★ *onder een gelukkig ~ geboren zijn* voor het geluk bestemd zijn ★ *op zijn goed ~ vertrouwen* vertrouwen dat het geluk hem welgezind zal zijn
ge·ste·ven *ww volt deelw van* → stijven¹
ge·sticht¹ *het* [-en] gebouw waarin een (liefdadige, opvoedkundige, geestelijke enz.) instelling gevestigd is; vooral vero psychiatrische inrichting
ge·sticht² *bn* zie bij → stichten
ges·ti·cu·la·tie [-(t)sie] *(‹Lat) de (v)* [-s] het gesticuleren, gebarenspel
ges·ti·cu·le·ren *ww (‹Lat)* [gesticuleerde, h. gegesticuleerd] gebaren maken, vooral bij het spreken
ge·stikt *bn* genaaid met een stiksteek ★ *gestikte deken* gevulde, met figuren doorstikte deken
ge·sti·leerd *bn* ❶ in bepaalde regelmatige, vereenvoudigde vormen gebracht of getekend (vooral van dieren en bloemen) ❷ in zekere stijl onder woorden gebracht
ge·stip·peld *bn* met stippels erop: ★ *een gestippelde stof* ★ *een gestippelde lijn*
ge·stoel·te *het* [-n, -s] ❶ grote kerkbank ❷ erezetel

ge·stof·feerd *bn* ❶ ‹van meubels› bekleed ❷ ‹van vertrekken of appartementen› voorzien van vloerbedekking en gordijnen
ge·sto·ken *ww volt deelw van* → steken
ge·sto·len *ww volt deelw van* → stelen
ge·ston·ken *ww volt deelw van* → stinken
ge·stoomd *bn* door stomen verduurzaamd: ★ *gestoomde makreel*
ge·stoord *bn* ❶ storing ondervindend: ★ *een gestoorde radio-ontvangst* ❷ gek, geestesziek: ★ *geestelijk ~* ★ *hij is prettig gestoord* zijn gedrag is vreemd, maar wel leuk ★ NN *daar word ik ~ van* dat maakt me gek
ge·stor·ven *ww volt deelw van* → sterven
ge·sto·ven *ww volt deelw van* → stuiven
ge·stre·den *ww volt deelw van* → strijden
ge·streept *bn* met strepen
ge·stre·ken *ww volt deelw van* → strijken
ge·strekt *bn* ❶ lang gerekt ❷ ‹van paarden› zo groot mogelijke sprongen makend: ★ *gestrekte draf* ❸ ‹van een schip› met een van voor naar achter in een rechte lijn doorlopende verschansing ❹ ★ *een gestrekte hoek* wisk een hoek van 180°
ge·streng *bn* streng; **gestrengheid** *de (v)*
ge·stres·seerd *bn* BN ook prikkelbaar en nerveus door grote en langdurige spanning, gestrest
ge·strest *bn* vooral NN prikkelbaar en nerveus door grote en langdurige spanning: ★ *de gestreste redacteuren van de afdeling naslagwerken*
ge·strikt *bn* ❶ met een strik of strikken gesierd ❷ gevangen door middel van een strik: ★ *een ~ konijn*
ge·stroom·lijnd *bn* ‹m.b.t. auto, vliegtuig e.d.› van een zodanige vorm en bouw dat bij voortbeweging de luchtweerstand zo klein mogelijk is
ge·struc·tu·reerd *bn* een structuur vormend, stelselmatig gebouwd
ge·stu·deerd *bn* een academische of hbo-opleiding genoten hebbend; **gestudeerde** *de* [-n]
ge·sub·or·di·neerd *bn* ondergeschikt, geplaatst onder
ge·sui·kerd *bn* ❶ met suiker bestrooid ❷ fig suikerzoet, zeer zachtzinnig
ge·suk·kel *het* het aanhoudend sukkelen
ge·syn·di·keer·de [-sindikeer-] *(‹Fr) de* [-n] BN ook vakbondslid
get. *afk* getekend
ge·taand *bn* taankleurig, geelrood: ★ *zeelui met getaande gezichten*
ge·tail·leerd [-tajjeert] *bn* ‹van kleding› met een vernauwing om het → middel¹
ge·takt *bn* met takken
ge·tal *het* [-len] ❶ hoeveelheid: ★ *in groten getale* ★ *ten getale van* ❷ in cijfers of tekens voorgestelde hoeveelheid: ★ *schrijf de twee getallen onder elkaar* ❸ taalk vorm van het zelfstandig naamwoord waaruit men kan opmaken of het gaat om één, twee of meer van de genoemde zaken: ★ *het Nederlands kent als ~ alleen enkel- en meervoud*

ge·ta·len·teerd *bn* talent hebbend, begaafd
ge·tal·len·kra·ker *de (m)* [-s] comput computer of software die zeer krachtig is en in korte tijd ingewikkeld rekenwerk afhandelt
ge·tal·len·leer *de* rekenkunde
ge·tal·len·reeks *de* [-en] wisk reeks van getallen
ge·tal·len·sym·bo·liek [-sim-] *de (v)* opvatting die aan de getallen een symbolische betekenis toekent
ge·talm *het* het talmen
ge·tal·merk *het* [-en] cijfer
ge·tals·ma·tig *bn* gemeten volgens aantal(len): ★ *de Franse troepen waren ~ sterker*
ge·tal·sterk·te *de (v)* hoeveelheid personen
ge·tal·waar·de *de (v)* waarde van de cijfers in een getal
ge·tand *bn* met puntige uitsteeksels
ge·tapt *bn* NN gewild in de omgang, populair: ★ *een getapte jongen*
ge·teem *het* het temen, gezeur
ge·teerd *bn* met teer bestreken: ★ *een geteerde schutting*
ge·tei·sem *het* NN gemeen volk, tuig, schorem
ge·te·kend *bn* ❶ met een bepaalde afwisseling of verdeling van kleuren (vooral op het lichaam): ★ *een fraai getekende tijger* ❷ met scherpe lijnen of groeven: ★ *een ~ gezicht* ❸ met een in het oog vallend lichaamsgebrek
ge·tij *het* [-den], **ge·tij·de** [-n] ❶ de afwisseling van eb en vloed, tij; zie bij → **tij** en → **keren¹** ❷ jaargetijde ★ *getijden* RK op geregelde tijden gelezen breviergebeden
ge·tij·de *het* [-n] → **getij** en → **tij**
ge·tij·den·boek *het* [-en] boek met getijden (→ **getij**, bet 3)
ge·tij·den·cen·tra·le *de* [-s] elektriciteitscentrale die energie haalt uit de werking van eb en vloed
ge·tij·gerd *bn* met strepen als op een tijgerhuid
ge·tij·ha·ven *de* [-s] alleen bij vloed toegankelijke haven
ge·tij·hoog·te *de (v)* [-n *en* -s] waterstand bij vloed
ge·tij·ri·vier *de* [-en] deel van de benedenloop van een rivier dat met het getij meegaan
ge·tij·stroom *de (m)* [-stromen] met het getij van richting veranderende kuststroom
ge·tij·ta·fel *de* [-s] lijst met de tijden van hoog en laag water voor verschillende havens
ge·tikt *bn* ❶ met de schrijfmachine geschreven, getypt: ★ *een getikte brief* ❷ niet goed wijs; zie ook bij → **lotje**
ge·tim·mer·te *het* [-n] houten bouwsel
ge·ti·teld *bn* met een titel, hetend, geheten: ★ *een boek ~ 'De ontdekking van de hemel'*
ge·tjilp *het* het (aanhoudend) tjilpen
ge·to·gen *volt deelw* van → **tijgen** *bn* grootgebracht; zie ook bij → **geboren**
ge·tour·men·teerd [-toer-] *(‹Fr)* *bn* geestelijk gekweld
ge·touw *het* [-en] weeftoestel; ★ BN ook *op het ~ zetten* op touw zetten, een plan maken voor, organiseren

★ BN ook *op het ~ staan* op het programma staan, in voorbereiding zijn
ge·traind [-treent] *bn* geoefend: ★ *getrainde voetballers*
ge·tra·lied *bn* met tralies
ge·trapt *bn* trapsgewijs ★ *getrapte verkiezingen* verkiezingen waarbij niet rechtstreeks, maar via een tussentrap wordt gekozen, indirecte verkiezingen
ge·troe·bleerd *bn* in de war, niet goed bij het hoofd
ge·trof·fen *volt deelw* van → **treffen** *bn* ontroerd, aangedaan
ge·trok·ken *volt deelw* van → **trekken** *bn* ❶ ‹van geweren e.d.› voorzien van een → **loop¹** (bet 4) met in spiraalvorm lopende gleuven die de kogel in draaiing brengen ❷ ‹van ijzerdraad› door een vorm getrokken
ge·troos·ten *wederk* [getrooste, h. getroost] zich schikken in; bereid zijn op zich te nemen ★ *zich moeite, offers ~* veel moeite doen, veel offers plegen
ge·trouw *bn* ❶ vero trouw ★ *zijn woord ~* zijn belofte nakomen ❷ betrouwbaar: ★ *een getrouwe vertaling*
ge·trouwd *bn* in de echt verbonden: ★ *een ~ stel* ★ *er (niet) aan of mee ~ zijn* er (niet) voorgoed aan verbonden zitten ★ *zo zijn we niet ~ dat zijn we niet overeengekomen*
ge·trou·we *de* [-n] trouw aanhanger, trouw dienaar: ★ *een oude ~*
ge·trou·we·lijk *bijw* NN nauwgezet: ★ *zijn plichten ~ vervullen*
ge·trouw·heid *de (v)* trouw, nauwgezetheid
ge·trouw·heids·pre·mie *de (v)* [-s] BN extra rente op tegoeden die voor langere tijd worden aangehouden
get·to *(‹It) het* ['s] ❶ Jodenwijk, afgesloten stadswijk waar de Joden moesten wonen, oorspronkelijk in Italiaanse steden ❷ stadswijk waar uitsluitend personen wonen van een (arme) etnische minderheid, vooral in de Verenigde Staten: ★ *de zwarte getto's van Los Angeles*
get·to·blast·er [γεttoblaastə(r)] *(‹Eng) de (m)* [-s] grote draagbare radio en cassetterecorder, die veelal op de schouder (spelend) meegedragen wordt over straat
ge·tuigd *bn* ❶ van tuig voorzien: ★ *getuigde paarden* ❷ van tuigage voorzien: ★ *een te zwaar ~ schip*
ge·tui·ge I *de* [-n] ❶ iem. die bij een handeling aanwezig is, om te kunnen bevestigen dat die handeling heeft plaatsgehad: ★ *~ zijn bij een huwelijk* ❷ toeschouwer: ★ *~ zijn van een ongeluk* ❸ iem. die voor het gerecht verklaringen aflegt voor of tegen de verdachte ★ *stille ~* voorwerp dat aanwijzingen geeft over het verloop van een gepleegd misdrijf ★ *anonieme ~* getuige wiens identiteit voor de verdachte en zijn raadsman geheim wordt gehouden omdat de getuige zich bedreigd voelt; zie ook → **à charge** en → **à decharge** ★ *getuigen* getuigschrift, getuigenis; ★ *van goede getuigen voorzien* II *vz* blijkens: ★ *de storm is hevig*

geweest, ~ *de verwoesting*
ge·tui·ge-des·kun·di·ge *de* [-gen-deskundigen] iem. die als getuige is opgeroepen bij een proces vanwege zijn algemene deskundigheid op een bep. terrein en dus niet vanwege zijn bijzondere kennis betreffende het door de rechtbank te beoordelen feit
ge·tui·gen *ww* [getuigde, h. getuigd] ❶ als getuige verklaren (o.a. voor het gerecht) ❷ blijk geven: ★ *dat getuigt van moed* ❸ ★ *~ van* zich met overtuiging uiten over ❹ pleiten: ★ *dat getuigt tegen hem*
ge·tui·gen·geld *het* onkostenvergoeding voor getuigen bij een rechtszaak
ge·tui·ge·nis *de (v) & het* [-sen] ❶ verklaring van wat men weet ❷ kenmerk, bewijs ❸ verklaring van wat men gelooft, belijdenis
ge·tui·ge·nis·par·tij *de (v)* [-en] NN politieke, vooral confessionele, partij die de eigen overtuiging(en) sterk propageert en zeer beginselvast is
ge·tui·gen·ver·hoor *het* [-horen] ondervraging van getuigen
ge·tui·gen·ver·kla·ring *de (v)* [-en] door getuigen afgelegde verklaring
ge·tuig·schrift *het* [-en] verklaring betreffende iemands bekwaamheden en dienstvervulling
get·ver, get·ver·der·rie *tsw* NN uitroep van weerzin of afkeer, gadver
ge·twee·ën *telw* met z'n tweeën
ge·typt [-tiept, -teipt] *bn* met de schrijfmachine geschreven: ★ *een ~ stuk*
geul *de* [-en] ❶ smal, maar vrij diep water, vooral tussen ondiepere gedeelten ❷ gleuf
ge·üni·eerd *bn* verenigd
ge·üni·for·meerd *bn* een uniform dragend: ★ *geüniformeerde politie*
geur *de (m)* [-en] (aangename) reuk: ★ *in geuren en kleuren vertellen* uitvoerig, met levendige bijzonderheden ★ *in een ~ van heiligheid staan* als heilig beschouwd worden; zie ook bij → **geurtje**
geu·ren *ww* [geurde, h. gegeurd] ❶ reuk verspreiden: ★ *de gardenia's geurden heerlijk* ❷ NN pronken: ★ *met zijn nieuwe schoenen ~*
geu·rig *bn* lekker ruikend
geu·rig·heid *de (v)* het geurig zijn
ge·ürm *het* NN aanhoudend geklaag, gezeur
geur·stof *de* [-fen] reukstof
geur·tje *het* [-s] odeur, parfum ★ *er zit een ~ aan* het is niet zuiver, er zit een luchtje aan
geur·vlag *de* [-gen] kleine hoeveelheid urine die sommige dieren her en der verspreiden om hun territorium af te bakenen
geur·vre·ter *de (m)* [-s] inlegzool in schoenen die de stank van zweetvoeten tegengaat
geus[1] *de (m)* [geuzen] protestantse opstandeling (tegen Filips II) in de Nederlanden aan het begin van de Tachtigjarige Oorlog
geus[2] *de* [geuzen] vlaggetje aan de boegspriet

geus[3] *(‹Fr‹Du) de* [geuzen] → **gieteling**[2], prismatisch lichaam van gegoten ruw ijzer
geut *de* [-en] BN, m.g. ❶ één keer gieten ★ *in één ~* in één keer, in één ononderbroken handeling ❷ scheut, kleine hoeveelheid van een vloeistof: ★ *doe er een flinke ~ slaolie over*
geu·ze *de (m)*, **geu·ze·lam·biek** BN ❶ oud en zwaar bier, vooral te Brussel en omstreken gebrouwen ❷ [mv: geuzen / geuzelambieken] glas van dit bier
geu·zen·ge·meen·te *de (v)* [-n & -s] BN overwegend protestantse gemeente in het overwegend katholieke Vlaanderen
geu·zen·lied *het* [-eren] strijd- of spotlied van de geuzen
geu·zen·naam *de (m)* [-namen] aanvankelijk als scheldwoord gebruikte benaming die later als erenaam wordt gevoerd
geu·zen·pen·ning *de (m)* [-en] penning door de geuzen, als gedenkteken aan het Verbond der Edelen tegen Filips II, sinds 1566 gedragen
geu·zen·vlag *de* [-gen] de vlag van de geuzen, oranje-wit-blauw
ge·vaar *het* [-varen] ❶ kans op onheil: ★ *buiten ~ zijn* ★ *iets, iem. in ~ brengen* ★ *in ~ verkeren* ★ *~ lopen* in gevaar zijn ★ *op het ~ af* het risico lopend: ★ *op het ~ af zich belachelijk te maken* ❷ iets wat onheil oplevert: ★ *een dronken chauffeur is een ~ op de weg* ★ *het rode ~* vroeger de Sovjet-Unie en haar satellieten, voorgesteld als veroveraars van het Westen ★ *het gele ~* de Chinezen, voorgesteld als bedreiging voor het Westen
ge·vaar·lijk *bn* gevaar opleverend ★ *voetbal ~ spel* het spelen op een zodanige manier dat er kans op blessures bij de tegenstander bestaat
ge·vaar·te *het* [-n, -s] reusachtig toestel, gebouw enz.
ge·vac·ci·neerd *bn* ingeënt
ge·val *het* [-len] ❶ omstandigheid ★ *in allen gevalle* in elk geval, onder alle omstandigheden ★ *in geen ~* zeer zeker niet ★ *dat is (niet) het ~* zo is het (niet) ★ *voor het ~ dat* onder de omstandigheden dat, als het zó is dat: ★ *voor het ~ dat ik verhinderd mocht zijn* ★ *in ~ van nood* als er nood is, als de omstandigheden ertoe noodzaken ❷ voorval: ★ *een mal ~* ❸ vooral NN, schertsend voorwerp, ding, waarvan men niet precies de juiste benaming weet: ★ *zo'n ~ waarmee je het klokhuis uit appels kunt verwijderen* ❹ toeval: ★ *wat wil nou het ~? ★ bij ~* toevallig ❺ ★ *ten gevalle van iem.* of iem. *ten gevalle* voor iemands plezier, om iemand genoegen te doen
ge·val·len[1] *onpersoonlijk ww* [het geviel, het is gevallen] plechtig gebeuren
ge·val·len[2] *bn* vero zedelijk achteruitgegaan: ★ *een ~ vrouw*
ge·vang *het* gevangenis: ★ *in het ~ zitten*
ge·van·gen *bn* van zijn vrijheid beroofd ★ *~ zetten, ~ zitten (ook aaneengeschreven)* in de gevangenis zetten, zitten
ge·van·gen·be·waar·der *de (m)* [-s] bewaker in een

gevangenis, cipier
ge·van·ge·ne *de* [-n] van zijn vrijheid beroofde; in de gevangenis opgeslotene
ge·van·ge·nen·kamp *het* [-en] → **gevangenkamp**
ge·van·gen·hou·ding *de (v)* het gevangen houden
ge·van·ge·nis *de (v)* [-sen] gebouw waarin gevangenen worden opgesloten
ge·van·ge·nis·kle·ren *mv*, ge·van·ge·nis·pak *het* [-ken] kledij die een gevangene in een gevangenis draagt
ge·van·ge·nis·straf *de* [-fen] door rechterlijke uitspraak opgelegde bestraffing bestaande uit het enige tijd gedwongen verblijf houden in een gevangenis
ge·van·ge·nis·we·zen *het* alles wat de inrichting en het beheer van gevangenissen betreft
ge·van·gen·kamp, ge·van·ge·nen·kamp *het* [-en] kamp voor gevangenen, vooral krijgsgevangenen
ge·van·gen·ma·ken *ww* [maakte gevangen, h. gevangengemaakt] ‹vijandelijke soldaten› gevangennemen
ge·van·gen·ne·men *ww* [nam gevangen, h. gevangengenomen] het in gevangenschap nemen; **gevangenneming** *de (v)* [-en]
ge·van·gen·schap *de (v)* het gevangen zijn
ge·van·gen·wa·gen *de (m)* [-s] gesloten wagen voor vervoer van gevangenen, boevenwagen
ge·van·gen·zet·ten *ww* [zette gevangen, h. gevangengezet] zie bij → **gevangen**
ge·van·gen·zit·ten *ww* [zat gevangen, h. gevangengezeten] zie bij → **gevangen**
ge·van·ke·lijk *bijw* als gevangene: ★ *iem. ~ wegvoeren*
ge·va·ren·drie·hoek *de (m)* [-en] rode driehoek die het verkeer waarschuwt dat zich een stilstaande auto bevindt op een gevaarlijke plaats
ge·va·ren·geld *het* [-en] extra beloning voor gevaarlijk werk
ge·va·ren·klas·se *de (v)* [-n] elk van de klassen waarin voor molest- en ongevallenverzekering de beroepen en bedrijven zijn ingedeeld naar de mate van risico die ze lopen
ge·va·ren·toe·slag *de (m)* [-slagen] vooral in Nederland extra betaling voor gevaarlijk werk
ge·va·ren·zo·ne *de* [-zònə] *de* [-n en -s] plaats waar gevaren dreigen, gevaarlijk gebied ★ *in de ~ verkeren* sp op een plaats in de competitie waarbij gevaar voor degradatie dreigt
ge·va·ri·eerd *bn* met variatie, afwisselend
ge·vat *bn* ad rem, slagvaardig: ★ *een ~ antwoord geven*; **gevatheid** *de (v)* [-heden]
ge·vecht *het* [-en] strijd, worsteling ★ *buiten ~ stellen* in zodanige toestand brengen, dat iem. niet meer aan de strijd kan deelnemen ★ *in een ~ op leven en dood verwikkeld zijn* in een strijd waarbij het erom gaat wie sterft en wie overleeft
ge·vechts·een·heid *de (v)* [-heden] afdeling soldaten die gemeenschappelijk in het gevecht optreedt
ge·vechts·for·ma·tie [-(t)sie] *de (v)* [-s] slagorde

ge·vechts·klaar *bn* voor de strijd gereed
ge·vechts·vlieg·tuig *het* [-en] speciaal voor luchtgevechten uitgerust vliegtuig
ge·vechts·waar·de *de (v)* waarde voor het gevecht
ge·vechts·wa·gen *de (m)* [-s] zwaar gepantserde en bewapende motorwagen op rupswielen, tank
ge·ve·derd *bn* met veren ★ *onze gevederde vrienden* vogels gezien als vrienden van de mens
ge·ve·der·te *het* al de veren van een vogel
ge·veerd *bn* → **gevind**
ge·veinsd *bn* huichelachtig, onoprecht: ★ *geveinsde vriendschap*
ge·veinsd·heid *de (v)* huichelachtigheid, onoprechtheid, schijnvroomheid
ge·vel *de (m)* [-s] voorzijde van een gebouw
ge·vel·lijst *de* [-en] lijst langs de bovenrand van een puntgevel
ge·vel·spits *de* [-en] ❶ spitse top van een puntgevel ❷ versiering in de vorm van een spits op een gevel
ge·vel·steen *de (m)* [-stenen] steen met inschrift in de gevel
ge·vel·te·ken *het* [-s] figuur in de gevel aangebracht
ge·vel·toe·rist *de (m)* [-en] inbreker die van buiten hoge gebouwen in klimt
ge·vel·top *de (m)* [-pen] top van een puntgevel
ge·ven *ww* [gaf, h. gegeven] ❶ aanreiken, aangeven: ★ *ik gaf haar de suiker* ❷ bezorgen, verschaffen: ★ *iem. een klap geven* ★ *dat geeft moeilijkheden* ❸ schenken: ★ *ik gaf hem een T-shirt voor zijn verjaardag* ❹ kaartsp ronddelen ★ *eens gegeven, blijft geven* als je iem. iets cadeau geeft, mag je het niet meer terugvragen ★ *Duits ~ onderwijs geven in het Duits* ★ *het was haar niet gegeven Rome ooit te bezoeken* ze heeft Rome nooit kunnen bezoeken ★ vooral NN *hij moet zijn baan eraan geven* opgeven, prijsgeven ★ *om iem. ~ gesteld zijn op iem.*, van iem. houden ★ *om iets ~ waarde hechten aan iets* ★ *~ en nemen* schipperen, een compromis sluiten ★ *aanstoot ~ ergernis teweegbrengen* ★ *iets ten beste ~ voordragen, vertonen* ★ *iem. er van langs ~ iem. een pak slaag geven, terechtwijzen* ★ *dat geeft niets* dat maakt niets uit, doet er niet toe
ge·ver *de (m)* [-s] iem. die geeft
ge·ver·geerd [-zjeert] *(‹Fr) bn* eig gestreept ★ *~ papier* namaak geschept, vergé
ge·ver·seerd *bn* geoefend, bedreven, ervaren, goed thuis in
ge·vest *het* [-en] handvat van een steekwapen
ge·ves·tigd *bn* ❶ vast, solide: ★ *een gevestigde mening* ❷ van lange duur: ★ *gevestigde schuld* (tegengest: *vlottende schuld*), zie: → **vlotten** ★ *gevestigde belangen* (‹Eng: *vested interests*) een lang bestaan hebbend (en daardoor vaststaand)
ge·ve·zen *ww* volt deelw van → **vijzen**
ge·vierd *bn* alom geroemd: ★ *een ~ zanger*
ge·vie·ren·deeld *bn* herald in vier rechthoekige delen verdeeld
ge·vind *bn* ❶ met vinnen ❷ ★ biol *een ~ blad* een

samengesteld blad met kleine blaadjes aan beide kanten van de bladsteel, geveerd

ge·vi·ta·mi·ni·seerd [-zeert] *bn* met toegevoegde vitaminen: ★ *gevitamineerde margarine*

ge·vlamd *bn* met vlamvormige figuren

ge·vleesd *bn* ❶ goed in het vlees zittend: ★ *gevleesde figuren* ❷ in lichamelijke gedaante: ★ *de gevleesde duivel*

ge·vlekt *bn* met vlekken

ge·vleu·geld *bn* met vleugels ★ *een ~ woord* alom bekend geworden aanhaling uit een redevoering, film, gedicht enz.

ge·vlij *het* ★ *bij iem. in het ~ komen* bij iem. in de gunst komen door naar zijn wens te handelen

ge·vloch·ten *ww volt deelw* van → **vlechten**

ge·vlo·den *ww volt deelw* van → **vlieden**

ge·vlo·gen *ww volt deelw* van → **vliegen**

ge·vlo·ten *ww volt deelw* van → **vlieten**

ge·voch·ten *ww volt deelw* van → **vechten**

ge·voeg *het* ★ *zijn ~ doen* zijn natuurlijke behoefte doen, → **ontlasting** (bet 2) hebben, poepen

ge·voeg·lijk *bn* passend, zonder bezwaar

ge·voeg·lijk·heid *de (v)* betamelijkheid

ge·voel I *het* ❶ gevoelszintuig: ★ *het ~ zetelt in de huid* ❷ aanleg: ★ *~ voor tekenen hebben* ★ *geen gevoel voor humor hebben* niet van grappen houden, grappen niet begrijpen II *het* [als *mv* doet dienst: gevoelens] ❶ indruk van het gevoelszintuig: ★ *ik heb het ~ dat het kouder wordt* ★ *op het ~ af* intuïtief, zonder berekening ❷ hart, wat door het hart wordt ingegeven ★ *met gemengde gevoelens* onzeker, niet wetend wat te denken, vaak met tegenzin: ★ *de nieuwe vriend van je dochter met gemengde gevoelens verwelkomen* ★ *op iems. ~ werken* emoties, sentimenten bij iem. teweegbrengen ❸ gezindheid, stemming ★ *naar mijn ~*, NN *ook voor mijn ~ naar mijn mening*

ge·voe·len¹ *het* [-s] mening; stemming, gewaarwording, gezindheid; zie ook bij → **gemengd**

ge·voe·len² I *ww* [gevoelde, h. gevoeld] *plechtig* ❶ innerlijk voelen ★ *berouw ~* ❷ beseffen, inzien II *wederk* zich bewust zijn van een bepaalde lichamelijke of geestelijke toestand: ★ *zich onwel ~*, *zich geroepen ~*

ge·voe·lig *bn* ❶ de geringste indrukken van buiten waarnemend ★ *op de gevoelige plaat vastleggen* een foto maken van ❷ ontvankelijk voor aandoeningen ★ *de gevoelige periode* de leeftijd waarop het kind voor indrukken e.d. zeer ontvankelijk is ❸ hard aankomend, pijnlijk: ★ *een ~ verlies* ★ *een gevoelige plek* een plaats op het lichaam die (bijv. door verwonding) bij aanraking pijn doet ❹ BN aanmerkelijk, aanzienlijk, belangrijk: ★ *een gevoelige verbetering* ★ *~ afgevallen*

ge·voe·lig·heid *de (v)* ❶ het gevoelig zijn ❷ [*mv*: -heden] punt waarop iemand gevoelig is: ★ *iemands gevoeligheden ontzien*

ge·voel·loos *bn* ❶ geen pijn e.d. voelend: ★ *na die verdoving werd mijn kaak ~* ❷ niet vatbaar voor aandoeningen ❸ zonder medegevoel, hardvochtig

ge·voel·loos·heid *de (v)* het gevoelloos zijn

ge·voels·le·ven *het* het leven van het innerlijk gevoel

ge·voels·ma·tig, **ge·voels·ma·tig** *bn* uit het gevoel (in tegenstelling tot het verstand) voortkomend, intuïtief: ★ *een voorstel ~ afkeuren*

ge·voels·mens *de (m)* [-en] iem. bij wie het → **gevoel** (bet 3), in tegenstelling tot het verstand, de overhand heeft

ge·voels·tem·pe·ra·tuur *de (v)* temperatuur zoals die wordt gevoeld door levende wezens, waarbij o.a. rekening is gehouden met windsnelheid

ge·voels·waar·de *de (v) taalk* de gevoelens die een woord of uitdrukking oproept: ★ *het verschil in ~ tussen 'nuttigen' en 'opeten'*

ge·voels·ze·nuw *de* [-en] zenuw die indrukken van het gevoelszintuig overbrengt naar de hersenen

ge·voels·zin *de (m)* zintuig van het gevoel

ge·voel·vol *bn* met veel gevoel: ★ *~ zingen*

ge·voerd *bn* met een voering

ge·vo·gel·te *het* ❶ de gezamenlijke vogels ❷ gebraden vogels

ge·voi·leerd [-vwà-] *bn* ❶ gesluierd ❷ *fig* niet helder, wazig

ge·volg *het* [-en] ❶ gezelschap dat vorstelijke personen begeleidt ❷ antwoord, uitvoering: ★ *~ geven aan een oproep* ★ *recht ~ geven aan een zaak* voor de rechter brengen ★ *in gevolge van* naar aanleiding van, om gehoor of uitvoering te geven aan ❸ wat uit iets voortvloeit: ★ *die slechte oogst was het ~ van het koude voorjaarsweer* ★ *met goed ~* ★ *ten gevolge van*

ge·volg·aan·dui·dend *bn taalk* een gevolg uitdrukkend

ge·volg·lijk *bijw* bijgevolg

ge·volg·trek·king *de (v)* ❶ het opmaken van een gevolg uit bekende omstandigheden of feiten ❷ [*mv*: -en] het opgemaakte besluit

ge·vol·mach·tigd *bn* met een volmacht ★ NN *~ minister* functionaris die de Nederlandse Antillen vertegenwoordigt in de ministerraad bij aangelegenheden die deze eilanden betreffen

ge·vol·mach·tig·de *de* [-n] iem. met een volmacht

ge·von·den *ww volt deelw* van → **vinden**

ge·vor·derd *bn* ❶ ver, verder gekomen ❷ ⟨van leeftijd⟩ hoog: ★ *op gevorderde leeftijd* ❸ laat: ★ *het gevorderde uur*

ge·vor·der·de *de* [-n] iem. die een bep. bekwaamheid al voor een groot deel beheerst: ★ *een cursus Engels voor gevorderden*

ge·vorkt *bn* vorkvormig

ge·vormd *bn* ❶ een bepaalde vorm hebbende: ★ *mooi ~* ❷ tot volledige ontwikkeling gekomen: ★ *een ~ karakter* ❸ RK het H. Vormsel ontvangen hebbend: ★ *gevormde kinderen*

ge·vraagd *bn* als handelsartikel begeerd: ★ *gevraagde producten*

ge·vree·ën *ww volt deelw van* → **vrijen**
ge·vreesd *bn* waarvoor men bang is: ★ *een gevreesde ziekte*
ge·vro·ren *ww volt deelw van* → **vriezen**
ge·vuld *bn* ❶ met vulsel, met inhoud: ★ *een goed gevulde portemonnee* ★ NN *gevulde koek* ronde koek met amandelspijs erin ❷ nogal vlezig, enigszins gezet: ★ *~ van gestalte*
ge·waad *het* [-waden] het gehele lichaam bedekkend, wijd, los afhangend kledingstuk, vooral voor bijzondere gelegenheden: ★ *het ~ van een bisschop*
ge·waagd *bn* niet zonder gevaar, gedurfd ★ *een gewaagde uitdrukking* die aanstoot kan geven, die als onwelvoeglijk opgevat kan worden ★ *aan elkaar ~* van dezelfde eigenschappen, voor elkaar niet onderdoende: ★ *de rivalen waren aan elkaar ~*
ge·waand *bn* ten onrechte gehouden voor: ★ *een gewaande baron*
ge·waar·wor·den *ww* [werd gewaar, is gewaargeworden] bemerken; te weten komen ★ *dat zul je ~ dat zul je (onaangenaam) ondervinden*
ge·waar·wor·ding *de (v)* [-en] geestelijke of lichamelijke indruk
ge·wag *het* melding: ★ *~ maken van een ongeluk*
ge·wa·gen *ww* [gewaagde, h. gewaagd] ★ *~ van* vermelden
ge·wa·pend *bn* ❶ met wapens, voorzien van wapens: ★ *een gewapende overval, ~ verzet* ★ *met een camera, tandenborstel ~* schertsend daarvan voorzien ★ *gewapende vrede* vredestoestand met sterke bewapening ★ *~ beton* met metaaldraad versterkt ❷ voorbereid op iets (onaangenaams), de voorzorgen ertegen genomen hebbend: ★ *tegen de regen ~*
ge·wa·pen·der·hand *bijw* met geweld van wapens
ge·was *het* [-sen] ❶ dat wat uit de bodem groeit: ★ *jong ~; oogst, teelt:* ★ *het is dit jaar een goed ~* ❷ plant: ★ *hoog groeiende gewassen*
ge·was·sen *bn* ⟨van een tekening⟩ in vervloeiende vlakken bewerkt
ge·wast *bn* met → **was²** bestreken
ge·wa·terd *bn* ❶ gegolfd ❷ met vlammen (→ **vlam**, bet 4)
ge·wat·teerd *bn* met watten gevoerd: ★ *een gewatteerde jas*
ge·wau·wel *het* het (aanhoudend) wauwelen, gekletst, gebabbel
ge·weer *het* [-weren] draagbaar vuurwapen met een lange loop: ★ *hij joeg met een ~* ★ *het gebroken geweertje* symbool van het antimilitarisme van vóór de Tweede Wereldoorlog ★ *in het ~ komen* in actie komen
ge·weer·ko·gel *de (m)* [-s] kogel die door een geweer wordt afgeschoten
ge·weer·kolf *de* [-kolven] achterstuk van een geweer dat tegen de schouder wordt gedrukt
ge·weer·la·de *de* [-n] houten schacht waarin de geweerloop is vastgemaakt

ge·weer·loop *de (m)* [-lopen] nauwe kokervormige buis aan geweer, waardoor de kogel naar buiten gaat
ge·weer·rek *het* [-ken] → **rek** (I) voor geweren
ge·weer·schot *het* [-schoten] schot afgevuurd door een geweer
ge·weer·vuur *het* het schieten met geweren
ge·weest *ww volt deelw van* → **zijn¹** of → **wezen¹**
ge·wei¹ *het* [-en] horens van een hert
ge·wei² *het* ❶ ingewanden van dieren ❷ uitwerpselen van klein wild
ge·we·ken *ww volt deelw van* → **wijken**
ge·weld *het* ❶ fysieke kracht uitgeoefend op iemand of iets; het gebruik van dwangmiddelen om iemand iets (niet) te laten doen: ★ *met ~ werd hij verwijderd* ★ *zinloos ~* gewelddadigheden die worden gepleegd zonder dat er duidelijk voordeel voor de geweldpleger aan verbonden is ★ *~ plegen* geweld gebruiken ★ *~ aandoen* mishandelen ★ *een vrouw ~ aandoen* verkrachten ★ *zich ~ aandoen om* zich met moeite ertoe brengen om handelen in strijd met: ★ *zijn gevoelens ~ aandoen* ★ *met alle ~* hoe dan ook, beslist ❷ lawaai, drukte: ★ *met veel ~ stortte de waterval zich naar beneden*
ge·weld·daad *de* [-daden] daad van geweld
ge·weld·da·dig *bn* met geweld ★ *een gewelddadige dood* dood ten gevolge van geweld
ge·weld·da·dig·heid *de (v)* [-heden] optreden met geweld, gewelddaad
ge·weld·de·lict *het* [-en] misdaad waarbij geweld is gepleegd
ge·wel·de·naar *de (m)* [-s, -naren] ❶ iem. die geweld gebruikt, dwingeland ❷ iem. die tot buitengewone lichamelijke of geestelijke prestaties komt
ge·wel·de·na·rij *de (v)* [-en] ❶ daad van geweld ❷ dwingelandij
ge·wel·dig I *bn* ❶ krachtig, hevig: ★ *een geweldige storm* ★ *een geweldige pijn* ❷ mooi, zeer goed: ★ *een geweldige film* ★ *een ~ cadeau* ★ *dat heb je ~ gedaan* ❸ in hoge mate, zeer: ★ *een ~ hoge berg* II *tsw* ★ vooral NN *~!* prachtig!, zeer goed!, zeer mooi!
ge·weld·loos *bn* zonder geweld te gebruiken: ★ *~ verzet*; **geweldloosheid** *de (v)*
ge·weld·ple·ging *de (v)* [-en] het gebruiken van geweld ★ *openlijke ~* het strafbare gebruik van geweld tegen personen of goederen
ge·welds·mis·drijf *het* [-drijven] gewelddelict
ge·welf *het* [-welven] ❶ holgebogen zoldering, bijv. van een kelder of een kerk ❷ vertrek of ruimte met zo'n zoldering: ★ *een onderaards ~*
ge·welfd *bn* holgebogen, als een gewelf
ge·welf·sel *het* [-s] gewelf
ge·we·mel *het* het aanhoudend druk door elkaar bewegen van veel mensen of dingen: ★ fig *een ~ van kleuren*
ge·wend *bn* ★ vooral NN ergens aan ~ zijn iets normaal vinden, ermee vertrouwd zijn: ★ *ik ben het niet ~ om zo laat te eten*

ge·wen·nen *ww* [gewende, h. & is gewend] ❶ gewoon maken ❷ gewoon worden

ge·wen·ning *de (v)* ❶ het wennen aan iets ❷ med het verschijnsel dat iem. na regelmatig gebruik van sommige medicijnen of drugs steeds meer hiervan moet gebruiken om hetzelfde effect te bereiken

ge·wenst *bn* ❶ begeerd, verlangd ❷ wenselijk

ge·wer·veld *bn* wervels hebbend ★ *gewervelde dieren* dieren met een ruggengraat

ge·west *het* [-en] ❶ landstreek, gebied ❷ BN deel van het Belgische grondgebied met een eigen staatsrechtelijke organisatie: ★ *het Vlaamse, Waalse en Brusselse ~*

ge·wes·te·lijk *bn* ❶ van een bepaalde streek of gebied ❷ BN wat te maken heeft met een van de drie gewesten in België

ge·west·mi·nis·ter *de (m)* [-s] BN minister van een gewest

ge·west·plan *het* [-nen] BN officieel structuur- en bestemmingsplan voor een gebied in België

ge·west·re·ge·ring *de (v)* [-en] BN regering van een gewest

ge·west·spraak *de* [-spraken] gewestelijke taal, dialect

ge·west·vor·ming *de (v)* ❶ het vormen van gewesten als administratieve onderdelen van een rijk ❷ BN institutionele decentralisatie van België die geleid heeft tot de instelling van het Vlaamse, het Waalse en het Brusselse hoofdstedelijke gewest

ge·we·ten¹ *het* [-s] bewustzijn van goed en kwaad, schuld of onschuld ★ *iets op zijn ~ hebben* iets misdreven hebben, de schuld van iets hebben ★ NN *een ruim ~* een zwak besef van goed en kwaad ★ *vrijheid van ~* gewetensvrijheid ★ *een slecht ~ hebben* er besef van hebben dat men iets kwaads heeft gedaan ★ *naar eer en ~* eerlijk, zonder kwade bedoelingen

ge·we·ten² *ww volt deelw* van → **weten¹** en → **wijten**

ge·we·ten·loos *bn* zonder zedelijk besef; **gewetenloosheid** *de (v)*

ge·we·tens·angst *de (m)* [-en] angst door een slecht geweten

ge·we·tens·be·zwaar *het* [-zwaren] gemoedsbezwaar

ge·we·tens·be·zwaar·de *de* [-n] iem. die gewetensbezwaren heeft, vooral tegen de militaire dienst

ge·we·tens·dwang *de (m)* dwang op iem. om inzake zijn geloof tegen zijn geweten in te gaan

ge·we·tens·geld *het* NN geld dat men uit eigen beweging betaalt ter aanvulling van te weinig betaalde belasting

ge·we·tens·ge·van·ge·ne *de* [-n] iem. die vanwege zijn politieke of godsdienstige overtuiging in de gevangenis zit

ge·we·tens·nood *de (m)* toestand waarin men verkeert als men iets moet doen of gedaan heeft wat in strijd is met het (eigen) geweten

ge·we·tens·vol *bn* zeer nauwgezet handelend: consciëntieus

ge·we·tens·vraag *de* [-vragen] vraag die iemands opvatting van goed en kwaad, of in het algemeen iemands levensbeschouwing raakt

ge·we·tens·vrij·heid *de (v)* vrijheid om in geloofszaken het eigen geweten te volgen

ge·we·tens·wroe·ging *de (v)* [-en] besef van schuld, zelfverwijt

ge·we·tens·zaak *de* [-zaken] zaak waarin men zich door zijn geweten laat leiden

ge·wet·tigd *bn* gerechtvaardigd

ge·we·zen¹ *bn* voormalig, geweest zijnde: ★ *mijn ~ echtgenoot*

ge·we·zen² *ww volt deelw* van → **wijzen**

ge·wicht I *het* ❶ zwaarte: ★ *een man met een ~ van 80 kilo* ★ *hij is zijn ~ in goud waard* hij is zeer waardevol ❷ fig belang, aanzien, waarde ★ *~ hechten aan* belangrijk achten **II** *het* [-en] ❶ voorwerp waarmee men weegt ❷ voorwerp dat een uurwerk in beweging brengt; zie ook bij → **schaal²**

ge·wicht·hef·fen *ww & het* (het) omhoog tillen van zo zwaar mogelijke gewichten als sport: ★ *bij het ~ onderscheidt men trekken en stoten*

ge·wicht·hef·fer *de (m)* [-s] beoefenaar van het gewichtheffen

ge·wich·tig *bn* ❶ belangrijk ❷ iron zichzelf of een zaak zeer belangrijk vindend: ★ *~ doen*

ge·wich·tig·doe·ne·rij *de (v)* [-en] het al te veel → **gewicht** (bet 3) hechten aan zichzelf of een zaak

ge·wich·tig·heid *de (v)* ❶ belangrijkheid ❷ het zich belangrijk vinden

ge·wicht·loos *bn* geen gewicht hebbend (vooral doordat op grote afstand van de hemellichamen de aantrekkingskracht van die hemellichamen is opgeheven); **gewichtloosheid** *de (v)*

ge·wichts·een·heid *de (v)* [-heden] hoeveelheid waarin men het gewicht van iets uitdrukt, bijv. gram, kilogram enz.

ge·wichts·klas·se *de (v)* [-n] indeling van sportmensen (roeiers, worstelaars e.a.) naar hun lichaamsgewicht

ge·wichts·ver·lies *het* verlies van gewicht door indrogen enz.

ge·wiekst *bn* slim, sluw; **gewieksheid** *de (v)*

ge·wijd *bn* ❶ geheiligd; plechtig ❷ op de godsdienst betrekking hebbend: ★ *gewijde muziek* ❸ volgens rooms-katholieke kerkelijk gebruik gezegend: ★ *gewijde aarde*

-ge·wijs *achtervoegsel*, **-ge·wij·ze** ❶ ⟨in samenstellingen⟩ op de wijze van: ★ *trapsgewijs* ❷ ingedeeld naar wat in het eerste lid genoemd is: ★ *paarsgewijs* ★ *streeksgewijs*

ge·wijs·de *het* [-n] vonnis waarop geen hoger beroep meer mogelijk is: ★ *overgaan in kracht van ~*

ge·wild I *bn* in de smaak vallend **II** *bn* gekunsteld, onnatuurlijk: ★ *een gewilde vergelijking*

ge·wil·lig *bn* van goede wil, gedwee; zich niet verzettend; **gewilligheid** *de (v)*

ge·win *het* winst, voordeel; zie ook bij → **kattengespin**

ge·win·zucht *de* zucht naar winst
ge·wis *bn* zeker
ge·wis·heid *de (v)* zekerheid
ge·woel *het* drukte van bewegende mensen: ★ *in het ~ ontsnappen*
ge·wo·gen *volt deelw* van → **wegen**¹ *bn* door weging vastgesteld ★ *~ gemiddelde* het gemiddelde dat men verkrijgt door tijdens de berekening aan elk van de factoren een bepaalde waarde toe te kennen betreffende het gewicht, de frequentie, de lengte e.d.
ge·wolkt *bn* met wolkachtige kleurschakering
ge·wond *bn* een of meer verwondingen hebbend
ge·won·de *de* [-n] iem. die gewond is
ge·won·den *ww volt deelw* van → **winden**
ge·won·nen *volt deelw* van → **winnen** I *bn* ★ *iets ~ geven* toegeven, opgeven ★ *zich ~ geven* erkennen dat de ander gelijk heeft ★ BN, spreektaal *~ brood wentelteefjes* II *bijw* ★ BN, m.g. *~ verloren* a) veel, overdadig, verschrikkelijk; b) almaar door, steeds opnieuw: ★ *het sneeuwde ~ verloren* ★ *hij speelde ~ verloren hetzelfde wijsje*
ge·woon I *bn* ❶ gebruikelijk, regelmatig: ★ *z'n gewone gang gaan* ❷ niet bijzonder, alledaags: ★ *ik woon in een ~ huis* ★ *de gewone man* ❸ vooral BN gewend, de gewoonte hebbend: ★ *hij is ~ om met de fiets naar zijn werk te gaan* II *bijw* ❶ zoals gebruikelijk is: ★ *doe ~!* ★ vooral NN *doe maar ~, dan doe je al gek genoeg* gezegd tegen iem. die zich wil uitsloven of die zich raar gedraagt ❷ ronduit gezegd, eenvoudigweg: ★ *dat is ~ idioot!*
ge·woon·heid *de (v)* het gebruikelijk zijn; alledaagsheid
ge·woon·lijk *bn* zoals → **gewoon** (I bet 2)
ge·woon·te *de (v)* [-n, -s] ❶ wat men gewoon is te doen: ★ *de ~ hebben iedere dag naar de bioscoop te gaan* ❷ gebruik: ★ *de zeden en gewoonten van verre volkeren* ★ *~ is een tweede natuur* men kan aan iets zo gewend raken, dat men het als van nature doet ★ *ouder ~ volgens oud gebruik* ★ *de macht der ~* het automatisme dat voortvloeit uit een gewoonte ★ *de ~ hebben* gewend zijn ★ *naar, volgens ~* volgens de gebruiken van een gemeenschap ★ *uit ~* zoals iem. gewoon is te doen ★ *tegen zijn ~ in* in tegenstelling tot wat iem. normaal doet
ge·woon·te·dier *het* [-en] schertsend iem. die slaafs vasthoudt aan wat vanouds gebruikelijk is: ★ *de mens is een ~*
ge·woon·te·drin·ker *de (m)* [-s] iem. die geregeld (veel) alcoholische drank gebruikt
ge·woon·te·ge·trouw *bijw* vasthoudend aan de oude gewoonte
ge·woon·te·mis·da·di·ger *de (m)* [-s] iem. die steeds maar misdaden begaat
ge·woon·te·recht *het* [-en] op gewoonte berustend ongeschreven recht
ge·woon·tjes *bijw* heel eenvoudig
ge·woon·weg *bijw* ronduit, eenvoudig

ge·wor·den *ww* [gewerd, is geworden] vero in handen komen: ★ *deze brief is mij onlangs ~* ★ *laten ~* laten begaan
ge·wor·pen *ww volt deelw* van → **werpen**
ge·wor·teld *bn* ❶ met wortels vastzittend ❷ fig zich in het gemoed of de geest vastgezet hebbend: ★ *diep gewortelde haat*
ge·wor·ven *ww volt deelw* van → **werven**
ge·wo·ven *ww volt deelw* van → **wuiven**
ge·wre·ven *ww volt deelw* van → **wrijven**
ge·wricht *het* [-en] verbindingsstuk dat beenderen ten opzichte van elkaar beweegbaar maakt
ge·wrichts·reu·ma·tiek *de (v)* reumatische ontsteking van gewrichten
ge·wrocht¹ *het* [-en] iron kunstvoortbrengsel, schepping
ge·wrocht² *ww oud volt deelw* van *werken*: (veelal iron) gemaakt, tot stand gebracht: ★ *wat voor afschuwelijk brouwsel heb je nu weer ~?*
ge·wro·ken *ww volt deelw* van → **wreken**
ge·wron·gen *volt deelw* van → **wringen** *bn* verdraaid, onnatuurlijk: ★ *een ~ stijl*; **gewrongenheid** *de (v)*
gez. *afk*, **Gez.** ❶ gezang (kerklied) ❷ gezusters
ge·zaag *het* ❶ het aanhoudend zagen ❷ gekras, onwelluidend strijken: ★ *dat ~ op die viool* ❸ gezanik, gezeur
ge·zaagd *bn* met puntige uitsteeksels en insnijdingen: ★ *gezaagde bladeren*
ge·zag *het* ❶ aangeboren of verworven macht over anderen: ★ *het ~ voeren over (een schip, landstreek e.d.)* ❷ overheid: ★ *het militair ~* ❸ overtuigende kracht: ★ *het ~ van de geschiedbronnen* ★ *op ~ van* volgens (een bep. autoriteit)
ge·zag·dra·ger *de (m)* [-s] iem. die met gezag bekleed is
ge·zag·heb·bend, **ge·zag·heb·bend** *bn* ❶ met gezag bekleed ❷ met overtuigende kracht: ★ *een gezaghebbende biografie*
ge·zag·heb·ber *de (m)* [-s] iem. die met gezag bekleed is
ge·zags·cri·sis [-zis] *de (v)* [-crises, -sen] toestand waarin alle gezag wankel staat
ge·zags·ge·trouw *bn* zich onderwerpend aan het gestelde gezag
ge·zags·or·gaan *het* [-ganen] college dat gezag uitoefent
ge·zags·va·cu·üm *het* het ontbreken van gezag; regeringloosheid
ge·zag·voer·der *de (m)* [-s] ❶ kapitein van een schip ❷ eerste piloot van een vliegtuig
ge·zakt *bn* zie bij → **gepakt**
ge·zalf·de *de (m)* [-n] Bijbel gezalfde hogepriester of koning van de Israëlieten ★ *de Gezalfde des Heren* Christus
ge·za·men·lijk *bn* allen of alles tezamen
ge·zang *het* ❶ het zingen ❷ [mv: -en] zangstuk ★ *de (evangelische) gezangen* godsdienstige liederen van de protestantse kerken

ge·zang·boek het [-en], **ge·zang·bun·del** de (m) [-s] boek met liederen, vooral protestantse liederen

ge·za·nik het het aanhoudend zaniken, gezeur

ge·zant ‹Du› de (m) [-en] met een opdracht gezonden persoon; vertegenwoordiger van een regering in het buitenland

ge·zant·schap het [-pen] ❶ de gezant of gezanten en de begeleidende personen ❷ gebouw waarin een gezantschap is gevestigd

ge·zant·schaps·raad de (m) [-raden] titel van een functionaris van bepaalde rang bij een gezantschap

ge·zant·schaps·se·cre·ta·ris de (m) [-sen] secretaris van een gezantschap

ge·za·pig bn bezadigd, bedaard, gemoedelijk: ★ een ~ potje voetbal ★ er hing een gezapige sfeer op dat feest; **gezapigheid** de (v)

ge·zeg·de het [-n, -s] ❶ zegswijze ❷ taalk werkwoordsvorm (plus bijbehorende woorden) die bij het onderwerp staat

ge·ze·geld bn met een zegel: ★ op ~ papier

ge·ze·gen ww volt deelw van → **zijgen**

ge·ze·gend bn zegenrijk, gelukkig ★ in gezegende omstandigheden zwanger ★ iron je zult ermee ~ zijn het zal je maar overkomen (iets onaangenaams)

ge·zeg·gen ww ★ zich laten ~ naar goede raad luisteren

ge·zeg·lijk bn gehoorzaam: ★ een gezeglijke jongen

ge·zeg·lijk·heid de (v) gehoorzaamheid

ge·zeik het vooral NN, spreektaal gezeur, gezanik

ge·ze·ken ww volt deelw van → **zeiken**

ge·zel de (m) [-len] makker; knecht; hist lid van een gilde, hoger dan leerling maar lager dan meester

ge·zel·lig bn de sfeer van gezelligheid oproepend: ★ een ~ café ★ een ~ avondje tv-kijken

ge·zel·lig·heid de (v) de genoeglijkheid die wordt ervaren in een kleine, vertrouwde sociale groep als in de huiselijke kring of onder goede vrienden

ge·zel·lig·heids·ver·eni·ging de (v) [-en] vereniging voor gezellig verkeer tussen de leden

ge·zel·lin de (v) [-nen] meisje dat of vrouw die iem. vergezelt

ge·zel·schap het [-pen] ❶ aantal bij elkaar vertoevende personen, kring: ★ in goed, kwaad ~ verkeren ★ het hele ~ ging de bus weer in ❷ het vergezellen van of samen zijn met andere mensen: ★ iem. ~ houden ★ ~ zoeken ★ in ~ van mijn zuster bezocht ik het museum

ge·zel·schaps·da·me de (v) [-s] vrouw die beroepshalve mensen gezelschap houdt, voorleest e.d.

ge·zel·schaps·hond de (m) [-en] klein type rashond, met een schofthoogte tot ongeveer 30 cm, schoothond

ge·zel·schaps·reis de [-reizen] reis door een groot gezelschap ondernomen

ge·zel·schaps·spel I het [-spelen] spel voor een groep personen II het [-len] benodigdheden van een gezelschapsspel

ge·ze·mel het vooral NN het zemelen, gezeur

ge·zet I bn nogal breed en dik van lichaam II bn vastgesteld, geregeld: ★ op gezette tijden

ge·ze·teld bn zijn zetel hebbend, gevestigd: ★ ~ zijn

ge·ze·ten volt deelw van → zitten bn ❶ zittende: ★ op de troon ~ ❷ een vaste woonplaats hebbend: ★ ~ bevolking ❸ welgesteld: ★ een ~ burger

ge·zet·heid de (v) het → **gezet** (bet 1) zijn

ge·zeur het het (aanhoudend) zeuren

ge·ze·ver het spreektaal prietpraat, gezeur

ge·zicht het [1, 5 -en] ❶ gelaat, aanzicht ★ met een strak ~ met een gezicht dat geen emoties verraadt ★ iem. iets in zijn ~ zeggen iem. iets eerlijk, onverbloemd zeggen ★ zijn ~ verliezen zijn prestige verliezen ★ iem. van ~ kennen van iem. weten hoe hij eruit ziet, zonder verdere details van hem te weten ★ je ~ ergens laten zien iets / iem. (incidenteel) bezoeken, uitsluitend om vaag contact te onderhouden ★ iets een nieuw ~ geven een nieuw uiterlijk, een nieuwe uitstraling ★ NN dit geeft scheve gezichten hierdoor ontstaat afgunst ❷ gezichtsvermogen, zintuig van het zien ❸ het zien ★ het tweede ~ helderziendheid ❹ uitzicht, wat men ziet of overziet ★ op het eerste ~ bij de eerste indruk ★ dat is geen ~ dat staat niet, ziet er niet uit ★ uit het ~ verdwenen zijn zo ver verwijderd raken dat men niet meer gezien wordt ❺ droomgezicht, visioen

ge·zichts·af·stand de (m) [-en] ❶ afstand tussen oog en dat waar men naar kijkt, afstand van duidelijk zien ❷ afstand die men kan overzien

ge·zichts·be·drog het iets zien dat er in werkelijkheid niet is of in werkelijkheid anders is

ge·zichts·ein·der de (m) [-s] horizon

ge·zichts·hoek de (m) [-en] ❶ standpunt van waaruit men iets ziet of beziet: ★ uit een bepaalde ~ bekijken ❷ hoek, gevormd door de lijnen die van de uiterste punten van een voorwerp naar het oog lopen

ge·zichts·kring de (m) [-en] gebied dat men kan overzien, ook fig

ge·zichts·mas·ker het [-s] cosmetische crème voor op het gezicht

ge·zichts·or·gaan het [-ganen] gezichtszintuig

ge·zichts·punt het [-en] standpunt, wijze waarop men iets beschouwt; kijk die men op iets heeft

ge·zichts·scherp·te de (v) scherpte van gezichtsvermogen

ge·zichts·veld het [-en] ❶ ruimte die men kan overzien ❷ fig wat men zich kan voorstellen, waarvan men begrip heeft

ge·zichts·ver·lies het verlies van waardigheid; zie ook bij → gezicht (bet 1)

ge·zichts·ver·mo·gen het het kunnen zien

ge·zichts·ze·nuw de [-en] zenuw die lichtprikkels naar de hersenen overbrengt

ge·zichts·zin·tuig het [-en] zintuig waarmee men ziet, oog

ge·zien I bn geacht, in aanzien: ★ een graag geziene

gast ★ BN, spreektaal ~ *zijn* de dupe zijn ‖ *vz* met het oog op, wegens, kennis genomen hebbende van: ★ ~ *de grote belangstelling is de film geprolongeerd volt deelw van* → **zien** ★ *iets voor ~ houden* ermee ophouden ★ *voor ~ tekenen* door een handtekening laten blijken iets gezien te hebben ★ *mij niet ~!* ik wil niet!, ik doe er niet aan mee!
ge·zin *het* [-nen] ouders met hun kinderen, vrouw of man en kinderen
ge·zind *bn* geneigd: ★ *ik ben daartoe niet ~* ★ *iem. goed, kwaad ~ zijn*
ge·zind·heid *de (v)* [-heden] ❶ stemming, neiging ❷ staatkundige of godsdienstige overtuiging
ge·zind·te *de (v)* [-n, -s] kerkgenootschap
ge·zins·fles *de* [-sen] grote fles
ge·zins·her·eni·ging *de (v)* het weer verenigen van gezinsleden die gescheiden leven, vooral het overbrengen van gezinsleden van buitenlandse arbeiders naar het land waar de kostwinner werkt
ge·zins·hoofd *het* [-en] hoofd van een gezin: ★ *vroeger was de vader vanzelfsprekend altijd het ~*
ge·zins·hulp I *de* hulp aan gezinnen met moeilijkheden ‖ *de (v)* [-en] gezinsverzorgster
ge·zins·in·ko·men *het* [-s] het inkomen van zowel man, vrouw als inwonende kinderen tezamen
ge·zins·le·ven *het* het samen leven als gezin
ge·zins·plan·ning [-plen-] *de (v)* het door gebruik van anticonceptionele methoden welbewust bepalen van de grootte van het gezin en van de perioden vóór en tussen de geboorten van de kinderen; geboorteregeling
ge·zins·the·ra·pie *de (v)* [-pieën] psychotherapie waar een geheel gezin is betrokken bij de behandeling van een van de gezinsleden
ge·zins·uit·brei·ding *de (v)* het groter worden van een gezin door de geboorte van een kind
ge·zins·ver·pak·king *de (v)* [-en] tamelijk grote verpakking van voedings- of genotmiddelen
ge·zins·ver·van·gend *bn* ★ *~ tehuis* tehuis waarin hulpbehoevenden en hulpverleners samenwonen als in een gezin
ge·zins·ver·zorg·ster *de (v)* [-s] NN helpster in gezin waar bijvoorbeeld de moeder (tijdelijk) haar taak niet kan vervullen
ge·zins·voogd *de (m)* [-en] iem. die met gezinsvoogdij is belast
ge·zins·voog·dij *de (v)* het door de kinderrechter bevolen toezicht houden van een gezinsvoogd op minderjarige kinderen in een gezin
ge·zins·vor·ming *de (v)* het stichten van (een) gezin(nen): ★ *aan ~ doen*
ge·zins·zorg *de* instelling voor hulp aan gezinnen in moeilijkheden
ge·zocht *volt deelw van* → **zoeken** *bn* ❶ in trek, veel gevraagd ❷ verzonnen, uitgedacht: ★ *een gezochte aanleiding, gezochte aanmerkingen* ❸ gekunsteld, onnatuurlijk: ★ *een ~ rijm*
ge·zo·den *ww volt deelw van* → **zieden**

ge·zo·gen *ww volt deelw van* → **zuigen**
ge·zond *bn* ❶ niet ziek, welvarend, flink van gestel; zie ook bij → **ziekte** ★ *~ als een vis* kerngezond ❷ fig natuurlijk, niet bedorven ★ *dat ziet er ~ uit* dat ziet er goed uit ★ *de zaak is ~* de zaak is in orde ❸ bevorderlijk voor het lichamelijk of geestelijk welzijn: ★ *gezonde spijzen, een ~ klimaat, gezonde lucht* ★ vooral NN *een broodje ~* een broodje met rauwkost (en meestal zonder vlees) ❹ passend, harmonisch: ★ *een gezonde oplossing* ★ *een gezonde relatie tussen man en vrouw*
ge·zond·bid·der *de (m)* [-s] gebedsgenezer
ge·zon·den *ww volt deelw van* → **zenden**
ge·zond·heid I *de (v)* ❶ het gezond-zijn ★ *~ is de grootste schat* niets is belangrijker dan gezondheid ★ *op iems. ~ drinken* een toost uitbrengen op iems. gezondheid ❷ lichamelijke gesteldheid: ★ *een goede ~* ★ *een zwakke ~* ‖ *tsw* ★ *~!* proost!
ge·zond·heids·at·test *het* [-en],
ge·zond·heids·cer·ti·fi·caat [-caten] bewijs van → **gezondheid** (bet 1) (voor personen en van oesters)
ge·zond·heids·cen·trum *het* [-s, -tra] plaats, ruimte waar verschillende voorzieningen betreffende de gezondheid zijn samengebracht zoals een huisartsenpraktijk, wijkverpleging, kraamzorg e.d.
ge·zond·heids·fac·tuur *de (v)* [-facturen] BN totaal van de jaarlijkse medische kosten
ge·zond·heids·hal·ve *bijw* ter wille van de gezondheid
ge·zond·heids·in·dex *de (m)* [-en, -indices] BN prijsindex die geen rekening houdt met de prijzen van alcohol, tabak en benzine
ge·zond·heids·leer *de* wetenschap die de voorwaarden voor een goede gezondheid bestudeert
ge·zond·heids·maat·re·gel *de (m)* [-en] maatregel ter bevordering van de gezondheid
ge·zond·heids·re·de·nen *mv* ★ *om / vanwege ~* wegens minder goede gezondheid: ★ *ontslag vragen vanwege ~*
ge·zond·heids·toe·stand *de (m)* → **gezondheid** (bet 2)
ge·zond·heids·zorg *de* zorg voor de gezondheid
ge·zond·ma·king *de (v)* [-en] sanering: ★ *~ van de financiën*
ge·zon·gen *ww volt deelw van* → **zingen**
ge·zon·ken *ww volt deelw van* → **zinken**[1]
ge·zon·nen *ww volt deelw van* → **zinnen**[1]
ge·zo·pen *ww volt deelw van* → **zuipen**
ge·zou·ten *bn* ❶ waaraan zout is toegevoegd; in pekel gelegd: ★ *~ haring* ★ *~ vlees* ❷ NN, fig scherp, hatelijk, grof: ★ *~ kritiek*
ge·zult *bn* gezouten
ge·zus·ters *mv* twee of meer zusters tezamen
ge·zwam *het* het (aanhoudend) zwammen, zinloos gepraat
ge·zwe·gen *ww volt deelw van* → **zwijgen**
ge·zwel *het* [-len] ❶ med ziekelijke zwelling, tumor

❷ fig ongezonde groei van iets: ★ *corruptie werkt als een ~ in de samenleving*
ge·zwets *het* het zwetsen, grote woorden gebruiken; opsnijderij
ge·zwind *bn* vero vlug, snel
ge·zwind·heid *de (v)* snelheid, vlugheid
ge·zwol·gen *ww volt deelw van* → **zwelgen**
ge·zwol·len *volt deelw van* → **zwellen** *bn* ❶ opgezwollen: ★ *een ~ wang* ❷ fig overdreven plechtig, hoogdravend: ★ *een ~ stijl*
ge·zwol·len·heid *de (v)* overdreven plechtigheid
ge·zwom·men *ww volt deelw van* → **zwemmen**
ge·zwo·ren *volt deelw van* → **zweren**[1] *bn* ★ *~ vrienden* trouwe vrienden ★ *een ~ vijand* → **aartsvijand** *(bet 1)*
ge·zwo·re·ne *de [-n]* beëdigd lid van een → **jury** (bet 1)
ge·zwor·ven *ww volt deelw van* → **zwerven**
gft-af·val *het* groente-, fruit- en tuinafval: ★ *~ moet apart worden ingezameld*
GGD *afk* in Nederland Gemeentelijke Geneeskundige Dienst
g.g.d. *afk* grootste gemene deler
GG en GD *afk* in Nederland Gemeentelijke Geneeskundige en Gezondheidsdienst
ggo *het* genetisch gemanipuleerd organisme
ggz *afk* geestelijke gezondheidszorg
Gha·nees I *de (m) [-nezen]* iem. geboortig of afkomstig uit Ghana **II** *bn* van, uit, betreffende Ghana
ghb, **GHB** *het* gammahydroxybutyraat [ontspannende maar gevaarlijke drug, vooral in combinatie met alcohol]
ghost·writ·er [γoostraitə(r)] *(‹Eng) de (m) [-s]* iem. die voor een ander boeken of artikelen schrijft, die op diens naam uitgegeven resp. gepubliceerd worden
GI [dzjie ai] *de (m)* ['s] benaming voor de Amerikaanse soldaten in en na de Tweede Wereldoorlog, afgeleid van *Government (General) Issue*, de regeringsinstantie die de militaire uitrusting verzorgt
gib·be·ren *ww* [gibberde, h. gegibberd] BN ook giechelen
gib·bon *(‹Fr) de (m) [-s]* naam van een familie van apen zonder staart, met lange armen en een onbehaard gezicht, in Zuidoost-Azië en Indonesië (Hylobatidae)
gi·de·ons·ben·de *de [-n]* vooral NN kleine troep van uitgelezen strijders (naar *Richteren* 7: 1-8)
gids *(‹Zigeunertaal) de (m) [-en]* ❶ persoon die iem. begeleidt, leidsman, vooral die toeristen of bezoekers rondleidt ❷ boek(je) met aanwijzingen of gegevens, handleiding ❸ meisje dat lid is van scouting, padvindster, ‹in Nederland› van 10-14 jaar, ‹in België› 14-17 jaar ★ *gouden ~®* commercieel telefoon- en adressenboek ★ BN *witte ~* gids met telefoonnummers van particulieren
gid·sen *ww* [gidste, h. gegidst] ❶ als gids dienen ❷ wegwijzing geven
gids·fos·sie·len *mv* fossielen die door de wijze van verspreiding in de aardkorst aanwijzingen geven omtrent de ouderdom van de omringende gesteenten
gids·land *het [-en]* vooral NN land dat een leidende rol speelt bij de ontwikkeling of vernieuwing van (vooral politieke) ideeën
gie·bel[1] *de (m) [-s]* karperachtige zoetwatervis (*Cyprinus gibelio*)
gie·bel[2] *de (v) [-s]* NN meisje dat veel giebelt
gie·be·len *ww* [giebelde, h. gegiebeld] NN giechelen
gie·che·len *ww* [giechelde, h. gegiecheld] gesmoord lachen
gie·ga·gen *ww* [giegaagde, h. gegiegaagd] ‹van ezels› balken
giek[1] *(‹Eng) de (m) [-en]* lange, smalle roeiboot
giek[2] *de (m) [-en]* rondhout waarlangs een langsscheeps zeil aan de onderzijde in het horizontale vlak wordt gehouden
gier[1] *de (m) [-en]* grote, aasetende roofvogel met een kale kop
gier[2] *de* mestvocht
gier[3] *de (m) [-en]* draai in het horizontale vlak, vooral van een schip dat uit de koers loopt door onnauwkeurig sturen, door invloed van stroming of golfslag
gie·ren[1] *ww* [gierde, h. gegierd] ❶ gillen: ★ *~ van de pijn* ★ *de sirene giert* ★ *~ van het lachen* zeer luid lachen ❷ ‹van een voertuig› zich zeer snel voortbewegen in een hard, hoog geluid maken: ★ *door de bocht ~*
gie·ren[2] *ww* [gierde, h. gegierd] zwaaien, in een schuine richting afwijken
gie·ren[3] *ww* [gierde, h. gegierd] met → **gier**[2] bemesten
gie·rig *bn* overmatig zuinig, vrekkig, weinig bereid iets te willen uitgeven ★ *~ als de pest* uiterst vrekkig
gie·rig·aard *de (m) [-s]* vrek
gie·rig·heid *de (v)* overdreven zuinigheid
gier·ka·bel *de (m) [-s]* kabel onder water waarlangs een gierpont, aan een ketting, door de kracht van de stroom de rivier oversteekt
gier·ket·ting *de [-en]* ketting waaraan een gierpont langs de gierkabel beweegt, of een gierbrug aan de ankers vastligt
gier·pomp *de [-en]* pomp waarmee → **gier**[2] in een gierwagen wordt gepompt
gier·pont *de [-en]* pont die aan een ketting door de kracht van de stroom naar de andere oever loopt
gierst *de* algemene naam voor enige graansoorten in Afrika en Azië, vooral *sorghum* en *Panicum miliaceum*
gier·tank *[-tenk] de (m) [-s]* tank waarin mest wordt bewaard
gier·valk *de [-en]* soort valk in het Noordpoolgebied, *Falco rusticulus*
gier·wa·gen *de (m) [-s]* (tank)wagen voor het vervoer van → **gier**[2]
gier·zwa·luw *de [-en]* naam van een familie van

zwaluwachtige vogels (Apodidae): ★ *de Europese* ~ of *torenzwaluw (Apus apus)*
giet·bui *de* [-en] NN zware regenbui
giet·co·kes [-kooks] *de* speciale cokes voor gieterijen
gie·te·ling¹ *de (m)* [-en] merel (*Turdus merula*)
gie·te·ling² *de (m)* [-en] rechthoekig stuk gegoten ijzer
gie·ten *ww* [goot, h. gegoten] ❶ uitschenken, vocht storten: ★ *water over een vloer* ~ ❷ vloeibaar materiaal, vooral verhitte metalen in een vorm storten om het een bepaalde gedaante te geven ★ *ijzer* ~, *een klok* ~ ★ *in een andere vorm* ~ fig anders inkleden ❸ hard regenen: ★ *het gaat de hele dag* ~; ook: ★ *het regent dat het giet*
gie·ter *de (m)* [-s] ❶ sproeivat ❷ man die metalen voorwerpen giet ★ vooral NN *afgaan als een* ~ een zeer slecht figuur slaan; zie ook bij → **fier**
gie·te·rij *de (v)* ❶ het gieten van metalen voorwerpen ❷ [*mv:* -en] fabriek waar metalen voorwerpen gegoten worden
giet·gat *het* [-gaten] ❶ ⟨in hoogovens⟩ opening waardoor het gesmolten metaal naar de gietvorm loopt ❷ ⟨in een gietvorm⟩ opening waardoor het gesmolten metaal binnenkomt
giet·ijzer *het* ijzerlegering met tamelijk veel koolstof, die goed gietbaar is
giet·ijze·ren *bn* van gietijzer
giet·naad *de (m)* [-naden] plaats in gietstuk, waar een naad van de gietvorm zichtbaar is
giet·sel *het* [-s] het gegotene, gegoten voorwerp
giet·staal *het* staal dat in een zandvorm wordt gegoten tot een gietstuk
giet·stuk *het* [-ken] gegoten voorwerp
giet·vorm *de (m)* [-en] vorm waarin men vloeibaar metaal giet om het een bepaalde gedaante te geven
GIF¹ *afk* comput Graphics Interchange Format [bep. bestandsformaat voor grafische voorstellingen]
GIF² *afk* Graphic Interchange Format [comput coderingssysteem ten behoeve van de uitwisseling van beeldinformatie tussen verschillende grafische computerprogramma's en verschillende computersystemen]
gif *het* [-fen] vergif
gif·be·ker *de (m)* [-s] beker met gif
gif·belt *de* [-en] plaats waar veel giftige afvalstoffen zijn gestort
gif·blaas *de* [-blazen] ⟨bij bijen enz.⟩ blaasje met gift, dat via een angel kan worden afgescheiden
gif·gas *het* [-sen] vergiftig gas als strijdmiddel in de oorlog
gif·groen *bn & het* felle, lelijke kleur groen
gif·grond *de (m)* [-en] door vergif verontreinigde grond
gif·kik·ker *de (m)* [-s] ❶ Zuid-Amerikaanse kikker, behorend tot de familie van de Dendrobatidae, waarvan de huidafscheiding zeer giftig is en door verschillende indianenvolkeren wordt gebruikt als pijlgif ❷ vooral NN, fig impulsief handelend en opvliegend mens

gif·klier *de* [-en] gif afscheidende klier
gif·lo·zing *de (v)* [-en] het lozen van giftige afvalstoffen
gif·men·ger *de (m)* [-s], **gif·meng·ster** *de (v)* [-s] iem. die gif bereidt
gif·pil·con·struc·tie [-sie] *de (v)* fin constructie om een onderneming te beschermen tegen een vijandige overname
gif·plant *de* [-en] vergiftige plant
gif·slang *de* [-en] slang met gifklieren en giftanden
gift¹ *de* [-en] geschenk in geld
gift² ⟨*Du*⟩ *het* [-en] vergif
gif·tand *de (m)* [-en] holle, gif uitleidende tand bij gifslangen
gif·tig *bn* ❶ vergiftig ❷ zeer boos: ★ *hij werd* ~ *toen hij het bedrog ontdekte* ❸ hatelijk: ★ *giftige opmerkingen*
gif·tig·heid *de (v)* het giftig-zijn; mate waarin iets giftig is, toxiciteit
gift·shop [ɣiftsjop] ⟨*Eng*⟩ *de (m)* [-s] winkel met artikelen die geschikt zijn om cadeau te doen
gif·vrij *bn* zonder vergif
gif·wijk *de* [-en] woonwijk die is gebouwd op door giftige stoffen vervuilde grond
gif·wolk *de* [-en] wolk van giftige gassen
gig ⟨*Eng*⟩ *de (m)* [-gen] ❶ eenspannig open wagentje op twee wielen ❷ lichte boot, giek
gi·ga- voorvoegsel ⟨*Gr*⟩ voorvoegsel voor eenheden met de betekenis: een miljard maal zo veel of zo groot: ★ *gigabyte*
gi·ga·byte [-bait] *de (m)* [-s] comput 1024 megabytes, 1.073.741.824 bytes, eenheid waarin geheugencapaciteit wordt uitgedrukt
gi·gant *de (m)* [-en] ❶ ⟨in de Griekse mythologie⟩ naam van de reuzen die bergen op elkaar stapelden om de Olympus te bestormen ❷ vandaar reus of reusachtig gevaarte ❸ fig zeer groot bedrijf: ★ *staalgigant* ★ *oliegigant*
gi·gan·tisch *bn bijw* als van giganten: reusachtig, groots: ★ *een* ~ *bedrag* ★ *een* ~ *hoge toren*
gi·go·lo [(d)zjieɣoolo͡o] ⟨*Fr*⟩ *de (m)* ['s] door een vrouw betaalde minnaar
gi·gue [zjieɣə] ⟨*Fr*⟨*Eng*⟩ *de (m)* [-s] zeer snelle dansvorm van Engelse oorsprong, meest in 3/8- of 6/8-maat
gij *pers vnw* ❶ vero jullie, u ❷ BN, spreektaal je, u
gijl *het* biergist ★ *in het* ~ *staan* aan het gisten zijn
gijn ⟨*Eng*⟨*Fr*⟩ *het* [-en, -s] sterke takel uit verschillende blokken bestaande
gij·pen *ww* [gijpte, h. gegijpt] plotseling omslaan van het zeil bij het varen voor de wind
gij·ze·laar *de (m)* [-s] iem. die met zijn persoon borg blijft voor het vervullen van zekere beloften, eisen of voorwaarden
gij·ze·len *ww* [gijzelde, h. gegijzeld] ❶ als gijzelaar vasthouden ❷ recht iem. van zijn vrijheid beroven om hem ertoe te dwingen aan een veroordeling te voldoen
gij·zel·hou·der *de (m)* [-s] iem. die personen in gijzeling houdt

gij·ze·ling *de (v)* [-en] het gijzelen
gij·zel·ne·mer *de (m)* [-s] iem. die personen in gijzeling neemt
gil *de (m)* [-len] op hoge toon geuite kreet
gild het, **gil·de** *de & het* [gilden, gildes] ambachtsvereniging met bepaalde voorrechten (in 1798 in Nederland opgeheven)
gil·de·boek het [-en] boek dat keuren, reglementen enz. van een gilde bevatte
gil·de·brief *de (m)* [-brieven] ❶ geschrift waarin de rechten van een gilde stonden ❷ bewijs van lidmaatschap van een gilde
gil·de·broe·der *de (m)* [-s] lid van een gilde
gil·de·keu·ren *mv* rechten van een gilde
gil·de·mees·ter *de (m)* [-s] hoofd van een gilde
gil·de·pa·troon *de (m)* [-s] beschermheilige van een gilde
gil·de·proef *de* [-proeven] ❶ het maken of volbrengen van een proefstuk om lid van een gilde te worden ❷ meesterstuk
gil·de·recht het [-en] recht als lid van een gilde; recht om een beroep uit te oefenen
gil·de·we·zen het bestaan en inrichting van de gilden
gi·let [zjielè] *(‹Fr) de (m)* [-s] vooral BN, spreektaal (mouwloos) vest
gil·len *ww* [gilde, h. gegild] een snerpende, hoge toon uiten: ★ ~ om hulp ★ om te ~ belachelijk ★ ~ van het lachen hard lachen
gil·ler *de (m)* [-s] ❶ iem. die gilt ❷ iets belachelijks
Gil·les de la Tou·rette *zn* [zjiel də laa toeret]
★ syndroom van ~ syndroom gekenmerkt door een grote hoeveelheid tics, waarbij de patiënt bovendien vloeken, krachttermen, onbehoorlijk taalgebruik e.d. niet kan inhouden
gil·lette [zjielet(tə)] *de (m)* [-s], **gil·lette·mes·je** [zjie-] het [-s] veiligheidsscheermes volgens het systeem van de Amerikaan K. C. Gillette (1855-1932)
gil·ling *de (v)* [-en] scheepv schuin afgesneden stuk van een zeil, van een plank
gim·mick [ɣim-] *(‹Eng) de (m)* [-s] ❶ vernuftig nieuw apparaat ❷ vernuftige nieuwe oplossing of theorie om iets te verklaren, 'geniale' inval ❸ grappige, opvallende of kenmerkende eigenschap van een persoon of een voorwerp: ★ het bananenrokje was een opvallende ~ van Joséphine Baker (1906-1975)
GIMV *afk* in België Gewestelijke Investeringsmaatschappij voor Vlaanderen [Belgische overheidsinstelling]
gin [dzjin] *(‹Eng) de (m)* jenever
gin·der *bijw* daar, daarginds
gin·der·ach·ter *bijw* BN, spreektaal daar ergens (ver, achteraan)
ginds I *bijw* ginder II *bn* vero op een afstand gelegen, gene: ★ ziet gij gindse boom
ging *ww*, **gin·gen** verl tijd van → **gaan**
gingerale [dzɪndzjə(r)-eel] *(‹Eng) de (m)* gemberbier
gink·go *(‹Chin) de (m)* ['s] Japanse notenboom, een sierboom, veel aangeplant bij tempels (*Ginkgo biloba*)
gin·ne·gap·pen *ww* [ginnegapte, h. geginnegapt] spotachtig lachen
gin·seng *(‹Chin) de (m)* wortel van twee soorten van het geslacht Panax, in China zeer hoog geacht als medicijn
gips *(‹Gr‹Arab) het* een gewoonlijk kleurloos, transparant mineraal ($CaSO_4.2H_2O$), toegepast in de cementindustrie, bij gipsafgietsels, muurversiering en bij het verbinden en spalken van gebroken lichaamsdelen ★ *in het* ~ in een gipsverband
gips·af·druk *de (m)* [-ken] afdruk in gips
gips·af·giet·sel het [-s] afgietsel in gips
gip·sen[1] *bn* van gips
gip·sen[2] *ww* [gipste, h. gegipst] met gips bestrijken
gipskruid het → **bruidssluier** (bet 2)
gips·mo·del het [-len] afbeelding in gips
gips·plaat *de* [-platen] zeer dunne plaat van gips waarmee men muren en plafonds afdekt
gips·ver·band het [-en] verband van gips
gips·vlucht *de* [-en] vlucht met een vliegtuig dat gewonden uit een wintersportgebied haalt, onder wie meestal veel personen met botbreuken
gip·sy [dzjipsie] *(‹Eng) de* ['s] zigeuner
gi·raal *bn* gezegd van geld op bankrekeningen, wissels e.a. handelspapier, dat wel circuleert maar geen wettig betaalmiddel is; *tegengest.* → **chartaal**
gi·raf, **gi·raf·fe** [gie-, zjie-] *(‹Fr‹Arab) de* [-raffen, -raffes] langhalzig zoogdier uit Afrika, *Giraffa camelopardalis*
gi·raf·fen·hals [gie-, zjie-] *de (m)* [-halzen] zeer lange hals
gi·re·ren *ww* [gireerde, h. gigireerd] per giro betalen, overmaken: ★ *1000 euro* ~
girl [ɣù(r)l] *(‹Eng) de (v)* [-s] meisje; vooral meisje dat deel uitmaakt van een dansgroep in revues e.d.
Gi·ro [dzjieroo] *(‹It) de (m)* ['s] wielrennen Giro d'Italia [de Ronde van Italië]
gi·ro *(‹Du‹It) de (m)* ['s] ❶ stelsel van betaling door overboeking van de ene bankrekening op de andere ❷ verkorting van girorekening en -afrekening
gi·ro·af·schrift het [-en] vooral NN schriftelijk bericht van afschrijving van of bijschrijving op een girorekening
gi·ro·bank *de* [-en] NN bank waar men geldbedragen door overschrijving op anderen kan overdragen
gi·ro·be·taal·kaart *de* [-en] NN kaart waarmee, door een girodienst gegarandeerd, tot een bepaald bedrag betalingen konden worden verricht
gi·ro·en·ve·lop, **gi·ro·en·ve·loppe** [-lop] *de* [-loppen] vooral NN enveloppe voor het portvrij verzenden van opdrachten aan het girokantoor
gi·ro·foon *de (m)* NN telefoonnummer waarmee houders van een girorekening hun saldo kunnen opvragen, overschrijvingen kunnen doen enz.
gi·ro·kaart *de* [-en] NN girobetaalkaart
gi·ro·kan·toor het [-toren] NN kantoor van een girodienst

gi·ro·maat *de (m)* [-maten] NN automaat waaruit men m.b.v. de giromaatpas geld kan halen

gi·ro·maat·pas *de (m)* [-sen] NN betaalpas die gebruikt wordt bij elektronisch geldverkeer

gi·ron·dij·nen (‹Gr) *mv* aanhangers van de gematigde republikeinse partij in de Franse Revolutie van 1789, van wie verscheidenen uit het departement van de Gironde kwamen

gi·ro·num·mer *het* [-s] vooral NN nummer van een girorekening

gi·ro·pas *de (m)* [-sen] NN betaalpas verstrekt door een girodienst

gi·ro·re·ke·ning *de (v)* [-en] vooral NN rekening-courant bij een girodienst

gis[1] *de* gissing, raming ★ *op de* ~ *gissend*

gis[2] [gies] *de* [-sen] muz een halve toon verhoogde *g*

gis[3] *bn* NN slim: ★ *een gisse gozer*

gis·pen *ww* [gispte, h. gegispt] afkeuren, → **laken**[1]; **gisping** *de (v)* [-en]

gis·sen *ww* [giste, h. gegist] raden, ramen: ★ ~ *naar een bedrag*

gis·sing *de (v)* [-en] schatting, veronderstelling

gist *de (m)* eencellige schimmel die zich ongeslachtelijk voortplant, vooral het schimmelgeslacht *Saccharomyces*, o.a. gebruikt voor het doen rijzen van brood en gebak

gis·ten *ww* [gistte, h. gegist] ❶ onderhevig zijn aan een gistingsproces: ★ *het bier is aan het* ~ ❷ fig in beroering zijn, onrustig zijn, geneigd zijn tot opstandigheid: ★ *het gistte in de stad na die aanslag*

gis·ter *bijw* spreektaal → **gisteren**

gis·ter·avond, **gis·te·ren·avond** *bijw* de vorige avond

gis·te·ren *bijw* de dag vóór vandaag ★ *niet van* ~ *zijn* intelligent, goed op de hoogte zijn

gis·ter·mid·dag, **gis·te·ren·mid·dag** *bijw* de vorige middag

gis·ter·mor·gen, **gis·te·ren·mor·gen** *bijw* de vorige ochtend

gis·ter·nacht, **gis·te·ren·nacht** *bijw* de vorige nacht

gis·ter·och·tend *bijw* gistermorgen

gis·ting *de (v)* [-en] ❶ het gisten ❷ fig woeling, neiging tot opstandigheid

gis·tings·pro·ces *het* [-sen] proces waarbij koolhydraten worden afgebroken tot kleinere verbindingen door levende organismen in afwezigheid van zuurstof

gist·vlok·ken *mv* gedroogde gistcellen, gebruikt ter aanvulling van de voeding

git[1] (‹Oudfrans) *het* pikzwarte harde delfstof

git[2] (‹Oudfrans) *de* [-ten] pikzwarte → **kraal**[1]

gi·taar (‹Fr‹Sp) *de* [-taren] tokkelinstrument met zes snaren

gi·taar·lick *de (m)* [-s] loopje op een elektrische gitaar

gi·ta·rist *de (m)* [-en] gitaarbespeler

git·ten *bn* ❶ van git ❷ als git

git·zwart *bn* zo zwart als git

glaas·je *het* [-s] klein glas ★ NN *te diep in 't* ~ (BN *glas*) *gekeken hebben* te veel alcohol gedronken hebben ★ *iets bespreken onder een* ~ terwijl men gezamenlijk een glas alcoholhoudende drank drinkt

gla·cé (‹Fr) **I** *het* geglansd leer **II** *mv*, **glacés** handschoenen van geglansd leer

gla·cé·hand·schoen *de* [-en] → **glacé** (bet 2)

gla·cé·pa·pier *het* geglaceerd papier

gla·ce·ren *ww* (‹Fr‹Lat) [glaceerde, h. geglaceerd] ❶ glanzend maken ❷ met een laag glanzende suiker bedekken

gla·ciaal [-sjaal] (‹Fr‹Lat) *bn* tot een ijstijd behorende ★ *het Glaciaal* benaming van elk van de ijstijden in het pleistoceen

gla·cis [-sie] (‹Fr) *het* [*mv* idem] mil glooiende buitenste borstwering

glad I *bn* ❶ vlak, egaal, zonder oneffenheden of bobbels: ★ *het gladde bovenblad van een tafel* ❷ glibberig, waarop je makkelijk uitglijdt: ★ ~ *ijs* ★ *een gladde weg* ❸ sluw: ★ *een gladde verkoper* ★ *zo* ~ *als een aal* zeer sluw ❹ NN gemakkelijk ★ *dat zit je niet* ~ *dat krijg je niet zo gemakkelijk gedaan* **II** *bijw* totaal: ★ *ik was het* ~ *vergeten*

gla·dak·ker (‹Mal) *de (m)* [-s] NN ❶ slimmerd; listige schurk ❷ oorspr kamponghond in Indonesië zonder eigenaar

glad·boe·nen *ww* [boende glad, h. gladgeboend] alle oneffenheden wegwrijven

glad·den *ww* [gladde, h. geglad] glanzend maken, polijsten

glad·dig·heid *de (v)* het glad zijn, vooral van de straat bij ijzel

glad·ge·scho·ren *bn* geen baard of snor dragend; geen stoppels of snor vertonend

glad·ha·rig, **glad·ha·rig** *bn* met glanzend (en geen krullend) haar

glad·heid *de (v)* het glad zijn

gla·di·a·tor (‹Lat) *de (m)* [-toren, -s] zwaardvechter bij de Romeinen in de oudheid

gla·di·o·lus *de* [-sen], **gla·di·ool** (‹Lat) [-olen] zwaardlelie, een soort lis ★ *het is de dood of de gladiolen* je overwint of je gaat smadelijk ten onder, vooral gezegd bij het wielrennen op de weg, waarbij de winnaar o.a. een bos bloemen krijgt

glad·jak·ker *de (m)* [-s], **glad·ja·nus** *de (m)* [-s] NN, spreektaal gewiekste, sluwe kerel

glad·ma·chi·ne [-sjienə] *de (v)* [-s] machine om te gladden

glad·ma·ken *ww* [maakte glad, h. gladgemaakt] gelijk van oppervlak, effen maken

glad·schaaf *de* [-schaven] schaaf met dubbele beitel om zeer glad te schaven, zoetschaaf

glad·strij·ken *ww* [streek glad, h. gladgestreken] door strijken glad of effen maken ★ *plooien* ~ fig onregelmatigheden wegnemen

glad·uit *bijw* gladweg

glad·weg *bijw* volstrekt, ronduit, totaal

glam·our [ɣlemmə(r)] (‹Eng) *de (m)* uiterlijke glans, betovering, schone schijn

glam·our·girl [ɣlemmə(r)gù(r)l] (‹Eng) *de (v)* [-s] met alle kunstmiddelen mooi gemaakt meisje; afbeelding daarvan

glam·rock [ɣlem-] ‹‹Eng› de (m)› muz genre popmuziek waarbij de uitvoerenden opvallen door overdadige make-up en extravagante uitdossing

glans¹ de (m) [glansen en glanzen] ❶ schijn, schittering ❷ fig pracht, luister ★ met ~ slagen, iets verrichten op bedreven, bewonderenswaardige wijze ❸ poetsmiddel

glans² ‹‹Lat› de (m)› anat eikel

glans·ma·chi·ne [-sjienə] de (v) [-s] machine om (foto)papier en stoffen glanzend te maken

glans·pe·ri·o·de de (v) [-s, -n] bloeitijd, beste tijd

glans·punt het [-en] schitterendste gedeelte: ★ het ~ van het feest was...

glans·rijk bn schitterend, ruim: ★ ~ overwinnen

glans·rol de [-len] rol waarin het talent van een acteur bijzonder uitkomt

glans·steen de (m) [-stenen] steen om mee te polijsten

glans·verf de [-verven] verf die glanst na het drogen

glan·zen ww [glansde, h. geglansd] ❶ glimmen ❷ glimmend maken

glan·zig bn met een lichte glans

glas I het harde, doorzichtige stof **II** het [glazen] ❶ voorwerp van glas, vooral voorwerp waaruit men drinkt: ★ een ~ thee, bier, cola ★ zijn eigen glazen ingooien zichzelf benadelen ★ BN te diep in het ~ ‹NN vooral glaasje› gekeken hebben te veel alcohol hebben gedronken ❷ scheepv, vroeger zandloper die om het halfuur gekeerd moest worden ★ glazen slaan het voortschrijden van de wacht aangeven; zie ook bij → gegooi, → glaasje, → ingooien

glas·aal de (m) [-alen] jonge paling, die doorschijnend is

glas·ach·tig bn als van glas, op glas gelijkend

glas·are·aal het oppervlakte van de glascultuur

glas·bak de (m) [-ken] bak waarin men lege flessen of ander glasafval deponeert ten behoeve van de recycling van het glas, glascontainer

glas·bla·zen ww & het (het) blazen van verhit glas tot een bepaalde vorm

glas·bla·zer de (m) [-s] iem. die beroepshalve aan glasblazen doet

glas·bla·ze·rij de (v) [-en] bedrijf waar men door blazen glazen voorwerpen maakt

glas·boer de (m) [-en] NN landbouwer die gewassen in kassen teelt

glas·breuk de BN glasschade

glas·con·tai·ner [-tee-] de (m) [-s] glasbak

glas·cul·tuur de (v) NN het kweken in kassen (→ kas, bet 5)

glas·di·a·mant I de (m) [-en] ❶ valse diamant ❷ diamant om glas mee te snijden **II** het vals diamant

glas·dicht bn ‹van een huis in aanbouw› met de vensterruiten erin

glas·draad als stof: de (m) & het, als voorwerp: de (m) [-draden] tot een of meer draden uitgetrokken glas

glas·fi·ber het glasvezel

glas·hard bn ❶ hard als glas ❷ fig ongevoelig; brutaalweg: ★ iets ~ ontkennen

glas·har·mo·ni·ca de (v) ['s] muziekinstrument bestaande uit glazen schalen, waarbij men met vochtige vingers over de randen draait

glas·hel·der bn ❶ ‹m.b.t. geluid, stem› zeer helder ❷ ten volle duidelijk: ★ een glasheldere uiteenzetting

glas in ·lood het in lood gevat glas

glas-in-lood-raam het [-ramen] vooral NN raam met in lood gevat glas

glas·klok de [-ken] glazen stolp ter bedekking van jonge planten

glas·nost ‹‹Russ› de (m)› openheid (term gebruikt i.v.m. de door de Russische staatsman M. Gorbatsjov, geb. 1931, nagestreefde grotere vrijheid in de Sovjet-Unie)

glas·oven de (m) [-s] oven om glas te smelten

glas·pa·pier het gekleurd papier als namaak van glas in lood

glas·pa·rel de [-s] van glas nagemaakte parel

glas·plaat de [-platen] glazen plaat

glas·raam het [-ramen] ❶ raamwerk met ruiten ❷ BN glas-in-loodraam

glas·ruit de [-en] ❶ vensterruit ❷ glazen bedekking van broeikassen

glas·scha·de de schade door breken van glasruiten

glas·scherf de [-scherven] stuk gebroken glas

glas·schijf de [-schijven] glasplaat

glas·schil·der de (m) [-s] iem. die gekleurde voorstellingen in glas brandt met omtrekken van lood, glazenier

glas·schil·der·kunst de (v) het maken van gebrandschilderde voorwerpen

glas·slij·per de (m) [-s] iem. die geslepen randen e.d. aanbrengt op glas

glas·snij·der de (m) [-s] werktuig om glas te snijden

glas·teelt de, **glas·tuin·bouw** de (m) NN glascultuur

glas·tuin·der de (m) [-s] NN iem. die glastuinbouw uitoefent

glas·ver·ze·ke·ring de (v) [-en] verzekering tegen glasschade

glas·ve·zel de kunstvezel uit glas

glas·ve·zel·ka·bel de (m) [-s] telec dunne kabel van glasdraad, zeer geschikt voor snelle overbrenging van signalen binnen de telecommunicatie

glas·ve·zel·op·ti·ca de (v) telec gebruik van glasvezel in de overbrenging van lichtsignalen in de telecommunicatie

glas·werk het ❶ glazen (gebruiks)voorwerpen ❷ de ruiten van een gebouw

glas·wol de viltachtige glasvezel, o.a. gebruikt voor warmte- en geluidsisolatie

glas·zuiver bn zeer zuiver, glashelder

glau·coom ‹‹Gr› het› med naam voor een groep oogaandoeningen die zich kenmerkt door een verhoogde inwendige oogdruk

gla·zen I bn van glas ★ in een ~ huis wonen aan het

gl

oordeel van iedereen blootgesteld zijn ★ *wie in een ~ huis woont, moet niet met stenen gooien* wie zelf in een heel kwetsbare positie verkeert, moet uitkijken met het aanvallen van anderen II *mv* → **glas**

gla·ze·nier *de (m)* [-s] iem. die gebrandschilderde glazen maakt

gla·zen·kast *de* [-en] ❶ kast met glazen deuren ❷ kast voor glaswerk

gla·zen·ma·ker *de (m)* [-s] ❶ iem. die glasruiten inzet ❷ groot insect, behorend tot de onderorde van de libellen (Anisoptera)

gla·zen·was·ser *de (m)* [-s] ❶ iem. die beroepshalve ramen schoonmaakt ❷ NN soort libel

gla·zig *bn* ❶ glasachtig ❷ ‹van aardappels› doorschijnend en niet kruimig ❸ ‹van ogen› wezenloos, zonder uitdrukking: ★ *iem. ~ aanstaren*; **glazigheid** *de (v)*

gla·zu·ren *ww* [glazuurde, h. geglazuurd] met glazuur bedekken

gla·zuur *(‹Du)* I *het* [-zuren] glasachtige laag waarmee aardewerk en porselein ter verfraaiing worden bedekt of poreus aardewerk voor vloeistoffen ondoorlaatbaar wordt gemaakt II *het* ❶ email van de tanden ❷ uit poedersuiker bereide glazige stof waarmee taart, cake e.d. worden bedekt

gld. *afk* gulden [vroegere Nederlandse munteenheid]

glee *de* [gleeën] dunne streep of slijtplek in weefsel

gleed *ww*, **gle·den** verl tijd van → **glijden**

gleis *(‹Fr) het* zekere soort van pottenbakkersklei

gleis·werk *het* geglazuurd aardewerk

glei·zen *ww* [gleisde, h. gegleisd] glazuren

glet·sjer *(‹Du‹Lat) de (m)* [-s] langzaam door eigen zwaarte van een bergrug afschuivende ijsmassa

glet·sjer·poort *de* [-en] opening aan de voet van een gletsjer waardoor het smeltwater wegloopt

glet·sjer·ri·vier *de* [-en] rivier die water van een gletsjer krijgt

glet·sjer·ta·fel *de* [-s] steen die boven een gletsjer uitsteekt

glet·sjer·tong *de* [-en] tongvormig uiteinde van een gletsjer

glet·sjer·vlo *de* [-vlooien] insect dat voedsel zoekt in het smeltwater van gletsjers (*Isotoma saltans*)

gleuf *de* [gleuven] ❶ spleet, sleuf, groef ❷ plat vagina ❸ NN, plat vrouw

gleuf·hoed *de (m)* [-en] hoed met in de bol een gleufvormige indeuking

glib·be·ren *ww* [glibberde, is geglibberd] ❶ telkens wegglijdend voortgaan: ★ *over een modderpaadje ~* ❷ wegglijden: ★ *ik glibberde de dijk af*

glib·be·rig *bn* enigszins glad, wegglijden veroorzakend; **glibberigheid** *de (v)*

glid·er [γlaidə(r)] *(‹Eng) de (m)* [-s] zweefvliegtuig

glij·baan *de* [-banen] ❶ speeltuintoestel waarbij de kinderen aan de ene kant langs een trap omhoog moeten om aan de andere kant glijdend weer omlaag te kunnen ❷ smalle, gladde baan op sneeuw of ijs

glij·bank *de* [-en] ‹op roeiboten› bank die met de bewegingen van de roeier verschuift

glij·be·kis·ting *de (v)* [-en] ‹bij betonbouw› verschuifbare bekisting

glij·boot *de* [-boten] zeer snel over het water scherende boot, hydroplaan

glij·den *ww* [gleed, h. & is gegleden] ❶ zich zonder noemenswaardige wrijving voortbewegen ★ *glijdende werktijden* werktijden waarvan de werknemer zelf het tijdstip van begin en einde binnen zekere grenzen bepaalt, onder voorwaarde dat - over langere termijn gerekend - een bepaald aantal uren gewerkt wordt, ook *variabele werktijden* genoemd ★ *het geld gleed me door de vingers* ik gaf het ongewild snel uit ❷ op een glijbaan spelen

glij·der *de (m)* [-s] klank die gevormd wordt door de lucht in de mond een nauwe opening te doen passeren, spirant

glij·mid·del *het* [-en] middel dat iets soepel doet glijden

glij·vlieg·tuig *het* [-en] zeer licht type vliegtuig met achteraan de propeller en vooraan het hoogteroer

glij·vlucht *de* [-en] ❶ het dalen van vogels met onbeweeglijke, gespreide vleugels ❷ het dalen van een vliegtuig met afgezette motor

glim·ke·ver *de (m)* [-s] mannetje van de glimworm

glim·lach *de (m)* stille, aangename lach waarbij men alleen de mond plooit

glim·la·chen *ww* [glimlachte, h. geglimlacht] de mond tot een lach plooien, zonder geluid te maken: ★ *de baby glimlachte naar de moeder*

glim·men *ww* [glom, h. geglommen] ❶ glanzen, blinken ❷ fig er heel opgewekt uitzien: ★ *hij glom van genoegen, van trots*

glim·mer *(‹Du) het* mica

glim·me·ren *ww* [glimmerde, h. geglimmerd] fonkelen, schitteren

glimp *de (m)* [-en] flauwe glans, zweem ★ *van iem., iets een ~ opvangen* iem., iets vluchtig waarnemen voordat deze, dit uit het zicht verdwijnt

glim·worm *de (m)* [-en] keversoort waarvan het vrouwtje licht verspreidt, *Lampyris noctiluca*

glin·ste·ren *ww* [glinsterde, h. geglinsterd] schitteren, blinken; **glinstering** *de (v)* [-en]

gli·o·ma *het* ['s], **gli·oom** *(‹Gr)* [-omen] med bindweefselgezwel in de hersenen

glip *de* [-pen] NN snee, spleet

glip·pen *ww* [glipte, is geglipt] ❶ wegglijden, slippen: ★ *ik glipte op de gladde wegen* ❷ ontsnappen: ★ *de hamster glipte me uit de vingers* ★ *de teugels laten ~* ❸ stiekem ergens naar binnen gaan: ★ *de kinderen glipten de bioscoop in zonder te betalen*

glip·pertje *het* [-s] heimelijk, veelal ongeoorloofd uitstapje, thans meest → **slippertje**

glis·san·do [γlies-] *(‹It)* I *bijw* muz glijdend, d.w.z. met de nagel over de toetsen, of met de vinger over een snaar II *het* ['s] een op deze wijze gespeelde passage van een muziekstuk

glit *(‹Du)* het een loodoxide

glit·ter *(‹Eng) de (m)* [-s] ❶ iets wat glinstert: ★ *een jurk vol glitters* ❷ ook [γlittə(r)] flikkering, schittering, glans:] ★ *een wereld vol ~ en glamour*

glo·baal *(‹Fr) bn* ❶ niet in bijzonderheden gaand, in grote lijnen, ruwweg: ★ *een globale schatting maken* ❷ BN ook totaal, precies ★ *de belasting wordt berekend op het globale inkomen*

glo·ba·li·se·ring [-zee-] *de (v)* verspreiding, uitbreiding over de hele wereld, het wereldomvattend worden: ★ ~ *van de economie*

glob·al vil·lage [γloobəl villidzj] *(‹Eng) de (eig:* werelddorp) de wereld gezien als een gemeenschap die dankzij de moderne technieken kan communiceren met alle wereldstreken en daardoor de trekken van een dorpsgemeenschap gaat krijgen

glob·al war·ming [γloobəl wò(r)ming] *(‹Eng) de* opwarming van de aarde

glo·be *(‹FrLat) de* [-s, -n] ❶ wereldbol ❷ voorstelling van de aard- of hemelbol

glo·be·trot·ter *(‹Eng) de (m)* [-s] wereldreiziger; iem. die voortdurend grote reizen maakt

gloed *de (m)* ❶ hitte, vuur ❷ schijnsel, glans ❸ fig bezieling: ★ *met ~ zijn standpunt verdedigen*

gloed·nieuw *bn* spiksplinternieuw

gloed·vol *bn* met gloed, met bezieling: ★ *een gloedvolle speech*

gloei·draad *de (m)* [-draden] zeer dunne draad in elektrische lamp

gloei·en *ww* [gloeide, h. gegloeid] ❶ in gloed staan ❷ fig geestdriftig zijn, blaken ❸ in gloed doen staan: ★ *ijzer ~*

gloei·end I *bn* in gloed staande, zeer heet ★ *een gloeiende hekel hebben aan iets of iem.* een enorme hekel **II** *bijw* in hoge mate: ★ *~ vervelend* ★ *er ~ bij zijn* ontdekt zijn, zonder dat er ontsnappingsmogelijkheden zijn

gloei·e·rig *bn* onaangenaam warm

gloei·hit·te *de (v)* ❶ temperatuur waarbij iets gloeit ❷ zeer sterke hitte

gloei·ing *de (v)* [-en] het gloeien

gloei·kous *de* [-en] buisje van op bepaalde wijze bereid weefsel, dat na eerst tot as verbrand te zijn, op een gasvlam helder licht verspreidt

gloei·lamp *de* [-en] bol van glas waarin een draad, door elektrische stroom gloeiend gemaakt, licht verspreidt

gloei·licht *het* [-en] licht van een gloeikous of gloeilamp

glom *ww*, **glom·men** verl tijd van → **glimmen**

glooi·en *ww* [glooide, h. geglooid] zacht hellen

glooi·end *bn* zacht hellend: ★ *een ~ landschap*

glooi·ing *de (v)* [-en] flauwe helling

glooi·ings·hoek *de (m)* [-en] hellingshoek

gloor *de (m)* glans; luister

glo·ren *ww* [gloorde, h. gegloord] zacht gloeien, zacht glanzen ★ *de ochtend gloort* het wordt dag

glo·ria *(‹Lat) de (v)* ❶ roem, heerlijkheid ★ *~ in excelsis Deo* ere zij God in den hoge ★ *lang zal-ie leven in de ~!* zin uit een bekend verjaardagslied ❷ → **glorie**

glo·rie *(‹Lat) de (v)* ❶ roem: ★ *veel ~ vergaren* ❷ luister, pracht, staatsie ★ *in volle ~ aanwezig zijn* nadrukkelijk, opvallend aanwezig zijn ★ *vergane ~* wat eerst sjiek en duur was, maar thans in verval is geraakt (zoals een slecht onderhouden grand hotel) ❸ [*mv:* -s, -riën] RK stralenkrans

glo·rie·kroon *de* [-kronen] erekroon

glo·ri·ë·ren *ww (‹Lat)* [glorieerde, h. geglorieerd] roemen, zijn roem stellen in

glo·rie·rijk *bn* roemrijk

glo·ri·ët·te *(‹Fr) de* [-s] zomerhuisje in een park, tuinhuisje, prieel

glo·ri·eus *(‹Fr) bn* roemrijk, glansrijk: ★ *een glorieuze overwinning op het slagveld*

glo·ri·fi·ca·tie [-(t)sie] *(‹FrLat) de (v)* verheerlijking

glo·ri·fi·ce·ren *ww (‹Lat)* [glorificeerde, h. geglorificeerd] verheerlijken

glo·ri·o·le, **glo·ri·ool** *(‹FrLat) de* [-olen] ❶ stralenkrans ❷ fig ijdele roem

glos *de (v)* [-sen] → **glosse**

glos·sa·ri·um *(‹Lat) het* [-ria] verklarende woordenlijst bij een bepaalde tekst of een schrijver

glos·se, **glos** *(‹Lat) de (v)* [-sen] ❶ uitlegging, verklaring tussen de regels van een tekst of als kanttekening ❷ recht verzameling van verklarende aantekeningen op de tekst van de Romeinse rechtsboeken

glos·se·ren *ww (‹Lat)* [glosseerde, h. geglosseerd] van aantekeningen voorzien

glos·so·la·lie *(‹Gr) de (v)* ❶ het spreken van een vreemde, niet-aangeleerde, zgn. tongentaal ❷ Bijbel het spreken van de apostelen in tongen of vreemde talen op Pinksteren

glos·sy [γlossie] *(‹Eng)* **I** *bn* ❶ oorspr glanzend, op glanzend papier gedrukt; vandaar ❷ ‹van tijdschriften› er chic uitziend met veel foto's **II** *de (m)* ['s] een dergelijk tijdschrift

glot·tis *(‹Gr) de (v)* [-sen] stemspleet

glot·tis·slag *de (m)* ontploffingsgeluidje in de glottis, vooral vóór een klinker aan het begin van een woord

gloxi·nia [gloksie-] *de* ['s] sierplant, afkomstig uit Zuid-Amerika, met zachtbehaarde bladeren en grote klokbloemen, in 1785 genoemd naar de Duitse botanicus B. P. Gloxin, *Sinningia speciosa*

glück·auf [γluuk-] *(‹Du) tsw* mijnwerkersgroet, gelukkige bovenkomst

glu·co·se [-zə] *(‹FrGr) de* druivensuiker; dextrose

glüh·wein [γluuwain] *(‹Du) de (m)* gekruide rode wijn die warm wordt gedronken

glui·pen *ww* [gluipte, h. gegluipt] vals loeren

glui·per, **glui·perd** *de (m)* [-s] valsaard, stiekemerd

glui·pe·rig *bn* vals

glun·de·ren *ww* [glunderde, h. geglunderd] stralend kijken van plezier

glu·ren *ww* [gluurde, h. gegluurd] stiekem kijken, nieuwsgierig kijken
glu·ten *(‹Lat) het* kleefstof in tarwemeel
glu·ten·brood *het* brood met gering zetmeelgehalte, geschikt voor suikerzieken
glu·ti·ne *(‹Lat) de* beenderlijm
gluur·der *de (m)* [-s] iem. die gluurt, vooral iem. die ontklede personen of het liefdesspel van anderen bespiedt, voyeur
gluur·ogen *ww* [gluuroogde, h. gegluuroogd] gluren
gly·ce·ri·ne [gliesə-] *(‹Gr) de* kleur- en reukloze, dik-vloeibare stof met zoetige smaak, in chemische zin een driewaardige alcohol
gly·ci·ne [glie-] *(‹Fr‹Gr) de* ❶ biol blauweregen ❷ chem aminoazijnzuur, de verbinding H_2CH_2
glyp·ten [glip-] *(‹Gr) mv* gesneden stenen
glyp·tiek [glip-] *(‹Gr) de (v)* kunst om in steen te snijden of te graveren, kunst van het vervaardigen van ingesneden edelstenen of cameeën
GM *afk* General Motors [grootste automobielconcern ter wereld (gevestigd te Detroit)]
GmbH *afk* Gesellschaft mit beschränkter Haftung *(‹Du)* [naamloze vennootschap]
GMD *afk* BN globaal medisch dossier [sinds 2002 gratis, niet-verplicht patiëntendossier, bijgehouden door de huisarts, met informatie over diagnoses, onderzoeksresultaten, geneesmiddelengebruik, allergieën e.d., waardoor de patiënt minder remgeld betaalt voor een consultatie]
GMT *afk* Greenwich Mean Time vgl: → **Greenwichtijd**
gneis *(‹Du) het* gelaagd gesteente, kristallijn, schilferig mengsel van veldspaat, glimmer en kwarts
gnif·fe·len *ww* [gniffelde, h. gegniffeld] gnuiven
gnoe *(‹Hottentots) de (m)* [-s] soort antilope in Afrika, het geslacht *Connochaetes*
gnoom *(‹Gr) de (m)* [gnomen] aardgeest, berggeest, kabouter
gno·sis [-zis] *(‹Gr) de (v)* eig kennis, t.w. van God; benaming voor laathellenistische en vroegchristelijke systemen om door wijsgerige beschouwing tot de geloofsgeheimen en zo tot verlossing door te dringen
gnos·ti·cis·me *(‹Gr) het* het systeem, de leer van de gnostieken
gnos·tie·ken, **gnos·ti·ci** *(‹Gr) mv* beoefenaars van de gnosis
gnos·tisch *(‹Gr) bn* ❶ betrekking hebbend op de gnosis ❷ behorende tot de hersenfuncties van waarneming en herkenning
gnui·ven *ww* [gnuifde, h. gegnuifd] in zijn vuistje lachen
go [yoo] *(‹Jap)* I *het* een Japans bordspel II *telw* vijf; vijfde ★ *~ dan* vijfde dan ★ *~ kio* vijf principes van oefening (bij Oosterse vechtsporten)
goal [yool] *(‹Eng) de (m)* [-s] sp ❶ doel ❷ doelpunt
goal·get·ter [yoolɣet-] *(‹Eng) de (m)* [-s] iem. die vaak en gemakkelijk doelpunten maakt
goal·ie [yoolie] *(‹Eng) de (m)* [-s] doelman

goal·paal [yool-] *de (m)* [-palen] doelpaal
goal·tjes·dief [yool-] *de (m)* [-dieven] sp iem. die vaak (en gemakkelijk) doelpunten scoort op onverwachte momenten
go·be·lin [yoobəlē] *(‹Fr) de (m) & het* [-s] met de hand geweven wandtapijt met ingewerkte figuren
gocart [yookà(r)t] *(‹Eng) de (m)* [-s] ❶ → **skelter** (bet 1) ❷ BN skelter zonder motor, lage, vierwielige trapfiets, → **skelter** (bet 2)
God *de (m)* het Opperwezen in monotheïstische godsdiensten (jodendom, christendom, islam): ★ *in ~ geloven* ★ *Gode zij dank, Gode alleen zij de eer* ★ *~ almachtig* ★ *bij de gratie Gods* ★ *grote ~!* uitroep van schrik of verbazing ★ *~ noch gebod kennen,* om geen *~ of gebod geven* zeer goddeloos leven ★ *leven als ~ in Frankrijk* onbezorgd, gemakkelijk leven ★ *~ zal me bewaren* uitroep van schrik, ergernis e.d. ★ *door, van ~ (en alle mensen) verlaten* aan zichzelf overgeleverd, totaal verlaten ★ *ieder voor zich en ~ voor ons allen* men zal zichzelf moeten behelpen met slechts God als steun ★ *hij kwam ~ mag weten waar vandaan* onverwacht en van een volstrekt onbekende plaats ★ NN *van ~ los zijn* zich uiterst onverantwoord en asociaal gedragen; zie ook bij → genade, → godsnaam, → godgeklaagd, → molen en → water
god *de (m)* [goden] goddelijk wezen, godheid, hoger wezen in een polytheïstische godsdienst ★ *grote goden!* uitroep van schrik of verbazing ★ *de mindere goden* minder belangrijke personen
god·be·tert *tsw* uitroep van verontwaardiging
god·dank *tsw* Gode zij dank, uitroep van voldoening of opluchting
god·de·lijk *bn* ❶ van God of een godheid, als God of een godheid ❷ zalig, heerlijk: ★ *een goddelijke maaltijd;* **goddelijkheid** *de (v)*
god·de·loos I *bn* ❶ ongodsdienstig ❷ slecht: ★ *een ~ leven leiden* II *bijw* in hoge mate, erg
god·dom·me, **god·dom·me** *tsw* uitroep van ergernis of kwaadheid, godverdomme
god·do·rie *tsw* verdomme, godverdomme
go·den *zn meerv* van → **god**
go·den·dom *het* de gezamenlijke goden
go·den·drank *de (m)* ❶ drank van de Griekse goden: nectar ❷ drank van de Walhallabewoners
go·den·leer *de* mythologie
go·den·maal *het* [-malen] ❶ maaltijd voor goden ❷ heerlijke maaltijd
go·den·sche·me·ring *de (v)* Noorse myth ondergang van de goden en van de wereld
go·den·spijs *de* ❶ spijs van de Griekse goden: ambrosia ❷ heerlijke eten
go·den·zoon *de (m)* [-zonen] ❶ zoon van een god of goden ❷ fig iem. die door goddelijke kracht bezield is of dat lijkt te zijn ★ NN *godenzonen* bijnaam van de spelers van de Amsterdamse voetbalclub Ajax
god·fa·ther [yodfàthə(r), Engelse th] *(‹Eng) de (m)* [-s] leider of beschermer, bijv. van een

(misdaad)organisatie, kunstrichting e.d.
god·gans, god-gans bn geheel: ★ *de godganse dag*
god·gan·se·lijk bn ★ *de godganselijke dag* de hele dag
god·ge·klaagd bn schandelijk
god·ge·leerd bn met kennis van God en godsdienst, theologisch
god·ge·leer·de *de* [-n] beoefenaar van de godgeleerdheid, theoloog
god·ge·leerd·heid *de (v)* wetenschap van God en godsdienst, theologie
god·ge·val·lig, god·ge·val·lig bn God behagend
god·ge·wijd bn aan God gewijd
god·heid I *de (v)* [-heden] goddelijk wezen, afgod **II** *de (v)* het god-zijn, de goddelijke natuur
go·din *de (v)* [-nen] vrouwelijke godheid
god·lof *tsw* goddank
god·loo·che·naar, god·loo·che·naar *de (m)* [-s] iem. die het bestaan van een god ontkent, atheïst
god·loo·che·ning *de (v)* ontkenning van het bestaan van een god, atheïsme
god·lo·ze *de* [-n] atheïst
God·mens *de (m)* God en tevens mens, Christus
gods·ad·vo·caat *de (m)* [-caten] prelaat die bij een heiligverklaring de goede zijden naar voren brengt, advocatus dei; *tegengest*: → **duivelsadvocaat**
gods·ak·ker *de (m)* [-s] plechtig kerkhof
god·sam·me *tsw* NN bastaardvloek, uiting van ongenoegen of woede, verbastering van *God zal me bewaren*
gods·be·grip *het* [-pen] voorstelling die men zich van een godheid maakt
gods·be·stuur *het* Gods bestuur van de wereld
gods·be·wijs *het* [-wijzen] wijsgerige redenering die op logische of ontologische gronden het bestaan van een god wil aantonen
gods·dienst I *de (m)* het vereren van God, vroomheid **II** *de (m)* [-en] een bepaalde wijze van godsverering, de leer en de gebruiken die daartoe behoren, religie
gods·dienst·ge·schie·de·nis *de (v)* leer van de ontwikkeling van de godsdiensten
gods·dienst·haat *de (m)* haat tegen andersgelovenden
gods·dien·stig bn ❶ God of een godheid trouw dienend, vroom ❷ de godsdienst betreffend
gods·dien·stig·heid *de (v)* het → **godsdienstig** (bet 1) zijn
gods·dienst·ijver *de (m)* ijver voor het geloof
gods·dienst·leer *de* de leerstellingen van een geloof
gods·dienst·oe·fe·ning *de (v)* [-en] plechtige samenkomst om een godheid te eren; kerkelijke eredienst, kerkdienst
gods·dienst·on·der·wijs *het* onderwijs in de godsdienstleer
gods·dienst·on·der·wij·zer *de (m)* [-s] iem. die godsdienstonderwijs geeft
gods·dienst·oor·log *de (m)* [-logen] oorlog om geloofsredenen
gods·dienst·plech·tig·heid *de (v)* [-heden] openbare godsdienstige handeling, eredienst
gods·dienst·plicht *de* [-en] verplichting die de godsdienst oplegt
gods·dienst·twist *de (m)* [-en] geschil over geloofszaken
gods·dienst·vre·de *de (m)* het in vrede in een gemeenschap samenleven van mensen die verschillende godsdiensten aanhangen
gods·dienst·vrij·heid *de (v)* vrijheid om de godsdienst te belijden of uit te oefenen die men verkiest
gods·dienst·waan·zin *de (m)* waanzin door godsdienstig fanatisme
gods·dienst·we·ten·schap *de (v)* (vergelijkende) studie van de godsdienst(en)
gods·ge·richt *het* [-en] ❶ straf, vonnis afkomstig van een godheid ❷ godsoordeel
gods·ge·schenk *het* [-en] als een geschenk van een godheid ervaren geluk
gods·ge·tui·ge *de* [-n] martelaar voor het geloof, bloedgetuige
Gods·ge·zant *de (m)* [-en] door God gezondene, profeet
gods·gru·welijk bn NN, spreektaal vreselijk, zeer erg, in hoge mate: ★ *hij heeft een godsgruwelijke hekel aan fietsen*
gods·huis *het* [-huizen] gebouw waar men een godheid vereert: kerk, moskee e.d.
Gods·lam *het* het Lam Gods, Christus
gods·lamp *de* [-en] RK olielamp die in rooms-katholieke kerken altijd brandt als teken dat er geconsacreerde gaven worden bewaard voor de zieken en de stervenden
gods·las·te·raar, gods·las·te·raar *de (m)* [-s] iem. die een godheid hoont
gods·las·te·ring *de (v)* [-en] lastering van een godheid, vloek
gods·las·ter·lijk bn een godheid lasterend
gods·lie·der·lijk, gods·lie·der·lijk I bn zeer liederlijk: ★ *~e taal uitslaan* **II** *bijw* NN in hoge mate: ★ *zich ~ aan iets ergeren*
Gods·man *de (m)* [-nen] door God gezondene, profeet
gods·mo·ge·lijk bn ★ *hoe is het ~!* hoe kan het bestaan!
gods·naam *zn* ★ *in* ~ a) (bij plechtige handelingen) in de naam van God; b) uitroep van berusting: ★ *ik zal het in ~ maar doen;* c) uitroep van aansporing: ★ *houd daar in ~ mee op!;* d) uitroep van verbazing: ★ *hoe heb je dat in ~ klaargespeeld?* ★ *één, twee, drie, in ~!* uitroep bij het overboord in zee werpen van een lijk
gods·on·mo·ge·lijk bn vooral NN volstrekt onmogelijk
gods·oor·deel *het* [-delen] proef ten einde door goddelijke tussenkomst iemands schuld of onschuld te bewijzen: vuurproef, waterproef enz.
Gods·rijk *het* het Koninkrijk Gods, de christelijke gemeente
gods·spraak *de* [-spraken] ❶ goddelijke uitspraak, openbaring ❷ orakel

gods·ver·trou·wen het vertrouwen in goddelijk bestuur, goddelijke leiding

gods·vre·de de (m) ‹in de middeleeuwen› tijdelijke vrede (op gezette tijden); thans meestal tijdelijke vrede tussen politieke partijen (o.a. tijdens ernstige crises)

gods·vrucht de vroomheid

Gods·we·ge zn ★ van ~ uit Gods naam

gods·wil zn ★ om ~ a) om God welgevallig te zijn; b) voor niets, gratis; c) uitroep van aansporing of dringend verzoek: ★ doe het om ~

gods·won·der het onwaarschijnlijk gebeuren (dat op een goddelijk wonder lijkt): ★ het is een ~ dat zij nog leeft

god·ver·dom·me tsw vloek, verbastering van God verdoeme mij

god·ver·ge·ten, **god·ver·ge·ten** bn goddeloos, schandelijk

god·ver·la·ten bn ❶ rampzalig ❷ verachtelijk ❸ vreselijk eenzaam: ★ een ~ eiland

god·vre·zend bn vroom

god·vruch·tig bn vroom

god·za·lig bn vroom

god·zoe·ker de (m) [-s] iem. die ernstig streeft naar ware vroomheid

goed¹ I bn ❶ passend, geschikt, correct: ★ een ~ antwoord ❷ voortreffelijk: ★ een goede film ★ een goede bakker, chauffeur enz. iem. die de nader aangeduide functie of dat beroep op uitnemende wijze be- of uitoefent ❸ vriendelijk, deugdzaam: ★ een ~ mens ★ vooral NN net ~! gezegd wanneer iem. nadeel ondervindt van een verkeerde daad ★ zich ~ houden zich flink houden, niet gaan huilen ★ houd je ~! sterkte! ★ zich niet ~ voelen zich beroerd voelen ★ het is weer ~ tussen hen ze hebben geen ruzie meer ★ van goeden huize komen a) uit de betere stand afkomstig zijn; b) schertsend buitengewone eigenschappen hebben: ★ je moet wel van goeden huize komen om die kast naar boven te tillen ★ op een goede dag op een keer ★ ~ voor... een geldswaarde vertegenwoordigend van... ★ er ~ voor zijn het wel kunnen betalen ★ BN, spreektaal een man, mijnheer van het ~ leven een patertje goedleven II bijw in hoge mate, flink: ★ ik ben daar ~ ziek van geworden ★ zo ~ als net als, bijna: ★ die broek is zo ~ als versleten ★ ~ en wel net aan, nauwelijks: ★ hij was ~ en wel vertrokken, of de telefoon ging

goed² I het ❶ wat goed is; nut, voordeel ★ zich te ~ doen smakelijk en rijkelijk eten en drinken, zijn hart ophalen ★ te ~ hebben te vorderen hebben ★ ten goede houden niet kwalijk nemen ★ ten goede komen van tot voordeel strekken van ★ het verschil tussen ~ en kwaad kennen zich een moreel oordeel kunnen vormen ★ geen ~ kunnen doen altijd kritiek ontvangen ★ wie ~ doet, ~ ontmoet als men anderen juist behandelt, wordt men ook zelf juist behandeld ★ BN, spreektaal voor je eigen ~ voor je eigen bestwil ❷ stoffen en daaruit gemaakte kledingstukken en gebruiksvoorwerpen: ★ wollen ~ ★ het schone ~ in de kast leggen de gewassen kleren II het [-eren] ❶ bezitting; grondbezit, landgoed ★ BN, spreektaal van zijn ~ leven rentenieren, van zijn rente leven ❷ allerlei voorwerpen: ★ handel in gestolen goederen

goed·aar·dig bn ❶ zacht van aard: ★ een ~ mens ❷ ‹van gezwellen› zich niet uitzaaiend; **goedaardigheid** de (v)

goed·ach·ten ww [achtte goed, h. goedgeacht] goedvinden

goed·be·doeld bn met positieve bedoelingen (terwijl het verkeerd uitpakt): ★ een ~ advies

goed·bloed de (m) goedzak: ★ NN Joris ~

goed·deels bijw voor een groot deel

goed·doen ww [deed goed, h. goedgedaan] goede daden doen; nut, voordeel, voldoening, verlichting enz. geven

goed·dun·ken I ww [docht goed, h. goedgedocht] plechtig wenselijk toeschijnen: ★ het dunkt mij goed dat zij blijft zitten II het welgevallen, believen: ★ naar eigen ~ te werk gaan

goe·de·mid·dag tsw groet tijdens de middag

goe·de·mor·gen tsw groet aan het begin van de dag; zie ook → **goeiemorgen**

goe·de·nacht tsw groet bij het gaan slapen, welterusten ★ ~ zeggen groeten voor het gaan slapen

goe·den·avond tsw groet tijdens de avond

goe·den·dag¹ tsw algemene groet ★ ~ zeggen groeten ★ ~! (ook [goejədag!]) uitroep van verbazing

goe·den·dag² de (m) [-s] middeleeuwse puntige knots of speer

goe·de·ren zn meerv van → **goed²**

goe·de·ren·con·tai·ner [-teenər] de (m) [-s] wagonvormige laadbak, die per vliegtuig, trein, vrachtauto en schip vervoerd kan worden

goe·de·ren·han·del de (m) koop en verkoop van goederen in het groot

goe·de·ren·kan·toor het [-toren] verzendkantoor voor goederen

goe·de·ren·loods de [-en] → **loods²** voor goederen

goe·de·ren·trein de (m) [-en] trein die alleen goederen vervoert

goe·de·ren·ver·voer het ❶ het vervoer van goederen ❷ bij uitbreiding tak van bedrijvigheid die zich hiermee bezighoudt

goe·de·ren·wa·gen, **goe·de·ren·wa·gon** de (m) [-s] spoorwagon voor goederen

goe·der·tie·ren bn plechtig welwillend, genadig; **goedertierenheid** de (v)

goed·ge·bouwd bn welgevormd van lichaam

goed·geefs bn NN gul, vrijgevig

goed·geefs·heid de (v) mildheid

goed·ge·hu·meurd·heid de (v) prettige, opgeruimde stemming

goed·ge·lo·vig bn lichtgelovig, naïef; **goedgelovigheid** de (v)

goed·ge·mutst, **goed·ge·mutst** bn in goede

stemming, opgewekt
goed·ge·zind bn ❶ welwillend gestemd: ★ *hij was zijn familie* ~ ❷ NN het eens zijnde met de bestaande orde van zaken: ★ *de goedgezinde burgers* ❸ BN, spreektaal goedgehumeurd, in een vrolijke stemming
goed·gun·stig bn gunstig gezind, welwillend; **goedgunstigheid** *de (v)*
goed·har·tig bn goed van hart, vriendelijk en welwillend; **goedhartigheid** *de (v)*
goed·heid *de (v)* [-heden] rechtschapenheid; welwillendheid ★ *grote* ~! uitroep van verbazing of ontsteltenis
goed·hei·lig bn goed en heilig: ★ vooral NN *Sinterklaas,* ~ *man*
goe·dig bn goedhartig, vriendelijk
goed·je *het* spul
goed·keu·ren ww [keurde goed, h. goedgekeurd] na onderzoek deugdelijk verklaren, juist achten: ★ *een voorstel* ~ ★ *iem.* ~ verklaren dat iem. aan de gewenste eisen voldoet: ★ ~ *voor militaire dienst*
goed·keu·rend bn van instemming getuigend
goed·keu·ring *de (v)* [-en] instemming
goed·koop bn ❶ niet duur ★ ~ *is duurkoop* goedkope waar is vaak van minderwaardige kwaliteit (zodat men duurder af is) ❷ fig gemakkelijk, zonder veel inspanning of geest verkregen: ★ *een goedkope aardigheid* ★ *ergens* ~ *(van)afkomen* zonder veel straf of schade ★ *een* ~ *argument* een argument dat direct positieve emoties oproept maar in feite onjuist is
goed·koop·te *de (v)* het goedkoop zijn
goed·koop·te·ei·land *het* [-en] NN gebied van land waar alles aanmerkelijk goedkoper is dan in de omringende gebieden of landen
goed·lachs bn vooral NN snel de neiging tot lachen hebbend, gauw vrolijk zijnd
goed·leers bn NN gemakkelijk lerend
goed·ma·ken ww [maakte goed, h. goedgemaakt] ❶ vergoeden: ★ *iets* ~ *met een cadeautje* ❷ ‹een ruzie› ongedaan maken, bijleggen: ★ *zullen we het weer* ~?
goed·moe·dig bn goedhartig, trouwhartig; **goedmoedigheid** *de (v)*
goed·pra·ten ww [praatte goed, h. goedgepraat] als onschuldig voorstellen: ★ *deze agressie is niet goed te praten*
goed·schiks bijw gewillig, met welwillendheid, zonder dwang; behoorlijk, met fatsoen ★ ~ *of kwaadschiks* vrijwillig of gedwongen: ★ *de krakers moesten* ~ *of kwaadschiks het pand verlaten*
goeds·moeds, **goeds·moeds** bijw welgemoed, opgeruimd, in goed humeur
goed·vin·den I ww [vond goed, h. goedgevonden] juist achten, goedkeuren **II** *het* ❶ goeddunken: ★ *naar* ~ *handelen* ❷ overeenstemming: ★ *met onderling* ~
goed·wil·lig bn gewillig, bereidwillig; **goedwilligheid** *de (v)*

goed·zak *de (m)* [-ken] iem. die alles goed vindt, die een (te) goed hart heeft, sul
goe·ge·meen·te, **goe·ge·meen·te** *de (v)* de gewone mensen, het goedgelovige publiek
goeie·mor·gen tsw ★ ~! uitroep van verschrikte verbazing; zie ook: → **goedemorgen**
goei·erd *de (m)* [-s] goedzak
goei·ig bn inf goedig: ★ *een goeiige kerel*
goe·lag·ar·chi·pel [-sjiepel] ‹Russ› *de (m)* keten van strafkampen in de voormalige Sovjet-Unie, naar een boek van A. Solzjenytsin, geb.1918, gest. 2008; (goelag is *glavnoje oepravlenie (ispravitelno-troedovych) lagerej* centraal beheer over de kampen)
goe·roe ‹Sanskr› *de (m)* [-s] oorspr bij de hindoes geestelijk leraar, eerbiedwaardig persoon; algemeen leermeester, geestelijk leidsman
goes·ting ‹Lat› *de* [-en] BN, spreektaal lust, trek, zin ★ *ieder zijn* ~ ieder zijn meug ★ ~ *is* ~, ~ *is koop* over smaak valt niet te twisten ★ ~ *of geen* ~ *tegen heug en meug* ★ *zijn (eigen)* ~ *doen* zijn zin doen ★ *tegen mijn* ~ met tegenzin, tegen wil en dank ★ *met of tegen de* ~ *trouwen* met of zonder toestemming van de ouders ★ *zijn* ~ *eten* eten zoveel men wil
go-get·ter [ɣooɣettə(r)] ‹Eng› *de (m)* [-s] streber, iem. die gewoonlijk krijgt wat hij wenst
go·go- voorvoegsel [ɣooɣoo] ‹Eng› in samenstellingen snel, geanimeerd
go·go·girl [ɣooɣooɣùl] ‹Eng› *de (v)* [-s] beroepsdanseres in uitgaansgelegenheden; vaak animeermeisje
goh tsw uitroep van verbazing
goj [ɣoj] ‹Hebr› *de* [gojim, gojims], **go·jim** [-s] NN ‹bij de joden› algemene benaming voor niet-joden
gojs ‹Hebr› bn NN niet-joods
gok¹ *de (m)* ❶ speculatie, onzekere onderneming: ★ *een* ~ *wagen* ❷ gissing: ★ *ik doe maar een* ~
gok² *de (m)* [-ken] inf neus
gok·au·to·maat [-autoo- of -ootoo-] *de (m)* [-maten] machine voor het kansspel, zoals de fruitautomaat
gok·huis *het* [-huizen] huis waar men gelegenheid geeft tot kansspel, casino
gok·ken ww [gokte, h. gegokt] ❶ een kansspel om geld spelen; speculeren ❷ gissen
gok·ker *de (m)* [-s] iem. die een kansspel speelt, iem. die veel waagt, speculant
gok·lus·tig bn erg graag gokkend
gok·spel *het* [-spelen] spel waarbij de uitkomst op geluk berust: ★ *roulette is een* ~
gok·ver·sla·ving *de (v)* verslaving aan gokspelen
gold ww, **gol·den** verl tijd van → **gelden**
gold·en goal [ɣooldən ɣool] ‹Eng› *de (m)* [-s] zie bij → **sudden death**
gold·en re·triev·er [ɣooldən rietrievə(r)] ‹Eng› *de (m)* [-s] hoogbenige, langharige, van goud- tot roomkleurige Engelse jachthond met hangende oren
gold·en ten [ɣooldən -] ‹Eng› *de* op roulette lijkend gokspel

gold·rush [ɣooldrusj] *(‹Eng) de (m)* massale trek van pioniers door Noord-Amerika en Australië in de 19de eeuw op zoek naar goudvelden

go·lem [ɣoo-] *(‹Hebr: eig klomp) de (m)* ‹in de kabbalistische literatuur› menselijke figuur, met behulp van mystieke krachten uit een klomp aarde gevormd

golf¹ *de* [golven] ❶ één op- en neergang van lucht of vloeistof, vooral water ❷ fig golving in het haar ❸ grote inham ❹ krachtige uitstroming: ★ *een ~ bloed* ❺ golflengte: ★ *korte, lange ~* ❻ fig plotselinge beweging of uitbarsting: ★ *een ~ van geweld*

golf² [ɣolf] *(‹Eng) het* openluchtspel op afwisselend terrein gespeeld, waarbij een bal met een stok *(club)* achtereenvolgens in verschillende kuiltjes *(holes)* moet worden geslagen

golf·baan [ɣolf-] *de* [-banen] terrein voor het golfspel, golflinks

golf·bad *het* [-baden] bad waarin kunstmatig golfslag wordt opgewekt

golf·be·we·ging *de (v)* [-en] beweging als van een golf; verschijnsel dat een ontwikkeling zich afwisselend meer en minder intensief voordoet: ★ *de vraag naar encyclopedieën vertoont de laatste decennia een ~*

golf·bre·ker *de (m)* [-s] stenen pier die de golfslag breekt

golf·club¹ [ɣolf-] *de* [-s] vereniging van golfspelers

golf·club² [ɣolf-] *(‹Eng) de* [-s] stok gebruikt bij het golfspel

golf·dal *het* [-dalen] laagte tussen twee golftoppen

gol·fen *ww* [ɣol-] *(‹Eng)* [golfte, h. gegolft] → **golf²** spelen

golf·kar·ton *het* geribbeld karton

golf·leng·te *de (v)* [-n, -s] afstand waarbinnen een golvende beweging een heffing en een daling maakt (vooral van radiogolven) ★ *op dezelfde ~ zitten* elkaar goed kunnen begrijpen

golf·lijn *de* [-en] golvende lijn, gebogen lijn

golf·links [ɣolf-] *(‹Eng) de (m)* voor het golfspel ingericht terrein

golf·plaat *de* [-platen] gegolfde (meestal metalen) → **plaat** (bet 1)

golf·slag *de (m)* ❶ golfbeweging van het water, vooral zeewater ❷ één golfbeweging

golf·slag·bad *het* [-baden] zwembad waarbij een kunstmatige golfbeweging in het water kan worden opgewekt

golf·spel [ɣolf-] *het* → **golf²**

golf·spe·ler [ɣolf-] *de (m)* [-s] iem. die → **golf²** speelt

golf·staat *de (m)* [-staten] elk van de staten langs de Perzische Golf

golf·stok [ɣolf-] *de (m)* [-ken] → **golfclub²**

Golf·stroom *de (m)* warme zeestroom, afkomstig uit de Golf van Mexico, die langs Europa's westkust warmte brengt

golf·top *de (m)* [-pen] hoogtepunt bij golfslag

Gol·go·tha *(‹Aram: eig schedelplaats) het* ❶ heuvel bij Jeruzalem waar Christus werd gekruisigd ❷ fig martelplaats; plaats van ondergang

go·li·ar·den *(‹Oudfrans) mv* hist zwervende studenten in de late middeleeuwen, vaganten

go·liath *de (m)* reusachtig mens, naar Goliath, de reus van de Filistijnen in de Bijbel (1 *Samuël* 17)

gol·ven *ww* [golfde, h. gegolfd] ❶ rijzend en dalend bewegen ❷ stromen, vloeien ❸ gebogen lijnen vertonen ❹ ‹haren› krullig maken

gol·ving *de (v)* [-en] het golvend bewegen; het lopen in gebogen lijn

GOM *afk* in België Gewestelijke Ontwikkelingsmaatschappij voor Vlaanderen [Belgische overheidsinstelling]

gom¹, **gum** *de (m) & het* [-men] stuk vlakgom

gom² *(‹Fr‹Gr) de (m) & het* in water oplosbare of opgeloste kleefstof ★ *Arabische ~* een in Soedan en het Nabije Oosten uit acaciasoorten gewonnen gom

go·ma·rist *de (m)* [-en] hist aanhanger van de leer van de theoloog F. Gomarus (1563-1641), tegenstander van de arminianen (remonstranten)

gom·bal *de (m)* [-len] NN zoet snoepje in de vorm van een bal

gom·boom *de (m)* [-bomen] boom die → **gom²** levert

gom·elas·tiek *het* veerkrachtige stof, gummi

gom·hars *de (m) & het* mengsel van → **gom²** en **hars**

gom·men *ww* [gomde, h. gegomd] ❶ met gom bedekken ❷ met een vlakgom uitvegen

gom·me·nik·kie *tsw* NN, kindertaal uitroep van verbazing

Go·mor·ra *het* zie bij → **sodom en gomorra**

gon·del *de (It) de* [-s] Venetiaanse smalle, puntige boot die met één riem wordt voortgewrikt

gon·de·lier *(‹It) de (m)* [-s] bestuurder van een gondel, gondelschipper

gon·de·lied *het* [-eren] lied van een gondelier, barcarolle

gong *(‹Mal) de (m)* [-s] hangend metalen bekken, waarop met een stok geslagen wordt, gebruikt als muziekinstrument o.a. bij de Indonesiërs, maar ook dienend om een signaal te geven

gong·slag *de (m)* [-slagen] ❶ slag op een gong ❷ klokslag als van een gong

go·ni·o·me·ter *de (Gr) de (m)* [-s] hoekmeter (werktuig)

go·ni·o·me·trie *(‹Gr) de (v)* hoekmeetkunde, leer van de verhouding van de hoeken en zijden van rechthoekige driehoeken

go·ni·o·me·trisch *bn* hoekmeetkundig

go·nor·roe *(‹Gr)* [-reu] *de (v)* med druiper, een geslachtsziekte

gons *de (m)* NN harde klap, suizende slag: ★ *een ~ om de oren;* gonzend geluid

gon·zen *ww* [gonsde, h. gegonsd] een zacht brommend geluid maken ★ *het gonst van geruchten* overal hoort men geruchten

goo·che·laar *de (m)* [-s] iem. die goochelt

goo·che·la·rij *de (v)* [-en] het goochelen, goochelkunst

goo·chel·be·ker *de (m)* [-s] beker bij het goochelen

gebruikt

goo·che·len ww [goochelde, h. gegoocheld] ❶ de goochelkunst beoefenen, schijnbare toverkunstjes verrichten, vooral met behulp van vingervlugheid ❷ fig handig werken om een bepaald effect te verkrijgen: ★ ~ met cijfers

goo·chel·kunst de (v) ❶ bedrevenheid in het goochelen ❷ [mv: -en] vaak: goochelkunstje bep. handgreep of aantal handgrepen bij het goochelen waardoor iets gebeurt: ★ dat laten verdwijnen van het konijn was een leuk goochelkunstje

goo·chel·spel het ❶ goochelarij ❷ fig bedrieglijke schijn

goo·chel·stuk het [-ken], **goo·chel·toer** de (m) [-en] goochelkunstje

goo·chem (<Hebr) bn NN, Barg slim

goo·che·merd de (m) [-s] NN, Barg slimmerd

good·bye [γoedbai] (<Eng) tsw adieu, vaarwel

good·will [γoed-] (<Eng) de (m) goede naam en daarop berustende waarde van een bestaande zaak van handelsartikel; gunstige gezindheid jegens het bedoelde: ★ ~ kweken

goog de (m) [gogen] NN, schertsend iem. die een beroep heeft dat eindigt op -goog, veelal werkzaam in de quartaire sector, zoals een andragoog, pedagoog e.d.; zie ook → **loog²**

goo·ge·len ww [γoeγələ(n)] (<Eng) [googelde, h. gegoogeld] op internet zoeken met de zoekmachine Google

gooi¹ het ❶ hist landstreek, gouw ❷ het Gooi streek in het zuidoosten van Noord-Holland

gooi² de (m) [-en] worp ★ een ~ doen naar a) een kans wagen; b) bij benadering of schatting bepalen ★ een ~ doen naar een functie ★ ik doe maar een ~

gooi·en ww [gooide, h. gegooid] werpen: ★ sneeuwballen ~ ★ iem. eruit ~ iem. ontslaan of royeren

gooi-en-smijt·film de (m) [-s] slapstickfilm

Gooi·er de (m) [-s] inwoner van het Gooi

Gooi·lan·der de (m) [-s] inwoner van het Gooi

Goois bn van, uit, betreffende het Gooi ★ NN de Gooise matras het wereldje van de radio- en tv-omroepmedewerkers, waarin veel zou worden geregeld via (kortstondige) intieme relaties

goor bn ❶ grauwvuil: ★ ~ ondergoed ❷ vies: ★ een gore film ❸ NN onsmakelijk: ★ gore koffie

goor·ling de (m) [-en] NN ❶ viezerik ❷ fig gemene vent, smeerlap

goot¹ de [goten] afvoerweg langs de dakrand of tussen het trottoir en de rijweg ★ in de ~ liggen in diep zedelijk verval zijn stomdronken zijn ★ uit de ~ opgeraapt van zeer lage afkomst ★ uit de ~ halen redden uit benarde omstandigheden of uit zedelijk verval

goot² ww verl tijd van → **gieten**

goot·gat het [-gaten] gat waar het vuile water uit de goot in wegloopt

goot·lijst de [-en] vooruitspringend deel van een kroonlijst die de goot draagt

goot·pijp de [-en] afvoerpijp van het dak naar de grond, regenpijp

goot·steen de (m) [-stenen] bak onder waterkraan, doorgaans als onderdeel van een aanrecht

goot·wa·ter het afvalwater uit de gootsteen; schertsend slechte thee of koffie

gor·del de (m) [-s] ❶ band om het → **middel¹** ★ stoot onder de ~ (fig) gemene, onbehoorlijke aanval ❷ ring, kring

gor·del·dier het [-en] lid van de dierenfamilie Dasypodidae van de Tandarmen, voorkomend in Amerika, met een hard, leerachtig pantser van hoornplaten op de rugzijde, armadillo

gor·del·en ww [gordelde, h. gegordeld] BN deelnemen aan de Gordel, een jaarlijks wandel- en fietsevenement in de Vlaamse gordel rondom Brussel

gor·del·riem de (m) [-en] riem om het middel gedragen

gor·del·roos de NN huiduitslag met blaasjes die een gordel vormen; sint-antoniusvuur

gor·den I ww [gordde, h. gegord] vero ❶ aan een gordel doen: ★ het zwaard aan de zijde ~ ❷ een gordel omdoen: ★ gordt uw lendenen **II** wederk ★ zich ~ tot de strijd

gor·di·aan·se knoop de (m) oorspr een kunstig gelegde knoop aan de wagen van de Frygische koning Gordias, die niemand kon ontwarren en die Alexander de Grote doorhakte; vandaar als aanduiding van een onontwarbare zaak ★ de ~ doorhakken door een forse ingreep een schijnbaar onoverkomelijke moeilijkheid uit de weg ruimen

gor·dijn (<Oudfrans<Lat) de & het [-en] voorhang ter bedekking of afsluiting ★ het ijzeren ~ hist de strenge scheidslijn tussen de Sovjet-Unie met haar satellietstaten en West-Europa

gor·dijn·ge·vel de (m) [-s] gevel die niet tot steun van het gebouw dient, vliesgevel

gor·dijn·koord de [-en] koord om gordijnen mee te openen en te sluiten

gor·dijn·ring de (m) [-en] ring aan de gordijnroe

gor·dijn·roe de [-s], **gor·dijn·roe·de** [-n] staaf waaraan een gordijn hangt

gor·ding de (v) [-en, -s] ❶ dwarshout tegen een rij balken of palen ❷ scheepv lopend touw tot opkorting van een zeil

go·reng [γoo-] (<Mal) bn gebakken

gor·gel·drank de (m) [-en] drank om te gorgelen

gor·ge·len ww [gorgelde, h. gegorgeld] de keel spoelen door vloeistof achter in de keel te gieten en het daar te laten borrelen

Gor·go·nen mv Griekse myth drie vrouwelijke monsters met slangen als haar, ontzettende tanden en metalen klauwen, wier aanblik deed verstenen

gor·gon·zo·la [γorγontsoolaa] (<It) de naar een Italiaans dorp genoemde zachte kaassoort in broodvorm, van schimmel doortrokken

go·rig *bn* min of meer smerig; **gorigheid** *de (v)*
go·ril·la *(‹Gr‹een Afrikaanse taal) de (m)* ['s] ❶ grootste Afrikaanse mensaap (zonder staart), *Gorilla gorilla* ❷ grote lelijke vent ❸ spotnaam voor de lijfwacht van een belangrijk persoon
gors[1] *de & het* [gorzen] aangeslibd, buitendijks gebied dat alleen bij uitzonderlijk hoogwater onderloopt
gors[2] *de* [gorzen] lid van een familie van levendig gekleurde zangvogels met een korte, dikke snavel (Emberizidae)
gort I *de (m)* [-en] grutten: ★ NN *van haver tot ~* tot in bijzonderheden ★ NN, spreektaal *(een auto) tot ~ rijden* kapot rijden, in de prak rijden II *de (m) & het* varkensziekte waarbij korrels in het vetweefsel voorkomen
gort·droog *bn* erg saai en vervelend
gor·tig *bn* garstig, vuil; erg ★ *het al te ~ maken* het al te bont maken
GOS *afk* Gemenebest van Onafhankelijke Staten [statenbond die als opvolger geldt van de Sovjet-Unie (met uitzondering van de Baltische republieken)]
gos *tsw* NN uitroep van verbazing, ontsteltenis of medelijden, gossie: ★ *ach ~!*
gos·pel, **gos·pel·song** [γos-] *(‹Eng) de (m)* [-s] geestelijk lied van Amerikaanse negers
gos·pel·rock [γos-] *(‹Eng) de (m)* relipop
gossie, **gos·sie·mij·ne**, **gos·sie·mik·kie**, **gos·sie·piet·je** *tsw* NN uitroep van verbazing, ontsteltenis of medelijden
gos·sip [γos-] *(‹Eng) de (m)* geroddel
go·te·ling I *de (m)* gegoten ijzer II *de (m)* [-en] voorwerp van gegoten ijzer
Go·ten *mv* benaming voor enige volkeren die ten tijde van de grote volksverhuizing het gebied van het Romeinse Rijk binnendrongen
go·ten *ww verl tijd meerv* van → **gieten**
goth·ic [γothik, Engelse th] *(‹Eng) de* muz uit de punk voortgekomen genre popmuziek met breed uitwaaierende gitaarpartijen, galmende ritmes en duistere, occulte teksten
goth·ic nov·el [γothik (Engelse th) nɔvəl] *(‹Eng) de* griezelroman
go·tiek I *bn* tot de gotische stijl behorend, daarin uitgevoerd II *de (v)* gotische bouwstijl, spitsbogenstijl; cultuur waaruit deze stijl voortkwam
Go·tisch *(‹Lat) het* de taal van de Goten
go·tisch *(‹Lat) bn* eig van de Goten, een Oost-Germaans volk ★ *gotische (bouw)stijl* benaming van een samenstel van stijlvormen, in de 12de eeuw in Noord-Frankrijk ontstaan en van daaruit verbreid, dat de Romaanse stijl verdrong en op zijn beurt in de 15de en 16de eeuw voor de renaissance moest wijken; een van de kenmerken van deze stijl is de spitsboog ★ *~ schrift* hoekig lettertype dat in de 12de eeuw onder invloed van de gotische bouwstijl ontstond; thans voor fractuurschrift (Duitse letter)
got·spe *(‹Hebr) de* NN, Barg schaamteloze brutaliteit

goua·che [γoe(w)asjə] *(‹Fr‹It‹Lat) de* ❶ waterverf waarin een weinig gom is opgelost ❷ [*mv*: -s] prent in deze techniek
goud *het* chemisch element, symbool Au, atoomnummer 79, een geel, bijzonder kostbaar, zeer zacht en zeer dicht edel metaal ★ *het is niet alles ~ wat er blinkt* schijn bedriegt ★ *~ op snee (boek)* waarvan de snede aan drie zijden met dun uitgeslagen bladgoud is verguld ★ *het ~ behalen* een gouden medaille als eerste prijs ★ *met geen ~ te betalen zijn* onbetaalbaar zijn ★ *een hart van ~* een edel, zachtaardig hart ★ *eerlijk als ~* zeer eerlijk ★ *dat wil ik voor geen ~ missen* daar wil ik absoluut bij zijn ; zie ook → **gewicht**
goud·ader *de* [-s] met goud gevulde ader in de aardkorst
goud·agio *het* hist het percentage dat goud meer waard is dan papiergeld: ★ *bij ~ van bijv. 4% is 100 goudgeld 104 papiergeld*
goud·amal·gaam, **goud·amal·ga·ma** *het* mengsel van goud en kwikzilver
goud·arend *de (m)* [-en] steenarend
goud·baars *de (m)* [-baarzen] goudvis
goud·bad *het* [-baden] fotogr ❶ onderdompeling van platen in goudoplossing ❷ die oplossing zelf
goud·berk *de (m)* [-en] boom uit West-Afrika (*Triplochiton scleraxynon*)
goud·blad *het* [-bladen] ❶ dun geslagen goud ❷ blaadje goud
goud·blond *bn* goudkleurig blond
goud·bra·sem *de (m)* [-s] ca. 50 cm lange, zilvergrijze zeebrasem met gelige weerschijn, *Sparus auratus*
goud·bro·kaat *het* met goud bewerkt brokaat
goud·brons I *het* fijngewreven afval van bladgoud II *bn* kleur tussen brons en goud
goud·bruin *bn* goudkleurig bruin
goud·clau·su·le [-zuu-] *de* [-s] bepaling in contract, vooral in hypotheekakte, dat (bij daling van de valuta) betaling van het bedrag in goudwaarde moet geschieden
goud·dek·king *de (v)* verhouding tussen de waarde van het goud, dat een circulatiebank bezit, en het bedrag aan bankbiljetten door die bank uitgegeven
goud·del·ver *de (m)* [-s] iem. die goud delft
goud·dorst *de (m)* sterke begeerte naar rijkdom
goud·draad *als stof: het, als voorwerp: de (m)* [-draden] draad van goud, goudkleurig draad
goud·druk *de (m)* het drukken van gouden letters
goud·eer·lijk *bn* erg eerlijk
gou·den *bn* ❶ van goud: ★ *een ~ ring* ❷ fig goudkleurig: ★ *~ lokken* ❸ (van een jubileum e.d.) 50-jarig: ★ *het ~ huwelijksfeest* ❹ *de ~ eeuw* algemeen tijdperk van hoge bloei; ‹in Nederland› de 17de eeuw; ‹bij de Romeinen› vervlogen tijdperk van ongestoord geluk; ‹in Athene› de 5de eeuw v.C. (de eeuw van Pericles) ★ *een ~ greep* een uitstekend idee, een bijzonder goede keuze ★ NN *met een ~ randje* voorzien van iets extra's, iets bijzonders ★ *de*

kip met de ~ *eieren slachten* iets wat groot voordeel oplevert opgeven omwille van een veel kleiner voordeel ★ *een* ~ *hand(je) hebben* een bijzonder gelukkige, goede, geslaagde wijze van werken of uitvoeren hebben ★ ~ *tip* aanwijzing die direct leidt tot de oplossing van een misdrijf, de vondst van een verloren voorwerp e.d.; zie ook bij 1 → **berg**[1], → **handdruk**, → **kalf**, → **standaard**

gou·den·re·gen *de (m)* [-s] sierheester behorend tot de vlinderbloemigen met lange, gele bloemtrossen, *Laburnum*

goud·erts *het* [-en] goud bevattend erts

goud·es·saai *het* onderzoek naar goudgehalte

goud·fa·zant *de (m)* [-en] goudkleurige fazant (*Chrysplophus pictus*)

goud·fo·rel *de* [-len] goudachtig rood gekleurde forel (*Salmo alpinus*)

goud·geel *bn* geel als goud

goud·ge·hal·te *het* hoeveelheid zuiver goud in een mengsel

goud·geld *het* gouden munten

goud·ge·rand *bn* ❶ met een gouden rand ❷ vooral fig: ★ *goudgerande waarden* zeer solide aandelen

goud·gra·ver *de (m)* [-s] gouddelver

goud·gul·den *de (m)* [-s] NN, hist ❶ vroegere zilveren munt van fl. 1,40 ❷ gouden munt

goud·haan·tje *het* [-s] ❶ zeer klein, groen zangvogeltje met fel gekleurde kruinveren, *Regulus regulus* ❷ lid van een familie van kleine, op het lieveheersbeestje gelijkende kevers, waarvan veel soorten schadelijk zijn voor de gewassen (Chrysomelidae)

goud·ham·ster *de* [-s] goudbruine hamster, *Micecricetus auratus*, afkomstig uit de woestijnen van Syrië, thans veel als huisdier gehouden

goud·kar·per *de (m)* [-s] goudgekleurde karper, *Cyprinus carpio* var. *auratus*

goud·kleur *de* de (gele) kleur van goud

goud·kleu·rig *bn* in kleur op goud lijkend

goud·klomp *de (m)* [-en] stuk goud

goud·koorts *de* koortsachtige begeerte naar goud

goud·kust *de* NN, schertsend benaming voor een gebied te of wijk waar veel rijken wonen, genoemd naar de voormalige Britse kolonie Goudkust, thans *Ghana* genoemd

goud·land *het* land waar goud gevonden wordt

goud·le·der, **goud·leer** *het* verguld leer

goud·le·de·ren *bn* → **goudleren**

goud·le·ge·ring [-ləgee-] *de (v)* [-en] mengsel van goud met andere metalen

goud·le·lie *de* [-s, -liën] op de orchidee gelijkende fraaie kamerplant (*Sprekelia formosissima*)

goud·le·ning *de (v)* [-en] lening waarvan rente en aflossing berekend worden naar de goudwaarde van de munt, zodat de geldgever bij waardedaling van de munt daarvan geen nadeel ondervindt

goud·le·ren, **goud·le·de·ren** *bn* van goudleder

goud·mijn *de* [-en] ❶ mijn waar men goud delft

❷ hoge winst opleverend bedrijf of product: ★ *die gimmick bleek een goudmijntje te zijn*

goud·pa·pier *het* verguld papier

goud·poe·der, **goud·poei·er** *de (m) & het* goud in poedervorm

goud·pur·per *het* mengsel van goud en een tinoplossing

goud·re·net *de* [-ten] veel in de winter gegeten appelras

Gouds *bn* van, uit Gouda ★ *Goudse pijp* (lange) tabakspijp van aardewerk ★ NN *Goudse wafel* stroopwafel ★ *Goudse kaas* stevige kaas, mild tot pittig van smaak, oorspronkelijk gemaakt in boerderijen in de omgeving van Gouda

gouds·bloem *de* [-en] eenjarige samengesteldbloemige plant (*Calendula officinalis*)

goud·schaal *de* [-schalen] gevoelige weegschaal voor goud ★ *zijn woorden op een goudschaaltje wegen* uiterst doordachte woorden bezigen

goud·smid *de (m)* [-smeden] iem. die gouden (en zilveren) voorwerpen maakt en bewerkt

goud·stuk *het* [-ken] gouden geldstuk

goud·veld *het* [-en] gebied waar goud gevonden wordt

goud·vink *de* [-en] vink met goudkleurige borst, *Pyrrhula pyrrhula*

goud·vis *de (m)* [-sen] ❶ veel als huisdier gehouden, kleine, goudkleurige karper, een gekweekte vorm van de → **giebel**[1] (*Carassius auratus* var. *auratus*) ❷ ★ *goudvisje* fig rijke erfdochter

goud·vis·kom *de* [-men] glazen kom waarin men goudvissen houdt

goud·vis·vij·ver *de (m)* [-s] vijver waarin men goudvissen houdt

goud·voor·raad *de (m)* [-raden] bezit aan goud, vooral van een circulatiebank

goud·vos *de (m)* [-sen] geelkleurig paard

goud·waar·de *de (v)* vroeger waarde (van geld) berekend naar de gouden munt die aan het muntstelsel ten grondslag ligt

goud·wie·ren *mv* bep. hoofdafdeling van het plantenrijk waarvan veel vormen eencellig zijn, zowel in zee als in zoet water levend (Chrysophyta)

goud·zand *het* zand waarin stofgoud voorkomt

goud·zoe·ker *de (m)* [-s] iem. die naar een goudland gaat om door het vinden van goud fortuin te maken

gou·lash [γoelasj] (‹Hong›) *de (m)* Hongaars nationaal vleesgerecht met paprika

gou·lash·com·mu·nis·me [γoelasj-] *het* spottend communistische economie waarin meer plaats is voor particuliere consumptie

gour·met [γoermè] (‹Fr›) *de (m)* [-s] fijnproever

gour·met·stel [γoermè-] (‹Fr›) *het* [-len] set pannetjes en een (spiritus)brander gebruikt bij het gourmetten

gour·met·ten *ww* [γoer-] [gourmette, h. gegourmet] met behulp van een gourmetstel aan tafel zelf kleine hapjes bereiden en nuttigen

gou·ver·nan·te [goe-] (‹Fr›) *de (v)* [-s]

❶ huisonderwijzeres ❷ landvoogdes
gou·ver·ne·ment [goe-] *(‹Fr) het* [-en] ❶ regering, gezamenlijke staatsbestuurders ❷ militair bestuur over een stad of gewest ❸ vroeger provinciaal bestuur; bureaus van een provinciaal bestuur
gou·ver·ne·men·teel [goe-] *(‹Fr) bn* betrekking hebbend op, uitgaand van het gouvernement
gou·ver·ne·ments·amb·te·naar [goe-] *de (m)* [-naren, -s] ambtenaar in dienst van het gouvernement, vooral in het voormalige Nederlands-Indië
gou·ver·neur [goe-] *(‹Fr) de (m)* [-s] ❶ bestuurder, landvoogd ❷ hoogste autoriteit in de overzeese gebieden, vertegenwoordiger van een staatshoofd in het betreffende rijksdeel ❸ NN huisonderwijzer ❹ NN benaming voor de Commissaris van de Koningin in Nederlands Limburg ❺ BN hoofd van een provincie ❻ BN hoofd van de Nationale Bank van België
gou·ver·neur-ge·ne·raal [goe-] *de (m)* [-s-generaal] landvoogd, vooral die van het vroegere Nederlands-Oost-Indië
gouw *de* [-en] ‹veelal in samenstellingen› historische benaming voor landstreek, provincie; nu nog bij landelijke organisaties als jeugdbewegingen e.d.: ★ *per ~ worden vijf bestuursleden gekozen*
gou·we *de* [-n] papaverachtige plant: ★ *stinkende ~ (Chelidonium majus)*
Gou·we·naar *de (m)* [-s] inwoner van Gouda, iem. uit Gouda
gou·we·naar *de (m)* [-s] Goudse of lange pijp
go·zer (‹*Hebr*) *de (m)* [-s] vooral NN, Barg kerel, jongen
GP *afk* grand prix *(‹Fr)* [Grote Prijs]
g-pak [dzjie-pak] *het* [-ken] hogedrukpak
g-plek *de* [-ken] → **g-spot**
GPRS *afk* General Packet Radio Service [toegepaste technologie binnen het mobiele telefoonverkeer]
gps *afk* global positioning system [systeem waarbij met behulp van satellieten exact de positie wordt bepaald waar men zich bevindt (o.a. gebruikt op schepen en in auto's)]
GPV *afk* in Nederland Gereformeerd Politiek Verbond [vroegere politieke partij, in 2000 opgegaan in de ChristenUnie]
GR *afk* Griekenland (als nationaliteitsaanduiding op auto's)
Gr. *afk* Greenwich
gr. *afk* ❶ *groot; grootte; gr. 8°* groot octavo ❷ graad ❸ gram (g)
graad (‹*Lat*) *de (m)* [graden] ❶ 1/360 van de cirkelomtrek ❷ eenheid van indeling op thermometers: ★ *het is 20 graden Celsius* ❸ trap, rang, mate: ★ *nog een graadje erger nog iets erger* ★ *een academische of universitaire ~ zie →* **academische** ❹ trap van bloedverwantschap: ★ *je bent familie van me in de vijfde ~* ❺ (militaire) rang ★ *in ~ stijgen* bevorderd worden ❻ BN, spreektaal procent (alcohol): ★ *Italiaanse wijn van 11 graden* ❼ BN elk van de cycli waarin bepaalde

onderwijstakken zijn verdeeld: ★ *het derde en vierde jaar van het secundair onderwijs is de tweede ~*
graad·boog *de (m)* [-bogen] halfcirkelvormig voorwerp waarop een graadverdeling is aangebracht
graad·me·ter *de (m)* [-s] ❶ persoon die het aantal graden meet ❷ werktuig waarmee dat geschiedt ❸ fig persoon of zaak via welke men de stand van zaken kan bepalen: ★ *het totaal aantal rode of gele kaarten is niet altijd de juiste ~ voor de ruwheid op het voetbalveld*
graad·me·ting *de (v)* [-en] het bepalen van lengte- of breedtegraad
graad·ver·de·ling *de (v)* [-en] aanduiding van graden op meetwerktuig
graaf *de (m)* [graven] adellijke titel; oorspr iem. die door de vorst was belast met het bestuur van een gewest
graaf·lijk *bn* → **grafelijk**
graaf·schap *het* [-pen] ❶ gebied van een graaf; ❷ *de Graafschap* NN de Gelderse Achterhoek
graaf·wesp *de* [-en] wesp die haar prooi verlamt door een angelsteek en dan begraaft, de familie Sphecidae
graag I *bijw* beslist willend, met genoegen: ★ *ik ga ~ naar het park* ★ *lust je ~ spinazie?* ★ *~ of niet! óf je wilt het beslist óf je krijgt het niet* ★ *~ gedaan! beleefdheidsformule nadat men bedankt is voor het doen van een zekere moeite* ★ *iem. ~ mogen (lijden) erg gesteld zijn op iem.* **II** *bn* hongerig, begerig: ★ *een grage eter*
graag·te *de (v)* het graag willen
graai·en *ww* [graaide, h. gegraaid] vooral NN ❶ in iets rondgrijpen: ★ *de douanier graaide in de rugzak* ❷ snel pakken: ★ *een mes van de tafel ~* ❸ op minder eerlijke wijze verkrijgen: ★ *de ex-president bleek een fortuin bij elkaar te hebben gegraaid*
graal (‹*Oudfrans*) *de (m)* ❶ wonderbaarlijk voorwerp, schaal of steen, in Keltische sagen (graalsagen) ❷ waarnaar Arthurridders zoeken; wordt wel verklaard als de schotel waarvan Jezus zich bij het H. Avondmaal zou bediend hebben en waarin het bloed van de aan het kruis stervende Christus zou zijn opgevangen
graal·rid·der *de (m)* [-s] ridder van de Ronde Tafel die de graal zocht
graal·ro·man *de (m)* [-s] roman over een graalridder op zoek naar de graal
graan (‹*Lat*) *het* [granen] ❶ groep van voornamelijk eenjarige grassen, waartoe haver, gerst, tarwe, rogge, rijst, maïs en gierst behoren ❷ korrel ★ *een graantje meepikken van ook een voordeeltje halen van*
graan·ak·ker *de (m)* [-s] stuk bouwland waarop graan verbouwd wordt
graan·beurs *de* [-beurzen] beurs voor de verhandeling van graan
graan·bouw *de (m)* het verbouwen van graan

graan·cir·kels *mv* cirkels (en soms ook andere figuren) van platgeslagen halmen in velden met hoog graan, waarvan door sommigen wordt aangenomen dat ze door buitenaardse wezens zijn gemaakt
graan·ele·va·tor *de (m)* [-s, -toren] graanzuiger
graan·han·del *de (m)* koop en verkoop van graan
graan·oogst *de (m)* [-en] ❶ het oogsten van graan ❷ het graan dat geoogst is
graan·schuur *de* [-schuren] ❶ graanbergplaats ❷ fig land dat veel graan uitvoert
graan·si·lo *de (m)* ['s] graanpakhuis van bepaalde vorm
graan·soort *de* [-en] elk van de soorten graangewassen, zoals haver, gerst, tarwe, rogge e.a.
graan·tje *het* [-s] zie bij → **graan**
graan·zol·der *de (m)* [-s] zolder waarop men graan bewaart
graan·zui·ger *de (m)* [-s] machine die graan uit schepen zuigt, elevator
graat *de* [graten] skelet van een vis ★ NN *van de ~ vallen* flauwvallen, flauw van honger zijn ★ *(niet) zuiver op de ~* (niet) geheel betrouwbaar, (niet) van het juiste inzicht of de juiste partij ★ BN *er geen graten in zien* er geen been in zien, er geen problemen mee hebben
grab·bel *de (m)* ★ *te ~ gooien* wegsmijten, verkwisten ★ *zijn fatsoen te ~ gooien* zo handelen dat zijn goede naam er zeer onder lijdt
grab·be·len *ww* [grabbelde, h. gegrabbeld] grijpen naar iets wat op de grond wordt geworpen; zoekend rondgrijpen: ★ *naar pepernoten ~*
grab·bel·ton *de* [-nen] ton, gevuld met zaagsel, papier e.d. en allerlei verrassingen, die eruit gegrabbeld moeten worden
gracht *de* [-en] ❶ NN kanaal, vooral rond of in een stad; ook de straat langs zo'n kanaal ❷ BN sloot
grach·ten·gor·del *de (m)* [-s] NN ❶ gordel van grachten, vooral die in Amsterdam ❷ licht smalende benaming voor de op of bij de Amsterdamse grachtengordel levende schrijvers en andere kunstenaars die toonaangevend zouden zijn voor het culturele klimaat in Nederland
grach·ten·huis *het* [-huizen] NN huis aan een gracht
grach·ten·pand *het* [-en] NN statig herenhuis, gelegen aan een gracht
gra·cieus [-sjeus] *(‹Fr‹Lat) bn* ❶ bevallig, sierlijk ❷ op hoffelijke, beleefde wijze: ★ *gracieuze bewoordingen*
gra·da·tie [-(t)sie] *(‹Fr) de (v)* [-s] ❶ trapsgewijze opklimming of vooruitgang ❷ fotogr verloop van toonwaarden: ★ *allerhande gradaties grijs*
gra·den·boog *de (m)* [-bogen] → **graadboog**
gra·de·ren *ww* [gradeerde, h. gegradeerd] ❶ tot hogere graad brengen, concentreren ❷ ‹goud› een hogere kleur geven
gra·di·ënt *(‹Lat) de (m)* [-en] stijgend verloop van een grootheid in de ruimte; bedrag van de verandering van een grootheid in de richting van het grootste verval, bijv. ★ *barometrische ~* verschil in luchtdruk tussen twee plaatsen, herleid tot over een afstand van 111 km (15 geografische mijl)
gra·du·aat *het* [-aten] BN hist graad in het hoger niet-universitair onderwijs
grad·u·ate [γrèdjoe(w)eet] *(‹Eng) de* [-s] iem. die een academische graad heeft in de Angelsaksische landen
gra·du·a·tie [-(t)sie] *(‹Fr) de (v)* [-s] ❶ verdeling in graden ❷ taalk vorming van de trappen van vergelijking ❸ verlening van een graad
gra·du·eel *(‹Fr) bn* ❶ trapsgewijze, bij opklimming ❷ de graad betreffend (niet het wezen): ★ *een ~ verschil*
gra·du·e·ren *ww* *(‹Fr‹Lat)* [gradueerde, h. gegradueerd] ❶ van een schaalverdeling voorzien ❷ een (academische) graad verlenen; *vgl:* → **gegradueerde**
grae·cis·me [gree-] *(‹Lat) het* [-n] navolging van het Griekse taaleigen in afwijking van het eigen taalgebruik
grae·co·maan [gree-] *(‹Lat-Gr) de (m)* [-manen] iem. die dweept met alles wat Grieks is
grae·co·ma·nie [gree-] *(‹Lat-Gr) de (v)* overdreven zucht voor alles wat Grieks is
grae·cus [gree-] *(‹Lat) de (m)* [-ci] kenner, wetenschappelijk beoefenaar van het Grieks
graf *het* [graven] ruimte waarin een stoffelijk overschot wordt begraven ★ *ten grave dalen* begraven worden ★ *ten grave dragen* begraven worden ★ *zijn eigen ~ graven* zijn eigen ondergang bewerken ★ *zwijgen als het ~* niets vertellen ★ *(een geheim) met zich in het ~ meenemen* niet vertellen, zelfs niet tijdens het sterven ★ *hij zou zich in zijn ~ omkeren* gezegd als men iets doet wat tegen de uitdrukkelijke wens van een gestorvene indruist; zie ook bij → **voet**, → **wieg** en → **zijde**[1]
gra·fe·lijk, **graaf·lijk** *bn* van een graaf
gra·fe·lijk·heid, **graaf·lijk·heid** *de (v)* waardigheid van een graaf, grafelijke macht
graf·fi·ti [γreffatie] *(‹Eng‹It) de (m)* ❶ het schrijven van opschriften of het maken van schilderingen op muren aan de openbare weg of in openbaarvervoermiddelen, met eenvoudig materiaal als viltstift, spuitbus e.d. ❷ een of meer aldus gemaakte opschriften of schilderingen
graf·heu·vel *de (m)* [-s] heuvel ter aanduiding van een graf
gra·fi·cus *(‹Gr) de (m)* [-ci] beoefenaar van de grafische kunsten
gra·fiek *(‹Gr) de (v)* [-en] ❶ schrijf- en tekenkunst ❷ prentkunst, verzamelwoord voor houtsneden, kopergravures, lithografie en handtekeningen ❸ overzichtelijke voorstelling van het verband tussen grootheden door lijnen of tekens, grafische voorstelling: ★ *in deze ~ is duidelijk de groei van de export te zien*
gra·fiet *(‹Gr) het* in plaatjes gekristalliseerde koolstof,

o.a. gebruikt in potloden
gra·fisch (‹Gr› bn ❶ op de grafiek, de prentkunst betrekking hebbend ★ *de grafische vakken* boekdrukkerij en reproductietechniek ❷ schriftelijk, in tekening: ★ *grafische voorstelling; vgl:* → **grafiek** *(bet 3)*
graf·kel·der *de (m)* [-s] kelder als begraafplaats, vooral familiegraf
graf·kuil *de (m)* [-en] kuil gegraven voor een graf
graf·leg·ging *de (v)* [-en] ❶ het in het graf leggen, vooral van Christus ❷ afbeelding daarvan
graf·lucht *de* ongehoorde stank: ★ *wat een ~!*
graf·ma·ker *de (m)* [-s] ❶ → **doodgraver** (bet 1) ❷ insect dat dode dieren begraaft, → **doodgraver** (bet 2)
graf·mo·nu·ment *het* [-en] groot gedenkteken op een graf
gra·fo·lo·gie (‹Gr› *de (v)* handschriftkunde; kunst om iemands karakter en aanleg uit zijn handschrift op te maken; **grafologisch** *bn bijw*
gra·fo·loog (‹Gr› *de (m)* [-logen] beoefenaar van de grafologie, handschriftkundige
graf·re·de *de* [-s] toespraak bij een uitvaart
graf·schen·der, **graf·schen·ner** *de (m)* [-s] iem. die graven vernielt of beschadigt
graf·schen·nis *de (v)* het vernielen of beschadigen van graven
graf·schrift *het* [-en] opschrift op een grafsteen
graf·steen *de (m)* [-stenen] gedenksteen op een graf
graf·stem *de* [-men] sombere, holle stem
graf·tak *de (m)* [-ken] NN, spreektaal ‹scheldnaam voor› vervelende persoon
graf·te·ken *het* [-s] gedenkteken op een graf
graf·terp *de (m)* [-en] grafheuvel
graf·tom·be *de* [-s, -n] gedenkteken op een graf, grote grafsteen
graf·urn, **graf·ur·ne** *de* [-urnen] vaas met as van een overledene
graf·zerk *de* [-en] liggende grafsteen
graf·zuil *de* [-en] zuilvormig grafteken
gram[1] (‹Fr‹Gr› *het* [-men] gewicht van 1/1000 kg
gram[2] *de* ★ *zijn ~ halen* woede koelen
gram·atoom *het* [-tomen] vroeger zoveel gram van een element als het atoomgewicht aangeeft, thans vervangen door de → **mol**[1]
gra·mi·nee·ën (‹Lat› *mv* grassen, grasplanten
gram·ma·ti·ca (‹Lat‹Gr› *de (v)* ❶ spraakkunst ❷ [*mv:* 's] leerboek van de spraakkunst van een bepaalde taal
gram·ma·ti·caal (‹Lat› *bn* ❶ de spraakkunst betreffende, spraakkunstig ❷ overeenkomstig de spraakkunst: ★ *~ schrijven*
gram·ma·ti·cus *de (m)* [-ci] kenner of beoefenaar van de spraakkunst
gram·ma·tisch *bn* spraakkunstig
gram·mo·foon (‹Gr› *de (m)* [-s, -fonen] toestel waardoor op grammofoonplaten vastgelegd geluid wordt gereproduceerd
gram·mo·foon·naald *de* [-s] naald die in de groeven van een grammofoonplaat loopt
gram·mo·foon·plaat *de* [-platen] schijf waarin geluid in groeven is vastgelegd
gram·mo·le·cu·le *de & het* [-n] zoveel gram van een element als het moleculair gewicht bedraagt, thans vervangen door de → **mol**[1]
gram·schap *de (v)* vero boosheid
gra·naat[1] (‹Oudfrans‹Lat› *de (m)* [-naten] granaatappelboom (*Punica granatum*)
gra·naat[2] (‹Oudfrans‹Lat› *het* kristallijnen delfstof waarvan de meest doorschijnende, donkerrode soort tot de edelstenen wordt gerekend
gra·naat[3] (‹Fr‹It› *de* [-naten] met springstof gevuld projectiel
gra·naat·ap·pel *de (m)* [-s] vrucht van de → **granaat**[1], een geelrode vrucht met rood, sappig vruchtvlees
gra·naat·boom *de (m)* [-bomen] → **granaat**[1]
gra·naat·kar·tets *de* [-en] projectiel, gevuld met kogels, dat in de lucht of bij stuiting explodeert
gra·naat·scherf *de* [-scherven] scherf van een ontplofte → **granaat**[3]
gra·naat·splin·ter *de (m)* [-s] scherp stukje van een ontplofte → **granaat**[3]
gra·naat·trech·ter *de (m)* [-s] trechtervormig gat door een → **granaat**[3] in de grond geslagen
gra·naat·vuur *het* het schieten met granaten (→ **granaat**[3])
gra·na·ten *bn* van → **granaat**[2]
gran·deur [ɣrādùr] (‹Fr› *de* grootheid, grootsheid, voornaamheid
gran·dez·za [ɣrandetsaa] (‹It› *de* waardigheid en zwier van een groot edelman, weidsheid
gran·di·oos (‹Fr‹It› *bn* groots, fantastisch, schitterend: ★ *een ~ uitstapje* ★ *een grandioze mislukking*
grand prix [ɣrã prie] (‹Fr› *de (m)* eig grote prijs; benaming voor belangrijke prijzen, te winnen in takken van sport als autoracen, proftennis en wielrennen
grand sei·gneur [ɣrã senjùr] (‹Fr› *de (m)* [grands seigneurs] groot, voornaam heer, met de gedachte aan zwierig en royaal optreden
grand·slam·toer·nooi [ɣrendslem-] (‹Eng: grand slam grote klap) *het* [-en] tennis elk van de vier grote toernooien die samen het grand slam® vormen, namelijk het open Australische, Franse, Engelse en Amerikaanse kampioenschap
gra·niet (‹Fr‹It‹Lat› *het* ❶ zeer hard, korrelig gesteente, bestaande uit kwarts, kaliveldspaat en andere mineralen ❷ soort van gebakken aardewerk, harder en fijner dan gewoon steengoed
gra·nie·ten *bn* van graniet
gra·niet·rots *de* [-en] rots van graniet
gra·ni·to [ɣraa-] (‹It› *het* kunststeen, samengesteld uit stukjes marmer en cement
gran·man [ɣran-] (‹Sranantongo‹Eng› *de (m)* [-nen] titel van de opperhoofden van de bosnegers in Suriname
gran·ny smith [ɣrennie smith, Engelse th] (‹Eng› *de (m)* groene friszure appelsoort

gra·nol *het* structuurpleister met grove korrels voor muren

gra·nol·len *ww* [granolde, h. gegranold] (muren) afwerken met granol

gra·nu·la·tie [-(t)sie] *(‹Fr) de (v)* [-s] med korrelvormige weefselvorming of woekering

gra·nu·leer·ma·chi·ne [-sjienə] *de (v)* korrelmachine, werktuig ter vervaardiging van metaalkorrels

gra·nu·le·ren *ww (‹Fr)* [granuleerde, h. gegranuleerd] ❶ med granulaties vormen ❷ tot korrels doen uiteenvallen door plotselinge afkoeling in koud water

gra·nu·leus *(‹Fr) bn* ❶ korrelachtig ❷ ★ med *granuleuze oogontsteking* oogziekte gepaard met granulaties op de oogleden

grap *de* [-pen] ❶ geestigheid, humoristische uitspraak; mop, grappig verhaal: ★ *voor de ~* ★ *grappen maken, uithalen, vertellen* ❷ iron ongewilde en onverwachte gebeurtenis, strop: ★ *die ~ heeft ons heel wat geld gekost*

grape·fruit [γreepfroet] *(‹Eng) de (m)* [-s] vooral NN grote, op een sinaasappel lijkende gele of roze vrucht met enigszins bittere smaak, in België meestal *pompelmoes* genoemd

grap·jas *de (m)* [-sen] grappenmaker

grap·pen *ww* [grapte, h. gegrapt] dollen, grappen uithalen, moppen vertellen: ★ *we zaten wat te ~ in het café*

grap·pen·ma·ker *de (m)* [-s] guit, verteller van grappen

grap·pig *bn* vermakelijk, leuk, waar je om kunt lachen: ★ *een grappige anekdote*

grap·pig·heid *de (v)* ❶ het grappig zijn ❷ [*mv:* -heden] komische uiting

gras *het* [-sen] verzamelnaam voor allerhande groene, sprietige gewassen (Gramineae) ★ *geen ~ over iets laten groeien* iets dadelijk aanpakken ★ *iemand het ~ voor de voeten wegmaaien* juist zeggen wat een ander op de lippen lag; zie ook bij → **adder**, → **groen**¹ en → **hooi**

gras·bo·ter *de* boter afkomstig van koeien die in de wei gelopen hebben

gras·dui·nen *ww* [grasduinde, h. gegrasduind] zich voor zijn plezier, maar vluchtig bezighouden met: ★ *ik heb wat gegrasduind in de astronomie*

gras·ge·was *het* het gras dat ergens groeit, te velde staand gras

gras·groen *bn* ❶ groen als gras ❷ fig erg onervaren

gras·grond *de (m)* [-en] met gras begroeide grond

gras·halm *de (m)* [-en] stengel van een grasplant

gras·ha·ring *de (m)* [-en] te jong gevangen haring

gras·kaas *de (m)* [-kazen] kaas afkomstig van koeien die in de wei lopen

gras·kalf *het* [-kalveren] kalf dat oud genoeg is voor de wei

gras·land *het* [-en] met gras begroeid stuk land

gras·lin·nen I *het* goede kwaliteit katoen, meestal gebruikt voor lakens en slopen II *bn* van graslinnen

gras·maai·en *ww & het* (het) afsnijden van gras met een zeis of een machine

gras·maai·er *de (m)* [-s] ❶ iem. die gras maait ❷ machine die of toestel dat gras maait

gras·maai·ma·chi·ne [-sjienə] *de (v)* [-s] werktuig waarmee men gras maait

gras·maand *de* april

gras·mat *de* [-ten] grasbegroeiing van de bovengrond, die niet bepaald weidegrond is, bijv. een sportveld: ★ *de ~ van het stadion*

gras·mus *de* [-sen] bruine zangvogel met witte borst, *Sylvia communis*

gras·nerf *de* grasvilt

gras·perk *het* [-en] met gras begroeid stukje grond (in een park, tuin e.d.)

gras·pie·per *de (m)* [-s] soort zangvogel

gras·rol·ler *de (m)* [-s] rol om een gazon te effenen

grass [γraas] *(‹Eng) de (m)* slang marihuana

gras·schaar *de* [-scharen] grote schaar om gras te knippen

gras·scheut *de (m)* [-en] jonge grasspriet

gras·spriet *de (m)* [-en] stengel van gras

gras·ta·pijt *het* [-en] (goed onderhouden) egaal grasveld

gras·veld *het* [-en] veld begroeid met gras, gazon

gras·vlak·te *de (v)* [-n, -s] land begroeid met gras

gras·we·du·we *de (v)* [-n] onbestorven weduwe, groene weduwe; zie onder → **groen**¹

gras·zaad *het* zaad van grasplanten

gras·zo·de *de* [-n] vierkant uitgestoken stuk grasgrond

gra·ten·kut *de (v)* [-ten] NN, plat ❶ benaming voor een magere vrouw of een mager meisje ❷ bij uitbreiding trut, rotwijf

gra·te·rig *bn* ‹van vis› vol graten, met veel graten

gra·tie [-(t)sie] *(‹Lat) de (v)* [-tiën] ❶ bevalligheid, bekoorlijke zwier in beweging, houding en manieren: ★ *zich met ~ bewegen* ❷ goedgunstigheid: ★ *uit de ~ geraken* ★ *in de ~ komen* ★ *koning bij de ~ Gods* ★ *bij de ~ of per ~* louter uit gunst ❸ recht gehele of gedeeltelijke kwijtschelding van een door rechterlijk vonnis opgelegde straf: ★ *~ verlenen* ❹ in de klassieke mythologie drie godinnen die Venus vergezellen (Aglaea, Thalia en Euphrosyne)

gra·ti·ë·ren *ww* [-(t)sjee-] [gratieerde, h. gegratieerd] → **gratie** (bet 3) verlenen; **gratiëring** *de (v)* [-en]

gra·ti·fi·ca·tie [-(t)sie] *(‹Lat) de (v)* [-s, -tiën] geschenk in geld boven het salaris, toelage; jubileumuitkering

gra·ti·fi·ce·ren *ww* [gratificeerde, h. gegratificeerd] *(‹Lat)*, **gra·ti·fi·ë·ren** [-fjee-] *(‹Fr)* [gratifieerde, h. gegratifieerd] ❶ iem. met iets vereren ❷ gratie verlenen

gra·tig *bn* ‹van vis› vol graten

gra·ti·ne·ren *ww (‹Fr)* [gratineerde, h. gegratineerd] een korstje van paneermeel, broodkruimels e.d. boven op een gerecht in een oven snel bruin laten worden

gra·tis *(‹Lat) bn* om niet, zonder betaling of vergoeding: ★ *de toegang tot de tentoonstelling was ~*

gra·tuit [ɣraatwie] *(‹Fr‹Lat) bn* ongegrond ★ *een gratuite bewering* een loze, niet gestaafde of te staven bewering

grauw¹ *bn* donkergrijs, vaal; niet helder van kleur ★ *grauwe gors* in Nederland zeldzame broedvogel, *Emberiza calandra* ★ *in donker zijn alle katjes* ~ zie bij → **katje**

grauw² *het* gepeupel

grauw³ *de (m)* [-en] NN snauw

grau·wen¹ *ww* [grauwde, h. gegrauwd] grauw worden, grijzen

grau·wen² *ww* [grauwde, h. gegrauwd] NN snauwen

grau·wig *bn* enigszins grauw, grauwachtig

grauw·schil·de·ring *de (v)* [-en] schildering in grijze kleuren

grauw·slui·er *de (m)* [-s] NN ❶ grijs waas (over een foto, kleding) ❷ *fig* vaagheid, onduidelijkheid

grauw·tje *het* [-s] schertsend benaming voor een ezel

gra·va·men *(‹Lat) het* [-mina] bezwaar, vooral aangaande de kerkleer

gra·ve *(‹It‹Lat)*, **gra·ve·men·te** [ɣraa-] *(‹It) bijw muz* ernstig, plechtig

gra·veel *(‹Oudfrans) het med* niergruis; zeer kleine blaas- of niersteentjes; het lijden daaraan

gra·veel·zand *het* niergruis

gra·veer·der *de (m)* [-s] iem. die graveert

gra·veer·ijzer *het* [-s] puntig ijzer om te graveren

gra·veer·kunst *de (v)* de kunst van het plaatsnijden

gra·veer·mes *het* [-sen], **gra·veer·naald** *de* [-en] instrument van de plaatsnijder

gra·veer·sel *het* [-s] het gegraveerde

gra·veer·staal *het* graveerijzer

gra·veer·stift *de* [-en] instrument van de plaatsnijder

grav·el [ɣrɛvvəl] *(‹Eng) het* rood steengruis (o.a. op tennisbanen)

gra·ven¹ *ww* [groef, h. gegraven] ❶ een kuil of gat maken in aarde, zand e.d. ❷ *fig* tot in het kleinste detail onderzoeken: ★ *diep in het geheugen* ~ ; zie ook bij → **graf** en → **kuil**

gra·ven² *zn meerv* van → **graf**

gra·ven·huis *het* [-huizen] geslacht van graven

gra·ve·ren *ww (‹Oudfrans)* [graveerde, h. gegraveerd] insnijdingen in metaal, hout of steen maken; aldus afbeelden, kunstig griffen: ★ *initialen in een ring* ~

gra·ve·rij *de (v)* [-en] vooral NN het graven, het afgraven, vooral van veen; plaats waar (af)gegraven wordt

gra·veur *(‹Fr) de (m)* [-s] iem. die graveert, metaalsnijder, houtsnijder, steensnijder, zegelsnijder

gra·vi·di·teit *(‹Lat) de (v)* zwangerschap

gra·vi·me·ter *(‹Lat-Gr) de (m)* [-s] toestel voor het meten van veranderingen van de zwaartekracht

gra·vi·me·trie *(‹Lat-Gr) de (v)* ❶ meting van verschillen in de zwaartekracht ❷ het bepalen van de samenstelling van een stof door de bestanddelen neer te slaan, te drogen en te bewegen; **gravimetrisch** *bn bijw*

gra·vin *de (v)* [-nen] ❶ vrouwelijke graaf ❷ echtgenote van een graaf

gra·vi·ta·tie [-(t)sie] *(‹Fr) de (v)* zwaartekracht, algemene aantrekkingskracht

gra·vi·teit *(‹Fr) de (v)* deftigheid; stijve plechtstatigheid, aangenomen ernst

gra·vi·te·ren *ww (‹Fr)* [graviteerde, h. gegraviteerd] ❶ door de werking van de zwaartekracht naar een bepaald punt toe bewegen ❷ *fig* een neiging in zekere richting vertonen

gra·vi·ton *het* quant van de zwaartekracht

gra·vu·re *(‹Fr) de* [-s, -n] ❶ het graveren; wijze van graveren ❷ gegraveerd werkstuk; afdruk van een gegraveerde plaat, prent

gra·zen *ww* [graasde, h. gegraasd] gras in een weide eten ★ *iemand te* ~ *nemen inf* iem. beetnemen

gra·zig *bn* grasrijk

gra·zio·so [ɣraatsjoozoo] *(‹It‹Lat)*, **gra·zio·sa·men·te** [ɣraatsjoozaa-] *(‹It) bijw muz* met gratie, lieftallig, bevallig

greb, **greb·be** *de* [grebben] NN greppel

green¹ *(‹Zw* of *No) de (m)* [grenen] grove den (*Pinus silvestris*)

green² [ɣrien] *(‹Eng) de (m)* [-s] golfspel stuk terrein rond de hole waar het gras zeer kort geknipt is

Green·wich·tijd [ɣrienitsj-] *de (m)* tijd van de meridiaan van Greenwich ten zuidoosten van Londen, waar sinds 1675 een observatorium gevestigd is (thans overgebracht naar Herstmonceux in Sussex)

greep I *de (m)* [grepen] ❶ het grijpen ❷ ~ *naar de macht* poging om (met geweld) aan de macht te komen ❷ manier van grijpen, handigheid: ★ NN *God zegen(e) de* ~ op goed geluk af **II** *de* [grepen] ❶ wat men met één grijpbeweging pakken kan, handvol ❷ handvat ❸ mestvork *verl tijd* van → **grijpen**

gre·go·ri·aans I *bn* afkomstig van Gregorius ★ ~ *jaar* jaar van 365 dagen, 5 uur 48 minuten 45 seconden, onder paus Gregorius XIII vastgesteld ★ *de gregoriaanse kalender* verbeterde tijdrekening onder paus Gregorius XIII in 1582 ingevoerd ter vervanging van de juliaanse kalender **II** *het* naar paus Gregorius de Grote (590-604) genoemde rituele gezang van de Rooms-Katholieke Kerk, eenstemmig, in vrije maat in de kerktoonaarden, oorspronkelijk zonder begeleiding

grein¹ *(‹Fr‹Lat) het* [-en] ❶ *eig* graankorrel ❷ oud medicinaal gewicht van ± 65 mg ❸ diamantgewicht, +4 karaat of 50 mg ❹ *fig*: ★ *geen grein(tje)* geen zier: ★ *geen greintje angst kennen*

grein² *(‹Fr) het* weefsel van kemels- of geitenhaar en wol

grei·nen¹ *bn* van → **grein²**

grei·nen² *ww* [greinde, h. gegreind] greineren

grei·ne·ren *ww* [greineerde, h. gegreineerd] het oppervlak ruw, gekarteld maken: ★ ~ *van papier*

geschiedt ná het bedrukken
grei·nig *bn* korrelig
grein·tje *het* zie bij → **grein¹**
Gre·na·daan [γrə-] *de (m)* [-danen] iem. geboortig of afkomstig van het West-Indische eiland Grenada
Gre·na·daans [γrə-] *bn* van, uit, betreffende het West-Indische eiland Grenada
gre·na·dier *(‹Fr) de (m)* [-s] keursoldaat van de infanterie
gre·na·di·ne *(‹Fr) de* ❶ rode limonade, oorspronkelijk uit granaatappelsap ❷ hard getwijnde natuurzijden draad; opengewerkt weefsel daarvan in linnenbinding
gren·del *de (m)* [-s] ❶ verschuifbare ijzeren staaf tot sluiting van deuren ❷ bout om een geweer af te sluiten; zie ook bij → **slot**
gren·de·len *ww* [grendelde, h. gegrendeld] met een grendel sluiten
gre·nen *bn* van grenenhout
gre·nen·hout *het* naaldhout van pijnbomen; Europees grenen (*Pinus silvestris*) en Amerikaans grenen (o.a. *Pinus palustris*)
grens *(‹Du) de* [grenzen] ❶ scheidingslijn, bijv. tussen staten, provincies e.d. ❷ uiterste, einde ★ *de grenzen overschrijden* of *te buiten gaan* verder gaan dan behoorlijk is ★ *grenzen verleggen* andere normen aanleggen waardoor de beoordeling van zaken verandert ★ *geen grenzen kennen* mateloos zijn, uitermate groot zijn ★ *er is een ~* of *er zijn grenzen* men moet weten hoever men kan gaan ★ *de ~ trekken* de scheiding aangeven
grens·af·ba·ke·ning *de (v)* [-en] het aangeven, bepalen van (lands)grenzen
grens·be·wo·ner *de (m)* [-s] iem. die dicht bij de grens van een land woont
grens·con·flict *het* [-en] ❶ botsing tussen twee landen aan de grens ❷ onenigheid over het beloop van een grens
grens·cor·rec·tie [-sie] *de (v)* [-s] kleine grenswijziging
grens·do·cu·ment *het* [-en] document dat nodig is om een landsgrens te passeren
grens·dorp *het* [-en] bij de grens gelegen dorp
grens·for·ma·li·tei·ten *mv* controlemaatregelen (pascontrole, visumcontrole, douane enz.) bij een grensovergang
grens·ge·bied *het* [-en] ❶ gebied nabij een (lands)grens ❷ *fig* gebied dat nog net deel uitmaakt van een omvattender gebied: ★ *het ~ van de geneeskunde*
grens·ge·meen·te *de (v)* [-n, -s] ❶ gemeente bij de landsgrens gelegen ❷ aangrenzende gemeente
grens·ge·schil *het* [-len] grensconflict
grens·ge·val *het* [-len] geval dat nog juist binnen een zekere groep of afdeling valt, maar evengoed tot een andere groep of afdeling gerekend kan worden, overgangsgeval
grens·hos·pi·ti·um *het* [-s] NN gesloten inrichting als verblijf voor asielzoekers voor er wordt besloten of deze in het land mogen blijven of dat ze moeten worden uitgezet
grens·in·ci·dent *het* [-en] onaangenaam voorval aan de grens, tussen burgers of soldaten van twee aangrenzende landen
grens·kan·toor *het* [-toren] douanekantoor aan de grens
grens·lijn *de* [-en], **grens·li·nie** *de (v)* [-s] lijn die de grens tussen zaken, gebieden e.d. aangeeft
grens·oor·log *de (m)* [-logen] ❶ oorlog die zich (tussen twee buurlanden) voornamelijk langs de grens afspeelt, aangezien geen van beide partijen erin slaagt het front te verplaatsen: ★ *Ethiopië en Eritrea voerden enige tijd een ~* ❷ oorlog om het beloop van de lansgrenzen
grens·over·gang *de (m)* [-en] plaats waar een grens tussen twee landen gepasseerd kan worden
grens·paal *de (m)* [-palen] paal die de grens aanduidt
grens·plaats *de* [-en] bij de grens gelegen plaats
grens·post *de (m)* [-en] grensovergang waar personen gecontroleerd kunnen worden
grens·punt *het* [-en] ❶ punt dat een lijn begrenst ❷ *fig* het uiterste waartoe iets kan of mag gaan
grens·rech·ter *de (m)* [-s] voetbal iem. die, langs de zijlijn lopend, de scheidsrechter bijstaat in gevallen die zich makkelijk aan het waarnemingsvermogen van de scheidsrechter onttrekken, zoals buitenspel, uitbal e.d., assistent-scheidsrechter
grens·ri·vier *de* [-en] rivier die de grens vormt
grens·schei·ding *de (v)* [-en] wat de grens vormt
grens·sta·tion [-(t)sjon] *het* [-s] station aan een landsgrens
grens·steen *de (m)* [-stenen] steen die de grens aanduidt
grens·ver·keer *het* verkeer heen en weer over een landsgrens, tussen dicht daarbij gelegen plaatsen
grens·ver·leg·gend *bn* ★ *~ onderzoek* wetenschappelijk onderzoek dat zulke resultaten oplevert, dat de gehele wetenschapstheorie of een belangrijk aantal takken van wetenschap daardoor weer nieuwe impulsen ontvangen
grens·waar·de *de (v)* wisk limiet
grens·wacht *de* ❶ groep soldaten of agenten ter bewaking van de grens ❷ [*mv:* -en] lid van zo'n groep
grens·wach·ter *de (m)* [-s] → **grenswacht**, bet 2
grens·wij·zi·ging *de (v)* [-en] verlegging van een grens
gren·ze·loos I *bn* zeer groot, onmetelijk: ★ *een ~ gebied* II *bijw* mateloos: ★ *zich ~ ergeren*
gren·zen *ww* [grensde, h. gegrensd] ❶ door een grens gescheiden zijn van: ★ *Nederland grenst aan België en Duitsland* ❷ *fig* naderen tot, nabijkomen: ★ *dit grenst aan het ongelooflijke*
gre·pen *mv verl tijd meerv van* → **grijpen**
grep·pel *de* [-s] zeer smalle, dikwijls droge sloot
gres *(‹Fr) het* ❶ Belgische kiezelzandsteen ❷ soort van weinig poreus, sterk aardewerk
gres·kei *de (m)* [-en] harde Belgische kei

gre·tig bn begerig; met graagheid: ★ ~ *op een aanbod ingaan* ★ *een pilsje ~ achteroverslaan*; **gretigheid** *de (v)*
grey·hound [γree-] (‹Eng) *de (m)* [-s] ❶ windhond, witte, slanke, kortharige hond met een lange staart ❷ bus voor lange afstanden in Noord-Amerika
gri·bus *de (m)* [-sen] NN ❶ zeer onaanzienlijk verblijf ❷ achterbuurt ❸ gevangenis
grief (‹Oudfrans‹Lat) *de* [grieven] bezwaar, reden tot ontevredenheid: ★ *een ~ hebben tegen de chef*
Griek *de (m)* [-en] iem. geboortig of afkomstig uit Griekenland
Grieks I bn ❶ van, uit Griekenland: ★ *Griekse wijnen* ❷ van de oude Grieken: ★ *de Griekse filosofie* ★ ~ *kruis* kruis met vier even lange armen ★ *de Griekse beginselen toegedaan zijn* homofiel zijn **II** *het* taal van Griekenland, vooral die uit de oudheid; vgl: → **Nieuwgrieks**
Grieks-ka·tho·liek bn & de [-en] Grieks-orthodox
Grieks-La·tijn·se *de* BN verkorting voor 'Grieks-Latijnse humaniora', een richting binnen het middelbaar onderwijs (in Nederland vergelijkbaar met gymnasium)
Grieks-or·tho·dox I bn van, betreffende de Grieks-orthodoxe Kerk, katholieke kerk in Oost-Europa die het pauselijke gezag niet erkent **II** *de* [-en] iem. behorend tot de Grieks-orthodoxe Kerk
Grieks-Ro·meins bn betreffende de Grieken en Romeinen, de cultuur van de klassieke oudheid ★ ~ *worstelen* wijze van worstelen waarbij de tegenstander niet bij de benen vastgegrepen mag worden
griend¹ *de* [-en] uiterwaard, vooral met rijshout beplant
griend² *de (m)* [-en] klein soort walvis, die ook in de Noordzee voorkomt, *Globicephala melaena*
griend·hout *het* rijshout
griend·land *het* [-en] met griendhout beplant land
griend·waard *de* [-en] → **griend¹**
grie·nen ww [griende, h. gegriend] vooral NN zeurderig huilen
grie·ne·rig bn geneigd tot grienen
griep (‹Fr‹Russ) *de* vooral in de winter voorkomende infectieziekte met koorts, malaise, hoofdpijn, hoesten enz., *influenza*
grie·pen ww [griepte, h. gegriept] vervelend doen
grie·pe·rig bn enigszins aan griep lijdend
griep·prik *de (m)* [-ken] injectie ter voorkoming van griep
gries *het* ❶ kiezelzand, gruis ❷ griesmeel
gries·meel (‹Du) *het* grof meel
gries·sui·ker *de (m)* BN geraffineerde korrelvormige suiker, fijne kristalsuiker
griet¹ *de (m)* [-en] inf meisje
griet² *de (m)* [-en] inf grutto
griet³ *de* [-en] soort platvis (*Scophthalmus rhombus*)
grie·te·nij (‹Fries) *de (v)* [-en] ‹vroeger in Friesland› groep bijeenhorende dorpen

griet·man *de (m)* [-nen] bestuurder van een grietenij
grie·ve *de* [-n] → **grief**
grie·ven ww [griefde, h. gegriefd] krenken, beledigen, kwetsen, pijnlijk treffen: ★ *die opmerking heeft mij zeer gegriefd*
grie·vend bn krenkend
grie·ven·trom·mel *de* BN alle klachten aan de overheid ★ *de Vlaamse ~ roeren* de Vlaamse eisen nogmaals stellen
grie·zel *de (m)* [-s] ❶ afkeerwekkend persoon, dier of ding ❷ rilling van afkeer of angst; afkeer
grie·ze·len ww [griezelde, h. gegriezeld] huiveren: ★ ~ *bij een enge film* ★ *van spinnen ~ spinnen* zeer eng vinden
grie·zel·film *de (m)* [-s] film die griezelingen van angstige spanning verwekt, horrorfilm
grie·ze·lig bn huiveringwekkend, eng
grie·zel·ver·haal *het* [-halen] verhaal dat griezelingen van angstige spanning verwekt
grif bijw bn vlug, vlot: ★ *die partij, dat artikel ging ~ van de hand* ★ *iets ~ toegeven* ronduit vinden
grif·fel (‹Lat‹Gr) *de* [-s] vroeger schrijfstift voor een lei ★ *een 10 met een ~ krijgen* een bijzonder compliment vanwege een uitnemende prestatie
grif·fen ww [grifte, h. gegrift] inkrassen, veelal fig: ★ *dat staat in z'n geheugen gegrift*
grif·fie (‹Fr) *de (v)* [-s] bureau van een griffier, secretarie van sommige colleges ★ *ter ~ deponeren* ter inzage leggen
grif·fier (‹Fr) *de (m)* [-s] secretaris van een college, vooral van een rechterlijk college, van de Eerste en Tweede Kamer en van de Provinciale Staten
grif·fie·rech·ten mv leges geheven van partijen in een burgerlijk proces
grif·fi·oen, **grif·foen** (‹Oudfrans) *de (m)* [-en] fabeldier, half adelaar, half leeuw, vaak als wapenfiguur
grif·fon (‹Fr) *de (m)* [-s] soort smoushond met lang en grof haar
grift *de* [-en] NN beekje, waterloop, wetering
grif·weg bijw vlotweg, zomaar, zonder aarzelen
grijns *de* [grijnzen], **grijns·lach** *de (m)* [-en] valse, hatelijke lach
grijns·la·chen ww [grijnslachte, h. gegrijnslacht] hatelijk lachen
grijn·zaard *de (m)* [-s] iem. die grijnst; grimmig, hatelijk persoon
grijn·zen ww [grijnsde, h. gegrijnsd] vals lachen, waarbij de tanden te zien zijn
grijp *de (m)* [-en] griffioen
grijp·arm *de (m)* [-en] grijpende arm aan een machine, grijper
grijp·baar bn tastbaar, concreet
grij·pen ww [greep, h. gegrepen] met een snelle handbeweging pakken ★ *voor het ~ hebben* in overvloed hebben, gemakkelijk kunnen krijgen ★ *voor het ~ liggen* in overvloed voorhanden zijn *of* voor de hand liggen ★ *om zich heen ~* zich snel uitbreiden ★ *naar de wapens ~* ten oorlog trekken,

een strijd beginnen ★ *door iets gegrepen zijn* er vol van zijn, geestdriftig voor iets zijn, aan niets anders meer kunnen denken; zie ook bij → **lucht** en → **pen¹**
grij·per *de (m)* [-s] grijpende machine of grijpende arm daarvan
grijp·graag *bn* graag iets pakkend, hebberig: ★ *wil je daar met je grijpgrage vingers afblijven!*
grijp·staart *de (m)* [-en] staart, bijv. van een aap, om mee te grijpen
grijp·stui·ver *de (m)* [-s] NN kleine verdienste voor niet regelmatig verrichte werkzaamheden: ★ *ik heb met dat karweitje een aardige ~ verdiend*
grijs *bn* ❶ kleur tussen zwart en wit ★ *de grijze middenmoot* gezegd van niet op de voorgrond tredende of apathische groeperingen: ★ *wat je ook doet, de grijze middenmoot loopt toch niet warm voor deze plannen* ❷ onopvallend en saai ★ *een grijze muis* een saai, kleurloos mens ❸ fig oud: ★ *in een ~ verleden* ❹ NN, spreektaal erg, kras: ★ *dat is al te ~* ❺ halflegaal ★ *het grijze circuit* economisch verkeer dat ten dele onwettig is
grijs·aard [greizaart] *de (m)* [-s] oude man
grijs·ach·tig *bn* wat betreft kleur op grijs gelijkend
grijs·blauw *bn* grijzig blauw
grijs·bruin *bn* grijzig bruin
grijs·groen *bn* vaalgroen
grijs·ha·rig, **grijs·ha·rig** *bn* met grijs haar
grijs·heid *de (v)* ❶ het grijs zijn ❷ ouderdom
grijs·kop *de (m)* [-pen] geringsch grijsaard
grijs·rij·den *ww* [reed grijs, h. grijsgereden] NN ‹in het openbaar vervoer› als passagier meerijden terwijl men te weinig betaald heeft voor de rit die men maakt
grijs·rij·der *de (m)* [-s] NN iem. die gebruik maakt van het openbaar vervoer en opzettelijk te weinig betaalt; vgl: → **zwartrijder**
grijs·wit *bn* niet helder wit
grij·zen *ww* [grijsde, is gegrijsd] grijs worden
grij·zig *bn* grijsachtig
gril¹ *(Du)* *de* [-len] ❶ nuk, kuur: ★ *het was een ~ van hem te gaan aerobiccen* ★ BN *aprilse grillen* veranderlijk weer in april ❷ wonderlijke inbeelding
gril² *de (m)* [-len] NN rilling
grill [γril] *(Eng)* *de (m)* [-s] rooster waarop vlees e.d. wordt gebraden of geroosterd zonder vet
gril·len *ww* [γril-] *(Eng)* [grilde, h. gegrild] grilleren
gril·le·ren *ww* [grieleerə(n)] *(Fr)* [grilleerde, h. gegrilleerd] ❶ roosteren op een grill ❷ van traliewerk voorzien, afrasteren
gril·lig *bn* vol grillen, wispelturig, veranderlijk; **grilligheid** *de (v)* [-heden]
grill-room [γrilroem] *(Eng)* *de (m)* [-s] eetzaal in een restaurant waar vlees geroosterd wordt dat men zo voor het rooster kan eten
gri·mas *(Fr)* *de* [-sen] rare vertrekking van het gezicht
grime [γriem(ə)] *(Fr)* *de* [-s] voor een bepaalde toneel- of filmrol aangebrachte beschildering van het gelaat en verzorging van haar en baard
gri·me·ren *ww* *(Fr)* [grimeerde, h. gegrimeerd] de voor een bepaalde toneel- of filmrol vereiste beschildering van het gelaat, aankleding met pruik enz. aanbrengen
gri·meur *de (m)* [-s] iem. die grimeert
grim·lach *de (m)* valse, bittere glimlach
grim·la·chen *ww* [grimlachte, h. gegrimlacht] vals, bitter glimlachen
grim·men *ww* [grimde, h. gegrimd] ❶ grimmig zijn ❷ dreigend aanzien
grim·mig *bn* boos, woest, wrevelig
grim·mig·heid *de (v)* boosheid, woestheid, toorn
grind *het* steengruis, kleine steentjes
grind·bank *de* [-en] grindlaag, ophoping van grind
grin·den *ww* [grindde, h. gegrind], **grin·ten** [grintte, h. gegrint] met grind bestrooien, begrinden
grind·grond *de (m)* [-en] grind bevattende grond
grind·weg *de (m)* [-wegen] weg die verhard is met grind
grind·zand *het* zeer fijn verdeeld grind
grind·zeef *de* [-zeven] zeef om grind van zand e.a. te scheiden
grin·go [γrienγoo] *(Sp)* *de (m)* ['s], **grin·ga** [γrienγaa] *de (v)* ['s] scheldnaam voor vreemdelingen en in het bijzonder voor Noord-Amerikanen in Latijns-Amerika
grin·ni·ken *ww* [grinnikte, h. gegrinnikt] zenuwachtig of spottend lachen
grin·ten *ww* [grintte, h. gegrint] → **grinden**
griot [γrie(j)oo] *(Fr‹West-Afrikaanse taal›)* *de (m)* [-s] zanger-verhalenverteller in West-Afrika
gri·ot·je *(Fr)* *het* [-s] NN gesuikerd zacht dropje
grip [γrip] *(Eng)* *de (m)* ❶ houvast, stevig contact: ★ *met deze zolen heb je een goede ~ op de vloer* ❷ fig vat, greep ★ *scheidsrechter Jansen had geen ~ op de wedstrijd*
gri·saille [γriezajjə] *(Fr)* *de & het* [-s] ❶ schilderwerk waarbij men alleen met tinten werkt, meest grijs op grijs ❷ pruik van gemengd blond en bruin haar
gris·sen *ww* [griste, h. gegrist] weggrijpen, naar zich toe halen
grit *het* ❶ gemalen schelpen (als kippenvoer) ❷ steentjes gebruikt als kattenbakvulling
grizz·ly·beer [grizlie-] *(Eng)* *de (m)* [-beren] zeer grote soort van beer in het de Rocky Mountains, *Ursus arctos horribilis*
groef¹, **groe·ve** *de* [groeven] ❶ kuil, vooral grafkuil ❷ insnijding: ★ *de groeven van een grammofoonplaat* ❸ gleuf, rimpel: ★ *de groeven in zijn voorhoofd*
groef² *ww verl tijd van* → **graven¹**
groei *de (m)* het groeien, groeikracht ★ *op de ~ gemaakt (kinderkleding)* ruim gemaakt met het oog op het groter worden
groei·bon *de* [-nen] BN spaarbon waarvan de rente wordt gekapitaliseerd
groei·bril·jant *de (m)* [-en] ❶ vooral NN briljant die telkens bij de juwelier tegen bijbetaling omgeruild

kan worden tegen een van groter formaat ❷ fig jonge persoon van wie wordt verwacht dat hij zich voortvarend zal ontwikkelen; zaak met veel groeipotentie

groei·en ww [groeide, is gegroeid] ❶ groter worden, toenemen in grootte, omvang e.d. ★ *uit zijn kleren ~* zo groot worden dat de kleren te klein worden ★ *in iets ~* a) zich al doende bekwamen; b) in toenemende mate genoegen beleven aan iets, vooral aan andermans leed; zie ook bij → **hoofd**, → **kracht** en → **verdrukking** ❷ ⟨van gewassen⟩ uit de grond komen, opkomen; zie ook bij → **gras**, → **kool**²

groei·fonds het [-en] effect waarvan wordt verwacht dat het in waarde zal stijgen

groei·hor·moon het [-monen] med hormoonpreparaat dat de groei bevordert

groei·kern de [-en] door de overheid aangewezen plaats waar de hoeveelheid woningen mag toenemen tot een bepaald aantal

groei·kracht de vermogen tot groei

groei·pijn de [-en] pijn die baby's soms hebben, veroorzaakt door het groeien; fig moeilijkheden die ontstaan door snelle uitbreiding of ontwikkeling

groei·sel het [-s] wat groeit of gegroeid is

groei·stuip de [-en] ❶ stuip bij kleine kinderen ❷ fig onregelmatigheid die optreedt bij een snelle groei: ★ *de computerindustrie had nog last van groeistuipen*

groei·zaam bn ❶ met sterke groeikracht ❷ bevorderlijk voor de groei: ★ *~ weer*;

groeizaamheid de (v)

groen¹ I bn ❶ kleur: mengsel van geel en blauw ★ *het werd mij ~ en geel voor de ogen* ik kreeg een duizeling ★ *zich ~ en geel ergeren* zich heel erg ergeren ★ *het Groene Boekje* populaire benaming voor de 'Woordenlijst van de Nederlandse Taal', waarin de spelling van het Nederlands is vastgelegd ★ *groene golf* effect dat ontstaat wanneer een reeks verkeerslichten zo is afgesteld dat men, rijdend met een bepaalde snelheid, het desbetreffende traject zonder oponthoud kan afleggen ★ *groene haring* verse haring ★ *groene hart* agrarisch of bosrijk gebied midden in een zeer dicht bevolkte streek, vooral het gebied, binnen de Randstad Holland, met Gouda als centrum ★ *het groene licht geven* toestemming geven een bepaald project te beginnen of ermee door te gaan ★ *groene long* bos- of parkgebied binnen een stedelijke agglomeratie ★ *groene partij* of *groene lijst* politieke groepering die voornamelijk aandacht besteedt aan zaken betreffende milieu en natuur ★ *groene stroom* stroom die is opgewekt uit duurzame energiebronnen, zoals zon, wind en water ★ *de groenen* a) politiek aanhangers van een milieupartij; b) hist de groene politie, aanduiding voor een Duits politieonderdeel in de tijd van het nationaalsocialisme (gekenmerkt door groene uniformen) ★ NN *groene weduwe* benaming voor een vrouw die de hele dag alleen in verveling in een slaapstad doorbrengt, terwijl haar man elders werkt ★ *groene vingers hebben* succes hebben met het kweken van planten ★ in Nederland *Groene Kruis* algemene kruisvereniging ★ *groene kaas* gemalen Schabzieger kaas, een kruidig smakende kaas uit Zwitserland ★ *het groene laken* biljartlaken ★ *groene tafel* tafel waaraan het bestuur zit tijdens een vergadering ★ *de groene trui* trui, gedragen door de leider van het puntenklassement tijdens de Tour de France ★ *nog ~ achter zijn oren zijn* onervaren, nog niet droog achter zijn oren zijn ★ BN *~ lachen* gedwongen, zuur lachen, lachen als een boer die kiespijn heeft ❷ onrijp, fig jong, onervaren ★ *zo ~ als gras* zeer onschuldig, onnozel, naïef; zie ook bij → **baret**, → **kaart**, → **rijp**² **II** het ❶ de groene kleur ❷ gebladerte, loof

groen² de (m) [-en] nieuweling, vooral onder studenten

Groen! afk in België politieke milieupartij

groen·ach·tig bn wat betreft kleur op groen gelijkend

groen·be·mes·ting de (v) [-en] bemesting met groene, meststoffen bevattende planten, bijv. lupine

groe·nen ww [groende, is gegroend] groen worden

groen·geel bn groenig geel

groen·gor·del de (m) [-s] stuk park- of bosgebied rond of in stedelijke agglomeraties

groen·grond de (m) [-en] aanslibsel van beken enz.

groen·ha·ring de (m) [-en] verse haring; ook *groene haring*

groen·hout het levend hout

groe·nig bn groenachtig

groen·land het [-en] weiland, grasland

Groen·lan·der de (m) [-s] iem. geboortig of afkomstig van Groenland

Groen·lands I bn van, uit, betreffende Groenland ★ *Groenlandse walvis* zwarte, vrij langzame baleinwalvis met een zeer grote kop, bewoner van de arctische zeeën (*Balaena mysticetus*) **II** het dialect van de Eskimotaal dat een nationale taal is van Groenland

Groen·land·vaar·der de (m) [-s] hist schip dat naar de IJszee bij Groenland voer voor de walvisvangst

groen·ling de (m) [-en] soort vink, olijfgroen en geel van kleur, *Carduelis chloris*

GroenLinks zn in Nederland linkse politieke partij, in 1991 ontstaan door het samengaan van de CPN, PPR, EVP en PSP

groen·pluk de (m) NN het door werkgevers in tijden van arbeidskrapte van school weglokken van jongeren voordat ze hun diploma hebben behaald

groen·sel het wat groene kleur aanbrengt

groen·spa·ren ww & het NN sparen en beleggen in milieuvriendelijke projecten

groen·strook de [-stroken] beplant of begroeid gedeelte in een stad

groen·te de (v) [-n, -s] gewas voor menselijk voedsel dienend

groen·te·bed *het* [-den] tuinbed met groenten
groen·te·boer *de (m)* [-en] verkoper van groente
groen·te·han·del *de (m)* verkoop van groente; **groentehandelaar** *de (m)* [-s, -laren]
groen·te·man *de (m)* [-nen] groenteboer
groen·te·soep *de* van diverse groenten getrokken soep
groen·te·tuin *de (m)* [-en] tuin waarin groente gekweekt wordt
groen·te·vei·ling *de (v)* [-en] verkoop van groenten in grote hoeveelheden, meestal met mijntoestellen
groen·te·win·kel *de (m)* [-s] winkel waar men groente en fruit verkoopt
groen·tijd *de (m)* ❶ NN periode van ontgroening, tijd dat nieuwe studenten door oudere leden van de studentenvereniging worden beproefd en geplaagd ❷ BN tijd dat een verkeerslicht op groen staat
groen·tje *het* [-s] nieuweling, beginneling
groen·vink *de* [-en] groenling
groen·voer *het* vers plantaardig veevoer
groen·voor·zie·ning *de (v)* (gemeentelijke instelling belast met) het aanleggen van groenstroken in een stad
groen·zand *het* zand waarin een groen mineraal voorkomt
groep¹ *(‹Fr) de* [-en] ❶ aantal bijeenbehorende en op enigerlei wijze samenwerkende personen of dieren: ★ *een ~ milieubeschermers, toeristen* ★ *een ~ everzwijnen* ★ *iets in de ~ gooien* iets door een groep personen laten bespreken ❷ aantal personen met eenzelfde kenmerk: ★ *een gediscrimineerde ~ in onze samenleving* ★ *een vergeten ~ voor wier belangen niet wordt opgekomen* ❸ aantal bijeenbehorende zaken: ★ *een ~ eilanden, beelden* ❹ aantal basisschoolleerlingen dat tegelijk dezelfde les volgt ❺ wisk bep. verzameling van elementen
groep² *de* [-en] goot in een rundveestal waarin mest en urine terechtkomen
groe·pa·ge [-paazjə] *(‹Fr) de (v)* het samenladen van vrachten ter besparing van kosten
groe·pa·ge·dienst [-paazjə-] *de (m)* samenwerkingsverband tussen verschillende vrachtrijders waarbij vrachten met eenzelfde bestemming onderling gegroepeerd worden
groe·pen *ww* [groepte, h. gegroept] ❶ in een → **groep¹** plaatsen ❷ een → **groep¹** vormen
groe·pe·ren *ww (‹Fr)* [groepeerde, h. gegroepeerd] ❶ tot een → **groep¹** bijeenschikken ❷ in groepen stellen ★ *zich ~ in een groep bij elkaar gaan staan*
groe·pe·ring *de (v)* [-en] ❶ het groeperen ❷ wat zich tot een groep of partij aaneengesloten heeft
groep·kie·zer *de (m)* [-s] telec kengetal
groeps·be·lang *het* [-en] belang van een bepaalde groep
groeps·com·man·dant *de (m)* [-en] bep. rang bij de rijkspolitie
groeps·fo·to *de* ['s] foto van een groep personen
groeps·ge·wijs, groeps·ge·wij·ze *bijw* in groepen

groeps·lei·der *de (m)*, **groeps·leid·ster** *de (v)* [-s] leid(st)er van een groep van personen of kinderen, vooral in een tehuis
groeps·por·tret *het* [-ten] foto of schilderij van een aantal in een bep. verhouding (bijv. familie, vriendschap, werk) tot elkaar staande personen
groeps·prak·tijk *de (v)* [-en] praktijk van een groep artsen, fysiotherapeuten, verloskundigen e.d. samen, meestal in één gebouw
groeps·reis *de* [-reizen] door een aantal mensen gezamenlijk gemaakte (georganiseerde) reis
groeps·seks *de (m)* het bedrijven van seks met drie of meer personen tegelijkertijd
groeps·taal *de* [-talen] taal met termen die een bepaalde groep van mensen gebruikt, sociolect
groep·stal *de (m)* [-len] rundveestal met een goot (→ **groep²**), waarin mest en urine terechtkomen
groeps·the·ra·pie *de (v)* behandeling in groepsverband van mensen met (psychische) problemen
groeps·ver·band *het* ★ *in ~* in een groep, een groep vormend: ★ *een reis maken in ~*
groeps·vor·ming *de (v)* het vormen van groepen
groep·taal *de* [-talen] → **groepstaal**
groet *de (m)* [-en] woorden of gebaren bij ontmoeting, verwelkoming of afscheid ★ *met hartelijke groet(en)* slotformule onderaan een brief ★ *iem. de groeten doen* iem. groeten ★ NN, spreektaal *de groeten! ik denk er niet over!*: ★ *ik ga daar niet met de bus naar toe, de groeten!*
groe·ten *ww* [groette, h. gegroet] een groet uitspreken, kenbaar maken
groet·plicht *de* mil voorschrift een meerdere te begroeten
groe·ve *de* [-n] → **groef¹**
groe·ven¹ *ww* [groefde, h. gegroefd] een groef maken
groe·ven² *ww verl tijd meerv van* → **graven¹**
groe·ze·lig *bn* onfris, goor; **groezeligheid** *de (v)*
grof [grovel] [gròvə] *bn* ❶ niet bewerkt: ★ *een ~ blok hout* ❷ niet fijn: ★ *grove handen* ★ *ik heb dit ~ gecontroleerd* niet precies, vluchtig ★ *een grove kam* met grote tanden ★ *~ geld verdienen* zonder veel inspanning veel verdienen; zie ook bij → **den¹** en → **geschut** ❸ lomp, ruw, onbeschaafd: ★ *een grove kerel* ★ *grove taal* ★ *~ in de mond zijn* ❹ ernstig, bedenkelijk: ★ *grove fouten maken* ★ *een grove leugen*
grof·heid *de (v)* ❶ het grof zijn ❷ [*mv:* -heden] grove uiting, ruwe belediging
grof·kor·re·lig *bn* uit grove korrels bestaande
grof·meel *het* ongebuild meel
grof·sme·de·rij *de (v)* [-en] werkplaats waar groot smeedwerk vervaardigd wordt
grof·smid *de (m)* [-smeden] smid die groot smeedwerk vervaardigt
grof·te *de (v)* [-s, -n] mate van grofheid of fijnheid
grof·weg *bijw* ❶ ruwweg, ongeveer geschat: ★ *ik verdien ~ 2000 euro per maand* ❷ rechtuit, zonder

omhaal of verzachting
grof·wild *het* grote dieren als herten, zwijnen e.d. als jachtobject
grof·zand *het* grofkorrelig zand
grog [grok] (‹*Eng*› *de (m)*) [-s] drank van heet water met rum, cognac of jenever en suiker en een schijfje citroen
grog·gy [γroγγie] (‹*Eng*› *bn* als dronken, onvast op de benen, vooral van een bokser gezegd
grog·je [grokjə] *het* [-s] een glas grog
grog·stem [grok-] *de* [-men] schorre stem
grol *de* [-len] grap, grappig praatje: ★ *grappen en grollen verkopen*
grol·len *ww* [grolde, h. gegrold] knorren, brommen
grol·lig *bn* grappig, lollig
grom¹ *het* ingewand van slachtdieren
grom² *de (m)* [-men] grommend geluid
grom·me·len *ww* [grommelde, h. gegrommeld] een rommelend geluid maken
grom·men *ww* [gromde, h. gegromd] ❶ brommen, een dreigend keelgeluid maken: ★ *de hond gromde naar de postbode* ❷ mopperen: ★ *wat loop jij te ~?*
grom·me·rig, **grom·mig** *bn* slecht gehumeurd, knorrig; **grommerigheid** *de (v)*
grom·pot *de (m)* [-ten] brompot, knorrig persoon
grond *de (m)* [-en] ❶ aarde, land, bodem ★ *aan de ~ zitten* a) ‹van schepen› aan de bodem vast zitten; b) fig ‹van mensen, bedrijven e.d.› niet verder kunnen door grote moeilijkheden ★ *als aan de ~ genageld* beweginglos door schrik of angst ★ *laag bij de ~* oppervlakkig, bekrompen, benepen ★ *in de ~ boren* (een schip) tot zinken brengen, fig ten ondergang brengen ★ *van de ~ komen* voortgang maken ★ *met de ~ gelijkmaken* ❷ ‹steden, gebouwen› geheel verwoesten ★ *te gronde gaan* ondergaan, ophouden te bestaan ★ *te gronde richten* tot ondergang brengen ★ NN *van de koude grond* a) geteeld zonder broeikassen; b) schertsend van weinig waarde of betekenis: ★ *een psycholoog van de koude ~* ★ *wel door de ~ kunnen zakken / gaan (van schaamte, ellende)* zich erg schamen of ellendig voelen ★ *iets uit de ~ stampen* (bouwwerken e.d.) snel doen verrijzen ★ *vaste ~ onder de voeten hebben* ergens blijvend gevestigd zijn ★ NN *de begane ~* verdieping op gelijke hoogte met het aardoppervlak ; zie ook bij → **voet** ❸ beginsel, het diepste of voornaamste ★ *in de grond in (het) wezen* ★ *uit de ~ van mijn hart* ❹ reden, argument: ★ *op ~ van, op goede gronden, op losse gronden, van alle ~ ontbloot* ; zie ook bij → **water** (bet 4)
grond·ach·tig *bn* naar de grond smakend
grond·ak·koord *het* [-en] muz akkoord op de grondtoon
grond·be·drijf *het* [-drijven] NN gemeentelijke dienst die zich bezighoudt met het kopen, onteigenen, (ver)huren of (ver)pachten van gronden en gebouwen in de gemeente
grond·be·gin·sel *het* [-en, -s] ❶ hoofdregel, stelregel;

❷ *grondbeginselen* beknopte handleiding: ★ *grondbeginselen van de strategie*
grond·be·grip *het* [-pen] hoofdbegrip van een wetenschap
grond·be·las·ting *de (v)* [-en] belasting op grondbezit
grond·be·stand·deel *het* [-delen] hoofdbestanddeel
grond·be·te·ke·nis *de (v)* [-sen] oorspronkelijke betekenis
grond·be·zit *het* ❶ het in eigendom hebben van grond ❷ grond die iem. bezit
grond·be·zit·ter *de (m)* [-s] iem. die grond bezit
grond·bo·ring *de (v)* [-en] onderzoek naar de samenstelling van aardlagen door boring
grond·dienst *de (m)* werk op een vliegveld, verricht door niet-vliegend personeel
grond·ei·ge·naar *de (m)* [-s, -naren] grondbezitter
grond·ei·gen·dom I *de (m)* het bezitten van grond in eigendom **II** *het* [-men] stuk grond dat iem. in eigendom heeft
gron·del *de (m)* [-s], **gron·de·ling** [-en] lid van de vissenfamilie Gobiidae, vaak levend in de kustwateren in tropische en subtropische zeeën
gron·de·loos *bn* ❶ bodemloos ❷ onmetelijk
gron·den *ww* [grondde, h. gegrond] ❶ grondvesten, baseren ❷ in de grondverf zetten
gron·de·rig *bn* ‹van vis› naar grond smakend
grond·ge·bied *het* bodem; land waarover een regering gezag heeft
grond·ge·dach·te *de (v)* [-n] hoofdgedachte, gedachte waarop een betoog gebaseerd is
grond·hou·ding *de (v)* geesteshouding van waaruit men alles beschouwt of aanpakt: ★ *iets vanuit een positieve ~ benaderen*
gron·dig I *bn* degelijk, diepgaand: ★ *iets ~ onderzoeken* ★ *ergens een grondige hekel aan hebben* er veel hekel aan hebben **II** *bn* ❶ met gronddeeltjes ❷ naar grond smakend: ★ *een grondige paling*
gron·dig·heid *de (v)* degelijkheid, zakelijkheid, het wel gefundeerd zijn
grond·ijs *het* op de bodem van een rivier gevormd ijs
gron·ding *de (v)* het stichten
grond·ka·mer *de* in 1941 ingesteld college van toezicht op het gebruik van de bodem, verpachting enz.
grond·kleur *de* [-en] ❶ kleur van de grondverf ❷ hoofdkleur, primaire kleur, bijv. van een schilderij
grond·kre·diet *het* [-en] krediet op onderpand van gronden
grond·laag *de* [-lagen] ❶ onderste laag; grondverf ❷ een laag grond
grond·las·ten *mv* grondbelasting
grond·leg·ger *de (m)* [-s] stichter: ★ *de ~ van een filosofische richting*
grond·leg·ging *de (v)* [-en] stichting, beginvorming
grond·lijn *de* [-en] ❶ wisk basis van een driehoek ❷ bouwk hoofdlijn
grond·me·cha·ni·ca *de (v)* de leer van het evenwicht

en de vervorming van grond, toegepast bij weg- en waterbouw
grond·noot *de* [-noten] pinda
grond·oor·log *de (m)* op de grond uitgevochten oorlog (in tegenstelling tot *luchtoorlog* of *zeeoorlog*)
grond·oor·zaak *de* [-zaken] diepste oorzaak
grond·pacht *de* het huren van grond; de daarvoor betaalde of te betalen huur
grond·per·so·neel *het* niet-vliegend personeel van een luchtvaartmaatschappij
grond·pij·ler *de (m)* [-s] steunpilaar; ook fig
grond·rech·ten¹ *mv* gewaarborgde menselijke rechten en vrijheden
grond·rech·ten² *mv* grondbelasting
grond·re·gel *de (m)* [-s, -en] hoofdbeginsel
grond·ren·te *de* [-n, -s] ❶ een op een onroerende zaak rustende last die de eigenaar verplicht periodiek aan de gerechtigde een som of voortbrengselen te betalen ❷ econ beloning voor de diensten die de grond in het productieproces verricht
grond·schei·ding *de (v)* [-en] ❶ het verdelen van grond onder erfgenamen ❷ afscheiding tussen twee stukken grond
grond·slag *de (m)* [-slagen] beginsel, uitgangspunt: ★ *de gelijkheidsgedachte is de ~ van de democratie* ★ *ten ~ liggen aan* het uitgangspunt vormen van
grond·soort *de* [-en] soort aarde die in een bep. gebied wordt aangetroffen
grond·sop *het* NN het onderste, bezinksel van een vloeistof
grond·spe·cu·lant *de (m)* [-en] iem. die doet aan grondspeculatie
grond·spe·cu·la·tie [-(t)sie] *de (v)* [-s] het speculeren op waardevermeerdering van grond
grond·steen *de (m)* [-stenen] eerste, belangrijke steen; hoeksteen
grond·stel·ling *de (v)* [-en] (aangenomen) waarheid waar men van uitgaat
grond·ste·war·dess [-stjoe-] *de (v)* [-en] NN ‹op vliegvelden› geüniformeerde employee van een luchtvaartmaatschappij die dienst doet op een luchthaven
grond·stof *de* [-fen] ❶ voor de fabricatie benodigde voortbrengselen van de natuur ❷ chem element
grond·taal *de* [-talen] ❶ taal waaruit andere talen zijn voortgekomen: ★ *het Latijn is de ~ van de Romaanse talen* ❷ taal van de grondtekst
grond·tal *het* [-len] wisk getal waarmee een talstelsel is opgebouwd
grond·tekst *de (m)* [-en] oorspronkelijke tekst (die later vertaald is)
grond·toon *de (m)* [-tonen] ❶ muz begintoon van een toonladder, eerste toon van een akkoord ❷ fig hoofdgedachte
grond·trek *de (m)* [-ken] voornaamste eigenschap ★ *in grondtrekken* in grote lijnen
grond·troe·pen *mv* mil strijdkrachten die opereren op de vaste grond

grond·verf *de* [-verven] eerste verflaag
grond·ver·schui·ving *de (v)* [-en] aardverschuiving
grond·ver·ven *ww* [grondverfde, h. gegrondverfd] met grondverf bedekken
grond·ves·ten I *mv* ❶ materialen waarmee een gebouw in de grond bevestigd is, fundamenten, ook fig: ★ *op zijn ~ schudden*, BN ook daveren ❷ ‹van gebouwen› trillen, beven **II** *ww* [grondvestte, h. gegrondvest] de grondslagen leggen, stichten
grond·ves·ter *de (m)* [-s] iem. die grondvest; stichter
grond·ves·ting *de (v)* het grondvesten
grond·vlak *het* [-ken] ❶ oppervlak waarop een lichaam rust ❷ RK niet-leidinggevend deel van de gelovigen
grond·waar·heid *de (v)* [-heden] waarheid die ten grondslag ligt, vooral aan een godsdienstig leerstelsel
grond·wa·ter *het* het water in de grond; *tegengest*: → **oppervlaktewater**
grond·wa·ter·peil *het* de stand (hoogte) van het grondwater
grond·werk *het* [-en] ❶ graafwerk ❷ beweging, verschuiving van de aarde
grond·wer·ker *de (m)* [-s] iem. die graafwerk verricht
grond·wet *de* [-ten] ❶ wet of rechtsregeling, met bijzondere waarborgen omgeven, die de grondslag van een staat vormt ❷ fig grondregel, eerste voorschrift
grond·wet·ge·ver *de (m)* [-s] vaststeller van de grondwet
grond·wets·ar·ti·kel *het* [-en, -s] onderdeel van een grondwet
grond·wets·her·zie·ning *de (v)* [-en] wijziging van de grondwet
grond·wet·te·lijk *bn* ❶ van, berustend op de grondwet: ★ *grondwettelijke rechten* ❷ ‹van een staat› een grondwet hebbend ❸ ‹van een regering› aan een grondwet gebonden
grond·wet·tig *bn* ❶ door de grondwet toegestaan of voorgeschreven; volgens de grondwet: ★ *dit voorstel was niet ~* ❷ ‹van een staat› een grondwet hebbend ❸ ‹van een regering› aan een grondwet gebonden
grond·woord *het* [-en] ❶ stamwoord waarvan andere woorden zijn afgeleid ❷ woord uit de grondtekst
grond·zee *de* [-zeeën] gevaarlijke hoog opstuwende golf door plotselinge ondiepte aan de kust
grond·zeil *het* [-en] bodembedekking in een kampeertent
Gro·nin·ger I *bn* van Groningen **II** *de (m)* [-s] man uit Groningen
Gro·nings I *bn* van Groningen **II** *het* het dialect van Groningen
Gro·ning·se *de (v)* [-n] vrouw uit Groningen
groot I *bn* van meer dan gemiddelde afmetingen, ook fig ★ *een ~ heer* een voornaam *of* rijk man (vaak enigszins ironisch) ★ *de grote hoop* de grote meerderheid, de massa ★ *een ~ man* iem. van grote betekenis ★ *grote mensen* kindertaal volwassenen

★ *de grote vakantie* de zomervakantie ★ *~ gelijk hebben* ongetwijfeld gelijk hebben ★ *het grote geld* grote geldbedragen; zie ook → **kunst** (bet 2), → **mond**, → **school**¹, → **tenue**, → **terts** en → **voet** (bet 4) **II** *het* ★ *in het ~*

groot·be·drijf *het* groot opgezet bedrijf

groot·beeld-tv *de (v)* ['s] televisie met een groot scherm

groot·boek *het* [-en] ❶ hoofdboek in de handelsboekhouding ❷ register waarin staatsschulden worden ingeschreven: ★ *Grootboek der Nationale (Werkelijke) Schuld*

groot·bren·gen *ww* [bracht groot, h. grootgebracht] opvoeden: ★ *een kind ~*

groot·doen *ww* [deed groot, h. grootgedaan] royaal en voornaam leven; zich gewichtig of voornaam voordoen; **grootdoener** *de (m)* [-s;]; **grootdoenerig** *bn*;; **grootdoenerij** *de (v)*

groot·groei·en *ww* [groeide groot, is grootgegroeid] kindertaal groot worden, groeien

groot·grond·be·zit *het* ❶ verschijnsel dat grote stukken grond eigendom zijn van één persoon of één familie ❷ die stukken grond zelf

groot·grond·be·zit·ter *de (m)* [-s] eigenaar van grootgrondbezit

groot·han·del *de (m)* handel die niet direct aan de consument levert, maar aan de detailhandel of aan andere groothandelaren

groot·han·de·laar *de (m)* [-s, -laren] iem. die groothandel drijft

groot·har·tig *bn* edelmoedig; **groothartigheid** *de (v)*

groot·heid I *de (v)* het groot zijn; voortreffelijkheid, heerlijkheid **II** *de (v)* [-heden] ❶ schertsend voorname persoonlijkheid ❷ wisk symbool dat verschillende waarden kan aannemen

groot·heids·waan *de (m)* sterke verbeelding, hoge dunk van zichzelf

groot·heids·waan·zin *de (m)* ziekelijke grootheidswaan, ziekelijke zelfoverschatting, megalomanie

groot·her·tog *de (m)* [-togen], **groot·her·to·gin** *de (v)* [-nen] rang boven hertog: ★ *~ van Luxemburg*

groot·her·tog·dom, **groot·her·tog·dom** *het* [-men] gebied waarover een groothertog(in) regeert

groot·hoek·lens *de* [-lenzen], **groot·hoek·ob·jec·tief** *het* [-tieven] fotografisch opnameobjectief waarvan de bruikbare beeldhoek groter is dan 60°, gebruikt om van dichtbij grote overzichtsopnamen te maken

groot·hou·den *wederk* [hield groot, h. grootgehouden] pijn, verdriet, teleurstelling enz. niet laten blijken

groot·in·dus·trie *de (v)* [-trieën] de grote fabrieken

groot·in·qui·si·teur [-kwiezie-] *de (m)* [-s] ❶ vroeger voorzitter van de inquisitie ❷ thans schertsend iem. die meningen of gezindheid van anderen streng controleert

groot·je *het* [-s] spreektaal grootmoeder; oud vrouwtje ★ NN *loop naar je ~* loop heen ★ *maak dat je ~ wijs* denk niet dat ik dat geloof

groot·ka·pi·taal *het* de grote geldbezitters

groot·kruis *het* [-en] hoogste klasse van de meeste ridderorden

groot·lo·ge [-lòʒə] *de* [-s] vrijmetselarij instelling die gezag uitoefent over een aantal loges

groot·ma, **groot·ma·ma** *de (v)* ['s] NN grootmoeder

groot·macht *de* [-en] staat met veel politiek, militair enz. overwicht

groot·ma·joor *de (m)* [-s] hoofdofficier: majoor (tegenover sergeant-majoor)

groot·ma·ken *ww* [maakte groot, h. grootgemaakt] van betekenis maken: ★ *de handel heeft ons land grootgemaakt*

groot·mees·ter *de (m)* [-s] ❶ denksport titel verleend aan een sterke speler door een internationale bond na het behalen van bepaalde resultaten ❷ NN hoogste waardigheidsbekleder van een ridderorde (thans gewoonlijk de regerend vorst) ❸ NN benaming van een bepaalde dignitaris aan het koninklijk hof, belast met de leiding van het civiele huis ❹ vrijmetselarij hoofd van een grootloge

groot·mees·ter·re·sul·taat [-zul-] *het* [-taten] schaken het behalen van een minimum aantal punten in sommige toernooien, welk resultaat mede geldt voor het verkrijgen van de grootmeestertitel

groot·me·taal *de (v)* afk van *grootmetaalindustrie*: de gezamenlijke grote ijzerverwerkende ondernemingen

groot·moe *de (v)*, **groot·moe·der** [-s] moedersmoeder of vadersmoeder

groot·moe·der·lijk *bn* van een grootmoeder, als een grootmoeder

groot·moe·dig *bn* edelmoedig, menslievend; **grootmoedigheid** *de (v)*

groot·mo·gend, **groot·mo·gend** *bn* zeer machtig; vroeger titel van Statenleden enz.

Groot-Ne·der·lands *bn* betrekking hebbende op Groot-Nederland, van Groot-Nederland, d.i. alle Nederlands sprekende gebieden, in en buiten de staatsgrenzen van Nederland: ★ *de Groot-Nederlandse gedachte*

groot·oc·ta·vo *het* groot papier- en boekformaat

groot·of·fi·cier *de (m)* [-en] ❶ waardigheidsbekleder aan het hof ❷ één rang lager dan grootkruis

groot·oom *de (m)* [-s] BN oudoom

groot·oor *de* [-oren] soort vleermuis, in Nederland en België algemeen voorkomend, *Plecotus auritus*

groot·oos·ten *het* vrijmetselarij grootloge

groot·ou·ders *mv* grootvader(s) en -moeder(s)

groot·pa, **groot·pa·pa** *de (m)* ['s] NN grootvader

groots *bn* ❶ heerlijk, prachtig ❷ trots, groos

groot·scha·lig, **groot·scha·lig** *bn* op grote schaal

groot·scheeps, **groot·scheeps** *bn* van groot opzet, op grote schaal: ★ *een grootscheepse corruptie*

groots·heid *de (v)* het groots zijn

groot·spraak *de* bluf, opschepperij

groot·spre·ken *ww & het* (het) bluffen, opscheppen

groot·spre·ker *de (m)* [-s] bluffer, pocher, opschepper
groot·spre·ke·rij *de (v)* [-en] grootspraak, opschepperij
groot·stad *de* [-steden] BN grote stad
groot·steeds, **groot·steeds** *bn* als in een grote stad
groot·tan·te *de (v)* [-s] BN oudtante
groot·te *de (v)* [-n, -s] het groot zijn, afmeting: ★ *ter ~ van* ★ *een ster van de eerste ~* ster van de grootste helderheid
groot·va·der *de (m)* [-s] vadersvader of moedersvader
groot·va·der·lijk *bn* als een grootvader, van een grootvader
groot·ver·bruik *het* het verbruiken van iets in grote hoeveelheden: ★ *het ~ van aardgas door de industrie*
groot·ver·brui·ker *de (m)* [-s] iem. die of bedrijf dat iets verbruikt in grote hoeveelheden
groot·vi·zier *de (m)* [-s, -en] vroeger titel van de eerste minister in sommige islamitische landen, vooral in Turkije
groot·vorst *de (m)* [-en], **groot·vor·stin** *de (v)* [-nen] ‹in het vroegere Rusland› titel van de keizerlijke prinsen, resp. prinsessen
groot·vor·sten·dom *het* [-men] gebied van een grootvorst
groot·wa·ren·huis *het* [-huizen] ❶ warenhuis ❷ BN ook supermarkt
groot·win·kel·be·drijf *het* [-drijven] bedrijf met winkels in verscheidene plaatsen
groot·ze·gel *het* [-s] voornaamste zegel
groot·ze·gel·be·waar·der *de (m)* [-s] ❶ hist een van de hoogste waardigheidsbekleders van een staat; ❷ ‹in Frankrijk› minister van Justitie; ❸ ‹in Engeland› lordkanselier
groot·zeil *het* [-en] het grootste zeil op een zeilboot
groove [γroev] *‹Eng› de (m)* muz het ritmische gevoel dat een nummer bij de luisteraar oproept
gros¹ *‹Fr› het* [-sen] 12 dozijn, 144 stuks
gros² *‹Fr‹Lat› het* ❶ het grootste aantal, de grote → **hoop¹** ❷ de hoofdmacht van een leger of vloot ❸ onbepaald aantal kandidaten
gros·lijst *de* [-en] voorlopige kandidatenlijst (vgl: → **gros²**, bet 3)
gros·se *‹Fr› de (v)* [-n] ambtelijk, net afschrift van een officieel stuk, vooral een notariële akte of een gerechtelijk vonnis
gros·se·ren *ww* [grosseerde, h. gegrosseerd] een grosse maken van, in het net afschrijven
gros·sier *‹Oudfrans› de (m)* [-s] groothandelaar, koopman in het groot
gros·sier·de·rij *de (v)* [-en] bedrijf van een grossier
gros·sie·ren *ww* [grossierde, h. gegrossierd]
❶ groothandel drijven: ★ *mijn vader grossierde in groenten en fruit* ❷ vooral NN, fig in ruime mate maken, verzamelen e.d. (vooral in ongunstige zin): ★ *~ in blunders, in commissariaten*
gros·so ·mo·do *‹Lat› bijw* ruw geschat, door elkaar genomen, ongeveer

grot *‹‹It› de* [-ten] onderaardse ruimte in bergland, spelonk
gro·te *de* [-n] ❶ volwassene ❷ aanzienlijke, machtige: ★ *de groten der aarde overlegden over het milieu*
gro·te·lijks *bijw* ten zeerste: ★ *zich ~ belazerd voelen*
gro·te·lui *mv* de rijken en aanzienlijken
gro·te·men·sen·werk *het* werk dat niet geschikt is voor kinderen
gro·ten·deels *bijw* voor 't grootste deel
gro·ter·dan·te·ken *het* [-s] wisk het teken ›
gro·tesk *‹‹It› bn* ❶ zonderling en grillig van vorm ❷ buitensporig, bespottelijk: ★ *een ~ verhaal*
gro·tes·ke *‹‹It› de* [-n] vreemdsoortig beeldwerk van onwaarschijnlijke, gedrochtelijke of wonderlijke mensen- en / of diergestalten, soms met loof- en bloemwerk ertussen
grou·pie [γroe-] *‹Eng› de (v)* [-s] meisje dat met popgroepen meetrekt of daarop af komt om door het aanbieden van allerlei diensten met hen in contact te komen
group·ware [γroepwè(r)] *‹Eng› de* comput software die een groep gebruikers in staat stelt om aan één gemeenschappelijk project te werken en bijv. data tegelijkertijd te gebruiken en te bewerken
gro·ve·lijk *bijw* NN grof, ernstig, zwaar: ★ *hij voelt zich ~ beledigd*
Gr.T. *afk* Greenwichtijd
gruis I *het* tot kleine stukjes verbrokkelde steen, steenkool e.d. II *de & het* [gruizen] werktuig waarmee de kanten van glas worden gladgemaakt
gruis·thee *de (m)* zeer fijne thee, stofthee
grui·ze·len *ww* [gruizelde, h. & is gegruizeld]
❶ verbrijzelen ❷ in gruizels vallen, in puin vallen
grui·zels, **grui·ze·len** *mv* ★ *aan ~, in ~* in gruis, in kleine scherven
grui·zen *ww* [gruisde, h. & is gegruisd] ❶ gruizelen, tot gruis maken ❷ ‹glas› met het gruisijzer bewerken ❸ verbrijzeld worden
grun·del *de* [-s] klein, smal, platbomd vaartuig met een scherpe voorsteven en een platte spiegel
Grü·nen [γruunən] *‹Du› mv* aanhangers van de Groene Partij (milieupartij) in Duitsland
grunge [γrundzj] *‹Eng› de (m)* genre in de popmuziek, ontstaan in Seattle en gekenmerkt door een zwaar en vervormd gitaargeluid, harde bas en drums, ongepolijste zang en een slepend tempo
grun·ten [γrun-] *‹Eng› ww* [gruntte, h. gegrunt] muz met een diep, grommend keelgeluid zingen, gebruikelijk in bep. stijlen binnen de metalmuziek
grup·stal *de (m)* [-len] → **groepstal**
grut I *het inf* kleine kinderen II *de meestal mv:* gruttengemalen graan
grut·ten¹ *ww* [grutte, h. gegrut] graan breken
grut·ten² *mv* ❶ zie bij → **grut** (bet 2) ❷ gruttenbrij
grut·ten³ *tsw* NN bastaardvloek, vooral in: ★ *grote ~!, goeie ~!* uitroep van verbazing
grut·ten·brij *de (m)* brij van grutten
grut·ter *de (m)* [-s] ❶ vero iem. die gruttenswaren

verkoopt ❷ NN, fig bekrompen, benepen persoon
grut·ters·wa·ren *mv* vero grutten, meel, bonen, erwten enz.
grut·to *de (m)* ['s] vogel met een lange snavel en hoge poten, broedvogel in natte of moerassige streken, *Limosa limosa*
gru·wel¹ *de (m)* ❶ afschuw, hevige afkeer: ★ *het is mij een ~* ❷ *[mv: -en]* afschuwwekkende daad
gru·wel² *(‹Eng) de* watergruwel, pap van gort met bessensap, krenten of rozijnen
gru·wel·daad *de* [-daden] afschuwelijke misdaad
gru·we·len *ww* [gruwelde, h. gegruweld] gruwen
gru·we·lijk I *bn* afschuwelijk: ★ *hij kon ~ liegen* **II** *bijw* in hoge mate, verschrikkelijk, geweldig: ★ *het is ~ heet*
gru·wel·ka·mer *de* [-s] ❶ afdeling in een panopticum, waar beelden van misdadigers en griezelige dingen met betrekking tot misdaden te zien zijn ❷ schertsend vertrek waarin iem. iets onaangenaams ondergaat, bijv. examenzaal, behandelkamer van een tandarts enz.
gru·wel·pro·pa·gan·da *de* propaganda voor de eigen zaak door het openbaar maken van de (vermeende) gruweldaden van de tegenstander: ★ *de ~ van de nazi's*
gru·wen *ww* [gruwde, h. gegruwd] een hevige afschuw hebben
gruw·zaam *bn* gruwelijk
gruyè·re [ɣrwieję̀rə] *(‹Fr) de (m)* harde kaas uit Gruyère in het Zwitserse kanton Freiburg
gru·ze·le·men·ten, **gru·zels** *mv* scherven, gruis: ★ *iets aan ~ slaan*
GS *afk* in Nederland Gedeputeerde Staten
Gs *afk* nat symbool voor *gauss*
GSD *afk* in Nederland Gemeentelijke Sociale Dienst
g-sleu·tel *de (m)* [-s] teken dat de plaats van de g op de notenbalk aangeeft
gsm *afk*, **gsm**® global system for mobile telecommunication(s) [systeem voor wereldwijde mobiele telefonie]
gsm-par·ke·ren *ww & het* BN parkeersysteem waarbij de bestuurder met een telefoontje of een sms'je naar een parkeerbedrijf de duur van zijn parkeertijd aangeeft en later de rekening betaalt
g-spot [dzjie-] *(‹Eng) de (m)* [-s] plaats in de vagina die volgens sommigen erotisch gevoelig zou zijn
g-string [dzjie-] *(‹Eng) de (m)* [-s] minuscuul zwembroekje of slipje, dat alleen het geslachtsdeel bedekt en dat voor het overige slechts bestaat uit een touwtje om het middel en door de bilspleet
GT *afk* Greenwichtijd
gua·ca·mo·le [ɣwaa-] *(‹Mexicaans-Sp) de* saus uit de Mexicaanse keuken, bestaande uit avocado, ui, room en pepers
Gua·de·lou·per [ɣwaadəloepər] *de (m)* [-s] iem. geboortig of afkomstig van het West-Indische eiland Guadeloupe
Gua·de·loups [ɣwaadəloeps] *bn* van, uit, betreffende het West-Indische eiland Guadeloupe
gua·no [ɣwaa-] *(‹Sp) de (m)* ❶ verdroogde vogelmest, afkomstig van grote vogelkolonies op eilanden en kusten o.a. van Peru ❷ vervolgens ook vleermuizenmest en vismeel uit Zuid-Amerika en de Bahama's
gu·a·ra·na [ɣuu-] *de (v)* in Zuid-Amerika groeiende plant waarvan een uit de zaden verkregen stof een belangrijk bestanddeel is van opwekkende drankjes
gua·ra·ní [ɣwaa-] **I** *de (m)* ['s] munteenheid in Paraguay, verdeeld in 100 centimo's **II** *het*, **Guaraní** taal van een indianenvolk, ook Guaraní geheten, dat grotendeels in Paraguay woont
guar·dia ci·vil [ɣwar-, thievíel, Engelse th] *(‹Sp) de* soort militaire politie in Spanje
Gua·te·ma·laan [-lanen], **Gua·te·mal·teek** [ɣwaa-] *de (m)* [-teken] iem. geboren of afkomstig uit Guatemala
Gua·te·ma·laans, **Gua·te·mal·teeks** [ɣwaa-] *bn* van, uit, betreffende Guatemala
gua·ve *de (m)* [-s] ❶ tropische geelgroene vrucht ❷ de tropische boom *Psidium guajava*
guer·ril·la [ɣerrieljaa] *(‹Sp: kleine oorlog) de (m)* ['s] ❶ ongeregelde bendeoorlog, tegen indringers of tegen het staatsgezag ❷ → **guerrillero**
guer·ril·la·strij·der [ɣerrieljaa-] *de (m)* [-s] guerrillero
guer·ril·la·troe·pen [ɣerrieljaa-] *mv* troepen soldaten die deelnemen aan een guerrilla
guer·ril·le·ro [ɣerrieljeeroo] *(‹Sp) de (m)* ['s] iem. die deelneemt aan een guerrilla
gui·chel·heil *het* plantje met rode bloemen en aan de onderkant zwart gestipte eironde blaadjes (*Anagallis arvensis*)
gui·chet·le·ning [ɣiesjè-] *de (v)* [-en] staatslening waarop bij banken kan worden ingeschreven, maar die niet door een groep bankiers wordt overgenomen
guil·lo·ti·ne [ɣiejoo-] *(‹Fr) de (v)* [-s] ❶ valbijl, onthoofdingswerktuig ingesteld tijdens de Franse Revolutie, genoemd naar de Franse arts J. J. Guillotin (1738-1814), die het toestel verbeterde ❷ benaming voor sommige snijmachines; verticaal bewegende schuif in binnensluizen
guil·lo·ti·ne·ren *ww* [ɣiejoo-] *(‹Fr)* [guillotineerde, h. geguillotineerd] ❶ met de guillotine onthoofden ❷ fig afknotten, beknotten
Gui·nee·ër [gwie-, gie-] *de (m)* [-s] iem. geboortig of afkomstig uit de West-Afrikaanse republiek Guinee
Gui·nees [gwie-, gie-] *bn* van, uit, betreffende de West-Afrikaanse republiek Guinee ★ *~ biggetje* cavia
gui·pure [ɣiepuur(ə)] *(‹Fr) de* [-s] soort van kantwerk in reliëf, waarbij de omtrekken door een dikke draad of een mal, met zijde of garen omwonden, worden aangegeven
guir·lan·de [ɣierlädə] *(‹Fr) de* [-s] slinger van groen en bloemen
guit *de (m)* [-en] iem. die ondeugende streken uithaalt, bengel, grappenmaker

gui·ten·streek *de* [-streken] ondeugende grap
gui·tig *bn* leuk-ondeugend
gui·tig·heid *de (v)* ❶ het guitig zijn ❷ [*mv:* -heden] guitige opmerking, grap
gul[1] *bn* hartelijk, vrijgevig
gul[2] *de* [-len] kleine kabeljauw
gul·den[1] *de (m)* ❶ [*mv:* -s] munteenheid van Suriname en de Nederlandse Antillen en tot 2002 ook van Nederland ❷ [*mv:* -s] muntstuk ter waarde van één gulden
gul·den[2] *bn* ❶ gouden ❷ fig voortreffelijk, roemrijk: ★ *een ~ tijd* ★ *~ snede* verdeling van een lijn zodanig dat het kleinste deel zich tot het grootste deel verhoudt als het grootste deel tot het geheel; zie ook bij → **middenweg** en → **vlies**
gul·den·boek, **gul·den·boek** *het* [-en] fraai uitgevoerd boek, waarin hoge bezoekers hun naam schrijven
gul·den·ge·tal *het* [-len] het getal dat het jaar van de lopende maancirkel aangeeft, die 19 jaar omvat
gul·den·jaar *het* [-jaren] eeuwjaar, jubeljaar
gul·den·roe·de, **gul·den·roe·de** *de* hoge plant met fijne gele bloempluimen (*Solidago virga aurea*)
gul·har·tig *bn* openhartig; → **gul**[1]; **gulhartigheid** *de (v)*
gul·heid *de (v)* het ¹gul zijn
gulp[1] *de* [-en] brede straal: ★ *een ~ water*
gulp[2] *de* [-en] split aan de voorkant van een broek, veelal met een rits of knopen
gul·pen *ww* [gulpte, is gegulpt] in een brede straal uitstromen
gul·weg *bijw* ronduit; op gulle wijze
gul·zig *bn* zeer begerig naar voedsel, vraatzuchtig, onmatig in het eten: ★ *zijn tanden ~ in een moorkop zetten* ★ *ook* fig: *met een gulzige blik naar iets kijken*; **gulzigheid** *de (v)*
gul·zig·aard *de (m)* [-s] iem. die gulzig is
gum *de (m) & het* [-men] → **gom**[1]
gum·men *ww* [gumde, h. gegumd] → **gommen** (bet 2)
gum·me·tje *het* [-s] stukje vlakgom, stufje
gum·mi (‹Lat‹Gr›) **I** *de (m) & het* ❶ ¹gom ❷ verzamelnaam voor rubber en verwante elastische stoffen **II** *bn* van gummi: ★ *een ~ slang*
gum·mi·band *de (m)* [-en] wielband van gummi
gum·mi·knup·pel *de (m)* [-s] gummistok
gum·mi·ring *de (m)* [-en] ring van gummi
gum·mi·slang *de* [-en] buis van gummi
gum·mi·stok *de (m)* [-ken] wapenstok van gummi
gun·nen *ww* [gunde, h. gegund] ❶ niet benijden, toestaan: ★ *iem. iets, een meevaller ~* ★ *zich geen tijd ~ altijd bezig zijn* ❷ vooral NN toewijzen, vooral na een aanbesteding
gun·ning *de (v)* [-en] vooral NN het toewijzen (bij verkoop, inschrijving e.d.); *ook* aanbesteding
gunst I *de (v)* [-en] ❶ welwillende gezindheid: ★ *naar iems. ~ dingen* ★ *in de ~ staan (bij)* welwillende gezindheid ondervinden (van) ★ *uit de ~ raken* die gezindheid verspelen ❷ blijk van welwillende gezindheid: ★ *een ~ verlenen* ★ *iem. een ~ bewijzen* iem. een blijk geven van goede gezindheid ❸ voordeel: ★ *ten gunste van iem.* ★ *een saldo te uwen gunste* in uw voordeel **II** *tsw* NN uitroep van lichte verbazing: ★ *~, jij ook hier?*
gunst·be·jag *het* het streven naar de gunst van invloedrijke mensen
gunst·be·toon *het* betoning van welwillende gezindheid
gunst·be·wijs *de (v)* [-wijzen] bewijs van iems. gunstige gezindheid jegens een ander
gun·ste·ling *de (m)* [-en], **gun·ste·lin·ge** *de (v)* [-n] iem. die in hoge mate iemands goede gezindheid geniet
gun·stig *bn* ❶ goedgezind: ★ *het lot was mij ~* ❷ voordelig: ★ *een ~ aanbod* ★ *gunstige ontwikkelingen*
gunst·koop *de (m)* [-kopen], **gunst·koop·je** *het* [-s] BN *ook* voordelige, speciale aanbieding, koopje
gunst·prijs *de (m)* [-prijzen] BN *ook* bijzondere, verlaagde, voordelige prijs, spotprijs
gup·py [-pie] (‹Eng) *de (m)* ['s] uit Zuid-Amerika afkomstige, kleine aquariumvis (*Poeciliidus reticulata*), genoemd naar de geestelijke R. J. Lechmere Guppy uit Trinidad (gest. 1916), die exemplaren aan het British Museum stuurde, soms ook *gup* genoemd
Gur·kha [ɣoer-] *de (m)* ['s] ❶ eig naam van een stam uit Nepal ❷ vandaar naam van soldaten in het voormalig Brits-Indische leger uit die stam ❸ thans soldaat van Nepalese afkomst, zoals o.a. in het Britse leger
gust *bn* ❶ ‹van vee› niet drachtig ❷ geen melk (meer) gevend
gut *tsw* NN bastaardvloek als uiting van lichte verbazing
guts[1] *de* [-en] hoeveelheid vloeistof die ineens uitstroomt of uitgegoten wordt
guts[2] (‹Fr‹Lat) *de* [-en] steekbeitel met gebogen snijvlak om volgens gebogen lijnen te snijden
gut·sen[1] *ww* [gutste, is gegutst] met grote hoeveelheden uitstromen
gut·sen[2] *ww* [gutste, h. gegutst] uitsteken met een → **guts**[2]
gut·tu·raal (‹Fr) **I** *bn* tot de keel behorende ★ *gutturale klank* keelklank **II** *de* [-ralen] keelklank
guur *bn* winderig en koud: ★ *een gure herfstavond*
Guy·aan [gwie-] *de (m)* [-anen] iem. geboortig of afkomstig uit de Zuid-Amerikaanse republiek Guyana
Guy·aans [gwie-] *bn* van, uit, betreffende de Zuid-Amerikaanse republiek Guyana
Guy·aan·se [gwie-] *de (v)* [-n] vrouw of meisje geboortig of afkomstig uit de Zuid-Amerikaanse republiek Guyana
g.v.d. *afk* godverdomme
GWK *afk* Grenswisselkantoren
gym [gim] *het* ❶ NN verkorting van → **gymnastiek**: ★ *op ~ zitten* lid zijn van een gymnastiekvereniging ❷ NN verkorting van → **gymnasium**: ★ *op het ~ zitten* schoolgaan op een gymnasium

gym·les [gim-] *de* [-sen] vooral NN verkorting van → **gymnastiekles**
gym·lo·kaal [gim-] *het* [-kalen] vooral NN verkorting van → **gymnastieklokaal**
gym·men *ww* [gim-] [gymde, h. gegymd] vooral NN ❶ (aan) gymnastiek doen ❷ gymnastiekles hebben
gym·na·si·aal [gimnaazie-] *bn* betrekking hebbend op, van het (een) gymnasium
gym·na·si·ast *de (m)* [-en], **gym·na·si·as·te** [gimnaazie-] *de (v)* [-n] NN leerling(e) van een gymnasium
gym·na·si·um [gimnaazie(j)um] *(‹Lat‹Gr) het* [-s, -sia] ❶ NN school voor voorbereidend hoger onderwijs, waar Latijn en Grieks worden onderwezen ❷ ‹in de oudheid› sportgebouw met oefenterrein
gym·nast *de (m)* [-en], **gym·nas·te** [gim-] *de (v)* [-n] beoefenaar(ster) van de gymnastiek
gym·nas·tiek [gim-] *(‹Fr‹Gr) de (v)* stelselmatige lichaamsoefeningen
gym·nas·tiek·les [gim-] *de* [-sen] les in lichaamsoefening
gym·nas·tiek·lo·kaal [gim-] *het* [-kalen] oefenzaal voor gymnastiek
gym·nas·tiek·schoen [gim-] *de (m)* [-en] linnen schoen met gummizool bij gymnastiekoefeningen gedragen
gym·nas·tiek·toe·stel [gim-] *het* [-len] toestel dat gebruikt wordt bij het beoefenen van gymnastiek
gym·nas·tiek·zaal [gim-] *de* [-zalen] gymnastieklokaal
gym·nas·tisch [gim-] *(‹Gr) bn* tot de gymnastiek behorend; zoals bij gymnastiek: ★ *gymnastische oefeningen*
gym·no·sper·men [gim-] *(‹Gr) mv* biol naaktzadige planten
gym·pen [gim-] *mv* vooral NN, spreektaal gymnastiekschoenen (gevormd naar analogie van → **gympjes**)
gym·pjes [gim-] *mv* vooral NN gymnastiekschoenen
gym·schoen [gim-] *de (m)* [-en] verkorting van → **gymnastiekschoen**
gym·zaal [gim-] *de* [-zalen] verkorting van → **gymnastiekzaal**
gy·nae·co·lo·gie [gienee-] *(‹Gr) de (v)* onderdeel van de geneeskunde dat zich bezighoudt met vrouwenziekten en complicaties bij zwangerschappen
gy·nae·co·lo·gisch [gienee-] *bn* van, betreffende de gynaecologie
gy·nae·co·loog [gienee-] *(‹Gr) de (m)* [-logen] vrouwenarts, specialist in vrouwenziekten
gy·ro·kom·pas [gie-] *het* [-sen] kompas waarvan de werking berust op een gyroscoop
gy·ros [gie-] *(‹Nieuwgr) de* Grieks gerecht, bestaande uit een soort shoarmabroodje, met yoghurt, komkommer e.d.
gy·ro·scoop [gie-] *(‹Gr) de (m)* [-scopen] toestel met een vliegwiel dat draait in een stelsel van ringen van Cardanus, o.a. gebruikt als stabilisator
gy·rosco·pisch [gie-] *bn* van de aard van, door middel van een gyroscoop

H

h¹ *de* [h's] achtste letter van het alfabet
h² *afk* ❶ symbool van het voorvoegsel hecto- (100) ❷ symbool voor uur (*hora*)
H *afk* ❶ chem symbool voor *hydrogenium*, waterstof ❷ als nationaliteitsaanduiding op auto's *Hongarije*
H. *afk* (de) heilige
ha¹ *tsw* ❶ uitroep van vreugde, voldoening, leedvermaak enz. ❷ woordweergave van een lach: ★ *hahaha* ❸ NN verkorting van *hallo* als opening van een informele e-mail e.d.
ha² *afk* symbool voor *hectare* (10^4 m²)
haag *de* [hagen] ❶ heg ❷ rij naast elkaar staande mensen: ★ *een ~ (van) politiemensen*
haag·ap·pel *de (m)* [-s, -en] vrucht van de haagdoorn
haag·beuk *de (m)* [-en] heesterachtige boom (*Carpinus betulus*) die voor heggen wordt gebruikt
haag·bos *het* [-sen] bos van doornstruiken, struikgewas
haag·doorn, **haag·do·ren** *de (m)* [-s] → **meidoorn**
haag·eik *de (m)* [-en] lage eik, steeneik
haag·roos *de* [-rozen] wilde roos
Haags I *bn* van, uit, betreffende Den Haag ★ *Haagse School* beweging in de schilderkunst van ongeveer 1870-1890 die zich vooral toelegde op een realistische benadering van landschappen en interieurs; zie ook bij → **bluf II** *het* het Haags dialect
haag·schaar *de* [-scharen] BN heggenschaar
haag·spel *het* [-spelen] hist feestelijke wedstrijd voor rederijkerskamers
haag·win·de *de* [-n, -s] klimplant met witte of roze kelken (*Convolvulus sepium*)
haai ‹*Scand*› *de (m)* [-en] roofvis die in zeeën leeft ★ *er zijn haaien op de kust* er dreigt gevaar ★ *naar de haaien gaan* verloren gaan, te gronde gaan
haai·ach·tig *bn* op de haai gelijkend, met de haai verwant
haai·baai *de (v)* [-en] NN bazige, kijfachtige vrouw
haai·en·tand *de (m)* [-en] ❶ tand van een haai ❷ haaientanden witte driehoeken op het wegdek waar een voorrangsweg wordt gekruist
haai·en·vin·nen·soep *de* een Chinese soep, oorspronkelijk van haaienvinnen gemaakt
haai·ig *bn* al te bijdehand (*vooral van vrouwen gezegd*)
haak *de (m)* [haken] ❶ gebogen voorwerp, meestal van metaal gemaakt en met een puntig uiteinde, om iets vast te pakken, aan op te hangen enz. (vishaakje, vleeshaak) ❷ andere voorwerpen, met ongeveer dezelfde functie of vorm ★ *in de ~ in orde* ★ *aan de ~ slaan* (een vrouw, man) veroveren ★ *schoon aan de ~ geslacht en uitgehakt (gewogen)*, schertsend (van mensen) zonder kleren gewogen ★ *haken slaan* ★ BN *met haken en ogen aan elkaar hangen* slordig gemaakt zijn (ook fig) ❸ ‹van wild› onverwacht scherpe wendingen maken in de vlucht ★ fig *daar zitten (allerlei, veel) haken en ogen aan* daar zitten moeilijkheden aan vast, dat geeft geharrewar ❹ leesteken: (en) ★ *een woord tussen haakjes zetten / plaatsen* ★ *tussen (twee) haakjes iets opmerken* iets opmerken dat niets of slechts zijdelings te maken heeft met het onderwerp van gesprek ❺ onderdeel van vroegere telefoons waarop de hoorn rustte, vandaar: ★ *de hoorn van de ~ nemen, op de ~ leggen* e.d. de telefoon opnemen, ophangen e.d.

haak·bus *de* [-sen] antiek handvuurwapen (15de-16de eeuw)
haak·ga·ren *het* [-s] garen om mee te haken
haak·jes *mv* bep. leestekens, parenthesen; zie bij → **haak** (bet 3)
haak·naald *de* [-en] haakpen
haak·pen *de* [-nen] aan het eind omgebogen naald voor haakwerk
haaks *bn* ❶ rechtstandig, rechthoekig ★ *~ op iets staan* fig tegen iets indruisen: ★ *dit stond ~ op onze verwachtingen* ❷ fig enigszins stijf, → **vormelijk** (bet 2), niet soepel ★ vooral NN *zich ~ houden* moed houden, stug blijven doorgaan ★ vooral NN *hou je ~!* sterkte!
haak·steek *de (m)* [-steken] steek bij haakwerk
haak·tand *de (m)* [-en] spitse tand bij paarden
haak·werk *het* [-en] wat men haakt of gehaakt heeft
haal¹ *de (m)* [halen] ❶ het halen ❷ getrokken streep: ★ *met grote halen schrijven* ★ *een ~ door de cijfers* ❸ trek aan een sigaar of pijp ❹ ★ *aan de ~ gaan (met)* op de loop gaan, vluchten (met) ❺ NN slag, klap: ★ *iem. een ~ in zijn gezicht geven* ❻ viss keer dat men het net ophaalt
haal² *de & het* [halen] ketting waaraan een ketel boven het vuur hangt
haal·baar *bn* gehaald kunnende worden (→ **halen**, bet 3), binnen het bereik van de mogelijkheden liggend: ★ *de winstcijfers van vorig jaar zijn dit jaar niet ~* ★ *dat is geen haalbare kaart* dat kan niet bereikt of verwezenlijkt worden
haal·baar·heid *de (v)* het haalbaar zijn: ★ *de ~ van een plan onderzoeken*
haal·boom *de (m)* [-bomen] balk of stang in de schoorsteen, waaraan de → **haal²** wordt opgehangen
haal·mes *het* [-sen] krom mes met twee heften
haal·schuld *de (v)* [-en] recht schuld die betaald moet worden op de plaats waar de schuldenaar woont of bedrijf houdt
haam [hamen] **I** *het* raamvormig hals- of trekjuk **II** *de (m)* zakvormig net **III** *de* knieboog van paard
haan *de (m)* [hanen] ❶ mannetje bij hoenders ★ *daar kraait geen ~ naar* niemand zal het ooit te weten komen, het komt nooit uit ★ *zijn ~ moet altijd koning kraaien* hij moet altijd de baas zijn of de eervolle rol spelen ★ NN *de gebraden ~ uithangen* zeer royaal leven, grof uitgeven ★ *de rode ~ laten kraaien* een huis in brand steken ★ *haantje* ‹m.b.t. mannen› hanig persoon met machogedrag

★ **haantje-de-voorste** iem. die zichzelf op de voorgrond plaatst ❷ haanvormige windwijzer ❸ deel van het mechanisme in een vuurwapen, dat het schot doet afgaan; ❹ ⟨bij revolvers⟩ werktuig dat de cilinder doet draaien

haan·tjes·ge·drag *het* overdreven mannelijk gedrag: ★ *sommige mannen gaan ~ vertonen als er vrouwen in de buurt zijn*

haar¹ I *het* het totaal van de fijne, buigzame vezels die groeien op de huid van mensen en vele dieren ★ NN *als je ~ maar goed zit* wat doet het er toe, maak je er niet druk over **II** *de* [haren] elk van deze vezels: ★ *na het kammen vind je wel haren in de kam* ★ *geen ~ krenken* ongedeerd laten ★ *elkaar in de haren vliegen* aan het vechten of twisten gaan ★ *elkaar in het ~ (of de haren) zitten* ruzie maken, twisten ★ *met de haren erbij slepen* erbij te pas brengen met geweld, zonder dat het er iets mee te maken heeft of erbij hoort ★ *je wilde haren verliezen* bij het ouder worden bedaarder en degelijker worden ★ *ergens grijze haren van krijgen* ergens veel zorgen om hebben ★ *geen ~ op mijn hoofd die (*BN: *dat) daaraan denkt* ik ben dat beslist niet van plan ★ NN *ik ben me daar een haartje betoeterd / bedonderd!* ik ben niet gek!, dat doe ik niet!, ik denk er niet aan! ★ *iem. tegen de haren in strijken* dingen doen of zeggen die iem. niet leuk vindt ★ *geen ~ beter, slechter zijn* totaal niet ★ *het scheelde een ~ of haartje* uiterst weinig ★ BN *bij het ~ getrokken, met de haren erbij gesleurd* met de haren erbij gesleept ★ BN, spreektaal *(zij spreekt) Frans, Engels met ~ op* slecht, stuntelig Frans, Engels ★ BN *iem. van ~ noch pluimen kennen* helemaal niet kennen ; zie ook bij → berg¹, → gekruld, → hand, → snaar, → spijt en → tand

haar² I *pers vnw derde persoon enk vrouwelijk, niet-onderwerpsvorm*: ★ *ik heb ~ een brief geschreven* ★ *ik heb ~ gisteren nog gezien;* plechtig *ook voor het meervoud*: ★ *voor ~ die vielen in de strijd* **II** *bez vnw derde persoon enk vrouwelijk*: ★ *dat is ~ fiets;* plechtig *ook voor het meervoud*: ★ *zij hebben ~ verlangens kenbaar gemaakt*

haar³ *bijw* ★ *hot en ~* zie bij → hot¹

haar·bal *de (m)* [-len] bal van ingeslikt haar in de maag van katten, roofvogels, herkauwers enz., die soms wordt uitgespuugd

haar·band *de (m)* [-en] ❶ (sier)band in het hoofdhaar ❷ band waarmee men (lang) haar tegen het hoofd gedrukt houdt: ★ *de Zweedse tennisser Björn Borg droeg altijd een ~*

haar·bor·stel *de (m)* [-s] borstel voor het hoofdhaar

haar·bos *de (m)* [-sen] welig hoofdhaar

haar·breed *het* ★ *geen ~* niets

haar·buis·je *het* [-s] zeer nauw buisje

haard *de (m)* [-en] ❶ soort kachel, stookoven; ★ *eigen ~ is goud waard* een eigen tehuis is een waardevol bezit ★ *van huis en ~ verdreven* uit zijn vaste woonplaats verjaagd ❷ plaats waarvan iets uitgaat, broeinest: ★ *een ~ van verzet*

haard·ijzers *mv* metalen standaards (→ **standaard**, bet 5) ter bevestiging van een horizontale stang waartegen men in een open haard het hout legt

haard·kleed·je *het* [-s] kleedje voor de haard

haar·dos *de (m)* hoofdhaar van een mens

haar·dracht *de* [-en] manier waarop het hoofdhaar gedragen wordt

haar·dro·ger *de (m)* [-s] elektrisch toestel om het haar te drogen, föhn

haar·droog·kap *de* [-pen] haardroger in de vorm van een kap die men over het hoofd schuift

haard·scherm *het* [-en] vuurscherm, dat hinderlijke gloed van het haardvuur keert

haard·ste·de *de* [-n] ❶ stookplaats ❷ eigen woning, thuis

haard·stel *het* [-len] → **standaard** (bet 5) met gereedschap voor de haard: tang, pook enz.

haard·vuur *het* vuur in een brandende haard

haar·elas·tiek *het* [-en] ringvormige elastische band, meestal met een kleurige stof omgeven, waarmee men het hoofdhaar bij elkaar kan binden tot een vlecht of staart

haar·fijn *bn* uiterst fijn of nauwkeurig: ★ *een zaak ~ uitzoeken*

haar·föhn [-feun] *de (m)* [-s] elektrische haardroger

haar·golf *de* [-golven] golving in het hoofdhaar

haar·groei *de (m)* het groeien van haar

haar·groei·mid·del *het* [-en] middel dat, naar men beweert, de haargroei bevordert

haar·hy·gro·me·ter [-hie-] *de (m)* [-s] vochtigheidsmeter berustend op het inkrimpen of uitzetten van een haar

haar·ijzer *het* [-s] ❶ haarspit ❷ oorijzer

haar·kam *de (m)* [-men] kam voor hoofdhaar

haar·kap·per *de (m)* [-s] m.g. kapper

haar·kleur·mid·del *het* [-en] middel om het hoofdhaar een andere kleur dan de natuurlijke te geven

haar·klo·ven *ww* [haarkloofde, h. gehaarkloofd] al te fijn uitpluizen, muggenziften; **haarklover** *de (m)* [-s]

haar·klo·ve·rij *de (v)* [-en] muggenzifterij

haar·knip·pen *ww & het* (het) korter en in model knippen van het hoofdhaar

haar·lak *de (m) & het* [-ken] opdrogende spray om het hoofdhaar in model te houden

Haar·lem·mer I *de (m)* [-s] iem. geboortig of afkomstig uit Haarlem **II** *bn* van, uit, betreffende Haarlem ★ *in Nederland de ~ Hout* park te Haarlem

haar·lem·mer·olie *de* NN ouderwets huismiddeltje tegen kwaaltjes, bestaande uit terpentijn in lijnolie, waarin zwavel is opgelost

Haar·lems *bn* van, uit, betreffende Haarlem

haar·lijn *de* [-en] druktechn heel dunne lijn

haar·lint *het* [-en] lint om of in het hoofdhaar

haar·lok *de* [-ken] bosje hoofdhaar

haar·mid·del *het* [-en] middel om haargroei te bevorderen en haaruitval tegen te gaan

haar·naald *de* [-en] siernaald door vrouwen in het haar gedragen

haar·net *het* [-ten], **haar·net·je** [-s] net dat het hoofdhaar omsluit om het te beschermen of het in model te houden

haar·olie *de* [-oliën] haarsmeersel

haar·pijn *de* ❶ pijn bij de haarwortels ❷ kater, katterigheid

haar·scherp *bn* uiterst nauwkeurig

haar·scheur *de* [-en] uiterst fijne scheur (in metaal, porselein e.d.)

haar·speld *de* [-en] speld die in het hoofdhaar is gestoken als sieraad of voor het bijeenhouden van het haar

haar·speld·bocht *de* [-en] haarspeldvormige kromming van wegen of paden

haar·spit *het* [-ten] aambeeldje om de zeis op te scherpen

haar·streng *de* [-en] bundel gevlochten haar

haar·stuk·je *het* [-s] gedeeltelijke pruik

haar·tooi *de (m)* versiering van het hoofdhaar

haar·uit·val *de (m)* het uitvallen van het haar

haar·vat *het* [-vaten] fijnste bloedvaatje

haar·ver·ste·vi·ger *de (m)* [-s] cosmetisch middel dat het hoofdhaar steviger maakt waardoor het in de gewenste vorm blijft

haar·vlecht *de* [-en] bundel gevlochten haar

haar·wa·ter *het* [-s] lotion voor het haar

haar·werk *het* ❶ (*meestal mv: haarwerken*) pruiken, kunstmatige haarvlechten enz. ❷ het maken daarvan

haar·worm *de (m)* [-en] ❶ soort darmparasiet, zie bij → **trichine** ❷ soort haarziekte

haar·wor·tel *de (m)* [-s] uiteinde waarmee een haar in het haarzakje in de huid vastzit

haar·wrong *de (m)* [-en] haarvlecht

haar·zak·je *het* [-s] kleine ruimte in de huid waarin een haar met de haarwortel vastzit

haas¹ I *de (m)*, in jagerstaal II *het*, [hazen] ❶ op een konijn lijkend knaagdier met langere achterpoten en langere oren, wonend in open terreinen, bekend om zijn vlugheid (★ *lopen als een ~) en zijn schuwheid* (★ *zo bang als een ~) (Lepus capensis)* ★ NN *veel honden zijn der hazen dood* tegen een overmacht kan men niet op ★ *men kan nooit weten, hoe een koe een ~ vangt* ook al is iets onwaarschijnlijk, men moet het niet geheel uitsluiten ★ *mijn naam is ~* ik houd me onnozel, ik doe alsof ik nergens van weet ★ NN *het haasje zijn* de dupe zijn, het moeten ontgelden ★ *er als een ~ vandoor gaan* in allerijl ❷ NN bangerd: ★ *wat een ~ ben jij* ❸ hondenrennen lokinstrument waar de deelnemende honden bij een windhondenrace achteraan lopen, *vandaar* atletiek iem. die tijdens het begin van een langeafstandsrace voorop loopt om een betere atleet een goede tijd te laten maken

haas² *de (m)* [hazen] een van de twee malse spieren, links en rechts in de lendenen van een geslacht dier: ★ *biefstuk van de ~*

haas·je *het* [-s] zie bij → **haas¹**

haas·je-over *het* spel waarbij de ene deelnemer met gespreide benen moet springen over de andere, die in gebukte houding staat

haast¹ *de* drang tot snelheid *of* spoed: ★ *~ hebben, ~ maken* ★ *iets in de ~ fout doen* ★ iron *heb je ~?* doe maar kalm aan! ★ BN *~ en spoed is zelden goed* zich haasten levert meestal geen voordelen op, haastige spoed is zelden goed ★ BN, spreektaal *in zeven haasten* in allerijl

haast² *bijw* bijna, weldra: ★ *de voorstelling begint ~*

haas·ten I *ww* [haastte, h. gehaast] aansporen tot spoed: ★ *je moet me niet zo ~* II *wederk* snel voortmaken ★ *haastje-repje* in vliegende haast ★ *haast u langzaam* doe het rustig maar gestaag

haas·tig *bn* met haast, in haast, gejaagd, ongeduldig ★ NN *haastige spoed is zelden goed* te veel haast brengt zelden voordeel

haast·je *zn* ★ *~-repje* zie bij → **haasten**

haast·klus *de* [-sen] een bep. opdracht of hoeveelheid werk die snel gedaan moet worden

haast·werk *het* werk dat in haast afgedaan is *of* in haast verricht moet worden

haas·vre·ter *de (m)* [-s] bangerd

haat *de (m)* gevoel van grote afkeer: ★ *een bittere ~ voelen jegens iem.* ★ *iem. ~ toedragen* ★ *het is ~ en nijd tussen die twee* ★ *blinde ~* onvoorwaardelijke, onbedwingbare haat

haat·dra·gend *bn* ❶ tot haat geneigd ❷ lang wrok koesterend

haat·lief·de·ver·hou·ding *de (v)* [-en] verhouding waarin zowel positieve als negatieve gevoelens een rol spelen: ★ *die zusters hebben een ~ tot elkaar*

ha·ba·ne·ra [aabaaneeraa] *(‹Sp)* *de* ['s] uit Cuba afkomstige dans in 2/4- of 4/8-maat

hab·be·krats *de (m)* [-en] inf zeer klein bedrag: ★ *die fiets kocht ik voor een ~*

ha·bijt *(‹Fr) het* [-en] lang gewaad voor geestelijken, ordekleed van kloosterlingen

ha·bi·tat *(‹Lat) de* biol natuurlijke omgeving van een dier

ha·bi·tué [-tuu(w)ee] *(‹Fr) de (m)* [-s] vast bezoeker van een café, stamgast

ha·bi·tus *(‹Lat) de (m)* ❶ uiterlijke gedaante, voorkomen van een mens, dier of plant ❷ gedrag, houding

ha·chee [-sjee] *(‹Fr) de (m) & het* NN gerecht van stukjes vlees, gestoofd met uien, azijn en kruiden

ha·che·len *ww* [hachelde, h. gehacheld] NN, spreektaal zie bij → **bout**

ha·che·lijk *bn* gevaarlijk, met kans op een slechte afloop: ★ *een ~ avontuur*; **hachelijkheid** *de (v)*

hach·je *het* (ook vaak: *hachie*) leven, lichaam: ★ *zijn (eigen) ~ redden*, bang voor zijn ~

ha·ciën·da [aathjendaa, Engelse th] *(‹Sp) de* ['s] ❶ groot landgoed met veeteelt of landbouwbedrijf in Zuid- en Midden-Amerika; ❷ ‹in engere zin› de woning

daarop, landhuis
hack·en ww [hekkə(n)] ⟨Eng⟩ [hackte, h. gehackt] comput inbreken in een computersysteem zonder daartoe bevoegd te zijn
hack·er [hekkə(r)] ⟨Eng⟩ de (m) [-s] iem. die hackt, computerkraker
had ww, **had·den** verl tijd van → **hebben**
Ha·des de (m) onderwereld, dodenrijk, naar de hoofdgod van de onderwereld in de Griekse mythologie
hadj [hadzj] ⟨Arab⟩ de (m) ❶ pelgrimstocht van de moslim naar Mekka ❷ de pelgrimsweg
ha·dji [hadzjie] ⟨Arab⟩ de (m) ['s] ❶ moslim die een pelgrimstocht naar Mekka gemaakt heeft, Mekkaganger ❷ Griekse of Armeense christelijke pelgrim naar Jeruzalem
ha·dron het [-dronen] nat alg. benaming voor elementaire deeltjes in atoomkernen: ★ *de hadronen omvatten o.a. het neutron, proton en pion*
haf ⟨Du⟨Oudnoors⟩⟩ het [-fen] strandmeer
haf·ni·um ⟨Lat⟩ het chemisch element, symbool Hf, atoomnummer 72, een van de zeldzame geoxideerde aardmetalen, genoemd naar Hafnia, de oude, Latijnse naam voor Kopenhagen
haft¹ het [-en] eendagsvlieg
haft² de [-en] pin van een bajonet
ha·ge·dis de [-sen] klein geschubd reptiel met vier pootjes en een lange staart (*Lacerta*)
ha·gel de (m) ❶ bevroren regendruppels ❷ loden kogeltjes om mee te schieten: ★ *een schot ~*
ha·gel·blank bn zo wit als → **hagel** (bet 1)
ha·gel·bui de [-en] korte, hevige neerslag van → **hagel** (bet 1); fig grote hoeveelheid (van iets onaangenaams): ★ *een ~ van kogels* ★ *een ~ van scheldwoorden*
ha·ge·len ww [hagelde, h. gehageld] ❶ het vallen van → **hagel** (bet 1) ❷ fig in grote hoeveelheden tegelijk neerkomen: ★ *het hagelde stenen bij de vulkaanuitbarsting*
ha·gel·kor·rel de (m) [-s] ❶ bevroren regendruppel ❷ loden kogeltje om mee te schieten ❸ hard knobbeltje in de rand van het ooglid, strontje
ha·gel·nieuw bn gloednieuw
ha·gel·scha·de de door een harde hagelbui veroorzaakte schade
ha·gel·slag de (m) ❶ vooral NN strooisel van chocolade of muisjes ❷ het inslaan of neerslaan van → **hagel** (bet 1)
ha·gel·snoe·ren mv de twee draden in het eiwit van een vogelei die de dooier op z'n plaats houden
ha·gel·steen de (m) [-stenen] grote → **hagelkorrel** (bet 1)
ha·gel·wit bn helder wit
Ha·ge·naar de (m) [-s] iem. geboortig of afkomstig uit Den Haag
ha·gen·doorn, **ha·gen·do·ren** de (m) [-s] haagdoorn
Ha·ge·nees de (m) [-nezen] NN, spottend, schertsend Hagenaar

ha·gen·pre·di·ker, **ha·gen·pre·ker** de (m) [-s] hist iem. die een hagenpreek hield
ha·gen·preek de [-preken] hist preek in het open veld in de eerste tijd van de hervorming
ha·gen·roos de [-rozen] haagroos
ha·gi·o·graaf ⟨Gr⟩ de (m) [-grafen] iem. die het leven van een of meer heiligen heeft beschreven
ha·gi·o·gra·fie ⟨Gr⟩ de (v) [-fieën] levensbeschrijving van heiligen, resp. van een heilige; fig kritiekloos bewonderende biografie
ha·gi·o·gra·fisch bn behorend tot de hagiografie
hai·ku [-koe] ⟨Jap⟩ de ['s] drieregelig, 17-lettergrepig gedichtje, sinds de 16de eeuw een traditioneel genre in de Japanse poëzie
haio [hajoo] de ['s] huisarts in opleiding
hair ex·ten·sion ⟨Eng⟩ [hè(r) ekstensjən] de (v) [-s] een streng echt haar die aan het eigen haar wordt vastgemaakt
hair·spray [hè(r)spree] ⟨Eng⟩ de (m) [-s] op het haar te spuiten middel om het kapsel te verstevigen en in model te houden
hair·sty·list [hè(r)stailist] ⟨Eng⟩ de (m) [-en] kapper die nieuwe of passende kapsels uitdenkt
Ha·ï·ti·aan [haa-ie(t)sie(j)aan] de (m) [-tianen] iem. geboortig of afkomstig van Haïti
Ha·ï·ti·aans [haa-ie(t)sie(j)aans] bn van, uit, betreffende Haïti
hak¹ de [-ken] onderachterstuk van een voet of het overeenkomstige deel van de schoen: ★ *op hoge hakken lopen* ★ *met de hakken over de sloot* nog net op het nippertje het doel bereikt
hak² de (m) [-ken] ❶ bijlslag ❷ wat uitgehakt is, kerf, wond ★ *iem. een ~ zetten* iem. een onaangename verrassing bezorgen, een poets bakken ★ NN *iem. op de ~ nemen* spottend over iem. spreken of schrijven
hak³ de [-ken] spade waarvan het blad met een hoek van ± 60° op de steel staat
hak⁴ de (m) ★ *van de ~ op de tak springen* onsamenhangend van het ene onderwerp op het andere overgaan
hak·bank de [-en] langwerpig blok om vlees op te hakken
hak·bijl de [-en] kleine bijl
hak·bijl·co·mi·té het [-s] BN ministerscomité dat snoeit in de begrotingsvoorstellen van elk departement
hak·blok het [-ken] vooral NN blok dat men gebruikt om iets (hout, vlees e.d.) op te hakken
hak·bord het [-en] NN plankje in de keuken om vlees, groente e.d. op te hakken
ha·ken ww [haakte, h. gehaakt] ❶ met een haak grijpen of vastmaken ❷ vastzitten: ★ *Piet bleef met z'n jas achter de deurknop ~* ❸ weefsel vervaardigen van draden katoen of wol door telkens lussen door lussen heen te halen met behulp van bep. dikke naalden die aan het uiteinde gebogen zijn: ★ *mijn tante heeft pannenlappen voor me gehaakt* ❹ ★ *~ naar* hevig verlangen naar ❺ laten struikelen door van

achteren een been of voet tussen de bewegende benen te plaatsen: ★ *de voetballer haakte zijn tegenstander* ★ *iem. pootje* ~
ha·ken·kruis *het* [-en] kruis met vier gelijke armen, die aan de uiteinden een dwarsstuk naar rechts hebben, symbool van het nationaalsocialisme, swastika
hak·hout *het* houtgewas dat regelmatig gekapt wordt
hak·je *het* [-s] voetbal trapje tegen de bal met de achterzijde van de voet
hak·ke·bord *het* [-en] ouderwets snaarinstrument dat met hamertjes bespeeld werd
hak·ke·laar *de (m)* [-s] iem. die stottert of stamelt
hak·ke·len *ww* [hakkelde, h. gehakkeld] moeizaam en gebrekkig iets zeggen, stamelen, stotteren: ★ *hij kon geen duidelijk antwoord geven en stond een beetje te* ~
hak·ke·lig *bn* stamelend, stotterend
hak·ken *ww* [hakte, h. gehakt] ❶ met de bijl of de → **hak³** bewerken ★ fig ~ *op* afgeven op, vitten op, hatelijk zijn tegen ★ NN *dat hakt erin* a) dat is een grote uitgave; b) dat is heel vervelend en moeilijk te verwerken; zie ook bij → **pan** en → **spaander** ❷ NN dansen en plezier hebben door gabbers
hak·ken·bar *de* [-s] winkel waar men schoenen repareert terwijl de klant erop wacht
hak·ke·nei *(FrEng) de* [-en] telganger, damespaard
hak·ke·tak·ken *ww* [hakketakte, h. gehakketakt] kibbelen, bitse opmerkingen tegen elkaar maken
hak·mes *het* [-sen] mes met breed lemmet
hak·sel *het* ❶ fijngehakt stro als veevoer ❷ fijngehakt vlees
hak·stro *het* stro bestemd voor haksel; fig geschrift bestaande uit korte zinnen zonder veel samenhang
hak·stuk *het* [-ken] stuk onder de hak van een schoen
hal¹ *de* [-len] ❶ ruimte achter de voordeur van een huis waar meestal de jassen worden opgehangen, vestibule ❷ grote, overdekte ruimte als ingang van een gebouw of als verkoop- of veilingplaats voor waren: ★ *de* ~ *van een station* ★ *groentehal* ★ *veilinghal*
hal² *het* hardheid van grond door vorst
ha·lal *(Arab) bn* ook als eerste lid van een samenstelling en als bijw goedgekeurd volgens islamitische normen: ★ *het vlees is halal* ★ *halal geslacht vlees*
ha·la·li *(Fr)* I *tsw,* II *het & de (m)* ['s] → **hallali**
ha·len *ww* [haalde, h. gehaald] ❶ naar een bep. plaats gaan en vandaar iets of iem. mee terugnemen naar het oorspronkelijke vertrekpunt: ★ *boodschappen* ~ ★ *Daan van school* ~ ★ fig *iem. naar beneden* ~ zich minachtend over iem. uitlaten ❷ naar zich toe trekken *of* laten komen, optrekken: ★ *een kopje uit de kast* ~ ★ *olie uit de grond* ~ ❸ ⟨in theater⟩ *het gordijn ophalen:* ★ NN *er werd drie maal gehaald* ❹ bereiken, verkrijgen: ★ *een diploma* ~ ★ *de trein* ~ ★ *er is hier niets te* ~ ★ *een hoge leeftijd* ~ ★ *deze auto haalt 250 km per uur* ★ NN *een kind* ~ helpen bij de bevalling ❺ ★ NN *het niet* ~ *bij* niet te vergelijken zijn met, veel minder zijn dan: ★ *het laatste boek van deze auteur haalt het niet bij het vorige*
half *bn* ❶ de helft vormend of uitmakend: ★ *een halve taart* ★ NN *ten halve* voor de helft, onvolledig ★ NN *beter ten halve gekeerd, dan ten hele gedwaald* beter tijdig van een verkeerd besluit afzien dan het onverstandig doorzetten ❷ fig onvolledig, niet afdoende: ★ ~ *werk* ★ *een* ~ *mens zijn* door moeheid of slapheid niet veel kunnende doen ★ *met een* ~ *oor luisteren* slecht luisteren, doordat men afgeleid wordt ❸ een groot deel van: ★ *hij is de halve wereld afgereisd* ★ *de halve klas moest schoolblijven* ; zie ook bij → **gaar**, ❷ **maatregel** en → **wees¹**
half·aap *de (m)* [-apen] aapachtig zoogdier
hal·fa·gras *(Arab) het* NN espartogras, alfagras
half·an·al·fa·beet *de (m)* [-beten] iem. die het lezen en / of schrijven slechts in zeer beperkte mate machtig is
half·back [hàfbek] *(Eng) de (m)* [-s] voetbal middenspeler
half·bak·ken, half·bak·ken *bn* ❶ halfgaar ❷ gebrekkig, niet volwaardig: ★ ~ *werk afleveren*
half·bloed I *de* [-en] ❶ kind van een blanke en een niet-blanke ❷ paard dat afstamt van een volbloed paard en een niet-raszuiver paard II *bn* ★ *een* ~ *paard* → **halfbloed** (bet I, 2)
half·broer *de (m)* [-s] man die met een andere man of met een vrouw één van de ouders gemeen heeft
half·con·ti·nu *bn* werkend met ploegendiensten, maar niet alle zeven dagen van de week 24 uur
half·dek *het* ⟨scheepv⟩ bij zeilboten⟩ gedeelte van het dek vanaf de grote mast tot het verhoogde achterdek
half·don·ker, half·don·ker *het* toestand tussen licht en donker
half·dood, half·dood *bn* bijna dood ★ fig ~ *van vermoeidheid, van schrik* vreselijk vermoeid, geschrokken
half·dron·ken *bn* onder lichte invloed van sterke drank
half·duis·ter, half·duis·ter *het* halfdonker
half·edel·steen *de (m)* [-stenen] kostbare steen, in waarde en in hardheid minder dan de eigenlijke edelstenen
half·en·half *bijw* zo'n beetje, ongeveer, bijna ★ NN ~ *gewonnen staan* bijna op het punt staan te winnen
half·fa·bri·caat *het* [-caten] ten dele afgewerkt fabrieksproduct
half·gaar, half·gaar *bn* ❶ niet goed gaar ❷ fig raar, niet goed wijs
half·ge·lei·der *de (m)* [-s] nat slechte of matige geleider
half·god *de (m)* [-goden] wezen dat geboren is uit een god en een mens, heros
half·har·tig *bn* NN zonder vaste overtuiging, weifelend
half·heid *de (v)* [-heden] slapheid, aarzeling
half·jaar, half·jaar *het* [-jaren] de helft van een jaar
half·jaar·cij·fers *mv* statistische gegevens over een

halfjaar
half·jaar·lijks, half·jaar·lijks *bn* een half jaar durend; ieder halfjaar
half·je *het* [-s] ❶ half glaasje, half kopje ❷ vroeger muntstuk van een halve cent
half·jes *bijw* NN zeer matig, lang niet bevredigend
half·li·nie *de (v)* [-s] balsport middenlinie
half·lin·nen I *het* weefsel van linnen met katoen II *bn* uit zo'n weefsel gemaakt: ★ *een ~ boekband*
half·luid *bn* mompelend, met gedempte stem
half·maan·de·lijks, half·maan·de·lijks *bn* elke halve maand
half·naakt, half·naakt *bn* zeer schaars gekleed
half·om *bijw* ★ NN *broodje ~* broodje met pekelvlees en gekookte lever als beleg
half·om·half *de (m) & het* NN ❶ gemengd gehakt van varkens- en rundvlees ❷ mengdrank van twee likeuren
half·oogst *de (m)* BN 15 augustus, halverwege de oogstmaand
half·pen·sion [-sjon] *het* overnachting in een hotel, inclusief ontbijt en avondmaaltijd, maar zonder lunch; vgl:→ **volpension**
half·pipe [haafpaip] *(‹Eng)* *de* [-s] U-vormig plateau waarop skaters, skate- en snowboarders sprongen maken en (halsbrekende) toeren uithalen
half·pro·duct *het* [-en] industrieel product dat nog enige bewerkingen moet ondergaan alvorens eindproduct te worden
half·rijm *het* [-en] gelijkheid van klinkers, assonantie
half·rond I *het* [-en] ❶ halve wereldbol ❷ BN de halfronde vergaderzaal van het parlement II *bn* de vorm van een halve cirkel hebbend
half·scha·duw *de* half lichte rand van een schaduw
half·slach·tig *bn* ❶ noch het een noch het ander ❷ niet doortastend, slap, besluiteloos; **halfslachtigheid** *de (v)*
half·slag¹ *de (m)* [-slagen] klokslag van het halve uur
half·slag², **half·slag** I *het* ❶ gemengd ras ❷ wezen (mens, dier) dat niet volkomen is wat het zijn moet: ★ *een ~ (van een) paard* II *bijw* ★ *~ rijden* niet midden op de weg, oorspr. van paardenvoertuigen
half·sleet, half·sleets, half·sle·ten *bn* NN half versleten: ★ *een ~ kledingstuk*
half·spe·ler *de (m)* [-s] voetbal, hockey speler in de halflinie
half·steens·muur *de (m)* [-muren] muur ter dikte van een halve steen
half·stok, half·stok *bijw* halverwege de vlaggenstok ten teken van rouw: ★ *de vlag ~ hangen*
half·tij *het* de stand tussen eb en vloed
half·time¹ [hàftaim] *(‹Eng) de (m) & het* sp rust, pauze in het spel
half·time² [hàftaim] *(‹Eng) bn* zie bij → **job**
half·timer [hàftaimər] *de (m)* [-s] iem. die een halve baan heeft
half·tint *de* [-en] kleurnuance, tussentint afwijkend van de basiskleuren

half·toon *de (m)* [-tonen] benaming voor een gedrukte afbeelding in alle nuances van lichte tot volle kleuren
half·uur, half·uur *het* [halve uren, halfuren] de helft van een uur
half·vas·ten *de (m)* RK de vierde zondag in de 40-daagse vasten
half·ver·he·ven *bn* ★ *~ beeldhouwwerk* waarbij de figuren ten dele uit het vlak naar voren komen
half·vet *bn* weinig vet bevattende; vgl: → **volvet**
half·vo·caal *de* [-kalen] taalk klank tussen medeklinker en klinker in, zoals de *j*
half·vol *bn* ❶ voor de helft vol ❷ met ongeveer de helft aan vet: ★ *halfvolle melk*
half·waar·de·tijd *de (m)* [-en] halveringstijd
half·was, half·was *de (m)* [-sen] leerjongen, aankomend vakman
half·was·sen, half·was·sen *bn* half volwassen
half·weg, half·weg *bijw* halverwege
half·wind *de (m)* [-en] wind van opzij
half·win·der *de (m)* [-s] zeil dat men voert bij halfwind
half·zacht *bn* ❶ niet helemaal stijf of hard: ★ *halfzachte contactlenzen* ❷ fig, inf niet goed wijs, onnozel
half·zuil *de* [-en] half uit een muur komende zuil
half·zus·ter *de (v)* [-s] vrouw die met een andere vrouw of met een man één van de ouders gemeen heeft
half·zwaar·ge·wicht I *het* gewichtsklasse bij vechtsporten en gewichtheffen, lichter dan zwaargewicht: ★ *bij boksen is het ~ van 76 tot 81 kg* II *de (m)* [-en] sportman in die gewichtsklasse: ★ *er stonden twee halfzwaargewichten tegenover elkaar*
hall [hòl] *(‹Eng) de (m)* [-s] ❶ zaal; hal ❷ ruime vestibule
hal·la·li *(‹Fr)* I *tsw* kreet van jagers als het gejaagde hert tot staan is gebracht II *het* fanfare op jachthorens III *de (m)* ['s] hoge, slappe jagersschoen
hal·le·lu·ja, al·le·lu·ja *(‹Hebr)* I *tsw* looft de Heer!, geloofd zij God II *het* ['s] ❶ juichkreet ❷ loflied
hal·len·kerk *de* [-en] gotische kerk met middenschip en zijschepen van gelijke hoogte
hal·lo *tsw* als groet of om iemands aandacht te trekken ★ *~!* als teken van verbazing
Hal·lo·ween [helloowien] *(‹Eng) het* oorspr herfstfeest op de avond voor Allerheiligen (31 oktober), van Schotse oorsprong; thans populair feest in de Verenigde Staten waarbij kinderen griezelig gemaskerd of verkleed bedelend van huis naar huis gaan
hal·lu·ci·nant *bn* BN ook verbijsterend, onthutsend, onvoorstelbaar
hal·lu·ci·na·tie [-(t)sie] *(‹Fr‹Lat) de (v)* [-s] zinsbegoocheling, gewaarwording zonder dat de verschijnselen die men meent waar te nemen echt aanwezig zijn, bijv. door ziekte of het gebruik van drugs
hal·lu·ci·ne·ren *ww (‹Fr)* [hallucineerde, h.

gehallucineerd] hallucinaties hebben
hal·lu·ci·no·geen (‹Fr-Gr› **I** *bn* hallucinaties verwekkend **II** *het* [-genen] stof die hallucinaties veroorzaakt
halm *de (m)* [-en] grasstengel, graanstengel
hal·ma (‹Gr›, **hal·ma·spel** *het* [-len] spel waarbij een aantal pionnen van de eigen hoek op het bord naar die van de tegenpartij moet worden overgebracht
halm·stro *het* stro van graanhalmen
ha·lo (‹Gr› *de (m)* ['s] ❶ lichtkring om zon of maan ❷ lichtkring op een foto door overbelichting ❸ gekleurde kring om de tepel van een vrouwenborst
ha·lo·geen (‹Gr› *het* [-genen] chem benaming voor elementen die zich direct (zonder zuurstof) met metalen verbinden tot zouten, zoals chloor, broom, fluor, jodium
ha·lo·geen·lamp *de* [-en] veelal kleine gloeilamp gemaakt van kwarts, waarbij aan de gasvulling een halogeen (meestal broom) is toegevoegd, o.a. gebruikt in schijnwerpers, autokoplampen en spotlights
hals *de (m)* [halzen] ❶ de overgang van hoofd naar romp ★ *iem. om de ~ vliegen*, NN *ook vallen iem. enthousiast omarmen* ★ *om ~ brengen* doden ★ *zijn ~ wagen* zijn leven wagen ★ *zich op de ~ halen* zich berokkenen, zichzelf aandoen ❷ halsopening van kledingstuk ❸ naam van delen van voorwerpen: ★ *de ~ van een fles, van een viool* het smalle, dunne gedeelte ❹ scheepv touw of blok, waarmee de onderpunt van een zeil wordt vastgehouden ❺ onnozel persoon, sukkel: ★ *een onnozele ~*
hals·ader *de* [-s, -en] ader in de hals
hals·band *de (m)* [-en] ❶ band om de hals als sieraad ❷ ‹voor honden, katten e.d.› band om de hals om daaraan een riem te koppelen
hals·boord *de (m) & het* [-en] kraag of rand langs de hals van een (over)hemd
hals·bre·kend *bn* zeer gevaarlijk: ★ *halsbrekende toeren uithalen*
hals·doek *de (m)* [-en] doek die om de hals gedragen wordt
hals·ge·recht *het* rechtbank die een doodvonnis mag uitspreken
hals·ge·vel *de (m)* [-s] gevel met een smal rechtopgaand bovenstuk
hals·ket·ting *de* [-en] ❶ ketting om de hals als sieraad ❷ ‹bij vee› ketting om de hals om daaraan vastgebonden te worden
hals·kruis *het* [-en] kruis aan de hals gedragen, als sieraad of als ordeteken
hals·leng·te *de (v)* [-n, -s] lengte van een paardenhals: ★ *Henri Buitenzorg won de race met een ~ voorsprong*
hals·mis·daad *de* [-daden] ❶ misdaad die met de dood bestraft wordt ❷ ernstig vergrijp
hals·over·kop *bijw* in aller ijl, haastig: ★ *Marie is vanochtend ~ naar Amsterdam vertrokken*

hals·recht *het* ❶ recht om te beslissen over leven en dood ❷ voltrekking van een doodvonnis
hals·rei·kend *bn* zeer verlangend: ★ *~ naar iets uitzien*
hals·riem *de (m)* [-en] riem rond de hals van een paard
hals·slag·ader *de* [-s, -en] slagader in de hals
hals·snoer *het* [-en] halsketting
hals·star·rig *bn* koppig, hardnekkig; **halsstarrigheid** *de (v)*
hal·ster *de (m)* [-s] halsriem
hal·ste·ren *ww* [halsterde, h. gehalsterd] de halster aandoen
hals·wer·vel *de (m)* [-s] wervel in de hals
hals·zaak *de* [-zaken] misdrijf dat tot doodstraf kan leiden ★ *geen ~ van iets maken* het niet zeer zwaar opnemen
Halt *afk* in Nederland Het Alternatief [instelling die snel alternatieve straffen oplegt aan jongeren tussen 12 en 18 jaar die zich schuldig hebben gemaakt aan een lichte vorm van criminaliteit]
halt (‹Du› **I** *tsw* stop, sta stil **II** *zn* het stilstaan: ★ *ergens ~ houden* ★ *iem., iets een ~ toeroepen* fig *iem., iets tot stilstand brengen*: ★ *de inflatie een ~ toeroepen*
hal·te (‹Fr› *de* [-n, -s] stopplaats voor bus, tram of metro
hal·ter (‹Lat‹Gr› *de (m)* [-s] korte staaf met metalen bollen of schijven aan de uiteinden, gebruikt bij krachtoefeningen
hal·ter·top·je *het* [-s] kledingstuk bestaande uit een topje waarvan de bandjes in de nek samenkomen
hal·va·ri·ne *de* halfvette margarine
hal·ve *zn* ★ *ten ~ zie bij →* half
-hal·ve *in samenstellingen* ❶ krachtens: ★ *ambtshalve* ❷ wat betreft ★ *mijnenthalve* wat mij betreft ❸ om, ter wille van: ★ *gemakshalve, veiligheidshalve*
hal·ve·cent *de (m)* [-en] vroeger gebruikt muntstuk ter waarde van een halve cent
hal·ve·ga·re *de (m)* [-n] inf persoon die niet goed wijs is
hal·ve·lings *bijw* BN *ook* gedeeltelijk, een beetje, enigszins, min of meer: ★ *iets ~ vermoeden, vernemen*
hal·ve·maan *de* [-manen] ❶ de maan in het eerste en laatste kwartier ❷ symbool van de islam
hal·ve·ren *ww* [halveerde, h. gehalveerd] ❶ in twee helften delen: ★ *de zolder ~* ❷ tot de helft verminderen: ★ *de aandelenkoers is gehalveerd*; **halvering** *de (v)*
hal·ver·hoog·te *de (v) & bijw* ★ *ter ~ op de helft van de hoogte*
hal·ve·rings·tijd *de (m)* halfwaardetijd, tijd waarin de helft van de radioactiviteit van een stof verdwijnt
hal·ver·we·ge, **hal·ver·we·ge I** *bijw* ❶ op de helft van de tijd of de weg: ★ *~ keerden we terug* ❷ ‹m.b.t. een taak of werk› voor de helft voltooid: ★ *ik ben ongeveer ~ met mijn huiswerk* **II** *vz* op de helft van: ★ *~ de wandeling kreeg ze kramp*
hal·ver·wind *bijw* met de wind dwars

hal·ve·zool *de* [-zolen] ❶ voorstuk van een schoenzool ❷ NN, inf vreemd persoon, stommerd

ham *de* [-men] vlees van de dij van een varken

Ha·mans·feest *het* poerimfeest bij de joden; fig vreugdebetoon over de ondergang van een belager of tegenstander, genoemd naar Haman, gunsteling en minister van Ahasverus (Esther 3-7)

ham·bur·ger *(‹Eng) de (m)* [-s] rond en plat stuk gekruid en gebraden gehakt, meestal gegeten als beleg in een opengesneden broodje, samen met gebakken ui en ketchup

ha·mei *(‹Oudfrans) de* [-en] sluitboom

ha·mel *de (m)* [-s] ontmande ram

ha·mer *de (m)* [-s] ❶ werktuig om te slaan of te kloppen, bestaande uit een stuk ijzer, hout of rubber aan een steel ★ ~ *en sikkel* symbool van het communisme ★ *onder de* ~ *brengen* openbaar verkopen ★ sp *de man met de* ~ verpersoonlijking van het moment waarop een sportman (vooral een wielrenner, een marathonloper en schaatser) volkomen uitputting ervaart : ★ *de man met de* ~ *tegenkomen* ★ BN *een klop van de* ~ *krijgen* een inzinking krijgen na een grote inspanning ; zie ook bij → **aambeeld** ❷ biol een van de gehoorbeentjes bij mensen en zoogdieren

ha·me·ren *ww* [hamerde, h. gehamerd] met de hamer slaan ★ fig *op iets* ~ zeer de nadruk op iets leggen, sterk op iets aandringen ★ *iets erin* ~ *met moeite en door voortdurende herhaling iets in het geheugen prenten of tot een gewoonte maken* ★ *steeds op hetzelfde aambeeld* ~ telkens op een zaak terugkomen

ha·mer·slag¹ *de (m)* [-slagen] slag met een hamer

ha·mer·slag² *het* ❶ bij het smeden afgesprongen ijzerschilfers ❷ soort weefsel

ha·mer·stuk *het* [-ken] punt dat in een vergadering zonder bespreking of stemming wordt aangenomen (met een hamerslag van de voorzitter)

ha·mer·teen *de (m)* [-tenen] teen met sterke verkromming

ha·mie·ten *mv* volkerengroep in Noord-Afrika waarvan de leden alle een verwante taal spreken (Berbers, Galla's, Somali e.a.), genoemd naar Ham of Cham, een van de zonen van Noach

ha·mi·tisch *bn* van, behorende tot de hamieten

ham·lap *de (m)* [-pen] stuk vlees uit het dikke deel van de achterpoot van een varken

ham·mond·or·gel [hemmənd-] *het* [-s] door de Amerikaan Laurens Hammond in 1935 ontworpen elektronisch muziekinstrument, waarvan het geluid overeenkomt met dat van een orgel met pijpen

ham·ster *(‹Du) de* [-s] knaagdier met wangzakken, dat grote voedselvoorraden aanlegt

ham·ste·raar *de (m)* [-s], **ham·ste·raar·ster** *de (v)* [-s] iem. die hamstert

ham·ste·ren *ww* [hamsterde, h. gehamsterd] grote voorraden, vooral levensmiddelen inslaan

ham·strings [hem-] *(‹Eng) mv* anat pezen aan weerskanten van de knieholte

ham·vraag *de* [-vragen] cruciale vraag, zo genoemd naar de belangrijkste en moeilijkste vraag in het vroegere radiospelletje 'Mastklimmen', die bij juiste beantwoording een ham als prijs opleverde

hand *de* [-en] ❶ menselijk lichaamsdeel met vijf vingers aan het uiteinde van de arm: ★ *met je handen eten* ★ *iemand een* ~ *geven* ★ *handen schudden* ★ BN *zonder handen rijden* met losse handen rijden ❷ daarop gelijkend voorwerp: ★ *de handen van een weegschaal* ★ BN *Antwerpse handjes* chocolaatjes in de vorm van een hand ❸ wijze van schrijven: ★ *een mooie, leesbare* ~ ❹ vertegenwoordiging van macht of gezag: ★ *Gods* ~ *bestiert alles* ★ *van hoger* ~ door het bevoegde gezag ★ *aan de* ~ *van* uitgaande van, met behulp van ★ *achter de* ~ onzichtbaar in voorraad ★ *bij de* ~ *hebben* steeds ter beschikking hebben; vgl: → **bijdehand** ★ ~ *over* ~ hoe langer hoe meer ★ *zich met* ~ *en tand verzetten* met alle mogelijke middelen ★ *uit de eerste* ~ rechtstreeks van de bron ★ *uit de tweede* ~ a) van een tweede verkoper; b) (nieuws) van iemand die het van een ander vernomen heeft ★ *zwaar op de* ~ alles overdreven ernstig opnemend ★ *er is wat aan de* ~ er gebeurt iets bijzonders ★ ~ *in* ~ *gaan met...* samengaan met... ★ *van de* ~ *in de tand leven* zie bij → **tand** ★ *voor de* ~ *liggen* waarschijnlijk zijn, onmiddellijk duidelijk zijn ★ *in de* ~ *werken* (iets verkeerds) bevorderen ★ *naar zijn* ~ *zetten* a) geheel naar eigen wil inrichten; b) zijn wil opleggen aan iemand ★ *uit de* ~ *lopen* anders verlopen dan verwacht was en daardoor niet meer te beheersen zijn ★ *de handen van iem. aftrekken* hem niet meer beschermen ★ *de* ~ *aan iets houden* het krachtig en blijvend toepassen ★ *iem. de* ~ *boven het hoofd houden* iem. beschermen ★ NN *de* ~ *met iets lichten* iets met weinig zorg vlug afdoen ★ *zijn* ~ *er niet voor omdraaien* er geen moeite voor hoeven te doen, het gemakkelijk klaarspelen ★ NN *de* ~ *over het hart strijken* toegeven ★ NN *op iemands* ~ *zijn* iemands partij kiezen ★ NN *als de ene* ~ *de andere wast, worden ze beide schoon* bij wederzijdse hulp hebben beiden voordeel ★ *de* ~ *(van een vrouw) vragen* ten huwelijk vragen ★ *naar de* ~ *(van een vrouw) dingen* trachten haar tot vrouw te krijgen ★ *hart en* ~ *bieden, geven, schenken* zie bij → **hart** (bet 3) ★ *iem. op handen dragen* zeer beminnen, met alle mogelijke zorg omringen ★ *dat zijn twee handen op één buik* zij zijn het volledig met elkaar eens ★ *de handen in de schoot leggen* zich erbij neerleggen, tegenstand opgeven ★ *met de handen in het haar zitten* in grote verlegenheid zijn ★ *iets om handen hebben* geregelde bezigheid hebben ★ *iem. onder handen nemen* iem. een flinke vermaning geven ★ *iets onder handen nemen* iets aanpakken ★ *vele handen maken licht werk* met medewerking van velen is iets vlug gedaan ★ *handen tekort komen* te weinig werkkracht ter beschikking hebben ★ *een* *voorstel van de ~ wijzen* niet aannemen ★ *hou je handen thuis!* blijf van me af! ★ *zijn handen in onschuld wassen* de verantwoordelijkheid van zich afschuiven ★ *de ~ aan zichzelf slaan* zelfmoord plegen ★ NN *een gat in de ~ hebben* te veel geld uitgeven, spilziek zijn ★ NN *er een handje van hebben om...*, BN *er een handje van weg hebben om...* de (verkeerde) gewoonte hebben om... ★ *een handje helpen*, BN, spreektaal: *een handje toesteken* wat hulp verlenen ★ NN *de handen mogen dichtknijpen* blij mogen zijn (dat iets vervelends niet gebeurd is), er gelukkig vanaf komen ★ *zijn ~ voor iets of iem. in het vuur willen steken* zeker zijn van (de betrouwbaarheid) van iets *of iem.* ★ *vooral* NN *handen en voeten krijgen* (van plannen e.d.) tot ontwikkeling komen ★ *zijn ~ ophouden* a) bedelen, b) *bij uitbreiding* van een uitkering leven ★ *met de ~ op het hart iets beweren* oprecht, eerlijk ★ NN *aan de beterende ~ zijn*, BN *aan de beterhand zijn* als zieke weer wat opknappen ★ *hij eet uit mijn ~* ik heb hem geheel in mijn macht ★ *vooral* NN *zijn handen laten wapperen* hard werken ★ BN *van de ~ Gods geslagen zijn* als van de bliksem getroffen zijn, stomverbaasd zijn ★ BN, spreektaal *uit iemands handen eten* afhankelijk zijn van iemand ★ *iets aan de ~ hebben* a) NN met iets bezig zijn, b) BN opgehouden worden, moeilijkheden hebben, narigheid van iets ondervinden ★ BN *een onschuldige ~* toeval, het lot ★ BN, spreektaal *met ~en en voeten* met grote inspanning ★ BN, spreektaal *zijn handen mogen kussen, vouwen* blij mogen zijn ★ NN *iets uit de ~ verkopen*, BN *iets uit ter ~ verkopen* onderhands

hand·ap·pel *de (m)* [-s, -en] appel die geschikt is om uit de hand gegeten te worden

hand·ar·bei·der *de (m)* [-s] iem. die met de handen werkt; *tegengest:* → **hoofdarbeider**

hand·ba·ga·ge [-baagaazjə] *de (v)* bagage die men op reis niet afgeeft

hand·bal I *het* zaalsport tussen twee zeventallen, waarbij de bal met de hand in het doel van de tegenstander gegooid moet worden **II** *de (m)* [-len] bal die men gebruikt bij het handballen

hand·bal·len *ww* [handbalde, h. gehandbald] handbal spelen

hand·be·reik *het* ★ *binnen of onder ~* met de hand te bereiken; *fig* dichtbij ★ *buiten ~* niet met de hand te bereiken

hand·be·we·ging *de (v)* [-en] beweging met de hand

hand·boei *de* [-en] ijzeren ring om de pols van gevangenen

hand·boek *het* [-en] leerboek waarin een samenvattend overzicht van een bepaald vakgebied wordt gegeven

hand·boog *de (m)* [-bogen] → **boog¹** (bet 2) die met de hand wordt bediend

hand·boor *de* [-boren] kleine, eenvoudige boor

hand·bor·stel *de (m)* [-s] BN ook stoffer

hand·breed *het* ❶ breedte van een hand ❷ kleine afstand: ★ *geen ~ opzij gaan*

hand·breed·te *de (v)* [-n, -s] handbreed

hand·ca·me·ra *de* ['s] klein foto- of filmtoestel

hand·doek *de (m)* [-en] doek die men gebruikt om zich af te drogen

hand·doek·au·to·maat [-autoo-, -ootoo-] *de (m)* [-maten] metalen kast met daarin een lange, opgerolde handdoek waarvan een schoon, ongebruikt gedeelte te voorschijn komt als men eraan trekt

hand·doe·ken·rek *het* [-ken] → **standaard** (bet 5) voor handdoeken

hand·douche [-doesj] *de* [-s] douche waarbij men de douchekop aan een handgreep vasthoudt

hand·druk *de (m)* [-ken] het geven van de rechterhand als groet of bij gelukwens ★ *gouden ~* aanzienlijk geldbedrag dat iem. ontvangt bij zijn ontslag

hand·dy·na·mo [-die-] *de (m)* ['s] knijpkat

han·del¹ *de (m)* ❶ koop en verkoop van waren: ★ *hij leeft van de ~*, *hij zit in de ~* ★ *een product in de ~ brengen* ★ *dit boek is niet meer in de ~* ★ *een bloeiende ~ in elektronisch apparatuur* ★ *~ drijven met Frankrijk* ❷ bedrijf, winkel: ★ *rijwielhandel, sigarenhandel* ❸ handelswaar: ★ *de ~ wordt morgen geleverd* ★ *geef maar hier die hele ~ alle spullen* ❹ gedrag, gedragingen: ★ *iemands ~ en wandel*

han·del² [hendəl], **hen·del** (‹Eng› *de (m) & het* [-s]) handvat; hefboom, kruk

han·de·laar *de (m)* [-s, -laren], **han·de·laar·ster** *de (v)* [-s] iem. die koopt en verkoopt

han·del·baar *bn* ❶ NN gemakkelijk te hanteren of te bewerken: ★ *dit materiaal is goed ~* ❷ gemakkelijk om mee om te gaan, inschikkelijk, meegaand: ★ *deze hond is moeilijk ~*

han·del·drij·vend *bn* ★ *een ~ volk* waarvoor de handel een voornaam middel van bestaan is

han·de·len *ww* [handelde, h. gehandeld] ❶ doen, verrichten, te werk gaan: ★ *hoe nu te ~?* ★ *we moeten verstandig ~* ❷ ★ *~ over* tot onderwerp hebben: ★ *dat boek handelt over de hervorming* ❸ handel drijven: ★ *~ in graan*

han·de·ling *de (v)* [-en] daad, verrichting: ★ *handelingen van de Tweede Kamer, van een congres* ★ *de Handelingen van de Apostelen* Bijbelboek van het Nieuwe Testament, waarin de vroegste geschiedenis van de Kerk verhaald wordt

han·de·lings·be·kwaam *bn* gerechtigd tot zelfstandig handelen

han·del·maat·schap·pij *de (v)* [-en] → **handelsmaatschappij**

han·dels·ar·ti·kel *het* [-en, -s] voorwerp dat wordt verhandeld

han·dels·at·ta·ché [-sjee] *de (m)* [-s] ambtenaar voor handelsaangelegenheden bij een ambassade

han·dels·ba·lans *de* [-en] de verhouding tussen in- en uitvoer: ★ *actieve ~* meer uit- dan invoer ★ *passieve ~* meer in- dan uitvoer

han·dels·bank *de* [-en] bank die handelt drijft voor

zichzelf of voor andere bedrijven
han·dels·be·lang *het* [-en] dat wat bevorderlijk is voor goede handelsbetrekkingen
han·dels·be·trek·king *de (v)* [-en] ❶ handelsrelatie ❷ werkkring in de handel
han·dels·cor·res·pon·den·tie [-sie] *de (v)* briefwisseling over handelszaken
han·dels·edi·tie [-(t)sie] *de (v)* [-s] voor de boekhandel bestemde uitgave van een voor een ander doel samengesteld boek (bijv. een academisch proefschrift)
han·dels·em·bar·go *het* ['s] verbod om handel te drijven met een bep. land: ★ *een ~ instellen tegen een land*
han·dels·fir·ma *de* ['s] handelshuis
han·dels·foor *de* [-foren] BN, spreektaal jaarbeurs, huishoudbeurs e.d.
han·dels·geest *de (m)* aanleg voor de handel
han·dels·huis *het* [-huizen] ❶ groot handelsbedrijf ❷ BN ook winkelhuis, winkelpand; zakenpand
han·dels·in·ge·nieur [-gee- of -zjənjeur] *de (m)* [-s] BN iemand met een academische graad in de bedrijfseconomie
han·dels·ka·mer *de* [-s] ❶ kamer van een rechtbank voor zaken betreffende handel ❷ coöperatieve groothandelsvereniging
han·dels·kan·toor *het* [-toren] kantoor van een handelsbedrijf
han·dels·ken·nis *de (v)* bekendheid met de handelsgebruiken
han·dels·maat·schap·pij *de (v)* [-en] handeldrijvende maatschappij of vennootschap
han·dels·man *de (m)* [-lieden, -lui] handelaar
han·dels·merk *het* [-en] ❶ wettelijk beschermd merk waaronder iemand zijn product op de markt brengt ❷ typerend kenmerk van iemand: ★ *die hele melige humor is zijn ~*
han·dels·mis·sie *de (v)* [-s] → **afvaardiging** (bet 2) naar een land voor bespreking van handelsbelangen
han·dels·mo·no·po·lie *het* [-s] recht van alleenverkoop
han·dels·naam *de (m)* [-namen] in het handelsregister ingeschreven naam waaronder een handelszaak wordt gedreven
han·dels·on·der·ne·ming *de (v)* [-en] handelsbedrijf
han·dels·on·der·wijs *het* onderwijs in vakken die op de handel betrekking hebben
han·dels·oor·log *de (m)* [-logen] ❶ hist oorlog ontstaan door belangentegenstellingen in de handel ❷ felle economische strijd tussen landen
han·dels·pa·pier *het* [-en] geldswaardig papier: wissels, cheques enz.
han·dels·po·li·tiek *de (v)* beleid dat een staat op handelsgebied volgt
han·dels·recht *het* de rechten en plichten die voor de handel gelden
han·dels·recht·bank *de* [-en] BN rechtbank van koophandel

han·dels·re·cla·me *de* reclame met een commercieel oogmerk
han·dels·re·gis·ter *het* [-s] register waarin de Kamers van Koophandel en Fabrieken alle handelszaken inschrijven
han·dels·rei·zi·ger *de (m)* [-s] iem. die voor een firma rondreist om waren te verkopen
han·dels·re·ke·nen *ww & het* (het) uitvoeren van berekeningen die vaak in de handel voorkomen
han·dels·re·la·tie [-(t)sie] *de (v)* [-s] ❶ handelsbetrekking ❷ persoon of firma met wie men in handelsbetrekking staat
han·dels·school *de* [-scholen] vroeger school, gewoonlijk middelbare school, die voor verschillende takken van handel opleidt
han·dels·stad *de* [-steden] stad waarvan de handel de voornaamste bron van bestaan levert
han·dels·taal *de* ❶ in de handel gebruikte vaktaal ❷ [*mv*: -talen] taal gebruikt in het handelsverkeer in niet-westerse gebieden; *vgl*: → **lingua franca** ❸ in de handel meest gangbare taal, bijv. het Engels
han·dels·term *de (m)* [-en] in de handel gebruikelijk woord
han·dels·trak·taat *het* [-taten] handelsverdrag
han·dels·uit·ga·ve *de* [-n] handelseditie
han·dels·ven·noot·schap *de (v)* [-pen] vennootschap voor het drijven van handel
han·dels·ver·drag *het* [-dragen] overeenkomst tussen staten over de regeling van de onderlinge handel
han·dels·ver·keer *het* ❶ internationale handel ❷ vervoer en / of uitwisseling van goederen en diensten
han·dels·vlag *de* [-gen] de vlag die elk handelsschip van een volk voert
han·dels·vloot *de* [-vloten] de gezamenlijke handelsschepen van een land
han·dels·volk *het* [-en] handeldrijvend volk
han·dels·waar·de *de (v)* verkoopwaarde
han·dels·weg *de (m)* [-wegen] weg waarlangs het → **handelsverkeer** (bet 2) gaat
han·dels·we·reld *de* de mensen die handel drijven of in de handel werkzaam zijn
han·dels·we·ten·schap·pen *mv* ❶ de wetenschappen die op de handel betrekking hebben ❷ BN ook bedrijfseconomie, bedrijfseconomische studierichting (aan universiteit)
han·dels·zaak *de* [-zaken] ❶ bedrijf dat handeldrijft ❷ BN ook winkelpand
han·del·wij·ze *de* [-wijzen] manier van doen: ★ *een afkeurenswaardige ~*
han·den·ar·beid *de (m)* ❶ werk dat voornamelijk met de handen gedaan wordt ❷ schoolvak waarin geleerd wordt met de handen dingen te vervaardigen, slöjd
han·den·bin·der *de (m)* [-s] persoon (meestal een klein kind) die om voortdurende aandacht of zorg vraagt, die een ander weinig vrijheid laat, in BN ook met betrekking tot zaken

hand-en-span·dien·sten *mv* ❶ ⟨hist in de middeleeuwen⟩ verplichte arbeid, met de handen of met paard en wagen, voor de heer ❷ thans, fig allerlei kleine diensten (vooral in ongunstige zin): ★ ~ *verrichten* ★ ~ *verlenen aan iem.*
han·den·vol *telw* een grote hoeveelheid: ★ *dat kost ~ geld en tijd*
han·den·werk *het* werk met de handen gedaan of gemaakt
han·den·wrin·gen *het* het wringen van de handen als uiting van wanhoop; **handenwringend** *bn*
hand·exem·plaar *het* [-plaren] exemplaar (van een boek) dat iem. geregeld gebruikt
hand·ge·baar *het* [-baren] gebaar met de hand
hand·ge·klap *het* het klappen in de handen als vreugdebetoon of toejuiching ★ BN *iemand verkiezen bij ~* door algehele toejuiching, zonder dat ieder nog afzonderlijk hoeft te stemmen
hand·ge·knoopt *bn* ⟨van tapijten⟩ met de hand geknoopt
hand·geld *het* [-en] ❶ eerste geld dat een koopman op een dag ontvangt ❷ geld dat iem. ontvangt bij het aangaan van een overeenkomst ❸ aanbetaling
hand·ge·meen **I** *bn* in gevecht **II** *het* gevecht van man tegen man: ★ *het kwam tot een ~ tussen een aantal cafébezoekers*
hand·ge·touw *het* [-en] weefstoel waarop met de hand wordt geweven
hand·gift *de* [-en] → **handgeld** (bet 2)
hand·gra·naat *de* [-naten] bom die met de hand gegooid wordt
hand·greep [-grepen] **I** *de (m)* ❶ greep met de hand ❷ handigheid **II** *de* handvat, kruk, knop enz.
hand·ha·ven *ww* [handhaafde, h. gehandhaafd] ❶ in stand houden ★ *zich ~* zich staande houden in moeilijke omstandigheden ❷ niet afschaffen of ontslaan: ★ *een wet, voorraden, personeelsleden ~*
hand·ha·ver *de (m)* [-s] iem. die handhaaft
hand·ha·ving *de (v)* het handhaven
hand·held [henthelt] (⟨Eng⟩) **I** *bn* die bij gebruik in de hand moet worden gehouden: ★ *een ~ computer* **II** *de* [-s] telefoon, pc enz. die in de hand past
han·di·cap [hendiekep] (⟨Eng⟩) *de (m)* [-s] ❶ belemmering, hindernis bij het volbrengen van een taak, prestatie of beweging ❷ een aangeboren of opgelopen gebrek ❸ sp voorsprong voor zwakkere deelnemers aan een wedstrijd om alle deelnemers ongeveer dezelfde kansen te geven; golf slagen die een speler mag aftrekken van zijn score, afhankelijk van de kwaliteit van de speler
han·di·cap·pen *ww* [hendiekeppə(n)] (⟨Eng⟩) [handicapte, h. gehandicapt] terugzetten, belemmeren, hinderen ★ *gehandicapte kinderen* die een aangeboren gebrek hebben
han·di·cap·race [hendiekep-rees] (⟨Eng⟩) *de (m)* [-s] snelheidswedstrijd waarin de zwakkere deelnemer een voorsprong krijgt, zodat de kansen gelijk zijn
han·dig *bn* ❶ vlug met de handen, behendig ❷ slim,

bedreven ❸ gemakkelijk in het gebruik
han·dig·heid *de (v)* ❶ het handig zijn ❷ [*mv:* -heden] handige daad ❸ *handigheidje* vaak ongunstig listigheid
hand·je *het* [-s] kleine hand ★ NN ~ *contantje* terstond betalen, geen krediet ★ NN *hij heeft er een ~ van om...*, BN *hij heeft er een handje van weg om...* die vervelende eigenschap is kenmerkend voor hem ★ *iem. een ~ helpen* iem. assisteren ★ *schoon in het ~* als nettoloon ★ *losse handjes hebben* snel een klap uitdelen; zie ook bij → **dag** (II) en → **hand**
hand·je·klap *het* spel van kinderen, waarbij ze op de maat van een versje dat ze opzeggen, de handpalmen tegen elkaar slaan ★ ~ *spelen* a) onderhandelen door te loven en te bieden; b) NN op heimelijke wijze samenspannen
hand·je·vol *telw* een beetje, een gering aantal: ★ *slechts een ~ mensen was gekomen*
hand·kar *de* [-ren] met de hand voortgeduwde of getrokken wagen
hand·kof·fer *de (m)* [-s] kleine, gemakkelijk te dragen koffer
hand·kracht *de* bewegende kracht met de handen: ★ *met ~ bewogen*
hand·kus *de (m)* [-sen] eerbiedige kus op of vlak boven de handrug als begroeting
hand·lan·ger (⟨Du⟩) *de (m)* [-s] medeplichtige (vooral bij iets verkeerds: misdaden e.d.)
hand·lees·kun·de *de (v)* waarzeggerij waarbij uit de lijnen in iemands hand diens toekomst en karakter wordt afgelezen, chiromantie
hand·lei·ding *de (v)* [-en] leidraad, leerboek
handlen [hendlə(n)] (⟨Eng⟩) *ww* [handlede, h. gehandled] verwerken, afhandelen: ★ *hij kan al die verschillende taken niet goed handlen*
hand·le·ze·res *de (v)* [-sen] persoon die uit de lijnen van iem. hand diens toekomst en karakter afleidt
hand·lich·ting *de (v)* recht het vóór de meerderjarigheid toekennen van bepaalde rechten aan minderjarigen
hand·lijn·kun·de *de (v)* handleeskunde, chiromantie
handling [hendling] (⟨Eng⟩) *de (v)* verwerking, afhandeling
hand·ma·tig *bn* met de hand uitgevoerd
hand·mof *de* [-fen] → **mof**[1] waarin de handen worden gestoken om ze zo warm te houden
hand·om·draai *de (m)* ❶ ogenblik ❷ kleine inspanning: ★ *iets in een ~ doen* zeer snel en behendig
hand·op·leg·ging *de (v)* [-en] ❶ het ter wijding of zegening opleggen van de handen ❷ zinnebeeld van het overdragen van gezag
hand·op·ste·ken *ww* ★ *stemmen met ~* bij een stemming door het opsteken van een hand kenbaar maken of men voor of tegen is
hand·palm *de (m)* [-en] binnenkant van de hand
hand·peer *de* [-peren] peer die rauw gegeten kan worden

hand·pers *de* [-en] drukpers die met de hand gedraaid wordt

hand·rei·king *de (v)* [-en] hulp, ondersteuning

hand·rem *de* [-men] met de hand te bedienen rem, vooral aan een fietsstuur of in een auto: ★ NN *een auto op de ~ zetten*, BN *de ~ opzetten*

hand·rug *de (m)* [-gen] bovenzijde van de hand

hands [hen(t)s] *(<Eng) bn* het verboden opzettelijk aanraken van de bal met de handen bij voetbal: ★ *de speler maakte ~* ★ *de scheidsrechter floot voor ~* ★ *aangeschoten ~* niet-opzettelijke hands, bijv. doordat de bal van nabij tegen de hand is geschoten

hands·bal [hen(t)sbal] *(<Eng) de (m)* [-len] voetbal overtreding waarbij de bal opzettelijk met de hand of arm wordt gespeeld

hand·schoen *de* [-en] kledingstuk ter bedekking van de hand ★ *iem. de ~ toewerpen* teken van uitdaging tot de strijd ★ *de ~ opnemen* de uitdaging tot een strijd aanvaarden ★ *met de ~ trouwen* trouwen bij afwezigheid van de bruidegom, voor wie echter een gemachtigde plaatsvervanger aanwezig is; zie ook bij → **katje**

hand·schoe·nen·kast·je *het* [-s] dashboardkastje

hand·schrift *het* [-en] ❶ manier van schrijven: ★ *een duidelijk ~ hebben* ❷ oude handgeschreven tekst, codex: ★ *middeleeuwse handschriften*

hands·free [hen(t)sfrie] *bn* waarbij men niets hoeft vast te houden en de handen vrij heeft: ★ *~ telefoneren in een auto*

hand·si·naas·ap·pel *de (m)* [-s, -en] sinaasappel die uit de hand gegeten kan worden; *vgl:* → **perssinaasappel**

hand·slag *de (m)* [-slagen] slag in de hand ter bekrachtiging van een koop

hand·spuit *de* [-en] kleine brandspuit

hand·stand *de (m)* [-en] stand waarbij het lichaam omgekeerd verticaal op één of beide handen rust

hands up *tsw* [hendz up] *(<Eng)* handen omhoog! (als teken van overgave)

hand·tam *bn* NN ‹van vogels› die zich met de hand laten pakken

hand·tas *de* [-sen] tasje zoals vrouwen bij zich hebben

hand·tas·te·lijk *bn* ★ *~ worden* ‹vooral vrouwen› met de handen vrijpostig betasten beginnen te vechten

hand·tas·te·lijk·heid *de (v)* [-heden] ❶ veelal in het mv het vechten, vechtpartij: ★ *het kwam tot handtastelijkheden* ❷ lichamelijke aanraking met de handen

hand·te·ke·nen *ww & het* (het) tekenen zonder liniaal, passer enz.

hand·te·ke·ning *de (v)* [-en] in bepaalde, vaste vorm eigenhandig geschreven naam (vooral als ondertekening)

hand·te·ke·nin·gen·ac·tie [-aksie] *de (v)* [-s] (meestal politieke) actie waarbij men zo veel mogelijk handtekeningen als steun voor of tegen een idee wil verzamelen

hand·te·ke·nin·gen·ja·ger *de (m)* [-s] iem. die uit liefhebberij handtekeningen van beroemdheden verzamelt

hand·vaar·dig *bn* behendig met de handen; **handvaardigheid** *de (v)*

hand·vat *het* [-vatten, *ook soms* -vaten] greep, hengsel, heft, kruk enz.

hand·ve·ger *de (m)* [-s] vooral NN stoffer met korte steel

hand·vest *het* [-en] privilege, oorkonde, keur; stuk waarin regelen en beginselen zijn gesteld: ★ *Handvest van de Verenigde Naties* (1945)

hand·vleu·ge·li·gen *mv* zoogdierenorde van de vleermuisachtigen

hand·vol *telw* ❶ zoveel als men in een hand kan houden: ★ *een ~ hondenbrokken* ❷ fig een geringe hoeveelheid (ook → **handjevol**); *vgl:* → **handenvol**

hand·vuur·wa·pen *het* [-s *en* -en] vuurwapen dat men gebruikt vanuit de hand, zoals een revolver of een geweer

hand·warm *bn* NN zo warm dat men er een hand in kan stoppen zonder pijn: ★ *~ water*

hand·werk *het* [-en] ❶ met de handen uitgeoefend werk ❷ werk met naald en draad, vooral door vrouwen verricht ★ *fraaie handwerken* borduren, haken enz. ★ *nuttige handwerken* breien, naaien ❸ voortbrengsel van werk met de hand: ★ *dat kistje is een mooi stukje handwerk*

hand·wer·ken *ww* [handwerkte, h. gehandwerkt] brei-, haak- of borduurwerk maken

hand·werks·man *de (m)* [-lieden, -lui] iem. die een handwerk uitoefent

hand·wij·zer *de (m)* [-s] NN wegwijzer, richtingaanwijzer

hand·woor·den·boek *het* [-en] beknopt woordenboek in handzaam formaat

hand·wor·tel *de (m)* [-s] de acht beentjes tussen polsgewricht en middelhand

hand·zaag *de* [-zagen] zaag die met de hand heen en weer wordt gehaald

hand·zaam *bn* ‹van zaken› goed hanteerbaar, handig

hand·zet·ter *de (m)* [-s] druktechn zetter die met de hand werkt

ha·nen·balk *de (m)* [-en] hoogste balk vlak onder het dak ★ NN *in of onder de hanenbalken* op de hoogste → **verdieping** (bet 2)

ha·nen·ge·vecht *het* [-en] gevecht van tegen elkaar opgehitste hanen als volksvermaak

ha·nen·kam *de (m)* [-men] ❶ rode kuif van een haan ❷ cantharel (*Cantharellus cibarius*), een gele, algemeen in Nederland en België veel voorkomende, eetbare paddenstoelensoort, dooierzwam ❸ bep. kapsel, o.a. van punks, waarbij het haar geheel is weggeschoren, behalve een van voor naar achter lopende smalle pluk die rechtop staat midden op het hoofd

ha·nen·po·ten *mv* lelijk, onregelmatig handschrift

ha·nen·tree *de* [-treeën] NN van de haan afkomstige

kiem in het kippenei
hang (‹Du› *de (m)* sterke neiging: ★ *een ~ hebben naar het avontuurlijke*
han·gaar, han·gar [hangyaar] (‹Fr› *de (m)* [-s] ❶ overdekte bergplaats, grote loods voor berging van luchtvaartuigen of voertuigen ❷ BN, spreektaal loods in het algemeen
hang·brug *de* [-gen] aan kabels hangende brug
hang·buik *de (m)* [-en] ❶ slappe, neerhangende buik ❷ iem. met zo'n buik
han·gen *ww* [hing, h. gehangen] ❶ met de bovenzijde aan iets bevestigd zijn, zodat er beneden geen steun is ★ *de jas hangt aan de kapstok* ★ voetbal *hangende spits* spits die enigszins teruggetrokken in de aanval opereert ❷ zo bevestigen dat er beneden geen steun is: ★ *een schilderij aan de muur ~* ❸ ‹van mensen› opgeknoopt zijn *of* worden: ★ *voor die misdaad zal hij ~* ❹ ★ *aan iem. ~* fig erg gehecht zijn aan en afhankelijk zijn van iemand ❺ onbeslist zijn: ★ *die kwestie hangt nog* ❻ ★ *blijven ~* aan de telefoon blijven luisteren terwijl de gesprekspartner zich even van het toestel verwijderd ❼ voetbal erin zitten, gescoord zijn ★ *hij hangt* (gezegd van de bal) hij ligt in het doel ★ *~ naar iets* er sterk naar verlangen ★ *hij hangt* hij zit eraan vast, hij kan zich er niet meer aan onttrekken, *ook*: het is ten ongunste van hem beslist (spel, stemming, strijd, vervolging enz.) ★ *met ~ en wurgen* met veel pijn en moeite ★ *aan iemands lippen ~* zie bij → **lip** ★ *dat verhaal hangt van leugens aan elkaar* dat verhaal is een en al leugen
han·gen·de *vz* gedurende: ★ *~ het vooronderzoek*
hang-en-sluit·werk *het* alles wat dient om ramen, deuren enz. goed hangend en sluitend te maken
han·ger *de (m)* [-s] ❶ sieraad dat hangt aan een halsketting, armband enz. ❷ voorwerp waaraan of waarin men iets ophangt; vleeshaak ❸ ‹orgel› steeds meeklinkende toon
han·ge·rig *bn* lusteloos door een lichte ziekte; **hangerigheid** *de (v)*
hang·glid·er [hengylaidə(r)] (‹Eng› *de (m)* [-s] deltavliegtuig
hang·ijzer *het* [-s] ijzer waaraan iets hangt, vooral boven het vuur ★ *een heet ~* een veelbesproken, moeilijke kwestie
hang·jon·ge·re *de* [-n] vooral NN jong persoon die vaak rondhangt op een hangplek
hang·kast *de* [-en] kast om kleren in op te hangen
hang·klok *de* [-ken] klok die aan de wand hangt
hang·lamp *de* [-en] lamp die aan het plafond hangt
hang·lip *de* [-pen] ❶ hangende lip als teken van ontstemming ❷ NN iem. die pruilt
hang·map *de* [-pen] archiefmap die in een rek opgehangen kan worden
hang·mat (‹Sp: hamaca‹Haïtiaans› *de* [-ten] aan de uiteinden opgehangen doek of net om in te liggen
hang·oor I *het* [-oren] neerhangende oorschelp: ★ *een konijn met hangoren* II *de* [-oren] ❶ dier met neerhangende oren, vooral konijn ❷ hangoortafel
hang·oor·ta·fel *de* [-s] tafel met hangende bladen, klaptafel
hang·op, hang-op *de (m)* melkproduct dat men maakt door karnemelk in een doek op te hangen en uit te laten druipen en vervolgens te zoeten
hang·par·tij *de (v)* [-en] schaken, dammen nog onbesliste, afgebroken partij: ★ *in dat toernooi zijn nog twee hangpartijen*
hang·plant *de* [-en] kamerplant met afhangende stengels
hang·plek *de* [-ken] vooral NN plaats op straat waar jongeren vaak doelloos rondhangen
hang·slot *het* [-sloten] slot met beugel die door een → **oog** (bet 2) gaat
hang·wang *de* [-en] vlezige, neerhangende wang
ha·nig *bn* NN ❶ vinnig, scherp van toon: ★ *~ gedrag* ❷ ‹van mannen› overdreven mannelijk gedrag, vooral in seksueel opzicht
han·ne·ke·maai·er *de (m)* [-s] NN, vroeger Duitser die 's zomers in Nederland als seizoenarbeider werkte; fig lomperd
han·nes *de (m)* [-nesen] NN sukkel, onhandig persoon
han·ne·sen *ww* [hanneste, h. gehannest] NN onhandig te werk gaan, onhandig omgaan met: ★ *wat zit je toch te ~ met die videorecorder*
han·sop *de (m)* [-pen] NN kinderpyjama in de vorm van een overall
hans·worst *de (m)* [-en] ❶ grappenmaker ❷ belachelijk persoon, idioot
han·te·ren *ww* (‹Fr› [hanteerde, h. gehanteerd] ❶ met de hand gebruiken: ★ *een boormachine vakkundig ~* ❷ aankunnen, kunnen verdragen, kunnen omgaan met: ★ *conflicten kunnen ~*
Han·ze *de* hist verbond van individuele kooplieden en van koopsteden in de middeleeuwen, o.a. van Vlamingen, maar vooral de *Duitse Hanze* sedert de 12de eeuw, waartoe in de 15de eeuw ± 160 steden, ook Nederlandse, behoorden
Han·ze·aat *de (m)* [-aten] hist lid van de Hanze
Han·ze·stad *de* [-steden] hist bij de Hanze aangesloten stad
hap[1] *de (m)* [-pen] ❶ het happen ❷ dat wat men hapt: ★ *een ~ nemen* ★ *er is al een ~ uit die koek* ★ *warme ~* warme maaltijd ★ *geen ~ door zijn keel kunnen krijgen* niet kunnen eten, veelal door nervositeit; zie ook → **hapje**
hap[2] *de (m)* NN ❶ alle spullen, de boel: ★ *de hele ~ verdween in één keer in de vuilnisauto* ★ *weg met die ~!* ❷ fig alle aanwezige personen, de hele groep: ★ *de hele ~ ging mee naar het feest* ★ *de ouwe ~* de personen die al jaren meelopen, de oude garde ★ NN *wat een slappe ~!* wat een ongeïnspireerde, slappe vertoning
ha·pe·ren *ww* [haperde, h. gehaperd] ❶ blijven steken, niet goed meer functioneren: ★ *m'n elektrische tandenborstel hapert soms* ❷ mankeren: ★ *wat hapert eraan*

hap·je *het* [-s] kleine hap, kleine portie eten: ★ *een smakelijk ~* ★ *een ~ en een drankje*

hap·klaar *bn* verdeeld in stukken die direct opgegeten kunnen worden, vooral van dierenvoedsel: ★ *hapklare brokken*

hap·lo·gra·fie *(‹Gr) de (v)* [-fieën] het foutief weglaten van één van twee opeenvolgende gelijke letters of lettergrepen bij het schrijven, zoals bijv. *gevens* i.p.v. *gegevens*

hap·lo·lo·gie *(‹Gr) de (v)* [-gieën] het weglaten van een van twee opeenvolgende gelijke klanken of klankgroepen bij het spreken, zoals bijv. *overhit* i.p.v. *oververhit*

hap·pen *ww* [hapte, h. gehapt] ❶ de bekende beweging met open mond maken: ★ *naar lucht ~* ❷ fig gevolg geven, reageren: ★ *hij hapte niet op het voorstel* ❸ NN direct reageren op een plagerig bedoelde opmerking: ★ *zij hapt altijd zo lekker*

hap·pen·ing [heppəning] *(‹Eng) de (v)* [-s] ❶ eig gebeurtenis ❷ thans bijeenkomst waarbij mensen samen iets beleven of doen, vaak artistiek van karakter ❸ bij uitbreiding bijzondere gebeurtenis: ★ *dat uitstapje werd een ware ~*

hap·pig *bn* belust, begerig: ★ *ergens ~ op zijn*; **happigheid** *de (v)*

hap·py [heppie] *(‹Eng) bn* gelukkig, aangenaam, prettig: ★ *ik voel me niet ~ de laatste tijd*

hap·py ·end [heppie -] *(‹Eng) het* [-s], **hap·py ·end·ing** [heppie] *de (v)* [-s] gelukkige afloop (van een verhaal of film)

hap·py few [heppie fjoe] *(‹Eng) mv* het geringe aantal gelukkigen, de bevoorrechten, uitverkorenen (Shakespeare, *Henry V*, IV, 3)

hap·py hour [heppie au(r)] *(‹Eng) het* [-s] uur waarin cafés drankjes tegen gereduceerde prijs schenken

hap·py slap·ping [heppie slepping] *(‹Eng) de* het mishandelen van iemand om er een filmpje van te maken met de mobiele telefoon

hap·snap *bn bijw* hier en daar wat, niet systematisch, willekeurig: ★ *~ wat wijzigingen aanbrengen in de reglementen* ★ *een ~ beleid voeren*

hap·to·no·mie *(‹Gr) de (v)* wetenschap van het voelen en van het gevoelsleven, die zich vooral richt op de ontspanning van lichaam en geest door aanraking

hap·to·noom *(‹Gr) de (m)* [-nomen] beoefenaar van de haptonomie

ha·ra·ki·ri *(‹Jap) het* zelfmoord door zich de buik open te snijden (bij de Japanners meestal → **seppoekoe** genoemd)

ha·ram *(‹Arab) bn* streng verboden volgens de islamitische wet

hard[1] *bn* ❶ moeilijk buigbaar, breekbaar of anderszins uit vorm te krijgen: ★ *zo ~ als staal* ★ *een harde borstel* ★ *een ~ ei* ★ *harde schijf* comput opslagmedium voor gegevens, bestaande uit een schijf van hard materiaal (bijv. aluminium of keramiek) waarop een magneetfilm is aangebracht, harddisk ❷ luid: ★ *harde muziek* ❸ krachtig, fel:

★ *harde acties voeren* ★ *harde strijd leveren* ★ *~ tegen ~* fel tegenover elkaar ❹ snel: ★ *~ naar huis rennen* ★ vooral NN *het gaat ~* ❺ fig (van mensen) streng, onbuigzaam: ★ *een harde leermeester* ❻ smartelijk: ★ *een ~ lot* ❼ onomstotelijk, vaststaand: ★ *harde cijfers* ★ *harde afspraken maken* ❽ hevig: ★ *een harde storm, harde regen* ❾ in hoge mate: ★ *iets ~ nodig hebben* ; zie ook bij → **dobber**[1], → **gelag**[2], → **hoofd**, → **valuta** en → **water**

hard[2] [hà(r)d] *(‹Eng) bn* heftig, krachtig; zie bij → **hardcore**, → **harddrug**, → **hardporno** en → **hardrock**

hard·board [hà(r)dbòrd] *(‹Eng) het* houtvezelplaat van betrekkelijk grote hardheid

hard·copy [hà(r)dkoppie] *(‹Eng) de (m)* [-pies] comput afdruk op papier van digitaal opgeslagen informatie

hard·core [hà(r)dkǫ(r)] *(‹Eng)* **I** *bn* eig tot de harde kern behorend; extreem, vergaand: ★ *hij is een ~ fascist* ★ *~ porno* **II** *de* benaming voor een heftige, agressieve soort popmuziek

hard·court [hà(r)dkò(r)t] *(‹Eng) het* [-s] tennisbaan met een harde ondergrond van kunststof (tegenover gravel of gras)

hard·cov·er [hà(r)dkàvə(r)] *(‹Eng) de (m)* [-s] boek met een harde kaft; *tegengest*: → **paperback**

hard·disk [hà(r)d-] *(‹Eng) de (m)* [-s] comput harde schijf, zie bij → **hard**[1] (bet 1)

hard·dra·ven *ww* [harddraafde, h. gedraafd] NN deelnemen aan een wedren van paarden met ruiters of jockeys

hard·dra·ver *de (m)* [-s] renpaard

hard·dra·ve·rij *de (v)* [-en] het wedrennen van paarden met ruiters

hard·drug [hà(r)ddruɣ] *(‹Eng) de (m)* [-s] drug waarbij grote kans bestaat op verslaving en / of andere nadelige gevolgen, bijv. cocaïne en heroïne

har·den *ww* [hardde, h. gehard] ❶ hard maken: ★ *staal ~* ❷ hard worden: ★ *verf moet na het opdrogen nog goed ~* ❸ weerstandsvermogen ontwikkelen: ★ *door koude baden ~* ★ *~ door militaire dienst* ❹ verdragen, uithouden: ★ *die pijn (stank, hitte) was niet te ~*

har·der *de (m)* [-s] op de karper gelijkende baarsachtige vis

hard·glas *het* harde glassoort die niet splintert, maar uiteenvalt in grotere korrels

hard·han·dig *bn* ruw, onvoorzichtig: ★ *iem. ~ verwijderen*; **hardhandigheid** *de (v)*

hard·heid *de (v)* ❶ het hard zijn ❷ gevoelloosheid

hard·heids·clau·su·le [-zuulə] *de* wettelijke bepaling die de bevoegdheid geeft om in bep. gevallen een wet of regeling verzwakt of zelfs in het geheel niet toe te passen vanwege de onbillijke gevolgen

hard·hoof·dig *bn* NN koppig

hard·ho·rend, **hard·ho·rig** *bn* een slecht gehoor hebbend

hard·hout *het* hout van loofbomen

hard·hou·ten *bn* van hardhout
hard·leers *bn* moeilijk iets aan- of aflerend;
hardleersheid *de (v)*
hard·lij·vig *bn* lijdend aan → **verstopping** (bet 2)
hard·lij·vig·heid *de (v)* → **verstopping** (bet 2)
hard·loop·wed·strijd *de (m)* [-en] wedstrijd in hardlopen
hard·lo·pen *ww* [*verl tijd ongebr*, h. hardgelopen] ❶ het hard lopen als sport ❷ in een wedstrijd om het hardst lopen
hard·lo·per *de (m)* [-s] iem. die het hardlopen beoefent; NN, fig iem. die graag opschiet, iem. die haast heeft ★ *hardlopers zijn doodlopers* wie met overmatige geestdrift iets begint, houdt niet vol
hard·ma·ken *ww* [maakte hard, h. hardgemaakt] fig aantonen, staven: ★ *hij kan zijn bewering niet ~*
hard·nek·kig *bn* volhardend, onverzettelijk; **hardnekkigheid** *de (v)*
hard·op, hard·op *bijw* luid, voor anderen hoorbaar: ★ *iets ~ voorlezen* ★ *~ denken* in een groep mensen direct uitspreken wat je denkt en hoe je redeneert als je er voor het eerst de gedachten over laat gaan
hard·por·no [hà(r)d-,], **hard·por·no** *de (v)* afbeeldingen, films e.d. die seksuele handelingen in alle details tonen
hard·rij·den *ww* [*verl tijd ongebr*, h. hardgereden] om het hardst rijden, vooral op de schaats
hard·rij·der *de (m)* [-s] iem. die hardrijdt op de schaats
hard·rock [hà(r)d-] *(‹Eng) de (m)* popmuziek, gekenmerkt door een hard en stuwend ritme van de drums, bas- en slaggitaar en door gierende gitaarsolo's
hard·steen als stof: *het*, als voorwerp: *de (m)* [-stenen] harde natuursteen
hard·ste·nen *bn* van hardsteen
hard·val·len *ww* [viel hard, is hardgevallen] NN een verwijt maken: ★ *iemand ~ over iets*
hard·voch·tig *bn* wreed, ongevoelig
hard·voch·tig·heid *de (v)* wreedheid
hard·voer *het* brokken graanvoer voor vee
hard·ware [hà(r)dwè(r)] *(‹Eng) de* comput algemene term voor alle tastbare delen van een computersysteem, apparatuur; *vgl:* → **software**
ha·re krisj·na [kriesj-] *(‹Hindi)* **I** *de (m)* godsdienstige beweging afkomstig uit het Hindoeïsme die vooral in de westerse wereld actief is **II** *de* ['s] lid van deze beweging
ha·rem *(‹Arab) de (m)* [-s] ❶ vooral hist vrouwenverblijf in de huizen van rijke moslims ❷ al de vrouwen en concubines van een moslim ❸ schertsend groep van vrouwen om een man heen bijv. in werksituaties of op reis
ha·rem·broek *de* [-en] wijdvallende heupbroek met ruime, om de enkels nauw aansluitende pijpen, die traditioneel door haremvrouwen werd gedragen
ha·ren¹ *bn* van ¹haar gemaakt: ★ *een ~ kleed*
ha·ren² *ww* [haarde, h. gehaard] haren verliezen: ★ *de kat haart verschrikkelijk*

ha·rent *bijw* ★ *te(n) ~* bij haar thuis
ha·rent·we·ge *bijw* uit haar naam, wat haar betreft
ha·rent·wil *bijw*, **ha·rent·wil·le:** ★ *om ~* ter wille van haar
ha·rer·zijds *bijw* van haar kant
ha·rig *bn* ruig behaard
ha·ring¹ *de (m)* [-en] bekende, voor consumptie geschikte zeevis (*Clupea harengus*): ★ *een zoute ~ met uitjes* ★ NN ~ *en wittebrood* het traditionele voedsel tijdens de viering van het Leids ontzet op 3 oktober ★ *als haringen in een ton stijf opeengepakt* ★ NN ~ *of kuit van iets willen hebben* de echte feiten van iets te weten willen komen ★ BN, spreektaal *zijn ~ braadt daar niet* a) hij is daar niet welkom; b) hij heeft geen succes, vooral bij een meisje ★ BN *droge ~* a) bokking; b) droogstoppel ★ BN, spreektaal *zo mager als een ~* broodmager
ha·ring² *de (m)* [-en] pen, meestal van metaal, ter bevestiging van de scheerlijnen van een tent
ha·ring·buis *de* [-buizen] NN boot voor haringvangst
ha·ring·grond *de (m)* [-en] zeegebied waar haring gevangen wordt
ha·ring·haai *de (m)* [-en] soort haai, die op haring aast
ha·ring·ja·ger *de (m)* [-s] snel schip dat de eerste nieuwe haring aan wal brengt
ha·ring ka·ken *ww & het* (het) haring schoonmaken en inzouten, uitvinding toegeschreven aan Willem Beukelszoon van Biervliet
ha·ring·kar *de* [-ren] vooral NN kar op straat waar men haring kan kopen
ha·ring·ko·ning *de (m)* [-en] een diepzeevis die vaak bij haringscholen voorkomt
ha·ring·school *de* [-scholen] grote menigte bij elkaar zwemmende haringen
ha·ring·sla *de* sla klaargemaakt met aardappelen, rode bieten, haring, augurk enz.
ha·ring·slaatje -sla-tje *het* [-s] een portie haringsla
ha·ring·ton *de* [-nen] ton om haring in te bewaren
ha·ring·vangst *de (v)* het vangen van haring
ha·ring·vij·ver *de (m)* NN, schertsend ★ *de kleine ~* de Noordzee ★ *de grote ~* de Atlantische Oceaan
ha·ring·vloot *de* [-vloten] de gezamenlijke vissersschepen voor de haringvangst
ha·ring·worm·ziek·te *de (v)* ziekte die wordt veroorzaakt door de larve van de haringworm (*Anisakis marina*), voorkomend in rauwe, ongezouten haring
hark *de* [-en] ❶ tuingereedschap bestaande uit een stok met aan het uiteinde (meestal) ijzeren tanden ❷ onhandig, houterig persoon: ★ *zo stijf als een ~*
har·ken *ww* [harkte, h. geharkt] met de hark werken: ★ *hark jij de bladeren in de tuin even bij elkaar?*
har·ke·rig *bn* houterig, onhandig
har·le·kijn, har·le·kijn *(‹Fr) de (m)* [-s] ❶ figuur uit het Italiaanse kluchtspel, gekleed in een kleurig, geruit pak en met een houten sabel ❷ grappenmaker in het algemeen ❸ zekere vlinder (*Deiopeia pulchella*)
har·le·ki·na·de *(‹Fr) de (v)* [-s] ❶ kluchtspel met een of

meer harlekijns ❷ dwaze vertoning
har·mo·ni·ca *(‹Gr) de (v)* ['s] ❶ door Benjamin Franklin (1706-1790) uitgevonden muziekinstrument, uit glasklokken op een rol bestaande (→ **glasharmonica**); thans een populair muziekinstrument, waarbij de ene hand de toetsen bespeelt, terwijl de andere de blaasbalg in beweging houdt en de bastonen bespeelt, accordeon, trekharmonica ❷ uit een balg bestaand verbindingsstuk, bijv. tussen treinrijtuigen
har·mo·ni·ca·deur *de* [-en], **har·mo·ni·ca·wand** *de (m)* [-en] vooral NN deur, wand die als een harmonica ineengeschoven kan worden
har·mo·nie *(‹Gr) de (v)* [-nieën] ❶ overeenstemming, het goed bij elkaar aansluiten van elementen tot een welgeordend en aangenaam aandoend geheel: ★ *de ~ tussen kleuren en vormen in een schilderij* ❷ eensgezindheid, goede verstandhouding: ★ *in ~ met elkaar leven* ★ *de besprekingen verliepen in volstrekte ~* ❸ muz aangenaam klinkende vereniging van klanken, verbinding van tonen volgens vaste regels ❹ muz de gezamenlijke blaas- en slaginstrumenten in een orkest ❺ muziekgezelschap met houten en koperen blaasinstrumenten, slaginstrumenten en contrabassen
har·mo·nie·leer *de muz* de wetten van de harmonische verbinding van tonen
har·mo·nie·mo·del *het* aanpak van sociale en / of politieke controversen die gericht is op het bereiken van overeenstemming door middel van overleg en compromissen; *tegengest:* → **conflictmodel**
har·mo·nie·or·kest *het* [-en] → **harmonie** (bet 5)
har·mo·ni·ë·ren *ww* [harmonieerde, h. geharmonieerd] ❶ overeenstemmen, een evenwichtig geheel vormen, goed samengaan ❷ in goede verstandhouding samenleven, goed met elkaar kunnen opschieten
har·mo·ni·eus *(‹Fr) bn* ❶ welluidend, goed samenklinkend, -stemmend ❷ goed samengaand, overeenstemmend
har·mo·ni·sa·tie [-zaa(t)sie] *(‹Fr) de (v)* het harmoniseren ★ *~ van de huren* het aanpassen van de huur aan de kwaliteit van de woning
har·mo·nisch *(‹Gr) bn* ❶ blijk gevend van harmonie, goed overeenstemmend ❷ welluidend; volmaakt samenklinkend ❸ wisk: ★ *harmonische reeks* reeks getallen die onderling een vaste verhouding hebben, bijv. 1 + 1/2 + 1/3 +...
har·mo·ni·se·ren *ww* [-zee-] *(‹Fr)* [harmoniseerde, h. geharmoniseerd] ❶ harmonisch maken, tot een goed samenklinkend of samenwerkend geheel maken ❷ → **harmoniëren**
har·mo·ni·um *het* [-s] kamerorgel waarbij de luchttoevoer geregeld wordt met voetpedalen en de toonhoogtes worden bepaald door tongen in plaats van door (de lengteverschillen tussen) pijpen
har·na·che·ment [-nasjə-] *(‹Fr) het* [-en] tuig van een paard
har·nas *(‹Oudfrans) het* [-sen] ijzeren krijgsmanspak ★ *in het ~ jagen* boosmaken, tot verzet prikkelen ★ *in het ~ sterven* sterven tijdens de uitoefening van je beroep ★ NN *voor iets (of iem.) het ~ aantrekken* iets (of iem.) verdedigen, strijden voor iets (of iem.)
harp *de* [-en] ❶ driehoekig staand snaarinstrument waarop met de vingers getokkeld wordt ❷ NN soort zeef ❸ door middel van een pen af te sluiten harpvormige schakel, waarmee kettingen verbonden kunnen worden
har·pe·nist *de (m)* [-en], **har·pe·nis·te** *de (v)* [-n] = → **harpist**
har·pij *(‹Gr) de (v)* [-en] ❶ figuur uit de Griekse mythologie (godin van de storm), voorgesteld als een gier met vrouwengelaat en klauwen ❷ fig heks, feeks, helleveeg
har·pist, **har·pe·nist** *de (m)* [-en], **har·pis·te**, **har·pe·nis·te** *de (v)* [-n; *ook* -s] iem. die van beroep harp speelt
har·poen *(‹Fr) de (m)* [-en] werpspies met weerhaken voor de jacht op walvissen e.d.
har·poe·nen *ww* [harpoende, h. geharpoend] met de harpoen treffen
har·poe·ne·ren *ww* [harpoeneerde, h. geharpoeneerd] harpoenen
har·poen·ge·weer *het* [-weren] jachtwapen waarmee een (gelijnde) harpoen wordt afgeschoten
har·poe·nier¹ *de (m)* [-s] harpoenwerper
har·poe·nier² *de (m)* [-s] harpoenwerper
har·poen·rei·ger *de (m)* [-s] reiger met spitse snavel
harp·si·chord [hà(r)psiekò(r)d] *(‹Eng) het* [-s] benaming van de klavecimbel
harp·spe·ler *de (m)* [-s], **harp·speel·ster** *de (v)* [-s] iem. die de harp bespeelt
harp·toon *de (m)* [-tonen] toon van een harp
har·re·war·ren *ww* [hà/rewarde, h. geharreward] NN kibbelen, moeilijkheden maken
har·ris·tweed [herristwied] *(‹Eng) het* met de hand gesponnen en geweven tweed
hars *(‹Du) de (m) & het* [-en] kleverig vocht uit (naald)bomen
hars·ach·tig *bn* op hars gelijkend, als hars
har·sen *ww* [harste, h. geharst] lichaamsbeharing verwijderen met behulp van (kunst)hars
har·ses *mv* NN, volkstaal hersenen, hoofd: ★ *een klap voor je ~*
har·sig *bn* harsachtig
harst *de (m)* [-en] stuk vlees met rugwervel erin; rib- of lendenstuk
hart *het* [-en] ❶ orgaan dat het bloed in beweging houdt ❷ voorwerp in de vorm van een hart: ★ *een ~ van chocolade; ook een dergelijk voorwerp als sieraad of medaillon* ❸ zetel van het gevoelsleven: ★ *van harte gefeliciteerd!* ★ *van ganser harte* graag, met plezier: ★ *ik wil u van ganser harte van dienst zijn* ★ *met ~ en ziel* met overgave, met veel inzet ★ *in ~ en nieren* door en door ★ NN *het ~ hoog dragen* trots

zijn ★ ~ voor iets hebben toewijding ervoor hebben ★ BN, spreektaal zijn ~ opvreten a) veel verdriet hebben; b) door nijd verteerd worden ★ iem. iets op het ~ drukken (NN ook:) binden iem. met nadruk een bepaalde gedragslijn bijbrengen ★ iets op het ~ hebben een bekentenis te doen hebben ★ heb niet het ~ om... waag het niet om... ★ dat gaat mij aan het ~ dat doet mij verdriet ★ BN ook iets niet aan zijn ~ laten komen zich niet druk maken om iets ★ iem. ter harte gaan iemands toewijding of liefde hebben of iemands medelijden wekken ★ iets ter harte nemen iets ernstig in zich opnemen ★ dat is mij uit het ~ gegrepen dat heeft mijn volle instemming ★ zijn ~ aan iets ophalen er ten volle van genieten ★ zijn ~ uitstorten zijn diepe gevoelens uitspreken ★ ik houd m'n ~ vast ik ben zeer bevreesd ★ NN aan je ~ gebakken zitten van bezigheden: heel graag doen ★ een ~ van steen hebben zeer ongevoelig zijn ★ dat is een pak van m'n ~ ik ben erg opgelucht ★ iets niet over zijn ~ kunnen verkrijgen het niet kunnen doen wegens emotionele bezwaren ★ iem. met een klein ~ een gevoelig iem. ★ een gebroken ~ in de liefde bezeerd ★ waar het ~ vol van is, daar loopt de mond van over je praat veel over de zaken waar je enthousiast over bent ★ iem. een ~ onder de riem steken iem. moed inspreken ★ het ~ ligt hem op de tong wat zijn hart treft moet hij uitspreken ★ alles wat zijn hartje begeert alles wat hij wenst ★ BN, spreektaal tegen zijn ~ spreken, iets doen tegen zijn overtuiging in, met tegenzin iets doen ★ BN van zijn ~ (g)een steen maken zijn gevoelens (niet) onderdrukken ★ BN er het ~ van in zijn zeer teleurgesteld, aangeslagen of ontmoedigd zijn ❹ het binnenste, kern: ★ het ~ van een bloem, boom ★ in Nederland het Groene Hart het nog niet verstedelijkte gebied in de Randstad van Nederland ★ hartje winter midden in de winter; zie ook bij → hartje, → moordkuil, → stelen

hart·aan·val de (m) [-len] hartkramp of hartinfarct
hart·be·wa·king de (v) ❶ nauwkeurige controle van de werking van het hart ❷ vooral NN ziekenhuisafdeling waar dat gebeurt: ★ de patiënt ligt nu op de ~
hart·bre·kend, hart·bre·kend bn deerniswekkend, diep ontroerend: ★ het slot van de film was ~
hart·cen·trum het [-tra en -s] med inrichting speciaal voor hartpatiënten
hart·chi·rur·gie [-sjierurgie, -sjierurzjie] de (v) chirurgie die zich bezighoudt met ziekten en afwijkingen van het hart
har·te·lijk I bn vriendelijk, oprecht en vol warmte: ★ een hartelijke vrouw ★ een hartelijke ontvangst II bijw van harte, welgemeend, oprecht: ★ iem. ~ bedanken ★ ~ lachen
har·te·lijk·heid de (v) het hartelijk zijn
har·te·loos bn zonder medegevoel, onverschillig, hard van inborst; **harteloosheid** de (v)
har·ten de [mv idem of -s] kaartsp kaart met

hartfiguurtjes
har·ten·aas de (m) & het [-azen] kaartsp het aas van harten
har·ten·beest het [-en] antiloopachtig dier in zuidelijk Afrika
har·ten·boer de (m) [-en] kaartsp de boer van harten
har·ten·dief de (m) [-dieven] persoon die iemands hart steelt: lieveling, schat
har·ten·heer de (m) [-heren] kaartsp de heer van harten
har·ten·ja·gen ww & het (het spelen van een) bep. kaartspel waarbij men òf moet vermijden de hartenkaarten te krijgen òf juist moet proberen deze te verkrijgen
har·ten·klop, hart·klop de (m) [-pen] hartslag
har·ten·kreet de [-kreten] uit sterke gevoelens (medelijden, smart) voortkomende uiting
har·ten·leed het groot verdriet
har·ten·lust de (m) ★ naar ~ zoveel men wil
har·ten·pijn de hartzeer ★ met ~ met veel verdriet
hart- en ·vaat·ziek·ten mv ziekten van hart en bloedvaten
har·ten·vre·ter de (m) [-s] BN, spreektaal onaangenaam, lastig persoon; egoïst; kniesoor, treiter, pestkop
har·ten·vrouw de (v) [-en] kaartsp de vrouw van harten
har·ten·wens de (m) [-en] innige wens
hart·gron·dig bn oprecht, uit de grond van het hart: ★ iem. ~ haten
har·tig bn pittig, zout ★ een ~ woordje niet zachtzinnig
hart·in·farct het [-en] het door zuurstofgebrek afsterven van een stuk van de hartspier, ontstaan door afsluiting van een of meer kransslagaders door bloedstolsels of vervetting
hart·je het [-s] ❶ liefje ❷ ★ gebroken hartjes fuchsia-achtige plant met roodwitte bloemklokjes, bruidstranen; zie ook bij → hart
hart·jes·dag de (m) [-dagen] vroeger feestdag in Amsterdam op de eerste maandag na 15 augustus
hart·ka·mer de [-s] elk van de twee onderste afdelingen van het hart: ★ de linker en rechter ~
hart·klep de [-pen] ❶ med klep tussen boezem en hartkamer ❷ nat klep in een pomp die bij het neergaan de zuigbuis van de zuiger afsluit
hart·klop de (m) [-pen] → hartenklop
hart·klop·ping de (v) [-en] heftig kloppen van het hart
hart·kramp de [-en] gevoel van samenkrimping in de hartstreek, angina pectoris
hart·kwaal de [-kwalen] ziekte van het hart
hart·long·ma·chi·ne [-sjienə] de (v) [-s] toestel dat tijdens open hartoperaties de werking van hart en longen overneemt
hart·ope·ra·tie [-(t)sie] de (v) [-s] chirurgische ingreep aan het hart ★ open ~ waarbij gebruik wordt gemaakt van een hart-longmachine; tegengest: gesloten ~
hart·pa·tiënt [-paasjent] de (m) [-en], **hart·pa·tiën·te** de

(v) [-n; *ook* -s] iem. die aan een hartziekte lijdt
hart·roe·rend *bn* NN diep treffend, zeer aandoenlijk:
★ *een hartroerende film*
hart·scheur *de* [-en] NN barst in het inwendige van hout
harts·ge·heim *het* [-en] liefdesgeheim; algemeen diep geheim
harts·hoorn *de (m) & het* → **hertshoorn**
hart·slag *de (m)* [-slagen] één samentrekking van het hart: ★ *mensen hebben in rust per minuut ± 70 hartslagen*
hart·ster·kend *bn* NN de inwendige mens versterkend
hart·stik·ke *bijw* vooral NN, spreektaal totaal, geheel en al: ★ *~ dood, ~ donker; in hoge mate:* ★ *~ goed, ~ lekker*
hart·stil·stand *de (m)* [-en] het niet meer kloppen van het hart, hartverlamming: ★ *een acute ~*
harts·tocht *de (m)* [-en] ❶ heftige begeerte, passie: ★ *een liefdesnacht met veel ~* ❷ grote liefde voor iets: ★ *een ~ voor Mozart*
harts·toch·te·lijk *bn* met hartstocht, vurig: ★*~ naar iets verlangen*
hart·streek *de* de omgeving van het hart in de borst
harts·van·ger *(‹Du) de (m)* [-s] lang jachtmes
harts·vriend *de (m)* [-en] dierbaarste vriend
harts·vrien·din *de (v)* [-nen] dierbaarste vriendin
hart·trans·plan·ta·tie [-(t)sie] *de (v)* [-s] zie bij → **transplantatie**
hart·ver·gro·ting *de (v)* overmatige toename van de omvang van het hart
hart·ver·hef·fend, **hart·ver·hef·fend** *bn* edele gevoelens oproepend
hart·ver·lam·ming *de (v)* [-en] plotselinge stilstand van het hart
hart·ver·ove·rend *bn* vertederend, lief: ★ *een ~ kind*
hart·ver·scheu·rend *bn* vreselijk om te zien of te horen: ★ *hartverscheurende oorlogstaferelen*
hart·ver·ster·king *de (v)* [-en] NN, spreektaal borrel
hart·ver·vet·ting *de (v)* vorming van vet rond het hart, waardoor de hartspier minder goed kan werken
hart·ver·war·mend, **hart·ver·war·mend** *bn* warme gevoelens opwekkend
hart·ver·wij·ding *de (v)* door te grote inspanning veroorzaakte verwijding van het hart
hart·vor·mig *bn* in of volgens de vorm van een hart
hart·zeer *het* groot verdriet
hart·ziek·te *de (v)* [-n, -s] hartkwaal
hasj, **has·jiesj** *(‹Arab) de (m)* tot de softdrugs behorend genotmiddel uit Indische hennep, dat wordt gerookt of gegeten
hasj·hond *de (m)* [-en] hond die is opgeleid om hasj op te sporen
hasj·olie *de* hasj in licht vloeibare vorm, waarin het werkzame bestanddeel zeer geconcentreerd voorkomt
hasj·pijp *de* [-en] pijp met kleine kop en lange steel waaruit men hasj rookt; *ook* waterpijp waaruit men hasj rookt
has·pel *de (m)* [-s, -en] toestel om garen of kabels van klossen tot strengen te winden
has·pe·len *ww* [haspelde, h. gehaspeld] ❶ op een haspel winden: ★ *garen ~* ❷ onhandig bezig zijn, stuntelen ★ *alles door elkaar ~* zaken met elkaar verwarren
has·se·bas·je *het* [-s] NN, Barg borrel
has·se·bas·sen *ww* [hassebaste, h. gehassebast] NN ❶ ruzie maken, kijven ❷ moeite hebben met iets of iem.
hat·een·heid *de (v)* [-heden] NN klein appartement bestemd voor de *Huisvesting voor Alleenstaanden en Tweepersoonshuishoudens*
ha·te·lijk *bn* ❶ haat opwekkend ❷ krenkend, grievend, stekelig: ★ *hatelijke opmerkingen maken*
ha·te·lijk·heid *de (v)* [-heden] scherpe krenkende opmerking
hate·mail [heetmeel] *(‹Eng) de* [-s] hatelijke e-mail
ha·ten *ww* [haatte, h. gehaat] een diepe afkeer hebben van
hat·se·kie·dee, **hat·sie·kie·dee** *tsw* NN uitroep van vreugde of ter begeleiding van een plotselinge, onverwachte of bijzonder snel plaatsvindende gebeurtenis: ★ *~, daar valt weer een glas kapot*
hat·sjie *tsw* woord ter nabootsing van het geluid van het niezen
hat·trick [hettrik] *(‹Eng) de (m)* ❶ voetbal het maken van drie doelpunten door één speler in één helft van een wedstrijd, niet onderbroken door doelpunten van andere spelers; *bij uitbreiding* het maken van drie doelpunten in één wedstrijd ❷ cricket het achter elkaar nemen van drie wickets in één wedstrijd
haus·ma·cher *(‹Du) de* [-s] grove soort leverworst
hausse [oos(ə)] *(‹Fr) de (v)* ❶ prijsstijging ★ *à la ~ beleggen* op de stijging van koersen speculeren ❷ sterke toename van de vraag naar bep. goederen
haus·sier [oosjee] *(‹Fr) de (m)* [-s] speculant op koersstijging van effecten
hau·tain [ootẽ] *(‹Fr) bn* hooghartig, uit de hoogte: ★ *zich ~ gedragen*
haute cou·ture [oot koetuur] *(‹Fr) de (v)* ❶ de mode bepalende ontwerpen van grote modeontwerpers en modehuizen ❷ toonaangevende modebranche
haute cui·sine [oot kwiezien] *(‹Fr) de (v)* verfijnde kookkunst
haute sai·son [oot sèzõ] *(‹Fr) de (v)* drukste gedeelte van het seizoen, hoogseizoen
haut-re·lief [oorəljef] *(‹Fr) het* [-s] verheven beeldwerk (waarbij de figuren voor de helft of meer uit het vlak treden)
hauw *de* [-en] plantk droge tweehokkige, langs twee naden openspringende doosvrucht met vals tussenschot, typisch voor kruisbloemigen
ha·van·na I *de* ['s] havannasigaar, genoemd naar de Cubaanse hoofdstad Havana **II** *het* bruine kleur als

van havannasigaren **III** *bn* die kleur hebbend
ha·van·na·si·gaar *de* [-garen] sigaar gemaakt van op Cuba geteelde tabak
ha·ve *de* bezit ★ *levende ~ vee* ★ *~ en goed* het hele bezit
ha·ve·loos *bn* ❶ armoedig, sjofel, met kapotte kleren: ★ *er ~ uitzien* ❷ verwaarloosd, slecht onderhouden: ★ *een haveloze buitenwijk*
ha·ven *de* [-s] ❶ waterbekken als ligplaats voor schepen, dikwijls met mogelijkheden voor lossen, laden en → **overslaan** (bet 5): ★ *de Rotterdamse ~* ★ *met een schip de ~ binnenlopen* ★ *in behouden ~, in veilige ~* goed aangekomen (van schepen) *fig* in veiligheid, buiten gevaar ★ *stranden in het zicht van de ~* nog mislukken als de gunstige afloop al zeker lijkt ❷ havenstad
ha·ven·ar·bei·der *de (m)* [-s] iem. die zijn werk heeft bij het lossen en laden van schepen
ha·ven·ba·ron *de (m)* [-nen] (smalende) benaming voor een rijke ondernemer die veel macht en invloed heeft in het havenbedrijf
ha·ven·dam *de (m)* [-men] dam langs of nabij een haven, dienend tot wering van golfslag in de haven
ha·ven·dienst *de (m)* [-en] dienst betreffende de regeling van het verkeer in een haven, het bedienen van bruggen en sluizen, het innen van havengelden e.d.
ha·ve·nen *ww* [havende, h. gehavend] toetakelen
ha·ven·geld *het* [-en] geld dat betaald moet worden voor het liggen in een haven
ha·ven·hoofd *het* [-en] uitstekende pier van een haven
ha·ven·ka·pi·tein *de (m)* [-s] BN ook havenmeester
ha·ven·kwar·tier *het* [-en] stadswijk waarin de havens liggen
ha·ven·mees·ter *de (m)* [-s] hoofd van de havendienst
have·nots [hevnots] *(‹Eng) mv* zie bij → **haves and havenots**
ha·ven·po·li·tie [-(t)sie] *de (v)* politie die toezicht houdt in een haven
ha·ven·schap *het* [-pen] organisatie die de belangen van een haven behartigt
ha·ven·sche·pen *de (m)* [-en] BN schepen bevoegd voor havenaangelegenheden
ha·ven·stad *de* [-steden] stad met haven(s)
ha·ven·sta·king *de (v)* [-en] staking van de havenarbeiders
ha·ven·wer·ken *mv* de havens met daarbij behorende los- en laadinrichtingen
ha·ven·wer·ker *de (m)* [-s] havenarbeider
ha·ven·wijk *de* [-en] havenkwartier
ha·ver *de* graansoort met dunne pluim ★ *paarden die de ~ verdienen, krijgen ze niet* wie het meest recht heeft op beloning, krijgt die niet; zie ook bij → **gort**
ha·ver·kist *de* ★ NN *erop zitten als een bok op de ~* ergens zeer happig op zijn
ha·ver·klap *de (m)* ★ *om de ~* telkens, bij de geringste aanleiding: ★ *hij wordt om de ~ door zijn moeder gebeld*
ha·ver·mout *de (m)* ❶ gepelde, gedroogde haverkorrels ❷ met gepelde, gedroogde haverkorrels bereide pap
ha·ver·stro *het* lege haverhalmen ★ *twisten om een ~* om een kleinigheid
ha·ver·zak *de (m)* [-ken] zak met haver, om de kop van een paard gehangen zodat hij eruit kan eten
haves and have·nots [hevs end hevnots] *(‹Eng) mv* bezitters en niet-bezitters
ha·ve·zaat, ha·ve·za·te *de* [-zaten] ridderhofstede
ha·vik *de (m)* [-viken] ❶ roofvogel die behoort tot de ondersoort Accipitrinae, waarvan de leden verspreid over de gehele aarde (behalve in Oceanië) voorkomen, vooral de gewone havik een grote, grijsbruine vogel met relatief korte vleugels en een lange staart, die als broedvogel in Nederland en België voorkomt (*Accipiter gentilis*) ❷ fig fel, hardvochtig mens ❸ ‹politiek› voorstander van gebruik van wapengeweld of agressieve politiek in een (inter)nationaal conflict; *tegengest:* → **duif**
ha·viks·kruid *het* een samengesteldbloemige plant (*Hieracium*)
ha·viks·neus *de (m)* [-neuzen] scherp gebogen neus
ha·vist *de (m)* [-en] in Nederland leerling van een havo
havo[1] *het* in Nederland hoger algemeen voortgezet onderwijs
havo[2] *de* ['s], **havo-school** [-scholen] in Nederland school waar hoger algemeen voortgezet onderwijs wordt gegeven: ★ *Ingeborg zit op de ~*
ha·zard [haazaar] *(‹FrArab) de (m)* [-s] kans, geluk ★ *par ~* toevallig
ha·zard·spel [haazaar-] *het* [-spelen] kansspel, gokspel
ha·ze·laar *de (m)* [-s, -laren] hazelnotenboom
ha·zel·hoen *het* [-ders] kleine hoenderachtige vogel
ha·zel·muis *de* [-muizen] soort knaagdier
ha·zel·noot *de* [-noten] vrucht van de hazelaar
ha·zel·no·ten·boom *de (m)* [-bomen],
   ha·zel·no·ten·struik [-en] boom, struik waaraan de hazelnoten groeien (*Corylus avellana*)
ha·zel·worm *de (m)* [-en] pootloze, slangvormige hagedis
ha·zen·hart *het* [-en] ❶ vreesachtige aard: ★ *een ~ hebben* ❷ iem. die gauw bang is
ha·zen·jacht *de* jacht op hazen
ha·zen·le·ger *het* [-s] ligplaats, nest van een haas
ha·zen·lip *de* [-pen] gespleten bovenlip
ha·zen·pad *het* ★ *het ~ kiezen* op de loop gaan
ha·zen·pe·per *de* gerecht van gestoofd en gekruid hazenvlees
ha·zen·slaap·je *het* [-s] lichte, korte slaap: ★ *een ~ doen*
ha·zen·sprong *de (m)* [-en] ❶ sprong van een haas ❷ beentje uit de achterpoot van een haas
ha·zen·vlees *het* vlees van een haas
ha·ze·wind *de (m)* [-en] zeer slanke jachthond
hbo *afk* in Nederland ❶ hoger beroepsonderwijs

❷ hogere beroepsopleiding ❸ hoger bouwkundig onderwijs

hbo'er [haabeeooər] *de (m)* [-s] in Nederland leerling van een hbo

H-bom *de* [-men] waterstofbom

hbs *de* ['en] in Nederland, vroeger hogereburgerschool

H.C. *afk* NN ❶ Hoge Commissaris ❷ hoofdcommissaris ❸ hoofdconducteur

h.c. *afk* honoris causa [eershalve]

HD *afk* heupdysplasie [pijnlijke heupafwijking bij vooral grote rashonden]

H.D. *afk* ❶ Hare Doorluchtigheid ❷ Heilige Dienst [het ambt van predikant]

hdtv *afk* (*‹Eng›*) High-Definition Television [televisie met een hoger aantal beeldlijnen en daardoor een betere beeldkwaliteit dan de traditionele televisie]

He *afk* chem symbool voor het element *helium*

he *tsw* [hè] ❶ uitroep van verbazing, teleurstelling, opluchting, schrik ★ *~ ja (nee)!* aansporing om iets te doen (na te laten) ★ *hè hè* verzuchting na een grote inspanning ❷ uitroep van bewondering, verwondering, ergernis [hee] ❸ uitroep om iems. aandacht te trekken [hee]

head·ban·gen *ww* [hedbengə(n)] *(‹Eng›)* [headbangde, h. geheadbangd] bij wijze van dans het hoofd wild op en neer bewegen op het ritme van bep. soorten harde popmuziek

head·hunt·er [hedhuntə(r)] *(‹Eng›) de (m)* [-s] eig koppensneller; iem. die er zijn beroep van maakt kandidaten te zoeken voor topfuncties

head·line [hedlain] *(‹Eng›) de (m)* [-s] ❶ kop (boven een krantenartikel) ★ *de headlines* ❷ ‹ook:› de belangrijkste nieuwsfeiten, de hoofdzaken

head·shop [hèdsjop] *(‹Eng›) de (m)* [-s] winkel waar artikelen te koop zijn t.b.v. drugsgebruikers, bijv. hasjpijpen

heal·ing [hieling] *(‹Eng›) de* ❶ genezing, vooral op alternatieve wijze, zoals door gebed of geestkracht ❷ bijeenkomst waarop iem. die verondersteld wordt over bovennatuurlijke gaven te beschikken, de bezoekers van hun aandoeningen tracht te verlossen

heao *afk* in Nederland, vroeger hoger economisch en administratief onderwijs

heao'er [hee(j)aaooər] *de (m)* [-s] in Nederland leerling van een heao

hear·ing [hiering] *(‹Eng›) de (v)* [-s] ❶ bijeenkomst waarop een bestuurscollege plannen e.d. in discussie brengt bij belanghebbenden teneinde hun meningen te peilen ❷ bijeenkomst waarbij tegenover een kamercommissie verklaringen worden afgelegd

heat [hiet] *(‹Eng›) de (m)* [-s] ‹in diverse racesporten› race als onderdeel van een wedstrijd die uit meerdere races bestaat

heavy [hèvie] *(‹Eng›) bn* inf ❶ moeilijk, lastig, zwaar, precair: ★ *euthanasie is een ~ onderwerp* ❷ jeugdtaal luid, hard: ★ *die muziek is nogal ~*

heavy met·al [hèvie mettəl] *(‹Eng›) de (m)* muz hardrock

heb *de (m)* het hebben: ★ *het is allemaal om de ~*

heb·be·din·ge·tje *het* [-s] voorwerp van weinig waarde, snuisterijtje

heb·be·lijk·heid *de (v)* [-heden] aanwensel, vooral nare gewoonte

heb·ben I *zelfst ww* [had, h. gehad] ❶ bezitten, houden ‹(fig en eig, concreet en abstract)›: ★ *veel geld ~, veel geluk ~* ❷ ondervinden: ★ *honger, koorts ~* ★ *het warm of koud ~* ❸ krijgen: ★ *ik moet nog geld van hem ~* ❹ verlangen: ★ *zo wil ik het ~* ❺ toestaan: ★ *dat wil ik niet ~* ❻ kunnen: ★ *die mensen ~ makkelijk praten* ❼ bevatten: ★ *die stad heeft 4.000 inwoners* ★ *iets ~ aan* goed kunnen gebruiken: ★ *ik heb wel wat aan die oude televisie* ★ *het ~ over* praten over ★ *~ te* moeten: ★ *hij heeft nog veel te leren* ★ *wat heeft dat te betekenen?* ★ *iets ~ van* lijken op: ★ *zijn gedrag heeft hij iets van zijn vader* ★ *ik heb het negen uur* op mijn horloge is het negen uur ★ *~ is ~, maar krijgen is de kunst* iets behouden is gemakkelijker dan iets verkrijgen ★ *ik zal hem ~!* ik zal een grap met hem uithalen of ik zal wraak op hem nemen **II** hulpwerkwoord van tijd ★ *we ~ twee uur gelopen* **III** het ★ *mijn hele ~ en houden* al mijn bezit

heb·ber, **heb·berd** *de (m)* [-s] hebberig mens

heb·be·rig *bn* hebzuchtig

heb·bes *tsw* uitroep bij het bemachtigen van iets

Hebr. *afk* ❶ Hebreeuws ❷ Bijbel: (brief aan de) Hebreeën [een van de brieven van Paulus]

he·bra·ï·cus *(‹Lat›) de (m)* [-ci] beoefenaar, kenner van de Hebreeuwse taal

he·bra·is·me *het* [-n] eigenaardig Hebreeuwse uitdrukking; door letterlijke vertaling uit het Hebreeuws overgenomen uitdrukking

he·bra·ïst *de (m)* [-en] hebraïcus

He·bree·ër *(‹Lat‹Hebr›) de (m)* [-s, Hebreeën] Israëliet

He·breeuws I *bn* van, betreffende de Israëlieten **II** het de taal van de Israëlieten

heb·zucht *de* inhaligheid, zucht naar bezit, begerigheid

heb·zuch·tig *bn* begerig, inhalig

he·ca·tom·be *(‹Gr›) de* [-n, -s] ❶ ‹in de oudheid› offer van 100 dieren ❷ fig slachting, bloedbad

hecht *bn* ❶ stevig in elkaar zittend, solide: ★ *de buurman heeft een ~ muurtje neergezet* ❷ vast, degelijk, duurzaam: ★ *een hechte organisatie, een hechte band, een hechte vriendschap*

hecht·draad *de (m)* [-draden] draad waarmee iets gehecht wordt, vooral een wond

hech·ten I *ww* [hechtte, h. gehecht] ❶ vastmaken, dichtnaaien: ★ *een wond ~* ❷ vast blijven zitten: ★ *deze verf hecht heel goed* **II** *wederk* gaan houden van ★ *ik hecht eraan om... ik vind het belangrijk om...*; zie ook → **gehecht**

hech·te·nis *de (v)* straf bestaande uit opsluiting in een huis van bewaring ★ *NN voorlopige ~*

vrijheidsbeneming van een verdachte gedurende het voorlopig onderzoek ★ recht preventieve ~ verzamelnaam voor inverzekeringstelling en voorlopige hechtenis, voorafgaand aan een veroordeling

hecht·heid *de (v)* het → **hecht** zijn
hecht·hout *het* waterbestendig triplex
hech·ting *de (v)* [-en] ❶ het vasthechten ❷ elk van de gebruikte hechtdraden
hecht·pleis·ter *de* [-s] NN kleefpleister
hecht·wor·tel *de (m)* [-s] kleine, dunne wortel waarmee een klimplant zich vasthecht
hec·ta·re *(‹Fr‹Gr)* *de* [-n, -s] honderd are, vlaktemaat van 10.000 m²
hec·tisch *(‹Gr) bn* (eig teringachtig) druk, chaotisch, gejaagd: ★ *het was weer ~ op het werk vandaag*
hec·to- voorvoegsel *(‹Gr)* voorvoegsel ter aanduiding van een honderdvoud
hec·to·gram *(‹Gr) het* [-men] (gewicht van) honderd gram, ons
hec·to·li·ter *de (m)* [-s] (maat van) honderd liter
hec·to·me·ter *(‹Gr) de (m)* [-s] honderd meter
he·den I *bijw* vandaag, nu ★ *~ ten dage* tegenwoordig **II** *het* de tegenwoordige tijd ★ *tot op ~* tot nu toe ★ NN *ach ~!, ~ nog aan toe* uitroep van schrik
he·den·avond *bijw* vanavond, deze avond
he·den·daags, he·den·daags *bn* van tegenwoordig ★ *hedendaagse kunst* kunst van eigentijdse beeldende kunstenaars
he·den·mid·dag *bijw* vanmiddag, deze middag
he·den·mor·gen *bijw* vanmorgen, deze morgen
he·den·nacht *bijw* vannacht, deze nacht
he·den·och·tend *bijw* vanochtend, deze ochtend
hedge·fonds [hedzj-] *(‹Eng) het* [-en] econ beleggingsfonds dat aandelen koopt van beursgenoteerde bedrijven en via een bepaalde strategie tracht zowel in opgaande als neergaande markten winst te behalen
hedj·ra *(‹Arab) de* uitwijking, in 622, van de Profeet Mohammed van Mekka naar Medina, aanvang van de islamitische jaartelling
he·do·nis·me *(‹Gr) het* levensleer waarin genot het hoogste goed is
he·do·nist *de (m)* [-en] aanhanger van hedonisme
heek *de (m)* [heken] zeesnoek (*Merluccius merluccius*)
heel I *bn* ❶ niet gebroken, niet stuk, niet aangetast, gaaf: ★ *na de val was het glas gelukkig nog ~* ❷ volledig, compleet: ★ *ik heb het hele boek in één adem uitgelezen* **II** *bijw* → zeer², in hoge mate: ★ *~ blij, ~ ver, ~ lang* ★ *~ wat* een aanzienlijke hoeveelheid
heel·al *het* de ontzaglijke ruimte waarin de aarde zich bevindt, kosmos, universum
heel·huids *bijw* ongedeerd
heel·kun·de *de (v)* operatieve geneeskunde, chirurgie
heel·kun·dig *bn* de heelkunde betreffend
heel·kun·di·ge *de* [-n] arts die de heelkunde uitoefent
heel·mees·ter *de (m)* [-s] vero beoefenaar van de chirurgie ★ *zachte heelmeesters maken stinkende wonden* te zachtzinnig optreden tegen het kwaad maakt het juist erger
heel·mid·del *het* [-en] middel dat dient ter genezing, geneesmiddel
heem·kun·de *de (v)* kennis van volk en bodem in een bepaalde streek (streektaal, volksgebruiken, natuurlijke gesteldheid, bestaansmiddelen enz.)
heem·plant *de* [-en] wilde plant, in het wild groeiende plant
heem·raad *de (m)* [-raden] NN ❶ lid van een dijk- of polderbestuur ❷ dijk- of polderbestuur
heem·raad·schap *het* [-pen] NN gebied van een polder- of dijkbestuur
heemst *de* plantengeslacht uit de kaasjeskruidfamilie (*Althea*), vooral de in Nederland en België veel voorkomende soort *A. officinalis*, vanouds bekend als kruid tegen hoest en verkoudheid
heem·tuin *de (m)* [-en] tuin met in het wild groeiende planten
heen *bijw* ❶ hiervandaan, ergens naar toe: ★ *waar ga je ~?* ★ *ik wil daar niet ~* ★ *heen en terug, heen en weer* ★ *je kunt het heen en weer krijgen* zie bij →
heen-en-weer ★ *waar moet het ~?* verzuchting als men ongerust is over de afloop van iets ★ *ik begrijp niet waar je ~ wilt* ik begrijp niet wat je me probeert duidelijk te maken ★ NN *een eind ~ of ver ~ zijn* niet meer in staat zijn tot redelijk nadenken, vooral door alcohol- of drugsgebruik ★ NN *al vijf maanden ~ zijn* ‹m.b.t. zwangere vrouwen› al vijf maanden in verwachting zijn ❷ *heen* wordt ook met veel andere voorzetsels gecombineerd: ★ *door een bos ~ fietsen* ★ *over een berg ~ lopen* ★ *langs een rivier ~ lopen*
heen-en-te-rug·bil·jet *het* [-ten] BN retourbiljet, kaartje voor de heen- en terugreis
heen-en-weer *het* NN, spreektaal ★ *het ~ krijgen* onrustig, zenuwachtig worden ★ *krijg het ~!* verwensing: loop naar de maan!
heen·gaan I *ww* [ging heen, is heengegaan] ❶ weggaan ❷ plechtig overlijden; ook **II** *het* ★ *zijn ~ is een zwaar verlies*
heen·ko·men *het* ★ *een goed ~ zoeken* proberen te ontsnappen
heen·lo·pen *ww* [liep heen, is heengelopen] weglopen ★ NN *loop heen!* uiting van afwijzing
heen·match [-metsj; BN -matsj] *(‹Fr) de* [-es; BN -en] BN heenwedstrijd
heen·reis *de*, **heen·weg** *de (m)* de reis of weg erheen (tegengest.: → terugreis, → terugweg)
heen·ron·de *de* [-n, -s] BN, spreektaal eerste helft van een competitie, waarbij alle clubs tegen elkaar spelen
heen·wed·strijd *de (m)* [-en] BN, sp eerste van de twee wedstrijden die twee ploegen tegen elkaar spelen: ★ *we zullen er alles aan doen om de achterstand die we in de ~ hebben opgelopen, goed te maken in de terugwedstrijd*
heen·zen·den [zond heen, h. heengezonden] *overg*

recht vrijlaten van een verdachte of veroordeelde
Heer, NN **He·re** *de (m)* God: ★ *het Woord des Heren* de Bijbel ★ *de dag des Heren* zondag
heer[1] *de (m)* [heren] ❶ man, vooral van stand of van beschaving: ★ *zo'n daad past een ~ niet* ★ *een ~ in het verkeer* ❷ meester, heerser, gezagsdrager: ★ *de horigen moesten veel diensten voor hun ~ verrichten* ★ *de hoge heren regelen die zaakjes onderling wel* ★ *nieuwe heren, nieuwe wetten* bij bestuurswisseling worden gewoonlijk andere maatregelen ingevoerd ★ *men kan geen twee heren dienen* men kan maar één ding goed doen ★ *zo ~, zo knecht* de bediende volgt de meester na ★ *met grote heren is het kwaad kersen eten* omgang met groten brengt niet veel voordeel ★ *langs 's heren wegen lopen* rondzwerven ★ fig *strenge heren regeren niet lang* strenge vorst duurt niet lang ★ NN *wat de heren wijzen, moeten de gekken prijzen* wat de gezagsdragers uitmaken of voorschrijven, hebben de gewone mensen eenvoudig te aanvaarden ★ *de ~ des huizes* de man als hoofd van huishouden of gezin ★ *ergens ~ en meester zijn* ergens onbetwist macht hebben ★ spreektaal *mijn ouwe ~* mijn vader ❸ koning in het kaartspel; zie ook → **heertje**
heer[2] *het* [heren] leger; *ook:* → **heir**
heer·baan *de* [-banen] brede weg; *ook:* heirbaan
heer·ban *de (m)* hist oproeping ten oorlog; de opgeroepen strijders; *ook:* heirban
heer·boer *de (m)* [-en] → **herenboer**
heer·le·ger *het* [-s] groot leger; *ook:* heirleger
heer·lijk *bn* ❶ zeer smakelijk: ★ *een heerlijke ovenschotel* ❷ heel plezierig, fijn: ★ *een heerlijke vakantie* ★ NN *het ~ avondje* sinterklaasavond ❸ van de heer: ★ *heerlijke rechten* bijzondere voorrechten van de bezitter van een heerlijkheid of van de landsheer
heer·lijk·heid *de (v)* [-heden] ❶ iets wat → **heerlijk** (bet 1, 2) is ❷ bezitting waaraan bepaalde rechten verbonden zijn
heer·oom *de (m)* [-s] RK oom die geestelijke is; algemeen pastoor
heer·schaar *de* [-scharen] legergroep; *ook:* heirschaar
heer·schap *het* [-pen] spottend manspersoon: ★ *een vreemd ~*
heer·schap·pij *de (v)* macht; het heersen
heer·sen *ww* [heerste, h. geheerst] ❶ regeren ❷ zijn macht doen gelden ❸ aanwezig zijn: ★ *de griep heerst in deze streek* ★ NN, schertsend *het heerst* deze ziekte heeft zich epidemisch verbreid ★ *de heersende mening, de heersende mode* algemeen voorkomend
heer·ser *de (m)* [-s], **heer·se·res** *de (v)* [-sen] machthebber
heers·zucht *de* sterke wens om te heersen, het streven naar macht
heers·zuch·tig *bn* naar macht strevend
heer·tje *het* [-s] verkleinvorm van → **heer**[1]: ★ NN *het ~ zijn* a) er keurig uitzien, zich als een heer voelen of voordoen; b) zich prettig voelen

heer·weg *de (m)* [-wegen] brede weg; *ook: heirweg*
hees[1] *bn* schor
hees[2] *ww verl tijd* van → **hijsen**
hees·heid *de (v)* het hees-zijn
hees·ter *de (m)* [-s] struik
hees·ter·ach·tig *bn* op een heester lijkend: ★ *een ~ gewas*
heet *bn* ❶ zeer warm: ★ *het is ~ vandaag* ★ *de koffie is nog ~* ; zie ook bij → **bliksem**, → **kool**[1], → **naald**, → **soep** en → **vuur** ❷ heftig: ★ *het ging er ~ aan toe* ★ *in het heetst van de strijd* ❸ vooral NN pikant, scherp, gepeperd: ★ *een ~ gerecht* ❹ seksueel vurig, wellustig: ★ *een hete vrouw*
heet·ge·ba·kerd, **heet·ge·ba·kerd** *bn* driftig, opvliegend
heet·hoofd *de* [-en] driftig mens
heet·hoof·dig *bn* driftig; **heethoofdigheid** *de (v)*
heet·wa·ter·proef *de* [-proeven] hist godsoordeel, waarbij de verdachte met blote arm een voorwerp uit heet water moest halen en een snelle genezing van de brandwond op onschuld wees
heet·wa·ter·toe·stel *het* [-len] toestel dat (door verwarming met gas of elektriciteit) heet water levert
heet·wa·ter·zak *de (m)* [-ken] rubberen voorwerp, waarin men heet water doet, ter verwarming van bedden e.d.
hef *de* → **heffe**
hef·boom *de (m)* [-bomen] een om een as of steunpunt draaibare stang, waarmee iets aan de ene kant omhoog kan worden bewogen door aan de andere kant druk naar beneden uit te oefenen
hef·brug *de* [-gen] brug die horizontaal omhoog kan gaan; dergelijk werktuig gebruikt bij autoreparaties
hef·fe *de* : ★ *de ~ des volks* het gepeupel
hef·fen *ww* [hief, h. geheven] ❶ oplichten, omhoog brengen, optillen: ★ *het glas heffen* ❷ verplichten te betalen, opleggen: ★ *belastingen ~*
hef·fing *de (v)* [-en] ❶ het → **heffen** ❷ belasting: ★ *inkomensheffing, milieuheffing* ❸ beklemtoonde lettergreep in versregel
hef·schroef·vlieg·tuig *het* [-en] helikopter
heft *het* [-enhandvat] ★ *het ~ in handen hebben* of *houden* het gezag, de macht hebben *of* houden
hef·tig *bn* ❶ driftig, fel: ★ *heftige gebaren maken* ❷ erg, hevig: ★ *een heftige reactie van het afweersysteem* ❸ ★ NN, spreektaal *dat was best wel ~* dat maakte wel indruk ❹ NN, jeugdtaal prachtig, geweldig; **heftigheid** *de (v)*
hef·truck [-truuk, -truk] *de (m)* [-s] wagen met hefwerktuig
hef·ver·mo·gen *het* hoeveelheid gewicht die door een hijs- of hefwerktuig omhoog kan worden gebracht
heg *de* [heggen] afscheiding van laag struikgewas ★ *~ noch steg weten, geen ~ of steg weten* geheel vreemd zijn, in 't geheel de weg niet weten
he·ge·li·aan [heeyə-] *de (m)* [-anen] aanhanger van de

filosofie van Hegel (1770-1831)
he·ge·li·aans [heeyə-] *bn* volgens de leer van Hegel
he·ge·li·a·nis·me [heeyə-] *het* filosofie van Hegel en zijn leerlingen
he·ge·mo·nie (‹Gr) *de (v)* overheersing, staatkundig overwicht
heg·gen·mus *de* [-sen] bastaardnachtegaal (*Prunella modularis*)
heg·gen·rank *de* [-en] tot de komkommerachtigen behorende klimplant met giftige rode bessen (*Bryonia dioica*)
heg·gen·roos *de* [-rozen] hagenroos
heg·gen·schaar, **heg·schaar** *de* [-scharen] grote schaar om heggen te knippen
hei¹ *de* [-en] heiblok
hei² *de* [-den] → **heide**(-) ★ *een dagje op de ~ (zitten)* werkoverleg hebben buiten het eigenlijke kantoor
hei·bel (‹Jiddisch) *de (m)* [-s] ❶ drukte, lawaai ❷ onenigheid; moeilijkheden: ★ *met hem heb ik altijd ~*
hei·blok *het* [-ken] zwaar blok in een heistelling dat palen de grond in slaat
hei·de, **hei** *de* [-n, -den] ❶ plantensoort, vooral gewone of struikheide (*Calluna vulgaris*) ❷ vlakte waarop vaak → **heide** (bet 1) groeit
hei·de·bloem *de* [-en] ❶ bloem die op de heide groeit ❷ bloem van de → **heide** (bet 1)
hei·de·brand *de (m)* [-en] brand op de heide
hei·de·grond *de (m)* [-en] grond waarop heide groeit
hei·de·haan·tje *het* [-s] bruin kevertje dat in heidegebieden in Nederland en België massaal kan voorkomen en dan door vraat grote schade veroorzaakt, de soort *Lochmaea suturalis*
hei·de·ke·ver *de (m)* [-s] heidehaantje
hei·de·kruid *het* → **heide** (bet 1)
Hei·del·ber·ger [haidəlberyər,], **Hei·del·bergs** *bn* NN van, uit Heidelberg ★ *de Heidelbergse (Heidelberger) catechismus* calvinistische geloofsleer in vragen en antwoorden, verdeeld in 52 zondagen
hei·den *de (m)* [-en] ongelovige in de ogen van gelovigen; ongodsdienstig mens ★ NN *aan de heidenen overgeleverd zijn* onderworpen zijn aan de willekeur van wrede of onverstandige mensen
hei·den·apos·tel *de (m)* [-en] apostel onder de heidenen, vooral Paulus
hei·den·dom *het* ❶ heidense godsdienst ❷ al de heidenen
hei·dens *bn* ❶ van heidenen, als van heidenen ★ *heidense godsdiensten* ❷ fig: ★ *een ~ lawaai* heel veel lawaai ★ NN *een ~ karwei* een heel lastig en tijdrovend karwei
hei·de·ont·gin·ning *de (v)* [-en] heide tot bouw- of weiland maken
hei·de·veld *het* [-en] veld waarop heide groeit
hei·din *de (v)* [-nen] heidense vrouw
hei·en *ww* [heide, h. geheid] palen inslaan met een heiblok: ★ *ze zijn aan het ~ voor de nieuwe wijk*; **heier** *de (m)* [-s]

hei·haas *de (m)* [-hazen] haas die op de heide leeft
hei·ig *bn* wazig, dampig in de lucht
hei·kel (‹Du) *bn* precair, netelig: ★ *dit is een heikele kwestie*
hei·kneu·ter *de (m)* [-s] NN, spreektaal lomp persoon, pummel
heil *het* ❶ voorspoed, geluk, welzijn ❷ redding, verlossing: ★ *zijn ~ zoeken bij iem.* ★ *zijn ~ zoeken in de godsdienst, een leer e.d.* ★ *ergens geen ~ in zien* van iets geen oplossing verwachten ★ *veel ~ en zegen* nieuwjaarswens; zie ook → **leger**
Hei·land (‹Du) *de (m)* Christus, God
heil·be·de *de* [-n] bede om geluk
heil·bot *de (m)* [-ten] grote platte zeevis
heil·dronk *de (m)* [-en] dronk op iemands voorspoed
heil·gym·nas·tiek [-gim-] *de (v)* behandelmethode om stoornissen in het bewegingsapparaat op te heffen d.m.v. bewegingsoefeningen, thans → **oefentherapie** genoemd
hei·lig *bn* ❶ zonder zonde, door God uitverkoren ★ *de Heilige Geest* zie bij → **drie-eenheid** ❷ gewijd, verheven, van bijzondere religieuze betekenis: ★ *het Heilige Land* Palestina ★ *de Heilige Schrift* de Bijbel ★ *de Heilige Stad* benaming van sommige steden die in bepaalde godsdiensten een bijzondere rol vervullen zoals Jeruzalem, Mekka en Varanasi (Benares) ★ *de Heilige Stoel* de gezamenlijke pauselijke ambten, de paus ★ *de Heilige Vader* de Paus ★ *de heilige oorlog* ❸ ‹in de islam› oorlog tegen vijanden van het geloof, jihad ★ *Heilig College* college van kardinalen ❹ heilig verklaard: ★ *de Heilige Augustinus* ❺ godvruchtig, innig gelovig: ★ *een ~ leven leiden*; schertsend *braaf* ❻ ernstig, onkreukbaar, onverbreekbaar: ★ *een heilige overtuiging, een ~ recht, een ~ voornemen* ★ *het heilige vuur ontbreekt* de inspiratie, overtuiging ★ *is er dan niets ~!?* heeft men dan nergens respect voor!? ★ *hij is nog ~ vergeleken bij...* hij valt nog mee (wat betreft slechtheid van karakter, gedrag e.d.) in vergelijking met...; zie ook bij → **boon**, → **familie**, → **huisje**, → **koe**
hei·lig·been *het* [-deren, -benen] vijf samengegroeide wervels onder aan de wervelkolom
hei·lig·dom *het* [-men] ❶ tempel ❷ heilig voorwerp, bezit
hei·lig·doms·ka·mer *de* [-s] bewaarplaats van relikwieën
hei·li·ge *de* [-n] RK iem. die door de kerk heilig verklaard is en vereerd wordt ★ *het ~ der heiligen* deel van de tempel te Jeruzalem, waar de Ark des Verbonds stond, door een gordijn van het overige afgesloten, alleen toegankelijk voor de hogepriester fig plaats of vertrek, alleen voor enkele ingewijden of uitverkorenen toegankelijk; zie ook bij → **gemeenschap**, → **mormonen**
hei·li·ge·dag *de (m)* [-dagen] RK kerkelijke feestdag die niet op zondag valt
hei·li·gen *ww* [heiligde, h. geheiligd] ❶ aan God

wijden; als heilig erkennen, heilig maken: ★ *het doel heiligt de middelen* zie bij → **doel**; ❷ in ere houden: ★ *de zondag ~*
hei·li·gen·beeld *het* [-en] beeld van een heilige
hei·li·gen·le·ven *het* [-s] levensbeschrijving van een heilige
hei·lig·heid *de (v)* het heilig zijn ★ *Zijne Heiligheid* titel van de paus; zie ook bij → **reuk**
hei·lig·schen·ner *de (m)* [-s] iem. die heiligschennis pleegt
hei·lig·schen·nis *de (v)* [-sen] belediging van een heilig persoon, voorwerp enz.
hei·lig·ver·kla·ring *de (v)* [-en] plechtige pauselijke verklaring dat iem. onder de heiligen is opgenomen
heil·loos *bn* wat niet tot iets goeds kan leiden: ★ *een ~ plan*
heils·ge·schie·de·nis *de (v)* geschiedenis van Gods zorg omtrent het heil van de mensen
heils·le·ger *het* Leger des Heils, zie → **leger**
heil·sol·daat *de (m)* [-daten], **heil·sol·da·te** *de (v)* [-n] vooral NN lid van het Leger des Heils
heil·staat *de (m)* [-staten] staat waarin alles is geregeld en georganiseerd, zogenaamd volmaakte staat, meestal ironisch: ★ *in deze ~ bleken geen paperclips te koop te zijn*
heil·zaam *bn* ❶ geluk, voorspoed brengend ❷ genezend, goed voor het lichamelijk en geestelijk welzijn: ★ *een dagje kuuroord kan zeer ~ zijn*
hei·ma·chi·ne [-sjienə] *de (v)* [-s] toestel om te heien
hei·me·lijk *bn* verborgen, in stilte, in het geheim: ★ *een ~ verlangen*; **heimelijkheid** *de (f)*
heim·lich·ma·noeu·vre [haaimliechmaanùvrə, Duitse ch] *de & het* [-s] methode om verstikking te voorkomen bij iemand die zich verslikt heeft, genoemd naar Henry Heimlich, die deze methode in 1974 beschreef
heim·wee *(‹Du›) het* verlangen naar huis of geboorteland
Hein *de (m)* ★ NN *een ijzeren ~* een zeer gezond en sterk persoon ★ *magere ~* de dood ★ NN *Heintje Pik* de duivel
hein·de *bijw* ★ *van ~ en ver* van dichtbij en ver, overal vandaan
hei·ning *de (v)* [-en] schutting
Hein·tje ·Da·vids *de (v)* NN iem. die herhaaldelijk afscheid neemt uit een beroep of functie, maar daarna steeds terugkomt, genoemd naar de cabaretière en actrice (1888-1975), die maar niet definitief afscheid van het toneel kon nemen: ★ *als ik hier wegga is dat voorgoed, ik ben geen ~*
hei·paal *de (m)* [-palen] paal die in de grond geheid wordt
heir [heer] *het* [-en] en alle samenstellingen hiermee zie → **heer**²(-)
heir·kracht *de* BN, m.g. overmacht
hei·sa *de (m)* drukte, gedoe, omhaal: ★ *wat een ~!*
hei·stel·ling *de (v)* [-en] toestel om te heien
heit·je *(‹Hebr›) het* [-s] Barg munt van vijf stuivers,

kwartje ★ NN, vroeger *een ~ voor een karweitje* gezegde van padvinders, die voor een klein geldbedrag een karweitje wilden doen
hek *het* [-ken] ❶ omheining van palen, gaas e.d.: ★ *het ~ rond een vliegbasis* ❷ sluitbare in- en uitgang van een terrein: ★ *het ~ is gesloten*; zie ook bij → **dam**¹
he·kel¹ *de (m)* [-s] vlaskam ★ fig *iem. over de ~ halen* van iem. kwaadspreken
he·kel² *de (m)* : ★ *een ~ hebben aan* een afkeer hebben van, haten
he·kel·dicht *het* [-en] gedicht dat ondeugden of misstanden bespot
he·kel·dich·ter *de (m)* [-s] schrijver van hekeldichten
he·ke·len *ww* [hekelde, h. gehekeld] ❶ vlas kammen ❷ scherp veroordelen, afkeurend bespreken: ★ *de uitspraken van de minister werden in de pers gehekeld*
he·ke·lig *bn* stekelig, scherp, vinnig
hek·golf *de* [-golven] golf die wordt veroorzaakt door de wentelende schroef van een boot
hek·ken *het* [-s] BN, spreektaal hek
hek·ken·slui·ter *de (m)* [-s] de laatste van een groep, stoet, ranglijst enz.: ★ *Sparta is de ~ in de eredivisie*
hek·licht *het* [-en] achterlicht aan een schip
heks *de (v)* [-en] ❶ hist vrouw die verdacht werd van contact met boze machten ❷ vrouw die d.m.v. toverkracht anderen kwelt ❸ lelijke oude vrouw
hek·sen *ww* [hekste, h. gehekst] toveren ★ NN *ik kan niet ~* ik moet de tijd hebben om mijn werk af te maken
hek·sen·be·zem *de (m)* [-s] nestachtige takkenwirwar in bomen, veroorzaakt door schimmels
hek·sen·jacht *de* ❶ hist heftige vervolging van personen die ervan verdacht werden heks te zijn ❷ fig heftige actie tegen gevreesde elementen: ★ *een ware ~ op politieke dissidenten*
hek·sen·ke·tel *de (m)* [-s] drukke, onoverzichtelijke, lawaaiige toestand
hek·sen·kring *de (m)* [-en] kring van paddenstoelen
hek·sen·pro·ces *het* [-sen] hist rechtsgeding tegen een van hekserij verdachte persoon
hek·sen·proef *de* [-proeven] → **waterproef**²
hek·sen·sab·bat *de (m)* [-ten] nachtelijk feest van heksen, geleid door de duivel
hek·sen·toer *de (m)* [-en] moeilijk werk
hek·sen·waag *de* [-wagen], **hek·sen·weeg·schaal** [-schalen] schaal waarop personen werden gewogen die van hekserij verdacht werden: men geloofde nl. dat heksen een zeer laag lichaamsgewicht hadden
hek·sen·werk *het* moeilijk werk ★ *geen ~* geen bijzonder moeilijke taak
hek·se·rij *de (v)* [-en] de praktijk van heksen; toverij
hek·trawl·er [-tròlər] *de (m)* [-s] viss treiler die het net van achteren inhaalt
hek·werk *het* latwerk, palen enz. waaruit een hek bestaat
hel¹ *de* ❶ onderwereld, verblijfplaats van (de) duivel(s) en verdoemden: ★ *tot de ~ veroordeeld zijn* ★ *ter helle*

varen ★ *loop naar de* ~ verwensing ★ NN *stinken als de* ~ vreselijk stinken; zie ook bij → poort ❷ fig plaats of toestand van ellende, van geweld en verschrikking ★ *een* ~ *op aarde* ★ *haar leven werd een* ~ ★ *de* ~ *van Deurne* benaming in Nederland voor het voetbalstadion te Deurne (België) waar vaak de voetbalinterland België-Nederland werd gespeeld ★ *de* ~ *is losgebroken* het geweld, lawaai e.d. is begonnen ★ NN *de groene* ~ de jungle ★ NN *de witte* ~ Noord- of Zuidpool ★ *de* ~ *van het noorden* aanduiding van de streek in het noorden van Frankrijk waar de bekende wielerklassieker Parijs-Roubaix wordt verreden waarbij de renners veel over smalle wegen met kinderhoofdjes moeten rijden
hel² *bn* ❶ ⟨van geluid⟩ schel: ★ *een helle stem* ❷ ⟨van licht⟩ fel, scherp
he·laas I *tsw* uitroep van teleurstelling, wel schertsend uitgebreid tot: ★ NN ~ *pindakaas* **II** *bijw* jammer genoeg, tot mijn spijt: ★ ~ *kan ik niet aan uw verzoek voldoen*
held *de (m)* [-en] ❶ dapper man, fig iem. die zeer knap of bedreven is in een of ander opzicht: ★ *ik ben geen* ~ *in schaatsenrijden; ook* iron: ★ *wat een* ~*!* ; zie ook → sok ❷ iem. die in het middelpunt van de belangstelling staat;hoofdpersoon in een roman of film
hel·den·bloed *het* ★ ~ *in de aderen hebben* van helden afstammen *of* heldhaftig van karakter zijn
hel·den·daad *de* [-daden] moedige daad
hel·den·dicht *het* [-en] gedicht waarin de daden van een held worden verheerlijkt, epos
hel·den·dood *de* ★ *de* ~ *sterven* eervol sterven, sterven als een held
hel·den·moed *de (m)* moed (als) van een held
hel·den·rol *de* [-len] toneelrol van een held ★ fig *de* ~ *spelen* de hoofdpersoon zijn, een vooraanstaande plaats innemen
hel·den·sa·ge *de* [-n] deels historisch, deels verzonnen verhaal over een volksheld
hel·den·te·nor [-tənɔr] *de (m)* [-s, -noren] tenorzanger die een voorname rol in een opera vervult
hel·den·zang *de (m)* [-en] heldendicht
hel·der *bn* ❶ duidelijk, klaar: ★ ~ *water* ★ *een* ~ *betoog* ; zie ook bij → koffiedik ❷ NN schoon, zindelijk: ★ *een heldere huisvrouw* ★ *een* ~ *tafelkleed* ❸ scherpzinnig: ★ *een heldere blik* ★ *een* ~ *moment hebben* waarop het verstand een scherp inzicht heeft; **helderheid** *de (v)*
hel·der·ziend *bn* het vermogen bezittend om op buitenzintuiglijke wijze dingen waar te nemen die voor anderen onzichtbaar zijn
hel·der·zien·de *de* [-n] iem. die helderziend is, paragnost
hel·der·ziend·heid *de (v)* de eigenschap van helderziend te zijn
held·haf·tig *bn* dapper

held·haf·tig·heid *de (v)* dapperheid
hel·din *de (v)* [-nen] vrouwelijke held
he·le·boel *de*, **he·le·boel:** ★ *een* ~ inf veel, een groot aantal
he·le·maal, he·le·maal *bijw* ❶ geheel en al, volledig: ★ *hij heeft zijn geld* ~ *opgemaakt* ★ *wat is inspraak nu nog* ~*?* wat heeft dat eigenlijk nog te betekenen? ★ NN *het behalen van die prijs is het* ~*!* is iets van grote betekenis ★ *ben je nou* ~ *(belazerd)?* ben je nu gek geworden? ❷ NN als versterking van de omschrijving van hoe ver iets is: ★ *ik moest* ~ *naar Maastricht*
he·len¹ *ww* [heelde, h. & is geheeld] ❶ genezen, beter maken: ★ *die jodiumzalf heelt heel snel huidwondjes* ❷ ⟨vooral van verwondingen, breuken⟩ gaaf of heel worden, gezond worden: ★ *de wond heelt langzaam*
he·len² *ww* [heelde, h. geheeld] gestolen goederen kopen
he·ler *de (m)* [-s] koper van gestolen goederen
helft *de* [-en] ❶ een van twee gelijke delen die samen een geheel vormen ★ *mijn andere, betere* ~ mijn vrouw ★ *geef mij maar de kleinste* ~ het kleinste van twee stukken (taart, koek e.d.) ❷ groot deel: ★ *ik begreep de* ~ *van het verhaal niet* ★ *oom Gerrit zat de* ~ *van de voorstelling te slapen* ★ *op de* ~, BN *ook in de* ~ halverwege
hel·hond *de (m)* Griekse myth driekoppige hond die de ingang van de onderwereld bewaakte, Cerberus
he·li *de (m)* ['s] verkorting van → **helikopter**
he·li·ant (⟨Gr⟩ *de (m)* [-en] een samengesteldbloemige plant die veel op de zonnebloem lijkt
he·li·con ⟨Gr⟩ *de (m)* [-s] groot koperen blaasinstrument (contrabastuba) dat om het lichaam gehangen op de schouder gedragen wordt
he·li·ha·ven *de* [-s] aankomst- en vertrekterrein voor helikopters
he·li·kop·ter ⟨Eng⟨Gr⟩ *de (m)* [-s] hefschroefvliegtuig, luchtvoertuig dat loodrecht kan opstijgen en dalen met door een motor aangedreven horizontaal draaiende vleugels of schroeven
he·li·kop·ter·view [-vjoe] ⟨Eng⟩ *de* ❶ gezichtspunt (als) vanuit een helikopter ❷ fig zodanig perspectief om een probleemgebied te beoordelen dat onderscheid wordt gemaakt tussen de hoofdlijnen en de minder belangrijke detailkwesties
he·ling¹ *de (v)* genezing
he·ling² *de (v)* het kopen van gestolen goederen
he·lio- voorvoegsel (⟨Gr⟩ *als eerste lid in samenstellingen* betrekking hebbend op de zon *of* het zonlicht
he·lio·cen·trisch *bn* de zon als middelpunt hebbend
he·lio·chro·mie (⟨Gr⟩ *de (v)* methode voor het maken van fotografische afbeeldingen in natuurlijke kleuren
he·lio·scoop (⟨Gr⟩ *de (m)* [-scopen] zonnekijker, zonneglas
he·lio·staat (⟨Gr⟩ *de (m)* [-staten] werktuig dat de zonnestralen zo terugkaatst, dat zij ondanks de draaiing van de aarde niet van richting veranderen

he·lio·tech·niek *de (v)* technische toepassing van zonnewarmte als energiebron

he·lio·the·ra·pie *de (v)* zonnekuur, behandeling van ziekten met zonlicht en zonnewarmte

he·li·plat *het* [-s], **he·li·plat·form** [-s] NN plat dak waarop een helikopter kan landen

he·li·port (<Eng> *de (m)* [-s] helihaven

he·li·um (<Gr> *het* chemisch element, symbool He, atoomnummer 2, een zeer ijl edelgas, bestanddeel van de lucht (0,0001%)

hel·le·baard *de* [-en] strijdbijl aan lange steel

hel·le·baar·dier *de (m)* [-s, -en] hist met hellebaard bewapende soldaat

Hel·leen (<Gr> *de (m)* [-lenen] bewoner van het oude Griekenland, Griek

Hel·leens *bn* van de Hellenen, Oudgrieks

hel·len *ww* [helde, h. geheld] ❶ enigszins schuin (op)lopen of staan: ★ *de vloer helt* ★ *de kast helt naar links* ❷ neigen naar of tot iets: ★ *ik hel naar jouw standpunt* ★ *zich op een hellend vlak bevinden* fig in een situatie zitten waarin men gemakkelijk van kwaad tot erger vervalt

hel·le·nis·me (<Gr> *het* de Griekse beschaving in haar uitstraling over andere landen; in engere zin de Griekse cultuur in de tijd na Alexander de Grote (356-323 v.C.)

hel·le·nist (<Gr> *de (m)* [-en] ❶ geleerde die zich bezighoudt met de studie van de modernere Griekse beschaving ❷ Grieks sprekende, tot de Griekse cultuur overhellende Jood

hel·le·nis·tisch *bn* behorend tot, betrekking hebbend op het hellenisme

hel·le·vaart *de* afdaling (van Christus) in de hel

hel·le·veeg *de (v)* [-vegen] nare, boze vrouw

hel·ling *de (v)* [-en] ❶ het hellen, schuine stand ❷ glooiing, oplopende bodem: ★ *een steile ~* ❸ hellende vloer op scheepstimmerwerf, waarop schepen gebouwd of hersteld worden: ★ *het schip moet op de ~ moet worden gerepareerd* ★ fig *dit project staat op de ~ wordt wellicht niet uitgevoerd* ❹ BN ook talud

hel·ling·proef *de* [-proeven] onderdeel van het rijexamen, waarbij men op een naar boven hellend weggedeelte de auto vanuit stilstand moet laten → **optrekken** (bet 2)

hel·lings·hoek *de (m)* [-en] in graden uitgedrukte helling

Hell's An·gels [een(d)zjəls] (<Eng> *mv* internationale club van motorrijders die het liefst in leer gekleed gaan en een ruwe manier van leven hebben

helm¹ *de (m)* [-en] ❶ hoofddeksel van metaal of kunststof, ter bescherming gedragen ❷ deel van het vruchtvlies dat bij de geboorte over het hoofd van de baby is blijven zitten ★ *met de ~ geboren zijn* a) de gave bezitten om onaangename gebeurtenissen te kunnen voorspellen; b) BN steeds geluk hebben

helm² *de* soort rietgras, op duinen geplant tegen verstuiving

helm·be·plan·ting *de (v)* beplanting met → **helm²**

helm·draad *de (m)* [-draden] steel van een meeldraad

helm·gras *het* [-sen] → **helm²**

helm·hoed *de (m)* [-en] NN tropenhelm

helm·hok·je *het* [-s] een van de twee afdelingen van de helmknop

helm·kleed *het* [-kleden] herald in plooien neervallend kleed dat helm en schild omgeeft

helm·knop *de (m)* [-pen] de knop die op de helmdraad staat

helm·kruid *het* leeuwenbekachtige plantensoort (Scrophularia)

helm·plant *de* [-en] → **helm²**

helm·stok *de (m)* [-ken] stuurstok aan het roer van een schip

helm·te·ken *het* [-s] herald figuur op de → **helm¹** als kenteken voor een bepaald adellijk geslacht

he·loot (<Gr> *de (m)* [-loten] hist aan de grond gebonden staatsslaaf in het oude Sparta

help *tsw* kreet om hulp ★ *lieve ~, goeie ~* uitroep van verbazing

help·desk (<Eng> *de (m)* [-s] afdeling van een bedrijf die assistentie verleent als er zich problemen met computers voordoen

hel·pen *ww* [hielp, h. geholpen] ❶ behulpzaam zijn: ★ *iem. ~ bij een verhuizing* ★ *iem. in zijn jas ~* ; zie ook bij → **hand** en → **wal** ❷ baten ★ *er is geen ~ aan niets baat* ★ *dat geneesmiddel helpt niet* heeft geen uitwerking ❸ zorgen dat iemand iets krijgt: ★ *ik heb hem aan een nieuw huis geholpen* ❹ bedienen (in een winkel): ★ *wordt u al geholpen?* ❺ NN, euf castreren, steriliseren: ★ *is die poes al geholpen?* ❻ ★ *het niet kunnen ~ dat...* er niets aan kunnen doen dat...

hel·pen·de *de* [-n] iem. die hulp biedt aan volwassenen of ouderen die niet zelfstandig voor zichzelf of hun huishouding kunnen zorgen

hel·per *de (m)* [-s], **help·ster** *de (v)* [-s] iem. die helpt

help·func·tie *de (v)* [-s] comput in software aanwezige gebruiksaanwijzing voor gebruik van het programma en hulp bij problemen ★ *contextgevoelige ~* helpfunctie die alleen informatie geeft over het deel van het programma waar de gebruiker mee bezig is en niet over het hele programma

help·ster *de (v)* [-s] vrouwelijk persoon die helpt ★ BN *familiale ~* gezinsverzorgster

hels *bn* ❶ NN zeer boos, woedend: ★ *ik word ~ als ik zo lang moet wachten* ❷ afschuwelijk: ★ *helse pijnen, ~ kabaal*

Hel·ve·ti·ër [-tsie(j)ər] *de (m)* [-s] Zwitser

Hel·ve·tisch *bn* Zwitsers

hem *pers vnw* ❶ niet-onderwerpsvorm van *hij*: ★ *ik zie ~* ★ *ik heb ~ een brief geschreven* ★ *~ zijn* ❷ ⟨bij kinderspelletjes⟩ degene die een speciale rol heeft, die de andere kinderen moet zoeken, tikken e.d.: ★ *jij bent ~!*

he-man [hiemen] (<Eng> *de (m)* [he-men] overdreven mannelijk uitziende of zich gedragende man of

jongen
he·ma(t)- *(‹Gr) als eerste lid in samenstellingen* bloed
he·ma·to·geen *(‹Gr)* **I** *bn* ❶ uit het bloed stammend; door de bloedstroom verspreid ❷ bloedvormend **II** *het* bloedvormend geneesmiddel
he·ma·to·lo·gie *(‹Gr) de (v)* leer van de samenstelling en de eigenschappen van het bloed
he·ma·to·lo·gisch *bn* van, betreffende de hematologie
he·ma·to·loog *(‹Gr) de (m)* [-logen] beoefenaar van de hematologie
he·ma·toom *(‹Gr) het* [-tomen] bloeduitstorting
hemd *het* [-en] ❶ kledingstuk ter bedekking van het bovenlichaam, vooral het onderhemd, dat op het naakte lichaam gedragen wordt ★ *het ~ is nader dan de rok* men helpt zichzelf en zijn bloedverwanten het eerst ★ *in zijn ~ staan* a) van alles beroofd zijn; b) voor gek gezet zijn ★ *iem. het ~ van het lijf vragen* door voortdurend vragen trachten alles te weten te komen ★ *geen ~ aan zijn lijf hebben* zeer arm zijn ★ *hij is tot op het ~ uitgekleed* van alles beroofd ★ *nat zijn tot op het ~* drijfnat ❷ overhemd
hemd·bloes [-bloezen], **hemd·blou·se** [-bloezə] *de (v)* [-s] overhemdblouse
hemd·rok *de (m)* [-ken] *NN, vroeger* mannenborstrok
hemds·boord *de (m) & het* [-en] hals- of mouwboord van een hemd
hemds·mouw *de* [-en] elk van de mouwen van een hemd: ★ *in hemdsmouwen* zonder jasje, zodat de mouwen van het overhemd zichtbaar zijn ★ *NN elke dag een draadje is een ~ in het jaar* vele kleintjes maken een grote
he·mel I *de (m)* [-en] ❶ uitspansel, het schijnbare gewelf dat de aarde omspant: ★ *de zon staat hoog aan de ~* ★ *onder de blote ~ slapen* niet onder een dak of in een gebouw ★ *~ en aarde bewegen* alle mogelijke middelen te baat nemen ★ *de sterren van de ~ spelen* zeer mooi spelen ★ *NN als de ~ naar beneden valt (hebben we allemaal een blauwe muts op)* gezegd als iem. steeds over onwaarschijnlijke mogelijkheden spreekt; zie ook bij → **donderslag** en → **bloot** ❷ *(in dichterlijke taal mv* -en) volgens gelovigen de plaats waar God, de engelen en de zielen van gestorvenen vertoeven; plaats waar godheden vertoeven; symbolische voorstelling van de vereniging met Christus na de dood ★ *in de zevende ~ zijn* zeer gelukkig zijn ★ *NN de ~ aan iem. verdienen* heel goed en opofferend voor iem. zijn ★ *iem. de ~ in prijzen* iem. overdreven loven en prijzen; zie ook bij → **schreien** ❸ *[mv:* -s] overkapping van een bed, ledikant enz. **II** *tsw* ★ *goeie ~!, lieve ~!* uitroep van lichte schrik of verbazing *ook:* hemeltje, hemeltjelief
he·mel·bed *het* [-den] bed met een fraaie overkapping erboven
he·mel·be·stor·mer *de (m)* [-s] ❶ Griekse myth titaan, gigant ❷ fig iem. die revolutionaire denkbeelden koestert op het gebied van politiek, godsdienst enz.

he·mel·bol *de (m)* [-len] hemellichaam; de hemel
he·mel·boog *de (m)* [-bogen] uitspansel
he·mel·ge·welf *het* de bolvormige hemelkoepel
he·mel·glo·be *de* [-s] bol met voorstelling van de hemel
he·mel·hoog *bn* zeer hoog
he·mel·koe·pel *de (m)* de hemel, die zich boogvormig over de aarde schijnt te welven
he·mel·li·chaam *het* [-chamen] elk zich in het heelal bewegend lichaam, zoals zon, sterren, planeten, manen e.d.
he·mel·op·ne·ming *de (v)* → **tenhemelopneming**; zie bij → **Maria**
he·mel·poort *de* ingang tot de hemel
he·mel·rijk *het* volgens gelovigen het rijk van God en de zaligen
he·mels *bn* ❶ van, in de hemel; verheven ★ *het Hemelse Rijk* China ❷ heerlijk, verrukkelijk
he·mels·blauw *bn* zo blauw als de hemel, azuur
he·mels·breed *bn* ❶ in rechte lijn: ★ *de afstand tussen deze twee steden is ~ 30 km* ❷ zeer groot, in zeer hoge mate: ★ *een ~ verschil*
he·mels·naam *zn* ★ *in 's ~* in godsnaam, alsjeblieft: ★ *hou in 's ~ op met dat geneurie*
he·mel·ter·gend, he·mel·ter·gend *bn* onduldbaar, ongehoord
he·mel·vaart *de* ❶ opgang ten hemel ❷ *Hemelvaart* verkorting van → **Hemelvaartsdag**
He·mel·vaarts·dag *de (m) vooral NN* 40 dagen na Pasen, feestdag ter herdenking van Christus' opstijging ten hemel
he·mel·waarts *bn bijw* naar de hemel
he·mel·wa·ter *het* regen
he·me·ro·theek *(‹Gr) de (v)* [-theken] bibliotheek van dagbladen en tijdschriften
he·mi- *(‹Gr) als eerste lid in samenstellingen* half
he·mi·cy·clus [-sie-] *de (m)* [-cli] halve boog
he·mi·ple·gie *(‹Gr) de (v)* med eenzijdige verlamming
he·mi·sfeer *(‹Gr) de* [-sferen] ❶ halve bol; halfrond van aarde of hemel ❷ anat elk van de helften van de grote hersenen
he·mi·sfe·risch *bn* van, behorend tot een halve bol
he·mi·stiche [-stiegə, -stiesj(ə)] *(‹Lat‹Gr) de* [-n], **he·mi·sti·chi·um** *het* [-ia] helft van een volledige versregel, half vers
hem·men *ww* [hemde, h. gehemd] NN → **hummen**
he·mo·di·a·ly·se [-liezə] *(‹Gr) de (v)* zuivering van het bloed met een kunstnier
he·mo·fi·lie *(‹Gr) de (v)* bloederziekte
he·mo·glo·bi·ne *(‹Gr) de* rode bloedkleurstof
he·mo·gram *(‹Gr) het* [-men] bloedbeeld
he·mor·ra·gie *de (v)* [-gieën] med bloeding
he·mor·ro·i·den *(‹Gr) mv* aambeien
hen¹ *pers vnw* niet-onderwerpsvorm bij → **zij¹**, → **ze** (derde persoon meervoud): ★ *ik zie ~* ★ *dat is voor ~*; vgl: → **hun**
hen² *de (v)* [-nen] het vrouwtje van de hoenderachtigen, kip

hen·del (‹Eng) de (m) & het [-s] → **handel²**
hen·di·a·dys [-dis] (‹Gr) de eig 'een door twee', stijlfiguur waarbij een samengesteld begrip aangeduid wordt door twee zelfstandige naamwoorden bijv. *zand en heide* voor: *zandige heide*
Hen·drik de (m) [-driken] ★ *een brave ~* een al te brave jongen of man, ontleend aan een boekje van N. Anslijn: *De brave Hendrik, een leesboekje voor jonge kinderen* (1818), met een overdaad aan moraal
hen·gel de (m) [-s] stok met vissnoer
hen·ge·laar de (m) [-s] ❶ iem. die hengelt, visser ❷ fig iem. die in een gesprek iets los tracht te krijgen
hen·ge·len ww [hengelde, h. gehengeld] ❶ met de hengel vissen ❷ fig in een gesprek iets los trachten te krijgen: ★ *naar een complimentje ~, naar nieuwtjes ~*
hen·gel·stok de (m) [-ken] stok van een hengel
heng·sel het [-s] ❶ draagbeugel: ★ *het ~ van een rieten mand* ❷ deurscharnier
hengst de (m) [-en] ❶ mannelijk paard ❷ NN, spreektaal harde klap: ★ *iem. een ~ op zijn gezicht geven* ❸ soort vaartuig voor de binnenvaart
heng·sten ww [hengstte, h. gehengst] NN, spreektaal hard slaan: ★ *wie hengst er zo tegen de muur?*
heng·sten·bal het [-s] vrijgezellenfeest ter ere van een man die spoedig in het huwelijk zal treden
heng·sten·bron de Hippocreen, dichtersbron op de Helicon, ontstaan door de hoefslag van Pegasus ★ *uit de ~ gedronken hebben* dichter zijn
hengst·veu·len het [-s] mannelijk veulen
hen·na (‹Arab) de oranjerode kleurstof, gemaakt van de bladeren van de alkanna (*Lawsonia alba*) uit Noord-Afrika en West-Azië, gebruikt als cosmetisch middel en als haarkleurmiddel
hen·nen·ei het [-eren] ei van jonge kip
hen·nen·gat het [-gaten] gat waardoor de schacht van het roer van een schip loopt
hen·nep de (m) ❶ plant waarvan de vezels bereid worden tot touw, grove weefsels enz. en waaruit hasj en marihuana bereid kan worden (*Cannabis sativa*) ❷ bastvezel van deze plant afkomstig ❸ hennepproduct, vooral hasj of marihuana: ★ *~ roken*
hen·ne·pen bn van hennep: ★ NN *door een ~ venster kijken* in de strop hangen
hen·nep·ga·ren het uit vezels van hennep gesponnen garen
hen·nep·olie de uit hennepzaad geperste olie
hen·nep·zaad het [-zaden] zaad van hennep
hen·ry [-rie] de ['s] nat eenheid van elektrische zelfinductie, genoemd naar de Amerikaanse natuurkundige Joseph Henry (1797-1878)
hens¹ mv ★ *alle ~ aan dek* (‹Eng: *all hands on deck*) alle matrozen naar het dek, gevaar!
hens² de ★ NN, spreektaal *in de ~ vliegen* in brand vliegen
he·pa·ti·tis (‹Gr) de (v) med leverontsteking,

geelzucht: ★ *~ A en ~ B* worden veroorzaakt door verschillende virussen
hep·ta- voorvoegsel (‹Gr) zeven-, zevenvoudig
hep·ta·me·ter (‹Gr) de (m) [-s] vers van zeven versvoeten
Hep·ta·teuch [-tuig] (‹Gr) de (m) Bijbel de eerste zeven boeken van het Oude Testament
her¹ bijw ❶ ★ *~ en der* op verschillende plaatsen, hier en daar: ★ *~ en der stonden groepjes mensen te praten* ❷ ★ *van... ~ sedert... ★ van jaren ~* ; zie ook bij → **oudsher**
her² het [-ren] schooltaal verkorting van → **herexamen**
her- voorvoegsel opnieuw, nog eens
her·ade·men ww [herademde, h. herademd] op adem komen, ‹ook› fig
he·ral·di·cus de (m) [-ci] beoefenaar van de heraldiek, wapenkundige
he·ral·diek (‹Fr) I de (v) wapenkunde, leer van de familiewapens II bn de wapenkunde betreffend: ★ *de heraldieke kleuren*
he·ral·disch (‹Fr) bn de heraldiek betreffend, wapenkundig
he·raut (‹Oudfrans) de (m) [-en] wapenbode, aankondiger
her·ba·ri·um (‹Lat) het [-ria] verzameling van gedroogde planten (in een plakboek of als instelling, museum)
her·be·bos·sen ww [herbeboste, h. herbebost] opnieuw met bos beplanten; **herbebossing** de (v)
her·be·gin·nen ww [herbegon, h. & is herbegonnen] opnieuw beginnen
her·be·gra·fe·nis de (v) [-sen] tweede, meer eervolle begrafenis (bijv. van een in de oorlog gevallene of in ballingschap gestorvene)
her·be·noe·men ww [herbenoemde, h. herbenoemd] weer benoemen; **herbenoeming** de (v) [-en]
her·berg de [-en] eenvoudige nachtverblijfplaats voor reizigers; thans vooral kroeg, café
her·ber·gen ww [herbergde, h. geherbergd] ❶ huisvesting verlenen ❷ tot verblijf- of bewaarplaats dienen: ★ *die kast kan veel spullen ~*
her·ber·gier de (m) [-s] → **waard¹**
her·ber·gier·ster de (v) [-s] waardin
her·berg·moe·der de (v) [-s] vrouwelijk hoofd van een jeugdherberg
her·berg·va·der de (m) [-s] mannelijk hoofd van een jeugdherberg
her·berg·zaam bn ❶ gastvrij ❷ bewoonbaar
her·be·ste·den ww [herbesteedde, h. herbesteed] opnieuw aanbesteden; **herbesteding** de (v) [-en]
her·be·wa·pe·ning de (v) het opnieuw zich bewapenen, de wederopbouw van leger en vloot ★ *Morele Herbewapening* religieuze, internationale beweging die de mensheid opwekt tot een volkomen eerlijk, rein, onzelfzuchtig en door liefde geleid leven
her·bi·ci·de (‹Lat) het [-n] middel tot verdelging van

onkruid
her·bi·voor *(‹Lat) de (m)* [-voren] plantenetend dier, planteneter
her·bo·ren *bn* met nieuwe geestkracht en energie: ★ *zich als ~ voelen*
her·bo·rist *(‹Fr) de (m)* [-en] kruidenzoeker, plantenverzamelaar
her·bouw *de (m)* het herbouwen
her·bou·wen *ww*, **her·bou·wen** [herbouwde, h. herbouwd] opnieuw bouwen
her·bron·ning *de (v)* [-en] BN het zich opnieuw laten inspireren door de oorspronkelijke idealen, vooral gezegd van verenigingen, politieke partijen e.d.
her·cu·les *de (m)* ❶ buitengewoon sterk en fors man, naar Hercules (Latijnse naam van Herakles), halfgod en nationale held in het oude Griekenland; ❷ ‹in samenstellingen› ook van zaken en dieren gezegd
her·cu·les·ke·ver *de (m)* [-s] zeer grote Zuid-Amerikaanse kever
her·cu·lisch *bn* als van Hercules, lichamelijk groot en krachtig
her·den·ken *ww* [herdacht, h. herdacht] ❶ de gedachtenis vieren of eren van, in gedachten even stilstaan bij een gebeurtenis of persoon uit het verleden: ★ *de slachtoffers van een ramp ~* ❷ opnieuw bekijken, bestuderen
her·den·king *de (v)* [-en] het → **herdenken** (bet 1)
her·den·kings·dag *de (m)* [-dagen] dag waarop men iem. of iets herdenkt
her·den·kings·feest *het* [-en] feest ter herdenking van iem. of iets
her·den·kings·ze·gel *de (m)* [-s] bijzondere postzegel, uitgegeven ter herdenking van een belangrijke persoon of gebeurtenis
her·der *de (m)* [-s] ❶ hoeder van dieren, vooral schapen ❷ fig zielzorger, predikant, geestelijke: ★ *de Heer is mijn ~* ★ *de Goede Herder* Jezus ❸ *afk* van → **herdershond**: ★ *een Mechelse ~, een Duitse ~*
her·de·rin *de (v)* [-nen] vrouwelijke herder
her·der·lijk *bn* van een herder ★ *het ~ werk* de arbeid van de zielzorger ★ *een ~ schrijven* brief van de geestelijke overheid, vooral van een bisschop, aan de gelovigen
her·ders·dicht *het* [-en] idealiserend gedicht op het landleven, pastorale
her·ders·fluit *de* [-en] eenvoudige van riet gemaakte fluit, pansfluit
her·ders·hond *de (m)* [-en] type hond, oorspronkelijk gebruikt voor het bewaken, drijven of hoeden van vee, thans vaak gebruikt als politie- of blindengeleidehond
her·ders·lied *het* [-eren] herdersdicht
her·ders·spel *het* [-spelen] toneelstuk dat een geïdealiseerde voorstelling van het landleven geeft
her·ders·staf *de (m)* [-staven] ❶ stok van een herder ❷ bisschopsstaf
her·ders·tas·je *het* [-s] kruisbloemige plant met driehoekige vruchten die op hartjes lijken (*Capsella bursa pastoris*)
her·ders·volk *het* [-eren] veehoudend nomadenvolk
her·doen *ww* [herdeed, h. herdaan] opnieuw doen, overdoen
her·doop *de (m)* tweede doop als men niet zeker is of aan de vormvereisten bij de eerste is voldaan
her·do·pen *ww* [herdoopte, h. herdoopt] opnieuw dopen, een andere naam geven
her·druk *de (m)* [-ken] nieuwe uitgave van een boek, nieuwe oplage
her·druk·ken *ww* [herdrukte, h. herdrukt] opnieuw drukken, opnieuw uitgeven
He·re *de (m)* → **Heer**
he·re·di·tair [-tèr] *(‹Fr‹Lat) bn* erfelijk, door overerving
he·re·di·teit *(‹Fr‹Lat) de (v)* erfelijkheid
he·re·miet *(‹Gr) de (m)* [-en] kluizenaar; monnik van de orde van kluizenaars van de Heilige Augustinus
he·re·miet·kreeft *de* [-en] kreeft behorend tot een familie (*Pagaridae*) met een gebogen, asymmetrisch achterlijf dat hij vaak in de lege schelp van een slak stopt; vooral de aan de o.a. Nederlandse en Belgische kust voorkomende soort *Eupagurus bernhardus*, die schelpen van de wulk bewoont
he·re·mijn·tijd *tsw* NN uitroep van verbazing of ontsteltenis
he·ren·ak·koord *het* [-en] → **gentleman**
he·ren·boer *de (m)* [-en] rijke boer, die als → **heer¹** leeft
he·ren·boon *de* [-bonen] sperzieboon
he·ren·dienst *de (m)* [-en] verplichte, niet beloonde arbeid voor de landheer
he·ren·en·kel·spel *het* tennis spel tussen twee mannelijke spelers
he·ren·fiets *de* [-en] fiets met in het frame een horizontale stang
he·ren·huis, **he·ren·huis** *het* [-huizen] royaal, deftig woonhuis
her·eni·gen *ww* [herenigde, h. herenigd] weer samenbrengen, opnieuw verenigen; **hereniging** *de (v)*
he·ren·kle·ding *de (v)* kleding voor heren
he·ren·le·ven *het*, **he·ren·le·ven·tje** [-s] gemakkelijk leven, zonder geldzorgen of zware arbeid
he·ren·lief·de *de (v)* homoseksualiteit tussen mannen: ★ *de ~ bedrijven*
he·re·sie [-zie] *(‹Fr‹Gr) de (v)* ketterij, dwaalleer
her·exa·men *het* [-s] een herhaald examen, vooral de herkansing (bij een onderdeel) van het eerste examen
herfst *de (m)* jaargetijde tussen zomer en winter, op het noordelijk halfrond van omstreeks 21 september tot omstreeks 21 december, najaar ★ *de ~ des levens* de naderende ouderdom
herfst·ach·tig *bn* als in de herfst
herfst·as·ter *de (v)* [-s] in tuinen gekweekte plant met paarse bloemen
herfst·dag *de (m)* [-dagen] ❶ dag in de herfst ❷ dag met herfstachtig, guur weer

herfst·draad *de (m)* [-draden] zwevende spinragdraad
herf·stig *bn* herfstachtig
herfst·kam·pi·oen *de (m)* [-en] voetbal die ploeg die in de competitie de meeste punten heeft vergaard vóór het begin van de winterstop
herfst·kleur *de* [-en] de kleuren die de bomen en planten in de herfst vertonen, zoals tinten geel en bruin
herfst·maand *de* [-en] ❶ maand in de herfst ❷ september
herfst·se·ring *de* [-en] flox, een sierplant die in de herfst bloeit
herfst·tij *het* herfsttijd; vooral fig aflopend getij, laatste periode, naar het boek van J. Huizinga (1872-1945) 'Herfsttij der Middeleeuwen'
herfst·tijd *de (m)* herfst
herfst·tij·loos *de* [-lozen] bolgewas met paarse bloemen (*Colchicum autumnale*)
herfst·tint *de* [-en] kleurschakering in de bladeren van de bomen in de herfst
herfst·tooi *de (m)* het geheel van de karakteristieke herfsttinten: ★ *bomen in ~*
herfst·va·kan·tie *de (v)* [-(t)sie] [-s] korte vakantie in de herfst
herfst·weer *het* weer zoals het in het najaar vaak is, met regen en wind
herfst·zon *de* bleke zon in het najaar
her·ge·bruik *het* ❶ het opnieuw gebruiken ❷ terugwinning, zodat grondstoffen gespaard worden en er minder afval is, recycling: ★ *~ van afvalstoffen uit de chemische industrie*
her·groe·pe·ren *ww* [hergroepeerde, h. gehergroepeerd] opnieuw of op een andere wijze in groepen indelen
her·groe·pe·ring *de (v)* [-en] andere of nieuwe indeling in groepen
her·haald *bn* meer dan één keer: ★ *ik heb haar herhaalde malen gewaarschuwd*
her·haal·de·lijk *bijw* telkens, bij herhaling: ★ *wij hebben ~ last van geluidsoverlast*
her·haal·re·cept, **her·ha·lings·re·cept** *het* [-en] NN recept voor medicijnen, uitgeschreven voor iem. die deze herhaaldelijk nodig heeft en die de medicijnen dan ook kan afhalen zonder iedere keer de arts te raadplegen
her·ha·len I *ww* [herhaalde, h. herhaald] nog eens zeggen of doen: ★ *kunt u die laatste zin nog eens ~?* ★ *die tv-serie wordt herhaald* **II** *wederk* ❶ opnieuw gebeuren, zich opnieuw voordoen: ★ *de geschiedenis herhaalt zich* ❷ hetzelfde opnieuw zeggen of schrijven
her·ha·ling *de (v)* [-en] ❶ hetzelfde nog eens doen: ★ *ik heb haar bij ~ gewaarschuwd* ★ *in herhaling(en) vervallen* steeds hetzelfde zeggen ★ *dat is (niet) voor ~ vatbaar* dat is (niet) leuk ❷ het opnieuw behandelen of bestuderen van vroegere leerstof ❸ TV het nogmaals tonen van een fragment: ★ *in de ~ zag je goed dat het buitenspel was* ❹ RTV het nogmaals uitzenden van een reeds eerder uitgezonden programma
her·ha·lings·oe·fe·ning *de (v)* [-en] oefening door te herhalen; mil oefening van soldaten, die na hun eerste oefeningstijd met 'groot verlof' zijn geweest
her·ha·lings·te·ken *het* [-s] muz teken dat aangeeft dat een aantal maten of noten herhaald moet worden
her·huis·ves·ting *de (v)* het verstrekken van een nieuwe huisvesting
her·ij·ken *ww* [herijkte, h. herijkt] opnieuw ijken
he·rik *(‹Lat) de (m)* kruisbloemige veldplant met gele bloemen (*Sinapis arvensis*)
her·in·ne·ren I *ww* [herinnerde, h. herinnerd] ❶ ★ *iem. ~ aan iets / iem.* maken dat iets / iem. weer in gedachten komt ★ *die geur herinnert me aan school* ❷ ★ *iem. aan iets ~* zorgen dat hij het niet vergeet ★ *herinner me eraan dat ik tante Jo nog bel* **II** *wederk* nog weten: ★ *ik herinner me nog m'n eerste vriendje*
her·in·ne·ring *de (v)* [-en] ❶ het zich herinneren, geheugen; dat wat men zich herinnert: ★ *iem. iets in ~ brengen* ★ *iets in ~ roepen* ★ *ter ~ aan een grootse gebeurtenis* ★ *een dierbare ~* ★ *geholpen ~* het op gang brengen van het geheugen van een ondervraagde in een onderzoekssituatie ❷ voorwerp dat aan iets of iem. herinnert, aandenken: ★ *deze vulpen is een ~ aan mijn vader*
her·in·ne·rings·ver·mo·gen *het* vermogen zich dingen te herinneren
her·in·tre·der *de (m)* [-s] vooral NN iem. die, na een tijd geen baan te hebben gehad, weer gaat werken
her·kan·sing *de (v)* [-en] ❶ onderw mogelijkheid om, na afwijzing, nogmaals geëxamineerd te worden ❷ sp wedstrijd tussen aanvankelijke verliezers voor een plaats in de finale
her·ka·pi·ta·li·sa·tie [-zaa(t)sie] *de (v)* [-s] het herkapitaliseren
her·ka·pi·ta·li·se·ren *ww* [-zeerə(n)] [herkapitaliseerde, h. herkapitaliseerd *of* h. geherkapitaliseerd] verandering brengen in het aandelenkapitaal
her·kau·wen *ww*, **her·kau·wen** [herkauwde, h. herkauwd] ❶ ‹door dieren› uit de maag weer in de bek laten komen en opnieuw kauwen ❷ fig tot vervelens toe herhalen
her·kau·wer, **her·kau·wer** *de (m)* [-s] ❶ herkauwend dier ❷ fig zeurkous
her·ken·baar *bn* te herkennen; duidelijk te identificeren: ★ *zij is zeer ~ aan haar stem*
her·ken·nen *ww* [herkende, h. herkend] ❶ aan bepaalde eigenschappen kennen: ★ *een stem ~*, *een handschrift ~* ❷ ★ *jezelf ~ in iets / iem.* een band voelen omdat je dezelfde eigenschappen bezit of je verwant voelt
her·ken·ning *de (v)* [-en] het herkennen
her·ken·nings·me·lo·die *de (v)* [-dieën] korte melodie waarmee een programma voor radio en televisie

steeds begint, tune

her·ken·nings·te·ken *het* [-s] ❶ teken waardoor men iets herkent ❷ teken dat elkaar onbekenden afspreken ter herkenning

her·keu·ren *ww*, **her·keu·ren** [herkeurde, h. herkeurd] opnieuw keuren; **herkeuring** *de (v)* [-en]

her·keu·rings·raad *de (m)* [-raden] BN instantie die in beroep uitspraak doet over de lichamelijke geschiktheid voor een bepaald beroep

her·kies·baar *bn* opnieuw te kiezen: ★ *zich ~ stellen voor een bestuur*; **herkiesbaarheid** *de (v)*

her·kie·zen *ww* [herkoos, h. herkozen] opnieuw kiezen, opnieuw benoemen

her·komst *de (v)* afkomst, oorsprong

her·kom·stig *bn* afkomstig

her·krij·gen *ww* [herkreeg, h. herkregen] terugkrijgen: ★ *zijn zelfvertrouwen ~*

her·lei·den *ww* [herleidde, h. herleid] ❶ terugbrengen op een andere, eenvoudigere vorm: ★ *een complex probleem ~ tot een aantal kernvragen* ❷ de voorgaande vorm of de oorzaak van iets bepalen: ★ *zijn criminele gedrag is te ~ tot een incestverleden* ★ *woordvormen zijn vaak te ~ tot vroegere vormen* ❸ BN ook reduceren; **herleiding** *de (v)* [-en]

her·le·ven *ww* [herleefde, is herleefd] tot nieuw leven komen, weer tot bloei komen; **herleving** *de (v)*

her·le·zen *ww* [herlas, h. herlezen] opnieuw lezen

her·ma·fro·diet *(<Gr) de* [-en] ❶ wezen dat kenmerken van beide geslachten in zich verenigt ❷ bloem met meeldraad en stamper

her·ma·fro·di·tis·me *het* het bezit van mannelijke en vrouwelijke geslachtsorganen bij een zelfde individu

her·man·dad [erman-] *(<Sp) de (v) eig* broederschap; verbond tussen steden (en soms plattelandsbevolking) ter onderlinge bescherming of handhaving van orde en rust ★ *Santa Hermandad* een dergelijk verbond over geheel Castilië, later politieleger vandaar ★ *de heilige Hermandad schertsend* de politie

her·me·lijn *(<Fr)* I *de (m)* [-en] witte wezel II *het* bont van de hermelijn

her·me·lij·nen *bn* van → hermelijn (bet 2)

her·me·lijn·vlin·der *de (m)* [-s] grijswitte zwartgestipte vlinder

her·me·neu·tiek [-nui-] *(<Gr) de (v)* leer van de wetenschappelijke verklaring van teksten, vooral van de Bijbel

her·me·neu·tisch [-nui-] *(<Gr) bn* verklarend, uitleggend

her·mes·staf *de (m)* de staf van Hermes (Griekse god van de handel) met twee vleugels van boven en twee ineengestrengelde slangen eromheen

her·me·tisch *bn* ❶ van Hermes Trismegistus, een Egyptische, laatantieke god van magie en alchemie ★ *hermetische kunst* alchemie ❷ volkomen dicht, water- of luchtdicht, resp. gasdicht; volledig ontoegankelijk: ★ *het centrum van de stad was ~ afgesloten*

her·mi·ta·ge [-taazjə] *(<Fr) de (v)* [-s] ❶ kluizenaarsverblijf ❷ ★ *Hermitage* naam van een bekend schilderijenmuseum in Sint Petersburg, gevestigd in het voormalige winterpaleis van de tsaar

her·ne·men I *ww* [hernam, h. hernomen] ❶ weer veroveren: ★ *een vesting ~* ❷ weer spreken: ★ *'ik ga weer verder', hernam zij* ❸ BN ook weer opvatten, weer opnemen, hervatten, weer opvoeren, opnieuw proberen II *wederk* zich herstellen (na een zwakke periode, een dieptepunt e.d.), weer bij zinnen komen

her·ne·ming *de (v)* [-en] BN ook ❶ wederopvoering (van een toneelstuk e.d.), reprise, herhaling; hervatting ❷ handel herstel, opleving ❸ sp (begin van de) tweede helft van een wedstrijd ★ *na de ~* na de rust

hern·hut·ter *de (m)* [-s] Moravische broeder, naam van de leden van een christelijk genootschap, in 1722 door graaf von Zinzendorf gesticht op zijn landgoed Berthelsdorf in Duitsland, waar zij de kolonie *Herrnhut* bouwden

her·nia *(<Lat) de* ['s] med ❶ verschuiving van (een) tussenwervelschijf(ven) in de rug waarbij een zenuw wordt afgekneld en de patiënt veel pijn heeft ❷ breuk, ingewandsbreuk

her·nieu·wen *ww* [hernieuwde, h. hernieuwd] weer nieuw maken; opnieuw doen: ★ *hernieuwde kennismaking*; **hernieuwing** *de (v)* [-en]

he·ro·ën *zn meervoud* van → heros

he·ro·iek *(<Fr)* I *bn* ❶ heroïsch, heldhaftig ❷ ★ *~ middel* zeer sterk werkend geneesmiddel II *de (v)* het heldhaftige, het heroïsche

he·ro·i·ne *(<Du) de* uit morfine bereide drug met sterk verslavende werking

he·ro·i·ne·do·de *de* [-n] iem. die overleden is ten gevolge van vervuilde heroïne of een overdosis

he·ro·i·ne·hoer·tje *het* [-s] vrouw die of meisje dat aan heroïne verslaafd is en d.m.v. prostitutie aan geld tracht te komen

he·ro·isch *(<Fr) bn* ❶ betrekking hebbend op de antieke helden ★ *~ vers* vers van een epos, vooral hexameter of alexandrijn ★ *heroïsche poëzie* het heldendicht als genre ❷ heldhaftig

her·op·bloei *de (m)* BN het opnieuw tot bloei komen, wederopbloei

her·op·bouw *de (m)* BN ook wederopbouw

her·ope·nen *ww* [heropende, h. heropend] opnieuw openen: ★ *na een korte pauze werd de vergadering heropend*; **heropening** *de (v)* [-en]

her·op·vis·sen *ww* [heropviste, h. heropgevist] BN (een kandidaat e.d.) nog een kans geven

her·op·voe·ding *de (v)* het opnieuw opvoeden (van personen die in een voor hen nieuw milieu niet passen)

her·ori·ën·ta·tie [-(t)sie,], **her·ori·ën·te·ring** *de (v)* het

heroriënteren
her·ori·ën·te·ren, her·ori·ën·te·ren wederk [heroriënteerde, h. geheroriënteerd] vooral fig opnieuw bepalen in welke positie men zich bevindt en welke richting men uit moet: ★ *hij vindt zijn baan niet leuk meer en is zich aan het ~ op de arbeidsmarkt*
he·ros *(‹Lat‹Gr) de (m)* [-roën] vergode held uit de oudheid, halfgod
her·ove·ren *ww* [heroverde, h. heroverd] terugwinnen; **herovering** *de (v)* [-en]
her·over·we·gen *ww* [heroverwoog, h. heroverwogen] opnieuw overwegen; vaak als euf: schrappen, afschaffen: ★ *een impopulaire maatregel ~*
her·pak·ken wederk [herpakte, h. herpakt] BN ook ❶ herstellen, beter worden: ★ *de zieke herpakte zich* ❷ weer moed vatten; bekomen: ★ *na deze tegenslag herpakten zij zich snel* ❸ ten goede keren, zich herstellen: ★ *de vraag naar auto's herpakt zich*
her·pes *(‹Gr) de (v)* med blaasjesuitslag ★ *~ zoster* gordelroos
her·plaat·sen *ww* [herplaatste, h. herplaatst] weer plaatsen; opnieuw plaatsen
her·plaat·sing *de (v)* [-en] het opnieuw plaatsen
her·rie *de* ❶ drukte, ruzie: ★ *~ maken, ~ schoppen* ❷ NN lawaai: ★ *wat maakt die motor een ~!*
her·rie·ma·ker *de (m)* [-s] NN iemand die drukte, ruzie veroorzaakt
her·rie·schop·per *de (m)* [-s] herriemaker
her·rij·zen *ww* [herrees, is herrezen] fig tot nieuw leven komen: ★ *Nederland herrees na de oorlog* ★ *de vogel Phoenix herrees uit de as*
her·rij·ze·nis *de (v)* het herrijzen
her·roe·pen *ww* [herriep, h. herroepen] intrekken: ★ *een bevel ~*
her·roe·ping *de (v)* [-en] het herroepen
her·schat·ten *ww*, **her·schat·ten** [herschatte, h. herschat] opnieuw schatten; **herschatting** *de (v)* [-en]
her·schep·pen *ww* [herschiep, h. herschapen] veranderen, anders maken, vervormen
her·scho·len *ww* [herschoolde, h. herschoold] opnieuw voor een vak opleiden; voor een ander vak opleiden;. **her·scho·ling** *de (v)*
her·schrij·ven *ww* [herschreef, h. herschreven] ‹boek, artikel enz.› opnieuw schrijven, zo dat het geheel vernieuwd wordt
her·sen·ar·beid *de (m)* werk met het hoofd; tegengest: → handenarbeid
her·sen·bloe·ding *de (v)* [-en] bloeding in de hersenen, beroerte
her·sen·dood *bn* het ophouden van de elektrische activiteit van de hersenen, kenbaar gemaakt door het 'stilvallen' van het elektro-encefalogram: ★ *~ geldt als criterium voor overleden zijn en als voorwaarde voor donortransplantatie*
her·se·nen, **her·sens** *mv* ❶ het gedeelte van het centrale zenuwstelsel van mensen en veel dieren dat binnen de schedel is gelegen, bestaande uit een vrij grote, grijze massa ❷ verstand: ★ *zijn hersens gebruiken* ★ NN *dat moet je niet in je hersens halen* dat moet je nalaten ★ NN *het is hem in de ~ geslagen* hij is gek geworden ★ *zijn ~ pijnigen* diep nadenken ❸ spreektaal hoofd, hersenpan: ★ *iem. op zijn hersens slaan*
her·sen·gym·nas·tiek [-gim-] *de (v)* oefening van het verstand, vooral als vragenspelletje
her·sen·kron·kel *de (m)* [-s] fig absurde gedachtesprong
her·sen·let·sel *het* [-s] beschadiging van de hersenen
her·sen·loos *bn* heel dom
her·sen·pan *de* [-nen] deel van de schedel dat de hersenen bedekt
her·sens *mv* → hersenen
her·sen·schim *de* [-men] waandenkbeeld
her·sen·schim·mig, **her·sen·schim·mig** *bn* alleen in de verbeelding bestaand
her·sen·schors *de* buitenste laag van de hersenmassa
her·sen·schud·ding *de (v)* [-en] aandoening van de hersenen, veroorzaakt door een schok
her·sen·spin·sel *het* [-s] iets wat alleen in iems. gedachten bestaat, waanidee
her·sen·spoe·ling *de (v)* [-en] het door middel van psychologische dwangmiddelen wijzigen van iemands overtuiging
her·sen·ver·we·king *de (v)* het te gronde gaan van hersenweefsel door afsluiting van bloedvaten
her·sen·vlies *het* [-vliezen] vlies om de hersenen
her·sen·vlies·ont·ste·king *de (v)* ontsteking van het weke hersenvlies, meningitis
her·sen·vlucht *(‹Eng) de* BN braindrain
her·stel *het* ❶ beterschap, genezing: ★ *een vlot ~ na een zware ziekte* ❷ terugkeer tot vroegere, als goed ervaren toestand, restauratie: ★ *~ van de diplomatieke betrekkingen* ★ *de beurs toonde vandaag ~* de koersen stegen weer naar een eerder niveau ❸ NN vergoeding: ★ *~ van betalingen*
her·stel·be·ta·ling *de (v)* [-en] schadevergoeding te voldoen door een staat die een oorlog begon en verloren heeft, aan de staat of staten die geleden hebben onder de oorlog: ★ *~ door Japan*
her·stel·dienst *de (m)* [-en] BN ook reparatiedienst; servicedienst: ★ *met eigen ~*
her·stel·len *ww* [herstelde, is & h. hersteld] ❶ beter worden ❷ terugbrengen in de vroegere toestand: ★ *de vriendschapsbetrekkingen ~* ❸ repareren: ★ *een dak, boot ~*
her·stel·ling *de (v)* [-en] ❶ het herstellen ❷ BN ook reparatie: ★ *de ~ van een wasmachine*
her·stel·lings·oord *het* [-en] inrichting in een gezonde streek, waar zieken kunnen genezen of aansterken
her·stel·lings·te·ken *het* [-s] muz teken dat een kruis of mol opheft
her·stel·lings·ver·mo·gen *het* snelheid waarmee men bijkomt van (zware) geestelijke of lichamelijke inspanningen

her·stel·lings·werk *het* [-en] werk verbonden aan wederopbouw, restauratie, reparatie

her·stel·lings·werk·zaam·he·den *mv* werkzaamheden verbonden aan wederopbouw, restauratie

her·stel·wet·ge·ving *de (v)* noodrecht tot herstel van het normale functioneren van de wetgeving, bijv. na een oorlog

her·stem·men *ww*, **her·stem·men** [herstemde, h. herstemd] herstemming houden

her·stem·ming, **her·stem·ming** *de (v)* [-en] tweede stemming, nadat bij eerste stemming geen volstrekte meerderheid is verkregen

her·struc·tu·re·ren *ww* [herstructureerde, h. geherstructureerd] een nieuwe vorm, een nieuwe structuur geven: ★ *de sociale wetgeving* ~; **herstructurering** *de (v)* [-en]

hert[1] *het* [-en] slank hoefdier ★ *vliegend* ~ grote kever met geweivormige bovenkaken

hert[2] *het* [-en] → **hart**

her·talen *overg* [hertaalde, h. hertaald] een oudere tekst aanpassen aan het moderne taalgebruik (binnen dezelfde taal)

her·ten·beest *het* [-en] → **hartenbeest**

her·ten·bout *de (m)* [-en] dijvlees van het → **hert**[1] (bet 1)

her·ten·jacht *de (m)* [-en] het jagen op herten

her·ten·kamp *de (m)* [-en] afgerasterd veld met herten

her·ten·le·der, **her·ten·leer** *het* → **hertsleder**

her·ten·le·de·ren, **her·ten·le·ren** *bn* → **hertslederen**

her·tog *de (m)* [-togen] hoge adellijke titel

her·tog·dom *het* [-men] gebied van een hertog

her·to·ge·lijk *bn* van een hertog

her·to·gin *de (v)* [-nen] ❶ vrouwelijke hertog ❷ vrouw van een hertog

her·trou·wen *ww* [hertrouwde, is hertrouwd] weer trouwen

herts·hooi *het* sint-janskruid

herts·hoorn, **herts·ho·ren** I *de (m)* [-s] ❶ horen van een hert ❷ benaming van sommige planten waarvan de bladeren op een hertengewei lijken, o.a. van een soort weegbree en een soort varen II *de (m) & het* vroeger uit de horen van een hert bereid geneesmiddel

herts·le·der, **herts·leer**, **her·ten·le·der**, **her·ten·leer** *het* → **leer**[1] van hertenvel

herts·le·de·ren, **herts·le·ren**, **her·ten·le·de·ren**, **her·ten·le·ren** *bn* van hertsleer

hertz *de (m)* [*mv* idem] eenheid van geluidfrequentie, van het aantal trillingen per seconde in geluidsgolven (genoemd naar de Duitse natuurkundige Heinrich R. Hertz, 1857-1894)

hert·zwijn *het* [-en] zoogdier met naar boven gegroeide slagtanden, babiroesa

her·uit·ga·ve *de* [-n] ❶ nieuwe uitgave van bestaand boek ❷ BN ook herhaling (ook fig): ★ *de wedstrijd was een* ~ *van die van vorig jaar*

her·uit·ge·ven *ww* [h. heruitgegeven] een heruitgave bezorgen (van een boek enz.)

her·uit·zen·den *ww* [h. heruitgezonden] radio, televisie d.m.v. een uitzending herhalen; **heruitzending** *de (v)* [-en]

her·uit·zen·den *de (v)* [-en] radio, televisie herhaling van een vorige uitzending

herv. *afk* NN hervormd

her·val·len *ww* [hierviel, is hervallen] BN terugvallen

her·vat·ten I *ww* [hervatte, h. hervat] opnieuw beginnen II *wederk* BN zich herstellen (na een inzinking); zich verbeteren (na een fout); **hervatting** *de (v)* [-en]

her·ver·de·ling *de (v)* het opnieuw verdelen: ★ *de* ~ *van werk*

her·ver·ka·ve·ling *de (v)* [-en] het opnieuw verkavelen, om een praktischer ligging van de percelen te verkrijgen

her·ver·ze·ke·ren *ww* [herverzekerde, h. herverzekerd] verzekeren door verzekeraars van het risico dat zij op zich hebben genomen; **herverzekering** *de (v)* [-en]

her·vin·den *ww* [hervond, h. hervonden] terugvinden, terugkrijgen (vooral iets abstracts: ★ *zijn zelfvertrouwen* ~)

her·vormd *bn* behorende tot de Nederlands-hervormde Kerk, één van de protestantse kerken; **hervormde** *de* [-n]

her·vor·men *ww* [hervormde, h. hervormd] verbeterend veranderen

her·vor·mer *de (m)* [-s] iem. die hervormt, vooral m.b.t. de politiek en de kerk

her·vor·ming *de (v)* ❶ vanaf 1517, de stroming ter hervorming van de Rooms-Katholieke Kerk, die leidde tot het ontstaan van de Protestantse Kerk, reformatie ❷ [*mv*: -en] verbeterende verandering

Her·vor·mings·dag *de (m)* in Nederland 31 oktober, ter herinnering aan 31 oktober 1517, toen Luther in Wittenberg aan de deur van de slotkapel zijn 95 stellingen aansloeg

her·waar·de·ren *ww*, **her·waar·de·ren** [herwaardeerde, h. herwaardeerd of h. geherwaardeerd] opnieuw de waarde bepalen van; **herwaardering** *de (v)* [-en]

her·waar·de·rings·ge·bied *het* [-en] BN woongebied waarin subsidies verleend worden voor aankoop of renovatie van een woning, teneinde de waarde van het gebied te verhogen

her·waarts *bijw* hierheen

her·win·nen *ww* [herwon, h. herwonnen] ❶ terugwinnen ❷ uit afval weer terugwinnen voor hergebruik, recyclen

her·zien *ww* [herzag, h. herzien] verbeteren, aanpassen: ★ *herziene druk*

her·zie·ning *de (v)* [-en] ❶ verbetering, wijziging ❷ recht revisie

hes *de* [-sen] ❶ vroeger blauwe kiel ❷ loshangend kledingstuk om het bovenlichaam, zonder mouwen

he·sen *ww verl tijd meerv* van → **hijsen**

hesp *de* [-en] BN, spreektaal ham
hes·pen·spek *de (m)* [-ken] BN soort bacon
het I *bep lidw* (onzijdig): ★ ~ *huis,* ~ *kind; bij beklemtoonde uitspraak: het belangrijkste:* ★ *hét onderwerp van de dag* II *pers vnw derde persoon enkelvoud onzijdig:* ★ ~ *ziet er mooi uit* ★ *ik kan* ~ *niet vinden* ★ spreektaal ~ *doen (met)* geslachtsgemeenschap hebben (met) ★ NN *dat is je van hét,* BN *het van hét* het allerbeste III *onbep vnw* ★ ~ *regent*
he·tae·re [-tee-] *((Gr) de (v)* [-n] in het oude Griekenland vrouw van losse zeden met zekere mate van beschaving en kunstzin
he·te·lucht·bal·lon *de (m)* [-s, -nen] grote ballon die wordt gevuld met door branders verhitte lucht en die daardoor opstijgt
he·te·lucht·ka·non *het* [-nen] op een kanon gelijkend apparaat dat hete lucht in een ruimte blaast
he·te·lucht·mo·tor *de (m)* [-toren *en* -s] stirlingmotor
he·te·lucht·oven *de (m)* [-s] vooral NN oven waarin hete lucht circuleert
he·te·lucht·ver·war·ming *de (v)* vooral NN centrale verwarming, waarbij hete lucht in de buizen circuleert
he·ten *ww* [heette, h. geheten] ❶ genoemd worden, als naam hebben: ★ *mijn neef heet Daan* ❷ beweerd worden: ★ *de zigeuners* ~ *uit Azië afkomstig te zijn* ❸ verklaren ★ *iem. welkom* ~ verwelkomen ★ vooral NN *wat heet...!* uitdrukking om aan te duiden dat een eerder gebruikt woord ontoereikend is: ★ *wat heet mooi! ze is oogverblindend*
he·ter·daad *bijw* ★ *iem. op* ~ *betrappen* iem. betrappen bij het plegen van een misdrijf
he·ter·daad·je *het* [-s] NN, spreektaal betrapping op heterdaad
he·te·ro *bn & de* ['s] verkorting van → **heterofiel** en → **heteroseksueel**
he·te·ro- *((Gr) als eerste lid in samenstellingen* anders, verschillend
he·te·ro·dox *((Gr) bn* afwijkend van de leer, onrechtzinnig, ketters
he·te·ro·doxie [-doksie] *((Gr) de (v)* afwijking van de leer, onrechtzinnigheid; dwaalleer
he·te·ro·fiel *((Gr)* I *bn* → **heteroseksueel** (I) II *de* [-en] heteroseksueel persoon
he·te·ro·fi·lie *((Gr) de (v)* heteroseksualiteit
he·te·ro·geen *((Gr) bn* van verschillende afkomst, ongelijksoortig
he·te·ro·ge·ni·teit *de (v)* ongelijksoortigheid
he·te·ro·sek·su·a·li·teit *de (v)* op het andere geslacht gerichte seksualiteit
he·te·ro·sek·su·eel I *bn* seksuele gevoelens op het andere geslacht richtend (tegengest: → **homoseksueel**) II *de* [-elen] iem. die heteroseksueel is
het·geen, het·ge·ne deftig I *betr vnw* wat: ★ *al* ~ *gedaan moest worden is af* II *bepalingaankondigend vnw* datgene wat: ★ ~ *ik vreesde is geschied*

Het·tie·ten *mv* hist machtig volk in Voor-Azië, ± 2000 v.C.
Het·ti·tisch I *bn* van, betreffende de Hettieten II *het* de taal van de Hettieten
het·welk *betr vnw* → **hetgeen** (I)
het·ze *((Du) de (v)* [-s] kwaadaardige campagne tegen iets of iemand, lastercampagne: ★ *een* ~ *voeren tegen iem.*
het·zelf·de *aanw vnw* ❶ bijvoeglijk gebruikt: ★ ~ *ding* het eerder genoemde ding ❷ zelfstandig gebruikt: ★ *dat is* ~ *van zo-even* hetzelfde ding van zo-even ★ *van* ~! insgelijks!
het·zij *voegw* of: ★ *ik zal komen,* ~ *lopend,* ~ *met de tram*
heug *zn* ★ *tegen* ~ *en meug* met tegenzin
heu·gen *ww* [heugde, h. geheugd] in het geheugen blijven ★ *een pak slaag dat je lang zal* ~ zo erg dat je het niet snel zal vergeten
heu·ge·nis *de (v)* herinnering
heug·lijk, heu·ge·lijk *bn* verheugend
heul¹ *het* steun, toevlucht
heul² *de* [-en] doorvoerbuis voor water onder een weg; brug; oplopende weg naar een brug enz.
heul·bol *de (m)* [-len] papaverbol die gebruikt wordt om opium van te maken, maankop
heu·len *ww* [heulde, h. geheuld:] samenspannen met, bedekt de partij kiezen van: ★ ~ *met de vijand*
heul·sap *het* sap van de heulbol, opium
heup *de* [-en] elk van de twee uitstekende delen links en rechts van het heupbeen bij de mens: ★ *oudere mensen breken snel een heup* ★ *het op de heupen hebben (krijgen)* zeer druk, beweeglijk, ijverig (*ook* onstuimig, driftig) zijn (worden)
heup·been *het* [-deren *en* -benen] been bestaande uit het darmbeen, schaambeen en zitbeen, door het heupgewricht verbonden met het dijbeen
heup·broek *de* [-en] broek waarvan de bovenrand slechts tot op de heup reikt (niet tot in de taille)
heup·fles *de* [-sen] NN plat flesje, meestal gevuld met sterke drank, dat gemakkelijk in de kleding kan worden meegedragen
heup·ge·wricht *het* [-en] gewricht tussen heupbeen en dijbeen
heup·gor·del *de (m)* [-s] gordel om de heup
heup·jicht *de* ischias
heup·wie·gend *bn* de heupen schommelend bewegend bij het lopen
heup·worp *de (m)* [-en], **heup·zwaai** [-en] bij judo toegepaste greep
heur *bez vnw derde persoon enk vrouwelijk,* vero haar, vooral in combinatie met het *zn* haar: ★ ~ *haar schitterde in het zonlicht*
heu·re·ka *tsw* [hui-] *((Gr)* → **eureka**
heu·ris·tiek [heu-, hui-] *((Gr) de (v)* leer van het methodisch zoeken
heus *bn* echt, werkelijk: ★ *het is* ~ *waar* ★ NN *maar niet* ~ gebruikt om aan te geven dat de voorafgaande mededeling niet serieus bedoeld was

heus·heid *de (v)* [-heden] hoffelijkheid

heu·vel *de (m)* [-s, -en] betrekkelijk kleine verhevenheid in het landschap

heu·vel·ach·tig, heu·ve·lig *bn* met heuvels

heu·vel·land *het* streek met groot aantal heuvels

heu·vel·rug *de (m)* [-gen] lange rij heuvels: ★ *de Utrechtse Heuvelrug*

he·vea *(‹Quechua, een Peruaanse indianentaal) de* ['s] tropisch plantengeslacht, vooral de rubberboom (*Hevea brasiliensis*)

he·vel *de (m)* [-s] omgebogen overtapbuis

he·ve·len *ww* [hevelde, h. geheveld] met een hevel overtappen

he·vig *bn* erg, fel, in hoge mate: ★ *hevige neerslag, hevige ruzie*

he·vig·heid *de (v)* felheid

hexaan [heksaan] *(‹Gr) het* een koolwaterstof met zes koolstofatomen, bestanddeel van benzine en petroleum

hexa·de·ci·maal *bn* wisk gebruikmakend van een getalstelsel waarin 16 het grondgetal is

hexa·ë·der *(‹Gr) de (m)* [-s] regelmatig zesvlak, kubus

hexa·go·naal *(‹Gr) bn* zeshoekig

hexa·goon *(‹Gr) de (m)* [-gonen] zeshoek

hexa·me·ter [heksaamətər] *(‹Gr) de (m)* [-s] vers dat uit zes dactylen bestaat, waarvan enkele vervangen kunnen worden door een spondeus, het epische vers van de Grieken en Romeinen

Hf *afk* chem symbool voor het element *hafnium*

hfl. *afk* Hollandse florijn [gulden, in 2002 vervangen door de euro]

Hg *afk* chem: *hydrargyrum* symbool voor het element kwik

hg *afk* hectogram

HH. *afk* ❶ de Heiligen ❷ Heren

H.H. *afk* Hare Hoogheid

HH.MM. *afk* ❶ Hare Majesteiten ❷ Hunne Majesteiten

h.i. *afk* ❶ haars inziens ❷ huns inziens

hi·aat *(‹Lat) het* [hiaten] plaats waar iets ontbreekt, lacune, opening: ★ *een ~ in iemands kennis*

hi·bis·cus *(‹Lat) de (m)* ❶ tot de Kaasjeskruidfamilie behorend plantengeslacht uit de tropen of subtropen, vooral Afrika, waarvan sommige soorten gekweekt worden als kamer- of tuinplant, zoals de Chinese roos en het altheaboompje ❷ vezel van andere hibiscussoorten dan de *H. cannabinus*

hi·dal·go [iedalɣoo] *(‹Sp) de (m)* ['s] vroegere aanduiding van leden van de lagere adel in Spanje

hi·djab [hiedzjaab] *de (m)* [-s] *(‹Arab)* hoofddoek voor moslimvrouwen

hief *ww verl tijd van* → **heffen**

hiel *de (m)* [-en] ❶ achtereind van de voet, van een sok, kous en schoen ★ *de hielen lichten* er vandoor gaan ★ *iem. op de hielen zitten* dicht achtervolgen ❷ fig achter- of ondergedeelte van verschillende voorwerpen: ★ NN *de ~ van een dijk*

hield *ww,* **hiel·den** *verl tijd van* → **houden**

hie·len·lik·ker *de (m)* [-s] kruiperige vleier

hielp *ww,* **hiel·pen** *verl tijd van* → **helpen**

hiel·prik *de (m)* [-ken] prik in de hiel van pasgeboren baby's om mogelijke afwijkingen in stofwisseling, schildklierwerking en werking van de bijnier op te sporen

hiep, hiep, hoe·ra! *tsw* uitroep van vreugde of toejuiching

hier *bijw* ❶ op deze (aangewezen) plaats: ★ *ik leg het boek ~ even neer* ★ *Rakker, ~!* ❷ ‹tot een hond gericht commando› *Rakker, kom naar me toe!* ★ *het zit me tot ~!* ❸ ‹met gebaar naar de keel› *ik ben het beu!* ★ *~ en daar* op verschillende plaatsen, niet overal ★ *~ en daar over spreken* over verschillende onderwerpen ★ *van ~ tot ginder* of *gunder* heel ver, zeer groot ★ NN *een rij van ~ tot Tokio* een vreselijk lange rij

hier·aan, hier·aan *bijw* aan dit (genoemde of aangewezene): ★ *~ kun je zien hoeveel het kost*

hier·ach·ter, hier·ach·ter *bijw* achter dit (genoemde of aangewezene): ★ *~ laat ik een schuur bouwen*

hi·ë·rarch *(‹Gr) de (m)* [-en] opperpriester in de Griekse Kerk

hi·ë·rar·chie *(‹Lat‹Gr) de (v)* [-chieën] ❶ organisatie van een priesterkaste of -stand ❷ rangorde: ★ *de ~ binnen het ambtenarenapparaat* ★ *de militaire ~*

hi·ë·rar·chisch, hi·ë·rar·chiek *(‹Lat) bn* volgens de opvolging der rangen, naar rangorde: ★ *in veel bedrijven is de organisatie minder ~ geworden*

hi·ë·ra·tisch *(‹Gr) bn* priesterlijk ★ *~ schrift* priesterschrift van de oude Egyptenaren

hier·be·ne·den *bijw* onder deze plaats: ★ *~ is een winkel gevestigd*

hier·bij, hier·bij *bijw* ❶ bij dit (genoemde of aangewezene): ★ *~ krijg je een gratis consumptie* ★ *~ ingesloten* in deze enveloppe ❷ hierdoor: ★ *~ deel ik u mede*

hier·door, hier·door *bijw* door dit (genoemde of aangewezene): ★ *~ kwam het dat hij zo deed*

hier·heen *bijw* naar deze (genoemde of aangewezene) plaats: ★ *kom je na school meteen ~?*

hier·in, hier·in *bijw* in dit (genoemde of aangewezene): ★ *~ kan heel wat bagage*

hier·me·de, hier·me·de, hier·mee, hier·mee *bijw* met dit (genoemde of aangewezene): ★ *wat moet ik ~?*

hier·na, hier·na *bijw* na dit (genoemde of aangewezene): ★ *~ lust ik echt niets meer*

hier·naast, hier·naast *bijw* naast dit (genoemde of aangewezene): ★ *~ wonen een paar aardige mensen*

hier·na·maals I *bijw* na dit leven **II** *het* het leven na de dood

hier·ne·vens *bijw* hierbij

hiero *bijw inf* hierzo

hi·ë·ro·glief [-en], **hi·ë·ro·gly·fe** [-gliefə] *(‹Fr‹Gr) de* [-n] elk van de tekens van een beeldschrift, oorspronkelijk dat van de Egyptenaren, vervolgens ook van ander dergelijk schrift ★ *hiërogliefen, -glyfen* ook: onleesbare schrifttekens

hi·ë·ro·gli·fisch, hi·ë·ro·gly·fisch [-glie-] *(‹Gr) bn* van of in hiëroglefen; fig raadselachtig
hier·om *bijw* om deze reden: ★ *...en wel ~*
hier·om·trent, hier·om·trent *bijw* ❶ hier in de buurt, in deze omgeving ❷ betreffende dit: ★ ~ *doe ik geen mededelingen*
hier·on·der, hier·on·der *bijw* ❶ beneden deze plaats; ❷ ‹in geschrift› verderop; onder dit: ★ ~ *verstaat men* ❸ te midden van dit of deze: ★ ~ *bevinden zich enkele voorwerpen van waarde*
hier·op, hier·op *bijw* ❶ op dit (genoemde of aangewezene): ★ ~ *stond vroeger nog een toren* ❷ hierna: ★ ~ *zei hij, dat hij me nooit meer wilde zien*
hier·over *bijw* ❶ hiertegenover (*in deze bet ook* hierover) ❷ betreffende dit (genoemde of aangewezene): ★ ~ *is weinig bekend*
hier·te·gen, hier·te·gen *bijw* tegen dit (genoemde of aangewezene): ★ ~ *stemden slechts enkele afgevaardigden*
hier·te·gen·over *bijw* tegenover dit (genoemde of aangewezene): ★ ~ *komt een grote supermarkt*
hier·toe, hier·toe *bijw* ❶ tot dit: ★ ~ *werd besloten* ❷ tot hier: ★ *tot ~ en niet verder* ❸ tot dit doel: ★ ~ *zijn schroeven aangebracht*
hier·tus·sen, hier·tus·sen *bijw* tussen dit (genoemde of aangewezen): ★ ~ *ligt een mooi dal*
hier·uit, hier·uit *bijw* uit dit (genoemde of aangewezene): ★ ~ *kan niets goeds voortkomen*
hier·van, hier·van *bijw* van dit (genoemde of aangewezene): ★ *je zal ~ heus niet doodgaan*
hier·voor *bijw* ❶ vóór dit, aan dit vooraffgaand (*in deze bet ook* hiervoor) ❷ voor dit doel: ★ ~ *heb ik geen geld over*
hier·zo *bijw* NN, spreektaal versterking van → **hier**
hieuw *ww*, **hieu·wen** *verl tijd van* → **houwen**
hie·ven *ww verl tijd meerv van* → **heffen**
hi·fi [haifai] *(‹Eng)* verkorting van *high fidelity*, natuurgetrouwe geluidsweergave door te streven naar de geringste vervorming en het hoogste frequentiebereik; *ook als eerste lid in samenstellingen* ★ *hifi-installatie, hifiluidspreker*
high [hai] *(‹Eng) bn* verkerend in de lichte, vrolijke, met een geluksgevoel gepaard gaande staat die iem. ondervindt door het gebruik van sommige drugs of anderszins
high·brow [haibrau] *(‹Eng) de (m)* [-s] eig iem. met hoog voorhoofd; sarcastische benaming voor intellectuelen, cultureel ontwikkelde personen
High Church [hai tsjù(r)tsj] *(‹Eng) de (m)* de zgn. hoogkerkelijke richting in de Anglicaanse Kerk, die sterk neigt naar de Katholieke Kerk
high five [hai faiv] *(‹Eng) de* [-s] het boven het hoofd tegen elkaar slaan van de vlakke hand bij wijze van begroeting of als blijk van vreugde, enthousiasme enz.: ★ *elkaar een ~ geven*
high·school [haiskoel] *(‹Eng) de (m)* [-s] ❶ middelbare school in sommige Angelsaksische landen, zoals de Verenigde Staten, verdeeld in *junior ~ en senior ~*,

elk van drie jaar ❷ genre rockmuziek zonder veel artistieke waarde, vaak gebracht door jonge artiesten, in het begin van de jaren '60 van de 20ste eeuw
high·tech [hai tek] *(‹Eng) bn* ❶ volgens de modernste technologische inzichten; ❷ ‹bij uitbreiding› met een vormgeving waarbij gebruik is gemaakt van uiterst modern materiaal
hij I *pers vnw derde pers enk mannelijk onderwerpsvorm*: ★ *hij loopt* **II** *de (m)* [-en] persoon van het mannelijk geslacht: ★ *een ~ of een zij*
hij·gen *ww* [hijgde, h. gehijgd] zwaar ademen
hij·ger *de (m)* [-s] iem. die anoniem personen opbelt en door het ongewenste telefonisch contact seksueel opgewonden raakt
hijs *de (m)* ❶ het hijsen ❷ NN zware taak, toer: ★ *het was een hele ~ om alles op tijd af te krijgen*
hijs·balk *de (m)* [-en] uit een muur vooruitstekende balk, waaraan een hijsblok bevestigd kan worden
hijs·blok *het* [-ken] blok met katrol(len) om iets op te hijsen
hij·sen *ww* [hees, h. gehesen] ❶ ophalen met touw en / of takel ❷ ★ *zich in zijn jas ~ zijn jas aantrekken* ❸ schertsend stevig drinken: ★ *hij zit hier elke avond te ~*
hijs·kraan *de* [-kranen] werktuig om zware lasten op te hijsen
hijs·touw *het* [-en] touw waarmee men hijst
hik *de (m)* samentrekking van het middenrif, gepaard gaande met een ploffend geluid: ★ *de ~ hebben, de ~ krijgen*
hik·ken *ww* [hikte, h. gehikt] hikgeluiden maken, de hik hebben; zie ook → **aanhikken**
hi·la·ri·teit *(‹FrLat) de (v)* vrolijkheid, lachlust, gelach: ★ *grote ~ veroorzaken*
hill·bil·ly [-lie] *(‹Eng)* **I** *de (m)* volksmuziek uit het zuiden van de Verenigde Staten, waarbij de zang wordt begeleid door violen en tokkelinstrumenten **II** *de* [-lies] bergbewoner uit het Zuiden van de Verenigde Staten
him·self *(‹Eng) bn* in eigen persoon: ★ *de kroonprins ~ kwam langs*
hin·de *de (v)* [-n] vrouwtjeshert
hin·der *de (m)* last, belemmering: ★ *ergens ~ van ondervinden* ★ *kinderen zijn hinderen veroorzaken veel (over)last*
hin·de·ren *ww* [hinderde, h. gehinderd] overlast aandoen, ergernis geven: ★ *die harde muziek hindert me* ★ *(het) hindert niet* het geeft niet, het is niet erg
hin·der·laag *de* [-lagen] verdekte opstelling van waaruit men een vijand overvalt; fig valstrik: ★ *in een ~ lopen* ★ *iem. in een ~ lokken*
hin·der·lijk *bn* lastig, storend
hin·der·nis *de (v)* [-sen] belemmering ★ *wedren met hindernissen* waarbij de paarden over hekken, sloten e.d. moeten springen ★ *een ~ nemen*
hin·der·paal *de (m)* [-palen] grote belemmering
Hin·der·wet *de* in Nederland wet die bepalingen

bevat ter voorkoming van gevaar, schade of hinder voor de omgeving door de vestiging van bedrijven

Hin·di *het* verzamelnaam voor de talen en dialecten in Noord-India (of Hindoestan)

hin·doe (‹Perz› *de (m)* [-s] ❶ aanhanger van het hindoeïsme ❷ *Hindoe* Indiër die in de culturele traditie van het hindoeïsme staat ❸ ‹bij uitbreiding› uit India afkomstige persoon *of* Hindoestaan

hin·doe·ïs·me *het* godsdienstleer van de hindoes, voortgekomen uit het brahmanisme

hin·does *bn* van, volgens het hindoeïsme

Hin·doe·staan, Hin·do·staan (‹Perz› *de (m)* [-stanen] bewoner van Hindoestan; NN vooral Surinamer uit India afkomstig

Hin·doe·staans, Hin·do·staans *bn* van, betreffende Hindoestan of de Hindoestanen

Hin·doe·sta·ni *het* taal die in India de gebruikelijke voertaal is geworden, ook: Hindi

hin·ein·in·ter·pre·tie·ren [hienain-] (‹Du› *ww & het* iets geloven of interpreteren op grond van het eigen vermoeden, een eigen theorie of een eigen belang, wat niet uit de zaak zelf geïnterpreteerd zou kunnen worden

hing *ww*, **hin·gen** verl tijd van → **hangen**

hin·kel·baan *de* [-banen] op de grond getrokken figuur van vierkanten en rechthoeken, dat door kinderen wordt gebruikt bij het hinkelen

hin·ke·len *ww* [hinkelde, h. gehinkeld] hinken op een → **hinkelbaan** als kinderspel

hin·ken *ww* [hinkte, h. gehinkt] ongelukkig lopen; kinderspel op één been springen: zie bij → **hinkelen** ★ *op twee gedachten* ~ niet tussen twee standpunten weten te kiezen

hin·ke·pin·ken *ww* mank lopen, zich enigszins hinkend voortbewegen: ★ *hij liep te* ~

hink-stap-sprong *de (m)* atletiekonderdeel bestaande uit een hinkende sprong, daarna een stap, daarna een sprong met beide benen

hin·ni·ken *ww* [hinnikte, h. gehinnikt] het geluid van een paard maken

hint (‹Eng› *de (m)* [-s] tip, aanwijzing, wenk: ★ *iem. een* ~ *geven*

hin·ten *ww* (‹Eng› [hintte, h. gehint] een hint geven

hip (‹Eng› *bn* ‹in de jaren '60 en '70 van de 20ste eeuw› zoals bij of van de hippies; jong-modern, gedurfd modieus, onconventioneel; *vgl*: → **hippie**; *tegenst*: → **square**

hip-hop (‹Eng› *de (m)* sterk ritmische rapmuziek met provocerend karakter

hipp- *voorvoegsel*, **hip·pi-**, **hip·po-** (‹Gr› als eerste lid in samenstellingen paarden

hip·pen *ww* [hipte, h. & is gehipt] NN met kleine sprongetjes springen: ★ *de mus hipte naar de broodkruimels*

hip·pie (‹Eng› *de* [-s] ‹in de jaren '60 en '70 van de 20ste eeuw› jong, onconventioneel levend en vaak zwervend persoon, met afwijkende kleding en lange haren

hip·pisch (‹Gr› *bn* op paarden of de paardensport en rijkunst betrekking hebbend: ★ *hippische wedstrijden*

hip·po·cra·tisch (‹Lat› *bn* volgens de leer van Hippocrates ★ *hippocratische eed* ambtseed van een geneesheer ★ ~ *gezicht* kenmerkende gelaatsuitdrukking van een stervende

hip·po·droom (‹Gr› *de (m) & het* [-dromen] renbaanvoor paarden

his·pa·nis·me *het* [-n] letterlijk uit het Spaans overgenomen uitdrukking of wending

his·pa·nist *de (m)* [-en], **his·pa·no·loog** *de (m)* [-logen] beoefenaar van de Spaanse taal- en letterkunde en cultuurgeschiedenis

his·ta·mi·ne *het* med bloedvatverwijdende en afscheiding van maagsap bevorderende stof die in levende weefsels voorkomt en een belangrijke rol speelt bij allergische reacties

his·to·gram (‹Gr› *het* [-men] grafische voorstelling door middel van kolommen, staafdiagram

his·to·lo·gie (‹Gr› *de (v)* weefselleer (van de weefsels van mensen, dieren en planten)

his·to·ri·ca *de (v)* [-cae] [-see, 's] vrouwelijke historicus

his·to·ri·ci·teit *de (v)* historische gegrondheid, echtheid op historische gronden

his·to·ri·cus *de (m)* [-ci] geschiedkundige, geschiedschrijver; student in de geschiedenis

his·to·rie (‹Lat› *de (v)* [-s, -riën] ❶ geschiedenis ❷ verhaal

his·to·riek (‹Fr› *de (m)* [-en] BN (historisch) overzicht; geschiedenis

his·to·rie·schrij·ver *de (m)* [-s] geschiedschrijver

his·to·rie·stuk *het* [-ken] schilderstuk met een historisch onderwerp

his·to·ri·o·graaf *de (m)* [-grafen] geschiedschrijver

his·to·ri·o·gra·fie *de (v)* geschiedschrijving

his·to·ri·o·gra·fisch *bn* betrekking hebbend op de geschiedschrijving

his·to·risch (‹Lat› *bn* ❶ geschiedkundig; zich bezig houdend met de geschiedenis ❷ uit de geschiedenis bekend ❸ op waarheid berustend, werkelijk gebeurd ❹ de ontwikkeling in de tijd volgend; zie ook bij → **materialisme**

his·to·ri·se·ren *ww* [-zeerə(n)] [historiseerde, h. gehistoriseerd] historisch voorstellen of aankleden, een historische tint geven

HISWA *afk* in Nederland ❶ (Nederlandse Vereniging voor) *Handel en Industrie* (op het gebied van) *Scheepsbouw en Watersport* ❷ jaarlijkse beurs van deze vereniging in de RAI

hit¹ (‹Eng› *de (m)* [-s] liedje, stuk muziek dat korte tijd zeer populair is: ★ *een* ~ *hebben, scoren;* ook overdrachtelijk gebruikt voor andere zaken die enige tijd succesvol zijn: ★ *die film, dat boek is een* ~

hit² (‹Eng› *de (m)* [-s] comput ❶ elke handeling die een gebruiker verricht op een internetpagina ❷ resultaat van een zoekactie met een zoekmachine op internet

hit³ *de (m)* [-ten] klein paard, pony, genoemd naar

Hitland, de oude naam voor de Shetlandeilanden

hit·ge·voe·lig *bn* een goede kans makend een hit te worden: ★ *een hitgevoelig nummer*

Hit·ler·groet [hiet-] *de (m)* groet met opgeheven, gestrekte rechterarm, nationaalsocialistische groet, genoemd naar de Duitse dictator Adolf Hitler (1889-1945): ★ *de ~ brengen*

hit·lijst *de* [-en] hitparade

hit·pa·ra·de *(‹Eng) de (v)* [-s] lijst van de meest populaire cd's of cd-singles

hit·sen *ww* [hitste, h. gehitst] aandrijven, aanstoken; zie → **ophitsen**, → **aanhitsen**

hit·sig *(‹Du) bn* ❶ vurig ❷ wellustig, geil; **hitsigheid** *de (v)*

hit·single [-singyl] *(‹Eng) de* [-s] muz veelgekochte single

hit·te *de (v)* hevige warmte

hit·te·be·roer·te *de (v)* [-n, -s] NN officiële benaming voor zonnesteek

hit·te·be·sten·dig *bn* bestand tegen grote hitte: ★ *hittebestendige koekenpan*

hit·te·golf *de* [-golven] periode van grote hitte

hit·te·pe·tit *de (v)* [-ten] NN bedrijvige vrouw, veelal klein

hit·te·schild *het* [-en] schild dat beschermt tegen hoge temperaturen: ★ *dankzij hun ~ komen spaceshuttles vrijwel ongeschonden door de dampkring*

hit·we·zen *het* alles wat te maken heeft met hits (→ **hit¹**)

hiv-virus *(‹Eng) het* [-sen] human immunodeficiency virus [virus dat aids veroorzaakt]

H.K.H. *afk* Hare Koninklijke Hoogheid; [*mv* HH.KK.HH.; *vgl*: → **Z.K.H.**]

H.K.M. *afk* Hare Koninklijke Majesteit

hl *afk* symbool voor *hectoliter* 10^{-1} m³

HM *afk* Hare Majesteit

hm *afk* symbool voor *hectometer* 10^2 m

h'm *tsw* schriftelijke weergave van het geluid van een kuchje, *vgl*: → **hummen**

HMG *afk* in Nederland Hoog Militair Gerechtshof

HMS *afk* Harer Majesteits schip resp. *Her Majesty's ship* of *His Majesty's ship* *(‹Eng)*

Ho *afk* chem symbool voor het element *holmium*

ho *tsw* halt, stop ★ *ho 's even!* stop, wacht eens even!

h.o. *afk*, **H.O.** hoger onderwijs

hoax [hooks] *(‹Eng) de* [-en, -es] nepvirus, nepwaarschuwing of soortgelijke grap op internet

hob·bel *de (m)* [-s] ❶ oneffenheid (in een weg e.d.), bobbel ❷ moeilijkheid ★ *een lastige ~ nemen* een moeilijkheid oplossen of doorstaan

hob·be·len *ww* [hobbelde, h. gehobbeld] over oneffenheden gaan; in op- en neergaande beweging zijn

hob·be·lig *bn* oneffen, bobbelig

hob·bel·paard *het* [-en] houten speelpaard dat steunt op twee halfronde latten, zodat er op geschommeld kan worden

hob·be·zak *de (m)* [-ken] ❶ veel te ruim kledingstuk ❷ iem. die bij voorkeur zulke kleding draagt, lompe en flodderige verschijning; **hobbezakkig**; **hobbezakkerig** *bn bijw*

hob·by [-bie] *(‹Eng) de (m)* ['s] liefhebberij voor in de vrije tijd

hob·by·is·me [-bie-] *het* ❶ het hebben van (een) hobby('s) ❷ amateurisme, het doen van dingen alleen uit liefhebberij en met een niet-professionele aanpak

hob·by·ist [-bie(j)ist] *de (m)* [-en] iem. die een hobby of hobby's heeft

hob·by·kip *de (v)* [-pen] NN kip die uit liefhebberij wordt gehouden

ho·bo *(‹Fr of It) de (m)* ['s] muz houten blaasinstrument van enigszins neuzige klank, dat met dubbel riet wordt aangeblazen

ho·bo·ïst *de (m)* [-en] muz hobospeler

HOBU *afk* in België hoger onderwijs buiten de universiteit

hock·ey [hokkie] *(‹Eng) het* veldsport, gespeeld met een harde bal en een aan één eind omgebogen slaghout, door twee elftallen

hock·ey·en *ww* [hokkie(j)ə(n)] [hockeyde, h. gehockeyd] hockey spelen

hock·ey·er [hokkie(j)ər] *de (m)* [-s] hockeyspeler

hock·ey·stick [hokkie-] *de (m)* [-s] slaghout voor het hockeyspel

ho·cus ·po·cus *(‹verbasterd Oudgrieks)* **I** *tsw* ‹voluit: ~ pilatus pas› toverformule (bij het goochelen) **II** *de (m) & het* goochelarij; onnodig geheimzinnig gedoe: ★ *de ~ rond de benoeming van een nieuwe directeur*

ho·do·me·ter *(‹Gr) de (m)* [-s] wegmeter: instrument om de afgelegde weg te meten

hoe I *bijw* ❶ in vragen naar de manier ★ *~ maak je zoiets?* ❷ in vragen naar de naam ★ *~ heet jouw hond?* ❸ in vragen naar afstanden, maten enz. ★ *~ ver ligt Haarlem van Amsterdam?* ❹ ‹in verbinding met *dan ook*› onder elke voorwaarde: ★ *hij wilde ~ dan ook kampioen worden* **II** *voegw* op welke wijze: ★ *hij vertelde ~ hij geslaagd was* **III** *het* ★ *het ~ of wat* dingen waarnaar men nieuwsgierig is

hoed I *de (m)* [-en] bep. hoofddeksel, meestal min of meer bolvormig en vaak met een rand ★ *zijn ~ afnemen voor* eerbied hebben voor ★ *met de ~ in de hand, komt men door het ganse land* met beleefdheid komt men overal terecht ★ *onder één hoedje spelen* het samen volkomen eens zijn, voor hetzelfde doel werken (ongunstig) ★ *NN onder een hoedje te vangen zijn* zeer onderdanig en gedwee zijn ★ *NN zich een hoedje schrikken* vreselijk schrikken ★ *NN van de ~ en de rand weten* uitstekend op de hoogte zijn **II** *het* ❶ oude inhoudsmaat van verschillende grootten, ± 10 hl ❷ hoedvormig, bedekkend ding in het algemeen: ★ *de ~ van een paddenstoel*

hoe·da·nig, **hoe·da·nig** *vragend vnw* wat voor, van welke soort of aard?

hoe·da·nig·heid *de (v)* [-heden] aard, geaardheid, eigenschap; functie: ★ *hij kwam in de ~ van* *controleur*

hoe·de *de* ❶ bewaking, bescherming: ★ *onder zijn ~ nemen* ❷ waakzaamheid: ★ *op zijn ~ zijn* waakzaam zijn, oppassen

hoe·den *ww* [hoedde, h. gehoed] bewaken, beschermen ★ *zich ~ voor* waken tegen, oppassen voor

hoe·den·doos *de* [-dozen] doos waarin men een hoed bewaart

hoe·den·pen *de* [-nen] hoedenspeld

hoe·den·plank *de* [-en] plank achter de achterbank in een personenauto

hoe·den·speld *de* [-en] speld waarmee een dameshoed op het hoofd werd bevestigd

hoe·den·win·kel *de (m)* [-s] winkel waarin hoeden verkocht worden

hoe·der *de (m)* [-s] bewaker, beschermer ★ *ben ik mijns broeders ~?* moet ik voor de belangen van mijn naaste waken? (naar *Genesis* 4: 9)

hoe·de·recht *het* BN, jur het recht om na echtscheiding de voogdij over kinderen uit te voeren

hoed·je *het* [-s] zie bij → **hoed**

hoef *de (m)* [hoeven] ❶ hoornachtig uiteinde van de voet van paarden, koeien enz. ❷ hoefijzer

hoef·be·slag *het* ❶ het beslaan van paardenhoeven ❷ het op de hoeven geslagen ijzer

hoef·blad *het* [-bladen] vroegbloeiende samengesteldbloemige plant: ★ *klein ~ (Tussilago farfara)*, ★ *groot ~ (Petasites hybrides)*

hoef·dier *het* [-en] hoefdragend dier

hoef·gan·ger *de (m)* [-s] hoefdier dat loopt op de uiterste top van de teen

hoef·ijzer *het* [-s] hoefbeslag van paard; symbool van geluk

hoef·ijzer·mag·neet *de (m)* [-neten] magneet in hoefijzervorm

hoef·ijzer·vor·mig, **hoef·ijzer·vor·mig** *bn* in de vorm van een hoefijzer

hoef·na·gel *de (m)* [-s] spijker waarmee de hoefijzers worden bevestigd

hoef·slag[1] *de (m)* [-slagen] ❶ het slaan van paardenhoeven op bijv. de straat; het geluid daarvan ❷ het spoor van een paardenhoef

hoef·slag[2] *de (m)* [-slagen] hist deel van een dijk waarvan het onderhoud voor rekening komt van een bepaalde hoeve

hoef·sme·de·rij *de (v)* [-en] werkplaats van de hoefsmid

hoef·smid *de (m)* [-smeden] iem. die hoefijzers smeedt en paarden beslaat

hoef·stal *de (m)* [-len] noodstal, plek waar een paard dat beslagen moet worden, wordt vastgezet

hoe·ge·naamd, **hoe·ge·naamd** *bijw* volstrekt, totaal: ★ *~ niets* volstrekt niets ★ *~ geen* vrijwel geen: ★ *dat speelt ~ geen rol*

hoek *de (m)* [-en] ❶ meetkundige figuur gevormd door twee rechte lijnen met hetzelfde beginpunt: ★ *een rechte ~ is een ~ van 90 graden* ❷ plek waar twee vlakken elkaar raken en de ruimte daartussen; ❸ ⟨in een huis, een kamer enz.⟩ plaats waar twee muren samenkomen: ★ *de kast staat in de ~* ★ NN *zich in een ~ laten duwen* / NN ook *drukken* / BN ook *drummen* zich laten terugdringen, de baas over zich laten spelen ★ *in de ~ staan* op scholen gegeven straf ★ *leuk uit de ~ komen* plotseling een geestige opmerking maken ★ *uit alle hoeken en gaten* overal vandaan ★ NN *iem. alle hoeken van de kamer laten zien* iem. een flinke aframmeling geven, iem. flink terechtwijzen ★ *in de ~ zitten waar de klappen vallen* voortdurend door tegenslag worden getroffen ; zie ook bij → **ongeluk** ❹ uithoek, afgelegen plek, stille plaats; hemelstreek ★ *uit welke ~ waait de wind?* hoe is de stemming? ★ *de wind waait uit de verkeerde ~* zie bij → **wind** ❺ scherpe punt of kant, uitstekende punt: ★ *de bakker is op de ~ van de straat* ★ *een hoekje om gaan* een eindje gaan wandelen ★ *het hoekje om gaan* sterven ★ *een ~ omzeilen* om een uitstekende punt heen varen ❻ ⟨op de effectenbeurs⟩ gedeelte waar in bepaalde effecten gehandeld wordt ❼ (vis)haak ❽ boksen zwaaistoot met gebogen arm: ★ *een rechtse ~ plaatsen*

hoek·be·slag *het* [-slagen] ⟨bij boeken en koffers⟩ versterkend → **beslag** (bet 3) aan de hoeken

hoe·ker *de (m)* [-s] soort vaartuig

hoek·huis *het* [-huizen] huis op de hoek van een straat of van een huizenblok

hoe·kig *bn* met hoeken, scherp; fig niet gemakkelijk in de omgang

hoek·ijzer *het* [-s] ⟨bij kisten e.d.⟩ ijzerbeslag ter versterking van hoeken

hoek·kast *de* [-en] driehoekige kast die precies in een kamerhoek past

hoek·man *de (m)* [-nen, -lieden] ❶ effectenhandelaar die in een bepaalde hoek van de effectenbeurs staat (zie → **hoek**, bet 5) ❷ [*mv:* -nen] beeld op of aan de achtersteven van een schip of op de hoek van een gebouw

hoek·punt *het* [-en] wisk punt van een → **hoek** (bet 1)

hoek·schop *de (m)* [-pen] voetbal corner, vrije schop uit een hoek van het veld door een aanvaller aan de kant van het doel van de verdedigers

Hoek·se en Ka·bel·jauw·se twis·ten *mv* in Nederland twisten tussen edelen en stadsburgers in Holland van ca. 1350 tot ca. 1500

hoek·slag *de (m)* [-slagen] hockey vrije slag uit een hoek van het veld

hoek·steen *de (m)* [-stenen] sluitsteen; fig steunpilaar, grondslag: ★ *het gezin is de ~ van de samenleving*

hoek·tand *de (m)* [-en] eerste tand naast de kiezen: ★ *de mens heeft vier hoektanden*

hoek·vlag *de* [-gen] sp cornervlag, elk van de vier vlaggen die de hoeken van het veld markeren

hoe·la *de (m)* dans uit Hawaï, gepaard met zwaaien van het bovenlichaam ★ NN *aan m'n ~* zie → **ammehoela**

hoela·hoep *de (m)* [-en], **hoe·la·hoe·pel** [-s] plastic → **hoepel** (bet 1) die men door een golvende heupbeweging om zich heen laat draaien

hoe·la·hoe·pen *ww* [hoelahoepte, h. gehoelahoept] de hoelahoepel om de heupen laten draaien

hoe·lang, **hoe·lang** *bijw* ★ *tot ~* tot welk moment

hoe·lan·ger·hoe·lie·ver *het* → **menistenzusje** (bet 1)

hoem·pa *de (m)* ['s] muziek van een fanfare- of straatorkest, ook *oempa*

hoem·pa·mu·ziek, **hoem·pa·pa·muziek** *de (v)* fanfaremuziek

hoen *het* [-ders, -deren] kip: ★ *een toom hoenders* ★ *zo fris als een hoentje* zich gezond of uitgerust voelend ★ *hoenders* verzamelnaam voor een aantal vogelsoorten uit het geslacht *Gallus*, o.a. de *G. Gallus*, de stamvorm van onze kip

hoen·der·ach·ti·gen *mv* groep in de dierkunde (*Galliformes*), grotendeels bestaande uit bodemvogels die worden gekenmerkt door o.a. krachtige poten, afgeronde vleugels en een korte, naar beneden gekromde snavel

hoen·de·ren *ww*, **hoen·ders** meerv van → **hoen**

hoen·der·hok *het* [-ken] kippenhok; zie ook bij → **knuppel**

hoen·der·park *het* [-en] NN kippenfokkerij

hoen·der·pest *de* NN vogelgriep, vogelpest

hoe·oi *tsw* uitroep waarmee men iems. aandacht wil trekken: ★ *~, kom je buiten spelen?*

hoep *de (m)* [-en] → **hoepel** (bet 2)

hoe·pel *de (m)* [-s] ❶ voorwerp bestaande uit een geheel ronde houten, metalen of plastic stang als speelgoed ❷ band om tonnen enz.

hoe·pe·len *ww* [hoepelde, h. gehoepeld] vroeger met een hoepel spelen, een hoepel met een stok voortslaan

hoe·pel·rok *de (m)* [-ken] door ingenaaide hoepels wijd uitstaande rok, crinoline

hoep·la *tsw* uitroep bij snelle beweging als een sprong

hoer *de (v)* [-en] *inf* prostituee, publieke vrouw, vrouw die zich tegen betaling seksueel inlaat met mannen of vrouwen ★ *de ~ spelen* het beroep van prostituee uitoefenen; zie ook → **ouwehoer**

hoe·ra *(‹Du‹Eng) tsw* uitroep van vreugde: ★ *een hoeraatje*

hoe·ra·stem·ming *de (v)* algemene grote vreugde over wat bereikt is

hoe·reer·der *de (m)* [-s] ❶ vooral Bijbeltaal iem. die zich veelvuldig overgeeft aan seksuele uitspattingen ❷ hoerenloper

hoe·ren·huis *het* [-huizen] huis waarin publieke vrouwen hun beroep uitoefenen, bordeel

hoe·ren·jong *het* [-en] druktechn niet helemaal gevulde regel bovenaan of een bladzijde

hoe·ren·kast *de* [-en] huis waarin een of meer prostituees hun beroep uitoefenen, bordeel

hoe·ren·kind *het* [-eren] ❶ kind van een hoer ❷ druktechn hoerenjong

hoe·ren·lo·per *de (m)* [-s] iem. die geregeld omgang heeft met prostituees

hoe·ren·ma·dam *de (v)* [-men] vrouw die een hoerenhuis houdt

hoe·re·ren *ww* [hoereerde, h. gehoereerd] ❶ zich veelvuldig overgeven aan seksuele uitspattingen ❷ NN eerdere principes lichtvaardig loslaten, vooral voor geld: ★ *de vroeger zo gewetensvolle programmamaker is nu aan het ~ bij de commerciële omroepen*

hoe·re·rij *de (v)* ontucht

hoe·ri *(‹Arab) de (v)* ['s] ❶ paradijsvrouw, schone maagd in het paradijs volgens islamitische opvatting ❷ NN, *fig* schone vrouw, bekoorlijk meisje

hoes *(‹Fr) de* [hoezen] overtrek: ★ *platen~, gitaar~*

hoes·la·ken *het* [-s] laken met elastiek in de randen, zodat het stevig om de matras sluit

hoest *de (m)* het hoesten: ★ *een hardnekkige ~*

hoest·bui *de* [-en] aanval van hevige hoest

hoest·drank *de (m)* [-en] drankje tegen hoest

hoes·ten *ww* [hoestte, h. gehoest] plotseling uitstoten van lucht ten gevolge van prikkeling van de luchtwegen, gepaard gaande met een kenmerkend geluid

hoest·si·roop *de* siroop met ingrediënten die hoestprikkels tegengaan

hoe·ve I *de* ❶ [*mv*: -n] boerderij ❷ [*mv*: -s & -n] BN ook (gerestaureerde) boerderij als woning voor mensen die niet zelf boer zijn **II** *voorvoegsel* BN ook van een boerderij, boeren-: ★ *~boter*

hoe·veel, **hoe·veel** *vragend telw* welk aantal

hoe·veel·heid *de (v)* [-heden] ❶ ‹van dingen› aantal; ❷ ‹bij stofnamen› maat

hoe·veel·ste, **hoe·veel·ste** *vragend telw* met welk rangnummer: ★ *voor de ~ keer ga jij nu naar Frankrijk met vakantie?* ★ *de ~ is het vandaag?* welke dag van de maand is het?

hoe·ven *ww* [hoefde, h. gehoefd of h. gehoeven] ❶ ★ vooral NN *niet ~* niet moeten, niet noodzakelijk zijn: ★ *morgen ~ we niet naar school* ★ *van mij hoeft dat allemaal niet (zo nodig)* ik vind dat allemaal niet nodig ❷ ★ NN *ik hoef geen geitenogen* ik wil, lust ze niet

hoe·ver, **hoe·ver**, **hoe·ver·re**, **hoe·ver·re** *bijw* vooral *fig* tot welke hoogte, in welke mate: ★ *in ~*

hoe·wel I *voegw* ofschoon, niettegenstaande (dat), ondanks (dat) **II** *tsw* uitroep waaruit twijfel blijkt omtrent een mededeling die eerder door de spreker zelf gedaan is: ★ *ik zal het nooit meer doen! ~?*

hoe·zee *(‹Eng) tsw* uitroep van vreugde

hoe·zeer, **hoe·zeer I** *voegw* hoewel, ofschoon **II** *bijw* in welke mate, hoe erg, hoeveel: ★ *je kunt begrijpen ~ me dit speet*

hoe·zo *tsw* ‹met vraagintonatie› ter uitdrukking van verbazing: ★ *~ kindonvriendelijk?* ★ *~ zou ik niet mogen autorijden?*

hof¹ *het* [hoven] ❶ paleis, omgeving van een vorst: ★ *aan het ~ werken honderden mensen* ❷ hoge

rechtbank: ★ *de zaak dient morgen bij het ~* ★ BN *Hof van Cassatie* rechtbank voor beroep in cassatie ★ BN *~ van beroep* rechtbank voor hoger beroep ★ BN *~ van assisen* gerechtshof met jury voor zware misdrijven ❸ ★ *een vrouw het ~ maken* heel aardig en attent voor haar zijn om daardoor haar genegenheid te winnen ★ *zich het ~ laten maken* zulke attenties aanvaarden en aanmoedigen ❹ ★ NN *open ~ houden* iedereen zeer gastvrij onthalen ❺ vrijwel geheel door huizen omgeven pleintje of plantsoen: ★ *het Begijn~*
hof² *de (m)* [hoven] vero tuin, boomgaard, erf: ★ *de Hof van Eden*
hof·da·me *de (v)* [-s] dame van hoge rang aan het hof die de koningin gezelschap houdt
hof·dig·ni·ta·ris *de (m)* [-sen] waardigheidsbekleder aan een vorstelijk hof
hof·eti·quet·te [-ket-] *de* voorgeschreven gebruiken en gedrag aan een vorstelijk hof
hof·fe·lijk *bn* welgemanierd, netjes, wellevend; **hoffelijkheid** *de (v)* [-heden]
hof·hou·ding *de (v)* [-en] de gezamenlijke dienaren van een vorstelijk persoon, de vorstelijke huishouding
hof·je *het* [-s] vooral NN pleintje met rondom gebouwde woningen
hof·ka·pel *de* [-len] ❶ muziekgezelschap in dienst van het hof ❷ bij een paleis horend bidvertrek
hof·ka·pe·laan *de (m)* [-s] kapelaan verbonden aan een hof
hof·kliek *de* [-en] hist aaneengesloten groep konkelende, kruiperige hovelingen
hof·le·ve·ran·cier *de (m)* [-s] vroeger winkelier of handelaar die aan het hof mocht leveren; thans onderscheidingstitel voor bep. bedrijven
hof·maar·schalk *de (m)* [-en] bestuurder van de vorstelijke huishouding
hof·mees·ter *de (m)* [-s] vroeger ceremoniemeester aan een hof; deftig huisknecht; thans iem. die zorgt voor de spijzen en dranken aan boord van een schip of een vliegtuig
hof·mei·er *de (m)* [-s] hist bekleder van een hoge functie (ten slotte feitelijk heerser) in het Frankische rijk
hof·nar *de (m)* [-ren] nar in dienst van een vorst
hof·pre·di·ker *de (m)* [-s] predikant in dienst van het hof
hof·stad *de* [-steden] stad waar het vorstelijk hof gevestigd is ★ *in Nederland de Hofstad* Den Haag
hof·ste·de, **hof·stee** *de* [-steden] vero boerderij
ho·ge *de (m)* zie bij → **hoog** (II)
ho·ge·druk·ge·bied *het* [-en] meteor gebied met hoge barometerstand
ho·ge·druk·pan *de* [-nen] vooral NN snelkookpan
ho·ge·lijk *bijw* → **hooglijk**
ho·ge·pries·ter, **ho·ge·pries·ter** *de (m)* [-s] hoogste priester
ho·ge·pries·ter·lijk *bn* van de hogepriester ★ *het ~*

gebed door Jezus uitgesproken na het Laatste Avondmaal
Ho·ge Raad *de (m)* in Nederland hoogste rechterlijke instantie in civiel- en strafrechtelijke zaken in Nederland, de Nederlandse Antillen en Aruba (voluit: Hoge Raad der Nederlanden)
ho·ge·re·bur·ger·school *de* [-scholen] ⟨in Nederland, vroeger voor de invoering van de Mammoetwet⟩ school voor middelbaar onderwijs; verkort: hbs
ho·ge·re·machts·ver·ge·lij·king *de (v)* [-en] wisk vergelijking van de derde en hogere graad
ho·ger·hand *de* ★ *van ~* vanwege een hogere instantie: ★ *van ~ hebben wij de opdracht gekregen om...*
Ho·ger·huis *het* de kamer van het Engelse parlement waarin de lords zitting hebben; vgl: → **Lagerhuis**
ho·ger·op, **ho·ger·op** *bijw* hoger, verder ★ *~ gaan* zich tot een hogere instantie wenden, in hoger beroep gaan ★ *~ willen* trachten vooruit te komen in de maatschappij
ho·ger·wal *de (m)* oever waar de wind vandaan komt
ho·ge·school *de* [-scholen] ❶ inrichting voor hoger onderwijs ❷ ⟨bij uitbreiding⟩ zeer goede leerschool: ★ *de jeugdopleiding van Ajax gold als de ~ voor het voetbal*
ho·ge·school·rij·den *het* hoogste vorm van paardendressuur
ho·ge·snel·heids·trein *de (m)* [-en] TGV
hoi *tsw* informele groet
hok *het* [-ken] ❶ bergplaats van vrij grote afmetingen; verblijfplaats van huisdieren, vooral honden: ★ *in je ~!* ❷ kamer van kleine afmeting: ★ *hij woonde in een benauwd ~* ★ *kleed~* ❸ vooral als verkl: hokje vakje; afdeling van een kast enz. ★ *alles in hokjes willen indelen* afkeurend alles in categorieën willen splitsen ❹ NN, voetbal, spreektaal doel: ★ *de bal voor het ~ gooien*
hok·jes·geest *de (m)* ❶ sterke neiging om alles en iedereen in categorieën in te delen ❷ neiging alles wat eigen is als beter te beschouwen dan de rest en af te schermen: ★ *door de ~ is er een slechte samenwerking in dat bedrijf*
hok·ke·ling *de (m)* [-en] eenjarig kalf, pink
hok·ken¹ *ww* [hokte, h. gehokt] ❶ samenwonen als paar, zonder getrouwd te zijn ❷ ⟨kippen⟩ in een hok sluiten ❸ dicht op elkaar wonen
hok·ken² *ww* [hokte, h. gehokt] NN haperen
hok·ke·rig *bn* ❶ ⟨van een huis⟩ met kleine, onpraktische kamers; ❷ ⟨van een kamer⟩ van te kleine afmetingen; van onpraktische ruimteverdeling
hok·vast *bn* honkvast
hol¹ *bn* ❶ zonder inhoud, niet massief; leeg, zonder gezelligheid: ★ *een holle ruimte* ❷ fig met weinig geestelijke inhoud ★ *een ~ vat* iem. met veel vertoon, maar weinig diepte van kennis of karakter ❸ nietszeggend, zonder waarde: ★ *holle frases, holle woorden* ❹ naar binnen of naar beneden gebogen:

★ *een holle lens* ★ *een holle weg* tussen twee hoogten ❺ ingevallen: ★ *holle ogen* ❻ niet vol van klank: ★ *een ~ geluid* ❼ ★ *in het holst van de nacht* diep in de nacht
hol² *het* [holen] ❶ grot, spelonk, holle ruimte; verblijfplaats van in het wild levende dieren ★ *zich in het ~ van de leeuw wagen* zich in de nabijheid begeven van of zich onder het bereik stellen van een lastig of gevreesd persoon ❷ plat gat, anus ★ NN *dat kan me geen ~ schelen* dat kan me totaal niets schelen
hol³ *de (m)* het hollen ★ *op ~ slaan* a) ‹van paarden› zich niet meer laten besturen, wild weglopen; b) fig ‹van mensen› zichzelf niet meer beheersen, doordraaien ★ *iem. het hoofd op ~ brengen* iem. zodanig van een denkbeeld of gevoel vervuld laten zijn dat hij zichzelf niet meer meester is ★ NN *op een holletje* op een drafje
ho·la *tsw* uitroep om iem. te laten stoppen met iets: ★ *~, wat doe jij met je fiets op de stoep?!*
ho·la·di·jee, **ho·la·dio** *tsw* uitroep van vreugde of uitgelatenheid, vooral gebruikt in liedjes: ★ *en het geeft allemaal niets want we houden van elkaar, holadijee, holadio!*
ho·larc·ti·sche ·re·gio *de (m)* gebied met een grote overeenstemming in de fauna, omvattende het grootste deel van Noord-Amerika, Europa en Azië, verdeeld in de palearctische en nearctische subregio
hol·bein·werk *het* soort borduurwerk dat aan vóór- en achterkant gelijk is ‹naar een schilderij van Holbein›
hol·der·de·bol·der *bijw* hals over kop, rommelig, haastig
hold·ing [hoolding] *‹Eng› de (m)* [-s] → **holdingcompany**
hold·ing·com·pa·ny [hooldingkumpənie] *‹Eng› de (m)* ['s] maatschappij die door het bezit van de aandelen van verschillende ondernemingen van gelijksoortige aard een controle op de handelingen van die ondernemingen kan uitoefenen
hold-up [hooldup] *‹Eng› de (m)* [-s] BN ook overval, roofoverval
hole [hool] *‹Eng› de (m)* [-s] golfspel elk van de putjes (zie ook → golf²) en vervolgens: gemaakt punt
ho·le·bi *de* [-'s] vooral BN homo, lesbienne of biseksueel
hole-in-one *de (m)* [hoolinwan] *‹Eng›* golfspel slag waarbij de bal direct vanaf de tee in de hole wordt geslagen
ho·len *zn meerv* van → hol²
ho·len·beer *de (m)* [-beren] grote voorhistorische beer
ho·len·kunst *de (v)* primitieve kunst, vooral tekeningen, van de holenmens
ho·len·mens *de (m)* [-en] voorhistorisch mensenras dat in holen leefde
hol·heid *de (v)* het → hol¹-zijn; fig nietszeggendheid, gemis aan werkelijke inhoud
hol·hoor·ni·gen *mv* biol de herkauwers

ho·lis·me *‹‹Gr› het* filos in newagebewegingen populaire leer van de primaire waarde van het geheel, van het organisme als totaliteit van samenhangende, elkaar bepalende, onderdelen
ho·lis·tisch *bn* van, volgens het holisme
Hol·land *het* ❶ de provincies Noord- en Zuid-Holland tezamen; het gebied van het voormalige graafschap Holland ❷ populaire benaming voor Nederland ★ NN *~ in last* grote verwarring, grote opwinding (om een kleinigheid) ★ fig *~ op zijn smalst* Hollandse kleingeestigheid of bekrompenheid ★ NN *Hollands welvaren* iem. die er fris en gezond uitziet
Hol·lan·der *de (m)* [-s] iem. uit Holland, Nederlander ★ *de Vliegende ~* benaming van een spookschip, waarvan de bemanning eeuwig op zee rond moest dolen ★ NN *(vliegende) hollander* speelgoedwagen die door middel van een hefboom wordt voortbewogen
hol·lan·di·se·ren *ww* [hollandiseerde, is gehollandiseerd] BN als Vlaming de Noord-Nederlandse uitspraak overnemen
hol·lan·di·tis *de (v)* als een besmettelijke ziekte aangeduide stroming in een aantal West-Europese landen, die zich met name tegen de Amerikaanse kernbewapeningspolitiek afzette en die haar oorsprong zou hebben gevonden in Nederland, Hollandse ziekte
Hol·lands I *bn* van, uit Holland, als in Holland ★ *Hollandse ziekte* hollanditis II *het* ❶ de taal van → Holland (bet 2); het Nederlands ★ NN *op z'n ~ gezegd* duidelijk, zonder verhullende bewoordingen gezegd ❷ de tongval van → **Holland** (bet 1)
hol·len *ww* [holde, h. & is geholt] hard lopen ★ *hollend* zeer snel gaande: ★ *hollende inflatie* ★ *een hollend paard* op hol geslagen ★ NN *~ of stilstaan* sterke afwisseling: óf alles óf niets, óf overmatige geestdrift óf volkomen onverschilligheid enz. ★ *zijn gezondheid holt achteruit* wordt de laatste tijd heel snel slechter
hol·mi·um *het* chemisch element, symbool Ho, atoomnummer 67, dat behoort tot de zeldzame geoxideerde aardmetalen, genoemd naar *Holmia*, de gelatiniseerde naam van Stockholm
ho·lo·caust *de (m)* [-s] ❶ brandoffer, holocaustum ❷ totale vernietiging, massale uitroeiing van mensen, volkerenmoord, vooral van de Joden in de Tweede Wereldoorlog (term voor het eerst gebruikt door de Joodse romancier en essayist Elie Wiesel, geb. 1928)
ho·lo·caus·tum *‹Lat‹Gr› het* [-ta] brandoffer
ho·lo·ceen *‹Gr›* I *het* jongste geologische tijdvak, vroeger alluvium genoemd, binnen het quartair, van ongeveer 10.000 jaar geleden tot nu, met daarin o.a. het mesolithicum en neolithicum II *bn* van, betreffende het holoceen, alluviaal
hol·ogig, **hol·ogig** *bn* met diepliggende ogen
ho·lo·gra·fie *‹‹Gr› de (v)* wijze van fotograferen waarbij de volledige driedimensionale structuur van

ho·lo·gra·fisch (‹Gr› bn ❶ geheel eigenhandig geschreven, vooral van een testament ❷ betrekking hebbend op de holografie

ho·lo·gram (‹Gr› het [-men] benaming voor een volgens het principe van de holografie verkregen registratie in de vorm van een interferentiepatroon, waaruit met een coherente lichtbundel (bijv. een laserstraal) de oorspronkelijke ruimtelijke voorstelling kan worden gereconstrueerd en waargenomen

hol·pas·ser de (m) [-s] passer met naar buiten gebogen benen, gebruikt voor het meten van inwendige afmetingen, bijv. van een bol

hol·rond bn hol, concaaf

Hol·stei·ner schnit·zel [holsjtainər sjnietsəl] (‹Du› de (m) [-s] vleesgerecht dat overeenkomt met wienerschnitzel, belegd met een gebakken ei

hol·ster de (m) [-s] pistoolfoedraal, pistoolhouder

hol·te de (v) [-n, -s] ❶ holle, lege ruimte; kuil ❷ ‹van een schip› diepte

hol·te·die·ren mv dieren met één grote holte in het lichaam (bijv. poliepen, neteldieren)

hom de [-men] inwendige klier van mannetjesvissen waarin het teelvocht wordt aangemaakt; dit teelvocht zelf

home [hoom] (‹Eng› het [-s] BN, spreektaal tehuis [meestal voor bejaarden]

home·jack·ing [hoomdzjekking] (‹Eng› de (m) [-s] BN een auto stelen door bij een woninginbraak de autosleutels op te eisen

home·made [hoom-meed] (‹Eng› bn eigengemaakt

ho·meo·paat de (m) [-paten] voorstander van de homeopathie of homeopathische geneeswijze

ho·meo·pa·thie (‹Gr› de (v) geneeswijze waarbij middelen worden toegepast die bij gezonden de ziekte juist zouden verwekken, met als doel de natuurlijke afweer te stimuleren

ho·meo·pa·thisch bn van, volgens de homeopathie

home·page [hoompeedzj] (‹Eng› de (m) [-s] eerste pagina van een → website, veelal met een overzicht van wat de site verder te bieden heeft

home·ref·er·ee [hoomreffərie] (‹Eng› de (m) [-s] voetbal thuisfluiter, scheidsrechter die de thuisspelende partij bevoordeelt

ho·me·risch bn van of als Homerus, Griekse dichter uit de 8ste eeuw v.C. ★ ~ *gelach* onbedaarlijk gelach ★ *een homerische strijd* een grootse strijd ★ *homerische vergelijking* uitgewerkte, volgehouden vergelijking

Home Rule [hoom roel] (‹Eng› de (m) & het zelfbestuur, vooral voor Ierland

home·run [hoom-] (‹Eng› de (m) [-s] honkbal, softbal slag waarbij de bal over de begrenzing van het buitenveld wordt geslagen, zodat de slagman / -vrouw ongehinderd het thuishonk kan bereiken, aldus een punt scorend: ★ *een ~ slaan*

home·train·er [hoomtreenə(r)] (‹Eng› de (m) [-s] op een fiets lijkend toestel voor lichaamstraining binnenshuis

ho·mi·le·tiek (‹Gr› de (v) predikkunst, leer van de kanselwelsprekendheid

ho·mi·lie de (v) [-liën], **ho·mi·lie** (‹Gr› [-liën] preek waarin een Bijbeltekst verklaard wordt

ho·mi·ni·den (‹Lat-Gr› mv de familie van de primaten, waartoe de mens en zijn uitgestorven verwanten behoren, de mensachtigen

hom·ma·ge [ommaazjə] (‹Fr› de (v) [-s] hulde, eerbieds- of beleefdheidsbetuiging: ★ *een ~ brengen aan een overleden popster*

hom·mel de [-s] ❶ mannetjesbij ❷ grote wilde brombij

hom·me·les zn inf ★ *het is (er) ~* er is onrust, ruzie ★ *~ hebben* ruzie hebben

hom·mer de (m) [-s] mannetjesvis

ho·mo¹ (‹Lat› de (m) [homines] mens ★ *~ faber* de mens als maker, de scheppende mens ★ *~ ludens* de spelende mens ★ *~ novus* pas opgekomen man, parvenu ★ *~ sapiens* wetenschappelijke benaming van de thans op aarde levende mens

ho·mo² bn & de ['s] verkorting van → **homoseksueel** en → **homofiel**

ho·mo- (‹Gr› als eerste lid in samenstellingen gelijk, overeenkomend

ho·mo·ero·tiek de (v) op leden van het eigen geslacht gerichte erotiek

ho·mo·ero·tisch [-eeroo-] bn met homo-erotiek: ★ *een homo-erotische film*

ho·mo·fiel (‹Gr› bn & de [-en] homoseksueel

ho·mo·fi·lie (‹Gr› de (v) gelijkgeslachtelijke liefde, homoseksualiteit

ho·mo·fo·bie (‹Gr› de (v) afkeer van, haat tegen homo's en homoseksualiteit

ho·mo·fo·nie (‹Gr› de (v) muz samenklank waarbij één stem de hoofdmelodie heeft en de andere ter begeleiding dienen

ho·mo·foon¹ (‹Gr› bn homofonie vertonend

ho·mo·foon² (‹Gr› de (m) [-fonen] taalk woord dat met een ander gelijk van klank is, maar duidelijk verschilt in betekenis: ★ *'lijden' en 'leiden' zijn homofonen*

ho·mo·geen (‹Gr› bn gelijkslachtig, gelijksoortig, van dezelfde aard of samenstelling

ho·mo·ge·ni·teit de (v) het homogeen-zijn, gelijksoortigheid

ho·mo·graaf (‹Gr› de (m) [-grafen] woord dat gelijk gespeld wordt als een ander woord, maar anders wordt uitgesproken en / of een andere betekenis heeft, zoals *band, bekeren* e.d.

ho·mo·hu·we·lijk het [-en] huwelijk tussen twee personen van hetzelfde geslacht

ho·mo·lo·ga·tie [-(t)sie] (‹Lat‹Gr› de (v)
❶ bekrachtiging door het bevoegd gezag, vooral van een faillissementsakkoord ❷ gerechtelijke toestemming of volmacht tot voltrekking van een handeling ❸ sp erkenning van een record ❹ BN,

onderw officiële bekrachtiging van de studies aan scholen voor middelbaar onderwijs met het oog op de deugdelijkheid hiervan; officiële bekrachtiging, erkenning van de verleende diploma's ❷ BN ook gerechtelijke bekrachtiging

ho·mo·lo·ga·tie·com·mis·sie [-(t)sie] *de (v)* [-s] BN commissie belast met controle op diploma's van het secundair onderwijs

ho·mo·lo·ge·ren *ww* (‹Lat‹Gr) [homologeerde, h. gehomologeerd] ❶ rechtsgeldig, van kracht maken, bekrachtigen ❷ BN ook, onderw officieel erkennen (van middelbare scholen en de verleende diploma's) na controle van de onderwezen leerstof; zie ook bij → **gehomologeerd**

ho·mo·loog (‹Gr) *bn* overeenstemmend, gelijknamig ★ *homologe reeks* chem een aantal verbindingen waarin een atoomgroep (vooral CH₂) een opklimmend aantal malen voorkomt; biol morfologisch gelijkwaardig

ho·mo·niem (‹Gr) taalk **I** *bn* gelijk in klank en spelling, maar duidelijk verschillend in betekenis **II** *het* [-en] woord dat met een ander in klank en spelling gelijk is, maar een duidelijk verschillende betekenis heeft: ★ *'bank' kan zowel zitmeubel als financiële instelling betekenen en is dus een ~*

ho·mo·ny·mie [-nie-] (‹Gr) *de (v)* het homoniem-zijn, gelijkluidendheid en gelijkvormigheid bij afwijking in betekenis

ho·mo·sek·su·a·li·teit *de (v)* seksuele neiging tot het eigen geslacht

ho·mo·sek·su·eel I *bn* met seksuele neiging tot het eigen geslacht **II** *de* [-elen] persoon met seksuele neigingen alleen tot het eigen geslacht

homp *de* [-en] groot stuk, brok: ★ *zo'n ~ kaas kan ik niet op, hoor*

hom·pe·len *ww* [hompelde, h. gehompeld] vooral NN kreupel lopen, strompelen

ho·mun·cu·lus (‹Lat) *de (m)* [-li] eig mensje; langs scheikundige weg verkregen mens (bij de alchimisten; in Goethes Faust); gedrochtje

hom·vis *de (m)* [-sen] mannetjesvis

hond *de (m)* [-en] ❶ van de wolf afstammend zoogdier (*Canis familiaris*), over de gehele wereld als huisdier gehouden: ★ *de ~ uitlaten* ★ *zo moe als een ~ zeer vermoeid* ★ *zo ziek als een ~ zeer ziek* ★ *behandeld worden als een ~ zeer slecht behandeld worden* ★ NN *bekend als de bonte ~ alom berucht* ★ *blaffende honden bijten niet wie veel dreigt gaat meestal niet tot daden over* ★ *men moet geen slapende honden wakker maken men moet geen aanleiding tot achterdocht geven* ★ *als twee honden vechten om een been, loopt de derde ermee heen als twee partijen over iets ruziën, komt het voordeel aan iem. die buiten de strijd stond* ★ *men vindt licht een stok om een ~ te slaan wie iem. kwaad wil doen vindt gemakkelijk een aanleiding* ★ *de ~ in de pot vinden bij te late thuiskomst de pan leeg vinden* ★ NN *komt men over de ~, dan komt men over de staart* als het moeilijkste gedaan is, volgt de rest vanzelf ★ NN *van het hondje gebeten zijn* trots, verwaand zijn ★ NN, spreekt *geen ~ niemand, geen mens* ★ NN *daar lusten de honden geen brood van* dat is waardeloos of ergerniswekkend ★ NN *commandeer je hond(je) en blaf zelf* gezegd tegen iem. die iets op bevelende toon zegt ★ *met onwillige honden is het slecht hazen vangen* men kan iem. niet tegen zijn zin tot medewerking dwingen ★ NN *veel honden zijn der hazen dood* tegen veel tegenstanders kan men niet op ★ *de gebeten ~ zijn* het slachtoffer, de dupe, de pineut zijn ★ *er zijn meer honden of hondjes die Fikkie heten* er zijn meer (mensen e.d.) met dezelfde naam ★ *de honden blaffen, maar de karavaan gaat verder* er is veel commotie en kritiek, maar alles gaat gewoon door; zie ook bij → **Mexicaans** ★ BN *als een ~ in een kegelspel* ongewenst (zijn), ongelegen (komen) ❷ ruwe, onvriendelijke kerel: ★ *een ~ van een vent*

hond·ach·ti·gen *mv* op de hond gelijkende roofdieren als vossen, hyenahonden, coyotes enz.

hon·den·asiel [-ziel] *het* [-en en -s] inrichting voor gevonden, zieke enz. honden

hon·den·baan *de* [-banen], **hon·den·baan·tje** *het* [-s] zeer slechte betrekking of bezigheid

hon·den·be·las·ting *de (v)* belasting op het houden van honden

hon·den·brok·ken *mv*, **hon·den·brood** *het* in de fabriek gemaakte hondenmaaltijd bestaande uit stukken gedroogd en geperst vlees met toegevoegde granen, groenten, vitaminen en mineralen

hon·den·fluit·je *het* [-s] fluitje dat een voor de mens haast onhoorbaar hoge toon geeft, terwijl honden er wel op reageren

hon·den·hok *het* [-ken] hok als verblijfplaats van een hond

hon·den·ken·ner *de (m)* [-s] iem. die veel weet van het houden en fokken van honden, kynoloog

hon·den·kop *de (m)* [-pen] ❶ kop van een hond ❷ ‹bij de Nederlandse Spoorwegen› benaming voor een ouder type trein waarvan de voorkant enige gelijkenis vertoont met de kop van een hond

hon·den·le·ven *het* ellendig, afmattend leven

hon·den·lul *de (m)* [-len] spreektaal ❶ geslachtsdeel van een reu ❷ NN scheldwoord, vooral gebruikt jegens voetbalscheidsrechters: ★ *hi, ha, ~!*

hon·den·neus *de (m)* [-neuzen] neus van een hond ★ fig *een ~ hebben* een scherp reukorgaan hebben, iets snel kunnen ontdekken

hon·den·pen·ning *de (m)* [-en] NN penning die een hond aan zijn halsband moet dragen als teken dat er hondenbelasting is betaald

hon·den·pen·sion [-sjon-] *het* [-s] instelling waar men zijn hond(en) tegen betaling enige dagen kan onderbrengen

hon·den·poep *de (m)* uitwerpselen van een hond: ★ *er ligt veel ~ op de stoep*

hon·den·ras *het* [-sen] elk van de rassen waarin men

de honden verdeelt
hon·den·slee *de* [-sleeën], **hon·den·sle·de** [-n] door honden voortgetrokken slee
hon·den·stiel *de (m)* [-en] BN hondenbaan, slechte baan of bezigheid
hon·den·toi·let [-twaalet] *het* [-ten] openbare plaats waar honden hun behoefte kunnen doen: ★ *een ~ kan bestaan uit een bak met zand en in het midden een boomstronk*
hon·den·trouw *de* onwrikbare trouw
hon·den·vlees *het* ❶ vlees van een hond ❷ vlees als voedsel voor een hond
hon·den·wacht *de* de wacht van 's nachts 12 uur tot 4 uur op een schip
hon·den·weer *het* zeer slecht weer
hon·den·ziek·te *de (v)* besmettelijke ziekte bij jonge honden
hon·derd I *telw* ★ *dit document telt ~ pagina's* ★ *dat heb ik je al ~ keer gezegd* verzuchting als een herhaalde mededeling maar niet wil doordringen **II** *het* [-en] honderdtal: ★ *honderden euro's* ★ *in 't ~ lopen* in de war raken, helemaal verkeerd gaan ★ BN, vero *ten ~ procent* ★ BN *vijf ten ~* 5%
hon·derd·dui·zend *telw* ★ *de ~ winnen* (in deze betekenis meestal uitgesproken als *honderdduizend*) een prijs van € 100.000 in een loterij winnen; een grote prijs winnen
hon·derd·ja·rig *bn* van 100 jaar ★ *de Honderdjarige Oorlog* reeks oorlogen tussen Engeland en Frankrijk van 1339-1453
hon·derd·je *het* [-s] bankbiljet van honderd euro, dollar enz.
hon·derd·man *de (m)* [-nen] ⟨bij de Romeinen⟩ hoofdman over 100 soldaten, centurio
hon·derd·ste I *rangtelw* ★ *voor de ~ keer: ruim je kamer op! ik heb het al zo vaak gevraagd en je doet het gewoon niet* **II** *het* [-n] honderdste deel
hon·derd·tal *het* [-len] honderd
hon·derd·uit *bijw* druk en enthousiast: ★ *~ praten*
hon·derd·voud *het* [-en] getal dat honderd maal zo groot is als een ander
hon·derd·vou·dig, **hon·derd·vou·dig** *bn* honderd maal zo groot
hond·je *het* [-s] zie bij → **hond**
honds *bn* onbeschoft, gemeen, ruw
honds·bru·taal *bn* vooral NN grof brutaal
honds·da·gen *mv* de warmste tijd van het jaar, van 19 juli tot 18 augustus
honds·da·gen·vlieg *de* [-en] kleine kamervlieg
honds·dol *bn* aan hondsdolheid lijdende
honds·dol·heid, **honds·dol·heid** *de (v)* rabiës, watervrees, gevaarlijke besmettelijke ziekte, bij vrijwel alle zoogdieren voorkomend, kan o.a. door de beet van een hond op de mens overgebracht worden
honds·draf *de* lipbloemige kruipende veldplant met paarse bloemen (*Glechoma hederacea*)
honds·haai *de (m)* [-en] gevlekt soort haai
honds·moei·lijk *bn* vooral NN zeer moeilijk
honds·pe·ter·se·lie *de* vergiftig, op peterselie gelijkend onkruid
Honds·ster *de* Sirius, de helderste ster
honds·vot *de & het* [-ten] NN, vero schurk, ellendeling
Hon·du·rees [-doe-] **I** *bn* van, uit, betreffende Honduras **II** *de (m)* [-rezen] iem. geboortig of afkomstig uit Honduras
ho·nen *ww* [hoonde, h. gehoond] smaden, bespotten
Hon·gaar *de (m)* [-garen] iem. geboortig of afkomstig uit Hongarije
Hon·gaars I *bn* van, uit, betreffende Hongarije **II** *het* de Hongaarse taal
hon·ger *de (m)* ❶ behoefte aan voedsel: ★ *~ hebben, ~ lijden* ★ *er is veel ~ in Afrika* ★ *sterven, rammelen van de ~* een enorme honger hebben ★ *~ is de beste kok (saus)* als men honger heeft, smaken alle spijzen ★ NN *~ is een scherp zwaard* is een hevige kwelling, kan de mens tot wanhopige daden drijven ★ *~ maakt rauwe bonen zoet* als men honger heeft, is alles lekker ★ *~ hebben als een paard, scheel zien van de ~* veel honger hebben ★ BN *op zijn ~ blijven* niet hebben gekregen wat men wilde ★ BN *iem. op zijn ~ laten* iem. niet geven wat hij verwacht, iem. teleurstellen ❷ fig hevige begeerte: ★ *~ naar succes*
hon·ger·dood *de* het sterven door gebrek aan voedsel
hon·ge·ren *ww* [hongerde, h. gehongerd] ❶ honger lijden ❷ fig verlangen: ★ *~ naar erkenning*
hon·ge·rig *bn* honger hebbend, fig begerig
hon·ger·kuur *de* [-kuren] onthouding of vermindering van voedsel als geneeswijze
hon·ger·lap *de (m)* [-pen] hongerlijder
hon·ger·lij·der *de (m)* [-s] iem. die te weinig te eten krijgt, vooral wegens armoede
hon·ger·loon *het* [-lonen] zeer laag loon: ★ *tegen dat ~ wil hij niet werken*
hon·ger·maal *het* BN heel sober maal als bewustmakingsmiddel voor de honger in de wereld
hon·ger·oe·deem [-uideem of -eudeem] *het* oedeem als gevolg van ernstige ondervoeding
hon·gers·nood *de (m)* volslagen gebrek aan voedsel
hon·ger·sta·ker *de (m)* [-s] iem. die een hongerstaking is begonnen
hon·ger·sta·king *de (v)* [-en] weigering van voedsel als protest of dwangmiddel: ★ *in ~ gaan*
Hon·ger·win·ter *de (m)* de winter van 1944-'45 in West-Nederland
Hong·kon·ger *de (m)* [-s] iem. geboortig of afkomstig uit (de tot 1997 Britse kroonkolonie) Hongkong
Hong·kongs *bn* van, uit, betreffende Hongkong
Hong·kong·se *de (v)* [-n] meisje of vrouw geboortig of afkomstig uit Hongkong
ho·ning, **ho·nig** *de (m)* zoete stof, gevormd door bijen: ★ *ongepijnde ~* niet uitgeperste honing, lekhoning ★ *wilde ~* honing van wilde bijen ★ NN *iem. ~ om de mond smeren* iem. vleien

ho‧ning‧bij *de* [-en] bij die honing verzamelt (*Apis mellifica*)
ho‧ning‧dauw *de (m)* door bladluizen op bladeren afgescheiden zoete stof
ho‧ning‧drank *de (m)* uit honing bereide drank, mee
ho‧ning‧kla‧ver *de* meestal goudgele geurige klaversoort (*Melilotus*)
ho‧ning‧raat *de* [-raten] met honing gevulde schijf bijencellen
ho‧ning‧zeem *de (m) & het* niet uitgeperste honing
ho‧ning‧zoet *bn* zeer zoet; fig vleierig lief
honk *het* ❶ honkbal, softbal elk van de vier plaatsen die een speler van de slagpartij moet passeren om een punt te scoren: ★ *uitgaan op het tweede ~* ❷ thuis, tehuis
honk‧bal *het* een door twee negentallen gespeeld slagbalspel (in Amerika → **baseball** geheten)
honk‧lo‧per *de (m)* [-s] honkbal lid van de slagpartij die zich op een van de honken bevindt of er naar toe loopt
honk‧slag *de (m)* [-slagen] honkbal slag waardoor een speler een honk kan bereiken
honk‧vast *bn* gehecht aan de vaste verblijfplaats, niet graag reizend of verhuizend
hon‧ky‧tonk [honkie-] *(‹Eng) de (m)* [-s] inf ❶ muz oude soort jazz ❷ sjofele nachtclub, ordinaire kroeg
hon‧ky‧tonk‧pi‧a‧no [honkie-] *de (m)* ['s] piano waarvan de snaren een metalige klank voortbrengen
hon‧ne‧pon *de* [-nen] koosnaam: schatje, liefje
hon‧neur [onneur] *(‹Fr) de (m)* [-s] ❶ eer ❷ *honneurs* eerbewijzen ★ *de honneurs waarnemen* als gastheer of -vrouw optreden ❸ kaartsp benaming voor de vier of vijf hoogste kaarten
hon‧ni soit qui mal y pen‧se *bijw (‹Fr)* schande over hem die er kwaad van denkt (devies van de Orde van de Kousenband)
ho‧no‧ra‧bel *(‹Fr) bn* ❶ eervol, eerbaar ❷ aanmerkelijk
ho‧no‧rair [oonoorèr] *(‹Fr) bn* de titel van een ambt zonder de bezoldiging hebbend ★ *~ lid* erelid
ho‧no‧ra‧ri‧um *(‹Lat) het* [-ria, -s] eig ereloon; bezoldiging van schrijvers, advocaten, geneesheren enz.
ho‧no‧re‧ren *ww (‹Lat)* [honoreerde, h. gehonoreerd] ❶ als geldig erkennen ★ *een wissel ~* een wissel aannemen en op de vervaltijd betalen ❷ gehoor geven aan: ★ *een verzoek ~* ❸ loon geven voor, belonen voor bewezen diensten of geleverd werk
ho‧no‧ris cau‧sa *bijw (‹Lat)* eershalve, h.c. ★ *doctor ~*
hoofd *het* [-en] ❶ lichaamsdeel van de mens boven de romp en met de hals hiermee verbonden; hetzelfde lichaamsdeel van paarden ❷ het verstand: ★ *je moet je ~ erbij houden* ★ *het ~ bieden aan* weerstand bieden ★ *(zich) het ~ breken over* zeer ernstig nadenken over ★ *het ~ buigen* zich onderwerpen ★ *het ~ laten hangen* de moed kwijt zijn ★ *het ~ niet bij het werk hebben* bij het werk aan andere dingen denken ★ NN *het ~ hoog dragen* trots zijn ★ *het ~ opsteken* zich (weer) doen merken (gewoonlijk van iets ongunstigs) ★ *het ~ in de schoot leggen* berusten in iets ★ *het ~ stoten* niet slagen in een poging, afgewezen worden ★ *iem. boven (over) het ~ groeien* iem. boven zijn krachten gaan, meer of groter zijn dan iem. aankan; ★ *het werk groeit mij boven het ~* ★ *iem. boven het ~ hangen* iem. bedreigen, te wachten staan ★ *naar het ~ gooien (werpen)* verwijten ★ *naar het ~ stijgen* bloedaandrang naar het hoofd veroorzaken, fig verwaand doen worden ★ *over het ~ zien* geen acht slaan op, niet opmerken ★ *uit het ~ kennen, leren* van buiten ★ *uit het ~ praten* door praten ertoe brengen iets te laten varen ★ *iets uit zijn ~ zetten* laten varen, opgeven ★ *ergens een hard ~ in hebben* iets somber inzien ★ NN *het ~ loopt me om* ik heb het zo druk, dat ik het niet meer allemaal kan overzien ★ *voor het ~ stoten* onvriendelijk bejegenen ★ *zich wel voor het ~ kunnen slaan* vreselijke spijt hebben van een domme daad ★ BN, spreektaal *iets in zijn ~ steken* a) het zich vast voornemen; b) zich iets inbeelden, ergens steeds aan denken ★ BN, spreektaal *iets uit zijn ~ steken* uit zijn hoofd zetten, er niet meer aan denken of op hopen ★ BN *heel wat om het, zijn ~ hebben* aan zijn hoofd ❸ persoon: ★ NN *de hoofden tellen* ★ *zoveel hoofden, zoveel zinnen* ieder heeft zijn eigen mening ❹ voorste, hoogste gedeelte: ★ *aan het ~ van de stoet* ★ *het ~ van een brief* ❺ vooruitstekend gedeelte, steiger, pier: ★ *het haven-* ❻ fig leiding, bestuur: ★ *aan het ~ staan van* besturen, leiden ❼ leider, bestuurder: ★ *het ~ van een school, het ~ van het gezin* ❽ ★ *uit dien hoofde* daarom, derhalve ★ *uit hoofde van* wegens, op grond van; zie ook bij → **hoofdje**, → **water**
hoofd- als eerste lid in samenstellingen de of het voornaamste; leidend, besturend, in rang boven anderen staand
hoofd‧ac‧cent *het* [-en] voornaamste klemtoon
hoofd‧agent *de (m)* [-en] ❶ politieagent van de hoogste rang ❷ handel voornaamste vertegenwoordiger van een onderneming
hoofd‧ak‧te *de* in Nederland, vroeger diploma dat bevoegdheid gaf tot het hoofdonderwijzerschap
hoofd‧al‧taar *de (m) & het* [-taren] voornaamste altaar in een rooms-katholieke kerk
hoofd‧amb‧te‧naar *de (m)* [-naren, -s] ambtenaar van de hoogste rangen
hoofd‧ar‧bei‧der *de (m)* [-s] iem. die met het hoofd werkt; *tegengest:* → **handarbeider**
hoofd‧ar‧ti‧kel *het* [-en, -s] voornaamste artikel in een krant (meestal door de hoofdredacteur geschreven), dat een belangrijk onderwerp van de dag behandelt
hoofd‧be‧kom‧mer‧nis *de (v)* [-sen] BN voornaamste zorg
hoofd‧be‧stand‧deel *het* [-delen] voornaamste bestanddeel
hoofd‧be‧stuur *het* [-sturen] hoogste bestuur

hoofd·be·trek·king *de (v)* [-en] voornaamste betrekking, betrekking waaraan iem. het merendeel van zijn tijd besteedt
hoofd·beuk *de (m)* [-en] middenschip van een kerk
hoofd·be·wo·ner *de (m)* [-s] NN persoon, in het bezit van een woonvergunning, in betrekking tot onderhuurders of andere bewoners van die woonruimte
hoofd·bre·ken *het* inspanning van het denken; *veelal 2e naamval:* ★ *dat heeft heel wat hoofdbrekens gekost*
hoofd·broe·der *de (m)* [-s] NN hoofdverpleegkundige
hoofd·bu·reau [-buuroo] *het* [-s] belangrijkste bureau: ★ ~ *van politie*
hoofd·com·mis·sa·ris *de (m)* [-sen] voornaamste commissaris, vooral verkorting van: ★ ~ *van politie* hoofd van de politie in een gemeente
hoofd·dek·sel *het* [-s] bedekking van het hoofd: hoed, pet enz.
hoofd·deugd *de* [-en] voornaamste deugd ★ RK *de vier hoofddeugden* de kardinale deugden: voorzichtigheid, rechtvaardigheid, matigheid, sterkte
hoofd·doek *de (m)* [-en] doek die om het hoofd gedragen wordt, thans vooral door gelovige moslima's (in NN vooral in de verkleinvorm: *hoofddoekje*)
hoofd·doel *het* voornaamste doel
hoofd·eind, **hoofd·ein·de** *het* [-einden] plaats op bed of rustbank waar men het hoofd pleegt neer te leggen: ★ *de poes ligt graag aan het ~*
hoof·de·lijk *bn* per hoofd, per persoon ★ *hoofdelijke stemming* mondelinge → **stemming** (bet 1) door elk van de aanwezigen,; zie ook bij → **omslag** (II, bet 2)
hoof·de·ling *de (m)* [-en] ‹vroeger in Friesland› aanzienlijke die aandeel had in het gewestelijk bestuur
hoofd·film *de (m)* [-s] de voornaamste film in het bioscoopprogramma (tegenover de voorfilms)
hoofd·ge·bouw *het* [-en] voornaamste gebouw
hoofd·geld *het* hist ❶ belasting per hoofd te betalen ❷ betaling die in het voormalige Nederlands Oost-Indië de herendiensten verving
hoofd·ge·recht *het* [-en] voornaamste onderdeel van een maaltijd
hoofd·haar *het* [-haren] ❶ elk van de haren boven op het hoofd bij mensen ❷ al deze haren tezamen
hoof·dig *bn* koppig
hoof·ding *de (v)* [-en] BN, schrijftaal ❶ titel ❷ opschrift
hoofd·in·ge·land *de (m)* [-en] NN ingeland van hoge rang, lid van het polderbestuur
hoofd·in·ge·nieur [-ingənjeur, -inzjənjeur] *de (m)* [-s] titel van ingenieurs in hoge ambtelijke rang
hoofd·in·houd *de (m)* het voornaamste van de inhoud
hoofd·in·spec·teur *de (m)* [-s] rang boven die van inspecteur: ★ ~ *van politie*
hoofd·je *het* [-s] ❶ klein hoofd ❷ soort bloeiwijze

❸ opschrift (boven een artikel enz.)
hoofd·kaas *de (m)* gerecht van varkenskopvlees met bouillon, zout, azijn en kruiden
hoofd·kan·toor *het* [-toren] voornaamste kantoor
hoofd·kerk *de* [-en] kathedraal; voornaamste kerk
hoofd·kleur *de* [-en] primaire kleur
hoofd·knik *de (m)* [-ken] knik met het hoofd als groet of blijk van instemming of toestemming
hoofd·kraan *de* [-kranen] kraan waarmee de hele gas- of waterleiding in een woning of hele trap kan worden afgesloten
hoofd·kus·sen *het* [-s] kussen waarop men met het hoofd ligt
hoofd·kwar·tier *het* [-en] verblijf van de legerleiding
hoofd·lei·ding *de (v)* ❶ voornaamste leiding ❷ [*mv:* -en] voornaamste toevoerbuis, voornaamste geleiding
hoofd·let·ter *de* [-s] grote, kapitale letter zoals men die schrijft aan het begin van een zin, van een eigennaam e.d.
hoofd·let·ter·ge·voe·lig *bn* comput rekening houdend met het verschil tussen kleine letters en kapitalen, bijv. bij het uitvoeren van zoekopdrachten
hoofd·lig·ging *de (v)* normale ligging van het ongeboren kind in de baarmoeder (met het hoofd naar beneden)
hoofd·lijn *de* [-en] ❶ verkeer voornaamste tram-, bus-, spoor- of luchtverbinding ❷ *hoofdlijnen* de belangrijkste kenmerken of tendensen: ★ *de ~en van het beleid uiteenzetten* ★ *in hoofdlijnen* het voornaamste samengevat
hoofd·luis *de* [-luizen] luis in het hoofdhaar
hoofd·maal·tijd *de (m)* [-en] belangrijkste maaltijd van de dag
hoofd·man *de (m)* [-nen, -lieden] aanvoerder, leider
hoofd·moot *de* [-moten] belangrijkste deel
hoofd·of·fi·cier *de (m)* [-en] officier van de rang van majoor tot kolonel
hoofd·on·der·wij·zer *de (m)* [-s] hoofd van een basisschool
hoofd·per·soon *de (m)* [-sonen] voornaamste persoon in een verhaal, film enz.
hoofd·pijn *de* [-en] pijn in het boven de ogen gelegen deel van het hoofd ★ *schele ~* zie bij → **scheel**
hoofd·plaats *de* [-en] hoofdstad; voornaamste plaats
hoofd·prijs *het* [-prijzen] ‹in loterijen, bij wedstrijden› hoogste prijs
hoofd·re·dac·teur *de (m)* [-en, -s] leidend redacteur
hoofd·re·gel *de (m)* [-s, -en] voornaamste voorschrift
hoofd·re·ke·nen *ww & het* (het) rekenen uit het hoofd
hoofd·rol *de* [-len] voornaamste figuur in een toneelstuk of film, of bij een gebeurtenis: ★ *de ~ spelen* ★ *een ~ voor zich opeisen* zich (positief) onderscheiden van anderen
hoofd·roos *de* → **roos**[1] (bet 2)
hoofd·scho·tel *de* [-s] het voornaamste → **gerecht**[2],

ook fig
hoofd·schud·den *het* gebaar van ontkenning, afwijzing, afkeuring of onbegrip
hoofd·schud·dend *bn* met een hoofdschudden
hoofd·schul·di·ge *de* [-n] iem. die de voornaamste schuld (van een misdaad) heeft
hoofd·sie·raad *het* [-raden] ❶ tooi die in het kapsel wordt gedragen ❷ voornaamste sieraad
hoofd·som *de* [-men] ❶ bedrag van de aanvankelijke schuld of vordering ❷ kapitaal (in onderscheiding van de rente daarop) ❸ het totale bedrag
hoofd·stad *de* [-steden] voornaamste stad, bestuursstad van een land of provincie
hoofd·ste·de·lijk, **hoofd·ste·de·lijk** *bn* van, betreffende de hoofdstad
hoofd·steun *de (m)* [-en] kussen, rol of iets dergelijks waartegen het hoofd kan rusten als men zit of ligt
hoofd·stuk *het* [-ken] samenhangend deel van een boek
hoofd·te·le·foon *de (m)* [-s] koptelefoon
hoofd·tel·woord *het* [-en] telwoord als *een, twee, drie* (tegengest.: → **rangtelwoord**: *eerste, tweede, derde*)
hoofd·toon *de (m)* [-tonen] ❶ muz grondtoon ❷ belangrijkste, meest overheersende kleur
hoofd·trek·ken *mv* het voornaamste, de hoofdlijnen: ★ *in ~ kwam het daar op neer*
hoofd·vak *het* [-ken] voornaamste studie- of leervak
hoofd·ver·keers·weg *de (m)* [-wegen] voorrangsweg
hoofd·ver·pleeg·kun·di·ge *de* [-n] hoofd van de verpleegkundigen op een afdeling van een ziekenhuis
hoofd·voed·sel *het* voornaamste voedsel: ★ *rijst is wereldwijd voor veel mensen het ~*
hoofd·vo·gel *de (m)* [-s] BN hoogste vogel bij het gaaischieten (zie bij → **gaai**) ★ spreektaal *de ~ afschieten* a) iets bijzonders verrichten; b) schertsend een flater slaan
hoofd·was *de (m)* belangrijkste wasprogramma van een wasautomaat; *vgl*: → **voorwas**
hoofd·wa·ter *het* [-en] belangrijke vaarverbinding
hoofd·weg *de (m)* [-wegen] belangrijkste of grote verkeersweg
hoofd·werk *het* ❶ werk met het hoofd ❷ [*mv:* -en] voornaamste werk
hoofd·zaak *de* [-zaken] het voornaamste
hoofd·za·ke·lijk *bijw* vooral, voornamelijk
hoofd·zeer *het* NN uitslag op het hoofd van kinderen
hoofd·ze·tel *de (m)* [-s] de belangrijkste vestiging van een onderneming, organisatie enz.:: ★ *de ~ van dit bedrijf is verplaatst naar Londen*
hoofd·zin *de (m)* [-nen] zin die op zichzelf staat, die niet de functie van zinsdeel heeft
hoofd·zon·de *de* [-n] een van de zeven zware zonden: ★ *hovaardigheid, gierigheid, onkuisheid, nijd, gulzigheid, gramschap, traagheid*
hoofd·zus·ter *de (v)* [-s] NN hoofdverpleegster, hoofd van de verpleegkundigen op een afdeling van een ziekenhuis

hoofs *bn* hoffelijk; van een → **hof¹** (bet 1) ★ *hoofse poëzie* middeleeuwse poëzie, waarin een hoogidealistische opvatting van de liefde tot uiting komt
hoofs·heid *de (v)* hoffelijkheid
hoog I *bn* ❶ zich naar boven uitstrekkend: ★ *die heuvel is 150 meter ~* ★ NN *ik woon twee ~ op de tweede verdieping* ❷ zich ver naar boven verheffend, boven iets uitstekend: ★ *een hoge toren, een hoge zolder*; ook abstract: ★ *een hoge positie in het bedrijfsleven* ★ *~ en droog* veilig, rustig ★ *een hoge feestdag* Kerstmis, Pasen enz. ★ *het hoge noorden* de ver noordelijk gelegen gebieden ★ *een hoge rug gebogen, gebocheld* ★ NN *een hoge rug opzetten* verdedigingshouding aannemen (van een kat) ★ *iem. ~ aanslaan* grote waardering voor iemands gaven of karakter hebben ★ NN *wie ~ klimt, valt laag* wie zich te hoog verheft, valt des te dieper ★ *het is ~ tijd, het is de hoogste tijd* er kan niet langer worden gewacht, nu moet het gebeuren ★ NN *iets ~ opnemen* zich iets ernstig aantrekken ★ NN *niet ~ timmeren (vliegen)* niet veel verstand hebben ★ *het zit hem ~ hij trekt het zich erg aan* ★ NN *iem. ~ hebben zitten* veel respect voor iem. hebben ★ *bij ~ en bij laag beweren* met grote stelligheid beweren ★ *hoger onderwijs* onderwijs aan een hogeschool of universiteit ★ BN, spreektaal *het ~ op hebben* verwaand zijn, het hoog in zijn kop hebben, het hoog in de bol hebben ❸ ‹van geluid› scherp, met veel trillingen per seconde: ★ *een ~ toon, een hoge stem* **II** *de (m)* ★ *een hoge* een hooggeplaatst persoon, vooral een officier van hoge rang in een zwembad: ★ *de hoge* de hoge duikplank; zie ook bij → **Hoge Raad**
hoog·aars *de (m)* [-aarzen] NN vissersboot met hoge boeg
hoog·acht·baar, **hoog·acht·baar** *bn* titel van leden van de Hoge Raad
hoog·ach·ten *ww* [achtte hoog, h. hooggeacht] ❶ hoge achting hebben voor; ❷ *hoogachtend* slotformule in brieven
hoog·ach·ting *de (v)* ★ *met (de meeste) ~ slotformule in brieven*
hoog·al·taar *de (m) & het* [-taren] hoofdaltaar
hoog·be·gaafd *bn* met grote verstandelijke of artistieke vermogens
hoog·be·jaard *bn* zeer oud
hoog·blond *bn* ‹van haar› zeer blond
hoog·bouw *de (m)* gebouwen met veel verdiepingen; de bouw daarvan
hoog·con·junc·tuur *de (v)* gunstige toestand in de economie, (periode van) economische bloei
hoog·dag *de (m)* [-dagen] BN ❶ RK kerkelijke feestdag: Pasen, Pinksteren, Allerheiligen en Kerstmis ❷ fig belangrijke dag
hoog·dienst *de (m)* [-en] hoogmis
hoog·dra·vend *bn* gezwollen, bombastisch, met omhaal van woorden; **hoogdravendheid** *de (v)*

hoog·drin·gend bn BN ook urgent, heel dringend
hoog·drin·gend·heid de (v) BN ook urgentie ★ bij ~ (zeer) dringend, met de grootste spoed ★ in geval van ~ in dringende gevallen
hoog·druk de (m) druktechn grafische techniek waarbij de drukkende elementen (bijv. letters) verhoogd op de drukplaat liggen, boekdruk
Hoog·duits, Hoog·duits I bn beschaafd Duits (oorspronkelijk Zuid-Duits) II het de Hoogduitse taal
hoog·edel·acht·baar bn titel van burgemeesters van grote steden [steeds minder gebruikelijk]
hoog·edel·ge·streng bn titel van hogere ambtenaren en hoofdofficieren, commissarissen van de koningin, oud-ministers, burgemeesters van provinciale hoofdsteden, leden van de Raad van State, de Staten-Generaal, de Algemene Rekenkamer: ★ Hoogedelgestrenge Heer, Vrouwe [steeds minder gebruikelijk]
hoog·eer·waard bn titel van dekens, kanunniken, leden van een synode: ★ Hoogeerwaarde Heer [steeds minder gebruikelijk]
hoog·fre·quent [-kwent] /(Du) bn gezegd van wisselstroom met meer dan 100.000 trillingen per seconde; **hoogfrequentie** de (v)
hoog·ge·acht bn zeer geacht ★ Hooggeachte Heer beleefde aanspreekformule in brieven
hoog·ge·berg·te het [-n, -s] gebergte hoger dan 2000 m
hoog·ge·bo·ren bn titel van graven: ★ Hooggeboren Heer; dochters en echtgenoten: ★ Hooggeboren Vrouwe
hoog·ge·ëerd bn zeer geëerd: ★ ~ publiek!
hoog·ge·leerd, hoog·ge·leerd bn titel van hoogleraar
hoog·ge·plaatst bn van hogere rang
hoog·ge·schat bn zeer gewaardeerd
hoog·ge·span·nen bn zeer gespannen; zeer optimistisch: ★ met ~ verwachtingen
hoog·ge·stemd bn getuigend van verheven stemming en gevoelens: ★ hooggestemde ideeën
hoog·glans de (m), **hoog·glans·lak** [-ken] bep. verf met sterke glans
hoog·har·tig bn onvriendelijk trots, arrogant; **hooghartigheid** de (v)
hoog·heem·raad de (m) [-raden] NN lid van een hoogheemraadschap
hoog·heem·raad·schap het [-pen] in Nederland benaming van een waterschap, belast met de waterstaatzorg in een uitgebreid district
hoog·heid de (v) ❶ hoge rang, aanzien ❷ [mv: -heden] titel van vorsten en prinsen: ★ Zijne, Hare Hoogheid ★ Koninklijke Hoogheid titel van prinsen van een koninklijk huis: ★ Zijne, Hare Koninklijke Hoogheid ★ Doorluchtige Hoogheid titel van prinsen van lagere rang dan koninklijke
hoog·koor het [-koren] deel van een kerk waar het hoogaltaar staat
hoog·land het [-en] hooggelegen land
hoog·lan·der de (m) [-s] bewoner van een hoogland ★ Schotse Hooglander uit Schotland afkomstig rund,

vaak gebruikt om natuurgebieden te begrazen
hoog·le·raar de (m) [-raren, -s] iem. die een leerstoel bekleedt aan een hogeschool of universiteit ★ gewoon ~ die het hoogleraarschap als hoofdberoep heeft ★ buitengewoon ~ die elders veel werkzaamheden heeft ★ NN bijzonder ~ die door een stichting, instelling e.d. is benoemd aan een universiteit of hogeschool
Hoog·lied het een van de boeken van het Oude Testament, bestaande uit dichterlijke liefdesuitingen, toegeschreven aan Salomo
hoog·lijk, ho·ge·lijk bijw in hoge mate: ★ wij waren ~ verbaasd over het behaalde resultaat
hoog·lo·pend bn hevig: ★ hooglopende ruzie
hoog·mis de [-sen] plechtige mis met gezang
hoog·moed de (m) trots ★ ~ komt (gaat) voor de val wie trots is, zal weldra vernederd worden
hoog·moe·dig bn trots
hoog·moeds·waan, hoog·moeds·waan·zin de (m) buitensporige zelfverheffing gepaard gaande met geringschatting van anderen
hoog·mo·gend bn titel van de leden der Staten-Generaal na 1639
hoog·no·dig bn (overtreffende trap hoogstnodig) uiterst noodzakelijk
hoog·oven de (m) [-s] smeltoven waarin uit ijzererts ruwijzer bereid wordt ★ de Hoogovens (thans niet meer officiële) naam van het industrieterrein in IJmuiden waar hoogovens staan
hoog·po·lig bn met een hoge ²pool: ★ een ~ tapijt
hoog·rood bn vuurrood: ★ hoogrode konen
hoog·schat·ten ww [schatte hoog, h. hooggeschat] hoogachten, zeer waarderen
hoog·sei·zoen het [-en] de drukste tijd van het jaar; tegengest: → laagseizoen
hoog·sla·per de (m) [-s] vooral NN hoge constructie in een vertrek waarop een bed is geplaatst, terwijl de ruimte eronder op andere wijze kan worden benut
hoog·span·ning de (v) NN elektrische spanning van meer dan 500 volt; BN elektrische spanning van meer dan 375 volt; fig meer dan gewone spanning: ★ er werd onder ~ gewerkt
hoog·span·nings·ka·bel de (m) [-s] kabel voor het overbrengen van elektrische energie onder hoogspanning
hoog·span·nings·mast de (m) [-en] hoge, metalen constructie die dient als ondersteuningspunt voor hoogspanningskabels
hoog·sprin·gen ww & het atletiekonderdeel waarbij de deelnemers over een lat moeten springen die steeds hoger geplaatst wordt
hoogst I bijw in hoge mate II het ★ op zijn hoogst(e) zijn het hoogste, hevigste, uiterste bereikt hebben ★ op zijn ~ in het uiterste geval ★ ten hoogste hooguit, hoogstens ★ BN, spreektaal op het hoogste wonen op de bovenste verdieping
hoog·staand bn voortreffelijke karaktereigenschappen bezittend

hoog·stand *de (m)* [-en] ❶ gymnastiek gestrekte stand op de handen, handstand ❷ fig *(veelal verkl: hoogstandje)* zeer bijzondere prestatie
hoogst·ei·gen, hoogst-ei-gen *bn* ★ *in ~ persoon* zelf: ★ *we kregen bezoek van de directeur in ~ persoon*
hoogst·en·kel *onbep vnw* ★ *een hoogstenkele keer* zeer zelden
hoog·stens *bijw* in het uiterste geval; ten hoogste
hoogst·no·dig *bn* zie bij → **hoognodig**
hoogst·waar·schijn·lijk *bijw* zeer waarschijnlijk, bijna zeker
hoog·te *de (v)* [-n, -s] ❶ de mate van het hoog zijn: ★ *de pas ligt op een ~ van 2000 meter* ★ *de ~ van een toon* ★ *ter ~ van Utrecht* in de buurt van Utrecht ❷ heuvel, verheffing van de grond: ★ Bijbel *de afgoden werden op hoogten aanbeden* ★ *de ~ hebben* dronken zijn ★ vooral NN *van iets / iem. geen ~ kunnen krijgen* er niet achter kunnen komen hoe iets of iem. in elkaar zit ★ *op de ~ zijn (van)* ingelicht zijn (omtrent), bekend zijn (met), ingewijd zijn (in) ★ *uit de ~* arrogant, trots ★ *tot op zekere ~* gedeeltelijk, niet helemaal
hoog·te·cir·kel *de (m)* [-s] cirkel die de horizon loodrecht doorsnijdt
hoog·te·lijn *de* [-en] lijn uit een hoekpunt van een driehoek loodrecht op de tegenoverliggende zijde
hoog·te·lij·nen *mv* lijnen die punten van gelijke hoogte verbinden, *isohypsen*
hoog·te·me·ter *de (m)* [-s] toestel om de geografische breedte te bepalen
hoog·te·me·ting *de (v)* [-en] het meten van een hoogte
hoog·te·punt *het* [-en] ❶ het hoogste punt, toppunt ❷ wisk snijpunt van hoogtelijnen ❸ fig climax; *ook* orgasme
hoog·te·re·cord [-kòr] *het* grootste hoogte die bereikt is
hoog·te·roer *het* [-en] ⟨aan vliegtuig⟩ toestel tot regeling van de hoogte
hoog·te·vrees *de* angst voor grote hoogten
hoog·te·ziek·te *de (v)* de ziekteverschijnselen die zich voordoen als men op een hoogte verblijft die aanmerkelijk groter is dan men gewend is, zoals kortademigheid, duizeligheid, soms long- of hersenoedeem
hoog·te·zon *de* ❶ elektrisch licht dat rijk is aan ultraviolette stralen ❷ [*mv:* -nen] toestel dat dit licht uitstraalt: ★ *mama ligt al een uur onder de ~*
hoog·tij *het* feest, glorie, bloeitijd ★ *~ vieren* in hoge mate vóórkomen *(veelal ongunstig)*
hoog·tijd *de (m)* [-en] RK hoge feestdag; communie
hoog·uit *bijw* op zijn hoogst, ten hoogste
hoog·veen *het* [-venen] uit halfvergane planten ontstane grond, boven de waterspiegel gelegen
hoog·ver·raad *het* landverraad
hoog·vlak·te *de (v)* [-n, -s] hooggelegen vlakte
hoog·vlie·ger *de (m)* [-s] ★ *geen ~ zijn* geen scherp verstand hebben, niet zo goed kunnen leren

hoog·waar·dig I *bn* ❶ zeer verheven: ★ *het ~ Sacrament* ❷ titel van bisschoppen: ★ *Zijne Hoogwaardige Excellentie* ❸ van hoge kwaliteit: ★ *een ~ product; van hoog gehalte:* ★ *~ erts* **II** *het* ★ *het Hoogwaardige* monstrans met de hostie
hoog·waar·dig·heid *de (v)* [-heden] ❶ hoog ambt; schertsend bekleder van een hoog ambt ❷ ★ *Zijne Doorluchtige Hoogwaardigheid* titel van aartsbisschop of bisschop
hoog·waar·dig·heids·be·kle·der *de (m)* [-s] bekleder van een hoog ambt
hoog·wa·ter *het* ❶ hoge stand van het water in rivieren, kanalen enz. ❷ hoogste waterstand bij vloed ★ NN, fig *~ hebben* een te korte lange broek aan hebben
hoog·wa·ter·lijn *de* [-en] grens tot waar het water bij vloed kan stijgen
hoog·wel·ge·bo·ren *bn* titel van baronnen, ridders en jonkheren: ★ *Hoogwelgeboren Heer; dochters en echtgenoten:* ★ *Hoogwelgeboren Vrouwe*
hoog·wer·ker *de (m)* [-s] rijdend toestel met een aan een arm bevestigde open bak waarin iem. werkzaamheden kan verrichten hoog boven de grond
hoog·zo·mer *de (m)* [-s] de heetste periode van de zomer, het midden van de zomer
hoog·zwan·ger *bn* in de laatste periode van de zwangerschap: ★ *zij is ~*
hooi *het* in de zon gedroogd gras: ★ *een baal ~* ★ *te veel ~ op zijn vork nemen* meer willen doen dan men kan ★ *te ~ en te gras* zo nu en dan, niet regelmatig
hooi·berg *de (m)* [-en] bergplaats voor hooi, meestal onder een door palen gesteund dak ★ NN *een speld (naald) in een ~ zoeken* iets zoeken dat in de grote massa onmogelijk te vinden is; zie ook → **hooimijt**
hooi·bo·ter *de* boter van koeien die met hooi gevoerd worden
hooi·bouw *de (m)* het hooien
hooi·broei *de (m)* het broeien van nattig, slecht geventileerd hooi, waardoor brand kan ontstaan
hooi·en *ww* [hooide, h. gehooid] het hooi drogen en inhalen ★ NN *je moet toch niet uit ~?* zeg, heb niet zo'n haast!
hooi·er *de (m)* [-s] iem. die hooit
hooi·gras *het* gras bestemd om gehooid te worden
hooi·kaas *de (m)* [-kazen] kaas van met hooi gevoerd vee: winterkaas
hooi·kist *de* [-en] met hooi e.d. gevulde kist om spijzen warm te houden
hooi·koorts *de* aandoening aan het neusslijmvlies, veroorzaakt door een allergische reactie op stuifmeel van grassoorten
hooi·land *het* [-en] grasland gebruikt voor het winnen van hooi
hooi·maand *de* juli
hooi·mijt *de* [-en] stapel hooi zonder bedekking ★ BN *een speld (naald) in een ~ zoeken* iets zoeken dat in de grote massa onmogelijk te vinden is; zie ook →

hooiberg
hooi·op·per *de (m)* [-s] stapel hooi in het hooiland
hooi·rook *de* [-roken] hooiopper
hooi·schelf *de* [-schelven] hooimijt
hooi·schud·der *de (m)* [-s] werktuig waarmee hooi wordt geschud om het drogen te bevorderen
hooi·schuur *de* [-schuren] schuur waarin men hooi bewaart ★ *een mond als een ~* een zeer grote mond
hooi·vork *de* [-en] grote vork met twee tanden waarmee men hooi verplaatst
hooi·wa·gen *de (m)* [-s] ❶ wagen met of voor hooi ❷ lid van een orde van spinachtigen (*Opiliones* of *Phalangida*), die geen web maken, met zeer lange, dunne, enge poten, zeer algemeen in Nederland en België
hooi·zol·der *de (m)* [-s] zolder waarop men hooi bewaart
hooked [hoekt] *(‹Eng) bn* slang verslaafd aan drugs
hoo·li·gan [hoelieɣən] *(‹Eng) de (m)* [-s] (Britse) vandaal, vooral voetbalvandaal; genoemd naar een in Londen woonachtige Ierse familie, die zich begin 20ste eeuw nogal rumoerig gedroeg
hoon *de (m)* smaad, krenking
hoon·ge·lach *het* honend gelach
hoop¹ *de (m)* [hopen] ❶ stapel: ★ *een ~ oude kleren*; grote hoeveelheid: ★ *een ~ geld, mensen, werk* ★ *een hele hoop* heel veel, een heleboel ★ NN *een ~ gedoe* veel rompslomp ★ *bij hopen* bij stapels, in grote hoeveelheid ★ *te ~ lopen* tot een mensenmassa samenlopen, een oploop vormen ★ *te ~ lopen tegen iets* zich massaal tegen iets verzetten ★ *de grote ~* de massa, de meerderheid ★ *alles op één ~ gooien* alles op dezelfde wijze benaderen, geen onderscheid maken ★ *een zielig hoopje mens* iem. die er zeer zielig uitziet, vooral gezegd van kinderen ★ BN, spreektaal *~ en al* alles samen ❷ hoeveelheid uitwerpselen, drol: ★ *een ~ doen*
hoop² *de* ❶ goede verwachting: ★ *de ~ hebben dat...* ★ *de ~ opgeven, verliezen* ★ *de ~ is vervlogen* ★ *de ~ is de bodem in geslagen* ★ *~ hebben, koesteren* hopen ★ *~ doet leven* als er nog een gunstige uitkomst mogelijk is, geeft dat kracht om verder te gaan ★ *op ~ van zegen* in verwachting van een goede uitkomst ★ *tussen ~ en vrees leven* twijfelen over een gunstige of ongunstige afloop van iets ❷ iem. waarop veel hoop gevestigd is: ★ *de nieuwe spitsspeler is de ~ van ons elftal* ; zie ook bij → **ijdel**
hoop·ge·vend, **hoop·ge·vend** *bn* goede verwachting wekkend
hoop·vol *bn* ❶ vol verwachting: ★ *we zijn ~ gestemd* ❷ vol beloften: ★ *dat ziet er ~ uit*
hoor *het* zie bij → **wederhoor**
hoor! *tsw* vooral NN ❶ (eig gebiedende wijs van *horen*) ❷ ter uitdrukking van een bevestiging of een geruststelling: ★ *ik kom er zo aan,* ~ ★ *ik vergeet het heus niet,* ~! ❸ ter afsluiting van een aanmaning, advies e.d.: ★ *je kunt het best met de trein gaan,* ~
hoor·ap·pa·raat *het* [-raten] gehoorapparaat

hoor·baar *bn* te horen: ★ *een nauwelijks hoorbare pieptoon*
hoor·bril *de (m)* [-len] NN bril waarin een gehoorapparaat is aangebracht
hoor·buis *de* [-buizen] vroeger hoornvormige buis voor slechthorenden
hoor·col·le·ge [-leezjə] *het* [-s] → **college¹** (bet 2) waarbij de studenten uitsluitend luisteren (en eventueel aantekeningen maken)
hoor·com·mis·sie *de (v)* [-s] commissie die een preek van een predikant gaat horen met het oog op een uit te brengen → **beroep** (bet 4)
hoor·der *de (m)* [-s] toehoorder
hoorn¹ *het* stof waaruit de hoeven en hoorns van herkauwende dieren gevormd zijn
hoorn², **ho·ren** *de (m)* [-s] ❶ spits en hard uitsteeksel op de kop van dieren ★ *de horens opsteken* in verzet komen ★ NN *te veel op zijn horens nemen* zichzelf te zwaar belasten (met arbeid, zorg enz.) ★ *horens dragen* (gezegd van mannen) door de partner bedrogen zijn op liefdesgebied; zie ook bij → **koe** ❷ blaasinstrument ★ *Engelse ~* → **oboe** ❸ spreek- en luisterhoorn van een telefoon: ★ *de ~ op de haak leggen, gooien* ❹ hoornvormig uitsteeksel ★ *de Hoorn van Afrika* het oostelijk schiereiland van Afrika waarop o.a. Somalië ligt ❺ hoornvormige buis ★ *de ~ des overvloeds* door Zeus met rijke gaven gevulde hoorn van Amalthea, de geit die volgens de Griekse sage Zeus zoogde
hoor·naar *de (m)* [-s] horzel, paardenwesp
hoorn·ach·tig *bn* op → **hoorn¹** gelijkend
hoorn·bla·zer, **ho·ren·bla·zer** *de (m)* [-s] bespeler van een → **hoorn²** (bet 2) (vooral militair)
hoorn·dol, **ho·ren·dol** *bn* ❶ ‹van hoornvee› heftig opgewonden, woedend ❷ ‹fig van mensen› volkomen van streek: ★ *ik word ~ van die housemuziek*
hoorn·dra·ger, **ho·ren·dra·ger** *de (m)* [-s] man wiens vrouw een verhouding heeft met een ander
hoor·nen *bn* van → **hoorn¹**
hoorn·ge·schal, **ho·ren·ge·schal** *het* klanken van horens (→ **hoorn²**, bet 2)
hoor·nist *de (m)* [-en] bespeler van een → **hoorn²** (bet 2)
hoorn·kla·ver, **ho·ren·kla·ver** *de* Zuid-Europese plantensoort (*Trigonella*)
hoorn·sig·naal, **ho·ren·sig·naal** [-sienjaal, -sinjaal] *het* [-nalen] signaal bestaande uit een stoot op de → **hoorn²** (bet 2) of een kort stuk hoornmuziek
hoorn·slang, **ho·ren·slang** *de* [-en] giftige slangensoort
hoorn·tje, **ho·ren·tje** *het* [-s] ❶ kleine hoorn ❷ hoornaar ❸ gebakje in de vorm van een hoorn
hoorn·vee, **ho·ren·vee** *het* vee met horens, vooral rundvee
hoorn·vlies *het* [-vliezen] doorschijnend vlies aan de voorzijde van de oogbol
hoorn·weef·sel *het* [-s] dierlijk weefsel van

hoornachtige stof
hoor·spel *het* [-spelen] luisterspel op de radio
hoor·toe·stel *het* [-len] gehoorapparaat
hoor·zit·ting *de (v)* [-en] ❶ bijeenkomst waarop een bestuurscollege plannen e.d. ter discussie stelt teneinde de mening van belanghebbenden te peilen ❷ politiek bijeenkomst waarbij tegenover een kamercommissie verklaringen worden afgelegd
hoos *de* [hozen] ❶ wervelwind: ★ *wind~* ❷ vroeger beenbekleding, broek, kous; thans visserslaars die het hele been bedekt ❸ schep om mee te hozen
hoos·gat *het* [-gaten] diepte, goot, waarin het water in een vaartuig zich verzamelt en waaruit het weggeschept wordt
hoos·vat *het* [-vaten] schep om water uit een boot te scheppen
hop¹, hop·pe *de* netelachtige plant waarvan de vruchtbolletjes bij de bierbereiding gebruikt worden (*Humulus lupulus*)
hop² *de (m)* [-pen] zangvogel met kuif
hop³ *het* [-pen] NN inham: ★ *het Hoornse Hop*
hop⁴ *tsw* uitroep tot aansporing
hop·bel, hop·pe·bel *de* [-len] vruchtbolletje van de → **hop¹**
ho·pe·lijk *bijw* naar te wensen is: ★ *~ halen we de trein nog*
ho·pe·loos *bn* ❶ wanhopig, geen uitzicht hebbend of biedend op gunstige afloop: ★ *een hopeloze situatie* ★ *een ~ geval* ❷ slecht, vervelend: ★ *een hopeloze film*
ho·pen¹ *ww* [hoopte, h. gehoopt] verwachten, wensen: ★ *~ op iets* ★ *dat is niet te ~* moge dat niet gebeuren ★ *het beste ervan ~* op een goede afloop hopen (meestal met twijfel)
ho·pen² *ww* [hoopte, h. gehoopt] op elkaar stapelen
hop·je *het* [-s] verpakte suiker- en stroopachtige lekkernij, genoemd naar baron Hendrik Hop (1723-1808), de Haagse gezant in België: ★ *Haagse hopjes*
hop·man ⟨Du⟩ *de (m)* [-s, -lieden] hist kapitein; leider van een groep padvinders
hop·pe *de* → **hop¹**(-)
hop·pen *ww* [hopte, h. gehopt] ⟨van bier⟩ met → **hop¹** vermengen en koken
hop·per ⟨Eng⟩ *de (m)* [-s] ❶ stortruim met een losklep onderin ❷ vultrechter
hop·per·zui·ger *de (m)* [-s] zandzuiger met een hopper
hop·sa, hop·sa·sa *tsw* uitroep bij vrolijk springen en dansen
hop·sen *ww* [hopste, h. gehopst] vrolijk springen en dansen
hop·staak *de (m)* [-staken] BN lange houten paal waartegen de ranken van de hop (1) opgroeien
hor *de* [-ren] vensterglas, gebruikt om insecten buiten te houden
ho·ra ⟨Lat⟩ *de (v)* [-rae] [-ree] uur; tijd ★ NN *~ est* het is tijd, het uur is verstreken, gezegd door de pedel bij een promotie
hor·de¹ *de* [-n, -s] ❶ vlechtwerk van rijshout ❷ atletiek elk van de hekjes, 84 tot 106 cm hoog, waar deelnemers aan een hordeloop overheen moeten springen
hor·de² ⟨Du⟨Tataars⟩ *de* [-n, -s] ❶ menigte: ★ *er liep een ~ mensen naar het stadion* ★ *hele horden* zeer veel mensen ❷ ⟨bij scouting⟩ groep welpen ❸ woeste, ongedisciplineerde en oorlogzuchtige groep: ★ *een ~ Hunnen* ★ *Gouden Horde* 13de tot 15de eeuw: een rijk in West-Siberië en Zuid-Rusland
hor·de·loop *de (m)* atletiek hardloopwedstrijd met horden als hindernissen
hor·de·lo·pen *ww & het* (het) deelnemen aan een hordeloop
ho·re·ca *de* letterwoord uit *ho*tel, *re*staurant, *ca*fé, dat als eigennaam voorkomt in de verbinding ★ *Bedrijfschap Horeca*; daarnaast, in vrij gebruik: *ho*tel-, *ca*fé- en *re*staurantwezen
ho·re·ca·be·drijf *het* [-drijven] *ho*tel-, *re*staurant- en *ca*fébedrijf
ho·re·caf·fer *de (m)* [-s] NN, schertsend iem. werkzaam in het horecabedrijf
ho·ren¹ ⟨Lat⟩ *mv* RK zang- en biduren
ho·ren² *de (m)* [-s] → **hoorn²**(-)
ho·ren³ *ww* [hoorde, h. gehoord] ❶ gehoorvermogen hebben ★ *een lawaai, dat ~ en zien je vergaat* ❷ met het gehoor waarnemen, beluisteren, toehoren, vernemen: ★ *ik hoor gestommel bij de buren* ★ *ik hoorde net dat je vandaag op vakantie gaat* ★ *dat laat zich ~* dat is aannemelijk ★ *zo mag ik het ~* zo is het naar mijn zin ★ *horende doof zijn* iets niet willen horen ★ *iets weten van ~ zeggen* bij geruchte vernemen ★ *u hoort nog van ons* wij komen nog op deze zaak terug ❸ ⟨soms als dreigement⟩ gehoorzamen: ★ *wie niet ~ wil, moet voelen* ❹ een verhoor doen ondergaan: ★ *de getuigen worden gehoord* ❺ toebehoren: ★ *dat hoort (aan) mij* ❻ passen, behoorlijk zijn: ★ *zo hoort het* ★ *de dop hoort op de fles* ★ *voor wat hoort wat* als men iets ontvangen heeft, dient men ook iets te geven
ho·rig *bn* onvrij, afhankelijk
ho·ri·ge *de* [-n] hist onvrije, iem. die hoorde bij de grond van zijn heer
ho·ri·zon, ho·ri·zont ⟨Gr⟩ *de (m)* [-zonnen, -zonten] ❶ gezichtseinder, kim; ook fig: ★ *beperkt van ~ zijn* niet ver zien, niet veel inzicht hebben ★ *zijn ~ verbreden, verruimen* zich geestelijk ontwikkelen ★ *kunstmatige ~* een precies horizontaal spiegelend vlak waarmee de juiste richting van zenit en nadir bepaald wordt ❷ geol horizontale laag; stelsel van evenwijdige aardlagen
ho·ri·zon·taal ⟨Fr⟩ *bn* ❶ waterpas, evenwijdig aan het vlak van de horizon ❷ in een zelfde vlak, op hetzelfde niveau geschiedend: ★ *horizontale organisatie* ★ NN *horizontale eigendom* eigendom van een verdieping of deel daarvan in een gebouw ★ NN *horizontale programmering* programmering

van radio-uitzendingen waarbij regelmatig weerkerende onderdelen op vaste tijdstippen worden uitgezonden ★ *horizontale verkoop* het verkopen van een of meer etages van een geheel huis

ho·ri·zon·ver·vui·ling *de (v)* NN het minder fraai worden van uitzichten in een landschap door de bouw van opvallende, minder esthetische bouwwerken als flatgebouwen, hoge kantoorgebouwen, schoorstenen e.d.

hork *de (m)* [-en] NN lompe, onbeschaafde vent

hor·le·piep (‹Eng› *de* [-en] ❶ soort doedelzak ❷ dans voor één persoon

hor·lo·ge [-loozjə] (‹Fr‹Lat‹Gr› *het* [-s] klein uurwerk, meestal aan de pols gedragen: ★ *op je ~ kijken*; vroeger *uurwerk aan een ketting dat in een vestzak meegedragen werd, zakuurwerk*

hor·lo·ge·arm·band *de (m)* [-en], **hor·lo·ge·band·je** *het* [-s] [-loozjə-] band waarmee een polshorloge om de pols zit

hor·lo·ge·glas [-loozjə-] *het* [-glazen] glas over de wijzerplaat van een horloge

hor·lo·ge·ket·ting [-loozjə-] *de* [-en] ketting aan een horloge

hor·lo·ge·ma·ker [-loozjə-] *de (m)* [-s] iem. die horloges repareert

hor·lo·ge·rie [-loozjə-] (‹Fr› *de (v)* [-rieën] klokkenmakerij en -winkel

hor·mo·naal *bn* van hormonen, daarop betrekking hebbend

hor·moon, **hor·mon** (‹Gr› *het* [-monen] benaming voor door lichaamsklieren (als bijv. de schildklier, de bijnieren) inwendig afgescheiden stoffen, die regulerend werken op de functie van andere organen of het hele lichaam: ★ *als medicijn of anticonceptivum worden ook synthetische hormonen toegediend*

ho·ro·scoop (‹Gr› *de (m)* [-scopen] stand van de sterren en planeten op het tijdstip van iemands geboorte die volgens de astrologie samen met de geboorteplaats van invloed is op zijn karakter en lotsbestemming; *vandaar* lotsvoorspelling op grond daarvan gemaakt: ★ *wat staat er in je ~? ★ iemands ~ trekken* zijn levensloop voorspellen en conclusies trekken omtrent zijn karakter

ho·ro·sco·pie *de (v)* de kunst van het horoscooptrekken

hor·rel·voet *de (m)* [-en] klompvoet

hor·reur [orrùr] (‹Fr‹Lat› *de* [-s] ❶ afschuw, afgrijzen; gruwel ❷ iets wat afschuw wekt, een afschuwelijk lelijk ding

hor·ri·bel (‹Fr‹Lat› *bn* afschuwelijk, ijselijk, vreselijk

hor·ror [horrə(r)] (‹Eng‹Lat› *de (m)* genre van romans, films enz. die een griezeleffect beogen

hor·ror·film [horrə(r)-] *de (m)* [-s] griezelfilm

hor·ror·sto·ry [horrə(r)stòrie] (‹Eng› *de (m)* ['s] gruwelverhaal

hors¹ *de (m)* [-en] makreelachtige vis

hors² [òr] (‹Fr› *bijw* buiten ★ *~ concours* buiten mededinging

hors-d'oeu·vre [òrdùvrə] (‹Fr› *de (m) & het* [-s] ❶ bijwerk, toegift ❷ voorgerecht, vooral schotel met eetlust opwekkende koude vis- en groentespijzen die in kleine hoeveelheden worden genuttigd

horse [hò(r)s] (‹Eng› *de (m)* eig paard; slang heroïne

horst *de (m)* [-en] ❶ bodemverheffing ❷ nest van een roofvogel

hort¹ (‹Oudfrans› *de (m)* [-en] ruk, stoot ★ NN *de ~ op gaan* ervandoor gaan, aan de zwier gaan ★ *met horten en stoten* niet soepel

hort² *tsw* uitroep om een paard aan te sporen: voort

hor·ten *ww* [hortte, h. gehort] ❶ stoten, botsen ❷ haperen: ★ *hortend en stotend*

hor·ten·sia *de* ['s] plantensoort uit de steenbreekfamilie, vaak geteeld als sierplant met lichtgroene bladeren en roze, witte of blauwe bloemtrossen (*Hydrangea macrophylla*), genoemd naar Hortense Lepaute, reisgenote van de Franse botanisten Bougainville en Commerson in hun reis rond de wereld van 1766-1769

hor·ti·cul·tuur (‹Fr‹Lat› *de (v)* tuinbouw, tuinierskunst

hor·to·loog (‹Lat-Gr› *de (m)* [-logen] tuinbouwkundige

hort·sik *tsw* uitroep ter aansporing van een trekdier

hor·tus (‹Lat› *de (m)* [-ti, -sen] tuin ★ NN *~ botanicus* botanische tuin

hor·zel *de* [-s] ❶ eig groot harig insect van de vliegenfamilie, dat niet kan steken, bijv. de *runderhorzel* en de *schapenhorzel* ❷ ‹in de volksmond› grote steekvlieg

ho·san·na [-zan-] (‹Hebr› **I** *tsw* godsdienstige juichkreet ★ *vandaag ~, morgen kruist hem* de volksgunst is wispelturig: wie vandaag bewonderd en vereerd wordt, is morgen wellicht het voorwerp van spot en verachting **II** *het* ['s] de juichkreet: ★ *~ roepen, zingen*

hos·pes (‹Lat› *de (m)* [-sen] ❶ persoon bij wie men voor geld inwoont, kostbaas ❷ dier, organisme waarop een parasiet leeft, gastheer

hos·pik *de (m)* [-ken] NN, soldatentaal hospitaalsoldaat

hos·pi·ta (‹Lat› *de (v)* ['s] kostjuffrouw, kamerverhuurster

hos·pi·taal (‹Lat› *het* [-talen] ❶ (oorspr. militair) ziekenhuis, verpleeginrichting ❷ BN, spreekaal ziekenhuis

hos·pi·taal·lin·nen *het* geen vocht doorlatende, met rubber doorwerkte stof, die men onder zieken legt om het bed zelf niet vochtig te laten worden

hos·pi·taal·rid·der *de (m)* [-s] lid van de johannieterorde

hos·pi·taal·schip *het* [-schepen] schip ingericht voor vervoer en eerste verpleging van oorlogsgewonden

hos·pi·taal·sol·daat *de (m)* [-daten] soldaat die dienst doet bij het hospitaal en gewonde soldaten de eerste hulp biedt

hos·pi·ta·li·sa·tie·ver·ze·ke·ring *de (v)* [-en] BN

ziekenhuiskostenverzekering
hos·pi·ta·li·se·ren ww [-zee-] [hospitaliseerde, h. gehospitaliseerd] in een ziekenhuis opnemen; zie ook → **gehospitaliseerd**
hos·pi·ta·li·teit *(‹Fr‹Lat) de (v)* gastvrijheid
hos·pi·tant *de (m)* [-en], **hos·pi·tan·te** *de (v)* [-n; *ook* -s] iemand die als gast in een bepaalde kring is opgenomen of toegelaten; toehoorder op een school voor enkele lessen of bij een examen; leraar in opleiding die proeflessen geeft
hos·pi·te·ren ww *(‹Lat)* [hospiteerde, h. gehospiteerd] een les of enkele lessen als toehoorder bijwonen, thans, vooral als a.s. leraar lessen bijwonen en proeflessen geven
hos·pi·ti·um [-(t)sie(j)um] *(‹Lat) het* [-s *en* -tia] ❶ hist huis dat onderdak bood aan reizigers ❷ NN tehuis; *vgl*: → **grenshospitium** ❸ het hospiteren; periode waarin dit plaatsvindt
hos·se·len ww [hosselde, h. gehosseld] NN, ‹slang vooral gebruikt door Surinamers› het leven leiden dat kenmerkend is voor een verslaafde, nl. het met kleine criminaliteit geld verwerven voor persoonlijk onderhoud en nieuwe drugs
hos·sen ww [hoste, h. gehost] in rijen uitgelaten dansend voortgaan; ★ *het publiek hoste op de carnavalsmuziek*
host, host·com·pu·ter [hoostkompjoetər] *(‹Eng) de (m)* [-s] comput centrale computer in een netwerk die bepaalde functies voor andere aangesloten computers uitvoert
hos·tel *(‹Eng) het* [-s] ❶ eenvoudig hotel ❷ jeugdhotel, jeugdherberg
hos·tess [hoostəs, hostəs] *(‹Eng) de (v)* [-es] ❶ jonge vrouw die bezoekers ontvangt, voorlicht op tentoonstellingen, vakantiereizen begeleidt enz.; stewardess ❷ vrouw die in een seksclub werkt
hos·tie *(‹Lat) de (v)* [-s, -tiën] van ongezuurd tarwemeel gebakken schijfje waarvan men zich in de Rooms-Katholieke Kerk bij het misoffer of de communie bedient
hos·tiel *(‹Fr) bn* vijandig
hos·ti·li·teit *(‹Fr) de (v)* ❶ vijandigheid ❷ [*mv*: -en] vijandelijkheid
hot[1] *bijw* ★ ~ *en haar* overal heen, schots en scheef ★ *van* ~ *naar her* van hier naar daar, van het kastje naar de muur
hot[2] *(‹Eng) bn* heet, eig en fig ★ ~ *issue* belangrijke actuele kwestie ★ ~ *money* geld dat bij valutaspeculatie of anderszins tijdelijk in het buitenland ondergebracht wordt ★ ~ *news* kersvers (belangrijk) nieuws
hot·dog [hoddoχ] *(‹Eng) de (m)* [-s] broodje met warme knakworst
ho·tel *(‹Fr) het* [-s] gebouw ingericht voor betalende logeergasten
ho·tel·ac·com·mo·da·tie [-(t)sie] *de (v)* ❶ de voorziening in hotels ❷ de aanwezige hoeveelheid hotels in een bepaalde stad of regio

ho·tel·be·drijf *het* ❶ het exploiteren van hotels ❷ [*mv*: -drijven] hotel
ho·tel·de·bo·tel *bn* NN van streek, in de war: ze was helemaal ~ van het nieuws
ho·tel·ei·land *het* [-en] kunstmatig eiland met gelegenheid tot overnachting en recreatie voor personen werkzaam op nabijgelegen booreilanden
ho·tel·hou·der *de (m)* [-s] bedrijfsleider in een hotel
ho·te·lier [hootəljee] *(‹Fr) de (m)* [-s] hotelhouder
ho·tel·le·rie *(‹Fr) de (v)* → **hotelbedrijf** (bet 1)
ho·tel·rat *de* [-ten] iem. die hotelgasten besteelt
ho·tel·scha·ke·laar *de (m)* [-s] elektrische schakelaar, waarbij men eenzelfde lichtpunt op twee verschillende plaatsen kan aan- of uitdoen
ho·te·me·toot *de (m)* [-toten] vooral NN, spreektaal belangrijk persoon, hoge ome: ★ *er was een borrel in de bestuurskamer voor de hotemetoten van het bedrijf*
hot·jazz [-dzjez] *(‹Eng) de (m)* warmbloedige jazz met veel ruimte voor improvisatie
hot·line [-lain] *(‹Eng) de (v)* [-s] directe telefoonverbinding tussen de staatshoofden van grote staten om bij internationale crisissituaties direct te kunnen ingrijpen
hot·link *(‹Eng) de (v)* [-s] comput zodanige verbinding tussen twee programma's dat veranderingen in de data binnen het ene programma automatisch veranderingen teweegbrengen in de data van het andere programma (bijv. veranderingen in een database leiden tot aanpassing van een grafiek in een gelinkt tekstdocument)
hot·pants [-pents] *(‹Eng) mv* zeer korte en strakke broek voor vrouwen of meisjes
hot·sen ww [hotste, h. gehotst] heen en weer schudden, schokken
hot·shot [-sjot] *(‹Eng) de* [-s] NN iem. met een hoge status binnen een bep. groep, belangrijk persoon
hot·spot *(‹Eng) de* [-s] comput locatie met draadloos toegang tot internet
Hot·ten·tot *de (m)* [-ten] Zuid-Afrikaans mensenras
Hot·ten·tots I *bn* van de Hottentotten **II** *het* de taal van de Hottentotten
hou *ww* persoonsvorm 'houd' in spreektaal: ★ *hou je nog van me?*
houd·baar *bn* ❶ te houden, te verdedigen: ★ *zijn argumenten bleken niet* ~ ❷ bewaard kunnende worden: ★ *op verpakkingen: tenminste* ~ *tot...*; **houdbaarheid** *de (v)*
hou·den I *ww* [hield, h. gehouden] ❶ behouden: ★ *dat geleende boek mag je* ~ ❷ vasthouden, tegenhouden: ★ *houd de dief!* ★ *niet te* ~ *zijn* niet te bedwingen ★ *er is geen* ~ *meer aan* het kan niet meer tegengehouden worden ★ BN, spreektaal *eraan* ~ *dat* er prijs op stellen, erop staan dat ❸ uithouden: ★ *het is er niet te* ~ ★ *hij zal het niet lang meer* ~ ❹ vast blijven zitten: ★ *de lijm houdt goed* ★ *spijkers* ~ *niet in de muur* ❺ voldoende draagkracht hebben: ★ *het ijs houdt nog niet* ❻ dieren in of aan huis verzorgen: ★ *kippen* ~,

slangen ~ ❼ handhaven, in stand houden, gestand doen: ★ *zijn fatsoen* ~ ★ *orde* ~ ★ *de wacht* ~ ★ *zijn woord* ~ ❽ doen plaats hebben: ★ *een bijeenkomst* ~ ❾ ten gehore brengen: ★ *een voordracht* ~ ❿ ★ ~ *van* liefhebben, gesteld zijn op, lekker vinden ★ *ik hou van je* ★ *ik hou van patat met mayonaise* ⓫ ★ *het* ~ *op* denken dat ★ *ik houd het op 12 meter* ik denk dat het 12 meter is ⓬ ★ NN, spreektaal *het* ~ *met iem.* een seksuele relatie hebben met iem.: ★ *zij houdt het al jaren met de kapper* ⓭ ★ NN *het zal erom* ~ het is nog te bezien, het is twijfelachtig of het goed uitkomt ⓮ ★ *iem.* ~ *aan een afspraak* van iem. verlangen dat deze een afspraak nakomt ⓯ ★ *het* ~ *bij* zich beperken tot: ★ *ik hou het vandaag bij een voorgerecht* II *wederk* ❶ ★ *zich dom, doof etc.* ~ doen alsof, de schijn aannemen van ❷ ★ *zich goed* ~ a) zich flink houden, zich bedwingen; b) in het gebruik deugdelijk blijken ❸ ★ *zich* ~ *aan* zich richten naar, vertrouwen op
hou·der *de (m)* [-s] ❶ eigenaar, bezitter; iem. die iets ter beschikking heeft; bestuurder, beheerder; recht degene die iets in beheer houdt, *tegengest.* bezitter ❷ voorwerp om iets vast te houden: ★ *pen*~
houd·greep *de (m)* worstelen, judo greep waarbij men de tegenstander liggend vastklemt
hou·ding *de (v)* [-en] ❶ lichaamsstand, stand van een lichaamsdeel ★ *in de* ~ *staan* stijf rechtop staan met de handen langs het lichaam (van militairen e.d.) ❷ gedrag, gedragslijn: ★ *een* ~ *aannemen* ★ *zijn* ~ *bepalen* ★ *zich een* ~ *geven* zich op een zekere trotse, afstandelijke wijze gedragen ★ *zich geen* ~ *weten te geven, met zijn* ~ *verlegen zijn* niet weten hoe zich te gedragen in bepaalde omstandigheden
houd·ster *de (v)* [-s] eigenares, bestuurster, bezitster
house [haus] *⟨Eng⟩ de,* **house·mu·ziek** *de (v)* sterk ritmische dansmuziek, vooral gekenmerkt door een snelle, computergestuurde drumbeat, in de jaren '80 ontstaan in *The Warehouse*-club in Chicago
hou·sen *ww ⟨Eng⟩* [housete/housede, h. gehouset/ gehoused] dansen op housemuziek
House of Com·mons [haus ov kommǝns] *⟨Eng⟩ het* het Engelse Lagerhuis
House of Lords [haus ov lò(r)dz] *⟨Eng⟩ het* het Engelse Hogerhuis
house·par·ty [hauspà(r)tie] *⟨Eng⟩ de (v)* ['s] grootschalig feest waarbij op housemuziek wordt gedanst en vaak xtc of andere synthetische drugs worden gebruikt
house·warm·ing·par·ty [hauswò(r)mingpà(r)tie] *⟨Eng⟩ de (m)* ['s] feest ter inwijding van een nieuw huis of een nieuwe woning
hout *het* [-en] ❶ naam voor de harde stof van bomen en struiken: ★ ~ *sprokkelen voor de open haard* ★ *dat snijdt geen* ~ dat bewijst niets ★ *van dik* ~ *zaagt men planken* waar veel is, is men niet zuinig ★ NN, schertsend *een flink bos* ~ *voor de deur hebben* grote borsten hebben ★ *uit het goede* ~ *gesneden zijn* met het goede, geschikte karakter ★ BN, spreektaal *niet*

meer weten van welk ~ *pijlen te maken* ten einde raad zijn, geen uitweg uit de moeilijkheden meer weten ❷ stuk hout ★ *er geen* ~ *van begrijpen, snappen* helemaal niets ; zie ook bij → **timmerhout** ❸ ⟨in aardrijkskundige namen⟩ bos: ★ *Aerdenhout, Kalmthout, de Haarlemmer Hout* ❹ de houten blaasinstrumenten; zie ook → **houtje**
hout·aan·kap *de (m)* het vellen van bossen ter ontginning of herbeplanting
hout·ach·tig *bn* als hout, gelijkend op hout
hout·bla·zer *de (m)* [-s] bespeler van een houten blaasinstrument
hout·board [-bò(r)d] *⟨Eng⟩ het* board van houtvezels
hout·bouw *de (m)* het telen, verbouwen van hout
hout·draai·er *de (m)* [-s] iem. die op een draaibank houten voorwerpen maakt of bewerkt
hout·druk *de (m)* het drukken met houten lettervormen
hout·duif *de* [-duiven] bosduif
hout·ek·ster *de* [-s] Vlaamse gaai
hou·ten *bn* van hout: ★ *een* ~ *huis* ★ *een* ~ *klaas* een onhandig, houterig persoon ★ ~ *blaasinstrumenten* blaasinstrumenten met kleppen en greepgaten ★ *een* ~ *kop hebben* gezegd van hoofdpijn ten gevolge van overmatig drankgebruik ★ NN *een* ~ *kont, reet hebben* (door lang zitten) onaangenaam aanvoelend zitvlak
hou·te·rig *bn* stijf, onhandig; **houterigheid** *de (v)*
hout·gas *het* uit hout gestookt gas, in de Tweede Wereldoorlog vaak als aandrijfkracht voor auto's gebruikt
hout·geest *de (m)* bij droge destillatie van hout ontstaand vergiftig gas, methylalcohol
hout·ge·was *het* [-sen] laag groeiende struiken enz.
hout·gra·vu·re *de* [-s, -n] houtsnede
hout·hak *de (m)* het hakken van hout
hout·hak·ken *ww & het* (het) kappen van bomen of (het) in stukken hakken van hout met een bijl
hout·hak·ker *de (m)* [-s] ❶ iem. die hout hakt als beroep ❷ NN onhandig, ruw mens
hout·han·del *de (m)* de koop en verkoop van hout; **houthandelaar** *de (m)* [-s, -laren]
hout·hou·dend *bn* ★ ~ *papier* papier waarin houtslijp verwerkt is, zoals krantenpapier
hou·tig *bn* houtachtig
hou·ting *de (m)* [-en] zalmachtige vis
hout·je *het* [-s] stukje hout ★ NN *op een* ~ *moeten bijten* weinig of niets te eten hebben ★ *op eigen houtje* op eigen gezag, zonder toestemming ★ *van 't* ~ katholiek (verwijzend naar het kruishout)
hout·je-touw·tje- *voorv* (als eerste lid in samenstellingen) geïmproviseerd en weinig solide: ★ *houtje-touwtjeoplossing* ★ *houtje-touwtjebeleid*
hout·je·touw·tje·jas *de* [-sen] jas die gesloten wordt d.m.v. stukjes hout die door lussen worden gestoken in plaats van d.m.v. knopen, montycoat
hout·ke·ver *de (m)* [-s] kever waarvan de larve in hout leeft

hout·lijm de (m) lijm die geschikt is voor het lijmen van houten voorwerpen
hout·luis de [-luizen] in hout levend insect
hout·mijt de [-en] stapel hout
hout·op·stand de (m) [-en] NN de bomen die op een terrein groeien
hout·pap de brij van houtpulp voor papierbereiding
hout·pulp de fijngewreven hout voor papierbereiding
hout·ring de (m) [-en] jaarring
hout·schroef de [-schroeven] schroef met grove draad, om in hout gedraaid te worden
houts·kool de [-kolen] verkoold hout
hout·slijp het houtpulp
hout·sne·de, **hout·snee** de [-sneden] afdruk van een in hout uitgesneden beeld, houtgravure
hout·snij·der de (m) [-s] ❶ iem. die houtsnijwerk maakt ❷ iem. die houtgravures maakt
hout·snij·kunst de (v), **hout·snij·werk** het kunstig uit hout gesneden voorwerpen
hout·snip de [-pen] ❶ soort vogel: steltloper met gele, bruine en zwarte vlekken ❷ NN, vero sneetje wittebrood met kaas en roggebrood
hout·spaan·der de (m) [-s] houtschilfer
hout·stof de fijne houtdeeltjes
hout·teelt de houtbouw
hout·teer de (m) & het neerslag van de bij droge destillatie van hout vrijkomende gassen
hout·tuin de (m) [-en] NN opslagplaats van timmerhout
hout·ves·ter de (m) [-s] bosopzichter
hout·ves·te·rij de (v) ❶ het toezicht op de bosbouw ❷ [mv: -en] bosbouwbedrijf
hout·ve·zel de [-s] vezel van hout
hout·ve·zel·plaat de [-platen] plaat van houtboard
hout·vijl de [-en] fijne vijl
hout·vlot het [-ten] vlot van aan elkaar vastgemaakte boomstammen die drijvend langs een rivier worden getransporteerd ★ NN je zuster op een ~! uitroep als men iets niet gelooft, met iets niet te maken wil hebben e.d.
hout·vlot·ter de (m) [-s] iem. die hout op vlotten moet vervoeren
hout·vrij bn ★ ~ papier uit lompen of zuivere cellulose vervaardigd
hout·wal de (m) [-len] vooral NN met laag hout beplante wal, als grens tussen landerijen
hout·werk het ❶ het hout aan een bouwwerk ❷ voetbal de palen en de lat van het doel ★ het ~ ranselen met een hard schot de paal of lat raken
hout·wesp de [-en] wesp waarvan de larve in hout leeft
hout·wol de fijne houtkrullen, vaak gebruikt als opvulmiddel
hout·worm de (m) [-en] insectenlarve die in hout leeft
hout·zaag de [-zagen] zaag voor hout
hout·zaag·mo·len de (m) [-s] vroeger molen waarmee men hout zaagde door middel van windkracht
hout·za·ge·rij de (v) ❶ het hout zagen als bedrijf ❷ [mv: -en] plaats waar men dit bedrijf uitoefent
hou·vast, **hou·vast** het [-en] iets waaraan men zich kan vasthouden, dat steun kan bieden (ook fig): ★ ~ zoeken ★ ergens ~ aan hebben
houw[1] de (m) [-en] slag met een scherp voorwerp
houw[2] de [-en] houweel
houw·de·gen de (m) [-s] ❶ grote degen ❷ NN, fig ruw, onbeheerst persoon
hou·weel het [-welen] puntig dwarsijzer op korte steel
hou·wen ww [hieuw, h. gehouwen] ❶ met een scherp voorwerp slaan of hakken ❷ door hakken bewerken of vervaardigen
hou·wer de (m) [-s] ❶ iem. die houwt ❷ voorwerp waarmee men houwt: sabel, degen enz.
hou·wit·ser (⟨Du⟨Tsjech⟩ de (m) [-s] kort kanon van groot kaliber
hou·zee [hau-, hoe-] tsw hist groet van de NSB (1931-1945)
ho·vaar·dig bn trots
ho·vaar·dij de (v) trots
ho·ve·ling de (m) [-en] ❶ iem. die aan het hof verkeert ❷ fig vleier, onderdanig persoon
ho·ven zn meerv van → hof[1]
ho·ve·nier de (m) [-s] ❶ tuinman; liefhebber van tuinieren ❷ tuinarchitect ❸ tuinder, kweker van groente of fruit
hov·er·craft [hɔvvə(r)krὰft] (⟨Eng⟩ de (m) [-s] voertuig op luchtkussens, dat zich zowel boven water als boven (vlak) land kan bewegen
ho·ve·ren [hɔvvə-] (⟨Eng⟩ ww [hoverde, h. gehoverd] ❶ stil in de lucht hangen (van helikopters e.d.) ❷ comput de hand gedurende enige tijd bewegingloos op of boven de muis van de computer laten hangen ❸ comput met de muis de cursor over een klein deel van het scherm bewegen om een functie te activeren
ho·ze·bek de (m) [-ken], **ho·ze·mond** [-en] soort vis: zeeduivel
ho·zen ww [hoosde, h. gehoosd] water uit een boot scheppen ★ NN het hoost het regent heel hard
HP afk symbool voor horsepower (⟨Eng⟩ [paardenkracht]
HR afk ❶ in Nederland Hoge Raad ❷ in België Handelsregister
hr. afk heer
h·r·ke·tel de (m) [-s] hoogrendementsketel [efficiënt werkende, energiebesparende cv-ketel]
Hr. Ms. afk Harer Majesteits ⟨voor de naam van een oorlogsschip⟩
HRVV afk in België Hoge Raad voor Verkeersveiligheid [Belgische overheidsinstelling]
hryv·na [griv-] (⟨Oekraïens⟩ de ['s] munteenheid van de Oekraïne
H.S. afk ❶ Heilige Schrift ❷ handschrift
hs. afk handschrift [mv: hss.]
hsl afk hogesnelheidslijn [spoorlijn waarover een hogesnelheidstrein rijdt]
hso afk in België hoger secundair onderwijs

hst *afk* ❶ hogesnelheidstrein [trein die meer dan 300 km per uur kan rijden en over een speciaal spoor rijdt, de Nederlandse variant van de → **tgv**] ❷ in België hoger secundair technisch (onderwijs)

HTML *afk* Hypertext Markup Language [comput coderingssysteem waarmee hypertext- en internetpagina's worden voorzien van een → **opmaak** (bet 1) en een verwijzingstructuur]

HTML-edi·tor [-edditta(r)] *(‹Eng) de (m) [-s]* comput tekstverwerkingsprogramma speciaal voor de verwerking van teksten die voor internet worden opgemaakt in HTML

hto *afk* in Nederland Hoger Technisch Onderwijs

hts *afk* in Nederland Hogere Technische School

HTTP *afk* comput *Hypertext Transfer Protocol* [protocol voor de uitwisseling van hypertextdocumenten op het internet]

hu [huu] *tsw* ❶ uitroep van huivering of schrik ❷ kreet ter aansporing van trekdieren

Hu·ber·tus·dag *de (m)* [-dagen] feestdag van Sint-Hubertus († 727), beschermheilige van de jagers

hu·ber·tus·klauw *de* [-en] ‹bij honden› nagel aan een achterteen

huf·ter *de (m)* [-s] NN, scheldwoord schoft, gemene kerel

huf·te·rig *bn* NN onbeschoft, gemeen

hu·ge·noot, hu·ge·noot *(‹Fr‹Du) de (m)* [-noten] ‹in de 16de en 17de eeuw› Franse protestant

hui *de* → **wei²** (van de melk)

hui·che·laar *de (m)* [-s] onoprecht mens, schijnheilige

hui·chel·ach·tig *bn* geveinsd, onoprecht, schijnheilig

hui·che·la·rij *de (v)* schijnheiligheid

hui·che·len *ww* [huichelde, h. gehuicheld] veinzen, voorwenden, niet oprecht zijn

huid *de* [-en] ❶ buitenste bekleding van het gehele uitwendige lichaamsoppervlak van mens en dier; vel; ★ *de ~ afstropen* villen, fig afzetten ★ *zijn ~ wagen* zijn leven wagen ★ *een dikke ~ hebben* ongevoelig zijn voor beledigingen of terechtwijzingen ★ *iem. de ~ vol schelden* met scheldwoorden overladen ★ *met ~ en haar opeten* zonder iets over te laten ★ *iem. op zijn ~ geven* slaag geven, streng berispen of hekelen ★ *iem. op z'n ~ zitten* druk op hem uitoefenen ★ *zijn ~ duur verkopen* flink weerstand bieden alvorens zich over te geven ❷ afgestroopte huid, vooral van dieren; zie ook bij → **beer¹** ❸ vlies van planten ❹ buitenste bekleding van schepen en vliegtuigen

huid·arts *de (m)* [-en] arts voor huidziekten, dermatoloog

hui·dig *bn* tegenwoordig; ★ *de huidige stand van zaken*

huid·kan·ker *de (m)* → **kanker** (bet 1) van de huid

huid·kleur *de* → **huidskleur**

huid·mond·je *het* [-s] ademhalingsopening bij planten

huids·kleur *de* kleur van de menselijke huid

huid·uit·slag *de (m)* puisten of vlekken op de huid

huid·vet·ten *ww* [huidvette, h. gehuidvet] leerlooien

huid·vet·ter *de (m)* [-s] leerlooier

huid·worm *de (m)* [-en] vetworm die als parasiet onder de menselijke huid leeft

huid·ziek·te *de (v)* [-n, -s] ziekte van de → **huid** (bet 1)

huif *de* [huiven] ❶ kap ❷ leren, voor de jachtvalk bestemde kap

huif·kar *de* [-ren] kar met een → **huif** (bet 1) overdekt

huig *de* [-en] achterste uiteinde van het zachte gehemelte: lelletje in de keel ★ NN *iem. de ~ lichten* een gezwollen huig door zout of peper wat kleiner maken; fig *iem. geld aftroggelen*

huik *de* [-en] lange mantel met kap ★ *de ~ naar de wind hangen* zijn mening of houding wijzigen naar de omstandigheden

huil·bui *de* [-en] korte periode waarin iem. hevig huilt

hui·le·balk *de (m)* [-en] kind dat veel huilt

hui·len *ww* [huilde, h. gehuild] ❶ een klagelijk geluid maken waarbij tranen uit de ogen stromen, als gevolg van pijn of heftige emoties; ★ *het is om te ~ ook*: ★ *het is ~ met de pet op* het is beklagenswaardig slecht ❷ → **gieren¹** (bet 1): ★ *de wind huilt om het huis* ; zie ook bij → **traan** en → **wolf**

hui·ler *de (m)* [-s] ❶ iem. die huilt ❷ jonge zeehond die zijn moeder kwijt is en een huilend geluid maakt

hui·le·rig *bn* geneigd tot huilen; alsof men huilt of gehuild heeft

huil·toon *de (m)* [-tonen] ❶ huilerige toon ❷ klagende toon van een sirene

huis *het* [huizen] ❶ woning ★ *ten huize van A.* bij A. *aan huis* ★ *van ~ uit* oorspronkelijk, eigenlijk: ★ *van ~ uit ben ik katholiek* ★ *huizen bouwen op iem.* iem. ten zeerste vertrouwen ★ *zo vast als een ~* zeer vast, zeer zeker ★ *iets in ~ hebben* over iets beschikken, ook fig: ★ *zij heeft veel kwaliteiten in ~* ★ *~ aan ~* langs alle huizen ★ *nog verder van ~ zijn* nog dieper in de problemen zitten ★ *het is niet om over naar ~ te schrijven* het is niet bepaald mooi, goed, geslaagd ★ *als hij kwaad wordt, is het ~ te klein* dan gaat hij vreselijk tekeer ★ BN *ook daar komt niets van in ~* daar komt niets van terecht ❷ gezin: ★ *de heer des huizes* het hoofd van een gezin, de huisvader ❸ familie, geslacht: ★ *het koninklijk ~* ❹ firma, handelshuis; ★ BN *ook ~ van vertrouwen* vertrouwd adres; zie ook bij → **glazen**, → **goed¹**, → **huisje**, → **kind**, → **opeten** en → **zuinigheid**

huis-aan-huis-blad *het* [-bladen] tijdschrift, meestal met veel reclame, dat gratis huis aan huis wordt verspreid

huis·adres *het* [-sen] adres van iemands woning (in tegenstelling tot kantoor enz.)

huis·apo·theek *de (v)* [-theken] kleine verzameling van de meest gebruikelijke genees- en verbandmiddelen

huis·ar·chief *het* [-chieven] archief van een vorstelijk huis

huis·ar·rest *het* verbod om buitenshuis te gaan: ★ *iem. ~ opleggen, geven*

huis·arts *de (m)* [-en] arts zonder bijzonder specialisme die men bij gezondheidsklachten als eerste raadpleegt, huisdokter

huis·art·sen·post *de (m)* [-en] vooral NN centrum waar men terechtkan voor spoedeisende huisartsenzorg tijdens de avonden, nachten, weekenden en feestdagen

huis·baas *de (m)* [-bazen] eigenaar van een verhuurd huis

huis·bak·ken, huis·bak·ken *bn* NN ❶ thuis gebakken: ★ ~ *brood* ❷ fig bekrompen, benepen

huis·be·dien·de *de* [-n, -s] (meestal mannelijke) bediende voor het werk in huis, vooral in door Europeanen gekoloniseerde gebieden

huis·be·waar·der *de (m)* [-s], **huis·be·waar·ster** *de (v)* [-s] iem. die het huis bewaart, vooral bij afwezigheid van de bewoners

huis·be·zoek *het* bezoek aan huis door een huisarts, dominee, ambtenaar van de sociale dienst enz.

huis·bij·bel *de (m)* [-s] bijbel die geregeld in het gezin gebruikt wordt

huis·brand·olie *de* olie die voor de verwarming van huizen gebruikt wordt

huis·dea·ler [-dielər] *de (m)* [-s] handelaar die onder controle van de exploitant van een koffieshop, de leiding van een jongerencentrum enz. softdrugs verkoopt

huis·deur *de* [-en] vooral NN voordeur van een huis

huis·dier *het* [-en] tam dier dat gefokt en gehouden wordt tot nut of plezier van de mens: ★ *honden en katten zijn bekende huisdieren*

huis·dok·ter *de (m)* [-s] huisarts

huis·ei·ge·naar *de (m)* [-s, -naren] bezitter van een of meer huizen

hui·se·lijk, huis·lijk *bn* ❶ van, behorende tot het huis of het gezin ★ *het ~ verkeer* ★ *de huiselijke besognes* ❷ veel en graag thuis zijnde: ★ *hij is ~ van aard* ❸ gezellig: ★ *een huiselijke inrichting*

hui·se·lijk·heid, huis·lijk·heid *de (v)* ❶ het → **huiselijk** (bet 2) zijn ❷ gezelligheid

huis·ge·noot *de (m)* [-noten] lid van hetzelfde gezin, medebewoner van een huis; **huisgenote** *de (v)* [-n]

huis·ge·zin *het* [-nen] ouders en kinderen

huis·houd·boek·je *het* [-en] aantekenboekje voor huishoudelijke uitgaven

huis·houd·brood *het* BN brood waarvan samenstelling en prijs door de overheid bepaald zijn

huis·hou·de·lijk *bn* het huishouden betreffend, met de huishouding vertrouwd ★ *~ reglement* regels voor inrichting en werkwijze van een vereniging

huis·hou·den I *ww* [hield huis, h. huisgehouden] ❶ het beheer van een gezin voeren ★ *er is geen huis met hem te houden* hij is zeer moeilijk in de omgang, hij is niet te bedwingen ❷ allerlei schade aanrichten: ★ *ergens flink ~ erge* schade aanrichten, fig een bepaalde situatie volledig overhoop gooien **II** *het* [-s] ❶ de huiselijke bezigheden: ★ *het ~ doen* ❷ gezin en huisraad: ★ *door de verhuizing stond het*

hele ~ op z'n kop ; zie ook bij → **Jan Steen**

huis·houd·geld *het* geld voor de huishouding

huis·hou·ding *de (v)* [-en] de huiselijke bezigheden, regeling van het huiselijk leven

huis·houd·jam [-sjem, -zjem] *de* [-s] NN goedkope kwaliteit jam

huis·houd·kun·de *de (v)* leer, kennis van het huishouden

huis·houd·kun·dig *bn* van, betreffende de huishoudkunde

huis·houd·kun·di·ge *de* [-n] bestuurder, veelal gediplomeerd, van de huishouding van een inrichting

huis·houd·school *de* [-scholen] vroeger schooltype dat, naast algemene vorming, speciaal gericht is op het onderwijs in allerlei praktische vakken die voor een goede huishouding van belang zijn, inmiddels opgegaan in het → **vmbo**

huis·houd·schort *de & het* [-en] lang schort, veelal met mouwen, bij het huishoudelijk werk gedragen

huis·houd·ster *de (v)* [-s] vrouw die meehelpt in de huishouding, werkster

huis·houd·zeep *de* [-zepen] zeep voor in de keuken (t.o. toiletzeep)

huis·huur *de* [-huren] regelmatig aan de huiseigenaar te betalen bedrag voor het bewonen van een huis

huis·je *het* [-s] ❶ klein huis, klein gebouw ★ *ieder ~ heeft zijn kruisje* ieder gezin heeft zijn leed ★ *een heilig ~* angstvallig in ere gehouden toestand of standpunt, waar geen kritiek op mag worden gegeven: ★ *elke politieke partij heeft haar heilig ~* ❷ omhulsel: ★ *het ~ van een slak* de schelp

huis·jes·mel·ker *de (m)* [-s] geringsch iem. die inkomsten trekt uit het verhuren van slechte, goedkope woningen

huis·jes·slak *de* [-ken] slak met een huisje op de rug

huis·ka·mer *de* [-s] kamer waarin zich het gezinsleven afspeelt

huis·ka·pel *de* [-len] → **kapel¹** (bet 2) in een particuliere woning

huis·ka·pe·laan *de (m)* [-s] ❶ priester die in een huiskapel dienst doet ❷ biechtvader van een vorst

huis·kat *de* [-ten] kat als huisdier

huis·knecht *de (m)* [-en, -s] knecht voor huiselijk werk

huis·kre·kel *de (m)* [-s] krekel die veel in bakkerijen voorkomt

huis·lijk *bn* → **huiselijk**

huis·lijk·heid *de (v)* → **huiselijkheid**

huis·look *het* vetplant die op steen kan groeien en vroeger vaak op muren en daken werd geplant voor de stevigheid (*Sempervivum tectorum*)

huis·macht *de* hist macht van de keizer van het Duitse Rijk in de middeleeuwen die hij had op grond van de bezittingen van zijn → **huis** (bet 3)

huis·man *de (m)* [-nen] man die vooral het huishouden doet, terwijl zijn partner vooral werkt of studeert

huis·mees·ter *de (m)* hoofd van de huishoudelijke

dienst in een groot gebouw
huis·merk *het* [-en] merknaam waaronder een grootwinkelbedrijf artikelen verkoopt, gelijkluidend aan de naam van het bedrijf zelf: ★ *pindakaas van het ~*
huis·mid·del *het* [-en], **huis·mid·del·tje** [-s] onschuldig, zonder doktersvoorschrift toegepast geneesmiddel
huis·moe·der *de (v)* [-s] moeder van een huisgezin
huis·muis *de* [-muizen] de gewone muis
huis·mus *de* [-sen] ❶ de gewone mus ❷ iem. die altijd thuis is, die niet graag uitgaat
huis·num·mer *het* [-s] nummer waarmee de huizen in een straat worden aangeduid
huis·or·de *de* ❶ door een vorstelijk huis ingestelde ridderorde ❷ huisregels in een tehuis of inrichting
huis·or·gaan *het* [-ganen] week- of maandblad van een bedrijf of instelling voor afnemers of personeel
huis·or·gel *het* [-s] orgel geschikt voor het gebruik in huis; *tegengest.:* → **kerkorgel**
huis·per·so·neel *het* dienstboden, huisknechts
huis·pre·laat *de (m)* [-laten] ❶ hoog geestelijke, verbonden aan het pauselijk hof ❷ door de paus verleende eretitel voor geestelijken
huis·raad *het* meubelen, inboedel: ★ *van de wanbetalers werd de ~ op straat gezet*
huis·recht *het* onschendbaarheid van de woning; recht om een ander niet in de woning toe te laten
huis·re·gel[1] *de (m)* [-s] afspraak over de manier van gedragen bijv. tussen huisgenoten of binnen een bedrijf, of organisatie e.d.
huis·regel[2] *de (m)* [-s] gedragsregel, zoals opgelegd in een horecagelegenheid, de openbare ruimte, bedrijven enz.
huis·ruil·va·kan·tie [-sie] *de (v)* [-s] BN vakantie met tijdelijke woningruil tussen twee gezinnen
huis·schil·der *de (m)* [-s] iem. die verfwerk aan huizen verricht
huis·slacht *de*, **huis·slach·ting** *de (v)* [-en] het → **slachten** (bet 1) aan huis
huis·sleu·tel *de (m)* [-s] sleutel van de huisdeur
huis·sloof *de (v)* [-sloven] zich afslovende huisvrouw
huis·spin *de* [-nen] tamelijk grote spinnensoort uit de familie van de trechterspinnen, zich bij voorkeur in gebouwen ophoudend, algemeen in Nederland en België (*Tegenaria domestica*)
huis·stijl *de (m)* [-en] kenmerkend en gemakkelijk herkenbaar uiterlijk van briefpapier, producten, vestigingen e.d. van een grote onderneming
huis·stof·mijt *de* [-en] mijt die voornamelijk voorkomt in beddengoed en in de stoffering van meubels en waarvan de uitwerpselen een belangrijke oorzaak zijn van overgevoeligheid bij astmapatiënten (*Dermatophagoïdes oteronyssinus*)
huis·te·le·foon *de (m)* [-s, -fonen] systeem van in één huis geplaatste telefoons, die onderling verbonden kunnen worden en die tevens verbinding hebben met het openbare telefoonnet
huis·ti·ran *de (m)* [-nen] lastige, heerszuchtige

huisvader
huis-tuin-en-keu·ken- *in samenstellingen* gewoon, alledaags, zonder iets bijzonders: ★ *een huis-tuin-en-keukenboekenkast; voor huis-tuin-en-keukengebruik*
huis·va·der *de (m)* [-s] vader van een huisgezin
huis·ves·ten *ww* [huisvestte, h. gehuisvest] een verblijf verschaffen, onderdak geven
huis·ves·ting *de (v)* het huisvesten; inwoning, verblijf
huis·ves·tings·bu·reau [-buuroo] *het* [-s],
huis·ves·tings·dienst *de (m)* [-en] gemeentelijke dienst die de woonruimte toewijst
huis·ves·tings·maat·schap·pij *de (v)* [-en] BN woningbouwvereniging
huis·vlieg *de* [-en] kamervlieg
huis·vlijt *de* het thuis maken van leuke of nuttige dingen, zoals het knopen van een tafelkleed, of het bouwen van een vliegtuigje uit lucifers
huis·vre·de·breuk *de* inbreuk op de onschendbaarheid van iemands huis, het wederrechtelijk in iemands huis binnendringen
huis·vriend *de (m)* [-en] vriend die vaak aan huis komt
huis·vrouw *de (v)* [-en] vrouw die vooral de huishouding doet, terwijl haar partner vooral buitenshuis werkt of studeert
huis·vuil *het* uit het huishouden afkomstig afval
huis·waarts *bijw* naar huis
huis·werk *het* werk voor school dat thuis gemaakt moet worden ★ *zijn ~ overmaken* fig werk dat men slecht gemaakt heeft, overdoen
huis·zoe·king *de (v)* [-en] onderzoek in huis op last van de rechtbank: ★ *een bevel tot ~*
huis·zwa·luw *de* [-en] de gewone zwaluw
hui·ven *ww* [huifde, h. gehuifd] met een huif dekken
hui·ver *de (m)* huivering
hui·ve·ren *ww* [huiverde, h. gehuiverd] rillen, sidderen ★ *~ voor* bang voor of bezorgd zijn voor
hui·ve·rig *bn* ❶ rillerig ❷ aarzelend, bang: ★ *er ~ voor zijn dat...*; **huiverigheid** *de (v)*
hui·ve·ring *de (v)* [-en] ❶ rilling ❷ aarzeling: ★ *met enige ~ begon zij aan haar nieuwe taak*
hui·ve·ring·wek·kend *bn* vreesaanjagend
hui·zen *ww* [huisde, h. gehuisd] wonen, ook: ★ *er huist een groot kunstenaar in hem*
hui·zen·blok *het* [-ken] groep aaneengebouwde huizen
hui·zen·bouw *de (m)* het bouwen van (woon)huizen
hui·zen·hoog *bn* zeer hoog: ★ *huizenhoge schulden*
hul·de *de (v)* eer, eerbetoon: ★ *~ brengen aan iets / iem.* ★ *~ doen* eren, zijn waardering uitspreken
hul·de·be·toon *het*, **hul·de·be·tui·ging** *de (v)* [-en] het betonen van hulde, huldeblijk
hul·de·blijk *het* [-en] bewijs van hulde
hul·di·gen *ww* [huldigde, h. gehuldigd] ❶ eren ❷ erkennen als heer, als vorst ❸ aanhangen, toegedaan zijn: ★ *een mening ~*
hul·di·ging *de (v)* [-en] het → **huldigen** (bet 1 en 2); feestelijke eerbetoning

hulk *de* [-en] ❶ schip; ❷ ⟨15de-17de eeuw⟩ koopvaardijschip

hul·len *ww* [hulde, h. gehuld] bedekken, wikkelen, omhullen: ★ *in een overjas gehuld* ★ *zich ~ in stilzwijgen* ★ *in nevelen gehuld* zie bij → **nevel**

hul·lie *pers vnw* NN, spreektaal ⟨onjuiste vorm⟩ derde pers meerv: ★ *~ hebben het gedaan*

hulp I *de* het helpen: ★ *~ verlenen* ★ *te ~ roepen* ★ *te ~ komen* **II** *de* [-en] helper, helpster: ★ *~ in de huishouding*

hulp·ac·tie [-sie] *de (v)* [-s] → **actie** (bet 4) voor hulp of steun

hulp·be·hoe·vend *bn* hulp nodig hebbend wegens lichamelijke gebreken

hulp·be·toon *het* het verlenen van hulp of ondersteuning

hulp·bis·schop *de (m)* [-pen] geestelijke die een bisschop assisteert

hulp·bron *de* [-nen] waaruit hulp te putten is, vooral economisch: ★ *de natuurlijke hulpbronnen van een land*

hulp·dienst *de (m)* [-en] dienst voor hulpverlening, zoals de politie, GGD en brandweer ★ *telefonische ~* instelling die telefonisch geconsulteerd kan worden in gevallen van sociale en psychische nood

hul·pe·loos *bn* zichzelf niet kunnende helpen; **hulpeloosheid** *de (v)*

hulp·ge·roep *het* geroep om hulp

hulp·goe·de·ren *mv* goederen voor een door een ramp, oorlog enz. getroffen gebied

hulp·kan·toor *het* [-toren] kantoor dat ondergeschikt is aan een hoofdkantoor elders

hulp·kracht *de* [-en] toegevoegde of tijdelijke werkkracht

hulp·lijn *de* [-en] ❶ telefonische hulpdienst ❷ lijn die bij het tekenen van een figuur tijdelijk wordt neergezet om het tekenen te vergemakkelijken ❸ muz een boven of onder de notenbalk extra gezette lijn voor de erg hoge of erg lage noten

hulp·mid·del *het* [-en] middel tot het sneller en gemakkelijker bereiken van een doel

hulp·mo·tor *de (m)* [-s, -toren] motor die de gewone beweegkracht steunt of vervangt

hulp·of·fi·cier *de (m)* [-en] NN, recht ambtenaar die als assistent van een officier van justitie opsporingsbevoegdheid heeft

hulp·post *de* [-en] kleine vestiging van een hulpverlenende instelling, bijv. een EHBO~

hulp·pre·di·ker *de (m)* [-s] NN predikant met niet-volledige taak

hulp·stuk *het* [-ken] los onderdeel op een machine te monteren voor bepaalde werkzaamheden: ★ *hulpstukken van de stofzuiger*

hulp·troe·pen *mv* troepen die als hulp of aanvulling dienen

hulp·vaar·dig *bn* tot hulp bereid; **hulpvaardigheid** *de (v)*

hulp·ver·le·ner *de (m)* [-s] iem. die hulp verleent: ★ *in het rampgebied zijn al vele hulpverleners gearriveerd*

hulp·ver·le·ning *de (v)* het verlenen van hulp

hulp·werk·woord *het* [-en] ❶ werkwoord dat helpt uitdrukken: ❷ voltooide (*hebben, zijn*) of toekomende tijd (*zullen*) ❸ de wijze (*mogen, willen* e.d.) ❹ de lijdende vorm (*worden*)

hulp·we·ten·schap *de (v)* [-pen] wetenschap die methoden of gegevens levert voor andere wetenschappen, zoals bijv. → **statistiek**

huls *de* [hulzen] omhulsel, koker

hul·sel *het* [-s] bedekking, omhulsel

hulst *de (m)* [-en] groene heester met rode bessen (*Ilex aquifolium*)

hum *het* NN verkorting van → **humeur** ★ *uit z'n ~* slechtgehumeurd

hu·maan ⟨*Lat*⟩ *bn* ❶ menslievend, welwillend, van een ruim en zacht oordeel; menselijk ❷ med van de mens afkomstig

hu·man in·ter·est [joemən intrst] ⟨*Eng*⟩ *de (m)* berichtgeving over dagelijkse, gewone zaken, in tegenstelling tot zaken van politiek en economisch belang: ★ *we plaatsten die foto van de president met een pasgeboren aap in zijn armen vanwege de ~*

hu·ma·ni·o·ra ⟨*Lat*⟩ *mv* ❶ hist de studie die tot ware menselijkheid geacht werd te vormen, t.w. die van de klassieke talen en literatuur ❷ NN, thans de geesteswetenschappen: taal, cultuur, geschiedenis ❸ BN, vroeger voorbereidend wetenschappelijk of algemeen voortgezet middelbaar onderwijs (vergelijkbaar met het vwo in Nederland), thans a.s.o. ★ *moderne ~* humaniora zonder Latijn of Grieks ★ *oude, klassieke ~*

hu·ma·ni·se·ren *ww* [-zeerə(n)] ⟨*Fr*⟩ [humaniseerde, h. gehumaniseerd] menselijk maken, tot een zedelijk beschaafd mens maken

hu·ma·nis·me ⟨*Lat*⟩ *het* ❶ geestelijke beweging in de 14de-16de eeuw die vooral de hernieuwde studie van de klassieken betrof ❷ wereldbeschouwing die zonder het geloof aan een persoonlijke god de menselijke waardigheid als levensdoel stelt

hu·ma·nist *de (m)* [-en] aanhanger of beoefenaar van het humanisme

hu·ma·nis·tiek *de (v)* ❶ leer van het humanisme ❷ opleiding voor geestelijk werk op humanistische grondslag

hu·ma·nis·tisch *bn* van, volgens het humanisme of de humanisten

hu·ma·ni·tair [-tèr] ⟨*Fr*⟩ *bn* gericht op of geschied in het belang van de menselijkheid, menslievend: ★ *humanitaire hulp aan vluchtelingen*

hu·ma·ni·tas ⟨*Lat*⟩ *de (v)* ❶ menselijkheid ❷ *Humanitas* naam van een instelling voor maatschappelijk werk in Nederland

hu·ma·ni·teit ⟨*Lat*⟩ *de (v)* menselijkheid, menslevendheid, minzaamheid

hu·ma·no·ï·den ⟨*Lat-Gr*⟩ *mv* mensachtige wezens

hum·bug [humbuɣ] ⟨*Eng*⟩ *de (m)* bluf; schijnvertoning, boerenbedrog; onzin

hu·meur (‹Fr› het [-en] gemoedsgesteldheid, stemming, luim: ★ *in een goed, slecht ~*

hu·meu·rig bn spoedig slecht gehumeurd, wisselvallig van stemming; **humeurigheid** de (v)

hu·mi·li·ë·ren ww (‹Fr) [humilieerde, h. gehumilieerd] vernederen, verootmoedigen

hum·mel de (m) [-s] kind dat pas loopt

hum·men ww [humde, h. gehumd] even kuchen, of 'hm' zeggen

hum·mer (‹Scand) de (m) [-s] zeekreeft

hu·mor (‹Eng‹Lat) de (m) ❶ zin voor het grappige, ook in ernstige situaties, voor scherts met ernstige ondergrond: ★ *~ hebben* ❷ het vrolijkmakende in bepaalde situaties, vooral zoals voortvloeiend uit de tegenstrijdigheid tussen voorkomen en bedoeling of betekenis; uiting daarvan: ★ *gevoel voor ~ hebben* ★ *ik zie er de humor wel van in*

hu·mo·res·ke de [-n] ❶ humoristische vertelling ❷ zo een muziekstuk

hu·mo·rist de (m) [-en] iem. die zich toelegt op het zoeken en uiten van humor; voordrager van grappige teksten

hu·mo·ris·tisch bn vol humor, van of als van een humorist, grappig; geestig schertsend

hu·mus (‹Lat) de (m) verteerde plantenresten, teelaarde

hu·mus·laag de [-lagen] laag van humus

hu·mus·rijk bn rijk aan humus

hu·mus·vor·ming de (v) het ontstaan van aarde uit rottende plantendelen

hun I pers vnw ❶ derde persoon meervoud, meewerkendvoorwerpsvorm: ★ *ik stuur ~ een brief* ❷ NN, spreektaal ‹onjuiste vorm› ook onderwerpsvorm en andere niet-onderwerpsvormen: ★ *~ moeten betalen* ★ *ik heb ~ gisteren gezien* II bez vnw derde persoon meervoud: ★ *~ huis* ★ *~ auto*

hu·ne·bed [hunnə-, huunə-] het [-den] voorhistorisch graf bestaande uit grote, opgestapelde keien, vooral voorkomend in de provincie Drenthe

hu·ne·bed·bou·wers [hunnə-] mv volk dat in voorhistorische tijden in het oosten van Nederland woonde en verantwoordelijk was voor de bouw van de hunebedden

hun·ke·ren ww [hunkerde, h. gehunkerd] rusteloos verlangen: ★ *~ naar vakantie*; **hunkering** de (v)

Hun·nen mv nomadenvolk dat ± 375 uit Azië Oost-Europa binnendrong en zo de volksverhuizing mede veroorzaakte

hun·nent bijw ★ *te ~ bij hen thuis*

hun·nent·wil bijw, **hun·nent·wil·le:** ★ *om ~ ter wille van hen*

hup, hup·la tsw uitroep van aansporing

hup·pel·de·pup de vooral NN aanduiding voor personen of zaken waarvan men zich de naam niet herinnert, dinges: ★ *meneer ~ heeft voor je gebeld*

hup·pe·len ww [huppelde, h. gehuppeld] kleine sprongen op één been maken tijdens het lopen:

★ *het meisje huppelde van plezier*

hup·pel·kut de (v) [-ten] NN, spreektaal schertsende benaming voor een meisje of vrouw met weinig ontwikkeling of diepgang [uitdrukking van de cabaretier Youp van 't Hek (geb. 1954)]

hup·pen ww [hupte, h. & is gehupt] hippen

hups (‹Du) I bn NN aardig, vrolijk: ★ *een ~ meisje* II tsw begeleiding van een plotselinge beweging in het echt of in een verhaal: ★ *en hups, daar ging ik voor de derde keer onderuit*

hup·sa·kee tsw uitroep van vrolijkheid, ter aansporing e.d.

hu·ren ww [huurde, h. gehuurd] in gebruik hebben tegen een vast bedrag: ★ *een huis ~*

hur·ken¹ ww [hurkte, h. gehurkt] een zittende houding aannemen door de knieën te buigen

hur·ken² mv ★ *op zijn (de) ~ zitten* gehurkt (gaan) zitten, → **hurken¹**

hurk·sprong de (m) [-en] hoogspringen sprong over lat of touw in hurkende houding

hurk·toi·let [-twaa-] het [-ten] toilet bestaande uit een gat in de vloer waarover men moet hurken om zijn behoefte te doen, o.a. in Frankrijk in gebruik

hur·ry [-rie-] (‹Eng) de (m) haast, haastigheid ★ *in een ~* haastig, in de haast

hur·ry-up [hurrieup] (‹Eng) tsw schiet op!, vooruit!

hus·ky [huskie] (‹Eng) de (m) ['s] sledehond uit de Noordpoolstreken

hus·se·len ww [husselde, h. gehusseld] NN dooreenschudden; ook: fig door elkaar halen, verwarren: ★ *papieren door elkaar ~; hij husselt alle telefoonnummers door elkaar*

hus·siet de (m) [-en] aanhanger van de Boheemse godsdienstleraar Johannes Hus, in 1415 als ketter verbrand

hut (‹Du) de [-ten] armelijk huis; klein hokje waarin scheepspassagiers of scheepsbemanning verblijf houden ★ NN *met hutje en mutje* met alle bezittingen, met de hele boel ★ NN *hutje bij mutje leggen* geld bijeenverzamelen ★ NN *hutjemutje zitten / staan* dicht op elkaar zitten / staan met alle spullen er ook nog tussen

hut·jon·gen de (m) [-s] bediende voor de hutten op zeeschepen

hut·kof·fer de (m) [-s] grote koffer die lijkt op een kist

huts·pot de (m), BN **hut·se·pot** gerecht van aardappelen, wortelen, uien en vlees door elkaar

hüt·ten·kä·se [huutənkeezə] (‹Du) de (m) bep. verse, korrelige, witte kaas, cottagecheese

hut·ten·tut de [-ten] een kruisbloemige plant

huur de [huren] ❶ het huren ❷ het huurbedrag: ★ *een hoge, lage ~*

huur·ad·vies·com·mis·sie de (v) [-s] huurcommissie

huur·au·to [-ootoo, -autoo] de (m) ['s] gehuurde auto

huur·be·scher·ming de (v) bepalingen die de huurder beschermen tegen willekeurige opzegging van de huur

huur·ceel de & het [-celen] huurcontract

huur·com·mis·sie *de (v)* [-s] plaatselijke commissie van bewoners voor advies over huurprijzen
huur·con·tract *het* [-en] (schriftelijke) huurovereenkomst
huur·der *de (m)* [-s] iem. die huurt
huur·ders·sta·king *de (v)* [-en] → **huurstaking**
huur·grens *de* [-zen] maximale huurprijs waar nog huursubsidie op wordt gegeven, wisselend en per gemeente verschillend: ★ *huizen boven de ~ zitten in de zg. vrije sector*
huur·har·mo·ni·sa·tie [-zaa(t)sie] *de (v)* zie bij → **harmonisatie**
huur·huis *het* [-huizen] huis dat niet het eigendom is van de bewoners, maar dat wordt gehuurd
huur·ka·zer·ne *de* [-s, -n] groot gebouw verdeeld in talloze kleine, voor minder draagkrachtigen bestemde wooneenheden
huur·koop *de (m)* het kopen op afbetaling, waarbij, ingeval de koper niet meer in staat is de hele koopsom af te betalen, het reeds betaalde bedrag als huur beschouwd wordt
huur·las·ten *mv* kosten voor het huren van iets
huur·le·ger *het* [-s] leger van huurlingen
huur·li·be·ra·li·sa·tie [-zaa(t)sie] *de (v)* het tenietdoen van de huurbescherming
huur·ling *de (m)* [-en] iem. die zich voor geld in dienst van een ander stelt, vooral in krijgsdienst
huur·moor·de·naar *de (m)* [-s] persoon die tegen betaling iem. vermoordt
huur·over·een·komst *de (v)* [-en] mondelinge of schriftelijke afspraak, waarbij de ene partij tijdelijk een goed afstaat en de andere partij voor het gebruik daarvan een vergoeding betaalt
huur·prijs *de (m)* [-prijzen] het bedrag dat een huurder moet betalen
huur·rij·tuig *het* [-en] gehuurd rijtuig
huur·sol·daat *de (m)* [-daten] soldaat in een huurleger
huur·sta·king, **huur·ders·sta·king** *de (v)* [-en] weigering huur te betalen
huur·ster *de (v)* [-s] vrouwelijke huurder
huur·sub·si·die *de (v) & het* [-s] geld, door de overheid verstrekt aan mensen die een huur beneden de → **huurgrens** niet kunnen betalen: ★ *individuele ~*
huur·ver·bre·king *de (v)* [-en] BN verbreking van een huurcontract
huur·ver·ho·ging *de (v)* [-en] verhoging van de huurprijs
huur·waar·de *de (v)* [-n] wat een huis aan huur kan opbrengen
huur·waar·de·for·fait [-fè] *het* NN (vast) bedrag dat de bezitter van een eigen huis bij zijn belastbaar inkomen moet optellen
huur·wo·ning *de (v)* [-en] gehuurde woning
huw·baar *bn* de leeftijd en / of lichamelijke rijpheid bereikt hebbend waarop men kan huwen; **huwbaarheid** *de (v)*
hu·we·lijk *het* [-en] het duurzaam samenleven van twee personen na bepaalde formaliteiten vervuld te hebben, al dan niet gepaard gaande met plechtigheden; deze plechtigheid zelf: ★ *in het ~ treden met iem.* ★ *een ~ sluiten, voltrekken* ★ *het ~ is een van de zeven sacramenten in de Rooms-Katholieke Kerk* ★ *iem. ten ~ vragen* iem. een huwelijksaanzoek doen ★ *burgerlijk ~* huwelijk dat door een ambtenaar van de burgerlijke stand voltrokken wordt ★ *kerkelijk ~* huwelijk voltrokken door een geestelijke in de kerk
hu·we·lijks *bn* van het huwelijk, betreffende het huwelijk ★ *huwelijkse voorwaarden* huwelijksvoorwaarden ★ *de huwelijkse staat* het getrouwd zijn
hu·we·lijks·aan·zoek *het* [-en] verzoek een huwelijk aan te gaan
hu·we·lijks·ad·ver·ten·tie [-tensie] *de (v)* [-s] advertentie waarin men uitnodigt tot kennismaking, met de bedoeling eventueel te zijner tijd een huwelijk aan te gaan
hu·we·lijks·af·kon·di·ging *de (v)* [-en] officiële of kerkelijke bekendmaking van een huwelijk
hu·we·lijks·ak·te *de* [-n, -s] bewijs van sluiting van een huwelijk
hu·we·lijks·band *de (m)* [-en] de wederzijdse verbondenheid van gehuwden
hu·we·lijks·be·let·sel *het* [-s, -en] wettelijk bezwaar tegen het aangaan van een huwelijk
hu·we·lijks·be·lof·te *de (v)* [-n] ❶ belofte met iem. te zullen trouwen ❷ trouwbelofte bij de huwelijkssluiting afgelegd
hu·we·lijks·boot·je *het* zinnebeeld van het huwelijk ★ *in het ~ stappen* trouwen
hu·we·lijks·bu·reau [-buuroo] *het* [-s] kantoor dat zijn bemiddeling verleent bij het tot stand komen van relaties en huwelijken
hu·we·lijks·gift *de* [-en] geschenk (vooral in geld) bij het huwelijk
hu·we·lijks·in·ze·ge·ning *de (v)* [-en] kerkelijke trouwplechtigheid
hu·we·lijks·le·ven *het* het samenleven als echtgenoten
hu·we·lijks·ma·ke·laar *de (m)* [-s] iem. die bemiddeling verleent bij het tot stand komen van een huwelijk
hu·we·lijks·nacht *de (m)* [-en] eerste nacht na de huwelijksvoltrekking (en waarin traditioneel de eerste geslachtsgemeenschap kon plaatsvinden)
hu·we·lijks·part·ner *de* [-s] echtgenoot of echtgenote
hu·we·lijks·plicht *de* [-en] plicht die de echtgenoten jegens elkaar hebben, vroeger vooral (het toelaten van) de geslachtsgemeenschap
hu·we·lijks·reis *de* [-reizen] plezierreis dadelijk na de bruiloft
hu·we·lijks·trouw *de* de trouw van gehuwden aan elkaar
hu·we·lijks·uit·zet *de (m) & het* [-ten] uitrusting om een nieuw huishouden te beginnen, bestaande uit linnengoed, keukengerei e.d.

hu·we·lijks·vol·trek·king *de (v)* [-en] de plechtigheid van het huwen

hu·we·lijks·voor·waar·den *mv* regeling aangaande vermogen en inkomsten bij een huwelijk dat niet in gemeenschap van goederen gesloten wordt

hu·we·lijks·ze·gen *de (m)* ❶ zegen bij het huwelijk uitgesproken ❷ uit het huwelijk geboren kind(eren)

hu·wen [huwde, is & h. gehuwd] **I** *onoverg* trouwen, in het huwelijk treden: ★ ~ *met iem.* **II** *overg* een huwelijk aangaan, trouwen met: ★ *hij heeft het verkeerde meisje gehuwd*

hu·zaar (‹Du‹Hong) *de (m)* [-zaren] vroeger ruiterijsoldaat; thans soldaat bij het pantserwapen

hu·za·ren·sa·la·de *de* koud gerecht met vlees, zuur, ei, mayonaise, en / of aardappel enz.

hu·za·ren·slaatje -sla-tje *het* [-s] portie huzarensla

hu·za·ren·stuk·je *het* [-s] kranige daad, krachttoer: ★ *een ~ leveren*

HvB *afk* in Nederland Huis van Bewaring

hy·a·cint [hie(j)aasint] (‹Gr) [-en] **I** *de* bolplant met fraai gekleurde, zeer geurige trosbloemen **II** *de (m)* halfedelsteen van bruinrode kleur

hy·bri·de [hiebriedə] (‹Lat) **I** *de* [-n] bastaard, kruising; iets wat uit heterogene elementen bestaat **II** *bn* ongelijksoortig ★ ~ *auto* milieuvriendelijke auto die bij lagere snelheden overschakelt van de benzinemotor op de elektrische motor

hy·bri·disch [hiebriedies] *bn* uit heterogene elementen bestaande, bastaard

hydr- [hiedr-] (‹Gr) *als eerste lid in samenstellingen* water

hy·dra [hiedraa] (‹Lat) *de* ['s] ❶ waterslang; veelkoppig monster in de Griekse mythologie; draak ❷ zoetwaterpoliep

hy·draat [hie-] (‹Gr) *het* [-draten] verbinding van een stof, vooral een oxide of watervrij zuur, met water

hy·drau·li·ca [hie-] (‹Gr) *de (v)* leer van de beweging en de druk van vloeistoffen

hy·drau·lisch [hie-] *bn* de hydraulica benuttend, daarop betrekking hebbend; door water- of oliedruk werkend of in beweging gebracht: ★ *hydraulische remmen* ★ *hydraulische pers*

hy·dra·zi·ne [hie-] *de (v)* een verbinding van stikstof en waterstof, voor velerlei technische doeleinden gebruikt, o.a. ook als brandstof voor raketten

hy·dro·bi·o·lo·gie [hie-] (‹Gr) *de (v)* leer van het leven van organismen in het water

hy·dro·ce·fa·lie [hie-] (‹Gr) *de (v)* hersenwaterzucht, het hebben van een waterhoofd (*hydrocephalus*)

hy·dro·cul·tuur [hie-] *de (v)* het kweken van planten zonder aarde, maar bijv. in een met water en kiezelstenen gevulde bak

hy·dro·dy·na·mi·ca [hiedroodie-] *de (v)* leer van de beweging van vloeistoffen

hy·dro·dy·na·misch [hiedroodie-] *bn* volgens of zich gedragend naar de wetten van de hydrodynamica

hy·dro·fiel [hie-] (‹Gr) *bn* ❶ gemakkelijk vocht opnemend ❷ biol veel water eisend

hy·dro·fiel·gaas [hie-] *het* verbandgaas

hy·dro·fo·bie [hie-] (‹Gr) *de (v)* ❶ watervrees ❷ de angst om te drinken of te slikken, die vooral voorkomt bij hondsdolheid

hy·dro·ge·ni·um [hie-] (‹Gr) *het* chem waterstof

hy·dro·ge·o·lo·gie [hie-] (‹Gr) *de (v)* leer van de waterhuishouding in de bodem

hy·dro·gra·fie [hie-] (‹Gr) *de (v)* leer van de wateren met het oog op de belangen van de scheepvaart

hy·dro·gra·fisch [hie-] (‹Gr) *bn* de hydrografie betreffend

hy·dro·lo·gie [hie-] (‹Gr) *de (v)* kennis van het water en de aarde, leer van het grondwater

hy·dro·lo·gisch [hie-] *bn* de hydrologie betreffend

hy·dro·me·ter [hie-] *de (m)* [-s] vochtigheidsmeter

hy·dro·plaan [hie-] (‹Gr) *de (m)* [-planen] ❶ watervliegtuig ❷ glijboot, boot met luchtschroeven

hy·dro·spee·den [haidroospiedə(n), hiedrəspiedə(n)] (‹Eng) *ww & het* sport waarbij men zich een snelstromend riviertje laat afzakken met een klein surfbord, waaraan men zich met het bovenlichaam vastklemt

hy·dro·sta·ti·ca [hie-] *de (v)* leer van het evenwicht van vloeistoffen

hy·dro·sta·tisch [hie-] *bn* betrekking hebbend op, zich gedragend naar de wetten van de hydrostatica

hy·dro·tech·niek [hie-] *de (v)* waterbouwkunde

hy·dro·the·ra·pie [hie-] *de (v)* uitwendige toepassing van water als geneesmiddel

hy·droxi·de [hiedroksiedə] (‹Gr) *de (v)* [-n] chem anorganische verbinding die een of meer hydroxylgroepen bevat

hy·droxyl·groep [hiedroksiel-] *de* [-en] vaste atoomverbinding of atoomgroep die bestaat uit één atoom zuurstof en één atoom waterstof (OH)

hy·e·na [hie-] (‹Gr) *de* ['s] roofdier dat men vroeger als aasdier beschouwde: ★ *gevlekte ~ (Crocuta crocuta), gestreepte ~ (Hyaena striata)* ★ *de hyena's der slagvelden* personen die gesneuvelden beroven

hy·e·na·hond [hie-] *de (m)* [-en] hondachtig roofdier met een onregelmatig zwart-wit-geelgevlekte vacht (*Lycaon pictus*)

hy·gi·ë·ne [hie-] (‹Fr‹Gr) *de (v)* ❶ gezondheidsleer; al wat een goede gezondheid bevordert, nl. reinheid, rust en lichaamsoefening: ★ *intieme ~* het schoonhouden van de genitaliën ❷ alg. het streven naar rein- en netheid in de woon- en werkomgeving

hy·gi·ë·nisch [hie-] (‹Fr) *bn* betreffend of overeenkomstig de hygiëne

hy·gro·me·ter [hie-] (‹Gr) *de* [-s], **hy·gro·scoop** (‹Gr) [-scopen] [hie-] *de (m)* toestel ter bepaling en aanwijzing van de vochtigheid van de lucht

hy·gro·sco·pisch [hie-] *bn* vocht uit de lucht aantrekkend

hy·men [hiemen] (‹Gr) *het* [-s] maagdenvlies

hym·ne [himnə, hiemnə] (‹Gr) *de* [-n] plechtige lofzang, godsdienstig loflied: ★ *de pauselijke ~*

hym·no·lo·gie [him-, hiem-] *(‹Gr) de (v)* historische studie van kerkgezangen

hype [haip] *(‹Eng) de (m)* verschijnsel waar in de media een veelal overdreven, meestal tijdelijke, aandacht voor is; die aandacht zelf: ★ *de dood van de prinses veroorzaakte een grote ~*

hy·pen [hai-] *(‹Eng) ww* [hypete, h. gehypet] tot een hype maken: ★ *een artiest ~*

hy·per- voorvoegsel [hiepər-] *(‹Gr)* voorvoegsel met de betekenis in zeer sterke, in overdreven of te grote mate, over

hy·per·bo·lisch [hie-] *bn* ❶ de vorm van een hyperbool hebbend ❷ stilistiek als in een → **hyperbool** (bet 2), overdrijvend

hy·per·bool [hie-] *(‹Gr) de (v)* [-bolen] ❶ een kegelsnede: kromme lijn die lijkt op een ellips maar die aan één kant niet sluit ❷ stilistiek overdrijving, overdreven voorstelling

hy·per·cor·rect [hie-] *bn* taalk foutief uit vrees voor onjuistheid, bijv. *beeldhouden* i.p.v. *beeldhouwen*

hy·per·kri·tisch [hie-] *bn* overmatig kritisch

hy·per·link, **hy·per·text·link** [haipə(r)-] *(‹Eng) de (m)* [-s] comput door een muisklik te activeren verbinding vanuit een bestand, document enz. met een ander bestand, document enz.

hy·per·markt [hie-] *de* [-en] m.g. supermarkt

hy·per·me·dia [haipə(r)miedieja] *mv* comput systeem waarbij mediatoepassingen als beeld en geluid via hyperlinks zijn verbonden aan een centrale hypertekst

hy·per·me·troop [hie-] *(‹Gr) bn* med verziend

hy·per·me·tro·pie [hie-] *(‹Gr) de (v)* verziendheid

hy·per·mo·dern [hie-] *bn* zeer modern

hy·per·no·va *de (v)* [-vae, 's] astron extreem krachtige nova

hy·pe·ro·niem [hie-] *(‹Gr)* **I** *het* [-en] woord dat hyperonymie vertoont ten opzichte van een ander woord **II** *bn* hyperonymie vertonend: ★ *het woord boom is ~ aan eik*

hy·pe·ro·ny·mie [hiepəroniemie] *(‹Gr) de (v)* taalk betekenisrelatie van een woord van een algemenere betekenis met een verwant woord dat een specifiekere betekenis heeft: ★ *tussen 'vervoermiddel' en 'fiets' is er een relatie van ~; tegengest:* → **hyponymie**

hy·per·soon [hie-] *(‹Gr-Lat) bn* ❶ ‹van geluiden› met trillingen van meer dan 10⁹ hertz ❷ luchtv de snelheid van het geluid meer dan tweemaal te boven gaand

hyper·tekst [haipə(r)-] *de (m)* [-en] comput tekst met hyperlinks naar andere bestanden, bijv. met beeld- of geluidsmateriaal

hy·per·ten·sie [hie-] *(‹Gr-Lat) de (v)* med verhoogde bloeddruk

hy·per·text [haipe(r)-] *(‹Eng) de (m)* comput computerdocument dat gekenmerkt wordt door verwijzingen naar automatisch oproepbare tekstfragmenten of andere hypertextdocumenten en waarin tekst, beeld en geluid kunnen zijn verenigd, toegepast in websites op het internet

hy·per·tro·fie [hie-] *(‹Gr) de (v)* abnormale toeneming in omvang en gewicht van een orgaan (ook bij planten); overmatige aanzwelling of vergroting

hy·per·tro·fisch [hie-] *bn* hypertrofie vertonend

hy·per·ven·ti·la·tie [hiepərventielaa(t)sie] *de (v)* med versnelde en verdiepte ademhaling met als gevolg een te laag koolzuurgehalte in het bloed dat kan leiden tot angstgevoelens, trillen en duizeligheid

hy·per·ven·ti·le·ren *ww* [hie-] [hyperventileerde, h. gehyperventileerd] een aanval van hyperventilatie hebben; lijden aan hyperventilatie

hyp·no- [hiepnoo-] *(‹Gr) als eerste lid in samenstellingen* slaap

hyp·no·se [hiepnoozə] *(‹Fr‹Gr) de (v)* ❶ psych toestand van versterkt geconcentreerd bewustzijn, gepaard gaande met verlaging van de algemene aandacht en verhoging van de suggestibiliteit, maar met behoud van de eigen wil; vroeger opgevat als kunstmatige, door de wil van een ander veroorzaakte slaap of toestand van beperkt bewustzijn ❷ het teweegbrengen van deze toestand

hyp·no·the·ra·pie [hiep-] *(‹Gr) de (v)* [-pieën] hypnose als therapeutische methode

hyp·no·ti·cum [hiep-] *(‹Gr) het* [-ca] slaapverwekkend middel, slaapmiddel

hyp·no·tisch [hiep-] *(‹Fr) bn* van de aard van hypnose; deze teweegbrengend

hyp·no·ti·se·ren *ww* [hiepnootiezeerə(n)] *(‹Fr)* [hypnotiseerde, h. gehypnotiseerd] onder of als onder hypnose brengen

hyp·no·ti·seur [hiepnootiezeur] *(‹Fr) de (m)* [-s] iemand die anderen hypnotiseert

hy·po- voorvoegsel [hiepoo-] *(‹Gr)* voorvoegsel met de betekenis onder

hy·po·chon·der [hie-] *(‹Gr)* **I** *bn* hypochondrisch **II** *de (m)* [-s] iem. die lijdt aan hypochondrie

hy·po·chon·drie [hie-] *de (v)* voortdurende en overdreven bezorgdheid om de eigen gezondheid, neiging zich ziekten in te beelden of deze te overdrijven

hy·po·chon·drisch [hie-] *bn* lijdend aan hypochondrie, zwaarmoedig

hy·po·criet [hie-] *(‹Fr‹Gr)* **I** *de (m)* [-en] huichelaar; schijnheilige **II** *bn* huichelachtig

hy·po·cri·sie [hiepookriezie] *(‹Gr) de (v)* huichelarij, schijnheiligheid

hy·po·fy·se [hiepoofiezə] *(‹Gr) de (v)* hersenaanhangsel, een kleine klier die van de onderzijde van de grote hersenen afhangt in een groef in de schedelbodem, het z.g. Turkse zadel

hy·po·niem *het* [-en] woord waarvan de betekenis wordt omsloten door de betekenis van een ander, meer algemeen woord: ★ *auto, motor en fiets zijn hyponiemen van het woord voertuig*

hy·po·ny·mie [hieponie-] *(‹Gr) de (v)* taalk betekenisrelatie van een woord van een specifiekere

betekenis met een verwant woord dat de algemenere betekenis heeft: ★ *tussen 'fiets' en 'vervoermiddel' is er een relatie van ~*

hy·po·ten·sie [hie-] *(‹Gr-Lat) de (v)* med ❶ te lage bloeddruk ❷ kunstmatig verlaagde bloeddruk (bij operaties)

hy·po·te·nu·sa [hiepootənuuzaa] *(‹Gr) de* ['s] schuine zijde van een rechthoekige driehoek

hy·po·the·cair [hiepooteekèr] *bn* van de aard van of betrekking hebbend op een hypotheek of hypotheken

hy·po·theek [hie-] *(‹Gr) de (v)* [-theken] ❶ geldsom die door de koper van een onroerend goed wordt geleend met het goed als onderpand: ★ *een ~ nemen op een huis* ★ *een ~ afbetalen* ★ *lineaire ~* hypotheekvorm waarin de jaarlasten telkens afnemen door aflossing en de daardoor ook afnemende rentelasten ❷ fig iets wat belastend werkt in de toekomst: ★ *een zware ~ voor onze jeugd*

hy·po·theek·ak·te [hie-] *de* [-n, -s] door een notaris opgemaakt bewijsschrift van een hypotheek

hy·po·theek·bank [hie-] *de* [-en] bank die aan anderen geld leent tegen onderpand van onroerende goederen

hy·po·theek·be·waar·der [hie-] *de (m)* [-s] hoofd van een hypotheekkantoor

hy·po·theek·ge·ver [hie-] *de (m)* [-s] ❶ ‹in de wettelijke betekenis› iem. die van anderen geld leent tegen onderpand van onroerende goederen: ★ *de koper van een huis is de ~* ❷ ‹volgens de veel voorkomende, eig. onjuiste, opvatting› iem. of instelling die aan anderen geld leent tegen onderpand van onroerende goederen

hy·po·theek·hou·der [hie-] *de (m)* [-s],
hy·po·theek·ne·mer [hie-] *de (m)* [-s] ❶ ‹in de wettelijke betekenis› iem. die aan anderen geld leent tegen onderpand van onroerende goederen: ★ *de bank is de ~* ❷ ‹volgens de veel voorkomende, eig. onjuiste, opvatting› iem. die van anderen geld leent tegen onderpand van onroerende goederen

hy·po·theek·kan·toor [hie-] *het* [-toren] rijkskantoor waar de hypotheekregisters berusten

hy·po·theek·re·gis·ter [hie-] *het* [-s] lijst van hypotheken

hy·po·the·ke·ren *ww* [hie-] *(‹Fr)* [hypothekeerde, h. gehypothekeerd] ❶ (iets) met hypotheek bezwaren, (een onroerend goed) als onderpand stellen: ★ *een woning ~* ❷ BN, fig de kansen op een gunstige ontwikkeling in gevaar brengen: ★ *iemands toekomst ~*

hy·po·the·se [hiepooteezə] *(‹Fr‹Gr) de (v)* [-n, -s] voorlopig als waar aangenomen stelling; geargumenteerde gissing ten aanzien van de wetenschappelijke verklaring van enig verschijnsel: ★ *een ~ toetsen, verifiëren of falsifiëren*

hy·po·the·tisch [hie-] *(‹Gr) bn* op een hypothese berustend; van de aard daarvan

hy·sop [hiesop] *(‹Gr‹Hebr) de (m)* ❶ zekere lipbloemige plant, vroeger als geneesmiddel gebruikt *(Hyssopus officinalis)* ❷ ‹in het Oude Testament› benaming voor verschillende planten, gebruikt bij rituele handelingen, bijv. het sprenkelen van het offerbloed

hys·te·ri·cus [hies-, his-] *de (m)* [-ci], **hys·te·ri·ca** [hies-, his-] *de (v)* [-cae] [-kee] iem. die lijdt aan hysterie

hys·te·rie [hies-, his-] *(‹Fr‹Gr) de (v)* med zenuwziekte waarbij het onderbewustzijn neiging tot zelfstandig optreden heeft, met stoornissen van geest, gevoel en beweging, krampen, over- of ongevoeligheid

hys·te·risch [hies-, his-] *(‹Fr‹Gr) bn* ❶ aan hysterie lijdend ❷ van de aard van hysterie

hy·ven [hai-] *ww* [hyvede, h. gehyved] deelnemen aan Hyves®, een profielensite op internet

Hz *afk* symbool voor *hertz*

I

i *de* [i's] negende letter van het alfabet; zie ook bij → **punt** (II)

I *afk* ❶ Romeins cijfer één (1) ❷ chem symbool voor het element *jood* ❸ *Italië* (als nationaliteitsaanduiding op auto's) ❹ *informatie* (op plattegronden e.d.)

ia [ie-aa] *tsw* geluid van de ezel

i.a. *afk* in afwezigheid [gebruikt in de ondertekening van brieven]

IAAF *afk* Internationale Amateur Atletiekfederatie

IAO *afk* Internationale Arbeidsorganisatie

IATA *afk* International Air Transport Association (‹Eng› [Internationale vereniging voor luchttransport]

ia·tro·so·fie (‹Gr› *de (v)* omstreden alternatieve geneeswijze die versterking van de levenskracht van zieke mensen nastreeft en die elementen bevat uit de homeopathie, antroposofie, theosofie en de Rozenkruisersfilosofie

ia·tro·soof (‹Gr› *de (m)* [-sofen] beoefenaar van de iatrosofie

ib. *afk* ibidem

ib·bel, ie·bel *bn* NN tureluurs

Ibe·risch [iebee-] *bn* betreffende Iberia, de Latijnse naam voor Spanje ★ *het ~ schiereiland* het schiereiland, gevormd door Spanje en Portugal

ibid. *afk* ibidem

ibi·dem [iebie-, iebie-] (‹Lat› *bijw* ‹bij aanhalingen› op dezelfde plaats, aldaar

ibis (‹Gr› *de (m)* [-sen] geslacht van steltvogels, vooral de ★ *heilige ~* een door de oude Egyptenaren vereerde vogel

i.b.v. *afk* in bezit van (in advertenties)

IC *afk* ❶ Intensive Care (‹Eng› ❷ comput integrated circuit (‹Eng› [→ **chip**] ❸ spoorw intercity (‹Eng›

i.c. *afk* in casu (‹Lat›

ice·tea [aistie] (‹Eng› *de (m)* ijsthee

ich·neu·mon [-nui-] (‹Gr› *de (m)* [-s] faraorat, soort civetkat, o.a. in Egypte

ich·ty- [igtie-] (‹Gr› als eerste lid in samenstellingen visse(n)

ich·ty·o·lo·gie [-tie-] (‹Gr› *de (v)* kennis van de vissen

ich·ty·o·loog [-tie-] (‹Gr› *de (m)* [-logen] beoefenaar van de ichtyologie, vissenkenner

ich·tyo·sau·rus [-tie-] (‹Gr› *de (m)* [-sen, -sauriërs] voorwereldlijke hagedisachtige vis

IC-IR *afk* in België Intercity-Interregio [systeem voor spoorverbindingen]

ico·no·clas·me (‹Gr› *het* beeldenstormerij

ico·no·clast (‹Lat‹Gr› *de (m)* [-en] beeldenstormer

ico·no·du·len (‹Gr› *mv* beeldenvereerders

ico·no·graaf (‹Gr› *de (m)* [-grafen] beoefenaar van de iconografie

ico·no·gra·fie (‹Gr› *de (v)* ❶ beeldbeschrijving, leer van de betekenis van de voorstellingen van personen en voorwerpen op prenten, schilderijen enz. ❷ [*mv:* -fieën] beschrijving van de prenten enz. die op een bepaald onderwerp of op een persoon betrekking hebben

ico·no·gra·fisch *bn* de iconografie betreffend

ico·no·sta·se [-staazə] (‹Gr› *de (v)* [-n] met iconen behangen scheidingswand tussen schip en koor in Grieks-katholieke en Russisch-orthodoxe kerken

icoon [iekoon,], **icon** [iconen] [iekoonən] (‹Gr› *de* ❶ benaming voor de gestileerde vlakke voorstellingen van Christus en de heiligen in de Grieks-orthodoxe en andere oosterse kerken ❷ teken dat lijkt op datgene wat het moet betekenen, bijv. een trein als waarschuwing voor een spoorwegovergang ❸ comput pictogram waarop men dubbelklikt om een applicatie te starten (vaak: *icoontje*)

ICT *afk* informatie- en communicatietechnologie

ICT'er *de (m)* [-s] iem. die werkzaam is in de ICT-sector

IC-trein *afk* BN intercity, sneltrein die een doorgaande verbinding tussen belangrijke plaatsen verzorgt

ID *afk* Intelligent Design (zie aldaar)

Id (‹Arab› *de (m)* feest ★ *Grote ~* (islamitisch) Offerfeest, Id-al-Kabir; zie → **Bayram** ★ *Kleine ~* feest aan het eind van de ramadan, Suikerfeest, Id-al-Fitr

id (‹Lat› *vnw* het, dat; ook voor → **Es²** in psychoanalytische zin

id. *afk* idem

ide·aal (‹Fr› **I** *het* [-alen] ❶ voorstelling van iets in de toestand van volkomenheid; droombeeld ❷ persoon of zaak die zo'n voorstelling belichaamt **II** *bn* ❶ aan de idee, de voorstelling van het volmaakte beantwoordend; ❷ ‹minder eig› bijna volmaakt, heerlijk

ide·a·li·se·ren *ww* [-zee-] (‹Fr› [idealiseerde, h. geïdealiseerd] iets zo voorstellen dat het beantwoordt aan het ideaal, boven de wezenlijkheid verheffen tot iets wat voorbeeldig of volmaakt is

ide·a·lis·me *het* ❶ filos opvatting dat alleen de ideeën de ware werkelijkheid zijn ❷ geloof aan een zedelijk ideaal

ide·a·list *de (m)* [-en] ❶ aanhanger van het idealisme ❷ iemand die idealen nastreeft

ide·a·lis·tisch *bn* (als) van een idealist; naar het ideale strevend

ide·a·li·ter [-ter] *bijw* → **ideaal** (II); zoals het zou moeten volgens het → **ideaal** (I)

idee [iedee] (‹Fr‹Gr› *de (v) & het* [ideeën] ❶ voorstelling in de geest van iets, gedachte: ★ *op een ~ komen* ★ *heb je een ~ waar we zijn?* ★ *geen ~!* ★ *geen gek ~* een goed plan, een goede gedachte ★ NN *het ~!* uitroep van grote verbazing of afkeer ★ *mijn ~!* gezegd als men iets een goede gedachte vindt ❷ denkbeeld, principe: ★ *de ideeën van het liberalisme*

ide·ëel *(‹Du‹Lat) bn* ❶ alleen in de gedachten bestaand, denkbeeldig ❷ gericht op de verwezenlijking van een idee
idee·ën·bus [iedee(j)ən-] *de* [-sen] bus waarin degenen die in een bedrijf of dienst werkzaam zijn ideeën kunnen deponeren die tot verbetering van de gang van zaken strekken
idee-fixe [-fieks] *(‹Fr) de (v) & het* [-n] dwangvoorstelling, alles overheersende gedachte
idee·tje [iedee-] *het* [-s] ★ NN, vero *een ~ suiker* een heel klein beetje
idem *(‹Lat) vnw & bijw* de- of hetzelfde; als voren, als boven ★ ~ *dito* exact hetzelfde of dezelfde
iden·tiek *(‹Fr) bn* geheel gelijk; gelijkwaardig; een en dezelfde
iden·ti·fi·ca·tie [-(t)sie] *(‹Fr) de (v)* [-s] ❶ vereenzelviging, gelijkstelling met; psychische binding aan een andere persoon ❷ vaststelling van iemands identiteit
iden·ti·fi·ca·tie·plicht [-(t)sie-] *de* → **legitimatieplicht**
iden·ti·fi·ce·ren *(‹Lat)* **I** *ww* [identificeerde, h. geïdentificeerd] de identiteit vaststellen; gelijkheid aannemen of vaststellen, vereenzelvigen **II** *wederk* aantonen wie men is
iden·ti·teit *(‹Fr‹Lat) de (v)* eenheid van wezen, volkomen overeenstemming, persoonsgelijkheid
iden·ti·teits·be·wijs *het* [-wijzen] document dat bewijst dat men degene is voor wie men zich uitgeeft (zoals een geldig paspoort of een geldig rijbewijs)
iden·ti·teits·cri·sis [-zis] *de (v)* [-sissen *en* -ses] toestand van grote twijfel omtrent de eigen persoon en de sociale rol die men speelt
iden·ti·teits·kaart *de* [-en] officieel identiteitsbewijs ★ BN *elektronische ~* voor iedere Belg vanaf twaalf jaar verplichte kaart waarmee men zich kan identificeren, die geldig is als reisdocument binnen Europa en die wordt gebruikt bij communicatie met overheidsdiensten
iden·ti·teits·plaat·je *het* [-s] metalen plaatje, aan een koord om de hals gedragen, waarop de naam, het adres, de bloedgroep en andere medische gegevens van de drager staan vermeld
ide·o·gram *(‹Gr) het* [-men] begripteken (zoals in het Chinese schrift en de aanduidingen op stations)
ide·o·lo·gie *(‹Gr) de (v)* [-gieën] ideële theorie van een stelsel; gesloten stelsel van a-prioristische opvattingen (vooral politiek), die pretenderen alle essentiële vragen betreffende mens en samenleving op te lossen
ide·o·lo·gisch *bn* van, volgens of behorend tot een ideologie
ide·o·loog *(‹Gr) de (m)* [-logen] opsteller of verdediger van een ideologie
IDFA *afk* International Documentary Filmfestival Amsterdam [internationaal festival van documentaire films te Amsterdam]
idi·o·lect *het* [-en] taalk het persoonlijk taalgebruik van één spreker
idi·o·ma·tisch *bn* het idioom, het taaleigen betreffend, daartoe behorend
idi·oom *(‹Gr) het* [-omen] ❶ eigenaardigheid van een taal, taaleigen ❷ tongval, dialect
idi·oot *(‹Fr‹Gr)* **I** *de (m)* [-oten] stompzinnige **II** *bn* stompzinnig; dwaas
idi·o·syn·cra·sie [-singkraazie] *(‹Gr) de (v)* [-sieën] overgevoeligheid voor bepaalde prikkels, stoffen of ervaringen
idi·o·syn·cra·tisch [-sin-] *bn* (als) van, betreffende idiosyncrasie
idi·o·te·rie *de (v)* [-rieën] ❶ volstrekte dwaasheid, onzinnigheid ❷ iets onzinnigs
idi·o·tie [-(t)sie] *(‹Fr) de (v)* [-tieën] ❶ het idioot-zijn, stompzinnigheid ❷ iets idioots ❸ kenmerkende, eigenaardige uitdrukking van een idioom
idi·o·tis·me *(‹Gr) het* [-n] → **idiotie**
ido·laat *(‹Fr‹Gr) bn* ❶ ★ ~ *van iem.* of *iets* hem of het dwepend vereren ❷ afgodisch
ido·la·trie *(‹Fr‹Gr) de (v)* afgodendienst, afgoderij
idool [iedool] *(‹Fr‹Gr) het* [idolen] ❶ eig afgodsbeeld, afgod ❷ persoon wie een grote bewondering ten deel valt
idyl·le [iedillə] *(‹Gr) de* [-n, -s] ❶ gedicht over het onbedorven leven van eenvoudige mensen, vooral in betrekking tot de natuur ❷ toestand zoals daarin beschreven wordt; bekoorlijk tafereeltje ❸ liefdesverhouding, gekenmerkt door onbevangenheid en oprechtheid
idyl·lisch [iedillies] *bn* in de trant van een idylle, schilderachtig landelijk en vreedzaam
ie *pers vnw* enclitische vorm van *hij* in de spreektaal, gebruikt o.a. na de persoonsvorm en bep. voeg- en voornaamwoorden: ★ *gaat-ie morgen naar Keulen?* ★ *ik vroeg of-ie gek geworden was* ★ *dat is het meisje waar-ie verliefd op is*
i.e. *afk* id est [dat is, namelijk]
ie·bel *bn* → **ibbel**
ie·der *onbep vnw* elk, alle van de genoemde zaken of personen: ★ *iedere kat heeft een hekel aan water* ★ *een ~ iedereen*
ie·der·een, ie·der·een *onbep vnw* alle mensen: ★ *~ die ik uitgenodigd heb, kwam op het feest* ★ *ik ben niet ~!* ik ben niet zomaar iemand
ie·ge·lijk *onbep vnw* ★ *een ~ ieder*
iel *bn* ijl; dun; mager
ie·mand **I** *onbep vnw* een (of ander) mens: ★ *~ moet me hierbij helpen* ★ *~ zijn* een belangrijk persoon zijn **II** *de* ★ *een aardig ~, een knap ~*
iem·ker *de (m)* [-s] → **imker**
iep *de (m)* [-en] loofboom, olm (*Ulmus*)
ie·pen *bn* van iepenhout
ie·pen·hout *het* hout van de iep
ie·pen·laan *de* [-lanen] laan waarin veel iepen staan
ie·pen·ziek·te, iep·ziek·te *de (v)* door een schimmel veroorzaakte ziekte van iepenbomen
le·pe·ren *het* ★ *er uitzien als de dood van ~* een zeer

ongezond uiterlijk hebben, naar Ieperen (thans Ieper), een stad in West-Vlaanderen
Ier *de (m)* [-en] iem. geboortig of afkomstig uit Ierland
Iers I *bn* uit, van, betreffende Ierland **II** *het* de Ierse taal
iet *onbep vnw* iets; zie ook bij → **niet** ★ BN, spreektaal ~ of wat enigszins
iets I *onbep vnw* een (of ander) ding: ★ *ik moet hem ~ vragen* **II** *bijw* een weinig: ★ *dit boek is ~ dikker dan het andere* **III** *het* een niet nader omschreven zaak of begrip: ★ *dit bestrijdingsmiddel is een schadelijk ~* ★ *een ietsje* een beetje, weinig, een kleine hoeveelheid: ★ *koffie met een ietsje suiker*
iet·se·piet·sie, iet·se·piets·je, iet·sie·piet·sie *het* (heel) klein beetje, pietsje: ★ *een ~ melk in de koffie* ★ *hij is een ~ ziek*
iet·sis·me *het* individueel geloof aan een hogere, bovennatuurlijke macht, dat niet aansluit bij een bestaande godsdienst
iet·wat *bijw* enigszins
i.e.w. *afk* in één woord
ie·ze·grim *de (m)* [-men, -s] mopperaar, knorrepot
ie·ze·grim·mig *bn* gemelijk, bars
iglo *(‹Eskimotaal) de (m)* ['s] van blokken bevroren sneeuw gebouwde ronde hut van de Eskimo's
ig·no·rant [ienjoo-, ignoo-] *(‹Fr‹Lat)* **I** *bn* onwetend, onkundig **II** *de (m)* [-en] ❶ onwetende, onkundige ❷ ignorantijn
ig·no·ran·tie [ienjooransie, ignoo-] *(‹Lat) de (v)* onwetendheid, onkunde
ig·no·re·ren *ww* [ienjoo-, ignoo-] *(‹Fr‹Lat)* [ignoreerde, h. geïgnoreerd] ❶ niet weten ❷ niet willen weten of kennen, voorbijzien
i-grec [ie-γrek] *(‹Fr) de (m)* [-s] de letter y (ypsilon)
IGZ *afk* Inspectie voor de Gezondheidszorg
i.h.a. *afk* in het algemeen
i.h.b. *afk* in het bijzonder
ij *de* [ij's] tweeklank, soms beschouwd als aparte letter
ijdel *bn* ❶ ledig, onnut, onbeduidend ❷ vruchteloos, doelloos: ★ *ijdele hoop* ★ *alle pogingen bleven ~* ❸ met zichzelf ingenomen; zeer op zijn uiterlijk gesteld; vatbaar voor vleierij
ijdel·heid *de (v)* ❶ verganklijkheid ❷ het → **ijdel** (bet 2 en 3) zijn ❸ [*mv:* -heden] onbelangrijke, nietswaardige zaak; nietigheid ★ *de ijdelheden der wereld* ★ *~ der ijdelheden (Prediker 1: 2)*
ijdel·lijk *bijw* vero lichtvaardig, zonder eerbied: ★ *de naam des Heren ~ gebruiken*
ijdel·tuit *de* [-en] → **ijdel** (bet 3) persoon
ijdel·tui·te·rij *de (v)* [-en] ❶ het doen, handelen als een ijdeltuit ❷ nietigheid, onbeduidend gedoe
ijk *de (m)* ❶ het ijken ❷ keurmerk op maten en gewichten
ijken *ww (‹Lat)* [ijkte, h. geijkt] gewichten en maten keuren en merken; zie ook bij → **geijkt**
ijker *de (m)* [-s] rijksambtenaar voor het ijken
ijking *de (v)* [-en] het ijken
ijk·kan·toor *het* [-toren] kantoor waar de ijkers hun ambt uitoefenen
ijk·maat *de* [-maten] → **maat**[2] (bet 1) waaraan de te ijken maten gelijk moeten zijn
ijk·mees·ter *de (m)* [-s] ijker
ijk·we·zen *het* het ijken en wat daarmee samenhangt
ijl[1] *zn* ★ *in aller ~* zo vlug mogelijk; ook als twee woorden geschreven: *in allerijl*
ijl[2] *bn* dun, verdund: ★ *ijle lucht* ★ *ijle haring* haring zonder hom of kuit
ijl·bo·de *de (m)* [-n, -s] zeer snelle bode
ijlen[1] *ww* [ijlde, is geijld] haasten, snellen
ijlen[2] *ww* [ijlde, h. geijld] wartaal spreken in koorts ★ *ijlende koorts* koorts waarbij de patiënt ijlt
ijl·hoof·dig *bn* ❶ niet helder bij het verstand ❷ onnadenkend, onbesuisd
ijlings *bijw* snel, vlug, met spoed
ijl·koorts *de* [-en] ijlende koorts;; zie ook bij → **ijlen**[2]
ijl·tem·po *het* ['s] heel snel tempo ★ *in ~* in vliegende haast
ijs *het* ❶ water in vaste toestand ★ *het ~ is gebroken* de eerste koelheid is overwonnen, er is toenadering verkregen ★ *niet over één nacht ~ gaan, niet over ~ van één nacht gaan* degelijk overwegen eer men een besluit neemt ★ *beslagen ten ~ komen* zie bij → **beslaan** (bet 1) ★ *zich op glad ~ wagen* zich aan een gevaarlijke onderneming wagen, gevaarlijke onderwerpen aanroeren ★ NN *op oud ~ vriest het licht* men vervalt gemakkelijk weer in een oude gewoonte of een oude liefde of neiging wakkert gemakkelijk weer aan ❷ nagerecht of lekkernij, door middel van ijs bereid uit melkspijs ★ *Italiaans ~* waterijs met veel fruitpuree en vruchtensappen ★ *een ijsje* een portie ijs, een ijswafel of een ijslolly
ijs·af·zet·ting *de (v)* [-en] vorming van ijs ergens op (bijv. op vleugels van een vliegtuig)
ijs·baan *de* [-banen] schaatsbaan
ijs·bal·let *het* [-ten] ballet op schaatsen
ijs·beer *de (m)* [-beren] beer met witte pels, levend nabij de Noordpool (*Thalassarctos maritimus*)
ijs·be·ren *ww* [ijsbeerde, h. geijsbeerd] steeds heen en weer lopen (in een beperkte ruimte)
ijs·berg *de (m)* [-en] uit de poolstreken afkomstige ijsklomp, voor het grootste gedeelte onder water liggend ★ *dit is slechts het topje van de ~* het deel van de moeilijkheden of het gevaar dat zichtbaar is
ijs·berg·sla *de* oorspronkelijk uit Californië afkomstige, maar thans ook in Israël, Frankrijk en Nederland verbouwde kropsla die er uitziet als een kool, met dicht op elkaar liggende bladeren, en die ingevroren bewaard kan worden
ijs·be·strij·der *de (m)* [-s] middel ter voorkoming van ijsafzetting op de vleugels van een vliegtuig
ijs·bloe·men *mv* bloemfiguren van ijs op ramen
ijs·blok·je *het* [-s] blokje ijs om dingen mee te koelen, bijv. dranken
ijs·bre·ker *de (m)* [-s] schip dat het ijs breekt met een ijsploeg of door op het ijs te varen
ijs·club *de* [-s] ❶ vereniging die een ijsbaan verzorgt

en voor het publiek openstelt; vereniging voor ijssport ❷ ijsbaan van zo'n vereniging
ijs·co *de (m)* ['s] vooral NN, vero ijswafel, ijsje
ijs·co·man *de (m)* [-nen] man die ijs aan een wagentje verkoopt
ijse·lijk *bn* verschrikkelijk, afgrijselijk; **ijselijkheid** *de (v)* [-heden]
ijs·em·mer *de (m)* [-s] emmer met ijs, om dranken koel te houden
ijs·fa·briek *de (v)* [-en] ❶ fabriek van kunstijs ❷ fabriek van consumptie-ijs (→ **ijs**, bet 2)
ijs·gang *de (m)* het zich bewegen van drijfijs
ijs·hei·li·gen *mv* de heiligen Mammertius, Pancratius, Servatius, Bonifacius, op wier feestdagen, 11-14 mei, het vaak zeer koud is
ijs·hock·ey [-hokkie] *het* hockey op de schaats gespeeld
ijs·je *het* [-s] zie bij → **ijs** (bet 2)
ijs·kar *de* [-ren] wagentje waaraan men consumptie-ijs koopt
ijs·kast *de* [-en] kast waarin bederfelijke waren koel gehouden worden ★ *in de ~ zetten* fig laten rusten, niet afhandelen
ijs·ke·gel *de (m)* [-s] kegel van ijs, ontstaan uit afdruipend water
ijs·kel·der *de (m)* [-s] kelder ter bewaring van ijs; met ijs gekoelde kelder; fig zeer koude ruimte
ijs·klomp *de (m)* [-en] bonk ijs
ijs·ko·nijn *het* [-en] inf emotieloos, harteloos, ongevoelig persoon
ijs·ko·nin·gin *de (v)* [-nen] arrogante, ongenaakbare vrouw
ijs·koud, ijs·koud *bn* ❶ zeer koud: ★ *het is ~ weer* ❷ zonder rekening te houden met gevoelens, ronduit, vrijmoedig: ★ *iem. ~ de waarheid zeggen*
ijs·kris·tal *het* [-len] kristal van ijs
IJs·lan·der *de (m)* [-s] iem. geboortig of afkomstig uit IJsland
ijs·lan·der *de (m)* [-s] ponyras, aanvankelijk ingevoerd als kinderrijpony, nu ook gebruikt voor het maken van trektochten
IJs·lands I *bn* van, uit, betreffende IJsland ★ *~ mos* korstmos uit de poolstreken, wel als geneesmiddel gebruikt **II** *het* de taal van IJsland
IJs·land·vaar·der *de (m)* [-s] visser die op IJsland vaart; *ook* vissersschip dat op IJsland vaart
ijs·lol·ly *de (m)* ['s] waterijs op een stokje als lekkernij
ijs·ma·chi·ne [-sjienə] *de (v)* [-s] machine om ijs te maken
ijs·mees·ter *de (m)* [-s] iem. die verantwoordelijk is voor de kwaliteit van het ijs van een ijsbaan
ijs·muts *de* [-en] berenmuts
ijs·pe·gel *de (m)* [-s] smalle kegel van bevroren afdruipend water
ijs·pret *de* ijsvermaak
ijs·sa·lon *de (m) & het* [-s] ruimte waar men consumptie-ijs kan kopen en nuttigen
ijs·schol *de* [-len], **ijs·schots** [-en] afgebroken drijvend stuk ijs

ijs·speed·way [-spiedwee] *de (m)* [-s] motorracen op het ijs met speciaal daarvoor geconstrueerde motoren
ijs·sport *de* sport die op het ijs beoefend wordt zoals: ijshockey, kunstschaatsen en hardrijden op de schaats
ijs·sta·di·on *het* [-s] stadion waarin ijssporten worden beoefend
ijs·taart *de* [-en] taart van (meestal verschillende soorten) ijs
ijs·thee *de (m)* verfrissende drank op basis van ijskoude thee
ijs·tijd *de (m)* [-en] periode, waarin het noordelijk halfrond voor een groot deel met ijs bedekt was
ijs·trans·plan·ta·tie [-(t)sie] *de (v)* [-s] NN het dichtmaken van een wak in het traject van een belangrijke schaatstocht met behulp van een stuk ijs dat van elders wordt gehaald
ijs·veld *het* [-en] ijsvlakte
ijs·ver·maak *het* [-maken] plezier op het ijs bij het schaatsenrijden
ijs·vlak·te *de (v)* [-n, -s] met ijs bedekte vlakte
ijs·vo·gel *de (m)* [-s] kleine vogel die van vis leeft
ijs·vrij *bn* ❶ ‹van een haven› niet dichtvriezend; ❷ ‹van een rivier› vrij van drijfijs ❸ vrijaf voor schaatsen
ijs·wa·fel *de* [-s] NN consumptie-ijs tussen twee dunne wafels
ijs·wa·ter *het* water uit gesmolten ijs; water met ijs erin
ijs·zak *de (m)* [-ken] zak van ondoordringbare stof, die met ijs gevuld op zieke lichaamsdelen wordt gelegd
ijs·zee *de* [-zeeën] bij de beide polen gelegen zeeën: ★ *Noordelijke & Zuidelijke IJszee*
ijs·zei·len *ww & het* (het) zeilen in een slee op het ijs
ijver ‹‹Du› *de (m)* lust tot werken, toewijding aan een taak
ijve·raar *de (m)* [-s, -raren] iem. die voor iets ijvert
ijve·ren *ww* [ijverde, h. geijverd] ★ *~ voor* krachtig werken voor, zijn best doen voor ★ *~ tegen* met kracht werken tegen, streven naar opheffing van afschaffing van
ijve·rig *bn* met ijver
ijver·zucht ‹‹Du› *de* na-ijver, jaloersheid
ijver·zuch·tig *bn* na-ijverig, jaloers
ijzel *de (m)* ijslaagje, gevormd door bevroren neerslag
ijze·len *ww* [het ijzelde, het h. geijzeld] bevriezen van gevallen neerslag
ijzen *ww* [ijsde, h. geijsd] beven van angst of afschuw
ijzer *het* [-s] ❶ het metaal (Fe) ★ vooral NN *het is lood om oud ~* het is allebei even slecht ★ *men kan geen ~ met handen breken* het onmogelijke kan men niet ★ *men moet het ~ smeden als het heet is* men moet het gunstigste ogenblik waarnemen ❷ ijzeren voorwerp: ★ *hoefijzer, strijkijzer* ★ *in de ijzers* in boeien ★ *op de ijzers* op schaatsen ★ *een heet ~ (om aan te pakken)* een lastige zaak (om mee te

beginnen) ★ vooral NN *twee ijzers in het vuur hebben* meer dan één mogelijkheid zien om het doel te bereiken

ijzer·aar·de *de* ijzerhoudende aarde

ijzer·ach·tig *bn* op ijzer gelijkend; ijzerhoudend

ijzer·boor *de* [-boren] boor om in ijzer te boren

ijzer·draad *als stof: de (m) & het, als voorwerp: de (m)* [-draden] van ijzer getrokken draad

ijze·ren *bn* ❶ van ijzer gemaakt: ★ *een ~ staaf* ★ *de ~ long* vroeger toestel ter beademing van patiënten met verlamde ademhalingsspieren, waar deze geheel in lagen ★ *het ~ kruis* Duits onderscheidingsteken voor dapperheid en verdienste in de oorlog ❷ fig bep. eigenschappen van ijzer hebbend: zeer sterk, hard, onverwoestbaar: ★ *een ~ gestel, gezondheid* ★ *de ~ eeuw* de tiende eeuw (vooral in de kerkgeschiedenis) ★ *de ~ loonwet* econ wet volgens welke het arbeidsloon niet boven het bestaansminimum zal stijgen (geponeerd door F. Lassalle, 1825-1864) ★ NN *~ voorraad* hoeveelheid grondstoffen, goederen die minimaal nodig is om een bedrijf op gang te houden ★ *de IJzeren Hertog* bijnaam van de hertog van Alva (1507-1582); zie ook bij → **gordijn**, → **Hein** en → **vuist**

ijze·ren·hei·nig *bn* NN onverstoorbaar, zonder zich ergens iets van aan te trekken: ★ *ondanks de spreekkoren vanuit de zaal ging hij ~ door met zijn toespraak*

ijzer·erts *het* [-en] ijzerhoudende delfstof

ijzer·gaas *het* gaas van ijzerdraad

ijzer·ga·ren *het* zeer sterk garen

ijzer·gie·te·rij *de (v)* [-en] werkplaats waar ijzer gegoten wordt

ijzer·glans *het* gekristalliseerd ijzeroxide

ijzer·han·del *de (m)* ❶ handel in ijzer ❷ [*mv:* -s] winkel waar men ijzerwaren verkoopt

ijzer·hard¹ *bn* hard als ijzer

ijzer·hard² *de & het* naam van een plant: zie bij → **verbena**

ijzer·hou·dend *bn* ijzer bevattend

ijzer·in·dus·trie *de (v)* ❶ het bewerken van ijzererts en het maken van ijzeren voorwerpen ❷ [*mv:* -trieën] bedrijf waar dit geschiedt

ijzer·oer *het* ijzererts dat fijn verdeeld in de bodem voorkomt

ijzer·oxi·de [-oksiedə] *het* roest, verbinding van ijzer met zuurstof

ijzer·roest *de (m) & het* verbinding van ijzer met zuurstof

ijzer·smel·te·rij *de (v)* [-en] bedrijf waar men ijzer smelt

ijzer·sterk *bn* zeer sterk

ijzer·tijd *de (m)* periode in de prehistorie, volgend op de bronstijd, waarin men ijzeren voorwerpen leerde vervaardigen

ijzer·vijl·sel *het* zeer fijn ijzergruis

ijzer·vre·ter *de (m)* [-s] ruwe krijgsman

ijzer·wa·ren *mv* ijzeren voorwerpen als handelsartikel

ijzer·win·kel *de (m)* [-s] ❶ → **ijzerhandel** (bet 2) ❷ schertsend grote hoeveelheid metaal, bijv. sleutels, wapens e.d.

ijzer·zaag *de* [-zagen] zaag om ijzeren platen of staven door te zagen

ijzig *bn* ijskoud; ijzingwekkend

ijzing *de (v)* [-en] schrik, huivering

ijzing·wek·kend *bn* angst of afschuw veroorzakend

ik I *pers vnw* eerste persoon enkelvoud onderwerpsvorm: ★ *~ wil naar huis* II *het* de eigen persoonlijkheid ★ *iemands betere ~* zijn betere eigenschappen

ikan *‹Mal› de (m)* vis

ike·ba·na *‹Jap› het* Japanse bloemschikkunst

ik-fi·guur *de* [-guren] verteller over zichzelf in een verhaal

IKON *afk* Interkerkelijke Omroep Nederland

ik-tijd·perk *het* tijdperk waarin men vooral de nadruk legt op het eigen individu en de eigen belangen, i.t.t. gemeenschappelijke belangen, zoals bijv. het begin van de jaren tachtig

IKV *afk* Interkerkelijk Vredesberaad

ik-zucht *de* zelfzucht

IL *afk* Israël (als nationaliteitsaanduiding op auto's)

il·le·gaal *‹Fr› bn* ❶ onwettig, onregelmatig, wederrechtelijk ❷ ‹tijdens de Duitse bezetting, 1940-1945› in het geheim, tegen de geldende voorschriften, tegen het nationaalsocialisme

il·le·ga·li·teit *‹Fr› de (v)* [-en] ❶ onwettigheid, onrechtmatigheid ❷ activiteit in strijd met voorschriften van de bezetter, dikwijls van gewelddadige aard; zij die illegaal werkzaam zijn (vooral wie dit waren gedurende de Duitse bezetting van Nederland van 1940-1945)

il·le·gi·tiem *‹Fr‹Lat› bn* onwettelijk, onecht, buitenechtelijk

il·le·gi·ti·mi·teit *‹Fr› de (v)* onwettelijkheid; onechtheid

il·lu·mi·na·tie [-(t)sie] *‹Lat› de (v)* [-s] feestverlichting in de open lucht door een groot aantal kleine lichtbronnen

il·lu·mi·ne·ren *ww ‹Fr‹Lat›* [illumineerde, h. geïllumineerd] ❶ feestelijk verlichten, met lampjes versieren ❷ ‹handschriften› met ornamenten, vooral met gekleurde tekeningen en verguldwerk versieren

il·lu·sie [-zie] *‹Fr‹Lat› de (v)* [-s] ❶ zinsbegoocheling ❷ droombeeld, denkbeeld dat men verwezenlijkt zou willen zien: ★ *zich illusies maken; onverwezenlijkbaar denkbeeld of plan*

il·lu·sio·nair [-zjoonɛr] *‹Fr› bn* van de aard van een droombeeld, onverwezenlijkbaar

il·lu·sio·nist [-zjoo-] *‹Fr› de (m)* [-en] ❶ iem. die zich aan illusies overgeeft ❷ goochelaar

il·lu·soir [-zwaar] *‹Fr‹Lat› bn* bedrieglijk, hersenschimmig, denkbeeldig ★ *iets ~ maken* er alle betekenis aan ontnemen

il·lus·ter (‹Fr‹Lat) bn doorluchtig, voornaam; uitstekend

il·lus·tra·tie [-(t)sie] (‹Fr‹Lat) de (v) [-s] ❶ opheldering, verduidelijking; voorbeeld ❷ het illustreren, verluchting van een boek of tijdschrift door platen ❸ een dergelijke plaat

il·lus·tra·tief bn ophelderend, verduidelijkend

il·lus·tra·tor (‹Lat) de (m) [-s] iem. die een werk illustreert; iem. die zich toelegt op het illustreren van boeken

il·lus·tre·ren ww (‹Fr‹Lat) [illustreerde, h. geïllustreerd] ❶ toelichten, verduidelijken ❷ ‹een boek› verluchten, van illustraties voorzien

ILO afk International Labour Organization (‹Eng) [Internationale Arbeidsorganisatie]

im- voorvoegsel (‹Lat) voorvoegsel met de betekenis on

image [immidzj] (‹Eng,) [iemaazjə] (‹Fr) [-s], **ima·go** [iemaa-] (‹Lat) het het beeld, de voorstelling van iem. of iets bij het grote publiek

image·build·ing [immidzjbilding] (‹Eng) de het opbouwen van een image

ima·gi·nair [iemaazjienèr] (‹Fr‹Lat) bn ❶ denkbeeldig, ingebeeld, vermeend ❷ wisk: ★ *imaginaire grootheid* de vierkantswortel uit negatieve getallen

ima·gi·na·tie [iemaazjienaa(t)sie] (‹Fr‹Lat) de (v) [-s] ❶ verbeelding, verbeeldingskracht ❷ verbeelde voorstelling, droombeeld

ima·go [iemaa-] (‹Lat) de & het ['s of imagines] ❶ volwassen insect, tegenover larve of pop ❷ in de psychoanalyse van C.G. Jung (1875-1961) een onbewust op een ander geprojecteerde afbeelding van een in de kinderjaren belangrijke sleutelfiguur, gepaard gaande met gevoelens die bij de persoon uit het verleden horen ❸ → image

imam (‹Arab) de (m) [-s] ❶ wereldlijk en geestelijk leider in het islamitische theocratische systeem ❷ voorganger in het rituele gebed, hoofd van een moskee ❸ hoofd van een islamitische rechtsschool

ima·maat het titel en ambt van imam

im·be·ciel (‹Fr) **I** bn zwakzinnig; fig wezenloos, onnozel, dom **II** de [-en] zwakzinnige

im·be·ci·li·teit (‹Fr) de (v) zwakzinnigheid; onnozelheid

IMF afk International Monetary Fund (‹Eng) [Internationaal Monetair Fonds, opgericht te Bretton Woods in 1944, bijeengebracht door de regeringen van 44 landen met het doel de valuta's te stabiliseren en aan staten leningen te verstrekken]

imi·ta·tie [-(t)sie] (‹Fr‹Lat) de (v) [-s] ❶ navolging, nabootsing: ★ *hij deed een ~ van de minister-president* ❷ namaak: ★ *dit is geen echt bont, maar ~*

imi·ta·tor (‹Lat) de (m) [-s] navolger, nabootser (vooral van personen, vogels, muziekinstrumenten)

imi·te·ren ww (‹Fr‹Lat) [imiteerde, h. geïmiteerd] navolgen, nabootsen, nadoen

im·ker, **iem·ker** de (m) [-s] bijenhouder

im·ma·nent (‹Fr‹Lat) bn innerlijk, aanklevend, tot de structuur van de zaak of het geheel behorend (tegengest: → **transcendent**): ★ *God als immanente oorzaak van de dingen* ★ *immanente gerechtigheid*

im·ma·nen·tie [-sie] de (v) het immanent-zijn

im·ma·te·ri·eel (‹Lat) bn onstoffelijk, onlichamelijk, geestelijk

im·ma·tri·cu·la·tie [-(t)sie] (‹Fr) de (v) ❶ inschrijving als student, lidmaat enz. ❷ BN registratie: ★ *de ~ van wapens, auto's*

im·ma·tri·cu·le·ren ww (‹Fr‹Lat) [immatriculeerde, h. geïmmatriculeerd] ❶ inschrijven in een register (matricula) als student, lidmaat enz. ❷ BN registreren: ★ *wapens, auto's ~*

im·mens (‹Fr‹Lat) bn onmetelijk; ontzaglijk

im·men·si·teit (‹Fr‹Lat) de (v) onmetelijkheid; ontzaglijke grootheid

im·mer bijw altijd

im·mer·meer, **im·mer·meer** bijw immer

im·mers I bijw toch **II** voegw althans, tenminste: ★ *dat is vreemd, ~ de meeste mensen begrijpen het niet*

im·mi·grant (‹Lat) de (m) [-en] inkomend landverhuizer, kolonist, vreemdeling die zich in het betrokken land vestigt; ook van dieren en planten gezegd

im·mi·gra·tie [-(t)sie] (‹Lat) de (v) intrek in een ander land, het zich metterwoon vestigen in een landstreek van personen uit een ander, vooral vergelegen land

im·mi·gre·ren ww (‹Fr‹Lat) [immigreerde, is geïmmigreerd] uit den vreemde in een land komen wonen

im·mi·nent (‹Fr‹Lat) bn dreigend, boven het hoofd hangend

im·mo·biel (‹Fr‹Lat) bn onbeweeglijk, vast; onverzettelijk

im·mo·bi·li·ën (‹Lat) mv BN ook vastgoed, onroerend goed

im·mo·bi·li·ën·kan·toor het [-toren] BN ook makelaardij, makelaarskantoor

im·mo·bi·li·ën·maat·schap·pij de (v) [-en] BN ook onderneming die bemiddelt bij de handel in onroerend goed, vastgoedmaatschappij

im·mo·bi·li·ën·markt de [-en] BN ook de handel in onroerend goed, vastgoedmarkt

im·mo·bi·li·se·ren ww [-zee-] (‹Fr) [immobiliseerde, h. geïmmobiliseerd] onbeweeglijk maken, vastzetten

im·mo·ra·li·teit (‹Fr) de (v) onzedelijkheid

im·mo·reel (‹Fr) bn onzedelijk, in strijd met de goede zeden

im·mu·ni·sa·tie [-zaa(t)sie] de (v) het onvatbaar-maken, vooral de kunstmatige opwekking van immuniteit tegen infecties

im·mu·ni·se·ren ww [-zee-] (‹Fr) [immuniseerde, h. geïmmuniseerd] onvatbaar maken, vooral voor besmettingskiemen; text de affiniteit voor directe kleurstoffen opheffen; **immunisering** de (v) [-en]

im·mu·ni·teit (‹Lat) de (v) ❶ onschendbaarheid, het niet-onderworpen zijn aan bepaalde wetten;

immuun–importuniteit

vrijdom van belastingen; ❷ [*mv:* -en] gebied waar deze onschendbaarheid of vrijdom geldt ❸ med onvatbaarheid voor besmettingskiemen of voor een bep. vergif

im·muun *(‹Lat) bn* ❶ ontheven, onschendbaar ❷ onvatbaar voor bepaalde ziekten; fig ontoegankelijk voor bepaalde gemoedsaandoeningen

imp. *afk* ❶ imperatief ❷ imperator ❸ imprimatur

im·pact [impεkt] *(‹Eng) de (m)* werking, inwerking, kracht die van iets uitgaat: ★ *televisiereclame heeft een grote ~ op het koopgedrag van de kijkers*

im·pa·la *(Zoeloetaal) de (m)* ['s] roodbruine, middelgrote antilope in de savannen van Zuid- en Oost-Afrika (*Aepyceros melampus*)

im·passe *(‹Fr) de (v)* [-s, -n] ❶ eig doodlopende straat, slop ❷ fig moeilijke toestand waar men niet uit kan komen, nauwelijks oplosbare moeilijkheid: ★ *in een ~ zitten; zich in een ~ bevinden*

im·pa·ti·ens *(‹Lat) de (m)* springzaad

im·peach·ment [-piet∫-] *(‹Eng) de* [-s] het afzetten van een president of ander bewindspersoon door middel van een gerechtelijke procedure

im·pe·ra·tief[1] *(‹Lat) bn* gebiedend, dwingend; bindend ★ ~ *mandaat* opdracht aan een afgevaardigde om op bepaalde wijze te stemmen

im·pe·ra·tief[2] *(‹Lat) de (m)* [-tieven] ❶ gebiedende wijs van de werkwoorden ❷ ★ *categorische ~* onvoorwaardelijk zedelijk gebod (volgens de Duitse filosoof I. Kant, 1724-1804)

im·pe·ra·tor *(‹Lat) de (m)* [-tores, -toren, -s] in de Romeinse geschiedenis oorspr hij die het → **imperium** (hoogste militaire en rechterlijke macht) had ingevolge speciale opdracht van het volk of de senaat; later permanente titel van de keizers en vandaar zoveel als keizer ★ ~ *rex* keizer en koning (o.a. titel van de Duitse keizers na 1870)

im·per·fect *(‹Lat)* **I** *bn* onvolkomen, onvolmaakt **II** *het* imperfectum

im·per·fec·tie [-sie] *(‹Lat) de (v)* onvolkomenheid, onvolmaaktheid, gebrek

im·per·fec·tum *(‹Lat) het* [-s, -ta] taalk onvoltooid verleden tijd

im·pe·ri·aal *(‹Fr) de & het* [-alen] vooral NN bagagerek boven op een auto

im·pe·ri·a·lis·me *(‹Eng) het* het streven naar machts- en gebiedsuitbreiding van grote staten

im·pe·ri·a·list *de (m)* [-en] voorvechter van het imperialisme

im·pe·ri·a·lis·tisch *bn* strevend naar oppermacht, naar wereldheerschappij; daardoor gekenmerkt

im·pe·ri·um *(‹Lat) het* [-ria, -s] ❶ Romeinse geschiedenis tijdelijk toegekende militaire en rechterlijke oppermacht ❷ staatsgezag ❸ keizerrijk ★ *Imperium Romanum* het Romeinse keizerrijk ❹ wereldrijk: ★ *het vroegere Britse ~*

im·per·me·a·bel *(‹Fr)* **I** *bn* ondoordringbaar **II** *de (m)* [-s] waterdichte jas of mantel, regenjas

im·per·ti·nent *(‹Fr) bn* onbeschaamd, brutaal

im·per·ti·nen·tie [-sie] *(‹Fr) de (v)* [-s] brutaliteit, onbeschaamdheid; uiting daarvan

im·plan·taat *het* [-taten] med chirurgisch in het lichaam ingebracht kunstmatig element, bijv. een kunstlens, een metalen heup of een kunststofhartklep

im·plan·ta·tie [-(t)sie] *(‹Fr) de (v)* [-s] inplanting, het laten vastgroeien van stukjes levend weefsel, van een voorwerp of een geneesmiddel in ander weefsel

im·plan·te·ren *ww (‹Fr‹Lat)* [implanteerde, h. geïmplanteerd] inplanten

im·ple·men·ta·tie [-(t)sie] *(‹Lat) de (v)* het implementeren

im·ple·men·te·ren *ww (‹Lat)* [implementeerde, h. geïmplementeerd] ❶ verwezenlijken, tot uitvoer brengen (een plan, verdrag e.d.) ❷ een nieuw (computer)systeem invoeren in een (dataverwerkende) organisatie

im·pli·ca·tie [-(t)sie] *(‹Fr) de (v)* [-s] ❶ verwikkeling, verwarring ❷ het betrokken zijn in of bij iets ★ *bij ~ erin begrepen*

im·pli·ce·ren *ww (‹Lat)* [impliceerde, h. geïmpliceerd] ❶ insluiten, omvatten, mede begrijpen ❷ verwikkelen, in een zaak betrekken

im·pli·ciet *(‹Lat) bn* mede of indirect betrokken in; stilzwijgend eronder begrepen, inbegrepen

im·plo·sie [-zie] *(‹Lat) de (v)* [-s] het plotseling ingedrukt-worden van een luchtledige ruimte of zulk een vat, *tegengest:* → **explosie**

im·pon·de·ra·bi·lia, **im·pon·de·ra·bi·li·ën** *(‹Lat) mv* eig onweegbare zaken; niet nauwkeurig te bepalen maar wel meesprekende factoren, overwegingen of invloeden

im·po·ne·ren *ww (‹Lat)* [imponeerde, h. geïmponeerd] achting, eerbied of ontzag inboezemen

im·po·pu·lair [-lèr] *(‹Fr) bn* niet in achting, niet bemind bij de menigte

im·po·pu·la·ri·teit *(‹Fr) de (v)* het niet-gezien-zijn, onbemindheid

im·port *(‹Eng‹Lat) de (m)* ❶ invoer van koopwaren uit het buitenland ❷ ingevoerde waren ❸ NN, bij uitbreiding ook van personen: immigrant, niet-autochtoon, iem. uit een ander gebied: ★ *er woont veel ~ op dat eiland, in die straat*

im·por·tant *(‹Fr) bn* gewichtig, belangrijk, van betekenis

im·por·tan·tie [-sie] *(‹Lat) de (v)* gewicht, belang

im·por·te·ren *ww (‹Fr‹Lat)* [importeerde, h. geïmporteerd] ❶ invoeren uit het buitenland ❷ comput data in een programma inlezen, bijvoorbeeld een al bestaande tabel in een databaseprogramma

im·por·teur *(‹Fr) de (m)* [-s] iem. die er zijn beroep van maakt goederen uit het buitenland te betrekken om ze in zijn land te verkopen

im·por·tu·ni·teit *(‹Fr‹Lat) de (v)* lastigheid, overlast;

ongelegenheid

im·port·ziek·te *de (v)* [-n, -s] ziekte die vrijwel uitsluitend in een land voorkomt als gevolg van import uit voornamelijk tropische of subtropische landen

im·po·sant [-zant] *(‹Fr)* bn ontzagwekkend, grote indruk makend

im·post *(‹Fr‹Lat) de (m)* [-en] ❶ NN belasting op zaken van verbruik, accijns ❷ bouwk stenen bouwonderdeel tussen de abacus van een kapiteel en de aanzet van een boog

im·po·tent *(‹Fr) bn* ❶ onvermogend; (van mannen) niet in staat tot erectie en / of ejaculatie ❷ geestelijk machteloos, onbekwaam

im·po·ten·tie [-sie] *(‹Lat) de (v)* onmacht; het impotent-zijn van mannen; onbekwaamheid

im·preg·ne·ren *ww (‹Fr‹Lat)* [impregneerde, h. geïmpregneerd] doen doortrekken, drenken, bezwangeren; (chemisch) verzadigen

im·pre·sa·ri·aat *het* functie of bedrijf van een impresario

im·pre·sa·rio *(‹It) de (m)* ['s] organisator (als ondernemer) van toneeluitvoeringen, concerten enz.

im·pres·sie *(‹Fr‹Lat) de (v)* [-s] indruk (in verschillende betekenissen)

im·pres·sief *bn* indruk makend, indrukwekkend; krachtig

im·pres·si·o·nis·me [-sjoo-] *(‹Fr) het* richting in de beeldende kunst, letteren en muziek (± 1870-1910), waarvan het streven is de eerste onmiddellijke indruk van het geziene zuiver weer te geven, zonder te letten op de objectief waarneembare onderdelen, genoemd naar een schilderij van Monet: *Impression, soleil levant (1872)*

im·pres·si·o·nist [-sjoo-] *de (m)* [-en] aanhanger van het impressionisme

im·pres·si·o·nis·tisch [-sjoo-] *bn* behorend tot, volgens het impressionisme

im·pri·ma·tur *(‹Lat: het worde afgedrukt) het* [-s] kerkelijk verlof tot de druk

im·pri·mé [ēpriemee] *(‹Fr) het* [-s] bedrukte japonstof

im·pri·me·ren *ww (‹Fr)* [imprimeerde, h. geïmprimeerd] indrukken, inscherpen

im·pro·duc·tief *bn* niet productief, niets voortbrengend, onvruchtbaar

im·pro·duc·ti·vi·teit *de (v)* onvruchtbaarheid, ongeschiktheid tot voortbrengen, onvermogen om voort te brengen

im·promp·tu [ēprōtuu] *(‹Fr‹Lat) het* ['s] iets wat voor de vuist gemaakt is; aldus gezongen lied; (schijnbaar) geïmproviseerd muziekstuk; onvoorbereid gehouden voordracht

im·pro·vi·sa·tie [-zaa(t)sie] *(‹Fr) de (v)* [-s] voor de vuist gemaakt dichtstuk, onvoorbereid gehouden redevoering; muz muziekstuk dat tijdens het ten gehore brengen wordt gemaakt

im·pro·vi·sa·tor [-zaator] *de (m)* [-s], **im·pro·vi·sa·tri·ce** [-zaa-] *de (v)* [-s] iemand die improviseert

im·pro·vi·se·ren *ww* [-zee-] *(‹Fr)* [improviseerde, h. geïmproviseerd] ❶ voor de vuist dichten, spreken of musiceren ❷ voor het ogenblik bedenken of inrichten

im·pu·den·tie [-sie] *(‹Lat) de (v)* [-s] onbeschaamdheid, schaamteloosheid

im·puls *(‹Lat) de (m)* [-en] ❶ aandrift, ook *impulsie*: eerste stoot tot iets ❷ nat hoeveelheid beweging ❸ fysiologie prikkel die zich voortplant langs een zenuwvezel

im·puls·aan·koop *de (m)* [-kopen] het plotseling kopen van iets zonder veel verstandelijke overwegingen te laten gelden

im·puls·ar·ti·kel *het* [-en, -s] winkelartikel dat op impuls gekocht wordt, d.w.z. niet omdat de koper het van plan was, maar omdat hij het aangeboden krijgt of uitgestald ziet

im·pul·sief *(‹Fr‹Lat) bn* ❶ aandrijvend, prikkelend ❷ geneigd impulsies te volgen, op de eerste aandrift te handelen

im·pul·si·vi·teit *(‹Fr) de (v)* het impulsief-zijn, neiging van een persoon tot handelen naar de ingeving van het ogenblik, naar plotselinge aandrang

im·puls·mo·ment *het* nat hoeveelheid draaiing; moment van de hoeveelheid beweging

im·pu·te·ren *ww (‹Fr‹Lat)* [imputeerde, h. geïmputeerd] ten laste leggen, toerekenen, toeschrijven

In *afk* symbool voor het chemisch element *Indium*

in¹ I *vz* ❶ plaats ★ *rondwandelen ~ een park* ★ *iets ~ een vat gieten;* (achtergeplaatst duidt het meestal een gaan binnen een ruimte aan): ★ *door de hoofdingang liep hij het park ~* ★ *het bier stroomde het vat ~* ❷ tijd ★ *~ 1492 ontdekte Columbus Amerika* ❸ toestand ★ *~ een goede (slechte) bui* ★ *~ goeden doen in financiële welstand* ❹ gevolg ★ *~ brokstukken uiteenvallen* ❺ hoeveelheid ★ *~ 17 zetten won hij* ★ *~ groten getale* II *bijw* ❶ sp in het speelveld: ★ *de bal is nog ~* ❷ in zwang: ★ *wintersportvakanties raken steeds meer ~* ★ *voor iets ~ zijn* tot iets bereid zijn, zich tot iets lenen

in² *afk* symbool voor *inch*

in- *voorvoegsel (‹Lat & Fr)* voorvoegsel met de betekenis on- (voor lipletters b, m en p wordt het → **im-**)

in ab·strac·to *bijw (‹Lat)* in het abstracte, los van de omstandigheden, theoretisch

in·ac·cu·raat *bn* onnauwkeurig, niet nauwgezet

in·acht·ne·ming *de (v)* nakoming, betrachting

in·ac·tief *(‹Fr) bn* niet werkend; werkeloos, in rust; buiten dienst

in·ac·ti·ve·ren *ww* [inactiveerde, h. geïnactiveerd] onwerkzaam maken, stilzetten, de werking doen ophouden van

in·ade·men *ww* [ademde in, h. ingeademd] naar binnen ademen; **inademing** *de (v)*

in·ade·quaat [-kwaat] *(‹Fr) bn* ongelijk, niet passend

in a nut·shell *bijw* [in ə nutsjel] *(‹Eng)* in een notendop; in miniatuur

in·au·gu·raal, **in·au·gu·reel** *(‹Fr) bn* betrekking hebbend op de inwijding tot een nieuwe waardigheid of functie: meestal gezegd van de oratie bij de aanvaarding van het hoogleraarsambt: ★ *een inaugurele rede*

in·au·gu·ra·tie [-(t)sie] *(‹Fr‹Lat) de (v)* [-s] plechtige bevestiging in een waardigheid, inwijding, intrede; metonymisch intreerede

in·au·gu·reel *(‹Fr) bn* → **inauguraal**

in·au·gu·re·ren *ww (‹Fr‹Lat)* [inaugureerde, h. geïnaugureerd] ❶ plechtig bevestigen, inwijden ❷ zijn intree doen

in·baar *bn* te innen: ★ *inbare vorderingen*

in·ba·ke·ren *ww* [bakerde in, h. ingebakerd] vooral NN stevig inwikkelen, warm instoppen: ★ *een baby ~*

in·bed·den *ww* [bedde in, h. ingebed] *meest voorkomende vorm:* → **ingebed**, zie aldaar

in·be·droefd *bn* diep bedroefd

in·beel·den *wederk* [beeldde in, h. ingebeeld] ❶ een verkeerde voorstelling van iets hebben: ★ *hij beeldde zich in dat er steeds iemand door het raam gluurde* ❷ een hoge dunk van zichzelf hebben: ★ *zij beeldt zich heel wat in* ❸ BN, spreektaal zich voorstellen: u kunt zich ~ dat...

in·beel·ding *de (v)* [-en] ❶ iets wat men zich verbeeldt, maar dat niet werkelijk is ❷ verwaandheid, te hoge dunk van zichzelf

in·be·gre·pen *bn* meegerekend

in·be·grip *het* ★ *met ~ van* meegerekend

Inbel *afk* in België Institut Belge d'Information et de Documentation [vroegere benaming voor de Belgische Rijksvoorlichtingsdienst]

in·bel·len *ww* [belde in, h. ingebeld] comput als gebruiker via modem en telefoon contact leggen met de internetprovider en vervolgens na opgave van gebruikersnaam en wachtwoord het internet op gaan

in·be·schul·di·ging·stel·ling *de (v)* [-en] BN het in staat van beschuldiging stellen ★ *Kamer van ~* rechterlijk college dat de door de raadkamer na het gerechtelijk vooronderzoek genomen beslissing tot strafrechtelijke vervolging bekrachtigt en het arrestatiebevel verleent

in·be·slag·ne·ming *de (v)* [-en] het beslag leggen (o.a. wegens schulden)

in·be·wa·ring·ge·ving *de (v)* het in bewaring geven

in·be·zit·ne·ming *de (v)* het in bezit nemen

in·bij·ten *ww* [beet in, h. ingebeten] ❶ met een bijtende stof bewerken ❷ door bijtende kracht aantasten of inwerken op

in·bin·den *ww* [bond in, h. ingebonden] ❶ in een boekband verenigen ❷ ★ *de zeilen ~* door binden minderen ❸ zich matigen, minder brutaal optreden

in·bla·zen *ww* [blies in, h. ingeblazen] ❶ door blazen erin brengen: ★ fig *nieuw leven ~* ❷ influisteren, inboezemen (veelal in ongunstige zin)

in·blik·ken *ww* [blikte in, h. ingeblikt] ❶ in blik verduurzamen: ★ *ingeblikt vlees* ❷ fig op een bandje opnemen ★ *ingeblikt gelach* geluid van lachen dat is opgenomen en later, tijdens bijv. een komische film, wordt afgedraaid

in·boe·del *de (m)* [-s] de roerende goederen in een huis

in·boe·ken *ww* [boekte in, h. ingeboekt] in een (koopmans)boek of een register schrijven

in·boe·ten *ww* [boette in, h. ingeboet] ❶ verliezen ❷ door een ander stuk vervangen

in·boe·ze·men *ww* [boezemde in, h. ingeboezemd] vervullen met: ★ *vertrouwen ~*

in·boor·ling *de (m)* [-en], **in·boor·lin·ge** *de (v)* [-n] iem. die geboren is in het land of de plaats waar hij of zij woont; vooral, vroeger oorspronkelijke bewoner van een niet-westers land

in·borst *de* aard, karakter

in·bo·te·ren *ww* [boterde in, h. ingeboterd] BN met boter bestrijken: ★ *een bakplaat ~*

in·bou·wen *ww* [bouwde in, h. ingebouwd] omheen bouwen: ★ *een vroeger alleenstaande villa is nu helemaal ingebouwd;* in iets anders bouwen: ★ *een ingebouwd bad;* ook fig: ★ *in dit systeem zijn allerhande zekerheden ingebouwd*

in·braak *de* [-braken] het inbreken

in·braak·pre·ven·tie [-sie] *de (v)* maatregelen, voorzieningen ter voorkoming van inbraak

in·braak·vrij *bn* beveiligd tegen inbraak

in·bran·den *ww* [brandde in, h. & is ingebrand] ❶ met een brandijzer merken; fig diep inprenten: ★ *hij heeft zijn kinderen de tucht ingebrand;* (van paarden) africhten ❷ naar binnen branden: ★ *die sigaar brandt in*

in·bre·ken *ww* [brak in, h. ingebroken] zich met geweld toegang verschaffen tot andermans huis om te stelen enz.

in·bre·ker *de (m)* [-s] iem. die inbreekt

in·breng *de (m)* ❶ algemeen wat iemand aan geldmiddelen of vermogen inbrengt, fig bijdrage in ruimere zin ❷ wat erfgenamen bij nalatenschap moeten inbrengen wegens schenkingen die ze van de erflater hebben ontvangen ❸ inleg bij spaarbank of dergelijke instelling

in·bren·gen *ww* [bracht in, h. ingebracht] ❶ geld bijdragen; ten huwelijk meebrengen, als verdienste in huis brengen *of* opleveren, als aandeel storten ❷ aanvoeren, indienen: ★ *klachten ~* ★ *niets in te brengen hebben* niets te zeggen hebben

in·brengst *de (v)* [-en] wat ingebracht wordt

in·breuk *de* [-en] ❶ schending ★ *~ maken op* overtreden, te kort doen aan ❷ BN ook overtreding

in·bui·gen *ww* [boog in, h. & is ingebogen] ❶ naar binnen doen buigen ❷ naar binnen buigen; **inbuiging** *de (v)* [-en]

in·bur·ge·ren *ww* [burgerde in, h. & is ingeburgerd] ❶ tot burger maken ❷ tot burger worden; zie ook bij → **ingeburgerd**

in·bur·ge·rings·cur·sus *de (m)* [-sen] cursus voor immigranten in Nederland en België om ze te laten kennismaken met de Nederlandse of Belgische cultuur, geschiedenis, taal, staatsinrichting enz.
In·ca *(‹Quechua, een Peruaanse indianentaal) de (m)* ['s] ❶ titel van het als goddelijk beschouwde hoofd van het rijk dat in Peru ca. 1200 n.C. ontstond en ± 1500 zijn hoogtepunt bereikte ❷ aanduiding van de bewoners van dat rijk
in·cal·cu·le·ren *ww* [calculeerde in, h. ingecalculeerd] in de berekening opnemen, eig en (meest) fig rekening houden met het genoemde
in·ca·pa·bel *(‹Fr) bn* onbekwaam, ongeschikt
in·car·na·tie [-(t)sie] *(‹Fr‹Lat) de (v)* [-s] vleeswording; het aannemen van een menselijk lichaam door een hoger wezen; vooral de menswording van Christus; in de Indische mythologie in toepassing op de gedaanten van Visjnoe
in·car·ne·ren *ww (‹Fr‹Lat)* [incarneerde, h. geïncarneerd] een lichamelijke gestalte geven, belichamen
in·cas·se·ren *ww (‹It)* [incasseerde, h. geïncasseerd] ❶ geld ontvangen, innen ❷ fig in ontvangst nemen, van slagen, tegenslag enz.
in·cas·se·rings·ver·mo·gen *het* vermogen om op lichamelijk en geestelijk gebied tegenslagen en pijn op te vangen en te verwerken, vooral boksen vermogen slagen op te vangen zonder knock-out of aangeslagen te raken
in·cas·so *(‹It) het* ❶ het innen van baar geld ❷ [*mv:* 's] kassierssloon daarvoor ❸ [*mv:* 's] wat geïncasseerd kan of moet worden
in·cas·so·bank *de* [-en], **in·cas·so·bu·reau** [-buuroo] *het* [-s] bedrijf dat wissels enz. int
in·cas·so·kos·ten *mv* loon voor het incasseren van geld
in ·ca·su *bijw* [-zuu] *(‹Lat)* in dat geval, in het onderhavige geval
in·cen·tive [-tiv] *(‹Eng) de* [-s] beloning ter motivatie: ★ *een uitstapje als incentive voor het personeel*
in·cest *(‹Lat) de (m)* geslachtsgemeenschap tussen nauwe bloedverwanten, bloedschande
in·cest·ta·boe *het* volkenkunde het overal ter wereld voorkomend verschijnsel dat het verboden is seksuele relaties te hebben met personen die tot de verwanten gerekend worden
in·ces·tu·eus *(‹Lat) bn* betreffende incest, bloedschennig
inch [intsj] *(‹Eng) de (m) & het* [-es] Engelse duim, lengtemaat van 2,54 cm
in·check·en *ww* [-tsjekkə(n)] *(‹Eng)* [checkte in, h. ingecheckt] ‹op een luchthaven› het laten wegen en afgeven van de bagage en het in ontvangst nemen van de instapkaart(en)
in·cho·a·tief *(‹Lat)* **I** *de (m)* [-tieven] taalk werkwoord dat een beginnende handeling of het overgaan in een andere toestand aanduidt **II** *bn* de functie hebbend van een werkwoord als onder I

in·ci·dent *(‹Fr) het* [-en] ❶ stoornis, storend voorval ❷ fig onvoorzien voorval; geschil
in·ci·den·teel *bn* ❶ van de aard van een incident; bijkomstig; bijkomend ❷ in of als een enkel, afzonderlijk geval; in het voorbijgaan
in·ci·sie [-zie] *(‹Fr‹Lat) de (v)* [-s] insnijding, snede
in·ci·viek *(‹Fr)* BN **I** *bn* politiek onbetrouwbaar, zonder burgerzin **II** *de* [-en] politieke delinquent, vooral collaborateur
in·ci·vis·me *(‹Fr) het* BN gebrek aan burgerzin, politieke onbetrouwbaarheid, o.a. gezegd van collaborateurs
incl. *afk* inclusief
in·cli·na·tie [-(t)sie] *(‹Lat) de (v)* [-s] ❶ helling ten opzichte van het horizontale vlak, vooral van een magneetnaald ❷ geneigdheid, neiging; liefde
in·cli·ne·ren *ww (‹Fr‹Lat)* [inclineerde, h. geïnclineerd] ❶ neigen, overhellen ❷ neiging tot iets hebben, geneigd zijn tot
in·clu·de·ren *ww (‹Lat)* [includeerde, h. geïncludeerd] in zich sluiten, mede bevatten
in·cluis *(‹Lat) bijw* meegerekend, mede eronder begrepen, ingesloten
in·clu·sief [-zief] *(‹Fr) bijw* meegerekend, inbegrepen (vooral van bedieningsgeld)
in·cog·ni·to *(‹It)* **I** *bijw* zonder zijn ware naam of kwaliteit bekend te maken, onder schuilnaam **II** *het* het verborgen-houden of -blijven van naam of stand
in·co·he·rent *(‹Fr) bn* onsamenhangend, niet aaneensluitend; verward
in·co·he·ren·tie *(‹Fr)* [-sie] *de (v)* [-s] onsamenhangendheid, gebrek aan samenhang
in·com·pa·ny- [-pənie] *(‹Eng) voorv* binnen het bedrijf plaatsvindend: ★ *een incompanytraining*
in·com·pa·ti·bel *(‹Fr‹Lat) bn* onverenigbaar, niet te verenigen met
in·com·pa·ti·bi·li·té d'hu·meur [ēkômpatiebielietee duumùr] *(‹Fr) de (v)* te grote uiteenlopendheid van karakter, onmogelijkheid om met elkaar overweg te kunnen
in·com·pa·ti·bi·li·teit *(‹Fr) de (v)* [-en] ❶ onverenigbaarheid; *vgl:* → **incompatibilité d'humeur** ❷ comput het niet gebruikt kunnen worden van hard- of software in combinatie met bepaalde andere hard- of software
in·com·pe·tent *(‹Fr‹Lat) bn* onbevoegd; onbekwaam; ongeschikt
in·com·pe·ten·tie [-sie] *(‹Fr) de (v)* ❶ onbevoegdheid ❷ ontoereikendheid (van bekwaamheid) ❸ ongeschiktheid
in·com·pleet *(‹Fr‹Lat) bn* niet volledig; onvoltallig
in·co·mu·ni·ca·do [ienkoomoe-] *(‹Sp)* **I** *de* ['s] (politieke) gevangene met wie de buitenwereld geen enkel contact kan maken **II** *bn* in dusdanige gevangenschap dat geen enkel contact met de buitenwereld mogelijk is: ★ *deze politieke gevangene zit al twee maanden ~*
in con·cre·to *bijw (‹Lat)* in een bepaald geval, in de

werkelijkheid

in·con·gru·ent *(‹Lat) bn* ❶ niet gelijk en gelijkvormig ❷ niet overeenstemmend, niet passend

in·con·gru·en·tie [-sie] *(‹Lat) de (v)* het incongruent-zijn, niet overeenstemmen

in·con·se·quent [-kwent] *(‹Fr‹Lat) bn* zichzelf niet gelijkblijvend, zichzelf tegensprekend

in·con·se·quen·tie [-kwensie] *(‹Lat) de (v)* [-s] strijdigheid met eigen beginselen, gebrek aan overeenstemming in de woorden of daden van een mens met zijn eigen grondstellingen; geval daarvan

in·con·sis·tent *(‹Fr) bn* niet met iets anders kunnende bestaan, leidende tot tegenspraak

in·con·sis·ten·tie [-sie] *(‹Fr) de (v)* het inconsistent-zijn, gebrek aan samenhang

in·con·sti·tu·tio·neel [-(t)sjoo-] *(‹Fr) bn* in strijd met de grondwet, ongrondwettig

in·con·tes·ta·bel *(‹Fr) bn* onbetwistbaar, onweersprekelijk

in·con·ti·nent *(‹Fr‹Lat) bn* urine en ontlasting niet beheersend

in·con·ti·nen·tie [-sie] *(‹Lat) de (v)* med onvermogen om de urine of de ontlasting op te houden

in·con·ve·niënt [-njent] *(‹Fr‹Lat) het* [-en] ongerief, ongemak, bezwaar

in·cor·po·rat·ed *bijw* [inkò(r)pəreetid] *(‹Eng)* achter firmanamen gebruikt om aan te duiden dat het een naamloze vennootschap is

in·cor·po·ra·tie [-(t)sie] *(‹Fr‹Lat) de (v)* inlijving, opneming in een genootschap

in·cor·po·re·ren *ww (‹Fr‹Lat)* [incorporeerde, h. geïncorporeerd] inlijven, in zich opnemen, verenigen met ★ *incorporerende talen* waarin objecten van en bepalingen bij het werkwoord in de vorm daarvan worden opgenomen

in·cor·rect *(‹Fr) bn* ❶ onnauwkeurig, gebrekkig ❷ ongepast, onbehoorlijk

in·cou·rant [-koe-] *bn* niet gangbaar; geen aftrek vindend; (van effecten) niet verhandeld op de officiële effectenbeurs

in·cri·mi·ne·ren *ww (‹Fr‹Lat)* [incrimineerde, h. geïncrimineerd] ❶ van misdaad beschuldigen ❷ als strafbaar beschouwen en vervolgen of tentoonstellen, criminaliseren ❸ ‹een woord, artikel enz.› aanvallen, vallen over, wraken

in·crowd [-kraud] *(‹Eng) de (m)* de groep of kliek van ingewijden op enig gebied van kennis, kunst of in de maatschappij

in·crus·ta·tie [-(t)sie] *(‹Fr‹Lat) de (v)* [-s] ❶ omkorsting; med verkalking, verstening ❷ het vatten in of overtrekken met goud, steen, marmer, staal enz.; zulk ingelegd werk

in·cu·ba·tie [-(t)sie] *(‹Lat) de (v)* med het onder de leden hebben van een ziekte

in·cu·ba·tie·cen·trum [-(t)sie-] *het* [-s, -centra] BN plaats waar beginnende ondernemers ruimte en diensten kunnen huren

in·cu·ba·tie·tijd [-(t)sie-] *de (m)* med tijd die verloopt tussen de besmetting met een infectieziekte en het optreden van de eerste verschijnselen

in·cu·ba·tor *(‹Lat) de (m)* [-s] ❶ broedtoestel ❷ bedrijf dat startende bedrijven in de nieuwe technologie begeleidt naar de beursgang

in·cu·na·bel *(‹Lat) de (m)* [-en] wiegendruk; vóór het jaar 1501 met losse letters gedrukt boek

IND *afk* in Nederland Immigratie- en naturalisatiedienst

Ind. *afk* Indisch, Indonesisch, Indonesië

in·dach·tig *bn* denkende aan

in·da·gen *ww* [daagde in, h. ingedaagd] NN voor de rechtbank roepen, dagvaarden

in·da·len *ww* [daalde in, is ingedaald] ❶ vanuit de baarmoeder in het baringskanaal dalen van de vrucht vlak voor de geboorte ❷ via het lieskanaal naar beneden zakken van de teeltballen in de balzak

in·dam·men *ww* [damde in, h. ingedamd] met een dam insluiten; fig aan invloed of gezag doen afnemen

in·dam·pen *ww* [dampte in, h. ingedampt] door verhitting vloeistof onttrekken aan een oplossing of emulsie; **indamping** *de (v)*

in·de·cent *(‹Fr‹Lat) bn* onwelvoeglijk, aanstoot gevend, onbetamelijk, oneerbaar

in·de·cli·na·bel *(‹Fr‹Lat) bn* onverbuigbaar

in·dek·ken *wederk* [dekte in, h. ingedekt] ★ *zich ~ tegen* voorzorgsmaatregelen nemen tegen, vooral tegen eventueel geldelijk nadeel

in·de·len *ww* [deelde in, h. ingedeeld] ❶ in delen of groepen splitsen ❷ in een deel of een groep onderbrengen

in·de·ling *de (v)* [-en] het indelen; de door het indelen ontstane delen

in·den·ken *wederk* [dacht in, h. ingedacht] zich voorstellen dat men zich in een bepaalde toestand bevindt

In·de·pen·dence Day [indiependəns dee(j)] *(‹Eng) de (m)* nationale feestdag ter herinnering aan de verkregen onafhankelijkheid in de Verenigde Staten van Noord-Amerika (4 juli)

in·de·pen·dent *(‹Eng) bn* ❶ onafhankelijk; ❷ *Independenten* puriteinse richting in de Engelse kerk in de 17de eeuw die algehele onafhankelijkheid van de gemeenten voorstond

in de·po·si·to *bijw* [-zietoo] *(‹Lat)* in bewaring

in·der·daad *bijw* werkelijk

in·der·haast *bijw* haastig, in haast

in·der·tijd *bijw* in die tijd, vroeger

in·deu·ken *ww* [deukte in, h. ingedeukt] een deuk maken in

in·dex *(‹Lat) de (m)* [-en, indices] ❶ register, inhoudsopgave ❷ verhoudingscijfer ❸ vroeger lijst van boeken die door de Rooms-Katholieke Kerk verboden waren (voluit *index librorum prohibitorum*)

in·dex·aan·pas·sing *de (v)* [-en] BN prijscompensatie, loonsverhoging bij gestegen kosten van

levensonderhoud
in·dex·cij·fer *het* [-s] cijfer dat de prijs van een artikel of van de levensstandaard aangeeft, uitgedrukt in procenten van de gemiddelde prijs van dat artikel in een als standaardjaar aangenomen jaar of van de levensstandaard in dat jaar
in·dexe·ren *ww* [-deks<u>ee</u>-] [indexeerde, h. geïndexeerd] ❶ in een index opnemen ❷ binden aan een index of indexcijfer; **indexering** *de (v)*
in·dex·loon *het* loon dat aangepast wordt aan de index van de kosten voor levensonderhoud
in·di·aan *de (m)* [-dianen] oorspronkelijke bewoner van Amerika, roodhuid
in·di·aans *bn* (als) van de indianen
In·di·aas *bn* van, uit, betreffende India
in·di·a·nen·boek *het* [-en] jongensboek met avonturen waarin indianen een rol spelen
in·di·a·nen·ver·haal *het* [-halen] verhaal waarin indianen een rol spelen; *fig* wild, onwaarschijnlijk avonturenverhaal
In·dian sum·mer [indjən summə(r)] *(‹Eng) de* [-s] nazomer met mooi weer, oudewijvenzomer
in·di·ca·teur *(‹Fr) de (m)* [-s] aanwijzer; toestel aan een stoom- of motorcilinder of een pomp dat het verloop van de druk gedurende de beweging van de zuiger aangeeft
in·di·ca·tie [-(t)sie] *(‹Lat) de (v)* [-s] ❶ aanwijzing; ❷ med door de omstandigheden aangewezen geneeswijze van een ziekte
in·di·ca·tief¹ *(‹Lat) de (m)* [-tieven] taalk aantonende wijs
in·di·ca·tief² *(‹Lat) bn* (een aanwijzing inhoudend
in·di·ca·tor *(‹Lat) de (m)* [-s en -toren] eig aanwijzer; feit, gebeurtenis e.d. als aanwijzing voor een grotere ontwikkeling of samenhang
in·di·ce·ren *ww (‹Lat)* [indiceerde, h. geïndiceerd] ❶ aanwijzen, aanduiden ★ *geïndiceerd zijn* aangewezen, door de omstandigheden bepaald zijn ❷ een index maken op
in·dien *voegw* als, ingeval
in·die·nen *ww* [diende in, h. ingediend] aanbieden, inleveren (vooral bij een overheidslichaam): ★ *een verzoek ~, een voorstel ~*; **indiening** *de (v)*
in·dienst·tre·ding *de (v)* het in dienst treden
In·di·ër *de (m)* [-s] ❶ vero iem. geboortig of afkomstig uit Indië (Azië beoosten de Indus) ❷ iem. geboortig of afkomstig uit de republiek India
in·dif·fe·rent *(‹Fr‹Lat) bn* ❶ onverschillig; lauwgelovig ❷ geen bepaalde werking of uitwerking tonende; (van chemische stoffen) weinig reagerend
in·di·ges·tie *(‹Fr‹Lat) de (v)* med stoornis in de spijsvertering als gevolg van overlading van de maag
in·digo *(‹Sp)* **I** *de (m)* prachtig blauwe kleurstof uit een tropische plant (*Indigofera tinctoria*), thans kunstmatig bereid **II** *de (m)* indigoplant **III** *het* blauwe kleur als van indigo **IV** *bn* de kleur hebbend van indigo

in·dij·ken *ww* [dijkte in, h. ingedijkt] door dijken omsluiten
in·dij·king *de (v)* ❶ het indijken ❷ [*mv*: -en] ingedijkt stuk land
in·dik·ken *ww* [dikte in, *overg* h., *onoverg* is ingedikt] ❶ door koken dik maken ❷ door koken dik worden
in·di·rect *(‹Fr‹Lat) bn* niet direct, middellijk, niet rechtstreeks ★ *indirecte belasting* verbruiksbelasting, die niet rechtstreeks de persoon treft, maar gelegd is op de verbruiksmiddelen ★ *indirecte rede* omschrijvende aanhaling van iemands woorden (als in: hij zei, hij dacht dat...) ★ *indirecte verlichting* verlichting door teruggekaatst licht ★ voetbal *indirecte vrije schop* vrije schop die niet rechtstreeks in het doel van de tegenstander mag worden geschoten
In·disch *bn* ❶ van, uit, betreffende Indië (Azië beoosten de Indus); van gemengd Indonesisch-Europese afkomst: ★ *een ~ meisje* ❷ NN Indonesisch ★ *een ~ restaurant*
In·disch·gast *de (m)* [-en], **Indisch·man** [-nen] NN, vero Europeaan die lang in Indonesië gewoond heeft
in·dis·creet *(‹Fr) bn* onbescheiden; uit de school klappend, loslippig
in·dis·cre·tie [-(t)sie] *(‹Fr) de (v)* [-s] onbescheidenheid; loslippigheid
in·dis·po·si·tie [-zie(t)sie] *(‹Fr) de (v)* [-s] ❶ ongesteldheid ❷ ontstemdheid, slecht humeur
in·di·um *het* chemisch element, atoomnummer 49, symbool In, een wit, week metaal
in·di·vi·du *(‹Fr‹Lat) het* [-en, 's] ❶ op zichzelf staand geheel, afzonderlijk wezen; mens of dier als zelfstandige eenheid van de soort; enkeling, eenling ❷ persoon in minachtende zin, vent, sujet: ★ *een onguur ~*
in·di·vi·du·a·li·se·ren *ww* [-zee-] *(‹Fr)* [individualiseerde, h. geïndividualiseerd] ❶ als iets op zichzelf staands beschouwen en behandelen ❷ afzonderen, afzonderlijk aanwijzen; **individualisering** *de (v)*
in·di·vi·du·a·lis·me *(‹Fr) het* ❶ leer die de rechten van het individu boven die van de gemeenschap stelt ❷ het handhaven en doen gelden van de eigen persoonlijkheid
in·di·vi·du·a·list *(‹Fr) de (m)* [-en] iem. die zijn persoon als zodanig tot gelding tracht te brengen
in·di·vi·du·a·lis·tisch *bn* van, voortkomend uit het individualisme
in·di·vi·du·a·li·teit *(‹Fr) de (v)* [-en] ❶ geheel van de eigenschappen en hoedanigheden die een individu als zodanig onderscheiden of kenmerken, persoonlijk karakter ❷ als individu te onderscheiden wezen
in·di·vi·du·eel *(‹Fr) bn* ❶ aan een enkel voorwerp of wezen eigen, persoonlijk ❷ iedere afzonderlijke persoon betreffend of aangaand ❸ voor of op zichzelf
in·do *de* ['s] → **Indo-Europeaan** (bet 1)

In·do·chi·nees [-sjie-] I *de (m)* [-nezen] ❶ Chinees wiens geslacht sinds lang in Indonesië gevestigd is, in Indonesië ingeburgerde Chinees ❷ iem. geboortig of afkomstig uit de voormalige Franse kolonie Indochina II *bn* van, uit, betreffende Indochina

in·do·ciel (‹Fr‹Lat) *bn* onleerzaam; niet gedwee, onhandelbaar

in·doc·tri·na·tie [-(t)sie] (‹Eng) *de (v)* het onder druk doen aanvaarden van zekere (politieke) leerstellingen

in·doc·tri·ne·ren *ww* (‹Eng‹Lat) [indoctrineerde, h. geïndoctrineerd] bepaalde leerstellingen opleggen

In·do-Eu·ro·pe·aan *de (m)* [-peanen] ❶ iem. van gemengd Europese en Indisch / Indonesische afstamming ❷ Indo-Germaan

In·do-Eu·ro·pees I *bn* van, betrekking hebbend op de Indo-Europeanen II *het* → **Indo-Germaans**

In·do-Ger·maan *de (m)* [-manen] ❶ iem. die een Indo-Germaanse taal spreekt; ❷ ‹in het nationaalsocialisme› iem. met raskenmerken die typisch zijn voor de bewoners van Noord-Europa; *vgl*: → **ariër**

In·do-Ger·maans *bn* ★ *Indo-Germaanse talen* een groep talen die gesproken wordt in grote delen van Azië en Europa *vgl*: → **Arisch**

in·do·lent (‹Fr‹Lat) *bn* lusteloos; traag van geest en gemoed

in·do·len·tie [-sie] (‹Fr‹Lat) *de (v)* lusteloosheid, traagheid, vadsigheid

in·dom·me·len *ww* [dommelde in, is ingedommeld] in een lichte slaap vallen

in·dom·pe·len *ww* [dompelde in, h. ingedompeld] in vloeistof dompelen; **indompeling** *de (v)* [-en]

In·do·ne·si·ër [-zie(j)ər] *de (m)* [-s] iem. geboortig of afkomstig uit Indonesië

In·do·ne·sisch [-zies] *bn* van, uit, betreffende Indonesië

in·door- (‹Eng) in samenstellingen binnenshuis beoefend of plaatsvindend: ★ ~ *golf* ★ ~ *sport* ★ ~ *training* enz.

in·do·pen *ww* [doopte in, h. ingedoopt] even in een vloeistof brengen; **indoping** *de (v)* [-en]

in·dos·sa·bel *bn* → **endossabel**

in·dos·se·ment *het* [-en] → **endossement**

in·dos·se·ren *ww* [indosseerde, h. geïndosseerd] → **endosseren**

in·draai·en *ww* [draaide in, h. & is ingedraaid] ❶ draaiend ergens in bevestigen ❷ draaiend ingaan: ★ *een zijweg* ~ ★ *spreekaal de bak* ~ *de gevangenis ingaan* ★ *NN zich ergens* ~ *handig ergens een plaats weten te krijgen* (in *bet* 2 ook vaak los geschreven: *in draaien*)

in·drij·ven *ww* [dreef in, h. ingedreven] met kracht ergens in doen dringen: ★ *spijkers* ~

in·drin·gen I *ww* [drong in, is & h. ingedrongen] ❶ binnendringen ❷ door dringen ergens in of binnen drijven: ★ *iem. de sloot* ~ II *wederk* [drong in, h. ingedrongen] zich op onbescheiden wijze toegang of opneming in een gezelschap verschaffen

in·drin·gend *bn* ❶ indringerig ❷ grondig, diepgaand: ★ *een* ~ *onderzoek*

in·drin·ger *de (m)* [-s], **in·dring·ster** *de (v)* [-s] ❶ iem. die binnendringt ❷ iem. die zich indringt

in·drin·ge·rig *bn* geneigd zich in te dringen; zich op onbescheiden wijze in andermans zaken mengend

in·drin·ken *ww* [dronk in, h. ingedronken] ❶ drinkend naar binnen werken; fig gretig en gemakkelijk in zich opnemen ★ *zich moed* ~ sterke drank tot zich nemen alvorens iets riskants te ondernemen ❷ voor het uitgaan thuis alvast alcoholhoudende drank drinken om in de stemming te komen

in·droe·vig *bn* diep droevig

in·dro·gen *ww* [droogde in, is ingedroogd] door drogen in gewicht verminderen, door drogen krimpen

in·drop·pe·len *ww* [droppelde in, h. & is ingedroppeld] → **indruppelen**

in·drui·sen *ww* [druiste in, h. & is ingedruist] ★ ~ *tegen* in strijd zijn met

in·druk *de (m)* [-ken] ❶ spoor, merkteken door → **drukken** (bet 1) ontstaan: ★ *de indrukken van hondenpoten in de sneeuw* ❷ aandoening op het gemoed door overweldiging: ★ *die film heeft een bijzondere* ~ *op me gemaakt* ★ *onder de* ~ *van iets zijn* ❸ aanwijzing voor wat men weten wil, idee: ★ *ik heb slechts een* ~ *van wat hij bedoelt*

in·druk·ken *ww* [drukte in, h. ingedrukt] door drukken deuken of stukmaken; zie ook bij → **kop** (bet 1)

in·druk·wek·kend *bn* → **indruk** (bet 2) makend

in·drup·pe·len *ww* [druppelde in, h. & is ingedruppeld], **in·drop·pe·len** [droppelde in, h. & is ingedroppeld] ❶ druppelsgewijze laten lopen in ❷ druppelsgewijze lopen in

in·dub·ben *ww* [dubde in, h. ingedubd] techn nieuw geluid (zang, begeleiding e.d.) toevoegen op een geluidsband, die al geluid bevat

in du·bio *bijw* (‹Lat) in twijfel ★ ~ *staan* niet weten wat te doen

in·du·ce·ren *ww* (‹Lat) [induceerde, h. geïnduceerd] ❶ uit het bijzondere tot een algemene regel komen, gevolgtrekkingen maken ❷ nat door inductie opwekken

in·duc·tie [-sie] (‹Lat) *de (v)* ❶ wijze van redeneren waarbij men besluit van het bijzondere tot het algemene ❷ opwekking van een magnetisch veld of van een secundaire elektrische stroom door middel van een naburig veld of een elektrisch geladen lichaam zonder aanraking ❸ overdracht in verschillende andere toepassingen ❹ taalk mutatie, Umlaut

in·duc·tief (‹Lat) *bn* ❶ langs de weg van de inductie; gaande van het bijzondere tot aan het algemene ❷ betrekking hebbend op → **inductie** (bet 2)

in·duc·tie·klos [-sie-] *de* [-sen] op een klos gewonden draad waarin inductiestroom opgewekt kan worden
in·duc·tie·stroom [-sie-] *de (m)* [-stromen] door inductie opgewekte stroom
in·duf·fe·len *ww* [duffelde in, h. ingeduffeld] BN warm (aan)kleden, (zich) inpakken: ★ *warm, dik* ~
in·dul·gen·tie [-sie-] *(‹Lat) de (v)* [-s, -tiën] ❶ toegevendheid ❷ strafontheffing; aflaat
in·dult *(‹Fr‹Lat) het* [-en] ❶ vergund uitstel van betaling; respijt ❷ kerkelijke vergunning, vrijbrief, dispensatie
in ·du·plo *bijw* zie bij → duplo
in·dus·tri·a·li·sa·tie [-zaa(t)sie] *de (v)* het uitbreiden van de bestaande en oprichten van nieuwe industrieën in een tevoren voornamelijk agrarisch gebied
in·dus·tri·a·li·se·ren *ww* [-zee-] [industrialiseerde, h. geïndustrialiseerd] tot een industriegebied maken; industrieën oprichten
in·dus·trie *(‹Fr) de (v)* [-trieën] nijverheid; fabriekswezen, deel van de maatschappelijke productie dat grondstoffen maakt tot voor gebruik of verbruik geschikte goederen
in·dus·trie·bond *de (m)* [-en] NN vakverbond van werknemers in de industrie
in·dus·tri·eel *(‹Fr)* **I** *bn* tot de industrie behorend ★ *industriële archeologie* wetenschap die overblijfselen van technische activiteiten (vooral van de industriële revolutie) bestudeert ★ *industriële eigendom* eigendom op grond van merken- en octrooirecht ★ *industriële revolutie* de mechanisering van de nijverheid in de eerste helft van de 19de eeuw **II** *de (m)* [-triëlen] eigenaar van een fabrieksbedrijf, fabrikant
in·dus·trie·ge·bied *het* [-en] streek met veel fabrieken
in·dus·trie·pro·duct *het* [-en] voortbrengsel van de industrie
in·dus·trie·schap *de (v)* [-pen] regionale publiekrechtelijke organisatie van de industriële bedrijven
in·dus·trie·stad *de* [-steden] stad met veel fabrieken
in·dus·trie·ter·rein *het* [-en] terrein voor vestiging van industrieën
in·dut·ten *ww* [dutte in, is ingedut] in een lichte slaap vallen
in·du·wen *ww* [duwde in, h. ingeduwd] ❶ binnenduwen ❷ stuk duwen: ★ *een ruit* ~
in·dy·car [indiekà(r)] *de* [-s] bep. type raceauto dat wordt gebruikt bij races op ovale circuits in de Verenigde Staten en Canada
in·een *bijw* in elkaar
in·een·ge·do·ken *bn* zich klein gemaakt hebbend
in·een·ge·dron·gen *bn* kort en breed van gestalte
in·een·krim·pen *ww* [kromp ineen, is ineengekrompen] zich samentrekken (van pijn); (van stoffen) smaller, korter worden
in·eens *bijw* ❶ in één keer ❷ plotseling
in·een·slaan *ww* [sloeg ineen, h. ineengeslagen] in elkaar slaan ★ *de handen* ~ fig zich aaneensluiten, zich verenigen tot hetzelfde doel
in·een·stor·ten *ww* [stortte ineen, is ineengestort] ‹van huizen, muren› in brokken vallen; fig totaal tenietgaan
in·ef·fec·tief *bn* zonder kracht, zonder (voldoende) uitwerking
in·ef·fi·ciënt [-sjent] *bn* niet efficiënt, ondoelmatig
in·enen *bijw* NN, spreektaal ineens
in·en·ten *ww* [entte in, h. ingeënt] inbrengen van smetstof als preventief middel tegen besmettelijke ziekten: ★ ~ *tegen cholera, tyfus, pokken*; **inenting** *de (v)* [-en]
in·ert *(‹Fr‹Lat) bn* traag, bewegingloos; niet reagerend
in·er·tie [-(t)sie] *(‹Fr‹Lat) de (v)* traagheid (als natuurkundig en als zedelijk begrip)
in ex·ten·so *bijw (‹Lat)* in zijn geheel, volledig, zonder enige weglating of verkorting
in ex·tre·mis (mo·men·tis) *bijw (‹Lat)* ❶ in de laatste levensogenblikken, op sterven ❷ BN ook op het allerlaatste moment, op het nippertje; *ook* in de laatste minuten, op het einde (bijv. van een wedstrijd)
inf. *afk* ❶ infanterie ❷ infinitief ❸ infra
in·faam *(‹Fr‹Lat) bn* eerloos; geschandvlekt; schandelijk
in ·fac·to *bijw (‹Lat)* in feite, metterdaad, inderdaad
in·fa·mie *(‹Fr‹Lat) de (v)* ❶ eerloosheid; laagheid ❷ verlies van de kerkelijke eer (in het rooms-katholieke kerkrecht) ❸ schandelijke daad
in·fant *(‹Sp‹Lat) de (m)* [-en], in·fan·te *de (v)* [-n] benaming voor elk van de wettige zoons resp. dochters van de Spaanse en Portugese koningen, met uitzondering van het oudste kind
in·fan·te·rie *(‹Fr‹It) de (v)* voetvolk, te voet strijdende soldaten
in·fan·te·rist *de (m)* [-en] soldaat te voet
in·fan·ti·ci·de *(‹Lat) de (v)* kindermoord; het doden van pasgeboren kinderen
in·fan·tiel *(‹Fr‹Lat) bn* kinderlijk, overgebleven uit het kindstadium, in ontwikkeling achterlijk
in·fan·ti·li·se·ren *ww* [-zee-] [infantiliseerde, h. & is geïnfantiliseerd] ❶ infantiel, kinderlijk maken ❷ infantiel worden
in·fan·ti·lis·me *het* toestand waarbij in de bouw van het volwassen lichaam of de functie van de geest overeenkomst bestaat met lichaamsvormen of geestvermogens van een kind; achterblijving in de ontwikkeling
in·fan·ti·li·teit *de (v)* [-en] infantilisme *of* van infantilisme getuigende gedragingen
in·farct *(‹Lat) het* [-en] verstopping, vooral door afsluiting van een kleine slagader veroorzaakte afsterving van een gedeelte van het weefsel; door *infarct* in de hersenen ontstaat een beroerte, thans daarom *herseninfarct* genoemd
in·fec·te·ren *ww (‹Fr)* [infecteerde, h. geïnfecteerd] besmetten, aansteken; verpesten

in·fec·tie [-sie] *(‹Fr‹Lat) de (v)* [-s] ❶ aansteking, besmetting; het binnendringen van bacteriën in het lichaam waardoor ziekte (ontsteking) ontstaat ❷ geval van besmetting

in·fec·tie·haard [-sie-] *de (m)* [-en] plaats of gebied waarvan besmetting uitgaat

in·fec·tieus [-sjeus,], **in·fec·tu·eus** *bn* besmetting veroorzakend, besmettelijk

in·fec·tie·ziek·te [-sie-] *de (v)* [-n, -s] door besmetting veroorzaakte ziekte

in·fe·ri·eur *(‹Fr‹Lat)* **I** *bn* ❶ lager, minder, ondergeschikt ❷ minder in hoedanigheid of waarde, slecht **II** *de (m)* [-en] mindere in (militaire) rang

in·fe·ri·o·ri·teit *(‹Fr) de (v)* minderheid; minderwaardigheid

in·fer·naal *(‹Fr‹Lat) bn* hels, duivels

in·fer·no [ien-] *(‹It‹Lat) het* hel; oord van helse verschrikking

in·fil·trant *de (m)* [-en] persoon die infiltreert, insluiper

in·fil·tra·tie [-(t)sie] *(‹Fr) de (v)* [-s] ❶ doorzijging, doorsiepeling, langzame indringing ❷ med doortrekking van een weefsel met een vocht dat er niet thuishoort (lymfe, etter, gal) ❸ tersluikse binnendringing in een gebied of een organisatie met vijandelijke bedoelingen

in·fil·tre·ren *ww (‹Fr)* [infiltreerde, is geïnfiltreerd] doorzijgen, naar binnen siepelen in; tersluiks langzaam binnendringen

in·fi·ni·te·si·maal·re·ke·ning *de (v)* samenvattende naam voor differentiaal- en integraalrekening

in·fi·ni·tief *(‹Lat) de (m)* [-tieven], **in·fi·ni·ti·vus** *(‹Lat)* [-tivi] taalk onbepaalde wijs van het werkwoord

in·fla·tie [-(t)sie] *(‹Fr) de (v)* [-s] overmatige vermeerdering van de voorraad papiergeld, waardoor het geld in waarde daalt, geldontwaarding

in·fla·tie·cor·rec·tie [-(t)siekorreksie] *de (v)* (veelal jaarlijkse) bijstelling van de loon- en inkomstenbelasting in verband met prijsstijgingen in een vorige periode

in·fla·tie·spi·raal [-(t)sie-] *de* de zichzelf steeds hoger opwerkende inflatie doordat prijsstijgingen hogere lonen tot gevolg hebben, die weer leiden tot prijsstijgingen

in·fla·tio·nis·tisch [-(t)sjoo-] *bn* van de aard van inflationisme; inflatoir

in·fla·toir [-twaar] *bn* leidend tot inflatie, deze bevorderend

in·flu·en·za *(‹It‹Lat) de* ❶ verouderende naam voor griep ❷ een besmettelijke paardenziekte

in·fluis·te·ren *ww* [fluisterde in, h. ingefluisterd] ❶ met zachte stem iets in het oor zeggen ❷ iem. overhalen tot iets ongunstigs, inblazen: ★ *hij fluisterde haar zijn zwoele plannetjes in*; **influistering** *de (v)* [-en]

in·fo *de (v)* verkorting van → **informatie**: ★ *voor ~ kunt u terecht bij de receptie*

in·fo·mer·cial [-mù(r)sjəl] *(‹Eng) m* [-s] NN reclame-uitzending op tv die langer duurt dan een gewone commercial en waarbij de kijkers direct kunnen bestellen

in·for·mant *de (m)* [-en], **in·for·man·te** *de (v)* [-n, -s] iem. die informatie verstrekt, resp. verstrekt heeft

in·for·ma·teur *(‹Fr) de (m)* [-s] iem. die informeert; politicus die van het staatshoofd de opdracht heeft ontvangen te onderzoeken welke kans een kabinetsformateur in bepaalde richtingen zou kunnen hebben

in·for·ma·ti·ca *de (v)* wetenschap en techniek van het verwerken van informatie, meer in het bijzonder van de automatische gegevensverwerking m.b.v. computers

in·for·ma·ti·cus *de (m)* [-ci] comput beoefenaar van de informatica

in·for·ma·tie [-(t)sie] *(‹Fr) de (v)* [-s, -tiën] ❶ het zich verschaffen van kennis, nasporing ❷ inlichting, bericht, mededeling; al wat van de buitenwereld als kennis tot ons komt ❸ fase voorafgaande aan een kabinetsformatie, waarin de eerste afspraken worden gemaakt

in·for·ma·tie·dra·ger [-(t)sie-] *de (m)* [-s] middel tot vastleggen van informatie (bijv. ponskaarten, magneetbanden, diskettes)

in·for·ma·tief *(‹Eng) bn* dienend tot in- of voorlichting

in·for·ma·tie·snel·weg [-(t)sie-] *de (m)* [-wegen] comput virtuele snelweg waarlangs de elektronische uitwisseling van informatie plaatsvindt, internet

in·for·ma·tie·tech·no·lo·gie [-(t)sie-] *de (v)* toegepaste technologie in moderne communicatiemiddelen en informatiesystemen, afgekort → **IT**

in·for·ma·tie·toon [-(t)sie-] *de (m)* telec toon die aangeeft dat het opgebelde nummer niet te bereiken is

in·for·ma·ti·se·ring [-zee-] *(‹Fr) de (v)* verwerking van informatie door middel van computers

in·for·ma·tri·ce *(‹Fr) de (v)* [-s] vrouwelijke persoon of beambte die informeert of inlichtingen verstrekt

in·for·meel *(‹Eng) bn* ❶ niet in overeenstemming met de voorgeschreven vorm; onvormelijk ❷ voorlopig, vrijblijvend, zonder formele opdracht

in·for·me·ren *ww (‹Fr)* [informeerde, h. geïnformeerd] ❶ onderrichten, kennis geven van ❷ inlichtingen inwinnen, navraag doen: ★ *~ naar iems. gezondheid*

in·fo·tain·ment [-teenmənt] *(‹Eng) de (m)* (samenvoeging van *information* en *entertainment*) het op onderhoudende wijze verstrekken van informatie via de tv

in·frac·tie [-sie] *(‹Fr‹Lat) de (v)* [-s] ❶ schending, inbreuk (bijv. op een verdrag) ❷ med inknikking van een pijpbeen, onvolkomen beenbreuk

in Frage *bijw* [ien fraaɣə] *(‹Du)* ★ *niet of nicht ~ zijn* niet het probleem, het discussieonderwerp zijn:

★ *de financiële gevolgen van het plan waren nog niet ~*
in·fra·rood I *bn* aan deze zijde van de golflengte van het rood, gezegd van onzichtbare stralen met een golflengte van minder dan 0,8µ **II** *het* de straling met de onder I genoemde golflengte
in·fra·struc·tuur *de (v)* onderbouw; economische en organisatorische basis voor een hoog ontwikkeld bedrijfsleven, vooral wegen, kanalen, spoorwegen e.d.; militaire basisinrichtingen (vliegvelden, kazernes enz.)
in·func·tie·tre·ding [-sie-] *de (v)* het in functie treden, ambtsaanvaarding
in·fu·sie [-zie] *(⟨Fr⟨Lat) de (v)* [-s], **in·fuus** *het* [-fuzen] ❶ het maken van een aftreksel door opgieting van een (kokende) vloeistof ❷ zulk een aftreksel ❸ med langzame inspuiting van een vloeistof
in·fu·sie·dier·tjes [-zie-], **in·fu·so·ri·ën** [-zoo-] *(⟨Lat) mv* voor het oog niet zichtbare, eencellige diertjes, afgietseldiertjes
in·fuus *(⟨Lat) het* [-fuzen] ❶ → **infusie** ❷ apparatuur waarmee → **infusie** (bet 3) plaatsvindt: ★ *aan het ~ liggen*
ing. *afk* ❶ titel na voltooiing van een bacheloropleiding in het hoger beroepsonderwijs op het gebied van techniek en landbouw ❷ ingenaaid
in·gaan *ww* [ging in, is ingegaan] ❶ binnengaan ★ *ingaande rechten* belasting op ingevoerde goederen ❷ beginnen: ★ *zijn verlof gaat 1 augustus in* ❸ ★ *~ op* nader bespreken; gevolg geven aan ❹ ★ *~ tegen* in strijd zijn met
in·gang *de (m)* [-en] ❶ opening waardoor men binnentreedt: ★ *de ~ aan de achterzijde van het pakhuis was afgesloten* ❷ begin ★ *met ~ van 1 mei beginnend op...* ❸ trefwoord in een naslagwerk ❹ samenvattende benaming voor alle middelen om gegevens in een boek op te sporen (trefwoorden, registerwoorden, verwijzingen) ❺ middel, weg om iets tot stand te brengen: ★ *dit vooronderzoek vormt een goede ~ tot verdere research* ❻ toegang ★ *~ vinden* aanvaard worden, → **waardering** (bet 2) vinden
in·gangs·exa·men *het* [-s] BN, spreektaal toelatingsexamen
in·ge·bak·ken *bn* fig als vaste eigenschap van vast onderdeel aanwezig
in·ge·bed *bn* zorgvuldig (als in een bed) geborgen; algemeen omsloten, ergens tussen liggend
in·ge·beeld *bn* ❶ denkbeeldig ❷ verwaand
in·ge·beeld·heid *de (v)* verwaandheid
in·ge·blikt *bn* zie bij → **inblikken**
in·ge·bouwd *bn* zie bij → **inbouwen**
in·ge·bre·ke·stel·ling *de (v)* het in gebreke stellen
in·ge·bur·gerd *bn* ❶ ⟨van personen⟩ als burger opgenomen; zich in een nieuwe omgeving op zijn gemak voelend; in aanvankelijk vreemde kring zich thuis voelend ❷ ⟨van zaken⟩ inheems geworden, niet meer als vreemd ervaren: ★ *het gebruik van tabak raakte hier na de ontdekking van Amerika langzaam ~* ★ *het woord 'baby' is zo ~, dat weinigen het nog als Engels ervaren*

in·ge·dikt *bn* zie bij → **indikken**
in·ge·kan·kerd *bn* diep ingeworteld, ingevreten
in·ge·land *de (m)* [-en], **in·ge·lan·de** *de (v)* [-n of -s] NN iem. die grond bezit in een polder
in·ge·legd *bn* ❶ gemaakt van in elkaar passende stukjes ❷ ingemaakt
in·ge·maakt *bn* ❶ verduurzaamd in zout, suiker, azijn of andere bederfwerende middelen: ★ *ingemaakte groente* ❷ BN, spreektaal ⟨van meubelen, vooral van kasten⟩ vast, ingebouwd: ★ *keuken met ingemaakte kasten*
in·ge·meen *bn* erg gemeen
in·ge·naaid *bn* ⟨van boeken⟩ in slappe omslag; ook (vooral bij boekbinders) gekartonneerd
in·ge·nieur [-gee- of -zjənjeur] *(⟨Fr) de (m)* [-s] titel na voltooiing van een masteropleiding in het wetenschappelijk onderwijs op het gebied van techniek of landbouw (→ **ir.**) ★ BN burgerlijk ~ afgestudeerde van een universitaire ingenieursfaculteit ★ BN industrieel ~ afgestudeerde van een industriële hogeschool
in·ge·nieus [-gee- of -zjənjeus] *(⟨Fr⟨Lat) bn* ❶ vindingrijk, vernuftig ❷ vernuftig of geestig uitgedacht
in·ge·no·men *bn* ★ *~ met* hoge waardering hebbend voor; blij zijn met ★ *~ tegen* een tegenzin hebbend in
in·ge·no·men·heid, **in·ge·no·men·heid** *de (v)* het ingenomen-zijn met
in·ge·not·tre·ding *de (v)* BN, schrijftaal ⟨van onroerend goed⟩ het in bezit of in gebruik nemen: ★ *~ onmiddellijk na betaling* onmiddellijk te betrekken, te aanvaarden
in·gé·nue [êzjeenuu] *(⟨Fr) de (v)* [-s] naïef, onschuldig meisje; de rol van zo'n meisje op het toneel
in·ge·plant *bn* ⟨van lichaams- en plantendelen⟩ ingezet, bevestigd: ★ *de staart is laag ~*
in·ge·roest *bn* fig niet meer weg te nemen, onuitroeibaar: ★ *een ingeroeste vete* ★ *ingeroeste vooroordelen*
in·ge·scha·pen *bn* NN aangeboren: ★ *een ~ besef*
in·ge·schre·ven *bn* wisk binnen een andere figuur beschreven: ★ *een ~ cirkel*
in·ge·slo·ten *bn* ❶ bijgevoegd in dezelfde enveloppe ❷ inbegrepen
in·ge·span·nen *bn* met alle inspanning: ★ *~ turen*
in·ge·sprek·toon *de (m)* NN reeks elkaar snel opeenvolgende tonen van dezelfde toonhoogte, die aangeeft dat het telefoontoestel waarvan het nummer gedraaid is, al in gesprek is
in·ge·steld *bn* ❶ ⟨van machines, toestellen e.d.⟩ gereedgemaakt om te kunnen werken ❷ fig voorbereid, in de vereiste gesteldheid voor een taak ★ *~ op* ingericht tot, in de vereiste omstandigheden of stemming voor
in·ge·steld·heid *de (v)* [-heden] BN ook instelling,

ingetogen–inhoudsopgave

mentaliteit: ★ *een positieve ~, een democratische ~*
in·ge·to·gen, in·ge·to·gen *bn* zedig, kuis
in·ge·to·gen·heid, in·ge·to·gen·heid *de (v)* zedigheid, kuisheid
in·ge·val *voegw* indien
in·ge·ven *ww* [gaf in, h. ingegeven] ❶ in de mond geven, laten slikken ❷ in de → **geest**[1] (bet 1) brengen
in·ge·ving *de (v)* [-en] het → **ingeven** (bet 2), plotseling opkomende gedachte: ★ *bij ~ belde hij zijn moeder*
in·ge·voerd *bn* ❶ ⟨van een product⟩ algemeen gewild; ❷ ⟨van een persoon⟩ met goede relaties; gezien bij het publiek
in·ge·vol·ge *vz* overeenkomstig; op grond van: ★ *~ uw verzoek, aanvraag*
in·ge·wand *het* [-en] darmen, buikorganen
in·ge·wij·de *de* [-n] iem. die op de hoogte is, die het fijne van de geheimen van een zaak weet
in·ge·wik·keld *bn* niet eenvoudig
in·ge·wor·teld *bn* diep vastzittend, moeilijk weg te nemen: ★ *een ~ kwaad*
in·ge·ze·te·ne, in·ge·ze·te·ne *de* [-n] inwoner, vooral iem. die in een bep. land woont
in·ge·zon·den *ww* zie bij → **inzenden**
in·ge·zon·ken *bn* diep liggend: ★ *~ ogen*
in·goed *bn* door en door goed
in·gooi *de (m)* [-en] balspel inworp
in·gooi·en *ww* [gooide in, h. ingegooid] ❶ erin gooien ❷ door gooien stukmaken: ★ *de ruiten ~* ★ *zijn eigen glazen ~* tegen zijn eigen belang handelen, zijn eigen zaak bederven
in·gra·ven *ww* [groef in, h. ingegraven] volledig begraven ★ *zich ~* zich in een gegraven hol verbergen, zich in een loopgraaf e.d. verschansen
in·gre·di·ënt *⟨Fr⟨Lat⟩ het* [-en] bestanddeel: elk van de stoffen die nodig zijn om iets te bereiden
in·greep *de (m)* [-grepen] het ingrijpen, vooral operatief ingrijpen, chirurgische behandeling
in·grij·pen *ww* [greep in, h. ingegrepen] tussenbeide komen, zijn macht doen gelden in iets
in·grij·pend *bn* veel effecten hebbend, verstrekkend: ★ *ingrijpende maatregelen*
in·groe·ven *ww* [groefde in, h. ingegroefd] insnijdingen aanbrengen (op)
Ing·ve·oons *⟨Lat⟩* **I** *het* tak van het West-Germaans waaruit zich o.a. het Engels en het Fries ontwikkeld hebben (ontleend aan de benaming die de Romeinse schrijver Tacitus (ca. 55-120 n.C.) in zijn *Germania* gebruikte voor de Germanen die het dichtst bij de Atlantische Oceaan woonden) **II** *bn* van, uit, betreffende het Ingveoons
in·haal·ma·noeu·vre [-nùvre] *de* [-s] verkeer uitwijking om een voorligger voorbij te rijden
in·haal·strook *de* [-stroken] verkeer strook voor → **inhalen** (bet 5) bestemd
in·haal·wed·strijd *de (m)* [-en] wedstrijd die eerder gespeeld had moeten worden, maar toen niet is doorgegaan of is onderbroken

in·ha·ken *ww* [haakte in, h. ingehaakt] ❶ met een haak (in het daarvoor bestemde oog) vastmaken; elkaar een arm geven (om heen en weer te deinen op de maat van de muziek): ★ *fig ~ op* reageren, verdergaan op, vooral op iets wat iemand zegt ❷ BN ook ⟨van telefoon⟩ ophangen
in·hak·ken *ww* [hakte in, h. ingehakt] ❶ door hakken openmaken, stukslaan: ★ *de deur ~* ❷ ★ *erop ~* erop los slaan ★ *erin hakken* zie bij → **hakken**
in·ha·la·tie [-(t)sie] *⟨Fr⟨Lat⟩ de (v)* [-s] inademing, inzuiging van gas-, damp- of poedervormige stoffen
in·ha·la·tie·ap·pa·raat [-(t)sie-] *het* [-raten],
in·ha·la·tor *de (m)* [-s, -toren] toestel om geneesmiddelen in dampvorm in te ademen
in·ha·len *ww* [haalde in, h. ingehaald] ❶ naar binnen halen ❷ feestelijk ontvangen ❸ gelijk komen met ❹ inwinnen, terugwinnen: ★ *achterstand ~* ❺ verkeer voorbijrijden
in·hal·er [-heelə(r)] *⟨Eng⟩ de (m)* [-s] flesje of staafvormig voorwerp van waaruit men de inhoud inhalerend tot zich neemt
in·ha·le·ren *ww* *⟨Lat⟩* [inhaleerde, h. geïnhaleerd] diep inademen; (geneeskrachtige dampen) insnuiven; de rook van tabak enz. inademen
in·ha·lig *bn* hebzuchtig; **inhaligheid** *de (v)*
in·ham *de (m)* [-men] binnenwaarts inspringend gedeelte, vooral van een zee, rivier enz.
in·heb·ben *ww* [had in, h. ingehad] in zich hebben, inhouden; betekenen; zie ook bij → **pee**, → **pest** en → **smoor**[1]
in·hech·te·nis·ne·ming *de (v)* [-en] het in hechtenis nemen
in·heems *bn* van het land of het gebied zelf
in·hei·en *ww* [heide in, h. ingeheid] in de grond heien, fig instampen, door aanhoudende oefening in het geheugen prenten
in·he·rent *⟨Lat⟩ bn* van nature verbonden met, aanklevend, aanhangend: ★ *hoofdpijn en koorts zijn ~ aan griep*
in·he·ren·tie [-sie] *de (v)* het aankleven, aanhangen
in·hi·bi·tie [-(t)sie] *⟨Lat⟩ de (v)* [-s] verhindering; remming; geremdheid; rechterlijk verbod tot voortgaan
in·houd *de (m)* [-en] wat in iets zit of zitten kan; wat in iets te lezen staat
in·hou·de·lijk *bn* betrekking hebbende op de inhoud (van een geschrift, theorie e.d.)
in·hou·den *ww* [hield in, h. ingehouden] ❶ bevatten; behelzen ❷ tegenhouden; bedwingen ❸ achterhouden, niet uitbetalen ❹ ⟨stof⟩ fijn plooien (bij het naaien)
in·hou·ding *de (v)* [-en] het → **inhouden** (bet 3); wat ingehouden wordt
in·houds·maat *de* [-maten] eenheid waarmee men inhoud uitdrukt: liter, mud enz.
in·houds·op·ga·ve [-n], **in·houds·op·gaaf** *de* [-gaven] lijst in boek of tijdschrift e.d., waarin de namen van de hoofdstukken of artikelen met het

paginanummer vermeld worden
in·hul·di·gen *ww* [huldigde in, h. ingehuldigd] ❶ plechtig eer bewijzen bij de ambtsaanvaarding ❷ in Nederland trouw zweren door de Staten-Generaal aan de Koning na diens aanvaarding van de regering ❸ BN ook ‹van gebouwen e.d.› plechtig in gebruik nemen; **inhuldiging** *de (v)* [-en]
in·hu·maan *bn* niet humaan, onmenslievend; onmenselijk, wreed
in·hu·ren *ww* [huurde in, h. ingehuurd] ‹van personen› in dienst nemen ★ *daar ben ik niet voor ingehuurd* daarvoor ben ik niet aangenomen, dat weiger ik
ini·ti·aal [-(t)sjaal] *(‹Fr‹Lat)* **I** *de* [-alen] ❶ grote, min of meer versierde beginletter van een tekst ❷ voorletter, elk van de eerste letters van de naam van een persoon of een instelling **II** *bn* het begin betreffend, begin
ini·ti·a·li·se·ren *ww* [-(t)sjaaliezee-] [initialiseerde, h. geïnitialiseerd] *comput* ❶ formatteren van een schijf ❷ ‹bij het programmeren› een beginwaarde toekennen aan een variabele
ini·ti·a·tie [-(t)sjaa(t)sie] *(‹Fr‹Lat) de (v)* [-s] ❶ inwijding, opneming in een kring, vooral opneming van jongeren in de maatschappij van de volwassenen volgens zeker ritueel ❷ BN ook (eerste) kennismaking, inleiding, introductie; voorlichting
ini·ti·a·tief [-(t)sjaa-] *(‹Fr) het* [-tieven] ❶ het doen van de eerste stap tot of ten behoeve van iets: ★ *op ~ van mijn vader zijn we verhuisd* ★ *op eigen ~* ★ *recht van ~* recht van de Staten-Generaal om zelf wetsvoorstellen in te dienen ❷ ondernemingszin: ★ *geen ~ hebben* gezegd van personen van wie niets uitgaat, die niets ondernemen; zie ook bij → *particulier*
ini·ti·a·tief·ne·mer [-(t)sjaa-] *de (m)* [-s] iem. die het initiatief neemt; van wie het uitgaat
ini·ti·a·tor [-(t)sjaa-] *de (m)* [-s] iem. die het initiatief tot iets neemt, die iets begint, aanstichter
ini·tieel [-(t)sjeel] *(‹Eng‹Lat) bn* het begin betreffend, aanvankelijk ★ *initiële kosten* aanloopkosten
ini·ti·ë·ren *ww* [-(t)sjee-] *(‹Fr‹Lat)* [initieerde, h. geïnitieerd] inleiden, inwijden; voor het eerst gebruiken
in·jec·te·ren *ww (‹Fr)* [injecteerde, h. geïnjecteerd] inspuiten; als injectie toedienen
in·jec·tie [-sie] *(‹Fr‹Lat) de (v)* [-s] ❶ inspuiting; het toedienen van vocht, een vloeibaar geneesmiddel, resp. verdovings- of stimuleringsmiddel door middel van een kleine spuit met holle naald ❷ datgene wat ingespoten wordt
in·jec·tie·mo·tor [-sie-] *de (m)* [-toren, -s] motor waarbij de brandstof in de cilinders wordt gespoten, zoals bij een dieselmotor
in·jec·tie·naald [-sie-] *de* [-en], **in·jec·tie·spuit·je** [-sie-] *het* [-s] instrument voor het toedienen van injecties
in·ka·de·ren *ww (‹Fr)* [kaderde in, h. ingekaderd] BN,

spreektaal inlijsten; *fig* omlijsten, in een (groter) kader plaatsen
in·kal·ven *ww* [kalfde in, is ingekalfd] ‹van grond› wegzakken
in·kan·ke·ren *ww* [kankerde in, is ingekankerd] invreten, voortwoekeren
in·kap·se·len *ww* [kapselde in, h. ingekapseld] ❶ met een omhulsel insluiten ★ *zich ~ (fig)* zich afsluiten voor de buitenwereld: ★ *ingekapseld in zijn eigen opvattingen* ❷ *fig* politiek ongevaarlijk maken door het verlenen van rechten en gunsten: ★ *ons buurtcomité is helemaal ingekapseld door de overheid*
in·kar·naat *(‹Lat)* **I** *het* hoogrode kleur, vleeskleur **II** *bn* hoog- of rozerood, vleeskleurig; ook *inkarnaten*
in·keep *de* [-kepen] inkeping
in·keer *de (m)* ❶ berouw ★ *tot ~ komen* berouw krijgen ❷ intrek: ★ *zijn ~ nemen bij*
in·ke·pen *ww* [keepte in, h. ingekeept] een insnijding maken
in·ke·ping *de (v)* [-en] insnijding
in·ke·ren *ww* [keerde in, is ingekeerd] ❶ zijn intrek nemen ❷ ★ *tot zichzelf ~* het eigen gedrag bepeinzen
in·ker·ven *ww* [kerfde in, h. & is ingekerfd *of* korf in, h. & is ingekorven] ❶ kerven maken in, insnijden ❷ kerven krijgen, barsten, scheuren
in·kijk *de (m)* het → **inkijken** (bet 1) ★ *~ hebben* de kleding van het bovenlichaam zodanig dragen dat van boven af gelegenheid is bepaalde delen van het naakte lichaam te zien (gezegd van vrouwen en meisjes)
in·kij·ken *ww* [keek in, h. ingekeken] ❶ naar binnen kijken ❷ ‹van een boek, geschrift› vluchtig van de inhoud kennis nemen
in·kijk·ope·ra·tie [-(t)sie] *de (v)* [-s] politieactie waarbij een verdachte lokaliteit heimelijk op de aanwezigheid van belastend materiaal wordt onderzocht zonder dat er verdere actie wordt ondernomen
ink·jet·prin·ter *de (m)* [-s] *comput* type printer waarbij de inkt in kleine druppeltjes op het papier geschoten wordt
in·klap·pen *ww* [klapte in, h. & is ingeklapt] ❶ met een vouwende beweging de onderdelen van iets tegen elkaar doen: ★ *een strandstoel ~* ❷ geestelijk instorten (door overbelasting)
in·kla·ren *ww* [klaarde in, h. ingeklaard] de formaliteiten verrichten voor invoer
in·kla·ring *de (v)* [-en] het inklaren
in·kle·den *ww* [kleedde in, h. ingekleed] ❶ plechtig het ordekleed aandoen ❷ onder een bepaalde vorm voorstellen, schriftelijk of mondeling een bepaalde vorm geven; **inkleding** *de (v)* [-en]
in·kleu·ren *ww* [kleurde in, h. ingekleurd] ❶ van kleuren voorzien: ★ *een tekening ~* ❷ nader uitwerken: ★ *de regeling moet nog worden ingekleurd*
in·klin·ken *ww* [klonk in, is ingeklonken] dalen van de bodem door droogte; **inklinking** *de (v)* [-en]

in·klop·pen ww [klopte in, h. ingeklopt] comput gegevens intikken
in·ko·ken ww [kookte in, h. & is ingekookt] door koken in volume (doen) verminderen
in·kom de (m) BN ook ❶ het betreden, het binnengaan; gelegenheid, recht om binnen te komen; toegang: ★ ~ gratis ★ ~ vrij ❷ toegangsprijs, entree, entreeprijs: ★ ~ 5 euro ❸ hal, vestibule
in·ko·men I ww [kwam in, is ingekomen] ❶ binnenkomen ★ inkomende goederen goederen die het land binnenkomen ★ inkomende rechten belasting op ingevoerde goederen ★ daar kan ik ~ daar kan ik mij in verplaatsen, dat kan ik meevoelen of begrijpen ★ daar komt niets van in dat kan of zal niet gebeuren ❷ NN, boksen aanvallen en treffers plaatsen: ★ de bokser kwam te laag in II het [-s] alles wat iemand in geld of goed ontvangt of verdient ★ BN gewaarborgd ~ gegarandeerd minimuminkomen bij ziekte of ongeval voor zelfstandigen en bejaarden ★ BN kadastraal ~ huurwaardeforfait
in·ko·mens·ver·de·ling de (v) manier waarop alle gezamenlijke inkomsten van een land over individuen, sociale groepen, geografische gebieden, maatschappelijke sectoren enz. verdeeld zijn
in·kom·hal de [-len] BN hall, entreehal
in·komst I de (v) [-en] binnenkomst ★ blijde ~ feestelijke intocht van een vorst (of ander hooggeplaatst persoon) II mv, inkomsten wat iem. ontvangt of verdient ★ inkomsten uit vermogen inkomsten die voortkomen uit vast kapitaal, tegenover inkomsten uit arbeid
in·kom·sten·be·las·ting de (v) [-en] belasting op het inkomen
in·koop de (m) [-kopen] ❶ het inkopen ❷ het gekochte ❸ inkoopsprijs
in·koop·boek het [-en] kantoorboek waarin de inkopen worden aangetekend
in·koops·prijs, in·koop·prijs de (m) [-prijzen] prijs waarvoor iets wordt ingekocht
in·ko·pen I ww [kocht in, h. ingekocht] kopen om weer te verkopen II wederk NN zich door betaling van een bedrag bepaalde aanspraken verschaffen, bijv. op verzorging in een tehuis, op pensioen of verzekering
in·ko·per de (m) [-s] iem. die inkoopt, vooral voor een winkelbedrijf
in·kop·pen ww [kopte in, h. ingekopt] voetbal met het hoofd scoren
in·kor·ten ww [kortte in, h. & is ingekort] ❶ korter, kleiner maken ❷ korter, kleiner worden; inkorting de (v) [-en]
in·krij·gen ww [kreeg in, h. ingekregen] ‹van schepen› binnen krijgen: ★ water ~
in·krim·pen ww [kromp in, h. & is ingekrompen] ❶ kleiner doen worden ❷ kleiner worden; inkrimping de (v) [-en]
inkt ‹‹Lat› de (m) [-en] vloeistof die men gebruikt bij het schrijven, drukken of tekenen ★ BN veel ~ doen vloeien veel pennen in beweging brengen, opschudding veroorzaken ★ Oost-Indische ~, BN ook Chinese ~ inkt die bestaat uit koolstof om te tekenen en te schilderen
ink·ten ww [inkte, h. geïnkt] inkt aanbrengen op, van inkt voorzien
inkt·gom, inkt·gum de (m) & het [-men] vlakgom waarmee inkt uitgeveegd kan worden
inkt·koe·lie de (m) [-s] smalend kantoorbediende, klerk, iem. met een lage administratieve functie
inkt·lint het [-en] in inkt gedrenkt lint aan schrijfmachine
inkt·pot de (m) [-ten] potje waarin men inkt bewaart
inkt·pot·lood het [-loden] potlood dat onuitwisbaar schrift geeft
inkt·rol de [-len] druktechn rol waarmee de inkt op de vormen wordt gebracht
inkt·stel het [-len] fraaie inktpot met deksel, voet enz.
inkt·vis de (m) [-sen] koppotig weekdier
inkt·vlek de [-ken] vlek ontstaan door gemorste inkt
inkt·zwam de [-men] lid van een paddenstoelengeslacht (Coprinus) van plaatzwammen, verspreid voorkomend over de gehele aarde, met in jonge toestand een klok- of kegelvormige hoed, die gaandeweg breed, zwart en glibberig wordt
inkt·zwart bn volledig zwart; geheel donker: ★ de inktzwarte nacht
in·kui·len ww [kuilde in, h. ingekuild] ‹van aardappelen e.d.› in een kuil toegedekt bewaren
in·kwar·tie·ren ww [kwartierde in, h. ingekwartierd] bij burgers onder dak brengen, vooral van soldaten
in·kwar·tie·ring de (v) [-en] onderdak bij burgers, vooral van soldaten; de ingekwartierden
inl. afk ❶ inleiding ❷ inlichtingen
in·laat de (m) [-laten] opening waardoor iets ingelaten wordt
in·laat·dui·ker de (m) [-s] duikersluis met inlaat
in·laat·klep de [-pen] klep langs welke iets ingelaten wordt, vooral (in een auto) de klep langs welke lucht of een lucht-benzinemengsel in de cilinder gelaten wordt
in·laat·sluis de [-sluizen] sluis langs welke water ingelaten wordt (bijv. in een polder)
in·la·den ww [laadde in, h. ingeladen] als vracht in een schip, wagen enz. brengen
in·lan·der de (m) [-s] lid van de vanouds inheemse bevolking van een overzees (vooral tropisch) land
in·lands bn uit het land zelf
in·las de (m) [-sen] invoegsel
in·las·sen ww [laste in, h. ingelast] invoegen, tussenvoegen; inlassing de (v) [-en]
in·la·ten I ww [liet in, h. ingelaten] binnenlaten II wederk ★ zich ~ met zich bemoeien met
in·leef·va·kan·tie [-sie] de (v) [-s] BN vakantie waarbij deelnemers zich kunnen inleven in de situatie van anderen

in·leg *de (m)* ❶ ingelegd geld ❷ ⟨van een kledingstuk⟩ inslag
in·leg·blad *het* [-bladen] ❶ blad om tussen twee stukken van een uittrektafel te leggen ❷ inlegvel
in·le·ge·ring *de (v)* [-en] inkwartiering
in·leg·geld *het* [-en] → **inleg** (bet 1)
in·leg·gen *ww* [legde in, h. ingelegd] ❶ leggen in of tussen ❷ stukjes anders gekleurd materiaal in hout of steen aanbrengen ter versiering: ★ *een kast van ingelegd mahoniehout* ❸ in zout, suiker, azijn e.d. leggen om bederf te voorkomen ❹ nauwer maken; een zoom leggen ❺ ⟨geld⟩ inzetten bij spel; afgeven op een spaarbank ❻ ★ NN *eer met iets ~ eer verwerven met, genoegen bereiken aan, bevredigende resultaten bereiken met*
in·leg·kruis·je *het* [-s] zeer klein formaat maandverband dat met plakstrookjes in een slipje wordt gelegd
in·leg·vel *het* [-len] blad dat in een geschreven of gedrukt stuk gelegd wordt
in·leg·werk *het* ingelegd hout enz. (zie bij → **inleggen**, bet 2)
in·leg·zool *de* [-zolen] los zooltje dat in de schoen wordt gelegd, bijv. om zweetgeur tegen te gaan
in·lei·den *ww* [leidde in, h. ingeleid] ❶ binnenleiden ❷ beginnen te behandelen (als leidraad voor nadere bespreking): ★ *een onderwerp ~* ★ *een bevalling ~* een bevalling opwekken
in·lei·der *de (m)* [-s] iem. die een onderwerp inleidt
in·lei·ding *de (v)* [-en] ❶ aanvang, begin; voorbericht ❷ het inleiden van een onderwerp: ★ *een ~ houden*
in·le·lijk *bn* zeer lelijk
in·le·ven *wederk* [leefde in, h. ingeleefd] zich met de gedachten verplaatsen, trachten mee te gevoelen
in·le·ve·ren *ww* [leverde in, h. ingeleverd] ❶ afgeven, bezorgen bij een daarvoor bestemde plaats of persoon ❷ minder inkomsten genieten, in koopkracht achteruitgaan: ★ *vanwege de slechte economische toestand zal iedereen moeten ~* ❸ voetbal de bal verliezen aan een tegenstander; **inlevering** *de (v)* [-en]
in·le·zen I *ww* [las in, h. ingelezen] ⟨comput gegevens⟩ vanaf een opslagmedium (bijv. een diskette) in de computer voeren **II** *wederk* zich lezende enigszins vertrouwd maken, vooral met een boek
in·lich·ten *ww* [lichtte in, h. ingelicht] op de hoogte brengen, opheldering geven
in·lich·ting *de (v)* [-en] het inlichten, opheldernde mededeling: ★ *inlichtingen geven, inwinnen, verstrekken*
in·lich·tin·gen·dienst *de (m)* [-en] geheime dienst die inlichtingen verzamelt over personen en groeperingen die een gevaar voor de staat zouden kunnen vormen, veiligheidsdienst
in·lijs·ten *ww* [lijstte in, h. ingelijst] in een lijst zetten
in·lij·ven *ww* [lijfde in, h. ingelijfd] in, bij iets opnemen, bijvoegen, vooral bij een land voegen;

inlijving *de (v)* [-en]
in·li·ne·skate [inlainskeet] *(⟨Eng⟩ de (m)* [-s] skeeler met vier wieltjes achter elkaar
in·log·gen *ww* (⟨Eng⟩) [logde in, h. & is ingelogd] comput volgens een identificatieprocedure toegang verkrijgen tot een computernetwerk, meestal door een gebruikersnaam en een wachtwoord op te geven
in·log·pro·ce·du·re *de (v)* [-s] comput handelingen om als gebruiker toegang te krijgen tot een netwerk, met als onderdeel het ingeven van de gebruikersnaam en het wachtwoord
in·loop *de (m)* ❶ het binnenlopen ❷ plaats waar velen binnenlopen: ★ *een ~ voor iedereen*
in·loop·zaak *de* [-zaken] NN winkelbedrijf met een nagenoeg de gehele pui bestrijkende toegang, zonder duidelijke afscheiding tussen winkel en straat
in·lo·pen I *ww* [liep in, is & h. ingelopen] ❶ naar binnen lopen ★ *uit- en inlopen bij iem.* vaak bij iemand aan huis komen ★ *veel zand, aarde e.d. ~* lopende (ongewild) naar binnen brengen via schoeisel of kleding ❷ langzamerhand inhalen ❸ ★ *er ~* beetgenomen worden, gesnapt worden ❹ ⟨schoeisel⟩ door lopen beter doen passen **II** *wederk* [liep in, h. ingelopen] sp de spieren losmaken door loopbewegingen te maken: ★ *twee reserves waren zich aan het ~*
in·los·sen *ww* [loste in, h. ingelost] tegen geld terugkrijgen; het beloofde doen: ★ *zijn belofte ~*
in·lo·ten *ww* [lootte in, is ingeloot] bij loting aangewezen (van soldaten) of toegelaten (van studenten) worden
in·lui·den *ww* [luidde in, h. ingeluid], **in·lui·en** [luide in, h. ingeluid] door klokgelui aankondigen; fig het begin zijn van
in·maak *de (m)* het inmaken; wat ingemaakt is
in·maak·fles *de* [-sen] fles waarin ingemaakte groenten enz. worden bewaard
in·maak·glas *het* [-glazen] glas waarin ingemaakte groenten enz. worden bewaard
in·maak·par·tij *de (v)* [-en] sp, inf wedstrijd waarbij de tegenstander verpletterend verslagen wordt
in·maak·pot *de (m)* [-ten] pot waarin ingemaakte groenten e.d. worden bewaard
in·ma·ken *ww* [maakte in, h. ingemaakt] ❶ iets vrijwaren tegen bederf door in het zure, zoute of zoete vloeistof te leggen ❷ inf een verpletterende nederlaag bezorgen
in me·mo·ri·am ⟨*Lat*⟩ ⟨gevolgd door een naam⟩ ter nagedachtenis van de genoemde *het* [-s] levensbericht van een gestorvene
in·men·gen *wederk* [mengde in, h. ingemengd] ongevraagd zich bemoeien met; **inmenging** *de (v)*
in·met·se·len *ww* [metselde in, h. ingemetseld] door metselen bevestigen, met metselwerk omsluiten
in·mid·dels *bijw* intussen
in·mij·nen *ww* [mijnde in, h. ingemijnd] BN voorlopig

toewijzen door een notaris op de eerste koopdag bij een openbare verkoping

in·mij·ning *de (v)* [-en] BN voorlopige toewijzing

in·naai·en *ww* [naaide in, h. ingenaaid] ❶ door naaien vernauwen of verkleinen ❷ boekbinderij (de losse vellen) vastnaaien, aaneennaaien; (een losgeraakt boek) met omslag opnieuw naaien, kartonneren

in·na·me *de* inneming: ★ *de ~ van Constantinopel* (1453)

in na·tu·ra *bijw ((Lat)* ❶ in natuurlijke toestand ❷ in goederen of diensten, niet in geld: ★ *~ betaald worden*

in·ne·men *ww* [nam in, h. ingenomen] ❶ binnenhalen; inladen; opnemen; inzamelen, ophalen ❷ (medicijnen) slikken ★ NN, schertsend *goed van ~ zijn* veel eten en drinken ❸ (kledingstukken) vernauwen ❹ beslaan, in beslag nemen: ★ fig *een plaats ~, een standpunt ~* ❺ (een belegerde stad of sterkte) veroveren ★ *voor* of *tegen zich ~* gunstig of ongunstig jegens zich gezind maken, genegenheid *of* tegenzin opwekken

in·ne·mend *bn* voor zich innemend, genegenheid voor zich opwekkend; **innemendheid** *de (v)*

in·ne·ming *de (v)* [-en] verovering (van een belegerde stad of sterkte)

in·nen *ww* [inde, h. geïnd] (geld) invorderen, ontvangen

in·ner·lijk *((Du)* I *bn* binnen in; in het hart; wezenlijk II *het* hart, gemoed

in·nes·te·len *wederk* [nestelde in, h. ingenesteld] zich nestelen, zich vastzetten

in·nig *bn* oprecht, vurig; **innigheid** *de (v)*

in·ning¹ *de (v)* [-en] het innen

in·ning² *((Eng) de (m)* [-s] het aan-slag-zijn bij cricket of honkbal, slagbeurt

in·no·cent *((Fr(Lat) bn* onschuldig, argeloos; onschadelijk

in ·no time [- taim] *((Eng) bijw* zeer snel: ★ *~ had de pers zich op het Binnenhof verzameld*

in·no·va·tie [-(t)sie] *((Lat) de (v)* [-s] nieuwigheid, invoering van iets nieuws, vooral van nieuwe productiemethoden, industriële technieken e.d.

in·no·ve·ren *ww* [innoveerde, h. geïnnoveerd] *((Lat)* als nieuwigheid invoeren

in·ocu·le·ren *ww ((Eng)* [inoculeerde, h. geïnoculeerd] ❶ med inenten met echte pokstof ❷ enten, oculeren

in·of·fi·cieel [-sjeel] *bn* niet officieel, halfambtelijk, vertrouwelijk

in·ont·vangst·ne·ming *de (v)* het in ontvangst nemen

in·op·por·tuun *((Fr(Lat) bn* te onpas, op een ongeschikt ogenblik komend, ongelegen

in ·op·ti·ma ·for·ma *bijw* in de volle, volkomen vorm, onberispelijk

inox *de & het* BN roestvrij staal

in·pak·ken *ww* [pakte in, h. ingepakt] ❶ tot een pak maken, in een doos, koffer enz. doen ★ *je kunt ~ ga*

maar weg, we hebben je niet meer nodig ❷ ★ *zich door iem. laten ~* zich door mooie woorden, listigheden e.d. laten misleiden; sp op superieure wijze overwinnen

in·pal·men *ww* [palmde in, h. ingepalmd] (een touw) langzaam naar zich toehalen; fig gaandeweg zich toe-eigenen; voor zich innemen

in·pan·dig *bn* NN geheel omsloten door andere gedeelten van een gebouw, zonder directe inval van daglicht: ★ *een inpandige badkamer*

in·par·ke·ren *ww* [parkeerde in, h. ingeparkeerd] NN een auto tussen andere auto's of objecten parkeren: ★ *achteruit ~ is moeilijk te leren*

in·pas·sen *ww* [paste in, h. ingepast] een geschikte plaats geven in een bestaand geheel; **inpassing** *de (v)*

in·pe·pe·ren *ww* [peperde in, h. ingepeperd] laten bezuren, betaald zetten; door strenge maatregels iets trachten te leren of af te leren

in·per·ken *ww* [perkte in, h. ingeperkt] geringer maken, beperken; **inperking** *de (v)* [-en]

in per·so·na *bijw ((Lat)* persoonlijk, zelf

in ·pet·to *bijw ((It)* in gereedheid, in voorraad ★ *iets ~ hebben* iets van plan zijn

in·pik·ken *ww* [pikte in, h. ingepikt] ❶ pakken, wegnemen: ★ *wie heeft mijn stoel ingepikt?* ❷ BN ook inhaken op, inspelen op: ★ *~ op een eerder gedane uitspraak* ❸ NN regelen, voor elkaar krijgen: ★ *hij heeft dat heel handig ingepikt*

in·plak·ken *ww* [plakte in, h. ingeplakt] ergens in plakken, vooral in een boek

in·plan·ten *ww* [plantte in, h. ingeplant] ❶ in de aarde zetten; fig zich eigen doen maken; *vgl:* → **ingeplant** ❷ BN (van gebouwen, huizen e.d.) vestigen, oprichten, bouwen: ★ *ergens nieuwe bedrijven ~*

in ·ple·no *bijw ((Lat)* in volle vergadering, voltallig

in·pol·de·ren *ww* [polderde in, h. ingepolderd] door dijken omgeven en droogmaken

in·pol·de·ring *de (v)* [-en] het inpolderen, het ingepolderde stuk land

in·pom·pen *ww* [pompte in, h. ingepompt] ❶ door pompen (ergens) inbrengen ❷ fig door herhaalde oefening in het geheugen prenten

in·pra·ten *ww* [praatte in, h. ingepraat] ★ *op iem. ~* door praten iem. proberen tot iets te overreden: ★ *er moest lang op haar worden ingepraat voordat zij over de hangbrug durfde*

in·pren·ten *ww* [prentte in, h. ingeprent] goed in zich doen opnemen; **inprenting** *de (v)*

in·prop·pen *ww* [propte in, h. ingepropt] proppend naar binnen duwen, vooral spijzen

in·put [-poet] *((Eng) de (m)* ❶ wat in een computer wordt ingevoerd ❷ wat aan geldmiddelen wordt ingebracht

in·qui·si·teur [-kwiezie-] *((Fr) de (m)* [-s] officier van de inquisitie, kettermeester, geloofsrechter

in·qui·si·tie [-kwiezie(t)sie] *((Fr(Lat) de (v)* hist

kerkelijke rechtbank, belast met onderzoek naar misdrijven tegen het rooms-katholieke geloof en de zeden; dit onderzoek zelf; fig ketterjacht; pijnlijk nauwkeurig onderzoek
in·qui·si·toir [-kwiezie-] (‹Lat›) bn recht onderzoekend, ondervragend ★ ~ proces strafproces waarbij eiser en verdachte niet gelijkwaardig zijn, omdat de laatste slechts voorwerp van onderzoek is
in·qui·si·to·ri·aal [-kwiezie-] (‹Fr›) bn tot het ambt van een inquisiteur behorend; van deze uitgaande; fig als van een geloofsrechter
in·ra·men ww [raamde in, h. ingeraamd] ‹van dia's› in een raampje (→ raam, bet 1) zetten
in·re·ge·nen ww [regende in, h. ingeregend] NN ★ het regent in de regen komt door de spleten e.d. het huis binnen ★ het dak regent in het dak laat door lekken het regenwater door
in·reis·vi·sum het [-sa, -s] visum met welk men vergunning heeft een bep. land binnen te komen
in·re·ke·nen ww [rekende in, h. ingerekend] arresteren
INRI afk Iesus Nazarenus Rex Iudaeorum (‹Lat›) [Jezus van Nazareth, de koning der Joden (opschrift op het kruis waaraan Jezus werd genageld)]
in·rich·ten I ww [richtte in, h. ingericht] ❶ in orde brengen, op bep. wijze schikken, regelen ★ ~ op iets geschikt maken tot iets ★ op iets ingericht zijn beschikken over wat tot iets nodig is ❷ BN, m.g. organiseren ★ het inrichtend comité organisatiecomité, de organisatoren ★ de inrichtende macht bestuur **II** wederk zijn woning van het nodige voorzien: ★ ik moet me nog ~
in·rich·ter de (m) [-s] BN, m.g. organisator ★ de inrichters het organisatiecomité, de organisatoren
in·rich·ting de (v) [-en] ❶ het inrichten, vooral van een woning: ★ de ~ kost veel tijd ★ de ~ van een bedrijf ❷ dat wat in een woning hoort, meubels e.d., meubilering: ★ zijn ~ is volkomen verniel ❸ toestel, apparaat: ★ een ~ voor het vervaardigen van nietjes ❹ instelling, gebouw voor een bep. doel: ★ een ~ tot verpleging van geesteszieken ★ hij is in een ~ opgenomen ter verpleging (vooral voor een psychische stoornis) ❺ BN, m.g. organisatie; het organiseren, ook keer dat iets georganiseerd wordt
in·rij·den ww [reed in, is & h. ingereden] ❶ binnenrijden, erin rijden ❷ proefrijden, door gebruik voor het rijden geschikt maken: ★ schaatsen ~ ★ een auto ~ ❸ door rijden met geweld openmaken: ★ een deur ~ ❹ ★ op iem. ~ opzettelijk met iem. in botsing komen
in·rij·gen ww [reeg in, h. ingeregen] rijgend bevestigen: ★ kralen ~ ★ zich ~ een (nauw) korset dragen
in·rit de (m) [-ten] plaats waar men inrijdt; verlaagd gedeelte van een trottoir vóór een garage: ★ ~ vrijlaten
in·roe·pen ww [riep in, h. ingeroepen] ❶ vragen: ★ hulp ~ ❷ BN ook aanvoeren, naar voren brengen:

★ een argument, excuus ~
in·roos·te·ren ww [roosterde in, h. ingeroosterd] NN een plaats geven in een (les-, diens)rooster ★ in het lesprogramma zijn op dinsdag twee lesuren Nederlands ingeroosterd
in·ruil de (m) het inruilen
in·rui·len ww [ruilde in, h. ingeruild] inwisselen
in·ruil·pre·mie de (v) [-s] korting die men ontvangt als men bij aankoop van een nieuw exemplaar tegelijk een oud exemplaar van hetzelfde artikel inlevert: ★ bij aankoop van deze auto kunt u eventueel een voordelige ~ ontvangen
in·ruil·waar·de de (v) wat voor (gebruikte) goederen (bijv. van een auto, schrijfmachine enz.) vergoed wordt bij aankoop van nieuwe
in·rui·men ww [ruimde in, h. ingeruimd] plaats vrij maken; opruimen
in·ruk·ken ww [rukte in, is ingerukt] ❶ binnenrukken, binnentrekken ❷ afmarcheren, weggaan ★ ingerukt mars! commando
ins-and-outs [inzənauts] (‹Eng›) mv bijzonderheden, details: ★ ik ben nog niet op de hoogte van alle ~ van deze zaak
in·scha·ke·len ww [schakelde in, h. ingeschakeld] ❶ in een elektrische geleiding invoegen: ★ een apparaat ~ ❷ algemeen invoegen, in een beweging opnemen, deel doen uitmaken van een groter geheel, een onderdeel van een taak opdragen, ook gezegd van personen of instanties: ★ de politie ~ ★ we zullen meer medewerkers moeten ~; **inschakeling** de (v) [-en]
in·scha·len ww [schaalde in, h. ingeschaald] in een loonschaal plaatsen; **inschaling** de (v) [-en]
in·scha·ren ww [schaarde in, h. ingeschaard] ‹vee› in de (gemeenschappelijke) weide brengen; **inscharing** de (v) [-en]
in·schat·ten ww [schatte in, h. ingeschat] op schattende wijze de werking, het effect van iets op iets anders bepalen: ★ hoe schat je de invloed van de propaganda in dat land in?
in·schen·ken ww [schonk in, h. ingeschonken] in een kopje, vat e.d. schenken
in·sche·pen ww [scheepte in, h. & is ingescheept] ❶ aan boord nemen ❷ aan boord gaan; **inscheping** de (v) [-en]
in·scher·pen ww [scherpte in, h. ingescherpt] met nadruk inprenten
in·scheu·ren ww [scheurde in, h. & is ingescheurd] ❶ van de buitenkant naar binnen doen scheuren (bijv. een nagel) ❷ van de buitenkant naar binnen scheuren
in·schie·ten ww [schoot in, h. & is ingeschoten] ❶ naar binnen schieten: ★ onze spits schoot keihard in ❷ vlug binnen gaan ❸ verliezen: ★ er het leven bij ~ ❹ verloren gaan ❺ door proeven de juiste stand van een schietwerktuig berekenen
★ ingeschoten zijn op weten wat nodig is voor, ervaring en kennis van zaken hebben van

in·schik·ke·lijk *bn* meegaand, geneigd tot toegeven; **inschikkelijkheid** *de (v)*

in·schik·ken *ww* [schikte in, is & h. ingeschikt] ruimte maken (door verplaatsing); fig zich schikken naar de wensen van een ander

in·schop·pen *ww* [schopte in, h. ingeschopt] ❶ door schoppen kapot maken ❷ naar binnen schoppen ‹een bal e.d.›

in·schrift *het* [-en] wat in of op iets geschreven is

in·schrijf·geld *het* [-en] bedrag te betalen voor inschrijving

in·schrij·ven *ww* [schreef in, h. ingeschreven] ❶ aantekenen, optekenen; in een lijst opnemen ❷ intekenen: ★ *op een tijdschrift* ~ ❸ de prijs opgeven, waarvoor men iets leveren of maken wil; zie ook bij → **ingeschreven**

in·schrij·ver *de (m)* [-s] iem. die inschrijft (→ **inschrijven**, bet 3): ★ *de hoogste* ~ ★ *de laagste* ~

in·schrij·ving *de (v)* [-en] het inschrijven

in·schrij·vings·be·wijs *het* [-bewijzen] ❶ bewijs van inschrijving ❷ BN kentekenbewijs

in·schrij·vings·bil·jet *het* [-ten] formulier voor inschrijving

in·schrij·vings·recht *het* [-en] BN recht op voorrang dat bezitters van oude aandelen hebben bij de inschrijving op een nieuwe emissie

in·schrij·vings·taks *de* [-en] BN belasting bij registratie van motorrijtuigen

in·schuif·baar *bn* ingeschoven kunnende worden

in·schuif·ta·fel *de* [-s] tafel met inschuifbare bladen

in·schui·ven *ww* [schoof in, h. & is ingeschoven] ❶ naar binnen doen schuiven ❷ naar binnen schuiven ❸ naar elkaar opschuiven, zodat er meer personen kunnen zitten

in·schuld *de* [-en] te innen vordering

in·scrip·tie [-skripsie] *(‹Lat) de (v)* [-s] het inschrift (in steen, metaal of ander hard materiaal)

in·sect *(‹Fr‹Lat) het* [-en] gekorven diertje; geleedpotig dier met zes poten en een in een kop, borststuk en onderlijf te onderscheiden lichaam

in·sec·ta·ri·um *(‹Fr-Lat) het* [-ria] kast voor levende insecten, insectenhuisje; afdeling voor insecten

in·sec·ten·eters *mv* dieren die vooral insecten eten, insectivoren

in·sec·ten·poe·der, **in·sec·ten·poei·er** *de (m) & het* poeder ter verdelging van insecten

in·sec·ten·speld *de* [-en] speld om insecten op te prikken

in·sec·ti·ci·de *(‹Lat)* **I** *bn* insectendodend **II** *het* [-n] insectendodend middel

in·sec·ti·vo·ra, **in·sec·ti·vo·ren** *(‹Fr-Lat) mv* insectenetende dieren

in·sei·nen *ww* [seinde in, h. ingeseind] iets aan iem. op informele wijze mededelen

in·se·mi·na·tie [-(t)sie] *(‹Fr) de (v)* het brengen van de zaadvloeistof in de vrouwelijke voortplantingsorganen ★ *kunstmatige* ~ kunstmatige bevruchting ★ *kunstmatige* ~ *donor (KID)* kunstmatige bevruchting bij de vrouw met zaad van iemand anders dan de vaste partner

in·se·mi·ne·ren *ww* *(‹Fr‹Lat)* [insemineerde, h. geïnsemineerd] kunstmatig bevruchten

in·se·pa·raat *(‹Lat) bn* ongescheiden, verenigd

in·se·pa·ra·bel *(‹Fr‹Lat) bn* onafscheidelijk (verbonden)

in·se·re·ren *ww (‹Lat)* [insereerde, h. geïnsereerd] invoegen, inlassen; (in de krant) opnemen

ins·ge·lijks, **ins·ge·lijks** *bijw* vooral NN evenzo, van 't zelfde

in·side-in·for·ma·tion [insaid info(r)meesjən] *(‹Eng) de (v)* van ingewijden afkomstige inlichtingen

in·sid·er [-saidər] *(‹Eng) de (m)* [-s] ingewijde; iemand die goed op de hoogte is van de toestand van een zaak of van wat op enig maatschappelijk terrein voorvalt

in·sig·ne [-sienjə, -sinjə] *(‹Fr‹Lat) het* [-s] kenteken, onderscheidingsteken, vooral ere- of rangteken

in·si·nu·a·tie [-(t)sie] *(‹Fr‹Lat) de (v)* [-s] zijdelingse aantijging, bedekte verdachtmaking

in·si·nu·e·ren *ww (‹Fr‹Lat)* [insinueerde, h. geïnsinueerd] op bedekte wijze aantijgen, op zijdelingse wijze te verstaan geven

in·sis·te·ren *ww (‹Fr‹Lat)* [insisteerde, h. geïnsisteerd] op iets staan, aandringen

insjal·lah [iensj-] *(‹Arab) tsw* zo God wil

in·slaan *ww* [sloeg in, h. & is ingeslagen] ❶ slaan in: ★ *spijkers* ~ ❷ stukslaan: ★ *een ruitje* ~ ❸ doorheen gaan: ★ *de bliksem sloeg in de boerderij in* ❹ fig indruk maken: ★ ~ *als een bom* ★ *dat liedje sloeg hartstikke in* ❺ kopen, opdoen: ★ *levensmiddelen* ~ ❻ ‹van kledingstukken› inkorten ❼ ★ *een weg* ~ door van richting te veranderen op een andere weg terechtkomen

in·slag *de (m)* [-slagen] ❶ dwarsdraden van een weefsel; zie ook bij → **schering** ❷ omgeslagen of ingeslagen strook in kledingstuk ❸ het opdoen van voorraad, de opgedane voorraad ❹ wijze, stijl waardoor iets gekenmerkt wordt: ★ *iem. met een idealistische* ~

in·sla·pen *ww* [sliep in, is ingeslapen] ❶ in slaap vallen ❷ euf sterven ❸ BN, spreektaal inwonen

in·slik·ken *ww* [slikte in, h. ingeslikt] naar binnen slikken ★ *zijn woorden* ~ niet duidelijk uitspreken ★ *een vroegere bewering* ~ terugnemen, herroepen

in·slui·me·ren *ww* [sluimerde in, is ingesluimerd] ❶ in een lichte slaap vallen ❷ een zachte dood sterven

in·slui·pen *ww* [sloop in, is ingeslopen] binnensluipen; fig langzamerhand indringen: ★ *er zijn misbruiken ingeslopen*

in·slui·per *de (m)* [-s] NN iem. die een huis of gebouw binnensluipt zonder deuren of ramen te forceren; **insluiping** *de (v)* [-en]

in·slui·ten *ww* [sloot in, h. ingesloten] ❶ in iets sluiten; opsluiten; *vgl:* → **ingesloten** ❷ aan alle kanten omgeven, blokkeren ❸ in iets deel doen

hebben: ★ *daarbij zijn allen ingesloten* ❹ in zich bevatten, veronderstellen: ★ *dat antwoord sluit een weigering in*; **insluiting** *de (v)* [-en]
in·sme·ren *ww* [smeerde in, h. ingesmeerd] inwrijven, vooral met iets vettigs
in·sneeu·wen *ww* [sneeuwde in, is ingesneeuwd] ❶ naar binnen sneeuwen ❷ geheel door sneeuw omringd worden; in de sneeuw blijven steken
in·snij·den *ww* [sneed in, h. ingesneden] een snede maken in
in·snij·ding *de (v)* [-en] groef, snede, gleuf
in·snoe·ren *ww* [snoerde in, h. ingesnoerd] zo vast snoeren dat een deuk of groef ontstaat
in·snui·ven *ww* [snoof in, h. ingesnoven] snuivend inademen
in·so·lent *(‹Fr) bn* onbeschaamd, onbeschoft, brutaal
in·so·len·tie [-sie] *(‹Lat) de (v)* onbeschoftheid, onbeschaamdheid, brutaliteit
in·so·li·de, in·so·lied *(‹Lat) bn* niet solide, zwak staand, niet betrouwbaar
in·so·lied *(‹Lat) bn* → **insolide**
in·sol·va·bel, in·sol·vent *bn* onvermogend, onmachtig om te betalen; zie ook bij → **boedel**
in·sol·ven·tie [-sie] *de (v)* onvermogen zijn schulden te betalen
in·span·nen I *ww* [spande in, h. ingespannen] ❶ voor de wagen spannen: ★ *een paard* ~ ❷ moeite kosten, vermoeien: ★ *fietsen spant hem te veel in* ❸ BN ‹van een proces› aanspannen, voeren, beginnen: ★ *een kort geding* ~ II *wederk* moeite doen, zijn best doen: ★ *we moesten ons erg* ~ *om het gewenste resultaat te bereiken*
in·span·nend, in·span·nend *bn* vermoeiend
in·span·ning *de (v)* [-en] het (zich) inspannen: ★ *zich veel* ~ *getroosten* ★ *met* ~ *van al onze krachten* ★ BN ook *een* ~ *doen* een inspanning leveren
in spe *bijw* [- spee] *(‹Lat)* in de verwachting, toekomstig
in·spe·ciënt [-sjent] *de (m)* [-en] → **inspiciënt**
in·spec·te·ren *ww* (‹Fr‹Lat) [inspecteerde, h. geïnspecteerd] nazien, nagaan, nauwkeurig bezichtigen; (soldaten) monsteren
in·spec·teur *(‹Fr) de (m)* [-s] opziener, controlerende onderzoeker; rang bij de politie en bij andere organisaties ★ ~ *der belastingen* ambtenaar belast met de vaststelling van belastingschulden en controle op de juiste afdrachten van belastingen
in·spec·teur-ge·ne·raal *de (m)* [-teurs-] hoge ambtenaar op een ministerie die rechtstreeks aan de minister rapporteert
in·spec·tie [-sie] *(‹Lat) de (v)* ❶ nauwkeurige bezichtiging, ambtelijk onderzoek of toezicht ❷ wapenschouwing, monstering ❸ ambtsgebied van een inspecteur
in·spec·tie·reis [-sie-] *de* [-reizen] ambtsreis van een inspecteur
in·spec·tri·ce *(‹Fr) de (v)* [-s] vrouwelijke inspecteur
in·spe·len *ww* [speelde in, is ingespeeld] zich spelende met het spel vertrouwd maken; fig zich al doende de nodige vaardigheid verwerven ★ *goed ingespeeld zijn op* weten wat er te pas komt bij ★ ~ *op iem.* of *iets* de juiste houding aannemen ten opzichte van iem. of iets, er goed op reageren
in·spi·ciënt [-sjent] *(‹Du‹Lat) de (m)* [-en] assistent van een regisseur die zorgt voor de toneelbenodigdheden en de toepassing van geluids- en lichteffecten (ook bij radio, resp. televisie)
in·spin·nen *ww* [spon in, h. ingesponnen] spinnende inwikkelen ★ *zich* ~ (van rupsen e.d.) zich in een spinsel wikkelen
in·spi·ra·tie [-(t)sie] *(‹Fr‹Lat) de (v)* [-s] ❶ inademing ❷ inblazing, ingeving; goddelijke ingeving; bezieling ❸ inval, gelukkige gedachte
in·spi·ra·tor *(‹Lat) de (m)* [-s] iem. die inspireert, iem. die (anderen) aanzet tot bezield handelen
in·spi·re·ren *ww* (‹Fr‹Lat) [inspireerde, h. geïnspireerd] ❶ ingeven, inblazen, inboezemen ❷ bezielen ★ *niet geïnspireerd (zijn)* niet goed op dreef (zijn)
in·spraak *de* recht van belanghebbenden hun wensen kenbaar te maken voor er beslist wordt
in·spre·ken *ww* [sprak in, h. ingesproken] ❶ door toespreken in een zekere gemoedsstemming brengen: ★ *hoop* ~ ★ *moed* ~ ❷ een gesproken tekst op een magnetisch bandje vastleggen
in·sprin·gen *ww* [sprong in, is ingesprongen] ❶ binnenspringen, springen in ❷ achteruit staan, achter een bepaalde lijn staan; wisk groter zijn dan 180° ❸ als vervanger optreden, invallen: ★ *voor iem.* ~
in·sprong *de (m)* [-en] BN inspringende hoek van een gebouw
in·spui·ten *ww* [spoot in, h. ingespoten] een vloeistof door spuiten inbrengen; **inspuiting** *de (v)* [-en]
in·staan *ww* [stond in, h. ingestaan] ★ ~ *voor* waarborgen dat iem. of iets goed is; zich aansprakelijk stellen voor ★ *ik kan niet (meer) voor mezelf* ~ gezegd als men een woedeaanval voelt aankomen
in·sta·biel *(‹Lat) bn* onvast, onbestendig, wankelbaar
in·sta·bi·li·teit *(‹Lat) de (v)* onvastheid, onbestendigheid, wankelbaarheid
in·stal·la·teur *(‹Fr) de (m)* [-s] iem. die installaties (vooral elektrische) aanlegt
in·stal·la·tie [-(t)sie] *(‹Fr) de (v)* [-s] ❶ plechtige bevestiging in een ambt ❷ het zich ergens inrichten; uitrusting, toerusting ❸ het aanbrengen van de nodige toestellen, leidingen enz. voor een technisch doel, vooral voor de levering van energie ❹ de onder *bet* 3 bedoelde toestellen, leidingen enz. zelf
in·stal·le·ren *(‹Fr)* I *ww* [installeerde, h. geïnstalleerd] ❶ in een ambt of waardigheid plechtig bevestigen ❷ inrichten, uitrusten met toestellen en leidingen enz. ❸ comput software op zodanige manier op de harde schijf van een computer kopiëren dat ermee

gewerkt kan worden op die computer **II** *wederk* zich vestigen en inrichten; schertsend gemakkelijk gaan zitten

in·stam·pen *ww* [stampte in, h. ingestampt] ❶ stampend drijven of duwen in; fig door herhaalde oefening in het geheugen prenten ❷ door stampen stukmaken: ★ *de vloer ~*

in·stand·hou·ding *de (v)* het doen-blijven-bestaan

in·stant [-stənt] *(‹Eng) bn* ❶ ‹als eerste lid in samenstellingen› direct voor het gebruik gereed ❷ vooral van consumptieartikelen: ★ *instantkoffie, instantpoeder*

in·stan·tie [-sie] *(‹Lat) de (v)* [-s] ❶ aandrang, nadrukkelijkheid ❷ elk van de trappen van de rechtspraak ★ *in eerste ~* bij de rechtbank van eerste aanleg; fig vooreerst, om te beginnen ★ *in laatste ~* voor het hoogste rechtscollege; fig ten slotte, per slot van rekening ❸ overheids- of besturend college, of degene respectievelijk de instelling die in opdracht daarvan handelt: ★ *ik ging naar allerlei instanties alvorens ik de juiste formulieren had*

in·stant·kof·fie *de (m)* zie bij → **instant**

in·stap·kaart *de* [-en] biljet dat men op vertoon van het ticket krijgt bij de incheckbalie van een vliegveld en tegen inlevering waarvan men een bep. vlucht kan maken, boardingpass

in·stap·pen *ww* [stapte in, is ingestapt] naar binnen gaan, vooral in een vervoermiddel

in·stap·per *de (m)* [-s] schoen zonder veters

in sta·tu na·scen·di *bijw (‹Lat)* in staat van wording

in·steek *de (m)* [-steken] benadering, aanpak: ★ *omdat onze vorige benadering tot niets leidde, hebben we nu voor een andere ~ gekozen*

in·steek·ha·ven *de* [-s] ❶ kleine haven, dwars op een kanaal of rivier ❷ parkeerplaats, dwars op een rijweg gelegen

in·steek·kaart *de* [-en] comput kaart met elektronische schakelingen die achter in de computer in een zg. sleuf kan worden geplaatst teneinde de toepassingsmogelijkheden van de computer uit te breiden

in·steek·ka·mer *de* [-s] bovenkamer tussen twee verdiepingen in, opkamer

in·steek·mo·du·le *de (m)* [-s, -n] comput module om extra functies toe te voegen, plug-in

in·ste·ken *ww* [stak in, h. ingestoken] in iets steken, vooral de breinaald in een reeds gebreide lus steken

in·stel·len *ww* [stelde in, h. ingesteld] ❶ oprichten, stichten ❷ het initiatief nemen tot, beginnen met: ★ *een onderzoek ~; een vervolging ~* ★ NN *een toost / dronk ~* uitbrengen ❸ ‹machines, toestellen e.d.› gereedmaken om te kunnen werken

in·stel·ling *de (v)* [-en] ❶ het instellen ❷ wat ingesteld is; inrichting, stichting ❸ wijze waarop men tegenover iets staat, houding, attitude, mentaliteit: ★ *zij heeft de juiste ~ voor dit werk* ★ *een positieve ~ jegens iets hebben*

in·stel·pre·mie *de (v)* [-s] BN ‹bij openbare verkopingen› premie voor degene met het hoogste bod bij het **inmijnen**

in·stem·men *ww* [stemde in, h. ingestemd] ❶ meezingen met een aangeheven lied ❷ het eens zijn

in·stem·mend *bn* met instemming: ★ *~ knikken*

in·stem·ming *de (v)* het eens zijn met iem. of iets, goedkeuring: ★ *zijn ~ betuigen*

in·sti·ga·tie [-(t)sie] *(‹Fr‹Lat) de (v)* ❶ aansporing: ★ *op ~ van onze chef hebben we alles nog eens doorgenomen* ❷ aanhitsing, opruiing

in·sti·ge·ren *ww (‹Lat)* [instigeerde, h. geïnstigeerd] aansporen, opwekken

in·stinct *(‹Fr‹Lat) het* [-en] natuurdrift, ingeschapen aandrift

in·stinc·tief *(‹Fr) bn* uit instinct voortkomend, onwillekeurig, onbewust, onberedeneerd

in·stinct·ma·tig *bn* instinctief

in·stin·ker *de (m)* [-s] vraagstuk waarvan de ogenschijnlijk voor de hand liggende oplossing niet de juiste is

in·sti·tu·e·ren *ww (‹Fr‹Lat)* [institueerde, h. geïnstitueerd] instellen, stichten; oprichten

in·sti·tu·tie [-(t)sie] *(‹Fr‹Lat) de (v)* [-s] sociologie collectief gedragspatroon dat zich historisch heeft ontwikkeld, zoals sociale gebruiken en etiquette; ook dergelijke gedragspatronen van complexer aard (bijv. huwelijksvormen, democratie)

in·sti·tu·tio·na·li·se·ren *ww* [-(t)sjoonaaliezee-] [institutionaliseerde, h. geïnstitutionaliseerd] tot een institutie, iets formeel geordends maken; **institutionalisering** *de (v)* [-en]

in·sti·tu·tio·neel [-(t)sjoo-] *(‹Fr) bn* ❶ betrekking hebbend op de staatsinstellingen ❷ van de aard van, behorend tot een instelling ★ *institutionele belegger* instelling die over ruime geldmiddelen beschikt (spaarbank, verzekeringsmaatschappij, pensioenfonds) en deze belegt (in staatsfondsen, hypotheken enz.)

in·sti·tuut *(‹Fr‹Lat) het* [-tuten] instelling in verschillende opvattingen, genootschap; vooral instelling voor onderwijs; kostschool

in·stop·pen *ww* [stopte in, h. ingestopt] duwende in of tussen iets brengen; vooral onderdekken: ★ *warm ~*

in·stor·ten *ww* [stortte in, h. & is ingestort] ❶ storten in; fig ingeven, in de geest of het hart geven: ★ *moed ~* ❷ ineenvallen ❸ na kort herstel opnieuw ziek worden; **instorting** *de (v)* [-en]

in·stou·wen *ww* [stouwde in, h. ingestouwd] ‹lading› instuwen; schertsend gulzig naar binnen werken

in·stra·len *ww* [straalde in, h. ingestraald] op paranormale wijze iets of iemand met helende kosmische energie behandelen, een gave die sommige paranormaal begaafde mensen zeggen te bezitten

in·stroom *de (m)* het naar binnen stromen; vooral fig: ★ *de ~ van nieuwe leerlingen op een school*

in·struc·teur (‹Fr› de (m) [-s] leermeester, hij die onderricht in een vaardigheid, in het bedienen van toestellen

in·struc·tie [-sie] (‹Fr‹Lat) de (v) [-s] ❶ onderwijs; onderricht in een vaardigheid ❷ aanwijzing, voorschrift van een te volgen gedragslijn; dienstvoorschrift; richtsnoer ❸ recht vooronderzoek; voorbereiding van een rechtszaak: ★ *rechter van* ~ rechter-commissaris belast met het vooronderzoek in strafzaken

in·struc·tie·bad [-sie-] *het* [-baden] zwembad (of afdeling daarvan) om te leren zwemmen

in·struc·tief (‹Fr) bn leerzaam, leerrijk

in·struc·tri·ce de (v) [-s] leermeesteres, zij die onderricht in een vaardigheid, in het bedienen van toestellen

in·stru·e·ren ww (‹Lat) [instrueerde, h. geïnstrueerd] ❶ onderwijzen, onderrichten ❷ een voorschrift of een gedragslijn geven ❸ recht het vooronderzoek leiden van ★ *een proces* ~ een rechtszaak ter behandeling voorbereiden

in·stru·ment (‹Fr‹Lat) *het* [-en] ❶ min of meer samengesteld of verfijnd werktuig ❷ muz speeltuig

in·stru·men·taal (‹Fr) bn door middel van werktuigen verricht of uitgevoerd ★ *instrumentale muziek* muziek op muziekinstrumenten uitgevoerd (tegengest: → **vocaal** II)

in·stru·men·ta·lis (‹Lat) de (m) taalk naamval die het middel of werktuig aanduidt

in·stru·men·ta·list de (m) [-en] muz bespeler van een muziekinstrument; tegengest: → **vocalist**

in·stru·men·ta·ri·um (‹Lat) *het* [-ria] stel instrumenten dat vereist is voor de uitoefening van een bepaald vak of voor een onderzoek

in·stru·men·ta·tie [-(t)sie] (‹Fr) de (v) muz de wijze waarop de partijen van een orkestwerk over de verschillende instrumenten verdeeld zijn

in·stru·men·teel bn het karakter dragend van, dienend als instrument ★ *instrumentele muziek* instrumentale muziek, zie bij → **instrumentaal**

in·stru·men·ten·bord *het* [-en] plaat (in auto of vliegtuig) met wijzers e.d. om de werking van de machine te controleren of te regelen

in·stru·men·te·ren ww (‹Fr) [instrumenteerde, h. geïnstrumenteerd] muz voor bepaalde instrumenten of voor orkest zetten

in·stru·ment·ma·ker de (m) [-s] iem. die natuur- of geneeskundige instrumenten maakt

in·stu·de·ren ww [studeerde in, h. ingestudeerd] een muziek- of toneelstuk leren spelen

in·stuif de (m) [-stuiven] onvormelijke ontvangst; feest, gezellige avond waarop iedereen welkom is

in·stui·ven ww [stoof in, is ingestoven] binnenstuiven; haastig binnenkomen

in·stu·ren ww [stuurde in, h. ingestuurd] naar binnen sturen; inzenden

in·stu·wen ww [stuwde in, h. ingestuwd] ‹scheepslading› zo voordelig mogelijk over laadruimte verdelen

in·sub·or·di·na·tie [-(t)sie] (‹Lat) de (v) weerspannigheid, verzet tegen de verplichte gehoorzaamheid, vooral in militaire dienst

in·suf·fi·ciën·tie [-sjensie] (‹Lat) de (v) onvoldoendheid; onvermogen van een schuldenaar zijn schuldeisers te voldoen; med onvoldoende werking van een orgaan

in·su·lair [-lèr] (‹Fr‹Lat) bn van de aard van een eiland; eilanden betreffend; zoals men aantreft op eilanden, beperkt van blik

In·su·lin·de (‹Lat) *het* NN door Multatuli in zijn Max Havelaar (1860) gecreëerde poëtische bijnaam voor de Indische archipel, het voormalige Nederlands Oost-Indië: ★ *Willem den Derden, Koning, Groothertog, Prins...meer dan Prins, Groothertog en Koning...Keizer van 't prachtig rijk van ~ dat zich daar slingert om den evenaar, als een gordel van smaragd*

in·su·li·ne (‹Fr‹Lat) de een door de alvleesklier afgescheiden stof (hormoon) die het suikergehalte van het bloed verlaagt; middel tegen suikerziekte

in·sult (‹Eng) *het* [-en], **in·sul·ta·tie** [-(t)sie] (‹Lat) de (v) [-s] ❶ belediging, hoon ❷ med plotselinge aanval; toeval ★ *apoplectisch insult* beroerte

in·swing·er (‹Eng) de (m) [-s] voetbal bal die zo wordt geschoten dat hij zich via een boog rechtstreeks naar de doelmond begeeft, vooral uit een hoekschop

in·tact (‹Fr‹Lat) bn onaangeroerd, onverlet, ongeschonden, in zijn geheel zijnde

in·take [-teek] (‹Eng) de (m) [-s] het opnemen als patiënt of cliënt door een hulpverlenende instantie

in·take·ge·sprek [inteek-] (‹Eng) *het* [-ken] oriënterend gesprek dat gehouden wordt bij de inschrijving van aanstaande cliënten bij een psychotherapeutische instelling of een consultatiebureau, alvorens men als cliënt een behandeling ondergaat

in·ta·pen ww [-teepə(n)] [tapete in, h. ingetapet] sp kwetsbare lichaamsdelen met → **tape** (bet 1) omwinden (ter bescherming)

in·teelt de biol voortplanting van organismen door paring van verwante individuen; tevens de degeneratieverschijnselen die daardoor kunnen optreden

in·te·gen·deel bijw juist het omgekeerde van wat eerst gezegd was: ★ *ik voel me niet ziek, ik voel me ~ zeer goed!*

in·te·ger (‹Lat) bn onkreukbaar

in·te·graal (‹Fr‹Lat) **I** bn in zijn geheel, volledig, zonder weglating **II** de [-gralen] wisk de limiet van de som van een onbepaald aantal termen, waarvan elk onbepaald afneemt

in·te·graal·helm de (m) [-en] uit één stuk bestaande valhelm met kinbeschermer, o.a. gedragen door motorrijders en bromfietsers

in·te·graal·re·ke·ning de (v) leer van de berekening van integralen

in·te·gra·ted cir·cuit [intəɣreetəd sù(r)kət] (‹Eng) *het*

[-s] comput schijfje halfgeleidermateriaal (vooral silicium) waarop duizenden onderling verbonden schakelingen zijn aangebracht, chip
in·te·gra·tie [-(t)sie] (‹Eng‹Lat) de (v) [-s] ❶ het integreren of geïntegreerd-worden, het tot stand brengen van een eenheid ❷ het opnemen in een groter geheel, vooral van personen van een andere cultuur in een samenleving: ★ *de ~ van Turken in de Nederlandse samenleving* ❸ samenvoeging van bedrijven die elkaar in de bewerking van een product opvolgen ❹ samenwerking van staten om een economisch geheel te vormen: ★ *de Europese ~*
in·te·gre·ren (‹Lat) I *overg* [integreerde, h. geïntegreerd] ❶ de integraal berekenen van een functie of vergelijking ❷ volledig maken ★ *een integrerend deel* wezenlijk tot het geheel behorend, onmisbaar deel ❸ tot een geheel samenvoegen ❹ opnemen van personen van een andere cultuur in een samenleving: ★ BN *zich ~ integreren* II *onoverg* [integreerde, is geïntegreerd] zich laten opnemen in een andere cultuur: ★ *dit Turkse gezin was al helemaal geïntegreerd*
in·te·gri·teit (‹Fr‹Lat) de (v) ❶ ongeschonden toestand ❷ onschendbaarheid van het grondgebied van een staat ❸ onkreukbaarheid, onomkoopbaarheid
in·te·ke·naar de (m) [-s, -naren] iem. die intekent
in·te·ke·nen *ww* [tekende in, h. ingetekend] zijn naam zetten als verplichting tot betaling; een nog te verschijnen boekwerk vast bestellen
in·te·ke·ning de (v) [-en] het intekenen
in·te·ken·lijst de [-en] → **lijst** (bet 3) waarop men intekent
in·te·ken·prijs de (m) [-prijzen] boekhandel prijs bij intekening (die na de verschijning verhoogd wordt)
in·tel·lect (‹Fr‹Lat) het [-en] ❶ geheel van verstandelijke vermogens van een of van de mens ❷ persoon met betrekking tot zijn verstand ❸ het intellectuele deel van de natie
in·tel·lec·tu·a·lis·me het eenzijdige verstandelijkheid; leer dat alle kennis verstandelijk is; **intellectualist** *de (m)* [-en]
in·tel·lec·tu·a·lis·tisch *bn* eenzijdig de nadruk leggend op het verstandelijke
in·tel·lec·tu·eel (‹Fr‹Lat) I *bn* ❶ op het verstand betrekking hebbend, verstandelijk ❷ recht: ★ *de intellectuele dader* de aanstichter ★ *intellectuele eigendom* eigendom op grond van het auteursrecht II *de (m)* [-tuelen] verstandelijk ontwikkeld persoon die de maatschappij kritisch volgt en aan wiens oordeel een zeker gezag wordt toegekend
in·tel·li·gence serv·ice [intellidzjəns sù(r)vis] (‹Eng) de (v) geheime dienst, inlichtingendienst in Engeland
in·tel·li·gent (‹Fr‹Lat) *bn* verstandig, schrander, vlug van begrip of daarvan blijk gevend; intellect bezittend
in·tel·li·gent de·sign [intellidzjənt diesain] (‹Eng) het theorie die meent dat het universum zo complex in elkaar zit dat een intelligente ontwerper dit moet hebben geschapen
in·tel·li·gen·tie [-sie] (‹Lat) de (v) ❶ begaafdheid om nog niet gekende problemen door denken op te lossen ❷ verstandelijke begaafdheid, → **intellect** (bet 1) ❸ [*mv:* -s] spiritisme geest van een overledene
in·tel·li·gen·tie·quo·tiënt [-siekoosjent] het getal dat de verhouding aangeeft van de leeftijd die bij iemands intelligentie past tot zijn werkelijke leeftijd
in·tel·li·gen·tie·test [-sie-] de (m) [-s] onderzoek naar de intelligentie d.m.v. proeven
in·tel·li·gen·tsia (‹Russ) de (v) de intellectuelen
in·ten·dan·ce [-dāsə] (‹Fr) de (v) ❶ rentmeesterschap ❷ mil beheer over de betaling, verpleging en kleding van de troepen
in·ten·dant (‹Fr) de (m) [-en] ❶ hoofd van het huishoudelijk beheer, o.a. van een paleis of schouwburg ❷ mil officier belast met de zorg voor de verpleging van de troepen
in·tens (‹Fr‹Lat) *bn* zeer krachtig, sterk, hevig; de genoemde hoedanigheid in hoge graad bezittend
in·ten·sief (‹Fr) *bn* innerlijk krachtig, sterk, levendig ★ *intensieve cultuur* exploitatie van grond, waarbij naar een zo hoog mogelijke opbrengst gestreefd wordt
in·ten·si·teit (‹Fr) de (v) ❶ mate van kracht of hevigheid; nat grootte van de magnetische kracht in een zeker punt ❷ het intens-zijn, hevigheid
in·ten·sive care [-siv kè(r)] (‹Eng) de intensieve verzorging; gebruikt met betrekking tot patiënten die constante bewaking behoeven
in·ten·si·ve·ren *ww* [intensiveerde, h. & is geïntensiveerd] ❶ meer intens maken, versterken, verstevigen ❷ meer intens worden; **intensivering** *de (v)*
in·ten·tie [-sie] (‹Fr) de (v) [-s] ❶ oogmerk, bedoeling; RK bijzondere bedoeling van een gebed of een mis ❷ het gericht-zijn
in·ten·tie·ver·kla·ring [-sie-] de (v) [-en] verklaring waarin men zijn bedoeling(en) te kennen geeft
in·ter (‹Lat) I *vz* tussen, onder, gedurende II *als eerste lid in samenstellingen* tussen-, onderling
in·ter·ac·tie [-sie] (‹Fr) de (v) [-s] wisselwerking, wederzijdse beïnvloeding van personen, stromingen e.d.
in·ter·ac·tief (‹Lat) *bn* ❶ elkaar wederzijds beïnvloedend ❷ comput zodanig dat de gebruiker d.m.v. vraag en antwoord met de computer kan communiceren: ★ *een ~ computerprogramma, medium*
in·ter·bel·lair [-lèr] (‹Lat) *bn* tussen twee oorlogen, vooral de twee wereldoorlogen
in·ter·bel·lum (‹Lat) het [*mv* ongebr] periode tussen twee oorlogen, vooral de twee wereldoorlogen
in·ter·ce·dent de (m) [-en] NN bemiddelaar; vooral iem. die bij een uitzendbureau contacten onderhoudt met opdrachtgevers en werkkrachten werft
in·ter·cep·tie [-sie] (‹Fr‹Lat) de (v) [-s] onderschepping,

opvanging (bijv. van lichtstralen, van geluid, van een brief enz.)
in·ter·cep·tor *de (m)* [-s] wie of wat onderschept; luchtv stromingsverstoorder, plaat tot verstoren van de stroming om een vleugel; jachtvliegtuig met opdracht om naderende bommenwerpers te onderscheppen; radartoestel om naderende vliegtuigen op grote afstand waar te nemen
in·ter·ci·ty [-sittie] *(‹Eng) de (m)* ['s], **in·ter·ci·ty·trein** [-en] door de Nederlandse Spoorwegen gebruikte benaming voor sneltreinen die doorgaande verbindingen tussen belangrijke plaatsen verzorgen
in·ter·com *de (m)* [-s] handelsnaam voor een eenvoudig systeem van huistelefoons met luidsprekers
in·ter·com·mu·naal *(‹Fr) bn* BN tussen gemeenten onderling (plaatshebbend)
in·ter·com·mu·na·le *(‹Fr) de (v)* [-s] BN ❶ bedrijf dat de openbare voorzieningen beheert voor verschillende gemeenten, onder toezicht van de gemeentebesturen ❷ commissie belast met het toezicht op verschillende openbare voorzieningen
in·ter·con·fes·si·o·neel [-sjoo-] *bn* betrekking hebbend op (de verhouding tussen) verschillende geloofsbelijdenissen
in·ter·con·ti·nen·taal *(‹Fr) bn* verschillende vastelanden verbindend of bestrijkend: ★ ~ verkeer ★ *intercontinentale raketten*
in·ter·cul·tu·reel *bn* betreffende (de verhouding tussen) verschillende culturen: ★ ~ *onderwijs*
in·ter·de·par·te·men·taal *(‹Fr) bn* betrekking hebbend op, plaatsvindend tussen departementen onderling
in·ter·de·pen·den·tie [-sie] *(‹Fr) de (v)* onderlinge afhankelijkheid of samenhang
in·ter·dict *(‹Lat) het* [-en] ❶ (rechterlijk) verbod ❷ RK schorsing van de kerkelijke bedieningen, als straf aan een gemeente, een land of een corporatie opgelegd
in·ter·dic·tie [-sie] *(‹Lat) de (v)* [-s] verbod
in·ter·dis·ci·pli·nair [-nèr] *bn* betrekking hebbend op enige wetenschapsgebieden gezamenlijk of onderling
in·te·ren *ww* [teerde in, h. & is ingeteerd] NN ❶ door te groot verbruik kleiner maken: ★ *we teren in op onze voorraden* ❷ minder worden, achteruitgaan: ★ *zijn vermogen teert in*
in·te·res·sant *(‹Fr) bn* ❶ belangwekkend ❷ financieel aantrekkelijk
in·te·res·se *(‹Fr‹Lat) de (v)* ❶ belang, belangstelling: ★ ~ *voor iets hebben* ❷ lust om te kopen; ~ hebben voor een auto [*mv:* -s] voorwerp van belangstelling: ★ *zijn interesses waren vooral sport en muziek*
in·te·res·se·ren *(‹Fr)* I *ww* [interesseerde, h. geïnteresseerd] belangstelling wekken bij iem.: ★ *dat onderwerp interesseert hem heel erg* II *wederk* ❶ belangstelling hebben voor ★ *zich voor iemand* ~ belangstellen in zijn lot, zijn belangen voorstaan en

bevorderen ❷ bij iets betrekken ; zie ook bij → **geïnteresseerd**
in·te·res·se·sfeer *de* kring, gebied van belang of belangstelling
in·te·rest, **in·trest** *(‹Lat) de (m)* [-en] BN, spreektaal percentagewijze vergoeding, rente
in·te·rest·voet, **in·trest·voet** *de (m)* [-en] BN, spreektaal rentevoet
in·ter·face [intə(r)fees] *(‹Eng) de (m)* [-s] comput ❶ dat deel van de software dat voor de gebruiker zichtbaar is op het beeldscherm en dat hem in staat stelt om een programma te bedienen ❷ verbindingsschakel tussen een pc en randapparatuur of centrale verwerkingseenheid
in·ter·fa·cul·teit *de (v)* [-en] secundaire studierichting gevormd uit disciplines van verschillende zelfstandige faculteiten
in·ter·fe·ren·tie [-sie] *(‹Fr) de (v)* [-s] ❶ inmenging, tussenkomst ❷ nat wederzijdse werking op elkaar van gelijktijdig optredende bewegingen, vooral van trillingen of golfbewegingen die elkaar belemmeren of versterken ❸ taalk de fouten veroorzakende invloed van de ene taal op de andere ❹ comput verstoring van de gegevenstransmissie tussen twee computersystemen, waardoor informatie wordt verminkt: ★ *ruis op de telefoonlijn heeft* ~ *tot gevolg*
in·ter·fe·re·ren *ww (‹Fr)* [interfereerde, h. geïnterfereerd] ❶ tussenbeide komen ❷ samentreffen en op elkaar inwerken; *vgl:* → **interferentie** (bet 2)
in·ter·fe·ron *de (m)* med eiwitsubstantie geproduceerd door met virus geïnfecteerde cellen welke in staat is infectie met een ander virus te voorkomen
in·ter·gou·ver·ne·men·teel [-goe-] *bn* tussen verschillende regeringen onderling
in·te·ri·eur *(‹Fr‹Lat) het* [-s] het inwendige van een gebouw, een huis, een vertrek, vooral met betrekking tot de aankleding
in·te·ri·eur·ver·zor·ger *de (v)*, **in·te·ri·eur·ver·zorg·ster** *de (v)* [-s] NN, euf hulp bij het schoonmaken van het huis
in·te·rim *(‹Lat)* I *het* tussentijd; tijd dat een ambt onbezet is; *vgl:* → **ad interim** II *de (m)* [-s] BN tussentijds ambt; tijdelijke betrekking, vooral vervanging (in het onderwijs) III *de* [-s] BN tijdelijke (werk)kracht; vooral in het onderwijs, vervanger
in·te·ri·mair [-mèr] *(‹Fr) bn* voorlopig, tijdelijk waarnemend
in·te·ri·ma·ris *de (m)* [-sen] BN ook iemand die in dienst is van een uitzendbureau, uitzendkracht; waarnemer, vervanger; vooral in het onderwijs: tijdelijke leerkracht
in·te·rim·be·stuur *het* [-sturen] tijdelijk bestuur
in·te·rim·di·vi·dend *het* [-en] voorlopig dividend; *vgl:* → **slotdividend**
in·te·rim·kan·toor *het* [-kantoren] BN ook

uitzendbureau
in·te·rim-ma·na·ger [-mennidzjər] *de (m)* [-s] manager die tijdelijk bij een bedrijf of organisatie wordt aangesteld om orde op zaken te stellen
in·ter·jec·tie [-sie] *(‹Lat› de (v)* [-s] taalk tussenwerpsel; uitroep
in·ter·ker·ke·lijk *bn* tussen verschillende kerken of kerkgenootschappen onderling
in·ter·land *de (m)* [-s] interlandwedstrijd
in·ter·land·wed·strijd *de (m)* [-en] sportwedstrijd tussen vertegenwoordigende groepen spelers uit twee landen
in·ter·li·ne·air [-nee(j)èr] *(‹Fr‹Lat› bn* tussen de regels aangebracht, geschreven of gedrukt
in·ter·li·nie *de (v)* [-s] ruimte tussen twee regels
in·ter·li·ni·ë·ring *de (v)* comput techniek om een hogere resolutie van het beeld op het beeldscherm te verkrijgen, nl. door de beeldlijnen om en om te verversen
in·ter·lock *(‹Eng› de (m) & het* dunne rekbare stof voor ondergoed
in·ter·lo·kaal *bn* tussen verschillende gemeenten plaatshebbend: ★ ~ *telefoonverkeer*
in·ter·lu·di·um *(‹Lat› het* [-dia, -s] muz tussenspel
in·ter·me·di·air [-die(j)èr] *(‹Fr› I bn* ❶ tussenliggend, midden-, tussen ★ ~ *vector boson* hypothetisch elementair deeltje dat een rol speelt bij de zwakke kracht ❷ ★ handel *intermediaire markt* plaatselijke markt **II** *het* bemiddeling, tussenkomst **III** *de* [-s] tussenpersoon
in·ter·me·di·um *(‹Lat› het* [-dia] ❶ tijd tussen twee vervaldagen of termijnen ❷ persoon of zaak die de verbinding van andere personen of zaken teweegbrengt
in·ter·men·se·lijk *bn* tussen mensen onderling
in·ter·mez·zo [-metsoo] *(‹It› het* [-zi, 's] ‹in een toneel- of muziekvoorstelling› tussenspel; tussenvoorstelling; fig tussenbedrijf, incident
in·ter·mit·te·rend *bn* met tussenpozen verschijnend of werkend
in·tern *(‹Fr‹Lat› I bn* ❶ binnen het lichaam, inwendig, de inwendige organen betreffend: ★ *interne geneeskunde* ★ ~ *geheugen* comput geheugen dat zich in de computer bevindt ❷ binnen een staat of organisatie (voor)vallend: ★ *inmenging in de interne aangelegenheden van een land* ❸ inwonend **II** *de* [-en] inwonend leerling, geneesheer enz.
in·ter·naat *het* [-naten] kostschool; inrichting waar de leerlingen, studenten of werkers ook wonen
in·ter·na·li·se·ren *ww* [-zee-] [internaliseerde, h. geïnternaliseerd] zich eigen maken, tot zijn geestelijk eigendom maken
in·ter·na·tio·naal [-(t)sjoo-] *(‹Lat› bn* ❶ tussen verschillende naties (staten) bestaande, plaatshebbende, geldende enz. ❷ waaraan door alle of verschillende naties wordt deelgenomen: ★ *een internationale filmwedstrijd; in vele namen van organisaties, zoals bijv. het* ★ *Internationaal Monetair Fonds* zie → **IMF**
in·ter·na·tion·al [intə(r)nesjənəl] *(‹Eng› de (m)* [-s] ❶ aandeel in naamloze vennootschappen met kapitaal uit verschillende landen ❷ sp speler in internationale wedstrijden
In·ter·na·tio·na·le [-(t)sjoo-] *de* ❶ bond van arbeiders uit verschillende landen, met het doel lotsverbetering te verkrijgen, waarvan de eerste in 1864 werd gesticht; zie ook bij → **Komintern** ❷ strijdlied van de onder 1 genoemde bond
in·ter·na·tio·na·li·se·ren *ww* [-(t)sjoonaaliezeerə(n)] [internationaliseerde, h. geïnternationaliseerd] internationaal maken
in·ter·na·tio·na·lis·me [-(t)sjoo-] *het* streven naar samenwerking tussen de volken en opheffing van de nationale tegenstellingen
in·ter·ne·ren *ww (‹Fr›* [interneerde, h. geïnterneerd] een bepaalde verblijfplaats aanwijzen, vooral aan militairen die in oorlogstijd op gebied van niet-oorlogvoerenden komen, en aan burgers die geacht worden de staatsveiligheid in gevaar te brengen; **internering** *de (v)* [-en]
in·ter·ne·rings·kamp *het* [-en] kamp waar geïnterneerden verblijf moeten houden
in·ter·net *het (‹Eng›* wereldwijd communicatienetwerk van computers waarop men allerlei informatie, al dan niet tegen betaling, kan aanbieden en raadplegen
in·ter·net·adres *het* [-sen] adres van een internetsite
in·ter·net·ban·kie·ren *ww & het* bankzaken regelen via internet
in·ter·net·fo·rum *het* [-fora, -s] internetsite waar men over een bepaald onderwerp kan discussiëren of informatie uitwisselen
in·ter·net·pa·gi·na *de* ['s] webpagina
in·ter·net·pro·vi·der [-proovaidər] *(‹Eng› de* [-s] bedrijf dat klanten via telefoon en modem toegang verschaft tot internet en daarbij service verleent
in·ter·net·ser·ver [-sùrvər] *(‹Eng› de* [-s] webserver
in·ter·net·site [-sait] *de (m)* [-s] website
in·ter·net·ten *ww* [internette, h. geïnternet] via het internet informatie zoeken, chatten e.d.
in·ter·nist *de (m)* [-en] geneesheer voor inwendige ziekten
in·ter·nun·ti·us [-sie-] *(‹Lat› de (m)* [-sen, -tii] gezant van de paus bij kleine staten
in·ter·pel·lant *de (m)* [-en] hij die interpelleert, die een interpellatie houdt
in·ter·pel·la·tie [-(t)sie] *(‹Fr‹Lat› de (v)* [-s] vraag om opheldering aan een minister of de regering
in·ter·pel·le·ren *ww (‹Fr‹Lat›* [interpelleerde, h. geïnterpelleerd] iem. aanspreken om opheldering of inlichting te vragen, vooral de regering door een lid van het parlement
In·ter·pol *(‹Fr› afk* Organisation Internationale de Police Criminelle [Internationale Politieorganisatie]
in·ter·po·la·tie [-(t)sie] *(‹Fr‹Lat› de (v)* [-s] het tussenvoegen; inlassing van woorden of zinnen in

interpoleren-intolerantie

een handschrift, resp. het ingelaste; inschuiving van een of meer termen in een getallenreeks

in·ter·po·le·ren ww (‹Fr‹Lat) [interpoleerde, h. geïnterpoleerd] inlassen, inschuiven, tussenvoegen

in·ter·po·li·tie·zo·ne [-(t)siezònə] de (v) [-s] BN, hist gebied waar politie en Rijkswacht samenwerkten (in aanloop naar de politiehervorming in 2001), IPZ

in·ter·pre·ta·tie [-(t)sie] (‹Fr‹Lat) de (v) [-s, -tiën] uitlegging, verklaring; vertolking

in·ter·pre·te·ren ww (‹Fr‹Lat) [interpreteerde, h. geïnterpreteerd] uitleggen, verklaren; vertolken, weergeven

in·ter·punc·tie [-sie] (‹Lat) de (v) ❶ plaatsing van de leestekens ❷ leer van de plaatsing van de leestekens ❸ de gezamenlijke leestekens

in·ter·reg·num (‹Lat) het [-s en -regna] tussenregering; periode tussen de dood of afzetting van een heerser en het optreden van een volgende, vooral hist van 1254 tot 1273 durende periode tijdens welke er in het Heilige Roomse Rijk van de Duitse Natie geen keizer was die effectieve macht kon uitoefenen

in·ter·ro·ga·tief (‹Fr‹Lat) I bn vragend, ondervragend; vraagsgewijze II het [-tieven] taalk vragend voornaamwoord

in·ter·rum·pe·ren (‹Lat) ww [interrumpeerde, h. geïnterrumpeerd] NN in de rede vallen; onderbreken

in·ter·rup·tie [-sie] (‹Lat) de (v) [-s] ❶ onderbreking ❷ onderbrekende opmerking of uitroep

in·ter·rup·tie·mi·cro·foon [-sie-] de (m) [-s] NN microfoon in een vergaderzaal, gebruikt om een spreker te interrumperen

in·ter·rup·tor (‹Lat) de (m) [-toren, -s] onderbreker, vooral stroomverbreker

in·ter·stel·lair [-lèr] (‹Fr) bn zich tussen de sterren(stelsels) bevindend

in·ter·uni·ver·si·tair [-tèr] bn tussen universiteiten onderling

in·ter·val, in·ter·val (‹Fr‹Lat) het [-len] ❶ tussenruimte; tussentijd ❷ muz toonafstand

in·ter·val·trai·ning, in·ter·val·trai·ning [-tree-] de (v) [-en] training bestaande uit korte, explosieve lichaamsoefeningen, afgewisseld met ontspanningsoefeningen

in·ter·ve·ni·ë·ren ww [-njee-] (‹Lat) [intervenieerde, h. geïntervenieerd] tussenbeide komen

in·ter·ven·tie [-sie] (‹Lat) de (v) [-s] ❶ tussenkomst ❷ recht tussenkomst of voeging in een burgerlijk geding ❸ inmenging van een staat of staten in aangelegenheden van een andere staat of andere staten ❹ econ de aan- of verkoop van deviezen door de centrale bank op de valutamarkt

in·ter·ven·tie·koers [-sie-] de (m) [-en] econ koers waarbij de centrale bank van een land zich genoodzaakt voelt → **interventie** (bet 4) toe te passen

in·ter·view [-vjoe] (‹Eng) het [-s] vraaggesprek; ondervraging van een voor de publiciteit belangrijke persoonlijkheid door een vertegenwoordiger van de pers, resp. radio of televisie; sociale wetenschappen onderzoek door middel van het mondeling stellen van vragen aan personen

in·ter·vie·wen ww [-vjoewə(n)] (‹Eng) [interviewde, h. geïnterviewd] een vraaggesprek houden met

in·ter·vie·wer [-vjoewər] (‹Eng) de (m) [-s] iem. die interviewt

in·ter·vi·sie [-zie] (‹Eng‹Lat) de (v) het wederzijds en gelijkwaardig meedenken van collega's over knelpunten in elkaars werksituatie om elkaars deskundigheid te stimuleren

in·tes·taat (‹Lat) de (m) [-taten] iem. die zonder testament te maken gestorven is ★ ~ erfgenaam iem. die geen testament nodig heeft om erfgenaam te zijn

in the middle of no·where bijw [in thə (Engelse th) midl ov noowè(r)] (‹Eng) eig in het midden van nergens; in een zeer geïsoleerd of afgelegen gebied

in·tiem (‹Fr‹Lat) bn ❶ diep in iemands binnenste gelegen ❷ vertrouwelijk; onder vertrouwde personen; huiselijk; innig ★ intieme hygiëne hygiëne t.a.v. de geslachtsdelen ★ een intieme relatie zeer vertrouwelijke relatie, veelal met seksueel verkeer

in·tiem·spray [-spree] de (m) [-s] NN in reclametaal benaming voor een spuitmiddel voor hygiëne van de uitwendige geslachtsdelen van vrouwen

in·ti·fa·da (‹Arab) de (m) ['s] opstand, vooral die van de Palestijnse jongeren in de door Israël bezette gebieden, begonnen in 1987 en weer opgelaaid in 2000

in·tijds bijw op tijd

in·ti·mi·da·tie [-(t)sie] (‹Fr) de (v) [-s] vreesaanjaging, ontmoediging

in·ti·mi·de·ren ww (‹Fr) [intimideerde, h. geïntimideerd] bevreesd maken, vrees aanjagen, overdonderen

in·ti·mi·teit (‹Fr) de (v) [-en] ❶ vertrouwelijkheid, innigheid ❷ vertrouwelijke mededeling of handeling ❸ vertrouwde sfeer, huiselijkheid ★ ongewenste ~en handelingen van seksuele aard die niet gewenst worden door degenen die deze ondergaan

in·ti·mus (‹Lat) de (m) [-mi] boezemvriend, vertrouweling

in·tocht de (m) [-en] het op feestelijke wijze of met veel vertoon binnenkomen of -trekken van vorstelijke personen, legers e.d.

in·to·le·ra·bel (‹Lat) bn onverdraaglijk, onuitstaanbaar

in·to·le·rant (‹Lat) bn ❶ onverdraagzaam jegens andersdenkenden of minderheden ❷ med een verminderde weerstand hebbend tegen bepaalde stoffen

in·to·le·ran·tie [-sie] (‹Lat) de (v) ❶ onverdraagzaamheid jegens andersdenkenden of minderheden ❷ med verminderde weerstand tegen

bepaalde stoffen
in·to·men *ww* [toomde in, h. ingetoomd] beperken, bedwingen
in·to·na·tie [-(t)sie] *(‹Lat› de (v)* [-s] ❶ inzet op een bepaalde toon en wisseling van de toon bij het spreken, stembuiging ❷ beginwoorden van de priester, voorzanger of het koor bij het gregoriaanse gezang ❸ muz kort orgelvoorspel ❹ het nastemmen van orgelpijpen
in·to·ne·ren *ww (‹Lat›* [intoneerde, h. geïntoneerd] ❶ beginnen te zingen of te spreken; de toon aangeven ❷ zekere stembuiging aannemen in het spreken ❸ ‹een orgel› stemmen
in·toxi·ca·tie [-(t)sie] *(‹Fr‹Lat› de (v)* ❶ vergiftiging ❷ bedwelming; zinsbetovering
intr. *afk* intransitief
in·tra·mu·raal *bn* binnen het (bedoelde of genoemde) instituut (enz.) plaatsvindend, gelokaliseerd; intern
in·tra·mus·cu·lair [-lèr] *(‹Fr) bn* med in de spier geschiedend
in·tra·net *(‹Eng-Am) het* [-ten] comput intern bedrijfsnetwerk op basis van communicatieprotocollen en afgeschermd door een firewall
in·tran·si·tief *(‹Fr‹Lat)* taalk **I** *bn* onovergankelijk **II** *het* [-tieven] onovergankelijk werkwoord
in·trap·pen *ww* [trapte in, h. ingetrapt] door trappen stukmaken: ★ *de deur ~* ★ *open deuren ~* zie bij → **deur**
in·tra·ve·neus *(‹Fr) bn* in de ader (geschiedend)
in·tre·de, in·tree *de* plechtige inkomst; begin
in·tre·den *ww* [trad in, is ingetreden] ❶ binnengaan ❷ lid van een kloosterorde worden ❸ beginnen: ★ *plotseling trad de dooi in*
in·tree·re·de *de* [-s] NN rede van een hoogleraar of predikant bij de aanvaarding van zijn ambt
in·trek *de (m)* verblijf: ★ *zijn ~ nemen*
in·trek·baar *bn* ingetrokken kunnende worden: ★ *~ landingsgestel*
in·trek·ken *ww* [trok in, h. ingetrokken] ❶ naar zich toe halen ❷ binnengaan ❸ gaan (be)wonen ❹ als niet meer geldig verklaren
in·trek·king *de (v)* [-en] het → **intrekken** (bet 4), terugneming, ongeldigverklaring
in·trest *de (m)* [-en] → **interest**
in·trest·voet *de (m)* [-en] → **interestvoet**
in·tri·gant *(‹Fr)* **I** *bn* kuipend, graag konkelend **II** *de (m)* [-en] konkelaar, vriend van kuiperijen, arglistige kuiper, indringer
in·tri·gan·te *de (v)* [-n; *ook* -s] konkelaarster
in·tri·ge [-gə, -zjə] *(‹Fr) de* [-s] ❶ verwikkeling van een roman of toneelstuk ❷ kuiperij, konkelarij
in·tri·ge·ren *ww (‹Fr)* [intrigeerde, h. geïntrigeerd] ❶ met slinkse streken naar zijn doel streven, kuipen, konkelen ❷ begeerte opwekken om te kennen, te begrijpen: ★ *dat intrigeert mij*
in·trin·siek *(‹Lat) bn* innerlijk, tot het wezen van iets behorende ★ *intrinsieke waarde* a) ‹van munten›

waarde volgens het metaalgehalte; b) ‹van een bedrijf› waarde die wordt afgeleid uit die van de afzonderlijke activa en passiva
in·tro I *de (m)* ['s] ❶ (verkorting van → **introductie**) inleiding, opening ❷ (ook **II** *het* (kort) instrumentaal gedeelte van een stuk (pop)muziek vóór de zang
in·tro·du·cé *(‹quasi-Fr) de (m)* [-s], **in·tro·du·cee** *de (v)* [-s] vooral NN iemand die wordt geïntroduceerd; vooral iem. aan wie voor een keer toegang wordt verleend tot een besloten gemeenschap onder begeleiding van een lid van die gemeenschap: ★ *de scholieren mogen per persoon één ~ meenemen naar het schoolfeest*
in·tro·du·ce·ren *ww (‹Lat)* [introduceerde, h. geïntroduceerd] ❶ inleiden, tijdelijk toegang verschaffen, in kennis brengen ❷ op de markt brengen
in·tro·duc·tie [-sie] *(‹Fr‹Lat) de (v)* [-s] ❶ binnenleiding; bemiddeling om iem. toegang te verschaffen tot een kring ★ *~ van effecten* openbare aanbieding als inleiding voor het verkrijgen van beursnotering ❷ middel waardoor men iem. bij anderen toegang verschaft, introductiebewijs ❸ muz inleiding
in·troe·ven *ww* [troefde in, h. ingetroefd] kaartsp het bijspelen van een troefkaart als men niet kan bekennen
in·tro·ï·tus *(‹Lat) de (m) & het* [*mv* idem] inleidende zang (psalm) van de mis bij de binnenkomst van de priester
in·tro·spec·tie [-sie] *(‹Fr) de (v)* ❶ inwendige aanschouwing, innerlijke zelfwaarneming ❷ med inwendig onderzoek
in·tro·spec·tief *bn* van de aard van introspectie; op de weg van de innerlijke aanschouwing
in·trou·wen *ww* [trouwde in, is ingetrouwd] door een huwelijk ergens inkomen, bijv. in een familie, een firma
in·tro·ver·sie *(‹Lat) de (v)* inwaartskering, binnenwaartskering, het introvert-zijn
in·tro·vert *(‹Lat) bn* naar binnen gekeerd, zijn gemoedsbewegingen in zich opsluitend
in·tui·nen *ww* [tuinde in, is ingetuind] inf: ★ *er ~ (ook: erin tuinen)* er → **inlopen** (bet 3)
in·tu·ï·tie [-(t)sie] *(‹Fr‹Lat) de (v)* [-s] het vermogen iets te ontdekken of een probleem op te lossen zonder 'stap-voor-stapredenering'; ingeving
in·tu·ï·tief *(‹Fr) bn* ❶ innerlijk aanschouwend; gegrond op intuïtie ❷ volgens intuïtie
in·tus·sen *bijw* ❶ tijdens een genoemde handeling of periode: ★ *als jij naar de slager gaat, ga ik ~ brood kopen* ❷ ondanks dat, nochtans, toch: ★ *hij zei wel dat hij alles lustte, maar ~ liet hij de helft staan*
Inu·it [ienoe(w)iet] *(‹Eskimotaal)* het volk, *enkelvoud:* Inuk) *mv* naam waarmee de Eskimo's zichzelf aanduiden
in·un·da·tie [-(t)sie] *(‹Lat) de (v)* [-s, -tiën] ❶ het onderwaterzetten van lage landen als middel tot verdediging ❷ onder water gezet terrein ❸ water

waarmee men inundeert
in·un·de·ren *ww (‹Lat)* [inundeerde, h. & is geïnundeerd] ❶ onder water zetten ❷ overstroomd worden
in·vaart *de* ❶ het binnenvaren ❷ [*mv:* -en] ingang, toegang voor schepen: ★ *een nauwe* ~
in·val *de (m)* [-len] ❶ het binnenvallen ★ *de zoete* ~ een huis waar iedereen welkom is ❷ invallende gedachte
in·va·li·de *(‹Fr‹Lat)* **I** *bn* ❶ door ongeval of ziekte niet meer in staat te werken, gebrekkig ❷ ongeldig **II** *de* [-n] iem. die invalide is, gebrekkige, verminkte
in·va·li·den·wa·gen *de (m)* [-s] wagen voor een invalide
in·va·li·di·teit *(‹Fr) de (v)* ❶ lichamelijke gebrekkigheid ❷ ongeldigheid
in·va·li·di·teits·ren·te de vroeger pensioen uitgekeerd aan invalide werknemers volgens de invaliditeitswet
in·va·li·di·teits·wet *de* inmiddels afgeschafte wet van 1913, die de ouderdoms- en invaliditeitsverzekering van werknemers regelde
in·val·len *ww* [viel in, is ingevallen] ❶ instorten ❷ naar binnen vallen ❸ mager worden ❹ te binnen schieten ❺ beginnen: ★ *de dooi is ingevallen* ❻ ‹van een stem of muziekinstrument› later inzetten ❼ tijdelijk vervangen
in·val·ler *de (m)* [-s] ❶ iem. die een afwezige persoon tijdelijk vervangt ❷ iem. die (als vijand) binnenvalt
in·vals·hoek *de (m)* [-en] hoek die een invallende lichtstraal maakt met de loodlijn op het punt van inval; fig gezichtspunt, (wijze van) aanpak
in·vals·weg *de (m)* [-wegen] ❶ weg die een (vijandelijke) invaller volgt ❷ weg waarlangs men een stad binnenrijdt
in·va·ri·a·bel *(‹Fr) bn* onveranderlijk
in·va·sie [-zie] *(‹Lat) de (v)* [-s] ❶ vijandelijke inval, in het bijzonder die van de Geallieerden in West-Frankrijk, juni 1944 ❷ strooptocht ❸ med (van ziektekiemen) indringing ❹ massale tijdelijke grote toestroming, bijv. van trekvogels of van toeristen
in·vec·tief *het* [-tieven] scheldwoord
in·ven·ta·ris *(‹Fr‹Lat) de (m)* [-sen] ❶ lijst van in een huis, vaartuig enz. aanwezige voorwerpen, boedelbeschrijving; lijst van stukken ❷ het geheel van de ergens aanwezige goederen, meubelen enz.
in·ven·ta·ri·sa·tie [-zaa(t)sie] *de (v)* [-s] het inventaris-maken, het op de inventaris brengen, boedelbeschrijving
in·ven·ta·ri·se·ren *ww* [-zeerə(n)] [inventariseerde, h. geïnventariseerd] de inventaris opmaken, de boedel beschrijven, ook gebruikt voor abstracte zaken
in·ven·tief *(‹Fr) bn* vindingrijk
in·ven·ti·vi·teit *de (v)* vindingrijkheid
in·ver·den·king·stel·ling *de (v)* [-en] BN, jur verklaring aan een verdachte over een vermoeden van schuld
in·ver·dien·ef·fect *het* NN gunstig effect van bep. overheidsmaatregelen waarvan de kosten worden terugverdiend doordat er als gevolg van deze maatregelen elders besparingen in de overheidsuitgaven optreden

in·ver·sie *(‹Lat) de (v)* [-s] ❶ omkering van de gewone orde ❷ taalk woordvolgorde waarbij het onderwerp achter het gezegde komt; med omstulping ❸ psych vero het aannemen van het gedrag van de andere kunne ❹ chem verandering van de draaiingsrichting van licht in optisch actieve verbindingen; verandering van rietsuiker in een mengsel van druiven- en vruchtensuiker ❺ meteor het ontstaan van een gelaagdheid in de atmosfeer waarbij de temperatuur met toenemende hoogte toeneemt (en niet afneemt, zoals normaal is)
in·ver·te·ren *ww (‹Lat)* [inverteerde, h. geïnverteerd] omkeren, van plaats doen wisselen
in·ver·ze·ke·ring·stel·ling *de (v)* NN het opsluiten van een verdachte met het doel hem ter beschikking van de justitie te houden
in·ves·teer·der *de (m)* [-s] persoon of instelling die investeert
in·ves·te·ren *ww* [investeerde, h. geïnvesteerd] *(‹Eng‹Lat)* beleggen met een productieve bestemming, aanwenden voor de voortbrenging van kapitaalgoederen *(‹Fr Lat)* aanstellen in een ambt, inhuldigen
in·ves·te·ring *de (v)* [-en] het → investeren (bet 1); wat geïnvesteerd wordt
in·ves·te·rings·pre·mie *de (v)* [-s] premie op investering in bedrijfsmiddelen, WIR-premie
in·ves·ti·tuur *(‹Fr‹Lat) de (v)* [-turen] plechtige bekleding met ambtsgezag, met een waardigheid; hist het overdragen van een kerkelijk ambt onder het verrichten van bepaalde symbolische handelingen, vooral bij de benoeming van bisschoppen en abten
in·vest·ment·trust *(‹Eng) de (m)* [-s] beleggingsinstelling
in·vet·ten *ww* [vette in, h. ingevet] in het vet zetten: ★ *schaatsen* ~
in·vi·ta·tie [-(t)sie] *(‹Fr‹Lat) de (v)* [-s] uitnodiging; uitnodigingskaart
in·vi·ta·tie·toer·nooi, in·vi·ta·tie·tor·nooi [-(t)sie-] *het* [-en] sp toernooi waaraan alleen door de organisator uitgenodigde spelers kunnen deelnemen
in·vite [in-, èviet] *(‹Fr) de (v)* [-s] kaartsp kaart die men speelt om zijn maat in een bepaalde kleur te laten uitkomen of naspelen
in·vi·té [èvietee, invietee] *(‹Fr) de (m),* **in·vi·tee** *de (v)* [-s] plechtig uitgenodigde
in·vi·te·ren *ww (‹Fr‹Lat)* [inviteerde, h. geïnviteerd] ❶ uitnodigen, te gast vragen ❷ een invite doen; schermen een stoot uitlokken
in ·vi·tro *(‹Lat) bn* in glas, d.w.z. in het reageerbuisje, niet in het levende organisme
in-vi·tro·fer·ti·li·sa·tie [-zaa(t)sie] *(‹Lat) de (v)* terugplaatsing van enkele, in een reageerbuis

bevruchte, eicellen in de baarmoeder, waar zij verder tot ontwikkeling komen

in·vlech·ten ww [vlocht in, h. ingevlochten] vlechten in, fig invoegen, tussenvoegen (in een gesprek, geschrift, verhaal enz.)

in·vlie·gen ww [vloog in, is & h. ingevlogen] ❶ naar binnen vliegen ❷ verwoed afgaan op ❸ ★ er ~ zie bij: vliegen ★ BN, spreektaal er eens ~ er eens flink tegenaan gaan ❹ per vliegtuig aanvoeren: ★ hulpgoederen ~ ❺ met een nieuw vliegtuig proefvluchten maken

in·vloed de (m) [-en] ❶ inwerking, vooral geestelijke inwerking op anderen ★ onder ~ van sterke drank dronken of aangeschoten, vaak kortweg: ★ onder ~: ★ hij is opgepakt wegens rijden onder ~ ❷ gezag, vermogen om iets te bewerken

in·vloed·rijk bn met veel invloed

in·vloeds·sfeer de [-sferen] kring waarbinnen men invloed heeft ★ politieke ~ gebied waarover men politieke macht heeft

in·vo·ca·tie [-(t)sie] (‹Lat› de (v) [-s] aanroeping (van een hoger wezen); afsmeking

in·vo·ca·tief bn aanroepend

in vo·ce [vootsjə] (‹Lat› bijw op het (genoemde of bedoelde) woord (artikel) (in een woordenboek)

in·voch·ten ww [vochtte in, h. ingevocht] vochtig maken door besprenkeling

in·voe·gen ww [voegde in, h. ingevoegd] tussenvoegen; verkeer tussenvoegen op een autoweg

in·voe·ging de (v) [-en] het tussenvoegen; wat tussengevoegd wordt

in·voeg·po·si·tie [-zie(t)sie] de (v) [-s] comput plaats in het tekstbestand waar de cursor staat

in·voeg·sel het [-s] wat ingevoegd wordt

in·voeg·strook de [-stroken] zijstrook voor invoegen op een autoweg

in·voeg·toets de (m) [-en] comput toets die het mogelijk maakt karakters tussen te voegen in de tekst

in·voel·baar bn navoelbaar; de mogelijkheid biedend tot begrijpend meevoelen

in·voe·len ww [voelde in, h. ingevoeld] met het → gevoel (bet 3) beseffen, zich met begrip verplaatsen in; invoeling de (v)

in·voer de (m) ❶ het invoeren uit het buitenland; de ingevoerde goederen ❷ comput gegevens die aan een computer worden toegevoerd om te worden verwerkt, input; handelingen die voor deze gegevenstoevoer moeten worden verricht

in·voer·ap·pa·raat het [-raten] comput apparaat voor de invoer van gegevens in de computer: ★ een toetsenbord is een ~

in·voer·der de (m) [-s] BN ook importeur

in·voe·ren ww [voerde in, h. ingevoerd] ❶ in het land brengen: ★ graan ~ ❷ in zwang brengen: ★ een nieuwe werkwijze ~ ❸ in werking doen treden: ★ een wet ~ ❹ ‹in een verhaal e.d.› ten tonele brengen,

doen optreden: ★ iem. sprekend ~ ❺ comput gegevens ter verwerking in de computer voeren

in·voer·han·del de (m) handel in ingevoerde goederen

in·voe·ring de (v) het → invoeren (bet 2, 3, 4)

in·voer·over·schot het [-ten] hoeveelheid of bedrag waarmee de invoer de uitvoer overtreft

in·voer·recht het [-en] belasting op de → invoer (bet 1)

in·vol·gen ww [volgde in, h. ingevolgd] vero toegeven aan, inwilligen: ★ grillen, slechte eigenschappen ~ ★ iem. ~ zijn wensen inwilligen, toegeeflijk zijn voor iem., gehoorzamen

in·vol·ve·ren ww (‹Lat› [involveerde, h. geïnvolveerd] in zich sluiten; meebrengen

in·vor·der·baar bn ingevorderd kunnende worden

in·vor·de·ren ww [vorderde in, h. ingevorderd] betaling vorderen; innen

in·vor·de·ring de (v) [-en] het invorderen

in·vou·wen ww [vouwde in, h. ingevouwen] ❶ naar binnen vouwen ❷ vouwen in (een brief): ★ hierbij ingevouwen

in·vraag·stel·ling de (v) [-en] BN het betwijfelen, tegenspreken, betwisten (van een opvatting)

in·vre·ten ww [vrat in, h. ingevreten] een bijtende werking uitoefenen; door voortdurende inwerking beschadigen of doen vergaan; gestadig dieper gaan en erger worden: ★ dit kwaad vreet steeds dieper in

in·vrie·zen ww [vroor in, is & h. ingevroren of vroos in, is & h. ingevrozen] ❶ door vorst afgesloten of ingesloten geraken ❷ ‹groente, vlees e.d.› door bevriezen lang houdbaar maken

in·vrij·heid·stel·ling de (v) [-en] recht het in vrijheid stellen: ★ onmiddellijke ~ ★ voorwaardelijke ~

in·vul·for·mu·lier het [-en] gedrukt geschrift waarop iets ingevuld moet worden

in·vul·len ww [vulde in, h. ingevuld] ❶ opschrijven van gegevens op de desbetreffende plaats op een formulier, in een rapport e.d.: ★ naam en woonplaats ~ ❷ fig het plaatsen van iets binnen een kader: ★ in de profielschets kunnen nadere eigenschappen van de kandidaat ingevuld worden

in·vul·ling de (v) [-en] het invullen; wat ingevuld wordt

in·vul·oe·fe·ning de (v) [-en] oefening waarbij woorden of letters moeten worden ingevuld

in·waai·en ww [waaide of woei in, is ingewaaid] ❶ naar binnen waaien ❷ door de wind opengaan of instorten

in·waarts bn naar binnen toe

in·wach·ten ww [wachtte in, h. ingewacht] afwachten, verwachten: ★ uw antwoord wordt ingewacht ★ bestellingen worden ingewacht

in·wa·te·ren ww [waterde in, h. ingewaterd] NN door van buiten komend water nat worden

in·week·mid·del het [-en] reinigingsmiddel dat men toevoegt aan het water waarin men de was weekt vóór het eigenlijke wassen

in·wen·dig *bn* van binnen, binnenin zijnde ★ *voor ~ gebruik* om in te nemen ★ *de inwendige mens* Bijbel de innerlijke, geestelijke mens ★ schertsend *de inwendige mens versterken* eten en drinken ★ *inwendige ziekten* ziekten van inwendige organen
in·wer·ken I *ww* [werkte in, h. ingewerkt] invloed hebben op; op de hoogte brengen van de werkwijze **II** *wederk* zich met het werk vertrouwd maken ★ *goed ingewerkt zijn* met het werk vertrouwd zijn
in·wer·king *de (v)* [-en] het inwerken op iets of iemand
in·werk·pe·ri·o·de *de (v)* [-s, -n] tijd om zich in te werken (zie bij → **inwerken**)
in·wer·pen *ww* [wierp in, h. ingeworpen] ❶ naar binnen werpen ❷ tegenwerpen
in·we·ven *ww* [weefde in, h. & is ingeweven] ❶ weven in; fig invlechten, invoegen ⟨in verhaal, geschrift enz.⟩ ❷ smaller worden van de breedte van een werkstuk tijdens het weven
in·wij·den *ww* [wijdde in, h. ingewijd] ❶ plechtig in gebruik nemen ❷ op de hoogte brengen ★ *iem. ~ in de geheimen van een vak* iem. een vak leren
in·wij·ding *de (v)* [-en] het → **inwijden** (vooral bet 1)
in·wij·dings·feest *het* [-en] feest tijdens een inwijding ★ *het Inwijdingsfeest* joodse feestdag (in november of december) tijdens welke men de herinwijding van de tempel door Judas de Makkabeeër in 165 v.C. herdenkt
in·wij·ke·ling *de (m)* [-en] BN ook immigrant
in·wij·ken *ww* [week in, is ingeweken] BN ook immigreren
in·wij·king *de (v)* BN ook immigratie
in·wik·ke·len *ww* [wikkelde in, h. ingewikkeld] inpakken, inrollen, in een omslag doen
in·wil·li·gen *ww* [willigde in, h. ingewilligd] toestaan; **inwilliging** *de (v)*
in·win·nen *ww* [won in, h. ingewonnen] ❶ inhalen, uitsparen: ★ *ruimte ~* ★ *tijd ~* ❷ vragen: ★ *advies ~* ★ *inlichtingen ~*; **inwinning** *de (v)*
in·wis·se·len *ww* [wisselde in, h. ingewisseld] wisselen, omruilen voor iets anders: ★ *vreemd geld ~*; **inwisseling** *de (v)*
in·wo·nen *ww* [woonde in, h. ingewoond] woonruimte hebben in een huis waarvan een ander de hoofdbewoner is; wonen in het gebouw waar men zijn werkzaamheden heeft
in·wo·ner *de (m)* [-s] ❶ bewoner van een dorp, stad enz. ❷ iem. die bij een hoofdbewoner inwoont
in·wo·ning *de (v)* het inwonen, vooral inwoner zijn
in·woon *de (m)* BN inwoning: ★ *met kost en ~*
in·worp *de (m)* [-en] het naar binnen gooien (van de bal in het speelveld bij een balspel; van een muntstuk in een automaat)
in·wrij·ven *ww* [wreef in, h. ingewreven] ❶ door wrijving brengen in of op iets ❷ fig inpeperen
inz. *afk* inzonderheid
in·zaai·en *ww* [zaaide in, h. ingezaaid] ❶ zaaiend in bouwland brengen ❷ bezaaien ❸ tussen ander gewas zaaien; **inzaaiing** *de (v)*
in·za·ge *de* het inzien ★ *ter ~* om in te zien, ter kennisneming
in·za·ke *vz* betreffende, wat betreft...
in·zak·ken *ww* [zakte in, is ingezakt] in elkaar zakken, instorten, fig verslappen, vermoeid of zwak worden; **inzakking** *de (v)* [-en]
in·za·mel·ac·tie [-aksie] *de (v)* [-s] actie waarbij geld wordt ingezameld voor een goed doel
in·za·me·len *ww* [zamelde in, h. ingezameld] verzamelend bijeenbrengen; (gaven of giften) ophalen; **inzameling** *de (v)* [-en]
in·ze·ge·nen *ww* [zegende in, h. ingezegend] door de kerkelijke inzegening bevestigen
in·ze·ge·ning *de (v)* [-en] plechtige inwijding (*huwelijk*)
in·zen·den *ww* [zond in, h. ingezonden] ❶ aan het bestemde adres zenden; naar een tentoonstelling, jaarbeurs e.d. zenden: ★ *ingezonden stuk* ❷ ⟨in een krant of tijdschrift⟩ artikel van een lezer over een onderwerp dat hij van belang acht
in·zen·der *de (m)* [-s] iem. die inzendt
in·zen·ding *de (v)* [-en] ❶ het inzenden ❷ het ingezondene
in·ze·pen *ww* [zeepte in, h. ingezeept] met zeep insmeren; *ook* met sneeuw inwrijven
in·zet *de (m)* [-ten] ❶ inleg bij een spel; fig wat men voor iets waagt ❷ eerste bod op verkoping ❸ kleine tekening of foto die in een grotere gezet is ❹ voetbal schot of kopbal in de richting van het doel ❺ toewijding, zorg, werklust
in·zet·baar *bn* ingezet kunnende worden (→ **inzetten** (bet 5))
in·zet·sel *het* [-s], **in·zet·stuk** [-ken] ingezet stuk
in·zet·ten I *ww* [zette in, h. ingezet] ❶ zetten in, plaatsen in ❷ op het spel zetten, *ook* fig ❸ beginnen te zingen of te spelen, aanheffen: ★ *bij de vierde maat zetten de cello's in* ❹ gebruik maken van, laten werken: ★ *nieuw personeel ~* **II** *wederk* ★ *zich ~ voor iets* zijn best doen voor iets
in·zet·ter *de (m)* [-s] ❶ iem. die bij een spel inlegt ❷ iem. die op een verkoping het eerste bod doet
in·zet·vloei·stof *de* [-fen] kleurloze op tranen lijkende vloeistof waarvan een paar druppels per keer gebruikt worden om contactlenzen comfortabel in te zetten
in·zicht *het* [-en] ❶ mening ❷ begrip, doorzicht ❸ BN ook bedoeling, voornemen, oogmerk; opzet, plan ★ *het ~ hebben te...* van plan zijn te... ★ *met ~* met opzet
in·zich·te·lijk *bn* helder, begrijpelijk: ★ *een inzichtelijke verhandeling*
in·zien I *ww* [zag in, h. ingezien] ❶ even doorkijken ❷ begrijpen ❸ beoordelen, een bepaalde mening hebben over: ★ *ik zie het zo in, ik zie het ongunstig in* **II** *het* oordeel, mening ★ *naar mijn ~, mijns inziens, onzes inziens* naar mijn (onze) mening
in·zin·ken *ww* [zonk in, is ingezonken] fig verslappen, achteruitgaan

in·zin·king *de (v)* [-en] fig verslapping, achteruitgang
in·zit·ten *ww* [zat in, h. ingezeten] ★ *ermee* ~ ermee verlegen zijn ★ *erover* ~ er bezorgd over zijn
in·zit·ten·de, in·zit·ten·de *de* [-n] iem. die in een voertuig zit
in·zoet *bn* zeer zoet
in·zon·der·heid *bijw* in het bijzonder, vooral (vooral gebruikt in woordenboeken)
in·zoo·men *ww* [-zoe-] (‹Eng) [zoomde in, h. ingezoomd] film, televisie met een zoomlens een persoon of ding groter in beeld brengen
in·zou·ten *ww* [zoutte in, h. ingezouten] met zout inwrijven of bestrooien om bederf tegen te gaan
in·zui·gen *ww* [zoog in, h. ingezogen] zuigend in zich opnemen ★ *met de moedermelk* ~ van de eerste jeugd af leren
in·zwach·te·len *ww* [zwachtelde in, h. ingezwachteld] in een zwachtel wikkelen
in·zwel·gen *ww* [zwolg in, h. ingezwolgen] gulzig inslokken
I/O *afk* comput *Input/Output* (‹Eng) [geheel van onderdelen, verbindingen en technieken voor de uitwisseling van informatie tussen de centrale rekeneenheid en alle randapparatuur]
i.o. *afk* in oprichting
IOC *afk* Internationaal Olympisch Comité
ion [ie(j)on] (‹Gr) *het* [ionen] nat, chem elektrisch geladen materieel deeltje (atoom of atoomgroep)
io·ni·sa·tie [-zaa(t)sie] *de (v)* het doen ontstaan van ionen, het brengen van neutrale stofdeeltjes in elektrisch geladen toestand
Io·nisch [ie(j)oo-] **I** *bn* van Ionië (in de Griekse oudheid: streek aan de kust van Klein-Azië) ★ *Ionische zuil* zuil met krulversiering aan het kapiteel **II** *het* het Ionisch dialect
io·ni·se·ren *ww* [-zeerə(n)] [ioniseerde, h. geïoniseerd] in ionen splitsen
io·no·sfeer (‹Gr) *de* gedeelte van de dampkring, boven de stratosfeer, waarin de luchtdeeltjes sterk geïoniseerd zijn (boven ± 80 km)
IOU (‹Eng *I owe you*) [ai oo(w) joe] ik ben u schuldig *de (m)* schuldbekentenis
io vi·vat [ie(j)oo -] (‹Lat) *het* beginwoorden van een studentenlied: ★ ~ *nostrorum sanitas* hoera, op de gezondheid van de onzen
IP *afk* comput *Internet Protocol* (‹Eng) [geheel van regels en codes voor uitwisseling van informatie via internet]
IPB *afk* in België Interdiocesaan Pastoraal Beraad [Belgisch overlegorgaan binnen de Rooms-Katholieke Kerk]
ipk *afk* indicateur-paardenkracht
ip·pon (‹Jap) *de* [-s] judo tijdens een wedstrijd behaald resultaat van 10 punten: ★ *met een* ~ *wordt een partij direct beslist*
ip·so ·fac·to *bijw* (‹Lat) door het feit zelf, uit kracht van de daad, noodzakelijkerwijs
i.p.v. *afk* in plaats van

IPZ *afk* BN interpolitiezone
IQ *afk* intelligentiequotiënt
Ir *afk* chem symbool voor het element *iridium*
ir. *afk* ingenieur [titel na voltooiing van een masteropleiding in het wetenschappelijk onderwijs op het gebied van techniek of landbouw]
IRA *afk* Irish Republican Army (‹Eng) [het Ierse Republikeinse Leger]
Iraaks [ieraaks] *bn* van, uit, betreffende Irak
Iraans [ieraans] *bn* van, uit, betreffende Iran
Ira·kees *de (m)* [-kezen] iem. geboortig of afkomstig uit Irak
Ira·ni·ër [ieraa-] *de (m)* [-s] iem. geboortig of afkomstig uit Iran; Pers
ire·nisch [ieree-] (‹Gr) *bn* vredestichtend, bemiddelend, vooral met betrekking tot theologische strijd
iri·di·um [ierie-] (‹Gr) *het* chemisch element, symbool Ir, atoomnummer 77, een enigszins taai, zilverwit metaal met zeer hoge relatieve dichtheid
iris (‹Gr) *de* [-sen] ❶ regenboog ❷ regenboogvlies ❸ lis, lisbloem
iri·sco·pie (‹Gr) *de (v)* med het aflezen van ziektesymptomen uit het regenboogvlies
iri·sco·pist *de (m)* [-en] iem. die iriscopie bedrijft
iris·di·a·frag·ma *het* ['s] fotogr diafragma waarvan de opening geleidelijk kleiner en groter gemaakt kan worden
Irish cof·fee [airisj koffie] (‹Eng) *de (m)* drank bestaande uit hete, sterk gesuikerde koffie met Ierse whisky, en slagroom erop
iris·scan [ierissken] *de (m)* [-s] door een camera gemaakte opname van de iris van een persoon, gebruikt voor identificatiedoeleinden
IRL *afk* Ireland (Ierland, Ierse Republiek) (als nationaliteitsaanduiding op auto's)
iro·nie (‹Fr‹Gr) *de (v)* inkleding van de gedachten waarbij men het tegendeel bedoelt van wat men schijnt te zeggen; spot ★ *de* ~ *van het (nood)lot* wending van de gebeurtenissen die als spot gezien kan worden
iro·nisch [ieroo-] *bn* van de aard van, gebruik makend van ironie, spottend
iro·ni·se·ren *ww* [-zeerə(n)] [ironiseerde, h. geïroniseerd] tot een voorwerp van ironie maken, licht spottend spreken over
ir·ra·tio·naal [-(t)sjoo-] *bn* ‹van getallen› complex en onmeetbaar
ir·ra·tio·na·li·teit [-(t)sjoo-] *de (v)* het irrationeel-zijn, onredelijkheid
ir·ra·tio·neel [-(t)sjoo-] (‹Fr‹Lat) *bn* ❶ vreemd aan of strijdig met de rede; niet beredeneerd of beredeneerbaar ❷ wisk (van getallen) → **irrationaal**
ir·re·ëel (‹Fr) *bn* onwerkelijk, onwezenlijk
ir·re·gu·lier (‹Fr‹Lat) *bn* onregelmatig, van de regel afwijkend; ongeregeld
ir·re·le·vant (‹Fr) *bn* voor hetgeen ter sprake is niet van belang, niet ter zake dienende; onbeduidend

ir·ri·ga·tie [-(t)sie] (‹Fr‹Lat) de (v) [-s] ❶ ‹van een stuk land› bewatering, bevloeiing ❷ med uitspoeling
ir·ri·ga·tor (‹Lat) de (m) [-s, -toren] toestel om wonden te reinigen of lichaamsholten uit te spoelen, in het bijzonder voor darmspoeling
ir·ri·ge·ren ww (‹Fr‹Lat) [irrigeerde, h. geïrrigeerd] ❶ bevloeien, behoorlijk van water voorzien ❷ uitspoelen
ir·ri·tant (‹Fr) bn irriterend, ergerend
ir·ri·ta·tie [-(t)sie] (‹Fr‹Lat) de (v) [-s] prikkeling (het prikkelen en het geprikkeld-zijn of -worden); geprikkelde stemming, geraaktheid, gebelgdheid
ir·ri·te·ren ww (‹Fr‹Lat) [irriteerde, h. geïrriteerd] ❶ prikkelen; lichte, oppervlakkige beschadiging veroorzaken: ★ dat zalfje irriteert de huid ❷ ergeren, ontstemmen: ★ dat gezeur begint me te ~
IRT afk in Nederland Interregionaal Recherche Team
IR-trein afk BN interregiotrein [trein met stopplaatsen in de grotere gemeenten, stopt niet zo vaak als een L-trein, maar vaker dan een IC-trein]
IS afk Ísland (IJsland) (als nationaliteitsaanduiding op auto's)
ISBN afk Internationaal standaardboeknummer
is·chi·as (‹Gr) de med heupjicht, ontsteking van de grote zenuw die van de heup naar de voet gaat
ISDN afk Integrated Services Digital Network [netwerk van digitale telefoonlijnen met twee kanalen, waardoor bijv. tegelijkertijd bellen en internetten mogelijk is]
is·ge·lijk·te·ken het [-s] → gelijkteken
is·lam [ieslaam] (‹Arab) de (m) (eig overgave) monotheïstische wereldgodsdienst die zich baseert op de in de Koran opgetekende openbaringen aan de Profeet Mohammed (570-632); metonymisch de moslims
is·la·miet [ies-] de (m) [-en] aanhanger van de islam, moslim
is·la·mi·se·ren ww [ieslaamiezeerə(n)] [islamiseerde, h. & is geïslamiseerd] ❶ tot de islam bekeren; islamitisch maken ❷ islamitisch worden
is·la·mist de (m) [-en] moslimfundamentalist
is·la·mi·tisch [ies-] bn van, betreffende de islam, moslim
is·la·mo·lo·gie [ies-] de (v) studie van de islam
is·la·mo·lo·gisch [ies-] bn van, betreffende de islamologie
is·la·mo·loog [ies-] de (m) [-logen] beoefenaar van de islamologie
i.s.m. afk in samenwerking met
is·me (‹Gr) het [-n, -s] begrip zoals aangeduid wordt door een woord op -isme, vooral in de kunst, wetenschap of politiek
ISO afk International Standardization Organization (‹Eng) [internationale organisatie voor normalisatie, gevestigd in Genève]
iso- [iezoo-] (‹Gr) als eerste lid in samenstellingen gelijk-; vgl: → isoglosse
iso·baar [iezoo-] (‹Gr) l bn met gelijkblijvende druk;

(van atoomkernen) een gelijk aantal neutronen en verschillend aantal protonen hebbend ll de (m) [-baren] lijn op een kaart die plaatsen verbindt met gelijke luchtdruk
iso·glos·se [iezoo-] (‹Gr) de (v) [-n] lijn op een taalkaart die een gebied begrenst, waarbinnen een bepaalde taaleigenaardigheid voorkomt
iso·la·tie [iezoolaa(t)sie] (‹Fr) de (v) [-s] ❶ het isoleren of geïsoleerd-zijn, afzondering, opsluiting; niet-geleiding van elektriciteit, van geluidstrillingen enz. ❷ stof of middel om te isoleren
iso·la·tie·band [iezoolaa(t)sie-] het plakband dat geen elektrische stroom geleidt
iso·la·tio·nis·me [iezoolaa(t)sjoo-] (‹Eng) het streven naar politiek isolement; opvatting, vooral eertijds in de Verenigde Staten, dat men zich niet moet begeven in verbindingen met andere staten
iso·la·tio·nist [iezoolaa(t)sjoo-] de (m) [-en] aanhanger van het isolationisme
iso·la·tio·nis·tisch [iezoolaa(t)sjoo-] bn het isolationisme aanhangend
iso·la·tor [iezoo-] de (m) [-toren, -s] stof die of lichaam dat isoleert, niet-geleider van de elektriciteit, bijv. gebruikt als verbindingsschakel tussen de draden en masten van bovengrondse hoogspanningskabels
iso·leer·cel [iezoo-] de [-len] cel, kleine verblijfplaats in een psychiatrische inrichting of gevangenis waarin men wordt opgesloten zonder de mogelijkheid te hebben tot contact met andere personen
iso·leer·kan [iezoo-] de [-nen] thermoskan
iso·le·ment [iezoo-] (‹Fr) het afzondering, het afgezonderd-zijn, het alleen-staan
iso·le·ren ww [iezoo-] (‹Fr) [isoleerde, h. geïsoleerd] ❶ rondom afzonderen, zodat er geen contact of verkeer met de omgeving mogelijk is ❷ op zichzelf plaatsen om het te beschouwen, afzonderen uit een geheel ❸ de geleiding van elektriciteit uit of naar een voorwerp verhinderen; vervolgens ook met betrekking tot geluid; **isolering** de (v) [-en]
iso·meer [iezoo-] (‹Gr) l bn ❶ biol gelijke aantallen bloemdelen hebbend ❷ chem de eigenschappen van isomeren (bet II, 1) hebbend ll de (m) [-meren] ❶ chem benaming voor stoffen die onderling gelijke empirische en moleculaire formules hebben, maar in eigenschappen verschillen ❷ nat benaming voor atoomkernen die gelijk zijn in massa en atoomnummers, maar verschillen in radioactiviteit
iso·me·rie [iezoo-] (‹Gr) de (v) het bestaan van isomeren
iso·mo de (m) BN piepschuim
iso·morf [iezoo-] (‹Gr) l bn dezelfde gedaante hebbend ll de (m) [-en] taalk benaming voor lijnen op taalkaarten die gebieden met bepaalde dialectische buigingsvormen afbakenen
iso·therm [iezoo-] (‹Gr) de (m) [-en] lijn die punten verbindt van gelijke gemiddelde jaartemperatuur
iso·toop [iezoo-] (‹Gr) de (m) [-topen] elk van de vormen van een scheikundig element die dezelfde

chemische en in hoofdzaak dezelfde fysische eigenschappen, maar een onderling afwijkend atoomgewicht bezitten (de naam doelt op dezelfde plaats die zij innemen in het periodiek systeem der elementen); materiaal dat isotopen bevat
iso·troop *bn* nat met in verschillende richtingen dezelfde eigenschappen
Isr. *afk* Israëlitisch
Is·ra·ël (‹Hebr) I *de (m)* bijnaam van Jacob ★ *de kinderen Israëls* de Joden II *het* ❶ het rijk van de Israëlieten, het volk van de Joden ❷ de Joodse staat in Palestina, gesticht in 1948
Is·ra·ë·li *de (m)* ['s], **Is·ra·ë·li·ër** [-s] iem. geboortig of afkomstig uit de staat Israël
Is·ra·ë·liet *de (m)* [-en] benaming voor een lid van het Joodse volk, vooral vóór de diaspora; Jood
Is·ra·ë·lisch *bn* van, uit, betreffende de staat Israël
Is·ra·ë·li·tisch *bn* Joods
is·sue [isjoe] (‹Eng) *de (m)* [-s] onderwerp, kwestie
-ist *achtervoegsel* (‹Fr‹Lat‹Gr) achtervoegsel waarmee personen aangeduid worden die aanhangen wat of wie in het eerste woorddeel genoemd wordt, bijv. ★ *anarchist* aanhanger van de anarchie, ★ *calvinist* volgeling van Calvijn
ist·mus (‹Lat‹Gr) *de (m)* landengte, vooral die van Korinthe in Griekenland
IT *afk* informatietechnologie
it. *afk* → item¹
Ita·li·aan *de (m)* [-lianen] iem. geboortig of afkomstig uit Italië
Ita·li·aans I *bn* van, uit, betreffende Italië II *het* de Italiaanse taal
Ita·li·aan·se *de (v)* [-n] Italiaanse vrouw
Ita·lisch [ietaa-] *bn* van, betreffende het Apennijns schiereiland vóór de Romeinse tijd ★ *Italische talen* talen gesproken op het grondgebied van het tegenwoordige Italië in het eerste millennium v.C.
ite, mis·sa est *bijw* (‹Lat) gaat, het (misoffer) is volbracht [slotformule van de mis]
item¹ [aitəm] (‹Eng) *het* [-s] ❶ een van de onderwerpen die worden behandeld in een krant, nieuwsuitzending e.d. ❷ onderwerp, punt, kwestie; *vgl*: → issue
item² *bijw* (‹Lat) insgelijks, evenzo
ite·ra·tie [-(t)sie] (‹Lat) *de (v)* [-s] herhaling, hervatting
ite·ra·tief (‹Lat) I *bn* herhalend, hervattend II *het* [-tieven] werkwoord van herhaling, bijv. trappelen
IT-mi·gra·tie [-(t)sie] *de (v)* het binnen bedrijven overbrengen van alle informatiestromen en bedrijfsprocessen naar computergestuurde informatiesystemen
it's all in the game *bijw* (‹Eng) het hoort er allemaal bij; het is allemaal onderdeel van het spel
i.t.t. *afk* in tegenstelling tot
ivf *afk* in-vitrofertilisatie
ivko *afk* NN individueel voortgezet en kunstzinnig onderwijs
i.v.m. *afk* in verband met

ivo *afk* NN individueel voortgezet onderwijs
ivoor [ievoor] (‹Oudfrans‹Lat) *de (m) & het* been uit slagtanden van vooral olifanten
ivo·ren [ievoo-] *bn* van ivoor ★ *in een ~ toren* in trotse afzondering, zonder zich om de 'massa' of de maatschappij te bekommeren
Ivo·ri·aan *de (m)* [-anen] iem. geboortig of afkomstig uit de West-Afrikaanse republiek Ivoorkust
Ivo·ri·aans *bn* van, uit, betreffende de West-Afrikaanse republiek Ivoorkust
Ivriet [ievriet] *het* het moderne Hebreeuws, zoals thans in Israël wordt gesproken
IVV *afk* Internationaal Verbond van Vakverenigingen
izabel·kleu·rig *bn* vuilwit, geelachtig

J

j *de* [j's] tiende letter van het alfabet
J *afk* ❶ chem symbool voor het element *jodium* ❷ *Japan* (als nationaliteitsaanduiding op auto's)
j. *afk* jaar
ja *tsw* uiting van bevestiging, nadruk of toegeving ★ *(van)* ~ *knikken* bevestigend knikken ★ *hij zei van* ~ hij bevestigde het ★ *o* ~? uitdrukking van verbazing of ongeloof; zie ook bij → **amen**
jaag·lijn *de* [-en] jaagtouw
jaag·pad *het* [-paden] pad langs een water waar een paard en voerman lopen om een schip voort te trekken
jaag·touw *het* [-en] touw waarmee een schip wordt voortgetrokken
jaap *de (m)* [japen] NN diepe snee
jaar *het* [jaren] ❶ omlooptijd van de aarde om de zon; 365 dagen, om de vier jaar 366 dagen (schrikkeljaar); ❷ ‹in de handel› 12 x 30 dagen ★ *het burgerlijk* ~ van 1 jan. tot 31 dec. ★ *het schooljaar* lopend van augustus tot augustus het jaar daarop ★ *het* ~ *onzes Heren* na de geboorte van Christus ★ ~ *en dag* lange tijd ★ ~ *in,* ~ *uit* een reeks van jaren achtereen, onafgebroken ★ *van het* ~ *nul* a) zeer ouderwets; b) van geen waarde, onbruikbaar, ondegelijk ★ BN *in 't* ~ *één, als de uilen preken* met sint-juttemis, nooit ★ BN *de jaren stillekens* heel lang geleden ❸ levensjaar ★ *op jaren komen (zijn)* al tamelijk oud worden (zijn) ★ NN *op jaren stellen* (bij een tot levenslang veroordeelde) de straf verkorten tot een bepaald aantal jaren ★ *de jaren des onderscheids* de leeftijd waarop men zijn volle verstand en verantwoordelijkheidsgevoel heeft ★ *haar jonge jaren* de jaren dat ze jong was; zie ook bij → **bloei** ❹ studiejaar; ★ *een student van het tweede* ~; *al de studenten die in hetzelfde jaar hun studie zijn begonnen:* ★ *enige studenten van mijn* ~ *bekleden nu belangrijke posities in de maatschappij*
jaar·be·richt *het* [-en] NN jaarverslag
jaar·beurs *de* [-beurzen] jaarlijkse of halfjaarlijkse verkooptentoonstelling voor de industrie
jaar·boek *het* [-en] ❶ boek waarin de voornaamste geschiedkundige feiten zijn opgetekend; kroniek ❷ jaarlijks verschijnend boek (met verslagen, ledenlijsten en andere bijzonderheden van een vereniging enz.) ❸ boek waarin de belangrijkste feiten van een jaar vermeld staan
jaar·cij·fers *mv* vooral NN statistische gegevens naar jaren geordend ★ *de* ~ *van een onderneming* de jaarrekening
jaar·club *de* [-s] club van studenten van hetzelfde studiejaar
jaar·dienst *de (m)* [-en] RK jaarlijkse mis na iemands overlijden
jaar·feest *het* [-en] jaarlijks feest
jaar·gang *de (m)* [-en] ❶ de in één jaar verschenen afleveringen van een tijdschrift ❷ bij uitbreiding alle in een jaar gemaakte, gekweekte e.d. producten; alle in een jaar opgeroepen militairen
jaar·geld *het* [-en] jaarlijkse toelage
jaar·ge·noot *de (m)* [-noten] medestudent van hetzelfde studiejaar
jaar·ge·tij, jaar·ge·tij·de *het* [-tijden] seizoen (lente, zomer enz.)
jaar·in·ko·men *het* [-s] inkomen in een jaar
jaar·ka·len·der *de (m)* [-s] kalender die het hele jaar op één blad geeft
jaar·kring *de (m)* [-en] jaarring
jaar·lijks *bn* ❶ ieder jaar ❷ per jaar
jaar·ling *de (m)* [-en] koe, paard enz. van één jaar
jaar·loon *het* [-lonen] per jaar berekend loon
jaar·markt *de* [-en] eens per jaar gehouden markt
jaar·over·zicht *het* [-en] beknopt verslag van wat in een jaar op een bepaald gebied gebeurd is
jaar·re·ke·ning *de (v)* [-en] ❶ verslag van de financiële resultaten van een onderneming in een jaar, bestaande uit een resultatenrekening en een balans ❷ (af)rekening over een heel jaar: ★ *kopen op* ~
jaar·ring *de (m)* [-en] kring op de dwarsdoorsnede van een boom, die de jaarlijkse houtaanwas aangeeft
jaar·sa·la·ris *het* [-sen] per jaar berekend salaris
jaar·stuk·ken *mv* NN stukken die gegevens bevatten over de gang van zaken in een boekjaar of een verenigingsjaar
jaar·tal *het* [-len] het getal waarmee een kalenderjaar wordt aangeduid (volgens een bepaalde jaartelling) ★ *jaartallen leren* het leren van getallen van jaren samen met bijzondere geschiedkundige gebeurtenissen die in die bepaalde jaren plaatsvonden
jaar·tel·ling *de (v)* [-en] wijze van tellen van opvolgende getallen aan kalenderjaren vanaf een bepaalde gebeurtenis: ★ *de christelijke* ~ *begint bij de geboorte van Christus* ★ *de joodse* ~ *begint bij de schepping van de wereld (3760 v. C.)* ★ *de islamitische* ~ *begint bij de Hedzjra (622 n.C.)*
jaar·ver·ga·de·ring *de (v)* [-en] eens per jaar gehouden vergadering, waarin jaarverslagen worden behandeld, verkiezingen plaats hebben enz.
jaar·ver·slag *het* [-slagen] rapport over de werkzaamheden enz. van een vereniging, commissie over het afgelopen jaar
jaar·wed·de *de* [-n] jaarlijkse bezoldiging
jaar·wis·se·ling *de (v)* [-en] overgang van een oud naar een nieuw jaar
ja·bot [zjaaboo] *(Fr) de (m) & het* [-s] ❶ geplooide overhemdstrook, bef ❷ kanten plooisel op een japon of blouse
ja·broer *de (m)* [-s] NN iem. die het altijd met iedereen eens is
JAC *het* Jongeren Advies Centrum [hulpdienst voor jeugdige personen met problemen]
jacht[1] *het* [-en] snelvarend klein pleziervaartuig

jacht² *de* ❶ het jagen, het jachtrecht, de jachttijd, het jachtterrein ★ *hij was liefhebber van de ~* ★ *op ~ gaan* ★ *de ~ op leeuwen* ★ *~ maken op* trachten te vangen of te schieten, fig achternazitten, steeds trachten te verkrijgen of te vinden ❷ jachtbuit ❸ sterk streven om iets te bereiken: ★ *~ naar eer* ★ *~ naar geld*
jacht·ak·te *de* [-n, -s] bewijs dat men het recht heeft te → **jagen** (bet 1)
jach·ten *ww* [jachtte, h. gejacht] zich haasten
jach·te·rig *bn* jachtig
jacht·es·ka·der *het* [-s] aantal bijeenbehorende jachtvliegtuigen
jacht·ge·weer *het* [-weren] geweer met lange loop
jacht·go·din *de (v)* ★ *de ~* Diana of Artemis
jacht·ha·ven *de* [-s] ligplaats voor pleziervaartuigen
jacht·hond *de (m)* [-en] ❶ voor de jacht geschikte en afgerichte hond ❷ lid van een groep hondenrassen die oorspronkelijk voor de jacht gefokt werden
jacht·hoorn, **jacht·ho·ren** *de (m)* [-s] hoorn voor het geven van signalen tijdens de jacht
jach·tig *bn* gejaagd
jacht·lui·paard *de (m)* [-en] cheeta
jacht·mes *het* [-sen] groot mes, door jagers gebruikt
jacht·op·zie·ner *de (m)* [-s] persoon die toezicht houdt op de naleving van jachtbepalingen
jacht·recht *het* ❶ het recht om te → **jagen** (bet 1) ❷ wettelijke bepalingen betreffende de → **jacht²** (bet 1)
jacht·scho·tel *de* [-s] gerecht van aardappelen, vlees, uien en zure appelen
jacht·sei·zoen *het* [-en] tijd van het jaar waarin de → **jacht²** (bet 1) geopend is
jacht·slot *het* [-sloten] vorstelijk verblijf voor jachtpartijen
jacht·sneeuw *de* fijne sneeuw bij sterke wind
jacht·spin *de* [-nen] spin die zonder web haar prooi bemachtigt
jacht·stoet *de (m)* [-en] stoet van jagers
jacht·ter·rein *het* [-en] jachtveld
jacht·tijd *de (m)* tijd waarin gejaagd mag worden
jacht·valk *de* [-en] voor de jacht afgerichte valk
jacht·veld *het* [-en] terrein waar iem. jaagt; terrein waar een dier zijn prooi zoekt; fig terrein (stof, gegevens) waar een verzamelaar kan vinden wat hij zoekt ★ *de eeuwige jachtvelden* voorstelling van het hiernamaals, oorspronkelijk bij Noord-Amerikaanse indianen
jacht·vlieg·tuig *het* [-en] snel gevechtsvliegtuig
jacht·wach·ter *de (m)* [-s] BN, spreektaal jachtopziener
jack [jek] *(‹Eng) de (m) & het* [-s] NN kort, sportief jasje: ★ *een leren ~*
jack·et [dzjekkit] *(‹Eng) het* [-s] ❶ NN stofomslag, papieren omslag van een gebonden boek ❷ verkorting van → **jacketkroon**: porseleinen kroon op de stomp van een echte tand of kies
jack·et·kroon [dzjekkit-] *de* [-kronen] → **jacket** (bet 2)
jack·pot [dzjek-] *(‹Eng) de (m)* [-s, -ten] het totaal van door spelers ingeworpen geld bij gokapparaten;

tevens extra prijs in loterijen: ★ *de ~ winnen*
jac·que·rie [zjakkərie] *(‹Fr) de (v)* hist naam van een grote boerenopstand in Frankrijk in 1358; later benaming voor boerenopstanden in het algemeen
jac·quet [zjakket] *(‹Oudfrans) de & het* [-s, -ten] zwarte herenjas met lange, weggesneden panden
ja·de *(‹Fr) de (m) & het* verzamelnaam voor een aantal groene of groenige edelstenen, waarvan men reeds in zeer vroege tijden gebruiks- en siervoorwerpen maakte, Chinese niersteen, bittersteen (mineralogisch drie gesteenten: chromelaniet, jadeïet en nefriet)
jae·ger [jeeyər, jeegər] *(‹Du) het* weefsel voor wollen onderkleding (naar de ontwerper, de Duitse arts en hygiënist G. Jaeger, 1832-1916)
jaf·fa *de (m)* ['s], **jaf·fa·ap·pel**, **jaf·fa·si·naas·ap·pel** [-s, -en] groot soort sinaasappel, genoemd naar de stad Jaffa in Israël, thans voorstad van Tel Aviv
ja·gen *ww* [jaagde *of* joeg, h. gejaagd] ❶ door achtervolging trachten te bemachtigen, jacht maken op: ★ *op groot wild ~* ❷ drijven, aandrijven, voortdrijven, tot haast aanzetten; verdrijven ★ *iem. uit huis ~* ★ *op de vlucht ~* ★ *er veel geld doorheen ~* snel veel geld opmaken ★ *een wet door het parlement ~* zeer kort laten behandelen door het parlement ❸ haastig zich voortbewegen; in snelle beweging zijn: ★ *een jagende pols* ❹ bezorgen, berokkenen: ★ *iem. de schrik op het lijf jagen* ★ *op kosten ~* veel kosten berokkenen ★ *iem. een kogel door het hoofd ~* een kogel door het hoofd schieten
ja·ger *de (m)* [-s] ❶ iem. die op wild jaagt ★ *jagers en verzamelaars* mensen die alleen beschikken over de meest primitieve technische hulpmiddelen, waardoor ze zich slechts in leven kunnen houden door jacht en het verzamelen van zaden en vruchten: ★ *op Tasmanië leefden vroeger jagers en verzamelaars* ❷ jachtvliegtuig ❸ benaming van bepaalde infanteristen: alpenjagers, het regiment jagers te 's-Gravenhage ❹ bruin soort meeuw ❺ snelvarend schip (bijv. torpedojager); haringjager: snelvarend schip dat de eerste haring aan wal brengt ❻ iem. die het paard bestuurt dat de trekschuit trekt, scheepsjager
ja·ger·mees·ter *de (m)* [-s] leider van het jachtpersoneel; titel van een functionaris aan vorstelijk hof
ja·gers·la·tijn *het* ongelofelijke verhalen van jagers
ja·gers·taal *de* bijzondere termen bij jagers in gebruik
ja·gers·tas *de* [-sen] weitas
ja·guar [jaay(oe)waar] *(‹Sp‹Tupi, een Braziliaanse indianentaal) de (m)* [-s] op een panter gelijkend Zuid-Amerikaans roofdier (met ringen in plaats van vlekken) (*Panthera onca*)
ja·gua·run·di [-γ(oe)waaroen-] *(‹Sp‹Tupi, een Braziliaanse indianentaal) de (m)* ['s] klein, katachtig roofdier uit Zuid- en Midden-Amerika met lichtbruine vacht (*Herpailurus yagouaroundi*)
Jah·we, **Jah·weh** [jaawè] *de (m)* Hebreeuwse naam van

God in enige boeken van het Oude Testament
jai·nis·me [dzjai-] *(‹Hindi) het* godsdienstige wijsgerige verlossingsleer in Voor-Indië die naast het boeddhisme ontstond in oppositie tegen het brahmanisme
ja·jem *(‹Hebr) de (m)* NN, Barg jenever
jak[1] *(‹Oudfrans) het* [-ken] kort kledingstuk voor het bovenlijf
jak[2] *(‹Tibetaans)* **I** *de (m)* [-ken] Tibetaanse buffel (*Bos grunniens* of *Poephagus grunniens* **II** *het* haar van dit dier
jak·hals *(‹Fr* of *Eng‹Perz) de (m)* [-halzen] hondachtig roofdier
jak·ke·ren *ww* [jakkerde, h. & is gejakkerd] ❶ voortdurend aandrijven, haasten ❷ overmatig hard rijden ❸ wild bezig zijn, met overmatige haast werken
jak·kes, jak·kie *tsw* uitroep van tegenzin of afkeer
ja·knik·ker *de (m)* [-s] ❶ werktuig met op- en neergaande zwengel voor het oppompen van aardolie ❷ iem. die alles goedkeurt: ★ *een parlement van jaknikkers*
Ja·kob *de (m)* ★ *de ware ~ man* die voor een meisje bestemd is, de ideale partner
ja·ko·ba·kan·ne·tje *het* [-s] bruin, verglaasd aarden kannetje zoals er veel gevonden zijn bij het slot Teilingen van Jacoba van Beieren nabij Lisse
ja·ko·bie·ten *mv* ❶ *theol* monofysieten uit de Syrische of Koptische Kerk, genoemd naar de organisator Jakob Baradaeus, bisschop van Edessa (ca. 490-578) ❷ *hist* aanhangers van de katholieke Stuarts na de verdrijving van Jacobus II
ja·ko·bijn *(‹Fr) de (m)* [-en] ❶ naam van de monniken van het eerste dominicanenklooster in Parijs nabij de kerk van de H. Jacobus ❷ benaming van de leden van een radicaal revolutionaire club tijdens de Franse Revolutie, die vergaderde in een voormalig jakobijnenklooster
ja·ko·bij·nen·muts *de* [-en] rode muts die de jakobijnen (→ **jakobijn**, bet 2) droegen
ja·ko·bijns *bn* van de (gezindheid van de) jakobijnen (→ **jakobijn**, bet 2)
ja·kobs·lad·der *de* [-s] ❶ tot de hemel reikende ladder, die de aartsvader Jakob in een droom zag (*Genesis* 28: 10-22) ❷ ronddraaiende ketting of riem waaraan bakken zijn bevestigd voor het opscheppen en verplaatsen van graan, bagger enz.
ja·kobs·schelp *de* [-en] geribbelde, waaiervormige schelp uit de Middellandse Zee, gedragen door bedevaartgangers naar Santiago (St.-Jakob) de Compostela in Galicië, waar hij begraven zou liggen
ja·kobs·staf *de (m)* [-staven] *vroeger* eenvoudig instrument, op zee gebruikt ter bepaling van de geografische breedte
ja·kobs·zalm *de (m)* [-en] zalmsoort die omstreeks St.-Jacob (25 juli) gevangen wordt
ja·loers *(‹Oudfrans) bn* na-ijverig, afgunstig, iem. geluk misgunnend, vooral in liefdesbetrekkingen:
★ *ik ben ~ op jouw tekentalent* ★ *een jaloerse minnaar* ★ *hij werd ~ op zijn beste vriend*
ja·loers·heid *de (v)* het jaloers zijn
ja·loe·zie[1] [zjaa-, jaa-] *(‹Fr) de (v)* jaloersheid
ja·loe·zie[2] [zjaa-] *de (v)* [-zieën] zonneblind van beweeglijke latten of stroken
ja·lon [zjaa-] *(‹Fr) de (m)* [-s] bakenstok, rood-wit geschilderde stok gebruikt bij terreinopmetingen
jam [sjem, zjem] *(‹Eng) de* [-s] vooral NN gelei van met suiker tot moes gekookte vruchten
Ja·mai·caan *de (m)* [-canen] *iem.* geboortig of afkomstig uit Jamaica
Ja·mai·caans *bn* van, uit, betreffende Jamaica
ja·mai·ca·pe·per *de (m)* piment
jam·be *(‹Gr) de* [-n] versvoet van één korte gevolgd door één lange, of één zwak en één sterk geaccentueerde lettergreep
jam·bisch *(‹Gr) bn* van de aard van, bestaande uit jamben
jam·bo·ree [dzjemboorie] *(‹Eng) de (m)* [-s] internationale bijeenkomst van scouts
jam·men *ww* [dzjɛmmə(n)] *(‹Eng)* [jamde, h. gejamd] spontaan en onvoorbereid met elkaar musiceren
jam·mer I *bn* ★ *het is ~* het is te betreuren **II** *tsw* helaas ★ *~, maar helaas! schertsend* het is te betreuren, maar het is niet anders
jam·me·ren *ww* [jammerde, h. gejammerd] op treurende wijze klagen
jam·mer·hout *het* [-en] *schertsend* viool
jam·mer·klacht *de* [-en] weeklacht
jam·mer·lijk *bn* droevig, zielig: ★ *~ verloren hebben*
jam·pot [zjɛm-] *de (m)* [-ten] vooral NN pot voor jam
jam·ses·sie [dzjɛm-] *(‹Eng) de (v)* [-s] *muz* willekeurige combinatie van musici, die improviseren op een bepaald thema of nummer
Jan *de (m)* [-nen] jongensnaam ★ *~ en alleman* iedereen ★ NN *een jan* een baas in zijn soort ★ NN *boven ~ zijn* de moeilijkheden te boven zijn ★ BN, *spreektaal van zijn ~ maken* veel drukte maken ★ BN *ook de grote ~ uithangen* willen opvallen, drukte maken ; zie ook bij → **blo**, → **jantje** en → **oom**
jan. *afk* januari
Jan, Piet en Klaas *mv* Jan en alleman
jan·boel *de (m)* grote rommel
jan·boe·ren·fluit·jes *mv* ★ NN *iets op z'n ~ doen* niet degelijk, niet systematisch, met de Franse slag
jan boe·ze·roen *de (m)* NN, vero de arbeiders als maatschappelijke groep
Jan Com·pag·nie [-panjee] *de (m)* NN, vero verpersoonlijking van de Oost-Indische Compagnie
jan con·tant *de (m)* NN iemand die steeds contant betaalt
Jan de Was·ser *de (m)* NN man die onder de plak van zijn vrouw zit en allerlei huiselijk werk moet doen, janhen
Jan de Witt *zn* ★ NN *jongens van ~* flinke, ondernemende jonge kerels
jan·doe·del *de (m)* [-s] NN, spreektaal slappeling, sul

jan·dop·pie, jan·do·rie *tsw* NN bastaardvloek
ja·net, jeannet [zjanet] *de (v)* [-ten] BN, spreektaal, beledigend (verwijfde) homoseksueel: ★ *de carnavalsstoet met de vuile janetten in Aalst*
jan·ha·gel NN I *de (m)* soort koek II *het* gepeupel, het gewone volk
jan·hen *de (m)* [-nen] NN smalende benaming voor een sullige, onhandige man
jan-in-de-zak *de (m)* NN au bain-marie gekookte koek
ja·ni·tsaar (*‹Turks› de (m)* [-tsaren] naam van de soldaten van de in 1826 opgeheven bevoorrechte klasse, die indertijd de kern van het Turkse volk uitmaakte
jan·ken *ww* [jankte, h. gejankt] ❶ klaaglijk huilen ❷ hoge, langgerekte geluiden maken, als een sirene of als een wolf
Jan Klaas·sen *zn* grappenmaker uit de poppenkast
jan·klaas·sen *de (m)* persoon die je niet serieus kan nemen ★ *vooral* NN *wat een janklaassen* wat een aansteller
jank·toon *de (m)* [-tonen] sirenesignaal met een toon van wisselende hoogte dat het begin van een luchtalarm aanduidt
jan lul *de (m)* NN, spreektaal sufferd, onnozele vent
jan·maat *de (m)* [-s] NN bijnaam van de matrozen
jan met de pet *de (m)* de arbeider
Jan Mo·daal *de (m)* de modale werknemer
Jan·ne·man *zn* koosnaam voor Jan
jan·ple·zier *de (m)* [-en, -s] groot, door een paard getrokken plezierrijtuig
jan pu·bliek *de (m)* het grote publiek
jan rap *de (m)* ❶ gepeupel; ❷ ‹bij De Genestet› zogenaamd verlicht vrijzinnige ★ NN *~ en zijn maat* allerlei gespuis
jan·sa·lie *de (m)* [-s] NN slappe, lamlendige vent
jan·sa·lie·ach·tig *bn* NN zonder energie, slap, lamlendig
jan·se·nis·me *het* leer van bisschop Corn. Jansenius van Ieperen († 1638), die een terugkeer naar de leer van Augustinus bepleitte; hieruit ontstond de *Oudbisschoppelijke Cleresij*; zie bij → **cleresie**
jan·se·nist *de (m)* [-en] aanhanger van het jansenisme; **jansenistisch** *bn bijw*
jans·lot, sint-jans·lot *het* [-loten] nieuwe → **scheut** (bet 1) die zich ontwikkelt na St.-Jan (24 juni)
jan sol·daat *de (m)* NN de gewone, eenvoudige soldaat, aanduiding voor de doorsnee Nederlandse soldaat
jan splin·ter *de (m)* NN aanduiding voor de eenvoudige, enigszins armlastige mens ★ *zo komt ~ door de winter* door zo te beknibbelen en bezuinigen redt men het in moeilijke tijden
Jan Steen *zn* (1626-1679) Hollands schilder van toneeltjes uit het dagelijks leven ★ *vooral* NN *een huishouden van ~* een rommelig huishouden
jan·tje *het* [-s] matroos
jan·tje-van-lei·den *het* [-s] ★ NN *zich met een ~ van*

iets afmaken met een makkelijk praatje iets afdoen of iets niet met de nodige ernst behandelen, genoemd naar de wederdoper Jan Beukelsz. uit Leiden (1509-1536), die erom bekend stond mensen met mooie praatjes af te schepen
ja·nu·a·ri (*‹Lat› de (m)* eerste maand van het jaar, louwmaand, genoemd naar de Romeinse god Janus
ja·nus·kop *de (m)* [-pen] hoofd met dubbel aangezicht
ja·nus·po·li·tiek *de (v)* weifelende, onoprechte staatkunde
jan-van-gent *de (m)* [-s] soort zwemvogel, de vogelfamilie Sulidae
jap *de (m)* [-pen] geringsch Japanner
Ja·pan·ner *de (m)* [-s] iem. geboortig of afkomstig uit Japan
Ja·pans I *bn* van, uit, betreffende Japan II *het* Japanse taal
ja·pen *ww* [jaapte, h. gejaapt] NN diep snijden: ★ *in zijn arm ~*
ja·pon *de (m)* [-nen] kledingstuk voor vrouwen en meisjes, rok en blouse aaneen
jap·pen·kamp *het* [-en] door Japanners opgezet straf- of interneringskamp in het voormalige Nederlands-Indië tijdens de Tweede Wereldoorlog
ja·ren·lang *bijw bn* vele jaren durend
jar·gon (*‹Fr› [-s] het* ❶ koeterwaals ❷ duistere vaktaal of andere taal voor ingewijden: ★ *het Wetstratees en het Binnenhofs worden beschouwd als ~*
ja·rig *bn* zijn geboortedag vierend: ★ *ik ben (op) 26 september ~* ★ *vooral* NN *dan ben je nog niet ~* dan zit je in een onaangename situatie
jar·re·tel, jar·re·telle [zjarretel] (*‹Fr› de* [-s] soort gordel rond de heupen van een vrouw waaraan lange kousen vastgemaakt worden
jas *de* [-sen] ❶ ruimzittend kledingstuk dat binnenshuis over de andere kleren op het bovenlichaam gedragen wordt, NN, vooral het colbert (vaak *jasje*) ❷ kledingstuk dat over de andere kleren gedragen wordt, voornamelijk buitenshuis als bescherming tegen de kou of de regen
jas·be·scher·mer *de (m)* [-s] scherm over het achterwiel van een fiets, ter bescherming van jas of rok
jas·je *het* [-s] zie bij → **jas** (bet 1)
jas·mijn (*‹Fr› de* [-en] plantengeslacht (*Jasmimum*), behorende tot de familie van de *Oleaceae*
jas·mijn·thee *de (m)* naar jasmijn geurende en smakende thee, soms met gedroogde jasmijnbloesems erin
jas·pis (*‹Gr› als stof: het, als voorwerp: de (m)* [-sen] rood, groen en / of bruin geaderde, niet doorschijnende halfedelsteen
jas·sen *ww* [jaste, h. gejast] ❶ een bep. kaartspel spelen ❷ ‹aardappelen› schillen
jas·ses *tsw* NN, bastaardvloek uitroep van afkeer of walging
jas·zak *de (m)* [-ken] zak in colbert of overjas
jat (*‹Hebr› de* [-ten] NN, spreektaal hand: ★ *zij moet*

overal met haar jatten aan zitten
jat·moos (‹Hebr) **I** het NN, spreektaal, Barg handgift; het eerste geld op een dag ontvangen **II** de dief, kruimeldief
jat·ten ww [jatte, h. gejat] vooral NN, spreektaal gappen, stelen
Ja·va het objectgeoriënteerde en platformonafhankelijke programmeertaal voor de ontwikkeling van multimediatoepassingen voor internet en bedrijfsnetwerken
Ja·vaan de (m) [-vanen] iem. geboortig of afkomstig van Java
Ja·vaans I bn van, uit, betreffende Java **II** het de Javaanse taal
Ja·vaan·se de (v) [-n] meisje of vrouw geboortig of afkomstig van Java
ja·va·kof·fie de (m) koffie uit Java
ja·va·mens de (m) prehistorisch menstype waarvan ± 500.000 jaar oude resten op Java gevonden zijn (pithecanthropus erectus)
ja·vel de (v) BN bleekwater
ja·wel bijw ja
ja·woord het [-en] aanvaarding van een huwelijksvoorstel: ★ ze gaf hem haar ~
ja·ze·ker bijw versterking van → **ja** (ook als twee woorden geschreven)
jazz [dzjez] (‹Eng) de (m) oorspronkelijk door de Amerikaanse negers beoefende muziek, waarin de musici zelf een improvisatorisch aandeel hebben
jazz·bal·let [dzjez-] het het dansen of zich bewegen op ritmische muziek, zoals jazz of popmuziek
jazz·band [dzjezbend] (‹Eng) de (m) [-s] orkest voor jazzmuziek
jazz·dance [dzjezdens] (‹Eng) de (m) muz vorm van dance met jazzinvloeden
jazz·rock [dzjez-] (‹Eng) de (m) muz mengvorm van jazz en rockmuziek, fusion
jaz·zy [dzjezzie] (‹Eng) bn op jazz gelijkend, jazzachtig: ★ die muziek klinkt vrij ~
J.C. afk Jezus Christus
je I pers vnw tweede persoon enkelvoud, onderwerpsvorm en niet-onderwerpsvorm (gebruikt tegen personen waar men niet formeel mee omgaat): ★ ~ ziet er leuk uit ★ ik geef ~ iets voor je verjaardag ★ ik zag ~ gisteren voor school ; zie ook bij → **het II** bez vnw tweede persoon enkelvoud (gebruikt tegen personen war men niet formeel mee omgaat): ★ daar ligt ~ schooltas **III** wederk vnw (gebruikt tegen personen waar men niet formeel mee omgaat): ★ je vergist ~ **IV** onbep vnw inf: ★ zoiets doe ~ niet ★ als ~ naar Winschoten wil, kan ~ het best de trein nemen
jeans [dzjiens] (‹Eng) de (m) [mv idem] → **bluejeans**
jeans·vest [dzjiens-] het [-en] BN ook spijkerjack, korte jas van denim
jee tsw NN afkorting van Jezus; uitroep van verbazing, ook → **jeetje**
jeep [dzjiep] (‹Eng: gevormd uit GP: general purpose) de (m) [-s] kleine Amerikaanse legerauto van speciaal

model met op bijzondere wijze beschermde radiator, terreinwagen
jee·tje tsw NN → **jee**
je·gens vz ten aanzien van, tegenover (iem., niet iets)
je·ho·va de (m) ❶ Jehova onjuiste weergave van het Hebreeuwse Jahweh ❷ verkorting van Jehova's getuige, lid van een beweging van adventistische aard, in 1870 opgericht door Charles Taze Russell [-s]
jek de (m) & het [-s] NN → **jack**
jek·ker de (m) [-s] korte overjas van zware stof
jel·ly [dzjellie] (‹Eng) de (m) gelei, dril
je·lui vnw vero jullie
Je main·tien·drai bijw [zjə mētjēdree] (‹Fr) ik zal handhaven; devies onder het Nederlandse wapen, afkomstig van de Prinsen van Oranje
Je·me·niet de (m) [-en] iem. geboortig of afkomstig uit Jemen
Je·me·ni·tisch bn van, uit, betreffende Jemen
je·mig tsw NN uitroep v. verbazing
je·mig de ·pe·mig tsw NN uitroep van verbazing, bekend geworden door de cabaretiers Van Kooten en De Bie in hun rol van oudere jongeren
je·mi·nee tsw NN, bastaardvloek uitroep van ontsteltenis
jen de (m) inf grap: ★ voor de ~
je·na·plan·school de [-scholen] schooltype voor het basisonderwijs, waar de indeling niet per klas, maar in vier 'stamgroepen' gaat, en waarin ook veel aan expressie wordt gedaan, genoemd naar de Duitse stad Jena waar de Duitse pedagoog Peter Petersen (1884-1952) dit schooltype ontwikkeld heeft
je·ne·ver (‹Fr‹Lat) de (m) sterk alcoholhoudende drank, gearomatiseerd met olie bereid uit de bessen van de jeneverbes ★ oude ~ donkerder van kleur en zwaarder van smaak ★ jonge ~ lichter van kleur en smaak
je·ne·ver·bes de [-sen] ❶ struikachtige boomsoort uit de cipresfamilie (Juniperus communis), in Nederland en België beschermd, jeneverstruik ❷ bes van de jeneverstruik, waaruit olie wordt bereid, gebruikt bij het aromatiseren van jenever
je·ne·ver·neus de (m) [-neuzen] rode drankneus
je·ne·ver·sto·ker de (m) [-s] iem. die jenever stookt
je·ne·ver·sto·ke·rij de (v) [-en] bedrijf waar men jenever stookt
je·ne·ver·struik de (m) [-en] → **jeneverbes** (bet 1)
jen·ge·len ww [jengelde, h. gejengeld] NN ❶ dwingerig huilen, erg zeuren: ★ de kinderen waren de hele reis aan het ~ ❷ een onaangenaam, zeurderig geluid maken: ★ wat jengelt dat apparaat toch!
jen·nen ww [jende, h. gejend] inf sarren
je·re·mi·a·de (‹Fr) de (v) [-s, -n] klaaglied, jammerklacht, als van de profeet Jeremia in het Oude Testament
je·re·mi·ë·ren ww [jeremieerde, h. gejeremieerd] jammeren, weeklagen, lamenteren

je·rez [cheereth, Duitse ch, Engelse th] *(‹Sp) de (m)* → **xeres**

Je·ri·cho *het* ★ *roos van* ~ kruisbloemige woestijnplant, waarvan de bladeren bij droogte sterk inkrimpen en zich na bevochtiging weer ontplooien volgens de legende het eerst ontsproten in de woestijn bij Jericho, waar Maria bij haar vlucht naar Egypte haar voet had neergezet

jer·ry·can [dzjerrieken] *(‹Eng) de (m)* [-s] vat van bepaald model met een handgreep en een schroefdopsluiting, vnl. voor benzine, thans ook voor andere vloeistof (bijv. water)

jer·sey [dzjù(r)sie] *(‹Eng) de (m)* [-s] ❶ nauwsluitende wollen sporttrui ❷ machinaal gebreide stof, vnl. voor dameskleding, genoemd naar het Kanaaleiland *Jersey*

Je·ru·za·lem *(‹Hebr) het* ★ *het hemels* ~, *het nieuw* ~ het Godsrijk *of* de hemel, naar de stad in het Midden-Oosten die heilige stad is voor christenen, joden en moslims; zie ook bij → **vreemdeling**

Je·ru·za·lem·mer *de (m)* [-s] iem. geboortig of afkomstig uit Jeruzalem

Je·ru·za·lems *bn* van, uit, betreffende Jeruzalem

jet [dzjet] *(‹Eng) de (m)* [-s] straalvliegtuig

jet·foil [dzjet-] *(‹Eng) de (m)* [-s] door een straalmotor aangedreven schip

Jet·je *het* [-s] meisjesnaam ★ NN *iem. van jetje geven* een pak slaag (of een uitbrander) geven ★ NN *'m van jetje geven* goed zijn best doen, de beuk erin zetten

jet·lag [dzjetley] *(‹Eng) de (m)* de gezamenlijke vermoeidheidsverschijnselen die zich voordoen als men in korte tijd een aantal tijdzones overbrugt, zoals met een straalvliegtuig: ★ *na de vliegreis van Moskou naar Los Angeles hadden de passagiers vreselijk last van* ~

je·ton [zjətɔn] *de (m)* [-s] BN penning, muntje

jet·set [dzjet-] *(‹Eng) de (m)* categorie van zeer rijke en modieuze lieden die geregeld per jet internationale societybijeenkomsten, luxe badplaatsen enz. bezoeken

jet·ski [dzjet-] *de (m)* ['s] snel en wendbaar vaartuig dat uiterlijk veel overeenkomst vertoont met een scooter, waterscooter

jet·ski·ën [dzjet-] *ww & het* zich voortbewegen op een jetski

jeu¹ [zjeu] *(‹Fr) de (m)* NN ❶ oorspr jus, vleesnat ❷ fig wat iets leuk en aantrekkelijk maakt, aardigheid ★ *de* ~ *is eraf* het is niet leuk meer

jeu² [zjeu] *(‹Fr) het* [jeux] spel ★ ~ *de boules* Frans spel, waarbij men probeert massieve metalen ballen zo dicht mogelijk bij een eerder geworpen balletje te werpen

jeugd *de* ❶ het jong zijn ❷ de jonge mensen

jeugd·ate·lier [-aatəljee] *het* [-s] BN centrum voor creatieve expressie voor jongeren

jeugd·be·we·ging *de (v)* [-en] de min of meer idealistische jeugdverenigingen

jeugd·dienst *de (m)* [-en] prot kerkdienst voor jonge mensen

jeugd·her·berg *de* [-en] goedkope logeergelegenheid voor rondtrekkende jeugd

jeugd·her·in·ne·ring *de (v)* [-en] herinnering uit iems. vroege jeugd

jeugd·honk *het* [-en] lokaliteit of gebouw waar tal van activiteiten voor jongeren worden georganiseerd

jeug·dig *bn* jong; (als) van de jonge mensen

jeugd·ja·ren *mv* jaren vóór de volwassenheid

jeugd·lei·der *de (m)* [-s], **jeugd·leid·ster** *de (v)* [-s] iem. die bij jeugdwerk leiding geeft

jeugd·lief·de *de (v)* [-n, -s] ❶ verliefdheid in de jeugdjaren ❷ iem. op wie men in zijn jeugd verliefd is geweest

jeugd·loon *het* [-lonen] NN wettelijk bepaald minimumloon voor werknemers jonger dan 23 jaar

jeugd·por·tret *het* [-ten] iems. portret uit de tijd toen hij nog jong was

jeugd·pros·ti·tu·tie [-(t)sie] *de (v)* prostitutie door jeugdige personen

jeugd·puist·jes *mv* acne

jeugd·recht *het* BN de rechtsregels zoals die gelden voor kinderen en jongeren tot 18 jaar in België

jeugd·rech·ter *de (m)* [-s] BN ook kinderrechter

jeugd·sen·ti·ment *het* [-en] ❶ het met vertedering terugdenken aan de jeugdjaren ❷ datgene uit de jeugdjaren wat vertedering teweegbrengt

jeugd·tbs *de (v)* NN, recht terbeschikkingstelling van een jeugdige misdadiger

jeugd·vriend *de (m)* [-en], **jeugd·vrien·din** *de (v)* [-nen] vriend, vriendin uit de jeugdjaren

jeugd·werk *het* ❶ culturele, godsdienstige of sociale vorming van de jeugd buiten schoolverband ❷ werk vervaardigd door iem. in zijn jonge jaren, vooral gezegd van kunstwerken

jeugd·wer·ke·loos·heid, jeugd·werk·loos·heid *de (v)* werkloosheid onder jongeren

jeugd·wer·king *de (v)* BN geheel van activiteiten binnen een jeugdafdeling van een sportclub of een vereniging

jeugd·zon·de *de* [-n] ❶ eig zonde in de jeugd begaan ❷ fig jeugdwerk waarvoor men zich eigenlijk een beetje schaamt of zou moeten schamen: ★ *dit neoclassicistische gebouw beschouwt men als een* ~ *van deze architect*

jeu·ig [zjeu-] *bn* NN met → **jeu¹**, met zwier, vlot

jeuk *de (m)* het gevoel in de huid dat neiging tot krabben veroorzaakt

jeu·ken *ww* [jeukte, h. gejeukt] een jeukend gevoel geven: ★ *mijn neus jeukt* ★ *mijn vingers* ~ *om hier eens flink op te ruimen* ik voel een sterke neiging tot opruimen ★ *mijn handen* ~ 1 ik heb zin erop los te slaan; 2 ik heb zin aan het werk te gaan ★ NN *mijn maag jeukt* ik heb honger

jeu·ke·rig *bn* enigszins jeukend; jeuk veroorzakend; fig begerig; **jeukerigheid** *de (v)*

jeuk·poe·der, jeuk·poei·er *de (m) & het* jeuk

veroorzakend poeder
jeune pre·mier [zjùn(ə)prəmjee, zjùn(ə)prəmjee] *(‹Fr)
de (m)* [-s] acteur die de rol van jonge minnaar
vervult
jeu·nesse do·rée [zjùnes(sə) dooree] *(‹Fr) de (v)* oorspr
de antirevolutionaire voorname Parijse jeugd na de
val van Robespierre (1794); overdrachtelijk de
jongelui uit de aanzienlijke en rijke kringen die de
toon aangeven in mode en vermaak
jew·el·case [dzjoewəlkees] *(‹Eng) de* [-s] (eig:
juwelenkistje) doosje waarin een cd(-rom) of dvd is
opgeborgen
je·zu·ïet *(‹Lat) de (m)* [-en] ❶ gewone aanduiding van
de leden van de rooms-katholieke geestelijke orde
Societas Jesu, Genootschap van Jezus, gesticht door
Ignatius van Loyola (1491-1556), in 1540 pauselijk
goedgekeurd ❷ fig geringsch iem. met geheime
bedoelingen, intrigant, huichelaar
je·zu·ïe·ten·col·le·ge [-leezjə] *het* [-s] vroeger school
onder leiding van jezuïeten
je·zu·ïe·ten·or·de *de* orde van de jezuïeten
je·zu·ïe·ten·stijl *de (m)* bouwstijl van de jezuïeten
(17de en 18de eeuw) met barokke vormen
je·zu·ï·tisch *bn* van de jezuïeten; fig dubbelhartig
je·zu·ï·tis·me *het* leer en praktijk van de jezuïeten; fig
dubbelhartige denk- of handelwijze
Je·zus *zn* naam van de stichter van het christendom,
Zoon van God; vaak (met kleine letter geschreven)
gebruikt als vloek of uitroep van schrik, verbazing
e.d.: ★ *jezus, wat een bende is het hier!* ★ NN *jezus
mina!* of *jezus maria, ik dacht dat je dood was!* ; zie
ook bij → allejezus, → jee en → tjeempie
je·zus·freak [-friek] *de (m)* [-s] iem. die onlangs tot het
christendom is bekeerd en zijn nieuwe geloof op
opvallende manier wil uitdragen
jg. *afk* jaargang
jhr. *afk* jonkheer
jicht *de* pijnlijke ziekte van de gewrichten
jich·tig *bn* met jicht
jicht·knob·bel *de (m)* [-s] door jicht veroorzaakte
verdikking van de gewrichten
Jid·disch I *het* taal van de Oost-Europese Joden,
bestaande uit met Pools, Hebreeuws en andere
talen vermengd Duits **II** *bn* in, betreffende deze taal
ji·had [dzjiehaad] *(‹Arab) de (m)* heilige oorlog bij de
moslims
ji·ha·dist [dzjiehaa-] *(‹Arab) de (m)* [-en] voorstander
van de jihad
jij *pers vnw* tweede persoon enkelvoud onderwerpsvorm
(emfatisch; gebruikt tegen personen waar men niet
formeel mee omgaat): ★ ~ *blijft hier, terwijl ik
boodschappen doe*
jij-bak *de (m)* [-ken] NN, spreektaal antwoord (op
verwijt, spot) in de trant van *dat ben je zelf*
jij·en *ww* [jijde, h. gejijd] ★ ~ *en jouen* met jij en jou
aanspreken
jin·gle [dzjinyəl] *(‹Eng) de (m)* [-s] ❶ metaalachtig
bijgeluid in de mechanische weergave van muziek

❷ stukje muziek waarmee een radio- of
televisiereclame begeleid wordt of waarmee
radioprogramma's worden opgeluisterd
jin·go [dzjinyoo] *(‹Eng) de (m)* ['s] Engelse chauvinist
jip-en-jan·ne·ke·taal *de* heldere, eenvoudig te
begrijpen taal: ★ *politici zouden vaker ~ moeten
gebruiken*
jip·pie *tsw* vooral NN uitroep van vrolijkheid
jit·ter·bug[1] [dzjittə(r)buγ] *(‹Eng) de (m)* wilde, min of
meer acrobatische dans, oorspronkelijk van de
negers in Harlem, ± 1920
jit·ter·bug[2] [dzjittə(r)buγ] *(‹Eng) de* acrobatische,
spectaculair ogende dans op jazz- en swingmuziek,
rond 1930 populair in de VS
ji·u·jit·su *(‹Jap) het* Japanse worstelkunst voor
zelfverdediging
jive [dzjaiv] *(‹Eng) de (m)* snelle jazzdans, verwant aan
de jitterbug, vooral populair rond 1950
jkvr. *afk* jonkvrouw
jl. *afk* jongstleden
jo *tsw*, **joh** afkorting van → jongen[1], ook als
aanspreekvorm en als tussenwerpsel gebruikt
Job *zn* ★ *zo arm als ~* straatarm; naar een zwaar
beproefd man in het Oude Testament
job [dzjob] *(‹Eng) de (m)* [-s] ❶ baan, betrekking
★ *fulltimejob* volledige baan, die alle tijd eist
★ *halftimejob* baan die ongeveer de helft van de
normale werktijd eist ❷ BN ook bijbaan,
nevenfunctie, baantje, vooral parttimebaan van een
student
job·aan·bie·ding [dzjob-] *de (v)* [-en] BN, spreektaal
vacature
job·dienst [dzjob-] *de (m)* BN bemiddelingsinstantie
voor jobstudenten
job·hop·per [dzjob-] *(‹Eng) de (m)* [-s] iem. die frequent
van baan en functie verandert
job·kor·ting [dzjob-] *de (v)* BN korting op
personenbelasting aan werkenden, zodat zij een
hoger nettoloon krijgen
job·ro·ta·tion [dzjobrooteesjən] *(‹Eng) de* het periodiek
rouleren van functies en taken binnen een
organisatie zodat medewerkers zich blijven
ontwikkelen en meeveranderen
jobs·bo·de *de (m)* [-n, -s] ongeluksbode
jobs·ge·duld *het* zeer groot, taai geduld als van Job
jobs·tij·ding *de (v)* [-en] ongelukstijding
job·stu·dent [dzjob-] *de (m)* [-en] BN ook student die
een bijbaantje heeft om de studiekosten te drukken
joch, jo·chie *het* [jochies] NN jongetje
jock·ey [dzjokkie] *(‹Eng) de (m)* [-s] rijknecht; pikeur die
bij wedrennen het paard voor de eigenaar berijdt
jock·ey·pet [dzjokkie-] *de* [-ten] pet van een jockey
jo·de·len *ww (‹Du)* [jodelde, h. gejodeld] zangwijze
van Alpenbewoners, waarbij men snel van borst-
naar kopstem overspringt
Jo·den·buurt *de* [-en] vroeger buurt waarin veel Joden
woonden; nog gebruikelijke benaming voor zo'n
buurt in bepaalde steden

jo·den·dom *het* de joden en hun leer
jo·den·fooi *de* [-en] inf kleinigheid waarmee men iem. afscheept
Jo·den·kerk·hof *het* [-hoven] kerkhof voor Joden
jo·den·kers, jo·den·kriek *de* [-en] sierplant van de familie van de nachtschaden (*Physalis*)
jo·den·koek *de (m)* [-en] vooral NN bep. type kruimelige, platte, ronde koek
jo·den·lijm *de (m)* NN, schertsend speeksel als kleefmiddel gebruikt
Jo·den·ster *de* [-ren] davidster
jo·den·streek *de* [-streken] gemene streek, vooral in zaken van koophandel
jo·de·ren *ww* [jodeerde, h. gejodeerd] ❶ jodium toevoegen ❷ ‹wonden› bedekken met een jodiumoplossing
jo·di·de *het* [-n] chem verbinding van het element jodium met een metaal
Jo·din *de (v)* [-nen] vrouw van het Joodse volk
jo·din *de (v)* [-nen] vrouw die het joodse geloof belijdt
jo·di·um (‹Gr› *het* chemisch element, symbool I, atoomnummer 53, een in de natuur niet vrij (o.a. in chilisalpeter) voorkomend metalloïde
jo·di·um·tinc·tuur *de (v)* oplossing van één deel jodium op negen delen alcohol, als ontsmettende stof toegepast
jo·do·form *het* ontsmettende stof, geel van kleur met sterke reuk, bestaande uit een verbinding van jodium
joeg *ww,* joe·gen verl tijd van → jagen
Joe·go·slaaf *de (m)* [-slaven] iem. geboortig of afkomstig uit Joegoslavië
Joe·go·sla·visch *bn* van, uit, betreffende Joegoslavië
joe·hoe *tsw* uitroep waarmee men iems. aandacht probeert te trekken, hoeoi
joe·kel *de (m)* [-s] Barg groot voorwerp of dier
joe·len *ww* [joelde, h. gejoeld] vrolijk rumoeren
joel·feest *het* Germaans winterfeest rond de kortste dag van het jaar
joe·pie *tsw* uitroep van vreugde
joert, joer·te *de* [-n] tent van vilt en takken of taaie rijzen bij Siberische of Mongoolse nomadenvolken
joet·je (‹*Hebr*› *het* [-s] NN, vroeger, Barg briefje van tien gulden
jo·fel (‹*Hebr*› *bn* NN, spreektaal prettig, plezierig; mooi
jof·fer *de (v)* [-s, -en] oude vorm van → juffer (bet 1)
jog·gen *ww* [dzjɔγγə(n)] (‹*Eng*› [jogde, h. gejogd] hardlopen om in conditie te blijven, zonder een bijzondere sportieve prestatie te willen verrichten
jog·ger [dzjɔγγə(r)] (‹*Eng*› *de (m)* iem. die jogt
jog·ging [dzjɔγγiŋ] (‹*Eng*› *het* het joggen
jog·ging·pak [dzjɔγγiŋ-] *het* [-ken] trainingspak gebruikt bij het joggen
Joh. *afk* Bijbel (Evangelie van) Johannes
joh *tsw* → jo
jo·han·nes·bloem *de* [-en] grote madelief
jo·han·nes·brood·boom *de (m)* [-bomen] boom uit het Middellandse Zeegebied met zoete peulvrucht (*Ceratonia siliqua*)
jo·han·nes·ke·ver *de (m)* [-s] tot de bladsprietigen behorende kever
jo·han·nie·ter *de (m)* [-s] naam van de leden van een geestelijke orde, opgericht te Jeruzalem in 1099, thans caritatieve vereniging van adellijke personen, met een katholieke en een protestantse tak, genoemd naar de apostel Johannes, patroon van die orde; ook → **hospitaalridder** genoemd
John Bull *zn* [dzjon boel] (‹*Eng*› verpersoonlijking van het Engelse volk
jo·ho *tsw* uitroep van vreugde
joint [dzjoint] (‹*Eng*› *de (m)* [-s] slang grote, gezamenlijk te roken sigaret van tabak vermengd met hasj of marihuana ★ *een joint(je) bouwen* maken
joint ven·ture [dzjoint ventsjə(r)] (‹*Eng*› *de (v)* [-s] gemeenschappelijke onderneming, samenwerking van ondernemingen voor een bepaald object
jo·jo *de (m)* ['s] speeltuig bestaande uit een dubbele schijf, die langs een koord op en neer gaat
jo·jo·ën *ww* [jojode, h. gejojood] met een jojo spelen
joke [dzjook] (‹*Eng*‹*Lat*› *de (m)* [-s] grap ★ *sick ~* wrange, bijtende grap; zie ook → **practical joke**
jo·ker (‹*Eng*› *de (m)* [-s] ❶ kaart uit het kaartspel naast de 52 gangbare, met tal van toepassingen ❷ inf man, persoon ★ *voor ~ staan* een mal *of* gek figuur slaan
jo·ke·ren *ww* [jokerde, h. gejokerd] bepaald kaartspel spelen
jok·ke·brok *de* [-ken] vooral NN kind dat (vaak) liegt
jok·ken *ww* [jokte, h. gejokt] vooral NN, kindertaal of verzachtend liegen: ★ *je hebt dus een beetje gejokt toen je zei dat je niet naar de bioscoop bent geweest*
jok·ker, jok·kerd *de (m)* [-s] vooral NN leugenaar
jol *de* [-len] kleine sloep of zeilboot
jo·len *ww* [joolde, h. gejoold] jool maken, luidruchtig pret maken
jo·lig *bn* vrolijk, uitgelaten; **joligheid** *de (v)*
jo·lijt *de & het* vero of schertsend pret
Jom Ki·poer *de (m)* (‹*Hebr*› Grote Verzoendag, een joodse godsdienstige feestdag
jo·nas·sen *ww* [jonaste, h. gejonast] aan armen en benen heen en weer slingeren
Jo·na·than *de (m)* Bijbel zoon van koning Saul, boezemvriend van David: ★ *die twee zijn David en ~ boezemvrienden*
jong I *bn* niet oud, jeugdig; van de laatste tijd ★ *de jongste dag* de oordeelsdag **II** *het* [-en] ❶ jong dier, kleintje van dieren ❷ verkorting van → **jongen**[1], meestal als aanspreekvorm gebruikt
jon·ge[1] *tsw* zie bij → **jongen**[1]
jon·ge[2] *de (m)* ❶ verkorting van *jonge jenever* ❷ [*mv:* -n] glas jonge jenever
jon·ge·da·me *de (v)* [-s] jeugdige vrouw
jon·ge·doch·ter *de (v)* [-s] schertsend jonge ongehuwde vrouw
jon·ge·heer *de (m)* [-heren] ❶ vero jeugdige zoon van

gegoede ouders ❷ inf penis
jon·ge·juf·frouw *de (v)* [-en] vero aanspreektitel voor een jonge, ongehuwde vrouw
jon·ge·lie·den *mv* ❶ jonge mensen ❷ → **jongelui** (bet 2)
jon·ge·ling *de (m)* [-en] jong manspersoon, van ongeveer 15-25 jaar
jon·ge·lui *mv* ❶ jonge mensen ❷ jong paar
jon·ge·man *de (m)* [-nen, -lieden, -lui] jeugdige man, zich jeugdig voelende man
jon·gen[1] *de (m)* [-s] mannelijk kind; jeugdig mannelijk persoon ★ *jongen, jongen!* uitroep van verbazing, ook: → **tjongejonge!**; → **sjonge, sjonge!** ★ *onze jongens* troetelbenaming voor Nederlandse sportlieden die hun land vertegenwoordigen, Nederlandse soldaten e.d.: ★ *onze jongens in Bosnië*
jon·gen[2] *ww* [jongde, h. gejongd] jongen (→ **jong** II, bet 1) krijgen
jon·gens·ach·tig *bn* als (van) een jongen
jon·gens·boek *het* [-en] spannend avonturenboek voor de jeugd: ★ *mijn zuster las graag jongensboeken*
jon·gens·gek *de (v)* [-ken] meisje dat zeer graag met jongens omgaat
jon·gens·kop *de (m)* [-pen] ❶ kop van een jongen ❷ meisjeskapsel met zeer kort haar
jon·ge·re *de* [-n] *iem.* in de leeftijd tussen ± 14 en 25 jaar ★ *werkende ~* jongere die een beroep uitoefent ★ *oudere ~ iem.* die niet jong meer is, maar wel de levensstijl van een jongere heeft
jon·ge·ren·werk *het* sociaal-cultureel werk onder jongeren
jon·ge·ren·wer·ker *de (m)* [-s] *iem.* die jongerenwerk verricht
jon·ge·tje *het* [-s] kleine jongen ★ *het knapste ~ van de klas* prototype van de intelligente, maar sociaal onhandige jongen die op school altijd gepest wordt
jong·ge·bo·re·ne *de* [-n] pasgeboren kind
jong·ge·huw·den *mv* pas getrouwd paar
jong·ge·zel *de (m)* [-len] ongehuwd man
jong·le·ren *ww* [zjong-, jong-] ‹*Fr*› [jongleerde, h. gejongleerd] evenwichtskunsten doen, vooral een aantal ballen, borden, flessen of andere voorwerpen op kunstige wijze kort achter elkaar omhoog werpen en weer opvangen; ook fig
jong·leur [zjong-, jong-] ‹*Fr*› *de (m)* [-s] ❶ hist middeleeuws beroepsspeelman en -dichter in Frankrijk, later tevens acrobaat en goochelaar ❷ evenwichtskunstenaar, *iem.* die jongleert
jong·maat·je, jong·maat·je *het* [-s] NN, vero leerjongen
jong·mens *het* [-lieden, -lui] jongeling
jongs *bijw* ★ *van ~ af (aan)* van klein kind af
jongst·le·den, jongst·le·den *bn* laatsleden
jong·ver·ken·ner *de* [-s] BN scout van 12-14 jaar
jonk[1] ‹*Jav*› *de (m)* [-en] Chinees zeilschip, voor en achter sterk oplopend
jonk[2] *het* afkorting van → **jongen**[1], als aanspreekvorm gebruikt

jon·ker *de (m)* [-s] zoon van adellijken huize; aanspreektitel van cadetten en adelborsten
jonk·heer *de (m)* [-heren] predicaat van de ingetituleerde leden van de Nederlandse en Belgische adel
jonk·heid *de (v)* de jeugd
jon·kie *het* [-s] NN, spreektaal ❶ jong dier: ★ *mag ik de jonkies zien?* ❷ jong mens, kind ❸ glaasje jonge jenever: ★ *doe mij maar een ~!*
jonk·vrouw *de (v)* [-en] edelvrouw van de laagste rang
Jood *de (m)* [Joden] ‹volksnaam› lid van een van oorsprong semitisch volk dat in de loop van de geschiedenis over de gehele aarde is verspreid ★ *twee Joden weten wat een bril kost* die twee spannen samen, spelen onder één hoedje
jood[1] *de (m)* [joden] belijder van de Israëlitische godsdienst; algemeen *iem.* van Israëlitische afstamming
jood[2] *het* jodium
Joods *bn* van, betreffende de Joden, de mensen van het Joodse volk
joods *bn* van, betreffende de joden, de mensen met het joodse geloof; van, betreffende de Israëlieten
jool *de (m)* [jolen] NN pret, plezier, feest
Joost *zn* mansnaam ★ *~ mag het weten* de duivel moge het weten, ik weet het niet
jop·per ‹*Du*› *de (m)* [-s] halflange waterdichte sportjas, o.a. bij het zeilen gebruikt
Jor·daans[1] *bn* van de Amsterdamse volksbuurt de Jordaan
Jor·daans[2] *bn* van, uit, betreffende Jordanië
Jor·da·ner *de (m)* [-s], **Jor·da·nees** [-nezen] bewoner van de Amsterdamse volksbuurt de Jordaan
Jor·da·ni·ër *de (m)* [-s] *iem.* geboortig of afkomstig uit Jordanië
Jo·ris *zn* mansnaam; zie bij → **goedbloed**
jo·ta ‹*Gr*› *de* ['s] naam van de negende letter van het Griekse alfabet, als hoofdletter I, als kleine letter ι, de kleinste letter, vandaar: ★ *geen ~ niets, niet het allergeringste*
jot·tem *tsw* NN uitroep waarmee men aangeeft iets een erg goed idee te vinden: ★ *~, laten we gaan zwemmen*
jou *pers vnw* derde en vierde naamval van de tweede persoon enk (emfatisch; te bezigen t.a.v. kinderen en intimi): ★ *ik heb het niet over hem, ik heb het over ~*
jou·en *ww* [joude, h. gejoud] zie bij → **jijen**
joule [dzjoul] *de (m)* [-s] eenheid van arbeid, energie, hoeveelheid warmte, genoemd naar de Engelse natuurkundige James Joule (1818-1889): ★ *een ~ is gelijk aan de arbeid die wordt verricht door een kracht van 1 newton over een weg van 1 meter in de richting van de kracht*
jour·naal [zjoer-] ‹*Fr‹Lat*› *het* [-nalen] ❶ dagregister; boek met reisaantekeningen, vooral scheepsdagboek ❷ koopmansdagboek ❸ vertoning van nieuws via film of televisie
jour·naal·post *de (m)* [-en] post in het → **journaal** (bet

2), aangevende welke rekeningen in het grootboek gecrediteerd of gedebiteerd moeten worden

jour·na·li·se·ren ww [zjoernaaliezeerə(n)] [journaliseerde, h. gejournaliseerd] handel in het dagboek schrijven

jour·na·list [zjoer-] de (m) [-en] iem. die beroepshalve stukjes schrijft in tijdschriften; bij uitbreiding iem. die zich beroepshalve bezighoudt met de presentatie en publicatie van informatie (persfotografen, krantenredacteuren, presentatoren van actualiteitenprogramma's e.d.)

jour·na·lis·tiek [zjoer-] I de (v) het in woord, geluid en / of beeld verslag doen van gebeurtenissen en situaties in de wereld II bn van of betrekking hebbend op de journalistiek (bet. 1)

jouw bez vnw ‹met nadruk› je

jou·wen ww [jouwde, h. gejouwd] beschimpen; ook → uitjouwen

jo·vi·aal [zjoo-, joo-] (‹Fr‹Lat) bn gulhartig, rond en opgewekt, lustig

jo·vi·a·li·teit [zjoo-, joo-] (‹Fr) de (v) blijgeestigheid; gulheid

joy·eus [zjwajjeus] (‹Fr) bn zwierig

joy·ri·den [dzjoi-] ww & het (het) gedurende een korte tijd gebruik maken van een voertuig van iemand anders, zonder diens toestemming

joy·rid·er [dzjoi-raidə(r)] (‹Eng) de (m) [-s] iem. die aan joyriding doet

joy·rid·ing [dzjoi-raiding] (‹Eng) de (m) het joyriden

joy·stick [dzjoi-] (‹Eng) de (m) [-s] ❶ luchtv knuppel, stuurknuppel ❷ comput soort stuurknuppel waarmee de cursor op het beeldscherm kan worden verplaatst; pookje ten behoeve van de bediening van videospelletjes

Jo·zef (‹Hebr) de (m) Bijbel ❶ zoon van Jakob en Rachel, door zijn broers verkocht naar Egypte, waar hij later onderkoning werd, Genesis 37-50 ★ een heilige ~, een kuise ~ een zeer zedig manspersoon ❷ de man van Maria, de moeder van Jezus ★ de ware ~ de man die voor een meisje bestemd is

JPEG de [jeepeg] comput Joint Photograpic Expert Group (‹Eng) [standaardtechniek voor het comprimeren van fotografische data, veel gebruikt op internet]

jr. afk junior

ju tsw uitroep van aansporing aan een dier

ju·bee (‹Fr) het [-s] verbindingsbalk tussen de zijwanden van een kerk, voor het priesterkoor

ju·bel (‹Lat) de (m) gejuich; feestvreugde

ju·be·len ww [jubelde, h. gejubeld] ❶ juichen, feestvreugde uiten ❷ een jubileum vieren

ju·bel·jaar het [-jaren] ❶ feestelijk herdenkingsjaar; ❷ ‹in de Rooms-Katholieke Kerk› om de 25 jaar; ❸ ‹bij de Israëlieten› elk vijftigste jaar, waarin de veldarbeid moest rusten en ieder die zijn land of zijn vrijheid verloren had, deze terugkreeg

ju·bel·te·nen mv schertsend naar boven staande tenen

ju·bi·la·ris de (m) [-sen], **ju·bi·la·res·se** de (v) [-n] iem. die een jubileum viert; persoon voor wie een feest gegeven wordt

ju·bi·le·ren ww (‹Fr‹Lat) [jubileerde, h. gejubileerd] ❶ jubelen, juichen ❷ een jubileum vieren

ju·bi·le·um (‹Lat) het [-lea, -s] ❶ jubelfeest, jubeljaar ❷ herdenkingsfeest, herdenking van de dag waarop voor een bepaald rond aantal jaren iets gebeurd is

jucht (‹Du‹Russ), **jucht·leer**, **jucht·le·der** het met berkenteer ingewreven en daardoor sterk riekend Russisch (rood) leer

jucht·le·ren, **jucht·le·de·ren** bn van juchtleer

ju·da·ïs·me (‹Lat) het ❶ jodendom; het geheel van joodse instellingen ❷ joods traditionalisme bij de joden-christenen ❸ [mv: -n] kenmerkend joodse uitdrukking

ju·da·ïst de (m) [-en] tot het christendom bekeerde jood, die zich wilde blijven houden aan joodse voorschriften

ju·das de (m) [-sen] verrader, valsaard, naar Judas, de discipel die Jezus verraden heeft

ju·das·kus de verraderlijke kus

ju·das·loon het beloning voor gemene handeling

ju·das·oor het [-oren] soort paddenstoel

ju·das·pen·ning de (m) [-en] kruisbloemige plant met rond zilverig zaadtussenschot (Lunaria annua)

ju·das·rol de [-len] ★ de ~ spelen als verrader handelen

ju·das·sen ww [judaste, h. gejudast] treiteren, vals plagen, kwellen

ju·di·cieel [-sjeel] bn gerechtelijk, rechterlijk, in rechten, in het geding

ju·di·ci·um (‹Lat) het [-cia, -s] ❶ vonnis, uitspraak ❷ NN oordeel van een examen- of beoordelingscommissie over een examen of een antwoord op een prijsvraag

ju·do (‹Jap) het bepaalde Japanse verdedigingssport

ju·do·ën ww [judode, h. gejudood] judo beoefenen; **judoër** de (m) [-s]

ju·do·ka (‹Jap) de ['s] beoefenaar, beoefenaarster van judo

juf de (v) [-s, -fen] juffrouw, vooral schooljuffrouw

juf·fer de (v) [-s, -en] ❶ juffrouw ❷ lange staak, stampblok ❸ benaming voor een insect

juf·fers·hond·je het [-s] vertroeteld dameshondje ★ NN bibberen, beven als een ~ hevig bibberen van angst

juf·fer·tje het [-s] ❶ kleine juffer; jufje, dametje ❷ → **juffer** (bet 3) ❸ angelustorentje

juf·fer·tje-in-'t-groen het [juffertjes-] ranonkelachtig plantje met lichtblauwe bloemen (Nigella damascena); ook soort groene likeur

juf·frouw de (v) [-en] ❶ onderwijzeres, schooljuffrouw; kleuterleidster ❷ schertsend vrouw, meisje: ★ er stond een pinnige ~ achter de toonbank ❸ vero ongetrouwde vrouw

ju·gend·stil [joeyəntsjtiel] (‹Du) de (m) tussen 1890 en 1910 optredende stijlvernieuwing in de kunst (vooral in de decoratieve kunst), gekenmerkt door

sierlijk, grillig lijnenspel en gepropageerd door het te München sinds 1896 verschijnende tijdschrift *Jugend*; in Frankrijk en Engeland → **art nouveau** genoemd

juice·bar [djoes-] *(‹Eng) de* [-s] horecagelegenheid die is gespecialiseerd in fruitsappen

jui·chen *ww* [juichte, h. gejuicht] vreugdekreten slaken

juich·kreet *de (m)* [-kreten] kreet van vreugde

juich·toon *de (m)* [-tonen] vreugdevolle toon

juist *(‹Fr‹Lat) bn* ❶ zoals het moet zijn: ★ *een juiste houding tegenover ouderen* ★ *de juiste man op de juiste plaats* ★ *~ handelen* ★ BN, spreektaal *alles is ~ alles klopt, alles is in orde* ❷ waar: ★ *een ~ antwoord* ❸ nauwkeurig: ★ *het juiste tijdstip*; BN, spreektaal *precies:* ★ *dat is ~* a) (bij het betalen) precies gepast; b) dat is in orde, laat maar zitten ★ *het is ~ acht uur* het is acht uur precies ❹ in het bijzonder: ★ *~ zij komt hiervoor in aanmerking* ❺ zo-even, kort geleden: ★ *ik heb hem ~ nog gezien*; **juistheid** *de (v)*

juis·te·ment *(‹Fr) bijw* → **justement**

ju·ju·be [zjuuzjuubə, juujuubə] *(‹Fr‹Lat) de* [-s] ❶ oorspr vrucht van een Aziatische boom (*Zizyphus jujuba*), die bij vervaardigen van hoestballetjes gebruikt werd ❷ NN, thans zacht ruitvormig of rechthoekig dropje bestaande uit gom, suiker en oranjebloesemwater

juk *het* [-ken] ❶ trekblok voor trekdieren; fig dwang, druk, harde dienst ★ *het ~ afschudden, afwerpen* zich bevrijden ❷ een span trekdieren ❸ een oude landmaat, zoveel land als met een span ossen in één dag wordt geploegd, ongeveer een halve hectare ❹ benaming van gereedschappen of toestellen om te dragen of te steunen, vooral om emmers of manden aan de schouders te dragen

juk·been *het* [-deren, -benen] wangbeen onder het oog

juke·box [dzjoeγboks] *(‹Eng) de (m)* [-en] automaat die na inworp van een geldstuk muziek speelt

ju·li *(‹Lat) de (m)* zevende maand van het jaar, hooimaand, genoemd naar Julius Caesar

ju·li·aan·se ka·len·der *de (m)* door Julius Caesar verbeterde tijdrekening, waaraan het zonnejaar (365 dagen en 6 uur) ten grondslag ligt in plaats van het maanjaar; ook *Oude Stijl* genoemd; later vervangen door de Gregoriaanse kalender

ju·lienne [zjuuljen(nə)] *(‹Fr) de* groentesoep (ook: ★ *potage à la ~*)

jul·lie *pers vnw & bez vnw* (tweede persoon meervoud): ★ *~ gaan naar huis* ★ *daar staat ~ auto*

jum·bo- *(‹Eng) als eerste lid in samenstellingen* zeer groot

jum·bo·jet [dzjumboodzjet] *(‹Eng) de (m)* [-s] benaming voor de Boeing 747, een groot straalvliegtuig (*vgl*: → **widebody**)

ju·me·lage [zjuuməlaazjə] *(‹Fr) de (v)* het samenvoegen in tweetallen; wel gebruikt voor acties waarbij twee steden uit verschillende landen zich als tweelingsteden beschouwen

jum·per *(‹Eng) de (m)* [-s] damestrui

jump·shot [dzjumpsjot] *(‹Eng) het* [-s] basketbal doelpoging waarbij de speler opspringt en de bal pas schiet als hij het hoogste punt heeft bereikt

jump·style [dzjumpstail] *(‹Eng) het* dans waarbij in bep. patronen wordt gesprongen op housemuziek, vaak synchroon uitgevoerd

jump·suit [dzjumpsoet] *(‹Eng) de (m)* [-s] nauwsluitend broekpak (met ritssluiting) uit één stuk

jun. *afk* junior

junc·tie [-sie] *(‹Lat) de (v)* [-s] samenvoeging, vereniging, verbinding

junc·to *(‹Lat) voorz* recht in verband met, samen met

junc·tuur *(‹Lat) de (v)* [-s, -turen] verbinding; toestand, tijdsgewricht; *vgl*: → **conjunctuur**

jun·gle [dzjunɣəl] *(‹Eng‹Hindi) de (m)* ❶ met bamboe, laag hout enz. begroeide vlakte in tropische landen, wildernis, rimboe, oerwoud ❷ NN, fig wanorde, onoverzichtelijke toestand zonder regels of ordening ❸ muz vroegere benaming van → **drum & bass**

ju·ni *(‹Lat) de (m)* zesde maand van het jaar, zomermaand, genoemd naar de Romeinse godin Juno

ju·ni·or *(‹Lat)* I *de (m)* [-oren, -ores] ❶ de jongere, de zoon ❷ (*meestal mv: junioren*) jongere leden van een sportclub II *bn* de jongere

junk [dzjunk] *(‹Eng)* I *de (m)* heroïne II *de* [-s] gebruiker van heroïne

junk·bond [dzjunk-] *(‹Eng) de* [-s] risicovolle, hoogrentende obligatie, vaak uitgegeven door bedrijven die snel geld nodig hebben, bijv. voor een overname

Jun·ker [joenkər] *(‹Du) de (m)* [-s] benaming van de Pruisische adellijke grootgrondbezitters, als prototypes van conservatieve en feodale opvattingen

junk·food [dzjunkfoed] *(‹Eng) de (m)* slecht, ongezond voedsel (vaak gebruikt als afkeurende term voor voedsel in fastfoodrestaurants)

jun·kie [dzjunkie] *(‹Eng) de* [-s] drugsgebruiker, aan drugs verslaafde

junk·mail [dzjunkmeel] *(‹Eng) de* ongewenst drukwerk in de brievenbus (meestal reclame)

jun·ta [choentaa, Duitse ch] *(‹Sp‹Lat) de* ['s] ❶ vroeger vergadering, comité van prominenten waarin politieke en militaire zaken werden besproken ❷ thans kleine groep legerofficieren die, meestal na een staatsgreep, politieke macht uitoefent, vooral in Latijns-Amerika

ju·pon [zjuupõ] *(‹Fr) de (m)* [-s] onderrok

ju·ra [zjuu-, juu-] *de* geol periode binnen het mesozoïcum van 195-136 miljoen jaar geleden, bloeiperiode van de grote reptielen en het ontstaan van de eerste vogels, genoemd naar het Juragebergte

ju·re·ren *ww* [zjuu-, juu-] [jureerde, h. gejureerd] als

lid van een jury beoordelen; onderwerpen aan het oordeel van een jury
ju·ri·disch (‹Fr‹Lat›) *bn* rechtskundig, rechtsgeleerd, rechtelijk, rechts
ju·ris·dic·tie [-sie] *(Lat) de (v)* [-s, -tiën] ❶ rechtspraak; rechtsmacht ❷ rechtsgebied
ju·ris·pru·den·tie [-sie] *(Lat) de (v)* rechtsopvatting; wijze waarop rechtslichamen in de regel bepaalde zaken berechten; de gezamenlijke arresten en vonnissen van de rechterlijke instanties van een land
ju·rist *(Lat) de (m)* [-en] ❶ rechtsgeleerde ❷ student in de rechtsgeleerdheid
ju·ris·te·rij *de (v)* spitsvondige rechtstoepassing
jurk *de* [-en] dames- of meisjesjapon
ju·ry [zjuurie] *(Eng) de* [ˈs] ❶ bank van gezworenen, rechtbank van beëdigde medeburgers die in sommige landen bevoegd is over een beklaagde het schuldig of onschuldig uit te spreken ❷ commissie van beoordeling bij wedstrijden, prijsvragen en tentoonstellingen ❸ BN, spreektaal examencommissie
ju·ry·lid [zjuurie-] *het* [-leden] lid van een jury
ju·ry·recht·spraak [zjuurie-] *de* rechtspraak door een → **jury** (bet 1)
jus¹ [zjuu, jus] (‹Fr‹Lat›) *de (m)* vooral NN ❶ vleesnat, saus ❷ vruchtensap
jus² *(Lat) het* [jura] recht; de rechten
jus·blok·je [zjuu-, jus-] *het* [-s] NN tablet waarmee → **jus¹** (bet 1) kan worden gemaakt
jus d'orange [zjuu doorãzj] (‹Fr) *de (m)* vooral NN sinaasappelsap
jus·kom [zjuu-, jus-] *de* [-men] NN kom voor → **jus¹** (bet 1)
jus·le·pel [zjuu-, jus-] *de (m)* [-s] NN diepe lepel om → **jus¹** (bet 1) te scheppen
jus·te·ment [zjuus-, jus-] (‹Fr) *bijw* juist!, precies!, goed zo!
jus·te·ren *ww (‹Lat)* [justeerde, h. gejusteerd] ❶ vereffenen; ijken; nagaan of de te munten metaalschijfjes het juiste gewicht hebben ❷ ‹een instrument› juist (in)stellen
jus·ti·fi·ca·tie [-(t)sie] (‹Fr‹Lat) *de (v)* rechtvaardiging, verdediging, verontschuldiging
jus·ti·fi·ce·ren *ww (‹Lat)* [justificeerde, h. gejustificeerd], **jus·ti·fi·ë·ren** [zjus-, jus-] (‹Fr) [justifieerde, h. gejustifieerd] ❶ rechtvaardigen, verantwoorden ❷ verdedigen, verontschuldigen
just in time [dzjust in taim] (‹Eng) *bn* betrekking hebbend op productiesystemen waarbij de benodigde materialen of onderdelen precies op tijd worden aangeleverd om de opslagkosten zo laag mogelijk te houden
jus·ti·ti·a·be·len [justie(t)sie-] (‹Fr) *mv* aan de rechtbank of een bepaalde rechtspraak onderworpenen
jus·ti·tie [justie(t)sie] *(Lat) de (v)* ❶ wat volgens de wetten recht is ❷ rechtspraak ★ *paleis van ~

gerechtsgebouw* ★ NN *officier van ~ zie bij →* **officier** ❸ de rechterlijke macht; het rechtswezen
jus·ti·tieel [-(t)sjeel] *bn* op de justitie betrekking hebbend, rechterlijk, gerechtelijk
jus·ti·tie·huis [justie(t)sie-] *het* [-huizen] BN instantie die in opdracht van het ministerie van Justitie werkt en juridisch advies verstrekt
jus·ti·tie·pa·leis [justie(t)sie-] *het* [-paleizen] BN ook gerechtshof
Jut *de (m)* [-ten] ❶ Jutlander, inwoner van Jutland ❷ mansnaam ★ *het hoofd of de kop van ~ kermistoestel waarop men door slaan met een zware hamer zijn kracht beproeft* ★ NN *~ en Jul een raar, merkwaardig stel*
jut *de* [-ten] kleine sappige peersoort
ju·te (‹Eng‹Bengali) **I** *de* bastvezel afkomstig van de hennepsoorten *Corchorus olitorius* of *Corchorus capsularis*; weefsel daarvan **II** *bn* van deze stof gemaakt
ju·te·zak *de (m)* [-ken] jute zak, zak van jute
jut·te·mis *de (m)* zie bij → **sint-jutmis**
jut·ten *ww* [jutte, h. gejut] stranddief zijn; als stranddief stelen
jut·te·peer *de* [-peren] NN jut
jut·ter *de (m)* [-s] stranddief
juut *de (m)* [juten] NN, spreektaal politieagent
ju·ve·naat (‹Lat) *het* [-naten] kloosterlijk internaat voor gymnasiaal onderwijs aan aspiranten tot het priesterschap in een bepaalde religieuze orde of van een congregatie
ju·ve·niel (‹Lat) *bn* jeugdig; op jeugdige leeftijd optredend
ju·weel (‹Oudfrans) *het* [-welen] edelsteen; fig iets wat uitmunt, iets wat voortreffelijk is
ju·we·len *bn* van juweel, met juweel bewerkt of bezet: ★ *een ~ dasspeld*
ju·we·len·kist·je *het* [-s] kistje ter bewaring van juwelen, gewoonlijk met fluweel bekleed
ju·we·lier *de (m)* [-s] handelaar in edelstenen, gouden en zilveren sieraden e.d. die ook juwelen bewerkt
ju·we·liers·zaak *de* [-zaken] juwelierswinkel
jux·ta·po·si·tie [-zie(t)sie] *de (v)* [-s] het naast-elkaar-plaatsen

K

k¹ *de* [k's] elfde letter van het alfabet
k² *afk* ❶ symbool voor het voorvoegsel *kilo-* (1000) ❷ euf kanker
K *afk* ❶ chem symbool voor het element *kalium* ❷ symbool voor *kelvin* ❸ aanduiding dat er op deze plaats een gezonken kabel ligt ❹ comput: *kilobyte*
Ka *de (v)* ['s] vrouwennaam, afkorting van *Catharina* ★ *een ka* een bazige vrouw, naar de flamboyante, prinsgezinde Rotterdamse mosselverkoopster Catharina Mulder, alias Kaat Mossel (1723-1798)
ka¹ *de* [-den] → **kaai**
ka² *de* ['s] kauw
kaag *de* [kagen] buitendijks gelegen stuk land
kaai *de* [-en] → **kade**
kaai·en *ww* [kaaide, h. gekaaid] ❶ aan de kade komen, aanleggen ❷ aan de kade brengen ❸ een kade maken, bekaden
kaai·man *(‹Sp) de (m)* [-s, -nen] klein, krokodilachtig reptiel uit Midden- en Zuid-Amerika
kaak¹ *de* [kaken] ❶ de beenderen boven en onder de mondholte; de boven- of de onderkaak; *kaken* mond, bek, muil: ★ *hou je kaken* hou je mond ★ *de kaken van de dood* ❷ vero wang: ★ *met beschaamde kaken staan* ❸ ‹van een vis› kieuw ❹ benaming van delen van werktuigen, die enigszins op kaken gelijken, o.a. aan een schaaf, aan een bankschroef enz.
kaak² *de* [kaken] schandpaal ★ *aan de ~ stellen* als verkeerd bekendmaken, te schande maken, gispen, → **laken¹**
kaak³ *(‹Eng) de* [kaken] hard meelgebak, scheepsbeschuit
kaak·been, **ka·ke·been** *het* [-deren *en* -benen] been van onder- of bovenkaak
kaak·chi·rurg [-sjie-] *de* [-en] chirurg die operaties verricht in de mond en aan de kaak en de omgevende weefsels
kaak·frac·tuur *de (v)* [-turen] gebroken → **kaak¹**
kaak·hol·te *de (v)* [-n, -s] holte in bovenkaak
kaak·je *het* [-s] bros, droog koekje; biscuitje
kaak·ont·ste·king *de (v)* [-en] ontsteking in de → **kaak¹**
kaaks·been *het* [-deren *en* -benen] → **kaakbeen**
kaak·slag *de (m)* [-slagen] slag op de wang; meestal fig belediging, smaad: ★ *de nieuwe wet betekent een ~ voor de milieubeweging*
kaal *bn* ❶ onbehaard; met zeer kort haar; zonder veren of vacht; bladerloos, onbegroeid ★ *in zijn familie worden alle mannen ~* ❷ zonder bedekking of versiering, ongezellig ❸ armelijk, armoedig, niets meer bezittend: ★ *een kale heer* iem. die zich gedraagt als een welgestelde heer, maar in werkelijkheid niets bezit ★ *hoe kaler, hoe royaler* hoe armer men is, hoe meer men geneigd is zich rijk voor te doen ★ *volkomen ~ zijn* ❹ zonder succes, teleurgesteld ★ *er ~ afkomen* ❺ netto, zonder extra kosten ★ NN *kale huur* prijs die men betaalt voor de bewoning van een kamer of huis minus de elektriciteits-, verwarmings- en servicekosten
kaal·heid *de (v)* het kaal zijn; kaalhoofdigheid, het onbegroeid of onbedekt of bladerloos zijn; armelijkheid, armoede
kaal·hoof·dig *bn* met zeer weinig of zonder hoofdhaar; **kaalhoofdigheid** *de (v)*
kaal·knip·pen *ww* [knipte kaal, h. kaalgeknipt] het hoofdhaar helemaal afknippen
kaal·kop *de (m)* [-pen] ❶ kaalhoofdige ❷ iem. met zeer kort geknipt haar
kaal·pluk·team [-tiem] *het* [-s] NN pluk-ze-team
kaal·slaan *ww* [sloeg kaal, h. kaalgeslagen] bomen vellen waardoor een terrein kaal wordt; *ook* op grote schaal slopen in steden
kaal·slag *de (m)* het vellen van bomen, waardoor een terrein 'kaal' wordt; *ook* sloop op grote schaal in steden
kaal·tjes *bijw* NN armoedig, zuinigjes, schraaltjes
kaam *de* schimmelvlies op bier, koffie enz.
kaan·tjes *mv* uitgebakken stukjes spek of vet
kaap *(‹Fr‹It* of *Sp‹Lat) de* [kapen] ❶ in zee uitstekend gebergte; *de Kaap* Kaap de Goede Hoop (Zuid-Afrika) ★ NN *hij zal de ~ niet halen* hij zal niet genezen ❷ (numerieke) grens, belangrijke mijlpaal ★ BN *ook de ~ overschrijden* (een bep. hoeveelheid) voorbij zijn, overschrijden, achter de rug hebben: ★ *de badplaats Oostende heeft als eerste de ~ van 100.000 overnachtingen overschreden*
Kaaps *bn* van, uit, betreffende Kaap de Goede Hoop: ★ *Kaapse wijn* ★ *~ viooltje* plantensoort uit de gesneriafamilie, met meestal violette bloemen en ovale bladeren, geteeld als kamer- en kasplant (*Saintpaulia ionantha*) ★ *Kaapse jasmijn* gardenia
kaap·stan·der *(‹Fr) de (m)* [-s] loodrechte windas
Kaap·vaar·der *de (m)* [-s] hist naar de Kaap de Goede Hoop varend persoon of schip
kaap·vaart *de* het varen met een kaperbrief, om vijandelijk eigendom te bemachtigen of te vernietigen
Kaap·ver·di·aan *de (m)* [-anen], **Kaap·ver·di·ër** [-s] iem. geboortig of afkomstig uit Kaapverdië (de Kaapverdische Eilanden)
Kaap·ver·disch *bn* van, uit, betreffende Kaapverdië (de Kaapverdische Eilanden)
kaar *de* [karen] visben, bak met gaatjes om vis levend te bewaren
kaard *(‹Lat)* [-en], **kaar·de** *de* [-n] ❶ distelachtige plant (*Dipsacus*); het vruchtomkleedsel daarvan, bij het kaarden gebruikt ❷ ijzeren wolkam; kaardmachine, *ook* de haken of met haken bezette bladen van de kaardmachine
kaar·den *ww* [kaardde, h. gekaard] ❶ met de → **kaard** (bet 2) ontwarren ❷ ruwen
kaar·den·bol *de (m)* [-len] → **kaard** (bet 1)

kaar·den·dis·tel *de* [-s] → **kaard** (bet 1)
kaars *de* [-en] ❶ brandbare staaf van stearine enz. ★ NN *om de ~ vliegen* zich in verleiding of gevaar begeven ★ *zo recht als een ~* ❷ benaming van planten of delen van planten die in vorm op een kaars gelijken ❸ vero eenheid van lichtsterkte
kaar·sen·pit *de* [-ten] draad in een kaars
kaar·sen·snui·ter *de (m)* [-s] knijper om het puntje van de kaarsenpit af te knijpen
kaars·licht *het* licht van één of meer kaarsen
kaars·recht *bn* zo recht als een kaars
kaars·vet *het* grondstof voor kaarsen; vet van brandende kaars afgedropen
kaart *(‹Fr‹Lat) de* [-en] ❶ bedrukt, beschreven of beschrijfbaar stuk karton; toegangsbewijs ★ *kaartje* naamkaartje *of* plaatsbewijs ★ voetbal *gele ~* kaart die een speler na een ernstige overtreding wordt getoond als officiële waarschuwing ★ voetbal *rode ~* kaart die een speler na een zeer ernstige overtreding of na een tweede gele kaart wordt getoond, waarna deze speler het veld dient te verlaten ★ verkeer *groene ~* bewijs van verzekering bij het passeren van de grens ❷ speelkaart; spel kaarten (vooral *in het mv*) ★ *een kaartje leggen* een spelletje kaarten ★ *alles op één ~ zetten* het welslagen laten afhangen van één kans ★ NN *iem. in de ~ kijken* iemands geheime bedoelingen leren kennen ★ *zich niet in de ~ laten kijken*, BN *niet in zijn kaarten laten kijken* zijn bedoelingen niet laten blijken ★ *iem. de ~ leggen* uit de kaarten de toekomst voorspellen ★ *open ~ spelen* zijn bedoelingen niet verbergen, eerlijk zijn ★ *zijn kaarten op tafel leggen* zijn bedoelingen kenbaar maken ★ *in iems. ~ spelen* of *iem. in de ~ spelen* iems. plannen bevorderen ★ BN *een bepaalde ~ trekken* een bepaalde keuze maken waarnaar men handelt ★ *de kaarten zijn geschud* het lot is al bepaald, de situatie is duidelijk; zie ook bij → **haalbaar** ❸ aardrijkskundige tekening ★ *in ~ brengen* een kaart maken van; fig inventariseren: ★ *laten we eerst de problemen eens in ~ brengen* ★ *iets op de ~ zetten* ervoor zorgen dat iets bekend wordt ★ *van de ~ zijn* tijdelijk of blijvend uitgeschakeld zijn, bewusteloos zijn ❹ menukaart: ★ *ober, mag ik de ~ even zien?*
kaart·club *de* [-s] groep mensen die geregeld samenkomen om te kaarten
kaart·con·tro·le [-trólə] *de* [-s] controle van toegangskaartjes of vervoerbewijzen
kaar·ten *ww* [kaartte, h. gekaart] met speelkaarten spelen
kaar·ten·bak *de (m)* [-ken] bak voor steekkaarten
kaar·ten·huis *het* [-huizen] huisje van kaarten gebouwd; fig wat onzeker is, wat licht vernietigd wordt, ijdel plan: ★ *als een ~ instorten*
kaar·ten·ka·mer *de* [-s] bewaarplaats voor de kaarten op een schip (of in een schoolgebouw)
kaart·jes·knip·per *de (m)* [-s] ❶ iem. die plaatsbewijzen controleert (in openbaar vervoermiddel) ❷ BN ook iem. die de trein begeleidt, de administratie van de trein verzorgt, het vertreksein aan de machinist geeft etc., en daarnaast de plaatsbewijzen knipt, conducteur
kaart·leg·ster *de (v)* [-s] vrouw die uit kaarten (→ **kaart**, bet 2) de toekomst voorspelt
kaart·le·zen *ww & het* (het) gebruiken van aardrijkskundige kaarten
kaart·pro·jec·tie [-sie] *de (v)* [-s] het voorstellen van het aardoppervlak in een plat vlak
kaart·re·gis·ter *het* [-s] kaartsysteem
kaart·spel *het* ❶ het spelen met kaarten ❷ *[mv: -spelen]* een met kaarten gespeeld spel ❸ *[mv: -spellen]* stel speelkaarten
kaart·spe·len *ww* [speelde kaart, h. kaartgespeeld] kaarten
kaart·spe·ler *de (m)*, **kaart·speel·ster** *de (v)* [-s] iem. die kaart
kaart·sys·teem [-sis-, -sies-] *het* [-temen] stel geordende kaarten (→ **kaart**, bet 1) met gegevens over een bepaald onderwerp
kaart·te·le·foon *de (m)* [-s] NN openbare telefoon die werkt met een telefoonkaart (*tegengest:* → **munttelefoon**)
kaas *(‹Lat) de (m)* [kazen] zuivelproduct dat ontstaat na stremming van melk of room door het afscheiden van de wei ★ *groene ~* zie bij → **Zwitsers** ★ *geen ~ van iets gegeten hebben* er geen verstand van hebben, er niets van weten ★ BN ook *platte ~* kwark ; zie ook bij → **brood**
kaas·boer *de (m)* [-en] boer die kaas maakt; iem. die kaas verkoopt
kaas·boor *de* [-boren] boor waarmee een stukje uit een kaas genomen wordt om die te keuren
kaas·bur·ger *de (m)* [-s] gerecht bestaande uit een broodje met gehakte biefstuk en kaas, onder de grill bereid
kaas·doek *de (m)* [-en] ❶ doek waarin de wei uit de kaasstof wordt geperst ❷ een bepaalde handwerkstof
kaas·dra·ger *de (m)* [-s] NN, in Alkmaar iem. die de kazen van en naar de waag draagt
kaas·fon·due *de* [-duu] *de* [-s] gerecht van in wijn gesmolten kaas; *vgl:* → **fondue**
kaas·jes·kruid *het* veldplant met klokvormige bloemen (*Malva*)
kaas·koek·je *het* [-s] koekje waarin kaas verwerkt is
kaas·kop *de (m)* [-pen] ❶ persvorm voor kaas ❷ BN scheldnaam voor Nederlander
kaas·kro·ket [-ket] *de* [-ten] kroket waarin kaas is verwerkt
kaas·lin·nen *het* → **kaasdoek** (bet 2)
kaas·markt *de* [-en] plaats, ruimte waar men kaas verhandelt
kaas·mes *het* [-sen] groot mes, gebruikt bij het bereiden en bij het verkopen van kaas
kaas·plank *de* [-en] plank waarop aan tafel kaas gesneden wordt

kaas·schaaf *de* [-schaven] schaafje met handvat om aan tafel kaas te snijden

kaas·souf·flé [-soeflee] *de (m)* [-s] ❶ gefrituurde, gepaneerde schijf van deegwaren met kaasvulling ❷ in oven gebakken beslag van bloem, stijfgeklopte eiwitten en kaas

kaas·stof *de* ❶ eiwitstof in melk, caseïne ❷ wrongel waaruit kaas gemaakt wordt

kaas·stolp *de* [-en] hoog deksel voor kaas, met bijbehorende schotel

kaas·strem·sel *het* stof die de melk doet stremmen, leb

kaas·vorm *de (m)* [-en] vat van bepaalde vorm, waarin kaas gemaakt wordt

kaas·waag *de* [-wagen] ❶ grote weegschaal voor kaas (op kaasmarkten) ❷ gebouw waarin zich zo'n weegschaal bevindt

kaats *de* [-en] plaats waar de kaatsbal neerkomt; het teken op die plaats

kaats·baan *de* [-banen] plaats waar men kaatst

kaats·bal, **kaat·se·bal** *de (m)* [-len] bal om te kaatsen

kaats·bal·len *ww*, **kaat·se·bal·len** [kaats(e)balde, h. gekaats(e)bald] het kinderspel met de kaatsbal spelen

kaat·sen *ww* ⟨Oudfrans⟨Lat⟩⟩ [kaatste, h. gekaatst] ❶ het beoefenen van een oude balsport, nog populair in Friesland ★ *wie kaatst, moet* of *kan de bal verwachten* zie bij → **bal¹** (bet 1) ❷ ballen tegen een muur e.d. werpen en weer opvangen ❸ tegen iets aan botsen en terugstuiten: ★ *de lichtstraal kaatste tegen de ruit*

kaat·ser *de (m)*, **kaats·ster** *de (v)* [-s] iem. die kaatst

kaats·spel *het* [-spelen] het → **kaatsen** (bet 1)

ka·baal ⟨⟨Fr⟨Hebr⟩⟩ *het* ❶ lawaai ❷ intrige

ka·ba·ja ⟨⟨Mal⟨Perz⟩⟩ *de (m)* ['s] losvallend jak dat samen met de sarong de nationale dracht is voor de vrouwen in Indonesië

kab·ba·la ⟨Hebr⟩ *de* mystieke, alleen voor ingewijden bestemde joodse leer, die zich bezighoudt met Gods wezen en de verhouding tot mens en wereld

kab·ba·lis·tisch *bn* van, zoals in de kabbala; bij uitbreiding geheimzinnig-onbegrijpelijk

kab·be·len *ww* [kabbelde, h. & is gekabbeld] ❶ zacht golven: ★ *het water kabbelde tegen de kade* ❷ dial schiften: ★ *gekabbelde melk*

kab·ber·does ⟨Fr⟩ *de (v)* [-doezen], **kab·ber·does·ke** *het* [-s] BN, spreektaal kroeg, café, bordeelachtige gelegenheid: ★ *een slecht befaamd kabberdoeske*

ka·bel ⟨Fr⟨Lat⟩⟩ *de (m)* [-s] ❶ dik touw, ankertouw; dikke ijzeren draad; zie ook bij → **kink** ❷ elektrische geleiding met isolerend materiaal omwikkeld, ook gebruikt ter distributie van televisie- en radiosignalen en voor internet

ka·bel·baan *de* [-banen] baan waarbij het voertuig langs een elektrische kabel rijdt; kabelspoorweg

ka·bel·bal·lon *de (m)* [-s, -nen] ballon die met een kabel aan de aarde verbonden is; vaak als militaire versperring voor vliegtuigen gebruikt

ka·bel·brug *de* [-gen] hangbrug

ka·bel·ex·ploi·tant [-plwattant] *de (m)* [-en] bedrijf dat het kabelnetwerk in een bepaalde gemeente of regio beheert en onderhoudt, programma's van betalende programmamakers en omroepen uitzendt via de kabel en veelal ook internetverbindingen verkoopt

ka·bel·ga·ren *het* garen, vooral hennepgaren dat tot kabels gevlochten wordt

ka·bel·jauw *de (m)* [-en] schelvisachtige zeevis (*Gadus morhua*), die veel voor de consumptie gevangen wordt; zie ook bij → **spiering**

Ka·bel·jauws *bn* NN zie: → **Hoekse en Kabeljauwse twisten**

ka·bel·leng·te *de (v)* [-n, -s] ❶ lengte van een kabel ❷ lengtemaat (in Nederland 225 m)

ka·bel·mo·dem *de (m) & het* [-s] modem dat gebruik maakt van de tv-kabel en waarmee men, dankzij de grotere bandbreedte van de coaxkabel in vergelijking met de telefoonkabel, snellere uitwisseling met internet heeft

ka·bel·net *het* [-ten] ❶ systeem van kabeltelevisie ❷ netwerk van elektrische kabels

ka·bel·ra·dio *de (m)* systeem van radio-omroep waarbij de geluidssignalen via kabels worden overgebracht

ka·bel·spoor·weg *de (m)* [-wegen] ⟨in gebergte⟩ trein die aan een kabel omhoog getrokken en neergelaten wordt, of treintje dat aan kabels hangende van het ene hoge punt naar het andere glijdt

ka·bel·steek *de (m)* [-steken] breipatroon waarbij de steken, voor versiering, als kabels over elkaar liggen

ka·bel·te·le·vi·sie [-zie] *de (v)* systeem van televisie waarbij televisiebeelden via kabels worden overgebracht

ka·bel·touw *het* [-en] dik touw; staaldraadtouw

ka·bel·trui *de* [-en] trui met kabelmotief

ka·bi·net ⟨Fr⟩ *het* [-ten] ❶ vertrekje, zijvertrek ❷ werkvertrek en secretarie van een staatshoofd ❸ NN de gezamenlijke ministers ★ *het ~ is gevallen* de gezamenlijke ministers hebben ontslag genomen ★ *politiek extraparlementair ~* kabinet dat niet bestaat uit partijvertegenwoordigers van partijen in het parlement ❹ BN groep van persoonlijke medewerkers en adviseurs rond een minister of staatssecretaris ❺ werkkamer van een minister of andere hoge staatsambtenaar; (als toevoeging op een adres) voor of van de minister persoonlijk ★ *~ der koningin, ~ des konings* particulier secretariaat en thesaurie van de koning(in) ❻ verzameling van natuur- of kunstvoorwerpen ❼ ouderwetse hoge, brede kast, met deuren en laden of vakken

ka·bi·nets·at·ta·ché [-sjee] *de (m)* [-s] BN persoonlijk medewerker / adviseur van een minister

ka·bi·nets·be·raad *het* overleg van de gezamenlijke ministers

ka·bi·nets·chef [-sjef] *de (m)* [-s] in België

secretaris-generaal van een ministerieel departement

ka·bi·nets·cri·sis [-zis] *de (v)* [-sen, -crises] tijd tussen het ontslag van het oude en de benoeming van het nieuwe ministerie

ka·bi·nets·for·ma·teur *de (m)* [-s] politicus belast met de kabinetsformatie

ka·bi·nets·for·ma·tie [-maa(t)sie] *de (v)* [-s] het samenstellen van een → **kabinet** (bet 3)

ka·bi·nets·kwes·tie *de (v)* de vraag of het ministerie nog het vertrouwen van het parlement bezit

ka·bi·nets·raad *de (m)* vergadering van het → **kabinet** (bet 3)

ka·bi·nets·stuk *het* [-ken] stuk uitgaande van het → **kabinet** (bet 4)

ka·bi·net·stuk *het* [-ken] pronkstuk, prachtig exemplaar

ka·bou·ter [-s] **I** *de (m)* sprookjesdwerg met een puntmuts, aardmannetje **II** *de (v)* meisje van 7-11 jaar bij scouting **III** *de* NN, hist lid van een uit Provo voortgekomen politieke groepering aan het eind van de jaren zestig, die langs onconventionele weg een niet-autoritaire maatschappij nastreefde

ka·chel[1] *(‹Lat) de* [-s] metalen toestel voor de verwarming van vertrekken ★ NN *de ~ met iem. aanmaken* iem. bespotten of ernstig benadelen

ka·chel[2] *bn* inf dronken

ka·chel·hout *het* hout om in de kachel te stoken of om de kachel aan te maken

ka·chel·pijp *de* [-en] afvoerpijp aan een kachel waarin rook wordt weggeleid; NN, schertsend hoge hoed

ka·chel·plaat *de* [-platen] brandvrije plaat onder of vóór de kachel

ka·das·ter *(‹Fr‹It‹Gr) het* [-s] rijksregister van onroerende goederen, waarnaar de grondbelasting geregeld wordt; schattingsregister

ka·das·traal *(‹Fr) bn* tot het kadaster behorend; volgens het kadaster ★ BN *~ inkomen* inkomen (fictieve huurwaarde) uit onroerend goed

ka·das·tre·ren *ww (‹Fr)* [kadastreerde, h. gekadastreerd] het kadaster opmaken (van een gebied), daarin inschrijven; **kadastrering** *de (v)* [-en]

ka·da·ver *(‹Lat) het* [-s] dood lichaam, kreng

ka·da·ver·dis·ci·pli·ne *de (v)* volstrekte gehoorzaamheid als een willoze machine

ka·de *(‹Fr) de* [-n, -s] ❶ walkant waar schepen kunnen aanleggen ❷ NN lage, smalle dijk

ka·dee *(‹Fr) de (m)* [-deeën, -s] BN, spreektaal ❶ kerel, jongen, iem. die uitmunt in het goede of kwade ★ *wat een vieze ~* een rare snuiter ★ *een flinke ~* een flinke kerel, jongen ❷ vooral in het *mv*: kind, euf deugniet: ★ *daar is Walter met zijn twee kadeekes*

ka·de·geld *het* [-en] liggeld voor een kade

ka·der *(‹Fr‹It‹Lat) het* [-s] ❶ raam, lijst, omlijning, ook fig; ★ *in het ~ van de huidige bezuinigingsvoornemens...* ❷ de officieren, onderofficieren en korporaals van een korps of van het leger in het algemeen ❸ verdeling van het

biljart in negen vakken door vier krijtstrepen, waarbij in elk vak maar één of twee maal mag worden gecaramboleerd ❹ groep personen die bestuursfuncties bekleden in een organisatie, staf: ★ *de hogere, de lagere en de middenkaders* ❺ BN ook omgeving, entourage, omlijsting: ★ *deze huisjes passen perfect in het mooie ~ van dit park* ❻ BN, spreektaal frame (van een fiets e.d.)

ka·der·cur·sus *de (m)* [-sen] cursus ter opleiding van kaderleden

ka·de·ren *ww* [kaderde, h. & is gekaderd] BN ook ❶ plaatsen in een groter geheel, doen uitkomen: ★ *hoe kunnen we de verkeersveiligheid ~ in het beleid?* ❷ passen bij, overeenkomen met, in overeenstemming zijn met, passen in het kader van: ★ *deze verdachtmaking kadert volledig in de oorlogssfeer die tussen de twee sportgroepen woedt*

ka·der·lid *het* [-leden] lid van een → **kader** (bet 2 en 4), vooral van vakbonden

ka·der·school *de* [-scholen] school voor het → **kader** (bet 2)

ka·der·spel *het* [-spelen] bilj spel met kaders (→ **kader**, bet 3), waarbinnen de drie ballen slechts gedurende één stoot mogen blijven

ka·der·spe·ler *de (m)* [-s] iem. die bekwaam is in het kaderspel

ka·der·wet *de* [-ten] raamwet

ka·det *de (m)* [-ten], **ka·det·je** *het* [-s] NN zacht luxebroodje

ka·di *(‹Arab) de (m)* ['s] in de islamitische landen de rechter die rechtspreekt volgens het islamitische recht ★ *iem. voor de ~ slepen* iem. voor het gerecht aanklagen, iem. een proces aandoen

ka·dre·ren *ww (‹Fr‹Lat)* [kadreerde, h. gekadreerd] in een (kleine) omlijsting sluiten

ka·duuk *(‹Fr‹Lat) bn* NN kapot, stuk: *mijn printer is ~*

kaf *het* afval van gedorst graan ★ *er is ~ onder het koren* er zijn zaken of personen van minder goed gehalte onder de goede(n) gemengd ★ *het ~ van het koren scheiden* het kwade van het goede scheiden

Kaf·fer *(‹Arab) de (m)* [-s] ❶ vero benaming voor de leden van sommige negerstammen in Zuidelijk Afrika ❷ thans *kaffer* scheldwoord in de zin van onbeschaafde pummel

kaf·fe·ren *ww* [kafferde, h. gekafferd] razen, tieren

ka·fir [-fier] *(‹Arab) de (m)* [-s] ongelovige; niet-moslim

kaf·ka·ësk, kaf·ka·i·aans *bn* gelijkend op de sfeer in de boeken van de Duitstalige Praagse schrijver Franz Kafka (1883-1924) (beangstigend door het niet-begrijpen van wat er gebeurt)

kaft *de & het* [-en] boekomslag

kaf·tan *(‹Turks) de (m)* [-s] lang en wijd opperkleed van de oosterse volken, vroeger ook vaak door Joden in Oost-Europa gedragen

kaf·ten *ww* [kaftte, h. gekaft] van een kaft voorzien

kaft·pa·pier *het* papier voor het kaften van boeken

Ka·ïns·merk, Ka·ïns·te·ken *het* teken dat Kaïn na de broedermoord droeg (*Genesis* 4: 15)

KAJ *afk* in België Kristelijke Arbeidersjeugd [in België ontstane beweging van katholieke werkende jongeren die is opgericht door kardinaal Jozef L. Cardijn (1882-1967); zie ook bij → **kajotter**]

ka·jak (‹*Eskimotaal*› *de (m)* [-s] kano van de Eskimo's, bestaande uit een houten geraamte met robbenvel overtrokken

ka·jak·ken *ww* (‹*Eskimotaal*› [kajakte, h. & is gekajakt] in een kajak varen

ka·jot·ter *de (m)* [-s], **ka·jot·ster** *de (v)* [-s] BN lid van de KAJ

ka·juit (‹*Fr*› *de* [-en] kamer aan boord van een schip voor de kapitein of voor de reizigers als dag- of nachtverblijf

ka·juit·bed *het* [-den] bed met een lade of kast in het onderstel

ka·juits·jon·gen *de (m)* [-s] bediende van de scheepskapitein

kak *de (m)* inf ❶ drek, poep ❷ overdreven gedoe; opschepperij, ook: ★ *kouwe ~* ❸ deftigheid, verwaandheid, personen die menen hoge status te bezitten ★ *kale ~* het zich welvarender voordoen dan men is

ka·ka (‹*Fr*› *de (m)* BN, kindertaal poep, stront ★ *~ doen* ba doen, drukken, poepen

ka·ka·do·ris *de (m)* [-sen] malle vent

ka·ka·toe, **ka·ka·toe** (‹*Mal*› *de (m)* [-s] → **kaketoe**

ka·ke·been *het* [-deren, -benen] → **kaakbeen**

ka·kel *de (v)* [-s] kakelaar(ster)

ka·ke·laar *de (m)* [-s], **ka·ke·laar·ster** *de (v)* [-s] iem. die veel en druk praat

ka·kel·bont *bn* met smakeloze kleurencombinatie

ka·ke·len *ww* [kakelde, h. gekakeld] het geluid maken van kippen (en andere vogels); veel en druk praten

ka·kel·vers *bn* ‹van eieren› zeer vers; schertsend ook gezegd van andere producten

ka·ke·ment *het* [-en] NN, plat mond

ka·ken *ww* [kaakte, h. gekaakt] ‹haring› door een insnijding bij de kieuwen van een deel van het ingewand ontdoen

ka·ke·toe (‹*Mal*› *de (m)* [-s] papegaai uit het Indo-Australische gebied met een verenkuif die omhoog gezet kan worden

ka·ki¹ (‹*Hindi*› **I** *het* zandkleurige uniformstof; uniform van die kleur **II** *de (m)* ['s] soldaat in zulk een uniform

ka·ki² *de (m)* ['s] gele of oranje vrucht van de *Diospyros kaki*, o.a. geteeld in Zuid-Europa, met een zoete, abrikoosachtige smaak

kak·ken *ww* [kakte, h. gekakt] plat ontlasting hebben ★ NN *het komt op als ~* het komt plotseling en onverwacht ★ *iem. te ~ zetten* iem. een mal figuur laten slaan

ka·ke·nest·je, **ka·ke·nest·je** *het* [-s] BN, spreektaal ❶ eig laatst uitgebroed vogeltje van een nest ❷ laatstgeboren jong van een dier ❸ laatstgeboren kind, benjamin ❹ troetelkindje ❺ jongste lid van een gezelschap

kak·ker¹ *de (m)* [-s] NN, smalend jongere die zich gedraagt en kleedt als een conservatief, burgerlijk persoon

kak·ker², **kak·kerd** *de (m)* [-s] inf bang persoon

kak·ker·lak (‹*Sp*› *de (m)* [-ken] ❶ lid van een orde van insecten (Blattaria): platte, bruine insecten waarvan sommige soorten aanzienlijke afmetingen kunnen bereiken ❷ fig verachtelijk, pietluttig persoon

kak·kies (‹*Mal*› *mv* NN, spreektaal voeten: ★ *op zijn blote ~*

kak·ki·neus *bn* NN, schertsend bekakt, gemaakt-deftig

kak·ma·dam *de (v)* [-men] smakeloos opgedirkte vrouw; kale madam

ka·ko·fo·nie (‹*Gr*› *de (v)* [-nieën] geheel van wanklanken

kak·school *de* [-scholen] inf kleuterschool

kak·stoel *de (m)* [-en] inf kinderstoel

ka·lan·der¹ (‹*Fr*› *de (m)* [-s] korenworm, een schildvleugelig zwart insect

ka·lan·der² (‹*Fr*› *de* [-s] ‹in de textiel- en kunststoffenindustrie› mangel, samenstel van rollen om iets te pletten en te glanzen

ka·le·bas, **kal·bas** (‹*Fr*‹*Sp*› *de* [-sen] grote ronde vrucht van een komkommerachtige plant, en deze plant zelf; gedroogde bast of schaal van zo'n vrucht

ka·le·fa·te·ren *ww* [kalefaterde, h. gekalefaterd], **kal·fa·te·ren** [kalfaterde, h. gekalfaterd] (‹*Fr*‹*Gr*‹*Arab*› de scheepsnaden dichten, herstellen

ka·lend *bn* kaal wordend

ka·len·der (‹*Lat*› *de (m)* [-s] ❶ stel bladen of boek met de indeling van het jaar; almanak ❷ tijdrekeningsstelsel

ka·len·der·jaar *het* [-jaren] jaar van 1 januari tot en met 31 december (in tegenstelling tot boekjaar enz.)

ka·len·der·spreuk *de* [-en] moralistische spreuk, zoals men die aantreft op (scheur)kalenders

kalf *het* [1, 2, 5 kalveren, 3, 4 kalven] ❶ jong van rund of hert ★ *het gouden ~ aanbidden* de rijkdom vereren ★ NN *als de kalveren op het ijs dansen nooit* ★ *het kalf is verdronken* het is te laat ★ NN *als het ~ verdronken is, dempt men de put* als het te laat is, herstelt men pas de fout ★ *het gemeste ~ slachten* uit vreugde een royaal feestmaal aanrichten ❷ fig goeiige sul, onnozel mens ❸ afgezakte aarde aan oever ❹ verbindend hout, dwarshout, dorpel enz. ❺ schertsend zeer grote hond, zoals de Duitse dog; zie ook bij → **koetje**

kal·fa·te·ren *ww* (‹*Fr*‹*Gr*‹*Arab*› [kalfaterde, h. gekalfaterd] → **kalefateren**

kalfs·bief·stuk *de (m)* [-ken] biefstuk van een kalf

kalfs·ge·hakt *het* gehakt van kalfsvlees

kalfs·kop *de (m)* [-pen] kop van een kalf; fig domoor, onnozele

kalfs·ko·te·let *de* [-ten] kalfsribstuk

kalfs·lap·je *het* [-s] plat stukje kalfsvlees

kalfs·le·der, **kalfs·leer** *het* leer uit kalfsvel

kalfs·le·de·ren, kalfs·le·ren bn van kalfsleer
kalfs·oes·ter de [-s] rond gepaneerd kalfslapje
kalfs·poe·let de (m) & het NN kalfssoepvlees
kalfs·vel het [-len] vel van een kalf; fig trom: ★ het ~ volgen soldaat worden
kalfs·vlees het vlees van een kalf
kalfs·zwe·ze·rik de (m) [-riken] zwezerik van een kalf
ka·li (‹Arab) de (m) ❶ kaliumhydroxide; (in samenstellingen) kalium ❷ kaliumhoudende kunstmest
ka·li·ber (‹Fr‹It‹Arab) het [-s] ❶ middellijn van de → ziel (bet 5) van geschut of geweren, tevens maat voor projectielen ❷ geschut met betrekking tot zijn zwaarte ❸ soort met betrekking tot zwaarte; deugdelijkheid, gehalte
ka·lief (‹Arab) de (m) [-en] titel van de opvolgers van de profeet Mohammed als wereldlijke heersers
ka·li·faat het [-faten] waardigheid van kalief; het rijk van Mohammeds opvolgers
ka·li·um (‹Arab) het chemisch element, symbool K, atoomnummer 19, een bij 0°C broos, reeds bij 63°C smeltend, zilverwit metaal
ka·li·um·car·bo·naat het koolzuur zout van kalium, potas, K₂CO₃
ka·li·zout het [-en] verbinding van kalium met zuren, belangrijke meststof
kalk (‹Lat‹Gr) de (m) term ter aanduiding van sommige calciumverbindingen ★ koolzure ~ calciumcarbonaat, krijt, CaCO₃ ★ ongebluste ~ door verhitting van schelpen geproduceerde stof, calciumoxide, CaO (gebruikt voor de bereiding van glas, cement e.d.) ★ gebluste ~ ongebluste kalk waaraan water is toegevoegd, Ca(OH)₂ (gebruikt voor metsel- en pleisterwerk) ★ NN de zaak is in ~ en cement alles is geregeld
kalk·aan·slag de (m) het ontstaan van een laagje kalk, vooral in de trommel van een trommelwasmachine, in een koffiezetmachine e.d.
kalk·ei het [-eren] ❶ tegen bederf in kalk ingelegd ei ❷ fopei van kalk in een kippenhok om de kippen te stimuleren daar hun eieren te leggen
kal·ken ww [kalkte, h. gekalkt] ❶ met kalk behandelen of besmeren ❷ slordig neerschrijven
kalk·groe·ve, kalk·groef de [-groeven] groef waaruit kalk gegraven wordt
kalk·mer·gel de (m) mergel die veel kalk bevat
kalk·mor·tel de (m) metselspecie, gebonden door kalk
kal·koen de (m) [-en] ❶ hoenderachtige vogel met een brede staart, oorspronkelijk afkomstig uit Noord- en Midden-Amerika, genoemd naar Calicut, de vroegere naam van de Indiase stad Kozhikode ★ zo rood als een ~ sterk blozend ❷ omgebogen punt van een hoefijzer; omgebogen uitsteeksel aan een bout, tang enz.; hoefnagel op ijs en sneeuw gebruikt
kal·koe·nen·ei het [-eren] ei van een kalkoen
kal·koe·nen·vlees het vlees van een kalkoen
kal·koens bn ★ kalkoense haan mannelijke kalkoen ★ zo rood als een kalkoense haan hoog blozend

kal·koen·tje het [-s] NN 1/5 fles wijn, proefflesje
kalk·oven de (m) [-s] inrichting om kalk uit kalksteen of schelpen te branden
kalk·steen als stof: de (m) & het, als voorwerp: de (m) [-stenen] steen waaruit kalk gebrand wordt
kalk·wa·ter het heldere oplossing van kalk in water
kalk·zand·steen als stof: de & het, als voorwerp: de (m) [-stenen] steen geperst uit kalk en zand
kal·le (‹Hebr) de (v) [-s] NN ❶ bruid; meisje ❷ Barg hoer
kal·li·graaf (‹Gr) de (m) [-grafen] schoonschrijver, beoefenaar van de kalligrafie
kal·li·gra·fe·ren ww (‹Gr) [kalligrafeerde, h. gekalligrafeerd] in kunstschoonschrift schrijven
kal·li·gra·fie (‹Gr) de (v) schoonschrijfkunst; fraai geschreven stuk
kal·li·gra·fisch (‹Gr) bn van, betreffende de kalligrafie
kalm (‹Fr) bn rustig
kal·me·ren ww (‹Fr) [kalmeerde, h. & is gekalmeerd] ❶ kalm maken ❷ kalm worden
kal·moes (‹Gr) de (m) waterplant met aromatische wortelstok (Acorus calamus)
kalm·pjes bijw bedaard, rustig
kalm·te de (v) rustige stemming, toestand van rust
ka·long (‹Mal) de (m) [-s] vliegende hond, grote soort van vleermuis in Zuidoost-Azië
ka·lot (‹Fr) de [-ten] vooral verkl: kalotje plat mutsje
kal·ven ww [kalfde, h. gekalfd] ❶ een kalf werpen ❷ ‹van grond› verzakken, afbrokkelen
kal·ver·ach·tig bn kinderachtig, kinderlijk, dartel, speels
kal·ve·ren zn meerv van → kalf
kal·ver·lief·de de (v) [-s, -n] smalende benaming voor verliefdheid van nog niet volwassen geachte personen
kam de (m) [-men] ❶ voorwerp waarmee men het haar, vooral hoofdhaar, ordent ❷ naam van kamvormige, getande gereedschappen; weverskam ★ over de ~ halen scherp beoordelen, kwaadspreken van kamvormig stuk hout waarover de snaren van bepaalde snaarinstrumenten gespannen zijn; één tand of de tanden van een tandrad ❸ kamvormige uitwas aan de kop van vogels en andere dieren ★ NN de ~ opsteken (verheffen) in verzet komen, zich trots tonen ★ NN in de ~ pikken ergeren, prikkelen ❹ helmkam: opstaande rand midden op een helm ❺ ★ de ~ van een gebergte de lijn waarin de hoogste toppen liggen bergkam, duinkam: scherpe rand, opstekend gedeelte
kam·dui·ker de (m) [-s] kuifeend
ka·meel (‹Gr) I de (m) [-melen] herkauwend hoefdier met twee bulten, in woestijngebieden in Azië en Noord-Afrika als last- en rijdier gebruikt (Camelus bactrianus) II het [-melen] scheepskameel
ka·meel·drij·ver de (m) [-s] iem. die één of meer kamelen aandrijft
ka·meel·haar het haar van een kameel
ka·meel·ha·ren bn van kameelhaar

ka·me·le·on (⟨Fr⟨Gr) de (m) & het [-s] langtongige boomhagedis met doorzichtige glanzende huid, die verschillende kleuren kan aannemen; vandaar fig voor iemand die vaak van partij, van mening verandert

ka·me·le·on·tisch bn als van een kameleon, veranderlijk, met alle winden meewaaiend

ka·me·lot (⟨Fr) I het oorspr een kostbaar oosters weefsel, vervolgens vervangingsmiddel daarvan II de dial slechte stof, slechte waar, rommel: ★ in die winkel verkopen ze niks dan ~

ka·men ww [kaamde, h. gekaamd] met kaam bedekt worden, schimmelen

ka·me·nier de (v) [-s] vrouwelijke lijfbediende bij dame

ka·me·nier·ster de (v) [-s] kamenier

ka·mer (⟨Lat) de [-s] ❶ vertrek, ruimte in een huis, vooral ingericht voor het dagelijks familieleven of voor het slapen ★ op kamers wonen bij iem. inwonen; zie ook bij → donker ❷ ruimte voor de lading in een vuurwapen ❸ groep volksvertegenwoordigers: ★ in Nederland Eerste en Tweede Kamer, in België Kamer van Volksvertegenwoordigers ❹ vereniging, college, maatschappij: ★ Kamer van Koophandel (en Fabrieken) door handelsmensen gekozen groep deskundigen die de belangen van handel en nijverheid dient ❺ onderdeel van een rechtsprekend lichaam: ★ de ~ voor strafzaken ★ meervoudige ~ gerechtskamer bestaande uit meer leden ❻ ⟨van het hart⟩ het deel dat het bloed wegperst

ka·me·raad (⟨Fr⟨Sp) de (m) [-raden, -s] makker, wapenbroeder, tevens aanspreektitel onder socialisten en communisten

ka·me·raad·schap de (v) vriendschap

ka·me·raad·schap·pe·lijk bn als (van) vrienden

ka·mer·an·ten·ne de [-s] antenne binnenshuis

ka·mer·ar·rest het [-en] mil het voor straf zijn kamer of huis niet mogen verlaten; schertsend verbod van uitgaan (vooral wegens ziekte)

ka·mer·be·waar·der de (m) [-s] NN bediende in het kabinet van een minister of ander hoog regeringspersoon

ka·mer·be·wo·ner de (m) [-s] iem. die op kamers woont

Ka·mer·breed bn ★ de motie werd ~ aangenomen door (bijna) de gehele (Eerste of Tweede) Kamer

ka·mer·breed bn ❶ de hele breedte van een kamer beslaande: ★ ~ tapijt ❷ fig zeer breed

ka·mer·com·mis·sie de (v) [-s] uit kamerleden samengestelde commissie waarin bepaalde beleidszaken behandeld worden

ka·mer·den de (m) [-nen] araucariasoort (Araucaria heterophylla)

ka·mer·die·naar de (m) [-naren of -s] lijfbediende bij een persoon van hoge rang

ka·mer·frac·tie [-sie] de (v) [-s] de leden van één politieke partij in het parlement

ka·mer·ge·leer·de de [-n] geleerde die buiten het alledaagse leven staat

ka·mer·heer de (m) [-heren] dienaar van hoge rang aan het hof van vorst of paus

ka·mer·huur de [-huren] huurprijs van een kamer

ka·mer·jas de [-sen] lange jas die binnenshuis wordt gedragen

ka·mer·lid het [-leden] lid van de Eerste of Tweede Kamer (in Nederland) en van de Kamer van Volksvertegenwoordigers (in België)

ka·mer·ling de (m) [-en] kamerheer

ka·mer·meis·je het [-s] binnenmeisje dat de kamers verzorgt; (in hotels) meisje dat de kamers van de gasten verzorgt

ka·mer·mu·ziek de (v) muziek door klein gezelschap

Ka·me·roe·ner de (m) [-s] iem. geboortig of afkomstig uit Kameroen

Ka·me·roens bn van, uit, betreffende Kameroen

ka·mer·oli·fant de (m) [-en] NN, schertsend groot, dik persoon

ka·mer·ont·bin·ding de (v) [-en] ontbinding van de kamers van een parlement

ka·mer·or·kest het [-en] orkest voor kamermuziek

ka·mer·over·zicht het [-en] kort verslag van het besprokene in Eerste en Tweede Kamer

ka·mer·plant de [-en] speciaal in een kamer te houden plant

ka·mer·scherm het [-en], ka·mer·schut [-ten] staand scherm in de kamer, o.a. dienende om iets (bijv. een bed) voor het oog te verbergen of tocht tegen te gaan

ka·mer·stuk het [-ken] document over een onderwerp dat in één van de kamers van het parlement aan de orde is of zal komen

ka·mer·tem·pe·ra·tuur de (v) gewone of gewenste temperatuur in de woonkamer

Ka·mer·ver·kie·zing de (v) [-en] ⟨in Nederland⟩ verkiezing voor de Kamer van Tweede Kamer, ⟨in België⟩ verkiezing voor de Kamer van Volksvertegenwoordigers; ⟨in Nederland⟩ tevens getrapte verkiezing van de leden van de Eerste Kamer door de leden van de Provinciale Staten in Nederland

ka·mer·ver·slag het [-slagen] verslag van wat in Eerste of Tweede Kamer of de Kamer van Volksvertegenwoordigers verhandeld is

ka·mer·vlieg de [-en] wereldwijd verspreid voorkomende vliegensoort die zich voedt met plantaardige en dierlijke stoffen, o.a. etensresten (Musca domestica); kleine ~ vooral binnenshuis voorkomende vliegensoort, waarvan de maden leven in groenteafval, tuincompost e.d. (Fannia canicularis)

ka·mer·ze·tel de (m) [-s] plaats in de Eerste of Tweede Kamer of de Kamer van Volksvertegenwoordigers; vandaar lidmaatschap van één van deze Kamers

ka·mer·zit·ting de (v) [-en] vergadering van de Eerste

of Tweede Kamer of de Kamer van Volksvertegenwoordigers

kam·fer (‹Fr‹Lat‹Arab) *de (m)* hars van de kamferboom

kam·fer·boom *de (m)* [-bomen] in China, Japan en Taiwan groeiende boom (*Cinnamomum camphora*)

kam·fer·spi·ri·tus *de (m)* oplossing van kamfer in spiritus

kam·ga·ren I *het* garen gesponnen uit relatief lange vezels, nadat de kortere vezels zijn verwijderd **II** *bn* van dit materiaal gemaakt

kam·ha·ge·dis *de* [-sen] → **leguaan** (bet 1)

ka·mi·ka·ze (‹Jap) *de (m)* [-s] eig wind der goden; in de Tweede Wereldoorlog benaming voor de Japanse zelfmoordvliegers

ka·mi·ka·ze·ac·tie [-sie] *de (v)* [-s] fig roekeloze actie, die tot de eigen ondergang kan leiden

ka·mi·ka·ze·pi·loot *de (m)* [-loten] ❶ Japanse piloot die als zelfmoordvlieger fungeerde in de Tweede Wereldoorlog ❷ fig iem. die zeer roekeloos te werk gaat

ka·mil·le (‹Fr‹Gr) *de* [-n, -s] geneeskrachtige plant (*Anthemis* en *Matricaria*)

ka·mil·le·thee *de (m)* aftreksel van gedroogde bloemen van de kamille

ka·mi·zool (‹Fr‹It) *het* [-zolen] ❶ wollen onderlijfje; borstrok voor vrouwen ❷ mouwvest, buis

kam·men *ww* [kamde, h. gekamd] met een kam het haar ordenen

kamp[1] (‹Lat) *het* [-en] ❶ legerplaats, legering in het open veld; groep tenten of barakken ❷ fig groepering, partij ★ *iem. uit het andere ~* van een andere groep, partij enz. ❸ groepsvakantie waarbij men overnacht in een zeer eenvoudige accommodatie, zoals tenten of barakken: ★ *de klas ging op ~ naar Ameland*

kamp[2] (‹Lat) *de (m)* [-en] ❶ gevecht, strijd ❷ afgepaald stuk land ❸ BN, sp wedstrijd, concours

kam·pan·je (‹Fr) *de* [-s] scheepv bovenste achterdek, verhoogd achterdek

kamp·beul *de (m)* [-en] iem. die in een strafkamp of concentratiekamp de gevangenen mishandelt

kam·peer·au·to *de (m)* ['s] grote auto met slaapplaatsen en huishoudelijke voorzieningen

kam·peer·boer·de·rij *de (v)* [-en] NN boerderij op het erf waarvan men kamperen kan

kam·peer·cen·trum *het* [-tra, -s] terrein ingericht voor kampeerders

kam·peer·der *de (m)* [-s], **kam·peer·ster** *de (v)* [-s] iem. die kampeert

kam·peer·ter·rein *het* [-en] stuk grond, al dan niet met speciale voorzieningen, waarop men kan kamperen

kam·peer·wa·gen *de (m)* [-s] caravan

kam·pe·ment (‹Fr) *het* [-en] legerplaats; *in voormalig Nederlands-Indië* complex van kazernes en dienstwoningen

kam·pen *ww* [kampte, h. gekampt] strijden ★ *te ~ hebben met* het moeilijk hebben door

Kam·pe·naar *de (m)* [-s] iem. geboortig of afkomstig uit Kampen

Kam·per *bn* van, uit, betreffende Kampen; zie ook bij → **kamperui**

kam·per *m (de)* [-s] bewoner van een woonwagen op een woonwagenkamp

kam·pe·ren *ww* (‹Fr) [kampeerde, h. gekampeerd] enige tijd doorbrengen op een meestal in de natuur gelegen terrein in een tent of een caravan in plaats van in een huis

kam·per·foe·lie (‹Lat) *de* [-s] klimplant met zoet geurende bloemen (*Lonicera*)

kam·per·noe·lie, kam·per·noel·je (‹Oudfrans) *de* [-s] vero ❶ eetbare paddenstoel ❷ champignon

kam·per·ui, kam·per·ui *de (m)* [-en] NN verhaaltje waarin een zeer domme streek voorkomt, zoals er vele over de inwoners van Kampen verteld worden; ook *Kamper ui*

kam·pi·oen (‹Fr) *de (m)* [-en] ❶ iem. die de wapens voor een ander opneemt; voorvechter, verdediger ❷ iem. die in een of in alle wedstrijden op enig gebied overwinnaar gebleven is; overwinnende club

kam·pi·oen·schap *het* [-pen] het → **kampioen** (bet 2) zijn

kam·plaat *de* [-platen] getande plaat aan de boven- en onderzijde van een roltrap, waaronder de treden verdwijnen

kam·pong (‹Mal) *de (m)* [-s] NN omheind erf in Indonesië, verzameling van woningen, wijk, buurt in Indonesië

kamp·rech·ter *de (m)* [-s] scheidsrechter bij wedstrijden

kamp·vech·ter *de (m)* [-s] strijder; verdediger, voorvechter, iem. die het voor een zaak opneemt

kamp·vuur *het* [-vuren] vuur in een → **kamp**[1]; vooral vuur dat kampeerders 's avonds aanleggen

kamp·win·kel *de (m)* [-s] winkel op een kampeerterrein

kam·rad *het* [-raderen] wiel met tanden

kam·wol *de* lange wol, die gekamd wordt

kan[1] *de* [-nen] ❶ vaatwerk voor vloeistoffen ★ NN *van de ~ houden* drankzuchtig zijn ★ *het onderste uit de ~ willen hebben* het maximaal haalbare willen hebben, zoveel mogelijk van iets proberen te krijgen ★ *wie het onderste uit de ~ wil (hebben), krijgt het lid / het deksel op zijn neus* men moet niet het uiterste of allerbeste verlangen ; zie ook bij → **kruik** ❷ inhoudsmaat voor vloeistoffen, gewoonlijk 1 liter

kan[2] [kaan] (‹Turks) *de (m)* [-s] titel van vorsten en later van aanzienlijke personen in Centraal-Azië

ka·naal (‹Fr) *het* [-nalen] ❶ rechte, gegraven waterweg ❷ toevoer- of afvoerbuis; fig middel om iets te bereiken *of* om iets te weten te komen: ★ *hij is goed op de hoogte, hij heeft zijn kanalen daarvoor* ❸ *het Kanaal* zee-engte tussen Frankrijk en Engeland ❹ televisiezender

ka·naal·pand *het* [-en] NN gedeelte van een kanaal tussen twee sluizen

Ka·naal·tun·nel *de (m)* spoorwegtunnel onder het Kanaal tussen Frankrijk en Engeland

ka·naal·zwem·men *ww & het* ❶ sp het Kanaal tussen Frankrijk en Engeland overzwemmen ❷ RTV, schertsend zappen

Ka·na·än *(‹Hebr)* het Bijbel het beloofde land, Palestina ★ *het hemels ~ de hemel* ★ *de tale Kanaäns* zeer ouderwetse taal van vrome mensen, met veel Bijbelse uitdrukkingen

Ka·na·ä·nie·ten *mv* bewoners van Kanaän toen de Joden er binnentrokken

Ka·na·ä·ni·tisch *bn* van, uit Kanaän

ka·naat *het* [-naten] gebied of waardigheid van een → kan²

Ka·na·ken *mv* aanvankelijk benaming van de oorspronkelijke bewoners van de Hawaï-eilanden, later ook van die van Polynesië, Micronesië en Melanesië

ka·na·li·sa·tie [-zaa(t)sie] *(‹Fr) de (v)* [-s] het verbeteren van de loop en het bevaarbaar maken van rivieren

ka·na·li·se·ren *ww* [-zee-] [kanaliseerde, h. gekanaliseerd] ❶ van kanalen voorzien ❷ tot kanaal, bevaarbaar maken ❸ fig in geregelde of goede banen leiden

ka·na·rie *(‹Sp) de (m)* [-s] algemeen bekende kooivogel, vaak geel van kleur *(Serinus canaria)*, genoemd naar de Canarische Eilanden

ka·na·rie·geel *bn* helgeel

ka·na·rie·piet *de (m)* [-en], **ka·na·rie·piet·je** *het* [-s] enigszins spottend kanarievogel, vooral de mannelijke

ka·na·rie·vo·gel *de (m)* [-s] vero kanarie

ka·na·rie·zaad *het* [-zaden] zaad tot voedsel voor een kanarie

kand. *afk* kandidaat

kan·deel *(‹Lat) de* NN Oudhollandse warme drank uit rijnwijn, eieren, kaneel, suiker enz., vroeger vaak geschonken bij een kraamvisite

kan·de·laar *(‹Lat) de (m)* [-s, -laren] kaarsdrager; zie ook bij → **smeer**

kan·de·la·ber *(‹Lat) de (m)* [-s] armkandelaar, kroonluchter

kan·de·la·ren *ww* [kandelaarde, h. gekandelaard] ★ *een boom ~ door het inkorten van de takken de vorm geven van een kandelaar*

kan·di·daat *(‹Lat) de (m)* [-daten] ❶ iem. die voor een ambt of betrekking in aanmerking komt of daarnaar dingt; iem. die zich aan een examen onderwerpt; ❷ NN, vroeger titel na het afleggen van het voorlaatste examen in een studievak aan een universiteit ★ NN *~ tot de Heilige Dienst* theoloog die na het voorbereidend kerkelijk examen beroepbaar is als predikant; zie ook bij → **effectief** (I) en → **proponent**

kan·di·daat-no·ta·ris, **kan·di·daat-no·ta·ris** *de (m)* [-sen] iem. die afgestudeerd is als notaris maar nog niet benoemd

kan·di·daats·exa·men *het* [-s, -examina] NN, vroeger examen voor kandidaat; *afk*: *kandidaats*

kan·di·daat·stel·ling *de (v)* [-en] het verkiesbaar stellen

kan·di·da·tuur *(‹Fr) de (v)* ❶ het kandidaat-zijn ❷ kandidaatstelling ★ *zijn ~ stellen* zich kandidaat stellen, solliciteren ❸ BN, hist graad van kandidaat; studie ter verkrijging van de graad van kandidaat

kan·di·de·ren *ww* *(‹Du)* [kandideerde, h. gekandideerd] zich kandidaat stellen

kan·dij *(‹Fr‹Arab) de*, **kan·dij·sui·ker** *de (m)* in grote stukken aan draden gekristalliseerde suiker

kan·dij·klont·je *het* [-s] stukje kandijsuiker

kand·jes *het* NN, vero, stud kandidaatsexamen

ka·neel *(‹Fr‹Lat) de (m) & het* specerij, bestaande uit de gedroogde bast of takken van bomen die tot de *Cinnamomum*soorten behoren

ka·neel·ap·pel *de (m)* [-en, -s] ❶ inheemse appelsoort ❷ aromatische vrucht van een Surinaamse heester

ka·neel·boom *de (m)* [-bomen] boom waarvan de binnenbast kaneel levert

ka·neel·pijp *de* [-en] ❶ pijp kaneelbast ❷ suikerstang met kaneelsmaak

ka·neel·stok *de (m)* [-ken] → **kaneelpijp** (bet 2)

ka·nen *ww* [kaande, h. gekaand] NN, spreektaal eten: ★ *wat zit jij nou te ~?*

kan·goe·roe *(‹Eng‹Australische Aboriginalstaal) de (m)* [-s] Australisch buideldier met zeer grote en krachtige achterpoten en kleine voorpoten uit de onderfamilie Macropodinae

kan·goe·roe·schip *het* [-schepen] schip voor vervoer van containers

Ka·ni·ne·faat *de (m)* [-faten] lid van een Germaanse volksstam aan de Hollandse kust bij het begin van de jaartelling

ka·nis [-sen] **I** *de* vismand **II** *de (m)* NN, spreektaal kop: ★ *moet je een klap voor je ~?* ★ *hou je ~* hou je mond

kan·jer *de (m)* [-s] spreektaal ❶ iets groots in zijn soort: ★ *ik heb één vis gevangen, maar dat was wel een ~* ❷ NN iem. die men zeer waardeert vanwege geleverde prestaties: ★ *jij bent een ~!* ❸ NN mooie man, mooie vrouw

kan·ker *(‹Lat)* **I** *de (m)* ❶ goed- of kwaadaardig woekergezwel ❷ naam van plantenziekten ❸ fig voortwoekerend kwaad **II** *voorvoegsel* vervloekt, zeer onaangenaam: ★ *dat kankerhuiswerk ook altijd!*

kan·ke·raar *de (m)* [-s] ontevreden mopperaar, iem. die zich voortdurend misdeeld of verongelijkt voelt

kan·ker·ach·tig *bn* ❶ op kanker gelijkend ❷ enigszins door kanker aangetast

kan·ke·ren *ww* [kankerde, h. gekankerd] ❶ als een sluipend bederf aantasten; steeds voortwoekeren ❷ ontevreden mopperen; zich steeds misdeeld of verongelijkt voelen en aan dat gevoel uiting geven

kan·ker·pit *de (m)* [-ten] NN kankeraar

kan·ker·ver·wek·kend *bn* carcinogeen

kan·nen·kij·ker *de (m)* [-s] NN, vero zuiplap, drinkebroer

kan·ni·baal *(‹Sp) de (m)* [-balen] ❶ menseneter ❷ fig

bloeddorstig, wreedaardig persoon
kan·ni·baals *bn* bloeddorstig, wreedaardig
kan·ni·ba·li·se·ren *ww* [-zee-] [kannibaliseerde, h. gekannibaliseerd] bruikbare onderdelen uit afgedankte machines slopen om daarmee andere te repareren
kan·ni·ba·lis·me *het* menseneterij
ka·no (*‹Sp‹Caribische indianentaal) de (m)* ['s] ❶ oorspr indiaans bootje uit een uitgeholde boomstam; vervolgens licht sportvaartuigje in die vorm dat gepagaaid wordt ❷ vooral NN gebakje in een vorm als onder 1
ka·no·ën *ww* [kanode, h. & is gekanood] in een kano varen
ka·noet·vo·gel *de (m)* [-s] strandloper
ka·non (*‹Fr‹Lat) het* [-nen] ❶ stuk geschut ★ *zo dronken als een ~* stomdronken ❷ sp iem. die een enorm hard schot heeft, die enorm hard kan schieten: ★ *Pietersma, het ~ van Cambuur* ❸ fig vooraanstaand, gewichtig persoon, kopstuk: ★ *Ceulemans is één van de Belgische kanonnen op biljartgebied*
ka·non·na·de (*‹Fr) de (v)* [-s] het schieten met kanonnen, aanhoudend geschutvuur
ka·non·neer·boot *de* [-boten] klein, niet-diepgaand oorlogsschip met één of enkele stukken zwaar geschut
ka·non·ne(n) *tsw* NN, spreektaal uitroep van verbazing of verrassing
ka·non·nen·vlees, ka·non·nen·voer *het* soldaten of aanstaande soldaten, beschouwd als slachtoffers van het oorlogsgeweld
ka·non·ne·ren *ww* [kanonneerde, h. gekanonneerd] met kanonnen beschieten
ka·non·nier *de (m)* [-s] ❶ soldaat die het geschut bedient, artillerist ❷ schertsend, sp speler met een zeer hard schot, schutter, → **kanon** (bet 2)
ka·non·schot *het* [-schoten] schot van een kanon
ka·nons·ko·gel *de (m)* [-s] kogel die door een kanon wordt afgevuurd
ka·non·vuur *het* het schieten met kanonnen
ka·no·sport *de* het kanoën als sport
ka·no·vaar·der *de (m)* [-s] iem. die kanoot
kans (*‹Oudfrans‹Lat) de* [-en] waarschijnlijkheid dat een bepaalde gebeurtenis plaatsvindt ★ *de ~ lopen* in de mogelijkheid verkeren van, in gevaar verkeren van ★ *de ~ is verkeken* verloren ★ *de ~ waarnemen* van een gunstige gelegenheid gebruik maken ★ *een ~ wagen* zijn geluk beproeven ★ *iem. een ~ geven* gelegenheid om zijn kracht te tonen, om vooruit te komen, enz. ★ *er (geen) ~ toe zien zich (niet) in staat achten tot* ★ *~ gezien hebben (om) te...* erin geslaagd zijn (om) te... ★ BN, sp *zijn (eigen) ~ gaan* zijn kans wagen
kans·arm *bn* weinig kans hebbend (wegens opvoeding, milieu e.d.) tot ontplooiing van de mogelijkheden
kans·ar·me *de* [-n] iem. die kansarm is

kans·be·re·ke·ning *de (v)* [-en] → **kansrekening**
kan·sel (*‹Du‹Lat) de (m)* [-s] ❶ preekstoel ❷ hoog punt, vanwaar de jager naar wild uitkijkt
kan·se·la·rij (*‹Lat) de (v)* [-en] ❶ kantoor waar gerechtelijke stukken uitgevaardigd worden, griffie ❷ bureau waar staatsstukken opgesteld en eventueel bewaard worden ❸ kantoor van een gezantschap, consulaat enz.
kan·se·la·rij·stijl *de (m)* ingewikkelde ambtelijke taal, stadhuistaal
kan·se·lier (*‹Lat) de (m)* [-s, -en] ❶ hoofd van een kanselarij ❷ in sommige staten titel van de eerste minister
kan·sel·re·de·naar *de (m)* [-s] begaafd prediker
kans·heb·ber *de (m)* [-s] iem. die een goede kans maakt (om te winnen)
kans·loos *bn* zonder kans op goede uitslag
kans·over·een·komst *de (v)* [-en] recht overeenkomst met het oog op een onzekere gebeurtenis, waarvan afhangt of een van de partijen al dan niet moet presteren en hoe groot deze prestatie moet zijn (bijv. verzekering, lijfrente, spel en weddenschap)
kans·re·ke·ning *de (v)* [-en] het berekenen van kansen
kans·rijk *bn* met veel kans op succes
kans·spel *het* [-spelen] spel waarbij het winnen in hoge mate van het toeval afhangt
kans·spel·be·las·ting *de (v)* belasting op inkomsten verkregen uit kansspelen
kant¹ *de (m)* [-en] ❶ rand, zijde, uiteinde: ★ *aan deze ~ heeft de tafel een beschadiging; ga niet te ver het water in, blijf aan de ~* ❷ kantje bladzijde: ★ *een werkstuk van vier kantjes* ★ *aan welke ~ sta je?* wie, welke partij steun je? ★ NN *aan ~* opgeruimd, schoongemaakt: ★ *het hele huis is weer aan ~* ★ *aan de ~ staan* werkeloos zijn, ontslagen zijn ★ *op het kantje (af)* op het nippertje, aan de uiterste grens, ternauwernood ★ *op het kantje van* bijna over de grens van: ★ *dat was op het kantje van onbeschoft* ★ vooral NN *de kantjes er(van)af lopen* zich wat te gemakkelijk van zijn taak afmaken, zich niet bovenmatig inspannen ★ *iets (niet) over zijn ~ laten gaan* iets (niet) zonder protest of bestraffing toelaten ★ *iem. van ~ helpen (maken)* doodmaken, uit de weg ruimen ★ *zich van ~ maken* zelfmoord plegen ★ *dat raakt ~ noch wal* dat is helemaal mis ★ spreektaal *van de verkeerde ~ zijn* homoseksueel zijn ★ *het is aan de kleine (krappe, ruime, grote) ~* tamelijk klein (krap, ruim, groot) ★ *zich van zijn goede, slechte ~ laten zien* zijn goede, slechte eigenschappen laten zien ★ *dat klopt van geen ~ totaal niet*; zie ook bij → **dubbeltje**
kant² *de (m)* [-en] stof, sierlijk maaksel van garen ★ *naaldkant* met een naald vervaardigd ★ *gekloste ~* vervaardigd met klossen, waarbij de om klosjes gewonden draden om elkaar heen geslingerd worden ★ *een kantje* een afzetsel, boordsel van kant of dergelijk materiaal
kant³ *bn* kloek, flink ★ *de zeilen ~ zetten* scherp, gespannen ★ *~ en klaar* volkomen af, voltooid

kan·teel (‹Oudfrans‹Lat) de (m) [-telen] getande bovenrand van een vestingmuur

kan·tel·bed het [-den] bed dat op zijn kant gezet kan worden

kan·tel·deur de [-en] vooral NN deur die naar boven en naar beneden kan draaien

kan·te·len ww [kantelde, h.& is gekanteld] ❶ op een andere kant zetten ❷ omvallen; **kanteling** de (v)

kan·te·loep (‹Fr) de [-en] wratmeloen, genoemd naar de kweekplaats Cantalup nabij Ancona (Italië)

kan·tel·poort de [-en] BN kanteldeur: ★ *garagebox met* ~

kan·tel·raam het [-ramen] raam dat naar boven en beneden kan draaien

kan·ten¹ wederk [kantte, h. gekant] ★ *zich* ~ *tegen* zich verzetten tegen, bestrijden; vgl: → **gekant**

kan·ten² bn van → **kant²**

kant-en-klaar bn zie bij → **kant³**: ★ *een kant-en-klare oplossing*

kant-en-klaar·maal·tijd de (m) [-en] maaltijd die geheel bereid wordt gekocht en nog slechts hoeft te worden opgewarmd

kan·ti·aan de (m) [-tianen] aanhanger van de wijsbegeerte van Immanuel Kant (1724-1804); **kantiaans** bn bijw

kan·tiek (‹Lat) de (v) & het [-en] kerkzang, geestelijk loflied

kan·tig bn hoekig

kan·ti·ne (‹Fr‹It) de (v) [-s] lokaal in of bij een sportaccomodatie, kazerne, fabriek enz. waar men versnaperingen, dranken of maaltijden kan kopen en gebruiken

kant·je¹ het [-s] NN vaatje haring, met een inhoud van ca. 600 stuks

kant·je² het [-s] zie bij → **kant¹** en → **kant²**

kan·tjil (‹Mal) de (m) [-s] dwerghert dat een grote rol speelt in Indonesische dierfabels

kant·klos·sen ww & het (het) vervaardigen van kant met klossen, waarbij het patroon op een kussen is aangegeven met spelden, waaromheen de draad gehaald wordt

kant·koek de (m) [-en] van gebakken koeken afgesneden koekrand; reepvormige snijkoek

kant·kus·sen het [-s] kussen voor het maken van gekloste kant, zie → **kant²**

kant·lijn de [-en] lijn aan de linkerkant van het papier getrokken; ook ruimte links van die lijn: ★ *in de* ~ *schrijven*

kan·ton (‹Fr‹It) het [-s] ❶ onderafdeling van een administratief gebied, vooral van een arrondissement; bondsstaat in Zwitserland ❷ elk van de negen vierkanten waarin een wapenschild verdeeld kan zijn ❸ elk van de vakken waarin een weg verdeeld is voor het dagelijks onderhoud

Kan·to·nees I bn van, uit, betreffende de Zuid-Chinese stad Kanton II het in het zuiden van China gesproken, aan het Chinees (Mandarijn) verwante taal

kan·ton·ge·recht het [-en] zelfstandige lagere rechtbank in iedere afdeling van een arrondissement

kan·ton·naal (‹Fr) bn ❶ van een kanton, tot een kanton behorend; kantonsgewijze ❷ van, plaatshebbend bij de kantonrechter

kan·ton·ne·ren ww (‹Fr) [kantonneerde, h. gekantonneerd] troepen legeren in steden en dorpen, inkwartieren

kan·ton·nier (‹Fr) de (m) [-s] NN iem. die is belast met de inspectie en het onderhoud van wegen, wegwerker

kan·ton·rech·ter de (m) [-s] rechter in een kantongerecht

kan·toor (‹Fr) het [-toren] ❶ kamer waarin zaken worden behandeld, correspondentie en boekhouding wordt gevoerd ❷ zetel van een handelszaak, een bank, een rijksdienst enz.: ★ *ten kantore van, te mijnen kantore, te uwen kantore* ★ *deze maatschappij heeft kantoren in alle grote plaatsen* ★ *het* ~ *van de ontvanger* ★ NN *aan een goed* ~ *komen (zijn)* ergens komen (zijn) waar men vinden zal wat men wenst ★ NN *aan het verkeerde* ~ daar waar men niet vindt wat men wenst

kan·toor·agen·da de [-'s] agenda met lange bladen, op kantoren gebruikt

kan·toor·au·to·ma·ti·se·ring [-zee-] de (v) vooral NN het intensief gebruikmaken van computerondersteuning bij werkzaamheden op een kantoor

kan·toor·be·dien·de de [-n, -s] iem. die op een kantoor werkt

kan·toor·be·hoef·ten mv papier, ballpoints, ordners, paperclips, schrijfmachinelinten e.d.

kan·toor·boek·han·del de (m) [-s] winkel voor kantoorboeken en kantoorbehoeften

kan·toor·ge·bouw het [-en] groot gebouw waarin kantoren gehuisvest zijn

kan·toor·klerk de (m) [-en] kantoorbediende

kan·toor·land·schap het [-pen] kantoortuin

kan·toor·pik de (m) [-ken] NN, geringsch kantoorbediende

kan·toor·tijd de (m) [-en] de kantooruren

kan·toor·tuin de (m) [-en] grote kantoorruimte waarin de afdelingen vooral door beplanting gescheiden zijn

kan·toor·uren mv de tijden waarop een kantoor geopend is

kan·to·rij (‹Lat) de (v) [-en] kerkkoor

kant·rech·ten ww [kantrechtte, h. gekantrecht] haaks afzagen

kant·te·ke·ning de (v) [-en] aantekening aan de kant van het papier ★ *kanttekeningen bij iets geven (maken)* opmerkingen, beschouwingen

kant·werk het ❶ het werken in of met → **kant²** ❷ [mv: -en] iets van → **kant²**

kant·werk·ster de (v) [-s] vrouw die kant maakt

ka·nun·nik (‹Lat‹Gr) de (m) [-niken] RK koorheer,

domheer, stiftsheer; wereldlijk geestelijke die deel uitmaakt van het kapittel van een kathedraal
ka·o·lien (‹Chin) het (Chinese) porseleinaarde
kap¹ (‹Lat) de [-pen] ❶ hoofdbedekking van verschillende vorm ★ de ~ over de haag werpen het monnikskleed afleggen of een ambt of betrekking neerleggen; zie ook bij → **monnik** ❷ bedekking van een gebouw, een wagen ★ onder de ~ zijn het dak (zonder de buitenbedekking) op het huis klaar hebben, fig veilig zijn, verzorgd zijn ★ BN, spreektaal op iems. ~ drinken, leven op iems. kosten drinken, leven ★ BN, spreektaal op iems. ~ zitten iem. bekritiseren; zie ook → **kapje** ❸ capuchon: ★ kindervestje met ~
kap² de (m) [-pen] ❶ het kappen van bomen: ★ jaarlijkse ~ ❷ slag (met een scherp gereedschap), houw, hak; kerf, snee
kap·be·we·ging de (v) [-en] voetbal beweging met de voet waardoor de bal plotseling tot stilstand komt en de andere kant op gespeeld wordt; zie ook bij → **kappen¹** (bet 5)
kap·blok het [-ken] BN hakblok
ka·pel¹ (‹Lat) de [-len] ❶ bedeplaats, bedehuisje ❷ kleine kerk, hulpkerk; onderdeel van een kerk met eigen altaar ❸ muziekkorps
ka·pel² (‹Lat) de [-len] vlinder
ka·pe·laan (‹Lat) de (m) [-s] ❶ hulpgeestelijke voor de pastoor, in dezelfde parochie en kerk als pastoor werkend ❷ huis- of gestichtsgeestelijke, medepastoor; → **rector** (bet 4)
ka·pel·mees·ter de (m) [-s] leider van een muziekkorps, orkestleider
ka·pen ww [kaapte, h. gekaapt] ❶ vroeger jacht maken op vijandelijke schepen ❷ zeeroof plegen ❸ gappen, wegnemen ❹ door afpersing of het gijzelen van passagiers tijdelijk bezit nemen van een vlieg- of voertuig om ermee naar een eventueel asiel verlenend land te gaan, om politieke eisen kracht bij te zetten e.d.
ka·per de (m) [-s] ❶ persoon die kaapt ❷ schip ter kaapvaart ★ er zijn kapers op de kust er zijn concurrenten, er zijn personen voor wie wij ons in acht moeten nemen, omdat zij dezelfde belangen hebben als wij
ka·per·brief de (m) [-brieven] brief van regeringswege met verlof tot kaapvaart
ka·per·schip het [-schepen] ter kaap varend schip, zeeroversschip
ka·pers·nest het [-en] thuishaven van kaperschepen
kap·ge·welf het [-welven] langwerpig gewelf
ka·ping de (v) [-en] het kapen
ka·pi·taal¹ (‹Fr) het [-talen] ❶ hoofdsom (tegenover: → **rente**) ❷ rentegevend bezit ❸ grote som of waarde aan geld: ★ gestort ~ ★ vast ~ ★ geplaatst ~ de totale waarde van uitstaande aandelen of het totale vermogen ❹ fonds waarmee men een onderneming begint; econ de gezamenlijke productiemiddelen; metonymisch personen die de productiemiddelen bezitten: ★ 't is de schuld van 't ~!
ka·pi·taal² (‹Fr) de [-talen] hoofdletter
ka·pi·taal³ (‹Lat) bn ❶ het hoofd betreffend ★ ~ misdrijf waarop de doodstraf staat ❷ van de hoogste rang, van de eerste, grootste soort: ★ een ~ schip ❸ fig groot, erg: ★ een kapitale fout, leugen ❹ voortreffelijk, kostelijk
ka·pi·taal·goe·de·ren mv econ goederen die tot het kapitaal behoren (→ **kapitaal¹**)
ka·pi·taal·in·ten·sief bn ‹econ m.b.t. ondernemingen› forse investeringen vereisend; tegengest: → **arbeidsintensief**
ka·pi·taal·krach·tig bn veel kapitaal hebbend
ka·pi·taal·markt de → **markt** (bet 2) waar vermogensoverdrachten voor langere termijnen plaatsvinden
ka·pi·taal·vlucht de het onttrekken van kapitaal aan het eigen land, o.a. door belegging in het buitenland
ka·pi·taal·vor·ming de (v) het kapitaliseren
ka·pi·ta·li·sa·tie [-zaa(t)sie] de (v) het kapitaliseren
ka·pi·ta·li·sa·tie·bon [-zaa(t)sie-] de (m) [-s] BN soort spaarbrief, kasbon met mogelijkheid de jaarlijkse rente te kapitaliseren
ka·pi·ta·li·se·ren ww [-zee-] (‹Fr) [kapitaliseerde, h. gekapitaliseerd] ❶ kapitaal vormen (van); tot kapitaal laten aangroeien ❷ een periodieke ontvangst, een rente enz. tot kapitaal herleiden, in waarde als kapitaal uitdrukken; **kapitalisering** de (v)
ka·pi·ta·lis·me (‹Fr) het maatschappelijk stelsel waarbij de productiemiddelen particulier eigendom zijn en geproduceerd wordt binnen een vrije markteconomie
ka·pi·ta·list (‹Fr) de (m) [-en] over (veel) kapitaal of geldelijk vermogen beschikkend persoon, rijk man
ka·pi·ta·lis·tisch bn van het kapitalisme of daarvan doortrokken
ka·pi·teel (‹Lat) het [-telen] bovenste, versierde gedeelte van een zuil
ka·pi·tein (‹Fr‹Lat) de (m) [-s] ❶ gezagvoerder op een schip ★ er kunnen geen twee kapiteins op één schip zijn de leiding moet in één hand berusten ★ BN ~ ter lange omvaart kapitein op de grote vaart ❷ officier die het bevel voert over een compagnie
ka·pi·tein·lui·te·nant·ter·zee de (m) [-luitenants-ter-zee] vooral NN overste van de marine
ka·pi·teins·rang de (m) de rang van kapitein
ka·pi·tein·ter·zee de (m) [kapiteins-ter-zee] vooral NN kolonel van de marine
ka·pi·tein·vlie·ger de (m) [-s] kapitein bij de luchtmacht
ka·pit·tel (‹Lat) het [-s] ❶ hoofdstuk ❷ onderwerp van gesprek ❸ de gezamenlijke geestelijken van een dom- of collegiale kerk ❹ orde- of kloostervergadering
ka·pit·te·len ww [kapittelde, h. gekapitteld] berispen, de les lezen
ka·pit·tel·heer de (m) [-heren] kanunnik

ka·pit·tel·kerk *de* [-en] kerk waaraan een kapittel (college van kanunniken) verbonden is

ka·pit·tel·stok·je *het* [-s] ❶ stokje als bladwijzer in een bijbel of missaal ❷ dwarsstaafje als sluiting aan een sierkettinkje

kap·je *het* [-s] ❶ kleine kap ❷ eerste en laatste snee van een brood ❸ circumflex

kap·laars *de* [-laarzen] laars tot aan de knie

kap·la·ken *het* NN beloning van schipper boven de vracht; algemeen fooi, voordeeltje, meevaller

kap·man·tel *de (m)* [-s] ❶ mantel met kap ❷ *kapmanteltje* schouderdoek bij het → **kappen**² gedragen

kap·meeuw *de* [-en] kokmeeuw (*Larus ridibundus*)

kap·mes *het* [-sen] mes om hout te kappen

ka·po (‹Du‹It‹Lat›) *de (m)* ['s] voorman van gevangenen in een concentratiekamp

ka·poen (‹Lat› *de (m)* [-en] ❶ gecastreerde haan ❷ BN deugniet, guit, kwajongen, vooral schertsend en liefkozend gebruikt (in toepassing op kinderen en dieren)

ka·poe·res, ka·poe·re·wiet (‹Jidd‹Hebr›) *bn* NN, spreektaal ❶ weg, verloren ❷ kapot

ka·pok (‹Mal› *de (m)* ❶ vezel afkomstig van het binnenste van de vrucht van de kapokboom, gebruikt als vulling van kussens en matrassen ❷ kapokboom (*Ceiba pentandra*)

ka·pok·boom *de (m)* [-bomen] boom waarvan de kapok gewonnen wordt

ka·po·si·sar·coom [-comen] *het* med kwaadaardige, knobbelvormige huidwoekering, veel voorkomend bij aidspatiënten, genoemd naar de Oostenrijkse dermatoloog M. K. Kaposi († 1909)

ka·pot (‹Fr› *bn* ❶ stuk, gebroken: ★ *de tv, het bord is* ~ ❷ totaal afgemat ★ ~ *zitten* zeer vermoeid zijn ❸ plat dood ★ ~ *zijn van (iets* of *iem.)* ervan onder de indruk zijn; aangeslagen zijn

ka·pot·gaan *ww* [ging kapot, is kapotgegaan] stukgaan; plat doodgaan

ka·pot·hoed·je *het* [-s] ouderwets vrouwenhoofddeksel, nauw om het hoofd sluitend

ka·pot·je (‹Fr› *het* [-s] ❶ kapothoedje ❷ inf condoom

ka·pot·ma·ken *ww* [maakte kapot, h. kapotgemaakt] stukmaken

kap·pa¹ (‹Gr› *de (m)* ['s] de tiende letter van het Griekse alfabet, als hoofdletter K, als kleine letter κ

kap·pa² *tsw* inf (ontvangen en) begrepen, vooral gebruikt door radioamateurs

kap·pen¹ *ww* [kapte, h. & is gekapt] ❶ omhakken: ★ *bomen* ~ ❷ afhakken; (bomen) 'toppen' ❸ door hakken doen ontstaan, maken: ★ *een pad door het bos* ~ ❹ ★ ~ *met* (voorgoed) ophouden met ❺ ‹bij voetbal› een voortrollende bal in een snelle beweging met de binnenkant van de voet stilleggen ❻ ‹bij (tafel)tennis› een bal met een schuin naar beneden gerichte slag slaan ❼ BN, spreektaal hakken: ★ *hout* ~ ★ *op iem.* ~, *op iets* ~ vitten, schimpen

kap·pen² *ww* [kapte, h. gekapt] het haar opmaken

kap·per¹ *de (m)* [-s] iem. die beroepshalve haren knipt en verzorgt

kap·per² (‹Lat› *de* [-s] ❶ struik waaraan de kappertjes groeien ❷ zie bij → **kappers**

kap·pers, kap·per·tjes (‹Lat› *mv* de gesloten bloemknoppen van een Zuid-Europese struik, in azijn of zout ingelegd en gebruikt als specerij

kap·pers·be·dien·de *de* [-n, -s] bediende van een kapper

kap·pers·sa·lon *de (m)* & *het* [-s] ruimte waarin een kapper zijn beroep uitoefent

kap·pers·zaak *de* [-zaken] kapperssalon

kap·per·tje *het* [-s] zie bij → **kappers**

kap·sa·lon *de (m)* & *het* [-s] dameskapperssalon

kap·sei·zen *ww* (‹Eng› [kapseisde, is gekapseisd] omslaan van een schip

kap·sel¹ *het* [-s] opgemaakte haar; wijze van haar opmaken

kap·sel² (‹Du‹Lat› *het* [-s] omhulsel

kap·so·nes *mv* vooral NN, spreektaal drukte, ophef ★ ~ *maken* kabaal maken, zich niet schikken ★ ~ *hebben* zich beter of voornamer voordoen dan men is

kap·spie·gel *de (m)* [-s] kleine toiletspiegel, bij het opmaken van het haar gebruikt

kap·ster *de (v)* [-s] haaropmaakster, vooral voor dames

kap·stok *de (m)* [-ken] klerenhanger ★ NN *aan de* ~ *hangen* ter zijde stellen, uitstellen, buiten werking stellen ★ *iets als* ~ *gebruiken* als aanknopingspunt voor iets anders: ★ *de spreker gebruikte dit vooral als* ~ *om de problemen rond de vergrijzing aan de orde te stellen*

kap·stok·ar·ti·kel *het* [-en, -s] recht artikel met een zo ruime of vage omschrijving dat er zeer veel gevallen onder gebracht kunnen worden

kapt. *afk* kapitein

kap·ta·fel *de* [-s] tafel met benodigdheden voor het → **kappen**²

ka·pu·cijn (‹It› *de (m)* [-en] monnik van de derde hoofdtak van de orde van de franciscanen, bedelmonnik, gekleed in bruine pij met puntkap

ka·pu·cij·nen·kloos·ter *het* [-s] klooster van Kapucijnen

ka·pu·cij·ner¹ *de (m)* [-s] ❶ benaming voor grauwe erwten die bij koken bruin worden ❷ kapucijn

ka·pu·cij·ner² *bn* ★ ~ *monnik* kapucino

kap·ver·bod *het* [-boden] verbod om bomen om te hakken

kap·zaag *de* [-zagen] zaag met een verdikte rug

kar (‹Lat› *de* [-ren] twee- of meerwielig voertuig, fiets, auto e.d. ★ *iem. voor zijn karretje spannen* in eigen belang handig van iem. gebruik maken

kar. *afk* karaat

ka·raat (‹Fr‹Arab‹Gr› *het* [-s, -raten of *mv* idem] ❶ het aantal delen goud in een goudlegering op 24 delen legering: 16 karaats goud = 16/24 zuiver goud ❷ gewicht voor parels en edelgesteenten, is 200 mg (metriek karaat 0,02 g)

ka·ra·bijn *(‹Fr)* *de* [-en] geweer met korte loop
ka·ra·bi·niers *mv* oorspr zware cavalerie met karabijn bewapend, later naam voor sommige ruiter- en infanteriekorpsen
ka·raf *(‹Fr‹Arab)* *de* [-fen] glazen waterkan
ka·rak·ter *(‹Gr)* *het* [-s] ❶ ingegrift teken; schriftteken, letter: ★ *Chinese karakters; symbool* ❷ het eigenaardig kenmerkende van een zaak ❸ ‹van personen› inborst, geaardheid; pregnant sterke zedelijke persoonlijkheid ❹ toneelpersonage
ka·rak·ter·fout *de* [-en] ongunstige karaktertrek
ka·rak·te·ri·eel *bn* BN karakterologisch
ka·rak·te·ri·se·ren *ww* [-zee-] *(‹Fr)* [karakteriseerde, h. gekarakteriseerd] ❶ kenmerken ❷ doen zien als; bestempelen
ka·rak·te·ris·tiek *(‹Fr‹Gr)* **I** *bn* eigenaardig, kenmerkend **II** *de (v)* [-en] ❶ schildering van het eigenaardige, kenmerkende van een persoon of een zaak ❷ grafische voorstelling van de eigenschappen van een apparaat
ka·rak·ter·loos *bn* laf, laag
ka·rak·ter·loos·heid *de (v)* lafheid, laagheid
ka·rak·ter·moord *de* [-en] fatale en welbewust gepleegde aanslag op iems. goede naam
ka·rak·te·ro·lo·gie *de (v)* leer van de soorten en de indeling van karakters (→ **karakter**, bet 3); **karakterologisch** *bn bijw*
ka·rak·ter·stuk *het* [-ken] toneelstuk dat een bepaald → **karakter** (bet 3) laat zien
ka·rak·ter·te·ke·ning *de (v)* [-en] ontledende beschrijving van een → **karakter** (bet 3), vooral in romans
ka·rak·ter·trek *de (m)* [-ken] eigenaardig kenmerk van een → **karakter** (bet 3)
ka·ra·mel *(‹Fr‹Sp)* *de* [-s, -len] ❶ mengsel van gebrande suiker, gebruikt als smaak- en kleurgevende stof in dranken, suikergoed, vla e.d. ❷ toffee van gebrande suiker ❸ snoepgoed
ka·ra·o·ke *(‹Jap)* *de (m)* publiekelijk vermaak waarbij amateurs bekende liedjes zingen met behulp van een geluidsband met begeleidende muziek en aan de hand van getoonde liedteksten
ka·ra·o·ke·bar *de* [-s] openbare gelegenheid waar men aan karaoke kan doen of ernaar kan kijken
ka·ra·te *(‹Jap)* *het* geheel van verdedigings- en aanvalstechnieken waarbij alle ledematen als wapens dienen
ka·ra·te·ka *(‹Jap)* *de* ['s] iem. die aan karate doet
ka·ra·vaan *(‹Fr‹Perz)* *de* [-vanen] stoet bestaande uit een aantal bepakte kamelen en hun drijvers; fig grote troep
ka·ra·vaan·weg *de (m)* [-wegen] weg die karavanen volgen door de woestijn
ka·ra·van·se·ra, ka·ra·van·se·rai *(‹Perz)* *de (m)* ['s] openbaar gebouw tot huisvesting van reizigers langs de grote wegen in Azië
kar·bies *(‹Fr)* *de* [-biezen] gevlochten handtas
kar·bo·na·de *(‹Fr)* *de (v)* [-s, -n] ❶ NN stuk vlees van de rib, schouder of rug van een varken, lam of kalf: ★ *de meeste karbonades in de winkel zijn van varkens* ❷ BN verkorting van *stoofkarbonade*, runderlappen om te stoven
kar·bon·kel *(‹Lat)* *de (m)* [-s, -en] ❶ edelgesteente, hoogrode granaat of robijnsteen ❷ grote soort meloen ❸ vurige puist, *carbunculus*
kar·bouw *(‹Mal)* *de (m)* [-en] waterbuffel
kar·de·mom *de (m)* bep. specerij, de vruchtjes van een gemberachtige plant (*Elettaria cardamomum*)
kar·di·naal[1] *(‹Lat)* *bn* wat de hoofdzaak uitmaakt, voornaamst ★ *het kardinale punt* het hoofdpunt, het gewichtigste bij een zaak ★ *kardinale deugd* hoofddeugd
kar·di·naal[2] *(‹Lat)* *de (m)* [-nalen] RK titel van de hoogste waardigheidsbekleders in de kerk onder de paus; lid van het college, belast met de pauskeuze
kar·di·naals·hoed *de (m)* [-en] rode hoed als teken van waardigheid van een kardinaal
kar·di·naals·muts *de* [-en] heester met rode vruchten, waarin oranje zaden (*Euonymus europaeus*)
kar·di·naal·vo·gel *de (m)* [-s] papegaai met rode veren
kar·di·na·laat *het* waardigheid van → **kardinaal**[2]
kar·does *(‹Fr‹It)* *de* [-doezen] papieren huls of zakje met kruitlading
ka·re·kiet *de (m)* [-en] → **karkiet**
Ka·rel·ro·man *de (m)* [-s] middeleeuwse roman over Karel de Grote
ka·ret *(‹Fr‹Mal)* **I** *de* [-ten] karetschildpad **II** *het* fijnste soort → **schildpad** (bet 2)
ka·ret·schild·pad *de* [-den] zeeschildpad met dakpansgewijs liggende hoornplaten
ka·ri·a·ti·de *(‹Gr)* *de (v)* [-n] vrouwenfiguur als schoorzuil of pilaster
ka·ri·boe *(‹Eskimotaal)* *de (m)* [-s] Noord-Amerikaans rendier
ka·rig *bn* schriel, zeer zuinig; weinig
ka·ri·ka·tu·raal *(‹Fr)* *bn* als in, op de wijze van een karikatuur
ka·ri·ka·tu·ri·se·ren *ww* [-zee-] *(‹Fr)* [karikaturiseerde, h. gekarikaturiseerd] een karikatuur maken van; in een bespottelijk daglicht stellen
ka·ri·ka·tu·rist *(‹Fr)* *de (m)* [-en] tekenaar van spotprenten
ka·ri·ka·tuur *(‹It)* *de (v)* [-turen] ❶ spotbeeld; door overdrijving van kenmerken belachelijk makend beeld ❷ belachelijke figuur ❸ zaak die als een spotbeeld aandoet van wat zij zou moeten zijn
kar·kas *(‹Fr)* *de & het* [-sen] ❶ geraamte, rif ❷ lichaam ❸ vervallen, gebrekkig gestel ❹ gestel, geraamte van dun koper- of ijzerdraad
kar·kiet, ka·re·kiet *de (m)* [-en] bepaalde zangvogel; rietzanger
kar·ma *(‹Sanskr)* *het* eig werkverrichting; de som van alle daden en gedachten van de mens gedurende zijn aardse bestaan, waardoor zijn lot in volgende existenties bepaald wordt
kar·me·liet *de (m)* [-en] monnik van de orde van Onze

Lieve Vrouwe van de berg Karmel in de Libanon ★ *ongeschoeide karmelieten* strenge kloosterorde die zich in 1593 afscheidde van de orde van de karmelieten; **karmelietes** *de (v)* [-sen]

kar·me·lie·ten·kloos·ter *het* [-s] klooster van karmelieten

kar·mijn (‹Fr‹Lat‹Arab) *het* wijnrode kleurstof, oorspronkelijk bereid uit cochenilleluizen

kar·mij·nen *bn* (als) van karmijn

kar·mijn·rood *bn* rood als karmijn

kar·mo·zijn (‹Oudfrans‹Arab) *het* purperverf uit het insect kermes; *later ook benaming voor* karmijn

kar·mo·zij·nen *bn* (als) van karmozijn

kar·mo·zijn·rood *bn* rood als karmozijn

karn *de* [-en] karnton

kar·ne·melk *de* gekarnde melk

kar·ne·melk·pap *de* karnemelksepap

kar·ne·melks *bn* van karnemelk: ★ *karnemelksepap*

kar·nen *ww* [karnde, h. gekarnd] de boter uit de melk afzonderen

karn·pols *de (m)* [-en], **karn·stok** [-ken] stamper waarmee de melk in de karnton bewerkt wordt

karn·ton *de* [-nen] vat waarin de melk gekarnd wordt

Ka·ro·lin·gers, **Ka·ro·lin·gen** *mv* de door Karel Martel (± 689-741) gestichte Frankische koningsdynastie

Ka·ro·lin·gisch *bn* van, betreffende de Karolingen

ka·ros¹ (‹Fr‹Lat) *de* [-sen] ❶ koets, gesloten rijtuig op riemen in de 16de-17de eeuw ❷ dial platte wagen of bakwagen

ka·ros² *de (m)* [-sen] ZA kleed of deken van aan elkaar genaaide dierenvellen

ka·rot (‹Fr‹Lat) *de* [-ten] rol tabak waarvan men snuif maakt

kar·per *de (m)* [-s] algemeen bekende, geelbruine zoetwatervis (*Cyprenus carpio*)

kar·pet (‹Fr‹Lat) *het* [-ten] vloerkleed

kar·rad *het* [-raderen] karrenwiel

kar·ren *ww* [karde, h. & is gekard] NN ❶ in een kar vervoeren: ★ *mest* ~ ❷ fietsen

kar·ren·paard *het* [-en] paard dat een kar trekt; zwaargebouwd trekpaard

kar·ren·spoor, **kar·spoor** *het* [-sporen] geul in een zacht wegdek gemaakt door karrenwielen

kar·ren·vracht *de* [-en] wat op een kar geladen wordt of geladen kan worden ★ *bij karrenvrachten* in grote massa

kar·ren·wiel *het* [-en] wiel van een kar

kar·spoor *het* [-sporen] → **karrenspoor**

karst *de (m)* geol erosievormen en -verschijnselen in kalksteengebieden (genoemd naar het Karstgebergte in Kroatië)

kart (‹Eng) *de (m)* [-s] skelter

kar·tel¹ *het (m)* [-s] randinkerving

kar·tel² (‹Fr) *het* [-s] ❶ vereniging van handelaren om door gezamenlijk optreden de concurrentie het hoofd te bieden, bedrijfsregeling ❷ onderlinge overeenkomst van bepaalde groeperingen van politieke partijgangers met het oog op gemeenschappelijke actie ❸ BN tijdelijk verbond van politieke partijen met een gemeenschappelijke kandidatenlijst voor verkiezingen

kar·tel·darm *de (m)* [-en] deel van de dikke darm, tussen blindedarm en endeldarm

kar·te·len *ww* [kartelde, *overg* h. en *onoverg* is gekarteld] ❶ aan de randen inkerven ❷ ‹van melk› schiften

kar·te·lig *bn* ❶ met kartels ❷ geschift; (van melk) spoedig schiftend

kar·te·ling *de (v)* [-en] ❶ het kartelen ❷ gekarteld oppervlak als versiering of op de rand van munten

kar·tel·lijn *de* [-en] kartelend, kronkelend lopende lijn

kar·tel·rand *de (m)* [-en] gekartelde rand

kar·tel·schaar *de* [-scharen] schaar met gekartelde bladen, waarmee men kartelranden kan knippen

kar·tel·vor·ming *de (v)* het vormen van kartels (→ **kartel²**)

kar·te·ren *ww* (‹Fr) [karteerde, h. gekarteerd] in kaart brengen; **kartering** *de (v)*

kar·tets (‹Du‹It) *de* [-en] met kogels gevulde bus, die na het verlaten van de loop van het kanon uiteenspringt

kar·ton (‹Fr) *het* [-s] ❶ (licht) bordpapier ❷ stuk bordpapier ❸ verpakking van bordpapier; kartonnen doos

kar·ton·na·ge [-naazjə] (‹Fr) *de (v)* [-s] ❶ het kartonneren ❷ kartonwerk; kartonnen band

kar·ton·nen *bn* van karton

kar·ton·ne·ren *ww* (‹Fr) [kartonneerde, h. gekartonneerd] in bordpapier binden; door middel van karton stijf maken

kar·tui·zer *de (m)* [-s] monnik van de door St.-Bruno in 1084 gestichte orde, gevestigd in het klooster Chartreuse bij Grenoble (Frankrijk)

kar·tui·zer·mon·nik *de (m)* [-niken] kartuizer

kar·tui·zer·or·de *de* orde van de kartuizers

kar·veel (‹Fr‹Lat) *de & het* [-s, -velen] oude naam van een klein, betrekkelijk snel zeilend schip, in gebruik in het Middellandse Zeegebied

kar·wats (‹Turks) *de* [-en] rijzweep

kar·wei (‹Fr) *de & het* [-en] ❶ opdracht, taak voor handwerkslieden ❷ plaats waar het werk wordt uitgevoerd: ★ *te laat op het* ~ *verschijnen* ❸ taak, opdracht in het algemeen, vooral zware, vervelende taak: ★ *een heel* ~

kar·wij (‹Fr‹Arab) *de* schermbloemige plant die het karwijzaad levert

kar·wij·zaad *het* soort specerij

kas (‹Oudfrans‹Lat) I *de* [-sen] ❶ geldbergplaats; *ook* plaats waar betalingen worden verricht ❷ omhulsel waardoor iets wordt beschermd: ★ *de* ~ *van een horloge* ❸ holte waarin iets geplaatst of gevat is; oogholte ❹ NN glazen kweekhuis in de tuinbouw II *de* geldvoorraad ★ *goed bij* ~ *zijn* veel contant geld hebben ★ *de* ~ *spekken*, BN *ook de* ~ *spijzen* de kas van de nodige geldmiddelen voorzien

kas·ba (‹Arab) *de (m)* ['s] ❶ burcht, versterkt paleis

❷ bij uitbreiding versterkte marktstad, thans nog het centrum van sommige Arabische steden met veel winkeltjes en grillig lopende nauwe straatjes, vgl: → **medina** ❸ op de wijze van bet 2 gebouwd modern stadsdeel

kas·ba·wo·ning de (v) [-en] woning (als) in een → **kasba** (bet 3)

kas·bloem de [-en] tere, in → **kas** (bet 5) gekweekte bloem

kas·boek het [-en] opschrijfboek voor inkomsten en uitgaven

kas·bon de (m) [-s, -nen] BN spaarbewijs aan toonder met rente

kas·cheque [-sjek] de (m) [-s] ⟨vroeger bij de Nederlandse girodienst⟩ cheque waarop een bedrag tot fl. 500,- aan elk postkantoor werd uitbetaald

kas·com·mis·sie de (v) [-s] commissie die het beheer van de penningmeester controleert

kas·druif de [-druiven] NN in een → **kas** (bet 5) gekweekte druif

kas·geld het [-en] in de → **kas** (bet 1) aanwezig geld

kas·groen·te de (v) [-n, -s] NN in een → **kas** (bet 5) geteelde groente

kasj·mier het fijne zachte wollen stof, gemaakt van het haar van de kasjmiergeit; thans ook zachte, gekeperde stof voor dameskleding en sjaals, genoemd naar de landstreek Kasjmir in Centraal-Azië

kasj·mie·ren bn van kasjmier

kas·kre·diet het [-en] BN bedrijfskrediet op korte termijn

kas·mid·de·len mv aanwezig kasgeld

kas·plant de [-en] tere, in → **kas** (bet 5) gekweekte plant; fig vertroeteld, al te zorgzaam opgevoed kind

kas·re·gis·ter het [-s] telmachine waarin het ontvangen geld opgeborgen en geregistreerd wordt

kas·sa ⟨It⟨Lat⟩ de ['s] loket, plaats in een winkel, warenhuis enz. waar men zijn aankopen betaalt, of waar men een plaatskaart neemt voor een openbare gelegenheid; kasregister II tsw ★ ~! uitroep die men doet als men het heeft over het verdienen van grote geldbedragen op een volgens algemeen geldende normen niet geheel juist geachte manier

kas·sa·bon de (m) [-nen, -s] NN aan de kassa van een winkel afgegeven bewijs van betaling

kas·sal·do het ['s] bedrag dat volgens de boekhouding in kas moet zijn

kas·sei ⟨Fr⟩ de [-en] ❶ BN ook straatkei met min of meer afgeronde bovenkant, kinderhoofdje, kinderkopje ❷ BN, m.g. steenweg, straatweg

kas·se·rol, **kas·trol** ⟨Fr⟩ de [-len] ❶ (meestal koperen) braad- of stoofpan ❷ lepel om glas te schuimen in een glasblazerij

kas·si·an ⟨Mal⟩ NN I tsw erbarming, uitroep van medelijden; ook kalm aan: ★ ~ doen II het medelijden

kas·sier ⟨It⟩ de (m) [-s] ❶ kashouder ❷ kantoor (vooral bankinstelling) dat gelden voor een opdrachtgever betaalt en ontvangt

kas·sier·ster de (v) [-s] BN ook caissière

kas·stuk het [-ken] ❶ toneel stuk dat geld inbrengt ❷ bewijs in boekhouding dat een betaling contant heeft plaatsgevonden

kas·suc·ces het [-sen] zeer succesvolle film, musical enz.

kast ⟨Du⟩ de [-en] ❶ meubel waarin men iets opbergt; bergruimte ★ van het kastje naar de muur sturen heen en weer gezonden worden zonder resultaat ★ iem. op de ~ jagen iem. boos maken, ergeren ★ NN op de ~ zitten boos zijn ❷ groot gebouw, groot schip enz.: ★ een ~ van een huis ❸ spreektaal (oud) gebouw, (oud) voertuig, fiets enz. ❹ spreektaal gevangenis: ★ in de ~ zitten ❺ omhulsel: ★ ~ van een piano, van een wiel

kas·tan·je ⟨Lat⟨Gr⟩ [-s] I de (m) boom waaraan de kastanjes groeien: de tamme ~ (Castanea sativa) en de → **paardenkastanje** (Aesculus) II de vrucht van deze boom ★ de kastanjes uit het vuur halen de moeilijke en gevaarlijke karweitjes verrichten, waarvan een ander, die zich op de achtergrond houdt, voornamelijk de voordelen geniet

kas·tan·je·boom de (m) [-bomen] → **kastanje** (bet 1)

kas·tan·je·bruin bn roodbruin

kas·tan·je·laan de [-lanen] laan met veel kastanjebomen

kas·tan·je·laar de (m) [-s] BN, spreektaal kastanjeboom

kas·te ⟨Port⟩ de [-n] ❶ endogame, erfelijke, streng hiërarchische, met een beroepsgroep verbonden stand in India ❷ fig streng afgesloten of zich afsluitende maatschappelijke groep

kas·teel ⟨Oudfrans⟨Lat⟩ het [-telen] ❶ burcht, slot, adellijk huis ★ een ~ van een huis zeer groot huis ❷ een schaakstuk: toren

kas·teel·heer de (m) [-heren] eigenaar en bewoner van een kasteel

kas·teel·wijn de (m) [-en] BN wijn van een kasteel

kas·te·kort het [-en] tekort in de kas, deficit

kas·te·lein ⟨Oudfrans⟩ de (m) [-s] ❶ vroeger slotvoogd ❷ thans vero cafehouder

kas·te·lo·ze de [-n] paria

kas·ten·geest de (m) zucht om zich angstvallig binnen de besloten kring van zijn eigen stand te houden

kas·ten·stel·sel het [-s], **kas·ten·we·zen** het bestaan van kasten (zie bij → **kaste**) in een maatschappij

kas·ten·wand de (m) [-en] wand die geheel door kasten bedekt is

kas·ten·we·zen het → **kastenstelsel**

kas·tick·et de [-s] BN kassabon

kas·tie het soort slagbalspel

kas·tij·den ww ⟨Lat⟩ [kastijdde, h. gekastijd] straffen, tuchtigen

kas·tij·ding de (v) [-en] straf, vooral lichamelijke straf

kast·je het [-s] kleine kast ★ inf ~ kijken televisie

kijken; zie ook bij → **kast**
kast·lijn *de* [-en] druktechn gedachtestreep
kas·toor (‹Fr‹Lat‹Gr) **I** *het* beverhaar, bevervilt **II** *de (m)* [-toren] van beverhaar gemaakte hoed
kast·pa·pier *het* papier dat op kastplanken gelegd wordt
kas·trol (‹Fr) *de* [-len] → **kasserol**
ka·su·a·ris [-zuu-] (‹Mal) *de (m)* [-sen] geslacht van grote loopvogels op Nieuw-Guinea en in Australië
kat *de* [-ten] ❶ als huisdier gehouden klein roofdier (*Felis domestica*) ★ *wilde ~* op het huisdier gelijkend, in de bossen levend roofdier (*Felis silvestris*) ★ *wie zal de ~ de bel aanbinden?* wie waagt het met een gevaarlijk werkje een begin te maken? ★ *als de ~ van huis is, dansen de muizen (op tafel)* als het toezicht weg is, durft men van alles ★ *de ~ uit de boom kijken* alvorens te handelen de gebeurtenissen eens aanzien ★ *de ~ in het donker knijpen* iets onbehoorlijks in het verborgen doen ★ NN *als een ~ om de hete brij draaien* een onderwerp niet direct durven aan te roeren ★ NN *er uitzien als een verzopen ~* zeer nat zijn ★ *een ~ in het nauw maakt rare sprongen* iem. in een benarde positie kan rare dingen doen ★ NN *maak dat de ~ wijs* maak dat een ander wijs, dat geloof ik niet ★ NN *de ~ komt een graatje toe* wie diensten bewezen heeft, heeft recht op een beloning, een fooitje ★ *de ~ bij het spek zetten* of *de ~ op het spek binden* iem. in verleiding brengen ★ vooral NN *een ~ in de zak* (BN *een zak*) *kopen* iets kopen wat men niet goed bekeken heeft en wat later tegenvalt, *ook* bedrogen uitkomen doordat men van tevoren niet voldoende heeft geïnformeerd ★ *als ~ en hond leven* voortdurend ruziemaken ★ NN *of je door de ~ of door de hond gebeten wordt* het doet niet ter zake wie je benadeelt ★ *als een ~ in een vreemd pakhuis* verbaasd, onwennig, niet wetende wat aan te vangen ★ *met iem. het spel van ~ en muis spelen* iem. telkens enige hoop op goede uitkomst geven, maar ten slotte teleurstellen ★ NN *~ in 't bakkie* gezegd wanneer men succes heeft behaald ★ NN *voor de ~ z'n kut voor niets, om 's keizers baard* ★ BN *ook andere katten te geselen hebben* andere dingen aan zijn hoofd hebben, (wel) iets anders te doen hebben ★ BN, spreektaal *zijn ~ sturen* niet komen opdagen, niet verschijnen op een plaats waar men verwacht wordt ★ BN, spreektaal *nu komt de ~ op de koord* nu beginnen de moeilijkheden, nu hebben we de poppen aan het dansen ★ BN, spreektaal *geen ~ geen mens*, helemaal niemand ★ BN, spreektaal *een vogel voor de ~* iemand die ten dode is opgeschreven ★ BN, spreektaal *een ~ een ~ noemen* zeggen waar het op staat, er geen doekjes om winden ★ BN, spreektaal *dat weet onze ~ ook* dat begrijpt iedereen, dat is vanzelfsprekend; zie ook bij → **katje**, → keizer, → muizen, → smeer ❷ vinnig vrouwspersoon ❸ hist middeleeuwse oorlogsmachine, een verplaatsbare, overdekte,

houten constructie waarmee men de voet van een vestingmuur trachtte te bereiken om deze te ondergraven of te doen instorten ❹ naam voor verschillende scheepswerktuigen, o.a. katanker ❺ gesel van touwen, waarmee vroeger matrozen gestraft werden ❻ snauw, standje: ★ *een ~ geven, krijgen*
ka·ta- (‹Gr) voorvoegsel met de betekenis af-, neer- of tegen
ka·ta·bo·lis·me (‹Gr) *het* afbraak van stoffen in het lichaam door de stofwisseling
kat·ach·tig *bn* lijkend op een kat; als een kat: ★ *een katachtige sprong* ★ *katachtige bewegingen*
kat·ach·ti·gen *mv* op katten (→ **kat**, bet 1) gelijkende roofdieren als leeuwen, lynxen, cheetas e.d. (*Felidae*)
ka·ta·falk (‹Fr‹Lat) *de* [-en] ❶ verhevenheid waarop bij een lijkdienst de kist geplaatst wordt ❷ loze doodkist en baar met een rouwkleed erover, die de kist met het lijk vervangt bij rouwplechtigheden
ka·ta·ly·sa·tor [-liezaa-] (‹Gr) *de (m)* [-s, -toren] stof die, zonder zelf te veranderen, een chemisch proces waarbij zij aanwezig is, bespoedigt of bepaalt; fig persoon of zaak die iets helpt bewerkstelligen
ka·ta·ly·se [-liezə] (‹Gr) *de (v)* werking van een katalysator
ka·ta·ly·tisch [-lie-] (‹Gr) *bn* van de aard van katalyse, deze betreffend
ka·ta·pult (‹Lat‹Gr) *de (m)* [-en] ❶ oorlogswerptuig in de oudheid voor zware voorwerpen ❷ kinderschiettuig ❸ toestel waarmee een vliegtuig kan worden gelanceerd, vooral van een schip
ka·ten·spek (‹Du) *het* NN eerst gekookt en daarna gerookt spek
ka·ter¹ *de (m)* [-s] mannetjeskat
ka·ter² (‹Du‹Lat‹Gr) *de (m)* [-s] katterigheid; onaangename gesteldheid na overmatig drankgebruik; fig geestelijke terugslag na spannende ervaringen ★ *morele ~* licht zelfverwijt wegens onbevredigende handelwijze
ka·tern (‹Lat) *de & het* [-en, -s] ❶ enige (oorspronkelijk vier) in elkaar gevouwen bladen als deel van een boek of een handschrift ❷ zes of meer velletjes schrijf- of postpapier, in elkaar gevouwen
kath. *afk* katholiek
ka·tha·ren [kataa-] (‹Gr) *mv* eig de reinen, naam waarmee sommige middeleeuwse strenge sekten zich aanduidden, met name de albigenzen
ka·the·der (‹Gr) *de (m)* [-s] ❶ spreekgestoelte; vooral de leerstoel van een hoogleraar; vgl: → **ex cathedra** ❷ bisschopszetel
ka·the·draal (‹Fr‹Lat‹Gr) **I** *de* [-dralen] hoofdkerk van een bisdom, domkerk; soms alleen grote rooms-katholieke kerk **II** *bn* ★ *kathedrale kerk* hoofdkerk van een bisdom
ka·the·draal·glas *het* ondoorzichtig, oneffen vensterglas
ka·the·ter (‹Lat‹Gr) *de (m)* [-s] buis tot aftapping van lichaamsvochten, vooral van de urine uit de blaas

ka·tho·de *(‹Gr) de (v)* [-n, -s] ❶ negatieve elektrode ❷ elektronen uitzendende elektrode van een elektronen-, röntgen- of ontladingsbuis

ka·tho·de·straal·buis *de* [-buizen] een buis met verdund gas, waarvan de wand lichtgevend wordt gemaakt door kathodestralen

ka·tho·de·stra·len *mv* stralen die uitgaan van een kathode in een luchtledige ruimte en bestaan uit negatieve elektronen

ka·tho·li·cis·me *het* katholiek geloof, katholieke leer

ka·tho·liek *(‹Gr)* **I** *bn* ❶ eig algemeen, over de hele wereld verspreid; thans van, behorend tot de Rooms-Katholieke of Grieks-Katholieke Kerk ❷ BN, spreektaal goed, deugdelijk, in orde, zoals het hoort ★ *dat is niet* ~ dat is niet deugdelijk, niet zoals het behoort **II** *de* [-en] aanhanger van het katholieke geloof

ka·tho·lie·ken·dag *de (m)* [-dagen] regelmatig gehouden bijeenkomst van katholieken, vooral in Duitsland

kat·jang *de (‹Mal)* [-s] NN, spreektaal pinda, apennootje ★ ~ *goreng* geroosterde of gebakken pinda's

kat·je *het* [-s] ❶ poesje; kattig meisje ★ *geen* ~ *om zonder handschoenen aan te pakken* een vinnig, scherp (vrouws)persoon ★ *in het donker zijn alle katjes grauw* in de duisternis ziet men niet hoe iemand er uitziet of gekleed is ❷ bloeiwijze, o.a. van wilgen ❸ hoorn van de porseleinslak

kat·jes·drop *de & het* NN → drop² in de vorm van een kat

kat·jes·spel *het* ★ NN *dat wordt* ~ dat loopt uit op ruzie

kat·knup·pe·len *ww & het* vroeger volksvermaak, waarbij men knuppels gooide naar een opgehangen ton waarin een kat was opgesloten, totdat de ton stukging en de kat in doodsangst wegrende

ka·toen *(‹Fr‹Sp‹Arab) de (m) & het* ❶ vezel afkomstig van de zaden van de katoenplant ❷ (alleen *de (m)*) plantengeslacht dat deze vezel levert (*Gossypium*) ❸ katoenen garen ★ spreektaal, NN *hem van* ~ *geven*, BN ~ *geven* zich krachtig inspannen, ergens kracht achter zetten ★ *iem. van* ~ *geven* iem. op zijn kop geven; zie ook → katoentje

ka·toen·boom *de (m)* [-bomen] katoenplant

ka·toe·nen *bn* van katoen

ka·toen·plant *de* [-en] → katoen (bet 2)

ka·toen·plan·ta·ge [-taazjə] *de (v)* [-s] katoenkwekerij, katoenonderneming

ka·toen·struik *de (m)* [-en] → katoen (bet 2)

ka·toen·tje *het* [-s] ❶ stuk katoenen stof ❷ japon van katoen ❸ katoenen pit in olielamp (in deze betekenis ook → katoen)

kat·oog *het* [-ogen] → kattenoog

ka·trol *de* [-len] hijstoestel; ronde schijf als deel van een hijs- of trektoestel

ka·trol·schijf *de* [-schijven] schijf waarover het hijstouw loopt

kat·te·bel·le·tje *(‹It) het* [-s] los stukje papier waarop iets geschreven wordt; klein, weinig verzorgd briefje

kat·ten *ww* [katte, h. gekat] NN ❶ gekochte goederen weigeren; zich niet houden aan (een afspraak, overeenkomst) ❷ scheepv het anker ophijsen ❸ bits toespreken, snauwen; hatelijke opmerkingen maken: ★ *gaan we* ~?

kat·ten·bak *de (m)* [-ken] ❶ bak waarin de huiskat haar natuurlijke behoeften doet ❷ NN deel van de bagageruimte achter in een auto waar ook een persoon kan zitten

kat·ten·bak·vul·ling *de (v)* zand, turfmolm of stankabsorberende steentjes waarmee men een → kattenbak (bet 1)vult

kat·ten·brood *het*, **kat·ten·brok·jes** *mv* kattenmaaltijd bestaande uit stukken gedroogd en geperst vlees met andere voedingsmiddelen

kat·ten·drek *de (m)* uitwerpselen van één of meer katten ★ NN *dat is geen* ~ dat is geen kleinigheid

kat·ten·gat *het* [-gaten] opening in de muur van een deur, waardoor de kat kan binnenkomen

kat·ten·ge·spin *het* ★ *het eerste gewin is* ~ winst in het begin gaat weer verloren

kat·ten·haar **I** *het* behaaring van een kat **II** *de* [-haren] elk van de haren van een kat

kat·ten·kop *de (m)* [-pen] ❶ kop van een → kat (bet 1) ❷ → kat (bet 2)

kat·ten·kwaad *het* kwajongensstreken

kat·ten·luik *het* [-en] kattengat

kat·ten·mep·per *de (m)* [-s] iem. die katten vangt en doodt (voor de vacht)

kat·ten·mu·ziek *de (v)* het krollen van katten; fig onwelluidende muziek, schel lawaai

kat·ten·oog, **kat·oog I** *het* [-ogen] oog (als) van een kat ★ *kattenogen hebben* in donker kunnen zien **II** *het* [-ogen] reflector langs een rijweg **III** *als stof:* *het, als voorwerp: de* [-ogen] edelsteen waarin een band van licht is waar te nemen die beweegt als de steen bewogen wordt

kat·ten·pis *de (m)* urine van één of meer katten ★ *dat is geen* ~ inf dat is geen kleinigheid

kat·ten·staart *de (m)* [-en] ❶ staart van een kat ❷ naam voor verschillende planten die pluimen e.d. dragen

kat·ten·tong *de* [-en] chocolaatje of koekje in de vorm van de tong van een kat

kat·ten·vrouw·tje *het* [-s] vrouw die zich het lot van zwerfkatten in de buurt aantrekt en soms tientallen katten in haar huis verzorgt

kat·ten·ziek·te *de (v)* zeer besmettelijke virusziekte die bij katachtigen voorkomt

kat·te·rig *bn* NN onwel, niet lekker na een feest; fig ontnuchterd; **katterigheid** *de (v)*

kat·tig *bn* snibbig, onvriendelijk

kat·tin *de (v)* [-nen] BN vrouwelijke kat; kattig vrouwspersoon

kat·uil *de (m)* [-en] van muizen levende kerkuil

kat·van·ger *ww* natuurlijk persoon of rechtspersoon

die tegen vergoeding kentekens van voertuigen op zijn naam heeft staan zonder dat hij optreedt als eigenaar of houder van die voertuigen
kat·vis *de (m)* [-sen] kleine vis
kat·zwijm *zn* ★ *in* ~ in lichte flauwte; (van een schip) stil moetende liggen, niet verder kunnend
Kau·ka·sisch [-zies] *bn* van de Kaukasus ★ *het Kaukasische ras* het blanke ras
kau·ri *(‹Hindi› de (m)* ['s] schelp van de porseleinslak, in Zuid-Azië en Afrika als ruilmiddel gebruikt
kauw *de* [-en] klein soort kraai
kau·wen *ww* [kauwde, h. gekauwd] met de tanden vermalen; bijten: ★ *op een potlood* ~
kauw·gom, **kauw·gum** *de (m) & het* soort gom in de vorm van een tablet, plakje of balletje met een lekkere smaak, waarop men kan kauwen
kauw·gom·plaat·je, **kauw·gum·plaat·je** *het* [-s] plaatje met daarop de foto van een film- of sportster e.d. als geschenk bij de aankoop van een stukje kauwgom
kauw·stang *de* [-en] uit buffelhuid vervaardigd namaakbot voorhonden
KAV *afk* in België Kristelijke Arbeiders Vrouwengilden [sociaal-culturele organisatie]
ka·val·je *(‹Lat› het* [-s] oud paard; oud, uitgewoond of vervallen huis; versleten ding
ka·vel *de (m)* [-s, -en] ❶ deel van een verdeeld terrein ❷ afzonderlijk te verkopen deel van een partij goederen
ka·ve·len *ww* [kavelde, h. gekaveld] ❶ in kavels verdelen ❷ precies berekenen
ka·ve·ling *de (v)* [-en] koop; partij; gedeelte
ka·vi·aar *(‹Fr‹Turks› de (m)* gezouten kuit van de steur en enkele andere vissen, als voorgerecht gegeten
Ka·zach [-zak] *de (m)* [-en], **Ka·zach·staan** [-zak-] *de (m)* [-stanen] iem. geboortig of afkomstig uit Kazachstan
Ka·zach·staans [-zak-] **I** *bn* van, uit, betreffende Kazachstan **II** *het* taal van Kazachstan
ka·zak *(‹Fr› de* [-ken] ❶ vroeger mansoverkleed met wijde mouwen ❷ ★ *BN*, spreektaal *zijn ~ draaien, keren* met alle winden mee waaien
ka·zak·ken·draai·er *de (m)* [-s] *BN*, spreektaal iemand die van de ene partij naar de andere overloopt
ka·ze·mat *(‹It› de* [-ten] bunker
ka·zen *ww* [kaasde, is & h. gekaasd] ❶ ‹van melk› dik worden ❷ kaas maken
ka·zer·ne *(‹Fr› de* [-s, -n] soldatenhuis; *ook* groot huis, waarin veel afzonderlijke, kleine woningen zijn; huurkazerne
ka·zer·ne·ren *ww* *(‹Fr›* [kazerneerde, h. gekazerneerd] in kazernes huisvesten
ka·zer·ne·wo·ning *de (v)* [-en] woning in huurkazerne
ka·zui·fel *(‹Lat› de (m)* [-s] deel van het rooms-katholieke misgewaad, een opperkleed zonder mouwen met een kolom aan de voorzijde, een kruis aan de achterzijde
KB[1] *afk* ❶ Koninklijk Besluit ❷ Koninklijke Bibliotheek
KB[2] *afk*, **Kb** comput: kilobyte

KBAB *afk* in België Koninklijke Belgische Atletiekbond
KBVB *afk* in België Koninklijke Belgische Voetbalbond
KBWB *afk* in België Koninklijke Belgische Wielrijdersbond
kcal *afk* kilocalorie
kcv *afk* onderw klassieke culturele vorming
ke·bab *(‹Turks› de (m)* sterk gekruid stuk gebraden schapen- of lamsvlees
ke·di·ve *(‹Perz› de (m)* titel en benaming van de voormalige onderkoning van Egypte onder Turks opperbestuur
keef *ww* verl tijd van → kijven
keek *ww* verl tijd van → kijken
keel[1] *de* [kelen] ❶ deel van de hals: ★ *het hangt hem de* ~ *uit* het verveelt hem allang ★ *de baard in de* ~ *hebben* in de overgang van jongens- tot mannenstem zijn ★ *iem. het mes op de* ~ *zetten* iem. door bedreiging tot iets dwingen ★ *kelen en lippen* eetbare stukjes van kop en tong van de kabeljauw ★ *een harde, flinke* ~ *opzetten* hard huilen of schreeuwen ★ *elkaar naar de* ~ *vliegen* elkaar aanvliegen ★ *iets niet door de* ~ *(kunnen) krijgen* er absoluut geen trek in hebben ★ *de* ~ *smeren* (alcoholhoudende) drank tot zich nemen ★ *dat grijpt hem naar de* ~ dat emotioneert hem bijzonder ★ *het hart klopte hem in de* ~ hij was bijzonder bang; zie ook bij → brok en → kikker ❷ ‹van een fuik› trechtervormig binnennet; (van een vuurpijl) de hals
keel[2] *(‹Fr› het* rood als heraldische kleur
keel-, neus- en ·oor·arts *de (m)* [-en] arts gespecialiseerd in aandoeningen van keel, neus, oren, slokdarm, luchtpijp en het grootste gedeelte van het hoofd-halsgebied, kno-arts
keel·aman·del *de (m)* [-s, -en] → amandel (bet 3)
keel·arts *de (m)* [-en] dokter voor keelziekten
keel·band *de (m)* [-en] band aan een muts e.d., onder de kin bevestigd
keel·gat *het* [-gaten] ruimte in de keel waar zich het begin van de luchtpijp en de slokdarm bevindt ★ *in het verkeerde* ~ in de luchtpijp i.p.v. de slokdarm (fig) ★ *dat is hem in het verkeerde* ~ *geschoten* daar is hij zeer ontstemd over
keel·hol·te *de (v)* ruimte achter de mondholte
keel·klank *de (m)* [-en] diep in de keel voortgebrachte klank
keel·ont·ste·king *de (v)* [-en] pijnlijke opzwelling in de keelholte
keel·pijn *de (v)* pijn in de keelholte
keel·spie·gel *de (m)* [-s] instrument om in de keel te kijken
keel·tjes *mv* *NN* jonge raapstelen als groente
keep *de* [kepen] insnijding
kee·pen *ww* [kie-] *(‹Eng›* [keepte, h. gekeept] keeper zijn
kee·per [kiepər] *(‹Eng› de (m)* [-s] doelverdediger bij

voetbal, handbal, hockey enz.; zie ook → **kiep**
kee·per·bal [kiepər-] *de (m)* voetbal bal in de richting van het doel die door de keeper gemakkelijk gevangen of gepakt kan worden
keep·ster [kiep-] *de (v)* [-s] vrouwelijke keeper
keer I *de (m)* [keren] ❶ wending, terugkeer ★ *een ~ nemen* veranderen, omslaan ★ *gedane zaken nemen (hebben) geen ~* zie bij → **gedaan** ❷ beurt: ★ *~ om ~* ★ *negen van de tien ~,* BN *ook negen keren op de tien* in negen van de tien gevallen, heel vaak **II** *het* ❶ maal ★ *deze keer, dit keer* ★ *(op) een ~* eens ★ *binnen (of in) de kortste keren* zo gauw mogelijk ❷ ★ *te ~ gaan* → **tekeergaan**
keer·dam *de (m)* [-men] water kerende dam
keer·dicht *het* [-en] gedicht met telkens terugkerende slotregel of met regelmatig terugkerende regel
keer·druk *de (m)* [-ken] wijze van drukken van postzegels waarbij de onder elkaar gelegen zegels omgekeerd tegen elkaar geplaatst zijn
keer·kring *de (m)* [-en] elk van beide denkbeeldige cirkels evenwijdig aan de evenaar, die de warme luchtstreek begrenzen ★ *tussen de keerkringen* in de tropen
keer·krings·lan·den *mv* tropen
keer·lus *de* [-sen] vooral NN rond lopende rails aan het eind van een trambaan (om te kunnen keren)
keer·punt *het* [-en] ogenblik van ommekeer
keer·sluis *de* [-sluizen] sluis die hoog water tegenhoudt
keer·vers *het* [-verzen] keerdicht
keer·zang *de (m)* [-en] → **refrein** (bet 1)
keer·zij, keer·zij·de *de* [-zijden] achterzijde; fig minder aangename kant: ★ *de ~ van de medaille*
Kees *de (m)* mansnaam: Cornelis ★ *klaar is ~ dat is af, dat is klaar*
kees *de (m)* [kezen] keeshond
kees·hond *de (m)* [-en] langharige hond met spitse snuit
keet I *de* [keten] → **loods²** **II** *de* rommel, herrie, dolle pret: ★ *~ hebben,* vooral NN *~ maken, ~ schoppen, ~ trappen*
kef·fen *ww* [kefte, h. gekeft] schel blaffen; fig heftig, maar machteloos opspelen
kef·fer *de (m)* [-s] keffend hondje; fig iem. die heftig, maar machteloos opspeelt
ke·fir [-fier] *de (m)* Tartaars melkproduct, door gisting verkregen
keg *de* [-gen], **keg·ge** [-n] NN wig
ke·gel *de (m)* [-s] ❶ wisk lichaam begrensd door een kegelmantel ❷ sp flesvormig stuk hout van het kegelspel ❸ benaming van kegelvormige voorwerpen (bergkegel, dennenkegel, ijskegel) ❹ naar alcohol stinkende adem: ★ *hij kwam met een of zo'n ~ op het werk*
ke·ge·laar *de (m)* [-s] iem. die het kegelspel speelt
ke·gel·baan *de* [-banen] baan voor kegelspel; gebouw waarin zich een kegelbaan bevindt
ke·gel·bal *de (m)* [-len] houten bal bij het kegelspel gebruikt
ke·gel·club *de* [-s] groep mensen die geregeld samen kegelen
ke·gel·dra·gend *bn* kegelvormige vruchten hebbend
ke·ge·len *ww* [kegelde, h. & is gekegeld] ❶ het kegelspel spelen ❷ gooien, smijten: ★ *eruit ~* ❸ rollen, omvervallen
ke·gel·man·tel *de (m)* [-s] wisk oppervlak beschreven door een lijn, waarvan het ene uiteinde langs een kromme lijn beweegt (de richtlijn) en waarvan het andere uiteinde onbeweeglijk is (de top)
ke·gel·sne·de *de* [-n] kromme die ontstaat door de doorsnijding van een omwentelingskegel met een plat vlak dat niet door de top van de kegel gaat
ke·gel·spel *het* ❶ spel waarbij met een bal kegels omvergegooid moeten worden ❷ [*mv:* -len] de benodigdheden daarvoor: kegels en ballen
ke·gel·vor·mig *bn* de vorm van een kegel hebbend, als een kegel
keg·ge *de* [-n] → **keg**
kei *de (m)* [-en] ❶ steenblok, straatsteen ★ *op de keien staan* geen werk meer hebben en daardoor alle verdiensten missen ★ *op de keien gooien, zetten* ontslag geven (zonder enige tegemoetkoming) ❷ iem. die ergens in uitblinkt ❸ harde schop of worp
kei·goed *bn* BN, jeugdtaal heel erg goed [ook gebruikt door jongeren in het zuiden van Nederland]
kei·hard *bn* heel hard; fig: ★ *keiharde acties* ★ *keiharde afspraken maken* ★ *een keiharde iem. die (bijna) geen rekening houdt met geestelijke of lichamelijke gevoelens van zowel zichzelf als van anderen*
kei·kop *de (m)* [-pen] BN, spreektaal koppig, eigenzinnig persoon; stijfkop
keil ‹Du› *de (m)* [-en] wig, spie
keil·bout *de (m)* [-en] bout die in een plug gedraaid wordt en zich zo vastzet
kei·leem *de (m) & het* grondsoort uit het diluviale tijdperk
kei·len *ww* [keilde, h. gekeild] ❶ een plat voorwerp langs het water doen opspringen, kiskassen ❷ inf gooien, smijten
kei·nijg *bn* BN, jeugdtaal super, geweldig
kei·rin ‹Jap› *de* sprintwedstrijd op de baan met zes wielrenners, oorspronkelijk uit Japan
kei·steen *de (m)* [-stenen] → **kei** (bet 1)
kei·tof *bn* BN, jeugdtaal heel erg goed, gaaf
kei·zer ‹Lat› *de (m)* [-s] titel van de al dan niet erfelijke gezagdrager van een groot rijk ★ *geeft den ~ wat des keizers is* (naar o.a. *Mattheus* 22: 21) geeft, betoont aan iedereen (vooral aan de overheid) waarop hij recht heeft ★ *waar niets is verliest de ~ zijn recht* wie niets heeft kan door niemand tot betaling gedwongen worden ★ *om 's keizers baard* om niets, voor niets ★ *schertsend de plaats waar zelfs de ~ te voet gaat* de wc ★ *de kleren van de ~* iets waar iedereen in gelooft, maar wat niet

werkelijk bestaat (naar een sprookje van Hans Christian Andersen)

kei·ze·rin *de (v)* [-nen] ❶ gemalin van een keizer ❷ regerend vorstin over een keizerrijk

kei·zer·lijk *bn* (als) van een keizer

kei·zer·rijk *het* [-en] rijk waarvan de hoogste gezagdrager een keizer is

kei·zer·schap *het* het keizer zijn, de keizerlijke waardigheid

kei·zers·kroon *de* [-kronen] ❶ kroon van de keizer ❷ sierplant met geelrode bloemen (*Fritillaria imperialis*)

kei·zer·sne·de *de* [-n] verloskundige operatie: opensnijden van de buik, als de baring niet op de normale wijze kan plaatsvinden

kek *(‹Du) bn* NN vlot, kittig, modieus: ★ *een kekke meid* ★ *een kekke muts*

ke·ken *ww verl tijd meerv van* → **kijken**

ke·ker *(‹Lat) de* [-s] eetbare zaad (erwt) van de plantensoort *Cicer arietinum* uit het Middellandse Zeegebied

kel·der *(‹Lat) de (m)* [-s] ruimte in een huis, lager dan de begane grond; koele, donkere plek in een huis onder de trap e.d. ★ *naar de ~ gaan* a) (van een schip) vergaan, te gronde gaan; b) maatschappelijk ondergaan

kel·de·ren *ww* [kelderde, h. & is gekelderd] ❶ in een kelder bergen ❷ ‹een schip› doen zinken; fig (een voorstel) verwerpen ❸ zinken; fig snel in waarde dalen ❹ BN ook de grond in boren, doen mislukken

kel·der·gat *het* [-gaten] opening in keldermuur voor licht en lucht

kel·der·ka·mer *de* [-s] ❶ kamer boven een kelder ❷ kamer in kelderverdieping

kel·der·kast *de* [-en] muurkast waarvan de bodem een stukje onder de begane grond ligt

kel·der·luik *het* [-en] luik dat een kelder afsluit

kel·der·mees·ter *de (m)* [-s] iem. die voor de wijnkelder zorgt

kel·der·mot *de* [-ten] pissebed

kel·der·trap *de (m)* [-pen] trap naar de kelder

kel·der·ver·die·ping *de (v)* [-en] verdieping gedeeltelijk beneden de straat

kel·der·wo·ning *de (v)* [-en] woning in een kelderverdieping

ke·len¹ *bn herald van* → **keel²**, rood

ke·len² *ww* [keelde, h. gekeeld] de keel afsnijden

ke·lim *(‹Turks)* **I** *de (m)* [-s] met de hand geweven tapijt waarin de inslag het patroon vormt, dat aan de voor- en achterkant gelijk is **II** *het* tapijtachtige geweven stof, gelijkend op → **kelim** (bet 1)

kelk *(‹Lat) de (m)* [-en] ❶ beker; soort drinkglas ❷ RK vat op hoge voet, dat bij de mis wordt gebruikt ❸ bloemkelk

kelk·blad *het* [-bladen] blaadje van een bloemkelk

kel·ner *(‹Du‹Lat) de (m)* [-s], **kel·ne·rin** *de (v)* [-nen] bediende in café of restaurant

kelp *(‹Eng) de* as van wieren, waaruit jodium bereid wordt

Kel·ten *mv* Indo-Germaanse stam, die in de eeuwen voor het begin van onze jaartelling grote delen van Europa beheerste en vervolgens moest wijken voor de Romeinen en Germanen

Kel·tisch *bn* van de Kelten: ★ *Welsh is nog een levende Keltische taal*

kel·vin *de (m)* thermometerschaal vanaf het absolute nulpunt (273° onder het nulpunt van Celsius), genoemd naar lord Kelvin (William Thomson, 1824-1907)

KEMA *afk* in Nederland *vroegere afk. van (nv tot)* Keuring van Elektronische Materialen te Arnhem: ★ *het ~keur*

ke·mel *(‹Gr‹Arab) de (m)* [-s] ❶ vero kameel; zie ook bij → **mug¹** ❷ BN, spreektaal misstap, flater, blunder, fout, vergissing ★ *een ~ schieten* een bok schieten, een flater slaan

ke·mel·geit *de* [-en] angorageit

ke·mels·haar *het* haar van de kemel of kemelgeit; wol daarvan

Kem·pe·naar *de (m)* [-s] ❶ iem. uit de Kempen, de zandgronden in het zuiden van Noord-Brabant en het daarbij aansluitende deel van het noorden van België ❷ kempenaar soort aardappel ❸ kempenaar soort vaartuig

Kem·pens *bn* van, uit, betreffende de Kempen

kemp·haan *de (m)* [-hanen] ❶ vechtlustige vogel ❷ fig ruziezoeker

Kem·pisch *bn* → **Kempens**

ke·nau *de (v)* [-s] een potig vrouwmens, naar een legendarisch dappere vrouw (Kenau Symonsdochter Hasselaar) ten tijde van het beleg van Haarlem in 1572-'73

ken·baar *bn* te kennen of te herkennen (aan) ★ *~ maken* bekendmaken, mededelen ★ *~ worden* aan het licht komen, merkbaar worden

ken·do *(‹Jap) het* stokschermen, Japans stokvechten

ken·ge·tal *het* [-len] telec groepkiezer, netnummer

Ke·ni·aan *de (m)* [-ianen] iem. geboortig of afkomstig uit Kenia

Ke·ni·aans *bn* van, uit, betreffende Kenia

ken·merk *het* [-en] herkenningsteken; merkbaar of zichtbaar gevolg; eigenschap waardoor iets of iem. zich onderscheidt, tekenende eigenaardigheid

ken·mer·ken I *ww* [kenmerkte, h. gekenmerkt] van een kenmerk voorzien; onderscheiden, naar de onderscheidende eigenschappen beschrijven **II** *wederk* zich onderscheiden (door een eigenschap of eigenaardigheid)

ken·mer·kend, ken·mer·kend *bn* tekenend, onderscheidend

ken·nel *(‹Eng‹Oudfrans) de (m)* [-s] ❶ hondenstal; hondenfokkerij; ❷ ‹bij uitbreiding ook› fokkerij van andere kleine dieren

ken·ne·lijk *bn* duidelijk, klaarblijkelijk ★ *in kennelijke staat (van dronkenschap) verkeren* dronken zijn

ken·nen *ww* [kende, h. gekend] ❶ op de hoogte zijn

van het bestaan van iets of iemand: ★ *ken jij dat kind dat daar loopt?* ★ *ik ken al die nieuwe Afrikaanse staten niet* ❷ goed bekend zijn met, op de hoogte zijn van eigenschappen en bijzonderheden van iem. of iets: ★ *hij kent zijn klasgenoten nauwelijks* ★ *hij kent de strategie en de tactiek van het schaken* ★ *zijn les ~ zijn les geleerd hebbend* ★ *iem. in iets ~ iemands oordeel of goedkeuring vragen* ★ *te ~ geven* mededelen *of* doen blijken, doen verstaan ★ *zich laten ~ zich in zijn ware aard openbaren* ★ *zich (niet) laten ~ aan iets zich ter wille van iets* (niet) blootgeven, om een kleinigheid (g)een minder mooie karaktertrek (o.a. gierigheid, jaloezie) tonen
ken·ner *de (m)* [-s] iem. die veel verstand van iets heeft
ken·ners·blik *de (m)* [-ken] blik van een kenner
ken·nis I *de* [-sen] bekende: ★ *een goede ~, een oude ~* **II** *de (v)* ❶ het kennen, bekendheid met iets ★ *~ dragen van* bekend zijn met ★ *~ krijgen van* mededeling, bericht ★ *~ nemen van* zich (enigszins) op de hoogte stellen van ★ *in ~ stellen van* doen weten ★ *met ~ van zaken* deskundig ★ *ter ~ van iem. brengen (komen)* ★ *ik breng dit te uwer ~* ★ *van de boom der ~ (des goeds en des kwaads) gegeten hebben* (vgl. Genesis 2: 17) zijn natuurlijke argeloosheid verloren hebben ❷ een zekere mate van gemeenzaamheid door omgang ★ *~ maken met* leren kennen, in kennis komen met (ook → **kennismaken**) ★ *~ aan iem. krijgen* ★ BN, spreektaal *~ hebben met iem.* verkering hebben, vrijen, verloofd zijn ❸ bewustheid, bewustzijn: ★ *bij ~, buiten ~* ❹ wat men weet; wetenschap, kunde
ken·nis·bank *de (v)* [-en] comput digitaal opgeslagen verzameling gegevens die als naslagwerk kan worden geraadpleegd
ken·nis·eco·no·mie *de (v)* type economie waarbij veel groei ontstaat door (technische) kennis
ken·nis·ge·ving *de (v)* [-en] bekendmaking; bericht
ken·nis·leer *de* leer van het menselijk kennen
ken·nis·ma·ken *ww* [maakte kennis, h. kennisgemaakt] zie bij → **kennis** (II, bet 2); **kennismaking** *de (v)*
ken·nis·ma·na·ge·ment [-mennidzjmənt] *het* het onderhouden en uitbreiden van de kennis binnen een organisatie met het doel beter te gaan prestateren
ken·nis·ne·ming *de (v)* het kennis nemen; zie ook bij → **kennis** (II, bet 1)
ken·nis·sen·kring *de (m)* groep kennissen van iemand
ken·nis·the·o·rie *de (v)* kennisleer
ken·schets *de* [-en] beschrijving, omschrijving naar de belangrijkste kenmerken
ken·schet·sen *ww* [kenschetste, h. gekenschetst] ❶ naar de belangrijkste kenmerken beschrijven of omschrijven ❷ kenmerken, een tekenende eigenaardigheid doen uitkomen: ★ *zijn optreden kenschetst de man als een weifelaar* ★ *dit kenschetst de moed van de soldaten* ★ *zich ~ door* zich kenmerken door, als tekenende eigenaardigheid vertonen
ken·schet·send *bn* tekenende eigenaardigheden doende uitkomen
ken·spreuk *de* [-en] zinspreuk
ken·taur *(⟨Gr) de (m)* [-en] → **centaur**
ken·te·ken *het* [-s, -en] herkenningsteken; kenmerk, blijk
ken·te·ken·be·wijs *het* [-wijzen] NN registratiebewijs behorend bij motorvoertuig
ken·te·ke·nen *ww* [kentekende, h. gekentekend] kenmerkend doen uitkomen, kenmerkend onderscheiden; **kentekening** *de (v)*
ken·te·ken·plaat *de* [-platen] plaat aan een motorvoertuig waarop de kentekens staan waaronder het geregistreerd is
ken·te·ren *ww* [kenterde, h. & is gekenterd] ❶ doen kantelen; kantelend overladen ❷ kantelen, omslaan; fig veranderen, omslaan
ken·te·ring *de (v)* [-en] ❶ wisseling van eb en vloed, getijwisseling ❷ moessonovergang ❸ ommekeer, verandering
ken·ver·mo·gen *het* vermogen om te begrijpen
ken·wijs·je *het* [-s] BN ook herkenningsmelodie, tune van een tv- of radioprogramma
ke·pen *ww* [keepte, h. gekeept] insnijdingen maken; insnijdend bewerken
ke·per I *de (m)* [-s] diagonaal weefsel ★ *op de ~ beschouwen* nauwkeurig bezien **II** *de* herald twee stroken die een hoek vormen **III** *de (m)* [-s] BN rib van een dakgeraamte, dakrib, dakspar; bij uitbreiding dikke houten balk
ke·per·bin·ding *de (v)* text binding die aan het weefsel diagonale strepen of ribbels geeft, doordat er volgens een schuin verlopend patroon gevarieerd wordt in het aantal inslagdraden waar de kettingdraad onderdoor resp. overheen loopt
ke·pe·ren *ww* [keperde, h. gekeperd] met een keper weven
ke·pie *(⟨Fr⟨Du⟨Lat) de (m)* [-s] ❶ uniformpet, sjakopet ❷ BN uniformpet van een politieagent, postbode, conducteur enz.: ★ *de tramconducteur schoof zijn ~ naar achteren*
kep·pel *de (m)* [-s] kapje door joodse mannen gedragen als teken van eerbied
ke·ra·miek *(⟨Gr) de (v)* → **ceramiek**
ke·ra·misch *(⟨Gr) bn* → **ceramisch**
ke·ra·ti·ne *(⟨Gr) de* hoornstof, de stof waaruit nagels en haren zijn opgebouwd
ke·rel *de (m)* [-s] ❶ grote, forse of moedige man ❷ inf man in het algemeen ★ *der keerlen God* bijnaam van graaf Floris V van Holland en Zeeland (1254-1296)
ke·ren¹ I *ww* [keerde, h. & is gekeerd] ❶ wenden; draaien ★ *in zichzelf gekeerd* weinig omgang of aanraking met andere mensen hebbend, teruggetrokken ❷ tegenhouden, afwenden: ★ *het kwaad is niet meer te ~* ❸ veranderen: ★ *het getij kan ~* ★ *ten goede ~, ten beste ~* een gunstige wending nemen ❹ BN wisselen, voorbijgaan:

★ *het ~ van het seizoen, de jaargetijden* ★ BN ook *het ~ van de jaren* de overgang, de menopauze ❺ terugkeren, terugkomen: ★ *per kerende post* per omgaande ❻ binnenste buiten brengen: ★ *een jas ~* ❼ dial zuur worden: ★ *de melk is gekeerd* **II** *wederk* [keerde, h. gekeerd] een wending nemen ★ *zich ~ tegen* tegenwerken, zich verzetten tegen

ke·ren² *ww* [keerde, h. gekeerd] vegen (met een bezem); schoonvegen: ★ *de wind keert het losse zand voor zich uit* ★ *nieuwe borstels (bezems) ~ goed* nieuwe bezems vegen schoon

kerf *de* [kerven] insnijding

kerf·stok *de (m)* [-ken] vroeger stok waarop met kerfjes schulden werden aangetekend ★ *iets op zijn ~ hebben* iets misdreven hebben

kerf·ta·bak *de (m)* gekorven tabak: shag, pijp- of pruimtabak

ke·ring *de (v)* [-en] ❶ het → keren¹, vooral het tegenhouden: ★ *de ~ van het kwaad* ❷ dat wat tegenhoudt; waterkering

kerk (<Gr) *de* [-en] kerkgebouw; kerkgenootschap, kerkgezindte; kerkdienst, godsdienstoefening ★ *de ~ in het midden laten* niet naar de ene of de andere zijde overdrijven, niet te scherp partij kiezen ★ NN *in geen ~ of kluis komen* nooit naar de kerk gaan ★ NN, spreektaal *voor het zingen de ~ uit gaan* aan coïtus interruptus doen ★ *ben je in de ~ geboren?* als licht sarcastische opmerking bedoelde vraag aan iem. die regelmatig de deur achter zich vergeet te sluiten

kerk·asiel [-aaziel] *het* het door de kerk verschaffen van een toevluchtsoord in een kerkgebouw aan personen die worden vervolgd, thans vooral illegale buitenlanders, in de veronderstelling dat de overheid een kerk als gewijd gebouw respecteert

kerk·ban *de (m)* verbanning uit de Rooms-Katholieke Kerk ★ *grote ~* volledige uitsluiting van de sacramenten

kerk·bank *de* [-en] bank in een kerkgebouw

kerk·be·stuur *het* [-sturen] bestuur van een kerkelijke gemeente of parochie

kerk·bo·de *de (m)* [-s] predikbeurtenblad, krant met kerkelijk nieuws

kerk·boek *het* [-en] gebedenboek; bijbelboekje voor gebruik in de kerk

kerk·dienst *de (v)* [-en] godsdienstoefening

kerk·dorp *het* [-en] dorp met een eigen kerk

ker·ke·lijk *bn* van de kerk; de kerk betreffende; uitgaande van de kerk: ★ *de kerkelijke gemeente* → **gemeente** *(bet 2) in onderscheiding van de burgerlijke gemeente* ★ *Kerkelijke Staat* gebied waarover de paus wereldlijk gezag had (nu alleen Vaticaanstad)

ker·ken *ww* [kerkte, h. gekerkt] vooral NN naar de kerk gaan

ker·ken·pad *het* [-paden] NN smal, onbestraat weggetje tussen twee dorpen (en waarlangs vroeger de dominee van de ene kerk naar de andere liep)

ker·ken·raad *de (m)* [-raden] NN ❶ bestuur van een protestantse gemeente ❷ vergadering van dat bestuur

ker·ken·werk *het* alle werk dat van de kerk uitgaat

ker·ken·zak·je, **kerk·zak·je** *het* [-s] zakje in kerk gebruikt om te collecteren

ker·ker (<Lat) *de (m)* [-s] gevangenis

ker·ke·ren *ww* [kerkerde, h. gekerkerd] in een kerker sluiten

kerk·fa·briek *de (v)* [-en] BN college belast met het beheer van bezit en inkomsten van een rooms-katholieke kerk, kerkbestuur

kerk·gang *de (m)* [-en] ❶ het naar de kerk gaan ❷ RK eerste kerkbezoek na een bevalling of ziekte

kerk·gan·ger *de (m)* [-s] iem. die naar de kerk gaat

kerk·ge·bouw *het* [-en] gebouw waarin godsdienstoefeningen worden gehouden

kerk·ge·noot·schap *het* [-pen] kerkelijke gemeenschap van godsdienstig gelijkgezinden

kerk·ge·schie·de·nis *de (v)* ❶ geschiedenis van de christelijke kerk in het algemeen of van de kerk in een bepaald land ❷ [*mv:* -sen] boek over kerkgeschiedenis

kerk·her·vor·mer *de (m)* [-s] iem. die streeft naar hervorming van de kerk, vooral leidende figuur in de hervorming

kerk·her·vor·ming *de (v)* hervorming

kerk·hof *het* [-hoven] ❶ oorspr terrein rond een kerk waar men de doden begroef; thans begraafplaats in het algemeen; zie ook bij → **dader** ❷ schertsend bijzonder slecht gebit

kerk·klok *de* [-ken] ❶ uurwerk in de toren van een kerk ❷ metalen kelk met klepel in een kerk

kerk·koor *het* [-koren] zangkoor dat geregeld in kerkdiensten meewerkt

Kerk·la·tijn *het* Latijn zoals gebruikt in de liturgie en de officiële documenten van de Rooms-Katholieke Kerk

kerk·leer *de* [-leren] de leer die in een kerk gepredikt wordt, de leer die een kerk belijdt

kerk·le·raar *de (m)* [-raren, -s] RK titel die uitdrukkelijk aan sommige heiligen wordt toegekend vanwege zuiverheid in de leer, heiligheid van leven en grote geleerdheid

kerk·mees·ter *de (m)* [-s] beheerder van de kerkfinanciën

kerk·mu·ziek *de (v)* gewijde muziek

kerk·or·de *de* regeling van de inrichting van een kerk(genootschap)

kerk·or·gel *het* [-s] orgel in een kerk

kerk·pa·troon *de (m)* [-s], **kerk·pa·tro·nes** *de (v)* [-sen] beschermheilige van een kerk, naar wie die kerk genoemd is

kerk·plein *het* [-en] plein waaraan een kerk ligt

kerk·por·taal *het* [-talen] portaal bij de hoofdingang van een kerk

kerk·pro·vin·cie *de (v)* [-s, -ciën] RK kerkelijk gebied onder een aartsbisschop en diens suffragaanbisschoppen

kerk·raam *het* [-ramen] ❶ raam in kerkgebouw; ook (vooral als *verkl*: *kerkraampje*) ❷ geslepen vlak aan een wijnglas
kerk·rat *de* [-ten] in een kerk levende rat, die zo goed als niets te eten vindt ★ *zo arm als een ~* zeer arm
kerk·recht *het* kerkelijk recht, RK canoniek recht
kerk·rech·te·lijk *bn* volgens, betreffende het kerkrecht
kerks *bn* geregeld ter kerke gaande
kerk·schip *het* [-schepen] schip voor de geestelijke verzorging van vissers op zee
kerk·sie·raad *het* [-raden] RK waardevol voorwerp van een kerk
kerk·to·ren *de (m)* [-s] toren die boven, tegen of zeer vlak bij een kerk gebouwd is
kerk·uil *de (m)* [-en] uil die in kerktoren nestelt; *schertsend iem*. die veel ter kerke gaat
kerk·va·der *de (m)* [-s] vooraanstaand kerkelijk schrijver in de eerste eeuwen na Christus
kerk·ver·ga·de·ring *de (v)* [-en] vergadering van bisschoppen uit een kerkprovincie of uit de gehele Rooms-Katholieke Kerk; vergadering van afgevaardigden van protestantse kerken
kerk·vi·si·ta·tie [-viezietaa(t)sie] *de (v)* [-s] ❶ RK jaarlijks onderzoek van de deken naar de toestand in de parochiekerken van het decanaat ❷ prot onderzoek vanwege de classis of het classicaal bestuur naar de toestand in de tot de classis behorende gemeenten
kerk·volk *het* de (geregelde) kerkgangers
kerk·voogd *de (m)* [-en] ❶ ⟨in de rooms-katholieke kerk⟩ regerend geestelijke, kerkvorst; ❷ ⟨in de Nederlands-hervormde kerk⟩ beheerder van kerkelijk goed
kerk·voog·dij *de (v)* [-en] ⟨in de Nederlands-hervormde Kerk⟩ college van kerkvoogden
kerk·vorst *de (m)* [-en] hoog regerend geestelijke, als paus, kardinaal enz.
kerk·wij·ding *de (v)* [-en] het inwijden van een rooms-katholieke kerk
kerk·zak·je *het* [-s] → kerkenzakje
kerk·zang *de (m)* gezang in de kerk
ker·men *ww* [kermde, h. gekermd] kreunen
ker·mes ⟨*Arab*⟩ *de* [-sen] naam van een soort van schildluis die vroeger als grondstof voor de vervaardiging van karmozijn diende
ker·mis *de* [-sen] volksfeest met vermakelijkheden; de tijd van dat feest; het plein waar het gevierd wordt ★ *het is niet alle dag* (of *alle dagen*) ~ het plezier moet tot bepaalde gelegenheden beperkt blijven, men kan niet altijd feestvieren of royaal zijn ★ ~ *in de hel* zonneschijn en neerslag tegelijk; zie ook bij → koud; ★ BN *Vlaamse* ~ fancy fair, volksfeest met kraampjes voor een liefdadigheidsdoel ★ BN spreektaal *'t zal ~ zijn* je zult ervan lusten
ker·mis·bed *het* [-den] noodbed op de grond
ker·mis·gan·ger *de (m)* [-s] kermisbezoeker,
kermisvierder
ker·mis·koers *de* [-en] wielersport criterium in een plaats waar gelijktijdig een kermis wordt gehouden
ker·mis·kraam *de & het* [-kramen] marktkraam op een kermis
ker·mis·tent *de* [-en] tent met vermakelijkheden op een kermis
kern *de* [-en] het binnenste, de pit; het krachtigste; het voornaamste, de hoofdzaak, het wezenlijke; verkorte benaming voor celkern ⟨in de biologie⟩ en atoomkern ⟨in de fysica⟩
kern·ach·tig *bn* kort en krachtig, rijk aan inhoud: ★ *een ~ gezegde*
kern·af·val *de (m) & het* radioactieve stof, vrijkomend bij gebruik van kernenergie
kern·be·slis·sing *de (v)* ★ *planologische ~* politiek beslissing genomen binnen het nationale beleid voor ruimtelijke ordening
kern·be·wa·pe·ning *de (v)* toerusting met kernwapens
kern·bom *de* [-men] samenvattende benaming voor atoombom en waterstofbom
kern·brand·stof *de* [-fen] materiaal dat gebruikt wordt om kernenergie op te wekken
kern·cen·tra·le *de* [-s] elektrische centrale die met splijting van atoomkernen werkt
kern·de·ling *de (v)* [-en] biol splitsing van een celkern
kern·ener·gie [-gie of -zjie] *de (v)* door splitsing van atoomkernen opgewekte energie
kern·ex·plo·sie [-zie] *de (v)* [-s] ontploffing van een kernwapens
kern·fu·sie [-zie] *de (v)* het samensmelten van lichte atoomkernen tot zwaardere, waarbij energie vrijkomt ★ *koude ~* die is teweeggebracht op kamertemperatuur
kern·fy·si·ca [-fieziekaa] *de* de leer en studie van de verschijnselen die zich bij atoomkernen en elementaire deeltjes voordoen
kern·fy·si·cus [-fiezie-] *de (m)* [-ci] beoefenaar van de kernfysica
kern·ge·zond *bn* volkomen gezond
kern·hem *de (m)* een licht pikante, romige, aromatische kaassoort
kern·hout *het* het binnenste, hardste hout van de boom
kern·kop *de (m)* [-pen] atoomkop
kern·macht *de* [-en], **kern·mo·gend·heid** *de (v)* [-heden] land dat atoomwapens heeft
kern·oor·log *de (m)* [-logen] oorlog met kernwapens
kern·ploeg *de* [-en] sp, vooral schaatssport groep speciaal voor wedstrijden op internationaal niveau uitgezochte sportlieden, die gezamenlijk getraind worden en allerlei voorrechten genieten
kern·proef *de* [-proeven] proefneming met een kernwapen
kern·punt *het* [-en] middelpunt van kracht; voornaamste punt
kern·ra·ket *de* [-ten] met een kernbom uitgeruste

raket
kern·ramp *de* [-en] ramp veroorzaakt door het werken met radioactieve stof, zoals bijv. de → **meltdown**
kern·re·ac·tie [-sie] *de (v)* [-s] benaming voor de verschijnselen die zich voordoen als (door uitwendige oorzaken) iets aan atoomkernen veranderd wordt, vooral de splijting of samensmelting ervan
kern·re·ac·tor *de (m)* [-s] installatie waarin op grote schaal kernreacties tot stand worden gebracht ter opwekking van energie; atoomkrachtinstallatie; zie ook bij → **snel**
kern·scha·duw *de* [-en] donkerste deel van een schaduw
kern·splij·ting, **kern·split·sing** *de (v)* [-en] splijting van een zware atoomkern in twee middelzware kernen, waarbij neutronen en energie vrijkomen
kern·spreuk *de* [-en] kernachtige spreuk
kern·stop *de (m)* stopzetting van kernproeven en van de aanmaak van kernwapens
kern·vak *het* [-ken] vooral NN studievak van meer belang dan andere vakken bij een opleiding
kern·wa·pen *het* [-s] bom met grote destructieve kracht waarvan de werking berust op het op explosieve wijze vrijkomen van energie ten gevolge van kernsplijting of kernfusie
ke·ro·si·ne [-zienə] (‹Gr) *de* gezuiverde petroleum, eerst als lampolie, thans als (motor)brandstof, vooral voor straalvliegtuigen
ker·rie (‹Tamil) *de (m)* NN poedervormige specerij, uit verschillende wortels en zaden bereid
kers[1] (‹Gr) **I** *de* [-en] vrucht van de kersenboom **II** *de (m)* [-en] boom waaraan de kersen groeien (*Prunus avium* of *Prunus cerasus*)
kers[2] *de* tuinkers, bitterkers ★ *Oost-Indische* ~ sierplant met oranje bloemen
ker·se·laar BN, spreektaal **I** *de (m)* [-s *en* -laren] kersenboom met zoete kersen ★ *Japanse* ~ Japanse kers **II** *het* het rood gevlamde hout van de kersenboom: ★ *oude boerenkastjes in* ~
ker·sen·bon·bon [-bôbô, -bonbon] *de (m)* [-s] NN bonbon met een kers erin
ker·sen·boom *de (m)* [-bomen] → **kers**[1] (bet 2)
ker·sen·boom·gaard *de (m)* [-en] boomgaard waar kersenbomen worden geteeld
ker·sen·hout *het* hout van de kersenboom
ker·sen·jam [-sjem, -zjem] *de* jam van kersen (→ **kers**[1], bet 1) gemaakt
ker·sen·pit *de* [-ten] ❶ pit van een → **kers**[1] (bet 1) ❷ fig inf brein, hersenen
ker·sen·pluk *de (m)* het plukken van de kersen (→ **kers**[1], bet 1)
ker·spel *het* [-s, -spelen] NN kerkdorp, kerkelijke gemeente; algemeen plattelandsgemeente
kerst *de (m)* inf kerstfeest: ★ *tijdens de* ~
kerst·avond *de (m)* [-en] avond van of vóór eerste kerstdag
kerst·boom *de (m)* [-bomen] versierde boom op het kerstfeest ★ *dat is niet voor onder de* ~ dat is niet netjes, niet kuis
kerst·bo·ter *de* rond de kerstdagen goedkoop te verkrijgen roomboter
kerst·cac·tus *de (m)* [-sen] lidcactus
kerst·dag *de (m)* [-dagen] dag van het kerstfeest ★ *eerste* ~ 25 december ★ *tweede* ~ 26 december
ker·ste·kind *het* [-eren] kind op Kerstmis geboren
ker·ste·nen ww [kerstende, h. gekerstend] vero tot christen bekeren; iem. die bekeerd is dopen; **kerstening** *de (v)*
kerst·feest *het* [-en] Kerstmis
kerst·gra·ti·fi·ca·tie *de (v)* [-s, -tiën] salaristoeslag aan het einde v.h. jaar
kerst·inn *de (m)* [-s] voor ieder toegankelijk ontvangstcentrum tijdens de kerstdagen
kerst·kaart *de* [-en] ❶ ansichtkaart met een kerstvoorstelling (kerststal, kerstboom, besneeuwd landschap e.d.) ❷ in de kersttijd verstuurde kaart
Kerst·kind *het* ❶ het kindeke Jezus ❷ *kerstkind* op een van de kerstdagen geboren kind [-eren]
kerst·krans *de (m)* [-en] ringvormig gebak met amandelvulling
kerst·lied *het* [-eren] op Kerstmis betrekking hebbend lied
kerst·man·ne·tje *het* [-s] oud mannetje met lange baard, dat met Kerstmis geacht wordt de geschenken te brengen
kerst·markt *de* [-en] in de weken voor Kerstmis gehouden markt, meestal in de open lucht, waarop veel kerstversiering en andere producten die met Kerstmis te maken hebben, worden verkocht
Kerst·mis *de (m)* feest van Jezus' geboorte op 25 december
kerst·mis *de* [-sen] mis ter viering van Jezus' geboorte
kerst·nacht *de (m)* [-en] nacht van 24 op 25 december
kerst·pak·ket *het* [-ten] pakket met diverse etenswaren, drank, versnaperingen e.d., dat voor de kerst door een bedrijf aan het personeel wordt aangeboden
kerst·roos *de* [-rozen] vergiftige, ranonkelachtige, 's winters bloeiende plant met grote witte of paarsrode bloemen
kerst·spel *het* [-spelen] toneelstuk gebaseerd op het Bijbelse kerstverhaal
kerst·stal *de (m)* [-len] voorstelling in houten of stenen beelden van het Kerstkind in de kribbe met andere bij Kerstmis behorende personen of symbolen, zoals Maria en Jozef, de os en de ezel, de herders en de drie Koningen
kerst·ster *de* [-en] ❶ versiering in de vorm van een ster ❷ benaming van een omstreeks Kerstmis bloeiende sierplant uit de familie van de wolfsmelkachtigen (*Euphorbia pulcherrima*)
kerst·stronk, **kerst·tronk** *de (m)* [-en] BN speciaal kerstgebak in de vorm van een stuk boomstam of houtblok, bedekt met chocolade dat er uitziet als boomschors

kerst·stuk·je *het* [-s] bloemstukje met dennengroen en hulst gebruikt als versiering om luister bij te zetten aan het kerstfeest

kerst·va·kan·tie [-sie] *de (v)* [-s] (school)vakantie rond de kerstdagen

kerst·ver·haal *het* [-halen] verhaal dat rond Kerstmis wordt verteld; vooral: ★ *het ~ geschiedenis van de geboorte van Christus, zoals beschreven in Lucas 2*

kerst·ze·gel *de (m)* [-s] goedkope postzegel die rond de kerstdagen voor (kerst)kaarten kan worden gebruikt

kers·vers *bn* geheel vers

ker·vel (‹Lat‹Gr) *de (m)* schermbloemige plant, als toekruid en in de geneeskunde gebruikt (*Anthriscus*)

ker·ven *ww* [kerfde, h. & is gekerfd *of* korf, h. & is gekorven] ❶ snijden, insnijden, in repen snijden ❷ uiteengaan op de draad

kesp *de* [-en] verbindingsbalk op twee of meer heipalen

ketch·up [ketsj-] (‹Eng‹Chin) *de (m)* extract van champignons en daarmee bereide pikante saus

ke·tel (‹Lat) *de (m)* [-s] ❶ metalen schenkkan ❷ groot metalen vat ❸ stoomketel ★ *de pot verwijt de ~ dat hij zwart ziet* iem. verwijt een ander iets wat hij zelf ook doet

ke·tel·bink *de (m)* [-en] NN jongen voor allerlei karweitjes op een schip

ke·tel·dal *het* [-dalen] diep ketelvormig dal

ke·tel·huis *het* [-huizen] gebouw waar de stoomketel van een bedrijf staat

ke·tel·koek *de (m)* [-en] ❶ meelgerecht in een zak gekookt ❷ koek toebereid in een blikken vorm, die in kokend water wordt geplaatst

ke·tel·lap·per *de (m)* [-s] iem. die ketels repareert ★ NN *vloeken als een ~* hevig vloeken

ke·tel·mu·ziek *de (v)* lawaai met potten, pannen, ketels enz.

ke·tel·pak *het* [-ken] overall

ke·tel·ruim *het* [-en] ruimte voor de stoomketel op een stoomschip

ke·tel·steen *de (m) & het* steenachtige afzetting aan de ketelwand

ke·tel·trom *de* [-men], **ke·tel·trom·mel** [-s] pauk, slaginstrument

ke·ten[1] (‹Lat) *de* [-s, -en] ketting; boei; band; aaneensluitende reeks

ke·ten[2] *ww* [keette, h. gekeet] ❶ zout raffineren ❷ NN, spreektaal keet schoppen, drukte maken

ke·ten·aan·spra·ke·lijk·heid *de (v)* recht aansprakelijkheid van de aannemer of hoofdaannemer voor de door de onderaannemer verschuldigde loon-, omzetbelasting en sociale verzekeringspremies

ke·te·nen *ww* [ketende, h. geketend] met kettingen vastmaken; boeien

ke·ten·ge·berg·te *het* [-n, -s] rij van bergen

ket·jap (‹Mal) *de (m)* specerij bestaande uit gefermenteerde saus van sojabonen, sojasaus

ket·je *het* [-s] BN Brusselse straatjongen

ke·toem·bar (‹Mal) *de (m)* koriander

ket·sen *ww* [ketste, h. geketst] ❶ niet afgaan van schietwapens; afstuiten ❷ afwijzen, verwerpen: ★ *een voorstel ~*

ket·ter (‹Gr) *de (m)* [-s] iem. die afwijkt van de rechtzinnige leer; fig iem. die het niet eens is met algemene gangbare opvattingen ★ *iedere ~ heeft zijn letter* iedereen weet voor zijn opvatting wel gronden aan te voeren uit de Bijbel of Koran ★ *vloeken als een ~* hevig vloeken ★ *roken als een ~* veel tabak roken

ket·te·ren *ww* [ketterde, h. geketterd] razen, tieren

ket·ter·ge·richt *het* [-en] geloofsrechtbank, rechtbank waarvoor ketters terechtstaan

ket·te·rij *de (v)* [-en] afwijking van de rechtzinnige leer; fig afwijking van algemeen gangbare opvattingen

ket·ter·jacht *de* ❶ jacht op ketters ❷ fig het niets ontziende zoeken en vervolgen van mensen met een de staat, de gevestigde burgerij e.d. onwelgevallige mening of levenswijze: ★ *een ~ op dissidenten*

ket·ter·ja·ger *de (m)* [-s] vurig tegenstander van ketterijen, kettervervolger

ket·ters *bn* afwijkend van de rechtzinnige leer; fig afwijkend van algemeen gangbare opvattingen

ket·ting *de* [-en] ❶ in elkaar grijpende schalmen of schakels ★ *een schip aan de ~ leggen* verhinderen dat een schip afvaart ❷ weven lengtedraad, schering

ket·ting·be·ding *het* beding in een overeenkomst, waarbij de verbondene zich verplicht een bepaling te doen overgaan op zijn rechtsopvolger(s)

ket·ting·bom *de* [-men] een aantal aan elkaar bevestigde bommen, uit bombardementsvliegtuigen geworpen

ket·ting·bot·sing *de (v)* [-en] botsing van voertuigen die door hun plotseling stilstaan verdere botsingen veroorzaken

ket·ting·breuk *de* [-en] rekenkunde samengestelde breuk

ket·ting·brief *de (m)* [-brieven] brief die de geadresseerde een aantal malen moet overschrijven en dan aan een aantal anderen verzenden

ket·ting·brug *de* [-gen] aan kettingen hangende brug

ket·ting·draad *de (m)* [-draden] weven schering

ket·ting·for·mu·lier *het* [-en] comput lange strook papier die, door de aanwezigheid van perforaties, gemakkelijk tot afzonderlijke vellen kan worden gescheurd, gebruikt bij bep. typen printers

ket·ting·gan·ger *de (m)* [-s] gevangene of dwangarbeider met een ketting aan het been

ket·ting·han·del *de (m)* handel via veel tussenpersonen (in oorlogstijd), waardoor de prijzen worden opgedreven

ket·ting·hond *de (m)* [-en] hond die steeds vastligt aan een ketting

ket·ting·kast *de* [-en] omhulsel van zeildoek of metaal

om een fietsketting
ket·ting·pa·pier *het* comput printpapier dat bestaat uit één lange strook papier met gaatjes aan de kanten en met geperforeerde vouwen om langs af te scheuren, en die langs kettingwieltjes door de printer heen wordt getrokken tijdens het printen
ket·ting·re·ac·tie [-sie] *de (v)* [-s] reactie die, eenmaal op gang, zichzelf gaande houdt; fig niet te stuiten (noodlottige) reeks van gebeurtenissen
ket·ting·re·gel *de (m)* regel van drieën, zie bij → **drie**
ket·ting·rijm *het* [-en] rijm van het eind van een versregel op het begin van de volgende
ket·ting·ro·ker *de (m)* [-s] iem. die de volgende sigaret of sigaar met de vorige aansteekt; iem. die aan één stuk door rookt
ket·ting·slot *het* [-sloten] fietsslot bestaande uit een stevige ketting
ket·ting·steek *de (m)* [-steken] geborduurde of gehaakte lus die steeds in de volgende grijpt
ket·ting·zaag *de* [-zagen] mechanische zaag met een in het rond draaiende, getande metalen band i.p.v. een blad
keu (‹Fr‹Lat) *de* [-s] biljartstok; zie ook → **queue**
keu·en *ww* [keude, h. gekeud] ❶ inf biljarten ❷ biggen werpen
keu·ken *de* [-s] ❶ plaats waar het eten gekookt wordt; wijze van bereiding van het eten: ★ *de fijne ~, een schrale ~, een vette ~* ★ *centrale ~* (gemeentelijke) instelling, waar burgers tegen matige vergoeding toebereid eten kunnen krijgen, gaarkeuken ❷ fig plaats waar andere dingen dan voedsel bereid worden: ★ *dit plan komt uit de ~ van...* ★ *in de ~ kijken* kijken wat er achter de schermen gebeurt ★ BN *interne ~* eigen zaken (van een bedrijf)
keu·ken·ge·rei *het* gereedschap voor de keuken
keu·ken·hand·doek *de (m)* [-en] BN doek om het afgewassen vaatwerk mee af te drogen, theedoek
keu·ken·kruid *het* [-en] inheems aromatisch gewas, gebruikt om geur en smaak van spijzen te verhogen, zoals marjolein, bieslook e.d.
keu·ken·meid *de (v)* [-en] vero dienstbode die het eten kookt ★ *gillende ~* soort vuurwerk dat bij het afsteken een fluitend geluid maakt
keu·ken·mei·den·ro·man *de (m)* [-s] NN smalende benaming voor bepaalde romans die voornamelijk voor vrouwelijke lezers zijn geschreven en vaak nogal sentimenteel van aard zijn
keu·ken·pa·pier *het* absorberend papier van een keukenrol
keu·ken·piet *de (m)* [-en] man die zich met de keuken bemoeit
keu·ken·prin·ses *de (v)* [-sen] schertsend vrouw die goed kookt
keu·ken·ro·bot *de (m)* [-s] BN keukenmachine
keu·ken·rol *de* [-len] rol absorberend papier voor gebruik in de keuken
keu·ken·stoel *de (m)* [-en] eenvoudige stoel voor de keuken

keu·ken·trap *de (m)* [-pen] verplaatsbare, lage trap voor gebruik in huis
keu·ken·uit·zet *de (m)* [-ten] de pannen (→ **pan**, bet 1) met toebehoren
keu·ken·zout *het* het gewone zout, NaCl
keu·le (‹Lat‹Gr) *de* een lipbloemige plant (*Satureja*)
Keu·len *het* stad in Duitsland ★ *hij stond te kijken of hij het in ~ hoorde donderen* hij keek heel verbaasd ★ *~ en Aken zijn niet op één dag gebouwd* een groot werk eist tijd, alles komt niet ineens
Keu·le·naar *de (m)* [-s, -naren] iem. geboortig of afkomstig uit Keulen
keu·le·naar *de (m)* [-s] rijnaak
Keuls *bn* van, uit, betreffende Keulen ★ *Keulse lijm* een uit dierenhuiden door uitkoken verkregen lijm ★ *Keulse pot* pot van Keuls aardewerk
keur *de* [-en] ❶ ‹op goud en zilver› merk ❷ handvest, verordening ❸ keuze uit het beste van iets ★ *te kust en te ~* in overvloed, zoveel men maar wil
keur·ben·de *de* [-n, -s] uitgelezen troep, vooral van soldaten
keur·boek *het* [-en] boek bevattende verordeningen en handvesten
keur·col·lec·tie [-sie] *de (v)* [-s] uitgezochte verzameling
keur·der *de (m)* [-s] iem. die keurt; iem. die keuren kan, die smaak heeft
keu·ren *ww* [keurde, h. gekeurd] ❶ onderzoeken; beproeven, toetsen ❷ achten ★ *iem. geen blik waardig ~* iem. niet willen zien of willen kennen
keu·rig *bn* ❶ smaakvol, verzorgd ❷ niet gemakkelijk te bevredigen; **keurigheid** *de (v)*
keu·ring *de (v)* [-en] onderzoek, proefneming
keu·rings·dienst *de (m)* [-en] NN instelling die toeziet op de naleving van de Warenwet of de Vleeskeuringswet
keur·korps *het* [-en] uitgelezen troep
keur·mees·ter *de (m)* [-s] NN keurend ambtenaar
keur·merk *het* [-en] merkteken van keuring
keurs (‹Fr) *het* [-en, keurzen] NN nauwsluitend lijfje
keurs·lijf *het* [-lijven] korset; fig knellende verplichting
keur·stem·pel *het* [-s] stempel waarmee het keurmerk wordt aangebracht; het gestempelde keurmerk zelf
keur·te·ken *het* [-s] keurmerk
keur·troe·pen *mv* mil uitgelezen troepen
keur·vorst *de (m)* [-en] elk van de vorsten die de Duitse keizer kozen
keur·vor·sten·dom *het* [-men] gebied of waardigheid van keurvorst
keus *de* [keuzen, keuzes], **keu·ze** [-n, -s] ❶ het kiezen: ★ *voor een ~ staan* moeten kiezen ❷ vrijheid om te kiezen ★ *de ~ hebben* ★ *iem. de ~ laten* ★ *te uwer keuze* ❸ wat men kiest ★ *eerste keus* uitgelezen voorwerpen of personen ★ *tweede keus* voorwerpen met kleine foutjes, ook personen die niet tot de allerbesten behoren: ★ *de trainer stuurde de tweede keus het veld in* ❹ waaruit men kiezen kan: ★ *er is*

ruime ~
keu·tel *de (m)* [-s] uitwerpselballetje
keu·te·len *ww* [keutelde, h. gekeuteld] NN zich met (onnodige) kleinigheden ophouden; beuzelen
keu·te·lig *bn* ❶ in de vorm van keutels: ★ *keutelige ontlasting* ❷ NN pietluttig; kleingeestig
keu·ter·boer *de (m)* [-en] kleine boer
keu·ve·laar *de (m)* [-s], **keu·ve·laar·ster** *de (v)* [-s] iem. die keuvelt; klein kind, dat nog gebroken praat
keu·ve·len *ww* [keuvelde, h. gekeuveld] gezellig babbelen
keu·ze *de* [-n] → **keus**
keu·ze·heer *de (m)* [-heren] sp, schertsend bondscoach
keu·ze·me·nu *het* ['s] comput klein venster met daarin een lijst van mogelijkheden waaruit met een muisklik kan worden gekozen
keu·ze·pak·ket *het* [-ten] samenstel van vakken; keuze uit een aantal verplichte vakken waarin men eindexamen aan een school doet
keu·ze·vak *het* [-ken] niet verplicht studie- of examenvak, te kiezen door de leerling of de kandidaat
keV *afk* kilo-elektronvolt
ke·vel *de (m)* [-s] kaak zonder tanden; tandvlees
ke·ven *ww verl tijd meerv* van → **kijven**
ke·ver *de (m)* [-s] ❶ lid van een insectenorde, Coleoptera, gekenmerkt door tot dekschilden vervormde voorvleugels, tor ❷ inf benaming voor de eerste types van de Volkswagen
key·board [kiebò(r)d] *(‹Eng) het* [-s] ❶ toetsenbord, vooral van elektronische muziekinstrumenten; bij uitbreiding elektronisch instrument met een klavier: ★ *onze zanger speelt ook ~* ❷ comput toetsenbord
key·log·ger [kieloɣɣə(r)] *(‹Eng) de (m)* [-s] comput door hackers gebruikt programma dat alle toetsaanslagen van een internetgebruiker registreert en doorstuurt naar de hacker
keyne·si·aans [keenzie(j)aans] *bn* volgens de leer van de Engelse econoom John Maynard Keynes (1883-1946) die o.a. volledige werkgelegenheid nastreefde en vond dat de overheid in tijden van crisis niet moest bezuinigingen, maar juist moest investeren om de werkgelegenheid en productie te stimuleren
key·note·spre·ker [kienoot-] *de (m)* [-s] belangrijkste spreker op een congres
key·note·toe·spraak [kienoot-] *de* [-spraken] toespraak die de toon zet op een congres, conferentie enz. en waarin de te bespreken thema's worden aangegeven
ke·zen *ww* [keesde, h. gekeesd] NN, plat neuken
kg *afk* kilogram
kga *afk* klein gevaarlijk afval
KGB *afk* Komitet Gosoedarstvenni Bezopasnosti *(‹Russ)* [comité voor staatsveiligheid, vroeger de belangrijkste veiligheidsdienst van de Sovjet-Unie]

kgm *afk* kilogrammeter
k.g.v. *afk* kleinste gemene veelvoud
K.H. *afk* Koninklijke Hoogheid
Khmer *de (m)* [mv idem] lid van het volk dat de overgrote meerderheid vormt van de bevolking van Cambodja
kHz *afk* kilohertz
ki *afk* ❶ kunstmatige inseminatie [zie bij **inseminatie**] ❷ comput kunstmatige intelligentie
k.i. *afk* in België kadastraal inkomen
kib·be·laar *de (m)* [-s], **kib·be·laar·ster** *de (v)* [-s] iem. die (vaak en graag) kibbelt
kib·be·la·rij *de (v)* [-en] gekibbel
kib·be·len *ww* [kibbelde, h. gekibbeld] twisten, onenigheid hebben over kleinigheden
kib·be·ling *de (v)* NN gezouten kabeljauwwangen
kib·bel·par·tij *de (v)* [-en] gekibbel, ruzie
kib·boets *(‹Hebr) de (m)* [-en, Hebr kibboetsiem] gemeenschap, bedrijfshuishouding op gemeenschappelijke grond in Israël
kick *(‹Eng) de (m)* [-s] ❶ trap, schop; vgl → **free kick** ❷ stimulans; aangename emotie door een belevenis, het zien van iets, vooral door het gebruik van drugs
kick·bok·sen *(‹Eng) ww & het* (het beoefenen van) een mengvorm van boksen en vechtsporten waarbij trappen uitgedeeld mogen worden
kic·ken *ww (‹Eng)* [kickte, h. gekickt] zich aangetrokken voelen tot, opgewonden raken door, gek zijn op: ★ *zij kickt op rode lakschoenen*
kic·ke·ren *ww* [kickerde, h. gekickerd] BN tafelvoetbal spelen
kick·sen *de (mv)* voetbalschoenen
KID *afk* kunstmatige inseminatie donor *zie bij* → **inseminatie**
kid *(‹Eng) de (m)* [-s] ❶ jong kind ❷ leer van jonge geiten; glacé
kid·nap·pen *ww* [-nep-] *(‹Eng)* [kidnapte, h. gekidnapt] ontvoeren (vooral kinderen)
kid·nap·per [-neppə(r)] *(‹Eng) de (m)* [-s] kinderrover, mensenrover
kid·nap·ping [-nep-] *(‹Eng) de (v)* [-s] het roven van kinderen of volwassenen om geld af te persen
kiek *de (m)* [-en] foto
kie·ke·boe *tsw* uitroep als men voor een kind verstoppertje speelt
kie·ken[1] *het* [-s] BN, spreektaal ❶ kip ❷ dom persoon, uilskuiken
kie·ken[2] *ww* [kiekte, h. gekiekt] fotograferen
kie·ken·dief *de (m)* [-dieven] ❶ grote, havikachtige roofvogel met lange poten, een lange staart en een kleine kop (onderfamilie Circinae) ❷ vos
kiek·toe·stel *het* [-len] fototoestel
kiel[1] *de (m)* [-en] wijd werkhemd, jongensblouse
kiel[2] *de* [-en] bodembalk van een schip; het onderste van een schip; schip ★ *de ~ leggen* met de bouw van een schip beginnen ★ NN *altijd op een drijvende ~ zijn* altijd van huis zijn

kie·le·kie·le I *tsw* uitroep bij kietelen **II** *bijw* op het kantje, op een kleinigheid na

kie·len *ww* [kielde, h. gekield] ❶ ⟨een schip⟩ overzij winden om het van onderen te kunnen herstellen ❷ kielhalen

kiel·ha·len *ww* [kielhaalde, h. gekielhaald] scheepv, vroeger onder de kiel van het schip door halen als straf

kiel·jacht *het* [-en] jacht met een kiel, niet platboomd

kiel·leg·ging *de (v)* [-en] het leggen van de → **kiel**², het begin van de bouw van een schip

kiel·wa·ter *het* kielzog ★ *in iemands ~ komen, raken* in iemands gevaarlijke nabijheid komen, onder iemands gevaarlijke invloed raken ★ *iem. in zijn ~ zeilen* iem. volgen, iem. navolgen, nadoen

kiel·zog *het* schuimspoor achter een schip ★ NN *in iems. ~ varen* iem. navolgen, nadoen

kiem *de* [-en] zaadspruit; eerste begin van iets; zie ook bij → **smoren**

kiem·cel *de* [-len] bevruchte eicel

kie·men *ww* [kiemde, h. gekiemd] ontspruiten, beginnen te groeien

kiem·kracht *de* vermogen om te ontkiemen

kiem·vrij *bn* vrij van ziektekiemen, steriel

kien ⟨*Eng*⟩ *bn* NN bijdehand, pienter, slim ★ *~ op iets zijn* gespitst zijn op iets

kie·nen *ww* [kiende, h. gekiend] het kien- of lottospel spelen

kien·hout *het* fossiele houtsoort in veengrond

kien·spel ⟨*Fr*⟨*Lat*⟩⟩ *het* [-len] spel waarbij iedereen een bord krijgt met 15 nummers tussen 1 en 90, waarna nummers worden omgeroepen en diegene wint van wiens bord het eerst alle nummers genoemd zijn

kiep ⟨*Eng*⟩ *de (m)* [-s] ★ voetbal *vliegende ~* een keeper die zijn doelgebied verlaat om ook als veldspeler aan het spel deel te nemen (gebruikelijk bij straatvoetbal, zelden voorkomend verschijnsel bij profs)

kie·pen *ww* [kiepte, h. & is gekiept] ❶ doen omkantelen ❷ omkantelen

kie·pe·ren *ww* [kieperde, h. & is gekieperd] ❶ gooien, smijten ❷ tuimelen

kiep·kar *de* [-ren] kar met kantelbare bak

kier *de* [-en] spleet, smalle opening ★ *op een ~ staan, zetten* (van een deur) fig, ★ *de deur staat nog op een ~* er zijn nog mogelijkheden, bijv. tot onderhandelingen

kie·ren *ww* [kierde, h. gekierd] ❶ op een kier staan ❷ kieren vertonen

kie·re·wiet *bn* inf niet goed bij het verstand

kies¹ *de* [kiezen] tand achter in de kaak, vooral dienend tot het fijnkauwen ★ *iem. een ~ trekken* fig iem. een gevoelig verlies bezorgen ★ NN *dat stop ik in een holle ~* dat is voor mij maar een onbetekenende hoeveelheid (eten)

kies² *bn* ❶ niet gemakkelijk te bevredigen, het nauw nemend: ★ *dat is niet voor kiese oren bestemd* ❷ fijngevoelig, het juiste gevoel bezittend voor wat betaamt of wat een ander aanstoot geeft ❸ fijn gevoel vereisend ❹ van fijn gevoel getuigend

kies³ *het* → **kiezel** (bet 1)

kies·ar·ron·dis·se·ment *het* [-en] BN ook kieskring

kies·baar *bn* kunnende gekozen worden

kies·be·voegd·heid *de (v)* recht tot stemmen bij een verkiezing

kies·cam·pag·ne [-panjə] *de* [-s] BN ook verkiezingscampagne

kies·col·le·ge [-leezjə] *het* [-s] college van kiezers, vooral door leden van een kerkelijke gemeente gekozen kiezers, die een predikant en kerkenraadsleden kiezen

kies·de·ler *de (m)* [-s] aantal uitgebrachte geldige stemmen gedeeld door het aantal beschikbare zetels

kies·dis·trict *het* [-en] elk van de districten waarin een land is verdeeld voor de verkiezing van leden van vertegenwoordigende lichamen

kies·drem·pel *de (m)* percentage van het totaal aantal stemmen dat een partij moet behalen om minstens een zetel in een vertegenwoordigend lichaam te verwerven

kies·ge·rech·tigd, kies·ge·rech·tigd *bn* gerechtigd tot stemmen bij een verkiezing

kies·heid *de (v)* fijne voorzichtigheid, bescheidenheid; fijngevoeligheid; gemak in het ontzien van wat voor een ander onaangenaam kan zijn, tact

kies·kau·wen *ww* [kieskauwde, h. gekieskauwd] met lange tanden eten; **kieskauwer** *de (m)* [-s]

kies·keu·rig *bn* moeilijk te bevredigen op het punt van de smaak, lekkerbekkig; aanstellerig, lastig; **kieskeurigheid** *de (v)*

kies·kring *de (m)* [-en] afdeling bij een verkiezing

kies·lijst *de* [-en] lijst van personen waarop bij een verkiezing gestemd kan worden

kies·man *de (m)* [-nen] persoon die men kiest in een college dat op zijn beurt, getrapt, iem. anders kiest, bijv. een president

kies·num·mer *het* [-s] kengetal

kies·om·schrij·ving ⟨*Fr*⟩ *de (v)* [-en] BN ook kieskring

kies·pijn *de* pijn aan één of meer kiezen ★ vooral NN *iem. kunnen missen als ~ graag* willen dat iem. heengaat of wegblijft; zie ook bij → **boer**¹

kies·raad *de (m)* college dat toezicht houdt op de gang van zaken bij verkiezingen

kies·recht *het* recht om te stemmen bij een verkiezing ★ *actief ~* recht om te kiezen, d.w.z. te stemmen ★ *passief ~* recht om tot lid van een vertegenwoordigend lichaam te worden gekozen

kies·schijf *de* [-schijven] draaiende schijf waarop men nummers kiest bij het telefoneren

kies·stel·sel *het* [-s] regeling van het stemmen en de verkiezingen voor vertegenwoordigende lichamen

kies·strijd *de (m)* BN ook verkiezingsstrijd

kies·toon *de (m)* telec toon die aangeeft dat men een nummer kan draaien

kies·ver·eni·ging *de (v)* [-en] vereniging van kiezers,

die kandidaten stelt en steunt
kies·wet *de* [-ten] wet die het kiesrecht en het kiesstelsel regelt
kie·te·len *ww* [kietelde, h. gekieteld], **kit·te·len** [kittelde, h. gekitteld] met de vingertoppen kriebelen
kieuw *de* [-en] ademhalingsorgaan van vissen
kieuw·dek·sel *het* [-s] plaat die de kieuw bedekt
kieuw·hol·te *de (v)* [-n, -s] holte waarin de kieuwen liggen
kieuw·po·ti·gen, **kieuw·po·ti·gen** *mv* soort schaaldieren met kieuwen aan de poten
kieuw·spleet *de* [-spleten] spleet waardoor het water uit de kieuwen wegvloeit
kie·viet [-en], **kie·vit** *de (m)* [-viten] gekuifde weidevogel ★ *lopen als een* ~ heel vlug lopen
kie·viets·bloem, **kie·vits·bloem** *de* [-en] ❶ tot de lelieachtigen behorend bolgewas met donkerrood gevlekte bloemen (*Fritillaria meleagris*) ❷ pinksterbloem
kie·viets·ei, **kie·vits·ei** *het* [-eren] ei van een kieviet
kie·zel I *de (m) & het* het scheikundig element silicium **II** *de (m)* [-s] rond steentje, stukje grind
kie·zel·aar·de *de* verbinding van → **kiezel** (bet 1) en zuurstof
kie·zel·hou·dend *bn* → **kiezel** (bet 1) bevattend
kie·zel·pad *het* [-paden] pad met kiezels belegd
kie·zel·steen *de (m)* [-stenen] door water rond geschuurd steentje
kie·zel·zuur *het* verbinding van → **kiezel** (bet 1), waterstof en zuurstof
kie·zen *ww* [koos, h. gekozen] een keus maken; bij stemming aanwijzen ★ ~ *of delen* aansporing bij een moeilijke keus ★ ~ *doet verliezen* bij een keus moet men afzien van andere mogelijkheden, al zijn die ook aantrekkelijk; zie ook bij → **ei**¹ en → **kwaad** (II)
kie·zer *de (m)* [-s] ❶ kiesgerechtigde ❷ kiesschijf
kie·zers·korps *het* al de kiezers
kie·zers·lijst *de* [-en] lijst van kiesgerechtigden
kif [kief] (‹Arab) *de (m)* Noord-Afrikaanse hennep als genotmiddel
kift *de* NN ruzie; na-ijver: ★ *'t is allemaal de* ~
kif·ten *ww* [kiftte, h. gekift] NN ruziemaken, kibbelen
kif·te·rig *bn* NN kijfachtig
kijf *de* ★ *buiten* ~ zonder twijfel, stellig
kijf·ach·tig *bn* geneigd tot kijven, twistziek
kijk *de (m)* ❶ het zien; het gezicht op iets; uitzicht ★ *te* ~ voor iedereen te zien ★ *met iets te* ~ *lopen* aller aandacht naar iets trekken ★ NN *iem. te* ~ *zetten* ongunstige bijzonderheden omtrent iem. bekendmaken, iemands minder edele gedachten of drijfveren openbaren ★ *tot* ~ tot ziens ★ *ergens een kijkje nemen* even bij iets gaan kijken ❷ inzicht, overzicht, oordeel: ★ *een goede* ~ *op iets geven* (hebben), *de juiste* ~ *op iets hebben* ❸ fig vooruitzicht; kans ★ *daar is geen* ~ *op* geen kans op
kijk·boek *het* [-en] boek met veel illustraties, vooral bestemd om bekeken te worden

kijk·buis *de* [-buizen] schertsend televisietoestel
kijk·cij·fer *het* [-s] aantal kijkers naar een televisieprogramma
kijk·cij·fer·ka·non *het* [-nen] televisiepersoonlijkheid die hoge kijkcijfers haalt
kijk·dag *de (m)* [-dagen] dag waarop te verkopen goederen te bezichtigen zijn
kijk·dicht·heid, **kijk·dicht·heid** *de (v)* percentage kijkers naar een televisie-uitzending
kijk·doos *de* [-dozen] ❶ doos met daarin een (door kinderen gemaakt) tafereel dat men (tegen betaling) kan bekijken ❷ schertsend televisietoestel
kij·ken *ww* [keek, h. gekeken] met de ogen beschouwen; de ogen richten ★ NN *pas komen* ~ nog jong zijn, nog geen ervaring of bezonken oordeel hebben ★ *van iets staan te* ~ zeer verbaasd zijn over iets ★ *er komt heel wat (bij)* ~ er is veel te regelen of te doen, er zijn grote moeilijkheden ★ *kijk voor je* a) kijk niet steeds naar me; b) kijk waar je loopt of rijdt ★ *niet* ~ *op* geen rekening houden met, als onbelangrijk achten: ★ *hij keek niet op een mensenleven, op honderd euro* ★ *kijk!* gebruikt als *tsw* bij het begin van een zin: ★ *kijk, dit vind ik nu mooie muziek* ★ *tegen iets aan* ~ denken over, vinden van: ★ *hoe kijk jij tegen dit voorstel aan?* ; zie ook bij → **glaasje**, → **nauw** en → **neus**
kijk- en luis·ter·geld *het* [-en] vroeger bedrag dat bezitters van televisie- en radiotoestellen verplicht moesten betalen, omroepbijdrage
kij·ker *de (m)* [-s] ❶ iem. die kijkt, vooral naar de televisie; aangeslotene bij de televisie ❷ instrument om in de verte te kijken ❸ (kinder)oog ★ NN *iem. in de* ~ (kijkerd, kijkers) *hebben* iem. zien, vooral iem. doorzien, weten wat men aan iem. heeft ★ *in de* ~ (kijkerd) *lopen* in het oog lopen, de opmerkzaamheid trekken (vooral in ongunstige zin)
kij·kerd *de (m)* zie bij → **kijker**
kijk·fi·le *de* [-s] file die ontstaat doordat automobilisten langzamer gaan rijden om te kijken naar een ongeluk op de andere weghelft
kijk·gat *het* [-gaten] kleine opening om door te kijken
kijk·geld *het* [-en] verplichte bijdrage te betalen door iem. in bezit van een televisietoestel
kijk·glas *het* [-glazen] ❶ glas, glaasje, waardoor men in iets kijkt of naar buiten kijkt ❷ vergrootglas; verrekijker
kijk·graag *bn* belust op kijken
kijk·je *het* [-s] zie bij → **kijk**
kijk·kast *de* [-en] kast waarin iets voor geld te zien is; schertsend huis met veel ramen; schertsend televisietoestel
kijk·ope·ra·tie [-(t)sie] *de (v)* [-s] med operatie waarbij men zich beperkt tot inspectie van het zieke of beschadigde lichaamsdeel
kijk·spel *het* [-len, -spelen] (kermis)voorstelling die wonderlijke en mooie dingen te zien geeft; voorstelling of vertoning die veel voor het oog biedt
kijk·wij·zer *de (m)* NN classificatiesysteem voor

audiovisuele producties waarbij door middel van pictogrammen wordt aangegeven of een productie gewelddadige scenes bevat, erotisch of griezelig van aard is enz.
kijk·wo·ning *de* [-en] BN ook modelwoning
kij·ven *ww* [keef, h. gekeven] met schelle stem twisten; ruzie maken
kij·ver *de (m)* [-s] man die kijft
kik *de (m)* [-ken] zwak keelgeluid uitbrengen ★ *geen* ~ *geven* niet het minste geluid uitbrengen
kik·ken *ww* [kikte, h. gekikt] zich doen horen ★ *nergens over (van)* ~ een onderwerp in het geheel niet aanroeren
kik·ker *de (m)* [-s] ❶ over bijna de gehele wereld veel voorkomende amfibie, vooral het geslacht *Rana*: ★ *in Nederland komt de bruine* ~ *(R. temporaria) veel voor* ★ *een koele kikker* iem. die steeds zijn emoties onder bedwang heeft ★ *zo koud als een* ~ *zijn* gevoelloos zijn ★ *een* ~ *in de keel hebben* schor zijn ❷ haak om scheeps- of ander hijstouw om te winden ❸ machine om grond vast te stampen
kik·ker·bil·le·tje *het* [-s] vlees van het achtereind van de kikvors als tafelgerecht
kik·ker·dril *de* kikkereieren
kik·ke·ren *ww* [kikkerde, h. & is gekikkerd] ❶ gehurkt voortspringen ❷ tuimelen
kik·ker·erwt [-ert] *de* [-en] keker
kik·ker·land *het* waterrijk land met veel kikkers; NN, schertsend Nederland
kik·ker·rit *het* kikkereieren
kik·ker·vis·je *het* [-s] larve van een kikker
kik·vors *de (m)* [-en] kikker
kik·vors·man *de (m)* [-nen] duiker met een zuurstofapparaat en rubber zwemvliezen
kil[1] *bn* vrij koud; vochtig koud; fig onhartelijk, koel
kil[2] *de* [-len] NN watergeul: ★ *Dordtse Kil*
kil·koud *bn* inkoud, steenkoud
kil·le (‹Hebr› *de* [-n] joodse gemeente
kil·len *ww* (‹Eng› [kilde, h. gekild] slang doden
kil·ler (‹Eng› *de (m)* [-s] ❶ eig iem. die doodmaakt; fig ladykiller ❷ iem. die een tegenstander met niets ontziende middelen bestrijdt
kil·lig *bn* enigszins kil; huiverig; **killigheid** *de (v)*
kill·ing·fields (‹Eng› *mv* plaats waar een vreselijk bloedbad is aangericht (naar de titel van een film van Roland Joffe over het regime van de Rode Khmer in Cambodja tussen 1976 en 1979): ★ *de* ~ *van Rwanda*
ki·lo *het* kilogram, 1000 gram
ki·lo- voorvoegsel (‹Gr› als eerste lid in samenstellingen duizendmaal het genoemde
ki·lo·byte [-bait] *de (m)* [-s] comput 1024 bytes (2[10] bytes), eenheid waarin de geheugencapaciteit wordt uitgedrukt
ki·lo·ca·lo·rie *de (v)* [-rieën] 1000 calorie
ki·lo·cycle [-saikl] (‹Eng› *de (m)* [-s] eenheid van frequentie, 1000 hertz per seconde
ki·lo·gram *het* [-men] 1000 gram, internationale eenheid van gewicht en massa
ki·lo·gram·me·ter *de (m)* [-s] eenheid van arbeidsvermogen, arbeid vereist om 1 kilogram 1 meter op te heffen
ki·lo·hertz *de (m)* eenheid van frequentie, 1000 hertz
ki·lo·jou·le [-zjoel] *de (m)* [-s] 1000 joule
ki·lo·li·ter *de (m)* [-s] 1000 liter
ki·lo·me·ter (‹Gr› *de (m)* [-s] lengte-eenheid van 1000 meter
ki·lo·me·ter·paal *de (m)* [-palen] paal die vanaf een bep. punt een afstand van 1 kilometer aangeeft
ki·lo·me·ter·raai *de* [-en] NN aangeving van het peil om de kilometer in rivieren enz.
ki·lo·me·ter·tel·ler *de (m)* [-s] toestel dat het aantal door een voertuig, fiets enz. afgelegde kilometers noteert
ki·lo·me·ter·vre·ter *de (m)* [-s] iem. die graag hard rijdt; voertuig dat grote snelheid ontwikkelen kan
ki·lo·watt [-wat, -wot] *de (m)* [-s] 1000 watt, praktische eenheid van elektrisch arbeidsvermogen, is 1,36 paardenkracht
ki·lo·watt·uur [-wat-, -wot-] *het* [-uren] de hoeveelheid elektrische arbeid, door een vermogen van 1 kilowatt gedurende 1 uur geleverd
kilt (‹Eng› *de (m)* [-s] rok die hoort bij de nationale dracht van de Schotten
kil·te *de (v)* vochtige kou
kim *de* [-men], **kim·me** [-n] plechtig gezichtseinder, horizon: ★ *de zon neigt ter kimme*
kim·me *de* [-n] → kim
ki·mo·no (‹Jap› *de (m)* ['s] lang, luchtig Japans gewaad met wijde mouwen en gordel, voor mannen en vrouwen
kin *de* [-nen] onderste deel van het gelaat, onder de mond ★ NN, fig onder de ~ strijken vleien ★ BN, spreektaal op zijn ~ (mogen) kloppen niets (te eten) krijgen, vooral wanneer anderen wel iets hebben gekregen
ki·na (‹Sp‹Quechua, een Peruaanse indianentaal› *de (m)* bast van de kinaboom, waaruit kinine wordt gemaakt
ki·na·bast *de (m)* bast van de kinaboom
ki·na·boom *de (m)* [-bomen] boom die kina levert
kind *het* [-eren, *in de spreektaal ook* -ers] onvolwassen mens ★ *het* ~ *moet een naam hebben* gezegd als iets door een niet zeer toepasselijke benaming (leuze, titel, enz.) wordt aangeduid ★ *het* ~ *bij zijn naam noemen* ronduit, onverbloemd zeggen wat men bedoelt ★ *ergens (als)* ~ *aan huis zijn* zeer vertrouwd, zeer bekend met wat er omgaat ★ NN *Kind van Staat* door de staat opgevoed vorstenkind: ★ *in april 1666 werd prins Willem III door de Staten van Holland aangenomen als Kind van Staat* ★ *het* ~ *van de rekening zijn* het slachtoffer zijn, de onaangename gevolgen ondervinden ★ *een* ~ *van zijn tijd* iem. die met zijn tijd meegaat, die onder invloed staat van de tijdgeest ★ NN *een* ~ *des doods zijn* moeten sterven ★ NN *geen* ~ *aan iem. hebben* niet de minste

last met iem. hebben ★ NN *ik krijg er een ~ van* ik vind het erg vervelend, ik word er gek van ★ NN *een ~ kan de was doen* het is een eenvoudig werk ★ NN *kinderen zijn hinderen* kinderen zijn vaak lastig ★ BN, spreektaal *het ~ uithangen* zich kinderachtig aanstellen ; zie ook bij → **badwater**, → **kraai**, → **natuurlijk**, → **onwettig**

kin·de·ke, kin·de·ken *het* [-s] kindje: ★ *het ~ Jezus*

kin·der·ach·tig *bn* nog te veel kind zijnde, niet ernstig, niet flink; flauw; als voor *of van* een kind

kin·der·ach·tig·heid *de (v)* ❶ het kinderachtig zijn ❷ [*mv:* -heden] kinderachtige daad of gedraging

kin·der·af·trek *de (m)* bedrag dat voor ieder kind van de som waarover men belasting moet betalen wordt afgetrokken

kin·der·ar·beid *de (m)* het werken van kinderen in fabrieken enz.

kin·der·arts *de (m)* [-en] arts voor kinderziekten, pediater

kin·der·bed *het* [-den] ❶ bed voor een kind ❷ kraambed

kin·der·bed·tijd *de (m)* tijd waarop de kinderen naar bed moeten

kin·der·be·scher·ming *de (v)* dat deel van het recht en de maatschappelijke zorg dat gericht is op het welzijn van jeugdigen die met zedelijke of lichamelijke ondergang worden bedreigd ★ *Raad voor de Kinderbescherming* overheidsinstelling die toezicht houdt op de ~ door o.a. de materiële en geestelijke belangen van het kind te behartigen in gevallen van ontzetting of ontheffing uit de ouderlijke macht, echtscheiding, strafrechtelijke vervolging e.d.

kin·der·beul *de (m)* [-en] iem. die kinderen mishandelt

kin·der·be·waar·plaats *de* [-en] plaats waar gepast wordt op kinderen wier ouders buitenshuis werken

kin·der·bij·bel *de (m)* [-s] boek waarin de Bijbelverhalen in eenvoudige vorm zijn naverteld

kin·der·bij·slag *de (m)* [-slagen] geldelijke uitkering boven het normale inkomen op grond van het te laste hebben van kinderen

kin·der·boer·de·rij *de (v)* [-en] omheinde ruimte, speciaal ingericht voor kinderbezoek, waarin allerlei soorten vee (zoals geiten, schapen, kalkoenen e.d.) los rondlopen

kin·der·dag·ver·blijf *het* [-blijven] plaats waar kinderen onder toezicht de dag doorbrengen, bijv. als beide ouders werken of om een andere reden niet voortdurend kunnen oppassen

kin·der·doop *de (m)*, **kin·der·doop·sel** *het* doop aan kinderen toegediend

kin·de·ren *zn meerv* van → **kind**

kin·der·geld *het* [-en] BN, spreektaal kinderbijslag; kindertoelage

kin·der·hand *de* [-en] hand van een kind ★ *een ~ is gauw gevuld* gezegd als iem. met een kleinigheid dolblij is

kin·der·hoofd *het* [-en], **kin·der·hoofd·je** [-s] ❶ hoofd van een kind ❷ keisteen als bestrating, kassei

kin·der·hu·we·lijk *het* [-en] door ouders gearrangeerd huwelijk tussen nog niet volwassen geachte personen

kin·der·ja·ren *mv* de eerste jaren van groei

kin·der·juf·frouw *de (v)* [-en] juffrouw die kinderen verzorgt en onderricht

kin·der·kaart *de* [-en] ❶ toegangskaart of plaatsbewijs, tegen verlaagd tarief, voor kinderen; *vaak verkl:* kinderkaartje ❷ BN menukaart voor kinderen

kin·der·ka·mer *de* [-s] voor kinderen ingerichte kamer

kin·der·koets *de* [-en] BN ook kinderwagen

kin·der·koor *het* [-koren] zangkoor van kinderen

kin·der·kost *de (m)* spijs voor kinderen geschikt ★ NN *geen ~* niet geschikt of te moeilijk voor kinderen

kin·der·krib·be *de* [-n] BN, m.g. crèche

kin·der·kruis·tocht *de (m)* volkskruistocht van voornamelijk jonge mannen en vrouwen uit Duitsland in 1212 met de bedoeling Jeruzalem te bevrijden

kin·der·lief·de *de (v)* ❶ liefde van de kinderen voor de ouders of omgekeerd ❷ [*mv:* -s, -n] kinderverliefdheid

kin·der·lijk [-lək] *bn* ❶ van een kind: ★ *de kinderlijke leeftijd; de kinderlijke plichten* ❷ als een kind, eenvoudig, ongekunsteld ❸ geschikt voor kinderen

kin·der·lijk·heid *de (v)* ❶ het wezen, de aard van een kind ❷ eenvoud, ongekunsteldheid

kin·der·lok·ker *de (m)* [-s] inf iem. die kinderen meelokt met de bedoeling seksuele handelingen met hen te verrichten

kin·der·loos *bn* zonder kinderen, geen kinderen hebbend; **kinderloosheid** *de (v)*

kin·der·meel *het* licht verteerbaar meel ter bereiding van pap voor kleine kinderen

kin·der·meis·je *het* [-s] hulp die voor de kinderen zorgt

kin·der·me·nu *de (m) & het* ['s] speciaal voor kinderen bestemd menu in restaurants

kin·der·moord *de* [-en] het doden van een kind of van kinderen, vooral terstond na de geboorte, infanticide ★ Bijbel *de ~ van Bethlehem* de kinderslachting te Bethlehem op last van Herodes de Grote *(Matteüs* 2: 16)

kin·der·op·vang *de* ❶ de verzorging van kinderen in de uren dat de ouders afwezig zijn, bijv. vanwege hun werk ❷ de opvang van zwerfkinderen of andere met gevaren bedreigde kinderen ❸ instelling voor kinderopvang

kin·der·op·vang·cen·trum *het* [-s, -tra] plaats waar kinderen onder toezicht kunnen verblijven na schooltijd als de ouders niet thuis zijn

kin·der·par·tij·tje *het* [-s] NN feest voor kinderen: ★ *een kinderpartijtje geven*

kin·der·pok·ken *mv* pokziekte; de pokken (blazen) die bij die ziekte ontstaan

kin·der·po·li·tie [-(t)sie] *de (v)* NN afdeling van de politie, belast met de behandeling van misdadigheid bij kinderen en van verwaarlozing door de ouders
kin·der·por·no *de (v)* pornografie waarbij jonge kinderen worden gefilmd of gefotografeerd
kin·der·post·ze·gel *de (m)* [-s] kinderzegel
kin·der·praat *de (m)* onbetekenend gebabbel van kinderen
kin·der·psy·cho·lo·gie [-psie-] *de (v)* tak van de psychologie die zich met het psychisch functioneren van het kind bezighoudt
kin·der·psy·cho·loog [-psie-] *de (m)* [-logen] beoefenaar van de kinderpsychologie
kin·der·recht *het* de rechtsregels voor kinderen
kin·der·rech·ter *de (m)* [-s] rechter belast met de rechtspraak over personen beneden 18 jaar
kin·der·rijk *bn* met veel kinderen: ★ *kinderrijke gezinnen*
kin·der·ru·briek *de (v)* [-en] afdeling in een krant of tijdschrift voor kinderen
kin·der·schaar *de* [-scharen] ❶ groep kinderen ❷ → schaar¹ met stompe punten
kin·der·schoen *de (m)* [-en] schoen van of voor een kind ★ *nog in de kinderschoenen staan* nog in het begin van de ontwikkeling zijn
kin·der·schrik *de (m)* [-ken] niet-bestaand, schrikwekkend persoon waarmee men kinderen dreigt als deze stout zijn, zoals de bietebauw, de boeman e.d.
kin·der·slot *het* [-sloten] ❶ veiligheidssluiting op de achterportier van een auto ❷ voorziening op televisietoestellen waarmee het kinderen onmogelijk wordt gemaakt zomaar de tv aan te zetten
kin·der·speel·goed *het* speelgoed voor kinderen
kin·der·spel *het* [-spelen] ❶ spel van of voor kinderen ❷ onbeduidend, onbelangrijk bedrijf ★ *dat is (maar)* ~ dat is nog maar een kleinigheid (vergeleken bij iets anders dat groter, gewichtiger is) ★ *dat is geen* ~ hoogst ernstig, moeilijk, verantwoordelijk
kin·der·stem *de* [-men] stem van of als van een kind
kin·der·sterf·te *de (v)* het aantal sterfgevallen bij kinderen
kin·der·stoel *de (m)* [-en] hoge stoel met speelplank
kin·der·taal *de (v)* taal van kinderen
kin·der·tal *het* aantal kinderen (per gezin)
kin·der·te·huis *het* [-huizen] inrichting waarin kinderen worden opgenomen die bijzondere zorg nodig hebben
kin·der·te·le·foon *de (m)* [-s, -fonen] ❶ speelgoedtelefoon ❷ instelling die door kinderen in nood opgebeld kan worden, terwijl ze anoniem blijven, om hun hart te luchten, advies te winnen, doorverwezen te worden e.d.
kin·der·tijd *de (m)* kinderjaren
kin·der·toe·slag *de (m)* → **kinderbijslag**

kin·der·tuin *de (m)* [-en] BN ook crèche, peuterschool
kin·der·uur·tje *het* [-s] radio- of televisie-uitzending voor kinderen
kin·der·ver·lam·ming *de (v)* besmettelijke aandoening van het ruggenmerg, polio
kin·der·ver·zor·ger *de (m)* [-s] gediplomeerd verzorger van kinderen
kin·der·ver·zorg·ster *de (v)* [-s] gediplomeerd verzorgster van kinderen
kin·der·voe·ding *de (v)* voeding, speciaal geschikt voor kinderen
kin·der·vriend *de (m)* [-en] iem. die veel van kinderen houdt
kin·der·wa·gen *de (m)* [-s] wagen waarin een baby liggend vervoerd kan worden
kin·der·weeg·schaal *de* [-schalen] weegschaal om de groei van baby's na te gaan
kin·der·wel·zijn *het* BN benaming voor officiële instelling belast met zuigelingenzorg, nu: Kind en Gezin
kin·der·we·reld *de* het leven en bedrijf van de kinderen; alle kinderen samen
kin·der·wet·ten *mv* wetten ter bescherming van kinderen en tot regeling van de kinderrechtspraak: ★ *door het kinderwetje van Van Houten (1874) werd de kinderarbeid aan banden gelegd*
kin·der·ze·gel *de (m)* [-s] bijzondere postzegel met een prijsverhoging, die 'voor het kind' bestemd is
kin·der·ze·gen *de (m)* het hebben van (veel) kinderen
kin·der·ziek·te *de (v)* [-n, -s] ❶ ziekte waaraan kinderen lijden, bijv. mazelen, kinkhoest ❷ fig de moeilijkheden van het begin: ★ *de vereniging is nu de kinderziekten te boven*
kin·der·zit·je *het* [-s] stoeltje voor een jong kind, te bevestigen op een fiets of in een auto
kind·je·wie·gen *het* RK kerkgang in de kerstnacht
kind·lief *het* vriendelijke aanspreekvorm voor een kind, ook wel door ouderen gebruikt tegenover jongere, meestal vrouwelijke personen
kinds *bn* zwak van geest door ouderdom, dement
kinds·af *bijw* ★ *van* ~ van de eerste levensjaren af
kinds·been *zn* ★ *van* ~ *af* van de eerste levensjaren af
kinds·deel *het* [-delen], **kinds·ge·deel·te** [-n, -s] deel van een erfenis waarop een kind wettelijk recht heeft: ★ *een vrouw krijgt bij het overlijden van haar echtgenoot de helft van de erfenis plus een* ~, *mits ze in gemeenschap van goederen is getrouwd*
kinds·heid *de (v)* geestelijke zwakte door ouderdom, dementie
kinds·kin·de·ren *mv* NN kleinkinderen
kind·sol·daat *de (m)* [-daten] zeer jonge soldaat
kind·vei·lig, kin·der·vei·lig *bn* ongevaarlijk voor gebruik door kinderen, of ongeschikt gemaakt voor het gebruik door kinderen: ★ *een* ~*e internetsite*
kind·vrouw·tje *het* [-s] ❶ jonge vrouw, nog half kind ❷ volwassen vrouw die zich als een kind gedraagt
ki·ne [kinee] *de (v)* BN, spreektaal fysiotherapie
ki·ne·ast *de (m)* [-en] → **cineast**

ki·ne·ma (‹Gr› de (m) ['s] → **cinema**
ki·ne·ma·theek (‹Gr› de (v) [-theken] → **cinematheek**
ki·ne·ma·ti·ca (‹Gr› de (v) bewegingsleer, wiskundige beschrijving van de beweging van stoffelijke objecten, onderdeel van de mechanica
ki·ne·ma·to·graaf (‹Gr› de (m) [-grafen] → **cinematograaf**
ki·ne·ma·to·gra·fie (‹Gr› de (v) → **cinematografie**
ki·ne·sist de (m) [-en], **ki·ne·sis·te** de (v) [-n] (‹Fr‹Gr› BN fysiotherapeut, masseur, heilgymnast
ki·ne·si·the·ra·peut [-zieteeraapuit] (‹Gr› de (m) [-en] BN fysiotherapeut
ki·ne·si·the·ra·pie [-neezie-] (‹Gr› de (v) BN geneeswijze door systematische bewegingsoefeningen; heilgymnastiek, fysiotherapie
ki·ne·tisch (‹Gr› bn de beweging betreffend, bewegings ★ *kinetische energie* arbeidsvermogen van beweging
king·size [-saiz] (‹Eng› bn (in) zeer groot formaat, reuzen
ki·ni·ne de koortswerend middel, uit kinabast getrokken
kink de [-en] draai in een touw of kabel ★ *er is een ~ in de kabel* er is een hindernis
kin·kel de (m) [-s] lomperd
kin·ket·ting de [-en] kettinkje om de onderkaak van een paard, om het gebit vast te houden
kink·hoest de (m) besmettelijke kramphoest
kink·hoorn, **kink·ho·ren** de (m) [-s] gedraaide puntige schelp
kin·ky [-kie] (‹Eng› bn op seksueel gebied afwijkend van het gangbare, pervers: ★ *een ~ feest, nachtclub*
kin·ne·bak de [-ken] kaak, wang, vooral onderkaak
kin·ne·sin·ne (‹Hebr› de (v) NN, Barg jaloezie, jaloersheid
ki·osk (‹Turks› de [-en] ❶ plein- of straatgebouwtje waar kranten en tijdschriften, strips, wegenkaarten enz. verkocht worden ❷ naar alle zijden open houten paviljoenachtig gebouwtje
kip[1] de (v) [-pen] ❶ hen, vrouwelijk hoen; hoendervlees: ★ *gebraden ~* ★ *(lopen) als een ~ die het ei niet kwijt kan (raken)* zenuwachtig, onrustig doen ★ *kakelen, redeneren als een ~ zonder kop* onverstandig, dwaas ★ *als de kippen erbij zijn* zeer begerig, zeer vlug; zie ook bij → **stok** (bet 1) ❷ NN, spreektaal (in Amsterdam) politieagent
kip[2] tsw ★ NN ~ *ik heb je!* uitroep als men iem. te pakken heeft
kip·corn de [-s] NN langwerpige snack bestaande uit gepaneerde ragout van kippenvlees en maïs
kip·fi·let [-lee] de (m) & het [-s] stukje kippenvlees zonder bot
kip·kap de (m) BN hoofdkaas, vlees van de kop van een dier
kip·lek·ker bn zich zeer goed voelend
kip·nug·gets [-nʌɣəts] mv stukjes gepaneerde en gefrituurde kip

kip·pen ww [kipte, h. & is gekipt] ❶ doen omkantelen ❷ omkantelen, omslaan ❸ wegpikken
kip·pen·bil de [-len] BN ook kippenbout
kip·pen·borst de [-en] ❶ borst (als) van een kip met vooruitstekend borstbeen ❷ vlees van een kip aan het borstbeen
kip·pen·bout·je het [-s] gebraden stuk kip
kip·pen·drift de NN dwaze, nodeloze opwinding
kip·pen·ei het [-eren] ei van een kip
kip·pen·eind·je, **kip·pen·end·je** het [-s] NN een zeer kleine afstand
kip·pen·gaas het gaas voor kippenhokken
kip·pen·hok het [-ken] ❶ (nacht)hok voor kippen ❷ fig kleine, armoedige woning
kip·pen·kont·je het [-s] NN ❶ naar elkaar toe gekamde haren in de nek ❷ (opstaand) plukje haar in de nek
kip·pen·koorts de ziekte van kippen; (bij mensen) denkbeeldige ziekte, grote opgewondenheid
kip·pen·le·ver de [-s] levertje van een kip
kip·pen·poot de (m) poot van een kip
kip·pen·ren de [-nen] door gaas afgesloten ruimte bij het kippenhok
kip·pen·soep de soep getrokken van kippenvlees
kip·pen·vel het vel als van een geplukte kip, zoals men krijgt van kou of huivering ★ *~ krijgen* het koud krijgen ★ *ergens ~ van krijgen* erg bang worden, erg schrikken van iets
kip·pen·vlees het vlees van een kip
kip·pen·voer het voedsel voor kippen
kip·per de (m) [-s] gefileerde, gestoomde haring
kip·pig bn bijziend; **kippigheid** de (v)
Kir·gies de (m) [-giezen] iem. geboortig of afkomstig uit Kirgizië
Kir·gi·zisch I bn van, uit, betreffende Kirgizië II het taal van Kirgizië
kir·ren ww [kirde, h. gekird] het geluid maken van duiven
kirsch [kiersj] de (m), **kirsch·was·ser** [kiersj-] (‹Du› het kersenbrandewijn, sterk alcoholhoudende drank gestookt uit zwarte kersen
kis·se·bis·sen ww [kissebiste, h. gekissebist] ruziën
kis·sen ww [kiste, h. gekist] BN ook sissen, een sissend geluid maken, vooral van bradend vlees e.d.: ★ *het vlees kiste in de pan*
kiss·proof [kisproef] (‹Eng› bn geen sporen nalatend bij het kussen, van lippenstift gezegd
kist (‹Lat› de [-en] ❶ rechthoekige bak met deksel om spullen in te verpakken of op te bergen ❷ doodkist ❸ spreektaal vliegtuig ❹ NN kistjes hoge, stevige (soldaten)schoenen ❺ ‹bij waterwerk of fundering› ruimte tussen waterkerende wanden
kist·dam de (m) [-men] dam die bestaat uit twee houten wanden, waartussen klei of specie is aangebracht
kis·ten ww [kistte, h. gekist] ❶ in de kist leggen; fig de baas spelen over: ★ *zich niet laten ~* ❷ een kisting maken

kis·ting *de (v)* [-en] ❶ het in de kist leggen ❷ beschermende rand bladaarde rond een broeibak ❸ noodkistdam bij gevaar voor overstroming

kist·kalf *het* [-kalveren] in enge ruimte gemest kalf

kist·werk *het* [-en] opgekruid en daarna vastgevroren ijs

kit¹ *de* [-ten] ❶ waterkan; kanvormige (kolen)bak ❷ kot, kroeg: ★ opiumkit ❸ NN, Barg politiebureau

kit² *(‹Du) de & het*, **kit-lijm** *de (m)* sterk klevende lijm

kit·che·net·te [kitsjə-] *(‹Eng) de (v)* [-s] doelmatig ingerichte kleine keuken, meestal in een kleine woon- of werkruimte

kite·sur·fen [kaait-] *ww & het* vorm van surfen waarbij de surfer zich laat voorttrekken door een grote vlieger

kits *bn inf* in orde ★ *alles ~ alles in orde, klaar* ★ *alles ~ achter de rits?* informele begroeting: hoe gaat het ermee?

kitsch [kitsj] *(‹Du) de (m)* iets wat pretendeert kunst te zijn, maar onecht, overdreven-sentimenteel of erg gezwollen is speculerend op de smaak van de grote massa

kit·te·laar *de (m)* [-s] clitoris

kit·te·len *ww* [kittelde, h. gekitteld] ❶ → **kietelen** ❷ strelen, aangenaam aandoen; zie ook bij → **milt**

kit·te·lig *bn* kittelachtig; **kitteligheid** *de (v)*

kit·te·ling *de (v)* [-en] het kittelen

kit·te·lo·rig *bn* prikkelbaar, lichtgeraakt

kit·ten¹ *(‹Eng) het* [-s] jong katje

kit·ten² *ww* [kitte, h. gekit] ‹spleten of scheuren› met → **kit**² dichten

kit·tig *bn* NN levendig; vurig; pittig: ★ *een ~ meisje; ~ lopen*

ki·wi *(‹Maori) de (m)* ['s] ❶ struisachtige vogel op Nieuw-Zeeland, met haarachtige veren ❷ uit Nieuw-Zeeland afkomstige vrucht met een ruwe, bruine bast en zacht, groen vruchtvlees

ki·wi·bes *de* [-sen] BN kleine, haarloze, zoete kiwivrucht die met de schil kan worden gegeten

k.k. *afk* NN kosten koper [deze afkorting staat vaak achter de vraagprijs van een te koop aangeboden huis en houdt in dat de kosten die gemoeid zijn met de koop van een huis (zoals overdrachtsbelasting en notariskosten) voor rekening van de koper zijn]

KKK [keekeekee] *(‹Eng) de* Ku-Klux-Klan

KL *afk* Koninklijke Landmacht

kl *afk* kiloliter

kl. *afk* klasse

klaag·huis *het* [-huizen] huis waar droefheid heerst; sterfhuis

klaag·lied *het* [-eren] treurzang: ★ *de Klaagliederen van Jeremia*

klaag·lijk *bn* klagend, jammerlijk

Klaag·muur *de (m)* muur te Jeruzalem, waarvan een gedeelte nog overblijfsel is van de tempel van Herodes en die als gebedsplaats door vele joden wordt bezocht

klaag·schrift *het* [-en] schriftelijke klacht

klaag·toon *de (m)* [-tonen] klagende toon; klacht

klaag·vrou·wen *mv* gehuurde vrouwen die bij een begrafenis rouw betonen

klaag·zang *de (m)* [-en] klagend lied

klaar *(‹Lat) bn* ❶ helder, duidelijk: ★ *klare taal* ★ *klare jenever* onvermengd ❷ BN ook helder, licht, niet (meer) donker: ★ *het wordt vroeg ~ 's zomers* het wordt vroeg licht 's zomers; zie ook bij → **Kees**, → **klip-en-klaar**, → **klontje** en → **wijn** ❸ gereed: ★ *de afwas is ~* ★ *~? af!* formule waarmee men iets van start doet gaan, vooral snelheidswedstrijden

klaar·blij·ke·lijk *bn* duidelijk blijkend

klaar·heid *de (v)* helderheid, duidelijkheid

klaar·ko·men *ww* [kwam klaar, is klaargekomen] ❶ gereedkomen; tot een eind brengen; resultaat bereiken ❷ een orgasme krijgen

klaar·krij·gen *ww* [kreeg klaar, h. klaargekregen] afkrijgen; in orde krijgen; weten te bewerken

klaar·leg·gen *ww* [legde klaar, h. klaargelegd] gereedleggen

klaar·licht *bn* ★ *op klaarlichte dag* overdag in het openbaar, zodat iedereen het zien kan (gezegd van misdrijven of andere dingen die veelal in het verborgene plaatsvinden)

klaar·lig·gen *ww* [lag klaar, h. klaargelegen] gereedliggen

klaar·ma·ken *ww* [maakte klaar, h. klaargemaakt] gereedmaken; tot stand brengen; *inf* seksueel bevredigen

klaar-over *de (m)* [-s] NN iem. die schoolkinderen helpt bij het oversteken van een drukke weg: ★ *klaar-overs zijn meestal voorzien van een stok met een ronde schijf die ze opsteken om het verkeer te laten stoppen*

klaar·spe·len *ww* [speelde klaar, h. klaargespeeld] tot een goed einde brengen; gedaan krijgen; in orde maken (iets moeilijks)

klaar·staan *ww* [stond klaar, h. klaargestaan] gereedstaan; tot hulp bereid zijn: ★ *steeds voor iedereen ~*

klaar·sto·men *ww* [stoomde klaar, h. klaargestoomd] in zeer korte tijd klaarmaken (voor een examen)

klaar·te *de (v)* helderheid; schijnsel, licht; BN ook, *vero* daglicht: ★ *'s morgens bij de eerste ~* vroeg in de ochtend

klaar·wak·ker *bn* geheel wakker: ★ *om drie uur in de nacht was ik nog ~*

klaar·zet·ten *ww* [zette klaar, h. klaargezet] gereedzetten

Klaas *de (m)* [Klazen] mansnaam: Nicolaas ★ *een houten klaas* zie bij → **houten** ★ *een stijve klaas* een houterige vent ★ *~ Vaak* zie bij → **vaak**²

kla·bak *de (m)* [-ken] NN, vero, scheldnaam politieagent

klacht *de* [-en] het klagen; beklag; aanklacht ★ *klachten hebben* a) niet tevreden zijn over iets; b) lichamelijk of geestelijk niet in orde zijn ★ BN ook *een ~ neerleggen* een klacht indienen

klacht·de·lict *het* [-en] NN, jur delict dat alleen na aanklacht gerechtelijk vervolgd wordt
klach·ten·boek *het* [-en] boek waarin men klachten kan bekendmaken
klach·ten·bu·reau [-roo-] *het* [-s] bureau waar men klachten over bep. instellingen kan deponeren
klad I *de* [-den] vlek ★ NN *de ~ in iets brengen* iets bederven ★ NN *de ~ zit erin* het gaat slecht **II** *het* [-den] ontwerp, voorlopige aantekeningen; papier waarop zulke aantekeningen staan: ★ *dit is nog maar het ~, ik moet het nog in het net overschrijven* **III** *de* BN, spreektaal kleine hoeveelheid van iets; groep, troep, vlucht; handjevol: ★ *een ~ duiven vliegt over het dorp* ★ *een ~ boter* een klein beetje, een klontje
klad·blok *het* [-ken] blok kladpapier
klad·boek *het* [-en] schrijfboek voor voorlopige aantekeningen of ontwerpen
kladden[1] *mv* ★ NN *iem. bij zijn ~ pakken* iem. grijpen, oppakken, arresteren
klad·den[2] *ww* [kladde, h. geklad] ❶ vlekkerig schrijven, knoeien ❷ vlekken doen ontstaan
klad·der, klad·de·raar *de (m)* [-s] slordig schrijver; slecht schilder
klad·de·ra·datsch [-datsj] ⟨*Du*⟩ *de (m)* totale ineenstorting
klad·de·ren *ww* [kladderde, h. gekladderd] slordig schrijven; slecht schilderen
klad·de·rig, klad·dig *bn* met kladden; morsig, slordig
klad·je *het* [-s] → **klad** (bet 2)
klad·pa·pier *het* [-en] papier voor voorlopige aantekeningen
klad·schil·der *de (m)* [-s] slecht schilder
klad·schrift *het* ❶ slordig → **schrift** (bet 1) ❷ [*mv:* -en] schrijfboek voor voorlopige aantekeningen
klad·schrij·ver *de (m)* [-s] maker van waardeloze geschriften
kla·gen *ww* [klaagde, h. geklaagd] ❶ verdriet, ontevredenheid uiten ★ *geen ~ hebben, niet mogen ~ tevreden zijn* ❷ een aanklacht indienen
kla·ger *de (m)* [-s] ❶ iem. die klaagt ❷ aanklager voor de rechtbank
kla·ge·rig *bn* ❶ geneigd tot klagen, veel klagend ❷ op klagende toon
klak[1] *de* [-ken] ❶ flap, klap, slag ❷ klodder, kwak, klonter
klak[2] ⟨*Fr*⟩ *de* [-ken] ❶ klakhoed ❷ dial pet (met een stijve klep) ★ *met zijn ~ naar iets slaan* er een slag naar slaan, ernaar gissen
klak·hoed *de (m)* [-en] hoge hoed die plat ineengedrukt kan worden, gibus
klak·ke·loos *bn* ❶ zomaar, plotseling ❷ zonder nadenken, zonder eigen oordeel
klak·ken *ww* [klakte, h. geklakt] een klappend of kletsend geluid geven: ★ *met de tong ~*
klam *bn* vochtig en koud; **klamheid** *de (v)*
klam·boe ⟨*Mal*⟩ *de (m)* [-s] vooral NN muskietennet om en over een bed

klamp *de* [-en] ❶ houten of metalen beleg- of verbindingsstuk ❷ haak, kram om iets op te hangen of vast te maken
klam·pen *ww* [klampte, h. geklampt] ❶ met klampen aaneenhechten ★ *aan boord ~* enteren, ❷ ook fig in klonters vastkleven: ★ *de sneeuw klampt aan de schoenen*
klamp·steen *de (m)* [-stenen] soort baksteen die in de Rupelstreek in open ovens wordt gebakken
klan·di·zie ⟨*Oudfrans*⟩ *de (v)* het geregeld bij iem. kopen; de klanten
klank *de (m)* [-en] ❶ geluid; muziekgeluid; taalgeluid ★ *zijn naam heeft een goede ~* hij staat gunstig bekend ★ *holle klanken, ijdele klanken* woorden zonder inhoud, nietszeggende woorden ❷ BN, spreektaal geluid (van een radio, tv e.d.): ★ *zet de ~ eens wat stiller* ❸ ★ BN ook *met ~ winnen* overtuigend winnen
klank·beeld *het* [-en] radioreportage
klank·bo·dem *de (m)* [-s] geluidversterkend dun houten blad bij snaarinstrumenten enz. ★ *fig een (goede) ~ vinden* instemming krijgen
klank·bord *het* [-en] ❶ ⟨boven een preekstoel⟩ houten vlak ter versterking van het geluid ❷ ⟨in een piano⟩ klankbodem ★ *een ~ voor iem. zijn,* vormen een constructieve gesprekspartner zijn ❸ ⟨in een klokkentoren⟩ schuine planken in de galmgaten
klank·dem·per *de (m)* [-s] voorwerp dat de klank dempt, sourdine
klank·en·licht·spel *het* [-spelen] voorstelling waarbij men (vaak historische) taferelen uitbeeldt in de open lucht of in historische gebouwen met muziek en lichteffecten
klank·ex·pres·sie *de (v)* het wekken van gevoelens of stemmingen door klanken, vooral in poëzie
klank·kast *de* [-en] dunhouten kast van snaarinstrumenten, om het geluid te versterken en een eigen timbre te geven
klank·kleur *de* timbre
klank·leer *de* leer van de vorming van de spraakklanken, fonetiek; beschrijving van het klankstelsel van een taal
klank·loos *bn* zonder klank; zwak, dof van geluid
klank·na·boot·send *bn* geluiden in spraakklanken weergevend; **klanknabootsing** *de (v)*
klank·rijk *bn* met volle klank; rijk aan klanken
klank·stel·sel *het* [-s] het geheel van de spraakklanken van een taal
klank·sym·bo·liek [-sim-] *de (v)* het wekken of weergeven van gevoelens of stemmingen door de gehoorindruk van spraakklanken
klank·ver·an·de·ring *de (v)* [-en] verandering van een spraakklank
klank·ver·schui·ving *de (v)* [-en] algemene overgang van bepaalde spraakklanken in andere ★ *de Germaanse* (of *eerste*) *~ gaf aan het Germaans zijn eigenaardige vorm tegenover de andere Indo-Germaanse talen; door de Hoogduitse* (of *tweede*) *~*

werd het Hoogduits op een dergelijke wijze onderscheiden van het overige Germaans in Duitsland en de Nederlanden

klank·wet de [-ten] regel voor de algemene overgang in een zeker gebied en in een bepaalde tijd van een spraakklank in een andere

klank·wij·zi·ging de (v) [-en] klankverandering

klank·wis·se·ling de (v) [-en] afwisseling van spraakklanken in dezelfde of verwante woorden

klant (‹Oudfrans) de (m) [-en] vaste koper, bezoeker enz.; persoon (meest manspersoon: kerel): ★ een ruwe ~, een vrolijke ~ ★ BN, spreektaal een kwade ~ een moeilijke tegenstander

klan·ten·bin·ding de (v) maatregelen om het publiek ertoe te brengen steeds in dezelfde winkel te kopen

klan·ten·kaart de [-en] kaart die de vaste klanten van winkels recht op bep. kortingen en / of spaarmogelijkheden biedt

klan·ten·kor·ting de (v) korting op de aankoopprijs voor vaste klanten van een afnemer

klan·ten·kring de (m) [-en] de gezamenlijke klanten van een bedrijf: ★ die winkelier heeft een grote ~

klap I de (m) [-pen] ❶ kort geluid; zie ook bij → **vuurpijl** ❷ slag, ook fig: verlies, ramp ★ de dood van zijn vader was een grote klap voor hem ★ in één ~ in één keer helemaal: ★ met deze nieuwe maatregel waren we in één ~ van alle problemen af ★ geen ~ niets; zie ook bij → **daalder** en → **molenwiek** II de (m) BN, spreektaal het praten, gekeuvel, gebabbel, gepraat, geklets ★ iem. aan de ~ houden iem. aan de praat houden

klap·band de (m) [-en] gesprongen band (auto)

klap·bank de [-en] opklapbank

klap·bes de [-sen] kruisbes

klap·bes·sen·struik de (m) [-en] kruisbessenstruik

klap·brug de [-gen] NN ophaalbrug

klap·deur de [-en] deur die vanzelf dichtgaat

klap·ek·ster de [-s] grote klauwier

klap·hek het [-ken] NN schuinstaand hek, dat door eigen zwaarte dichtvalt

klap·kauw·gom de (m) & het kauwgom die je goed tot een ballon voor de mond kunt opblazen

klap·la·za·rus het NN ★ het ~ krijgen verwensing ★ zich het ~ werken zeer hard werken

klap·lo·pen ww & het (het) op de beurs van anderen teren

klap·lo·per de (m) [-s] iem. die op de beurs van anderen teert

klap·muts de [-en] soort middelgrote zeehond waarvan de mannetjes delen van de neus kunnen opblazen, voorkomend in het noordelijk deel van de Atlantische Oceaan (Cystophora cristata)

klap·pen ww [klapte, h. geklapt] ❶ door slaan een geluid maken; applaudisseren ★ BN, spreektaal praten, babbelen, keuvelen ❸ oververtellen, overbrieven ★ NN: uit de school ~, BN: uit de biecht ~ dingen vertellen die binnen een bepaalde kring moesten blijven

klap·per¹ de (m) [-s] ❶ klepper, voorwerp dat een klappend geluid maakt ❷ agenda of blocnote e.d. met losse bladen ❸ NN iets dat zeer succesvol is en veel geld opbrengt: ★ een ~ maken ❹ medeklinker die gevormd wordt doordat een afsluiting met een kleine ontploffing geopend wordt ❺ film clapboard

klap·per² (‹Mal) de (m) [-s] NN ❶ kokosnoot; het vlees daarvan ❷ kokospalm

klap·per·boom de (m) [-bomen] NN kokospalm

klap·pe·ren ww [klapperde, h. geklapperd] een herhaald klappend geluid maken; vlug heen en weer of op en neer gaan met klappend geluid ★ met zijn oren staan te ~ zeer verwonderd blijken

klap·per·melk de NN kokosmelk

klap·per·noot de [-noten] NN kokosnoot

klap·per·pis·tool het [-tolen] NN speelgoedpistool waarmee men knallen kan maken door klappertjes te laten ontbranden

klap·per·rat de [-ten] badjing, bontgekleurde eekhoorn uit het geslacht Callosciurus, vooral voorkomend op de Grote Soenda-eilanden

klap·per·tan·den ww [klappertandde, h. geklappertand] zo bibberen dat de tanden op elkaar slaan

klap·per·tje het [-s] zeer klein met kruit gevuld papieren plaatje dat bij krachtige samendrukking een knallend geluid geeft

klap·raam het [-ramen] raam dat draaiend open- en dichtgaat

klap·roos de [-rozen] kleine rode papaver

klap·schaats de [-en] hardrijschaats waarbij het ijzer met een verende scharnier aan de punt van de schoen is bevestigd, waardoor een effectievere afzet mogelijk is

klap·si·gaar de [-garen] sigaar waarin zich een ontplofbare stof bevindt

klap·stoel de (m) [-en] stoel met opklapbare zitting, strapontin; vouwstoel

klap·stuk¹ het [-ken] NN ribvlees: ★ hutspot met ~

klap·stuk² het [-ken] NN ❶ onverwacht, verrassend gedeelte ❷ het beste, meest treffende gedeelte: ★ het ~ van de avond

klap·ta·fel de [-s] tafel waarvan het blad geheel of gedeeltelijk neergeslagen kan worden

klap·wie·ken ww [klapwiekte, h. geklapwiekt] met de vleugels kleppen

klap·zoen de (m) [-en] duidelijk hoorbare kus

kla·re de (m) onvermengde jenever, voluit: ★ klare jenever

kla·ren ww [klaarde, h. & is geklaard] ❶ helder maken; in gereedheid brengen, gedaan krijgen ❷ helder worden

kla·ri·net (‹It) de [-ten] muz houten blaasinstrument van heldere toon, aangeblazen met een elastisch rietje

kla·ri·net·tist de (m) [-en], **kla·ri·net·tis·te** de (v) [-n, -s] iem. die klarinet speelt

kla·roen (‹Fr) de [-en] muz zeer helderklinkende

trompet

kla·roen·ge·schal *het* het luid klinken van klaroenen

klas *de* [-sen] → **klasse**

klas·agen·da *de* ['s] BN, spreektaal schoolagenda (van een leerling)

klas·boek *het* [-en] → **klassenboek**

klas·ge·noot *de (m)* [-noten], **klas·ge·no·te** *de (v)* [-n] leerling(e) die in dezelfde klas zit

klas·le·raar *de (m)* [-s] → **klassenleraar**

klas·se (‹Lat) [-n], **klas** *de (v)* [-sen] ❶ groep leerlingen die gelijk les heeft; ❷ afdeling ❸ kwaliteit: ★ *eerste ~* ★ *een klasse apart* iem. of iets met bijzondere kwaliteiten ❹ sociologie, econ groep mensen met ongeveer dezelfde status wat betreft inkomen en bezit; *in marxistische zin* maatschappelijke groep ten opzichte van het bezit van de productiemiddelen: ★ *de ~ van kapitalisten en die van het proletariaat* ★ BN, spreektaal *de werkende ~* de arbeidersklasse ❺ biol grote groep, onderverdeeld in orden, families, geslachten en soorten: ★ *de ~ van de zoogdieren* ❻ BN, vero lichting van klassen ★ BN *eerste ~* hoogste afdeling in rang ★ BN *eerste ~* hoogste afdeling in het Belgische voetbal ★ BN *tweede ~* de op een na hoogste afdeling in het Belgische voetbal

klas·se·loos *bn* ★ *de klasseloze maatschappij* utopische voorstelling van een maatschappij waarin geen klassen meer zouden voorkomen

klas·se·ment (‹Fr) *het* [-en] het klasseren; ranglijst van de deelnemers aan een sportwedstrijd; (het opmaken van) de tussentijdse stand gedurende een langdurige wedstrijd

klas·sen·be·wust·zijn *het* sterk gevoel dat men tot een bepaalde klasse (in marxistische zin) behoort

klas·sen·boek, **klas·boek** *het* [-en] aantekenboek voor iedere schoolklas

klas·sen·geest *de (m)* sterk ontwikkeld gevoel voor maatschappelijke rang; begunstiging van degenen die tot een bepaalde maatschappelijke groep behoren

klas·sen·haat *de (m)* haat tussen maatschappelijke klassen

klas·sen·jus·ti·tie [-(t)sie] *de (v)* rechtspraak die de hogere maatschappelijke groepen bevoordeelt

klas·sen·le·raar, **klas·le·raar** *de (m)* [-raren] iem. die met een bepaalde klas met wisselende leraren een speciale band heeft, door o.a. als mentor op te treden

klas·sen·maat·schap·pij *de (v)* samenleving waarin de verschillen tussen maatschappelijke klassen zich duidelijk aftekenen

klas·sen·pa·tiënt [-sjent] *de (m)* [-en] patiënt die in een ziekenhuis verpleegd wordt in de eerste of tweede klasse; *tegengest:* → **zaalpatiënt**

klas·sen·raad *de (m)* [-raden] BN raad die bestaat uit de directie van een middelbare school en de leerkrachten die les geven aan een bepaalde klas

klas·sen·strijd *de (m)* marxistische filosofie strijd tussen de klassen

klas·sen·werk *het* werk van klasse, d.w.z. van hoge rang of kwaliteit

klas·se·ren *ww* (‹Fr) [klasseerde, h. geklasseerd] ❶ in klassen verdelen; rangschikken ★ *sp zich ~* op grond van eerdere wedstrijdresultaten zich plaatsen voor een volgende wedstrijd ❷ ‹dossiers› ordelijk opbergen ❸ BN, spreektaal zonder gevolg laten, in de doofpot stoppen, afdoen; recht (een strafzaak) seponeren ❹ BN, spreektaal tot beschermd monument verklaren (van gebouwen), tot beschermd natuurgebied verklaren

klas·se·ring *de (v)* [-en] het klasseren; het geklasseerd zijn

klas·siek (‹Fr‹Lat) *bn* ❶ behorende tot de Grieks-Romeinse oudheid ❷ voorbeeldig, als model aanvaard, voortreffelijk: ★ *een ~ werk* ❸ traditioneel ★ *de klassieke wapens* conventionele wapens ★ *een ~ grapje* dat altijd weer gedebiteerd wordt ★ *klassieke muziek* Europese muziek van componisten uit de periode van ongeveer 1780-1815, bij uitbreiding niet-lichte, niet-populaire muziek ★ *klassieke zender* radiozender die klassieke, althans niet-lichte muziek uitzendt ★ *klassieke school* econ denkrichting, voornamelijk in Engeland aan het einde van de 18de en het begin van de 19de eeuw, die toonaangevend was voor het economisch liberalisme

klas·sie·ken *mv* ❶ schrijvers en kunstenaars uit de Griekse of Romeinse oudheid; werken uit die periode ❷ werken van blijvende waarde; makers van zulke werken: ★ *de Franse ~*

klas·sie·ker *de (m)* [-s] ❶ traditionele eendaagse wielerwedstrijd op de weg ❷ vaak gezongen lied, veel gelezen boek enz.

klas·si·kaal *bn* volgens, op grondslag van een verdeling in klassen; met de hele klas

klas·ti·tu·la·ris *de (m)* [-sen] BN ook klassenleraar

kla·te·ren *ww* [klaterde, h. geklaterd] een herhaald helder of zwaar geluid geven; (van licht) schel schijnen

kla·ter·goud *het* vals bladgoud; fig ijdele pronk, schone schijn zonder waarde

klats *tsw* klets

klau·te·raar *de (m)* [-s] iem. die klautert

klau·te·ren *ww* [klauterde, h. & is geklauterd] met inspanning klimmen

klau·ter·par·tij *de (v)* [-en] moeilijke klimpartij

klauw *de* [-en] ❶ scherpe, kromme nagel (en poot) van roofdieren en roofvogels; hoef; plat hand ★ *in de klauwen van* in de greep van ★ NN, spreektaal *het is uit de ~ gelopen* uit de hand gelopen ★ NN, spreektaal *klauwen met geld* heel veel geld ❷ het klauwen, krabben met een klauw ❸ benaming van klauwvormige gereedschappen: haak, hark

klau·waards *mv* hist benaming voor de anti-Franse burgerlijke partij tijdens de woelingen in Vlaanderen ± 1300; later flaminganten

klau·wen *ww* [klauwde, h. geklauwd] ❶ de klauwen

uitslaan, krabben met de klauwen; inf met korte slagen wegschaatsen ❷ grijpen in of naar iets, graaien; fig, inf stelen
klauw·ha·mer *de (m)* [-s] hamer met een gespleten ijzer om spijkers te verwijderen
klau·wier *de (m)* [-en] bep. kleine roofvogel
klauw·stuk *het* [-ken] bouwk versierend zijstuk aan een gevel
klauw·zeer *het* besmettelijke runderziekte; *ook:* → **mond-en-klauwzeer**
kla·var·skri·bo *het* vereenvoudigd muziekschrift waarbij de muziek wordt afgelezen in verticale kolommen, die in doorgetrokken lijnen het toetsenbord van de piano (en wel de zwarte toetsen) voorstellen, ontworpen door de Nederlander C. Pot (1885-1977)
kla·ve·chord *(‹Lat) het* [-s, -chordia] oudste snaarinstrument met toetsen
kla·ve·cim·bel *(‹It) het* [-s] vleugelvormig toetseninstrument van vier à vijf octaven, waarvan de snaren worden aangetokkeld, cembalo
kla·ve·ci·nist *(‹Fr) de (m)* [-en] iem. die klavecimbel speelt
kla·ver *de* plantengeslacht (*Trifolium*) uit de Vlinderbloemenfamilie, waarvan de soorten verspreid voorkomen over het gematigde en subtropische deel van het noordelijk halfrond en over Afrika en Zuid-Amerika, en waarvan verschillende soorten goede voederplanten voor het vee zijn, bijv.: ★ *rode ~ (T. pratense)* ★ *witte ~ (T. repens) die beide zeer algemeen zijn in Nederland en België*
kla·ver·aas, kla·ve·ren·aas *de (m) & het* [-azen] kaartsp het ²aas van klaveren
kla·ver·blad *het* [-bladen, -bladeren] ❶ blaadje van de klaver: ★ *een ~ van vier (blaadjes) brengt geluk* ❷ klaverbladvormig verkeersplein
kla·ver·boer, kla·ve·ren·boer *de (m)* [-en] kaartsp boer van klaveren
kla·ve·ren *de* [*mv* idem of -s] kaartsp kaart met klaverfiguurtjes
kla·ve·ren·aas *de (m) & het* [-azen], **kla·ve·ren·boer** *de (m)* [-en], **kla·ve·ren·heer** *de (m)* [-heren], **kla·ve·ren·vrouw** *de (v)* [-en] → klaveraas, → klaverboer, → klaverheer en → klavervrouw
kla·ver·heer, kla·ve·ren·heer *de (m)* [-heren] kaartsp heer van klaveren
kla·ver·ho·ning *de (m)* honing uit klaverbloemen
kla·ver·jas·sen *ww* [klaverjaste, h. geklaverjast] een bepaald kaartspel spelen
kla·ver·tje·vier, kla·ver·vier *de* [-en] steeltje met vier klaverblaadjes: ★ *een ~ brengt geluk*
kla·ver·vrouw, kla·ve·ren·vrouw *de (v)* [-en] kaartsp vrouw van klaveren
kla·ver·zu·ring *de* plant met zure blaadjes (*Oxalis*)
kla·vier *(‹Fr) het* [-en] ❶ rij toetsen, toetsenbord ❷ toetseninstrument; piano ❸ reeks pallen in een slot

kla·vie·ren *mv* inf vingers, handen
kled·der¹ *de (m)* [-s] modderige massa; iets papperigs, brijachtigs
kled·der², kled·der·nat *bn* zeer nat
kled·de·ren *ww* [kledderde, h. gekledderd] kliederen
kled·de·rig *bn* modderig, brijachtig
kle·den *ww* [kleedde, h. gekleed] ❶ kleren aandoen ★ *voor deze gelegenheid moet je je netjes ~* ❷ de kleren voor iem. maken ❸ NN goed of slecht staan: ★ *die jas kleedt u goed*
kle·der·dracht *de* [-en] van oudsher overgeleverde wijze van kleden
kle·dij *de (v)* kleding
kle·ding *de (v)* stukken textiel ter bedekking van het lichaam
kle·ding·stuk *het* [-ken] stuk kleding
kleed *het* [kleden] ❶ stuk weefsel om iets mee te bedekken: ★ *een tafelkleed* ❷ NN tapijt: ★ *een vloerkleed* ❸ BN ook jurk: ★ *een lang zwart ~ met hoge split* ★ BN *iets in een nieuw kleedje steken* iets een nieuw uiterlijk geven, iets vernieuwen
kleed·geld *het* geld om kleren van te kopen
kleed·ka·mer *de* [-s] kamer om zich even te verkleden
kleed·ster *de (v)* [-s] toneel helpster van acteurs bij het kleden
kleef·kruid *het* harige veldplant met witte bloemen (*Galium aparine*)
kleef·mid·del *het* [-en] plakmiddel
kleef·mijn *de* [-en] → mijn² (bet 3) die zich vasthecht aan een schip
kleef·pas·ta *de (m) & het* stijfselachtig plakmiddel
kleef·pleis·ter *de* [-s] pleister om verbandgaas te bevestigen
kleef·stof *de* [-fen] plakmiddel
kleer·bor·stel *de (m)* [-s] borstel om kleren af te schuieren
kleer·han·ger, kle·ren·han·ger *de (m)* [-s] voorwerp om kleren aan op te hangen
kleer·kast, kle·ren·kast *de* [-en] kast om kleren in op te hangen
kleer·luis *de* [-luizen] bepaalde soort luis die in de kleding van mensen leeft (*Pediculus humanus corporis* of *vestimenti*)
kleer·ma·ken *ww & het* (het) maken van kleren, vooral bovenkleren
kleer·ma·ker *de (m)* [-s] iem. die beroepshalve maatkleding maakt; **kleermakerij** *de (v)* [-en]
kleer·ma·kers·zit *de (m)* wijze van zitten met gekruiste benen, waarbij beide voeten zich onder de bovenbenen bevinden
kleer·scheu·ren *zn* ★ *zonder ~ eraf komen* zonder schade
klef *bn* ❶ kleverig, nattig: ★ *een kleffe substantie* ❷ (van brood) niet doorbakken
klef·fig *bn* enigszins klef: ★ *~ brood*
klei *de* kneedbare grondsoort met een zeer fijne korrel ★ NN *uit de ~ getrokken* lomp, onbehouwen, onbeschaafd

klei·aard·ap·pel [-dappəl] *de (m)* [-s, -en] aardappel op klei geteeld

klei·boer *de (m)* [-en] landbouwer op kleigrond

klei·duif *de* [-duiven] voorwerp waarop, als op een vliegende vogel, in de lucht geschoten kan worden

klei·dui·ven·schie·ten *ww & het* schieten op kleiduiven als sport

klei·en *ww* [kleide, h. gekleid] boetseren met klei

klei·grond *de (m)* [-en] → klei

klei·laag *de* [-lagen] laag klei, door water afgezet of door mensen aangebracht

klein I *bn* ❶ niet groot, van geringe afmetingen; niet talrijk: ★ *kleine kinderen; een ~ aantal* ★ *van kleins af (aan)* vanaf jonge leeftijd ★ *~ van geest* kleingeestig ❷ niet voornaam, onaanzienlijk: ★ *de kleine burgerij* maatschappelijke stand bestaande uit eenvoudige mensen uit de middenklasse ★ *~ tenue* mil gewone, daagse kledij ❸ niet edel, bekrompen, min: ★ *een kleine handelwijze* ❹ bijna, iets minder dan: ★ *een kleine week* **II** *het* ★ *in het ~* bij kleine hoeveelheden, op kleine schaal ★ *wie het kleine niet eert, is het grote niet weerd* ★ *van kleins af (aan)* van jongs af (aan), van kindsbeen af; zie ook → **kleintje**

klein·be·drijf *het* kleinschalig bedrijf; nijverheid in het klein: ★ *midden- en kleinbedrijf*

klein·beeld·ca·me·ra *de* ['s] camera waarmee heel kleine opnamen gemaakt kunnen worden

klein·be·huisd *bn* in een te klein huis wonend gezien de omvang van het gezin

klein·bur·ger·lijk *bn* bekrompen van opvatting

klein·doch·ter *de (v)* [-s] dochter van eigen kind

klein·duim·pje *het* [-s] klein ventje, naar *Kleinduimpje* figuur uit een bekend sprookje

klei·ne *de* [-n] kind, baby

klei·ner·dan·te·ken *het* [-s] wisk het teken ‹

klei·ne·ren *ww* [kleineerde, h. gekleineerd] als gering voorstellen, te laag aanslaan in waarde; **kleinering** *de (v)* [-en]

klein·gees·tig *bn* bekrompen; niet ruim gevoelend of denkend; **kleingeestigheid** *de (v)* [-heden]

klein·geld, **klein·geld** *het* geld in kleine coupures, vooral in munten

klein·ge·lo·vig *bn* te weinig geloof hebbend; **kleingelovigheid** *de (v)*

klein·goed, **klein·goed** *het* kleine dingen, kleine artikelen, vooral klein gebak; schertsend jonge kinderen

klein·han·del *de (m)* handel die direct aan de consument levert; **kleinhandelaar** *de (m)* [-s, -laren]

klein·har·tig *bn* bang, laf

klein·heid *de (v)* nietigheid; onbeduidendheid; het → **klein** (I, bet 3) zijn

klei·nig·heid *de (v)* [-heden] kleine zaak; klein voorwerp, klein bedrag

klein·kind *het* [-eren] kindskind

klein·krij·gen *ww* [kreeg klein, h. kleingekregen] fig doen buigen; eronder brengen; tot onderwerping dwingen; onder de knie krijgen

klein·kunst *de (v)* kunst zonder hoge pretentie, vooral cabaret

klein·ma·ken *ww* [maakte klein, h. kleingemaakt] ❶ tot kleine stukjes maken ❷ in kleingeld omwisselen ❸ uitgeven, verteren ❹ vernederen, tot onderwerping brengen

klein·men·se·lijk *bn* zoals de mens is in zijn beperktheid en met zijn egocentrische neigingen

klein·me·taal *de (v)* NN (verkorting van *kleinmetaalindustrie*) metaalnijverheid in kleine bedrijven

klein·moe·dig *bn* niet dapper, laf; **kleinmoedigheid** *de (v)*

klei·nood, **klei·nood** *het* [-noden, -nodiën] klein kostbaar voorwerp

klein·scha·lig *bn* van beperkte omvang, op kleine schaal: ★ *~e bedrijven*

klein·snij·den *ww* [sneed klein, h. kleingesneden] in kleine stukjes snijden

klein·steeds *bn* met het karakter van een kleine stad, enigszins achterlijk, bekrompen; **kleinsteedsheid** *de (v)*

klein·tje *het* [-s] klein kind; iets kleins ★ *hij is voor geen ~ vervaard* hij durft veel aan ★ *op de kleintjes passen / letten* letten op de kleine uitgaven ★ *vele kleintjes maken één grote* kleine voordeeltjes of besparingen zijn op den duur van belang ★ *een ~ pils* een pils in een klein (voor cola bestemd) glas

klein·tjes *bn* ❶ → **klein** (I, bet 3) ❷ zich klein makend: ★ *~ ineengedoken* ❸ zwakjes; schuchter ❹ petieterig

klein·vee *het* varkens, geiten, schapen

klein·ze·rig *bn* bang voor pijn; fig gauw geprikkeld, kleine onaangenaamheden zich zeer aantrekkend; **kleinzerigheid** *de (v)*

klein·zie·lig *bn* enghartig, benepen van opvatting; **kleinzieligheid** *de (v)*

klein·zoon *de (m)* [-s, -zonen] zoon van een eigen kind

klei·pol·der *de (m)* [-s] polder van kleigrond

klei·streek *de* [-streken] landstreek met voornamelijk kleigrond

klei·ta·blet *de & het* [-ten] plaatje verharde klei met inscripties erop

klei·weg *de (m)* [-wegen] niet verharde weg over kleigrond

klem¹ I *de* [-men] ❶ apparaat waar iets in geklemd kan worden ❷ toestel om dieren te vangen ❸ fig benauwdheid, verlegenheid; ★ *in de ~ raken, in de ~ zitten* **II** *de* nadruk ★ *met ~ om iets verzoeken* **III** *de* ❶ kramp in de mond ❷ vero tetanus

klem² *bn* vastgeklemd, klemmend: ★ *mijn jas zit klem tussen de deur* ★ *fig ~ zitten* geen uitweg of oplossing zien ★ *zich ~ zuipen* heel veel alcohol drinken

klem·band *de (m)* [-en] stijve omslag met een klem, om losse bladen bijeen te houden

klem·bord *het* [-en] ❶ bord met aan de bovenzijde een klem, waaronder losse papieren kunnen worden bevestigd ❷ comput plaats in het geheugen dat door het besturingssysteem Windows wordt gebruikt wanneer de gebruiker een knip-, plak- of kopieeropdracht geeft

klem·men ww [klemde, h. geklemd] ❶ met sterke druk tussen iets vastzetten ★ *iets in een bankschroef ~; een kind in zijn armen ~* ❷ te sterk gekneld worden en daardoor niet gemakkelijk te bewegen zijn: ★ *de deur klemt*

klem·mend bn krachtig en indringend: ★ *een ~ beroep doen op iem.*

klem·rij·den ww [reed klem, h. klemgereden] zo rijden dat een ander voertuig niet verder kan: ★ *de politie reed de auto klem*

klem·schroef de [-schroeven] schroef waarmee iets op iets anders vastgeklemd wordt

klem·toon de (m) [-tonen] nadruk

klem·toon·te·ken het [-s] teken dat de klemtoon aanduidt

klem·vast bn sp de bal vast in handen of tegen de borst gedrukt hebbend: ★ *de keeper had de bal ~* ★ metonymisch *die keeper is niet ~* bij het vangen van de bal heeft hij hem niet meteen vast in de handen

klem·rij·den ww [zette klem, h. klemgezet] vastklemmen: ★ *een metalen buis ~ in een bankschroef*

klep de [-pen] ❶ vastzittend deksel ❷ ⟨van zakken, tassen e.d.⟩ vastgemaakt belegstuk ❸ ⟨van een pet⟩ vooruitstekend deel

klep·broek de [-en] vroeger broek met van voren een grote klep als sluiting

kle·pel de (m) [-s] slagijzer in klok ★ *hij heeft de klok horen luiden, maar hij weet niet waar de ~ hangt* hij kent het fijne van de zaak niet, hij weet het maar half

klep·pen ww [klepte, h. geklept] ❶ klepperen ❷ ⟨van een klok⟩ luiden ❸ NN, spreektaal praten

klep·per de (m) [-s] ❶ elk van de twee stukjes hout die men tussen de vingers van één hand gehouden tegen elkaar slaat en die dan een kleppend geluid maken, vooral gebruikt als kinderspeelgoed ❷ rijpaard ❸ vroeger klepperman ❹ BN, spreektaal knappe kerel, bolleboos, baas, kei, kraan; belhamel, haantje-de-voorste ❺ BN, spreektaal groot exemplaar, knots, kanjer ★ *een ~ van achthonderd pagina's* een turf van achthonderd pagina's

klep·pe·ren ww [klepperde, h. geklepperd] een herhaald klappend geluid maken

klep·to·cra·tie [-(t)sie] de (v) [-tieën] schertsend staatsvorm waarbij de regering op grote schaal diefstal en fraude pleegt

klep·to·maan ⟨‹Gr› de (m) [-manen] med iemand met ziekelijke steelzucht behept

klep·to·ma·nie ⟨‹Gr› de (v) med ziekelijke steelzucht

klep·zei·ker de (m) [-s] NN, scheldwoord ouwehoer, zeur, zaniker

kle·re de NN, plat ❶ verkorting van → cholera in verwensingen: ★ *krijg de ~* ❷ als voorvoegsel: rot ★ *klerefilm, klerewijf, klerewerk enz.*

kle·re·lij·er de (m) [-s] NN, scheldwoord ⟨oorspr 'choleralijder'⟩ rotzak, onaangenaam mens

kle·ren mv kledingstukken: ★ *schone kleren aantrekken* ★ NN *iets langs zijn koude kleren laten afglijden* zich iets niet aantrekken ★ BN *dat raakt mijn koude ~ niet* dat kan me niet schelen, dat raakt me niet ★ vooral NN *dat gaat je niet in je koude kleren zitten* dat raakt je innerlijk ★ *de kleren maken de man* met mooie kleding maak je een goede indruk bij anderen

kle·ren·bor·stel de (m) [-s] → **kleerborstel**

kle·ren·han·ger de (m) [-s] → **kleerhanger**

kle·ren·kast de [-en] → **kleerkast**

kle·ri·kaal ⟨‹Lat› bn ❶ geestelijk, de geestelijke stand betreffend ❷ invloed van geestelijken op het staatkundig leven voorstaand

klerk ⟨‹Fr‹Lat› de (m) [-en] kantoorbediende; schrijver op een bureau

kles·se·bes·sen ww [klessebeste, h. geklessebest] NN onbeduidende praatjes houden

klets de [-en] ❶ klap ❷ onzin, praat ❸ dial kleine hoeveelheid van iets, restje, kliekje

klets·bui de [-en] NN stortbui

klet·sen ww [kletste, h. gekletst] ❶ slaan, smijten ❷ babbelen; onzin praten

klet·ser de (m) [-s] babbelaar, iem. die veel praat

klet·se·rig bn geneigd tot babbelen

klet·si·ca de (v) schertsend kletskoek

klets·koek de (m) gebabbel, onzin

klets·kop de (m) [-pen] ❶ besmettelijke huidschimmelziekte, vooral op het behaarde hoofd, veroorzaakt door een schimmel (*Trichophyton schönleini*); BN ook kaal hoofd ❷ dun en hard amandelkoekje ❸ iem. die veel kletst, kletsmajoor

klets·kous de [-en] babbelaar(ster)

klets·ma·joor de (m) [-s], NN **klets·mei·er** [-s] kletser

klets·nat bn druipend nat

klets·praat de (m) waardeloos gepraat; onzin

klets·praat·je het [-s] beuzelpraatje

klet·te·ren ww [kletterde, h. gekletterd] ❶ snel opeenvolgende tikkende geluiden maken: ★ *de regen klettert tegen de ruiten* ❷ inf vallen: ★ *het bord kletterde op de grond* ❸ ⟨‹Du⟩ bergen beklimmen voor het genoegen

kleu·men ww [kleumde, h. gekleumd] kou lijden; kouwelijk zijn

kleu·mer de (m) [-s] kouwelijk persoon

kleun de (m) [-en] NN harde slag

kleu·nen ww [kleunde, h. gekleund] NN slaag geven, harde klappen geven ★ *ernaast ~* zich erg vergissen, het helemaal mis hebben

kleur ⟨‹Fr‹Lat› de [-en] ❶ zintuiglijke gewaarwording van licht in bep. golflengten; lichtsoort die zo'n gewaarwording teweegbrengt, zoals rood, blauw enz. ❷ gelaatskleur, blos: ★ *een gezonde ~ hebben* ❸ politieke richting: ★ *van welke ~ is deze partij?* ❹ kaartsp elk van de vier soorten waarin de kaarten

kleurboek–klikken

zijn verdeeld (schoppen, harten, ruiten, klaver) ★ ~ *bekennen* een kaart van dezelfde kleur bijleggen; fig zijn mening of bedoeling bekend maken

kleur·boek *het* [-en] boek waarin figuren staan die gekleurd kunnen worden

kleur·doos *de* [-dozen] doos met kleurpotloden

kleur·echt *bn* niet verkleurend

kleu·ren *ww* [kleurde, h. gekleurd] ❶ kleur geven ❷ kleur krijgen ❸ blozen

kleu·ren·bij·la·ge *de* [-n] bijlage bij een dag- of weekblad met veel kleurenfoto's

kleu·ren·blind *bn* sommige kleuren slecht kunnende onderscheiden; **kleurenblindheid** *de (v)*

kleu·ren·druk *de (m)* het gekleurd afdrukken van prenten

kleu·ren·film *de (m)* [-s] film met beelden in kleur; filmrolletje voor kleuropnamen

kleu·ren·fo·to *de* ['s] foto in kleuren

kleu·ren·fo·to·gra·fie *de (v)* fotografie in kleuren

kleu·ren·gam·ma *de & het* ['s] reeks van kleurschakeringen

kleu·ren·pracht *de* weelderige overvloed van kleuren

kleu·ren·prin·ter *de (m)* [-s] comput printer die in kleur kan afdrukken

kleu·ren·spec·trum *het* de kleuren die men waarneemt bij ontleding van het zonlicht

kleu·ren·te·ke·ning *de (v)* [-en] → **kleurtekening**

kleu·ren·te·le·vi·sie *[-zie] de (v)* ❶ televisie die beelden in kleur geeft ❷ [*mv:* -s] toestel voor kleurentelevisie

kleur·hou·dend *bn* ‹van textiel› niet verkleurend

kleu·rig *bn* met helle kleuren; **kleurigheid** *de (v)*

kleur·krijt *het* gekleurd krijt

kleur·ling *de (m)* [-en], **kleur·lin·ge** *de (v)* [-n] iem. van gekleurd of gemengd ras, niet-blanke

kleur·loos *bn* zonder kleur; fig zonder iets eigens of persoonlijks, zonder politieke richting

kleur·men·ging *de (v)* het mengen van het gemengd zijn van kleuren

kleur·pot·lood *het* [-loden] potlood met een gekleurde stift

kleur·rijk *bn* met veel kleuren; fig tekenend van uitdrukking: ★ *kleurrijke taal*

kleur·scha·ke·ring *de (v)* [-en] afwisseling van kleuren

kleur·sel *het* [-s] waarmee men kleurt

kleur·spoe·ling *de (v)* [-en] het verven van het haar door middel van een spoeling

kleur·stof *de* [-fen] kleur gevende stof

kleur·te·ke·ning *de (v)* [-en] gekleurde tekening

kleur·vast *bn* zijn kleur behoudend, niet verkleurend

kleur·ver·ste·vi·ger *de (m)* [-s] cosmetisch middel om de haarkleur beter te doen uitkomen

kleu·ter *de (m)* [-s] kind van ongeveer het derde tot het zesde levensjaar

kleu·ter·klas *de (v)* [-sen] vroeger klas van een kleuterschool; tegenwoordig (klaslokaal voor) groep 1 en 2 van de basisschool

kleu·ter·leid·ster *de (v)* [-s] onderwijzeres voor een kleuterklas

kleu·ter·on·der·wijs *het* onderwijs in een kleuterklas

kleu·ter·school *de* [-scholen] vroeger school voor kinderen onder de leerplichtige leeftijd

kle·ven *ww* [kleefde, h. gekleefd] ❶ vast blijven zitten door enigszins vettige gesteldheid: ★ fig ~ *aan* verbonden zijn met ❷ BN ook vastplakken, plakken: ★ *een sticker op de auto ~*

kle·ve·rig *bn* licht klevend, vettig-vochtig; fig al te aanhankelijk, sentimenteel; **kleverigheid** *de (v)*

kle·wang *‹‹Mal› de (m)* [-s] korte, naar de punt breder wordende sabel, ook als hakmes dienend

klie·der·boel *de (m)* nattige smeerboel

klie·de·ren *ww* [kliederde, h. gekliederd] morsen, knoeien met iets vochtigs

kliek *‹‹Fr› de* [-en] ❶ aaneengesloten groep, waarvan de leden elkaar steunen en bevoordelen ❷ vooral *verkl*: *kliekje* rest van een warme maaltijd

kliek·geest *de (m)* neiging tot onderlinge steun en bevoordeling tussen de leden van een bepaalde groep mensen, neiging tot het vormen van een → **kliek** (bet 1)

kliek·jes·dag *de (m)* [-dagen] NN dag waarop men kliekjes eet

klier *de* [-en] ❶ orgaan dat sappen uit het bloed afscheidt; kliergezwel, gezwollen klier ❷ NN, spreektaal vervelende vent

klier·ach·tig *bn* met aanleg tot ontsteking van huid, slijmvliezen en lymfklieren

klie·ren *ww* [klierde, h. geklierd] NN, spreektaal vervelend doen, zaniken, zeuren

klier·ge·zwel *het* [-len] zwelling van een → **klier** (bet 1)

klie·rig *bn* NN, spreektaal lastig, vervelend: ★ *doe niet zo ~*

klier·koorts *de* ziekte van Pfeiffer

klier·ont·ste·king *de (v)* [-en] ontsteking van een → **klier** (bet 1)

klie·ven *ww* [kliefde, h. gekliefd] vaneen doen gaan: ★ *de golven ~*

klif *het* [-fen] steilte aan de kust

klik¹ *de (m)* [-ken] ❶ kort, hoog geluid, tik; korte voorslag van een klok ❷ ondereinde van een geweerkolf ❸ achterstuk van een roer; zie ook → **click**

klik² *‹‹Fr› de (m)* [-ken] ★ BN, spreektaal *zijn klikken en klakken (bijeen) pakken* zijn boeltje, zijn biezen pakken ★ BN, spreektaal *iem. met zijn klikken en klakken eruit gooien* met heel zijn hebben en houden, met pak en zak

klik·ken *ww* [klikte, h. geklikt] ❶ een klik laten horen ❷ fig goed overeenstemmen, in prettige verhouding staan: ★ *het klikt tussen hem en zijn schoonouders* ❸ vertellen dat een ander iets doet wat niet mag, verklikken ★ *ik kreeg straf, omdat mijn zusje had geklikt* ❹ comput drukken op een knop van de muis ★ *op 'Opslaan' ~* de cursor met de muis op het commando 'Opslaan' plaatsen en dit

commando activeren met een druk op de muis
klik·ker *de (m)* [-s] iem. die iets verklikt, klikspaan
klik·klak·ken *ww* [klikklakte, h. geklikklakt] herhaalde kletterende geluiden doen horen
klik·spaan *de* [-spanen] ❶ klep waarmee vroeger melaatsen zich aankondigden ❷ NN klikker
klim *de (m)* het klimmen: ★ *het was een hele ~ naar de top*
kli·maat *(‹Fr‹Gr) het* [-maten] gesteldheid van het weer en de lucht, over een geheel jaar genomen; fig gesteldheid: ★ *het cultureel ~, het geestelijk ~*
kli·maat·gor·del *de (m)* [-s] luchtstreek
kli·maat·neu·traal *bn* zonder negatief effect op het klimaat, zonder dat het broeikaseffect erdoor verergert: ★ *~ ondernemen*
kli·ma·to·lo·gie *de (v)* leer van het klimaat
kli·ma·to·lo·gisch *bn* het klimaat betreffende
klim·boon *de* [-bonen] boon die langs een stok omhoogrankt
klim·ijzer *het* [-s] ijzer, aan de schoenen bevestigd, dat helpt bij het klimmen
klim·men *ww* [klom, h. & is geklommen] ❶ zich met handen en voeten of poten omhoog of omlaag verplaatsen: ★ *de kat klimt in de boom*; zie ook bij → pen¹ ❷ moeizaam omhoog gaan: ★ *we moesten veel ~ bij die fietstocht* ❸ toenemen, stijgen: ★ *de weg klimt* ★ *het ~ der jaren* het ouder worden ❹ herald op de achterpoten staan
klim·mer *de (m)* [-s] ❶ iem. die goed kan klimmen, die graag klimt ❷ klimop
klim·op, klim·op *de (m) & het* heester die zich hecht aan andere voorwerpen en daarlangs omhoog groeit, ook als kamer- en tuinplant geteeld (*Hedera helix*); zinnebeeld van trouw; ook het loof van de heester
klim·paal *de (m)* [-palen] paal om in te klimmen
klim·par·tij *de (v)* [-en] moeilijke klimtocht
klim·plant *de* [-en] plant die, in de groei zich hechtend aan iets anders, omhoog gaat
klim·rek *het* [-ken] rek om in te klimmen
klim·spoor *de* [-sporen] klimijzer
klim·tocht *de (m)* [-en] bestijging van een hoogte
klim·touw *het* [-en] touw om in te klimmen
klim·voet *de (m)* [-en] vogelpoot met twee tenen naar voren en twee naar achteren
klim·vo·gel *de (m)* [-s] vogel met klimvoeten
kling *de* [-en] (*‹Du*) ❶ het staal van een houwwapen: ★ *over de ~ jagen* neersabelen ❷ kaal duin
klin·gel *de (m)* [-s] belletje
klin·ge·len *ww* [klingelde, h. geklingeld] herhaald licht klinken
kli·niek *(‹Fr‹Gr) de (v)* [-en] inrichting waar zieken onderzocht en behandeld worden, vooral waar de patiënten tevens dienen voor het onderwijs in de praktische geneeskunde
kli·nisch *(‹Gr) bn* op de kliniek betrekking hebbend; aan het ziekbed ★ *klinische les* geneeskundige les bij het ziekbed ★ *klinische school* school waar men de ziekten aan het ziekbed zelf leert kennen ★ *~ semester* opleiding van medische studenten aan het ziekbed, in de praktische behandeling van zieken ★ *klinische psychologie* toegepaste psychologie, waarbij de psycholoog een bijdrage levert tot het onderzoek, de diagnose en de behandeling van patiënten
klink *de* [-en] ❶ vallend sluitijzer ❷ omgeklonken eind van ijzeren bout ❸ algemeen deurkruk
klink·dicht *het* [-en] sonnet
klin·ken *ww* [klonk, h. geklonken] ❶ geluid geven; fig een bepaalde indruk geven: ★ *dat klinkt heel aannemelijk* ★ *een ~de overwinning* een grote, overtuigende overwinning; zie ook bij → **klok¹** (bet 1), → **munt¹** (bet 1) ❷ de glazen aanstoten en drinken: ★ *met iem. ~* ❸ met ijzer vastmaken, vastsmeden
klin·ker *de (m)* [-s] ❶ stemgeluid dat ontstaat door trilling van de stembanden zonder dat de luchtuitstroom in de keel of mond wordt beperkt, vocaal ❷ letter die die spraakklank voorstelt ❸ baksteen
klin·ker·rijm *het* rijm op klinkers, assonantie
klin·ker·weg *de (m)* [-wegen] weg van bakstenen
klin·ket *(‹Oudfrans) het* [-ten] poortdeurtje; valdeurtje in een sluisdeur
klink·ha·mer *de (m)* [-s] hamer om te → klinken (bet 3)
klink·klaar *bn* puur: ★ *klinkklare onzin*
klink·na·gel *de (m)* [-s] bout waarmee ijzeren platen aaneengeklonken worden
klip *de* [-pen] steile rots ★ *blinde ~* rots dicht onder het watervlak, fig hindernis, gevaar ★ *de klippen omzeilen, tussen de klippen door zeilen* gevaren vermijden ★ *op een ~ stranden, lopen* mislukken ten gevolge van een hinderende omstandigheid ★ *tegen de klippen op* niets ontziend, verregaand, brutaal
klip·das *de (m)* [-sen] klein Afrikaans en West-Aziatisch hoefdier
klip-en-klaar *bn* NN duidelijk, helder: ★ *het beleid van het kabinet is op dit punt ~*
klip·geit *de* [-en] wilde berggeit, gems
klip·per *(‹Eng) de (m)* [-s] snel zeilschip
klip·vis *de (m)* [-sen] gedroogde kabeljauw
klip·zout *het* steenzout
klip·zwa·luw *de* [-en] tropische zwaluw die de eetbare vogelnestjes levert, salangaan
klis *de* [-sen] ❶ kliskruid ❷ knop van het kliskruid ❸ warrige bos of tros
klis·kruid *het* plant met stekelige knoppen (*Lappa*)
klis·sen *ww* [kliste, is & h. geklist] ❶ in de war zitten ❷ BN, spreektaal aanhouden, arresteren, vangen, gevangennemen; te pakken krijgen; (op heterdaad) betrappen: ★ *de inbrekers konden spoedig geklist worden* ❸ (zich) vasthechten, vastklampen; blijven hangen aan, klitten
klis·teer *(‹Gr) de & het* [-teren] darmspoeling, lavement, klysma

klis·teer·spuit *de* [-en] lavementspuit
klis·ter *de (m)* [-s] nieuwe bol aan een bloembol
klis·te·ren *ww* [klisteerde, h. geklisteerd] een darmspoeling geven
klit *de* [-ten] → **klis**
klit·ten *ww* [klitte, h. geklit] ❶ aan elkaar kleven (als klitten) ❷ in een warrige knoop raken
klit·ten·band *het* band met een zeer ruw oppervlak dat blijft kleven als twee stukken tegen elkaar gedrukt worden
klit·wor·tel *de (m)* [-s] wortel van het kliskruid
KLJ *afk* in België Katholieke Landelijke Jeugd [jeugdorganisatie]
KLM *afk* in Nederland Koninklijke Luchtvaart Maatschappij
klod·der *de (m)* [-s] vettige, brijachtige klomp
klod·de·raar *de (m)* [-s] iem. die kloddert
klod·de·ren *ww* [klodderde, h. geklodderd] knoeien; morsig, slordig werken
kloek¹ *de (v)* [-en], **klok** [-ken] kip die kuikens heeft, klokhen
kloek² *bn* fiks; moedig ★ *een kloeke sigaar* flink van afmetingen ★ *een kloeke vrouw* die weet wat ze wil; **kloekheid** *de (v)*
kloek·moe·dig *bn* onversaagd, dapper; **kloekmoedigheid** *de (v)*
kloet *de (m)* [-en] vaarboom
klof·fie *het* [-s] NN, spreektaal kleren: ★ *hij loopt elke dag in hetzelfde ~*
klo·jo *de (m)* ['s] NN, spreektaal sufferd, klootzak
klok¹ *de* [-ken] ❶ uurwerk; metalen kelk met klepel ★ *dat klinkt als een ~* dat is volkomen in orde ★ *op de ~ werken* met nauwkeurige tijdindeling ★ *aan de grote ~ hangen* alom rondvertellen ★ *een man van de ~* die zich nauwkeurig aan vaste tijden houdt ★ NN *het klokje van gehoorzaamheid* de tijd waarop men iets minder aangenaams moet doen, vooral de tijd voor kinderen om naar bed te gaan ★ *zoals het klokje thuis tikt, tikt het nergens* nergens is het zo aangenaam als thuis ★ fig *de ~ achteruit zetten* terugkeren naar een vroegere, nu verouderde toestand; zie ook bij → **klepel** ❷ stolp ❸ klokvormige bloem
klok² *de (m)* [-ken] slok
klok³ *de (v)* [-ken] → **kloek**¹
klok·be·ker *de (m)* [-s] klokvormige prehistorische beker, kenmerk van de periode tussen steentijd en bronstijd
klok·be·ker·cul·tuur *de (v)* prehistorische cultuurperiode waarin men klokbekers maakte
klok·bloem *de* [-en] klokje
klok-en-ha·mer·spel *het* [-len] NN ❶ oorspr gezelschapsspel met kaarten waarop o.a. een klok en een hamer staan ❷ spreektaal de mannelijke geslachtsdelen
klok·ge·lui *het* het luiden van de klok
klok·ge·vel *de (m)* [-s] gevel die bovenaan de vorm van een klok heeft

klok·hen *de (v)* [-nen] ¹kloek
klok·huis *het* [-huizen] ❶ zaadhuisje van appels en peren ❷ schertsend overschotje tabak in een pijp
klok·je *het* [-s], **klok·jes·bloem** *de* [-en] plantengeslacht (*Campanula*) met klokvormige bloemen en d.m.v. klepjes opengaande doosvruchten, waarvan o.a. de soort ster-van-bethlehem (*C. isophylla*) als hangplant in de kamer wordt geteeld
klok·ken¹ *ww* [klokte, h. geklokt] ❶ algemeen tijd noteren; ❷ ⟨bij postduiven⟩ de tijd van aankomst noteren; ❸ ⟨bij snelheidswedstrijden⟩ de tijd waarin een bepaalde afstand is afgelegd registreren; ❹ ⟨in bedrijven⟩ met de prikklok tijdstip van binnenkomst en weggaan laten registreren, ook → **afklokken**
klok·ken² *ww* [klokte, h. geklokt] NN hoorbaar slikken: ★ *hij klokte het bier naar binnen*
klok·ken³ *ww* [klokte, h. geklokt] NN ⟨van rokken⟩ een klokmodel hebben
klok·ken·galg *de* [-en] klokkenstoel
klok·ken·gie·ter *de (m)* [-s] iem. die door te gieten klokken fabriceert
klok·ken·huis *het* [-huizen] deel van een toren waarin de klokken hangen
klok·ke·nist *de (m)* [-en] bespeler van een klokkenspel, beiaardier
klok·ken·lui·der, **klok·lui·der** *de (m)* [-s] ❶ iem. die de kerkklok luidt ❷ iem. die wantoestanden in een organisatie waarin hij zelf werkt in de openbaarheid brengt
klok·ken·ma·ker *de (m)* [-s] iem. die uurwerken repareert
klok·ken·spel *het* [-len] ❶ torenklokken waarop melodieën gespeeld worden, carillon ❷ de muziek daarvan ❸ inf, schertsend mannelijk geslachtsapparaat, klok-en-hamerspel
klok·ken·stoel *de (m)* [-en] houten stellage waarin een klok hangt
klok·ken·to·ren *de (m)* [-s] toren waarin zich een of meer klokken bevinden
klok·ken·touw *het* [-en] touw waarmee de klok geluid wordt
klok·lui·der *de (m)* [-s] → **klokkenluider**
klok·mo·del *het* (van kledingstukken) klokvormig (getailleerd) model
klok·ra·dio *de (m)* ['s] digitaalklok gecombineerd met een radio; gebruikt als toestel om te wekken, wekkerradio
klok·rok *de (m)* [-ken] klokvormige rok
klok·slag *de (m)* [-slagen] het slaan van een klok op het halve en het hele uur en soms de tussenliggende kwartieren ★ *~ twaalf* precies om 12 uur
klok·slot *het* [-sloten] slot dat bij bepaalde stand van wijzertjes opengaat
klok·snel·heid *de (v)* comput snelheid van een microprocessor
klok·spijs *de* metaalmengsel voor het klokkengieten
klok·uur *het* [-uren] NN uur van 60 minuten: ★ *de*

lessen duren 50 minuten, dus geen volledig ~
klok·vast *bn* BN ‹van treinen› precies op het aangegeven tijdstip
klok·zeel *het* [-zelen] BN ook klokkentouw ★ *iets aan het ~ hangen* algemeen bekendmaken, aan de grote klok hangen
klom *ww*, **klom·men** *verl tijd van* → **klimmen**
klomp *de (m)* [-en] ❶ brok ❷ houten schoen ★ NN *nu breekt mijn ~ dat had ik helemaal niet verwacht* ★ NN *iets op je klompen aanvoelen* iets zonder enige moeite kunnen bevroeden ★ NN *met de klompen op het ijs komen* niet goed beslagen zijn
klom·pen·dans *de (m)* [-en] dans op klompen
klom·pen·ma·ker *de (m)* [-s] iem. die klompen vervaardigt
klom·pen·ma·ke·rij *de (v)* [-en] bedrijf waar men klompen vervaardigt
klom·pen·school *de* [-scholen] geringsch school die door kinderen van zeer eenvoudige afkomst bezocht wordt
klom·pen·volk *het* arme mensen, de lagere maatschappelijke klasse
klomp·schoen *de (m)* [-en] schoen met houten zolen; *ook* schoen met breed en plomp voorstuk, klompvormige schoen
klomp·voet *de (m)* [-en] ongelukkige voet, paardenvoet
klo·nen *ww* [kloonde, h. gekloond] splitsen van genetisch materiaal om langs ongeslachtelijke weg individuen te ontwikkelen die erfelijk identiek zijn met het individu dat het genetisch materiaal levert
klonk *ww*, **klon·ken** *verl tijd van* → **klinken**
klont *de* [-en], **klon·ter** *de (m)* [-s] kleine, aaneengeklitte massa: ★ *er zitten klonten in de pap*
klon·te·ren *ww* [klonterde, is geklonterd] klonters vormen
klon·te·rig *bn* met klonters erin, tot klonters aaneenklevend
klont·je *het* [-s] blokje suiker ★ *zo klaar als een ~* duidelijk, vanzelfsprekend
klont·jes·sui·ker *de (m)* BN suiker in klontjesvorm
kloof¹ *de* [kloven] spleet; fig verwijdering, afstand, tegenstelling
kloof² *ww verl tijd van* → **kluiven**
kloof·ha·mer *de (m)* [-s] NN hamer waarmee men een wig in het hout drijft
klooi·en *ww* [klooide, h. gekiooid] NN, spreektaal ❶ aan het prutsen zijn: ★ *hij is al uren met die radio aan het ~* ❷ zaniken, zeuren: ★ *hij blijft daar maar over ~*
kloon ‹Gr› *de* [klonen] biol door ongeslachtelijke voortplanting uit een enkel individu ontstane, erfelijk homogene groep individuen
kloos·ter ‹Lat› *het* [-s] gebouw waarin mannen of vrouwen, van de gewone wereld afgezonderd, samenwonen tot een godgewijd leven volgens vastgestelde regels
kloos·ter·broe·der *de (m)* [-s] monnik in een klooster

kloos·ter·gang *de (m)* [-en] gang in klooster, overdekt gedeelte rondom om een kloosterhof
kloos·ter·ge·lof·te *de (v)* [-n] plechtige belofte van trouw aan de regels van het kloosterleven
kloos·ter·ge·waad *het* [-waden] kleding van monnik of non
Kloos·ter·la·tijn *het* het middeleeuws Latijn
kloos·ter·le·ven *het* het leven in een klooster ★ fig *een ~ leiden* afgezonderd en eenzelvig leven
kloos·ter·ling *de (m)* [-en], **kloos·ter·lin·ge** *de (v)* [-n] iem. die in een klooster leeft: monnik, non, novice
kloos·ter·moe·der *de (v)* [-s] NN hoofd van een nonnenklooster
kloos·ter·mop *de* [-pen] NN grote baksteen
kloos·ter·muur *de* [-muren] muur om een kloostertuin
kloos·ter·naam *de (m)* [-namen] naam die aan een kloosterling(e) wordt gegeven bij intrede in een kloosterorde
kloos·ter·or·de *de* [-n, -s] geestelijke vereniging waarvan de leden kloostergeloften afleggen
kloos·ter·over·ste *de* [-n] hoofd van een klooster
kloos·ter·re·gel *de (m)* [-en, -s] voorschrift dat de kloosterlingen in acht moeten nemen
kloos·ter·school *de* [-scholen] vroeger school verbonden aan een klooster
kloos·ter·ta·fel *de* [-s] salontafel in de stijl van de tafels uit de middeleeuwse kloosters
kloos·ter·zus·ter *de (v)* [-s] ¹non
kloot *de (m)* [kloten] vero bol, bal; *thans vooral* spreektaal zaadbal ★ *kloten hebben* moed hebben ★ *plat geen ~ niets* ★ *plat er geen ~ (of kloten) van begrijpen* er niets van begrijpen ★ NN, *plat dat is kloten (van de bok)* waardeloos, heel vervelend ★ *plat naar de kloten gaan* kapotgaan, in verval raken
kloot·jes·volk *het* geringsch de eenvoudige, onontwikkelde mensen, die een burgerlijk, fantasieloos bestaan leiden
kloot·schie·ten *ww & het* volksspel: (het) voortdrijven van een zware bal
kloot·zak *de (m)* [-ken] ❶ balzak ❷ scheldwoord zeer onaangenaam persoon, lul
klop *de (m)* [-pen] slag ★ *~ krijgen* slaag krijgen, fig verliezen ★ BN, spreektaal *geen ~ doen* geen klap uitvoeren ★ BN, sp *een ~ van de hamer krijgen* een (morele) inzinking hebben (tijdens een wielerwedstrijd e.d.)
klop·boor *de* [-boren] boormachine die niet alleen een draaiende, maar ook een slaande beweging maakt
klop·geest *de (m)* [-en] → **geest¹** (bet 6) die door kloppen doet weten dat hij aanwezig is
klop·ha·mer *de (m)* [-s] houten hamer van beeldhouwers; ijzeren hamer van boekbinders
klop·jacht *de* [-en] grote drijfjacht op wilde dieren; fig georganiseerde achtervolging (van mensen)
klop·ke·ver *de (m)* [-s] houtkevertje dat met kop en kaken hoorbaar tegen het hout slaat

klop·par·tij *de (v)* [-en] vechtpartij
klop·pen *ww* [klopte, h. geklopt] ❶ slaan, tikken; (van een motor) slaande geluiden maken door ongeregelde verbranding van de brandstof ❷ overwinnen ❸ overeenstemmen, in orde zijn: ★ *de cijfers ~* ★ *dat klopt als een bus* dat is precies juist, geheel in orde ❹ ★ BN, spreektaal *(een aantal, veel) uren ~* werken, in dienst zijn, dienst doen
klop·per *de (m)* [-s] iem. die klopt; voorwerp waarmee men klopt
klop·ping *de (v)* [-en] het kloppen
klop·tor *de* [-ren] klopkever
klop·vast *bn* ‹van een motor› niet 'kloppend' (zie → **kloppen**, bet 1); **klopvastheid** *de (v)*
klo·ris *de (m)* [-sen] inf vrijer; onhandige man
klos *de* [-sen] rolrond stukje hout: ★ *een klosje garen* ★ *de ~ zijn* de dupe, het slachtoffer zijn
klos·kant *de (m)* met klossen vervaardigde kant
klos·sen *ww* [kloste, h. & is geklost] ❶ op klossen winden, met klossen vervaardigen ❷ NN onbehouwen, luidruchtig lopen
klo·te *bn* NN, spreektaal ellendig, beroerd, waardeloos; *veelal ook als eerste lid in samenstellingen:* ★ *kloteweer, klotebaan, klotestreek*
klo·ten *ww* [klootte, h. gekloot] ❶ klootschieten ❷ plat knoeien, rommelen; zeuren: ★ *zit niet te ~*
klo·ten·klap·per *de (m)* [-s] NN, spreektaal klootzak, onaangenaam persoon
klot·sen *ww* [klotste, h. geklotst] botsen, slaan
klo·ven¹ *ww* [kloofde, h. gekloofd] splijten
klo·ven² *ww verl tijd meerv van* → **kluiven**
klo·ve·nier *de (m)* [-s] hist schutter
klo·ve·niers·doe·len *de (m)* oefenplaats van de kloveniers
KLPD *afk* in Nederland Korps Landelijke Politiediensten
KLu *afk* in Nederland Koninklijke Luchtmacht
klucht *de* [-en] ❶ grap ❷ mal blijspel van geringe omvang ❸ troep: ★ *een ~ patrijzen*
kluch·tig *bn* koddig, dwaas; **kluchtigheid** *de (v)*
klucht·spel *het* [-spelen] → **klucht** (bet 2)
kluif I *de* [kluiven] stuk been met vlees eraan II *de (m)* [kluiven] fig zware taak, veel werk: ★ *aan die opdracht zullen we nog een hele ~ hebben*
kluis *(‹Lat) de* [kluizen] ❶ brand- en inbraakvrije ruimte waarin men kostbaarheden bewaart ❷ afgezonderde verblijfplaats van een kluizenaar
kluis·deur *de* [-en] deur van een kluis
kluis·gat *het* [-gaten] gat in de boeg voor de ankerketting
kluis·ter *(‹Lat) de* → **boei** (bet 1)
kluis·te·ren *ww* [kluisterde, h. gekluisterd] boeien, in kluisters slaan: ★ vaak fig: *aan het ziekbed gekluisterd*
kluit¹ *de* [-en] ❶ aardklont ★ *flink uit de kluiten gewassen* flink van postuur ❷ verzameling, groep, hoeveelheid: ★ NN *de hele ~; vooral* BN *een flinke ~ boter* ★ NN, spreektaal *de ~ bedonderen / belazeren* bedrieglijk te werk gaan; zie ook bij → **kluitje**

kluit² *de (m)* [-en] vogel → **kluut**
kluit·je *het* [-s] aardklontje ★ *iem. met een ~ in het riet sturen* iem. afschepen bonkje, klompje
kluit·jes·voet·bal *het* NN wijze van voetballen, van vooral heel jonge spelers, waarbij het grootste gedeelte van de spelers voortdurend als een kluit achter de bal aan holt
klui·ven *ww* [kloof, h. gekloven] het vlees van een been knagen; fig, ★ *daar heb je wat aan te ~* daar heb je veel aan te doen, dat is een lastig werk
klui·ver *de (m)* [-s] scheepv driekant zeil aan de top van het kluifhout (of de boegspriet)
klui·ze·naar *de (m)* [-s, -naren] iem. die afgezonderd in een cel of kluis woont
klui·ze·naars·le·ven *het* stil, eenzelvig leven
klu·nen *(‹Fries) ww* [kluunde, h. gekluund] NN op de schaatsen over land lopen om een niet over ijs begaanbaar gedeelte van een schaatstocht te overbruggen
klun·gel [-s] I *de* vod, prul II *de* iem. die onbeholpen werkt, beuzelaar, knoeier
klun·ge·laar *de (m)* [-s] iem. die klungelt
klun·ge·len *ww* [klungelde, h. geklungeld] knoeien, onbeholpen werken; tijd verbeuzelen
klun·ge·lig *bn* onhandig, onbeholpen
kluns *de (m)* [klunzen] klungelaar; sufferd
klun·zen *ww* [klunsde, h. geklunsd] klungelen
klun·zig *bn* klungelig
klup·pel *de (m)* [-s] → **knuppel**
klus *de* [-sen] karwei, taak: ★ *een hele ~*
klus·je *het* [-s] klein karweitje
klus·jes·man *de (m)* [-nen] iem. die klusjes verricht
klus·sen *ww* [kluste, h. geklust] allerlei karweitjes verrichten (zoals het opknappen en verbouwen van woningen, verrichten van reparaties e.d.)
kluts¹ *de* ★ *de ~ kwijt raken, zijn* in de war raken, zijn
kluts² *de* [-sen] sp situatie waarbij de bal ongecontroleerd tussen een aantal spelers heen en weer kaatst: ★ *scoren vanuit de ~*
klut·sen *ww* [klutste, h. geklutst] ❶ ‹eieren› kloppen ❷ ‹van een bal› ongecontroleerd tussen een aantal spelers heen en weer kaatsen
kluun·plaats *de* [-en] NN gedeelte van een schaatstocht of -wedstrijd dat men klunend moet afleggen
kluut *de (m)* [kluten] lid van de vogelfamilie van de kluten (Recurvirostridae), vooral de ★ *gewone ~* (*Recurvirostra avosetta*), een zwart-witte waadvogel met lange, loodgrijze poten en een lange, naar boven gebogen snavel
klu·wen *de (m) & het* [-s] bol opgewonden garen, touw enz.; opeenhoping
klys·ma [klis-] *(‹Gr) het* ['s] med darmspoeling, lavement
KM *afk* ❶ Koninklijke of Keizerlijke Majesteit ❷ in Nederland Koninklijke Marine ❸ in Nederland Koninklijke Marechaussee
km *afk* kilometer

KMA *afk* in Nederland Koninklijke Militaire Academie
KMI *afk* in België Koninklijk Meteorologisch Instituut
kmo's *afk* in België kleine en middelgrote ondernemingen [wettelijke categorie van bedrijven]
KMS *afk* in België Koninklijke Militaire School
knaag·dier *het* [-en] zoogdier met knaagtanden
knaag·tand *de (m)* [-en] zeer lange snijtand
knaak *de* [knaken] NN, vroeger, spreektaal rijksdaalder
knaap *de (m)* [knapen] ❶ jongen in het algemeen: ★ *er zitten twaalf knapen in de klas* ❷ NN iets wat groot is in zijn soort: ★ *een snoek van 10 pond is een hele ~* ❸ man of jongen die nog nooit geslachtsgemeenschap heeft gehad: ★ *tot zijn 25ste is hij ~ gebleven* ; zie ook → **knaapje**
knaap·je *het* [-s] ❶ jongetje ❷ kleerhanger
knab·be·len *ww* [knabbelde, h. geknabbeld] kleine stukjes afbijten
KNAC *afk* Koninklijke Nederlandsche Automobielclub
knäcke·bröd [knekkəbreud] *(<Zw)* het eig hard brood; een broodproduct gelijkend op crackers
kna·gen *ww* [knaagde, h. geknaagd] ❶ langzaam afbijten ❷ fig aanhoudend leed of pijn veroorzaken: ★ *een knagend geweten* ❸ mettertijd aantasten, ondermijnen: ★ *dat knaagt aan je gezondheid*
kna·ging *de (v)* [-en] het knagen, *vooral* fig
knak *de (m)* [-ken] ❶ brekend geluid, krak ❷ breuk, barst ❸ ernstige schade
knak·ken *ww* [knakte, h. geknakt] ❶ een brekend geluid doen horen ❷ een breuk of knak krijgen ❸ ernstige schade, diep leed veroorzaken: ★ *de dood van zijn vrouw heeft hem geknakt*
knak·ker *de (m)* [-s] inf vent, kerel
knak·worst *de* [-en] dun worstje met spits toelopende uiteinden
knal *(<Du) de (m)* [-len] ❶ kort, hard geluid ❷ NN, spreektaal harde klap of stomp: ★ *iem. een ~ voor z'n kop geven*
knal·dem·per *de (m)* [-s] voorwerp dat het knallend geluid van ontploffingsmotoren dempt
knal·ef·fect *het* [-en] korte, hevige uitwerking, vooral door klinkende woorden
knal·fuif *de* [-fuiven] heel leuk feest
knal·gas *het* ontplofbaar mengsel van waterstof en zuurstof
knal·geel *bn* fel geel
knal·len *ww* [knalde, h. geknald] een kort, hard geluid maken; hard schieten: ★ *hij knalde de bal in het doel*
knal·ler *de (m)* [-s] NN, spreektaal groot (commercieel) succes
knal·poe·der, **knal·poei·er** *de (m) & het* ontplofbaar mengsel
knal·pot *de (m)* [-ten] deel van een motor, waarin het knallend geluid van ontsnappend gas gedempt wordt
knal·rood *bn* fel rood ★ *~ worden* heftig blozen

knal·sig·naal [-si(e)njaal] *het* [-nalen] knallend waarschuwingssein bij spoorwegen
knap¹ **I** *bn* ❶ mooi: ★ *Andrea is een knappe jonge vrouw* ❷ NN (nog) in goede staat verkerend: ★ *dat is nog een ~ stoeltje* ❸ verstandig: ★ *een knappe leerling* ❹ NN netjes: ★ *de kamer ziet er weer ~ uit* **II** *bijw* NN tamelijk erg, behoorlijk ★ *je bent ~ vervelend*
knap² *de (m)* [-pen] geluid van plotseling breken
knap·pen *ww* [knapte, h. & is geknapt] ❶ een knap of knappen laten horen ❷ met een knap breken of barsten: ★ *het elastiek, de ballon is geknapt* ; zie ook bij → **uil** (bet 5)
knap·perd *de (m)* [-s] knap persoon
knap·pe·ren *ww* [knapperde, h. geknapperd] het voortdurend knappen van brandend hout
knap·pe·rig *bn* ‹van voedsel› bros: ★ *een ~ koekje*
knap·zak *de (m)* [-ken] zak waarin men vroeger voorraden voor op reis meenam, vooral aan een stok gebonden
knar *de (m)* [-ren] ❶ oude boomstronk ❷ oud mens ★ *krasse knarren* oude mannen die nog gezond en actief zijn [term geïntroduceerd door het Nederlandse satirische duo Kees van Kooten en Wim de Bie]
knar·sen *ww* [knarste, h. geknarst] krassend over elkaar gaan
knar·se·tan·den *ww* [knarsetandde, h. geknarsetand] met de tanden knarsen, vooral van ergernis
KNAU *afk* Koninklijke Nederlandsche Atletiek Unie
knauw *de (m)* [-en] beet; ernstige beschadiging: ★ *zijn gezondheid heeft een geduchte ~ gekregen*
knau·wen *ww* [knauwde, h. geknauwd] ❶ kauwen ❷ ernstige schade veroorzaken, verzwakken; (een taal) op een bepaalde manier vervormd spreken
KNAW *afk* Koninklijke Nederlandse Akademie van Wetenschappen
knecht *de (m)* [-en, -s] ❶ iem. die bij een ander in dienst is voor het verrichten van diverse werkzaamheden, bediende, assistent, vooral bij ambachtelijke of agrarische bedrijven e.d. ❷ wielersport iem. die tijdens de wedstrijd voornamelijk de kopman van zijn ploeg bijstaat ; zie ook bij → **heer¹**
knech·ten *ww* [knechtte, h. geknecht] onderdrukken; **knechting** *de (v)*
knecht·schap *de (v)* dienstbaarheid; onderdrukking
kne·den *ww* [kneedde, h. gekneed] ❶ drukkend dooreenmengen ❷ drukkend een bepaalde vorm geven; fig sterke werking uitoefenen op: ★ *de harten ~*; **kneding** *de (v)*
kneed·baar *bn* gemakkelijk te kneden; fig toegankelijk voor zedelijke of geestelijke invloed van anderen; **kneedbaarheid** *de (v)*
kneed·bom *de* [-men] → **bom¹** van kneedbare springstof
kneep¹ *de* [knepen] het knijpen; fig kunstgreep, slag, handigheid; streek, list: ★ *de kneepjes van het vak* ★ NN *daar zit ('m) de ~* dat is de moeilijkheid *of* dat

is de truc die men kennen moet ★ *de knepen kennen* de nodige handigheidjes weten

kneep² *ww verl tijd van* → **knijpen**

kneipp·kuur (⟨Du⟩ *de* [-kuren] koudwaterkuur volgens de voorschriften van pastoor Kneipp (1821-1897)

kne·kel·huis *het* [-huizen] ❶ huisje (op een kerkhof) waar opgegraven beenderen worden opgeborgen ❷ schertsend heel oud mens

knel *de* ★ *in de ~* in moeilijkheden

knel·len *ww* [knelde, h. gekneld] sterk drukken; **knelling** *de (v)*

knel·punt *het* [-en] zie → **bottleneck**

knel·punt·be·roep *het* [-en] BN beroep waarvoor de vacatures erg moeilijk ingevuld raken

kne·pen *ww verl tijd meerv van* → **knijpen**

kner·pen *ww* [knerpte, h. geknerpt] het geluid dat steentjes maken waarover men loopt of rijdt

kner·sen *ww* [knerste, h. geknerst] knarsen

Knes·set (⟨Hebr⟩ *de (m)* het parlement van Israël: ★ *de ~ heeft slechts één Kamer en telt 120 leden*

knet·ter *bn verkorting van* → **knettergek**

knet·te·ren *ww* [knetterde, h. geknetterd] met helder geluid herhaald knappen

knet·te·rend *bn fig*: ★ *een knetterende ruzie* hoog oplaaiend, fel

knet·ter·gek *bn* stapelgek

kneu *de* [-en] zangvogeltje

kneu·kel *de (m)* [-s] vingergewricht, knokkel

kneus·je *het* [-s] ❶ vrucht door afvallen beschadigd; fig iem. die voor zijn loopbaan niet geschikt gebleken is ❷ NN slechte tweedehands auto

kneu·ter *de (m)* [-s] kneu

kneu·te·rig *bn* gezellig, knus, gezapig

kneu·te·rig·heid *de (v)* het kneuterig zijn, knusheid, gezapigheid ★ *de nieuwe ~ bouw* schertsende benaming voor de stroming in de architectuur die kleinschalige woningbouw (veelal in oude binnensteden) voorstaat

kneu·zen *ww* [kneusde, h. gekneusd] door drukking kwetsen

kne·vel *de (m)* [-s] ❶ snor ❷ staafje of stokje dat ergens in wordt bevestigd om open- of losgaan te beletten

kne·ve·la·rij *de (v)* [-en] geldafpersing

kne·ve·len *ww* [knevelde, h. geneveld] binden; boeien; onderdrukken; de mond snoeren

kne·vel·ver·band *het* [-en] verband waarmee een slagader bij een bloeding wordt afgesnoerd

knib·be·len *ww* [knibbelde, h. geknibbeld] afdingen; kleinzielige aanmerkingen maken; het knibbelspel spelen

knick·er·bock·ers [nikǝ(r)bokkǝ(r)s] (⟨Eng⟩ *mv* wijde, van onderen nauwsluitende, ouderwetse kniebroek

knie *de* [knieën] ❶ deel van het been tussen dij en onderbeen waar het kniegewricht zit ★ *door de knieën gaan* fig verzet of tegenstand opgeven ★ *iets onder de ~ hebben* fig goed kennen, beheersen ★ *op de knieën brengen* fig aan zich onderwerpen, doen buigen ★ *op de knieën vallen* fig smeken ★ NN *over de ~ leggen* fig (een klein kind) straffen door het met het gezicht naar beneden op schoot te leggen en klappen op de billen te geven ★ *God op zijn blote knieën danken* fig zeer dankbaar zijn ❷ knievormige bocht, kromming; zie ook → **knietje**

knie·band *de (m)* [-en] band om de knie

knie·boog *de (m)* [-bogen] de beenkromming bij de knie

knie·broek *de* [-en] broek met pijpen tot op de knie

knie·bui·ging *de (v)* [-en] ❶ het knielen als teken van eerbied ❷ een bepaalde gymnastische oefening

knie·diep *bn* diep tot de hoogte van de knie: ★ *~ in de modder*

knie·ge·wricht *het* [-en] gewricht gevormd door het dijbeen en het scheenbeen, dat buiging van het been mogelijk maakt

knie·hol·te *de (v)* [-n, -s] holte achter de knie

knie·hoog *bn* tot de hoogte van de knie

knie·kous *de* [-en] ❶ kous tot aan de knie ❷ brede (elastieken) band om de knie

kniel·bank *de* [-en] bank om op te knielen voor een gebed

knie·len *ww* [knielde, h. & is geknield] op de knieën neerzinken of neergezonken zijn

kniel·kus·sen *het* [-s] kussen om op te knielen

knie·schijf *de* [-schijven] rond beenplaatje op het kniegewricht

knies·oor *de* [-oren] vooral NN brommerig persoon die altijd op het fitten is: ★ *wie daarop let is een ~*

knie·stuk *het* [-ken] ❶ steunbalk ❷ stuk van harnas, kleding enz. dat de knie bedekt; portret dat iem. voorstelt tot aan de knieën

knie·tje *het* ❶ kleine knie ❷ ⟨bij voetballen⟩ bezeerde, gekwetste knie ❸ duwtje met de knie: ★ *een ~ geven* ; zie ook → **knie**

knie·val *de (m)* [-len] het knielen ★ *een ~ doen of maken* fig zich zeer onderdanig betonen

knie·zen *ww* [kniesde, h. gekniesd] piekeren, kwijnen, **kniezer** *de (m)* [-s]

knie·ze·rig *bn* kniezend; **kniezerigheid** *de (v)*

knijp *de* ★ NN *~ zitten* weinig geld hebben ★ vooral NN *in de ~ zitten* in de verlegenheid, in de benauwdheid zitten

knijp·bril *de (m)* [-len] bril die met een veer op de neus zit, lorgnet

knij·pen *ww* [kneep, h. geknepen] ❶ met de hand iets (soms pijnlijk) samendrukken, vooral iems. vel tussen duim en wijsvinger ❷ scheepv zo hoog mogelijk aan de wind liggen om zonder laveren te kunnen zeilen ★ *hem ~ in de benauwdheid zitten* ★ *~ op de uitgaven* zeer zuinig zijn

knij·per *de (m)* [-s] ❶ houten, plastic of metalen klemmetje, vooral om wasgoed aan een lijn op te hangen ❷ schaar van kreeft

knij·pe·rig *bn* zeer zuinig, gierig; **knijperigheid** *de (v)*

knijp·kat *de* [-ten], **knijp·lamp** [-en] zaklantaarn met een door de hand in werking gestelde dynamo

knijp·tang *de* [-en] nijptang
knik *de (m)* [-ken] ❶ gedeeltelijke breuk ❷ buiging van het hoofd
knik·ke·bol·len *ww* [knikkebolde, h. geknikkebold] met het hoofd knikken van de slaap
knik·ken *ww* [knikte, h. geknikt] ❶ gedeeltelijk breken ❷ doorbuigen ❸ het hoofd even buigen
knik·kend *bn* zie bij → **distel**
knik·ker *de (m)* [-s] ❶ klein bolletje, meestal van glas of klei om mee te knikkeren ★ NN *het gaat niet om de knikkers, maar om het spel* het gaat niet om het behalen van voordeel, maar om gelijk te krijgen, om de eer ★ *er is wat aan de ~ er dreigen moeilijkheden* ❷ spreektaal hoofd: ★ *een kale ~* ; zie ook bij → **scheet**, → **stront**
knik·ke·ren *ww* [knikkerde, h. geknikkerd] ❶ met knikkers spelen ❷ weggooien; wegsturen: ★ *hij is eruit geknikkerd*
knik·ker·spel *het* [-spelen] het knikkeren
knik·ker·tijd *de (m)* tijd van het jaar waarin veel geknikkerd wordt
knik·voet *de (m)* [-en] voet waarvan de hiel naar binnen staat
KNIL *afk* Koninklijk Nederlandsch-Indisch Leger [opgeheven in 1950]
knip[1] *de* [-pen] ❶ val ❷ grendel ❸ bepaald type sluiting ❹ NN portemonnee met een dergelijke sluiting; bij uitbreiding portemonnee in het algemeen ★ *de hand op de ~ houden* weigeren geld uit te geven
knip[2] *de (m)* [-pen] het knippen met een schaar of met vinger en duim ★ *geen ~ voor de neus waard zijn* niets waard zijn
knip·brood *het* [-broden] NN brood met een diepe gleuf in het midden
knip·cur·sus *de (m)* [-sen] cursus in het → **knippen** (bet 1) van kleding
knip·kaart *de* [-en] NN abonnementskaart, die een bepaald aantal keren gebruikt kan worden, en dan telkens geknipt wordt
knip·mes *het* [-sen] opvouwbaar mes ★ *buigen als een ~* heel diep buigen
knip·ogen *ww* [knipoogde, h. geknipoogd] het ooglid van één oog snel op en neer bewegen als teken van onderlinge verstandhouding
knip·oog·je *het* [-s] een wenk of teken door middel van knipogen
knip·pa·troon *het* [-tronen] papieren voorbeeld, waarnaar men japonnen enz. knipt
knip·pen *ww* [knipte, h. geknipt] ❶ met een schaar of een snoeimes snijden: ★ *de haren, de heg ~* ❷ (stoffen, kleding) met de schaar de juiste maat en vorm geven ★ *geknipt zijn voor* juist geschikt zijn voor een gedeelte wegnemen: ★ *in deze film is geknipt* ❸ met de vingers een geluid maken ❹ openen en sluiten van de beide ogen ❺ met list vangen ❻ gaatjes maken met een tang: ★ *de kaartjes ~*

knip·per·bol *de (m)* [-len] ❶ NN, vroeger oranjekleurige bol met daarin een knipperlicht als extra aanduiding bij een beschermde oversteekplaats voor voetgangers ❷ cocktail van sherry en sinaasappelsap
knip·pe·ren *ww* [knipperde, h. geknipperd] ‹met de ogen› herhaaldelijk knippen; (van licht) snel afwisselend (laten) schijnen en doven
knip·per·licht *het* [-en] knipperend licht als waarschuwingssein
knip·sel *het* [-s] wat uitgeknipt of afgeknipt is
knip·sel·al·bum *de (m) & het* [-s] album voor knipsels
knip·sel·boek *het* [-en] boek waar knipsels in gerangschikt worden
knip·sel·dienst *de (m)* [-en] instelling die op verzoek van klanten stukjes over bepaalde onderwerpen uit tijdschriften knipt en toestuurt
knip·sel·krant *de* [-en] als een krant opgemaakte (fotokopieën van) krantenknipsels
knip·tang *de* [-en] tang die gaatjes van verschillende grootten kan maken, o.a. in gebruik bij leerbewerking
knip·tor *de* [-ren] tor die een knippend geluid maakt
knip·vlies *het* [-vliezen] derde ooglid, bij sommige diersoorten (katten, uilen) aanwezig speciaal vlies dat vanuit de binnenooghoek (bij de neus) in horizontale richting over de oogbal kan worden bewogen en dat het oog beschermt en reinigt
knis·pe·ren *ww* [knisperde, h. geknisperd],
knis·te·ren *ww* ‹Du› [knisterde, h. geknisterd] een licht knetterend geluid maken
knix ‹Zw› *de (m)* [-en] kniebuiging, reverence
KNLTB *afk* Koninklijke Nederlandse Lawn Tennis Bond
KNMG *afk* Koninklijke Nederlandsche Maatschappij tot bevordering der Geneeskunst
KNMI *afk* Koninklijk Nederlands Meteorologisch Instituut
kno-arts *de (m)* [-en] keel-, neus- en oorarts
knob·bel *de (m)* [-s] ❶ verdikking, uitwas ❷ aanleg: ★ *een ~ voor iets hebben* ★ *een wiskunde-, talenknobbel*
knob·be·lig *bn* met knobbels; **knobbeligheid** *de (v)*
knob·bel·jicht *de* jicht waarbij zich knobbels vormen
kno·be·len *ww* ‹Du› [knobelde, h. geknobeld] NN met dobbelstenen gooien, dobbelen (om)
knock-down [nokdaun] ‹Eng› *de (m)* [-s] boksen slag waardoor de tegenstander wel op de grond valt, maar binnen tien seconden weer overeind komt
knock-out [nokaut] ‹Eng› **I** *bn* neergeslagen bij het boksen, t.w. zo dat men niet binnen tien seconden overeind kan komen; fig geheel verslagen **II** *de (m)* [-s] beslissende, neervellende slag
knock-out·sys·teem [nokautsis-] *het* sp wedstrijdsysteem waarbij deelnemers die verliezen direct zijn uitgeschakeld, afvalsysteem
knoe·del *de (m)* [-s] ❶ noedel (zie bij → **noedels**) ❷ haarwrong
knoei *de (m)* ★ *in de ~* in moeilijkheden

knoei·boel *de (m)* slecht, slordig werk; knoeierij
knoei·en *ww* [knoeide, h. geknoeid] ❶ morsen; slordig werken ❷ niet eerlijk handelen ❸ *inf* seksuele handelingen verrichten; **knoeier** *de (m)* [-s]
knoei·e·rig *bn* ❶ geneigd tot knoeien ❷ op knoeiende wijze, slordig, niet verzorgd
knoei·e·rij *de (v)* [-en] slordig werk; oneerlijke handelwijze
knoei·pot *de (m)* [-ten] NN iem. die morst of slordig werkt
knoei·werk *het* slordig, onverzorgd werk
knoert *de (m)* [-en] vooral NN iets erg groots in zijn soort: ★ *een ~ van een spelfout*
knoert·hard *bn* NN keihard
knoest *de (m)* [-en] harde plek in hout, op de plaats waar een tak uit de stam kwam
knoes·te·rig, **knoes·tig** *bn* met knoesten
knoet *(‹Russ) de (m)* [-en] zweep of gesel die uit een aantal harde riemen met knopen bestaat ★ *onder de ~ zitten* aan strenge tucht onderworpen zijn
knof·look *de (m) & het* op een kleine ui gelijkend gewas, dat als keukenkruid wordt gebruikt (*Allium sativum*)
knof·look·pers *de* [-en] werktuig om knoflook uit te persen
knok *de* [-ken], **knook** [knoken] been, bot
kno·kig *bn* benig
knok·kel *de (m)* [-s] vingergewricht
knok·kel·koorts *de* in de (sub)tropen voorkomende infectieziekte die zwelling van de gewrichten veroorzaakt, dengue
knok·ken *ww* [knokte, h. geknokt] *inf* vechten
knok·ploeg *de* [-en] groep mensen die buiten de wettelijke macht om door middel van geweld zaken wil regelen: ★ *de krakers werden door een ~ het pand uit gezet*
knol *de (m)* [-len] ❶ dikke wortel ★ NN *knollen voor citroenen verkopen* met slechte waar beetnemen, iets minderwaardigs in plaats van iets goeds leveren ❷ slecht paard
knol·ge·was *het* [-sen] plant die knollen vormt
knol·len·tuin *de (m)* [-en] stukje land waar men knollen verbouwt ★ NN *in zijn ~ zijn* in zijn schik zijn
knol·raap *de* [-rapen] groentegewas uit de kruisbloemenfamilie, waarvan de verdikte wortel als groente gegeten wordt (*Brassica napus* var. *napobrassica*)
knol·sel·de·rij, NN ook **knol·sel·de·rie** *de (m)* selderij met knolvormige wortel
knol·zwam *de* [-men] giftige paddenstoel met knolvormige voet
knook *de* [knoken] → **knok**
knoop *de (m)* [knopen] ❶ plat schijfje van been, plastic e.d. aan kleding, tot sluiting of versiering ; zie ook bij → **blauw** ❷ strik in draad, touw enz. ★ *een ~ in zijn zakdoek leggen* als maatregel om iets niet te vergeten ❸ verdikking aan een plantenstengel ❹ moeilijkheid ★ *daar zit de ~* ★ *de ~ doorhakken* een beslissing nemen in een moeilijk geval *vgl* : → **gordiaanse knoop** ❺ verwikkeling in drama, roman enz. ❻ scheepv snelheidsmaat, één Engelse zeemijl per uur: ★ *we voeren tien knopen* ❼ een van de snijpunten van twee cirkelvormige banen aan de hemelbol ❽ nat punt van een staande golf dat voortdurend in rust is; *tegengest*: → **buik**
knoop·punt *het* [-en] vooral NN belangrijk kruispunt
knoops·gat *het* [-gaten] opening in een kledingstuk om bij wijze van sluiting een knoop door te halen ★ BN, spreektaal *van het zevende ~ gezegd van iemand die er slechts van ver op lijkt, amper is wat hij zou moeten zijn* ★ *een minister van het zevende ~*
knoop·werk *het* werk waaraan men knoopt; door knopen vervaardigd werk (bijv. een tapijt, tafelkleed enz.)
knop *de (m)* [-pen] bolvormig voorwerp: ★ *~ van de deur, van een plant e.d.* ★ *in (de) ~* a) bloemknoppen dragend; b) *fig* nog jong, maar veelbelovend ★ *naar de knoppen* kapot, verloren
kno·pen *ww* [knoopte, h. geknoopt] ❶ met knopen vastmaken ❷ vervaardigen door in draden, band, touw e.d. op een bep. manier knopen te leggen; ❸ ‹bij tapijtvervaardiging› in gaas in knopen aanbrengen van korte draadjes wol, katoen e.d.; zie ook bij → **oor**
kno·pen·doos *de* [-dozen] doos waarin knopen bewaard worden
kno·pen·draai·er *de (m)* [-s] iem. die knopen (→ **knoop**, bet 1) maakt; *fig* iem. die niet rechtuit spreekt, draaier, bedrieger
knop·pen *ww* [knopte, h. geknopt] knoppen vormen
knor *de (m)* [-ren] het geluid van een varken en wat daarop lijkt
knor·haan *de (m)* [-hanen] poon
knor·ren *ww* [knorde, h. geknord] grommen, brommen; pruttelen; het geluid van een varken maken
knor·re·pot *de (m)* [-ten] iem. die veel bromt
knor·rig *bn* boos, brommig; **knorrigheid** *de (v)*
knot *de* [-ten] ❶ kluwen, bundel: ★ *een ~ wol* ❷ tot een bol gevormde hoeveelheid haar op het achterhoofd van vrouwen
knots[1] *de* [-en] ❶ dikke, van onderen verbrede stok als slagwapen en gymnastiekwerktuig ❷ *inf* iets erg groots in zijn soort: ★ *een ~ van een huis*
knots[2], **knots·gek** *bn* erg gek, erg raar
knot·ten[1] *ww* [knotte, h. geknot] ❶ de → **kroon** (bet 5), de top afslaan ❷ *fig* fnuiken
knot·ten[2] *ww* [knotte, h. geknot] tot een knot ineendraaien
knot·wilg *de (m)* [-en] geknotte wilg
know·how [noohau, noohau] (‹Eng) *de (m)* kennis, nodig om iets te doen functioneren of te vervaardigen
KNS *afk* in België Koninklijke Nederlandse Schouwburg

KNSB *afk* ❶ Koninklijke Nederlandse Schaak Bond ❷ Koninklijke Nederlandse Schaatsenrijders Bond

KNT *afk* in België kinderen niet toegelaten [bijv. bij filmvoorstellingen]

KNUB *afk* Koninklijke Nederlandse Uitgeversbond

knud·de *bn* NN, spreektaal slecht, zonder waarde, ondeugdelijk

knuf·fel *de (m)* [-s] ❶ omhelzing, liefkozing ❷ knuffeldier

knuf·fel·dier *het* [-en] zacht aanvoelend speelgoeddier, vaak met veel haar, dat door jonge kinderen graag wordt geknuffeld

knuf·fe·len *ww* [knuffelde, h. geknuffeld] spelend liefkozen

knuist *de* [-en] vuist, hand

knul *de (m)* [-len] ❶ jonge vent ❷ ongunstig lomperd, lummel, onhandige vent

knul·lig *bn* onbeholpen

knup·pel, klup·pel *de (m)* [-s] ❶ dikke stok ★ *een ~ in het hoenderhok* wat onrust veroorzaakt ❷ lomperd, lummel

knup·pe·len, klup·pe·len *ww* [knuppelde, h. geknuppeld], [kluppelde, h. gekluppeld] met een knuppel slaan

knus *bn* gezellig, gemoedelijk

knus·jes *bijw* gezellig

knut *de* [-ten] kleine soort steekmug (uit de familie Ceratopogonidae), o.a. verantwoordelijk voor de verspreiding van de ziekte blauwtong onder herkauwers

knut·se·laar *de (m)* [-s] iem. die knutselt

knut·se·len *ww* [knutselde, h. geknutseld] kleine voorwerpen zelf maken; zelf kleine herstellingen e.d. verrichten

knut·sel·werk *het* werk door knutselen verricht; fig werk dat nauwkeurigheid op kleinigheden eist

KNVB *afk* Koninklijke Nederlandse Voetbalbond

KNWU *afk* Koninklijke Nederlandse Wielren Unie

ko *afk* knock-out

ko·a·la (‹*Australische Aboriginalstaal*›) *de (m)* ['s], **ko·a·la·beer** [-beren] op een beer gelijkend buideldier in Australië (*Phascolarctos cinereus*)

ko·balt (‹*Du*›) **I** *het* ❶ chemisch element, symbool Co, atoomnummer 27, een grijsachtig glanzend metaal ❷ helderblauwe verfstof **II** *bn* de kleur daarvan hebbend

ko·balt·bom *de* [-men] kernbom die kobalt bevat

ko·bold (‹*Du*›) *de (m)* [-en] aard- of kaboutermannetje, berggeest

kocht *ww*, **koch·ten** *verl tijd van* → kopen

kod·de·bei·er *de (m)* [-s] inf jachtopziener; *ook* politieagent

kod·dig *bn* komiek, kluchtig, grappig; **koddigheid** *de (v)* [-heden]

koe *de (v)* [koeien] vrouwelijk rund, vooral huisrund; *ook* het vrouwtje van andere zoogdiersoorten, bijv. vrouwtjesolifant ★ *oude koeien uit de* (NN) *sloot,* (BN) *gracht halen* vergeten, onaangename gebeurtenissen weer ter sprake brengen ★ *de ~ bij de horens vatten* een lastig werk op de juiste manier aanpakken ★ *men noemt geen ~ bont of er is (wel) een vlekje aan* een slecht gerucht omtrent iemand (mag overdreven zijn, maar) is gewoonlijk niet geheel zonder grond ★ *heilige ~ schertsend* ‹naar de bij hindoes heilige koe› iets waaraan niet geraakt mag worden, iets waarvan men geen afstand wil doen; zie ook bij → **haas¹** en → **koetje**

koe·beest *het* [-en] koe, rund

koe·brug *de* [-gen] ❶ plank waarlangs vee in wagens geladen wordt ❷ koebrugdek

koe·doe (‹*Hottentots*›) *de (m)* [-s] gestreepte antilope met kurkentrekkervormige horens, levend in het midden, zuiden en oosten van Afrika (*Tragelaphus strepsiceros* en *T. imberbis*)

koe·han·del *de (m)* het veel loven en bieden, compromissen sluiten en het maken van geheime onderlinge afspraken om tot een overeenkomst te komen, vooral in de politieke besluitvorming

koei·en *zn meerv van* → koe

koei·en·kop *de (m)* [-pen] kop van een koe; scheldwoord stommeling

koei·en·let·ter *de* [-s] zeer grote letter

koei·en·mest *de (m)* → koemest

koei·en·stal *de (m)* [-len] stal waarin koeien verblijven

koei·o·ne·ren *ww* (‹*Fr*›) [koeioneerde, h. gekoeioneerd] plagerig bedillen, de baas spelen over

koek *de (m)* [-en] ❶ gebak gemaakt van boter, meel, suiker, eieren e.d., zoals boterkoek, pannenkoek ★ NN *de ~ is op* de prettige tijd (van feesten, vakantie enz.) is afgelopen ★ *het is weer ~ en ei tussen hen* ze zijn weer dikke vrienden ★ *dat is gesneden ~* dat is heel gemakkelijk ★ *oude ~* vaak verkondigde wijsheid ★ *iets voor zoete ~ aannemen* kritiekloos aannemen dat iets waar is ★ *voor zoete ~ slikken* zich zonder protest laten welgevallen ★ vooral NN *dat is andere ~!* dat is wel even wat anders! ❷ een (klein) hard stuk van dergelijk gebak, zoals pindakoeken, biscuits, krakelingen e.d. ❸ hardgeworden massa: ★ *het vuil zette zich als een ~ af tegen de rand*

koe·kalf *het* [-kalveren] vrouwelijk kalf

koek·bak·ker *de (m)* [-s] → koekenbakker

koek·bak·ke·rij *de (v)* [-en] → koekenbakkerij

koe·ke·brood *het* [-broden] BN ❶ suikerbrood ❷ brood van de fijnste bloem ★ *een hart van ~ hebben* een hart van goud hebben

koe·ke·loe·ren *ww* [koekeloerde, h. gekoekeloerd] werkeloos toekijken; staren

koe·ken *ww* [koekte, is gekoekt] tot een klont, een → koek (bet 3) worden

koe·ken·bak·ker, koek·bak·ker *de (m)* [-s] ❶ iem. die beroepshalve koek bakt ❷ geringsch iem. die zijn vak niet verstaat, klungel, prutser;;

koe·ken·bak·kers·werk *het*

koe·ken·bak·ke·rij, koek·bak·ke·rij *de (v)* [-en] bedrijf

waar men koek bakt
koe·ken·pan *de* [-nen] platte metalen pan met lange steel
koek-en-zo·pie *het* [-s] NN kraampje op het ijs met eet- en drinkwaren
koe·ke·peer *de* ★ NN *dag meneer de ~!* vrolijk-schertsende groet van kinderen tot mannen
koek·hak·ken *ww* [*verleden tijd ongebr*, h. koekgehakt] kermisvermaak: geblinddoekt een koek doorhakken
koek·hap·pen *ww* [*verleden tijd ongebr*, h. koekgehapt] kinderspel: geblinddoekt trachten in een opgehangen koek te happen
koek·je *het* [-s] stuk koekgebak ★ *een ~ van eigen deeg krijgen* op dezelfde (slechte) manier behandeld worden als men anderen behandelt
koe·koek *de (m)* [-en] ❶ familie van vogels (Cuculidae) waarvan vele soorten hun eieren door andere vogels laten uitbroeden, vooral de veel in Nederland en België voorkomende soort *Cuculus canorus* ★ NN *dat dank (of haal) je de ~* a) dat wil ik graag geloven; b) vergeet het maar! ★ NN *loop naar de ~* daar geloof ik niets van ★ NN *~ één zang* steeds hetzelfde eindeloos herhaald ❷ venster boven in een dak; luik voor licht op schepen, in huizen enz.
koe·koeks·bloem *de* [-en] veldplant met roze of witte bloemen (*Coronaria*)
koe·koeks·ei *het* [-eren] ei van een koekoek; fig iets waaruit narigheid kan voortkomen
koe·koeks·jong *het* [-en] ❶ jong van een koekoek, gekomen uit een ei dat door zijn moeder is gelegd in het nest van een andere vogelsoort en dat de andere jonge vogels later geheel verdringt ❷ vandaar fig ongewenste indringer die anderen verdringt of ten koste van anderen leeft
koe·koeks·klok *de* [-ken] klok die op geregelde tijden het geluid van een koekoek nabootst
koek·plank *de* [-en] plank met figuren erin, voor het bereiden van baksels met zulke figuren
koel *bn* fris, koud; weinig vriendelijk; kalm, niet zenuwachtig ★ *in koelen bloede* zonder opwinding, wetende wat men doet ★ *het hoofd ~ houden* zich niet opwinden, nuchter en zakelijk blijven
koe·lak (‹Russ› *de (m)* [-ken, *Russ: koelaki*] ❶ oorspr rijke Russische boer; ❷ ‹na de revolutie van 1917› benaming voor de kleine, zelfstandige boer die zich tegen het communistische regime verzette
koel·bak *de (m)* [-ken] bak (met water) waarin iets (bijv. dranken, gloeiend ijzer) afgekoeld wordt
koel·bloe·dig *bn* kalm; onaangedaan; **koelbloedigheid** *de (v)*
koel·box *de (m)* [-en] grote doos, vaak gevoerd met piepschuim, waarin dranken en levensmiddelen koel gehouden worden
koel·cel *de* [-len] kleine koelkamer
koe·len *ww* [koelde, h. gekoeld] koud maken; fig in daden uiten: ★ *zijn woede ~* ★ BN, spreektaal *het zal wel ~ zonder blazen* het houdt vanzelf wel op
koel·heid *de (v)* het koel zijn

koel·huis *het* [-huizen] inrichting waar aan bederf onderhevige waren koel bewaard worden
koel·huis·bo·ter *de* in een koelhuis bewaarde boter
koe·lie (‹Hindi› *de (m)* [-s] ‹in Zuidoost-Azië› sjouwer, dagloner; algemeen loonslaaf
koe·lie·werk *het* zwaar, vernederend werk
koe·ling *de (v)* het koelen
koel·ka·mer *de* [-s] vertrek waarin levensmiddelen door koude goed gehouden worden
koel·kast *de* [-en] kast waarin levensmiddelen door koude goed gehouden worden
koel·kast·con·tract *het* [-en] NN contract dat op een bep. tijdstip wordt afgesloten, maar pas op een later tijdstip in werking treedt: ★ *talentvolle, jonge voetballers krijgen wel koelkastcontracten aangeboden door profclubs*
koel·kel·der *de (m)* [-s] kelder waarin levensmiddelen door koude goed gehouden worden
koel·oven *de (m)* [-s] oven waarin gesmolten glas wordt afgekoeld
koel·rib *de* [-ben] techn plaatje dat dient om het warmte-uitwisselend vermogen te vergroten
koel·schip *het* [-schepen] schip waarin aan bederf onderhevige waren koel gehouden worden
koel·tas *de* [-sen] tas van warmte-isolerend materiaal, waarin dranken en etenswaren koel bewaard worden
koel·te *de (v)* frisheid; koele plaats; matige wind
koel·tech·niek *de (v)* de bewerkingen nodig voor het koelen
koel·tje *het* [-s] vooral NN fris windje
koel·tjes *bijw* ❶ tamelijk koud ❷ fig zonder belangstelling, zonder vriendelijkheid: ★ *iem. ~ ontvangen*
koel·toog *de (m)* [-togen] BN ook koelvitrine
koel·to·ren *de (m)* [-s] torenvormige koelinrichting
koel·vi·tri·ne *de (v)* [-s] (glazen) uitstalkast waarin de winkelier zijn artikelen koel bewaart
koel·wa·gen *de (m)* [-s] spoorwagen voor vervoer van aan bederf onderhevige waren, vooral vlees
koel·wa·ter *het* water dat gebruikt wordt om iets te koelen, bijv. in krachtcentrales
koe·melk *de* melk van een koe
koe·mest, **koeien·mest** *de (m)* uitwerpselen van een koe, gebruikt als mest
koen *bn* stoutmoedig; **koenheid** *de (v)*
koen·jit (‹Mal› *de (m)* hoofdbestanddeel van kerrie, → **geelwortel** (bet 2)
koe·pel (‹It‹Lat› *de (m)* [-s] bolvormig dak; huisje met zo'n dak
koe·pel·dak *het* [-daken] koepelvormig dak
koe·pel·ge·welf *het* [-welven] gewelf met een dak in de vorm van een halve bol
koe·pel·graf *het* [-graven] graf met een koepeldak
koe·pel·ka·mer *de* [-s] ❶ koepelvormige kamer ❷ kamer in een koepel
koe·pel·kerk *de* [-en] kerk met een koepeldak
koe·pok *de* [-ken] pokbultje bij koeien

koe·pok·in·en·ting *de (v)* [-en] vroeger inenting met koepokstof
koe·pok·stof *de* vroeger vaccin uit het vocht van koepokken
koer (‹Fr‹Lat) *de* [-en] BN, spreektaal binnenplaats, binnenplein
koe·ren *ww* [koerde, h. gekoerd] het dof rollend geluid van duiven voortbrengen
koe·rier (‹Fr‹It) *de (m)*, **koe·rier·ster** *de (v)* [-s] ❶ ijlbode; iem. die berichten of goederen overbrengt ❷ iem. die de materiële details van iemands reis regelt
koe·riers·dienst *de (m)* [-en] bedrijf dat is gespecialiseerd in het snel vervoeren van pakjes
koers¹ (‹Fr‹Lat) *de (m)* [-en] ❶ richting ★ *uit de ~ raken*, *van de ~ zijn* in de verkeerde richting gaan, in de war *of* niet goed in orde zijn ❷ omloop, gangbaarheid ★ *buiten ~* niet meer gangbaar ❸ marktwaarde van geld en effecten
koers² (‹Fr) *de* [-en] snelheidswedstrijd, vooral wielerwedstrijd en paardenwedren
koer·sen *ww* [koerste, h. gekoerst] ❶ aansturen op ❷ ramen, schatten, naar raming bepalen ❸ in orde brengen, klaarspelen ❹ aan een wielerwedstrijd deelnemen; BN ook in algemene zin: racen, rennen, hardlopen, hardrijden enz.
koers·fiets *de (m)* [-en] BN, spreektaal racefiets, sportfiets
koers·no·te·ring *de (v)* [-en] vastgestelde → **koers¹** (bet 3)
koers·re·ke·ning *de (v)* berekening naar de → **koers¹** (bet 3)
koers·ver·lies *het* [-liezen] zie bij → **koersverschil**
koers·ver·schil *het* [-len] verschil in marktwaarde van dezelfde munteenheid of hetzelfde effect op verschillende momenten ★ *winst of verlies door ~* winst of verlies ontstaan door verschil in koers, bijv. van een munteenheid tussen het moment van het sluiten van een transactie en het moment van betalen
koers·waar·de *de (v)* waarde volgens de geldende → **koers¹** (bet 3)
koers·winst *de (v)* [-en] zie bij → **koersverschil**
koes·koes *de (m)* [-koezen] soort buideldier
koest (‹Fr) **I** *tsw* stil! **II** *bn* ★ *zich ~ houden* stil zijn, bedaard of gedwee zijn, niets zeggen
koes·te·ren *ww* [koesterde, h. gekoesterd] verwarmen, goed verzorgen ★ *de hoop (wens) ~* de hoop voeden, bij zichzelf levendig houden ★ *het voornemen ~* voornemens zijn
koet *de (m)* [-en] soort zwemvogel
koe·ter·waals *het* onverstaanbare, vreemde taal; gebroken Nederlands
koe·ter·wa·len *ww* [koeterwaalde, h. gekoeterwaald] in een onverstaanbare, vreemde taal spreken; een vreemde taal slecht spreken
koe·tje *het* [-s] kleine koe ★ *over koetjes en kalfjes praten* over alledaagse onderwerpen praten

koets (‹Hong) *de* [-en] ❶ rijtuig; zie ook bij → **mestkar** ❷ vero bed ❸ BN, spreektaal kinderwagen
koets·huis *het* [-huizen] bergplaats voor een of meer rijtuigen
koet·sier *de (m)* [-s] rijtuigbestuurder
koets·werk *het* carrosserie
koe·voet *de (m)* [-en] licht gebogen, metalen staaf waarmee men deuren e.d. openbreekt
Koe·wei·ter *de (m)* [-s], **Koe·wei·ti** *de (m)* ['s] iem. geboortig of afkomstig uit Koeweit
Koe·weits *bn* van, uit, betreffende Koeweit
kof·fer (‹Fr‹Lat‹Gr) *de (m)* [-s] ❶ rechthoekig voorwerp waarin men allerhande zaken kan bewaren, vooral reisbagage ★ *zijn koffers pakken* fig vertrekken, ontslag nemen ❷ inf bed: ★ *in de ~ duiken* ★ *met iem. de ~ in duiken* geslachtsgemeenschap hebben
kof·fer·bak *de (m)* [-ken] ‹in auto's› ruimte voor bagage
kof·fer·gram·mo·foon *de (m)* [-s, -fonen] klein model grammofoon in een koffer
kof·fer·ruim·te *de (v)* [-n, -s] → **kofferbak**
kof·fer·schrijf·ma·chi·ne [-sjienə] *de (v)* [-s] als koffer draagbare schrijfmachine, portable
kof·fer·vis *de (m)* [-sen] tropische vis met benig huidpantser
kof·fie (‹Eng‹Arab) *de (m)* ❶ de koffieplant of -struik (*Coffea*) ❷ de koffieboon ❸ bekende, over de hele wereld gedronken, licht opwekkende drank, getrokken van de koffieboon ★ ~ *verkeerd* koffie met zeer veel melk; zie ook bij → **bruin** ❹ het drinken van → **koffie** (bet 3): ★ *na de ~ ging ik televisie kijken* ❺ de koffiemaaltijd ★ *op de ~ komen* a) op bezoek komen om koffie te drinken; b) fig een onaangenaam onthaal vinden, geen succes hebben ★ *dat is geen zuivere ~* fig dat is niet pluis, dat is niet te vertrouwen
kof·fie·au·to·maat [-autoo-, ootoo-] *de (m)* [-maten] automaat die koffie, thee e.d. verstrekt (in kantines, bedrijven e.d.)
kof·fie·bar *de* [-s] plaats, gelegenheid waar men koffie, thee, melk, broodjes e.d. serveert
kof·fie·boom *de (m)* [-bomen] koffiebonen leverende boom
kof·fie·boon *de* [-bonen] het zaad van de koffieplant, waarvan de bekende drank getrokken wordt
kof·fie·bran·der *de (m)* [-s] iem. die koffiebonen roostert (en aldus voor het gebruik gereed maakt); **koffiebranderij** *de (v)* [-en]
kof·fie·brood·je *het* [-s] vooral NN soort luxebroodje met rozijnen
kof·fie·con·cert *het* [-en] concert van klassieke muziek rond koffietijd
kof·fie·cream·er [-kriemə(r)] *de (m)* [-s] koffiemelkpoeder
kof·fie·cul·tuur *de (v)* het kweken van koffiebomen
kof·fie·dik *het* het drab dat van koffie overblijft ★ *zo helder als ~* volkomen onbegrijpelijk ★ *ik kan niet (in het) ~ kijken* ik kan de toekomst niet voorspellen

kof·fie·drin·ken *ww* [dronk koffie, h. koffiegedronken] ❶ de koffiemaaltijd gebruiken ❷ het nuttigen van één of meer koppen koffie

kof·fie·ex·tract *het* aftreksel van koffie, waaruit door verdunning met water koffie gemaakt wordt

kof·fie·fil·ter *de (m) & het* [-s] filter dat wordt gebruikt bij het koffiezetten

kof·fie·huis *het* [-huizen] ❶ vero café ❷ plaats, gelegenheid waar men koffie, thee, broodjes e.d. serveert

kof·fie·ka·mer *de* [-s] ‹in schouwburg e.d.› vertrek waar men koffie enz. kan drinken, foyer

kof·fie·kan *de* [-nen] kan waaruit men koffie schenkt

kof·fie·koek *de* [-en] BN koffiebroodje, koek voor de koffietafel

kof·fie·le·pel *de (m)* [-s] BN lepeltje om de koffie te roeren, ook als maataanduiding in kookboeken

kof·fie·leut *de* [-en] iem. die graag en vaak koffie drinkt

kof·fie·maal·tijd *de (m)* [-en] broodmaaltijd rond het middaguur

kof·fie·melk *de* gecondenseerde melk die met koffie vermengd wordt bij het koffiedrinken, met ten minste 7,8% vet

kof·fie·melk·poe·der, **kof·fie·melk·poei·er** *de* koffiemelk in poedervorm, koffiecreamer

kof·fie·mo·len *de (m)* [-s] toestel om koffie te malen

kof·fie·pau·ze *de* [-n *en* -s] onderbreking van de bezigheden om koffie te drinken, vooral de ochtendpauze in bedrijven

kof·fie·plan·ta·ge [-taazjə] *de (v)* [-s] stuk land waarop men → **koffie** (bet 1) teelt

kof·fie·plan·ter *de (m)* [-s] ondernemer die → **koffie** (bet 1) teelt

kof·fie·poe·der, **kof·fie·poei·er** *de* ingedroogd koffie-extract dat na toevoeging van water weer → **koffie** (bet 3) oplevert

kof·fie·pot *de (m)* [-ten] koffiekan

kof·fie·room *de (m)* room die aan een kop koffie wordt toegevoegd, met ten minste 20% vet

kof·fie·shop [-sjop] *de (m)* [-s] vooral NN openbare gelegenheid waar men koffie, thee, melk, broodjes e.d. serveert en waar soms softdrugs verkrijgbaar zijn

kof·fie·stroop *de* gebrande stroop, surrogaat voor koffie

kof·fie·ta·fel *de* [-s] tafel met benodigdheden voor het koffiedrinken; koffiemaaltijd

kof·fie·ta·fel·boek *het* [-en] groot, fraai uitgevoerd en zwaar geïllustreerd boek

kof·fie·tijd *de (m)* NN tijd waarop men koffie pleegt te drinken, vooral van ongeveer 10 uur tot ongeveer 12 uur 's ochtends

kof·fie·vei·ling *de (v)* [-en] openbare verkoping van koffie

kof·fie·zet *de (m)* [-ten, -s] BN, spreektaal verkorting van koffiezetapparaat

kof·fie·zet·ap·pa·raat *het* [-raten] elektrisch toestel waarmee men koffie zet

kof·schip *het* [-schepen] vroeger soort tweemaster

ko·gel *de (m)* [-s] ❶ bal, bol; projectiel uit schietwerktuigen geschoten ★ *de ~ krijgen* doodgeschoten worden voor straf ★ *tot de ~ veroordeeld worden* tot de doodstraf door de kogel ★ *de ~ is door de kerk* het besluit is genomen, de zaak is beslist *of* beklonken ❷ voetbal hard schot ❸ slagerij grote dijspier van de koe

ko·gel·baan *de* [-banen] lijn die een afgeschoten kogel door de lucht beschrijft

ko·gel·bief·stuk *de (m)* [-ken] biefstuk van de → **kogel** (bet 3)

ko·ge·len *ww* [kogelde, h. gekogeld] hard gooien, smijten, schieten

ko·gel·fles·je *het* [-s] vroeger flesje voor spuitwater, limonade enz., afgesloten door een glazen kogeltje

ko·gel·ge·wricht *het* [-en] gewricht waarbij het kogelvormig uiteinde van het ene been past in een holte van een ander been

ko·gel·kus·sen *het* [-s] kogellager

ko·gel·la·ger (‹Du) *het* [-s] bus met kogeltjes rond de as van een wiel, ter vermindering van de wrijving

ko·gel·pen *de* [-nen] vooral schrijftaal ballpoint

ko·gel·re·gen *de (m)* dichte massa afgeschoten kogels

ko·gel·rond *bn* bolrond

ko·gel·slin·ge·ren *ww & het* sp (het) met grote kracht wegslingeren van een loden kogel aan een ketting

ko·gel·sto·ten *ww & het* sp (het) met grote kracht wegstoten van een loden kogel

ko·gel·van·ger *de (m)* [-s] aarden wal, waarin de kogels bij het schijfschieten opgevangen worden

ko·gel·vor·mig *bn* de vorm van een → **kogel** (bet 1) hebbend

ko·gel·vrij *bn* beschermend tegen kogels (→ **kogel**, bet 1): ★ *een ~ vest*

kog·gen·schip *het* [-schepen] kog

ko·hier (‹Fr) *het* [-en] register, vooral belastingregister, genummerde lijst van belastingplichtigen en hun aanslagen

kohl·pot·lood *het* [-loden] potlood waarmee de ooglcden zwart kunnen worden gemaakt

koi·ne [-nè] (‹Gr) *de* algemene taal, omgangstaal; algemeen beschaafd; eig het latere Grieks, algemene voertaal om de Middellandse Zee in de klassieke oudheid na Alexander de Grote

kok[1] *de (m)* [-s] man die belast is met het toebereiden van spijzen ★ *het zijn niet allen koks, die lange messen dragen* een hoge rang of een belangrijke positie is nog geen waarborg voor bekwaamheid ★ *veel koks verzouten de brij* er moeten zich niet te veel mensen mee bemoeien (want ze lopen elkaar in de weg) ★ *van de ~ eten* eten aan huis laten bezorgen; zie ook bij → **honger**, → **verzouten**

kok[2] *de (m)* [-ken] bolvormige bacterie, coccus, streptokok

ko·ka (‹Jap) *de* ['s] judo tijdens een wedstrijd behaald resultaat van 3 punten

ko·kar·de (‹Fr) *de* [-s] strik, band, lint of roos van bepaalde kleur, op hoed of muts gedragen als partij- of nationaal teken
ko·ke·lo·ko *de* ['s], **ko·ke·lo·ko·noot** [-noten] paranoot
ko·ken *ww* [kookte, h. gekookt] ❶ tot het kookpunt verhitten of verhit zijn; met kokend water bereiden; ❷ ‹in het algemeen› spijzen bereiden; fig in heftige (gemoeds)beweging zijn: ★ ~ *van woede* ❸ dichtslaan van naden in metaal
ko·kend·heet *bn* zeer heet
ko·ker *de (m)* [-s] rolvormige bus of doos
ko·ker·juf·fer *de* [-s] larve van de schietmot
ko·ker·kij·ken *ww & het* een oogafwijking (hebben) waarbij men alleen datgene ziet wat zich recht voor het oog bevindt
ko·ker·vrucht *de* [-en] kokervormige doosvrucht
ko·ket (‹Fr) *bn* ❶ behaagziek ❷ bedoeld of geschikt om te behagen ❸ BN, spreektaal (van een bedrag) vrij groot, flink, aardig
ko·ket·te·ren *ww* (‹Fr) [koketteerde, h. gekoketteerd] behaagziek zijn, de andere sekse trachten te bekoren ★ *met iets ~* ermee pronken, te koop lopen
ko·ket·te·rie (‹Fr) *de (v)* ❶ behaagzucht ❷ [*mv:* -rieën] uiting daarvan, vooral tegenover de andere sekse
kok·hal·zen *ww* [kokhalsde, h. gekokhalsd] op het punt staan te gaan braken
kok·kel *de (m)* [-s] soort eetbare schelp
kok·ker, **kok·kerd** *de (m)* [-s] NN iets wat groot is in zijn soort, vooral grote neus
kok·ke·rel·len *ww* [kokkerelde, h. gekokkereld] lekkere hapjes klaarmaken
kok·kin *de (v)* [-nen] vrouwelijke kok
kok·meeuw *de* [-en] meeuw waarvan de kop in de zomer chocoladebruin is en in de winter wit met bruinachtige vlekjes bij de ogen, kapmeeuw (*Larus ridibundus*)
ko·kos (‹Sp of Port) *het* ❶ vezel afkomstig van de vrucht van de *Cocos nucifera* ❷ het vlees van de kokosnoot
ko·kos·brood *het* met kokos bereid zoet broodbeleg in plakjes
ko·kos·koek *de (m)* [-en] veekoek waarin resten van kopra verwerkt zijn
ko·kos·ma·kron, **ko·kos·ma·kroon** *de (m)* [-s, -ronen] op papier gebakken zachte koek bereid met → **kokos** (bet 2)
ko·kos·mat *de* [-ten] mat van garen uit kokosvezels
ko·kos·melk *de* wit vocht uit de kokosnoot
ko·kos·noot *de* [-noten] noot van de kokospalm, klapper
ko·kos·olie *de* olie uit het vruchtvlees van de kokosnoot
ko·kos·palm *de (m)* [-en] hoge tropische palm met grote holle noten
ko·kos·ve·zel *de* [-s] vezel van de kokosbast
ko·kos·vlees *het* wit vruchtvlees van de kokosnoot
ko·kos·zeep *de* zeep uit kokosolie
koks·jon·gen *de (m)* [-s], **koks·maat** *de (m)* [-s],

koks·maat·je *het* [-s] helper van de kok
koks·muts *de* [-en] hoge, kokervormige, witte muts zoals koks die dragen
kol¹ *de (m)* [-len] lichte plek op het voorhoofd van paard of rund
kol² *de (v)* [-len] toverheks
ko·la *de (m)* ['s] ❶ tropische boom uit West-Afrika ❷ extract uit de noten van de genoemde boom, een opwekkend middel dat veel cafeïne bevat
ko·la·noot *de* [-noten] noot van de → **kola** (bet 1)
kol·bak (‹Turks) *de (m)* [-ken, -s] hoge pelsmuts als deel van een uniform, berenmuts
kol·choz (‹Russ) *de (m)* [kol·chozen] collectief staatsboerenbedrijf in de Sovjet-Unie, op aan de staat toebehorende grond
kol·der¹ (‹Fr) *de (m)* ❶ razernij van paarden ❷ onzin, gekkenpraat
kol·der² (‹Fr) *de (m)* [-s] soort harnas van leer e.d.
kol·de·ren *ww* [kolderde, h. gekolderd] ❶ de → **kolder¹** (bet 1) hebben ❷ gek zijn, onzin praten
kol·de·riek *bn* schertsend onzinnig, dwaas
kol·der·schijf *de* [-schijven] → **excentriek** (II)
ko·len *mv* steenkolen; zie ook bij → **kool¹**
ko·len·bak, **kool·bak** *de (m)* [-ken] ijzeren bak bij de kachel waarin men kolen bewaart
ko·len·bek·ken, **kool·bek·ken** *het* [-s] bodem waarin steenkolen zitten
ko·len·boer, **kool·boer** *de (m)* [-en] iem. die kolen levert; kolenman
ko·len·bran·der, **kool·bran·der** *de (m)* [-s] bereider van houtskool
ko·len·bun·ker, **kool·bun·ker** *de (m)* [-s] ruimte voor kolen aan boord van een schip
ko·len·damp, **kool·damp** *de (m)* populaire term voor koolmonoxide
ko·len·hok, **kool·hok** *het* [-ken] bergplaats voor kolen
ko·len·kit, **kool·kit** *de* [-ten] hoge emmer voor kolen, binnenshuis gebruikt
ko·len·man *de (m)* [-nen] iem. die steenkolen aan huis bezorgt
ko·len·mijn, **kool·mijn** *de* [-en] winplaats van steenkool
ko·len·schop, **kool·schop** *de* [-pen] schop om kolen mee te scheppen ★ *handen als kolenschoppen* zeer grote handen
ko·len·ver·gas·sing, **kool·ver·gas·sing** *de (v)* proces waarbij men (onderaards) gas wint uit steenkool
ko·len·wa·gen, **kool·wa·gen** *de (m)* [-s] wagen waarin men kolen vervoert
ko·le·re (‹Fr) *de (v)* → **klere**
kolf *de* [kolven] ❶ ondereind van geweer ❷ gesloten wijdbuikig glas met dunne gebogen hals ❸ soort bloeiwijze; zie ook bij → **kolfje**
kolf·baan *de* [-banen] terrein met twee palen voor het kolfspel
kolf·fles *de* [-sen] fles met de vorm van een → **kolf** (bet 2)
kolf·je *het* [-s] ★ *een ~ naar zijn hand* een werkje dat

kolfspel–komiek

iemand juist graag doet
kolf·spel *het* uit de middeleeuwen daterend spel waarbij getracht wordt met een bal, die d.m.v. een stok wordt voortgedreven, twee palen te raken
kol·gans *de* [-ganzen] soort wilde gans
ko·li·brie, ko·li·brie (‹Fr‹Sp‹Caribische indianentaal) *de (m)* [-s] naam van een familie van prachtig gekleurde zeer kleine vogeltjes in tropisch Amerika (Trochilidae)
ko·liek (‹Fr‹Gr) *de (v) & het* [-en] hevige darm- of buikkramp; hevige pijn in een van de organen
kolk *de* [-en] vijver, diepe poel
kol·ken *ww* [kolkte, h. gekolkt] wervelend opstijgen
ko·lo·kwint (‹Gr) *de (m)* [-en] niet-inheemse komkommerachtige plant en de vrucht daarvan, die een sterk purgeermiddel oplevert
ko·lom (‹Lat) *de* [-men] ❶ zuil ❷ verticale, bedrukte strook van een bladzijde ❸ verticale reeks: ★ *een ~ getallen*
ko·lom·bijn·tje (‹Fr) *het* [-s] zacht gebakje
ko·lom·ka·chel *de* [-s] kolomvormige kachel
ko·lo·nel (‹Fr‹It) *de (m)* [-s] hoofdofficier die een regiment of brigade aanvoert; bij de marine niet-officiële titel van een kapitein-ter-zee
ko·lo·nels·be·wind, ko·lo·nels·re·gime [-zjiem] *het* regering bestaande uit hoge legerofficieren, vooral kolonels, die na een staatsgreep de politieke macht uitoefenen, meestal op dictatoriale wijze
ko·lo·ni·aal (‹Fr) **I** *bn* van de koloniën, de koloniën betreffend ★ *koloniale waren* waren afkomstig van (vooral) tropische gewassen, als koffie, thee, specerijen, enz. **II** *de (m)* [-alen] vroeger het moederland dienende soldaat in een → **kolonie** (bet 1); thans iem. die handelt in de geest van het → **kolonialisme**
ko·lo·ni·a·lis·me *het* het optreden van de koloniestichtende westerse mogendheden als zodanig; de geest van een dergelijke handelwijze (vaak in ongunstige zin gebruikt)
ko·lo·nie (‹Lat) *de (v)* [-s, -niën] ❶ overzees gebiedsdeel ❷ de gezamenlijke landgenoten van zekere nationaliteit in een vreemde stad ❸ werkinrichting voor gedetineerden: ★ *de ~ Veenhuizen; vakantiebuitenverblijf voor ziekelijke stadskinderen* ❹ grote groep bijeennestelende individuen van een diersoort
ko·lo·ni·sa·tie [-zaa(t)sie] *de (v)* [-s] het koloniseren; het aanleggen, vestigen van een of meer kolonies, in vreemd gebied
ko·lo·ni·sa·tor [-zaa-] *de (m)* [-s, -toren] stichter van een kolonie of kolonien
ko·lo·ni·se·ren *ww* [-zeerə(n)] (‹Fr) [koloniseerde, h. gekoloniseerd] koloniën vormen (in), een kolonie of volksplanting aanleggen; tot een → **kolonie** (bet 1) maken
ko·lo·nist *de (m)* [-en] iem. die met anderen een (ontginnings)kolonie vestigt in een vreemd land
ko·los, ko·los·sus (‹Gr) *de (m)* [-sen] ❶ bovenmenselijk groot beeld ❷ persoon van reusachtige gestalte ❸ zaak van zeer grote afmetingen, gevaarte
ko·los·saal *bn* geweldig (groot)
Ko·los·sen·zen *mv* inwoners van Colosse, in de oudheid een stad in Klein-Azië ★ *brief aan de ~* een van de zendbrieven van de apostel Paulus
ko·los·sus (‹Gr) *de (m)* [-sen] → **kolos**
kol·ven *ww* [kolfde, h. gekolfd] het kolfspel beoefenen ★ *niet onvoordelig ~* aardige winst behalen
kom *de* [-men] ❶ bolvormig vaatwerk, bakje, kopje zonder oor ❷ komvormige diepte of laagte ★ *zijn arm is uit de ~ geschoten* uit de gewrichtsholte daarvoor ❸ het binnenste, dichtst bebouwde deel van een gemeente: ★ *de bebouwde ~*
kom·aan *tsw* uitroep tot aansporing enz.
kom·af, kom·af *de (m)* ❶ afkomst: ★ *zij is van goede ~* ❷ ★ BN ook *~ maken met iets* a) iets beëindigen; b) met iets voortmaken; c) niet langer aarzelen
kom·buis *de* [-buizen] scheepskeuken
ko·me·di·ant (‹It) *de (m)* [-en] toneelspeler; thans alleen fig aansteller, huichelaar
ko·me·die (‹Lat‹Gr) *de (v)* [-s] ❶ blijspel ❷ schouwburg ❸ grappige vertoning ❹ veinzerij, huichelarij
ko·me·die·spel *het* het vertonen van een toneelstuk; het geven van een schijnvertoning, aanstellerij, onwaarachtig gedoe
ko·meet (‹Gr) *de* [-meten] wazig, enigszins waaiervormig uitlopend hemellichaam, staartster
ko·men *ww* [kwam, is gekomen] ❶ in beweging zijn, zich voortbewegen (beschouwd vanuit het eindpunt van die beweging); naderen: ★ *kom je morgen bij me?* ★ *de bal kwam dicht bij het doel* ❷ beginnen te bestaan: ★ *de winter komt snel dit jaar* ★ *voorlopig komt er geen oorlog* ❸ als hulpwerkwoord: ★ *~ eten; ook gebruikt als hulpwerkwoord voor sommige werkwoorden die met aan- beginnen:* ★ *aan komen draven, komen aandraven, aangedraafd komen, is komen aandraven, is aan komen draven* ★ *~ brengen* ★ *aan iets ~* a) aanraken; b) krijgen, weten te verkrijgen ★ *achter iets ~* te weten komen, ontdekken ★ *er ~* slagen, iets tot een goed einde brengen ★ *dat komt wel* dat zal zeker gebeuren of tot stand komen ★ *daar komt niets van* dat zal wel niet gebeuren of geen goed resultaat opleveren ★ *daar komt niets van (in), daar kan niets van ~* dat gaat niet door, dat is ongewenst ★ *tot iets ~, ertoe ~ het besluit nemen tot iets, aan iets beginnen* ★ *~ op* bedragen, kosten ★ *~ te (met onbep. wijs)* in een toestand geraken: ★ *~ te staan, ~ te sterven* ★ *dat komt ervan!* zulke schadelijke gevolgen kan dit hebben! (als waarschuwing achteraf)
kom·foor (‹Fr) *het* [-foren] kooktoestel; toestel om iets warm te houden
ko·miek (‹Fr‹Gr) **I** *bn* grappig, lachwekkend **II** *de (m)* [-en] acteur die grappige rollen vervult; iem. die het publiek vermaakt in revues, variétés enz. **III** *de (v)* het komische, vermakelijke

ko·mie·ke·ling *de (m)* [-en] grappenmaker; iem. die op de lachlust werkt

ko·mijn (‹Oudfrans‹Gr‹Arab› *de (m)* plant met sterk smakende zaden, schermbloemig gewas, verwant aan karwij (*Cuminum*)

ko·mij·ne·kaas *de (m)* [-kazen] kaas met zaad van komijn erin

Kom·in·tern *afk* Kommunistische Internationale (‹Du) [Communistische Internationale, een in 1919 te Moskou gestichte organisatie die tot doel had de revolutie in andere landen te verbreiden; in 1943 ontbonden]

ko·misch (‹Du‹Lat) *bn* kluchtig, grappig

kom·kom·mer (‹Fr‹Lat) *de* [-s] waterrijke vrucht, als groente gebruikt

kom·kom·mer·tijd *de (m)* vakantietijd, waarin er weinig nieuws is voor de krant; *ook* slapte in zaken

kom·ma (‹Gr) *de & het* ['s] ❶ leesteken dat een korte rust aanduidt; ook gebruikt als scheidingsteken bij tiendelige breuken ❷ muz het theoretische verschil in toonhoogte tussen twee enharmonisch gelijke tonen, bijv. gis en as

kom·ma·ba·cil *de (m)* [-len] kommavormige bacil, die de Aziatische cholera verwekt

kom·ma·neu·ker *de (m)* [-s] iem. die op uiterst kleine foutjes let, muggenzifter

kom·ma·punt *de & het* [-en] leesteken (;) dat een langere rust aanduidt dan de komma, puntkomma

kom·mer *de (m)* verdriet; algemeen zorgelijke omstandigheden ★ *~ en gebrek* ernstige armoede ★ *~ en kwel* tobberij, aanhoudende moeilijkheden

kom·mer·lijk *bn* zorgelijk, armoedig

kom·mer·vol *bn* vol zorg

kom·paan *de (m)* [-panen] ❶ kameraad ❷ minachtend handlanger

kom·pas (‹Fr) *het* [-sen] ❶ instrument dat door middel van een vrij bewegende magneetnaald het noorden aanwijst, gebruikt om de richting of koers op aarde te bepalen ★ *op iems. ~ zeilen (varen)* zich naar iem. richten, handelen naar iems. voorbeeld of volgens zijn aanwijzingen ★ *zonder ~ zeilen* in het wilde weg handelen ★ *de koers naar het ~ richten* zich naar de omstandigheden schikken ❷ inrichting op zakhorloges waardoor men het horloge sneller of langzamer kan laten lopen

kom·pas·naald *ww* [-en] magneetnaald die steeds het noorden aanwijst

kom·pas·roos *de* [-rozen] schijf met de 32 windstreken

kom·pel (‹Du) *de (m)* [-s] mijnwerker

kom·pres (‹Fr) *het* [-sen] ❶ drukverband ❷ door samenpersing verkregen verbandmateriaal, dienend voor vochtopname

Kom·so·mol (‹Russ) *de* communistische jeugdorganisatie in de voormalige Sovjet-Unie

komst *de (v)* het komen ★ *op ~ zijn* spoedig komen, weldra beginnen

Kon. *afk* ❶ Koningen (Bijbelboek) ❷ Koninklijk(e)

kon *ww verl tijd van* → kunnen

kond *bn* ★ *~ doen* bekendmaken, verkondigen

kon·den *ww verl tijd meerv van* → kunnen

kon·fij·ten *ww* (‹Oudfrans) [konfijtte, h. gekonfijt] in suiker inleggen

kon·ger·aal (‹Fr) *de (m)* [-alen] zeepaling van ongeveer 3 m lengte (*Conger*)

kong·si I *de* ['s] (‹Chin) **II** *de* [-s] vennootschap, firma; fig club, kliek

ko·nijn (‹Oudfrans‹Lat‹Gr) *het* [-en] haasachtig knaagdier (*Oryctolagus*)

ko·nij·nen·berg *de (m)* [-en] kunstmatige heuvel waarin tamme konijnen kunnen graven

ko·nij·nen·bont *het* bont uit vacht van konijnen

ko·nij·nen·fok·ke·rij *de (v)* [-en] bedrijf waar men tamme konijnen fokt

ko·nij·nen·hok *het* [-ken] hok voor tamme konijnen

ko·nij·nen·hol *het* [-holen] ondergronds verblijf van konijnen

ko·nij·nen·vel *het* [-len] huid van een konijn

ko·ning *de (m)* [-en] ❶ al dan niet erfelijke hoogste gezagdrager van een rijk ❷ fig hoofd, heerser; belangrijk persoon, kopstuk: ★ *de leeuw is de ~ van de dieren* ★ *Elvis Presley was de ~ van de rock-'n-roll* ★ *de klant is ~* de klant bepaalt hoe hij iets wil hebben ❸ stuk in het schaakspel ❹ figuur in het kaartspel; ❺ *Koningen* naam van twee Bijbelboeken uit het Oude Testament; zie ook bij → blinde, → haan, → rijk¹

ko·nin·gin *de (v)* [-nen] ❶ gemalin van een koning ❷ regerend vorstin ❸ ‹in insectenkoloniën› vrouwtje dat als enige voor de voortplanting zorg draagt door eieren te leggen ❹ schaken bep. schaakstuk dat grotere afstanden via rechte en diagonale lijnen kan afleggen ❺ kaartsp vrouw

ko·nin·gin-moe·der *de (v)* [-s] NN weduwe van een overleden koning, moeder van de regerende koning(in)

Ko·nin·gin·ne·dag *de (m)* [-dagen] in Nederland dag waarop de verjaardag van de koningin wordt gevierd

ko·nin·gin·nen·hap·je *het* [-s] BN kippenpasteitje

ko·nin·gin·nen·pa·ge [-paazje] *de (m)* [-s] geel-zwarte vlinder

ko·nin·gin·nen·rit *de (m)* wielersport belangrijkste rit in een etappewedstrijd, zoals die naar Alpe d'Huez in de Tour de France

ko·nin·gin·re·gen·tes *de (v)* [-sen] weduwe van een overleden koning die de regering waarneemt (bijv. tijdens de minderjarigheid van een troonopvolger)

ko·nin·gin-we·du·we *de (v)* [-n] weduwe van de koning

ko·nings·ap·pel *de (m)* [-s, -en] rijksappel

ko·ning·schap *het* het koning-zijn, de koninklijke waardigheid

ko·nings·gam·biet *het* schaken het offeren van de pion vóór de loper op de koningsvleugel (f-pion)

ko·nings·ge·zind *bn* de partij van de koning

aanhangend; voorstander zijnd van het regeren door een koning

ko·nings·huis *het* [-huizen] geslacht van koningen

ko·nings·kroon *de* [-kronen] de kroon van een koning als teken van zijn waardigheid

ko·nings·man·tel *de (m)* [-s] met hermelijn afgezette staatsiemantel van een koning

Ko·ning-Stad·hou·der *de (m)* NN stadhouder Willem III, tevens koning van Engeland

ko·nings·tij·ger *de (m)* [-s] grote tijgersoort, Bengaalse tijger

ko·nings·va·ren *de* [-s] hoge varensoort (*Osmunda regalis*)

ko·nings·vleu·gel *de (m)* de kolommen e t/m h op het schaakbord

ko·nings·wa·ter *het* mengsel van zoutzuur en salpeterzuur, waarin goud oplost

ko·nings·zoon *de (m)* [-zonen *of* -s] zoon van een koning

ko·nink·lijk *bn* (als) van een koning ★ *Koninklijke Hoogheid* titel van prinsen en prinsessen van koninklijken bloede; zie ook bij → **besluit**

ko·nink·rijk *het* [-en] door een koning of koningin geregeerd land: ★ *Koninkrijk der Nederlanden* ★ *Koninkrijk België* ★ *het ~ Gods, het ~ der hemelen* het Godsrijk, de gemeenschap die God als koning ziet

kon·ke·laar *de (m)* [-s], **kon·ke·laar·ster** *de (v)* [-s] iem. die konkelt

kon·ke·la·rij *de (v)* [-en] het konkelen

kon·ke·len *ww* [konkelde, h. gekonkeld] smoezen, niet ronduit handelen; achterbakse afspraken maken

kon·kel·foe·zen *ww* [konkelfoesde, h. gekonkelfoesd] BN, spreektaal ❶ konkelen ❷ geheime afspraak maken om iem. te bedriegen

kon·soor·ten ‹*Lat*› *mv* → **consorten**

kon·sta·bel ‹*Oudfrans*› *de (m)* [-s] ❶ vroeger (onder)officier belast met de zorg voor het geschut ❷ NN, thans onderofficier-artillerist bij de marine

kont *de* [-en] ❶ inf achterste, zitvlak: ★ *iem. een trap onder of voor zijn ~ geven* ★ *zijn ~ ergens indraaien* zich handig een positie weten te verwerven (in een organisatie e.d.) ★ *de ~ tegen de krib gooien* zich hardnekkig verzetten ★ *in iems. ~ kruipen* iem. weerzinwekkend vleien ★ *aan mijn ~!* dat wijs ik volstrekt af ★ *je ~ niet kunnen keren* geen ruimte hebben om zich te bewegen ★ *op zijn ~ liggen* plat liggen, zonder activiteiten zijn ❷ achterstuk van een schip; zie ook → **kontje** en → **kop**

kon·ter·fei·ten *ww* ‹*Fr*› [konterfeitte, h. gekonterfeit] afbeelden, uitschilderen

kon·ter·feit·sel *het* [-s] afbeelding, portret

kont·je *het* [-s] ❶ duwtje om te helpen bij klimmen: ★ NN *iem. een ~ geven* ❷ spreektaal eerste en laatste snede van heel brood, → **kapje** (bet 3)

kont·zak *de (m)* [-ken] inf zak aan de achterzijde van een broek

kon·vooi ‹*Fr*› *het* [-en] ❶ gewapend, beschermend geleide; begeleid vervoer van goederen, krijgsvoorraad enz. ❷ groep schepen, die onder geleide varen; militair transport ❸ spoorwegen reeks gekoppelde wagons die naar een station gedirigeerd worden

kon·vooi·e·ren *ww* ‹*Fr*› [konvooieerde, h. gekonvooieerd] ‹van schepen› begeleiden ter bescherming

koof ‹*Eng*› *de* [koven] gebogen of schuin vlak tussen wand en zoldering

koog *de* [kogen] → **kaag**

kooi ‹*Lat*› *de* [-en] ❶ vogelkooi ❷ slaapplaats, vooral op schepen ❸ hok voor dieren ❹ eendenkooi

kooi·con·struc·tie [-sie] *de (v)* [-s] in een auto ingebouwde constructie die de ruimte waarin de inzittenden zich bevinden omsluit, waardoor deze extra beschermd worden

kooi·en *ww* [kooide, h. gekooid] in een kooi opsluiten

kooi·ker *de (m)* [-s], **kooi·man** *de (m)* [-lieden, -lui] houder van een eendenkooi

kooi·kers·hond·je *het* [-s] tamelijk klein, enigszins langharig hondenras, wit met bruinachtige vlekken, vroeger gebruikt door kooikers, een van de oudste hondenrassen in Nederland

kooi·vo·gel *de (m)* [-s] in een kooi levende vogel

kook *de* het koken: ★ *aan de ~* ★ *van de ~* fig in de war, van streek

kook·boek *het* [-en] boek met kookrecepten

kook·hit·te *de (v)* temperatuur waarbij iets kookt

kook·ka·chel *de* [-s] kachel om op te koken

kook·kunst *de (v)* de kunst van het → **koken** (bet 1)

kook·plaat *de* [-platen] elektrisch verwarmde plaat, waarop gekookt wordt

kook·pot *de (m)* [-ten] kookketel

kook·punt *het* [-en] temperatuur waarbij een vloeistof kookt

kook·sel *het* [-s] wat gekookt is

kook·stel *het* [-len] toestel waarop gekookt wordt, gas- of petroleumstel

kook·wek·ker *de (m)* [-s] wekker die waarschuwt, als een bepaalde tijd van koken, braden enz. om is

kool[1] *de* ❶ bruinkool of steenkool [kolen] ❷ [*mv*: kolen] een stuk daarvan ★ *op hete kolen zitten* zijn ongeduld of onrust nauwelijks kunnen bedwingen ★ *vurige kolen op iemands hoofd stapelen* vriendschap of welwillendheid betonen aan iemand die door zijn houding niet tot zulk een handeling uitlokt

kool[2] ‹*Lat*› *de* [kolen] bepaalde, vaak als groente gegeten kruisbloemige plant (*Brassica*), zoals: ★ *boerenkool* ★ *rode kool* ★ *witte kool* ★ *Chinese kool* e.d. ★ *het is ~* flauwigheid, onzin ★ *een ~ stoven* een poets bakken ★ *de ~ en de geit sparen* tussen twee tegenstellingen of partijen door trachten te schipperen ★ *het sop is de ~ niet waard* de zaak is van te weinig belang om er veel woorden of veel moeite voor te doen ★ *groeien als ~* snel groeien

kool·bak *de (m)* [-ken] → **kolenbak**

kool·bek·ken het [-s] → kolenbekken
kool·bran·der de (m) [-s] → kolenbrander
kool·damp de (m) → kolendamp
kool·di·oxi·de [-oksiedə] het verkorte benaming voor koolstofdioxide, CO_2, een kleurloos, niet giftig gas met prikkelende reuk en smaak, ook vaak *koolzuur* genoemd
kool·hok het [-ken] → kolenhok
kool·hy·draat [-hie-] het [-draten] organische verbinding van koolstof en tweemaal zoveel waterstof als zuurstof, waartoe o.a. suiker en zetmeel behoren
kool·kit de [-ten] → kolenkit
kool·mees de [-mezen] mees met zwarte kop (*Parus major*)
kool·mijn de [-en] → kolenmijn
kool·mo·noxi·de [-noksiedə] het verkorte benaming van koolstofmonoxide, CO, een zeer giftig maar reukloos gas dat ontstaat bij onvolledige verbranding van koolstof
kool·raap de [-rapen] ❶ ★ *bovengrondse* ~ koolrabi ❷ ★ *ondergrondse* ~ knolraap
kool·ra·bi (‹Du) de ['s] soort → kool² die aan de voet van de stengel eetbare knollen vormt
kool·schop de [-pen] → kolenschop
kool·sla de gemengde salade met kool
kool·spits de [-en] staafje koolstof in een booglamp
kool·stof de chemisch element, symbool C, atoomnummer 6, in zuivere toestand voorkomend als diamant, grafiet, houtskool, roet e.d.
kool·stof·di·oxi·de [-oksiedə] het chemische verbinding, CO_2; vgl: → **kooldioxide**
kool·stof·long de aandoening van de longen door ingeademd kolenstof of roet dat zich heeft vastgezet, antracose
kool·stof·mo·noxi·de [-noksiedə] het chemische verbinding, CO; vgl: → **koolmonoxide**
kool·stronk de (m) [-en] stronk waaraan de koolbladeren zitten
kool·teer de (m) & het teer die bij de lichtgasbereiding uit kolen wordt afgescheiden
kool·tje·vuur het [kooltjes-vuur] ranonkelachtige plant met rode bloemen (*Adonis flammeus*)
kool·ver·gas·sing de (v) → kolenvergassing
kool·vis de (m) [-sen] soort schelvis
kool·wa·gen de (m) [-s] → **kolenwagen**
kool·wa·ter·stof de [-fen] benaming voor verbinding van koolstof, waterstof en zuurstof, waartoe o.a. alle petroleumsoorten behoren
kool·wit·je het [-s] geelwitte vlinder met zwarte vlekken
kool·zaad het kruisbloemige plant, waaruit olie geperst wordt (*Brassica napus*)
kool·zuur het ❶ de chemische verbinding H_2CO_3 ❷ de populaire benaming voor koolstofdioxide, CO_2
kool·zuur·hou·dend bn koolzuur bevattend
kool·zuur·sneeuw de wit poeder, bestaande uit sterk onderkoeld kooldioxide dat vast geworden is, o.a.
gebruikt om wratten weg te halen
kool·zwart bn glinsterend zwart
koon de [konen] wang
koop de (m) [kopen] ❶ overeenkomst waarbij de ene partij zich verbindt een goed of goederen te leveren en de andere partij zich verbindt een prijs daarvoor te betalen ❷ het gekochte: ★ *de beste* ~ ★ *te* ~ gekocht kunnen worden ★ *op de* ~ *toe* bovendien nog ★ *met iets te* ~ *lopen* er ieders aandacht op vestigen ★ *weten wat er te* ~ *is* wat er zich zoal voordoet ★ BN, spreektaal *iets te* ~ *hebben* in overvloed bezitten: ★ *hij heeft gezondheid te* ~ ★ BN *ook iets te* ~ *stellen* te koop aanbieden
koop·ak·te de [-n, -s] schriftelijk bewijs van een koop
koop·avond de (m) [-en] avond waarop winkels geopend zijn
koop·con·tract het [-en] koopakte, koopovereenkomst
koop·dag de (m) [-dagen] dag van openbare verkoping
koop·graag bn graag kopend, kooplustig
koop·han·del de (m) vero ¹handel ★ BN *rechtbank van* ~ rechtscollege voor geschillen tussen handelaars
koop·huis het [-huizen] koopwoning
koop·je het [-s] voordelige aanbieding of koop ★ *op een* ~ zo goedkoop mogelijk ★ schertsend *iem. een* ~ *leveren* iem. een moeilijkheid op de hals schuiven
koop·jes·ja·ger de (m) [-s] iem. die graag koopjes haalt
koop·kracht de econ financiële mogelijkheden van de consument om zich goederen aan te schaffen of van diensten gebruik te maken: ★ *door de inflatie is de* ~ *verminderd*
koop·krach·tig bn financieel in staat om veel te kopen
koop·lust de (m) neiging om te kopen
koop·lus·tig bn graag kopend
koop·man de (m) [-lieden, -lui] handelaar
koop·mans·beurs de [-beurzen] handelsbeurs; plaats waar kooplieden elkaar ontmoeten voor koop en verkoop
koop·mans·boek het [-en] boek waarin de koopman zijn boekhouding moet bijhouden
koop·man·schap de (v) handel; het vak van koopman
koop·mans·ge·bruik het [-en] usance in de handel ★ *goed* ~ verantwoorde wijze van winstberekening, vooral tegenover de fiscus
koop·prijs de (m) [-prijzen] prijs waarvoor iets gekocht is of kan worden
koop·som de [-men] bedrag dat iets kost
koop·som·po·lis de [-sen] verzekeringspolis waarbij de premie niet door periodieke betaling voldaan wordt maar door een storting ineens
koop·vaar·der de (m) [-s] handelsschip
koop·vaar·dij de (v) handelsscheepvaart
koop·vaar·dij·schip het [-schepen] koopvaarder
koop·vaar·dij·vloot de [-vloten] de gezamenlijke koopvaardijschepen

koop·vaart *de* koopvaardij
koop·vrouw *de (v)* [-en] handelaarster in 't klein
koop·waar *de* [-waren] goederen om te verkopen
koop·wo·ning *de (v)* [-en] huis dat de bewoner moet kopen, *tegengest*: → **huurwoning**
koop·ziek *bn* met een ziekelijke neiging tot kopen
koop·ziek·te *de (v)*, **koop·zucht** *de* ziekelijke neiging tot kopen
koop·zon·dag *de (m)* [-dagen] zondag waarop winkels open zijn
koor *(‹Lat) het* [koren] ❶ groep zangers en / of zangeressen; veelstemmig gezang ★ *in* ~ allen tegelijk ❷ RK verhoogd kerkgedeelte waar het hoogaltaar staat
koor·bank *de* [-en] zitplaats voor een lid van het kerkkoor
koord *(‹Fr‹Lat‹Gr) de & het* [-en] ❶ touw, lijn ❷ dikke gevlochten lijn aan gordijnen e.d. ★ NN *de koorden van de beurs in handen hebben* de beschikking over het geld hebben; zie ook → **kat**
koord·dan·sen *ww & het* (het) op een al dan niet strak gespannen koord of staaldraad bewegingen maken zonder het evenwicht te verliezen
koord·dan·ser *de (m)* [-s], **koord·dan·se·res** *de (v)* [-sen] iem. die in het openbaar kunsten vertoont op een al dan niet strak gespannen koord of staaldraad
koor·de *de* [-n] rechte lijn die twee punten van een cirkelomtrek verbindt
koor·di·ri·gent *de (m)* [-en] dirigent van een → **koor** (bet 1)
koor·ge·bed *het* [-beden] RK gezamenlijk gesproken of gezongen liturgisch gebed
koor·heer *de (m)* [-heren] iem. die lid is van een kapittel
koor·hek *het* [-ken] hek dat het → **koor** (bet 2) afsluit
koor·hemd *het* [-en] kort linnen priesterhemd met mouwen
koor·kap *de* [-pen] mantelvormig priesterkleed
koor·knaap *de (m)* [-knapen] RK jongen van het kerkkoor; jongen die de priester bij de mis helpt
koorts *de* [-en] verhoging van lichaamstemperatuur bij ziekte
koorts·aan·val *de (m)* [-len] het plotseling optreden van koorts
koorts·ach·tig *bn* enigszins koortsig; fig opgewonden, onrustig, gejaagd
koorts·droom *de (m)* [-dromen] verwarde, veelal benauwende, voorstelling bij ijlende koorts
koort·sig *bn* koorts hebbend; fig zeer gejaagd
koorts·lip *de* [-pen] pijnlijke uitslag op de lip als gevolg van koorts
koorts·ther·mo·me·ter *de (m)* [-s] thermometer, gewoonlijk lopend van 35-42°C, om de lichaamstemperatuur te meten
koorts·uit·slag *de (m)* → **uitslag** (bet 3) na koorts, meestal aan de lippen, veroorzaakt door het herpessimplexvirus
koorts·vrij *bn* geen koorts hebbend, zonder koorts

koorts·we·rend *bn* koorts tegenhoudend
koor·zang *de (m)* [-en] gemeenschappelijke zang; **koorzanger** *de (m)* [-s]
koos *ww verl tijd van* → **kiezen**
koos·jer *(‹Hebr) bn* volgens de godsdienstige voorschriften van de joden bereid of geoorloofd, rutieel ★ fig *niet* ~ niet pluis, niet zuiver
koos·naam *de (m)* [-namen] liefkozende benaming die men geeft aan iem. aan wie men zeer gehecht is
koot·je *het* [-s] lid van vinger of teen
kop *de (m)* [-pen] ❶ hoofd van dieren, ook (spreektaal) van mensen ★ *er is* ~ *noch staart aan te vinden* niet uit wijs te worden ★ *op de* ~ *af*, BN: *op de* ~ precies, exact ★ *over de* ~ *gaan* failliet gaan ★ *iets de* ~ *indrukken* iets onderdrukken, vernietigen ★ *iets op de* ~ *tikken* door een gelukkig koopje in handen krijgen ★ NN *zich over de* ~ *werken* veel te hard werken ★ iem. *op zijn* ~ *zitten* overheersen, de baas spelen over ★ *dat kan je de* ~ *kosten* daarvoor kun je de doodstraf krijgen ★ schertsend *dat kan (ons) de* ~ *niet kosten* dat bedrag is nog wel te betalen, die uitgave kunnen wij ons wel veroorloven ★ NN, spreektaal iem. *bij* ~ *en kont pakken* iem. flink beetpakken (om hem te verwijderen) ★ spreektaal *hou(d) je* ~ zwijg! ★ BN, spreektaal *per* ~ per persoon, per hoofd ★ BN ook *van* ~ *tot teen* volledig, over het hele lichaam, van top tot teen ★ BN, spreektaal *mijn* ~ *draait ik ben*, word duizelig ❷ spreektaal het hoofd als zetel van het leven en het verstand ★ *een heldere* ~ iem. met een scherp verstand ★ *daar zit een* ~ *op* dat is een knap persoon ★ NN, spreektaal *wat-ie in zijn* ~ *heeft, heeft-ie niet in zijn kont* gezegd van iem. die een doorzetter is; *ook* van iem. die veel dramt ★ BN, spreektaal *(de)* ~ *voor iets hebben* het talent, de aanleg ervoor hebben ★ BN, spreektaal *zijn* ~ *uitwerken* zijn zin doordrijven ★ BN, spreektaal *iets in zijn* ~ *steken* in het hoofd halen ★ BN, spreektaal *met zijn kop spelen* koppig zijn ★ *koppen* manschappen: ★ *een bemanning van twintig koppen* ❸ afbeelding van een mensenhoofd ★ ~ *of munt* kruis van munt ❹ bovenste deel, boveneind: ★ *de* ~ *van Noord-Holland*; voorste gedeelte: ★ *aan (de)* ~, *op* ~ vooraan, voorop ❺ titel boven een krantenartikel e.d. ❻ kom: ★ ~ *en schotel* ❼ komvormig deel van tabakspijp ❽ inhoudsmaat voor droge waren: 1 liter ❾ kopvormige wolk ❿ BN ook hoofdkaas, zult: ★ *geperste* ~ (zuur gemaakt) vlees van de kop van een dier; zie ook bij → **kopje**, → **spijker**
kop-aan-kont·lig·gen *ww & het* NN, spreektaal (het) met een aantal personen zodanig in een bed liggen dat (om en om) de voeten van de een gelegen zijn aan de zijde waar het hoofd van de ander ligt
ko·pal *(‹Sp) de (m) & het* barnsteenkleurige harde hars uit verschillende planten waaruit vernissen bereid worden
kop·bal *de (m)* [-len] voetbal verplaatsing van de bal door → **koppen** (bet 1)

kop·blad *het* [-bladen] uitgave van een krant onder een andere naam, maar met nagenoeg dezelfde inhoud

kop·du·el *het* [-s] voetbal strijd om de bal door middel van → **koppen** (bet 1)

ko·pe·ke *de (m)* [-n] Russische munt, 1/100 roebel

ko·pen *ww* [kocht, h. gekocht] ❶ aangaan van een koop; algemeen iets verkrijgen tegen betaling; ★ BN, spreektaal *een kind ~* een kind krijgen ❷ ⟨bij sommige kaartspelen⟩ kaarten nemen uit de nog niet verdeelde voorraad ❸ BN, kaartsp troeven: ★ *een slag ~*

ko·per[1] *de (m)* [-s] iem. die koopt

ko·per[2] (⟨Lat⟩) *het* ❶ chemisch element, symbool Cu, atoomnummer 29, een geelachtig metaal; zie ook → **geelkoper** en → **roodkoper** ❷ koperen blaasinstrumenten in een orkest: hoorns, trompetten, trombones, tuba's e.d. ❸ koperwerk ❹ koperen munten

ko·per·bla·zer *de (m)* [-s] bespeler van koperen blaasinstrument

ko·per·diep·druk *de (m)* druktechn diepdruk met koperen platen of cilinders

ko·per·draad als stof: *het & de (m)*, als voorwerp: *de* [-draden] draad van koper

ko·per·druk *de (m)* [-ken] kopergravure

ko·pe·ren *bn* van koper ★ *de ~ ploert* de zon ★ *~ bruiloft* 12,5-jarig huwelijksfeest ★ *~ blaasinstrumenten* blaasinstrumenten die vroeger van koper werden vervaardigd; zie ook bij → **koper**[2]

ko·per·erts *het* [-en] erts dat koper bevat

ko·per·geld *het* koperen geldstukken

ko·per·gie·te·rij *de (v)* [-en] werkplaats waar koperen voorwerpen gegoten worden

ko·per·glans I *de (m)* glans als van koper **II** *de (m) & het* soort kopererts

ko·per·gra·vu·re *de* [-s, -n] in koper uitgesneden tekening; afdruk daarvan

ko·per·groen *het* groen roest op koper; groene kleur als van koperroest

ko·per·mijn *de* [-en] mijn waaruit men kopererts graaft

ko·per·plet·te·rij *de (v)* [-en] werkplaats waar koper tot platen geslagen wordt

ko·per·poets *de (m) & het* poetsmiddel voor koperen voorwerpen

ko·per·sla·ger *de (m)* [-s] iem. die koperen voorwerpen vervaardigt en herstelt

ko·per·sla·ge·rij *de (v)* [-en] werkplaats van een koperslager

ko·per·werk *het* voorwerpen van koper

ko·per·wiek *de* [-en] koperkleurige soort lijster

ko·per·zout *het* [-en] chem verbinding van koper met zuren

kop·groep *de* [-en] sp voorste groep die zich tijdens een wedstrijd vormt

ko·pie (⟨Fr⟩) *de (v)* [-pieën] ❶ afschrift ★ *voor ~ conform* voor eensluidend afschrift ❷ naar een bestaand voorbeeld gemaakte tekening of schilderij; in het algemeen iets wat nagemaakt is ❸ verkorte vorm van fotokopie

ko·pieer·ap·pa·raat [-pjeer-] *het* [-raten] toestel om (fotografische) kopieën te maken van documenten en andere teksten

ko·pi·eer·be·vei·li·ging *de (v)* comput voorziening (in de vorm van software of hardware) om het illegaal kopiëren van software tegen te gaan

ko·pi·ë·ren *ww* [-pjee-] (⟨Fr⟩) [kopieerde, h. gekopieerd] afschrijven; natekenen, naschilderen, namaken

ko·pi·ist *de (m)* [-en], **ko·pi·is·te** *de (v)* [-n, -s] iem. die kopieën maakt (→ **kopie**, bet 1 en 2)

ko·pij *de (v)* ❶ handschrift waarnaar de zetter werkt ❷ stof voor artikelen in een krant, tijdschrift enz.

ko·pij·recht *het* (⟨vernederlandsing van: *copyright* (Eng)⟩) uitsluitend recht om een boekwerk of geschrift uit te geven

kop·je *het* [-s] ❶ kleine kop; gezichtje ★ *kopjes geven* ⟨door katten⟩ aaien met de kop ★ *een ~ kleiner maken* onthoofden ❷ (⟨ZA⟩) NN alleenstaande hoge heuvel; ook wel in Nederland gebruikte benaming voor sommige heuvels: ★ *het Kopje van Bloemendaal* ❸ kleine drinkkom: ★ *theekopje, koffiekopje*

kop·je·dui·ke·len *ww*, **kop·pel·tje·dui·ke·len** [duikelde kopje, h. kopjegeduikeld] buitelen over het hoofd

kop·je-on·der *bijw* geheel onder water

kop·klep *de* [-pen] klep in de kop van de cilinder van een motor

kop·laag *de* [-lagen] bovenste laag van een metselwerk; laag stenen in een muur, waarvan de smalle kant in het gezicht komt

kop·lamp *de* [-en], **kop·licht** *het* [-en] voorlamp van een auto

kop·loos *bn* zonder (duidelijk herkenbare) kop: ★ *koploze spijkers*

kop·lo·per *de (m)* [-s] iem. die aan → **kop**(bet 5) loopt, die (bij een wedstrijd) de voorste is

kop·man *de (m)* [-nen] ❶ wielersport belangrijkste man in een ploeg, voor wie de anderen als knechten moeten rijden ❷ BN, spreektaal (bij verkiezingen) lijstaanvoerder, lijsttrekker; aanvoerder, haantje-de-voorste

kop·pak·king *de (v)* [-en] koperen pakking van motoren

kop·pel I *het* [-s] paar, stel; enige, enkele, een aantal ★ *het ~ het tweetal* **II** *de* [-s] leren draagband (voor sabel, enz.)

kop·pe·laar *de (m)* [-s], **kop·pe·laar·ster** *de (v)* [-s] iem. die huwelijken tot stand brengt; **koppelarij** *de (v)*

kop·pel·baas *de (m)* [-bazen] iem. die arbeidskrachten werft en deze weer aan een bedrijf uitleent, waarbij hij zelf als onderaannemer optreedt, vaak zonder zich aan de wettelijke bepalingen te houden

kop·pe·len *ww* [koppelde, h. gekoppeld] verbinden, samenbrengen; een huwelijk tot stand brengen

kop·pe·ling *de (v)* [-en] ❶ verbinding: ★ *de ~ van lonen en prijzen* ❷ werktuigbouwkunde machineonderdeel voor het koppelen van twee assen of van een as met een eromheen draaiend wiel ❸ bevestiging om een te trekken wagen aan het trekkende voertuig vast te maken ❹ nat het elkaar beïnvloeden van twee of meer trillende systemen
kop·pel·koers *de* [-en] koppelwedstrijd
kop·pel·riem *de (m)* [-en] → **koppel** (bet 2)
kop·pel·stang *de* [-en] ❶ stang die bij locomotieven de beweging van een drijfwiel overbrengt op één of meer andere wielen, ter verdeling van de trekkracht ❷ verbindingsstang bij een spoorwissel
kop·pel·te·ken *het* [-s] streepje als verbinding tussen twee woorden
kop·pel·ver·koop *de (m)* verkoop van een artikel onder voorwaarde dat de koper tegelijk iets anders koopt
kop·pel·wed·strijd *de (m)* [-en] wielersport, schaatsen wedstrijd waarin koppels tegen elkaar uitkomen
kop·pel·werk·woord *het* [-en] werkwoord dat een onderwerp verbindt met een bepaling van dat onderwerp: bijv. *zijn* in: ★ *hij is ziek*
kop·pel·wo·ning *de (v)* [-en] BN ook twee aan twee gebouwd huis, twee-onder-een-kap
kop·pen *ww* [kopte, h. gekopt] ❶ voetbal de bal met het hoofd wegstoten ❷ in krantenkoppen vermelden: ★ *alle dagbladen kopten over de terreuraanslagen*
kop·pen·snel·len *ww & het* ❶ ⟨bij primitieve volken⟩ hoofden van personen afslaan en meenemen om rituele redenen ❷ schertsend snel de opschriften boven artikelen in kranten lezen; **koppensneller** *de (m)* [-s]
kop·pie-kop·pie *tsw* vooral NN gezegd als iem. iets slims heeft gedaan of een goede inval heeft
kop·pig *bn* zijn eigen zin volgend; lang kwaad blijvend; (van wijn e.d.) naar het hoofd stijgend; **koppigheid** *de (v)*
kop·pig·aard *de (m)* [-s] BN ook ❶ koppig, eigenzinnig persoon, stijfkop ❷ doorzetter
kop·pijn *de* inf hoofdpijn
kop·po·ter *de (m)* [-s] kinderlijk getekend figuurtje met alleen een hoofd en ledematen
kop·po·ti·gen *mv* weekdieren met een krans van armen rond de mond
ko·pra *(⟨Port⟨Hindi⟩ de* gedroogd kiemwit van de kokosnoot, waaruit kokosolie, -zeep enz. vervaardigd wordt
kop·re·gel *de (m)* [-s] vette regel boven een artikel, bladzijde enz.
kop·rol *de* [-len] kopjeduikelen als gymnastische oefening
kops *bn* het dwarse vlak tonend ★ *~ hout zie* → **kopshout** ★ *de kopse kant van het hout* het dwarse vlak
kop·schuw *bn* schichtig, wantrouwend, bevreesd

kops·hout *het* loodrecht op de nerf gezaagd hout
kop·spe·cia·list [-sjaa-] *de (m)* [-en] iem. die zeer bekwaam is in het → **koppen** (bet 1)
kop·spie·gel·lamp *de* [-en] gloeilamp waarvan het onderste deel bestaat uit ondoorzichtig, spiegelend glas
kop·spij·ker *de (m)* [-s] scherp spijkertje met grote, platte kop
kop·staart·bot·sing *de (v)* [-en] botsing waarbij de voorzijde van de ene auto de achterzijde van een andere raakt; *vgl*: → **frontaal**
kop·sta·tion [-staa(t)sjon] *het* [-s] station waar een trein niet in dezelfde richting verder kan rijden, omdat de spoorlijnen er doodlopen
kop·stem *de* [-men] ❶ muz wijze van zingen waarbij de stembanden niet in hun gehele breedte trillen ❷ BN (bij de verkiezingen) stem die wordt uitgebracht op de lijst als geheel, lijststem; *tegengest*: **voorkeurstem**
kop·stoot *de (m)* [-stoten] ❶ stoot tegen of met het hoofd ❷ bilj stoot bij het → **masseren** (bet 2) ❸ inf combinatie van bier en jenever
kop·stuk *het* [-ken] leidende figuur: ★ *de kopstukken van een politieke partij*
kop·tekst *de (m)* [-en] comput tekst die bij tekstverwerking op elke pagina van een document bovenaan kan worden gezet en zo kan worden afgedrukt
kop·te·le·foon *de (m)* [-s, -fonen] luisterapparaat dat men op de oren klemt
kop·ten *mv* christelijke afstammelingen van de oude Egyptenaren in Egypte
Kop·tisch *het* taal van de kopten, de jongste vorm van de Oudegyptische taal
kop·tisch *bn* van betreffende de kopten: ★ *de koptische kerk*
kop·werk *het* sp: ★ *~ verrichten* of *doen* vooraan rijden of lopen (in een groepje of het peloton)
kop·ziek·te *de (v)* gevaarlijke runderziekte als gevolg van stofwisselingsstoornissen
kop·zorg *de* [-en] tobberij, kommer ★ *zich kopzorgen maken* bezorgd zijn
Kor. *afk* Korinthiërs
kor *de* [-ren] → **korre**
ko·raal¹ *(⟨Fr⟨Lat⟩* [-ralen] **I** *het* ❶ RK gregoriaans, liturgisch kerkgezang ❷ prot psalm of gezang met meerstemmige begeleiding **II** *de (m)* koorzanger, koorknaap
ko·raal² *(⟨Lat⟨Gr⟩ het* skelet van koraaldiertjes, vooral die welke uit kalk bestaan en die bijna alle behoren tot de koloniévormende bloempoliepen
ko·raal³ *(⟨Lat⟨Gr⟩ de* [-ralen] → **kraal¹**
ko·raal·dier·tjes *mv* die organismen van neteldieren die een skelet (zie → **koraal²**) vormen, koralen
ko·raal·ei·land *het* [-en] eiland ontstaan door samenklontering van → **koraal²**
ko·raal·ge·zang *het* [-en] in koor gezongen kerklied; RK liturgisch kerkgezang

ko·raal·mu·ziek de (v) muziek bij koraalgezang
ko·raal·rif het [-fen] rif van → **koraal²**
ko·raal·rood bn rood als bloedkoraal
ko·ra·len I mv koraaldiertjes II bn van → **koraal²**
ko·ra·lijn (‹Fr), **ko·ra·lij·nen** bn van → **koraal²**; rood als bloedkoraal
Ko·ran [-raan] (‹Arab: oplezing) de (m) het boek met de openbaringen ontvangen door de Profeet Mohammed, het heilige boek van de moslims
ko·ran [-raan] (‹Arab: oplezing) de (m) exemplaar van de Koran
kor·daat (‹Lat) bn kloek, wakker, flink, vastberaden
kor·don (‹Fr) het [-s] linie van mensen, veelal politieagenten, militairen e.d., rond een bep. gebied ter bescherming of beveiliging: ★ *de politie vormde (legde) een ~ rond het stadion*
Ko·re·aan de (m) [-anen] iem. geboortig of afkomstig uit Korea
Ko·re·aans I bn van, uit, betreffende Korea II het de taal van Korea
ko·ren het graan
ko·ren·aar de [-aren] bloeiwijze van koren
ko·ren·blauw bn blauw als de korenbloem
ko·ren·bloem de [-en] blauwe bloem tussen graan (*Centaurea cyanus*)
ko·ren·maat de [-maten] maat om koren te meten ★ *men moet zijn licht niet onder de ~ zetten* men moet zijn gaven niet verborgen houden (naar *Mattheus* 5: 15)
ko·ren·mijt de [-en] stapel korenschoven
ko·ren·mo·len de (m) [-s] molen om graan te malen
ko·ren·schoof de [-schoven] bijeengebonden bos korenhalmen
ko·ren·schuur de [-schuren] bergplaats voor graan; ook land dat, streek die veel graan uitvoert
ko·ren·wolf de (m) [-wolven] vooral NN veldhamster, sporadisch in Nederlands-Limburg voorkomende hamstersoort met oranjebruine vacht, witte poten en witte vlekken op kop, hals en nek, *Cricetus cricetus*
ko·ren·zol·der de (m) [-s] zolder waar men graan opslaat
korf¹ de (m) [korven] gevlochten mand
korf² ww verl tijd van → **kerven**
korf·bal het balspel, gespeeld door gemengde teams van vier vrouwen en vier mannen, waarbij de bal door een mand zonder bodem aan een hoge paal gegooid moet worden
korf·bal·len ww [korfbalde, h. gekorfbald] korfbal spelen
korf·bal·ler de (m) [-s], **korf·bal·ster** de (v) [-s] iem. die korfbal speelt
korf·bal·uit·slag de (m) [-slagen] voetbal, hockey einduitslag van een wedstrijd met zeer veel doelpunten (zoals gewoon is bij het korfbal)
korf·fles de [-sen] fles in matwerk, dame-jeanne
kor·haan de (m) [-hanen] mannetjeskorhoen
kor·hoen het [-ders] in 't wild levende hoenderachtige vogel
ko·ri·an·der (‹Gr) de (m) schermbloemige plant (*Coriandrum sativum*); het geurige zaad daarvan, o.a. gebruikt als keukenkruid, in de chocolade-industrie en bij de likeurbereiding
Ko·rin·thi·ërs mv ❶ inwoners van Korinthe ❷ een van de Bijbelboeken van het Nieuwe Testament: ★ *Brief van Paulus aan de ~*
Ko·rin·thisch bn van, uit, betreffende Korinthe ★ *~ kapiteel* kelkvormig kapiteel met bladmotieven
ko·rist (‹Fr‹Lat) de (m) [-en], **ko·ris·te** de (v) [-n] koorzanger(es), lid van het koor van een opera, revue enz.
kor·jaal de (m) [-jalen] vaartuig (oorspr een uitgeholde boomstam) bij de bosnegers in Suriname in gebruik
kor·nak (‹Port‹Singalees) de (m) [-s] geleider en oppasser van olifanten in Zuid-Azië
kor·na·lijn (‹Fr) als stof: het, als voorwerp: de (m) [-en] geelrood halfedelgesteente
kor·net¹ (‹Fr) de (m) [-ten, -s] vaandrig, aspirant-officier bij de bereden wapens
kor·net² (‹Fr) de [-ten] ❶ soort neepjesmuts ❷ muz kromme hoorn
kor·nis (‹Fr‹It) de [-sen] kroonlijst, lijstkrans aan de bovenkant van een bouwwerk
kor·noel·je (‹Fr) de [-s] plant met eetbare zwarte bessen (*Cornus*)
kor·nuit (‹Lat) de (m) [-en] kameraad, vent
kor·oes·ter de [-s] met een korre gevangen noordzeeoester
kor·po·raal (‹Fr‹It) de (m) [-s] militair van de laagste rang boven soldaat, bij alle wapens
kor·po·raals·stre·pen mv strepen op de mouw als herkenningsteken van een korporaal
korps (‹Fr‹Lat) het [-en] ❶ gesloten groep van personen van een zelfde categorie, bijv. ★ *ambtenarenkorps* ❷ zelfstandige troepeneenheid, kleiner dan een regiment; vgl: → **vrijkorps**; als verkorting van → **legerkorps** echter voor een zelfstandig opererende afdeling van een leger; zie ook → **corps** ❸ druktechn aanduiding voor de lettergrootte van drukletters, uitgedrukt in typografische punten
korps·geest de (m) saamhorigheidsgevoel bij de leden van een korps
kor·re, **kor** de [korren] sleepnet om oesters en mosselen te vangen
kor·rel de (m) [-s] ❶ rondachtig vast lichaampje ★ *met een korreltje zout* niet al te letterlijk ❷ decigram ❸ verhevenheid vóór op de loop van een geweer ★ *op de ~ nemen* mikken op fig kritiek oefenen op, ter verantwoording roepen
kor·re·len ww [korrelde, h. & is gekorreld] ❶ tot korrels maken ❷ aan korrels vallen, tot korrels worden
kor·re·lig bn met korrels, uit korrels bestaande
kor·ren ww [korde, h. gekord] met een kor vissen
Kor·sa·kov zn ★ *syndroom van ~* syndroom dat o.a.

wordt gekenmerkt door ernstige geheugenstoornissen, vooral voorkomend bij alcoholisten, genoemd naar de Russische psychiater S.S. Korsakov (1854-1900)

kor·set (‹Fr› het [-ten] ❶ onderkledingstuk dat het lichaam nauw insnoert, ter verbetering van de lichaamshouding, vroeger ook om schoonheidsredenen gedragen ❷ fig iets wat iem. in zijn bewegingsvrijheid belemmert

korst (‹Lat› de [-en] min of meer harde, dunne laag die iets bedekt: ★ de ~ van een brood ★ de ~ op een wond

kor·sten ww [korstte, h. & is gekorst] dichtschroeien, een korst doen krijgen

kor·stig bn met harde korst

korst·jes mv ❶ soort knapperig gebak ❷ afgesneden stukje broodkorst: ★ ~ zijn ook brood ❸ BN, spreektaal geroosterde of in vet gebakken reepjes of dobbelsteentjes van oud brood, soldaatjes

korst·mos het [-sen] soort mos op oude muren enz., bestaande uit een zwam en een wier die in symbiose leven

kort (‹Lat› bn van geringe lengte of tijdsduur ★ het ~ houden snel en ter zake bespreken ★ iem. ~ houden iem. weinig vrijheid laten ★ vooral NN het is ~ dag er is weinig tijd (van voorbereiding) ★ ~ en klein slaan helemaal kapot ★ te ~ doen benadelen ★ zich te ~ doen zichzelf benadelen, ook zelfmoord plegen ★ te ~ komen niet krijgen waarop men recht heeft ★ te ~ schieten in gebreke blijven, onvoldoende zijn ★ tot voor ~ tot kort geleden ★ BN ik zal ~ zijn om kort te gaan ; zie ook bij → eind, → geding, → keer, → stof¹

kort·aan·ge·bon·den bn snel geïrriteerd en onvriendelijk

kort·ade·mig bn spoedig buiten adem; **kortademigheid** de (v)

kort·af, kort·af bijw in weinig woorden; onomwonden; niet vriendelijk, bits

kort·bon·dig bn bondig

kor·te·baan·wed·strijd de (m) [-en] schaatsen snelheidswedstrijd over korte afstand

kor·te·golf·zen·der de (m) [-s] → zender (bet 2) op korte golflengte

kor·te·lings bijw kort geleden

kor·ten ww [kortte, h. & is gekort] ❶ korter maken ❷ doorbrengen: ★ de tijd ~ ❸ van een bedrag afhouden ❹ korter worden ❺ dial helpen, baten ★ dat is niks gekort a) dat helpt niet, dat is vergeefse moeite; b) dat doet niets ter zake

kort·film de (m) [-s] BN film van maximaal een uur (i.t.t. langspeelfilm)

kort·ha·rig bn met korte haren

kort·heids·hal·ve bijw om de kortheid

kor·ting de (v) [-en] aftrek

kor·ting·kaart de (v) [-en] kaart die recht geeft op korting op artikelen of diensten

kort·lo·pend bn met korte looptijd: ★ ~ krediet

kort·om, kort·om bijw om het kort te zeggen

kort·oren ww [kortoorde, h. gekortoord] ‹bij honden, paarden› de oren korter maken

kort·par·keer·der de (m) [-s] iem. die korte tijd parkeert

kort·sche·de·lig bn het verschijnsel vertonend dat de grootste breedte van het hoofd gelijk is aan of groter dan 80% van de grootste hoofdlengte, brachycefaal

kort·schrift het stenografie

kort·slui·ten ww [sloot kort, h. kortgesloten] ❶ : ★ NN iets ~ met iem. met iemand afspraken maken over iets ❷ kortsluiting veroorzaken

kort·slui·ting de (v) [-en] ❶ het ontstaan van een verbinding met een zeer geringe weerstand tussen twee of meer punten waartussen een elektrische spanning bestaat: ★ door een defect in het strijkijzer ontstond er ~ ❷ fig strubbelingen die de geregelde voortgang belemmeren

kort·staar·ten ww [kortstaartte, h. gekortstaart] ‹bij honden, paarden› de staart korten

kort·ston·dig bn kort van duur

kort·ver·ban·der de (m) [-s] NN, vroeger militair die zich voor korte tijd verbonden heeft

kort·ver·haal het [-verhalen] BN ook short story, kort verhaal

kort·weg bijw zonder veel woorden; kortaf

kort·wie·ken ww [kortwiekte, h. gekortwiekt] één vleugel kort knippen; fig in macht of invloed beperken

kort·zich·tig bn ❶ bijziende ❷ fig niet vooruitziend, met de gevolgen niet voldoende rekenend; **kortzichtigheid** de (v)

ko·rund (‹Tamil› het aluminiumoxide als mineraal, een zeer hard gesteente, waarvan robijn, saffier en amaril varianten zijn

kor·ven¹ ww [korfde, h. gekorfd] in korven doen

kor·ven² ww verl tijd meerv van → kerven

kor·vet (‹Fr› de [-ten] ❶ vroeger een klein, snelzeilend oorlogsvaartuig met één laag kanonnen ❷ thans een licht oorlogsschip voor konvooidienst en bestrijding van onderzeeboten

kor·vet·ka·pi·tein de (m) [-s] BN laagste hoofdofficier bij de zeemacht

kor·ze·lig bn lichtgeraakt, prikkelbaar; **korzeligheid** de (v)

kos·misch (‹Gr› bn de kosmos, het heelal betreffend; daarin voorkomend ★ kosmische stralen uit elektrische deeltjes bestaande stralen die de aarde uit alle richtingen van de kosmos bereiken, gekenmerkt door enorme voltages en zeer groot doordringend vermogen

kos·mo- (‹Gr› als eerste lid in samenstellingen de ruimte, het heelal betreffend

kos·mo·go·nie (‹Gr› de (v) leer van het ontstaan van het heelal

kos·mo·graaf (‹Gr› de (m) [-grafen] beoefenaar van de kosmografie

kos·mo·gra·fie (‹Gr› de (v) heelalbeschrijving, leer van de algemene verschijnselen in het heelal en van de aarde als kosmisch lichaam

kos·mo·lo·gie (⟨Gr⟩ de (v)) leer van het heelal als een geordend geheel; opvattingen omtrent de bouw van het heelal

kos·mo·lo·gisch bn de kosmologie betreffend

kos·mo·naut (⟨Gr⟩ de (m)) [-en] ruimtevaarder

kos·mo·po·liet (⟨Gr⟩ de (m)) [-en] iem. die de gehele wereld als zijn vaderland beschouwt, wereldburger; dier dat of plant die over de hele wereld verspreid voorkomt

kos·mo·po·li·tisch bn tot de gehele wereld behorend; overal ter wereld voorkomend

kos·mos de (m) (⟨Gr⟩) de (geordende) wereld; het heelal; de wereldruimte

Ko·so·vaar de (m) [-varen] iem. geboren in of afkomstig uit Kosovo

kos·sem de (m) [-s] kwab onder de hals van runderen

kost de (m) ❶ eten, fig geestelijk voedsel: ★ gezonde ~ ★ stevige ~ ❷ levensonderhoud: ★ de ~ verdienen ★ iets doen voor de ~ ★ zijn kostje is gekocht zijn broodwinning is verzekerd ❸ voorziening van spijs en drank: ★ in de ~ zijn bij iem. ★ ~ en inwoning, BN kost en inwoon ★ ik zou ze niet graag de ~ willen geven gezegd om aan te geven dat het bijzonder veel mensen betreft ❹ vero behalve in uitdrukkingen of BN kosten, wat betaald moet worden; onkosten; uitgaven ★ NN de ~ gaat voor de baat uit geen winst zonder kosten vooraf, fig geen resultaat zonder inspanning ★ BN, vooral in samenstellingen in ambtelijke taal: de meerkost, de loonkost meerkosten, salariskosten ; zie ook bij → **koste**

kost·baar bn duur, van hoge waarde

kost·baar·heid de (v) [-heden] iets van hoge waarde

kost·baas de (m) [-bazen] NN iem. bij wie men in de kost is, hospes

kos·te zn ★ ten ~ van op kosten van, ten nadele van ★ ten ~ leggen aan besteden aan ★ ~ wat (het) kost zie bij → **kosten¹**

kos·te·lijk bn ❶ prachtig, heerlijk: ★ zich ~ amuseren ★ een kostelijke maaltijd ❷ BN, spreektaal duur, kostbaar; **kostelijkheid** de (v) [-heden]

kos·te·loos bn zonder kosten, voor niets

kos·ten¹ ww [kostte, h. gekost] ❶ een prijs hebben waartegen een zaak verkrijgbaar is of een dienst verricht wordt: ★ dat schilderij, deze reparatie kost u veel geld ★ koste wat (het) kost tegen welke kosten, moeite e.d. dan ook, hoe dan ook, ondanks alles: ★ hij wilde koste wat kost kampioen worden ★ dat kost! a) dat is duur!; b) daar heeft men veel voor moeten doen ❷ te staan komen op, eisen: ★ dat kost hem het leven ★ dat kost moeite

kos·ten² mv uitgaven ★ op ~ van voor rekening van ★ aandeel in de ~, BN ook deelname in de ~ ★ directe ~ kosten die direct het gevolg zijn van de productie van goederen of diensten (bijv. kosten voor de aanschaf van grondstoffen) ★ indirecte ~ kosten die niet direct het gevolg zijn van de productie van goederen of diensten (bijv. de afschrijving op gebouwen) ★ variabele ~ kosten die evenredig zijn met het aantal geproduceerde goederen of diensten (bijv. kosten voor de aanschaf van een bep. hoeveelheid grondstoffen) ★ vaste ~ kosten die niet afhankelijk zijn van het aantal geproduceerde goederen of diensten (bijv. de afschrijving op gebouwen)

kos·ten·be·spa·rend bn minder onkosten veroorzakend: ★ een ~ apparaat

kos·ten·be·wa·king de (v) nauwkeurige controle op de uitgaven

kos·ten·cal·cu·la·tie [-(t)sie] de (v) [-s] berekening van de kosten die met iets zijn gemoeid ★ variabele ~ kostenberekening waarbij alleen de variabele kosten aan de aparte producten worden toegerekend, terwijl de constante kosten als totaal ten laste worden gebracht van het bedrijfsresultaat

kos·ten·plaat·je het overzicht van de kosten die met een bep. onderneming gemoeid zijn

kos·ten·plaats de [-en] afdeling van een onderneming waaraan bep. kosten worden toeberekend: ★ op welke ~ moeten deze uitgaven worden geboekt?

kos·ter de (m) [-s], **kos·te·res** de (v) [-sen] kerkbewaarder

kos·te·rij de (v) [-en] woning van de koster

kost·gan·ger de (m) [-s] persoon die bij iem. in de kost is ★ Onze-Lieve-Heer heeft rare kostgangers er zijn zonderlinge mensen

kost·geld het [-en] vergoeding voor kost en inwoning, bijv. van werkende, inwonende kinderen

kost·huis het [-huizen] huis waar men in de kost is

kost·je het zie bij → **kost** (bet 2)

kost·prijs de (m) [-prijzen] prijs waarop iets de fabrikant of leverancier te staan komt, zonder berekening van winst

kost·school de [-scholen] school waar de leerlingen tevens kost en inwoning genieten

kos·tu·me·ren ww (⟨Fr⟩) [kostumeerde, h. gekostumeerd] in een bijzonder kostuum steken, kleden in de dracht van een bepaald tijdperk, van een streek of een beroep of stand

kos·tuum (⟨Fr‹It⟩) het [-s] ❶ (kleder)dracht die eigen is aan een bepaalde tijd, streek of stand; ambtskleding; toneelkleding voor een bepaalde rol ❷ ⟨m.b.t. herenkleding⟩ colbert, pantalon en vest tezamen ⟨in Nederland vooral als vakterm, in België als algemenere term⟩

kos·tuum·stuk het [-ken] toneelstuk, met historische, precies in stijl nagemaakte kostuums

kost·vrouw de (v) [-en] vrouw bij wie men in de kost is, hospita

kost·win·ner de (m) [-s], **kost·win·ster** de (v) [-s] iem. die de kost verdient voor een gezin

kost·win·ners·ver·goe·ding de (v) [-en] vergoeding aan gezin dat de kostwinner mist (door dienstplicht,

ziekte enz.)
kost·win·ning *de (v)* [-en] broodwinning
kot *het* [-ten, koten] ❶ ellendig huis of hok ❷ BN, spreektaal huis, gedeelte van een huis; schuurtje, bijgebouw, loods, berging ★ *in zijn ~ blijven* a) thuis blijven; b) zich stil houden ★ *uit zijn ~ komen* uit de hoek komen ❸ BN, spreektaal studentenkamer, studentenflat ★ *op ~* op kamers ❹ BN, spreektaal hok, kooi (voor dieren)
kot·baas *de (m)* [-bazen] BN, spreektaal eigenaar en verhuurder van studentenkamers
kot·ba·zin *de (v)* [-zinnen] BN kamerverhuurster
ko·te·let *(‹Fr) de* [-ten] gebraden ribstuk
ko·ten *ww* [kootte, h. gekoot] ❶ bikkelen ❷ zeker spel spelen waarbij met stenen naar een staande baksteen geworpen wordt
ko·ter *de (m)* [-s] inf kind: ★ *zo'n gezin met vier van die koters heeft veel geld nodig*
ko·te·ren *ww* [koterde, h. gekoterd] ❶ peuteren, porren; poken; (de tanden) stoken ❷ opjagen, geen rust gunnen, wegjagen ❸ een pak slaag geven, afranselen; vechten
ko·te·rij *de (v)* [-en] BN (meestal mv: *koterijen*) verzameling bijgebouwtjes achter een woning
kot·ma·dam *de (v)* [-men] BN, spreektaal hospita, kamerverhuurster
ko·to *(‹Chin) de* ['s] ❶ type citer uit Japan, bespannen met snaren van zijde ❷ → **kowtow**
ko·to·mi·si ['s] *(‹Sranantongo) de (v)* dracht van de vrouwen in Suriname, met kleurig jak, dito rok en grote muts; metonymisch deze vrouwen zelf
kots *de (m)* overgeefsel
kots·beu *bn* BN, spreektaal grondig beu
kot·sen *ww* [kotste, h. gekotst] inf braken
kots·mis·se·lijk *bn* erg misselijk
kot·stu·dent *de (m)* [-en] BN student die op kamers woont
kots·zak *de (m)* [-ken] (papieren) zak om in over te geven (aan boord van vliegtuigen e.d.)
kot·ter[1] *(‹Eng) de (m)* [-s] rank vaartuig met één achteroverhellende mast
kot·ter[2] *(‹Eng) de (m)* [-s] werktuig om ronde gaten te boren
kou *de (v)* → **koude**
kou·bei·tel *de (m)* [-s] beitel waarmee op koud ijzer wordt gewerkt
koud I *bn* ❶ niet warm; fig niet hartelijk, koel ★ *(je bent) ~!* gezegd bij een spelletje, als iem. op grote afstand is van een verstopt voorwerp dat hij moet vinden ❷ ★ *koude drukte* drukte om niets ★ *van een koude kermis thuiskomen* slecht er afkomen, teleurgesteld terugkeren ❸ onaangenaam, onverschillig: ★ *dat laat mij volkomen ~* ❹ dood ★ *iem. ~ maken, iem. om ~ helpen* doodmaken **II** *bijw* NN nauwelijks: ★ *~ had hij dat gezegd of...*; zie ook bij → **grond** (bet 1), → **kernfusie**, → **kikker**, → **kunst** (bet 3), → **oorlog**
koud·bloed *de (m)* [-en] niet-volbloedpaard

koud·bloe·dig *bn* ‹van dieren› met wisselende lichaamstemperatuur; fig ‹van mensen› weinig vatbaar voor aandoeningen
kou·de, kou *de (v)* toestand van lage temperatuur: ★ *vernikkelen van de ~* ★ *iem. in de kou laten staan* iem. niet helpen, hem aan zijn lot overlaten ★ *NN er is geen ~ aan de lucht, de ~ is uit de lucht* er is geen gevaar (meer)
kou·de·front *het* [-en] → **front** (bet 3) waarachter zich koude lucht bevindt
kou·de·golf *de* [-golven] periode van grote koude
koud·greep *de* [-grepen] handvat aan een pan, ketel enz. gemaakt van een stof die niet heet wordt
koud·heid *de (v)* het koud zijn; fig het onaangenaam zijn, onverschilligheid
koud·ma·kend *bn* verkoelend ★ *nat ~ mengsel* mengsel om lage temperaturen te verkrijgen
koud·sol·deer *de (m) & het* soldeer dat koud verwerkt kan worden
koud·vuur, koud·vuur *het* afsterving van een deel van het lichaam
koud·wa·ter·bad *het* [-baden] bad in koud water; fig ontnuchtering
koud·wa·ter·kuur *de* [-kuren] geneeskundige behandeling met koud water
koud·wa·ter·vrees *de* fig vrees om zich aan koud water te branden; ongegronde vrees, zie bij → **water**
kou·front *het* [-en] → **koudefront**
kou·kleum *de* [-en] kouwelijk persoon
kous *(‹Lat) de* [-en] kledingstuk ter bedekking van de voet en het geheel of een deel van het been ★ *de ~ op de kop krijgen* een ernstige mislukking ondervinden ★ *daarmee is de ~ af* verder niets, afgelopen; zie ook bij → **naad**
kou·sen·band *de (m)* [-en] ❶ elastische band om de kous op te houden ★ *Orde van de Kousenband* hoogste Engelse ridderorde ❷ boonsoort die in het Noorden van Zuid-Amerika als groente wordt genuttigd
kou·sen·broek *de* [-en] BN, spreektaal panty
kou·sen·voet *de (m)* [-en] voetdeel van een kous ★ *op kousenvoeten* zonder schoenen aan, met kousen als enige voetbekleding
kou·sen·win·kel *de (m)* [-s] winkel waar men hoofdzakelijk kousen en sokken verkoopt
kous·je *het* [-s] gloeikous
kout *de (m)* gezellige praat
kou·ten *ww* [koutte, h. gekout] gezellig praten
kou·ter[1] *(‹Lat) het* [-s] ploegmes
kou·ter[2] *(‹Oudfrans) de (m)* [-s] BN, vero, oorspr bouwland, akker, uitgestrekte akkergrond, thans als naam van een centraal plein of centrale straat (o.a. in Gent)
kou·vat·ten *ww* [vatte kou, h. kougevat] verkouden worden
kou·we·lijk *bn* gevoelig voor de koude; **kouwelijkheid** *de (v)*

kow·tow (‹Chin› de [-s] zeer diepe buiging als onderdanig eerbetoon, met de knieën en het hoofd op de grond, zoals vanouds in China

ko·zak (‹Turks› de (m) [-ken] lid van een volk dat vroeger in democratisch geregeerde, vrije militaire gemeenschappen in het zuiden van Rusland woonde

ko·zen¹ ww [koosde, h. gekoosd] ❶ minnekozen ❷ strelen, liefkozen

ko·zen² ww verl tijd meerv van → **kiezen**

ko·zijn¹ (‹Oudfrans› het [-en] houten raam van een deur of venster

ko·zijn² (‹Fr› de (m) [-s ook -en] BN, spreektaal neef, zoon van iems. oom of tante

KPB afk in België, hist Kommunistische Partij van België

KPN afk Koninklijke PTT Nederland

Kr afk chem symbool voor het element *krypton*

kr. afk kroon, kronen ‹munt›

kraag de (m) [kragen] ❶ deel van de kleding dat nek of hals bekleedt: ★ *iem. bij zijn kraag pakken* ; zie ook bij → **Spaans** ❷ naam van voorwerpen die op een → **kraag** (bet 1) lijken: (opstaande) rand enz. ❸ ★ *een stuk in de ~ hebben* dronken zijn

kraag·steen de (m) [-stenen] bouwk uitspringende steen waarop een balk rust, korbeel

kraag·stuk het [-ken] zinkstuk van rijshout ter bescherming van een dijkvoet

kraai de [-en] ❶ raafachtige vogel ★ *de bonte ~* grijs en zwart van kleur ★ *de zwarte ~* de gewone ★ *kind noch ~ hebben* geen kinderen of andere familieleden hebben, niemand hebben om voor te zorgen ❷ schertsend doodbidder

kraai·en ww [kraaide, h. gekraaid] het geluid van de haan maken;; zie ook bij → **haan**; ook vrolijkheidsuiting van klein kind

kraai·en·mars de (m) ★ *de ~ blazen* inf doodgaan

kraai·en·nest het [-en] ❶ nest van kraaien ❷ scheepv uitkijkplaats in de mast oog van een kraai

kraai·en·poot de (m) [-poten] ❶ poot van een kraai ❷ driepuntige spijker, op de weg gelegd om auto's lekke banden te bezorgen ❸ *kraaienpootjes* rimpels bij de ooghoeken

kraak¹ de (m) [kraken] ❶ het kraken; zie ook bij → **smaak** ❷ inf inbraak: ★ *een ~ zetten* ❸ kraakactie

kraak² (‹Fr‹Lat‹Arab› de [kraken] ❶ in de 16de en 17de eeuw› groot koopvaardij- en oorlogsschip, bij Spanjaarden en Portugezen in gebruik; ❷ ‹later› vrij klein Hollands binnenschip

kraak³ de (m) [kraken] grote inktvis, achtarm (*Octopus vulgaris*)

kraak·ac·tie [-sie] de (v) [-s] het → **kraken** (bet 3) van één of meer panden

kraak·been het zacht, buigzaam benig weefsel

kraak·been·vis de (m) [-sen] vis met een skelet van kraakbeen

kraak·be·we·ging de (v) de gezamenlijke krakers, beschouwd als organisatie

kraak·hel·der bn heel schoon en netjes

kraak·in·stal·la·tie [-(t)sie] de (v) [-s] inrichting tot het splitsen van aardolie

kraak·net bn BN uitermate schoon, kraakhelder

kraak·pand het [-en] gekraakt pand (*vgl*: → **kraken**, bet 3)

kraak·por·se·lein het fijn porselein; fig iets wat zeer teer en broos is

kraak·stem de [-men] onwelluidende scherpe stem

kraak·wacht I de [-en] groep mensen die van een huiseigenaar zonder betaling in een huis mag wonen om te voorkomen dat het wordt gekraakt **II** de (m) [-en] lid van een dergelijke groep

kraak·wa·gen de (m) [-s] vuilnisauto die het grove vuil ophaalt en samenperst

kraak·zin·de·lijk bn uiterst zindelijk

kraal¹ (‹Lat‹Gr› de [kralen], **ko·raal** [-ralen] bolvormig voorwerpje, om aan een snoer te rijgen

kraal² (‹Port› de [kralen] ZA ❶ omsloten, afgeperkte ruimte voor vee ❷ traditionele woonvorm van de inheemse bewoners van zuidelijk Afrika

kraal·oog [-ogen] **I** het klein bolrond oog **II** de iem. met zulke ogen

kraam de & het [kramen] verkooptent: marktkraampjes ★ *als het in zijn ~ te pas komt* als hij er voordeel van kan hebben bevalling, kraambed

kraam·af·de·ling de (v) [-en] afdeling van een ziekenhuis, waar vrouwen bevallen en daarna enige tijd verblijven

kraam·bed het [-den] eig bed waarin de vrouw bevalt; metonymisch tijd na de bevalling waarin de kraamvrouw nog het bed houdt ★ *in het ~ liggen* pas bevallen zijn

kraam·be·zoek het [-en] bezoek aan een kraamvrouw

kraam·heer de (m) [-heren] vader van een pasgeboren kind

kraam·in·rich·ting de (v) [-en] inrichting waar vrouwen bevallen en daarna enige tijd verblijven

kraam·ka·mer de [-s] kamer waar de kraamvrouw ligt

kraam·kli·niek de (v) [-en] kraaminrichting

kraam·ver·zor·ging de (v) verpleging van een kraamvrouw en zorg voor haar gezin

kraam·ver·zorg·ster de (v) [-s] vrouw die een diploma heeft voor kraamverzorging

kraam·vi·si·te [-zie-] de [-s] kraambezoek

kraam·vrouw de (v) [-en] moeder van een pasgeboren kind

kraam·vrou·wen·koorts de infectieziekte, die vroeger veel sterfgevallen in het kraambed veroorzaakte

kraan¹ de [kranen] ❶ hijswerktuig ❷ constructie aan een leiding waarmee men de toevoer van vloeistof of gas kan regelen

kraan² (‹Fr› de (m) [kranen] ❶ kraanvogel ❷ iem. die iets erg goed kan of doet, knapperd

kraan·drij·ver de (m) [-s] bestuurder van een → **kraan¹** (bet 1)

kraan·tjes·wa·ter het BN ook leidingwater

kraan·vo·gel *de (m)* [-s] bep. waadvogel
kraan·wa·gen *de (m)* [-s] wagen met hijstoestel
kraan·wa·ter *het* leidingwater
krab[1] *de* [-ben] schram
krab[2], **krab·be** *de* [krabben] schaaldier met schaarvormige poten
krab·be·kat *de* [-ten] kat die krabt; fig kattig meisje
krab·bel *de* [-s] ❶ schram ❷ haal met een pen of potlood; korte aantekening
krab·be·laar *de (m)* [-s], **krab·be·laar·ster** *de (v)* [-s] iem. die krabbelt
krab·be·len *ww* [krabbelde, h. gekrabbeld] ❶ krabben ❷ slecht schrijven ❸ slecht schaatsenrijden ★ *overeind* ~ a) moeizaam opstaan; b) fig moeizaam een tegenslag overwinnen
krab·be·lig *bn* slecht geschreven
krab·bel·schrift *het* slecht, onduidelijk handschrift
krab·ben *ww* [krabde, h. gekrabd] ❶ met de nagels of een scherp voorwerp bewerken ❷ ‹van een anker› niet vast blijven zitten in de bodem
krab·ber *de (m)* [-s] ❶ scherp voorwerp om te krabben ❷ BN, spreektaal knoeier, scharrelaar; iem. die niet mee kan komen, achterblijver
krab·be·tje *het* [-s] NN been met weinig varkensvlees
krab·cock·tail [-teel] *de (m)* [-s] voorgerecht bestaande uit krab met een sausje van slagroom of mayonaise, kruiden en wat sherry of cognac
krab·paal *de (m)* [-palen] paal waaraan een kat zijn nagels scherpt
krach ‹Du› *de (m)* [-s] ineenstorting, plotseling bankroet; hevige crisis in zaken, vooral aan de effectenbeurs; herrie, hevige ruzie
kracht *de* [-en] ❶ sterkte, geweld, werking ★ *uit* ~ *van het recht, de bevoegdheid ontlenend aan* ★ *van* ~ *zijn gelden, geldig zijn* ★ *uit zijn krachten gegroeid zijn te sterk gegroeid zijn, zodat er geen harmonie is* ★ *met terugwerkende* ~ *met invloed op wat reeds gebeurd is* ★ *met vereende krachten met gezamenlijke krachtsinspanning* ❷ persoon, naar zijn werkkracht beschouwd: ★ *dat orkest heeft veel goede krachten* ★ *een vaste* ~ iem. die werkt in vast dienstverband ★ *een losse* ~ iem. die niet in een vast dienstverband werkt
kracht·bal *het* BN balspel met een zeer zware bal, gespeeld door twee teams van vier personen
kracht·cen·tra·le *de* [-s] centrale waar energie wordt opgewekt
kracht·da·dig *bn* met kracht
krach·te·loos *bn* zonder kracht; **krachteloosheid** *de (v)*
krach·tens *vz* uit kracht van, volgens de regels van
krach·ten·spel *het* het elkaar wederzijds beïnvloeden van krachten: ★ *het politieke* ~
krach·ten·veld *het* [-en] → **krachtveld**
krach·tig *bn* kracht bezittend; met kracht
kracht·lijn *de* [-en] nat veldlijn in een krachtveld
kracht·mens *de (m)* [-en] zeer sterk man
kracht·me·ter *de (m)* [-s] dynamometer

kracht·me·ting *de (v)* [-en] strijd; wedstrijd
kracht·pat·ser *de (m)* [-s] sterke kerel
kracht·proef *de* [-proeven] geval waarbij blijken moet of men een (zware) taak aankan
krachts·in·span·ning *de (v)* bijzondere inspanning van lichaam of geest
kracht·sport *de* [-en] sport die vooral spierkracht vereist, bijv. gewichtheffen, worstelen
kracht·stroom *de (m)* zeer sterke elektrische stroom
krachts·ver·hou·din·gen *mv* verhoudingen wat de krachten betreft: ★ *tegen de* ~ *in scoorde FC Groningen een doelpunt* ★ *de onderlinge* ~
kracht·term *de (m)* [-en] vloek of bastaardvloek, verwensing
kracht·toer *de (m)* [-en] verrichting die veel kracht vereist
kracht·veld *het* [-en] nat veld waarin een kracht werkt; fig invloedssfeer
kracht·voer *het* krachtig voer, vooral veekoeken; tegengest.: → **groenvoer**
krak *de (m)* [-ken] geluid van breken
kra·keel *het* [-kelen] geruzie, kibbelarij: ★ *er is veel* ~ *over het nieuwe wetsvoorstel*
kra·ke·len *ww* [krakeelde, h. gekrakeeld] kibbelen
kra·ke·ling *de (m)* [-en] koekje bestaande uit een met drie gaten gevlochten, knapperig gebakken stengel
kra·ken *ww* [kraakte, h. gekraakt] ❶ gekraak laten horen ★ *krakende wagens duren (lopen) het langst* iem. met een zwak lichaam leeft soms lang ❷ stukmaken met gekraak: ★ *noten* ~ ; zie ook bij → **noot**[1] ❸ fig geheel afmatten, vernietigen; zeer ongunstig beoordelen, afkraken ❹ ‹een leegstaand huis› binnendringen om te bewonen ❺ chem bij grote verhitting moleculen (vooral van aardoliebestanddelen) doen uiteen vallen in kleinere stukken ❻ gewrichten zo masseren en oprekken dat (zenuw)beknellingen worden opgeheven, chiropractie beoefenen
kra·ker *de (m)* [-s] ❶ iem. die kraakt (→ **kraken**, bet 3) ❷ installatie voor het → **kraken** (*bet 4*) ❸ iem. die kraakt (→ **kraken**, bet 5), → **chiropracticus**
kra·ke·rig *bn* enigszins krakend
krak·ke·mik·kig *bn* vooral NN lichamelijk gebrekkig, stumperig; niet degelijk, gammel
krak·ken *ww* [krakte, is & h. gekrakt] ❶ breken, barsten ❷ doen breken of barsten, fig ondermijnen, verzwakken
kra·len *bn* van kralen (→ **kraal**[1]): ★ *een* ~ *snoer*
Kra·lin·gen *het* ★ NN *zo oud als de weg naar* ~ zeer oud (Kralingen is de naam van een voormalig dorp bij Rotterdam, thans een stadsdeel)
kram *de* [-men] hoefijzervormige, puntige haak, vooral om iets te bevestigen of aan elkaar te hechten; ★ BN *in, uit zijn krammen schieten* a) zijn zelfbeheersing verliezen, uit zijn vel springen, erg kwaad worden; b) sp in actie komen, losbarsten, in de aanval gaan
kra·mer *de (m)* [-s] reizend koopman, venter

kra·miek *de (m)* [-en] BN krentenbrood, vooral fijn tarwebrood met krenten, dat op feestdagen wordt gegeten

kram·mat *de* [-ten] beschermend dek van stro of riet, met krammen op een dijk bevestigd

kram·men *ww* [kramde, h. gekramd] met krammen (weer) aaneenhechten

kramp *de* [-en] veelal pijnlijke spiertrekking

kramp·ach·tig, **kramp·ach·tig** *bn* als in kramp, zeer gespannen

kramp·hoest *de (m)* krampachtige hoest

krams·vo·gel *de (m)* [-s] soort lijster met roodbruine rug en grijze kop en stuit (*Turdus pilaris*)

kra·nig *bn* flink, knap

krank·jo·rum *bn* NN, spreektaal krankzinnig

krank·zin·nig *bn* ❶ geestesziek, vooral als scheldwoord ❷ gek, getuigend van verstandsverbijstering: ★ *een krankzinnige opdracht*

krank·zin·ni·gen·ge·sticht *het* [-en] vero inrichting voor verpleging van krankzinnigen

krank·zin·nig·heid *de (v)* het krankzinnig zijn

krans (‹Du› *de (m)* [-en] ❶ ring van bloemen, bladeren e.d.; zie ook bij → **wijn** ❷ vriend(inn)enkring; bijeenkomst van zo'n kring; *in deze bet vaak: kransje* ❸ bekisting

kran·sen *ww* [kranste, h. gekranst] ❶ met een krans versieren ❷ bekisten

krans·leg·ging *de (v)* [-en] het leggen van een → **krans** (bet 1) bij een graf of gedenkteken

krans·slag·ader *de* [-s, -en] elk van de twee slagaders die de hartspier verzorgen

krant, **cou·rant** (‹Fr› *de* [-en] nieuwsblad, dagblad ★ NN *spelen, rijden als een (natte) krant* bijzonder slecht

kran·ten·ar·ti·kel *het* [-en, -s] voor een krant geschreven stuk

kran·ten·han·ger *de (m)* [-s] hangend voorwerp om kranten in te bewaren

kran·ten·jon·gen *de (m)* [-s] jongen die kranten verkoopt of rondbrengt

kran·ten·knip·sel *het* [-s] uit een krant geknipt stuk

kran·ten·kop *de (m)* [-pen] met grote letters gedrukt opschrift boven een artikel in een krant

kran·ten·le·zer *de (m)* [-s] iem. die de krant geregeld leest

kran·ten·man *de (m)* [-nen] iem. die de kranten rondbrengt

kran·ten·wijk *de* [-en] de gezamenlijke adressen waar een krantenjongen de krant rondbrengt ★ *een ~ hebben* krantenjongen zijn

krap¹ **I** *bn* nauw, niet ruim: ★ *~ bij kas zitten* over weinig geld beschikken **II** *bijw* NN ternauwernood: ★ *~ aan*

krap² *de* meekrap

krap³ *de* [-pen] ❶ boekslot, kruk aan een deur of venster ❷ stukje varkensvlees met been eraan; *vgl:* → **krabbetje**

krap·jes *bijw* zuinig, nauwelijks

krap·te *de (v)* vooral NN schaarste

kras¹ *bn* ❶ ‹van oude mensen› sterk, flink ❷ krachtig, streng, erg: ★ *een krasse maatregel; gewaagd, verregaand:* ★ *een ~ staaltje (stukje)* ★ *dat is (te) ~ (te) erg*

kras² *de* [-sen] → **schram**, → **schrap¹**

kras·lot *het* [-loten] → **lot** (bet 2) waarvan de bezitter door een laagje verf weg te krassen onmiddellijk ontdekt of het een winnend lot betreft

kras·sen *ww* [kraste, h. gekrast] ❶ krassen maken; inkerven ❷ een scherp, onaangenaam geluid laten horen: ★ *krassende kraaien, uilen* ★ *op een viool ~ er slecht op spelen*

krat *het* [-ten] kist van open latwerk; los achterschot van een wagen

kra·ter *de (m)* (‹Gr› ❶ gat van een vulkaan, vulkaankrater ❷ kuil met een rand eromheen, veroorzaakt door inslag van een meteoriet, inslagkrater; *ook meer algemeen* diep gat met steile wanden

kra·ter·meer *het* [-meren] meer in een oude krater

kra·ton (‹Mal› *de (m)* [-s] paleis van de sultan of vorst in Indonesië

krats *de* NN heel weinig geld: ★ *voor een ~ kopen*

krau·wen *ww* [krauwde, h. gekrauwd] krabben

kre·diet (‹Fr› *het* [-en] ❶ vertrouwen, geloof, vooral vertrouwen in iemands betaalvermogen; goede naam als stipt betaler ❷ gegeven tijd voor betaling ❸ tijdelijke overdracht van koopkracht, verstrekking van kapitaal, uitstel van betaling, voorschot ★ *op ~ zonder verplichting contant te betalen*

kre·diet·bank *de* [-en] bank die tegen waarborg geld leent

kre·diet·brief *de (m)* [-brieven] brief met volmacht om aan de houder ervan een bedrag uit te betalen voor rekening van de steller van de brief; vooral door een bank uitgereikte brief, waarop de houder een in die brief genoemd bedrag ineens of in gedeelten bij andere banken kan opnemen

kre·diet·hy·po·theek [-hie-] *de (v)* [-theken] hypotheek als onderpand voor → **krediet** (bet 3)

kre·diet·in·stel·ling *de* [-en] bank of andere onderneming die kredieten verstrekt ★ BN *openbare ~* (spaar)bank met (semi)overheidsstatuut

kre·diet·uren *mv* BN uren wegens werknemers, met behoud van het normale loon, niet hoeven te werken, ter compensatie van het volgen van cursussen, educatief verlof

kre·diet·waar·dig *bn* financieel sterk genoeg om krediet te krijgen

kreeft *de* [-en] ❶ schaaldier met een langgerekt lichaam en vooraan twee schaarvormige poten; ❷ *Kreeft* vierde teken van de dierenriem (van ± 21 juni tot ± 21 juli), Cancer

kreeft·dicht *het* [-en] gedicht dat van voren naar achteren en van achteren naar voren gelezen kan worden

kreef·ten·gang *de (m)* ★ *de ~ gaan* achteruitgaan

kreef·ten·schaar de [-scharen] knijper aan de twee voorste poten van een kreeft
kreef·ten·sla de sla met kreeft
Kreefts·keer·kring de (m) keerkring op 23° 27' ten noorden van de evenaar
kreeg ww verl tijd van → **krijgen**
kreek de [kreken] smal, veelal stilstaand water
kreet[1] de (m) [kreten] ❶ gil, schreeuw ❷ term of uitdrukking die opgang maakt
kreet[2] ww verl tijd van → **krijten**[1]
kre·gel bn ❶ geërgerd, prikkelbaar ❷ flink
kre·ge·lig bn geërgerd, prikkelbaar; **kregeligheid** de (v)
kre·gen ww verl tijd van → **krijgen**
krek (‹Fr) bijw inf precies
kre·kel de (m) [-s] insect dat een sjirpend geluid maakt
Krem·lin (‹Russ) het eig versterkt stadsdeel in Oudrussische steden; het ~ voormalig keizerlijk paleis te Moskou, waar thans de regering van Rusland zetelt; aanduiding voor de Russische regering: ★ het ~ heeft bepaald dat...
krem·li·no·lo·gie de (v) studie van de Russische politiek (zie: → **Kremlin**)
kreng (‹Fr‹Lat) het [-en] ❶ dood dier in staat van ontbinding ❷ slecht, waardeloos ding ❸ scheldwoord kwaadaardig vrouwspersoon of kind
kren·ge·rig bn als een → **kreng** (bet 3)
kren·ken ww [krenkte, h. gekrenkt] beschadigen, beledigen; vgl: → **gekrenkt**; zie ook bij → **haar**[1]
kren·king de (v) [-en] beschadiging, belediging
krent (‹Fr) de [-en] ❶ gedroogde, pitloze kleine druif, vooral uit Griekenland ❷ iem. die krenterig is ❸ inf achterste, zitvlak
kren·ten ww [krentte, h. gekrent] ❶ ‹druiven› uitdunnen ❷ krenterig zijn, op de kleinste uitgaven nauwkeurig letten
kren·ten·baard de (m) [-en] uitslag op de kin, bestaande uit etterige blaasjes die overgaan in vaak honinggele korsten, impetigo
kren·ten·bol de (m) [-len] klein rond krentenbroodje
kren·ten·boom·pje het [-s] tot de roosachtigen behorende boom die in Europa als sierboom wordt gekweekt, rotsmispel (Amelanchier)
kren·ten·brood het [-broden] brood van fijn deeg met krenten
kren·ten·kak·ker de (m) [-s] NN, spreektaal kleingeestig, benepen mens
kren·ten·we·ger de (m) [-s] NN krenterig persoon
kren·te·rig bn nauwkeurig op de kleinste uitgaven lettend; gierig; kleingeestig, bekrompen; **krenterigheid** de (v) [-heden]
krep·pen ww [krepte, h. gekrept] het haar van paarden krullen
kre·ten ww verl tijd meerv van → **krijten**[1]
Kre·ten·zer I bn van, uit, betreffende Kreta **II** de (m) [Kretenzen] iem. geboortig of afkomstig van Kreta
Kre·ten·zisch bn van, uit, betreffende Kreta
kre·to·lo·gie de (v) het gebruik van 'kreten' (→ **kreet**[1], bet 2)

kreuk de [-en], **kreu·kel** [-s] verkeerde, valse vouw
kreu·ke·len ww [kreukelde, h. & is gekreukeld] kreuken
kreu·ke·lig bn met kreuken; spoedig kreukend
kreu·kel·paal de (m) [-palen] BN verlichtingspaal die bij een aanrijding met de auto meebuigt
kreu·kel·zo·ne [-zònə] de [-s] gedeelte aan de voor- en achterzijde van een auto dat zo is gefabriceerd dat het bij een botsing als een harmonica ineen vouwt en zodoende de kracht van die botsing grotendeels opvangt
kreu·ken ww [kreukte, h. & is gekreukt] ❶ kreuken maken ❷ kreuken krijgen
kreuk·her·stel·lend de (m) kreuken kwijtrakend
kreuk·vrij bn niet kreukend
kreu·nen ww [kreunde, h. gekreund] zacht kermen
kreu·pel bn mank; fig niet vlot, gebrekkig: ★ kreupele verzen
kreu·pel·bos het [-sen] bosje van kreupelhout
kreu·pel·hout het laag houtgewas
kreu·pel·rijm het [-en] onzuiver rijm
kreu·zer [krɔitsər] (‹Du) de (m) [mv idem] oude Duitse en Oostenrijkse munt, oorspronkelijk zilver, later van koper, tot 1892 de basis van het Oostenrijkse muntstelsel
krib, krib·be de [kribben] ❶ houten bedje ❷ leidam van rijshout ❸ voederbak ; zie ook bij → **kont**
krib·be de [-n] BN, vero crèche
krib·be·bij·ten ww & het (het) in de voederbak bijten (door paarden); fig (het) nijdassig zijn
krib·be·bij·ter de (m) paard dat het gebrek van kribbebijten vertoont; fig nijdas
krib·ben ww [kribde, h. gekribd] twisten, ruzie maken
krib·big bn narrig, lichtgeraakt; **kribbigheid** de (v)
krie·bel de (m) [-s] jeuk ★ ergens de kriebels van krijgen door iets onrustig, geïrriteerd e.d. worden
krie·be·len ww [kriebelde, h. gekriebeld] ❶ jeuken, prikkelen ❷ onduidelijk schrijven
krie·bel·hoest de (m) prikkelhoest
krie·be·lig bn ❶ onduidelijk, moeilijk te lezen ❷ geprikkeld
krie·be·ling de (v) [-en] kriebel
krie·bel·schrift het kriebelig schrift
krie·gel, krie·ge·lig bn prikkelbaar
kriek [-en] **I** de zwarte kers **II** de (m) ❶ boom waaraan die kers groeit ❷ BN bier van hop met krieken erdoor ★ zich een ~ lachen zich een ongeluk lachen
krie·ke·laar de (m) [-s] BN ook kriekenboom
krie·ken[1] het aanbreken van de dag
krie·ken[2] ww [kriekte, h. gekriekt] het geluid van de krekel maken
krie·ken·boom de (m) [-bomen] → **kriek** (bet 2)
kriel het ❶ krielkip ❷ NN wat klein is, kleingoed (vooral kleine aardappel)
kriel·aard·ap·pel [-dappəl] de (m) [-s, -en] kleine aardappel
krie·len ww [krielde, h. gekrield] krioelen

kriel·haan *de (m)* [-hanen] klein soort haan
kriel·kip *de (v)* [-pen] klein soort hen
krieu·wel *de (m)* jeuk
krieu·we·len *ww* [krieuwelde, h. gekrieuweld] ❶ jeuken, kriebelen ❷ krioelen
krijg *de (m)* oorlog
krij·gen *ww* [kreeg, h. gekregen] ❶ verkrijgen, verwerven ❷ ontvangen ❸ oplopen
krij·ger *de (m)* [-s] soldaat
krij·ger·tje *het* ❶ tikkertje ‹kinderspel› ❷ [*mv:* -s] iets wat men gekregen heeft
krijgs·ar·ti·ke·len *mv* voorschriften voor de soldaat
krijgs·au·di·teur [-audie-, -oodie-] *de (m)* [-s] BN ambtenaar die bij de krijgsraden als Openbaar Ministerie functioneert; NN: → **auditeur-militair**
krijgs·ba·nier *de* [-en] oorlogsvlag
krijgs·dans *de (m)* [-en] oorlogsdans (dikwijls bij primitieve volken)
krijgs·dienst *de (m)* dienst in het leger
krijgs·ge·van·ge·ne *de* [-n] gevangene van de tegenpartij in de oorlog
krijgs·ge·van·gen·schap *de (v)* het krijgsgevangene zijn
krijgs·haf·tig *bn* snel bereid oorlog te voeren
krijgs·heer *de (m)* [-heren] hoge militair die de macht uitoefent over een deel van een land, meestal onafhankelijk van de centrale regering
Krijgs·hof *het* in België college belast met de militaire rechtspraak in hoogste instantie, vergelijkbaar met het Nederlandse *Hoog Militair Gerechtshof*
krijgs·kun·de *de (v)* leer van het oorlogvoeren
krijgs·list *de* [-en] list tegen de vijand
krijgs·macht *de* strijdkrachten
krijgs·mak·ker *de (m)* [-s] strijdmakker
krijgs·man *de (m)* [-lieden] soldaat
krijgs·raad *de (m)* [-raden] ❶ rechtbank voor militairen ❷ vergadering van de legerleiding
krijgs·tocht *de* [-en] veldtocht
krijgs·tucht *de* tucht in het leger
krijgs·ver·rich·ting *de (v)* [-en] oorlogshandeling
krijgs·volk *het* soldaten
krijgs·we·ten·schap *de (v)* wetenschap van alles wat op oorlog betrekking heeft
krijs *de (m)* [-en] schelle schreeuw
krij·sen *ww* [krijste, h. gekrijst; krees, h. gekresen] schel schreeuwen; fig (van kleuren) zeer schel zijn
krijt *(Lat) het* ❶ kalkachtige delfstof; koolzure kalk, $CaCO_3$ ★ *bij iem. in het ~ staan* iem. iets schuldig zijn ❷ strijdperk ★ *voor iem. in het ~ treden* iem. verdedigen ❸ geologische periode binnen het mesozoïcum, van 136 miljoen tot 65 miljoen jaar geleden, hoogtepunt van het bestaan van de grote reptielen en tevens de tijd van hun uitsterven
krij·ten[1] *ww* [kreet, h. gekreten] vero huilen
krij·ten[2] *ww* [krijtte, h. gekrijt] krijt smeren op
krijt·hou·dend *bn* krijt bevattend
krijt·je *het* [-s] staafje → **krijt** (bet 1), vooral gebruikt om op schoolborden te schrijven

krijt·lijn *de* [-en] BN ook grote lijn: ★ *de ~en van een nieuw beleidsplan tekenen*
krijt·rots *de* [-en] rots van krijt
krijt·streep *de* [-strepen] met krijt getrokken streep
krijt·streep·je *het* patroon op weefsel voor herenkleding, bestaande uit smalle, witte, verticale streepjes: ★ *hij droeg een kostuum met een ~*
krijt·te·ke·ning *de (v)* [-en] met krijt gemaakte tekening
krijt·wit I *bn* zeer bleek **II** *het* krijtpoeder
krik *(<Fr) de (m)* [-ken] vijzel met een slinger om zware voorwerpen op te tillen
krik·ke·mik·kig *bn* vooral NN zie **krakkemikkig**
krik·krak *tsw* klanknabootsing van iets dat knarst, bijv. een sleutel in een oud slot: ★ *~, op slot!*
krik·stang *de* [-en] krik
krill *(<Noors) het* planktonkreeftjes waarmee baardwalvissen zich voeden
kri·mi *(<Du) de (m)* ['s] politiefilm of politieroman
krimp I *de (m)* ❶ het krimpen ❷ gebrek: ★ *geen ~ hebben* het royaal hebben ★ *geen ~ geven* de moed niet opgeven, het niet opgeven **II** *bn* ‹van vis› levend, vers
krim·pen *ww* [kromp, h. & is gekrompen] ❶ kleiner van afmeting maken ❷ kleiner van afmeting worden: ★ *dit goed krimpt in de was* ★ *krimpende wind* wind die tegen de zon in draait, bijv. die door het noorden naar het westen loopt
krimp·fo·lie *de* verpakking van plastic dat tijdens de bewerking 'krimpt' waardoor het precies om het te verpakken materiaal past, zoals boeken, buizen e.d.
krimp·vrij *bn* niet krimpend
kring *de (m)* [-en] ❶ ronde gesloten lijn, rondte: ★ *in een ~ of kringetje ronddraaien* (steeds) terugkeren bij het uitgangspunt (ook fig) ★ *kringen op tafel* ronde vlekken van vochtige glazen e.d. ★ *kringen onder de ogen* wallen ❷ fig bijeenbehorende groep mensen ★ *in huiselijke ~* met alleen familieleden of huisgenoten ★ *iets in ruimer(e) ~ bekendmaken* onder de aandacht brengen van meer mensen
krin·ge·len *ww* [kringelde, h. gekringeld] kringvormig zich bewegen
kring·loop *de (m)* het lopen in een kring; baan; het gestadig terugkeren tot hetzelfde uitgangspunt
kring·loop·pa·pier *het* afvalpapier opnieuw tot papier verwerkt
kring·loop·win·kel *de (m)* [-s] winkel die afgedankte, maar nog herbruikbare goederen inzamelt, de goederen sorteert, eventueel herstelt en voor een zacht prijsje opnieuw verkoopt
kring·spier *de* [-en] spier die een opening omgeeft en deze kan afsluiten
kring·vor·mig *bn* de vorm van een kring hebbend
kring·win·kel *de (m)* [-s] BN ook kringloopwinkel, winkel die afgedankte, maar nog herbruikbare goederen inzamelt, de goederen sorteert, eventueel herstelt en voor een zacht prijsje opnieuw verkoopt
krin·kel *de (m)* [-s] draaiing, krul

krin·ke·len *ww* [krinkelde, h. & is gekrinkeld] zich kronkelend bewegen

kri·oe·len *ww* [krioelde, h. gekrioeld] wemelen ★ ~ *van* vol zijn met

krip *het* floers

kris *(‹Mal) de* [-sen] Javaanse dolk met dubbele snede, vaak gegolfd

kris·kras *bijw* verward dooreen, alle kanten, richtingen uit

kris·kras·sen *ww* [kriskraste, h. gekriskrast] kriskras schrijven, krabbelen; ook van toepassing op een wijze van reizen waarbij de aankomstpunten niet vooraf bekend zijn

kris·tal *(‹Fr‹Gr) het* [-len] ❶ vast, regelmatig natuurlijk lichaam begrensd door platte vlakken ❷ gekristalliseerd kwarts, bergkristal ❸ kristalglas, met lood gemengd glas, helderder en beter te slijpen dan gewoon glas

kris·tal·hel·der *bn* zeer helder en doorzichtig

kris·tal·len *bn* van kristal

kris·tal·lens *de* [-lenzen] *anat* ¹lens in het oog

kris·tal·lijn *(‹Fr) bn* uit kristal of kristallen bestaand; helder als kristal

kris·tal·li·sa·tie [-zaa(t)sie] *de (v)* het kristalliseren

kris·tal·li·se·ren [-zee-] *(‹Fr)* I *ww* [kristalliseerde, h. gekristalliseerd] kristallen vormen, overgaan in kristallen II *wederk fig* een vaste vorm aannemen: ★ *de ideeën van die partij hebben zich in hun program gekristalliseerd*; **kristallisering** *de (v)*

kris·tal·sui·ker *de (m)* suiker in kristalvorm

kri·tiek *(‹Fr‹Gr)* I *bn* beslissend; hachelijk, bedenkelijk, in een toestand van crisis zijnde II *de (v)* [-en] ❶ beoordeling naar gehalte, waarde of waarheid, vooral van kunstprestaties ★ *beneden ~ bepaald slecht* ❷ ongunstige beoordeling, afkeuring: ★ *~ op iem., iets leveren* ❸ opstel waarin een beoordeling wordt gegeven: ★ *een gunstige, goede ~ krijgen* ❹ de critici, vooral die van publiciteitsmedia: ★ *hoe oordeelde de ~*

kri·tisch *bn* ❶ oordelend; geneigd of bekwaam tot oordelen ❷ betrekking hebbend op kritiek; met kritiek op de juistheid ★ *kritische tekst* tekst met opgave van varianten ❸ nat betrekking hebbend op een overgang ★ *kritische temperatuur* temperatuur waarbij het verschil tussen vloeistof en damp ophoudt ❹ ‹van kernreactoren› werkzaam geworden doordat er voldoende neutronen in de splijtstof rondvliegen om een kettingreactie op gang te houden ❺ op grond van maatschappijkritiek strevend naar ingrijpende veranderingen in de samenleving, waarbij men gebruik maakt van zijn eigen werkterrein: ★ *kritische leraren*

kri·ti·se·ren *ww* [-zeerə(n)] *(‹Du)* [kritiseerde, h. gekritiseerd] beoordelen, vooral scherp, afkeurend beoordelen

KRO *afk* ❶ in Nederland Katholieke Radio-Omroep ❷ in België, vroeger kandidaat-reserveofficier [rang van dienstplichtig militair]

Kro·aat *de (m)* [-aten] iem. afkomstig of geboortig uit Kroatië

Kro·a·tisch *bn* van, uit, betreffende Kroatië

krocht *(‹Lat‹Gr) de* [-en] onderaards hol

kroeg *de* [-en] inf café

kroeg·baas *de (m)* [-bazen] inf caféhouder

kroe·gen·tocht *de (m)* [-en] tocht langs veel kroegen als wijze van uitgaan

kroeg·hou·der *de (m)* [-s] inf caféhouder

kroeg·jool *de (m)* [-jolen] NN studentenfeest op de sociëteit

kroeg·lo·pen *ww & het* inf (het) veel in de kroeg komen

kroeg·lo·per *de (m)* [-s] inf iem. die veel in een kroeg komt

kroeg·tij·ger *de (m)* [-s] vooral NN iem. die vaak cafés bezoekt en zich daar opvallend en luidruchtig gedraagt

kroe·len *ww* [kroelde, h. gekroeld] NN lekker strelend bij elkaar liggen; vrijen

kroep *(‹Fr) de (m) med* kinderziekte: besmettelijke ontsteking van het slijmvlies van het strottenhoofd en de luchtpijp

kroe·poek *(‹Mal) de (m)* bros knappend bijgerecht voor de rijsttafel; thans ook gebruikt als hartige versnapering ★ *~ oedang* van vis of garnalen gemaakt ★ *~ menindjau* van de vruchten van de menindjauboom

kroes¹ *de (m)* [kroezen] beker zonder voet, vooral van metaal

kroes² *bn* fijn gekruld

kroes·haar *het* haar met dichte, fijne krullen

kroes·kop *de (m)* [-pen] ❶ hoofd met kroeshaar ❷ iem. met kroeshaar

kroe·ze·len *ww* [kroezelde, h. & is gekroezeld] BN, spreektaal ❶ doen kroezen, krullen (van haar) ❷ kroezen, krullen

kroe·zel·haar *het* BN, spreektaal kroeshaar, dik krulhaar

kroe·ze·lig *bn* enigszins kroes, kroezig

kroe·zen *ww* [kroesde, h. & is gekroesd] ❶ fijn doen krullen ❷ fijn krullen

kroe·zig *bn* enigszins kroes

kro·kant *(‹Fr) bn* knapperig, met een bros korstje: ★ *een ~ kippenpootje*

kro·ket [krokét] *(‹Fr) de* [-ten] rolvormige, gepaneerde en in olie gebakken snack met een vulling van ragout of aardappelpuree

kro·ko·dil *(‹Gr) de* [-len] waterreptiel met zeer dikke huid en grote muil

kro·ko·dil·len·le·der, **kro·ko·dil·len·leer** *het* leer van de huid van een krokodil

kro·ko·dil·len·tra·nen *mv* geveinsde tranen

kro·kus *(‹Gr) de (m)* [-sen] bolgewas met lage grote bloemen

kro·kus·va·kan·tie [-sie] *de (v)* [-s] korte vakantie ongeveer midden tussen Kerstmis en Pasen

krol·len *ww* [krolde, h. gekrold] schreeuwen van krolse katten

krols *bn* ‹van katten› bronstig

krom *bn* niet recht ★ voetbal *een kromme bal* een schot met veel effect ★ *dat is te ~* dat is te erg, dat gaat te ver; zie ook bij → **sprong**¹

krom·baan·ge·schut *het* kanonnen die projectielen in een gebogen baan wegschieten

krom·bek *de (m)* [-ken] soort doperwt

krom·groei·en *ww* [groeide krom, is kromgegroeid] bij het groeien krom worden

krom·hals *de (m)* [-halzen] ❶ iem. met een kromme hals ❷ kromgebogen glazen kolf ❸ soort plant (*Anchusa arvensis*)

krom·hoorn, krom·ho·ren *de (m)* [-s] houten blaasinstrument met gebogen uiteinde

krom·hout *het* [-en] knievormig gebogen hout

krom·lig·gen *ww* [lag krom, h. kromgelegen] fig zeer zuinig leven; *ook* hard werken teneinde zich iets te kunnen veroorloven: ★ *ze hebben jaren moeten ~ om deze auto te kunnen kopen*

krom·lo·pen *ww* [liep krom, h. kromgelopen] ❶ ‹van wegen› niet in een rechte lijn lopen ❷ ‹van personen› met kromme rug lopen: ★ *~ van de pijn, van ouderdom*

krom·me *de* [-n] kromme lijn

krom·men I *ww* [kromde, h. & is gekromd] ❶ krom maken ❷ krom worden II *wederk* [kromde, h. gekromd] krom worden, zich buigen

krom·me·naas, krom·men·haas *de (m)* ★ BN, spreektaal *van ~ gebaren* zich van de domme houden, doen alsof zijn neus bloedt ook *krommen haas*

krom·ming *de (v)* [-en] bocht, het krommen

kromp *ww*, **krom·pen** *verl tijd van* → **krimpen**

krom·pas·ser *de (m)* [-s] passer met kromme benen om van iets de dikte te kunnen meten

krom·pra·ten *ww* [praatte krom, h. kromgepraat] gebrekkig of kinderlijk spreken

krom·slui·ting *de (v)* het in boeien sluiten zodanig, dat de geboeide krom moet liggen

krom·staf *de (m)* [-staven] bisschopsstaf

krom·taal *de* gebrekkig gesproken taal

krom·trek·ken *ww* [trok krom, is kromgetrokken] krom worden door krimpen, verwarming enz.

krom·zwaard *het* [-en] enigszins krom zwaard, symbool van de Turkse macht

kro·nen *ww* [kroonde, h. gekroond] ❶ de kroon opzetten; vorstelijke waardigheid verlenen ❷ bekronen, een eerbewijs geven ★ *het einde kroont het werk* eind goed, al goed

kro·niek ‹<Fr‹Gr› *de (v)* [-en] ❶ tijdboek, verhaal van de voornaamste gebeurtenissen naar volgorde van tijd, geschiedverhaal; *Kronieken* naam van twee boeken van het Oude Testament ❷ rubriek in een krant of periodiek met artikelen of besprekingen betreffende een bepaald vak: ★ *letterkundige ~*

kro·niek·schrij·ver *de (m)* [-s] iem. die een → **kroniek** (bet 2) schrijft

kro·ning *de (v)* [-en] het kronen

kro·nings·feest *het* [-en] feest ter gelegenheid van de kroning van een vorst of vorstin

kron·kel *de (m)* [-s] ❶ draai, kromming ❷ fig zonderlinge geestelijke trek

kron·kel·darm *de (m)* [-en] het laatste, lange deel van de dunne darm, ileum

kron·ke·len I *ww* [kronkelde, h. & is gekronkeld] ❶ tot kronkels vormen: ★ *de kat kronkelde zijn staart* ❷ kronkels vertonen: ★ *het paadje kronkelde door de bergen* II *wederk* [kronkelde, h. gekronkeld] zich in bochten wringen, zich kronkelend voortbewegen

kron·ke·lig *bn* met kronkels

kron·ke·ling *de (v)* [-en] het kronkelende, kronkel

kron·kel·pad *het* [-paden] bochtig pad; fig slinkse handelwijze

kron·kel·re·de·ne·ring *de (v)* [-en] redenering die via slinkse handelwijze: ★ *via allerlei kronkelwegen bereikte hij het beoogde resultaat*

kron·kel·weg *de (m)* [-wegen] bochtige weg; fig slinkse handelwijze: ★ *via allerlei kronkelwegen bereikte hij het beoogde resultaat*

kron·tjong ‹Mal› *de (m)* [-s] soort Indonesische gitaar

kron·tjong·mu·ziek *de (v)* muziek waarin Indonesische en Westerse elementen vermengd zijn

KROO *afk* in België, vroeger kandidaat-reserveofficier [rang van dienstplichtig militair]

kroon ‹<Lat› *de* [kronen] ❶ vorstelijk hoofddeksel; zinnebeeld van de vorstelijke waardigheid; degene die de kroon draagt: vorst of vorstin; bij uitbreiding de regering (het staatshoofd en de ministers) ★ BN *de ~ ontbloten* de verplichte geheimhouding schenden m.b.t. gesprekken met de koning of informatie over het koningshuis ❷ munteenheid in IJsland, Noorwegen, Zweden, Tsjechië, Slowakije, Estland en in Denemarken tot de invoering van de euro ❸ krans als teken van eer of roem ★ *de ~ spannen* alles overtreffen ★ *iem. een ~ opzetten* eerbewijzen geven ★ *de ~ van iemands hoofd stoten* iem. zijn eer of luister ontnemen ★ *naar de ~ steken* trachten de meerdere te worden ★ *de ~ op het werk zetten* het werk op bijzondere wijze met succes voltooien ★ *kroontje* afbeelding van een kroon, als teken van adel, op visitekaartjes enz. ❹ BN, spreektaal krans van bloemen en groen, als teken van hulde, als versiersel voor een bruid e.d. ★ *noch bloemen noch kronen* geen bloemen of kransen (in overlijdensadvertenties) ❺ lamp met armen, lichtkroon ❻ kruin, bovenste deel: ★ *de ~ van een eik, de ~ van een tand of kies*

kroon·be·roep *het* [-en] NN beroep op de kroon krachtens de wet AROB (administratieve rechtspraak overheidsbeschikkingen) tegen beschikkingen zowel van de centrale overheid als van lagere overheden

kroon·blad *het* [-bladen, -bladeren] bloemblad

kroon·do·mein *het* [-en] aan de vorst behorend onroerend goed

kroon·ge·tui·ge *de* [-n] ❶ voornaamste getuige

❷ ‹tegenwoordig ook› crimineel die getuigt tegen zijn eigen bendeleden (in ruil voor strafvermindering of ontslag van rechtsvervolging)
kroon·glas *het* loodvrij, heel helder glas
kroon·hal·zen *ww* [kroonhalsde, h. gekroonhalsd] *kroonhalzend* trots, met opgeheven hoofd
kroon·jaar *het* [-jaren] vooral NN door tien deelbaar aantal jaren
kroon·ju·weel *het* [-welen] juweel dat een vorst in bruikleen heeft van de staat en dat een rol speelt bij de kroning / inhuldiging, zoals rijksappel, scepter, kroon enz.
kroon·ko·lo·nie *de (v)* [-niën, -s] rechtstreeks door de regering van het moederland bestuurde kolonie
kroon·kurk *de* [-en] metalen plaatje dat een fles van boven volkomen afsluit
kroon·lid *het* [-leden] NN lid dat benoemd wordt van regeringswege: ★ *een ~ van de SER*
kroon·lijst *de* [-en] dakrand
kroon·luch·ter *de (m)* [-s] lamp met veel armen
Kroon·or·de *de* in België koninklijke onderscheiding voor wie zich maatschappelijk verdienstelijk heeft gemaakt Leopoldsorde, Orde van Leopold II
kroon·pre·ten·dent *de (m)* [-en] iem. die aanspraak maakt op de vorstelijke waardigheid
kroon·prins *de (m)* [-en], **kroon·prin·ses** *de (v)* [-sen] vermoedelijke troonopvolger, -ster
kroon·raad *de (m)* [-raden] de raadgevers van de vorst of → **kroon** (bet 1); vergadering van die raad
kroon·tje *het* [-s] zie bij → **kroon** (bet 3)
kroon·tjes·pen *de* [-nen] stalen → **pen¹** (bet 2) met iets als een kroon in het midden
kroop *ww verl tijd* van → **kruipen**
kroos *het* geslacht van waterplanten (*Azolla*) die soms in groten getale aan het oppervlak van water voorkomen en dit groen kleuren
kroost *het* kinderen
kroost·rijk *bn* BN, vero (van een gezin) groot, kinderrijk, met veel kinderen ★ *Bond van Kroostrijke gezinnen* tot 1960 benaming voor de Bond van Grote en van Jonge Gezinnen (BGJG)
kroot (‹Fr‹Gr) *de* [kroten] rode biet
krop I *de (m)* [-pen] ❶ voormaag van vogels ❷ ziekelijke aandoening van de schildklier waarbij de hals opzwelt, halsgezwel, kropgezwel ❸ ‹van andijvie, kool, sla› stronk met bladeren eromheen **II** *het* ongebuild tarwemeel; daarvan gebakken brood
krop·aar *de* soort gras (*Dactylis*)
krop·brood *het* [-broden] brood van ongebuild tarwemeel
krop·duif *de* [-duiven] duif met een dikke krop
kro·pen *ww verl tijd meerv* van → **kruipen**
krop·ge·zwel *het* [-len] verdikking van de schildklier
krop·pen *ww* [kropte, h. gekropt] ❶ ‹van vogels› zwaar voeden, mesten ❷ in de → **krop** (bet 1) blijven steken ❸ een benauwd gevoel in de keel krijgen; bijna stikken, zich verslikken ❹ ‹van sla, kool enz.› kroppen vormen
krop·per *de (m)* [-s] kropduif
krop·sla *de* sla in kropvorm
krot *het* [-ten] armelijk huisje
krot·op·rui·ming *de (v)* sloop van krotwoningen
krot·ten·wijk *de* [-en] armoedige wijk met veel krotwoningen
krot·wo·ning *de (v)* [-en] bouwvallige, armelijke woning
kruid *het* [-en] gewas met niet-houtige stengel; sterk smakende of geurende plant ★ *er is geen ~ tegen gewassen* er helpt niets tegen, er is niets aan te doen
kruid·boek *het* [-en] handboek voor de kennis van kruiden
krui·den *ww* [kruidde, h. gekruid] met kruiden vermengen; fig levendig en onderhoudend maken: ★ *een lezing ~ met anekdoten* ★ *een gekruide stijl*
krui·den·bit·ter *de (m) & het* bitter met geurige of pikante kruiden
krui·den·bo·ter *de* boter waarin kruiden zijn gemengd
krui·den·buil·tje *het* -s zakje met aromatische kruiden, gebruikt om een aftreksel van te maken
krui·den·dok·ter *de (m)* [-s] iem. die de geneeskunst uitoefent door het voorschrijven van geneeskrachtige kruiden
krui·de·nier *de (m)* [-s] iem. die levensmiddelen en huishoudelijk artikelen (zoals schoonmaakmiddelen) in het klein verkoopt; geringsch kleingeestig, bekrompen mens
krui·de·niers·geest *de (m)* kleingeestige, bekrompen opvattingen
krui·de·niers·po·li·tiek *de (v)* beleid waaruit een kruideniersgeest blijkt
krui·de·niers·wa·ren *mv* artikelen die een kruidenier verkoopt
krui·den·rek *het* [-ken] ‹in de keuken› rekje voor potjes en flesjes met kruiden
krui·den·thee *de (m)* drank als thee getrokken van kruiden
krui·den·wijn *de (m)* gekruide wijn
krui·de·rij *de (v)* [-en] kruiden die men aan spijzen kan toevoegen
krui·dig *bn* sterk van geur of smaak
kruid·je-roer-mij-niet *het* [kruidjes-; -nieten] ❶ plant die bij aanraking de blaren intrekt (*Mimosa pudica*) ❷ iem. die dadelijk boos wordt
kruid·kaas *de (m)* [-kazen] NN gekruide kaas
kruid·koek *de (m)* [-en] vooral NN gekruide koek
kruid·na·gel *de (m)* [-s] de gedroogde, nog net niet ontloken bloem van de kruidnagelboom als specerij
kruid·na·gel·boom *de (m)* [-bomen] boom, oorspronkelijk alleen in de Molukken, waarvan de bloemknoppen gedroogd worden tot kruidnagels (*Syzygium aromaticum*)
kruid·noot *de* [-noten] ❶ muskaatnoot ❷ pepernoot
krui·en *ww* [kruide, h. gekruid] ❶ op een kruiwagen verplaatsen ❷ opeendringen van afdrijvende

ijsschollen ❸ op de wind brengen van het maalwerktuig van molens

krui·er *de (m)* [-s] iem. die goederen per handwagen vervoert, vooral op stations, vliegvelden enz.

kruik *de* [-en] ❶ stenen, aarden of metalen voorwerp waarin men iets bewaart, vooral vloeistoffen ❷ bedkruik, heetwaterzak ★ *op kruiken doen kruiken vullen* ★ *de ~ gaat zolang te water, tot zij barst* (of *breekt*) men doet zolang iets gevaarlijks, tot het eindelijk misloopt ★ *in kannen en kruiken* (of *in kruiken en kannen*) *zijn* tot in bijzonderheden geregeld zijn

krui·ken·zak *de (m)* [-ken] soort kous om een cilindervormige beddenkruik heen

kruim I *de & het* ❶ zachte binnenste van brood ❷ fijngekookte aardappels ❸ tabakoverblijfsel in een pakje shag **II** *het* ❶ BN ook de top, het beste ❷ pit, verstand: ★ *daar steekt ~ in*

krui·mel *de (m)* [-s] klein stukje kruim; fig kleine hoeveelheid ★ *geen ~* niets

krui·mel·dief *de (m)* [-dieven] iem. die meermalen kleine diefstallen pleegt

krui·mel·dief·stal *de (m)* [-len] het stelen van dingen van weinig waarde

krui·me·len *ww* [kruimelde, is & h. gekruimeld] ❶ tot kruimels uiteenvallen ❷ kruimels maken

krui·me·lig *bn* spoedig kruimelend

krui·mel·werk *het* peuterig werk

krui·men *ww* [kruimde, h. & is gekruimd] kruimelen

krui·mig *bn* kruimelig

kruin (‹Lat› *de* [-en] bovenste van het hoofd, van een berg, van een dijk, van een boom

kruin·sche·ring *de (v)* [-en] RK het kaal scheren van de kruin bij priesters, tonsuur, symbool van de doornenkroon

kruip-door-sluip-door *het* ❶ kinderspel waarbij een speler zich een weg moet banen door een reeks van telkens twee kinderen, die een hindernis vormen door elkaar een hand te geven ❷ vooral NN een kronkelige weg die men moet volgen om ergens te komen: een *~route*

krui·pen *ww* [kroop, h. & is gekropen] ❶ zich met het lichaam dicht bij de grond voortbewegen; fig langzaam gaan; zie ook bij → *schulp* ❷ langs de grond groeien ❸ zeer onderdanig zijn

krui·pend *bn* ❶ langzaam voortschuivend dicht langs de grond: ★ *de kruipende dieren* ❷ zeer onderdanig

krui·per *de (m)* [-s] kruiperig mens

krui·pe·rig *bn* al te onderdanig

krui·pe·rij *de (v)* [-en] overdreven onderdanigheid

kruip·olie *de* olie die men gebruikt om iets wat door roest e.d. is aangetast weer soepel te laten lopen

kruip·pak·je *het* [-s] kledingstuk voor een kind dat nog niet loopt

kruip·ruim·te *de* [-n en -s] ondiepe ruimte onder vloer (om doorstroming van lucht toe te laten; voor leidingen e.d.)

kruip·strook *de* [-stroken] rijstrook voor kruipverkeer

kruip·ver·keer *het* verkeer van voertuigen met geringe snelheid

kruip·weg *de (m)* [-wegen] weg voor kruipverkeer

kruis (‹Lat› *het* [-en; bet 4, 5 ook kruizen) ❶ twee dwars over elkaar liggende stukken hout, waaraan in de klassieke oudheid ter dood veroordeelden soms werden genageld ❷ sinds Jezus' kruisdood zinnebeeld van het christendom: ★ *het teken des kruises* ★ hist *het ~ aannemen* de belofte doen aan een kruistocht deel te nemen ★ BN, spreektaal *een ~ (moeten) maken over iets* m.b.t. plannen, voornemens: (moeten) laten varen, (moeten) afzien van ❸ leed, rampspoed: ★ *ieder huisje heeft zijn kruisje;* ★ NN *God geeft kracht naar ~* ❹ kruisvormige figuur; muz teken dat de volgende noot een halve toon verhoogd moet worden, dièse; teken op munten: ★ *~ of munt spelen* (*gooien*) dobbelspel of manier van loten met opgooien van munten, waarbij óf de 'kruis'- óf de 'munt'-kant bovenkomt ★ *de drie kruisjes achter de rug hebben* al boven de 30 (XXX) jaar zijn; zie ook bij → *groen*[1] en → *rood*[1] (I, bet 1) ❺ ‹bij de mens› gedeelte van het lichaam waar de benen samenkomen; (bij de meeste viervoetige dieren) gedeelte van het lichaam tussen de lendenen en de staart; plaats in een broek waar de beide pijpen samenkomen ★ *iem. in zijn ~ tasten* iem. in zijn zwakheid treffen

kruis·af·ne·ming *de (v)* [-en] het afnemen van Jezus van het kruis; afbeelding daarvan

kruis·al·ler·gie *de (v)* allergie die opgewekt wordt door een bep. allergeen en die vervolgens ook optreedt bij contact met andere stoffen die chemische groepen gemeen hebben met dat allergeen

kruis·band *de (m)* [-en] ❶ twee dwars over elkaar liggende stroken papier ★ *onder ~ verzenden* als drukwerk (per post) ❷ anat elk van de (twee) banden in het kniegewricht

kruis·beeld *het* [-en] beeld van Christus aan het kruis, crucifix

kruis·bek *de (m)* [-ken] vinkachtige vogel met gekruiste snavelpunten

kruis·bes *de* [-sen] harige grote bes, klapbes (*Ribes uva-crispa*)

kruis·bes·sen·struik *de (m)* [-en] struik waaraan kruisbessen groeien (*Ribes uva-crispa*)

kruis·be·stui·ving *de (v)* bestuiving waarbij het stuifmeel door wind of insecten op de stamper van andere bloemen gebracht wordt, allogamie

kruis·beuk *de* [-en] dwarsbeuk in kruiskerk

kruis·bloem *de* [-en] stenen bloem in kruisvorm op kerken

kruis·bloe·mig *bn* ★ *kruisbloemige planten* kruisbloemigen

kruis·bloe·mi·gen *mv*, **kruis·bloe·men·fa·mi·lie** *de (v)* zeer grote plantenfamilie (*Cruciferae* of *Brassicaceae*), bijna altijd kruiden, waarbij de vier blaadjes van de bloemen kruislings tegenover elkaar geplaatst zijn:

★ *tot de ~ behoren ongeveer 350 geslachten met ongeveer 3000 soorten*

kruis·boog *de (m)* [-bogen] ❶ kruisvormige schietboog ❷ twee elkaar kruisende bogen

kruis·da·gen *mv* RK de drie dagen vóór Hemelvaart

kruis·dood *de* de dood aan het kruis

kruis·dra·ger *de (m)* [-s] ❶ bezitter van een militair erekruis ❷ RK iem. die bij een processie het kruis draagt

krui·se·lings *bijw* in kruisvorm

krui·sen *ww* [kruiste, h. gekruist] ❶ een kruis slaan (*vgl*: → **kruisteken**) ❷ (elkaar) voorbijgaan, (elkaar) snijden ❸ heen en weer varen ❹ vermengen van dieren of planten van verschillend ras ❺ kruisigen ❻ wisk: ★ *kruisende lijnen* lijnen die niet evenwijdig zijn en elkaar ook niet snijden

krui·ser *de (m)* [-s] snelvarend oorlogsschip

kruis·fi·na·le *de* [-s] halve en hele eindstrijd tussen de vier hoogst geëindigden van twee poules (twee van elk), waarbij de als tweede geëindigde van de ene poule uitkomt tegen de hoogstgeëindigde van de andere en vice versa, waarna uiteindelijk de beide winnaars tegen elkaar uitkomen

kruis·gang *de (m)* ❶ gang van Jezus naar het kruis ❷ [*mv:* -en] zuilengang om de binnenplaats van een kerk of klooster

kruis·ge·welf *het* [-welven] twee elkaar snijdende tongewelven

kruis·ge·wijs, **kruis·ge·wij·ze** *bn* in een kruis, kruiselings

kruis·heer *de (m)* [-heren] reguliere kanunnik van de Orde van het Heilige Kruis (Ordo Sanctae Crucis), in 1210 gesticht ter verheerlijking van het Kruis

kruis·hout *het* [-en] ❶ kruis waaraan Jezus stierf ❷ dwarshout

krui·si·gen *ww* [kruisigde, h. gekruisigd] aan het kruis nagelen; **kruisiging** *de (v)* [-en]

krui·sing *de (v)* [-en] ❶ het → **kruisen** (bet 2, 4, 6) ❷ plaats waar gekruist wordt (→ **kruisen**, bet 2, 6) ❸ soort die door → **kruisen** (bet 4) is ontstaan ❹ voetbal hoek van het doel, begrensd door de lat en de paal: ★ *een bal in de ~ schieten*

kruis·jas·sen *ww* [kruisjaste, h. gekruisjast] NN kaartspel spelen waarbij de boer (jas) de hoogste troef is

kruis·kerk *de* [-en] kerk in kruisvorm

kruis·kop·schroef *de* [-schroeven] schroef met op de kop een kruisvormige inkeping

kruis·kop·schroe·ven·draai·er *de (m)* [-s] schroevendraaier voor kruiskopschroeven

kruis·kruid *het* geslacht van samengesteldbloemige planten met gele of violette bloemen, over bijna de gehele wereld verspreid voorkomend (*Senecio*); enkele soorten worden als kamerplant geteeld

kruis·licht *het* [-en] BN, spreektaal ‹van een auto› dimlicht

kruis·net *het* [-ten] visnet met twee gekruiste stokken

kruis·of·fer *het* Christus' offerdood aan het kruis

kruis·pand *het* [-en] deel van de kruiskerk waar de armen elkaar snijden

kruis·pei·ling *de (v)* [-en] plaatsbepaling door uit te gaan van twee bekende vaste punten

kruis·punt *het* [-en] punt waar wegen elkaar kruisen

kruis·ra·ket ‹*Eng: cruise missile*› *de* [-ten] door een straalmotor aangedreven, met een of meer atoomkoppen uitgerust, onbemand luchtwapen dat laag boven de grond vliegend obstakels weet te vermijden

kruis·ridder *de (m)* [-s] ridder die deelnam aan een kruistocht

kruis·rijm *het* [-en] gekruist rijm (zie bij → **rijm**[1])

kruis·sleu·tel *de (m)* [-s] moersleutel met gekruiste armen

kruis·snel·heid *de (v)* [-heden] ❶ gemiddelde snelheid ❷ maximale snelheid van een voertuig die gedurende lange tijd kan worden aangehouden zonder overmatige slijtage ❸ ★ *economische ~ snelheid* waarbij de kostprijs per kilometer het geringst is

kruis·spin *de* [-nen] spin met een wit kruis op de rug (*Araneus diadematus*)

kruis·steek *de (m)* [-steken] kruisvormige borduursteek

kruis·te·ken *het* [-s] RK het slaan van een kruis: beweging van de rechterhand van voorhoofd naar borst en van linker- naar rechterschouder

kruis·tocht *de (m)* [-en] ❶ hist veldtocht, militaire onderneming in de middeleeuwen tegen de vijanden van de Kerk van Rome, vooral die tegen de moslims die Palestina bezetten ❷ fig met kracht gevoerde actie tegen of voor iets: ★ *de ~ tegen het alcoholisme*

kruis·vaan *de* [-vanen] wimpel aan een kruisstaf; wimpel met kruis

kruis·vaar·der *de (m)* [-s] ‹in de middeleeuwen› deelnemer aan een kruistocht

kruis·vaart *de* [-en] kruistocht

kruis·ver·band *het* [-en] ❶ kruisvormige verbinding van stenen ❷ → **verband** (bet 2) in kruisvorm

kruis·ver·eni·ging *de (v)* [-en] vooral NN vereniging voor gezondheidszorg en verpleging (die een kruis van bepaalde kleur als embleem voert, bijv. *het Groene Kruis*)

kruis·ver·hoor *het* [-horen] korte reeks vragen aan een verdachte

kruis·ver·wij·zing *de (v)* [-en] verwijzing van twee termen naar elkaar in een boek of geschrift, vooral in een naslagwerk

kruis·vluchtwa·pen *het* [-s] → **kruisraket**

kruis·vuur *het* het schieten in elkaar kruisende richtingen ★ fig *een ~ van vragen* van verschillende kanten komend

kruis·weg *de (m)* [-wegen] ❶ in 14 staties verdeelde weg die Jezus aflegde van het huis van Pilatus tot Golgotha ❷ RK voorstelling daarvan langs een weg of een pad; de daarbij behorende gebeden

kruis·werk *het* werk t.b.v. een kruisvereniging
kruis·woord *het* [-en] door Jezus aan het kruis gesproken woord
kruis·woord·puz·zel *de (m)* [-s], **kruis·woord·raad·sel** *het* [-s] raadsel waarbij horizontaal en verticaal in hokjesfiguur woorden ingevuld moeten worden
kruit *het* ontplofbare stof ★ *zijn ~ droog houden* op strijd voorbereid zijn ★ *al zijn ~ verschoten hebben* geen middelen tot verweer meer hebben; zie ook bij → **lont**
kruit·damp *de (m)* [-en] rook van ontploft kruit
kruit·ka·mer *de* [-s], **kruit·ma·ga·zijn** *het* [-en] bewaarplaats voor kruit
kruit·schip *het* [-schepen] met kruit geladen schip
kruit·slijm *het* vettige aanslag in geweerloop, na het afschieten van kruit
kruit·vat *het* [-vaten] vat met kruit; fig plaats waar licht iets heel ernstigs kan losbarsten: ★ *het Midden-Oosten ontwikkelt zich tot een ~* ★ *de vonk in het ~* de aanleiding tot zo'n losbarsting
krui·wa·gen *de (m)* [-s] handwagen op één wiel; fig persoon die iem. aan een betrekking helpt
krui·ze·munt *de* lipbloemig sterk geurend kruid (*Mentha*)
kruk *de* [-ken] ❶ steunstok ❷ handvat, knop van een deur ❸ stoeltje zonder leuning ❹ sukkel
kruk·as *de* [-sen] as met krukvormige bochten, die bewegingen overbrengt op de machineonderdelen
kruk·ken *ww* [krukte, h. gekrukt] ❶ op krukken (→ **kruk**, bet 1) lopen ❷ sukkelen, met moeite en gebrekkig zijn werk doen
kruk·ke·rig, **kruk·kig** *bn* sukkelend, gebrekkig en met moeite
krul, **krol** *de* [-len] ❶ gedraaide haarlok ❷ schaafsel ❸ gebogen versiersel aan meubels e.d.; sierlijke gebogen trek met de pen ❹ krulziekte ❺ krultabak
krul·an·dij·vie *de* andijvie met gekrulde blaadjes
krul·haar *het* krullend haar
krul·ijzer *het* [-s] tang om haar te krullen
krul·len *ww* [krulde, is & h. gekruld], **krol·len** [krolde, is & h. gekrold] ❶ krullen hebben ❷ krullen maken
krul·len·bol *de (m)* [-len], **krul·len·kop** *de (m)* [-pen] ❶ hoofd met krulhaar ❷ iem. (vooral kind) met krulhaar
krul·len·jon·gen *de (m)* [-s] timmermansleerling; fig beginner, iem. die zijn vak nog niet verstaat
krul·let·ter *de* [-s] letter met fraaie krullen
krul·sla *de* sla met gekrulde bladen
krul·speld *de* [-en] haarspeld die het haar doet krullen
krul·staart *de (m)* [-en] krullende staart; schertsend varken
krul·tang *de* [-en] tang om het haar te krullen, friseertang
krul·va·ren *de* [-s] het plantengeslacht *Nephrolepsis*
krul·ziek·te *de (v)* plantenziekte, waarbij de bladeren omkrullen
kry·o·liet [krie(j)oo-] *(‹Gr) het* kleurloos tot wit mineraal (natriumaluminiumfluoride, Na_3AlF_6),

gebruikt bij de bereiding van aluminium
kryp·ton [krip-] *(‹Gr) het* chemisch element, een kleurloos, smaakloos en reukloos gas, symbool Kr, atoomnummer 36
KS *afk* in België Kempense Steenkolenmijnen
KSA *afk* in België Katholieke Studentenactie [jeugdorganisatie]
kso *afk* in België kunst secundair onderwijs
k-stuk [kaa-] *het* [-ken] NN effect (aandeel of obligatie) in de klassieke (is K) vorm; tegengest: → **cf-stuk**
KT *afk* in België kinderen toegelaten [voor alle leeftijden, bijv. bij filmvoorstellingen]
Kt *afk*, **kt** karaat
kub. *afk* kubiek
ku·be·ren *ww (‹Fr)* [kubeerde, h. gekubeerd] ❶ de ruimte-inhoud berekenen, vooral de hoeveelheid m^3 hout in een boomstam ❷ tot de derde macht verheffen
ku·biek *(‹Gr) bn* ❶ dobbelsteenvormig ❷ ‹met lengte-eenheid› inhoudsaanduiding ★ *kubieke meter* maat die, deel van de ruimte dat één meter lang, breed en hoog is
ku·biek·ge·tal *het* [-len] derde macht van een geheel getal
ku·biek·wor·tel *de (m)* [-s] derdemachtswortel
ku·bis·me *(‹Fr) het* richting in de beeldende kunst die alles in hoekige, meetkundige vormen voorstelt
ku·bist *de (m)* [-en] kunstenaar die het kubisme beoefent
ku·bis·tisch *bn* volgens het kubisme
K.U.Brussel *afk* in België Katholieke Universiteit Brussel
ku·bus *(‹Gr) de (m)* [-sen] regelmatig veelvlak waarvan de zes zijvlakken congruente vierkanten zijn ★ *Hongaarse ~* kubus waarvan de zijvlakken elk zijn opgebouwd uit negen gekleurde vierkantjes die in groepen van drie horizontaal of verticaal gedraaid kunnen worden en waarbij men moet trachten de zes vlakken elk één bepaalde kleur te geven
kuch¹ *de (m)* [-en] droge hoest
kuch² *de (m) & het* soldatenbrood
ku·chen *ww* [kuchte, h. gekucht] droog hoesten
kud·de *de* [-n, -s] troep dieren
kud·de·dier *het* [-en] eig dier dat in grote kudden pleegt te leven; fig iem. die de menigte volgt, niet zelfstandig handelt
kud·de·geest *de (m)* de gezindheid van het kuddedier
ku·dos [kjoedos] *(‹Gr: eer, roem) de* bijval voor een standpunt dat op internet wordt verkondigd (vaak onjuist opgevat en gebruikt als meervoud van het niet-bestaande 'kudo')
kui·er *de (m)* NN wandeling
kui·e·ren *ww* [kuierde, h. & is gekuierd] langzaam wandelen
kui·er·lat·ten *mv* schertsend benen
kuif *de* [kuiven] opstaande haar- of vederbos, vooral op het hoofd
kuif·aap *de (m)* [-apen] meerkat

kuif·eend *de* [-en] eend met een kuif (*Nyroca fuligula*)
kuif·leeu·we·rik *de (m)* [-riken] leeuwerik met een kuif
kuif·ma·kaak *de (m)* [-kaken] gekuifde, kortstaartige aap die voorkomt op Celebes en Batjan, celebesbaviaan (*Cynopithecus niger*)
kui·ken *het* [-s] ❶ jong van hoen ❷ domme jongen of dom meisje
kui·ken·sek·ser *de (m)* [-s] iem. die kuikens sekst
kuil *de (m)* [-en] gat in de grond ★ vooral NN *wie een (NN:) ~ / (BN:) put graaft voor een ander, valt er zelf in* wie een ander nadeel wil berokkenen, haalt zichzelf narigheid op de hals ★ *kuiltje* inwaartse welving van de huid (in wang of kin)
kuil·dek *het* [-ken] scheepsdek met een laagte in het midden van de lengte
kui·len *ww* [kuilde, h. gekuild] in een ¹kuil opbergen
kuip *(‹Lat) de* [-en] ❶ houten of metalen vat ❷ naam voor verschillende voorwerpen die in vorm daarop lijken; stadion; vooral: *de Kuip* het Feyenoordstadion
kuip·bad *het* [-baden] bad in een kuip
kui·pen *ww* [kuipte, h. gekuipt] ❶ vaten maken ❷ slinks te werk gaan om iets te bereiken
kui·per *de (m)* [-s] ❶ iem. die kuipen maakt ❷ iem. die slinks te werk gaat om iets te bereiken
kui·pe·rij *de (v)* [-en] ❶ het kuipen; werkplaats van een kuiper ❷ listige streek
kuip·stoel *de (m)* [-en], **kuip·ze·tel** *de (m)* [-s] kuipvormige leunstoel
kuis¹ *bn* rein van zeden, seksueel ingetogen en terughoudend
kuis² *de (m)* BN, spreektaal ❶ schoonmaak ★ *de grote ~* de lenteschoonmaak ❷ het uit de weg ruimen, het zich ontdoen (van ongewenste personen); opruiming, zuivering ★ *grote ~ houden* orde op zaken stellen ❸ sp het elimineren van een aantal deelnemers: ★ *deze etappes zullen voor de eerste grote ~ zorgen*
kui·sen *ww* [kuiste, h. gekuist] ❶ zuiveren, louteren ❷ BN, spreektaal schoonmaken, poetsen, reinigen; (oude stenen) afbikken ; zie ook bij → gekuist
kuis·heid *de (v)* reinheid van zeden, seksuele ingetogenheid en terughoudendheid
kuis·heids·gor·del *de (m)* [-s] vroeger voorwerp dat om het onderlichaam van een vrouw werd bevestigd door een echtgenoot die langdurig uithuizig was en ontrouw door die vrouw wilde voorkomen
kuis·vrouw *de (v)* [-en] BN, spreektaal werkster, schoonmaakster
kuit¹ *de* visieieren;; zie ook bij → **haring¹**
kuit² *de* [-en] achterdeel van het onderbeen
kuit·been *het* [-deren, -benen] een van de beenderen tussen knie en voet
kuit·broek *de* [-en] korte broek
kui·ten·flik·ker *de (m)* [-s] bepaalde luchtsprong ★ *een ~ slaan*
ku·ke·le·ku *tsw* nabootsing van hanengekraai

ku·ke·len *ww* [kukelde, is gekukeld] inf tuimelen, vallen
Ku-Klux-Klan [koeklueksklen] *de (m)* beweging van geheime genootschappen in de Verenigde Staten, gekenmerkt door afkeer van en gewelddadig optreden tegen zwarten, Joden, katholieken en andere minderheidsgroepen en met als karakteristieke kleding lange, witte gewaden en puntmutsen die ook het gezicht bedekken
KUL *afk* in België niet-officiële afkorting van Katholieke Universiteit Leuven → **K.U.Leuven**
kul *de (m)* inf flauwe praat, onzin; vgl: → **flauwekul**
KULAK *afk* in België Katholieke Universiteit Leuven, Afdeling Kortrijk
K.U.Leuven *afk* in België Katholieke Universiteit Leuven
kul·koek *de (m)* inf kul
kum·mel *(‹Du) de (m)* ❶ komijn, karwijzaad ❷ met komijn of karwijzaad gekruide likeur
kum·quat [koemkwat] *(‹Kantonees) de (m)* [-s] zure vrucht, gelijkend op de sinaasappel
KUN *afk* in Nederland, vroeger Katholieke Universiteit Nijmegen [sinds 2004: Radboud Universiteit Nijmegen]
ku·na [koe-] *(‹Kroatisch‹Lat) de* ['s] munteenheid van Kroatië
kun·de *de (v)* degelijke kennis
kun·dig *bn* bekwaam, geleerd
kun·dig·heid *de (v)* [-heden] bekwaamheid, kennis
kung·fu [koengfoe] *(‹Chin) de (m)* op karate gelijkende Chinese vechtsport
kun·ne *de* → **geslacht** (bet 2), sekse ★ *van beiderlei ~* van zowel het mannelijk als het vrouwelijk geslacht
kun·nen I *zelfst ww* [kon, konden, h. gekund] ❶ in staat zijn tot, het vermogen bezitten tot: ★ *hij kon geen uiting geven aan zijn gevoelens* ★ *willen is ~* ★ *er niet bij ~* a) iets niet kunnen pakken; b) fig iets niet kunnen begrijpen ★ *ergens van op aan ~* er op kunnen vertrouwen ★ NN *er niet over uit ~*, BN *er niet over ~* zeer verbaasd, teleurgesteld, verrukt enz. zijn ★ *ergens tegen ~* iets kunnen verdragen ★ *het kan niet op!* uitroep als men wordt geconfronteerd met een overvloed van iets ★ *beneden zijn ~* minder dan waartoe hij in staat is ❷ mogelijk zijn: ★ *het moet wel zo zijn, het kan niet anders* **II** *hulpww van modaliteit* ★ *het kan wel eens gaan regenen* ★ *je kan me wat* ik bepaal zelf wel wat ik doe en laat
kunst *de (v)* [-en] ❶ het kunnen, vaardigheid ★ *de boeren de ~ afvragen* onbescheiden vragen stellen, te veel vragen ★ *dat is geen ~!* of *daar is geen ~ aan!* dat is heel gemakkelijk, vaak slechts als uitroep: ★ *~!* ★ NN *uit de ~* voortreffelijk ★ *hebben is hebben maar krijgen is de ~* gezegd om de voordelen van het bezitten van iets aan te geven; zie ook bij → **oefening** en → **zwart** ❷ het vermogen om op creatieve wijze uiting te geven aan emoties en / of gedachten met als doel bij de toeschouwer en / of toehoorder gevoelens van schoonheid, verbazing,

verwarring e.d. op te wekken; voortbrengselen van dat vermogen ★ *de schone kunsten* bouwkunst, dichtkunst, beeldende kunsten ★ *~ met een grote K serieuze kunst* ❸ *vooral als verkleinw*: *kunstje* aangeleerd vaardigheidsstukje ★ *een koud kunstje* iets wat zich gemakkelijk laat klaarspelen ★ spreektaal *iem. een kunstje flikken* iem. bedriegen of benadelen ❹ *vooral in het mv* kunsten frats, gril, kuur: ★ *rare kunsten* ❺ *veelal in samenstellingen*: *kunst-* niet door de natuur gemaakt, nagemaakt

kunst·aas *het* sportvisserij nagemaakt aas, dat niet voor vissen eetbaar is

kunst·aca·de·mie *de (v)* [-s] academie van beeldende kunst

kunst·arm *de (m)* [-en] prothese voor een arm

kunst·been *het* [-benen] prothese voor een been

kunst·bloem *de* [-en] bloem van papier enz.

kunst·bo·ter *de* niet uit melk bereide boter, *oude benaming voor* margarine

kunst·broe·der *de (m)* [-s] iem. die eenzelfde kunst beoefent

kunst·druk·pa·pier *het* met krijt bestreken papier waarop een laag van minerale stoffen wordt aangebracht, waardoor een glanzend uiterlijk wordt verkregen; zeer geschikt voor illustraties

kun·ste·naar *de (m)* [-s], **kun·ste·na·res** *de (v)* [-sen] iem. die de schone kunsten beoefent

kun·sten·ma·ker *de (m)* [-s] iem. die knappe vaardigheidsstukjes vertoont

kun·sten·ma·ke·rij *de (v)* [-en] ❶ wat een kunstenmaker doet ❷ aanstellerig gedoe, nodeloze gewichtigheid

kunst- en ·vlieg·werk *het* zie bij → vliegwerk

kunst·ge·bit *het* [-ten] prothese voor een gebit

kunst·ge·not *het* het genieten van schone kunst

kunst·ge·schie·de·nis *de (v)* geschiedenis van de schone kunsten, vooral van de beeldende kunsten en bouwkunst

kunst·ge·voel *het* zin, smaak voor schone kunst

kunst·gras *het* synthetisch, op gras gelijkend materiaal, gebruikt voor sportvelden

kunst·greep *de (m)* [-grepen] vaardigheid, handgreep; list

kunst·han·del *de (m)* ❶ handel in kunstvoorwerpen, schilderijen enz. ❷ [*mv*: -s] winkel waar zulke artikelen verhandeld worden

kunst·hars *de (m) & het* synthetisch verkregen harsachtig product

kunst·hart *het* [-en] apparaat dat tijdelijk de functies van het hart verricht

kunst·his·to·ri·cus *de (m)* [-ci] kenner, beoefenaar van kunstgeschiedenis

kunst·his·to·risch *bn* van, betreffende de kunstgeschiedenis

kunst·hu·ma·ni·o·ra *de (v)* [-'s] BN afdeling van het middelbaar onderwijs met speciale aandacht voor de kunsten

kun·stig *bn* knap, handig; van kunst of bedrevenheid getuigend

kunst·ijs·baan *de* [-banen] baan van kunstmatig verkregen ijs

kunst·je *het* [-s] zie bij → **kunst** (bet 3)

kunst·ka·bi·net *het* [-ten] zaal waarin kunstvoorwerpen te zien zijn

kunst·ken·ner *de (m)* [-s] iem. die verstand heeft van voortbrengselen van schone kunst

kunst·kop *de (m)* ★ NN, spreektaal *ergens een ~ van krijgen* iets zeer lastig of ergerniswekkend vinden

kunst·kring *de (m)* kunstlievende vereniging

kunst·le·der, **kunst·leer** *het* nagemaakt leer

kunst·le·ren *bn* van kunstleer

kunst·licht *het* lamplicht

kunst·lie·vend *bn* de schone kunsten beminnend

kunst·maan *de* [-manen] afgeschoten projectiel dat als satelliet om de aarde draait

kunst·ma·tig *bn* niet volgens de natuur, nagemaakt: ★ *kunstmatige ademhaling* ★ *kunstmatige intelligentie* artificial intelligence (zie aldaar); **kunstmatigheid** *de (v)*

kunst·mest *de (m)* langs scheikundige weg bereide mest

kunst·mid·del *het* [-en] niet natuurlijk hulpmiddel

kunst·moe·der *de* [-s] toestel voor het opkweken van kuikens

kunst·nier *de* [-en] toestel dat tijdelijk de werking van de nieren verricht

kunst·nij·ver·heid, **kunst·nij·ver·heid** *de (v)* het vervaardigen van gebruiksvoorwerpen met kunstwaarde

kunst·oog *het* [-ogen] glazen oog

kunst·pa·tri·mo·ni·um *het* [-monia] BN ook nationaal kunstbezit

kunst·pe·nis *de (m)* [-sen] voorwerp in de vorm van een penis, gebruikt voor seksuele stimulatie en bevrediging

kunst·pro·duct *het* [-en] ❶ voortbrengsel van schone kunst ❷ kunstmatig verkregen product

kunst·rij·den *ww & het* (het) maken van kunstige figuren bij het rijden, vooral bij het schaatsenrijden

kunst·rij·der *de (m)* [-s], **kunst·rijd·ster** *de (v)* [-s] iem. die het kunstrijden op de schaats beoefent

kunst·schaats *de* [-en] schaats waarmee men kan kunstrijden

kunst·schaat·sen *ww & het* (het) kunstrijden op de schaats

kunst·schat·ten *mv* kostbare werken van schone kunst

kunst·schil·der *de (m)* [-s] iem. die schilderijen vervaardigt

kunst·stof *de* [-fen] chemisch bereide grondstof, waaruit soortgelijke producten worden vervaardigd als vroeger uit natuurlijke grondstoffen

kunst·sto·ten *ww & het* bilj spelsoort waarbij van tevoren vastgestelde stoten op voorgeschreven wijze moeten worden uitgevoerd

kunst·stuk *het* [-ken] knap werk

kunst·taal *de* [-talen] kunstmatig samengestelde taal: ★ *Esperanto en Ido zijn kunsttalen*
kunst·tand *de (m)* [-en] valse tand
kunst·term *de (m)* [-en] ❶ term in de kunst gebruikelijk ❷ geleerde vakterm
kunst·vaar·dig *bn* bedreven; bekwaam in de uitoefening van een kunst, vaardig in de daartoe behorende werkzaamheden; **kunstvaardigheid** *de (v)*
kunst·vei·ling *de (v)* [-en] veiling van voorwerpen van kunst
kunst·ve·zel *de* [-s] kunstmatige vezelstof
kunst·vlees *het* uit soja-eiwit bereid op vlees gelijkend voedingsmiddel, TVP
kunst·vlieg *de* [-en] nagemaakte vlieg als kunstaas
kunst·vlie·ger *de (m)* [-s] piloot die met zijn vliegtuig kunstige toeren uitvoert
kunst·voe·ding *de (v)* ‹bij jonge zuigelingen› elke soort voeding die geen moedermelk is
kunst·voor·werp *het* [-en] voortbrengsel van kunstnijverheid of beeldende kunst
kunst·vorm *de (m)* [-en] de vorm waarin de kunst zich uit, bijv. muziek in klank, beeldende kunst in lijn en kleur
kunst·waar·de *de (v)* waarde uit een oogpunt van kunst beschouwd
kunst·werk *het* [-en] ❶ werk van schone kunst ❷ product van de techniek, vooral (in de weg- en waterbouw) werk dat van andere materialen is vervaardigd dan uitsluitend aarde en zand, zoals tunnels, bruggen en sluizen
kunst·zaal *de* [-zalen] tentoonstellingszaal voor kunstvoorwerpen
kunst·zij, **kunst·zij·de** *de* op zijde gelijkende stof, uit cellulose vervaardigd
kunst·zij·den *bn* van kunstzijde
kunst·zin *de (m)* aanleg voor het genieten en scheppen van kunst
kunst·zin·nig *bn* met kunstzin; **kunstzinnigheid** *de (v)*
kunst·zwem·men *ww & het* sport bestaande uit het zwemmend uitvoeren van fraaie figuren, vooral met zijn tweeën; zie ook → **synchroonzwemmen**
kür [kuur] ‹Du› *de (v)* [-en] vrij gekozen figuur bij het kunstrijden op de schaats
ku·ras ‹Fr› *het* [-sen] pantser; borstharnas, borstplaat
ku·ras·sier ‹Fr› *de (m)* [-s] van borstharnas voorzien ruitersoldaat
ku·ren *ww* [kuurde, h. gekuurd] een kuur, vooral een ligkuur doen
kur·haus [koer-] ‹Du› *het* NN hoofdgebouw, veelal met casino, hotel e.d., in een badplaats, vooral het Kurhaus te Scheveningen
kurk I *als voorwerp: de* [-pen] ❶ stop van → **kurk** (II) of een kroonkurk op een fles e.d. ★ NN *iets onder de ~ hebben* een voorraad hebben van alcoholische drank ❷ stuk kurk als middel om iets te laten drijven ★ NN *de ~ waarop iets drijft* wat voor de instandhouding onmisbaar is II *als stof: de (m) & het* oppervlakteweefsel van de kurkeik

kurk·droog *bn* zeer droog
kurk·eik *de (m)* [-en] eik waarvan de schors kurk levert
kur·ken[1] *bn* van → **kurk** (II)
kur·ken[2] *ww* [kurkte, h. gekurkt] een → **kurk** (I, bet 1) doen op
kur·ken·trek·ker *de (m)* [-s] ❶ werktuig om flessen te ontkurken ❷ spiraalvormige haarlok ❸ iem. met een kromgegroeid lichaam
kur·ken·zak, **kur·ken·zak** *de (m)* [-ken] zak met kurk als stootkussen voor schepen
kur·ku·ma ‹Arab› *de (m)* wortelstok van een tropische plant (*Curcuma longa*) en die plant zelf, geelwortel, Indische saffraan
kur·saal ‹Du› *de (m) & het* [-salen] BN centraal gebouw in een badplaats, veelal met casino, hotel e.d.; in Nederland → **kurhaus** genoemd
kus *de (m)* [-sen] aanraking met de lippen als liefkozing, groet of eerbetoon
kus·hand *de* [-en], **kus·hand·je** *het* [-s] groet waarbij men iemand een kus toewerpt door de eigen hand te kussen, handkus
kus·jes·dans *de (m)* [-en] BN rondedans waarbij mensen naar het midden komen om elkaar te kussen
kus·sen[1] *ww* [kuste, h. gekust] het geven van een kus; zie ook bij → **roede**
kus·sen[2] ‹Oudfrans› *het* [-s] zak gevuld met zacht materiaal waarop men zit, waartegen men leunt, waarop men het hoofd legt e.d. ★ NN *op het ~ komen, zitten* een besturende functie krijgen, hebben
kus·sen·ge·vecht *het* [-en] het naar elkaar gooien of slaan met kussens
kust[1] ‹Oudfrans› *de* [-en] scheiding van land en zee ★ *is de ~ vrij?* is alles veilig?
kust[2] *de* ★ *te ~ en te keur* zie bij → **keur** (bet 3)
kust·bat·te·rij *de (v)* [-en] groep bijeenbehorende stukken geschut ter kustverdediging
kust·licht *het* [-en] licht aan de kust voor de zeeschepen
kust·lijn *de* beloop van de kust; scheidingslijn tussen land en water
kust·streek *de* [-streken] strook land aan de kust
kust·tram *de (m)* [-s] BN tram aan de Belgische kust tussen Knokke en De Panne
kust·vaar·der *de (m)* [-s] zeewaardig handelsvaartuig tot 500 registerton
kust·vaart *de* oorspr zeevaart langs de kusten; thans zeevaart met handelsvaartuigen tot 500 registerton, kleine handelsvaart
kust·ver·de·di·ging *de (v)* ❶ militaire verdediging van de zeekust van een land ❷ verdediging van de kustlijn tegen het water
kust·ver·lich·ting *de (v)* vuurtorens, lichtboeien e.d. langs het water
kust·ver·ster·king *de (v)* [-en] militaire verdedigingswerken aan de kust
kust·wacht *de* bewaking van de kust; de

gezamenlijke bewakers van de kust
kust·wach·ter *de (m)* [-s] iem. die de kust bewaakt
kust·wa·te·ren *mv* strook zee langs de kust
kut I *de* [-ten] inf vrouwelijk schaamdeel ★ ~ *met peren* waardeloze troep; zie ook bij → **dirk II** *bn* slecht, beroerd **III** *tsw* uitroep van ergernis, verdomme
kut- *als eerste lid in samenstellingen* inf waardeloos, ellendig, inferieur: ★ *kutfilm* ★ *kutsmoes*
kut·kam·men *ww & het* plat (het) beuzelen, zaniken, zeuren; **kutkammerij** *de (v)* [-en]
kut·smoes *de* [-smoezen] vooral NN, spreektaal doorzichtige, slappe smoes
kut·ten·kop *de (m)* [-en] scheldwoord lastige, zeurderige vrouw
kut·zwa·ger *de (m)* [-s] man die geslachtsgemeenschap heeft gehad met dezelfde vrouw als een genoemde andere man
kuub *de (m)* kubieke meter: ★ *drie ~ zand*
kuur *(‹Lat) de* [kuren] ❶ gril ❷ geneeswijze, behandeling van een ziekte ★ *een ~ doen* een bepaalde tijd een geneeswijze toepassen
kuur·oord *(‹Du) het* [-en] (bad)plaats met geneeskrachtige bronnen, waar men een kuur kan doen
K.V. *afk* Köchels Verzeichnis [chronologische inventaris van de werken van W.A. Mozart door de Oostenrijkse musicoloog L.A.F. Ritter van Köchel (1800-1877)]
kV *afk* kilovolt
kVA *afk* kilovoltampère
KVG *afk* in België Katholieke Vereniging voor Gehandicapten
KVHU *afk* in België Katholieke Vlaamse Hogeschooluitbreiding [sociaal-culturele organisatie]
KVHV *afk* in België Katholiek Vlaams Hoogstudentenverbond [vereniging van Vlaamse studenten]
KvK (en F) *afk* Kamer van Koophandel (en Fabrieken)
KVO *afk* Koninklijke Vlaamse Opera
KVP *afk* in Nederland Katholieke Volkspartij [vroegere Nederlandse politieke partij, in 1980 opgegaan in het CDA]
KVS *afk* in België Koninklijke Vlaamse Schouwburg
kW *afk* kilowatt
kw® *de* [-'s] BN ook regenjasje van het merk K-Way
kwaad I *bn* ❶ slecht, verkeerd, ongunstig, gevaarlijk, schadelijk ★ *niet ~* vrij goed, heel aardig ★ *het niet ~ menen* goede bedoelingen hebben ★ NN *het te ~ krijgen* a) in een moeilijke of gevaarlijke toestand geraken; b) sterk geëmotioneerd raken ★ NN *het te ~ met iets hebben* moeilijkheden met iets hebben, zich iets zeer aantrekken ★ *vooral* NN *zo goed en zo ~ als het gaat* zo goed men kan (met geringe middelen, onder ongunstige omstandigheden) ★ *geen ~ woord over iem. (weten te) zeggen* niets slechts ★ NN *een kwade dronk (over zich) hebben* agressief en vervelend worden als men dronken is;

zie ook bij → **bloed**[1], → **geld**, → **reuk**, → **trouw (II)** en → **vlieg** ❷ negatieve gevoelens tegenover iem. of iets koesterend, boos, vertoornd ★ *~ zijn op iem.* ★ *zich ~ maken* **II** *het* [kwaden] wat slecht, verkeerd, schadelijk is; slechte daad: ★ *het ~ was al geschied* ★ *geen ~ kunnen* geen schade of nadeel veroorzaken ★ *geen ~ kunnen doen bij iem.* zeer bij iem. in de gunst staan ★ *van ~ tot erger* steeds slechter ★ *van twee kwaden het beste kiezen* het minst erge van twee zaken verkiezen ★ *ten kwade duiden* in onvriendelijke zin opvatten, kwalijk nemen ★ *zich van geen ~ bewust* niet wetend dat men iets verkeerds gedaan heeft ★ *een noodzakelijk ~* iets vervelends of slechts waar men helaas niet buiten kan; zie ook bij → **lonen** en → **prins**
kwaad·aar·dig [-daar-] *bn* ❶ boosaardig, van kwade gezindheid, geneigd tot vijandige gezindheid ❷ gevaarlijk, ernstige gevolgen kunnende hebben: ★ *een ~ gezwel*; **kwaadaardigheid** *de (v)*
kwaad·doe·ner *de (m)* [-s] iem. die kwaad doet
kwaad·heid *de (v)* toorn
kwaad·schiks *bijw* met tegenzin; *vgl*: → **goedschiks**
kwaad·spre·ken *ww* [sprak kwaad, h. kwaadgesproken] opzettelijk slechte dingen van iem. vertellen
kwaad·spre·ker *de (m)* [-s], **kwaad·spreek·ster** *de (v)* [-s] iem. die kwaadspreekt
kwaad·wil·lig *bn* van slechte gezindheid ★ NN, recht *kwaadwillige verlating* het zonder wettige oorzaak verlaten van zijn of haar echtgeno(o)t(e); vroeger één van de redenen tot echtscheiding; **kwaadwilligheid** *de (v)*
kwaal *de* [kwalen] ❶ slepende ziekte; fig verkeerde toestand, bederf: ★ *de ~ van deze tijd* ❷ kwelling: ★ *helse kwalen*
kwab *de* [kwabben] ❶ weke massa vlees of vet ❷ veenplas
kwab·aal *de (m)* [-alen] eetbare zoetwatervis
kwab·big *bn* met kwabben
kwa·draat *(‹Lat) het* [-draten] ❶ vierkant; iets vierkants ❷ het product van een met zichzelf vermenigvuldigd getal, tweede macht
kwa·drant *(‹Lat) het* [-en] ❶ vierde deel van een cirkeloppervlak ❷ landmeetkundig of astronomisch werktuig, bestemd tot het meten van hoeken in alle vlakken; hoek- of hoogtemeter ❸ door twee coördinatenassen of door drie coördinatenvlakken begrensd deel van een rechthoekig coördinatenstelsel
kwa·dra·te·ren *ww* [kwadrateerde, h. gekwadrateerd] in het kwadraat verheffen
kwa·dra·tuur *(‹Lat) de (v)* berekening van de inhoud van een kromlijnige figuur in vierkante eenheden ★ *~ van de cirkel* omrekening van een cirkel in een vierkant van gelijke grootte fig iets onuitvoerbaars
kwa·dre·ren *ww (‹Lat)* [kwadreerde, h. gekwadreerd] vierkant maken, in het kwadraat verheffen
kwa·jon·gen *de (m)* [-s] ondeugende jongen; (in

gunstiger zin) jongen ★ *hij is geen ~ meer* hij is al wat ouder en verstandiger

kwa·jon·gens·ach·tig *bn* ondeugend, als een kwajongen

kwa·jon·gens·streek *de* [-streken] daad (als) van een kwajongen

kwak I *de (m)* [-ken] kwakkend of smakkend geluid; neergeworpen massa **II** *tsw* nabootsing van kwakend of smakkend geluid

kwa·ken *ww* [kwaakte, h. gekwaakt] het geluid laten horen van een kikker of eend; luid en druk babbelen

kwak·je, kwak·kie *het* [-s] *inf* hoeveelheid sperma die in een zaadlozing uitgestort wordt

kwak·kel *de* [-s, -en] ❶ kwartel ❷ BN vals bericht, praatje, verzinsel, leugen

kwak·ke·len *ww* [kwakkelde, h. gekwakkeld] ❶ sukkelen ❷ ongestadig zijn (*weer*)

kwak·kel·win·ter *de (m)* [-s] winter waarin het met korte afwisselingen licht vriest of dooit

kwak·ken *ww* [kwakte, h. & is gekwakt] ❶ neerwerpen, vooral van een brijige massa, smakken, ploffen ❷ vallen: ★ *hij is tegen de grond gekwakt*

kwak·zal·ven *ww* [kwakzalfde, h. gekwakzalfd] met kwakzalversmiddeltjes werken

kwak·zal·ver *de (m)* [-s] *oorspr* iem. die onbevoegd geneeskunde uitoefent; *thans ook* iem. die zich uitgeeft voor geneeskundige met de bedoeling goedgelovige mensen geld uit de zakken te kloppen; *fig* bedrieger

kwak·zal·ve·rij *de (v)* het bedrijf van de kwakzalver; *fig* onvoldoende bestrijding van iets kwaads; boerenbedrog

kwal *de* [-len] ❶ klok- of paddenstoelvormig week neteldier ❷ *fig* nare vent

kwal. *afk* kwaliteit

kwa·li·fi·ca·tie [-(t)sie] *(‹Lat) de (v)* [-s] ❶ toekenning van een eigenschap; benaming, betiteling ❷ geschiktheid tot iets; bevoegdheid ❸ recht aanduiding waarbij de aan de beklaagde ten laste gelegde feiten bepaald worden als te vallen onder een of ander bij de strafwet genoemd misdrijf; verzwaring van een misdaad door bijzondere en verergerende omstandigheden ❹ BN in het *Vernieuwd Secundair Onderwijs* aanduiding van een doelgerichte opleiding om zich in de praktische techniek van een bep. vak te specialiseren; specialisatie

kwa·li·fi·ce·ren *ww* (‹Lat) [kwalificeerde, h. gekwalificeerd] ❶ een eigenschap toekennen; noemen, benoemen; betitelen, kenschetsen ❷ bevoegd, gerechtigd, geschikt (tot iets) maken ★ *zich ~* zich ergens toe bekwamen, geschikt en bevoegd maken; zie ook → **gekwalificeerd**

kwa·lijk *bn* niet goed, niet wel; met moeite, bezwaarlijk ★ *iets ~ nemen* boos zijn over iets

kwa·li·ta·tief *(‹Fr‹Lat) bn* de kwaliteit betreffend

kwa·li·teit *(‹Fr‹Lat) de (v)* [-en] ❶ hoedanigheid, vooral van stoffen en waren met betrekking tot het gebruik dat ervan gemaakt moet worden, deugdelijkheid ❷ eigenschap van een persoon, met betrekking tot waardering; goede eigenschap ❸ waardigheid, functie ❹ schaken verschil in waarde tussen een toren enerzijds en een paard of loper anderzijds: ★ *een ~ verliezen, voor staan*

kwa·li·teits·krant *de* [-en] dagblad dat zich er op voorstaat te doen aan objectieve, serieuze berichtgeving op een sobere wijze

kwal·ster *de (m)* [-s] NN → **fluim** (bet 1), rochel

kwal·ster·ijs *(‹Fries) het* NN ijs waarop sneeuw is vastgevroren, zodat men er slecht op kan schaatsen

kwam *ww*, **kwa·men** *verl tijd* van → **komen**

kwan·se·laar *de (m)* [-s] iem. die kwanselt

kwan·se·len *ww* [kwanselde, h. gekwanseld] op prutsige manier ruilen, sjacheren

kwant *de (m)* [-en] snaak, schalk

kwan·ti·fi·ceer·baar *bn* gekwantificeerd kunnende worden, te berekenen: ★ *deze enquêtegegevens zijn moeilijk ~*

kwan·ti·fi·ce·ren *ww* [kwantificeerde, h. gekwantificeerd] in kwantiteiten of als een kwantiteit uitdrukken of beschouwen; als meetbare grootheid behandelen

kwan·ti·ta·tief *(‹Fr‹Lat) bn* volgens de hoeveelheid of grootte ★ *kwantitatieve analyse* bepaling van de hoeveelheid van verschillende stoffen in een mengsel of een verbinding

kwan·ti·teit *(‹Fr‹Lat) de (v)* [-en] hoeveelheid, menigte, aantal

kwan·tum *(‹Lat) het* [-s, -ta] ❶ hoeveelheid, vooral met betrekking tot goederen in de handel en stoffen; dosis ❷ → **quant**

kwan·tum·kor·ting *de (v)* [-en] korting gegeven aan afnemers van grote hoeveelheden tegelijk van eenzelfde product

kwan·tum·me·cha·ni·ca *de (v)*, **kwan·tum·the·o·rie** [kwan-] *de (v)* deel van de natuurkunde dat de discontinuïteit of sprongsgewijze verandering betreft die bij veel processen op zeer kleine schaal (het niveau van atoomdeeltjes) wordt waargenomen

kwark *(‹Du) de (m)* vooral NN verse, niet-gerijpte kaas, wrongel

kwark·taart *de* [-en] vooral NN fris smakende taart waarin kwark is verwerkt

kwart *(‹Fr‹Lat) de & het* [-en] ❶ vierde gedeelte ❷ muz derde toon na de grondtoon; interval van vier trappen

kwar·taal *het* [-talen] periode van drie maanden

kwar·taal·cij·fers *mv* financiële gegevens van een bedrijf over een kwartaal

kwar·taal·drin·ker *de (m)* [-s] iem. die in tijden van inzinking zich een roes drinkt

kwar·tel *de* [-s] soort patrijs; zie ook bij → **doof**

kwar·tel·ko·ning *de (m)* [-en] soort weidevogel, steltloper

kwar·tet (‹It› het [-ten] ❶ muz muziekstuk voor vier stemmen of instrumenten ❷ ensemble van vier spelers; viertal bijeen behorende personen of dingen ❸ vier kaarten in een zeker gezelschapsspel, en dit spel zelf

kwar·tet·spel het [-len] gezelschapsspel: de spelers moeten zoveel mogelijk groepjes van vier bijeen passende kaarten maken; vgl: → kwartet (bet 3)

kwar·tet·ten ww [kwartette, h. gekwartet] het kwartetspel spelen

kwart·fi·na·le de [-s] stadium van de eindstrijd voor de halve finale

kwar·tier (‹Fr› het [-en] ❶ vierde van een uur ❷ herald deel van een wapenschild; wapenveld; vandaar bewijs van adeldom ❸ schijngestalte, 1/4 van de maan ❹ vierde deel van een geslacht dier ❺ inlegering, herberging van soldaten, nachtverblijf; onderdak, woning ❻ vero stadswijk; deel van een gewest

kwar·tier·ar·rest het militaire straf waarbij men zijn → kwartier (bet 5) niet mag verlaten

kwar·tier·ma·ker de (m) [-s] militair die vooruitgaat om voor onderdak te zorgen

kwar·tier·mees·ter de (m) [-s] NN korporaalsrang op de vloot ★ ~-generaal hoofd van de materiële voorziening van het Nederlandse leger

kwar·tijn de (m) [-en] boek in kwartoformaat

kwart·je het [-s] 25-centstuk; bedrag van 25 cent

kwar·to¹ (‹Lat› bijw ten vierde

kwar·to² (‹Lat› I bn ★ in ~ in het formaat waarbij een vel in vieren gevouwen is en dus acht bladzijden maakt II het het onder I genoemde formaat III de (m) ['s] boek in dat formaat

kwarts (‹Du› het uit kiezelzuur bestaande delfstof die in verschillende kleuren voorkomt, ook helder en kleurloos (bergkristal)

kwarts·glas het glas bestand tegen plotselinge temperatuurwisseling, in tegenstelling tot gewoon glas, ultraviolette stralen doorlatend

kwarts·hor·lo·ge [-zja] het [-s] horloge waarbij de aandrijvende (elektrische) kracht wordt ontleend aan een kwartskristal

kwarts·lamp de [-en] lamp van kwartsglas

kwast¹ de (m) [-en] ❶ vooral NN bundel draden, haren of tressen: ★ een grote ~ om de muur te schilderen ❷ knoest in hout ❸ malle vent

kwast² (‹Eng› de (m) citroensap met water

kwas·te·rig bn zot, aanstellerig

kwas·tig bn ‹van hout› knoestig

kwast·vin·ni·gen mv nagenoeg geheel uitgestorven vissenorde, Coelacanthiformes, waarvan in 1938 rond de Komoren exemplaren van een nog levende soort, de coelacanth (Latimeria chalumnae), door de wetenschap ontdekt zijn

kwa·tong de [-en] BN ook kwaadspreker, kwaadspreekster

kwa·trijn (‹Fr› het [-en] gedicht of strofe van vier regels, vooral als deel van een sonnet

KWB afk ❶ vroeger Katholieke Werkliedenbond ❷ in België, thans Kristelijke Werknemersbeweging [Belgische sociaal-culturele organisatie]

kweb·bel I de (m) [-s] inf mond II de [-s] iem. die kwebbelt

kweb·be·len ww [kwebbelde, h. gekwebbeld] luid babbelen over onbelangrijke zaken, kletsen

kwee¹ (‹Lat› [kweeën] I de appel- en peerachtige vrucht II de (m) de boom waaraan deze vrucht groeit (Cydonia oblonga)

kwee² de (v) [kweeën] zoogdier (vooral rund of geit) dat kenmerken van beide geslachten vertoont

kweek de (m) ❶ het kweken ★ sp eigen ~ leden van een sportteam die daar zelf vanaf hun jeugd opgeleid zijn ❷ [mv: kweken] kweekproef

kweek·bed het [-den] perk jonge planten

kweek·gras het kruipende tarwe (Triticum repens)

kweek·plaats de [-en] plaats waar iets gekweekt wordt: ★ vaak fig: een ~ van opstandigheid

kweek·proef de [-proeven] laboratoriumonderzoek waarbij bacteriën als mogelijke ziektekiemen gekweekt worden

kweek·re·ac·tor de (m) [-s, -toren] kerncentrale die energie levert en meer splijtstof produceert dan hij verbruikt

kweek·school de [-scholen] vooral NN, vroeger opleidingsschool, vooral voor onderwijzers (thans pedagogische academie)

kweek·vij·ver de (m) [-s] vijver waarin vis wordt gekweekt, fig plaats waar (jong) talent wordt voortgebracht: ★ Sparta is een ~ van nieuwe spelers

kween de (v) [kwenen] → kwee²

kwee·peer de [-peren] kwee met peervormige vrucht

kweet ww verl tijd van → kwijten

kwek de [-ken] iem. die veel praat

kwe·ke·ling de (m) [-en] NN ❶ leerling voor een vak ❷ vero onderwijzer in opleiding

kwe·ken ww [kweekte, h. gekweekt] doen groeien vooral van planten, gewassen en bomen; fig verwekken; doen ontstaan, aanwakkeren: ★ verzet ~

kwe·ker de (m) [-s] iem. die bloemen enz. kweekt

kwe·ke·rij de (v) [-en] tuin waar in het groot bloemen enz. gekweekt worden

kwe·kers·recht het recht van alleenhandel in een nieuw gekweekt ras

kwek·ken ww [kwekte, h. gekwekt] kwaken, kwebbelen

kwel·dam de (m) [-men] dam tot kering van kwelwater

kwel·der de [-s] in het Noorden van Nederland aangeslibd buitendijks land, geschikt voor inpoldering

kwel·dui·vel de (m) [-s] kwelgeest

kwe·len ww [kweelde, h. gekweeld] zingen, vooral van vogels

kwel·geest de (m) [-en] plager

kwel·len¹ ww [kwelde, h. gekweld] plagen; lastig vallen ★ zich ~ met tobben over, zichzelf last

aandoen met
kwel·len² *ww* [kwelde, h. & is gekweld] ‹van water› doorsijpelen; *vgl*: → **kwelwater**
kwel·ling *de (v)* [-en] het kwellen; last, moeite
kwel·water *het* water dat door de dijk sijpelt
kwel·ziek *bn* geneigd tot plagen
kwel·zucht *de* plaagzucht
kwes·tie *(‹Fr‹Lat) de (v)* [-s] vraag, vraagpunt; probleem, zaak die besproken wordt ★ *geen ~ van absoluut niet, dat is uitgesloten* ★ BN *ook ~ van het is zaak om, het is een kwestie van:* ★ *~ van de gepaste film te vinden*
kwes·tieus [-tjeus] *bn* voorwerp van een kwestie zijnde; betwistbaar, onopgelost, twijfelachtig
kwe·ten *ww verl tijd meerv van* → **kwijten**
kwets *de* [-en] langwerpige blauwe pruim
kwets·baar *bn* ❶ te treffen, gevoelig ★ *zich ~ opstellen zich zodanig gedragen dat men zo eerlijk mogelijk is, maar wel bekritiseerd kan worden* ❷ bridge in een zodanige positie verkerend dat gedoubleerde contracten, manches en downslagen zwaarder geteld worden; **kwetsbaarheid** *de (v)*
kwet·sen *ww* [kwetste, h. gekwetst] verwonden; fig beledigen, krenken; **kwetsing** *de (v)* [-en]
kwet·suur *de (v)* [-suren] wonde
kwet·te·ren *ww* [kwetterde, h. gekwetterd] ‹van vogels› een helder tikkend geluid maken
kwe·zel *de (v)* [-s] ❶ overdreven vrome vrouw ❷ zeurkous
kwe·ze·laar *de (m)* [-s] iem. die overdreven vroom doet; zeurkous; **kwezelachtig** *bn bijw*; **kwezelarij** *de (v)* [-en]
kwe·ze·len *ww* [kwezelde, h. gekwezeld] overdreven vroom doen, femelen; zeuren
KWF *afk* in Nederland Koningin Wilhelmina-Fonds (voor kankerbestrijding)
kWh *afk* kilowattuur
kwi·bus *(‹Lat) de (m)* [-sen] vent; gekke vent, zot, kwast
kwiek *bn* vlug, levendig
kwijl *de & het* zever, speeksel
kwij·le·bab·bel *de* [-s] NN, spreektaal zeurderig, onuitstaanbaar persoon, slijmbal, slijmjurk, kwal
kwij·len *ww* [kwijlde, h. gekwijld] speeksel uit de mond laten lopen; inf zeuren, zaniken
kwij·nen *ww* [kwijnde, h. gekwijnd] uitteren, verwelken; verzwakken, achteruitgaan ★ *een kwijnend bestaan leiden* fig niet meer bloeien, sterk achteruitgaan, zich met moeite voortslepen: ★ *het verenigingsleven in ons dorp leidt een kwijnend bestaan*
kwijt *(‹Fr‹Lat) bn* verloren hebbend of vrij van; zich niet meer herinnerend: ★ *ik ben de naam ~* ★ *dat wil ik ~ zijn* van die bijzonderheid ben ik niet helemaal zeker
kwij·ten I *ww* [kweet, h. gekweten] voldoen **II** *wederk* vervullen ★ *zich van een plicht ~* een plicht vervullen, volbrengen
kwij·ting *de (v)* [-en] ❶ het voldoen ❷ bewijs van betaling ★ recht *finale ~* verklaring door de schuldeiser dat alle schuld volledig is afgelost
kwijt·ra·ken *ww* [raakte kwijt, is kwijtgeraakt] verliezen; afkomen van
kwijt·schel·den *ww* [schold kwijt, h. kwijtgescholden] ❶ ‹bij schulden› ontheffen van: ★ *iem. een lening ~* ❷ ‹bij straffen› niet langer opleggen, ontslaan van: ★ *de helft van zijn straf is hem kwijtgescholden* ❸ vergeven: ★ *iems. zonden ~*; **kwijtschelding** *de (v)*
kwijt·schrift *het* [-en] BN, schrijftaal kwitantie
kwijt·spe·len *ww* [speelde kwijt, h. & was kwijtgespeeld] BN *ook* ❶ kwijtraken, verliezen, verspelen: ★ *tweeduizend euro ~ bij het gokken* ❷ maken dat men van iem. of iets afkomt, bevrijd worden van ❸ uit het oog verliezen: ★ *tijdens de betoging was ze haar vader kwijtgespeeld*
kwik¹ *de* [-ken] opsiersel, snuisterij: ★ *kwikken en strikken*
kwik² *het* ❶ chemisch element, symbool Hg (Hydrargyrum), atoomnummer 80, een metaal dat bij normale temperatuur een zeer zware, zilverkleurige vloeistof is ❷ de temperatuur zoals aangegeven op de thermometer: ★ *het ~ zakte tot 10 graden onder nul*
kwik·bak *de (m)* [-ken] bakje → **kwik²** van een thermometer
kwik·ba·ro·me·ter *de (m)* [-s] barometer waarin een kwikkolom de luchtdruk aangeeft
kwik·damp *de (m)* [-en] damp van → **kwik²**
kwik·ko·lom *de* [-men] kolom → **kwik²** in barometers en thermometers
kwik·lamp *de* [-en] booglamp gevuld met kwikdamp
kwik·oxi·de [-oksiedə] *het* vergiftig rood of geel poeder, verbinding van kwik en zuurstof
kwik·staart *de (m)* [-en] vogeltje met een beweeglijke staart
kwik·ther·mo·me·ter *de (m)* [-s] thermometer waarbij een kwikkolom de temperatuur aangeeft
kwik·zalf *de* blauwige zalf tegen huidziekten
kwik·zil·ver *het* → **kwik²**
kwin·ke·le·ren *ww* [kwinkeleerde, h. gekwinkeleerd] helder trillend zingen; fig tierig zijn, goed gezond en fleurig zijn
kwink·slag *de (m)* [-slagen] geestig gezegde
kwint *(‹Lat) de* [-en] ❶ muz vijfde toon van de grondtoon of ❷ muz hoogste vioolsnaar, E-snaar
kwin·taal *(‹Fr‹Arab) het* [-talen] centenaar, 100 kg (in Engeland en Amerika 50 kg)
kwin·tes·sens *(‹Fr‹Lat) de* ❶ de pit, het fijnste, edelste of krachtigste van iets ❷ de ware inhoud van iets in de meest beknopte vorm; de ziel van een zaak, datgene waarop het aankomt
kwin·tet *(‹Fr‹It) de (v)* [-ten] ❶ muziekstuk voor vijf partijen ❷ muziekensemble van vijf personen; vijftal
kwis·pe·door *(‹Port‹Lat) de (m) & het* [-s, -doren] spuwbakje
kwis·pe·len *ww* [kwispelde, h. gekwispeld] kwispelstaarten

kwis·pel·staar·ten *ww* [kwispelstaartte, h. gekwispelstaart] de staart heen en weer bewegen als teken van vrolijkheid, opgewonden spanning e.d. bij honden

kwis·tig *bn* royaal, gul: ★ ~ *met complimentjes strooien*

kwi·tan·tie [-sie] *(‹Fr› de (v)* [-s] kwijting; schriftelijk, door de ontvanger getekend bewijs van betaling

kwi·te·ren *ww (‹Fr›* [kwiteerde, h. gekwiteerd] kwijting verlenen; voor voldaan of ontvangen tekenen; **kwitering** *de (v)* [-en]

KWJ *afk* Katholieke Werkende Jongeren

Kym·risch [kim-] **I** *het* Keltische taal van Wales, Welsh **II** *bn* in die taal (gesteld)

ky·no·lo·gie [kie-] *(‹Gr› de (v)* hondenkennis, vooral de kennis van rashonden en het fokken daarvan

ky·no·lo·gisch [kie-] *bn* van, betreffende de kynologie

ky·no·loog [kie-] *(‹Gr› de (m)* [-logen] hondenkenner, hondenliefhebber

ky·rie elei·son *zn* [kierie(j)ə eeleison] *(‹Gr›* 'Heer, erbarm U (onzer)' driemaal herhaalde aanroep van de priester onder de mis

KZ *afk* Konzentrationslager *(‹Du›* [concentratiekamp]

KZ-syn·droom [kaazet-] *het* complex van psychische nawerkingen bij hen die in een concentratiekamp gezeten hebben

KZ-ver·kla·ring [kaazet-] *de (v)* [-en] 'krankzinnigverklaring': medische verklaring op grond waarvan een geesteszieke op overheidsbevel in een ziekenhuis wordt opgenomen

L

l¹ *de* ['s] de twaalfde letter van het alfabet

l² *afk* liter

L *ww* ❶ Romeins cijfer voor 50 ❷ ‹als kledingmaat› *large* (Eng: groot) ❸ als nationaliteitsaanduiding op auto's *Luxemburg*

l. *afk* ❶ lees ❷ links ❸ lire

L. *afk* lengte (in aardrijkskundige zin)

L.A. *afk* [elee] Los Angeles

La *afk* chem symbool voor het element *lanthaan*

la¹ *de* [la's, laas] → **lade**; zie ook bij → **laatje**

la² *zn* muz de zesde toon in de diatonische toonladder, thans meest *a* genoemd ★ BN *in* ~ *mineur* in a klein

laad·bak *de (m)* [-ken] laadruimte van een (vracht)wagen; goederencontainer

laad·boom *de (m)* [-bomen] scheepv draaibare mast voor het in- en uitladen van goederen

laad·brug *de* [-gen] plankier voor het laden en lossen (vooral in havens)

laad·kist *de* [-en] container

laad·klep *de* [-pen] plankier dat neergelaten wordt voor het betreden of verlaten van een schip of voor het laden en lossen van vrachtwagens

laad·ruim·te *de (v)* [-s, -n] ruimte waarin men goederen laadt, vooral in een vervoermiddel

laad·schop *de* [-pen] mechanisch graafwerktuig met kantelbare bak die is opgehangen aan hydraulisch beweegbare armen

laad·sta·tion [-(t)sjon] *het* [-s] plaats waar brandstof voor machines kan worden ingenomen of waar accu's kunnen worden opgeladen

laad·ver·mo·gen *het* maximale belasting van een schip, wagen enz.

laag¹ *bn* ❶ niet hoog, van geringe hoogte: ★ *een ~ huis* ❷ met een geringe waarde: ★ *een ~ bedrag* ❸ niet hoog binnen een bep. rangorde: ★ *een lage functie hebben* ★ *van lage afkomst zijn* ★ *lager onderwijs* onderwijs aan kinderen van zes tot twaalf jaar (tegenwoordig onderdeel van het basisonderwijs) ❹ zwaar klinkend, met weinig geluidstrillingen per seconde: ★ *een lage toon* ❺ gemeen, minderwaardig, achterbaks, min: ★ *een lage streek*

laag² *de* [lagen] ❶ bepaalde hoeveelheid van een stof die ergens horizontaal en plat op, onder of tussen zit: ★ *een ~ boter* ❷ kanonnenrij op een oorlogsschip ★ *iemand de volle ~ geven* fig iemand met alle krachtaanvallen

laag-bij-de-gronds *bn* platvloers, niet hoogstaand

laag·bouw *de (m)* ❶ het bouwen van huizen met weinig verdiepingen ❷ op deze wijze gebouwde huizen; *tegengest*: → **hoogbouw**

laag·con·junc·tuur *de (v)* periode van stagnerende economische bedrijvigheid, (periode van) economische malaise

laag·drem·pe·lig bn zonder barrières of belemmeringen die moeten worden overwonnen, gemakkelijk toegankelijk: ★ *de voorzieningen voor maatschappelijke hulpverlening moeten ~ zijn*

laag·fre·quent [-kwent] bn ⟨van wisselstroom⟩ met gering aantal perioden per tijdseenheid; **laagfrequentie** *de (v)*

laag·ge·let·terd bn bij wie lezen en schrijven zoveel problemen opleveren dat deelname aan het maatschappelijk leven wordt geschaad

laag·har·tig bn gemeen, verachtelijk: ★ *een laaghartige daad;* **laaghartigheid** *de (v)*

laag·heid *de (v)* [-heden] gemeenheid, verachtelijkheid, minderwaardigheid

laag·land *het* [-en] op geringe hoogte boven, of zelfs onder de zeespiegel gelegen land

laag·sei·zoen *het* periode van het jaar met weinig vakantiegangers; *tegengest:* → **hoogseizoen**

laags·ge·wijs, laags·ge·wij·ze bijw in lagen

laag·span·ning *de (v)* nat ❶ elektrische spanning van onder 42 volt ❷ elektrische spanning onder 1000 volt bij wisselspanning en onder 1500 volt bij gelijkspanning

laag·te *de (v)* [-n, -s] ❶ het laag zijn in de verschillende betekenissen: ★ *de ~ van de aandelenkoersen* ★ *de ~ van een stemgeluid* ❷ laag gelegen terrein

laag·tij *het* laagwater, eb; *tegengest:* → **hoogtij**

laag·veen, laag·veen *het* veen dat is ontstaan onder de waterspiegel

laag·vlak·te *de (v)* [-n, -s] laaggelegen land met slechts geringe hoogteverschillen

laag·wa·ter *het* lage stand van het water, eb

laag·wa·ter·lijn *de* [-en] lijn tot waar het zeewater gaat bij eb

laai·en ww [laaide, h. gelaaid] heftig branden

laai·end I bn woedend: ★ *ze was ~* ★ *~e ruzie* hevige ruzie **II** bijw in hoge mate, buitengewoon: ★ *~ enthousiast*

laak·baar bn afkeurenswaardig, afkeuring verdienend: ★ *~ gedrag;* **laakbaarheid** *de (v)*

laan *de* [lanen] weg met aan weerszijden bomen ★ *iemand de ~ uit sturen* iemand ontslaan

laar *het* [laren] open plek in een bos

laars *de* [laarzen] hoge schoen, soms tot boven de knie ★ *iets aan zijn ~ lappen* zich ergens niets van aantrekken

laar·zen·knecht *de (m)* [-en, -s] vooral NN hulpmiddel bij het aan- en uittrekken van laarzen, soort schoenlepel

laat[1] bn niet vroeg, na de gewone of afgesproken tijd: ★ *wat ben je ~!* ★ *te ~ komen* ★ *hoe ~ is het?* welke tijd geeft de klok aan? ★ *dan weet je wel hoe ~ het is* fig dan kun je de ongunstige uitkomst van iets al wel voorzien ★ *beter ~ dan nooit!* gezegd als iets waar niet meer op werd gerekend toch nog gebeurt ; zie ook bij → **laatst**

laat[2] *de (m)* [laten] hist ❶ horige ❷ vrijgelatene

laat·avond·jour·naal [-zjoernaal] *het* [-s] BN journaal laat op de avond

laat·bloei·er *de (m)* [-s] ❶ plant die laat bloeit ❷ fig iem. die op latere leeftijd tot volle ontwikkeling komt

laat·dun·kend bn verwaand, aanmatigend, uit de hoogte; **laatdunkendheid** *de (v)*

laatje la-tje *het* [-s] kleine lade ★ *geld in het ~ brengen* inkomsten opleveren

laat·koers *de (m)* [-en] koers tegen welke iem. effecten, geldswaardige papieren of geld zou willen verkopen; *tegengest:* → **biedkoers**

laat·ko·mer *de (m)* [-s] iem. die (te) laat komt

laat·prijs *de (m)* [-prijzen] laagste prijs die een verkoper voor een artikel vraagt zonder dat er zaken zijn gedaan

laatst I bn aan het eind, op het uiterste tijdstip ★ *op zijn ~* op de uiterst mogelijke tijd, uiterlijk ★ *ten laatste* op de laatste plaats; ten slotte, eindelijk; BN ook uiterlijk: ★ *kopij ten laatste morgen inleveren* ★ *zijn laatste uren* de uren vlak voor zijn dood ★ *Laatste Avondmaal* het laatste maal dat Jezus op de avond voor zijn sterfdag met zijn discipelen gebruikte; de voorstelling daarvan ★ *voetbal laatste man* ausputzer ★ BN *ten langen laatste* ten langen leste, tenslotte, eindelijk; zie ook bij → **loodje**, → **nippertje** en → **oordeel II** bijw kort geleden: ★ *~ heb ik nog geschaatst*

laat·ste *de* [-n] de laatstgekomene ★ *de eersten zullen de laatsten zijn* (naar *Mattheus* 19: 30) velen die op aarde een bijzondere plaats bekleden zullen dit niet in het hiernamaals doen *ook* zij die zich op de voorgrond dringen horen eigenlijk op een bescheidener plaats thuis

laat·ste·lijk bijw de laatste maal; in de laatste plaats

laatst·ge·bo·re·ne *de* [-n] jongste kind

laatst·ge·noemd bn laatstvermeld

laatst·ge·noemde *de* [-n] degene die het laatste vermeld is

laatst·le·den, laatst·le·den bn laatste vóór heden

laat·tij·dig bn BN laat, te laat, niet tijdig: ★ *haar laattijdige terugkomst*

laat·tij·dig·heid *de (v)* BN, schr. vertraging

lab *het* vooral NN, spreektaal, verkorting van laboratorium

lab·be·kak *de (m)* [-ken] inf bangerd, sul

lab·ber·daan *de (m)* zoutevis

lab·ber·doe·das *de (m)* [-sen] NN oplawaai

lab·ber·koel·te *de (v),* **lab·ber·koel·tje** *het* wind van geringe kracht

lab·da *de (m)* ['s] → **lambda**

la·bel[1] [leebəl] ⟨Eng⟩ *de (m)* [-s], **la·bel** [-s, -len] adreskaartje, veelal in een huls met venster, aan reisgoed bevestigd

la·bel[2] [leebəl] ⟨Eng⟩ *het* [-s] ❶ merk van cd's of grammofoonplaten ❷ aanduiding in woordenboeken m.b.t. de herkomst, het stijlniveau, de regionale spreiding e.d. van een woord of

uitdrukking
la·be·len *ww* [lee-] [labelde, h. gelabeld] van een label voorzien
la·beur *(‹Fr)* het BN zwaar werk, zware arbeid, zware lichamelijke inspanning
la·beu·ren *ww* [labeurde, h. gelabeurd] BN hard werken, zware arbeid verrichten; ploeteren, zwoegen
la·bi·aal *(‹Lat)* **I** *bn* taalk met de lippen gesproken **II** *de* [-alen] met de lippen gevormde medeklinker, zoals *b, m* en *w* **III** *het* [-alen] muz orgelpijp met lipwerk
la·bi·a·ten *(‹Lat) mv* lipbloemige planten
la·biel *(‹Fr‹Lat) bn* wankelbaar, licht omslaand, onvast, eig en fig
la·bi·li·teit *de (v)* onevenwichtigheid, wankelbaarheid, eig en fig (met betrekking tot personen en toestanden)
la·bo *(‹Fr) het* ['s] BN, spreektaal verkorting van laboratorium; vgl: → **lab**
la·bo·rant *(‹Lat) de (m)* [-en] technische hulpkracht in een laboratorium
la·bo·ra·to·ri·um *(‹Lat) het* [-ria, -s] werkplaats voor empirisch wetenschappelijk onderzoek
la·bo·re·ren *ww (‹Lat)* [laboreerde, h. gelaboreerd] sukkelen, (aan een ziekte) lijden; een gebrek vertonen
La·bour *zn* [leebə(r)] verkorting van *Labour Party*, de Engelse arbeiderspartij
la·bra·dor *de (m)* [-s] tamelijk hoogbenige, kortharige jachthond met hangende oren en lange staart, zandgeel of zwart van kleur, genoemd naar het schiereiland Labrador in het oosten van Canada
la·by·rint [-bie-] *(‹Lat‹Gr) het* [-en] ❶ doolhof; fig verward, duister samenstel: ★ *een ~ van wetsartikelen* ❷ deel van het inwendige gehoororgaan
la·cet *(‹Fr) het* [-ten] rijgsnoer, veter
lach *de (m)* het lachen
lach·bui *de* [-en] onbedwingbaar gelach
la·che·bek *de (m)* [-ken] iem. die veel en gauw lacht
la·che·ding *het* [-en] ★ BN, spreektaal *dat is geen ~ dat is een ernstige zaak*
la·chen *ww* [lachte, h. gelachen] blijdschap, vrolijkheid uiten door gezichtsuitdrukking en keelgeluid ★ *in stilte ~* zonder keelgeluid ★ *~ naar iemand* in stilte naar iemand een vrolijke blik richten, glimlachen ★ *om te ~* bespottelijk ★ NN *wie het laatst lacht, lacht het best*, BN *wie laatst lacht, best lacht* pas als alles is afgelopen, blijkt wie het voordeel aan zijn kant heeft ★ BN *ook met iets ~ over* of *om iets lachen* ★ BN, spreektaal *dat is niet gelachen* of *dat is niet om mee te ~* dat is van belang, ernstig, niet om mee te spotten; zie ook bij → **boer¹**, → **groen¹** en → **vuist**
la·cher *de (m)* [-s] iem. die lacht ★ *de lachers op zijn hand hebben* veel toehoorders voor zich gewonnen hebben door hen te laten lachen
la·che·rig *bn* (te) sterk geneigd tot lachen

la·cher·tje *het* [-s] iets wat grappig, lachwekkend, bespottelijk of heel gemakkelijk is
lach·film *de (m)* [-s] humoristische film
lach·gas *het* gas dat eerst vrolijk maakt en dan bedwelmt
lach·kick *de (m)* [-s] NN onstuitbare lachbui of langdurig gegiechel om niets (ten gevolge van drugs of anderszins)
lach·lust *de (m)* neiging tot lachen
lach·spie·gel *de (m)* [-s] gebogen spiegel, waarin het beeld gek vervormd wordt
lach·spie·ren *mv* ★ *op de ~ werken* neiging tot lachen opwekken
lach·stuip *de* [-en] hevige lachbui
lach·suc·ces *het* [-sen] wat groot gelach verwekt
lach·wek·kend *bn* tot lachen prikkelend
la·co·niek *(‹Gr) bn* ❶ kort en bondig, naar de wijze van de Laconiërs (Spartanen), bewoners van Laconië, landstreek in Griekenland met als hoofdstad Sparta ❷ doodkalm, zonder zich druk te maken
lac·ta·tie [-(t)sie] *(‹Lat) de (v)* ❶ afscheiding van melk uit de borstklieren ❷ het voeden met melk, het zogen; zoogtijd
lac·to·se [-zə] *(‹Lat) de* melksuiker, suikerstof in de melk van zoogdieren
lac·to·ve·ge·ta·ri·ër *de (m)* [-s] vegetariër die wel eieren en zuivelproducten gebruikt
la·cu·ne *(‹Fr‹Lat) de* [-s] gaping, leemte; ontbrekende plaats, uitlating
la·dang *(‹Mal) de (m)* [-s] primitieve methode van landbouw waarbij een stuk grond kaalgeslagen wordt en de opstand verbrand wordt, waarna er een paar jaar rijst op wordt verbouwd; *Indonesië* droog rijstveld
lad·der *de* [-s] ❶ klimtoestel, bestaande uit twee evenwijdige stijlen met sporten ertussen ★ *de maatschappelijke ~* de rangen in de maatschappij ❷ spoor van een gevallen steek in tricotweefsel, vooral in nylonkousen ★ *een ~ ophalen* deze beschadiging weer herstellen
lad·de·ren *ww* [ladderde, h. geladderd] ‹van kousen› ladders krijgen
lad·der·wa·gen *de (m)* [-s] ❶ wagen met een uitschuifbare ladder ❷ boerenwagen met spijlen
lad·der·zat *bn* stomdronken
la·de *de* [-n, -s], **la** [la's, laas] schuifbare bak in een meubelstuk ★ NN *de ~ lichten* het geld uit de la stelen ★ BN, spreektaal *bij iem. in de bovenste (of beste), onderste la(de) liggen* bij iem. goed, slecht aangeschreven staan
la·de·kast *de* [-en] kast met laden erin
la·de·lich·ter *de (m)* [-s] NN iem. die geld uit toonbankladen steelt; *bij uitbreiding* oplichter, bedrieger
la·den *ww* [laadde, h. geladen] ❶ ‹een last› ergens in of op leggen: ★ *goederen in een vrachtwagen ~* ★ *een moeilijke klus op zich ~* op zich nemen ❷ vullen met

la·ding *de (v)* [-en] ❶ het laden ★ NN *in ~ liggen* a) geladen worden; b) reeds geladen zijn ❷ de ingeladen vracht ★ NN *met ongebroken ~ wegzeilen* zich met ongeschonden eer uit moeilijkheden redden ★ *de hele ~* alles ★ *een hele ~* zeer veel ❸ de kogels of het kruit in een schietwapen ❹ de in een toestel gebrachte elektriciteit; zie ook bij → **vlag** schietvoorraad ❸ elektriciteit brengen in een toestel; zie ook bij → **geladen**

la·ding·mees·ter *de (m)* [-s] NN opzichter bij het inladen van goederenwagens

la·dy [leedie] *de (v)* ['s] ❶ dame, beschaafde vrouw ❷ *als titel, met hoofdletter* echtgenote van een lord, ook van de Lord-Mayor, of van een baronet; ongehuwde dochter van een hertog, markies of graaf

la·dy·kil·ler [leedie-] *‹Eng› de (m)* [-s] vrouwenveroveraar, donjuan

la·dy·shave [leediesjeev] *‹quasi-Eng› de (m)* [-s] scheerapparaat voor dames om ongewenste haargroei te verwijderen

lae·sie [leezie] *‹Lat› de (v)* [-s] ❶ kwetsing, letsel ❷ benadeling

laf *bn* ❶ niet moedig: ★ *een laffe soldaat* ❷ niet eerlijk, onedel: ★ *een laffe overval* ❸ NN flauw, kinderachtig: ★ *laffe smoesjes* ❹ *vooral BN* loom, drukkend, zwoel: ★ *~ weer* ★ *een laffe zomer* ❺ smakeloos, zouteloos: ★ *de soep smaakt ~*

laf·aard *de (m)* [-s] laf persoon

laf·bek *de (m)* [-ken] ❶ lafaard ❷ flauwerd

la·fe·nis *de (v)* [-sen] verkwikking

laf·har·tig *bn* laf, bang; **lafhartigheid** *de (v)*

laf·heid *de (v)* [-heden] het laf-zijn; laffe daad

lag *ww verl tijd* van → **liggen**

la·ge·druk·ge·bied *het* [-en] streek met lage barometerstand

la·gen *ww verl tijd meerv* van → **liggen**

la·ger¹ *‹Du› het* [-s] techn kogellager, kogelkussen

la·ger², **la·ger·bier** *‹Du› het* licht bier

la·ger·hand *de* zitplaats links van de gastheer

La·ger·huis *het* Tweede Kamer in Engeland

la·ger·wal *de (m)* oever waar de wind op staat ★ *aan ~ fig* achteruitgegaan, in ongunstige financiële omstandigheden geraakt (ook als twee woorden geschreven: zie bij → **wal**)

la·gu·ne *‹It‹Lat› de* [-n, -s] door een smalle landtong van de zee gescheiden strandmeer aan een aanslibbingskust

la·ï·ci·se·ren *ww* [-zee-] *‹Fr›* [laïciseerde, h. gelaïciseerd] onttrekken aan het beheer van de geestelijken, de geestelijken door leken vervangen; **laïcisering** *de (v)* [-en]

la·ï·cis·me *‹Fr› het* lekenheerschappij, streven naar bevrijding van het openbare leven van kerkelijke bemoeienis

laid·back [leedbek] *‹Eng› bn* inf ontspannen, relaxed

lais·ser al·ler *[lessee allee] ‹Fr› het* natuurlijke ongedwongenheid; achteloze losheid

lais·ser faire *[lessee fèr] ‹Fr› het* de dingen aan hun natuurlijke loop overlaten

lais·sez faire *bijw* [lessee fèr] *‹Fr›* laat de mensen begaan, laat de dingen hun loop nemen; economische leus, oorspronkelijk van de fysiocraten, van hen die de natuur haar gang willen laten gaan en tegen elke overheidsbemoeiing zijn

lais·sez pas·ser *[lessee passee] ‹Fr› het* pas, bewijs van toegang, voorrang in files; vrijgeleide, vervoerbiljet, geleibriefje

lak¹ *‹Fr‹Perz› de (m) & het* [-ken] harsachtige, klevende stof

lak² *zn ★ ~ hebben aan iets* zich niets aantrekken van iets, maling aan iets hebben

la·kei *de (m)* [-en] *‹Fr›* livreibediende

la·ken¹ *ww* [laakte, h. gelaakt] afkeuren

la·ken² *het* [-s] ❶ vaste, vervilte wollen stof ★ NN *dat is van hetzelfde ~ een pak* dat is van dezelfde aard, dat is iets soortgelijks ★ BN *van hetzelfde ~ een broek krijgen* dezelfde behandeling, straf enz. ondergaan ❷ vierkante of rechthoekige lap stof, vooral gebruikt als bedbedekking ★ *de lakens uitdelen* de baas zijn ★ BN *ook het ~ naar zich toe trekken / halen* de overhand krijgen

la·ken·hal, **la·ken·hal·le** *de* [-hallen] hal waar → **laken**² verhandeld werd

la·kens *bn* van laken: ★ *een lakense jas*

la·ken·vel·der I *de (m)* [-s] rund met een brede witte band in het midden van het lichaam II *bn* in het midden wit

la·ken·zak *de (m)* [-ken] laken (bet 2) in zakvorm, te gebruiken als slaapzak

lak·ken *ww* [lakte, h. gelakt] ❶ met → **lak**¹ sluiten ❷ vernissen

lak·leer, **lak·le·der** *het* gelakt leer

lak·le·ren, **lak·le·de·ren** *bn* van lakleer

lak·moes *het* violette verfstof

lak·moes·pa·pier *het* in een plantenaftreksel gedrenkt papier, gebruikt om de aanwezigheid van zuren en basen aan te wijzen; wordt in zuur rood en in alkali blauw

lak·moes·proef *de* [-proeven] ❶ chem proef om de zuurgraad van een vloeistof aan te tonen ❷ fig test die definitief over iets uitsluitsel geeft

la·kooi *‹Gr› de* [-en] violier

lak·plas·tic [-plestik] NN I *het* plastic dat op lakleer lijkt II *bn* van lakplastic: ★ *een ~ tas*

LAKS *afk* Landelijk Aktie Komitee Scholieren [belangenorganisatie van, voor en door scholieren]

laks *bn* nalatig, traag, onverschillig; **laksheid** *de (v)*

lak·schoen *de (m)* [-en] glanzend gelakte schoen

lak·verf *de* [-verven] glanzende verf

lak·werk *het* gelakte voorwerpen

la·la *‹Fr› bijw* zozo, middelmatig

lal·len *ww* [lalde, h. gelald] onbeschaafd, onduidelijk zingen of praten

lam¹ *het* [-meren] jong schaap ★ *het Lam Gods* Christus

lam² *bn* ❶ niet in staat zich te bewegen, verlamd; *ook* van lichaamsdelen afzonderlijk ★ *een ~ handje* ❷ slap, flauw: ★ *ik voel me ~* ★ *een lamme goedzak* iem. die overdreven goedhartig is ❸ NN naar, vervelend: ★ *een lamme rotstreek* ★ *een lamme vent* ❹ ‹van schroeven› doordraaiend, → **dol¹** (bet 4) ❺ NN zeer dronken

la·ma¹ *(‹Tibetaans) de (m)* ['s] erenaam van boeddhistische priesters in Tibet en Mongolië

la·ma² *(‹Sp) de (m)* ['s] **I** kameelachtig evenhoevig zoogdier uit de hooggelegen gebieden van Zuid-Amerika **II** het haar van de lama

la·ma·ïs·me *het* vorm van boeddhisme waarvan de aanhangers voornamelijk in Tibet leven

lam·ba·da *(‹Port) de (m)* sensuele dans van Braziliaanse oorsprong, waarbij de partners, met de lichamen dicht tegen elkaar, sterk heupwiegende bewegingen maken, populair geworden aan het eind van de jaren '80

lamb·da *(‹Nieuwgr), lab·da (‹Gr) de (m)* ['s] elfde letter van het Griekse alfabet, als hoofdletter Λ, als kleine letter λ

lam·biek *de (m)* bijzondere soort van zwaar Brussels bier, gebrouwen met 40% tarwe, 60% mout en 500 gram oude hop per hectoliter

lam·bri·se·ren *ww* [-zee-] *(‹Fr)* [lambriseerde, h. gelambriseerd] (een wand) met houtwerk beschieten

lam·bri·se·ring [-zee-] *de (v)* [-en] meestal houten beschotwerk aan de onderzijde van een wand tot ongeveer halve hoogte

la·mé *(‹Fr) het* weefsel van met zijde oversponnen metaaldraad, vooral goud- of zilverdraad

lame duck [leem -] *(‹Eng) de* [-s] *(eig:* kreupele eend) bewindspersoon die de ernstig gekortwiekt is in zijn macht, bijv. doordat hij juist is verslagen bij een verkiezing of moet samenwerken met een volksvertegenwoordiging waarin de oppositie de meerderheid heeft

la·mel, la·mel·le *(‹Fr‹Lat) de* [-mellen] dun blaadje of plaatje van een bepaalde stof, vooral van metaal

la·men·ta·bel *(‹Fr‹Lat) bn* erbarmelijk, beklagenswaardig

la·men·ta·tie [-(t)sie] *(‹Fr‹Lat) de (v)* [-s] weeklacht, klaaglied

la·men·te·ren *ww (‹Fr‹Lat)* [lamenteerde, h. gelamenteerd] weeklagen, jammeren, kermen

lam·fer *de (m) & het* [-s] rouwsluier afhangend van de hoed

lam·heid *de (v)* krachteloosheid, matheid: ★ *met ~ geslagen*

la·mi·nair [-nèr] *(‹Fr) bn* in lagen bestaand of vóórkomend

la·mi·ne·ren *ww (‹Fr)* [lamineerde, h. gelamineerd] ❶ pletten, walsen ❷ met een laagje folie of kunststof bedekken

lam·leg·gen *ww* [legde lam, h. lamgelegd] verlammen, (fig), stremmen, tot stilstand brengen

lam·len·dig *bn* beroerd, naar, slap: ★ *zich ~ voelen na een lange reis*; **lamlendigheid** *de (v)*

lam·me *de* [-n] iem. die lam is ★ *de ~ leidt de blinde* iem. met een gebrek kan iem. anders met een ander gebrek, deze aanvullend, vaak tot nut zijn

lam·me·ling *de (m)* [-en] nare vent

lam·me·na·dig *bn* NN lamlendig

lam·me·ren¹ *ww* [lammerde, h. gelammerd] lammeren werpen

lam·me·ren² *zn meerv van* → **lam¹**

lam·mer·gier *de (m)* [-en] zeer grote roofvogel *(Gypaetus barbatus)*

lam·me·tjes·pap *de* NN zoetemelk met bloem gekookt

la·moen *(‹Fr) het* [-en] tweearmige trekboom waartussen het paard wordt gespannen

lamp *(‹Fr‹Gr) de* [-en] ❶ verlichtingstoestel: ★ *tegen de ~ lopen*, BN, spreektaal *tegen de ~ vliegen* betrapt worden, erin lopen ★ NN *naar de ~ rieken* een product van de studeerkamer zijn en daarvan duidelijk de sporen dragen (bijv. doordat met de praktijk niet voldoende rekening is gehouden) ★ NN *de ~ hangt scheef* het geld is op ❷ vero verzamelnaam van in de radiotechniek toegepaste elektronenbuizen

lam·pen·glas *het* [-glazen] glascilinder rond een petroleum- of gasvlam

lam·pen·kap *de* [-pen] kap over een lamp

lam·pen·ka·toen *het* katoen voor de → **pit¹** (II, bet 2) in een olielamp

lam·pen·pit *de* [-ten] ❶ → **pit¹** (II, bet 2) in een lamp ❷ naar, vervelend persoon

lam·pet·kan *de* [-nen] kan voor waswater

lam·pet·kom *de* [-men] waskom

lamp·hou·der *de (m)* [-s] bevestigingsstop voor lampen, fitting

lam·pi·on *(‹Fr‹It) de (m)* [-s] papieren lantaarn voor feestverlichting

lamp·licht *het* licht van één of meer lampen, kunstlicht

lam·pong·aap *de (m)* [-apen] tot de meerkatten behorende soort van aap met lange grijpstaart in Zuidoost-Azië

lam·prei *(‹Lat)* **I** *de* [-en] aalvormige zoetwatervis, rivierprik *(Lampreta fluviatilis)* **II** *het* [-en] jong konijn

lamp·zwart *het* ❶ roet uit een walmende olielamp ❷ daaruit bereide zwarte verfstof

lams·bout *de (m)* [-en] gebraden lamspoot

lams·ko·te·let *de* [-ten] lamsribstuk

lams·kroon *de* [-kronen] BN ❶ bovenste deel van een lamsrug ❷ naam van een gerecht met genoemd deel: ★ *~ met honing en dragon*

lam·slaan *ww* [sloeg lam, h. lamgeslagen] zodanig slaan dat iem. machteloos wordt; machteloos maken

lams·oor *de* [-oren] op zilte klei groeiende plant met rozig-violette bloem *(Statice limonium)*

lam·straal *de (m)* [-stralen] NN vervelende vent,

lammeling
lams·vlees *het* vlees van een lam
lam·zak *de (m)* [-ken] sloom, traag persoon
lam·za·lig *bn* ❶ futloos ❷ ellendig, akelig
LAN *afk* Local Area Network [netwerksysteem van computers en randapparatuur binnen een gebouw]
lan·cas·ter *(‹Eng› als stof: het, als voorwerp: de (m)* [-s] ❶ gordijnstof bestaande uit een gepapt dicht weefsel, genoemd naar de Engelse stad Lancaster ❷ gordijn van die stof
lan·ceer·ba·sis [-zis] *de (v)* [-sen, -bases] plaats vanwaar raketten worden afgeschoten
lan·ceer·buis *de* [-buizen] buis waaruit torpedo's worden afgeschoten
lan·ceer·in·rich·ting *de (v)* [-en] inrichting voor het afschieten van torpedo's of raketten
lan·ceer·plat·form *het* [-s, -en] → **platform** (bet 1) waarvan men raketten afschiet
lan·ceer·prijs *de (m)* [-prijzen] BN, reclame lage prijs om een artikel bij de consument in omloop te brengen, introductieprijs
lan·ce·ren *ww ‹Fr›* [lanceerde, h. gelanceerd] ❶ werpen; afschieten, afvuren ❷ in omloop of in de mode brengen; (van berichten) de wereld insturen; (van dagvaardingen) uitbrengen ❸ teamsport in een kansrijke positie brengen; de eindsprint voor iem. aantrekken; BN, spreektaal (een aanval) op touw zetten; **lancering** *de (v)* [-en]
lan·cet *‹Fr› het* [-ten] plat mesje met fijne punt en zeer scherpe snede, in de heelkunde en anatomie gebruikt
lan·cet·vis·je *het* [-s] plat, spits toelopend visje (*Branchiostoma lanceolatum*)
land *het* ❶ het droge deel van de aarde ★ *het ~ hebben aan* een hekel hebben aan ★ *het ~ hebben (over)* slecht gehumeurd zijn ❷ het platteland ❸ bouwland, weiland ❹ [*mv:* -en] staat, rijk ★ *nog in het ~ der levenden zijn* nog leven; zie ook bij → **belofte**, → **bezeilen**, → **blinde**, → **wijs¹**
land·aan·win·ning *de (v)* [-en] NN vermeerdering van land, bijv. door drooglegging
land·aard *de (m)* karakter van het volk
land·adel *de (m)* de op het platteland wonende adel met grondbezit
land·ar·beid *de (m)* werk op akker of weiland
land·ar·bei·der *de (m)* [-s] boerenknecht, iem. die in loondienst in landbouw of veeteelt werkt
lan·dau·er, lan·dau·er *‹Du› de (m)* [-s] vierwielig rijtuig met een kap, die in twee helften naar weerszijden neergeslagen kan worden, genoemd naar de Beierse stad Landau
land·bouw *de (m)* akkerbedrijf
land·bouw·be·drijf *het* [-drijven] groot akkerbouwbedrijf
land·bouw·con·su·lent *de (m)* [-en] functionaris die voorlichting geeft in landbouwzaken
land·bou·wer *de (m)* [-s] iem. die de landbouw uitoefent

land·bouw·ho·ge·school *de* [-scholen] in Nederland, vroeger inrichting voor hoger onderwijs in de landbouwwetenschappen (in Nederland gevestigd te Wageningen)
land·bouw·in·ge·nieur [-gee-, -zjənjeur] *de (m)* [-s] aan landbouwhogeschool gediplomeerd ingenieur
land·bouw·kun·de *de (v)* wetenschap van de landbouw
land·bouw·kun·dig *bn* van, betreffende landbouwkunde: ★ *~ ingenieur* → **landbouwingenieur**
land·bouw·kun·di·ge *de* [-n] iem. die wetenschappelijk geschoold is op het gebied van de landbouwkunde
land·bouw·proef·sta·tion [-(t)sjon] *het* [-s] instelling voor proefnemingen op het gebied van de landbouw
land·bouw·schap *het* [-pen] bedrijfschap voor de landbouw
land·bouw·school *de* [-scholen] onderwijsinrichting voor de landbouw
land·bouw·trek·ker *de (m)* [-s] tractor voor gebruik in de landbouw
land·bouw·werk·tuig *het* [-en] werktuig waarmee men de akker bewerkt
land·bouw·zo·ne *de* [-s] BN gebied bestemd voor de landbouw
land·dag *de (m)* [-dagen] ❶ vergadering van de volksvertegenwoordigers; de volksvertegenwoordiging; zie ook bij → **Pools** ❷ vergadering van alle afdelingen van een vereniging
land·drost *de (m)* [-en] NN bestuurder van een gebied dat (nog) niet in de gemeentelijke of provinciale indeling is opgenomen: ★ *de voormalige ~ van de Zuidelijke IJsselmeerpolders*
land·duin *de & het* [-en] heuvel in zandverstuivingen
land·edel·man *de (m)* [-lieden] op landgoed wonend edelman
land·ei·ge·naar *de (m)* [-s, -naren] iem. die land bezit
lan·de·lijk *bn* ❶ als in de natuur, als op het platteland: ★ *~ wonen* ❷ vooral NN over het gehele land: ★ *een landelijke organisatie*
lan·den *ww* [landde, is & h. geland] ❶ aan land komen; (van een vliegtuig) dalen ❷ aan land zetten
land·eng·te *de (v)* [-n, -s] smalle strook met (zee)water aan weerskanten, verbinding tussen twee stukken land
lan·den·klas·se·ment *het* sp klassering van landen naar hun sportieve prestaties
land- en vol·ken·kun·de *de (v)* kennis van de eigenaardigheden van land en volk
lan·den·wed·strijd *de (m)* [-en] internationale wedstrijd
land- en zee·macht *de* leger en vloot
lan·de·rig *bn* het land hebbend, niet opgewekt, chagrijnig; **landerigheid** *de (v)*
lan·de·rij·en *mv* weiden en bebouwde velden

land·ge·noot *de (m)* [-noten], **land·ge·no·te** *de (v)* [-n] inwoner, inwoonster van hetzelfde land

land·goed *het* [-eren] aanzienlijk huis met bijbehorende gronden op het land

land·graaf *de (m)* [-graven] titel in het Duitse Rijk, vanaf de twaalfde eeuw verleend aan personen die belast waren met het bestuur over een district

land·heer *de (m)* [-heren] ❶ eigenaar van pachtgronden ❷ heer op landgoed wonend

land·her·vor·ming *de (v)* [-en] herverdeling van eigendom van land om grootgrondbezit tegen te gaan, vooral in de ontwikkelingslanden

land·hon·ger *de (m)* zucht naar gebiedsuitbreiding

land·hoofd *het* [-en] uitbouwsel van de oever, dat de overgang vormt naar een brug

land·huis *het* [-huizen] (zomer)huis op het → **land** (bet 2)

land·huur *de* [-huren] pacht

land·ijs *het* ijs dat zich ver over het land uitstrekt

lan·ding *de (v)* [-en] ❶ het landen van ruimte- of luchtvaartuigen ★ *zachte* ~ het zachtjes laten neerkomen van ruimtevaartuigen (op de aarde, in zeeën of op de oppervlakte van hemellichamen) ❷ het aan land gaan uit een schip

lan·dings·baan *de* [-banen] verharde baan op een vliegveld, voor het landen van vliegtuigen

lan·dings·ge·stel *het* [-len] onderstel met wielen aan vliegtuigen

lan·dings·licht *het* [-en] ❶ schijnwerper op een vliegveld ❷ licht dat een vliegtuig bij landing ontsteekt

lan·dings·plaats *de* [-en] plaats waar men aan land komt

lan·dings·recht *het* [-en] ❶ recht om op een vliegveld te landen ❷ daarvoor te betalen bedrag

lan·dings·strip *de (m)* [-s] klein vliegveld, gewoonlijk met slechts één landingsbaan

lan·dings·troe·pen *mv* militairen die van overzee op vijandelijk gebied aan land gaan

lan·dings·vaar·tuig *het* [-en] platbodemd vaartuig gebruikt om strijdkrachten en materieel aan land te zetten

land·in·waarts *bijw* meer naar het binnenland, van de kust af

land·je·pik, **land·je·ver·ove·ren** *het* NN kinderspel waarbij men probeert om een stuk land te veroveren van een tevoren onder de spelers opgedeeld stukje grond, d.m.v. het gooien of laten vallen van een mes in het gebied van een tegenstander

land·jon·ker *de (m)* [-s] landedelman; vooral benaming voor landedellieden in het vroegere Pruisen

land·ju·weel *het* [-welen] ❶ hist wedstrijd van de rederijkerskamers in de 15de en 16de eeuw ❷ BN jaarlijkse wedstrijd tussen amateurtoneelgezelschappen

land·kaart *de* [-en] grafische weergave van de oppervlakte van een gebied, een land of een werelddeel

land·kli·maat *het* klimaat van de binnenlanden van het vasteland: hete zomers, strenge winters

land·le·ven *het* het leven op het platteland

land·lo·per *de (m)* [-s] zwervende bedelaar

land·lo·pe·rij *de (v)* het bedelend rondzwerven

land·maat *de* [-maten] maat waarin landoppervlak wordt uitgedrukt

land·macht *de* landstrijdkrachten

land·man *de (m)* [-lieden] → **boer**[1] (bet 1)

land·meet·kun·de *het* kennis van het landmeten

land·me·ten *ww & het* (het) verrichten van werk door de landmeter

land·me·ter *de (m)* [-s] iem. die terreinen opmeet en in kaart brengt voor het kadaster

land·mijl *de* [-en] één km ★ *Engelse* ~ 1609 m

land·mijn *de* [-en] in of op het land gelegde mijn, die bij aanraking ontploft

land·num·mer *het* [-s] (bij internationaal automatisch telefoneren) nummer dat gedraaid moet worden om verbinding te krijgen met een bepaald land

land·ont·gin·ning *de (v)* [-en] het bebouwbaar maken van woeste grond

lan·douw *de* [-en] landstreek

land·rat *de* [-ten] → **landrot**

land·rot, **land·rat** *de* [-ten] niet-zeeman

land·ro·ver [lendroovə(r)] *(‹Eng) de (m)* [-s] auto die rijden kan door woest en ongebaand terrein, terreinwagen

lands·ad·vo·caat *de (m)* [-caten] ❶ vroeger raadpensionaris ❷ advocaat die in rechtsgedingen optreedt voor het Rijk

lands·be·lang *het* [-en] belang van de staat; zaak van belang voor de staat

lands·be·stuur *het* regering

lands·bond *de (m)* [-en] BN nationaal overkoepelend orgaan van verschillende verbonden, verenigingen enz., vooral van de verbonden van ziekenfondsen van een bepaalde maatschappelijke stroming

land·schap *het* [-pen] ❶ streek ❷ geschilderd landschap

land·schap·pe·lijk *bn* van, betreffende het landschap

land·schaps·schil·der *de (m)* [-s] iem. die vooral natuurtaferelen schildert

land·schaps·park *het* [-en] gebied waarin behoud van de natuur en mooie dorps- en stadsgezichten samengaat met het uitoefenen van het boerenbedrijf

land·schaps·schoon *het* landschappelijke schoonheid

land·schei·ding *de (v)* [-en] grens tussen landen of landstreken

land·schild·pad *de* [-den] op het land levende schildpad

lands·die·naar *de (m)* [-s, -naren] rijksambtenaar

lands·grens *de* [-grenzen] ❶ grens van een land ❷ grens aan de landzijde

lands·heer *de (m)* [-heren] ¹vorst

lands·heer·lijk *bn* van de → **vorst**[1]
lands·kam·pi·oen *de (m)* [-en] sportman, -vrouw of -ploeg die kampioen is van een land
lands·knecht *de (m)* [-en] → **lansknecht**
land·slide [lendslaid] (‹Eng› *de (m)* [-s] eig aardverschuiving; grote verandering in de politieke verhoudingen; ★ *die verkiezingen hadden een ~ in het parlement tot gevolg*
lands·man *de (m)* [-lieden] ❶ landgenoot ❷ iem. uit een bepaald land of gewest afkomstig; ★ *wat is hij voor een ~?*
lands·taal *de* [-talen] de in een land meest gangbare taal; ★ *veelal worden de missen in de Rooms-Katholieke Kerk niet meer in het Latijn, maar in de ~ gelezen*
lands·ti·tel *de (m)* [-s] sp titel van nationaal kampioen; ★ *de ~ behalen*
land·storm *de (m)* NN, hist ❶ vóór WO II uit vrijwilligers bestaande formaties van de landmacht, bedoeld als oorlogsreserve ❷ tijdens WO II → **landwacht** (bet 1)
land·stor·mer *de (m)* [-s] lid van de landstorm
land·streek *de* [-streken] deel van een land
lands·ver·de·di·ger *de (m)* [-s] soldaat
lands·ver·de·di·ging *de (v)* verdediging van het land ★ BN ook, hist *ministerie, minister van ~ ministerie, minister van Defensie*
lands·vrou·we *de (v)* [-n] vorstin
land·tong *de* [-en] smalle uitloper van het land in zee
land·vast, land·vast *de (m)* [-en] NN → **tros** (bet 1) voor het vastleggen van vaartuigen
land·ver·hui·zer *de (m)* [-s] iem. die voorgoed naar een ander land trekt; **landverhuizing** *de (v)*
land·ver·raad *het* misdadige handeling tegen het vaderland
land·ver·ra·der *de (m)* [-s] iem. die landverraad pleegt
land·volk *het* bewoners van het platteland
land·voogd *de (m)* [-en], **land·voog·des** *de (v)* [-sen] ❶ bestuurder namens landsheer of regering; ❷ ‹in voormalig Nederlands Oost-Indië› gouverneur-generaal
land·voog·dij *de (v)* ❶ het ambt van landvoogd ❷ ambtsduur van een landvoogd
land·waarts *bijw* naar het land
land·wacht *de (m)* NN, hist ❶ ‹tijdens WO II› uit Nederlandse vrijwilligers bestaand onderdeel van de Waffen-SS, speciaal bestemd voor de strijd in geval van een geallieerde invasie ❷ ‹tijdens WO II› uit NSB'ers bestaande hulppolitie, met als voornaamste taak de bestrijding van het verzet
land·weer *de* NN, hist legerreserve, bestaande uit oudere lichtingen van de militie
land·weg *de (m)* [-wegen] ❶ weg over land ❷ niet verharde weg
land·wijn *de (m)* algemene benaming voor eenvoudige wijn die zonder vermelding van de herkomst wordt verkocht
land·wind *de (m)* [-en] wind van land naar zee waaiend

land·win·ning *de (v)* [-en] landaanwinning
land·zij, land·zij·de *de* naar het land gekeerde → **kant**[1]
lang *bn* ❶ een zekere lengte hebbend ★ *~ en breed* a) zeer uitvoerig; b) al lange tijd ★ *een ~ gezicht zetten* teleurgesteld, weinig verheugd kijken ★ *lange tenen hebben* spoedig beledigd zijn ★ *~ van stof zijn* langdradig zijn ★ NN *het is zo ~ als het breed is* het blijft volkomen gelijk ★ BN *in het ~ en in het breed* uitvoerig ★ *in het ~* in avondjurk; zie ook bij → **tand**, → **tong** ❷ een zekere tijd durend; ★ *hij woont al ~ in Castricum* ★ *de langste dag* 21 juni ★ *de langste nacht* van 21 op 22 december ★ NN *er al ~ en breed zijn* reeds geruime tijd (*zie onder* 1) ★ *nog ~ niet, bij lange (na) niet* de eerste tijd nog niet ★ *een lange adem hebben* doorzettingsvermogen of uithoudingsvermogen bezitten; zie ook bij → **baan** (bet 1), → **papier** en → **allang** ❸ ★ *vooral* NN *~ niet* helemaal niet, volstrekt niet: ★ *~ niet slecht*
lang·been [-benen] **I** *de* iemand met lange benen **II** *de (m)* ooievaar **III** *de (m)* langpotig insect
lang·dra·dig *bn* wijdlopig, te uitvoerig en daardoor vervelend; **langdradigheid** *de (v)*
lang·du·rig *bn* lang durend; **langdurigheid** *de (v)*
lan·ge·af·stands·bom·men·wer·per *de (m)* [-s] bommenwerper met groot vliegbereik
lan·ge·af·stands·vlucht *de* [-en] → **vlucht** (bet 3) over grotere afstand
lan·ge·baan·wed·strijd *het* [-en] schaatsen snelheidswedstrijd over grotere afstand
lan·gen *ww* [langde, h. gelangd] dial en plechtig aanreiken
lang·ge·rekt, lang·ge·rekt *bn* ❶ lang aangehouden: ★ *een langgerekte toon* ❷ lang en smal; ★ *Chili is een ~ land*
lang·hals *de (m)* [-halzen] ❶ persoon met lange hals ❷ fles met lange hals
lang·ha·rig, lang·ha·rig *bn* met lang haar
lang·ja·rig, lang·ja·rig *bn* vele jaren durende
lang·lauf (‹Du› *de (m)* ❶ het langlaufen ❷ een op deze wijze gemaakte tocht
lang·lau·fen (‹Du› *ww & het* (het) zich voortbewegen d.m.v. een lopende beweging op smalle ski's, die slechts aan de neus van de schoen bevestigd zijn
lang·lauf·ski *de (m)* ['s] betrekkelijk smalle ski die zodanig onder de voet kan worden bevestigd dat de hiel vrijelijk op en neer kan worden bewogen, speciaal geschikt om mee te langlaufen
lang·lo·pend *bn* met lange looptijd: ★ *een ~ krediet*
lan·goest (‹Fr› *de (m)* [-en] tienpotige kreeft zonder scharen uit de Middellandse Zee
lang·oor *de (m)* [-oren] dier met lange oren, vooral haas en ezel
lan·gou·reus [-goe-] (‹Fr› *bn* kwijnend, smachtend
lan·gou·sti·ne [-γoe-] (‹Fr› *de (v)* [-s] kleine soort langoest, Noorse kreeft
lang·par·keer·der *de (m)* [-s] iem. die langer dan een bepaalde tijd parkeert

lang·poot *de (m)* [-poten], **lang·poot·mug** *de* [-gen] mug met zeer lange poten

langs I *bijw vz* ❶ bezijden, (in de lengte) naast: ★ *een rij bomen ~ de weg* ❷ voorbij: ★ *ze liep ~ ons zonder ons te zien* ★ *ervan ~ geven* slaan ★ *ervan ~ krijgen* geslagen worden ★ *ze kwam bij hem ~ bezocht hem* ❸ BN, spreektaal aan, op; naar... toe, naar ★ *een kamer ~ de straat* aan de straat ★ *~ alle kanten kwamen ze aangelopen* van alle kanten ★ *~ achter, voor* van achter, voor ★ *~ de ene kant, andere kant* enerzijds, anderzijds **II** *bijw* BN, spreektaal langer ★ *van ~ om meer* hoe langer hoe meer, steeds meer; zie ook bij → langsom

lang·sche·de·lig *bn* het verschijnsel vertonend dat de grootste lengte van het hoofd groter is dan 80% van de grootste hoofdbreedte, dolichocefaal

langs·door·sne·de *de* [-n] doorsnede in de lengte

langs·gaan *ww* [ging langs, is langsgegaan] op bezoek gaan: ★ *ik ga morgen bij hem langs*

langs·ko·men *ww* [kwam langs, is langsgekomen] op bezoek komen: ★ *je moet gauw weer eens bij me ~*

lang·sla·per *de (m)* [-s] iemand die lang slaapt

langs·om *bijw* BN, spreektaal ★ *van ~ meer* hoe langer hoe meer, steeds meer ★ *van ~ groter* hoe langer hoe groter

lang·speel·film *de (m)* [-s] BN film van ten minste anderhalf uur (i.t.t. kortfilm)

lang·speel·plaat *de* [-platen], **lang·spe·ler** *de (m)* [-s] grammofoonplaat met een lange speelduur, lp

langs·scheeps *bn* in de lengterichting van het schip

langst·le·ven·de, **langst·le·ven·de** *de* [-n] degene die het langst blijft leven (term vooral gebruikt in het erfrecht, bij verzekeringen e.d.)

langs·waar *bijw* BN, spreektaal waarlangs, waardoor, waaraan

langs·zij, **langs·zij·de** *bijw* langs de zijkant van het schip

lan·gue d'oc [lãyə dok] *(‹Fr) de* de Provençaalse middeleeuwse taal

lan·gue d'oïl [lãyə doj] *(‹Fr) de* Noord-Franse middeleeuwse taal waaruit het hedendaagse Frans is ontstaan

lan·guis·sant [-ɣwie-] *(‹Fr) bn* kwijnend; smachtend

lang·uit *bijw* in volle lengte

lang·wer·pig *bn* langgerekt van vorm

lang·zaam *bn* niet vlug; **langzaamheid** *de (v)*

lang·zaam·aan·ac·tie [-sie] *de (v)* [-s] door werknemers ondernomen actie waarbij zeer langzaam gewerkt wordt, teneinde inkomensverbetering, betere arbeidsvoorwaarden e.d. af te dwingen

lang·za·mer·hand *bijw* langzaam achter elkaar, in langzaam toenemende mate

lank·moe·dig *bn* toegevend, veel kunnende verdragen vóór boos te worden; **lankmoedigheid** *de (v)*

la·no·li·ne *(‹Fr) de* wolvet, basis voor zalven en crèmes

lans *(‹Fr‹Lat) de* [-en] lange speer ★ *een ~ breken voor* pleiten voor, het opnemen voor; zie ook bij → thermisch

lans·knecht, **lands·knecht** *de (m)* [-en] hist voetsoldaat; *ook* met een lans gewapend soldaat

lan·taarn, **lan·ta·ren** *(‹Fr) de* [-s] ❶ glazen omhulsel van een lichtbron ★ *een grote ~ zonder* (of *met weinig) licht* gezegd van iem. met veel voorkomen, maar weinig verstand, *of* van iem. die in de weg of in het licht staat ★ *je moet het met een lantaarntje zoeken* het is zeer zeldzaam ❷ kap met glas om licht door te laten, op een dak of scheepsdek; zie ook bij → lantaarnplant

lan·taarn·dra·ger, **lan·ta·ren·dra·ger** *de (m)* [-s] ❶ soort cicade ❷ subtropisch visje

lan·taarn·op·ste·ker, **lan·ta·ren·op·ste·ker** *de (m)* [-s] iem. die de petroleum- of gaslantaarns in de straten aanstak

lan·taarn·paal, **lan·ta·ren·paal** *de (m)* [-palen] vooral NN paal waarop een lamp is aangebracht voor openbare verlichting

lan·taarn·plaat·je, **lan·ta·ren·plaat·je** *het* [-s] vero doorschijnend plaatje waarvan het beeld geprojecteerd kan worden, dia

lan·taarn·plant, **lan·ta·ren·plant** *de* [-en], **lan·taarn·plant·je**, **lan·ta·ren·plant·je** *het* [-s] het plantengeslacht *Ceropegia*, voorkomend in de tropische gebieden van Azië en Afrika, waarvan een aantal soorten als kamerplant wordt geteeld, o.a. het *Chinees lantaarntje*, een hangplantje met lange, dunne stengels en hartvormige, zilvergrijs gemarmerde, vlezige blaadjes (*C. woodii*)

lan·taarn·vis, **lan·ta·ren·vis** *de (m)* [-sen] lichtgevende vis, in tropische zeeën levende

lan·ter·fant *de (m)* [-en] iem. die zijn tijd verbeuzelt, lanterfanter, leegloper

lan·ter·fan·ten *ww* [lanterfantte, h. gelanterfant] zijn tijd verbeuzelen, leeglopen

lan·ter·fan·ter *de (m)* [-s] iem. die lanterfant, leegloper

lan·tha·ni·um, **lan·thaan** *(‹Gr) het* chemisch element, symbool La, atoomnummer 57, een zilverwit metaal, een van de zeldzame aarden

la·os *(‹Mal) de (m)* galangawortel, wortelstok van de *Alpinia officinarum*, o.a. gebruikt als gemberachtig kruid in de Indische keuken

La·o·tiaan [-tsjaan] *de (m)* [-tianen] iem. geboortig of afkomstig uit Laos

La·o·tiaans [-tsjaans] *bn* van, uit, betreffende Laos

Lap *(‹Fins) de (m)* [-pen] lid van een volk dat sinds lang in het noorden van Scandinavië woont

lap[1] *de (m)* [-pen] ❶ stuk stof, stuk leer; stuk, reep: ★ *een mand met oude doeken en lappen* ★ *een ~ grond* een stuk grond ★ *weer op de lappen zijn* weer wat opgeknapt zijn, weer op de been zijn ★ NN *een gezicht van oude lappen* een ontevreden, zwartkijkend gezicht ★ *een nieuwe ~ op een oud kleed* een modern toevoegsel bij iets ouds, waardoor dat oude nog niet aan de eisen van de nieuwe tijd beantwoordt ★ BN, spreektaal *op de lappen gaan* aan de zwier gaan ❷ **beursterm** amortisatiebewijs, restantbewijs: bewijs uitgereikt aan houders van afgeschreven aandelen of obligaties, dat bij gunstige ontwikkeling van zaken of bij liquidatie zekere rechten kan geven

lap² (‹Eng: ronde) de (m) [-s] sp een ronde achterstand: ★ iem. een ~ geven

lap³ BN, spreektaal **I** de [-pen] klap, oorvijg, mep, slag: ★ iem. een ~ om de oren geven ★ er een ~ op geven er met veel enthousiasme aan beginnen, een extra inspanning leveren **II** tsw het geluid van een klap, een mep e.d., pats

la·pi·dair [-dèr] (‹Fr‹Lat) bn ❶ eig (van schrift) zoals gebruikt voor inscripties in steen ❷ fig kort en kernachtig

lap·je het [-s] ★ iem. voor het ~ houden voor de gek houden

lap·jes·kat de [-ten] kat met driekleurig gevlekte vacht

Lap·lan·der de (m) [-s] ❶ Lap ❷ laplander onbehouwen kerel

Lap·lands I bn van, uit, betreffende Lapland **II** het Laps

lap·mid·del het [-en] gebrekkig, ondeugdelijk middel

lap·pen¹ ww [lapte, h. gelapt] ❶ herstellen, een nieuw stuk zetten op ❷ klaarspelen: ★ hij heeft het hem weer gelapt ❸ met een lap schoonmaken: ★ ramen ~ ❹ ★ spreektaal, NN iem. erbij ~, BN iem. erin ~ iem. erin laten lopen, iem. een bestraffing of straf doen oplopen ★ iets erdoor ~ verkwisten, opmaken ❺ NN, spreektaal botje bij botje leggen, een geldelijke bijdrage leveren: ★ ~ voor een cadeau

lap·pen² ww (‹Eng) [lapte, h. gelapt] sp een ronde achterstand bezorgen

lap·pen·de·ken de [-s] deken uit allerlei stukjes gemaakt; fig bont, weinig samenhangend geheel

lap·pen·mand de [-en] mand voor verstelwerk ★ in de ~ zijn een beetje ziek zijn, een beetje sukkelen

Laps het taal van de Lappen

lap·san·sou·chon·thee [lapsansoetsjon-] de (m) scherpgeurende theesoort

lap·sus (‹Lat) de (m) [-sen of mv idem] fout; vergissing

lap·top [lep-] (‹Eng) de (m) [-s] schootcomputer

lap·werk het ❶ het → **lappen¹** (bet 1) van kleren e.d. ❷ de te lappen of gelapte kledingstukken ❸ fig onvoldoende verbetering, halve maatregel

lap·zwans de (m) [-en] inf lummel, nietsnut

lap·zwan·sen ww [lapzwanste, h. gelapzwanst] inf niets uitvoeren, lummelen

la·qué [lakkee] (‹Fr) bn gelakt

lar·de·ren ww (‹Fr) [lardeerde, h. gelardeerd] met spekreepjes doorrijgen, doorspekken; vaak fig gebruikt: ★ de muziekvoorstelling was gelardeerd met volksdansjes

larf de [larven] → **larve**

lar·ghet·to [-γet-] (‹It) muz **I** bijw enigszins breed; tempo tussen largo en andante, volgens anderen tussen largo en adagio **II** het ['s] stuk of passage in dat tempo

lar·go [-yoo] (‹It) **I** bijw muz breed, langzaam en gedragen **II** het ['s] deel of passage in dit tempo

la·ri (‹Georgisch) de ['s] munteenheid van Georgië

la·rie, **la·rie·koek** de (v) onzin, klets, gelul

la·riks (‹Lat) de (m) [-en] lorkenboom, een naaldboom

lar·moy·ant [-mwajjant] (‹Fr) bn jammerend, huilerig

lar·ve, **larf** (‹Lat) de [larven] ❶ vorm waarmee het dier het ei verlaat bij dieren met gedaanteverwisseling ❷ masker, mom

la·ryn·gi·tis [-rin-] (‹Gr) de (v) med ontsteking van het strottenhoofd

la·ryn·go·scoop [-rin-] (‹Gr) de (m) [-scopen] keelspiegel voor onderzoek van het strottenhoofd

la·rynx [-rinks] (‹Gr) de (m) [-en] strottenhoofd

las¹ de [-sen] tussenzetsel; verbindingsstuk

las² ww verl tijd van → **lezen**

la·sag·ne [-zanjə] (‹It) de (m) ovengerecht bestaande uit lagen deeg met gehakt en saus

las·ap·pa·raat het [-raten] werktuig om te lassen

las·cief (‹Fr‹Lat) bn dartel, geil, wulps

la·ser [leezər] de (m) (letterwoord gevormd uit: light amplification by stimulated emission of radiation)versterking van licht door aangezette uitzending van straling, een methode waardoor een coherente lichtbundel van grote intensiteit verkregen wordt

la·ser·disk [leezyr-] (‹Eng) de (m) [-s] disk waarop in analoge vorm opgeslagen beeld- en geluidsmateriaal door middel van een laserstraal afgelezen wordt

la·ser·pen [leezər-] (‹Eng) de [-nen] op een pen gelijkende stift die een laserstraal produceert

la·ser·prin·ter [leezər-] de (m) [-s] comput printer die een hele pagina tegelijk afdrukt, waarbij het beeld wordt gevormd door een laserstraal

la·ser·straal [leezər-] de [-stralen] straal (bet 1) gevormd d.m.v. laser; zie ook → **lazerstraal**

las·naad de (m) [-naden] zichtbare naad na het lassen

las·sen ww [laste, h. gelast] aaneenvoegen met een las: ★ metalen platen aan elkaar ~

las·ser de (m) [-s] iem. die beroepsmatig last

las·so (‹Sp‹Lat) de (m) ['s] werpstrik om wilde dieren te vangen: ★ de cowboy ving de koe behendig met een ~

last I de (m) [-en] ❶ zwaarte, vracht, lading; fig bezwaar, moeite, hinder: ★ ~ hebben van iets ★ iem. iets ten laste leggen iem. van iets beschuldigen ❷ geldelijke verplichting ★ op zware lasten zitten zware, regelmatig terugkerende geldelijke verplichtingen hebben (als: belasting, rente, huur) ★ ten laste komen van betaald moeten worden door ★ te mijnen laste wat door mij betaald moet worden (boekhouden) in het debet van mijn rekening ★ BN ook ~ verkopen lastig, moeilijk, vervelend zijn; zie ook bij → **baat** ❸ bevel: ★ ~ geven tot iets ★ op ~ van **II** het inhoudsmaat, bijv.: ★ een ~ graan 30 hl ★ een ~ haring 17 kantjes

last·brief de (m) [-brieven] bevelschrift

last (but) not least *bijw* [làst (but) not li̯est] (‹Eng›) het laatst (de laatste) maar niet het minst (de minste)

last·dier *het* [-en] dier gebruikt om lasten te dragen

las·ten·boek *het* [-en] BN ook opdrachtbeschrijving voor het opmaken van een offerte; *ook* bestek (bet. 2)

las·ten·ko·hier *het* [-en] BN ook ❶ nauwkeurige beschrijving van een aan te besteden werk, *ook* bestek (en voorwaarden) ❷ ‹bij de verkoop van gronden› verkoopvoorwaarden

las·ten·ver·lich·ting *de (v)* verlaging van de regelmatig terugkerende geldelijke verplichtingen, zoals sociale premies en belasting

las·ten·ver·zwa·ring *de (v)* verhoging van de regelmatig terugkerende geldelijke verplichtingen, zoals sociale premies en belasting

las·ter *de (m)* onware kwaadsprekerij

las·te·raar *de (m)* [-s] iem. die lastert

las·ter·cam·pag·ne [-panjə] *de* [-s] het stelselmatig en publiekelijk belasteren van een bep. persoon of bep. personen

las·te·ren *ww* [lasterde, h. gelasterd] in strijd met de waarheid kwaadspreken

las·ter·lijk *bn* lasterend, laster bevattend

las·ter·praat·je *het* [-s] onware kwaadsprekerij

las·ter·tong *de* [-en] iem. die lasterpraatjes verspreidt

last·ge·ver *de (m)* [-s], **last·geef·ster** *de (v)* [-s] iem. die opdracht geeft tot de uitvoering van iets

last·ge·ving *de (v)* [-en] het geven van een opdracht tot uitvoering van iets

last·heb·ber *de (m)* [-s] iem. die van een lastgever een opdracht gekregen heeft

las·tig *bn* ❶ last veroorzakend, hinderlijk; moeite kostend, moeilijk ★ ~ *vallen* moeilijk, bezwaarlijk zijn ★ *iem.* ~ *vallen* iem. moeite veroorzaken, op iems. tijd beslag leggen, *ook* iem. met kwade bedoelingen (be)naderen ❷ BN, spreektaal druk, zwaar: ★ *het ~ hebben*

last·lijn *de* [-en] scheepv de lijn die aangeeft tot welke diepte een schip geladen mag worden

last min·ute [làstminnit] (‹Eng›) *bn* op het laatste moment te boeken of geboekt, vooral van vliegreizen: ★ *een ~vlucht naar New York*

last·pak *het* [-ken], **last·post** *de (m)* [-en] lastig mens, vooral lastig kind

Lat. *afk* Latijn, Latijns

lat¹ *de* [-ten] ❶ lange, dunne reep hout ★ NN *op de ~ kopen* op de pof kopen, het gekochte niet (direct) betalen ★ *de lange latten* ski's ★ *mager als een ~* erg mager ★ BN *de ~ gelijk leggen* aan iedereen dezelfde eisen stellen ❷ voetbal dwarsbal boven het doel: ★ *een bal tegen de ~* ❸ BN platte liniaal ★ *van de ~ krijgen* ervan langs krijgen ★ *iem. van de ~ geven* iem. de les lezen, een pak slaag geven

lat² *afk* living apart together (‹Eng›) [zie bij → **latrelatie**]

lat³ (‹Lets› *de* [-s] munteenheid van Letland

la·ta·fel *de* [-s] ouderwetse ladekast

la·tei *de* [-en] draagbalk boven een venster of deur

la·ten *ww* [liet, h. gelaten] ❶ toestaan; niet tegengaan, niet veranderen; doen blijven zoals iets of iemand is: ★ *iemand weg ~ gaan* ★ *het er niet bij ~* er zich niet bij neerleggen, verder gaan ❷ doen; zorgen dat iets gebeurt: ★ *laat hem hier komen* ❸ niet doen, nalaten: ★ *laat dat!* ★ *je kunt 't doen, je kunt 't ~, je kunt 't ~ doen* ❹ overlaten; achterlaten: ★ *laat niet voor 't aangenaam verpozen de eigenaar van 't bos de schillen en de dozen* ★ *er het leven bij ~ erdoor sterven* ❺ bergen; wegleggen: ★ *waar heb je mijn boek gelaten?* ❻ laten gaan, vallen: ★ *tranen ~ huilen*

la·tent (‹Lat› *bn* verborgen, aanwezig maar nog onzichtbaar of onwerkzaam ★ *fotogr ~ beeld* de door lichtinwerking optredende verandering in de gevoelige laag die bij ontwikkeling een zichtbaar beeld doet ontstaan ★ *latente warmte* gebonden warmte, die o.a. verbruikt wordt bij het verdampen van een vloeistof

la·ten·tie [-sie] *de (v)* het latent-zijn; verborgen aanwezigheid

la·ter I *bijw* naderhand, over een bep. tijd: ★ *~ wil hij piloot worden* **II** *bn* daarop volgend in de tijd, nieuwer: ★ *latere ontwikkelingen*

la·te·raal (‹Fr‹Lat› *bn* ❶ ter zijde gelegen ★ NN ~ *kanaal* kanaal dat ter zijde van een rivier loopt om de scheepvaart daarover om te leiden ★ *laterale verwanten* verwanten in de zijlinie ❷ BN, spreektaal over de hele breedte van het veld ★ *laterale pass* breedtepass

La·te·raans *bn* plaatsvindend in of nabij het Lateraan, het voormalige pauselijk paleis te Rome ★ *Lateraanse conciliës* de vijf kerkvergaderingen die in de westerse kerk als oecumenische conciliës worden meegeteld

la·ter·tje *het* [-s] NN bijeenkomst, vergadering enz., die laat afloopt: ★ *het wordt vanavond weer een ~*

la·tex (‹Lat› *de (m) & het* ❶ melksap van de rubberboom ❷ emulsie van een kunststof of rubberachtig materiaal

la·thy·rus [-tie-] (‹Gr› *de (m)* [-sen] vlinderbloemig plantengeslacht, vooral *Lathyrus odoratus* de pronkerwt

la·tier·boom (‹Fr› *de (m)* [-bomen] paal tussen twee paarden in de stal

La·tijn (‹Lat› *het* taal van de oude Romeinen ★ *aan het eind van zijn ~ zijn* niet verder kunnen, uitgeput zijn, op zijn ★ BN, spreektaal *ergens zijn ~ in steken* zich ergens op toeleggen, ergens veel tijd en moeite aan besteden

La·tijns (‹Lat› *bn* ❶ in of van het Latijn: ★ *Latijnse Kerk* de Rooms-Katholieke Kerk, die Latijn gebruikt in de liturgie in tegenstelling met de Griekse Kerk ★ *Latijnse letter* de gewone drukletter ★ *Latijnse school* was vroeger wat nu het gymnasium is ❷ een Romaanse taal sprekend, Romaans: ★ *de Latijnse landen*

La·tijns-Ame·ri·kaans *bn* van, uit, betreffende Latijns-Amerika, Amerika bezuiden de Verenigde Staten

la·ti·ni·se·ren *ww* [-zee-] *(‹Fr)* [latiniseerde, h. gelatiniseerd] een Latijnse vorm geven aan: ★ *Nauta is de gelatiniseerde vorm van de naam Schipper*

la·ti·nis·me *het* [-n] aan het Latijn ontleende uitdrukkingswijze, afwijkend van de aard van de eigen taal

la·ti·nist *de (m)* [-en] wetenschappelijk beoefenaar van de Latijnse taal en letterkunde

la·ti·ni·teit *(‹Fr‹Lat) de (v)* ❶ de juiste wijze van zich in het Latijn uit te drukken ❷ het gebruik van het Latijn in een bepaalde tijd of bij een bepaalde auteur

lat·in lov·er [lettin lùvvə(r)] *(‹Eng) de (m)* [-s] uit mediterrane streken afkomstige minnaar die wordt verondersteld de liefde gepassioneerd en kundig te bedrijven

la·ti·tu·de *(‹Fr‹Lat) de (v)* [-s] geografische breedte, poolshoogte

lat·re·la·tie [-(t)sie] *de (v)* [-s] living-apart-togetherrelatie [alternatieve samenlevingsvorm van twee personen, waarbij de partners ieder een eigen huishouding voeren]

la·tri·ne *(‹Fr) de (v)* [-s] wc in kampementen, kazernes enz.

lat·ten¹ *bn* van latten gemaakt

lat·ten² *ww* [latte, h. gelat] een latrelatie hebben

la·tuw *(‹Fr‹Lat) de* sla

lat·werk *het* samenstel van latten

lau·den *(‹Lat) (‹Lat) mv* lofzangen, naam van het tweede van de rooms-katholieke kerkelijke getijden

lau·re·aat *(‹Lat) de (m)* [-aten] ❶ gelauwerde, bekroonde, winnaar van een concours ❷ BN ook (prijs)winnaar, geslaagde kandidaat

lau·rier *(‹Fr) de (m)* [-en] Zuid-Europese boom, met altijdgroene, als specerij gebruikte bladeren (*Laurus nobilis*)

lau·rier·bes *de* [-sen] vrucht van de laurier

lau·rier·kers *de (m)* [-en] altijd groene heester met laurierachtige bladeren (*Prunus laurocerasus*)

laus *(‹Lat) de (v)* [laudes] lof ★ ~ *Deo* God lof

lauw *bn* ❶ halfwarm: ★ *lauwe soep* ★ *je bent ~!* gezegd bij een spelletje, als iem. een beetje in de buurt is van een verstopt voorwerp dat hij moet vinden ❷ onverschillig, slap: ★ *een ~ onthaal* ★ *zij reageerde erg ~*

lau·wer *(‹Lat) de (m)* [-en] lauwerkrans, erepalm ★ *op zijn lauweren rusten* na succes verdiende rust genieten

lau·we·ren *ww* [lauwerde, h. gelauwerd] met een lauwerkrans kronen; fig eren, prijzen

lau·wer·krans *de (m)* [-en] krans van lauriertakken als ereteken

lauw·heid *de (v)* het lauw zijn

lauw·te *de (v)* lauwheid

la·va *(‹It) de* de in gloeiende staat uit de vulkaan geworpen stoffen, die bij afkoeling steenhard worden

la·va·bo *(‹Fr) de (m)* ['s] BN, spreektaal wastafel

la·vas *(‹Lat) de* [-sen] grote schermbloemige plant (*Lavisticum officinale*)

la·va·stroom *de (m)* [-stromen] stroom lava

la·ve·loos *bn* vooral NN zo dronken dat alle verstand of bezinning weg is

la·ve·ment *(‹Fr) het* [-en] med darminspuiting, klisteer

la·ven *ww* [laafde, h. gelaafd] verkwikken, vooral met drank: ★ *de dorstigen ~*

la·ven·del *(‹Lat) de* lipbloemig welriekend tuingewas (*Lavandula*), uit de bloemen waarvan men lavendelwater, lavendelolie enz. bereidt

la·ve·ren *ww* (‹Oudfrans) [laveerde, h. gelaveerd] ❶ wassen (een tekening) ❷ bij tegenwind zigzagsgewijze opzeilen; zich zigzagsgewijze voortbewegen; fig een middenweg trachten te bewandelen, proberen beide partijen te vriend te houden

la·vet *(‹Fr) de (m) & het* [-ten] sanitaire inrichting met was- en badgelegenheid

la·waai *het* drukte, rumoer, geraas

la·waai·e·rig, la·waai·ig *bn* rumoerig

la·waai·ma·ker, la·waai·schop·per *de (m)* [-s] ❶ iem. die lawaai maakt ❷ druktemaker, relschopper

law-and-or·der *zn* [là end ò(r)də(r)] *(‹Eng) eig* wet en orde; politieke leus waarmee men aangeeft de handhaving van de openbare orde van hoge prioriteit te achten

la·wi·ne *(‹Du‹Reto-Romaans) de (v)* [-s, -n] ❶ sneeuwstorting langs een berghelling ❷ fig overstelpende neer- of uitstorting; uitgestorte grote hoeveelheid: ★ *een ~ van pamfletten, klachten*

lawn·ten·nis [lòn-] *(‹Eng) het* tennisspel dat oorspronkelijk op *lawns*, grasbanen, gespeeld werd

law·ren·ci·um [lò-] *het* chem kunstmatig verkregen element, het laatste van de actiniumreeks, symbool Lr, atoomnummer 103, genoemd naar het Lawrence Radiation Laboratory (Californië) waar het voor het eerst werd samengesteld

lax·ans *(‹Lat) het* [laxantia] [laksansie(j)aa] laxerend middel, purgeermiddel

laxa·tief *(‹Lat) I bn* laxerend **II** *het* [-tieven] laxeermiddel

laxeer·mid·del [lakseer-] *het* [-en] ontlasting bevorderend middel

laxe·ren *ww* [lakseerə(n)] *(‹Lat)* [laxeerde, h. gelaxeerd] de ontlasting bevorderen

lay-out [leeaut] *(‹Eng) de (m)* [-s] ontwerp, schets voor de opmaak van drukwerk, van een boek, door een tekenaar-specialist; fig ook in toepassing op andere ontwerpen

lay-out·man [leeaut-] *de (m)* [-nen] vakman die lay-outs maakt

lay-up [lee-] *(‹Eng) de (m)* [-s] basketbal doelpoging van vlak onder de basket vanuit de loop

la·za·ret *(‹It) het* [-ten] veldhospitaal

la·za·ris·ten *mv* priesters voor missiewerk en ziekenverpleging, behorende tot een congregatie die haar moederhuis, Saint Lazaire, te Parijs heeft
la·za·rus *bn* ❶ oorspr melaats ❷ thans inf stomdronken
la·zen *ww verl tijd meerv van* → **lezen**
la·zer *de (m)* ★ *iem. een pak op zijn ~ geven* inf iem. er flink van langs geven
la·ze·ren *ww* [lazerde, h. & is gelazerd] NN, spreektaal ❶ gooien, smijten ❷ vallen
la·ze·rij *de (v)* ❶ vero melaatsheid ❷ NN, spreektaal lichaam: ★ *iem. op zijn ~ geven*
la·zer·straal *de (m)* [-stralen] inf lammeling; zie ook → **laserstraal**
la·zu·ren *bn* van lazuur
la·zuur *(‹Arab) het* ❶ kostbaar blauw gesteente *(lapis lazuli)* ❷ hemelsblauwe kleur
la·zuur·steen *de (m)* [-stenen] diepblauw edelgesteente waarvan men vroeger het natuurlijke ultramarijn vervaardigde
lb *afk* libra Engels pond (gewicht); [*mv: lbs*] [(0,453 kg)]
LBC *afk* in België Landelijke Bediendencentrale [Belgische vakbond]
lbo *afk* in Nederland, vroeger lager beroepsonderwijs
l.c. *afk* loco citato [op de aangehaalde plaats]
lcd *het* ['s] Liquid Crystal Display *(‹Eng)* [beeldscherm waarop informatie zichtbaar wordt gemaakt d.m.v. vloeibare kristallen:] ★ *lcd's worden o.a. toegepast in digitale horloges, zakrekenmachines en kleine computers*
LDD *afk* in België Lijst Dedecker [in 2007 door Jean-Marie Dedecker opgerichte rechts-liberale politieke partij]
L.d.H. *afk* Leger des Heils
lead·er [liedə(r)] *(‹Eng) de (m)* [-s] ❶ leider ❷ TV overzicht van programma's die geboden zullen worden, in de vorm van een aaneenschakeling van toepasselijk beeldmateriaal
lead·zan·ger [lied-] *de (m)* [-s], **lead·zan·ge·res** *de (v)* [-sen] *(‹Eng)* belangrijkste zanger, resp. zangeres van een muziekgroep, vooral in de popmuziek
leaf·let [lief-] *(‹Eng) de & het* [-s] folder
league [liey] *(‹Eng) de (v)* bond, verbond
leao *afk* in Nederland, vroeger lager economisch en administratief onderwijs
lease, **lea·sing** [lies, liesing] *(‹Eng) de (v)* huur, resp. verhuur met koopoptie, een vorm van financiering van productiemiddelen en dure gebruiksvoorwerpen, vooral auto's, waarbij de onderhoudskosten voor rekening van de verhuurder komen
lea·sen *ww* [liesə(n)] *(‹Eng)* [leasede, h. geleased] huren of verhuren op basis van leasing
leath·er·boy [letə(r)boi, Engelse th] *(‹Eng) de (m)* [-s] in leer geklede homoseksuele jongen of man die d.m.v. deze kleding en daarop aangebrachte versieringen zijn seksuele voorkeuren kenbaar maakt

leb, **leb·be** *de* enzym dat de kaasstof uit het voedsel neerslaat
leb·aal *de (m)* [-alen] dikke aal
leb·be *de* → **leb**
leb·be·ren *ww* [lebberde, h. gelebberd] langzaam zuigend drinken
le·bens·raum *(‹Du) de (m)* levensruimte, oorspronkelijk als biologisch begrip; in nationalistisch-politieke zin gebruikt voor grondgebied dat een volk nodig heeft ter verzekering van zijn voortbestaan met zoveel mogelijk eigen middelen en producten
leb·maag *de* [-magen] maagafdeling bij herkauwende dieren
le·ci·thi·ne *(‹Gr) de* [-n] naam voor verschillende vetzuur en fosfor bevattende stoffen die o.a. in hersenen, eierdooier, visseneieren en vele zaden voorkomen en die in sommige versterkende preparaten gebruikt worden
lec·tor *(‹Lat) de (m)* [-s, -toren] universitair docent, lager van rang dan een hoogleraar
lec·to·raat *het* [-raten] post van of dienstijd als lector
lec·tri·ce *(‹Fr) de (v)* [-s] vrouwelijke lector
lec·tuur *(‹Fr‹Lat) de (v)* ❶ het lezen ❷ belezenheid ❸ geschriften; leesstof
lec·tuur·bak *de (m)* [-ken] bak waarin kranten, tijdschriften enz. worden opgeborgen
led *afk* Light Emitting Diode *(‹Eng)* [elektronenbuis die (meestal rood) licht uitstraalt, gebruikt bij aanuitverklikkerlichtjes en fietsverlichting]
le·de·ma·ten *mv* armen en benen
le·den¹ *zn meerv van* → **lid**¹
le·den² *ww verl tijd meerv van* → **lijden**¹
le·den·lijst *de* [-en] lijst met de namen van de leden
le·den·pas *de* [-sen] lidmaatschapskaart
le·den·pop *de* [-pen] ❶ pop met verstelbare ledematen ❷ BN, vero pop, vroeger veelal vervaardigd van gevlochten teen, om kleren op te passen; paspop, etalagepop ❸ NN, fig iem. die willoos doet wat een ander hem laat doen
le·den·ver·ga·de·ring *de (v)* [-en] vergadering van de leden van een vereniging, partij e.d.
le·der *het* 3 → **leer**¹
le·der·ach·tig *bn* → **leerachtig**
le·de·ren, **le·ren** *bn* van leder
le·der·wa·ren, **leer·wa·ren** *mv* voorwerpen van → **leer**¹
le·dig, **leeg** *bn* ❶ zonder inhoud ★ *een lege nv* naamloze vennootschap die haar onderneming heeft beëindigd en geen baten of schulden meer heeft ❷ niet bezet; niet bewoond
le·di·gen *ww* [ledigde, h. geledigd], **le·gen** [leegde, h. geleegd] leeg maken
le·dig·gang *de (m)* het niets doen; zie ook bij **lediggang**
le·dig·heid *de (v)* het ledig zijn; fig werkeloosheid, luiheid; zie ook bij → **!!Link!!**
le·di·kant *(‹Fr) het* [-en] ❶ vero bed ❷ NN kinderbedje

met hoge wanden

leed¹ I *het* verdriet **II** *bn* ★ *met lede ogen aanzien* met spijt, met ergernis

leed² *ww verl tijd* van → **lijden¹**

leed·ver·maak *het* het zich verheugen in het leed van een ander

leed·we·zen *het* verdriet, spijt

leef·baar *bn* ❶ zo dat men er leven kan: ★ *het platteland moet ~ blijven* ❷ BN, spreektaal levensvatbaar, levenskrachtig; rendabel; **leefbaarheid** *de (v)*

leef·ge·meen·schap *de (v)* [-pen] het samenleven als → **gemeenschap** (bet 4)

leef·hou·ding *de (v)* [-en] BN, schooltaal omgang met klasgenoten

leef·ka·mer *de* [-s] BN, schrijftaal zitkamer, woonkamer, huiskamer

leef·kli·maat *het* sfeer waarin men leeft

leef·kuil *de (m)* [-en] NN deel van een woonkamer, iets lager dan de rest van die woonkamer, waarin men comfortabel zit

leef·loon *het* BN ook uitkering die onder voorwaarden wordt toegekend aan mensen met geen of bijna geen inkomen

leef·mi·lieu [-miljeu] *het* ❶ omgeving waarin men leeft ❷ gebied waarin bepaalde dieren of planten voorkomen

leef·net *het* [-ten] net waarin aan de hengel gevangen vissen levend worden gehouden

leef·re·gel *de (m)* [-s] principe, voorschrift, volgens hetwelk men leeft

leef·ruim·te *de (v)* [-n] groot aaneenliggend gebied, waarin een groot volk of een groep van volken economisch en staatkundig leven kan

leef·tijd *de (m)* [-en] aantal jaren dat men geleefd heeft ★ *op ~ vrij oud* ★ *mensen van de derde ~* gepensioneerden, bejaarden, 65-plussers

leef·tijds·grens *de* [-grenzen] leeftijd ten hoogste of ten minste

leef·tocht *de (m)* levensmiddelen voor onderweg

leef·wij·ze *de* [-n] manier van leven

leeg *bn* → **ledig**

leeg·gan·ger *de (m)* [-s] nietsnut

leeg·gie·ten *ww* [goot leeg, h. leeggegoten] alles gieten uit

leeg·goed *het* BN ❶ lege flessen, leeg goed ❷ spreektaal statiegeld ★ *geen ~* geen statiegeld

leeg·ha·len *ww* [haalde leeg, h. leeggehaald] alles weghalen uit

leeg·hoofd *het & de* [-en] iem. met weinig kennis en weinig belangstelling

leeg·loop *de (m)* ❶ het → **leeglopen** (bet 2) ❷ het in werking zijn van een machine zonder dat deze iets produceert ❸ fig het vertrekken van leden, inwoners e.d. van een vereniging, resp. uit een stad

leeg·lo·pen *ww* [liep leeg, is & h. leeggelopen] ❶ de inhoud door geleidelijke uitstroming verliezen ❷ niets uitvoeren, werkeloos zijn

leeg·lo·per *de (m)* [-s] iem. die niets uitvoert

leeg·ma·ken *ww* [maakte leeg, h. leeggemaakt] van de inhoud ontdoen

leeg·staan *ww* [stond leeg, h. leeggestaan] ❶ zonder inhoud staan, onbewoond zijn ❷ werkeloos staan

leeg·stand *de (m)* (van een huis) het onbewoond, niet verhuurd zijn

leeg·te *de (v)* ❶ het leeg zijn ❷ fig gemis

leek¹ *‹Lat› de (m)* [leken] ❶ niet-geestelijke ❷ niet-vakman

leek² *ww verl tijd* van → **lijken¹**

leem *de (m) & het* soort klei met zand

leem·ach·tig *bn* ❶ op leem gelijkend ❷ leem bevattend

leem·groef, leem·groe·ve *de* [-groeven] plaats waar leem wordt uitgegraven

leem·kuil *de (m)* [-en] leemgroeve

leem·put *de (m)* [-ten] leemgroeve

leem·te *de (v)* [-n, -s] gemis; weglating ★ *in een ~ voorzien* een gemis aanvullen

leen ★ *te (ter) ~ geven* uitlenen *het* [lenen] ‹in de middeleeuwen› grondbezit dat of overheidsbevoegdheden die men in leen had op grond van het leenstelsel

leen·bank *de* [-en] instelling die geld te leen geeft op onderpand

leen·brief *de (m)* [-brieven] stuk waarmee een goed in leen gegeven werd

leen·geld *het* [-en] bedrag betaald voor uitlening van boeken

leen·goed *het* [-goederen] → **leen** (II, bet 1)

leen·heer *de (m)* [-heren] iem. die een goed als leen uitgaf

leen·man *de (m)* [-nen] iem. die een goed in leen had

leen·recht *het* ❶ bepalingen betreffende het in leen geven van goederen ❷ recht op vergoeding voor auteurs wier boeken uitgeleend worden door bibliotheken

leen·roe·rig *bn* leengoed zijnde

leen·spreuk *de* [-en] overdrachtelijk gezegde

leen·stel·sel *het* middeleeuws stelsel waarbij de ene partij (leenheer) bepaalde bevoegdheden, vooral bezit van grond of overheidsbevoegdheden in beheer gaf aan de andere partij (leenman) in ruil voor bepaalde, vooral militaire diensten en trouw, feodalisme

leen·tje·buur *zn* ★ *~ spelen* vaak iets lenen bij iemand

leen·we·zen *het* leenstelsel

leen·woord *het* [-en] woord aan een vreemde taal ontleend

leep *bn* slim, listig; **leepheid** *de (v)*

leep·ogig, leep·ogig *bn* leepogen hebbend

leep·oog *het* [-ogen] tranend oog

leer¹, le·der *het* bereide dierenhuid ★ *leer om leer* alle kwaad wordt vergolden ★ *van leer trekken* de degen trekken, zich verweren; zie ook bij → **leertje**, → **riem¹**

leer² *de* [leren] ❶ lering: ★ *in de ~ gaan* als leerling dienst nemen ❷ theorie: ★ *de* ~ *van de elektriciteit; godsdienstig of ideologisch stelsel:* ★ *de katholieke* ~, *de marxistische* ~

leer·ach·tig, **le·der·ach·tig** *bn* taai als → **leer¹**
leer·boek *het* [-en] studieboek
leer·boy [-boi] *de (m)* [-s] leatherboy
leer·con·tract *het* [-en] BN ❶ overeenkomst waarbij de patroon er zich toe verbindt in zijn bedrijf aan een leerling een vak te leren ❷ leertijd, periode waarin een leerling zo'n opleiding ontvangt
leer·dicht *het* [-en] kennis, lering bevattend dichtwerk
leer·gang *de (m)* [-en] cursus
leer·geld *het* geld dat voor onderwijs betaald moet worden ★ ~ *betalen* door schade en schande tot inzicht komen
leer·ge·zag *het* gezag betreffende de kerkelijke leer
leer·gie·rig *bn* graag willende leren; **leergierigheid** *de (v)*
leer·huis *het* ⟨in de joodse gemeenschap⟩ (plaats voor) de gezamenlijke bestudering van de Thora en de rabbijnse literatuur
leer·jaar *het* [-jaren] ❶ schooljaar ❷ jaar waarin men een vak lerende is
leer·jon·gen *de (m)* [-s] jongen die bij een baas een vak leert
leer·kracht *de* [-en] onderwijzer, leraar
leer·kring *de (m)* [-en] een van de opeenvolgende delen van een studie of opleiding, vooral van de opleiding tot onderwijzer
leer·ling *de (m)*, **leer·lin·ge** *de (v)* [-lingen] scholier; degene die van iemand iets leert
leer·lin·gen·schaal *de* [-schalen] NN het aantal leerlingen per leerkracht of per klas
leer·ling·stel·sel, **leer·ling·we·zen** *het* in Nederland stelsel waarbij jongeren een opleiding in de praktijk van een bep. technisch, agrarisch of administratief beroep krijgen en daarmee samenhangend algemeen en op het beroep gericht onderwijs ontvangen
leer·ling·volg·sys·teem [-sis-, -sies-] *het* [-temen] NN systeem om de leerprestaties van leerlingen vast te stellen in de verschillende fases van hun opleiding
leer·looi·en *ww & het* (het) bereiden van → **leer¹** uit huiden
leer·looi·er *de (m)* [-s] iem. die huiden bereidt tot leer
leer·looi·e·rij *de (v)* [-en] het leerlooien; leerlooierswerkplaats
leer·mees·ter *de (m)* [-s] persoon van wie men iets leert
leer·mid·del *het* [-en] boeken enz. nodig voor het onderwijs
leer·mo·ment *het* [-en] leerzame ervaring die men opdoet
leer·op·dracht *de* [-en] opdracht tot het geven van hoger onderwijs in een in de opdracht omschreven vak
leer·plan *het* [-nen] indeling van de leerstof, volgens welke aan een school wordt lesgegeven

leer·plicht *de* de verplichting om onderwijs te volgen gedurende een voorgeschreven aantal levensjaren
leer·plich·tig *bn* van de leeftijd waarop men verplicht is onderwijs te volgen
leer·re·de *de* [-nen, -s] preek
leer·school *de* [-scholen] ❶ vroeger school waar aanstaande onderwijzers de praktijk leerden ❷ fig omgeving waar men de praktijk van iets leert
leer·se·cre·ta·ri·aat *het* [-riaten] BN benaming van een instelling ter bevordering van het leerlingwezen
leer·stel·lig *bn* dogmatisch
leer·stel·ling *de (v)* [-en] grondbeginsel van een → **leer²**
leer·stel·sel *het* [-s] de gezamenlijke meningen en opvattingen van een → **leer²**, vooral een godsdienstige leer
leer·stoel *de (m)* [-en] ❶ spreekgestoelte ❷ hoogleraarschap
leer·stof *de* wat geleerd moet worden
leer·straf *de* [-fen] recht alternatieve straf, waarbij de veroordeelde verplicht een cursus moet volgen om bep. vaardigheden te leren
leer·stuk *het* [-ken] geloofsartikel
leer·tijd *de (m)* ❶ tijd waarin iem. leerling is ❷ tijd nodig om iets te leren
leer·tje *het* [-s] stukje of reepje → **leer¹**
leer·tou·wen *ww & het* (het) leder de laatste bewerking doen ondergaan; **leertouwer** *de (m)* [-s]; **leertouwerij** *de (v)* [-en]
leer·vak *het* [-ken] ❶ vak van onderwijs ❷ vak dat vooral van buiten leren vereist
leer·ver·gun·ning *de (v)* [-en] BN ❶ vergunning tot het leren besturen van een motorvoertuig op de openbare weg gedurende een bep. periode (één jaar of zes maanden) voorafgaand aan het halen van een rijbewijs ❷ document waarin die vergunning is vastgelegd
leer·wa·ren *mv* → **lederwaren**
leer·weg *de* [-wegen] NN onderwijsprogramma binnen het vmbo dat is gericht op onderwijs in algemene vakken, in beroepsgerichte vakken of op een mengvorm daarvan
leer·wij·ze *de* [-n] manier waarop men iets onderwijst
leer·zaam *bn* ❶ graag willende leren ❷ onderrichtend, nuttig; **leerzaamheid** *de (v)*
lees·ap·pa·raat *het* [-raten] ❶ toestel om microfilms te lezen ❷ comput diskdrive
lees·baar *bn* ❶ goed te lezen ❷ prettig om te lezen; **leesbaarheid** *de (v)*
lees·beurt *de* [-en] beurt om iets voor te lezen
lees·bi·bli·o·theek *de (v)* [-theken] verzameling van boeken die worden uitgeleend
lees·blind *bn* woordblind; **leesblindheid** *de (v)*
lees·boek *het* [-en] ❶ oefenboek bij het leren lezen ❷ aangenaam leesbaar boek
lees·bril *de (m)* [-len] bril bij het lezen gebruikt
lees·glas *het* [-glazen] vergrootglas om mee te lezen,

loep
lees·hon·ger *de (m)* hevige begeerte om te lezen
lees·ka·mer *de* [-s] vertrek waar boeken, tijdschriften enz. liggen
lees·lamp *de* [-en] lamp om bij te lezen
lees·les *de* [-sen] onderwijs in het lezen
lees·map *de* [-pen] leesportefeuille
lees·me·tho·de *de (v)* [-n, -s] manier van leesonderwijs
lees·moe·der *de (v)* [-s] vrouw die kinderen voorleest in scholen, bibliotheken e.d.
lees·oe·fe·ning *de (v)* [-en] oefening in het leren lezen; tekst ten behoeve daarvan
lees·on·der·wijs *het* onderricht in lezen
lees·pen *de* [-nen] elektronische pen met behulp waarvan men symbolen kan 'lezen' die vervolgens door een computer worden geïnterpreteerd en / of opgeslagen
lees·plank *de* [-en] plank met plaatjes met daaronder richels waarop d.m.v. losse letters onderschriften gemaakt kunnen worden
lees·por·te·feuil·le [-fuija] *de (m)* [-s] map met tijdschriften, die bij een groep abonnees rondgaat
lees·schrijf·kop *de (m)* [-pen] elektromagnetisch element dat zorgt voor het vastleggen van informatie, gebruikt in cassetterecorders en in diskdrives van computers
lees·stof *de* wat men kan laten lezen, vooral bij het onderwijs
leest *de* [-en] ❶ gestalte ❷ taille ❸ schoenvorm; zie ook bij → **schoeien**, → **schoenmaker**
lees·ta·fel *de* [-s] tafel met kranten enz. in een openbare gelegenheid
lees·te·ken *het* [-s] punt, komma enz.
lees·toon *de (m)* [-tonen] stembuiging bij het lezen
lees·uur *het* [-uren] uur bestemd om te lezen
lees·ven·ster *het* [-s] → **display** (bet 2)
lees·voer *het* lectuur van weinig waarde, ter bevrediging van de leeshonger
lees·wij·zer *de (m)* [-s] → **bladwijzer** (bet 2)
lees·zaal *de* [-zalen] zaal, meestal verbonden aan een openbare bibliotheek, waar men gratis kan komen lezen of studeren
leeuw *(‹Lat) de (m)* [-en] ❶ groot, katachtig roofdier (*Panthera leo*), zinnebeeld van macht en koningschap: ★ *de ~ wordt de koning van de dieren genoemd* ★ *iem. voor de leeuwen gooien* fig in het openbaar een zeer zware beproeving doen ondergaan ❷ afbeelding van de leeuw in wapens en ordetekenen; ❸ *Leeuw* vijfde teken van de dierenriem (van ± 21 juli tot ± 21 augustus), Leo; zie ook bij → **hol²**
leeu·wen·aan·deel *het* [-delen] leeuwendeel
leeu·wen·bek *de (m)* [-ken] ❶ naam van het plantengeslacht *Antirrhinum*, waarvan de soort akkerleeuwenbek (*A. orontium*) in Nederland en in België in het wild voorkomt ❷ vlasleeuwenbek (*Linaria*)
leeu·wen·deel *het* [-delen] verreweg het meeste

leeu·wen·klauw *de* [-en] plant met groene hoopjes bloemen zonder bloemkroon (*Alchemilla*)
leeu·wen·kooi *de* [-en] kooi waarin leeuwen verblijven
leeu·wen·kuil *de (m)* [-en] ❶ kuil met leeuwen ❷ fig gevaarlijke plaats
leeu·wen·ma·nen *mv* ❶ lange nekharen van de leeuw ❷ schertsend lang hoofdhaar
leeu·wen·moed *de (m)* heldenmoed
leeu·wen·tand *de (m)* [-en] gele veldbloem (*Leontodon*)
leeu·wen·tem·mer *de (m)* [-s] iem. die leeuwen dresseert
leeu·we·rik *de (m)* [-riken] soort zangvogel
leeu·we·riks·zang *de (m)* gezang van een leeuwerik
leeu·win *de (v)* [-nen] wijfjesleeuw
lee·wa·ter *het* vocht in gewricht
lee·wie·ken *ww* [leewiekte, h. geleewiekt] ❶ ‹bij vogels› een operatieve bewerking doen ondergaan die het wegvliegen onmogelijk maakt ❷ het laatste lid van de linkervleugel afbranden
lef *(‹Hebr) de (m) & het* ❶ durf ❷ opschepperij
lef·doek·je *het* [-s] NN, spreektaal pochet
lef·go·zer *de (m)* [-s] vooral NN opschepper
leg *de (m)* het leggen van eieren ★ *de eerste ~* de eerste periode van eieren leggen ★ *van de ~* geen eieren meer leggend
le·gaal *(‹Lat) bn* wettig, wettelijk, bij de wet toegestaan
le·gaat¹ *(‹Fr‹Lat) de (m)* [-gaten] ❶ ‹Romeinse geschiedenis› aan een veldheer toegevoegd persoon met een staatkundige opdracht ❷ pauselijk gezant met een bijzondere opdracht
le·gaat² *(‹Lat) het* [-gaten] erfmaking, bevoordeling bij testament onder bijzondere titel
le·ga·li·sa·tie [-zaa(t)sie] *(‹Fr) de (v)* [-s] rechtsgeldige wettiging, wettelijke bekrachtiging, ambtelijke echtverklaring of waarmerking
le·ga·li·se·ren *ww* [-zee-] *(‹Fr)* [legaliseerde, h. gelegaliseerd] wettigen; ambtelijk waarmerken, gerechtelijk bekrachtigen, rechtsgeldig maken
le·ga·li·teit *(‹Fr‹Lat) de (v)* wettigheid, wettelijkheid
le·ga·ta·ris *(‹Lat) de (m)* [-sen] een bij testamentaire beschikking begiftigde of bedachte
le·ga·te·ren *ww* [legateerde, h. gelegateerd] bij testamentaire, bijzondere beschikking vermaken aan; ook fig
le·ga·tie [-(t)sie] *(‹Fr‹Lat) de (v)* [-s] ❶ functie van gezant ❷ gezantschap; personeel en gebouw daarvan
le·ga·to [-ɣaa-] *(‹It) bijw* muz gebonden
le·ga·tor *(‹Lat) de (m)* [-s, -toren] iem. die iets bij legaat vermaakt
leg·bat·te·rij *de (v)* [-en] rij kleine hokjes, waarin kippen worden opgesloten om de productiekosten van kippeneieren te minimaliseren
leg·boor *de* [-boren] orgaan dat sommige insecten bij het leggen van eieren gebruiken
le·gen *ww* [leegde, h. geleegd] → **ledigen**

le·gen·da (‹Lat› de ['s] vooral NN → **legende** (bet 4)
le·gen·da·risch bn ❶ behorend tot of volgens een legende, de overlevering ❷ fig befaamd, fabelachtig
le·gen·de (‹Lat› de [-n, -s] ❶ levensbeschrijving van het verhaal betreffende een heilige of een heilig voorwerp ❷ verhaal dat op volksoverlevering berust; verhaal van twijfelachtige waarheid ❸ randschrift op een munt of penning ❹ verklaring van de tekens enz. op een landkaart, of bij een plaat ❺ beroemd persoon die zich afsluit voor de publiciteit en waarover veel geruchten de ronde doen: ★ *Mohammed Ali is een levende ~*
le·gen·de·vor·ming de (v) het ontstaan van legenden (→ **legende**, bet 2)
le·ger het [-s] ❶ de strijdkrachten te land; strijdmacht ontstaan door de bundeling van twee of vier legerkorpsen ★ *Leger des Heils* militair ingerichte godsdienstige organisatie die zich toelegt op maatschappelijk werk ❷ grote troep, menigte ❸ ligplaats; ❹ ‹van een dier› rustplaats; bed
le·ger·aan·voer·der de (m) [-s] bevelhebber
le·ger·ben·de de [-n, -s] grote troep soldaten
le·ger·be·richt het [-en] mededeling aangaande de krijgsverrichtingen van de landmacht
le·ger·com·man·dant de (m) [-en] commandant van de landmacht
le·ger·dienst de (m) BN ook, hist militaire dienst; dienstplicht
le·ge·ren¹ ww [legerde, is & h.gelegerd] ❶ verblijven ❷ aan troepen een verblijf aanwijzen
le·ge·ren² ww [legeerde, h. gelegeerd] (‹It) twee of meer metalen door smelting met elkaar vermengen
le·ge·ren³ ww (‹Lat› [legeerde, h. gelegeerd] legateren
le·ger·groep de [-en] groep samenwerkende legers (onder één bevelhebber)
le·ge·ring¹ de (v) [-en] metaalmenging, alliage
le·ge·ring² de (v) [-en] het → **legeren¹**
le·ger·korps het [-en] afdeling soldaten
le·ger·lei·der de (m) [-s] iem. die het bevel voert over een leger
le·ger·lei·ding de (v) opperbevel van een leger
le·ger·macht de [-en] landmacht
le·ger·plaats de [-en] plaats waar soldaten gelegerd zijn
le·ger·schaar de [*veelal* mv, **legerscharen**] (grote) legermacht
le·ger·ste·de de [-n] slaapplaats
le·ger·sterk·te de (v) getalsterkte van een leger
le·ger·trein de (m) [-en], **le·ger·tros** de (m) [-sen] bagagestoet van een leger
le·ges (‹Lat› mv ❶ wetten (zie → **lex**) ❷ vergoeding of betaling voor werkzaamheden van de overheid, rechten, kosten
leg·gen I ww [legde *of* inf lei, h. gelegd] ❶ doen liggen: ★ *ik legde het boek op de tafel* ❷ ‹van vogels› eieren voortbrengen II *wederk* gaan liggen
leg·ger de (m) [-s] ❶ stuk tekst (boek, artikel) die als grondslag dient voor een studie ❷ register: ★ *~ der hypotheken* ★ *~ van het kadaster* ❸ vloerbalk, dwarsligger

leg·ging [leggying] (‹Eng› de (m) [-s] zeer nauw om de benen sluitende lange broek van elastisch materiaal, vooral gedragen door vrouwen en meisjes
leg·horn (‹Eng› de [-s] meestal witte, goed leggende kip afkomstig uit Livorno
le·gio (‹Lat› bn ‹alleen predicatief gebruikt› zeer talrijk: ★ *de fouten zijn ~*
le·gi·oen (‹Lat› het [-en] ❶ Romeinse legerafdeling van 4200 tot 6000 man ❷ legerafdeling met een bepaalde bestemming; troep vrijwilligers (*vgl:* → **vreemdelingenlegioen**) ❸ zeer grote menigte, vooral grote supportersschare ❹ ★ *~ van eer* door Napoleon in 1802 ingestelde Franse ridderorde
le·gi·o·nair (‹Fr› [-gjoonèr] de (m) [-s] soldaat van een legioen
le·gi·o·nairs·ziek·te [-gjoonèrs-] de (v) veteranenziekte
le·gis·la·tie [-(t)sie] (‹Fr‹Lat› de (v) wetgeving, wetgevende macht
le·gis·la·tief (‹Fr› bn wetgevend
le·gis·la·tuur (‹Fr› de (v) ❶ uitoefening van de wetgevende macht ❷ wetgevende macht ❸ BN zittingsperiode van een wetgevend lichaam of van een bestuursorgaan; zittingsduur, zittingstijd
le·gis·tiek bn BN, pol wetgevingstechnisch
le·gi·tiem (‹Fr› bn wettelijk, wettig; rechtmatig; in echt geboren ★ *legitieme portie* wettelijk erfdeel, waarover de erflater niet vrij mag beschikken ★ *~ vorst* iem. die een erfelijk gegrond recht op de troon bezit
le·gi·ti·ma·ris (‹Lat› de (m) [-sen] rechthebbende op een wettelijk erfdeel
le·gi·ti·ma·tie [-(t)sie] (‹Fr‹Lat› de (v) [-s] ❶ echtverklaring; wettiging ❷ bewijs van iems. aanspraken; bewijs dat men de persoon is voor wie men zich uitgeeft
le·gi·ti·ma·tie·be·wijs [-(t)sie-] het [-wijzen] → **legitimatie** (bet 2)
le·gi·ti·ma·tie·plicht [-(t)sie-] de verplichting zich te kunnen legitimeren
le·gi·ti·me·ren (‹Fr‹Lat› I ww [legitimeerde, h. gelegitimeerd] wettigen, voor echt verklaren II *wederk* met ambtelijk bewijs aantonen dat men de persoon is voor wie men zich uitgeeft
le·gi·ti·mist (‹Fr› de (m) [-en] ❶ aanhanger van de stelling dat de vorstelijke waardigheid een erfelijk recht is, onafhankelijk van de volkswil; ❷ ‹na 1830› aanhanger van de Bourbons in Frankrijk
le·gi·ti·mi·teit (‹Fr‹Lat› de (v) wettigheid, rechtmatigheid; wettigheid van regering of geboorte
leg·kast de [-en] (ingebouwde) kast met planken
leg·kip de [-pen] kip die is gefokt voor het leggen van eieren
leg·pen·ning de (m) [-en] gedenkpenning in een etui
leg·plank de [-en] plank in een legrek of legkast

leg·puz·zel *de (m)* [-s] afbeelding die bestaat uit een grote hoeveelheid kleine stukjes die op de juiste plaats dienen te worden gelegd

leg·sel *het* [-s] het aantal eieren dat een vogel in één broedperiode legt

leg·tijd *de (m)* tijd waarin de kippen leggen

le·gu·aan *‹Sp› de (m)* [-anen] ❶ kamhagedis, tropische hagedis die 1,60 m lang kan worden ❷ scheepv stootkussen van touwwerk

lei¹ I *het* donkergrijs gesteente, delfstof **II** *de* [-en] schrijfplaat van lei ★ *een schone ~ hebben* geen schuld hebben, geen bezwarend verleden hebben

lei² *de* [-en] BN weg met één of meer bomen beplant, laan, avenue

lei³ *ww* vero verl tijd van → **leggen**

lei·band *de (m)* BN ook lijn (voor huisdieren) ★ *aan de ~ lopen* zich door anderen laten leiden

lei·boom *de (m)* [-bomen] boom die tegen een schutting of latwerk wordt geleid

lei·dek·ker *de (m)* [-s] arbeider die leien daken maakt

Lei·den *het* ★ NN *toen was ~ in last* toen was de nood groot (zinspeling op het beleg van Leiden, 1574)

lei·den *ww* [leidde, h. geleid] ❶ doen gaan in een bepaalde richting: ★ *de leidende gedachte* ❷ besturen: ★ *een leidende functie bekleden* ❸ voeren, brengen: ★ *dat leidt tot niets* ❹ leven: ★ *een gelukkig leven ~*; zie ook bij → **economie**

Lei·de·naar *de (m)* [-s, -naren] iemand uit Leiden

lei·dend *bn* zie bij → **leiden**

lei·der *de (m)* [-s] ❶ iem. die leidt ❷ bridge degene die probeert het geboden contract te maken

lei·der·schap *het* het leider-zijn: ★ *de strijd om het ~ van een politieke partij*

lei·ding I *de (v)* het leiden; bestuur **II** *de (v)* [-en] buizen of draden waardoorheen iets geleid wordt

lei·ding·ge·vend *bn* de leiding gevend of daartoe geschikt: ★ *~e capaciteiten*

lei·ding·ge·ven·de *de* [-n] vooral NN manager, hoofd, baas

lei·ding·wa·ter *het* vooral NN water uit de waterleiding

leid·mo·tief *het* [-tieven] leidende gedachte; muz grondthema

lei·draad *de (m)* [-draden] handleiding

Leids *bn* van of uit Leiden ★ *Leidse fles* flesvormige condensator, in 1746 in Leiden uitgevonden ★ NN *Leidse kaas* pittige met komijn gekruide kaas

leid·sel, lei·sel *het* [-s] leren riem om wagenpaarden te mennen

leids·man *de (m)* [-lieden] gids, geleider

leid·ster¹ *de (v)* [-s] vrouw die, meisje dat leidt

leid·ster², lei·star *de* [-ren] ster waarnaar men de richting bepaalt, poolster; meestal fig persoon of idee die de richting aan iemands leven geeft

leids·vrouw *de (v)* [-en] vrouw die leidt

lei·en¹ *bn* van → **lei¹** (bet 1); zie ook bij → **dak**

lei·en² *ww* vero verl tijd meerv van → **leggen**

lei·groef, lei·groe·ve *de* [-groeven] groeve waaruit →

lei¹ gedolven wordt

lei·kleu·rig *bn* blauwgrijs

lei·reep *de (m)* [-repen] leidsel

lei·sel *het* [-s] → **leidsel**

lei·steen *de (m) & het* blauwgrijze steen, ¹lei

leit·mo·tiv [laitmootiev] *‹Du› het* [-tive] → **leidmotief**

lek¹ I *bn* vocht, lucht doorlatend: ★ *een lekke band* **II** *het* [-ken] gaatje waardoor vocht kan komen of lucht kan ontsnappen; fig: ★ *er is ergens een ~* iem. neemt de geheimhouding niet in acht ★ NN *een ~ stoppen* ophouden met het besteden van geld aan onnutte doeleinden

lek² *de (m)* [-s] munteenheid van Albanië

lek·bak·je *het* [-s] bakje voor afdruipend vocht

lek·dicht *bn* ❶ niet lekkend ❷ fig niets latende uitlekken of ontsnappen

le·ken¹ *ww* [leekte, h. & is geleekt] druppelen

le·ken² *ww* verl tijd meerv van → **lijken¹**

le·ken·apos·to·laat *het* RK werk door leken verricht voor de verbreiding van het geloof

le·ken·broe·der *de (m)* [-s] niet tot priester gewijd kloosterling

le·ken·or·de *de* [-n, -s] RK orde van niet-geestelijken, die een bepaalde leefregel volgen

le·ken·recht·spraak *de* rechtspraak door niet-juristen

le·ken·spel *het* [-spelen] toneelspel voor niet-beroepsspelers, meestal een sociale of godsdienstige gedachte uitdrukkend

le·ken·zus·ter *de (v)* [-s] kloosterlinge die huishoudelijk werk verricht

lek·ka·ge [-kaazjə] *de (v)* [-s] het lekken; lek

lek·ken¹ *ww* [lekte, h. gelekt] ❶ vocht doorlaten ❷ fig vertrouwelijke informatie doorgeven: ★ *een van onze medewerker moet hebben gelekt*

lek·ken² *ww* [lekte, h. gelekt] ‹van vlammen› met de punt aanraken

lek·ker *bn* ❶ prettig voor de smaak, de reuk, het gevoel: ★ *lekkere soep* ★ NN *'Koffie?' 'Lekker!' (als bevestigend antwoord)* ★ NN *lekkere trek* trek in alleen iets smakelijks ❷ gezond ★ *niet erg ~* zich enigszins ziek voelend ★ NN, spreektaal *ben je niet ~?* ben je niet goed bij je verstand? ❸ behaaglijk: ★ *zit je ~?* ★ NN *dat zit me niet ~* dat zit me dwars, daar heb ik geen vrede mee ❹ NN in uitingen van leedvermaak of plagerij: ★ *~ mis* ★ *~ puh* ★ *je krijgt het ~ niet!* ❺ NN belust, begerig ★ *iemand ~ maken* hem blij maken met iets, dat er nog niet is ❻ NN, iron onaangenaam, vervelend: ★ *een lekkere jongen ben jij!* ★ *'t is nogal ~ om zo lang te moeten wachten*

lek·ker·bek *de (m)* [-ken] iem. die graag lekker eet, smulpaap

lek·ker·bek·je *het* [-s] NN stukje gefileerde kabeljauw, in beslag gerold en gebakken

lek·ker·nij *de (v)* [-en] iets lekkers

lek·kers *het* iets wat lekker smaakt, snoeperij

lek·ker·tje *het* [-s] NN koosnaam voor een vrouw of een kind, ook smalend gebruikt: ★ *je bent me het ~*

wel!
lek·ker·tjes *bijw* NN fijn, heerlijk
lek·steen *de (m)* [-stenen] vocht doorlatende steen
lel *de* [-len] ❶ afhangend vlezig stukje ❷ inf klap, schop ❸ lellebel
le·li·aards *mv* hist Vlaamse benaming voor de Fransgezinde Vlamingen (naar de lelie in het Franse koningswapen)
le·lie (‹Lat) *de* [-s, -liën] sierplant met welriekende bloemen (*Lilium*); teken in het wapen van de Bourbons in Frankrijk
le·lie·ach·ti·gen *mv* eenzaadlobbige, overblijvende planten met bol of wortelstok (*Liliaceeën*)
le·lie·blank *bn* zeer blank, smetteloos wit
le·lie·tje-van-da·len *het* [lelietjes-] plantje met langwerpige bladen en trossen witte, welriekende bloempjes (*Convallaria majalis*)
le·lijk *bn* ❶ niet mooi: ★ *een ~, oud gebouw* ❷ erg, kwaad: ★ *die wond ziet er ~ uit* ; zie ook bij → **eend**; **lelijkheid** *de (v)*
le·lij·kerd *de (m)* [-s] iem. die lelijk is; iem. die onvriendelijk of gemeen handelt
lel·le·bel *de (v)* [-len] slordig, lichtzinnig vrouwspersoon
lel·len *ww* [lelde, h. geleld] NN, spreektaal ❶ zaniken, voortdurend kletsen ❷ hard slaan of schoppen
le·men *bn* van leem
le·mig *bn* leemachtig, leem bevattend: ★ *lemige zandgrond*
lem·ma (‹Gr) *het* ['s, -ta] woord aan het hoofd van een aantekening op dat woord betrekking hebbende; trefwoord, hoofd van een artikel in een woordenboek, encyclopedie enz.
lem·mer (‹Lat) *het* [-s] → **lemmet**
lem·met (‹Lat) *het* [-meten] staal van een mes
lem·ming (‹No) *de (m)* [-en, -s] knaagdier uit de familie van de woelmuizen dat vooral in Noorwegen soms in zeer grote troepen voorkomt en dan trektochten onderneemt: ★ *tijdens de trek steken lemmingen soms rivieren en zeearmen over waarbij ze massaal omkomen*
lem·nis·caat (‹Lat) *de* [-caten] wisk 8-vormige kromme
Lem·ster *bn* van, uit, betreffende Lemmer
len·de *de* [-n, -nen] *meestal mv: lendenen* benedenrug ★ *zich de lendenen omgorden* zich gereedmaken tot strijd of arbeid
len·den·doek *de (m)* [-en] doek om de lenden
len·den·pijn *de* [-en] pijn in de lenden
len·den·stuk *het* [-ken] stuk vlees uit de lenden
len·den·wer·vel *de (m)* [-s] elk van de vijf wervels boven het heiligbeen
le·nen I *ww* [leende, h. geleend] ter leen geven of ontvangen II *wederk* ★ *zich tot iets ~* zich laten gebruiken voor; zie ook bij → **oor**
le·ner *de (m)* [-s] iem. die ter leen geeft of ontvangt
leng¹ *de (m)* [-en] soort kabeljauw
leng² *het* [-en] strop voor het ophijsen van vrachten
leng³ *het* bederf in graan of brood

len·gen *ww* [lengde, is gelengd] langer worden: ★ *de dagen ~* ★ *de schaduwen ~* het wordt avond, fig de levensavond komt
leng·te *de (v)* [-n, -s] ❶ de lange kant ❷ afstand in ruimte of tijd: ★ *tot in ~ van dagen* nog lange tijd ❸ geogr afstand in graden gemeten van een bepaalde meridiaan (de nulmeridiaan) af
leng·te·as *de* [-sen] as die de middelste punten van de breedten verbindt
leng·te·cir·kel *de (m)* [-s] cirkel over het aardoppervlak met de lijn Noordpool-Zuidpool als middellijn
leng·te·dal *het* [-dalen] dal in dezelfde richting als het gebergte
leng·te·draad *de (m)* [-draden] draad die in de lengte van een weefsel loopt
leng·te·graad *de (m)* [-graden] 1/360 deel van een breedtecirkel
leng·te·groei *de (m)* plantk groei in de lengte
leng·te·maat *de* [-maten] maat om de lengte te meten
le·nig *bn* buigzaam, gemakkelijk van beweging; **lenigheid** *de (v)*
le·ni·gen *ww* [lenigde, h. gelenigd] verzachten, → **verlichten²**; **leniging** *de (v)*
le·ning *de (v)* [-en] ❶ het lenen ❷ het geleende, vooral met betrekking tot geld gebruikt;; zie ook bij → **bank²**
le·ni·nis·me *het* marxisme zoals ontwikkeld door de Russische staatsman V.I. Oeljanov (1870-1924), bijgenaamd Lenin
le·ni·nist *de (m)* [-en] aanhanger van het leninisme
lens¹ (‹Lat) *de* [lenzen] ❶ doorzichtig voorwerp van bepaalde vorm, dat invallende lichtstralen van richting doet veranderen ❷ deel van het oog
lens² *de* [lenzen] pen door een gat gestoken, waardoor een voorwerp op zijn plaats gehouden wordt
lens³ *bn* ❶ leeg ❷ plat slap, krachteloos: ★ *iem. ~ slaan*
lens·pomp *de* [-en] pomp om water te lozen
len·te *de* [-s] ❶ jaargetijde tussen winter en zomer, op het noordelijk halfrond van omstreeks 21 maart tot omstreeks 21 juni, voorjaar: ★ *de ~ begint 21 maart* ★ *de ~ des levens* de jeugd ★ *zij telt zeventien lentes* zij is zeventien jaar ★ *de ~ in zijn hoofd hebben* in een vrolijke stemming zijn in het voorjaar, vooral gepaard gaand met verliefdheid ❷ fig tijd van ontspanning en vrijheid ★ *Praagse lente* periode van politieke liberalisering in Tsjecho-Slowakije in 1968
len·te·bloem *de* [-en] ❶ voorjaarsbloem ❷ fig jong mens
len·te·bo·de *de (m)* [-n, -s] iets wat de komst van de lente aankondigt, bijv. de krokus
len·te·feest *het* [-en] feest in of ter ere van de lente
len·te·lied *het* [-eren] lied op of in de lente
len·te·lucht *de* frisse, zachte lucht
len·te·maand *de* [-en] ❶ maand in de lente ❷ maart
len·te·punt *het* snijpunt van zonnebaan en equator,

lenteweer–lethargie

de plaats waar de zon ± 21 maart staat
len·te·weer *het* zacht weer, zoals soms in het voorjaar
len·te·zon *de* zon zoals die in het voorjaar schijnt
len·to *(‹It‹Lat) bijw* muz langzaam
len·zen *ww* [lensde, h. & is gelensd] ❶ leegmaken ❷ voor de wind varen met weinig zeil
Leo *(‹Lat) de (m)* Leeuw (teken van de dierenriem)
le·on·ber·ger *de (m)* [-s] op de sint-bernard gelijkende, vaalgele of roodachtige hond
Leo·polds·or·de *de* in België belangrijkste en hoogste Belgische onderscheiding, in 1832 ingesteld door koning Leopold I Kroonorde, Orde van Leopold II
le·pel *de (m)* [-s] ❶ het bekende keuken- en tafelgereedschap; (in de farmacie) eetlepel ❷ jacht oor van een haas
le·pe·laar *de (m)* [-s, -laren] gekuifde waadvogel met een lepelvormige platte bek
le·pel·blad *het* [-bladen] kruisbloemige plant met lepelvormige onderste bladeren en witte bloemen (*Cochlearia officinalis*)
le·pel·doos·je *het* [-s] doosje voor theelepeltjes
le·pe·len *ww* [lepelde, h. gelepeld] ❶ met een lepel scheppen ❷ voetbal de bal met een boog wegtrappen met de wreef van de voet onder de bal
le·pel·rek *het* [-ken] rek voor keukenlepels of sierlepeltjes
le·pel·vaas·je *het* [-s] NN bekertje voor theelepeltjes
le·perd *de (m)* [-s] slimmerd
le·pig·heid *de (v)* leepheid
lep·pen *ww* [lepte, h. gelept] met kleine teugjes drinken
le·pra *(‹Gr) de* med melaatsheid infectieziekte die huidaandoeningen en misvormingen veroorzaakt ten gevolge van beschadigingen van zenuwen, melaatsheid
le·pra·lij·der *de (m)* [-s], **le·proos** *(‹Lat) de (m)* [-prozen] lijder aan lepra, melaatse
le·pro·zen·huis *het* [-huizen] vroeger inrichting voor melaatsen
le·pro·zen·ko·lo·nie *de (v)* [-s, -niën] afgezonderde verblijfplaats voor lepralijders
lep·to·nen *(‹Gr) mv* in de kernfysica benaming voor deeltjes met een kleinere massa dan die van elektronen en neutrino's
lep·to·soom *[-zoom] (‹Gr) bn* met smalle lichaamsbouw en langwerpig, smal gelaat
le·raar *de (m)* [-raren, -s] ❶ iem. die onderwijs geeft aan middelbare scholen e.d. ❷ NN dominee
le·raars·ambt *het* [-en] het ambt van leraar
le·raars·be·trek·king *de (v)* [-en] leraarsambt
le·raars·ka·mer *de* [-s] kamer voor de leraren
le·raars·les *de* [-sen] NN schooluur waarin leerlingen van een brugklas onder leiding van leraren studeren, studie-uur
le·ra·ren *ww* [leraarde, h. geleraard] met veel nadruk duidelijk maken; verkondigen
le·ra·res *de (v)* [-sen] vrouw die onderwijs geeft op middelbare scholen e.d.

le·ren¹ *ww* [leerde, h. geleerd] ❶ onderwijzen, les geven in; duidelijk maken ★ *dat zal je ~!* deze gebeurtenis zal ervoor zorgen dat je je beter gaat gedragen! ❷ met het verstand proberen te vatten, zich eigen maken ★ *iem. ~ kennen* iem. in zijn vrienden- of kennissenkring opnemen ❸ prediken
le·ren² *bn* → **lederen**
le·ring *de* [-en] ❶ les: ★ *leringen wekken, voorbeelden trekken* zie bij → **voorbeeld** ❷ catechisatie, godsdienstonderwijs ❸ wat geleerd wordt: theorieën, opvattingen, vooral godsdienstige leer
les *de* [-sen] ❶ onderricht: ★ *~ geven, nemen* ★ *bij de ~ blijven* de aandacht erbij houden ❷ gedeelte dat geleerd moet worden: ★ *zijn lessen leren* ★ *iem. een lesje leren* duidelijk laten zien hoe iets beter kan ❸ vermaning, waarschuwing: ★ *dat is een goede ~ voor hem geweest* voor zo iets zal hij voortaan oppassen ★ *iemand de ~ lezen*, BN ook *iemand de ~ spellen* iemand streng en kritisch toespreken, terechtwijzen ❹ RK gedeelte uit de Heilige Schrift of uit andere heilige werken
les·au·to *[-ootoo, -autoo] de (m)* ['s] auto voor rijles gebruikt
les·bi·en·ne *[-bjɛnnə] (‹Fr) de (v)* [-s] lesbische vrouw, lesbisch meisje
Les·bisch *bn* ❶ van, uit, betreffende het eiland Lesbos; ❷ *lesbisch* ‹bij vrouwen› seksuele voorkeur voor leden van het eigen geslacht hebbend, genoemd naar het eiland *Lesbos*, waar de Griekse dichteres Sappho (ca. 600 v.C.) vandaan kwam, die beroemd was om haar hartstochtelijke, tot haar jonge gezellinnen gerichte lyriek
les·bo *de (v)* ['s] inf lesbienne
les·ge·ven *ww* [gaf les, h. lesgegeven] onderwijzen
les·roos·ter, **les·sen·roos·ter** *de (m) & het* [-s] lijst met de verdeling van de lesuren
les·sen¹ *ww* [leste, h. gelest] ❶ stillen: ★ *dorst ~* ❷ blussen: ★ *kalk ~*; **lessing** *de (v)*
les·sen² *ww* [leste, h. gelest] (privé-)lessen geven *of* nemen
les·se·naar *de (m)* [-s] meubel met een schuin blad om op te schrijven of van te lezen
les·sen·roos·ter *de (m) & het* [-s] → **lesrooster**
lest *bn* laatst: ★ *~ best* het laatste is het beste ★ *ten langen leste* eindelijk
les·tij·den·pak·ket *het* [-ten] BN de lestijden die een school vrij kan invullen
les·toe·stel *het* [-len] lesvliegtuig
les·uur *het* [-uren] uur waarin les gegeven wordt
les·vlieg·tuig *het* [-en] vliegtuig om in te leren vliegen
les·wa·gen *de (m)* [-s] auto voor rijles
Let *de (m)* [-ten] iemand geboortig of afkomstig uit Letland
le·taal *(‹Lat) bn* dodelijk
le·ta·li·teit *(‹Lat) de (v)* ❶ dodelijkheid ❷ sterfte, het percentage sterfgevallen bij lijders aan een bepaalde ziekte; *vgl*: → **mortaliteit**
le·thar·gie *(‹Gr) de (v)* ❶ med ziekelijke slaapzucht;

toestand van bewusteloosheid na een uitputtende ziekte ❷ toestand van geestelijke ongevoeligheid en inactiviteit

le·thar·gisch (‹Gr› bn ❶ van de aard van lethargie ❷ in de hoogste mate ongevoelig

Let·lan·der de (m) [-s] Let

Lets bn van, uit, betreffende Letland

let·sel het verwonding; nadeel, schade

let·sel·scha·de de (v) NN, verz schade die bestaat uit lichamelijk letsel

let·sel·scha·de·ad·vo·caat de (m) [-caten] NN advocaat die gespecialiseerd is in schade waarbij iem. letsel heeft opgelopen

let·ten ww [lette, h. gelet] ❶ beletten, (ver)hinderen: ★ *wat let mij dat te doen?* ❷ ★ ~ *op* acht geven op

let·ter (‹Fr‹Lat› de [-s] schriftteken ★ *naar de ~ precies zoals het er staat* ★ *letters gegeten hebben* veel gestudeerd hebben; zie ook → **letteren²**

let·ter·bak de (m) [-ken] bak waarin typografen vroeger de loden letters bewaarden; thans wel gebruikt als wanddecoratie

let·ter·ban·ket het NN → **banket** (bet 2) in lettervorm gebakken

let·ter·die·ve·rij de (v) [-en] letterroof

let·te·ren¹ ww [letterde, h. geletterd] ‹linnengoed› met een of meer letters merken

let·te·ren² mv ❶ brief ❷ letterkunde *of* taal- en letterkunde

let·ter·gie·ten ww & het (het) gieten van druklettervormen; **lettergieter** de (m) [-s]

let·ter·gie·te·rij de (v) ❶ het lettergieten ❷ [mv: -en] lettergieterswerkplaats

let·ter·greep de [-grepen] kleinste, niet verder splitsbare klank- of lettergroep in een woord: ★ *het woord lo·pen heeft twee lettergrepen; een open, d.w.z. op een klinker en een gesloten, d.w.z. op een medeklinker eindigende* ~

let·ter·groot·te de (v) [-s, -n] druktechn grootte van een letter(type), uitgedrukt in punten, bijv. een 12-puntsletter

let·ter·kast de [-en] kast met letters voor de letterzetter, thans meestal als ornament gebruikt

let·ter·keer de (m) [-keren] anagram: het veranderen van een woord, vooral een naam, in een ander door omzetting van letters: ★ *A. Hitler - The liar*

let·ter·knecht de (m) [-en] NN iem. die zich al te strikt houdt aan de letterlijke betekenis

let·ter·korps het [-en] grootte van de letter

let·ter·kun·de de (v) ❶ kunstvorm waarbij de schrijver tracht om, door op eigen wijze gebruik te maken van de taal, aan de lezer informatie (gemoedsstemmingen, verbeelding, schoonheidsgevoelens enz.) over te dragen, literatuur ❷ wetenschap die zich bezighoudt met de geschiedenis en de analyse van de → **letterkunde** (bet 1), literatuurwetenschap

let·ter·kun·dig, **let·ter·kun·dig** bn van, betreffende letterkunde

let·ter·kun·di·ge de [-n] schrijver; kenner van de letterkunde

let·ter·lie·vend, **let·ter·lie·vend** bn van letterkunde houdend; de letterkunde bevorderend

let·ter·lijk bn precies opgevat zoals het er staat of zoals het gezegd wordt ★ ~ *en figuurlijk* zowel in letterlijke als figuurlijke zin, bij uitbreiding geheel, volkomen: ★ *ik zat ~ en figuurlijk aan de grond*

let·ter of in·tent [letta(r) ov -] ‹(Eng) de [letters -] schriftelijke verklaring waarin partijen vastleggen dat zij bereid zijn een in de verklaring omschreven overeenkomst te sluiten

let·ter·plank de [-en] plank waarop letters geplaatst kunnen worden als eerste oefening in het lezen

let·ter·proef de [-proeven] ❶ oogonderzoek door het laten lezen van letters ❷ afdruk van verschillende lettersoorten van een drukkerij

let·ter·raad·sel het [-s] opgave om uit gegeven letters bepaalde woorden te vormen

let·ter·roof de (m) het letterlijk overnemen uit andermans werk, zonder dat te laten blijken, plagiaat

let·ter·schrift het het zich schriftelijk uitdrukken door middel van letters

let·ter·slot het [-sloten] slot dat alleen bij bepaalde stand van daarop aangebrachte letters opengaat

let·ter·soort de [-en] lettervorm

let·ter·tang de [-en] tang (bet 1) waarmee men op een plastic strook letters in reliëf drukt

let·ter·te·ken het [-s] teken dat een klank voorstelt

let·ter·ty·pe [-tiepə] het [-n, -s] lettersoort

let·ter·vers het [-verzen] gedicht, waarvan de begin- of eindletters van de strofen of versregels bepaalde woorden vormen, acrostichon

let·ter·wiel het [-en] comput draaiend onderdeel van een verouderd type printer (de daisywheel printer) waarop alle tekens en letters staan en waarmee via een lint afdrukken worden gemaakt op papier

let·ter·woord het [-en] woord, gevormd van de beginletters van andere woorden; bijv. Horeca, Hotel- restaurant- en caféwezen

let·ter·zet·ten ww & het (het) zetten van drukletters

let·ter·zet·ter de (m) [-s] iem. die drukletters zet, typograaf

let·tre ‹Fr‹Lat› de (v) [-s] ❶ letter; zie ook → **avant la lettre** ❷ brief: ★ ~ *de cachet* ❸ ‹Franse geschiedenis› geheim bevel tot inhechtenisneming, waardoor iedereen naar willekeur opgesloten of verbannen kon worden

Let·ze·burgs bn Duits dialect dat in Luxemburg wordt gesproken

Leu [lee(j)oe] ‹(Roem) de (m) [-s en Lei] munteenheid van Roemenië en Moldavië

leu·gen de [-s] opzettelijke onwaarheid: ★ *al is de ~ nog zo snel, de waarheid achterhaalt haar wel* eens blijkt toch de waarheid; zie ook bij → **bestwil**

leu·ge·naar de (m) [-s], **leu·ge·naar·ster** de (v) [-s] iem. die liegt

leu·gen·ach·tig bn ❶ vaak liegend ❷ vol onwaarheden
leu·gen·beest het [-en] liegbeest
leu·gen·de·tec·tor de (m) [-s, -toren] toestel waarmee ontdekt kan worden dat iem. liegt
leuk bn aardig, prettig, aangenaam: een leuke film; dat heb je ~ gedaan
leu·ke·mie [luikee-, leukee-] (‹Gr) de (v) bloedziekte waarbij het aantal witte bloedlichaampjes sterk is toegenomen
leu·kerd de (m) [-s] iem. die leuk is of denkt dat te zijn
leu·ko·cyt [luikoosiet, leukoosiet] (‹Gr) de (m) [-en] wit bloedlichaampje
leuk·weg bijw kalm, langs de neus weg
leu·nen ww [leunde, h. geleund] in min of meer opgerichte houding steunen tegen
leu·ning de (v) [-en] voorwerp (bijv. bij een brug of trap), waarop of waartegen men kan leunen
leu·ning·stoel, **leun·stoel** de (m) [-en] stoel met armleuningen
leur de [-en] waardeloos ding; prul, vod; kleinigheid
leur·der de (m) [-s] venter
leur·ders·kaart de [-en] BN vergunning voor straathandel
leu·ren ww [leurde, h. geleurd] ❶ huis aan huis te koop aanbieden; venten ❷ met iets te koop lopen, aan iedereen rondvertellen: ★ hij liep te ~ met zijn heldendaden ❸ BN, spreektaal onhandig omgaan met, sollen met; meeslepen, zeulen ❹ BN, spreektaal spotten: ★ met zich laten ~
leur·han·del de (m) BN handel op straat of langs de deuren, colportage
leus, **leu·ze** de [leuzen] zinspreuk, kernachtige zin, die een ideaal of doelstelling bevat: ★ de demonstranten riepen opruiende leuzen
leut[1] de pret, vrolijkheid, plezier: ★ voor de ~ voor de grap ★ als ge maar ~ hebt als je maar plezier hebt
leut[2] de vooral NN, spreektaal koffie: ★ een bakkie ~
leu·te·ren ww [leuterde, h. geleuterd] kletsen: ★ urenlang met elkaar zitten te ~
leu·ter·kous de [-en] vervelende babbelkous
leu·ter·praat·je het [-s] onbelangrijk geklets
leu·tig bn jolig
Leu·ve·naar de (m) [-s] inwoner van Leuven
Leu·vens bn van, uit, betreffende Leuven
leu·ze de [-n] → leus
lev (‹Bulg) de (m) [leva] munteenheid in Bulgarije
Le·van·tijn (‹Fr) de (m) [-en] iem. geboortig of afkomstig uit de Levant, oude benaming voor de oostelijke kustlanden van de Middellandse Zee
le·van·tijn (‹Fr) de (m) [-en] ❶ storm op de kust van Klein-Azië ❷ schip dat op de Levant vaart
Le·van·tijns bn van de Levant
lev·el [levvəl] (‹Eng) het [-s] niveau; vooral spelniveau bij computerspelletjes
le·ven I ww [leefde, h. geleefd] ❶ behoren tot de wezens die groei, bloei en dood doormaken; niet beweging- of zielloos zijn; fig krachtige werkzaamheid ontwikkelen, zich doen gelden ❷ bestaan, zijn bestaan voeren, wonen ★ ~ van zich voeden met, in zijn onderhoud voorzien door ❸ zijn leven inrichten, doorbrengen: ★ rustig ~ ★ ~ en laten ~ ieder het zijne gunnen, met de belangen van anderen rekening houden ❹ in zijn element zijn, zijn ware bestemming gevonden hebben: ★ hij leeft als hij kan studeren ❺ NN handelen, omgaan: ★ kinderen ~ vaak wild met hun speelgoed ❻ voortbestaan: ★ nog ~ in de herinnering ❼ bewegingen maken als teken van leven: ★ het begint te ~ in het net; krioelen: ★ het leeft van de vis in die vijver **II** het [-s in bet 1 en 9] ❶ bestaan, het levend zijn: ★ op ~ en dood ★ vooral NN bij het ~ heel erg, heel hard, heel, enthousiast ★ in het ~ roepen doen ontstaan ★ het ~ laten, het ~ erbij inschieten sterven ★ om het ~ komen sterven ★ om het ~ brengen doden ★ iem. naar het ~ staan dreigen te doden ★ geen ~ hebben een ongelukkig, ondraaglijk bestaan hebben ; zie ook bij → **brood**, → **bruin**, → **lust** en → **welzijn** ❷ de wereld, de menselijke bedrijvigheid: ★ reeds jong in het ~ komen te staan ❸ bedrijvigheid, werkzaamheid: ★ het economische ~ ★ NN in het ~ zitten prostitutie bedrijven ❹ manier van leven: ★ een heerlijk ~ leiden ❺ tijd dat men leeft: ★ dat heb ik van mijn ~ nog niet meegemaakt ★ wel heb ik van mijn ~?& al zijn ~! uitroepen van verbazing of verrassing ★ president voor het ~ president zolang men leeft ❻ de werkelijkheid, de natuur: ★ naar het ~ getekend ❼ drukte, lawaai: ★ een ~ als een oordeel ; zie ook bij → **brouwerij** ❽ het levende vlees: ★ in het ~ snijden ❾ levensbeschrijving: ★ in die boekenkast staan diverse levens van heiligen
le·vend bn leven hebbende, in leven zijnde ★ de levende natuur planten en dieren ★ ~ water bronwater ★ levende muziek livemuziek, zie bij → **live**; zie ook bij → **have**, → **lijf**, → **taal**
le·vend·ba·rend bn levende jongen ter wereld brengend
le·ven·dig bn druk; beweeglijk; krachtig, duidelijk; **levendigheid** de (v)
le·ven·hy·po·theek de (v) [-theken] NN hypotheekvorm op basis van een levensverzekering
le·ven·loos bn ❶ dood, zonder leven ❷ zonder levendigheid, mat, flauw, krachteloos
le·ven·ma·ker de (m) [-s] iem. die veel lawaai maakt
le·vens·ader de fig iets waarvan het leven afhangt, waardoor het leven gevoed wordt
le·vens·avond de (m) de ouderdom
le·vens·be·gin·sel het [-en, -s] regel waarnaar men in het leven handelt
le·vens·be·hoef·te de (v) [-n] wat nodig is om te leven: voedsel, kleren enz.
le·vens·be·houd het redding van het leven
le·vens·be·lang het [-en] wat onmisbaar is voor het voortbestaan
le·vens·be·richt het [-en] kort overzicht van iemands

levensloop

le·vens·be·schou·we·lijk, le·vens·be·schou·we·lijk *bn* verband houdende met de levensbeschouwing

le·vens·be·schou·wing *de (v)* [-en] oordeel over het doel en de zin van het menselijk bestaan

le·vens·be·schrij·ving *de (v)* [-en] uitvoerig verhaal over iemands leven

le·vens·blij *bn* levensvreugde hebbend; **levensblijheid** *de (v)*

le·vens·boom *de (m)* [-bomen] ❶ boom in het midden van het paradijs (*Genesis* 2: 9) ❷ kegeldragende boomsoort uit Noord-Amerika en China (*Thuja*) ❸ vertakte figuur in de kleine hersenen

le·vens·da·gen *mv* tijd dat men geleefd heeft ★ *wel, heb ik van mijn ~!* uitroep van schrik of hevige verbazing

le·vens·doel *het* doel waarvoor men leeft

le·vens·draad *de (m)* het leven, voorgesteld als steeds verder gesponnen draad ★ *de ~ afsnijden* iemands leven doen eindigen ★ *zijn ~ is afgesponnen* hij is gestorven of hij zal binnenkort sterven

le·vens·duur *de (m)* gemiddelde leeftijd; tijd dat iemand of iets leeft of iets gebruikt kan worden

le·vens·duur·te *de (v)* BN kosten van levensonderhoud

le·vens·echt *bn* de werkelijkheid van het leven weergevend: ★ *~ getekend*

le·vens·elixer, le·vens·elixir *het* [-s] drank die het leven zou verlengen

le·vens·er·va·ring *de (v)* totaal van ervaringen die men in het leven heeft opgedaan

le·vens·gees·ten *mv* het leven, de levenskracht in een lichaam; ★ *de ~ opwekken* uit een toestand van zware bewusteloosheid doen ontwaken

le·vens·ge·luk *het* geluk in het leven

le·vens·ge·meen·schap *de (v)* [-pen] ❶ het samenleven van bepaalde dieren en planten in een bepaald gebied ❷ groep mensen met een sterk gevoel voor saamhorigheid en gemeenschappelijk belang

le·vens·ge·nie·ter *de (m)* [-s] iem. die zich het leven zo plezierig mogelijk maakt

le·vens·ge·vaar *het* gevaar het leven te verliezen

le·vens·ge·vaar·lijk, le·vens·ge·vaar·lijk *bn* met *of* in levensgevaar, levensgevaar met zich brengend *of* veroorzakend

le·vens·ge·zel *de (m)* [-len], **le·vens·ge·zel·lin** *de (v)* [-nen] iem. met wie men duurzaam samenleeft

le·vens·groot *bn* op natuurlijke grootte; fig zich onmiskenbaar voordoende: ★ *een ~ probleem*

le·vens·hou·ding *de (v)* [-en] gedragslijn die men volgt in het leven

le·vens·jaar *het* [-jaren] jaar van het leven ★ *in zijn vijftigste ~* 49 jaar oud

le·vens·kans *de* [-en] ❶ kans in leven te blijven ❷ kans in het leven te slagen

le·vens·kracht *de* [-en] kracht om te leven; **levenskrachtig** *bn*

le·vens·kunst *de (v)* de gave, van zijn leven (in voor- en tegenspoed) iets goeds te maken

le·vens·kun·ste·naar *de (m)* [-s] iem. die de levenskunst verstaat

le·vens·kwes·tie *de (v)* [-s] kwestie waarvan het leven, het bestaan afhangt

le·vens·lang, le·vens·lang *bn* het gehele leven door

le·vens·licht *het* ★ *het ~ aanschouwen* geboren worden

le·vens·lied *het* [-eren] lied over gewoon-menselijke dingen, veelal enigszins weemoedig

le·vens·lijn *de* [-en] ❶ een van de lijnen in de hand ❷ richting in iems. leven

le·vens·loop *de (m)* loop van de gebeurtenissen in iemands leven

le·vens·lust *de (m)* opgewektheid, blijheid

le·vens·lus·tig *bn* vrolijk, opgewekt

le·vens·mid·de·len *mv* voedsel

le·vens·mid·de·len·pak·ket *het* binnen een huishouden benodigde hoeveelheid levensmiddelen

le·vens·moe, le·vens·moe·de *bn* het leven moe

le·vens·om·stan·dig·he·den *mv* omgeving en andere factoren die invloed kunnen hebben op iemands leven

le·vens·on·der·houd *het* noodzakelijke verzorging van de mens om in leven te blijven: ★ *in zijn eigen ~ voorzien*

le·vens·op·vat·ting *de (v)* [-en] ❶ kijk die men op het leven heeft: ★ *een vrolijke, sombere ~* ❷ levensbeschouwing

le·vens·pad *het* het leven

le·vens·part·ner *de (m)* [-s] echtgenoot, echtgenote; iem. met wie men duurzaam samenleeft

le·vens·po·si·tie [-zie(t)sie] *de (v)* [-s] vaste baan voor het hele leven

le·vens·ruim·te *de (v)* [-n] leefruimte

le·vens·sap·pen *mv* vocht dat noodzakelijk is om in het leven te blijven, meestal fig

le·vens·schets *de* [-en] korte levensbeschrijving

le·vens·stan·daard *de (m)* het economische, sociale en culturele niveau waarop een volk leeft: ★ *het gemiddelde inkomen wordt beschouwd als indicator voor de hoogte van de ~*

le·vens·stijl *de (m)* manier van leven naar een bepaald richtsnoer

le·vens·taak *de* [-taken] volbrachte of te volbrengen taak, die men zich in het leven gesteld heeft

le·vens·te·ken *het* [-s, -en] teken van leven ★ *enig (geen) ~ geven* iets (niets) van zich laten horen

le·vens·vat·baar *bn* goede kans hebbend in leven te blijven; geschikt om zich te ontwikkelen en voort te bestaan; **levensvatbaarheid** *de (v)*

le·vens·ver·wach·ting *de (v)* gemiddeld aantal nog te verwachten levensjaren voor een man of vrouw van een bep. leeftijd

le·vens·ver·ze·ke·ring *de (v)* [-en] overeenkomst, dat de verzekerde of zijn verwanten bij overlijden of in andere gevallen een bepaalde geldsom ontvangen, tegen storting op vaste tijden van een klein bedrag (premie)

le·vens·ver·ze·ke·ring·maat·schap·pij, **le·vens·ver·ze·ke·rings·maat·schap·pij** *de (v)* [-en] maatschappij waarbij men levensverzekeringen kan sluiten

le·vens·voor·waar·de *de (v)* [-n] voorwaarde waarvan het bestaan afhangt

le·vens·vraag *de* [-vragen] ❶ vraag die het diepste leven raakt ❷ levenskwestie

le·vens·vreug·de *de (v)* plezier in het leven

le·vens·wan·del *de (m)* zedelijk gedrag

le·vens·weg *de (m)* het leven, voorgesteld als een af te leggen weg

le·vens·werk *het* werk waaraan het grootste deel van een mensenleven gewijd is

le·vens·wijs *bn* levenswijsheid bezittend

le·vens·wijs·heid *de (v)* ❶ kennis van wat in het leven kan voorkomen ❷ tact en wijsheid van handelen in allerlei omstandigheden

le·ven·wek·kend, **le·ven·wek·kend** *bn* bezielend

le·ver *de* [-s] ❶ grootste klier in het organisme, die gal afscheidt en van groot belang is voor de spijsvertering ★ *lachen dat de ~ schudt, de ~ doen schudden* hartelijk lachen ★ *een droge (hete) lever hebben* graag drinken, dorstig *of* drankzuchtig zijn ★ *fris, vers van de ~* spontaan ★ *iets op zijn ~ hebben* graag iets willen zeggen of vragen ★ BN ook *dat ligt op zijn ~* dat kan hij niet verkroppen ❷ dit orgaan (van een dier) als voedsel: ★ *een lekker stukje gebakken ~*

le·ve·ran·cier *(‹Oudfrans) de (m)* [-s] iem. die aan een afnemer geregeld koopwaar levert

le·ve·ran·tie [-sie] *de (v)* [-s] ❶ levering van koopwaar aan een afnemer ❷ deze koopwaar zelf

le·ver·baar *bn* kunnende geleverd worden

le·ver·bot *de (m)* [-ten] zuigworm in de lever, vooral van schapen, veroorzaker van de leverbotziekte

le·ver·bot·ziek·te *de (v)* ziekte veroorzaakt door de leverbot

le·ver·cir·ro·se [-zə] *de (v)* verschrompeling van de lever

le·ve·ren *(‹Fr) ww* [leverde, h. geleverd] verschaffen; doen plaatshebben: ★ *een grote veldslag ~* ★ NN *het 'm leveren* klaarspelen: ★ *dat zou je 'm alleen niet geleverd hebben*

le·ve·ring *de (v)* [-en] het leveren; het geleverde

le·ve·rings·con·tract *het* [-en] overeenkomst betreffende de levering

le·ve·rings·ter·mijn *de (m)* [-en] tijd waarbinnen een levering moet plaatshebben

le·ve·rings·voor·waar·de *de (v)* [-n] voorwaarde bij een levering gesteld

le·ver·kaas *de (m)* NN bepaald broodbeleg met lever als hoofdbestanddeel, omgeven door een randje vet

le·ver·kleu·rig *bn* bruinbeige

le·ver·kruid *het* plant met roze of roodachtige bloempjes, middel tegen leverziekten (*Eupatorium*)

le·ver·kwaal *de* [-kwalen] slepende leverziekte

le·ver·pas·tei *de* [-en] pastei van lever

le·ver·tijd *de (m)* [-en] leveringstermijn

le·ver·traan *de (m)* olie uit kabeljauwlevers

le·ver·worst *de* [-en] worst met dierlijke lever als hoofdbestanddeel

le·vi·a·than, **le·vi·a·than** *(‹Hebr) de (m)* [-s] naam van een monsterachtig waterdier in het boek Job; zinnebeeld van het kwaad

le·viet *(‹Lat) de (m)* [-en] ‹Oude Testament› lid van de stam van Levi; tempeldienaar ★ *iem. de levieten lezen* hem streng berispen

le·vi·raat *(‹Lat)*, **le·vi·raats·hu·we·lijk** *het* zwagerhuwelijk; het o.a. in het Oude Testament verplichte huwelijk van een man met de kinderloze weduwe van zijn broeder

le·vi·ta·tie [-(t)sie] *(‹Lat) de (v)* [-s] het zich in strijd met de wetten van de zwaartekracht in de lucht verheffen van een medium of een voorwerp, ook in heiligenlevens vermeld

Le·vi·ti·cus *(‹Lat) de (m)* Bijbel naam van het derde boek van Mozes, met de voorschriften voor de levieten

lex *(‹Lat) de (m)* [leges] wet

lexi·co·graaf *(‹Gr) de (m)* [-grafen] samensteller van woordenboeken

lexi·co·gra·fie *(‹Gr) de (v)* vak van het samenstellen van woordenboeken

lexi·co·gra·fisch *(‹Gr) bn* de lexicografie betreffend

lexi·co·lo·gie *(‹Gr) de (v)* leer van de ordening van een taalschat volgens wetenschappelijke beginselen, theorie van het samenstellen van woordenboeken

lexi·co·loog *(‹Gr) de (m)* [-logen] beoefenaar van de lexicologie

lexi·con *(‹Gr) het* [-s, lexica] ❶ wetenschappelijk woordenboek ❷ alfabetisch overzicht van vaktermen ❸ woordenschat

le·zen *ww* [las, h. gelezen] ❶ iets wat geschreven is met de ogen waarnemen en de daarmee weergegeven klanken, woorden en zinnen begrijpen: ★ *een boek ~* ★ *de mis ~* de mis doen ❷ verklarend bekijken: ★ *een landkaart, plattegrond ~* ❸ fig te weten komen *of* bemerken door waarneming van uiterlijke verschijnselen: ★ *iemands gedachten ~* ★ *teleurstelling stond op zijn gezicht te ~* ★ NN *ik kan met hem ~ en schrijven* ik kan heel goed met hem opschieten ★ sp *een wedstrijd, het spel ~* spelinzicht hebben, weten welke tactiek er moet worden gevolgd ❹ verzamelen: ★ *aren ~*

le·ze·naar *de (m)* [-s] lessenaar

le·zens·waard, **le·zens·waar·dig** *bn* het lezen waard, het lezen lonend

le·zer *de (m)* [-s], **le·ze·res** *de (v)* [-sen] ❶ iem. die leest ❷ machine die informatie op magneetkaarten kan ontcijferen

le·zing *de (v)* [-en] ❶ het lezen ❷ voordracht, voorlezing ❸ wat in een geschrift op een bepaalde

plaats te lezen staat: ★ *deze ~ staat slechts in één van de vier handschriften* ❷ wijze van voorstellen of mededelen: ★ *verschillende lezingen van het geval klopten niet met de feiten*
lf. *afk* laag frequent
LG *afk* lange golf
Li *afk* chem symbool voor het element *lithium*
l.i. *afk* landbouwkundig ingenieur
li·aan, **li·a·ne** (‹Fr) *de* [lianen] tropische slingerplant
liai·son [lie(j)èzō] (‹Fr) *de* [-s] buitenechtelijke liefdesverbintenis; verhouding
li·a·ne (‹Fr) *de* [-nen] → **liaan**
li·as¹ (‹Eng) *het* geol oudste tijdvak van de juraperiode
li·as² (‹Fr) *de* [-sen] ❶ veter, snoer waarmee brieven en andere papieren samengeregen worden ❷ bundel, pak papieren
li·as·pen *de* [-nen] pen op een voetstuk om papieren op te prikken
Li·ba·nees I *bn* van, uit, betreffende Libanon II *de (m)* [-nezen] iem. geboortig of afkomstig uit Libanon
li·ba·non (‹Hebr) *de (m)* soort hasj uit het Midden-Oosten: ★ *men onderscheidt gele en rode ~*
li·bel¹ (‹Lat) *de* [-len] waterjuffer
li·bel² (‹Lat) *het* [-len] pamflet, schotschrift, smaadschrift
li·ber (‹Lat) *de (m)* [libri] boek ★ *~ amicorum* vriendenboek, bundel waarin iemands vrienden en bekenden korte bijdragen schrijven ter gelegenheid van een hem betreffend feest (jubileum, afscheid, verjaardag enz.)
li·be·raal (‹Fr‹Lat) I *bn* ❶ vrijgevig, mild ❷ ruim denkend; vrijzinnig ❸ economische vrijheid, opheffing van belemmeringen en staatsonthouding voorstaand II *de (m)* [-ralen] ❶ aanhanger van een liberale politieke partij ❷ vrijzinnige op godsdienstig, cultureel enz. gebied
li·be·ra·li·sa·tie [-zaa(t)sie] *de (v)* vrijmaking van het handels- en betalingsverkeer, vooral door trapsgewijze vermindering van de invoerrechten; (huren) vrij maken van prijsbeperkingen
li·be·ra·li·se·ren *ww* [-zee-] (‹Eng) [liberaliseerde, h. geliberaliseerd] vrijmaken van beperkingen; **liberalisering** *de (v)*
li·be·ra·lis·me (‹Fr) *het* stelsel van denkbeelden omtrent mens en maatschappij, waarbij de nadruk ligt op individuele vrijheid, recht op economisch initiatief en particulier eigendom, terwijl de staatsmacht zoveel mogelijk beperkt dient te blijven
li·be·ra·lis·tisch *bn* (nogal) liberaal gezind
li·be·ra·li·teit (‹Lat) *de (v)* ❶ vrijgevigheid ❷ van ruime opvatting getuigende denk- en handelwijze
Li·be·ri·aan *de (m)* [-anen] iem. geboortig of afkomstig uit Liberia
Li·be·ri·aans *bn* van, uit, betreffende Liberia
li·be·ro (‹It) *de (m)* ['s] voetbal vrije verdediger voor het eigen doel (zonder rechtstreekse tegenspeler)
li·ber·tijn (‹Fr‹Lat) *de (m)* [-en] ❶ vrijgeest, vrijdenker ❷ lichtmis, losbol

li·ber·tijns (‹Fr) *bn* dartel, wulps
li·bi·di·neus (‹Fr‹Lat) *bn* betrekking hebbend op de geslachtsdrift
li·bi·do (‹Lat) *het* lust, begeerte, geslachtsdrift
Li·bi·ër *de (m)* [-s] iem. geboortig of afkomstig uit Libië
Li·bisch *bn* van, uit, betreffende Libië
Li·bra (‹Lat) *de (v)* Weegschaal (teken van de dierenriem)
£ *afk* libra [pond sterling]
li·bre (‹Fr‹Lat) *het* bilj spelsoort waarbij zonder beperkingen caramboles gemaakt kunnen worden
li·bret·to (‹It) *het* ['s] opera- of operettetekst
li·brije (‹Lat) *de* [-n] boekenverzameling, kloosterboekerij, stadsboekerij
lic. *afk* licentiaat
li·cen·ti·aat [-sjaat] (‹Lat) BN, vroeger I *het* academische graad verkregen na tenminste twee jaar studie volgend op het kandidaatsexamen, thans vervangen door de academische graad van master II *de (m)* [-tiaten] BN iem. die het licentiaat (bet 1) heeft behaald
li·cen·tie [-sie] (‹Lat) *de (v)* [-s] ❶ ongebondenheid, uitspatting ❷ door een octrooihouder aan derden verleend recht om van het bedoelde octrooi gebruik te maken ❸ sp vergunning deel te nemen aan wedstrijden en competities ❹ BN opleiding, studie tot het behalen van de graad van licentiaat: ★ *kandidatuur en ~*
li·cen·tië·ren [liesensjee-] *overg* [licentieerde, h. gelicentieerd] ❶ licentie geven ❷ (iets) in licentie geven
li·chaam *het* [-chamen] ❶ het stoffelijke van mens of dier (veelal in tegenstelling tot geest of ziel); fig voornaamste stuk: ★ *het ~ van een brief* zonder hoofd en onderschrift ❷ voorwerp, begrensd deel van de ruimte ❸ vereniging, genootschap, college e.d.: ★ *een wetgevend ~*
li·chaams·be·we·ging *de (v)* [-en] beweging van het → **lichaam** (bet 1)
li·chaams·bouw *de (m)* bouw van het → **lichaam** (bet 1)
li·chaams·deel *het* [-delen] deel van het menselijk lichaam
li·chaams·ge·brek *het* [-breken] lichamelijk gebrek
li·chaams·kracht *de* [-en] lichamelijke kracht
li·chaams·oe·fe·ning *de (v)* [-en] oefening met het → **lichaam** (bet 1)
li·cha·me·lijk *bn* van, betreffende het lichaam
licht¹ I *het* [-en] ❶ schijnsel ❷ lichtgevend voorwerp, lamp; zie ook bij → **betimmeren**, → **groen¹**, → **korenmaat** ❸ venster boven een deur ❹ gezichtsvermogen: ★ *iemand het ~ in de ogen niet gunnen* iem. heel weinig gunnen ❺ fig plotseling inzicht: ★ *er ging hem een ~ op* ★ *zijn ~ ergens op of over laten schijnen* (als deskundige) zijn gedachten (hardop) ergens over laten gaan ❻ slim persoon, knapperd: ★ *het is geen ~* ❼ openbaarheid,

licht-lichtpen

bekendheid ★ *aan het ~ brengen* bekend maken ★ *in het ~ geven* publiceren ★ *aan het ~ komen* bekend worden ★ *in het ~ stellen* duidelijk laten zien ❽ levenslicht ★ *het ~ schenken aan* baren, het leven geven aan ★ *het ~ zien* geboren worden ❾ ⟨van een boek⟩ verschijnen een bijzondere ervaring beleven, bijv. de dingen plotseling beter of in een ander verband menen te zien, een goddelijke openbaring ten deel vallen of een hogere waarheid ontdekken, waardoor het leven een ander beloop krijgt **II** *bn* helder, goed licht ontvangend: ★ *een lichte kamer*

licht² I *bn* ❶ niet zwaar; zie ook bij → **wegen¹** ❷ duizelig: ★ *~ in het hoofd zijn* ❸ beweeglijk, vlug, gemakkelijk te hanteren: ★ *een ~ fietsje* ❹ niet al te stevig en degelijk: ★ *~ en dicht gebouwd* ❺ gemakkelijk te verwerken, te verteren: ★ *lichte lectuur* ★ *lichte kost* ❻ gering: ★ *een lichte verkoudheid* ❼ lichtzinnig: ★ *van lichte zeden* **II** *bijw* ❶ gemakkelijk, gauw: ★ *niet ~ kwaad worden* ❷ heel waarschijnlijk: ★ *dat krijg je ~ gedaan* ❸ NN in ieder geval, zonder bezwaar: ★ *je kunt het ~ proberen* ❹ niet in hoge mate, niet ernstig: ★ *~ geblesseerd zijn* ★ *iets te ~ opnemen* het onderschatten

licht·bak *de (m)* [-ken] voorwerp bestaande uit lampen in een zodanige constructie dat het licht naar één kant gericht wordt, gebruikt bijv. door stropers, in de scheepvaart, als etalageverlichting e.d.

licht·ba·ken *het* [-s] → **licht¹** als baken; *fig* iets waarvan hoop uitgaat in moeilijke omstandigheden

licht·beeld *het* [-en] beeld van een belicht voorwerp opgevangen op een scherm

licht·blauw *bn* helder of zacht blauw

licht·boei *de* [-en] lichtgevende boei

licht·bre·kend *bn* de richting van invallende lichtstralen wijzigend; **lichtbreking** *de (v)*

licht·bron *de* [-nen] licht uitstralend voorwerp

licht·bruin *bn* gelig bruin

licht·bun·del *de (m)* [-s] bundel lichtstralen

licht·dicht *bn* geen licht doorlatend

licht·druk *de (m)* ❶ een bepaalde methode van reproduceren van geschriften of drukwerk ❷ [*mv:* -ken] reproductie volgens die methode vervaardigd

licht·echt *bn* niet verkleurend door licht, vooral zonlicht

licht·ef·fect *het* [-en] uitwerking, resultaat van de belichting

lich·te·kooi *de (v)* [-en] vero vrouw van lichte zeden

lich·te·laaie *zn* [lichtelaaie, → **lichterlaaie**]

lich·te·lijk *bijw* enigszins: ★ *~ overdrijven*

lich·ten¹ *ww* [lichtte, h. gelicht] ❶ licht geven ★ *het ~ van de zee* de uitstraling van een fosforescerend licht *vgl:* → **lichtend** ❷ bliksemen

lich·ten² *ww* [lichtte, h. gelicht] ❶ → **opheffen** (bet 1): ★ *een schip ~* ★ *iemand uit het zadel ~* ❷ lossen: ★ *een schip ~* ❸ ledigen: ★ *de brievenbus ~* ❹ (zich doen) afgeven: ★ *een akte ~*

lich·tend *bn* licht uitstralend; *fig* als een helder licht voor ogen staand: ★ *een ~ voorbeeld, een ~ ideaal*

lich·ter¹ *de (m)* [-s] ❶ licht verspreidend voorwerp, voorwerp dat een lichtbron draagt ❷ vaartuig dat voor andere schepen het vaarwater moet verkennen

lich·ter² *de (m)* [-s] ❶ schuit waarin de lading uit grote schepen wordt overgeladen ❷ werktuig om op te heffen

lich·ter·laaie, **lich·ter·laaie**, **lich·te·laaie**, **lich·te·laaie** *bijw* ★ *in ~* in brand

licht·gas *het* gas dat dient voor verlichting

licht·geel *bn* helder of zacht geel

licht·ge·lo·vig *bn* alles te grif gelovend; **lichtgelovigheid** *de (v)*

licht·ge·raakt *bn* spoedig beledigd

licht·ge·vend *bn* licht uitstralend

licht·ge·voe·lig *bn* veranderend door de inwerking van licht: ★ *~ papier*

licht·ge·wa·pend *bn* met lichte wapens

licht·ge·wicht *het* gewichtsklasse van boksers, van 57 kg tot 60 kg

licht·ge·wond *bn* niet ernstig gewond

licht·grijs *bn* helder grijs

licht·groen *bn* helder of zacht groen

licht·heid *de (v)* het licht zijn

lich·ting *de (v)* [-en] ❶ het → **lichten²** ❷ lediging van een brievenbus ❸ jaarlijks militiecontingent

licht·jaar *het* [-jaren] de afstand die het licht in één jaar aflegt, 9460 miljard km

licht·jes *bijw* ❶ niet zwaar, niet ernstig: ★ *het ~ opnemen* ❷ BN ook een weinig, enigermate, in geringe mate, lichtelijk: ★ *werkloosheid ~ gedaald*

licht·ke·gel *de (m)* [-s] kegelvormige lichtbundel

licht·ko·gel *de (m)* [-s] licht verspreidend projectiel ter verlichting van een terrein of bij wijze van signaal

licht·krans *de (m)* [-en] krans van licht

licht·krant *de* [-en] nieuwsberichten in verlichte letters op hoge gebouwen

licht·kring *de (m)* [-en] ❶ kring waarbinnen zich licht verspreidt ❷ lichtende kring

licht·kroon *de* [-kronen] kandelaar of lamp met drie of meer armen

licht·mast *de (m)* [-en] paal met één of meer lampen eraan

licht·ma·troos *de (m)* [-trozen] onervaren matroos

licht·me·taal *het* metaal van licht gewicht

licht·me·ta·len *bn* van lichtmetaal: ★ *~ velgen*

licht·me·ter *de (m)* [-s] instrument voor het meten van lichtsterkte

Licht·mis *de (m)* 2 februari, feestdag ter ere van Maria

licht·mis *de (m)* [-missen] losbol

licht·net *het* [-ten] het geheel van geleidingen voor de voorziening van een bepaald gebied met elektriciteit

licht·or·gel *het* [-s] instrument dat tonen voortbrengt, terwijl bij de verschillende tonen verschillende kleuren licht gaan branden

licht·pen *de* [-nen] *comput* pen met lichtsensor waarmee men, door plaatsing op het beeldscherm, informatie kan invoeren en opvragen en waarmee grafische voorstellingen kunnen worden vervaardigd en gewijzigd

licht·punt *het* [-en] ❶ lichtgevend punt; fig iets wat hoop geeft of opgewekt stemt in sombere omstandigheden ❷ plaats waar een elektrische lamp bevestigd kan worden

licht·re·cla·me *de* [-s] elektrisch verlichte reclame

licht·rood *bn* helder of zacht rood

licht·schip *het* [-schepen] schip nabij de kust met lichten voor de scheepvaart

licht·schuw *bn* ❶ geen licht verdragend ❷ bang voor openbaarheid

licht·show [-sjoo] *de (m)* [-s] projectie van licht of dia's op kunstzinnige wijze, veelal gebruikt in discotheken of als visuele ondersteuning bij het optreden van een popgroep

licht·sig·naal [-sinjaal] *het* [-nalen] sein door middel van licht gegeven

licht·snel·heid *de (v)* snelheid waarmee licht zich voortplant (299.792,458 km per sec)

licht·spoor·mu·ni·tie [-(t)sie] *de (v)* kogels e.d. met lichtend spoor

licht·stad *de* [-steden] stad, badend in elektrisch licht ★ *de Lichtstad* a) bijnaam voor Parijs; b) bijnaam voor Eindhoven, vanwege de productie van verlichtingsartikelen aldaar

licht·sterk·te *de (v)* hoeveelheid licht per tijdeenheid uitgestraald

licht·straal *de* [-stralen] streep licht; fig iets wat verblijdend of hoopgevend is

licht·streep *de* [-strepen] smalle bundel licht

licht·the·ra·pie *de (v)* geneeswijze door bestraling met zon- of kunstlicht

licht·vaar·dig *bn* onberaden, onbedachtzaam; luchthartig; vluchtig; **lichtvaardigheid** *de (v)*

licht·val *de (m)* wijze waarop licht op iets schijnt (bijv. in schilderijen)

licht·ve·zel *de (v)* [-s] nat vezelvormige lichtgeleider (bijv. glasvezel)

licht·voe·tig *bn* ❶ met lichte, soepele tred: ★ *een lichtvoetige danseres* ❷ luchtig, zorgeloos: ★ *een ~ amusementsprogramma*; **lichtvoetigheid** *de (v)*

licht·wed·strijd *de (m)* [-en] NN sportwedstrijd die bij kunstlicht wordt gespeeld

licht·zij·de *de* [-n] ❶ kant waar het licht valt ❷ fig het gunstige, hoopgevende van iets

licht·zin·nig *bn* niet ernstig, zonder zorg of overleg

licht·zin·nig·heid I *de (v)* het lichtzinnig-zijn II *de (v)* [-heden] lichtzinnige handeling

lick (⟨Eng⟩ *de (m)* [-s] popmuziek gitaarlick

lid¹ *het* [leden] ❶ beweegbaar lichaamsdeel als arm, been enz., vooral penis ★ *recht van lijf en leden zijn* een gezond, goed ontwikkeld lichaam hebben ★ *een ziekte onder de leden hebben* het begin van een ziekte bij zich hebben ❷ gewricht ★ *uit het ~* ontwricht ❸ afzonderlijk beweegbaar deeltje: ★ *een vinger bestaat uit drie leden* ★ *een insectenlichaam is verdeeld in leden* ❹ biol stengeldeel tussen twee knopen

❺ persoon die deel uitmaakt van een groep: ★ *de leden van een vereniging, een kerk enz.* ❻ ook abonnee: ★ *zij is ~ van een jeugdblad* ❼ ⟨van geschrift, artikel enz.⟩ onderdeel, gedeelte ❽ verwantschapsgraad, graad van afstamming

lid² *het* [leden] ❶ deksel ★ NN *wie het onderste uit de kan wil hebben, krijgt het ~ op de neus* men moet niet het uiterste of allerbeste verlangen ❷ ooglid

lid-abon·nee *de* [leden-abonnees] iemand die lid is van een vereniging en daarbij (automatisch) een abonnement heeft op het bij die vereniging horende tijdschrift

lid·boek·je *het* [-s] BN ook bewijs van lidmaatschap in de vorm van een boekje, lidmaatschapsboekje: ★ *het ~ van het ziekenfonds*

lid·cac·tus *de (m)* [-sen] cactus met gelede bladen

lid·geld *het* [-en] BN ook bijdrage die men als lid van een vereniging e.d. betaalt, contributie

lid·kaart *de* [-en] BN ook lidmaatschapsbewijs

lid·maat *de & het* [-maten] → **lid¹** (bet 5) van een kerk

lid·maat·schap *het* [-pen] het lidmaat of → **lid¹** (bet 5) zijn

lid·num·mer *het* [-s] BN ook lidmaatschapsnummer

li·do (⟨It⟩ *het* [-'s] ❶ strandbad, natuurbad ❷ geogr door de branding gevormde strandwal

lid·staat *de (m)* [-staten] staat die lid is van een internationale organisatie

lid·steng *de* [-en] waterplant met kransen van smalle blaadjes (*Hippuris vulgaris*)

lid·woord *het* [-en] elk van de woorden *de*, *het* (bepaald) en *een* (onbepaald) in het Nederlands

Liech·ten·stei·ner [liechtənsjtainər, Duitse ch] *de (m)* [-s] iem. geboortig of afkomstig uit Liechtenstein

Liech·ten·steins [liechtənsjtains, Duitse ch] *bn* van, uit, betreffende Liechtenstein

lied *het* [-eren] ❶ stuk tekst, vers dat gezongen wordt ★ *het is weer het oude liedje* dezelfde vervelende kwestie ★ *dat was het eind van 't liedje* zo liep het af ❷ gedicht in het algemeen ❸ gezang van vogels ❹ fig: ★ *het ~ van de zee, het ~ van de arbeid*

lied·boek, lie·der·boek *het* [-en] boek met liederen ★ *Liedboek voor de Kerken* protestantse gezangenbundel met psalmen en liederen

lied·bun·del *de (m)* [-s] liedboek

lie·den *mv* mensen

lie·der·boek *het* [-en] → **liedboek**

lie·de·ren *zn meerv* van → **lied**

lie·der·lijk *bn* losbandig, schandelijk van gedrag; **liederlijkheid** *de (v)* [-heden]

lied·je *het* [-s] zie bij → **lied**, → **verlangen**

lied·jes·zan·ger *de (m)* [-s] iem. die populaire liedjes zingt

lief I *bn* ❶ vriendelijk, aangenaam van karakter: ★ *een ~ klein kind* ★ *ze is erg ~* ❷ dierbaar, bemind: ★ *mijn lieve ouders* ❸ bekoorlijk, lieflijk: ★ *een ~ huisje* ★ *lieve deugd, lieve tijd* uitroepen van verbazing ★ *om de lieve vredes wil* alsjeblieft ★ *iets voor ~ nemen* er genoegen mee nemen ★ *dat is me*

wel zo ~ dat zou ik eigenlijk prettiger vinden ★ **NN** *iets net zo ~ niet doen* het heus niet graag willen II *het* ❶ wat lief is; geluk: ★ *~ en leed* ❷ BN ook verloofde, vrijer; beminde, geliefde; vriend, vriendin: ★ *hij kon aan geen ~ geraken*

lief·da·dig *bn* met gaven zijn behoeftige medemensen helpend; **liefdadigheid** *de (v)*

lief·da·dig·heids·voor·stel·ling *de (v)* [-en] toneelvoorstelling met liefdadig doel

lief·de *de (v)* [-s, -n] ❶ oprechte, warme genegenheid: ★ *~ voor het vaderland, voor zijn ouders* ❷ deze genegenheid verbonden met gevoelens van erotiek: ★ *er ontbrandde een hevige ~ tussen hen* ★ *~ is blind* maakt dat men de gebreken van de geliefde niet ziet ★ *de ~ bedrijven* de geslachtsdaad verrichten ❸ voorwerp van deze genegenheid: ★ *W. was mijn grote ~* ❹ liefdesbetrekking ★ *oude ~ roest niet* slijt niet uit ❺ welgezindheid jegens een hogere macht: ★ *~ tot God* ❻ diepgevoelde belangstelling: ★ *~ voor de muziek*

lief·de·be·trek·king *de (v)* [-en] → **liefdesbetrekking**

lief·de·be·tui·ging *de (v)* [-en] → **liefdesbetuiging**

lief·de·beurt *de* [-en] preekbeurt, die zonder vergoeding voor een ander wordt waargenomen

lief·de·blijk *het* [-en] geschenk of ander bewijs van liefde

lief·de·brief *de (m)* [-brieven] → **liefdesbrief**

lief·de·dienst *de (m)* [-en] dienst, uit liefde bewezen

lief·de·ga·ve *de* [-n] uit liefde of medelijden gedane gift

lief·de·ge·schie·de·nis *de (v)* [-sen] → **liefdesgeschiedenis**

lief·de·le·ven *het* ★ *iems. ~ iems.* intieme omgang met een geliefde

lief·de·loos *bn* zonder tederheid, zonder medegevoel

lief·de·maal *het* [-malen] maaltijd uit liefde of medelijden gegeven, vooral agape bij de eerste christenen

lief·de·rijk *bn* vol liefde

lief·des·be·trek·king, lief·de·be·trek·king *de (v)* [-en] liefdesverhouding

lief·des·be·tui·ging, lief·de·be·tui·ging *de (v)* [-en] van liefde getuigende handeling of uiting

lief·des·brief, lief·de·brief *de (m)* [-brieven] brief door een minnaar of minnares geschreven

lief·des·ge·schie·de·nis, lief·de·ge·schie·de·nis *de (v)* [-sen] verhaal over liefde

lief·des·ver·driet *het* verdriet ten gevolge van een onbeantwoorde of verbroken liefde

lief·des·ver·kla·ring, lief·de·ver·kla·ring *de (v)* [-en] verklaring aan een geliefde, dat men haar of hem liefheeft

lief·de·vol *bn* met grote liefde

lief·de·werk *het* [-en] werk van liefdadigheid of steun aan hulpbehoevenden ★ NN, schertsend *het is ~ oud papier* niet vergoede verrichte arbeid (zo genoemd omdat liefdadigheidsinstellingen vroeger vaak oud papier ophaalden)

lie·fe·lijk, lief·lijk *bn* bevallig, bekoorlijk

lie·fe·lijk·heid, lief·lijk·heid *de (v)* [-heden] bevalligheid; bekoorlijkheid; iron verwijt, scheldwoord enz.

lief·heb·ben *ww* [had lief, h. liefgehad] beminnen

lief·heb·ber *de (m)* [-s], **lief·heb·ster** *de (v)* [-s] ❶ iem. die van iets houdt, iets graag doet of wenst: ★ *een ~ van muziek* ★ *voor dat karweitje kun je genoeg liefhebbers krijgen* ❷ BN ook, sp amateur, niet-professional

lief·heb·be·ren *ww* [liefhebberde, h. geliefhebberd] voor zijn plezier iets doen, zich met iets bezighouden zonder vakman te zijn of te willen zijn: ★ *~ in de filosofie*

lief·heb·be·rij *de (v)* [-en] ❶ werk dat men voor ontspanning, voor plezier doet: ★ *welke liefhebberijen heb je?* ❷ lust, zin, plezier: ★ *~ hebben in tekenen;* genot: ★ *het was ~ de kinderen zo bezig te zien;* iron: ★ *een dure ~* iets wat veel geld kost

lief·je *het* [-s] lief meisje, beminde (als aanspreekvorm ook tegen een jongen of man gebruikt): ★ *mijn ~ wat wil je nog meer*

lief·jes *bijw* lief, prettig

lief·ko·zen *ww* [liefkoosde, h. geliefkoosd] aanhalen, strelen; zie ook → **geliefkoosd**

lief·ko·zing *de (v)* [-en] aanhaling, streling

lief·lijk *bn* → **liefelijk**

lief·lijk·heid *de (v)* [-heden] → **liefelijkheid**

liefst *bn* het meest bemind, dierbaarst; bij voorkeur: ★ *~ zo gauw mogelijk*

lief·ste *de* beminde

lief·tal·lig *bn* aanminnig, bevallig; **lieftalligheid** *de (v)* [-heden]

lieg·beest *het* [-en] aartsleugenaar

lie·gen *ww* [loog, h. gelogen] ❶ bewust onwaarheid spreken: ★ *over iets ~* ★ *hij liegt dat hij barst* hij vertelt grote leugens ★ *hij kan liegen alsof het gedrukt staat* hij kan een leugen heel overtuigend vertellen ★ *~ dat je zwart ziet* heel erg liegen ★ *dat liegt er niet om* dat is behoorlijk ernstig of dat is heel duidelijke taal ❷ een kaartspel spelen waarbij het de bedoeling is oneerlijk te zijn

liep *ww,* **lie·pen** *verl tijd van* → **lopen**

lier (‹Lat‹Gr) *de* [-en] ❶ tokkelinstrument in de klassieke oudheid, zinnebeeld van de dichtkunst; zie ook bij → **wilg** ❷ draaiorgel ❸ ★ NN *branden als een ~* flink branden ❹ hijswerktuig op schepen

lier·dicht *het* [-en] lyrisch gedicht

li·ë·ren *ww* (‹Fr) [lieerde, is gelieerd] verbinden, verenigen ★ *gelieerd aan* verwant met *vgl:* → **liaison**

lie·re·naar *de (m)* [-s] iem. uit Lier

lier·vo·gel *de (m)* [-s] Australische vogel met liervormige (→ **lier**, bet 1) staart

lies[1] *de* [liezen] dat gedeelte van de buikstreek dat onmiddellijk boven de dij gelegen is en gemarkeerd wordt door de groef die door buiging van de heup ontstaat

lies[2] *het* soort vlotgras (*Glyceria aquatica*)

lies·breuk *de* [-en] het naar buiten treden van ingewanden in de liesstreek
lies·laars *de* [-laarzen] hoge, tot de → **lies¹** reikende waterlaars
lies·streek *de* [-streken] het deel van het lichaam bij de liezen
liet, lie·ten *ww verl tijd van* → **laten**
Lie·ve-Heer *de (m)* Onze-Lieve-Heer
lie·ve·heer *de (m)* [-heren] BN, spreektaal ❶ kruisbeeld ❷ Christusbeeld
lie·ve·heers·beest·je *het* [-s] torretje met gestippelde schilden
lie·ve·ling *de (m)* [-en] meest geliefde persoon
lie·ve·lings- als eerste lid in samenstellingen waarvan men het meest houdt; (enkele voorbeelden van zulke samenstellingen volgen)
lie·ve·lings·boek *het* [-en] boek dat men het liefst leest
lie·ve·lings·dich·ter *de (m)* [-s] dichter die men het liefst leest
lie·ve·lings·kleur *de* [-en] kleur die men het mooist vindt
lie·ve·moe·de·ren *ww & het* alleen in de uitdrukking: ★ *daar helpt geen ~ aan* daar is niet aan te ontkomen
lie·ver *bijw* vergrotende trap van → **lief** en → **graag**; bij voorkeur: ★ *ik ga ~ niet*
lie·verd *de (m)* [-s] ❶ lief mens, lief kind ❷ ⟨vaak ironisch⟩ lastpak; onaangenaam, onhebbelijk mens: ★ *je bent me een ~!* ★ vooral NN *lieverdje* straatjongen, boefje: ★ *Marokkaanse lieverdjes*
lie·ver·koek·jes *mv* ★ NN *~ worden niet gebakken* niet zeuren om wat anders
lie·ver·le·de, lie·ver·le·de *bijw* ★ *van ~* langzamerhand
Lie·ve-Vrouw *de (v)* Maria, de moeder van Jezus
lie·ve·vrouw *de (v)* [-en] BN, spreektaal beeld van Maria
lie·ve·vrou·we·bed·stro *het* welriekend kruid (*Asperula odorata*)
lie·vig·heid *de (v)* [-heden] onprettig aandoende liefheid
life·style [laifstail] *(⟨Eng⟩ de)* (moderne) manier van leven
lif·laf·je *het* [-s] NN kleine lekkernij zonder veel voedingswaarde
lifo *afk* last in, first out [gebruikt ter aanduiding van systemen (bijv. in voorraadbeheer, bij de afhandeling van computerbewerkingen e.d.), waarbij datgene wat het laatst binnenkomt het eerst wordt afgehandeld; vgl: → **fifo**; principe bij het ontslaan van medewerkers: degene met de minste dienstjaren wordt het eerst ontslagen]
lift *(⟨Eng⟩ de (m))* [-en] ❶ cabine die in een schacht op en neer beweegt voor het verplaatsen van personen en goederen naar de verschillende verdiepingen van een gebouw of een → **mijn²** ★ fig *in de ~ zitten* toenemen, vooruitgaan vgl ook: → **skilift** ❷ luchtv draagkracht ❸ het gratis (laten) meerijden met een passerende auto: ★ *een ~ krijgen, geven*
lift·boy [-boj] *(⟨Eng⟩ de (m))* [-s] jongen of man die een → **lift** (bet 1) bedient
lif·ten *ww* [liftte, is & h. gelift] ❶ meerijden met een onderweg aangeroepen particuliere auto of vrachtwagen: ★ *ik ben naar Parijs gelift* ❷ het maken van de bekende duimbeweging langs wegen teneinde kenbaar te maken mee te willen rijden: ★ *hij stond vijf uur bij de Utrechtsebrug te ~*
lif·ter *de (m)* [-s] iem. die lift
lift·jon·gen *de (m)* [-s] jongen die een → **lift** (bet 1) bedient
lift·ko·ker *de (m)* [-s] schacht waarin de → **lift** (bet 1) op- en neergaat
lift·kooi *de* [-en] het eigenlijke hijshokje van een → **lift** (bet 1)
lift·schacht *de* [-en] liftkoker
li·ga *(⟨Sp⟨It⟩ de)* ['s] verbond, vereniging
li·ga·ment *(⟨Lat⟩ het)* [-en] ❶ zwachtel ❷ band in een gewricht
li·ga·tuur *(⟨Lat⟩ de (v))* [-turen] ❶ muz verbinding of rekking van de noten van de ene maat in de andere ❷ med onderbinding van een ader of uitwas; daartoe dienende draad ❸ enige aaneengekoppelde, -geschreven of -gegoten letters, zoals &, æ, fl
lig·bad *het* [-baden] badkuip waar men in kan liggen
lig·dag *de (m)* [-dagen] dag dat een schip blijft liggen voor lossen of laden
lig·fiets *de* [-en] fiets waarin men zich half achteroverliggend voortbeweegt
lig·geld *het* [-en] vergoeding voor het mogen liggen in een haven of (van goederen) op een kade
lig·gen *ww* [lag, h. & is gelegen] uitgestrekt zijn; rusten op; zich bevinden; zijn: ★ *in echtscheiding ~* ★ NN *het lelijk laten ~* zich slecht van een taak kwijten, zich ergerlijk misdragen ★ *het ligt eraan, of het goed gaat* het hangt ervan af, of het goed gaat ★ *aan mij zal het niet ~* op mij kan gerekend worden, ik zal doen wat ik kan ★ *met iemand overhoop ~* ruzie hebben ★ *er zich niets aan gelegen laten ~* onverschillig zijn ★ *de wind gaat ~* het wordt stil weer ★ *dat ligt mij niet* dat past niet bij mijn karakter of gevoelens ★ BN, spreektaal *iem. ~ hebben* iem. de baas zijn, de loef afsteken; iem. te pakken hebben, beetgenomen hebben ★ BN, spreektaal *er (bij iem.) gelegen hebben* het (bij iem.) verbruid, verkorven hebben ★ BN, spreektaal *liggend geld* contant geld, contanten; zie ook bij → **gelegen**, → **links¹**, → **loer¹**
lig·ger *de (m)* [-s] ★ **legger**
lig·ging *de (v)* het liggen; plaats waar iets gelegen is; wijze van liggen
light [lait] *(⟨Eng⟩ bn)* met weinig vet of suiker, caloriearm: ★ *~ producten* ★ *deze frisdrank is ~*
lightrail [lait reel] *(⟨Eng⟩ de)* soort tram voor langere afstanden, licht type trein
lig·niet *(⟨Lat⟩ het)* bruinkool waarin de houtstructuur

nog te zien is
lig·plaats *de* [-en] plaats waar iets of iemand ligt
lig·stoel *de (m)* [-en] lage, lange stoel
li·gus·ter *(‹Lat) de (m)* [-s] olijfachtige heester met witte bloemen en zwarte bessen, vaak in heggen gebruikt
lig·wei·de *de* [-n] weide in een park of bij een openluchtbad waarop men kan liggen zonnebaden
lij *de* van de windrichting afgekeerde zijde van een schip ★ NN *in de ~ liggen* in moeilijke omstandigheden zijn, niet vooruit kunnen
lij·de·lijk *bn* ❶ geduldig ❷ zonder daden te doen, niet handelend optredend: ★ *~ verzet* ❸ zonder verzet, zonder protest ★ *iets ~ aanzien, een behandeling ~ ondergaan*
lij·den¹ I *ww* [leed, h. geleden] ❶ smart, pijn, schade ondervinden: ★ *hij heeft veel geleden* ★ *lijdende zijn* een ziekte hebben ❷ verdragen, verduren, dulden: ★ *iets niet kunnen ~* ★ *dat lijdt geen twijfel* dat is ongetwijfeld waar ★ *die zaak kan geen uitstel ~* er moet terstond gehandeld worden ★ NN *het kan daar wel wat ~* er kan daar wel wat gemist worden ★ *iemand niet mogen ~* iem. niet sympathiek vinden ★ *lijdend voorwerp* zindeel, dat aanduidt waarop de handeling gericht is, schertsend slachtoffer ★ *de lijdende vorm* zinvorm waarbij datgene waarop de handeling gericht is, onderwerp is en dat waarvan de handeling uitgaat, een bepaling, bijv. *de hond wordt door de man geslagen* ★ *de Lijdende Kerk* RK de zielen in het vagevuur; zie ook bij → **twijfel II** *het smart, pijn* ★ *uit zijn ~ helpen, verlossen* een mens of een dier doden om een pijnlijk en langdurig sterven te voorkomen
lij·den² *ww* [leed, is geleden] voorbijgaan: ★ *het is vijf jaar geleden* ★ *het leed niet lang of...* duurde
lij·dend·voor·werps·zin *de (m)* [-nen] grammatica zin die dienst doet als lijdend voorwerp
lij·dens·be·ker *de (m)* zinnebeeld van Jezus' lijden
lij·dens·dood *de* Jezus' dood door Zijn lijden
lij·dens·ge·schie·de·nis *de (v)* ❶ Jezus' lijden ❷ [*mv:* -sen] ongelukkig verloop van iets, gesukkel
lij·dens·preek *de* [-preken] preek over Jezus lijden
lij·dens·week *de* [-weken] de week van Jezus lijden; laatste week vóór Pasen
lij·dens·weg *de (m)* ❶ weg door Christus naar de kruisingsplaats afgelegd; fig ❷ [*mv:* -wegen] smartelijk, zorgvol verloop: ★ *de bergetappe was voor vele renners een ware ~*
lij·der *de (m)* [-s] iem. die lijdt, die ziek is
lijd·zaam *bn* geduldig, gelaten, berustend
lijd·zaam·heid *de (v)* geduld, berusting, gelatenheid ★ NN *zijn ziel in ~ bezitten* zich niet ergeren, onaangenaamheden kalm aanvaarden
lijf *het* [lijven] ❶ romp, lichaam: ★ *aan den lijve* ★ *in levenden lijve* ★ *iemand te ~ gaan* iem. aanvallen ★ *weinig om het ~ hebben* niets te betekenen hebben ★ *iemand de schrik op het ~ jagen* iemand plotseling hevig doen schrikken ★ *iemand tegen het ~ lopen*

toevallig ontmoeten ★ *iemand met iets op het ~ vallen* hem onverwacht een moeilijke vraag stellen of voor een feit stellen ❷ bovendeel van een jurk; zie ook → **lijfje**
lijf·arts *de (m)* [-en] arts in dienst van een bepaald persoon
lijf·blad *het* [-bladen] krant, tijdschrift waaraan men verknocht is
lijf·ei·ge·ne *de* [-n] hist iemand die onvrij is op grond van een persoonlijke binding aan zijn heer
lijf·ei·gen·schap *de (v)* toestand van lijfeigene zijn
lij·fe·lijk *bn* lichamelijk, op het lichaam betrekking hebbend ★ *~ aanwezig zijn* echt, reëel aanwezig zijn, in persoon ★ *~ contact* lichaamscontact
lijf·gar·de *de* [-s] lijfwacht
lijf·goed *het* [-goederen] ondergoed
lijf·je *het* [-s] ❶ deel van een jurk dat het bovenlijf bedekt ❷ vero onderhemdje; borstrok
lijf·knecht *de (m)* [-s] kamerdienaar
lijf·lucht *de* (onaangenaam aandoende) geur van menselijke lichamen
lijf·ren·te *de* [-n, -s] uitkering die (vanaf een bep. moment) periodiek wordt uitbetaald (gedurende de rest van het leven of een zeer lange tijd)
lijfs·be·houd *het* levensbehoud
lijfs·dwang *de (m)* het dwingen tot iets door gijzeling
lijf·spreuk *de* [-en] spreuk waarin men zijn levensopvatting uitdrukt; lievelingsspreuk
lijf·straf *de* [-fen] pijniging van het lichaam als straf
lijf·tocht *de (m)* ❶ → **leeftocht** ❷ vruchtgebruik, lijfrente
lijf·wacht I *de* [-en] persoonlijke veiligheidswacht bij iem. van hoge rang **II** *de (m)* [-en] lid van zo'n wacht
lijk¹ *het* [-en] dood lichaam ★ *over lijken gaan* niets of niemand ontzien ★ *over mijn ~!* nooit!, niet tijdens mijn leven! ★ NN *voor ~ liggen* bewusteloos, uitgeput enz. liggen ★ *een levend ~* persoon die er erg slecht, ongezond uitziet ★ NN *een oud ~* bleke, magere, oude vrouw ★ *~ in de kast* onverwacht opduikend probleem, bekend bij maar verzwegen door de voorganger in een functie of door een andere persoon of partij waarmee een overeenkomst is aangegaan: ★ *na drie maanden vonden wij het eerste ~ in de kast*
lijk² *het* [-en] boordsel van zeil
lijk³ *voegw* vero gelijk, zoals, (net) als
lijk·au·to [-ootoo, -autoo] *de (m)* ['s] ‹bij een lijkbezorging› auto waarin het lijk vervoerd wordt
lijk·baar *de* [-baren] draagbaar voor een lijkkist
lijk·be·zor·ger *de (m)* [-s] begrafenisondernemer
lijk·bid·der *de (m)* [-s] ❶ aanspreker, uitnodiger ter begrafenis ❷ lijkdienaar
lijk·bleek *bn* doodsbleek
lijk·dienst *de (m)* [-en] kerkdienst voor een overledene
lij·ken¹ *ww* [leek, h. geleken] ❶ overeenkomst vertonen met: ★ *sprekend op iemand ~* ★ *dat lijkt nergens naar, dat lijkt (naar) niets* daar deugt niets van *of* dat is hoogst ongepast ❷ schijnbaar zijn

❸ dunken, voorkomen: ★ *het lijkt me niet goed*
❹ aanstaan; aangenaam voorkomen: ★ *dat lijkt me wel wat*

lij·ken² *ww* [lijkte, h. gelijkt] zeil met touw omboorden

lij·ken·gif *het* gif dat ontstaat in lijken of afgestorven ledematen die in staat van ontbinding verkeren

lij·ken·huis·je *het* [-s] tijdelijke bewaarplaats voor lijken, tot de begrafenis of crematie

lij·ken·pik·ker *de (m)* [-s] iem. die profiteert van de dood of de ondergang van een ander

lijk·kist *de* [-en] doodkist

lijk·kleed *het* [-kleden] kleed over een lijkkist

lijk·kleur *de* vaalbleke gelaatskleur

lijk·koets *de* [-en] begrafenisrijtuig

lijk·krans *de (m)* [-en] krans op een doodkist

lijk·mis *de* [-sen] RK lijkdienst

lijk·oven *de (m)* [-s] inrichting voor lijkverbranding

lijk·re·de *de* [-nen, -s] redevoering tijdens een begrafenis of crematie

lijk·schen·nis *de (v)* het misbruiken of verminken van een → lijk¹

lijk·schou·wer *de (m)* [-s] iem. die een lijkschouwing verricht

lijk·schou·wing *de (v)* [-en] geneeskundig onderzoek naar de doodsoorzaak

lijk·stoet *de (m)* [-en] begrafenisstoet

lijk·ver·bran·ding *de (v)* [-en] het verbranden van een stoffelijk overschot op plechtige wijze i.p.v. begraven

lijk·wa, **lijk·wa·de** *de* [-waden] doodskleed

lijk·wa·gen *de (m)* [-s] rijtuig of auto met de lijkkist

lijk·wit *bn* doodsbleek

lijm *de (m)* kleefstof

lijm·band *de (m)* [-en] kleefband om een boom tegen insecten

lijm·bor·stel *de (m)* [-s] vooral BN lijmkwast

lij·men *ww* [lijmde, h. gelijmd] ❶ met lijm vastplakken, met lijm bestrijken; fig met mooie beloften overhalen ❷ zeurig spreken

lij·me·rig *bn* ❶ kleverig ❷ fig (van spraak) zeurig

lijm·klem *de* [-men] tang bij houtbewerking, die gelijmde delen vast op elkaar klemt

lijm·knecht *de (m)* [-en] lijmklem

lijm·kwast *de (m)* [-en] vooral NN kwast om lijm op te strijken

lijm·pot *de (m)* [-ten] ❶ pot waarin lijm toebereid of bewaard wordt ❷ NN, schertsend iem. die zeurig praat

lijm·stang *de* [-en], **lijm·stok** *de (m)* [-ken] met lijm bestreken stok om vogels te vangen

lijm·tang *de* [-en] lijmknecht

lijm·verf *de* [-verven] mengsel van dunne lijm en krijtwit

lijn *de* [-en] ❶ streep; rand; omtrek; richting; reeks van punten: ★ *op de ~ schrijven* ★ *in grote lijnen* overzichtelijk samengevat, in hoofdtrekken ★ *dat ligt niet in zijn ~* dat past niet bij zijn levens- of werkwijze ★ *op één ~ stellen* als gelijk beschouwen ★ *op één ~ zitten* hetzelfde standpunt delen ★ *de ~ doortrekken* consequent denken of handelen ★ *in rechte ~ afstammen* rechtstreeks ★ *de (slanke) ~* de gewenste slankheid van lichaam ★ *aan de ~ doen* afslanken ★ *er zit geen ~ in* het is een verward, chaotisch geheel ★ BN, spreektaal *punt andere ~*, *punt aan de ~* nu is het genoeg ★ BN, sp *(een ploeg) in ~ brengen* opstellen ❷ touw; teugel ★ NN *kalmpjes aan, dan breekt het lijntje niet* voorzichtig, anders mislukt het ★ *iemand aan het lijntje hebben, houden* onder zijn invloed, onder zijn toezicht hebben, houden ★ *aan het lijntje houden* door voortdurend uitstellen van een beslissing in het onzekere doen verkeren ★ NN *één ~ trekken* op dezelfde manier te werk gaan; zie ook: → **lijntrekken** ★ NN *met een zoet lijntje* zonder dwang, door vriendelijkheid; zie ook bij → **strak** ❸ tramverbinding, spoorverbinding, luchtverbinding enz.: ★ BN *De Lijn* de bus- en trammaatschappij in Vlaanderen ❹ telefoonlijn ★ *aan de ~ blijven* niet ophangen, de verbinding handhaven ★ BN *groene ~* gratis telefoonnummer ❺ BN ook hengel ★ *met de ~ vissen* hengelen; zie ook → **lijntje**

lijn·baan *de* [-banen] touwslagerij

lijn·boot *de* [-boten] boot die in een regelmatige dienst vaart

lijn·dienst *de (m)* [-en] regelmatige bootdienst of vliegdienst

lij·nen *ww* [lijnde, h. gelijnd] ❶ lijnen trekken op: ★ *gelijnd papier* ❷ de (slanke) lijn bevorderen

lij·nen·spel *het* geheel van kunstig door elkaar lopende lijnen

lijn·func·tie [-sie] *de (v)* [-s] werkkring in een bepaalde rang en met een uitvoerende taak

lijn·koek *de (m)* [-en] lijnzaadkoek als veevoeder

lijn·olie *de* olie uit lijnzaad

lijn·op·zich·ter *de (m)* [-s] opzichter van een spoorlijn

lijn·recht *bn* precies recht

lijn·rech·ter *de (m)* [-s] sp grensrechter

lijn·stuk *het* [-ken] wisk deel van een lijn

lijn·te·ke·nen *ww & het* (het) rechtlijnig tekenen met passer en liniaal

lijn·tje *het* [-s] ❶ kleine lijn ❷ hoeveelheid cocaïne die men in één keer opsnuift, gevormd tot een zeer smal, langwerpig hoopje

lijn·toe·stel *het* [-len] lijnvliegtuig

lijn·trek·ken *ww & het* vooral NN (het) luieren, opzettelijk traag werken

lijn·trek·ker *de (m)* [-s] vooral NN iem. die opzettelijk traag zijn werk doet; **lijntrekkerij** *de (v)*

lijn·vaart *de* geregelde scheeps- of vliegtuigverbinding

lijn·vlieg·tuig *het* [-en] vliegtuig dat een regelmatige dienst onderhoudt

lijn·vlucht *de* [-en] vliegtocht in lijndienst

lijn·wer·ker *de (m)* [-s] ❶ iem. die aan een spoorlijn of elektrische geleiding werkt ❷ iem. in lijnfunctie

lijn·zaad *het* vlaszaad
lijp NN, spreektaal **I** *bn* niet goed wijs, gek: ★ *ben je ~?* **II** *de (m)* [-en] scheldwoord slappeling, lammeling
lijp·kik·ker *de (m)* [-s] NN, spreektaal sufferd, idioot
lijs *de* [lijzen] NN **❶** sukkel, slungel **❷** lange vrouwenfiguur als versiering op porselein ★ *lange lijzen* porseleinen kopjes met zulke versiering
lijst *de* [-en] **❶** rand; omlijsting ★ *in de ~ van de tijd* in het kader van de tijd, in het verband van de tijdsomstandigheden **❷** opsomming, reeks **❸** formulier waarop men voor iets intekent: ★ *op een ~ tekenen*
lijst·aan·voer·der *de (m)* [-s] **❶** iem. die bovenaan staat op de kandidatenlijst bij verkiezingen **❷** sp ploeg of individu die bovenaan de ranglijst van een competitie staat
lijst·du·wer *de (m)* [-s] BN iemand die de laatste plaats op een kandidatenlijst inneemt; NN aantrekkelijke kandidaat die niet de lijsttrekker is, maar wel een zeer prominente plaats op de kandidatenlijst inneemt
lijs·ten *ww* [lijstte, h. gelijst] in een lijst zetten
lijs·ten·ma·ker *de (m)* [-s] iem. die schilderijlijsten e.d. maakt
lijs·ter *de* [-s] zangvogel met gespikkelde borst (*Turdus musicus*)
lijs·ter·bes *de* [-sen] **❶** appelachtige boom met helderrode bessen (*Sorbus aucuparia*) **❷** de vrucht van deze boom
lijst·stem *de* [-men] BN (bij de verkiezingen) stem op de lijst als geheel, kopstem
lijst·trek·ker *de (m)* [-s] → **lijstaanvoerder** (bet 1)
lijst·ver·bin·ding *de (v)* [-en] het tot één groep verbinden van de kandidatenlijsten van verschillende politieke partijen bij verkiezingen: ★ *een ~ aangaan*
lij·vig *bn* **❶** dik, omvangrijk: ★ *een ~ boek* **❷** NN ‹van vloeistoffen› dik, stroperig; **lijvigheid** *de (v)*
lij·waarts *bijw* onder de wind, van de wind af
lij·ze·bet *de (v)* [-ten] zeurkous
lij·zeil *het* [-en] hulpzeil
lij·zig *bn* saai, langzaam; **lijzigheid** *de (v)*
lij·zij, lij·zij·de *de* van de windrichting afgekeerde zijde van een schip
lik¹ *de (m)* [-ken] **❶** haal met de tong; wat met één haal opgelikt wordt **❷** ★ NN *iem. een ~ uit de pan geven* iem. ernstig terechtwijzen, een hatelijke opmerking tegen iem. maken ★ NN *~ op stuk geven* onmiddellijk en raak reageren
lik² *de (m)* Barg gevangenis
lik·doorn, lik·do·ren *de (m)* [-s] eksteroog
lik·doorn·pleis·ter, lik·do·ren·pleis·ter *de* [-s] uitwendig middel dat likdoorns kan verwijderen
li·keur *(‹Fr) de* [-en] sterk alcoholische drank waaraan suiker of honing is toegevoegd en waarvan de smaak, geur en kleur afkomstig zijn van vruchten, kruiden, noten e.d.
li·keur·stel *het* [-len] fles voor likeur met glaasjes

lik·ke·baar·den *ww* [likkebaardde, h. gelikkebaard] watertanden
lik·ken¹ *ww* [likte, h. gelikt] **❶** met de tong langs strijken **❷** met de tong tot zich nemen **❸** op weerzinwekkende wijze vleien ★ NN *naar boven ~ en naar beneden trappen* gezegd van iem. die zijn meerderen vleit en zich afzet tegen zijn ondergeschikten
lik·ken² *ww* [likte, h. gelikt] **❶** leer glanzend maken **❷** ‹metalen› polijsten
lik·ke·pot *de (m)* [-ten] NN snoeper, lekkerbek
lik·me·vest·je *zn* ★ NN *van ~* van niks, waardeloos: ★ *een argumentatie van ~*
lik-op-stuk-be·leid *het* juridisch beleid waarbij de straf zo kort mogelijk na het delict volgt
lik·steen *de (m)* [-stenen] **❶** steen waaraan vee likt om zouten binnen te krijgen **❷** steen om leer te → **likken²**
lil *de (m) & het* iets wat lilt
li·la (‹Fr) **I** *het* licht roodpaars **II** *bn* ★ *een ~ stof*
lil·len *ww* [lilde, h. gelild] **❶** ‹van vlees, ingewanden enz.› slap trillen **❷** stuiptrekken
lil·li·put- als eerste lid in samenstellingen ter aanduiding van zeer kleine exemplaren, naar Lilliput, de naam van een fabelachtig land uit J. Swifts *Gulliver's Travels* (1726), waarvan de bewoners zo groot als een vinger zijn
lil·li·put·ter *de (m)* [-s] klein mens, dwerg, naar de benaming van de zeer kleine bewoners van Lilliput (zie bij → **lilliput-**)
li·man (‹Russ‹Turks‹Gr) *de (m)* [-s] door een strandwal afgesloten zeebocht aan een riviermonding
lim·bo¹ (‹Eng‹Lat) *de (m)* **❶** → **limbus** (bet 2) **❷** dans van Caraïbische oorsprong waarbij de dansers, achteroverbuigend, met hun rug zo dicht mogelijk bij de grond trachten te komen
lim·bo² *de* ['s] smalend iem. afkomstig uit Nederlands Limburg, Limburger
Lim·bur·ger *de (m)* [-s] iem. geboortig of afkomstig uit Limburg
Lim·burgs I *bn* van, uit, betreffende Limburg ★ *Limburgse kaas* zachte, pikante kaas met een zeer doordringende geur ★ *Limburgse klei* löss; zie ook bij → **vlaai II** *het* in Limburg gesproken dialect
lim·bus (‹Lat) *de (m)* **❶** zoom, rand; biol zoom van een gedeeltelijk vergroeide bloemkelk; nat rand van een hoekmeetinstrument **❷** RK voorgeborchte van de hel; de plaats waar ongedoopt gestorvenen heengaan
lim·er·ick [limmərik] (‹Eng) *de (m)* [-s] komisch vijfregelig gedichtje, met eigenaardige cadans (anapestische maat), waarvan de regels 1, 2 en 5 en ook de regels 3 en 4 onderling rijmen en de eerste regel eindigt met een geografische naam (genoemd naar de Ierse stad Limerick)
li·miet (‹Fr‹Lat) *de* [-en] **❶** grenslijn, grens **❷** handel hoogste prijs waarvoor gekocht, of laagste prijs waarvoor verkocht mag worden **❸** wisk

grenswaarde ❹ sp prestatie die recht geeft op deelname aan bep. wedstrijden, bijv. de Olympische Spelen: ★ *de ~ halen*

lim·it [limmit] *(‹Eng‹Lat) de (m)* [-s] grens ★ *dat is de ~* dat is het toppunt

li·mi·ta·tief *(‹Fr) bn* beperkend, van beperkte aard ★ *limitatieve opsomming* die alle gevallen noemt tegengest: → **enuntiatief**

lim·it·ed *ww* [limmittid] *(‹Eng)* ⟨achter firmanamen⟩ meestal afgekort als → **Ltd.**: beperkt; afkorting van: ★ *~ liability* beperkte verantwoordelijkheid (van de aandeelhouders) ★ *~ liability company* naamloze vennootschap

li·mi·te·ren *ww (‹Fr‹Lat)* [limiteerde, h. gelimiteerd] beperken; nauwkeurig bepalen, voorschrijven; *een limiet opgeven voor de prijs*

li·moen *(‹Fr) de (m)* [-en] dikschillige citroen

li·mo·na·de *(‹Fr) de* [-s] koude drank van verdund, gesuikerd vruchtensap ★ *~ gazeuse* limonade met koolzuur

li·mo·na·de·si·roop *de* dikvloeibaar mengsel van suiker en vruchtensap of smaakmakers dat met water wordt verdund tot limonade

li·mou·sine [-moezien(ə)] *(‹Fr) de (v)* [-s] ❶ gesloten automobiel met vaste kap en een glazen wand tussen bestuurder en andere inzittenden ❷ grofwollen, geitenharen mantel met cape

lin·daan *het* een insecticide (C₆H₆Cl₆), genoemd naar de Nederlandse ontdekker T. van der Linden

lin·de *de* [-n, -s] loofboom met hartvormige bladeren, waarvan de bloesem geneeskrachtige thee levert (*Tilia*)

lin·de·bloe·sem *de (m)* [-s] bloeiwijze van een lindeboom

lin·de·boom *de (m)* [-bomen] linde

lin·de·hout *het* hout van de linde

lin·de·hou·ten *bn* van lindehout

lin·de·laan *de* [-lanen] laan met linden beplant

li·nea *(‹Lat)* **I** *de (v)* lijn: ★ *~ recta* **II** *bijw* in rechte lijn, rechtstreeks, direct

li·ne·air [-nee(j)èr] *(‹Fr‹Lat) bn* ❶ lijnvormig; uit lijnen bestaand ★ *~ A & ~ B* twee soorten van oud Kretenzisch schrift ❷ in de lengte (gemeten, gaand): ★ *lineaire uitzetting* ★ *lineaire versneller* toestel voor het versnellen van geladen elementaire deeltjes ❸ wisk: ★ *lineaire vergelijking* vergelijking van de 1ste graad

line·dance [laindens] *(‹Eng) de* [-s] dans op countrymuziek, waarbij de dansers in rijen naast elkaar staan

line·dan·cen [laindensə(n)] *(‹Eng) ww* [linedancete, h. gelinedancet] aan linedance doen

line·dan·sen [lain-] *(‹Eng) ww* [linedansen, h. gelinedanst] **linedancen**

line-up [laain-] *(‹Eng) de (m)* [-s] opstelling (van bijv. een sportteam of een popgroep)

lin·ge·rie [lēzjə-] *(‹Fr) de (v)* [-s, -rieën] ❶ linnengoed; thans alleen ondergoed voor dames ❷ linnenzaak, linnenhandel

lin·gua fran·ca [-ɣwaa -] *(‹It) de* omgangstaal tussen mensen die niet dezelfde taal spreken, bijv. het Engels als wereldtaal of het Swahili in Oost-Afrika

lin·gu·ïst [-ɣwist] *(‹Fr) de (m)* [-en] beoefenaar van de linguïstiek, taalgeleerde

lin·gu·ïs·tiek [-ɣwis-] *(‹Fr) de (v)* taalwetenschap, wetenschap van de structuur, geschiedenis, afleiding en het gebruik van talen

lin·gu·ïs·tisch [-ɣwis-] *(‹Fr) bn* de linguïstiek betreffend, taalkundig

li·ni·aal *(‹Lat) de & het* [-alen] dunne lat met rechte zijden en maatverdeling, o.a. dienende om rechte lijnen te trekken

li·nie *(‹Lat) de (v)* [-s] ❶ streep; lijn ❷ evenaar, evennachtslijn ❸ naast elkaar opgestelde troepenmacht; reeks van stellingen, van verdedigingswerken; naast elkaar functionerende sporters in een team: ★ *hij speelde in de voorste linie* ❹ recht familiale verwantschap ★ *in de rechte ~ de familieverwantschap betreffend tussen grootouders, ouders, kinderen, en kleinkinderen enz.*

li·ni·eer·ma·chi·ne [-sjenə] *de (v)* [-s] machine die papier linieert

li·ni·ë·ren *ww (‹Fr)* [linieerde, h. gelinieerd] evenwijdige rechte lijnen trekken over

li·nie·troe·pen *mv* hist geregelde troepen (niet tot de garde behorende)

link¹ *bn* ❶ handig, slim ❷ gevaarlijk ★ vooral NN *linke soep* een gevaarlijk iets

link² *(‹Eng) de* [-s] schakel, verbindingsstuk; zie ook bij → **missing link**

lin·ker I *bn* aan de linkerzijde (vaak aaneengeschreven met het erop volgende zelfstandig naamwoord) **II** *de* linkerhand

lin·ker·arm *de (m)* [-en] arm aan de linkerzijde

lin·ker·been *het* [-benen] been aan de linkerzijde

lin·kerd *de (m)* [-s] NN slimmerd, handige vent

lin·ker·hand *de* [-en] hand aan de linkerzijde ★ *laat uw ~ niet weten, wat uw rechter doet* doe wel in het verborgene ★ *met twee linkerhanden* zeer onhandig, onbeholpen ★ *huwelijk met de ~* morganatisch huwelijk

lin·ker·kant *de (m)* [-kanten] linkerzijde

lin·ker·oe·ver *de (m)* [-s] oever aan de linkerzijde, gezien van boven- naar benedenloop

lin·ker·oog *het* [-ogen] oog aan de linkerzijde

lin·ker·oor *het* [-oren] oor aan de linkerzijde

lin·ker·vleu·gel *de (m)* [-s] ❶ vleugel aan de linkerkant ❷ linker uitloper; linkerzijde, vooral van een → **leger** (bet 1) of een sportteam

lin·ker·voet *de (m)* [-en] voet aan de linkerzijde

lin·ker·zij, lin·ker·zij·de *de* [-n] ❶ linkerkant: ★ *aan de ~ van dit boek, indien opengeslagen, bevinden zich de even pagina's* ❷ de meest naar sociale hervormingen strevende afdeling in een parlement; de minst behoudende groep in een vergadering,

congres e.d.
link·mie·gel *de (m)* [-s] NN iem. die slim en geslepen is
links¹ *bn* ❶ aan of met de linkerhand; naar of aan de linkerzijde ★ *iemand ~ laten liggen* zich opzettelijk niet met hem bemoeien ★ *alles ~ doen* linkshandig ❷ onhandig ❸ politiek strevend naar sociale hervormingen in de geest van het socialisme of communisme
links² *(‹Eng) mv* golfterrein
links·af, links-af *bijw* naar de linkerkant af
links·bin·nen *de (m)* [-s] sp, vroeger een van de vijf aanvallers van een elftal, tussen de linksbuiten en de midvoor
links·bui·ten *de (m)* [-s] sp, vroeger een van de vijf aanvallers van een elftal, links van de linksbinnen
links·draai·end *bn* chem (van stoffen) zodanig samengesteld dat het erop vallend gepolariseerd licht naar links afbuigt
links·dra·gend *bn* ‹van mannen› met het geslachtsdeel in de broek een beetje naar links hangend
links·han·dig *bn* bij voorkeur de linkerhand gebruikend; **linkshandigheid** *de (v)*
links·heid *de (v)* onhandigheid
links·om, links-om *bijw* naar de linkerkant om
Linn. *afk* Linnaeus
lin·nen I *het* [-s] ❶ uit bastvezels van vlas vervaardigd garen ❷ weefsel daarvan: ★ *op ~ schilderen* ❸ linnengoed **II** *bn* van linnen: ★ *een ~ doek*
lin·nen·goed *het* [-goederen] lakens, ondergoed enz.
lin·nen·ka·mer *de* [-s] kamer met linnengoed (in hotels, ziekenhuizen, op schepen e.d.)
lin·nen·kast *de* [-en] kast voor linnengoed
li·no·le·um *(‹Lat) de (m) & het* vloerbedekkingsmateriaal vervaardigd uit gemalen kurk, houtmeel en verfpigmenten, en gebonden door geoxideerde lijnolie en harsen, bevestigd op jute of gebitumineerd vilt
li·no·le·um·druk *de (m)* [-ken] afdruk van een linoleumsnede
li·no·le·um·sne·de *de* [-n] beeld, uitgesneden in linoleum, waarvan afdrukken worden gemaakt
li·nol·zuur *het* een vetzuur dat vooral in plantaardige oliën voorkomt
li·no·type [lainootaip] *(‹Eng) de (v)* [-s] zet- en gietmachine die alleen hele regels aflevert
lint *het* [-en] glad, smal weefsel; smalle reep
lint·be·bou·wing *de (v)* het bouwen van losse huizen langs hoofdwegen of kanalen
lint·je *het* [-s] ❶ klein lint ❷ NN ridderorde
lint·jes·re·gen *de (m)* schertsend uitdeling van ridderorden op grote schaal, in Nederland ter gelegenheid van de verjaardag van de koningin
lint·me·ter *de (m)* [-s] BN meetlint (van naaisters en kleermakers), → **centimeter** (bet 2)
lint·worm *de (m)* [-en] platte ingewandsworm (*Taenia saginata*)
lint·zaag *de* [-zagen] machine met een over twee schijven lopend stalen lint met zaagtanden
Li·nux *het* besturingssysteem voor computers, waarvan de ontwikkeling in 1991 werd gestart door de Fin Linus Torvalds
lin·ze *(‹Du) de* [-n] Zuid-Europese peulvrucht (*Lens esculenta*)
lin·zen·moes *de & het* linzenpap ★ Bijbel *zijn eerstgeboorterecht verkopen voor een schotel ~* een slechte ruil doen (naar *Genesis* 25: 34)
lin·zen·soep *de* soep van linzen
lip *de* [-pen] één van de twee randen van de mondopening; lipvormig uitsteeksel ★ *zich op de lippen bijten* zich beheersen om niet te lachen of te huilen ★ *aan iemands lippen hangen* ademloos gespannen naar hem luisteren ★ *de ~ laten hangen, een ~ trekken* pruilen
lip·bloe·mi·gen *mv* plantengroep met tweelippige bloemen, labiaten
li·piz·za·ner [liepietsaanər] *de (m)* [-s] paardenras, genoemd naar een stoeterij te Lipizza in Slovenië (thans Lipica geheten)
lip·klank *de (m)* [-en] met de lippen gevormde spraakklank, labiaal
lip·le·zen *ww & het* (het) volgen van gesproken taal door te kijken naar de bewegingen van de spreekorganen
li·po·suc·tie [-sie] *(‹Gr‹Lat) de (v)* het wegzuigen van overtollig lichaamsvet
lip·pen *ww* [lipte, h. gelipt] ❶ als makelaar op eigen risico handel drijven ❷ gebruik maken van iemands verlegenheid om effecten e.d. goedkoop over te nemen
lip·pen·dienst *de (m)* [-en] ★ *iem. ~ betonen, bewijzen* zich in zijn uitlatingen steeds als iems. aanhanger of vriend doen voorkomen
lip·pen·stift *de* [-en] stift om de lippen te kleuren
lips·sleu·tel *de (m)* [-s] sleutel (uit de fabrieken van Lips) voor een cilinderslot
lips·slot *het* [-sloten] cilinderslot
lip·stick *(‹Eng) de (m)* [-s] lippenstift; lippenkleursel
lip·syn·chroon [-sin-] *bn* ‹van films› met lipbewegingen die precies aansluiten bij de klanken van de stem
lip·vis·sen *mv* aan de baarzen verwante vissen met vlezige lippen
li·qui·da [liekwiedaa] *(‹Lat) de (v)* [-dae] [-dee] taalk benaming voor de klanken *l* en *r*
li·qui·da·tie [liekwiedaa(t)sie] *(‹Fr) de (v)* [-s] ❶ vereffening, afwikkeling, afrekening; uitverkoop, tegeldemaking van de aanwezige goederen ❷ fig uitroeiing
li·qui·de [liekiedə] *(‹Fr‹Lat) bn* ❶ vloeibaar, helder; fig bewezen, uitgemaakt ❷ ‹van gelden› dadelijk invorderbaar; (van vorderingen) dadelijk beschikbaar
li·qui·de·ren *ww* [liekwie-] *(‹Fr)* [liquideerde, h. geliquideerd] ❶ ‹geldelijke zaken› afwikkelen, vereffenen ❷ ‹een onderneming› opheffen ❸ uit de

weg ruimen, uitroeien
li·qui·di·teit [liekwie-] *(‹Fr‹Lat) de (v)* ❶ dadelijke vereffenbaarheid ❷ vermogen om direct opeisbare vorderingen contant uit te betalen
li·qui·di·teits·re·ser·ve [liekwiedieteitsrəzervə] *de* reserve die nodig of vereist is om de → **liquiditeit** (bet 2) te handhaven
li·re *de* [-s], **li·ra** ['s] munteenheid van Turkije en voor de invoering van de euro ook van Italië
lis *de (m) & het* [-sen] waterbloem, iris
lis·dod·de *de* [-n] inheemse moerasplant met zwartbruine kegelvormige aren *(Typha)*
LISP *afk* comput *List Processing (‹Eng)* [hogere programmeertaal]
lis·pe·len *ww* [lispelde, h. gelispeld] ❶ de *s* en *z* slissend uitspreken ❷ fluisteren
list *de* [-en] slimme streek, slimheid; sluwheid: ★ *~ en bedrog*
lis·tig *bn* slim; sluw
lis·tig·heid *de (v)* ❶ het listig zijn ❷ [*mv:* -heden] slimme streek
Lisv *afk* in Nederland, hist Landelijk instituut sociale verzekeringen [in 2002 opgegaan in UWV]
lit. *afk* literatuur
li·ta·nie *(‹Lat‹Gr) de* [-nieën] ❶ gezamenlijk smeekgebed onder leiding van een voorbidder; vaste reeks van gebeden ❷ fig langdradige opsomming
li·tas *(‹Litouws) de* [*mv›* idem] munteenheid van Litouwen
li·ter *(‹Fr) de (m)* [-s] ❶ vloeistofmaat van één kubieke decimeter ❷ die hoeveelheid
li·te·raat *(‹Du‹Lat) de (m)* [-raten] geletterde, letterkundige, thans veelal geringschattend
li·te·rair, lit·te·rair [-rèr] *(‹Fr) bn* letterkundig, behorend tot of betrekking hebbend op de → **literatuur** (bet 1)
li·te·rair-his·to·risch, lit·te·rair-his·to·risch [-rèr-] *bn* behorend tot, betrekking hebbend op de letterkundige geschiedenis
li·te·ra·tor, lit·te·ra·tor *(‹Lat) de (m)* [-toren] ❶ letterkundige; pregnant iem. die geheel opgaat in de literatuur ❷ iem. die in de letteren studeert of gestudeerd heeft
li·te·ra·tuur, lit·te·ra·tuur *(‹Fr‹Lat) de (v)* [-turen] ❶ → **letterkunde** (bet 1) ★ *grijze ~ brochures, folders e.d. (die zeer moeilijk te catalogiseren zijn)* ❷ geschriften over een bepaald onderwerp
li·te·ra·tuur·ge·schie·de·nis, lit·te·ra·tuur·ge·schie·de·nis *de (v)* [-sen] geschiedenis van de letterkunde
li·te·ra·tuur·lijst, lit·te·ra·tuur·lijst *de* [-en] lijst van gelezen boeken of geraadpleegde geschriften
li·te·ra·tuur·we·ten·schap, lit·te·ra·tuur·we·ten·schap *de (v)* wetenschap van de letterkunde
li·ter·fles *de* [-sen] fles met een inhoud van één liter
li·thi·um *(‹Gr) het* chemisch element, een zeer licht alkalimetaal, symbool Li, atoomnummer 3
li·tho *de* ['s] verkorting van → **lithografie** (bet 2), prent in steendruk
li·tho·graaf *(‹Gr) de (m)* [-grafen] iem. die lithografieën maakt, steendrukker
li·tho·gra·fe·ren *ww* [lithografeerde, h. gelithografeerd] lithografieën maken, steendrukken
li·tho·gra·fie *(‹Gr) de (v)* ❶ vlakdrukprocedé dat berust op het verschijnsel dat water en vet elkaar afstoten, terwijl zij een gelijke affiniteit bezitten voor een derde substantie, oorspronkelijk lithografische kalksteen: ★ *in de ~ gebruikt men tegenwoordig meestal zink- en aluminiumplaten* ❷ [*mv:* -fieën] op deze wijze verkregen afdruk
li·tho·gra·fisch *bn* van, betreffende de lithografie
li·to·raal *(‹Lat)* **I** *bn* tot de kust of het strand behorend ★ *litorale fauna* zeedieren van het ondiepe water (400 m en minder) **II** *het* kustland, vooral langs de Adriatische Zee en het gebied van de Belgische badplaatsen
li·to·tes *(‹Gr) de* redekunstige figuur die schijnbaar verkleint om de zaak des te meer te doen uitkomen, bijv. *niet kwaad* voor: heel goed
Li·tou·wer *de (m)* [-s] iem. geboortig of afkomstig uit Litouwen
Li·touws I *bn* van, uit, betreffende Litouwen **II** *het* de taal van de Litouwers
lits-ju·meaux [liezjuumoo] *(‹Fr) het* [-s] stel van twee bij elkaar behorende bedden, elk voor één persoon
litt. *afk* literatuur
lit·te·ken *het* [-s, -en] overblijvend teken van een genezen wond
lit·te·rair [-rèr] *(‹Fr) bn* → **literair**
lit·te·rair-his·to·ri·cus [-rèr-] *de (m)* [-ci] beoefenaar van de letterkundige geschiedenis
lit·te·ra·tor *(‹Lat) de (m)* [-toren] → **literator**
lit·te·ra·tuur *(‹Fr‹Lat) de (v)* [-turen] → **literatuur(-)**
li·turg *(‹Gr) de (m)* [-en] leider van de eredienst
li·tur·gie *(‹Gr) de (v)* [-gieën] geheel van voorschriften en ceremoniën voor, inrichting van de eredienst; de gebeden en gezangen van de dienst
li·tur·gisch *(‹Gr) bn* van, volgens de liturgie
live [laiv] *(‹Eng) bn* radio, televisie rechtstreeks, op het moment van de handeling, niet via een cd of bandopname; muz opgenomen in een concertzaal e.d. tijdens een optreden, niet in een studio; *ook in samenstellingen:* ★ *live-cd, liveoptreden, live-uitzending*
live-show [laivsjoo] *(‹Eng) de (m)* [-s] optreden van mensen met de bedoeling de toeschouwers seksueel te prikkelen door erotisch geladen handelingen, het opvoeren van de geslachtsdaad op het toneel e.d.
liv·ing [livving] *(‹Eng) de* [-s] ❶ bestaan, levensonderhoud ❷ BN ook als verkorting van *livingroom* woonkamer, huiskamer
li·vrei *(‹Fr) de* [-en] uniform van een mannelijke huisbediende
li·vrei-knecht *de (m)* [-en, -s] knecht in uniform
LK *afk* laatste kwartier *(van de maan)*; zie bij →

kwartier (bet 3)
L-kamer *de* [-s] kamer in de vorm van een L
lkv *afk* luchtkussenvoertuig (→ **hovercraft**)
ll. *afk* laatstleden
lla·no [ljaa-] *(⟨Sp⟩ de (m)* ['s] benaming voor de uitgestrekte grasvlakten in het noorden van Zuid-Amerika, meest zonder bomen en heuvels; savanne
lm. *afk* symbool voor → **lumen**
LNG *afk* Liquid Natural Gas *(⟨Eng⟩* [vloeibaar aardgas]
lng *afk* liquified natural gas [aardgas dat door sterke afkoeling vloeibaar getransporteerd kan worden]
lno *afk* Lager Nijverheidsonderwijs
LNV *afk* in Nederland (ministerie van) Landbouw, Natuur en Voedselkwaliteit
LO *afk* ❶ Lager Onderwijs ❷ lichamelijke opvoeding ❸ ⟨in de bezettingstijd⟩ Landelijke Organisatie (voor hulp aan onderduikers) ❹ Linkeroever (met name van de Schelde te Antwerpen)
lob[1] *(⟨Gr⟩ de* [-ben] ❶ → **kwab** (bet 1) ❷ bladdeel tussen twee insnijdingen
lob[2] *(⟨Eng⟩ de (m)* [-s] slag over de toelopende tegenstander heen bij het tennissen; voetbal hoog, langzaam schot met een boogje over één of meer tegenstanders, zoals een uitlopende keeper, heen
lob[3] *de* [-ben] plooisel van een kraag of manchet
lob·ben *ww (⟨Eng⟩* [lobde, h. gelobd] een → **lob**[2]
lob·bes *de (m)* [-en] goedzak
lob·by [-bie] *(⟨Eng⟩ de* ['s] ❶ wandelgang van het parlement ❷ ⟨oorspronkelijk in de Verenigde Staten⟩ groep belanghebbenden, die invloed op het parlement wil uitoefenen, pressiegroep ❸ algemeen bespreking vooraf over te nemen belangrijke besluiten; groep die zulke besprekingen houdt
lob·by·en *ww* [-bie-] *(⟨Eng⟩* [lobbyde, h. gelobbyd] een → **lobby** (bet 3) houden of vormen
lob·by·ing [-bie-] *(⟨Eng⟩ de (v)* actie van lobby's (→ **lobby**, bet 2)
lob·by·ist [-bie-] *de (m)* [-en] deelnemer aan een → **lobby** (bet 2, 3)
lo·be·lia *de* ['s] bekende sierplant met blauwe klokbloemen (*Lobelia erinus*), genoemd naar de Zuid-Nederlandse plantkundige Matthias Lobelius (1538-1616)
lob·oor [-oren] **I** *het* lang neerhangend oor **II** *de (m)* varken of hond met zulke oren; fig hangoor
loc *de (m)* [-s] afkorting van locomotief
lo·ca·tie [-(t)sie] *(⟨Lat⟩ de (v)* [-s] ❶ plaatsbepaling ❷ plaats buiten de studio's, waar film- of televisieopnamen worden gemaakt, plaats van de handeling: ★ *deze scène is op ~ opgenomen*
lo·ca·tief, lo·ca·tief *(⟨Lat⟩ de (m)* [-tieven] taalk naamvalsvorm die een plaats of tijd aanduidt
loc. cit. *afk* loco citato *(⟨Lat⟩* [op de aangehaalde plaats]
loch *(⟨Gaelic⟩ het* (berg)meer (in Schotland)
lock·er *(⟨Eng⟩ de (m)* [-s] vooral NN afsluitbaar kastje waarin bagage of kleding bewaard wordt, kluisje

lo·co *(⟨Lat⟩* **I** *bijw* ❶ muz op de gewone plaats ❷ ter plaatse; handel beding dat alle kosten om de goederen onder bereik van de koper te brengen voor hem zijn **II** *voorvoegsel* plaatsvervangend, waarnemend, bijv. ★ NN *loco-burgemeester* waarnemend burgemeester
lo·co·mo·biel *(⟨Lat⟩ de (m)* [-en] stoommachine die zichzelf op wielen kan voortbewegen
lo·co·mo·tief *(⟨Lat⟩ de (m)* [-tieven] ❶ spoorwegvoertuig, uitsluitend bestemd om andere wagens voort te trekken ❷ BN persoon of zaak als middel om iets op gang te brengen
lo·co·pre·pa·raat *het* [-raten] onverpakt geneesmiddel i.p.v. een verpakt, gepatenteerd van nagenoeg dezelfde samenstelling
lo·cu·tie [-(t)sie] *(⟨Lat⟩ de (v)* [-s, -tiën] uitdrukking, spreekwijze
lod·de·rig *bn* soezerig, sufferig
lo·den[1] **I** *bn* van lood; zie ook bij → **schoen II** *ww* [loodde, h. gelood] ❶ peilen ❷ van een loden merkteken voorzien ❸ glas in lood vatten
lo·den[2] *(⟨Du⟩* **I** *de (m) & het* sterk gevolde dichte wollen stof voor jassen **II** *de (m)* cape of jas van die stof
loe·bas *de (m)* [-sen] BN, spreektaal ❶ grote, goedaardige hond, lobbes ❷ lomperd, boerenkinkel; schurk
loe·der *de (m) & het* [-s] scheldwoord gemeen persoon
loef *de* windzijde ★ *de ~ afsteken* de wind uit de zeilen nemen, voorbijstreven
loef·zij, loef·zij·de *de* windzijde
loei NN **I** *de (m)* [-en] harde schop, harde klap: ★ *hij gaf de bal een ~* **II** *als eerste lid in samenstellingen* (vooral in populaire taal) in hoge mate: ★ *loeizwaar, loeihard*
loei·en *ww* [loeide, h. geloeid] het geluid van een koe, van harde wind enz. maken
loei·er *de (m)* [-s] inf sp zeer hard schot, zeer harde worp e.d.
loei·goed *bn* NN, spreektaal heel goed
loei·hard *bn* ⟨van een geluid, schot e.d.⟩ erg hard
loem·pia *(⟨Chin⟩ de* ['s] Chinees (voor)gerecht bestaande uit een pannenkoekje, gevuld met vlees, uien, groente enz.
loens *bn* ietwat scheel
loen·sen *ww* [loenste, h. geloenst] scheel kijken
loep *(⟨Fr⟩ de* [-en] (hand)vergrootglas, in een montuur ★ *iets onder de ~ nemen* nauwkeurig onderzoeken
loep·zui·ver *bn* waarin zelfs met een loep geen gebreken zijn te zien
loer[1] *de* het loeren: ★ *op de ~ liggen*
loer[2] *de* ★ *iem. een ~ draaien* iem. beetnemen
loe·ren *ww* [loerde, h. geloerd] gluiperig kijken ★ *~ op* scherp in het oog houden, om tot prooi of slachtoffer te maken
loe·ris *de (m)* [-en] lomperd, lummel
loe·ven *ww* [loefde, h. geloefd] ❶ tegen de wind op zeilen ❷ ⟨van een petroleumlamp⟩ te hoog en

ongelijkmatig branden
loe·ver *zn* ★ *te* ~ aan de windzijde
lof¹ I *de (m)* het loven, prijzen; prijzende woorden: ★ *iemand* ~ *toezwaaien* hem prijzen ★ *met* ~ *slagen* met bijzondere onderscheiding ★ *eigen* ~ *stinkt* men moet niet zichzelf prijzen II *het* [loven] RK middag- of avondkerkdienst
lof² *het* ❶ bladeren ❷ soort groente ★ NN *Brussels* ~ zie bij → **Brussels**
lof·ba·zuin *de* [-en] loftrompet
lof·dicht *het* [-en] gedicht dat iem. of iets lof toezwaait
lof·fe·lijk *bn* ❶ waard te loven: ★ *een* ~ *streven* ❷ eervol
lof·lied *het* [-eren] lied ter verheerlijking
lof·prij·zing *de (v)* het loven, vooral van God
lof·psalm *de (m)* [-en] psalm waarin God lof wordt toegezwaaid
lof·re·de *de* [-s, -redenen] rede ter verheerlijking
lof·re·de·naar *de (m)* [-s] iem. die een lofrede houdt
lof·spraak *de* ❶ het spreken van lovende woorden ❷ woorden van lof
lof·trom·pet *de* ★ *de* ~ *steken* ten zeerste prijzen
lof·tui·ting *de (v)* [-en] verkondiging van iemands lof
lof·waar·dig *bn* te loven
lof·werk *het* bladervormige versiering aan meubelen enz., gewoonlijk van hout
lof·zang *de (m)* [-en] lied ter verheerlijking
log¹ *bn* ❶ plomp ❷ niet vlug, traag
log² *(‹Hebr) de* [-gen] instrument om de snelheid van een schip te bepalen
log³ *afk* logaritme
lo·ga·rit·me *(‹Gr) de* [-n, -s] exponent die de macht aangeeft waartoe een getal (grondgetal) moet worden verheven om een gegeven getal tot uitkomst te krijgen
lo·ga·rit·me·ta·fel *de* [-s] lijst met logaritmen
lo·ga·rit·misch *bn* van de aard van, in of met logaritmen
log·boek *het* [-en] scheepsdagboek voor het optekenen van waarnemingen
lo·ge [lòzjə] *(‹Fr) de* [-s] ❶ afgescheiden zitgelegenheid voor enige personen in een theater; ook als rang ❷ vereniging en verenigingsgebouw van vrijmetselaars; vrijmetselarij ❸ woning van of hokje voor een portier e.d.
lo·gé [loozjee] *(‹Fr) de (m)* [-s], **lo·gee** *de (v)* [-s] persoon die als gast tijdelijk bij iem. gehuisvest is
lo·geer·bed [loozjeer-] *het* [-den] bed voor een logeergast
lo·geer·ka·mer [loozjeer-] *de* [-s] kamer voor logés
lo·ge·ment [loozjə-] *(‹Fr) het* [-en] uiterst eenvoudig hotel
lo·gen¹ *ww* [loogde, h. geloogd] met loog behandelen
lo·gen² *ww verl tijd meerv* van → **liegen**
lo·gen·straf·fen *ww* [logenstrafte, h. gelogenstraft] de onwaarheid van iets bewijzen
lo·ge·ren *ww* [loozjeer-] *(‹Fr)* [logeerde, h. gelogeerd]

❶ huisvesten ❷ als gast tijdelijk zijn intrek bij iem. nemen
log·gen *ww* [logde, h. gelogd] met de log de vaarsnelheid bepalen
log·ger *(‹Eng) de (m)* [-s] soort vissersvaartuig
log·gia [lodzjaa] *(It) de* ['s] overdekte galerij langs (de bovenverdieping van) een paleis
lo·gi·ca *(‹Lat‹Gr) de (v)* ❶ leer van de wetten en regels van het denken ❷ juiste redenering
-lo·gie *(‹Gr)* achtervoegsel met de betekenis: leer, wetenschap (van het in het eerste lid genoemde)
lo·gies [loozjies] *(‹Fr) het* ❶ onderdak; gelegenheid om te logeren, nachtverblijf ❷ verblijf van de bemanning op een schip
log·in *de* comput proces van toegang krijgen tot een systeem of netwerk
lo·gisch *(‹Gr) bn* ❶ behorend tot de logica ❷ overeenkomstig de logica, rationeel juist ❸ ★ taalk *logische analyse* ontbinding van een volzin in zijn bestanddelen
lo·gis·tiek *(‹Gr)* I *de (v)* ❶ leer van de deductie, van de wiskundige logica ❷ alle handelingen die nodig zijn om de troepen doeltreffend van voorraden te voorzien en onder de beste omstandigheden te doen strijden II *bn* betrekking hebbend op de logistiek
log·lijn *de* [-en] door knopen in gelijke stukken verdeeld touw, waaraan de log is bevestigd
lo·go *(‹Gr) het* ['s] handelsnaam, op een bep. wijze vorm gegeven met een gestileerd lettertype
lo·gon *(‹Gr) de (m)* [-s] → **logo**
lo·go·pe·die *(‹Gr) de (v)* onderricht in zuiver spreken en het goed gebruiken van de stem
lo·go·pe·disch *bn* van, betreffende de logopedie
lo·go·pe·dist *de (m)* [-en], **lo·go·pe·dis·te** *de (v)* [-n, -s] stem- en spraakkundige
lo·gos *(‹Gr) de (m)* woord; rede; theol het Woord Gods
loi·pe *(‹Noors) het* [-s] door langlaufen uitgeslepen pad in de sneeuw
lok *de* [-ken] bundeltje haar
lo·kaal¹ *(‹Fr) bn* ❶ plaatselijk, tot een plaats behorend: ★ *een* ~ *gebruik* ❷ tot een plaats beperkt ★ *lokale anesthesie* plaatselijke verdoving ★ *een* ~ *gesprek* telefoongesprek binnen de plaats of het district waar men opbelt ★ ~ *netwerk* comput samenstel van computers en randapparatuur binnen een gebouw, zonder verbindingen naar buiten
lo·kaal² *(‹Fr) het* [-kalen] plaats van vereniging; ruim vertrek, grote kamer
lo·kaal·vre·de·breuk *de* NN het wederrechtelijk verblijven in een ruimte die geen huis is (vgl: → **huisvredebreuk**)
lok·aas *het* [-azen] lokspijs; fig dat wat iem. verlokt
lo·ka·li·sa·tie [-zaa(t)sie] *(‹Fr) de (v)* [-s] ❶ het lokaliseren ❷ plaatsaanduiding ❸ beperking tot één plaats; comput het aanpassen van software aan de taal van de landen waar de software verkocht gaat

worden
lo·ka·li·se·ren *ww* [-zee-] (‹Fr›) [lokaliseerde, h. gelokaliseerd] ❶ plaatselijk maken, binnen bepaalde grenzen beperken; comput software aanpassen aan de taal van de landen waar de software verkocht gaat worden ❷ een plaats toekennen, de plaats bepalen van
lo·ka·li·teit (‹Fr›) *de (v)* [-en] plaats, plaatsruimte; kamer, vertrek (met het oog op het doel)
lok·doos *de* [-dozen] bestrijdingsmiddel tegen ongedierte, bestaande uit een doos met vergif dat het ongedierte aantrekt en doodt
lok·duif *de* [-duiven] tamme duif die dient om wilde duiven te lokken
lok·eend *de* [-en] tamme eend die dient om wilde eenden te lokken
lo·ken *ww* verl tijd meerv van → **luiken**
lo·ket *het* [-ten] ❶ vakje in een kast, bureau enz. ❷ raampje of dergelijke opening in de wand van een kantoor enz., waaraan de bezoekers worden te woord gestaan
lo·ket·tist *de (m)* [-en], **lo·ket·tis·te** *de (v)* [-n, -s] iem. die aan een loket kaartjes afgeeft
lok·ken *ww* [lokte, h. gelokt] tot zich trekken door iets wat begeerte opwekt
lok·kig *bn* met veel lokken
lok·mid·del *het* [-en] middel om te lokken
lok·roep *de (m)* [-en] roep waarmee men een dier tot zich laat komen
lok·spijs *de* [-spijzen] lekkers om mee te lokken; lokmiddel
lok·stem *de* [-men] lokkende stem
lok·vo·gel *de (m)* [-s] gekooide vogel, die andere vogels lokt; *fig* verleider, verleidster
lok·zet *de (m)* [-ten] schaken, dammen zet die de tegenstander moet verleiden een foutieve zet te doen
lol *de* spreektaal pret: ★ ~ *hebben*; *iets voor de* ~ *doen* ★ NN *zeg, doe me een* ~! verzoek om ergens mee op te houden
lol·broek *de* [-en] platte grappenmaker
lo·li·ta *de (v)* ['s] jong (ca. 12-16 jaar), seksueel uitdagend meisje, genoemd naar *Lolita*, de hoofdpersoon in de gelijknamige roman (1955) van de Russisch-Amerikaanse schrijver V.V. Nabokov
lol·len *ww* [lolde, h. gelold] ruw en schreeuwerig zingen
lol·le·tje *het* [-s] spreektaal grapje, geintje ★ NN *dat is geen* ~ dat is niet prettig, dat is onaangenaam
lol·lig *bn* inf leuk, plezierig
lol·ly *de* (‹Eng›) *de* ['s] kindersnoepgoed van suiker met vruchtensmaak op een stokje
lom *de (m)* [-men] schelvisachtige zeevis met slechts één lange rugvin (*Brosme brosme*)
Lom·bar·dijs, **Lom·bar·disch** *bn* van, uit, betreffende Lombardije
lom·bok (‹Mal›) *de (m)* Spaanse peper
lo·mig *bn* enigszins loom

lom·mer *het* schaduw van gebladerte; *ook* gebladerte: ★ *we verpoosden in het* ~ *van een eik*
lom·merd *de (m)* [-s] pandjeshuis, bank van lening
lom·merd·brief·je *het* [-s] bewijs van belening in de lommerd
lom·me·rig *bn* met lommer
lom·mer·rijk *bn* schaduwrijk
lomp[1] *de* [-en] oude lap
lomp[2] *bn* grof; plomp; onbeschoft; onhandig, vlegelachtig
lom·pen·koop·man *de (m)* [-lieden, -lui] iem. die in lompen (→ **lomp**[1]) handelt
lom·pen·pro·le·ta·ri·aat *het* de allerarmsten
lom·perd *de (m)* [-s], **lom·pe·rik** *de (m)* [-riken] ❶ onbeschaafd, onbeschoft persoon ❷ onhandig, onbeholpen persoon
lomp·heid, **lom·pig·heid** *de (v)* [-heden] grofheid, lompe daad; het → **lomp**[2] zijn
lomp·weg *bijw* op ruwe, lompe wijze
lom·school *de* [-scholen] NN, hist school voor kinderen met leer- en opvoedingsmoeilijkheden
Lon·de·naar *de (m)* [-s] iem. geboortig of afkomstig uit Londen
Lon·dens *bn* van, uit, betreffende Londen
lo·nen *ww* [loonde, h. geloond] opwegen tegen moeite en kosten, vergoeden: ★ *het loont de moeite niet om deze computer nog te repareren* ★ NN *het kwaad loont zijn meester* wie iets verkeerds doet, ondervindt er de onaangename gevolgen van
lon·er [loonə(r)] (‹Eng›) *de (m)* [-s] iem. die bij voorkeur vaak alleen is, die zijn eigen weg gaat
long *de* [-en] ademhalingsorgaan, orgaan dat zuurstof voor het bloed opneemt uit de lucht
long·aan·doe·ning *de (v)* [-en] longziekte
long·blaas·je *het* [-s] blaasvormige opzwelling in de wand van de longtrechtertjes
long·drink (‹Eng›) *de (m)* [-s] drank bestaande uit een alcoholische drank, aangelengd met koolzuurhoudend water of vruchtensap en meestal ook ijs, uit een hoog glas gedronken
long·em·bo·lie *de (v)* med embolie in een longslagadertak
lon·gi·tu·di·naal (‹Fr›) *bn* op de lengte betrekking hebbend; de lengterichting volgend
long·kan·ker *de (m)* → **kanker** (bet 1) in de longen
long·kruid *het* bosplant met spitse hartvormige bladeren en eerst roze, later blauwviolette bloemen (*Pulmonaria officinalis*)
long·kwab *de* [-ben] elk van de delen waaruit de long bestaat
long·list (‹Eng›) *de* [-s] lijst met kandidaten voor een functie of onderscheiding, die na verdergaande selectie wordt gereduceerd tot een *shortlist*
Lon·go·bar·den *mv* Oost-Germaanse volksstam die aan het einde van de zesde eeuw Italië binnentrok
Lon·go·bar·disch I *bn* van, betreffende de Longobarden II *het* taal van de Longobarden
long·ont·ste·king *de (v)* [-en] ontsteking in de longen

long·pest *de* pest veroorzaakt door ingeademde pestbacillen

long·pijp *de* [-en] een van de pijpen waarin de luchtpijp zich vertakt

long·spe·cia·list [-sjaa-] *de (m)* [-en] medisch specialist die zich bezighoudt met de longen en de ziekten daarvan

long·trech·ter·tje *het* [-s] een van de trechtertjes waarin de vertakkingen van de longpijpen uitlopen

long·tu·ber·cu·lo·se [-loozə] *de (v)* tuberculose aan de longen

long·vis·sen *mv* in slijk levende vissen, die behalve kieuwen ook longen hebben om bij droogte te gebruiken

long·ziek·te *de (v)* [-n, -s] ziekte aan één of beide longen

lonk *de (m)* [-en] lokkende blik

lon·ken *ww* [lonkte, h. gelonkt] een lokkende blik werpen

lont *de* [-en] ❶ ontstekingskoord ★ ~ *ruiken* onraad vermoeden, merken dat er iets aan de hand is ★ NN *een kort lontje hebben* snel kwaad worden, opvliegend zijn ★ *de* ~ *in het kruitvat steken* het kruit doen ontploffen; fig de boel aan de gang maken ❷ pit van een kaars

lon·tar (*‹Mal)* *de (m)* [-s], **lon·tar·palm** *de (m)* [-en] soort van palmboom met waaiervormige bladen

lon·tong *de (m)* rijst in staafvorm

loo·che·nen *ww* [loochende, h. geloochend] ontkennen, niet erkennen; het bestaan ontkennen van: ★ *God* ~, *de waarheid* ~; **loochening** *de (v)* [-en]

lood *het* ❶ zwaar grijsblauw metaal ❷ voorwerp van lood, vooral loden kogel(s): ★ *kruit en* ~ ❸ stuk lood aan een lijn om te zien of iets rechtstandig is: ★ *uit het* ~ *zakken* scheef zakken ★ *uit het* ~ *geslagen zijn* zijn geestelijk evenwicht kwijt zijn peilood: ★ *het* ~ *werpen* ❹ merkteken, nummerplaatje van lood ❺ vroegere gewichtseenheid: 15,4 of 10 g; zie ook bij → **ijzer** (bet 1), → **loodje**

lood·erts *het* [-en] lood bevattend erts

lood·gie·ter *de (m)* [-s] iem. die lood- en zinkwerk in en aan huizen verricht

lood·glans *het* verbinding van lood en zwavel

lood·grijs *bn* loodkleurig

lood·hou·dend *bn* lood bevattend: ★ *loodhoudende stoffen* ★ *loodhoudende benzine* benzine waaraan lood is toegevoegd om de klopvastheid te vergroten

lood·je *het* [-s] ❶ kaartje, bewijs ❷ stukje lood om te → **plomberen** (bet 1) ❸ stukje metaal aan een worst ★ *de laatste loodjes wegen het zwaarst* de laatste werkzaamheden vallen het zwaarst ★ *het* ~ *leggen* bezwijken, sterven

lood·kleu·rig *bn* grijsblauw

lood·lijn *de* [-en] lijn loodrecht op een andere lijn of op een vlak

lood·mijn *de* [-en] groeve waaruit looderts gedolven wordt

lood·oxi·de [-oksiedə] *het* roest van lood

lood·recht *bn* een hoek van 90°; vormend met een lijn of vlak

loods¹ (*‹Middelengels)* *de (m)* [-en] zeeman die de schepen in en uit de havens leidt

loods² (*‹Fr)* *de* [-en] schuur, bergplaats

loods·boot *de* [-boten] boot van de → **loods¹**(en)

loods·dienst *de (m)* het volgens geldende bepalingen loodsen

lood·sen *ww* [loodste, h. geloodst] ❶ een schip besturen in moeilijk vaarwater ❷ fig met overleg en tact ergens brengen of ergens toe brengen: ★ *iem. de zaal uit* ~ ★ *een voorstel door de vergadering* ~

loods·geld *het* [-en] kosten van het binnenloodsen van een schip

loods·man·ne·tje *het* [-s] klein zeevisje dat in de buurt van haaien zwemt

loods·vlag *de* [-gen] ❶ seinvlag, gevoerd door de loodsboot, ten teken dat loodsen aan boord beschikbaar zijn ❷ seinvlag, gehesen door schip dat een → **loods¹** wenst

loods·we·zen *het* de loodsdienst

lood·verf *de* [-verven] loodwithoudende verf

lood·ver·gif·ti·ging *de (v)* [-en] vergiftiging door lood, komt veel voor bij mensen die met loodhoudende stoffen omgaan

lood·vrij *bn* geen of weinig lood bevattend: ★ *loodvrije benzine*

lood·wit *het* loodverbinding als verfstof gebruikt

lood·zwaar *bn* zeer zwaar

loof *het* gebladerte

loof·boom *de (m)* [-bomen] boom met bladeren

loof·hout *het* ❶ loofbomen ❷ hout van loofbomen; hardhout

loof·hut *de* [-ten] zie bij → **Loofhuttenfeest**

Loof·hut·ten·feest, **Loof·hut·ten·feest** *het* [-en] Israëlitisch feest in het begin van oktober, gevierd in hutten gemaakt van bladeren, ter herdenking van de omzwerving in de woestijn

loof·werk *het* lofwerk

loog¹ *de & het* [logen] ❶ bijtende vloeistof, reinigingsmiddel ❷ chem base

loog² *de (m)* [logen] NN, spottend iem. die een beroep heeft dat eindigt op -loog, veelal werkzaam in de quartaire sector, bijvoorbeeld een socioloog: ★ *veel logen en gogen houden zich bezig met de werkloze jongeren*

loog³ *ww* verl tijd van → **liegen**

looi·en *ww* [looide, h. gelooid] leder bereiden uit huiden

looi·er *de (m)* [-s] iem. die looit

looi·e·rij *de (v)* [-en] werkplaats voor het looien

looi·kuip *de* [-en] kuip waarin gelooid wordt

looi·zuur *het* soort looistof, tannine

look¹ *de (m) & het* ❶ uiachtig plantengeslacht (*Allium*) ❷ BN ook knoflook: ★ *de kok gebruikte te veel look*

look² [loek] (*‹Eng)* *de (m)* [-s] eig 1blik, gezicht, voorkomen; thans modestijl: ★ *een nieuwe* ~; vgl: → **new look**

look[3] *ww verl tijd van* → **luiken**

look·alike [loekəlaik] *(⟨Eng⟩ de (m)* [-s] persoon die grote gelijkenis vertoont met een ander persoon, evenbeeld, dubbelganger

look·worst *de* [-en] BN met knoflook gekruide vleesworst

look-zon·der-look *de (m) & het* de plantensoort *Alliaria petiolata* uit de Kruisbloemenfamilie, een in Nederland en België algemeen in lichte bossen en in heggen voorkomende plant met langgesteelde, hartvormige bladen en een witte bloemkroon; bij kneuzing ruikt de plant naar uien

loom *bn* ❶ traag en lui: ★ *lome bewegingen* ★ *de zon maakte ons ~* ❷ futloos, mat, slap: ★ *een lome stemming* ❸ ⟨in beursberichten⟩ niet druk gevraagd en daardoor geneigd tot dalen; **loomheid** *de (v)*

loon *het* [lonen] ❶ vergoeding voor arbeid, vooral handenarbeid; salaris ❷ vergelding; straf ★ BN, m.g. *loontje komt om zijn boontje*, NN *boontje komt om zijn loontje* een boosdoener ontgaat zijn straf niet ★ *iron zijn verdiende ~ krijgen* (door eigen schuld) de kwade gevolgen ondervinden; zie ook bij → **boon**

loon·ac·tie [-sie] *de (v)* [-s] het streven naar loonsverhoging

loon·ak·koord *het* [-en] overeenkomst tussen werkgevers en werknemers betreffende de salariëring

loon·ar·beid *de (m)* werk verricht voor loon

loon·be·las·ting *de (v)* in 1941 ingevoerde belasting, die bij de uitbetaling van het loon of salaris door de werkgever wordt ingehouden

loon·be·slag *het* beslaglegging op loon

loon·brief·je *het* [-s] salarisspecificatie

loon·dienst *de (m)* het in dienst zijn voor loon

loon·eis *de (m)* [-en] wat werknemers als loon verlangen

loon·fi·che *het* [-en] BN ook loonstrookje

loon·front *het* strijd tussen de belanghebbende partijen over de hoogte van de lonen: ★ *ontwikkelingen aan het ~*

loon·grens *de* [-grenzen] vroeger inkomensgrens boven welke men buiten een aantal sociale verzekeringswetten valt; thans ziekenfondsgrens

loon·in·ten·sief *bn* ★ *een ~ bedrijf* bedrijf waarin de lonen een groot aandeel in de kosten hebben

loon·kost *de (m)* BN ⟨ambtelijke taal⟩ loonkosten, kosten van te betalen lonen

loon·kos·ten *mv* bedrag dat een bedrijf besteedt aan salaris van het personeel

loon·lijst *de* [-en] door werkgevers bij te houden lijst met de namen van de werknemers en hun lonen

loon·maat·re·gel *de (m)* [-en en -s] maatregel van de regering betreffende de lonen

loon·over·dracht *de* [-en] BN loondeel dat in beslag genomen wordt en waarmee schulden betaald worden

loon·pau·ze *de* [-s] periode waarin de lonen niet mogen worden verhoogd

loon·pla·fond [-fon] *het* peil waarboven het loon niet stijgen mag

loon·po·li·tiek *de (v)* beïnvloeding door de overheid van de loononderhandelingen teneinde grip te krijgen op de conjuncturele ontwikkelingen

loon-prijs·spi·raal *de* het elkaar beurtelings opjagen van lonen en prijzen

loon·ron·de *de (v)* [-n, -s] NN algemene verhoging van het loon in verband met de kosten van levensonderhoud

loon·schaal *de* [-schalen] maatstaf voor het berekenen van het loon ★ *glijdende ~* op- en neergaande met de kosten van levensonderhoud

loon·slaaf *de (m)* [-slaven] arbeider die hard moet werken voor weinig loon

loon·som *de* [-men] bedrag dat aan loon is uitbetaald

loon·staat *de (m)* [-staten] lijst, door de werkgever voor iedere werknemer aan te leggen, waarop de door de werknemer verdiende lonen over een jaar zijn opgetekend (voorschrift in verband met de loonbelasting)

loon·stan·daard *de (m)* het peil, de gemiddelde hoogte van het loon

loon·stop *de (m)* door de overheid opgelegd verbod tot loonsverhoging

loon·strook·je *het* [-s] salarisspecificatie

loon·trek·kend *bn* loon ontvangend voor verricht werk

loon·trek·ken·de *de* [-n] BN werknemer

loon·trek·ker *de (m)* [-s] iem. die werkt voor loon

loon·vloer *de (m)* peil waaronder het loon niet dalen mag

loon·vork *de* [-en] BN verschil tussen hoogste en laagste loon

loon·zak·je *het* [-s] vroeger zakje waarin het loon werd overhandigd aan de werknemer; thans fig: ★ *hoeveel krijg jij in je ~?* hoeveel verdien je?

loop[1] *de (m)* ❶ het lopen; manier van lopen; het weglopen ★ *op de ~ zijn* weggelopen, gevlucht zijn ❷ gang, ontwikkeling: ★ *'s levens ~* ★ *de ~ van de gebeurtenissen* ★ *de vrije ~ laten* geen hindernissen in de weg leggen ❸ verloop ★ *in de ~ van de week* gedurende die week ❹ [mv: lopen] buis aan een vuurwapen, waardoor het projectiel naar buiten gaat bij het schieten; zie ook → **loopje**

loop[2] [loep] ⟨⟨Eng⟩⟩ *de* [-s] looping, lus

loop·baan *de* [-banen] ❶ wat iemand gedurende zijn leven verricht en bereikt heeft ❷ sp sintelbaan ❸ baan die sterren beschrijven

loop·brug *de* [-gen] brug voor voetgangers

loop·gips *het* gipsverband (om een been) waarmee de drager lopen kan

loop·graaf *de* [-graven] gegraven gevechtsdekking

loop·gra·ven·oor·log *de (m)* [-logen] oorlog die in de loopgraven uitgevochten wordt

loop·ing [loepin] ⟨⟨Eng⟩⟩ *de (v)* acrobatische toer waarbij iemand met grote snelheid op een rijwiel, in een auto of (gewoonlijk) met een vliegtuig in een verticaal vlak een cirkel beschrijft

loop·je *het* [-s] ❶ wandelingetje ★ *een ~ met iemand nemen* hem voor de mal houden ★ *een ~ met de voorschriften nemen* zich er niet aan houden ❷ muz aantal snel achter elkaar gespeelde of gezongen tonen ❸ manier van lopen: ★ *hij heeft een vreemd ~*

loop·jon·gen *de (m)* [-s] boodschappenjongen

loop·ke·ver *de (m)* [-s] lid van een keverfamilie, Carabidae, waarvan de meeste soorten zich snel over de grond voortbewegen en waarvan alle soorten 's nachts op roof uitgaan

loop·kraan *de* [-kranen] op rails lopende hijskraan

loop·mi·cro·foon *de (m)* [-s en -fonen] (veelal snoerloze) microfoon die men kan gebruiken tijdens een optreden waarbij gelopen moet worden

loop·neus *de (m)* [-neuzen] veel slijm afscheidende neus

loop·oor *het* [-oren] vocht afscheidend oor

loop·pas *de (m)* snelle pas met gebogen knieën ★ *in (met) de ~* heel vlug ★ *~!* gauw, vlug!

loop·plank *de* [-en] plank tussen wal en schip ★ NN, fig *de ~ intrekken* ergens een eind aan maken

loop·rek *het* [-ken] toestel waarmee slecht ter been zijnde mensen zich kunnen voortbewegen

loops *bn* bronstig (van vrouwelijke dieren, vooral honden)

loop·tijd *de (m)* [-en] (van een wissel, contract enz.) geldigheidsduur; (van een lening) tijdsverloop van aflossing

loop·vlak *het* [-ken] gedeelte van een wiel of luchtband dat de weg raakt

loop·vo·gel *de (m)* [-s] vogel met zeer weinig vliegvermogen, bijv. de struisvogel

loop·werk *het* ❶ de gezamenlijke bewegende onderdelen van een machine ❷ wijze waarop een sportman loopt: ★ *het ~ van onze spits laat te wensen over*

loos *bn* ❶ leeg, zonder inhoud: ★ *een loze noot* ❷ slim, listig ❸ schijnbaar, niet echt: ★ *een ~ raam* ❹ vals, bedrieglijk, onbetrouwbaar: ★ *~ alarm* ★ *een ~ gerucht* ❺ ★ BN, m.g. *loze vinken* blinde vinken, slavinken

loos·heid *de (v)* ❶ slimheid ❷ [*mv*: -heden] slimme streek

loos·pijp *de* [-en] afvoerpijp

loot *de* [loten] ❶ scheut, dunne tak, ent ❷ fig spruit, telg, nakomeling

loot·je *het* [-s] vooral NN loterijbriefje: ★ *lootjes trekken met Sinterklaas*

lo·pen *ww* [liep, h. en is gelopen] ❶ zich door verplaatsing van benen of poten voortbewegen; BN ook rennen ★ vooral NN *loop heen!* ben je mal!, maak dat je wegkomt! ★ *iem. laten ~* zich niet meer met hem bemoeien ★ *iets laten ~* er niets meer aan doen, het op zijn beloop laten, geen verdere maatregelen nemen ★ *erin ~* a) betrapt worden; b) zich beet laten nemen ★ *tegen iem. aan ~* iem. toevallig ontmoeten ★ *tegen iets ~* toevallig iets

aantreffen ★ *het op een ~ zetten* hard weglopen ★ BN *er van onder ~ ervandoor gaan* ★ NN *in de ziektewet, WW, WAO e.d. ~* een uitkering krijgen op grond van die wet ★ *~ met* verkering hebben met ★ fig *over iem. heen ~* in het geheel geen rekening met iem. houden ★ *op één been kun je niet ~* gebruikt als excuus om nog een tweede drankje te nemen ★ BN ook *verloren ~* verdwalen; zie ook → **heenlopen** en → **lopend** ❷ in werking zijn: ★ *de motor loopt lekker* ❸ zich ontwikkelen, verlopen: ★ *de zaken ~ naar wens* ❹ zich uitstrekken (in ruimte of tijd): ★ *deze weg loopt door de polder* ★ *het contract loopt tot het jaar 2015* ❺ stromen, vloeien: ★ *het water loopt langs de muur*

lo·pend *bn* aan het lopen zijnd ★ *de lopende band* sterk gerationaliseerde en gespecialiseerde werkwijze, waarbij een massafabricaat achtereenvolgens verschillende arbeiders passeert, die er elk slechts één bepaalde handeling op verrichten ★ *aan de lopende band* volgens die werkwijze gemaakt; fig in massa, zonder ophouden ★ *een lopende hand* vlot handschrift ★ *een ~ oog* ontstoken en daardoor vocht afscheidend ★ *een lopende patiënt* die niet hoeft te liggen ★ *een lopende rekening* nog niet vereffende rekening, rekening-courant ★ *lopende rente* nog niet uitbetaalde rente ★ *~ schrift* vlot handschrift of schuin schrift ★ *als een ~ vuurtje rondgaan* (van nieuws) zich snel verbreiden ★ *~ want* scheepstouwwerk dat los over katrollen enz. loopt ★ *de lopende week* die begonnen en nog niet ten einde is ★ *de lopende zaken* waarmee men bezig is en die nog niet beëindigd zijn ★ BN ook *per lopende meter* per strekkende meter ★ BN, spreektaal *~ water* stromend water

lo·per *de (m)* [-s] ❶ boodschapper ❷ lang smal tapijt ★ *de rode ~ voor iem. uitleggen* iem. uitbundig, vorstelijk verwelkomen ❸ op verschillende sloten passende sleutel; werktuig om sloten te openen ❹ snel paard ❺ naam van verschillende werktuigonderdelen ❻ schaken stuk dat uitsluitend diagonaal mag bewegen ❼ jong varken van 3-6 maanden

lor *de & het* [-ren] oude lap, vod ★ *geen ~* helemaal niets

lord [lò(r)d] *⟨Eng⟩ de (m)* [-s] ❶ Engelse adellijke titel die de dragers recht geeft op een zetel in het Hogerhuis (→ **House of Lords**) ❷ persoon die de titel lord mag voeren: ★ *een rijke lord*

lo·re·jas *de (m)* [-sen] BN, spreektaal schelm, deugniet

lor·gnet [lornjet] *⟨Fr⟩ de & het* [-s, -ten] bril zonder zijmontuur, knijpbril

lor·gnon [lornjò] *⟨Fr⟩ de (m) & het* [-s] oogglas voor één of beide ogen aan een handvat, face-à-main

lo·ri *⟨Mal⟩ de (m)* [′s] ❶ geslacht van maki's (een soort halfaap) ❷ veelkleurige papegaaiensoort

lork *de (m)* [-en], **lor·ken·boom** [-bomen] soort naaldboom, lariks

lor·re *de (m)* [-s] aanspreeknaam voor een papegaai

lor·ren·boer *de (m)* [-en], **lor·ren·man** *de (m)* [-nen] voddenkoopman

lor·rie *(‹Eng› de (v))* [-s] ❶ werkwagentje op spoorbanen, dat met hand- of voetbeweging met ashefbomen of door duwen wordt voortbewogen ❷ kiepkar; als inhoudsmaat 200 centenaar steenkolen

lor·rig *bn* inf nietswaardig, prullig

lo·rum *zn* ★ NN *in de ~ zijn* a) spreektaal dronken zijn; b) in de war, verbijsterd zijn; c) aan de zwier zijn

los¹ *bn* ❶ niet vast ★ *alles wat ~ en vast is* alles wat voor handen is, allerlei dingen ★ *een los(se) werkkracht* iem. die geen vast werk heeft ★ *losse steek* eenvoudige kettingsteek bij haken ★ *erop ~ erop af of* zonder zich te beperken of te beheersen ★ *~ geld* klein geld of niet belegd geld, geld dat ter beschikking is ❷ apart; niet verpakt ❸ niet stijf, ongedwongen; ★ *zich ~ gedragen* ❹ niet met iets bijbehorends, enkel ★ *~ kruit* zonder kogels ❺ ‹van een schip› gelost; ❻ ‹van een koopman› zijn waren kwijt ❼ niet duidelijk samenhangend: ★ *losse aantekeningen* ❽ niet bewezen; vaag: ★ *iets op losse gronden beweren* ★ *een ~ gerucht* ❾ lichtzinnig: ★ *losse zeden*

los² *de (m)* [-sen] lynx

los·baar *bn* in te lossen of af te lossen

los·ban·dig *bn* ongebonden, lichtzinnig; **losbandigheid** *de (v)* [-heden]

los·bar·sten *ww* [barstte los, is losgebarsten] uitbarsten

los·bin·den *ww* [bond los, h. losgebonden] losmaken wat vastgebonden was ★ *de schaatsen ~ van de voeten verwijderen*

los·bla·dig *bn* met losse bladen ★ *een losbladige uitgave* uitgave waarvan de bladen niet, zoals gebruikelijk, aaneengebonden zijn

los·bol *de (m)* [-len] loszinnig mens

los·bran·den *ww* [brandde los, is & h. losgebrand] ❶ afgeschoten worden; algemeen uitbreken, losbarsten ❷ afschieten: ★ *een kanon ~*

los·bre·ken *ww* [brak los, h. & is losgebroken] ❶ door breken losmaken ❷ door breken los worden, zich bevrijden

los·doen *ww* [deed los, h. losgedaan] losmaken

los·er [loeza(r)] *(‹Eng› de (m))* [-s] ❶ iem. die verliest ★ *een geboren ~* iem. die voortdurend tegenslag heeft ❷ bridge kaart waarmee men geen slag kan halen

los·gaan *ww* [ging los, is losgegaan] ❶ los worden ❷ ★ *~ op* fel afgaan op ★ *erop ~* aanvallen, een zaak aanpakken

los·geld *het* [-en] ❶ vrijkoopgeld ❷ bedrag voor lossing van schepen enz.

los·ge·sla·gen *bn* van vroegere morele banden losgemaakt

los·gooi·en *ww* [gooide los, h. losgegooid] met een zwaai losmaken ★ *de trossen ~ van wal steken*

los·jes *bijw* niet stevig; vlot, ongedwongen; niet degelijk, niet grondig, oppervlakkig

los·kno·pen *ww* [knoopte los, h. losgeknoopt] iets losmaken dat dicht- of vastgeknoopt was

los·ko·men *ww* [kwam los, is losgekomen] ❶ vrijkomen, vrij worden ❷ in beweging komen ❸ ‹van een vliegtuig› van de grond raken ❹ zich uiten: ★ *ze kwam pas goed los toen ze wat gedronken had*

los·ko·pen *ww* [kocht los, h. losgekocht] door koop of betaling van losgeld bevrijden

los·kop·pe·len *ww* [koppelde los, h. losgekoppeld] ontkoppelen, een koppel losmaken; ook fig: ★ *de lonen worden losgekoppeld van de prijzen*

los·krij·gen *ww* [kreeg los, h. losgekregen] ❶ los of vrij doen worden ❷ ter beschikking weten te krijgen: ★ *geld ~*

los·la·ten *ww* [liet los, h. losgelaten] vrijlaten, laten gaan; niet meer vasthouden, niet blijven vastzitten ★ *niet ~ zijn pogingen niet opgeven* ★ *niets ~ zich niet uiten*

los·lip·pig *bn* alles rondvertellend, niet kunnende zwijgen; **loslippigheid** *de (v)*

los·lo·pen *ww* [liep los, h. & is losgelopen] ❶ vrij rondlopen; ★ *loslopende honden* ★ *een loslopend man* een ongehuwd man ❷ terechtkomen: ★ *dat zal wel ~* ★ *dat is te gek om los te lopen* het is waanzin

los·ma·ken *ww* [maakte los, h. losgemaakt] maken dat iem. of iets los wordt ★ *dat maakte de tongen los* dat bracht het gesprek op gang ★ *geld ~* geld beschikbaar maken ★ *zich ~ van* zich afscheiden van of niet meer denken aan

los·peu·te·ren *ww* [peuterde los, h. losgepeuterd] met moeite loskrijgen

los·plaats *de* [-en] plaats waar spoortreinen of schepen gelost worden

los·pra·ten *ww* [praatte los, h. losgepraat] door praten loskrijgen

los·prijs *de (m)* [-prijzen] wat men als losgeld moet geven

los·ra·ken *ww* [raakte los, is losgeraakt] ongemerkt losgaan; vrijkomen

los·ruk·ken *ww* [rukte los, h. losgerukt] met geweld losmaken

löss [lus] *(‹Du› de)* de vruchtbare, vuil- of roodgele, weinig plastische soort van leem, ook → **Limburgs**e klei genoemd

los·scheu·ren *ww* [scheurde los, h. & is losgescheurd] ❶ scheurend losmaken ❷ scheurend losgaan

los·se *de (m)* [-n] haken steek waarmee haakwerk wordt opgezet, kettingsteek, losse haaksteek

los·sen *ww* [loste, h. & is gelost] ❶ ontladen: ★ *een schip ~* ❷ afschieten: ★ *een schot ~* ❸ sp (tijdens snelheidswedstrijden) uit een groep of peloton wegvallen doordat men het tempo niet meer kan bijhouden: ★ *door het hoge tempo moesten veel renners ~* ❹ BN ook niet langer vasthouden, loslaten; losmaken; afstand doen van (geld e.d.); ❺ BN ook

loskomen, losgaan: ★ *het behang lost*

los·ser *de (m)* [-s] iem. die lost (→ **lossen**, bet 1 en 3)

los·sing *de (v)* [-en] ❶ aflossing ❷ ontlading ❸ Bijbel verlossing, bevrijding

los·slaan *ww* [sloeg los, h. & is losgeslagen] ❶ slaand losmaken ❷ scheepv van de ankers slaan ❸ ⟨van deuren, ramen e.d.⟩ met een klap opengaan; *vgl:* → **losgeslagen**

los·sprin·gen *ww* [sprong los, is losgesprongen] springend opengaan

los·stor·men *ww* [stormde los, is losgestormd] ★ ~ *op* snel afgaan op

lost gen·er·a·tion [- dzjennəreesjən] *(⟨Eng⟩ de (eig*: verloren generatie) *oorspronkelijk* de Amerikaanse en Engelse jeugd die opgroeide vlak na de Eerste Wereldoorlog; *bij uitbreiding* generatie jongeren die opgroeit onder zeer moeilijke omstandigheden, zonder culturele of andere bijzondere waarden en daardoor cynisch, materialistisch en gedesillusioneerd is

los·trek·ken *ww* [trok los, h. & is losgetrokken] ❶ door trekken losmaken ❷ oprukken

los·vast *bn* niet vast verbonden, steeds op- of afgezegd kunnende worden: ★ *een los-vaste verkering*

los·vij·zen *ww* [vees los, h. losgevezen] BN, spreektaal losschroeven, losdraaien, opendraaien

los·weg *bijw* zomaar, vluchtig

los·we·ken *ww* [weekte los, h. & is losgeweekt] ❶ door weken losmaken ❷ door weken losgaan

los·wer·ken *ww* [werkte los, h. & is losgewerkt] ❶ met moeite loskrijgen ★ *zich* ~ zich met moeite uit iets losmaken ❷ langzamerhand los gaan zitten: ★ *de schroef is losgewerkt*

los·woe·len *ww* [woelde los, h. losgewoeld],
los·wroe·ten [wroette los, h. losgewroet] woelend, wroetend losmaken; fig weer doen opkomen (emoties, onaangename gebeurtenissen e.d.) wat beter had kunnen blijven rusten

los·zin·nig *bn* lichtzinnig

lot I *het* [loten] ❶ voorwerp waarmee geloot wordt: ★ *een* ~ *trekken* ★ BN, spreektaal *het groot* ~ *de hoofdprijs in een loterij* ★ BN, spreektaal *lotje trekken* strootje trekken ❷ bewijs van deelneming in een loterij **II** *het* ❶ noodlot, toeval; levenslot ★ *iem. aan zijn* ~ *overlaten* zich niet met hem bemoeien ❷ handel premielot ❸ BN bepaalde hoeveelheid goederen of waren, partij; (op veilingen e.d.) wat apart geveild wordt, koop; ⟨m.b.t. onroerend goed⟩ kavel, perceel land: ★ *in loten verkopen* ★ *bouwgrond in loten verdelen*

lo·te·ling *de (m)* [-en] iem. die voor de krijgsdienst moet loten of heeft geloot

lo·ten¹ *ww* [lootte, h. geloot] ❶ een beslissing, keus aan het toeval overlaten, bijv. door uit getallen of genummerde briefjes willekeurig te kiezen; wie het nummer heeft is uitverkorene of slachtoffer ❷ door loten verkrijgen

lo·ten² *zn meerv* van → **lot**

lo·te·rij *de (v)* [-en] ❶ loting om geld of goederen ★ *een lot uit de* ~ *trekken* a) een prijs in geld winnen; b) fig een bijzonder gelukje hebben, een buitenkans hebben ★ *het is een* ~ de uitkomst hangt helemaal van het toeval af ❷ instelling die lotingen organiseert ★ BN *Nationale Loterij* staatsloterij

lo·te·rij·bil·jet *het* [-ten] BN loterijbriefje

lo·te·rij·brief·je *het* [-s] vooral NN bewijs van deelneming aan een loterij

lo·te·rij·lijst *de* [-en] lijst van prijzen (en nieten) bij een loterij

lot·ge·noot *de (m)* [-noten], **lot·ge·no·te** *de (v)* [-n] iem. die in dezelfde omstandigheden als anderen verkeert

lot·ge·val *het* [-len] wat iemand overkomt

Lo·tha·rin·ger *de (m)* [-s] iem. geboortig of afkomstig uit Lotharingen

Lo·tha·rings *bn* van, uit, betreffende Lotharingen ★ ~ *kruis* herald kruis waarbij de paal door een lange, met daarboven een korte dwarsbalk is doorsneden

lo·ting *de (v)* [-en] het loten

lo·tion [-sjō, -sjon] *(⟨Fr⟨Lat⟩ de* [-s] reukwater (na het scheren enz.) of vloeibare crème om de huid zacht te houden

lot·je *zn* ★ *van* ~ *getikt* niet goed wijs

lots·be·de·ling, **lots·be·schik·king** *de (v)* levenslot

lots·be·stel *het* bepaling van wat iems. → **lot** (bet 3) zal zijn

lots·be·stem·ming *de (v)* lotsbestel

lots·ver·be·te·ring *de (v)* verbetering van levensomstandigheden

lots·ver·bon·den·heid *de (v)* saamhorigheidsgevoel door gemeenschappelijk levenslot

lots·wis·se·ling *de (v)* [-en] wisselende lotgevallen

lot·to *(⟨It⟩ de & het* ['s], **lot·to·spel** *het* [-len] ❶ kienspel, kienen ❷ bepaald kansspel waarbij men te trekken nummers moet raden

lot·to·for·mu·lier *het* [-en] formulier waarop men een aantal nummers aankruist in verband met de → **lotto** (bet 2)

lotus¹ *afk* landelijke opleiding tot uitbeelding slachtoffers (t.b.v. de EHBO-opleiding)

lo·tus² *(⟨Gr⟩ de (m)* [-sen], **lo·tus·bloem** *de* [-en] ❶ Egyptische waterlelie (*Nymphaea lotus*) ❷ heilige bloem bij de oude Indiërs (*Nelumbo nucifera*)

lo·tus·hou·ding *de (v)*, **lo·tus·zit** *de (m)* kleermakerszit, waarbij het rechteronderbeen over de linkerknie wordt geslagen en omgekeerd, zoals bij Oosterse meditatieoefeningen

louche [loesj] *(⟨Fr⟩ bn* ❶ eig scheel, loens ❷ fig onguur, verdacht

loud·speak·er [lautspiekə(r)] *(⟨Eng⟩ de (m)* [-s] luidspreker

louis d'or [loe(w)ie dòr] *(⟨Fr⟩ de (m)* [*mv* idem] ❶ Franse gouden munt tijdens Lodewijk XIII-XVI ❷ gouden legpenning, genoemd naar Louis Bouwmeester, jaarlijks uitgereikt aan de beste

Nederlandse acteur

Louis Qua·tor·ze [loe(w)ie kattòrz] *(‹Fr) de (m)* (meubel)stijl uit de tijd van Lodewijk XIV van Frankrijk (1643-1715)

Louis Quinze [loe(w)ie kêz] *(‹Fr) de (m)* (meubel)stijl uit de tijd van Lodewijk XV van Frankrijk (1715-1774)

Louis Seize [loe(w)ie sèz] *(‹Fr) de (m)* (meubel)stijl uit de tijd van Lodewijk XVI van Frankrijk (1774-1792)

lounge [laundzj] *(‹Eng) de (m)* [-s] ❶ grote ruimte om te zitten en te converseren in een hotel, theater, op een schip e.d. ❷ sfeervolle popmuziek waarbij men zich aangenaam kan ontspannen

loun·gen [launzjə(n)] *(‹Eng) ww* [loungede, h. gelounged] NN zich aangenaam ontspannen in een prettige omgeving bij rustige muziek en met lekkere drankjes en hapjes: ★ *in de disco was een ruimte om te ~*

lou·ter I *bn* zuiver, niet vermengd: ★ *~ goud* **II** *bijw* enkel, slechts: ★ *~ voor het plezier*

lou·te·ren *ww* [louterde, h. gelouterd] ❶ zuiveren ❷ fig zedelijk verbeteren: ★ *door lijden gelouterd* ❸ zuiveren van een stof, vooral goud zuiveren van bijmengsels

lou·te·ring *de (v)* [-en] het louteren, het gelouterd worden, vooral fig zedelijke verbetering

louvre·deur *de* [-en] vooral NN deur met schuin geplaatste horizontale latjes erin

louw *(‹Hebr) bijw* NN, Barg niks, niet ★ *~ kans* geen kans ★ *~ loene* mis, geen resultaat, niets gedaan ★ *~ sjoege* geen sjoege; zie bij → **sjoege**

louw·maand *de* januari

love [lùv] *(‹Eng) de* ❶ liefde ❷ tennis nul punten (in een game)

love·game [lùvyeem] *(‹Eng) de (m)* [-s] tennis game waarbij de verliezer geen enkel punt scoort

lo·ven¹ *ww* [loofde, h. geloofd] ❶ prijzen, verheerlijken ❷ te koop bieden ★ *~ en bieden* onderhandelen over de prijs

lo·ven² *zn meerv* van → **lof¹**

lo·vend *bn* ‹v. recensies e.d.› zeer positief

lo·ver *het* gebladerte

lo·ver·boy [lùvvə(r)boj] *(‹Eng) de (m)* [-s] (jonge)man die meisjes of vrouwen verliefd op zich laat worden om ze vervolgens tot prostitutie te dwingen

lo·ver·tje *het* [-s] dun blaadje zilver of klatergoud als versiering gebruikt

low bud·get [- budzjet] *(‹Eng) bn* ‹m.b.t. films, tv-programma's, boekuitgaven e.d.› gemaakt zonder dat er veel geld aan is besteed

loy·aal [lwajjaal, loojaal] *(‹Fr) bn* trouw aan een aangegane verbintenissen of aan verplichtingen die uit zijn positie voortvloeien; vooral trouw aan het wettig gezag, aan de bestaande regering

loy·a·list [lwajjaa-, loojaa-] *(‹Fr) de (m)* [-en] iem. die lid is van een regeringspartij en deze steun verleent, maar niet onvoorwaardelijk

loy·a·li·teit [lwajjaa-, loojaa-] *(‹Fr) de (v)* het loyaal zijn; getrouwheid

loy·au·teit *de (v)* BN ook loyaliteit

lo·zen *ww* [loosde, h. geloosd] ❶ doen wegvloeien ❷ wegwerken: ★ *iemand ~* ❸ slaken: ★ *een zucht ~*; **lozing** *de (v)* [-en]

lp *de* ['s] long-playing [langspeelplaat]

LPF *afk* Lijst Pim Fortuyn [Nederlandse politieke partij, opgericht door de op 6 mei 2002 vermoorde politicus Pim Fortuyn]

LPG *afk* Liquefied Petroleum Gas [vloeibare brandstof die wordt verkregen uit gasvormige producten (propaan, butaan) die vrijkomen bij de fabricage van benzine en andere lichte petroleumproducten uit zwaardere oliesoorten, veel gebruikt als brandstof voor auto's]

lpm *afk* comput *lines per minute* *(‹Eng)* [regels per minuut, maat voor de snelheid van printers]

Lr *afk* chem symbool voor het element lawrencium

L.S. *afk* lectori salutem ❶ de lezer heil ❷ de lezer gegroet

lsd *afk* lysergzuurdiethylamide [een preparaat dat hallucinaties teweegbrengt en thans onder de Opiumwet valt]

lso *afk* in België lager secundair onderwijs

LSVb *afk* in Nederland Landelijke Studenten Vakbond

lt. *afk* luitenant

Ltd. *afk* limited

L-trein *de (m)* [-en] BN lokale trein [stoptrein]

lts *afk* in Nederland, vroeger lagere technische school

Ltz. *afk* luitenant ter zee

Lu *afk* chem symbool voor het element lutetium

lub·ben *ww* [lubde, h. gelubd] ❶ ontmannen ❷ de ingewanden wegnemen van vis

lub·be·ren *ww* [lubberde, h. gelubberd] flodderen, slobberen

lub·be·rig *bn* flodderig, slobberig

Luc. *afk* Lucas

lucht *de* [-en] ❶ het gas waaruit de atmosfeer op aarde bestaat ★ *~ geven aan zijn gemoed* opgekropte gevoelens uiten ★ *een luchtje scheppen* even buiten gaan wandelen om frisse lucht in te ademen ★ *in de ~ hangen* a) onzeker zijn; b) te gebeuren staan ★ *dat zit in de ~* dat stemt overeen met de algemene neiging, dat is de algemene stemming ★ *deze website is sinds vorige week in de ~* is sinds vorige week operationeel ★ *~ voor iem. zijn* te onbelangrijk om op enigerlei manier rekening mee te houden ★ *gebakken ~* iets volstrekt onbelangrijks dat als belangrijk wordt voorgesteld ❷ de hemel ★ *uit de ~ gegrepen* gefantaseerd ★ *uit de ~ komen vallen* onverwacht komen opduiken ★ BN *uit de ~ vallen* nergens vanaf weten, verbaasd zijn; zie ook bij → **koude**, → **vuiltje** ❸ geur, reuk ★ *~ van iets krijgen* iets verborgens bemerken; zie ook → **luchtje**

lucht·aan·val *de (m)* [-len] aanval met vliegtuigen e.d.

lucht·af·weer *de (m)* het afweren van een luchtaanval, luchtverdediging

lucht·af·weer·ge·schut *het* geschut om op aanvallende vliegtuigen te schieten

lucht·alarm *het* noodsein bij een dreigende luchtaanval

lucht·bal·lon *de (m)* [-s, -nen] ballon gevuld met warme lucht of met gas dat lichter is dan lucht, waardoor hij opstijgt

lucht·band *de (m)* [-en] fietsband e.d. waarin lucht gepompt wordt

lucht·ba·sis [-zis] *de (v)* [-sen, -bases] steunpunt voor een militaire luchtvloot

lucht·bed *het* [-den] vooral NN opblaasbaar kunststof matras

lucht·bel *de* [-len] kleine hoeveelheid lucht in bolvorm in vloeistof

lucht·be·scher·ming *de (v)* beschermingsmaatregelen tegen aanvallen uit de lucht

lucht·be·voch·ti·ger *de (m)* [-s] toestel dat waterdamp in de kamer brengt

lucht·be·zoe·de·ling *de (v)* BN, m.g. luchtvervuiling, luchtverontreiniging

lucht·brug *de* [-gen] ❶ overgang boven een spoorwegemplacement, fabrieksterrein e.d. ❷ regelmatige verbinding door de lucht, vooral voor hulp en bevoorrading, o.a. met Berlijn, 1948-1949

lucht·buks *de* [-en] windbuks

lucht·bus *de* [-sen] groot passagiersvliegtuig voor korte afstanden

lucht·cor·ri·dor [-dòr] *de (m)* [-s] bep. nauw omschreven route die vliegtuigen dienen te volgen

lucht·dicht *bn* geen lucht doorlatende

lucht·dienst *de (m)* [-en] geregelde verbinding onderhouden door luchtvaartuigen

lucht·doel·ar·til·le·rie [-tillə-, -tiejə-] *de (v)* luchtdoelgeschut

lucht·doel·ge·schut *het* geschut om op aanvallende vliegtuigen te schieten

lucht·doop *de (m)* het voor de eerste keer maken van een vliegtocht

lucht·druk *de (m)* druk uitgeoefend door de lucht

lucht·druk·pis·tool *het* [-tolen] pistool dat werkt als een windbuks

luch·ten *ww* [luchtte, h. gelucht] ❶ aan de frisse lucht blootstellen ❷ uitstorten: ★ *zijn hart ~* ❸ laten blijken: ★ *zijn kennis ~* ❹ ★ *iem. niet kunnen ~ (of zien)* niet kunnen verdragen

luch·ter *de (m)* [-s] kandelaar; lichtkroon

lucht·fil·ter *de (m) & het* [-s] toestel tot zuivering van de lucht

lucht·fo·to *de* ['s] uit een vliegtuig genomen foto

lucht·gat *het* [-gaten] opening om lucht binnen te laten

lucht·ge·steld·heid *de (v)* ❶ toestand van de dampkring ❷ klimaat

lucht·ge·vaar *het* gevaar voor luchtaanvallen

lucht·ge·vecht *het* [-en] gevecht tussen vliegtuigen

lucht·har·tig *bn* zorgeloos; **luchthartigheid** *de (v)*

lucht·ha·ven *de* [-s] vliegveld

luch·tig *bn* ❶ fris, waar veel lucht in en tussen kan komen: ★ *een luchtige kamer* ❷ niet compact, licht: ★ *~ gebak* ❸ ⟨van kleren⟩ gemakkelijk en los zittend, niet warm en benauwd: ★ *een luchtige jurk* ★ *~ gekleed* ❹ vlot, gemakkelijk; onbezorgd: ★ *een ~ gebaar*

lucht·je *het* [-s] ❶ NN parfum, eau de toilette: ★ *een ~ voor iem. kopen* ❷ ★ *daar zit een ~ aan* dat is niet helemaal correct of fatsoenlijk

lucht·ka·naal *het* [-nalen] toevoerbuis voor frisse lucht

lucht·kar·te·ring *de (v)* het in kaart brengen vanuit vliegtuigen

lucht·kas·teel *het* [-telen] ongegronde schone verwachting, toekomstdroom

lucht·klep *de* [-pen] klep om lucht of gas door te laten

lucht·ko·ker *de (m)* [-s] koker waardoor verse lucht in een vertrek kan komen

lucht·ko·lom *de* [-men] hoeveelheid lucht boven een vlak

lucht·kus·sen *het* [-s] ❶ met lucht gevuld kussen ❷ laag lucht met een hogere druk dan de omgevende buitenlucht, waardoor deze laag een dragend vermogen krijgt: ★ *door toepassing van luchtkussens bij voertuigen wordt de weerstand bij de voortbeweging aanzienlijk verminderd*

lucht·kus·sen·trein *het* [-en] trein die zich op luchtkussens (→ **luchtkussen**, bet 2) voortbeweegt

lucht·kus·sen·vaar·tuig *het* [-en] vaartuig op luchtkussens (→ **luchtkussen**, bet 2); *vgl:* → **hovercraft**

lucht·kuur *de* [-kuren] het veel in de buitenlucht zijn ter genezing

lucht·laag *de* [-lagen] laag lucht van zekere dichtheid

lucht·lan·dings·troe·pen *mv* troepen die met vliegtuigen aan land worden gezet

lucht·le·dig I *bn* weinig of geen lucht bevattend **II** *het* luchtledige ruimte

lucht·lijn *de* [-en] regelmatige dienst onderhouden door luchtvaartuigen

lucht·macht *de* [-en] militaire luchtvloot

lucht·ma·tras *de & het* [-sen] BN opblaasbaar matras van kunststof

lucht·mo·biel *bn* ★ NN *luchtmobiele brigade* brigade van de luchtmacht die in noodsituaties snel ingezet kan worden

lucht·net *het* [-ten] net van luchtlijnen

lucht·oor·log *de (m)* [-logen] in de lucht uitgevochten oorlog

lucht·pijp *de* [-en] in- en uitademingsbuis

lucht·pi·ra·te·rij *de (v)* het kapen van vliegtuigen

lucht·pomp *de* [-en] pomp om lucht in of uit een ruimte te persen

lucht·post *de* ❶ vervoer van poststukken per vliegtuig ❷ de aldus vervoerde poststukken

lucht·post·blad *het* [-bladen] postblad voor luchtpost naar alle landen voor één tarief

lucht·post·brief *de (m)* [-brieven] brief te verzenden per luchtpost

lucht·post·pa·pier *het* zeer dun papier voor

luchtpostbrieven
lucht·raid [-reed] *de (m)* [-s] luchtaanval
lucht·ramp *de* [-en] ernstig vliegtuigongeluk
lucht·re·cla·me *de* → **reclame** (bet 1) door middel van luchtvaartuigen
lucht·reis *de* [-reizen] reis door de lucht per vliegtuig enz.; **luchtreiziger** *de (m)* [-s]
lucht·ruim *het* ❶ dampkring ❷ ruimte boven een staat: ★ *vliegtuigen hebben het Russische ~ geschonden*
lucht·schip *het* [-schepen] langwerpige bestuurbare luchtballon, zeppelin
lucht·schom·mel *de* [-s] hooggaande kermisschommel
lucht·schroef *de* [-schroeven] schroef die luchtstromingen veroorzaakt; schroef ter voortbeweging van vliegtuigen, propeller
lucht·slag *de (m)* [-slagen] zwaar luchtgevecht
lucht·spie·ge·ling *de (v)* [-en] bedrieglijke weerspiegeling van landschappen enz. door de lucht, vooral in woestijnstreken, fata morgana
lucht·sprong *de (m)* [-en] sprong omhoog
lucht·ste·war·dess [-stjoewar-] *de (v)* [-en] stewardess in een passagiersvliegtuig
lucht·streek *de* [-streken] een van de gordels waarin de aarde naar de gesteldheid van de lucht verdeeld is, klimaatgordel
lucht·strijd·krach·ten *mv* strijdkrachten in de lucht
lucht·stroom *de (m)* [-stromen] stroming van de lucht
lucht·tun·nel *de (m)* [-s] windtunnel
lucht·vaart *de* het geregeld luchtverkeer
lucht·vaart·maat·schap·pij *de (v)* [-en] maatschappij die het luchtverkeer onderhoudt
lucht·vaar·tuig *het* [-en] luchtschip of vliegtuig
lucht·ver·bin·ding *de (v)* [-en] verbinding per vliegtuig of luchtschip
lucht·ver·de·di·ging *de (v)* verdediging tegen luchtaanvallen
lucht·ver·keer *het* verkeer per vliegtuig e.d.
lucht·ver·keers·lei·der *de (m)* [-s] iem. die het luchtverkeer vanuit een verkeerstoren regelt
lucht·ver·ken·ning *de (v)* [-en] het doen van waarnemingen voor militaire doeleinden vanuit vliegtuigen of door middel van satellieten
lucht·ver·ont·rei·ni·ging *de (v)* luchtvervuiling
lucht·ver·ver·sing *de (v)* het verversen van de lucht
lucht·ver·vui·ling *de (v)* door menselijke activiteit ontstane verontreiniging van de atmosfeer met schadelijke of onwelriekende gassen e.d.
lucht·ver·war·ming *de (v)* systeem van centrale verwarming waarbij de op een centraal punt opgewekte warmte door middel van lucht wordt getransporteerd
lucht·vloot *de* [-vloten] voorraad van luchtschepen en / of vliegtuigen
lucht·voch·tig·heid *de (v)* de hoeveelheid waterdamp die de lucht bevat
lucht·vracht *de* ❶ lading per vliegtuig vervoerd ❷ vrachtprijs voor zulk vervoer

lucht·waar·dig *bn* (van een vliegtuig) deugdelijk voor de luchtvaart; **luchtwaardigheid** *de (v)*
lucht·wacht *de* het bewaken van het luchtruim, vooral in oorlogstijd
lucht·wa·pen *het* luchtstrijdkrachten
lucht·weer·stand *de (m)* weerstand die voer- of vliegtuigen, projectielen e.d. van de lucht ondervinden
lucht·weg *de (m)* [-wegen] ❶ weg die een vliegtuig neemt ❷ *luchtwegen* stelsel van organen waardoor de in- en uitgeademde lucht stroomt
lucht·wor·tel *de (m)* [-s] wortel die boven de grond uit de stam of uit een tak te voorschijn komt: ★ *luchtwortels kunnen dienen om vocht vast te houden of om steun te bieden aan de plant*
lucht·zak *de (m)* [-ken] ❶ elk van de zakvormige uitstulpingen aan de ademhalingsorganen bij vele vogelsoorten ❷ dalende luchtstroom: ★ *toen het vliegtuig in een ~ terechtkwam, werden vele passagiers onwel*
lucht·ziek *bn* het onwel worden bij een reis per vliegtuig; **luchtziekte** *de (v)*
lu·ci·de (‹Fr‹Lat) *bn* helder; helder van geest ★ *~ intervallen* heldere ogenblikken bij een krankzinnige
lu·ci·di·teit (‹Fr‹Lat) *de (v)* helderheid, klaarheid van geest
lu·ci·fer (‹Lat) *de (m)* [-s] houtje met licht ontvlambare kop, om vuur te maken ★ *Lucifer* Satan, de duivel
lu·ci·fer·doos·je, lu·ci·fers·doos·je *het* [-s] doosje met, voor lucifers
lu·ci·fer·hout·je, lu·ci·fers·hout·je *het* [-s] NN lucifer
lu·ci·fers·plant *de* [-en] in Mexico groeiend kruid met spitse bladeren en langgesteelde, rode bloemen (*Cuphea ignea*)
lucky ten [lukkie -] (‹Eng) *de* soort lottospel
lu·cra·tief (‹Fr‹Lat) *bn* winstgevend, voordelig: ★ *een lucratieve handel*
lu·cul·lisch *bn* als van Lucullus, weelderig, overdadig
lu·cul·lus *de (m)* lekkerbek, naar Lucullus, Romeins veldheer en fijnproever (circa 117-56 v.C.)
lud·du·vud·du *het* schertsend liefdesverdriet (speelse verbastering van de eerste letters van de vier lettergrepen)
lu·diek (‹Fr) *bn* speels; het karakter van een spel dragend, als spel: ★ *een ludieke protestactie* ★ *het woord ~ werd geïntroduceerd door de geschiedschrijver Johan Huizinga in zijn cultuurfilosofisch werk Homo ludens (1938)*
lu·es (‹Lat) *de* med syfilis
lu·gu·ber (‹Fr‹Lat) *bn* naargeestig, somber, akelig, naar: ★ *een ~ schouwspel, een lugubere omgeving*
lui[1] *bn* ❶ zonder lust tot activiteit (als karaktereigenschap): ★ *een luie vrouw* ★ *hij is liever ~ dan moe* gezegd van een persoon die zich niet wenst in te spannen ★ *een ~ varken* schimpende benaming voor een lui persoon ★ *kom eens met je luie gat van die stoel af* aansporing gericht tot een luizittende

persoon om iets te gaan doen ★ NN *zo komt het luie zweet eruit* gezegd als een luie persoon zich eens inspant ★ *luie stoel* gemakkelijke leunstoel ★ *~ oog* oog met verminderd gezichtsvermogen, zonder dat er organische afwijkingen aantoonbaar zijn ★ *luie trap* → **trap¹** (bet 2) met brede treden en een geringe hellingshoek ❷ tijdelijk geen lust tot activiteit hebbend: ★ *ik was zo ~ vandaag dat er niets uit mijn vingers is gekomen* ❸ handel flauw, traag: ★ *een luie markt*

lui², **lui·den** *mv* mensen, lieden

lui·aard *de (m)* [-s] ❶ lui mens ❷ in Midden- en Zuid-Amerika levend langharig zoogdier met een grote, ronde kop en een zeer beweeglijke hals, dat zich hangend aan de van twee of drie grote nagels voorziene poten door de bomen beweegt: ★ *de bekendste soorten luiaards zijn de tweevingerige ~ (Choloepus didactylus) en de drievingerige ~ (Bradipus tridactylus)*, ook ai genoemd

luid *bn* ❶ goed hoorbaar, hard klinkend: ★ *luide muziek* ★ *met luider stem* hardop ❷ een hard geluid voortbrengend: ★ *~ roepen*

lui·de *bijw* goed hoorbaar

lui·den¹ *ww* [luidde, h. geluid] ❶ ⟨van een klok of bel⟩ klinken ❷ ⟨van een klok of bel⟩ doen klinken; *in deze bet ook* luien ❸ inhouden, behelzen: ★ *de brief luidt als volgt* ❹ een indruk maken, van een stemming of mening blijk geven: ★ *de inlichtingen ~ gunstig*

lui·den² *mv* → **lui²**

lui·dens *vz* volgens de bewoordingen of de inhoud van: ★ *~ de statuten*

luid·keels *bijw* met sterk stemgeluid: ★ *iets ~ verkondigen* ★ *~ lachen*

luid·op, **luid·óp** *bijw* BN hardop

luid·ruch·tig *bn* veel leven, lawaai makend; **luidruchtigheid** *de (v)*

luid·spre·ker *de (m)* [-s] toestel dat een elektrisch signaal omzet in geluid

lui·en *ww* [luide, h. geluid] → **luiden¹** (bet 2)

lui·er *de* [-s] doek, lap van textiel of kunststof om het onderlichaam van een nog niet zindelijk kind, waarin de urine en de uitwerpselen opgevangen worden

lui·er·broek·je *het* [-s] broekje om de luier heen

lui·e·ren *ww* [luierde, h. geluierd] niets uitvoeren, de tijd in luiheid doorbrengen

lui·e·rik *de (m)* [-riken] → **luiaard** (bet 1)

lui·e·ri·ken *ww* [luierikte, h. geluierikt] BN, spreektaal niets uitvoeren, luieren

lui·er·mand *de* [-en] mand voor babygoed; babyuitzet

lui·fel *de* [-s] ❶ afdak aan de voorzijde van een huis ❷ afzonderlijk staande overdekking, op pilaren rustend ❸ vooruitstekend gedeelte van een hoed

lui·heid, **lui·ig·heid** *de (v)* het lui-zijn

luik *het* [-en] ❶ schot waarmee een opening in de vloer wordt afgesloten: ★ *voorzichtig werd het ~ weggeschoven* ❷ opening in een vloer die toegang

geeft tot een lager gelegen ruimte: ★ *hij tuimelde door het ~ het ruim in* ❸ houten schot waarmee men een venster afdekt: ★ *het was donker in de kamer want de luiken waren nog gesloten* ❹ paneel van een uit meer delen bestaand schilderij ❺ BN ook onderdeel (bijv. van een verklaring, een programma), strook (van een formulier): ★ *het sociaal-economische ~ van de regeringsverklaring*

lui·ken *ww* [look, h. & is geloken] dichterlijk ❶ sluiten, dichtdoen: ★ *ze look haar ogen* ❷ dichtgaan: ★ *haar ogen loken en ze viel in slaap* ★ *met geloken ogen*

Lui·ke·naar *de (m)* [-s] iem. geboortig of afkomstig uit Luik

Lui·ker·waal *de (m)* [-walen] Waal uit de streek van Luik

Lui·ker·waals *het* dialect van Luik en omgeving ★ NN *dat is ~ voor mij* daar versta ik niets van

Luiks *bn* van, uit, betreffende Luik

lui·lak *de (m)* [-ken] ❶ luiaard ❷ NN de zaterdag vóór Pinksteren waarop de jeugd 's ochtends zeer vroeg opstaat en veel lawaai maakt om andere mensen te wekken

lui·lak·ken *ww* [luilakte, h. geluilakt] ❶ luieren ❷ NN aan → **luilak** (bet 2) deelnemen

lui·lek·ker·land *het* sprookjesland waar men niets doet dan luieren en lekker eten, Land van Kokanje

luim *de* [-en] ❶ gemoedsgesteldheid: ★ *in goede (slechte, kwade) ~ zijn*; *vooral slecht humeur* ❷ gril, kuur, wispelturigheid: ★ *ieder mens heeft zo zijn luimen* ❸ scherts: ★ *ernst en ~* ❹ ★ NN *op zijn luimen liggen* op de loer liggen

lui·men *ww* [luimde, h. geluimd] Barg slapen

lui·mig *bn* ❶ grappig: ★ *het verhaal werd ~ voorgedragen* ❷ wisselend van humeur, grillig: ★ *een ~, oud mens*; **luimigheid** *de (v)*

lui·paard ⟨⟨Lat⟩ *de (m) & het* [-en] ❶ panter, vooral die in Afrika (*Panthera pardus*) ❷ herald leeuw, liebaard

luis *de* [luizen] ❶ klein insect met een breed en plat lichaam dat als parasiet op mensen en dieren leeft: ★ *bij de mens onderscheidt men de hoofdluis, de kleerluis en de schaamluis* ★ *een ~ in de pels* een onaangenaam, schadelijk, lastig iemand of iets ★ NN *hij heeft een leven als een ~ op een zeer hoofd* een gemakkelijk en aangenaam leven ★ *zo kaal als een ~* zeer arm; zie ook bij → **teerton** ❷ benaming voor bepaalde op planten parasiterende insecten, zoals de bladluis en de schildluis

luis·ter ⟨⟨Fr⟩ *de (m)* ❶ glans, straling, schittering: ★ *de ~ van een briljant* ❷ pracht, praal, weelde: ★ *de kroning ging met veel ~ gepaard* ★ *~ bijzetten aan iets* iets moois, vrolijks e.d. toevoegen aan een gebeurtenis: ★ *de fanfare zette ~ bij aan de feestelijkheden* ❸ aanzien, roem, glorie: ★ *de ~ van ons voorgeslacht*

luis·te·raar *de (m)* [-s], **luis·te·raar·ster** *de (v)* [-s] iem. die luistert, vooral naar de radio

luis·ter·be·reid·heid *de (v)* BN de kunst oprecht te

luisterbijdrage–lul

luisteren naar wat iemand te vertellen heeft
luis·ter·bij·dra·ge de [-n] vroeger verplichte bijdrage voor een luistervergunning
luis·ter·dicht·heid de (v) percentage luisteraars naar een radio-uitzending
luis·te·ren ww [luisterde, h. geluisterd] ❶ aandachtig toehoren: ★ *de zaal luisterde ademloos naar de redevoering* ★ *het oor te ~ leggen* trachten iets te weten te komen zonder er direct naar te vragen ❷ heimelijk trachten iets te horen: ★ *hij stond aan de deur te ~* ★ *wie luistert aan de wand, hoort zijn eigen schand* hij hoort wat er over hemzelf voor kwaads wordt verteld ❸ aandacht schenken aan: ★ *je moet niet naar het gezwets van die man ~* ★ *naar zijn naam ~* ❹ ⟨bij dieren⟩ door het horen van zijn naam een teken van herkenning geven ★ *deze kat luistert naar de naam Sauron* deze kat heet Sauron ❺ gehoorzamen: ★ *die dochter van mij heeft nooit willen ~* ★ *naar rede ~* ontvankelijk zijn voor redelijke argumenten ❻ ★ vooral NN *dat luistert nauw* dat komt er zeer op aan, dat vereist een hoge graad van nauwkeurigheid
luis·ter·geld het [-en] vroeger luisterbijdrage
luis·ter·lied het [-eren] lied waarbij de tekst belangrijk is
luis·ter·mu·ziek de (v) muziek om intensief naar te luisteren
luis·ter·post de (m) [-en] militaire post die naar vijandelijke bewegingen, vooral van vliegtuigen luistert
luis·ter·rijk bn ❶ blinkend, glanzend, stralend: ★ *de juwelen schitterden ~* ❷ met pracht en praal: ★ *een luisterrijke optocht* ❸ van veel aanzien: ★ *een luisterrijke naam in de wetenschap* ❹ in de communicatie tussen zendamateurs duidelijk te ontvangen: ★ *~ overkomen*
luis·ter·spel het [-spelen] radiotoneelstuk, hoorspel
luis·ter·toets de (m) [-en] onderzoek naar luistervaardigheid
luis·ter·vaar·dig·heid de (v) vermogen om met begrip naar een gesproken tekst te luisteren
luis·ter·vink de [-en] stiekeme luisteraar
luis·ter·vin·ken ww [luistervinkte, h. geluistervinkt] stiekem afluisteren
luit¹ ⟨*<Oudfrans*⟩ de [-en] snaarinstrument met een amandelvormige klankkast en een uit spanen samengesteld, bolvormig achterblad
luit² de (m) inf verkorting van luitenant
lui·te·nant ⟨*<Fr*⟩ **I** de (m) [-s] ❶ laagste rang bij de subalterne officieren van land- en luchtmacht, alsmede van het Korps Mariniers ❷ wielrenner die de kopman van zijn ploeg assisteert in de wedstrijd, knecht **II** in samenstellingen plaatsvervangend
lui·te·nant-ad·ju·dant de (m) [luitenants-adjudanten] als adjudant toegevoegd luitenant
lui·te·nant-ad·mi·raal de (m) [-admiraals] plaatsvervangend admiraal

lui·te·nant-ge·ne·raal de (m) [-generaals] plaatsvervangend generaal; rang onder die van generaal
lui·te·nant-ko·lo·nel de (m) [-kolonels] overste, plaatsvervangend kolonel; rang onder die van kolonel
lui·te·nant-ter-zee de (m) [luitenants-ter-zee] benaming voor sommige subalterne officieren en voor sommige hoofdofficieren bij de Koninklijke Marine: ★ *naar rang onderscheidt men ~ 1ste, 2de en 3de klasse*
lui·tjes mv NN vriendelijk-neerbuigende benaming of aanspreekvorm: ★ *ach, het zijn beste luitjes* ★ *gaan jullie mee, luitjes?*
luit·spe·ler de (m) [-s], **luit·speel·ster** de (v) [-s] iem. die een → **luit¹** bespeelt
lui·wa·gen de (m) [-s] NN (vloer)borstel aan een lange steel
lui·wam·mes de (m) [-en] luilak
lui·wam·me·sen ww [luiwammeste, h. geluiwammest] luieren
lui·zen ww [luisde, h. geluisd] zoeken naar hoofdluizen: ★ *de moeder luist het kind* ★ *erin ~* erin lopen, de dupe worden ★ *iem. erin laten ~* iem. erin laten lopen, de dupe laten worden
lui·zen·baan·tje het [-s] NN goedbetaalde bezigheid die weinig inspanning vereist
lui·zen·bos de (m) [-sen] ❶ iem. met veel hoofdluizen; ❷ ⟨bij uitbreiding ook als scheldnaam gebruikt⟩ heel slordig en vuil persoon
lui·zen·ei het [-eren] eitje van de luis, neet
lui·zen·jacht de het zoeken naar hoofdluizen
lui·zen·kam de [-men] stofkam
lui·zen·le·ven·tje het NN, fig heerlijk lui leven
lui·zen·markt de [-en] markt van oude rommel
lui·zen·paad·je het [-s] NN, vero, schertsend scheiding
lui·zen·poot de (m) [-poten] ❶ eig poot van een luis ❷ inf lucifer
lui·zig bn ❶ vol luizen ❷ inf ellendig, armzalig: ★ *een ~ bestaan*
Luk. afk Lukas
luk·ken ww [lukte, is gelukt] ❶ goed aflopen, slagen ★ *het is ons niet gelukt hem te overtuigen* we zijn er niet in geslaagd ★ *dat zal wel ~* dat komt wel voor elkaar, naar alle waarschijnlijkheid zal het zo gebeuren ❷ BN ook slagen, succes hebben ★ *erin ~ te* erin slagen te, erin geslaagd zijn te ❸ BN, sp tot stand brengen; (een tijd) maken: ★ *een goede tijd ~ op de 100 meter*
luk·raak bn in het wilde weg: ★ *er werden ~ klappen uitgedeeld* ★ *in het nauw gedreven gaf hij een ~ antwoord*
lul de (m) [-len] ❶ plat penis ❷ spreektaal sukkel, onhandige, onpraktische vent: ★ NN *~ de behanger* ❸ ⟨scheldnaam voor⟩ een onhandig persoon ★ NN *lulletje lampenkatoen*, NN *lulletje rozenwater* slap, verlegen mannetje ★ *de ~ zijn* de dupe zijn, het slachtoffer zijn ★ *voor ~ staan* aan bespotting bloot

staan
lul·han·nes *de (m)* [-nesen] NN, scheldwoord slap, waardeloos persoon
lul·koek *de (m)* NN, spreektaal kletskoek
lul·len *ww* [lulde, h. geluld] inf kletsen
lul·li·fi·ca·tie [-(t)sie] *de (v)* [-s] NN, spreektaal kletskoek, onzin
lul·lig *bn* inf sukkelig, onhandig; onbeduidend; (van houding of karakter) slap ★ *iets ~ vinden* iets jammer, vervelend vinden
lul·lo *de (m)* ['s] NN, spreektaal, scheldwoord lul
lum·baal *(‹Lat)* *bn* betrekking hebbend op, behorend tot het ruggenmerg ★ *lumbale anesthesie* verdoving door inspuiting in het ruggenmerg ★ *lumbaalpunctie* of *lumbale punctie* prik tussen twee lendenwervels met een holle naald tot opzuiging van de ruggenmergsvloeistof
lu·men *(‹Lat)* *het* eenheid van lichtstroom (symbool: lm): de per seconde naar alle zijden uitgestraalde lichtenergie
lu·mi·nes·cen·tie [-sie] *(‹Fr)* *de (v)* verschijnsel dat een stof licht uitstraalt anders dan door omzetting van warmte-energie, bijv. door voorafgaande bestraling met licht (fluorescentie)
lu·mi·neus *(‹FrLat)* *bn* lichtend, helder ★ *een ~ idee* een schitterend idee ‹ook ironisch›
lum·mel *de (m)* [-s] ❶ onhandige nietsnut ❷ kaartsp iem. die gedurende een spel niet meespeelt, blinde ❸ scheepv ijzeren pen die de draaibare verbinding vormt tussen de giek en de mast ❹ iem. die bij het → **lummelen** (bet 2) in het midden staat ❺ ‹bij kleding› van knoopsgaten voorzien reepje stof bijv. aan de kraag teneinde de opgeslagen kraagpunten te verbinden of aan de mouwen teneinde deze in opgerolde toestand vast te zetten
lum·mel·ach·tig *bn* als een → **lummel** (bet 1); **lummelachtigheid** *de (v)*
lum·me·len *ww* [lummelde, h. gelummeld] ❶ doelloos rondlopen, zonder ernstige bezigheid de tijd verdoen ❷ een kinderspel spelen waarbij de één een bal werpt naar een ander, terwijl iemand tussen hen in die bal moet proberen te onderscheppen ❸ kaartsp lummel zijn
lum·me·lig *bn* als een → **lummel** (bet 1)
lump·sum *(‹Eng)* *de (m)* [-s] NN bedrag ineens: ★ *lumpsum-financiering*
lu·nair [-nèr] *(‹FrLat)* *bn* de maan betreffend, maan
lu·na·park *het* [-en] ❶ terrein met kermisattracties ❷ BN speeltent
lunch [lun(t)sj] *(‹Eng)* *de (m)* [-en, -es] lichte maaltijd op het midden van de dag, middagmaal
lun·chen *ww* [lun(t)sjə(n)] *(‹Eng)* [lunchte, h. gelunchte] de lunch gebruiken
lunch·pak·ket [lun(t)sj-] *het* [-ten] meegenomen middagmaaltijd voor onderweg
lunch·pau·ze [lun(t)sj-] *de* [-n en -s] middagpauze op school of bedrijf tijdens welke men de lunch gebruikt

lunch·room [lun(t)sjroem] *(‹quasi-Eng)* *de (m)* [-s] openbare gelegenheid waar men lunches, koffie, thee, gebak e.d. kan gebruiken
lu·net *(‹Fr)* *de* [-ten] ❶ burgerlijke bouwkunst rond of halfrond gedeelte van een bouwwerk ❷ vestingbouw schans die achter open is
luns *de* [lunzen] → **lens**²
lun·zen *ww* [lunsde, h. gelunsd] een → **lens**² in een as steken
lu·pi·ne *(‹Lat)* *de* [-n] vlinderbloemig plantengeslacht waarvan de soort met gele bloemen als veevoeder en meststof bij heideontginning gebruikt wordt (*Lupinus*)
lu·pus *(‹Lat)* *de (m)* huidtuberculose
lu·ren *mv* zie bij → **luur**
lur·ken *ww* [lurkte, h. gelurkt] ❶ hoorbaar met kleine slokken drinken; ❷ ‹bij uitbreiding ook› onhoorbaar drinken: ★ *aan een kop koffie ~* ❸ hoorbaar zuigen, ❹ ‹bij uitbreiding ook› onhoorbaar zuigen: ★ *aan een pijp ~, op zijn duim ~* ❺ een pruttelend geluid maken: ★ *de pijp lurkt*
lur·ker *(‹Eng)* *de (m)* [-s] comput bezoeker van discussieplatforms of chatrooms op internet die niet echt deelneemt
lur·ven *mv* ★ *iem. bij zijn ~ pakken, iem. bij de lurven vatten* iem. vastgrijpen, iem. te pakken krijgen
lus, lis *(‹FrLat)* *de* [-sen] ❶ deel van een touw, lint e.d. dat in de vorm van een oog is gedraaid: ★ *de ~ aan een theedoek* ★ *de ~ van een jas* koordje aan de binnenzijde van de kraag om de jas aan op te hangen ❷ keerlus ❸ hoog in een tram bevestigde handgreep waaraan men zich staande kan vasthouden: ★ *aan de lussen hangen*
lu·si·taans [-zie-] *(‹Lat)* *bn & het* plechtig Portugees (II en III)
lu·si·ta·ni·ër [-zie-] *(‹Lat)* *de (s)* [-s] plechtig Portugees (I)
lus·sen·weef·sel *het* [-s] met lussen geweven stof: ★ *badstof is een ~*
lust *de (m)* [-en] ❶ begeerte, verlangen: ★ *hij had geen ~ meer om te leven; hij kreeg de onweerstaanbare ~ om aan de noodrem te trekken; de scènes waren zo gruwelijk dat de ~ tot verder kijken een ieder verging* ★ *lusten* driften ★ *zijn lusten botvieren* zich ongeremd uitleven ★ *vleselijke, zinnelijke lusten* seksueel genot ❷ plezier, vreugde, genot: ★ *ik heb ~ in mijn werk; nergens ~ in hebben; haar te zien dansen is een ~ voor het oog* ★ *voetballen is zijn ~ en zijn leven* hij heeft zoveel plezier in voetballen dat hij er het grootste deel van zijn vrije tijd aan besteedt ★ *dat het een lieve lust was* uitdrukking gebruikt om de intensiteit van een gebeurtenis aan te geven: ★ *er werd getimmerd dat het een lieve ~ was*
lus·te·loos *bn* ❶ geen lust tot bezigheid hebbende, slap ❷ handel traag; **lusteloosheid** *de (v)*
lus·ten *ww* [lustte, h. gelust] ❶ trek, zin hebben in, wel willen eten of drinken: ★ *ze is een makkelijke eter, ze lust alles* ★ *zoveel drinken als men lust* ★ *ik lust*

hem rauw ik wil het graag met hem uitvechten en dan zal ik zeker winnen; zie ook bij → **peul** ❷ houden van, genoegen scheppen in: ★ *doe wat u lust; hij zal ervan* ~ ervan langs krijgen ❸ believen, behagen: ★ *het lust mij niet hem te groeten*

lust·ge·voel *het* [-gevoelens] genotvol gevoel van begeerte of hartstocht

lust·hof *de (m)* [-hoven] heerlijke tuin; het paradijs

lus·tig *bn* ❶ vrolijk ❷ flink, krachtig

lust·moord *de (m)* [-en] moord uit (veelal seksuele) lustgevoelens

lust·moor·de·naar *de (m)* [-s] iem. die een lustmoord begaat

lust·oord *het* [-en] oord, plek of streek waar men voor zijn genoegen vertoeft, vooral een fraai buitenverblijf

lus·tre [lustər] *(‹Eng‹Fr) het* glanzige, luchtige stof

lus·trum *(‹Lat) het* [-tra] oorspronkelijk bij de Romeinen het plechtige reinigings- en zoenoffer dat aan Mars werd gebracht na beëindiging van de eens in de vijf jaar gehouden volkstelling; *vandaar* tijdruimte van vijf jaren; om de vijf jaren gehouden feest, vooral van hogescholen en studentenverenigingen

lus·trum·feest *het* [-en] feestelijke viering van een lustrum

lu·te·ti·um [-(t)sie(j)um] *het* scheikundig element, symbool Lu, atoomnummer 71, uit de groep van de zeldzame aarden, genoemd naar *Lutetia*, de Latijnse naam voor Parijs, waar het in 1908 werd ontdekt

luth. *afk* luthers

lu·the·raan *de (m)* [-ranen] aanhanger van Maarten Luther, Duits kerkhervormer (1483-1546); lid van één van de Lutherse Kerken

lu·the·ra·nis·me *het* de leer van Luther; religieuze beweging die deze leer aanhangt

lu·thers *bn* ❶ volgens de leer van Luther ★ *Lutherse Kerken* verzamelnaam voor een aantal protestantse kerkgenootschappen, voornamelijk in Scandinavië en Duitsland, die zich baseren op de leer van Maarten Luther ❷ behorende tot één van de Lutherse Kerken

lu·ther·sen *mv* lutheranen

lut·tel I *bn* weinig, gering: ★ *luttele moeite* ★ *luttele een ~ bedrag* II *het* geringe hoeveelheid; soms gevolgd door de tweede naamval: ★ *een ~ tijds*

luur *de* [luren] luier ★ *iem. in de luren leggen* beetnemen, voor de gek houden ★ *zich in de luren laten leggen* zich laten beetnemen, zich al te gewillig door anderen laten leiden

Lu·va *afk* in Nederland, hist Luchtmacht vrouwenafdeling

luw *bn* ❶ windvrij ❷ vrij warm

lu·wen *ww* [luwde, is geluwd] ❶ verminderen van de wind ❷ fig afnemen: ★ *toen de opwinding enigszins was geluwd, hernam de spreker het woord*

luw·te *de (v)* [-n] windvrije plaats ★ *in de ~ vallen* zijn toon matigen

lux *(‹Lat) de* ❶ licht ❷ eenheid van verlichtingssterkte (symbool: lx)

luxa·tie [luksaa(t)sie] *(‹Lat) de (v)* [-s] med ontwrichting

luxe *(‹Fr‹Lat)* I *de (m)* ❶ weelde, overvloed ★ *dat is geen* ~ niet overbodig, wel nodig ❷ weelderige inrichting of aankleding II *bn* luxueus, weelderig: ★ *een ~ badkamer;* ~ *uit eten gaan*

luxe·ar·ti·kel *het* [-en, -s] weeldeartikel

luxe·au·to [-ootoo, -autoo] *de (m)* ['s] personenauto voor niet-zakelijk gebruik

luxe·brood·je *het* [-s] NN klein broodje, kadetje enz.

luxe·edi·tie [-(t)sie] *de (v)* [-s] weelderig uitgevoerde uitgave van een boek

luxe·hut *de* [-ten] als (weelderige) hotelkamer ingerichte hut op passagiersschepen

Luxem·bur·ger *de (m)* [-s] iem. geboortig of afkomstig uit Luxemburg

Luxem·burgs I *bn* van, uit, betreffende Luxemburg II *het* in Luxemburg gesproken Duits dialect

luxe·paard *het* [-en] ❶ paard dat niet als werkpaard, maar alleen als rijdier dienst doet ❷ schertsend persoon die weinig hoeft te doen, iem. die een gemakkelijk leven heeft; *tegengest*: → **werkpaard**

luxe·wa·gen *de (m)* [-s] luxeauto

luxu·eus *(‹Fr) bn* weelderig, prachtig, kostbaar ingericht, uitgevoerd enz.

lu·zer·ne *(‹Fr‹Lat) de* [-n] Franse klaver, zaairupsklaver (*Medicago sativa*)

L-vor·mig *bn* in de vorm van de letter L: ★ *een L-vormige woonkamer*

LVV *afk* in België Liberaal Vlaams Verbond

lx *afk* symbool voor *lux*

ly·ce·ïst [lie-] *de (m)* [-en], **ly·ce·ïs·te** *de (v)* [-n] leerling(e) van een lyceum

ly·ce·um [liesee(j)um] *(‹Gr) het* [-cea, -s] ❶ in Nederland benaming voor een schooltype, *oorspr* bestaande uit een combinatie van hbs en gymnasium met een (tweejarige) gemeenschappelijke onderbouw, thans een school met afdeling gymnasium en atheneum ❷ in België school voor secundair onderwijs, oorspronkelijk alleen voor meisjes

ly·chee [lietsjie] *(‹Eng‹Chin) de (m)* [-s] vrucht van de Litchi chinensis, een tropische tafelvrucht

Ly·disch [lie-] *bn* van, uit, betreffende Lydië, in de oudheid een rijk in het westen van Klein-Azië

Lyme *zn* [laaim] *(‹Eng)* ★ *ziekte van* ~ ziekte veroorzaakt door een bacterie die wordt overgedragen door de beet van een teek, genoemd naar de plaats Old Lyme in Connecticut (VS), waar deze ziekte voor het eerst is beschreven

lymf [limf] *(‹Lat) de* → **lymfe**

lym·fa·tisch [lim-] *(‹Lat) bn* ❶ de lymfe betreffend ❷ ‹van het gestel› met bleke kleur en weinig weerstand

lymf·baan [limf-] *de* [-banen] lymfvat

lym·fe [lim-,], **lymf** *(‹Lat) de* weefselvocht, vloeistof die alle weefsels van het menselijk en dierlijk lichaam voedt en reinigt

lymf·klier [limf-,], **lym·fe·klier** [lim-] *de* [-en] lymfknoop
lymf·knoop [limf-] *de (m)* [-knopen] orgaantje in het lymfvaatstelsel dat de aangevoerde lymfe van ongerechtigheden (vooral bacteriën) zuivert
lymf·vaat·stel·sel [limf-] *het* vaatstelsel bestaande uit lymfbanen en lymfknopen waarin de lymfe wordt vervoerd
lymf·vat [limf-,], **lym·fe·vat** [lim-] *het* [-vaten] vat waardoor de lymfe stroomt
lyn·chen *ww* [lin(t)sjə(n)] *(‹Eng)* [lynchte, h. gelyncht] benaming voor het vermoorden van een van misdaad verdachte of anderszins onwelgevallige persoon door een volksmenigte
lynch·ge·recht [lin(t)sj-] *het* het eigenmachtig rechtspreken van een volksmenigte, meestal gevolgd door de terdoodbrenging van de beschuldigde(n)
lynx [links] *(‹Lat‹Gr) de (m)* [-en] katachtig roofdier met pluimpjes op de oren en een korte staart, ook → **los²** genoemd
lynx·oog [links-] *het* [-ogen] ❶ oog van een lynx ❷ *fig* zeer scherp ziend oog: ★ *hij heeft lynxogen*
ly·ra [lie-] *(‹Gr) de* ['s] soort xylofoon waarbij metalen staafjes verticaal in een liervormige houder zijn bevestigd, veel in fanfare- en harmonieorkesten gebruikt
ly·riek [lie-] *(‹Fr‹Gr) de (v)* ❶ dichtsoort waarin de dichter zijn persoonlijke aandoeningen en stemmingen uitdrukt ❷ poëzie van dit karakter, bijv. cantate, dithyrambe, hymne ❸ lyrische aard: ★ *de ~ van zijn woorden sleepte de toehoorders mee*
ly·risch [lie-] *(‹Du‹Gr) bn* van de aard van, behorende tot, vervuld van lyriek; zich in lyriek uitend
ly·sol [liezol] *(‹Gr-Lat) de (m) & het* een vloeibaar ontsmettingsmiddel met een kenmerkende geur

M

m¹ *de* ['s] de dertiende letter van het alfabet
m² *afk* ❶ meter ★ *m²* vierkante meter ★ *m3* kubieke meter ❷ minuut ❸ nat symbool voor het voorvoegsel milli- [(een duizendste)] ❹ nat mega-
m³ *afk* nat massa
M *afk* ❶ Romeins cijfer voor 1000 ❷ als nationaliteitsaanduiding op auto's *Malta* ❸ kledingmaat: *medium* ❹ Mark (als munteenheid)
m. *afk* mannelijk
MA *afk* ❶ als nationaliteitsaanduiding op auto's *Marokko* ❷ Master of Arts
ma *de (v)* ['s] moeder
maag¹ *de* [magen] spijsverteringsorgaan tussen de slokdarm en de twaalfvingerige darm: ★ *mijn ~ knort van de honger* ★ *met iets in zijn ~ zitten* ermee in verlegenheid zitten, er niet goed weg mee weten ★ *iem. iets in de ~ splitsen* iem. iets onaangenaams bezorgen ★ *zwaar op de ~ liggen* er moeite mee hebben, als probleem meedragen
maag² *de* [magen] vero verwant
maag·bloe·ding *de (v)* [-en] bloeding van de maagwand
maag·ca·tar·re *de* ontsteking van het maagslijmvlies
maagd *de (v)* [-en] vero meisje; thans meisje dat, vrouw die nog geen geslachtsgemeenschap heeft gehad ★ *de Heilige Maagd* Maria de moeder van Jezus ★ *de Maagd van Orléans* Jeanne d'Arc ★ *Maagd* zesde teken van de dierenriem (van ± 23 augustus tot ± 22 september), sterrenbeeld Virgo
maag·darm·ka·naal *het* [-nalen] deel van het spijsverteringskanaal, bestaande uit maag, dunne darm en dikke darm
maag·de·lijk *bn* zuiver; ongerept: ★ *het ~ oerwoud* ★ *maagdelijke gronden* nog nooit bebouwd; **maagdelijkheid** *de (v)*
Maag·den·bur·ger *bn* van, uit, betreffende Maagdenburg ★ *~ halve bollen* twee op elkaar passende halve bollen, die bijna niet van elkaar getrokken kunnen worden, als de ruimte erbinnen luchtledig is gemaakt
maag·den·palm *de (m)* [-en] groene kruipplant met lichtblauwe bloemen (*Vinca*)
maag·den·roof *de (m)* hist schaking van meisjes ★ *de Sabijnse ~* het wegvoeren van meisjes uit de stam van de Sabini, na de stichting van Rome
maag·den·vlies *het* [-vliezen] huidplooi aan de ingang van de vagina die zichtbaarder aanwezig is bij vrouwen of meisjes die nog geen of weinig geslachtsgemeenschap hebben gehad, hymen: ★ *bij seksueel actieve vrouwen en bij vrouwen die een kind hebben gebaard, zijn er vaak slechts restanten van het ~ zichtbaar*
maag·dom *de (m)* maagdelijkheid
maag·elixer, maag·elixir *het* [-s] kruidendrank die

heilzaam is voor de maag, maagbitter
maag·kan·ker *de (m)* kanker in de maag
maag·kramp *de* [-en] stekende pijn in de maag
maag·kwaal *de* [-kwalen] maagziekte
maag·pijn *de* [-en] pijn in de maag
maag·pomp *de* [-en] pomp om de maag leeg te maken
maag·sap *het* door de maag afgescheiden sap met verterende werking
maag·schap **I** *de (v) & het* verwantschap **II** *de (v)* de gezamenlijke verwanten, familie
maag·slijm·vlies *het* slijmvlies aan de binnenkant van de maagwand
maag·streek *de* het gedeelte van het lichaam om de maag
maag·zout *het* zuiveringszout, o.a. gebruikt tegen overtollig maagzuur
maag·zuur *het* zuur in het maagsap: ★ *last hebben van brandend ~*
maag·zweer *de* [-zweren] pijnlijke zweer in het slijmvlies van de maag, veelal ontstaan door te veel maagzuurafscheiding
maai·en *ww* [maaide, h. gemaaid] ❶ afsnijden: ★ *het gras ~* ❷ algemeen oogsten: ★ *wie niet zaait, zal niet ~* ❸ fig zich maaiende bewegen; maaibenen ❹ met armen of benen een beweging maken alsof men maait: ★ *de benen onder iem. vandaan ~*
maai·er *de (m)* [-s] ❶ maaimachine ❷ iem. die maait
maai·ma·chi·ne [-sjənə] *de (v)* [-s] machine om het gras of koren te maaien
maai·veld *het* vlak waarop gebouwd wordt ★ NN, fig *boven het ~ uitsteken* zich onderscheiden en zich daarmee kwetsbaar opstellen
maak *zn* ★ *in de ~ zijn* gemaakt worden: ★ *het contract is in de ~*
maak·baar *bn* geschikt om door maatregelen van de overheid een vooraf bepaalde vorm te geven: ★ *een maakbare samenleving*
maak·loon *het* [-lonen] loon dat betaald moet worden voor het maken van iets
maak·sel *het* [-s] ❶ wat gemaakt is ❷ wijze van maken; model
maak·werk *het* ❶ op bestelling gemaakt goed ❷ iets met weinig kunstwaarde
maal [malen] **I** *het* maaltijd **II** *de & het* keer: ★ *dit is de laatste ~* ★ *twee ~ drie is zes*
maal·de·rij *de (v)* [-en] inrichting waar gemalen (→ **malen¹**, bet 1) wordt
maal·peil *het* hoogste peil waarop het water mag komen in een → **boezem** (bet 4)
maal·sel *het* [-s] wat gemalen is, het gemalene
maal·stroom *de (m)* [-stromen] ❶ draaiende stroom ❷ fig verwarrende, onrustig makende loop van gebeurtenissen: ★ *in de ~ meegaan*
maal·tand *de (m)* [-en] kies
maal·te·ken *het* [-s] vermenigvuldigingsteken: x
maal·tijd *de (m)* [-en] ❶ het (al of niet gezamenlijk) eten (op bepaalde uren) ❷ wat men eet: ★ *een eenvoudige, doch voedzame ~*
maal·tijd·cheque [-sjek] *de (m)* [-s] BN vergoeding voor het middageten in de vorm van cheques die de werknemer van de werkgever ontvangt en die ook gebruikt kunnen worden als betaalmiddel in supermarkten e.d.
maan *de* [manen] hemellichaam dat om een planeet cirkelt, vooral dat om de aarde cirkelt: ★ *nieuwe, wassende, volle, afnemende ~* ★ *naar de ~* kapot, stuk ★ *loop naar de ~!* loop heen! ★ *tegen de ~ blaffen* tevergeefs en machteloos protesteren of dreigen; zie ook → **maantje**
maan·blind·heid *de (v)* periodieke oogontsteking bij paarden
maan·cir·kel *de (m)* [-s] tijdvak na afloop waarvan de schijngestalten van de maan op dezelfde datum vallen (19 jaar)
maand *de* [-en] een twaalfde deel van een jaar: ★ *de ~ december* ★ *voor de duur van zes ~* zes maanden lang ★ *een dertiende ~* een extra maand salaris boven op de twaalf van het jaar
maan·dag *de (m)* [-dagen] dag van de week, genoemd naar de maan ★ *zwarte ~* maandag 19 oktober 1987, de dag dat de beurskoersen kelderden in New York (en vervolgens op andere effectenbeurzen); zie ook bij → **blauw**
maan·dags *bn* op maandag; elke maandag
maand·blad *het* [-bladen] tijdschrift dat eens per maand verschijnt
maan·de·lijks *bn* (van) iedere maand
maan·den·lang *bn* (van) vele maanden
maand·geld *het* [-en] loon, huishoudgeld enz. voor een maand
maand·lo·ner *de (m)* [-s] iem. die per maand zijn loon uitbetaald krijgt
maand·loon *het* [-lonen], **maand·sa·la·ris** *het* [-sen] loon per maand
maand·ston·den *mv* menstruatie
maand·ver·band *het* [-en] verband tijdens menstruatie gedragen
maan·eclips *de* [-en] maansverduistering
maan·fa·se [-zə] *de (v)* [-s, -n] schijngestalte van de maan
maan·ge·stal·ten *mv* de verschillende vormen die de maan lijkt aan te nemen: nieuwe maan, eerste kwartier, volle maan, laatste kwartier
maan·go·din *de (v)* [-nen] godin die met de maan in verband wordt gebracht, zoals bijv. bij de Romeinen Luna en Diana, bij de Grieken Selene, bij de Egyptenaren Thot of Dihoeti en bij de Azteken Coyolxauhqui
maan·jaar *het* [-jaren] de tijd van twaalf omlopen van de maan
maan·kop *de (m)* [-pen] papaver, waarvan het melksap gebruikt wordt voor opiumbereiding
maan·lan·der *de (m)* [-s] voertuig om ruimtevaarders vanuit een satellietbaan rondom de maan naar het maanoppervlak en terug te brengen; soms ook →

maansloep genaamd
maan·lan·ding *de (v)* landing op de maan
maan·land·schap *het* [-pen] ❶ landschap van de maan ❷ fig woest onherbergzaam landschap, lijkend op dat van de maan
maan·licht *het* schijnsel van de maan
maan·maand *de* [-en] tijd tussen twee opeenvolgende identieke gestalten van de maan
maan·mon·ster *het* [-s] gesteente e.d. dat een maanreiziger naar de aarde meebrengt
maan·nacht *de (m)* [-en] ❶ nacht met maneschijn ❷ astron periode waarin het naar de aarde gekeerde stuk van de maan niet door de zon beschenen wordt
maan·ra·ket *de* [-ten] naar de maan afgeschoten raket
maan·reis *de* [-reizen] reis naar de maan
maan·sik·kel *de (m)* [-s] sikkelvormige schijngestalte van de maan aan de hemel
maan·sloep *de* [-en] maanlander
maan·steen *als stof: de (m) & het, als voorwerp: de (m)* [-stenen] ❶ variëteit van de delfstof veldspaat ❷ van de maan meegenomen (stuk) steen
maans·ver·duis·te·ring *de (v)* [-en] het onzichtbaar worden van de maan, als ze in de schaduw van de aarde komt
maan·tje *het* [-s] ❶ lichter gekleurd gedeelte van de nagel, bij de nagelwortel ❷ kale plek op het hoofd van een man
maan·vis *de (m)* [-sen] soort klompvis
maan·wan·de·ling *de (v)* [-en] wandeling van een ruimtevaarder op de maan
maan·zaad *het* papaverzaad
maan·ziek *bn* labiele geestestoestand, gekenmerkt door zenuwtoevallen, slaapwandelen e.d., die wordt verondersteld verband te houden met de maanfasen
maar I *bijw* ❶ slechts, niet meer dan: ★ *ze is ~ 1,45 m lang* ❷ voortdurend, steeds: ★ *hij liep ~ door* ❸ ‹bij een wens, verzuchting e.d.› toch: ★ *was hij ~ hier!* ❹ ★ *alleen ~* uitsluitend ❺ BN ook niet eerder dan, pas: ★ *we leren onze gezondheid ~ waarderen, als we ziek zijn* II *voegw* doch, echter, evenwel: ★ *we wilden wel, ~ we konden niet* III *het* [maren] NN bezwaar, bedenking ★ *alle mitsen en maren* alle voorwaarden en bezwaren
maar·schalk *de (m)* [-en] officier in rang boven generaal, opperbevelhebber
maar·schalks·staf *de (m)* [-staven] staf als teken van de waardigheid van maarschalk
maart (‹Lat› *de (m)* derde maand van het jaar, lentemaand ★ *~ roert zijn staart* gezegd bij wispelturig weer in maart
maarts *bn* van of in maart: ★ *maartse buien*
maas *de* [mazen] opening in een net ★ *door de mazen van het net kruipen* zich behendig aan de bepalingen onttrekken *of* met grote moeite ternauwernood aan een dreigend gevaar ontkomen ★ *de mazen van de wet* leemten in de wet

maas·bal *de (m)* [-len] houten bol gebruikt bij het mazen en stoppen van bijv. sokken
maas·dam·mer *de (m)* [-s] bepaalde soort Goudse gatenkaas
maas·naald *de* [-en] naald met een groot oog en een stompe punt
Maas·stad *de* [-steden] stad aan de Maas, vooral Rotterdam, dat aan de Nieuwe Maas is gelegen
maas·werk *het* ❶ gemaasd werk, werk waarbij mazen te pas komt ❷ bouwk vervlechting van metselwerk in een raam in gotische of Moorse stijl
maas·wol *de* wollen garen om bijv. sokken te mazen
maat[1] *de (m)* [-s] ❶ makker ★ *goede maatjes zijn* goede vrienden ❷ persoon waarmee iem. samenwerkt
maat[2] *de* [maten] ❶ datgene waarmee men meet; eenheid van lengte, inhoud, oppervlakte enz. ★ *de ~ is vol* nu moet het uit zijn ★ *met twee maten meten*, BN ook *met twee maten en gewichten meten* voor de één andere normen hanteren dan voor de ander, niet onpartijdig zijn ❷ afmeting; de juiste of vereiste afmeting ★ *de ~ nemen* opmeten ★ *iem. de ~ nemen* iem. beoordelen ★ *geen ~ kunnen houden* te ver gaan, de gepaste grenzen niet in acht nemen ★ *onder de ~ blijven* niet voldoen aan de verwachtingen of eisen ★ *op ~* met precies de juiste afmeting of omvang: ★ *een plank op ~ zagen; automatiseringsadviezen op ~* ★ *op hem staat geen ~* hij is zonder twijfel de beste ❸ regelmatige afwisseling of indeling; dichtkunst afwisseling van lange en korte of beklemtoonde en minder beklemtoonde lettergrepen; muz eenheid van het ritme; indeling naar tijdsduur; vakje dat een maat aangeeft: ★ *driekwarts~; de ~ slaan* ★ BN ook *een ~ voor niets* een slag in de lucht, een poging zonder resultaat
maat·be·ker *de (m)* [-s] beker met maatverdeling erop; vgl: → **maatglas**
maat·dop *de* [-pen] dop van een fles die tevens als maat dient voor de hoeveelheid te gebruiken vloeistof uit die fles
maat·ge·vend *bn* volgens de juiste maatstaf; de juiste maatstaf aangevend: ★ *~ zijn voor iets of iem.*
maat·ge·voel *het* gevoel voor dichtmaat of muzikale maat
maat·glas *het* [-glazen] glas om vloeistof te meten
maat·houden *ww* [hield maat, h. maatgehouden] in de → **maat**[2] (bet 3) van de muziek blijven
maat·je[1] *het* [-s] ❶ kleine maat ★ *een ~ te groot zijn voor* te sterk, te omvangrijk zijn voor ❷ 0,1 liter
maat·je[2] *het* [-s] zie bij → **maat**[1]
maatje[3] ma-tje *het* [-s] verkleinvorm van → **ma**
maat·je[4] *het* [-s] verkorting van → **maatjesharing**
maat·jes·ha·ring *de (m)* [-s] jonge haring
maat·kle·ding *de (v)* aangemeten kleding
maat·kos·tuum *de (v)* [-s], **maat·pak** *het* [-ken] kostuum naar → **maat**[2] (bet 2) gemaakt
maat·re·gel *de (m)* [-en, -s] regeling, schikking: ★ *een harde ~* ★ *maatregelen nemen, treffen* ★ *geen halve*

maatregelen nemen fors ingrijpen ★ *in Nederland Algemene Maatregel van Bestuur* Koninklijk Besluit van algemene strekking (uitgevaardigd na advies van de Raad van State)

maat·schap *de (v)* [-pen] samenwerkingsvorm waarbij twee of meer personen geld en / of kundigheden gemeenschappelijk exploiteren en het daaruit behaalde voordeel gezamenlijk delen: ★ *veel advocaten oefenen hun beroep uit in het kader van een ~*

maat·schap·pe·lijk *bn* ❶ van, betreffende de *of* een maatschappij ★ *~ kapitaal* het nominale bedrag aan aandelen van een naamloze vennootschap ★ *~ werk* hulp aan in moeilijke omstandigheden verkerende personen en gezinnen ★ *~ werk(st)er* iem. die maatschappelijk werk doet ★ BN ook *~ assistent* maatschappelijk werker ❷ BN ook sociaal: ★ *maatschappelijke zekerheid* ★ *maatschappelijke zetel* hoofdzetel, hoofdkantoor ★ *~ dienstbetoon* sociaal dienstbetoon, vnl. door politici ten gunste van hun kiezers

maat·schap·pij *de (v)* [-en] ❶ samenleving ❷ handelsvereniging ❸ BN ook (NN vero) genootschap, vereniging; kring, gezelschap: ★ *een muziek~* ★ *de Maatschappij tot Nut van 't Algemeen* in 1784 opgerichte vereniging tot bevordering van de volksontwikkeling

maat·schap·pij·kri·tiek *de (v)* kritiek op bestaande maatschappelijke toestanden en verhoudingen

maat·schap·pij·kri·tisch *bn* gekenmerkt door maatschappijkritiek: ★ *een ~ krantenartikel*

maat·schap·pij·leer *de* leer van de samenleving, als schoolvak onderwezen

maat·slag *de (m)* [-slagen] ❶ het → **maat²** (bet 3) slaan ❷ de → **maat²** (bet 3)

maat·staf *de (m)* [-staven] richtsnoer waarnaar men oordeelt of handelt: ★ *iets als ~ nemen voor iets* ★ *een ~ aanleggen*

maat·stok *de (m)* [-ken] ❶ stokje om de → **maat²** (bet 3) te slaan ❷ meetlat

maat·streep *de* [-strepen] verticale streep ter afscheiding van een muziekmaat

maat·vast *bn* goed de → **maat²** (bet 3) kunnende houden

maat·werk *het* ❶ kleding of schoeisel naar maat gemaakt ❷ meer algemeen precies werk, werk dat is gericht op een speciaal doel: ★ *onze cursussen zijn ~ voor een carrière in de softwarebranche*

ma·ca·ber *⟨Fr⟩ bn* ontleend aan, behorend bij de sfeer van het sterven en de dood; griezelig: ★ *een macabere vondst doen*

ma·ca·dam *de (m) & het* steenslag (klein gestoten granietkiezel of kalksteen) voor het verharden van wegen, genoemd naar de Schotse ingenieur J.L. MacAdam (1756-1836)

ma·ca·da·mi·se·ren *ww* [-zee-] [macadamiseerde, h. gemacadamiseerd] ⟨een weg⟩ met macadam bedekken

ma·ca·dam·weg *de (m)* [-wegen] met macadam verharde weg

ma·ca·ro·ni *⟨It⟩ de (m)* oorspr. Italiaans gerecht van fijne pasta in de vorm van gebogen pijpjes

ma·ca·ro·nisch *bn* ★ *macaronische verzen* grappige verssoort, waarbij men verschillende talen dooreenmengt of de woorden van de ene taal naar de regels van de andere verbuigt, bijv.: *non omnes sunt kokki, longos qui dragere messos* het zijn niet allen koks, die lange messen dragen

Mac·ca·bee·ën, **Mac·ca·bee·ërs** *mv* Joods geslacht, dat in 167 v.C. de Syrische legers versloeg en daardoor Israël bevrijdde

ma·cé·doine [maaseedwaan] *⟨Fr⟩ de (v)* [-s] mengsel van klein gesneden vruchten in een koude suikeroplossing

Ma·ce·do·ni·ër *de (m)* [-s] iem. geboortig of afkomstig uit Macedonië

Ma·ce·do·nisch *bn* van, uit, betreffende Macedonië

ma·ce·ra·tie [-(t)sie] *⟨Fr⟨Lat⟩ de (v)* med gedeeltelijke vertering of oplossing van weefsels, ook als methode bij de ontleding van lichamen en organen

ma·ce·re·ren *ww ⟨Fr⟨Lat⟩* [macereerde, h. gemacereerd] ❶ week maken, doen oplossen ❷ fig kastijden, kwellen

mach *zn* ★ *getal van mach* verhouding van de snelheid van een stromend gas (en vandaar van een bewegend vliegtuig) tot de geluidssnelheid, genoemd naar de Oostenrijkse filosoof en fysicus Ernst Mach (1838-1916)

ma·che·te [-tsjeetə] *⟨Sp⟩ de (m)* [-s] lang, gebogen kapmes zoals gebruikt in Zuid- en Midden-Amerika

ma·chia·vel·lis·me [makkjaa-] *het* staatsleer van de Florentijnse staatsman en geschiedschrijver N. Machiavelli (1469-1527); sluwe, arglistige, gewetenloze staatkunde vanuit de grondgedachte dat het doel de middelen heiligt

ma·chia·vel·list [makkjaa-] *de (m)* [-en] aanhanger van het machiavellisme

ma·chia·vel·lis·tisch [makkjaa-] *bn* politiek sluw, gewetenloos, arglistig

ma·chi·naal [-sjie-] *⟨Fr⟩ bn* ❶ met machines (gemaakt of bewerkt) ❷ zonder na te denken (uitgevoerd), werktuiglijk, volgens sleur

ma·chi·na·tie [-sjienaa(t)sie, maggienaa(t)sie] *⟨Fr⟩ de (v)* [-s] achterbakse handelwijze, sluw plan; *meest in het mv*: machinaties

ma·chi·ne [-sjie-] *⟨Fr⟨Lat⟩ de (v)* [-s] ❶ samengesteld werktuig waarmee zekere handelingen verricht, zaken vervaardigd of krachten opgewekt kunnen worden ❷ fig groot samenstel, gevaarte

ma·chi·ne·bank·wer·ker, **ma·chi·ne·bank·wer·ker** [-sjie-] *de (m)* [-s] bankwerker die onderdelen van machines bewerkt

ma·chi·ne·fa·briek [-sjie-] *de (v)* [-en] fabriek waar men machines maakt

ma·chi·ne·ga·ren [-sjie-] *het* [-s] garen speciaal voor naaimachines

ma·chi·ne·ge·weer [-sjie-] *het* [-weren] automatisch snelvuurgeweer

ma·chi·ne·ka·mer [-sjie-] *de* [-s] ruimte waar de machines staan: ★ *de ~ van een schip*

ma·chi·ne·olie [-sjie-] *de* [-liën, -s] smeerolie voor machines

ma·chi·ne·park [-sjie-] *het* [-en] de gezamenlijke machines van een onderneming

ma·chi·ne·pis·tool [-sjienəpies-] *het* [-tolen] pistoolmitrailleur

ma·chi·ne·rie [-sjie-] *((Fr) de (v)* [-rieën] geheel of samenstel van machines of machineonderdelen

ma·chi·ne·schrift [-sjie-] *het* schrift van een schrijfmachine

ma·chi·ne·schrij·ven [-sjie-] *ww & het* (het) met de schrijfmachine werken

ma·chi·ne·taal [-sjie-] *de* comput uit binaire codes opgebouwde programmeertaal waarin voor de computer direct uitvoerbare opdrachten worden weergegeven: ★ *opdrachten die in een hogere programmeertaal zijn geschreven worden eerst door een compiler in ~ vertaald*

ma·chi·nist [-sjie-] *((Fr) de (m)* [-en] bestuurder van een trein of andere machine

ma·chis·mo [-tsjies-] *((Sp) de (m)* overdreven mannelijk gedrag

ma·cho [-tsjoo] *((Sp)* I *de (m)* ['s] man die zich overdreven mannelijk gedraagt II *bn* dit gedrag vertonend

macht *de* [-en] ❶ kracht; vermogen ★ *bij machte zijn om...* in staat zijn om, kunnen uitwerking, invloed ★ *uit alle ~* met alle kracht die iem. heeft ★ *boven zijn ~ werken* a) werk uitvoeren waarbij de handen boven het hoofd moeten worden gehouden; b) werkzaamheden hebben waartoe men eigenlijk niet in staat is ❷ heerschappij; vermogen een mens of dier iets te laten doen, wat deze eigenlijk niet zou willen doen; persoon of organisatie die dit vermogen bezit ★ *aan de ~ zijn* met regeringsmacht bekleed zijn ★ *de ~ hebben over iets of iem.* ★ *~ uitoefenen over iem.* ★ *de uitvoerende ~* ★ *de wetgevende ~* ★ *de rechterlijke ~* ★ *BN inrichtende ~* organiserende instantie, bevoegd gezag, voornamelijk m.b.t. een onderwijsinstelling ★ *de ~ over het stuur verliezen* de besturing van een voertuig niet meer onder controle hebben ❸ grote menigte, leger, troepen ❹ mogendheid: ★ *de grote wereldmachten* ❺ wisk het getal dat men verkrijgt door een getal een zeker aantal keren met zichzelf te vermenigvuldigen: ★ *twee tot de derde ~ is acht* ★ *een getal tot de derde ~ verheffen*

mach·te·loos *bn* zonder macht of kracht; **machteloosheid** *de (v)*

macht·heb·ben·de *de* [-n], **macht·heb·ber** *de (m)* [-s] iem. die macht of gezag heeft

mach·tig I *bn* ❶ veel macht hebbend: ★ *een ~ heerser* ❷ in zijn macht hebbend, beheersend: ★ *een taal ~ zijn* ❸ NN zwaar op de maag liggend (van eten):

★ *dit toetje is erg ~* ❹ ★ *het wordt me te ~* ik kan het niet meer verdragen, het is te moeilijk, te erg, te zwaar enz. ❺ indrukwekkend, groot, fraai, fijn: ★ *een ~ gebouw* ★ *een machtige vakantie* II *bijw* in hoge mate, zeer: ★ *~ mooi*

mach·ti·gen *ww* [machtigde, h. gemachtigd] de nodige volmacht geven; vergunning geven tot iets: ★ *iem. ~ om geld van een rekening af te halen* ★ *iem. ~ tot het ondertekenen van contracten*; **machtiging** *de (v)* [-en]

mach·ti·gings·wet *de* [-ten] in Nederland wet die de regering machtigt tot bepaalde wetgevende maatregelen zonder overleg met het parlement

machts·blok *het* [-ken] groep aaneengesloten landen, samenwerkende organisaties of personen, die tezamen een bijzondere macht uitoefenen om een gemeenschappelijk doel te bereiken: ★ *een ~ vormen tegen iem. of iets*

machts·mid·del *het* [-en] middel waardoor men macht, invloed uitoefent

machts·mis·bruik *het* misbruik van macht

machts·po·si·tie [-zie(t)sie] *de (v)* [-s] positie waarin men macht kan uitoefenen

machts·strijd *de (m)* strijd om de macht: ★ *in de top van de politieke partij brandde een ~ los*

machts·va·cu·üm *het* tijdelijke toestand waarin er geen effectief gezag is van de leiding of de overheid

machts·ver·hef·fing *de (v)* [-en] het berekenen van de → **macht** (bet 5) van een getal

machts·ver·hou·ding *de (v)* [-en] verdeling van de macht (vaak in het meervoud gebruikt): ★ *door de verkiezingen is er een grote verschuiving teweeggebracht in de machtsverhoudingen*

machts·ver·toon *het* het laten blijken dat men veel macht heeft

machts·wel·lust *de (m)* ziekelijke neiging tot machtsvertoon of het uitoefenen van macht; **machtswellusteling** *de (m)* [-en]

macht·woord, **machts·woord** *het* [-en] beslissende uitspraak van gezaghebbende zijde ★ *politiek het ~ spreken* een beslissing forceren bij een conflict door te dreigen met aftreden

mack·in·tosh [mekkintosj] *((Eng) de (m)* ❶ waterdichte overjas of mantel, genoemd naar de uitvinder van waterdichte stoffen, de Schotse scheikundige Charles Mackintosh (1766-1843) ❷ waterdichte (verband)stof

ma·çon·niek [masson-] *((Fr) bn* de vrijmetselarij betreffend, vrijmetselaars

ma·cra·mé *((Fr‹Arab) het* oorspronkelijk een soort van kantwerk voor afwerking dat ontstaat door de vrije einden van kettingdraden te verknopen; thans knoopwerk met verschillende garens

ma·cra·mee·ën *ww* [macrameede, h. gemacrameed] macramé verrichten

ma·cro *de* ['s] comput bestand of onderdeel van een programma waarin een reeks opdrachten is vastgelegd die achtereenvolgens worden uitgevoerd

als de macro wordt aangeroepen
ma·cro- *(‹Gr) als eerste lid in samenstellingen* groot
ma·cro·bi·oot *de (m)* [-bioten] iem. die de beginselen van macrobiotiek is toegedaan
ma·cro·bi·o·tiek *(‹Du‹Gr) de (v)* ❶ leer om het leven te verlengen, kunst om lang te leven, genoemd naar het boek *Makrobiotik* van de Duitse geneesheer C.W. Hufeland (1762-1836) ❷ een door de Japanner Ohsawa ontwikkelde leefwijze en voedingsleer op basis van de Aziatische Yin- en Yangprincipes
ma·cro·bi·o·tisch *bn* ❶ het leven verlengend ❷ volgens de leer van de → **macrobiotiek** (bet 2)
ma·cro-eco·no·mie *de (v)* economie die de hele huishouding van een land behelst, bijv. de totale investeringen of besparingen
ma·cro-eco·no·misch *bn* de macro-economie betreffend
ma·cro·kos·mos *(‹Gr) de (m)* de wereld als groot geheel, als een organisme in het groot
ma·cro·mo·le·cu·lair [-lèr] *bn* chem uit zeer grote moleculen bestaand
ma·cro·mo·le·cu·le *de* [-n] zeer grote en samengestelde molecule (met meer dan 1000 atomen)
ma·cro·sco·pisch *bn* met het blote oog zichtbaar, resp. bekeken
ma·cro·vi·rus *het* [-sen] comput aan een document gekoppeld computervirus
Ma·da·gas *de (m)* [-sen] iem. geboortig of afkomstig van Madagaskar
Ma·da·gas·kisch, **Ma·da·gas·sisch** *bn* van, uit, betreffende Madagaskar
ma·dam *(‹Fr) de (v)* [-men, -s] ❶ BN, spreektaal, ook schertsend mevrouw; echtgenote ❷ geringsch vrouw die zich deftig voordoet, maar het in werkelijkheid niet is: ★ *een kakmadam* ❸ bordeelhoudster
ma·dame *de (v)* [maadaam] *(‹Fr)* mevrouw; zie ook → **madam**; hist titel van de echtgenote van de hertog van Orléans ★ *Madame Mère* titel van de moeder van Napoleon I, Laetitia Bonaparte
ma·de *de* [-n, -s] pootloze insectenlarve
made in *bn* [meed] *(‹Eng)* ‹gevolgd door de naam van een land› vervaardigd in...: ★ *~ Hongkong*
ma·de·lief *de* [-lieven], **ma·de·lief·je** *het* [-s] samengesteldbloemig plantje met witte bloempjes (*Bellis perennis*)
ma·de·moi·selle [-mwàzel] *(‹Fr) de (v)* [mesdemoiselles] mejuffrouw; juffrouw in een bepaalde functie, bijv. als gouvernante
ma·de·ra *de (m)* veel alcohol en extractstoffen bevattende wijn van het Portugese eiland Madeira
ma·don·na *(‹It) de (v)* ['s] ❶ mevrouw; dame ❷ Maria, Onze-Lieve-Vrouw; afbeelding van Maria
ma·don·na·beeld *het* [-en] beeld van de Madonna
ma·dras *het* fijne gordijnstof uit zijde en katoen met ingeweven patronen, genoemd naar de stad met die naam in India

ma·dras·sa *(‹Arab) de* ['s] koranschool
ma·dri·gaal *(‹It)*, **ma·dri·gal** *(‹Fr) het* [-galen] ❶ herders- of minnedicht of -lied ❷ meerstemmig lied met begeleiding uit de 16de-17de eeuw
Ma·dri·leen *de (m)* [-lenen] iem. geboortig of afkomstig uit Madrid
Ma·dri·leens *bn* van, uit, betreffende Madrid
mae·sto·so *(‹It) bijw* muz majestueus, plechtig, verheven
ma·es·tro *(‹It‹Lat) de (m)* ['s] meester; kunstenaar die een meester is, vooral in de muziek, dirigent
maf *bn* vooral NN, spreektaal gek, dwaas: ★ *een ~ idee* ★ *doe niet zo ~!*
maf·fen *ww* [mafte, h. gemaft] inf slapen
maf·fer *de (m)* [-s] ❶ iem. die (lang) slaapt ❷ onderkruiper bij een staking
maf·fia *(‹It‹Arab) de* geheim genootschap op Sicilië, waarvan de leden zich tegen de wet verzetten of wraak nastreven door moord en afpersing; thans vrijwel hetzelfde als georganiseerde misdaad; overdrachtelijk wel eens toegepast op organisaties, verantwoordelijk voor werkzaamheden die nadelige gevolgen hebben voor anderen, bv. *milieumaffia*
maf·fi·oos *bn* van, betreffende de maffia; bij uitbreiding misdadig
maf·fio·so [-fjoozoo] *(‹It) de (m)* ['s, -osi] lid van de maffia; bij uitbreiding lid van een misdaadorganisatie
maf·kees *de (m)* [-kezen] NN, spreektaal iem. die maf is
maf·ke·tel *de (m)* [-s] NN, spreektaal iem. die maf is
mag. *afk* magister
ma·ga·zijn *(‹Fr‹It‹Arab) het* [-en] ❶ pakhuis, voorraadruimte, bergruimte ❷ vero groot winkelbedrijf, winkel, zaak; warenhuis ❸ ruimte voor patronen in een geweerkolf
ma·ga·zij·nier *(‹Fr) de (m)* [-s] BN ook magazijnbediende, magazijnknecht; *ook* magazijnchef, magazijnmeester
ma·ga·zijn·mees·ter *de (m)* [-s] opzichter in een pakhuis
mag·a·zine [meɣɣəzien] *(‹Eng) het* [-s] ❶ geïllustreerd tijdschrift ❷ RTV terugkerend programma over een bep. onderwerp
ma·gen·ta [maagentaa] *(‹It) het* roze kleur
ma·ger *bn* ❶ dun; schraal: ★ *een ~ kind* ❷ zonder of met weinig vet: ★ *~ vlees* ❸ pover: ★ *een ~ resultaat*; zie ook bij → **brandhout**, → **Hein**, → **lat¹**
ma·ger·te *de (v)* het mager zijn
ma·ger·tjes *bijw* inf ❶ vrij mager, schraaltjes ❷ tegenvallend, teleurstellend: ★ *zijn prestaties waren nogal ~* ★ *de inkomsten waren ~*
mag·gi *de (m)* verduurzaamde groente- en vleesextracten voor bereiding van soep, soeparoma (naar de Zwitserse uitvinder Julius Maggi, 1846-1912)
mag·gi·blok·je *het* [-s] stukje vlees- of groente-extract, dat bij bereiding van soep, saus e.d. gebruikt wordt

mag·gi·plant *de* [-en] lavas, een grote schermbloemige plant (*Lavisticum officinale*) waarvan de bladeren een bouillonsmaak geven aan gerechten

Maghreb *de* benaming voor de Noord-Afrikaanse landen Marokko, Algerije en Tunesië, soms aangevuld met Libië en Mauretanië

ma·gie (‹Fr‹Gr) *de (v)* toverkunst, toverij

ma·gi·ër (‹Lat‹Gr) *de (m)* [-s] ❶ oosterse wijze; priester bij de oude Meden en Perzen ❷ sterrenwichelaar; droomuitlegger; tovenaar

ma·gi·rus·lad·der *de* [-s] vooral bij de brandweer gebruikte, lange, mechanisch uitschuifbare ladder, genoemd naar de Duitser C. Magirus, die deze in 1864 in Ulm uitvond

ma·gisch (‹Du) *bn* van de aard van, werkend door of als bij magie, toverkracht bezittend, betoverend ★ *~realisme* benaming voor een richting in de beeldende kunst en de letterkunde waarbij aan overigens realistische voorstellingen een bovenzinnelijk element wordt toegevoegd ★ *~ vierkant (kwadraat)* tovervierkant, een als een dambord verdeeld vierkant, waarin de getallen 1, 2 enz. zodanig geplaatst zijn, dat de som in verticale, horizontale en diagonale richting steeds dezelfde is

ma·gis·ter (‹Lat) *de* [-s] ❶ meester, leermeester ❷ oude academische graad, thans nog bestaande in de rooms-katholieke theologie

ma·gis·traal (‹Lat) *bn* meesterlijk; als van een meester in de kunst

ma·gis·traat (‹Lat) *de (m)* [-traten] ❶ rechterlijk ambtenaar ❷ vero overheidspersoon ❸ vero overheid, stadsregering

ma·gis·tra·tuur (‹Fr) *de (v)* rechterlijke macht ★ *staande* ~ het Openbaar Ministerie ★ *zittende* ~ rechtsprekende ambtenaren

mag·ma (‹Gr) *het* geol hete, gesmolten massa van silicaten en oxiden in het binnenste van de aarde

mag·naat (‹Lat) *de (m)* [-naten] ❶ vroeger hoge aristocraat in Hongarije en Polen ❷ thans door grote rijkdom invloedrijk man: ★ *kranten~*

Mag·na Char·ta [kar-, gar-] (‹Lat) *de (v)* oorkonde ter verzekering van burgerlijke vrijheden, in Engeland gegeven door koning Jan zonder Land in 1215, één van de elementen van de Engelse constitutie

mag·neet (‹Gr) *de (m)* [-neten] ❶ stuk ijzererts dat ijzer aantrekt, genoemd naar de Lydische stad *Magnesia* (thans Magnisa in Turkije), waar dergelijk ijzererts werd gevonden ❷ magnetisch gemaakt stuk ijzer of staal, dat ijzerhoudende voorwerpen aantrekt ❸ generator in een verbrandingsmotor, waarin door magneto-elektriciteit de vonk wordt opgewekt die het gasmengsel doet ontploffen ❹ fig iem. die anderen aantrekt

mag·neet·band *de (m)* [-en] band van kunststof, voorzien van een magnetiseerbare laag, waarop informatie (geluiden, beelden, digitale informatie) kan worden vastgelegd

mag·neet·ijzer *het* magnetisch ijzer

mag·neet·kaart *de* [-en] kaart met een magneetstrip waarop informatie kan worden vastgelegd

mag·neet·kracht *de* aantrekkingskracht van een magneet

mag·neet·naald *de* [-en] ruitvormige, magnetisch gemaakte stalen naald die, vrij draaiend (bijv. in een kompas), haar punt steeds naar de magnetische Noordpool richt

mag·neet·pas *de (m)* [-sen] legitimatiebewijs met identificatiecode in een magnetische strip

mag·neet·pool *de* [-polen] een van de uiteinden van een magneet

mag·neet·schijf *de* [-schijven] comput disk

mag·neet·steen *de (m) & het* magnetijzererts

mag·neet·strip *de (m)* [-s en -pen] smalle strook magnetisch materiaal waarop gegevens kunnen worden vastgelegd: ★ *op een pinpas zit een ~*

mag·neet·trein *de (m)* [-en] trein die d.m.v. magnetisme boven de rails zweeft en in snelheden tot 400 km per uur kan bereiken, zweeftrein: ★ *op sommige trajecten is voor de toekomst een ~ gepland*

mag·ne·sia [-zie(j)aa] (‹Gr) *de* magnesiumoxide, bitteraarde (wit poedervormig geneesmiddel)

mag·ne·siet [-ziet] *de (m) & het* mineraal dat magnesium bevat

mag·ne·si·um [-zie(j)um] (‹Lat) *het* chemisch element, symbool Mg, atoomnummer 12, een zeer licht, zilverwit, rek- en pletbaar metaal: ★ *bij verbranding geeft ~ een fel, wit licht*

mag·ne·si·um·licht [-zie(j)um-] *het* fel licht door het verbranden van een hoeveelheid magnesium, vroeger gebruikt voor fotograferen in het donker

mag·ne·tiet *het* magneetijzersteen

mag·ne·tisch *bn* ❶ magneetkracht bezittend: ★ *een ~ veld* ❷ betrekking hebbend op, van de aard van het magnetisme

mag·ne·ti·se·ren *ww* [-zee-] (‹Fr) [magnetiseerde, h. gemagnetiseerd] ❶ magnetisch maken ❷ door wrijving of handbewegingen krachten in het menselijk lichaam opwekken, waardoor, naar men meent, ziekten genezen kunnen worden ❸ een sterke aantrekkingskracht uitoefenen op, bezielend werken op

mag·ne·ti·seur [-zeur] (‹Fr) *de (m)* [-s] iem. die magnetiseert (→ **magnetiseren**, bet 2)

mag·ne·tis·me *het* ❶ magnetische kracht, de theorie en de toepassing daarvan ❷ ★ *dierlijk ~* (ook → **mesmerisme** genoemd) een aangenomen fysisch-psychische krachtwerking die sommige personen kunnen uitoefenen

mag·ne·tron (‹Gr) **I** *de (m)* [-s] vooral NN magnetronoven **II** *het* [-s] elektronenbuis die magnetische energie gebruikt voor het geven van impulsen

mag·ne·tron·oven *de (m)* [-s] oven voor het verhitten van voedsel d.m.v. microgolven die door wrijvingsenergie hitte veroorzaken

Mag·ni·fi·cat *(‹Lat) het* RK een van de lofzangen van het kerkelijk officie
mag·ni·fiek [manjie-] *(‹Fr‹Lat) bn* prachtig, luisterrijk, heerlijk
mag·no·lia *de* ['s] naar de Franse plantkundige Pierre Magnol (1638-1715) genoemde sierstruik met grote tulpvormige witte bloemen
mag·num opus *(‹Lat) het* zie bij → **opus**
ma·got *(‹Fr) de (m)* [-s] staartloze aap (Algerije, Marokko, Gibraltar), tot de meerkatten behorend, de enige Europese aap
Ma·gy·aar [-gie-] *de (m)* [-aren] Hongaar
Ma·gy·aars [-gie-] *bn* van de Magyaren, Hongaars
ma·ha·rad·ja *(‹Sanskr) de (m)* ['s] eig grote koning; Indiase vorstentitel
ma·hat·ma *(‹Sanskr) de (m)* eig grote ziel; eretitel van wijzen en leraren, o.a. van Gandhi (1869-1948)
Mah·di *(‹Arab) de (m)* de door vele moslims verwachte laatste profeet en wereldvernieuwer
mah·jong *(‹Chin) het* spel met 144 stenen met figuren erop, in zes groepen, dat gespeeld wordt door vier naar de windrichtingen genoemde spelers
ma·ho·nie *(‹Eng)*, **ma·ho·nie·hout** *het* verzamelnaam voor diverse houtsoorten, afkomstig van in tropisch Afrika en Midden-Amerika groeiende bomen, veelal roodbruin van kleur en veelvuldig gebruikt als meubelhout
ma·ho·nie·hou·ten, **ma·ho·nie** *bn* van mahoniehout
maid·en·par·ty [meedənpa(r)tie] *de* ['s] voor een aanstaande bruid georganiseerd feest bij wijze van afscheid van haar vrijgezellenbestaan
maid·en·speech [meedənspietsj] *(‹Eng) de (m)* [-es] eerste rede, debuut van een parlementslid
mail [meel] *(‹Eng) de* [-s] ❶ vroeger overzeese postdienst ❷ poststukken, overzee of door de lucht vervoerd; post in het algemeen ★ *direct ~* persoonlijk geadresseerde reclame ❸ e-mail: ★ *even mijn ~ lezen*
mail·bomb·ing [meel-] *(‹Eng) de* [-s] het sturen van een overweldigende hoeveelheid berichten naar één e-mailadres teneinde een storing te veroorzaken
mai·len *ww* [meelə(n)] *(‹Eng)* [mailde, h. gemaild] ❶ e-mailen ❷ een mailing versturen
mail·ing [meeling] *(‹Eng) de (m)* [-s] reclame die per post verstuurd wordt
mail·ing·list [meel-] *(‹Eng) de* [-s] lijst met namen en adressen van personen waarnaar een mailing wordt verstuurd; lijst van e-mailadressen waarnaar een bericht wordt verstuurd
mail·lot [majjoo] *(‹Fr) de (m) & het* kousen en broekje aaneen, vervaardigd van elastisch, ondoorzichtig, gekleurd materiaal
mail·pa·pier [meel-] *het* zeer dun postpapier
mail·tje [meeltjə] *het* [-s] een e-mail: ★ *iem. een ~ sturen*
main·frame [meenfreem] *(‹Eng) het* [-s] comput grote computer die veel informatie kan verwerken
main·te·nee [mētə-] *de (v)* [-s] vrouw die financieel wordt onderhouden door een man van wie zij de minnares is (het woord is in het Frans onbekend)
maire [mèr(ə)] *(‹Fr‹Lat) de (m)* [-s] hoofd van het gemeentebestuur in een Franse stad of dorp
mais, maïs *(‹Sp‹Arawak, een Zuid-Amerikaanse indianentaal) de (m)* ❶ graansoort, oorspronkelijk uit Amerika, met gele bloeikolven ❷ de zaadkorrels daarvan
mais·kolf, maïskolf *de* [-kolven] aar van de mais
mais·meel, maïsmeel *het* meel van maiskorrels
mai·son [mèzō] *(‹Fr) de (v)* [-s] huis, firma, vooral in exclusieve modeartikelen
mai·son·nette [mèzonnet(tə)] *(‹Fr) de (v)* [-s] bep. type appartement in een groot gebouw met een afzonderlijke slaapverdieping boven het woongedeelte
mais·vlok·ken, maïsvlokken *mv* cornflakes
maî·tre [mè-] *(‹Fr‹Lat) de (m)* [-s] meester, heer ★ *~ d'hôtel* functionaris van het hotel- en restaurantbedrijf, belast met de leiding van de eetzaal en het bedienend personeel
maî·tres·se *de (v)* [mè-] *(‹Fr)* [-s, -n] minnares
mai·ze·na, maïzena *de (m)* fijn maismeel, vrijwel zuiver zetmeel, in gerechten gebruikt als bindmiddel
ma·jem *(‹Jiddisch) de (m) & het* NN, Barg water
ma·jes·ta·tisch *(‹Du) bn* BN ook majestueus; indrukwekkend, verheven, statig: ★ *de gravin schreed ~ verder*; ook majesteitelijk
ma·jes·teit *(‹Fr‹Lat) de (v)* [-en] ❶ heerlijkheid; hoogheid ❷ titel van koningen en keizers: ★ *Hare Majesteit de Koningin der Nederlanden, Zijne Majesteit de Koning der Belgen* ❸ verhevenheid; verheven pracht
ma·jes·tei·te·lijk *bn* met glans en pracht, majestueus
ma·jes·teits·schen·nis *de (v)* openbare belediging van een vorstelijk persoon
ma·jes·tu·eus *(‹Fr) bn* koninklijk, statig; groots: ★ *een majestueuze ontvangst*
ma·jeur [-zjeur, -jeur] *(‹Fr‹Lat) de* muz grote-tertstoonaard
ma·jo·li·ca *(‹It) de & het* oorspronkelijk Italiaans, gekleurd aardewerk met tinglazuur
ma·joor *(‹Sp‹Lat) de (m)* [-s] ❶ hoofdofficier, een rang hoger dan kapitein; soms → **grootmajoor** genoemd ter onderscheiding van sergeant-majoor ❷ verkorting van sergeant-majoor
ma·jor *(‹Lat) bn* ❶ de grotere; oudste van twee broeders (→ **senior**) ❷ onderw de kern van een opleiding die het grootste gedeelte van de totale opleiding omvat, het basisprogramma van een opleiding
ma·jo·raan *(‹Du‹Lat) de* marjolein
ma·jo·raat *(‹Fr) het* [-raten] ❶ voorerfrecht van de oudste zoon ❷ familiegoed dat op de oudste zoon moet overgaan
ma·jo·re·ren *ww (‹Fr)* [majoreerde, h. gemajoreerd] fin bij inschrijving op een kapitaaluitgifte, waarvoor blijkbaar veel animo bestaat, voor een groter

bedrag intekenen dan men wenst te ontvangen, omdat de kans bestaat dat slechts een gedeelte wordt toegewezen

ma·jo·ret·te (‹Eng) de (v) [-s, -n] meisje dat samen met anderen in kleurrijke kleding aan een optocht met muziek deelneemt en met stokken jongleert

ma·jo·ri·teit (‹Fr‹Lat) de (v) ❶ meerderheid (van stemmen) ❷ meerderjarigheid

ma·jus·kel (‹Fr‹Lat) de [-s] hoofdletter, vooral in oude handschriften

mak bn tam, gedwee: ★ zo ~ als een schaap ★ er gaan veel makke schapen in één hok wanneer iedereen wat inschikt, kunnen er veel mensen in een beperkte ruimte

ma·ka·ron de (m) [-ronen] BN koekje van meel en suiker, dat op eetbaar papier is vastgebakken, makroon; → makroon

ma·ke·laar de (m) [-s, -laren] een door de rechtbank beëdigd persoon die bemiddelt bij het sluiten van overeenkomsten: ★ een ~ in onroerend goed

ma·ke·laar·dij de (v) vooral NN het beroep, het kantoor van een makelaar

ma·ke·laars·loon het [-lonen] beloning voor de makelaar, courtage

ma·ke·laars·pro·vi·sie [-viezie] de (v) [-s] makelaarsloon

ma·ke·la·rij de (v) vooral NN → makelaardij

ma·ke·lij de (v) maaksel, bouw, constructie: ★ van eigen ~, van Britse ~

ma·ken ww [maakte, h. gemaakt] ❶ vervaardigen, scheppen, vormen, doen ontstaan: ★ een tekening ~ ★ lawaai ~ ★ (de) kleren ~ de man ★ ik ken hem, alsof ik hem zelf gemaakt heb heel erg goed ★ BN, spreektaal koffie, thee ~ koffie, thee zetten ★ BN, spreektaal dat maakt veel dat scheelt heel wat, dat maakt een heel verschil ★ BN, spreektaal dat maakt niets dat geeft niets ❷ door eigen inspanning verkrijgen: ★ geld ~ ★ een slag ~ een slag winnen (bij het kaartspel) ★ vooral NN het (helemaal) ~ (veel) succes hebben ❸ verrichten, doen: ★ visites ~ ★ niets met iem. (of iets) te ~ hebben geen bemoeienis hebben met iem. of iets ★ spreektaal dat kun je niet ~ dat is onbehoorlijk, dat kun je fatsoenshalve niet doen ★ niemand kan me iets ~ ik heb van niemand iets te vrezen ★ je hebt het er zelf naar gemaakt je hebt het zelf veroorzaakt ❹ herstellen: ★ een fiets laten ~ ★ het weer goed ~ een onenigheid bijleggen ★ NN ik weet het goed gemaakt ik doe je een goed voorstel ★ iem. kunnen ~ en breken macht hebben over iem. ❺ in een bepaalde toestand brengen: ★ de kamer netjes ~ ★ iem. zenuwachtig, blij, bedroefd enz. ~ ★ iets te gelde ~ verkopen ★ iem. zwart ~ zie bij → zwart ★ BN, spreektaal zijn koffers ~ pakken ❻ ★ hoe maakt u het? ‹als formule bij een begroeting› hoe gaat het met u? ★ hij zal het niet lang meer ~ hij zal niet lang meer leven

make-up [meek-] (‹Eng) de (v) ❶ het grimeren van acteurs, het schminken ❷ het mooier maken van het gezicht met poeder, lippenstift, oogschaduw e.d. ❸ de aangebrachte middelen zelf: ★ ~ bij de drogist kopen ★ veel, weinig ~ dragen

ma·ki de (m) ['s] naam van een familie van halfapen (Lemuridae) met vossensnuit en lange, vaak geringde staart, inheems op Madagaskar: ★ ringstaart~

mak·ke (‹Jiddisch) de (m) [-s] NN moeilijkheid, narigheid: ★ mijn grootste ~ is dat ik te impulsief reageer

mak·ke·lijk bn gemakkelijk

mak·ken (‹Jiddisch) ww NN geen cent te ~ hebben niets te besteden hebben

mak·ker de (m) [-s] kameraad

mak·kie het NN, spreektaal gemakkelijke taak: ★ dat is een ~

ma·kreel (‹Fr) de (m) [-krelen] tot 50 cm grote zeevis, o.a. voorkomend voor de kust van Nederland en België, belangrijk voor de visserij (Scomber scombrus)

ma·kroon, ma·kron (‹Fr‹It) de (m) [-s, -kronen] kokosmakroon

mal¹ de (m) [-len] vorm, model

mal² bn NN gek, dwaas: ★ een malle vent ★ (Dacht je dat ik boos zou zijn?) Ben je ~! welnee! ★ iem. voor de ~ houden voor de gek

ma·la·chiet (‹Fr‹Gr) het fraai geaderd smaragdgroen gesteente (koperertes), dat zich goed laat polijsten

ma·la·fi·de, ma·la·fi·de (‹Lat) bn arglistig, te kwader trouw

ma·la·ga [-γaa] de (m) ❶ soort zoete Spaanse wijn, genoemd naar de Zuid-Spaanse stad Málaga ❷ ijssoort met de smaak van malagawijn, vaak met rozijnen

Ma·la·ga·si het nationale taal van de republiek Malagasië (of Madagaskar)

Ma·la·ga·si·ër de (m) [-s] iem. geboortig of afkomstig uit Malagasië (of Madagaskar)

Ma·la·ga·sisch bn van, uit, betreffende Malagasië (of Madagaskar)

ma·lai·se [-lèzə] (‹Fr) de (v) ❶ onbehaaglijke toestand, gevoel van onwel-zijn, onbehaaglijkheid, gedrukte stemming ❷ periode van economische slapte

ma·la·ria (‹It) de moeraskoorts, een voornamelijk tropische infectieziekte veroorzaakt door een bloedparasiet die door de vrouwelijke anofelesmug wordt overgebracht en met als ziekteverschijnselen telkens terugkerende hoge koorts (derdendaagse en vierdendaagse), koude rillingen en een hevig ziektegevoel

ma·la·ri·a·mug de [-gen] mug die malaria-infectie overbrengt

Ma·la·wi·ër de (m) [-s] iem. geboortig of afkomstig uit Malawi

Ma·la·wisch bn van, uit, betreffende Malawi

mal·con·tent (‹Fr) I bn ontevreden, misnoegd II de (m) [-en] ontevredene, iem. die het met de gang van zaken niet eens is ★ de malcontenten hist partij die in 1579 de Unie van Atrecht vormde en bereid was

tot verzoening met Spanje
Ma·le·di·visch *bn* van, uit, betreffende de Malediven
Ma·lei·er *de (m)* [-s] lid van een volk in Zuidoost-Azië ★ **NN**, spreektaal *zo zat als een* ~ erg dronken
Ma·leis I *bn* van, betreffende de Maleiers **II** *het* de taal van de Maleiers, waarvan de nationale taal van Indonesië en Maleisië afkomstig is
Ma·lei·si·ër [-zie(j)ər] *de (m)* [-s] iem. geboortig of afkomstig uit Maleisië
Ma·lei·sisch [-zies] *bn* van, uit, betreffende Maleisië of de Maleisische Federatie
ma·len¹ *ww* [maalde, h. gemalen] ❶ door een draaiende beweging fijnmaken, vooral met een molen: ★ *koffie* ~ ❷ water door middel van een molen verwijderen: ★ *water uit een polder* ~ ; zie ook bij → **eerst**
ma·len² *ww* [maalde, h. gemaald] NN voortdurend aan iets denken, tobben: ★ *over iets* ~ ★ *daar maal ik niet om* dat kan me niets schelen ★ *hij is malende* niet goed bij zijn verstand
ma·len·de *bn* NN zie bij → **malen²**
mal·en·ten·du [-ātā-] *(Fr) het* ['s] misverstand, misvatting
mal·heur [maleur] *(Fr) het* [-s *en* -en] ❶ ongeluk, ongeval; gebrek ★ *een* ~ *doen* een ongeluk begaan ❷ tegenslag, rampspoed; narigheid, ellende, last ★ *per* ~ onopzettelijk; toevallig
ma·li *(It) het* BN, handel tekort, nadelig saldo (bij het opmaken van de balans); *tegengest*: → **boni**
ma·li·cieus [-sjeus] *(Fr‹Lat) bn* ❶ kwaadaardig, boosaardig, moedwillig ❷ ondeugend, schalks
ma·lie¹ *(Fr) de (v)* [-s, -liën] ❶ metalen ringetje; *vgl*: → **maliënkolder** ❷ metalen uiteinde van veter
ma·lie² *(Fr) de (v)* [-s, -liën] NN, vroeger kolf waarmee op een maliebaan geslagen werd
ma·lie·baan *de* [-banen] NN, vroeger baan voor het kolfspel
ma·li·ën·kol·der *de (m)* [-s] hist harnas van maliën (→ **malie¹**, bet 1)
Ma·li·ër *de (m)* [-s], **Ma·li·nees** *de (m)* [-nezen] iem. geboortig of afkomstig uit de Afrikaanse republiek Mali
ma·lie·veld *het* [-en] NN, vroeger maliebaan
ma·lig·ne *(Lat) bn* med kwaadaardig ★ ~ *tumoren* kwaadaardige gezwellen
Ma·li·nees *bn* → **Malisch**
ma·ling *de (v)* ❶ manier waarop iets gemalen wordt: ★ *snelfilter*~ ❷ fig maalstroom (van gedachten) ★ *vooral* NN *iem. in de* ~ *nemen* voor de gek houden ★ *vooral* NN ~ *hebben aan iets, iem.* niets geven om, zich niets aantrekken van
Ma·lisch, **Ma·li·nees** *bn* van, uit, betreffende Mali
mal·kaar, **mal·kan·der** *vnw* vero → **mekaar**
mal·le·moer, **mal·le·moer** *de* vooral NN, spreektaal ★ *geen* ~ niks, geen moer: ★ *dat kan me geen* ~ *schelen*: ★ *mijn pc is naar zijn* ~ kapot
mal·le·mo·len, **mal·le·molen** *de (m)* [-s] draaimolen
mal·lig·heid *de (v)* [-heden] NN gekheid, malle streek

mal·loot *de* [-loten] NN mal persoon
mal·lo·tig *bn* NN dwaas, mal
mal·ro·ve *(Lat) de* [-n] plant met viltige stengels en bladeren en witte bloempjes (*Marrubium vulgare*)
mals *bn* ❶ zacht, sappig: ★ *een* ~ *stukje vlees* ★ *niet* ~ verre van zachtzinnig: ★ *de kritiek was niet* ~ ❷ verkwikkend, → **groeizaam** (bet 2): ★ *malse regen*
malt *het* ❶ maltbier ❷ maltwhisky
mal·ta·koorts *de* een door geiten overgebrachte infectieziekte die veel voorkomt in de havensteden van de Middellandse Zee en overeenkomt met buiktyfus, genoemd naar het eiland Malta
malt·bier *het* [-en] bier zonder alcohol
Mal·tees I *de (m)* [-tezen] iem. geboortig of afkomstig uit Malta **II** *het* de taal van Malta
Mal·te·zer I *de (m)* [-s] ❶ → **Maltees** (I) ❷ *maltezer* malteser leeuwtje; zie onder II **II** *bn* van, uit, betreffende Malta ★ ~ *kruis* johannieterkruis, kruis waarvan de armen bij het snijpunt zeer smal zijn maar naar het uiteinde breder uitlopen en eindigen in twee punten ★ *maltezer leeuwtje* hondenras, ook → **maltezerhond** genoemd, een langharig dwerggras van de keeshonden ★ ~ *Orde* soevereine orde van Malta, rooms-katholieke tak van de johannieterorde
mal·te·zer·hond *de (m)* [-en] malteser leeuwtje
mal·thu·sia·nis·me [-tuuzjaa-] *het* bevolkingstheorie van T.R. Malthus (1766-1834) volgens welke de bevolking veel sneller aangroeit dan de bestaansmiddelen, waardoor er ernstige voedselproblemen zullen ontstaan
mal·trai·te·ren *ww* [-trè-] *(Fr)* [maltraiteerde, h. gemaltraiteerd] mishandelen, meest fig
malt·whis·ky [moltwiskie] *(Eng‹Gaelic) de (m)* whisky, afkomstig van één distilleerderij
ma·lu·we *de*, **mal·ve** *(Lat) de* [-n] plantensoort met klokvormige bloemen, kaasjeskruid
mal·ve I *de* [-n] → **maluwe II** *bn* lichtpaars
mal·ver·sa·tie [-(t)sie] *(Fr) de (v)* [-s, -tiën] vooral NN onregelmatigheid in geldelijk beheer, verduistering: ★ *malversaties plegen*
mal·ver·se·ren *(Fr) ww* [malverseerde, h. gemalverseerd] vooral NN malversatie plegen, gelden verduisteren, knoeien in het geldelijk beheer
mam *de (v)* verkorting van → **mama**
ma·ma *(Fr‹Lat) de (v)* ['s] moeder, vooral als aanspreekvorm
mam·ba *(Zoeloetaal) de* ['s] zeer gevaarlijke Afrikaanse giftige slang
mam·bo *(Sp) de (m)* ['s] dans in tweekwarts- of vierkwartsmaat uit Cuba
mam·ma *de (v)* ['s] mama
mam·ma·car·ci·noom *(Lat) het* [-nomen] kankergezwel in een vrouwenborst
mam·mec·to·mie *(Lat-Gr) de (v)* med borstamputatie
mam·me·luk·ken *(Arab) mv* heerserskaste in Egypte, waaruit van 1250-1517 de sultans van dit land voortkwamen, afkomstig van slaven van Turkse oorsprong

mam·moet (‹Russ› de (m) [-en, -s] prehistorische reuzenolifant met lang roestbruin haar. In samenstellingen gebruikt om een zeer groot exemplaar of zeer grote soort van iets aan te duiden; zie volgende artikelen

mam·moet·be·drijf het [-drijven] overmatig groot en daardoor log werkend bedrijf

mam·moet·or·der de (m) [-s] zeer grote order

mam·moet·tan·ker [-ten-] de (m) [-s] tanker met heel grote tonnenmaat

Mam·moet·wet de in Nederland wet uit 1963 m.b.t. het voortgezet onderwijs die veel oudere onderwijswetten verving

mam·mo·gra·fie (‹Gr›, **mam·mo·gram** de (v) röntgenfoto van een vrouwenborst, onder andere gebruikt voor het opsporen van borstkanker

mam·mon (‹Aram› de (m) geldgod (Mattheus 6: 24); aardse goederen en rijkdommen ★ de ~ dienen geld het belangrijkste van alles vinden

mams de (v) aanspreekvorm voor → **moeder**

man I de (m) persoon zonder aanzien van het geslacht: ★ er waren 500 ~ in de zaal ★ op de ~ af zonder omwegen, rechtstreeks ★ op de ~ spelen in een discussie de persoon aanvallen in plaats van zijn argumenten ★ met ~ en macht aan iets werken met alle beschikbare mensen en middelen ★ met ~ en muis vergaan zodat niemand gered wordt ★ ~ en paard noemen alle bijzonderheden vermelden met de namen van de betrokken personen ★ aan de ~ brengen verkopen ★ de kleine ~ de gewone arbeider of burgerman ★ NN de derde ~ brengt de spraak (a)an brengt het gesprek op gang ★ ook gebruikt als aanspreekvorm: hou nou eens op, ~! **II** de (m) [-nen] **①** (volwassen) persoon van het mannelijk geslacht: ★ in sommige rijken hadden slechts mannen recht op de troon ★ de verschillen tussen ~ en vrouw **②** echtgenoot: ★ hij is al tien jaar ~ **③** flink persoon: ★ in dit vak kunnen we alleen echte mannen gebruiken ★ een ~, een ~, een woord, een woord een eerlijk persoon houdt zich aan een gegeven woord ★ een ~ van de daad iem. die liever handelt dan theoretiseert ★ een sterke ~ leider, vooral staatsman met veel persoonlijk gezag en veel bevoegdheden; zie ook bij → **mannetje**, → **mans¹** en → **twaalfde** **④** BN, spreektaal jongen: ★ de mannen van de vijfde klas de jongens van de vijfde klas ★ (de) klein(e) mannen kinderen, kleintjes (van één gezin)

ma·na (‹Melanesisch› het bovennatuurlijke macht in de opvatting van vele natuurvolken

ma·na·ge·ment [mɛnnidʒmənt] (‹Eng› het **①** beheer, leiding, vooral van een bedrijf: ★ personeels~ **②** de daarmee belaste personen **③** bedrijfskunde

man·age·ment·buy-out [mɛnnidʒmənt baiaut] (‹Eng› de overname van een onderneming door het management van die onderneming d.m.v. uitkoping van de aandeelhouders

ma·na·ge·ment·con·sul·tant [mɛnnidʒməntkonsultənt] (‹Eng› de [-s] iem. die adviseert bij bestuurlijke aangelegenheden

ma·nage·ment·team [mɛnnidʒmənttiem] (‹Eng› het [-s] leiding van een organisatie of bedrijf: managers en bestuur of directie

ma·na·gen ww [mɛnnidʒən] (‹Eng‹It› [managede, h. gemanaged] **①** leiden, sturing geven aan, als manager optreden **②** handig voor elkaar brengen

ma·na·ger [mɛnnidʒər] (‹Eng› de (m) [-s] **①** bestuurder, leider van een bedrijf of onderneming **②** iem. die voor een uitvoerend kunstenaar, een gezelschap of een sportman de uitvoeringen, het optreden, de tournees enz. regelt, impresario

ma·na·ger·ziek·te [mɛnnidʒər-] de (v) ziekteverschijnselen, zoals oververmoeidheid, hartklachten e.d., ten gevolge van hoge werkdruk bij personen in verantwoordelijke posities

ma·nat (‹Azerbajdzjaans› de [-s] munteenheid van Azerbeidzjan

manche [mãʃ(ə)] (‹Fr‹Lat› de [-s] **①** onderdeel van een wieler-, auto-, motor- en ruiterwedstrijd: ★ in de eerste ~ vloog hij al uit de bocht **②** halve robber, partij bij het whist-, bridge-, kegelspel

man·ches·ter [mɑnʃjɛstər, mɛntʃjɑstə(r), mɛntʃjɪstə(r)] (‹Eng› het geribd of glad katoenfluweel

man·chet [mɑnʃjɛt] (‹Fr› de [-ten] **①** vast of los, gesteven, verlengstuk van de hemdsmouw **②** schertsend handboei **③** schuimlaag op een glas bier

man·chet·knoop [mɑnʃjɛt-] de (m) [-knopen] dubbele knoop voor een manchet: ★ een zilveren ~

man·co (‹It› het ['s] tekort, gebrek; hetgeen ontbreekt bij aflevering van goederen

mand de [-en] **①** van riet e.d. gemaakt voorwerp waarin men iets vervoert of bewaart ★ door de ~ vallen ontmaskerd worden als leugenaar, bedrieger e.d. ★ zo lek als een mandje zeer lek **②** slaapplaats van een huisdier: ★ Maarten, in je ~!

man·daat (‹Fr‹Lat› het [-daten] **①** opdracht, machtiging: ★ een ~ hebben / krijgen om iets te doen **②** lastbrief, vooral politieke opdracht aan volksvertegenwoordiger of afgevaardigde (zie ook bij → **imperatief¹**) **③** RK pauselijke verordening **④** bevelschrift, vooral tot uitbetaling ★ BN, jur een ~ tot aanhouding arrestatiebevel **⑤** bestuurstoezicht: ★ het ~ hebben over een gebied **⑥** BN (voordracht van een) kandidaat op de kandidatenlijst (m.b.t. de verkiezingen)

man·daat·ge·bied het [-en], **man·daat·land** het [-en] na de oorlog van 1914-'18 aan Duitsland en Turkije ontnomen gebieden, bestuurd door mandatarissen vanwege de Volkenbond, o.a. Engeland en Frankrijk

man·dag de (m) [-dagen] wat een werknemer in een volledige werkdag kan verrichten

Man·da·rijn het de officiële taal van China

man·da·rijn¹ de (m) [-en] kleine, op een sinaasappel lijkende, oranje citrusvrucht

man·da·rijn² (‹Port‹Sanskr› de (m) [-en] hoge staatsambtenaar in het oude China

man·da·ta·ris *(‹Lat) de (m)* [-sen] ❶ lasthebber, gevolmachtigde ❷ beheerder van een mandaatgebied ❸ BN lid van een vertegenwoordigende vergadering; (gekozen) afgevaardigde, volksvertegenwoordiger, (bestuurs)functionaris

man·da·tor *(‹Lat) de (m)* [-toren] opdrachtgever

man·dek·king *de (v)* het bij teamsporten, bijv. voetballen, steeds afdekken van een tegenstander om te beletten dat deze de bal aangespeeld krijgt

man·de·ment *(‹Fr) het* [-en] vermaning; herderlijke brief van een bisschop

man·den·fles *de* [-sen] fles met vlechtwerk erom

man·den·wa·gen *de (m)* [-s] rijtuig met een bak van rietwerk; soort kinderwagen

mand·fles *de* [-sen] → **mandenfles**

man·do·li·ne *(‹Fr) de (v)* [-s] met een pen (plectrum) bespeeld snaarinstrument, meestal met vier dubbelsnaren

man·dor·la *de* ['s] amandelvormig aureool rondom een afbeelding van Christus of Maria

man·dril *(‹Sp) de (m)* [-s] geslacht van apen met lange snuit, kleurige kop en korte staart, ook → **bosduivel** genoemd

ma·ne·ge [-neezjə] *(‹Fr‹It) de* [-s] rijschool, rijbaan voor ruiters

ma·nen¹ *mv* haren van een paard, leeuw e.d.

ma·nen² *ww* [maande, h. gemaand] aandringen op het nakomen van een verplichting, vooral op betaling: ★ *iem. ~ tot betaling van een schuld*

ma·ne·schijn *de (m)* het schijnsel van de maan; zie ook bij → **rozengeur**

man·ga¹ [-γaa] *(‹Mal) de (m)* ['s] → **mango**

man·ga² [-γaa] *(‹Jap) de (m)* ['s] Japanse tekenstijl voor strips en animatiefilms, vaak gekenmerkt door figuren met grote ogen

man·gaan *(‹Du‹Lat) het* scheikundig element, symbool Mn, atoomnummer 25, een zeer bros, moeilijk te smelten, grauwwit metaal

man·gaan·knol *de (m)* [-len] klomp erts op de oceaanbodem, waarin zich veel mangaan bevindt

man·ga·strip [-γaa-] *de (m)* [-s] stripverhaal in de Japanse mangatraditie, soms zeer realistisch en gewelddadig van aard

man·gat *het* [-gaten] opening om in een tank, stoomketel of andere ruimte te komen om bijv. schoon te maken

man·gel¹ *(‹Du) het* vero gebrek, gemis; behoefte

man·gel² *(‹Lat) de (m)* [-s] toestel voor het gladmaken van linnengoed ★ *vooral NN iem in de ~ nemen* iem. erg bekritiseren of bespotten ★ *door de ~ gehaald worden* scherp bekritiseerd of bespot worden

man·ge·len¹ *ww* [mangelde, h. gemangeld] ❶ linnengoed gladmaken d.m.v. een mangel ❷ NN platdrukken, pletten; ook fig: ★ *het bedrijfje werd gemangeld door de grote concurrenten* ★ *iem. ~ iem.* erg bekritiseren of bespotten

man·ge·len² *ww (‹Du)* [mangelde, h. gemangeld] vero ontbreken (aan): ★ *het mangelt haar aan goede manieren*

man·gel·wor·tel *de (m)* [-s] biet, gebruikt als veevoeder

man·go [-γoo,], **man·ga** [-γaa] *(‹Mal) de (m)* ['s] sappige, perzikachtige tropische vrucht met een zoete, frisse smaak

man·goes·te *(‹Fr‹Hindi) de* [-n] soort van civetkat uit Noord-Afrika en Azië, ichneumon

man·gro·ve *(‹Eng) de (m)* [-n, -s] bostype in de getijdenzone van slibrijke (sub)tropische kusten, met bomen die bovengrondse luchtwortels ontwikkelen waarmee ze zich in het slib verankeren, vloedbos

man·haf·tig *bn* moedig, dapper: ★ *zich ~ verweren*

ma·ni·ak *(‹Fr‹Lat) de (m)* [-ken] iem. die een manie heeft, die iets op een overdreven, soms gevaarlijke manier bedrijft of beoefent

ma·ni·a·kaal *bn* van, als van of op de wijze van een maniak, doldriftig

ma·ni·che·ïs·me *het* gnostische godsdienst, gesticht door de Pers Mani (216-277), ook Manes en Manichaeus genoemd, verspreid in Azië, Noord-Afrika en Europa en hier in de 6de eeuw uitgeroeid

ma·ni·cu·re *(‹Lat) I de* [-n] iem. die voor zijn beroep handen en nagels verzorgt **II** *de* ❶ het verzorgen van handen en nagels ❷ stel instrumenten voor deze verzorging

ma·ni·cu·ren *ww* [manicuurde, h. gemanicuurd] handen en nagels verzorgen

ma·nie *(‹Fr‹Gr) de (v)* [-s] ❶ ook [manie overdreven, ziekelijke ingenomenheid met, voorliefde voor iets; dwaze gewoonte, bevlieging] [-nieën] ❷ ziektebeeld o.a. gekenmerkt door opgewondenheid, overmatige activiteit en oppervlakkig associatief denken en handelen, vaak als episode van een manisch-depressieve psychose

ma·nier *(‹Fr) de* [-en] wijze van doen, wijze van handelen: ★ *iets op een bep. ~ doen* ★ *een vreemde ~ van doen* vreemd gedrag, vreemde handelwijze ★ *dat is geen ~ van doen* dat is ongepast, onbehoorlijk ★ NN *op dié manier* reactie ter bevestiging dat men wat er zojuist is gezegd, heeft begrepen ★ BN *ook bij ~ van spreken* bij wijze van spreken ★ *goede manieren hebben* goede omgangsvormen ★ *maniertjes hebben* eigenaardigheden, opvallende trekjes hebben

ma·ni·ë·ris·me *(‹Fr‹It) het* ❶ gekunsteldheid ❷ kunststijl van de 16de eeuw na de renaissancekunst, die een voorliefde heeft voor gezochte effecten en contrasten, en overdreven versieringen

ma·ni·ë·rist *(‹Fr) de (m)* [-en] beoefenaar van het maniërisme; **maniëristisch** *bn bijw*

ma·ni·ë·ris·tisch *bn* behorend tot of aansluitend bij het maniërisme

ma·ni·fest *(‹Fr‹Lat) I bn* zich duidelijk vertonend,

onmiskenbaar II *het* [-en] ❶ openlijke bekendmaking, verklaring; verdedigingsgeschrift ❷ handel bij de douane door de scheepsmakelaar over te leggen verklaring met bijzonderheden omtrent lading enz.

ma·ni·fes·tant *(‹Fr) de (m)* [-en] iem. die manifesteert, deelnemer aan een betoging

ma·ni·fes·ta·tie [-(t)sie] *(‹Fr‹lt) de (v)* [-s] ❶ openbare betoging tot uiting van een bepaalde mening: ★ *een ~ van boze boeren op het Binnenhof* ❷ openbare bijeenkomst met een bep. thema: ★ *een godsdienstige, culturele ~* ❸ verschijning, het openbaar-worden, het tot uiting komen: ★ *die daad was echt een ~ van zijn haat*

ma·ni·fes·te·ren *(‹Fr‹Lat)* I *ww* [manifesteerde, h. gemanifesteerd] ❶ openbaren, bekendmaken; aan de dag leggen ❷ een betoging houden of eraan deelnemen II *wederk* zich laten zien als, zichtbaar worden: ★ *hij manifesteerde zich als een prima voorzitter* ★ *de afname van de politieke belangstelling manifesteert zich in een lagere opkomst bij de verkiezingen*

ma·nil·la¹ *de* ❶ geurige soort van tabak van de Filippijnen (naar de Filippijnse hoofdstad Manila) ❷ [*mv:* 's] sigaar van deze tabak

ma·nil·la² *de & het* (verkorting van *manillahennep*) een natuurlijk vezel van een boomsoort die o.a. op de Filippijnen groeit en gebruikt wordt voor zwaar touwwerk

ma·ni·ok *(‹Tupi, een Zuid-Amerikaanse indianentaal) de (m)* broodwortel, cassave, grote tropische struik uit de wolfsmelkfamilie waarvan de wortel wordt gebruikt om cassavemeel uit te bereiden (*Manihot utilissima*)

ma·ni·pel¹ *(‹Lat) de (m)* [-s] hist onderafdeling van een cohorte in het Romeinse leger

ma·ni·pel² *(‹Lat) de (m)* [-s] RK afhangende stoffen band met drie kruisjes aan de linkerarm van de priester die de mis opdraagt

ma·ni·pu·la·tie [-(t)sie] *(‹Fr) de (v)* [-s] kunstmatige behandeling of aanwending van handgrepen; kunstgreep; min of meer bedrieglijke handelwijze; beïnvloeding van informatie of opinievorming in een bepaalde richting ★ *genetische ~ het veranderen van de erfelijke eigenschappen van planten en dieren door wijzigingen aan te brengen in het genetisch materiaal*

ma·ni·pu·la·tor *(‹Lat) de (m)* [-s, -toren] iem. die manipuleert

ma·ni·pu·le·ren *ww (‹Fr)* [manipuleerde, h. gemanipuleerd] ❶ hanteren, behandelen ❷ door kunstgrepen beïnvloeden, vooral de prijs- of koersvorming en de opinie of informatie: ★ *door eenzijdige voorlichting werden de kiezers gemanipuleerd* ★ *genetisch ~ genetische manipulatie toepassen*

ma·nisch *bn* van de aard van of lijdend aan manie; ziekelijk of overdreven opgewekt

★ *manisch-depressief* toestand van geestesziekte, waarbij opgewekte en neerslachtige buien elkaar afwisselen

Ma·ni·toe *(‹Algonkin, een Noord-Amerikaanse indianentaal) de (m) & het* bovennatuurlijke kracht en macht bij de Noord-Amerikaanse indianen

man·jaar *het* [-jaren] hoeveelheid werk waar één persoon één jaar mee bezig is

mank *(‹Lat) bn* gebrekkig in het lopen; kreupel ★ *fig ~ gaan*, BN ook *~ lopen* gebrekkig, niet zuiver zijn: ★ *die vergelijking gaat (loopt) ~* ★ *~ gaan aan iets* een bepaald gebrek vertonen: ★ *het voorstel gaat ~ aan simplisme*

man·ke·ment *(‹Fr) het* [-en] ❶ gebrek, fout, defect in machines ❷ onvolkomenheid: ★ *zijn scriptie vertoont nog wat mankementen* ❸ licht schertsend lichaamsgebrek

man·ken *ww* [mankte, h. gemankt] BN ook mank lopen, hinken

man·ke·ren *ww (‹Fr‹lt)* [mankeerde, h. gemankeerd] ❶ ontbreken: ★ *er mankeert een schroef aan het bouwpakket* ★ *het mankeert haar aan zelfvertrouwen* ❷ med schelen, lijden aan: ★ *wat mankeer je?* ★ *de dokter zal bekijken wat hij mankeert* ❸ niet in orde zijn, haperen: ★ *er mankeert iets aan dat apparaat*

man·kracht *de* ❶ menselijke kracht (*in tegenstelling tot* machinale kracht) ❷ de hoeveelheid (voor bepaald werk geschikte) personen

man·lief *de (m)* vaak iron lieve of liefhebbende echtgenoot: ★ *ik kom wel op je verjaardag, maar ~ laat zich excuseren*

man·lijk *bn* → mannelijk

man·lijk·heid *de (v)* → mannelijkheid

man·moe·dig *bn* dapper, manhaftig; **manmoedigheid** *de (v)*

man·na *het (‹Hebr)* hemels brood dat de Israëlieten in de woestijn als voedsel diende (*Exodus* 16)

man·ne·lijk, man·lijk *bn* van het mannelijk geslacht; van, eigen aan de man; krachtig, flink; taalk tot een bepaald taalkundig geslacht behorend: ★ *'vos' is een ~ woord* ★ *~ rijm* zie bij → rijm¹

man·ne·lijk·heid, man·lijk·heid *de (v)* ❶ het mannelijk zijn ❷ de mannelijke geslachtsdelen

man·nen·broe·ders *mv* NN, vero onderlinge aanspreekvorm tussen streng gereformeerden, ‹thans min of meer ironisch›

man·nen·huis *het* [-huizen] ❶ verpleeginrichting voor mannen ❷ gebouw bij sommige primitieve volkeren waar de mannen verblijf houden

man·nen·kloos·ter *het* [-s] klooster voor monniken

man·nen·koor *het* [-koren] koor van volwassen zangers

man·nen·kracht *de* mannelijke kracht, grote kracht

man·nen·moed *de (m)* grote moed

man·nen·stem *de* [-men] stem (als) van een man

man·nen·taal *de* krachtige taal

man·nen·werk *het* werk dat mannenkracht vereist; werk waarvan men meent dat een man er meer

man·nen·zaal *de* [-zalen] zaal uitsluitend voor mannen (in ziekenhuizen e.d.)

man·ne·quin [-kɛ̃] *(Fr) de (m)* [-s] ❶ eig ledenpop; etalagepop, paspop ❷ iem. (vooral vrouw) die nieuwe modeontwerpen draagt en aan het publiek toont op modeshows en op reclamefoto's; *vgl:* → **dressman**

man·ne·tje *het* [-s] ❶ kleine man, jongetje ❷ mannelijk dier ★ *zijn ~ staan* zich weten te weren ★ *NN het ~ zijn* (veel) succes hebben

man·ne·tjes·ma·ker *de (m)* [-s] iem. die een ander (vooral een politicus) adviseert hoe deze zich in het openbaar en tegenover de media moet gedragen om een bep. imago op te bouwen

man·ne·tjes·ma·ke·rij *de (v)* ❶ het gechargeerd voorstellen van bepaalde, meestal komische typen: ★ *in dit nieuwe cabaretprogramma draait het voornamelijk om ~* ❷ begeleiding en advisering van bijv. politici met het doel een bep. imago op te bouwen

man·ne·tjes·put·ter *de (m)* [-s] flinke man of vrouw

Mann·schaft [-sjaft] *(Du) de (m)* Duitse nationale sport-, vooral voetbalploeg

ma·noeu·vre [-nùvrə] *(Fr) de & het* [-s] ❶ handeling, beweging voor het besturen van een voertuig, schip, luchtvaartuig enz.: ★ *een gevaarlijke inhaal~* ❷ militaire oefening op grote schaal ❸ slinkse streek, listige handelwijze: ★ *een handige afleidings~*

ma·noeu·vre·ren *ww* [-noe-] *(Fr)* [manoeuvreerde, h. gemanoeuvreerd] ❶ besturingshandelingen verrichten: ★ *tussen twee auto's door ~* ❷ op omzichtige, slinkse wijze een bep. situatie doen ontstaan: ★ *de minister werd door de oppositie in een onhoudbare positie gemanoeuvreerd* ★ *zich in een moeilijke positie ~* door eigen toedoen in een moeilijke situatie terechtkomen

ma·no·me·ter *(Gr) de (m)* [-s] drukmeter voor het opmeten van de spanning in gassen en vloeistoffen

mans¹ *zn* tweede naamval van *man:* ★ *~ genoeg zijn* best in staat om te doen wat vereist wordt ★ *heel wat ~ zijn* heel capabel zijn

mans² *de (m)* [-en] bakje waarmee een straatmuzikant of zijn assistent geld ophaalt

man·sar·de *(Fr) de* [-s, -n] zolderkamer (met een dakkapel), dakkamer, genoemd naar de Franse bouwmeester Mansard (1598-1666)

mans·bak·je *het* [-s] → **mans²**

man·schap·pen *mv* ❶ soldaten ❷ ⟨van een schip⟩ bemanningsleden

mans·hoog *bn* zo groot als een volwassen man: ★ *manshoge planten*

mans·hoog·te *de (v)* [-n, -s] hoogte van een volwassen mens: ★ *op ~*

man·slag *de (m)* [-slagen] vero doodslag

mans·leng·te *de (v)* [-n, -s] lengte van een volwassen man

mans·moe·der *de (v)* [-s] schoonmoeder, moeder van de echtgenoot

mans·naam *de (m)* [-namen] ❶ voornaam van een man ❷ achternaam van de echtgenoot

mans·oor *de & het* [-oren] plant met bloemen die van buiten bruin en van binnen purper zijn (*Asarum europaeum*)

mans·per·soon *de (m)* [-sonen] man: ★ *doe jij even open, er staat een ~ voor de deur*

mans·volk *het* → **manvolk**

man·tel *(Lat) de (m)* [-s] ❶ → **overkleed** (bet 1): ★ *de vorst droeg een hermelijnen ~* ★ *iets met de ~ der liefde bedekken* iets uit liefde verbloemen ★ *onder de ~ van onder de schijn van; zie ook bij* → **uitvegen** ❷ damesjas, overjas voor vrouwen, *in BN* ook voor mannen: ★ *zal ik jouw ~ even aannemen?* ❸ ⟨van voorwerpen, apparaten, machines⟩ omhulsel, bekleding, kap ❹ RK geplooide strook, onderdeel van priesterlijke kleding ❺ ⟨bij dieren⟩ bovenrugveren of -haren ❻ deel van een aandeel of obligatie, waarop de naam van het bedrijf en de nominale waarde vermeld staan; het effect minus coupon- of dividendblad ❼ herald achterbekleding van een schild

man·tel·ba·vi·aan *de (m)* [-anen] een soort aap, zo genoemd vanwege zijn witte → **mantel** (bet 4)

man·tel·dier *het* [-en] naam van een in zee levend ongewerveld dier

man·te·ling *de (v)* [-en] houtgewas als beschutting tegen de wind

man·tel·kos·tuum *het* [-s] mantelpak

man·tel·meeuw *de* [-en] zeemeeuw met donkere rugveren

man·tel·or·ga·ni·sa·tie [-zaa(t)sie] *de (v)* [-s] vereniging, organisatie enz., die schijnbaar zelfstandig en onafhankelijk is, maar in werkelijkheid beheerst wordt door een politieke partij

man·tel·pak *het* [-ken] rok en korte → **mantel** van dezelfde stof

man·tel·zorg *de* hulp aan zieken, bejaarden enz., gegeven door vrienden of familie (d.w.z. de leden van die sociale groep die de mens als een 'mantel' omringt) of vrijwilligers

man·tiek *(Gr) de (v)* het openbaren van verborgen of toekomstige dingen; waarzegkunst; *vgl:* → **chiromantie,** → **nigromantie** e.d.

man·ti·lla [-tieljaa] *(Sp⟨Lat⟩ de* ['s] oorspr kanten sluier; later schoudermanteltje van kostbare stof

man to man [men toe men] *(Eng) het sp* mandekking

man·toux·proef [-toe-] *de* [-proeven] proef waarbij d.m.v. krasjes in de huid kan worden nagegaan of iem. ooit geïnfecteerd is met tuberculose, genoemd naar de Franse arts C. Mantoux (1877-1947), die deze proef beschreef

man·tra *(Sanskr) de (m)* ['s] religieuze spreuk met bezwerende bedoeling in het hindoeïsme en hierop gebaseerde geestelijke stromingen

Man·tsjoe *de (m)* [-s] iem. van de oorspronkelijke

bevolking van Mantsjoerije
man·tsjoe·rijs *bn* van, uit, betreffende Mantsjoerije
ma·nu·aal (‹Lat) *het* [-alen] ❶ handgebaar, handbeweging ❷ handboek voor priester ❸ muz met de handen te bedienen toetsenrij (van een orgel, klavecimbel)
ma·nu·eel (‹Fr‹Lat) *bn* het gebruik van de handen betreffend; handvaardig ★ *manuele therapie* het functioneren van een gewricht gunstig beïnvloeden d.m.v. massage met de handen
ma·nu·fac·tu·ren (‹Fr‹Lat) *mv* voortbrengsels van een weverij: stoffen van zijde, katoen, linnen, wol
ma·nu·fac·tu·ren·win·kel, ma·nu·fac·tuur·win·kel *de (m)* [-s] winkel van manufacturen
ma·nu·fac·tu·rier (‹Fr) *de (m)* [-s] iem. die manufacturen verkoopt
ma·nu·script (‹Lat) *het* [-en] met de hand geschreven tekst, handschrift; de nog niet gedrukte tekst van een geschrift
ma·nus·je-van-al·les *het* [manusjes-] handig persoon die allerlei karweitjes opknapt
man·uur *het* [-uren] een uur arbeid van een persoon
man·volk, mans·volk *het* de mannen
man·wijf *het* [-wijven] grove sterke vrouw
Manx [menks] (‹Eng) *bn* van, uit, betreffende het eiland Man ★ *manxkat* staartloze kat van het eiland Man
man·ziek *bn* ‹gezegd van vrouwen en meisjes› verlangend naar veelvuldige seksuele contacten met veel verschillende mannen, nymfomaan
ma·ña·na [manjaanaa] (‹Sp) *bijw* morgen (kan het ook nog wel); later wel eens
mao·ïs·me *het* communistische leer van de Chinese staatsman Mao Zedong (1893-1976)
mao·ïst *de (m)* [-en] aanhanger van het maoïsme
mao·ïs·tisch *bn* betreffende het maoïsme of de maoïsten
mao·jas·je *het* [-s], **mao·pak** *het* [-ken] bep. type blauw jasje zonder revers, resp. pak met een dergelijk jasje, zoals in China gedragen ten tijde van Mao Zedong (1893-1976)
Ma·o·ri *de (m)* ['s] naam van de oorspronkelijke bevolking van Nieuw-Zeeland
map *de* [-pen] ❶ kartonnen omslag voor het bewaren van documenten, tekeningen enz.; tekenportefeuille ❷ ‹comput in Windows› sectie van alle opgeslagen gegevens op de schijven van een computergeheugen, met een unieke naam, waarbinnen files en andere secties (ook mappen of folders genoemd) kunnen voorkomen, folder
ma·quet·te [-kettə] (‹Fr) *de* [-s] driedimensionaal model, complete weergave in het klein (vooral van een bouwwerk)
ma·quil·la·ge [-kiejaazjə] (‹Fr) *de (v)* ❶ het schminken ❷ make-up ❸ vroeger blanketsel
ma·quil·le·ren *ww* [-kiejeerə(n)] (‹Fr) [maquilleerde, h. gemaquilleerd] schminken; (zich) opmaken
ma·quis [maakie] (‹Fr) *de (m)* eig ondoordringbaar struikgewas in Zuid-Frankrijk; *overdrachtelijk* de (daarin schuilende) georganiseerde ondergrondse strijdkrachten tijdens de Tweede Wereldoorlog ★ *aller dans le* ~ onderduiken
ma·ra (‹Sp) *de (m)* ['s] Patagonische of pampahaas
ma·ra·boe (‹Sp‹Arab) *de (m)* [-s], **ma·ra·boet** (‹Fr‹Arab) *de (m)* [-s] ❶ soort ooievaar met mooie staartveren in Azië en Afrika (*Leptoptilos*) ❷ verenbont van de staartveren van deze vogel ❸ islamitisch vroom kluizenaar ❹ graf van een moslimheilige
ma·ra·thon I *de (m)* [-s] wedloop over 42,195 km op de openbare weg, genoemd naar het dorp Marathon in Attica, vanwaar volgens een verhaal in 490 v.C. een ijlbode het bericht van de overwinning van de Grieken op de Perzen naar Athene overbracht, daarmee een afstand van ca. 42 km te voet overbruggend **II** *als eerste lid in samenstellingen* zeer lang durend: ★ *marathonzitting*
ma·ra·thon·loop *de (m)* marathon
ma·ra·thon·schaat·sen *ww & het* (het) wedstrijdschaatsen over lange afstand
Marc. *afk* Marcus
marc [maar] (‹Fr) *de (m)* uit schillen en pitten van uitgeperste druiven bereide alcoholische drank
mar·chan·de·ren *ww* [-sjan-] (‹Fr) [marchandeerde, h. gemarchandeerd] loven en bieden, dingen, pingelen: ★ ~ *over de prijs van iets*
marche¹ [marsj] (‹Fr) *de* [-n] → **mars²** (I)
marche² [marsj] (‹Fr) *tsw* → **mars²** (II)
marche fu·nè·bre [marsj -] (‹Fr) *de* [marches funèbres] muz treurmars
mar·che·ren *ww* [-sjeerə(n)] (‹Fr) [marcheerde, h. & is gemarcheerd] ❶ te voet gaan; in marsorde optrekken ❷ fig vlotten, voortgang hebben: ★ *de zaak marcheert goed* ❸ BN, spreektaal zijn normale functie verrichten, functioneren; werken, lopen: ★ *onze televisie marcheert niet*
mar·co·nist *de (m)* [-en] radiotelegrafist aan boord van een schip of vliegtuig, genoemd naar de Italiaanse uitvinder van de draadloze telegrafie, Guglielmo Marconi (1874-1937)
ma·re *de* [-n] tijding, boodschap
ma·re·chaus·see [-sjoosee] (‹Fr) NN **I** *de (v)* korps van de militaire rijkspolitie **II** *de (m)* [-s] tot dit korps behorend persoon
ma·ren *ww & het* (het) steeds 'maar' zeggen, tegenwerpingen maken
ma·re·tak *de (m)* [-ken] woekerplant met witte bessen, vaak gebruikt als kerstversiering, mistletoe (*Viscum album*)
mar·ga·ri·ne (‹Fr‹Gr) *de* kunstboter, bereid uit dierlijke en plantaardige vetstoffen
mar·ge [-zjə] (‹Fr‹Lat) *de* [-s] ❶ witte rand om het gedrukte of geschrevene op een blad papier: ★ *de aantekeningen staan in de* ~ ❷ ‹bij uitbreiding› rand, het niet centrale deel van iets: ★ *veel drugsgebruikers leven in de* ~ *van de samenleving* ❸ speling, speelruimte: ★ *om goed te kunnen onderhandelen*

moet je wel enige ~ hebben ★ dat is gerommel in de ~ dat raakt de kern van de zaak niet ❹ handel verschil tussen in- en verkoopprijs

mar·gi·naal *(‹Fr) bn* ❶ in de marge aangebracht, op de rand geschreven ★ *marginale glossen* kanttekeningen ❷ op de grens van wat nog kan ★ *een ~ bestaan leiden* op het bestaansminimum leven ★ *marginale bedrijven* die zich maar net staande kunnen houden ❸ van weinig betekenis, onbelangrijk: ★ *zijn bijdrage aan dit project was ~*

mar·gi·na·li·se·ren *ww* [-zee-] *(‹Fr)* [marginaliseerde, h. gemarginaliseerd] ❶ betekenis of invloed verminderen: ★ *na de verkiezingsnederlaag werd de oppositie verder gemarginaliseerd* ❷ bagatelliseren: ★ *de krant marginaliseerde de werkdruk in de gezondheidszorg*

mar·griet *de* [-en] soort ganzenbloem, lijkend op een grote madelief (*Chrysanthemum leucanthemum*)

Ma·ria *(‹Hebr) de (v)* vrouwennaam; Bijbel naam van Jezus' moeder ★ *Maria-Boodschap* 25 maart, herdenking van de aankondiging door een aartsengel, dat Maria moeder van Jezus zou worden ★ *Maria-Geboorte* 8 september, herdenking van de geboorte van Maria ★ *Maria-Hemelvaart, Maria-Tenhemelopneming* 15 augustus, herdenking van het ten hemel varen van Maria ★ *Maria-Lichtmis* → **Lichtmis**

ma·ri·aal *bn* op de Maagd Maria betrekking hebbend

Ma·ria·beeld *het* [-en] beeld van Maria, de moeder van Jezus

Ma·ria·dag *de (m)* [-dagen] feestdag ter ere van Maria, de moeder van Jezus

ma·ria·kaak·je *het* [-s] NN rond droog koekje

Ma·ria·lied *het* [-eren] lied ter ere van Maria, de moeder van Jezus

Ma·rianne [-rie(j)an(nə)] *(‹Fr) de (v)* meisjesnaam; verpersoonlijking van de Franse Republiek

ma·rien *(‹Fr‹Lat) bn* tot de zee behorend, zee

ma·ri·foon *(‹Lat-Gr) de (m)* [-s, -fonen] mobilofoon aan boord van schepen

ma·ri·hu·a·na *(‹Sp) de* uit een hennepsoort (*Cannabis sativa*) vervaardigd genotmiddel, t.w. de gedroogde bladeren en bloemen ervan, vooral van de vrouwelijke planten

ma·rim·ba *(‹Sp) de* ['s] grote soort xylofoon, met klankbuizen onder de houten staafjes

ma·ri·na·de *(‹Fr) de (v)* [-s] gekruide (wijn)azijnsaus, gebruikt bij het bereiden van vlees of vis, het inmaken van spijzen: ★ *de konijnenpoot ligt in de ~*

ma·ri·ne¹ *(‹Fr‹Lat) de (v)* [-s] zeemacht, oorlogsvloot: ★ *bij de ~ werken / zitten*

ma·ri·ne² *(‹Fr) bn* marineblauw

ma·ri·ne³ *(‹Fr‹Lat) bn* → **marien**

ma·ri·ne·blauw *het & bn* donker soort blauw

ma·ri·ne·ren *ww (‹Fr)* [marineerde, h. gemarineerd] in azijn inmaken, in een marinade leggen

ma·ri·ne·werf *de* [-werven] scheepswerf ten behoeve van de marine

ma·ri·nier *(‹Fr) de (m)* [-s] zeesoldaat

ma·ri·o·lo·gie *de (v)* theologische leer betreffende Maria

ma·ri·o·net *(‹Fr) de* [-ten] ❶ pop uit een poppenspel, door draden beweegbare toneelpop ❷ fig persoon die als willoos werktuig wordt gebruikt, stroman: ★ *de dictator omringde zich met marionetten*

ma·ri·o·net·ten·re·ge·ring *de (v)* [-en] regering zonder macht, die doet wat de eigenlijke machthebbers willen

ma·ri·o·net·ten·spel *het* [-len] toneelspel van marionetten

ma·ri·o·net·ten·the·a·ter *het* [-s] ❶ poppenspel, vooral met poppen die door draden bewogen worden ❷ gebouw waarin voorstellingen met dergelijke poppen gegeven worden

ma·rist *de (m)* [-en] lid van de *Societas Mariae* een in 1824 in Frankrijk gestichte congregatie die zich aan onderwijs en missiewerk wijdt

ma·ri·taal *(‹Fr‹Lat) bn* van, zoals in het huwelijk

ma·ri·tiem *(‹Fr‹Lat) bijw* tot de zee behorende, op de zee(vaart) betrekking hebbend, zeevaart

mar·jo·lein *(‹Fr‹Lat) de* lipbloemige heester, waarvan de soort *Origanum vulgare* ook in Nederland voorkomt; de soort *Origanum majorana* wordt als keukenkruid gebruikt, majoraan

mark¹ *de (m)* [-en] ❶ oud gewicht (± 246 g) voor goud en zilver ❷ munteenheid van Duitsland en Finlandvoor de invoering van de euro

mark² *de* [-en] hist ❶ grond in gemeenschappelijk bezit van de dorpsbewoners ❷ grensgewest

mar·kant *(‹Fr) bn* sterk uitkomend, opvallend, tekenend, kenmerkend: ★ *een markante persoonlijkheid* ★ *markante verschillen*

mar·keer·stift *de* [-en] brede viltstift met transparante inkt, meestal in een fluorescerende kleur

mar·ker [markə(r)] *(‹Eng) de (m)* [-s] markeerstift

mar·ke·ren *ww (‹Fr)* [markeerde, h. gemarkeerd] ❶ merken, aangeven, aanduiden: ★ *dat kruisje markeert de plek waar je moet gaan staan* ★ *de pas ~ mil* de beweging van het marcheren maken zonder vooruit te komen ❷ betekenen, kenmerken: ★ *de val van de Berlijnse muur markeerde het einde van de Koude Oorlog*

mar·ke·teer [màr(r)kətee̯r] *(‹Eng) de (m)* [-s] iem. die binnen een organisatie verantwoordelijk is voor marketingactiviteiten

mar·ke·tent·ster *(‹Du‹It) de (v)* [-s] hist zoetelaarster, vrouw in uniform die eet- en drinkwaren aan soldaten verkocht

mar·ket·ing [mà(r)kətting] *(‹Eng) de (v)* het complex van handelingen waardoor een (nieuw) artikel van de producent tot de consument gebracht wordt ★ *geconcentreerde ~* marketing die gericht is op één bepaald marktsegment ★ *gedifferentieerde ~* marketing die gericht is op verschillende marktsegmenten

mar·ket·ing·in·stru·ment [mà(r)kətting -] *het* [-en]

middel dat kan worden ingezet ter bevordering van het marktbeleid van een onderneming: ★ *product, prijs, promotie, plaats en personeel zijn vijf marketinginstrumenten*

mar·ket·per·for·mer [mà(r)kətpə(r)fò(r)mə(r)] *de* [-s] eff aandeel waarvan verwacht wordt dat de koers zich het komende jaar ongeveer hetzelfde zal ontwikkelen als de aandelenindex van de beurs waarop het betreffende aandeel wordt verhandeld

mark·graaf *de (m)* [-graven] hist titel van een bestuurder van een grensgewest

mark·gra·vin *de (v)* [-nen] ❶ vrouw van een markgraaf ❷ vrouwelijke markgraaf

mar·kies¹ (‹Fr) *de (m)* [-kiezen] markgraaf, in Frankrijk en Engeland titel tussen graaf en hertog

mar·kies² (‹Fr) *de* [-kiezen] opvouwbaar zonnescherm boven een raam of deur

mar·kie·zin *de (v)* [-nen] ❶ vrouw van een markies ❷ vrouwelijke markies

mar·ki·zaat (‹Fr) *het* [-zaten] gebied van een markies

markt (‹Lat) *de* [-en] ❶ openbare verkoopplaats op straat: ★ *op de ~ staan* ❷ het kopen en verkopen in het groot, vraag en aanbod van producten: ★ *de Europese ~, de wereld~* ★ *de vrije ~* waarop de overheid geen invloed uitoefent ★ *in de ~ zijn voor* mededingen naar, belangstelling hebben voor (een functie, een order enz.) ★ *goed in de ~ liggen* goed verkocht worden, aftrek vinden; fig aanzien genieten ★ *van alle markten thuis zijn* op alles raad weten, overal verstand van hebben ★ *bij het scheiden van de ~ leert men de kooplui kennen* als het op betalen aankomt, leert men de mensen kennen *of* als er ten slotte snel beslist moet worden, ziet men wat men aan de mens heeft ★ *zich uit de ~ prijzen* zie bij → **prijzen²** ❸ afzetmogelijkheden: ★ *de ~ verkennen, infiltreren* ❹ marktprijs: ★ *onder de ~ verkopen* ★ *de ~ bederven* ★ *onder de ~ werken* leveren tegen te lage prijzen, fig zich niet houden aan fatsoenlijke middelen, met minder edele middelen zijn doel trachten te bereiken ★ BN *het niet onder de ~ hebben* moeite hebben om een doel te bereiken

markt·aan·deel *het* [-delen] aandeel in de totale omzet van een product: ★ *een groeiend, teruglopend ~*

markt·ana·ly·se [-liezə] *de (v)* [-s] onderzoek naar de verhouding tussen vraag en aanbod en wat daarop van invloed is

markt·be·richt *het* [-en] mededeling betreffende marktprijzen

markt·dag *de (m)* [-dagen] dag waarop markt gehouden wordt

markt·eco·no·mie *de (v)* economisch stelsel waarbij de prijs door vraag en aanbod wordt bepaald en waarbij de overheid op de achtergrond slechts een controlerende rol speelt

mark·ten *ww* [marktte, h. gemarkt] naar de markt gaan, de markt bezoeken

markt·geld *het* [-en] prijs voor een standplaats op de markt

markt·ge·richt *bn* uitgaande van datgene wat de consument wenst: ★ *bij de productontwikkeling moeten wij meer ~ gaan denken*

markt·hal *de* [-len] overdekte markt

markt·koop·man *de (m)* [-lieden, -lui] koopman die zijn waren op de markt te koop aanbiedt

markt·lei·der *de (m)* [-s] bedrijf dat of persoon die in een bep. tak van bedrijf de grootste omzet heeft

markt·me·cha·nis·me *het* het verloop van vraag en aanbod van goederen en wat daarop van invloed is

markt·mees·ter *de (m)* [-s] opzichter op de markt

markt·on·der·zoek *het* marktanalyse

markt·plaats *de* [-en] stad of dorp waar geregeld markt gehouden wordt

markt·plein *het* [-en] plein waar de markt gehouden wordt

markt·po·si·tie [-zie(t)sie] (‹Fr‹Lat) *de (v)* [-s] rang die een bedrijf inneemt ten opzichte van de concurrentie, bepaald naar marktaandeel

markt·prijs *de (m)* [-prijzen] prijs die op de markt betaald wordt

markt·sec·tor *de (m)* [-toren, -tors] particulier bedrijfsleven

markt·stra·te·gie [-'gie of -'zjie] *de (v)* [-gieën] strategie die gericht is op beïnvloeding van factoren die bepalend zijn voor vraag en aanbod m.b.t. bepaalde producten

markt·waar·de *de (v)* [-s] bedrag waarvoor iets verkocht kan worden

markt·wer·king *de (v)* econ de wederzijdse onbelemmerde beïnvloeding van vraag en aanbod: ★ *door ~ moet de optimale prijs voor een product of dienst tot stand komen*

mar·len *ww* [marlde, h. gemarld] scheepv de zeilen met → **marlijn¹** aan touwen vastnaaien, omwikkelen

mar·lijn¹ *de* [-en], **mar·ling** *de (v)* [-en] dun, sterk touw, op schepen gebruikt

mar·lijn² *de* [-en] zeevis die lijkt op een zwaardvis, met een lange snuit

marl·priem *de (m)* [-en] priem om touw te splitsen e.d.

mar·mel *de (m)* [-s] knikker

mar·me·la·de (‹Fr‹Port‹Lat) *de* [-s, -n] soort jam waarbij de vruchten niet geheel tot moes geworden zijn; vooral jam van sinaasappels

mar·mer (‹Lat‹Gr) *het* zeer harde steensoort

mar·me·ren I *bn* van marmer: ★ *een ~ vloer* **II** *ww* [marmerde, h. gemarmerd] iets zodanig verven dat het op marmer gaat lijken: ★ *een houten paneel ~*

mar·mer·groef, **mar·mer·groe·ve** *de* [-groeven] groeve waaruit marmer gedolven wordt

mar·mot (‹Fr) *de* [-ten] ❶ knaagdier uit de familie van de eekhoornachtigen, waarvan de bekendste die uit de Alpen en de Karpaten is (*Marmota marmota*) ❷ ook wel populaire benaming voor de cavia of het Guinese biggetje (*Cavia cobaya*) ★ *slapen als een ~* zeer vast slapen

mar·mot·ten·slaap *de (m)* winterslaap van de marmot; fig lange, zeer vaste slaap
ma·ro·kijn *(‹Fr) het* fijn leer (oorspronkelijk geitenleer uit Marokko) voor boekbanden en portefeuilles
ma·ro·kij·nen *bn* van marokijn
Ma·rok·kaan *de (m)* [-kanen] iemand geboortig of afkomstig uit Marokko
Ma·rok·kaans I *bn* van, uit, betreffende Marokko **II** *het* Arabisch dialect zoals gesproken in Marokko
Ma·rol·len·frans *het* slecht Frans, naar de Marollen, een wijk in Brussel aan de voet van het paleis van justitie, waar de bevolking gemengd Vlaams en Frans van karakter en taal is
ma·ro·nie·ten *mv* christelijke sekte van Syrische oorsprong in Libanon, genoemd naar de abt Maron (gest. ca. 410)
ma·ro·ni·tisch *bn* van, betreffende de maronieten
ma·rot *(‹Fr) de* [-ten] NN, vero ❶ narrenstok ❷ manie, stokpaardje ★ *elke zot heeft zijn ~* iedereen heeft zijn stokpaardje
mar·que·te·rie *(‹Fr) de (v)* inlegwerk in hout of marmer
mar·ron¹ [-rô] *(‹Fr)* **I** *bn* kastanjebruin **II** *de (m)* [-s] gebraden kastanje ★ *marrons glacés* geglaceerde gepofte kastanjes
mar·ron² *(‹Fr) de (m)* [-s] bosneger in Suriname, nakomeling van gevluchte negerslaven
mars¹ *(‹Lat) de* [-en] ❶ scheepv mastkorf ❷ rugkorf, mand waarin verkopers hun waar meenemen ★ *hij heeft niet veel in zijn ~* hij weet niet veel
mars² [-en] **I** *de* ❶ voettocht ❷ muziekstuk in 2/4 of 4/4 maat als begeleiding daarvan **II** *tsw* ❶ marcheer!: ★ *voorwaarts, ~!* ❷ weg!
mar·sa·la *de (m)* zware Italiaanse wijn, genoemd naar de Italiaanse stad Marsala
mar·se·pein, mar·se·pein *(‹Fr‹It‹Arab) de (m) & het* lekkernij van suiker, geperste amandelen, eiwit en aromatische stoffen
mar·se·pei·nen, mar·se·pei·nen *bn* van marsepein: ★ *een ~ sinaasappel*
mars·grond *de (m)* [-en] NN laag, drassig land
Mar·shall·ei·lan·der [màr)sjal-] *de (m)* [-s] iem. geboren op of afkomstig van de Marshalleilanden
Mar·shall·hulp [màr)sjəl-] *de* economische hulp volgens het Marshallplan
Mar·shall·plan [màr)sjəl-] *het* een door de Amerikaanse minister van buitenlandse zaken G. Marshall in 1948 opgesteld plan voor hulpverlening aan Europa, tot herstel van de economie na de Tweede Wereldoorlog; *bij uitbreiding* groots economisch hulpplan
marsh·mal·lows [màr)smellooz] *(Eng) mv* zachte lekkernij van suiker, gelatine en maïsstroop
mars·kra·mer *de (m)* [-s] rondtrekkend koopman met rugkorf of mars
mars·man·ne·tje *het* [-s] Martiaan, denkbeeldige bewoner van de planeet Mars
mars·mu·ziek *de (v)* muziek met een zodanig ritme dat men er goed op kan marcheren
mars·or·de *de* rangschikking van troepen op mars
mars·or·der *de & het* [-s] schriftelijke aanwijzingen voor een door troepen te maken mars
mars·rou·te [-roe-] *de* [-s] weg waarlangs een mars gaat
mars·tem·po *het* maat, tempo van een mars
mars·zeil *het* [-en] bovenste zeil
mar·te·laar *(‹Lat‹Gr) de (m)* [-laars, -laren] iem. die gemarteld en gedood wordt om zijn gedachtegoed of geloof; iem. die lijdt of is gestorven om een (religieuze) overtuiging
mar·te·laar·schap *het* het martelaar zijn
mar·te·laars·kroon *de* [-kronen] het martelaarschap als eervolle bekroning (van het leven) gedacht
mar·te·la·res *de (v)* [-sen] vrouwelijke martelaar
mar·tel·dood *de* dood ten gevolge van marteling: ★ *de ~ sterven*
mar·te·len *ww* [martelde, h. gemarteld] folteren, wreed pijnigen; **marteling** *de (v)* [-en]
mar·tel·gang *de (m)* het langdurig moeten lijden: ★ *haar leven was een ~*
mar·tel·paal *de (m)* [-palen] paal waaraan personen worden gebonden om gemarteld te worden
mar·tel·werk·tuig *het* [-en] werktuig om te martelen
mar·ter I *de (m)* [-s] geslacht van roofdiertjes (*Martes*) die kostbaar bont leveren **II** *het* marterbont
mar·ter·ach·ti·gen *mv* roofdierenfamilie *Mustelidae*, waartoe o.a. de marter, das, hermelijn, wezel, bunzing en otter behoren
mar·ter·bont *het* bont van martervellen
mar·ti·aal [-(t)sje(j)aal] *(‹Fr‹Lat) bn* krijgshaftig (zoals Mars, de oorlogsgod bij de Romeinen)
Mar·ti·aan [-(t)sie-] *de (m)* [-anen] ‹in de sciencefictionliteratuur› iem. van de planeet Mars
Mar·ti·aans [-(t)sie-] *bn* van, betreffende de planeet Mars
Mar·ti·ni·quaan [-kaan] *de (m)* [-quanen] iem. geboortig of afkomstig van het eiland Martinique
Mar·ti·ni·quaans [-kaans] *bn* van, uit, betreffende het eiland Martinique
ma·ru·la *de (v)* ['s] lichtgele, zoetzurig smakende vrucht ter grootte van een pruim, met een leerachtige schil, wit vruchtvlees en een grote pit
Mar·va *afk* in Nederland, hist Marine-vrouwenafdeling
mar·xis·me *het* historisch-materialistische theorie van de Duitse denker Karl Marx (1818-1883) die de grondslag vormt voor het communisme
mar·xist *de (m)* [-en] aanhanger van het marxisme
mar·xis·tisch *bn* volgens het marxisme
mas·ca·ra *(‹Sp) de* vloeistof om de oogharen te kleuren
mas·car·po·ne *(‹It) de (m)* Italiaanse romige kaas met zoetige geur en smaak, vaak verwerkt in desserts en gebak
mas·cot·te *(‹Fr) de* [-s] ❶ dier of voorwerp dat wordt meegevoerd als geluk brengend of beschermend

❷ reclamefiguurtje, soort embleem dat een merk aanduidt

mas·cu·lien *(‹Lat)* *bn* mannelijk; zoals bij de man

mas·cu·li·num, **mas·cu·li·num** *(‹Lat) het* taalk mannelijk genus; de vorm van het mannelijk

ma·ser *afk* [meezə(r)] letterwoord voor: *microwave-amplification by stimulated emission of radiation* ‹Eng› [versterking van zeer korte elektromagnetische golven door gestimuleerde uitzending van straling; een methode om zeer sterke, geconcentreerde golfstraling te verkrijgen]

mas·ker *(‹Sp) het* [-s] ❶ gezichtsbedekking ter vermomming of bescherming: ★ *gas~* ★ *het ~ afwerpen, afleggen, laten vallen* zich in zijn ware gedaante of gezindheid vertonen ★ *een ~ opzetten* zo kijken dat aan de gelaatsuitdrukking niets valt af te lezen, verhullend gedrag vertonen ❷ cosmetische, reinigende gezichtscrème: ★ *klei~* ★ *een schoonheids~ aanbrengen* ❸ gelaatsafdruk van een dode: ★ *doden~* ❹ larve

mas·ke·ra·de *(‹Fr‹It) de (v)* [-s, -n] ❶ verkleedpartij; gemaskerd bal ❷ het zich anders voordoen dan men zich werkelijk voelt

mas·ke·ren *ww (‹Fr)* [maskeerde, h. gemaskerd] ❶ verbergen, bedekken, verhullen, verbloemen: ★ *met een glimlach probeerde hij zijn teleurstelling te ~* ❷ aan het oog onttrekken, het uitzicht benemen: ★ *die rij bomen maskeert het huis van de overbuurman*

ma·so·chis·me *het* bepaalde psychische gesteldheid waarbij het ondergaan van lichamelijke pijn en van vernedering noodzakelijk is om tot seksuele bevrediging te komen, beschreven door de Oostenrijkse romancier L. von Sacher-Masoch (1835-1895); fig ook gebruikt buiten het terrein van de seksualiteit

ma·so·chist *de (m)* [-en], **ma·so·chis·te** *de (v)* [-n] iem. die met masochisme behept is

ma·so·chis·tisch *bn* van de aard van masochisme

mas·sa *(‹Lat‹Gr) de* ['s] ❶ hoeveelheid ongevormde stof: ★ *bij de aardverschuiving werd de camping overspoeld door een bruinige ~* ★ *de grijze ~ in je hoofd* hersenen ❷ nat hoeveelheid stof die een lichaam bevat: ★ *~ en gewicht zijn verschillende grootheden* ❸ groot aantal: ★ *wat een massa boeken heb jij!* ❹ menigte, veel mensen ★ *de grote* of *grijze ~* het overgrote deel van de bevolking, voorgesteld als enigszins dom en kritiekloos

mas·sa- *(‹Lat‹Gr) in samenstellingen* gericht op of uitgevoerd door een grote groep mensen: ★ *massa-evenement, massatoerisme*

mas·saal *(‹Lat) bn* ❶ een zeer groot of een groots geheel vormend: ★ *een ~ gebouwencomplex* ❷ met veel mensen: ★ *een massale opkomst* ★ *~ tegen iets protesteren*

mas·sa-ar·ti·kel *het* [-en, -s] artikel dat in het groot in fabrieken vervaardigd wordt

mas·sa·com·mu·ni·ca·tie [-(t)sie-] *de (v)* voorlichting en nieuwsverspreiding m.b.v. massamedia

mas·sa·com·mu·ni·ca·tie·mid·del [-(t)sie-] *het* [-en] middel tot voorlichting en nieuwsverspreiding in het groot (dagbladpers, radio, televisie, internet)

mas·sa·cre·ren *ww (‹Fr)* [massacreerde, h. gemassacreerd] ❶ gruwelijk vermoorden; een bloedbad aanrichten onder ❷ verknoeien, verbroddelen

mas·sa·ge [-zjə] *(‹Fr) de (v)* [-s] het masseren: ★ *iem. een ~ geven*

mas·sa·graf *het* [-graven] graf waar veel mensen tegelijk zonder kist in begraven worden

mas·sa·hys·te·rie [-his-, -hies-] *de (v)* op hysterie lijkende waanzin die een groot aantal mensen tegelijk in zijn greep houdt

mas·sa·li·teit *de (v)* eigenschap van massaal te zijn: ★ *de politie werd verrast door de ~ van het studentenprotest*

mas·sa·me·di·um *het* [-dia] massacommunicatiemiddel, zoals radio, tv en internet

mas·sa·moord *de* [-en] het doden van een groot aantal mensen tegelijk of in een zeer korte tijd

mas·sa·moor·de·naar *de (m)* [-s] ❶ iem. die bij één gelegenheid een groot aantal mensen doodt; vgl: → **seriemoordenaar** ❷ ‹bij uitbreiding› iem. die verantwoordelijk is voor een massamoord

mas·sa·pro·duct *het* [-en] product dat in massa vervaardigd wordt (in fabrieken)

mas·sa·pro·duc·tie [-sie] *de (v)* [-s] vervaardiging in massa

mas·sa·psy·cho·lo·gie [-psie-] *de (v)* leer van het gedrag van grote groepen als zodanig

mas·sa·psy·cho·se [-psiegoozə] *de (v)* geestelijk labiele toestand die een groot deel van een bevolking tegelijk aantast

mas·sa·re·gie [-gie, -zjie] *de (v)* [-s] het regisseren van een groot aantal spelers, vooral figuranten: ★ *de film Ben Hur bevat prachtige scènes met ~*

mas·sa·sprint *de (m)* [-s, -en] sp sprint met een grote groep wielrenners

mas·sa·traag·heids·mo·ment *het* nat de som (integraal) van de producten van de massa-elementen van een lichaam en de kwadraten van de afstanden van dit lichaam tot een ruimtelijke as

mas·sa·ver·nie·ti·gings·wa·pen *het* [-s] wapen waarmee men op grote schaal de tegenstander kan vernietigen, vooral chemisch of biologisch wapen of kernwapen

mas·se·ren *ww (‹Fr‹Arab)* [masseerde, h. gemasseerd] ❶ spieren op bepaalde wijze knijpen en wrijven, als geneeswijze en tegen vermoeidheid; (in sekshuizen e.d.) door knijpen, wrijven seksueel prikkelen of bevredigen ❷ vooral NN geleidelijk, door langdurig praten tot andere gedachten brengen, beïnvloeden: ★ *de bestuursleden moesten flink worden gemasseerd voordat ze met de voorstellen akkoord gingen* ❸ bilj met de keu rechtstandig stoten

mas·seur *(‹Fr) de (m)* [-s], **mas·seu·se** [-zə] *de (v)* [-s] iem. die zijn of haar beroep maakt van het → **masseren** (bet 1); (in sekshuizen e.d.) prostituant, prostituee

mas·sief *(‹Fr)* **I** *bn* ❶ vol, niet hol: ★ ~ *goud* ❷ sterk, vast; uit zwaar muurwerk bestaande; stevig, zwaargebouwd **II** *het* [-sieven] oud gebergte dat in de loop van de tijd afgesleten is: ★ *het Centraal Massief in Frankrijk*

mas·si·fi·ca·tie [-(t)sie] *(‹Lat) de (v)* massavorming; het óndergaan in en het ondergeschikt maken van de persoon aan de massa

mas·si·fi·ce·ren *ww* [massificeerde, h. gemassificeerd] tot een massa, tot iets massaals maken: ★ *een gemassificeerde maatschappij*

mas·si·vi·teit *(‹Fr) de (v)* [-en] het massief-zijn; zwaarte

mast *de (m)* [-en] ❶ lange, rechtopstaande, ronde paal op een schip waar de zeilen aan vast gemaakt worden: ★ *een schip met drie masten* ★ NN, vero *voor de ~ zitten* zoveel eten op het bord genomen hebben dat men het niet op kan ★ NN, vero *hij vaart, waar de grote ~ vaart* hij volgt zijn meerdere ★ NN, vero *hij maakt van zijn ~ een schoenpin* hij bederft iets goeds om een kleinigheid ❷ hoge paal: ★ *vlaggen~; paal waaraan geleidraden voor elektrische stroom bevestigd worden*: ★ *lichtmasten*

mast·bos *het* [-sen] pijnboombos; fig grote hoeveelheid zeilschepen of ingeheide palen

mas·te·luin *(‹Oudfrans‹Lat) de (m) & het* mengsel van rogge en tarwe

mas·ter [màstə(r)] *(‹Eng) de* titel van een student aan een hogeschool of universiteit die de tweede, afsluitende fase van de opleiding heeft afgerond

mas·ter·class [màstə(r)klàs] *(‹Eng) de* [-es] les in een bep. kunstvorm (muziek, toneel e.d.), verzorgd door een vooraanstaande kunstenaar op dat terrein

mas·ter·op·lei·ding [màstə(r)-] *(‹Eng) de (v)* [-en] opleiding tot master

mas·ter·plan [màstə(r)-] *(‹Eng) het* [-nen] omvangrijk plan met een veelheid aan deelplannen

mas·ter·proef [màstə(r)-] *de* [-proeven] BN, onderw werkstuk waarmee een masteropleiding wordt afgerond

mas·tiek *(‹Fr‹Gr) de (m) & het* ❶ hars van de mastiekstruik (*Pistacia lentiscus*) ❷ dakbedekkingsmateriaal uit zwavel, koolteerpek, asfalt enz. ❸ NN ★ ~ *maken* het door de kelners 's morgens in orde brengen van het restaurant

mas·tie·ken *ww (‹Fr)* [mastiekte, h. gemastiekt] → **mastiek** (bet 2) aanbrengen op

mas·tiff [mestif] *(‹Eng) de (m)* [-s] zeer grote, kortharige, buldogachtige hond met een brede kop

mas·tino napoletano *(‹It) de (m)* [mastino napoletano's] grote hond (schofthoogte ca. 70 cm) met een sterk geplooide huid, vooral bij de kop; oorspronkelijk uit Zuid-Italië afkomstig

mast·klim·men *ww & het* (het) klimmen in een met zeep ingesmeerde paal, waarin prijzen hangen, als volksvermaak

mast·korf *de (m)* [-korven] scheepv uitkijkplaats in de → **mast** (bet 1), kraaiennest

mas·to·dont *(‹Gr) de (m)* [-en] ❶ zeer groot uitgestorven slurfdier met grote slagtanden ❷ overdrachtelijk geweldig gevaarte; erg belangrijk persoon

mas·tur·ba·tie [-(t)sie] *(‹Fr‹Lat) de (v)* zelfbevrediging of bevrediging van een ander door prikkeling van de geslachtsorganen, vooral met de hand

mas·tur·be·ren *ww (‹Fr‹Lat)* [masturbeerde, h. gemasturbeerd] masturbatie toepassen

mat[1] *(‹Oudfrans‹Lat) bn* ❶ vermoeid, slap, lusteloos: ★ *ik voel me nogal ~ vandaag* ❷ dof: ★ *matte verf; ondoorschijnend*: ★ *~glas*

mat[2] *(‹Lat‹Fenicisch) de* [-ten] ❶ gevlochten vloerbedekking; kleedje bij de deur ❷ scherm van riet of ander materiaal: ★ *rieten matten als tuinafscheiding* ★ *matje* dun, oprolbaar reismatrasje:, een opblaasbaar matje ★ *zijn matten* (of *matjes*) *oprollen* weggaan ★ *op het matje moeten komen bij iem.* bij iem. moeten verschijnen om zich te verantwoorden of verhoord te worden ★ *iem. op het matje roepen* iem. ter verantwoording roepen; zie ook → **matje**

mat[3] *de (m)* [-ten] oude Spaanse zilvermunt

mat[4] *(‹Oudfrans‹Perz)* **I** *bn* schaakmat **II** *het* situatie van schaakmat-zijn: ★ ~ *was niet te vermijden* ★ ~ *in vier zetten*

mat[5] *ww verl tijd van* → **meten**

ma·ta·dor *(‹Sp) de (m)* [-s of -doren] ❶ iem. die in een stierengevecht de stier doodt ❷ talentvol, invloedrijk persoon, uitblinker: ★ *de matadoren van de Tour de France*

ma·ta·glap *(‹Mal) bn* NN door razernij verblind: ★ ~ *worden*

match [metsj; BN matsj] *(‹Eng) de* [-es] [metsjis; BN: -en] sportwedstrijd; in BN vooral voetbalwedstrijd; ★ BN ~ *nul* gelijkspel ★ BN ~ *nul spelen* gelijkspelen

mat·chen *ww* [metsjə(n)] *(‹Eng)* [matchte, h. gematcht] ❶ bij elkaar passen: ★ *die twee kleuren ~ niet goed* ❷ comput vergelijken: ★ *bestanden ~*

match·point [metsj-] *(‹Eng) de (m)* [-s] sp situatie waarbij één van de deelnemers of deelnemende partijen aan één winnende slag genoeg heeft om de wedstrijd te winnen

ma·te[1] [-tee] *(‹Jap) de* door de scheidsrechter gegeven opdracht aan de judoka's om weer naar het midden van de mat te gaan als zij tijdens het gevecht buiten de mat zijn geraakt

ma·te[2] *de* → **maat**[2], hoeveelheid ★ *in geringe ~* weinig ★ *in hoge ~* zeer ★ *in toenemende ~* steeds meer, steeds vaker ★ *met ~* niet teveel en niet te weinig ★ *een zekere ~ van* niet zonder ★ BN *ook in de ~ van het mogelijke* voor zover het mogelijk is

ma·té *(‹Sp‹Quechua, een Zuid-Amerikaanse indianentaal) de (m)* groene thee van de bladeren van de *Ilec paraguariensis*, volksdrank in

Zuid-Amerika; ook de boom zelf
ma·te·loos *bn* grenzeloos, bovenmatig: ★ *een mateloze bewondering voor iem. hebben* ★ *dat ergert me ~*
ma·te·lot [-loo] (⟨Fr⟩ *de (m)*) [-s] ronde strooien hoed met platte rand
ma·ten *ww verl tijd meerv van* → **meten**
ma·ten·naai·er *de (m)* [-s] *inf* iem. die een kameraad verraadt
ma·ter (⟨Lat⟩ *de (v)*) [-s] ❶ moeder ★ *~ dolorosa* Maria als de Moeder der Smarten ❷ moeder-overste van een klooster
ma·te·ri·aal (⟨Fr⟩ *het* [-alen] ❶ ruwe grondstof; bouwstoffen zoals stenen, hout enz. ❷ gegevens voor een werk van de geest: ★ *~ verzamelen voor een boek* ❸ gereedschap, benodigdheden, behoeften ❹ stof met betrekking tot eigenschappen en doeleinden: ★ *een hard, duurzaam ~*
ma·te·ri·aal·moe·heid *de (v)* slijtageverschijnselen bij machineonderdelen e.d.
ma·te·ri·a·li·se·ren [-zeerə(n)] (⟨Fr⟩ *wederk* [materialiseerde, h. gematerialiseerd] spiritisme verstoffelijken, een stoffelijke gedaante aannemen
ma·te·ri·a·lis·me (⟨Fr⟩ *het* ❶ filos leer dat de stof het enig werkelijk bestaande is en dat de geest een werking daarvan is ❷ ⟨vaak minachtend gebruikt⟩ belustheid op, streven naar bezit ❸ ★ *historisch ~* leer volgens welke de geschiedenis en ontwikkeling van volkeren uitsluitend beïnvloed wordt door de stoffelijke dingen, de economische omstandigheden
ma·te·ri·a·list (⟨Fr⟩ *de (m)*) [-en] ❶ aanhanger van het materialisme ❷ iem. die uitsluitend gericht is op stoffelijke zaken
ma·te·ri·a·lis·tisch *bn* overeenkomstig het materialisme; als van, bij een materialist
ma·te·rie (⟨Lat⟩ *de (v)*) [-riën, -s] ❶ stof, grondstof ❷ onderwerp om over te schrijven, om te behandelen: ★ *een lastige, moeilijke ~*
ma·te·ri·eel (⟨Fr⟨Lat⟩) **I** *bn* ❶ stoffelijk: ★ *materiële schade* ❷ wezenlijk ★ *recht* het materiële recht recht dat de inhoud, nl. belangen, plichten, bevoegdheden e.d. binnen het recht regelt (tegenover het *formele*) **II** *het* wat nodig is voor een bedrijf, in de sfeer van werktuigen, machines e.d.: ★ *de brandweer rukt met groot ~ uit* ★ *rollend ~* locomotieven en spoorwagens
ma·ter·ni·teit (⟨Fr⟩ *de (v)*) BN, spreektaal kraamafdeling; kraaminrichting, kraamkliniek
mat·glas *het* ondoorzichtig glas
mat·gla·zen *bn* van matglas
Math. *afk*, **Matth.** Mattheus
mat·heid *de (v)* het mat zijn (→ **mat**¹ bet 1, 2)
ma·the·ma·ti·ca (⟨Gr⟩ *de (v)*) wiskunde
ma·the·ma·ti·cus (⟨Lat⟨Gr⟩ *de (m)*) [-ci] wiskundige
ma·the·ma·tisch (⟨Gr⟩) *bn* ❶ wiskundig ❷ onomstotelijk, onweerlegbaar
ma·tig *bn* ❶ middelmatig, niet overdreven goed of slecht, niet van erg hoge kwaliteit: ★ *een matige*

voetballer ★ *~ werk* ★ *ik vind het maar ~* ❷ niet in uitersten vervallend: ★ *een ~ leven leiden* sober in eten en drinken ❸ BN ⟨van een prijs, bedrag e.d.⟩ redelijk, billijk: ★ *kwaliteit en matige prijzen*
ma·ti·gen I *ww* [matigde, h. gematigd] ❶ minderen: ★ *~ met roken en drinken* ❷ zuiniger leven, de uitgaven beperken: ★ *door de tegenvallende belastingopbrengsten moet de regering ~* ❸ binnen de perken houden, afzwakken: ★ *je toon ~* ★ *matig uw snelheid!* **II** *wederk* minder heftig, minder veeleisend worden
ma·tig·heid *de (v)* het matig zijn
ma·ti·ging *de (v)* het matigen, verzachten; het zich matigen
ma·ti·nee (⟨Fr⟩ *de (v)*) [-s] middagvoorstelling
ma·ti·neus (⟨Fr⟩) *bn* vroeg op; de gewoonte hebbend vroeg op te staan
mat·je *het* [-s] mannenkapsel waarbij het haar uitsluitend in de nek lang is; zie verder bij → **mat²**
mat·par·tij *de (v)* [-en] *inf* vechtpartij
ma·trak (⟨Fr⟨Arab⟩) *de* [-ken] BN ook knuppel, gummistok, wapenstok
ma·tras (⟨Oudfrans⟨Arab⟩) *de & het* [-sen] rechthoekig voorwerp van zacht en verend materiaal als ondergrond voor het slapen, vooral als onderdeel van een bed; zie ook bij → **Goois**
ma·tri·ar·chaal (⟨Fr⟩) *bn* op het matriarchaat betrekking hebbend
ma·tri·ar·chaat (⟨Fr⟩) *het* ❶ volkenkunde stelsel waarbij de moeder stamhouder is en niet de vader, *vgl*: → **matrilineair** ❷ populaire benaming voor het verschijnsel waarbij de macht in de familie zich bevindt bij oudere vrouwen
ma·trijs (⟨Fr⟩ *de*) [-trijzen] ❶ holle vorm waarin metalen letters, munten, stempels en dergelijke worden gegoten of geslagen ❷ snijijzer voor het maken van schroefdraden ❸ stuk waarin een schroefspil draait
ma·tri·li·ne·air [-nee(j)èr,], **ma·tri·li·ne·aal** (⟨Lat-Fr⟩) *bn* geschiedend of gerekend in de vrouwelijke lijn
ma·tri·mo·ni·aal (⟨Lat⟩) *bn* van het huwelijk, huwelijks-, echtelijk
ma·trix (⟨Lat⟩ *de (v)*) [-trices] geordend schema van waarden, veelal een tabel verdeeld in hokjes met twee coördinaten
ma·trix·bord *het* [-en] ⟨op snelwegen⟩ groot bord met verlichte cijfers en / of letters, waarop aanduidingen voor het verkeer, zoals de maximaal toegestane snelheid staat aangegeven
ma·trix·prin·ter *de (m)* [-s] comput verouderd type printer die tekens afdrukt die zijn opgebouwd uit een patroon (matrix) van puntjes
ma·troesj·ka (⟨Russ⟩ *de (v)*) ['s] speelgoed of snuisterij, bestaande uit met een vrouwenfiguur beschilderd, hol houten poppetje met daarin een dito kleiner poppetje dat op haar beurt weer een kleiner poppetje bevat enz., Russisch poppetje
ma·tro·ne [-trònə] (⟨Fr⟨Lat⟩ *de (v)*) [-s, -n] ❶ deftige,

enigszins bejaarde gehuwde vrouw of weduwe ❷ onsympathieke, bazige vrouw

ma·troos *(‹Fr) de (m)* [-trozen] ondergeschikte zeeman

ma·tro·zen·kraag *de (m)* [-kragen] zie bij → **matrozenpak**

ma·tro·zen·pak *het* [-ken] donkerblauw of wit pak met gebiesde vierkante kraag

ma·tro·zen·pet *de* [-ten] baret zoals matrozen dragen

mat·se *(‹Hebr) de (m)* [-s] benaming voor platte koeken, gebakken van meel en water zonder rijsmiddel, door de joden met Pasen gegeten, jodenpaasbrood

mat·sen *ww* [matste, h. gematst] NN iem. anders ter wille zijn, iem. behulpzaam zijn, vooral door af te wijken van geldende regels, voorschriften e.d.: ★ *het kan eigenlijk niet, maar vooruit, ik zal je ~*

mat·ten¹ *ww* [matte, h. gemat] ❶ een rieten zitting maken (in stoelen enz.) ❷ inf vechten

mat·ten² *bn* van riet of biezen gemaakt: ★ *een ~ zitting*

mat·ten·klop·per *de (m)* [-s] voorwerp om matten kloppend van stof te ontdoen

mat·ten·taart *de* [-en] BN Geraardbergs gebak waarin mat (klonters van melk) of karnemelk is verwerkt met eieren en amandelen

mat·te·ren *ww* *(‹Fr)* [matteerde, h. gematteerd] ❶ ‹van glas en metalen› een dof, mat uiterlijk geven; (van kunstmatige vezels) de glans verminderen ❷ ‹van sigaren› bestrijken of besproeien met poeder ❸ ‹van de gezichtshuid› dof maken door te poederen: ★ *deze poeder matteert heel goed*

Matth. *afk* Mattheus

mat·ting *(‹Eng) als stof: het, als voorwerp: de* [-en] eig matwerk; weefsel dat op matwerk gelijkt doordat de schering- en inslagdraden elkaar op een dergelijke manier kruisen, dat er blokjes ontstaan

ma·tu·ri·teit *(‹Fr‹Lat) de (v)* rijpheid, rijpe leeftijd, volwassenheid

ma·tu·ri·teits·di·plo·ma *het* ['s] BN, vroeger (tussen 1965 en 1992) diploma behaald aan het eind van het secundair onderwijs, dat toegang verschafte tot het universitair onderwijs

ma·tu·ri·teits·exa·men *het* [-s] BN, vroeger toegevoegd examen in het laatste jaar van het secundair onderwijs tot het behalen van het maturiteitsdiploma

mat·verf *de* [-verven] verf die niet glimt na het drogen; *vgl*: → **glansverf**

mat·werk *het* → **matten²** voorwerpen

Mau·re·taans *bn* van, uit, betreffende Mauretanië

Mau·re·ta·ni·ër *de (m)* [-s] iem. geboortig of afkomstig uit Mauretanië

Mau·re·ta·nisch *bn* → **Mauretaans**

Mau·ri·tiaan [-(t)sjaan] *de (m)* [-tianen] iem. geboortig of afkomstig van Mauritius

Mau·ri·tiaans [-(t)sjaans] *bn* van, uit, betreffende Mauritius

mau·ri·ti·us·palm [-tsie(j)us-] *de (m)* [-en] palm in tropisch Amerika waarvan de bladvezels voor touw en het merg voor meel worden gebruikt

mau·ser [-zər] *de (m)* [-s] naar de uitvinder, de Duitse fabrikant Paul Mauser (1838-1914), genoemd geweer

mau·so·le·um [-zoolee(j)um] *(‹Lat‹Gr) het* [-s, -lea] praalgraf, groot en prachtig grafteken, genoemd naar het Mausoolein, de tombe van de Perzische satraap Mausoolos (gest. ca. 353 v.C.) te Halicarnossos

mau·ve [moovə] *(‹Fr) bn & het* lichtpaars, lichtpurper

mau·wen *ww* [mauwde, h. gemauwd] → **miauwen**

mavo *afk* in Nederland, vroeger middelbaar algemeen voortgezet onderwijs [in 1999 opgegaan in het vmbo]

m.a.w. *afk* met andere woorden

max. *afk* maximaal; maximum

maxi- *in samenstellingen* voorvoegsel ter aanduiding van grote of lange vormen of exemplaren van het genoemde, bijv. → **maxi-jurk** of → **maxisingle**; *tegengest*: → **mini-**

maxi-jurk *de* [-en] lange, tot aan de enkels reikende jurk

maxi·maal, **ma·xi·maal** *(‹Fr)* **I** *bn* het maximum uitmakende, grootste, hoogste; bijv. ★ *maximale dosis* hoogste dosis van een geneesmiddel per keer of per dag **II** *bijw* ten hoogste: ★ *~ 50 km / u rijden*

maxi·ma·li·se·ren *ww* [-zee-] *(‹Fr)* [maximaliseerde, h. gemaximaliseerd] ❶ tot het maximum vergroten: ★ *de verkoop ~* ❷ comput ‹een venster› beeldvullend maken

maxi·ma·list *de (m)* [-en] iem. die in de politiek niet geneigd is tot concessies, maar al zijn eisen ingewilligd wil zien

maxime [maksiem] *(‹Fr) de & het* [-s, -n] grondstelling, grondregel; leerspreuk

maxi·me·ren *ww* [maximeerde, h. gemaximeerd] tot een maximum, een zo hoog mogelijke omvang of waarde opvoeren

maxi·mum *(‹Lat)* **I** *het* [-ma] ❶ het hoogste, de grootste waarde van een veranderlijke grootheid: ★ *de temperatuur bereikte vandaag een ~ van 32 graden* ★ *een ~ aan inspanning* ❷ ‹m.b.t. salaris› het hoogst haalbare, toelaatbare, ook als eerste lid in samenstellingen: ★ *ik zit op mijn ~* ik ontvang het, voor mij, hoogst haalbare salaris ★ *~bedrag, ~leeftijd, ~snelheid* **II** *bn* BN ook grootst mogelijk, hoogste, maximaal: ★ *het ~ toerental is 11.000 omwentelingen per minuut* **III** *bijw* BN, spreektaal hoogstens, maximaal: ★ *men mag ~ drie foto's insturen*

maxi·mum·fac·tuur *de (v)* [-facturen] BN financiële beschermingsmaatregel die de medische kosten van een gezin jaarlijks tot een plafondbedrag beperkt

maxi·mum·prijs *de (m)* [-prijzen] hoogste prijs die berekend mag worden

maxi·mum·snel·heid *de (v)* [-heden] grootste snelheid

die bereikt mag of kan worden

maxi·mum·ther·mo·me·ter de (m) [-s] thermometer die aanwijst wat de hoogste temperatuur is geweest in een bepaald tijdsverloop

maxi·sin·gle [-sinyəl] de (m) [-s] vroeger 45-toerenplaat met verlengde speelduur of meer nummers erop

Ma·ya·cul·tuur [maajaa-] de (v) cultuur van de oudste bevolking van Zuid-Mexico, Honduras en Guatemala

ma·yo [-joo] de (v) verkorting van → **mayonaise**

may·o·nai·se [maajoonèzə] ⟨Fr⟩ de (v) gebonden saus van eierdooier met kruiden, olie en azijn: ★ patat met ~

ma·ze·len mv zeer besmettelijke virusziekte, vooral voorkomend bij kinderen, gepaard gaande met koorts en rode huiduitslag

ma·zen ww [maasde, h. gemaasd] ❶ onzichtbaar herstellen van breiwerk ❷ met woldraad op bestaand breiwerk borduren, door de breilussen te volgen: ★ een figuur op het rugpand ~

ma·zout [-zoet] ⟨Fr⟨Russ⟩ de (m) BN ook stookolie ★ verwarming op, met ~ oliestook(inrichting)

ma·zur·ka ⟨Pools⟩ de ['s] Poolse nationale dans in driekwart of drie achtste maat; muziek daarvoor, genoemd naar de Poolse landstreek Mazowsze of Masovië

maz·zel ⟨Hebr⟩ de (m) NN geluk, buitenkans: ★ ~ hebben geluk hebben, (geldelijk) voordeel hebben ★ ~ tof veel geluk ★ de ~! afscheidsgroet: veel geluk, het ga je goed

maz·ze·len ww [mazzelde, h. gemazzeld] NN ❶ een winstje maken, goede zaken doen ❷ geluk hebben, boffen

maz·zel·kont de [-en] NN, spreektaal iem. die geluk heeft, iem. die boft

MB afk comput megabyte (1.048.576 bytes)

mb, mbar afk millibar maat voor luchtdruk

MBD afk minimal brain dysfunction [vroegere benaming voor bep. leer- en gedragsstoornissen bij kinderen, tegenwoordig aangeduid met ADHD (zie aldaar)]

mbo afk in Nederland middelbaar beroepsonderwijs

mbo'er [embeeoo-ər] de (m) [-s] NN leerling van een mbo

m.b.t. afk met betrekking tot

m.b.v. afk met behulp van

MC afk Monaco (als nationaliteitsaanduiding op auto's)

mc ❶ megacycle ⟨Eng⟩ [één megahertz] ❷ muz Master of Ceremony [emsie] ⟨Eng⟩ de (m) ['s] [rapper]

MCC afk in België Mouvement des Citoyens pour le Changement [politieke partij]

Md afk chem symbool voor het element medelenium

m.d. afk ❶ muz mano destra [met de rechterhand] ❷ met dank ❸ met deelneming

ME afk ❶ in Nederland Mobiele Eenheid (zie bij → **eenheid**) ❷ myalgische encefalomyelitis [med chronisch vermoeidheidssyndroom, combinatie van langdurige algemene klachten als moeheid, lusteloosheid, spierpijn, koorts e.d., mogelijk als gevolg van een virusinfectie]

me I pers vnw niet-onderwerpsvorm van de eerste persoon enkelvoud (zonder nadruk): ★ ze had ~ gewaarschuwd **II** wederkerend vnw eerste persoon enkelvoud: ★ ik heb ~ vergist

m.e. afk middeleeuwen

mea cul·pa bijw ⟨Lat⟩ door mijn schuld; het is mijn schuld; versterkt: ★ mea maxima culpa

me·an·der ⟨Gr⟩ de (m) [-s] ❶ kromming, kronkeling van een rivier als van de Meander (thans Büyük Menderes) in Turkije ❷ randversiering bestaande uit één ononderbroken lijn die rechthoekige figuren maakt

meao afk in Nederland, vroeger middelbaar economisch en administratief onderwijs

meao'er [mee(j)aaooər] de (m) [-s] NN leerling van een meao

me·ca·ni·cien [-sjē] ⟨Fr⟩ de (m) [-s] ❶ werktuigkundige, vooral vero vliegtuigwerktuigkundige ❷ wielersport materiaalverzorger, begeleider belast met onderhoud en reparatie van de fietsen ❸ BN ook monteur, servicemonteur, onderhoudsmonteur, elektromonteur, automonteur

mec·ca·no het ['s] naam van een in 1901 door F. Hornby uitgebracht gepatenteerd speelgoed waarmee gebouwd kan worden (voluit: mechanics made easy)

mec·ca·no·doos de [-dozen] doos met meccano-onderdelen

me·ce·naat het functie van, optreden als mecenas

me·ce·nas de (m) [-sen, -naten] beschermer van kunst en wetenschap (naar de Romein Gaius Clinius Maecenas, adviseur van keizer Augustus, 70-8 v.C.)

me·cha·ni·ca ⟨Gr⟩ de (v) leer van het evenwicht (statica) en de bewegingen (dynamica) van lichamen en krachten, theoretische werktuigkunde

me·cha·niek ⟨Fr⟨Lat⟩ de (v) & het samenstel van de delen waardoor iets in beweging wordt gebracht

me·cha·ni·sa·tie [-zaa(t)sie] de (v) het mechaniseren; het vervangen van arbeidskrachten door machines

me·cha·nisch ⟨Gr⟩ bn ❶ geschiedend met behulp van werktuigen, machinaal ❷ fig werktuiglijk, zonder nadenken (iets verrichten) ❸ betrekking hebbend op de mechanica

me·cha·ni·se·ren ww [-zeerə(n)] ⟨Fr⟩ [mechaniseerde, h. gemechaniseerd] machinaal maken, arbeidskrachten door machines vervangen

me·cha·nis·me ⟨Fr⟨Lat⟩ het [-n] ❶ wijze van samenstelling en werking van werktuigen, fig ook van organen en abstracte zaken, bijv. → **marktmechanisme** ❷ samenstel van bewegende delen waardoor iets in werking gebracht wordt

Me·che·laar de (m) [-s] iem. geboortig of afkomstig uit Mechelen

Me·chels bn van, uit, betreffende Mechelen

me·dail·le [meedajjə] *(‹Fr‹It) de* [-s] gedenkpenning, erepenning: ★ *de gouden ~* ★ *een ~ winnen;* RK *penning met een godsdienstige afbeelding* ; zie ook → **keerzij**

me·dail·le·spie·gel [-dajjə-] *de (m)* [-s] overzicht van het aantal medailles dat de diverse deelnemende landen hebben gewonnen op een grote sportmanifestatie, zoals de Olympische Spelen

me·dail·lon [meedajjon] *(‹Fr) het* [-s] ❶ rond of eirond, uit opengaande helften bestaand hangertje, dat aan een ketting om de hals gedragen wordt en waarin iets (foto, haarplukje e.d.) bewaard kan worden ❷ bouwk rond of ovaal, door versieringen omgeven middenstuk, bijv. op een gevel

med·al·test [meddəl-] *(‹Eng) de (m)* [-s] dansexamen waarbij men een medaille kan behalen

med.cand. *afk* vroeger *medicinae candidatus* [kandidaat in de medicijnen]

me·de¹ I *bijw* ook: ★ *factoren die ~ van invloed zijn op het resultaat* II *als eerste lid in samenstellingen* tot dezelfde groep behorend, samen met een ander of anderen: ★ *medeauteur, mededader, medeleerlingen enz.;* zie verder → **mee¹**

me·de² *de* zie → **mee²**

me·de³ *het* zie → **mee³**

me·de·aan·spra·ke·lijk *bn* naast anderen ook aansprakelijk; **medeaansprakelijkheid** *de (v)*

me·de·be·slis·sings·recht *het* het recht van belanghebbenden deel te nemen aan de besluitvorming

me·de·broe·der *de (m)* [-s] ❶ lid van dezelfde geestelijke orde; geloofsgenoot; ❷ ‹min of meer ironisch› medemens

me·de·bur·ger *de (m)* [-s] burger van dezelfde stad

me·de·da·der *de (m)* [-s] iem. die samen met een ander of anderen een misdaad begaat

me·de·deel·zaam *bn* ❶ geneigd iets te vertellen ❷ geneigd tot geven; **mededeelzaamheid** *de (v)*

me·de·de·len *ww* [deelde mede, h. medegedeeld], **mee·de·len** [deelde mee, h. meegedeeld] ❶ vertellen, bekendmaken: ★ *iets aan anderen ~* ❷ een aandeel geven of krijgen: ★ *mogen ~ in iets*

me·de·de·ling *de (v)* [-en] bekendmaking, bericht: ★ *een ~ doen*

me·de·din·gen *ww* [dong mede, h. medegedongen], **mee·din·gen** [dong mee, h. meegedongen] wedijveren

me·de·din·ger *de (m)* [-s] concurrent

me·de·din·ging *de (v)* het mededingen ★ *buiten ~ meedoen* zonder mee te dingen naar de te behalen prijzen

me·de·din·gings·au·to·ri·teit [-autoo-, -ootoo] *de (v)* zie: → **NMa**

me·de·din·gings·recht *het* alle rechtsregels aangaande concurrentie in het bedrijfsleven

me·de·do·gen *het* medelijden

me·de·ei·ge·naar *de (m)* [-s, -naren] iem. die iets met een ander in eigendom heeft

me·de·erf·ge·naam *de (m)* [-namen] iem. die met een ander iets erft

me·de·ge·voel *het* medelijden; het → **medeleven²**

me·de·in·ge·ze·te·ne *de* [-n] inwoner van hetzelfde land, dezelfde plaats

me·de·klin·ker *de (m)* [-s] alle spraakklanken buiten de klinkers en tweeklanken

me·de·leer·ling *de (m)* [-en] leerling in dezelfde klas, op dezelfde school

me·de·le·ven¹ *ww* [leefde mede, h. medegeleefd], **mee·le·ven** [leefde mee, h. meegeleefd] zich inleven in de toestand of de gevoelens van een ander

me·de·le·ven², **mee·le·ven** *het* medelijden; het zich inleven in de gevoelens van een ander: ★ *zijn ~ betuigen met de nabestaanden*

me·de·lid *het* [-leden] lid van eenzelfde vereniging, kerkgenootschap e.d.

me·de·lij·den, **mee·lij** *het* droefheid over het lot van een ander: ★ *~ met iem. hebben*

me·de·lij·dend *bn* het leed van anderen meevoelend

me·de·mens *de (m)* [-en] ieder ander mens, naaste: ★ *respect hebben voor de ~*

me·de·men·se·lijk·heid *de (v)* gevoel voor de medemens, naastenliefde

me·de·min·naar *de (m)* [-s] iem. die met een ander op dezelfde persoon verliefd is

Me·den (‹Lat‹Gr) *mv* hist volksstam nabij Perzië ★ *een wet van ~ en Perzen* a) onherroepelijke wet *(Esther* 1: 19); b) vaste regel

me·den *ww verl tijd meerv* van → **mijden**

me·de·ne·men *ww* [nam mede, h. medegenomen] → **meenemen**

me·de·on·der·te·ke·naar *de (m)* [-s] iem. die medeondertekent

me·de·on·der·te·ke·nen *ww* [ondertekende mede, h. medeondertekend], **mee·on·der·te·ke·nen** [ondertekende mee, h. meeondertekend] met een ander of anderen een handtekening zetten onder

me·de·ple·ger *de (m)* [-s] mededader

me·de·plich·tig *bn* medeschuldig

me·de·plich·ti·ge *de* [-n] iem. die ook schuldig is

me·de·schep·sel *het* [-en, -s] elk ander levend wezen

me·de·scho·lier *de (m)* [-en] scholier die op dezelfde school is

me·de·schul·dig *bn* ook schuldig, samen met mededader(s) schuldig

me·de·stan·der *de (m)* [-s] iem. die dezelfde overtuiging heeft, die hetzelfde doel nastreeft

me·de·strij·der *de (m)* [-s] iem. die voor hetzelfde vecht

me·de·wer·ker *de (m)* [-s] ❶ helper, iem. die iets mee uitvoert ❷ iem. die bijdragen levert aan een krant, een tijdschrift enz.; *in personeelsadvertenties* algemene benaming voor iemand die een functie heeft in een onderneming: ★ *een kantoor met 50 medewerkers*

me·de·wer·king *de (v)* het meewerken, hulp: ★ *wij rekenen op uw ~* ★ *met ~ van*

me·de·we·ten *het* ★ *buiten mijn* ~ zonder dat ik ervan wist ★ *met ~ van* terwijl de persoon in kwestie er van af weet

me·de·zeg·gen·schap, **me·de·zeg·gen·schap** *de (v) & het* recht om deel te nemen aan de besluitvorming

me·de·zeg·gen·schaps·raad *de (m)* [-raden] in Nederland adviserend orgaan, vooral op basisscholen, waarin betrokkenen zijn vertegenwoordigd

me·dia *de* meervoud van *medium*, publiciteitsorganen: kranten, radio, tv enz.: ★ *de ~ besteedden veel aandacht aan het voorval* ★ *nieuwe ~* waarbij de informatievoorziening langs digitale weg plaatsvindt: ★ *internet behoort tot de nieuwe ~*

me·di·aan *(‹Fr)* I *de* ❶ wisk zwaartelijn ❷ statistiek lijn die een frequentieverdeling verticaal scheidt ❸ lettersoort van elf punten II *het* papierformaat: ★ *klein ~* 40 x 53 cm ★ *groot ~* 43,5 x 56,5 cm ★ *dubbel groot ~* 60,5 x 92 cm

me·di·a·be·stel *het* geheel van regelingen m.b.t. de massacommunicatiemiddelen, vooral m.b.t. de verdeling van de zendtijd tussen de verschillende zendgemachtigden

me·di·a·cir·cus *het* (geregisseerde) ophef in de media rond een persoon of gebeurtenis

me·di·a·ge·niek *bn* goed overkomend op de televisie of in andere media: ★ *de reclame dankte zijn succes aan het mediagenieke baby'tje*

me·di·a·miek *bn* betrekking hebbend op, geschiedend door een → **medium¹** I bet 3, de eigenschappen van een medium bezittend

me·di·a·plan *het* [-nen] deel van het reclameplan dat gaat over het gebruik van de media voor reclame

me·di·a·the·ca·ris *de (m)* [-sen] beheerder van een mediatheek

me·di·a·theek *de (v)* [-theken] bibliotheek of leeszaal of afdeling daarvan voor dag- en weekbladen, tijdschriften, brochures e.d.

me·di·a·tion [meedie(j)eesjən] *(‹Eng) de* bemiddeling in conflicten (als alternatief voor een gerechtelijke procedure)

me·di·a·tor *(‹Lat) de (m)* [-toren, -tors] bemiddelaar in conflicten

me·di·a·trai·ning [-tree-] *de (v)* training in het zich presenteren in de pers, op de tv en / of radio

me·di·ca *(‹Lat) de (v)* ['s] vrouwelijke arts of student in de medicijnen

me·di·ca·li·se·ring [-zee-] *de (v)* het proces waarbij steeds meer verschijnselen in het menselijk bestaan onder de oordeelsbevoegdheid van leden van de medische stand worden gebracht

me·di·ca·ment *(‹Fr‹Lat) het* [-en] geneesmiddel

me·di·ca·tie [-(t)sie] *(‹Fr‹Lat) de (v)* [-s] behandeling met of het voorschrijven van geneesmiddelen

me·di·cijn *(‹Fr‹Lat) de* [-en] ❶ geneesmiddel ❷ medicijnen de studie geneeskunde: ★ *zij studeert medicijnen*

me·di·cijn·kast·je *het* [-s] kastje waarin geneesmiddelen, verband e.d. thuis bewaard worden, huisapotheek

me·di·cijn·man *de (m)* [-nen] persoon die met magische praktijken of met kruiden zieken geneest bij primitieve volkeren

me·di·cijn·ver·sla·ving *de (v)* verslaving aan medicijnen, zoals slaapmiddelen of rustgevende middelen

me·di·ci·naal *(‹Fr‹Lat) bn* ❶ geneeskrachtig: ★ *medicinale werking* ❷ in de geneeskunde gebruikelijk: ★ *medicinale toepassing*

me·di·cus *(‹Lat) de (m)* [-ci] ❶ praktisch beoefenaar van de geneeskunde, dokter ❷ student in de geneeskunde

Me·di·ër *(‹Lat‹Gr) de (m)* [-s] hist inwoner van Medië, streek in het Noordwesten van Perzië *vgl*: → **Meden**

me·di·ë·ren *onoverg* [medieerde, h. gemedieerd] bemiddelen

me·di·ë·vist *(‹Fr) de (m)* [-en] beoefenaar van de mediëvistiek

me·di·ë·vis·tiek *de (v)* studie van de geschiedenis en de cultuur van de middeleeuwen

me·di·na *(‹Arab) de (m)* ['s] stad, vooral versterkte marktstad, thans vaak kasba genoemd

me·dio *(‹Lat) bijw* in het midden ★ *~ juni* half juni

me·di·o·cre *(‹Fr‹Lat) bn* middelmatig, maar zozo

me·di·o·cri·teit *(‹Fr‹Lat) de (v)* [-en] ❶ middelmatigheid ❷ persoon van geen bijzondere begaafdheid of bekwaamheid, van gering belang

me·di·or *(‹Lat) de (m)* [-s, -oren] NN ❶ functie, beroepsniveau, tussen junior- en seniorfunctie ❷ iem. die zo'n functie bekleedt, die zich op zo'n beroepsniveau bevindt

me·disch *(‹Lat) bn* behorende tot, in verband staande met de geneeskunde ★ *op ~ advies* op aanraden van een dokter

Me·disch *(‹Lat) bn* hist van, betreffende de Meden of Medië

me·di·ta·tie [-(t)sie] *(‹Fr‹Lat) de (v)* [-s, -tiën] het mediteren; godsdienstige overdenking of bespiegeling

me·di·ta·tief *(‹Fr‹Lat) bn* betreffende het mediteren; nadenkend, peinzend, bespiegelend

me·di·te·ren *ww (‹Fr‹Lat)* [mediteerde, h. gemediteerd] ❶ zich in gedachten verdiepen, peinzen ❷ RK zich overgeven aan stille gebeden of vrome bespiegelingen, vooral van het lijden van Jezus (vooral in de vastentijd) ❸ thans vaker (onder invloed van Oosterse religies) een bepaalde geestelijke activiteit beoefenen ter ontspanning of ter bereiking van eenwording met God of een godheid e.d.

me·di·ter·raan *(‹Lat) bn* behorend tot of kenmerkend voor het Middellandse Zeegebied: ★ *de mediterrane flora* ★ *de mediterrane keuken*

me·di·um¹ *(‹Lat) het* [-dia, -s] ❶ middel tot overbrenging van informatie, zoals krant, tv, radio, internet enz.; (zie ook → **media**) ❷ middel voor opslag van informatie, zoals magneetband, cd en dvd: ★ *opslag~* ❸ persoon die in staat is tot gewaarwordingen van parapsychologische aard

me·di·um² [mie-] *(‹Eng‹Lat) bn* ❶ ‹van kleding› middenmaat, tussen klein en groot in ❷ ‹van biefstuk e.d.› niet erg kort en niet erg lang gebakken

med·ley [-lie] *(‹Eng) de (v)* [-s] muz potpourri

mé·doc *(‹Fr) de (m)* rode en witte wijn uit Médoc, een gebied ten noordwesten van Bordeaux, op de linkeroever van de Gironde

med.stud. *afk* medicinae studiosus *(‹Lat)* [student in de geneeskunde]

me·du·sa [-zaa] *de* ['s, -dusen] biol kwal

me·du·sa·hoofd [-zaa-] *het* [-en] zeer afzichtelijk hoofd, als van *Medusa*, een van de drie Gorgonen

mee¹, **me·de** *bijw* ❶ als eerste lid in samenstellingen om aan te geven dat men samen met anderen deelneemt aan een bep. activiteit: *meedoen, meegaan, meespelen, meezingen* ❷ om aan te geven dat men iets op een bep. wijze met zich voert: *meenemen, meepikken, meesmokkelen* ❸ gunstig, niet tegen ★ *de wind ~ hebben* de wind in de rug hebben ★ *zijn uiterlijk ~ hebben* een leuk, aantrekkelijk uiterlijk hebben

mee², **me·de** *de* drank van gegiste honing

mee³, **me·de** *de* meekrap

mee·bla·zen *ww* [blies mee, h. meegeblazen] ★ *zijn partij ~* goed meedoen, niet op de achtergrond blijven

mee·bren·gen *ww* [bracht mee, h. meegebracht] ❶ met zich brengen ❷ fig als gevolg hebben: ★ *de overstromingen brachten veel ellende met zich mee*

meed *ww verl tijd van* → **mijden**

mee·de·len *ww* [deelde mee, h. meegedeeld] → **mededelen**

mee·den·ken *ww* [dacht mee, h. meegedacht] helpen met het oplossen van een probleem

mee·din·gen *ww* [dong mee, h. meegedongen] → **mededingen**

mee·doen *ww* [deed mee, h. meegedaan] deelnemen aan: ★ *mag ik met jullie ~?* ★ *~ aan een wedstrijd*

mee·do·gen·loos *bn* zonder medelijden, genadeloos, hardvochtig; **meedogenloosheid** *de (v)*

mee·draai·en *ww* [draaide mee, h. meegedraaid] met iem. of iets (in dezelfde richting) draaien; fig met anderen meedoen in vaste verplichtingen

mee·drij·ven *ww* [dreef mee, is meegedreven] met iem. of iets (in dezelfde richting) drijven; zie ook bij → **stroom**

mee·eter *de (m)* [-s] ❶ iem. die mee-eet ❷ verstopte huidporie met soms een zwart pigmentkopje, ontstaan door teveel talgafscheiding

mee·gaan *ww* [ging mee, is meegegaan] ❶ met anderen gaan ★ *~ met* fig instemmen met: ★ *op dat punt kan ik een heel eind met je ~* ❷ bruikbaar blijven: ★ *die jas kan nog lang ~*

mee·gaand, **mee·gaand** *bn* toegevend, inschikkelijk,

geneigd tot gehoorzamen; **meegaandheid** *de (v)*

mee·ge·ven *ww* [gaf mee, h. meegegeven] ❶ geven om mee te nemen: ★ *iem. een koffer ~* ★ *iem. een goede vooropleiding ~* ❷ doorbuigen, wijken, enigszins veerkrachtig zijn: ★ *houten vloeren in sporthallen geven in de regel wat mee*

mee·heb·ben *ww* [had mee, h. meegehad] BN, spreektaal bij zich hebben; meebrengen: ★ *van alles ~*

mee·hel·pen *ww* [hielp mee, h. meegeholpen] anderen helpen iets te doen

mee·hob·be·len *ww* [hobbelde mee, h. & is meegehobbeld] volgzaam of voor spek en bonen meedoen, zonder op de voorgrond te treden: ★ *Nederland hobbelde maar wat mee in deze atletiekwedstrijden*

mee·ko·men *ww* [kwam mee, is meegekomen] met iem. of iets meegaan ★ NN, fig *niet kunnen ~* iets niet kunnen bijbenen, achterblijven, vooral op school

mee·krap *de* plant waarvan de wortelstok rode verfstof levert *(Rubia tinctorum)*

meel *het* door malen van graan ontstaan poeder: ★ *tarwe~; andere poedervormige stoffen:* ★ *beender~*

meel·ach·tig *bn* als meel, op meel lijkend

meel·dauw *de (m)* plantenziekte waardoor de plant met een wit laagje overdekt wordt ★ *valse ~* een op meeldauw lijkende ziekte, vnl. veroorzaakt door schimmels (van het geslacht *Peronospora*)

meel·draad *de (m)* [-draden] stuifmeel vormend orgaan in een bloem

mee·le·ven¹ *ww* [leefde mee, h. meegeleefd] → **medeleven**¹

mee·le·ven² *het* → **medeleven**²

mee·lif·ten *ww* [liftte mee, is & h. meegelift] ★ *meeliften op* profiteren van: ★ *de actrice liftte mee op het succes van haar beroemde moeder*

mee·lij *het* → **medelijden**

mee·lij·wek·kend *bn* diep medelijden opwekkend, zeer beklagenswaardig

meel·kost *de (m)* spijzen, bereid uit meel

mee·lo·pen *ww* [liep mee, is & h. meegelopen] ❶ samen met anderen lopen; ❷ kritiekloos doen wat anderen ook doen: ★ *je moet niet ~, maar zelf nadenken* ❸ aan een hardloopwedstrijd meedoen: ★ *met de marathon ~* ❹ NN vaak onpersoonlijk een voorspoedig verloop hebben ★ *het is hem meegelopen* hij heeft geluk gehad

mee·lo·per *de (m)* [-s] iem. die maar doet wat anderen doen, vooral die een (politieke) richting volgt meer uit opportunisme dan uit overtuiging

meel·spijs *de* [-spijzen] met meel bereid voedingsmiddel

meel·tor *de* [-ren] kever, waarvan de larven in meel leven

meel·worm *de (m)* [-en] larve van de meeltor

meel·zak *de (m)* [-ken] zak waarin men meel bewaart

mee·ma·ken *ww* [maakte mee, h. meegemaakt]

beleven: ★ *wij hebben heel wat meegemaakt tijdens de vakantie* ★ *dat zal ik zelf niet meer ~* dat zal pas na mijn dood gebeuren ★ *ik heb haar nog meegemaakt op de universiteit* toen kende ik haar al

mee·neem·chi·nees [-sjie-] *de (m)* [-nezen] BN Chinees restaurant waar men de bereide maaltijd niet ter plekke nuttigt, maar mee naar huis neemt

mee·ne·men *ww* [nam mee, h. meegenomen] ❶ met zich nemen: ★ *een cadeautje ~* ❷ voordeel hebben van ★ *dat is (mooi) meegenomen* dat is een aardig voordeeltje ❸ tussendoor uitvoeren, tijdens een bezigheid een andere taak verrichten die weinig extra moeite kost: ★ *tijdens die reis hebben we een bezoekje aan dat museum meegenomen*

meent *de* [-en] NN gemeenteweide, gemeenschappelijke grond

mee·on·der·te·ke·nen *ww* [ondertekende mee, h. meeondertekend] → **medeondertekenen**

mee·pik·ken *ww* [pikte mee, h. meegepikt] gauw meenemen; zie ook bij → **graan**

mee·pra·ten *ww* [praatte mee, h. meegepraat] aan een gesprek deelnemen ★ *over iets kunnen ~* er verstand van hebben ★ *over iets mogen ~* a) blijk gegeven hebben van deskundigheid; b) een stem hebben in een beslissing ★ *over / van iets kunnen ~* er zelf ervaring mee hebben, het zelf ondervonden hebben

ME'er *de (m)* [-s] NN lid van de Mobiele Eenheid

meer[1] *het* [meren] grote waterplas II *de* drooggemaakte plas: ★ *Watergraafs~*

meer[2] *onbep telw & bijw* ❶ (vergrotende trap van → **veel**[1]) ❷ in grotere hoeveelheid, in hogere mate ❸ verder, nog een keer: ★ *iets niet ~ doen* ★ *zij is niet meer* zij is overleden

meer·aal *de (m)* [-alen] zeepaling

meer·boei *de* [-en] boei om schepen aan te meren

meer·daags, **meer-daags** *bn* met een duur van meer dan één dag: ★ *een meerdaagse cursus*

meer·der *bn* meer dan één: ★ *meerdere mensen werden ziek*

meer·de·re *de* [-n] persoon die hiërarchisch boven iem. staat ★ *in iem. zijn ~ erkennen* aanvaarden dat iem. beter is in iets

meer·de·ren *ww* [meerderde, h. gemeerderd] ❶ ⟨breien en haken⟩ het aantal steken vermeerderen ❷ ★ *zeil ~* meer zeilen bijzetten

meer·der·heid *de (v)* [-heden] groter aantal, grootste deel: ★ *de ~ van de klas was tegen het voorstel* ★ *in de ~ zijn* ★ *iets bij ~ van stemmen goedkeuren* ★ *de zwijgende ~* zie bij → **zwijgend**

meer·der·heids·be·lang *het* econ deelneming in het kapitaal van een bedrijf van meer dan 50%

meer·der·ja·rig *bn* boven een bepaalde leeftijd en daarmee wettelijk handelingsbekwaam, in Nederland en België vanaf 18 jaar

meer·der·ja·rig·heid *de (v)* het meerderjarig-zijn

meer·der·ja·rig·heids·ver·kla·ring *de (v)* [-en] het meerderjarig-verklaren

meer·di·men·sio·naal *afk* [-sjoo-] met meer dan drie dimensies

mee·re·ke·nen *ww* [rekende mee, h. meegerekend] meetellen, erbij tellen: ★ *heb je bij de tafelreservering je schoonfamilie wel meegerekend?*

meer·ge·vor·derd *bn* meer wetend; verder gekomen; ouder

mee·rij·den *ww* [reed mee, is meegereden] ❶ samen met iem. in diens auto naar een bep. bestemming rijden ❷ iem. op de fiets naar een bep. plaats begeleiden

meer·ja·ren·plan *het* [-nen] (economisch) plan dat een aantal jaren (vaak vijf of zeven) bestrijkt

meer·kamp *de (m)* [-en] wedstrijd die uit verschillende onderdelen bestaat

meer·kat *de* [-ten] middelgrote aap met lange staart uit de savannen en de wouden ten zuiden van de Sahara

meer·ket·ting *de* [-en] ketting waarmee een schip wordt vastgemeerd

meer·keu·ze·toets *de (m)* [-en] → **toets** (bet 1) bestaande uit meerkeuzevragen

meer·keu·ze·vraag *de* [-vragen] vraag met enkele antwoorden erbij, waaruit de leerling of examinandus het juiste antwoord moet kiezen

meer·koet *de (m)* [-en] zwarte watervogel met witte plek op de kop (*Fulica atra*)

meer·kos·ten [mv] extra kosten: ★ *de ~ voor verpakking en vervoer bedragen 500 euro*

meer·let·ter·gre·pig, **meer·let·ter·gre·pig** *bn* van meer dan twee lettergrepen

meer·ling *de (m)* [-en] twee of meer even oude broers en / of zusters, tweeling, drieling enz.

meer·ma·len, **meer·maals** *bijw* herhaaldelijk, meer dan eens

meer·min, **meer-min** *de (v)* [-nen] mythologisch wezen, half vrouw, half vis

mee·ro·ken *ww* [rookte mee, h. meegerookt] ongewild de tabaksrook van anderen inademen

meer·paal *de (m)* [-palen] paal om een schip aan vast te leggen

meer·par·tij·en·stel·sel *het* politiek stelsel waarbij er twee of meer partijen in het parlement vertegenwoordigd zijn

meer·pol·der *de (m)* [-s] polder ontstaan door drooglegging van een meer

meer·prijs *de (m)* [-prijzen] handel extra bedrag dat bovenop de basisprijs komt: ★ *tegen ~ is deze auto leverbaar met lichtmetalen velgen en een open dak*

meer·ring *de (m)* [-en] aan de wal vastgehaakte ring, waardoor het meertouw wordt gehaald

meer·schuim *het* geelachtig witte delfstof, gebruikt voor pijpenkoppen

meer·schui·men *bn* van meerschuim

meer·slach·tig *bn* grammatica meer dan één geslacht hebbend, bijv. als stofnaam en voorwerpsnaam

meer·slag *de (m)* [-slagen] dammen het slaan van meer dan één stuk in één slag

meer·spo·ren·be·leid *het* beleid waarin men poogt een probleem op meerdere wijzen tegelijk op te lossen

meer·stem·mig *bn* voor, met meer dan één zangstem

meer·touw *het* [-en], **meer·tros** *de (m)* [-sen] touw om een schip mee vast te meren

meer·val *de (m)* [-len] in rivieren levende roofvis

meer·voud *het* [-en] taalk woordvorm die meer dan één aanduidt: ★ *het ~ van ei is eieren*

meer·vou·dig, **meer·vou·dig** *bn* tot het meervoud behorend, in het meervoud staande ★ *~ onverzadigde vetzuren* vetzuren met meer dan één dubbele koolstof-koolstofbinding in de molecule, van belang in de voeding omdat zij het cholesterolgehalte van het bloed verlagen ★ *recht meervoudige kamer* uit meer dan één lid bestaand rechterlijk college

meer·vouds·uit·gang *de (m)* [-en] taalk woorduitgang die het meervoud aanduidt

meer·vouds·vorm *de (m)* [-en] taalk woordvorm van het meervoud

meer·vouds·vor·ming *de (v)* [-en] taalk wijze waarop het meervoud gevormd wordt

meer·waarde *de (v)* ❶ econ overwaarde ❷ ‹in de marxistische theorie› het verschil tussen de waarde van een product beschouwd als een hoeveelheid in dat product geïnvesteerde arbeid en het loon dat de arbeider voor de vervaardiging van dat product ontvangt ❸ extra waarde, extra kwaliteit: ★ *de fraaie illustraties geven dit boek een duidelijke ~*

meer·werk *de (m)* [-prijzen] handel extra werk dat niet voorzien is in de oorspronkelijke plannen: ★ *het aanbrengen van een extra wandcontactdoos geldt als ~*

mees *de* [mezen] kleine zangvogel met een divers gekleurd verenkleed (*Parus*)

mee·sle·pen *ww* [sleepte mee, h. meegesleept] met zich slepen: ★ *een zware tas ~* ★ *iem. in zijn val ~* fig met de eigen ondergang ook de ondergang van een ander bewerkstelligen ★ *zich door iets laten ~* aan iets meedoen of zich aan iets overgeven, niet omdat men daar duidelijk voor heeft gekozen, maar veeleer in navolging van anderen ★ *de zanger sleepte de zaal mee* maakte zijn publiek enthousiast

mee·sle·pend *bn* zeer boeiend; eenzelfde stemming of gevoel opwekkend

mee·sleu·ren *ww* [sleurde mee, h. meegesleurd] ruw meeslepen: ★ *bij het ongeluk werd de auto 200 meter door de trein meegesleurd*

mees·mui·len *ww* [meesmuilde, h. gemeesmuild] spottend, ongelovig glimlachen

mee·spe·len *ww* [speelde mee, h. meegespeeld] ❶ met anderen spelen ❷ fig ook van invloed zijn, ook een factor vormen: ★ *in de politiek speelt eigenbelang mee*

meest *onbep telw & bijw* ❶ overtreffende trap van veel: ★ *de meeste tijd* ★ *de meeste mensen stemden voor* ❷ voor een bijvoeglijk naamwoord ★ *de ~ gelezen krant* ★ *het ~ het vaakst*

meest·al *bijw* gewoonlijk, heel vaak

mee·stam·per *de (m)* [-s] populair lied waarop men graag met het ritme meestampt of -klapt

meest·be·gun·stigd *bn* de gunstigste voorwaarden verkrijgend

meest·be·gun·sti·gings·clau·su·le [-zuulə] *de* [-s] bepaling waarbij een land, wat in- en uitvoer betreft, boven een ander land bevoorrecht wordt

meest·bie·den·de, **meest·bie·den·de** *de* [-n] iem. die het meeste biedt: ★ *iets verkopen aan de ~*

mees·ten·tijds, **meest·tijds** *bijw* meestal

mees·ter ‹*Lat*› *de (m)* [-s] ❶ meerdere; baas ★ *zich ~ maken van iets* het in zijn macht krijgen, veroveren ★ *~ zijn van zichzelf* zich beheersen ★ *een taal, vak enz. ~ zijn* beheersen, goed kennen ★ *hij is een ~ in het verzinnen van uitvluchten* hij is daar erg bedreven in ★ *ergens heer en ~ zijn* zie bij → **heer¹** ★ *het oog van de ~ maakt het paard vet* als er toezicht gehouden wordt, verloopt de arbeid beter ❷ leermeester, onderwijzer ❸ titel van iem. die het doctoraal examen in de rechten heeft afgelegd ❹ hist titel van grote vakbekwaamheid in een gilde ❺ groot kunstenaar, groot kenner ★ *werken van grote meesters* ★ *een oude ~* groot schilder behorende tot een oude schilderschool; een werk van zo'n schilder: ★ *in dit museum hangen veel oude meesters* ❻ als eerste lid in samenstellingen zeer bekwaam: ★ *~gitarist*, *~oplichter* ❼ titel bij dammen of schaken, lager dan grootmeester

mees·ter·ach·tig *bn* bazig, bedillend, vitterig

mees·te·ren *ww* [meesterde, h. gemeesterd] ❶ meesterachtig optreden: ★ *over iem. ~* ❷ dokteren

mees·te·res *de (v)* [-sen] ❶ vrouw die gebiedt of heerst ❷ vrouw die zeer kundig of bedreven is

mees·ter·gast *de (m)* [-en] BN werknemer die leiding geeft aan of toezicht houdt op (een groep) andere werknemers, ploegbaas; voorman

mees·ter·hand *de* fig de hand van een groot kunstenaar of kenner: ★ *hierin herkent men een ~*

mees·ter·knecht *de (m)* [-en, -s] eerste knecht, knecht die leiding geeft aan de andere knechten

mees·ter·lijk *bn* voortreffelijk

mees·ter·schap *het* het goed kennen of kunnen van iets

mees·ters·ti·tel *de (m)* de titel van → **meester** (bet 3) in de rechten: ★ *de ~ halen*

mees·ter·stuk *het* [-ken] vroeger werkstuk waardoor men → **meester** (bet 4) werd; thans algemeen iets voortreffelijks

mees·ter·ti·tel *de (m)* de titel van → **meester** (bet 7)

mees·ter·werk *het* [-en] werk van een → **meester** (bet 5); algemeen voortreffelijk werk

meest·tijds *bijw* → **meestentijds**

meet ‹*Lat*› *de* ❶ beginstreep, begin: ★ *van ~ af aan* ❷ eindstreep, finish: ★ *hij kwam als eerste over de ~*

meet and greet [miet end γriet] ‹*Eng*› *de* [-s] georganiseerde kortstondige ontmoeting met een beroemdheid

meet·ap·pa·ra·tuur *de (v)* apparatuur waarmee metingen worden uitgevoerd

meet·baar *bn* te meten; wisk te schrijven als quotiënt van twee hele getallen; **meetbaarheid** *de (v)*

meet·band *de (m)* [-en] meetlint van metaal e.d.

meet·brief *de (m)* [-brieven] certificaat betreffende het laadvermogen en de tonneninhoud van een schip

mee·tel·len *ww* [telde mee, h. meegeteld] bij het tellen meerekenen: ★ *onkosten in de berekening ~* ★ *deze overwinning telt mee voor het klassement* ★ *niet ~ van weinig belang zijn, geen gezag of aanzien hebben*

meet·ing [mieting] *(‹Eng›) de* [-s] vergadering, bijeenkomst

meet·ket·ting *de* [-en] ketting van vaste lengte, gebruikt door landmeters

meet·kun·de *de (v)* leer van de eigenschappen van lijnen, vlakken en lichamen als onderdeel van de wiskunde

meet·kun·dig, **meet·kun·dig** *bn* van, betreffende de meetkunde ★ *meetkundige reeks* zie bij → **reeks**

meet·kun·di·ge *de (m)* [-n] beoefenaar van de meetkunde

meet·lat *de* [-ten] lat met een indeling in centi- en decimeters om iets op te meten: ★ *iem., iets langs de ~ leggen* fig beoordelen

meet·lint *het* [-en] snoer om te meten

meet·net *het* [-ten] netwerk van meetstations

mee·tro·nen *ww* [troonde mee, h. meegetroond] met fraaie praatjes meelokken: ★ *iem. ~ naar een tentoonstelling*

meet·snoer *het* [-en] meetlint

meet·sta·tion [-(t)sjon] *het* [-s] plaats waar metingen verricht worden

meeuw *de* [-en] zeevogel behorend tot de familie Laridae, algemeen voorkomend aan stranden en in havens

meeu·wen·ei *het* [-eieren] ei van een meeuw

meeu·wen·nest *het* [-en] nest van een meeuw

mee·val *de (m)* BN geluk, voorspoed ★ *met een tikje ~ met een beetje geluk*

mee·val·len *ww* [viel mee, is meegevallen] ❶ zich beter ontwikkelen, beter aflopen, zich beter betonen dan verwacht was: ★ *de gevolgen van de aardbeving vielen mee* ❷ BN (iem.) bevallen, (iem.) gunstig zijn: ★ *het weer op vakantie is goed meegevallen*

mee·val·ler *de (m)* [-s] onverwacht voordeeltje: ★ *belasting~*

mee·va·ren *ww* [voer mee, is meegevaren] met iem. of iets varen; zie ook bij → **schuitje**

mee·voe·len *ww* [voelde mee, h. meegevoeld] gevoelens delen met iem.: ★ *ik kon met haar ~*

mee·waai·en *ww* [waaide, woei mee, is meegewaaid] door de wind meegevoerd worden ★ *fig met alle winden ~ geen eigen vast standpunt hebben, zich te gemakkelijk bij de mening van anderen aansluiten*

mee·wa·rig *bn* medelijdend; **meewarigheid** *de (v)*

mee·wer·ken *ww* [werkte mee, h. meegewerkt] helpen iets tot stand te brengen: ★ *~ aan een radioprogramma*

mee·wer·kend *bn* ★ taalk *~ voorwerp* zinsdeel waarvoor 'voor' of 'aan' gezet of weggelaten kan worden, indirect object ★ *in de zin 'ik heb (aan) Sander kopieën gegeven' is Sander het ~ voorwerp*

mee·wil·len *ww* [wilde mee, h. meegewild] mee willen gaan ★ *zijn benen willen niet meer mee* functioneren niet meer goed (door ouderdom of vermoeidheid)

mee·wind *de (m)* wind in de rug

mee·zin·ger *de (m)* [-s] liedje dat men graag en gemakkelijk meezingt

mee·zit·ten *ww* [zat mee, h. meegezeten] gunstig meewerken ★ *het zit me (niet) mee* de omstandigheden zijn me (niet) gunstig

me·fis·to *de (m)* ['s] een duivels mens, geraffineerde verleider, naar Mefistofeles, de naam van de duivel in het Faustverhaal

me·fis·to·fe·lisch *bn* als van Mefistofeles, de naam van de duivel in het Faustverhaal

me·ga- *(‹Gr›) als eerste lid in samenstellingen* ❶ groot ❷ een miljoenvoud van de genoemde eenheid, bijv. *megavolt* één miljoen volt

me·ga·byte [-bait] *de (m)* [-s] comput 1.048.576 bytes, eenheid waarin de geheugencapaciteit wordt uitgedrukt

me·ga·cycle [-saikəl] *(‹Eng›) de (m)* megahertz

me·ga·foon *(‹Gr›) de (m)* [-s, -fonen] geluidversterker voor de menselijke stem, grote scheepsroeper

me·ga·hertz *de (m)* [mv idem] één miljoen hertz

me·ga·liet *(‹Gr›) de (m)* [-en] zeer grote steen, in de prehistorie gebruikt als grafmonument, voor de bouw van tempels e.d.

me·ga·lo·maan *(‹Gr›) de (m)* [-manen] iem. die aan grootheidswaanzin lijdt

me·ga·lo·ma·nie *(‹Gr›) de (v)* grootheidswaanzin

me·ga·ster *de* [-ren] zeer grote (film-, pop)ster: ★ *Madonna ontwikkelde zich tot een ~*

me·ga·ton *de* een miljoen ton

me·ga·watt [-wot] *de (m)* [-s] één miljoen watt

me·ge·ra *de (v)* ['s] feeks, boosaardig wijf, naar Megera, één van de drie Furiën in de Griekse mythologie

meg·ohm *het & de (m)* [-s] nat een miljoen ohm

mei *(‹Lat›) de (m)* vijfde maand van het jaar, bloeimaand: ★ *in ~ leggen alle vogeltjes een ei*

mei·boom *de (m)* [-bomen] ❶ versierde boom of paal, waaromheen gedanst wordt ❷ groene tak of boom die op een nieuw huis geplaatst wordt wanneer het dak er net op zit

mei·bo·ter *de* vroegste grasboter

meid *de (v)* [-en] ❶ meisje, jonge vrouw: ★ *een lekkere ~, een fijne ~, mooie meiden* ❷ ook negatief gebruikt: ★ *straat~, die ~ van hiernaast* ❸ BN ook (NN, vero) dienstmeisje

mei·den·gek *de (m)* [-ken] jongen, man die zeer graag

met meisjes omgaan
mei·den·groep *de* [-en] volledig uit vrouwen of meisjes bestaande popgroep
mei·den·huis *het* [-huizen] NN huis waarin weggelopen meisjes in de tienerleeftijd worden opgevangen
mei·doorn, **mei·do·ren** *de (m)* [-s] haagdoorn met rode of witte zoet ruikende bloemen (*Crataegus*)
mei·er *(‹Lat) de (m)* [-s] ❶ NN huurder, pachter ★ *beklemde ~* (in de provincie Groningen en directe omgeving) iem. die een stuk land beheert in niet afkoopbare, erfelijke, eeuwigdurende pacht tegen een onveranderlijke, geringe vergoeding ❷ NN zetboer; opzichter, rentmeester ❸ vroeger een rechterlijk ambtenaar ❹ NN, vroeger, Barg briefje van honderd gulden
mei·e·ren *ww* [meierde, h. gemeierd] NN langdurig kletsen, zaniken: ★ *~ over iets*
mei·e·rij *de (v)* [-en] gebied van een → **meier** (bet 3) ★ *Meierij van Den Bosch* het oostelijk deel van Noord-Brabant
mei·feest *het* [-en] lentefeest op of omstreeks 1 mei
mei·kers *de* [-en] vroege kers
mei·ke·ver *de (m)* [-s] schadelijke kever, die omstreeks juni te voorschijn komt (*Melolontha vulgaris*)
mei·maand *de* [-en] de maand mei
mein·edig *bn* schuldig aan meineed
mein·eed *de (m)* [-eden] valse getuigenis die onder ede wordt afgelegd: ★ *~ plegen*
mei·re·gen *de (m)* [-s] regen in mei (die bevorderlijk heet te zijn voor de groei)
meis·je *het* [-s] ❶ vrouwelijk kind; jeugdig vrouwelijk persoon ❷ dienstmeisje, vrouwelijke bediende: ★ *winkel~* ❸ vrouwelijk persoon met wie iem. verkering heeft: ★ *werk gaat voor het ~*
meis·jes·ach·tig *bn* als (van) een meisje
meis·jes·boek *het* [-en] boek, speciaal geschreven voor jonge meisjes
meis·jes·kle·ding *de (v)* kleren voor een meisje
meis·jes·naam *de (m)* [-namen] ❶ voornaam voor een vrouwelijk persoon: ★ *Diane en Thelma zijn meisjesnamen* ❷ achternaam van een vrouw vóór haar huwelijk: ★ *gescheiden vrouwen nemen vaak hun ~ weer aan*
meis·jes·school *de* [-scholen] school uitsluitend voor meisjes
meis·jes·stem *de* [-men] hoge stem (als) van een meisje
meis·ke, **meis·ken** *het* [-s] dial of spreektaal meisje
mei·streel, **mei·streel** *de (m)* [-strelen] → **minstreel**
mei·tak *de (m)* [-ken] meidoorntak, → **mei**
mei·wijn *de (m)* [-en] witte wijn met lievevrouwebedstrobloesem
mei·zoen·tje *het* [-s] vooral NN madeliefje
mej. *afk* mejuffrouw
me·juf·frouw *de (v)* [-en] vero aanspreekvorm (op adressen enz.) van een ongehuwde vrouw; thans → **mevrouw**

me·kaar *vnw* spreektaalvorm voor → **elkaar**
me·kan·der *vnw* → **mekaar**
Mek·ka *het* ❶ geboortestad van de Profeet Mohammed in Saoedi-Arabië, islamitische bedevaartplaats ❷ **mekka** fig belangrijk centrum van iets: ★ *Hollywood is het mekka van de filmindustrie* ★ *Nashville is het mekka voor de liefhebbers van countrymuziek*
Mek·ka·gan·ger *de (m)* [-s] iem. die een bedevaart maakt naar Mekka
mek·ken *ww* [mekte, h. gemekt], **mek·ke·ren** [mekkerde, h. gemekkerd] ❶ blaten, vooral van geiten ❷ fig zaniken, zeuren
me·laats *bn* lijdend aan lepra
me·laat·se *de* [-n] iem. die lijdt aan lepra, leproos
me·laats·heid *de (v)* lepra
me·lan·cho·li·cus *de (m)* [-ci], **me·lan·cho·li·ca** *(‹Lat) de (v)* [-cae] [-see] [-goo-, -koo-] iem. die lijdt aan melancholie
me·lan·cho·lie [-goo-, -koo-] *(‹Gr) de (v)* droefgeestigheid, zwaarmoedigheid
me·lan·cho·liek, **me·lan·cho·lisch** [-goo-, -koo-] *(‹Gr)* bn zwaarmoedig, droefgeestig
Me·la·ne·si·ër [-zie(j)ər] *de (m)* [-s] iem. geboortig of afkomstig uit Melanesië, de westelijke eilandengroep in de Grote Oceaan
Me·la·ne·sisch [-zies] *bn* van, uit, betreffend Melanesië, de westelijke eilandengroep in de Grote Oceaan
me·lan·ge [-lãzjə] *(‹Fr) de (m) & het* [-s] mengsel van ingrediënten: ★ *een ~ van verschillende tabakssoorten* ★ *Wiener ~ koffie, toebereid met een scheutje likeur en afgedekt met slagroom*
me·la·noom *(‹Gr) het* [-nomen] med kwaadaardig gezwel met donkere pigmentering, een vorm van kanker
me·las·se *(‹Fr) de* dikvloeibare massa die bij de bereiding van rietsuiker achterblijft en waaruit de suikerdelen niet meer kristalliseren
mel·de *de* [-n] plantensoort, waartoe o.a. de spinazie behoort, ganzevoet (*Chenopodium*)
mel·den I *ww* [meldde, h. gemeld] berichten, bekendmaken: ★ *een inbraak ~ bij / aan de politie* ★ *niets te ~ hebben* niets kunnen vertellen dat interessant of opmerkelijk is II *wederk* zich aangeven of opgeven
mel·ding *de (v)* [-en] ★ *~ maken van iets* het vermelden
mel·dings·plicht *de* verplichting zich op een bepaalde plaats te melden of iets aan te geven
meld·ka·mer *de* [-s] afdeling waar meldingen (van strafbare feiten, ongelukken, ernstige luchtverontreiniging enz.) binnenkomen: ★ *de ~ van de politie*
meld·plicht *de* → **meldingsplicht**
meld·punt *het* punt waar men iets dat men heeft waargenomen, kan melden, vooral voor klachten: ★ *~ voor racisme*
mê·lee *(‹Fr) de (v)* gewoel, drukte: ★ *een ~ van spelers*

in het strafschopgebied
mê·le·ren *ww* (‹Fr›) [mêleerde, h. gemêleerd] ❶ mengen, vermengen, dooreenmengen ❷ kaartsp schudden; zie ook → **gemêleerd**
me·lig *bn* ❶ meelachtig: ★ *een melige appel* ❷ ‹fig van humor› zo flauw dat het weer leuk wordt: ★ *melige opmerkingen* ★ *een melige sfeer*; **meligheid** *de (v)*
me·lis¹ (‹Gr›) *de (m)* ❶ kristalsuiker ❷ NN, plat bek, smoel: ★ *moet ik je een knal voor je ~ verkopen*
me·lis² (‹Fr›) *de* → **melisse**
me·lis·brood *het* [-broden] suikerbrood
me·lis·se, **me·lis** (‹Fr‹Gr›) *de* naar citroen geurende, als keukenkruid gekweekte plant, oorspronkelijk uit het Middellandse Zeegebied (*Melissa officinalis*)
melk *de* ❶ dierlijke en menselijke moedervloeistof voor voeding van pasgeborenen ★ *een land van ~ en honing* land van overvloed ★ NN *niets in de ~ te brokk(el)en hebben* niets te vertellen hebben ★ BN, spreektaal *van zijn ~ zijn, zitten* a) van de kook zijn, de kluts kwijt zijn, beduusd zijn; b) duizelig zijn ❷ vloeistof die eruit ziet als melk: ★ *reinigings~* ❸ sap van sommige vruchten of planten: ★ *kokos~*
melk·boer *de (m)* [-en] melkverkoper
melk·boe·ren·hon·den·haar *het* NN vlaskleurig, niet krullend haar
melk·brood *het* [-broden] met melk bereid brood
melk·bus *de* [-sen] hoge bus voor vervoer van melk
melk·cho·co·la, **melk·cho·co·la·de** [-sjookoo-] *de (m)* met melk bereide chocolade
melk·dis·tel *de* [-s] melksap bevattende distel (*Sonchus*)
mel·ken *ww* [molk *of* melkte, h. gemolken] ❶ melk van een dier aftappen: ★ *koeien ~* ❷ fig door steeds te vragen trachten het gewenste antwoord te krijgen; *ook* zaniken, zeuren ❸ fokken: ★ *duiven ~* ❹ ★ *huisjes ~* hoge huren vragen voor slechte woningen
melk·ep·pe *de* schermbloemige plant met witte bloemen (*Peucedanum palustre*)
mel·ke·rij *de (v)* ❶ het houden van melkvee ❷ [*mv:* -en] plaats waar gemolken wordt ❸ [*mv:* -en] BN *ook* bedrijf waar de melk die van het land komt, gereedgemaakt wordt voor de detailverkoop, melkfabriek, zuivelfabriek
melk·fa·briek *de (v)* [-en] zuivelfabriek
melk·fles *de* [-sen] fles voor melk
melk·ge·bit *het* gebit van kinderen, dat rond het zevende levensjaar vervangen wordt door het blijvende gebit
melk·ge·vend *bn* melk ter consumptie voor de mens leverend: ★ *~ vee*
melk·gift *de* hoeveelheid melk die een melkgevend dier levert
melk·glas *het* [-glazen] ❶ wit ondoorzichtig → **glas** (bet 1) ❷ → **glas** (bet 2) waaruit men melk drinkt
melk·jas·pis *als stof: het*, *als voorwerp: de (m)* [-sen] melksteen
melk·kan *de* [-nen] kan waarin men melk bewaart

melk·kies *de* [-kiezen] kies van het melkgebit
melk·klier *de* [-en] melk afscheidende klier
melk·koe *de (v)* [-koeien] melkgevende koe
melk·koe·tje *het* [-s] fig iets wat geregeld geld opbrengt
melk·ko·ker *de (m)* [-s] hoge, cilindervormige pan met gaatjesdeksel, vroeger gebruikt om melk in te koken
melk·kruid *het* sleutelbloemige plant met vlezige blaadjes en roze bloempjes (*Glaux maritima*)
melk·man *de (m)* [-lieden, -lui] melkboer
melk·meis·je *het* [-s] melkbezorgster
melk·muil *de (m)* [-en] geringsch onervaren jongeman
melk·plas *de (m)* [-sen] groot overschot aan melk
melk·poe·der, **melk·poei·er** *de (m) & het* tot poeder ingedampte melk
melk·pro·duct *het* [-en] uit melk vervaardigd product, zoals boter, kaas, yoghurt e.d.
melk·reep *de (m)* [-repen] reep melkchocolade
melk·rij·der *de (m)* [-s] iem. die melk naar melkinrichtingen of -fabrieken vervoert
melk·ron·de *de* [-n, -s] BN rit van een rijdende melkboer, melkwijk
melk·sap *het* melkachtig sap in sommige plantendelen
melk·steen *als stof: het*, *als voorwerp: de (m)* [-stenen] soort jaspis
melk·sui·ker *de (m)* bepaald bestanddeel van melk
melk·tand *de (m)* [-en] tand van het melkgebit
melk·vee *het* vee, gehouden om de melk
melk·wa·gen *de (m)* [-s] wagen voor het vervoer van melk
Melk·weg *de (m)* lichtende sterrengordel
melk·wit *bn* zo wit als melk
melk·wol *de* kunstwol uit melk bereid, lanital
melk·zuur *het* zure stof die door gisting in voedingsmiddelen ontstaat (bijv. in zure melk, yoghurt, zuurkool, wijn) en die bij zuurstofgebrek in spieren ontstaat, met pijn, vermoeidheid en kramp als gevolg
me·lo·cake [-keek] *de (m)* [-s] BN negerzoen [lekkernij]
me·lo·die (‹Gr›) *de (v)* [-dieën] ❶ zangwijs, reeks van ritmisch gerangschikte tonen, die een muzikaal geheel vormen ❷ ‹in taal› welluidende reeks van klanken of woorden ❸ ‹in taal› toonhoogteverschillen in een taaluiting
me·lo·di·eus (‹Fr›), **me·lo·disch** (‹Du›) *bn* welluidend, zoetklinkend, zangerig
me·lo·dra·ma (‹Fr›) *het* ['s] ❶ toneelspel, bij tussenpozen begeleid door muziek, maar waarbij de woorden enkel gesproken worden ❷ toneelstuk waarbij heftig op het gemoed wordt gewerkt, → **draak** (bet 2)
me·lo·dra·ma·tisch (‹Fr›) *bn* van de aard van een → **melodrama** (bet 2); overdreven op het gevoel werkend
me·loen (‹Fr‹Lat›) *de* [-en] grote vlezige, waterrijke vrucht: ★ *net~*, *water~*
me·lo·maan (‹Gr›) *de (m)* [-manen] muz iem. die

buitengewoon veel van muziek houdt

me·lo·ma·nie *(‹Gr) de (v)* zeer grote muziekliefde

melt·down [-daun] *(‹Eng) de (m)* [-s] het smelten van de lading van een kernreactor door een storing in het koelsysteem

mem·braan *(‹Fr‹Lat) de & het* [-branen] dun plaatje, vlies of huidje dat een afscheiding vormt

me·men·to *(‹Lat)* **I** *ww* gedenk! ★ *~ mori* gedenk te sterven **II** *het* ['s] herinnering, gedenkteken

me·mo *de (m) & het* ['s] ❶ (verkorting van → **memorandum**) ❷ korte notitie, kort bericht (vaak voor intern gebruik binnen een bedrijf): ★ *iem. een memootje sturen* ❸ briefpapier in klein formaat

me·mo·blok *het* [-ken] blok met makkelijk afscheurbare kladpapiertjes

me·moi·res [meemwaarəs] *(Fr) mv* persoonlijke, op schrift gestelde herinneringen: ★ *de ~ van Churchill*

me·mo·ra·bel *(‹Fr‹Lat) bn* gedenkwaardig

me·mo·ra·bi·lia *(‹Lat) mv* gedenkwaardige zaken

me·mo·ran·dum *(‹Lat) het* [-s, -da] ❶ herinneringsboek, gedenkboek ❷ diplomatieke nota ❸ korte mededeling, bericht

me·mo·re·ren *ww (‹Lat)* [memoreerde, h. gememoreerd] in het geheugen terugroepen; in herinnering brengen; in het kort herhalen; ter herinnering aantekenen

me·mo·ri·aal *(‹Fr‹Lat) het* [-rialen] ❶ aantekenboek voor gebeurtenissen in chronologische volgorde ❷ handel boek dat deel uitmaakt van de boekhouding en bestemd is voor aantekeningen die niet in andere dagboeken thuishoren ❸ BN, schrijftaal gedenkteken

me·mo·rie *(‹Lat) de (v)* [-s] ❶ geheugen ★ *kort van ~ zijn* niet veel onthouden; zie ook → **pro memorie** ❷ herinnering, heugenis ❸ schriftelijke toelichting bij een wetsvoorstel of verzoekschrift ★ *Memorie van Antwoord* antwoord van de regering op de voorlopige reactie van de Tweede Kamer op een wetsontwerp ★ *Memorie van Toelichting* toelichtend stuk van regeringswege bij een wetsontwerp

me·mo·rie·post *de (m)* [-en] post op een begroting zonder uitgedrukt geldbedrag

me·mo·ri·se·ren *ww* [-zeerə(n)] *(Fr)* [memoriseerde, h. gememoriseerd] van buiten leren

men *onbep vnw* ❶ de mensen: ★ *~ zegt dat het mooi weer wordt* ❷ niet met name genoemde of bekende persoon: ★ *~ dient zich aan de voorschriften te houden*

me·na·ge [-naazjə] *(Fr) de (v)* [-s] ❶ vero huishouding ★ *~ à trois* driehoeksverhouding ❷ huishouding van soldaten; soldatenkost en vandaar ook de kost in het algemeen

me·na·ge·rie [-zjərie] *(Fr) de (v)* [-rieën, -s] verzameling wilde dieren

men·de·len *ww* [mendelde, h. gemendeld] overerven van eigenschappen volgens het mendelisme

men·de·le·vi·um *het* kunstmatig, radioactief element, symbool Md, atoomnummer 101, genoemd naar de Russische scheikundige Dimitri Ivanovitsj Mendelejev (1834-1907)

men·de·lis·me *het* erfelijkheidsleer zoals die door de Oostenrijkse plantkundige Gregor Mendel (1822-1884) is ontwikkeld

me·neer *de (m)* [-neren] de gebruikelijke aanspreekvorm voor mannen: ★ *~ De Vries; ook schertsend of neerbuigend gebruikt:* ★ *zo, ~ vond dus dat hij zomaar weg kon blijven* ★ *de krant is een ~* wat er in de krant staat is ook maar de mening van een willekeurige persoon

me·nen *ww* [meende, h. gemeend] ❶ denken, van mening zijn: ★ *hij meende gelijk te hebben* ❷ in ernst bedoelen: ★ *dat kun je niet ~* ★ *het goed met iem. ~* het goed met iem. voorhebben ★ *je méént het!* is het echt zo?! ❸ van plan zijn: ★ *ik meende juist naar u toe te komen*

me·nens *ww* ★ *het is ~* ernst ★ *het wordt ~* het is niet meer als grap bedoeld

me·ne·streel *(‹Oudfrans‹Lat) de (m)* [-strelen] → **minstreel**

me·ne te·kel *zn* (verkorting van *mene mene tekel ufarsin*) Bijbel Chaldeeuwse woorden die verschenen op de wand van het paleis van Belsazar van Babylon, door Daniël verklaard; betekenen misschien: een pond, een pond (geteld), een sikkel (gewogen), een half pond (gedeeld), wellicht met toespeling op het einde van Belsassars koningschap; gewogen, te licht bevonden (en aan de Perzen gegeven); vandaar ★ *het mene tekel voor* teken van naderende ondergang; zie *Daniël* 5: 25

meng·bak *de (m)* [-ken] bak waarin iets, vooral iets vloeibaars, gemengd wordt

men·gel·dich·ten *mv* gedichten van allerlei aard

men·ge·ling *de (v)* mengsel

men·gel·moes *de & het* onordelijk mengsel, samenraapsel, ratjetoe

men·gel·werk *het* [-en] letterkundig werk van verschillende soort

men·gen *ww* [mengde, h. gemengd] door elkaar doen, tot een nieuw geheel mixen: ★ *grondstoffen ~, verf ~* ★ *zich ~ in een gesprek, conflict* eraan gaan deelnemen, zich ermee bemoeien

meng·kraan *de* [-kranen] kraan met een gemeenschappelijke uitmonding voor koud en warm water

meng·pa·neel *het* [-nelen] elektronisch apparaat waarmee men geluiden door elkaar mengt, gebruikt bij muziekopnames en bij de productie van radio- en tv-programma's

meng·sel *het* [-s] wat gemengd is

meng·sme·ring *de (v)* de brandstof voor bromfietsen: benzine met wat olie gemengd

meng·taal *de* [-talen] taal die samengesteld is uit bestanddelen van verschillende talen

meng·voe·der, meng·voer *het* gemengd veevoeder

meng·vorm *de (m)* [-en] vorm door vermenging van onderling verschillende stijlen of vormen ontstaan

men·hir [-hier, -hir] *(‹Fr‹Bretons) de (m)* [-s]

voorhistorische, grote, rechtopstaande, stenen zuil, vnl. in Bretagne en Engeland

me·nie *(‹Lat) de* loodvermiljoen, rood loodoxide, een verfstof die wordt gebruikt in dekverf

me·ni·ën *ww* [meniede, h. gemenied] met menie verven

Me·ni·è·re *zn* [menjèrə] ★ *ziekte van ~* aandoening aan het binnenoor, waardoor klachten als slechthorendheid, duizeligheid en oorsuizen onstaan

me·nig *onbep telw* tamelijk veel

me·nig·een *onbep vnw* tamelijk veel mensen

me·nig·maal *bijw* tamelijk vaak, diverse keren

me·nig·te *de (v)* [-n, -s] groot aantal, grote groep: ★ *een ~ mensen*

me·nig·vul·dig *bn* ❶ talrijk ❷ vaak; **menigvuldigheid** *de (v)*

me·ning *de (v)* [-en] overtuiging, inzicht, oordeel: ★ *geen ~ hebben* ★ *van ~ zijn dat* ★ *voor zijn ~ uitkomen* ★ *naar mijn ~*

me·nin·gi·tis *(‹Gr) de (v)* med ontsteking van het hersen- en ruggenmergsvlies ★ *~ cerebrospinalis* (besmettelijke) nekkramp

me·nin·go·kok [-ning-goo-] *(‹Gr) de (m)* [-ken] bacterie die hersenvliesontsteking kan veroorzaken

me·nings·ui·ting *de (v)* het kenbaar maken van zijn mening: ★ *vrijheid van ~*

me·nings·ver·schil *het* [-len] verschil van mening

me·nings·vor·ming *de (v)* het tot stand komen van een (algemene) mening na bespreking

me·nis·cus *(‹Gr) de (m)* [-sen] ❶ glas dat aan de ene zijde bol en aan de andere hol geslepen is ❷ gebogen vloeistofoppervlak in een nauwe, verticaal staande buis ❸ kraakbeenschijfje in het kniegewricht; pregnant een blessure aan de meniscus: ★ *een ~ hebben*

me·nis·cus·lens *de* [-lenzen] → **meniscus**, bet 1

me·nist *de (m)* [-en] (naar de Friese predikant Menno Simons, 1496-1561) doopsgezinde

me·nis·ten·leu·gen *de* [-s] NN, vero halve leugen

me·nis·ten·zus·je *het* [-s] ❶ soort steenbreek (*Saxifraga umbrosa*) ❷ NN, vero zeer ingetogen meisje

men·nen *ww* [mende, h. gemend] met de teugels besturen van trek- en rijdieren

men·no·niet *de (m)* [-en] menist

men·no·nist *de (m)* [-en] → **menist**

me·no·pau·ze, **me·no·pau·se** *(‹Gr) de* het ophouden van de menstruatie in de overgangsjaren

me·no·ra *(‹Hebr) de (m)* ['s] joods-liturgische kandelaar met zeven armen, voor het chanoekafeest met acht armen

me·nor·ra·gie *(‹Gr) de (v)* [-gieën] med langdurig of buitensporig bloedverlies bij menstruatie

mens [-en] **I** *de (m)* persoon, biologisch gezien een lid van een geslacht (*Homo sapiens*) uit de orde van de primaten: ★ *oude mensen, jonge mensen* ★ *grote mensen* volwassenen ★ *de ~ wikt en God beschikt* God bepaalt 's werelds loop ★ *ergens een ander ~ van worden* ergens van opknappen ★ *een ~ zijn lust is een ~ zijn leven* de genoegens die men beleeft, bepalen de kwaliteit van het leven ★ *ik ben ook maar een ~!* reactie als men aan te hoge eisen moet voldoen ★ *ik stuur wel even een van mijn mensen langs* een van mijn personeelsleden ★ *de inwendige ~ versterken* zie bij → **inwendig** ★ *onder de mensen zijn* deelnemen aan het sociale verkeer ★ BN, spreektaal *dat kost stukken van mensen* zeer veel, hopen geld **II** *het* geringschattend of medelijdend voor: vrouw: ★ *dat ~ van hiernaast* ★ *och, dat arme ~!*

men·sa *(‹Lat) de (v)* [-sae] [-see, 's] ❶ archeol altaartafel ❷ gemeenschappelijke eettafel ★ *~ academica* gelegenheid waar studenten goedkoop warme maaltijden kunnen verkrijgen ★ *~ Domini* de tafel des Heren, de avondmaalstafel ★ *a ~ et toro* van tafel en bed (gescheiden)

mens·aap *de (m)* [-apen] veel op de mens gelijkende aap

mens·beeld *het* [-en], **mens·be·schou·wing** *de (v)* [-en] de voorstelling die men zich vormt omtrent het wezen van de mens

mens·dom *het* alle mensen van vroeger en nu

men·se·lijk *bn* ❶ van, eigen aan de mens, als een mens: ★ *vergissen is ~* ★ *niets menselijks is hem vreemd* hij heeft eigenschappen en ondeugden die ieder mens heeft ❷ zonder hardheid, welwillend: ★ *een menselijke behandeling van de gevangenen*

men·se·lij·ker·wijs, **men·se·lij·ker·wij·ze** *bijw* volgens menselijke vermogens

men·se·lijk·heid *de (v)* het menselijk zijn; zachtheid, welwillendheid: ★ *misdaden tegen de ~* wreedheden die worden begaan tegenover een volk of een bevolkingsgroep

men·sen·dieck *het* gymnastische oefeningen ter bevordering van een goede lichaamshouding, volgens de methode van de Amerikaanse Bess Marguerite Mensendieck (1864-1957)

men·sen·die·cken *ww* [mensendieckte, h. gemensendieckt] mensendieck beoefenen

men·sen·eter *de (m)* [-s] ❶ persoon die mensenvlees eet, kannibaal ❷ roofdier dat mensen aanvalt en verorbert

men·sen·haai *de (m)* [-haaien] grote haai (*Carcharia glaucus*)

men·sen·hand *de* [-en] ❶ hand van een mens ❷ fig menselijk kunnen: ★ *door mensenhanden gemaakt*

men·sen·ha·ter *de (m)* [-s] iem. die in de mensen vooral slechte eigenschappen opmerkt

men·sen·heu·ge·nis *de (v)* ★ *sinds ~* zover de mensen die nu leven zich herinneren, erg lang

men·sen·ken·ner *de (m)* [-s] iem. die mensenkennis heeft

men·sen·ken·nis *de (v)* inzicht in de drijfveren van het menselijke gedrag; inzicht in het karakter van mensen

men·sen·kind *het* [-kinderen] mens

men·sen·kin·de·ren *tsw* vooral NN uitroep van verbazing

men·sen·le·ven *het* [-s] het leven van een mens: ★ *de ramp kostte 23 mensenlevens*

men·sen·lief·de *de (v)* liefde voor de mensheid

men·sen·mas·sa *de* ['s], **men·sen·me·nig·te** *de (v)* [-n, -s] grote hoeveelheid mensen

men·sen·of·fer *het* [-s] het doden van mensen als godsdienstig ritueel

men·sen·paar *het* [-paren] man en vrouw

men·sen·plicht *de* [-en] plicht die men als mens heeft

men·sen·ras *het* [-sen] mensensoort, ingedeeld naar lichamelijke eigenschappen

men·sen·rech·ten *mv* rechten die geacht worden aan ieder mens toe te komen, zoals gewetensvrijheid, vrijheid van meningsuiting, vrijheid van geloof, recht op eigendom, arbeid, onderwijs e.d.

men·sen·rech·ten·ac·ti·vist *de (m)* [-en] iem. die actie voert voor mensenrechten

men·sen·roof *de (m)* het roven, ontvoeren van mensen

men·sen·schuw *bn* omgang met mensen vermijdend

men·sen·smok·kel *de (m)* ongeoorloofd vervoer van mensen over de grens, veelal door criminele organisaties

men·sen·taal *de* voor iedereen begrijpelijke bewoordingen: ★ *die econoom wist de meest ondoorzichtige problemen in gewone ~ uit te leggen*

men·sen·vlees *het* vlees van het menselijk lichaam

men·sen·vrees *de* vrees om met mensen om te gaan

men·sen·vriend *de (m)* [-en] iem. die de mensen zoveel mogelijk goeddoet

men·sen·werk *het* (onvolmaakt) werk van mensen: ★ *ach ja, het blijft ~*

men·sen·zee *de* [-zeeën] grote mensenmenigte

mens-er·ger·je·niet *het* gezelschapsspel waarbij iedere deelnemer met vier pionnen zo snel mogelijk een traject moet afleggen

men·ses [-zes] *(‹Lat) mv* med menstruatie

mens·heid *de (v)* ❶ het mens zijn, menselijke natuur ❷ mensdom

mens·jaar *het* [-jaren] hoeveelheid werk waar één persoon één jaar mee bezig is

men·sje·wiek *(‹Russ) de (m)* [-en] benaming voor de aanhangers van de minderheid op het congres van de Russische sociaaldemocraten in 1903; tegenstanders van de bolsjewieken

mens·kun·de *de (v)* leer van het menselijk lichaam

mens·kun·dig *bn* betrekking hebbend op, volgens de leer van het menselijk lichaam

mens·lie·vend *bn* veel voor andere mensen over hebbend; **menslievendheid** *de (v)*

mens·ont·erend, **mens·ont·erend**, **mens·on·waar·dig** *bn* de mens onwaardig, strijdig met de menselijke waardigheid

mens·paard *het* [-en] wezen dat half paard, half mens is, centaur

men·stru·a·tie [-(t)sie] *de (v)* [-s] periodieke (meestal maandelijkse) afstoting van het baarmoederslijmvlies, gepaard gaande met bloeding

men·stru·a·tie·cy·clus [-(t)sie-] *de* [-sen, *ook* cycli] cyclus van veranderingen in het lichaam van de geslachtsrijpe vrouw die begint op de eerste dag van de menstruatie en eindigt op de eerste dag van de volgende menstruatie

men·stru·a·tie·pijn [-(t)sie-] *de* [-en] pijn door en tijdens de menstruatie

men·stru·e·ren *ww (‹Fr)* [menstrueerde, h. gemenstrueerd] maandelijkse bloedingen hebben door het afstoten van het baarmoederslijmvlies

men·suur *(‹Lat) de (v)* ❶ muz verhouding van de tonen onderling ❷ muz de manier van spannen en de lengte van snaren, of de lengte van orgelpijpen

mens·waar·dig *bn* passend bij de menselijke waardigheid; zoals een mens toekomt: ★ *een ~ bestaan*

mens·we·ten·schap·pen *mv* wetenschap van de gedragingen van de mens

mens·wor·ding *de (v)* → **incarnatie**

men·taal *(‹Fr‹Lat) bn* van / in de geest, geestelijk: ★ *zich ~ op iets voorbereiden* ★ *zijn kwalen hebben eerder een mentale dan een fysieke oorzaak*

men·ta·li·teit *(‹Fr) de (v)* geestesgesteldheid; wijze van denken en voelen: ★ *een goede / verkeerde mentaliteit hebben* ★ *vechters~*

men·thol *(‹Lat) de (m)* pepermuntkamfer, extract uit pepermuntolie

men·tor *(‹Gr) de (m)* [-s, -toren] leidsman, raadsman, naar *Mentor*, vriend van Odysseus, leidsman van diens zoon Telemachos: ★ *~ van een schoolklas*

men·to·raat *het* [-raten] studiebegeleiding

men·trix *de (v)* [-trices, -en] vrouwelijke vorm van *mentor*; begeleidster, raadgeefster

me·nu *(‹Fr) de (m) & het* ['s] ❶ spijslijst, spijskaart, geschreven of gedrukte lijst van gerechten en prijzen in restaurants; *ook* de spijzen zelf in hun volgorde ❷ comput lijst van mogelijkheden die als onderdeel van een computerprogramma op het beeldscherm verschijnt en waaruit de gebruiker een keuze kan maken door een mogelijkheid aan te klikken

me·nu·balk *de (m)* [-en] comput balk boven in een werkvenster waar woorden staan die na aanklikken een afrolmenu tonen met allerlei keuzemogelijkheden

me·nu·et *(‹Fr) de (m) & het* [-ten] oude Franse dans in afgemeten bewegingen in driekwartsmaat; muziek daarvoor, vaak als deel van een sonate

me·nu·ge·stuurd *bn* comput gestuurd d.m.v. een → **menu**, bet 2

me·nu·kaart *de (m)* [-en] ❶ kaart met de gerechten die in een restaurant te bestellen zijn ❷ kaart die de gerechten vermeldt waaruit de maaltijd zal bestaan

mep *de* [-pen] klap: ★ *iem. een ~ geven, verkopen*

mep·pen *ww* [mepte, h. gemept] een klap geven;

doodslaan: ★ *vliegen* ~

mep·per *de (m)* [-s] ❶ vliegenklap ❷ iem. die honden of katten steelt of doodt

mer à boire [mèr aa bwaar] *(‹Fr) de (v)* eig een zee om leeg te drinken; fig een niet dóór te komen, onbegonnen werk

me·ran·ti *het* verzamelnaam van een aantal uit Zuidoost-Azië afkomstige, vaak roodachtige, tropische houtsoorten

mer·bau *het* duurzame houtsoort, in kleur variërend van geel tot donkerbruin, veel gebruikt voor buitendeuren

mer·can·ti·lis·me *(‹Fr) het* economische leer uit de 17de-18de eeuw, die stelt dat in de eerste plaats handel en nijverheid moeten worden bevorderd en dat de rijkdom van een volk bestaat in de grootst mogelijke voorraad goud en zilver

mer·ca·tor·pro·jec·tie [-sie] *de (v)* methode van landkaarttekenen van de Zuid-Nederlandse geleerde G. Mercator (1512-1594) waarbij de lengte- en breedtegraden als rechte evenwijdige lijnen worden getekend (en niet met de natuurlijke kromming)

mer·chan·dise [mù(r)tsjəndais] *(‹Eng) de* koopwaar, gefabriceerd om een ander product, een merk enz. te promoten of om de sfeer daarvan uit te dragen, bijv. T-shirts met de naam of het logo van een automerk, film of rockband

mer·chan·di·sen [mù(r)tsjəndaizə(n)] *(‹Eng) ww* [merchandisede, h. gemerchandised] met merchandise omgeven

mer·chan·dis·ing [mù(r)tsjəndaizing] *(‹Eng) de (v)* marketing onderzoek van verbruiksgewoonten met het oog op verbetering van productie en afzet; het trachten de markt te veroveren met producten die zijn afgeleid van of direct samenhangen met een reeds populair product

mer·ci *(‹Fr) tsw* dank je; vooral ‹in ironische toepassing: daar pas ik voor, dank je feestelijk›

mer·de *(‹Fr‹Lat) tsw* eig stront; inf stik!; verrek!, verdorie!

mère [mèr] *(‹Fr‹Lat) de (v)* moeder, aanspreekvorm van een moeder-overste; in sommige orden ook van een kloosterzuster

me·rel *de* [-s] zwarte lijster (*Turdus merula*) ★ BN, spreektaal *een witte* ~ iets zeer zeldzaams, iemand met zeldzaam hoge kwaliteiten

me·ren *ww* [meerde, h. gemeerd] ‹een schip› vastleggen

me·ren·deel *het* het grootste gedeelte: ★ *de bezoekers waren voor het* ~ *mannen*

me·ren·deels *bijw* voor het grootste deel

me·ren·gue [merēngə] *de* Latijns-Amerikaanse dans en muziek

merg *het* vettige stof in holle beenderen; fig het binnenste, het beste van iets ★ *in* ~ *en been* door en door ★ *het gaat me door* ~ *en been* het raakt me zeer ★ *zonder* ~ slap, futloos

mer·gel *de (m)* bodemmengsel van klei en kalk

mer·gel·groef, mer·gel·groe·ve *de* [-groeven] groeve waaruit mergel gegraven wordt

mer·gel·kalk *de (m)* kalk uit mergel

mer·gel·put *de (m)* [-ten] mergelgroeve

mer·gel·steen *als stof: de (m) & het, als voorwerp: de (m)* [-stenen] zachte gele steen, die samen met mergel gevonden wordt

merg·pijp *de* [-en] ❶ stuk ²been met merg; ❷ *mergpijpje* langwerpig gebakje bestaande uit crème en cake met marsepein eromheen en aan de uiteinden chocola

me·ri·di·aan *(‹Lat) de (m)* [-anen] denkbeeldige cirkel over het aardoppervlak die door beide polen gaat, lengtecirkel: ★ *de nul~ loopt door Greenwich bij Londen*

me·ri·di·o·naal *(‹Fr‹Lat) bn* ❶ zuidelijk ❷ van noord naar zuid lopend

me·rin·gue [-rēgə] *(‹Fr) de (m)* [-s] vooral BN soort gebakje van schuimdeeg

me·ri·no *(‹Sp) de (m)* ['s] schaap met korte, zeer fijne wol

me·ri·tes *(‹Fr‹Lat) mv* verdiensten; innerlijke waarde van een zaak of persoon: ★ *iem. of iets op zijn ware ~ beoordelen*

merk *het* [-en] ❶ kenteken ❷ unieke naam of uniek stempel of teken door producenten of handelaren aan een product gegeven: ★ *kleding van een bep.* ~ ★ *wit* ~ algemeen merk van producten zonder merknaam ❸ het product met een bep. stempel, soort: ★ *een zwaar* ~ *roken*

merk·ar·ti·kel *het* [-en, -s] onder een bepaalde merknaam verkocht artikel

merk·baar *bn* waarneembaar, zichtbaar: ★ *goed ~, nauwelijks ~*

merk·beeld *het* [-en] totaal van eigenschappen die een consument aan een merk toedicht, merkimago

mer·ken *ww* [merkte, h. gemerkt] ❶ opmerken, waarnemen: ★ *niet ~ dat er op de deur wordt geklopt* ★ *iets laten ~ aan anderen* aan anderen iets laten blijken ❷ van een merk voorzien

mer·ken·bu·reau [-roo] *het* [-s] instelling die handels- en fabrieksmerken registreert (om het uitsluitend gebruik daarvan te verzekeren)

mer·ken·recht *het* geheel van regels dat de rechtspositie en de rechtsbescherming bepaalt van (de houder van) een merk

mer·ken·trouw *de* marketing het telkens aanschaffen en gebruiken van een product van hetzelfde merk

mer·ken·wet *de* wet met voorschriften betreffende handelsmerken e.d.

merk·kle·ding *de (v)* kleding van een bekend (en duur) merk

merk·lap *de (m)* [-pen] lap om zich te oefenen in het borduren van merkletters

merk·naam *de (m)* [-namen] als handelsmerk dienende naam van een product, die niet als algemene naam voor het product mag worden gebruikt

merk·re·cla·me de reclame voor een merkartikel (i.t.t. reclame voor een soort product)

merk·te·ken het [-s, -en] teken waarmee iets gemerkt (*merken*, bet 2) is

merk·vast bn <m.b.t. producten> altijd een bep. merk gebruikend: ★ *als het om kleding gaat ben ik weinig ~*

merk·waar·dig bn eigenaardig, vreemd, opmerkelijk

merk·waar·dig·heid de (v) [-heden] eigenaardigheid; bezienswaardigheid

mer·lijn de (m) [-s] dwergvalk

Me·ro·vin·gers mv Frankisch koningsgeslacht van de 5de tot de 8ste eeuw

Me·ro·vin·gisch bn van de Merovingers

mer·rie de (v) [-s] vrouwtjespaard

mer·rie·veu·len het [-s] vrouwelijk veulen

mer·sey·beat [mu̱(r)siebiet] *(‹Eng)* de (m) uit Liverpool afkomstige beat uit het begin van de jaren zestig, o.a. van de Beatles

mes het [-sen] ❶ snijwerktuig met een heft en een metalen een- of tweezijdig geslepen lemmet: ★ *een ~ slijpen* ★ *de messen slijpen* zich voorbereiden op een conflict ★ *het ~ zetten in* ❷ <van misstanden> met krachtige middelen bestrijden ❸ <van uitgaven> ingrijpend beperken ★ *het ~ snijdt aan twee kanten* het voordeel zit aan twee kanten ★ vooral NN *in het ~ lopen* argeloos zijn ondergang tegemoet gaan ★ *onder het ~ gaan* geopereerd worden ★ *als een warm ~ door de boter* heel gemakkelijk ★ *met het ~ op tafel* fel, vijandig ❹ bij spelletjes, onderhandelingen e.d.; zie ook bij → keel¹ ❺ schijf waarop een balans zich beweegt ❻ BN, wielersport (van een fiets) versnelling: ★ *met het grote ~* met een grote versnelling

mes·cal [mes-] *(‹Mexicaans-Spaans)* de (m) uit het sap van de agaveplant bereide, sterk alcoholische drank uit Mexico

mes·ca·li·ne *(‹Sp‹Nahuatl, een Mexicaanse indianentaal)* de & het hallucinogeen middel, afkomstig van de Mexicaanse cactussoort peyotl

me·sjog·ge, me·sjok·ke *(‹Hebr)* bn NN, spreektaal gek, niet goed snik: ★ *ben je nou helemaal ~?*

mes·me·ris·me het leer en geneeswijze van de Weense arts F.A. Mesmer (1734-1815), volgens welke sommige mensen een onbekende materie, fluïdum, met de hand op zieken kunnen overbrengen en hen daarmee genezen, dierlijk magnetisme

me·so- [-zoo-] *(‹Gr)* als eerste lid in samenstellingen middel

me·so·li·thi·cum het [-zoo-] *(‹Gr)* periode tussen het paleo- en het neolithicum

me·son [-zon] *(‹Gr)* het [-sonen] nat bep. type hadron, een elementair deeltje, vroeger deeltje met een massa tussen die van het elektron en het proton

me·so·pau·ze de <in de dampkring> grens tussen de mesosfeer en de thermosfeer, op 80 à 85 km hoogte en met temperaturen van -80 à -100 graden Celsius

Me·so·po·ta·misch [-zoo-] bn van, uit, betreffende Mesopotamië

me·so·sfeer *(‹Gr)* de op 50 tot 90 km hoogte gelegen deel van de dampkring, tussen stratosfeer en ionosfeer

me·so·zo·ï·cum [-zoozoo-] *(‹Gr)* het geol periode van 220 miljoen tot 65 miljoen jaar geleden, tussen het paleozoïcum en het neozoïcum, het tijdperk van de reuzenreptielen

mes·punt de (m) [-en] ❶ de punt van een mes ❷ zoveel als op de punt van een mes kan liggen: ★ *een mespuntje zout*

mess *(‹Eng‹Lat)* de (m) [-es] ❶ gemeenschappelijke tafel, vooral officierstafel ❷ rommel, warboel, knoeiboel, rotzooi

mes·sche·de de [-n] → messenschede

mes·scherp bn zeer scherp; ook fig: ★ *een ~ oordeel*

Mes·se *(‹Du‹Lat)* de (v) [-n] jaarmarkt; jaarbeurs

mes·sen·bak de (m) [-ken] bak waarin messen opgeborgen worden

mes·sen·leg·ger de (m) [-s] standaardje om het mes op te leggen

mes·sen·sche·de, mes·sche·de de [-scheden] (leren) huls voor een mes

mes·sen·slij·per de (m) [-s] ❶ iem. die messen slijpt ❷ slijptoestel voor messen

mes·sen·trek·ker de (m) [-s] iem. die gauw een mes trekt bij vechtpartijen

mes·sen·wer·per de (m) [-s] iem. die bedreven is in het werpen van messen, vooral als circusattractie

Mes·si·aans bn op de Messias betrekking hebbend, van de Messias

mes·si·a·nis·me het geloof aan de Messias; algemene heilsverwachting

Mes·si·as *(‹Hebr)* de (m) de in de Bijbel genoemde Verlosser: ★ *Jezus is de ~ voor de christenen*

mes·si·dor *(‹Fr)* de (m) hist de tiende maand van de Franse republikeinse kalender (19 juni-18 juli)

mes·sing¹ het geel koper (70 delen koper en 30 delen zink)

mes·sing² de [-en] uitstekende rand van een plank, die past in de groef van een andere

mess·room [-roem] *(‹Eng)* de [-s] eet- en zitkamer van de scheepsofficieren

mes·steek de (m) [-steken] steek met een mes: ★ *het slachtoffer had vijf messteken opgelopen*

mest de (m) dierlijke uitwerpselen of kunstmatig verkregen stoffen om grond vruchtbaar te maken

mes·ten ww [mestte, h. gemest] ❶ mest brengen op het land ❷ <dieren> vet voeren

mest·hoop de (m) [-hopen] ❶ stapel mest bij boerderijen ❷ hoop afval, rommel

mes·ties *(‹Sp)* de (m) [-tiezen] kleurling, afstammeling van een blanke en een indiaanse of omgekeerd

mest·in·jec·tie [-sie] de (v) [-s] bemestingsmethode waarbij vloeibaar mest direct in de grond wordt gebracht, met een verminderde uitstoot van ammoniak als positief gevolg

mest·in·jec·tor de (m) [-toren, -tors] werktuig gebruikt

voor mestinjectie
mest·kalf *het* [-kalveren] kalf dat vetgemest wordt
mest·kar *de* [-ren] kar om mest te vervoeren ★ **NN** *men wordt wel door een ~, maar niet door een koets overreden* gebruikt als reactie op een belediging: iem. die beledigt, stelt zelf niet veel voor
mest·ke·ver *de (m)* [-s] kever die van dierlijke mest leeft
mest·over·schot *het* [-ten] hoeveelheid mest die niet gebruikt mag (i.v.m. milieumaatregelen) of kan worden om het land te bemesten
mest·stof *de* [-fen] stof die als mest gebruikt wordt
mest·tor *de* [-ren] mestkever
mest·vaalt *de* [-en] mesthoop
mest·var·ken *het* [-s] varken dat vetgemest wordt voor de slacht
mest·vee *het* vee dat vetgemest wordt voor de slacht; tegengest: → **melkvee**
mest·vork *de* [-en] vork om mest op te scheppen
mest·wa·gen *de (m)* [-s] mestkar
met I *vz* ❶ in gezelschap van: ★ *~ zes kinderen naar Artis gaan* ❷ vermengd met of voorzien van: ★ *koffie ~ melk en suiker* ★ *patat ~ patat met mayonaise* ❸ gepaard gaand met: ★ *~ een klap de deur dichtdoen* ❹ in een bepaalde toestand verkerend: ★ *~ hoofdpijn naar bed gaan* ❺ in samenwerking met: ★ *~ iem. dammen* ❻ op het tijdstip van: ★ *we komen ~ de kerstdagen* ❼ in het bezit van: ★ *een man ~ veel geld* ❽ voor telwoorden (verbogen): ★ *~ z'n drieën* ❾ door middel van, met behulp van: ★ *~ de bus naar het werk gaan* ❿ met betrekking tot: ★ *het gaat goed met het Nederlandse basketbal* **II** *bijw* **NN**, spreektaal op hetzelfde ogenblik: ★ *~ dat ik de telefoon aannam, stapte hij binnen*
MET *afk* Midden-Europese tijd
me·ta- *(Gr)* voorvoegsel met de betekenis tussen of na-, verder dan, ver
me·taal *(Lat)* **I** *het* [metalen] naam voor een groep van glanzende, ondoorzichtige elementen die warmte en elektriciteit geleiden, zoals goud, zilver, ijzer enz. **II** *de (v)* verkorting van → **metaalindustrie**
me·taal·draad als stof: *de (m) & het*, als voorwerp: *de (m)* [draden] draad van metaal
me·taal·gie·te·rij *de (v)* [-en] het gieten van gesmolten metaal in bepaalde vormen; de werkplaats daarvoor
me·taal·in·dus·trie *de (v)* metaal verwerkende industrie
me·taal·klank *de (m)* [-en] scherp, helder geluid
me·taal·moe·heid *de (v)* minder worden van sterkte van metaal door overmatig gebruik
me·taal·ther·mo·me·ter *de (m)* [-s] thermometer waarvan de werking berust op de ongelijke uitzetting van metalen bij hogere temperaturen
me·taal·wa·ren *mv* voorwerpen van metaal
me·ta·ble·ti·ca *(Gr) de (v)* leer van de veranderingen van het beeld van de mens; **metabletisch** *bn bijw*
me·ta·bo·lisch *(Gr) bn* ‹van insecten› volkomen van

gedaante wisselend
me·ta·bo·lis·me *het* stofwisseling ★ basaal ~ grondstofwisseling, stofwisseling bij volkomen rust, gemeten door bepaling van het zuurstofverbruik en de koolzuurproductie in een bepaalde tijd
me·ta·foor *de* [-foren], **me·ta·fo·ra** *(Gr) de* ['s] beeldspraak die op vergelijking berust, overdrachtelijke uitdrukking, bijv. *bliksemende ogen*
me·ta·fo·risch *(Gr) bn* van de aard van een metafoor, overdrachtelijk, in beeldspraak, figuurlijk
me·ta·fy·si·ca [-fiezie-] *(Gr) de (v)* leer van het bovenzinnelijke, deel van de wijsbegeerte dat zich bezighoudt met de diepste gronden van de dingen
me·ta·fy·sisch [-fiezies] *bn* behorend tot de metafysica, bovenzinnelijk
met·al [mettəl] *(Eng) de* muz hardrock
me·ta·len *bn* van metaal
me·tal·lic [mətel-] *(Eng) bn* ‹van verf› met een metaalachtige glans
me·tal·liek *(Fr‹Lat) bn* ❶ metaalachtig; metalen ❷ metallieken, hist staatsschuldbrieven die in metaal, d.w.z. in zilver en niet in papier aflosbaar waren
me·tal·lisch *(Du) bn* metaal of erts bevattende
me·tal·li·se·ren *ww* [-zeerə(n)] *(Fr)* [metalliseerde, h. gemetalliseerd] ❶ tot metaal maken; erts zuiveren ❷ met een laagje metaal bedekken
me·tal·lo·ï·de *(Lat-Gr) het* [-n] chem veel gebruikte benaming voor niet-metaal, een chemisch element dat zich onderscheidt van de metalen, doordat het geen metaalglans heeft en warmte en elektriciteit slechter geleidt dan metalen
me·tal·lur·gie *(Fr‹Gr) de (v)* leer en kunst van de metaalsmelterij, van de bereiding van metalen uit ertsen
me·tal·lur·gisch *(Fr) bn* betrekking hebbend op de metallurgie
me·ta·morf *(Gr) bn* in een andere vorm kunnende overgaan, zoals bijv. meeldraden in bloembladen enz.; geol gezegd van gesteenten die uit andere zijn ontstaan
me·ta·mor·fo·se [-zə] *(Gr) de (v)* [-n] gedaanteverwisseling
me·ta·mor·fo·se·ren *ww* [-zeerə(n)] [metamorfoseerde, h. & is gemetamorfoseerd] ❶ herscheppen, van gedaante doen veranderen ❷ van gedaante veranderen, een algehele gedaanteverwisseling ondergaan
me·ta·sta·se [-zə,], **me·ta·sta·sis** [-zis] *(Gr) de (v)* med verplaatsing van ziektestof naar een ander orgaan; daardoor ontstane uitzaaiing, bijgezwel
me·ta·taal *de* ❶ taalniveau waarop over taalverschijnselen gesproken wordt: ★ *de zin 'werkwoord is een onzijdig zelfstandig naamwoord' is een voorbeeld van ~* ❷ taal waarin wiskundige of computertaalkundige onderzoekingen geformuleerd worden
me·ta·the·se [-zə,], **me·ta·the·sis** [-zis] *(Gr) de (v)*

omzetting, vooral verplaatsing van klanken in een woord, zoals de r~ in *derde* t.o.v. *drie*

me·teen *bijw* ❶ terstond, zonder uitstel, direct: ★ *hij wil dat je ~ komt* ★ *zo ~* spoedig, over enige ogenblikken: ★ *ik kom zo ~* ❷ tegelijkertijd: ★ *als we toch langs Utrecht komen, kunnen we ~ even bij oma langs*

me·te·kind *het* [-eren] BN kind van wie men meter (doopmoeder) is

me·ten I *ww* [mat, h. gemeten] ❶ de maat bepalen van ★ *met twee maten ~* zie bij → **maat**² ❷ de maat hebben van: ★ *het schip meet 16.000 ton* **II** *wederk* ★ *zich met iemand ~* elkaars krachten beproeven, wedijveren

me·te·oor *(‹Gr) de (m)* [-oren] klein, door het heelal zwervend hemellichaam dat de dampkring van de aarde is binnengegaan en zich daar vertoont als een lichtende streep, vallende ster

me·te·oor·steen *de (m)* [-stenen] meteoriet

me·te·o·riet *(‹Gr) de (m)* [-en] benaming voor uit de ruimte op aarde vallende lichamen, meteoorsteen

me·te·o·ro·graaf *(‹Gr) de (m)* [-grafen] zelfregistrerend instrument voor gelijktijdige registratie van verschillende meteorologische verschijnselen, zoals wind, temperatuur, luchtdruk enz.

me·te·o·ro·lo·gie *(‹Gr) de (v)* leer van de luchtverschijnselen, weerkunde

me·te·o·ro·lo·gisch *bn* weerkundig

me·te·o·ro·loog *(‹Gr) de (m)* [-logen] weerkundige

me·teo·vlucht *de* [-en] vliegtocht voor het doen van weerkundige waarnemingen

me·ter¹ *(‹Gr) de (m)* [-s] ❶ maat: het 40-miljoenste deel van de aardomtrek: ★ *strekkende ~,* BN *ook lopende ~* lengte van een meter ★ *de kamer is 4 ~ breed en 7 ~ lang* ★ *vierkante, kubieke ~* ★ *dat klopt / staat / gaat enz. voor geen ~ dat klopt / staat / gaat enz. totaal niet* ★ *een ~ bier* hoeveelheid glazen bier die passen in een 1 meter lange plank met gaten ❷ voorwerp, toestel om te meten: ★ *gas~* ❸ iem. die meet

me·ter² *(‹Lat) de (v)* [-s] vrouw die een kind ten doop houdt, peettante

me·ter·kast *de* [-en] kast waarin zich de gas- en elektriciteitsmeter bevinden

me·ter·op·ne·mer *de (m)* [-s] iem. die opneemt hoeveel gas, elektriciteit en / of water verbruikt is; **meteropneming** *de (v)* [-en]

me·ter·stand *de (m)* [-en] stand van een gas-, water- of elektriciteitsmeter

met·ge·zel *de (m)* [-len], **met·ge·zel·lin** *de (v)* [-nen] iem. die een ander vergezelt

me·thaan *het* brandbaar gas dat bestaat uit één atoom koolstof en vier atomen waterstof, een belangrijk bestanddeel van aardgas, mijngas en moerasgas

me·tha·don *het* bep. synthetische stof als vervangingsmiddel voor heroïne

me·tha·don·bus *de* [-sen] autobus die fungeert als centrum voor verstrekking van methadon door hulpverleners aan heroïneverslaafden

me·tha·nol *de (m) & het* kleurloze, goed met water mengbare vloeistof (CH_3OH), o.a. toegepast in de verf- en lakindustrie en geschikt als autobrandstof

me·tho·de *(‹Fr‹Gr) de (v)* [-n, -s] ❶ bepaalde, welbedachte manier van handelen om een bepaald doel te bereiken ❷ leerwijze; leerboek ❸ wijze van handelen bij een wetenschappelijk onderzoek

me·tho·diek *(‹Du) de (v)* ❶ leer van de te volgen methoden bij onderzoek of onderwijs ❷ de methode zelf

me·tho·disch *(‹Lat) bn* volgens een bepaalde methode (handelend of geschiedend); ook: systematisch, ordelijk

me·tho·dis·me *het* in het algemeen benaming voor richtingen in het protestantisme die een bepaalde methode voorschrijven voor het geestelijk leven

me·tho·dist *de (m)* [-en] aanhanger van het methodisme, in 't bijzonder van de leer van de gebroeders Wesley (18de eeuw)

me·tho·dis·tisch *bn* van, betreffende de methodisten, op de wijze van de methodisten

me·tho·do·lo·gie *(‹Gr) de (v)* onderzoek naar de methoden, de leerwijze, methodiek

me·tho·do·lo·gisch *bn* de methodologie of methodiek betreffend

Me·thu·sa·lem, Me·thu·sa·lach [-zaa-] *de (m)* Bijbel grootvader van Noach, die 969 jaar oud werd (Genesis 5: 27); vandaar voor een zeer hoogbejaard man: ★ *zo oud als ~*

me·thyl [-tiel] *(‹Gr) het* chem eenwaardige groep van één atoom koolstof en drie atomen waterstof

me·thyl·al·co·hol [-tiel-] *de (m)* methanol

me·thyl·bro·mi·de [-tiel-] *het* onbrandbaar, bijzonder giftig gas, o.a. gebruikt als insecticide, CH_3Br

me·tier [meetjee] *(‹Fr) het* [-s] handwerk, vak

me·ting *de (v)* [-en] bepaling van de maten of iets

me·to·ny·mie [-nie-] *(‹Gr),* **me·to·ny·mia** [-nie-] *de (v)* stijlfiguur waarbij het ene woord voor het andere gebruikt wordt op grond van een werkelijk bestaande betrekking, niet op grond van een vergelijking, bijv. *grijze haren* voor: ouderdom; *een Vondel* voor: een van de werken van Vondel

me·to·ny·misch [-nie-] *(‹Gr) bn* van de aard van of op de wijze van een metonymia

me·triek¹ *(‹Fr‹Gr) de (v)* ❶ leer van de versbouw ❷ maatsoort waarin een vers of gedicht geschreven is ❸ muz leer van de maatsoorten

me·triek² *(‹Fr‹Lat) bn* betrekking hebbend op de meter ★ *~ stelsel* stelsel van maten en gewichten met de meter als basiseenheid

me·trisch *(‹Gr) bn* ❶ tot de versmaat behorend; de metriek betreffend ❷ in verzen gesteld: ★ *een metrische vertaling* ❸ → **metriek**² ★ sp *metrische mijl* afstand van 1500 m

me·tro *de (m)* ['s] (verkorting van het Franse *métropolitain*) stadsspoorweg waarvan het traject grotendeels ondergronds loopt, ondergrondse

me·tro·buis *de* [-buizen] deel van een ondergrondse gang in een metronet

me·tro·man *de (m)* [-nen] metroseksueel

me·tro·me·ter (‹*Gr*) *de (m)* [-s] metronoom

me·tro·net *het* [-ten] samenstel van alle metroverbindingen in een stad

me·tro·noom (‹*Gr*) *de (m)* [-nomen] muz toestel dat met een slinger zeer nauwkeurig de maat aangeeft

me·tro·po·liet (‹*Gr*) *de (m)* [-en] aartsbisschop die aan het hoofd van een kerkprovincie staat; in de Grieks-katholieke Kerk: patriarch

me·tro·po·lis (‹*Gr*) *de (v)* [-sen] → **metropool**

me·tro·po·li·taan (‹*Lat*) *de (m)* [-tanen] metropoliet

me·tro·po·li·taans (‹*Lat*) *bn* een metropoliet betreffend, aartsbisschoppelijk

me·tro·pool *de* [-polen], **me·tro·po·lis** (‹*Gr*) *de* [-sen] ❶ moederstad in betrekking tot dochtersteden of koloniën ❷ wereldstad: ★ *de ~ Parijs* ❸ stad waar een metropoliet zetelt

me·tro·sek·sueel *de (m)* [-suelen] benaming voor een heteroman met eigenschappen die veelal bij homoseksuelen worden verondersteld: gevoel voor mode en schoonheid, belangstelling voor kunst en cultuur, emotioneel, zacht en open

me·tro·sta·tion -(t)sjon] *het* [-s] station voor de metro

me·trum (‹*Lat*) *het* [-tra, -s] versmaat, maatschema; muziekmaat

met·se·laar *de (m)* [-s] iem. die voor zijn beroep metselt

met·se·len *ww* [metselde, h. gemetseld] stenen met specie aan elkaar voegen

met·sel·ha·mer *de (m)* [-s] hamer om te → **bikken** (bet 1) bij het metselen

met·sel·kalk *de (m)* mengsel van kalk en zand om mee te metselen

met·sel·spe·cie *de* metselkalk of mengsel van zand en cement

met·sel·werk *het* gemetseld of te metselen werk

met·sen *ww* [metste, h. gemetst] BN, spreektaal metselen

met·ser *de (m)* [-s] BN, spreektaal metselaar; ook algemener bouwvakker

met·ser·dien·der *de (m)* [-s] BN opperman

met·ten (‹*Lat*) *mv* RK eerste gedeelte van het dagelijks breviergebed ★ *korte ~ maken met* zonder omhaal, zonder aarzelen optreden tegen: ★ *korte ~ maken met fraude op de beursvloer*

met·ter·daad *bijw* ❶ met een daad of daden, door een handeling ❷ werkelijk, inderdaad

met·ter·haast *bijw* NN in haast

met·ter·tijd *bijw* langzamerhand; na enige tijd

met·ter·woon *bijw* NN, vero als vaste woonplaats: ★ *zich ~ vestigen te A*

met·worst *de* [-en] NN gerookte worst gevuld met gemalen varkensvlees

meu·bel (‹*Fr*‹*Lat*) *het* [-en, -s] stuk huisraad: tafel, stoel, kast, bed enz.: ★ BN, spreektaal *de ~s redden* redden wat er nog te redden valt

meu·bel·bou·le·vard [-boeləvaar] *de (m)* [-s] straat waarin een aantal grote meubelzaken zijn gevestigd

meu·be·len *ww* [meubelde, h. gemeubeld] meubileren

meu·bel·ma·ker *de (m)* [-s] iem. die voor zijn beroep meubels maakt

meu·bel·plaat *het* uit hout opgebouwd plaatmateriaal, bestaande uit twee lagen fineer met daartussen als binnenwerk houten latjes of staafjes

meu·bel·stof *de* [-fen] stof voor bekleding van meubels

meu·bel·stuk *het* [-ken] ❶ groot meubel ❷ iem. die erg lang ergens werkt of woont

meu·bel·was *de (m) & het* ³was om meubels te poetsen

meu·bi·lair [-lèr] (‹*Fr*) **I** *het* huisraad **II** *bn* tot het huisraad behorende: ★ *meubilaire goederen*

meu·bi·le·ren *ww* [meubileerde, h. gemeubileerd] van meubels voorzien

meug *de (m)* lust, zin: ★ *ieder zijn ~* ★ *tegen heug en ~* met tegenzin

meun *de (m)* [-en] soort zoetwatervis

meu·nière *zn* [-njèr(ə)] (‹*Fr*) ★ *à la ~* in bloem gewenteld en dan gebakken ‹op menukaarten en in kookrecepten›: ★ *tong à la ~*

meu·ren *ww* [meurde, h. gemeurd] NN, Barg ❶ slapen: ★ *hij ligt nog te ~* ❷ stinken: ★ *wat meurt het hier!*

meu·te (‹*Fr*) *de* [-n, -s] ❶ troep jachthonden voor de drijfjacht ❷ bij uitbreiding een grote groep mensen

MeV *afk* mega-elektronvolt

mevr. *afk* mevrouw

me·vrouw *de (v)* [-en] oorspr gehuwde vrouw, thans vrouw in het algemeen, vooral als aanspreektitel: ★ *~ de Vries*

me·vrou·wen *ww* [mevrouwde, h. gemevrouwd] met mevrouw aanspreken

Mexi·caan *de (m)* [-canen] iem. geboortig of afkomstig uit Mexico

Mexi·caans *bn* ❶ van, uit, betreffende Mexico ❷ vroeger Mexicaanse hond ❸ benaming voor het verschijnsel dat een radio-ontvangtoestel zelf trillingen (elektrische golven) gaat uitzenden die op naburige antennes inducerend werken, waardoor in daarop aangesloten toestellen, door het interfereren van beide trillingen een combinatietoon ontstaat

me·zelf *wederk vnw* versterking van *me*

mez·zo [metsoo] (‹*It*‹*Lat*) *bn* half; muz: ★ *~ forte* middelmatig sterk ★ *~ piano* matig zacht

mez·zo·so·praan [metsoo-] **I** *de* stem tussen sopraan en alt **II** *de (v)* [-pranen] persoon met zo'n stem

Mg *afk* chem symbool voor het element *magnesium*

mg *afk* milligram

Mgr. *afk* monseigneur

m.g.v. *afk* met gebruik van

M.H. *afk* Mijne Heren

m.h.g. *afk* met hartelijke gelukwens(en), met hartelijke groet(en)

MHP *afk* in Nederland ‹Vakcentrale voor› Middelbaar en Hoger Personeel

MHz *afk* megahertz

mi[1] *de* ['s] muz derde toon van de diatonische toonladder

mi[2], **mie** (‹Chin› *de (m)* dunne pastaslierten, een soort vermicelli

m.i. *afk* ❶ mijns inziens ❷ mijnbouwkundig ingenieur

mi·auw *tsw* geluid van een kat

mi·au·wen *ww* [miauwde, h. gemiauwd] ‹van katten› geluid maken, miauw zeggen

mi·ca (‹Lat› *de (m) & het* glimmer, op glas lijkend, vuurvast, doorschijnend mineraal, dat vooral gebruikt werd voor de plaatjes van kachelvensters

mi·cel (‹Lat› *de* [-len] chem kleine vetdruppel

Miche·lin·ster [miesjəlē-] *de* [-ren] belangrijke kwaliteitsaanduiding voor restaurants: ★ *het hoogst haalbare voor een restaurant zijn drie Michelinsterren*

mi·craat *het* [-craten] microscopisch kleine foto; verkleining van 1: 200

mi·cro (‹Fr› *de (m)* ['s] BN, spreektaal verkorting van microfoon → **microfoon**

mi·cro- (‹Gr› als eerste lid in samenstellingen ❶ zeer klein ❷ ‹bij eenheden› het miljoenste deel

mi·cro·be (‹Gr› *de* [-n] verouderde naam voor micro-organisme

mi·cro·bi·o·lo·gie (‹Gr› *de (v)* onderdeel van de biologie dat zich bezighoudt met de bestudering van micro-organismen

mi·cro·che·mie *de (v)* scheikundig onderzoek van zeer geringe hoeveelheden stof; chemische analyse met behulp van een microscoop

mi·cro·chip [-tsjip] *de (m)* [-s] comput klein plaatje waarop grote hoeveelheden elektronische schakelingen (transistors) kunnen worden geplaatst, bijv. gebruikt als microprocessor in een computer

mi·cro·eco·no·mie *de (v)* dat deel van de economische wetenschap dat zich bezighoudt met het economisch gedrag van afzonderlijke subjecten en de daaruit voortvloeiende prijsvorming

mi·cro·elek·tro·ni·ca *de (v)* tak van de elektronica die zich bezighoudt met het ontwerpen, vervaardigen en toepassen van elektronische schakelingen met zeer kleine afmetingen

mi·cro·fi·che [-fiesjə] *de & het* [-s] zeer klein systeemkaartje dat men slechts vergroot op een beeldscherm kan lezen

mi·cro·film *de (m)* [-s] sterk verkleinde fotografische reproductie op een zeer smalle film van vooral teksten, documenten e.d.

mi·cro·foon (‹Gr› *de (m)* [-s, -fonen] toestel dat geluidstrillingen omzet in elektrische energie, waardoor geluid naar elders overgebracht kan worden, kan worden versterkt of opgenomen: ★ *achter de ~ staan* ★ *voor de ~ komen*

mi·cro·foon·hen·gel *de (m)* [-s] aan een lange stok bevestigde microfoon, gebruikt bij tv- en filmopnamen

mi·cro·golf *de* [-golven] ❶ elektromagnetische golf van 0,1 mm tot 1 cm lengte ❷ BN, spreektaal magnetron

mi·cro·golf·oven *de (m)* [-s] BN magnetron

mi·cro·korf·bal *het* oude naam voor → **zaalkorfbal**

mi·cro·kos·mos *de (m)* ❶ wereld in 't klein; fig de mens ❷ wereld van de kleinste wezens

mi·cro·me·ter (‹Gr› *de (m)* [-s] werktuig tot het meten van zeer kleine dikten of afstanden, bijv. dikte van papier, bladgoud enz., of van kleine maatverschillen

mi·cron (‹Gr› *de (m) & het* lengte-eenheid van 0,001 mm, aangeduid door de Griekse letter μ

Mi·cro·ne·si·ër [-zie-] *de (m)* [-s] iem. geboortig of afkomstig uit Micronesië

Mi·cro·ne·sisch [-zies] *bn* van, uit, betreffende Micronesië

mi·cro·or·ga·nis·me *het* [-n] microscopisch klein organisme waartoe o.a. virussen, bacteriën en sommige schimmels behoren, vroeger *microbe* genoemd

mi·cro·pro·ces·sor *de (m)* [-s] comput centrale verwerkingseenheid van een computer, in het spraakgebruik vaak *chip* genoemd

mi·cro·scoop *de (m) & het* [-scopen] (‹Gr› optisch instrument waarmee men vergrote beelden van de daaronder gebrachte kleine objecten kan krijgen: ★ *iets onder de ~ leggen*

mi·cro·sco·pisch *bn* ❶ betrekking hebbend op of geschiedend met een (licht)microscoop: ★ *~ onderzoek* ❷ alleen door een (licht)microscoop waar te nemen; ❸ ‹als overdrijving› zeer klein of gering

mi·cro·toom (‹Gr› *de (m) & het* [-tomen] toestel voor het snijden van uiterst dunne plakjes van een preparaat, hoofdzakelijk gebruikt in de anatomie

mi·cro·wave [maikroeweev] (‹Eng› *de* [-s] magnetron

mi·das·oren *mv* ezelsoren, lange oren, zoals de mythische koning Midas van Frygië kreeg als straf omdat hij de muziek van Pan mooier vond dan die van Apollo

mid·dag *de (m)* [-dagen] ❶ het midden van de dag, 12 uur ★ NN *tussen de ~* in de middagpauze, tussen 12 en 14 uur ★ *de ~ van het leven* de middelbare leeftijd ★ BN ook *op de ~* rond 12 uur, op het middaguur ❷ NN tijd op de dag tussen 12 en 18 uur ★ *des middags, 's middags* tussen 12 en 18 uur

mid·dag·cir·kel *de (m)* [-s] meridiaan

mid·dag·dienst *de (m)* [-en] kerkdienst in de namiddag

mid·dag·dut·je *het* [-s] middagslaapje

mid·dag·eten *het* maaltijd die rond het middaguur genuttigd wordt, lunch

mid·dag·hoog·te *de (v)* hoogste stand van de zon op een bepaalde plaats

mid·dag·lijn *de* [-en] meridiaan

mid·dag·maal *het* [-malen] middageten

mid·dag·ma·len *ww* [middagmaalde, h. gemiddagmaald] schrijftaal het middagmaal

gebruiken, lunchen of dineren in de middag
mid·dag·pau·ze *de* [-n, -s] vooral NN pauze tussen de ochtend en de middag
mid·dag·slaap·je *het* [-s] kort slaapje tijdens de middag
mid·dag·uur *het* ❶ 12 uur 's middags: ★ *op, rond het ~* ❷ [*mv:* -uren] NN uur tussen 12 en 18 uur
mid·dag·zon *de* zonneschijn of zonnewarmte op het middaguur of in de middag
mid·del¹ *het* [-s] middelste deel van het lichaam: ★ *een ceintuur draag je om je ~*
mid·del² *het* [-en] ❶ wat men gebruikt of toepast: ★ *door ~ van; geneesmiddel* ❷ ★ *middelen* geldmiddelen: ★ *middelen van bestaan*
mid·de·laar *de (m)* [-s] ❶ bemiddelaar; tussenpersoon ❷ *de Middelaar* de Zaligmaker, Christus
mid·de·la·res *de (v)* [-sen] vrouwelijke middelaar
mid·del·baar *bn* ❶ tussen hoger en lager in ★ *~ onderwijs* tussen lager en hoger onderwijs in ❷ ★ *middelbare leeftijd* de leeftijd van ongeveer 40 tot 60 jaar ★ *middelbare tijd* tijd berekend naar de gemiddelde duur van de zonnedagen
mid·del·eeu·wen *mv* de tijd van de 4de of 5de eeuw n.C. tot ± 1500
mid·del·eeu·wer *de (m)* [-s] mens die in de middeleeuwen leefde
mid·del·eeuws, **mid·del·eeuws** *bn* ❶ van of in de middeleeuwen ❷ fig barbaars; primitief, achterlijk: ★ *de arbeidsomstandigheden in die streek zijn nog middeleeuws*
mid·de·len *ww* [middelde, h. gemiddeld] NN ❶ het gemiddelde bepalen ❷ (uitgaven e.d.) gelijkelijk verdelen over de betrokken personen of partijen
mid·del·even·re·di·ge, **mid·del·even·re·di·ge** *de* [-n] tussen twee getallen een getal evenveel malen groter dan het ene als kleiner dan het andere: ★ *in de evenredigheid 3:6 = 6:12 is 6 de ~*
mid·del·ge·berg·te *het* [-n, -s] gebergte tot ± 1500 meter
mid·del·groot *bn* tussen groot en klein in: ★ *een ~ bedrijf*
mid·del·hand *de* ❶ gedeelte van de hand tussen vingers en pols ❷ ★ *op de ~ zitten* niet het eerst en niet het laatst aan de beurt zijn bij het kaartspel
mid·del·hands·been·tje *het* [-s] → middenhandsbeentje
Mid·del·hoog·duits I *het* het Duits van de 12de eeuw tot het einde van de middeleeuwen **II** *bn* in het Middelhoogduits geschreven, van *of* betreffende het Middelhoogduits
mid·del·lang *bn* tussen kort en lang, van afmeting of van duur: ★ *~ krediet* ★ *raketten voor de middellange afstand*
mid·del·lijn *de* [-en] lijn die loopt door het middelpunt van een cirkelen twee punten op de omtrek verbindt, diameter
mid·del·lood·lijn *de* [-en] wisk lijn die een lijnstuk in twee gelijke delen verdeelt en er loodrecht op staat

mid·del·loon *het* NN gemiddeld loon dat iem. gedurende zijn loopbaan heeft verdiend (o.a. gebruikt als basis voor de pensioenberekening); *vgl:* → **eindloon**
mid·del·maat *de* de gewone maat, niet te groot en niet te klein ★ *tot de ~ behoren* zich noch in positieve noch in negatieve zin onderscheiden ★ *boven de ~ uitsteken* zich positief onderscheiden ★ *de gulden ~* het juiste midden tussen twee extremen (vooral m.b.t. denk- en handelwijze) ★ NN *~ versiert de straat* middelmatige mensen ziet men het meest
mid·del·ma·tig *bn* gewoon, niet bijzonder, matig
mid·del·ma·tig·heid *de (v)* het middelmatig-zijn
mid·del·moot *de* [-moten] → **middenmoot**
Mid·del·ne·der·lands I *het* het Nederlands van de 12de eeuw tot het einde van de middeleeuwen **II** *bn* in het Middelnederlands geschreven, van *of* betreffende het Middelnederlands
mid·del·punt *het* [-en] ❶ van alle punten van de omtrek even ver verwijderd: ★ *het ~ van een cirkel* ❷ belangrijk punt waar veel dingen samenkomen ❸ persoon die de aandacht van iedereen trekt, belangrijkste persoon: ★ *in het ~ van de belangstelling staan*
mid·del·punt·vlie·dend *bn* van het middelpunt afgaande, centrifugaal: ★ *middelpuntvliedende kracht*
mid·del·punt·zoe·kend *bn* naar het middelpunt toe gaande, centripetaal
mid·dels *vz* door middel van
mid·del·slag *het* middelsoort
mid·del·soort, **mid·den·soort** *de* [-en] soort van middelmatige grootte, kwaliteit enz.
mid·del·ste *bn* in het midden gelegen, zich in het midden bevindend
mid·del·vin·ger, **mid·den·vin·ger** *de (m)* [-s] middelste vinger
mid·del·voets·been·tje *het* [-s] → middenvoetsbeentje
mid·den I *het* middelpunt, wat tussenin ligt, middelste gedeelte: ★ *iets in het ~ brengen* iets ter sprake brengen, opperen ★ *het ~ houden tussen X en Y* kenmerken met X en Y gemeen hebben, maar met geen van beide precies overeenkomen: ★ *zijn woorden hielden het ~ tussen een verzoek en een opdracht* ★ *iets in het ~ laten* zich er niet over uitspreken ★ *te ~ van* omringd door **II** *het* [-s] BN ook ⟨vaak *mv*⟩ omgeving, milieu, kring: ★ *in vakbondsmiddens* ★ *elegante middens* deftige kringen **III** *bijw* bij, in, op het midden: ★ *~ in een zin hield hij op* **IV** *vz* BN in het midden van: ★ *~ de jaren zestig* rond het midden van de jaren zestig
mid·den·baan *de* [-banen] rijbaan tussen andere op een autoweg
mid·den·be·drijf *het* [-drijven] bedrijf tussen groot- en kleinbedrijf in; *vaak in de verbinding*: midden- en kleinbedrijf
mid·den·berm *de (m)* [-en] beplante of verhoogde strook midden in een verkeersweg

mid·den·berm·be·vei·li·ging *de (v)* beveiliging op de middenberm van autosnelwegen, vooral met vangrails

mid·den·door, mid·den·door *bijw* in tweeën, doormidden

mid·den- en klein·be·drijf *het* bedrijfssector waartoe ondernemingen met minder dan 100 werknemers behoren: ★ *de belangen van het ~*

Mid·den-Eu·ro·pees *bn* van, uit, betreffende Midden-Europa ★ *Midden-Europese tijd* tijd, 60 minuten later dan Greenwichtijd, die o.a. geldt voor Nederland en België

mid·den·ge·wicht *het* ❶ bep. gewichtsklasse in diverse sporten (o.a. boksen, judo, worstelen, gewichtheffen), rond de 70 à 75 kg ❷ sporter die tot deze gewichtsklasse behoort

mid·den·golf *de* radio golflengte tussen korte en lange golf, ± 175-600 m, 530-1600 kHz

mid·den·groep *de* [-en] groep in het midden, vooral de mensen tussen de hoogste en de laagste maatschappelijke klasse

mid·den·hands·been·tje *het* [-s] anat elk van de botjes tussen de pols en de vingers

mid·den·in, mid·den·in *bijw* in het midden

mid·den·in·ko·men *het* [-s] ❶ inkomen tussen de lage en de hoge inkomens in ❷ iemand met zo'n inkomen: ★ *bij de bezuinigingen worden de middeninkomens ontzien*

mid·den·ka·der *het* groep medewerkers van een bedrijf, organisatie enz. die posities bekleden tussen de hogere en de lagere functies in

mid·den·klas·se *de (v)* [-n] (maatschappelijke) klasse tussen de hoogste en de laagste

mid·den·klas·ser *de (m)* [-s] middelgrote auto die in formaat en prijs tussen de duurste, grootste auto's en de goedkoopste, kleinste auto's in zit

mid·den·koers *de (m)* [-en] ❶ beurs gemiddelde van de koersen op een dag ❷ politiek beleidslijn die niet extreem links of rechts is

mid·den·lijn *de* [-en] sp lijn die midden over het veld loopt en de lange kanten verbindt

mid·den·li·nie *de (v)* [-s] sp linie tussen de voor- en achterhoede

mid·den·moot *de* [-moten] ❶ stuk uit het midden van een vis ❷ het middelste gedeelte van een ranglijst of maatschappelijke ladder: ★ *in de ~ zitten* ★ *tot de ~ behoren*

mid·den·mo·ter *de (m)* [-s] sp club uit de middenmoot

mid·den·oor *het* holte achter het trommelvlies

mid·den·oor·ont·ste·king *de (v)* [-en] ontsteking in het middenoor

Mid·den-Oos·ten *het* de landen om het oosten van de Middellandse Zee, ongeveer tot aan de Indus

mid·den·par·tij *de (v)* [-en] ❶ middenstuk van bouwwerk ❷ politieke partij tussen rechts en links

mid·den·rif *het* [-fen] koepelvormige spier tussen borst- en buikholte

mid·den·rijm *het* [-en] rijm midden in een versregel

mid·den·schip *het* de grote ruimte in een kerk tussen hoofdingang en koor of podium, hoofdbeuk

mid·den·school *de* [-scholen] ❶ in Nederland, vroeger experimenteel schooltype voor alle leerlingen van 12 tot 16 jaar, waarbij de leerlingen niet op voorhand in bep. niveaus worden ingedeeld, maar waarbij aan de hand van een breed en gevarieerd onderwijsaanbod de individuele kwaliteiten en interesses gaandeweg tot uiting moeten komen ⟨in 1969 geïntroduceerd, maar nooit volledig ingevoerd⟩ ❷ BN de eerste twee jaren van het secundair onderwijs

mid·den·schot *het* [-ten] tussenschot; afscheiding door planken

mid·den·soort *de* [-en] → **middelsoort**

mid·den·spe·ler *de (m)* [-s] sp speler in de middenlinie

mid·den·stand *de (m)* burgerstand, middenklasse, vooral winkeliers en (kleine) ondernemers

mid·den·stan·der *de (m)* [-s] iem. die tot de middenstand, vooral de handeldrijvende middenstand, behoort

mid·den·stands·di·plo·ma *het* vroeger akte van bekwaamheid tot het vestigen van een middenstandsbedrijf die verworven werd door het met gunstige uitslag afgelegde middenstandsexamen

mid·den·stands·exa·men *het* [-s] vroeger examen ter verkrijging van het middenstandsdiploma

mid·den·stip *de* [-pen] voetbal stip in het midden van een sportveld vanwaaraf wordt afgetrapt

mid·den·stof *de* stof in de natuur waarin een andere stof kan binnendringen bijv. lucht

mid·den·stuk *het* [-ken] stuk in het midden; middelste gedeelte

mid·den·term *de (m)* [-en] één van de twee middelste termen in een evenredigheid

mid·den·veld *het* [-en] sp ❶ middengedeelte van het speelveld ❷ middenlinie

mid·den·vel·der, mid·den·veld·spe·ler *de (m)* [-s] sp speler die vooral actief is op het middenveld

mid·den·vin·ger *de (m)* [-s] → **middelvinger**

mid·den·voets·been·tje *het* [-s] anat elk van de beentjes tussen de enkel en de tenen

mid·den·voor *de (m)* [-s] → **midvoor**

mid·den·weg *de (m)* [-wegen] ★ *de (gulden) ~ bewandelen* of *houden* uitersten vermijden, gematigd te werk gaan

mid·der·nacht *de (m)* 24.00 of 0.00 uur: ★ *om ~*

mid·der·nach·te·lijk *bn* ★ *het ~ uur* middernacht

mid·der·nacht·zon *de* het ook 's nachts schijnen van de zon in de poolstreken

mid·dle of the road [midl ov thə (Engelse th) rood] ⟨Eng⟩ *bn* gemiddeld, van of voor de grote massa: ★ *ik vind deze kledingontwerpen nogal middle of the road*

mid·dle-of-the-roadmuziek [midl ov thə (Engelse th) rood-] ⟨Eng⟩ *het* pretentieloze commerciële

popmuziek
mid·get·golf [mɪdzjɪtγolf] *‹Eng› het* miniatuurgolf, type golfspel gespeeld op een klein veld, waarbij het balletje over en langs verschillende hindernissen geslagen moet worden
mid·half [-hàf] *‹Eng› de (m)* voetbal, hockey spil
MIDI *afk* comput Musical Instrument Digital Interface *‹Eng›* [standaardtechniek voor de uitwisseling van digitaal geluid tussen verschillende elektronische apparaten, bijv. synthesizers en computers]
mi·di *‹Fr‹Lat› de & het* term ter aanduiding van een rok- of jurklengte tussen mini en maxi in, tot ongeveer halverwege de kuit
Mi·di·a·nie·ten *mv* Bijbel nomadenvolk uit de woestijn ten oosten en ten zuiden van Palestina
mid·life·cri·sis [-laifkriezis] *‹Eng› de (v)* [-crises] geestelijke crisis die zich volgens sommigen vooral bij mannen op middelbare leeftijd zou voordoen
mid·scheeps *bn* midden in het schip
mid·voor, **mid·den·voor** *de (m)* [-s] middelste van de voorspelers in een sportteam, spits
mid·week *de* [-weken] periode van maandag tot en met vrijdag ★ *een vakantiehuisje huren voor een ~*
mid·weeks *bn* op een gewone weekdag, niet op zondag of zaterdag: ★ *een midweekse wedstrijd*
mid·win·ter *de (m)* [-s] ❶ het midden van de winter ❷ de kortste dag, 22 december, soms gevierd door het blazen op de midwinterhoorn
mid·win·ter·hoorn, **mid·win·ter·ho·ren** *de (m)* [-s] grote hoorn waarop men in sommige streken blaast ter gelegenheid van midwinter
mid·zo·mer *de (m)* [-s] ❶ het midden van de zomer ❷ 21 juni
mie¹ *de (m)* [mieën] mietje
mie² *‹Chin› de (m)* → **mi²**
mie·hoen *‹Chin› de (m)* → **mihoen**
mier¹ *de* [-en] sociaal levend, meestal vleugelloos, insect (Formicidae) ★ *witte ~* termiet ★ *zo arm als de mieren* erg arm
mier² *de & het* ziekte bij rundvee
mie·ren *ww* [mierde, h. gemierd] NN zaniken, zeuren
mie·ren·egel *de (m)* [-s] zoogdier met kokervormige snuit in Australië en omliggende streken
mie·ren·ei *het* [-eieren] → **pop¹** (bet 2) van een mierenlarve
mie·ren·eter *de (m)* [-s] tandeloos dier met kokervormige snuit in Zuid-Amerika
mie·ren·hoop *de (m)* [-hopen] door mieren gemaakte aardhoop
mie·ren·ja·ger *de (m)* [-s] soort specht die op mieren jaagt
mie·ren·leeuw *de (m)* [-en] insect waarvan de larve mieren vangt in valkuilen
mie·ren·nest *het* [-en] nest van mieren
mie·ren·neu·ker *de (m)* [-s] geringsch zeer nauwgezet persoon, iem. die een probleem maakt van iedere kleinigheid, pietlut, muggenzifter
mie·ren·zuur *het* organisch zuur, o.a. door mieren

afgescheiden, HCOOH
mie·rik *de (m)* soort lepelblad, waarvan de wortel als kruid wordt gebruikt (Chochlearia armoracia)
mie·rik·wor·tel, **mie·riks·wor·tel** *de (m)* [-s] wortel van de mierik
mier·zoet *bn* zo zoet dat het niet meer lekker is
mies *‹Du› bn* NN, Barg slecht, ongunstig ★ *~ weer* druilerig weer
mies·gas·ser *de (m)* [-s] NN, Barg akelige vent, vuilak
mies·ma·cher *‹Du› de (m)* [-s] NN, Barg iem. die altijd de negatieve kanten van iets benadrukt
mie·ter *de (m)* [-s] NN, spreektaal lichaam: ★ *iem. op zijn ~ geven* ★ *geen ~* niets
mie·te·ren *ww* [mieterde, h. & is gemieterd] NN, spreektaal ❶ smijten: ★ *je tas in een hoek ~* ❷ vallen, rollen: ★ *ergens vanaf ~* ★ *ze mieterde haast van het huishoudtrapje* ★ *dat mietert niet* dat dondert niet, komt er niet op aan
mie·ters *bn* NN, spreektaal heerlijk, leuk, prachtig: ★ *een mieterse film*
mie·tje *het* [-s] inf homoseksuele man die overdreven vrouwelijk gedrag vertoont ★ *laten we elkaar geen ~ noemen* laten we open met elkaar spreken zonder er doekjes om te winden
mie·ze·ren *ww* [het miezerde, het h. gemiezerd] heel fijn regenen
mie·ze·rig *bn* ❶ druilerig, regenachtig ❷ schraal, minnetjes
mi·grai·ne [mieγrènə] *‹Fr‹Gr› de* zeer hevige kloppende of bonzende eenzijdige hoofdpijn, vaak gepaard gaand met misselijkheid en braken
mi·grant *‹Lat› de (m)* [-en] iem. die migreert
mi·gran·ten·raad *de (m)* college dat de belangen van buitenlandse werknemers behartigt
mi·gra·tie [-(t)sie] *‹Fr‹Lat› de (v)* verplaatsing; verhuizing van volkeren of bevolkingsgroepen; verplaatsing van exemplaren van een planten- of diersoort naar een woon- of groeiplaats waar de soort tot dusverre ontbrak
mi·gra·tie·sal·do [-(t)sie-] *het* overschot van personen door vestiging van elders
mi·gre·ren *ww ‹Lat›* [migreerde, is gemigreerd] verhuizen naar een ander land, een andere streek
mi·hoen *‹Chin› de (m)* Chinese deegslierten van rijstebloem, dunner dan mi
mih·rab *‹Arab› de (m)* [-s] gebedsnis in een van de binnenmuren van een moskee die de richting van Mekka aangeeft; afbeelding daarvan op een bidkleed
Mij. *afk* Maatschappij
mij I *pers vnw* niet-onderwerpsvorm van de eerste persoon enkelvoud: ★ *hij gaf ~ het boek* ★ *zij omhelsde ~* **II** *wederkerend vnw* eerste persoon enkelvoud: ★ *ik vergis ~*
mij·den *ww* [meed, h. gemeden] ontwijken, uit de weg gaan
mijl *‹Lat› de* [-en] afstandsmaat ★ *Nederlandse ~* 5556 m ★ *Duitse* of *geografische ~* 7407 m ★ *Engelse ~* 1609

mij·len·ver bn ❶ heel ver: ★ *de koploper lag ~ voor op het peloton* ❷ in een zeer vroeg stadium: ★ *de boekhouder zag het faillissement al van ~ aankomen*

mijl·paal *de (m)* [-palen] ❶ paal die een afstand van één mijl aangeeft ❷ fig gebeurtenis die een periode afsluit of waarmee een nieuwe periode begint: ★ *een ~ in zijn loopbaan*

mij·me·raar *de (m)* [-s] iem. die mijmert

mij·me·ren ww [mijmerde, h. gemijmerd] soezen, peinzen, in min of meer weemoedige gedachten verzonken zijn: ★ *over iets ~*

mij·me·rij *de (v)* [-en], **mij·me·ring** *de (v)* [-en] het mijmeren

mijn¹ *bez vnw eerste persoon enk*: ★ *~ kat, ~ huis* ★ *Mijne Heren* ★ *het ~ en het zijn mijn bezit en het jouwe* ★ *het verschil tussen ~ en dijn niet weten* zich spullen van anderen toe-eigenen ★ *ik en de mijnen* ik en mijn gezin ★ *daar moet ik het mijne van weten* daar wil ik meer van weten

mijn² *(Fr) de* [-en] ❶ onderaardse ruimte waaruit delfstoffen worden opgehaald; *ook* mijnbouwonderneming ❷ mil onderaardse gang waarin explosieven zijn aangebracht ❸ mil voorwerp dat bij aanraking ontploft: ★ *mijnen leggen, ruimen, vegen*

mijn³ *de* [-en] veiling

mijn·bed·ding *de* [-en] steenkolenlaag, ertslaag enz.

mijn·bouw *de (m)* het delven van steenkolen, metalen enz. uit de bodem

mijn·bouw·kun·de *de (v)* wetenschap van de mijnbouw

mijn·bouw·kun·dig bn in, volgens, van de mijnbouwkunde

mijn·con·ces·sie *de (v)* [-s] recht om een → **mijn²** (bet 1) te exploiteren

mijn·de·tec·tor *de (m)* [-s, -toren] toestel voor het opsporen van mijnen (→ **mijn²**, bet 3)

mij·nen ww [mijnde, h. gemijnd] vroeger kopen door op een verkoping bij afslag 'mijn' te roepen (tegenwoordig maakt men gebruik van elektronische apparatuur

mij·nen·ja·ger *de (m)* [-s] schip dat mijnen (→ **mijn²**, bet 3) opspoort en onschadelijk maakt

mij·nen·leg·ger *de (m)* [-s] schip ingericht voor het leggen van zeemijnen

mij·nent zn ★ *te ~ of ten ~* vero bij mij thuis

mij·nent·hal·ve bijw vero wat mij aangaat

mij·nent·we·ge bijw vero uit mijn naam; wat mij betreft

mij·nent·wil zn, **mij·nent·wil·le:** vero ★ *om ~ ter wille van mij*

mij·nen·ve·ger *de (m)* [-s] schip ingericht voor het opruimen van mijnen (→ **mijn²**, bet 3)

mij·nen·veld *het* [-en] gedeelte van de zee of stuk land waar mijnen (→ **mijn²**, bet 3) liggen

mij·ner·zijds bijw van mijn kant

mijn·gang *de (m)* [-en] gang in een → **mijn²** (bet 1)

mijn·gas *het* [-sen] ontplofbaar gas dat zich in mijnen (→ **mijn²**, bet 1) ontwikkelt, methaan

mijn·heer *de (m)* [mijne heren] vero meneer

mijn·hout *het* hout waarmee mijngangen worden gestut

mijn·lamp *de* [-en] lichtbron voor gebruik in mijnen, vaak ook te gebruiken als detector van mijngas

mijn·raad *de (m)* [-raden] commissie van toezicht op een → **mijn²** (bet 1); lid daarvan

mijn·schacht *de* [-en] verticale toegangsweg tot een → **mijn²** (bet 1)

mijn·streek *de* [-streken] streek waar veel mijnen (→ **mijn²**, bet 1) zijn

mijn·wer·ker *de (m)* [-s] iem. die in de mijnen (→ **mijn²**, bet 1) werkt

mijn·wer·kers·lamp *de* [-en] mijnlamp

mijn·we·zen *het* al wat op de mijnbouw betrekking heeft

mijn·worm·ziek·te *de (v)* ingewandsziekte bij mijnwerkers, veroorzaakt door een worm

mijt¹ *de* [-en] stapel hooi of hout

mijt² *de* [-en] klein spinachtig diertje: ★ *huisstof~*

mij·ter *(Lat/Gr) de (m)* [-s] ❶ bisschopsmuts: ★ *de ~ van Sinterklaas* ❷ overdrachtelijk bisschoppelijke waardigheid

mij·te·ren ww [mijterde, h. gemijterd] de mijter opzetten, tot een hoge geestelijke waardigheid verheffen

mij·zelf wederk vnw versterking van mij

mik¹ *de* [-ken] vooral NN tarwe- of roggebrood: ★ *krenten~* ★ NN *het is dikke ~ tussen die twee* ze kunnen het erg goed met elkaar vinden

mik² *de* [-ken] gaffelvormige stutpaal

mi·ka·do¹, **mi·ka·do** *(Jap) de (m)* titel van de keizer van Japan, gebruikt door niet-Japanners; *vgl*: → **tenno**

mi·ka·do² *(Jap) het* ['s] een spel met houten of plastic staafjes, waarin spelers uit een berg staafjes een staafje moeten wegpakken zonder iets te laten bewegen

mik·ken ww [mikte, h. gemikt] ❶ nauwkeurig richten om iets gooiend of schietend te raken, aanleggen: ★ *met een geweer op een schietschijf ~* ★ *~ op* fig nastreven: ★ *zij mikt op het presidentschap* ❷ gooien: ★ *iem. eruit ~* ★ *de vuile sokken in de wasmand ~*

mik·mak *de (m)* rommel, boel: ★ *de hele ~*

mik·punt *het* [-en] punt dat men wil treffen; fig iemand op wie plagerijen enz. steeds gemunt zijn: ★ *hij was het ~ van hun beledigingen*

mil. afk militair

Mi·laans bn → **Milanees** (II)

mi·la·dy [mileedie] *(Eng) de (v)* ⟨in Engeland⟩ (aanspreek)titel van de echtgenoten van baronets en knights, en van adellijke dames

Mi·la·nees I *de (m)* [-nezen] iem. geboortig of

afkomstig uit Milaan **II** *bn* van, uit, betreffende Milaan

mild *bn* ❶ zacht: ★ *een milde smaak* niet scherp ❷ zachtzinnig: ★ *~ oordelen* niet streng ★ *een milde straf* geen zware straf ❸ vrijgevig; overvloedig, ruim: ★ *een milde gift*

mild·da·dig *bn* gul, ruim gevend; **milddadigheid** *de (v)*

mil·de·ren *ww (‹Du)* [milderde, h. gemilderd] BN ook afzwakken, matigen, temperen, verzachten; verminderen

mild·heid *de (v)* ❶ het mild-zijn ❷ [*mv:* -heden] milde daad, milde handelwijze

mi·li·cien [-sjē] *(‹Fr) de (m)* [-s] BN, hist soldaat die verplicht in dienst komt, dienstplichtig soldaat, dienstplichtige

mi·lieu [mieljeu] *(‹Fr) het* [-s] ❶ omgeving waarin men leeft; sociale kring waarin men thuishoort, verkeert of is opgegroeid: ★ *uit een beschermd ~ komen* ❷ biol de levensomstandigheden die de ontwikkeling van een dier of mens beïnvloeden: ★ *bacteriën gedijen goed in een niet-zuur ~* ❸ levenssfeer (atmosfeer, water en landschap) met betrekking tot de kwaliteit, de invloed van (vooral het bederf door) cultuur en techniek: ★ *de vervuiling van het ~*

mi·lieu·ac·ti·vist [mieljeu-] *de (m)* [-en] iem. die actie voert voor bescherming van het milieu

mi·lieu·be·heer [mieljeu-] *het* het zorg dragen voor het niet verontreinigd raken van het milieu

mi·lieu·be·scher·ming [mieljeu-] *de (v)* bescherming van het leefmilieu

mi·lieu·be·we·ging [mieljeu-] *de (v)* geheel van organisaties en verenigingen die zich inzetten voor bescherming van het milieu

mi·lieu·be·wust [mieljeu-] *bn* zich verantwoordelijk voelend voor de toestand van het milieu (en daarnaar handelend)

mi·lieu·bo·nus [mieljeu-] *de (m)* [-sen] BN bonus die wordt toegekend voor milieuvriendelijke maatregelen

mi·lieu·box [mieljeu-] *de (m)* [-en] doos waarin men voor het milieu schadelijke stoffen, zoals klein chemisch afval, verzamelt

mi·lieu·ef·fect·rap·por·ta·ge [mieljeu-, -zjə] *(‹Fr) de (v)* wettelijk verplicht rapport over de gevolgen voor het milieu van een voorgenomen project (zoals de aanleg van een weg, de vestiging van een fabriek e.d.)

mi·lieu·hef·fing [mieljeu-] *de (v)* belasting die betaald moet worden voor milieuvervuilende producten, materialen, productiewijzen e.d., ecotaks

mi·lieu·hy·gi·ë·ne [mieljeuhiegie(j)eenə] *de* zorg voor een goed, gezond milieu, bestrijding van milieuverontreiniging

mi·lieu·kun·de [mieljeu-] *de (v)* wetenschap die zich richt op het behoud van een gezonde leefomgeving en een duurzame toekomst

mi·lieu·on·vrien·de·lijk [mieljeu-] *bn* schadelijk voor het leefmilieu: ★ *milieuonvriendelijke afvalstoffen, industrieën*

mi·lieu·park [mieljeu-] *het* [-en] terrein waar men huishoudelijk afval in gescheiden containers (voor hout, metaal, papier enz.) kan deponeren

mi·lieu·po·li·tie [mieljeupoolie(t)sie] *de (v)* de gezamenlijke ambtenaren die wetten betreffende het milieu handhaven

mi·lieu·ramp [mieljeu-] *de* [-en] ramp waardoor het milieu ernstig wordt aangetast

mi·lieu·straat [mieljeu-] *de* [-straten] plaats binnen een gemeente waar men verschillende soorten milieubelastend afval kan afgegeven of deponeren

mi·lieu·taks [mieljeu-] *de* milieuheffing

mi·lieu·ver·ont·rei·ni·ging *de (v),* **mi·lieu·ver·vui·ling** *de (v)* [mieljeu-] vervuiling van het leefmilieu

mi·lieu·vrien·de·lijk [mieljeu-] *bn* het leefmilieu niet of zo weinig mogelijk verontreinigend: ★ *een milieuvriendelijke productiewijze* ★ *deze energiebron is niet ~*

mi·lieu·wach·ter [mieljeu-] *de (m)* [-s] iem. belast met het toezicht op de naleving van de voorschriften die milieuverontreiniging moeten tegengaan

mi·li·tair [-tèr] *(‹Fr‹Lat)* **I** *bn* op het krijgswezen betrekking hebbend **II** *de (m)* [-en] iem. die in krijgsdienst is

mi·li·tant *(‹Fr)* **I** *bn* strijdvaardig, ook met het woord of met de pen: ★ *een ~ bestrijder van onrecht* **II** *de (m)* [-en] BN actief lid van een (vak)beweging, politieke partij, vooral actief ledenwerver; actievoerder

mi·li·ta·ri·se·ren *ww* [-zeerə(n)] *(‹Fr)* [militariseerde, h. gemilitariseerd] op militaire wijze inrichten, organiseren, besturen: ★ *een gebied ~*

mi·li·ta·ris·me *(‹Fr) het* ❶ het ondergeschikt maken van de burgerlijke belangen aan die van het leger ❷ opvatting dat een grote invloed van het militaire apparaat op de samenleving wenselijk is

mi·li·ta·rist *(‹Fr) de (m)* [-en] voorstander van het militarisme

mi·li·ta·ris·tisch *bn* van, volgens, voor het militarisme

mil·i·tary [millittərie] *(‹Eng) de* ‹in de paardensport› benaming voor een samengesteld concours, bestaande uit een dressuurproef, terreinrit en springconcours

mi·li·tie [-(t)sie] *(‹Fr‹Lat) de (v)* ❶ hist door dienstplichtigen gevormde krijgsmacht ❷ in sommige landen benaming voor (para)militaire organisaties op politieke of religieuze grondslag ❸ hist dienstplicht, militaire dienst

mil·jard *(‹Fr)* **I** *telw* duizend miljoen (10⁹) **II** *het* [-en] bedrag van duizend miljoen euro, dollar e.d.

mil·jar·dair [-dèr] *(‹Fr) de (m)* [-s] bezitter van een of meer miljarden (euro's, dollars e.d.)

mil·joen *(‹Fr‹It)* **I** *telw* ★ *dat kost vijf ~ euro* **II** *het* [-en] 1000 × 1000: ★ *daar woont een ~ mensen*

mil·joe·nen·no·ta *de* ['s] in Nederland nota over de financiën van het land, ingediend tegelijk met de begroting

mil·jo·nair [-nèr] (‹Fr› de (m) [-s] bezitter van een of meer miljoenen (euro's, dollars e.d.)
milk·shake [-sjeek] (‹Eng› de (m) [-s] mengsel van melk, roomijs en vruchtensap (of een smaakstof)
mille [miel] (‹Fr‹Lat›) **I** telw duizend **II** het NN duizend euro ★ dat kost twee ~ tweeduizend euro
mil·len·ni·um (‹Lat› het [-nia] tijdperk van duizend jaar; duizendjarig rijk (vgl: → **chiliasme**)
mil·len·ni·um-bug [-buγ] (‹‹Eng› de (m) comput fout in chips en software waardoor bij het aanbreken van 1 januari 2000 de in de programma's verwerkte datum niet zou verspringen naar de goede datum, met als verwacht gevolg dat geautomatiseerde systemen niet meer naar behoren zouden functioneren: ★ de ~ heeft bij de eeuwwisseling slechts weinig problemen veroorzaakt
mil·li- [mielie-] (‹Lat› als eerste lid in samenstellingen: 1/1000
mil·li·am·pè·re de (m) [-s] 1/1000 ampère
mil·li·bar [mieliebaar] de (m) luchtdruk van 1000 dyne per cm², ongeveer 0,075 cm kwikdruk
mil·li·gram [mielie-] (‹Lat-Gr› het [-men] éénduizendste gram
mil·li·li·ter [mielie-] de (m) [-s] éénduizendste liter
mil·li·me·ter, **mil·li·me·ter** [mielie-] de (m) [-s] éénduizendste meter
mil·li·me·te·ren ww [mielie-] [millimeterde, h. gemillimeterd] ‹het haar› zeer kort op één of enkele millimeters knippen
mil·li·me·ter·pa·pier [mielie-] het papier met zeer kleine ruitjes bedrukt
mil·li·mol de eenheid van concentratie van een stof
mil·li·rem [mielie-] de (m) nat 1/1000 rem
mil·li·se·con·de (‹Fr‹Lat› de [-n, -s] 1/1000 seconde
mil·li·sie·vert de [-s] maat voor radioactieve straling (mSv): ★ een Nederlander ontvangt gemiddeld twee ~ per jaar
mi·lord [milòd] (‹Eng› de (m) ‹in Engeland› (aanspreek)titel van een edelman beneden hertog, van een bisschop, de Lord Mayor en een rechter van het Hooggerechtshof
milt de [-en] ❶ buikklier links achter de maag, van betekenis voor de zuivering van het bloed en de vorming van witte bloedcellen; ❷ BN hom
milt·vuur het gevaarlijke, door bacteriën veroorzaakte infectieziekte, vooral bij dieren voorkomend, die ook op de mens kan overslaan, anthrax
Mil·va afk in Nederland, hist Militaire vrouwenafdeling (bij de Koninklijke Landmacht)
mime [miem] (‹Gr› de (m) [-n] ❶ woordloze vertolking van een rol, uitdrukking van gedachten of gevoelens door gebarenspel ❷ kunst van het gebarenspel
mi·men ww [mimede, h. gemimed] met gebaren en bewegingen iets uitbeelden
mime·spe·ler [miem-] de (m) [-s] iem. die mime beoefent, gebarenspeler
mi·me·tisch (‹Gr› bn nabootsend, navolgend

mi·mi·cry [-krie] (‹Eng› de (v) biol eigenschap van vele dieren om zich in kleur en vorm aan de omgeving aan te passen, waardoor ze moeilijk waarneembaar zijn
mi·miek (‹Fr› de (v) ❶ uitdrukkingsbewegingen van het gelaat ❷ kunst om door gebaren gewaarwordingen en denkbeelden uit te drukken
mi·misch (‹Lat› bn van de aard van mimiek; tot de gebarenkunst behorende
mi·mi·ta·fel·tje het [-s] elk van een stel in elkaar schuivende salontafeltjes
mi·mo·sa [-zaa] (‹Lat› de ['s] tropische plant met kleine gele bloemhoofdjes ★ ~ noli me tangere, ~ pudica kruidje-roer-mij-niet
min¹ de (v) [minnen] voedster, zoogster van een baby van een andere vrouw
min², **min·ne** de liefde ★ iets in der minne schikken vriendschappelijk, zonder tussenkomst van de rechter, met een beetje geven en nemen
min³ I bn ❶ weinig; ★ zo ~ mogelijk zo weinig mogelijk ★ ~ of meer een beetje, enigszins ★ jij net zo ~ als ik evenmin ❷ minderwaardig: ★ iem., iets te ~ vinden ★ daar moet je niet te ~ over denken ❸ gemeen, verachtelijk: ★ een minne streek ❹ beneden nul: ★ het is ~ vier graden Celsius ❺ verminderd met: ★ zeven ~ twee is vijf ; zie ook bij → **minder**, → **minst II** de [-nen] minteken; negatieve waarde: ★ zij heeft één ~ en dat is haar eigenwijsheid ★ ergens minnen en plussen bij plaatsen nadelen en voordelen beoordelen
min. afk ❶ mineur ❷ minimum ❸ minuut, minuten
Min. afk ❶ Minister ❷ Ministerie
min·ach·ten ww [minachtte, h. geminacht] geen achting hebben voor, neerzien op
min·ach·tend bn minachting tonend
min·ach·ting de (v) het minachten: ★ ~ voor iets, iem. hebben
mi·na·ret (‹Arab› de [-ten] slanke toren met een omgang bij een moskee, waarvanaf de muezzin de uren van het gebed afkondigt
mi·na·ri·ne de (v) BN halvarine
-mind·ed [maindid] (‹Eng› als tweede lid in samenstellingen belangstelling hebbend voor: ★ muziekminded ★ voetbalminded
min·der I onbep hoofdtelw vergrotende trap van weinig: ★ hij heeft ~ geld dan ik **II** bn ❶ kleiner, onbelangrijker, slechter enz.: ★ dit restaurant is beduidend ~ dan het vorige ★ de mindere goden niet zo belangrijke of getalenteerde mensen ❷ niet zo zeer: ★ het is hem ~ om het geld te doen
min·der·be·deel·den mv mensen met geringe middelen van bestaan
min·der·broe·der de (m) [-s] franciscaan
min·de·re de [-n] persoon die onder iemand staat; ondergeschikte
min·de·ren ww [minderde, h. & is geminderd] ❶ minder maken ★ vaart ~ langzamer vooruitgaan ★ ~ met roken minder gaan roken ❷ ‹bij het breien›

het aantal steken kleiner maken ❸ minder worden: ★ *het geweld mindert gelukkig iets*

min·der·heid *de (v)* [-heden] ❶ het kleinere getal stemmen *of* stemmenden: ★ *een ~ in de Tweede Kamer stemde tegen de voorstellen* ❷ de groep die tussen andere groepen het kleinst is: ★ *op het feestje waren de mannen ver in de ~* ❸ bevolkingsgroep die qua huidskleur, religie, politieke overtuiging, seksuele geaardheid e.d. afwijkt van de meerderheid en daarom soms wordt gediscrimineerd: ★ *etnische minderheden*

min·der·heids·be·lang *het* econ deelneming in het kapitaal van een bedrijf van minder dan 50%

min·de·ring *de (v)* [-en] ❶ het minderen bij het breien ❷ ★ *in ~ brengen* er vanaf trekken

min·der·ja·rig *bn* jonger dan een bepaalde leeftijd, waardoor men nog niet bekwaam wordt geacht zelfstandig bepaalde rechtshandelingen te verrichten: ★ *zowel in Nederland als België is men onder de 18 jaar nog ~*

min·der·ja·ri·ge *de* [-n] iem. die minderjarig is

min·der·ja·rig·heid *de (v)* het minderjarig-zijn

min·der·va·li·de *(Fr‹Lat)* **I** *bn* met een lichte lichamelijke handicap **II** *de* [-n] iem. met een dergelijke handicap

min·der·waar·dig *bn* ❶ van een mindere soort, van geringere waarde, van mindere aanleg of bekwaamheid: ★ *zich ~ voelen* ❷ gemeen, niet fatsoenlijk: ★ *een minderwaardige beslissing*

min·der·waar·dig·heid *de (v)* het minderwaardig-zijn

min·der·waar·dig·heids·com·plex *het* [-en], **min·der·waar·dig·heids·ge·voel** *het* remmend gevoel van minder waard te zijn of tot minder in staat te zijn dan anderen

mind·ful·ness [maindfoelnəss] *(Eng) de* levensvisie en meditatietechniek waarin 'aanvaarding van voor- en tegenspoed' en 'bewust ervaren van het hier en nu' centraal staan

mi·ne·raal *(Fr‹Lat)* **I** *het* [-ralen] ❶ delfstof, erts, onbewerkt natuurvoortbrengsel ❷ benaming voor bep. voedingsstoffen, zoals kalk, ijzer, jodium en zwavel **II** *bn* ertshoudend ★ *minerale wateren* koolzuurhoudend water

mi·ne·raal·wa·ter *het* [-s, -en] bronwater, vaak koolzuurhoudend

mi·ne·ra·lo·gie *(Fr-Gr) de (v)* delfstofkunde

mi·ne·ra·loog *(Fr-Gr) de (m)* [-logen] delfstofkundige, erts- of steenkenner

mi·ne·stro·ne *(It) de* dikke Italiaanse groentesoep met o.a. bonen, vermicelli en rijst

mi·neur, mi·neur *(Fr) het* muz kleine terts toongeslacht ★ *in ~* a) in een mineurtoonaard; b) fig terneergeslagen, down

mi·neur·stem·ming *de (v)* sombere gemoedsgesteldheid: ★ *na de nederlaag hing er een ~ in de kleedkamer*

Ming *zn* Chinees vorstenhuis (1368-1644) waarnaar het in die tijd vervaardigde porselein wordt genoemd

mi·ni- *(Eng) voorvoegsel* ter aanduiding van kleine of korte vormen of exemplaren van het genoemde, het eerst gebruikt in → **minirok**; verkorting van → **miniatuur** (bet 2) of → **minimaal**

mi·ni·a·tuur *(It‹Lat)* **I** *de (v)* [-turen] ❶ oorspr rode beginletter in een handschrift; vervolgens in een sierletter gevatte kleine gekleurde tekening, en op zichzelf staande gekleurde tekening in een handschrift ❷ fijn schilderwerk op ivoor, metaal, karton enz., vooral een portret in het klein; vandaar: ★ *in ~* in het klein, op kleine schaal nagebootst **II** *als eerste lid in samenstellingen* voor voorwerpen in zeer klein formaat: ★ *miniatuurauto, miniatuurpotlood*

mi·ni·bar *de* [-s] ❶ kleine, gevulde koelkast op hotelkamers ❷ ⟨in sommige treinen⟩ wagentje met dranken en versnaperingen waarmee een verkoper door de gangpaden van coupés loopt

mi·ni·cal·cu·la·tor *de (m)* [-s] zakrekenmachine

mi·ni·disk *de (m)* *(Eng‹Lat)* [-s] digitale geluidsdrager, ontwikkeld door Sony®

mi·niem *(Fr‹Lat)* **I** *bn* uiterst klein, zeer gering **II** *de (m)* [-en] BN lid dat bij de jongsten van een sportvereniging hoort

mi·ni·golf [-γolf, -golf] *het* midgetgolf

mi·ni·jurk *de* [-en] zeer korte jurk

mi·ni·loem·pia *de* ['s] kleine soort loempia, Vietnamese loempia

mi·ni·ma *mv* vooral NN mensen die het laagste inkomen hebben in de samenleving ★ *de echte ~* personen die in gezinsverband van slechts één bijstandsuitkering of minder moeten leven

mi·ni·maal *(Fr) bn* ❶ een minimum uitmakende, zeer klein: ★ *een minimale bezetting* ❷ minstens, op zijn minst: ★ *er zijn ~ drie mensen nodig*

min·i·mal art [minnimməl a(r)t] *(Eng) de (m)* stroming in de Amerikaanse beeldhouwkunst in de tweede helft van de jaren zestig, gekenmerkt door het gebruik van objecten met eenvoudige, geometrische vormen (kubus, cilinder e.d.), die gewoonlijk een grote omvang hebben

mi·ni·ma·li·se·ren *ww* [-zeerə(n)] [minimaliseerde, h. geminimaliseerd] ❶ zo gering mogelijk maken, tot een minimum terugbrengen: ★ *de uitgaven ~* ❷ als onbeduidend voorstellen: ★ *zijn aanzienlijke inspanningen werden later nogal geminimaliseerd* ❸ comput een venster reduceren tot een knop op de taakbalk

min·i·mal mu·sic [minnimməl mjoezik] *(Eng) de (m)* beweging in de moderne muziek, ontstaan in de jaren zestig in de Verenigde Staten, gekenmerkt door vrij simpele motieven die zich steeds herhalen en waarbij slechts kleine verschuivingen optreden

mi·ni·mum *(‹Lat)* **I** *het* [-ma] ❶ kleinste waarde die een veranderlijke grootheid kan bereiken of bereikt heeft; kleinste, minste hoeveelheid; laagste bedrag, laagste prijs, salaris enz.: ★ *de ellende tot een ~*

beperken ★ *een ~ aan inspanning* ; zie ook → **minima** ❷ meteor gebied met de laagste luchtdruk **II** *bijw* BN, spreektaal op zijn minst, ten minste, minstens, minimaal

mi·ni·mum·jeugd·loon *het* [-lonen] het laagste loon dat wettelijk betaald mag worden aan jeugdige werknemers tussen 15 en 23 jaar oud

mi·ni·mum·loon *het* [-lonen], **mi·ni·mum·sa·la·ris** *het* [-sen] door de overheid vastgesteld bedrag aan loon of salaris dat ten minste moet worden betaald

mi·ni·mum·ther·mo·me·ter *de (m)* [-s] thermometer die de laagste temperatuur aanwijst die gedurende een bepaalde tijd is voorgekomen

mi·ni·rok *de (m)* [-ken] zeer korte rok

mi·ni·se·ren *ww* [-zeerə(n)] (‹*Fr*) [miniseerde, h. geminiseerd] verminderen, beperken; minder eten om slanker te worden ★ *(met) vlees ~* minder vlees gaan eten

mi·nis·ter (‹*Lat*) *de (m)* [-s] ❶ hoogste staatsambtenaar, hoofd van een departement van staatsbestuur ★ *eerste ~* of *minister-president* voorzitter van de raad van ministers ★ *~ van Staat* eretitel verleend aan personen die zich in openbare functies bijzonder hebben onderscheiden ★ BN *federale ~* minister in de federale regering ❷ vertegenwoordiger van een staat bij een vreemde mogendheid (alleen in de verbinding: *gevolmachtigd minister*)

mi·nis·te·ri·a·bel (‹*FrLat*) *bn* geschikt om minister te worden

mi·nis·te·rie (‹*FrLat*) *het* [-s] ❶ departement van algemeen bestuur; gebouw daarvan: ★ *op het ministerie van Onderwijs, Cultuur en Wetenschap werken* ❷ NN de gezamenlijke ministers, kabinet: ★ *het ~ Heemskerk (1874-1877)* ❸ ★ *Openbaar Ministerie* de ambtenaren die belast zijn met het vervolgen van strafbare feiten, *afk.*: OM

mi·nis·te·ri·eel (‹*FrLat*) *bn* ❶ van een minister; wat van een minister of ministerie uitgaat: ★ *ministeriële goedkeuring* ❷ van het ministerie, het ministerie betreffend ★ *ministeriële crisis* conflict tussen parlement en ministerie, ten gevolge waarvan een of meer ministers aftreden ★ *ministeriële verantwoordelijkheid* aansprakelijkheid van de minister (niet van de koning(in)) ★ *uitspraken van de kroonprins vallen onder de ministeriële verantwoordelijkheid*

mi·nis·ter·por·te·feuil·le [-fuijə] *de (m)* [-s] → **ministersportefeuille**

mi·nis·ter·pre·si·dent [-zie-] *de (m)* [ministers-presidenten] ❶ NN voorzitter van de ministerraad, premier, eerste minister ❷ BN voorzitter van een deelregering in België

mi·nis·ter·raad *de (m)* ministervergadering; alle ministers

mi·nis·ter·schap *het* het minister-zijn

mi·nis·ters·por·te·feuil·le, **mi·nis·ter·por·te·feuil·le** [-fuijə] *de (m)* [-s] het ambt van minister: ★ *zijn ~ ter beschikking stellen*

mi·nis·ters·post *de (m)* [-en] functie van minister: ★ *een ~ bekleden*

mi·nis·tre·ren *ww* (‹*Lat*) [ministreerde, h. geministreerd] de kerkdienst (helpen) verrichten

mi·ni·voet·bal *het* een veel op zaalvoetbal lijkende sport met iets afwijkende regels

mink (‹*Eng*) **I** *de (m)* [-s] Amerikaanse variant van de nerts (*Lutreola vison*) **II** *het* bont van dit dier

min·ku·kel *de (m)* [-s] NN, geringsch dom nietswaardig persoon

min·lijn *de* econ denkbeeldige lijn die economische achteruitgang of het lager worden van de inkomens voorstelt: ★ *in de ~ zitten*

min·naar *de (m)* [-s, -naren] ❶ man met wie iem. een (vooral seksuele) relatie heeft ★ *een heerlijke, tedere ~* ❷ man die een relatie heeft met een getrouwde vrouw ❸ iem. die van iets houdt: ★ *hij is een ware ~ van de schilderkunst*

min·na·res *de (v)* [-sen] ❶ vrouw met wie iem. een (vooral seksuele) relatie heeft; ❷ vrouw die een relatie heeft met een getrouwde man: ★ *hij heeft zijn vrouw bedrogen met talloze minnaressen* ❸ vrouw die van iets houdt: ★ *zij is een ~ van de klassieke muziek*

min·ne¹ *de (v)* [-n] → **min¹**

min·ne² *de* → **min²**

min·ne·dicht *het* [-en] vooral hist liefdesgedicht

min·ne·dich·ter *de (m)* [-s] iem. die liefdespoëzie schrijft

min·ne·drank *de (m)* [-en] drank die liefde of seksuele begeerte opwekt

min·ne·god *de (m)* [-goden] god van de liefde, zoals Amor, Cupido, Eros e.d.

min·ne·ko·zen *ww* [minnekoosde, h. geminnekoosd] verliefd liefkozen, vrijen

min·ne·lied *het* [-liederen] hist liefdeslied

min·ne·lijk *bn* ❶ vriendelijk ❷ zonder tussenkomst van de rechter: ★ *een minnelijke schikking treffen*

min·nen *ww* [minde, h. gemind] vero, dichterlijk liefhebben

min·ne·spel *het* vero of schertsend intieme omgang tussen geliefden, vooral de geslachtsgemeenschap

min·ne·tjes *bijw* zwakjes

min·ne·zan·ger *de (m)* [-s] ‹in de middeleeuwen› rondtrekkend maker en zanger van liefdesliederen

mi·no·ïsch *bn* betrekking hebbend op het rijk van koning Minos van Kreta (± 2000 v.C.) en de cultuur daarvan

mi·nor (‹*Lat*) *bn* ❶ de kleinere, mindere ❷ onderw samenhangend geheel van cursussen in de keuzeruimte van een bacheloropleiding, het keuzeprogramma

mi·no·riet *de (m)* [-en] minderbroeder, franciscaan

mi·no·ri·teit (‹*FrLat*) *de (v)* ❶ minderheid (van stemmen) ❷ minderjarigheid

Mi·no·tau·rus *de (m)* mensenvlees etend mythologisch monster, half mens, half stier, in het labyrint van Minos op Kreta

min·punt *het* [-en] iets ten ongunste of ten nadele, tegengest: → **pluspunt**

minst *bn* overtreffende trap van → **min³** (bet 1) en → **weinig** ★ *op zijn ~* zo min mogelijk genomen ★ *niet in het ~* volstrekt niet ★ *niet het ~ (om..., wegens..., omdat...)* voornamelijk, vooral ★ *niet het minste* volstrekt niets, volstrekt geen ★ *ten minste* minimaal vgl: → **tenminste**

minst·be·deel·den *de (mv)* armste mensen

min·ste *de* [-n] geringste, kleinste ★ *de ~ wezen* zich inschikkelijk betonen, niet zijn mening willen doordrijven

min·stens *bijw* ten minste, op zijn minst

min·streel (‹Oudfrans‹Lat) *de (m)* [-strelen] ‹in de middeleeuwen› rondtrekkend zanger en dichter; dichter-zanger

mint (‹Eng‹Gr) *de* pepermunt

min·te·ken *het* [-s] liggend streepje om een aftreksom of een getal beneden nul aan te duiden

mint·groen *bn & het* lichtgroen

mint·thee *de (m)* thee met pepermuntsmaak

mi·nus (‹Lat) **I** *bijw* verminderd met, → **min³** (bet 5); vgl: → **plusminus II** *het* tekort, deficit

mi·nus·cuul (‹Fr‹Lat) *bn* uiterst klein

mi·nus·kel (‹Du‹Lat) *de* [-s] kleine letter

mi·nu·te *de* [-n] → **minuut** (bet 3) ★ *à la ~* ogenblikkelijk, terstond

mi·nu·te·rie (‹Fr) *de (v)* [-s] BN ook kookwekker; tijdschakelaar (in een oven, van het licht in een trappenhuis e.d.); schakelklok; telapparaat

mi·nu·tieus [mienuu(t)sjeus] (‹Fr) *bn* uiterst nauwkeurig, haarfijn

mi·nuut (‹Fr‹Lat) *de* [-nuten] ❶ zestigste gedeelte van een uur ❷ korte tijd: ★ *het duurt maar een paar minuten* ★ *van de ene ~ op de andere* plotseling ❸ zestigste gedeelte van een graad (hoekgraad, lengte- en breedtegraad), aangeduid door het teken ' ❹ eerste schriftelijk ontwerp van een stuk; oorspronkelijke akte van een notaris

mi·nuut·wij·zer *de (m)* [-s] de grote wijzer van een uurwerk

min·ver·mo·gend *bn* weinig bezittend

min·ver·mo·gen·de *de* [-n] iem. die weinig bezit

min·zaam *bn* welwillend; (vooral tegenover minderen) enigszins neerbuigend vriendelijk: ★ *~ glimlachen*; **minzaamheid** *de (v)*

mi·o·ceen (‹Gr) *het* geol op één na jongste tijdvak binnen het tertiair, van 22 miljoen tot 7 miljoen jaar geleden, met daarin o.a. de vorming van bruinkool

mips *afk* comput million instructions per second (‹Eng) [maat voor de verwerkingssnelheid van computerprocessoren]

mi·ra·bel (‹Fr‹Gr) *de* [-len] kleine roodbruine of geelrode ronde pruim, kroosje

mi·ra·cu·leus (‹Fr) *bn* wonderbaarlijk, verbazingwekkend: ★ *op miraculeuze wijze*

mi·ra·kel (‹Lat) *het* [-s, -en] ❶ wonder, bovennatuurlijk verschijnsel ❷ iets wonderbaarlijks, verbazingwekkends ❸ NN, vero vervelende, onmogelijke of lelijke vrouw

mi·ra·kels (‹Lat) **I** *bn* NN ondeugend, stout: ★ *mirakelse kinderen* **II** *bijw* heel erg: ★ *~ veel problemen*

mi·ra·kel·spel *het* [-spelen] hist middeleeuws geestelijk toneelstuk met een goddelijk wonder als onderwerp

mir·re (‹Gr) *de* med bittere welriekende, geneeskrachtige gomhars van een oosterse struik; als geneesmiddel in mondwater gebruikt

mirt, **mir·te** (‹Gr) *de (m)* [mirten] altijdgroene heester met witte bloemen, waaruit specerijen en welriekende oliën worden bereid

mir·ten·blad *het* [-bladen, -bladeren, -blaren] blad van de mirte

mir·ten·boom *de (m)* [-bomen] mirte

mir·ten·krans *de (m)* [-en] krans van mirtenbladen

mis¹ (‹Lat) *de* [-sen] RK kerkdienst: het offeren van brood en wijn op het altaar, die overgaan in het lichaam en bloed van Christus; de gebeden en gezangen gedurende die dienst ★ *de ~ doen, celebreren, lezen, opdragen* ★ *een stille ~* zonder zang ★ *gezongen ~* met zang van de priester

mis² *bn* ❶ niet raak: ★ *van Basten schoot ~* ★ *~ poes!* ★ *dat is niet ~* gezegd als men iets heel erg veel, goed, slecht enz. vindt; zie ook bij → **poes** ❷ fout, onjuist, verkeerd: ★ *het ging helemaal ~ met haar* ★ *het ~ hebben* zich vergissen, niet de juiste mening hebben ★ *~ doen* verkeerd doen

mi·san·troop [-zan-] (‹Gr) *de (m)* [-tropen] mensenhater

mi·san·tro·pie [-zan-] (‹Gr) *de (v)* mensenhaat

mi·san·tro·pisch [-zan-] *bn* van de aard van, voortkomend uit mensenhaat, daarvan vervuld, zwartgallig

mis·baar¹ *het* overdreven gevoelsuiting; lawaai: ★ *veel ~ maken over iets*

mis·baar² *bn* gemist kunnende worden

mis·bak·sel *het* [-s] ❶ mislukt baksel; fig iets wat slecht uitgevallen of mislukt is ❷ vervelend persoon

mis·boek *het* [-en] boek met missen, misgebeden enz.

mis·bruik *het* verkeerd of te overvloedig gebruik: ★ *~ wordt gestraft* ★ *~ maken van iets*

mis·brui·ken *ww* [misbruikte, h. misbruikt] verkeerd of overdadig gebruik maken van ★ *een vrouw ~* een vrouw verkrachten, aanranden

mis·daad *de* [-daden] NN strafbaar feit, zwaar vergrijp; BN misdrijf strafbaar met een criminele straf

mis·daad·ro·man *de (m)* [-s] roman met als belangrijkste thema's de misdaad en het opsporen van de dader(s)

mis·da·dig *bn* ❶ een misdaad zijnde, de aard van een misdaad hebbend: ★ *misdadige praktijken* ❷ een misdaad bedreven hebbend, crimineel: ★ *een misdadige jeugdbende*

mis·da·di·ger *de (m)* [-s] iem. die een of meer misdaden gepleegd heeft

mis·da·dig·heid *de (v)* het plegen van misdaden

mis·deeld *bn* slecht bedeeld, arm

mis·die·naar *de (m)* [-s] koorknaap die tijdens de → **mis**[1] dienst doet

mis·die·net·te *de (v)* [-n en -s] NN vrouwelijke misdienaar

mis·doen *ww* [misdeed, h. misdaan] verkeerd handelen, een vergrijp plegen: ★ *wat heb ik misdaan, dat je zo doet?*; vgl: mis doen bij → **mis**[2]

mis·dra·gen *wederk* [misdroeg, h. misdragen] zich slecht gedragen

mis·drijf *het* [-drijven] NN misdaad; ernstig strafbaar feit; BN samenvattende naam voor misdaden, wanbedrijven en overtredingen ★ *een ~ plegen, begaan*

mis·drij·ven *ww* [misdreef, h. misdreven] kwaad doen, slechte dingen doen

mis·druk *de (m)* [-ken] ❶ verknoeid drukwerk ❷ voorraad van daardoor onverkoopbare boeken ❸ postzegel met een tijdens de aanmaak ontstane onvolkomenheid

mise-en-scè·ne [miezāsènə] (⟨Fr⟩ *de (v)* toneelschikking, inrichting en aankleding van het toneel

mi·se·ra·bel [miezə-] (⟨Fr⟨Lat⟩ *bn* ❶ ellendig, armzalig, jammerlijk: ★ *miserabele omstandigheden* ❷ verachtelijk; lamlendig: ★ *een miserabele vent*

mi·sè·re [miezèrə] (⟨Fr⟨Lat⟩ *de (v)* ellende, nood

mi·se·re·re [miezə-] (⟨Lat⟩ *het* ❶ eig ontferm u ❷ aanhef van psalm 51, boetezang in de Rooms-Katholieke Kerk ❸ med darmafsluiting

mi·se·rie [miezeerie] (⟨Fr⟨Lat⟩ *de (v)* [-s] BN ook ellende, narigheid; nood, armoede, misère; nare gebeurtenis: ★ *zij zit in de ~*

mis·fit (⟨Eng⟩ *de (m)* [-s] ❶ mislukkeling, kneus ❷ bridge het geen kracht of lengte hebben in de sterke kleur(en) van de partner

mis·gaan *ww* [ging mis, is misgegaan] verkeerd gaan, mislopen

mis·ge·bed *het* [-beden] gebed als onderdeel van de → **mis**[1]

mis·ge·boor·te *de (v)* [-n] onvoldragen of niet welgeschapen kind of jong dier (al dan niet levensvatbaar); fig iets wat van de aanvang af ernstige gebreken heeft en daardoor niet aan de bedoeling beantwoordt

mis·ge·waad *het* [-waden] kledij waarin de → **mis**[1] opgedragen wordt

mis·gok·ken *ww* [gokte mis, h. misgegokt] gokken met ongunstige uitslag

mis·gooi·en *ww* [gooide mis, h. misgegooid] verkeerd gooien, ernaast gooien

mis·greep *de (m)* [-grepen] verkeerde handelwijze; dwaling

mis·grij·pen *ww* [greep mis, h. misgegrepen] er net naast grijpen

mis·gun·nen *ww* [misgunde, h. misgund] niet gunnen: ★ *Karel misgunt Bart zijn promotie*

mis·ha·gen *ww* [mishaagde, h. mishaagd] niet aanstaan, niet behagen

mis·han·de·len *ww* [mishandelde, h. mishandeld] ❶ lichamelijk letsel toebrengen: ★ *iem. ~* ❷ ruw behandelen: ★ *dat kind mishandelt zijn speelgoed*; **mishandeling** *de (v)* [-en]

mis·kelk *de (m)* [-en] beker bij de → **mis**[1] gebruikt

mis·ken·nen *ww* [miskende, h. miskend] niet waarderen; niet erkennen: ★ *een miskend talent*; **miskenning** *de (v)* [-en]

mis·kleun *de (m)* [-en] erge flater

mis·kleu·nen *ww* [kleunde mis, h. misgekleund] inf zich grondig vergissen, een blunder begaan

mis·kleur *bn* ⟨van tabak en sigaren⟩ met afwijkende kleur

mis·koop *de (m)* [-kopen] aankoop waarmee men bedrogen uitkomt

mis·kraam *de & het* [-kramen] het spontaan uitgedreven worden of afsterven van de menselijke of dierlijke vrucht die buiten de baarmoeder nog niet levensvatbaar is

mis·lei·den *ww* [misleidde, h. misleid] bedriegen; tot onjuiste gevolgtrekkingen brengen; op een dwaalspoor brengen; **misleiding** *de (v)* [-en]

mis·lo·pen *ww* [liep mis, is misgelopen] ❶ niet treffen, niet ontmoeten: ★ *ik ben Sander net misgelopen* ❷ niet krijgen: ★ *de hoofdprijs in de loterij ~* ❸ slecht aflopen, verkeerd gaan: ★ *het project is helemaal misgelopen*

mis·luk·ke·ling *de (m)* [-en] iem. die mislukt, die niet slaagt in het leven

mis·luk·ken *ww* [mislukte, is mislukt] ❶ niet lukken, verkeerd uitvallen, niet slagen: ★ *de recordpoging is mislukt* ❷ ⟨van personen⟩ niet slagen in wat men onderneemt: ★ *hij is mislukt als zakenman* ★ BN *~ in een examen* zakken voor een examen

mis·luk·king *de (v)* [-en] het mislukken; iets wat mislukt is

mis·maakt *de (v)* misvormd, met zichtbare lichamelijke gebreken

mis·maakt·heid *de (v)* het misvormd-zijn

mis·ma·na·ge·ment [-mennidzjmənt] *het* ondeugdelijke leiding, wanbeleid: ★ *de slechte bedrijfsresultaten werden toegeschreven aan ~*

mis·mees·te·ren *ww* [mismeesterde, h. mismeesterd] BN ❶ een verkeerde doktersbehandeling geven ❷ vandaar verknoeien

mis·moe·dig *bn* ontmoedigd, neerslachtig; **mismoedigheid** *de (v)*

mis·noegd *bn* ontevreden, ontstemd: ★ *~ zijn over iets*; **misnoegdheid** *de (v)*

mis·noe·gen *het* ontevredenheid, ontstemming

mi·so- [miezoo-] (⟨Gr⟩ als eerste lid in samenstellingen het genoemde hatend

mis·of·fer *het* [-s] RK ¹mis

mi·so·gaam [miezoo-] I *bn* het huwelijk hatend II *de*

[-gamen] iem. die een afkeer van het huwelijk heeft
mi·so·ga·mie [miezoo-] *(‹Gr) de (v)* afkeer van het huwelijk
mi·so·gyn [miezoogien] *(‹Gr)* **I** *bn* vrouwen hatend **II** *de (m)* [-en] iem. die een afkeer van vrouwen heeft
mi·so·gy·nie [miezoogienie] *(‹Gr) de (v)* ‹van mannen› haat jegens vrouwen
mis·oogst *de (m)* [-en] mislukte oogst
mis·pel *(‹Lat‹Gr)* **I** *de (m)* [-s] boom met vruchten die rottend gegeten worden (*Mespilus germanica*) **II** *de* [-s, -en] vrucht van deze boom ★ *zo rot als een ~* zeer rot
mis·peu·te·ren *ww* [mispeuterde, h. gemispeuterd] BN ❶ iets ondeugends doen ❷ in strijd met de wet handelen
mis·plaatst *bn* niet passend, slecht gekozen, ongepast: ★ *een misplaatste grap*
mis·prij·zen I *ww* [misprees, h. misprezen] ❶ afkeuren, laken: ★ *misprijzend kijken* ❷ vandaar verachten, minachten, versmaden: ★ *Marjo misprijst geld* **II** *het* verachting, minachting: ★ *het ~ stond op zijn gezicht te lezen*
mis·punt *het* [-en] ❶ erg vervelend persoon ❷ verkeerde stoot bij het biljarten
mis·ra·den *ww* [raadde *of* ried mis, h. misgeraden] verkeerd raden
mis·re·ke·nen[1] *ww* [rekende mis, h. misgerekend] verkeerd rekenen
mis·re·ke·nen[2] *wederk* [misrekende, h. misrekend] zich vergissen; teleurgesteld uitkomen
mis·re·ke·ning, **mis·re·ke·ning** *de (v)* [-en] verkeerde berekening; teleurstelling over niet verwachte afloop
miss *zn (‹Eng)* [misses] [missiz] ❶ ‹als aanspreekvorm voor ongetrouwde vrouwen› mevrouw, mejuffrouw ❷ ‹met een lands- of andere naam› schoonheidskoningin voor dat land (die categorie enz.): ★ *~ Holland* ★ *~ Universe* wereldschoonheidskoningin
mis·sa *(‹Lat) de (v)* [missae] [-see] → **mis**[1] ★ *~ brevis* korte mis ★ *~ solemnis* plechtige mis
mis·saal *(‹Lat)* [-salen] *het* misboek
mis·schien *bijw* mogelijk, wellicht: ★ *~ kom ik wel vanavond*
mis·schie·ten *ww* [schoot mis, h. misgeschoten] niet raak schieten
mis·se·lijk *bn* ❶ onpasselijk, een naar gevoel in de buik hebbend: ★ *na het eten waren alle gasten een beetje ~* ★ *ergens ~ van worden* fig ergens van walgen ❷ NN walgelijk, weerzinwekkend: ★ *wat een misselijke opmerking!* ★ NN, fig *dat is niet ~ dat is geen kleinigheid*
mis·se·lijk·heid *de (v)* ❶ onpasselijkheid ❷ [*mv*: -heden] NN iets wat weerzin wekt
mis·se·lijk·ma·kend *bn* walgelijk
mis·sen *ww* [miste, h. gemist] ❶ niet halen, niet raken: ★ *het doel ~* ★ *de trein ~* ; zie ook bij → **boot** ❷ niet hebben, kwijt zijn: ★ *hij mist een arm* ★ *ik mis* *een sok* ❸ het ontbreken voelen: ★ *ik heb je gemist, liefje* ★ *je vader al vroeg moeten missen* ★ *wel wat kunnen ~* wel zonder iets kunnen, vooral geld kunnen geven ❹ niet meemaken, niet zien: ★ *ik had dit voor geen goud willen ~* ❺ verkeerd uitkomen: ★ *dit moet goed gaan, dat kan niet ~* ❻ NN ontbreken: ★ *er ~ twee letters in dit woord*

mis·ser *de (m)* [-s] ❶ misslag, schot dat misgaat ❷ verkeerde uitspraak of handeling, mislukking: ★ *het nieuwe marketingbeleid bleek een ~*
mis·sie *(‹Lat) de (v)* [-s] ❶ het wegsturen van een persoon met een bepaalde opdracht ❷ opdracht, taak: ★ *een ~vervullen, volbrengen* ❸ groep afgevaardigde personen met een bep. officiële opdracht: ★ *met het staatsbezoek van de koningin kwam ook een handels~ mee* ❹ rooms-katholieke zending in dienst van de bekering, het werk van missionarissen ❺ de katholieke bevolking in een niet kerkelijk geregelde staat ❻ RK prediking in een parochie gedurende enige dagen ter opwekking van het geestelijk leven
mis·sie·con·gre·ga·tie [-(t)sie] *de (v)* [-s, -tiën] RK congregatie die zich wijdt aan de → **missie** (bet 4)
mis·sie·huis *het* [-huizen] stichting tot opleiding van missionarissen
miss·ing link *(‹Eng) de (m)* ❶ eig ontbrekende schakel; ❷ ‹in engere zin› veronderstelde voorwereldlijke overgangsvorm tussen mens en aap; bij uitbreiding aangenomen overgangsvorm in de stamboom van een dier of plant
mis·sio·nair [-sjooner] *(‹Fr) bn* in de → **missie** (bet 4) of zending werkzaam
mis·sio·na·ris [-sjoo-] *(‹Lat) de (m)* [-sen] katholieke zendeling
mis·sio·ne·ren *ww* [-sjoo-] [missioneerde, h. gemissioneerd] in de → **missie** (bet 4) werkzaam zijn
mis·si·ve *(‹Fr) de* [-s, -n] deftig brief, officieel schrijven
mis·slaan *ww* [sloeg mis, h. misgeslagen] slaan, maar niet raken ★ fig *de bal ~* een fout begaan; zie ook bij → **bal**[1] (bet 1) en → **plank**
mis·slag *de (m)* [-slagen] dwaling; fout
mis·staan *ww* [misstond, h. misstaan] ❶ ‹van kleding› niet goed passen bij: ★ *die jurk misstaat je helemaal niet, integendeel* ❷ algemeen niet passen bij: ★ *opstaan voor iemand misstaat niemand* (slogan in het openbaar vervoer)
mis·stand *de (m)* [-en] vooral NN verkeerde toestand: ★ *de misstanden in de gezondheidszorg*
mis·stap *de (m)* [-pen] verkeerde daad: ★ *een ~ begaan*
mis·stap·pen *ww* [stapte mis, h. & is misgestapt] verkeerd stappen, ernaast stappen: ★ *ik stapte mis en viel*
mist *de (m)* [-en] tot de grond hangende wolken: ★ *dichte ~* ★ *de ~ trekt op* ★ *in de ~* fig in het onzekere, niet duidelijk ★ *de ~ ingaan* mislukken, geen succes hebben (of zijn)
mis·tas·ten *ww* [tastte mis, h. misgetast] ernaast

tasten, misgrijpen; fig zich vergissen; **mistasting** *de (v)*
mist·bank *de* [-en] laag mist van beperkte omvang
mis·tel *de (m)* [-s] maretak
mis·ten *ww* [het mistte, het h. gemist] mistig zijn
mis·ter [-tə(r)] *(‹Eng) de (m)* ❶ meneer; de heer ❷ inf man die sterk met het daarachter genoemde geassocieerd wordt: ★ *Sjaak Swart is ~ Ajax*
mis·te·vre·den *bn* BN, spreektaal ontevreden, misnoegd, ontstemd
mist·hoorn, mist·ho·ren *de (m)* [-s] scheepshoorn om te waarschuwen bij mist
mis·tig *bn* ❶ nevelig door mist ❷ fig niet duidelijk, vaag: ★ *een ~ betoog*; **mistigheid** *de (v)*
mist·lamp *de* [-en] mistlicht
mis·tle·toe [missəltoo] *(‹Eng) de (m)* maretak
mist·licht *het* [-en] auto lamp voor gebruik bij mist: ★ *~ voeren bij een zicht van minder dan 50 m*
mis·toe·stand *de (m)* [-en] BN ook wantoestand
mi·stral [-straal] *(‹Fr) de (m)* stormachtige koude noordwestenwind in Zuid-Frankrijk en de kuststreken van de Middellandse Zee
mis·troos·tig *bn* verdrietig
mis·trou·wig *bn* vero achterdochtig, wantrouwend
mis·vat·ting *de (v)* [-en] onjuiste opvatting: ★ *het is een ~ om te denken dat zij loyaal is*
mis·ver·staan *ww* [verl tijd ongebr, h. misverstaan] verkeerd verstaan, verkeerd opvatten
mis·ver·stand *het* [-en] ❶ het verkeerd begrijpen: ★ *hun ruzie berustte slechts op een ~* ★ *daar wil ik geen ~ over laten bestaan* daar wil ik absoluut duidelijk over zijn ❷ onenigheid
mis·vormd *bn* slecht gevormd, gebrekkig
mis·vor·men *ww* [misvormde, h. misvormd] een verkeerde vorm geven; lelijk maken
mis·vor·ming *de (v)* [-en] het misvormen; gebrek aan een plant, een dierlijk of menselijk lichaam door verkeerde groei
mis·wijn *de (m)* RK wijn bij de → **mis¹** gebruikt
mis·wij·zen *ww* [wees mis, h. misgewezen] verkeerd wijzen; vooral ‹van een kompas› het noorden niet juist aanwijzen; **miswijzing** *de (v)* [-en]
mis·zeg·gen *ww* [miszegde *of* miszei, h. miszegd:] iets zeggen dat ongepast is: ★ *heb ik daarmee iets miszegd?*
mis·zit·ten *ww* [zat mis, h. misgezeten] niet in orde, niet juist zijn, niet in de goede verhouding zijn: ★ *hij heeft met z'n houding in deze zaak al vanaf het begin goed misgezeten*
MIT *afk* Massachusetts Institute of Technology [befaamd onafhankelijk instituut voor hoger onderwijs en wetenschappelijk onderzoek in de Verenigde Staten, opgericht in 1861]
mi·tel·la *(‹Lat) de* ['s] med draagdoek voor een geblesseerde arm
mi·tose [-zə] *(‹Lat‹Gr) de (v)* med deling v.e. cel in identieke nieuwe cellen, gewone celdeling
mi·trail·le·ren *ww* [-trajjeerə(n)] *(‹Fr)* [mitrailleerde, h. gemitrailleerd] met mitrailleurs beschieten, doden
mi·trail·leur [-trajjeur] *(‹Fr) de (m)* [-s] machinegeweer
mi·trail·leurs·nest [-trajjeurs-] *het* [-en] mil plaats waar mitrailleurs verdekt staan opgesteld
mits I *voegw* onder voorwaarde dat, indien: ★ *ik zal het doen, ~ ik geholpen word* II *vz* BN ook tegen (betaling, storting enz.); voor (een bepaald bedrag): ★ *~ betaling van* III *het* vooral NN voorwaarde: ★ *wij gaan akkoord met het voorstel, maar er is één ~* ★ *de mitsen en maren bespreken*
mits·dien *bijw* deftig daarom
mits·ga·ders *voegw* vero alsook, bovendien
mits·wa *zn (‹Hebr)* zie bij → **bar mitswa**
m.i.v. *afk* ❶ met ingang van ❷ met inbegrip van
MIVD *afk* Militaire Inlichtingen- en Veiligheidsdienst
mix *(‹Eng) de (m)* ❶ mengsel, mixtuur ❷ vermenging van op verschillende sporen van een tape vastgelegde geluidssignalen tot een geheel; het resultaat daarvan
mixed [mixt] *(‹Eng) bn* gemengd ★ *~ drinks* gemengde koude dranken (met of zonder alcohol) ★ *~ dubbel, ~ double* tennis gemengd dubbel (zie bij → **dubbel**) ★ *~ grill* schotel met verschillende soorten gebraden vlees ★ *~ pickles* met azijn, peper enz. ingemaakte groene vruchten en groenten; gemengd zuur
mixen *ww (‹Eng)* [mixte, h. gemixt] ❶ mengen, vooral bestanddelen voor gerechten, dranken enz. ❷ op verschillende banden opgenomen geluiden van muziekinstrumenten overbrengen op één geluidsband
mixer *(‹Eng) de (m)* [-s] ❶ elektrisch mengapparaat voor keukengebruik ❷ mengpaneel ❸ iem. die mixt
mix·ture [mikstjə(r)] *(‹Eng‹Lat) de (m)* [-s] mengsel van iets, vooral van gemengde pijptabak
mix·tuur *(‹Lat) de (v)* [-turen] ❶ mengsel, vooral van geneesmiddelen ❷ muz orgelregister van veel kleine pijpen op één toets, zodat met de eigen toon ook de terts, de kwint en het octaaf meeklinken
mkb *afk* midden- en kleinbedrijf
MKB-Ne·der·land *afk* Midden- en Kleinbedrijf Nederland [Nederlands werkgeversverbond]
mkz *afk* mond-en-klauwzeer
ml *afk* milliliter
mld. *afk* miljard
mlk *afk* moeilijk lerende kinderen
mlle. *afk* mademoiselle *(‹Fr)* [(me)juffrouw [*mv: mlles.*]]
mln. *afk* miljoen
mm *afk* millimeter
mm. *afk* messieurs *(‹Fr)* [mijne heren, de heren]
m.m. *afk* ❶ memento mori ❷ mutatis mutandis
mme. *afk* madame *(‹Fr)* mevrouw [*mv: mmes*]
mmol *afk* millimol
mms *afk* in Nederland, vroeger middelbare meisjesschool ❶ microseconde [een miljoenste seconde] ❷ multimedia messaging service [techniek om berichten inclusief plaatjes, geluid enz. van mobiele telefoon naar mobiele telefoon te sturen]
mms'en *ww* [mms'te, h. ge-mms't] een bericht

versturen via mms
m.m.v. *afk* met medewerking van
Mn *afk* chem symbool voor het element *mangaan*
m.n. *afk* met name
mne·mo·tech·niek *(‹Gr) de (v)* geheugenleer, methode om het geheugen te steunen
MO *afk* middelbaar onderwijs
Mo *afk* chem symbool voor het element *molybdeen*
Mo·a·bie·ten *mv* Bijbel volksstam in Noord-Arabië, buurvolk van Israël
MOB *afk* in Nederland Medisch Opvoedkundig Bureau
mo·biel *(‹FrLat)* **I** *bn* ❶ beweeglijk, verplaatsbaar: ★ *een mobiele telefoon* ❷ geschikt om op te trekken, marsvaardig ★ in Nederland *mobiele eenheid* groep politieagenten die direct opgeroepen kunnen worden, vooral bij het tegengaan van ordeverstoringen e.d. **II** *het* [-en] decoratief voorwerp dat door luchtstromingen in beweging blijft (uitvinding van de Amerikaanse kunstenaar A. Calder, 1928-1976)
mo·biel·tje *het* [-s] vooral NN mobiele telefoon, gsm
mo·bil·home [moobil hoom] *(‹Eng) het* [-s] ❶ (sta)caravan voor permanente bewoning ❷ BN ook kampeerauto, motorhome, camper
mo·bi·li·sa·tie [-zaa(t)sie] *(‹Fr) de (v)* het mobiliseren of gemobiliseerd-worden: ★ *de ~ van 1939*
mo·bi·li·se·ren *ww* [-zeerə(n)] *(‹Fr)* [mobiliseerde, h. gemobiliseerd] ❶ ‹troepen› mobiel maken, in marsvaardige en geheel voor de oorlog toegeruste staat brengen ❷ med een patiënt die lang in bed gelegen heeft, weer geleidelijk op de been brengen; ook van ledematen gezegd ❸ ‹in het algemeen› optrommelen, in beweging brengen om iets te gaan doen: ★ *er werden een aantal mensen gemobiliseerd om te helpen bij de organisatie van het feest* ★ *de publieke opinie ~* trachten om een bep. opvatting algemeen ingang te doen vinden
mo·bi·li·teit *(‹FrLat) de (v)* ❶ gemakkelijke verplaatsbaarheid ❷ de mogelijkheid of het vermogen om zich te verplaatsen: ★ *de stadsmobiel verhoogt de ~ van ouderen*
mo·bi·li·teits·re·ge·ling *de (v)* BN voorschriften omtrent het veranderen van werkplek
mo·bi·lo·foon *(‹Lat-Gr) de (m)* [-s, -fonen] apparaat dat het mogelijk maakt uit een zich bewegend voertuig radiotelefoongesprekken te voeren
mob·log [-loγ] *(‹Eng) de (m) & het* [-s] comput weblog met foto's die met een mobiele telefoon zijn gemaakt en naar de website verzonden
mo·cas·sin [mokkaa-] *(‹Algonkin, een Noord-Amerikaanse indianentaal) de (m)* [-s] ❶ van wildleer vervaardigde, bestikte schoen zonder hak bij de Noord-Amerikaanse indianen ❷ soepele, leren schoen naar het voorbeeld van de → **mocassin** (bet 1)
mocht *ww*, **moch·ten** *verl tijd* van → **mogen**
mocku·men·ta·ry [mokjoementərie] *(‹Eng) de* [-'s]

[‹Eng: mock (spotten) en documentary (documentaire)] komische nepdocumentaire
mo·cro *de (m)* ['s] NN, jeugdtaal iem. van Marokkaanse afkomst
mo·daal *(‹Lat) bn* ❶ taalk, filos een wijze (modus) uitdrukkend ★ *modale werkwoorden* bijv. *kunnen, mogen, moeten* ❷ statistiek het meest voorkomend ★ *modale werknemer* gehuwde werknemer met twee kinderen en een inkomen juist beneden de premiegrens van de sociale verzekeringen ❸ gemiddeld, behorend tot de middenklasse: ★ *een ~ inkomen*
mo·da·li·teit *(‹Fr) de (v)* [-en] ❶ taalk wijze van voorstellen met betrekking tot de inhoud van een zin(sdeel): ★ *'hopelijk' en 'waarschijnlijk' zijn bepalingen van ~* ❷ BN voorwaarde, regeling: ★ *de jeugdrechter bepaalt de modaliteiten voor het bezoekrecht*
mod·der *de (m)* aarde door water week (en vies) geworden: ★ *in de ~ wegzakken* ★ *met ~ gooien* in een ruzie de ander betichten van allerlei niet ter zake doende dingen ★ *iem. door de ~ halen, sleuren* iem. zwaar beledigen, lasterpraatjes over iem. vertellen ★ *zo vet als ~* zeer dik en vet
mod·de·raar *de (m)* [-s] knoeier, prutser
mod·der·bad *het* [-baden] ❶ het baden in geneeskrachtige modder ❷ het waden door of bespat worden met modder
mod·de·ren *ww* [modderde, h. gemodderd] ❶ in modder waden; modder naar boven halen in het water ❷ knoeien, prutsen
mod·der·fi·guur *de & het* ★ *een ~ slaan* een zeer slechte indruk maken
mod·der·ge·vecht *het* [-en] ❶ stoeipartij in de modder als vorm van amusement ❷ fig discussie waarbij de deelnemers elkaar beledigen en ongefundeerd beschuldigen
mod·der·gooi·en *ww & het* het uiten van afkeurende kritiek met het doel iemand te beschadigen
mod·de·rig *bn* vol modder
mod·der·krui·per *de (m)* [-s] karperachtige vis, die op modderige rivierbodems leeft, donderaal
mod·der·poel *de (m)* [-en] ❶ modderige plas, moddermassa ❷ fig onduidelijke, onverwikkelijke situatie, onzuiver gedoe
mod·der·schuit *de* [-en] boot waarin modder wordt vervoerd; zie ook bij → **vlag**
mod·der·vet *bn* zeer vet
mod·der·wor·ste·len *ww & het* (het) worstelen in een laag modder door veelal zeer schaars geklede vrouwen tot vermaak van het publiek
mo·de *(‹FrLat) de* [-s] heersende smaak, vooral op het gebied van kleding ★ *in de ~* naar de heersende smaak ★ *uit de ~* niet meer gedragen, niet meer gebruikelijk
mo·de·ar·ti·kel *het* [-en, -s] ❶ artikel dat in de mode is ❷ artikel dat aan mode onderhevig is
mo·de·blad *het* [-bladen] tijdschrift met

bijzonderheden over de mode en afbeeldingen van nieuwe ontwerpen

mo·de·gek *de (m)* [-ken] iem. die alle modegrillen volgt

mo·de·gril *de* [-len] ❶ nieuw bedenksel op het gebied van de mode dat slechts kort populair is; ❷ ‹bij uitbreiding› iets dat slechts korte tijd in zwang is

mo·de·kleur *de* [-en] kleur die in de mode is

mo·de·ko·ning *de (m)* [-en] vooraanstaande, invloedrijke modeontwerper

mo·de·kwaal *de* [-kwalen] ziekte waaraan in een bepaalde tijd veel mensen lijden of zich verbeelden te lijden

mo·del *(‹Fr‹Lat) het* [-len] ❶ voorbeeld: ★ *schilderen naar levend* ~ ★ ~ *staan voor iets* fig als voorbeeld voor iets dienen ❷ man of vrouw die mode showt en / of zo gefotografeerd wordt ❸ (voorgeschreven) vaste vorm, vast ontwerp: ★ *een formulier volgens* ~ ★ *nieuwe modellen van een automerk* ❹ ‹als eerste lid in samenstellingen› iets dat, iem. die aan alle eisen voldoet en als voorbeeld dient: ★ *~boerderij, ~echtgenoot, ~regeling, ~werknemer* ★ *die hoed is helemaal uit* ~ is uit vorm geraakt ★ *nieuw aangekomen modellen* modeartikelen ❺ abstract, schematisch ontwerp of uitgangspunt: ★ *een in grove lijnen geschetst ~ van de middeleeuwse samenleving* ★ *deze beschrijving was het ~ van waaruit we verder wilden analyseren* ❻ ‹als voorvoegsel› miniatuurversie van iets: ★ *~treintje*

mo·del·ac·tie [-sie] *de (v)* [-s] protestbeweging die bestaat in het volgens model uitvoeren van alle voorschriften en daardoor vertragen van het werk (vaker → **stiptheidsactie** genoemd)

mo·del·boer·de·rij *de (v)* [-en] boerderij die volledig aan alle eisen voldoet en als voorbeeld dient

mo·del·bouw *de (m)* het in het klein, maar wel in de juiste verhoudingen, precies nabouwen van iets

mo·del·flat [-flet] *de (m)* [-s] volledig ingerichte flatwoning, als voorbeeld voor eventuele kopers of huurders

mo·del·ka·mer *de* [-s] ❶ vertrek waar modellen te zien zijn ❷ geheel naar de eis ingerichte kamer

mo·del·kle·ding *de (v)* kleding (vooral uniformkleding) volgens voorschrift

mo·del·le·ren *ww (‹Fr)* [modelleerde, h. gemodelleerd] ❶ boetseren; een vorm geven ❷ navormen, in het klein voorstellen

mo·del·leur *(‹Fr) de (m)* [-s] iem. die modelleert, boetseerder

mo·del·spoor·weg *de (m)* [-wegen] in miniatuurafmetingen gebouwde spoorweg met treinen en wissels e.d. als speelgoed of hobbyobject

mo·del·te·ke·nen *ww* [tekende model, h. modelgetekend] tekenen naar een voorbeeld, meestal een levend model

mo·del·vlieg·tuig *het* [-en] model van een vliegtuig, dat op eigen kracht kan vliegen

mo·del·wo·ning *de (v)* [-en] ❶ geheel naar de eisen ingerichte woning ❷ volledig ingerichte woning, als voorbeeld voor potentiële kopers of huurders

mo·dem *de (m) & het* [-s] (samentrekking van *modulator-demodulator*) een bij datatransmissie gebruikt apparaat dat signalen moduleert en demoduleert, geplaatst tussen het transmissiekanaal (bijv. een telefoonverbinding) en de gegevensverwerkende apparatuur (bijv. een computer)

mo·de·ma·ga·zijn *het* [-en] grote winkel van modekleding

mo·de·ont·wer·per *de (m)*, **mo·de·ont·werp·ster** *de (v)* [-s] iem. die kledingmode ontwerpt

mo·de·plaat *de* [-platen] afbeelding van kledingpatronen die in de mode zijn

mo·de·pop *de* [-pen] schertsend iem. die zich steeds naar de nieuwste mode kleedt

mo·de·ra·men *(‹Lat) het* [-mina, -s] in Nederland ‹in gereformeerde kerkgenootschappen› leiding van een kerkelijke bestuursraad op lokaal niveau (kerkenraad), regionaal niveau (classis) of landelijk niveau (synode)

mo·de·ra·tie [-(t)sie] *(‹Fr‹Lat) de (v)* gematigdheid, matiging, tempering

mo·de·ra·to *(‹It‹Lat)* **I** *bijw* muz gematigd, matig **II** *het* ['s] muziekstuk in matig tempo

mo·de·ra·tor *(‹Lat) de (m)* [-s, -toren] ❶ prot voorzitter van een synode ❷ BN gespreksleider, leider bij een discussiebijeenkomst ❸ comput beheerder van een website, die de door gebruikers aangedragen meningen en informatie inhoudelijk kan beoordelen, aanpassen of schrappen ❹ RK geestelijk adviseur van een vereniging ❺ stof (bijv. grafiet) in een kernreactor die de neutronen afremt

mo·dern *(‹Fr‹Lat) bn* ❶ tot de nieuwere tijd behorend (tegengest. → **antiek** of → **klassiek**): ★ *moderne talen* ❷ hedendaags, nieuwerwets: ★ *moderne technieken* ❸ vrijzinnig in religieuze en morele zaken: ★ *moderne opvattingen over seks* ❹ ★ *Moderne Devotie* Nederlandse beweging tot verdieping van het geloofsleven in de 14de en 15de eeuw

mo·der·ni·se·ren *ww* [-zeerə(n)] *(‹Fr)* [moderniseerde, h. gemoderniseerd] naar de heersende of de hedendaagse smaak of stijl, of naar nieuwere eisen inrichten; vernieuwen: ★ *het machinepark* ~

mo·der·nis·me *het* [-n] ❶ geest van het nieuwe in cultureel en artistiek opzicht ❷ nieuwe richting in de godsdienstleer die in geloofszaken ruimte wil bieden aan de vrije gedachte

mo·der·nist *de (m)* [-en] aanhanger van het modernisme

mo·der·nis·tisch *bn* van, volgens het modernisme

mo·der·ni·teit *(‹Fr) de (v)* ❶ het modern-zijn ❷ iets moderns

mo·de·show [-sjoo] *de (m)* [-s] het vertonen van de nieuwste mode door mannequins voor een genodigd publiek

mo·de·snuf·je *het* [-s] laatste nieuwigheid op het

gebied van de mode
mo·de·tint *de* [-en] kleurnuance die in de mode is
mo·de·vak *het* ❶ het bedrijf van het maken en verkopen van modeartikelen ❷ leervak dat erg in trek is
mo·de·ver·schijn·sel *het* [-en *en* -s] tijdelijk optredend verschijnsel onder invloed van de heersende mode
mo·de·woord *het* [-en] woord dat (tijdelijk) veel gebruikt en nagepraat wordt
mo·de·zaak *de* [-zaken] winkel die modeartikelen verkoopt
mo·di·eus *(‹Fr) bn* overeenkomend met, volgens de heersende mode: ★ ~ *gekleed gaan*
mo·di·fi·ca·tie [-(t)sie] *(‹Fr) de (v)* [-s] wijziging
mo·di·fi·ce·ren *ww (‹Lat)* [modificeerde, h. gemodificeerd] wijzigen, een andere vorm geven
mo·di·net·te *de (v)* [-s] naaister in een confectieatelier of modezaak
mo·dis·te *(‹Fr) de (v)* [-n, -s] maakster en verkoopster van dameshoeden en andere modeartikelen
mo·du·lair [-lèr] *bn* betrekking hebbend op een module of modulus
mo·du·la·tie [-(t)sie] *(‹Fr‹Lat) de (v)* [-s] ❶ het moduleren; stembuiging; muz overgang van de ene toonsoort in de andere ❷ techn proces waarbij een boodschap (bijv. geluid, beelden, gegevens) omgezet wordt in informatiedragend signaal
mo·du·le *de (m)* [-n, -s] ❶ verwisselbaar onderdeel van een groter geheel, bijv. een elektronische eenheid ❷ comput onderdeel dat als op zichzelf staand geheel kan worden beschouwd binnen een computersysteem of binnen software ❸ onderw afgeronde eenheid leerstof van bep. omvang als onderdeel van een studieprogramma
mo·du·le·ren *ww (‹Fr‹Lat)* [moduleerde, h. gemoduleerd] ❶ met zekere of gepaste stembuiging voordragen ❷ muz overgaan naar een andere toonsoort ❸ techn door middel van een lagere frequentie dan die van de draaggolf van de amplitude, de frequentie of de fase van die draaggolf beïnvloeden ❹ comput zodanig omzetten van computersignalen dat transport van deze signalen via telefoonlijnen mogelijk wordt
mo·du·lus *(‹Lat) de (m)* [-sen] ❶ bouwk verhoudingsmaat van de onderdelen van een bouwwerk; maat die als basis voor de coördinatie van afmetingen wordt of moet worden aangenomen ❷ wisk betrekkingsgetal, o.a. tussen de logaritmen van verschillende stelsels
mo·dus *(‹Lat) de (m)* [modi] ❶ wijze, manier ★ ~ *vivendi* voorlopige schikking die het mogelijk maakt dat beide partijen elkaar verdragen ❷ taalk wijze, vorm van het werkwoord die dient om de verhouding van de handeling tot de werkelijkheid uit te drukken ❸ statistiek meest voorkomende waarde van een statistische variabele
mo·duul *de (m)* [-dulen] → **modulus** en → **module**
moe¹ *bn* ❶ vermoeid, krachteloos ❷ beu, genoeg hebbend van: ★ *ik ben het geruzie* ~
moe² *de (v)* zie bij → **moeder** ★ *nou* ~*!* uitroep van verbazing
moed *de (m)* ❶ dapperheid: ★ *de* ~ *hebben om iets te doen* ★ *met de* ~ *der wanhoop* zonder er echt in te geloven, maar in de wetenschap een laatste kans te moeten benutten ★ *met frisse* ~ enthousiast ★ *dat geeft de burger* ~ hierdoor wordt men moedig, hierdoor krijgt men zelfvertrouwen ★ *de* ~ *zonk hem in de schoenen* hij verloor alle moed ★ NN ~, *beleid en trouw* devies van de Militaire Willemsorde ★ NN, spreektaal *de gore* ~ *hebben om...* zo schofterig zijn om... ; zie ook bij → **indrinken** ❷ ‹in uitdrukkingen› gemoedsgesteldheid: ★ *droef te moede* droef gestemd ★ *bang te moede* angstig gestemd ★ *in arren moede* zie bij → **ar²**
moe·de *bn* → **moe¹**
moe·de·loos *bn* ontmoedigd; zonder hoop: ★ *ergens* ~ *van worden*; **moedeloosheid** *de (v)*
moe·der *de (v)* [-s] ❶ zij die een of meer kinderen heeft: ★ ~ *worden* ★ ~ *de vrouw* (vaak schertsend) de moeder als huisvrouw ★ *niet moeders mooiste zijn* geen knap uiterlijk hebben ★ *bij moeders pappot blijven* niet graag van huis gaan ★ *Moeder de Gans* zie bij → **gans¹** ❷ hoofd van de huishouding in een zorginrichting; leidster van een jeugdherberg ❸ ★ *de* ~ *aller...* de belangrijkste van alle...: ★ *de* ~ *aller oorlogen, veldslagen, bruggen*
moe·der·bin·ding *de (v)* sterke emotionele verbondenheid met de moeder
moe·der·bord *het* [-en] als basis voor een computer dienende grote printplaat met daarop o.a. een groot aantal elektronische schakelingen en verbindingen en de centrale processor
Moe·der·dag *de (m)* dag waarop men aan de moeder des huizes een geschenk geeft en haar op andere wijzen verrast, de tweede zondag in mei
moe·der·dier *het* [-en] vrouwtjesdier met jongen
moe·de·ren *ww* [moederde, h. gemoederd] als een moeder optreden ★ *over iemand* ~ hem verzorgen en met raad en daad bijstaan als een moeder
moe·der·hart *het* [-en] hart (fig) van de liefhebbende moeder
moe·der·huis *het* [-huizen] ❶ voornaamste klooster van een orde; klooster dat het eerst door een orde is gesticht en waaruit andere kloosters zijn voortgekomen, moederklooster ❷ BN, spreektaal kraamafdeling; kraaminrichting, kraamkliniek
Moe·der·kens·dag *de (m)* [-dagen] BN, spreektaal Moederdag
moe·der·kerk *de* ❶ kerk die het eerst is gesticht en waarvan andere kerken afhankelijk zijn; ❷ *de Moederkerk* de Rooms-Katholieke Kerk
moe·der·kloos·ter *het* [-s] → **moederhuis** (bet 1)
moe·der·koek *de (m)* [-en] placenta
moe·der·koorn, **moe·der·ko·ren** *het* schimmel die zwarte korrels vormt in korenaren (*Claviceps purpureum*)

moe·der·kruid *het* samengesteldbloemige plant met gele bloemen (*Chrysanthemum parthenium*)
moe·der·land *het* een land ten opzichte van zijn koloniën
moe·der·lief *de (v)* lieve moeder; zie bij → **moedertjelief**
moe·der·lief·de *de (v)* liefde van de moeder voor de kinderen; *ook wel* liefde van de kinderen voor de moeder
moe·der·lijk *bn* ❶ als een moeder, liefderijk, zorgzaam: ★ *zich ~ over iem. ontfermen* ❷ van de moeder geërfd: ★ *~ erfdeel*
moe·der·lo·ge [-lòzjə] *de* [-s] hoofdbestuur van vrijmetselaarsloges
moe·der·loog *de & het* chem vloeistof die overblijft na het uitkristalliseren van een zout
moe·der·loos *bn* zonder moeder
Moe·der·maagd *de (v)* de maagd Maria, moeder van Christus
moe·der·maat·schap·pij *de (v)* [-en] → **maatschappij** (bet 2) die alle of de meeste aandelen bezit in andere maatschappijen, waarvan de laatste dan dochtermaatschappijen heten
moe·der·ma·vo I *het* in Nederland, vroeger populaire benaming voor voortgezet onderwijs voor volwassenen, vooral vrouwen **II** *de (m)* ['s] instelling daarvoor
moe·der·melk *de* melk van een moeder ★ *iets met de ~ ingezogen (meegekregen) hebben* het al in zijn prille jeugd geleerd hebben, er al vanaf hele jonge leeftijd mee bekend zijn
moe·der·naakt *bn* geheel naakt
moe·der·over·ste *de (v)* [-n] hoofd van een vrouwenklooster
moe·der·plant *de* [-en] ❶ plant waarvan andere planten afstammen ❷ kamerplant, die uitlopers vormt waaraan nieuwe plantjes groeien (*Saxifraga stolonifera*)
moe·der·schap *het* het moeder-zijn
moe·der·schaps·ver·lof *het* [-loven] BN *ook* zwangerschaps- en bevallingsverlof: ★ *het ~ duurt 15 weken waarvan verplicht ten minste één week vóór en negen weken na de bevalling moeten worden genomen*
moe·der·schip *het* [-schepen] groot schip, dat vertrekpunt is voor kleine scheepjes of voor vliegtuigen die erop gestationeerd zijn
moe·der·schoot *de (m)* ❶ → **schoot¹** van de moeder ❷ *plechtig* baarmoeder ★ *vanaf de ~* van jongsaf
moe·ders·kant *de (m)* ★ *van ~* van de kant van de (familie van de) moeder
moe·ders·kind·je *het* [-s] ❶ lievelingskind van een moeder ❷ verwend, al te zacht behandeld kind
moe·ders·zij·de *de* ★ *van ~* van de kant van (familie van de) moeder
moe·der·taal *de* [-talen] ❶ taal waarin men het spreken heeft geleerd; taal van het land waar men is geboren ❷ taal waaruit andere talen zich hebben ontwikkeld

moe·der·tje·lief *het* moederlief ★ *daar helpt geen ~ aan* daar is geen ontkomen aan
moe·der·vlek *de* [-ken] aangeboren bruine vlek op de huid
moe·der·ziel·al·leen *bn* helemaal alleen
moe·dig *bn* dapper
moe·dja·he·dien (‹Arab› *de (m)* [*mv* idem] iem. die gewapend strijd levert voor de islam
moed·wil *de (m)* vooral NN ❶ opzet: ★ *met ~, uit ~* ❷ willekeur, baldadigheid
moed·wil·lig *bn* opzettelijk: ★ *iem. ~ laten struikelen*
moed·wil·lig·heid *de (v)* opzettelijkheid, boos opzet
moef·lon (‹FrIt› *de (m)* [-s] wild bergschaap, oorspronkelijk op Corsica, Sardinië, thans in reservaten gehouden, o.a. op de Hoge Veluwe
moef·ti (‹Arab› *de (m)* ['s] islamitisch wetsgeleerde en raadsman
moe·heid *de (v)* het → **moe¹** zijn
moe·heids·syn·droom [-sin-] *het* med myalgische encefalomyelitis, zie bij: → **ME**
moei *de (v)* [-en] vero, dial tante
moei·al *de (m)* [-len] BN *ook* bemoeial
moei·en I *ww* [moeide, h. gemoeid] ★ *~ in* betrekken in, mengen in ★ *daar zijn wel een paar uurtjes mee gemoeid* dat kost heel wat tijd **II** *wederk* ★ *zich ~ in* zich inlaten met, zich mengen in
moei·lijk *bn* ❶ inspanning vereisend, niet gemakkelijk: ★ *een moeilijke rekensom* ★ *opa loopt wat ~* ★ *het zichzelf ~ maken* zichzelf onnodig moeite, last bezorgen ❷ zwaar om emotioneel te dragen: ★ *het zal hem ~ vallen om...* ★ *het ~ hebben met iets of iem.* ❸ lastig, onhandelbaar: ★ *een ~ karakter*
moei·lijk·heid *de (v)* [-heden] het moeilijke; probleem; bezwaar; zorg
moei·te *de (v)* [-n] inspanning: ★ *het kost ~* ★ *~ doen voor iets, zich ~ getroosten voor iets* zich voor iets inspannen ★ *~ hebben met iets* het moeilijk kunnen begrijpen *of* aanvaarden ★ *~ hebben met iem. iems. gedrag* moeilijk aanvaardbaar vinden ★ *het is de ~ niet (waard)* het loont niet de inspanning die men zich ervoor getroost, het betekent niets ★ *dat doe ik in één ~ door* dat kost geen extra inspanning ★ *met ~* met veel inspanning, ternauwernood: ★ *met ~ haalde hij de finish* ★ BN, spreektaal *hij is eraan voor de ~* al zijn inspanningen zijn voor niets geweest
moei·te·loos *bn* zonder moeite
moei·te·vol *bn* met veel moeilijkheden, zorgelijk
moei·zaam *bn* met veel inspanning: ★ *de besprekingen verliepen ~*
moe·ke *het* ❶ *inf* vleinaam voor moeder ❷ een oudere, lieve vrouw: ★ *een gezellige ~*
moe·kim (-kiem) (‹Arab› *de* gemeenschap van gelovigen in de islam
moel·lah (‹Arab› *de (m)* [-s] sjiitisch wetsgeleerde, in rang lager dan een ayatollah
moer¹ *de* [-en] ring met binnenin schroefdraad die op een schroef vastgedraaid kan worden

moer² *het* [-en] drassig land

moer³ *de* bezinksel, droesem

moer⁴ *de (v)* ❶ NN, plat moeder ★ *die pc is naar z'n ouwe / malle ~ kapot* ★ *de duivel en zijn (ouwe) ~* allerlei (ongewenste) personen of dingen ❷ moerkonijn ❸ bijenkoningin ❹ moederplant met afleggers ❺ ★ *geen (ene) ~* niks: ★ *het kan me geen ~ schelen*

moe·ras *het* [-sen] drassig land ★ *iem. uit het ~ trekken* fig hem helpen uit een moeilijke situatie te komen

moe·ras·ach·tig *bn* drassig

moe·ras·gas *het* [-sen] uit moerassen opstijgend gas, methaan

moe·ras·koorts *de* [-en] koorts veroorzaakt door in moerassen levende muggen

moe·ras·plant *de* [-en] plant die op moerassige grond groeit

moe·ras·sig *bn* drassig; **moerassigheid** *de (v)*

moe·ras·veen *het* veen op moerassige bodem gevormd

moer·balk *de (m)* [-en] zware balk waarin lichtere balken rusten

moer·bei *(‹Lat‹Gr)* [-en], **moer·bes** [-sen] **I** *de* vrucht van de → **moerbei** (bet 2) **II** *de (m)* boom met witte of zwartrode op bramen lijkende vruchten, veel gekweekt om de bladeren, die een geliefd voedsel vormen voor de zijderups (*Morus alba* en *Morus nigra*)

moer·bei·boom *de (m)* [-bomen] → **moerbei** (bet 2)

moer·bint *het* [-en] moerbalk

moer·bout *de (m)* [-en] bout met schroefdraad, waarop een → **moer¹** geschroefd kan worden

moe·ren *ww* [moerde, h. gemoerd] NN, spreektaal kapotmaken: ★ *hij moert m'n hele computer!*

moer·grond *de (m)* [-en] moerassige grond

moe·rig *bn* venig, moerassig

moer·ko·nijn *het* [-en] vrouwelijk konijn

moer·schroef *de* [-schroeven] ❶ schroef die met een → **moer¹** wordt vastgezet ❷ → **moer¹**

moer·sleu·tel *de (m)* [-s] sleutel om moeren (→ **moer¹**) vast of los te draaien

moers·taal *de* vooral NN, spreektaal moedertaal ★ *spreek je ~ gebruik niet nodeloos vreemde woorden*

moer·vos *de (m)* [-sen] vrouwelijke vos

moes¹ *de (v)* kindertaal moeder

moes² *het* tot brij gekookte vruchten of groenten: ★ *appel~* ★ *iem. tot moes slaan* iem. in elkaar slaan

moes·ap·pel *de (m)* [-s, -en] appel bestemd om tot → **moes²** gekookt te worden

moes·je¹ *(‹Fr) het* [-s] ❶ hist schoonheidspleister ❷ stipje in afwijkende kleur op een weefsel, spikkel

moes·je² *het* vooral NN, kindertaal moedertje

moes·kruid *het* [-en] gewas dat als groente of bijgerecht gegeten wordt

moes·son *(‹Fr‹Port‹Arab) de (m)* [-s] periodieke, in ieder jaargetijde uit constante richting waaiende wind in het gebied van de Indische en de Stille Oceaan; jaargetijde waarin deze wind waait

moest *ww,* **moes·ten** *verl tijd van* → **moeten**

moes·tuin *de (m)* [-en] groentetuin

moet¹ *de* [-en] indruk, overblijfsel van druk of klemming: ★ *de tafel heeft allemaal moeten in het tapijt gemaakt*

moet² *de (m) het* moeten, noodzaak ★ *~ is een bitter kruid* wat men gedwongen doet valt hard

moe·ten *ww* [moest, h. gemoeten] ❶ gedwongen zijn, verplicht zijn: ★ *ik moet om negen uur op school zijn* ★ *hard ~ werken* ★ *ik moet zo nodig* ik moet heel nodig naar de wc ❷ noodzakelijk zijn, behoren: ★ *je moet met twee woorden spreken* ★ *het kan niet anders, je moet hem zijn tegengekomen op de trap* ★ *het ~ hebben van...* niets anders hebben als hulpmiddel of informatiebron, dan... ★ *het heeft zo ~ zijn* het was noodzakelijk of onvermijdelijk (dat dit gebeurde) ★ *moet kunnen* gezegd als er geen dwingende redenen zijn om ergens op tegen te zijn ❸ NN verlangen, willen: ★ *moet je nog een kop koffie?* ★ spreektaal *wat moet je?* ★ *ze moest en ze zou naar Mexico* ze wilde heel graag, niets kon haar tegenhouden ★ *ik moet dat niet* ik wil dat niet ★ *ik moet hem niet* ik ben niet op hem gesteld ★ BN, spreektaal *hoeveel moet ik u?* hoeveel krijgt u van me?; zie ook bij → **peul** ❹ BN ook hoeven, behoeven: ★ BN ook *niet ~* niet hoeven: ★ *ik moet zeker niet zeggen hoe blij ik was* ★ *ik moet je wel niet vertellen hoe bedroefd zij was* ❺ BN ook ‹in bijzinnen met een veronderstelling› kunnen, zullen: ★ *moest hij naar me vragen, zeg dan dat ik er niet ben* ★ *moest het regenen...* indien het zou regenen...

moet·je *het* [-s] inf gedwongen huwelijk omdat de bruid reeds in verwachting is van een door de bruidegom verwekt kind

moe·zel *de (m)* moezelwijn

moe·zel·wijn *de (m)* [-en] wijn uit het Moezelgebied

moe·zjiek *(‹Russ) de (m)* [-s] kleine boer in Rusland

mof¹ *(‹Fr‹Lat) de* [-fen] ❶ warme bedekking voor beide handen, gewoonlijk een koker van bont ❷ verwijd uiteinde van een pijp of buis

mof² *de (m)* [-fen] geringsch Duitser

mof·fel *de (m)* [-s] moffeloven

mof·fe·len¹ *ww* [moffelde, h. gemoffeld] emailleren, lakken en bij hoge temperatuur in een oven laten drogen: ★ *fietsonderdelen ~*

mof·fe·len² *ww* [moffelde, h. gemoffeld] stilletjes wegstoppen: ★ *ze moffelde het spiekbriefje snel in haar zak*

mof·fel·oven *de (m)* [-s] oven waarin gemoffeld (→ **moffelen¹**) wordt

mof·fin *de (v)* [-nen] geringsch Duitse

Mof·fri·ka *het* geringsch Duitsland

mo·ge·lijk I *bn* ❶ kunnende geschieden, uitvoerbaar: ★ *levering binnen twee weken is ~* ★ *zo snel, hoog, groot mogelijk* met de maximaal haalbare snelheid, hoogte, grootte ❷ voorstelbaar, bestaanbaar: ★ *bloemen in alle mogelijke kleuren* ★ *hoe is dat in*

mogelijkheid–molenrad 822

vredesnaam ~? ★ *je houdt het toch niet voor* ~*!* het is toch onvoorstelbaar ❸ eventueel: ★ *rekening houden met mogelijke vertraging* **II** *bijw* misschien: ★ ~ *komt zij wat later*

mo·ge·lijk·heid *de (v)* [-heden] het mogelijk zijn; iets wat kan gebeuren ★ *met geen* ~ volstrekt onmogelijk of ondoenlijk

mo·gen *ww* [mocht, h. gemogen *of* h. gemoogd *of* h. gemocht] ❶ toestemming hebben, geoorloofd zijn: ★ *eigenlijk mag je niet door rood fietsen* ❷ houden van, aardig vinden: ★ *ik mag hem niet* ★ *zo mag ik het horen* dat is aangenaam om te horen ❸ kunnen: ★ *je mag ervan uitgaan dat...* ★ *hij mag er zijn* ziet er goed uit ★ BN, spreektaal *hij mocht het vergeten* hij kon het beter vergeten ❹ hulpwerkwoord van modaliteit: *a.* ter uitdrukking van een mogelijkheid: ★ *het mag dan waar zijn dat...* ★ *het mocht niet meer baten, hij was al gestorven* ★ *mocht je nog zin krijgen, je bent welkom*; *b.* ter uitdrukking van een wens: ★ *moge hij gespaard worden* ❺ raadzaam zijn: ★ *je mag wel uitkijken* ❻ BN, spreektaal lusten: ★ *ik mag geen bloemkool*

mo·gend·heid *de (v)* [-heden] → **staat** (bet 3)

mo·gol, mo·gol *(‹Perz) de* [-s] door Europeanen en Arabieren gebruikte titel voor de voormalige Mongoolse heersers van Voor-Indië (1526-1858)

mo·hair [-hèr] *(‹Eng‹Arab) het* haar van de mohair- of angorageit; weefsel daarvan

mo·ham·me·daan *de (m)* [-danen] vero aanhanger van de islam, moslim

mo·ham·me·daans *bn* vero islamitisch

mo·ham·me·da·nis·me *het* vero islam

Mo·hi·ka·nen *mv* uitgestorven indianenstam ★ *de laatste der* ~ fig de laatste van zijn geslacht, soort, groep enz.

moi·ré [mwaaree] *(‹Fr)* **I** *bn* gewaterd, gevlamd **II** *het* gewaterde, gevlamde (zijde)stof

moi·re·ren *ww* [mwaareerə(n)] *(‹Fr)* [moireerde, h. gemoireerd] → **wateren** (bet 3), een gevlamd patroon geven aan een weefsel

mok¹ *de* [-ken] NN grote drinkbeker van aardewerk

mok² *de* huidontsteking aan het onderbeen van paarden

mo·ker *de (m)* [-s] zware smidshamer

mo·ke·ren *ww* [mokerde, h. gemokerd] ❶ met een moker slaan ❷ heel hard slaan

Mo·ker·hei *de* heide bij Mook ★ *iem. naar de* ~ *wensen* verwensen

mo·ker·slag *de (m)* [-slagen] slag met een moker; fig verpletterende slag

mok·ka *de (m)* ❶ geurige koffie, genoemd naar de Jemenitische havenstad Mokka (Al Mukha) aan de Rode Zee; sterke koffie, uit kleine kopjes gedronken ❷ stijve room met koffie-extract, gebruikt in gebak

mok·ka·kof·fie *de (m)* → **mokka** (bet 1)

mok·ka·kop·je *het* [-s] klein koffiekopje om → **mokka** (bet 1) uit te drinken

mok·ka·taart *de* [-en] taart met → **mokka** (bet 2)

mok·kel *de (v)* [-s] inf of geringsch meisje: ★ *een lekker* ~

mok·ken *ww* [mokte, h. gemokt] pruilen, zich misnoegd tonen

mo·kum *het* NN, Barg plaats, stad; *Mokum* Amsterdam

Mo·ku·mer *de (m)* [-s] NN, spreektaal Amsterdammer

Mo·kums *bn* NN, spreektaal van, uit, betreffende Amsterdam

mol¹ *(‹Lat) de* muz ❶ verlagingsteken ❷ kleine-tertstoonaard

mol² *de* chem symbool voor *grammolecule* of → **gramatoom**

mol³ *de (m)* [-len] ❶ insectenetend graafdier (*Talpa europaea*) ❷ fig infiltrant, spion

mo·laar *(‹Lat) de* [-laren] elk van de achterste kiezen van een gebit, die geen voorganger hebben in het melkgebit

Mol·da·vi·ër *de (m)* [-s] iem. geboortig of afkomstig uit Moldavië

Mol·da·visch **I** *bn* van, uit, betreffende Moldavië **II** *het* taal van Moldavië, nauw verwant aan het Roemeens

mo·le·cu·lair [-lèr] *(‹Fr) bn* op de moleculen of op grammoleculen betrekking hebbend

mo·le·cu·le *(‹Fr) de & het* [-n] kleinste deeltje waarin een stof verdeeld kan worden zonder dat de scheikundige samenstelling verandert

mo·le·cuul·ge·wicht *het* [-en] → **molecuulmassa**

mo·le·cuul·mas·sa *de* ['s] de massa van één molecule, uitgedrukt in kg

mo·len *(‹Lat) de (m)* [-s] ❶ maalinrichting, werktuig waarmee iets wordt fijngemalen; het gebouw waarin dit werktuig zich bevindt: ★ *Nederland is beroemd om zijn windmolens met vier wieken* ★ *dat is koren op zijn* ~ dat is juist wat hij graag hoort of wenst ★ *hij heeft een klap (slag, tik) van de* ~ *gehad, hij loopt met molentjes* hij is een beetje gek (geworden) ★ *Gods molens malen langzaam* Gods bestel leidt op de lange duur tot een goed einde ★ *de ambtelijke molens* de traag en omslachtig werkende overheidsdienst ★ *het zit in de* ~ men is ermee bezig, er wordt aan gewerkt ★ *door de* ~ *moeten* een lang traject van standaardprocedures door moeten ❷ kinderspeelgoed: een stokje met vier wiekjes (meestal als verkleinwoord: *molentje*)

mo·le·naar *de (m)* [-s] eigenaar van een molen

mo·le·naar·ster *de (v)* [-s] ❶ molenaarsvrouw ❷ eigenares van een molen

mo·len·as *de* [-sen] grote as waar de wieken omheen draaien

mo·len·beek *de* [-beken] beek die een molenrad doet draaien

mo·len·paard *het* [-en] ❶ paard dat een molen in beweging moet houden ❷ NN, fig, geringsch grote, sterke vrouw

mo·len·rad *het* [-raderen] scheprad van een watermolen

mo·len·roe·de *de* [-n] balk waaraan het latwerk van een molenwiek bevestigd is

mo·len·spel *het* [-len] oud gezelschapsspel met gekleurde schijven, waarbij men de tegenspeler tracht vast te zetten door een 'molen' te maken, d.w.z. drie schijven op één rij te zetten

mo·len·steen *de (m)* [-stenen] een van de twee zware stenen waartussen graan gemalen wordt ★ *iem. als een ~ om de nek hangen* zwaar op iem. drukken, grote zorg veroorzaken

mo·len·tocht *de (m)* [-en] ❶ grote sloot (in een polder), die rechtstreeks naar de molen leidt ❷ toeristische tocht langs molens; prestatietocht op de schaats langs molens

mo·len·vang *de* [-en] klem waarmee de molen stil gezet wordt

mo·len·vlieg·tuig *het* [-en] vliegtuig dat tijdens de vlucht niet door een motor, maar door de langsstromende lucht wordt aangedreven, autogiro

mo·len·wiek *de* [-en] → **wiek**, bet 1 ★ *een klap van de ~ beethebben, gekregen hebben* inf gek zijn

mole·skin [moolskin; in het Nederlands ook uitgesproken als moleskin] ‹*Eng*› *het* eig mollevel, ook Engels leer genoemd, een soort van katoenen bombazijn

mo·lest ‹*Lat*› *het* ‹in het verzekeringswezen› schade als gevolg van gewelddadigheden in een oorlog, bij rellen enz.

mo·les·ta·tie [-(t)sie] *de (v)* [-s] overlast door geweldpleging

mo·les·te·ren *ww* ‹*Fr‹Lat*› [molesteerde, h. gemolesteerd] door geweld overlast aandoen; lastigvallen

mo·lest·ver·ze·ke·ring *de (v)* [-en] verzekering tegen molest

mo·liè·res [-ljèrəs] *mv* lage veterschoenen, genoemd naar de Franse toneelschrijver J.B.P. Molière (1622-1673)

molk *ww*, **mol·ken** verl tijd van → **melken**

mol·len *ww* [molde, h. gemold] inf ❶ ‹v. personen› doodmaken ❷ ‹v. zaken› kapotmaken

mol·len·rit *de (m)* [-ten] gang door een → **mol³** gegraven

mol·len·val *de* [-len] val om mollen te vangen

mol·len·vel *het* [-len] huidje van een → **mol³**

mol·lig *bn* ‹m.b.t. lichaamsvorm› enigszins dikkig, met ronde lijnen: ★ *een mollige vrouw* ★ *mollige armpjes*; **molligheid** *de (v)*

mol·lusk ‹*Lat*› *de (m)* [-en] biol weekdier

molm *de (m) & het* ❶ droge stof van turf ❷ tot poeder vergaan hout ❸ vermolming

mol·men *ww* [molmde, is gemolmd] vermolmen, molm vormen

mo·loch ‹*Hebr*› *de (m)* ❶ Bijbel naam die vroeger uitsluitend werd opgevat als de aanduiding van een Fenicische godheid die mensenoffers eiste; thans ook wel opgevat als een Semitische offerterm ❷ fig iets waaraan alles wordt geofferd: ★ *de ~ van het verkeer*

mo·lo·tov·cock·tail [-kokteel] *de (m)* [-s] met benzine of petroleum gevulde fles of bus, die als primitieve bom of granaat geworpen wordt (genoemd naar de Russische minister V.M. Molotov, 1890-1986)

mols·hoop *de (m)* [-hopen] door een → **mol³** opgeworpen aardhoop

mol·sla *de* sla van de jonge, gele bladeren van paardenbloemen

mol·te·ken *het* [-s] muz ¹mol

mol·to ‹*It‹Lat*› *bijw* muz veel, zeer ★ *~ vivace* zeer levendig

mol·ton ‹*Fr‹Lat*› *het* zachte, dikke wollen, halfwollen of katoenen stof, in effen of keperbinding: ★ *een ~deken*

Mo·luk·ker *de (m)* [-s] iem. geboortig of afkomstig uit de Molukken

Mo·luks *bn* van, uit, betreffende de Molukken

mo·lyb·deen [-lib-] ‹*Gr*› *het* chemisch element, symbool Mo, atoomnummer 42, een zilvergrijs metaal, harder dan zilver

mom *de & het* [-men] masker ★ *onder het ~ van* met het voorwendsel dat...

mom·bak·kes *het* [-en] masker dat veelal een karikatuur of monster voorstelt

mo·ment ‹*Fr‹Lat*› *het* [-en] ❶ ogenblik: ★ *op dat ~ kwam zij binnen* ★ *we zijn er op dit ~ mee bezig* ❷ korte poos: ★ *heeft u één ~?* kunt u even wachten? ❸ tijdstip; pregnant geschikt tijdstip: ★ *een ongelukkig ~* ★ *het is nu niet het ~ om...* ❹ gebeurtenis: ★ *een belangrijk ~ in zijn leven*

mo·men·teel *bn* ❶ voor het ogenblik, nu ❷ voor een korte tijd, kortstondig ❸ tegenwoordig, in deze tijd

mo·ment·op·na·me *de* [-n] oorspr fotogr foto waarbij de plaat of film slechts een ogenblik aan het licht blootgesteld is geweest, snapshot; thans fig beschrijving van een gebeurtenis op één bepaald moment, zonder uitweidingen over wat ervoor of erna is geschied of zal geschieden: ★ *dit verslag is slechts een ~ van een zich al lang voortslepend conflict*

mo·men·tum ‹*Lat*› *het* (eig beslissend moment) tijd die zeer geschikt is om iets te ondernemen: ★ *gebruikmaken van het ~* ★ *~ verliezen*

mom·me·len *ww* [mommelde, h. gemommeld] → **mummelen**

mom·pe·len *ww* [mompelde, h. gemompeld] ❶ binnensmonds spreken ❷ fig in het geheim spreken, in kleine kring gewag maken van: ★ *ik heb zoiets horen ~*

mo·na·chaal ‹*Lat*› *bn* de monniken, het kloosterleven betreffend

mo·na·de ‹*Gr*› *de (v)* [-n] wisk, filos eenheid; punt; ondeelbaar bestanddeel

mo·narch ‹*Gr*› *de (m)* [-en] alleenheerser, alleenheersend vorst (koning, keizer)

mo·nar·chaal *bn* ❶ van de aard van een monarchie ❷ monarchistisch

mo·nar·chie ‹*Gr*› *de (v)* [-chieën] hist

alleenheerschappij; *thans meestal* staatsvorm waarbij de waardigheid van staatshoofd erfelijk is ★ *absolute* ~ staatsvorm waarbij de monarch onbeperkt heerser is ★ *constitutionele* ~ staatsvorm waarbij de macht van de monarch beperkt is door een grondwet

mo·nar·chis·me *(‹Gr) het* beginsel van de monarchale regeringsvorm

mo·nar·chist *de (m)* [-en] aanhanger van het monarchisme of van de monarchie

mo·nar·chis·tisch *bn* de monarchie aanhangend; betrekking hebbend op het monarchisme of de monarchisten

mon·chou, mon chou [mõsjoe] *(‹Fr) de (m)* soort verse roomkaas

mond *de (m)* [-en] ❶ deel van het gezicht, waardoor men spreekt, eet, drinkt e.d. ★ *zijn ~ houden* zwijgen ★ *zes monden moeten openhouden* voor zes mensen de kost moeten verdienen ★ *bij monde van* gezegd door ★ *een grote ~ hebben, opzetten* brutaal zijn ★ <u>NN</u> *iem. een grote ~ geven* brutaal zijn tegen iem. ★ *met een (de) ~ vol tanden* zie bij → **tand** ★ *dat ligt hem in de ~ bestorven* zie bij → **besterven** ★ *iem. iets in de ~ geven* a) iem. duidelijk zijn bedoeling laten blijken; b) iem. het antwoord op een vraag gemakkelijk maken door het hem bijna voor te zeggen ★ *iem. iets in de ~ leggen* het doen voorkomen dat iem. iets gezegd heeft ★ *geen blad voor de ~ nemen* zie bij → **blad** ★ *zijn ~ voorbijpraten* zie bij → **voorbijpraten** ★ *iemand naar de ~ praten* zie bij → **praten** ★ *iets uit de ~ laten vallen* iets ondoordacht zeggen ★ *een aardig mondje Spaans spreken* redelijk Spaans spreken ★ *ga je ~ spoelen!* schertsend gezegd tegen iem. die iets onbehoorlijks of brutaals heeft gezegd ★ *dat is een hele ~ vol!* dat is een lange naam! ★ *iemand de ~ snoeren (*of *stoppen)* a) hem het spreken beletten; b) de vrijheid van meningsuiting benemen ★ *met twee monden spreken* onoprecht zijn ★ *niet op zijn mondje gevallen zijn* goed zijn woorden weten te vinden, scherp weten te antwoorden ★ *zijn mondje roeren* veel praten ★ *iem. het eten uit de ~ kijken* (hongerig) bedelend kijken naar iem. die eet ★ *zijn mond niet opendoen,* vooral NN *geen ~ opendoen* hardnekkig zwijgen ★ *beter hard geblazen dan de ~ gebrand* zie bij → **blazen**; zie ook *bij* → **brood** ❷ overgang van een rivier in zee ❸ opening

mon·dain [mõdē] *(‹Fr‹Lat) bn* werelds, wereldsgezind ★ *een mondaine badplaats* een (luxe) badplaats waar veel mondaine mensen komen

mond·dood *bn* ★ *iem. ~ maken* iem. de vrijheid van meningsuiting benemen

mon·de·ling I *bn* gesproken, niet schriftelijk: ★ *een mondelinge toelichting* **II** *het* mondeling examen: ★ *zakken voor het ~*

mond-en-klauw·zeer *het* besmettelijke rundveeziekte waarbij pijnlijke blaren ontstaan aan de poten en in de bek

mond·har·mo·ni·ca *de (v)* ['s] eenvoudig muziekinstrument, door blazen en zuigen bespeeld, waarbij verschillende toonhoogten verkregen worden door verplaatsing langs de mond

mond·harp *de* [-en] klein, metalen (tokkel)instrument dat tegen de tanden geplaatst wordt en waarbij de mondholte als resonantieruimte dient

mond·hoek *de (m)* [-en] een van de twee uiterste punten van de lippen: ★ *voedselresten uit de mondhoeken vegen*

mond·hol·te *de (v)* [-n, -s] het inwendige van de mond, van de lippen tot ongeveer de huig

mond·hy·gi·ë·nist *de (m)* [-en], **mond·hy·gi·ënis·te** [-hie-] *de (v)* [-n, -s] iem. die in nauwe samenwerking met de tandarts bij patiënten het gebit schoonmaakt om aandoeningen aan het gebit en het tandvlees te voorkomen en ook voorlichting geeft over de wijze waarop het gebit het best gereinigd en onderhouden kan worden

mon·di·aal *(‹Fr‹Lat) bn* de wereld omvattend, op de hele wereld betrekking hebbend: ★ *een mondiale crisis*

mon·dig *bn* ❶ meerderjarig ❷ fig in staat om zelfstandig en voor eigen verantwoording te handelen: ★ *patiënten zijn steeds mondiger geworden*

mon·dig·heid *de (v)* ❶ meerderjarigheid ❷ zelfstandigheid

mon·ding *de (v)* [-en] ❶ riviermond ❷ opening

mond·jes·maat *bijw* in zeer kleine hoeveelheden: ★ *nieuws kwam maar (in) ~ tot ons* ★ <u>BN</u> ook *met ~*

mond·klem *de* stijfheid van de kaken, vaak bij paarden

mond-op-mond-be·ade·ming *de (v)* methode bij eerste hulp om bij een bewusteloze de stilstaande ademhaling weer op gang te brengen

mond·or·gel *het* [-s] mondharmonica

mond·spie·gel *de (m)* [-s] aan een steel bevestigd spiegeltje waarmee men de mondholte kan bekijken, gebruikt door tandartsen

mond·spoe·ling *de (v)* [-en] ❶ het spoelen van de mond ❷ de vloeistof die voor het spoelen van de mond wordt gebruikt

mond·stuk *het* [-ken] gedeelte van een blaasinstrument, sigaret enz. dat in de mond gehouden wordt

mond-tot-mond·re·cla·me *de* reclame die ontstaat doordat consumenten een product, waarover zij tevreden zijn, onderling aanbevelen

mond·vol *de (m)* zoveel als in de mond gaat: ★ *een ~ chips*

mond·voor·raad *de (m)* voorraad levensmiddelen

mond·wa·ter *het* [-s] vloeistof om de mond te spoelen

Mo·ne·gask *(‹Fr) de (m)* [-en] iem. geboortig of afkomstig uit Monaco

Mo·ne·gas·kisch *bn* van, uit, betreffende Monaco

mo·nel·me·taal *het* legering van koper en nikkel met een beetje ijzer, vooral gebruikt voor pompen, leidingen, kleppen, afsluiters e.d., genoemd naar de Amerikaanse industrieel Ambrose Monell (gest.

1921)

mo·ne·tair [-tèr] (<Fr<Lat) bn op de munt of het muntstelsel betrekking hebbende, munt-, geld-: ★ *Internationaal Monetair Fonds* zie → **IMF**

mo·ne·ta·ris·me het econ denkrichting waarbij de groei van de geldhoeveelheid als de belangrijkste oorzaak van een langdurige inflatie wordt beschouwd

mo·ne·ta·rist de (m) [-en] aanhanger van het monetarisme

mo·ney zn [monnie] (<Eng) geld ★ *time is* ~ tijd is geld

mo·ney·ma·ker [monniemeekə(r)] (<Eng) de (m) [-s] iem. die uit alles geld weet te slaan

mon·go·len·plooi de [-en] plooi in het bovenste ooglid, waardoor een schijnbare scheefstand van de ogen wordt veroorzaakt

mon·go·li·de bn ★ ~ *ras* mensenras waartoe o.a. behoren de Chinezen, Japanners, Eskimo's en indianen, met de mongolenplooi als een van de kenmerken

mon·go·lis·me het aangeboren chromosoomafwijking waarbij het kind een vorm van achterlijkheid heeft die gepaard gaat met een mongoolachtig uiterlijk, thans *syndroom van Down* genoemd

mon·go·lo·ï·de I bn zoals bij lijders aan het syndroom van Down II de iem. die aan het syndroom van Down lijdt

Mon·gool de (m) [-golen] ❶ iem. geboortig of afkomstig uit Mongolië ❷ vero iem. van het mongolide ras

mon·gool de (m) [-golen] ❶ iem. die lijdt aan het syndroom van Down ❷ scheldwoord gek, idioot

Mon·gools I bn van, uit, betreffende Mongolië II het taal van de Mongolen

mon·gool·tje het [-s] inf aan het syndroom van Down lijdend kind

mo·nis·me (<Gr) het eenheidsleer, filosofisch stelsel dat alles tot één wezen of beginsel terugbrengt (tegengest: → **dualisme**), bijv. stof en geest beschouwd als van dezelfde oorsprong

mo·nist de (m) [-en] aanhanger van het monisme; **monistisch** bn bijw

mo·ni·tor (<Lat) de (m) [-s] ❶ telec toestel voor de controle van geluids- en beeldsignalen ❷ beeldscherm waarop een weergave te zien is van elektronische impulsen: ★ *de hartpatiënt lag aan de monitor* ❸ comput beeldscherm dat met een computersysteem is verbonden; *ook* dat deel van de programmatuur en apparatuur dat de werking van een computersysteem registreert en weergeeft ❹ BN ook persoon die leiding geeft aan en toezicht houdt op jeugdigen, jeugdleider, groepsleider, leider; *ook* leraar ❺ BN ook iem. die jonge studenten bij hun studie helpt en begeleidt, studiementor, mentor, studiebegeleider

mo·ni·to·raat het [-raten] BN ook instantie belast met de studiebegeleiding van jonge studenten; gebouw waar deze instantie gevestigd is

mo·ni·to·ren ww [monitorde, h. gemonitord] in de gaten houden, controleren, toezicht houden op: ★ *de VN monitort de mensenrechtensituatie in Guatemala*

mo·ni·tri·ce (<Fr) de (v) [-s] BN ook vrouwelijke vorm van → **monitor** (bet. 4 en 5); jeugdleidster; peuterleidster, kleuterleidster

mon·kel de (m) BN ook glimlach; *ook* ongelovig, enigszins sceptisch lachje

mon·ke·len ww [monkelde, h. gemonkeld] BN ook ❶ glimlachen (van genoegen e.d.) ❷ *ook* spottend, schamper, ondeugend, ongelovig glimlachen

mon·nik (<Lat) de (m) [-niken] man die de kloostergelofte heeft afgelegd en in een klooster leeft ★ *het zijn niet allen monniken die (zwarte) kappen dragen* iemand is niet altijd wat hij schijnt ★ *gelijke monniken, gelijke kappen* allen die in dezelfde positie verkeren, hebben dezelfde rechten

mon·ni·ken·kloos·ter het [-s] klooster bewoond door monniken

mon·ni·ken·la·tijn het het middeleeuws Latijn van de kloosters

mon·ni·ken·or·de de [-n, -s] groep monniken met eigen leefregels

mon·ni·ken·werk het geduldwerk; langdurig geploeter (met nauwelijks zichtbaar resultaat of van weinig nut)

mon·niks·gier de (m) [-en] grauwe gier

mon·niks·kap de [-pen] ❶ kap van een monnikspij ❷ beweegbare kap op een schoorsteenpijp ❸ het giftige plantengeslacht *Aconitum*,; zie ook → **akoniet**

mon·niks·pij de [-en] gewaad van een monnik

mo·no bn niet stereo: ★ *deze oude geluidsopname is nog (in)* ~

mo·no- (<Gr) als eerste lid in samenstellingen ❶ één, alleen, enig ❷ het tegenovergestelde van → **stereo-**

mo·no·cau·saal [-zaal] bn alles terugbrengend tot één oorzaak: ★ *monocausale theorieën*

mo·no·chroom (<Gr) bn eenkleurig

mo·no·cle (<Fr<Lat) de (m) [-s] ouderwets kijkglas voor één oog, dat in de ooghoek wordt vastgeknepen, lorgnon

mo·no·cul·tuur de (v) [-turen] ❶ landbouwbedrijf met slechts één, gespecialiseerd product ❷ economische situatie waarbij de uitvoer van een land sterk afhankelijk is van één product

mo·nof·tong (<Gr) de [-en] taalk enkele klinker

mo·no·fy·sie·ten [-fiezie-] (<Gr) mv aanhangers van een richting in het christendom, ontstaan in de vijfde eeuw, die geen onderscheid maakt tussen Jezus' goddelijke en menselijke natuur

mo·no·gaam (<Gr) bn van de aard van, gebaseerd op monogamie

mo·no·ga·mie (<Gr) de (v) huwelijk of langdurige liefdesbetrekking met slechts één persoon

mo·no·gra·fie (<Gr) de (v) [-fieën] wetenschappelijke

studie over één bepaald onderwerp
mo·no·gram *(‹Gr) het* [-men] figuur, vooral naamteken, bestaande uit verbonden of dooreengevlochten letters, meestal de beginletters van de naam
mo·no·ki·ni *de (m)* ['s] meisjes- of damesbadkleding, slechts bestaande uit een broekje
mo·no·liet *(‹Gr) de (m)* [-en] ❶ monument of bouwdeel dat uit één stuk steen gehouwen is ❷ techn eenheid met samengestelde schakeling in een computer
mo·no·li·thisch *bn* ❶ van de aard van een monoliet ❷ fig een onsplitsbaar geheel vormend
mo·no·logue in·té·ri·eur [-loɣ ēteerjeur] *(‹Fr) de (m)* 'innerlijke alleenspraak', het weergeven in de directe rede van de overpeinzingen van een figuur in een literair werk; *ook*: → **stream of consciousness**
mo·no·loog *(‹Gr) de (m)* [-logen] ❶ alleenspraak, vooral in een toneelstuk ❷ kort stuk, bestemd om door één persoon te worden voorgedragen
mo·no·maan *(‹Gr)* **I** *bn* lijdend aan monomanie **II** *de (m)* [-manen] iem. die aan monomanie lijdt
mo·no·ma·nie *(‹Gr) de (v)* [-nieën] soort van waanzin waarbij men zich aan één enkel waandenkbeeld vasthoudt
mo·no·po·lie *(‹Gr) het* [-s, -liën] recht om met uitsluiting van anderen iets te mogen verhandelen, vervolgens ook om iets te vervaardigen of te verrichten; *ook* fig ★ *menen ergens een ~ op of van te hebben* ervan uitgaan alleen zelf iets te kunnen of te mogen
mo·no·po·li·se·ren *ww* [-zeerə(n)] [monopoliseerde, h. gemonopoliseerd] tot een monopolie maken; fig voor zich alleen opeisen
mo·no·po·list *de (m)* [-en] bezitter van een monopolie
mo·no·po·lis·tisch *bn* van de aard van of op de wijze van een monopolie
mo·no·rail [-reel] *de (m)* [-s] spoorwegsysteem waarbij de treinstellen zich hangend aan of liggend op één rail voortbewegen
mo·no·syl·la·be [-sielaa-, -sillaa-] *de* eenlettergrepig woord
mo·no·syl·la·bisch [-sielaa-, -sillaa-] *bn* eenlettergrepig; bestaande uit eenlettergrepige woorden
mo·no·the·ïs·me *(‹Gr) het* geloof in één God
mo·no·the·ïst *de (m)* [-en] aanhanger van het monotheïsme
mo·no·the·ïs·tisch *bn* betreffende het monotheïsme
mo·no·to·nie *(‹Fr‹Gr) de (v)* het monotoon-zijn, eentonigheid, eenvormigheid
mo·no·toon *(‹Fr‹Gr) bn* ❶ op één toonhoogte, zonder accenten: ★ *~ spreken* ❷ saai, zonder afwisseling: ★ *een monotone film* ❸ wisk constant toe- of afnemend
mo·no·vo·lu·me *de* BN MPV, ruime gezinsauto
mon·sei·gneur [mòsènjùr] *(‹Fr) de (m)* [-s] titel van hoge rooms-katholieke geestelijken (bisschoppen) en Franse prinsen
mon·sieur [məsjeu] *(‹Fr) de (m)* [messieurs] meneer, mijnheer (ook als aanspreektitel); de heer
mon·ster¹ *(‹Lat) het* [-s] kleine hoeveelheid van iets aan de hand waarvan de kwaliteit, samenstelling enz. kan worden beoordeeld, staaltje: ★ *een ~ nemen, trekken van iets*
mon·ster² *(‹Lat) het* [-s] ❶ afgrijselijk wezen of ding; gedrocht ★ *het ~ van Loch Ness* groot, prehistorisch dier, waarvan één of meer exemplaren in het Loch Ness in Schotland zouden huizen ❷ vreselijk persoon of ding: ★ *een ~ van een roman* ❸ iets wat in zijn soort geweldig groot is, *vaak in samenstellingen*: ★ *monsterproces, monstervergadering*
mon·ster·ach·tig *bn* ❶ als (van) een monster, wanstaltig: ★ *een ~ gebouw* ❷ vreselijk, afschrikwekkend: ★ *~ groot, wreed*
mon·ste·ren *ww* [monsterde, h. gemonsterd] ❶ keurend bekijken: ★ *de portier monsterde alle bezoekers uitvoerig* ❷ zich als bemanningslid van een schip laten aannemen
mon·ste·ring *de (v)* [-en] ❶ het → **monsteren** (bet 1) ❷ het opmaken van de monsterrol
mon·ster·lijk *bn* afgrijselijk lelijk: ★ *een monsterlijke uitdossing*; **monsterlijkheid** *de (v)* [-heden]
mon·ster·rol *de* [-len] naamlijst van de bemanning van een schip
mon·ster·ver·bond *het* [-en] verbond tussen partijen die qua uitgangspunten volstrekt niet bij elkaar passen
mon·ster·zen·ding *de (v)* [-en] proefzending, proefpakket met samples
mon·strans *(‹Lat) de* [-en] RK zonvormig, met een topkruisje versierd gouden of zilveren vaatwerk met in het midden een ronde opening, waarachter de hostie kan worden tentoongesteld
mon·stru·eus *(‹Fr‹Lat) bn* monsterachtig, gedrochtelijk
mon·strum *(‹Lat) het* [-stra, -s] → **monster²**, gedrocht
mon·stru·o·si·teit [-zie-] *(‹Fr) de (v)* ❶ monsterachtigheid, gedrochtelijkheid, wanstaltigheid ❷ [*mv*: -en] iets monsterlijks; monsterachtige misvorming
mon·ta·ge [-taazjə] *(‹Fr) de (v)* [-s] ❶ het monteren *in verschillende betekenissen*: ❷ het in elkaar zetten van een bouwwerk, een auto enz. uit aangevoerde onderdelen; het ineenzetten van een machine ❸ samenstelling van een film uit afzonderlijke opnamestukken
mon·ta·ge·bouw [-taazjə-] *de (m)* het bouwen met vooraf vervaardigde onderdelen, die zonder verdere bewerking tot een geheel kunnen worden samengevoegd
mon·ta·ge·fo·to [-taazjə-] *de* ['s] foto die is verkregen door (delen van) andere foto's samen te voegen
mon·ta·ge·lijn [-taazjə-] *de* [-en] lijn, band waarlangs auto's enz. verplaatst worden bij de montage in de

fabriek

mon·ta·ge·wa·gen [-taazjə-] *de (m)* [-s] wagen die is ingericht voor bewerkingen aan film- en geluidsopnamen die op locatie worden gemaakt en uitgezonden

mon·ta·ge·wo·ning [-taazjə-] *de (v)* [-en] woning in montagebouw

mon·te·car·lo·me·tho·de *de (v)* statistiek methode waarbij men op grond van volstrekt toevallig verkregen gegevens mathematische uitspraken doet, genoemd naar de stad Monte Carlo (Monaco), waar zich een bekend casino bevindt

Mon·te·ne·grijn *de (m)* [-en] iem. geboortig of afkomstig uit Montenegro

Mon·te·ne·grijns *bn* van, uit, betreffende Montenegro

mon·ter *bn* opgewekt

mon·te·ren *ww* (‹Fr›) [monteerde, h. gemonteerd] ❶ de delen van een machine, bouwpakket enz. ineenzetten; ‹edelgesteenten› zetten, in een kas vatten ❷ ‹een film, drukwerk enz.› onderdelen tot een geheel maken; ❸ ‹toneelstuk› voorbereiden voor de opvoering

mon·te·ring *de (v)* [-en] het monteren; wijze waarop iets gemonteerd is

mon·tes·so·ri·school *de* [-scholen] school volgens het stelsel van de Italiaanse opvoedkundige Maria Montessori (1870-1952) waarbij de kinderen geleerd wordt zich naar eigen aanleg te ontwikkelen

mon·teur (‹Fr›) *de (m)* [-s] vakman die de delen van een machine, auto, televisietoestel, elektrische installatie enz. in elkaar zet, monteert of herstelt: ★ *auto~* ★ *verwarmings~*

Mon·te·zu·ma *zn* [-zoe-] Azteeks heerser, die door de Spaanse veroveraars gevangen is genomen en in 1520 tijdens een anti-Spaanse opstand omkwam ★ *wraak van ~* stoornissen van de maag en de ingewanden die in Mexico vooral voorkomen bij reizigers uit Europa en Noord-Amerika

mont·for·taan *de (m)* [-tanen] lid van de in 1704 gestichte religieuze congregatie Societas Mariae Montfortana die zich o.a. toelegt op missiewerk en zielszorg

mon·tig·nac·cen *ww* [-tienjakkə(n)] [montignacte, h. gemontignact] een afslankdieet volgen volgens de ideeën van de Fransman Michel Montignac (geb. 1944), waarbij vetten en koolhydraten niet gecombineerd mogen worden genuttigd

mon·tuur (‹Fr›) *de (v) & het* [-turen] ❶ omlijsting van de brillenglazen: ★ *mijn glazen vallen steeds uit het ~* ❷ vatting van edelstenen

mon·ty·coat [montiekoot] (‹Eng›) *de (m)* [-s] vooral NN overjas met capuchon en tressluiting, houtje-touwtjejas, genoemd naar de Engelse generaal Montgomery of Alamein, spreektaal Monty (1887-1976)

mo·nu·ment (‹Fr‹Lat›) *het* [-en] ❶ gedenkteken; iets wat de herinnering aan iem. of iets doet voortleven: ★ *een ~ oprichten voor iets of iem.* ❷ overblijfsel van vroegere kunst of cultuur; werk (gebouw enz.) dat een bepaald kunst- of cultuurtijdperk typisch vertegenwoordigt; bij uitbreiding ook gebruikt voor niet door mensenhanden gemaakte zaken; vgl: → **natuurmonument**

mo·nu·men·taal (‹Lat›) *bn* ❶ van de aard van, het uiterlijk hebbend van een monument ❷ weids, groots, onvergankelijk: ★ *een ~ gebouw* ★ *een ~ boek;* ook iron: ★ *een monumentale blunder*

mo·nu·men·ta·li·teit *de (v)* eigenschap van monumentaal te zijn

mo·nu·men·ten·lijst *de* [-en] door monumentenzorg opgestelde lijst van gebouwen die bijzondere bescherming krijgen om cultuurhistorische redenen

mo·nu·men·ten·zorg *de* ❶ zorg van regeringswege voor het in goede staat houden van monumenten (→ **monument**, bet 2) ❷ de dienst, instantie daarvoor

mooi I *bn* welgevormd, de zinnen strelend: ★ *een mooie jongeman; prettig aandoend; keurig; uitstekend, prima:* ★ *een mooie dag;* iron *lelijk, onbehoorlijk:* ★ *~ is dat!* ★ *jij bent ook een mooie!* ★ *ergens ~ mee zitten* erdoor gedupeerd zijn, ermee zitten ★ *nu is het ~ (genoeg) geweest* het moet nu afgelopen, uit zijn ★ *~ niet!* beslist niet ★ *wie ~ wil zijn, moet pijn lijden* moet er iets voor over hebben; zie ook bij → **weer**¹ **II** *het ~ voor het ~* vanwege de fraaiheid

mooi·doe·ne·rij *de (v)* [-en] iets vooral mooi willen doen *of* vooral een mooie indruk willen maken

mooi·ig·heid *de (v)* [-heden] ❶ *inf* iets moois; het mooi-zijn; ❷ ‹vaak ironisch› iets lelijks of onbehoorlijks, iets wat zich al te mooi voordoet

mooi·pra·ten *ww & het* (het) vleien

mooi·pra·ter *de (m)* [-s] vleier

moois *het* ❶ iets wat mooi is ★ *het ~ ervan afkijken* zo lang kijken dat men het mooie er niet meer van ziet ★ *er groeit iets ~ tussen hen* er ontstaat liefde tussen hen ❷ iron iets onbehoorlijks, iets onaangenaams: ★ *het is me wat ~!*

mooi·schrij·ve·rij *de (v)* schrijftrant die overmatig streeft naar 'mooie' taal

mooi·zit·ten *ww* [zat mooi, h. mooigezeten] ‹van een hond› op de achterpoten zitten

moon·boots [moenboets] (‹Eng: maanlaarzen›) *mv* sneeuwlaarzen met brede zool en dik, gewatteerd bovenwerk, qua uiterlijk lijkend op het schoeisel van de Amerikaanse maanreizigers

moon·walk [moenwòk] (‹Eng›) *de* door Michael Jackson bekend geworden loopje, waarbij de bewegingen suggereren dat je vooruit loopt, maar in werkelijkheid ga je achteruit

Moor *de (m)* [Moren] oorspr (in de vroege middeleeuwen) iem. met een donkere huidskleur uit Noord-Afrika; later iem. van de islamitische klasse die Spanje overheerste

moor *de (m)* [moren] ❶ zwart paard ❷ BN, spreektaal ketel, waterketel, fluitketel

moord *de* [-en] ❶ het opzettelijk doden van een mens: ★ *een ~ begaan, plegen* ★ *~ en brand schreeuwen* misbaar maken alsof er een groot onheil geschiedt ★ *dat wordt moord en doodslag* dat wordt grote ruzie en ellende ❷ ⟨inf als voorvoegsel⟩ ontzettend leuk, aardig, goed: moordgriet, moordvent, moordfilm

moord·aan·slag *de (m)* [-slagen] poging tot moord: ★ *een ~ plegen*

moord·da·dig *bn* ❶ bloeddorstig, wreed; waarbij veel doden vallen; de dood veroorzakend: ★ *een ~ regime* ❷ heel erg, verschrikkelijk: ★ *een moorddadige hitte*

moord·da·dig·heid *de (v)* bloeddorstigheid, wreed en bloedig optreden

moor·den *ww* [moordde, h. gemoord] gewelddadig doden; zie ook bij → **moordend**

moor·de·naar *de (m)* [-s], **moor·de·na·res** *de (v)* [-sen] iem. die een moord heeft gepleegd

moor·de·naars·hand *de* ★ *vallen door* ~ plechtig vermoord worden

moor·dend *bn* met ondergang bedreigend: ★ *moordende concurrentie; zeer afmattend:* ★ *een ~ klimaat*

moord·griet *de (v)* [-en] inf zeer aantrekkelijk, aardig en goed meisje

moord·kuil *de (m)* [-en] ★ *van zijn hart geen ~ maken* zijn gevoelens en meningen vrij uitspreken

moord·lust *de (m)* de lust om te moorden

moord·par·tij *de (v)* [-en] bloedbad

moord·tuig *het* [-en] werktuig, middel waarmee men moordt

moord·zaak *de* [-zaken] rechtszaak over een moord

moor·kop *de (m)* [-pen] ❶ paard met zwart grondhaar, waardoorheen witte haren lopen ❷ met chocola bedekte en met slagroom gevulde soes

Moors *bn* van, eigen aan de Moren

moot *de* [moten] ❶ afgesneden stuk vis; ❷ *mootje* klein stukje van iets: ★ *iets in mootjes hakken*

mop¹ *de* [-pen] ❶ stuk, brok; klodder ❷ baksteen ❸ NN koekje: ★ *Weesper moppen* ❹ grap, meestal in verhalende vorm: ★ *moppen tappen* ; zie ook bij → **baard** ❺ vrolijk muziekstukje, liedje: ★ *ach toe, zing nog eens een mopje* ❻ NN spreektaal aanspreekvorm voor een meisje of vrouw: ★ *wat kan ik voor je doen, ~?*

mop² *de (m)* [-pen], **mops** *de (m)* [-en] mopshond

mop³ *de (m)* [-s] zeilwrijver, natte zwabber

mop·pen *ww* [mopte, h. gemopt] dweilen met een → **mop³** (soort natte zwabber)

mop·pen·tap·per *de (m)* [-s] iem. die graag moppen vertelt

mop·pen·trom·mel *de* [-s] rubriek met moppen (→ **mop¹**, bet 4) in tijdschriften

mop·pe·raar *de (m)* [-s] iem. die vaak moppert

mop·pe·ren *ww* [mopperde, h. gemopperd] zijn ontevredenheid uiten: ★ *op iem., over iets ~*

mop·pie *het* [-s] NN spreektaal ❶ liedje, muziekstukje: ★ *toe, zing nog eens een ~* ❷ aanspreekvorm voor een meisje of vrouw: ★ *wat kan ik voor je doen, ~?*

mop·pig *bn* inf leuk, grappig; **moppigheid** *de (v)*

mops *de (m)* [-en], **mops·hond** *de (m)* [-en] hond met een stompe snuit

mops·neus *de (m)* [-neuzen] stompe neus

mo·quette [-ket(tə)] ⟨Fr⟩ *de* meubelpluche, fluweelachtige trijp voor meubelbekleding

mo·raal ⟨Fr⟨Lat⟩ *de* ❶ de heersende zeden en gebruiken: ★ *de christelijke ~* ★ *dubbele ~* verschil in zedelijke beoordeling van zaken die eenzelfde beoordeling verdienen: ★ *dat je dit bij je zoon goedkeurt en bij je dochter verbiedt, getuigt van een dubbele ~* ❷ lering, zedenles: ★ *de ~ van een verhaal* ❸ zedelijke beginselen: ★ *geen ~ hebben* ❹ iems. gevoel van innerlijke waarde of kracht, moreel ★ *~ hebben* sp in vorm zijn, vooral mentaal

mo·raal·fi·lo·so·fie *de (v)* deel van de filosofie dat zich bezighoudt met zedelijke normen en waarden, wijsgerige ethiek

mo·raal·the·o·lo·gie *de (v)* vooral in de rooms-katholieke traditie gebruikte term voor de theologische ethiek

mo·ra·li·sa·tie [-zaa(t)sie] ⟨Fr⟩ *de (v)* [-s] het moraliseren; zedenpreek, zedenles

mo·ra·li·se·ren *ww* [-zeerə(n)] ⟨Fr⟩ [moraliseerde, h. gemoraliseerd] zedenkundige beschouwingen houden, zedenlessen geven; zedenpreken houden

mo·ra·lis·me ⟨Fr⟩ *het* ❶ opvatting die aan de zedelijke normen absolute waarde toekent; ❷ ⟨in engere zin⟩ het beschouwen en waarderen van alle dingen uit het oogpunt van de moraal

mo·ra·list ⟨Fr⟩ *de (m)* [-en] ❶ iem. die zedenpreken houdt ❷ schrijver over de zeden

mo·ra·li·teit ⟨Fr⟨Lat⟩ *de* ❶ zedelijkheid, zedelijk gehalte ❷ middeleeuws allegorisch toneelstuk

mo·ra·to·ri·um ⟨Lat⟩ *het* [-ria, -s] (algemene) opschorting van betalingsverplichting; bij uitbreiding uitstel in het algemeen

Mo·ra·visch *bn* van, uit, betreffende Moravië ★ *Moravische broeders* hernhutters

mor·bi·de ⟨Fr⟨Lat⟩ *bn* ziekelijk; macaber: ★ *~ grappen*

mor·bi·di·teit ⟨Fr⟩ *de (v)* ❶ ziekelijke toestand ❷ ziektecijfer, aantal ziektegevallen

mor·di·cus ⟨Lat⟩ *bijw* onverzettelijk, hardnekkig, met alle geweld: ★ *ergens ~ tegen zijn*

mo·reel ⟨Fr⟩ **I** *bn* ❶ zedelijk; in overeenstemming met de zedelijkheid ❷ het zedelijk gedrag betreffend **II** *het* zedelijke kracht, gevoel van zelfvertrouwen

mo·rel ⟨It⟩ *de* [-len] ❶ grote zure donkerrode kers ❷ de boom waaraan deze vrucht groeit (*Prunus cerasus austera*)

mo·rel·len·boom *de (m)* [-bomen] → **morel** (bet 2)

mo·re·ne ⟨Fr⟩ *de* [-s, -n] puin langs de randen en aan het einde van gletsjers

mo·res ⟨Lat⟩ *mv* zeden, gebruiken ★ *iemand ~ leren* iem. terechtwijzen, iem. de les lezen

mor·feem ⟨Gr⟩ *het* [-femen] kleinste

betekenisdragende taalelement dat semantische informatie geeft en de betrekkingen tussen de woorden van een zin of woordgroep aangeeft, zoals de 'e' in 'mooie', of de 's' in 'bakkers'

mor·fi·ne *de* uit opium verkregen alkaloïde, gebruikt als pijnstiller of genotmiddel, genoemd naar *Morpheus*, de Griekse god van de slaap en de dromen

mor·fi·ne·spuit·je *het* [-s] ❶ werktuig om morfine toe te dienen ❷ inspuiting met morfine

mor·fi·nis·me *het* verslaafdheid aan morfine

mor·fi·nist *de (m)* [-en] iemand die aan morfine verslaafd is

mor·fo·lo·gie (‹Gr› *de (v)* ❶ vormleer, vooral leer van bouw en vorm van organismen ❷ taalk leer van de verbuigings- en vervoegingsvormen van woorden van een taal en van de woordvorming (door afleiding of samenstelling)

mor·fo·lo·gisch *bn* ❶ de vorm betreffend; uit een oogpunt van vorm ❷ taalk de → **morfologie** (bet 2) betreffend

mor·ga·na·tisch hu·we·lijk *het* vroeger huwelijk van een man uit aanzienlijke stand met een vrouw van lagere geboorte, waarbij deze laatste niet deelde in de rechten van de man, maar een zogenaamd *morganaticum*, morgengave, ontving en de kinderen alleen de naam en het vermogen van de moeder erfden

mor·gen I *de (m)* [-s] deel van de dag van zonsopgang tot de middag, ochtend ★ *'s morgens* (verkorting van: *des morgens*) in de ochtend, in de voormiddag ★ *de ~ des levens* de jeugd ★ *de ~ weet niet wat de avond brengt* aan het begin van de dag weet men niet hoe deze verloopt ★ *~ is er weer een dag* gezegd als men vandaag iets niet meer af kan krijgen **II** *bijw* de volgende dag ★ *ja, ~ brengen!* reken daar maar niet op, daar gebeurt niets van **III** *de (m) & het* [-s] vero landmaat van verschillende grootte

mor·gen·avond, **mor·gen·avond** *bijw* in de avond na vandaag

mor·gen·edi·tie [-(t)sie] *de (v)* [-s] 's morgens verschijnende editie van een krant

mor·gen·ga·ve *de* [-n] vroeger bruidsschat door de man de morgen na het huwelijk aan de vrouw gegeven als bewijs van de eigenlijke voltrekking van het huwelijk door de geslachtsgemeenschap

mor·gen·krie·ken *het* het aanbreken van de dag

Mor·gen·land *het* het oosten, de Levant

mor·gen·licht *het* het eerste daglicht

mor·gen·mid·dag, **mor·gen·mid·dag** *bijw* in of op de middag na vandaag

mor·gen·och·tend, **mor·gen·och·tend** *bijw* in de ochtend na vandaag

mor·gen·rood *het* de rode tinten aan de hemel bij zonsopgang; fig verschijnselen die een gunstige wending in een onaangename toestand aankondigen

mor·gen·ster I *de* ❶ de planeet Venus, als ze 's morgens kort voor zonsopgang in het oosten staat ❷ [*mv:* -ren] middeleeuws slagwapen bezet met ijzeren punten **II** *de (m)* [-ren] ❶ NN iem. die 's ochtends de vuilnisbakken langsgaat om te kijken of er wat van zijn of haar gading is ❷ boksbaard, het plantengeslacht *Tragopogon*

mor·gen·stond *de (m)* de vroege ochtenduren ★ *de ~ heeft goud in de mond* gezegde dat mensen aanraadt vroeg aan het werk te gaan of van de vroege ochtend te genieten

mor·gen·vroeg *bijw* morgenochtend (vroeg)

mor·gen·wij·ding *de (v)* [-en] kort stichtelijk begin van de dag

mor·gen·zon *de* zon zoals die zich in de morgen vertoont, opgaande zon

mor·gue [-ɡə] ‹Fr› *de (v)* [-s] vroeger lijkenhuis waar onbekende gestorvenen ter identificatie werden neergelegd

mo·ri·aan ‹Oudfrans› *de (m)* [-anen] vero neger ★ *het is de ~ gewassen* het is vergeefse moeite

mo·ril·le [-riejə] ‹Fr›, **mo·riel·le** *de* [-s] zekere soort van rimpelige, eetbare paddenstoel

Mo·rin *de (v)* [-nen] Moorse vrouw

mo·ris·co *de (m)* ['s], **mo·risk** ‹Sp› *de (m)* [-en] hist iem. van Arabische oorsprong in Spanje na de val van Granada; (in schijn) tot het Christendom bekeerde Moor

mor·mel ‹Du› *het* [-s] lelijk wezen, vooral lelijke hond; ook lelijk ding

mor·mo·nen *mv* leden van een door Joseph Smith (1805-1844) gestichte godsdienstige sekte in de Verenigde Staten (en van daaruit verbreid), genoemd naar de legendarische profeet Mormon; *ook genoemd* Kerk van Jezus Christus van de Heiligen der laatste dagen

mor·moons *bn* van, betreffende de mormonen

morn·ing-af·ter·pil [mò(r)ningàftə(r)-] ‹Eng› *de (m)* [-len] pil ter voorkoming van zwangerschap, als onderdeel van een kuur door een vrouw na de coïtus geslikt om te verhinderen dat de bevruchte eicel zich in de baarmoederwand nestelt; bij uitbreiding deze kuur zelf

Mor·pheus [-fuis] *de (m)* ★ *in Morpheus' armen liggen* slapen, naar Morpheus, de Griekse god van de slaap

morph·ing [mò(r)fing] ‹Eng› *het* comput beeldeffect waarbij een digitale afbeelding geleidelijk in een andere afbeelding overgaat, bijv. een tijgerkop die langzaam verandert in een vrouwengezicht

mor·re·len *ww* [morrelde, h. gemorreld] peuteren: ★ *aan een slot ~*

mor·ren *ww* [morde, h. gemord] zijn ontevredenheid uiten, mopperen: ★ *morrend gingen de mannen weer aan het werk* ★ *zonder ~* zonder protest

mor·rig *bn* pruttelend, ontevreden

mors·dood *bn* volkomen levenloos, volledig dood

mor·se·al·fa·bet *het* alfabet, telegrafisch schrift, bestaande uit punten en strepen, samengesteld door de Amerikaan Samuel F.B. Morse (1791-1872)

mor·se·bel *de* [-len] knoeister, morsige vrouw
mor·sen *ww* [morste, h. gemorst] ❶ ‹veelal van vloeistoffen of strooibare stoffen› door onvoorzichtigheid laten vallen: ★ *hij morste koffie op het tafelkleed en as op de grond* ❷ fig achteloos verdoen: ★ *met geld ~* ★ *punten ~* sp door te verliezen of gelijk te spelen niet het maximale aantal competitiepunten halen
mor·se·pot *de (m)* [-ten] → **morspot**
mor·se·schrift *het* morsealfabet
mor·se·sleu·tel *de (m)* [-s] seingever aan de telegraaf
mor·se·te·ken *het* [-s] teken uit het morsealfabet
mor·sig *bn* vuil, slonzig; **morsigheid** *de (v)*
mors·pot, mor·se·pot *de (m)* [-ten] iem. die morst
mor·ta·del·la *(‹It)* de Italiaanse metworst
mor·ta·li·teit *(‹Fr‹Lat) de (v)* ❶ sterfelijkheid ❷ sterftecijfer, het aantal sterfgevallen per jaar per duizend levenden; *vgl:* → **letaliteit**
mor·tel *(‹Lat) de (m)* kalk met zand, vooral om metselspecie van te maken
mor·tel·bak *de (m)* [-ken] bak voor mortel
mor·tel·kalk *de (m)* kalk die in mortel verwerkt wordt
mor·tel·mo·len *de (m)* [-s] molen om mortel te maken
mor·tier *(‹Fr) de (m) & het* [-en] ❶ grote vijzel ❷ zeer kort kanon dat projectielen in sterk gekromde banen schiet ten einde het doel van boven en achter dekkingen te treffen
mor·tier·gra·naat *de (m)* [-naten] met een mortier af te vuren granaat
mor·ti·fi·ca·tie *-(t)sie] (‹Fr‹Lat) de (v)* [-s] ❶ tuchtiging, kastijding ❷ diepe krenking, diepe vernedering of beschaming ❸ ongeldigverklaring van een recht
mor·ti·fi·ce·ren *ww (‹Lat)* [mortificeerde, h. gemortificeerd] ❶ kastijden, tuchtigen ❷ murw, mals maken ❸ krenken ❹ ongeldig verklaren
mor·tu·a·ri·um *(‹Lat) het* [-s, -ria] lijkenkamer in een ziekenhuis e.d.; rouwcentrum
mor·zel *de (m)* [-en, -s] klein stuk, brok ★ *aan morzels vallen* in stukken vallen
mos *het* [-sen] dicht opeengroeiende, laag blijvende sporenplant
mo·sa·sau·rus [-zaa-] *(‹Lat-Gr) de (m)* [-sen, -riërs] voorwereldlijke reuzenhagedis, o.a. bij Maastricht als fossiel in 1780 opgegraven
mos·groen *bn* donkergroen als → **mos**
mos·kee *(‹Fr‹Arab) de (v)* [-keeën] islamitisch bedehuis
Mos·ko·viet *de (m)* [-en] inwoner van Moskou
Mos·ko·visch *bn* van, uit, betreffende Moskou ★ ~ *gebak* zeer luchtig gebak waarin o.a. gelijke hoeveelheden suiker, bloem en (harde) boter zijn verwerkt
mos·lim *(‹Arab) de (m)* [-s] islamiet
mos·li·ma *(‹Arab) de (v)* moslimvrouw of moslimmeisje
mos·lims *bn* islamitisch
mos·lim·school *de* [-scholen] school waar in het onderwijs bijzondere aandacht wordt besteed aan de islam en de islamitische normen en waarden

mos·sel *(‹Oudfrans‹Lat) de* [-s, -en] ❶ eetbaar schelpdier dat langs de kust van Nederland en België algemeen voorkomt en dat in het wild wordt geteeld *(Mytilus edulis)*; ★ *mosselen roepen eer ze aan de kant of aan wal zijn* de huid van de beer verkopen voor hij geschoten is ★ BN, spreektaal ~ *noch vis* noch het ene noch het andere, zonder uitgesproken karakter ❷ BN, spreektaal futloos, besluiteloos persoon, slappeling
mos·sel·bank *de* [-en] vindplaats van mosselen
mos·sel·man [-nen] *de (m)* ❶ mosselverkoper ❷ schip van mosselvissers
mos·sel·zaad *het* jonge mosselen, gezaaid op mosselbanken
mos·sig *bn* met → **mos** bedekt
most *de (m)* ongegist vruchtensap
mos·taard *de (m)* BN, m.g. mosterd
mos·terd *(‹Oudfrans) de (m)* bruingele, dikke saus, bereid uit het zaad van de gelijknamige plant, vermengd met azijn ★ NN ~ *na de maaltijd* gezegd van iets wat te laat komt ; zie ook bij → **Abraham**
mos·terd·gas *het* verboden chemisch wapen dat onder andere ogen, huid en ademhalingswegen aantast en dat in vloeistofvorm pijnlijke blaren op de huid veroorzaakt
mos·terd·mo·len *de (m)* [-s] molen waarin mosterdzaad wordt gemalen
mos·terd·olie *de* olie geperst uit mosterdzaad
mos·terd·saus *de* met mosterd klaargemaakte saus
mos·terd·zaad *het* [-zaden] zaad van de mosterdplant; Bijbel zinnebeeld van iets wat klein begint, maar groot wordt *(Matteüs* 13: 31)
mot[1] *de* [-ten] vlindertje, dat o.a. eieren legt in wollen kleding: ★ *larven van de ~ eten gaten in wollen kleding* ★ *de ~ motten of motgaatjes:* ★ *door de ~ aangevreten, de ~ zit erin*
mot[2] *de inf* ruzie, onenigheid: ★ ~ *met iem. hebben*
mot[3] *de* ★ BN, spreektaal *iets in de ~ hebben* iets doorhebben, de bedoeling doorgronden
mot[4] *het* turfmolm; zaagsel, spaanders
mo·tard [-taar] *(‹Fr) de (m)* [-s] vooral sp motorrijder (als volger van een wielerwedstrijd)
mo·tel *(‹Eng: samentrekking van motor & hotel) het* [-s] hotel langs de grote autowegen, speciaal voor automobilisten
mo·tet *(‹Fr) het* [-ten] muz meerstemmig gezang op meestal Latijnse Bijbelwoorden
mot·gaat·je *het* [-s] door motten (→ **mot**[1]) weggevreten stuk, vooral uit wollen kledingstukken
mo·tie [-(t)sie] *(‹Fr‹Lat) de (v)* [-s] door een of meer leden aan een vergadering voorgelegd voorstel, dat een wens of afkeuring bevat: ★ *een ~ van afkeuring, van wantrouwen*
mo·tief *(‹Fr‹Lat) het* [-tieven] ❶ beweeggrond, reden: ★ *ergens een ~ voor hebben* ❷ onderwerp of overheersende, door de uitwerking heenspelende gedachte, grondlijn of -melodie van een kunstwerk ❸ regelmatig herhaald patroon van lijnen, vlakken,

figuren, vooral van weefsels: ★ *een bloem~*

mo·ti·va·tie [-(t)sie] *⟨Fr⟩ de (v)* het motiveren; het bepaald-zijn door motieven (van het gedrag); bereidheid tot doelgerichte inspanning

mo·ti·ve·ren *ww ⟨Fr⟩* [motiveerde, h. gemotiveerd] ❶ gronden aanvoeren voor, met redenen omkleden, staven ❷ motivatie geven; doen besluiten tot een bepaalde inspanning

mo·ti·ve·ring *de (v)* [-en] het motiveren; de beweeggronden

mot·je *het* [-s] *inf* → **moetje**

mo·tor *⟨Lat⟩ de (m)* [-toren, -s] ❶ krachtmachine waarbij energie van een andere vorm wordt omgezet in kinetische energie, geschikt om voertuigen, bepaalde gereedschappen e.d. aan te drijven ❷ drijvende, stuwende kracht: ★ *de motor van een vereniging* ❸ verkorting van → **motorfiets**

mo·tor·agent *de (m)* [-en] politieagent op motorfiets

mo·tor·blok *het* [-ken] deel van een automotor waarin zich de cilinders bevinden

mo·tor·boot *de (m)* [-boten] door motor voortbewogen boot

mo·tor·bri·ga·de *de (v)* [-s, -n] op motorfietsen rijdende afdeling, vooral van politie

mo·tor·cou·reur [-koe-] *de (m)* [-s] motorrenner

mo·tor·cross *de (m)* [-en, -es] terreinrit voor motorfietsen

mo·tor·cros·ser *de (m)* [-s] deelnemer aan een terreinrit voor motorfietsen

mo·tor·fiets *de* [-en] tweewielig motorvoertuig met een cilinderinhoud van 50 cc of meer

mo·tor·gang [-ɣeng] *de (m)* [-s] bende jongelui die rijdend op motoren de omgeving terroriseert

mo·tor·home [moo̱tərhoom] *het* [-s] kampeerauto, camper

mo·to·riek *⟨Du⟩ de (v)* bewegingen in hun samenhang; de structuur van de bewegingsfuncties van het lichaam: ★ *een trage ~*

mo·to·risch *⟨Du⟩ bn* ❶ bewegend, in beweging brengend ❷ de motoriek betreffend: ★ *~ gestoord zijn*

mo·to·ri·se·ren *ww* [-zeerə(n)] *⟨Fr⟩* [motoriseerde, h. gemotoriseerd] van mechanische drijfkracht, van motoren voorzien

mo·tor·kap *de* [-pen] opklapbare kap over de motor van een auto: ★ *we moeten even onder de ~ kijken*

mo·tor·or·don·nans *de (m)* [-en] militair die berichten per motorvoertuig overbrengt

mo·tor·pech *de (m)* een defect in de motor: ★ *~ hebben*

mo·tor·race [-rees] *de (m)* [-races] [-reesiz] snelheidswedstrijd voor motoren

mo·tor·ra·cen [-reesə(n)], **mo·tor·ren·nen** *ww & het* (het) hardrijden voor motorrijders

mo·tor·ren·ner *de (m)* [-s] deelnemer aan motorrennen

mo·tor·rij·der *de (m)* [-s] iem. die een motorfiets berijdt

mo·tor·rij·tuig *het* [-en] door een motor aangedreven voertuig

mo·tor·rij·tui·gen·be·las·ting *de (v)* belasting geheven op het bezit van een of meer motorrijtuigen, o.a. ten bate van de aanleg en het onderhoud van wegen; vroeger *wegenbelasting* geheten

mo·tor·voer·tuig *het* [-en] motorrijtuig

mo·tor·wa·gen *de (m)* [-s] wagen met een motor

mo·tor·zaag *de* [-zagen] met een motor aangedreven mechanische zaag

mo·town [-taun] *⟨Eng⟩ de* uit Detroit (Verenigde Staten) afkomstig genre binnen de soulmuziek, genoemd naar de platenmaatschappij *Motown*, die op haar beurt haar naam baseerde op de bijnaam van Detroit, *Motortown*, vanwege de belangrijke auto-industrie daar

mot·re·gen *de (m)* [-s] regen van zeer kleine druppels

mot·re·ge·nen *ww* [motregende, h. gemotregend] regenen in zeer kleine druppels: ★ *het motregent*

mot·sneeuw *de* sneeuw in fijne korreltjes

mot·ten *ww* [motte, h. gemot] motregenen

mot·ten·bal·len *mv* ballen van naftaline of kamfer met een sterke geur die tussen kleding worden gelegd om motten af te schrikken en mottenlarven te doden ★ *iets uit de ~ halen* na lange tijd weer tevoorschijn halen en gebruiken

mot·ten·bal·len·taks *de* BN taks op de goedkope stroom uit afgeschreven kerncentrales

mot·ten·bal·len·vloot *de* vloot van uit de vaart genomen oorlogsschepen

mot·ten·zak *de (m)* [-ken] zak waarin kleren motvrij worden opgeborgen

mot·tig *bn* ❶ door → **mot¹** aangevreten ❷ pokdalig, met littekens van pokken of pukkels ❸ vochtig, nevelig: ★ *~ weer* ❹ BN, spreektaal niet fris, vuil, vies, morsig ❺ BN, spreektaal niet lekker, onwel, ellendig ★ *~ zijn, ~ worden, zich ~ voelen* misselijk zijn, worden, zich misselijk voelen

mot·to *⟨It⟩ het* ['s] ❶ zin of leus waarin kernachtig de essentie van het doel van iets wordt uitgedrukt: ★ *een actie tegen drankmisbruik met als ~ 'drank maakt meer kapot dan je lief is'* ❷ leus als dekmantel, voorwendsel: ★ *onder het ~ van vrijheid van meningsuiting de verschrikkelijkste racistische uitspraken doen*

mot·to·bord *het* [-en] bord langs de weg met een oproep tot veilig rijgedrag

mot·vlin·der *de (m)* [-s] → **mot¹**

mot·vrij *bn* tegen motten (→ **mot¹**) beschermd

mo·tyl [-tiel] *het* ijzercarbonyl, een verbinding die gebruikt wordt om motorbenzine te verbeteren

mou·che [moesj(ə)] *⟨Fr⟩ de (v)* [-s] ❶ *eig* vlieg; moesje, schoonheidspleistertje ❷ *mouches volantes* het zien van beweeglijke vlekjes en stipjes voor de ogen ❸ sik

moun·tain·bike [mauntənbaik] *⟨Eng⟩ de (m)* [-s] lichte, maar stevige fiets met profielbanden en veel versnellingen, zeer geschikt voor onverharde wegen en ruw terrein

moun·tain·bi·ken *ww* [maʊntənbaɪkə(n)] *(‹Eng)* [mountainbikete, h. & is gemountainbiket] op een mountainbike rijden, vooral over ruw terrein

mous·sa·ka [moes-] *(‹Nieuwgrieks) de* Grieks gerecht met gehakt, aubergines en tomatensaus

mousse [moes(ə)] *(‹Fr) de* ❶ stijfgeklopt eiwit of slagroom, veelal als toetje gegeten: ★ *chocolade~* ❷ verstevigingsschuim voor in het haar

mous·se·line [moessəlien(ə)] *(‹Fr‹Arab) de & het* los geweven dunne stof van katoen, wol of zijde

mous·se·line·saus [moessəlien(ə)-] *de* een vissaus, bereid met eierdooiers, boter, slagroom en rijnwijn

mous·se·ren *ww* [moes-] *(‹Fr)* [mousseerde, h. gemousseerd] ‹van dranken› schuimen, opbruisen door aanwezig koolzuurgas: ★ *champagne is een mousserende witte wijn*

mout *de (m) & het* gedroogde kiemen van graan, vooral gerst

mout·azijn *de (m)* bierazijn

mout·eest *de (m)* [-en] droogoven voor mout

mou·ten *ww* [moutte, h. gemout] mout maken; mout toevoegen

mou·te·rij *de (v)* [-en] moutbedrijf

mout·kof·fie *de (m)* uit mout gebrand koffiesurrogaat

mout·kuip *de* [-en] kuip waarin men graan tot mout laat worden

mou·ton [moetõ] *(‹Fr) het* schapenbont

mout·wijn *de (m)* soort brandewijn

mouw *de* [-en] ❶ bekleding van de arm: ★ *een overhemd met korte mouwen* ★ *ergens een ~ aan passen* het improviserend oplossen, er raad op weten ★ *iets uit de ~ schudden* ❷ ‹m.b.t. (feiten)kennis› zonder aanwezig weten te zeggen het zomaar verzinnen ★ *iem. iets op de ~ spelden* iem. iets wijsmaken ★ *de handen uit de mouwen steken* hard werken, stevig aanpakken ★ BN ook *een ander paar mouwen zijn* andere koek zijn, iets heel anders, moeilijkers zijn; zie ook bij → **aap** ❸ kalkmouw, metselbak voor metselaars

mouw·loos *bn* zonder mouwen

mouw·streep *de* [-strepen] onderscheidingsteken voor lagere militaire rangen op de mouw

mouw·ve·ger *de (m)* [-s] BN, spreektaal vleier

mouw·ve·ge·rij *de (v)* BN, spreektaal vleierij

mouw·vest *het* [-en] vest met mouwen

mo·ven *ww* [moevə(n)] [vervoegingen ongebruikelijk] inf weggaan: ★ *zullen we ~?; (vaak als bevel)* ★ *(ga) ~!* wegwezen!, oprotten!

mo·ve·ren *(‹Lat) ww* [moveerde, h. gemoveerd] NN ‹tot iets› bewegen, aanzetten: ★ *hij heeft zijn functie neergelegd om hem moverende redenen*

moyen·ne [mwajjennə] *(‹Fr) de (v) & het* [-s] ❶ gemiddelde; gemiddeld aantal ❷ biljart gemiddeld aantal per beurt gemaakte caramboles

mo·za·iek *(‹Fr‹Lat) het* [-en] ❶ inlegwerk van verschillende gekleurde stukjes steen, glas enz. die samen een beeld vormen ❷ fig samenstel, bont geheel

mo·za·iek·te·gel *de (m)* [-s] tegel van mozaïek, tegel voor een mozaïekvloer

mo·za·iek·vloer *de (m)* [-en] vloer van mozaïek

mo·za·isch *bn* van, volgens de leer en de wet van Mozes

Mo·zam·bieks *bn* van, uit, betreffende Mozambique

Mo·zam·bi·quaan [-kaan] *de (m)* [-quanen] iem. geboortig of afkomstig uit Mozambique

Mo·zam·bi·quaans [-kaans] *bn* Mozambieks

mo·za·ra·bisch *bn* van, behorend tot een in de tiende en elfde eeuw in Spanje bloeiende stijl met vooral islamitische en Visigotische elementen

Mo·zes *de (m)* ± 1500 v.C. leider en wetgever van de Israëlieten ★ *~ en de profeten hebben* geld hebben

mo·zes·krie·bel *tsw* NN uitroep van verbazing, bekend geworden door de cabaretiers Van Kooten en De Bie in hun rol van oudere jongeren

moz·za·rel·la [modzaa-] *(‹It) de (m)* zachte, witte, Italiaanse kaas met lichte smaak

MP *afk* ❶ Militaire Politie, Military Police ❷ ‹achter Engelse namen› Member of Parliament, parlementslid

mp *afk* ❶ muz: mezzo piano *matig zacht* ❷ muz: manu propria *met eigen hand* ❸ mijlpaal ❹ maalpeil

mp3 *afk* [empeedrie], **mpeg3** [empegdrie] comput Motion Picture (Expert Group) 3 *(‹Eng)* [standaardcompressietechniek voor audio of grafische data]

mp3-spe·ler [empeedrie-] *de (m)* [-s] apparaat voor de weergave van data in mp3-formaat

mpeg *afk* Motion Picture Experts Group [standaardmethode om bewegende beelden te comprimeren, gebruikt voor het afspelen van videobeelden op een pc]

MPV *de* [-s] Multi Purpose Vehicle [kruising tussen een personenauto en een busje, met ruimte voor minstens zes inzittenden]

MR *afk* in België Mouvement réformateur [Franstalige liberale politieke partij]

mr. *afk* ❶ meneer, mijnheer ❷ meester [titel na voltooiing van een masteropleiding in het wetenschappelijk onderwijs op het gebied van het recht]

Mrs. *afk* [missiz] *(‹Eng)* ❶ aanspreektitel voor gehuwde vrouw ❷ messieurs *(‹Fr)* [heren]

MRSA *afk* Meticillineresistente Staphylococcus Aureus [antibiotica-resistente bacterie die vooral in ziekenhuizen wordt aangetroffen, ziekenhuisbacterie]

MS *afk* ❶ metriek stelsel ❷ multiple sclerose

MSc *afk* Master of Science

MS-DOS *afk* Microsoft Disk Operating System [een door Microsoft ontwikkeld computerbesturingssysteem]

msn *afk* microsoft network [door Microsoft ter beschikking gesteld netwerk voor chatters]

msn'en *ww* [msn'de, h. ge-msn'd] online chatten via msn

mSv *afk* chem millisievert

MT *afk* vooral NN managamentteam

MTV *afk* [em-tie-vie] ❶ Music Television [commerciële tv-zender met veel videoclips] ❷ Migranten Televisie ❸ Middle-East Television [televisiezender met nieuwsuitzendingen uit het Midden-Oosten]

mu [muu, in Nieuwgrieks mie] *de* ❶ twaalfde letter van het Griekse alfabet, als hoofdletter M, als kleine letter μ ❷ micron

MUB *afk* Modernisering Universitaire Bestuursorganisatie [in 1997 in werking getreden opvolger van de **WUB**]

mud *(‹Lat) de & het* [-den] inhoudsmaat: één hectoliter, 100 liter

mud·vol, mud·je·vol *bn* stampvol

mues·li [muuslie] *(‹Zwitsers-Duits) de* vooral als ontbijt genuttigd gerecht, bestaande uit geweekte havermout, geraspte vruchten en noten (vermengd met zuivelproducten)

mues·li·bol [muus-] *de (m)* [-len] soort kadetje met muesli

mu·ez·zin [-zien1] *(‹Arab) de (m)* [-s] functionaris in een grote moskee die de gelovigen oproept tot het verplichte gebed (de salat)

muf *bn* onfris, bedompt: ★ *het ruikt hier ~*

muf·fig *bn* muf

muf·fin *(‹Eng) de (m)* [-s] van boven bolvormig cakeje, aan de onderzijde in de vorm van een afgeknotte kegel, oorspronkelijk uit Engeland

muf·heid *de (v)* onfrisheid, bedomptheid

mug¹ *de* [-gen] ❶ vliegend insect met een slank achterlijf, berucht om zijn jeuk veroorzakende beet: ★ *door een ~ gestoken zijn* ★ *dansende muggen in de lucht* ★ *van een ~ een olifant maken* iets sterk overdrijven ❷ klein, nietig persoon ❸ NN bijnaam voor Haarlemmer

mug² *afk* in België medische urgentiegroep voor eerste hulp [traumateam]

mug·gen·beet *de (m)* [-beten], **mug·gen·bult** *de (m)* [-en] bultje veroorzaakt door de steek van een steekmug

mug·gen·gaas *het* → **gaas** (bet 2) voor een open raam of deur, om muggen te weren

mug·gen·olie *de* vloeistof op de huid aangebracht ter bescherming tegen muggen

mug·gen·steek *de (m)* [-steken] muggenbeet

mug·gen·stift *de* [-en] stift waarmee men zich bestrijkt om muggenbeten te voorkomen

mug·gen·zif·ten *ww & het* (het) vitten op kleinigheden

mug·gen·zif·ter *de (m)* [-s] vitter op kleinigheden

mug·gen·zif·te·rij *de (v)* [-en] het vitten op kleinigheden

MUHKA *afk* Museum van Hedendaagse Kunst Antwerpen

mui *de* [-en] diepte tussen twee banken aan de kust

muil¹ *de (m)* [-en] muilezel; muildier

muil² *de (m)* [-en] inf mond, bek: ★ *hou je ~!*

muil³ *(‹Lat) de* [-en] NN pantoffel zonder hiel

muil·band *de (m)* [-en] band om de bek van een dier, vooral van een hond, om bijten te voorkomen

muil·ban·den *ww* [muilbandde, h. gemuilband] ❶ een muilband om de bek doen ❷ fig de vrije meningsuiting beletten: ★ *de pers ~*

muil·dier *het* [-en] kruising tussen een ezel en een merrie

muil·ezel *de (m)* [-s] kruising tussen een hengst en een ezelin

muil·korf *de (m)* [-korven] ijzeren of leren toestel om de bek van een dier, vooral van een hond, om bijten te voorkomen

muil·kor·ven *ww* [muilkorfde, h. gemuilkorfd] een muilkorf aandoen; fig vrijheid van meningsuiting benemen: ★ *de pers ~*

muil·peer *de* [-peren] inf klap in het gezicht

muil·plaag *de* mondzeer bij koeien; vgl: → **mond-en-klauwzeer**

muis *de* [muizen] ❶ klein, algemeen bekend knaagdier ★ *als een ~ zo stil* heel stil ★ *dat muisje zal nog een staartje hebben* deze kwestie zal nog een nasleep hebben ❷ dik gedeelte van de hand onder de duim ❸ comput een computer verbonden invoerapparaat waarmee men, door het over de tafel te rollen, de cursor op het beeldscherm kan doen bewegen en op deze wijze opdrachten aan de computer kan geven ❹ langwerpig soort aardappel

muis·aan·wij·zer *de (m)* [-s] comput pijltje of ander symbooltje op het beeldscherm dat de positie van de muis aangeeft

muis·arm *de (m)* [-en] aandoening aan de arm, veroorzaakt door het steeds uitvoeren van dezelfde beweging, vooral met de computermuis; vgl: → **RSI**

muis·grijs *bn* muiskleurig

muis·jes *mv* ❶ NN kleine, langwerpige, gekleurde, zoete suikerstaafjes als broodbeleg: ★ *beschuit met ~* ★ *gestampte ~* ❷ BN kleine, langwerpige staafjes van chocola als broodbeleg

muis·kleur *de* donkergrijze kleur; **muiskleurig** *bn*

muis·klik *de (m)* [-ken] comput het eenmaal klikken met een van de muisknoppen

muis·mat·je *het* [-s] comput klein matje waarop men goed de muis kan bewegen

muis·pen *de* [-nen] computermuis in de vorm van een langwerpige pen die wordt vastgehouden als een balpen en die dezelfde functies heeft als de standaardmuis

muis·stil *bn* heel stil

mui·ten *ww* (‹Fr) [muitte, h. gemuit] oproer maken (vooral gezegd van soldaten en schepelingen): ★ *aan het ~ slaan*

mui·ter *de (m)* [-s] iem. die muit

mui·te·rij *de (v)* [-en] oproer, vooral van soldaten en schepelingen

mui·zen *ww* [muisde, h. & is gemuisd] ❶ muizen

vangen ★ NN *'t wil ~ wat van katten komt* het kind heeft dezelfde neigingen als zijn ouders ❷ NN smakelijk eten ★ *muizende katjes mauwen niet* of *als de katjes ~ mauwen ze niet* als kinderen eten, praten ze niet ❸ ★ BN, spreektaal *ervanonder ~* ongemerkt, stilletjes weggaan ❹ de muis van een computer bedienen

mui·zen·gat *het* [-gaten] gat door muizen uitgeknaagd

mui·ze·nis *de (v)* [-sen] sombere gedachte, zorg, *vgl*: → **muizennest**

mui·zen·keu·tel *de (m)* [-s] uitwerpsel van een muis

mui·zen·nest *het* [-en] nest van muizen; muizenis ★ *muizennesten, muizenissen in het hoofd hebben* over kleinigheden tobben

mui·zen·staart *de (m)* [-en] ❶ staart van een muis ❷ vrij zeldzame ranonkelachtige plant met langwerpige, groenachtig witte of gele bloemen (*Myosurus minimus*)

mui·zen·tand·jes *mv* versierend puntrandje aan breiwerk

mui·zen·tar·we *de* vergiftigde tarwe, verdelgingsmiddel voor muizen

mui·zen·trap·je *het* [-s] uit twee repen papier gevouwen slinger die op een trap lijkt

mui·zen·val *de* [-len] klem om muizen in te vangen

mul¹ *I bn* los, poederig, niet stijf *II de & het* fijn poeder; droog zand; poederige aarde, bladaarde

mul² *(‹Eng) de & het* los geweven katoenachtige stof

mul³ *de (m)* [-len] (licht)rode zeevis, een soort zeebarbeel die o.a. in de Middellandse Zee en de Noordzee voorkomt (*Mullus surmuletus*)

mu·lat *(‹Sp‹Port) de (m)* [-ten], **mu·lat·tin** *de (v)* [-nen] kleurling, kind van een neger(in) en een blanke

mu·lo *de* ['s], **mu·lo·school** *de* [-scholen] in Nederland, vroeger school voor meer uitgebreid lager onderwijs

mul·ti- *(‹Lat) als eerste lid in samenstellingen* veel-, veelvoudig

mul·ti·cul·ti *bn* schertsend multicultureel: ★ *een ~ uitgaansgelegenheid*

mul·ti·cul·tu·reel *bn* verschillende culturen bevattend: ★ *de multiculturele samenleving* ★ *een multiculturele show*

mul·ti·dis·ci·pli·nair [-nèr] *bn* waarbij vele verschillende takken van wetenschap betrokken zijn: ★ *~ onderzoek*

mul·ti·func·tio·neel [-sjoo-] *bn* in veel verschillende functies optredend of te gebruiken: ★ *een ~ gebouw*

mul·ti·in·stru·men·ta·list *de (m)* [-en] iem. die (soms tegelijkertijd) diverse muziekinstrumenten bespeelt

mul·ti·la·te·raal *(‹Lat) bn* veelzijdig, waarbij meerdere partijen betrokken zijn: ★ *een ~ verdrag* ★ *~ betalingsverkeer, ~ handelssysteem* systeem waarbij een groot aantal landen hun valuta vrij converteerbaar hebben gemaakt en schulden aan het ene met vorderingen op een ander land worden vereffend

mul·ti·me·dia *(‹Lat) mv* techniek en wijze van presenteren van informatie, waarbij gebruik wordt gemaakt van zowel tekst-, (bewegend) beeld- als geluidsmateriaal

mul·ti·me·di·aal *bn* gebruik makend van velerlei hulpmiddelen: ★ *in het multimediale onderwijs wordt vaak gebruik gemaakt van audiovisuele hulpmiddelen*

mul·ti·me·dia·com·pu·ter [-pjoetər] *de (m)* [-s] computer die de mogelijkheid biedt om tekst, geluid en (bewegend) beeld weer te geven

mul·ti·me·dia·pc *de (m)* ['s] pc die geschikt is voor het draaien van programma's met tekst, video en geluid

mul·ti·mil·jo·nair [-nèr] *de (m)* [-s] iemand die vele miljoenen bezit (euro's, dollars e.d.)

mul·ti·na·tio·naal [-(t)sjoo-] *bn* in vele landen, met vele nationaliteiten werkend

mul·ti·na·tion·al [-nesjənəl] *(‹Eng) de (m)* [-s] onderneming die in vele landen vestigingen of dochterondernemingen heeft

mul·ti·pel *(‹Fr‹Lat) bn* veelvoudig; op vele plaatsen voorkomend ★ *multipele wisselkoersen* koersen waarbij geen vaste waardeverhouding bestaat

mul·ti·ple *(‹Fr‹Lat) bn* veelvoudig ★ *~ sclerose* aandoening waarbij in het ruggenmerg en de hersenen verharde plekken in de zenuwbanen ontstaan die verlammingen tot gevolg hebben

mul·ti·ple choice [-tippəl tsjois] *(‹Eng) de* meerkeuze(toets), vraag waarbij een paar (meestal drie of vier) antwoorden voorgesteld worden, waaruit men het juiste moet kiezen

mul·ti·plex *(‹Lat) het* hout dat in meer dan drie laagjes met tegengestelde vezelrichting op elkaar gelijmd is

mul·ti·pli·ca·tie [-(t)sie] *(‹Fr‹Lat) de (v)* [-s] vermenigvuldiging; vermeerdering

mul·ti·pli·ca·tor *(‹Lat) de (m)* [-s] rekenkunde vermenigvuldiger

mul·ti·pli·ce·ren *ww (‹Lat)* [multipliceerde, h. gemultipliceerd], **mul·ti·pli·ë·ren** *(‹Fr)* [multiplieerde, h. gemultiplieerd] vermenigvuldigen

mul·ti·pli·er [-plaiə(r)] *(‹Eng) de (m)* [-s] econ de kwantitatieve verhouding tussen een bepaalde impuls in de economie en de daarvan afhankelijke economische grootheid: ★ *bij het berekenen van de inkomensverandering als gevolg van een investering gebruikt men een ~*

mul·ti·proc·ess·ing *(‹Eng) de* comput multitasking

mul·ti·ra·ciaal [-sjaal] *bn* uit verscheidene rassen samengesteld, door verscheidene rassen bevolkt

mul·ti·tas·ken *(‹Eng) ww & o* ❶ comput het vermogen van een computersysteem om gelijktijdig meer taken uit te voeren ❷ ‹m.b.t. mensen› het vermogen om met meer dingen tegelijk bezig te zijn

mul·ti·user·sys·teem [-joezərsis-] *(‹Eng) het* [-temen] computersysteem dat door meer gebruikers tegelijk gebruikt kan worden

mum *het* verkorting van → **minimum** ★ *in een ~ van*

tijd in een oogwenk, heel snel

mum·me·len *ww* [mummelde, h. gemummeld],
mom·me·len [mommelde, h. gemommeld] met tandeloze mond praten; binnensmonds of slecht verstaanbaar praten, mompelen

mum·mie (‹Arab› *de (v)* [-s, -miën] gebalsemd, gedroogd lijk, vooral bij de Egyptenaren in de oudheid

mum·mi·fi·ca·tie [-(t)sie] *de (v)* overgang in de toestand van mummie, verdroging van een lijk

mum·mi·fi·ce·ren *ww* [mummificeerde, h. & is gemummificeerd] ❶ tot een mummie doen worden ❷ tot mummie worden

Münch·hau·sen by proxy, syndroom van *het* med psychische afwijking waarbij iemand een naaste, een kind of familielid, ziek maakt, mishandelt of verwondt om aandacht te krijgen

mu·ni·ci·paal (‹Fr‹Lat› *bn* gemeentelijk, stedelijk

mu·ni·tie [-(t)sie] (‹Fr‹Lat› *de (v)* verzamelnaam voor strijdmiddelen die worden verschoten, gelanceerd of neergelegd, zoals kogels, granaten, raketten, mijnen e.d.

mu·ni·tie·de·pot [-(t)siedeepoo] *het* [-s] opslagplaats voor munitie

mu·ni·tie·fa·briek [-(t)sie-] *de (v)* [-en] fabriek van munitie

mun·ster (‹Lat› *het* [-s] ❶ kloosterkerk ❷ domkerk

munt[1] (‹Lat‹Gr› *de* [-en] ❶ metalen geldstuk, genoemd naar de plaats waar in Rome de munten werden geslagen, in de tempel van *Juno Moneta*: ★ *een zilveren, gouden ~* ★ *munten slaan* ★ *iets voor goede ~ aannemen* iets voor waar aannemen ★ *iemand met gelijke ~ betalen* hem hetzelfde terugdoen ★ *~ uit iets slaan* voordeel uit iets halen ★ *klinkende ~* contant geld ❷ waardestempel op een munt: ★ *kruis of ~ spelen (gooien)* zie bij → **kruis** (bet 3) ❸ gebouw waar geldstukken gemaakt worden ❹ het slaan van munten: ★ *de koning(in) heeft het recht van de ~* ❺ geldsoort: ★ *de Japanse, de Europese ~* ❻ penning, gebruikt in automaten e.d.

munt[2] (‹Lat› *de* zeer sterk ruikende lipbloemige plant (*Mentha*)

munt·bil·jet *het* [-ten] NN papieren geld door de staat (niet door een centrale bank) uitgegeven: ★ *na de Tweede Wereldoorlog verschenen er in Nederland muntbiljetten van fl. 1,- en fl. 2,50*

munt·een·heid *de (v)* [-heden] eenheid waarin geldbedragen worden berekend: ★ *de ~ van de Europese Unie is de euro*

mun·ten[1] *ww* [muntte, h. gemunt] geld slaan

mun·ten[2] *ww* [verl tijd ongebr, h. gemunt] ★ *het gemunt hebben op* het voorzien hebben op

mun·ten·ka·bi·net *het* [-ten] muntenverzameling; kamer daarvoor

munt- en pen·ning·kun·de *de (v)* kennis van munten, numismatiek

mun·ter *de (m)* [-s] iem. die munten maakt

mun·tjak [moen-] (‹Mal› *de (m)* [-s] Indonesisch hert met een klein gewei op lange rozenstokken, vanwege het blaffende geluid ook **blafhert** genoemd

munt·je *het* [-s] ❶ klein muntstuk ❷ BN pepermuntje

munt·loon *het* [-lonen] prijs voor het laten slaan van munten

munt·mees·ter *de (m)* [-s] bestuurder van een → **munt**[1] (bet 3)

munt·me·ter *de (m)* [-s] vroeger meter voor gas of elektriciteit die een bepaalde hoeveelheid levert voor een ingeworpen muntstuk of penning

munt·recht *het* het recht om munten te slaan en te doen circuleren

munt·slag *de (m)* ❶ het slaan van munten ❷ uiterlijk van een geslagen munt

munt·spe·cie *de (v)* [-ciën] metalen geld

munt·stel·sel *het* [-s] het geheel van munten en hun onderlinge waarde

munt·stem·pel *de (m)* [-s] stempel op een munt

munt·stuk *het* [-ken] geldstuk

munt·te·le·foon *de (m)* [-s] openbare telefoon die werkt op munten (tegengest: → **kaarttelefoon**)

muntthee *de* thee, gezet van verse muntbladeren

munt·we·zen *het* alles wat op geld en het maken daarvan betrekking heeft

mu·on (‹Gr› *het* [mu·onen] nat op een elektron gelijkend elementair deeltje, dat echter 200 maal zwaarder is

mu·pi *de (m)* ['s] NN vitrine voor grote affiches, geplaatst langs straten en wegen

mu·rik *de* → **muur**[2]

Murks *het* NN Nederlands van autochtone jongeren met de uitspraak en woordkeus van Turkse en Marokkaanse jongeren

mur·me·len *ww* [murmelde, h. gemurmeld] ❶ zacht spreken ❷ zacht ruisen van bijv. water

mur·mu·re·ren *ww* (‹Fr‹Lat› [murmureerde, h. gemurmureerd] morren, mopperen en klagen

Mur·phy *zn* [mù(r)fie] (‹Eng› ★ *wet van ~* wet volgens welke iets wat verkeerd zou kunnen gaan, ook ooit daadwerkelijk eens fout zal gaan; vaak gebruikt in de zin van: als iets fout kan gaan, zal het inderdaad fout gaan

murw [murf] *bn* week, niet vast; fig niet meer geneigd of in staat tot verzet: ★ *iem. ~ slaan*

mus (‹Lat› *de* [-sen] kleine, bruinachtige vogel, vooral de huismus, die in steden algemeen bekend is (*Passer domesticus*) ★ *iem. blij maken met een dode ~* blij maken met iets dat achteraf niet veel voorstelt ★ *het is zo heet dat de mussen dood van het dak vallen* het is heel erg heet ★ BN *zo zot als een ~* zeer uitgelaten, zeer uitbundig

mus·ca·det [muuskaadè] (‹Fr› *de (m)* frisse, witte Loirewijn

mus·cu·la·tuur (‹Fr› *de (v)* het geheel van de spieren, spierstelsel

mu·se·aal [-zee-] *bn* betrekking hebbend op musea

mu·set·te [-zet-] (‹Fr› *de* [-n, -s] soort van doedelzak;

thans trekharmonica
mu·se·um [-zee(j)um] (‹Lat‹Gr) het [-s, musea] openbaar gebouw waarin kunstvoorwerpen (schilderijen, beeldhouwwerken), oudheden, curiosa enz. bewaard en ter bezichtiging gesteld worden
mu·se·um·jaar·kaart [-zee(j)um-] de [-en] NN abonnementskaart waarmee men een jaar lang gratis of tegen gereduceerde prijs toegang heeft tot musea
mu·se·um·stuk [-zee(j)um-] het [-ken] ❶ voorwerp in museum bewaard ❷ schertsend erg ouderwets of merkwaardig ding
mu·si·ca [-zie-] (‹Lat‹Gr) de (v) muziek ★ ~ antiqua oude muziek ★ ~ sacra gewijde muziek
mu·si·cal [mjoeziekəl] (‹Eng‹Lat) de (m) [-s] (verkorting van musical comedy) van oorsprong Amerikaanse vorm van operette met populaire liedjes en dansen
mu·si·ce·ren ww [-zie-] (‹Fr) [musiceerde, h. gemusiceerd] muziek maken, aan muziek doen
mu·sic·hall [mjoezikhòl] (‹Eng) de (m) [-s] variété(theater)
mu·si·cien·ne [-ziesjεnnə] (‹Fr) de (v) [-s] toonkunstenares
mu·si·co·lo·gie [-zie-] (‹Lat-Gr) de (v) wetenschap van de muziek
mu·si·co·loog [-zie-] (‹Lat-Gr) de (m) [-logen] beoefenaar van de musicologie
mu·si·cus [-zie-] (‹Lat) de (m) [-ci] toonkunstenaar, iem. die muziek maakt, vooral als beroep
mus·kaat[1] (‹Fr) de (m) muskaatwijn, zoete wijn uit muskadellen
mus·kaat[2] (‹Fr‹Lat) de [-katen] vrucht van de muskaatboom als specerij
mus·kaat·boom de (m) [-bomen] boom die de muskaatnoten voortbrengt (Myristica fragrans)
mus·kaat·noot de [-noten] ❶ noot van de muskaatboom ❷ BN, spreektaal nootmuskaat (als specerij)
mus·kaat·wijn de (m) wijn uit muskadellen
mus·ka·del (‹Fr) de [-len] fijne druivensoort uit Zuid-Frankrijk en Italië
mus·ket (‹Fr‹It) **I** het [-ten] ouderwets soldatengeweer **II** het vooral NN witte bolletjes suiker op gebak, kransjes of chocolade
mus·ke·tier (‹Fr‹It) de (m) [-s] hist met een musket gewapende voetsoldaat
mus·ke·ton (‹Fr) de (m) & het [-s] haakje met veersluiting (bijv. aan een horlogeketting; ook als onderdeel van de uitrusting van bergbeklimmers)
mus·ke·ton·haak de (m) [-haken] musketon
mus·kiet (‹Sp‹Port) de (m) [-en] tropische steekmug
mus·kie·ten·gaas het gaas om muskieten buiten te houden
mus·kie·ten·net het [-ten] net om muskieten buiten te houden
mus·kus (‹Lat‹Gr) de (m) sterk riekende stof afgescheiden door een klier bij de geslachtsorganen van het muskusdier en de muskusrat, gebruikt in parfums
mus·kus·dier het [-en] hertachtig dier uit Midden-Azië
mus·kus·rat de [-ten] bisamrat
must (‹Eng) de (m) ❶ iets wat moet: ★ het bijhouden van vakliteratuur is een ~ voor de wetenschapper ❷ iets wat men beslist moet gaan lezen, bezoeken enz., of gezien enz. moet hebben: ★ die film is een absolute ~
mus·tang (‹Sp) de (m) [-s] Amerikaans verwilderd paard
mu·tant (‹Fr‹Lat) de (m) [-en] iets of iem. ontstaan door → **mutatie**, bet 3
mu·ta·tie [-(t)sie] (‹Fr‹Lat) de (v) [-s] ❶ verandering, wijziging: ★ mutaties aanbrengen in een adressenbestand ❷ stemwisseling bij jongens in de puberteit ❸ ‹genetica bij plant, dier of mens› sprongsgewijze verandering in erfelijk materiaal die niet op kruising berust
mu·ta·tis mu·tan·dis bijw (‹Lat) met de nodige wijzigingen voor toepassing in een ander geval: ★ de aanpassingen in het subsidiebeleid gelden ~ ook voor...
mu·te·ren ww (‹Lat) [muteerde, h. gemuteerd] ❶ veranderingen aanbrengen in: ★ een adressenbestand ~ ❷ genetica mutatie, spontane verandering in het erfelijk systeem vertonen ❸ de stem wisselen, de baard in de keel krijgen
mu·ti·la·tie [-(t)sie] (‹Fr‹Lat) de (v) [-s] verminking
mu·ti·le·ren ww (‹Fr‹Lat) [mutileerde, h. gemutileerd] verminken
mu·tis·me (‹Fr) het het hardnekkig vrijwillig zwijgen
mut·je zn zie bij → **hut**
muts de [-en] ❶ hoofddeksel zonder uitspringende rand ★ zijn ~ staat verkeerd hij heeft een slecht humeur ❷ inf vrouwelijk schaamdeel; ❸ ‹bij uitbreiding› minachtende benaming voor een vrouw of meisje: ★ komt die ~ ook vanavond? ❹ dial ook pet
mut·saard de (m) [-s] vero brandstapel ★ het riekt naar de ~ dat zweemt naar ketterij, naar een afwijking van de ideologie
mu·tu·a·lis·me (‹Fr) het ❶ het streven naar wederzijdse economische steun ❷ biol samenleving van dieren of planten tot wederzijds voordeel, als bijv. van neushoorn en ossenpikker, van mier en bladluis, vgl: → **symbiose**
mu·tu·a·li·teit (‹Fr) de (v) ❶ wederzijdsheid, wederkerigheid ❷ [mv: -en] BN ook ziekenfonds; instelling die hulp verstrekt bij een geboorte, in geval van arbeidsongeschiktheid e.d.; gebouw waarin zo'n instelling is gevestigd
mu·tu·eel (‹Fr‹Lat) bn wederzijds, over en weer
muur[1] (‹Lat) de (m) [muren] stenen wand ter afscheiding: ★ een ~ metselen ★ een blinde ~ muur zonder ramen ★ de muren komen op me af ik voel me opgesloten ★ de muren hebben oren er wordt afgeluisterd ★ met het hoofd tegen een ~ lopen op onoverkomelijke moeilijkheden stuiten, iets niet

kunnen volbrengen omdat het onmogelijk wordt gemaakt ★ NN, spreektaal *uit de ~ eten* een snack uit een automaat eten ★ vooral NN *geld uit de ~ halen* geld opnemen uit een geldautomaat ★ *met de rug tegen de ~* in een benarde positie ★ metonymisch *tegen de ~ zetten* fusilleren ★ BN, spreektaal *voor de muren spreken, praten* voor een lege zaal, tribune, voor stoelen en banken, voor een ongeïnteresseerd publiek ★ voetbal *een muurtje* aantal spelers die zij aan zij het doel afschermen bij een vrije schop van de tegenpartij in de buurt van hun doel; zie ook bij → **kast** (bet 1)

muur² *de* onkruid met kleine witte bloempjes (*Stellaria media*)

muur·an·ker *het* [-s] ijzer om balken mee in steen te bevestigen

muur·bloem *de* [-en] kruisbloemige plant met oranjegele of donkerbruine bloemen (*Cheiranthus cheiri*)

muur·bloem·pje *het* [-s] meisje dat op een bal of dansavond niet ten dans wordt gevraagd

muur·kast *de* [-en] kast in de wand

muur·krant *de* [-en] geschreven of gedrukte nieuwsberichten op een muur geplakt, veelal met kritische inhoud

muur·pe·per *de (m)* plantje met kleine dikke blaadjes en gele stervormige bloempjes, peperachtig van smaak (*Sedum acre*)

muur·pij·ler *de (m)* [-s] half uit de muur stekende zuil of steunpilaar

muur·plaat *de* [-platen] plaat bovenop een muur als onderlaag voor balken

muur·schil·de·ring *de (v)* [-en] schildering op kalkmuur

muur·tje *het* [-s] zie bij → **muur¹**

muur·vast *bn* zeer vast, onwrikbaar ★ *muur- en spijkervast* wat aan een muur en met spijkers bevestigd is

muur·verf *de* [-verven] verf waarmee stenen muren kunnen worden beschilderd

m.u.v. *afk* met uitzondering van

muz. *afk* muziek

mu·ze (‹Lat‹Gr) *de (v)* [-n] benaming van de Griekse godinnen van de kunsten en wetenschappen: *Clio* (geschiedenis), *Euterpe* (liedicht), *Thalia* (blijspel), *Melpomene* (treurspel), *Terpsichore* (dans en koorzang), *Erato* (minnedicht en mimiek), *Polyhymnia* (hymnen), *Calliope* (heldendicht), *Urania* (sterrenkunde)

mu·zel·man (‹Perz‹Arab) *de (m)* [-nen] vero moslim, islamiet

mu·zen·zoon *de (m)* [-zonen] plechtig dichter

mu·ziek (‹Fr‹Lat) *de (v)* ❶ aaneenschakeling van door de menselijke stem en / of muziekinstrumenten voortgebrachte klanken, als uiting van kunst, voor het genot van de toehoorders, om op te dansen e.d.: ★ *klassieke ~* ★ *~ maken* ★ *levende ~* live ten gehore gebrachte muziek ★ *daar zit ~ in* dat belooft wel wat ★ *dat klinkt / is als ~ in mijn oren* dat wat er gezegd is, vind ik heel prettig ❷ geschreven of gedrukte tekens daarvoor: ★ *een tekst op ~ zetten* ❸ NN muzikanten ★ *hij is met de ~ mee* hij is weg (en het kan me niet schelen waarheen) ★ *voor de ~ uitlopen* voorloper zijn, een voortrekkersrol vervullen ; zie ook → **muziekje**

mu·ziek·blad *het* [-bladen] blad met → **muziek** (bet 2) erop

mu·ziek·boek *het* [-en] boek met muziekstukken; boek voor geschreven muziek

mu·ziek·cas·set·te *de* [-s] → **cassette** (bet 2) met opgenomen muziek

mu·ziek·doos *de* [-dozen] doos waarin een instrument zit, dat door draaiing muziek voortbrengt

mu·ziek·in·stru·ment *het* [-en] instrument waarmee men muziek maakt

mu·ziek·je *het* [-s] stukje muziek

mu·ziek·korps *het* [-en] muziekvereniging die fanfaremuziek e.d. speelt

mu·ziek·leer *de* theorie van de muziek

mu·ziek·le·raar *de (m)* [-s, -raren] iem. die muziekles geeft

mu·ziek·les *de* [-sen] les in het maken van muziek

mu·ziek·lief·heb·ber *de (m)* [-s] iem. die veel van muziek houdt

mu·ziek·mees·ter *de (m)* [-s] muziekleraar

mu·ziek·noot *de* [-noten] teken dat een → **toon¹** (bet 1) voorstelt

mu·ziek·pa·pier *het* papier met notenbalken

mu·ziek·school *de* [-scholen] school waar muziekles gegeven wordt

mu·ziek·schrift *het* ❶ tekens waarmee muziek schriftelijk wordt voorgesteld, notenschrift ❷ [*mv*: -en] cahier voor geschreven muziek

mu·ziek·sleu·tel *de (m)* [-s] teken ter aanduiding van de toonaard, bijv. de g- of vioolsleutel

mu·ziek·stuk *het* [-ken] muzikale compositie

mu·ziek·tent *de* [-en] overdekt podium voor openbare muziekuitvoeringen

mu·ziek·uit·voe·ring *de (v)* [-en] concert

mu·ziek·we·ten·schap *de (v)* studie van de muziek

mu·ziek·zaal *de* [-zalen] zaal waarin muziek ten gehore wordt gebracht

mu·zi·kaal (‹Fr) *bn* ❶ behorend tot, nodig voor de muziek ❷ met talent voor muziek: ★ *zij is zeer ~* ❸ welklinkend, als muziek klinkend ❹ ★ *taalk ~ accent* de onderscheiding in woordklanken naar de toonhoogte

mu·zi·ka·li·teit (‹Fr) *de (v)* het muzikaal-zijn (→ **muzikaal**, bet 2 of 3)

mu·zi·kant *de (m)* [-en] iemand die muziek maakt

mu·zisch [-zies] (‹Lat) *bn* de muzen, de kunsten betreffend ★ *muzische vorming* ontwikkeling van het gevoel voor kunst

mv. *afk* meervoud

m/v *afk* man of vrouw [(bij sollicitatieadvertenties)]

zowel mannen als vrouwen worden uitgenodigd te solliciteren]
M.v.A. *afk* Memorie van Antwoord
m.v.g. *afk* met vriendelijke groet(en)
M.v.T. *afk* Memorie van Toelichting
MW *afk* megawatt
mw. *afk* ❶ mevrouw ❷ mejuffrouw
my·al·gie [mie-] *(‹Gr) de (v)* med spierpijn
My·ceens [mie-] *bn* ❶ van, uit, betreffende Mycene, stad in het oude Griekenland, centrum van de Myceense cultuur ❷ van, betreffende de Myceense cultuur
my·ce·li·um [mie-] *(‹Gr) het* plantk zwamvlok, weefselachtige massa die bestaat uit vertakte schimmeldraden, voorkomend bij o.a. schimmels en korstmossen
my·co·lo·gie [mie-] *(‹Gr) de (v)* kennis van de paddenstoelen of zwammen
my·co·lo·gisch [mie-] *bn* van de mycologie
my·co·loog [mie-] *(‹Gr) de (m)* [-logen] kenner, onderzoeker van paddenstoelen en zwammen
my·e·li·tis [mie-] *de (v)* med ontsteking v.h. ruggenmerg of beenmerg
my·o·lo·gie [mie-] *(‹Gr) de (v)* leer van de spieren
my·oom [mie-] *(‹Gr) het* [-omen] med goedaardig spierweefselgezwel
my·oop [mie-] *(‹Gr) bn* med bijziend
my·o·pie [mie-] *(‹Gr) de (v)* med bijziendheid
my·o·si·tis [mie(j)oozie-] *de (v)* med spierontsteking
my·ri·a- [mie-] *(‹Gr) als eerste lid in samenstellingen* tienduizend(maal)-; zeer groot in aantal
my·ri·a·de [mie-] *(‹Gr) de (v)* [-n] tienduizendtal; ontelbare menigte
mys·te·rie [mis-] *(‹Lat‹Gr) het* [-s, -riën] ❶ iets onbegrijpelijks, iets wat zeer ingewikkeld of geheimzinnig is: ★ *het ~ van de verdwenen kinderen* ❷ eredienst en cultusgemeenschap waaraan men niet kan deelnemen dan na een bepaalde voorafgaande inwijding ❸ RK geloofswaarheid waarvan men de inhoud niet of slechts onvolmaakt kan begrijpen ❹ hist godsdienstig toneelspel uit de middeleeuwen
mys·te·rie·spel [mis-] *het* [-spelen] → **mysterie** (bet 4)
mys·te·ri·eus [mis-] *(‹Fr) bn* geheimzinnig, raadselachtig: ★ *een mysterieuze verdwijning*
mys·ti·ca [mis-] *de (v)* [-'s] vrouwelijke mysticus
mys·ti·cis·me [mis-] *(‹Fr) het* sterke neiging tot mystiek
mys·ti·cus [mis-] *(‹Lat) de (m)* [-ci] iem. die de mystiek beoefent
mys·tiek [mis-] *(‹Fr)* **I** *de (v)* ❶ het streven naar de innige vereniging van de ziel met God of een godheid; het streven naar verlossing of nirwana; leer van dit streven ❷ *mystieken* beoefenaars van de mystiek **II** *bn* ❶ geheimzinnig, verborgen, raadselachtig ❷ betrekking hebbend op, behorend tot de → **mystiek** (I)
mys·ti·fi·ca·tie [mistiefiekaa(t)sie] *(‹Fr) de (v)* [-s] misleiding, bedriegerij, vooral geschrift dat als authentiek wordt uitgegeven, maar in feite een vervalsing is
mys·ti·fi·ce·ren *ww* [mis-] *(‹Fr)* [mystificeerde, h. gemystificeerd] bedriegen, misleiden
my·the [mietə] *(‹Fr‹Gr) de* [-n, -s] ❶ godsdienstig verhaal, overlevering over goden, gepersonifieerde natuurkrachten of goddelijke voorouders: ★ *de Griekse mythen* ❷ ongegrond verhaal dat voor waar wordt aangenomen; complex van voorstellingen, met een persoon of een feit verbonden, die voor waar gehouden worden en waaraan gezag wordt toegekend, zonder (historisch) feitelijke grond: ★ *~vorming* ★ *de ~ dat haar sneller groeit als het geschoren of geknipt is*
my·thisch [mie-] *(‹Gr) bn* van de aard van een mythe; fabelachtig
my·tho·lo·gie [mie-] *(‹Gr) de (v)* [-gieën] godenleer: ★ *de Griekse ~; studie daarvan; boek daarover*
my·tho·lo·gisch [mie-] *bn* ❶ de mythologie betreffend ❷ fabelachtig, buitensporig
my·tho·loog [mie-] *(‹Gr) de (m)* [-logen] kenner van de mythologie
my·tyl·school [mietiel-] *de* [-scholen] NN school voor mindervalide kinderen, genoemd naar het meisje Mytyl uit het sprookje *L'oiseau bleu* (1909) van Maeterlinck
myxo·ma·to·se [miksoomaatoozə] *(‹Gr) de (v)* dodelijke virusziekte bij hazen en konijnen

N

n *de* ['s, 'en] veertiende letter van het alfabet

'n *lidw spreektaal* verkorte vorm van *een* (→ **een²**)

N *afk* ❶ newton ❷ chem symbool voor het element stikstof (*nitrogenium*) ❸ als nationaliteitsaanduiding op auto's *Noorwegen*

N. *afk* noord, noorden

NA *afk Nederlandse Antillen* [als nationaliteitsaanduiding op auto's]

Na *afk* chem symbool voor het element *natrium*

na I *bn* ❶ nabij ★ *op...~ behalve* ★ *iemand te ~ komen* a) iem. te dicht naderen; b) iem. lastig vallen en daardoor zijn ergernis wekken ★ *de goeden niet te ~ gesproken* de geuite kritiek geldt niet degenen die het goed doen ★ NN *dit werk ligt me ~ aan het hart* ik ben er gek op ❷ BN, m.g. (van personen) waarmee men goede relaties onderhoudt of nauw verwant is: ★ *beter een naë buur dan een verre vriend* ★ *naë familie* **II** *vz* ❶ volgend op: ★ *u bent ~ mij* ★ *jaar ~ jaar* ❷ BN ook over, als onderdeel van tijdsaanduidingen ★ *kwart, tien, vijf enz. ~ twaalf* kwart, tien, vijf enz. over twaalf

n.a. *afk* ❶ non actief ❷ niet aanwezig

naad *de (m)* [naden] ❶ plaats waar twee stukken stof aan elkaar zijn genaaid ★ *het naadje van de kous (willen) weten* de precieze toedracht (willen) weten ★ inf *zich uit de ~ werken* zeer hard werken ❷ voeg op de plaats waar twee stukken hout, metaal enz. aan elkaar zijn gezet

naad·loos *bn* zonder naad: ★ *naadloze onderbroek, naadloze nylonkousen*

naaf *de* [naven] blok midden in een wiel, waar de as loopt en de spaken aan vast zitten

naai·doos *de* [-dozen] doos met naaibenodigdheden

naai·en *ww* [naaide, h. genaaid] ❶ iets met naald en draad aan of in elkaar zetten: ★ *een jurk ~* ★ *een knoop aan een overhemd ~* ❷ inf neuken ❸ inf (iem.) ernstig benadelen of bedriegen: ★ *ik voel me ontzettend genaaid door die verkoper*

naai·ga·ren *het* [-s] garen om mee te naaien

naai·gar·ni·tuur *het* [-turen] doosje of etuitje met naaibenodigdheden; naaibenodigdheden

naai·ge·reed·schap *het* naaibenodigdheden

naai·ge·rei *het* naaibenodigdheden

naai·ka·mer *de* [-s] kamer ingericht om te → **naaien** (bet 1)

naai·krans·je *het* [-s] ❶ groep vrouwen die gezamenlijk naaiwerk verrichten ❷ schertsend gezelschap dat luchtig over allerhande zaken converseert

naai·ma·chi·ne [-sjenə] *de (v)* [-s] met hand, voet of door elektriciteit voortbewogen machine om mee te naaien: ★ *die zoom doe ik even op de ~*

naai·mand *de* [-en], **naai·mand·je** *het* [-s] mand(je) voor naaiwerk

naai·naald *de* [-en] naald om met de hand te naaien

naai·ster *de (v)* [-s] vrouw die naaiwerk doet voor haar beroep

naai·ta·fel *de* [-s] tafel om aan te naaien, vooral door kleermakers gebruikte tafel

naai·werk *het* ❶ goed dat genaaid moet worden: ★ *een stapel ~* ❷ het → **naaien** (bet 1)

naakt I *bn* bloot; onbedekt, kaal: ★ *een ~ lichaam* ★ *naakte bomen* ★ BN *naakte eigendom* eigendom zonder genot van de opbrengst, blote eigendom ★ ook fig: *de naakte waarheid* ; zie ook bij → **ontslag** **II** *het* [-en] ❶ schilderij of tekening van een naaktfiguur ❷ het model voor zo'n werk

naakt·bloei·er *de (m)* [-s] biol herfsttijloos

naakt·fi·guur *de* [-guren] afbeelding van een naakt mensenlichaam

naakt·heid *de (v)* het naakt-zijn

naakt·hond *de (m)* [-en] ★ *Mexicaanse ~* hondenras dat met uitzondering van de kuif en de kwast aan de staart geheel onbehaard is

naakt·lo·per *de (m)* [-s] iem. die geheel ontkleed gaat, nudist, naturist

naakt·lo·pe·rij *de (v)* het naakt lopen

naakt·slak *de* [-ken] → **slak¹** zonder uitwendig zichtbare schelp (huisje)

naakt·strand *het* [-en] strand waar men geheel naakt mag zijn

naakt·stu·die *de (v)* [-s, -diën] tekening als oefening in het schilderen of tekenen van naakten

naakt·za·di·gen *mv* planten waarvan de zaden niet bedekt zijn (*Gymnospermen*)

naald *de* ❶ puntige stift met oog, gebruikt om te naaien ★ *heet van de ~* nog maar net klaargekomen of bekend geworden ★ *vaardig met de ~* bekwaam in het naaien (bet 1) ★ *door het oog van de ~ kruipen* ternauwernood ontsnappen ★ BN ook *iets vertellen van ~je tot draadje* iets van het begin tot het einde vertellen, zeer uitvoerig; zie ook bij → **hooiberg** ❷ diamantje of saffiertje dat door de groeven van een vinylen grammofoonplaat loopt ❸ wijzer van een kompas e.d. ❹ spitse toren of zuil: ★ *gedenk~* ❺ zeer smal blad van naaldbomen ❻ BN (van een weegschaal) evenaar, tongetje

naald·boom *de (m)* [-bomen] boom met naaldvormige bladeren: den, spar enz.

naald·bos *het* [-sen] bos van naaldbomen

naal·den·boek·je *het* [-s] ❶ boekje van lapjes, waarin naalden gestoken worden ❷ papieren boekje waarin naalden verkocht worden

naal·den·ko·ker *de (m)* [-s] koker om naalden in te bewaren

naald·hak *de* [-ken] hoge, puntige hak (aan damesschoenen)

naald·hout *het* hout van naaldbomen

naald·kant *de (m)* met een naald vervaardigd → **kant²**

naald·vak *het* [-ken] leervak in alle soorten werk met de naald

naald·werk *het* fijn werk met de naald: borduurwerk, kantwerk e.d.

naam *de (m)* [namen] ❶ vast woord waarmee iem. of iets wordt aangeduid ★ *in ~ naar de uiterlijke schijn* ★ *in ~ van* op gezag van, krachtens ★ *in ~ der wet* ★ *op ~* de naam van de houder dragend ★ *uit ~ van* vanwege, in opdracht van ★ *bij name noemen* met de naam ★ *met name* genaamd, met de naam genoemd; *ook* in het bijzonder, voornamelijk, BN *ook*: namelijk ★ *ten name van iem.* op naam van iem. als houder ★ NN *het mag geen ~ hebben* het heeft niets te betekenen ★ *de dingen bij de (hun) ~ noemen* rechtuit zeggen waar het op staat ★ BN, spreektaal *dat, het heeft geen ~* het is ongehoord, schandalig, schandelijk; daar zijn geen woorden voor ❷ bekendheid, faam: ★ *dat is een taalkundige van ~* ★ *een goede* of *kwade / slechte ~ hebben* goed of kwaad / slecht bekendstaan ★ *te goeder ~ en faam bekend staan* de algemene achting genieten ★ *~ maken* bekendheid verwerven ★ *iem. van ~* van algemene bekendheid; zie ook bij → **aandeel** (bet 3), → **eer¹** en → **wet**

naam·be·kend·heid *de (v)* → **naamsbekendheid**

naam·bel·len *ww & het* telec bij het kiezen van een nummer in plaats van cijfers letters gebruiken, die samen een naam vormen

naam·bord *het* [-en], **naam·bord·je** *het* [-s] metalen, plastic of houten plaatje met iemands naam erop

naam·dag *de (m)* [-dagen] RK gedenkdag van de heilige naar wie men genoemd is

naam·dicht *het* [-en] acrostichon

naam·feest *het* [-en] naamdag

naam·ge·noot *de (m)* [-noten], **naam·ge·no·te** *de (v)* [-n] iemand met dezelfde naam

naam·ge·ving *de (v)* [-en] het geven van een naam; de wijze waarop dat gebeurt

naam·hei·li·ge *de* [-n] heilige naar wie iemand genoemd is

naam·kaart·je *het* [-s] gedrukt kaartje met naam en soms adres, beroep enz., visitekaartje

naam·kun·de *de (v)* studie van eigennamen

naam·loos *bn* zonder naam ★ *naamloze vennootschap* onderneming waarvan het kapitaal verdeeld is in aandelen, voor het bedrag waarvan de houders aansprakelijk zijn; aan het hoofd staan een of meer directeuren

naam·plaat *de* [-platen], **naam·plaat·je** *het* [-s] naambordje

naam·re·gis·ter *het* [-s] register van namen, vooral lijst achter in een boek, van de namen die erin voorkomen

Naams *bn* van, uit, betreffende Namen

naams·be·kend·heid *de (v)* de bekendheid van een merknaam bij het publiek

naam·stem *de* [-men] BN *ook* voorkeurstem

naams·ver·an·de·ring *de (v)* [-en] verandering van naam, vooral van de geslachtsnaam

naam·val *de (m)* [-len] taalk bepaalde vorm van naamwoorden en lidwoorden, afhankelijk van de functie in de zin: ★ *dit woord staat in de tweede ~*

naam·vals·uit·gang *de (m)* [-en] taalk uitgang van een woord horende bij een bepaalde naamval

naam·woord *het* [-en] taalk woord dat een zaak of persoon noemt of benoemt: ★ *er is onderscheid tussen zelfstandige en bijvoeglijke naamwoorden*

naam·woor·de·lijk, **naam·woor·de·lijk** *bn* een naamwoord zijnde of als kern een naamwoord hebbende: ★ *~ deel van het gezegde*

na-apen *ww* [aapte na, h. nageaapt] nabootsen op een manier die niet gewaardeerd wordt

na-aper *de (m)* [-s], **na-aap·ster** *de (v)* [-s] iem. die na-aapt

na-ape·rij *de (v)* [-en] nabootsing

naar¹ *bn* akelig: ★ *een nare droom*

naar² I *vz* ❶ in de richting van: ★ *~ Ameland gaan* ❷ volgens: ★ *~ verwachting* ★ *is alles ~ wens?* ★ *een film ~ een roman van Wolkers* gebaseerd op deze roman II *voegw* zoals: ★ *~ men zegt (beweert, aanneemt); ~ het schijnt* III *bijw* ★ NN *het is er ook ~* het is er geheel mee in overeenstemming ★ *deze film moest heel snel worden gemaakt en de kwaliteit is er ook ~*

naar·dien *voegw* vero aangezien

naar·gees·tig *bn* somber, akelig: ★ *een ~ sfeer*

naar·gees·tig·heid *de (v)* somberheid

naar·ge·lang I *voegw* naarmate II *bijw* ❶ (ook als twee woorden geschreven, zie bij → **gelang**) ❷ in overeenstemming met, overeenkomstig

naar·heid *de (v)* [-heden] ❶ iets akeligs ❷ naarling

naar·ling *de (m)* [-en] vervelend persoon

naar·ma·te *voegw* in de mate dat, in verhouding tot: ★ *zijn oordelen worden milder, ~ hij ouder wordt*

naar·stig *bn* ijverig: ★ *~ op zoek zijn naar iets*; **naarstigheid** *de (v)*

naast I *bn* dichtstbijzijnd ★ *de naaste familie* die in nauwe verwantschapsbetrekking staat ★ *de naaste omgeving* ★ NN *ten naaste bij* ongeveer II *bijw* het dichtst bij: ★ *dat ligt het ~ aan mijn hart*; vgl: → **ernaast** III *vz* ❶ dicht bij, aangrenzend aan, aan de zijde van: ★ *ik zit ~ de baas* ❷ behalve: ★ *~ dit bezwaar is er nog een tweede*

naas·te *de* [-n] medemens met wie men in aanraking komt: ★ *heb uw ~ lief!*

naas·ten *ww* [naastte, h. genaast] ❶ zich toe-eigenen (door de staat) tegen schadevergoeding ❷ verbeurd verklaren

naas·ten·lief·de *de (v)* liefde tot de naasten

naas·ting *de (v)* [-en] het naasten

naat·je *zn* NN, spreektaal: ★ *dat is ~* of *ik vind het ~* zeer slecht, vervelend

na·bau·wen *ww* [bauwde na, h. nagebauwd] ⟨iem.⟩ bespotten door zijn manier van praten en / of zijn uitspraken op lachwekkende wijze na te bootsen

na·be·han·de·ling *de (v)* [-en] behandeling nadat een ziekte in hoofdzaak genezen is

na·be·schou·wing *de (v)* [-en] overweging achteraf

na·be·spre·king *de (v)* [-en] bespreking achteraf, vooral na afloop van een bijeenkomst

na·be·staan·de *de* [-n] naaste bloedverwant van een overledene

na·be·stel·len *ww* [bestelde na, h. nabesteld] nogmaals bestellen nadat er al eens geleverd is

na·be·stel·ling *de (v)* [-en] wat nabesteld wordt

na·be·trach·ting *de (v)* [-en] overdenking achteraf

na·beurs *de* effecten- en geldhandel na de officiële beurstijd

na·bij I *bn* dichtbijgelegen: ★ *in de nabije toekomst* ★ *het Nabije Oosten* II *bijw* in de buurt, in de nabijheid: ★ *die kerk is zeer ~* ★ *iets van ~ meemaken* III *vz (ook als achtergeplaatst vz)* bij, in de nabijheid van: ★ *~ het station van Wildert ontspoorde de trein* ★ *hij was de dood ~* hij was bijna dood ★ *om en ~* ongeveer: ★ *om en ~ de tachtig mensen gaven gehoor aan de oproep*

na·bij·ge·le·gen *bn* dichtbij

na·bij·heid *de (v)* het dichtbij-zijn: ★ *in de ~*

na·bij·ko·men *ww* [kwam nabij, is nabijgekomen] dichtbij komen; meestal fig bijna gelijk zijn aan

na·bij·zijnd *bn* dichtbij zijnd

na·blij·ven *ww* [bleef na, is nagebleven] ❶ langer blijven ❷ als straf moeten schoolblijven

na·blij·ver *de (m)* [-s] ❶ iem. die langer blijft ❷ leerling die moet schoolblijven

na·bloei *de (m)* latere bloei, veelal fig

na·bloei·er *de (m)* [-s] laatbloeiende plant

na·blus·sen *ww* [bluste na, h. nageblust] blussen door de brandweer van nog smeulende restanten om het opnieuw oplaaien van het vuur te voorkomen

na·boot·sen *ww* [bootste na, h. nagebootst] nadoen, namaken

na·bran·der *de (m)* [-s] ❶ schot dat niet gelijk met de ontsteking afgaat; ❷ fig wat pas later goed begrepen wordt *(aardigheid, strekking van een geschrift enz.)*

na·bu·rig *bn* in de buurt

na·buur *de (m)* [-buren] buurman

na·buur·schap *de (v)* ❶ het nabuur-zijn ★ *goede ~* goede verstandhouding tussen naburen ❷ nabijheid

na·cal·cu·la·tie [-(t)sie] *de (v)* [-s] nadere berekening, herhaalde berekening achteraf

na·chec·ken *ww* [-tsjek-] [checkte na, h. nagecheckt] ❶ checken ❷ nogmaals checken

na·cho [natsjoo] *de (m)* ['s] tortillachip

nacht *de (m)* [-en] tijd van 's avonds ± 12 uur tot 's morgens ± 6 uur ★ *een nachtje over iets willen slapen* er nog eens over willen denken ★ *'s nachts* in de nacht ★ *zo lelijk als de ~* bijzonder lelijk; zie ook bij → **dag** I, → **hol**[1] (bet 4) en → **ontij**

nacht·aap *de (m)* [-apen] aap in Amerika, die overdag slaapt

nacht·ar·beid *de (m)* het 's nachts werken

nacht·asiel [-ziel] *het* [-en, -s] tehuis met slaapplaatsen voor zwervers

nacht·bel *de* [-len] bel aan doktershuizen e.d. om iemand 's nachts wakker te bellen

nacht·be·vei·li·ging *de (v)* [-en] ❶ geheel van middelen en technieken om een gebouw of terrein 's nachts te beveiligen ❷ dienst voor bewaking van gebouwen e.d. in de nacht

nacht·blind *bn* lijdende aan nachtblindheid

nacht·blind·heid *de (v)* het zeer slecht kunnen zien bij duisternis

nacht·bloem *de* [-en] bloem die 's nachts opengaat

nacht·boog *de (m)* [-bogen] deel van de parallelcirkel van een hemellichaam, dat beneden de horizon ligt

nacht·boot *de* [-boten] boot die 's nachts vaart

nacht·bra·ken *ww* [nachtbraakte, h. genachtbraakt] tot laat in de nacht op zijn

nacht·bra·ker *de (m)* [-s] iem. die nachtbraakt; **nachtbrakerij** *de (v)* [-en]

nacht·cac·tus *de (m)* [-sen] cactus die één nacht bloeit

nacht·ca·fé *het* [-s] café dat 's nachts open is

nacht·club *de* [-s] gelegenheid die 's nachts geopend is en waar men muziekuitvoeringen geeft, (striptease)dansen opvoert etc.

nacht·crème [-krèm] *de* [-s] cosmetische gezichtscrème, die voor de nacht wordt opgedaan

nacht·dienst *de (m)* ❶ het 's nachts dienst hebben ❷ dienst die 's nachts onderhouden wordt

nacht·dier *het* [-en] dier dat vooral 's nachts in de weer is en dan voedsel zoekt

nach·te·gaal *de (m)* [-galen] aan de lijster verwante zangvogel met bruine rug en rossigbruine staart *(Luscinia megarhynchos)*

nach·te·gaals·slag *de (m)* het zingen van een nachtegaal

nach·te·lijk *bn* als of in de nacht

nacht·eve·ning *de (v)* [-en] → **dag-en-nachtevening**

nacht·ge·waad *het* [-waden] nachtkleding, nachtjapon

nacht·goed *het* nachtkleding

nacht·hemd *het* [-en] nachtjapon

nacht·ja·pon, **nacht·pon** *de (m)* [-nen] op lange jurk lijkend kledingstuk, door vrouwen of meisjes als nachtkleding gedragen

nacht·kaars *de* [-en] vroeger kaars die 's nachts brandde ★ *het gaat uit als een ~* het loopt langzaam en stil ten einde

nacht·kast·je *het* [-s] kastje bij het bed

nacht·kij·ker *de (m)* [-s] verrekijker die men kan gebruiken in het donker (voor militaire doeleinden, op schepen e.d.)

nacht·kle·ding *de (v)* kleding die men in bed draagt

nacht·kluis *de* [-kluizen] kluis in de buitenmuur van een bankgebouw, waarin cliënten buiten de openingsuren van de bankkassen geld of waardepapieren kunnen deponeren

nacht·kwar·tier *het* [-en] plaats waar legertroepen de nacht doorbrengen

nacht·le·ven *het* vertier in clubs, cafés e.d. in de nacht: ★ *hij duikt graag het Amsterdamse ~ in*

nacht·licht·je *het* [-s] lichtje dat 's nachts brandt,

vooral op een slaapkamer
nacht·mens *de (m)* [-en] iem. die bij voorkeur laat naar bed gaat en laat opstaat
nacht·mer·rie *de* [-s] benauwde angstige droom
nacht·mis *de* [-sen] RK 's nachts opgedragen mis, vooral in de kerstnacht
nacht·pauw·oog *de (m)* [-ogen] grote nachtvlinder (*Saturnia pavonia*)
nacht·per·mis·sie *de (v)* [-s] ❶ ⟨van cafés e.d.⟩ toestemming om na het gewone sluitingsuur open te zijn, nachtvergunning ❷ ⟨van soldaten⟩ toestemming om de nacht buiten de kazerne door te brengen
nacht·ploeg *de* [-en] groep arbeiders die 's nachts werken
nacht·pon *de (m)* [-nen] → **nachtjapon**
nacht·rust *de* slaap in de nacht: ★ *een goede ~*
nacht·scha·de *de* [-n] plantengeslacht waarvan de exemplaren giftige plantendelen bezitten (o.a. de aardappel, tomaat en het bitterzoet) (*Solanum*)
nacht·slot *het* [-sloten] slot waarmee de deur 's nachts wordt afgesloten: ★ *de deur op het ~ doen*
nacht·spie·gel *de (m)* [-s] vero pot waarin 's nachts geplast kan worden, po
nacht·stroom *de (m)* elektrische stroom die gedurende de nacht en in het weekeinde tegen aanzienlijk verlaagd tarief geleverd wordt
nacht·ta·fel *de* [-s], **nacht·ta·fel·tje** *het* [-s] nachtkastje
nacht·ta·rief *het* [-rieven] bijzonder tarief voor nachtwerk of elektrische stroom die men 's nachts verbruikt; vgl: → **nachtstroom**
nacht·trein *de (m)* [-en] trein die 's nachts rijdt
nacht·uil *de (m)* [-en] ❶ → **uil** (bet 1) ❷ nachtvlinder ❸ BN, spreektaal nachtbraker
nacht·ver·blijf *het* [-blijven] ❶ hok waar dieren 's nachts verblijven, bijv. in een dierentuin ❷ onderdak voor de nacht
nacht·ver·gun·ning *de (v)* [-en] ⟨van cafés e.d.⟩ vergunning om na de gewone sluitingstijd open te zijn
nacht·vlin·der *de (m)* [-s] vlinder die 's avonds of 's nachts vliegt; fig iem. die graag 's avonds of 's nachts uitgaat of op straat is
nacht·vlucht *de* [-en] nachtelijke vlucht van een vliegtuig
nacht·vo·gel *de (m)* [-s] vogel die 's nachts vliegt
nacht·vorst *de (m)* het 's nachts vriezen
nacht·wacht I *de (m)* [-en] nachtwaker II *de* [-en] ❶ nachtwake ❷ gezamenlijke wachters: ★ *de Nachtwacht van Rembrandt is een schuttersstuk uit 1642*
nacht·wa·ke [-n] *de* het 's nachts waken, vooral bij een dode: ★ *een ~ houden*
nacht·wa·ker *de (m)* [-s] iem. die 's nachts de wacht houdt
nacht·wa·kers·staat *de (m)* [-staten] vooral NN type staat waarin de overheid zich uitsluitend bemoeit met de openbare orde en veiligheid en de zorg voor het welzijn van de onderdanen overlaat aan het particulier initiatief, het ideaal van de vroegere liberalen
nacht·werk *het* werk (tot) in de nacht ★ *dat wordt ~ dat duurt tot in de nacht voort*
nacht·win·kel *de (m)* [-s] BN avondwinkel, winkel die in de avonduren en vaak ook op zondag geopend is
nacht·zoen *de (m)* [-en] kus vóór het slapen gaan
nacht·zus·ter *de (v)* [-s] verpleegster die 's nachts dienst heeft
nacht·zwa·luw *de* [-en] zwaluw die 's nachts vliegt (*Caprimulgus europaeus*)
na·cij·fe·ren *ww* [cijferde na, h. nagecijferd] nauwkeurig uitrekenen of narekenen
na·com·pe·ti·tie [-(t)sie] *de (v)* [-s] sp competitie na de gewone competitie, waarin beslist wordt over promotie en degradatie
na·da·gen *mv* ❶ de laatste periode: ★ *in de ~ van zijn carrière* ❷ de tijd van achteruitgang: ★ *de ~ van het Romeinse Rijk*
na·dar·af·slui·ting *de (v)* [-en] BN ook dranghek
na·dat, **na·dat** *voegw* na dat (genoemde) gebeuren: ★ *we gingen weg, ~ we gegeten hadden* ★ *niet dan ~ niet voordat, niet eerder dan dat:* ★ *we verlieten Parijs, maar niet dan ~ we de Eiffeltoren hadden bezocht*
na·deel *het* [-delen] schade; ongunstige kant: ★ *ten nadele van* ★ *in het ~ zijn in een ongunstiger positie (dan een ander)* ★ NN *elk ~ heb z'n voordeel elke tegenslag brengt ook een voordeel met zich mee; gezegde van de Nederlandse voetballer Johan Cruijff, geb. 1947*
na·de·lig *bn* schadelijk: ★ *~ zijn voor iets of iem.*
na·den·ken *ww* [dacht na, h. nagedacht] goed doordenken: ★ *~ over iets of iem.* ★ *zonder na te denken*
na·den·kend *bn* peinzend; bedachtzaam
na·der *bn* ❶ dichterbij: ★ *~ tot elkaar komen* ❷ verder, preciezer: ★ *nadere inlichtingen* ★ *verklaar u ~!* ★ *bij ~ inzien na het nog eens goed bekeken te hebben* ★ *tot ~ order zie bij →* **order**
na·der·bij *bijw* dichterbij
na·de·ren *ww* [naderde, is genaderd] dichterbij komen: ★ *tot op een paar meter genaderd zijn*
na·der·hand *bijw* later, daarna
na·dien *bijw* daarna: ★ *zijn eerste boek was een succes, maar ~ is niets meer van deze auteur vernomen*
na·dienst *de (m)* BN, m.g. service, servicedienst, dienst na verkoop
na·dir [-dier] ⟨*Arab*⟩ *het* punt loodrecht beneden de waarnemer op de (voor de waarnemer onzichtbare helft van de) hemelbol; vgl: → **zenit**
na·doen *ww* [deed na, h. nagedaan] nabootsen
na·dorst *de (m)* dorst na veel alcoholgebruik
na·dra·gen *ww* [droeg na, h. nagedragen] NN, fig achteraf blijven aanrekenen, iem. verwijten blijven maken over iets: ★ *iem. zijn verleden ~*
na·druk *de (m)* ❶ klemtoon: ★ *de ~ leggen op iets* iets

speciaal onder de aandacht brengen ❷ het nadrukken: ★ *de ~ van een boek* ❸ [*mv*: -ken] nagedrukt boek

na·druk·ke·lijk *bn* met klem

na·druk·ken *ww* [drukte na, h. nagedrukt] ❶ exemplaren bijdrukken ❷ hetzelfde drukken, ook op ongeoorloofde wijze uitgeven

na·druk·te·ken *het* [-s] BN, m.g. leesteken dat aangeeft dat een lettergreep of woord nadruk krijgt, klemtoonteken, accentteken

na·drup·pe·len *ww* [druppelde na, h. & is nagedruppeld] ❶ nog wat aanhouden met druppelen ❷ fig achteraankomen nadat het grootste deel is aan- of ingekomen: ★ *de bestellingen (aanmeldingen) blijven nog wat ~*

Nafta *de* North American Free Trade Association [Noord-Amerikaanse Vrijhandelsassociatie, economische unie tussen Canada, de Verenigde Staten en Mexico]

naf·ta (‹Gr‹Arab) *de (m)* ❶ vero ruwe petroleum ❷ thans benaming voor petroleumether, zeer vluchtige benzine

naf·ta·leen (‹Gr) *de* in steenkolenteer en gas voorkomende koolwaterstof, motwerend middel en grondstof voor kunststoffen

na·gaan *ww* [ging na, is nagegaan] ❶ volgen ❷ onderzoeken: ★ *iemands gangen ~* ❸ overwegen, overdenken, beredeneren: ★ *ga maar na hoeveel extra kosten daarmee zijn gemoeid*

na·galm *de (m)* [-en] weerklank

na·gal·men *ww* [galmde na, h. nagegalmd] weerklinken

na·ge·boor·te *de (v)* [-n] de placenta die na de geboorte van een kind of jong wordt uitgestoten uit de baarmoeder

na·ge·dach·te·nis *de (v)* herinnering aan een overledene: ★ *ter ~ van*

na·gel *de (m)* [-s, -en] ❶ hoornachtig aangroeisel aan het uiteinde van de vingers en tenen van mensen en sommige dieren: ★ *nagels knippen, vijlen, lakken, bijten* ★ *het bloed onder iems. nagels vandaan halen* iem. tot het uiterste tergen ★ *geen ~ hebben om zijn gat te krabben* niets bezitten, erg arm zijn ❷ spijker ★ BN *de ~ op de kop slaan* de spijker op de kop slaan; zie ook bij → **doodkist** ❸ kruidnagel

na·gel·bed *het* [-den] huid onder de → **nagel** (bet 1)

na·gel·bij·ter *de (m)* [-s] iem. die op zijn nagels bijt

na·gel·bor·stel *de (m)* [-s] kort borsteltje voor het reinigen van de nagels

na·ge·len *ww* [nagelde, h. genageld] spijkeren, vastspijkeren; (iets) timmeren ★ *als aan de grond genageld staan* bewegingloos staan van schrik, verbijstering enz.; zie ook → **schandpaal**

na·gel·gar·ni·tuur *het* [-turen] etui met benodigdheden om de nagels te verzorgen

na·gel·kaas *de (m)* [-kazen] NN kaas met kruidnagelen ★ *Friese ~* kaas met kruidnagels en komijn

na·gel·kruid *het* behaarde plantensoort (*Geum*)

na·gel·lak *de (m) & het* lak waarmee de nagels gekleurd worden

na·gel·nieuw *bn* splinternieuw

na·gel·olie *de* olie uit de kruidnagelplant

na·gel·riem *de (m)* [-en] strookje nauw aansluitende huid op de nagel

na·gel·schaar *de* [-scharen] schaar met rond gebogen punten om nagels (→ **nagel**, bet 1) te knippen

na·gel·vast *bn* vastgespijkerd

na·gel·vijl *de* [-en] voorwerp van metaal of hard papier om nagels (→ **nagel**, bet 1) te vijlen

na·gel·wor·tel *de (m)* [-s] plaats waar de nagel in het vlees is ingeplant

na·ge·noeg *bijw* bijna, vrijwel: ★ *de klus is ~ klaar*

na·ge·recht *het* [-en] → **gerecht²** aan het eind van een maaltijd

na·ge·slacht *het* [-en] afstammelingen

na·ge·ven *ww* [gaf na, h. nagegeven] als goed- of afkeuring meegeven

na·ge·was *het* [-sen] tweede oogst

na·gras *het* tweede grasgewas, etgroen

na·hef·fing *de (v)* [-en] → **heffing** (bet 2) na de eerste belastingaanslag

na·hou·den *ww* [hield na, h. nagehouden] ❶ doen nablijven ❷ ★ *erop ~ hebben, bezitten:* ★ *hij houdt er een maîtresse op na* ★ *zij houdt er vreemde ideeën op na* ❸ blijven aanrekenen, nadragen: ★ *iem. iets ~*

na·hup·je *het* [-s] turnen een klein stapje of sprongetje na de afsprong van een toestel, waarvoor puntenaftrek wordt gegeven

na·ïef (‹Fr) **I** *bn* ❶ natuurlijk, ongekunsteld: ★ *naïeve schilderkunst* ❷ onnozel, te goed van vertrouwen: ★ *~ op iets reageren* **II** *mv*, **naïeven** benaming voor bep. schilders die min of meer in de trant van volksprenten of kindertekeningen schilderen; zondagsschilders

na·ïe·ve·ling *de (m)* [-en] naïef mens

na·ij·len *ww* [ijlde na, h. nageijld] naderhand nog van invloed zijn, een lange nawerking hebben: ★ *hun conflict ijlde nog jaren na*

na·ij·ver *de (m)* wedijver; afgunst

na·ij·ve·rig *bn* wedijverend; afgunstig

na·ï·ve·teit, na·ï·vi·teit (‹Fr) *de (v)* ❶ ongekunstelde eenvoud ❷ kinderlijk vertrouwen, onnozelheid ❸ [*mv*: -en] uiting van dergelijke onnozelheid

na·ja, na·ga (‹Hindi‹Sanskr) *de* ['s] geslacht van giftige slangen waartoe o.a. de cobra behoort

na·jaar *het* [-jaren] herfst

na·jaars·bloem *de* [-en] herfstbloem

na·jaars·op·rui·ming *de (v)* [-en] uitverkoop in het najaar

na·jaars·schoon·maak *de (m)* algehele schoonmaak van het huis in het najaar

na·jaars·storm *de (v)* [-en] hevige storm in het najaar

na·jaars·tin·ten *mv* herfstkleuren

na·ja·de (‹Gr) *de (v)* [-n] myth waternimf, brongeest

na·ja·gen *ww* [joeg en jaagde na, h. nagejaagd] jagen op; met alle kracht trachten te verkrijgen: ★ *roem,*

eer ~
na·jou·wen ww [jouwde na, h. nagejouwd] honend naroepen
na·kaar·ten ww [kaartte na, h. nagekaart] iets wat al gebeurd of beslist is nog eens bespreken
na·ken ww [naakte, is genaakt] vero naderen
na·kend[1] bn inf naakt
na·kend[2] bn BN ook naderbij komend, naderend; nabij
na·kie het ★ in z'n ~ inf naakt
na·kij·ken ww [keek na, h. nagekeken] ❶ kijken naar een vertrekkende ★ het ~ hebben iets wat men graag wil hebben niet krijgen, ernaar kunnen fluiten ❷ onderzoeken of iets goed is: ★ dat zal ik even in het contract ~ ★ voor de vakantie de auto laten ~ in de garage ★ zich laten ~ zich medisch laten onderzoeken ❸ als docent schoolwerk controleren en er cijfers voor geven
na·klank de (m) [-en] ❶ het naklinken ❷ fig nawerking
na·ko·me·ling de (m) [-en] afstammeling
na·ko·me·ling·schap de (v) de gezamenlijke nakomelingen
na·ko·men ww [kwam na, is nagekomen] ❶ later komen ❷ in acht nemen: ★ zijn verplichtingen ~
na·ko·mer·tje het [-s] jongste kind dat aanmerkelijk in leeftijd verschilt met het voorgaande
na·la·ten ww [liet na, h. nagelaten] ❶ achterlaten: ★ hij liet bij zijn dood een vrouw en twee kinderen na ★ mijn ouders hebben ons een flink kapitaal nagelaten ❷ niet doen, verzuimen: ★ ~ iem. te schrijven ★ niet kunnen (mogen) ~ zich verplicht achten om te doen: ★ ik kan niet ~ je te bedanken voor de prettige samenwerking
na·la·ten·schap de (v) [-pen] bezittingen die, vermogen dat een overledene achterlaat, erfenis; ook fig: ★ de ~ van het vorige kabinet
na·la·tig bn niet doend wat men moet doen; onachtzaam, slordig: ★ ~ zijn in het beantwoorden van e-mails
na·la·tig·heid de (v) [-heden] het nalatig zijn: ★ grove ~
na·le·ven ww [leefde na, h. nageleefd] in acht nemen: ★ een voorschrift ~; **naleving** de (v)
na·le·ve·ren ww [leverde na, h. nageleverd] later leveren ter aanvulling van het eerst geleverde; **nalevering** de (v) [-en]
na·le·zen ww [las na, h. nagelezen] ❶ overlezen, controlerend lezen: ★ kun jij deze tekst nog even ~? ❷ onderzoekend doorlezen: ★ alle boeken over een bep. onderwerp ~
na·lo·pen ww [liep na, is & h. nagelopen] ❶ volgen, achteraanlopen ❷ NN toezicht houden op, controleren: ★ iems. werk nog even ~ ★ een lijst ~
nam ww verl tijd van → **nemen**
nam. afk namiddag
na·maak de (m) nabootsing: ★ dat is niet echt, dat is ~
na·maak·sel het [-s] wat nagemaakt is

na·ma·ken ww [maakte na, h. nagemaakt] iets precies hetzelfde maken, kopiëren; van ander (minderwaardig geacht) materiaal hetzelfde trachten te verkrijgen
na·me zn zie bij → **naam**
na·me·lijk bijw ❶ nader genoemd of opgesomd, te weten: ★ er was één tegenstemmer, ~ de voorzitter ★ Nederland heeft twaalf provincies, ~ Friesland, Groningen enz. ❷ als toelichting dienend: ★ we moeten opschieten, de trein vertrekt ~ over tien minuten ★ neem je paraplu mee, het gaat ~ regenen
na·me·loos bn onnoemelijk, vreselijk: ★ nameloze ellende
na·men ww verl tijd meerv van → **nemen**
na·mens vz uit naam van
names·drop·ping [neemz-] ⟨Eng⟩ de het op een opschepperige manier noemen van namen van bekende personen alsof deze tot de vrienden- en kennissenkring van de spreker behoren
na·me·ten ww [mat na, h. nagemeten] nog een keer meten om te zien of iets de juiste maat heeft
Na·mi·bi·ër de (m) [-s] iem. geboortig of afkomstig uit Namibië
Na·mi·bisch bn van, uit, betreffende Namibië
na·mid·dag, **na·mid·dag** de (m) [-dagen] ❶ NN het tweede deel van de middag, het einde van de middag ❷ BN middag, de tijd tussen (omstreeks) 14 en 18 uur
na·na de (m) Arabische benaming voor de pepermuntplant, in de Arabische wereld veel in thee gebruikt
na·nacht de (m) [-en] de laatste uren van de nacht
nan·doe ⟨Fr‹Guaraní, een Zuid-Amerikaanse indianentaal⟩ de (m) [-s] drietenige struisvogel uit Zuid-Amerika
nan·dro·lon het spierversterkend middel, voorkomend op de lijst van voor sporters verboden prestatieverhogende middelen
nan·king het oorspr Chinese, geelachtige of rossig gele katoenen stof, genoemd naar de Chinese stad Nanking (Nanjing)
na·no- ⟨Gr⟩ voorvoegsel voor namen van eenheden met de betekenis één miljardste
na·noen de (m) [-en] BN, lit of vero → **namiddag** (bet 2)
na·no·tech·no·lo·gie de (v) technologie op het snijvlak van natuurkunde, chemie en biologie, werkend met zeer kleine synthetische deeltjes (een miljardste meter) die bv. de eigenschappen van een materiaal kunnen verbeteren, als drager voor een medicijn kunnen dienen of als katalysator bij foto-elektrische reacties
na·ogen ww [oogde na, h. nageoogd] → **nakijken** (bet 1), met de ogen volgen
na·ont·ste·king de (v) te late ontsteking (in verbrandingsmotoren)
na·oogst de (m) [-en] latere, tweede oogst; fig producten van kunst of wetenschap na de meest

productieve levensperiode
na·oor·logs, na-oor-logs *bn* van na een oorlog
NAP *afk* in Nederland Normaal Amsterdams Peil [gemiddelde waterhoogte in Amsterdam ten opzichte waarvan in Nederland de waterhoogten worden aangegeven; *vgl*: *Amsterdams Peil* (zie bij → **Amsterdams**)]
nap *de (m)* [-pen] houten kommetje
na·palm *de (m) & het* natriumpalmitaat, middel om benzine in geleiachtige vorm te brengen, verwerkt in brandbommen
na·palm·bom *de* [-men] brandbom gevuld met napalm en benzine
Na·pels *bn* van, uit, betreffende Napels; *vgl*: → **Napolitaans**
na·pijn *de* [-en] pijn achteraf, vooral na een medische behandeling
na·plui·zen *ww* [ploos na, h. nageplozen] tot in alle bijzonderheden onderzoeken
na·po·le·on·tisch *bn* (uit de tijd) van Napoleon I (1769-1821), Frans keizer: ★ *de ~e oorlogen*
Na·po·li·taan *de (m)* [-tanen] iem. geboortig of afkomstig uit Napels
Na·po·li·taans *bn* van, uit, betreffende Napels
nap·pa, nap·pa·leer *het* sterke leersoort, voornamelijk bereid uit sterke lamshuid en meestal bruin of zwart geverfd, gebruikt voor kleding, tassen en schoeisel, genoemd naar de stad Napa in Californië (VS)
na·pra·ten *ww* [praatte na, h. nagepraat] ❶ zeggen wat een ander zegt ❷ na afloop van een bijeenkomst blijven praten
na·pra·ter *de (m)* [-s] iem. die napraat (→ **napraten**, bet 1); **napraterij** *de (v)*
na·pret *de* plezier achteraf
nar *de (m)* [-ren] ❶ zot, dwaas ❷ hist iem. die er zijn beroep van maakte grappen te verkopen, vooral in dienst van hooggeplaatste personen; *vgl*: → **hofnar**
NAR *afk* in België Nationale Arbeidsraad [Belgisch openbaar sociaal overlegorgaan]
nar·cis, nar-cis *(‹Gr) de* [-sen] bolgewas met geurige witte of gele, schotel- of trompetvormige bloemen
nar·cis·me *het* psych liefde voor het eigen ik en het eigen lichaam, genoemd naar de jongeman Narkissos in de Griekse mythologie die verliefd werd op zijn eigen spiegelbeeld en uit medelijden door de goden in een bloem werd veranderd
nar·cis·tisch *bn* van de aard van, als bij narcisme
nar·co·lep·sie *de (v)* ziekte waarbij men plotseling wordt overvallen door een onweerstaanbare neiging tot slapen
nar·co·se [-za] *(‹Gr) de (v)* kunstmatig verwekte bedwelmingstoestand, verdoving
nar·co·ti·ca·bri·ga·de *de (v)* [-s, -n] politieafdeling die zich bezighoudt met de opsporing e.d. van handel in verboden drugs
nar·co·ti·cum *(‹Gr) het* [-ca] vooral als meervoud: *narcotica*, verdovende middelen zoals omschreven

in de Opiumwet, drugs
nar·co·tisch *(‹Gr) bn* van de aard van narcose of deze veroorzakend
nar·co·ti·se·ren *ww* [-zee-] [narcotiseerde, h. genarcotiseerd] onder verdoving brengen
nar·co·ti·seur [-zeur] *de (m)* [-s] arts die bij operaties narcose geeft en controleert, anesthesist
nar·dus *(‹Lat‹Gr) de (m)* oosterse plant en daaruit bereide kostbare geurstof
nar·dus·zaad *het* biol juffertje-in-'t-groen
na·re·de *de* [-s] woord achteraf in een geschrift, nawoord, epiloog
na·re·ke·nen *ww* [rekende na, h. nagerekend] nog een keer berekenen om te zien of de eerste uitkomst klopt
na·ren·nen *ww* [rende na, is nagerend] zeer snel achternalopen
na·rig·heid *de (v)* [-heden] verdriet; moeilijkheid
na·roe·pen *ww* [riep na, h. nageroepen] ❶ iemand iets toeroepen terwijl hij wegloopt ❷ scheldwoorden roepen naar iem. die zich verwijdert
nar·ren·kap *de* [-pen] zotskap van een nar
nar·ren·pak *het* [-ken] kleding van een nar
nar·rig *bn* NN onvriendelijk, knorrig, humeurig
nar·row·cas·ting [nerroowkaasting] *(‹Eng) de het* specifiek richten van informatie en reclame op een nauw omschreven doelgroep via toegespitste media (bijv. drankreclames in horecagelegenheden)
nar·wal *(‹De) de (m)* [-s, -len] walvisachtig dier met een lange, als een lans vooruitstekende tand
NASA *afk* National Aeronatics and Space Administration *(‹Eng)* [nationale dienst voor ruimteonderzoek (in de Verenigde Staten)]
na·saal [-zaal] *(‹Fr)* **I** *bn* door de neus gesproken **II** *de* [-salen] neusklank
na·sa·le·ren *ww* [-zaa-] [nasaleerde, h. genasaleerd] door de neus spreken
na·scho·len *ww* [schoolde na, h. nageschoold] na de eerste vakopleiding verdere opleiding geven; **nascholing** *de (v)* [-en]
na·schools *bn* na schooltijd ★ *~e opvang* opvang van leerlingen na schooltijd
na·schrift *het* [-en] toevoeging na het eind van een geschrift, postscriptum, PS: ★ *een ~ onder een brief*
Nasdaq, NASDAQ [nesdek] *(‹Eng) de* National Association of Securities Dealers Automated Quotations (Nationale Associatie van Effectenhandelaren met Automatische Notering) [Amerikaanse parallelbeurs waar voornamelijk wordt gehandeld in aandelen van internet-, telecommunicatie- en computerfondsen en waar automatisch een notering tot stand komt via een computernetwerk waarop de effectenhandelaren zijn aangesloten, vandaar ook *schermenbeurs* genoemd]
na·sei·zoen *het* laatste deel van het seizoen: ★ *in het ~ zijn de vakantieverblijven vaak goedkoper*

na·si [nassie] (‹Mal›) *de (m)* gekookte rijst ★ ~ *goreng* in olie gebakken rijst met o.a. fijn gesneden vlees, uien, Spaanse peper en eierstruif ★ ~ *rames* rijst met allerlei bijgerechten

na·si·bal, **na·si·schijf** [nassie-] *de (m)* [-len] gepaneerde ronde bal of schijf van gekruide nasi die gefrituurd wordt gegeten

na·slaan *ww* [sloeg na, h. nageslagen] opzoeken in een boek

na·slag *de (m)* [-slagen] muz toevoeging van een of meer noten als overgang of versiering; taalk licht gearticuleerde klank na een spraakklank

na·slag·werk *het* [-en] boek waarin men iets naslaat: ★ *woordenboeken en encyclopedieën zijn naslagwerken*

na·sleep *de (m)* (meestal onaangename en langdurige) gevolgen van iets: ★ *die ruzie had nog een lange* ~

na·slui·pen *ww* [sloop na, is nageslopen] sluipend volgen

na·smaak *de (m)* [-smaken] ❶ smaak die men in de mond krijgt na iets gegeten te hebben ❷ fig (onaangename) gevoelens achteraf: ★ *een bittere ~ van het feest*

na·spel *het* [-spelen] ❶ muziek tot slot gespeeld ❷ nastukje gespeeld na een toneelspel ❸ fig gevolgen ❹ het nog doorgaan met het liefdesspel na de coïtus

na·spe·len *ww* [speelde na, h. nagespeeld] ❶ hetzelfde spelen als ❷ kaartsp in dezelfde kleur uitkomen

na·speu·ren *ww* [speurde na, h. nagespeurd] nauwkeurig onderzoeken

na·spo·ren *ww* [spoorde na, h. nagespoord] nauwkeurig onderzoeken, trachten te vinden; **nasporing** *de (v)* [-en]

Nas·sau·er *de (m)* [-s] ❶ iem. uit Nassau ❷ lid van het vorstenhuis Nassau

Nas·saus *bn* betreffende het vorstenhuis Nassau

na·stre·ven *ww* [streefde na, h. nagestreefd] met inspanning trachten te bereiken: ★ *een doel* ~

na·syn·chro·ni·sa·tie [-singrooniezaa(t)sie] *de (v)* het nasynchroniseren

na·syn·chro·ni·se·ren *ww* [-singrooniezee-] [synchroniseerde na, h. nagesynchroniseerd] film, tv de gesproken tekst bij de beelden vervangen door een gesproken vertaling daarvan

Nat. *afk*, **nat.** nationaal

nat I *bn* ❶ vochtig: ★ *een ~ badpak* ❷ regenachtig: ★ *~ weer, een natte herfst* ★ *~ gaan, zijn* ❸ ‹bij klaverjassen› niet het vereiste aantal punten halen, waardoor alle punten naar de tegenpartij gaan II *het* vocht, vloeistof ★ *het is allemaal één pot ~ het is allemaal hetzelfde* ★ *zijn natje en droogje op tijd krijgen* goed met eten en drinken verzorgd worden

na·ta·fe·len *ww* [tafelde na, h. nagetafeld] na de maaltijd nog wat gezellig praten

na·ta·li·teit (‹Fr› *de (v)*) geboortecijfer

na·teelt *de* tweede, soms derde teelt van een gewas op één perceel in hetzelfde jaar

na·te·ke·nen *ww* [tekende na, h. nagetekend] hetzelfde tekenen

na·tel·len *ww* [telde na, h. nageteld] nog eens tellen om te zien of het klopt; zie → **vinger**

nat·hals *de (m)* [-halzen] NN, spreektaal iem. die veel drinkt

na·tie [-(t)sie] (‹Fr‹*Lat*) *de (v)* [-s, natiën] ❶ volk dat behoort tot eenzelfde staat ❷ BN veem, havenbedrijf

na·tio·lect [-(t)sjoo-] *het* [-en] geografische taalvariant, niet gebonden aan een regio of stad, maar aan een land [term die door de lexicoloog W. Martin aan het eind van de jaren 90 van de vorige eeuw is gebruikt in artikelen over het Belgisch-Nederlands] ★ *het Nederlands kent drie natiolecten: het Nederlands zoals gesproken in Nederland, het Nederlands zoals gesproken in België en het Surinaams Nederlands*

na·tio·naal [-(t)sjoo-] (‹Fr›) *bn* ❶ van, eigen aan, kenmerkend voor een natie: ★ *de nationale vlag* ★ *het Nationale Park de Hoge Veluwe* ❷ op een natie in haar geheel betrekking hebbend ❸ vaderlandsgezind

na·tio·naal·so·cia·lis·me [-(t)sjoo-, -soosjaa-] *het* politieke beweging in Duitsland, verbreid door Adolf Hitler (1889-1945), gekenmerkt door nationalisme, eenhoofdig bestuur en antisemitisme

na·tio·naal·so·cia·list [-(t)sjoo-, -soosjaa-] *de (m)* [-en] aanhanger van het nationaalsocialisme

na·tio·naal·so·cia·lis·tisch [-(t)sjoo-, -soosjaa-] *bn* van, volgens het nationaalsocialisme

na·tio·na·li·sa·tie [-(t)sjoonaaliezaa(t)sie] (‹Fr› *de (v)*) [-s] het nationaliseren of genationaliseerd-worden

na·tio·na·li·se·ren *ww* [-(t)sjoonaaliezee-] (‹Fr›) [nationaliseerde, h. genationaliseerd] onteigenen ten bate van de staat, tot staatseigendom maken

na·tio·na·lis·me [-(t)sjoo-] (‹Fr›) *het* ❶ het streven om het eigen volk boven alles te stellen, om het nationale te accentueren en het vreemde te verwerpen ❷ het streven naar politieke onafhankelijkheid voor het eigen volk

na·tio·na·list [-(t)sjoo-] (‹Fr›) *de (m)* [-en] iem. die het nationalisme nastreeft

na·tio·na·lis·tisch [-(t)sjoo-] *bn* van de aard van, volgens het nationalisme

na·tio·na·li·teit [-(t)sjoo-] (‹Fr›) *de (v)* [-en] ❶ het behoren tot een bepaalde natie of staat: ★ *de Marokkaanse ~ hebben* ❷ de mensen die behoren tot een bep. staat: ★ *in Amsterdam vind je vele nationaliteiten*

na·tio·na·li·teits·be·gin·sel,

na·tio·na·li·teits·prin·ci·pe [-(t)sjoo-] *het* ❶ de opvatting dat elk volk een eigen staat mag vormen ❷ beginsel dat het rechtsstelsel van een bepaalde staat (zowel wat betreft vervolging, als wat betreft rechtsbescherming) van toepassing is op iedereen van die nationaliteit ongeacht of het delict buiten het eigen grondgebied is begaan of heeft plaatsgevonden

na·tio·na·li·teits·ge·voel [-(t)sjoo-] *het* gevoel voor de eigen staat en bevolking

na·tives [neetivz] *(⟨Eng⟩) mv* benaming van de oorspronkelijke bewoners van een, vooral niet-westers, gebied

na·tive speak·er [neetiv spiekə(r)] *(⟨Eng⟩) de (m)* [-s] iem. van wie de betreffende taal de moedertaal is: ★ *een ~ van het Portugees*

na·ti·vi·teit *(⟨Fr⟩) de (v)* geboortecijfer, cijfer dat de verhouding van het aantal geboorten tot de bevolking aangeeft

nat·je *het* zie bij → **nat** (II)

NATO *afk* North Atlantic Treaty Organization *(⟨Eng⟩)* [Noord-Atlantische Verdragsorganisatie (NAVO)]

na·trap·pen *ww* [trapte na, h. nagetrapt] ❶ voetbal een tegenstander opzettelijk een trap geven, vooral ná een duel om de bal ❷ fig een reeds overwonnen tegenstander, concurrent e.d. nogmaals willen treffen of schade berokkenen

na·trek·ken *ww* [trok na, h. nagetrokken] ❶ → **overtrekken¹** (bet 3), natekenen ❷ fig controlerend nagaan: ★ *de informatie ~*

na·trek·king *de (v)* ❶ het natrekken ❷ eigendomsverkrijging van al wat juridisch met een zaak verenigd is of daarmee één lichaam uitmaakt

na·tri·um *(⟨Arab⟨Gr⟨Hebr⟩⟩ het* chemisch element, symbool Na, atoomnummer 11, een zilverwit zacht metaal, bestanddeel o.a. van soda en keukenzout

na·tri·um·car·bo·naat *het* soda

na·tri·um·chlo·ri·de *het* keukenzout

na·tri·um·lamp *de* [-en] lamp die een oranjeachtig licht verspreidt, afkomstig van natrium

na·tron *(⟨Arab⟨Gr⟨Hebr⟩⟩ het* natriumhydroxide, loogzout, bijtende soda

na·tron·loog *de & het* natron

nat·scheer·der *de (m)* [-s] iem. die bij het scheren scheerzeep of -schuim gebruikt; vgl: → **droogscheerder**

nat·ten *ww* [natte, h. genat] bevochtigen

nat·te·vin·ger·werk *het* niet al te nauwkeurig werk, dat snel en met veel gissen wordt gedaan

nat·tig *bn* enigszins vochtig

nat·tig·heid *de (v)* vochtigheid ★ fig *~ voelen* onraad bespeuren

na·tu·ra *(⟨Lat⟩) de (v)* natuur; vgl: ★ *in ~* ★ *~ artis magistra* de natuur is de leermeesteres van de kunst (zie ook bij → **Artis**)

na·tu·ra·li·sa·tie [-zaa(t)sie] *(⟨Fr⟩) de (v)* [-s] het naturaliseren

na·tu·ra·li·se·ren *ww* [-zee-] *(⟨Fr⟩)* [naturaliseerde, h. genaturaliseerd] het staatsburgerschap verlenen: ★ *zich laten ~*

na·tu·ra·lis·me *(⟨Fr⟩) het* ⟨in beeldende kunst en literatuur⟩ richting die zich een uiterst getrouwe nabootsing van de werkelijkheid ten doel stelt

na·tu·ra·list *(⟨Fr⟩) de (m)* [-en] aanhanger van het naturalisme

na·tu·ra·lis·tisch *bn* van, volgens de leer van het naturalisme

na·tu·rel *(⟨Fr⟨Lat⟩⟩ bn* ❶ zijn natuurlijke kleur of samenstelling hebbend ❷ natuurlijk, puur, ongekunsteld: ★ *op het filmdoek komt die actrice heel ~ over*

na·tu·ris·me *het* humanistische beweging die streeft naar herstel van de natuurlijkheid en het verband met de natuur in het menselijk leven, o.a. in de vorm van nudisme

na·tu·rist *de (m)* [-en] aanhanger van het naturisme

na·tuur *(⟨Fr⟨Lat⟩⟩ de (v)* ❶ alle levensvormen op aarde en de levenscycli daarin, de schepping ❷ landschap waarin de mens niet of nauwelijks heeft ingegrepen, zoals bossen, heiden, duinen e.d.: ★ *de vrije ~* ❸ aard, eigen aanleg, karakter: ★ *dat ligt in zijn ~* ★ *een tweede ~* iets zo goed aangeleerd, dat het vanzelf gaat ★ *de ~ is sterker dan de leer* de natuurlijke neiging overwint het aangeleerde ★ *van nature* door eigen aanleg

na·tuur·bad *het* [-baden] groot zwembad in de vrije natuur

na·tuur·be·scher·ming *de (v)* streven naar behoud van ongerepte natuur

na·tuur·bo·ter *de* roomboter, echte boter

na·tuur·con·stan·te *de* [-n] vaste, onveranderlijke getalswaarde van een grootheid uit de natuurkunde, zoals de lichtsnelheid

na·tuur·drift *de* [-en] instinct, aangeboren neiging

na·tuur·ge·nees·kun·de *de (v)* wetenschap van de natuurgeneeswijze

na·tuur·ge·nees·wij·ze *de* [-n] methode van genezen waarbij zoveel mogelijk natuurlijke middelen zoals zonlicht, doelmatige voeding enz. gebruikt worden

na·tuur·ge·ne·zer *de (m)* [-s] iem. die een natuurgeneeswijze toepast

na·tuur·ge·trouw *bn* nauwkeurig overeenkomstig de werkelijkheid

na·tuur·ge·voel *het* het gevoel voor de schoonheid in de vrije natuur

na·tuur·his·to·risch *bn* van of betreffende de natuurlijke historie (biologie)

na·tuur·ijs *het* door vorst buiten ontstaan ijs

na·tuur·kracht *de* [-en] kracht van in de natuur

na·tuur·kun·de *de (v)* wetenschap van de verschijnselen in de levenloze natuur, fysica

na·tuur·kun·dig *bn* van, betreffende de natuurkunde

na·tuur·kun·di·ge *de* [-n] kenner van de natuurkunde

na·tuur·lijk *bn* ❶ van, volgens, betreffende de natuur ★ *natuurlijke historie* vero het schoolvak biologie ★ *~ persoon* term voor een mens als deelnemer aan het rechtsverkeer; tegengest: → **rechtspersoon** ★ *een natuurlijke dood* door ouderdom ❷ ongekunsteld ❸ buitenechtelijk: ★ *een ~ kind* ❹ vanzelfsprekend ★ *~ verloop* de vermindering van het personeelsbestand in een bedrijf door het niet vervangen van arbeidsplaatsen die opengevallen

zijn door pensionering of vertrek van werknemers
na·tuur·lij·ker·wijs, **na·tuur·lij·ker·wij·ze** *bijw* vanzelfsprekend
na·tuur·lijk·heid *de (v)* eenvoud, ongekunsteldheid
na·tuur·mens *de (m)* [-en] iem. die graag in de vrije natuur is, natuurliefhebber
na·tuur·mo·nu·ment *het* [-en] stuk ongerepte natuur, dat door particuliere of overheidsmaatregelen in zijn staat bewaard en beschermd blijft
na·tuur·on·der·zoe·ker *de (m)* [-s] iem. die studie maakt van de verschijnselen in de → **natuur** (bet 1)
na·tuur·pro·duct *het* [-en] voortbrengsel van de natuur (*tegengest*: → **industrieproduct**)
na·tuur·ramp *de* [-en] ramp door natuurkrachten (bijv. aardbeving, overstroming) veroorzaakt
na·tuur·recht *het* onafhankelijk van tijd, plaats en menselijk handelen geldend recht
na·tuur·re·ser·vaat [-zer-] *het* [-vaten] terrein waar de natuur met haar fauna en flora door gerichte maatregelen in ongerepte toestand bewaard en beschermd blijft
na·tuur·schoon *het* het mooie van de natuur
na·tuur·staat *de (m)* toestand waarin iets of iemand door de natuur is voortgebracht
na·tuur·steen *de (m) & het* [-stenen] in de natuur gevonden steen
na·tuur·stu·die *de (v)* bestudering van de natuur
na·tuur·ta·lent *het* [-en] aangeboren, niet door onderwijs verkregen begaafdheid; iem. met die begaafdheid
na·tuur·ver·schijn·sel *het* [-en, -s] verschijnsel in de → **natuur** (bet 1)
na·tuur·volk *het* [-en] volk dat niet over de technische hulpmiddelen beschikt om de omringende natuur ingrijpend te wijzigen
na·tuur·vor·ser *de (m)* [-s] natuuronderzoeker
na·tuur·vriend *de (m)* [-en] iem. die van de natuur houdt
na·tuur·wacht NN **I** *de* het toezicht op de natuurbescherming **II** *de (m)* [-en] iem. met dat toezicht belast
na·tuur·wach·ter *de (m)* [-s] NN → **natuurwacht** (bet 2)
na·tuur·wet *de* [-ten] regelmatigheid die men in de natuurverschijnselen heeft ontdekt
na·tuur·we·ten·schap *de (v)* [-pen] natuurkunde, natuurlijke historie, scheikunde enz.
na·tuur·we·ten·schap·pe·lijk *bn* van, betreffende de natuurwetenschappen
na·tuur·zij·de *de* zijde van de zijderups; *tegengest*: → **kunstzij**
nau·tiek (‹Fr‹Gr) *de (v)* scheepswezen; scheepvaartkunde, zeevaartkunde
nau·ti·lus (‹Lat‹Gr) *de (m)* [-sen] soort koppotig weekdier, inktvis uit de Indische Oceaan
nau·tisch (‹Gr) *bn* de scheepvaart of de watersport betreffend
nauw I *bn* ❶ eng, niet wijd: ★ *een nauwe steeg* ★ *een te*

nauwe broek ★ BN ook ~ *aan het hart liggen* na aan het hart liggen ❷ precies: ★ *het niet zo* ~ *nemen* ★ NN *dat luistert nauw* ❸ NN nauwelijks: ★ *het was ~ zichtbaar* **II** *het* engte: ★ *het Nauw van Calais* ★ fig *in het ~ drijven* in verlegenheid, in moeilijkheden brengen
nau·we·lijks *bijw* ❶ ternauwernood ❷ net, pas
nauw·ge·zet *bn* stipt, precies
nauw·keu·rig *bn* precies
nauw·keu·rig·heid *de (v)* preciesheid
nauw·let·tend *bn* streng oplettend: ★ *iem. ~ in de gaten houden*
nauw·te *de (v)* [-n, -s] engte
n.a.v. *afk* naar aanleiding van
na·vel *de (m)* [-s] ❶ bij ieder mens aanwezig litteken op de buik op de plaats waar de navelstreng heeft gezeten ❷ navelsinaasappel
na·vel·band·je *het* [-s] verband om de navel van een pasgeboren kind
na·vel·breuk *de* [-en] uitstulping van huid en ingewanden bij de navel
na·vel·si·naas·ap·pel *de (m)* [-en, -s] sinaasappel zonder pitjes met aan de top een tweede, onvolgroeide vrucht
na·vel·staar·der *de (m)* [-s] schertsend iem. die geneigd is tot navelstaren
na·vel·sta·ren *ww & het* schertsend (het) voortdurend in gedachten zijn over zichzelf
na·vel·streng *de* [-en] ‹bij de mens en bij zoogdieren› de verbinding tussen de placenta en de ongeboren vrucht
na·vel·trui·tje *het* [-s] kort truitje dat de navel onbedekt laat
na·ve·nant (‹Fr) *bijw* in overeenstemming met, naar verhouding: ★ *de voorbereiding op het examen was slecht en het resultaat was* ~
na·ver·tel·len *ww* [vertelde na, h. naverteld] vertellen wat gebeurd of gezegd is ★ *zij kunnen het niet meer ~ zij zijn omgekomen*
na·ver·want *bn* NN nauw verwant: ★ *naverwante volken*
na·vi·duct *het* [-en] aquaduct dat ook als sluis wordt gebruikt
na·vi·ga·bel (‹Fr‹Lat) *bn* bevaarbaar
na·vi·ga·tie [-(t)sie] (‹Fr‹Lat) *de (v)* ❶ stuurmanskunst ❷ plaatsbepaling op zee en in de lucht
na·vi·ga·tie·com·pu·ter [-(f)siecompjoe-] *de (m)* [-s] computer in auto's, op boten enz. die met behulp van satellieten de positie van het voer- of vaartuig bepaalt en helpt bij de routebepaling
na·vi·ga·tie·sys·teem [-(t)siesis-, -(t)siesies-] *het* [-temen] soft- en hardware die aangeeft volgens welke route een opgegeven adres kan worden bereikt
na·vi·ga·tor (‹Lat) *de (m)* [-s] ❶ zeeman, zeevaarder ❷ luchtv iem. die de koers en de positie van het vliegtuig opneemt en doorgeeft aan de bestuurder
na·vi·ge·ren *ww* (‹Fr‹Lat) [navigeerde, h. genavigeerd]

besturen (*schip, vliegtuig*); fig (in moeilijke aangelegenheden) met beleid te werk gaan
NAVO *afk* Noord-Atlantische Verdragsorganisatie [defensief verbond tussen een aantal Noord-Amerikaanse en Europese staten; *vgl*: → **NATO**]
na·voe·len *ww* [voelde na, h. nagevoeld] *vooral met kunnen*: ★ *kunnen* ~ de gevoelens van een ander kunnen begrijpen
na·vol·gen *ww* [volgde na, h. nagevolgd] iemands voorbeeld volgen
na·vol·gend, **na·vol·gend** *bn* hierna opgesomd
na·vol·gens·waard, **na·vol·gens·waar·dig** *bn* waard nagevolgd te worden
na·vol·ger *de (m)* [-s] iem. in wiens werk (letterkunde, beeldende kunst, enz.) duidelijk het voorbeeld van een ander te herkennen is
na·vol·ging *de (v)* het nadoen ★ *ter* ~ om (na) te doen ★ ~ *verdienen* zo goed zijn dat het als voorbeeld gesteld kan worden
na·vor·de·ren *ww* [vorderde na, h. nagevorderd] alsnog betaling eisen; **navordering** *de (v)* [-en]
na·vor·sen *ww* [vorste na, h. nagevorst] nauwkeurig onderzoeken
na·vor·ser *de (m)* [-s] ❶ iem. die navorst ❷ BN ook, vero wetenschappelijk onderzoeker ★ *aangesteld* ~ assistent, hoogleraar e.d., belast met wetenschappelijk onderzoek ★ *bevoegd verklaard* ~ bevoegd onderzoeker
na·vor·sing *de (v)* [-en] ❶ het navorsen ❷ BN ook, vero wetenschappelijk onderzoek
na·vraag *de* verzoek om informatie: ★ ~ *doen naar iets*
na·vrant (‹*Fr*›) *bn* schrijnend, hartverscheurend
na·vul·pak *het* [-ken] milieuvriendelijke verpakking (bijv. van een wasmiddel) waarmee men de oorspronkelijke minder milieuvriendelijke verpakking kan vullen als die leeg is
na·vy [neevie] (‹*Eng*›) *bn* ‹m.b.t. modekleuren en -stijlen› zoals bij de marine, veelal marineblauw met of zonder wit: ★ ~ *een* ~ *broek*
naw *afk* naam adres woonplaats
na·wee *het* [-weeën] pijn in de baarmoeder na de geboorte ★ *naweeën* fig pijnlijke gevolgen, pijnlijke toestanden achteraf: ★ *de naweeën van de oorlog*
na·wer·ken *ww* [werkte na, h. nagewerkt] ❶ na de gewone werktijd doorwerken ❷ achteraf zijn werking of invloed doen voelen: ★ *zo'n mislukking werkt nog een tijdje na*
na·wer·king *de (v)* [-en] het → **nawerken** (bet 2)
na·wij·zen *ww* [wees na, h. nagewezen] ★ *met de vinger* ~ fig afkeurend de aandacht vestigen op, schande spreken van
na·woord *het* [-en] narede, epiloog
na·zaat *de (m)* [-zaten] nakomeling
na·zang *de (m)* [-en] ❶ lied gezongen bij het eind van een godsdienstoefening ❷ slotzang van een gedicht
Na·za·ree·ër, **Na·za·re·ner** *de (m)* man van Nazareth, Jezus Christus

na·zeg·gen *ww* [zei *of* zegde na, h. nagezegd] zeggen wat een ander (voor)zegt
na·zet·ten *ww* [zette na, h. nagezet] achtervolgen
na·zi *de (m)* ['s] nationaalsocialist; ook als eerste lid in samenstellingen: *nazitijd, naziterreur*
na·zicht *het* BN ook ❶ controle, toezicht, het nakijken ❷ keuring, onderhoud, reparatie
na·zien *ww* [zag na, h. nagezien] nakijken; kijken of iets goed is
na·zin·de·ren *ww* [zinderde na, h. nagezinderd] BN ook natrillen
na·zi·ree·ër (‹*Hebr*›) *de (m)* [-s] benaming van Israëlieten die de gelofte hadden afgelegd zich tijdelijk of levenslang te onthouden van alcoholische dranken en zich andere onthoudingen op te leggen
na·zis·me *het* het Duitse nationaalsocialisme
na·zis·tisch *bn* van het nationaalsocialisme
na·zit *de (m)* [-ten] NN het nog even blijven zitten na afloop van iets, voor de gezelligheid of om iets te bespreken
na·zit·ten *ww* [zat na, h. nagezeten] achtervolgen
na·zoe·ken *ww* [zocht na, h. nagezocht] nauwkeurig zoeken
na·zo·mer *de (m)* laatste gedeelte van de zomer
na·zorg *de* zorg voor uit een ziekenhuis of verpleeginrichting ontslagen patiënten
NB *afk* ❶ nota bene ❷ noorderbreedte ❸ in Nederland Noord-Brabant
Nb *afk* chem symbool voor het element *niobium*
NBG *afk* Nederlands Bijbelgenootschap
NBN *afk* in België norme Belg(isch)e norm [norm uitgevaardigd door het Belgisch Instituut voor Normalisatie (BIN)]
NBW *afk* in Nederland Nieuw Burgerlijk Wetboek
n.C. *afk*, **n.Chr.** na Christus
NCB *afk* in Nederland Nederlands Centrum Buitenlanders [organisatie die zich richt op verbetering van de positie van migranten]
NCC *afk* in België, hist Nederlandse Cultuurcommissie [cultuurraad voor Brusselse Vlamingen, voorloper van de Vlaamse Gemeenschapscommissie]
NCK *afk* in België Nationale Confederatie van het Kaderpersoneel [Belgische belangengroep]
NCMV *afk* in België Nationaal Christelijk Middenstandsverbond [Belgische belangengroep]
NCO *afk* in Nederland Nationale Commissie Bewustwording en Voorlichting Ontwikkelingssamenwerking
NCOS *afk* in België Nationaal Centrum voor Ontwikkelingssamenwerking
NCRV *afk* in Nederland Nederlandse Christelijke Radio Vereniging [één van de publieke omroepen, opgericht in 1924]
NCW *afk* Nederlands Christelijk Werkgeversverbond
Nd *afk* chem symbool voor het element *neodymium*
Ndl. *afk* Nederlands
Ne *afk* chem symbool voor het element *neon*

ne·an·der·tha·ler (‹Du› *de (m)* [-s] eerste voorhistorisch mensentype waarvan de fossiele resten in 1856 in een grot in het Neandertal bij Mettman (Düsseldorf) werden gevonden

neb, **neb·be** *de* [-ben] ❶ snavel ❷ vooruitstekende punt, voorsteven

neb·bisj (‹Hebr›) **I** *bn* ‹alleen predicatief› waardeloos, niets voorstellend **II** *tsw* uitroep van teleurstelling of medelijden; zie ook → **achenebbisj**

ne·ces·sai·re *de (m)* [neessessèrə] (‹Fr› [-s] (reis)tas met toiletbenodigdheden, met naaigerei of ander gereedschap

ne·cro- (‹Gr›) *als eerste lid in samenstellingen* lijken of doden betreffend

ne·cro·fiel (‹Gr›) **I** *bn* behept met necrofilie **II** *de (m)* [-en] iem. die behept is met necrofilie

ne·cro·fi·lie (‹Gr›) *de (v)* seksuele voorkeur voor lijken of stervenden

ne·cro·lo·gie (‹Gr›) *de (v)* [-gieën] ❶ levensgeschiedenis van een pas overledene ❷ lijst van gestorvenen

ne·cro·man·tie [-sie] (‹Gr›) *de (v)* kunst om met behulp van de opgeroepen geesten van gestorvenen de toekomst te voorspellen

ne·cro·po·lis *de* [-sen], **ne·cro·pool** (‹Gr›) [-polen] dodenstad, begraafplaats

ne·cro·se [-zə] (‹Gr›) *de (v)* het afsterven van cellen of weefseldelen (ook bij planten)

ne·cro·tisch (‹Gr›) *bn* door necrose aangetast

nec·tar (‹Gr›) *de (m)* ❶ de drank van de Griekse goden op de Olympus; fig overheerlijke zoete drank ❷ het zoete vocht dat bijen uit de bloemen halen

nec·ta·ri·ne (‹Gr›) *de (v)* [-s] mengvrucht van abrikoos en perzik, met een gladde schil

Ned. *afk* Nederlands

ne·der, **neer** *bijw* naar beneden

ne·der·beat [-biet] *de (m)* uit Nederland afkomstige beatmuziek

Ne·der·duits I *bn* ❶ oude naam voor Nederlands ★ *Nederduitse Hervormde Gemeente* Nederlandse Hervormde Kerk (ter onderscheiding van de Waalse Kerk) ❷ Noord-Duits **II** *het* de Noord-Duitse taal

ne·de·rig *bn* ❶ gering, onaanzienlijk: ★ *een ~ onderkomen* ❷ bescheiden: ★ *een ~ mens* ★ *zich ~ opstellen*

ne·de·rig·heid *de (v)* ❶ geringheid, onaanzienlijkheid ❷ bescheidenheid

Nederl. *afk* Nederland(s)

ne·der·laag *de* [-lagen] het verliezen van een strijd: ★ *de (een) ~ lijden* ★ *een ~ toebrengen*

Ne·der·lan·der *de (m)* [-s] iem. geboortig of afkomstig uit Nederland

Ne·der·lan·der·schap *het* het Nederlander-zijn

Ne·der·lands I *bn* van, uit, betreffende Nederland; in het Nederlands ★ *de Nederlandse Leeuw* Nederlandse ridderorde, in 1818 door koning Willem I ingesteld **II** *het* taal die als moedertaal gesproken wordt in Nederland en België, tevens officiële taal in Suriname en op de Nederlandse Antillen

Ne·der·lands-An·til·li·aan *de (m)* [-anen] iem. geboortig of afkomstig van de Nederlandse Antillen

Ne·der·lands-An·til·li·aans *bn* van, uit, betreffende de Nederlandse Antillen

Ne·der·land·se *de (v)* [-n] meisje of vrouw geboortig of afkomstig uit Nederland

Ne·der·lands-her·vormd *bn* tot de Nederlandse Hervormde Kerk behorend

Ne·der·lands-In·disch *bn* van, uit, betreffende het voormalige Nederlands Oost-Indië, thans Indonesië

Ne·der·lands·on·kun·dig *bn* BN geen Nederlands kennende

Ne·der·lands·ta·lig *bn* ❶ Nederlands als moedertaal sprekend ❷ in de Nederlandse taal gesteld: ★ *Nederlandstalige kranten*

ne·der·pop *de (m)* uit Nederland afkomstige popmuziek

Ne·der-Rijns *bn* van de Neder-Rijn: ★ *de Neder-Rijnse laagvlakte*

ne·der·wiet *de (m)* in Nederland geteelde marihuana

ne·der·zet·ten *wederk* [zette neder, h. nedergezet] zich vestigen; *vgl*: → **neerzetten**

ne·der·zet·ting *de (v)* [-en] vestiging, kolonie

Ned. Herv. *afk* Nederlands-hervormd

nee, **neen** *bijw* als antwoord op een vraag die men ontkent of een verzoek dat men weigert ★ *ergens ~ tegen zeggen* iets weigeren of afwijzen ★ *~ moeten verkopen* klanten moeten vertellen dat een gewenst product is uitverkocht ★ *~ schudden* het hoofd schudden als ontkenning of weigering ★ NN *~ heb je, ja kun je krijgen* als je geen pogingen onderneemt, bereik je helemaal niets

neef *de (m)* [neven, -s] ❶ zoon van broer of zuster ❷ zoon van oom of tante

neeg *ww verl tijd van* → **nijgen**

neen *bijw* deftig → **nee**

neep[1] *de* [nepen] ❶ het nijpen; kneep, plooi ❷ BN kleine naad om een kledingstuk beter passend te maken, figuurnaad, coupenaad

neep[2] *ww verl tijd van* → **nijpen**

neer *bijw* naar beneden

neer·bui·gend *bn* minzaam, uit de hoogte

neer·da·len *ww* [daalde neer, is neergedaald] uit de hoogte naar beneden komen

neer·gaan *ww* [ging neer, is neergegaan] naar beneden gaan ★ *op- en neergaan* afwisselend goed en minder goed gaan ★ *de straat op- en neergaan* erin heen en weer lopen ★ *in een gevecht ~ tegen de grond worden geslagen*

neer·gooi·en *ww* [gooide neer, h. neergegooid] op de grond gooien

neer·ha·len *ww* [haalde neer, h. neergehaald] ❶ naar beneden trekken ★ *vliegtuigen ~* ze beschieten zodat ze neerstorten ❷ fig iets kwaads of geringschattends zeggen over

neer·hof *de (m) & het* [-hoven] vero ❶ onbebouwd stuk grond tussen de gebouwen van een boerderij, erf ❷ hoenderhof

neer·hur·ken ww [hurkte neer, is neergehurkt] op de hurken gaan zitten

neer·kij·ken ww [keek neer, h. neergekeken] naar beneden kijken ★ *op iem.* ~ *iem. als zijn mindere beschouwen*

neer·knal·len ww [knalde neer, h. neergeknald] inf neerschieten

neer·ko·men ww [kwam neer, is neergekomen] omlaag komen, vallen op ★ ~ *op willen zeggen, betekenen:* ★ *dat komt op hetzelfde neer* ★ *het komt erop neer dat...* ★ *dat komt op mij neer* ik moet daarvoor zorgen, ik moet er de last van dragen

neer·lan·di·cus de (m) [-ci], **neer·lan·di·ca** de (v) [-cae, 's] [-see] beoefenaar(ster) van of student(e) in de Nederlandse taal- en letterkunde

neer·lan·dist de (m) [-en] beoefenaar van de neerlandistiek

neer·lan·dis·tiek de (v) wetenschappelijke studie van de Nederlandse taal- en letterkunde

neer·la·ten ww [liet neer, h. neergelaten] laten zakken: ★ *de rolgordijnen* ~

neer·leg·gen I ww [legde neer, h. neergelegd] ❶ leggen op iets: ★ *ik heb het mes op het aanrecht neergelegd* ❷ niet langer uitoefenen of hanteren: ★ *zijn ambt* ~, *de pen* ~, *de wapens* ~ ★ *(een besluit, overeenkomst, oproep) naast zich* ~ er zich niet aan storen, er geen gevolg aan geven ★ BN *ergens het hoofd bij* ~ erin berusten, zich erbij neerleggen ❸ indienen, aanhangig maken, deponeren: ★ *een klacht* ~ **II** wederk ★ *zich erbij* ~ erin berusten

neer·pen·nen ww [pende neer, h. neergepend] haastig opschrijven

neer·sa·be·len ww [sabelde neer, h. neergesabeld] doodsteken met een sabel

neer·schie·ten ww [schoot neer, h. & is neergeschoten] door een schot uit een vuurwapen laten neervallen: ★ *bij de rellen zijn twee mensen neergeschoten*

neer·schrij·ven ww [schreef neer, h. neergeschreven] opschrijven

neer·slaan ww [sloeg neer, h. & is neergeslagen] ❶ door slaan doen vallen: ★ *iem.* ~ ❷ ★ *de ogen* ~ de blik naar beneden richten ❸ vallen: ★ *het stof sloeg neer op de meubels* ❹ bezinken: ★ *het zand sloeg neer in de bak water* ❺ neerslachtig maken ❻ ⟨van opstand⟩ onderdrukken

neer·slach·tig bn somber gestemd, moedeloos; **neerslachtigheid** de (v)

neer·slag I de (m) & het [-slagen] bezinksel **II** de (m) ❶ regen, sneeuw enz.; algemeen wat (in kleine deeltjes) uit de lucht neerdaalt: ★ *radioactieve* ~ ❷ de uitwerking of het resultaat van iets: ★ *dit rapport vormt de* ~ *van het onderzoek*

neer·stor·ten ww [stortte neer, is neergestort] plotseling neervallen: ★ *er is een vliegtuig neergestort*

neer·strij·ken ww [streek neer, is neergestreken] ❶ ⟨van vogels, vliegtuigen⟩ in de vlucht neerdalen ❷ zich vestigen, gaan wonen: ★ *ik ben neergestreken in de buurt van Utrecht*

neer·tel·len ww [telde neer, h. neergeteld] ⟨van geld⟩ tellend neerleggen; algemeen betalen: ★ *hoeveel moest je* ~ *voor die tv?*

neer·val·len ww [viel neer, is neergevallen] op iets vallen; omlaag, naar beneden vallen ★ *erbij* ~ fig uitgeput raken: ★ *ik ga door tot ik erbij neerval*

neer·vlij·en ww [vlijde neer, h. neergevlijd] gemakkelijk of zacht neerleggen: ★ *het hoofd* ~ ★ *zich* ~ behaaglijk gaan zitten of liggen

neer·waarts bn naar beneden

neer·zet·ten I ww [zette neer, h. neergezet] ergens plaatsen: ★ *ik zet mijn tas even hier neer* ★ *een flitsende show* ~ vertonen, opvoeren ★ *een snelle tijd* ~ sp een snelle tijd realiseren **II** wederk ❶ gaan zitten ❷ zich vestigen

neer·zien ww [zag neer, h. neergezien] ★ ~ *op iem.* zich iems. meerdere achten, neerkijken op iem.

neer·zij·gen ww [zeeg neer, is neergezegen] schrijftaal, plechtig ❶ omvervallen, (van uitputting e.d.) in elkaar zakken; flauwvallen ❷ ⟨vooral van regen, sneeuw e.d.⟩ omlaag komen, neerdwarrelen; neersijpelen; naar beneden zakken, glijden

neer·zit·ten ww [zat neer, h. neergezeten] zitten; gaan zitten ; zie ook bij → **pak¹** (bet 1)

neet de [neten] luizenei ★ NN, scheldnaam *kale* ~ persoon met weinig bezittingen

ne·fast ⟨‹Lat› bn BN ook heel erg slecht, funest: ★ *inzakkende economie* ~ *voor jongeren op de arbeidsmarkt*

ne·fral·gie ⟨‹Gr› de (v) med nierpijn; nierkoliek

ne·friet ⟨‹Gr› de (m) & het [-en] niersteen, bittersteen; groenachtig-grijze, vezelige halfedelsteen, gelijkend op jade

neg, neg·ge de [-gen] ❶ scherpe kant van een voorwerp ❷ zelfkant van geweven textiel, bijv. van een zeildoek

ne·ga·tie [-(t)sie] ⟨‹Fr› de (v) [-s] ontkenning; ontkennend woord

ne·ga·tief, ne·ga·tief ⟨‹Fr› **I** bn ❶ ontkennend, afkeurend: ★ *een negatief antwoord* ★ *ze reageerde op mijn voorstel erg* ~ ❷ gekenmerkt door de afwezigheid van iets: ★ *de uitslag van de test was* ~ ★ *wisk* ~ *getal* getal onder nul ❸ nat het tegendeel van positief ❹ fotogr waarin licht en donker t.o.v. de werkelijkheid verwisseld zijn **II** het [-tieven] fotogr negatief beeld; ontwikkelde plaat of film

ne·ga·tie·ve·ling de (m) [-en] iem. die steeds afbrekende kritiek heeft, die nooit ergens enthousiast over is

ne·ga·ti·vis·me het houding van voortdurende afwijzing, van ontkenning van alle positieve waarden en motieven; het tegen-de-draad-in-zijn met alles

ne·ga·ti·vist de (m) [-en] iem. met een ontkennende levenshouding

ne·ga·ti·vis·tisch bn van de aard van, overeenkomstig het negativisme

ne·ga·ti·vi·teit *de (v)* ❶ het negatief-zijn ❷ negatieve houding

ne·gen¹ I *hoofdtelw* ★ *in* ~ *van de tien gevallen* bijna altijd II *de* [-s] cijfer 9

ne·gen² *ww verl tijd meerv van* → **nijgen**

ne·gen·de I *rangtelw* nummer 9 in een rij II *het* [-n] het negende gedeelte

ne·gen·dui·zend *hoofdtelw*

ne·gen·hon·derd *hoofdtelw*

ne·gen·ja·rig *bn* ❶ negen jaar oud ❷ negen jaren durend

ne·gen·oog *de* [-ogen] ❶ soort vis, lamprei, prik ❷ meerdere steenpuisten bij elkaar op een klein huidoppervlak, karbonkel ❸ benaming voor een verkeerslicht met negen lichtpunten voor het regelen van de loop van trams en bussen op hun vrije baan

ne·gen·pon·der *de (m)* [-s] voorwerp van negen pond

ne·gen·proef *de* rekenkundig middel om de juistheid van een vermenigvuldiging te controleren (met behulp van het getal 9)

ne·gen·tien *hoofdtelw*

ne·gen·tien·de I *rangtelw* II *het* [-n] negentiende deel

ne·gen·tien·de·eeuws *bn* van, uit de 19de eeuw

ne·gen·tien·ja·rig *bn* negentien jaar oud

ne·gen·tig *hoofdtelw*

ne·gen·ti·ger *de (m)* [-s] iemand van in de negentig

ne·gen·tig·ja·rig *bn* van negentig jaar

ne·gen·tig·ste *rangtelw*

ne·ger *(Fr) de (m)* [-s] lid van het negroïde ras, negroïde, zwarte

ne·ge·ren¹ *ww* [negerde, h. genegerd] als een slaaf behandelen, hard de baas spelen over

ne·ge·ren² *ww (<Lat)* [negeerde, h. genegeerd] ❶ ontkennen, loochenen ❷ doen alsof men iemand niet kent; geen notitie nemen van, doen alsof iets niet bestaat

Ne·ger·en·gels *het* in het Caribisch gebied gesproken taal met veel Engelse bestanddelen, oorspronkelijk door negerslaven gesproken

Ne·ger·hol·lands *het* op het Nederlands gebaseerde creooltaal, tot in het begin van de 20ste eeuw gesproken op de Maagdeneilanden

ne·ge·rij *(Mal) de (v)* [-en] → **negorij**

ne·ge·rin *de (v)* [-nen] vrouw, meisje van het zwarte ras

ne·ge·rin·nen·tet *de (v)* [-ten] BN negerzoen

ne·ger·zoen *de (m)* [-en] NN lekkernij bestaande uit geklopt eiwit in een omhulsel van chocola

neg·ge *de* [-n] → **neg**

ne·gli·gé [neeγliezjee] *(Fr) het* [-s] nacht- of ochtendgewaad voor dames ★ *en (profond)* ~ (bijna) ongekleed

ne·gli·ge·ren *ww* [-γliezjee-] *(Fr)* [negligeerde, h. genegligeerd] geen zorg besteden aan, verwaarlozen, veronachtzamen, buiten beschouwing laten

ne·go·rij, **ne·ge·rij** *(Mal) de (v)* [-en] ❶ vero inlands dorp ❷ kleine plaats, klein dorp ❸ plek waar het armoedig, smerig en niet fijn is

ne·go·tie [-(t)sie] *(Fr) de (v)* [-s] ❶ vero handel, koopmanschap ❷ kleine koopmansgoederen; koopwaar

ne·go·tië·ren *ww* [-(t)sjee-] *(Fr)* [negotieerde, h. genegotieerd] ❶ onderhandelen; door onderhandeling tot stand brengen ❷ een lening uitschrijven

nè·gre [nèγrə] *(Fr)* I *de (m)* [-s] eig neger; iem. die boeken schrijft die op naam van iem. anders verschijnen, ghostwriter II *bn* bruinzwart

ne·gri·de *(Sp-Gr) bn* → **negroïde**

ne·gri·den *(Sp-Gr) mv* → **negroïden**

ne·gri·to [-γrie-] *(Sp) de (m)* ['s] benaming voor pygmeeachtige bewoners van de Filipijnen, Nieuw-Guinea en de Andamanen

ne·gro·ï·de *(Sp-Gr) bn* van, betreffende de negers ★ *het* ~ *of zwarte ras* de negers, gekenmerkt door een donkere huid, bruine ogen en zwart kroeshaar, oorspronkelijk afkomstig uit Afrika bezuiden de Sahara (*vgl*: → **europide**, → **mongolide**)

ne·gro·ï·den *(Sp-Gr) mv* negers, leden van het negroïde ras

ne·gro·spir·it·u·al [nieγroospirritjoe(w)əl] *(Eng) mv* christelijk, godsdienstig lied van de Amerikaanse negers

ne·gus *(<Amharisch) de (m)* titel van de voormalige onderkoningen in Ethiopië ★ ~ *negast (negesti)* koning der koningen, titel van de voormalige keizer van Ethiopië

nei·gen *ww* [neigde, h. geneigd] hellen, naar beneden (doen) buigen ★ ~ *tot* overhellen naar ‹een mening, handelwijze enz.›

nei·ging *de (v)* [-en] ❶ drang, aandrift: ★ *de* ~ *tot het kwaad* ❷ genegenheid, lust

nek *de (m)* [-ken] achterste deel van de hals: ★ *een stijve* ~ ★ ~ *aan* ~ bijna naast elkaar (in een snelheidswedstrijd) ★ *dat zal hem de* ~ *breken* dat zal zijn ondergang zijn ★ *de* ~ *breken over* in overvloedige mate aantreffen ★ fig *de* ~ *omdraaien* te gronde richten ★ *de* ~ *uitsteken* iets gewaagds aandurven ★ *iemand met de* ~ *aankijken* hem minachtend voorbijgaan ★ *uit zijn* ~ *kletsen / lullen* onzin verkondigen ★ NN *over zijn* ~ *gaan* a) braken, b) fig van iets walgen ★ BN, *een dikke* ~ *hebben* verwaand zijn, het hoog in de bol hebben

nek-aan-nek·race [-rees] *de (m)* [-s] [-reesis] snelheidswedstrijd waarbij de deelnemers ongeveer even snel zijn; fig bijzonder spannende, gelijk opgaande strijd: ★ *de verkiezingsstrijd tussen Gore en Bush was een* ~ ; zie ook bij → **nek**

nek·ken *ww* [nekte, h. genekt] een onherstelbare slag toebrengen

nek·kramp *de* gevaarlijke ontsteking van hersen- en ruggenmergsvliezen, meningitis

nek·plooi·me·ting *de (v)* echoscopisch onderzoek bij een zwangere vrouw om afwijkingen bij de foetus

op te sporen
nek·schot *het* [-schoten] dodelijk schot in de nek
nek·slag *de (m)* [-slagen] genadeslag: ★ *dat betekende de ~ voor het hele project*
nek·ton (‹Gr) *het* alle in water levende dieren die in tegenstelling tot plankton, zichzelf voort bewegen
nek·vel *het* huid om de nek, vooral bij dieren: ★ *een poes bij z'n ~ pakken*
nel (‹Fr) *de* [-len] kaartsp troefnegen
nel·son *de (m)* [-s] zekere worstelgreep, nekgreep (naar een Amerikaanse eigennaam)
ne·men *ww* [nam, h. genomen] ❶ pakken, grijpen: ★ *een koekje ~* ★ *iem. bij de arm ~* ★ *een vesting ~* veroveren ★ *een hindernis ~ sp* erlangs of eroverheen komen, fig een belemmering of moeilijkheid te boven komen ★ *het ervan ~* het zich gemakkelijk en gezellig maken ★ *een einde ~* eindigen ★ *iemand ertussen ~* hem foppen, beetnemen ★ *zich genomen voelen* zich bedrogen of beetgenomen voelen ★ *iets ter hand ~* het aanpakken, ermee beginnen ★ *iets op zich ~* zich tot taak stellen het te doen ★ *uit elkaar ~* de onderdelen losmaken ❷ aanvaarden, zich laten welgevallen: ★ *dat ~ we niet* ; zie ook bij → **acht²**, → **been¹** bet 1, → **kwalijk**, → **lief** (I), → **woord¹**, → **wraak**
ne·mer *de (m)* [-s] degene aan wie een → **wissel** (bet 4) moet worden betaald
NEN in Nederland Nederlands Normalisatie-instituut [organisatie die nationale en internationale normen opstelt]
neo- (‹Gr) voorvoegsel nieuw, hernieuwd, vooral in namen van bewegingen en geestelijke stromingen, als: ★ *neoliberalisme, neofascisme enz.*
ne·o·clas·si·cis·me *het* neoklassieke kunstrichting
ne·o·dar·wi·nis·me *het* moderne evolutietheorie, waarin de ideeën van de Engelse wetenschapper Charles Darwin (1809-1882) de basis vormen
ne·o·dy·mi·um [-die-] (‹Gr) *het* scheikundig element (Nd) dat behoort tot de zeldzame aardmetalen, toegepast in speciale glassoorten
ne·o·fas·cis·me *het* opnieuw opkomend fascisme; **neofascist** *de (m)* [-en]; **neofascistisch** *bn bijw*
ne·o·fiet (‹Gr) *de (m)* [-en] ❶ pasgedoopte, nieuwbekeerde ❷ iem. die pas in een monnikenorde is opgenomen of pas tot priester is gewijd ❸ BN ook, vooral sp nieuweling, nieuwkomer
ne·o·go·tiek *de (v)* 19de-eeuwse navolging van de gotische bouwstijl; **neogotisch** *bn bijw*
ne·o·klas·siek *bn* een als klassiek geldende stijl navolgend
ne·o·ko·lo·ni·a·lis·me *het* benaming voor de politieke, economische en culturele afhankelijkheidsrelatie van voormalige koloniën ten opzichte van geïndustrialiseerde staten
Neo·la·tijn *het* het Latijn van de humanisten, rond 1400 in gebruik gekomen met de opkomst van het humanisme; **Neolatijns** *bn*

neo·li·thi·cum *het* het laatste deel van de steentijd, de periode van de geslepen stenen werktuigen
neo·li·thisch (‹Gr) *bn* van, behorend tot het neolithicum
ne·o·lo·gis·me (‹Fr‹Gr) *het* [-n] nieuw gevormd of in een nieuwe betekenis gebruikt woord
neo·mal·thu·si·a·nis·me *het* ❶ economische leer die stelt dat welvaart de bevolking laat groeien en een snelle bevolkingsgroei de welvaart weer doet afnemen en dat deze cyclus zich telkens herhaalt ❷ als uitvloeisel van deze leer de praktijk van het beperken van het kindertal door het gebruik van voorbehoedmiddelen
neo·mar·xis·me *het* samenvattende benaming voor een aantal uiteenlopende interpretaties van het marxisme, in de twintigste eeuw
ne·o·mist (‹Gr) *de (m)* [-en] iem. die pas gewijd is tot priester
ne·on (‹Gr) *het* chemisch element, symbool Ne, atoomnummer 10, een in zeer geringe hoeveelheid in de lucht voorkomend edelgas (0,001%)
ne·o·na·to·lo·gie (‹Lat-Gr) *de (v)* [-en] onderdeel van de kindergeneeskunde dat zich bezighoudt met de ziekten van pasgeborenen
neo·na·to·loog *de (m)* [-logen] specialist in de neonatologie
neo·na·zi *de (m)* ['s] aanhanger van het neonazisme
neo·na·zis·me *het* herleefd nationaalsocialisme; **neonazistisch** *bn*
ne·on·buis *de* [-buizen], **ne·on·lamp** *de* [-en] met neon gevulde buis die door elektrische stroom oplicht
ne·on·licht *het* door een of meer neonbuizen uitgestraald licht
ne·on·re·cla·me *de* [-s] reclame in de vorm van woorden of logo's in oplichtende, gekleurde neonbuizen aan bijv. straatgevels
neo·po·si·ti·vis·me *het* filosofische stroming met als centrale vraag aan welke criteria een taaluiting moet voldoen om zinvol te zijn (d.w.z. om te kunnen vaststellen of die uiting waar of onwaar is) en die op deze manier een analyse tracht te geven van in de wetenschap gebruikte methoden en begrippen
neo·re·a·lis·me *het* nieuwe realistische stijl in de prozakunst en de film, vooral in de Italiaanse filmkunst vlak na de Tweede Wereldoorlog
neo·ro·man·tiek *de (v)* hernieuwing van de romantiek aan het begin van de 20ste eeuw
neo·stijl *de (m)* [-en] stijl (vooral in de 19de eeuw) die een imitatie is van andere, oudere stijlen
neo·zo·ï·cum (‹Gr) *het* → **cenozoïcum**
nep *de (m)* bedrog, namaak: ★ *die hele handel was ~; ook vaak als eerste lid van samenstellingen:* ★ *nepdiamanten, een nepjournalist*
ne·pal *de (m)* soort uit Nepal afkomstige hasj
Ne·pa·lees **I** *de (m)* [-lezen] iem. geboortig of afkomstig uit Nepal **II** *bn* van, uit, betreffende Nepal **III** *het* de officiële taal van Nepal

ne·pen ww verl tijd meerv van → **nijpen**

ne·po·tis·me (‹Fr‹It› het begunstiging en bevoordeling van bloedverwanten en vriendjes door hooggeplaatste personen, vriendjespolitiek

nep·pen ww [nepte, h. genept] NN, spreektaal bedriegen, afzetten: ★ *op deze markt moet je uitkijken dat je niet wordt genept*

nep·sta·tuut het [-statuten] BN ongunstige arbeidsovereenkomst

nep·tu·ni·um het kunstmatig, radioactief chemisch element, symbool Np, atoomnummer 93

nerd [nù(r)d] ‹Eng› de (m) [-s] intelligente, maar enigszins wereldvreemde en sociaal onhandige jongeman, vaak met een grote kundigheid op een bepaald terrein (vooral in de computersfeer)

nerf ‹Lat› de [nerven] ❶ geraamtedraad in een blad ❷ lijn door hout lopend ❸ oneffenheid op huid of hout

ner·gens bijw op geen enkele plaats: ★ *ik kan mijn boek ~ vinden* ★ *je mag ~ aan komen* je mag niets aanraken ★ *dat slaat ~ op* dat is onzin ★ *vooral NN*, fig *dan ben je ~ (meer)* dan ben je helemaal verloren, dan heb je geen mogelijkheden meer

ne·ring de (v) [-en] bedrijf, winkel;; zie ook: → **tering**²

ne·ring·doen·de de [-n] winkelier, kleinhandelaar

ne·ring·doe·ner de (m) [-s] BN, vero winkelier, middenstander, kleinhandelaar

nerts ‹Du› I de (m) [-en] marterachtig dier uit Noord- en Oost-Europa en West-Siberië (*Lutreola lutreola*); vgl: → **mink** II het de pels van het genoemde dier

ner·va·tuur ‹Lat› de (v) [-turen] net van nerven in een blad

ner·veus ‹Fr‹Lat› bn ❶ zenuwachtig, gespannen ❷ de zenuwen betreffend

ner·vo·si·teit [-zie-] ‹Fr› de (v) zenuwachtigheid; zenuwachtige aard

nes de [-sen] NN buitendijks land, landtong

nest het [-en] ❶ broedplaats van vogels ❷ verblijfplaats van vogels en andere dieren ❸ fig zetel, plaats waaruit iets voorkomt: ★ *een ~ van misdaad* ★ *uit een goed ~* uit een gezin met een goede maatschappelijke positie ★ *zijn eigen ~ bevuilen* kwaadspreken over zijn eigen familie of sociale kring ★ *een nestje bouwen* schertsend gezegd van twee mensen met een verhouding die gaan samenwonen ❹ de jongen uit één worp van een dier: ★ *een nestje van drie poesjes en twee katers* ❺ inf bed: ★ *ik kan maar moeilijk uit mijn ~ komen* ❻ kleine plaats ❼ onaardig meisje: ★ *een vervelend ~* ❽ ★ *in de nesten zitten* in moeilijkheden zitten ★ *zich in de nesten werken* zichzelf in een moeilijke positie brengen ❾ in elkaar passenden pannen of schalen: ★ *een ~ schalen*

nest·blij·ver de (m) [-s] jonge vogel die pas laat het nest verlaat; vgl: → **nestvlieder**

nest·drang de (m) ❶ ‹bij dieren› aandrang om een nest te maken ❷ ‹bij mensen› behoefte om een thuis te creëren (en kinderen te krijgen)

nest·ei het [-eren] ❶ ei in een nest gelegd ❷ nagemaakt ei in legnest voor kippen

nes·tel de (m) [-s] ❶ schouderteken, schoudersnoer als uniformversiering ❷ veter, schoenveter, rijgsnoer; ook: dropveter, snoep in de vorm van een veter

nes·te·len I ww [nestelde, h. genesteld] een nest hebben: ★ *de meesjes ~ in het vogelhuisje* II wederk zich vestigen

nes·tel·gat het [-gaten] vetergat

nes·te·ling I de (v) het nestelen II de (m) [-en] jonge, kale nestvogel

nest·haar het [-haren] haar van zeer jonge dieren

nest·hok·ker de (m) [-s] nestblijver

nest·kast·je het [-s] buiten opgehangen kastje of dergelijk voorwerp, waarin kleine vogels kunnen nestelen

nest·keus, nest·keu·ze de ❶ het kiezen door vogels van een geschikte plaats voor het nest ❷ het mogen kiezen uit een nest jonge dieren

nest·kui·ken het [-s] ❶ laatst uitgekomen kuiken ❷ fig jongste kind

nes·tor de (m) [-s] oudste en meest ervarene onder zijn gelijken; naar *Nestor*, de eerbiedwaardige grijsaard in de Homerische gedichten

nest·pa·ra·siet de (m) [-en] dier dat zijn eieren door een ander dier laat uitbroeden: ★ *de koekoek is een bekende ~*

nest·schaal de [-schalen] → **schaal**² (bet 1) die deel uitmaakt van een set in elkaar passende schalen

nest·va·ren de [-s] tropische varensoort (*Asplenium nidus*), met grote, langwerpige, lichtgroene bladeren, geteeld als kamerplant

nest·ve·ren mv eerste veren van vogels

nest·vlie·der de (m) [-s] jonge vogel die vroeg het nest verlaat; vgl: → **nestblijver**

nest·zit·ter de (m) [-s] nestblijver

net¹ het [-ten] ❶ voorwerp in elkaar geknoopt touw, garen, kunststof draden e.d. met een structuur met mazen, o.a. gebruikt als gereedschap bij de vangst van vis, maar ook van andere dieren (vlinders, vogels): ★ *de netten waren goed gevuld met haring;* ook als tweede lid in samenstellingen: visnet, schepnet, vlindernet ❷ samenstel van kruisende lijnen (ook fig), netwerk: ★ *een ~ van wegen* ★ *spoorwegnet* ★ *elektriciteitsnet* ★ *het ~* verkorte aanduiding van internet ★ BN *het vrije ~* de vrije (meestal katholieke) scholen ❸ RTV zender: ★ *op het eerste ~ is vanavond een film*

net² ‹Fr› I bn ❶ schoon, verzorgd: ★ *een nette broek* ❷ fatsoenlijk, beschaafd: ★ *een nette heer* ★ *ik ben erg bevriend met hem, maar alles in het nette hoor!* zonder seksueel contact met hem te hebben II bijw ❶ precies: ★ *hij is ~ zijn vader* hij lijkt precies op zijn vader ★ *~ echt* je zou denken dat het echt is ★ *~ op zijn verjaardag gebeurde het* juist op zijn verjaardag gebeurde het ❷ vaak ironisch ★ *~ goed!* dat is je verdiende loon! ❸ zo-even: ★ *ik ben ~ binnengekomen* III het ★ *in het ~ schrijven* netjes

overschrijven
ne·tel *de* [-s, -en] brandnetel
ne·tel·dier *het* [-en] dier met netelorganen
ne·tel·doek *de (m) & het* weefsel van vezels van netelplanten
ne·te·len *ww* [netelde, h. geneteld] BN ❶ ‹van brandnetels› prikken ❷ met brandnetels prikken ★ *zich ~* zich prikken aan een brandnetel
ne·te·lig *bn* lastig, pijnlijk; hachelijk
ne·tel·or·ga·nen *mv* organen van neteldieren waarmee zij een brandende pijn kunnen veroorzaken
ne·tel·roos *de* jeukende huiduitslag
ne·ten·kam *de* [-men] fijne haarkam, vooral om neten, luizen en vlooien uit hoofdhaar of vacht te verwijderen
net·jes I *bn* ❶ verzorgd, schoon: ★ *zij is erg ~ op haar kleren* ❷ fatsoenlijk, moreel goed, oorbaar: ★ *je mag niet vloeken, dat is niet ~* **II** *bijw* opgeruimd, fatsoenlijk, verzorgd, schoon: ★ *zich ~ aankleden* ★ *de zaak werd ~ afgehandeld*
net·kous *de* [-en] tot de lies reikende dameskous met hele fijne of grovere mazen als van een net
net·maag *de* [-magen] tweede maag bij herkauwende dieren
net·me·loen *de* [-en] bep. soort meloen met een netmotief op de schil en met oranjekleurig vruchtvlees
net·num·mer *het* [-s] nummer van het plaatselijk telefoonnet; bij automatisch interlokaal telefoneren wordt dat eerst gekozen, en daarna het abonneenummer
net·schrift *het* [-en] schrift waarin men kladaantekeningen netjes overschrijft
net·span·ning *de* [-en] voltage van een elektriciteitsnet: ★ *in Nederland is de ~ standaard 220 volt*
net·sur·fen *ww & het* comput grasduinen op Internet door via hyperlinks van site naar site te klikken
net·ten·boe·ter *de (m)* [-s], **net·ten·boet·ster** *de (v)* [-s] iem. die beroepshalve netten herstelt
net·ti·quet·te [-kɛtə] *de* gedragsregels voor de gebruikers van netwerken, internet en e-mail
net·to ‹*It*› *bn* zuiver, na vermindering met alles wat van het gewicht of de opbrengst moet worden afgetrokken: ★ *nettogewicht; na aftrek van belastingen, sociale premies enz.*: ★ *netto-inkomen*
net·to·loon *het* [-lonen] loon na aftrek van belasting en premies voor sociale verzekeringen
net·to·re·gis·ter·ton *de* [-nen] de scheepsruimte in registertonnen zonder de ruimten voor de machines, de navigatie-inrichting en de bemanning
net·to·winst *de (v)* [-en] zuivere winst
net·vleu·ge·li·gen *mv* insecten met geaderde vleugels
net·vlies *het* [-vliezen] binnenste vlies in het oog, waarop het omgekeerde beeld gevormd wordt van wat wordt waargenomen: ★ *helder bij iem. op het ~ staan* nog duidelijk herinnerd worden, zo weer als beeld oproepbaar zijn
net·voe·ding *de (v)* levering van elektriciteit via het net
net·werk *het* [-en] ❶ vlechtwerk, weefsel: ★ *een ~ van kabels* ❷ ingewikkeld stelsel van verbindingen: ★ *een ~ van wegen* ★ *een sociaal ~* fig het geheel van sociale contacten die iem. onderhoudt ★ *neuraal ~* netwerk met een structuur die lijkt op de structuur in de menselijke hersenen ❸ comput stelsel van communicatieverbindingen tussen servers, pc's, terminals en randapparatuur
net·werk·be·stu·rings·sys·teem [-sis-] *het* [-temen] comput basisprogrammatuur om netwerken te kunnen opzetten en onderhouden
net·werk·con·fi·gu·ra·tie [-(t)sie] *de (v)* [-s] comput manier waarop alle onderdelen binnen een netwerk, zoals pc's, printers en andere apparatuur, wat betreft de hard- en software op elkaar zijn afgestemd
net·wer·ken *ww* [netwerkte, h. genetwerkt] contacten leggen met personen en bestaande relaties onderhouden, als onderdeel van de beroepsuitoefening
net·werk·ka·bel *de (m)* [-s] comput kabel waarmee de hardware binnen een netwerk met elkaar verbonden is
net·werk·ser·ver *de (m)* [-s] centrale computer in een netwerk
neu·ken *ww* [neukte, h. geneukt] ❶ spreektaal geslachtsgemeenschap hebben (met), coïteren (met) ★ NN *dat neukt niet* of *niks* dat geeft niet, dat is van geen belang ❷ dial, spreektaal stompen, stoten, slaan, duwen ❸ dial, spreektaal beetnemen, foppen, bedriegen, verneuken
neu·ral·gie ‹*Gr*› *de (v)* med zenuwpijn
neu·ral·gisch *bn* van de aard van neuralgie
neu·ras·the·nie ‹*Gr*› *de (v)* met ziekelijke overgevoeligheid gepaard gaande zenuwzwakte
neu·ras·the·nisch *bn* van de aard van, lijdende aan neurasthenie
neu·ri·ën *ww* [neuriede, h. geneuried] een melodie zingen met gesloten mond
neu·ro- ‹*Gr*› als eerste lid in samenstellingen de zenuwen betreffend, zenuw
neu·ro·chi·rurg [-sjie-] *de (m)* [-en] iem. die gespecialiseerd is in de neurochirurgie
neu·ro·chi·rur·gie [-sjierurgie, -sjierurzjie] *de (v)* medisch specialisme dat zich bezighoudt met operaties aan het zenuwstelsel (hersenoperaties, hernia van het ruggenmerg e.d.)
neu·ro·feed·back [-fiedbek] *de (m)* therapeutische techniek die de gebruiker direct feedback geeft over zijn actuele hersengolfactiviteit, met als doel deze beter te leren beheersen
neu·ro·lo·gie ‹*Gr*› *de (v)* leer van de zenuwen en de organische zenuwziekten
neu·ro·lo·gisch *bn* de neurologie betreffend
neu·ro·loog ‹*Gr*› *de (m)* [-logen] medisch specialist die

als werkterrein het zenuwstelsel heeft

neu·ro·nen·net·werk *het* [-en] comput netwerk dat ongeveer is opgebouwd volgens de structuren in het menselijk brein

neu·root *(‹Gr) de (m)* [-roten] inf neurotisch persoon, zenuwlijder

neu·ro·se [-zə] *(‹Gr) de (v)* [-n, -s], **neu·ro·sis** [-zis] med stoornis van emotionele aard die voortkomt uit onopgeloste levensproblemen

neu·ro·ti·cus *(‹Gr) de (m)* [-ci] lijder aan een neurose

neu·ro·tisch *bn* van de aard van of lijdend aan een neurose; als bij een zenuwlijder

neu·ro·trans·mit·ter *de (m)* [-s] neurologie stof die in de synaps zorgt voor overdracht van impulsen van de ene zenuwcel op de andere of van een zenuwcel op een spiervezel

neus *de (m)* [neuzen] ❶ deel van het gezicht, reukorgaan: ★ *de ~ snuiten / ophalen* ★ *in je ~ peuteren* ★ *een frisse ~ halen* buiten wandelen ★ *de neuzen tellen* rondkijkende het aantal aanwezigen tellen ★ *een wassen ~* iets wat voor de schijn gebeurt, dat niets te betekenen heeft ★ *tussen ~ en lippen* terloops ★ *iem. iets door de ~ boren* het hem onthouden ★ *alle neuzen in dezelfde richting* iedereen eensgezind ★ *dat gaat mijn ~ voorbij* daar krijg ik niets van ★ *dat ga ik jou niet aan je ~ hangen* dat vertel ik jou niet ★ fig *een fijne* of *goede ~ hebben voor* a) kunnen aanvoelen wat er te wachten staat; b) de juiste waarde van iets snel kunnen onderkennen ★ *niet verder kijken dan zijn ~ lang is* iets oppervlakkig bekijken ★ *op zijn ~ kijken* teleurgesteld kijken ★ *zijn ~ krult* hij glundert van trots, plezier ★ *met de ~ erop drukken* dwingen er aandacht aan te schenken ★ *met de ~ in de wind lopen* fier, trots lopen ★ *bij de ~ nemen* foppen ★ *zijn ~ voor iets ophalen* of *optrekken* het te min vinden ★ *wie zijn ~ schendt, schendt zijn aangezicht* wie kwaadspreekt van familieleden, beledigt zichzelf ★ *zijn ~ in iets steken* er zich ongevraagd mee bemoeien ★ *zijn ~ stoten* onverwachte tegenwerking ondervinden ★ *iem. iets onder de ~ wrijven* het hem ruw verwijten ★ *langs zijn ~ weg iets zeggen* terloops, laconiek ★ *het neusje van de zalm* het allerbeste ★ *hij doet alsof zijn ~ bloedt* alsof de zaak hem niet aangaat ★ *met zijn ~ kijken* niet goed kijken of zoeken ★ *het komt me mijn ~ uit* ik heb er genoeg van, het verveelt me bijzonder, ik walg ervan ★ *je staat er met je ~ bovenop* wat je zoekt bevindt zich vlak voor je ★ spreektaal *(ja) mijn ~!* gezegd als men een verzoek of opdracht weigert ★ BN, spreektaal *zijn ~ aan het venster steken* op de voorgrond treden, zich manifesteren ★ BN, spreektaal *iem. een ~ zetten* iem. bespotten (door een lange neus te maken), iem. voor schut zetten ; zie ook bij → **knip²**, → **pen²** ❷ uitstekende punt; uiteinde: ★ *~ van een schoen* ★ *~ van een vliegtuig*

neus·aap *de (m)* [-apen] langneuzige aap op Borneo (*Nasalis larvatus*)

neus·aman·del *de* [-en] lymfatisch weefsel in het bovenste deel van de neus-keelholte

neus·been *het* [-beenderen, -benen] bot in de neus

neus·beer *de (m)* [-beren] in Midden- en Zuid-Amerika levende kleine beer met een lange, beweeglijke neus (behorend tot het geslacht *Nasua*)

neus·bloe·ding *de (v)* [-en] bloeding in de neus

neus·drup·pels *mv* druppels tegen een verstopte neus

neus·fluit *de* [-en] soort fluit die met de neus wordt aangeblazen

neus·gat *het* [-gaten] elk van de beide gaten in de neus: ★ *één druppel in elk ~*

neus·hol·te *de (v)* [-n, -s] ruimte in de neus waar het reukorgaan zich bevindt

neus·hoorn, **neus·ho·ren** *de (m)* [-s] dikhuidig tropisch dier met één of twee horens op de neus, rinoceros: ★ *een zwarte / witte ~*

neus·je *het* [-s] kleine neus ★ *het ~ van de zalm* zie bij → **neus**

neus·ke·gel *de (m)* [-s] kegelvormig uiteinde, vooral van een raket

neus·klank *de (m)* [-en] geluid dat men hoort bij het door de neus spreken; door de neus gesproken klank

neus·knij·per *de (m)* [-s] lorgnet, knijpbril

neus·leng·te *de (v)* [-n, -s] sp heel klein afstandsverschil: ★ *een ~ voorsprong*

neus·pleis·ter *de* [-s] door sommige sporters gebruikte pleister, die dwars over de neus wordt geplakt waardoor de neusgaten worden vergroot en men makkelijker lucht binnenkrijgt

neus·po·liep *de* [-en] klein gezwel op het neusslijmvlies

neus·schelp *de* [-en] een van de drie plaatjes in elke helft van de neusholte, waarvan de bovenste bedekt zijn met reukzenuwdraden

neus·ver·koud·heid *de* [-heden] verkoudheid waarbij de neus verstopt raakt

neus·vleu·gel *de (m)* [-s] zijwand van de neus

neus·war·mer·tje *het* [-s] kort stenen pijpje (→ **pijp**, bet 2)

neus·wijs *bn* betweterig

neus·wor·tel *de (m)* [-s] plaats waar de neus bij het voorhoofd aansluit

neut *de* [-en], **neut·je** *het* [-s] inf borrel: ★ *doe mij nog maar een ~*

neu·traal *(‹Lat) bn* ❶ onzijdig ❷ niet kerkelijk, niet godsdienstig gebonden ❸ geen van twee tegenover elkaar gestelde eigenschappen bezittend: ★ *pH ~* ❹ niet sterk sprekend: ★ *een neutrale kleur* ❺ geen partij kiezend; niet aan een politieke groepering gebonden: ★ *elkaar op ~ terrein ontmoeten* ★ *~ blijven in een conflict*

neu·tra·li·sa·tie [-za(t)sie] *(‹Fr) de (v)* het neutraliseren

neu·tra·li·se·ren *ww* [-zee-] *(‹Fr)* [neutraliseerde, h. geneutraliseerd] de (uit)werking van iets opheffen, tenietdoen: ★ *de schadelijke bijwerkingen van een geneesmiddel* ~ ★ *iemands invloed* ~ ★ *een terreurgroep* ~ uitschakelen, buiten gevecht stellen

neu·tra·lis·me *het* streven naar on- of afzijdigheid, vooral in politiek of kerkelijk opzicht

neu·tra·li·teit *(‹Fr) de (v)* het neutraal-zijn, onzijdigheid: ★ *de* ~ *van Zweden tijdens de Tweede Wereldoorlog*

neu·tri·no *(‹nui-) de* ['s] *nat* elementair deeltje dat geen massa en geen elektromagnetische eigenschappen heeft

neu·tron *(‹Lat-Gr) het* [-tronen] *nat* deeltje dat op een proton lijkt, maar geen lading heeft, voorkomend in de atoomkern

neu·tro·nen·bom *de* [-men], **neu·tro·nen·wa·pen** *het* [-s] soort kleine waterstofbom, die zijn schadelijke werking voornamelijk ontleent aan een neutronenstraling en minder aan de schokgolf en de hittestraling, waardoor al het leven wordt gedood en er slechts weinig materiële schade ontstaat

neu·tro·nen·ster *de* [-ren] in het eindstadium van zijn bestaan verkerende ster met van oorsprong een grote massa, die onder invloed van deze massa in elkaar klapt en zeer compact wordt, en waarvan het binnenste voor een groot deel uit vrije neutronen bestaat

neu·trum *(‹nui-] (‹Lat) het* [-tra] ❶ onzijdig geslacht (van de naamwoorden) ❷ onzijdig woord ❸ onzijdige vorm

neu·ze·len *ww* [neuzelde, h. geneuzeld] ❶ snuffelen ❷ door de neus praten

neu·zen *ww* [neusde, h. geneusd] ❶ snuffelen ❷ vluchtig kijken

ne·vel *de (m)* [-s, -en] ❶ lage wolken, mist, damp ★ *fig in nevelen gehuld* onduidelijk ❷ *astron* als een soort damp waarneembare verre sterrenstelsels in het heelal

ne·ve·len *ww* [nevelde, h. geneveld] ❶ misten ❷ door rook maskeren ❸ als een nevel verspreiden van bijv. een bestrijdingsmiddel op planten e.d.

ne·ve·lig *bn* mistig

ne·vel·maand *de* november

ne·vel·vlek *de* [-ken] *astron* schijnbare plek nevel, opeenhoping van sterren

ne·ven·be·trek·king *de (v)* [-en], **ne·ven·func·tie** [-sie] *de (v)* [-s] functie of betaald werk naast de hoofdfunctie

ne·ven·ge·schikt *bn* geplaatst in nevenschikkend zinsverband

ne·ven·hoe·ken *mv wisk* twee hoeken die één been gemeen hebben en waarvan de andere benen in elkaars verlengde vallen

ne·ven·in·kom·sten *mv* inkomsten die men ontvangt naast de hoofdverdienste, bijverdiensten

ne·ven·pro·duct *het* [-en] artikel dat ontstaat bij vervaardiging van een ander, belangrijker artikel

ne·ven·schik·kend *bn* ★ ~ *zinsverband* verbinding van twee of meer hoofdzinnen of van twee gelijkwaardige zinsdelen

ne·ven·schik·king *de (v)* [-en] nevenschikkend zinsverband

ne·ven·staand *bn* hiernaast staand

new age [njoe eedzj] *(‹Eng) de (m)* ❶ verzamelnaam voor een groot aantal spirituele bewegingen die alle de eenheid van mens, natuur en kosmos benadrukken en een intuïtieve en gevoelsmatige benadering van problemen en zaken voorstaan ❷ harmonieuze, instrumentale, rustgevende muziek

new·bie [njoebie] *(‹Eng) de* [-s] beginneling, ondeskundige, vooral m.b.t. computers en internet

New Deal [njoe diel] *(‹Eng) de (m)* benaming voor de door president F.D. Roosevelt (1882-1945) gevoerde economische politiek in de jaren '30, ter bestrijding van de depressie

new econ·o·my [njoew iekonnommie] *(‹Eng) de* 'nieuwe economie', theorie die uitgaat van economische groei gecombineerd met een lage inflatie, te bereiken door inzet van ICT

new·found·land·er [njoefaundlendər] *(‹Eng) de (m)* [-s] grote langharige hond, oorspronkelijk uit Newfoundland

new look [njoe loek] *(‹Eng) de (m)* damesmode na de Tweede Wereldoorlog: halflange, wijde rok, ingesnoerd middel, strikjes enz.

new or·leans [njoe ò(r)lienz] *de (m)* jazzstijl zoals beoefend werd door de eerste negerjazzmusici in het zuiden van de Verenigde Staten, genoemd naar de stad in Louisiana (VS)

new·speak [njoespiek] *(‹Eng) de* afkeurende benaming voor nieuw politiek jargon dat de werkelijkheid verhult, naar een term uit de roman *1984* van George Orwell (1903-1950): ★ *het gebruik van de term 'nulgroei' ter aanduiding van een stagnerende economie is een voorbeeld van* ~

new·ton [njoetən] *de (m)* grote fysische praktische eenheid van kracht, gelijk aan 100.000 dyne, genoemd naar de Engelse natuurkundige Sir Isaac Newton (1642-1727)

new wave [njoe weev] *(‹Eng) de (m)* uit de punkmuziek voortgekomen genre popmuziek aan het eind van de jaren zeventig van de vorige eeuw

New Yor·ker [njoejò(r)kər] *de (m)* [-s] iem. geboortig of afkomstig uit New York

New Yorks [njoejò(r)ks] *bn* van, uit, betreffende New York

NGI *afk* in België Nationaal Geografisch Instituut [Belgische overheidsinstelling]

ngo *afk* niet-gouvernementele organisatie [onafhankelijk van de overheid opererende organisatie, meestal niet-commercieel van aard, maar met een politiek of maatschappelijk oogmerk]

NH *afk* in Nederland ❶ Noord-Holland ❷ Nederlands-hervormd

Ni *afk chem* symbool voor het element *nikkel*

NICAM *afk* Nederlands Instituut voor Classificatie van

Ni·ca·ra·guaan [-ɣwaan] *de (m)* [-guanen] iem. geboortig of afkomstig uit Nicaragua

Ni·ca·ra·guaans [-ɣwaans] *bn* van, uit, betreffende Nicaragua

niche [niesj] *(Eng<Fr) de (m)* [-s] ❶ biol wijze waarop een soort aan zijn omgeving is aangepast ❷ de omstandigheden binnen een biotoop die voor de handhaving van een soort van belang zijn ❸ econ gespecialiseerd, maar lucratief marktsegment

nicht *de (v)* [-en] ❶ dochter van een broer of zuster ❷ dochter van een oom of tante ❸ inf mannelijke homoseksueel

nich·ten·rock *de (m)* genre popmuziek uit de jaren zeventig, uitgevoerd door personen die koketteerden met hun al dan niet werkelijk aanwezige homoseksuele gerichtheid

nich·te·rig *bn* inf, vaak minachtend zich overdreven als → **nicht** (bet 3) manifesterend: ★ *zich ~ gedragen* ★ *~ praten*

nick·name [-neem] *(Eng: bijnaam) de (m)* [-s] comput bijnaam die wordt gebruikt bij deelname aan chatsites op internet

ni·co·ti·ne *de* in tabak aanwezig giftig alkaloïde, genoemd naar de Franse diplomaat Jean Nicot, ca. 1530-1600, die het gebruik van tabak in Frankrijk invoerde

ni·co·ti·ne·ver·gif·ti·ging *de (v)* [-en] vergiftiging door te veel tabak roken of door het werken in tabaksfabrieken

NIDDM *afk* niet-insuline-afhankelijke diabetes mellitus [med vorm van suikerziekte, soms ouderdomsdiabetes genoemd]

nie·mand *vnw* geen mens: ★ *er was helemaal ~ ★ ~ niet?* wil niemand hoger bieden? ★ *~ minder dan...* de beroemdheid in eigen persoon ‹vaak ironisch›

nie·mands·land *het* strook land tussen twee strijdende partijen of tussen twee grenscontroleposten

nie·men·dal *bijw & onbep telw* vero niets ★ *niks ~* volstrekt niets ★ BN, spreektaal *een man, vrouw van ~* een man, vrouw van niks, van geringe stand

nie·men·dal·le·tje *het* [-s] kleinigheid, ding van geen waarde, zaak van geen betekenis: ★ *deze roman is maar een ~*

nien·te [njentə] *(It) vnw* inf helemaal niets: ★ *ik had nog wel een brief van haar verwacht, maar niks, noppes, ~*

nier *de* [-en] boonvormig orgaan in de buikholte, dat urine afscheidt; Bijbel zetel van het gemoedsleven; zie ook bij → **hart** (bet 3)

nier·bed *het* [-den] vet rondom de nieren

nier·bek·ken *het* [-s] holte in de nier

nier·bek·ken·ont·ste·king *de (v)* [-en] ontsteking van het nierbekken

nier·di·a·ly·se [-liezə] *de (v)* [-s] med reiniging van het bloed van een nierpatiënt d.m.v. een kunstnier, ter voorkoming van niervergiftiging

nier·gruis *het* vergruisde → **niersteen** (bet 1)

nier·steen *de (m)* [-stenen] ❶ steen in de nieren: ★ *last hebben van nierstenen* ❷ delfstof: nefriet, jade

nier·steen·ver·grui·zer *de (m)* [-s] apparaat dat d.m.v. geluidstrillingen nierstenen verpulvert

nier·vet *het* → **nierbed**

nies·bui *de* [-en] aanval van niezen

nie·sen *ww* [nieste, h. geniest] → **niezen**

nies·kruid *het* ranonkelachtige plant waarvan de fijngestampte wortelstok bij opsnuiven niezen veroorzaakt

nies·poe·der, nies·poei·er *de (m) & het* poeder dat niezen veroorzaakt

nies·ziek·te *de (v)* gevaarlijke, besmettelijke ziekte bij katten, gekenmerkt door herhaaldelijk niezen, waarbij de slijmvliezen van de ogen, neus en mondholte zijn aangetast

niet I *bijw* ontkenning: ★ *ik wil ~ naar bed* ★ NN *~ dan?* dat is toch zo? ★ *~ dat ik het een lelijk schilderij vind, maar...* als inleiding van een voorzichtig naar voren gebracht bezwaar ★ *~ zozeer lelijk als wel deprimerend* meer deprimerend dan lelijk ★ *~ dan nadat* zie bij → **nadat** II *het niets* ★ *om ~* a) tevergeefs; b) zonder tegenprestatie, gratis ★ *als ~ komt tot iet, kent iet zichzelven ~* parvenu's zijn verwaand ★ *in het ~ zinken bij iets* zonder waarde zijn vergeleken met iets anders III *de (m)* [-en] lot waarop geen prijs valt

niet-aan·vals·ver·drag *het* [-dragen] internationaal verdrag waarbij staten zich verplichten elkaar niet als eerste aan te vallen

nie·ten *ww* [niette, h. geniet] met nietjes aaneenhechten

nie·ten·wip·per *de (m)* [-s] apparaatje om nietjes uit het papier te halen

nie·tes *bijw* inf niet waar; vgl: → **welles**

niet-ge·bon·den *bn* ‹van staten› niet deel uitmakend van een samenhangende of samenwerkende groep: ★ *~ landen* voor het eerst in 1961 bijeengekomen groep landen die een onafhankelijke op vreedzame co-existentie gebaseerde politiek nastreven

nie·tig *bn* ❶ onbeduidend, van geen betekenis: ★ *bij zo'n ramp besef je hoe ~ de mens eigenlijk is* ❷ recht zonder geldigheid, zonder kracht: ★ *een vonnis ~ verklaren*

nie·tig·heid *de (v)* ❶ het → **nietig** (bet 2) zijn ❷ [mv: -heden] onbeduidendheid

nie·tig·ver·kla·ring *de (v)* [-en] verklaring dat iets niet van kracht is

niet·je *het* [-s] metalen pennetje dat papieren enz. aaneenhecht

niet-Jood·ver·kla·ring *de (v)* [-en] ‹hist› tijdens de bezetting van 1940-1945› voor de uitoefening van bep. beroepen verplichte verklaring geen Jood te zijn, ariërverklaring

niet·ma·chi·ne [-sjie-] *de (v)* [-s] werktuig om te nieten

niet-ont·van·ke·lijk·heid *de (v)* recht het niet

ontvankelijk zijn
niet·pis·tool *het* [-tolen] apparaat waarmee men nietjes met grote kracht in het materiaal drijft
niets I *onbep vnw* niet één ding: ★ *ik heb ~ te verbergen; vgl:* → **niks II** *het* ★ *in het ~ verdwijnen*
niets·doen *het* het niets uitvoeren, ledigheid: ★ *de tijd met ~ doorbrengen*
niets·doe·ner *de (m)* [-s] iem. die de tijd met nietsdoen doorbrengt
niets·nut *de (m)* [-ten], **niets·nut·ter** *de (m)* [-s] iem. die niets uitvoert, die voor niets deugt
niets·ver·moe·dend *bn* zonder te weten dat er iets staat te gebeuren, argeloos
niets·waar·dig, **niets·waar·dig** *bn* waar men niets aan heeft
niets·zeg·gend, **niets·zeg·gend** *bn* niets bewijzend; oppervlakkig
niet·te·gen·staan·de *vz & voegw* deftig ondanks (dat)
niet·te·min, **niet·te·min** *bijw* desondanks, toch, evenwel
niet·waar? *tsw* is het niet zo?, dat is toch zo?
niet-westers *bn* van, betreffende de volkeren anders dan de westerse ★ *niet-westerse sociologie* studie, leer van de maatschappij in de derde wereld, met haar gewoonten, gebruiken, economie e.d.
nieuw I *bn* niet oud, pas gemaakt, pas verschenen; pas aangeschaft: ★ *nieuwe stoelen* ★ *een nieuwe baan* ★ *mijn nieuwe huis* ★ *Hollandse nieuwe* verse haring in het voorjaar ★ *de Nieuwe Geschiedenis* de geschiedenis vanaf de middeleeuwen tot de Franse revolutie (1789) ★ *de Nieuwste Geschiedenis* de geschiedenis van de Franse Revolutie (1789) tot heden ; zie ook bij → **stijl** (bet 5), → **wereld** (bet 1) **II** *het* ❶ nieuwigheid: ★ *het nieuwe is eraf* ❷ nieuwe kleren: ★ *hij loopt in het ~* ; zie ook bij → **steken**
nieuw·bak·ken, **nieuw·bak·ken** *bn* ❶ vers ❷ pas benoemd: ★ *onze ~ managing redacteur*
nieuw·bouw *de (m)* nieuw gebouwde huizen; huizen in aanbouw; gedeelte van een gebouw dat later is gebouwd
Nieuw-Ca·le·do·ni·ër *de (m)* [-s] iem. geboortig of afkomstig van Nieuw-Caledonië
Nieuw-Ca·le·do·nisch *bn* van, uit, betreffende Nieuw-Caledonië
nieu·we·ling *de (m)* [-en] iem. die pas ergens is gekomen; beginner
nieu·wer·wets *bn* nieuwmodisch; naar de laatste smaak; **nieuwerwetsheid** *de (v)*
Nieuw·grieks *het* thans in Griekenland gesproken taal
Nieuw-Gui·nees [-gwie-, -gie-] *bn* van, uit, betreffende Nieuw-Guinea
nieuw·heid *de (v)* het nieuw-zijn
nieu·wig·heid *de (v)* [-heden] ❶ iets nieuws ❷ het nieuw-zijn
Nieuw·jaar, **Nieuw·jaar** *het* 1 januari
nieuw·jaars·brief *de (m)* [-brieven] BN brief met gelukwensen die kinderen op nieuwjaarsdag voor hun peter en meter of ouders voorlezen
nieuw·jaars·dag, **nieuw·jaars·dag** *de (m)* [-dagen] 1 januari
nieuw·jaars·kaart *de* [-en] kaart met een nieuwjaarswens
nieuw·jaars·re·cep·tie [-sie) *de (v)* [-s] (officiële) receptie waarmee men het nieuwe jaar inluidt
nieuw·jaars·wens *de (m)* [-en] gelukwens ter gelegenheid van de jaarwisseling
nieuw·ko·mer *de (m)* [-s] iem. die pas ergens is gekomen
nieuw·koop *de (m)* [-kopen] iets wat men pas gekocht heeft
nieuw·kuis *de (m)* BN, spreektaal [-en] ❶ bedrijf waar kleren e.d. gestoomd, chemisch gereinigd worden, stomerij, chemische wasserij ❷ het stomen, chemisch reinigen
nieuw·lich·ter *de (m)* [-s] smalende benaming voor iem. die een nieuwe leer of een nieuw stroming aanhangt
nieuw·lich·te·rij *de (v)* [-en] smalende benaming voor een nieuwe stroming of ideeënleer
nieuw·mo·disch *bn* volgens de laatste mode
nieuws *het* ❶ iets wat nieuw is ★ *er is niets ~ onder de zon* de geschiedenis herhaalt zich steeds in verschillende vormen ❷ bericht over wat kortgeleden gebeurd is ★ *in het ~ komen* of *zijn* in de krant en andere nieuwsmedia (radio, televisie) besproken worden ❸ uitzending met nieuwsberichten op radio of tv: ★ *ik hoorde het op het ~ van acht uur*
nieuws·agent·schap *het* [-pen] kantoor dat nieuwsberichten verzamelt en verkoopt, persbureau
nieuws·be·richt *het* [-en] bericht over nieuwe gebeurtenissen
nieuws·blad *het* [-bladen] krant
nieuws·dienst *de (m)* [-en] instelling voor het verspreiden van nieuwsberichten
nieuws·ga·ring *de (v)* het verkrijgen van nieuws voor publiciteitsmedia: ★ *de vrije ~*
nieuws·gie·rig *bn* tuk op nieuws; graag willende weten;; zie ook bij → **aagje**; **nieuwsgierigheid** *de (v)*
nieuws·groep *de* [-en] groep van internetgebruikers die op het net via e-mail over een bepaald onderwerp discussiëren en informatie rondsturen
nieuws·le·zer *de (m)* [-s] RTV iem. die nieuwsberichten voorleest
nieuws·uit·zen·ding *de (v)* [-en] ⟨op radio, televisie⟩ nieuwsberichten, journaal
nieuw·tes·ta·men·tisch *bn* van, volgens het Nieuwe Testament
nieuw·tje *het* [-s] ❶ iets nieuws ❷ bericht over wat pas gebeurd is
nieuw·vor·ming *de (v)* [-en] ❶ taalk nieuw gevormd woord, neologisme ❷ med vorming van nieuw, vooral kwaadaardig, weefsel
nieuw·waar·de *de (v)* waarde bij nieuwe aanschaf: ★ *verzekeren tegen ~*

Nieuw-Zee·lan·der *de (m)* [-s] iem. geboortig of afkomstig uit Nieuw-Zeeland
Nieuw-Zee·lands *bn* van, uit, betreffende Nieuw-Zeeland
nieuw·zil·ver *het* legering van koper, zink en nikkel
nie·zen *ww* [niesde, h. geniesd], **nie·sen** [nieste, h. geniest] door prikkeling van het neusslijmvlies opgewekte, krachtige uitstoot van lucht uit de neus en de mond
Ni·ge·rees I *de (m)* [-rezen] iem. geboortig of afkomstig uit Niger **II** *bn* van, uit, betreffende Niger
Ni·ge·ri·aan *de (m)* [-anen] iem. geboortig of afkomstig uit Nigeria
Ni·ge·ri·aans *bn* van, uit, betreffende Nigeria
ni·gro·man·tie [-sie] *(‹Lat) de (v)* zwarte kunst, toverij door oproeping van geesten
ni·hil *vnw* [-hil, -hiel] *(‹Lat)* niets; nul
ni·hil·be·ding [-hil-, -hiel-] *het* [-en] recht beding bij een scheiding, waarbij de partners vrijwillig afzien van alimentatiebetalingen
ni·hi·lis·me *(‹Lat) het* ❶ hist revolutionaire beweging, o.a. in het tsaristische Rusland, die de bestaande maatschappij wilde vernietigen ❷ filosofisch standpunt waarbij geen enkele grondwaarheid wordt aangenomen ❸ levenshouding waarbij morele waarden of idealen geen drijfveer zijn voor het denken en handelen: ★ *het ~ van de huidige jonge generatie*
ni·hi·list *(‹Lat) de (m)* [-en] aanhanger van het nihilisme
ni·hi·lis·tisch *bn* van, betreffende het nihilisme of de nihilisten
nijd *de (m)* afgunst, bitter gevoel van kwaadheid
nij·das *de (m)* [-sen] NN iem. die nijdig of chagrijnig is, brombeer
nij·das·sig, **nij·das·se·rig**, **nij·das·se·rig** *bn* NN nijdig, chagrijnig, ontevreden; gemeen-plagerig
nij·dig *bn* boos, bits
nij·dig·heid *de (v)* het nijdig-zijn
nij·gen *ww* [neeg, h. genegen] een buiging maken; **nijging** *de (v)* [-en]
nijl·paard *het* [-en] groot zoogdier, dat leeft in en bij de rivieren van Midden-Afrika (*Hippopotamus amphibius*)
nijl·rei·ger *de (m)* [-s] ibis, bep. soort steltvogel
Nij·meegs *bn* van, uit, betreffende Nijmegen
Nij·me·ge·naar *de (m)* [-naren] iem. geboortig of afkomstig uit Nijmegen
nij·pen *ww* [neep, h. genepen] vero ❶ benauwen; snerpen (van kou) ★ *de nood nijpt er is zware nood* ❷ BN spreektaal & NN vero knijpen ★ *de kat in het donker ~ de kat in het donker knijpen* ❸ BN, spreektaal ‹van kledingstukken e.d.› knellen, strak zitten ★ *weten waar het schoentje nijpt* waar de schoen wringt
nij·pend *bn* pijnlijk, knellend: ★ *een ~ gebrek aan geld*
nijp·tang *de* [-en] werktuig om spijkers uit te trekken
nij·ver *bn* vlijtig werkzaam, arbeidzaam

nij·ve·raar *de (m)* [-s] BN, vero industrieel, fabrikant, ondernemer
nij·ver·heid *de (v)* ❶ verwerking van grondstoffen ❷ industrie, sector van het bedrijfswezen die zich toelegt op de verwerking van grondstoffen: ★ *handel en ~*
nij·ver·heids·on·der·wijs *het* vroeger onderwijs in en ten behoeve van het verwerken van grondstoffen
ni·kab [niekab] *de (m)* [-s] *(‹Arab)* islamitisch kledingstuk dat hoofd en hals bedekt
Nik·kei-in·dex *de (m)* eff officiële graadmeter van de effectenbeurs van Tokio
nik·kel *(‹Du)* **I** *het* chemisch element, symbool Ni, atoomnummer 28, een zilvergrijs, glanzend en taai metaal **II** *de (m)* [-s] nikkelen muntstuk ★ BN *zijn ~ afdraaien* zich (vruchteloos) uitsloven om iem. iets aan het verstand te brengen
nik·ke·len *bn* van nikkel ★ NN *Nikkelen Nelis* straatzanger, met trom en belletjes
nik·kel·staal *het* legering van staal en nikkel
nik·ker¹ *de (m)* [-s] Germaanse myth boze geest
nik·ker² *(‹Eng‹Lat) de (m)* [-s] scheldwoord neger
niks *vnw* gewone spreektaalvorm voor → **niets** ★ *dat is niet ~* dat is heel wat
nik·sen *ww* [nikste, h. genikst] inf niets doen, luieren
niks·nut *de (m)* [-ten] nietsnut
nil·lens wil·lens *bijw* vernederlandsing van het Latijnse → **nolens volens**: goed- of kwaadschiks, tegen wil en dank
ni·lo·ten *mv* verzamelnaam voor enige volkeren in het zuiden van Soedan
ni·lo·tisch *bn* ❶ de Nijl betreffend; zoals gebruikelijk in voorstellingen van de Nijl ❷ van, betreffende de niloten
NIM *afk* in België Nationale Investeringsmaatschappij [Belgische overheidsinstelling]
nim·bus *(‹Lat) de (m)* [-bi] ❶ stralenkrans om het hoofd van heiligen ❷ glans, luister, die een grote of beroemde persoonlijkheid omgeeft
nim·by [-bie] *(‹Eng) de* ['s] (letterwoord van *not in my backyard*) aanduiding voor iem. die zich kan verenigen met bepaalde maatschappelijke ontwikkelingen tot hij er in zijn privéleven last van dreigt te krijgen: ★ *een vergaderzaal vol nimby's die protesteerden tegen de komst van een asielzoekerscentrum in hun wijk*
nimf *(‹Gr) de (v)* [-en] ❶ godin van lagere orde bij de Grieken, dochter van Zeus, bewoonster van bergen, bomen, bronnen en de zee ❷ poëtisch bevallig meisje ❸ fase in de gedaanteverwisseling van een insect
nim·mer *bijw* nooit ★ *nooit ofte ~* helemaal nooit
nim·mer·meer *bijw* nooit meer
n'im·porte *bijw* [nêmport] *(‹Fr)* het doet er niet toe: ★ *~ wie het doet, als het maar gebeurt*
nim·rod *de (m)* [-s] groot liefhebber van de jacht; naar Nimrod, een geweldig jager (*Genesis* 10: 8)
ni·o·bi·um, **ni·oob** *het* chemisch element, symbool

Nb, atoomnummer 41, een glanzend, uiterlijk op platina lijkend metaal, genoemd naar Niobe, een figuur uit de Griekse mythologie

NIOD *afk* Nederlands Instituut voor Oorlogsdocumentatie

ni·pa *(‹Mal) de (m)* ['s], **ni·pa·palm** *de (m)* [-en] stamloze moeraspalm met zeer brede bladeren die als dakbedekking gebruikt worden

Nip·kow·schijf [-kof-] *de* [-schijven] ❶ schijf met in een spiraal geordende kleine gaatjes, die bij snelle rotatie met een doorvallende lichtstraal een beeld lijn voor lijn kan aftasten (genoemd naar de Duitse technicus P.G. Nipkow, 1860-1940); grondslag van de televisie ❷ naam van een jaarlijkse onderscheiding voor het beste Nederlandse televisieprogramma

NIPO *afk* Nederlands Instituut voor de Publieke Opiniepeiling [Nederlands markt- en opinieonderzoeksinstituut]

nip·pel *(‹Eng) de (m)* [-s] verbindingsstuk met schroefdraad voor het verbinden van buizen of het bevestigen van spaken

nip·pen *ww* [nipte, h. genipt] even de mond aan iets zetten om iets te drinken: ★ *zij nipte aan haar glas sherry*

nip·per·tje *het* kantje, laatste ogenblik: ★ *op het (laatste) ~*

nipt *bn* krap, op het kantje ★ *een nipte zege* een kleine, met moeite behaalde overwinning

nir·wa·na *(‹Sanskr) het* ‹in het boeddhisme› toestand van zalig zelfvergeten, waarbij aan ouderdom en dood een einde is gemaakt door verzinking van de individualiteit in de oneindigheid; staat van verlossing, onbeperkte vreugde en volledige, zalige rust

NIS *afk* in België Nationaal Instituut voor de Statistiek [Belgische overheidsinstelling]

nis *(‹Fr) de* [-sen] uitholling in een muur

ni·traat *(‹Gr) het* [-traten] *chem* zout van salpeterzuur

ni·tre·ren *ww* [nitreerde, h. genitreerd] met salpeterzuur (en zwavelzuur) behandelen

ni·triet *(‹Gr) het* [-en] *chem* zout van salpeterzuur

ni·tro·gly·ce·ri·ne [-glie-] *(‹Gr) de* uit glycerine met zwavel- en salpeterzuur samengestelde zeer ontplofbare vloeistof, uitvinding van de Zweedse scheikundige A. Nobel (1833-1896)

nit·wit *(‹Eng) de (m)* [-s] *inf* onbekwaam persoon, leeghoofd

ni·veau [-voo] *(‹Fr) het* [-s] ❶ peil; vloeistofspiegel, waterspiegel: ★ *het ~ van de zee stijgt; vlak van het land* ❷ *fig* peil, hoogte van ontwikkeling, rang, bevoegdheid: ★ *overleg op hoog ~* ★ *op ~* van hoge kwaliteit: ★ *een gesprek op niveau* ❸ waterpas

ni·vel·le·ren *ww (‹Fr)* [nivelleerde, h. genivelleerd] ❶ met het waterpas afmeten ❷ vlak, gelijk maken ❸ op eenzelfde peil brengen: ★ *de lonen ~; eenvormig maken*; **nivellering** *de (v)* [-en]

Nivon *afk* Nederlands Instituut voor Volksontwikkeling en Natuurvriendenwerk

ni·vôse [-zə] *(‹Fr‹Lat) de (v)* vierde maand van de Franse republikeinse kalender (21 december-19 januari)

NJHC *afk* vroeger Nederlandse Jeugdherberg Centrale [in 2003 omgedoopt tot Stayokay]

NK *afk* Nederlands(e) Kampioenschap(pen)

NKBK *afk* in België Nationale Kas voor Beroepskrediet [Belgische openbare kredietinstelling]

NL¹ *afk* Nederland (als nationaliteitsaanduiding op auto's)

NL² *afk* noorderlengte

nl. *afk* namelijk

NM *afk* Nieuwe Maan

nm. *afk* namiddag

NMa *afk* in Nederland Nederlandse Mededingingsautoriteit [instelling die controleert of de concurrentie eerlijk verloopt]

NMBS *afk* in België Nationale Maatschappij der Belgische Spoorwegen

NMKN *afk* in België Nationale Maatschappij voor Krediet aan de Nijverheid [Belgische openbare kredietinstelling]

NMO *afk* Nederlandse Moslimomroep

N.N. *afk* Nomen Nescio [de naam weet ik niet]

NNI *afk* Nederlands Normalisatie Instituut

NNO *afk* noordnoordoost

NNW *afk* noordnoordwest

NO *afk* noordoost, noordoosten

No *afk chem* symbool voor het element *nobelium*

no¹ *(‹Jap) het* het klassieke Japanse toneel met maskers

no² *afk* nijverheidsonderwijs

n° *afk* numero *nummer*

NOB *afk* Nederlands Omroepproductiebedrijf [bedrijf dat tegen betaling camera's, geluidsapparatuur, technici enz. ter beschikking stelt aan omroepen]

no·bel *(‹Fr‹Lat) bn* edel, edelmoedig

no·be·li·um *het* kunstmatig, radioactief chemisch element, symbool No, atoomnummer 102, genoemd naar de Zweedse scheikundige Alfred Nobel (1833-1896)

No·bel·prijs *de (m)* [-prijzen] jaarlijks toegekende prijs voor genees-, schei-, natuur-, letterkunde, economie en de vrede, uit de rente van de nalatenschap van de in 1896 overleden Zweedse industrieel Alfred Nobel

no·bi·li·teit *(‹Lat) de (v)* adel, adeldom

no·blesse [-bles] *(‹Fr) de (v)* ❶ adel; adelstand ❷ adellijkheid ★ *~ oblige* adel (goede of grote naam, grote talenten) verplicht(en), d.w.z. legt verplichtingen op

noch *voegw* ook geen, ook niet: ★ *ik hou van spinazie ~ van andijvie* ★ *ze beheerste ~ het Frans ~ het Engels*

noch·tans, noch·tans *bijw* evenwel

no-claim [noo kleem] *(‹Eng) bijwoordelijke uitdrukking in Nederland, verz* geen aanspraak op schadevergoeding; <u>elliptisch</u> korting op de jaarpremie voor een (auto)verzekering wanneer men in voorgaande jaren geen aanspraak op schadevergoeding gemaakt heeft

no-claim·kor·ting [-kleem-] *de (v)* [-en] <u>in Nederland</u>, <u>verz</u> jaarlijks oplopende korting op de verzekeringspremie als dat jaar geen schadeclaim is ingediend; zie ook → **bonus-malusregeling**

NOC*NSF *afk* Nederlands Olympisch Comité / Nederlandse Sportfederatie

noc·tam·bu·lis·me (‹Fr‹Lat›) *het* het slaapwandelen

noc·tam·bu·lus (‹Lat›) *de (m)* [-li], **noc·tam·bule** [-buul(ə)] (‹Fr‹Lat›) *de* [-s] slaapwandelaar(ster)

noc·tur·ne [-tuur-] (‹Fr‹Lat›) *de* [-s] ❶ <u>muz</u> nachtstuk, dromerig stuk, veelal op de piano: ★ *de nocturnes van Chopin* ❷ <u>BN</u> avondlijke opening [van winkels, musea, voorstellingen]

no cure no pay *bijw* [noo kjoe(r) noo pee] (‹Eng›) contractvoorwaarde waarin wordt bepaald dat een opdrachtgever niet voor een verrichte inspanning hoeft te betalen als het overeengekomen resultaat niet wordt bereikt: ★ *de bergingsmaatschappij werkte op ~basis*

no·de I *bijw* <u>vero</u> niet graag **II** *zn* ★ *van ~* zie bij → **nood**

no·de·loos *bn* onnodig

no·den *ww* [noodde, h. genood] uitnodigen: ★ *iem. aan tafel ~*

no·dig *bn* ❶ niet gemist kunnen worden, waar behoefte aan is ★ *~ hebben* behoefte hebben aan ❷ dringend: ★ *~ weg moeten* ★ *~ moeten* moeten plassen of poepen ❸ bij een bepaalde gelegenheid gebruikelijk: ★ *op de receptie werden de nodige glaasjes bier gedronken*

no·di·gen *ww* [nodigde, h. genodigd] uitnodigen: ★ *iem. te gast ~*

noe·dels (‹Du›) *mv* een soort van deegreepjes uit meel en eieren bereid, die op macaroni lijken

noe·men *ww* [noemde, h. genoemd] ❶ de naam geven van; de naam zeggen van ★ *en dat noemt zich...* gezegd van iem. die zich laat voorstaan op een bep. status, zonder dit waar te kunnen maken ❷ <u>BN</u>, <u>spreektaal</u> heten: ★ *hoe noem je, meisje?*

noe·mens·waard, **noe·mens·waar·dig** *bn* waard vermeld te worden, van betekenis

noe·mer *de (m)* [-s] wat bij een → **breuk** (bet 5) onder de streep staat ★ *onder één ~ brengen* volgens een bepaald gezichtspunt in een groep samennemen

noen (‹Lat›) *de (m)* <u>BN</u>, <u>lit</u> *of* <u>schrijftaal</u> 12 uur 's middags; tijd tussen 12 en 13 uur

noen·maal *het* [-malen] <u>vero</u> (warme) maaltijd rond het middaguur; lunch, middageten, middagmaal

noest¹ *bn* naarstig, ijverig: ★ *noeste arbeid*

noest² *de (m)* [-en] → **kwast** (bet 2) in hout

no-fly-zo·ne [nooflaizònə] (‹Eng›) *de* [-s] gebied waarboven luchtverkeer verboden is

nog *bijw* ❶ op dit moment: ★ *doet uw voet ~ pijn?* ❷ te zijner tijd: ★ *zien we elkaar ~?* ❸ bij voortduring: ★ *hij doet ~ steeds aan sport* ❹ ter versterking van een comparatief: ★ *ik rook veel, maar hij rookt ~ meer* ❺ meer, opnieuw: ★ *wilt u ~ koffie?* ❻ in combinatie met *wel*: daarentegen: ★ *ik hoopte ~ wel, dat we naar de film zouden gaan* ❼ ★ *dit is nog eens lekker eten* dit is pas echt lekker eten

no·ga (‹Fr‹Lat›) *de (m)* lekkernij bereid met eiwit, suiker en gebrande amandelen

no·ga·blok *de (m) & het* [-ken] stuk noga

nog·al *bijw* tamelijk

nog·maals *bijw* nog eens

no-goarea [nooγoo-èriejə] (‹Eng›) *de* [ˈs] gebied dat niet betreden mag worden

no hard feel·ings *bijw* [noo hà(r)d fielings] (‹Eng›) gezegd wanneer men met wederzijds goedvinden een relatie, samenwerkingsverband e.d. verbreekt zonder er gevoelens van wrok t.o.v. elkaar aan over te houden

no-iron [-ai(r)ən] (‹Eng›) *bn* gezegd van geprepareerde katoenen stof die niet gestreken hoeft te worden

nok *de* [-ken] ❶ bovenste dakrand: ★ *tot de ~ toe vol* helemaal vol ❷ uitsteeksel waardoor iets vast- of tegengehouden wordt

nok·ken *ww* [nokte, h. genokt] <u>NN</u>, <u>spreektaal</u> ergens mee ophouden: ★ *ik nok ermee*

nok·ken·as *de* [-sen] → **as¹** (bet 1) met nokken (→ **nok**, bet 2), onderdeel van een verbrandingsmotor

nol [-len], **nol·le** *de* [-n] <u>NN</u> ❶ zandheuvel ❷ stuk dijk ❸ verhoging in een weiland

no·lens vo·lens (‹Lat›) bijwoordelijke uitdrukking goed- of kwaadschiks, tegen wil en dank

nol·le *de* [-n] <u>NN</u> → **nol**

nom. *afk* ❶ nominaal ❷ nominatief

no·ma·den (‹Gr›) *mv* rondzwervende herdersvolken

no·ma·disch (‹Gr›) *bn* rondtrekkend, rondzwervend, zonder vast verblijf

no·men·cla·tuur (‹Lat›) *de (v)* [-turen] geheel van wetenschappelijke regels gevolgd bij het geven van benamingen en die namen zelf

no·mi·naal (‹Fr‹Lat›) *bn* ❶ naar de naam; ❷ ‹in engere zin› in naam, maar niet in werkelijkheid ★ *nominale waarde* waarde van effecten of geld, zoals die bij de uitgifte is bepaald, ongerekend de koers

no·mi·na·tie [-(t)sie] (‹Lat›) *de (v)* [-s] ❶ benoeming; recht van benoeming ❷ gezamenlijke kandidaten (voor een benoeming enz.) ★ <u>fig</u> *op de ~ staan* in aanmerking komen

no·mi·na·tief (‹Lat›) *de (m)* [-tieven], **no·mi·na·ti·vus** (‹Lat›) *de (m)* [-vi] <u>taalk</u> eerste naamval, vorm waarin meestal het onderwerp van een zin wordt uitgedrukt

no·mi·ne·ren *ww* (‹Lat›) [nomineerde, h. genomineerd] voordragen als kandidaat voor een prijs of een functie: ★ *genomineerd zijn voor een literatuurprijs*

non (‹Lat›) *de (v)* [-nen] vrouw die de kloostergelofte heeft afgelegd en in een klooster woont

no·na *de* slaapziekte

non-ac·tief *bn* niet in werkelijke dienst (zijnd): ★ *iem. op ~ stellen*

non-agres·sie·pact [-aagres-] *het* [-en] niet-aanvalsverdrag

non-cha·lan·ce [-sjaalāsǝ] *⟨Fr⟩ de (v)* nalatigheid, achteloosheid, onverschilligheid

non-cha·lant [-sjaa-] *⟨Fr⟩ bn* nalatig; achteloos, onverschillig; slordig

non-com·bat·tant *de (m)* [-en] ❶ militair die niet aan de strijd deelneemt, bijv. een hospitaalsoldaat ❷ burger in een land dat in oorlog is

non-con·for·mis·me *het* opvatting waarbij men zich aan geen enkele groepering van politiek of geloof aansluit; het zich-niet-aansluiten bij het algemeen geldende of erkende, afwijkend gedrag

non-con·for·mist *de (m)* [-en] iem. die zich niet stoort aan het algemeen aanvaarde, die aan geen enkele groepering van politiek of geloof meedoet

non-con·for·mis·tisch *bn* van, als van of op de wijze van het non-conformisme of de non-conformisten

non-de·ju, nondedju *tw* BN, plat verdomme

non-de·script [-diskript] *⟨Eng⟩ bn* onbeschreven of onbeschrijfbaar, niet te bepalen

no·ne *⟨Fr⟨Lat⟩ de* [-n] ❶ RK daggebed van de negende ure, d.w.z. van drie uur des namiddags ❷ muz negende toon(trap); interval tussen de grondtoon en de negende toon(trap)

no·net *⟨Lat⟩ het* [-ten] muz muziekstuk voor negen instrumenten

non-fer·ro·me·ta·len *mv* andere metalen dan ijzer

non-fic·tion [-sjǝn] *⟨Eng⟩ het* niet op fantasie berustende, informatieve lectuur

non-fi·gu·ra·tief *bn* ⟨in de beeldende kunst⟩ geen bestaande, herkenbare zaken uitbeeldend, abstract

non-food [-foed] *⟨Eng⟩ de & het* ❶ koopwaar die geen voedsel is (als artikel dat naast voedingsmiddelen verhandeld wordt) ❷ afdeling waar niet-eetbare waren worden verkocht

non-in·ter·ven·tie [-sie] *⟨Lat⟩ de (v)* het niet-tussenbeide-komen in geschillen tussen staten of groeperingen

no·ni·us *de (m)* [-sen] hulpschaalverdeling; middel om graden of maten tot in zeer kleine onderdelen af te lezen of te meten; zo genoemd naar de Portugese uitvinder en astronoom P. Nunes (1492-1578)

non·kel *⟨Fr⟩ de (m)* [-s] BN, spreektaal oom; ome: ★ ~ *Louis*

non·nen·kloos·ter *het* [-s] klooster voor vrouwelijke kloosterlingen

non·ne·tje *het* [-s] ❶ jonge of kleine non; vertederende benaming voor non: ★ *de nonnetjes onthaalden ons gastvrij* ❷ mosselachtig schelpdier, veel voorkomend langs de kust van Nederland en België (*Macoma balthica*) ❸ klein soort zaagbekeend (*Mergus albellus*) ❹ nonvlinder

non olet *bijw ⟨Lat⟩* het (t.w. het geld) stinkt niet; vgl: → **pecunia**

no-non·sense *bn* [-sǝns] *⟨Eng⟩* zonder onzin, geen onzin; zonder zich door bijkomstigheden te laten weerhouden

non-play·ing cap·tain [nɔnpleejing keptǝn] *⟨Eng⟩ de (m)* [-s] sp aanvoerder van een team die zelf niet meespeelt

non-pro·fit- [-proffit-] *als eerste lid in samenstellingen* zonder de bedoeling winst te willen maken: ★ *een non-profitinstelling*

non-pro·li·fe·ra·tie·ver·drag [-(t)sie-] *het* [-dragen] verdrag waarin is afgesproken dat het aantal mogendheden dat atoomwapens maakt of kan maken niet mag groeien

non·sens *⟨Eng⟩ de (m)* onzin

non·sen·si·caal *⟨Eng⟩ bn* onzinnig

non se·qui·tur *bijw ⟨Lat⟩* het volgt er niet uit benaming voor een foute redenering waarbij een conclusie wordt getrokken die niet logisch uit de premissen of argumenten volgt

non-stop *bijw* zonder onderbreking: ★ *we vlogen ~ naar Singapore*

non-stop-pro·gram·ma *het* ['s] programma zonder pauzes tussen de onderdelen

non-stop-vlucht *de* [-en] vliegtocht zonder tussenlanding

non trop·po *⟨It⟩ bijw* muz niet te zeer

non-va·leur *⟨Fr⟩ de* [-s] ❶ iets zonder waarde ❷ oninvorderbare schuld, oninbare post ❸ iem. die niets waard is, nul

non·vlin·der *de (m)* [-s] schadelijke vlinder met zwarte zigzagtekening op witte ondergrond

nood *de (m)* [noden] gevaarlijke, smartelijke, zorgelijke omstandigheden: ★ *in ~ verkeren* ★ *de ~ lenigen* ★ *in geval van ~* ★ *van node hebben*, zijn nodig hebben, zijn ★ ~ *breekt wet* in gevaar moet men soms tegen de regels ingaan ★ *klagers hebben geen ~* wie luid klagen, hebben het meestal niet het slechtst ★ *als de ~ het hoogst is, is de redding nabij* ★ *als de ~ aan de man komt* als er gevaar dreigt ★ *van de ~ een deugd maken* uit slechte omstandigheden nog voordeel trekken ★ *hoge ~ hebben* dringend moeten plassen ★ BN *ook ~ hebben aan* behoefte hebben aan ★ BN *ook er is ~ aan* er is gebrek, tekort, behoefte aan

nood·ag·gre·gaat *het* [-gaten] apparaat om elektriciteit op te wekken als de normale stroom uitvalt

nood·brug *de* [-gen] tijdelijke brug

nood·deur *de* [-en] deur die men in geval van brand kan gebruiken

nood·druft *de* vero armoede: ★ *in ~ verkeren*

nood·druf·tig *bn* vero behoeftig

nood·gang *de (m)* ❶ hulpgang; in geval van nood te gebruiken gang ❷ ★ *met een ~* inf zeer snel

nood·ge·bied *het* [-en] gebied waar nood heerst en derhalve bijzondere voorzieningen nodig zijn

nood·ge·dwon·gen *bn* door omstandigheden genoodzaakt

nood·geld *het* geld dat in tijd van nood is uitgegeven,

doorgaans van minderwaardig materiaal
nood·ge·val *het* [-len] gevaarlijke situatie die ingrijpen vereist: ★ *deze knop mag alleen in noodgevallen worden ingedrukt*
nood·hulp *de* [-en] hulp in de vorm van artsen, verplegers, goederen e.d. op plaatsen waar nood heerst door bijv. oorlogen of natuurrampen
nood·klok *de* [-ken] klok die in gevaarlijke omstandigheden geluid wordt ★ *de ~ luiden (over iets)* fig in het openbaar waarschuwen voor een groot probleem
nood·kreet *de (m)* [-kreten] kreet in nood
nood·lan·ding *de (v)* [-en] gedwongen landing bij een noodsituatie: ★ *het vliegtuig probeerde nog een ~ te maken*
nood·lij·dend *bn* ❶ financieel tekortkomend: ★ *noodlijdende bedrijven* ❷ ‹van effecten› niet of niet geregeld rente betalend
nood·lot *het* niet te ontkomen lot, onvermijdelijke bestemming: ★ *je kunt het ~ niet ontlopen;* vooral ongelukkig lot: ★ *ze vlogen hun ~ tegemoet*
nood·lot·tig *bn* ❶ onafwendbaar ❷ ongelukkig, rampspoed veroorzakend: ★ *een ~ ongeval* ★ *de bomaanslag werd zestien mensen ~ er kwamen zestien mensen om*
nood·op·los·sing *de (v)* [-en] onbevredigende oplossing bij onmogelijkheid van een betere
nood·rant·soen *het* [-en] levensmiddelen die alleen in noodsituaties mogen worden aangesproken
nood·recht *het* het uitvaardigen van wetten en maatregelen in noodsituaties waarin de normaal geldende wettelijke regelingen niet toegepast kunnen worden
nood·rem *de* [-men] rem in een trein, tram e.d. die in geval van nood in werking kan worden gebracht; ★ *aan de ~ trekken* a) fig op een wanhopige manier trachten een dreigend probleem of gevaar te keren; b) sp een doorgebroken speler ten val brengen
nood·sein *het* [-en], **nood·sig·naal** [-sienjaal] *het* [-nalen] teken dat men in gevaar is ★ *een ~ geven* dringend om hulp vragen
nood·si·tu·a·tie [-(t)sie] *de (v)* [-s] noodtoestand
nood·slach·ting *de (v)* [-en] het slachten van vee wegens dwingende omstandigheden (ongeval, ziekte enz.)
nood·sprong *de (m)* [-en] sprong om een groot ongeluk te voorkomen; fig wanhopige poging om zich uit moeilijkheden te redden
nood·stal *de (m)* [-len] hoefstal, stal waar paarden beslagen worden
nood·stop *de (m)* [-pen] ❶ het stoppen met een voertuig vanwege motorpech e.d. ❷ plotselinge stop ter voorkoming van een ongeluk
nood·toe·stand *de (m)* [-en] ❶ recht toestand waarin men door overmacht gedwongen is een bepaalde strafbare handeling te verrichten: ★ *strafbare feiten in ~ gepleegd komen in aanmerking voor uitsluiting van strafvervolging* ❷ door een noodsituatie

ontstane toestand, waarin de overheid bijzondere bevoegdheden heeft: ★ *in het rampgebied werd de ~ afgekondigd*
nood·uit·gang *de (m)* [-en] in noodsituaties te gebruiken uitgang (bijv. bij brand)
nood·ver·band *het* [-en] ❶ provisorisch aangelegd verband ❷ fig tijdelijke oplossing, noodoplossing
nood·weer¹ *het* zeer slecht weer
nood·weer² *de* recht gewelddadige verdediging uit noodzaak: ★ *handelen uit ~*
nood·weer·ex·ces *het* [-sen] recht gewelddadige zelfverdediging die wederrechtelijk is maar niet strafbaar
nood·wen·dig·heid *de (v)* [-heden] BN, schrijftaal behoefte; eis ★ *aanpassen aan de noodwendigheden van* aanpassen aan de behoeftes van
nood·wet *de* [-ten] hulpwet, voorlopige wet
nood·win·kel *de (m)* [-s] tijdelijk ingerichte winkel, geïmproviseerde winkel
nood·wo·ning *de (v)* [-en] tijdelijk als woning ingericht verblijf
nood·zaak *de* het noodzakelijk zijn; dwang van omstandigheden: ★ *de ~ tot aanpassingen* ★ *uit pure ~ moeten ingrijpen*
nood·za·ke·lijk *bn* beslist nodig; **noodzakelijkheid** *de (v)* [-heden]
nood·za·ken *ww* [noodzaakte, h. genoodzaakt] dwingen: ★ *dit noodzaakt ons tot ingrijpen*
nooit *bijw* ❶ op geen tijdstip in het verleden, het heden of de toekomst: ★ *zoiets heb ik nog ~ gezien* ★ *dit mag ~ meer gebeuren* ❷ in geen geval: ★ *dat vinden mijn ouders ~ goed!* het is uitgesloten dat ze dat goedkeuren ★ *nu of ~* als het nu niet gebeurt, kan het later niet meer ★ NN, spreektaal *aan mijn ~ niet in geen geval* ★ *~ van zijn leven* of *~ of te nimmer* helemaal nooit ★ BN, spreektaal *~ of ~* nooit, helemaal nooit
Noor *de (m)* [Noren] iem. geboortig of afkomstig uit Noorwegen
noor *de (m)* zie → **noren**
noord I *de* noordelijk liggend land of gebied: ★ *om de ~ varen* **II** *bn* NN uit het noorden komend: ★ *de wind is ~*
Noord-At·lan·tisch *bn* aan de noordkant van de Atlantische Oceaan: ★ *de Noord-Atlantische Verdragsorganisatie*
Noord-Bra·bants *bn* van of uit Noord-Brabant
noor·de·lijk *bn* ten noorden van, naar het noorden: ★ *het ~ halfrond*
noor·de·ling *de (m)* [-en] → **noorderling**
noor·den *het* ❶ windstreek: ★ *Nederland ligt ten ~ van België* ★ *de tuin ligt helaas op het ~* ★ BN, spreektaal *er het ~ bij verliezen* in de war raken, de kluts kwijtraken ❷ landen, gebieden in noordelijke streken gelegen: ★ *we trokken naar het barre ~*
noor·den·wind, **noor·den·wind** *de (m)* [-en] wind uit het noorden
noor·der·breed·te *de (v)* afstand van een plaats op

het noordelijk halfrond tot de evenaar, uitgedrukt in graden

noor·der·buur *de (m)* [-buren] BN ook Nederlander

noor·der·keer·kring *de (m)* Kreeftskeerkring: ★ *op 21 juni staat de zon op de* ~

noor·der·licht *het* lichtverschijnsel in de noordelijke poolstreken, in Nederland soms zichtbaar

noor·der·ling, **noor·de·ling** *de (m)* [-en] iemand uit het noorden

noor·der·zon *de* ★ *met de* ~ *vertrekken* heimelijk vertrekken, zodat niemand weet waarheen

Noord-Fries I *bn* van, uit, betreffende Noord-Friesland **II** *de (m)* [-Friezen] iem. geboortig of afkomstig uit Noord-Friesland **III** *het* dialect zoals aan de westkust van Zuid-Sleeswijk en op de omringende eilanden gesproken wordt

noord·grens *de* [-grenzen] grens aan de noordzijde

Noord-Hol·lands *bn* van, uit, betreffende Noord-Holland

noord·kant *de (m)* noordelijke zijde

noord·ka·per *de (m)* [-s] aan de Groenlandse walvis verwante zwarte, zeer zeldzame walvissoort (*Eubalaena glacialis*), voorkomend in het noorden van de Atlantische en de Grote Oceaan

noord·kust *de* [-en] noordelijke kust

Noord-Ne·der·lan·der *de (m)* [-s] BN Nederlander

Noord-Ne·der·lands I *bn* van, behorende tot Noord-Nederland **II** *het* BN het Nederlands zoals dat in het noorden van het Nederlandse taalgebied wordt gesproken, Nederlands-Nederlands

noord·noord·oost *bijw* tussen noord en noordoost

noord·noord·west *bijw* tussen noord en noordwest

noord·oost *bijw* tussen noord en oost

noord·oos·te·lijk *bn* van of naar het noordoosten

noord·oos·ten I *het* windstreek tussen noord en oost **II** *bn* uit het noordoosten

noord·oos·ten·wind *de (m)* [-en] wind die uit het noordoosten waait

noord·oost·pas·saat *de (m)* passaat ten noorden van de evenaar

Noord·pool, **Noord·pool** *de* noordelijk uiteinde van aard- of hemelas

noord·pool, **noord·pool** *de* positief uiteinde van een magneet

Noord·pool·cir·kel, **Noord·pool·cir·kel** *de (m)* denkbeeldige cirkel op het noordelijk halfrond op 66,5° afstand van de evenaar

Noord·pool·ex·pe·di·tie [-(t)sie] *de (v)* [-s] onderzoekingstocht naar de Noordpool

Noord·pool·ge·bied *het* [-en] het gebied rond de Noordpool

Noord·pool·reis *de* [-reizen], **Noord·pool·tocht** *de (m)* [-en] reis naar de Noordpool

noords *bn* van, uit, betreffende het noorden; het noorden van Europa betreffend

noord·waarts *bn* naar het noorden

noord·west *bijw* tussen noord en west

noord·wes·te·lijk *bn* van of naar het noordwesten

noord·wes·ten I *het* windstreek tussen noord en west **II** *bn* uit het noordwesten

noord·wes·ten·wind *de (m)* [-en] wind die uit het noordwesten waait

noord·wes·ter I *bn* uit het noordwesten **II** *de (m)* [-s] (harde) noordwestenwind

noord·zij, **noord·zij·de** *de* noordkant

Noor·man *de (m)* [-nen] Scandinavische zeeman die in de negende en tiende eeuw langs de Europese kusten voer om te plunderen, handel te drijven of staten te stichten

Noors *bn* van, uit, betreffende Noorwegen

noot¹ *de* [noten] vrucht met harde schaal ★ *een harde* ~ *om te kraken* een moeilijk karwei om op te knappen ★ *een harde* ~ *met iem. te kraken hebben* een netelige zaak met iem. te bespreken hebben

noot² ‹Lat› *de* [noten] ❶ aparte aantekening bij een tekst ❷ klankteken in de muziek ★ *een vrolijke* ~ iets leuk ★ *veel noten op zijn zang hebben* veeleisend zijn

noot·mus·kaat, **no·ten·mus·kaat** *de* specerij bereid uit de muskaatnoot

noot·mus·kaat·boom, **no·ten·mus·kaat·boom** *de (m)* [-bomen] boom die de muskaatnoot draagt

NOP *afk* in Nederland Noordoostpolder

nop¹ *de* [-pen] ❶ pluis, vlok op wollen stof ❷ elk van de kleine ronde dopjes onder de zool van sommige sportschoenen, dienend om in een zachte ondergrond (bijv. gras) houvast te geven

nop² *inf* ★ *voor* ~ voor niets

no·pen *ww* [noopte, h. genoopt] doen besluiten; noodzaken: ★ *de te hoge werkdruk noopt tot personeelsuitbreiding*

no·pens *vz* vero betreffende, over, aangaande, omtrent: ★ *klachten* ~ *geluidshinder*

nop·jes *zn* ★ *in zijn* ~ in zijn schik

nop·pes *onbep vnw inf* niets: ★ *voor* ~; *vgl:* → **nop²**

nor *de* [-ren] *inf* gevangenis

nor·ber·tijn *de (m)* [-en] premonstratenzer, genoemd naar de H. Norbertus die in 1120 de orde stichtte

nor·ber·tij·ner *bn* betreffende de norbertijnen

nor·dic wal·king [-wòking] *het* wandelen met in elke hand een soort skistok als hulpmiddel

no·ren *mv* hardrijschaatsen met lange ijzers

no·ria ‹Sp‹Arab› *de* ['s] bevloeiingswerktuig bestaande uit een ketting zonder eind, waaraan emmers die beneden gevuld en boven uitgestort worden

norm ‹Fr‹Lat› *de* [-en] ❶ regel, richtsnoer, criterium, maatstaf; toestand, maat, hoeveelheid die de gewone is of waarnaar men zich moet richten: ★ *normen stellen* ★ *volgens de* ~ ★ *boven / onder (beneden) de* ~ *liggen* ❷ gedragsregel: ★ *de* ~*en en waarden dreigen te vervagen* ❸ druktechn verkorte titel onder aan elk blad van een boek, signatuur; ook: **norma**

nor·maal¹ ‹Fr‹Lat› *bn* ❶ volgens de of een norm, standaard: ★ *normale spoorwijdte* gewone wijdte tussen de beide rails (1,435 m) ★ *normale oplossing* oplossing van zoveel gram in een liter water als

normaal–notenkraker 866

equivalent is met een gramatoom waterstof ❷ gewoon, gebruikelijk, gemiddeld, zoals men meestal aantreft: ★ *doe een beetje ~* ★ *iedere normale auto gaat wel eens kapot* ★ *die vent is toch niet ~ hij is gek*

nor·maal² *(‹Fr) de [-malen]* ❶ wisk loodlijn, vooral op een raaklijn of een raakvlak ❷ normale of gemiddelde waarde

nor·maal·for·maat *het* gestandaardiseerd papierformaat

nor·maal·on·der·wijs *het* BN, vroeger onderwijs tot opleiding van onderwijzers en leraren voor het lager middelbaar onderwijs

nor·maal·school *de [-scholen]* BN instelling voor opleiding tot (kleuter)onderwijzer of tot leraar in het lager voortgezet onderwijs

nor·maal·spoor *het [-sporen]* spoorbaan met normale spoorbreedte, 1,435 meter

nor·ma·li·sa·tie *[-zaa(t)sie] (‹Fr) de (v)* het normaliseren; het vaststellen van algemeen aanvaarde standaarden op gebieden waar verscheidenheid overbodig of ongewenst is

nor·ma·li·se·ren *ww [-zeerǝ(n)] (‹Fr)* [normaliseerde, h. genormaliseerd] ❶ regelmatig maken, regelen naar bepaald model ❷ verbeteringswerken uitvoeren aan een rivier, ten einde haar loop regelmatiger te maken ❸ standaardtypen voor soorten en maten van handels- en gebruiksartikelen, wapens enz. vaststellen

nor·ma·li·teit *(‹Fr) de (v)* het normaal-zijn; regelmatige, gewone gesteldheid

nor·ma·li·ter *(‹Lat) bijw* volgens de norm of de regel; als regel, gewoonlijk

Nor·man·di·ër *de (m) [-s]* iem. geboortig of afkomstig uit Normandië

Nor·man·disch *bn* van, uit, betreffende Normandië

nor·ma·tief *(‹Fr) bn* een norm vormend of stellend: ★ *een normatieve grammatica*

norm·be·sef *het* bewustzijn van maatschappelijke normen

nor·me·ren *ww* [normeerde, h. genormeerd] als norm vaststellen; de norm vastleggen van

norm·loos·heid *de (v)* toestand waarin er geen sociale normen zijn, anomie

Nor·nen *(‹Du) mv* schikgodinnen in de Germaanse mythologie

nors *bn* stuurs, onvriendelijk: ★ *een norse blik*; **norsheid** *de (v)*

nor·ton·pomp *de [-en]* pomp met op elkaar geschroefde ijzeren buizen tot in het grondwater, genoemd naar de Engelse ingenieur Norton

NOS *afk* Nederlandse Omroepstichting

nos·tal·gie *(‹Fr‹Gr) de (v)* heimwee, verlangen, vooral naar een (geïdealiseerde) voorbije tijd, een vroeger levenspatroon: ★ *~ naar de jaren zestig*

nos·tal·gisch *bn* heimwee naar voorbije tijden betreffend of daaruit voortkomend: ★ *mijn moeder wordt altijd helemaal ~ van dit liedje*

NOT *afk* Nederlandse Onderwijstelevisie [thans *Teleac/NOT* geheten]

no·ta *(‹Lat) de ['s]* ❶ rekening: ★ *een ~ sturen voor verrichte werkzaamheden* ❷ BN ook aantekening, notitie ★ *nota's nemen* noteren, notities nemen ❸ ★ *~ van iets nemen* aandacht schenken aan iets, iets als informatie tot zich nemen ❹ geschrift waarin een officieel persoon iets bekendmaakt of zijn standpunt uiteenzet: ★ *een ministeriële ~ over het milieubeleid* ★ *~ van wijzigingen* ministeriële wijziging(en) in een wetsvoorstel

no·ta·bel *(‹Fr‹Lat) bn* aanzienlijk, voornaam

no·ta·be·len *(‹Fr) mv* burgers met een hoog aanzien in een plaats: ★ *de ~ van het dorp*

no·ta be·ne *bijw (‹Lat)* let wel!, let goed op!; vaak verkort: NB

no·ta·boek *het [-en]* BN ook notitieboek, aantekenboek ★ *notaboekje* agenda

not amused *bn [- ǝmjoezd] (‹Eng)* niet blij, boos, onaangenaam verrast: ★ *de directeur was ~ toen hij van de stakingsplannen hoorde*

no·ta·ri·aat *(‹Fr) het [-aten]* ❶ het ambt van notaris ❷ standplaats, praktijk van een notaris

no·ta·ri·eel *(‹Fr) bn* ❶ het notarisschap betreffend ❷ door een notaris opgemaakt: ★ *een notariële akte*

no·ta·ris *(‹Lat) de (m) [-sen]* openbaar ambtenaar, bevoegd om authentieke akten op te stellen, in bewaring te houden en er afschriften van te maken

no·ta·ris·kan·toor *het [-toren]* kantoor van een notaris

no·ta·tie *[-(t)sie] (‹Lat) de (v) [-s]* het noteren, opschriftstelling, vooral wijze waarop muziek in schrift wordt vastgelegd; ook het noteren van de gedane zetten (bij schaken en dammen)

no·ta·wis·se·ling *de (v) [-en]* wederzijdse toezending van diplomatieke brieven of politieke nota's

not done *[- dun] (‹Eng) bn* niet netjes, ongepast; moreel verwerpelijk: ★ *het dragen van een spijkerbroek is in dit bedrijf ~*

note·book *[nootboek] (‹Eng) het [-s]* compacte, draagbare computer met een klein scherm en toetsenbord

no·te·laar BN, spreektaal **I** *de (m) [-s; ook -laren]* notenboom **II** *het* notenhout: ★ *een eetkamer in ~*

no·ten *bn* van notenhout: ★ *een ~ dashboard*

no·ten·balk *de (m) [-en]* vijf evenwijdige lijnen waarop muziekschrift wordt geschreven

no·ten·bar *de [-s]* winkel of gedeelte daarvan waar allerlei noten (→ *noot¹*) te koop zijn

no·ten·boom *de (m) [-bomen]* boom waaraan noten groeien

no·ten·dop *de (m) [-pen]* ❶ harde schaal van een → *noot¹* ❷ fig klein bootje ❸ beknopte vorm: ★ *de geschiedenis in een ~*

no·ten·hout *het* hout van een notenboom

no·ten·hou·ten *bn* van notenhout

no·ten·kra·ker *de (m) [-s]* werktuig om noten mee te kraken

no·ten·leer *de BN ook* muziekonderwijs, vooral notenschrift en muziektheorie
no·ten·mus·kaat *de* minder gebruikte spellingvariant van → **nootmuskaat**
no·ten·pa·pier *het* papier met notenbalken
no·ten·schelp *de* [-en] BN ❶ notendop ❷ fig klein bootje
no·ten·schrift *het* muziekschrift
no·te·ren *ww* (‹Fr‹Lat) [noteerde, h. genoteerd] ❶ aantekenen ❷ een bep. koers bereiken, een prijs bepalen: ★ *op een lusteloze beurs noteerden de aandelen vandaag onveranderd* ❸ sp behalen, realiseren: ★ *een snelle tijd (laten) ~ op de sprint*
no·te·ring *de (v)* [-en] het noteren, vooral opgave van de koers van op de beurs verhandelde effecten
no·tie [-(t)sie] (‹Fr) *de (v)* [-s] ❶ begrip, denkbeeld, voorstelling ★ *ergens geen ~ van hebben* er geen idee, kennis van hebben ❷ BN ook kennis: ★ *enige noties van Engels en Duits vereist*
no·ti·fi·ca·tie [-(t)sie] (‹Fr) *de (v)* [-s] kennisgeving, aanzegging
no·ti·tie [-(t)sie] (‹Lat) *de (v)* [-s] ❶ aantekening ❷ ★ *~ nemen van* aandacht schenken aan, als informatie tot zich nemen
no·ti·tie·boek·je [-(t)sie-] *het* [-s] aantekenboekje
n.o.t.k. *afk* nader overeen te komen
no·toir [-twaar] (‹Fr‹Lat) *bn* algemeen bekend, openbaar; berucht: ★ *een notoire vrouwenjager*
NOTU *afk* Nederlandse Organisatie van Tijdschriftuitgevers
no·tu·len, **no·tu·len** (‹Fr‹Lat) *mv* aantekeningen; kort schriftelijk verslag van een vergadering
no·tu·le·ren *ww* (‹Fr) [notuleerde, h. genotuleerd] ❶ notulen maken ❷ in de notulen opnemen
no·tu·list *de (m)* [-en] iem. die notulen maakt
nou vooral NN **I** *bijw* spreektaalvorm voor *nu* **II** *tsw* (verbazing, aansporing, matiging enz. uitdrukkend:) ★ *nou, nou, rustig aan een beetje!* ★ *~ en?* wat zou dat?, wat bedoel je daarmee?
nou·gat [noegà] (‹Fr) *de (m)* BN ook noga
nou·veau riche [noevoo riesj] (‹Fr) *de (m)* [nouveaux riches] parvenu
nou·veau·té [noevootee] (‹Fr) *de (v)* [-s] nieuwigheid, nieuw (mode)artikel
nou·velle va·gue [noevel vaaɣə] (‹Fr) *de (v)* 'nieuwe golf', vernieuwende filmstijl in Frankrijk en elders sedert 1958, die zich keerde tegen clichés en professionalisme, sterk literair geïnspireerd
no·va (‹Lat) *de (v)* [novae] [-vee, 's] astron ster waarvan de helderheid in zeer korte tijd enorm toeneemt en vervolgens weer langzaam afneemt, en die na langere tijd weer de oorspronkelijke helderheid verkrijgt
no·veen *de* [-venen] → **novene**
no·vel·le (‹It) *de* [-n, -s] kort prozaverhaal
no·vel·le·bun·del *de (m)* [-s] verzameling novellen
no·vel·list *de (m)* [-en] schrijver van novellen
no·vel·ty [nɔvvəltie] (‹Eng) *de* [-'s] ❶ nieuwigheid

❷ muziekstijl waarin een - vaak komisch bedoelde - gimmick of een raar geluidseffectje als uitgangspunt dient: ★ *'Watskeburt' was een noveltyhit*
no·vem·ber (‹Lat) *de (m)* elfde maand van het jaar, slachtmaand
no·ve·ne, **no·veen** (‹Lat) *de* [-venen] RK negendaagse gebedsoefening
No·vib *afk* Nederlandse organisatie voor internationale bijstand
no·vi·ce (‹Fr‹Lat) *de* [-n, -s] nieuweling, vooral hij of zij die een proefjaar in een klooster doorbrengt
no·vi·ce·mees·ter *de (m)* [-s], **no·vi·ce·mees·te·res** *de (v)* [-sen] iem. die leiding geeft aan novicen
no·vi·ciaat [-sjaat] (‹Fr) *het* [-ciaten] proeftijd voor novicen
no·viet (‹Lat) *de* [-en] NN nieuweling; eerstejaarsstudent die zich heeft aangemeld als nieuw lid van een studentenvereniging
no·vi·teit *de (v)* [-en] nieuwigheid, iets nieuws
no·vum (‹Lat) *het* [nova] iets nieuws; nieuw feit; omstandigheid die tot vernieuwde behandeling van een rechtszaak aanleiding geeft
no·zem (‹Barg) *de (m)* [-s] jonge branieschopper, vooral in de periode 1950-1960, gekleed in leer en met grote vetkuiven, zich afzettend tegen de gevestigde orde
NP *afk* niet parkeren
Np *afk* chem symbool voor het element neptunium
nr. *afk* [nrs.] nummer, numero
NRT *afk* nettoregisterton
NS *afk* NN ❶ naschrift ❷ Nederlandse Spoorwegen
NSB *afk* in Nederland, hist Nationaal-Socialistische Beweging (1931-1945)
NSB'er *de (m)* [-s] in Nederland, hist lid van de NSB
NSDAP *afk* hist Nationalsozialistische Deutsche Arbeiter Partei (‹Du) [Nationaal-socialistische Duitse Arbeiders Partij (1919-1945), de partij van Adolf Hitler]
NSKO *afk* in België Nationaal Secretariaat van het Katholiek Onderwijs [Belgische instelling die de belangen van het katholieke onderwijs behartigt; gemeenzaam 'de Guimardstraat' genoemd, naar de vestigingsplaats]
NT *afk* Nieuwe Testament
NT2 *afk* Nederlands als tweede taal
NTG *afk* in België Nederlands Toneel Gent [Belgisch theatergezelschap]
nu¹ I *bijw* heden, op 't ogenblik: ★ *~ of nooit* ★ *tot ~ toe* ★ *van ~ af (aan)* ★ *(zo) ~ en dan* af en toe, soms **II** *voegw* ❶ op het ogenblik dat, terwijl: ★ *~ het niet meer hoeft, is de dokter er eindelijk* ❷ aangezien: ★ *je kunt wel even helpen, ~ je er toch bent* **III** *tsw* (aansporing, opwekking uitdrukkend) **IV** *het* het heden: ★ *in het hier en ~; vgl:* → **nou**
nu² [nuu] (‹Gr) *de* ['s] 13e letter van het Griekse alfabet, als hoofdletter N, als kleine letter ν
nu- *voorv* alternatieve spelling voor *new*, vooral gebruikt in de benaming van muziekgenres:

★ *nu-metal, nu-soul*

nu·an·ce [nuu(w)ãsə] *(<Fr) de* [-s, -n] ❶ kleurspeling, schakering, tint ❷ weinig afwijkende verscheidenheid; fijn onderscheid: ★ ~ *aanbrengen in een oordeel*

nu·an·ce·ren *ww (<Fr)* [nuanceerde, h. genuanceerd] tinten, schakeren; (een) fijne onderscheiding(en) aanbrengen in; **nuancering** *de (v)* [-en]

Nu·bi·ër *de (m)* [-s] bewoner van Nubië, landstreek aan weerszijden van de Nijl in het zuiden van Egypte en het noorden van Soedan

Nu·bisch *bn* van, uit, betreffende Nubië

nuch·ter *bn* ❶ nog niet gegeten hebbend: ★ ~ *moeten zijn voor een operatie* ★ *op de nuchtere maag* ❷ niet dronken ❸ verstandig, zakelijk, koel beschouwend: ★ *de zaken ~ bekijken*

nuch·ter·heid *de (v)* het nuchter-zijn

nu·cle·air [-klee(j)èr] *(<Fr) bn* betrekking hebbend op cel- of atoomkernen ★ *nucleaire brandstof* splijtbaar materiaal dat dient om kernenergie op te wekken in een kerncentrale ★ *nucleaire bewapening* bewapening met kernwapens

nu·cle·us *(<Lat) de (m)* [-clei] kern, vooral atoomkern of kern van een komeet

nu·dis·me *(<Fr) het* het bij voorkeur ongekleed leven en daarom naakt zonnebaden, beoefenen van sport e.d., naaktcultuur, naturisme

nu·dist *(<Fr) de (m)* [-en] beoefenaar van het nudisme, naturist

nu·dis·ten·kamp *het* [-en] afgesloten terrein waarop men naakt mag recreëren

nuf *de (v)* [-fen] NN verwaand en tuttig meisje

Nuf·fic *de (m)* Netherlands organization for International cooperation in higher education [Nederlandse universitaire stichting voor internationale samenwerking]

nuf·fig *bn* NN verwaand-tuttig: ★ *een ~ meisje*; **nuffigheid** *de (v)*

NUHO *afk* in België, vroeger niet-universitair hoger onderwijs; thans HOBU

nuk *de* [-ken] gril, kuur

nuk·kig *bn* vol nukken, vol kuren; **nukkigheid** *de (v)*

nul *(<lt<Lat)* I *hoofdtelw* niet één, geen enkel exemplaar, niets ★ *van ~ en gener(lei) waarde* zonder enige waarde II *de* [-len] ❶ het cijfer 0: ★ *tien graden boven / onder ~* ★ *~ komma ~* helemaal niets ★ *het verstand op ~, de blik op oneindig* gezegd bij vooral langdurige klussen om aan te geven dat men er maar het beste zonder al te veel nadenken aan kan beginnen ❷ fig onbeduidend mens ★ *~ op het rekest krijgen* afwijzend antwoord krijgen ★ *van het jaar ~* zeer ouderwets, primitief; onbruikbaar ★ *voetbal de ~ vasthouden* sterk verdedigend spelen, zodat men nul doelpunten tegen krijgt

nul·groei *de (m)* stilstand van de economische groei

nul·lijn *de* [-en] lijn die het nulpunt aangeeft; econ toestand waarin werknemers geen reële inkomensverbetering ontvangen: ★ *de ambtenaren zitten al jaren op de ~*; algemeen regeling die vaste uitgaven op hetzelfde peil houdt

nul·me·ri·di·aan *de (m)* [-anen] de lengtecirkel bij Greenwich in Groot-Brittannië waarvanaf men begint te tellen

nul·num·mer *het* [-s] exemplaar van een nieuw tijdschrift, dat als proef het licht ziet vóór het verschijnen van het eerste - volledige - nummer

nul·op·tie [-sie] *de (v)* [-s] verklaring geen nieuwe kernwapens in een land of een gebied te plaatsen (als het land of de groep landen waartegen deze wapens zouden zijn gericht ook geen nieuwe kernwapens plaatst)

nul·punt *het* [-en] streep op een schaalverdeling waarbij 0 staat ★ *fig beneden, onder het ~* zeer laag

nul·stand *de (m)* [-en] stand op het nulpunt

nul·zes·num·mer, 06-num·mer *het* [-s] NN nummer van een mobiele telefoon, beginnend met 06

Num. *afk* Numeri

nu·me·rair [-rèr] *(<Fr<Lat) bn* naar het getal

nu·me·re·ren *ww (<Lat)* [numereerde, h. genumereerd] met cijfers tekenen, nummeren; tellen

Nu·me·ri *(<Lat) het* naam van het vierde boek van het Oude Testament, dat o.a. de volkstelling van de Israëlieten bevat

nu·me·riek *(<Fr) bn* in getal(len) uitgedrukt ★ *numerieke meerderheid* meerderheid qua aantal ★ *numerieke waarde* getalwaarde, zoals door de cijfers uitgedrukt

nu·me·ro *(<Fr<Lat) het* ['s] nummer

nu·me·ro·lo·gie *de (v)* leer van de getallensymboliek

nu·me·ro·teur *(<Fr) de (m)* [-s] toestel dat automatisch nummert

nu·me·rus *(<Lat) de (m)* [-ri] ❶ getal; getalvorm van een zelfstandig naamwoord (enkel- en meervoud, dualis) ❷ aantal ★ *~ clausus* of *fixus* regeling dat slechts een vastgesteld aantal studenten aan een (hoge)school of een faculteit wordt toegelaten

nu·mis·ma·tiek *(<Fr) de (v)* munt- of penningkunde

nu·mis·ma·tisch *(<Fr) bn* de munt- of penningkunde betreffend

num·mer *(<Fr<Lat) het* [-s] ❶ rangcijfer: ★ *~ drie op de ranglijst* ★ *op ~ 9 wonen* ★ *een nummertje trekken* een volgnummer halen in een winkel, bij de arts enz. om te weten wanneer men aan de beurt is ★ spreektaal *~ 100* het toilet ★ *iem. op zijn ~ zetten* iem. terechtwijzen ❷ schertsend kwibus, rare vent: ★ *jij bent me een ~* ★ *vroeger voor zijn ~ opkomen* zich melden voor de militaire dienst ❸ genummerde of gedateerde uitgave van een krant of tijdschrift; onderdeel van een voorstelling, concert enz. ❹ liedje, song: ★ *een mooi ~ van de Beatles* ❺ ★ spreektaal *een nummertje maken* vrijen, geslachtsgemeenschap hebben ★ *een nummertje weggeven* blijk geven van groot talent of inzicht ★ BN *groen ~* 0800-nummer, gratis nummer

num·mer·bord *het* [-en] bord met nummers, vooral

kentekenplaat op voertuigen

num·me·ren *ww* [nummerde, h. genummerd] een nummer geven

num·mer·plaat *de* [-platen] kentekenplaat

num·mer·slot *het* [-sloten] slot dat men opent en sluit door het combineren van een paar nummers

num·mer·tje *het* [-s] zie bij → **nummer**

nun·ti·a·tuur [-sie-] *(‹It) de (v)* [-turen] ❶ ambt, waardigheid van een nuntius ❷ paleis van een nuntius

nun·ti·us [-sie-] *(‹Lat) de (m)* [-tii, -sen] gezant van de paus

nurk *de (m)* [-en] nurks persoon

nurks I *bn* hatelijk, knorrig **II** *de (m)* [-en] nurks persoon

Nut *het* in Nederland de Maatschappij tot Nut van 't Algemeen, een in 1784 gestichte vereniging die zich met name richt op volksopvoeding en -onderricht

nut *het* voordeel: ★ *ik zie het ~ er niet van in* ★ *ten nutte van* ★ *ten algemenen nutte* in het algemeen belang

nu·tria *(‹Sp)* **I** *de* ['s] beverrat, moerasbever **II** *het* bont van het onder 1 genoemde dier

nuts·be·drijf *het* [-drijven] ★ *openbaar ~* bedrijf voor algemene voorzieningen zoals gas, elektriciteit, waterleiding

nut·te·loos *bn* zonder nut; vruchteloos; **nutteloosheid** *de (v)*

nut·tig *bn* nut hebbend: ★ *een nuttige besteding van de tijd* ★ *het nuttige met het aangename verenigen* iets doen dat noodzakelijk is en ook plezierig

nut·ti·gen *ww* [nuttigde, h. genuttigd] ‹voedsel, drank› gebruiken, tot zich nemen

nut·ti·ging *de (v)* het nuttigen; RK communie van de priester, derde hoofddeel van de mis

nv *afk* naamloze vennootschap

N-VA *afk* in België Nieuw-Vlaamse Alliantie [politieke partij]

NVJ *afk* Nederlandse Vereniging van Journalisten

NVSH *afk* Nederlandse Vereniging voor Seksuele Hervorming

n.v.t. *afk* niet van toepassing

NW *afk* noordwest

NWO *afk* Nederlandse Organisatie voor Wetenschappelijk Onderzoek

NY *afk* New York

ny·lon [nei-] **I** *de (m) & het* bep. synthetische kunststof **II** *de* [-s] kous van deze stof **III** *bn* gemaakt van de genoemde stof: ★ *een ~ kabel*

ny·lon·kous [nei-] *de* [-en] kous van nylon

nym·fo·maan [nim-] *(‹Gr) bn* lijdend aan nymfomanie

nym·fo·ma·ne [nim-] *(‹Gr) de (v)* [-n] vrouw met ziekelijk verhoogde geslachtsdrift

nym·fo·ma·nie [nim-] *(‹Gr) de (v)* ziekelijk verhoogde geslachtsdrift bij vrouwen

Ny·norsk [nie-, nuu-] *(‹No) het* (*eig*: Nieuwnoors) variant van de Noorse taal die voornamelijk op het platteland wordt gesproken en ook als een Noorse standaardtaal geldt; vgl: → **Bokmål**

NYSE *afk* eff *New York Stock Exchange* *(‹Eng)* [de effectenbeurs van New York]

NZHRM *afk* in Nederland Noord- en Zuid-Hollandse Reddingmaatschappij

O

o I *de* ['s] vijftiende letter van het alfabet **II** *tsw* uitroep van verbazing, schrik enz.
o. *afk* ❶ onzijdig ❷ handel order
O *afk* ❶ symbool voor het chemisch element zuurstof (*oxygenium*) ❷ opium
O. *afk* oost, oosten
o.a. *afk* onder andere(n)
OAE *afk* Organisatie voor Afrikaanse Eenheid
OAS *afk* ❶ Organisation of American States (‹Eng› [Organisatie van Amerikaanse Staten, in 1948 opgericht in Bogotá (Colombia), zetelend in Washington] ❷ Organisation de l'Armée secrète (‹Fr› [Organisatie van het geheime leger, een rechts-extremistische terreurorganisatie, die in 1961 en '62 ageerde tegen de onafhankelijkheid van Algerije]
oa·se [oo(w)aazə] (‹Gr› *de (v)* [-n, -s] ❶ lagere, van water voorziene en vruchtbare plek in een woestijn ❷ fig verkwikking of rust brengende plek in een dorre of lawaaiige omgeving: ★ *een ~ van rust*
ob·duc·tie [-sie] (‹Lat› *de (v)* [-s] gerechtelijke lijkschouwing
obe·lisk (‹Gr› *de (m)* [-en] spits toelopende vierkante zuil, vaak als gedenknaald
O-be·nen *mv* kromme benen, waarbij de knieën van elkaar staan
ober (‹Du› *de (m)* [-s] eerste kelner; kelner
obe·si·tas *de (v)* ernstig overgewicht, vetzucht
ob·ject (‹Lat› *het* [-en] ❶ voorwerp, vooral voorwerp van studie of beschouwing ❷ taalk voorwerp ★ *direct ~ lijdend voorwerp* ★ *indirect ~ meewerkend voorwerp* ❸ willekeurig voorwerp dat door een bepaalde presentatie door de kunstenaar tot kunstvoorwerp wordt gemaakt
ob·ject·ge·ori·ën·teerd *bn* ‹comput› van programmeertalen› waarin modulair wordt gedacht, verzamelingen of klassen centraal staan en geen losse entiteiten of variabelen bestaan: ★ *Java is een voorbeeld van een objectgeoriënteerde programmeertaal*
ob·jec·tief (‹Lat› **I** *bn* zich bepalend tot de feiten; zakelijk, onbevangen, onbevooroordeeld **II** *bijw* wat de feiten betreft **III** *het* [-tieven] ❶ BN ook doel, doelstelling: ★ *de coureur had als enig ~ de gele trui* ❷ het naar het voorwerp gerichte glas of samenstel van glazen in een kijker, microscoop, fototoestel enz.
ob·jec·ti·ve·ren *ww* (‹Fr› [objectiveerde, h. geobjectiveerd] tot een object, tot een voorwerp van objectieve beschouwing maken; **objectivering** *de (v)* [-en]
ob·jec·ti·vi·teit (‹Fr› *de (v)* het objectief-zijn; onvooringenomenheid, onbevangenheid
oblaat [ooblaat] (‹Lat› *de (m)* [oblaten] lid van een godsdienstige stichting, die geen gelofte maar enkel een oblatie heeft afgelegd
oblie [ooblie] (‹Fr› *de (v)* [-s, obliën] NN dunne opgerolde wafel
obli·gaat (‹It› *bn* verplicht; onverbrekelijk met iets verbonden
obli·ga·tie [-(t)sie] (‹Fr‹Lat› *de (v)* [-s] ❶ verplichting, verbintenis ❷ schuldbrief van een overheids- of particuliere instelling, waarvan een vaste rente getrokken wordt
obli·ga·tie·le·ning [-(t)sie-] *de (v)* [-en] lening door obligaties uit te geven
obli·ga·toir [-ɣaatwaar] (‹Fr‹Lat› *bn* verplicht, verbindend, met bindende kracht
oblo·mo·vis·me *het* levenshouding gekenmerkt door lamlendigheid en initiatieloosheid (naar de hoofdpersoon Oblomov uit het gelijknamige boek van de Russische schrijver Ivan Gontsjarov, 1812-1891)
oblong [òblò] (‹Fr‹Lat› *bn* langwerpig rechthoekig, meer breed dan lang ★ *~ formaat* dwarsformaat
oboe [ooboo(w)ee] (‹It‹Fr› *de (m)* hobo ★ *~ d'amore* hobo die een kleine terts lager is dan de gewone
ob·sceen [-seen, -skeen] (‹Fr‹Lat› *bn* ontuchtig, oneerbaar, schunnig: ★ *obscene gebaren* ★ *obscene taal*
ob·sce·ni·teit [-see-, -skee-] (‹Fr‹Lat› *de (v)* ❶ ontuchtigheid ❷ [*mv*: -en] iets obsceens, ontuchtige voorstelling, gore mop
ob·scu·ran·tis·me (‹Fr› *het* streven om de ontwikkeling in kennis te stuiten en het volk in onwetendheid te houden; **obscurantist** *de (m)* [-en]; **obscurantistisch** *bn*
ob·scu·ri·teit (‹Fr‹Lat› *de (v)* donkerheid, duisterheid; ondoorzichtigheid; verborgenheid; vergetelheid
ob·scuur (‹Fr‹Lat› *bn* ❶ donker, duister ❷ duister in figuurlijke zin ❸ ‹van personen en plaatsen› onbekend of minder gunstig bekend
ob·se·de·ren (‹Fr‹Lat› *ww* [obsedeerde, h. & is geobsedeerd] voortdurend de gedachten in bezit nemen, niet loslaten, niet met rust laten: ★ *hij is geobsedeerd door dat idee*
ob·ser·van·ten (‹Lat› *mv* benaming voor de leden van monnikenorden die de strenge richting volgen, vooral bij de franciscanen
ob·ser·va·tie [-(t)sie] (‹Lat› *de (v)* [-s] ❶ waarneming: ★ *een ~ doen; iets wat waargenomen is* ❷ onderzoek in een ziekenhuis: ★ *iem. ter ~ opnemen*
ob·ser·va·tie·graad [-(t)sie-] *de (m)* BN, vroeger de eerste twee jaar van het secundair onderwijs, waarin men door een zo algemeen mogelijke opleiding een beeld tracht te verkrijgen van de aanleg van de leerlingen, waarna een studiekeuze plaatsvindt (te vergelijken met de brugklas in Nederland); thans eerste graad; zie ook → **determinatiegraad** en → **oriëntatiegraad**
ob·ser·va·tie·sa·tel·liet [-(t)sie-] *de (m)* [-en] kunstmaan die dient voor waarnemingen op aarde,

bijv. voor kartering, spionage, het signaleren van bosbranden, explosies enz.

ob·ser·va·tor *(‹Lat) de (m)* [-s] persoon belast met het doen van waarnemingen

ob·ser·va·to·ri·um *(‹Lat) het* [-ria, -s] waarnemingsstation, gebouw en instelling ter observatie van natuurverschijnselen, vooral sterrenwacht

ob·ser·ve·ren *ww (‹FrLat)* [observeerde, h. geobserveerd] waarnemen; gadeslaan, bespieden

ob·ses·sie *(‹FrLat) de (v)* [-s] kwellende gedachte die men niet uit het hoofd kan zetten; dwangvoorstelling

ob·ses·si·o·neel [-sjoo-] *bn* van de aard van of als een obsessie: ★ *obsessionele angst- en schuldgevoelens*

ob·si·di·aan *(‹Lat) het* [-anen] fluweelzwart glasachtig mineraal van vulkanische oorsprong, zwarte glaslava

ob·so·leet *(‹Lat) bn* verouderd, in onbruik geraakt

ob·sta·kel *(‹FrLat) het* [-s] hinderpaal, hindernis, belemmering, tegenstand: ★ *obstakels uit de weg ruimen*

ob·sti·naat *(‹Lat) bn* stijfkoppig, hardnekkig, onverzettelijk; volhardend

ob·sti·pa·tie [-(t)sie] *(‹Lat) de (v)* med hardlijvigheid, verstopping

ob·struc·tie [-sie] *(‹FrLat) de (v)* [-s] ❶ opstopping; med verstopping; afsluiting ❷ stelselmatige dwarsdrijverij van de minderheid in vergadering of parlement ❸ sp het met opzet hinderen van een tegenstander zonder zelf de bal te spelen

ob·stru·e·ren *ww (‹FrLat)* [obstrueerde, h. geobstrueerd] de door- of voortgang belemmeren; verstoppen

obus *(‹Fr) de (m)* [-sen] BN ook door kanon afgeschoten granaat

oca·ri·na *(‹It) de* ['s] stenen of metalen fluit in de vorm van een vogelromp, met negen toongaten

oc·ca·sie [-zie] *(‹FrLat)* BN, spreektaal I *de (v)* [-s] ❶ koopje, gelegenheidsaanbieding, reclameaanbieding; buitenkansje: ★ *een ~ doen* ergens een koopje doen, iets voordelig kopen ★ *(enige) ~* unieke aanbieding ❷ occasion, tweedehandsauto II *bn* gebruikt; tweedehands: ★ *grote keus aan ~meubelen*

oc·ca·sie·wa·gen [-zie-] *de (m)* [-s] BN, spreektaal tweedehandswagen, inruilwagen; occasion

oc·ca·sion [-zjõ] *(‹FrLat) de (m)* [-s] NN ❶ gelegenheidskoopje ❷ vooral tweedehands auto

oc·ca·si·o·neel [-zjoo-] *(‹Fr) bn* ❶ bij bepaalde gelegenheden plaatshebbend, nu en dan voorkomend ❷ aanknopend bij een bepaalde gelegenheid ★ *occasionele betekenis* betekenis die gebonden is aan een bepaald verband ❸ toevallig

oc·ci·dent *(‹FrLat) de (m)* plaats aan de hemel waar de zon ondergaat; het westen, Avondland

oc·ci·den·taal *(‹Lat) bn* westelijk; westers

Oc·ci·taans *(‹Fr)* I *bn* van, betreffende Occitanië, het gebied van de langue d'oc (Zuid-Frankrijk) II *het* taal die in de middeleeuwen in het zuiden van Frankrijk werd gesproken

oc·clu·sie [-zie] *(‹FrLat) de (v)* [-s] ❶ afsluiting ❷ insluiting, bijv. van een gas in een metaal ❸ het op elkaar sluiten van tanden en kiezen in ruststand ❹ meteor het op elkaar stoten van een kou- en een warmtefront

oc·clu·sief [-zief] *(‹Fr)* I *bn* afsluitend II *de* [-sieven] taalk medeklinker die wordt gevormd door afsluiting van de luchtstroom in het stemkanaal, plofklank, explosief: ★ *de t, p en k zijn occlusieven*

oc·cult *(‹FrLat) bn* ❶ verborgen, in het verborgene plaatshebbend ❷ geheim; alleen voor ingewijden kenbaar

oc·cul·tis·me *het* leer van het occulte, geheime wetenschappen, zoals magie, spiritisme

oc·cu·pa·tie [-(t)sie] *(‹FrLat) de (v)* [-s] ❶ inbezitneming ❷ bezetting, heerschappij over in oorlog bezet gebied ❸ bezigheid

oc·cu·pe·ren *(‹FrLat)* I *ww* [occupeerde, h. geoccupeerd] bezetten, in bezit nemen II *wederk* zich bezighouden (met iem., iets); zich bemoeien (met)

oce·aan *(‹Gr) de (m)* [-anen] ❶ wereldzee: ★ *op / over de ~* ❷ fig zee, grote hoeveelheid: ★ *een ~ van licht*

oce·aan·sto·mer *de (m)* [-s] (luxe) passagiersschip dat de oceaan oversteekt

oce·aan·sto·ring *de (v)* [-en] meteor depressie die boven de (Atlantische) oceaan hangt

oce·a·nisch *bn* ❶ de wereldzee betreffend ❷ *Oceanisch* van, uit, betreffende Oceanië, de eilandenwereld in de Grote Oceaan

oce·a·no·gra·fie *(‹Gr) de (v)* beschrijving en wetenschap van de zeeën

oce·lot *(‹Nahuatl, een Mexicaanse indianentaal)* I *de (m)* [-ten] middelgroot, katachtig roofdier uit Centraal-Amerika met een mooi, onregelmatig vlekkenpatroon (*Leopardus pardalis*) II *het* bont van dit dier

och *tsw* uitroep van medelijden, verbazing, onverschilligheid e.d.: ★ *~, het valt wel mee*

och·lo·craat *(‹Gr) de (m)* [-craten] volksmenner

och·lo·cra·tie [-(t)sie] *(‹Gr) de (v)* [-tieën] heerschappij van het gepeupel

och·tend *de (m)* [-en] de (vroege) morgenuren ★ *'s ochtends* in de ochtend

och·tend·blad *het* [-bladen] NN 's morgens verschijnende krant

och·tend·dienst *de (m)* [-en] NN ❶ kerkdienst in de morgen ❷ vroege dienst bij het werken in wisseldienst

och·tend·edi·tie [-(t)sie] *de (v)* [-s] NN 's ochtends verschijnende editie van een krant

och·tend·ge·bed *het* [-beden] NN gebed na het opstaan

och·tend·gym·nas·tiek [-gim-] *de (v)* lichaamsoefeningen na het opstaan

och·tend·hu·meur *het* slecht humeur 's morgens
och·tend·krie·ken *het* het aanbreken van de dag
och·tend·mens *de (m)* [-en] iem. die zich 's morgens het meest fit voelt, *tegengest*: **avondmens**
och·tend·sche·me·ring *de (v)* morgenschemering
och·tend·stond *de (m)* het vroege morgenuur
och·tend·wij·ding *de (v)* [-en] morgenwijding
och·tend·ziek·te *de (v)* ochtendhumeur
OCMW *afk* in België Openbaar Centrum voor Maatschappelijk Welzijn
OCR *afk* Optical Character Recognition [optische tekenherkenning, software waarmee tekstpagina's via een scanner kunnen worden omgezet in digitale bestanden die met een tekstverwerker bewerkt kunnen worden]
oct. *afk* octaaf
oc·taaf¹ *(Lat) de & het* [-taven] ❶ *muz* achtste toon vanaf de grondtoon; interval, resp. omvang van acht tonen: ★ *een ~ hoger / lager* ❷ RK achtdaagse viering van een hoofdfeest, vooral de achtste dag daarvan ❸ de twee kwatrijnen van een sonnet
oc·taaf² *(Lat) het & bn* → **octavo**
oc·taan *(Lat) het* verzadigde koolwaterstof met acht koolstofatomen
oc·taan·ge·hal·te *het* [-n, -s], **oc·taan·ge·tal** *het* verhoudingsgetal waarmee de klopvastheid van benzine wordt aangegeven: ★ *95 en 98 zijn de gangbare octaangetallen voor autobenzine*
oc·ta·ë·der *(Gr) de (m)* [-s] regelmatig, door acht gelijkzijdige driehoeken ingesloten achthoek
oc·tant *(Lat) de (m)* [-en] astronomisch hoekmeetinstrument, waarvan de gradenboog 1/8 van een cirkel bedraagt
oc·ta·vo *(Lat)* **I** *het* boekformaat van acht bladen (16 bladzijden) per vel; boek in dat formaat **II** *bn* het formaat van een octavo hebbend
oc·tet *(It) het* [-ten] *muz* stuk voor acht stemmen of instrumenten
oc·to·go·naal *(Gr) bn* achthoekig
oc·to·goon *(Gr) de (m)* [-gonen] achthoek; achtkant
oc·to·pus *(Gr) de (m)* [-sen] soort inktvis met acht armen
oc·trooi *(Fr) het* [-en] ❶ machtiging, vergunning ❷ uitsluitend recht tot het maken of verkopen van een nieuw uitgevonden product
oc·trooi·e·ren *ww (Fr<Lat)* [octrooieerde, h. geoctrooieerd] een → **octrooi** (bet 2) verlenen
oc·trooi·ge·mach·tig·de *de* [-n] iem. die bij de Octrooiraad de aanvrager van een → **octrooi** (bet 2) vertegenwoordigt
Oc·trooi·raad *de (m)* organisatie die beslist over het verlenen van octrooien (→ **octrooi**, bet 2), waakt over de uitvoering van de octrooiwet en een openbaar register bijhoudt
oc·trooi·recht *het* recht volgens de octrooiwet
oc·trooi·wet *de* wet met voorschriften betreffende het verlenen van octrooien (→ **octrooi**, bet 2)
ocu·lair [-lèr] *(Fr<Lat)* **I** *bn* het oog betreffend; oog-,

ogen ★ *oculaire inspectie* ogenschouw, bezichtiging in eigen persoon **II** *het* [-en] het naar het oog gerichte samenstel van lenzen in een optisch instrument
ocu·le·ren *ww (Lat)* [oculeerde, h. geoculeerd] een entwijze van bomen: een stuk bast met een goed ontwikkeld → **oog** (bet 6) overbrengen naar de bast van een andere boom
ocu·list *(Fr) de (m)* [-en] oogarts
OCW *afk* in Nederland (ministerie van) Onderwijs, Cultuur en Wetenschappen
oda·lisk *(Fr<Turks) de (v)* [-en] haremdienares
ODBC *afk* Open Database Connectivity [standaardmethode om toegang te krijgen tot in een database opgeslagen gegevens, ongeacht het gebruikte databasemanagementsysteem]
ode *(Fr<Gr) de* [-n, -s] lofzang; lyrisch gedicht waarin een verheven onderwerp wordt behandeld
ode·on *het (Gr)* [-s], **ode·um** [oodee-] *(Lat<Gr) hist* gebouw voor theater- en muziekwedstrijden in de Griekse en Romeinse oudheid
odeur [oodeur] *(Fr<Lat) de (m)* [-s] ❶ geur, reuk ❷ reukwater
odi·um *(Lat) het* het stigma van gehaat zijn
odys·see [oodis-] *(Gr) de (v)* [-s, -seeën] lange, moeizame zwerftocht; naar de *Odyssee*, heldendicht van Homerus over de omzwervingen van Odysseus
Oe *afk* symbool voor oersted
oe·cu·me·ne [eukuu-] *(Gr) de* ❶ de algemene Kerk, de éne Kerk voor de hele wereld ❷ de beweging die het tot stand komen daarvan nastreeft
oe·cu·me·nisch [eukuu-] *(Gr) bn* de gehele wereld betreffend; de samenwerking en het samengaan van alle christelijke kerken betreffend: ★ *een oecumenische dienst* ★ *~ concilie* kerkvergadering van alle kardinalen en bisschoppen ★ *oecumenische beweging* streven naar toenadering van de verschillende christelijke kerken
oe·deem [ui- of eu-] *(Gr) het* [-demen] *med* ophoping van vocht in de weefsels, waterzucht: ★ *long~* ★ *honger~*
oe·di·paal [oi-] *bn psychoanalyse*: ★ *oedipale fase* fase in de driftontwikkeling (vanaf ± 3 tot ± 5 à 6 jaar) waarin het jongetje erotische gevoelens koestert jegens zijn moeder, gepaard gaande met rivaliteit en jaloezie jegens zijn vader
oe·di·pus·com·plex [oidiepoes-] *het psych* verzamelnaam voor stoornissen in het zielenleven die stammen uit de oedipale fase (naar Oedipus, legendarische Griekse held die zijn vader doodde en zijn moeder huwde; bij meisjes wel → **elektracomplex** genoemd)
oef *tsw* uitroep bij benauwdheid of opluchting: ★ *~, dat ging maar net goed*
oe·fe·nen *ww* [oefende, h. geoefend] ❶ iets steeds doen om zich te bekwamen ❷ van zich doen uitgaan, uitoefenen: ★ *invloed ~* ❸ hebben, tonen: ★ *geduld ~*

oe·fe·ning *de (v)* [-en] ❶ het oefenen ★ ~ *baart kunst* door oefening krijgt men vaardigheden e.d. ❷ dat waarmee men zich oefent, opgave, schoolopgave

oe·fen·mees·ter *de (m)* [-s] iem. die leiding geeft bij oefeningen, vooral in sport

oe·fen·school *de* [-scholen] gelegenheid om de praktijk te leren

oe·fen·ter·rein *het* [-en] terrein voor (militaire) oefeningen

oe·fen·the·ra·peut [-puit] *de (m)* [-en], **oe·fen·the·ra·peu·te** [-pui-] *de (v)* [-n, -s] iem. die leiding geeft bij oefentherapie

oe·fen·the·ra·pie *de (v)* benaming voor op de lichaamshouding en -beweging gerichte therapieën, zoals Cesar en Mensendieck

oe·fen·wed·strijd *de (m)* [-en] wedstrijd buiten de competitie of toernooien, bedoeld om te oefenen en ingespeeld te raken

Oe·gan·dees I *bn* van, uit, betreffende Oeganda II *de (m)* [-dezen] iem. geboortig of afkomstig uit Oeganda

oe·hoe *de (m)* [-s] zeer grote uil met oorpluimen (*Bubo bubo*)

oei! *tsw* uitroep van schrik, pijn e.d.

oe·ka·ze *(‹Russ) de* [-n, -s] hist bevelschrift van de Russische tsaar; fig, spottend hoog bevel

Oe·kra·iens *bn* van, uit, betreffende de Oekraïne

Oe·kra·i·ner *de (m)* [-s] iem. geboortig of afkomstig uit de Oekraïne

oe·la·ma, oe·la·ma, oe·le·ma *(‹Arab) de (m)* ['s] islamitisch Schriftgeleerde en godsdienstleraar

oe·le·wap·per *de (m)* [-s] onbenullig persoon, stommeling

OEM *afk* Original Equipment Manufacturer [onderneming die componenten fabriceert ter verwerking in een af product, bijv. diskdrives voor een computerfabrikant]

oen *de* [-en] vooral NN, spreektaal stommerd

oe·no·lo·gie [ui-] *(‹Gr) de (v)* kennis van de wijn en wijnbouw

oe·no·loog [ui-] *(‹Gr) de (m)* wijnkenner

O en W *afk* in Nederland Onderwijs en Wetenschappen

oer *het* ijzerhoudende grond

o.e.r. *afk* op erewoord retour

oer- *(‹Du) voorvoegsel* ❶ zeer oud, voorhistorisch, oorspronkelijk ❷ buitengewoon, uiterst, zeer

oer·bos *het* [-sen] oorspronkelijk, niet door mensen aangelegd natuurbos

oer·de·ge·lijk *bn* zeer degelijk

oer·drift *de* [-en] van oudsher in het wezen van mens of dier zetelende drift: ★ *seksualiteit is een* ~

oer·ge·zond *bn* helemaal gezond

oer·knal *de (m)* explosie waardoor ons heelal is ontstaan, big bang

oer·ko·misch *bn* zeer vermakelijk

oer·kreet *de (m)* [-kreten] ongeremde schreeuw

oer·mens *de (m)* [-en] de natuurmens uit de prehistorie

oer·os *de (m)* [-sen] uitgestorven wild rund dat in moerassige bossen leefde (*Bos primigenius*)

oer·oud *bn* zeer oud

oer·soep *de* hypothetische materie waarin voorwaarden aanwezig waren voor het ontstaan van het eerste leven op aarde

oer·sted [eur-] *de (m)* [-s] eenheid van magnetische veldsterkte, genoemd naar de Deense natuurkundige Hans Christian Ørsted (1777-1851)

oer·taal *de* [-talen] grondtaal, waaruit latere talen zijn voortgekomen

oer·tekst *de (m)* [-en] oorspronkelijke tekst

oer·tijd *de (m)* voorhistorische tijd

oer·vorm *de (m)* [-en] oorspronkelijke vorm

oer·woud *het* [-en] oorspronkelijk woud in de tropen, jungle

oer·woud·ge·lui·den *mv* primitieve natuur- en dierengeluiden

OESO *afk* Organisatie voor Economische Samenwerking en Ontwikkeling [internationale organisatie gericht op bevordering van de economische groei en de internationale handel]

oes·ter *(‹Lat‹Gr) de* [-s] soort eetbaar schelpdier (*Ostrea edulis*)

oes·ter·baard *de (m)* [-en] soort draden waarmee oesters zich vasthechten

oes·ter·bank *de* [-en] vind- of kweekplaats van oesters

oes·ter·cul·tuur *de (v)* het kweken van oesters

oes·ter·kwe·ke·rij *de (v)* [-en] bedrijf waar men oesters kweekt

oes·ter·put *de (m)* [-ten] put waarin oesters gekweekt worden

oes·ter·teelt *de* het kweken van oesters

oes·ter·zaad *het* jonge oesters

oes·ter·zwam *de (v)* [-men] eetbare zwam die op levende of dode boomstammen voorkomt

oes·tro·geen [eus-] *(‹Lat‹Gr)* I *bn* seksualiteit regelend ★ *oestrogene hormonen* oestrogenen II *het* [-genen] ❶ ‹bij dieren› bronst verwekkende hormoon ❷ ‹bij de mens› hormoon dat bij de vrouw een rol speelt in de ontwikkeling van de geslachtsorganen en secundaire geslachtskenmerken (zoals groei van de borsten en vorm van het bekken), en in de menstruatiecyclus

oet·lul *de (m)* [-len] NN, spreektaal stommeling, kluns, eikel, droplul

oeu·vre [ùvrə] *(‹Fr‹Lat) het* [-s] het gezamenlijke werk van een kunstenaar, schrijver enz.

oe·ver *de (m)* [-s] waterkant: ★ *op/aan de* ~ ★ *de rivier trad buiten haar oevers*

oe·ver·aas *het* zeer kort levend insect, in juni boven grote rivieren zichtbaar (*Palingenia longicauda*)

oe·ver·kruid *het* plantje met witte bloemen, op vochtige gronden (*Littorella juncea*)

oe·ver·loos *bn* meestal smalend onbeperkt, eindeloos: ★ ~ *gezwets*

oe·ver·staat *de (m)* [-staten] ❶ staat aan een zee

gelegen: ★ *de oeverstaten van de Oostzee* ❷ staat waardoorheen een grote rivier stroomt: ★ *de oeverstaten van de Rijn* (Nederland, Duitsland, Frankrijk, Zwitserland)

oe·ver·val *de (m)* [-len] het wegschuiven of instorten van een oevergedeelte

oe·ver·ver·bin·ding *de (v)* [-en] verbinding tussen beide oevers van een water (*brug, tunnel, pont*): ★ *een vaste ~*

oe·ver·zwa·luw *de* [-en] kleine zwaluw, van boven bruin, van onderen wit, plaatselijk vrij algemeen voorkomend in Nederland en België, die holen graaft in steile wanden vlak bij of langs water (*Riparia riparia*)

Oez·beek *de (m)* [-beken] iem. geboortig of afkomstig uit Oezbekistan

Oez·beeks, Oez·be·ki·staans I *bn* van, uit, betreffende Oezbekistan II *het* taal van Oezbekistan

of *voegw* ❶ ter verbinding van twee tegengestelde mogelijkheden (het exclusieve 'of'): ★ *lust je dat ~ lust je dat niet* ❷ ter verbinding van twee gelijkwaardige mogelijkheden: ★ *een wit paard ~ een schimmel* ❸ ongeacht: ★ *je gaat mee ~ je wilt ~ niet* ❹ bij wijze van vergelijking, alsof: ★ *hij stond daar ~ hij bevroren was* ❺ ter uitdrukking van twijfel: ★ *ik weet niet ~ ik ga* ★ *het wordt morgen een graad ~ 15* ongeveer 15 graden ❻ vooral NN in sterk bevestigende uitdrukkingen of zinnen: ★ *en óf!; óf ik graag koffie wil!*

of all peo·ple *bijw* [ov òl piepəl] ‹*Eng*› ‹van personen› uitgerekend (II), nota bene, nou juist net: ★ *en wie hebben ze voor die baan genomen? Jan!, ~*

of all pla·ces *bijw* [ov òl pleesis] ‹*Eng*› ‹van plaatsen› uitgerekend (II), nota bene: ★ *en waar wordt het congres gehouden? in Lutjebroek!, ~*

off·day [-dee] ‹*Eng*› *de (m)* [-s] dag waarop alles fout gaat, waarop men uit zijn gewone doen is

of·fen·sief ‹*Fr*› I *bn* aanvallend II *het* [-sieven] aanval, aanvallend optreden tegenover de vijand: ★ *bliksem~* ★ *vredes~* diplomatieke bemiddeling in een bestaand of dreigend militair conflict

of·fer ‹*Lat*› *het* [-s] gave aan God of een godheid ★ *een ~ brengen* iets (kostbaars) afstaan ★ *ten ~ brengen aan* opofferen aan

of·fe·ran·de ‹*Fr*› *de* [-n, -s] ❶ offer aan God of een godheid; offerplechtigheid ❷ RK eerste hoofddeel van de mis, voor de elevatie

of·fer·blok *het* [-ken] kistje of bus voor het geld dat de kerkgangers vrijwillig geven

of·fer·bus *de* [-sen] bus voor liefdegaven

of·fer·dier *het* [-en] dier dat als offer geslacht wordt

of·fe·ren *ww* ‹*Lat*› [offerde, h. geofferd] ❶ iets kostbaars aan God of een godheid opdragen door het te doden, verbranden enz. ❷ iets (kostbaars) afstaan ❸ betalen ★ *aan de muzen ~ de kunst* beoefenen ★ *aan Bacchus ~* veel wijn drinken

of·fer·feest *het* [-en] feest waarbij dieren of voorwerpen worden geofferd; in de islam: ★ *Groot Offerfeest & Klein Offerfeest* zie → **Id**

of·fer·ga·ve *de* [-n] dat wat men offert

of·fer·lam *het* [-meren] lam dat geofferd wordt

of·fer·schaal *de* [-schalen] ❶ schaal waarin het bloed van het offerdier wordt opgevangen ❷ RK collecteschaal bij het misoffer

of·fer·steen *de (m)* [-stenen] steen als altaar

of·fer·stok·je *het* [-s] Chinees wierookstokje, op het huisaltaar gebrand

of·fer·te ‹*It*› *de* [-s, -n] aanbieding van koopwaar of werkzaamheden met prijsopgave: ★ *een ~ doen / uitbrengen* ★ *handel gesloten ~* geheime prijsbieding bij een openbare aanbesteding

of·fi·cial [-fisjəl] ‹*Eng‹Lat*› *de (m)* [-s] bestuurslid van een sportbond of leidinggevende persoon bij sportwedstrijden

of·fi·cia·li·se·ren [-sjaaliezee-] ‹*Fr*› *ww* [officialiseerde, h. geofficialiseerd] BN officieel maken of worden, in het officiële programma opnemen

of·fi·ciant [-sjant] ‹*Fr*› *de (m)* [-en] RK priester die de mis opdraagt

of·fi·cie ‹*Lat*› *het* [-s, -ciën] ❶ ambt ★ *het Heilig Officie* Romeinse congregatie, belast met bescherming van de leer en de zeden, de Inquisitie (in 1965 is de naam afgeschaft, maar zijn de werkzaamheden voortgezet in de Congregatie voor de Geloofsleer) ❷ RK dienstverlening; breviergebed

of·fi·cieel [-sjeel] ‹*Fr‹Lat*› *bn* ❶ erkend door of uitgaand van het bevoegd gezag, de overheid: ★ *een officiële mededeling* ★ BN *~ onderwijs* onderwijs dat gegeven wordt in scholen, opgericht door een gemeenschap, een provincie of een gemeente (vergelijkbaar met het openbaar onderwijs in Nederland); *tegengest:* vrij onderwijs ❷ vormelijk; formeel, plechtig: ★ *een officiële huldiging*

of·fi·cier ‹*Fr‹Lat*› *de (m)* [-en, -s] ❶ mil iem. met de rang van luitenant en hoger: ★ *reserve~* ★ *~ van gezondheid* arts voor de geneeskundige dienst bij het leger ❷ *op schepen* titel van stuurlieden en werktuigkundigen ❸ rang boven ridder bij vele ridderorden: ★ *~ in de orde van Oranje-Nassau* ❹ NN, vero ambtenaar; thans alleen nog in *~ van justitie*, functionaris van het Openbaar Ministerie bij de arrondissementsrechtbank en het kantongerecht, die belast is met de opsporing van strafbare feiten en beslist over de vervolging hiervan

of·fi·cier-com·mis·sa·ris *de (m)* [-sen] NN, recht officier bij de militaire rechtbank

of·fi·ci·ë·ren *ww* [-sjee-] ‹*Fr‹Lat*› [officieerde, h. geofficieerd] RK de mis opdragen

of·fi·ciers·mess *de (m)* [-es] eet- en conversatiezaal voor officieren in het leger

of·fi·ciers·uni·form *de & het* [-en] uniform gedragen door een → **officier** (bet 1, 2)

of·fi·cieus [-sjeus] ‹*Fr‹Lat*› *bn* halfambtelijk, niet officieel: ★ *een officieuze mededeling; zijdelings*

of·fi·ci·naal ‹*Fr*› *bn* in de apotheek voorhanden; geneeskrachtig

of·fi·ci·um *(‹Lat) het* [-cia] ambt; plicht
off·line [- lain] *(‹Eng) bijw* comput niet in directe verbinding met een computernetwerk of -server; *tegengest*: → **online**
of·fre·ren *ww (‹Fr‹Lat)* [offreerde, h. geoffreerd] aanbieden, vooral om te nuttigen
off·set, **off·set·druk** *(‹Eng) de (m)* vlakdrukmethode waarbij het negatief via een zinken plaat op een met gummi beklede cilinder wordt overgebracht en daarvan afgedrukt op het papier
off·shore [-sjò(r),], **off·shore** [-sjò(r)] *(‹Eng) bijw* ❶ in het buitenland geplaatst (van bestellingen) of daar geleverd anders dan uit de eigen productie ❷ op zee, buitengaats (werkend, geëxploiteerd enz., vooral met betrekking tot olie-, gas- en ertswinning)
off·side [-said] *(‹Eng) bijw* sp buitenspel
off the re·cord *bijw* [of thə rekkə(r)d, Engelse th] *(‹Eng)* niet officieel, niet bedoeld of geschikt voor publicatie
ofiet [oofiet] *(‹Gr) als stof: het, als voorwerp: de (m)* [-en] zwartgroene soort talksteen of serpentijn
ofi·o·lo·gie *(‹Gr) de (v)* leer en beschrijving van slangen
of·schoon *voegw* hoewel
of·te *voegw* of (alleen in bepaalde uitdrukkingen): ★ *ja ~ nee, nooit ~ nimmer*
of·te·wel *voegw* met andere woorden, alias: ★ *een standbeeld van de Maagd van Orléans ~ Jeanne d'Arc*
of·wel *voegw* geplaatst tussen twee alternatieven, als versterking van *of*, ook *dan wel*: ★ *we gaan in de zomer ~ in de winter op vakantie*; ook in de vorm *ófwel...ófwel...*: ★ *ik kom ~ op zaterdag ~ op zondag*
o.g. *afk* ❶ opgenomen geld ❷ onroerend goed
ogen *ww* [oogde, h. geoogd] eruitzien; (gunstig) uitkomen: ★ *grote meubels ~ niet in zo'n kleine kamer*
ogen·blik *het* [-ken] heel even, moment: ★ *mag ik een ~ stilte, alstublieft?* ★ *een helder ~ hebben* een moment hebben dat men iets goed weet of iets slims bedenkt
ogen·blik·ke·lijk *bijw* ❶ terstond ❷ een bep. ogenblik bestaand
ogen·dienst *de (m)* vleierij
ogen·schijn·lijk *bn* schijnbaar
ogen·schouw *zn* ★ *in ~ nemen* bezichtigen
ogen·troost *de (m)* tot de leeuwenbekachtigen behorend plantje *(Euphrasia)*
ogief [oogief] *(‹Fr) het* [ogieven] ❶ bouwk kruisboog van een gewelf waarvan de ribben elkaar diagonaalsgewijs kruisen ❷ spitsboog
ogi·vaal *(‹Fr) bn* spitsboogvormig
oh *tsw* uitroep van verbazing, pijn e.d.
o·ha·ën *ww* [ohade, h. geöhaad] NN ouwehoeren
OHM *afk* in Nederland Organisatie van Hindoe Media [een Nederlandse omroeporganisatie]
ohm [oom] *de (m)* [-s] eenheid van elektrische weerstand (naar de Duitse natuurkundige G.S. Ohm, 1787-1854)
O.-I. *afk* Oost-Indië [vroegere benaming voor de eilandengroep in Zuidoost-Azië die zich uitstrekt van Malakka tot aan Australië]
o.i. *afk* onzes inziens
OIC *afk* Oost-Indische Compagnie
o.i.d. *afk* of iets dergelijks
oio *afk* NN onderzoeker in opleiding
oir *(‹Fr) het* afstammelingen in rechte lijn
ojief [oojief] *(‹Fr) het* [ojieven] → **lijst** (bet 1) waarvan de doorsnede half hol, half bol is
ok, **OK** [ookaa] operatiekamer
oka·pi [ookaapie] *(‹inheemse Centraal-Afrikaanse taal) de (m)* ['s] zeldzaam zoogdier in Congo-Kinshasa, in 1902 ontdekt, dat het midden houdt tussen een antilope en een giraffe
oké [ookee] *tsw & bn* in orde, goed, akkoord
oker *(‹Gr) de (m)* ❶ gelige klei, gekleurd door ijzeroxide ❷ verf bereid uit → **oker** (bet 1)
oker·geel *het* zachte kleur geel, zoals → **oker** (bet 1)
oki·do, **oki·do·ki** *tsw* inf oké, het is goed zo!
ok·ker·noot *(‹Lat)* **I** *de* [-noten] walnoot **II** *de (m)* [-noten] okkernotenboom
ok·ker·no·ten·boom *de (m)* [-bomen] soort notenboom *(Juglans regia)*
ok·saal, **dok·saal** *(‹Lat) het* [-salen] priesterkoor voor het altaar in rooms-katholieke kerken; later zangkoor achter in de kerk
ok·sel *de (m)* [-s] ❶ armholte ❷ biol holte tussen stengel en blad
ok·sel·fris *bn* ❶ zonder zweetgeur in de oksels ❷ fris en energiek
oks·hoofd *(‹Eng) het* [-en] vat wijn
okt. *afk* oktober
ok·to·ber *(‹Lat) de (m)* tiende maand van het jaar, wijnmaand
O.L. *afk* oosterlengte
old fin·ish [oold finnisj] *(‹Eng) bn* nagemaakt in antieke stijl
old·tim·er [ooldtaimə(r)] *(‹Eng) de (m)* [-s] ❶ oudgediende ❷ antieke auto
OLE *afk (‹Eng)* Object Linking and Embedding [techniek om objecten van de ene applicatie in de andere te implementeren]
olé [oolee] *(‹Sp) tsw* bravo, hoera, hoi
ole·an·der *(‹Lat) de (m)* [-s] sierstruik met leerachtige bladeren en roze of witte bloemen uit Zuid-Europa, ook geteeld als kuip- of kamerplant *(Nerium oleander)*
oleo·gra·fie *(‹Lat-Gr) de (v)* ❶ procedé voor gekleurde reproductie van schilderijen in steendruk op linnen ❷ [*mv:* -fieën] aldus gemaakte reproductie
olie *(‹Lat) de* [oliën, -s] vethoudende vloeistof: ★ *olijf~* ★ *zonnebloem~* ★ *aard~* ★ *motor~* ★ *ruwe ~ petroleum* ★ *~ op de golven* iets wat kalmerend werkt bij opgewonden stemming ★ *~ op het vuur* iets wat de zaak heviger maakt ★ NN *in de ~ dronken* ★ *de ~ controleren* het peil van de motorolie in de auto bekijken ★ BN *~ drijft, komt boven* het goede, de waarheid, de deugd overwint; eerlijk

duurt het langst
olie·bol *de (m)* [-len] ❶ in olie bereid bolvormig baksel met krenten, rozijnen en sukade, dat in Nederland veelal met oudjaar wordt gegeten ❷ NN onwetend iemand, klungel: ★ *nee, ~, dat doe je verkeerd!*
olie·bol·len·kraam *de & het* [-kramen] kraam waar oliebollen verkocht worden
olie·boy·cot [-boj-] *de (m)* weigering van petroleumexporterende landen tot levering van petroleum *of* weigering van petroleumimporterende landen tot afname van petroleum: ★ *de ~ van 1973 veroorzaakte een energiecrisis in Europa*
olie·bran·der *de (m)* [-s] inrichting waardoor olie en lucht onder een te verwarmen ketel geperst worden, oliekachel
olie·bron *de* [-nen] petroleumbron
olie·con·ces·sie *de (v)* [-s] vergunning om petroleumvindplaatsen te ontginnen
olie·cri·sis *de (v)* [-sen, -ses] periode waarin door olieboycots de olie-import afneemt en de olieprijs toeneemt
olie·dom *bn* uiterst dom
olie·druk *de (m)* [-ken] ❶ oleografie ❷ druk van olie in een machine
olie·druk·me·ter *de (m)* [-s] toestel om de → **oliedruk** (bet 2) te meten
olie-em·bar·go *het* ['s] verbod om petroleum naar een bepaald land te exporteren
olie-en-azijn·stel *het* [-len] tafelstel voor olie, azijn, peper, zout enz.
olie·gas *het* uit olie gestookt gas
olie·hou·dend *bn* olie bevattend
olie-in·stal·la·tie [-(t)sie] *de (v)* [-s] installatie voor de verwerking van aardolie
olie·jas *de* [-sen] waterdichte regenjas van geolied textiel
olie·ka·chel *de* [-s] kachel waarin olie wordt verstookt
olie·kan *de* [-nen] kan met oor en tuit met, voor olie
olie·ke·ver *de (m)* [-s] staalblauwe kever, die bij aanraking olieachtige vloeistof afgeeft
olie·koek *de (m)* [-en] raapkoek, lijnkoek als veevoeder
olie·kraan *de* [-kranen] kraan waarmee men de toevoer van olie regelt ★ *de ~ dichtdraaien* de olie-uitvoer vanuit een petroleumexporterend land stopzetten
olie·lamp *de* [-en] op olie brandende lamp
olie·man *de (m)* [-nen] vroeger iem. die met petroleum aan de deur komt
oliën *ww* [oliede, h. geolied] met olie insmeren of doortrekken
olie·noot *de* [-noten] aardnoot, pinda, vrucht van een tropische plant
olie·palm *de (m)* [-en] tropische palm, waarvan de vruchten olie leveren
olie·peil *het* hoeveelheid olie in de motor
olie·pro·du·ce·rend *bn* meer aardolie exporterend dan importerend
olie·rijk *bn* veel olie bevattend
olie·sel *het* RK sacrament der stervenden, vroegere benaming voor het sacrament van de ziekenzalving: ★ *het heilig ~* ★ *het laatste ~*
olie·sjeik *de (m)* [-s] sjeik die grote rijkdommen vergaard heeft door de petroleum die in zijn gebied gewonnen wordt
olie·sla·ger *de (m)* [-s] vroeger houder van een olieslagerij
olie·sla·ge·rij *de (v)* [-en] vroeger inrichting waar olie uit plantenzaden geperst wordt
olie·spuit·je *het* [-s] spuitje om smeerolie aan te brengen
olie·stel *het* [-len] NN petroleumstel
olie·stook *de* inrichting voor verwarming, die met olie gestookt wordt
olie·tank [-tenk] *de (m)* [-s] grote bewaarplaats van (verwerkte) aardolie
olie·tan·ker [-ten-] *de (m)* [-s] tanker voor het vervoer van olie
olie·vat *het* [-vaten] vat voor olie
olie·verf *de* [-verven] met lijnolie bereide verf
olie·vlek *de* [-ken] hoeveelheid gemorste of verloren gegane olie; fig iets wat zich steeds uitbreidt op een snelle manier: ★ *het protest breidt zich als een ~ uit*
olie·zaad *het* [-zaden] oliehoudend zaad
olie·zoet *het* glycerine
olie·zuur *het* enkelvoudig onverzadigd vetzuur, dat gebonden aan glycerol voorkomt in de meeste plantaardige en dierlijke vetten
oli·fant *(«Oudfrans«Gr) de (m)* [-en] groot, grijs, dikhuidig, slurfdragend, veelhoevig zoogdier: ★ *Afrikaanse / Indische ~*
oli·fan·ten·kraal *de* [-kralen] omheinde plaats met tamme olifanten
oli·fants·huid *de* [-en] de dikke huid van een olifant ★ *een ~ hebben* zeer ongevoelig zijn
oli·fants·snuit *de (m)* [-en] slurf van een olifant
oli·fants·tand *de (m)* [-en] slagtand van een olifant
oli·fants·ziek·te *de (v)* ziekte waarbij een wanstaltige verdikking van sommige lichaamsdelen en ledematen optreedt met huidknobbels, elefantiasis
oli·gar·chie *(«Gr) de (v)* regering van een klein aantal personen, die behoren tot een bevoorrechte klasse of stand
oli·gar·chisch *(«Gr) bn* van de aard van of betreffende een oligarchie
oli·go·ceen *(«Gr) het* geol tijdvak binnen het tertiair, van 37 miljoen tot 22 miljoen jaar geleden, met daarin de opkomst van talrijke zoogdiersoorten en de eerste grote apen
oli·go·freen *(«Gr) bn* lijdend aan oligofrenie
oli·go·fre·nie *(«Gr) de (v)* eig tekort aan verstand; ernstige vorm van zwakzinnigheid
olijf [ooleif] *(«Lat«Gr)* [olijven] **I** *de (m)* boom waaraan olijven groeien *(Olea europaea)* **II** *de* de oliehoudende vrucht van deze boom: ★ *groene*

/ zwarte olijven
olijf·ach·tig [ooleif-] *bn* als een olijf, olijfkleurig
olijf·boom [ooleif-] *de (m)* [-bomen] boom in zuidelijke streken, waaraan olijven groeien (*Olea europaea*)
olijf·boom·co·a·li·tie [-sie] *(It) de (v)* [-s] BN, pol samenwerkingsverband van PS, CDH en Ecolo
olijf·groen [ooleif-] *bn* bruingroen
olijf·hout [ooleif-] *het* → **olijvenhout**
olijf·kleu·rig [ooleif-] *bn* bruingroen
olijf·olie [ooleif-] *de* uit olijven geperste olie
olijf·tak [ooleif-] *de (m)* [-ken] tak van de olijfboom, zinnebeeld van de vrede
olijk *bn* guitig, leuk
olij·kerd *de (m)* [-s] guit, leukerd
olij·ven·hout [oolei-,], **olijf·hout** [ooleif-] *het* hout van de olijfboom
olim *(‹Lat) bijw* voorheen, oudtijds ★ *in de dagen van ~* vroeger, in lang vervlogen tijd
ol·le·ke·bol·le·ke *het* [-s] bep. type gedicht van humoristische aard, acht regels lang, waarvan de zesde bestaat uit één zeslettergrepig woord, met een strak ritmeschema in hoofdzakelijk dactylen, beginnend met een uitroep
olm[1] *(‹Lat) de (m)* [-en] loofboom: iep (*Ulmus*)
olm[2] *de (m)* [-en] blinde, pigmentloze salamander die leeft in onderaardse bronnen en grotten in het Karstgebied in Kroatië (*Proteus anguinus*)
O.L.V. *afk* Onze Lieve Vrouw
o.l.v. *afk* onder leiding van
olym·pi·a·de [oolim-] *(‹Gr) de (v)* [-n, -s] ❶ ‹bij de oude Grieken› tijdruimte van vier jaren tussen de Olympische Spelen ❷ thans Olympische Spelen
olym·pia·jol [oolim-] *de* [-len] soort klein zeilschip voor wedstrijden, naar de *Olympische Spelen*, nl. die van Berlijn in 1936, waar dit type boot voor het eerst gebruikt werd
olym·pisch [oolim-] *(‹Gr) bn* ❶ als van de goden op de Olympus: ★ *een olympische kalmte bewaren* ❷ van Olympia ★ *Olympische Spelen* oorspr volksspelen en wedstrijden in het oude Griekenland te Olympia om de vier jaren gehouden; thans dergelijke internationale wedstrijden, zowel in de vorm van zomerspelen als winterspelen, sinds 1896 om de vier jaar in een telkens opnieuw aangewezen stad gehouden
Olym·pus [oolim-] *(‹Lat‹Gr) de (m)* berg in Thessalië (Griekenland), woonplaats van de goden in de klassieke oudheid; overdrachtelijk de goden tezamen
OM *afk* Openbaar Ministerie
om *vz & bijw* ❶ rond: ★ *~ de tafel* ❷ (meestal met *te*) wegens, ter wille van, met het doel: ★ *eten ~ te leven* ❸ langer: ★ *die weg is vier km ~* ❹ voorbij: ★ *alweer een jaar ~* ❺ volgens beurten: ★ *~ en ~* ❻ met de aangegeven tijd als tussenruimte: ★ *~ de andere dag* ❼ ★ *~ en nabij* ongeveer ★ *~ het even* hetzelfde ❽ ★ NN *'m ~ hebben* dronken zijn ❾ ★ *~ het hardst lopen* elkaar trachten te overtreffen in snelheid ; zie ook bij → **strijd**
o.m. *afk* onder meer
oma *de (v)* ['s] grootmoeder
Oma·niet *de (m)* [-en] iem. geboortig of afkomstig uit Oman
Oma·ni·tisch *bn* van, uit, betreffende Oman
om·ar·men *ww* [omarmde, h. omarmd] ❶ de armen heenslaan om ★ *omarmend rijm* zie bij → **rijm**[1]; ❷ fig met instemming ontvangen of bejegenen: ★ *een voorstel ~*
om·ar·ming *de (v)* [-en] omhelzing
om·ber[1] *(‹Fr) de* kalkhoudende oker, een donkerbruine verfstof
om·ber[2] *(‹Sp) het* ouderwets kaartspel voor drie personen
om·ber·vis *(‹Fr‹Lat) de (m)* [-sen] zeebaars in de Middellandse Zee
om·blad *het* [-bladen] blaadje om het binnenwerk van een sigaar, onder het dekblad
om·boor·den[1] *ww* [omboordde, h. omboord] als een boord omringen
om·boor·den[2] *ww* [boordde om, h. omgeboord] een boord, rand ter versterking om iets heen naaien
om·boord·sel *het* [-s] omgeboorde rand, kant enz.
om·bouw *de (m)* wat ergens omheen gemaakt of getimmerd is: ★ *de ~ van een opklapbed*
om·bou·wen *ww* [bouwde om, h. omgebouwd] verbouwen, anders bouwen; schertsend ‹van transseksuelen› met operaties en hormoonbehandelingen lichamelijk veranderen in het andere geslacht
om·bren·gen *ww* [bracht om, h. omgebracht] doden
om·buds·man *(‹Zw) de (m)* [-nen], **om·buds·vrouw** *de (v)* [-en] staatsambtenaar die tot taak heeft individuele gevallen van onbillijkheid die uit overheidsmaatregelen kunnen voortvloeien, te onderzoeken en te vereffenen: ★ NN *de nationale ~*
om·bui·gen *ww* [boog om, h. & is omgebogen] ❶ in een andere stand buigen ❷ door buigen in een andere stand komen ❸ fig verandering aanbrengen in: ★ *het politieke beleid ~* ❹ ‹ook eufemistisch› bezuinigen; **ombuiging** *de (v)* [-en]
om·cir·ke·len *ww* [omcirkelde, h. omcirkeld] een cirkel zetten om: ★ *in deze tekst zijn een paar woorden omcirkeld*
om·dat *voegw* daar, aangezien
om·dij·ken *ww* [omdijkte, h. omdijkt] een dijk leggen om
om·doen *ww* [deed om, h. omgedaan] om het lichaam doen: ★ *een das ~ tegen de kou*
om·do·pen *ww* [doopte om, h. omgedoopt] opnieuw dopen; een andere naam geven: ★ *iemand of iets ~ tot*
om·draai·en I *ww* [draaide om, is & h. omgedraaid] ❶ geheel of gedeeltelijk draaien, op de andere zijde gaan, de andere kant naar voren brengen ❷ geheel of gedeeltelijk doen ronddraaien, op de andere zijde doen draaien: ★ *een matras ~* ★ BN *de*

bladzijde ~ een periode afsluiten **II** *wederk* [draaide om, h. omgedraaid] ★ *zich* ~ ★ *draai je eens om, dan kan ik je rug bekijken* ★ *zich nog eens* ~ *in bed* even anders gaan liggen en verder slapen

ome *de (m)* [-s] zie bij → **oom**

ome·ga *(‹Gr› de* ['s] ❶ eig grote O, laatste letter van het Griekse alfabet, als hoofdletter Ω, als kleine letter ω ❷ overdrachtelijk het einde; zie ook bij → **alfa**[1]

ome·ga 3 *het* (vroeger: *linoleenzuur*) onverzadigd vet, waaraan heilzame werking wordt toegeschreven

ome·ga 6 *het* (vroeger: *linolzuur*) onverzadigd vet, waaraan heilzame werking wordt toegeschreven

ome·let *(‹Fr› de* [-ten] gebakken eierpannenkoek van opgeklopt eierstruif: ★ BN *je kan geen* ~ *bakken zonder eieren te breken* waar iets doorgezet wordt, lijdt altijd iemand schade

omen *(‹Lat› het* [omina] voorteken

om·floer·sen *ww* [omfloerste, h. omfloerst] met een floers omgeven, versluieren, vertroebelen

om·floerst *bn* BN in bedekte termen

om·gaan *ww* [ging om, is omgegaan] ❶ rondlopen: ★ *een straatje* ~ ❷ verkeren met, in gezelschap zijn van: ★ *veel met iemand* ~ ❸ behandelen: ★ *ruw, voorzichtig met iets* ~ ❹ voorbijgaan: ★ *de dag is gauw omgegaan* ❺ zich afspelen: ★ *er ging veel in hem om* ★ *dat gaat buiten hem om* dat raakt hem niet, daar bemoeit hij zich niet mee ❻ verhandeld worden: ★ *in die winkel gaat veel om* ❼ omver gaan, vallen: ★ *pas op, die vaas gaat om* ❽ vooral NN zich gewonnen geven, eindelijk instemmen: ★ *na veel gepraat ging de directeur eindelijk om*

om·gaand *bn*, **om·me·gaand**: ★ *per om(me)gaande* met de eerstvolgende post

om·gang *de (m)* [bet 1, 3 -en] ❶ rondgang, processie; zie ook → **stil** ❷ het omgaan met mensen ❸ galerij om een gebouw of toren

om·gangs·recht *het* recht van een gescheiden ouder de kinderen die niet bij hem of haar wonen te bezoeken of op bezoek te ontvangen

om·gangs·re·ge·ling *de (v)* [-en] regeling bij echtscheiding betreffende de omgang tussen kinderen en de ouder bij wie ze niet wonen

om·gangs·taal *de* de taal van het dagelijks leven

om·gangs·vor·men *mv* vormen (→ **vorm**, bet 5) die men in de omgang met mensen behoort in acht te nemen

om·ge·keerd *bn* in tegenovergestelde stand; in tegenovergestelde zin ★ *het omgekeerde* het tegenovergestelde

om·ge·le·gen *bn* rondom gelegen

om·ge·schre·ven *bn* om een andere meetkundige figuur getekend: ★ *een* ~ *cirkel om een driehoek heen*

om·ge·ven *ww* [omgaf, h. omgeven] omringen: ★ *het huis is omgeven met hoge bomen*

om·ge·ving *de (v)* [-en] ❶ kring waarin men verkeert, milieu ❷ nabijheid ❸ werkterrein, vooral comput het besturingssysteem waar men mee werkt: ★ *een* ~ *Windows*~

om·gooi·en *ww* [gooide om, h. omgegooid] ❶ omvergooien ❷ met kracht een andere richting geven: ★ *het roer* ~ ❸ vlug om het lichaam slaan: ★ *een jas* ~ ❹ fig veranderen, anders organiseren: ★ *de projectplannen* ~ ★ *de dienstregeling* ~

om·gor·den[1] *ww* [omgordde, h. omgord] (als) met een gordel omgeven; zie ook bij → **lende**

om·gor·den[2] *ww* [gordde om, h. omgegord] om de heupen vastmaken

om·haal *de (m)* [-halen] ❶ → **omslag** (II bet 1), gedoe, drukte: ★ *zonder* ~ *van woorden* ❷ krul aan een schrijfletter ❸ voetbal het over zich heen schieten van de bal

om·hak·ken *ww* [hakte om, h. omgehakt] door hakken doen vallen: ★ *bomen* ~

om·ha·len *ww* [haalde om, h. omgehaald] ❶ door trekken omver doen vallen ❷ BN, spreektaal ophalen, inzamelen, collecteren

om·ha·ling *de (v)* [-en] BN, spreektaal collecte; geldinzameling (vooral door storting of overschrijving)

om·han·gen[1] *ww* [hing om, h. omgehangen] om het lichaam hangen

om·han·gen[2] *ww* [omhing, h. omhangen] door iets op te hangen omgeven met: ★ *de leuning met bloemen* ~, *iem. met lauweren* ~ ★ fig *iem. met goud* ~ heel erg prijzen of verwennen

om·heen *bijw* om, rond, rondom ★ *er niet* ~ *kunnen* iets niet kunnen negeren, gedwongen zijn iets te doen of te behandelen ★ *er* ~ *draaien* ontwijkend antwoorden ★ *ergens met een grote boog* ~ *lopen* iets mijden

om·hei·nen *ww* [omheinde, h. omheind] een hek plaatsen om

om·hei·ning *de (v)* [-en] hek rondom

om·hel·zen *ww* [omhelsde, h. omhelsd] de armen rond iemands hals slaan

om·hel·zing *de (v)* [-en] het omhelzen

om·hoog *bijw* naar boven: ★ *handen* ~!

om·hoog·val·len *ww* [viel omhoog, is omhooggevallen] schertsend ondanks onbekwaamheid toch vooruitgaan in positie of rang

om·hoog·zit·ten *ww* [zat omhoog, h. omhooggezeten] ‹van een schip› vastgelopen zijn ★ NN, fig ~ *met* moeilijkheden hebben met

om·hul·len *ww* [omhulde, h. omhuld] wikkelen in

om·hul·sel *het* [-s] dat waardoor iets omhuld is: ★ *stoffelijk* ~ lichaam

omi·cron [oomie-] *(‹Gr› de* [-s] 15de letter van het Griekse alfabet, als hoofdletter O, als kleine letter o

omi·neus *(‹Lat› bn* een voorteken inhoudend, vooral een boos voorteken, onheilspellend; algemener veelzeggend

omis·sie [oomis-] *(‹Fr‹Lat› de (v)* [-s] ❶ weglating, uitlating ❷ nalatigheid, verzuim, fout

omit·te·ren *ww* [omitteerde, h. geomitteerd] *(‹Lat›* ❶ uitlaten, weglaten, overslaan ❷ → **nalaten** (bet 2)

om·ka·de·ring *de (v)* ❶ BN verhouding tussen het aantal leerlingen of studenten en het aantal stafleden ❷ BN ook personeelsbezetting, aantal personeelsleden dat op een bepaald moment ergens werkt

om·ka·de·rings·norm *de* [-en] BN norm voor de personeelsbezetting

om·kan·te·len *ww* [kantelde om, h. & is omgekanteld] ❶ van de ene op de andere kant wentelen ❷ van de ene op de andere kant vallen: ★ *de stoel kantelde om*

om·kat·ten *ww* [katte om, h. omgekat] NN, Barg gestolen auto's het chassisnummer en het kentekenbewijs geven van een sloopauto

om·keer·baar *bn* omgekeerd kunnende worden

om·ke·ge·len *ww* [kegelde om, h. omgekegeld] eig bij het kegelspel omgooien; algemeen omgooien

om·ke·ren *ww* [keerde om, is & h. omgekeerd] ❶ → **omdraaien** (bet 1), de andere kant laten zien ❷ doen omdraaien: ★ *zich ~*

om·ke·ring *de (v)* [-en] het omkeren ★ *recht ~ van de bewijslast* het overdragen van de bewijslast op de andere partij

om·kie·pen *ww*, **om·kie·pe·ren** [kiepte om, h. & is omgekiept *of* kieperde om, h. & is omgekieperd] ❶ omgooien ❷ omvallen

om·kij·ken **I** *ww* [omkijken, h. omgekeken] achter zich kijken ★ fig ~ *naar iets* of *iemand* zich bemoeien met, belangstelling hebben in **II** *het* ★ *geen ~ naar iets hebben* er niet voor hoeven te zorgen, er niet op hoeven te letten

om·kle·den¹ *ww* [omkleedde, h. omkleed] bedekken, omgeven ★ *met redenen ~ argumenten geven voor*; **omkleding** *de (v)* [-en]

om·kle·den² *wederk* [kleedde om, h. omgekleed] zich verkleden

om·kleed·sel *het* [-s] omhulsel; dat waarmee iets omkleed is

om·klem·men *ww* [omklemde, h. omklemd] krachtig omvatten

om·knel·len *ww* [omknelde, h. omkneld] krachtig vastgekneld houden

om·ko·men *ww* [kwam om, is omgekomen] ❶ om het leven komen: ★ *bij het ongeluk kwamen vijf mensen om* ❷ ‹van tijd› traag verstrijken: ★ *de ochtend kwam maar niet om*

om·koop·baar *bn* omgekocht kunnende worden; **omkoopbaarheid** *de (v)*

om·ko·pen *ww* [kocht om, h. omgekocht] door geld, geschenken of beloften personen ertoe bewegen dingen te doen die ze uit hoofde van hun functie of beroep niet of anders behoren te doen: ★ *voetballers, ambtenaren ~*; **omkoperij** *de (v)* [-en]; **omkoping** *de (v)* [-en]

om·kran·sen *ww* [omkranste, h. omkranst] ❶ een krans leggen om ❷ als een krans omgeven

om·laag *bijw* naar beneden

om·leg·gen *ww* [legde om, h. omgelegd] ❶ rond iets leggen ❷ in een andere richting leggen: ★ *een weg tijdelijk ~* ❸ inf doden, vermoorden

om·leg·ging *de (v)* [-en] omleiding van een weg in het verkeer, ook med van bloedvaten

om·lei·den *ww* [leidde om, h. omgeleid] ❶ rondleiden, omheen leiden ❷ ‹verkeer› in een andere richting leiden; **omleiding** *de (v)* [-en]

om·lig·gend, **om·lig·gend** *bn* rondom gelegen; ★ BN, spreektaal *Antwerpen, Gent enz. en omliggende* en omstreken

om·lij·nen *ww* [omlijnde, h. omlijnd] ❶ een lijn trekken om ❷ duidelijk aangeven: ★ *een goed omlijnd voorstel*; **omlijning** *de (v)* [-en]

om·lijs·ten *ww* [omlijstte, h. omlijst] ❶ een lijst maken om ❷ fig als een lijst omgeven: ★ *haar gezicht is omlijst met / door prachtig golvend haar*

om·lijs·ting *de (v)* [-en] ❶ het omlijsten ❷ lijst

om·loop *de (m)* ❶ kringloop ❷ verspreiding: ★ *in ~ zijn / brengen* ★ *nieuw geld in ~ brengen* ❸ [mv: -lopen] omlooppad rond een toren ❹ ontsteking van het nagelbed ❺ BN ook circuit ❻ BN ook, wielrennen eendaagse wedstrijd

om·loop·snel·heid *de (v)* [-heden], **om·loop·tijd** *de (m)* [-en] ❶ snelheid waarmee, tijd waarin een hemellichaam zijn baan doorloopt ❷ econ tijd of snelheid waarin de totale geldhoeveelheid van een land van houder wisselt

om·lo·pen *ww* [liep om, h. & is omgelopen] ❶ rondlopen ❷ een omweg maken ❸ ‹van de wind› draaien ❹ ondersteboven lopen; zie ook bij → **hoofd**

om·me·gaand *ww* → **omgaand**

om·me·gang *de (m)* [-en] → **omgang** (bet 1), processie

om·me·keer *de (m)* grote verandering: ★ *er was een grote ~ in zijn houding*

Om·me·lan·den *mv* in Nederland delen van de provincie Groningen

om·me·lands *bn* ★ NN, vero *een ommelandse reis* een omslachtige, moeilijke reis

om·me·staand *bn* aan de ommezijde staand: ★ *zie het ommestaande schema*

om·me·tje *het* [-s] een straatje om, een korte wandeling of rit: ★ *een ~ maken*

om·me·zien *het* ★ *in een ~* in een oogenblik

om·me·zij, **om·me·zij·de** *de* [-zijden], andere kant: ★ *zie ~, (afkorting: z.o.z.)*

om·me·zwaai *de (m)* [-en] ingrijpende verandering, grote ommekeer

om·mu·ren *ww* [ommuurde, h. ommuurd] een muur maken om

om·ni·bus ‹Lat ‹voor allen› *de* [-sen] ❶ vroeger openbaar vervoermiddel voor lokaal of interlokaal verkeer, oorspronkelijk door paarden getrokken, later als autobus en, in België, als stoptrein ❷ eendelig boek, waarin enige of alle werken van een schrijver of over een bepaald onderwerp zijn verenigd

om·ni·po·tent ‹Lat› *bn* almachtig

om·ni·po·ten·tie [-sie] *(‹Lat) de (v)* alvermogen, almacht

om·ni·prac·ti·cus *(‹Lat-Gr) de (m)* [-ci] BN, schrijftaal huisarts: ★ *Vereniging der Belgische Omnipractici*

om·ni·pre·sent *(‹Lat) bn* overal aanwezig

om·ni·um *(‹Lat) de (m) & het* [-s] ❶ wielerwedstrijd, die uit een aantal verschillende onderdelen bestaat ❷ wedren voor alle soorten paarden ❸ BN omniumverzekering, allriskverzekering (vooral voor voertuigen)

om·ni·um·ver·ze·ke·ring *de* [-en] BN ook allriskverzekering

om·ni·voor *(‹Lat)* **I** *bn* allesetend **II** *de (m)* [-voren] allesetend dier, alleseter: ★ *de mens is een ~*

om·pa·len *ww* [ompaalde, h. ompaald] met palen afsluiten of afzetten

om·ploe·gen *ww* [ploegde om, h. omgeploegd] ‹een akker› met de ploeg bewerken; (gewas) met de ploeg wegwerken onder de grond

om·pra·ten *ww* [praatte om, h. omgepraat] door praten van gedachten en gevoelens doen veranderen

om·prij·zen *ww* [prijsde om, h. omgeprijsd] anders → **prijzen**²: ★ *met de komst van de euro zijn alle artikelen omgeprijsd van gulden in euro*

om·ra·men *ww* [omraamde, h. omraamd] met een → **raam** (bet 1) omgeven; **omraming** *de (v)* [-en]

om·ran·den *ww* [omrandde, h. omrand] van een rand voorzien

om·ras·te·ring *de (v)* [-en] het omrasteren; omheining van rasterwerk

om·re·den *voegw* omdat: ★ *hij komt niet, ~ dat hij ziek is*

om·reis *de* [-reizen] omslachtige reis, reis langs een omweg

om·rei·zen *ww* [reisde om, h. & is omgereisd] ❶ rondreizen ❷ omheen reizen: ★ *de wereld ~* ❸ langs een omweg reizen

om·re·ke·nen *ww* [rekende om, h. omgerekend] herleiden tot een andere eenheid: ★ *guldens ~ in euro's*; **omrekening** *de (v)* [-en]

om·rij·den *ww* [reed om, h. & is omgereden] ❶ rondrijden ❷ langs een omweg rijden ❸ ondersteboven rijden

om·rin·gen *ww* [omringde, h. omringd] rondom staan, zich in een kring om iets heen bevinden: ★ *fig hij wordt omringd door veel vrienden*

om·roep *de (m)* [-en] ❶ het uitzenden door middel van radio en televisie: ★ *draad~* ❷ instelling die deze uitzendingen verzorgt: ★ *de publieke omroepen* ★ *een A-, B-~*

om·roep·be·stel *het* inrichting, regeling van alle omroepen en hun programma's voor radio en tv

om·roep·bij·dra·ge *de* [-n] NN kijk- en luistergeld

om·roe·pen *ww* [riep om, h. omgeroepen] ❶ een mededeling doen of iem. oproepen via een geluidsinstallatie ❷ vroeger door een → **omroeper** (bet 2) op straat bekend laten maken

om·roe·per *de (m)* [-s], **om·roep·ster** *de (v)* [-s] ❶ RTV iem. die het programma aankondigt ❷ vroeger man in dienst van de gemeente, die nieuws op straat bekendmaakte

om·roep·gids *de (m)* [-en] NN weekblad van een bep. omroep dat de radio- en televisie-uitzendingen op de verschillende zenders opsomt

om·roep·or·kest *het* [-en] orkest in dienst van een omroepvereniging

om·roep·sa·tel·liet *de (m)* [-en] communicatiesatelliet voor radio- en tv-signalen

om·roep·ver·eni·ging *de (v)* [-en] vereniging die radio- en televisieprogramma's verzorgt, omroep

om·roe·ren *ww* [roerde om, h. omgeroerd] roerende in beweging brengen, roerende mengen

om·rol·len *ww* [rolde om, h. & is omgerold] ❶ omwentelen, omwerpen ❷ omvallen, zich wentelen

om·ruil *de (m)* het omruilen

om·rui·len *ww* [ruilde om, h. omgeruild] inwisselen: ★ *iets ~ tegen / voor iets anders*

om·scha·ke·len *ww* [schakelde om, h. omgeschakeld] ❶ door middel van een schakelaar een andere richting geven: ★ *de elektrische stroom ~* ❷ fig geheel anders inrichten in verband met veranderde omstandigheden: ★ *~ van olie naar duurzame energiebronnen*

om·schep·pen *ww* ❶ [schepte om, h. omgeschept] met een schop of lepel een bep. substantie omwerken, mengen e.d. ❷ [schiep om, h. omgeschapen] een heel andere vorm geven, herscheppen

om·schie·ten *ww* [schoot om, h. & is omgeschoten] ❶ omverschieten ❷ (van wind) plotseling van richting veranderen ❸ met een → **vaart** (bet 1) om iets heen gaan: ★ *de hoek ~*

om·scho·len *ww* [schoolde om, h. omgeschoold] opleiden tot een ander vak; **omscholing** *de (v)* [-en]

om·schrift *het* [-en] randschrift op munt of penning

om·schrij·ven *ww* [omschreef, h. omschreven] duidelijk beschrijven, nauwkeurig aangeven

om·schrij·ving *de (v)* [-en] duidelijke beschrijving; nauwkeurige, enigszins uitvoerige uiteenzetting over iets

om·schud·den *ww* [schudde om, h. omgeschud] ❶ door schudden de inhoud uitstorten (*prullenmand, spaarpot*) ❷ door schudden goed vermengen (*drankje*)

om·sin·ge·len *ww* [omsingelde, h. omsingeld] insluiten, omringen, veelal met vijandige bedoelingen; **omsingeling** *de (v)* [-en]

om·slaan *ww* [sloeg om, h. & is omgeslagen] ❶ omdraaien: ★ *een blad ~* ; zie ook bij → **blaadje** ❷ snel omdoen: ★ *een das ~* ❸ omgaan: ★ *een hoek ~* ❹ omvallen ★ *de boot sloeg om* ❺ door slaan doen vallen ❻ omvouwen: ★ *de rand ~* ❼ plotseling veranderen: ★ *het weer slaat om* ★ *zijn bewondering is omgeslagen in afkeer* ❽ een te betalen bedrag naar

een bepaalde maatstaf verdelen: ★ *de onkosten worden over de deelnemers omgeslagen*
om·slach·tig *bn* wijdlopig
om·slach·tig·heid *de (v)* wijdlopigheid
om·slag I *de (m) & het* [-slagen] ❶ omkleedsel, kaft: ★ *de ~ van een boek* ❷ doek: ★ *natte omslagen* ❸ zwengel ❹ BN enveloppe: ★ *onder ~ in een enveloppe* **II** *de (m)* [-slagen] ❶ drukte, gedoe, omhaal: ★ *zonder veel ~* ❷ betaling ★ *hoofdelijke ~ betaling per persoon*
om·slag·ar·ti·kel *het* [-en] artikel in een tijdschrift dat op de omslag staat aangekondigd
om·slag·be·las·ting *de (v)* [-en] hoofdelijk omgeslagen belasting
om·slag·boor *de* [-boren] handboor met beugelvormig handvat, dat rondgedraaid wordt
om·slag·doek *de (m)* [-en] doek om de schouders gedragen
om·slag·punt *het* [-en] punt waarop iets ingrijpend verandert: ★ *de plotselinge dood van haar moeder was een ~ in haar leven*
om·slui·e·ren *ww* [omsluierde, h. omsluierd] (als) met een sluier omgeven
om·slui·ten *ww* [omsloot, h. omsloten] ❶ volkomen insluiten ❷ inhouden, bevatten; **omsluiting** *de (v)* [-en]
om·sme·den *ww* [smeedde om, h. omgesmeed] anders smeden: ★ *de ploeg ~ tot zwaard*
om·smel·ten *ww* [smolt om, h. omgesmolten] anders smelten; opnieuw smelten
om·span·nen *ww* [omspande, h. omspannen] ❶ nauw omsluiten: ★ *het strakke truitje omspande haar boezem* ❷ fig omvatten, → **inhouden** (bet 1)
om·spel·len *ww* [spelde om, h. omgespeld] in een andere spelling overbrengen
om·spit·ten *ww* [spitte om, h. omgespit] ⟨grond⟩ met een spade omwerken
om·spoe·len¹ *ww* [spoelde om, h. omgespoeld] schoonspoelen
om·spoe·len² *ww* [omspoelde, h. omspoeld] rondom bespoelen
om·sprin·gen *ww* [sprong om, h. omgesprongen] ★ *~ met omgaan met, te werk gaan met*
om·staand *bn* ❶ om iets heen staand ❷ → **ommestaande**
om·staan·ders *mv* BN ook omstanders, toeschouwers
om·stan·ders *mv* personen die ergens als toeschouwer bijstaan
om·stan·dig *bn* breedvoerig
om·stan·dig·heid *de (v)* [1 en 2 -heden]
❶ gesteldheid, situatie, toestand: ★ *onder / in deze omstandigheden kan ik u niet van dienst zijn* ★ *verzachtende omstandigheden* ★ *verzwarende omstandigheden* ; zie ook bij → **gezegend**
❷ bijzonderheid, voorval: ★ *er deden zich wonderlijke omstandigheden voor* ❸ breedvoerigheid: ★ *ik word erg ongeduldig van de ~ waarmee hij zaken uitlegt*
om·sto·ten *ww* [stootte, stiet om, h. omgestoten] door stoten laten omvallen, omverstoten
om·stra·len *ww* [omstraalde, h. omstraald] (als) met stralen omgeven, glans verlenen
om·stre·den *bn* waarover getwist wordt: ★ *een ~ politicus* ★ *een ~ kwestie*
om·streeks, om·streeks *bijw & vz* ❶ ongeveer: ★ *het is ~ 20 graden Celsius* ❷ nabij in tijd: ★ *~ mijn verjaardag*
om·stre·ken *mv* omgeving
om·stren·ge·len *ww* [omstrengelde, h. omstrengeld] strengelend omvatten; **omstrengeling** *de (v)* [-en]
om·strik·ken *ww* [strikte om, h. omgestrikt] strikkend omdoen: ★ *een das ~*
om·stu·wen *ww* [omstuwde, h. omstuwd] in dichte drom omringen
om·tol·len *ww* [tolde om, is omgetold] (draaiende) omvallen
om·to·ve·ren *ww* [toverde om, h. omgetoverd] (als) door toveren iets anders doen worden: ★ *iets / iem. ~ tot iets / iem. anders*
om·trek *de (m)* [-ken] ❶ omlijning: ★ *de ~ van een cirkel* ❷ omgeving, nabijheid: ★ *in de nabije / verre / wijde ~*
om·trek·ken *ww* [trok om, h. & is omgetrokken]
❶ omvertrekken ❷ zich ergens omheen bewegen: ★ *een omtrekkende beweging maken*
om·trent I *bijw* nabij, ongeveer **II** *vz* ❶ nabij
❷ betreffende
om·tur·nen *ww* [turnde om, h. omgeturnd] van zienswijze, houding doen veranderen: ★ *hij is helemaal omgeturnd door zijn nieuwe vriendin*
om·va·de·men *ww* [omvademde, h. omvademd]
❶ met de armen omsluiten ❷ omvatten, bevatten
om·val·len *ww* [viel om, is omgevallen] ❶ uit zijn evenwicht vallen ★ *~ van de slaap zeer slaperig zijn* ❷ *(van bedrijven, banken enz.)* failliet gaan
om·vang *de (m)* ❶ dikte, grootte, uitgestrektheid: ★ *de ~ van een boek* ★ *de ~ van een ramp* ❷ muz de gezamenlijke tonen die een stem of een instrument kan voortbrengen
om·vang·rijk *bn* groot, uitgebreid
om·va·ren *ww* [voer om, h. & is omgevaren]
❶ omvervaren ❷ om iets heen varen ❸ langs een omweg varen
om·vat·ten *ww* [omvatte, h. omvat] ❶ in de handen of armen sluiten ❷ → **inhouden** (bet 1)
om·ver *bijw* ondersteboven
om·ver·gooi·en *ww* [gooide omver, h. omvergegooid] iets uit zijn evenwicht gooien, door gooien laten omvallen
om·ver·ha·len *ww* [haalde omver, h. omvergehaald]
❶ iets uit zijn evenwicht halen ❷ fig geheel afbreken, hevig bekritiseren
om·ver·lo·pen *ww* [liep omver, h. omvergelopen] door ertegenaan te lopen laten vallen: ★ *hij liep zo de buurvrouw omver*
om·ver·lul·len *ww* [lulde omver, h. omvergeluld] inf iem. met woorden totaal overdonderen en laten

instemmen met iets
om·ver·wer·pen *ww* [wierp omver, h. omvergeworpen] doen vallen, *ook fig* doen mislukken, verstoren ★ *een regering ~ op onwettige wijze afzetten*
om·vlie·gen *ww* [vloog om, h. & is omgevlogen] rondvliegen; (van tijd) snel verstrijken
om·vor·men *ww* [vormde om, h. omgevormd] een andere vorm geven; **omvorming** *de (v)* [-en]
om·vou·wen *ww* [vouwde om, h. omgevouwen] een vouw aanbrengen aan de rand van iets: ★ *een servet ~*
om·waai·en *ww* [waaide *of* woei om, is omgewaaid] door wind omver vallen: ★ *veel bomen zijn omgewaaid*
om·wal·len *ww* [omwalde, h. omwald] met een wal omgeven
om·was·sen *ww* [waste om, h. omgewassen] NN ⟨vaatwerk⟩ schoonwassen
om·weg *de (m)* [-wegen] langere weg ★ *zonder omwegen* rechtstreeks
om·wen·den *ww* [wendde om, h. omgewend] omdraaien: ★ *je hoofd ~* ★ *zich ~*
om·wen·te·len *ww* [wentelde om, h. & is omgewenteld] ❶ doen ronddraaien, → **omkeren** (bet 2) ❷ om zijn as draaien
om·wen·te·ling *de (v)* [-en] ❶ draaiing: ★ *de ~ van de maan om de aarde* ❷ aswenteling: ★ *de ~ van de aarde* ❸ algehele verandering, vooral in het staatsbestel: ★ *een politieke ~*
om·wen·te·lings·as *de* [-sen] as waaromheen iets draait
om·wen·te·lings·snel·heid *de (v)* [-heden] snelheid waarmee iets omwentelt: ★ *de ~ van de aarde*
om·wer·ken *ww* [werkte om, h. omgewerkt] ❶ ⟨een werk van kunst of wetenschap⟩ tamelijk diepgaand veranderen ❷ ⟨van grond⟩ omspitten, ploegen
om·wer·pen *ww* [wierp om, h. omgeworpen] omgooien
om·wik·ke·len¹ *ww* [wikkelde om, h. omgewikkeld] om het lichaam wikkelen
om·wik·ke·len² *ww* [omwikkelde, h. omwikkeld] geheel wikkelen in
om·wik·ke·ling *de (v)* [-en] het → **omwikkelen²**
om·wil·le *bijw* ❶ ter wille van, ten behoeve van, ten bate van, in het belang van: ★ *iets doen ~ van de kinderen* ❷ BN *ook* om reden van, wegens, uit hoofde van: ★ *deze eis is niet verwezenlijkt ~ van praktische moeilijkheden*
om·win·den¹ *ww* [wond om, h. omgewonden] omheen winden; om het lichaam winden
om·win·den² *ww* [omwond, h. omwonden] door te winden omgeven, → **omwikkelen²**
om·wind·sel *het* [-s] ❶ dat waarmee iets omwonden is ❷ krans van schutbladjes net onder de bloem
om·wip·pen *ww* [wipte om, h. & is omgewipt] ❶ doen omvallen (iets wat niet zeer stevig staat) ❷ met een kleine kanteling omvallen

om·wis·se·len *ww* [wisselde om, h. omgewisseld] ruilen: ★ *iets ~ tegen / voor iets anders*; **omwisseling** *de (v)* [-en]
om·woe·len *ww* [woelde om, h. omgewoeld] loswerken; door elkaar halen
om·wo·nen·den, **om·wo·nen·den** *mv* mensen die in de nabijheid wonen
om·zeg·gens *bijw* BN *ook* als het ware, om zo te zeggen, zogezegd, vrijwel, nagenoeg, bijna, ongeveer: ★ *hij was ~ de enige intellectueel in het dorp*
om·zei·len¹ *ww* [zeilde om, is & h. omgezeild] ❶ omheen zeilen, langs een omweg zeilen ❷ omverzeilen
om·zei·len² *ww* [omzeilde, h. omzeild] *fig* behendig ontwijken: ★ *moeilijkheden ~*
om·zend·brief *de (m)* [-brieven] ❶ BN *ook* circulaire, openbare rondgezonden brief ❷ RK herderlijk schrijven
om·zet *de (m)* [-ten] koop en verkoop; hoeveelheid verhandelde goederen, geldswaarde van de verhandelde goederen of uitgevoerde orders
om·zet·be·las·ting *de (v)* belasting geheven bij betaling van goederen of diensten, thans btw
om·zet·ten *ww* [zette om, h. omgezet] ❶ anders zetten: ★ *de plantjes in de vensterbank ~* ❷ chem veranderen door koken of door de inwerking van een andere stof: ★ *water wordt bij koken omgezet in de twee gassen waterstof en zuurstof* ❸ veranderen, doen overgaan in een andere toestand ❹ verhandelen
om·zet·ting *de (v)* [-en] het → **omzetten** (bet 1, 2 en 3)
om·zich·tig *bn* behoedzaam, bedachtzaam; **omzichtigheid** *de (v)*
om·zien *ww* [zag om, h. omgezien] ❶ omkijken, het hoofd omdraaien ★ *zonder ~* zonder aarzeling voortgaande op de ingeslagen weg ❷ ★ *~ naar* informerend en zoekend trachten te krijgen: ★ *naar nieuw personeel ~*
om·zo·men¹ *ww* [zoomde om, h. omgezoomd] een zoom maken in
om·zo·men² *ww* [omzoomde, h. omzoomd] een zoom vormen om iets
om·zwaai *de (m)* [-en] → **ommezwaai**
om·zwaai·en *ww* [zwaaide om, is omgezwaaid] NN, stud van studierichting veranderen
om·zwach·te·len *ww* [omzwachtelde, h. omzwachteld] met zwachtels omwinden
om·zwer·men¹ *ww* [zwermde om, h. omgezwermd] zwermend rondgaan
om·zwer·men² *ww* [omzwermde, h. omzwermd] zwermend omringen of omgeven
om·zwer·ving *de (v)* [-en] het lange tijd rondzwerven in vele uithoeken: ★ *na vele omzwervingen kwam Odysseus terug op Ithaca*
om·zwe·ven¹ *ww* [zweefde om, h. omgezweefd] rondzweven, omheen zweven
om·zwe·ven² *ww* [omzweefde, h. omzweefd] zwevend omgeven

on·aan·doen·lijk *bn* koel, gesloten, niet gemakkelijk te ontroeren

on·aan·doen·lijk·heid *de (v)* het onaandoenlijk-zijn

on·aan·ge·daan *bn* niet geroerd, geen emotie voelend

on·aan·ge·naam *bn* niet prettig; stuurs, nurks; onverkwikkelijk

on·aan·ge·naam·heid *de (v)* [-heden] ❶ iets onprettigs ❷ *onaangenaamheden* onenigheid, twist

on·aan·ge·past *bn* zich niet aansluitend bij of zich moeilijk schikkend in de situatie waarin men geplaatst is en waar bep. normen gelden

on·aan·ge·raakt *bn* niet aangeraakt

on·aan·ge·roerd *bn* ❶ niet aangeraakt: ★ *de heerlijke taart bleef ~ staan* ❷ fig niet ter sprake gebracht

on·aan·ne·me·lijk *bn* niet te aanvaarden

on·aan·raak·ba·re *de* [-n] (in India, bij Hindoes) paria, kasteloze

on·aan·tast·baar *bn* ❶ tegen aantasting bestand of verzekerd ❷ niet te betwisten of aan te klagen: ★ *onaantastbare posities van mensen in een organisatie*

on·aan·trek·ke·lijk *bn* niet aangenaam aandoende

on·aan·vaard·baar *bn* niet te aanvaarden

on·aan·zien·lijk *bn* ❶ gering van voorkomen ❷ niet voornaam ❸ onbelangrijk ❹ niet groot, niet veel ★ *niet ~ nogal veel of groot*

on·aar·dig *bn* niet aardig; onvriendelijk ★ *niet ~ tamelijk aardig, vrij mooi*

on·aar·dig·heid *de (v)* [-heden] onvriendelijkheid

on·acht·zaam *bn* weinig oplettend

on·acht·zaam·heid *de (v)* [-heden] onoplettendheid

on·af *bn* niet volledig afgewerkt, niet tot een geheel gemaakt

on·af·ge·bro·ken *bn* voortdurend; aaneengeschakeld: ★ *een ~ rij van auto's*

on·af·han·ke·lijk *bn* vrij, zelfstandig

on·af·han·ke·lijk·heid *de (v)* vrijheid, zelfstandigheid

on·af·han·ke·lijk·heids·dag *de (m)* [-dagen] dag waarop de onafhankelijkheid van een land feestelijk wordt herdacht, vooral in de Verenigde Staten (4 juli)

on·af·schei·de·lijk *bn* innig verbonden, niet te scheiden

on·af·wend·baar *bn* niet afgewend kunnende worden

on·af·zien·baar *bn* zich zeer ver uitstrekkende: ★ *een onafzienbare menigte mensen*

ona·ger [oonaa-] *(Lat<Gr) de (m)* [-s] kleine wilde ezel in Zuidwest-Azië

ona·ne·ren *ww* [onaneerde, h. geonaneerd] aan onanie doen

ona·nie *de (v)* masturbatie, zelfbevrediging (naar Onan *Genesis* 38: 9, die echter aan coïtus interruptus deed)

on·baat·zuch·tig *bn* niet op eigen belang gericht; **onbaatzuchtigheid** *de (v)*

on·barm·har·tig *bn* ❶ zonder mededogen, wreed ❷ ongenadig, duchtig, raak: ★ *een ~ pak op zijn broek*

on·barm·har·tig·heid *de (v)* [-heden] meedogenloosheid; onbarmhartige daad

on·be·ant·woord *bn* niet beantwoord: ★ *een onbeantwoorde liefde*

on·be·bouwd *bn* waarop niet gebouwd is: ★ *~ terrein*

on·be·daar·lijk *bn* niet tot bedaren te brengen: ★ *~ lachen*

on·be·dacht·zaam *bn* niet goed overdacht, onbezonnen

on·be·dacht·zaam·heid *de (v)* [-heden] onbezonnenheid

on·be·dekt *bn* ❶ niet bedekt ❷ niet verborgen, openlijk

on·be·der·fe·lijk *bn* niet aan bederf onderhevig

on·be·dijkt *bn* niet door dijken omsloten

on·be·dor·ven *bn* puur, onschuldig

on·be·dre·ven *bn* niet geoefend, niet ervaren

on·be·dui·dend *bn* van weinig belang

on·be·gaan·baar *bn* niet begaanbaar: ★ *door de ijzel waren de wegen ~*

on·be·gon·nen, **on·be·gon·nen** *bn* waar geen beginnen aan is, ondoenlijk: ★ *het is ~ werk*

on·be·grensd *bn* ❶ zeer uitgestrekt ❷ fig oneindig groot, zonder grenzen, onbeperkt: ★ *het land van de onbegrensde mogelijkheden* het land waar alles mogelijk is

on·be·gre·pen *bn* niet begrepen

on·be·grij·pe·lijk *bn* niet te begrijpen, raadselachtig

on·be·grip *het* gemis aan begrip, het niet kunnen begrijpen of waarderen: ★ *zijn verhaal stuitte op ~*

on·be·haag·lijk *bn* niet prettig aandoend; ongezellig; **onbehaaglijkheid** *de (v)*

on·be·ha·gen *het* misnoegen

on·be·han·deld *bn* ❶ niet behandeld ❷ niet bewerkt: ★ *~ hout*

on·be·heerd *bn* zonder toezicht: ★ *iets / iem. ~ achterlaten*

on·be·heerst *bn* zich niet beheersend, al te spontaan

on·be·hol·pen *bn* onhandig

on·be·hol·pen·heid *de (v)* onhandigheid

on·be·hoor·lijk *bn* niet netjes, onfatsoenlijk, niet zoals het hoort; **onbehoorlijkheid** *de (v)* [-heden]

on·be·hou·wen *bn* ruw, lomp

on·be·huis·de *de* [-n] iem. die geen onderdak heeft, dakloze: ★ *tehuis voor onbehuisden*

on·be·kend *bn* ❶ niet gekend wordende: ★ *de onbekende soldaat* ❷ niet thuis, niet wetend hoe en wat: ★ *hij is ~ met het Nederlands* ★ *ik ben hier ~* ★ *~ maakt onbemind* men is vaak afkerig van het onbekende

on·be·ken·de [-n] **I** *de* persoon die niet bekend is: ★ *de grote ~* **II** *de* wisk grootheid die berekend moet worden

on·be·kend·heid *de (v)* het onbekend-zijn

on·be·kom·merd *bn* zonder zorgen

on·be·krom·pen *bn* ❶ ruim, overvloedig; niet → **schriel** (bet 1) ❷ ruim van opvatting;

onbekrompenheid de (v)
on·be·kwaam bn ❶ niet bekwaam: ★ hij was ~ voor die taak ❷ recht niet in staat geacht in rechtshandelingen zelfstandig op te treden
on·be·kwaam·heid de (v) het onbekwaam-zijn
on·be·lang·rijk bn van weinig belang
on·be·last bn (van hypotheek, belasting) vrij van lasten
on·be·leefd bn ongemanierd, niet wellevend
on·be·leef·de·rik de (m) [-riken] BN onbeleefde kerel
on·be·leefd·heid de (v) [-heden] ongemanierdheid; onbeleefde bejegening
on·be·lem·merd bn ongehinderd
on·be·mand bn zonder bemanning: ★ een onbemande reis naar Mars
on·be·mid·deld bn zonder geld: ★ niet ~ rijk
on·be·mind bn niet geliefd; zie ook bij → **onbekend**
on·be·nul de [-len] onbenullig persoon: ★ inf een stuk ~
on·be·nul·lig bn dom; onbelangrijk; weinig hoogstaand: ★ onbenullige muziek
on·be·nul·lig·heid de (v) [-heden] domheid; iets onbenulligs
on·be·paald bn niet vastgesteld, onbegrensd; niet duidelijk begrensd ★ ~ lidwoord dat niet een bepaald persoon of ding aanduidt: → een¹ ★ ~ voornaamwoord dat niet bepaalde personen of zaken aanwijst: ★ 'iemand' is een ~ voornaamwoord ★ onbepaalde wijs niet verbogen vorm van het werkwoord, infinitief
on·be·paald·heid de (v) het onbepaald-zijn, onbegrensdheid
on·be·perkt bn onbegrensd
on·be·proefd bn niet toegepast, niet geprobeerd ★ niets ~ laten alles proberen
on·be·re·den bn ❶ niet voor berijding gebruikt: ★ een ~ paard ❷ niet bedreven in het rijden: ★ een ~ ruiter ❸ geen paard berijdend: ★ ~ troepen
on·be·re·de·neerd bn ondoordacht; niet op redenering gegrond
on·be·reik·baar bn niet te bereiken
on·be·re·ken·baar bn ❶ niet te berekenen ❷ ‹van karakter› niet te voorspellen, grillig
on·be·ris·pe·lijk bn zonder fout; keurig: ★ ~ gekleed ★ ~ gedrag
on·be·schaafd bn onopgevoed, ruw, ongemanierd; **onbeschaafdheid** de (v) [-heden]
on·be·schaamd bn brutaal, tartend: ★ een onbeschaamde leugen; **onbeschaamdheid** de (v) [-heden]
on·be·schei·den bn opdringerig, ongepast nieuwsgierig: ★ mag ik een ~ vraag stellen?; **onbescheidenheid** de (v) [-heden]
on·be·schermd bn zonder bescherming ★ ~ vrijen ofwel zonder voorbehoedsmiddel met gevaar voor zwangerschap, ofwel zonder condoom met gevaar voor geslachtsziektes
on·be·schoft bn lomp, brutaal, grof; **onbeschoftheid** de (v) [-heden]
on·be·schre·ven bn waarop nog niet geschreven is ★ een ~ blad fig iem. (vooral een kind) die nog geen eigen denkbeelden ontwikkeld heeft, dus ontvankelijk is voor invloed van anderen
on·be·schrijf·lijk, **on·be·schrij·fe·lijk** bn niet te beschrijven, vreselijk
on·be·schroomd bn zonder schroom, vrijmoedig
on·be·sla·gen bn ‹van paarden› zonder hoefijzers ★ ~ ten ijs komen fig niet goed voorbereid iets ondernemen
on·be·slist bn niet beslist
on·be·speeld bn zonder dat er geluids- of beeldopnamen op staan ★ onbespeelde videoband
on·be·spo·ten bn (van land- of tuinbouwproducten) niet bespoten met (chemische) bestrijdingsmiddelen: ★ ~ groente
on·be·spro·ken bn waar niets op te zeggen valt: ★ van ~ gedrag
on·be·staan·baar bn ❶ wat niet kan bestaan ★ ~ met onverenigbaar met ❷ NN wel gebeurend, maar niet te geloven: ★ het is toch ~ dat hij dat niet wil doen!
on·be·stel·baar bn (van een brief) niet bezorgd kunnende worden
on·be·stemd bn vaag, niet precies aan te duiden: ★ een onbestemd gevoel
on·be·sten·dig bn veranderlijk, niet blijvend; **onbestendigheid** de (v)
on·be·stor·ven bn ★ ~ weduwe vrouw wier man nog wel in leven is, maar zelden of nooit bij haar is ★ ~ vlees vers geslacht vlees ★ ~ metselwerk nog niet gedroogd metselwerk
on·be·suisd bn ruw, onnadenkend, onvoorzichtig; **onbesuisdheid** de (v) [-heden]
on·be·taal·baar bn ❶ niet te betalen ❷ niet genoeg te waarderen, onschatbaar: ★ zij is een onbetaalbare kracht
on·be·taald bn ❶ niet betaald: ★ een onbetaalde rekening ❷ geen betaling ontvangend: ★ ~ verlof
on·be·ta·me·lijk bn ongepast, zoals het niet hoort
on·be·ta·me·lijk·heid de (v) [-heden] ongepastheid
on·be·te·ke·nend bn onbelangrijk
on·be·tre·den bn fig waar nog nooit iemand geweest is: ★ ~ paden
on·be·trouw·baar bn niet te vertrouwen, geen voldoende zekerheid gevend
on·be·tuigd bn ★ zich niet ~ laten van zich doen blijken, goed meedoen
on·be·twist bn waarover niet te twisten valt; wat niemand betwist: ★ hij is ~ de beste autocoureur
on·be·twist·baar bn niet te betwisten
on·be·van·gen bn ❶ onbevooroordeeld ❷ ongedwongen, vrij: ★ iets / iem. ~ tegemoet treden
on·be·van·gen·heid de (v) ❶ onbevooroordeeldheid ❷ ongedwongenheid
on·be·va·ren bn ❶ waarop niet gevaren wordt ❷ weinig gevaren hebbende
on·be·vat·te·lijk bn moeilijk begrijpend, hardleers

on·be·vei·ligd *bn* niet beveiligd: ★ *een onbeveiligde spoorwegovergang*

on·be·ves·tigd *bn* niet bevestigd ★ *volgens onbevestigde berichten* volgens berichten waarvan niet officieel is vastgesteld of ze waar zijn

on·be·vlekt *bn* rein ★ *Onbevlekte Ontvangenis* ontvangenis van Maria, de moeder van Jezus, waarbij zij vrij bleef van de erfzonde

on·be·voegd *bn* zonder tot iets bekwaam of gerechtigd te zijn

on·be·voeg·de *de* [-n] iem. die onbevoegd is: ★ *verboden toegang voor onbevoegden*

on·be·voegd·heid *de (v)* het onbevoegd-zijn

on·be·voor·oor·deeld *bn* onpartijdig, zonder vooropgezette mening

on·be·vre·digd *bn* niet voldaan

on·be·vre·di·gend *bn* niet bevredigend

on·be·vreesd *bn* niet bang, moedig

on·be·waakt *bn* ❶ niet bewaakt: ★ *een onbewaakte spoorwegovergang* ❷ waarin men zichzelf niet goed onder controle heeft: ★ *in een ~ ogenblik*

on·be·weeg·lijk *bn* niet bewegend, roerloos, **on·be·weeg·lijk·heid** *de (v)*

on·be·werkt *bn* niet bewerkt

on·be·wim·peld *bn* ronduit, onverbloemd

on·be·wo·gen *bn* ❶ roerloos ❷ koel, emotieloos; **onbewogenheid** *de (v)*

on·be·wolkt *bn* zonder wolken

on·be·woon·baar *bn* niet (meer) bewoond kunnen worden: ★ *deze woning is ~ verklaard*; **onbewoonbaarheid** *de (v)*

on·be·woon·baar·ver·kla·ring *de (v)* [-en] het onbewoonbaar-verklaren

on·be·woond *bn* niet bewoond

on·be·wust *bn* niet wetend: ★ *~ van alle nare gevolgen, reed hij keihard door*; onwillekeurig

on·be·wus·te *het* gevoelens en neigingen waarvan men zich niet bewust is

on·be·zet *bn* ❶ niet ingenomen: ★ *geen stoel bleef ~* ❷ niet door een leger bezet

on·be·zoe·deld *bn* ❶ vlekkeloos, schoon ❷ BN, m.g. (van een natuurgebied, de lucht enz.) niet verontreinigd, niet vervuild, schoon ❸ fig niet besmet, met nog steeds een goede naam

on·be·zol·digd *bn* ❶ geen bezoldiging genietend: ★ *een ~ ambtenaar* ❷ waaraan geen bezoldiging verbonden is: ★ *een ~ ambt*

on·be·zon·nen *bn* niet doordenkend; ondoordacht

on·be·zon·nen·heid *de (v)* [-heden] het onbezonnen zijn; iets ondoordachts

on·be·zorgd¹ *bn* zonder zorgen: ★ *een ~ oude dag*

on·be·zorgd² *bn* niet besteld: ★ *onbezorgde brieven*

on·be·zorgd·heid *de (v)* het zonder zorgen zijn

on·be·zwaard *bn* ❶ zonder zorgen; zonder gewetensbezwaar ❷ ‹van onroerende goederen› vrij van hypotheek

on·bil·lijk *bn* onrechtvaardig; onrechtmatig; te veel eisend; **onbillijkheid** *de (v)* [-heden]

on·bloe·dig *bn* zonder bloed te vergieten: ★ *een onbloedige staatsgreep*

on·brand·baar *bn* niet kunnende branden; **onbrandbaarheid** *de (v)*

on·breek·baar *bn* niet kunnende breken; **onbreekbaarheid** *de (v)*

on·bruik *het* het niet meer gebruiken: ★ *in ~ raken*

on·bruik·baar *bn* niet gebruikt kunnende worden; **onbruikbaarheid** *de (v)*

on·buig·zaam *bn* ❶ niet buigzaam ❷ fig hardnekkig, onverzettelijk

on·chris·te·lijk [-kris-] *bn* in strijd met de christelijke leer: ★ *een onchristelijke tijd* te laat of te vroeg

on·co·geen ‹<Gr› *bn* med ❶ gezwelvormend, gezwelverwekkend ❷ kankerverwekkend

on·co·lo·gie ‹<Gr› *de (v)* med leer van de tumoren of kwaadaardige gezwellen

on·co·loog ‹<Gr› *de (m)* [-logen] specialist in de oncologie

on·con·ven·tio·neel [-sjoo-] *bn* niet volgens de algemene verwachtingen en afspraken

on·dank *de (m)* het → **ondankbaar** (bet 1) zijn, goed met kwaad vergelden ★ *~ is 's werelds loon* het goede wordt niet gewaardeerd, de wereld is ondankbaar ★ *zijns ondanks* tegen zijn wil

on·dank·baar *bn* ❶ geen dank tonend: ★ *een ondankbare hond* een naar en ondankbaar iemand ❷ geen resultaat opleverend, geen voldoening gevend: ★ *een ~ werk*

on·dank·baar·heid *de (v)* het ondankbaar-zijn

on·danks *vz* niettegenstaande, ook al, in weerwil van

on·deel·baar *bn* ❶ niet te delen ❷ zeer klein: ★ *een ~ ogenblik*

on·de·mo·cra·tisch *bn* niet democratisch

on·denk·baar *bn* niet in te denken; zeer onwaarschijnlijk, onbestaanbaar

on·der *bijw vz* ❶ beneden, lager dan: ★ *~ een afdak staan* ★ *~ een auto komen* overreden worden ★ *~ zich hebben (houden)* ❷ ‹van zaken› bij zich in beheer hebben (houden) ❸ ‹van personen› de meerdere zijn van ★ *kopje ~ gaan* onder water gaan met het hoofd, fig verliezen, het afleggen tegen ★ *ten ~ brengen* onderwerpen, ten onder doen gaan ★ *ten ~ gaan* te gronde gaan ❹ tussen: ★ *~ de mensen* ★ *~ ons zijn* met ons vertrouwde groepje mensen ★ *~ andere(n), ~ meer* met nog andere(n) ❺ tijdens: ★ *~ de les* ★ BN *~ de middag* ❻ minder dan: ★ *~ de 18 jaar geen toegang* ❼ met als naam: ★ *~ de titel...* ❽ met als bedekking: ★ *~ de modder zitten*

on·der·aan, **on·der·aan** *bijw* aan de onderkant

on·der·aan·ne·mer *de (m)* [-s] iem. die van de hoofdaannemer het metselwerk, het schilderwerk of iets dergelijks aanneemt

on·der·aards, **on·der·aards** *bn* onder de grond

on·der·af *bijw* van de onderkant af

on·der·af·de·ling *de (v)* [-en] onderdeel van een afdeling

on·der·arm *de (m)* [-en] armgedeelte van elleboog tot

hand

on·der·arms *bijw* met de hand onder de schouder, van onder naar boven: ★ ~ *gooien*

on·der·baas¹ *de (m)* [-bazen] opzichter over een kleinere groep werklieden

on·der·baas² *de* [-bazen] voetstuk van een pilaar

on·der·been *het* [-benen] gedeelte van het been onder de knie

on·der·be·lich·ten *ww* [onderbelichtte, h. onderbelicht] ❶ fotogr te kort belichten ❷ te weinig aandacht geven: ★ *die kwestie is vaak onderbelicht gebleven*

on·der·be·ste·ding *de (v)* het minder dan normaal geld besteden

on·der·be·ta·len *ww* [onderbetaalde, h. onderbetaald] te laag loon geven; **onderbetaling** *de (v)*

on·der·be·vel·heb·ber *de (m)* [-s] iem. die onder een ander het bevel voert

on·der·be·wind·stel·ling *de (v)* [-en] NN, recht het ter bescherming van niet-capabele meerderjarigen overdragen van het beheer over goederen op een bewindvoerder

on·der·be·wust *bn* onder het bewustzijn blijvend, zich niet bewust makend

on·der·be·wus·te *het* het onderbewuste gemoedsleven

on·der·be·wust·zijn *het* het onderbewuste, tweede bewustzijn dat niet direct door de persoon zelf gekend wordt

on·der·be·zet *bn* met te weinig personeel werkend

on·der·be·zet·ting *de (v)* het onderbezet-zijn

on·der·bin·den *ww* [bond onder, h. ondergebonden] schaatsen onder de voeten binden

on·der·bouw *de (m)* ❶ bouwwerk dat een ander steunt ❷ fig laagste klassen van een school die in de hogere klassen meer verschillende richtingen biedt, de brugklassen: ★ *de ~ van een scholengemeenschap*

on·der·bou·wen *ww* [onderbouwde, h. onderbouwd] fig een stevige grondslag geven, degelijk voorbereiden met bijv. gegevens of cijfers

on·der·bre·ken *ww* [onderbrak, h. onderbroken] ❶ doen ophouden ❷ tijdelijk doen ophouden: ★ *we ~ het programma voor het volgende*; **onderbreking** *de (v)* [-en]

on·der·bren·gen *ww* [bracht onder, h. ondergebracht] ❶ onderdak verschaffen ❷ een passende plaats geven, rangschikkend of ordenend plaatsen: ★ *op welke rekening zullen we deze post ~?*

on·der·broek *de* [-en] broek gedragen op het naakte lijf onder de bovenkleding

on·der·broe·ken·lol *de inf* grove humor met veel zinspelingen op seks en ontlasting

on·der·buik *de (m)* [-en] onderste gedeelte van de buik: ★ *gevoelens in de ~* kwalijk geachte, onberedeneerde, maar wel bij veel mensen aanwezige gevoelens over bijv. buitenlanders: ★ *politici spelen vaak handig in op gevoelens in de ~*

on·der·cu·ra·te·le·stel·ling *de (v)* [-en] zie bij → **curatele**

on·der·daan *de (m)* [-danen] ❶ inwoner van een land in verhouding tot de regering ❷ *onderdanen* schertsend benen

on·der·dak *het* huisvesting: ★ ~ *vinden*

on·der·da·nig *bn* onderworpen, nederig, gedwee; **onderdanigheid** *de (v)*

on·der·deel *het* [-delen] deel van een geheel

on·der·de·hand *bijw* intussen, ondertussen

on·der·dek *het* [-ken] laagste dek van een schip

on·der·deks *bijw* in de kajuit

on·der·deur *de* [-en] ❶ apart draaibare onderste gedeelte van een deur ❷ *veelal verkl*: *onderdeurtje* klein persoon

on·der·doen *ww* [deed onder, h. ondergedaan] ❶ ★ ~ *voor* achterblijven bij, de mindere zijn van ❷ onderbinden

on·der·dom·pe·len *ww* [dompelde onder, h. ondergedompeld] onder water (of een andere vloeistof) houden; **onderdompeling** *de (v)* [-en]

on·der·door *bijw* langs de onderkant door iets heen ★ *er ~ gaan* onder te zware druk bezwijken ★ *ergens aan ~ gaan* daardoor geestelijk kapot gaan

on·der·druk *de (m)* [-ken] ❶ kleur of voorstelling waarover een andere gedrukt is ❷ bloeddruk tijdens de rustfase van het hart, aan het einde van de diastole, diastolische bloeddruk

on·der·druk·ken *ww* [onderdrukte, h. onderdrukt] ❶ onder dwang doen leven, afhankelijk houden: ★ *het volk is jarenlang onderdrukt* ❷ tegenhouden, bedwingen: ★ *zij kon een lach niet ~*

on·der·druk·ker *de (m)* [-s] iem. die onderdrukt, veelal de regering die onderdrukt

on·der·druk·king *de (v)* [-en] het onderdrukken: ★ *de ~ door tirannen en dictators*

on·der·dui·ken *ww* [dook onder, is ondergedoken] ❶ onder de wateroppervlakte duiken ❷ zich verborgen houden om te ontkomen aan vervolging of aan verplichtingen door de overheid opgelegd: ★ *de Joodse familie heeft jaren moeten ~*

on·der·dui·ker *de (m)* [-s] iem. die ondergedoken is (→ **onderduiken**, bet 2): ★ *zij had vijf onderduikers in huis*

on·der·duims *bn dial* niet openlijk; geniepig; heimelijk, achterbaks; stiekem

on·der·du·wen *ww* [duwde onder, h. ondergeduwd] naar beneden duwen, veelal in water

on·der·eind, **on·der·ein·de** *het* [-einden] onderkant; benedeneind

on·de·ren *bijw* onder, beneden: ★ *van ~, naar ~*

on·der·gaan¹ *ww* [ging onder, is ondergegaan] ❶ verdwijnen achter de horizon: ★ *de zon gaat onder* ❷ zinken, te gronde gaan

on·der·gaan² *ww* [onderging, h. ondergaan] doorstaan, verduren: ★ *een operatie ~*

on·der·gang *de (m)* ❶ het → **ondergaan¹** ❷ verderf: ★ *met de ~ bedreigd worden*

on·der·ge·schikt *bn* ❶ onder bevel staand ❷ van minder belang

on·der·ge·schik·te *de* [-n] persoon die onder iemands bevelen staat

on·der·ge·schikt·heid *de (v)* het ondergeschikt-zijn

on·der·ge·scho·ven *bn* valselijk voor iets in de plaats gesteld ★ *een ~ kind* kind dat heimelijk in de plaats van een echt kind is gesteld, of vreemd kind dat valselijk als eigen wettig kind is aangegeven, of fig verwaarloosde zaak

on·der·ge·te·ken·de *de* [-n] iem. die een stuk ondertekend heeft; schertsend ik

on·der·ge·waar·deerd *bn* niet naar verdienste gewaardeerd; zie ook → **onderwaarderen**

on·der·gis·tend *bn* (bij bierbrouwen, van gist gezegd) zich op de bodem van de gistkuip afzettend tijdens het gisten van de wort

on·der·goed *het* onder de bovenkleren gedragen goed

on·der·gra·ven *ww* [ondergroef, h. ondergraven] ❶ door graven doen instorten ❷ fig in 't geheim van alle steun beroven, ondermijnen

on·der·greep *de (m)* [-grepen] gymnastiek greep met de omgedraaide hand naar beneden

on·der·grond *de (m)* [-en] ❶ onderlaag: ★ *schrijven gaat lekker op een harde ~* ❷ fig diepere aanleg of vroegere scholing ★ *een goede ~ hebben* in wezen niet slecht zijn of vroeger degelijk onderwezen zijn

on·der·gronds *bn* ❶ onder de grond: ★ *een ondergrondse spoorweg* ❷ fig geheim; illegaal: ★ *ondergrondse beweging* ★ *~ gaan* een verboden organisatie in het geheim voortzetten

on·der·grond·se *de* [-n] ❶ grotendeels ondergrondse stadsspoorweg, metro ❷ verzet, verzetsbeweging, vooral tijdens de Tweede Wereldoorlog

on·der·hand *bijw* intussen

on·der·han·de·laar *de (m)* [-s, -laren] iem. die onderhandelt

on·der·han·de·len *ww* [onderhandelde, h. onderhandeld] iets bespreken met het doel tot een overeenkomst te komen; **onderhandeling** *de (v)* [-en]

on·der·han·de·lings·ta·fel *de* [-s] tafel waaraan men onderhandelt ★ *aan de ~ zitten* aan het onderhandelen zijn over iets

on·der·hands *bn* ❶ niet in het openbaar: ★ *een onderhandse verkoping* ❷ zonder tussenkomst van een notaris: ★ *een onderhandse akte* ❸ met de hand niet boven de schouder geheven: ★ *~ gooien* ★ *een onderhandse worp*

on·der·ha·vig *bn* waarvan nu sprake is: ★ *het onderhavige geval laat zich moeilijk beoordelen*

on·der·he·vig *bn* ★ *~ aan* behept met; vatbaar voor, blootstaand aan: ★ *~ aan niesbuien* ★ *~ aan veel kritiek*

on·der·ho·rig *bn* ondergeschikt

on·der·ho·ri·ge *de* [-n] ondergeschikte

on·der·houd *het* ❶ ⟨van personen en dieren⟩ verzorging, voeding en huisvesting ❷ ⟨van zaken⟩ het in goede staat houden: ★ *achterstallig ~* ❸ gesprek: ★ *een ~ hebben met iem.*

on·der·hou·den¹ I *ww* [onderhield, h. onderhouden] ❶ verzorgen, levensonderhoud geven aan ❷ gaande houden: ★ *een correspondentie ~* ❸ in goede staat houden, bijhouden ❹ bezighouden ❺ ⟨geboden⟩ opvolgen, naleven ❻ spreken met ★ *iem. over iets ~* met iem. spreken over, vooral terechtwijzend of ondervragend II *wederk* spreken met: ★ *zich met iemand ~*

on·der·hou·den² *ww* [hield onder, h. ondergehouden] ❶ eronder houden, in bedwang houden ❷ ergens onder houden, bijv. onder water houden

on·der·hou·dend *bn* aangenaam bezighoudend: ★ *een onderhoudende gast*

on·der·houd·plich·tig, **on·der·houds·plich·tig** *bn* verplicht iemand of iets te → **onderhouden¹** (bet 1, 3)

on·der·houds·beurt *de* [-en] (van auto's, woningen e.d.) het in één keer volledig nazien en verrichten van reparaties en andere handelingen die de duurzaamheid bevorderen: ★ *ieder jaar kreeg haar auto een ~*

on·der·houds·plich·tig *bn* verplicht bij te dragen in de kosten van levensonderhoud van iem., bijv. de partner of kinderen

on·der·huid *de* huid onder de opperhuid

on·der·huids *bn* ❶ onder de huid: ★ *onderhuidse inspuiting* ★ *~ vetweefsel* ❷ verborgen voor anderen: ★ *onderhuidse gevoelens*

on·der·huis *het* [-huizen] huisgedeelte dat lager ligt dan de straat

on·der·hu·ren *ww* [huurde onder, h. ondergehuurd] huren van de huurder, uit de tweede hand huren

on·der·huur *de* het onderhuren

on·der·huur·der *de (m)* [-s] huurder uit de tweede hand

on·der·in, **on·der·in** *bijw* in het onderste gedeelte

on·der·jurk *de* [-en] dunne jurk onder de jurk of rok van de bovenkleding gedragen

on·der·kaak *de* [-kaken] onderste kaak

on·der·kant *de (m)* [-en] de naar beneden gerichte zijde

on·der·kast *de* [-en] druktechn, comput ❶ vroeger laagst liggende letterkast, de niet-hoofdletters bevattend ❷ deze niet-hoofdletters in bestanden, zetsel of druk

on·der·ken·nen *ww* [onderkende, h. onderkend] beseffen, inzien: ★ *het gevaar ~*

on·der·kin *de* [-nen] dikke huidplooi onder de kin

on·der·kle·ding *de (v)*, **on·der·kle·ren** *mv* ondergoed

on·der·kleed *het* ❶ [*mv*: -klederen] hist kledingstuk onder het opperkleed gedragen; *vgl*: → **onderkleding** ❷ [*mv*: -kleden] kleed dat onder een tafel- of vloerkleed wordt gelegd

on·der·knup·pel *de (m)* [-s] schertsend ondergeschikte, iem. van lage rang

on·der·koeld *bn* ❶ ⟨vloeistof⟩ afgekoeld tot beneden het stolpunt, maar nog vloeibaar ❷ ⟨van personen⟩ met een te lage lichaamstemperatuur: ★ *drenkelingen raken vaak ~* ❸ fig beheerst, de emoties onderdrukkend

on·der·koe·len *ww* [onderkoelde, h. onderkoeld] in onderkoelde toestand brengen; **onderkoeling** *de (v)*

on·der·ko·men *het* huisvesting

on·der·ko·ning *de (m)* [-en] ❶ koning over gedeelten (meestal koloniën) van een rijk ❷ de tweede man in de hiërarchie van een organisatie of politieke partij

on·der·krui·pen *ww* [onderkroop, h. onderkropen] op niet-eerlijke wijze trachten te verdringen of afbreuk te doen

on·der·krui·per *de (m)* [-s] ❶ iem. die onderkruipt ❷ iem. die weigert aan een staking deel te nemen

on·der·kruip·sel *het* [-s] scheldwoord klein persoontje

on·der·laag *de* [-lagen] laag waarop iets anders ligt; laagste niveau: ★ *de onderlagen van de bevolking*

on·der·la·ken *het* [-s] beddenlaken waar je op ligt

on·der·langs *bijw* langs de onderkant

on·der·legd *bn* behoorlijk opgeleid, belezen en bekwaam: ★ *goed ~ zijn*

on·der·leg·gen *ww* [legde onder, h. ondergelegd] bij een worsteling onder zich op de grond leggen

on·der·leg·ger *de (m)* [-s] ❶ dat wat men onder iets legt ❷ NN dat wat dient als leidraad, bijv. een tekst of een schema, voor bij een vergadering, een nieuwe tekst e.d.

on·der·lig·gen *ww* [lag onder, h. ondergelegen] bij een worsteling overwonnen worden; algemeen een strijd verliezen, in het nadeel zijn ★ *de onderliggende partij* de partij die in het nadeel is

on·der·lijf *het* [-lijven] onderste gedeelte van het lichaam

on·der·lijf·je *het* [-s] BN, spreektaal borstrok, onderhemd(je)

on·der·lij·nen *ww* [onderlijnde, h. onderlijnd] onderstrepen (ook fig)

on·der·ling *bn* wederzijds, onder elkaar: ★ *zulke zaken worden ~ geregeld* ★ *onderlinge verzekerings- of waarborgmaatschappij* (ook 'onderlinge' genoemd) vereniging die zich ten doel stelt met haar leden een verzekeringsovereenkomst te sluiten zonder winstoogmerk

on·der·lin·ge *de (v)* [-n] verkorting van *onderlinge verzekeringsmaatschappij, onderlinge brandwaarborgmaatschappij* enz.

on·der·lip *de* [-pen] benedenste lip

on·der·lo·pen *ww* [liep onder, is ondergelopen] overstroomd worden

on·der·los·ser *de (m)* [-s] vaartuig waarvan de inhoud door luiken in de bodem gelost wordt

on·der·maans *bn* onder de maan zijnde, aards ★ *het ondermaanse* de aarde

on·der·maats *bn* ❶ beneden de vereiste maat: ★ *ondermaatse vis* ❷ fig beneden het verwachte resultaat, onvoldoende: ★ *de prestatie was ~*

on·der·melk *de* afgeroomde melk, taptemelk

on·der·mij·nen *ww* [ondermijnde, h. ondermijnd] fig aantasten, verzwakken: ★ *het gezag ~*

on·der·ne·men *ww* [ondernam, h. ondernomen] beginnen, aanpakken, op zich nemen

on·der·ne·mend *bn* iets durvend ondernemen, vooral iets waaraan risico verbonden is

on·der·ne·mer *de (m)* [-s] iem. die iets onderneemt; vooral iem. die een → **onderneming** (bet 1) opzet en leidt

on·der·ne·ming *de (v)* [-en] ❶ zaak, bedrijf ❷ aanpak, karwei: ★ *het is een hele ~*

on·der·ne·mings·geest *de (m)* lust en durf om iets nieuws aan te pakken

on·der·ne·mings·ka·mer *de (v)* [-s] NN bijzondere kamer van het Amsterdams gerechtshof die beslecht in geschillen bij ondernemingen

on·der·ne·mings·raad *de (m)* [-raden] inspraakorgaan in een bedrijf waarin al het personeel is vertegenwoordigd, zowel werkgevers als werknemers

on·der·ne·mings·vorm *de (v)* [-en] organisatievorm van ondernemingen

on·der·of·fi·cier *de (m)* [-en, -s] iem. met een rang beneden die van officier en hoger dan die van soldaat

on·der·ons·je *het* [-s] vertrouwelijke bespreking in kleine kring: ★ *een ~ hebben met iem. / anderen*

on·der·ont·wik·keld *bn* niet volledig ontwikkeld ★ *onderontwikkelde landen* landen met een geringe economische ontwikkeling, ontwikkelingslanden

on·der·op *bijw* aan de onderkant: ★ *uw brief ligt helaas ~*

on·der·pacht *de* onderhuur

on·der·pand *het* [-en] zekerheidstelling; iets wat als waarborg dient dat een belofte wordt nagekomen: ★ *iets als / in ~ geven*

on·der·pas·toor *de (m)* [-s] BN, spreektaal, vero kapelaan, medepastoor

on·der·pro·duc·tie [-sie] *de (v)* te lage productie in verhouding tot de vraag of wegens te weinig opdrachten

on·der·rand *de (m)* [-en] benedenrand

on·der·richt *het* onderwijs, les: ★ *het ~ in technische vakken*

on·der·rich·ten *ww* [onderrichtte, h. onderricht] leren, onderwijzen; voorlichten, op de hoogte brengen

on·der·rich·ting *de (v)* [-en] ❶ onderwijs; lering, onderricht ❷ inlichting; voorlichting ❸ meestal mv. BN aanwijzing hoe gehandeld moet worden, vooral dienstvoorschrift (bijv. aan personeel, ambtenaren e.d.); instructie, voorschrift; richtlijn

on·der·rok *de (m)* [-ken] door vrouwen gedragen rok onder de bovenrok

on·der·schat·ten *ww* [onderschatte, h. onderschat] te laag schatten: ★ *je moet hem niet ~*; **onderschatting** *de (v)*

on·der·scheid *het* ❶ verschil: ★ ~ *maken tussen* ❷ oordeel, inzicht: ★ *oordeel des onderscheids* ❸ rijpheid van verstand ★ *de jaren des onderscheids* zie bij → **jaar** (bet 2)

on·der·schei·den¹ **I** *ww* [onderscheidde, h. onderscheiden] ❶ verschil maken tussen: ★ *men onderscheidt verschillende soorten hondachtigen* ❷ met moeite (verschillen tussen) dingen waarnemen: ★ *in de schemering kon ik die planten nauwelijks ~* ❸ een ridderorde, lintje, eerbetoon e.d. doen toekomen: ★ *onze korporaal is reeds verschillende malen wegens betoonde moed ~* **II** *wederk* uitblinken ★ *zich ~ door zich kenmerken door*

on·der·schei·den² *bn* verschillend; uiteenlopend

on·der·schei·ding *de (v)* [-en] ❶ het onderscheiden ❷ eerbewijs, lintje, ridderorde, medaille

on·der·schei·dings·te·ken *het* [-s, -en] ❶ herkenningsteken ❷ teken dat men zich onderscheiden heeft, teken van rang of waardigheid

on·der·schei·dings·ver·mo·gen *het* het vermogen om de dingen te onderscheiden

on·der·schep·pen *ww* [onderschepte, h. onderschept] ❶ opvangen en tegenhouden, vooral zodat de bestemming niet bereikt wordt: ★ *een brief / e-mail ~* ❷ BN heimelijk vernemen

on·der·schik·kend *bn* ★ *~ voegwoord* voegwoord dat twee (of meer) zinnen verbindt, waarvan er één (of meer) naar de betekenis een zinsdeel van de andere is (of zijn)

on·der·schik·king *de (v)* zinsverband met daarin een onderschikkend voegwoord

on·der·schrift *het* [-en] ❶ toepasselijke woorden onder een afbeelding enz. ❷ ondertekening ❸ meestal mv. BN ook (bij een film e.d.) ondertiteling

on·der·schrij·ven *ww* [onderschreef, h. onderschreven] ❶ verklaren van dezelfde mening te zijn: ★ *een mening ~* ❷ BN ook intekenen, inschrijven op; (een verzekering) aangaan, afsluiten, sluiten; (iets) ondertekenen: ★ *een lening, polis ~*

on·ders·hands *bijw* niet openbaar

on·der·sneeu·wen *ww* [sneeuwde onder, is ondergesneeuwd] ❶ geheel met sneeuw bedekt worden ❷ fig niet meer de aandacht krijgen door omliggende factoren of bijkomende gebeurtenissen: ★ *deze theorie raakte ondergesneeuwd door een grote hoeveelheid verwarrende feiten*

on·der·spit *het* ★ *het ~ delven* overwonnen worden

on·derst *bn* laagst: ★ *de onderste lade*

on·der·staan *ww* [stond onder, h. ondergestaan] onder water staan

on·der·staand *bn* hieronder volgend in de tekst

on·der·stam *de (m)* [-men] verwante plant of boom, waarop de gewenste soort wordt geënt

on·der·ste *het* wat helemaal onderaan is; zie ook bij → **kan**¹ en → **lid**²

on·der·ste·bo·ven *bijw* overhoop; omver; fig

geschokt, getroffen; *ook* verrukt ★ *(niet) ~ zijn van* (niet) bijzonder geschokt of verrukt zijn over

on·der·steek *de (m)* [-steken] gemakkelijk onder het lichaam van een liggende patiënt te schuiven po of bekken (voor urine en ontlasting)

on·der·stel *het* [-len] ❶ wielen of poten waarop iets rust ❷ schertsend de benen van iem.: ★ *zij heeft een lekker ~*

on·der·stel·len *ww* [onderstelde, h. ondersteld] voor waar of waarschijnlijk aannemen ★ *ondersteld dat* aangenomen dat ★ *het onderstelde* dat waarvan men als onderstelling uitgaat

on·der·stel·ling *de (v)* [-en] ❶ het onderstellen ❷ wat men als waar of waarschijnlijk aanneemt

on·der·steu·nen *ww* [ondersteunde, h. ondersteund] ❶ helpen, steunen ❷ comput (software) goed laten werken: ★ *Vista ondersteunt dit programma*

on·der·steu·ning *de (v)* hulp, steun, vooral financieel

on·der·stop·pen *ww* [stopte onder, h. ondergestopt] onder iets stoppen, vooral onder de dekens

on·der·stre·pen *ww* [onderstreepte, h. onderstreept] ❶ een streep zetten onder ❷ fig bevestigen, staven

on·der·stro·ming *de (v)* [-en] stroming, richting of neiging, die onder de heersende stroming schuilgaat

on·der·stroom *de (m)* [-stromen] stroom in de diepte; fig onderstroming

on·der·stuk *het* [-ken] ❶ onderste stuk van iets ❷ souterrain

on·der·stuurd *bn* auto de neiging hebbend in een bocht met de voorkant naar buiten te draaien; *vgl:* → **overstuurd**

on·der·te·ke·naar *de (m)* [-s, -naren] iem. die iets ondertekend heeft of moet ondertekenen

on·der·te·ke·nen *ww* [ondertekende, h. ondertekend] zijn naam zetten onder iets; met zijn handtekening bekrachtigen

on·der·te·ke·ning *de (v)* [-en] ❶ het ondertekenen ❷ naam die men onder iets gezet heeft

on·der·ti·tel *de (m)* [-s] tweede titel, bijtitel, verklarende titel (van een boek of geschrift)

on·der·ti·te·laar *de (m)* [-s] iem. die films, interviews, documentaires e.d. voorziet van ondertiteling

on·der·ti·te·len *ww* [ondertitelde, h. ondertiteld] TV, film het aanbrengen van een ondertiteling

on·der·ti·te·ling *de (v)* [-en] TV, film schriftelijke weergave, onderaan op het beeld, van het gesprokene, vooral vertaling van een in een vreemde taal gesproken tekst

on·der·toe·zicht·stel·ling *de (v)* het gerechtelijk onder toezicht stellen (van een minderjarige)

on·der·toon *de (m)* [-tonen] toon onder een andere te horen; vaak fig stemming die niet rechtstreeks tot uiting komt, maar wel te merken is: ★ *met een ~ van: 'krijg allemaal de pest'*

on·der·trouw *de (m)* huwelijksaangifte: ★ *in ~ gaan*

on·der·trou·wen *ww* [ondertrouwde, is & h. ondertrouwd] ❶ aangeven dat men wil huwen ❷ als ambtenaar de huwelijksaangifte → **opnemen** (bet 6)

on·der·tus·sen *bijw* ❶ in die tussentijd ❷ echter, in tegenstelling met wat te verwachten was

on·der·uit *bijw* van onder iets uit ★ fig *er niet ~ komen (kunnen)* zich er niet aan kunnen onttrekken, wel verplicht zijn het te doen

on·der·uit·gaan *ww* [ging onderuit, is onderuitgegaan] vallen; uitglijden; mislukken; verliezen; falen

on·der·uit·ha·len *ww* [haalde onderuit, h. onderuitgehaald] ❶ laten struikelen, laten vallen: ★ *een doorgebroken speler ~* ❷ fig fel aanvallen, niets heel laten van, volledig weerleggen: ★ *de plannen van het bestuur werden volledig onderuitgehaald tijdens de ledenvergadering*

on·der·uit·put·ting *de (v)* econ financieel voordeel dat ontstaat doordat uitgaven die wel waren begroot, niet zijn gedaan

on·der·uit·zak·ken *ww* [zakte onderuit, is onderuitgezakt] in een comfortabele, halfliggende houding gaan zitten

on·der·van·gen *ww* [onderving, h. ondervangen] opvangen ★ *een bezwaar ~* opheffen, tegemoetkomen aan ★ *een moeilijkheid ~* → **voorkomen²**

on·der·ver·de·len *ww* [verdeelde onder, h. onderverdeeld] in kleinere delen verdelen

on·der·ver·de·ling *de (v)* [-en] kleinere verdeling

on·der·ver·hu·ren *ww* [onderverhuurde, verhuurde onder, h. onderverhuurd] wat men zelf huurt weer (gedeeltelijk) aan anderen verhuren

on·der·ver·te·gen·woor·digd *bn* door te weinig leden, elementen, exemplaren o.i.d. vertegenwoordigd zijn: ★ *in deze steekproef zijn de jongeren ~*

on·der·ver·ze·ke·ring *de (v)* [-en] schadeverzekering waarbij de verzekerde som lager is dan het verzekerde belang

on·der·vin·den *ww* [ondervond, h. ondervonden] ❶ gewaarworden, → **ondergaan²** ❷ door ervaring leren kennen

on·der·vin·ding *de (v)* [-en] ❶ ervaring, het ondervinden; BN kennis verworven door ondervinding: ★ *verkoper met ~ in de autobranche* ❷ wat men ondervindt of beleeft: ★ *iets bij ~ weten* ★ *ik spreek uit ~* ik kan meepraten omdat ik het ook heb meegemaakt

on·der·voed *bn* niet voldoende gevoed

on·der·voe·ding *de (v)* het ondervoed-zijn

on·der·voor·zit·ter *de (m)* [-s] lid van een bestuur, in rang volgend op de voorzitter; vicepresident, vicevoorzitter

on·der·vra·gen *ww* [ondervraagde, ondervroeg, h. ondervraagd] ❶ een verhoor afnemen, aan een verhoor onderwerpen ❷ BN ook overhoren, examineren

on·der·vra·ger *de (m)* [-s] iem. die ondervraagt

on·der·vra·ging *de (v)* [-en] het ondervragen, verhoor

on·der·waar·de·ren *ww* [onderwaardeerde, h. ondergewaardeerd] niet de verdiende waardering geven

on·der·wa·ter·fo·to·gra·fie *de (v)* het fotograferen onder het wateroppervlak

on·der·wa·ter·sport *de* duiksport

on·der·wa·ter·zet·ting *de (v)* [-en] opzettelijke overstroming

on·der·weg *bijw* op weg; fig in voorbereiding

on·der·we·reld *de* ❶ rijk der doden ❷ misdadigerskringen

on·der·we·reld·fi·guur *de* [-guren] misdadiger, crimineel

on·der·werp *het* [-en] ❶ dat wat besproken, behandeld wordt; gegeven van een kunstwerk ❷ taalk dat deel van de zin waarvan het in het gezegde genoemde gebeuren uitgaat en waarvan de vorm van het gezegde afhankelijk is

on·der·wer·pen *ww* [onderwierp, h. onderworpen] ❶ onder gezag brengen ★ *zich ~ aan* het gezag erkennen van, zich neerleggen bij ❷ ★ *iets ~ aan* ter beslissing of beoordeling voorleggen aan ❸ ★ *iem. of iets ~ aan* doen → **ondergaan²**

on·der·wer·ping *de (v)* [-en] het onderwerpen, het zich onderwerpen

on·der·werps·zin *de (m)* [-nen] taalk bijzin die in de hoofdzin de functie van onderwerp heeft

on·der·wijl *bijw* intussen, in die tijd

on·der·wijs, BN ook: **on·der·wijs** *het* het geven van lessen in allerlei vakken; onderricht: ★ *~ volgen; in het ~ werken / zitten; basis-, voortgezet ~, middelbaar ~, hoger ~* ★ NN speciaal ~ onderwijs voor kinderen die niet kunnen meekomen in het gewone onderwijs ★ NN bijzonder ~, BN vrij ~ onderwijs dat niet door de overheid, de gemeenschappen, de provincie of de gemeente wordt georganiseerd ★ *openbaar ~* uitgaande van de overheid ★ BN *officieel ~* onderwijs dat door de gemeenschappen, de provincie of de gemeente wordt georganiseerd ★ BN *~ voor sociale promotie* avond- en weekendleergangen waarvoor werknemers educatief verlof krijgen

on·der·wijs·be·voegd·heid *de (v)* [-heden] bevoegdheid, meestal op grond van een examen verkregen, tot het geven van onderwijs

on·der·wijs·in·rich·ting *de (v)* [-en] inrichting waar onderwijs wordt gegeven, school

on·der·wijs·kaart *de* [-en] NN bewijs dat men bij een onderwijsinstelling is ingeschreven en lesgeld heeft betaald

on·der·wijs·kracht *de* [-en] leerkracht

on·der·wijs·man *de (m)* [-nen, -mensen], **onderwijsvrouw** *de (v)* [-en] iem. die op de hoogte is van onderwijszaken; iem. die bij het onderwijs werkzaam is

on·der·wijs·net *het* [-ten] BN schoolnet

on·der·wijs·wet *de* [-ten] wet die voorschriften geeft op het gebied van het onderwijs

on·der·wij·zen *ww* [onderwees, h. onderwezen] → **leren¹** (bet 1), onderwijs geven

on·der·wij·zer *de (m)* [-s], **on·der·wij·ze·res** *de (v)* [-sen] iem. die les geeft op een basisschool

on·der·wij·zers·ak·te *de* [-n, -s] vero bewijs van bevoegdheid tot het geven van basisonderwijs

on·der·wij·zing *de (v)* [-en] lering, wijze les

on·der·wind *de (m)* [-en] laag waaiende wind

on·der·wol *de* korte haren als onderlaag van een vacht

on·der·wor·pen *bn* berustend, zich niet verzettend, lijdzaam; **onderworpenheid** *de (v)*

on·der·zee·boot *de* [-boten] duikboot

on·der·zee·ër *de (m)* [-s] duikboot

on·der·zees *bn* onder de zee zijnd, levend of gebeurend

on·der·zet·ten *ww* [zette onder, h. ondergezet] onder water zetten

on·der·zet·ter *de (m)* [-s], **on·der·zet·ter·tje** *het* [-s] plaatje of schaaltje onder een glas, pan of vaas geplaatst

on·der·zoek *het* het onderzoeken

on·der·zoe·ken *ww* [onderzocht, h. onderzocht] goed nagaan

on·der·zoe·ker *de (m)* [-s] iem. die onderzoekt

on·der·zoe·king *de (v)* [-en] het onderzoeken, studie

on·der·zoe·kings·tocht *de (m)* [-en] tocht om op een bepaald gebied onderzoekingen te doen

on·der·zoeks·daad *de* [-daden] BN, jur noodzakelijke handeling tijdens een gerechtelijk onderzoek

on·der·zoeks·mas·ter [-màstə(r)] *‹Eng› de* [-s] onderw master die een intensief onderzoeksgericht programma volgt ter voorbereiding op promotie

on·der·zoeks·rech·ter *de (m)* [-s] BN rechter die in strafzaken het vooronderzoek leidt

on·der·zoeks·school *de (v)* [-scholen] landelijk samenwerkingsverband tussen universiteiten op een bep. onderzoeksgebied waarbinnen o.a. jonge onderzoekers worden opgeleid: ★ *het IFOTT en het HIL zijn twee van de onderzoeksscholen in Nederland op het gebied van taalkunde*

on·deugd I *de* ❶ slechtheid, verdorvenheid ❷ vero kattenkwaad, kwajongensstreken ❸ [*mv:* -en] slechte eigenschap **II** *de* [*mv:* -en] vero stout kind

on·deug·de·lijk *bn* niet deugend, niet degelijk; niet geschikt voor consumptie

on·deu·gend *bn* ❶ slecht, kwaad ❷ ‹van kinderen› ongehoorzaam, stout ❸ schalks, spottend ❹ prikkelend, pikant

on·dicht *het* proza: ★ *dicht en ~*

on·dien·stig *bn* ongeschikt ★ *niet ~* nuttig, praktisch

on·diep *bn* niet diep

on·diep·te *de (v)* [-n, -s] ondiepe plaats

on·dier *het* [-en] monster

on·ding *het* [-en] ❶ prul ❷ iets geheel verkeerds: ★ *de nieuwe subsidieregeling is een ~*

on·doel·ma·tig *bn* een goed resultaat niet bevorderend

on·doen·lijk *bn* niet te doen

on·door·dacht *bn* zonder goed nagedacht te hebben, niet weloverwogen

on·door·dring·baar *bn* waar niets doorheen kan dringen; **ondoordringbaarheid** *de (v)*

on·door·gron·de·lijk *bn* niet te begrijpen, een raadsel vormend; **ondoorgrondelijkheid** *de (v)*

on·draag·lijk *bn* niet te verdragen

on·dub·bel·zin·nig *bn* op slechts één wijze uit te leggen; **ondubbelzinnigheid** *de (v)*

on·dui·de·lijk *bn* niet duidelijk; **onduidelijkheid** *de (v)* [-heden]

on·du·la·tie [-(t)sie] *‹Fr› de (v)* [-s] ❶ golving, schommeling ❷ haargolving

on·duld·baar *bn* niet te verdragen, niet te tolereren: ★ *onduldbare pijn* ★ *~ gedrag*

on·du·le·ren *ww* ‹Fr‹Lat› [onduleerde, h. geonduleerd] ❶ golven, een golvende beweging hebben ❷ ‹van haar› watergolfkrullen aanbrengen in

on·echt¹ *bn* ❶ niet echt, vals: ★ *een ~ middeleeuws beeld* ❷ niet gemeend, gemaakt: ★ *een onechte glimlach*

on·echt² *bn* vero (van kinderen) geboren buiten een huwelijk, onwettig

on·echt·heid *de (v)* het onecht-zijn

on·edel *bn* niet edel; laag, gemeen

on·eens *bn* van mening verschillend: ★ *het ~ zijn met iem.*

on·eer *de* schande

on·eer·baar *bn* onzedelijk, onwelvoeglijk

on·eer·lijk *bn* niet eerlijk, niet oprecht; **oneerlijkheid** *de (v)*

on·eer·vol *bn* niet eervol: ★ *~ ontslag* ★ *iem. ~ ontslaan*

on·ef·fen *bn* ❶ niet glad van oppervlak, hobbelig ❷ onfatsoenlijk, ruw: ★ *geen ~ woord gebruiken*

on·ef·fen·heid *de (v)* [-heden] hobbeligheid; uitsteeksel

on·ei·gen·lijk *bn* niet letterlijk ★ *een oneigenlijke breuk* → **breuk** (bet 5) waarvan de teller een meervoud is van de noemer ★ *~ gebruik* gebruik voor een ander doel dan waarvoor het eigenlijk bestemd is

on·ein·dig *bn* zonder einde; in buitengewoon hoge mate, zeer groot

on·ein·dig·heid *de (v)* onbegrensde ruimte; eeuwigheid

on·ein·dig·heids·te·ken *het* [-s] wisk symbool voor het begrip oneindigheid: ∞

on·ele·gant *bn* niet getuigend van goede smaak of goed begrip

one·lin·er [wanlaainə(r)] *‹Eng› de (m)* [-s] krachtige of grappige, maar vaak ook ongenuanceerde, uitspraak bestaande uit niet meer dan één regel

one·man·show [wanmensjoo] *‹Eng› de (m)* [-s] cabaretvoorstelling waarin het hele programma door één hoofdpersoon vervuld wordt

on·enig *bn* niet eensgezind, in twist

on·enig·heid *de (v)* [-heden] tweedracht, twist
one-night-stand [wɐnnaitstend] *(‹Eng› de (m)* [-s] seksueel avontuurtje dat slechts één nacht duurt
on·er·va·ren *bn* zonder ervaring, onbedreven
on·er·va·ren·heid *de (v)* het onervaren-zijn
one-step [wan -] *(‹Eng› de (m)* vlugge dans in 2/4 of 6/8 maat
on·es·the·tisch *bn* in strijd met de goede smaak, niet kunstzinnig, lelijk
on·even *bn* niet deelbaar door twee
on·even·re·dig *bn* niet in de juiste verhouding
on·even·wich·tig *bn* innerlijk onrustig; zonder gemoedsrust
one-way-mir·ror [wanweemirrə(r)] *(‹Eng› de* [-s] spiegel waar men vanaf de achterzijde doorheen kan kijken, gebruikt voor het ongemerkt observeren van personen
on·fat·soen·lijk *bn* onbehoorlijk, niet netjes; **onfatsoenlijkheid** *de (v)* [-heden]
on·feil·baar *bn* zich nooit vergissend; nooit falend
on·feil·baar·heid *de (v)* het onfeilbaar-zijn ★ *de pauselijke* ~ een uit 1870 daterend dogma volgens welk de pauselijke uitspraken in zaken van geloof en zeden onfeilbaar zijn
on·for·tuin·lijk *bn* met tegenslagen
on·fris *bn* ❶ niet fris, niet helder: ★ ~ *beddengoed* ❷ fig bedenkelijk, kwalijk: ★ *onfrisse praktijken*
ong. *afk* ongeveer
on·gaar·ne *bijw* vero niet graag
on·gans *bn* benauwd, onwel, vooral als gevolg van te veel eten: ★ *zich* ~ *eten aan iets*
on·ge·acht *vz* zonder rekening te houden met: ★ ~ *de tegenwerking ging hij gewoon door*
on·ge·ani·meerd *bn* niet in opgewekte stemming, niet levendig; lusteloos ‹v. markt of effectenbeurs›
on·ge·baand *bn* niet effen, niet goed begaanbaar: ★ *ongebaande wegen*
on·ge·bleekt *bn* niet gebleekt
on·ge·blust *bn* zie bij → **kalk**
on·ge·bon·den *bn* ❶ niet gebonden ★ ~ *landen* zie bij → **niet-gebonden** ❷ zonder partner of gezin
on·ge·bo·ren *bn* nog niet geboren: ★ *een* ~ *vrucht*
on·ge·brei·deld *bn* niet beheerst, niet beteugeld: ★ *ongebreidelde hartstochten*
on·ge·brui·ke·lijk *bn* niet gebruikelijk
on·ge·build *bn* niet gebuild, niet ontdaan van de zemelen: ★ ~ *meel*
on·ge·com·pli·ceerd *bn* niet ingewikkeld, geen complicaties vertonend, vooral van inborst
on·ge·daan *bn* niet gebeurd ★ ~ *maken* intrekken, opheffen, vernietigen
on·ge·deerd *bn* zonder letsel: ★ *alle inzittenden bleven* ~
on·ge·dekt *bn* ❶ zonder hoofddeksel: ★ *met* ~ *hoofd* ❷ zonder tafellaken: ★ *een ongedekte tafel* ❸ zonder financiële dekking: ★ *een ongedekte cheque* ❹ sp zonder afscherming door iemand van de tegenpartij

on·ge·de·semd *bn* (brood) niet met zuurdeeg bereid
on·ge·dier·te *het* gedierte dat schadelijk is voor de gezondheid van mens, dier of gewas: ★ *tot het* ~ *rekent men o.a. ratten, muizen en insecten zoals kakkerlakken en faraomieren*
on·ge·dis·ci·pli·neerd *bn* zonder discipline, niet gedisciplineerd
on·ge·duld *het* gebrek aan geduld
on·ge·dul·dig *bn* niet rustig af kunnende wachten
on·ge·du·rig *bn* onrustig, wispelturig; **ongedurigheid** *de (v)*
on·ge·dwon·gen *bn* ❶ zonder dwang, vrijwillig ❷ natuurlijk, los, vlot, gemakkelijk: ★ *een* ~ *sfeer*
on·ge·dwon·gen·heid *de (v)* natuurlijkheid, ongekunsteldheid, losheid
on·ge·ëve·naard *bn* zonder weerga: ★ *zijn record blijft al jaren* ~
on·ge·fran·keerd *bn* zonder postzegel
on·ge·fun·deerd *bn* ongegrond, onbewezen
on·ge·ge·neerd [-ɡəzjə-] *bn* zonder plichtplegingen, zich aan de etiquette niet storend, ongemanierd; **ongegeneerdheid** *de (v)* [-heden]
on·ge·grond *bn* zonder goede gronden; zonder redenen
on·ge·he·veld *bn* zonder heffe of gist bereid
on·ge·hin·derd *bn* zonder gehinderd te worden
on·ge·hoord *bn* ❶ nog nooit gehoord, zeer vreemd ❷ buitensporig
on·ge·hoor·zaam *bn* niet gehoorzaam; **ongehoorzaamheid** *de (v)*
on·ge·huwd *bn* ongetrouwd
on·gein *de (m)* NN, spreektaal gewilde, mislukte grappigheid
on·ge·ïn·te·res·seerd *bn* zonder belangstelling
on·ge·kamd *bn* niet gekamd: ★ *ongekamde haren*
on·ge·kend *bn* ❶ nog nooit zo voorgekomen: ★ *ongekende mogelijkheden* ❷ enorm, hevig: ★ ~ *enthousiasme*
on·ge·kleed *bn* zonder kleding, niet aangekleed
on·ge·kookt *bn* niet gekookt
on·ge·kreukt *bn* onberispelijk; rein, ongeschonden
on·ge·kroond *bn* niet gekroond ★ *de ongekroonde koning* de man die in feite de macht heeft, zonder dat die hem formeel is opgedragen
on·ge·kuist *bn* ❶ ruw, grof: ★ *ongekuiste taal* ❷ niet gecensureerd: ★ *een ongekuiste uitgave* ❸ BN, spreektaal niet schoongemaakt: ★ *ongekuiste Oostendse mosselen*
on·ge·kun·steld *bn* eenvoudig, zonder aanstellerij; **ongekunsteldheid** *de (v)*
on·gel·dig *bn* niet geldig; **ongeldigheid** *de (v)*
on·ge·le·gen *bn* niet passend, lastig
on·ge·let·terd *bn* niet geleerd; niet gestudeerd hebbend
on·ge·lijk[1] *bn* niet gelijk; niet effen; onregelmatig
on·ge·lijk[2] *het* ★ ~ *hebben* niet de juiste mening hebben, niet in zijn recht staan ★ *ik kan hem geen* ~ *geven* ik vind dat hij verstandig gehandeld heeft

★ *iem. in het ~ stellen* iemands mening of handelwijze veroordelen

on·ge·lijk·be·nig *bn* wisk met ongelijke benen: ★ *een ongelijkbenige driehoek*

on·ge·lijk·heid *de (v)* [-heden] het → **ongelijk**[1]-zijn

on·ge·lijk·ma·tig *bn* niet gelijkmatig

on·ge·lijk·na·mig *bn* niet gelijknamig: ★ *ongelijknamige breuken* breuken met verschillende noemers

on·ge·lijk·soor·tig *bn* niet van dezelfde soort

on·ge·lijk·vloers *bn* op verschillende hoogte: ★ *ongelijkvloerse kruising*

on·ge·lijk·waar·dig *bn* niet van dezelfde waarde; **ongelijkwaardigheid** *de (v)*

on·ge·lijk·zij·dig *bn* wisk niet gelijkzijdig

on·ge·lijmd *bn* niet met lijm bewerkt

on·ge·likt *bn* ruw, onbeschaafd ★ *een ongelikte beer* een onbehouwen kerel

on·ge·li·mi·teerd *bn* onbeperkt; zonder een limiet te stellen: ★ *een ongelimiteerde order*

on·ge·li·ni·eerd *bn* ‹van papier› zonder lijnen

on·ge·lo·fe·lijk, **on·ge·loof·lijk** *bn* niet te geloven

on·ge·lo·gen *bn* werkelijk waar

on·ge·loof *het* ❶ het niet-geloven van iets ❷ het niet aanhangen van een godsdienstige leer

on·ge·loof·lijk *bn* → **ongelofelijk**

on·ge·loof·waar·dig *bn* niet waard geloofd te worden

on·ge·lo·vig *bn* niet gelovend, vooral niet een bepaalde godsdienstige leer aanhangend; zie ook bij → **Thomas**

on·ge·lo·vi·ge *de* [-n] iem. die niet een bepaalde godsdienstige leer aanhangt

on·ge·luk *het* [-ken] ❶ leed, nadeel brengende toestand of gebeurtenis; het niet gelukkig zijn; pech, tegenspoed ❷ een plotse gebeurtenis waarbij letsel of schade kan ontstaan, ongeval: ★ *er is een ~ gebeurd* ★ *ze hebben een ~ gehad* ★ *een auto~* ★ *een ~ komt zelden alleen* het ene ongeluk veroorzaakt het andere ★ *zich een ~ lachen* uitbundig lachen ★ *een ~ aan iem. begaan* iem. in drift mishandelen of doden ★ *per ~* bij vergissing, niet expres ★ *een ~ zit in een klein hoekje* een ongeluk kan onverwacht door een kleinigheid ontstaan; zie ook bij → **ambacht**

on·ge·luk·kig *bn* ❶ niet gelukkig, niet opgewekt ❷ een lichaamsgebrek hebbend, invalide ❸ pech inhoudend, ongeluk brengend: ★ *een ongelukkige liefde* ★ *bij zijn val kwam hij zeer ~ terecht en brak zijn heup*

on·ge·luk·ki·ger·wijs, **on·ge·luk·ki·ger·wij·ze** *bijw* door een ongelukkige loop van zaken

on·ge·luk·kig·lijk *bijw* BN ook helaas, ongelukkig genoeg, jammer genoeg

on·ge·luks·bo·de *de (m)* [-n, -s] iem. die slecht nieuws komt vertellen

on·ge·luks·dag *de (m)* [-dagen] dag waarop alles tegenloopt

on·ge·luks·ge·tal *het* [-len] getal dat ongeluk zou aanbrengen: ★ *13 is het ~*

on·ge·luks·pro·feet *de (m)* [-feten] iem. die ongeluk voorspelt

on·ge·luks·vo·gel *de (m)* [-s] iem. die altijd tegenspoed heeft

on·ge·mak *het* [-ken] last, hinder; lichamelijke hinder: ziekte, pijn, kwaal

on·ge·mak·ke·lijk *bn* ❶ lastig; ongeriefelijk: ★ *een ongemakkelijke stoel* ❷ slecht gehumeurd, moeilijk in de omgang: ★ *~ kijken*

on·ge·ma·nierd *bn* lomp; **ongemanierdheid** *de (v)* [-heden]

on·ge·mat·teerd *bn* ‹van sigaren› niet met poeder of verf bedekt

on·ge·meen *bn* buitengewoon, niet alledaags; **ongemeenheid** *de (v)*

on·ge·merkt[1] *bijw* zonder opgemerkt te zijn

on·ge·merkt[2] *bn* zonder merk

on·ge·meu·bi·leerd, BN ook **on·ge·meu·beld** *bn* zonder meubels

on·ge·moeid *bn* met rust, zonder hinder: ★ *iem. / iets ~ laten* met rust laten

on·ge·mo·ti·veerd *bn* ❶ zonder motivatie ❷ zonder voldoende reden

on·ge·naak·baar *bn* niet te benaderen; trots; **ongenaakbaarheid** *de (v)*

on·ge·na·de *de* ★ *in ~ vallen* uit de gunst raken

on·ge·na·dig *bn* ❶ geen genade tonend, onbarmhartig ❷ verschrikkelijk, hevig: ★ *iem. er ~ van langs geven*

on·ge·nees·lijk, **on·ge·ne·se·lijk** *bn* niet te genezen: ★ *~ ziek*

on·ge·ne·gen *bn* ❶ niet gezind, niet geneigd ★ *niet ~ welgezind* ❷ geen genegenheid gevoelend ★ *ik ben hem niet ~* ik mag hem wel

on·ge·niet·baar *bn* zeer slecht gehumeurd

on·ge·noe·gen *het* ❶ ontevredenheid: ★ *tot mijn grote ~* ★ *uit ~ over de gang van zaken* ❷ onenigheid: ★ *~ over iets*

on·ge·nood *bn* niet uitgenodigd (en daarom meestal minder welkom): ★ *ongenode gasten*

on·ge·nu·an·ceerd *bn* zonder nuancering, met scherpe tegenstellingen of verschillen

on·ge·oe·fend *bn* niet geoefend

on·ge·oor·loofd *bn* niet toegestaan

on·ge·or·dend *bn* niet geordend, niet gerangschikt; rommelig

on·ge·past *bn* onbehoorlijk; **ongepastheid** *de (v)* [-heden]

on·ge·peld *bn* ‹van rijst, garnalen e.d.› niet gepeld

on·ge·per·mit·teerd *bn* onbehoorlijk, niet toegelaten mogende worden

on·ge·pijnd *bn* zie bij → **honing**

on·ge·rech·tig·heid *de (v)* [-heden] ❶ slechte daad; *gunstiger* iets wat niet toegestaan is ❷ onvolkomenheid ❸ NN iets dat ergens zit waar het niet hoort, vuiltje

on·ge·recht·vaar·digd *bn* zonder goede reden

on·ge·re·de, **on·ge·re·de** *het* ★ vooral NN *in het ~ raken* niet meer gebruikt kunnen worden, kapotgaan, beschadigd raken

on·ge·re·geld *bn* ❶ niet vastgesteld; niet ordelijk: ★ *een ~ leven leiden* ★ *een zooitje ~* een wanordelijke troep (zowel van mensen als dingen gezegd) ❷ van allerlei soort: ★ *ongeregelde goederen*

on·ge·re·geld·he·den *mv* onlusten, opstootjes

on·ge·remd *bn* zich geen beperkingen opleggend: ★ *ongeremde hartstochten*

on·ge·rept *bn* nog in oorspronkelijke vorm: ★ *de ongerepte natuur*; **ongereptheid** *de (v)*

on·ge·rief *het* last, hinder

on·ge·rief·lijk, **on·ge·rie·fe·lijk** *bn* met weinig gemakken

on·ge·rijmd *bn* dwaas, strijdig met het gezonde verstand ★ *een bewijs uit het ongerijmde* bewijs door de onaannemelijkheid van het tegengestelde aan te tonen

on·ge·rijmd·heid *de (v)* ❶ het ongerijmd-zijn ❷ [*mv*: -heden] iets wat met het gezond verstand in strijd is, onwaarschijnlijkheid

on·ge·rust *bn* bezorgd; bevreesd

on·ge·rust·heid *de (v)* bezorgdheid; vrees

on·ge·sausd *bn* ‹van tabak, sigaretten› niet gesausd, d.i. niet behandeld met mengsel dat smaak verleent aan de tabak

on·ge·schikt *bn* niet goed; niet bruikbaar: ★ *de man is ~ voor zijn functie*

on·ge·schikt·heid *de (v)* onbruikbaarheid; onbekwaamheid

on·ge·schoeid *bn* zonder schoeisel

on·ge·schokt *bn* fig vast, niet aan het wankelen gebracht

on·ge·schon·den *bn* gaaf, ongekwetst

on·ge·schoold *bn* niet voor een vak opgeleid, nog niet in het vak door ervaring bekwaam: ★ *ongeschoolde arbeid*

on·ge·scho·ren *bn* niet geschoren

on·ge·schre·ven *bn* niet op schrift gezet ★ *~ wetten* niet geboekstaafde regels, waar toch iedereen zich aan houdt

on·ge·slach·te·lijk *bn* zonder geslachtskenmerken, zonder tweedeling in mannelijk tegenover vrouwelijk ★ *ongeslachtelijke voortplanting* zonder bevruchting

on·ge·sla·gen *bn* niet overwonnen: ★ *het elftal werd ~ kampioen*

on·ge·sta·dig *bn* veranderlijk; **ongestadigheid** *de (v)*

on·ge·steeld *bn* ‹plantk van bladeren, bloemen› zonder steel

on·ge·steld *bn* ❶ licht ziek ❷ de menstruatie hebbend

on·ge·steld·heid *de (v)* [-heden] ❶ lichte ziekte ❷ menstruatie

on·ge·stof·feerd *bn* niet gestoffeerd

on·ge·stoord *bn* zonder gestoord te worden

on·ge·straft *bn* zonder dat de verdiende straf volgt;

fig zonder onaangename gevolgen

on·ge·te·kend *bn* niet ondertekend

on·ge·teld *bn* ❶ zonder na te tellen ❷ talloos

on·ge·temd *bn* ❶ niet getemd ❷ tomeloos, niet te temmen

on·ge·trouwd *bn* niet getrouwd

on·ge·twij·feld *bijw* stellig, zeker

on·ge·vaar·lijk *bn* zonder gevaar: ★ *parachutespringen is niet ~*

on·ge·val *het* [-len] ongeluk, bet 2

on·ge·val·len·ver·ze·ke·ring *de (v)* [-en] verzekering tegen schade ten gevolge van ongevallen

on·ge·val·len·wet *de* wet volgens welke werknemers verzekerd zijn tegen financiële schade ten gevolge van hun door of tijdens hun werk overkomen ongevallen

on·ge·val·lig *bn* NN onaangenaam; veelal met ontkenning: ★ *niet ~ aangenaam*

on·ge·veer, **on·ge·veer** *bijw* naar schatting, ten naaste bij, zowat: ★ *het duurde ~ twee uur*

on·ge·veinsd *bn* oprecht: ★ *met ongeveinsde verbazing*

on·ge·voeg·lijk *bn* onbetamelijk, onbehoorlijk

on·ge·voe·lig *bn* met weinig of geen gevoel; zonder begrip voor gevoelens van anderen: ★ *~ voor argumenten*

on·ge·vraagd *bn* zonder dat het gevraagd was

on·ge·was·sen *bn* niet gewassen

on·ge·wenst *bn* niet gewenst, niet graag gewild: ★ *ongewenste intimiteiten*

on·ge·wer·veld *bn* zonder inwendig benig geraamte: ★ *ongewervelde dieren*

on·ge·wijd *bn* niet door een geestelijke gezegend: ★ *ongewijde grond*; niet gewijd: ★ *de ongewijde geschiedenis* niet-bijbels

on·ge·wild *bn* ❶ zonder gewild of bedoeld te zijn ❷ niet gewild, niet in trek

on·ge·wil·lig *bn* niet gewillig, niet volgzaam

on·ge·wis *bn* onzeker

on·ge·wis·se *het* ★ *in het ~ verkeren over* in het onzekere zijn over

on·ge·woon *bn* ❶ buitensporig, abnormaal ❷ niet gewend: ★ *we zijn dat ~*

on·ge·zeg·lijk *bn* ongehoorzaam

on·ge·zel·lig *bn* niet prettig, niet huiselijk; **ongezelligheid** *de (v)*

on·ge·zien *bn* ❶ zonder te worden opgemerkt: ★ *we slaagden erin ~ binnen te komen* ❷ zonder het eerst gezien te hebben: ★ *hij tekende het contract ~* ❸ niet geacht, niet in aanzien: ★ *een ongeziene gast*

on·ge·zond *bn* ❶ niet gezond ❷ schadelijk voor de gezondheid: ★ *~ eten*

on·ge·zou·ten *bn* ❶ niet gezouten ❷ fig ruw, zonder te ontzien: ★ *iem. ~ de waarheid zeggen*

on·ge·zuurd *bn* niet met zuurdeeg bereid ★ Bijbel *het feest der ongezuurde broden* het Pascha

on·gods·dien·stig *bn* niet godsdienstig, onverschillig inzake godsdienst

on·gram·ma·ti·caal *bn* niet volgens de regels van de

grammatica: ★ *een ongrammaticale zin*
on·grijp·baar *bn* niet te grijpen; fig niet te bereiken of te benaderen: ★ *ongrijpbare jeugd*
on·grond·wet·tig *bn* in strijd met de grondwet
on·gun·stig *bn* geen voordeel brengend, slecht: ★ *een ongunstige uitslag*; niet welwillend: ★ *iem. ~ gezind zijn*; een slechte indruk makend, van een slechte indruk blijk gevend: ★ *een ~ uiterlijk*; *een ~ oordeel*
on·guur *bn* schrikwekkend, griezelig: ★ *een ~ type*
on·haal·baar *bn* niet haalbaar: ★ *een onhaalbare kaart*
on·han·del·baar *bn* met wie niets te beginnen is, koppig: ★ *een ~ kind*; **onhandelbaarheid** *de (v)*
on·han·dig *bn* ❶ niet vlug met de handen, niet snel en efficiënt ❷ niet goed te hanteren: ★ *een ~ instrument*
on·han·dig·heid *de (v)* ❶ het onhandig-zijn ❷ [*mv*: -heden] iets onhandigs
on·heb·be·lijk *bn* lomp, ongemanierd, ruw; **onhebbelijkheid** *de (v)* [-heden]
on·heil *het* [-en] ellende, ramp
on·heils·dag *de (m)* [-dagen] dag waarop een ramp gebeurt
on·heil·spel·lend *bn* onheil voorspellend, zeer dreigend
on·heils·pro·feet *de (m)* [-feten] iem. die akelige gebeurtenissen voorspelt
on·her·berg·zaam *bn* ongastvrij, woest, waar men niet gemakkelijk wonen of verkeren kan; **onherbergzaamheid** *de (v)*
on·her·ken·baar *bn* niet te herkennen
on·her·roe·pe·lijk *bn* waaraan niets meer te veranderen valt, beslist; **onherroepelijkheid** *de (v)*
on·her·stel·baar *bn* niet meer goed te maken: ★ *een ~ verlies*
on·heug·lijk *bn* uit het grijs verleden: ★ *sinds onheuglijke tijden* sinds heel lang geleden
on·heus *bn* onbeleefd, onwelwillend: ★ *een onheuse bejegening*; **onheusheid** *de (v)* [-heden]
on·hof·fe·lijk *bn* onwellevend
on·Hol·lands *bn* in strijd met aard en gewoonten van de Nederlanders
on·hoor·baar *bn* niet te horen
on·houd·baar *bn* niet te verdedigen: ★ *een onhoudbare vesting*, *een onhoudbare stelling*; niet zo kunnende blijven: ★ *een onhoudbare toestand*
on·hy·gi·ë·nisch [-hiegie-] *bn* niet beantwoordend aan de eisen van de hygiëne
on·juist *bn* fout; onnauwkeurig, onlogisch; in strijd met de waarheid
on·juist·heid *de (v)* [-heden] ❶ het onjuist zijn ❷ iets wat onjuist is, fout
on·kans *de* [-en] BN, sp tegenslag, pech, tegenspoed: ★ *Anderlecht had ~*
on·ken·ne·lijk *bn* BN ook onherkenbaar
on·ker·ke·lijk *bn* niet tot een kerk behorend; **onkerkelijkheid** *de (v)*
on·kies *bn* getuigend van een gebrek aan fatsoen en fijngevoeligheid

on·klaar *bn* ❶ niet helder ❷ stuk, niet in orde
on·klop·baar *bn* BN ❶ niet te overtreffen, onovertrefbaar ★ *onklopbare prijzen* extra voordelige prijzen, stuntprijzen ❷ sp niet te overwinnen, niet te verslaan, onoverwinnelijk: ★ *Merckx was indertijd haast ~*
on·knap *bn* niet knap ★ *niet ~ vrij knap (van uiterlijk)*
on·kos·ten *mv* (onverwachte) kosten, bijkomende kosten: ★ *de ~ declareren*
on·kos·ten·de·cla·ra·tie [-(t)sie] *de (v)* [-s] opgave van gemaakte onkosten die men vergoed wil krijgen van het bedrijf, de klant e.d. voor wie men werkt
on·kos·ten·ver·goe·ding *de (v)* [-en] teruggaaf van gemaakte onkosten
on·kreuk·baar *bn* strikt, zuiver van opvatting, correct: ★ *een onkreukbare reputatie*; **onkreukbaarheid** *de (v)*
on·kruid *het* ❶ algemene benaming voor soorten of individuele planten die groeien op plaatsen waar ze ongewenst zijn ❷ [*mv*: -en] een specifieke soort of een exemplaar van → **onkruid** (bet 1) ★ *~ vergaat niet* het slechte of schadelijke is onuitroeibaar ★ *~ onder de tarwe* slechte elementen (→ **element**, bet 5) onder de goede
on·kuis *bn* onrein van zeden; **onkuisheid** *de (v)* [-heden]
on·kun·de *de (v)* onwetendheid
on·kun·dig *bn* onwetend ★ *~ van iets zijn* het niet weten
on·kwets·baar *bn* niet te kwetsen; **onkwetsbaarheid** *de (v)*
on·langs *bijw* kort geleden
on·le·dig *bn* bezig ★ *zich ~ houden met* zich bezighouden met
on·leef·baar *bn* waar niet geleefd kan worden: ★ *door de drugsoverlast was de buurt ~ geworden*
on·lees·baar *bn* ❶ niet te ontcijferen: ★ *een ~ handschrift* ❷ vervelend om te lezen; **onleesbaarheid** *de (v)*
on·les·baar *bn* niet te lessen: ★ *een onlesbare dorst*
on·li·cha·me·lijk *bn* geen stoffelijke vorm hebbend
on·line [- lain] *(‹Eng)* *bn* ‹comput› van een computer, printer e.d.› in verbinding staand met een computernetwerk of server; *tegengest*: → **offline**
on·lo·gisch *bn* niet volgens de logica
on·loo·chen·baar *bn* niet te ontkennen
on·los·ma·ke·lijk *bn* niet los te maken: ★ *~ verbonden zijn met iets*
on·lus·ten *mv* rellen, ongeregeldheden
on·maat·schap·pe·lijk *bn* niet in het belang van de samenleving; niet geschikt voor het maatschappelijk verkeer, asociaal
on·macht *de* ❶ machteloosheid ❷ flauwte: ★ *in ~ vallen*
on·mach·tig *bn* niet in staat tot
on·ma·tig *bn* geen maat houdend, vooral met eten, drinken of roken
on·ma·tig·heid *de (v)* het onmatig-zijn

on·mee·do·gend bn meedogenloos, geen medelijden kennend; **onmeedogendheid** de (v)
on·meet·baar bn ❶ niet te meten ❷ wisk niet precies te bepalen, met een oneindig aantal decimalen: ★ *het getal pi is een ~ getal*
on·mens de (m) [-en] vreselijk naar persoon, wreedaard
on·men·se·lijk bn wreed, in strijd met het menselijk gevoel; **onmenselijkheid** de (v) [-heden]
on·merk·baar bn niet te merken
on·me·te·lijk bn geweldig groot; **onmetelijkheid** de (v)
on·mid·del·lijk bn ❶ nabij, direct: ★ *in de onmiddellijke omgeving van* ❷ dadelijk, terstond: ★ *met onmiddellijke ingang geschorst* meteen, vanaf dat moment
on·min de onvriendschappelijke verhouding: ★ *in ~ leven*
on·mis·baar bn niet gemist kunnende worden; **onmisbaarheid** de (v)
on·mis·ken·baar bn niet te ontkennen; zeer duidelijk
on·mo·ge·lijk bn ❶ niet mogelijk ❷ potsierlijk: ★ *een onmogelijke hoed* ★ *zich ~ maken* zich zo gedragen, dat men zich in een positie niet kan handhaven
on·mo·ge·lijk·heid de (v) ❶ het niet-mogelijk-zijn ❷ [mv: -heden] iets onmogelijks
on·mon·dig bn recht zonder handelingsbevoegdheid, minderjarig; fig nog niet in staat tot zelfstandig optreden of verantwoordelijk werk; **onmondigheid** de (v)
on·na·den·kend bn niet nadenkend; zonder door te denken; **onnadenkendheid** de (v)
on·na·tuur·lijk bn ❶ niet natuurlijk ❷ gemaakt, gekunsteld
on·na·tuur·lijk·heid de (v) ❶ het onnatuurlijk-zijn ❷ [mv: -heden] iets onnatuurlijks
on·nauw·keu·rig bn niet precies
on·nauw·keu·rig·heid de (v) ❶ het onnauwkeurig-zijn ❷ [mv: -heden] iets onnauwkeurigs
on·na·volg·baar bn niet te evenaren
on·Ne·der·lands bn strijdig met de Nederlandse aard en gewoonten
on·neem·baar bn zeer moeilijk te veroveren: ★ *een onneembare vesting*
on·net bn niet netjes, onfatsoenlijk
on·no·dig bn niet nodig; overbodig
on·noe·me·lijk, **on·noem·lijk** bn ❶ zeer groot, zeer veel ❷ heel erg: ★ *een ~ groot verdriet*
on·no·zel bn ❶ suf, kinderachtig-dom ★ BN, spreektaal *ergens ~ van worden* ergens knettergek, kinds van worden ❷ van geen betekenis, onbeduidend
on·no·ze·laar de (m) [-s] domkop, dwaas, sufferd, sukkel; naïeveling
On·no·ze·le·Kin·de·ren de (m),
on·no·ze·le·kin·de·ren·dag de (m) 28 december, gedenkdag van de op bevel van Herodes gedode kinderen beneden twee jaar kort na Christus'
geboorte (*Mattheus* 2: 16)
on·no·zel·heid de (v) ❶ onschuld; kinderlijke onervarenheid of argeloosheid ❷ [mv: -heden] iets onnozels
on·nut bn geen nut hebbend
ONO afk oostnoordoost
ono·ma·to·pee (‹Gr› de (v) [-peeën] klanknabootsend woord: ★ *'koekoek' is een voorbeeld van een ~*
on·om·koop·baar bn zich niet latende omkopen
on·om·stoot·baar bn BN onomstotelijk, onweerlegbaar, onwrikbaar
on·om·sto·te·lijk bn onweerlegbaar, boven twijfel: ★ *het staat ~ vast dat...*
on·om·won·den bn duidelijk, onverbloemd
on·ont·beer·lijk bn onmisbaar
on·ont·cij·fer·baar bn niet te ontcijferen: ★ *een onontcijferbare handtekening*
on·ont·koom·baar bn waaraan niet te ontkomen is
on·ont·wik·keld bn eenvoudig, niet geleerd
on·oog·lijk bn geen uiterlijke aantrekkelijkheid bezittend, lelijk
on·oor·deel·kun·dig bn niet tot oordelen bevoegd of bekwaam, blijk gevend van gemis aan kundig inzicht
on·op·ge·hel·derd bn ‹van misdaden, problemen e.d.› nooit opgehelderd, altijd duister gebleven
on·op·ge·maakt bn niet opgemaakt
on·op·ge·merkt bn zonder opgemerkt te worden; zonder drukte
on·op·ge·smukt bn zonder opsiering, eenvoudig, sober: ★ *een ~ verhaal*
on·op·ge·voed bn blijk gevend van slechte opvoeding
on·op·hou·de·lijk bn voortdurend, aanhoudend, onafgebroken, voortdurend, gedurig
on·op·let·tend bn niet goed oplettend; **onoplettendheid** de (v)
on·op·los·baar bn ❶ niet op te lossen in vloeistoffen ❷ waar geen oplossing voor is of gevonden kan worden: ★ *een ~ raadsel*
on·op·merk·zaam bn niet aandachtig zich bij iets bepalend
on·op·recht bn niet oprecht, niet eerlijk; **onoprechtheid** de (v)
on·op·val·lend bn zonder de aandacht te trekken
on·op·zet·te·lijk bn zonder → **opzet** (I)
on·or·de·lijk bn wanordelijk
on·or·tho·dox bn ❶ niet orthodox: ★ *onorthodoxe opvattingen* ❷ schertsend afwijkend, niet normaal: ★ *een onorthodoxe uitspraak van het Engels*
on·over·gan·ke·lijk bn taalk geen lijdend voorwerp bij zich kunnende krijgen: ★ *'lopen' is een ~ werkwoord*
on·over·ko·me·lijk bn ‹bezwaren e.d.› niet te boven te komen
on·over·trof·fen bn nog niet overtroffen
on·over·win·ne·lijk, **on·over·win·lijk** bn niet te overwinnen; **onoverwinnelijkheid**;

onoverwinlijkheid de (v)
on·o·ver·zich·te·lijk bn niet gemakkelijk te overzien
on·paar bn BN ook (van getallen) oneven; tegengest:
→ **paar** (II)
on·par·le·men·tair [-tèr] bn in strijd met de (in het parlement in acht genomen) beschaafde toon: ★ een onparlementaire uitdrukking
on·par·tij·dig bn zonder partij te kiezen; onbevooroordeeld; **onpartijdigheid** de (v)
on·pas zn ★ te ~ ongelegen ★ te pas en te ~ of het erbij te pas komt of niet
on·pas·se·lijk bn neiging tot braken hebbend; fig walgend: ★ ik word er ~ van; **onpasselijkheid** de (v)
on·peil·baar bn niet te peilen, ondoorgrondelijk
on·per·soon·lijk bn ❶ niet bestemd voor of horend bij een bep. persoon ❷ zakelijk, zonder menselijke warmte ❸ taalk alleen het als onderwerp bij zich kunnende hebben: ★ regenen is een ~ werkwoord
on·ple·zie·rig bn onaangenaam, niet prettig
on·prak·tisch bn niet geschikt voor de praktijk; onhandig
on·pret·tig bn niet prettig, niet fijn: ★ zich ~ voelen
on·pro·duc·tief bn weinig of niets opleverend, weinig of niets voortbrengend
on·raad het iets wat gevaar inhoudt: ★ ~ ruiken / bespeuren
on·recht het onrechtvaardigheid ★ ten onrechte onjuist, misplaatst, niet correct
on·recht·ma·tig bn in strijd met het recht, onbillijk ★ onrechtmatige daad daad op grond waarvan een door die daad benadeelde persoon een schadevergoeding kan eisen; **onrechtmatigheid** de (v) [-heden]
on·recht·streeks bn BN ook indirect, niet rechtstreeks: ★ voetbal onrechtstreekse vrije trap indirecte vrije trap
on·recht·vaar·dig bn oneerlijk, onbillijk
on·recht·vaar·dig·heid de (v) [-heden] oneerlijkheid, onbillijkheid
on·re·de·lijk bn onverstandig; onbillijk; **onredelijkheid** de (v)
on·re·gel·ma·tig bn niet regelmatig: ★ een onregelmatige hartslag ★ een ~ gezicht; afwijkend
on·re·gel·ma·tig·heid de (v) [-heden] ❶ iets onregelmatigs; afwijking ❷ onregelmatigheden financiële fraude
on·rein bn onzindelijk; onzuiver; **onreinheid** de (v) [-heden]
on·ren·da·bel bn niet rendabel
on·rijm het niet rijmende taal ★ rijm en ~ verzen en proza
on·rijp bn ❶ nog niet rijp: ★ ~ fruit ❷ fig nog onervaren, nog niet geheel volwassen, volgroeid, voorbereid e.d.: ★ een onrijpe tiener, onrijpe plannen ❸ ‹bij pasgeboren zuigelingen› nog niet volgroeid en daardoor nog niet goed functionerend: ★ een onrijpe lever is de oorzaak van geelzucht, **on·rijp·heid** de (v)

on·roe·rend bn niet verplaatsbaar, vast ★ onroerende goederen huizen, landerijen e.d.
on·roe·ren·de·zaak·be·las·ting de NN gemeentelijke belasting te betalen door eigenaars en gebruikers van woningen, gebouwen of terreinen; zie ook → **voorheffing**
on·roe·rend·goed·be·las·ting de (v) → **onroerendezaakbelasting**
on·rust de ❶ beweeglijkheid, spanning, angst ❷ [mv: -en] wieltje met spiraalveer in een horloge, dat het uurwerk in beweging houdt
on·rust·ba·rend bn angstig makend, zorgwekkend
on·rus·tig bn beweeglijk, gespannen, angstig
on·rust·sto·ker de (m) [-s] iem. die de mensen onrustig maakt; iem. die onlusten of onenigheid bevordert
on·rust·wek·kend bn BN ook onrustbarend
ons¹ ‹Lat› het [-en, onzen] NN hectogram: ★ mag het een onsje meer zijn? ★ wachten tot je een ~ weegt zeer lang wachten
ons² I pers vnw eerste persoon meervoud (niet-onderwerpsvorm): ★ u kent ~ toch ★ ~ kent ~ we doorzien je wel ★ onder ~ in eigen (kleine) kring, zonder vreemden erbij II bez vnw eerste persoon meervoud: ★ ~ huis
on·sa·men·han·gend bn zonder duidelijk verband
on·scha·de·lijk bn geen schade doende; niet gevaarlijk ★ iemand ~ maken a) hem verhinderen last of nadeel te veroorzaken; b) hem doden; **onschadelijkheid** de (v)
on·schat·baar bn niet te schatten, zeer groot: ★ van onschatbare waarde zijn
on·scheid·baar bn niet te scheiden ★ een ~ werkwoord niet scheidbaar: zie bij → **scheidbaar**; **onscheidbaarheid** de (v)
on·schend·baar bn ❶ niet te schenden; ❷ ‹van constitutioneel vorst, parlementariërs› niet ter verantwoording geroepen kunnende worden wegens de functie
on·schend·baar·heid de (v) ‹van vorsten, parlementariërs› het onschendbaar-zijn: ★ politieke / koninklijke ~
on·scherp bn niet duidelijk (foto)
on·schuld de het niet schuldig-zijn ★ ik was mijn handen in ~ ik ben (er) volkomen onschuldig (aan) (naar Matthëus 27: 24) ★ de vermoorde / beledigde ~ spelen verontwaardiging veinzen n.a.v. een geuite verdenking
on·schul·dig bn ❶ geen schuld hebbend ❷ ongevaarlijk, onschadelijk, niet zondig of verkeerd
Ons-Heer-He·mel·vaart zn BN ook Hemelvaartsdag
on·shore [-sjò(r)] ‹Eng› bijw binnengaats
on·sma·ke·lijk bn ❶ onaangenaam van smaak ❷ stuitend, afschuw inboezemend: ★ een ~ verhaal
on·spor·tief bn niet sportief
on·sta·biel bn ❶ niet vast, wankelbaar ❷ meteor onbestendig: ★ onstabiele drukgebieden

on·ster·fe·lijk *bn* ❶ niet sterfelijk ❷ eeuwigdurend, nooit meer vergeten wordend: ★ *zich met iets ~ maken*

on·ster·fe·lijk·heid *de (v)* het onsterfelijk-zijn; blijvende roem

on·stich·te·lijk *bn* tegen het godsdienstig of zedelijk gevoel ingaand; **onstichtelijkheid** *de (v)* [-heden]

on·stil·baar *bn* niet te stillen: ★ *onstilbare honger*

on·stof·fe·lijk *bn* niet tastbaar, geestelijk, abstract

on·stui·mig *bn* woest, heftig; **onstuimigheid** *de (v)* [-heden]

on·stuit·baar *bn* niet te stuiten

on·sym·pa·thiek [-sim-] *bn* geen sympathie wekkend, onaardig

ont·aard *bn* niet meer de bij zijn aard passende goede hoedanigheden vertonend, zedelijk achteruitgegaan

ont·aar·den *ww* [ontaardde, is ontaard] ❶ ontaard raken, verbasteren ❷ overgaan in iets verkeerds: ★ *zuinigheid moet niet in gierigheid ~*

ont·aar·ding *de (v)* het ontaarden, verbastering

ont·be·ren *ww* [ontbeerde, h. ontbeerd] missen (wat men eigenlijk hard nodig heeft): ★ *wij kunnen uw hulp niet ~*

ont·be·ring *de (v)* [-en] gebrek aan noodzakelijke dingen

ont·bie·den *ww* [ontbood, h. ontboden] laten komen

ont·bijt *het* [-en] eerste maaltijd op de dag

ont·bijt·bord·je *het* [-s] boterhambordje

ont·bij·ten *ww* [ontbeet, h. ontbeten] het ontbijt gebruiken

ont·bijt·koek *de (m)* [-en] vooral NN koek gemaakt van bloem, donkerbruine suiker (of stroop), kaneel en kruidnagels: ★ *een plak ~*

ont·bijt·spek *het* tamelijk mager spek als broodbeleg

ont·bijt·ta·fel *de* [-s] ❶ tafel om aan te ontbijten ❷ het ontbijten: ★ *aan de ~ ontstond ruzie*

ont·bijt·te·le·vi·sie *de (v)* uitzending van een televisieprogramma tijdens de ochtenduren

ont·bin·den *ww* [ontbond, h. ontbonden] ❶ losmaken ❷ opheffen, beëindigen: ★ *een vereniging ~* ❸ wisk: ★ *~ in factoren* een getal schrijven als product van ondeelbare getallen

ont·bin·ding *de (v)* [-en] ❶ losmaking ❷ opheffing, beëindiging ❸ ‹vooral van een lijk› verrotting, bederf: ★ *in staat van ~* ❹ het ontbinden in factoren

ont·bla·de·ren *ww* [ontbladerde, h. ontbladerd] van bladeren ontdoen; **ontbladering** *de (v)*

ont·bla·de·rings·mid·del *het* [-en] chemische stof voor het ontbladeren van bomen en struikgewas

ont·bloot *bn* niet met kleding bedekt ★ *~ van* zonder, niet bezittend ★ *hij is niet ~ van (enige) eigendunk* hij heeft toch wel eigendunk, ook al zeggen we dat niet graag

ont·blo·ten *ww* [ontblootte, h. ontbloot] bloot maken

ont·boe·ze·ming *de (v)* [-en] uiting van ware gedachten en gevoelens

ont·bol·ste·ren *ww* [ontbolsterde, h. ontbolsterd] van de bolster ontdoen

ont·bos·sen *ww* [ontboste, h. ontbost] ontdoen van de bossen; **ontbossing** *de (v)*

ont·brand·baar *bn* gezegd van iets dat kan branden

ont·bran·den *ww* [ontbrandde, is ontbrand] ❶ beginnen te branden ❷ fig (van oorlog, toorn) uitbreken, ontsteken; **ontbranding** *de (v)*

ont·bre·ken *ww* [ontbrak, h. ontbroken] niet aanwezig zijn (gezegd van iem. die of iets wat aanwezig behoort te zijn) ★ *het ontbreekt mij aan...* ik heb niet voldoende... ★ *het ontbreekt niet aan...* er is in ruime mate aanwezig

ont·cij·fe·ren *ww* [ontcijferde, h. ontcijferd] met moeite lezen; geheimschrift of tot dan toe onleesbaar schrift in gewone lettertekens omzetten; **ontcijfering** *de (v)* [-en]

ont·daan *bn* van streek, emotioneel aangeslagen

ont·dek·ken *ww* [ontdekte, h. ontdekt] vinden, bespeuren, te weten komen (iets wat verborgen of onbekend was): ★ *de samenzwering werd al spoedig ontdekt* ★ *Columbus ontdekte Amerika in 1492*

ont·dek·ker *de (m)* [-s] iem. die iets ontdekt

ont·dek·king *de (v)* [-en] het ontdekken: ★ *tot de ~ komen dat*

ont·dek·kings·reis *de* [-reizen] reis met het doel onbekende gebieden te (onder)zoeken

ont·dek·kings·rei·zi·ger *de (m)* [-s] iem. die hem onbekende gebieden zoekt en onderzoekt

ont·dek·kings·tocht *de (m)* [-en] ontdekkingsreis

ont·doen I *ww* [ontdeed, h. ontdaan] kledingstukken: van de hand doen, zich bevrijden van, zorgen dat het weg is II *wederk* ★ *zich ~ van* afzetten, uittrekken ★ BN ook *zich niet van de indruk kunnen ~* zich niet van een indruk kunnen losmaken

ont·dooi·en *ww* [ontdooide, h. & is ontdooid] ❶ weer vloeibaar doen worden door een hogere temperatuur; fig stijfheid doen afleggen ❷ weer vloeibaar worden door een hogere temperatuur; fig een minder koel en stug gedrag gaan vertonen ❸ ‹van ijskasten, vrieskasten e.d.› i.v.m. een reinigingsbeurt de ijslaag laten smelten

ont·dub·be·len *ww* [ontdubbelde, h. ontdubbeld] ❶ van een dubbele bovenlaag ontdoen *(schip)* ❷ BN ook splitsen ★ *een bus(lijn), een trein enz. ~* een tweede, extra bus, trein enz. inzetten

ont·dui·ken *ww* [ontdook, h. ontdoken] zich (op onbehoorlijke wijze) onttrekken aan: ★ *belastingen ~*; **ontduiking** *de (v)* [-en]

on·te·gen·spre·ke·lijk *bn* BN ook onweerlegbaar

on·te·gen·zeg·lijk, on·te·gen·zeg·ge·lijk *bn* niet tegen te spreken

ont·ei·ge·nen *ww* [onteigende, h. onteigend] iets (grond of huizen) van de eigenaar overnemen voor publiek gebruik

ont·ei·ge·ning *de (v)* [-en] het onteigenen ★ *~ ten algemenen nutte* in het algemeen belang

on·tel·baar *bn* niet te tellen, zeer groot in aantal

on·tem·baar *bn* niet te temmen, niet te bedwingen

on·te·recht *bn* ten onrechte
ont·eren *ww* [onteerde, h. onteerd] ❶ van de eer beroven; schenden ❷ ⟨ten aanzien van vrouwen⟩ seksuele gemeenschap hebben met, terwijl dat niet gewenst of geoorloofd is; **ontering** *de (v)* [-en]
ont·er·ven *ww* [onterfde, h. onterfd] schrappen als erfgenaam
on·te·vre·den *bn* niet voldaan; niet tevreden met bestaande toestanden; **ontevredenheid** *de (v)*
ont·fer·men *wederk* [ontfermde, h. ontfermd] ❶ medelijden hebben met, zich het lot aantrekken van ★ *zij ontfermde zich over het nest jonge katjes* ❷ schertsend voor zichzelf nemen, tot zich nemen: ★ *zich over de grootste taartpunt ~*
ont·fer·ming *de (v)* medelijden
ont·fut·se·len *ww* [ontfutselde, h. ontfutseld] handig ontnemen
ont·gaan *ww* [ontging, is ontgaan] aan de opmerkzaamheid ontsnappen, niet onthouden worden: ★ *dat is mij ~*
ont·gel·den *ww* [ontgold, h. ontgolden] ★ *het moeten ~* ervoor moeten boeten, de schuld moeten dragen
ont·gin·nen *ww* [ontgon, h. ontgonnen] ❶ ⟨van grond⟩ geschikt maken voor landbouw, voor het eerst bebouwen ❷ beginnen te exploiteren
ont·gin·ning *de (v)* [-en] het ontginnen; ontgonnen grond
ont·glip·pen *ww* [ontglipte, is ontglipt] ❶ glijdend ontsnappen: ★ *die fles ontglipte me* ❷ onopgemerkt ontsnappen: ★ *de gevangenen ontglipten; ook fig:* ★ *dat woord is me ontglipt*
ont·gloei·en *ww* [ontgloeide, h. & is ontgloeid] ❶ in gloed doen raken; fig geestdriftig maken ❷ in gloed raken; fig geestdriftig worden
ont·gon *ww* verl tijd van → **ontginnen**
ont·gon·nen *ww* verl tijd meerv en volt deelw van → **ontginnen**
ont·goo·che·len *ww* [ontgoochelde, h. ontgoocheld] diep teleurstellen; een illusie ontnemen
ont·goo·che·ling *de (v)* [-en] diepe teleurstelling
ont·gren·de·len *ww* [ontgrendelde, h. ontgrendeld] de grendel opzij schuiven; ontsluiten, openmaken
ont·groei·en *ww* [ontgroeide, is ontgroeid] te groot of te zelfstandig worden voor: ★ *hij is de schoolbanken ontgroeid* ★ *elkaar ontgroeid zijn* geen of nog slechts weinig (geestelijk) contact met elkaar hebben vanwege verschillen in ontwikkeling
ont·groe·nen *ww* [ontgroende, h. ontgroend] ontgroening laten ondergaan
ont·groe·ning *de (v)* [-en] ❶ proces van kennismaking en beproeving dat aspirant-leden (groenen) van een studentenvereniging moeten doormaken alvorens lid te worden; bij uitbreiding ook in toepassing (in lichtere vorm) bij andere sociale groepen als de padvinderij, op sommige scholen e.d. ❷ vergrijzing van de bevolking door afname van het aantal jeugdigen

ont·gron·den *ww* [ontgrondde, h. ontgrond] grond ontnemen aan (door afgraving); bovenlaag van de grond wegwerken
ont·haal *het* ❶ feestelijke ontvangst als gast; fig wijze waarop iets wordt ontvangen, bejegening ❷ BN ook receptie, plaats in een gebouw waar men bezoekers ontvangt ❸ BN ontvangst, verwelkoming (van vreemdelingen, onbekenden e.d.); opvang: ★ *het ~ van kinderen uit Tsjernobyl*
ont·haal·moe·der *de (v)* [-s] BN vrouw die in haar eigen huis tegen betaling op de kinderen van anderen past
ont·haas·ten *ww* [onthaastte, h. onthaast] minder gehaast te werk gaan, meer tijd nemen om eens na te denken
ont·ha·ken *ww* [onthaakte, h. onthaakt] ⟨sportvisserij gevangen vis⟩ van de haak ontdoen
ont·ha·len *ww* [onthaalde, h. onthaald] ❶ feestelijk ontvangen ★ *~ op* trakteren op, vergasten op ❷ BN (bezoekers, vreemdelingen e.d.) ontvangen, verwelkomen, begroeten
ont·hand *bn* ★ NN *~ zijn* met moeite of omslachtig zijn bezigheden moeten verrichten door gemis aan hulpmiddelen
ont·har·den *ww* [onthardde, h. onthard] water ontdoen van magnesium- en calciumzouten
ont·har·der *de (m)* [-s] middel om water te ontharden; **ontharding** *de (v)*
ont·ha·ren *ww* [onthaarde, h. onthaard] vermeend ontsierende haren wegnemen; **ontharing** *de (v)* [-en]
ont·ha·rings·mid·del *het* [-en] middel om ontsierende haren te doen verdwijnen
ont·hech·ting *de (v)* geestelijke losmaking van het aardse, ascese
ont·heemd *bn* ❶ buiten het vaderland verkerend: ★ *~e vluchtelingen* ❷ het gevoel hebbend ergens niet thuis te horen: ★ *hij voelde zich ~ in die grote stad*
ont·heem·de *de* [-n] iem. die van huis en haard verdreven of gevlucht is en geen nieuwe woonplaats heeft
ont·hef·fen *ww* [onthief, h. ontheven] vrijstelling geven; ontslaan uit een functie: ★ *ontheven uit zijn functie*
ont·hef·fing *de (v)* [-en] vrijstelling; ontslag
ont·hei·li·gen *ww* [ontheiligde, h. ontheiligd] de heiligheid schenden van, ontwijden: ★ *de zondag ~*; **ontheiliging** *de (v)*
on the rocks [thə, Engelse th] ⟨*Eng*⟩ *bijw* onvermengd met ijsblokjes geserveerd (van alcoholische dranken)
ont·hoof·den *ww* [onthoofdde, h. onthoofd] het hoofd afslaan; **onthoofding** *de (v)* [-en]
ont·hou·den I *ww* [onthield, h. onthouden] ❶ in het geheugen doen blijven ❷ bij zich houden, niet geven **II** *wederk* ★ *zich ~ van iets* het niet doen, niet gebruiken
ont·hou·ding *de (v)* [-en] ❶ het zich onthouden van iets, veelal van seks of van alcohol ★ *aan geheelonthouding doen* het helemaal niet meer doen

of gebruiken van iets ❷ het zich van stemming onthouden: ★ *10 stemmen voor, 3 tegen en 2 onthoudingen*

ont·hou·dings·dag *de (m)* [-dagen] dag waarop de rooms-katholieken zich van het gebruik van vleesspijzen moeten onthouden

ont·hou·dings·ver·schijn·se·len *mv* verschijnselen die zich voordoen na het stoppen met het gebruik van verslavende middelen

ont·hul·len *ww* [onthulde, h. onthuld] ❶ ontdoen van het omhulsel: ★ *een standbeeld* ~ ❷ aan de dag brengen; openbaren: ★ *een geheim* ~

ont·hul·ling *de (v)* [-en] het onthullen; het openbaar maken van onbekende (vooral minder fraaie) feiten

ont·hut·sen *ww* [onthutste, h. onthutst] ontstellen, verbijsteren

ont·hut·send *bn* verbijsterend

ont·hutst *bn* ontsteld, verbijsterd

on·tie·ge·lijk *bijw* vooral NN enorm, uitermate: ★ *het was ~ druk*

on·tij *de (m)* ongelegen ogenblik ★ *bij nacht en ~ op een veel te laat uur*

on·tij·dig *bn* op een te vroeg of te laat moment; **ontijdigheid** *de (v)*

ont·kal·ker *de (m)* [-s] middel of apparaat voor het verwijderen van kalk

ont·ken·nen *ww* [ontkende, h. ontkend] zeggen dat iets niet waar is: ★ *het valt niet te ~ dat hij veel talent heeft;* niet bekennen

ont·ken·nend *bn* niet toestemmend, nee zeggend

ont·ken·ning *de (v)* [-en] het ontkennen

ont·ker·ste·nen *ww* [ontkerstende, h. & is ontkerstend] ❶ onchristelijk maken, het christelijk geloof ontnemen ❷ het christendom verliezen, geheel losraken van het christendom; **ontkerstening** *de (v)*

ont·ke·te·nen *ww* [ontketende, h. ontketend] doen losbreken

ont·kie·men *ww* [ontkiemde, is ontkiemd] uit het zaad beginnen op te groeien; fig in het eerste begin van ontwikkeling komen

ont·kle·den *ww* [ontkleedde, h. ontkleed] de kleren afdoen; **ontkleding** *de (v)*

ont·kleu·ren *ww* [ontkleurde, h. ontkleurd] veelal door een chemische bewerking de kleur wegnemen; **ontkleuring** *de (v)*

ont·kno·ping *de (v)* [-en] afloop van een verwikkeling

ont·ko·men *ww* [ontkwam, is ontkomen] ontsnappen: ★ *~ aan iets;* **ontkoming** *de (v)*

ont·kop·pe·len *ww* [ontkoppelde, h. ontkoppeld] een koppeling verbreken of opheffen; auto opheffen van het contact met de wielen; **ontkoppeling** *de (v)*

ont·krach·ten *ww* [ontkrachtte, h. ontkracht] de kracht halen uit: ★ *met goede argumenten een stelling ~;* **ontkrachting** *de (v)*

ont·kroe·zen *ww* [ontkroesde, h. ontkroesd] ‹van kroeshaar› sluik maken, steil maken

ont·kur·ken *ww* [ontkurkte, h. ontkurkt] van de kurk ontdoen

ont·la·den *ww* [ontlaadde, h. ontladen] ❶ ontlasten ❷ van de lading of munitie ontdoen: ★ *een geweer ~* ❸ van elektriciteit ontdoen: ★ *batterijen ~;* **ontlading** *de (v)* [-en]

ont·las·ten I *ww* [ontlastte, h. ontlast] van een last ontdoen; verlichten **II** *wederk* zich van zijn uitwerpselen ontdoen

ont·las·ting *de (v)* ❶ het ontlasten ❷ uitwerpselen ❸ ontheffing (bv. van hypotheek)

ont·le·den *ww* [ontleedde, h. ontleed] in delen scheiden om de samenhang te kunnen begrijpen; taalk in zinsdelen ontbinden

ont·le·ding *de (v)* [-en] het ontleden

ont·leed·ka·mer *de* [-s] vertrek waar lichamen ter bestudering ontleed worden

ont·leed·kun·de *de (v)* wetenschap van de ontleding van lichamen

ont·leed·mes *het* [-sen] mes bij het ontleden van lichamen gebruikt

ont·leed·ta·fel *de* [-s] tafel waarop lichamen ontleed worden

ont·le·nen *ww* [ontleende, h. ontleend] ❶ ★ *~ aan* overnemen van, putten uit ❷ BN ook (van iemand) lenen: ★ *boeken ~*

ont·le·ning *de (v)* [-en] het ontlenen; taalk woord of uitdrukking uit een andere taal overgenomen

ont·lok·ken *ww* [ontlokte, h. ontlokt] doen uiten

ont·lo·pen *ww* [ontliep, is ontlopen] ❶ door weglopen ontsnappen ❷ ★ *het zal elkaar niet veel ~* het zal niet veel schelen

ont·luch·ten *ww* [ontluchtte, h. ontlucht] ‹cv-radiatoren, buizen› ontdoen van ongewenste lucht; **ontluchting** *de (v)* [-en]

ont·lui·ken *ww* [ontlook, is ontloken] ‹van bloemen› uitkomen, zich ontsluiten; fig beginnen zich te ontwikkelen: ★ *een ontluikende liefde;* **ontluiking** *de (v)*

ont·luis·te·ren *ww* [ontluisterde, h. ontluisterd] de luister ontnemen aan

ont·lui·zen *ww* [ontluisde, h. ontluisd] van luizen ontdoen

ont·maag·den *ww* [ontmaagdde, h. ontmaagd] geslachtsgemeenschap hebben met een maagd, een vrouw die nog nooit geslachtsgemeenschap heeft gehad; **ontmaagding** *de (v)* [-en]

ont·ma·ken *wederk* [ontmaakte, h. ontmaakt] zich ontdoen van, van de hand doen, wegdoen, zich van (iem., iets) bevrijden: ★ *zich ~ van een gehate tegenstander*

ont·man·nen *ww* [ontmande, h. ontmand] de teelballen wegnemen, castreren: ★ *een stier ~*

ont·man·te·len *ww* [ontmantelde, h. ontmanteld] ❶ de vestingwallen afbreken van ❷ ontdoen van een beschermend omhulsel, belangrijke onderdelen, een gevaarlijke lading e.d.: ★ *raketten ~;* **ontmanteling** *de (v)*

ont·mas·ke·ren *ww* [ontmaskerde, h. ontmaskerd] de

ware aard, de ware bedoeling laten zien; **ontmaskering** *de (v)* [-en]

ont·men·se·lij·ken *ww* [ontmenselijkte, h. ontmenselijkt] al het menselijke benemen: ★ *door alle technologie, door de drang naar efficiency en economisch rendement is de moderne samenleving in het gevoel van veel mensen aan het ontmenselijken*

ont·mij·nen *ww* [ontmijnde, h. ontmijnd] ❶ mijnen opruimen ❷ BN, fig de conflictstof wegnemen van: ★ *ze ontmijnde de situatie met een goedgeplaatste oneliner*

ont·mij·ning *de (v)* [-en] BN mijnopruiming

ont·mij·nings·dienst *de (m)* BN dienst die zich bezighoudt met het onschadelijk maken van (zee)mijnen

ont·moe·di·gen *ww* [ontmoedigde, h. ontmoedigd] de lust of het zelfvertrouwen benemen; **ontmoediging** *de (v)*

ont·moe·di·gings·be·leid *het* beleid dat erop gericht is onwenselijke gedragingen zo onaantrekkelijk mogelijk te maken, in het besef dat volledig voorkomen of verbieden ervan onwenselijk of onuitvoerbaar is

ont·moe·ten *ww* [ontmoette, h. & is ontmoet] tegenkomen; een afgesproken samenkomst hebben

ont·moe·ting *de (v)* [-en] het ontmoeten; samenkomst; *ook* gevecht, wedstrijd: ★ *een ~ tussen Ajax en Feijenoord*

ont·mun·ten *ww* [ontmuntte, h. ontmunt] ⟨munten⟩ tot gewoon metaal omsmelten

ont·my·tho·lo·gi·se·ren *ww* [-mietoologiezee-] [ontmythologiseerde, h. ontmythologiseerd] ontmythologisering toepassen op

ont·my·tho·lo·gi·se·ring [-mietoologiezee-] *de (v)* theol het ontdoen van de geloofsverkondiging van de mythische inkleding, aanpassing daarvan aan de moderne levensomstandigheden

ont·ne·men *ww* [ontnam, h. ontnomen] afnemen: ★ *(aan) iem. iets ~*

ont·nuch·te·ren *ww* [ontnuchterde, h. ontnuchterd] nuchter maken (na dronkenschap); fig ontgoochelen, tot inzicht brengen

ont·nuch·te·ring *de (v)* [-en] het nuchter-worden; ontgoocheling

on·toe·gan·ke·lijk *bn* niet binnen te gaan, niet te betreden; **ontoegankelijkheid** *de (v)*

on·toe·laat·baar *bn* niet toe te laten

on·toe·rei·kend *bn* onvoldoende

on·toe·re·ke·nings·vat·baar *bn* recht niet verantwoordelijk gesteld kunnende worden voor zijn daden

on·to·ge·ne·se [-zə] ⟨Gr⟩ *de (v)* ontwikkelingsgeschiedenis van een individueel levend wezen van de eicel af tot de volwassen toestand

on·to·lo·gie ⟨Gr⟩ *de (v)* leer van het zijn als zodanig, van de algemene eigenschappen van de dingen

on·to·lo·gisch *bn* de ontologie betreffend ★ *~*

Godsbewijs bewijs van het bestaan van God uit het begrip God

on·toon·baar *bn* er vuil en slordig uitziende

ont·plof·baar *bn* kunnende ontploffen

ont·plof·fen *ww* [ontplofte, is ontploft] ❶ knallend uit elkaar barsten; ⟨m.b.t. personen⟩ woedend worden: ★ *toen hij het bedrog ontdekte, ontplofte hij* ❷ BN, spreektaal ⟨m.b.t. personen⟩ barsten, stikken: ★ *ze kunnen (allemaal) ~!*; **ontploffing** *de (v)* [-en]

ont·plooi·en I *ww* [ontplooide, h. ontplooid] ❶ gladstrijken; ontvouwen ❷ fig ontwikkelen, tentoon spreiden II *wederk* tot ontwikkeling komen; **ontplooiing** *de (v)*

ont·pop·pen *wederk* [ontpopte, h. ontpopt] ⟨van een vlinder of insect⟩ uit de pop komen ★ fig *zich ontpoppen als* (min of meer onverwacht) zich doen kennen als, blijken te zijn

ont·raad·se·len *ww* [ontraadselde, h. ontraadseld] ⟨iets moeilijks, geheimzinnigs⟩ te weten komen, verklaren

ont·ra·den *ww* [ontried, ontraadde, h. ontraden] afraden: ★ *iem. iets ~*

ont·ra·fe·len *ww* [ontrafelde, h. ontrafeld] rafels uit elkaar halen; fig met onderzoek ophelderen; **ontrafeling** *de (v)*

ont·red·derd *bn* ❶ toegetakeld, beschadigd ❷ in de war, aangedaan

ont·red·de·ring *de (v)* ontredderde toestand

ont·re·ge·len *ww* [ontregelde, h. ontregeld] in wanorde brengen, de regelmaat verstoren

ont·rem·men *ww* [ontremde, h. ontremd] remmingen opheffen, ongeremd maken; **ontremming** *de (v)*

ont·rie·ven *ww* [ontriefde, h. ontriefd] van een gemak beroven; last veroorzaken

ont·roerd *bn* emotioneel aangedaan, bewogen

ont·roe·ren *ww* [ontroerde, h. ontroerd] emotioneel treffen

ont·roe·rend *bn* het gevoel diep treffend; aandoenlijk

ont·roe·ring *de (v)* [-en] het ontroerd-zijn

ont·rol·len I *ww* [ontrolde, h. ontrold] uitrollen: ★ *een tapijt ~* II *wederk* fig zich uitspreiden, zich voordoen, zich tonen: ★ *voor onze ogen ontrolde zich een spectaculair schouwspel*

ont·ro·men *ww* [ontroomde, h. ontroomd] ⟨van melk⟩ de room ervan afhalen

on·troost·baar *bn* niet te troosten

on·trouw[1] *bn* niet trouw

on·trouw[2] *de* het ontrouw-zijn

ont·rui·men *ww* [ontruimde, h. ontruimd] door de aanwezigen of bewoners doen verlaten; door bezettende troepen doen verlaten

ont·rui·ming *de (v)* [-en] het ontruimen, vooral van een onroerend goed d.m.v. een deurwaarder, zo nodig met politiehulp: ★ *de ~ van een kraakpand* ★ *deze ~ vond plaats wegens huurschuld van de bewoners* ★ *gedwongen ~ evacuatie*

ont·ruk·ken ww [ontrukte, h. ontrukt] rukkend ontnemen, onttrekken ★ *iets aan de vergetelheid ~* zorgen dat men het niet vergeet

ont·sche·pen ww [ontscheepte, h. ontscheept] ❶ uit een schip aan land brengen ❷ BN van een schip stappen

ont·sche·ping *de (v)* [-en] het aan land brengen

ont·schie·ten ww [ontschoot, is ontschoten] losschieten, ontsnappen; uit het geheugen gaan: ★ *de juiste datum is mij ontschoten*

ont·sie·ren ww [ontsierde, h. ontsierd] de schoonheid schaden, lelijk maken

ont·slaan ww [ontsloeg, h. ontslagen] vrijstellen; uit zijn dienst wegzenden of laten gaan

ont·slag *het* [-slagen] ❶ vrijstelling: ★ *~ uit het ziekenhuis* ★ *~ van rechtsvervolging* zie bij → **rechtsvervolging** ❷ het uit zijn dienst wegzenden of laten gaan ★ BN *naakt ~ ontslag zonder vooropzegging of tegemoetkoming* ★ *zijn ~ nemen, indienen of aanbieden* uit een betrekking weggaan of vragen weg te mogen gaan ★ *collectief ~ ontslag van twintig of meer werknemers bij dezelfde werkgever* ★ BN, spreektaal *zijn ~ geven* zijn ontslag aanbieden, indienen, (aan)vragen; aftreden

ont·slag·brief *de (m)* [-brieven] brief waarmee iem. ontslagen wordt of ontslag neemt

ont·slag·ne·ming *de (v)* [-en] het weggaan uit een betrekking

ont·sla·pen ww [ontsliep, is ontslapen] sterven

ont·sla·pe·ne *de* [-n] gestorvene

ont·slip·pen ww [ontslipte, is ontslipt] nog net ontsnappen

ont·slui·e·ren ww [ontsluierde, h. ontsluierd] van het geheimzinnige ontdoen; openbaren

ont·slui·ten ww [ontsloot, h. ontsloten] openmaken; fig openbaren: ★ *oude teksten ~*; **ontsluiting** *de (v)* [-en]

ont·smet·ten ww [ontsmette, h. ontsmet] van smetstoffen reinigen; **ontsmetting** *de (v)*

ont·smet·tings·dienst *de (m)* [-en] (gemeentelijke) instelling voor ontsmetting

ont·smet·tings·mid·del *het* [-en] middel om te ontsmetten

ont·snap·pen ww [ontsnapte, is ontsnapt] ❶ wegkomen uit gevangenschap of gevaar: ★ *we zijn net aan de dood ontsnapt* ❷ naar buiten dringen, wegkomen, ontkomen: ★ *het gas ontsnapte door een lek in de leiding* ★ *het ontsnapte aan mijn aandacht* het ontging me, ik lette er niet op ❸ BN (aan iems. oog of oor) ontgaan; (uit het geheugen) verdwijnen, ontschieten ★ *men ontsnapt niet aan de indruk, aan de conclusie dat* men ontkomt er niet aan ★ *het ontsnapt mij* het valt mij niet te binnen ❹ sp, m.n. wielrennen zich uit een groep losmaken; **ontsnapping** *de (v)* [-en]

ont·snap·pings·clau·su·le [-zuu-] *de* [-s] *in contract* clausule op grond waarvan onttrekking aan een verplichting mogelijk is

ont·snap·pings·snel·heid *de (v)* snelheid die nodig is om aan de aantrekkingskracht van een planeet te ontkomen

ont·span·nen¹ I ww [ontspande, h. ontspannen] losmaken, de spanning wegnemen **II** *wederk* door → **ontspanning** (bet 2) tot rust komen

ont·span·nen² *bn* zonder spanning of geprikkeldheid: ★ *een bespreking in ~ sfeer*

ont·span·ning *de (v)* [-en] ❶ het ontspannen, het wegnemen of verminderen van spanning: ★ *na de conferentie kwam er enige ~ tussen de mogendheden* ❷ lichte, aangename bezigheid voor lichaam of geest

ont·spie·ge·len ww [ontspiegelde, h. ontspiegeld] ontdoen van ongewenste spiegeling, door het aanbrengen van een stof met een lage brekingsindex (meestal een fluoride): ★ *brillenglazen ~*

ont·spin·nen *wederk* [ontspon, h. ontsponnen] ‹van een gesprek› zich ontwikkelen

ont·spo·ren ww [ontspoorde, is ontspoord] uit de rails lopen; fig van de goede weg afraken; **ontsporing** *de (v)* [-en]

ont·sprin·gen ww [ontsprong, is ontsprongen] ❶ door wegspringen ontsnappen ★ *de dans ~* aan het gevaar ontkomen ❷ *van een rivier* beginnen; uit de grond wellen

ont·sprui·ten ww [ontsproot, is ontsproten] uitspruiten, kiemen, uitkomen; fig ontstaan, voortkomen: ★ *dit idee is ontsproten aan mijn geest*

ont·staan¹ ww [ontstond, is ontstaan] beginnen te bestaan; opkomen

ont·staan² *het* wording

ont·ste·ken ww [ontstak, h. & is ontstoken] ❶ aansteken, doen ontbranden ❷ ontbranden: ★ *in toorn ~* ❸ pijnlijk zwellen met afscheiding van slijm of etter: ★ *een ontstoken zenuw*

ont·ste·king *de (v)* [-en] ❶ het aansteken ❷ pijnlijke opzwelling met afscheiding van slijm of etter ❸ mechanisme waarmee een projectiel of een springstoflading tot ontploffing wordt gebracht ❹ mechanisme in een verbrandingsmotor waarmee het gasmengsel tot ontbranding wordt gebracht

ont·steld *bn* geschrokken, in de war

ont·ste·len ww [ontstal, h. ontstolen] stelen van

ont·stel·len ww [ontstelde, h. ontsteld] doen schrikken, verwarren

ont·stel·lend *bn* vreselijk

ont·stel·te·nis *de (v)* verwarring, schrik

ont·stemd *bn* ❶ uit zijn humeur ❷ *van muziekinstrumenten* niet goed gestemd

ont·stem·men ww [ontstemde, h. ontstemd] ❶ ‹van snaren of andere delen van muziekinstrument› de goede toonhoogte doen verliezen ❷ uit zijn humeur brengen, in onaangename stemming brengen, ergeren

ont·stem·ming *de (v)* onaangename stemming, ergernis

ont·sten·te·nis *de (v)* ontbreken, afwezigheid, gemis ★ *bij ~ van...* indien... er niet is

ont·stij·gen *ww* [ontsteeg, is ontstegen] zich verheffen boven

ont·sto·ken *bn* zie bij → **ontsteken** (bet 3)

ont·stop·pen *ww* [ontstopte, h. ontstopt] ❶ doorsteken (een buis enz. die verstopt is): ★ *een riool ~* ❷ BN ook van de stop of kurk ontdoen, opentrekken, ontkurken

ont·ta·ke·len *ww* [onttakelde, h. onttakeld] ‹een schip› van → **tuig** (bet 1) ontdoen; **onttakeling** *de (v)* [-en]

ont·trek·ken I *ww* [onttrok, h. onttrokken] ontnemen, wegnemen **II** *wederk* zich afzijdig houden ★ *zich aan iets ~* er zich van afmaken, het van zich afschuiven, zich erbuiten houden of stellen; **onttrekking** *de (v)*

ont·tro·nen *ww* [onttroonde, h. onttroond] van de troon stoten; fig een belangrijke positie ontnemen, van gezag of aanzien beroven

ont·tui·gen *ww* [onttuigde, h. onttuigd] ‹van een paard› aftuigen; (van een schip) aftakelen

on·tucht *de* in enge zin bij de wet verboden seksuele handelingen; bij uitbreiding seksuele handelingen voor zover maatschappelijk niet (algemeen) aanvaard

on·tuch·tig *bn* onzedelijk

ont·val·len *ww* [ontviel, is ontvallen] uit de handen vallen; ondoordacht uit de mond vallen: ★ *dat woord is hem ~*; verloren gaan: ★ *alle hoop is mij ~*; door de dood wegvallen: ★ *zijn ouders waren hem vroeg ~*

ont·vang·be·wijs *het* [-wijzen] → **ontvangstbewijs**

ont·van·gen *ww* [ontving, h. ontvangen] ❶ krijgen, in ontvangst nemen ❷ bezoek afwachten ★ *vriendelijk ~ worden* een welwillend onthaal vinden

ont·van·ge·nis *de (v)* bevruchting; zie ook bij → **onbevlekt**

ont·van·ger *de (m)* [-s] ❶ iem. die iets ontvangt: ★ *afzender en ~*; vooral ambtenaar die belastingen int ❷ ontvangtoestel, onderdeel van een toestel waarmee radio- of televisiesignalen worden opgevangen

ont·van·gers·kan·toor *het* [-toren] kantoor van de belastingontvanger

ont·vang·ka·mer *de* [-s] kamer waarin men bezoekers ontvangt

ont·vangst *de (v)* ❶ het ontvangen of ontvangen worden ★ *in ~ nemen* aannemen wat gegeven of gebracht wordt ★ *een vriendelijke ~* ❷ wat men ontvangt; ❸ ontvangsten inkomsten, opbrengst

ont·vang·sta·tion, **ont·vangst·sta·tion** [-(t)sjon] *het* [-s] plaats waar radio- of televisiesignalen worden opgevangen

ont·vangst·be·wijs, **ont·vang·be·wijs** *het* [-wijzen] bewijs dat men iets ontvangen heeft

ont·vangst·sta·tion [-(t)sjon] *het* [-s] →

ontvangstation

ont·van·ke·lijk *bn* ❶ vatbaar voor indrukken ❷ recht geldig, vatbaar voor berechting: ★ *een eis (niet) ~ verklaren*

ont·van·ke·lijk·heid *de (v)* het ontvankelijk-zijn

ont·vel·len *ww* [ontvelde, h. ontveld] de huid schaven of het vel afhalen van: ★ *door de val raakte mijn elleboog ontveld*; **ontvelling** *de (v)* [-en]

ont·vet·ten *ww* [ontvette, h. ontvet] ❶ van het vet ontdoen ❷ BN, spreektaal afslanken; **ontvetting** *de (v)*

ont·vlam·baar *bn* ❶ brandbaar: ★ *licht ~* ❷ fig snel aangedaan zijn, prikkelbaar

ont·vlam·men *ww* [ontvlamde, is & h. ontvlamd] ❶ in brand raken; fig emotioneel worden, kwaad worden: ★ *in toorn ~* ❷ doen ontbranden, vooral fig: ★ *de toespraak ontvlamde de geestdrift*

ont·vleesd *bn* ❶ van het vlees ontdaan ❷ zeer mager

ont·vlek·ken *ww* [ontvlekte, h. ontvlekt] van vlekken ontdoen

ont·vlie·den *ww* [ontvlood, is ontvloden] plechtig ontvluchten

ont·vluch·ten *ww* [ontvluchtte, is ontvlucht] wegvluchten

ont·voer·der *de (m)* [-s] iem. die ontvoert

ont·voe·ren *ww* [ontvoerde, h. ontvoerd] heimelijk wegvoeren

ont·voe·ring *de (v)* [-en] het ontvoeren

ont·vol·ken *ww* [ontvolkte, h. & is ontvolkt] ❶ de bevolking doen afnemen of doen verdwijnen ❷ minder bevolkt of onbevolkt raken

ont·vol·king *de (v)* het afnemen van de bevolking

ont·voog·den *ww* [ontvoogdde, h. ontvoogd] opheffen van vreemd gezag of toezicht, het zelfstandig maken

ont·voog·ding *de (v)* [-en] BN ❶ gerechtelijke uitspraak waarbij een minderjarige uit de voogdij ontslagen wordt ❷ emancipatie: ★ *de Vlaamse ~*

ont·vou·wen *ww* [ontvouwde, h. ontvouwd, ontvouwen] uiteenzetten: ★ *plannen ~*

ont·vreem·den *ww* [ontvreemdde, h. ontvreemd] stelen van, afhandig maken; **ontvreemding** *de (v)*

ont·waar·ding *de (v)* het minder waard maken of worden: ★ *de ontwaarding van een munteenheid*

ont·wa·ken *ww* [ontwaakte, is ontwaakt] wakker worden; fig tot (nieuw) leven komen: ★ *het ~ van de natuur*; **ontwaking** *de (v)*

ont·wa·pe·nen *ww* [ontwapende, h. ontwapend] ❶ van wapens ontdoen ❷ bewapening afbouwen ❸ fig de lust of de neiging tot scherpe woorden, agressief optreden benemen: ★ *zijn vriendelijke houding ontwapende zijn tegenstander* ★ *zijn ontwapenende glimlach*

ont·wa·pe·ning *de (v)* het ontwapenen, het ontbinden of in sterkte verminderen van de strijdkrachten

ont·wa·ren *ww* [ontwaarde, h. ontwaard] in het oog krijgen

ont·war·ren *ww* [ontwarde, h. ontward] iets verwards

uit elkaar halen; *fig* iets ingewikkelds tot klaarheid brengen

ont·wa·te·ren *ww* [ontwaterde, h. ontwaterd] van overtollig water ontdoen; **ontwatering** *de (v)* [-en]

ont·wei·en *ww* [ontweide, h. ontweid] ‹vis, gevogelte, wild› van de ingewanden ontdoen

ont·wel·len *ww* [ontwelde, is ontweld] ontspringen, ontvloeien

ont·wen·nen *ww* [ontwende, h. & is ontwend] afwennen, afleren, gewenning verliezen: ★ *iets ontwend raken*; **ontwenning** *de (v)*

ont·wen·nings·kuur *de* [-kuren] → **kuur** (bet 2) om iem. van een verslaving af te helpen

ont·wen·nings·ver·schijn·sel *het* [-en] onthoudingsverschijnsel

ont·werp I *het* [-en] plan, voorlopige schets; opzet; II *als eerste lid in samenstellingen*, **ontwerp-** niet definitief, nog verder uitgewerkt moetende worden: ★ *de ontwerpgrondwet*

ont·wer·pen *ww* [ontwierp, h. ontworpen] een plan maken voor, beramen

ont·wer·per *de (m)* [-s] iem. die een ontwerp maakt

ont·werp·tekst *de* [-en] voorlopige tekst, eerste concept

ont·werp·wet *de* [-ten] wet zoals die aan het parlement ter behandeling wordt voorgelegd

ont·wij·den *ww* [ontwijdde, h. ontwijd] schenden; ontheiligen; **ontwijding** *de (v)* [-en]

on·twij·fel·baar *bn* waaraan niet te twijfelen valt

ont·wij·ken *ww* [ontweek, h. & is ontweken] ❶ opzij gaan voor: ★ *een tegenligger ~* ❷ *fig* vermijden ★ *een ontwijkend antwoord* geen rechtstreeks antwoord op de gestelde vraag

ont·wik·ke·laar *de (m)* [-s] ❶ vloeistof ter ontwikkeling van een fotografische plaat; zie ook bij → **ontwikkelen** (bet 3) ❷ projectontwikkelaar

ont·wik·keld *bn* door studie gevormd; een behoorlijke mate van algemene kennis bezittend

ont·wik·ke·len I *ww* [ontwikkelde, h. ontwikkeld] ❶ maken tot een bepaalde eindvorm ❷ doen ontstaan, voortbrengen: ★ *veel energie ~* ❸ op een belichte fotografische plaat het gefotografeerde beeld doen ontstaan door middel van een bepaalde vloeistof ❹ door studie vormen, kennis bijbrengen ❺ uitwerken: ★ *een theorie ~* ❻ uiteenzetten: ★ *een thema beknopt ~* II *wederk* groeien, geleidelijk ontstaan of zich vormen

ont·wik·ke·ling *de (v)* [-en] ❶ het ontwikkelen ❷ voortgang, groei ❸ geestelijke vorming ★ *algemene ~* een zekere mate van kennis op velerlei gebied

ont·wik·ke·lings·gang *de (m)* het geleidelijk zich ontwikkelen, groei

ont·wik·ke·lings·ge·bied *het* [-en] gebied waarvan de economische ontwikkeling bevorderd wordt, vooral door het vestigen van industrieën aan te moedigen

ont·wik·ke·lings·hulp *de* steun aan ontwikkelingslanden

ont·wik·ke·lings·land *het* [-en] onderontwikkeld land (dat steun van rijkere landen nodig heeft om tot economische vooruitgang te komen)

ont·wik·ke·lings·leer *de*, **ont·wik·ke·lings·the·o·rie** *de (v)* evolutieleer

ont·wik·ke·lings·psy·cho·lo·gie [-psie-] *de (v)* wetenschap betreffende het gemoedsleven van jonge mensen en kinderen

ont·wik·ke·lings·sa·men·wer·king *de (v)* samenwerking tussen staten voor ontwikkelingshulp

ont·wik·ke·lings·zo·ne [-zònə] *de* [-s, -n] ontwikkelingsgebied

ont·wor·ste·len *ww* [ontworstelde, h. ontworsteld] worstelend ontrukken of vrijmaken: ★ *zich ~ aan beperkende kritiek*

ont·wor·te·len *ww* [ontwortelde, h. ontworteld] ❶ met de wortels uit de grond rukken ❷ *fig* zekerheid en vertrouwdheid afnemen

ont·wrich·ten *ww* [ontwrichtte, h. ontwricht] ❶ ‹van ledematen› uit het gewricht rukken ❷ in wanorde brengen: ★ *het verkeer ~*; **ontwrichting** *de (v)* [-en]

ont·wrin·gen *ww* [ontwrong, h. ontwrongen] met moeite eruit krijgen: ★ *iem. de waarheid ~*

ont·za·de·len *ww* [ontzadelde, h. ontzadeld] ❶ ‹een paard› van het zadel ontdoen ❷ ‹een ruiter› uit het zadel lichten

ont·zag *het* eerbied, respect

ont·zag·lijk *bn* zeer groot, heel veel, heel erg

ont·zag·wek·kend *bn* een zeer diepe indruk makend

ont·ze·ge·len *ww* [ontzegelde, h. ontzegeld] het zegel verbreken van

ont·zeg·gen I *ww* [ontzei *of* ontzegde, h. ontzegd] ❶ niet geven, weigeren: ★ *iem. de toegang ~* ★ NN, recht *een eis ~* een eis niet ontvankelijk verklaren ❷ zeggen dat iem. iets niet heeft: ★ *enige charme kan hem niet ontzegd worden* II *wederk* afstand doen van (vooral van iets wat het leven veraangenaamt)

ont·zeg·ging *de (v)* ❶ ‹van een eis› afwijzing ❷ ontneming als straf: ★ ~ *van de rijbevoegdheid* ❸ het zich iets ontzeggen

ont·ze·nu·wen *ww* [ontzenuwde, h. ontzenuwd] aantonen dat het niet klopt ★ *een argument ~* aantonen dat het geen waarde heeft

ont·zet¹ *bn* ❶ ontsteld, verslagen ❷ uit de juiste stand gegaan, scheefgetrokken, verzakt

ont·zet² *het* bevrijding na een belegering: ★ *het ~ van Leiden*

ont·zet·ten *ww* [ontzette, h. & is ontzet] ❶ ontslaan: ★ *uit een ambt ~* afzetten ❷ beroven: ★ *van al zijn bezittingen ontzet*; *van beleg bevrijden*: ★ *een belegerde stad ~* ❸ hevig laten schrikken ❹ uit de juiste stand gaan; door verzakking of verschuiving uit de vorm raken

ont·zet·tend I *bn* verschrikkelijk: ★ *een ~ ongeluk* II *bijw* in hoge mate, zeer: ★ *zij zong ~ vals*

ont·zet·ting *de (v)* ❶ hevige schrik, verslagenheid ❷ het → **ontzetten** (bet 1 en 2)

ont·zet·tings·le·ger *het* [-s] leger ter bevrijding van een belegerde stad of vesting

ont·zield *bn* dood: ★ *een ~ lichaam*

ont·zien I *ww* [ontzag, h. ontzien] voorzichtig omgaan met **II** *wederk* zich niet te veel inspannen, vooral met het oog op zijn gezondheid ★ *zich niet ~ te* er niet tegen opzien om, vermetel genoeg zijn om

ont·zil·ten *ww* [ontziltte, h. ontzilt] verzilting wegwerken of tegengaan

ont·zou·ten *ww* [ontzoutte, h. ontzout] ontzilten; **ontzouting** *de (v)*

ont·zui·len *ww* [ontzuilde, h. & is ontzuild] ❶ ontzuiling bewerkstelligen ❷ ontzuiling doormaken

ont·zui·ling *de (v)* het afschaffen of tegengaan van de verzuiling

ont·zwa·ve·len *ww* [ontzwavelde, h. ontzwaveld] zwavel verwijderen uit een metaal of een erts, om dit te verbeteren; *ook* zwavel verwijderen uit rookgassen, om luchtverontreiniging door zwaveldioxide tegen te gaan

on·uit·put·te·lijk *bn* waaraan geen eind schijnt te komen; steeds voorraad of stof leverend; **onuitputtelijkheid** *de (v)*

on·uit·roei·baar *bn* niet uit te roeien

on·uit·spreek·baar *bn* ‹van spraakklanken› niet uitgesproken kunnende worden

on·uit·spre·ke·lijk *bn* niet in woorden uit te drukken

on·uit·staan·baar *bn* onverdraaglijk (vooral gezegd van mensen of menselijke eigenschappen of gedragingen)

on·uit·voer·baar *bn* onmogelijk uit te voeren; **onuitvoerbaarheid** *de (v)*

on·uit·wis·baar *bn* niet uit te wissen; niet uit de herinnering weg te nemen

on·va·der·lands *bn* ❶ niet zoals we in het vaderland gewend zijn ❷ het vaderland niet goed gezind

on·vast *bn* ❶ niet vast, niet stevig: ★ *~ ter been zijn* ❷ ‹van slaap› licht ❸ ‹van stem› onzeker

on·vei·lig *bn* gevaarlijk; **onveiligheid** *de (v)*

on·ver·an·derd *bn* niet veranderd

on·ver·an·der·lijk I *bn* niet aan verandering onderhevig: ★ *een onveranderlijke grootheid* **II** *bijw* steeds, altijd: ★ *hij maakt ~ dezelfde fout*

on·ver·ant·woord *bn* ❶ gevaarlijk, niet te verdedigen, niet te rechtvaardigen: ★ *zo'n parachutesprong is toch ~* ❷ waarvan geen rekenschap is afgelegd: ★ *een ~ bedrag*

on·ver·ant·woor·de·lijk *bn* ❶ niet aansprakelijk ❷ niet goed te praten, niet te verdedigen: ★ *~ gedrag*

on·ver·be·ter·lijk *bn* ❶ niet te verbeteren ❷ onovertrefbaar

on·ver·bid·de·lijk *bn* vastbesloten, niet van zijn stuk te brengen; **onverbiddelijkheid** *de (v)*

on·ver·bin·dend *bn* NN niet verbindend, niet verplichtend

on·ver·bin·dend·ver·kla·ring *de (v)* [-en] NN, recht verklaring dat een bepaling of regeling niet hoeft te worden nagekomen

on·ver·bloemd *bn* niet mooier voorgesteld dan het werkelijk is, zonder iets te verbergen of te vergoelijken

on·ver·breek·baar *bn* niet te verbreken

on·ver·bre·ke·lijk *bn* niet verbroken kunnende worden

on·ver·buig·baar *bn* taalk niet verbogen kunnende worden

on·ver·dacht *bn* vrij van verdenking: ★ *een getuigenverklaring van onverdachte zijde* ★ *een ~ eerlijk man*

on·ver·de·dig·baar *bn* niet te verdedigen

on·ver·deeld *bn* ❶ niet verdeeld ★ *een onverdeelde boedel* nog niet verdeelde erfenis ❷ fig volledig: ★ *met onverdeelde aandacht* ★ *~ gelukkig zijn* ★ *niet ~* niet volmaakt, niet volledig

on·ver·deeld·heid *de (v)* BN het niet overgaan van de erfgenamen tot de verdeling van de gemeenschappelijke nalatenschap

on·ver·dien·ste·lijk *bn* ★ *niet ~* wel waardering verdienend, wel van enige waarde of betekenis

on·ver·dor·ven *bn* rein, onschuldig

on·ver·draag·lijk *bn* niet te verdragen

on·ver·draag·zaam *bn* ❶ niet veel van anderen kunnende verdragen ❷ andere opvattingen (vooral godsdienstige of ideologische opvattingen) niet duldend; **onverdraagzaamheid** *de (v)*

on·ver·dro·ten *bn* ijverig en volhardend

on·ver·enig·baar *bn* niet verenigd kunnende worden ★ *~ met* niet in overeenstemming met

on·ver·flauwd *bn* nog levendig, nog niet verslapt

on·ver·gan·ke·lijk *bn* niet licht vergaand

on·ver·geef·lijk, **on·ver·ge·fe·lijk** *bn* niet te vergeven; heel erg: ★ *een onvergeeflijke fout*

on·ver·ge·lijk·baar *bn* niet te vergelijken

on·ver·ge·lij·ke·lijk *bn* ongeëvenaard

on·ver·ge·te·lijk *bn* een diepe, blijvende indruk gemaakt hebbend

on·ver·gol·den *bn* ❶ onbeloond, onbestraft; ❷ ‹in ambtelijke taal› niet uitbetaald

on·ver·hard *bn* niet verhard: ★ *een onverharde weg*

on·ver·hin·derd *bn* zonder belemmering

on·ver·hoeds *bn* onverwacht

on·ver·ho·len *bn* openlijk, zonder poging tot verbergen: ★ *~ minachting*

on·ver·hoopt *bn* ❶ niet verwacht ❷ niet te hopen

on·ver·kies·baar *bn* niet gekozen kunnende worden: ★ *hij staat op een onverkiesbare plaats op de lijst*

on·ver·klaar·baar *bn* niet te verklaren; **onverklaarbaarheid** *de (v)*

on·ver·koop·baar *bn* niet verkocht kunnende worden: ★ *onverkoopbare voorraad*

on·ver·kort *bn* ❶ niet verkort: ★ *een onverkorte uitgave* ❷ NN onverminderd: ★ *u behoudt ~ recht op pensioen*

on·ver·kwik·ke·lijk *bn* niet prettig, naar: ★ *een ~ debat*

on·ver·laat *de (m)* [-laten] schurk

on·ver·let, on·ver·let *bn* ❶ vooral NN onbelemmerd, onverhinderd ★ *dat laat ~ dat...* dat neemt niet weg dat... ❷ BN onaangeroerd, niet behandeld ★ *BN (iets) ~ laten* (iets) negeren, links laten liggen; onaangeroerd, onbesproken laten; onbeproefd laten ★ *BN ook niets ~ laten* alles in het werk stellen

on·ver·meld *bn* ★ *~ laten* niet vermelden ★ *het mag niet ~ blijven* moet vermeld worden

on·ver·mengd *bn* zuiver

on·ver·mij·de·lijk *bn* niet te ontgaan

on·ver·min·derd, on·ver·min·derd I *bn* niet verminderd **II** *vz* behoudens

on·ver·moed *bn* in het geheel niet verwacht

on·ver·moei·baar *bn* niet licht vermoeid rakend; met veel volharding

on·ver·moeid *bn* zonder vermoeid te raken, zonder in kracht af te nemen, voortdurend: ★ *vele jaren van ~ zwoegen*

on·ver·mo·gen *het* ❶ onmacht, het niet tot iets in staat zijn: ★ *iem. een brevet van ~ geven* het bewijs leveren dat iem. iets niet kan ❷ het niet in staat zijn om bepaalde kosten te betalen

on·ver·mo·gend *bn* geen geld bezittend ★ *on- en minvermogenden* mensen die niets of weinig bezitten

on·ver·murw·baar *bn* niet te vermurwen

on·ver·rich·ter za·ke bijwoordelijke uitdrukking zonder iets uitgericht te hebben

on·ver·saagd *bn* onverschrokken; **onversaagdheid** *de (v)*

on·ver·schil·lig *bn* ❶ koel, geen belangstelling tonend; onachtzaam, slordig ❷ gelijk, geen verschil uitmakend: ★ *het is mij ~*; **onverschilligheid** *de (v)*

on·ver·schrok·ken *bn* moedig, geen vrees kennend; **onverschrokkenheid** *de (v)*

on·ver·sne·den *bn* (van wijn, tabak, cocaïne e.d.) zuiver, onvermengd

on·ver·staan·baar *bn* niet te verstaan

on·ver·stan·dig *bn* dom, blijk gevend van gemis aan beleid en inzicht in praktische zaken; **onverstandigheid** *de (v)*

on·ver·stoor·baar *bn* ❶ niet te verstoren: ★ *onverstoorbare rust, kalmte* ❷ zeer gelijkmoedig, standvastig: ★ *zij ging ~ door met haar werk*; **onverstoorbaarheid** *de (v)*

on·ver·stoord *bn* zonder gestoord te worden *of* zich te laten storen

on·ver·taal·baar *bn* niet te vertalen

on·ver·teer·baar *bn* ❶ niet te verteren ❷ fig zwaar op de hand, saai, vervelend

on·ver·to·gen *bn* NN onbehoorlijk, ongepast: ★ *geen ~ woord*

on·ver·vaard *bn* onverschrokken, geen vrees kennend

on·ver·valst *bn* ❶ zuiver ❷ oorspronkelijk, ook fig: ★ *onvervalst Utrechts dialect*

on·ver·vreemd·baar *bn* niet in het bezit van anderen kunnende komen

on·ver·vuld, on·ver·vuld *bn* niet vervuld: ★ *onvervulde wensen*

on·ver·wacht, on·ver·wachts *bn* plotseling, zonder verwacht te zijn: ★ *hij kwam ~ op bezoek*

on·ver·wijld *bn* ogenblikkelijk

on·ver·woest·baar *bn* niet te verwoesten, zeer sterk: ★ *zijn onverwoestbare optimisme*

on·ver·za·dig·baar *bn* niet te verzadigen

on·ver·za·digd *bn* ❶ niet verzadigd, onvoldoende gegeten hebbend ❷ ‹van een oplossing in een vloeistof› nog wel meer kunnende bevatten ❸ chem nog niet alle valenties vastgelegd hebbend (dus gemakkelijk andere verbindingen kunnende aangaan): ★ *meervoudig onverzadigde vetzuren*

on·ver·zet·te·lijk *bn* onbuigzaam, niet van toegeven wetend; **onverzettelijkheid** *de (v)*

on·ver·zoen·lijk *bn* niet te verzoenen, met hardnekkige haat of wrok

on·ver·zorgd *bn* niet of slecht verzorgd; zonder verzorger, zonder verzorging: ★ *~ achterblijven*

on·ver·zwakt *bn* nog even sterk

on·voeg·zaam *bn* vooral NN, vero onbetamelijk, ongepast

on·vol·daan *bn* ❶ niet bevredigd: ★ *een ~ gevoel* ❷ niet betaald: ★ *onvoldane rekeningen*

on·vol·daan·heid *de (v)* het niet bevredigd zijn

on·vol·doend, on·vol·doen·de I *bn* niet genoeg; niet goed **II** *de & het*, **onvoldoende** [-n, -s] onvoldoend cijfer: ★ *hij heeft twee onvoldoendes op zijn rapport*

on·vol·dra·gen *bn* ❶ vóór de tijd geboren: ★ *een ~ kind* ❷ fig onrijp, niet voldoende voorbereid

on·vol·groeid *bn* niet volgroeid, niet tot volwassenheid gekomen; **onvolgroeidheid** *de (v)*

on·vol·ko·men *bn* onvolledig

on·vol·ko·men·heid *de (v)* ❶ onvolledigheid, onvolmaaktheid ❷ [*mv*: -heden] tekortkoming, (zedelijk) gebrek

on·vol·le·dig *bn* waaraan iets ontbreekt ★ *~ gezin* gezin waarvan één van de ouders ontbreekt, eenoudergezin ★ *een onvolledige dienstbetrekking* parttimebaan; **onvolledigheid** *de (v)*

on·vol·maakt *bn* ❶ onvolledig, niet af ❷ gebrekkig; niet zoals het zijn moest of kon; **onvolmaaktheid** *de (v)*

on·vol·pre·zen *bn* niet genoeg te prijzen

on·vol·tal·lig *bn* niet met het volle aantal

on·vol·tooid *bn* niet afgemaakt ★ *onvoltooide tijden* werkwoordsvormen waarbij de handeling niet als afgesloten gezien wordt: ★ *~ tegenwoordige / verleden / toekomende tijd*

on·vol·waar·dig *bn* lichamelijk of geestelijk gebrekkig: ★ *onvolwaardige arbeidskrachten*

on·vol·was·sen *bn* niet volwassen

on·voor·be·reid *bn* zonder zich voorbereid te hebben

on·voor·de·lig *bn* nadelig

on·voor·spel·baar *bn* ❶ niet te voorspellen, onverwacht komend of optredend: ★ *een ~ einde van een boek* ❷ grillig: ★ *hij gedroeg zich ~*
on·voor·stel·baar *bn* haast niet in te denken
on·voor·waar·de·lijk *bn* zonder beperking
on·voor·zich·tig *bn* niet voorzichtig
on·voor·zich·tig·heid *de (v)* ❶ het onvoorzichtig-zijn ❷ [*mv*: -heden] onvoorzichtige daad
on·voor·zien *bn* niet verwacht
on·vre·de *de* ❶ onenigheid ❷ onbehagen ★ *gevoelens van ~* gevoel dat men niet kan bereiken of verkrijgen wat men wil
on·vrien·de·lijk *bn* niet vriendelijk
on·vrien·de·lijk·heid *de (v)* ❶ het onvriendelijk-zijn ❷ [*mv*: -heden] onvriendelijke daad
on·vrij *bn* ❶ niet vrij ❷ zonder dat men ongestoord *of* onbespied zijn gang kan gaan
on·vrij·wil·lig *bn* niet vrijwillig, gedwongen
on·vrucht·baar *bn* ❶ schraal, arm aan stoffen die planten en bomen doen groeien, weinig voortbrengend: ★ *een ~ gebied* ❷ geen kinderen of jongen (→ **jong** II) kunnende krijgen ❸ *fig* niet tot een bevredigend resultaat leidend: ★ *een onvruchtbare samenwerking*; **onvruchtbaarheid** *de (v)*
on·waar *bn* niet in overeenstemming met de waarheid
on·waar·ach·tig *bn* ❶ niet met de werkelijkheid overeenstemmend ❷ niet echt gemeend, onoprecht
on·waar·deer·baar *bn* niet genoeg te waarderen
on·waar·dig *bn* ❶ niet waard; iets niet verdienend ★ *hij is jou ~* hij is niet is niet goede genoeg voor je ❷ min, verachtelijk
on·waar·heid *de (v)* [-heden] iets wat niet waar is
on·waar·schijn·lijk *bn* denkelijk niet waar *of* niet gebeurend; **onwaarschijnlijkheid** *de (v)* [-heden]
on·wan·kel·baar *bn* nooit falend, altijd hetzelfde, standvastig
on·weer *het* [-weren] bliksem en donder, meestal gepaard gaande met zware regenval ★ *er is ~ in de lucht fig* er dreigen onaangename dingen
on·weer·ach·tig *bn* op onweer wijzend; met kans op onweersbuien
on·weer·leg·baar *bn* niet te weerleggen
on·weers·beest·je *het* [-s] donderbeestje, kevertje dat bij onweerachtig weer tevoorschijn komt
on·weers·bui *de* [-en] onweer
on·weers·lucht *de* [-en] lucht met onweerswolken
on·weer·spro·ken *bn* NN niet tegengesproken
on·weer·staan·baar *bn* ❶ niet te weerstaan: ★ *een onweerstaanbare trek in chocola* ❷ zeer verleidelijk; *fig* iemands genegenheid of bewondering terstond winnend: ★ *een onweerstaanbare charmeur*
on·weers·wolk *de* [-en] dreigende donderwolk
on·wel *bn* niet → **lekker** (bet 2); enigszins ziek
on·wel·kom *bn* niet gewenst
on·wel·le·vend *bn* onbeleefd, ongemanierd; **onwellevendheid** *de (v)* [-heden]
on·wel·lui·dend *bn* lelijk van klank;

onwelluidendheid *de (v)*
on·wel·voeg·lijk *bn* onfatsoenlijk, niet betamelijk; **onwelvoeglijkheid** *de (v)*
on·wen·nig *bn* nog niet gewend, en daardoor niet op zijn gemak
on·we·ren *ww* [het onweerde, het h. geonweerd] bliksemen en donderen
on·werk·baar *bn* waarbij, waarmee *of* waarop niet gewerkt kan worden: ★ *een onwerkbare situatie*
on·wer·ke·lijk *bn* aandoende als niet werkelijk bestaand
on·werk·zaam *bn* ❶ geen uitwerking hebbend ❷ niet geneigd tot werken, weinig energie tonend
on·we·tend *bn* weinig op de hoogte, onkundig
on·we·tend·heid *de (v)* ❶ onkunde ❷ het onbekend zijn met iets ★ *in zijn ~* doordat hij het niet wist, in zijn onschuld
on·we·ten·schap·pe·lijk *bn* niet volgens de eisen van de wetenschap; **onwetenschappelijkheid** *de (v)*
on·wet·te·lijk *bn* niet volgens de wet, niet op een wetsbepaling gegrond; **onwettelijkheid** *de (v)*
on·wet·tig *bn* ❶ in strijd met de wet ❷ ⟨van een kind⟩ buiten een wettig huwelijk geboren; **onwettigheid** *de (v)*
on·we·zen·lijk *bn* ❶ geen werkelijk bestaan hebbend, onwerkelijk aanvoelend ❷ zich niet duidelijk aftekenend, ijl, vaag; **onwezenlijkheid** *de (v)*
on·wijs I *bn* onverstandig, dwaas II *bijw* ★ vooral NN in hoge mate, zeer, erg: ★ *een ~ goeie film* ★ *~ gaaf!* geweldig!; **onwijsheid** *de (v)* [-heden]
on·wil *de (m)* het niet willen; koppig verzet
on·wil·le·keu·rig *bn* onbewust; onopzettelijk
on·wil·lig *bn* niet gewillig, niet geneigd te doen wat verlangd wordt ★ *met onwillige honden is het slecht hazen vangen* wie tegen zijn zin iets doen moet, doet het niet goed
on·wraak·baar *bn* (van een getuige of getuigenis) niet te wraken, niet af te keuren of als ondeugdelijk te beschouwen; niet af te wijzen; **onwraakbaarheid** *de (v)*
on·wrik·baar *bn* ❶ zeer stevig vastzittend ❷ *fig* zeer vast: ★ *een onwrikbare overtuiging*; **onwrikbaarheid** *de (v)*
onyx [ooniks] ⟨‹Gr› als stof: het, als voorwerp: de (m) [-en] een soort steen (agaat of chalcedoon) met afwisselende donkere en lichtere strepen
onz. *afk* onzijdig
on·zacht *bn* hard; ruw
on·za·ke·lijk *bn* niet zich houdend aan de zaak waarover het gaat, andere dingen erbij halend
on·za·lig *bn* ongelukkig, ellendig ★ *een onzalige gedachte* ★ *te onzaliger ure* op een tijd die ongeluk gebracht heeft
on·ze·de·lijk *bn* in strijd met de goede zeden
on·ze·de·lijk·heid *de (v)* ❶ het onzedelijk-zijn ❷ [*mv*: -heden] onzedelijke handeling
on·ze·dig *bn* niet ingetogen, niet eerbaar; **onzedigheid** *de (v)*

on·zeg·baar, **on·zeg·lijk** bn onuitsprekelijk
on·ze·ker bn ❶ niet zeker, onbeslist ❷ onvast, aarzelend ★ *iem. in het onzekere laten* geen uitsluitsel geven over iets
on·ze·ker·heid de (v) ❶ het onzeker-zijn ❷ [mv: -heden] iets onzekers, iets onvasts
on·zelf·stan·dig bn ❶ niet zelfstandig kunnende optreden of beslissen ❷ afhankelijk; **onzelfstandigheid** de (v)
on·zelf·zuch·tig bn niet op bevoordeling van zichzelf uit
On·ze-Lie·ve-Heer de (m) ❶ God ❷ Christus; zie ook bij → **kostganger**
On·ze-Lie·ve-Heer-He·mel·vaart, **On·ze-Heer-He·mel·vaart** de BN ook Hemelvaartsdag
on·ze·lie·ve·heers·beest·je het [-s] torretje met een oranje schild met zwarte stippen, lieveheersbeestje
On·ze-Lie·ve-Vrouw de (v) Maria, de moeder van Jezus
on·ze·lie·ve·vrou·we·bed·stro het lievevrouwebedstro
on·zent zn ★ *te* of *ten ~ in ons huis, in ons land*
on·zent·hal·ve bijw wat ons betreft
on·zent·we·ge bijw ★ *(van) ~* van onze kant
on·zent·wil, **on·zent·wil·le** bijw ★ *om ~* ter wille van ons
on·zer·zijds bijw van onze kant
On·ze-va·der het [-s] gebed genoemd naar de aanhef *Onze Vader die in de hemelen zijt*
on·zicht·baar bn niet te zien; **onzichtbaarheid** de (v)
On·zien·lij·ke de (m) ★ *de ~* God
on·zij·dig bn ❶ buiten de partijen staande, neutraal; vooral buiten oorlogvoerende partijen staande, niet aan een oorlog deelnemend ❷ taalk tot een bepaald taalkundig geslacht behorend: ★ *in het Nederlands hebben onzijdige zelfstandige naamwoorden als bepaald lidwoord 'het'*
on·zij·dig·heid de (v) het onzijdig-zijn
on·zin de (m) ❶ dwaze, onverstandige taal, nonsens: ★ *~ verkopen* ❷ ondoordachte handeling: ★ *het zou ~ zijn om niet mee te doen*
on·zin·de·lijk bn niet zindelijk; **onzindelijkheid** de (v)
on·zin·nig bn dwaas; **onzinnigheid** de (v) [-heden]
on·zorg·vul·dig bn met niet voldoende zorg of nauwkeurigheid
on·zui·ver bn ❶ niet zuiver: ★ *onzuivere bedoelingen* ❷ met onkosten e.d. nog niet afgetrokken: ★ *onzuivere opbrengst*; **onzuiverheid** de (v) [-heden]
OO afk nationaliteitsteken van vliegtuigen voor België
ooft het vruchten
oog het [ogen] ❶ gezichtsorgaan ★ *blauw ~* blauwe rand of vlekken om het oog door een kwetsuur ★ *met het blote ~* zie bij → **bloot** ★ *met het ~ op* rekening houdend met ★ *onder vier ogen* tussen twee personen zonder dat er anderen bij zijn ★ *(zo) op het ~* op het eerste gezicht, naar de indruk bij het

zien ★ *~ om ~, tand om tand* vergelding in verhouding tot het bedreven kwaad (naar *Exodus* 21: 24) ★ *uit het ~, uit het hart* weg en daardoor uit de gedachte, gezegd van oppervlakkige vriendschap of liefde ★ *voor het ~ van de wereld* terwijl iedereen het kan zien ★ *iets met lede ogen aanzien* zie bij → **leed**¹ (bet II) ★ *een open ~ hebben voor* van belang achten ★ *iemand iets onder ogen brengen* zijn aandacht erop vestigen, het hem duidelijk maken ★ *een ~ (of oogje) dichtdoen* niet te nauw kijken, niet te streng oordelen ★ *zijn ogen laten gaan over iets* iets controlerend nagaan ★ *zijn ogen niet durven (of kunnen) geloven* zeer verwonderd zijn over iets, omdat men het onmogelijk achtte ★ *iem. oogjes geven* a) eig iem. knipoogjes geven; b) fig met iem. in vriendschappelijke verstandhouding zijn *of* trachten te komen ★ *zijn ogen de kost geven* goed rondkijken ★ *op het ~ hebben* beogen *of* bedoelen, menen ★ *ogen van achteren en van voren hebben* alles opmerken, zich niets laten ontgaan ★ *een oogje op iemand hebben* bijzondere aandacht aan iemand schenken, iemand aardig vinden ★ *iets op het ~ hebben* a) naar iets uitkijken, het willen hebben; b) het bedoelen ★ *geen ~ voor iets hebben* het mooie of waardevolle er niet van zien ★ *zijn ogen niet in de zak hebben* alles bemerken ★ *in het ~ houden* er voortdurend op letten, er steeds rekening mee houden ★ *het ~ op iets houden* erop letten ★ *een oogje in 't zeil houden* zo nu en dan eens letten op iets ★ *iemand onder ogen komen* in iemands tegenwoordigheid komen ★ *in het ~ krijgen* (na enig rondkijken) zien ★ *in het ~ lopen* of *springen* sterk de aandacht trekken ★ *iemand de ogen openen voor iets* iets onder iemands aandacht brengen, waarvan hij het bestaan nooit vermoedde ★ *grote ogen opzetten*, BN ook *grote ogen trekken* zeer verbaasd kijken ★ *zich de ogen uit het hoofd schamen* zich zichtbaar schamen ★ fig *de ogen sluiten* sterven ★ *zijn ogen voor iets sluiten* zie bij → **sluiten** ★ *duidelijk voor ogen staan* als heldere voorstelling voor de geest staan ★ *zich iets voor ogen stellen* het goed tot zich laten doordringen ★ *in het ~ vallen* de aandacht trekken ★ *het ~ op iemand laten vallen* overwegen om iem. tot een ambt te benoemen, een bepaalde taak op te dragen enz. ★ *uit het ~ verliezen* a) niet meer zien; b) fig aan zijn aandacht laten ontsnappen ★ *iets onder ogen zien* zich de ernst ervan duidelijk bewust zijn ★ *iemand naar de ogen kijken / zien* steeds iemands wensen trachten te raden om daaraan te voldoen ★ *zijn ogen zijn* (of: *zijn ~ is*) *groter dan zijn maag* hij heeft meer genomen dan hij op kan eten ★ *het boze ~* ★ BN ook *er geen goed ~ in hebben* er niet gerust op zijn ❷ ⟨in het volksgeloof van het Middellandse Zeegebied⟩ ziekte of kwaad veroorzakend oog van bep. personen ★ *in mijn ogen* volgens mij, mijns inziens ★ *ogen te kort komen* vele en opwindende dingen zien; zie ook bij → **doorn**, → **meester**, → **rad**¹, → **splinter**, → **uitsteken**, → **zand**

❸ ronde opening in een naald, schaar enz.;; zie ook bij → **naald** ❹ opening waarin een haak past ★ *er zitten haken en ogen aan* zie bij → **haak**, bet 2 ❺ ⟨op dobbelstenen⟩ stip; ronde figuur op pauwenveren enz. ❻ ⟨op soep e.d.⟩ vetbolletje ❼ ⟨van een plant⟩ knop ❽ onbezet punt in het go-spel binnen iems. gebied

oog·ap·pel *de (m)* [-s] ❶ → **pupil²** ❷ het oog, de oogbol ❸ persoon die iem. het dierbaarst is

oog·arts *de (m)* [-en] dokter voor oogziekten en -beschadigingen

oog·bad *het* [-baden] op het oog passend bakje om het oog te kunnen spoelen

oog·bol, **oog·bal** *de (m)* [-len] het oog in z'n geheel

oog·drup·pels *mv* geneeskrachtige vloeistof die men in een oog druppelt

oog·ge·tui·ge *de* [-n] iemand die iets zelf gezien heeft

oog·ge·tui·gen·ver·slag *het* [-slagen] verhaal van het gebeurde door een ooggetuige

oog·haar *het* [-haren] haar aan het ooglid, wimper

oog·heel·kun·de *de (v)* wetenschap van het genezen van oogziekten en -beschadigingen

oog·heel·kun·dig *bn* van, betreffende de oogheelkunde

oog·heel·kun·di·ge [-n] oogarts

oog·hoek *de (m)* [-en] hoek van het oog: ★ *vanuit zijn ooghoeken iets zien*

oog·hol·te *de (v)* [-n, -s] holte waarin de oogbol ligt

oog·hoog·te *de (v)* ★ *op ~* op de hoogte van de ogen

oog·je *het* [-s] zie bij → **oog** (bet 1)

oog·ka·mer *de* [-s] ruimte voor en achter het regenboogvlies

oog·kas *de* [-sen] oogholte

oog·klep *de* [-pen] klep opzij van de ogen bij paarden ★ *oogkleppen voor hebben, met oogkleppen lopen* fig ziende blind zijn

oog·lap *de (m)* [-pen] lap voor een oog, om dit tijdelijk niet aan het licht bloot te stellen of om, bij gemis van een oog, de lege oogholte aan het gezicht te onttrekken

oog·lid *het* [-leden] huidplooi aan de bovenkant of aan de onderkant die over de ogen sluit ★ *derde ~* extra oogvlies, bij sommige dieren, o.a. katten en uilen, knipvlies

oog·lij·der *de (m)* [-s] iem. die aan een oogziekte lijdt

oog·lui·kend *bijw* doende alsof men iets niet ziet: ★ *iets ~ toelaten*

oog·merk *het* [-en] doel

oog·ont·ste·king *de (v)* [-en] ontsteking van (een van) de oogleden

oog·op·slag *de (m)* ❶ blik: ★ *in één ~* ❷ manier van kijken: ★ *een eerlijke ~*

oog·pot·lood *het* [-loden] potlood van zwarte of gekleurde kohl dat gebruikt wordt om de oogranden te accentueren

oog·punt *het* [-en] standpunt, gezichtspunt ★ *uit het ~ van* van het standpunt van ★ *vooral* NN *uit een ~ van* met het oog op

oog·scha·duw *de* gekleurde poeder of crème die als make-up op de oogleden wordt aangebracht

oog·spie·gel *de (m)* [-s] spiegel waarmee men het oog kan onderzoeken

oogst (⟨Lat⟩ *de (m)* [-en] ❶ het binnenhalen van rijpe gewassen en vruchten ❷ het geoogste, fig opbrengst, resultaat: ★ *een ruime ~ aan nieuwe woorden*

oogst·ap·pel *de (m)* [-s, -en] BN soort vroegrijpe appel

oog·sten *ww* [oogstte, h. geoogst] ❶ rijpe gewassen en vruchten binnenhalen ★ *wat* of *zoals men zaait, zal men ~* zoals men anderen behandelt zal men zelf behandeld worden ★ *wie wind zaait, zal storm ~* wie kwaad sticht, krijgt het vaak dubbel terug, of wie onrust of oproerige stemming kweekt, zal er zelf het slachtoffer van worden ❷ fig verwerven: ★ *roem ~*

oogst·feest *het* [-en] feest na het binnenhalen van de oogst

oogst·maand *de* augustus

oogst·tijd *de (m)* tijd dat er geoogst wordt

oog·ver·blin·dend *bn* ❶ ⟨van licht⟩ zeer fel ❷ fig schitterend, prachtig: ★ *~ mooi*

oog·vlies *het* [-vliezen] een van de verschillende vliezen over de oogbol

oog·wa·ter *het* [-s] vloeibaar geneesmiddel voor de ogen

oog·wenk *de (m)* ❶ snelle blik ❷ kort ogenblik: ★ *in een ~*

oog·wit *het* het wit van de ogen

oog·zalf *de* [-zalven] zalf voor oogziekten

oog·ze·nuw *de* [-en] zenuw die het oog met de hersenen verbindt

oog·ziek·te *de (v)* [-n, -s] ziekte van de ogen

ooi *de (v)* [-en] vrouwtjesschaap

ooie·vaar *de (m)* [-s, -varen] grote, reigerachtige witte vogel met zwarte staart en lange rode snavel en poten (*Cinonia cinonia*); de vogel die de kleine kindertjes heet te brengen ★ *de ~ is gekomen* er is een kind geboren ★ *de ~ wordt verwacht* er zal een kind geboren worden

ooie·vaars·bek *de (m)* [-ken] plantensoort met meestal roze of roodachtige bloemen en lange dunne puntige vruchtjes (*Geranium*)

ooie·vaars·nest *het* [-en] nest van of voor ooievaars

ooi·lam *het* [-meren] vrouwtjeslam

ooit *bijw* te eniger tijd in verleden of toekomst: ★ *~ was ik bankbediende* ★ *ik zal ~ naar Australië gaan* ★ *de beste acteur, voetballer e.d. ~* die er in welke tijd dan ook geweest is

ook *bijw voegw* ❶ behalve dat; bovendien; evenzo; toch: ★ *had het dan ~ gezegd* ❷ soms: ★ *weet u ~, hoe laat het is?* ❸ zelfs: ★ *~ tegen zijn vrienden was hij onhebbelijk* ❹ woord om allerlei gevoelens mee uit te drukken: ★ *dat is (me) ~ wat moois!* ★ *dat is waar ~* ★ *~ al* hoewel ★ *dan ~* dienovereenkomstig ★ (redengevend): *hij leeft royaal, maar hij is dan ~ rijk*

oö·liet (⟨Gr⟩ *als stof:* het, *als voorwerp: de (m)* [-en] kuitsteen, kalksteen die bestaat uit kleine, op viskuit gelijkende korrels

oom *de (m)* [-s] ❶ broer van vader of moeder ❷ populaire benaming voor oudere mannen met wie men bevriend is ★ *de hoge omes* de heren die de macht hebben

oom·zeg·ger *de (m)*, **oom·zeg·ster** *de (v)* [-s] kind van broer of zuster

oor *het* [oren] ❶ gehoororgaan: ★ *doof aan één* ~ ★ *iem. oren aannaaien* iem. iets wijsmaken: ★ *laat je geen oren aannaaien* laat je niets wijsmaken ★ *iem. de oren van de kop (het hoofd) eten* hem arm eten ★ *iem. de oren van de kop (het hoofd) praten / zeuren* eindeloos babbelen, vermoeiend kwebbelen, blijven doorzeuren ★ *het gaat het ene* ~ *in en het andere* ~ *uit* het gehoorde is spoedig vergeten ★ *de oren laten hangen* de moed verliezen ★ *de / zijn oren naar iets laten hangen* geneigd zijn zich tot iets (gewoonlijk iets ongunstigs) te laten overreden ★ *een open* ~ *hebben voor* alle aandacht schenken aan, belangstelling tonen voor ★ *wel* of *geen oren naar iets hebben* er wel of niet voor te vinden zijn ★ *wie oren heeft om te horen, die hore* woorden van Jezus, als hij zijn leer verkondigde: moet conclusies trekken ★ *iets goed in de oren knopen* het gezegde goed in zich opnemen, opdat men het niet zal vergeten ★ *ter ore komen* toevallig vernomen worden ★ *op één* ~ *liggen* slapen ★ *het* ~ *(of de oren) spitsen* aandachtiger luisteren ★ fig *iem. om de oren slaan met iets* een sterk argument tegen iem. aanvoeren ★ *het* ~ *strelen* aangenaam klinken ★ *mijn oren tuiten* a) ik hoor veel te veel tegelijk; b) ik hoor dingen die haast niet te geloven zijn ★ NN *met zijn oren staan te klapperen* ongelooflijke dingen horen ★ *mijn oren vallen van mijn hoofd* ik weet niet wat ik hoor, ben zeer verbaasd ★ *het zit tussen de oren* het is psychisch ★ NN *op een* ~ *na gevild* bijna klaar ★ *iemand de oren wassen* hem duchtig de waarheid zeggen ★ *geheel* of *één en al* ~ *zijn voor iets* zeer aandachtig luisteren ★ *tot over de oren in de schuld zitten, verliefd zijn enz.* zeer diep, hevig ★ *met rode oortjes iets lezen* zeer geboeid ★ *nog niet droog achter de oren zijn* nog zeer jong en onervaren zijn, pas komen kijken ★ BN, spreektaal *iemand de oren afzagen, van de kop zagen* iem. vervelen door onophoudelijk vragen of zeuren ★ BN, spreektaal *veel rond*, *om zijn oren hebben* veel beslommeringen hebben, veel aan zijn hoofd hebben ★ BN, spreektaal *van zijn* ~ *(of oren) maken* drukte, herrie maken, boos worden ★ BN *op zijn twee / beide oren slapen* zich geen zorgen maken over de goede afloop van iets ❷ oorvormig handvat ★ *kleine potjes hebben grote oren* gezegd van kinderen, die meer van de gesprekken tussen volwassenen opvangen en onthouden dan men denkt en wenst

oor·arts *de (m)* [-en] dokter voor oorziekten

oor·baar *bn* gepast, betamelijk, behoorlijk

oor·bel *de* [-len] aan het oor bevestigd sieraad

oor·be·scher·mer *de (m)* [-s] ❶ oordop die het gehoor beschermt tegen harde geluiden ❷ honkbal aan de helm bevestigd onderdeel dat de oren beschermt

oord *het* [-en] plaats, plek, dorp: ★ *een verlaten* ~

oor·deel I *het* [-delen] ❶ mening, goed- of afkeuring: ★ *van* ~ *zijn dat* ★ *een* ~ *vellen* ★ *naar het* ~ *van* ❷ rechtspraak van God over de mensen ★ *het Laatste Oordeel* rechtspraak van God bij het einde der wereld ★ NN *een leven als een* ~ een hels lawaai II *het* vermogen om te oordelen of te beoordelen, verstandig inzicht; zie ook bij → **onderscheid**

oor·deel·kun·dig *bn* volgens een juist inzicht

oor·deels·dag *de (m)* Bijbel dag van het Laatste Oordeel

oor·de·len *ww* [oordeelde, h. geoordeeld] ❶ achten; zijn mening uiten, goed- of afkeuring uiten ❷ zich met inzicht over iets uitspreken: ★ *daar kan hij niet over* ~ ★ ~ *naar* bij zijn uitspraak of mening afgaan op ❸ rechtspraken, vonnis wijzen

oor·dop·je *het* [-s] dopje dat men in het oor plaatst als bescherming tegen geluid of water

oor·han·ger *de (m)* [-s] lange oorbel

oor·ijzer *het* [-s] bij boerenklederdracht behorend hoofdsieraad van goud of zilver voor vrouwen

oor·klep *de* [-pen] beschermende klep over de oren

oor·kon·de *de* [-n, -s] geschreven stuk, waarin een overeenkomst, besluit, verordening, verdrag enz. wordt vastgelegd

oor·kus·sen *het* [-s] BN hoofdkussen ★ *ledigheid is des duivels* ~ nietsdoen leidt tot slechte zaken

oor·lam ‹Mal.› *het* [-men] jenever, vooral als rantsoen aan scheepsvolk uitgereikt

oor·lel *de* [-len] slap onderstukje van het oor

oor·log *de (m)* [-logen] ❶ strijd met wapengeweld tussen volkeren of volksgroepen: ★ *in* ~ *zijn met* ★ *een* ~ *tussen* ❷ fig hevige strijd: ★ *voetbal is* ~ ★ *het lijkt wel* ~*!* gezegd als er ergens veel kabaal is ★ *koude* ~ toestand van spanning en strijd (zonder wapengeweld) tussen staten, vooral tussen de Verenigde Staten en de Sovjet-Unie tot ca. 1990 ★ NN *patatje* ~ portie patat met mayonaise en satésaus

oor·logs·bo·dem *de (m)* [-s] oorlogsschip

oor·logs·buit *de (m)* in de oorlog vergaarde buit

oor·logs·cor·res·pon·dent *de (m)* [-en] berichtgever over oorlogsgebeurtenissen

oor·logs·daad *de* [-daden] oorlogshandeling

oor·logs·drei·ging *de (v)* [-en] grote kans op oorlog door oplopende spanningen

oor·logs·eco·no·mie *de (v)* economische maatregelen (rantsoenering e.d.) in oorlogsomstandigheden; bijzondere economische situatie in een oorlogvoerend land

oor·logs·ge·weld *het* gewelddadig optreden in een oorlog

oor·logs·god *de (m)* [-goden] godheid die heerst over de oorlog, zoals Mars, Ares e.d.

oor·logs·han·de·ling *de (v)* [-en] tegen de vijand gerichte activiteit in een oorlog

oor·logs·ha·ven *de* [-s] haven voor oorlogsschepen, aanvoer van wapenen enz.

oor·logs·held *de (m)* [-en] iem. die zich heldhaftig gedragen heeft in een oorlog

oor·logs·in·va·li·de *de* [-n] iem., vooral soldaat, die ten gevolge van oorlogshandelingen invalide is geworden

oor·logs·mis·da·di·ger *de (m)* [-s] iem. die de wetten van menselijkheid in de oorlog grof geschonden heeft

oor·logs·moe *bn* genoeg van de oorlog hebbend; **oorlogsmoeheid** *de (v)*

oor·logs·pad *het* ★ *op ~ gaan* ten oorlog trekken, fig avontuur en conflicten zoeken

oor·logs·psy·cho·se [-psiegoozə] *de (v)* ziektebeeld van algemene verwarring en nervositeit bij mensen die in een oorlog hebben gevochten of vreselijke dingen hebben meegemaakt

oor·logs·recht *het* rechten en plichten van oorlogvoerenden

oor·logs·schip *het* [-schepen] op oorlogvoeren ingericht schip

oor·logs·slacht·of·fer *het* [-s] slachtoffer van de oorlog

oor·logs·sterk·te *de (v)* aantal manschappen in tijd van oorlog: ★ *een regiment op volle ~*

oor·logs·tijd *de (m)* [-en] tijd dat of waarin er oorlog gevoerd wordt

oor·logs·toe·stand *de (m)* het in oorlog zijn

oor·logs·to·neel *het* [-nelen] het gebied waar gevochten wordt

oor·logs·tuig *het* benodigdheden voor de oorlogvoering, vooral wapentuig

oor·logs·ver·kla·ring *de (v)* [-en] aankondiging van het openen van de vijandelijkheden en het verbreken van de diplomatieke betrekkingen

oor·logs·ver·le·den *het* ★ *iems. ~* iems. gedragingen tijdens een oorlog ★ *iem. met een ~* vooral iem. die tijdens de Tweede Wereldoorlog aan de kant van de nationaalsocialisten stond

oor·logs·vlag *de* [-gen] vlag die in oorlogstijd gevoerd wordt, vooral op schepen

oor·logs·vloot *de* [-vloten] vloot van oorlogsschepen

oor·logs·zuch·tig *bn* strijdlustig, begerig naar oorlog

oor·log·voe·rend *bn* in oorlog zijnde: ★ *de oorlogvoerende landen*; **oorlogvoering** *de (v)*

oor·merk *het* [-en] merkteken in het oor van runderen, schapen, geiten, varkens ter identificatie, verplicht gesteld in de landen van de EU

oor·ont·ste·king *de (v)* [-en] ontsteking van het oor, vooral het middenoor

oor·pijn *de* [-en] pijn in het oor

oor·ring *de (m)* [-en] ring door het oor ter versiering

oor·rob·ben *mv* familie van zeeroofdieren met kleine oren en een beweeglijke hals, Otariidae

oor·schelp *de* [-en] schelpvormig deel van het gehoororgaan

oor·sie·raad *het* [-raden] aan het oor bevestigd sieraad

oor·smeer *het* vettige stof in de oren

oor·speek·sel·klier *de* [-en] grote speekselklier dicht bij het oor gelegen

oor·spie·gel *de (m)* [-s] spiegel voor ooronderzoek

oor·sprong *de (m)* [-en] ❶ begin, ontstaan ❷ waaruit iets voortkomt of voortspruit: ★ *de ~ van het kwaad* ❸ afkomst: ★ *een Fransman van ~* ★ *de ~ van dit gebruik*

oor·spron·ke·lijk *bn* ❶ bij het eerste begin, bij het uitgangspunt, aanvangs ★ *de oorspronkelijke toestand is hier niet meer te herkennen* ★ *~ was hier alles woestenij* ❷ zelf bedacht, niet nagevolgd: ★ *een ~ werk* ❸ eigen ideeën hebbend, anderen niet navolgend: ★ *een ~ schrijver*

oor·spron·ke·lijk·heid *de (v)* het oorspronkelijk-zijn

oor·sui·zing *de (v)* [-en] suizend geluid in het oor

oor·te·le·foon *de (m)* [-s, -fonen] in de oorschelp passend knopje voor de ontvangst van geluid

oor·tje *het* [-s] ❶ klein oor ❷ oortelefoon: ★ *de televisiepresentator kreeg regieaanwijzingen via zijn ~* ❸ NN oud muntstuk: 1/4 stuiver: ★ *kijken als iemand die zijn laatste ~ versnoept heeft* sip, beteuterd kijken

oor·uil *de (m)* [-en] uil met pluimen bij de oren (bijv. de ransuil)

oor·veeg *de* [-vegen] → **oorvijg**

oor·ver·do·vend *bn* zeer luid

oor·vijg *de* [-en] klap om het oor

oor·vlies *het* [-vliezen] trommelvlies

oor·war·mers *mv* twee kleppen die de oren beschermen tegen hevige kou, op het hoofd met elkaar verbonden

oor·worm, **oor·wurm** *de (m)* [-en] insect met een tangvormig uitsteeksel aan het achterlijf ★ *een gezicht zetten als een ~* misnoegd kijken

oor·zaak *de* [-zaken] datgene waardoor iets teweeggebracht wordt: ★ *~ en gevolg* ★ *kleine oorzaken hebben soms grote gevolgen*

oor·za·ke·lijk *bn* de oorzaak betreffend, van de oorzaak, causaal; de oorzaak aanduidend ★ *~ verband* verhouding van oorzaak en gevolg ★ taalk *~ voorwerp* zinsdeel dat bij sommige naamwoordelijke gezegdes staat en datgene noemt waarop de door het gezegde uitgedrukte werking betrekking heeft, bijv. 'dat gezeur' in 'ik ben dat gezeur beu'

oost[1] *de & het* ❶ het oosten ❷ *de Oost* het voormalige Nederlands Oost-Indië ★ *~ west, thuis best* waar men ook geweest is, het is nergens zo goed als thuis ★ *zijn ~ of west niet meer weten* zo dronken zijn, dat men niet meer weet wat men doet

oost[2] *bn* ❶ in oostelijke richting: ★ *die weg loopt ~* ❷ uit het oosten komend: ★ *de wind is ~*

Oost·blok *het* hist de Oost-Europese communistische landen onder leiding van de Sovjet-Unie

Oost-Duits *bn* van, uit, betreffende het voormalige Oost-Duitsland

Oost-Duit·ser *de (m)* [-s] iem. geboortig of afkomstig

uit het voormalige Oost-Duitsland
oos·te·lijk *bn* van, in, uit het oosten
oos·ten *het* ❶ windstreek waar de zon opgaat; ❷ *het Oosten* in het oosten gelegen gebieden ★ *het Midden-Oosten* de landen rond het oosten van de Middellandse Zee ★ *het Verre Oosten* Oost- en Zuidoost-Azië
Oos·ten·rij·ker *de (m)* [-s] iem. geboortig of afkomstig uit Oostenrijk
Oos·ten·rijks *bn* van, uit, betreffende Oostenrijk
oos·ten·wind *de (m)* [-en] wind uit het oosten
oos·ter·bu·ren *mv* bevolking van een land dat ten oosten van het eigen land ligt: ★ *de Duitsers zijn de ~ van de Nederlanders*
oos·ter·leng·te *de (v)* afstand van een bep. plaats ten oosten van de nulmeridiaan tot die nulmeridiaan
oos·ter·ling *de (m)* [-en] iemand uit de oosterse landen
oos·ters *bn* van, uit, betreffende oostelijke streken ★ *de Oosterse Kerk* kerken die ontstaan zijn in het oostelijk deel van het Romeinse Rijk of van daaruit gemissioneerd zijn (al dan niet met Rome verbonden) ★ *oosterse tapijten* afkomstig uit Voor-Azië
Oost-Fries I *bn* van, uit, betreffende Oost-Friesland (in Duitsland) II *de (m)* [-en] iem. geboortig of afkomstig uit Oost-Friesland III *het* dialect zoals in Oost-Friesland gesproken
oost·front *het* hist het oostelijke front, in de Tweede Wereldoorlog, tegen de Sovjet-Unie
Oost-Go·ten *mv* → **Ostrogoten**
Oost-Go·tisch *bn* → **Ostrogotisch**
oost·grens *de* [-grenzen] oostelijke grens
oost·hoek *de (m)* [-en] oostelijke hoek ★ *de wind komt uit de ~* is oostelijk
Oost-In·dië·vaar·der *de (m)* [-s] hist op Oost-Indië varend schip
Oost-In·disch *bn* van, uit, betreffende Oost-Indië, het huidige Indonesië ★ *~ doof zijn* zich doof houden ★ *Oost-Indische inkt* koolstofhoudende, watervaste inkt; zie ook bij → **kers²**
oost·kant *de (m)* oostelijke zijde
oost·kust *de* [-en] oostelijke kust
oost·moes·son *de (m)* [-s] moesson waarbij de wind uit het oosten waait
oost·noord·oost *bijw* tussen oost en noordoost
oost·punt *het* precies in het oosten liggend punt van de horizon
Oost-Ro·meins *bn* betreffende het Oost-Romeinse Rijk
Oost-Ti·mo·rees I *de (m)* [-rezen] iem. geboren op of afkomstig uit Oost-Timor II *bn* van, betreffende Oost-Timor
Oost-Vlaams *bn* van, uit, betreffende Oost-Vlaanderen
oost·waarts *bn* naar het oosten
Oost·zee·han·del *de (m)* handel op de Oostzeelanden
oost·zij, **oost·zij·de** *de* oostelijke → **zijde¹**

oost·zuid·oost *bijw* tussen oost en zuidoost
ootje *het* kringetje waarin zich een knikker bevindt waarop gemikt moet worden ★ *in het ~ nemen* voor de gek houden
oot·moed *de (m)* besef van nederigheid, onderworpenheid, vooral tegenover God
oot·moe·dig *bn* van ootmoed blijk gevend, in ootmoed, nederig; onderworpen; **ootmoedigheid** *de (v)*
o.o.v. *afk* onvoorziene omstandigheden voorbehouden
OP *afk* ❶ in België Oostends Peil [Belgisch referentiepeil voor hoogtemeting] ❷ Ordinis Predicatorum *(‹Lat)* [van de orde der predikheren (dominicanen)]
op I *vz* ❶ plaats ★ *~ school zitten* ★ *~ de tafel staan* ★ BN *~* (NN: *in*) *de trein* ★ BN *vis ~ de vijver zetten* vis uitzetten ❷ richting ★ *~ het doel schieten* ❸ tijd ★ *~ een donderdag* ❹ volgorde ★ *hij volgt ~ mij* ❺ wijze ★ *~ zijn Italiaans* ❻ oorzaak ★ *~ bevel van hogerhand* ❼ verhouding ★ *één ~ de twintig mensen* ★ BN ook *van drie ~ vier* (van een kamer e.d.) van drie bij vier (meter) ❽ verder in veel vaste verbindingen (★ *~ gang komen*) en voor oorzakelijke voorwerpen: ★ *hopen ~ betere tijden* ❾ ★ *~ afspraak* volgens afspraak ★ BN ook *~ pensioen gaan* met pensioen gaan II *bijw* ❶ ★ *~ zijn* a) uit bed zijn; b) uitgeput zijn; c) geheel opgemaakt, opgegeten of opgedronken zijn ★ *~ is ~* als er niets meer is, kan er niets meer worden verkocht, gebruikt e.d. ★ *de zon is al ~* is al boven de horizon verschenen ❷ in vaste verbindingen: ★ *~ en neer* steeds afwisselend naar boven en naar beneden ★ BN ook *~ en af* heen en terug, heen en weer ❸ in veel samenstellingen met een werkwoord aaneengeschreven; *vgl*: → **ophebben** en → **opkunnen**
op. *afk* opus [werk, kunstwerk (veelal van een componist)]
opa *de (m)* ['s] grootvader
opaak [oopaak] *(‹Fr‹Lat) bn* ondoorschijnend, donker, troebel
opaal [oopaal] *(‹Lat)* als stof: *het*, als voorwerp: *de (m)* [opalen] melkachtig wit edelgesteente dat allerlei kleuren kan aannemen
opa·len [oopaa-] *bn* van opaal; fig doorschijnend als opaal
op·art [-à(r)t] *(‹Eng) de* kunstrichting die vooral werkt met optische effecten (gezichtsbedrog e.d.)
op·bak·ken *ww* [bakte op, h. opgebakken] nog eens bakken
op·ba·ren *ww* [baarde op, h. opgebaard] (een lijk) toonbaar maken en op een baar leggen
op·bel·len *ww* [belde op, h. opgebeld] via de telefoon te spreken proberen te krijgen, telefoneren: ★ *iem. ~*
op·ber·gen *ww* [borg op, h. opgeborgen] wegzetten, wegleggen
op·beu·ren *ww* [beurde op, h. opgebeurd] ❶ optillen ❷ fig bemoedigen, weer blij maken

op·beu·ring *de (v)* bemoediging, troost
op·biech·ten *ww* [biechtte op, h. opgebiecht] eerlijk en volledig bekennen: ★ *biecht eens op!*
op·bie·den *ww* [bood op, h. opgeboden] ★ *tegen iem. ~* a) door hoger te bieden dan iem. het ten verkoop aangebodene trachten te krijgen; b) fig trachten iem. te overtreffen door steeds verder te gaan dan hij
op·bin·den *ww* [bond op, h. opgebonden] door er iets om te binden omhoog houden; op de bagagedrager binden
op·blaas·hal *de* [-len] zie bij → **ballonhal**
op·blaas·pop *de* [-pen] levensgrote opblaasbare pop als lustobject en voor seksuele bevrediging
op·bla·zen *ww* [blies op, h. opgeblazen] ❶ doen zwellen door er lucht in te blazen; fig veel erger of belangrijker voorstellen dan het is ❷ in de lucht laten vliegen door middel van een explosie
op·blij·ven *ww* [bleef op, is opgebleven] nog niet naar bed gaan
op·blin·ken *ww* [blonk op, h. opgeblonken] BN, spreektaal oppoetsen
op·bloei *de (m)* het tot bloei komen
op·bloei·en *ww* [bloeide op, is opgebloeid] tot bloei komen
op·bod *het* het opbieden: ★ *bij ~ verkopen*
op·boe·nen *ww* [boende op, h. opgeboend] door boenen reinigen of doen glanzen: ★ *de vloer ~*
op·bok·sen *ww* [bokste op, h. opgebokst] ★ *~ tegen* een moeilijke strijd voeren tegen
op·bol·len *ww* [bolde op, is opgebold] bolrond worden
op·bor·re·len *ww* [borrelde op, is opgeborreld] borrelend naar boven komen
op·bouw *de (m)* ❶ het opbouwen ❷ fig bevordering, uitbreiding
op·bou·wen *ww* [bouwde op, h. opgebouwd] nieuw of opnieuw bouwen
op·bou·wend *bn* bemoedigend ★ fig *opbouwende kritiek* door serieuze bespreking van fouten aanmoedigende kritiek
op·bouw·werk *het* werk voor maatschappelijk en cultureel welzijn
op·bouw·wer·ker *de (m)* [-s] iem. die opbouwwerk tot taak heeft
op·bra·ken *ww* [braakte op, h. opgebraakt] (van vogels) van voedsel in half verteerde staat uit de krop of de maag omhoog halen, om daarmee de jongen te voeden
op·bre·ken *ww* [brak op, *overg* h., *onoverg* is opgebroken] ❶ openbreken: ★ *de straat ~* ❷ afbreken: ★ *een kamp ~* ❸ zijn boel pakken en vertrekken: ★ *in stilte ~* ❹ ⟨van gebruikte spijzen⟩ oprispingen veroorzaken; fig ⟨van iets wat men gedaan heeft⟩ slecht bekomen, onaangename gevolgen hebben: ★ *dat vroege opstaan is me opgebroken*
op·bren·gen *ww* [bracht op, h. opgebracht]
❶ voortbrengen, in producten of in geld opleveren: ★ *die zaak heeft weinig opgebracht* ❷ (met moeite) betalen: ★ *ik moet dat allemaal maar ~* ★ *belasting ~* ❸ zich (met moeite) brengen tot, moeilijk in staat zijn tot: ★ *geduld, kracht, moed ~* ❹ naar het politiebureau brengen ❺ voetbal (de bal) naar het doel van de tegenpartij brengen ❻ ★ *een schip ~* onder geleide van een ander schip naar een haven brengen
op·brengst *de (v)* [-en] ❶ voortgebrachte gewassen en vruchten ❷ door winst of inzameling verkregen bedrag
op·brengst·huis *het* [-huizen] BN pand dat geschikt is als geldbelegging, om het na aankoop te verhuren, beleggingspand
op·brui·sen *ww* [bruiste op, is opgebruist] ❶ bruisend omhoog komen ❷ fig opstuiven, boos worden ★ *een opbruisend karakter* driftig
op·cen·ten *mv* NN procentsgewijze verhoging van belasting enz.
op·cen·tie·men *mv* BN → **opcenten**
op.cit. *afk* opere citato [in het aangehaalde werk]
op·da·gen *ww* [daagde op, is opgedaagd] voor de dag komen, verschijnen: ★ *hij is niet komen ~*
op·dat *voegw* met de bedoeling dat, in de hoop dat
op·de·cie·men *mv* BN door de wet voorgeschreven verhoging van de strafrechtelijke geldboeten, om de gevolgen van de inflatie tegen te gaan
op·de·len *ww* [deelde op, h. opgedeeld] in delen splitsen
op·die·nen *ww* [diende op, h. opgediend] het eten op tafel zetten
op·die·pen *ww* [diepte op, h. opgediept] heel diep onder iets uit halen: ★ *hij diepte uit zijn broekzak een dubbeltje op*; fig *na lang zoeken te pakken krijgen*
op·dir·ken I *ww* [dirkte op, h. opgedirkt] smakeloos versieren II *wederk* zich opzichtig en niet smaakvol mooi trachten te maken ⟨vooral door kleding en make-up⟩
op·dis·sen *ww* [diste op, h. opgedist] ❶ spijzen op tafel zetten ❷ fig vertellen, ten beste geven
op·doe·ken *ww* [doekte op, h. opgedoekt] afschaffen; aan de kant doen
op·doe·men *ww* [doemde op, is opgedoemd] in de verte vaag verschijnen
op·doen *ww* [deed op, h. opgedaan] ❶ verkrijgen, verwerven: ★ *kennis ~* ❷ ongemerkt krijgen, oplopen: ★ *een ziekte ~* ❸ BN, spreektaal (geld) opmaken, verkwisten, verteren
op·dof·fen *ww* [dofte op, h. opgedoft] oppoetsen ★ *zich ~* zich opknappen
op·dof·fer *de (m)* [-s] fikse klap of stomp, dreun
op·don·der *de (m)* [-s] ❶ inf oplawaai ❷ fig schok, ontmoedigende gebeurtenis ★ *een kleine ~* een klein persoon met pit
op·don·de·ren *ww* [donderde op, is opgedonderd] inf weggaan, ervandoor gaan: ★ *en nu opgedonderd!*
op·draai·en *ww* [draaide op, h. & is opgedraaid]

❶ omhoog draaien ❷ ★ *voor iets (moeten)* ~ a) het gelag betalen; b) het zaakje op moeten knappen

op·dracht *de* [-en] ❶ bevel tot uitvoering van iets; opgelegde taak ★ *zich van een* ~ *kwijten* het opgedragene uitvoeren ❷ het toewijden van een boekwerk aan iemand, meestal door middel van een inleidend woord of een geschreven tekst op een van de titelbladen

op·dracht·ge·ver *de (m)* [-s] iem. die een → **opdracht** (bet 1) geeft

op·dracht·hou·der *de* [-s] BN medewerker van de minister, belast met een bijzondere opdracht

op·dracht·re·gel *de (m)* [-s] comput in commandogestuurde systemen als MSDOS en Unix de regel achter de prompt waar een commando of opdracht kan worden ingetypt

op·dra·gen *ww* [droeg op, h. opgedragen] ❶ bevel geven tot uitvoering van iets; een taak opleggen ❷ ‹een boek› door een inleidend woord aan iemand toewijden ❸ ‹kleren e.d.› dragen totdat het versleten is

op·dra·ven *ww* [draafde op, is & h. opgedraafd] ❶ naar boven *of* in een bepaalde richting draven: ★ *de trap* ~*; de straat* ~ ❷ ‹van een paard› laten draven om beoordeeld te worden ❸ schertsend optreden, verschijnen ★ *laten* ~ met vertoon doen optreden

op·dreu·nen *ww* [dreunde op, h. opgedreund] eentonig opzeggen

op·drij·ven *ww* [dreef op, h. opgedreven] ❶ in een bepaalde richting drijven: ★ *de bal* ~*; vee* ~ ❷ omhoog drijven, zeer doen stijgen: ★ *de prijzen* ~ ★ *de eisen voor een examen* ~

op·drin·gen I *ww* [drong op, h. & is opgedrongen] ❶ door aandringen tegen de zin doen aannemen: ★ *iem. een glas wijn* ~ ❷ naar voren dringen: ★ *de menigte drong op* II *wederk* [drong op, h. opgedrongen] ❸ op een dwingende manier iemands gezelschap zoeken: ★ *de nieuwe buren dringen zich aan ons op* ❹ ongewild opkomen (van een vraag, gedachte, herinnering enz.): ★ *de vraag dringt zich op of de genomen maatregelen afdoende zijn* ❺ BN dringend nodig zijn ★ *een oplossing dringt zich op*

op·drin·ge·rig *bn* zich opdringend

op·drin·ge·rig·heid *de (v)* het opdringerig-zijn

op·drin·ken *ww* [dronk op, h. opgedronken] ❶ drinkend (geheel) tot zich nemen: ★ *het bier* ~ ❷ aan sterke drank uitgeven: ★ *zijn halve inkomen* ~

op·dro·gen *ww* [droogde op, is & h. opgedroogd] droog worden

op·druk *de (m)* [-ken] wat over iets anders is gedrukt, vooral op postzegels, maar ook: ★ *een T-shirt met* ~

op·druk·ken I *ww* [drukte op, h. opgedrukt] ❶ naar boven *of* in een bepaalde richting drukken ❷ drukken op: ★ *een merk* ~ II *wederk* (als krachtoefening) zich liggend op de buik omhoog drukken door de handen ongeveer op schouderhoogte op de grond te plaatsen en de armen te strekken, zó dat men uiteindelijk slechts met de armen en de voeten contact heeft met de grond

op·dui·ke·len *ww* [duikelde op, h. opgeduikeld] met enige moeite te pakken krijgen; *ook* bij toeval vinden

op·dui·ken *ww* [dook op, h. & is opgedoken] ❶ na een duik naar boven halen ❷ onverwacht boven komen, te voorschijn komen ❸ opduikelen

op·du·vel *de (m)* [-s] oplawaai

op·du·ve·len *ww* [duvelde op, is opgeduveld] opkrassen

op·du·wen *ww* [duwde op, h. opgeduwd] naar boven duwen, vooruit duwen

op·dwei·len *ww* [dweilde op, h. opgedweild] met een dweil schoonmaken, wegnemen

OPEC *afk* Organization of Petroleum Exporting Countries [Organisatie van Aardolie Exporterende Landen]

op·een *bijw* op elkaar

op·een·ge·pakt *bn* heel dicht op elkaar: ★ *de mensen stonden* ~ *in de lift*

op·een·ho·pen I *ww* [hoopte opeen, h. opeengehoopt] opstapelen II *wederk* zich in grote hoeveelheid verzamelen

op·een·ho·ping *de (v)* ❶ het zich opeenhopen ❷ [*mv:* -en] opstapeling, verzameling in massa

op·eens *bijw* plotseling

op·een·sta·pe·len I *ww* [stapelde opeen, h. opeengestapeld] een hoge stapel maken van II *wederk* zich telkens herhalen (meestal van onaangename dingen gezegd)

op·een·sta·pe·ling *de (v)* het opeengestapelde; meestal fig: ★ *een* ~ *van rampen*

op·een·vol·gen *ww* [volgde opeen, is opeengevolgd] op elkaar volgen

op·een·vol·ging *de (v)* het opeenvolgen; aaneengeschakelde reeks

op·ei·sen *ww* [eiste op, h. opgeëist] de teruggave of overgave eisen van ★ *een aanslag* ~ verklaren ervoor verantwoordelijk te zijn

open *bn* niet dicht, niet gesloten; eerlijk, openhartig: ★ *een* ~ *gelaat* ★ *een* ~ *been* been met een wond die moeilijk geneest ★ *de microfoon staat* ~ het (stem)geluid bij de microfoon wordt nu versterkt, of opgenomen, of overal gehoord enz. ★ *een* ~ *brief* brief waaraan algemene bekendheid wordt gegeven (door publicatie) ★ *een* ~ *deur* zie bij → **deur** ★ *een* ~ *doekje* applaus als blijk van waardering ★ ~ *haard* haard waarvan het vuur brandt in een ruimte die in open verbinding staat met de rest van het vertrek ★ ~ *en bloot* zie → **bloot** ★ *een* ~ *haven* niet door sluizen e.d. afgesloten, vrij toegankelijk ★ *een* ~ *einde* einde van een verhaal in een boek of film waarna er nog van alles kan gebeuren ★ *iets nog* ~ *laten* er nog niet definitief over beslist hebben ★ ~ *staan voor iets* er over willen nadenken, er welwillend tegenover staan ★ ~ *krediet* voor een onbepaald bedrag ★ *de ~ lucht* buiten ★ *een ~ plaats* een onbezette plaats ★ *dat, hij is een ~ boek voor me* ik weet er alles van, ik weet alles van hem ★ *~ tafel* voor ieder toegankelijk (tegen betaling) ★ *een ~ vraag* een nog niet te beantwoorden vraag ★ *~ wijn* niet in flessen ★ *de ~ zee* volle zee ★ *~ kampioenschappen* wedstrijden om het kampioenschap van een bepaald land in een tak van sport of spel, waaraan ook buitenlandse spelers mogen deelnemen ★ *~ huwelijk* samenlevingsvorm van twee partners die elkaar seksuele relaties met anderen toestaan

Openb. *afk* Openbaring van Johannes [het laatste Bijbelboek]

open·baar *bn* ❶ toegankelijk, bestemd voor iedereen: ★ *de openbare school* ★ *~ vervoer* ❷ algemeen: ★ *de openbare mening* ★ *de openbare orde* ★ *de openbare ruimte* ★ *de openbare veiligheid* ❸ van de overheid uitgaande, overheids ★ *een ~ lichaam* een overheidsinstelling met bepaalde bevoegdheden, belichaming van decentralisatie, hetzij territoriaal (gemeente, waterschap), hetzij naar functie (bedrijfschappen, SER) ❹ algemeen bekend: ★ *~ maken* ★ *in het ~* voor iedereen zichtbaar, op een voor iedereen toegankelijke plaats ★ *Openbaar Ministerie* zie bij → **ministerie** ★ *~ aanklager* benaming voor de officier van justitie in een strafproces (die belast is met het vervolgen van strafbare feiten); zie ook bij → **aanbesteding**

open·baar·heid *de (v)* het algemeen bekend of voor ieder toegankelijk zijn: ★ *iets in de ~ brengen* ★ *recht ~ van bestuur* de verplichte bestuursopenheid door overheidsorganen

open·baar·ver·voer·bedrijf, **open·baar·ver·voers·bedrijf** *het* [-drijven] bedrijf dat diensten verleent in de sfeer van het openbaar vervoer

open·ba·ren I *ww* [openbaarde, h. geopenbaard] bekend, ruchtbaar maken **II** *wederk* duidelijk worden, blijken: ★ *de haat tussen hen openbaarde zich*

open·ba·ring *de (v)* [-en] het openbaren, vooral van iets goddelijks of wonderlijks ★ *de Goddelijke ~* wat God aangaande zichzelf aan de mensen openbaart ★ *de Openbaring van Johannes* het laatste boek uit het Nieuwe Testament ★ *dat was voor hem een ~* dat was verrassend nieuw voor hem

open·bre·ken *ww* [brak open, h. opengebroken] door breken openmaken ★ *fig een overeenkomst ~* binnen de ervoor vastgestelde tijd wijzigen

open·deur·dag *de* [-dagen] BN *ook* open dag, dag waarop instellingen, scholen en handelszaken vrij toegankelijk zijn voor geïnteresseerde buitenstaanders

open·doen *ww* [deed open, h. opengedaan] openen: ★ *doe eens open!* maak de buitendeur open!

open·du·wen *ww* [duwde open, h. opengeduwd]

tegen enige weerstand in openen

ope·nen I *ww* [opende, h. geopend] ❶ openmaken; openstellen: ★ *het café ~* ❷ een begin maken met: ★ *het programma met muziek ~* ★ *een vergadering ~* ★ *een winkel ~* **II** *wederk* ❶ opengaan ❷ vanzelf, automatisch opengaan: ★ *de liftdeuren ~ zich*

ope·ner *de (m)* [-s] apparaat om flessen, blikken e.d. te openen

open·gaan *ww* [ging open, is opengegaan] zich openen

open·ge·werkt *bn* ❶ ‹van textiel of naaiwerk› met gaatjes ❷ ontdaan van de buitenkant, bijv. voor educatieve doeleinden: ★ *een ~ model van het menselijk lichaam*

open·gooi·en *ww* [gooide open, h. opengegooid] met kracht openen

open·har·tig *bn* oprecht, niets voor zich houdend; **openhartigheid** *de (v)*

open·hart·ope·ra·tie [-(t)sie] *de (v)* [-s] hartoperatie waarbij de hart-longmachine wordt gebruikt (oorspr waarbij het hart geopend wordt)

open·heid *de (v)* ❶ openhartigheid ❷ recht ontvankelijkheid voor openbare regelgeving

open·hou·den *ww* [hield open, h. opengehouden] BN *ook* (van winkels enz.) exploiteren

ope·ning *de (v)* [-en] ❶ gat ❷ het openen: ★ *de ~ van een winkel* ★ *vooral NN ~ van zaken geven* wat eerst geheim was nu uitgebreid uit de doeken doen en toelichten ❸ schaken, dammen de gezamenlijke eerste zetten, die als zodanig bekend zijn in de theorie, en die beslissen wat voor type partij er wordt gespeeld: ★ *Kasparov speelde een Siciliaanse ~*

ope·nings·re·de *de* [-s] redevoering bij het begin van een avond, het openen van een tentoonstelling enz.

open·la·ten *ww* [liet open, h. opengelaten] open laten staan, onbezet laten; onbeschreven of onbedrukt laten; oningevuld laten; **openlating** *de (v)*

open·leg·gen *ww* [legde open, h. opengelegd] opengeslagen neerleggen; kaartsp zijn kaarten laten zien ★ *een land, gebied ~* toegankelijk maken, zorgen voor goede verbindingen

open·lig·gen *ww* [lag open, h. opengelegen] ❶ ‹van een boek› opengeslagen liggen ❷ onbedekt, voor ieder zichtbaar liggen ❸ onbeschut liggen

open·lijk *bn* in het openbaar, onverholen

open·lucht·klas *de (v)* [-sen] BN (in het onderwijs) tijdelijk georganiseerde openluchtschool, waarbij veel aandacht besteed wordt aan sport; openluchtlessen

open·lucht·mu·se·um [-zee(j)um] *het* [-s, -sea] tentoonstelling in de open lucht van woningbouw en -inrichting, klederdrachten enz. van het platteland

open·lucht·school *de* [-scholen] school waar de leerlingen in de open lucht les krijgen als de weersgesteldheid het toelaat

open·lucht·spel *het* [-spelen] ❶ toneelspel in de open lucht ❷ spel in de open lucht

open·lucht·the·a·ter *het* [-s] toneel en tribunes in de open lucht voor het opvoeren van openluchtspelen e.d.

open·ma·ken *ww* [maakte open, h. opengemaakt] ontsluiten

open·rij·ten *ww* [reet open, h. opengereten] openscheuren

open·slaan *ww* [sloeg open, h. & is opengeslagen] ❶ opendoen van een doos, een boek enz. ❷ met een slag opengaan ★ *openslaande ramen, deuren* in hun geheel naar buiten of binnen gedraaid kunnende worden

open·snij·den *ww* [sneed open, h. opengesneden] door snijden openen

open·source·soft·ware [-sò(r)ssoftwè(r)] *(‹Eng) de* comput software waarvan de broncode vrij beschikbaar is en die de gebruiker kan aanpassen aan zijn eigen behoeften (in tegenstelling tot software op basis van een gesloten broncode, zoals die van Microsoft®)

open·sprin·gen *ww* [sprong open, is opengesprongen] met een plotselinge beweging opengaan

open·staan *ww* [stond open, h. opengestaan] ❶ niet gesloten zijn ❷ toegankelijk zijn (ook fig) ❸ niet vervuld zijn: ★ *een openstaande betrekking*

open·stel·len *ww* [stelde open, h. opengesteld] toegankelijk doen zijn: ★ ~ *voor het publiek* ★ fig *de gelegenheid tot inschrijving* ~ ★ BN *een betrekking wordt opengesteld* gezegd van een vacante betrekking, van een betrekking waarop men kan solliciteren; **openstelling** *de (v)*

op-en-top *bijw* inf geheel en al: ★ *in tweedelig pak is hij ~ het heertje*

open·trap·pen *ww* [trapte open, h. opengetrapt] openmaken door ertegen te trappen: ★ *een deur ~*

open·trek·ken *ww* [trok open, h. opengetrokken] door trekken openen

open·val·len *ww* [viel open, is opengevallen] ❶ door vallen opengaan ❷ ‹van betrekkingen› vacant worden

open ver·kla·ren *ww* [verklaarde open, h. open verklaard] ★ BN *een betrekking* ~ verklaren dat een betrekking vacant is, dat men kan solliciteren

Open VLD *afk* in België Open Vlaamse liberalen en democraten [politieke partij]

open·zet·ten *ww* [zette open, h. opengezet] in geopende stand brengen: ★ *een deur ~; een kraan ~*

ope·ra *(‹It‹Lat) de (m)* ['s] ❶ gezongen en door een orkest begeleide vorm van theater ❷ voorstelling in deze vorm ❸ gebouw voor operavoorstellingen

ope·ra·bel *(‹Fr) bn* door een chirurgische ingreep behandeld kunnen worden: ★ *deze vorm van kanker is goed ~*

ope·ra·teur *(‹Fr‹Lat) de (m)* [-s] ❶ iem. die films opneemt of opnamen maakt in een fotostudio ❷ bedieningsvakman voor ingewikkelde apparatuur, bijv. telefooncentrales, computersystemen e.d.

ope·ra·tie [-(t)sie] *(‹Fr‹Lat) de (v)* [-s] ❶ verrichting, onderneming: ★ *financiële operaties* ❷ chirurgische, medische ingreep ❸ mil beweging, samenhangende grote krijgsverrichting

ope·ra·tief *(‹Fr) bn* van de aard van, betrekking hebbend op een → **operatie** (bet 2) of operaties; door middel van een operatie: ★ *het gezwel werd ~ verwijderd*

ope·ra·tie·ka·mer [-(t)sie-] *de* [-s] vertrek waar de operaties (→ **operatie**, bet 2) plaatsvinden

ope·ra·tie·plan [-(t)sie-] *het* [-nen] plan voor krijgsoperaties

ope·ra·tie·ta·fel [-(t)sie-] *de* [-s] tafel waarop operaties (→ **operatie**, bet 2) geschieden

ope·ra·tie·zus·ter [-(t)sie-] *de (v)* [-s] verpleegkundige die helpt bij operaties (→ **operatie**, bet 2)

ope·ra·tio·neel [-(t)sjoo-] *(‹Eng) bn* ❶ betrekking hebbend op de werking of verrichting, of daarvoor geschikt ❷ mil gereed voor krijgsoperaties

ope·ra·tor¹ *(‹Lat) de (m)* [-toren, -s] ❶ iem. die apparaten bedient in een chemische fabriek ❷ wisk symbool dat een bep. bewerking aanduidt: ★ *het somteken + is een operator*

op·er·a·tor² [opəreetə(r)] *(‹Eng) de (m)* [-s] → **operateur** (bet 2)

ope·ra·zan·ger *de (m)* [-s], **ope·ra·zan·ge·res** *de (v)* [-sen] iem. die in een opera zingt

ope·re·ren *ww (‹Fr‹Lat)* [opereerde, h. geopereerd] ❶ te werk gaan ❷ een medische operatie uitvoeren (op) ❸ militaire bewegingen uitvoeren ❹ geldzaken verrichten; met geld werken

ope·ret·te *(‹Du‹It) de* [-s] eig kleine opera; vrolijk zangspel waarin zangstukken met dialogen afwisselen

oper·ment *(‹Lat) het* transparant geel mineraal met glasachtige glans, koningsgeel, As$_2$S$_3$

op·eten *ww* [at op, h. opgegeten] ❶ eten, vooral tot er niets meer over is ❷ ‹van kapitaalgoederen› te gelde maken om het aldus verkregen geld aan te wenden voor het levensonderhoud: ★ *bijstandstrekkers werden verplicht hun eigen huis op te eten*

op·fleu·ren *ww* [fleurde op, h. & is opgefleurd] ❶ fris, levenslustig doen worden ❷ fris, levenslustig worden; **opfleuring** *de (v)* [-en]

op·flik·ke·ren *ww* [flikkerde op, is opgeflikkerd] ❶ feller beginnen te branden; fig weer levendiger worden: ★ *de hoop flikkert op* ❷ NN, spreektaal weggaan: ★ *flikker op!*

op·fok·ken I *ww* [fokte op, h. opgefokt] ‹van dieren› grootbrengen **II** *wederk* inf zich (nodeloos) overstuur maken

op·fris·cur·sus *de (m)* [-sen] cursus voor mensen die hun kennis op een bep. gebied willen bijspijkeren

op·fris·sen *ww* [friste op, is & h. opgefrist] ❶ verfrissen, fris worden ❷ fris doen worden ★ *het geheugen ~* de herinnering aan iets verlevendigen

op·fris·ser *de (m)* [-s], **op·fris·ser·tje** *het* [-s] ❶ (verfrissend) drankje ❷ iets dat het geheugen helder maakt

op·fris·ver·lof *het* [-loven] NN ‹vooral in het onderwijs› betaald verlof voor scholing

op·gaaf, **op·ga·ve** *de* [-gaven] ❶ mededeling, opsomming ❷ oefening, taak

op·gaan *ww* [ging op, is opgegaan] ❶ naar boven gaan ★ *zich in opgaande lijn bewegen* vooruitgaande, stijgende zijn ★ *verwanten in opgaande lijn* de voorouders in de stamboom ❷ ‹van de zon› boven de horizon komen ❸ in een bepaalde richting gaan: ★ *deze kant ~* ★ *een andere weg ~* ❹ NN een examen gaan afleggen: ★ *~ voor Engels* ❺ geheel verbruikt worden: ★ *alles is opgegaan* ❻ juist zijn: ★ *die redenering gaat niet op* ❼ ★ *~ in iets* er volkomen door in beslag genomen worden, er zich geheel aan geven

op·gang *de (m)* ❶ het opgaan van de zon enz. ❷ trap naar boven: ★ *vrije ~* ❸ ★ *~ maken* succes oogsten, er bij het publiek ingaan

op·ga·ve *de* [-n] → **opgaaf**

op·ge·baard *bn* zie bij → **opbaren**

op·ge·bla·zen *bn* ❶ volgeblazen met lucht: ★ *een ~ gevoel in de maag* ❷ opgezet, ongezond dik ★ *~ ham* een ham met veel water ❸ trots, verwaand

op·ge·bla·zen·heid *de (v)* verwaandheid

op·ge·brand *bn* (van personen) al zijn energie verbruikt hebbend

op·ge·fokt *bn* opgeschroefd, kunstmatig, overdreven

op·gei·len *ww* [geilde op, h. opgegeild] *inf* seksueel ophitsen

op·ge·kleed *bn* BN opgetooid

op·ge·klopt *bn* ★ *opgeklopte verhalen* sterk overdreven verhalen

op·ge·la·ten *bn* in een moeilijke of vervelende toestand verkerend: ★ *zich ~ voelen*

op·geld *het* [-en] ❶ geld dat men boven de waarde van een muntsoort ontvangt of betaalt; ❷ ‹bij verkopingen› bedrag waarmee de koopprijs wordt verhoogd ★ vooral NN *~ doen* succes hebben, navolging vinden, opgang maken ★ *deze nieuwe theorie doet ~ in wetenschappelijke kringen*

op·ge·leefd *bn* BN, spreektaal oud en zwak, uitgeput, krachteloos, afgeleefd

op·ge·legd *bn* ❶ met een dunne bovenlaag van andere stof belegd ❷ kaartsp zie bij → **pandoer** ❸ BN ook verplicht: ★ *een ~ muziekstuk*

op·ge·lucht *bn* (plotseling) bevrijd van zorg

op·ge·maakt *bn* ❶ ‹van teksten› klaar voor het afdrukken ❷ met (door schoonheidsmiddelen) verzorgd gelaat

op·ge·meld *bn* hierboven vermeld

op·ge·merkt *bn* ❶ deelwoord van → **opmerken** ❷ BN ook opmerkelijk: ★ *de burgemeester hield een opgemerkte toespraak*

op·ge·prikt *bn* NN overdreven netjes, ongemakkelijk keurig aangekleed: ★ *de gasten van de president zaten ~ aan de dinertafel*

op·ge·propt *bn* met te veel mensen in een kleine ruimte: ★ *we zaten ~ in de bus*

op·ge·ruimd I *bn* in ordelijke toestand gebracht: ★ *een opgeruimde kamer* ★ *~ staat netjes* a) hoe eerder orde op zaken hoe beter, het is goed een (moeilijk) zaakje gauw op te knappen; b) schertsend gezegd als een ongewenst persoon eindelijk vertrokken is **II** *bn bijw* blijmoedig, vrolijk

op·ge·ruimd·heid *de (v)* blijmoedigheid, vrolijkheid

op·ge·scheept *bn* ★ *~ zijn (zitten)* met tot zijn last hebben

op·ge·scho·ten *bn* ★ *een ~ jongen* een bijna volwassen jongen

op·ge·schroefd *bn* overdreven; in grote of holle woorden, gezwollen

op·ge·to·gen *bn* heel blij, verrukt; **opgetogenheid** *de (v)*

op·ge·ven *ww* [gaf op, h. opgegeven] ❶ niet langer kunnen volhouden: ★ *hij moest het tenslotte ~; prijsgeven, neerleggen*: ★ *zijn ambt ~; laten varen*: ★ *de hoop ~; de moed ~* ❷ bekendmaken, melden, opnoemen: ★ *de namen ~* ❸ opdragen te doen of te maken: ★ *een som, een taak ~* ❹ als hopeloos beschouwen: ★ *de patiënt is opgegeven* ❺ braken, uitspuwen: ★ *zijn eten, slijm ~* ❻ vooral NN: ★ *hoog ~ van* zeer roemen, door zijn uitlatingen als zeer belangrijk of gewichtig voorstellen

op·ge·was·sen *bn* ★ *~ zijn tegen* even sterk zijn als; voldoende bekwaam, geschikt zijn voor; bestand zijn tegen

op·ge·wekt, **op·ge·wekt** *bn* vrolijk, blijmoedig; **opgewektheid** *de (v)*

op·ge·won·den *bn* zenuwachtig, in hevige gemoedsbeweging, in geprikkelde stemming; **opgewondenheid** *de (v)*

op·ge·zet *bn* ❶ gezwollen: ★ *een opgezette enkel* ❷ ‹van dode dieren› opgevuld met gips en bekleed met de oorspronkelijke huid of vacht om te conserveren en tentoon te stellen: ★ *een opgezette havik* ❸ BN, spreektaal van tevoren beraamd, afgesproken ★ *~ spel* doorgestoken kaart ❹ BN, spreektaal ingenomen, in zijn schik; tevreden: ★ *met iem., iets ~ zijn*

op·gie·ten *ww* [goot op, h. opgegoten] (bij het zetten van koffie of thee) de vereiste hoeveelheid kokend water toevoegen

op·gooi *de (m)* sp het opgooien van een munt bij het begin van een wedstrijd, om de beginner of de → **speelhelft** (bet 1) aan te wijzen, toss

op·gooi·en *ww* [gooide op, h. opgegooid] omhoog gooien; moeten leggen bij het kaarten e.d.: ★ *een balletje ~* zie bij → **bal¹**

op·gra·ven *ww* [groef op, h. opgegraven] uit de grond graven

op·gra·ving *de (v)* [-en] ❶ het opgraven ❷ plaats waar opgegraven is of wordt

op·groei·en *ww* [groeide op, is opgegroeid] groter

op·haal *de (m)* [-halen] ❶ dun opgaand lijntje van een letter ❷ beschadigde of losgeraakte steek in geweven of gebreid textiel

op·haal·brug *de* [-gen] brug met een horizontale draaiingsas, die opgehaald en weer neergelaten kan worden

op·haal·dienst *de (m)* [-en] dienst die bij de huizen vuilnis e.d. afhaalt

op·hak·ken *ww* [hakte op, h. opgehakt] bluffen, opscheppen

op·ha·len *ww* [haalde op, h. opgehaald] ❶ naar boven halen, optrekken: ★ *uit het water* ~ ★ *de schouders* ~ ; zie ook bij → **neus** ❷ vergeten kennis of ervaringen weer bewust maken: ★ *zijn Duits* ~; *herinneringen* ~ ❸ een hoger cijfer verwerven voor, verbeteren: ★ *hij heeft zijn wiskunde aardig opgehaald* ❹ inzamelen: ★ *veel geld* ~ ❺ afhalen: ★ *de werklieden worden met een autobus opgehaald* ❻ wegwerken, herstellen: ★ *een ladder in een kous* ~

op·han·den *bijw* in tijd nabij, op til: ★ *er is een grote verandering* ~

op·han·gen *ww* [hing op, h. opgehangen] ❶ aan een haak, een touw e.d. bevestigen boven de grond, aan de muur e.d. ❷ ‹als doodstraf› laten hangen aan een touw dat om de keel gesnoerd is ❸ de hoorn op een telefoontoestel leggen en daarmee de verbinding verbreken; **ophanging** *de (v)* [-en]

op·heb·ben *ww* [had op, h. opgehad] ❶ ergens op het lichaam hebben: ★ *een nieuwe hoed* ~ ★ *een bril* ~ ★ *een strik* ~ ❷ gegeten of gedronken hebben: ★ *vier boterhammen* ~ [in *bet* 1 en 2 meestal als twee woorden: *op hebben*] ★ *veel / niets met iem.* ~ hem graag / niet mogen ★ BN, spreektaal *iem. laag / hoog* ~ een lage / hoge dunk van iem. hebben

op·hef *de (m)* overdreven drukte of gewichtigheid

op·hef·fen *ww* [hief op, h. opgeheven] ❶ optillen: ★ *de armen* ~ ❷ niet meer geldig doen zijn, doen eindigen: ★ *een vereniging* ~; **opheffing** *de (v)* [-en]

op·hef·fings·uit·ver·koop *de (m)* [-kopen] uitverkoop wegens het opheffen van een bedrijf

op·hef·ma·kend *bn* BN geruchtmakend, opzienbarend: ★ *een ophefmakende reportage*

op·hel·de·ren *ww* [helderde op, h. & is opgehelderd] ❶ duidelijk maken ❷ ‹van het weer› helderder worden

op·hel·de·ring *de (v)* [-en] verklaring, toelichting: ★ ~ *verschaffen / geven*

op·he·me·len *ww* [hemelde op, h. opgehemeld] uitbundig prijzen; **ophemeling** *de (v)*

op·hij·sen *ww* [hees op, h. opgehesen] omhoog hijsen

op·hit·sen *ww* [hitste op, h. opgehitst] hevig aanvuren, → **opstoken** (bet 3): ★ *de redenaar hitste de menigte op tot bestorming van de gevangenis*; **ophitser** *de (m)* [-s]

op·hit·sing *de (v)* ❶ het ophitsen ❷ het opgehitst-zijn, hevige opgewondenheid

op·hoe·pe·len *ww* [hoepelde op, is opgehoepeld] *inf* ervandoor gaan: ★ *en nu opgehoepeld! weg jij!*

op·hoes·ten *ww* [hoestte op, h. opgehoest] ❶ door hoesten naar boven brengen: ★ *slijm* ~ ❷ fig zonder voorbereidingen opeens te voorschijn brengen: ★ *ik kan al die cijfers niet meteen* ~

op·ho·gen *ww* [hoogde op, h. opgehoogd] (een terrein) hoger maken door er grond op te brengen; **ophoging** *de (v)* [-en]

op·hok·ken *ww* [hokte op, h. opgehokt] vogels in een hok plaatsen: ★ *tijdens de vogelgriepepidemie moest pluimvee worden opgehokt*

op·hok·plicht *de* verplichting vogels op te hokken tijdens een (dreigende) epidemie van vogelziekte

op·ho·pen I *ww* [hoopte op, h. opgehoopt] opstapelen II *wederk* zich opstapelen; fig tot een bezwaarlijk grote hoeveelheid worden

op·ho·ren *ww* [hoorde op, h. opgehoord] ★ NN *van iets* ~ zeer verbaasd zijn het te horen

op·hou·den I *ww* [hield op, is & h. opgehouden] ❶ niet doorgaan; eindigen ★ *zonder* ~ aan één stuk door ★ *het houdt op met zachtjes regenen* schertsend het gaat plenzen! ❷ omhoog houden; fig in ere houden: ★ *zijn naam* ~ ★ *de schijn* ~ ❸ op het hoofd houden ❹ tegenhouden, van het werk houden: ★ *ik wil u niet langer* ~ ❺ ‹bij een verkoping› niet verkopen voor de geboden prijs II *wederk* [hield is, h. opgehouden] ❶ verblijf houden ❷ ★ *zich* ~ *met* zich bemoeien, inlaten met

opi·aat ‹*Lat*› *het* [-aten] opium bevattend middel

opi·nie [oopie-] ‹*Fr<Lat*› *de (v)* [-s] mening

opi·nie·blad [oopie-] *het* [-bladen] tijdschrift dat over uiteenlopende onderwerpen artikelen bevat die een bep. mening weergeven

opi·nie·on·der·zoek *het* [-en], **opi·nie·pei·ling** [oopie-] *de (v)* [-en] onderzoek naar de heersende opinie op een bepaald punt door steekproefsgewijze ondervraging

opi·ni·ë·ren *ww* [opinieerde, h. geopinieerd] de openbare mening vormen of beïnvloeden doordat men (bij het uitleggen en commentariëren van nieuws) een standpunt inneemt

opi·um ‹*Lat<Gr*› *de (m) & het* gedroogd slaapbollensap, verhard melksap van de nog groene maankoppen (doosvruchten van *Papaver somniferum*), een pijnstillend en verdovend middel: ★ ~ *schuiven* roken

opi·um·kit *de* [-ten] gelegenheid waar opium geschoven wordt

opi·um·pijp *de* [-en] pijp waarin opium gerookt wordt

opi·um·schui·ver *de (m)* [-s] iem. die opium rookt

Opi·um·wet *de* wet die de fabricage van en de handel in opium en andere drugs aan strenge regels onderwerpt

op·ja·gen *ww* [joeg *of* jaagde op, h. opgejaagd] ❶ naar boven, voor zich uit jagen ★ *prijzen* ~ opdrijven ❷ krachtig aansporen, doen haasten; ★ BN ook *zich* ~ zich zo haasten dat men er zenuwachtig van wordt; zich zenuwachtig maken,

nerveus worden; zich opvreten, opwinden
op·jui·nen *ww* [juinde op, h. opgejuind] *inf* opjutten
op·jut·ten *ww* [jutte op, h. opgejut] tot vervelends toe krachtig aansporen
op·ka·le·fa·te·ren *ww* [kalefaterde op, h. & is opgekalefaterd], **op·kal·fa·te·ren** [kalfaterde op, h. & is opgekalfaterd] ❶ doen opknappen, doen herstellen ❷ zelf opknappen, herstellen, beter worden
op·ka·mer *de* [-s] kamer die iets hoger ligt dan de andere
op·kam·men *ww* [kamde op, h. opgekamd] ❶ kammen; omhoog kammen ❷ *fig* overdreven prijzen
op·kij·ken *ww* [keek op, h. opgekeken] naar boven kijken ★ *van iets ~* er verbaasd over zijn
op·kik·ker *de (m)* [-s], **op·kik·ker·tje** *het* [-s] iets waarvan men opkikkert, iets te eten of te drinken of een leuke verrassing
op·kik·ke·ren *ww* [kikkerde op, h. & is opgekikkerd] ❶ beter doen worden; vrolijker stemmen ❷ beter worden, opknappen; vrolijker worden
op·klap·baar *bn* opgeklapt kunnende worden
op·klap·bed *het* [-den] bed dat tegen de wand of in een kast opgeklapt kan worden
op·klap·pen *ww* [klapte op, h. opgeklapt] door draaiing van horizontale in verticale stand brengen
op·kla·ren *ww* [klaarde op, h. & is opgeklaard] ❶ ophelderen ❷ ⟨van de buitenlucht⟩ weer helder worden ❸ ⟨van het gezicht⟩ *fig* vriendelijker / vrolijker worden
op·kla·ring *de (v)* [-en] (van de lucht) het helder(der) worden
op·klim·men *ww* [klom op, is opgeklommen] ❶ beklimmen ❷ hoger in rang of waarde komen: ★ *tot referendaris ~* ★ *salaris opklimmend tot 4000 euro*
op·klop·pen *ww* [klopte op, h. opgeklopt] ❶ door kloppen doen rijzen of uitzetten: ★ *eiwit ~* ❷ *fig* gewichtiger voorstellen dan het is of geweest is: ★ *een verhaal ~*
op·knap·beurt *de* [-en] keer dat men iets flink opknapt
op·knap·pen *ww* [knapte op, h. & is opgeknapt] ❶ weer in orde brengen; netjes, mooi maken; tot een goed einde brengen: ★ *ik zal dat zaakje wel ~* ❷ beter worden, netter worden
op·kno·pen *ww* [knoopte op, h. opgeknoopt] ❶ op een ander kledingstuk knopen ❷ → **ophangen** (bet 2)
op·ko·men *ww* [kwam op, is opgekomen] ❶ naar boven komen; overeind komen; (van de zon en de maan) boven de horizon komen; uit de grond komen; opgroeien; *fig* in de gedachte komen ❷ ontstaan: ★ *dat is allemaal in de laatste 20 jaar opgekomen* ❸ in militaire dienst gaan ❹ op het toneel komen ❺ ★ *~ tegen iets* zich ertegen verzetten ★ *~ voor* verdedigen, pleiten voor ❻ *sp* bij een aanval door de eigen partij tijdelijk als medeaanvaller gaan spelen, terwijl men normaal als middenvelder of verdediger in een team fungeert ❼ *BN* (bij een verkiezing) zich kandidaat stellen; (van een partij) een kandidatenlijst indienen
op·komst *de (v)* ❶ beginnen te groeien: ★ *toen de vereniging nog in ~ was*; groei, toenemen in betekenis: ★ *de ~ van het neoliberalisme* ❷ het op vergaderingen, verkiezingen, bijeenkomsten e.d. komen: ★ *de ~ was niet groot*
op·komst·plicht *de* de verplichting zich op de dag van een verkiezing te melden bij een stembureau, in Nederland in 1970 afgeschaft, in België nog van kracht
op·ko·pen *ww* [kocht op, h. opgekocht] alles van een bepaald artikel kopen: ★ *de hele voorraad ~*
op·ko·per *de (m)* [-s] iem. die opkoopt, vooral oude kleren, oud roest enz.
op·krab·be·len *ww* [krabbelde op, is opgekrabbeld] ❶ zich met moeite oprichten ❷ langzamerhand van een ziekte herstellen ❸ na financiële tegenslag of achteruitgang in zaken weer langzamerhand vooruitgaan
op·kra·men *ww* [kraamde op, is opgekraamd] *BN*, spreektaal ❶ vertrekken, weggaan, opstappen; zich uit de voeten maken, opkrassen; verdwijnen: ★ *als je nu niet opkraamt, doe ik je wat aan* ❷ ⟨zijn spullen⟩ bij elkaar pakken (om te vertrekken), inpakken
op·kras·sen *ww* [kraste op, is opgekrast] *inf* zich verwijderen, weggaan
op·krik·ken *ww* [krikte op, h. opgekrikt] ❶ ⟨een auto⟩ met een → **krik** omhoog brengen ❷ *fig* verbeteren: ★ *rapportcijfers ~*
op·krop·pen *ww* [kropte op, h. opgekropt] inhouden, maar niet verwerken: ★ *opgekropte haat*
op·kui·sen *ww* [kuiste op, h. opgekuist] *BN* ⟨een vloer, huis e.d.⟩ schoonmaken, een (schoonmaak)beurt geven; in orde brengen, opknappen; opnemen, opdweilen
op·kun·nen *ww* [kon op, h. opgekund] ❶ overeind kunnen komen, kunnen opstaan; beklimmen: ★ *de trap niet meer ~* ❷ ★ *~ tegen* opgewassen zijn tegen ❸ kunnen verbruiken (opeten, opdrinken, enz.): ★ *de melk niet ~* ★ *zijn plezier niet ~* zeer veel plezier hebben ❹ verbruikt kunnen worden, uitgeput raken: ★ *het is alsof het geld niet opkan; in alle betekenissen in de officiële spelling als twee woorden: op kunnen*
op·kwe·ken *ww* [kweekte op, h. opgekweekt] met zorg laten kiemen en groeien
op·laag, **op·la·ge** *de* [-lagen, -lages] aantal exemplaren van een boek, tijdschrift e.d. dat in één keer gedrukt wordt
op·laai·en *ww* [laaide op, is opgelaaid] fel opvlammen (ook *fig*); **oplaaiing** *de (v)* [-en]
op·la·den I *ww* [laadde op, h. opgeladen] *elektr* opnieuw voorzien van elektrische lading: ★ *een batterij ~, een accu ~* **II** *wederk* ⟨van mensen⟩ nieuwe

energie verzamelen om iets te gaan doen
op·la·ge *de* [-n, -s] → **oplaag**
op·lap·pen *ww* [lapte op, h. opgelapt] iets ouds zo goed en kwaad als het gaat herstellen
op·la·ten *ww* [liet op, h. opgelaten] de lucht in laten gaan: ★ *een vlieger ~; vgl:* → **opgelaten**
op·la·waai *de (m)* [-en], **op·la·zer** *de (m)* [-s] *inf* harde klap of stomp
op·la·ze·ren *ww* [lazerde op, is opgelazerd] *inf* weggaan, ervandoor gaan
op·leg *de (m)* BN *ook* toeslag, bijbetaling, vooral bij het ruilen
op·leg·gen *ww* [legde op, h. opgelegd] ❶ leggen op iets anders: ★ *de handen ~* ❷ opdragen, verplichten tot: ★ *een straf ~* ★ *het zwijgen ~* ★ *zijn wil ~* (mentaal) aan zich ondergeschikt maken, overheersen: ★ *Ajax legde Real Madrid zijn wil op* ❸ BN *ook* (geld) bijleggen, bijbetalen, toeleggen, vooral bij het ruilen
op·leg·ger *de (m)* [-s] grote wagen die gekoppeld is achter een tractor of een vrachtauto
op·leg·sel *het* [-s] wat op iets gelegd wordt; versierende strook; (op kleding, op hout) belegsel
op·lei·den *ww* [leidde op, h. opgeleid] ❶ bekwaam maken voor een vak of wetenschap: ★ *iem. ~ tot / voor iets* ❷ BN (een verdachte) naar het politiebureau overbrengen, opbrengen, inrekenen, arresteren; voor het gerecht of de politie brengen, voorleiden, voorgeleiden
op·lei·ding *de (m)* [-en] het → **opleiden** (bet 1): ★ *een ~ volgen / doen*
op·lei·dings·cheque [-sjek] *de (m)* [-s] BN vorm van overheidssubsidie waarmee bedrijven hun werknemers een extra opleiding kunnen laten volgen
op·lei·dings·schip *het* [-schepen] schip waarop jongens opgeleid worden tot matroos of officier
op·le·pe·len *ww* [lepelde op, h. opgelepeld] ❶ met een lepel opeten ❷ ‹wat van buiten geleerd is› netjes opzeggen
op·let·ten *ww* [lette op, h. opgelet] de aandacht bij iets hebben
op·let·tend *bn* aandachtig
op·let·tend·heid *de (v)* ❶ aandacht ❷ [*mv:* -heden] voorkomendheid, beleefdheid, attentie
op·leu·ken *ww* [leukte op, h. opgeleukt] vooral NN leuker maken: ★ *een personeelsavondje ~ met een goochelaar*
op·le·ven *ww* [leefde op, is opgeleefd] ❶ levenslustiger worden ❷ weer tot bloei, welvaart komen; **opleving** *de (v)* [-en]
op·le·ve·ren *ww* [leverde op, h. opgeleverd] ❶ voortbrengen, tot resultaat hebben ❷ ‹van aangenomen werk› afleveren: ★ *een huis ~*
op·le·ve·ring *de (v)* (van aangenomen werk) voltooiing
op·le·zen *ww* [las op, h. opgelezen] NN hardop voorlezen

op·lich·ten¹ *ww* [lichtte op, is opgelicht] helderder worden
op·lich·ten² *ww* [lichtte op, h. opgelicht] ❶ optillen ❷ bedrieglijk benadelen
op·lich·ter *de (m)* [-s] persoon die iemand bedrieglijk benadeelt
op·lich·te·rij *de (v)* [-en], **op·lich·ting** *de (v)* [-en] bedrieglijke benadering
op·lik·ken *ww* [likte op, h. opgelikt] met de tong naar binnen likken: ★ *de hond heeft het gemorste bier opgelikt*
op·loe·ven *ww* [loefde op, h. opgeloefd] meer tegen de wind in zeilen
op·loop *de (m)* [-lopen] samenscholing van mensen
op·lo·pen *ww* [liep op, is & h. opgelopen] ❶ omhoog lopen: ★ *de weg loopt op* ★ BN *ook hoog ~* met veel waardering, bewondering hebben voor ❷ opgaan: ★ *de weg ~* ★ *hij is de trap opgelopen* ❸ NN verder lopen: ★ *vast een eindje ~* ★ *een eindje met iem. ~* een eindje meelopen ❹ omhoog lopen, duurder worden, hoger worden: ★ *de prijzen zijn erg opgelopen* ★ *oplopende kosten* ❺ opdoen, krijgen: ★ *een nat pak ~*
op·los·baar *bn* ❶ in vloeistof opgelost kunnende worden ❷ verklaarbaar, beantwoord kunnende worden; **oplosbaarheid** *de (v)*
op·los·kof·fie *de (m)* koffie als korrels of poeder, die na toevoeging van heet water terstond de drank levert
op·los·mid·del *het* [-en] vloeistof waarin iets (dat niet in water oplosbaar is) oplost
op·los·sen I *ww* [loste op, is & h. opgelost] ❶ zich homogeen vermengen met een vloeistof: ★ *suiker lost op in water* ❷ tot een homogeen mengsel doen worden met een vloeistof ❸ *fig* verdwijnen, opgenomen worden in iets anders: ★ *de ijle klanken losten op in het niets* ★ *na verloop van tijd loste de file op* ❹ verklaren, het antwoord vinden op: ★ *een vraagstuk ~* ★ *een cryptogram ~* ❺ opheffen, wegnemen: ★ *moeilijkheden ~* **II** *wederk* [loste op, h. opgelost] vanzelf opgelost worden, oplosbaar zijn; *fig* zie *bet* 3
op·los·sing *de (v)* [-en] ❶ homogeen mengsel van een gas, vloeistof of vaste stof met een vloeistof ❷ antwoord op vraagstuk; poging tot opheffing van moeilijkheden of bezwaren: ★ *een goede ~*
op·luch·ting *de (v)* verademing, bevrijding van zorg
op·luis·te·ren *ww* [luisterde op, h. & is opgeluisterd] glans bijzetten
op·maak *de (m)* ❶ het → **opmaken** (bet 6) van kranten, tijdschriften, boeken, websites e.d.; ❷ het stellen van opschriften boven de rubrieken ★ *onder grote ~* met grote, sterk de aandacht trekkende opschriften ❸ behandeling van het gezicht met cosmetische middelen
op·maat *de* [-maten] ❶ *muz* inzet met een zwak beklemtoonde noot, gevolgd door een sterk beklemtoonde ❷ *fig* eerste begin, aanloop: ★ *dit*

incident was de ~ tot een reeks gruwelijke gebeurtenissen

op·ma·ken I *ww* [maakte op, h. opgemaakt] ❶ alles verbruiken ❷ mooi maken: ★ *het haar ~* ❸ samenstellen, berekenen: ★ *de balans ~* ❹ ★ *~ uit* concluderen, besluiten uit: ★ *daar maak ik uit op dat je te laat was* ❺ ★ *het bed ~* weer gladtrekken en netjes maken ❻ ‹van een tekst› de typografie verzorgen: de paginagrootte, het lettertype, de indeling enz. **II** *wederk* zich gereedmaken; *ook* het gelaat verzorgen

op·ma·ker *de (m)* [-s] iem. die de opmaak van een krant, tijdschrift e.d. verzorgt

op·mars *de* [-en] het in hoeveelheid of belangrijkheid toenemen: ★ *de ~ van de hiphopmuziek*

op·mer·ke·lijk *bn* in het oog vallend; merkwaardig

op·mer·ken *ww* [merkte op, h. opgemerkt] ❶ waarnemen, in het oog krijgen ❷ zeggen, ter sprake brengen

op·mer·kens·waard, **op·mer·kens·waar·dig** *bn* waard dat erop gelet wordt

op·mer·king *de (v)* [-en] ❶ waarneming ❷ gezegde, constatering: ★ *een ~ maken*

op·mer·kings·ga·ve *de* scherp waarnemingsvermogen

op·merk·zaam *bn* goed oplettend; de dingen snel waarnemend ★ *iemand op iets ~ maken* zijn aandacht erop vestigen

op·merk·zaam·heid *de (v)* het steeds aandachtig de dingen waarnemen

op·me·ten *ww* [mat op, h. opgemeten] de maat bepalen: ★ *bouwland ~*; **opmeting** *de (v)* [-en]

op·mon·te·ren *ww* [monterde op, h. opgemonterd] opvrolijken; **opmontering** *de (v)*

op·naai·en *ww* ★ *iem. ~* inf iem. kwaad maken, iem. op de kast jagen

op·na·me *de* [-n, -s] het → **opnemen** (vooral in bet 2, 7 en 8); wat opgenomen is: foto, cd, tape

op·ne·men *ww* [nam op, h. opgenomen] ❶ optillen, oprapen: ★ *de telefoon ~* ❷ tegen rente van iem. lenen *of* van een tegoed afnemen: ★ *geld ~* ❸ ★ *het voor iemand ~* hem verdedigen ❹ ★ *het tegen iemand ~* de strijd met iemand aangaan ❺ ★ *iets ernstig ~* opvatten als in ernst bedoeld ❻ vaststellen en optekenen: ★ *tijd ~* ★ *de maat ~* ★ *de bestelling ~* ❼ toelaten; toegang verlenen; ter verzorging ontvangen; een plaats geven: ★ *~ in de huiselijke kring, in een ziekenhuis, in de maatschappij* ★ *in zich ~* aandachtig kennis nemen van en onthouden ❽ ‹op band, plaat, film e.d.› vastleggen: ★ *muziek ~* ❾ opzuigen: ★ *poreuze voorwerpen nemen water op* ❿ bekijken: ★ *iemand goed ~*

op·ne·mer *de (m)* [-s] ❶ iem. die opneemt ❷ BN schoonmaakwerktuig, bestaande uit een steel met een schuiver om water van vloeren weg te halen, vloerwisser

op·nieuw *bijw* nog eens, weer

op·noe·men *ww* [noemde op, h. opgenoemd] na elkaar noemen

opoe *de (v)* [-s] ❶ vooral NN, vero grootmoeder ❷ oude vrouw

opoe·fiets *de* [-en] vooral NN degelijke, ouderwetse fiets met een hoog stuur

op·of·fe·ren I *ww* [offerde op, h. opgeofferd] vrijwillig afstaan, prijsgeven ten behoeve van iem. of iets; ten offer brengen **II** *wederk* zich aan iem. of iets wijden ten koste van zichzelf

op·of·fe·ring *de (v)* [-en] het opofferen ★ *zich een ~ getroosten* een offer brengen, zich iets ontzeggen

op·ont·houd *het* vertraging

opos·sum [oopos-] ‹Algonkin› **I** *de (m)* [-s] buideldier uit Amerika (*Didelphis marsupialis*) **II** *het* bont daarvan

op·pak·ken *ww* [pakte op, h. opgepakt] ❶ optillen, oprapen ★ *een probleem ~* fig het proberen op te lossen ❷ gevangennemen

op·pas I *de (m)* het oppassen, zorg **II** *de* [-sen] iem. die op kinderen past tijdens afwezigheid van de ouders

op·pas·sen *ww* [paste op, h. opgepast] ❶ zich hoeden, zich in acht nemen, opletten: ★ *opgepast!* ★ *pas op!* ❷ zich netjes gedragen, trouw zijn plicht doen ❸ verzorgen, babysitten

op·pas·send *bn* braaf, plichtmatig

op·pas·ser *de (m)* [-s] verzorger, veelal van dieren in de dierentuin

op·pen·sioen·stel·ling [-sjoen-] *de (v)* [-en] BN, spreektaal pensionering

op·pep·pen *ww* [pepte op, h. opgepept] inf veerkracht opwekken, actiever maken

op·per¹ *de (m)* [-s] hooistapel op het veld

op·per² *de (m) & het* [-s] opperwal, beschutte ligplaats voor schepen

op·per·arm *de (m)* [-en] bovenarm

op·per·best *bn* uitstekend

op·per·be·vel *het* hoogste bevel

op·per·be·vel·heb·ber *de (m)* [-s] iem. die het hoogste bevel heeft in het leger, bij de luchtmacht en / of bij de vloot

op·per·be·wind *het* hoogste bewind

op·per·does *de (m)* [-doezen] aardappelsoort uit Noord-Holland

op·pe·ren *ww* [opperde, h. geopperd] ❶ aanvoeren in een gesprek, te berde brengen: ★ *bezwaren ~* ❷ hooi in oppers zetten

op·per·gaai *de (m)* ★ BN *de ~ afschieten* een sterke prestatie leveren; iron. een stommiteit begaan

op·per·ge·zag *het* hoogste gezag

op·per·heer·schap·pij *de (v)* de hoogste regeringsmacht

op·per·hoofd *het* [-en] hoofdman van traditioneel levende stammen

op·per·huid *de* buitenste huidlaag

op·per·kleed *het* [-klederen] buitenste deel van een gewaad

Op·per·lands I *het* de Nederlandse taal beschouwd op onorthodoxe wijze, waarbij men niet let op de gebruikelijke grammatica of woordvorming, maar op palindromen, inversies, langste woorden en andere rare kenmerken: ★ *het ~ wordt door de bedenker van het fenomeen en de maker van het woord, Battus (*Hugo Brandt Corstius, geb. 1935), zelf 'Nederlands op vakantie' genoemd **II** *bn* van, betreffende het Opperlands: ★ *Opperlandse taal- en letterkunde*

op·per·macht *de* hoogste macht

op·per·mach·tig *bn* de hoogste macht hebbend

op·per·man *de (m)* [-lui, -lieden, -mannen] NN helper van metselaar of straatmaker

op·per·of·fi·cier *de (m)* [-en] officier van hoge rang bij de strijdkrachten, in de Nederlandse marine → **vlagofficier** genoemd

op·per·pries·ter *de (m)* [-s] hogepriester ★ RK *de ~ de paus*

op·per·rab·bijn *de (m)* [-en] hoogste rabbijn

op·per·rech·ter *de (m)* [-s] ❶ hoogste rechter; ❷ ⟨vooral in de Verenigde Staten⟩ lid van het Supreme Court

op·per·sen *ww* [perste op, h. opgeperst] ❶ door persen glad maken ❷ naar boven persen

op·per·stal·mees·ter, **op·per·stal·mees·ter** *de (m)* [-s] stalmeester met de hoogste rang aan het hof

op·per·ste *bn* hoogste, voornaamste: ★ *in de ~ staat van geluk verkeren*

op·per·vlak *het* [-ken] bovenkant, opperste vlak van iets: ★ *deze bal heeft een ruw ~*; zie ook → **oppervlakte**

op·per·vlak·kig *bn* ❶ *eig* betreffende, eigen aan een oppervlak ❷ *vandaar* niet diepgaand, niet grondig, vluchtig: ★ *een oppervlakkige studie; ook niet getuigend van of zonder diepgaande gedachten en gevoelens:* ★ *een ~ jongmens* ★ *een oppervlakkige opmerking*

op·per·vlak·kig·heid *de (v)* ❶ het oppervlakkig-zijn ❷ [*mv:* -heden] oppervlakkige opmerking

op·per·vlak·te *de (v)* [-n, -s] ❶ bovenzijde van een vloeistof: ★ *de drenkeling kwam nog één keer aan de ~* ❷ bovenzijde van een landmassa: ★ *de akker is aan de ~ helemaal uitgedroogd door gebrek aan regen* ❸ ★ *aan de ~ komen* fig duidelijk worden, bekend worden: ★ *door veel praten kwamen de echte problemen goed zichtbaar aan de ~* ❹ **wisk** de grootte van het → **oppervlak** van iets, meestal uitgedrukt in het product van lengte en breedte: ★ *de ~ van het muismatje is 19 cm maal 22 cm, is 418 cm2* ★ *de ~ van Afghanistan is 647.497 km2*; zie ook → **pi** (bet 2)

op·per·vlak·te·wa·ter *het* open water, bovengronds water (zeeën, rivieren, sloten enz.); *tegengest:* → **grondwater**

op·per·wacht·mees·ter *de (m)* [-s] sergeant-majoor bij de cavalerie

Op·per·we·zen *het* ★ *het ~ de Enige God, het enige almachtige wezen in de monotheïstische godsdiensten*

op·peu·ze·len *ww* [peuzelde op, h. opgepeuzeld] met kleine hapjes genietend opeten

op·pie·pen *ww* [piepte op, h. opgepiept] oproepen d.m.v. een 'pieper' (of semafoon), een draagbaar apparaatje dat een piepend geluid geeft

op·pik·ken *ww* [pikte op, h. opgepikt] ❶ met de snavel oppakken ❷ *eig* aan boord nemen; *algemeen* onderweg meenemen ★ *iets ~ uit* fig nuttige informatie halen uit ★ *iets ~ fig* iets goed begrijpen: ★ *zij heeft mijn suggesties goed opgepikt en doet er wat mee*

op·plak·ken *ww* [plakte op, h. opgeplakt] plakken op iets

op·plooi·baar *bn* BN ook opvouwbaar, inklapbaar; demontabel: ★ *opplooibare campingtafels*

op·plooi·en *ww* [plooide op, h. opgeplooid] BN ook opvouwen: ★ *een opgeplooid tafellaken*

op·poet·sen *ww* [poetste op, h. opgepoetst] glanzend wrijven

op·po·ken *ww* [pookte op, h. opgepookt] door poken sterker doen branden: ★ *de kachel ~*

op·pom·pen *ww* [pompte op, h. opgepompt] ❶ lucht pompen in een fietsband e.d. ❷ omhoog pompen

op·po·nens *⟨Lat⟩ de* NN → **opponent**, vooral bet 2

op·po·nent *⟨Lat⟩ de (m)* [-en] ❶ bestrijder in een debat, tegenspreker, tegenstander ❷ NN hoogleraar of andere gepromoveerde onderzoeker die opponeert bij een → **promotie** (bet 2)

op·po·ne·ren *ww ⟨Lat⟩* [opponeerde, h. geopponeerd] (in woorden) opkomen tegen, bestrijden, tegenspreken

op·por·ren *ww* [porde op, h. opgepord] ❶ met de pook loshalen ❷ fig aansporen

op·por·tu·nis·me *⟨Fr⟩ het* handelwijze die, zonder beginselen, alléén rekening houdt met de omstandigheden van het ogenblik

op·por·tu·nist *⟨Fr⟩ de (m)* [-en] iem. die zonder beginselen gebruik maakt van de omstandigheden

op·por·tu·nis·tisch *bn* van, als van, of op de wijze van een opportunist

op·por·tu·ni·teits·be·gin·sel *het* recht beginsel dat het Openbaar Ministerie zelfstandig beslist over het wel of niet vervolgen van een (strafbaar) feit

op·por·tuun *⟨Fr‹Lat⟩ bn* op het juiste ogenblik komend of geschiedend, van pas, gunstig, doelmatig

op·po·sant [-zant] *⟨Fr⟩ de (m)* [-en] iem. die oppositie voert, tegenstander

op·po·si·tie [-zie(t)sie] *⟨Fr⟩ de (v)* ❶ tegenstand, weerwoord ❷ partij van verzet; partijen in de volksvertegenwoordiging die gekant zijn tegen de regering; zie ook bij → **buitenparlementair** ❸ verzet tegen een vonnis ❹ tegenovergestelde (d.w.z. 180° in lengte verschillende) stand van twee hemellichamen

op·po·si·tie·lei·der [-zie(t)sie-] *de (m)* [-s] politiek de belangrijkste persoon in de oppositie; in Nederland meestal de fractieleider van de grootste oppositiepartij in de Tweede Kamer

op·po·si·tio·neel [-zie(t)sjoo-] *⟨Fr⟩ bn* ❶ behorend tot een tegenpartij, verzetspartij ❷ een tegenstelling uitdrukkend

op·pot·ten *ww* [potte op, h. opgepot] opsparen van geld zonder het te beleggen

op·pres·sie (‹Fr‹Lat› *de (v)* ❶ onderdrukking ❷ druk, beklemming

op·prik·ken *ww* [prikte op, h. opgeprikt] prikkend vastmaken (vooral aan de wand)

op·punt·stel·ling *de (v)* BN, spreektaal ❶ (nadere) uitwerking, bijwerking, afwerking; precisering, rechtzetting, verbetering ❷ (nadere, nauwkeurige) regeling, omschrijving; (nadere) toelichting ❸ ‹van een motor e.d.› afstelling; controle

op·ra·ke·len *ww* [rakelde op, h. opgerakeld] het vuur feller doen branden door erin te poken ★ fig *onaangename gebeurtenissen ~ weer ophalen in een gesprek*

op·ra·ken *ww* [raakte op, is opgeraakt] langzamerhand verbruikt worden: ★ *de olie raakt op*

op·ra·pen *ww* [raapte op, h. opgeraapt] opnemen van de grond

op·recht *bn* ❶ eerlijk ❷ echt, onvervalst

op·recht·heid *de (v)* eerlijkheid; puurheid

op·rek·ken *ww* [rekte op, h. opgerekt] ❶ (linnengoed, handschoenen e.d.) uitrekken ❷ fig verlengen, groter maken: ★ *de tijdsplanning ~*

op·rich·ten *ww* [richtte op, h. opgericht] ❶ rechtop zetten ★ *zich ~ rechtop gaan zitten of staan* ❷ stichten, openen: ★ *een vereniging ~*; **oprichter** *de (m)* [-s]

op·rich·ters·aan·deel *het* [-delen],

op·rich·ters·be·wijs *het* [-wijzen] aandeel in een vennootschap, waaraan bijzondere voordelen zijn verbonden

op·rich·ting *de (v)* [-en] het → **oprichten** (bet 2)

op·rich·tings·norm *de* [-en] BN, onderw vereist aantal leerlingen om een bepaalde onderwijsvorm op te kunnen richten

op·rij·den *ww* [reed op, is opgereden] ❶ iets verder rijden: ★ *met de auto ~ tot de stopstreep* ❷ rijdend opkomen: ★ *de bergweg ~*

op·rij·laan *de* [-lanen] brede toegangsweg voor voertuigen

op·rij·zen *ww* [rees op, is opgerezen] ❶ opstaan ❷ opkomen, ontstaan: ★ *er rezen allerlei herinneringen in me op*

op·ris·pen *ww* [rispte op, h. opgerispt] lucht uit de maag laten opstijgen; **oprisping** *de (v)* [-en]

op·rit *de (m)* [-ten] ❶ toegangsweg tot een snelweg of andere autoweg ❷ hellende weg naar een dijk, brug enz.

op·roei·en *ww* [roeide op, h. & is opgeroeid] ★ *tegen de stroom ~* fig tegen de heersende meningen of gewoonten ingaan

op·roep *de (m)* [-en] het oproepen; uitnodiging

op·roep·be·richt *het* [-en] bericht aan iem. om zich telefonisch met iem. anders in verbinding te stellen

op·roep·con·tract *het* [-en] NN arbeidsovereenkomst tussen een werkgever en een oproepkracht

op·roe·pen *ww* [riep op, h. opgeroepen] ❶ ontbieden; bijeenroepen ❷ voor de geest doen verschijnen ❸ ontbieden voor een telefoongesprek; **oproeping** *de (v)* [-en]

op·roep·kracht *de* [-en] NN werknemer die slechts ingeschakeld wordt als er tijdelijk werk vrijkomt, bijv. tijdens piekuren of wegens ziekte van andere werknemers

op·roep·toon *de (m)* [-tonen] telec hoge toon met tussenpozen of melodietje van tonen uit een telefoontoestel, als signaal dat het toestel wordt opgeroepen

op·roer *het* [-en] opstand van het volk

op·roe·rig *bn* geneigd tot oproer; **oproerigheid** *de (v)*

op·roer·kraai·er *de (m)* [-s] luidruchtige oproermaker

op·roer·ling *de (m)* [-en] deelnemer aan een oproer

op·roer·po·li·tie [-(t)sie] *de (v)* afdeling van de politie die bij oproer optreedt

op·ro·ken *ww* [rookte op, h. opgerookt] door roken opmaken, tot het eind toe roken

op·rol·len *ww* [rolde op, h. opgerold] ❶ tot een rol winden ❷ fig aanvallen en doen verdwijnen ★ *een misdadigersbende ~ door arrestaties onschadelijk maken* ❸ naar boven rollen

op·rot·pre·mie *de (v)* [-s] smalend geldbedrag dat wordt verstrekt aan werkloze buitenlandse arbeiders als ze remigreren

op·rot·ten *ww* [rotte op, is opgerot] inf weggaan, opkrassen

op·rui·en *ww* [ruide op, h. opgeruid] ophitsen

op·rui·er *de (m)* [-s] iem. die opruit; **opruiing** *de (v)* [-en]

op·rui·men *ww* [ruimde op, h. opgeruimd] ❶ wegbergen ❷ netjes maken ❸ verkopen tegen lagere prijzen

op·rui·mer *de (m)* [-s] sp vrije verdediger

op·rui·ming *de (v)* [-en] het opruimen; het tijdelijk verkopen tegen lagere prijzen

op·ruk·ken *ww* [rukte op, is opgerukt] ‹van een leger, van een menigte mensen› optrekken

op·rust·ge·steld *bn* BN ook, m.g. op pensioen gesteld, gepensioneerd; rustend, in ruste; (van militairen) buiten dienst

op·rust·stel·ling *de (v)* BN ook, m.g. pensionering

OPS *afk* organopsychosyndroom [aandoening van het zenuwstelsel als gevolg van contact met oplosmiddelen in bijv. verf, met als verschijnselen concentratiestoornissen, hoofdpijn en moeheid, ook *schildersziekte* genoemd]

op·schar·re·len *ww* [scharrelde op, h. opgescharreld] hier en daar vandaan halen

op·schen·ken *ww* [schonk op, h. opgeschonken] vooral NN ❶ water op thee of koffie schenken ❷ leeg schenken

op·sche·pen *ww* [scheepte op, h. opgescheept] ★ *iem. met iets ~* iem. de last of de verantwoordelijkheid van iets bezorgen

op·schep·pen ww [schepte op, h. opgeschept] ❶ met een schep opnemen ★ *hij heeft het geld voor het ~ hij heeft geld in overvloed* ❷ op de borden scheppen: ★ *het eten ~* ❸ zich overdreven uitlaten over de eigen kwaliteiten, prestaties, bezittingen enz., pochen, snoeven: ★ *hij is weer aan het ~ over zijn successen bij de vrouwen*

op·schep·per *de (m)* [-s] pocher, braniemaker

op·schep·pe·rig, op·schep·pe·rig *bn* geneigd tot → **opscheppen** (bet 3); als een opschepper; **opschepperigheid** *de (v)*

op·schep·pe·rij *de (v)* [-en] het → **opscheppen** (bet 3)

op·scher·pen ww [scherpte op, h. opgescherpt] scherper maken, slijpen: ★ *een mes ~*

op·schie·ten ww [schoot op, is & h. opgeschoten] ❶ voortmaken ★ *schiet op! haast je!* ❷ vorderen: ★ *hij is nog niet hard opgeschoten met zijn werk* ❸ naar boven schieten: ★ *een vuurpijl ~* ❹ snel opgroeien: ★ *het onkruid schiet overal welig op* ❺ samenwerken, overweg kunnen: ★ *kun je nogal met hem ~?*

op·schik *de (m)* opzichtige tooi, versiering

op·schik·ken ww [schikte op, h. opgeschikt] ❶ versieren, mooi maken; ★ *zich ~* zich opknappen, toilet maken ❷ NN opzij gaan, gaan verzitten: ★ *kunt u een plaats ~?*

op·scho·nen ww [schoonde op, h. opgeschoond] ❶ schoonmaken ❷ fig ordenend ingrijpen, ontdoen van de verkeerde zaken, zuiveren ★ *een indexcijfer ~* van een onjuist geacht element ontdoen

op·schor·ten ww [schortte op, h. opgeschort] ❶ ‹een kledingstuk› korter maken door het omhoog te gorden ❷ uitstellen ★ *zijn oordeel ~* wachten met een mening of oordeel uit te spreken tot men meer gegevens heeft

op·schor·ting *de (v)* [-en] uitstel

op·schrift *het* [-en] tekst die op of boven iets geschreven staat

op·schrijf·boek·je *het* [-s] aantekenboekje

op·schrij·ven ww [schreef op, h. opgeschreven] neerschrijven, optekenen

op·schrik·ken ww ❶ [schrikte op, h. opgeschrikt] doen schrikken ❷ [schrok op, is opgeschrokken] schrikken

op·schroe·ven ww [schroefde op, h. opgeschroefd] ❶ op iets schroeven ❷ omhoog schroeven; fig bovenmatig doen stijgen, bovenmatig verheffen of roemen

op·schud·den ww [schudde op, h. opgeschud] (kussens) door te schudden boller maken

op·schud·ding *de (v)* ❶ het opschudden ❷ schrik, verwarring; beroering, consternatie: ★ *de explosie zorgde voor heel wat ~*

op·schui·ven ww [schoof op, h. & is opgeschoven] ❶ omhoog schuiven ❷ opzij schuiven; fig uitstellen ❸ schuivend opzij gaan

op·schut·ten ww [schutte op, h. opgeschut] (water) door sluizen tegenhouden

op·sie·ren ww [sierde op, h. opgesierd] mooi maken; **opsiering** *de (v)* [-en]

op·sier·sel *het* [-s, -en] iets waarmee men opsiert

op·slaan ww [sloeg op, h. & is opgeslagen] ❶ omhoog slaan; (een pianodeksel) opklappen ❷ openslaan: ★ *bladzijde 10 ~* ❸ ‹een tent, kamp› oprichten ❹ ‹van lonen, prijzen› stijgen, verhoogd worden ❺ de prijs verhogen (van) ❻ ‹van goederen› tijdelijk opbergen ❼ comput (informatie) digitaal vastleggen (op een diskette, cassetteband e.d.)

op·slag *de (m)* [1, 2 en 7 -slagen] ❶ verhoging van loon, prijs enz. ❷ omslag van een kledingstuk ❸ het tijdelijk opbergen van goederen; *ook* plaats waar dit geschiedt ❹ het opslaan van de ogen ❺ opbod: ★ *iets bij ~ verkopen* ❻ natuurlijke, niet gezaaide of geplante begroeiing ❼ sp service (bij o.a. volleybal en tennis) ❽ comput het digitaal vastleggen van gegevens op een informatiedrager

op·slag·ca·pa·ci·teit *de (v)* comput hoeveelheid data die kan worden opgeslagen op een schijf

op·slag·me·di·um *het* [-s] comput voorwerp waarop informatie digitaal wordt vastgelegd en kan worden bewaard (zoals een diskette, cassetteband e.d.)

op·slag·plaats *de* [-en] pakhuis

op·slob·be·ren ww [slobberde op, h. opgeslobberd] met duidelijk waarneembare bewegingen van de tong vloeibaar voedsel opnemen: ★ *de hond slobberde de melk op*

op·slok·ken ww [slokte op, h. opgeslokt] ❶ verzwelgen ❷ fig snel en in grote hoeveelheid verbruiken: ★ *het onderzoek slokte veel geld en tijd op* ❸ fig volledig laten opgaan in een groter geheel: ★ *de multinational heeft veel kleine bedrijven opgeslokt* die bedrijven bestaan niet meer en zijn volledig opgegaan in de multinational

op·slor·pen ww [slorpte op, h. opgeslorpt], **op·slur·pen** ww [slurpte op, h. opgeslurpt] ❶ slurpend opdrinken ❷ fig inzuigen, in zich opnemen ❸ BN *ook* (van werkzaamheden, bezigheden e.d.) (iem.) in beslag nemen, (volledig) bezighouden: ★ *een opslorpende bezigheid*

op·slui·ten ww [sloot op, h. opgesloten] ❶ achter slot en grendel zetten ❷ ★ *in iets opgesloten liggen* zonder uitdrukkelijke vermelding ermee bedoeld zijn

op·slui·ting *de (v)* ❶ het opsluiten ❷ het opgesloten zijn: ★ *de ontvoerde meisjes zaten maanden in eenzame ~*

op·slur·pen ww [slurpte op, h. opgeslurpt] → **opslorpen**

op·smuk *de (m)* opschik

op·smuk·ken ww [smukte op, h. opgesmukt] licht overdadig opsieren

op·snij·den ww [sneed op, h. opgesneden] snoeven, bluffen

op·snij·der *de (m)* [-s] snoever, bluffer

op·snor·ren ww [snorde op, h. opgesnord] ergens te voorschijn halen, ergens te pakken krijgen

op·snui·ven ww [snoof op, h. opgesnoven] diep inademen door de neus

op·so·de·mie·ter de (m) [-s] inf ❶ oplawaai ❷ brutaal jongetje, meisje of dier: ★ een kleine ~

op·so·de·mie·te·ren ww [sodemieterde op, is opgesodemieterd] inf opkrassen, ervandoor gaan

op·som·men ww [somde op, h. opgesomd] achter elkaar opnoemen; **opsomming** de (v) [-en]

op·sou·pe·ren ww [-soe-] [soupeerde op, h. opgesoupeerd] (geld, voorraad) → **opmaken** (bet 1), verteren

op·spa·ren ww [spaarde op, h. opgespaard] door sparen bijeenbrengen

op·spel·den ww [speldde op, h. opgespeld] ❶ met spelden op iets bevestigen ❷ omhoog spelden, opschorten

op·spe·len ww [speelde op, h. opgespeeld] ❶ razen, → **uitvaren** (bet 1): ★ ~ tegen iem. ★ in de discussie speelde hij de kwestie van de tijdsdruk hoog op hij sprak er fel over, in de discussie maakte hij het een belangrijk punt ❷ last veroorzaken: ★ mijn maag speelt op ❸ beginnen te spelen; (een speelkaart) uitspelen

op·split·sen ww [splitste op, h. opgesplitst] → **splitsen** (bet 1)

op·spoe·len ww [spoelde op, h. opgespoeld] op een spoel winden

op·spo·ren ww [spoorde op, h. opgespoord] ❶ zoeken, trachten te vinden ❷ door zoeken vinden

op·spo·ring de (v) [-en] het opsporen

op·spo·rings·amb·te·naar de (m) [-s, -naren] iem. die behoort tot de opsporingsdienst (voor overtreders en misdadigers)

op·spo·rings·dienst de (m) [-en] dienst die zich bezighoudt met de opsporing van delfstoffen of met opsporing van overtreders en misdadigers

op·spo·rings·on·der·zoek het onderzoek van strafbare feiten door de politie en het Openbaar Ministerie, vóór het gerechtelijk vooronderzoek en de berechting

op·spo·rings·re·gis·ter het [-s] register van gezochte personen

op·spraak de afkeurend gepraat ★ in ~ komen ongunstig besproken worden

op·sprin·gen ww [sprong op, is opgesprongen] in de hoogte springen; plotseling opstaan: ★ de hond sprong tegen me op

op·spui·en ww [spuide op, h. opgespuid] NN → **opspuiten** (bet 4)

op·spui·ten ww [spoot op, h. opgespoten] ❶ in de hoogte spuiten ❷ op iets spuiten: ★ de slagroom ~ ❸ ★ een terrein ~ het verhogen door er modder of zand op te spuiten ❹ NN, schertsend vlot opzeggen wat men geleerd heeft: ★ zij kon de Franse werkwoordsvervoegingen foutloos ~

op·staan ww [stond op, is & h. opgestaan] ❶ gaan staan ❷ uit bed komen ❸ in opstand komen ❹ weer levend worden: ★ de doden zullen ~ ❺ zich door zijn daden openbaren, verschijnen: ★ er zal wel eens een man ~, die dat alles verandert ❻ op het vuur staan: ★ het eten staat op ❼ omhoog staan: ★ de kraag moet ~ ★ een opstaande kraag

op·stal de (m) [-len] dat wat op een terrein gebouwd is ★ recht van ~ recht om op grond van een ander te bouwen

op·stand de (m) [-en] ❶ oproer: ★ in ~ komen ❷ opstaande rand ❸ opstaand rek waarin iets opgesteld kan worden ❹ alles wat tot een winkel behoort (toonbank e.d.) ❺ tekening van een gebouw vooral van de voorgevel, zoals men er tegenaan kijkt

op·stan·de·ling de (m) [-en] iem. die in → **opstand** (bet 1) komt of is

op·stan·dig bn geneigd tot verzet; zich verzettend

op·stan·ding de (v) het opstaan uit de dood: ★ de ~ van Christus

op·stap de (m) [-pen], **op·stap·je** het [-s] ❶ plankje, trede, latje e.d., waarop men gaat staan om ergens op te stappen ❷ een begin van vooruitgang, tussentijdse loonsverhoging, ook: iets waardoor men in zijn carrière verder komt

op·sta·pe·len I ww [stapelde op, h. opgestapeld] in een stapel op elkaar zetten; fig in grote hoeveelheid verzamelen **II** wederk zich ophopen, steeds talrijker worden; **opstapeling** de (v) [-en]

op·stap·je het [-s] zie bij → **opstap**

op·stap·pen ww [stapte op, is opgestapt] ❶ op iets stappen ❷ weggaan: ★ nou, ik stap maar eens op ❸ ontslag nemen ❹ in een bus, metro of tram gaan zitten: ★ ik zal ~ bij de halte Waterlooplein ❺ BN meelopen in een betoging

op·star·ten ww [startte op, h. opgestart] startklaar maken

op·ste·ken ww [stak op, h. & is opgestoken] ❶ omhoog steken; op iets steken ❷ aansteken: ★ een pijp ~ ❸ fig leren, te weten komen: ★ hij heeft niet veel van de cursus opgestoken ❹ gaan waaien: ★ de wind steekt op

op·ste·ker de (m) [-s] ❶ iem. die of iets wat opsteekt ❷ hooivork met lange steel ❸ ook verkl: opstekertje beginvoordeel, buitenkans waardoor men wordt aangemoedigd door te gaan

op·stel het [-len] kleine verhandeling, klein verhaal; behandeling van een onderwerp als steloefening

op·stel·len I ww [stelde op, h. opgesteld] ❶ ‹een geschrift› vervaardigen; op schrift brengen ❷ opzetten; groeperen; ordenen, schikken ★ sp verdedigers in het team ~ **II** wederk een bepaald standpunt innemen: ★ zich verstandig, kritisch ~

op·stel·ler de (m) [-s] ❶ iem. die iets opstelt (vooral bet 1) ❷ BN lagere ambtenaar aan een ministerie

op·stel·ling de (v) [-en] ❶ het opstellen; iets zoals het is opgesteld: ★ de ~ van het Nederlands elftal ❷ standpunt, houding

op·stij·gen ww [steeg op, is opgestegen] ❶ omhoog stijgen ❷ te paard klimmen; **opstijging** de (v) [-en]

op·stij·ven *ww* ❶ [steef op, h. opgesteven] stijver maken door behandeling met stijfsel ❷ [stijfde op, is opgestijfd] stijver worden

op·sto·ken *ww* [stookte op, h. opgestookt] ❶ harder doen branden ❷ geheel verbranden, verstoken ❸ ophitsen: ★ *iem.~ tegen iem. anders; aansporen tot kwaad*

op·sto·ker *de (m)* [-s] ophitser

op·sto·ke·rij *de (v)* [-en] ophitsing

op·sto·men *ww* [stoomde op, is opgestoomd] stomend in een bepaalde richting varen

op·stoot·je *het* [-s] volksoploop bij een straatgevecht e.d., relletje

op·stop·pen *ww* [stopte op, h. opgestopt] ❶ volstoppen ❷ doen vastzitten

op·stop·per *de (m)* [-s] klap, stomp

op·stop·ping *de (v)* [-en] stremming in het verkeer

op·sto·ten *ww* [stootte op, h. opgestoten] ❶ omhoog duwen ❷ fig op een hoger peil brengen: ★ *~ in de vaart der volkeren*

op·strij·ken *ww* [streek op, h. opgestreken] ❶ omhoog strijken ❷ glad strijken ❸ ‹geld› krijgen en voor zichzelf houden: ★ *de winst ~*

op·stro·pen *ww* [stroopte op, h. opgestroopt] (van mouwen en pijpen aan kledingstukken) omhoog schuiven: ★ *de mouwen ~* fig enthousiast klaar staan om een klus aan te pakken

op·stui·ven *ww* [stoof op, is opgestoven] ❶ in de hoogte stuiven ❷ driftig uitvallen

op·stu·ren *ww* [stuurde op, h. opgestuurd] toesturen, verzenden

op·stu·wen *ww* [stuwde op, h. opgestuwd] omhoog, vooruit stuwen

op·ta·ke·len *ww* [takelde op, h. opgetakeld] ❶ met een takel ophijsen ❷ ‹een schip› optuigen ❸ uitdossen, opdirken

op·tant *‹Lat› de (m)* [-en] handel iem. die de optie betaalt of het recht heeft nog te vorderen of te leveren

op·tas·sen *ww* [taste op, h. opgetast] ❶ op stapels leggen: ★ *hooi ~, stenen ~* ❷ fig in grote hoeveelheid verzamelen

op·ta·ter *de (m)* [-s] vooral NN, spreektaal harde klap of stomp

op·ta·tief, op·ta·tief *‹Lat›* **I** *bn* wensend, een wens bevattend of uitdrukkend **II** *de (m)* [-tieven] taalk wensende wijs: ★ *Uw wil geschiede is een ~*

op·te·ke·nen *ww* [tekende op, h. opgetekend] opschrijven, schriftelijk vastleggen ★ BN ook *laten ~ op zijn naam hebben;* **optekening** *de (v)* [-en]

op·tel·len *ww* [telde op, h. opgeteld] bij elkaar tellen

op·tel·ling *de (v)* ❶ het optellen ❷ [*mv:* -en] optelsom

op·tel·som *de* [-men] opteloefening; berekening waarin opgeteld wordt

op·te·ren¹ *ww* [teerde op, h. opgeteerd] geheel verbruiken, geheel opmaken

op·te·ren² *ww* ‹*Fr‹Lat*› [opteerde, h. geopteerd] (ver)kiezen; een keuze doen, het een boven het ander kiezen: ★ *~ voor iets*

op·ti·cien [-sjẽ] *‹Fr› de (m)* [-s] maker en verkoper van brillen en optische instrumenten

op·tie [-sie] *‹Fr‹Lat› de (v)* [-s] ❶ vrije keus; keuzemogelijkheid ❷ vooral voorkeursrecht om iets te kopen of te huren: ★ *twee weken ~ op een huis hebben* ★ *een contract voor drie jaar met een ~ voor nog eens drie jaar* ❸ scheepv vrije keus van de bestemmingshaven ❹ bewijs waarop men een bepaald aandeel tegen een van tevoren vastgestelde koers op een van tevoren vastgestelde datum kan kopen of verkopen ❺ BN ook vakkenpakket, keuzepakket, afstudeerrichting

op·tie·beurs [-sie-] *de* [-beurzen] plaats waar men in opties (→ optie, bet 4) handelt

op·tiek *‹Fr‹Gr› de (v)* ❶ leer van het licht ❷ optische instrumenten, optische uitrusting van een instrument; lenzenstelsel ❸ zienswijze ★ *in mijn ~ ik denk dat*

op·til·len *ww* [tilde op, h. opgetild] opheffen

op·ti·maal *‹Lat› bn* ❶ hoogst, uiterst ❷ zo goed, hoog, gunstig mogelijk: ★ *optimale voorwaarden*

op·ti·ma for·ma *zn ‹Lat›* zie bij → **in optima forma**

op·ti·ma·li·se·ren *ww* [-zeerə(n)] [optimaliseerde, h. geoptimaliseerd] tot zijn hoogste effect, zijn beste werking brengen; **optimalisering** *de (v)*

op·ti·mis·me *‹Fr› het* neiging om alles van de beste zijde te zien en gunstige verwachtingen te hebben

op·ti·mist *‹Fr› de (m)* [-en] iem. die alles van de beste zijde beschouwt en gunstige verwachtingen heeft

op·ti·mis·tisch *bn* van de aard van of vervuld van optimisme

op·ti·mum *‹Lat› het* [-ma] het beste dat bereikt kan worden: ★ *een ~ aan service; hoogtepunt*

op·tio·neel [-sjoo-] *‹Eng› bn* de mogelijkheid van een keuze openlatend, niet-verplicht

op·tisch *‹Gr› bn* ❶ betrekking hebbend op de wijze waarop iets wordt gezien ★ *~ bedrog* gezichtsbedrog ❷ betrekking hebbend op het zien en de lichtstralen, met licht werkend: ★ *optische instrumenten*

op·tocht *de (m)* [-en] ❶ stoet, ordelijk optrekkende menigte ❷ het gezamenlijk optrekken: ★ *in ~ trokken wij naar het Museumplein*

op·to·me·trie *‹Gr› de (v)* gezichtsmeetkunde, bepaling van de gezichtssterkte van de ogen

op·to·me·trist *de (m)* [-en] iem. die oogfuncties meet

op·tooi·en *ww* [tooide op, h. opgetooid] opsieren, versieren, uitdossen

op·tor·nen *ww* [tornde op, h. & is opgetornd] met moeite ingaan tegen: ★ *tegen de storm ~; tegen de publieke opinie ~*

op·tre·de *de* [-n], **op·tree** *de* [-treeën] ❶ opstap ❷ verhoogd gedeelte van een vloer ❸ hoogte van traptreden

op·tre·den I *ww* [trad op, is opgetreden] ❶ in het openbaar spreken, musiceren, acteren enz. ❷ zich voordoen: ★ *bij deze ziekte treden dikwijls*

verzweringen op ❸ handelen, te werk gaan **II** *het* [-s] ❶ verschijning in het openbaar om te spreken, musiceren, acteren enz.: ★ *zijn eerste ~* ❷ manier van zich voor te doen: ★ *aangenaam in zijn ~* ❸ handelwijze, manier van te werk gaan: ★ *een streng ~*
op·tree *de* [-treeën] → **optrede**
op·trek·je *het* [-s] kleine woning
op·trek·ken *ww* [trok op, h. & is opgetrokken] ❶ omhoog trekken; zie ook bij → **neus** ❷ omhoog gaan en verdwijnen: ★ *de mist trok op* ❸ bouwen, in elkaar zetten: ★ *het huis is opgetrokken uit gele stenen* bij de bouw zijn gele stenen gebruikt ❹ ⟨van een leger, van een menigte mensen⟩ voorwaarts gaan ❺ omgaan met: ★ *met een vriend ~* ❻ ⟨van een voertuig⟩ op snelheid komen na het aanzetten van de motor
op·trom·me·len *ww* [trommelde op, h. opgetrommeld] door tromgeroffel bijeenroepen; fig aansporen bijeen te komen
op·tui·gen *ww* [tuigde op, h. opgetuigd] ❶ ⟨een paard, schip⟩ het tuig aandoen ❷ versieren: ★ *de kerstboom ~* ❸ schertsend (van personen) uitdossen
op·tut·ten *ww* [tutte op, h. opgetut] inf mooi maken ★ *zich ~* make-up aanbrengen, zich opdirken
opu·lent *⟨Fr‹Lat⟩ bn* zeer rijk en vermogend
opun·tia [oopunsie(j)aa] *⟨Lat⟩ de* ['s] cactusplant met platte, vlezige stengels, genoemd naar de stad Opus in Oost-Locris (in de Griekse oudheid)
opus *⟨Lat⟩ het* [-sen; *Lat*: opera] werk van de → **geest¹** (bet 1), kunstwerk; muz als een geheel beschouwd, met een nummer aangeduid deel van de productie van een componist: ★ *opus 21 van Chopin* ★ *magnum ~* grootste, belangrijkste werk
op·val·len *ww* [viel op, is opgevallen] de aandacht trekken, in het oog vallen
op·val·lend *bn* in het oog lopend
op·vang *de (m)* het opvangen en hulp verlenen aan personen in nood
op·vang·cen·trum *het* [-s, -tra] voorlopig onderdak voor vluchtelingen en andere hulpzoekenden
op·van·gen *ww* [ving op, h. opgevangen] ❶ in de beweging tegenhouden: ★ *lichtstralen ~* ★ *regenwater ~ in een regenton;* (van brieven) onderscheppen ❷ in zich opnemen (vooral met het gehoor): ★ *geluiden ~* ❸ fig op passende wijze reageren op, tegemoetkomen aan: ★ *bezwaren ~* ❹ fig hulp bieden, troosten, kalmeren: ★ *een depressieve buurman ~* ❺ goedmaken: ★ *verliezen ~* ❻ namens iemand anders verwelkomen: ★ *vang jij die gasten even voor me op? ik moet even weg*
op·va·ren *ww* [voer op, is opgevaren] ❶ stroomopwaarts varen: ★ *de rivier ~* ❷ naar een bepaalde kant varen: ★ *de zee ~*
op·va·ren·de, op·va·ren·de *de* [-n] iem. die aan boord van een schip is
op·vat·ten *ww* [vatte op, h. opgevat] ❶ optillen ❷ beoordelen, beschouwen: ★ *iets verkeerd ~*

❸ aanvaarden, zich eigen maken: ★ *een mening ~; gaan voelen:* ★ *sympathie ~* ★ *een plan ~* ❹ ter hand nemen, vooral (met weer) hervatten, voortzetten: ★ *zijn taak weer ~*
op·vat·ting *de (v)* [-en] beschouwing, mening, inzicht: ★ *van ~ zijn dat*
op·ve·gen *ww* [veegde op, h. opgeveegd] ❶ vegend wegnemen: ★ *stof ~* ❷ vegend schoonmaken: ★ *een kamer ~*
op·ve·ren *ww* [veerde op, is opgeveerd] snel overeind komen: ★ *ze veerde op uit haar stoel, toen ze hem zag binnenkomen*
op·vij·ze·len *ww* [vijzelde op, h. opgevijzeld] ❶ met een → **vijzel²** opwinden en omhoog halen ❷ overdreven prijzen ❸ fig vergroten, verhogen, verbeteren: ★ *zijn imago ~* ★ *het doelgemiddelde ~*
op·vis·sen *ww* [viste op, h. opgevist] ❶ als een vis ophalen uit het water of de modder ❷ na lang zoeken vinden
op·vlie·gen *ww* [vloog op, is opgevlogen] ❶ in de hoogte vliegen; fig weggaan: ★ *ach, vlieg op, jij!* ❷ fig driftig worden
op·vlie·gend *bn* driftig; gauw boos; **opvliegendheid** *de (v)*
op·vlie·ger *de (m)* [-s], **op·vlie·ging** *de (v)* [-en] verschijnsel dat vooral voorkomt bij vrouwen in de overgang, waarbij er een plotselinge bloedaandrang naar het hoofd plaatsvindt, en men het erg warm krijgt
op·voe·den *ww* [voedde op, h. opgevoed] ❶ grootbrengen ❷ geestelijk vormen
op·voe·der *de (m)* [-s] ❶ iem. die opvoedt ❷ BN begeleider van kinderen en jongeren in een tehuis of internaat
op·voe·ding *de (v)* [-en] het opvoeden
op·voed·kun·de *de (v)* leer van de opvoeding, pedagogie
op·voed·kun·dig *bn* van, betreffende de opvoedkunde, pedagogisch
op·voed·kun·di·ge *de* [-n] iem. die de opvoedkunde beoefent, pedagoog
op·voe·ren *ww* [voerde op, h. opgevoerd] ❶ vertonen, ten gehore brengen ❷ verhogen: ★ *de productie ~* ❸ het motorvermogen vergroten: ★ *een bromfiets ~* ❹ als eten geven: ★ *de etensresten aan de kat ~*
op·voe·ring *de (v)* [-en] ❶ vertoning ❷ het → **opvoeren** (bet 2): ★ *~ van de snelheid*
op·vol·gen *ww* [volgde op, h. & is opgevolgd] ❶ volgen op iemand, in zijn plaats komen: ★ *wie zal hem ~?* ❷ uitvoeren, nakomen: ★ *iemands raad ~* ❸ BN de voortgang bewaken
op·vol·ger *de (m)* [-s], **op·volg·ster** *de (v)* [-s] iem. die opvolgt (→ **opvolgen** bet 1)
op·vol·ging *de (v)* ❶ BN follow-up, voortgangsbewaking ❷ het → **opvolgen** (bet 1)
op·vor·der·baar *bn* opgevorderd kunnende worden, opeisbaar

op·vor·de·ren ww [vorderde op, h. opgevorderd] opeisen
op·vor·de·ring de (v) [-en] opeising
op·vouw·baar bn opgevouwen kunnende worden
op·vou·wen ww [vouwde op, h. opgevouwen] in elkaar vouwen
op·vra·gen ww [vroeg of vraagde op, h. opgevraagd] ❶ vragen om, vooral terugvragen ❷ BN ook overhoren, laten opzeggen: ★ laat je les ~ door mama of papa
op·vre·ten I ww [vrat op, h. opgevreten] opeten (vooral van dieren gezegd, inf ook van mensen) ★ een meid om op te vreten een zeer aantrekkelijk meisje II wederk zich hevig ergeren, ook het moeilijk hebben: ★ zich ~ van ellende of van de zenuwen
op·vrie·zen ww [vroor op, is opgevroren] opnieuw bevroren raken: ★ het ~ van natte weggedeelten
op·vrij·en ww [vrijde op, h. opgevrijd of vree op, h. opgevreeën] ★ iem. ~ a) iem. seksueel opwinden; b) algemeen iem. door vriendelijkheid of vleierij voor zich trachten te winnen
op·vro·lij·ken ww [vrolijkte op, h. opgevrolijkt] vrolijker stemmen; **opvrolijking** de (v)
op·vul·len ww [vulde op, h. opgevuld] vol maken, ook fig: ★ de leemte na het overlijden van een dierbare weer ~
op·vul·sel het [-s] dat waarmee iets opgevuld is
op·waai·en ww [waaide of woei op, is opgewaaid] in de hoogte waaien: ★ een opwaaiende rok ★ veel stof doen ~ opspraak veroorzaken
op·waar·de·ren ww [waardeerde op, h. opgewaardeerd] ❶ een hogere waarde geven, revalueren ❷ ⟨van een beltegoed van een mobiele telefoon⟩ weer toereikend maken ❸ comput vervangen van software door een nieuwere, betere versie ❹ comput toevoegen van geheugencapaciteit of inbouwen van een snellere processor om de computerprestaties te verhogen
op·waarts bijw bn naar boven
op·wach·ten ww [wachtte op, h. opgewacht] wachten op iemand, soms met de bedoeling kwaad te doen
op·wach·ting de (v) het opwachten ★ zijn ~ maken een officieel bezoek afleggen
op·war·men ww [warmde op, h. & is opgewarmd] ❶ nog eens warm maken ❷ fig aansporen ❸ warmer worden: ★ de aarde warmt op
op·we·gen ww [woog op, h. opgewogen] fig: ★ tegen elkaar ~ van gelijke waarde zijn
op·wek·ken ww [wekte op, h. opgewekt] ❶ wakker maken, weer levend doen worden: ★ de levensgeesten ~ ★ uit de dood ~ ❷ doen ontstaan: ★ begeerte ~ ★ energie ~
op·wek·kend bn ❶ opvrolijkend: ★ geen ~ nieuws ❷ prikkelend, energie gevend: ★ een ~ middel
op·wek·king de (v) [-en] het opwekken
op·wek·kings·bij·een·komst de (v) [-en] NN evangelisatiebijeenkomst waarbij men wordt opgewekt zich (weer) tot Christus te keren
op·wel·len ww [welde op, is opgeweld] spontaan naar boven komen
op·wel·ling de (v) [-en] spontaan opkomende gedachte: ★ in een opwelling iets doen of zeggen
op·wer·ken I ww [werkte op, h. opgewerkt] ❶ zo bewerken dat iets hoger komt ⟨bijv. bij beeldhouwen⟩ ❷ afwerken, nader uitwerken; bijwerken ❸ ⟨in de kernenergie⟩ reeds gebruikt kernmateriaal zodanig behandelen dat het opnieuw gebruikt kan worden II wederk ★ zich ~ (tot) fig door eigen wilskracht maatschappelijk hoger komen
op·wer·pen I ww [wierp op, h. opgeworpen] ❶ in de hoogte werpen ★ een dijk enz. ~ aanleggen ❷ fig naar voren brengen: ★ een nieuw probleem ~ II wederk ★ zich ~ als leider bij ontbrekende leiding de leiding in handen nemen
op·wer·ping de (v) [-en] vooral BN bezwaar, tegenwerping
op·win·den I ww [wond op, h. opgewonden] ❶ oprollen ❷ ⟨van een horloge⟩ de veer spannen ❸ zenuwachtig, driftig maken II wederk driftig worden, in hevige gemoedsbeweging raken
op·win·dend bn spannend, zeer boeiend
op·win·ding de (v) spanning, zenuwachtigheid; drift
op·wrij·ven ww [wreef op, h. opgewreven] door wrijven glanzend maken
op·za·de·len ww [zadelde op, h. opgezadeld] ❶ het zadel leggen op ⟨een paard⟩ ❷ fig: ★ ~ met opschepen met
op·zeg de (m) BN, spreektaal opzegging; opzeggingstermijn ★ zijn ~ krijgen zijn ontslag krijgen ★ iem. zijn ~ geven a) iem. ontslaan; b) de huur opzeggen
op·zeg·gen ww [zei of zegde op, h. opgezegd] ❶ zeggen dat iets beëindigd wordt ❷ uit het hoofd voordragen
op·zeg·ging de (v) [-en] het → **opzeggen** (bet 1)
op·zeg·gings·ter·mijn de (m) [-en] tijd die tussen opzegging en beëindiging ten minste moet verlopen
op·zeg·ver·goe·ding de (v) [-en] BN som die een ontslagen werknemer ontvangt ter vervanging van zijn salaris tijdens de nog lopende wettelijke opzegtermijn
op·zen·den ww [zond op, h. opgezonden] wegsturen, toesturen
op·zet I het plan ★ met ~ van tevoren zo bedoeld ★ NN boze (BN: kwaad) ~ kwade bedoeling ★ NN, recht voorwaardelijke ~ omstandigheid waarbij de dader tijdens het plegen van het strafbare feit de mogelijke gevolgen ervan besefte, maar toch dat risico nam II de (m) [-ten] ❶ het op touw zetten, het plannen, organiseren; de wijze waarop men dit doet ❷ ⟨op buffet, kast e.d.⟩ opstaande rand ❸ NN ⟨bij het aannemen van bouwopdrachten⟩ verhoging van inschrijvingsprijs, waaruit een vergoeding betaald wordt aan inschrijvers aan wie het werk

niet is gegund

op·zet·te·lijk *bn* met opzet

op·zet·ten *ww* [zette op, h. & is opgezet] ❶ op iets zetten: ★ *zijn hoed ~; op het vuur zetten:* ★ *het eten ~* ❷ rechtop zetten: ★ *een tent ~* ★ *plaatjes uitknippen en ~; (bij schaken e.d.) de stukken voor het spel gereedzetten* ❸ ⟨van dode dieren⟩ de ingewanden en andere weke delen verwijderen en de huid zo opvullen dat het dier zijn natuurlijke vorm weer krijgt ❹ beginnen: ★ *een winkeltje ~; (van brei- of haakwerk) de eerste steken maken* ❺ ophitsen: ★ *twee jongens tegen elkaar ~* ❻ [vooral onbepaalde wijs met → **komen** (zie aldaar)] aanzetten, naderen: ★ *het onweer kwam ~* ❼ zwellen: ★ *een opgezet oog* ❽ openzetten, openen ★ *een grote mond ~* brutale woorden uiten ★ *grote ogen ~* verbaasd kijken

op·zicht *het* [-en] ❶ betrekking waarin of wijze waarop men iets ziet of beschouwt: ★ *in welk ~ is het verkeerd?* ★ *in alle opzichten* ★ *ten opzichte van* betreffende ❷ toezicht ❸ RK vrees voor ★ *uit menselijk ~* uit vrees voor het oordeel van de mensen

op·zich·ter *de (m)* [-s] iem. die toezicht houdt bij werkzaamheden

op·zich·tig *bn* sterk in het oog lopend, de aandacht trekkend

op·zien I *ww* [zag op, h. opgezien] ❶ naar boven kijken; opkijken ★ fig *hoog tegen iemand ~* veel eerbied voor hem hebben ❷ ★ *tegen iets ~* van tevoren al angstig, bezorgd zijn ervoor II *het* verbazing: ★ *veel ~ baren* de verbazing van veel mensen wekken

op·zien·ba·rend *bn* opzien veroorzakend

op·zie·ner *de (m)* [-s] iem. die belast is met het toezicht: ★ *jachtopziener;* prot *ouderling*

op·zij *bijw* naar de kant, uit de weg

op·zij·gaan *ww* [ging opzij, is opzijgegaan] naar de kant, uit de weg gaan

op·zij·leg·gen *ww* [legde opzij, h. opzijgelegd] wegleggen ★ *iets ~* voorlopig niet behandelen, bewaren ★ *geld ~* sparen

op·zit·ten *ww* [zat op, h. opgezeten] ❶ ⟨van een hond⟩ op de achterpoten zitten; schertsend van mensen: ★ *~ (en pootjes geven)* zeer onderdanig zijn ❷ rechtop zitten; uit bed zijn: ★ *we hebben de hele nacht opgezeten* ❸ ★ *er zal niets anders ~* we zijn wel genoodzaakt het te doen ★ BN, spreektaal *het zal er ~* het zal er hevig aan toe gaan, je zult een zware straf krijgen ★ BN, spreektaal *het heeft er opgezeten* men heeft me de huid vol gescholden, er is ruzie geweest ❹ ★ *het zit er op* het is klaar, het is voorbij ❺ op een paard gaan zitten

op·zoe·ken *ww* [zocht op, h. opgezocht] ❶ zoeken tot men iets of iemand gevonden heeft: ★ *iets ~ in een woordenboek of encyclopedie* ❷ een bezoek brengen: ★ *kom me eens ~*

op·zoe·king *de (v)* [-en] *mv*, **opzoekingen** BN ook ❶ opsporing: ★ *opzoekingen naar een vermiste veerboot* ❷ navorsing, onderzoeking; speurwerk; research

op·zoe·kings·werk *het* BN ook research, onderzoek

op·zoek·tijd *de (m)* comput tijd die een systeem erover doet om een zoekresultaat te geven

op·zou·ten *ww* [zoutte op, h. opgezouten] ❶ in het zout leggen ❷ NN, fig bewaren, voor zich houden: ★ *alle frustraties jarenlang ~* ❸ NN, spreektaal weggaan, opsodemieteren: ★ *hij zei dat ik moest ~*

op·zui·gen *ww* [zoog op, h. opgezogen] naar boven halen door te zuigen, inzuigen

op·zui·pen *ww* [zoop op, h. opgezopen] inf ❶ drinkend (geheel) tot zich nemen: ★ *alle jenever ~* ❷ aan sterkedrank uitgeven: ★ *hij heeft de hele erfenis van zijn vader opgezopen*

op·zwel·len *ww* [zwol op, is opgezwollen] sterk zwellen; **opzwelling** *de (v)* [-en]

op·zwe·pen *ww* [zweepte op, h. opgezweept] ❶ opjagen ❷ fig ophitsen

or *afk* ondernemingsraad

ora *ww* ⟨‹Lat⟩ bid ★ *~ et labora* bid en werk ★ *~ pro nobis* bid voor ons

oraal [ooraal] ⟨‹Fr⟩ *bn* ❶ de mond betreffend; door de mond (geschiedend): ★ *orale toediening* ★ *orale anticonceptie* voorkoming van bevruchting door een middel dat men inneemt, de pil ★ *de orale fase* ontwikkelingsfase bij baby's waarin de belangstelling vooral gericht is op de mond en de omgeving van de mond ★ *orale seks* bevrediging met de mond, fellatio bij mannen en cunnilingus bij vrouwen ❷ mondeling: ★ *orale overlevering van verhalen*

ora·kel [ooraa-] ⟨‹Lat⟩ *het* [-s, -en] ❶ godsspraak, door een priester(es) onder goddelijke inspiratie gegeven uitspraak ❷ plaats waar dergelijke uitspraken worden gedaan: ★ *het ~ van Delphi* ❸ persoon wiens uitspraken als richtsnoer dienen; vraagbaak ★ *het Delfts ~* bijnaam van Hugo de Groot (Nederlands geleerde, 1583-1645) ❹ iets wat als onomstotelijke waarheid geldt ❺ persoon die met grote stelligheid beweringen doet die door niemand echt worden begrepen of serieus genomen ❻ persoon die raadselachtige taal gebruikt

ora·ke·len *ww* [oraa-] [orakelde, h. georakeld] uitspraken doen met veel gewichtigheid en schijn van gezag

ora·kel·taal [ooraa-] *de* raadselachtige, voor meer dan één uitleg vatbare taal

oran·gea·de [ooräzjaadə] ⟨‹Fr‹It⟩ *de* [-s] sinaasappellimonade

oran·gis·ten [-zjis-] ⟨‹Fr⟩ *mv* ❶ aanhangers van het Huis van Oranje (vooral in België na 1830) ❷ partij van de Noord-Ierse protestanten in Ulster (*Orangemen*)

orang-oe·tan, orang-oe·tang ⟨‹Mal⟩ *de (m)* [-s] grote soort mensaap op Borneo en Sumatra (*Pongo pygmaeus*)

oran·je [ooran-] ⟨‹Fr⟩ I *het* ❶ kleur tussen geel en rood

❷ *Oranje* benaming van het vorstenhuis dat reeds lang over Nederland regeert (naar een prinsdom in Frankrijk) ★ *Prins van Oranje* titel van de Nederlandse troonopvolger ❸ *Oranje-Nassau* familienaam van de leden van het Nederlandse vorstenhuis ❹ NN vertegenwoordigend Nederlands sportteam: ★ *jong ~* voetbalteam uitkomend voor Nederland van jongeren tot een bep. leeftijd, *vgl*: → **oranjehemd** II *bn* tussen geel en rood

oran·je·ap·pel [oora̱n-] *de (m)* [-s, -en] vrucht van de oranjeboom

oran·je·ap·pel·boom·pje, oran·je·boom·pje [oora̱n-] *het* [-s] kamerplant met oranjerode, tomaatachtige, giftige bessen (*Solanum diflorum*)

oran·je·bit·ter [oora̱n-] *de (m) & het* oranje gekleurde jenever

oran·je·blan·je·bleu [oora̱n-] NN I *het* de kleuren oranje, wit en blauw van de prinsenvlag II *bn* met de kleur van de prinsenvlag

oran·je·bloe·sem [oora̱n-] *de (m)* [-s] witte, geurige bloesem van de oranjeboom

oran·je·boom [oora̱n-] *de (m)* [-bomen] plant met kleine sinaasappels als vrucht, soms gekweekt als kuipplant, ook *zure sinaasappel* genoemd (*Citrus aurantium*)

Oran·je·feest [oora̱n-] *het* [-en] NN feest ter gelegenheid van een bruiloft, verjaar- of gedenkdag in het Oranjehuis

oran·je·hemd [oora̱n-] *het* [-en] NN ❶ oranjekleurig hemd, door leden van een Nederlands sportteam bij internationale wedstrijden gedragen ❷ *oranjehemden* leden van zo'n team

Oran·je·huis [oora̱n-] *het* NN het vorstenhuis Oranje

Oran·je·klant [oora̱n-] *de (m)* [-en] NN aanhanger van het Huis van Oranje

Oran·je·man [oora̱n-] *de (m)* [-nen] ❶ NN Oranjeklant ❷ lid van de partij van Noord-Ierse protestanten in Ulster (de *Orangemen*)

oran·je·mar·me·la·de [oora̱n-] *de* uit sinaasappelschillen vervaardigde marmelade

Oran·je-Nas·sau·or·de, or·de van Oran·je-Nas·sau *de* NN in 1892 gestichte Nederlandse ridderorde

oran·je·rie (‹Fr› *de (v)* [-rieën, -s] ❶ verzameling van citroen- en oranjebomen ❷ serre met dergelijke planten ❸ broeikas voor uitheemse planten

oran·je·snip·pers [oora̱n-] *mv* gesuikerde snippers sinaasappelschil

Oran·je·vorst [oora̱n-] *de (m)* [-en] NN vorst uit het Huis van Oranje

ora·tie [oora̱(t)sie] *(‹Lat› de (v)* [-s] ❶ rede, redevoering ❷ NN de inaugurele rede van een nieuwe hoogleraar bij de aanvaarding van zijn ambt

ora·tio [oora̱(t)sie(j)oo] *(‹Lat› de (v)* [orati·o̱nes] → **oratie** ★ *~ pro domo* rede voor eigen huis, pleidooi in eigen aangelegenheden, voor het eigen belang (naar de redevoering van Cicero (57 v.C.), na zijn ballingschap gehouden tot de Senaat, waarin hij verzocht zijn afgebrand huis weer op te bouwen)

ora·tor [oora̱-] *(‹Lat› de (m)* [-to̱ren, -s] redenaar

ora·to·risch *(‹Lat› bn* redekunstig; zoals behoort bij de welsprekendheid of eigen is aan redenaars

ora·to·ri·um *(‹Lat› het* [-ria, -s] muziekwerk voor zang van koor en solisten met begeleiding van instrumenten, van meestal Bijbelse inhoud, zonder zichtbare handeling

or·bit [ò(r)-] *(‹Eng‹Lat› de (m)* [-s] ellipsvormige baan van een satelliet om een hemellichaam of van een elektron om een atoomkern

or·chi·dee *(‹Gr› de* [-deeën] naam van de planten van een grote, meest in de tropen groeiende familie, met opvallend gekleurde bloemen, en vooral naam van deze bloem zelf

or·chis *(‹Gr› de* [-sen] orchideeachtige plant, standelkruid

or·de *(‹Lat›* I *de* ❶ regelmaat; schikking volgens een bepaald systeem; netheid: ★ *in ~ brengen* ❷ het rustig volgens vaste regels verlopen van de dingen: ★ *tot de ~ roepen* ★ *de openbare ~* de rust en regelmaat in het openbare leven op straat ★ *de gevestigde ~* het maatschappelijke bestel met de bestaande machtsverhoudingen, het establishment ❸ volgorde van werken ★ NN *iets aan de ~ stellen* de bespreking ervan (in een vergadering) aankondigen ★ *tot de ~ van de dag overgaan* na een onderbreking weer het gewone programma volgen ★ vooral NN *aan de ~ van de dag zijn* zeer geregeld voorkomen ❹ soort: ★ *van de ~ van...* ★ *in die ~ van grootte* ongeveer zo groot II *de* [-n, -s] ❶ vereniging (bijv. van kloosterlingen) met vaste leefregels: ★ *~ van dominicanen* ★ *de Orde van Advocaten* ★ BN *de Orde der Geneesheren* vereniging waarbij elke arts aangesloten moet zijn en die de deontologische regels bepaalt ❷ ridderorde ★ in België *Orde van Leopold II* orde van verdienste toegekend door de koning Leopoldsorde, Kroonorde ❸ biol groep verwante families: ★ *de ~ van de roofdieren* ❹ rangorde; rangorde in de hiërarchie van de Rooms-Katholieke Kerk ❺ bouwstijl: ★ *de vijf orden van de zuil zijn*: de Toscaanse, Korinthische, Ionische, Dorische en Romeinse

or·de·band *de (m)* [-en] lint van een ridderorde

or·de·broe·der *de (m)* [-s] lid van een (dezelfde) religieuze orde

or·de·dienst *de (m)* [-en] dienst die de orde bewaart, die wanorde tegengaat

or·de·gees·te·lij·ke *de (m)* [-n] geestelijke behorend tot een → **orde** (bet 5)

or·de·kleed *het* [-klederen, -kleren] gewaad van een lid van een religieuze orde

or·de·lie·vend *bn* gesteld op orde

or·de·lijk *bn* met orde; netjes: ★ *alles verliep heel ~* alles ging goed en zonder wanklank

or·de·lint *het* [-en] lint als kenteken van een → **orde** (bet 6)

or·de·loos *bn* zonder orde; **ordeloosheid** *de (v)*

or·de·nen *ww* [ordende, h. geordend] ❶ regelen,

rangschikken ❷ NN wijden tot een kerkelijk ambt: ★ *een geordend geestelijke; een geordend predikant*
or·de·ning *de (v)* [-en] ❶ regeling, rangschikking ❷ het regelend ingrijpen in het economisch en staatkundig leven; zie ook bij → **ruimtelijk**
or·den·te·lijk *bn* ❶ fatsoenlijk, behoorlijk ❷ redelijk
or·der *(‹Fr) de & het* [-s] ❶ bevel, opdracht: ★ *orders geven, uitdelen* ★ *per* ~ in opdracht, op lastgeving ★ *tot nader* ~ totdat er iets anders wordt beslist, tot later ★ *tot uw order(s)* tot uw dienst, uw bevelen afwachtend ❷ bestelling: ★ *een* ~ *plaatsen* proberen nieuwe ~s binnen te halen ❸ NN, handel gemachtigde aan wie de uitbetaling moet plaatsvinden: ★ *aan de heer P. of* ~
or·der·boek *het* [-en] boek waarin bestellingen worden opgenomen
or·der·brief·je *het* [-s] betaalbriefje, briefje waarop vermeld staat dat men zich verbindt een bepaald bedrag aan de → **order** (bet 2) van een ander te betalen
or·der·por·te·feuil·le [-fuijə] *de (m)* [-s] de orders of opdrachten die verstrekt zijn en uitgevoerd moeten worden: ★ *de* ~ *van de nv is goed gevuld*
or·de·te·ken *het* [-s, -en] kenteken van een ridderorde
or·de·ver·sto·ring *de (v)* [-en] wanordelijkheden
or·de·woord *(‹Fr) het* [-en] BN ook wachtwoord
or·di·naat *(‹Lat) de* [-naten] wisk een van de coördinaten tot plaatsbepaling van een punt; afstand van een punt tot de horizontale x-as van het coördinatenstelsel; vgl: → **abscis**
or·di·nair [-nèr] *(‹Fr‹Lat) bn* ❶ oorspr gewoon, gebruikelijk, alledaags ❷ thans in ongunstige zin van slechte kwaliteit; gemeen, gering, minderwaardig, plat: ★ *ordinaire taal uitkramen*
or·di·nan·tie [-sie] *(‹Lat) de (v)* [-s, -tiën] NN ❶ regeling, instelling, verordening; prot ordening Gods; kerkorde ❷ ontwerp, plan, schikking
or·di·na·ri·aat *(‹Lat) het* [-aten] ambt van gewoon hoogleraar
or·di·na·ri·us *(‹Lat) de (m)* [-rii] ❶ gewoon hoogleraar ❷ RK bisschop beschouwd als hoofd van een diocees
or·di·ne·ren *ww (‹Lat)* [ordineerde, h. geordineerd] ❶ instellen; vgl: → **verordineren** ❷ RK (tot priester) wijden
ord·ner *(‹Du) de (m)* [-s] map waarin papieren geperforeerd in een bepaalde orde worden opgeborgen
or·don·nans *(‹Fr) de (m)* [-en] ❶ militair die bestemd is orders, bevelen en berichten over te brengen ❷ BN oppasser van een officier
or·don·nan·tie [-sie] *(‹Fr) de (v)* [-s, -tiën] ❶ voorschrift; beschikking ❷ hist door de koning uitgevaardigde wet in Frankrijk vóór de Franse Revolutie en de door de Bourgondische hertogen uitgevaardigde wetgevende tekst, bestemd voor alle of voor verscheidene vorstendommen ❸ BN, jur wet die is uitgevaardigd door het Brussels Hoofdstedelijk Gewest

or·don·ne·ren *ww (‹Fr)* [ordonneerde, h. geordonneerd] ❶ schikken, ordenen ❷ bevelen, gelasten; beschikken
öre *(‹Zw)*, **øre** *(‹De‹No)* [eurə] *de* [*mv* idem] Scandinavische munt, een honderdste van een kroon
ore·ga·no *(‹Gr) de (m)* marjolein (*Origanum vulgare, Origanum majorana*)
ore·mus *ww* [ooree-] *(‹Lat)* laten wij bidden ★ *'t is daar* ~ het is er jammerlijk gesteld; niet pluis
oren·maf·fia *de* smalende benaming voor alternatieve genezers, therapeuten e.d. die beweren dat veel ziektes een psychische oorsprong hebben, en dus 'tussen de oren zitten'
ore·ren *ww* [ooree-] *(‹Lat)* [oreerde, h. georeerd] ❶ een redevoering houden ❷ met nadruk spreken
or·gaan *(‹Lat‹Gr) het* [-ganen] ❶ deel van een levend wezen met een bepaalde functie ❷ eigen tijdschrift of blad van een bepaalde groep, club of organisatie ❸ stem van een zanger of toneelspeler met betrekking tot klank en toon
or·gan·die [-γan-,], **or·gan·die** [-gan-] *(‹Fr) het* op batist lijkend doorschijnend stijf katoenen weefsel
or·ga·niek *(‹Fr‹Lat) bn* wat de organisatie betreft: ★ *organieke sterkte* (bij leger, politie) voorgeschreven of toegelaten aantal leden van een korps ★ *organieke wetten* wetten door de grondwet voorgeschreven
or·ga·ni·gram, **or·ga·no·gram** *(‹Gr) het* [-men] grafische voorstelling van de functies in een onderneming of organisatie
or·ga·ni·sa·tie [-zaa(t)sie] *(‹Fr) de (v)* [-s] ❶ het organiseren ❷ het georganiseerd-zijn ★ *rechterlijke* ~ wijze waarop de rechterlijke macht is ingericht ❸ georganiseerde groep mensen, vereniging,, genootschap enz.: ★ *omroeporganisaties, kerkelijke organisaties*
or·ga·ni·sa·tie·ta·lent [-zaa(t)sie-] *het* [-en] gave om te organiseren; bedrevenheid in het organiseren
or·ga·ni·sa·tor [-zaa-] *de (m)* [-s, -toren] iem. die organiseert; iem. die talent heeft om te organiseren
or·ga·ni·sa·to·risch [-zaa-] *bn* betrekking hebbend op, uit een oogpunt van organisatie
or·ga·nisch *(‹Lat‹Gr) bn* ❶ betrekking hebbend op een orgaan of organen ❷ van organen voorzien ❸ door levende wezens gevormd: ★ ~ *afval* ★ *organische scheikunde* de scheikunde van de koolstofverbindingen ❹ het karakter dragend van een orgaan, ingericht als iets levends; op de wijze van organen: ★ ~ *samenhangen*
or·ga·ni·se·ren *ww* [-zeerə(n)] *(‹Fr)* [organiseerde, h. georganiseerd] ❶ inrichten, in elkaar zetten met het oog op de onderlinge samenwerking van de delen ❷ op touw zetten, regelen: ★ *op 4 juli* ~ *we een meeting*
or·ga·nis·me *(‹Fr) het* [-n, -s] ❶ wezen dat organen bezit, levend wezen: een plant, dier of mens ❷ geregeld samenstel van onderdelen met een

or·ga·nist *(‹Fr) de (m)* [-en] orgelspeler; vast bespeler van een kerkorgel

or·ga·ni·zer *(‹Eng)* [ò‹u/›(r)γənaajzə(r)] *de (m)* [-s] ❶ losbladige of elektronische agenda ❷ persoon die helpt structuur aan te brengen in de woon- of werkomgeving

or·gas·me *(‹Gr) het* hoogtepunt van seksuele opwinding en de direct daarop volgende bevrediging en ontspanning

or·gas·tisch *bn* van de aard van of betrekking hebbend op het orgasme

or·gel *(‹Lat) het* [-s] muziekinstrument waarbij lucht geperst wordt in pijpen van verschillende wijdte en lengte, waardoor toonverschil ontstaat; ook het instrument dat dergelijk geluid elektronisch produceert

or·gel·bou·wer *de (m)* [-s] iem. die orgels, vooral kerkorgels maakt

or·gel·con·cert *het* [-en] ❶ uitvoering van orgelmuziek ❷ een voor het orgel geschreven muziekwerk

or·gel·draai·er *de (m)* [-s] iem. die aan een draaiorgel draait

or·ge·list *de (m)* [-en] vero organist

or·gel·man *de (m)* [-nen] man die met een draaiorgel rondgaat

or·gel·mu·ziek *de (v)* muziek van, voor een orgel

or·gel·pijp *de* [-en] ❶ buis waardoor bij een orgel de lucht geperst wordt ❷ pijpvormige holte in gesteenten

or·gel·punt [-en] I *de & het* doorklinkende bastoon tegen hogere akkoorden II *het* BN ook hoogtepunt, apotheose

or·gel·re·gis·ter *het* [-s] rij pijpen van een orgel

or·gel·spel *het* orgelmuziek

or·gel·spe·ler *de (m)* [-s] iem. die een orgel bespeelt

or·gi·as·tisch *bn* van de aard van een → **orgie** (bet 1), dweepachtig-opgewonden

or·gie, **or·gie** *(‹Gr) de (v)* [-gieën, orgiën] ❶ hist extatisch godsdienstig feest bij de antieke erediensten ter ere van de god van de wijn, Bacchus ❷ losbandig drinkgelag, zwelgpartij; *ook* seksfestijn ❸ overdadige weelde, overvloed: ★ *een ~ van geluiden* veel geluiden door elkaar heen

Ori·ënt *(‹FrLat) de (m)* het Oosten, het Morgenland

ori·ën·taal *(‹FrLat)* I *bn* oosters, betreffende het oosten ★ *oriëntale gebieden* diergeografische aanduiding voor geheel Zuidoost-Azië II *het* een gekeperde stof, katoenen satijn

ori·ën·taals *bn* oosters, uit, van, betreffende de oosterse landen of gebieden: ★ *oriëntaalse godsdiensten* ★ *oriëntaalse Joden* Joden die steeds in het Midden-Oosten hebben gewoond

ori·ën·ta·list *(‹Fr) de (m)* [-en] kenner, beoefenaar van de oosterse talen

ori·ën·ta·tie [-(t)sie] *(‹Fr) de (v)* ❶ het zich-oriënteren, bepaling van de hemelstreek ❷ het georiënteerd-zijn, gerichtheid vooral gerichtheid naar het oosten bij tempel-, kerk- en grafbouw en bij het gebed: ★ *~ op het oosten* ❸ voorlichting, inlichting: ★ *hij is bezig met een ~ op de studie geneeskunde*

ori·ën·ta·tie·graad [-(t)sie-] *de (m)* BN, vroeger middelste twee jaar van het secundair onderwijs, waarin de leerlingen zich door een zeer gevarieerd keuzepakket kunnen oriënteren t.a.v. de meest geschikte studierichting; thans tweede graad; zie ook → **determinatiegraad** en → **observatiegraad**

ori·ën·te·ren *(‹Fr)* I *ww* [oriënteerde, h. georiënteerd] richten, bouwen met de as naar het oosten (onder andere van katholieke kerken) II *wederk* de plaats bepalen waar men is; fig zich op de hoogte stellen

ori·ën·te·ring *de (v)* het zich-oriënteren *of* zich georiënteerd hebben

Ori·ënt-Ex·press *de (m)* treinverbinding Parijs-Constantinopel (Istanboel) (thans opgeheven)

ori·gi·na·li·teit [-zjie- of -gie-] *(‹Fr) de (v)* ❶ oorspronkelijkheid ❷ mate van oorspronkelijkheid: ★ *voor de hoge ~ van zijn bijdrage geef ik de meeste punten*

ori·gi·ne [-zjiənə] *(‹FrLat) de (v)* oorsprong, herkomst, afkomst; bron: ★ *van ~ een Duitse* ★ *van Engelse ~*

ori·gi·neel[1] [-zjie- of -gie-] *(‹FrLat) bn* ❶ oorspronkelijk; de oorsprong of oudste vorm uitmakend ★ *de originele uitgave* de eerste druk ❷ uit iem. zelf voortkomende, niet nagevolgd ❸ zijn eigen kenmerk dragend; bijzonder, verrassend

ori·gi·neel[2] [-zjie- of -gie-] *(‹FrLat) het* [-nelen] oorspronkelijk stuk; tegengest: → **kopie**

ork *(‹Keltisch) de (m)* [-en], **or·ka** *de (m)* ['s] zwart-wit getekende walvis, zwaardwalvis

or·kaan *(‹Sp) de (m)* [-kanen] ❶ storm met windkracht 12 op de beaufortschaal d.i. de allersterkste windkracht ❷ tropische cycloon

or·kest *(‹Gr) het* [-en] ❶ gezamenlijke muzikanten; de bespeelde instrumenten: ★ *een filharmonisch ~* groot symfonieorkest bestaande uit strijkers, slagwerk, houten en koperen blaasinstrumenten ❷ plaats waar de muzikanten zitten;

or·kest·bak *de (m)* [-ken] afgescheiden deel voor het podium van een theater, waarin zich het orkest bevindt

or·kest·lei·der *de (m)* [-s], **or·kest·mees·ter** *de (m)* [-s] leider van een → **orkest** (bet 1), dirigent

or·kest·par·tij *de (v)* [-en] gedeelte van de muziek dat door het orkest wordt verzorgd

or·kes·traal *(‹Fr) bn* het orkest betreffend; als van een orkest

or·kes·tra·tie [-(t)sie] *(‹Fr) de (v)* bewerking voor orkest

or·kes·tre·ren *ww (‹Fr)* [orkestreerde, h. georkestreerd] muz een muziekstuk voor de verschillende partijen van een orkest bewerken

or·kest·stuk *het* [-ken] muziekstuk voor orkest
or·le·aan *het* natuurlijke geelrode verfstof uit de vruchten van een tropische boom (*Bixa orellana*)
or·lon *het* synthetische vezelstof die lijkt op natuurwol
or·naat *(‹Lat) het* ambtsgewaad met de daarbij behorende kentekenen en versierselen ★ *in vol ~* a) in liturgisch gewaad gekleed; b) fig op opzichtige wijze gekleed, met dure kleren aan
or·na·ment, **or·ne·ment** *(‹Lat) het* [-en] ❶ versiersel, tooi, sieraad: ★ *de tafel heeft koperen ornamenten; decoratieve versiering:* ★ *een ~ aan het plafond* ❷ muz bijnoten ter versiering van de melodie
or·ne·ment *(‹Fr‹Lat) het* [-en] → **ornament**
or·ni·tho·lo·gie *(‹Gr) de (v)* vogelkunde, wetenschap omtrent de vogels
or·ni·tho·loog *(‹Gr) de (m)* [-logen] beoefenaar van de ornithologie, vogelkenner
oro·gra·fie *(‹Gr) de (v)* vroegere benaming voor de geomorfologie of bergbeschrijving
oro·gra·fisch *(‹Gr) bn* ❶ de oneffenheden van de bodem betreffend ❷ bergbeschrijvend
or·tho·don·tie [-sie] *(‹Gr) de (v)* tandheelkunde die gericht is op de vorming van een regelmatig gebit
or·tho·don·tist *de (m)* [-en] tandarts die afwijkingen in de regelmatigheid van het gebit tracht te verhelpen
or·tho·dox *(‹Gr) bn* ❶ rechtzinnig, strenggelovig ★ *de orthodoxen* de rechtzinnigen, streng aan de kerkleer vasthoudende hervormden; ook rechtzinnig in andere dan godsdienstige betekenis ❷ ★ *de Orthodoxe Kerk* de Grieks-orthodoxe Kerk
or·tho·doxie [-doksie] *(‹Gr) de (v)* rechtzinnigheid in de leer
or·tho·go·naal, **or·tho·go·nisch** *(‹Gr) bn* rechthoekig, met loodrecht op elkaar staande ribben, snijlijnen enz.
or·tho·gra·fie *(‹Gr) de (v)* ❶ kunst om volgens de regels te schrijven, spelkunst ❷ spelling, schrijfwijze van een woord, geheel van spellingsregels in een taal
or·tho·gra·fisch *bn* van, betreffende de spelling
or·tho·pe·da·go·gie *(‹Gr) de (v)* het opvoeden van het in ontwikkeling achtergebleven kind
or·tho·pe·da·go·giek *(‹Gr) de (v)* de leer van de orthopedagogie
or·tho·pe·die *(‹Gr) de (v)* tak van de geneeskunde die zich bezighoudt met de behandeling van misvormingen en verminkingen, vooral die van verkrommingen van romp en ledematen op jeugdige leeftijd
or·tho·pe·disch *bn* de orthopedie betreffend, daartoe dienend
or·tho·pe·dist *de (m)* [-en], **or·tho·peed** *de (m)* [-peden] beoefenaar van de orthopedie, orthopedisch chirurg
or·tho·rexia ner·vo·sa [-zaa] *de (v)* ziekelijke drang om uitsluitend gezond te eten, waardoor er in het lichaam juist tekorten aan noodzakelijke voedingsstoffen kunnen ontstaan
or·to·laan *(‹Fr‹Lat) de (m)* [-lanen] soort gors, een zeldzame broedvogel in Nederland en België (*Emberiza hortulana*)
OS *afk* ❶ Olympische Spelen ❷ Oude Stijl [de juliaanse kalender] ❸ comput Operating System *(‹Eng)* [besturingssysteem van de computer]
Os *afk* chem symbool voor het element *osmium*
os *de (m)* [-sen] gecastreerde stier; ★ BN *van de ~ op de ezel springen* van de hak op de tak springen, niet systematisch te werk gaan, onsamenhangend praten; zie ook → **slapen**
Os·car *de (m)* [-s] benaming voor de gouden onderscheidingen die door de Academy of Motion Picture Arts and Sciences worden toegekend, genoemd naar de oom van een van de medewerkers van die filmacademie, vanwege de uiterlijke gelijkenis; officieel *Academy Award* geheten
os·cil·la·tie [-sielaa(t)sie] *(‹Fr‹Lat) de (v)* [-s] schommeling, slingering, heen-en-weer- of op-en-neergaande beweging
os·cil·lo·graaf [-sie-] *(‹Fr-Gr) de (m)* [-grafen] toestel om akoestische, optische en mechanische elektrische trillingen optisch te bestuderen of als oscillogram door middel van een foto of film vast te leggen
os·cil·lo·gram [-sie-] *(‹Fr‹Gr) het* [-men] grafiek gemaakt door een oscillograaf
Os·maans *bn* Turks ★ *het Osmaanse Rijk* voormalig Turks keizerrijk
os·mi·um *(‹Gr) het* chemisch element, symbool Os, atoomnummer 76, een blauwwit metaal dat veel in verbindingen met platina wordt aangetroffen
os·mo·se [-za] *(‹Gr) de (v)* het verschijnsel dat twee, door een halfdoorlaatbare wand gescheiden, vloeistoffen met verschillende oplossingsterktes na een tijd dezelfde oplossingsterkte krijgen, doordat de vloeistof (het oplosmiddel) zich vanzelf door de wand dringt van de lichtste oplossing naar de zwaarste
os·mo·tisch *bn* betrekking hebbend op osmose ★ *osmotische druk* kracht waarmee de osmose werkt
os·sen·gal·zeep *de* zeep op basis van een stof die verkregen wordt uit de runderblaas, die organische zuren bevat en afstotend werkt op colloïden: ★ *met ~ kan je vlekken goed verwijderen uit textiel*
os·sen·staart *de (m)* [-en] staart van een os
os·sen·staart·soep *de* soep gemaakt van ossenstaart
os·sen·tong *de* [-en] ❶ tongvlees van een os ❷ ruwbladige plant met lichtblauwe bloemen (*Anchusa*)
os·sen·wa·gen *de (m)* [-s] door ossen getrokken wagen
os·sen·worst *de* NN gekruide worst van rundvlees: ★ *een plakje ~*
os·so·bu·co [-boek-] *(‹It) de (m)* Italiaans gerecht van gestoofde kalfsschenkel in tomatensaus

os·su·a·ri·um *(‹Lat) het* [-ria, -s] knekelhuis
os·ten·si·bel *(‹Fr) bn* ❶ vertoond kunnende worden ❷ duidelijk zichtbaar, klaarblijkelijk, openlijk ❸ voorgewend
os·ten·so·ri·um *(‹Lat) het* [-ria, -s] monstrans
os·ten·ta·tief *(‹Lat) bn* erop berekend de aandacht te trekken; in het oog lopend; op een wijze die opzien verwekt
os·te·o·lo·gie *(‹Gr) de (v)* leer van de beenderen
os·tra·cis·me *(‹Gr) het* hist schervengericht, volksuitspraak op basis waarvan de Atheners staatsgevaarlijk geachte burgers voor tien jaar konden verbannen
Os·tro·go·ten *mv* Germaans volk dat tijdens de Grote Volksverhuizingen (4de-6de eeuw n.C.) het Romeinse Rijk binnentrok en in Italië een rijk stichtte dat uiteindelijk verdween
Os·tro·go·tisch *bn* van, betreffende de Ostrogoten
OT *afk* Oude Testament
oto·foon *(‹Gr) de (m)* [-s, -fonen] hoorntje of hoorbuis voor hardhorenden
oto·loog *(‹Gr) de (m)* [-logen] gehoorkundige, oorarts
oto·scoop *(‹Gr) de (m)* [-scopen] med oorspiegel
o.t.t. *afk* onvoltooid tegenwoordige tijd
ot·ter I *de (m)* [-s] in en bij het water levend roofdier dat voornamelijk van vis leeft, in Nederland zeldzaam, in België zeer zeldzaam *(Lutra lutra)* **II** *het* bont van de vacht van de otter
Ot·to·maan *de (m)* [-manen] Turk
Ot·to·maans *bn* van, betreffende de Ottomanen, de Turkse keizerdynastie; *ook* Turks
ou·blie [oe-] *(‹Fr) de (v)* [-s] NN → **oblie**
ou·bli·ëtte [oeblie(j)et(tə)] *(‹Fr) de* [-s] hist onderaardse kerker waarin men gevangenen opsloot zonder verzorging om ze te laten sterven van honger en dorst
ou·bol·lig *bn* ❶ dwaas, komisch ❷ kneuterig, ouderwets; **oubolligheid** *de (v)*
oud *bn* ❶ *verbogen vorm:* oude, *ook vaak spreektaal:* ouwe ❷ van een zekere leeftijd: ★ *10 jaar* ~ ❸ niet jong ★ *zo* ~ *als Methusalem* zeer oud ★ *hoe ouder hoe gekker* ook op gevorderde leeftijd doet men wel dwaze dingen, vooral in liefdeszaken ❹ niet nieuw meer; zie ook bij → **Kralingen** en → **Rome** ❺ voormalig: ★ *oud-president* ★ *Oude Stijl* Juliaanse tijdrekening ❻ dezelfde, hetzelfde als vroeger: ★ *weer geheel de oude zijn* ★ *alles bij het oude laten* geen verandering aanbrengen ★ NN *ouwe-jongens-krentenbrood* het goede van oude vrienden onder elkaar ❼ klassiek, uit de klassieke oudheid ★ *oude talen* Latijn en Grieks *vgl.:* → **oude**
oud·bak·ken *bn* ❶ niet vers: ★ ~ *brood* ❷ ouderwets: ★ ~ *ideeën*
Oud·bis·schop·pe·lijk *bn* ★ *Oudbisschoppelijke cleresij* zie bij → **cleresie**
oud·blauw *het* antiek blauw porselein
ou·de I *de* [-n] oude man of vrouw ★ *zoals de ouden zongen, piepen de jongen* kinderen doen veel van

oudere mensen na ★ *de Ouden* Grieken en Romeinen in de klassieke oudheid; zie ook bij → **oud II** *de (m)* verkorting van (glas) oude jenever
ou·de·dags·voor·zie·ning, **ou·de·dag·voor·zie·ning** *de (v)* [-en] ❶ financiële regeling voor de tijd dat men oud wordt ❷ maatregelen van overheidswege voor oude mensen
ou·de·heer *de (m)* [-heren] NN, spreektaal vader
ou·de·jaar, **oud·jaar** *het* laatste dag van het jaar
ou·de·jaars·avond *de (m)* [-en] avond van oudejaar
ou·de·jaars·nacht *de (m)* [-en] nacht na oudejaar
ou·de·lui *mv* inf ouders
ou·de·man·nen·huis *het* [-huizen] vroeger tehuis voor oude mannen
oud en nieuw *het* vooral NN de jaarwisseling: ★ *met* ~ *komen mijn ouders op bezoek*
ou·der *de (m)* [-s] vader of moeder ★ *van* ~ *tot* (of *op*) ~ van geslacht op geslacht ★ *een alleenstaande* ~ vader of moeder die zonder partner een kind of kinderen opvoedt
ou·der·avond *de (m)* [-en] avond waarop de ouders van schoolkinderen kunnen praten met de leerkrachten en worden geïnformeerd over de gang van zaken op de school
ou·der·co·mi·té *het* [-s] BN oudercommissie
ou·der·com·mis·sie *de (v)* [-s] NN commissie bestaande uit ouders van kinderen van een school of kinderdagverblijf
ou·der·con·tact *het* [-en] BN *ook* ouderavond
ou·der·dom *de (m)* ❶ ‹van zaken› leeftijd: ★ *we konden de* ~ *van het gesteente bepalen op 400 miljoen jaar* ❷ ‹van personen› hoge leeftijd, het oud-zijn: ★ *hij is overleden in de* ~ *van 82 jaar* ; zie ook bij → **gebrek**
ou·der·doms·de·ken *de (m)* [-s] BN *ook* nestor, oudste en meest ervarene binnen een bepaalde groep, een bepaald vak e.d.
ou·der·doms·kwaal *de* [-kwalen] kwaal die door de ouderdom veroorzaakt wordt
ou·der·doms·pen·si·oen [-sjoen] *het* [-en] pensioen dat men vanaf een bep. wettelijk vastgestelde leeftijd ontvangt
ou·der·doms·ren·te *de* in Nederland, vroeger lijfrente van rijkswege uitgekeerd aan mensen van 65 jaar en ouder; thans uitkering krachtens de AOW
ou·der·doms·ver·schijn·sel *het* [-en, -s] gebrek dat zich voordoet bij het oud worden
ou·der·doms·wet *de* ★ in Nederland *de Algemene Ouderdomswet* wet sinds 1956, zie → **AOW**
ou·de·re·jaars I *bn* van het tweede of een later studiejaar: ★ *een* ~ *student* **II** *de* [*mv* idem] een ouderejaars student(e)
ou·der·lijk *bn* van de ouders: ★ *het* ~ *huis* ★ *ouderlijke macht* gezag dat de ouders volgens de wet over hun minderjarige kinderen hebben: ★ *uit de ouderlijke macht ontzetten*
ou·der·ling *de (m)* [-en] ❶ lid van een kerkenraad, belast met het bestuur van en het toezicht op de

kerkgemeente ❷ *ouderlingen* ouden van dagen
ou·der·loos *bn* zonder ouders
ou·der·paar *het* [-paren] vader en moeder
ou·der·plicht *de* [-en] plicht van de ouders tegenover hun kinderen om voor hen te zorgen
ou·ders *mv* vader en moeder
ou·der·schaps·ver·lof *het* verlof dat aan een ouder, man of vrouw, wordt gegeven i.v.m. de geboorte van een kind
ou·der·ver·eni·ging *de (v)* [-en] vereniging van ouders van leerlingen van een school
ou·der·wets *bn* ❶ uit de mode, volgens oude trant, zoals in vroeger tijd ❷ van de kwaliteit van vroeger en dus goed: ★ *een ~ degelijke kast*
ou·de·vrou·wen·huis *het* [-huizen] vroeger tehuis voor oude vrouwen
ou·de·wij·ven·knoop *de (m)* [-knopen] knoop van drie of meer touwen aan elkaar
ou·de·wij·ven·praat *de (m)* kletspraat
ou·de·wij·ven·zo·mer *de (m)* [-s] vooral NN nazomer in september en oktober met mooi weer, indian summer
oud·ge·dien·de *de* [-n] iemand die lang in dienst is geweest
oud·ge·re·for·meerd *bn* streng volgens de oude gereformeerde leer en levenswijze
★ *oudgereformeerde gemeenten* een kerkgenootschap van die richting
Oud·ger·maans, **Oud·ger·maans** *het* verzamelnaam voor de tussen 2500-2000 v.C. gesproken Germaanse talen, waaruit de huidige Germaanse talen zich ontwikkeld hebben
Oud·grieks *bn* in de oudheid gesproken Griekse taal, klassiek Grieks
oud·heid *de (v)* ❶ ver verleden: ★ *in de grijze ~* ★ *de Oudheid* tijd van de Griekse en Romeinse beschaving ❷ [*mv:* -heden] (kunst)voorwerp uit oude tijden:
★ *Rijksmuseum van Oudheden te Leiden* ❸ ouderdom, het oud-zijn
oud·heid·ka·mer, **oud·heids·ka·mer** *de* [-s] tentoonstellingskamer van oudheden
oud·heid·ken·ner *de (m)* [-s] kenner van de oude Griekse en Romeinse beschaving; kenner van oudheden
oud·heid·kun·de *de (v)* kennis, studie van oudheden; kennis van de Griekse en Romeinse oudheid
oud·heid·kun·dig *bn* van, betreffende de oudheidkunde
oud·heid·kun·di·ge *de* [-n] oudheidkenner
oud·heids·ka·mer *de* [-s] → **oudheidkamer**
Oud·hol·lands *bn* zoals bij de vroegere Hollanders:
★ *Oudhollandse zeden en gebruiken*
oud·jaar *het* → **oudejaar**
oud·je *het* [-s] ❶ oude man of vrouw, ook liefkozend gebruikt: ★ *de oudjes doen het nog best* oude mensen presteren nog steeds goed, wat jongere mensen vaak niet verwachten ❷ oud gebruiksvoorwerp:
★ *die koelkast is wel een ~ geworden*

oud·ka·tho·lie·ken *mv* groep katholieken die vasthield aan de oude beginselen van de katholieke kerk en die in 1724 brak met de Kerk van Rome; *vgl:* → **jansenisme**; zie ook → **cleresie**
oud·ko·mer *de (m)* [-s] NN allochtoon die reeds langere tijd legaal in Nederland verblijft, maar die (nog) geen inburgeringsprogramma heeft gevolgd
oud·leer·ling, **oud-leer·ling** *de (m)* [-en] voormalige leerling
Oud·ne·der·lands¹, **Oud-ne·der·lands** *bn* van, betreffende de Nederlanders uit vroeger tijd
Oud·ne·der·lands² *het* het Nederlands van voor de 12de eeuw
Oud·noors *het* taal die van ca. 800 tot 1500 in de Scandinavische landen gesproken werd, Oudscandinavisch
oud·oom *de (m)* [-s] oom van vader of moeder
oud·roest *het* oude metalen voorwerpen
ouds·her *bijw* ★ *van ~* sinds onheuglijke tijden
oud·ste *de* [-n] ❶ eerstgeborene ❷ vero lid van een leidend of besturend college
oud·strij·der *de (m)* [-s] iem. die in een voorbije oorlog heeft gestreden, oud-soldaat
oud·tan·te *de (v)* [-s] tante van vader of moeder
oud·tes·ta·men·tisch *bn* van, volgens het Oude Testament
oud·tijds *bijw* vroeger
oud·va·der *de (m)* [-s] NN aartsvader
oud·va·der·lands, **oud-va·der·lands** *bn* vanouds in het vaderland gebruikelijk ★ *in Nederland ~ recht* recht zoals dat gold vóór de vestiging van de Bataafse Republiek (1795)
ouis·ti·ti [oe(w)iestietie, oe(w)iestietie] *(‹Fr) de (m)* ['s] penseel- of zijdeaapje
ounce [auns] *(‹Eng‹Lat) de & het* [-s] Engels gewicht ★ *~ avoirdupois* 28,3495 gram ★ *troy ~* of *apothecaries' weight* (ook *fine ~* genoemd) 31,1035 gram
out *(‹Eng) bijw* ❶ tennis buiten het speelveld ❷ ★ *~ gaan* bewusteloos raken
out·cast [-kaast] *(‹Eng) de (m)* [-s] uitgestotene, paria
out·door- *(‹Eng) in samenstellingen* buitenshuis beoefend of plaatsvindend: ★ *~ golf*, *~ sport*, *~ training*
out·fit *(‹Eng) de (m)* [-s] uitrusting; *bij uitbreiding* kleding in het algemeen: ★ *ze liep in een opvallende ~*
ou·til·la·ge [oetiejaazjə] *(‹Fr) de (v)* uitrusting, het voorzien-zijn van werktuigen en hulpmiddelen
ou·til·le·ren *ww* [oetiejeerə(n)] *(‹Fr)* [outilleerde, h. geoutilleerd] → **uitrusten** (bet 2), voorzien van werktuigen, instrumenten enz.
out·law [-lò] *(‹Eng) de (m)* [-s] vogelvrijverklaarde, buiten de wet gestelde
out·let·cen·ter *(‹Eng)* [-sentə(r)] *het* [-s] zaak die met grote korting merkartikelen verkoopt
out·per·for·mer [-pə(r)fò(r)mə(r)] *de* [-s] *eff* aandeel waarvan verwacht wordt dat de koers zich het komende jaar beter zal ontwikkelen dan de

aandelenindex van de beurs waarop het betreffende aandeel verhandeld wordt

out·place·ment [-pleesmənt] ⟨‹Eng› de (m)⟩ begeleiding van een ontslagen of met ontslag bedreigde werknemer bij het vinden van een passende nieuwe baan bij een ander bedrijf

out·pla·cen [outpleesən] ⟨‹Eng› overg [outplacete, h. geoutplacet] outplacement toepassen

out·put [-poet] ⟨‹Eng› de (m)⟩ [-s] ❶ productie; opbrengst; effect, resultaat ❷ comput informatie die, na verwerking van de ingevoerde gegevens, door een computer wordt geleverd, uitvoer ❸ uitgangsvermogen, bijv. van een antenne of van een radioversterker

out·sid·er [-saidə(r)] ⟨‹Eng› de (m)⟩ [-s] ❶ oorspr ingeschreven paard dat weinig of geen kans van slagen heeft bij de wedrennen; thans ook gebruikt met betrekking tot sportlieden en sportploegen die weinig kans op de overwinning hebben ❷ niet-lid van een zekere kring; buitenstaander; niet-ingewijde ❸ handel speculant die buiten de beurskringen staat

out·sour·cen [-sò(r)sən] ⟨‹Eng›⟩ [outsourcete, h. geoutsourcet] overg een bedrijfsactiviteit uitbesteden aan een ander bedrijf

ou·ver·tu·re [oe-] ⟨‹Fr› de (v)⟩ [-s, -n] muz orkeststuk tot opening van een toneelvoorstelling, opera, operette of film

ou·vreu·se [oevreuzə] ⟨‹Fr› de (v)⟩ [-s] vrouw die in theaters en bioscopen de plaatsen aanwijst of helpt in de garderobe

ou·we I de (m) [-n] spreektaal ❶ baas, directeur, chef; scheepv kapitein ❷ oudeheer, vader, pa: ★ mijn ~ gaat vrijdagavond altijd biljarten in 't café ★ vooral NN gouwe ~ oude hit die men nog graag en vaak beluisterd **II** bn zie → oud

ou·we·hoer de [-en] NN, spreektaal iem. die veel kletst, ouwehoert

ou·we·hoe·ren ww [ouwehoerde, h. geouwehoerd] NN, spreektaal uitvoerig kletsen, zeuren, onzin verkondigen

ou·wel de (m) [-s] ❶ dun vliesje gebakken bloem ❷ ongewijde hostie ❸ capsule als omhulsel van poeders

ou·we·lijk bn ❶ zich ouder voordoend dan men is ❷ kenmerken dragend van ouderdom

ou·zo [oe-] ⟨‹Nieuwgr› de (m)⟩ doorzichtig, na toevoeging van water wit kleurend destillaat van druiven, met anijssmaak, oorspronkelijk uit Griekenland afkomstig

ov afk openbaar vervoer

ovaal [oovaal] ⟨‹Lat›⟩ **I** bn eirond, langwerpig rond: ★ een ovale vijver **II** het ❶ wat eirond van vorm is ❷ wisk gesloten vlakke kromme die steeds convex verloopt

OVAM afk oorspr: Openbare Vlaamse Afvalstoffenmaatschappij; thans officieel: Openbare Afvalstoffenmaatschappij (voor het Vlaamse Gewest)

ova·ri·um [oovaa-] ⟨‹Lat› het⟩ [-ria] med ❶ eierstok ❷ vruchtbeginsel

ova·tie [oovaa(t)sie] ⟨‹Fr‹Lat› de (v)⟩ [-s] ❶ openlijke huldebetuiging, huldigende toejuiching: ★ een staande ~ enthousiast applaus van publiek dat van de stoel is opgestaan ❷ hist kleine zegevierende intocht bij de Romeinen

ov-chip·kaart [ooveetsjip-] de [-en] NN chipkaart voor het openbaar vervoer

oven de (m) [-s] geheel afgesloten ruimte die verhit kan worden en waarin men iets kan bakken (brood, cake, aardewerk) of iets als gerecht kan verhitten of gaar maken (kalkoen, pastaschotel) ★ het lijkt hier wel een oven het is hier erg warm

oven·paal de (m) [-palen] lange platte schep om brood in de oven te leggen of eruit te halen

oven·plaat de [-platen] ijzeren plaat waarop het deeg in de oven ligt

oven·schaal de [-schalen] in ovens gebruikte vuurvaste schaal

oven·scho·tel de [-s] in de oven bereid gerecht

oven·vast bn bestand tegen grote hitte

oven·vers bn zó uit de oven, zeer vers

oven·want de [-en] → want¹ om hete schalen enz. uit de oven te pakken

over vz & bijw ❶ op, langs de bovenkant, boven: ★ ~ iets heen lopen ❷ langs, via ★ ~ Antwerpen naar Parijs ★ sp ~ iem. heen gaan iem. passeren ❸ aan, naar de andere kant: ★ ~ de spoorlijn ★ ~ en uit afsluiting van een draadloos gesprek op afstand ★ NN ~ zijn naar de volgende klas mogen gaan; op de plaats van bestemming zijn: ★ we vertrokken vroeg en om 3 uur waren we ~ ❹ ★ ~ en weer van beide kanten: ★ er werden ~ en weer verwijten gemaakt ❺ ⟨na een gebeurtenis⟩ voorbij: ★ de bui is ~ ❻ na: ★ ~ een week ❼ aangaande, betreffende: ★ ~ iets nadenken ★ het verhaal gaat ~ een oude vrouw ❽ te veel, overgebleven: ★ er zijn nog aardappelen ~ ★ te ~ in overvloed ❾ BN, spreektaal voor; geleden: ★ ik kwam hier ~ tien jaar

over·act·ing [-ekting] ⟨‹Eng› de (m)⟩ te nadrukkelijk toneelspelen, met veel weidse gebaren en te zeer beklemtoonde spraak

over·al, over·al bijw op alle plaatsen ★ ~ aan aan alles, ★ ~ in in alles, ★ ~ mee met alles, ★ ~ op ★ ~ van enz. (in zulke verbindingen beklemtoning overal)

over·all [-òl] ⟨‹Eng›⟩, **over·al** de (m) [-s] werkpak aan één stuk dat men over de gewone kleding aantrekt

over·be·kend bn zeer bekend, beroemd

over·be·last bn te zwaar belast

over·be·las·ten ww [verleden tijd ongebruikelijk, h. overbelast] te zwaar belasten; **overbelasting** de (v)

over·be·lich·ten ww [verleden tijd ongebruikelijk, h. overbelicht] ❶ fotogr te lang belichten ❷ te veel aandacht geven aan iets

over·be·mes·ten ww & het ⟨in de landbouw⟩ (het) meer mest strooien op het land dan noodzakelijk is, met schadelijke gevolgen voor het milieu

o·ver·be·mes·ting *de (v)* het overbemesten
o·ver·be·ste·ding *de (v)* [-en] het meer geld uitgeven dan gewenst is
o·ver·be·vis·sing *de (v)* het schaden van de visstand door te veel vis te vangen
o·ver·be·vol·king *de (v)* te veel bevolking
o·ver·be·volkt *bn* te dicht bevolkt
o·ver·blijf·lo·kaal *het* [-kalen] schoollokaal waar overblijvende leerlingen tussen de middag vertoeven en hun brood eten
o·ver·blijf·sel *het* [-s, -en] het overgeblevene, restant
o·ver·blij·ven *ww* [bleef over, is overgebleven] ❶ achterblijven, overschieten ❷ niet naar huis gaan, maar op school blijven ❸ niet in de winter doodgaan: ★ *overblijvende planten* ❹ staande blijven, blijven bestaan: ★ *na alle tegenslagen bleef er van zijn optimisme weinig over*
o·ver·bloe·zen *ww* [-bloezə(n)] [bloesde over, h. overgebloesd] ⟨van een kledingstuk⟩ boven een nauw aansluitend gedeelte enigszins ruim vallen
o·ver·bluf·fen *ww* [overblufte, h. overbluft] door bluffen tot zwijgen brengen; door woorden of optreden in de war brengen of uit het veld slaan
o·ver·bo·dig *bn* meer dan nodig is; niet nodig
o·ver·bo·dig·heid *de (v)* het overbodig-zijn
o·ver·boe·ken[1] *ww* [boekte over, h. overgeboekt] in een ander boek of op een andere rekening schrijven
o·ver·boe·ken[2] *ww* [overboekte, h. overboekt] ⟨toerisme⟩ meer accommodaties of meer plaatsen in een vliegtuig, bus e.d. verkopen dan beschikbaar zijn
o·ver·boord *bijw* van een schip af in het water ★ ~ *slaan* van boord het water in vallen ★ vooral NN *er is geen man ~ wat er is gebeurd, is niet heel erg* ★ *iets ~ zetten* fig er afstand van doen, er niet meer aan denken
o·ver·bren·gen *ww* [bracht over, h. overgebracht] ❶ van de ene plaats naar de andere brengen ❷ op een ander of iets anders doen overgaan: ★ *ziektekiemen ~;* → **overboeken**[1]: ★ *op een nieuwe rekening ~* ❸ verklikken ❹ vertalen: ★ *van het Nederlands ~ in het Engels*
o·ver·brie·ven *ww* [briefde over, h. overgebriefd] ⟨belastende informatie, een geheim e.d.⟩ oververtellen, verklikken
o·ver·brug·gen *ww* [overbrugde, h. overbrugd] ❶ een brug slaan over ★ fig *een kloof ~* verbinding of toenadering tot stand brengen ❷ algemeen een regeling treffen ter vergemakkelijking of tegemoetkoming: ★ *bezwaren ~*
o·ver·brug·gings·geld, **o·ver·brug·gings·kre·diet** *het* [-en] voorlopige uitkering zolang een definitieve financiële regeling nog niet tot stand is gekomen
o·ver·buur *de (m)* [-buren], **o·ver·buur·man** *de (m)* [-nen] persoon die tegenover iem. woont
o·ver·ca·pa·ci·teit *de (v)* meer capaciteit dan verbruikt wordt
o·ver·com·pen·sa·tie [-zaa(t)sie] *de (v)* ❶ het ruim vergoeden of aanvullen van iets ❷ psych het streven naar herstel van geestelijk evenwicht door een te sterke reactie in tegengestelde zin: ★ *door ~ worden verlegen mensen soms brutaal of agressief*
o·ver·com·pleet *bn* vooral NN boven het benodigde aantal
o·ver·con·sump·tie [-sie] *de (v)* [-s] econ te groot verbruik van goederen, waardoor minder geld overblijft voor investeringen
o·ver·daad *de* ❶ weelde, luxe ❷ te grote hoeveelheid, onmatigheid ★ ~ *schaadt* te veel is niet goed
o·ver·da·dig *bn* overmatig, onmatig
o·ver·dag *bijw* bij dag (niet 's nachts of 's avonds)
o·ver·dek·ken *ww* [overdekte, h. overdekt] geheel bedekken
o·ver·dek·king *de (v)* [-en] bedekking, dak
o·ver·dekt *bn* met een dak of deksel: ★ *een ~ zwembad*
o·ver·de·len *ww* [deelde over, h. overgedeeld] kaartsp opnieuw delen
o·ver·den·ken *ww* [overdacht, h. overdacht] nadenken over
o·ver·den·king *de (v)* [-en] ❶ het overdenken ❷ beschouwende verhandeling, bespiegeling
o·ver·doen *ww* [deed over, h. overgedaan] ❶ nog eens doen ★ *iets nog eens dunnetjes ~* op iets bescheidener wijze herhalen ❷ NN geven aan iem. anders, soms tegen een vergoeding: ★ *ik doe de oude koelkast over aan de buurman*
o·ver·don·de·ren *ww* [overdonderde, h. overdonderd] overbluffen
o·ver·done [oovə(r)dun] ⟨Eng⟩ *bn* overdreven, te veel van het goede
o·ver·do·se·ring [-zee-] *de (v)* [-en] het toedienen van een te grote dosis
o·ver·do·sis [-zis] *de (v)* [-sen, -doses] te grote en daardoor levensgevaarlijke hoeveelheid geneesmiddelen of drugs
o·ver·draag·baar *bn* ❶ overgedragen kunnende worden ❷ med besmettelijk: ★ *seksueel overdraagbare aandoening,* → **soa**
o·ver·dracht *de* [-en] ❶ het overdragen; (plechtige) overgave ❷ overdrachtelijk gebruik: ★ *bij ~*
o·ver·drach·te·lijk *bn* figuurlijk
o·ver·drachts·kos·ten *mv* kosten te betalen bij koop van onroerend goed
o·ver·dra·gen *ww* [droeg over, h. overgedragen] ❶ van een plaats naar een andere dragen ❷ med (van ziekten) doen overgaan: ★ *een virus ~* ❸ plechtig overgeven, doorgeven, doorverkopen: ★ *hij droeg zijn functies aan zijn zoon over* ★ *een onroerend goed ~*
o·ver·dre·ven *bn* te erg, in te sterke mate
o·ver·drij·ven[1] *ww* [overdreef, h. overdreven] ❶ te ver gaan, geen maat houden ❷ een te sterke of gekleurde voorstelling geven van
o·ver·drij·ven[2] *ww* [dreef over, is overgedreven] ❶ voorbijtrekken: ★ *de bui drijft over* ❷ naar de overkant drijven

over·drij·ving *de (v)* [-en] het → **overdrijven**¹
over·drive [oovə(r)draiv] *(‹Eng) de* extra versnelling, inrichting waardoor de uitgaande as van een versnellingsbak een groter aantal omwentelingen kan maken dan de motor geeft
over·druk *de (m)* [1 en 2 -ken] ❶ afdruk van een tijdschriftartikel e.d. ❷ dat wat over iets anders heen gedrukt is ❸ spanning boven de gewone luchtdruk
over·druk·ken *ww* [drukte over, h. overgedrukt] ❶ in een ander blad of boek drukken ❷ nog eens drukken
over·dub·ben *ww* [dubde over, h. overgedubd] een opname toevoegen door een andere opname heen, op een geluidsband die reeds bespeeld is
over·dui·de·lijk *bn* zeer duidelijk, al te duidelijk
over·dwars *bijw bn* in de breedte
over·een *bijw* gelijk (vooral als eerste lid in samenstellingen): ★ *deze bedragen komen* ~
over·een·bren·gen *ww* [bracht overeen, h. overeengebracht] in overeenstemming brengen
over·een·ko·men *ww* [kwam overeen, is overeengekomen] ❶ afspreken, tot een vergelijk komen ❷ gelijk zijn; lijken op, passen bij ❸ BN het goed met elkaar kunnen vinden
over·een·komst *de (v)* [-en] ❶ gelijkenis: ★ *de ~ is niet erg groot* ❷ gelijkheid, overeenstemming: ★ *punten van ~* ❸ contract, afspraak; zie ook → **sluiten**
over·een·kom·stig I *bn* soortgelijk; overeenstemmend **II** *vz* overeenstemmend met, volgens
over·een·stem·men *ww* [stemde overeen, h. overeengestemd] ❶ gelijk zijn, lijken op ❷ passen bij, kloppen met
over·een·stem·ming *de (v)* ❶ eenheid van inzicht ❷ het bij elkaar passen ★ *in ~ met* passend bij, kloppend met
over·eind *bijw* ❶ rechtop: ★ *de patiënt kwam moeilijk ~* ❷ geldig, staande ★ *het oude plan is ~ gebleven* is nog zoals het was, is niet veranderd
over·er·fe·lijk *bn* van ouders op kinderen overgaande
over·er·ven *ww* [erfde over, h. & is overgeërfd] ❶ van ouders erven, door geboorte verkrijgen: ★ *een kwaal ~* ❷ van ouders op kinderen overgaan; **overerving** *de (v)*
over·eten *wederk* [overat, h. overeten] te veel eten (zodat de maag het moeilijk kan verwerken)
over·gaaf *de* → **overgave**
over·gaan *ww* [ging over, is overgegaan] ❶ van een plaats naar een andere gaan: ★ *de school gaat over naar een ander gebouw* ❷ overheen gaan: ★ *er ging een vlucht regenwulpen over* ❸ voorbijgaan, genezen: ★ *de infectie wil maar niet* ❹ op school naar een hogere klas gaan ❺ ❹ *~ in* langzamerhand, geleidelijk veranderen in ❻ ★ *~ tot* veranderen in, in een andere toestand komen, zich aansluiten bij (een groep, partij, kerk e.d.) ★ *op latere leeftijd ging hij over tot het katholicisme* ★ *tot iets ~* ermee beginnen ★ *de politie ging over tot charges* ❼ van eigenaar veranderen: ★ *het huis gaat op de erven over* ★ *in andere handen ~* ❽ NN geluid geven: ★ *de telefoon gaat over*
over·gang *de (m)* [-en] ❶ algemeen het overgaan ❷ verandering: ★ *die verhuizing was een hele ~ voor dat kind* ❸ het naar een hogere klas gaan op school ❹ de overgangsjaren van de vrouw, menopauze ❺ plaats waar een spoorweg een weg gelijkvloers kruist
over·gangs·be·pa·ling *de (v)* [-en] tijdelijke bepaling (vooral bij een wet), geldende gedurende de tijd van overgang van de oude naar de nieuwe regeling
over·gangs·exa·men *het* [-s] examen voor het overgaan naar een hogere klasse
over·gangs·ja·ren *mv* jaren waarin de vrouw in de menopauze zit
over·gangs·pe·ri·o·de *de (v)* [-s, -n] periode waarin er een overgang naar iets nieuws plaats heeft
over·gangs·rap·port *het* [-en] schoolrapport op het einde van het schooljaar dat bepaalt of het kind overgaat of niet
over·gangs·recht *het* recht geldende in de overgangstijd tussen oude en nieuwe wetgeving
over·gangs·re·ge·ling *de (v)* [-en] regeling die geldt in de overgangsperiode tussen een oude en een nieuwe regeling
over·gangs·tijd *de (m)* [-en] overgangsperiode
over·gangs·vorm *de (m)* [-en] vorm die het midden houdt tussen het oude en het nieuwe
over·gan·ke·lijk *bn* taalk een lijdend voorwerp bij zich kunnende hebben; **overgankelijkheid** *de (v)*
over·ga·ve, **over·gaaf** *de (v)* ❶ het opgeven van weerstand; het (zich) overgeven: ★ *de ~ aan de vijand* ❷ toewijding: ★ *met grote ~ iets doen* ❸ berusting: ★ *~ aan het lot*
over·ge·con·cen·treerd *bn* te zeer gericht op een te leveren prestatie (waardoor het gunstige effect van de concentratie verloren gaat)
over·ge·haald *ww* zie bij → **overhalen** (bet 3 en 4)
over·ge·ven I *ww* [gaf over, h. overgegeven] ❶ braken ❷ kaartsp opnieuw geven, overdelen **II** *wederk* ❶ zich overwonnen verklaren, zich gevangen geven: ★ *de kapers gaven zich aan de politie over* ❷ ongunstig zich zonder zelfbeheersing geven aan, zich laten beheersen door ★ *zich aan zijn hartstochten ~* ❸ gunstig zich geheel wijden aan ★ *zich aan zijn taak ~*
over·ge·voe·lig *bn* ❶ al te gevoelig, snel geëmotioneerd ❷ overmatig vatbaar voor lichamelijke aandoeningen; **overgevoeligheid** *de (v)*
over·gie·ten¹ *ww* [goot over, h. overgegoten] ❶ in iets anders gieten ❷ opnieuw gieten: ★ *een bronzen beeld ~*
over·gie·ten² *ww* [overgoot, h. overgoten] rondom begieten, geheel begieten: ★ *het ijs met chocoladesaus ~* ★ *met hetzelfde sop overgoten* dezelfde ongunstige eigenschappen hebbend

o_ver·gooi·en ww [gooide over, h. overgegooid] ❶ van de ene plaats naar de andere gooien: ★ *een bal* ~ ❷ opnieuw gooien

o_ver·gooi·er *de (m)* [-s] jurk zonder mouwen die over een trui of blouse wordt gedragen

o_ver·gor·dijn *het* [-en] dik gordijn om het raam af te sluiten

o_ver·groot·moe·der *de (v)* [-s] moeder van grootvader of grootmoeder

o_ver·groot·va·der *de (m)* [-s] vader van grootvader of grootmoeder

o_ver·haast *bn* zeer gehaast, te haastig

o_ver·haas·ten **I** *ww* [overhaastte, h. overhaast] ❶ te haastig doen ❷ tot te grote haast aanzetten: ★ *iem.* ~ **II** *wederk* zich te zeer haasten

o_ver·haas·ting *de (v)* te grote haast

o_ver·ha·len *ww* [haalde over, h. overgehaald] ❶ naar de andere kant trekken, vooral over water ❷ aan iets trekken en daardoor laten functioneren: ★ *de trekker / haan van een pistool* ~ ❸ tot iets bewegen, overreden: ★ *iem. tot iets* ~ ★ *iem.* ~ *om iets te doen* ❹ NN distilleren ❺ → **overtrekken¹** (bet 3); *ook* met potlood of pen de lijnen van een tekening aandikken

o_ver·hand¹ *de* de meeste macht ★ *de* ~ *hebben* in de meerderheid zijn, het grootst zijn in getal of het sterkst in invloed ★ *de* ~ *krijgen, nemen* aan de winnende hand zijn

o_ver·hand² *bijw*, **over·hands** BN, m.g. ❶ beurtelings, om de beurt ❷ steeds (meer): ★ *je maakt het overhands bonter en bonter*

over·han·di·gen *ww* [overhandigde, h. overhandigd] overreiken, ter hand stellen; **overhandiging** *de (v)*

o_ver·hands *bn* ❶ ‹bij naaien› met twee zelfkanten tegen elkaar: ★ *een overhandse naad* ❷ BN zie bij → **overhand²**

o_ver·han·gen *ww* [hing over, h. overgehangen] ❶ over of boven iets hangen ❷ schuin staan of hangen: ★ *de voorgevel hangt enigszins over*

o_ver·head [oovə(r)hèd] *de (m)* overheadkosten

o_ver·head·kos·ten [oovə(r)hèd-] *mv* econ algemene bedrijfskosten die bij de produktiekosten komen

o_ver·head·pro·jec·tor [oovə(r)hèd-] ‹‹Eng› *de (m)* [-s] diaprojector die van doorzichtige vellen met tekst of tekeningen de afbeeldingen achter de spreker op de muur of op een scherm projecteert

o_ver·head·sheet [oovə(r)hèdsjiet] ‹‹Eng› *de (m)* [-s] transparant vel plastic waarop iets geschreven of afgedrukt kan worden voor projectie op de muur d.m.v. een → **overheadprojector**

o_ver·heb·ben *ww* [had over, h. overgehad] ❶ te veel hebben, iets overgehouden hebben ❷ kunnen missen, willen geven: ★ *ergens iets voor* ~ ★ *veel voor iem.* ~ graag iets voor iem. doen of uitgeven

o_ver·heen *bijw* ❶ boven langs iets of iem. ★ *iets over een datum heen tillen* het later dan die datum laten gebeuren ★ *er* ~ *stappen* fig een bezwaar niet onoverkomelijk achten ★ *zich er* ~ *zetten* fig het

trachten te vergeten ★ *er* ~ *zijn* fig het te boven zijn ★ *over zich heen laten lopen* fig te weinig voor zichzelf opkomen ★ *vooral* NN, fig *over iem. heen vallen* boos op hem worden ❷ voorbij: ★ *ergens* ~ *lezen* ★ *er gingen nog jaren* ~ *voordat ze genezen was*

o_ver·heer·lijk *bn* buitengewoon heerlijk; heel lekker

o_ver·heer·sen *ww* [overheerste, h. overheerst] ❶ meester, machthebber zijn over ❷ (te) nadrukkelijk aanwezig zijn: ★ *het blauw overheerst op dat schilderij*

o_ver·heer·sing *de (v)* heerschappij, vooral door geweld of overmacht

o_ver·heid *de (v)* [-heden] ❶ regering, bestuur; gezagdragend lichaam ❷ *de overheden* college van personen aan wie enig gezag is opgedragen, de autoriteiten

o_ver·heids·be·drijf *het* [-drijven] door de overheid uitgeoefend bedrijf, staatsbedrijf

o_ver·heids·be·moei·e·nis, **o_ver·heids·be·moei·ing** *de (v)* [-en] het ingrijpen van de overheid in het maatschappelijk en cultureel leven

o_ver·heids·dienst *de (m)* [-en] ❶ overheidsinstelling ❷ ★ *in* ~ *zijn* een werkkring hebben bij de overheid

o_ver·heids·in·stel·ling *de (v)* [-en] door de overheid ingesteld instituut, bedrijf e.d.: ★ *het Centraal Bureau voor de Statistiek is een* ~

o_ver·heids·sec·tor *de (m)* [-toren] door de overheid gecontroleerd deel van het economisch leven in een land

o_ver·heids·steun *de (m)* overheidssubsidie

o_ver·heids·sub·si·die *de (v) & het* [-s] financiële steun door de overheid

o_ver·heids·we·ge *zn* ★ *van* ~ door, vanwege de overheid

o_ver·hel·len *ww* [helde over, h. overgeheld] schuin hangen; fig: ★ ~ *tot* geneigd zijn tot ★ ~ *naar* overgaan tot, overeenkomst vertonen met

o_ver·hemd *het* [-en] kledingstuk voor jongens en mannen ter bedekking van het bovenlichaam met van voren een knoopsluiting

o_ver·hemd·blou·se [-bloezə] *de (v)* [-s] kledingstuk voor meisjes en vrouwen in de vorm van een overhemd

o_ver·he·ve·len *ww* [hevelde over, h. overgeheveld] ❶ ‹van een vloeistof› met een hevel van een vat in een ander overbrengen ❷ fig de ene groep of afdeling naar de andere overbrengen

o_ver·hoeks *bn* schuin van de ene hoek naar de andere, diagonaal

o_ver·hoop *bijw* verward, door elkaar; in wanorde; veel in samenstellingen, zie → **overhoopgooien** e.v.

o_ver·hoop·gooi·en *ww* [gooide overhoop, h. overhoopgegooid] door elkaar gooien

o_ver·hoop·ha·len *ww* [haalde overhoop, h. overhoopgehaald] door elkaar halen ★ *veel* ~ velerlei onderwerpen te pas en te onpas bij iets ter sprake brengen

o_ver·hoop·lig·gen *ww* [lag overhoop, h.

overhoopgelegen] ❶ door de war liggen: ★ *na de huiszoeking lag alles overhoop* ❷ fig in onenigheid zijn: ★ *hij ligt overhoop met zijn familie*
over·hoop·schie·ten ww [schoot overhoop, h. overhoopgeschoten] neerschieten; doodschieten
over·hoop·ste·ken ww [stak overhoop, h. overhoopgestoken] doodsteken
over·ho·ren ww [overhoorde, h. overhoord] toetsen of een schoolleerling het huiswerk voldoende heeft geleerd: ★ *mondeling, schriftelijk ~*; **overhoring** *de (v)* [-en]
over·hou·den ww [hield over, h. overgehouden] ❶ van iets overhebben, als gevolg ondervinden: ★ *van de aanrijding heb ik een stijve nek overgehouden* ❷ 's winters in leven houden: ★ *planten ~* ★ *het houdt niet over* het gaat niet goed
over·hui·ven ww [overhuifde, h. overhuifd] met een huif overdekken ★ *een overhuifd altaar* met een baldakijn overdekt
ove·rig *bn* overblijvend; *het overige* de rest
ove·ri·gens *bijw* behalve dat, voor de rest
over·ijld *bn* te haastig, niet goed overdacht: ★ *een ~ besluit*
over·ijlen *wederk* [overijlde, h. overijld] zich overhaasten
Over·ijs·se·laar *de (m)* [-laars, -laren] inwoner van Overijssel
Over·ijs·sels *bn* van, uit, betreffende Overijssel
over·ijve·rig *bn* al te ijverig, ijveriger dan nodig is: ★ *hij heeft ~ alle reageerbuisjes schoongemaakt*
over·jaars *bn* BN ook verouderd
over·ja·rig *bn* vooral NN ❶ ⟨van kaas, wijn e.d.⟩ meer dan een jaar oud ❷ ⟨van planten⟩ overwinterend ❸ schertsend over de beste leeftijd heen: ★ *een overjarige hippie*
over·jas *de* [-sen] jas over de andere kleding gedragen
over·kant *de (m)* tegenoverliggende kant
over·kap·pen ww [overkapte, h. overkapt] een kap maken over
over·kap·ping *de (v)* [-en] ❶ het overkappen ❷ grote kap over een bouwwerk of een terrein: ★ *de ~ van het station*
over·kij·ken ww [keek over, h. overgekeken] nazien, nog even inkijken
over·kill [oovə(r)-] ⟨*Eng*⟩ *de (m)* ❶ eig de mogelijkheid om met het arsenaal nucleaire wapens dat een land in bezit heeft, de tegenstander een aantal malen te vernietigen ❷ bij uitbreiding het toepassen van een overmaat aan strijdmiddelen tegen een betrekkelijk gering kwaad ❸ schertsend teveel, overmaat: ★ *een ~ aan vakantiekiekjes, mascara, reacties enz.*
over·klas·sen ww [overklaste, h. overklast] overtreffen, aanmerkelijk beter zijn dan: ★ *Dynamo overklaste zijn tegenstander*
over·kleed *het* ❶ [mv: -kleederen] gewaad over de andere kleren heen ❷ [mv: -kleden] kleed over tafel- of vloerkleed gelegd
over·klui·zen *ww* [overkluisde, h. overkluisd] een gewelf maken over; **overkluizing** *de (v)* [-en]
over·koe·pe·len *ww* [overkoepelde, h. overkoepeld] ❶ een koepel aanbrengen over: ★ *een treinperron ~* ❷ kleine organisaties of lichamen verenigen onder een groter lichaam: ★ *een overkoepelend orgaan*; **overkoepeling** *de (v)*
over·ko·ken *ww* [kookte over, is overgekookt] over de rand heen koken: ★ *de melk kookt over*
over·ko·me·lijk *bn* wel te boven te komen; geen hindernis vormend
over·ko·men¹ *ww* [kwam over, is overgekomen] ❶ over gaan, over iets heen komen: ★ *er komt een straaljager over* ❷ als gast van elders komen ❸ fig ontvangen of opgevat worden ★ *niet goed ~* niet goed begrepen worden ★ *~ als* de indruk maken van: ★ *hij komt op mij over als een tweedehandsautoverkoper*
over·ko·men² *ww* [overkwam, is overkomen] ❶ gebeuren, treffen ★ *als hem iets overkomt* als hij een ongeluk krijgt, ziek wordt, sterft ★ *niet weten wat je overkomt* zeer versteld staan ❷ te boven komen: ★ *dat bezwaar is wel te ~*
over·komst *de (v)* het van elders komen
over·laad·ha·ven *de* [-s] haven waar goederen overgeladen worden
over·laat *de (m)* [-laten] lage plaats in een rivierdijk bestemd om bij hoge waterstand in de rivier het water over de dijk te laten lopen
over·la·den¹ *ww* [laadde over, h. overgeladen] op een ander vaar- of voertuig laden; **overlading** *de (v)*
over·la·den² *ww* [overlaadde, h. overladen] te zwaar belasten
over·langs *bijw bn* in de lengte
over·lap ⟨*Eng*⟩ *de (m)* [-pen] overlapping
over·lap·pen *ww* [overlapte, h. overlapt] ❶ (elkaar) gedeeltelijk bedekken: ★ *de stukken textiel ~ elkaar* ❷ samenvallen, in elkaar grijpen: ★ *deze regelingen ~ elkaar gedeeltelijk*; **overlapping** *de (v)* [-en]
over·last *de (m)* hinder: ★ *~ bezorgen* ★ *geluids~*
over·last·ma·na·ger [-mennidʒər] *de (m)* [-s] BN persoon die door de lokale overheid is aangesteld om sluikstorten, storend en crimineel gedrag, verkrotting e.d. tegen te gaan
over·last·taks *de* [-en] BN belasting die men betaalt voor sluikstorten, geluidshinder enz.
over·la·ten *ww* [liet over, h. overgelaten] ❶ doen overblijven: ★ *hij liet geen kruimel van het eten over* ❷ de zorg, de beslissing aan een ander laten ★ *niets aan het toeval ~* alles zeer gedegen voorbereiden ❸ BN, spreektaal overdoen, verkopen, van de hand doen: ★ *zij willen hun zaak ~* ★ *over te laten* te koop; zie ook → **wensen**
over·le·de·ne *de* [-n] gestorvene
over·leg *het* het overdenken van iets; beraadslaging: ★ *in ~ treden met iem.* ★ *in gemeen ~* met gemeenschappelijke beraadslaging ★ *~ plegen* ★ *NN, recht georganiseerd ~* bij de wet geregeld

overleg tussen werkgevers en werknemers
over·leg·gen¹ *ww* [legde over, h. overgelegd] NN tonen: ★ *stukken ~*
over·leg·gen² *ww* [overlegde, h. overlegd] overdenken, beraadslagen ★ *iets met iem. ~* beraadslagen, regelen
over·leg·ging *de (v)* het → **overleggen²**
over·leg·or·gaan *het* [-ganen] college voor onderling overleg
over·le·ven *ww* [overleefde, h. overleefd] ❶ langer leven dan: ★ *zij overleefde haar kinderen* ❷ niet sterven aan, te boven komen: ★ *hij overleefde de ramp* ❸ fig doorstaan, niet uitgeschakeld worden door of tijdens: ★ *de selectie ~*
over·le·ven·de *de* [-n] iem. die in leven gebleven is
over·le·ve·ren *ww* [leverde over, h. overgeleverd] ❶ overgeven, in handen stellen: ★ *een vandaal aan de politie ~* ❷ van geslacht op geslacht mondeling of schriftelijk overbrengen
over·le·ve·ring *de (v)* [-en] ❶ het overleveren ❷ het overgeleverde (→ **overleveren**, bet 2)
over·le·vings·kans *de* [-en] ❶ kans om langer te leven (dan een ander) ❷ kans om een grote ramp te overleven
over·le·vings·pen·si·oen [-sjoen] *het* [-en] in België pensioen dat aan het langstlevende gezinslid toekomt, pensioen voor weduwen en wezen
over·le·zen *ww* [las over, h. overgelezen] ❶ nog eens lezen ❷ inzien, doorzien
over·lig·gen *ww* [lag over, h. overgelegen] scheepv ❶ overhellen ❷ te lang liggen
over·lij·den I *ww* [overleed, is overleden] sterven II *het* ❶ het sterven, de dood ❷ BN, spreektaal sterfgeval *ook*: overlijdens: ★ *met 38 op 100 overlijdens blijven hartaanvallen de belangrijkste doodsoorzaak* ❸ doodsberichten, overlijdensberichten: ★ *de overlijdens in de krant*
over·lij·dens·ad·ver·ten·tie *de (v)* [-s] bericht in de krant van iemands overlijden
over·lij·dens·be·richt *het* [-en] bericht van overlijden
over·loop *de (m)* [-lopen] ❶ gang, portaal boven een trap ❷ het wegtrekken van mensen uit een gebied met een tekort aan woningen naar een gebied met meer woongelegenheid
over·lo·pen¹ *ww* [liep over, h. & is overgelopen] ❶ over iets heen lopen ❷ over de rand heen vloeien; fig overmatig aan de dag leggen: ★ *~ van ijver* ; zie ook bij → **emmer** ❸ tot een ander leger, andere partij overgaan: ★ *~ naar de vijand*
over·lo·pen² *ww* [overliep, h. & is overlopen] ❶ te veel bezoeken ❷ BN ook vluchtig bekijken, doorlopen; achteraf opnieuw doornemen: ★ *een lijst met titels ~*
over·lo·per *de (m)* [-s] iem. die tot een vijandelijk leger, een andere partij overgaat
over·maat *de* ★ *tot ~ van ramp* bij alle andere ongelukken die al gebeurd zijn
over·macht *de* ❶ grotere macht ❷ omstandigheden waartegen niemand voorzorgen kan nemen en die hem verhinderen zijn verplichtingen na te komen
over·mach·tig, **over·mach·tig** *bn* de overmacht hebbend
over·ma·ken *ww* [maakte over, h. overgemaakt] ❶ opnieuw maken ❷ ‹van geld› op een rekening (laten) zetten, gireren ❸ BN, schrijftaal (van berichten, brieven e.d.) toesturen, toezenden, doorgeven; (een vraag, zaak) voorleggen; (opmerkingen) doorspelen; (een suggestie) doen; (groeten) overbrengen
over·ma·king *de (v)* [-en] het → **overmaken** (bet 2)
over·man·nen *ww* [overmande, h. overmand] overweldigen ★ *door de slaap overmand* geen weerstand meer kunnende bieden aan de slaap ★ *door verdriet overmand* gezegd van iemand die zijn verdriet niet meer kan verbergen
over·ma·tig *bn* buitensporig, te erg
over·mees·te·ren *ww* [overmeesterde, h. overmeesterd] de baas worden; overwinnen
over·mees·te·ring *de (v)* het overmeesteren
over·moed *de (m)* te groot zelfvertrouwen; vermetelheid, roekeloosheid
over·moe·dig *bn* vermetel, roekeloos
over·mor·gen *bijw* de dag na de volgende
over·nach·ten *ww* [overnachtte, h. overnacht] de nacht doorbrengen
over·nach·ting *de (v)* ❶ het overnachten ❷ [mv: -en] verblijf in hotel enz., per nacht en per persoon berekend: ★ *het aantal overnachtingen in dit hotel is toegenomen*
over·na·me *de* het → **overnemen**, vooral bet 4: ★ *ter ~ aangeboden; ter ~ gevraagd* ★ *vijandige ~* ongewenste overname van een bedrijf door een ander door het opkopen van de aandelen op de beurs
over·ne·men *ww* [nam over, h. overgenomen] ❶ aanpakken, op zich nemen ten einde iemand of iets te ontlasten ❷ als iemands opvolger op zich nemen: ★ *ik heb zijn functie overgenomen* ❸ ontlenen, navolgen: ★ *een artikel uit een andere krant ~* ❹ van een niet-handelaar kopen: ★ *een gebruikte fiets ~* ★ *een winkel ~*; **overneming** *de (v)* [-en]
over·nieuw *bijw* vooral NN opnieuw
over·pad *het* [-paden] pad dat over de grond van een ander loopt ★ NN *recht van ~* recht om over land van een ander een pad te hebben
over·pein·zen *ww* [overpeinsde, h. overpeinsd] diep nadenken over; **overpeinzing** *de (v)* [-en]
over·plaat·sen *ww* [plaatste over, h. overgeplaatst] naar een andere plaats doen gaan
over·plaat·sing *de (v)* [-en] het overplaatsen of overgeplaatst-worden ★ *~ aanvragen* binnen hetzelfde bedrijf of dezelfde organisatie een andere werkplek vragen
over·plan·ten *ww* [plantte over, h. overgeplant] ❶ op een andere plaats in de aarde of in een andere pot

zetten ❷ fig (van mensen) in een andere woonplaats of andere omgeving brengen
over·prik·ke·len ww [overprikkelde, h. overprikkeld] te sterk prikkelen en daardoor schaden; **overprikkeling** de (v)
over·pro·duc·tie [-sie] de (v) te hoge productie in verhouding tot de vraag
over·re·den ww [overreedde, h. overreed] met kracht van redenen overhalen; **overreding** de (v)
over·re·dings·kracht de het vermogen iem. te overreden
over·rei·ken ww [reikte over, h. overgereikt] aanreiken, ter hand stellen
over·rij·den[1] ww [overreed, h. overreden] omverrijden, tegen iemand aanrijden en hem daardoor verwonden: ★ een fietser ~
over·rij·den[2] ww [reed over, h. overgereden] ❶ naar de andere kant rijden ❷ overheen rijden ❸ nog eens rijden
over·rijp bn te rijp
over·roe·pen bn BN ook overgewaardeerd, overschat of overdreven
over·rom·pe·len ww [overrompelde, h. overrompeld] verrassend overvallen, ook met een bezoek of met vragen of voorstellen: ★ de overvallers overrompelden het bankpersoneel ★ de kersverse minister werd overrompeld door de media-aandacht
over·rom·pe·ling de (v) [-en] het overrompelen
over·ru·len ww [-roelǝ(n)] ‹Eng› [overrulede, h. overruled] ❶ de overhand hebben over, sterker zijn dan ❷ → **overstemmen**[1] (bet 2) op grond van bevoegdheid (niet van meerderheid)
over·scha·du·wen ww [overschaduwde, h. overschaduwd] ❶ geheel in de schaduw doen staan ❷ fig overtreffen, overvleugelen
over·scha·ke·len ww [schakelde over, h. overgeschakeld] ❶ een nieuwe verbinding leggen na een oude te hebben verbroken: ★ we schakelen nu over naar onze verslaggever ter plaatse ❷ fig met een ingrijpende verandering overgaan tot: ★ van binnenlandse afzet ~ op export, van boekhandel ~ op uitgeverij, van vrijmarkteconomie ~ op geleide economie
over·schat·ten ww [overschatte, h. overschat] te hoog schatten, te veel kwaliteit toedichten aan; **overschatting** de (v)
over·schen·ken ww [schonk over, h. overgeschonken] in iets anders schenken
over·sche·pen ww [scheepte over, h. overgescheept] in een ander schip laden; **overscheping** de (v)
over·schie·ten ww [schoot over, is overgeschoten] → **overblijven** (bet 1)
over·schil·de·ren[1] ww [schilderde over, h. overgeschilderd] opnieuw schilderen
over·schil·de·ren[2] ww [overschilderde, h. overschilderd] over schilderwerk heen schilderen
over·schoen de (m) [-en] waterdichte rubberschoen die over een andere schoen gedragen wordt

over·schot het [-ten] het overgeblevene, wat te veel is; wat er meer is dan nodig: ★ een ~ van melk en boter ★ BN, spreektaal ~ van gelijk (hebben) volkomen gelijk (hebben) ★ BN, spreektaal geen ~ hebben nauwelijks genoeg hebben ; zie ook → **stoffelijk**
over·schreeu·wen I ww [overschreeuwde, h. overschreeuwd] boven iemand of iets uit schreeuwen II wederk NN luid tekeergaan om de eigen onkunde of onmacht te compenseren
over·schrij·den ww [overschreed, h. overschreden] ❶ over iets heen gaan: ★ grenzen ~ ❷ fig te boven of te buiten gaan: ★ een budget ~; **overschrijding** de (v) [-en]
over·schrij·ven[1] ww [schreef over, h. overgeschreven] ❶ afschrijven, naschrijven ❷ opnieuw schrijven ❸ op een andere rekening (laten) overmaken ❹ ‹aandelen› op naam van een ander zetten
over·schrij·ven[2] ww [overschreef, h. overschreven] comput informatie die op een bep. plaats in het geheugen is opgeslagen, wissen door op die plaats nieuwe informatie vast te leggen
over·schrij·ving de (v) [-en] het → **overschrijven**[1] (bet 3 en 4): ★ automatische ~
over·sei·nen ww [seinde over, h. overgeseind] telegrafisch overbrengen
over·sekst ‹Eng› bn ziekelijk gericht op, overmatig geïnteresseerd in seks en alles wat daarmee te maken heeft
over·sized [-saizd] ‹Eng› bn ‹v. kleding› te groot
over·slaan ww [sloeg over, h. & is overgeslagen] ❶ niet doen, verzuimen: ★ de leerling sloeg een opgave over ★ een klas op school ~ ❷ voorbijgaan aan, vergeten: ★ met trakteren heb ik Martine overgeslagen ❸ op iets of iemand overgaan: ★ de brand sloeg over naar het huis ernaast ★ ziekte kan ~ naar iemand anders ❹ plotseling veranderen van klank (van de stem vooral bij stemwisseling) ❺ ‹goederen› van een schip in een ander overladen (vooral van zeeschip op binnenschip en omgekeerd)
over·slag de (m) [-slagen] ❶ strook stof ter afsluiting: ★ de ~ van een mantel enz. ❷ kaartsp elke slag gemaakt boven het geboden aantal: ★ twee overslagen maken ❸ het → **overslaan** (bet 5)
over·slag·ha·ven de [-s] haven waar goederen worden overgeslagen (→ **overslaan**, bet 5)
over·sla·pen wederk [oversliep, h. overslapen] BN, spreektaal zich verslapen
over·slui·ten ww [sloot over, h. overgesloten] vooral NN ‹v. hypotheken› beëindigen en opnieuw afsluiten onder andere voorwaarden (bijv. een lagere rente) of bij een andere hypotheekinstelling
over·snij·den ww [sneed over, h. overgesneden] BN (de keel, de pols) opensnijden, doorsnijden; (de keel) afsnijden
over·span·nen I ww [overspande, h. overspannen] ❶ over iets heen gespannen zijn: ★ een brug overspant de rivier ❷ te sterk spannen; fig te veel eisen van de zenuwen II bn ❶ overwerkt: ★ hij was

zwaar ~ ❷ overdreven; buitensporig: ★ *zij koesterde ~ verwachtingen*

over·span·ning *de (v)* ❶ het → **overspannen** (I bet 2) zijn ❷ [*mv*: -en] brugboog, afstand tussen twee pijlers

over·spel *het* seksuele omgang met een andere man of vrouw dan de vaste partner: ★ *~ plegen*

over·spe·len[1] *ww* [speelde over, h. overgespeeld] ❶ sp opnieuw spelen: ★ *een punt ~* ❷ ⟨bij balsporten⟩ de bal naar een medespeler plaatsen

over·spe·len[2] *ww* [overspeelde, h. overspeeld] ⟨in het spel⟩ duidelijk overwinnen, overklassen: ★ *Sparta heeft Ajax met 5-1 overspeeld* ★ *zijn hand ~* eig niet het aantal afgesproken punten of slagen halen met de kaarten die men in de hand heeft; fig de eigen capaciteiten overschatten, te veel risico nemen

over·spe·lig *bn* aan overspel schuldig: ★ *een overspelige vrouw*

over·spoe·len *ww* [overspoelde, h. overspoeld] ❶ stromen over ❷ fig in hoge mate toestromen naar: ★ *overspoeld worden met informatie*

over·sprin·gen *ww* [sprong over, is & h. overgesprongen] ❶ over iets heen springen ❷ van het een op het ander springen; fig plotseling op iets anders overgaan: ★ *in een gesprek ~ op een ander onderwerp* ❸ opnieuw springen

over·staan *het* ❶ ★ *ten ~ van* in tegenwoordigheid van, in het bijzijn van: ★ *hij sloeg zijn vrouw ten ~ van de hele familie* ❷ ten opzichte van, met aanzien van: ★ *de houding van Vlamingen ten ~ van hun eigen taal*

over·staand *bn* meetk: ★ *overstaande hoeken* twee rechte hoeken in een rechthoek of vierkant die een been delen ★ *overstaande hoek* hoek tegenover een zijde (van een driehoek) ★ *overstaande zijde* zijde tegenover een hoek

over·stag *bijw* ★ *~ gaan* a) over een andere boeg gaan; b) fig van richting, mening veranderen ★ *~ raken* de wind tegen krijgen

over·stap *de (m)* ❶ het overstappen ❷ fig verandering (van beroep e.d.): ★ *hij maakte de ~ van de amateurs naar de profs*

over·stap·je *het* [-s] ❶ vroeger vervoersbewijs waarmee men kan overstappen in een andere tram of bus ❷ voetbal schijnbeweging waarbij men de bal onder de voet door laat rollen

over·stap·pen *ww* [stapte over, is overgestapt] ❶ in een andere tram, trein, bus enz. stappen ❷ een ander product gaan gebruiken: ★ *ik ben overgestapt op een ander merk hondenbrokken*

over·ste [-n] **I** *de* geestelijke die aan het hoofd staat van een klooster: ★ *moeder~* **II** *de (m)* luitenant-kolonel, ook bij de marine

over·steek *de (m)* [-steken] ❶ het → **oversteken** (bet 1) van een water: ★ *de ~ naar Dover maken* ❷ oversteekplaats

over·steek·plaats *de* [-en] speciaal gemarkeerde plaats op een rijweg voor overstekende voetgangers

over·ste·ken *ww* [stak over, is & h. overgestoken] ❶ naar de overkant gaan: ★ *de weg ~* ❷ ★ *gelijk ~* (bij een ruil) voorwerpen gelijktijdig uitwisselen

over·stel·pen *ww* [overstelpte, h. overstelpt] → **overladen**[2]; vooral fig: ★ *~ met cadeaus;* **overstelping** *de (v)*

over·stem·men[1] *ww* [overstemde, h. overstemd] ❶ door sterker geluid, door iets sterkers overtreffen ❷ door meerderheid van stemmen de overhand krijgen over

over·stem·men[2] *ww* [stemde over, h. overgestemd] opnieuw stemmen

over·stij·gen *ww* [oversteeg, h. overstegen] groter zijn dan: ★ *het succes oversteeg onze verwachtingen*

over·stra·len *ww* [overstraalde, h. overstraald] ❶ stralen over ❷ sterker stralen dan: ★ *de zon overstraalt het kunstlicht* ❸ fig overtreffen, in de schaduw stellen

over·stro·men[1] *ww* [stroomde over, is overgestroomd] buiten de oevers treden; over de rand lopen; overlopen: ★ *de badkuip stroomt over*

over·stro·men[2] *ww* [overstroomde, h. overstroomd] ❶ onder water zetten ❷ fig doen volstromen met, overstelpen: ★ *de stad werd overstroomd door toeristen*

over·stro·ming *de (v)* [-en] het overstromen, watervloed

over·stu·ren *ww* [stuurde over, h. overgestuurd] overzenden

over·stuur *bn* fig van streek

over·stuurd *bn* auto de neiging hebbend in een bocht met de achterkant naar buiten te draaien; vgl: → **onderstuurd**

over·tal *het* BN te groot aantal ★ *in ~ zijn* overtallig, te veel zijn

over·tal·lig *bn* boven het benodigde of voorgeschreven aantal

over·tap·pen *ww* [tapte over, h. overgetapt] ⟨een vloeistof⟩ van een vat e.d. in een ander overbrengen

over·te·ke·nen[1] *ww* [tekende over, h. overgetekend] opnieuw tekenen; natekenen

over·te·ke·nen[2] *ww* [overtekende, h. overtekend] ❶ over teken- of schilderwerk heen tekenen ❷ voor meer dan het verlangde bedrag intekenen op: ★ *de lening is ruim overtekend*

over·tel·len *ww* [telde over, h. overgeteld] opnieuw tellen; natellen

over·tijd·be·han·de·ling *de (v)* [-en], **over·tijd·pil** *de* [-len] behandeling, in de vorm van het slikken van een pil, om een uitblijvende menstruatie kunstmatig op te wekken

over·tik·ken *ww* [tikte over, h. overgetikt] ❶ opnieuw → **tikken** (bet 2) ❷ een getikt afschrift maken van

over·tocht *de (m)* [-en] het oversteken van een rivier, van een zee

over·tol·lig *bn* meer dan nodig is; **overtolligheid** *de (v)* [-heden]

over·toom *de (m)* [-tomen] plaats waar men

vaartuigen van het ene vaarwater in het andere sleepte over een dijk of kade heen

over·tre·den *ww* [overtrad, h. overtreden] verbreken, schenden: ★ *de wet, de regels ~*

over·tre·der *de (m)* [-s], **over·treed·ster** *de (v)* [-s] iem. die overtreedt

over·tre·ding *de (v)* [-en] NN verbreking, schending van een voorschrift enz., meestal van minder ernstige aard dan een misdrijf; BN misdrijf strafbaar met een politiestraf ★ *in ~ zijn* iets doen dat voor de wet niet mag

over·tref·fen *ww* [overtrof, h. overtroffen] te boven gaan: ★ *dit overtreft mijn verwachtingen* ★ *iem. ~ in het doen van iets* ★ *zich(zelf) ~* iets beter doen dan ooit

over·tref·fen·de trap *de (m)* woordvorm van bijvoeglijke naamwoorden die het uiterste aangeeft: bijv. *hoogst, grootst*

over·trek *de (m) & het* [-ken] hoes, omhulsel, bekleedsel

over·trek·ken¹ *ww* [trok over, is & h. overgetrokken] ❶ ‹op een tocht› over een rivier, een berg heengaan ❷ voorbijgaan: ★ *de bui trok over* ❸ op doorzichtig papier natekenen

over·trek·ken² *ww* [overtrok, h. overtrokken] ❶ van een omhulsel of bekleedsel voorzien: ★ *de zitting van een stoel ~* ❷ door te scherpe stijging onbestuurbaar doen worden (*vliegtuig*) ❸ overdrijven, chargeren (*vooral deelwoord: overtrokken*)

over·trek·pa·pier *het* doorschijnend papier waarop een afbeelding (tekening, getallen of woorden) die eronder ligt, kan worden overgetekend

over·troe·ven¹ *ww* [overtroefde, h. overgetroefd] kaartsp een hogere troefkaart spelen dan al gespeeld is

over·troe·ven² *ww* [overtroefde, h. overtroefd] fig nog brutaler, listiger of knapper zijn dan

over·trok·ken *bn* zie bij → **overtrekken²** (bet 3)

over·tuigd *bn* van vaste overtuiging: ★ *een ~ voorstander* ★ *~ zijn van iets*

over·tui·gen **I** *ww* [overtuigde, h. overtuigd] de juistheid doen inzien van ★ *overtuigd van* verzekerd van, vast gelovend in **II** *wederk* door kennisneming van feiten en omstandigheden nagaan of iets waar is; zie ook → **overtuigd** en → **overtuigend**

over·tui·gend *bn* ❶ met bewijskracht: ★ *het wettig en ~ bewijs* ❷ geen twijfel latend: ★ *een ~ succes*

over·tui·ging *de (v)* [-en] ❶ besef van de juistheid van iets ❷ mening, opvatting: ★ *geloofsovertuiging* ★ *tot de ~ komen dat*

over·tui·gings·kracht *de* het vermogen iemand te overtuigen van iets

over·uur *het* [-uren] uur dat men werkt boven de vaste arbeidstijd

over·vaart *de* [-en] het → **overvaren¹**

over·val *de (m)* [-len] onverhoedse aanval: ★ *roof~, bank~*

over·val·len *ww* [overviel, h. overvallen] ❶ onverhoeds aanvallen ❷ overrompelen, onaangenaam verrassen: ★ *je overvalt me met dat voorstel* ik weet even niet wat ik met je voorstel aan moet

over·val·wa·gen *de (m)* [-s] auto waarmee de politie verdachten overvalt en hen terstond meeneemt

over·va·ren¹ *ww* [voer over, is & h. overgevaren] ❶ naar de overkant varen ❷ overzetten

over·va·ren² *ww* [overvoer, h. overvaren] over een ander vaartuig heen varen

over·ver·hit·ten *ww* [oververhitte, h. oververhit] ❶ te erg verhitten ❷ fig te hoog opdrijven, te intensief laten werken: ★ *een oververhitte economie*

over·ver·hit·ting *de (v)* het oververhit-zijn

over·ver·moeid *bn* te vermoeid; **oververmoeidheid** *de (v)*

over·ver·te·gen·woor·digd *bn* verhoudingsgewijs door te veel leden, elementen, exemplaren e.d. vertegenwoordigd

over·ver·tel·len *ww* [vertelde over, h. oververteld] verklappen, verraden

over·ver·za·digd *bn* meer dan verzadigd, fig blasé ★ *een oververzadigde oplossing* oplossing die meer stof bevat dan in de verzadigingstoestand bij die temperatuur

over·ver·ze·ke·ren *ww* [verleden tijd ongebr, h. oververzekerd] boven de waarde verzekeren; **oververzekering** *de (v)*

over·vleu·ge·len *ww* [overvleugelde, h. overvleugeld] fig overtreffen in omvang of kracht

over·vlie·gen *ww* [vloog over, *onoverg* is, *overg* h. overgevlogen] ❶ over iets heen vliegen ❷ zich per vliegtuig verplaatsen: ★ *naar Amerika ~* ❸ per vliegtuig overbrengen: ★ *goederen naar het rampgebied ~*

over·vloed *de (m)* het rijkelijk aanwezig zijn van iets: ★ *iets is in ~* ★ *ten overvloede*

over·vloe·dig *bn* in ruime mate

over·vloei·en *ww* [vloeide over, h. & is overgevloeid] overlopen ★ fig *~ van* veel van iets hebben

over·voe·ren¹ *ww* [voerde over, h. overgevoerd] over iets heen leiden

over·voe·ren² *ww* [overvoerde, h. overvoerd] ❶ te ruim met aangevoerde goederen voorzien ❷ te veel voedsel geven

over·vol *bn* te vol

over·vracht *de* meer lading of bagage dan is aangegeven

over·vra·gen *ww* [overvraagde *en* overvroeg, h. overvraagd] te veel vragen; te veel geld voor iets vragen

over·waai·en *ww* [waaide *of* woei over, is overgewaaid] ❶ over iets heen waaien ❷ van elders komen: ★ *die mode is uit Engeland overgewaaid* ❸ voorbijgaan, van tijdelijke aard blijken: ★ *die modegril waait wel over*

over·waar·de *de (v)* verschil tussen de prijs voor iets en de lagere werkelijke waarde, bijv. verschil tussen de waarde van een onderpand en de daarop verstrekte lening

o̱ver·waar·de·ren *ww* [waardeerde over, h. overgewaardeerd] te hoog waarderen, te hoge waarde toekennen aan

o̱ver·weg[1] *de (m)* [-wegen] plaats waar een weg een spoorweg kruist

o̱ver·weg[2] *bijw* ★ ~ *kunnen met* goed kunnen omgaan met

o̱ver·weg·boom *de (m)* [-bomen] → **boom**[1] (bet 2) tot afsluiting van een overweg

o̱ver·we·gen[1] *ww* [woog over, h. overgewogen] opnieuw wegen; nawegen

o̱ver·we·gen[2] *ww* [overwoog, h. overwogen] ❶ overdenken om misschien te gaan doen ❷ van meer belang zijn, de doorslag geven

o̱ver·we·gend I *bn* fig zwaarder wegend; zeer gewichtig, de doorslag gevend **II** *bijw* voornamelijk, hoofdzakelijk: ★ *om ~ financiële redenen*

o̱ver·we·ging *de (v)* [-en] ❶ het overdenken ★ *in ~ geven* aanraden, voorstellen, ter overdenking geven ❷ beweegreden, argument

o̱ver·wel·di·gen *ww* [overweldigde, h. overweldigd] ❶ met veel geweld overwinnen, in bezit nemen ❷ fig te machtig worden, te veel worden, overstelpen: ★ *ze werd door verdriet overweldigd*

o̱ver·wel·di·gend *bn* ontzagwekkend: ★ *een ~ succes*

o̱ver·wel·di·ger *de (m)* [-s] iem. die een land, volk overweldigt

o̱ver·wel·di·ging *de (v)* het overweldigen

o̱ver·wel·ven *ww* [overwelfde, h. overwelfd] een gewelf maken over

o̱ver·wel·ving *de (v)* ❶ het overwelven ❷ [*mv*: -en] gewelf

o̱ver·werk *het* werk buiten de vaste arbeidstijd

o̱ver·wer·ken[1] *ww* [werkte over, h. overgewerkt] langer dan de vaste arbeidstijd werken

o̱ver·wer·ken[2] *wederk* [overwerkte, h. overwerkt] door te hard werken de eigen gezondheid schaden

o̱ver·werkt *bn* zich overwerkt hebbende

o̱ver·wicht *het* ❶ meer gewicht dan vereist wordt, bij bijv. een koop ❷ fig meer macht of invloed, gezag: ★ ~ *hebben over*

o̱ver·win·naar *de (m)* [-s, -naren] iem. die overwint

o̱ver·win·nen *ww* [overwon, h. overwonnen] ❶ in een strijd de sterkste zijn ❷ met goed gevolg bestreden hebben: ★ *moeilijkheden ~; een ziekte ~*

o̱ver·win·ning *de (v)* [-en] het overwinnen; zege

o̱ver·win·nings·roes *de (m)* euforische of feestelijke stemming na een overwinning

o̱ver·winst *de (v)* [-en] NN wat van de winst overblijft na aftrek van een zeker gedeelte, dat gewoonlijk een bepaalde bestemming heeft

o̱ver·win·te·ren *ww* [overwinterde, h. overwinterd] ❶ de winter doorbrengen: ★ ~ *op de Canarische Eilanden* ❷ goed de winter doorkomen: ★ *deze planten ~ niet* ❸ sp nog niet uitgeschakeld zijn tijdens de winterstop: ★ *PSV mocht ~ in de Champions League*

o̱ver·win·te·ring *de (v)* [-en] het overwinteren ★ *de ~ op Nova Zembla* de geschiedenis van Willem Barendsz. en andere Nederlanders die in 1596-'97 op Nova Zembla overwinterden

o̱ver·woe·ke·ren *ww* [overwoekerde, h. overwoekerd] ❶ door welige groei een ander gewas overdekken ❷ fig door te grote uitbreiding in het gedrang brengen

o̱ver·zee *bijw* aan of naar de overzijde van de (wereld)zee: ★ *de Nederlandse gebiedsdelen ~*

o̱ver·zees *bn* aan: ★ *of naar de overzijde van de zee: overzeese gebiedsdelen*

o̱ver·zei·len[1] *ww* [zeilde over, h. & is overgezeild] ❶ opnieuw zeilen ❷ naar de overkant zeilen

o̱ver·zei·len[2] *ww* [overzeilde, h. overzeild] zeilen over iets heen: ★ *een roeiboot ~*

o̱ver·zen·den *ww* [zond over, h. overgezonden] toezenden, ergens anders heen zenden; **overzending** *de (v)* [-en]

o̱ver·zet·ten *ww* [zette over, h. overgezet] ❶ naar de overkant brengen: ★ *we werden met een roeiboot overgezet* ❷ vertalen: ★ *van het Nederlands in het Engels ~*

o̱ver·zet·ting *de (v)* [-en] vertaling

o̱ver·zicht *het* [-en] ❶ uittreksel, beknopte opsomming van de hoofdpunten ❷ ruim uitzicht over het geheel van iets

o̱ver·zich·te·lijk *bn* gemakkelijk te overzien; **overzichtelijkheid** *de (v)*

o̱ver·zien[1] *ww* [zag over, h. overgezien] nakijken, inkijken, nog een keer doornemen

o̱ver·zien[2] *ww* [overzag, h. overzien] ❶ in zijn geheel zien ❷ berekenen, schatten: ★ *het leed is dan niet meer te ~* ❸ over het hoofd zien

o̱ver·zij, o̱ver·zij·de *de* overkant

o̱ver·zwem·men *ww* [zwom over, h. & is overgezwommen] over een water zwemmen; zwemmen naar de overkant van: ★ *de rivier ~*

ov-jaar·kaart *de* [-en] NN openbaarvervoerjaarkaart [abonnement waarmee men een jaar lang in geheel Nederland kan reizen met bijna alle vormen van openbaar vervoer]

OVSE *afk* Organisatie voor Veiligheid en Samenwerking in Europa

o.v.t. *afk* onvoltooid verleden tijd

ovu·la·tie *de [-(t)sie] (‹Lat) de (v)* [-s] het uittreden van een rijpe eicel uit de eierstok

ovu·le·ren *ww* [ovuleerde, h. geovuleerd] een ovulatie hebben

o.v.v. *afk* onder vermelding van

owee·ër [oowee-] *de (m)* [-s] NN in de Eerste Wereldoorlog iem. die oorlogswinst (ow) maakte

own·goal [oownyool] *(‹Eng) de (m)* [-s] BN, sp eigen doelpunt, doelpunt gescoord in eigen doel

oxaal·zuur [oksaal-] *(‹oxaal‹Gr) het* zuringzuur

oxer *de* [-s] paardensport bep. hindernis met balken

bij een concours hippique

oxi·da·tie [-(t)sie] *(‹Fr) de (v)* het oxideren, verbinding met zuurstof; het roesten; in ruimere zin ook voor elk proces waarbij een stof valentie-elektronen afstaat

oxi·de [oksie-] *(‹Gr) het* [-n, -s] verbinding van een element met zuurstof

oxi·de·ren *ww (‹Fr)* [oxideerde, h. & is geoxideerd] (zich) met zuurstof verbinden; roesten; verbranden

oxy·ge·ni·um [oksie-] *(‹Gr) het* zuurstof

oxy·mo·ron [oksie-] *(‹Gr) het* stijlfiguur bestaande uit de verbinding van twee tegengestelde begrippen, bijv. *een levende dode*

ozb *afk* NN onroerendezaakbelasting

OZO *afk* oostzuidoost

ozo·ke·riet *(‹Du) het* aardwas, mineraal o.a. gebruikt als isoleerstof om elektriciteitsdraden heen

ozon *(‹Gr) de (m) & het* zuurstof met moleculen van drie i.p.v. twee atomen, ontstaat o.a. door elektrische ontlading in de dampkring; ruikt verfrissend en is desinfecterend

ozo·ni·se·ren *ww* [-zee-] [ozoniseerde, h. geozoniseerd] zuiveren door middel van ozon

ozon·laag *de* de laag ozon in de ozonosfeer, het deel van de stratosfeer op een hoogte van 15 tot 35 km waar veel ozon in voorkomt: ★ *het gat in de ~* plek in het Zuidpoolgebied waar de ozonlaag ontbreekt of heel dun is geworden, waarschijnlijk door de toenemende uitstoot van stikstofoxiden en organische chloorverbindingen in combinatie met een lage temperatuur

ozo·no·me·ter *(‹Gr) de (m)* [-s] werktuig tot meting van het ozongehalte van de lucht

P

p¹ *de* ['s] de zestiende letter van het alfabet

p² *afk* ❶ muz: piano *zacht te spelen* ❷ pond

P *afk* ❶ chem symbool voor het element fosfor *(phosphorum)* ❷ parkeren; parkeerplaats ❸ als nationaliteitsaanduiding op auto's *Portugal*

p. *afk* ❶ pagina ❷ per

PA *afk* ❶ public address *(‹Eng)* [instrumenten en geluidsinstallatie van een popgroep] ❷ in Nederland Pedagogische Academie

Pa *afk* ❶ chem symbool voor het element *protactinium* ❷ nat symbool voor *pascal*

pa *de (m)* ['s], **paatje** pa-tje *het* [-s] vader

p.a. *afk* per adres

paad·je *het* [-s] smal pad

paai·en *ww* [paaide, h. gepaaid] *(‹Fr)* ❶ door mooie woorden of enige tegemoetkoming tevredenstellen, door schone schijn inpalmen ❷ ‹van vissen› paren *(‹Fr)* (van een schip) met harpuis bestrijken beneden de waterlijn

paai·plaats *de* [-en] plaats waar de vissen paren

paai·tijd *de (m)* [-en] paartijd bij de vissen

paal *(‹Lat) de (m)* [palen] ❶ langwerpig stevig stuk hout, ijzer enz.: ★ *een ~ in de grond slaan* ★ *dat staat als een ~ boven water* daar valt niet aan te twijfelen, dat is zeker ★ *als puntje bij paaltje komt* zie bij → **punt** (I) ❷ grenspaal ★ *~ en perk aan iets stellen* iets beknotten, er een eind aan maken ❸ sp verticale balk als begrenzing van een doel, doelpaal: ★ *op de ~ schieten* ★ *tussen de palen staan* op doel staan ❹ spreektaal penis in erectie: ★ *een ~ in zijn broek hebben* ★ NN *voor ~ staan* een gek figuur slaan ★ NN *iem. voor ~ zetten* iem. belachelijk maken ❺ herald loodrechte gekleurde streep over een wapen

paal·dorp *het* [-en] dorp van paalwoningen

paal·fun·de·ring *de (v)* [-en] fundering op in de grond geheide palen

paal·gor·ding *de (v)* [-en, -s] gording op palen

paal·steek *de (m)* [-steken] stevige, maar makkelijk los te maken knoop

paal·vast *bn* onwrikbaar; ontwijfelbaar

paal·werk *het* [-en] heining van palen

paal·wo·ning *de (v)* [-en] op palen gebouwde woning, veelal in tropische gebieden, ter bescherming tegen ongedierte en overstromingen

paal·worm *de (m)* [-en] soort mossel, die palen van zeeweringen enz. van binnen uitholt, daardoor zeer gevaarlijk

paan *(‹Port) de (m)* [panen] lendendoek van traditioneel geklede negers

paap *(‹Gr) de (m)* [papen] geringsch geestelijke, rooms-katholiek

paap·je *het* [-s] soort zangvogel

paaps *bn* geringsch rooms-katholiek

paaps·ge·zind, **paaps·ge·zind** *bn* het

rooms-katholieke geloof aanhangende *of* daarmee sympathiserende; **paapsgezindheid** *de (v)*
paar *(Lat)* **I** *het* [paren] ❶ twee bij elkaar horende personen: ★ *die jongen en dat meisje vormen een ~* ❷ twee bijeenhorende voorwerpen: ★ *een ~ schoenen* ❸ twee of meer, enkele: ★ *een ~ knikkers* (‹Fr› bn ‹Fr› BN ook ‹van getallen› even (*tegengest:* → **onpaar**): ★ *pare nummers rechts, onpare links*
paard *het* [-en] ❶ viervoetig zoogdier, veel als trek- en rijdier gebruikt (*Equus caballus*) ★ *het Trojaanse ~ binnenhalen* zonder het te merken zelf de vijand of het gevaar binnenhalen ★ *een oud ~ van stal halen* iets ten beste geven dat men al eens heeft laten horen ★ *honger hebben als een ~* geweldige honger hebben ★ NN *iemand te ~ helpen* iemand gelegenheid geven vooruit te komen ★ *het oog van de meester maakt het ~ vet* zie bij → **meester** ★ *de paarden of het paard achter de wagen spannen* maatregelen nemen die het beoogde doel juist doen missen ★ *het beste ~ struikelt wel eens* iedereen kan wel eens een fout maken ★ fig *het beste ~ van stal* de belangrijkste persoon, degene die de meeste aandacht verdient ★ *over het ~ getild* verwaand ★ *een gegeven ~ moet men niet in de bek zien* een geschenk mag niet gekritiseerd worden ★ *hoog te ~ zitten* zich sterk doen gelden, veeleisend zijn ★ NN *een woning (kamer) waar een blind ~ geen schade kan aanrichten* een nauwelijks of zeer armoedig ingerichte woning (kamer) ★ *werken als een ~* zeer hard werken ★ *zo sterk als een ~* zeer sterk ★ BN *daar ligt het ~ gebonden* daar zit het hem, daar zit hem de fout; zie ook bij → **haver** en → **man** ❷ voorwerp met de vorm van een paard: ★ *het ~ van een schaakspel* ❸ gymnastiektoestel op vier poten ❹ stoel voor leidekkers, die met een haak op het dak wordt vastgemaakt
paar·den·bloem *de* [-en] samengesteldbloemige veldplant met gele bloemen (*Taraxacum officinale*)
paar·den·boon *de* [-bonen] tuinboon (*Vicia faba*)
paar·den·de·ken *de* [-s] dekkleed voor een paard
paar·den·fluis·te·raar *de (m)* [-s] iemand die wilde paarden weet te temmen, mede door op een bep. manier tegen de paarden te praten
paar·den·ge·bit *het* [-ten] gebit van een paard; schertsend grote vooruitstekende tanden
paar·den·haar *het* [-haren] (staart)haar van paarden
paar·den·ha·ren *bn* van paardenhaar
paar·den·hor·zel *de* [-s] horzel waarvan de larven in de maag van paarden of ezels leven
paar·den·kas·tan·je [-s] **I** *de (m)* wilde kastanjeboom (*Aesculus*) **II** *de* de vrucht daarvan
paar·den·koers *de* [-en] BN ook draverij
paar·den·kop *de (m)* [-pen] hoofd van een paard; zie ook bij → **anderhalf**
paar·den·kracht *de* [-en] maat voor het arbeidsvermogen, te weten de arbeid nodig om 75 kg gewicht in één seconde 1 meter omhoog te heffen
paar·den·leer, paar·den·le·der *het* leer van paardenhuid
paar·den·markt *de* [-en] markt van paarden
paar·den·mid·del *het* [-en] ❶ geneesmiddel voor paarden ❷ fig krachtig werkend geneesmiddel ❸ fig ingrijpend redmiddel dat in noodsituaties wordt toegepast
paar·den·mo·len *de (m)* [-s] BN, spreektaal draaimolen met paardjes
paar·den·oog *het* [-ogen] BN, spreektaal spiegelei
paar·den·ras *het* [-sen] ras van paarden
paar·den·ren·nen *mv* harddraverij
paar·den·rook·vlees *het* rookvlees van het paard
paar·den·sla·ger *de (m)* [-s] iem. die paarden slacht en paardenvlees verkoopt
paar·den·sport *de* het paardrijden als sport
paar·den·sprong *de (m)* [-en] de zet die men in het schaakspel met een paard doet: één vakje recht en één schuin
paar·den·staart *de (m)* [-en] ❶ staart van een paard ❷ ook lange, op een staart lijkende haarlok, die bovenaan bijeengebonden is ❸ taai kruid met holle stengels en in kransen staande zijstengels zonder bladeren (*Equisetum*)
paar·den·stal *de (m)* [-len] stal voor paarden
paar·den·stam·boek *het* [-en] stamboek met gegevens omtrent raspaarden
paar·den·tram [-trem] *de (m)* [-s, -men] vroeger door paarden getrokken tram
paar·den·tuig *het* [-en] leerwerk waarmee het paard wordt ingespannen
paar·den·vijg *de* [-en] uitwerpsel van een paard
paar·den·vlees *het* vlees van een paard ★ NN *~ gegeten hebben* druk, beweeglijk zijn
paar·den·vlieg *de* [-en] paardenhorzel
paar·den·voet *de (m)* [-en] ronde horrelvoet als van een paard
paar·den·volk *het* soldaten te paard
paard·je·rij·den *ww* [reed paardje, h. paardjegereden] kinderspel op iemands knie wippen
paard·mens *de (m)* [-en] centaur
paard·rij·den *ww* [reed paard, h. paardgereden] op een paard rijden
paard·rij·der *de (m)* [-s], **paard·rijd·ster** *de (v)* [-s] iem. die paardrijdt
paar·le·moer, pa·rel·moer *het* glinsterend binnenbekleedsel van vele schelpen
paar·le·moe·ren, pa·rel·moe·ren *bn* van paarlemoer
paars *(Lat) bn* ❶ purperachtig violet ❷ pol ‹m.b.t. kabinetten› waarin zowel liberalen als sociaaldemocraten zijn vertegenwoordigd
paars·ge·wijs, paars·ge·wij·ze *bijw* in paren, twee aan twee
paar·tijd *de (m)* tijd dat de dieren paren
paas·avond *de (m)* [-en] avond vóór Pasen
paas·best *zn* ★ *op zijn ~* op zijn mooist gekleed
paas·biecht *de* [-en] RK verplichte biecht vóór de

paascommunie
paas·bloem *de* [-en] BN ook gele narcis (*Narcissus pseudonarcissus*)
paas·brood *het* [-broden] ❶ ongezuurd brood, door de Israëlieten in de paastijd gegeten ❷ fijn krentenbrood
paas·com·mu·nie *de (v)* [-s, -niën] verplichte communie omstreeks Pasen
paas·dag *de (m)* [-dagen] dag van het paasfeest: ★ *eerste* of *tweede ~*
paas·ei *het* [-eren] gekleurd ei of ei van suikerwerk met Pasen gegeten
paas·feest *het* ❶ *bij de Israëlieten* feest van het ongezuurde brood, dat zeven dagen duurt en op de vooravond waarvan het paaslam wordt gegeten ❷ *bij de christenen* feest ter herdenking van de verrijzenis van Christus
paas·haas *de (m)* [-hazen] ❶ haas die volgens traditionele voorstelling met Pasen eieren brengt ❷ een stuk snoepgoed, vooral chocolade, in de vorm van een haas
paas·kaars *de* [-en] RK kaars die van zaterdag voor Pasen tot Hemelvaartsdag tijdens de mis gebrand wordt
paas·klok *de* [-ken] BN klok die volgens oud geloof paaseieren voor de kinderen brengt
paas·lam *het* [-meren] ❶ lam door de Israëlieten aan de vooravond van hun paasfeest geofferd en gegeten ❷ symbool voor Christus
paas·maal *het* [-malen] maaltijd op het paasfeest
paas·maan·dag *de (m)* [-dagen] tweede paasdag
paas·nacht *de (m)* [-en] nacht vóór eerste paasdag
paas·plicht *de* RK verplichting om in de paastijd te communiëren
paas·spel *het* [-spelen] toneelspel over het Bijbelse opstandingsverhaal
paas·tijd *de (m)* de week vóór en na Pasen
paas·va·kan·tie [-sie] *de (v)* [-s] vakantie omstreeks Pasen
paas·vuur *het* [-vuren] groot vreugdevuur dat met Pasen in sommige streken buiten ontstoken wordt
paas·wa·ke *de* [-n] kerkdienst in de paasnacht
paas·week *de* [-weken] week die begint met eerste paasdag
paas·za·ter·dag *de (m)* [-dagen] zaterdag vóór Pasen
paas·zon·dag *de (m)* [-dagen] eerste paasdag
paatje pa-tje *het* [-s] zie bij → **pa**
pabo *afk* in Nederland Pedagogische Academie voor het Basisonderwijs
pace·mak·er [pees-meekə(r)] *(‹Eng) de (m)* [-s] gangmaker, eig en fig, bijv. in toepassing op een hartstimulator
pa·cen *ww* [peesə(n)] *(‹Eng)* [pacete, h. gepacet] sp gangmaker
pacht *(‹Lat) de* [-en] het huren; huur, huurprijs, vooral van land, hoeven, viswater e.d. ★ *de wijsheid in ~ hebben* menen alleen zelf alles te weten
pacht·ak·te *de* [-n, -s] schriftelijke pachtovereenkomst

pacht·boer *de (m)* [-en] boer die land in pacht heeft
pacht·boer·de·rij *de (v)* [-en] boerderij in pacht
pach·ten *ww* [pachtte, h. gepacht] ‹land, boerderijen, viswater e.d.› huren
pach·ter *de (m)* [-s] iem. die iets pacht
pacht·geld *het* [-en] huurprijs van landerijen e.d.
pacht·grond *de (m)* [-en] verpachte grond
pacht·heer *de (m)* [-heren] iem. die landerijen e.d. in pacht geeft
pacht·ka·mer *de* college dat geschillen over pachtovereenkomsten berecht
pacht·som *de* [-men] pachtgeld
pacht·ter·mijn *de (m)* [-en] tijd gedurende welke men land gepacht heeft
pa·chy·derm [-gie-] *(‹Gr) de (m)* [-en] ❶ dikhuidige, benaming voor zoogdieren met een dikke huid, zoals olifanten en nijlpaarden ❷ fig lomp, ongevoelig, onhandelbaar mens
pa·ci·fi·ca·tie [-(t)sie] *(‹Fr‹Lat) de (v)* [-s, -tiën] verzoening; vredestichting; het tot vrede brengen uit een oorlogstoestand ★ *Pacificatie van Gent* in 1576 gesloten verdrag tussen Holland en Zeeland enerzijds en de overige staten van de Nederlanden anderzijds tegen de Spanjaarden, waarbij tevens werd bepaald dat het calvinisme de enig toegestane godsdienst in Holland en Zeeland zou zijn
pa·ci·fi·ce·ren *ww (‹Lat)* [pacificeerde, h. gepacificeerd] verzoenen, tot vrede of tot rust brengen
Pa·ci·fisch *(‹Eng‹Sp) bn* betrekking hebbend op de Stille Oceaan
pa·ci·fis·me *(‹Fr) het* ❶ vredelievendheid ❷ vredesbeweging die alle geweldpleging afwijst en onvoorwaardelijke handhaving van de vrede verlangt
pa·ci·fist *(‹Fr) de (m)* [-en] aanhanger van het pacifisme
pa·ci·fis·tisch *bn* van, betrekking hebbend op of behorend tot het pacifisme of de pacifisten
pack·age·deal [pekkədzjdiel] *(‹Eng) de (m)* [-s] pakketovereenkomst, koppeltransactie; overeenkomst waarbij de aanvaarding van een punt of onderdeel gekoppeld wordt aan één of meer andere punten die men alle moet aanvaarden
pact *(‹Lat) het* [-en] ❶ afspraak, overeenkomst ❷ traktaat; multilateraal verdrag; handvest ★ *~ van Bagdad* oorspronkelijke benaming van de Centrale Verdragsorganisatie, een tegen de Sovjet-Unie gericht verbond van Groot-Brittannië en een aantal Zuid-Aziatische staten (1955-1979); zie ook bij → **Atlantisch**
pad[1] *het* [paden] ❶ smalle, niet verharde voetweg ★ *op ~ zijn* weg (van huis) zijn ❷ fig levensweg: ★ *het verkeerde ~ opgaan* ★ *iem. van het rechte ~ afbrengen* iem. verleiden tot slechte dingen ★ *het ~ van de deugd bewandelen* een deugdzaam leven leiden
pad[2] *de* [-den] trage, op de kikker lijkende amfibie

★ BN ook *een ~ in iemands korf zetten* iem. tegenwerken of onaangenaam verrassen, iem. dwarsbomen
pad³ [pèd] *(Eng) de (m)* [-s] in filter verpakte kleine hoeveelheid koffie
pad·del [peddəl,], **ped·del** *(Eng) de (m)* [-s] → **peddel**
pad·den·stoel *de (m)* [-en] ❶ zwam met een kenmerkende vorm: een steel met daarop een hoed ★ *als paddenstoelen uit de grond rijzen, schieten* zeer snel en in groot aantal opkomen ❷ kleine wegwijzer (voor wandelaars en wielrijders) in de vorm van een paddenstoel, o.a. in natuurgebieden, verkeerspaddenstoel
pad·den·stoel·wolk *de* [-en] paddenstoelvormige wolk die ontstaat na een kernbomexplosie
pad·den·trek *de (m)* [-ken] na de winterslaap door padden ondernomen nachtelijke tocht naar stilstaand water om daar te paren
pad·do *de* ['s] hallucinogene paddenstoel
pa·den *zn meerv van* → **pad¹**
pad·naam *de (m)* [-namen] comput string met slashes erin die aangeeft waar in het systeem de betreffende map (of directory) en de bestanden daarin zich bevinden
pa·dro·ne *(It) de (m)* [-s] meester; heer; baas
pad·vin·der *de (m)* [-s] lid van de padvindersbeweging
pad·vin·de·rij *de (v)* padvindersbeweging
pad·vin·ders·be·we·ging *de (v)* door de Engelse generaal Baden-Powell (1857-1941) opgerichte jeugdorganisatie die, vanuit ideëel oogmerk, jongens en (later ook) meisjes oefent in sport, kamperen in de vrije natuur, handvaardigheid e.d., tegenwoordig → **scouting** genoemd
pad·vin·ders·uni·form *de & het* [-en] uniform van padvinders
pad·vind·ster *de (v)* [-s] ❶ vroeger lid van de padvindersbeweging voor meisjes ❷ thans meisje van 11-14 jaar bij scouting, gids
pae·lla [paaeljaa] *(Sp) de* Spaans gerecht van rijst met groente, vis en vlees
paf I *bn* ❶ ontsteld: ★ *~ staan* ❷ dik ❸ slap, loom **II** *tsw* zie → **piefpafpoef III** *de (m)* [-fen] kort ontploffingsgeluid, vooral van vuurwapens
paf·fen *ww* [pafte, h. gepaft] ❶ een paf laten horen ❷ inf schieten ❸ inf (van personen) (flink) roken
paf·fe·rig *bn* ❶ opgeblazen dik; loom ❷ loom makend: ★ *~ weer*; **pafferigheid** *de (v)*
paf·paal *de* [-palen] rookpaal
pag. *afk* pagina
pa·gaai *(Mal) de (m)* [-en] scheproeispaan, peddel
pa·gaai·en *ww* [pagaaide, h. gepagaaid] ⟨in kano's⟩ met een pagaai roeien
pa·gad·der *(Sp) de (m)* [-s] BN, spreektaal ❶ ondeugende kerel, guit, kwajongen ❷ kleine jongen, dreumes, kleuter
pa·ga·nis·me *(Fr<Lat) het* heidendom; heidense opvattingen
pa·ga·nist *de (m)* [-en] heiden, niet-christen

pa·ga·nis·tisch *bn* heidens; ongelovig
pa·ge [paazjə] *(Fr) de (m)* [-s] ❶ knaap als persoonlijk dienaar van een ridder of persoon van hoge rang, hofjonker ❷ kleine dagvlinder
pa·ge·kap·sel *het* [-s], **pa·ge·kop** [paazjə-] *de (m)* [-pen] kapsel met pony
page·tur·ner [peedzj-] *(Eng) de (m)* [-s] boek dat zo spannend is dat je er in blijft lezen
page·view [peedzjvjoew] *(Eng) de (m)* [-s] comput een enkele, unieke download door een gebruiker van een hele webpagina
pa·gi·na *(Lat) de* ['s] ❶ bladzijde ❷ het zetsel van een bladzijde
pa·gi·na·prin·ter *de (m)* [-s] comput printer die een pagina in één keer afdrukt, en niet regel voor regel: ★ *laserprinters zijn meestal ~s*
pa·gi·ne·ren *ww (Fr)* [pagineerde, h. gepagineerd] de bladzijden nummeren
pa·gi·ne·ring *de (v)* [-en] ❶ het pagineren ❷ de nummering van de bladzijden
pa·go·de *(Port<Prakrit) de (v)* [-n, -s] torenvormige, boeddhistische tempel in Oost-Azië
pail·let·te [pajjet] *(Fr) de* [-ten] lovertje van blinkend metaal of paarlemoer tot versiering van kledingstukken
paint·box [peent-] *(Eng) de (m)* comput programma voor het maken van tekeningen in kleur
pair¹ [pèr] *(Fr<Lat) de (m)* [-s] iemand van gelijke rang; hist ⟨in Frankrijk⟩ benaming voor een aantal rechtstreekse vazallen van de koning met bijzondere rechten en plichten; tijdens de Franse monarchie van 1815-'48 lid van de Chambre des Pairs (*vgl.*: → **peer²** in Engeland)
pair² [pè(r)] *(Eng<Oudfrans) de (m)* [-s] poker twee kaarten of stenen met dezelfde waarde
pais *(Fr<Lat) de* ★ *~ en vree* volstrekte vrede en rust
pa·jong, **pa·joeng** *(Mal) de (m)* [-s] regen- tevens zonnescherm van geolied papier, op Java ook als rangteken dienende
pak¹ *het* [-ken] ❶ iets wat ingepakt is; zie ook → **pakje** ★ *dat is een ~ van mijn hart* dat is een hele zorg minder ★ *niet bij de pakken neerzitten* de moed niet opgeven ★ BN, spreektaal *met ~ en zak* met veel bagage ❷ kostuum ★ vooral NN *een nat ~ halen* nat regenen of in het water vallen ★ NN *dat is van hetzelfde laken een ~* dat is van dezelfde aard ★ NN *hij heeft een ~-uitgetrokken* hij is zeer vermagerd ❸ dikke laag: ★ *een ~ sneeuw* ❹ hoeveelheid: ★ *een ~ slaag* ★ BN, spreektaal *een ~ zenuwen* één bonk zenuwen ★ BN, spreektaal *een ~ kaarten* a) een spel kaarten; b) een stapeltje kaarten ❺ BN, spreektaal een heleboel, een hoop ❻ zak, zakje, builtje: ★ *een pakje friet* ❼ sp peloton: ★ *het ~ heeft een minuut achterstand op de kopgroep*
pak² *de (m)* BN, spreektaal ❶ het pakken of grijpen, greep; manier waarop men iets grijpt ★ *(geen) ~ aan iets hebben* (geen) houvast hebben ★ *~ hebben op iem.* vat hebben; indruk maken ★ *ergens de ~ van*

(weg) hebben er de slag van te pakken hebben ❷ [*mv:* -ken] goede, gelukkige greep, buitenkansje ★ *een (goede) ~ hebben aan iets* er een koopje of buitenkansje aan hebben
pak·bon *de (m)* [-s, -nen] bij een verzonden pakket gevoegde omschrijving van de inhoud
pak·ezel *de (m)* [-s] ezel die lasten draagt
pak·ga·ren *het* garen om mee in te pakken
pak·goed *het* ingepakt goed, dat vervoerd moet worden
pak·huis *het* [-huizen] ruimte waarin goederen worden opgeslagen; zie ook bij → **kat**
pak·ijs *het* opeengestapeld drijfijs
Pa·ki·staan *de (m)* [-stanen, -stani] → **Pakistani**
Pa·ki·staans *bn* van, uit, betreffende Pakistan
Pa·ki·sta·ni *de (m)* [*mv* idem *of* 's] iem. geboortig of afkomstig uit Pakistan
pak·je *het* [-s] klein → **pak¹** (bet 1 en 2), vooral kleine verpakking van vast gewicht of bepaalde inhoud
pak·jes·avond *de (m)* NN de avond van 5 december, sinterklaasavond
pak·jes·dra·ger *de (m)* [-s] iem. die pakjes of bagage draagt en bezorgt
pak·ka·ge [-kaazjə] *de (v)* opgepakte bagage
pak·ka·mer *de* [-s] vertrek waar goederen ingepakt worden
pak·kans *de* de kans dat iem. gepakt wordt na het begaan van een overtreding of misdrijf
pak·ken *ww* [pakte, h. gepakt] ❶ grijpen, nemen; gevangennemen ★ *iets te ~ hebben* a) erdoor aangetast zijn; b) het begrijpen, goed kunnen ★ *iets te ~ krijgen* a) ergens door aangetast worden; b) iets in handen weten te krijgen; c) iets begrijpen, er handigheid in krijgen ★ *iem. te ~ nemen* a) hem onder handen nemen; b) hem voor de gek houden, foppen, beetnemen ❷ indruk maken, de aandacht trekken: ★ *een pakkende reclame;* boeien: ★ *het boek heeft een pakkend slot* ❸ omarmen; *ook* seksueel misbruiken: ★ *ze werd door drie mannen gepakt in de kelder* ❹ inpakken: ★ *we hebben onze koffers gepakt* ❺ stevig worden, zich vastzetten: ★ *de sneeuw pakt; de verf pakt* ❻ zich vastgrijpen: ★ *de schroef pakt* ❼ BN *ook* treffen, aangrijpen, ontroeren: ★ *zijn dood heeft me erg gepakt* ❽ BN, spreektaal lukken ★ *dat zal niet pakken* dat zal niet lukken, die vlieger gaat niet op
pak·kend *bn* zie bij → **pakken** (bet 2)
pak·ker *de (m)* [-s] ❶ iem. die inpakt ❷ *pakker(d)* omhelzing
pak·ke·rij *de (v)* ❶ het inpakken ❷ [*mv:* -en] pakafdeling, pakkamer
pak·ket (‹Fr) *het* [-ten] ❶ → **pak¹** (bet 1) ❷ fig bepaalde hoeveelheid, samenstel, geheel: ★ *een ~ van maatregelen*
pak·ket·boot (‹Eng) *de* [-boten] postboot
pak·ket·post *de* verzending van pakketten
pak·ket·vaart *de* dienst van pakketboten
pak·kie·an (‹Mal) *het* NN kostuum ★ *dat is (niet)*

mijn ~ dat is (niet) mijn verantwoordelijkheid
pak·king *de (v)* [-en] stof om delen van zuigerstangen e.d. goed af te sluiten tegen het ontsnappen van stoom
pak·lin·nen *het* linnen voor verpakking gebruikt
pak·pa·pier *het* sterk papier voor verpakking
PAK's *mv* polycyclische aromatische koolwaterstoffen [belangrijke groep milieugevaarlijke stoffen die ontstaan bij verbrandingsprocessen]
pak·schuit *de* [-en] schip voor vrachtvervoer op binnenwateren
pak·soi (‹Kantonees) *de* pittige koolsoort van Aziatische oorsprong met gladde groene bladeren en witte stengels
pak·stro *het* stro als verpakkingsmateriaal
pak·ta·fel *de* [-s] tafel waarop ingepakt wordt
pak·touw *het* touw voor verpakkingen gebruikt
pak·weg, pak·weg *bijw* zie bij → **wegpakken**
pak·za·del *de (m) & het* [-s] zadel waarop lasten gepakt kunnen worden
pal¹ *de (m)* [-len] pen om een rad e.d. vast te zetten
pal² *bijw* onbeweeglijk ★ *~ staan* niet wijken ★ *~ tegen de wind* vlak, recht tegen de wind
pa·la·be·ren *ww* (‹Fr) [palaberde, h. gepalaberd] BN, m.g. ❶ onderhandelen, overleggen ❷ praten, kletsen; oreren; een palaver houden ❸ zeuren; twisten, ruzie maken; *vgl:* → **palaveren**
pa·la·dijn (‹Fr‹Lat) *de (m)* [-en] ❶ ridder uit het gevolg van een vorst, vooral van Karel de Grote of van Arthurs Tafelronde ❷ fig edele en ridderlijke held; trouw verdediger of voorstander
pa·lan·kijn (‹Fr‹Port‹Hindi) *de (m)* [-s] hist Indische draagstoel met verhemelte en gordijnen
pa·la·taal (‹Fr) **I** *bn* gevormd door articulatie tegen het harde verhemelte **II** *de (v)* [-talen] klank op de onder I genoemde wijze gevormd
Pa·la·tijns (‹Lat) *bn* ❶ van, betreffende de Palatinus of Palatijnse heuvel, één van de zeven heuvels van Rome ★ *de Palatijnse garde* eregarde van de paus ❷ van, betreffende de Palts
pa·la·ti·naat (‹Lat) *het* paltsgraafschap, de Palts
pa·la·ver (‹Port) *het* [-s] langgerekte bespreking, gepraat
pa·la·ve·ren *ww* [palaverde, h. gepalaverd] breedvoerig praten
pale ale [peel eel] (‹Eng) *de (m)* lichtbruin Engels bier
pa·leis (‹Fr) *het* [-leizen] ❶ vorstelijke woning; woning van een bisschop ❷ groot gebouw met belangrijke bestemming: ★ *~ van justitie*
pa·leis·re·vo·lu·tie [-(t)sie] *de (v)* [-s] ❶ revolutie in kringen van het hof of de centrale regering ❷ schertsend ingrijpende veranderingen in leidende of besturende colleges
pa·leis·wacht *de* ❶ het waken voor een paleis ❷ wachters voor een paleis
pa·len *ww* [paalde, h. gepaald] ❶ BN grenzen: ★ *dit gebouw paalt aan een openbare weg* ❷ plat geslachtsgemeenschap hebben, neuken

pa·le·o- (‹Gr› als eerste lid in samenstellingen oud, de oudste periode betreffend

pa·le·o·ceen (‹Gr› het geol oudste tijdvak van het tertiair, van 65-53 miljoen jaar geleden, met een sterke evolutie van de flora en de fauna

pa·le·o·graaf (‹Gr› de (m) [-grafen] beoefenaar, kenner van de paleografie

pa·le·o·gra·fie (‹Gr› de (v) kennis van het oude schrift en van oude handschriften

pa·le·o·li·thi·cum (‹Gr› het oudste steentijdperk

pa·le·o·li·thi·sch bn het paleolithicum betreffend ★ *Paleolithische periode* oudste steentijdperk

pa·le·o·lo·gie (‹Gr› de (v) oudheidkennis

pa·le·on·to·lo·gie (‹Gr› de (v) kennis van de fossiele overblijfselen

pa·le·on·to·loog (‹Gr› de (m) [-logen] beoefenaar van de paleontologie

pa·le·o·zo·ën (‹Gr› mv voorwereldlijke dieren

pa·le·o·zo·ï·cum (‹Gr› het geol era van 570-225 miljoen jaar geleden, waarbinnen het leven van planten en dieren de eerste grote ontwikkelingen doormaakte

Pa·les·tijn de (m) [-en] lid van een Arabisch sprekend volk dat oorspronkelijk in Palestina woonde en dat sinds de vestiging van de staat Israël in dit gebied (1948) grotendeels buiten de grenzen van deze staat woont

Pa·les·tijns bn van, betreffende de Palestijnen

pa·let (‹Fr› I het [-ten] ❶ ovaal plankje met een gat voor de duim waarop een kunstschilder zijn verven gereedzet en mengt ❷ fig kleurmenging; schilderwijze II de & het [-ten] BN slagplankje bij tafeltennis, bat

pal·fre·nier (‹Fr› de (m) [-s] stalknecht, koetsiershelper in livrei

pa·lim·psest (‹Gr› de (m) [-en] perkamenten handschrift waarvan het oorspronkelijk geschrevene is weggekrabd en door nieuw schrift vervangen

pa·lin·droom (‹Gr› het [-dromen] woord dat voor- en achteruit kan worden gelezen met hetzelfde resultaat, bijv. *meetsysteem*

pa·ling de (m) [-en] vissenfamilie waarvan de leden een slangachtig lichaam hebben, vooral de in Europa voorkomende soort *Anguilla anguilla*, ook → **aal** genoemd ★ BN ~ *in 't groen* paling gestoofd met een hoop groenten

pa·ling·fuik de [-en] fuik om paling te vangen

Pa·ling·op·roer het in Nederland, hist oproer te Amsterdam in 1886 met als aanleiding het verbod van het palingtrekken, een volksvermaak waarbij een opgehangen paling losgetrokken moest worden

pa·ling·trek·ken ww & het NN zie → **Palingoproer**

pa·ling·worst de & het vooral NN grove kookworst met gerookt spek erin verwerkt

pa·lis·sa·de (‹Fr› de (v) [-n, -s] omheining van in de grond geslagen palen of staken

pa·lis·sa·de·ren ww (‹Fr› [palissadeerde, h. gepalissadeerd] met een palissade of palissaden afsluiten, versterken

pa·lis·san·der, pa·lis·san·der·hout (‹Caribisch› het bruinviolette, fijne en harde houtsoort van verschillende soorten van het tropische plantengeslacht *Dalbergia*

pa·lis·san·der·hou·ten bn van palissander

pal·jas (‹Fr› de (m) [-sen] ❶ strozak ❷ stro ❸ komiek, grappenmaker

pal·la·di·um (‹Lat› het chemisch element, symbool Pd, atoomnummer 46, een wit edel metaal uit de platinagroep, genoemd naar de planetoïde Pallas

pal·let [pellət] (‹Eng› de (m) [-s] laadbord, plankier om (gestapelde) goederen te verplaatsen

pal·let·truck [pellət-] (‹Eng› de (m) [-s] truck waarmee beladen pallets verreden kunnen worden

pal·li·a·tief (‹Fr‹Lat› het [-tieven] ❶ med verzachtingsmiddel; zie ook **sedatie** ❷ hulp voor het ogenblik; lapmiddel ❸ uitvlucht

pal·lie·ter de (m) [-s] BN, spreektaal levensgenieter, smulpaap, levenslustige kerel, naar de hoofdfiguur van de roman *Pallieter* van F. Timmermans (1916)

pal·li·um (‹Lat› het [-lia, -s] ❶ lange wollen mantel bij de Grieken en Romeinen ❷ RK witte wollen band met zes zwarte kruisen, als een ring om de schouders gedragen door de paus en andere hoge geestelijken

palm (‹Lat› de (m) [-en] ❶ tropische boom, behorend tot de familie van de Palmae (of Arecaceae), met grote bladeren die meestal als een toef aan het eind van de stam staan en doorgaans zonder takken; blad van die boom, zinnebeeld van de overwinning: ★ *de ~ wegdragen* ❷ handpalm ❸ vroeger lengtemaat, 1 dm

pal·ma·res (‹Fr› de (m) [-sen] vooral BN ❶ lijst van prijswinnaars op scholen, uitslagenboekje met resultaten die de leerlingen in het afgelopen jaar behaald hebben ❷ sp lijst van behaalde overwinningen ❸ lijst van belangrijke prestaties: ★ *hij heeft veel projecten op zijn ~*

palm·blad het [-bladen, -bladeren, -blaren] blad van een → **palm** (bet 1)

palm·boom het [-bomen] → **palm** (bet 1)

palm·boom·pje het [-s] altijd groene heester met kleine ovale blaadjes (*Buxus sempervirens*)

pal·men I ww [palmde, h. gepalmd] hand over hand naar zich toehalen II *wederk* zich door die handbeweging verplaatsen

pal·met (‹Fr› de [-ten] ❶ ornament in de vorm van een waaiervormige palmtak of bundel van palmtakken ❷ een van de vormen waarin vruchtbomen geleid kunnen worden

palm·hout het hout van een tweetal soorten van het boomgeslacht *Buxus* (dus *niet* van de palm): *B. sempervirens* (buksboom) en *B. macowani*, o.a. gebruikt voor gereedschappen

palm·olie de olie uit de vruchten van oliepalmen geperst

Palm·pa·sen, palmpaas [-pasen] de (m) vooral NN

❶ palmzondag, zondag vóór Pasen ❷ versierd stokje met lekkernijen, op sommige plaatsen door de kinderen op palmzondag rondgedragen

palm·pit *de* [-ten] pit van de vrucht van oliepalmen

palm·pit·ten·olie *de* olie uit palmpitten

palm·slag *de (m)* [-slagen] handslag

palm·tak *de (m)* [-ken] tak (*eigenlijk* blad) van een palm of palmboompje, symbool van overwinning en van vrede

palm·top *de (m)* [-s] zeer kleine computer, die op de palm van een hand past

palm·top·com·pu·ter [-pjoe-] *(‹Eng) de (m)* [-s] kleine, lichte computer die in een hand past, zakcomputer

palm·wij·ding *de (v)* het wijden van palmtakken op palmzondag

palm·wijn *de (m)* wijn bereid uit het vocht van de schutbladeren van sommige palmen

palm·zon·dag *de (m)* [-dagen] zondag vóór Pasen

pal·pa·tie [-(t)sie] *(‹Fr) de (v)* het palperen; med betasting bij het onderzoek

pal·pe·ren *ww (‹Fr‹Lat)* [palpeerde, h. gepalpeerd] betasten; med zacht betasten of bevoelen

pal·pi·ta·tie [-(t)sie] *(‹Lat) de (v)* [-s] med het kloppen, de hartslag, polsslag

pal·pi·te·ren *ww (‹Fr‹Lat)* [palpiteerde, h. gepalpiteerd] kloppen, slaan; (van de pols of het hart) jagen

pal·ter *de (m)* [-s] haak met een ring om balken te doen kantelen

palts *(‹Du) de (m)* ❶ paleis; keizerburcht ❷ *de Palts* voormalig Duits vorstendom, nu voor een groot deel liggend in de Duitse 'deelstaat' Rijnland-Palts

palts·graaf *de (m)* [-graven] hist iem. die het beheer had over een tijdelijke residentie van een Duitse of Frankische keizer of koning en daar als zijn plaatsvervanger optrad

pam·flet *(‹Eng) het* [-ten] gedrukt geschrift van geringe omvang in papieren omslag, vooral betreffende een actueel onderwerp (en dan vaak zoveel als schot-, smaadschrift) of ter voorlichting

pam·flet·tist *de (m)* [-en] schrijver van pamfletten

pam·pa *(‹Sp‹Quechua) de* ['s] uitgestrekte boomloze vlakte in Zuid-Amerika, vooral het prairiegebied in Argentinië

pam·pa·gras *het* zeer lange grassoort in Zuid-Amerika (*Cortaderia*)

pam·pe·ren *ww* [pem-] [pamperde, h. gepamperd] vertroetelen

Pam·pus *de (m) & het* NN ondiepe plaats aan de mond van het IJ ★ *voor pampus liggen* a) dronken zijn; b) uitgeput, doodmoe zijn

pan *(‹Lat)* I *de* [-nen] ❶ kookpot ★ *in de ~ hakken* vernietigen ★ fig *uit de ~ vliegen* of *de ~ uit vliegen* (van kosten, prijzen) overmatig stijgen; zie ook bij → veeg¹ ❷ dakpan ★ BN ook *de ~nen van het dak spelen* heel goed spelen ❸ kom, komvormige holte II *de* rommel, boel; herrie, kabaal; zie ook bij → swingen

pan- *(‹Gr) als eerste lid in samenstellingen* al-, alles, geheel

pa·na·cee *(‹Fr‹Gr) de (v)* [-s, -ceeën] universeel geneesmiddel, wondermiddel tegen alle kwalen; vaak fig

pa·na·che [-nasj(ə)] *(‹Fr) de (v)* ❶ vederbos, helmbos, pluimbos ❷ vooral BN bravoure, zwier: ★ *iets met ~ doen*

pa·na·che·ren *ww* [-sjee-] *(‹Fr)* [panacheerde, h. gepanacheerd] BN, hist, pol bij verkiezingen zijn stem verdelen over kandidaten van verschillende lijsten

pan-Afri·kaans *bn* betrekking hebbend op alle Afrikaanse staten samen

pan·afri·ka·nis·me *het* het streven naar samenwerking van alle Afrikaanse staten

pa·na·ma *de (m)* ['s] zomerhoed van fijn, zeer buigzaam stro (panamastro, genoemd naar de Midden-Amerikaanse republiek Panama)

Pa·na·mees I *de (m)* [-mezen] iem. geboortig of afkomstig uit Panama II *bn* van, uit, betreffende Panama

Pan-Ame·ri·kaans *bn* betrekking hebbend op alle landen van Amerika samen

pan·ame·ri·ka·nis·me *het* het streven naar samenwerking of vereniging van alle Amerikaanse landen

pa·na·te·lla [-teljaa] *(‹Sp) de* ['s] soort lange, dunne sigaar, aan de top niet afgewerkt

pan·chro·ma·tisch [-groo-, -kroo-] *(‹Gr) bn* gevoelig voor alle kleuren

pan·cra·ti·um [-(t)sie-] *(‹Lat‹Gr) het* amarillachtig plantengeslacht

pan·cre·as *(‹Gr) de (m) & het* [-sen] alvleesklier

pan·cre·a·ti·tis *(‹Gr) de (v)* alvleesklierontsteking

pand I *het* [-en] ❶ onderpand, bewijsstuk: ★ NN *tot ~ van trouw* ❷ dierbaar bezit ❸ gebouw: ★ *leegstaande panden* ❹ afdeling, vak, o.a. reep stof tussen twee naden, stuk kanaal tussen twee sluizen II *de (m) &* het slip van een jas

pan·da *de (m)* ['s] naam van twee soorten beren, de *kleine panda* of *katbeer*; een grotendeels roestbruin gekleurd dier met katachtig gedrag, afkomstig uit de bamboewouden van China en de Himalaya (*Ailurus fulgens*), en de → **bamboebeer** of → **reuzenpanda** (zie aldaar)

pand·be·slag *het* het beslag leggen op iets als onderpand

pand·brief *de (m)* [-brieven] schuldbewijs op vast onderpand, uitgegeven door hypotheekbanken

pan·dec·ten *(‹Gr) mv* samenvatting of kort begrip van het Romeinse burgerlijke recht uit het Corpus Juris

pan·de·mie *(‹Gr)* [-mieën], **pan·de·mi·sche ziek·te** *de (v)* med zeer verspreide epidemie, die in verscheidene landen tegelijk optreedt

pan·de·mo·ni·um *(‹Gr) het* ❶ algemene tempel van demonen of halfgoden ❷ alle boze geesten bij elkaar; *vandaar* hels lawaai, toneel van verwarring

pan·den *ww* [pandde, h. gepand] beslag leggen op goederen van een schuldenaar
pand·ge·ver *de (m)* [-s] iem. die een pand geeft
pand·ge·ving *de (v)* het pandgeven (→ **pand**, I bet 1)
pand·hof *de (m)* [-hoven] binnenplaats van een klooster
pand·hou·der *de (m)* [-s] NN iem. die iets in onderpand heeft
pan·dit [paan-,], **pun·dit** *(‹Sanskr) de (m)* [-s] hindoes godsdienst- en wetgeleerde
pand·jes·baas *de (m)* [-bazen] NN houder van een pandhuis
pand·jes·huis *het* [-huizen] bank van lening
pand·jes·jas *de* [-sen] jas met slippen
pand·ne·mer *de (m)* [-s] NN pandhouder
pan·doer *(‹Servo-Kroatisch)* **I** *de (m)* [-en, -s] ❶ hist soldaat uit een korps grenstroepen in Oostenrijk-Hongarije ❷ fig wildebras, wildeman ❸ BN, vero, scheldwoord politieman, agent, smeris **II** *de (m) & het* oud kaartspel waarbij degene die *pandoer* zegt alle slagen moet winnen ★ *opgelegd ~* doorgestoken kaart, afgesproken werk
pan·doe·ren *ww* [pandoerde, h. gepandoerd] → **pandoer** (II) spelen
pan·doe·ring *de (v)* [-en] BN ❶ spreektaal pak slaag, afranseling, afstraffing ❷ sp zware nederlaag: ★ *Anderlecht kreeg een 5-1~ op het veld van Lyon*
Pan·do·ra *de (v)* ★ *doos van ~* (Gr. mythologie) een doos waarin zich alle menselijke rampen bevinden, naar Pandora, een vrouw die door Zeus met een doos vol kwalen en gaven naar de aarde werd gestuurd om Prometheus te straffen voor zijn vuurroof
pand·recht *het* vooral NN recht om te panden
pand·ver·beu·ren *ww & het* NN het spel (spelen) waarbij iedere overtreder een voorwerp geeft, dat hij na het uitvoeren van een opdracht terugkrijgt
pa·neel *(‹Oudfrans‹Lat) het* [panelen] ❶ in een raam gevat, rechthoekig houten vlak als onderdeel van deuren, beschotten e.d. ❷ schilderij op hout
pa·neer·meel *het* kruim van brood of beschuit om te paneren
pa·ne·gy·rist [-gie-] *(‹Fr) de (m)* [-en] lofredenaar, lofdichtschrijver
pan·el¹ [pennəl] *(‹Eng‹Lat) het* [-s] groep van enige deskundigen die voor een gehoor een discussie voeren over een onderwerp, meer om de belangstelling daarvoor te stimuleren, dan om tot een bepaalde conclusie te komen; forum
pan·el² [pennəl] *(‹Eng‹Lat) de (m)* [-s] lap stof, zodanig bedrukt dat er één bepaald kledingstuk uit gemaakt kan worden
pa·nen·ka *de* ['s] voetbal strafschop waarbij de bal met een boogje in het midden van het doel wordt geschoten, terwijl de keeper naar een van de hoeken duikt (genoemd naar de Tsjechoslowaakse voetballer Antonín Panenka die op deze manier de beslissende strafschop scoorde in de penaltyreeks tijdens de EK-finale tegen West-Duitsland)
pa·ne·ren *ww (‹Fr)* [paneerde, h. gepaneerd] een spijs voor het braden met geklopt ei bestrijken en met broodkruim of paneermeel bestrooien
pan·fluit *de* [-en] → **pansfluit**
pang I *tsw* klanknabootsing van een → **pang** (II) **II** *de (m)* [-en] doffe knal
pan·ger·ma·nis·me *het* het streven naar de vereniging van alle Germanen, vooral naar een Groot-Duitsland
pang·gang [-yang] *(‹Mal) bn* geroosterd: ★ *babi ~* ★ *ajam ~* (zie aldaar)
pan·greep *de* [-grepen] → **pannengreep**
pang·sit *(‹Mal) de (m)* NN oosterse lekkernij bestaande uit knapperige pannenkoekjes, met daarin gebakken stukjes vlees
pan·ha·ring *de (m)* [-en] NN in zuur gelegde gebakken haring
pan·hel·le·nis·me *(‹Gr) het* hist streven naar vereniging van alle Griekse staatjes uit de oudheid; idee dat alle Grieken als natie een eenheid vormen
pa·niek *(‹Fr‹Gr) de (v)* plotselinge hevige schrik of angst die een groot aantal mensen bevangt: ★ *er heerste ~ na de aardbeving* ★ *in ~ raken* in een toestand van angstige radeloosheid geraken ★ *ook van één persoon gezegd: hij raakte in ~ vlak voor zijn optreden in de quiz*
pa·nie·ke·rig *bn* in paniekstemming
pa·niek·slui·ting *de (v)* [-en] hendel waarmee een (nood)uitgang gemakkelijk kan worden geopend
pa·niek·stem·ming *de (v)* stemming van (overdreven) angst of schrik
pa·niek·voet·bal *het* zeer chaotisch spel van een voetbalelftal dat zich tegen een overmacht tracht te verzetten; ook fig: ★ *tijdens die vergadering maakte ons bestuur zich schuldig aan ~*
pa·niek·zaai·er *de (m)* [-s] iem. die (ten onrechte) een paniekstemming veroorzaakt
pa·ni·ke·ren *(‹Fr) ww* [panikeerde, h. gepanikeerd] BN in paniek raken
pa·nisch *(‹Du‹Gr) bn* (als) in paniek, in grote angst, zeer geschrokken ★ *panische schrik* plotselinge algemene schrik
pan·is·la·mis·me *het* streven naar politieke vereniging van alle belijders van de islam
pan·klaar *bn* zonder verdere bewerking gereed om in de pan gelegd te worden
pan·kra·ti·on *(‹Gr) het* vechtsport in de Griekse oudheid, combinatie van boksen en worstelen, vaak met de dood van een van beide deelnemers eindigend
pan·lat *de* [-ten] steunlat voor dakpannen
pan·lik·ker *de (m)* [-s] → **pannenlikker**
pan·na *de* ['s] voetbal passeerbeweging waarbij de bal tussen de benen van de tegenstander wordt doorgespeeld
pan·ne *(‹Fr‹Lat) de* [-s] het onderweg blijven steken met een automobiel, vliegtuig enz. wegens een

defect, pech ★ BN, spreektaal *in ~ vallen* met panne komen te staan, panne hebben

pan·nen·bier *het* NN bier (of andere drank) voor de bouwvakkers, als de pannen op het dak zijn

pan·nen·dek·sel *het* [-s] deksel van een pan

pan·nen·greep, **pan·greep** *de* [-grepen] handvat om een hete pan aan te pakken

pan·nen·koek *de (m)* [-en] van meel gebakken platte koek

pan·nen·koe·ken·huis *het* [-huizen] restaurant waar voornamelijk pannenkoeken worden gegeten

pan·nen·lap *de (m)* [-pen] lap om hete pannen aan te pakken

pan·nen·lik·ker, **pan·lik·ker** *de (m)* [-s] voorwerp om resten uit pannen te schrappen

pan·nen·spons *de* [-sponsen, -sponzen] spons van metaaldraad of plastic waarmee men pannen reinigt

pan·op·ti·cum *(‹Gr) het* [-s, -ca] verzameling van wassen beelden van bekende persoonlijkheden, wassenbeeldenmuseum

pa·no·ra·ma *(‹Eng) het* ['s] ❶ schilderstuk, aangebracht aan de binnenkant van een rond gebouw, in het middelpunt waarvan de kijker staat; gebouw daarvoor ❷ vergezicht naar verschillende kanten

pa·no·ra·misch *(‹Eng) bn* in panorama, op de wijze van een panorama

pans·fluit, **pan·fluit** *de* [-en] herdersfluit, uit zeven ongelijkklange stukken riet naast elkaar bestaande

pan·sla·vis·me *het* streven om Slavische volkeren door politieke banden nauwer te verbinden

pa

pan·ta·lon *(‹Fr‹It) de (m)* [-s] lange broek

pan·ter *(‹Gr) de (m)* [-s] groot katachtig roofdier, geel met zwarte stippen of geheel zwart, levend in Afrika en Zuid-Azië, luipaard *(Panthera pardus)*

pan·the·is·me *(‹Gr) het* stelsel dat God vereenzelvigt met het heelal

pan·the·ist *(‹Gr) de (m)* [-en] aanhanger van het pantheïsme

pan·the·is·tisch *bn* betrekking hebbend op het pantheïsme

pan·the·on *(‹Lat‹Gr)* **I** *het* alle godheden tezamen **II** *het* [-s] ❶ een aan alle goden gewijde tempel, vooral het Pantheon in het oude Rome ❷ eretempel gewijd aan de nagedachtenis van overleden grote mannen ❸ *Panthéon* (voormalige) kerk te Parijs waar beroemde Fransen begraven worden

pan·tof·fel *(‹Fr) de* [-s] gemakkelijk zittend schoeisel dat men binnenshuis draagt ★ *onder de ~ zitten* niets te zeggen hebben (gezegd over een man bij zijn vrouw) ★ *het op zijn pantoffel(tje)s af kunnen* het niet druk hebben, zich niet hoeven te haasten

pan·tof·fel·dier·tje *het* [-s] pantoffelvormig eencellig diertje, afgietseldiertje

pan·tof·fel·held *de (m)* [-en] iem. die onder de pantoffel zit

pan·tof·fel·pa·ra·de *de (v)* [-s] NN het rondslenteren op vaste tijden en vaste plaatsen om mensen te zien en gezien te worden

pan·tof·fel·plant *de* [-en], **pan·tof·fel·tje** *het* [-s] plantengeslacht uit Zuid- en Midden-Amerika, *Calceolaria*, waarvan sommige soorten als kamer- of tuinplant worden geteeld

pan·to·graaf *(‹Gr) de (m)* [-grafen] ❶ tekenaap, werktuig tot het natrekken op verschillende schaal van tekeningen, kaarten en andere vlakke figuren ❷ beugel als stroomafnemer op een elektrische tram of trein

pan·to·mime [-miem] *(‹Fr‹Gr) de* [-s, -n] door gebaren vertolkt toneelspel; gebarenspel in het algemeen

pan·try [pentrie] *(‹Eng‹Lat) de* ['s] klein vertrek op een schip of in een vliegtuig dat zowel als aanrechtkamer als tot provisiekamer dient

pant·ser *(‹Du) het* [-s] ❶ ijzeren bekleding ❷ harnas

pant·ser·af·weer·ge·schut *het* geschut ter verdediging tegen pantserauto's en tanks

pant·ser·au·to [-ootoo, -autoo] *de (m)* ['s] gepantserde auto

pant·ser·dek *het* [-ken] ijzeren bekleding van een schip onder de waterlijn

pant·se·ren *ww* [pantserde, h. gepantserd] ter bescherming met ijzer of ander sterk materiaal bekleden

pant·ser·koe·pel *de (m)* [-s] gepantserde koepel

pant·ser·krui·ser *de (m)* [-s] gepantserde kruiser

pant·ser·plaat *de* [-platen] stalen plaat ter bescherming

pant·ser·schip *het* [-schepen] gepantserd schip

pant·ser·trein *de (m)* [-en] gepantserde trein

pant·ser·vuist *(‹Du) de* [-en] antitankwapen, gebruikt in de Tweede Wereldoorlog

pant·ser·wa·gen *de (m)* [-s] geheel gepantserd voertuig, bijv. een tank

pan·ty [pentie] *(‹Eng) de (v)* ['s] oorspr damesonderbroekje van elastisch weefsel; thans paar nylonkousen en broekje aaneen

pan·ty·kous [pentie-] *de* [-en] nylon kniekousje

pan·vis, **pan·nen·vis** *de (m)* NN ❶ vis geschikt om gebakken te worden ❷ gerecht van stokvis, rijst en aardappelen

PAO *afk* in Nederland Postacademisch Onderwijs

pap¹ *de* ❶ meel, rijst e.d. gekookt in melk of water ★ *hij verdient het zout in de ~ nog niet* hij verdient zeer weinig ★ *geen ~ meer kunnen zeggen* zeer vermoeid of verzadigd zijn ★ *hij heeft er geen ~ van gegeten* hij weet er niets van ★ *er wel ~ van lusten* er dol op zijn, er niet genoeg van kunnen krijgen ★ BN, spreektaal *iets zo beu als koude ~ zijn* er meer dan genoeg van hebben ★ BN *niets in de ~ te brokken hebben* niets in de melk te brokkelen hebben, niets te vertellen hebben; zie ook bij → **vinger** ❷ dikvloeibaar mengsel van andere stoffen, niet dienend als voedsel, maar bijv. als geneesmiddel of als stijfsel voor textielweefsel

pap² *de (m)* papa

pa·pa *de (m)* ['s], **pa·paatje** pa-pa-tje *het* [-s] vader
pa·pa·ja *(‹Sp‹Caribisch) de (m)* ['s] zeer vlezige, op een langwerpige meloen gelijkende tropische vrucht
pa·pa·raz·zo [-ratsoo] *(‹It) de (m)* [-razzi] opdringerige fotograaf van de boulevardpers (naar een fotograaf uit Fellini's film *La dolce vita*, 1960)
pa·pa·ver *(‹Lat) de* [-s] slaapbol; klaproos
pa·pa·ver·bol *de (m)* [-len] vrucht van de papaver
pa·pa·ver·olie *de* olie uit papaverzaad
pa·pe·gaai *(‹Sp‹Arab) de (m)* [-en] ❶ kleurige vogel die het menselijk stemgeluid kan nabootsen ❷ fig naprater ❸ handvat boven een ziekenhuisbed waaraan de patiënt zich kan optrekken
pa·pe·gaai·dui·ker *de* [-s] aan rotsachtige kusten levende kleine, zwart-witte vogel met een samengedrukte, felgekleurde snavel uit de familie der Alken, *Fratercula arctica*
pa·pe·gaai·en *ww* [papegaaide, h. gepapegaaid] als een papegaai napraten
pa·pe·gaai·en·ziek·te *de* longziekte, veel voorkomend bij papegaaien
pa·pen·vre·ter *de (m)* [-s] hevig tegenstander van het katholicisme
pa·per [peepə(r)] *(‹Eng‹Gr) de (m)* [-s] scriptie, schriftelijke verhandeling
pa·pe·ras·sen *(‹Fr) mv* beschreven of bedrukte papieren; papieren rommel, brieven, stukken enz.
pa·per·back [peepə(r)bek] *(‹Eng) de (m)* [-s] pocketboek; goedkope boekuitgave met een slappe kaft
pa·per·clip [peepə(r)-] *(‹Eng) de (m)* [-s] metalen klemmetje om enige papieren tijdelijk bijeen te houden
pa·pe·te·rie *(‹Fr) de (v)* [-rieën] ❶ voorwerpen van papier en karton; postpapier en enveloppen ❷ papierhandel
pap·fles *de* [-sen] BN, spreektaal zuigfles
Pa·pi·a·men·to *(‹Oudportugees) het* creooltaal van Aruba, Curaçao en Bonaire met Spaanse, Portugese, Engelse en Nederlandse elementen
Pa·pi·a·ments *bn* in, volgens het Papiamento
pa·pier *(‹Fr‹Gr) het* [-en] ❶ dunne beschrijfbare vellen uit vezels, lompen of andere grondstoffen bereid; stuk papier ★ *het ~ is geduldig* het is gemakkelijk iets op te schrijven of te laten drukken, al is het niet waar of niet uitvoerbaar ★ fig *op ~* in theorie ❷ geldswaardig papier ★ NN *dat loopt in de papieren* dat wordt duur ★ *kort, lang ~* geldswaardig papier dat na korte resp. lange tijd vervalt ★ BN ook *in slechte ~en zitten* in de nesten zitten, in moeilijkheden zitten ❸ getuigschriften, bewijsstukken e.d.: ★ *zijn papieren laten zien* ★ *goede papieren hebben* degelijke aanbevelingen bezitten, goed bekend staan; zie ook → **papiertje** en → **onbeschreven**
pa·pier·bin·der *de (m)* [-s] klem om papieren aaneen te hechten, paperclip
pa·pie·ren *bn* ❶ van papier ★ *~ geld* papiergeld ★ *~*

tijger iem. die of volk dat sterk lijkt maar het niet is ❷ op papier: ★ *een ~ lid van een vereniging* lid dat wel ingeschreven staat, maar nooit verschijnt ❸ fig zwak: ★ *een ~ mannetje*
pa·pier·fa·briek *de (v)* [-en] fabriek waar papier wordt gemaakt
pa·pier·geld *het* papier dat geldswaarde heeft, bankbiljetten e.d.
pa·pier·han·del *de (m)* ❶ handel in papier ❷ handel in effecten
pa·pier·klem *de* [-men] ❶ metalen klem met veer om papieren samen te houden ❷ BN, spreektaal klemmetje om papier bij elkaar te houden, paperclip
pa·pier-ma·ché [papjee-masjee] *(‹Fr) I het* deeg van papierafval en grondstoffen voor papier met toevoegsels, waarvan modellen e.d. vervaardigd worden II *bn* van → **papier-maché** (I)
pa·pier·mand *de* [-en] prullenmand
pa·pier·mo·len *de (m)* [-s] ❶ papierfabriek die met windkracht of waterkracht werkt ❷ machine die papieren vernietigt ★ *in de ~ gooien* (van boeken, drukwerk) vernietigen, doordraaien
pa·pier·slag *de (m)* BN inzameling (door jeugdbeweging) van oud papier voor een goed doel: ★ *de scouts houden zaterdag een ~ voor hun zomerkamp*
pa·pier·snip·per *de (m)* [-s] klein reepje of stukje papier
pa·pier·tje *het* [-s] ❶ stukje papier ❷ bankbiljet
pa·pier·win·kel *de (m)* [-s] fig grote massa papieren, papierboel
pa·pier·wol *de* vooral NN papiersnippers als verpakkingsmateriaal
pa·pil *(‹Fr‹Lat) de* [-len] tepelvormige kleine verhevenheid o.a. op het slijmvlies van de tong; ook op planten
pa·pil·lon [paapiejô] *(‹Fr‹Lat) de (m)* [-s] ❶ hondje met op vlindervleugels gelijkende oren ❷ soepele kamgaren japonstof in ripsbinding
pa·pil·lot [paapiejot] *(‹Fr) de* [-ten] papiertje dat om lokken van het haar wordt gewonden om ze te doen krullen
pa·pi·ni·aan·se pot *de (m)* door de Franse natuurkundige D. Papin (1647-ca. 1712) uitgevonden gesloten ketel, waarin water onder een druk, groter dan die van de atmosfeer, tot boven 100° kan worden verhit (beginsel van de snelkookpan)
pa·pis·me *(‹Lat) het* ❶ pausdom; rooms-katholicisme ❷ pausgezindheid
pa·pist *(‹Lat) de (m)* [-en] ❶ pausgezinde, aanhanger van de paus ❷ schimpnaam voor rooms-katholiek
pap·kind *het* [-eren] met pap grootgebracht (zwak) kind; slap, overgevoelig mens
pap·le·pel *de (m)* [-s] ❶ kinderlepel voor pap: ★ *het is hem met de ~ ingegeven* het is hem van jongsaf geleerd ❷ bep. inhoudsmaat van vloeibare

geneesmiddelen: 8 ml

Pa·poea *de (m)* ['s] lid van de oorspronkelijke bevolking van Nieuw-Guinea

pap·pa *de (m)* ['s] → **papa**

pap·pen *ww* [papte, h. gepapt] ❶ een papje leggen op een zweer ★ NN, schertsend ~ *en nat houden* op dezelfde manier doorgaan ❷ katoen door een papje halen om het stijf te maken

pap·pen·hei·mer *de (m)* [-s] *eig* soldaat van de Duitse generaal Gottfried zu Pappenheim (1594-1632) ★ *hij kent zijn pappenheimers* hij kent zijn mensen, hij weet welk vlees hij in de kuip heeft (ontleend aan Schiller, *Wallenstein* 3, 15)

pap·pe·rig *bn* ❶ papachtig ❷ ‹van mensen› dik maar niet stevig

pap·pie *de (m)* kindertaal papa

pap·pig *bn* papperig

pap·pot *de (m)* [-ten] ★ *moeders* ~ zie bij → **moeder**

pa·pri·ka *(‹Hong› de* ['s] ❶ plantensoort uit de nachtschadefamilie, een variant van de Spaanse peper (*Capsicum Annuum*) ❷ vrucht van deze plant, meestal groen of rood van kleur, een weinig scherp smakend

pa·pri·ka-chips [-tsjips] *mv* → **chips** (bet 2) met een pikante, paprika-achtige smaak

pa·pri·ka·poe·der, **pa·pri·ka·poei·er** *de (m) & het* poeder van gedroogde rode paprika's, gebruikt als specerij

pa·pri·ka·schnit·zel [-sjniet-] *(‹Du› de (m)* [-s] gebakken kalfslapje met paprika

paps *de (m)* aanspreekvorm voor papa

pap·wang *de* [-en] vlezige, slap hangende wang

pa·py·ro·lo·gie [-pie-] *(‹Gr› de (v)* wetenschap die zich bezighoudt met het ontcijferen en bestuderen van teksten uit de oudheid

pa·py·rus [-pie-] *(‹Lat‹Gr› de (m)* [-ri, -sen] ❶ plantensoort, groeiend aan de oevers van rivieren, papierplant (*Cyperus papyrus*) ❷ vroeger, oorspronkelijk in Egypte, van deze plant vervaardigde papiersoort ❸ handschrift op → **papyrus** (bet 2)

pa·py·rus·rol [-pie-] *de* [-len] rol → **papyrus** (bet 2)

pap·zak *de (m)* [-ken] pafferige dikkerd, slappeling

par [pàr] *(‹Eng‹Lat› de* [-s] *golf* aantal slagen dat een goede golfspeler nodig heeft om een baan te spelen

par. *afk* paragraaf

pa·ra *de (m)* ['s] ❶ verkorting van parachutist ❷ BN verkorting van paracommando

pa·ra- *(‹Gr› als eerste lid in samenstellingen* naast, neven-, langs; lijkend op

pa·raaf *(‹Fr‹Lat› de (m)* [-rafen] verkorte handtekening (met de beginletters)

pa·raat *(‹Lat› bn* klaar, gereed, bereid, vaardig ★ *parate kennis* kennis waarover men ieder ogenblik kan beschikken

pa·raat·heid *de (v)* het paraat-zijn

pa·raat·tas *de* [-sen] zodanig ingericht foedraal van een camera, dat men kan fotograferen zonder de camera eruit te halen

pa·ra·bel [-bəl] *(‹Gr› de* [-s, -en] gelijkenis; zinnebeeldig verhaal om een zedelijke waarheid aanschouwelijk te maken; fig fabeltje

pa·ra·bel·lum *(‹Lat› de (m)* [-s] automatisch pistool van een bepaalde constructie

pa·ra·bo·lisch *(‹Gr› bn* ❶ als in een parabel, bij wijze van gelijkenis ❷ de gedaante van een parabool hebbend ❸ ★ *parabolische snelheid* snelheid die nodig is om aan de aantrekkingskracht van de aarde of van een ander hemellichaam te ontkomen

pa·ra·bo·lo·ï·de *(‹Gr› de (v)* [-n] lichaam dat ontstaat door wenteling van een parabool om haar as

pa·ra·bool *(‹Gr› de* [-bolen] een van de kegelsneden, kromme lijn die ontstaat als de kegel gesneden wordt door een vlak, dat evenwijdig is met de mantel van de kegel; kogelbaan

pa·ra·ce·ta·mol *de* middel tegen pijn en koorts

pa·ra·chute [-sjuut] *(‹Fr› de (m)* [-s] valscherm, springscherm

pa·ra·chu·te·ren *ww* [-sjuu-] *(‹Fr›* [parachuteerde, h. geparachuteerd] ❶ met een valscherm afwerpen ❷ iem. onverwacht van buiten op een belangrijke post in een bedrijf plaatsen

pa·ra·chute·sprin·ger [-sjuut-] *de (m)* [-s] parachutist

pa·ra·chute·sprong [-sjuut-] *de (m)* [-en] sprong aan een parachute uit een vliegtuig

pa·ra·chute·troe·pen [-sjuut-] *mv* militaire parachutisten, luchtlandingstroepen

pa·ra·chu·tist [-sjuu-] *(‹Fr› de (m)* [-en] iem. die aan een parachute uit een vliegtuig springt, valschermspringer

pa·ra·com·man·do *het* BN lid van een elite-eenheid van het Belgische leger, opgeleid voor zware opdrachten

pa·ra·de *(‹Fr‹Sp› de (v)* [-s] ❶ vertoning, praalvertoon ❷ monstering van troepen, vooral met veel vertoon gehouden wapenschouw; plaats daarvoor ❸ sp afwering van een aanval (o.a. bij schermen, schaken)

pa·ra·de·mars *de* [-en] mars in paradepas

pa·ra·den·to·se [-zə] *de (v)* med zich terugtrekkend tandvlees

pa·ra·de·paard·je *het* [-s] iemand, iets waarmee men pronkt

pa·ra·de·pas *de (m)* [-sen] pas waarbij de benen gestrekt hoog opgeheven worden

pa·ra·de·ren *ww (‹Fr›* [paradeerde, h. geparadeerd] ❶ prijken, pronken; zich in zijn beste pak enz. laten zien ❷ → **parade** (bet 2) houden, ter monstering voorbijtrekken

pa·ra·dig·ma *(‹Lat‹Gr› het* ['s, -ta] ❶ voorbeeld, model ❷ taalk model van vervoeging of verbuiging

pa·ra·dijs *(‹Lat‹Gr› het* [-dijzen] ❶ lusthof waar volgens het Bijbelverhaal het eerste mensenpaar (Adam en Eva) aanvankelijk woonde ❷ hemel ❸ heerlijk oord

pa·ra·dijs·ap·pel *de (m)* [-s, -en] groot soort appel

pa·ra·dij·se·lijk *bn* als in het → **paradijs** (bet 1)

pa·ra·dijs·ge·schie·de·nis *de (v)* het verhaal van Adam en Eva (*Genesis* 2 en 3)

pa·ra·dijs·kos·tuum *het* ★ *in* ~ naakt

pa·ra·dijs·vo·gel *de (m)* [-s] prachtig gekleurde vogel van de familie Paradisaeidae, die voornamelijk voorkomt op Nieuw-Guinea en op in de nabijheid liggende eilanden

pa·ra·don·ti·tis *de (v)* → **parodontitis**

pa·ra·dox (‹Gr) **I** *de (m)* [-en] uitspraak die een schijnbare tegenstrijdigheid bevat **II** *bn* paradoxaal

pa·ra·doxaal [-doks**aa**l] (‹Fr) *bn* van de aard van een paradox, wondersp**r**eukig

pa·ra·fe·ren *ww* (‹Fr) [parafeerde, h. geparafeerd] van zijn paraaf voorzien; vandaar goedkeuren

pa·ra·fer·na·lia (‹Gr) *mv* ❶ eig de eigen goederen van de gehuwde vrouw; buitenhuwelijkse goederen ❷ fig rompslomp, bijkomstigheden

pa·raf·fi·ne (‹Lat) *de* voornamelijk uit petroleumresidu verkregen witte wasachtige of dik vloeibare koolwaterstof, gebruikt voor het waterdicht maken van papier en weefsel, het isoleren van elektrische kabels en als glijmiddel (lubricans)

pa·ra·fis·caal *bn* BN betrekking hebbend op niet als belasting geldende heffingen; ★ *een parafiscale heffing op het elektriciteitstarief*

pa·ra·fra·se [-zə] (‹Gr) *de (v)* [-n, -s] omschrijving met andere woorden, ophelderende omschrijving

pa·ra·fra·se·ren *ww* [-zee-] [parafraseerde, h. geparafraseerd] omschrijven, omschrijvend verklaren

pa·ra·gli·ding [-ɣlai-] *het* sport waarbij men hangend aan een breed zweefscherm door de lucht vliegt, gebruikmakend van de thermiek

pa·rag·no·sie [-zie] (‹Gr) *de (v)* buitenzintuiglijke waarneming (bijv. helderziendheid en telepathie)

pa·rag·nost (‹Gr) *de (m)* [-en] ❶ helderziende ❷ telepaat

pa·rag·nos·tisch *bn* op paragnosie betrekking hebbend; helderziend

pa·ra·graaf (‹Fr‹Gr) *de (m)* [-grafen] teken (§) waarmee het begin van een nieuw onderdeel in een tekst wordt aangeduid en vandaar als benaming voor zo'n onderdeel, vooral van een wetsartikel

pa·ra·gra·fe·ren *ww* [paragrafeerde, h. geparagrafeerd] in paragrafen verdelen

Pa·ra·guay·aan [-ɣwaai-] *de (m)* [-anen] iem. geboortig of afkomstig uit Paraguay

Pa·ra·guay·aans [-ɣwaai-] *bn* van, uit, betreffende Paraguay

pa·ra·guay·thee [-ɣwaai-] *de (m)* maté

pa·ral·lax (‹Gr) *de (m)* [-en] ❶ verschilzicht, hoek onder welke men vanuit een verwijderd punt de uiteinden van een rechte lijn ziet ❷ astron hoek waaronder men een hemellichaam ziet vanuit de uiteinden van een koorde van aarde of van de aardbaan

pa·ral·lel (‹Fr‹Gr) **I** *bn* ❶ evenwijdig ❷ overeenkomend, vergelijkbaar ❸ muz zich zo bewegende dat de interval gelijk blijft ❹ nat zo geschakeld dat de takken van een stroom elk één toestel doorlopen ★ *parallelle poort, parallelle interface* comput elk van de insteekbussen aan de achterkant van een personal computer waarmee deze op een netwerk en op de randapparatuur wordt aangesloten **II** *de* [-len] ❶ lijn die of vlak dat evenwijdig loopt met een ander ❷ breedtecirkel ❸ overeenkomstig geval

pa·ral·lel·cir·kel *de (m)* [-s] → **parallel** (II bet 2)

pa·ral·lel·klas *de (v)* [-sen] elk van de klassen waarin eenzelfde schooljaarklas is gesplitst

pa·ral·lel·le·pi·pe·dum (‹Gr) *het* [-s, -da] prisma (zesvlak) met een parallellogram tot grondslag en door zes parallellogrammen begrensd, blokvormig lichaam

pa·ral·lel·lie (‹Gr) *de (v)* het parallel-zijn; overeenkomstig beloop of verloop; parallellisme

pa·ral·lel·li·sa·tie [-zaa(t)sie] *de (v)* ❶ het parallel maken ❷ econ het verenigen van verschillende bedrijven in één richting bijv. de verkoop van rookartikelen in een café, branchevervaging

pa·ral·lel·lis·me (‹Fr‹Gr) *het* ❶ het parallel-zijn ❷ stilistiek het gebruiken van naast elkaar geplaatste volzinnen van gelijksoortige inhoud die elkaar ophelderen

pa·ral·lel·lo·gram (‹Gr) *het* [-men] vierhoek met evenwijdige en twee aan twee gelijke tegenoverstaande zijden

pa·ral·lel·markt *de* deel van de effectenbeurs waar men fondsen verhandelt die geen officiële notering krijgen, maar waarin wel veel omgaat

pa·ral·lel·scha·ke·ling *de (v)* [-en] schakeling van elektrische toestellen waarbij door ieder toestel een aparte stroomtak loopt

pa·ral·lel·weg *de (m)* [-wegen] evenwijdig lopende weg

pa·ra·ly·se [-liezə] (‹Gr) *de (v)* med verlamming ★ *progressieve* ~ voortschrijdende verlamming

pa·ra·ly·se·ren *ww* [-liezee-] (‹Fr‹Gr) [paralyseerde, h. geparalyseerd] verlammen, eig en fig krachteloos maken

pa·ra·ly·tisch [-lie-] (‹Lat‹Gr) *bn* ❶ lam, verlamd ❷ aanleg hebbend voor een beroerte

pa·ra·mag·ne·tis·me (‹Gr) *het* het verschijnsel dat sommige lichamen, geplaatst in een magnetisch veld, zelf licht magnetisch worden

pa·ra·me·disch *bn* verband houdend met de geneeskunde, zonder er werkelijk toe te behoren: ★ *paramedische beroepen* zoals dat van diëtist(e), fysiotherapeut(e) e.d.

pa·ra·ment, pa·re·ment (‹Fr) *het* [-en] ❶ sieraad ❷ RK liturgisch kerkgewaad

pa·ra·me·ter, pa·ra·me·ter (‹Gr) *de (m)* [-s] ❶ wisk veranderlijke hulpgrootheid bij de berekening van curven of constanten; lengte van de halve koorde door een brandpunt loodrecht op de hoofdas van een kegelsnede ❷ grootheid waarmee de toestand van een systeem beschreven kan worden ❸ comput variabele waaraan ten behoeve van een bep. computerbewerking een bep. waarde wordt toegekend

pa·ra·mi·li·tair [-tèr] *bn* overeenkomend met het militaire, op militaire leest geschoeid

pa·ra·na·pine [-pain] *(‹Eng) het* benaming voor het veel gebruikte hout van een Braziliaanse naaldboom (*Araucaria angustifolia*), genoemd naar de Paraná, een rivier in Brazilië

pa·ra·nimf *(‹Gr) de (m)* [-en] NN ❶ bruidsjonker; ceremoniemeester bij bruiloften ❷ persoon die iemand, vooral een promovendus bij een doctorspromotie, bij plechtigheden terzijde staat

pa·ra·noia *(‹Gr) de (v)* med geestesstoornis waarbij men waandenkbeelden heeft die als bedreigend worden ervaren; *ook wel* deze waandenkbeelden of gevoelens onder invloed van drugs e.d.

pa·ra·no·ï·de *(‹Gr) bn* verschijnselen vertonend van paranoia

pa·ra·noot *de* [-noten] soort driekantige, eetbare noot van de in noordelijk Zuid-Amerika groeiende woudreus *Bertholletia excelsa*, genoemd naar de Braziliaanse stad Belém do Pará

pa·ra·nor·maal *bn* naast het normale voorkomend, dit te buiten gaand: ★ *paranormale verschijnselen* helderziendheid, spoken, tafeldans e.d.

pa·ra·pente [-pāt(ə)] *(‹Fr) het* paragliding

pa·ra·pet *(‹Fr‹It) het* [-ten] borstwering van een wal

pa·ra·plu *(‹Fr) de (m)* ['s] draagbaar, op een stang bevestigd uitklapbaar scherm, waaronder men (ook tijdens het lopen) kan schuilen bij regen

pa·ra·plu·bak *de (m)* [-ken] bak om paraplu's in te zetten

pa·ra·plu·plant *de* [-en], **pa·ra·pluutje** -plu-tje *het* [-s] aan de papyrus verwante plantensoort, gekweekt als kamerplant (*Cyperus curtisii*)

pa·ra·plu·stan·daard, **pa·ra·plu·stan·der** *de (m)* [-s] standaard voor paraplu's

pa·ra·psy·cho·lo·gie [-psiegoo-] *(‹Gr) de (v)* de wetenschap van de paranormale verschijnselen

pa·ra·psy·cho·lo·gisch [-psiegoo-] *bn* van, betreffende de parapsychologie

pa·ra·psy·cho·loog [-psiegoo-] *(‹Gr) de (m)* [-logen] beoefenaar van de parapsychologie

pa·ra·siet *(‹Gr) de (m)* [-en] ❶ organisme dat leeft in of op een ander soort organisme waaraan het zijn voedsel onttrekt ❷ persoon die leeft op kosten van iemand anders, tafelschuimer, klaploper, uitvreter

pa·ra·si·tair [-tèr,], **pa·ra·si·tisch** *(‹Fr) bn* van de aard, op de wijze van een parasiet; ten koste van anderen levend

pa·ra·si·te·ren *ww* [parasiteerde, h. geparasiteerd] als parasiet leven of teren op

pa·ra·si·tis·me *(‹Gr) het* ❶ het leven als → **parasiet** (bet 2) ❷ fig het leven op kosten van anderen

pa·ra·sol *(‹Fr‹It) de (m)* [-s] zonnescherm

pa·ra·sta·taal *(‹Gr-Lat) bn* BN (van instellingen, diensten e.d.) door de wet opgericht en gelijkgesteld met een staatsinstelling; semioverheids

pa·ra·sta·ta·le *de* [-n] BN semioverheidsinstelling

pa·ra·thi·on *(‹Gr) het* algemene benaming van een snelwerkende insectendodende stof (diëthyl-*p*-nitrofenylmonothiofosfaat)

pa·ra·troe·pen *mv* uit parachutisten bestaande troepen

pa·ra·troop·er [-troepə(r)] *(‹Eng) de (m)* [-s] militaire parachutist

pa·ra·ty·fus [-tie-] *(‹Gr) de (m)* benaming voor verschillende ziekten die enigszins op tyfus gelijken, maar een milder verloop hebben

par·bleu *(‹Fr) tsw* vero drommels!, sakkerloot!

Par·cen *(‹Lat) mv* de schikgodinnen bij de Romeinen, de drie bestuursters van het menselijk leven

par·cours [-koer,], **par·koers** *(‹Fr‹Lat) het* [-en] af te leggen traject; wedstrijdbaan

par·does *tsw & bijw* hals over kop, plotseling

par·don [-dô] *(‹Fr)* I *het* vergiffenis, genade; opheffing of kwijtschelding van straf II *tsw* neem mij niet kwalijk!, vergeef mij!

par·don·ne·ren *ww (‹Fr)* [pardonneerde, h. gepardonneerd] vergiffenis schenken, vergeven

pa·rel *(‹Fr) de* [-s, -en] ❶ kostbaar sieraad afkomstig van de schelpen van pareloesters, waarin het gevormd wordt als parelmoeruitwas rond een vreemd voorwerp dat binnendringt ★ *een ~ aan iems. kroon* iets wat iem. tot sieraad strekt of waarop hij terecht trots is ★ *als een ~ in het goud* tussen twee aangename buren geplaatst ★ *parelen voor de zwijnen werpen* aan wie het niet besteed is iets moois geven ❷ fig het beste; iets van bijzondere waarde ❸ kleine lettersoort ❹ benaming van parelvormige voorwerpen, bijv. druppels

pa·rel·bank *de* [-en] plaats waar veel pareloesters zijn

pa·rel·col·lier [-koljee] *het* [-s] halsketting van parels

pa·rel·dui·ken *ww & het* (het) in zee duiken om parels te zoeken

pa·rel·dui·ker *de (m)* [-s] parelvisser

pa·re·len *ww* [parelde, h. gepareld] ❶ langzaam druppelen ❷ luchtbelletjes vormen: ★ *parelende wijn* ❸ ‹van een reeks tonen› helder klinken, duidelijk hoorbaar zijn

pa·rel·grijs *bn* blauwig grijs

pa·rel·hoen *het* [-ders] grauwe fazantachtige vogel met witte parelvormige stippen

pa·rel·moer *het* → **paarlemoer**

pa·rel·moe·ren *bn* → **paarlemoeren**

pa·rel·mos·sel *de* [-s, -en] in zoet water levende mossel die parels en parelmoer kan leveren

pa·rel·oes·ter *de* [-s] oester die parels vormt

pa·rel·snoer *het* [-en] snoer parels

pa·rel·vis·ser *de (m)* [-s] iem. die naar parels duikt

pa·rel·vis·se·rij *de (v)* het vissen naar parels

pa·rel·wit I *het* het wit van een parel II *bn* heel erg wit: ★ *~te tanden*

pa·re·ment *(‹Fr) het* → **parament**

pa·ren I *ww* [paarde, h. gepaard] ❶ een paar vormen ❷ ‹vooral van dieren› samenkomen ter bevruchting ❸ verenigen, bijeenvoegen ★ ~ *aan* doen samengaan met **II** *wederk* zich tot een paar bijeenvoegen ★ *zich ~ aan (bij)* samengaan met

pa·ren·ta·ge [-taazjə] *(‹Fr) de (v)* bloedverwantschap, familie

pa·ren·teel [-telen], **pa·ren·te·le** *(‹Fr‹Lat) de* [-s] groep van afstammelingen van één paar ouders

pa·ren·the·se [-zə] *de (v)* [-n], **pa·ren·the·sis** [-zis] *(‹Gr) de (v)* [-ses] ❶ tussenzin ❷ tussenschuifsel, inlassing ❸ teken van de tussenstelling () of ★ *in parenthesi* tussen (twee) haakjes; in het voorbijgaan gezegd

pa·re·ren *ww (‹Fr)* [pareerde, h. gepareerd] ❶ *sp* een aanval afslaan ❷ versieren, tooien ❸ ‹een paard› tot staan brengen

par ex·cel·lence *bijw* [eksellā̃s(ə)] *(‹Fr)* bij uitnemendheid

par exem·ple [- eγzā̃mplə] *(‹Fr)* bij voorbeeld *tsw* wel heb je ooit!

par·force·jacht [-fors-] *de* drijf- of klopjacht, jacht met brakhonden op reeën en herten (in Nederland verboden)

par·fum *(‹Fr‹It) de (m) & het* [-s] ❶ doordringende, vooral aangename geur of reuk ❷ reukwerk in vloeibare of vaste vorm

par·fu·me·ren *ww (‹Fr‹It)* [parfumeerde, h. geparfumeerd] welriekend maken met reukwerk ★ *zich ~ parfum* gebruiken; zie ook → **geparfumeerd**

par·fu·me·rie *(‹Fr) de (v)* [-rieën] ❶ het bereiden van parfums ❷ winkel van parfums ❸ *parfumerieën* reukwerken

par·he·li·um *(‹Gr) het* [-liën] ‹als dampkringsbeeld› bijzon, bijmaan

pa·ri *(‹It)* **I** *bijw* gelijk aan waarde ★ *a ~* tegen een koers van 100% **II** *het* pariteit, gelijke waarde

pa·ria *(‹Eng‹Tamil) de* ['s] ❶ ‹bij de hindoes› iem. die buiten elke kaste staat en daardoor onrein is ❷ overdrachtelijk verworpeling, verschoppeling

Pa·rijs *bn* van of uit Parijs: ★ *Parijse wafels*

Pa·rij·ze·naar *de (m)* [-s] inwoner van Parijs

pa·ri·koers *de (m)* [-en] koers, vooral wisselkoers waarbij de vreemde munt de als normaal geldende waarde heeft

pa·ring *de (v)* [-en] geslachtsdaad, vooral gezegd van dieren

pa·rings·daad *de* [-daden] geslachtsdaad, vooral gezegd van dieren

pa·rings·ri·tu·eel *het* [-tuelen] gezamenlijke stereotype handelingen die dieren verrichten alvorens tot paring over te gaan

pa·ris·ap·pel *de (m)* twistappel, naar Paris, zoon van Priamus, die moest uitmaken wie van de drie godinnen Hera, Athena en Aphrodite de schoonste was

Pa·ri·sienne [-zjennə] *(‹Fr) de (v)* [-s] Parijse vrouw, Parijs meisje

pa·ri·tair [-tɛ̀r] *(‹Fr) bn* op voet van gelijkheid; waarin verschillende groeperingen gelijkelijk vertegenwoordigd zijn ★ BN *~ comité* uit een gelijk aantal vertegenwoordigers van werkgevers- en werknemersorganisaties bestaand comité met diverse taken, zoals het tot stand doen komen van collectieve arbeidsovereenkomsten, het bijleggen van sociale geschillen e.d.

pa·ri·teit *(‹Fr‹Lat) de (v)* [-en] ❶ gelijkheid, vooral rechtsgelijkheid; gelijkgerechtigheid ❷ *econ* gelijkheid in koers op verschillende plaatsen; gelijkheid van reële en nominale waarde

pa·ri·tei·ten·ta·fel *de* [-s] lijst van de overeenkomstige wisselkoersen tussen verschillende landen

park *(‹Fr‹Lat) het* [-en] ❶ grote aangelegde bomentuin ❷ groot terrein ❸ verzamelplaats van materieel; vgl: → **wagenpark**

par·ka *(‹Fins) de (m)* ['s] winddicht jak met capuchon, al of niet met bont gevoerd

par·keer·baan *de* [-banen] tijdelijke baan van een ruimteschip rondom een hemellichaam, ten behoeve van een controle op de instrumenten, het maken van berekeningen e.d.

par·keer·be·heer *het* gemeentelijke dienst die de naleving van parkeervoorschriften controleert en de boetes voor overtredingen int

par·keer·bon *de (m)* [-s, -nen] bekeuring voor onjuist of te lang parkeren (veelal achter de ruitenwisser geschoven)

par·keer·der *de (m)* [-s] iem. die een auto parkeert

par·keer·ga·ra·ge [-γaaraazjə, -γaaraazjə] *de (v)* [-s] garage waar men voor kortere of langere tijd, meestal tegen betaling, zijn auto kan parkeren

par·keer·ha·ven *de* [-s] verbreding van een rijweg, waar geparkeerd kan worden

par·keer·kaart *de* [-en] toegangskaart voor een parkeergarage

par·keer·licht *het* [-en] klein licht, gewoonlijk aan de zijkant van een auto, dat brandt tijdens het geparkeerd staan

par·keer·me·ter *de (m)* [-s] toestel waarin een automobilist betaalt voor een bepaalde tijd parkeren

par·keer·plaats *de* [-en] parkeerterrein

par·keer·schijf *de* [-schijven] schijf aan de voorruit van een auto, waarop de tijd is af te lezen die men geparkeerd heeft

par·keer·strook *de* [-stroken] weggedeelte waar geparkeerd mag worden

par·keer·stu·die *de (v)* [-s] ❶ NN studie die iem. een korte tijd volgt, omdat hij is uitgeloot voor de studie die hij eigenlijk wil volgen ❷ BN onderzoek naar de parkeersituatie in een bepaalde regio

par·keer·ter·rein *het* [-en] standplaats voor auto's e.d.

par·keer·vak *het* [-ken] op het wegdek aangegeven vak waar een auto geparkeerd mag worden

par·keer·ver·bod *het* [-boden] verbod om te parkeren

par·keer·ver·gun·ning *de (v)* [-en] toestemming om te

parkeren
par·keer·wach·ter *de (m)* [-s] iem. die toezicht houdt op de naleving van de parkeerregels
par·keer·zo·ne [-zò-] *de* [-s, -n] stadsgedeelte waar een parkeerschijf verplicht is
par·ke·ren *ww (‹Fr)* [parkeerde, h. geparkeerd] ‹een voertuig› op een bepaalde plaats tijdelijk neerzetten
par·ket *(‹Fr) het* [-ten] ❶ afgesloten ruimte; alleen nog in de uitdrukking: ★ *in een moeilijk ~ zijn* in een lastig geval ❷ afgezonderde ruimte in een gerechtszaal voor de vertegenwoordigers van het openbaar gezag, thans bureau van het Openbaar Ministerie ❸ het Openbaar Ministerie zelf ❹ BN bureau van de procureur des Konings ❺ zitplaatsen achter de stalles in theaters ❻ ingelegde houten vloer; ingelegd werk
par·ket·po·li·tie *de (v)* NN parketwacht
par·ket·vloer *de (m)* [-en] ingelegde houten vloer
par·ket·wacht NN I *de* politie die dienst doet bij rechtszittingen II *de (m)* [-en] lid van die politie
par·ket·wach·ter *de (m)* [-s] NN → **parketwacht** (bet 2)
par·kiet *(‹Oudfrans) de (m)* [-en] kleine papegaaiachtige vogel
par·king *(‹Fr‹Eng) de (m)* [-s] ❶ vooral BN parkeerterrein, parkeergebouw, parkeerruimte, parkeerstrook, parkeerhaven ❷ BN, schrijftaal het parkeren: ★ ~ *mogelijk in de onmiddellijke omgeving*
Par·kin·son *zn* [pà(r)-:] ★ *ziekte van* ~ met trilling van de ledematen gepaard gaande stoornis in de spierwerking door een hersenaandoening, genoemd naar de Britse medicus James Parkinson (1755-1824), die deze ziekte voor het eerst beschreef
park·land·schap *het* [-pen] parkachtig landschap
par·koers *(‹Fr) het* [-en] → **parcours**
par·lan·do *(‹It)* I *bn* muz meer sprekend dan zingend, als recitatief gezongen II *het* ['s] passage in die trant
par·le·ment *(‹Fr) het* [-en] ❶ volksvertegenwoordiging ❷ gebouw waarin de volksvertegenwoordiging zetelt
par·le·men·tair [-tèr] *(‹Fr)* I *bn* ❶ behorende bij een onderhandelaar: ★ *de parlementaire vlag* ❷ betrekking hebbend op een parlement, tot de volksvertegenwoordiging behorend ★ *parlementaire democratie* democratische staatsvorm waarbij de meeste macht berust bij de volksvertegenwoordiging ❸ fig de vormen in acht nemend, zoals gebruikelijk is in een parlement; omzichtig II *de (m)* [-s en -en] ❶ persoon die naar de vijand wordt gezonden om te onderhandelen over wapenstilstand of vrede ❷ BN ook parlementslid, parlementariër, volksvertegenwoordiger, Kamerlid
par·le·men·ta·ri·ër *(‹Du‹Eng) de (m)* [-s] ❶ lid van een parlement ❷ aanhanger van het parlementarisme
par·le·men·ta·ris·me *(‹Fr) het* regeringsvorm met medewerking van een parlement, vooral overheersen daarvan boven de kroon
par·le·men·te·ren *ww (‹Fr)* [parlementeerde, h. geparlementeerd] ❶ onderhandelen als parlementair ❷ lang heen en weer praten, redekavelen
par·le·ments·ge·bouw *het* [-en] gebouw waarin het parlement bijeenkomt
par·le·ments·lid *het* [-leden] lid van een volksvertegenwoordiging
par·le·ments·zit·ting *de (v)* [-en] vergadering van de volksvertegenwoordiging
par·le·vin·ken *ww* [parlevinkte, h. geparlevinkt] NN ❶ van de ene plaats naar de andere trekken om kleinhandel te drijven; venten ❷ spreektaal praten, redeneren
par·le·vin·ker *de (m)* [-s] NN ❶ kleinhandelaar, venter te water ❷ boot van zo'n handelaar
par·lo·foon *(‹Belgisch-Fr) de (m)* [-s] BN ook deurtelefoon, huistelefoon
par·ma·ham *de* [-men] gedroogde ham uit de omgeving van de Italiaanse stad Parma
par·mant *(‹Fr)*, **par·man·tig** *bn* ❶ zelfbewust; flink, durvend ❷ trots en deftig, (gemaakt) statig: ★ *een ~ mannetje*
par·me·zaan *de (m)* [-zanen] een in Parma gemaakte scherpe kaassoort
Par·me·zaans *bn* van, uit Parma ★ *Parmezaanse kaas* parmezaan
Par·nas·sus *de (m)* berg in Griekenland, gewijd aan Apollo en de Muzen, zangberg; gebied van de dichtkunst; de dichters
pa·ro·chi·aal *(‹Lat) bn* tot een parochie behorend
pa·ro·chi·aan *(‹Lat) de (m)* [-anen] iem. die tot een parochie behoort, lid van een kerkgemeente
pa·ro·chie *(‹Lat) de (v)* [-s, -chiën] ❶ RK kerkgemeente, kerspel ❷ prot deel van een grote stadsgemeente met een eigen predikant ❸ gehoor, gemeenschap ★ *voor eigen ~ spreken* een mening verkondigen voor een gehoor dat reeds dezelfde mening is toegedaan
pa·ro·chi·eel *bn* van een (de) parochie
pa·ro·chie·huis *het* [-huizen] gebouw voor parochiale werkzaamheden (vergaderingen enz.)
pa·ro·chie·kerk *de* [-en] kerk van een parochie
pa·ro·die *(‹Fr‹Gr) de (v)* [-dieën, -s] ❶ bespottelijk makende nabootsing van een letterkundig of ander kunstwerk ❷ fig verdraaiende nabootsing van iets
pa·ro·di·ë·ren *ww (‹Fr)* [parodieerde, h. geparodieerd] een parodie maken van; bespottelijk maken door verdraaiende nabootsing
pa·ro·don·ti·tis *de (v)* med ontsteking v.h. tandvlees
pa·ro·don·ti·um *(‹Gr) het* anat steunweefsel van tanden en kiezen, zoals het tandvlees en het kaakbeen
pa·ro·don·to·se [-za] *(‹Gr) de (v)* med aandoening van het weefsel dat de tanden en kiezen omgeeft
pa·ro·niem *(‹Fr‹Gr)* I *bn* stamverwant II *het* [-en] stamverwant woord, bijv. *slot* (instrument om te sluiten) en *slot* (kasteel)
pa·rool *(‹Fr‹Lat) het* [-rolen] ❶ woord, belofte, erewoord ❷ wachtwoord, leus, herkenningswoord
pa·roxis·me [-roksis-] *(‹Gr) het* [-n] ❶ plotselinge

verheviging, stadium van hoogste intensiteit van een ziektetoestand ❷ toestand of aanval van hoogste woede, smart enz. ❸ geol heftige vulkanische uitbarsting

pars *(‹Lat) de* [partes] deel ★ *~ pro toto* een deel (genoemd) voor het geheel, bijv. *zeil* voor *schip*

par·sec *de (m)* [-s] astron eenheid waarin afstand wordt uitgedrukt, nl. de afstand van een ster waarvan de parallax één seconde bedraagt

par·ser *(‹Eng) de (m)* [-s] comput programma dat een aangeboden zin natuurlijke taal syntactisch kan ontleden

par·si, Par·sen *(‹Perz) mv* aanhangers van de leer van de Oudperzische profeet Zoroaster in India

par·sis·me *het* tegenwoordige vorm van het zoroastrisme

part¹ *(‹Fr‹Lat) het* [-en] deel, aandeel ★ *iets aan parten snijden* in moten, gedeelten ★ *~ noch deel aan iets hebben* a) er niets mee te maken hebben; b) er niet aan meegewerkt hebben ★ *voor mijn ~ wat mij aangaat*

part² *de* [-en] streek, poets ★ *iemand parten spelen* hem beetnemen ★ *zijn geheugen begint hem parten te spelen* hij wordt vergeetachtig

par·ta·ge·ren *ww* [-zjee-] *(‹Fr)* [partageerde, h. gepartageerd] verdelen, ieder zijn aandeel geven

par·ter·re *(‹Fr) de (m) & het* [-s] ❶ verdieping gelijkvloers, benedenverdieping ❷ tuin- of bloembed ❸ achterste stuk van het gelijkvloerse gedeelte van een schouwburgzaal

par·the·no·ge·ne·sis [-zis], **par·the·no·ge·ne·se** [-zə] *(‹Gr) de (v)* ‹bij lagere dieren en planten› voortplanting zonder voorafgaande bevruchting

par·ti·ci·pant *(‹Fr) de (m)* [-en] deelnemer, deelhebber, deelgenoot

par·ti·ci·pa·tie [-(t)sie] *(‹Fr‹Lat) de (v)* [-s] ❶ deelneming, deelachtigheid ❷ deelhebbing in de winst (van arbeiders)

par·ti·ci·pa·tie·be·wijs [-(t)sie-] *het* [-wijzen] bewijs van deelname aan een beleggingsfonds

par·ti·ci·pa·tie·maat·schap·pij [-(t)sie-] *de (v)* maatschappij die ten doel heeft effecten van andere maatschappijen op te kopen

par·ti·ci·pa·tie·on·der·wijs [-(t)sie-] *het* onderwijs aan een school of instituut in combinatie met de stage in een bedrijf

par·ti·ci·pe·ren *ww (‹Fr‹Lat)* [participeerde, h. geparticipeerd] deel nemen (aan) *of* deel hebben (in)

par·ti·ci·pi·um *(‹Lat) het* [-pia, -s] taalk deelwoord ★ *~ presentis* tegenwoordig deelwoord ★ *~ perfecti* verleden deelwoord

par·ti·cu·la·ris·me *(‹Fr) het* ❶ het stellen van het bijzonder belang boven het algemeen belang ❷ vasthouden aan bijzondere voorrechten ❸ streven om afzonderlijk zelfstandig te blijven en niet op te gaan in een groter lichaam

par·ti·cu·la·ris·tisch *bn* van, betreffende het particularisme

par·ti·cu·lier *(‹Fr)* **I** *bn* ❶ geldende voor, betrekking hebbend op een enkele, bijzondere persoon ❷ door individuele personen, niet door de overheid bedreven, in stand gehouden enz.: ★ *het ~ initiatief* ★ *een particuliere school* ❸ bijzonder, op zich zelf staand ★ *in het ~* in het bijzonder **II** *de (m)* [-en] privaat persoon; ambteloos burger

par·tieel [-(t)sjeel] *(‹Fr‹Lat) bn* gedeeltelijk: ★ *partiële leerplicht* ★ BN, hist *~ examen* tentamen

par·tij *(‹Fr) de (v)* [-en] ❶ groep, hoeveelheid: ★ *een ~ goederen* ❷ persoon of groep met bepaalde overtuiging ★ *de beste ~ kiezen* de verstandigste houding aannemen ★ *~ kiezen voor iem.* hem verdedigen ❸ groep of vereniging die bepaalde (vooral politieke) beginselen voorstaat ❹ aanklager of gedaagde voor de rechtbank ★ *civiele ~* benadeelde partij die schadevergoeding wil verkrijgen in een strafproces ★ BN *zich burgerlijk ~ stellen* een civiele procedure aanspannen, een aanklacht indienen ❺ huwelijkspartner: ★ *een goede ~* ❻ persoon of groep die een overeenkomst sluit ❼ groep spelers: ★ *de twee partijen stonden opgesteld* ★ *geen ~ zijn voor iem.* niet tegen hem opgewassen zijn ❽ spelletje: ★ *een partijtje biljart* ★ *~ geven* een gelijkwaardig tegenspel geven, niet voor de tegenstander onderdoen ❾ feest: ★ *een grote ~ geven* ★ *van de ~ zijn* meedoen ❿ deel, onderdeel: ★ *donkere partijen op een schilderij* ⓫ muziekonderdeel voor een bepaald instrument of een bepaalde stem; zie ook bij → **meeblazen** ⓬ voordeel: ★ *~ trekken van iets*

par·tij·be·lang *het* [-en] wat in het belang van een politieke partij is (tegenover algemeen belang)

par·tij·be·stuur *het* [-sturen] bestuur van een politieke partij

par·tij·blad *het* [-bladen] krant van een politieke partij

par·tij·bons [-bonzen], **par·tij·bon·ze** *de (m)* [-n] leidende figuur in een politieke partij

par·tij·bu·reau *het* BN ook het dagelijks bestuur van een politieke partij

par·tij·con·gres *het* [-sen] algemene vergadering van een politieke partij

par·tij·dag *de (m)* [-dagen] dag waarop de aanhangers van een politieke partij vergaderen

par·tij·dig *bn* bij beoordeling onder invloed van een bepaalde gezindheid staande; vooringenomen; bevooroordeeld

par·tij·en·post *de* NN poststukken die in grote hoeveelheden tegelijk vervoerd worden, bijv. kranten

par·tij·gan·ger *de (m)* [-s] ❶ ijverig lid van een politieke partij ❷ algemeen ijverig voorstander

par·tij·geest *de (m)* de zucht om de partijbelangen boven alles te stellen

par·tij·ge·noot *de (m)* [-noten] medelid van een politieke partij

par·tij·lei·der *de (m)* [-s] leider van een politieke partij

par·tij·leus [-leuzen], **par·tij·leu·ze** *de* [-n] leus waarin een politieke partij een ideaal vervat heeft

par·tij·lid *het* [-leden] lid van een politieke partij

par·tij·loos *bn* niet aangesloten bij een politieke partij

par·tij·man *de (m)* [-nen] partijganger

par·tij·or·gaan *het* [-ganen] partijblad

par·tij·po·li·tiek *de (v)* ❶ politiek van een bepaalde partij ❷ politiek die vooral het partijbelang op het oog heeft

par·tij·pro·gram·ma *het* ['s] een voor de verkiezingen door een politieke partij opgestelde lijst van plannen, beloften e.d. voor de toekomst

par·tij·schap *de (v)* [-pen] ❶ verdeeldheid ❷ vorming van partijen ❸ (politieke) partij

par·tij·trek·ken *ww* [trok partij, h. partijgetrokken] een kant kiezen, bijv. in een conflict

par·ti·kel *(‹Fr‹Lat) het* [-s] ❶ klein deeltje, vooral atoomdeeltje ❷ taalk klein, onveranderlijk woord

par·ti·tie [-tie(t)sie] *de (v)* [-s] comput deel van de harde schijf van een computer: ★ *de harde schijf kan door de gebruiker worden ingedeeld in verschillende partities, bijv. één voor het systeem Windows en één voor het systeem Linux*

par·ti·tuur *(‹Fr‹Lat) de (v)* [-turen] muz alle partijen van een compositie, regelsgewijze boven elkaar geplaatst

par·ti·zaan *(‹Fr‹It) de (m)* [-zanen] guerrillastrijder, lid van een ongeregelde militaire troep *(‹It)* hellebaard, korte piek met brede punt

part·ner [pà(r)tnə(r)] *(‹Eng‹Lat) de (m)* [-s] ❶ medespeler, maat, deelgenoot; degene met wie men handelt, speelt, danst, vrijt enz. ❷ levensgezel, iem. met wie men langdurig samenwoont

part·ner·ruil *de (m)* het verwisselen van partner door gehuwde of samenlevende paren onder elkaar

part·ner·schap *het* deelgenootschap; deelhebberschap, vooral van arbeiders in de winst van een bedrijf ★ *in Nederland geregistreerd ~ bij de Burgerlijke Stand in akte vastgelegde samenlevingsvorm van twee ongehuwden waarin bepaalde verplichtingen worden aangegaan*

part·time [pà(r)t-taim] *(‹Eng) bn* slechts voor een gedeelte van de volledige arbeidstijd

part·ti·mer [pà(r)t-taimə(r)] *(‹Eng) de (m)* [-s] icm. die een gedeeltelijke dag- of weektaak heeft

part·time·work [pà(r)ttaimwù(r)k] *(‹Eng) het* deeltijdarbeid

par·tuur *(‹Oudfrans) de (v)* [-turen] ❶ elk van de partijen in een spel, wedstrijd, verbintenis; ❷ ‹in een kaatswedstrijd› ploeg van drie spelers ❸ gelijke, evenknie ★ NN, vero *geen ~ zijn voor iem.* niet tegen hem opgewassen zijn, geen partij zijn voor iem.

par·ty [pà(r)tie] *(‹Eng) de (v)* ['s] feest aan huis, partij

par·ty·box [pà(r)tie-] *(‹Eng) de (m)* [-en] BN kartonnen doos waarin wijn in een vacuüm foliezak zit

par·ty·drug [pà(r)tiedruɣ] *(‹Eng) de (m)* [-s] tijdens feesten veel gebruikt type drug, zoals xtc

par·ty·tent [pà(r)tie-] *de* [-en] tent bestaande uit een tussen vier poten bevestigde overkapping, veel gebruikt bij feestelijkheden in de open lucht

pa·rure *(‹Fr) de* [-s], **pa·ruur** *(‹Fr) de* [-ruren] ❶ opschik ❷ garnituur met diamanten ❸ stel bijeenbehorende boord en manchetten

par·ve·nu *(‹Fr) de (m)* ['s] iemand die van laag (arm) tot hoog (rijk) opgeklommen is en zich daarop laat voorstaan, zonder de overeenkomstige beschaving te bezitten

pas[1] *(‹Fr)* I *de (m)* [-sen] ❶ stap ★ *in de ~ lopen* a) gelijke stap houden met anderen; b) fig zich net zo gedragen als de anderen, niet uit de toon vallen ❷ afstand met één stap afgelegd; ★ *veertig passen lang* ★ NN *~ op de plaats maken* a) loopbewegingen maken zonder zich te verplaatsen; b) fig de bestaande situatie handhaven ❸ smalle doorgang of overgang in gebergte ★ *iem. de ~ afsnijden* a) hem verhinderen verder te gaan; b) iem. een kans ontnemen ❹ paspoort; ❺ ‹bij uitbreiding› legitimatiebewijs, vooral in samenstellingen, bijv. → **betaalpas**; zie ook: → **pasje** II *het* (het juiste) tijdstip ★ *iets te ~ brengen* in het juiste verband ter sprake brengen ★ *als het ~ geeft* als er een geschikte gelegenheid voor is ★ *dat komt niet te ~* of NN *dat geeft geen ~ dat is onbehoorlijk* ★ *ergens aan te ~ komen* tussenbeide komen, helpen ★ *ergens bij te ~ komen* erbij gebruikt worden ★ *van ~ komen* op het goede ogenblik komen, juist nodig zijn ★ *als het in zijn kraam te ~ komt* als het hem goed uitkomt; zie ook bij → **onpas** III *bijw* ❶ juist, net, kort geleden: ★ *hij is ~ geweest* ❷ niet eerder dan: ★ *6 december begint de school ~ om tien uur* ❸ niet verder dan, slechts: ★ *ik ben ~ op bladzijde tien* ★ *het arme kind was ~ acht* ❹ echt: ★ *dat is ~ feestvieren!*

pas[2] I *het* [-sen] → **waterpas** (I) II *bijw* → **waterpas** (II)

pas[3] *tsw* ❶ ‹bij (kinder)spelletjes› uitroep om aan te geven dat men even niet aan het spel deelneemt (bij tikkertje mag men dan bijv. niet worden getikt; vaak ook *passie* ❷ kaartsp verkorting van 'ik pas'

pas[4] [pà] *(‹Fr‹Lat) de (m) [mv idem]* schrede; tred ★ *~ de deux* balletdans voor twee personen

pa·sar [passar] *(‹Mal) de (m)* [-s] markt; overdekte marktplaats

Pas·cal, **PASCAL** *het* comput hogere programmeertaal

pas·cal *de (m)* nat eenheid voor druk of spanning (symbool: Pa), genoemd naar de Franse wijsgeer, wis- en natuurkundige Blaise Pascal (1623-1662)

Pa·scha [paasgaa] *(‹Lat‹Gr‹Hebr) het* → **Pesach**

pas·con·tro·le [-tròlə] *de* onderzoek of de paspoorten in orde zijn

Pa·sen *(‹Lat) de (m)* paasfeest ★ *als ~ en Pinksteren op één dag vallen* nooit ★ *een witte ~* Pasen met sneeuw ★ RK *zijn ~ houden* omstreeks Pasen ter communie gaan, zijn paasplicht vervullen ★ *beloken ~* de eerste zondag na Pasen ★ BN *vijgen na ~* mosterd na de maaltijd, iets wat te laat komt en waar men niets

meer aan heeft
pas·fo·to *de* ['s] klein gefotografeerd portret, zoals gangbaar op officiële documenten als paspoorten, rijbewijzen e.d.
pas·ge·bo·ren *bn* nog maar juist geboren
pas·geld *het* kleingeld
pas·hoog·te *de (v)* [-n, -s] grootste hoogte van een bergpas
pa·sja (‹Turks› *de (m)* ['s] Turkse titel voor hoge staatsambtenaren en militaire opperbevelhebbers tijdens het Osmaanse rijk
pas·je *het* [-s] ❶ tijdelijk doorlopend toegangsbewijs ❷ NN betaalpas, pinpas e.d.
pas·jes·wet *de* hist wettelijke bepaling in Zuid-Afrika volgens welke zwarten en kleurlingen een bepaald persoonsbewijs bij zich moeten dragen als ze zich in voor blanken bestemde gebieden bevinden
Pasj·toe *het* de officiële taal van Afghanistan, Afghaans; ook veel gesproken in Pakistan
pas·ka·mer *de* [-s] hokje in een winkel waarin kleding gepast kan worden
pas·klaar *bn* ❶ geheel passend; fig aangepast ❷ gereed om gepast te worden
pas·kwil (‹It› *het* [-len] NN ❶ schotschrift, lasterschrift (zonder naam van de schrijver) ❷ grap; iets bespottelijks, zots ❸ bespottelijke kerel
pas·lood *het* [-loden] schietlood
pas·munt *de* metalen munten met betrekkelijk lage waarde, kleingeld
pas·poort (‹Fr› *het* [-en] door de overheid uitgegeven document dat dient als legitimatiebewijs en op vertoon waarvan men toegang verkrijgt tot bepaalde landen
pas·pop *de* [-pen] pop waarop kledingstukken gepast kunnen worden
pass [paas] (‹Eng› *de (m)* [-es] [-iz] balsport trap, worp met de bal waardoor die bij een ongedekte medespeler komt
pas·saat (‹Fr› *de (m)* [-saten], **pas·saat·wind** *de (m)* [-en] regelmatige wind tussen de keerkringen naar de equator toe
pas·saat·gor·del *de (m)* [-s] streek waar passaten waaien
pas·sa·bel (‹Fr› *bn* draaglijk, ermee door kunnend, tamelijk goed
pas·sa·ge [-saazjə] (‹Fr› *de (v)* [-s] ❶ gedeelte, enige aaneengesloten zinnen uit een geschrift; gedeelte van een muziekstuk, dichtstuk e.d. ❷ het voorbijgaan; astron het passeren van de meridiaan door een ster ❸ gelegenheid om te passeren: ★ *de ~ is versperd* ❹ doortocht, doorvaart; overtocht ❺ het voorbijgaan of doortrekken van mensen en voertuigen in een straat of op een bepaalde plaats ❻ met glas overdekte winkelstraat (tussen twee hoofdstraten)
pas·sa·ge·bil·jet [-saazjə-] *het* [-ten] bewijs van betaling voor overtochtgeld op een schip
pas·sa·gier [-zjier] (‹Fr› *de (m)* [-s] persoon die reist in

betrekking tot zijn vervoermiddel ★ *blinde ~ verstekeling*
pas·sa·gie·ren *ww* [-zjie-] [passagierde, h. gepassagierd] ‹van zeelieden› aan wal uitgaan
pas·sa·giers·ac·com·mo·da·tie [-zjiersakkommoodaa(t)sie] *de (v)* ‹op vrachtschepen› gelegenheid tot het vervoeren van een (beperkt) aantal passagiers
pas·sa·giers·boot [-zjiers-] *de* [-boten] boot die passagiers meeneemt; *tegenst*: → **vrachtboot**
pas·sa·giers·hut [-zjiers-] *de* [-ten] ruimte voor passagiers, vooral op schepen
pas·sa·giers·vlieg·tuig [-zjiers-] *het* [-en] vliegtuig voor het vervoer van reizigers
pas·sant¹ (‹Fr› *de (m)* [-en] ❶ voorbijganger ❷ doorreizende; speciaal doortrekkend gevangene ❸ schouderbedekking aan uniform; lus voor gordel, riem e.d.
pas·sant² *bijw* [-sã] (‹Fr› zie bij → **en passant**
pas·san·ten·huis *het* [-huizen] huis waar passanten (→ **passant¹**, *bet* 2) worden gelogeerd
pas·sé (‹Fr› *bn* voorbij, afgedaan, verouderd, niet meer van belang
pas·sé défi·ni (‹Fr› *de (m)* taalk werkwoordstijd waarin de handeling als afgesloten wordt voorgesteld
pas·se·lijk *bn* tamelijk, redelijk
pas·se·ment (‹Fr› *het* [-en] boordsel, belegsel; snoeren, tressen
pas·sen¹ *ww* [paste, h. gepast] ❶ de juiste maat hebben: ★ *die schoenen ~ niet* ❷ fig betamen, behoorlijk zijn: ★ *dat past niet voor een ondergeschikte* ★ *~ bij (in)* behoren bij, aansluiten bij, in overeenstemming zijn met ❸ op de juiste wijze aanbrengen of invoegen: ★ *de radertjes in elkaar ~* ★ *met ~ en meten wordt de tijd versleten* door te veel overwegen en berekenen gaat de tijd voor handelen voorbij ❹ het juiste bedrag betalen: ★ *kunt u het niet ~?* ❺ onderzoeken of iets de juiste maat heeft: ★ *een jas ~* ❻ kaartsp zijn beurt voorbij laten gaan, niet spelen; fig weigeren ★ *daar pas ik voor* dat doe ik niet ❼ ★ *~ op* toezien op, waken voor, zorgen voor, letten op; zie ook bij → **kleintje** ❽ geschikt zijn voor: ★ *een werkkring die hem past* ❾ gelegen komen: ★ *als het u past*
pas·sen² *ww* [paasə(n)] (‹Eng› [passte, h. gepasst] sp de bal naar een medespeler overspelen
pas·send *bn* geschikt, behoorlijk ★ *passende arbeid* soort arbeid die aansluit bij de mogelijkheden en de opleiding van een werkzoekende
passe-par·tout [paspartoe] (‹Fr› *de (m)* [-s] ❶ loper (als sleutel) ❷ pasraam, lijst van karton om foto's en platen die men inlijst ❸ doorlopende entreekaart; perskaart
pas·ser (‹Lat› *de (m)* [-s] werktuig om cirkels te trekken
pas·ser·doos *de* [-dozen] doos met passer en andere tekeninstrumenten
pas·se·ren *ww* (‹Fr‹Lat› [passeerde, is & h. gepasseerd]

passie-pastorale

❶ voorbijgaan; langs iets komen; langs iem. of iets heen gaan; <u>balsport</u> een tegenstander voorbijgaan, terwijl men in balbezit is ❷ achter zich laten: ★ *hij is de 50 gepasseerd* meer dan 50 jaar oud ❸ ★ *laten ~* voorbij laten gaan zonder er acht op te slaan of aanmerking op te maken ❹ overslaan; voorbijgaan bij een benoeming e.d. ❺ door een (nauwe) doorgang gaan ❻ laten voorbijgaan ★ *de tijd ~* doorbrengen, slijten ❼ gebeuren ★ *er ~ hier rare dingen* ❽ verlijden ★ *een akte ~* als notaris opmaken, bekrachtigen ❾ <u>balsport</u> een tegenstander voorbijgaan, terwijl men in balbezit is ❿ <u>kookkunst</u> (door een doek) zeven

pas·sie *(‹Lat) de (v)* [-s] ❶ het lijden, <u>vooral</u> het laatste lijden van Jezus; voorstelling daarvan; oratorium daarover ❷ hartstocht, hartstochtelijke liefde ❸ hartstochtelijke liefhebberij, tot hartstocht geworden zucht

pas·sie·bloem *de* [-en] tropisch plantengeslacht, *Passiflora*, met welriekende bloemen, waarvan sommige soorten, voornamelijk de *blauwe ~ (P. caeralea)* als kamer- of tuinplant worden geteeld en waarvan verscheidene soorten eetbare vruchten hebben, zoals *P. edulis* en *P. quadrangularis:* ★ *in de onderdelen van de ~ meent men de doornenkroon en de wonden van Christus te herkennen*

pas·sief, pas·sief *(‹Fr‹Lat)* **I** *bn* ❶ lijdend: ★ *de passieve vorm van het werkwoord* ❷ lijdelijk, zich niet in daden uitend ★ *passief verzet, passieve tegenstand* lijdelijke tegenstand ★ *passieve recreatie* het bijwonen van een sportwedstrijd e.d.; zie ook bij → kiesrecht ❸ ★ *passieve handel* handel met ingevoerde producten ★ *passieve schuld* schuld die men te betalen heeft ★ *~ roken* tabaksrook van rokende mensen inademen terwijl men zelf niet rookt ★ *een taal ~ beheersen* een taal wel kunnen lezen of verstaan, maar deze niet kunnen spreken of schrijven **II** *het* [-siva] ❶ zie bij → **passiva** ❷ lijdende vorm van het werkwoord

pas·sief·huis *het* [-huizen] <u>BN</u> woongebouw dat zodanig is geconstrueerd dat het 's zomer en 's winters een goed binnenklimaat heeft zonder dat er een traditioneel verwarmings- of koelingssysteem wordt gebruikt

pas·sie·preek *de* [-preken] lijdenspreek

pas·sie·spel *het* [-spelen] toneelspel van het lijden van Christus

pas·sie·tijd *de (m)* ❶ vastentijd ❷ de tijd tussen passiezondag en Pasen

pas·sie·vrucht *de* [-en] (eetbare) vrucht van de passiebloem, zoals de *granadilla* en de *markoeza*

pas·sie·week *de* [-weken] lijdensweek, week voor Pasen

pas·sie·zon·dag *de (m)* [-dagen] tweede zondag vóór Pasen

pas·si·flo·ra *(‹Lat) de (m)* ['s] → **passiebloem**

pas·sim *(‹Lat) bijw* verspreid, op vele plaatsen

pas·sio·na·to [-sjoo-] *(‹It) bijw muz* hartstochtelijk

pas·sio·neel [-sjoo-] *bn* <u>BN</u> uit hartstocht, vol hartstocht

pas·si·va *(‹Lat) mv* het verschuldigde, lasten, passieve schuld; *vgl:* → **activa**

pas·si·vi·teit *(‹Fr) de (v)* lijdelijkheid; lijdelijke toestand

pas·si·vum *(‹Lat) het* [-va] <u>taalk</u> lijdende vorm

pas·spie·gel *de (m)* [-s] grote spiegel, waarin iem. het hele lichaam overziet

pas·sus *(‹Lat) de (m)* [-sen] zinsnede, passage

pass·word [pàswù(r)d] *(‹Eng) het* [-s] <u>comput</u> persoonlijk wachtwoord waarmee een computergebruiker zich kan identificeren; *vgl:* → **inloggen**

pas·ta[1] *(‹Lat) de (m) & het* ['s] ❶ deeg, kneedbaar of halfweek mengsel ❷ <u>farmacologie</u> dikke, samenhangende zalf

pa·sta[2] *(‹It) de (m)* Italiaanse deegwaren zoals spaghetti en macaroni

pas·tei *(‹Oudfrans‹Lat) de* [-en] ❶ vooral <u>NN</u> gebak van fijn deeg, gevuld met gehakt vlees, gevogelte e.d. ❷ <u>druktechn</u> uit de vorm gevallen zetsel ★ *in ~ vallen* door elkaar vallen van zetwerk

pas·tel *(‹Fr‹It) het* [-len] ❶ droge verfstift, gekleurd krijtje, kleurstift ❷ schilderij of tekening in → **pastel** (bet 1) uitgevoerd

pas·tel·kleur *de* [-en] zachte tint

pas·tel·te·ke·ning *de (v)* [-en] met pastellen (→ **pastel**, bet 1) gemaakte tekening

pas·tel·tint *de* [-en] pastelkleur

pas·teu·ri·sa·tie [-zaa(t)sie] *de (v)* het pasteuriseren

pas·teu·ri·se·ren *ww* [-zee-] [pasteuriseerde, h. gepasteuriseerd] *(‹Fr)* ‹melk e.d.› verhitten tot ± 65° C ter doding van ziektekiemen, volgens de methode van Louis Pasteur (Frans chemicus en bacterioloog, 1822-1895)

pas·tiche [-tiesj(ə)] *(‹Fr‹It) de (m)* [-s] slechte nabootsing van een antiquiteit, een kunstvoorwerp

pas·til·le [-tiejə] *(‹Fr‹Lat) de* [-s] ❶ klein snoepje ❷ vast geneesmiddel in samengeperste toestand

pas·ti·naak *(‹Lat) de* [-naken] schermbloemige plant en de vlezige, aromatische wortel daarvan *(pastinaca sativa)*

pas·tis [-ties] *(‹Fr) de (m)* sterkalcoholische drank met anijssmaak

pas·toor *(‹Lat) de (m)* [-s] <u>RK</u> geestelijke aan het hoofd van een parochie

pas·tor *(‹Lat) de (m)* [-s, -tores] herder; geestelijk leraar, predikant ★ *~ bonus* goede herder ★ *~ loci* geestelijke van de betrokken plaats

pas·to·raal *(‹Lat) bn* ❶ betrekking hebbend op een zielenherder ★ *pastorale brief* herderlijk schrijven ★ *pastorale brieven* <u>prot</u> de brieven van Paulus aan Timotheus en Titus ★ *~ concilie* bijeenkomst van kerkleiders van een land ter bespreking van geloofspunten ❷ herderlijk, het landleven betreffend

pas·to·ra·le *(‹It‹Lat) de* [-n, -s] herdersdicht,

herderslied of -roman; landelijk toneelspel
pas·to·ra·lia *(‹Lat) mv* ❶ predikantszaken, pastorieaangelegenheden ❷ pastoriegoederen
pas·to·rie *(‹Lat) de (v)* [-rieën] ❶ ambtswoning van een predikant of pastoor ❷ pastoorsplaats, pastoorsambt
pas·to·rij *(‹Lat) de (v)* [-en] BN ook pastorie
pas·tra·mi *(‹Jiddisch) de (m)* gekruid rundvlees dat vervolgens is gerookt en gekookt
pas·vorm *de (m)* → coupe (bet 1)
pas·wer·ker *de (m)* [-s] BN ook ❶ bankwerker ❷ monteur
pas·woord *het* BN ook wachtwoord
pat *(‹Fr‹It) het* stand van de koning in het schaakspel waarbij hij, niet schaak staande, gespeeld moet worden en dit niet kan zonder zich zelf schaak te zetten; leidt tot remise
pa·tat *(‹Sp‹Port) de (m)* ❶ NN *(verkorting van: patates frites)* in frituurvet of olie gebakken reepjes aardappel, friet ❷ [*mv:* -ten] BN, spreektaal aardappel
pa·tates frites [paatat friet] *(‹Fr) mv* → patat (bet 1)
pa·tat·ge·ne·ra·tie [-(t)sie] *de (v)* vooral NN (door de voetbaltrainer Leo Beenhakker geïntroduceerde) denigrerende benaming van een generatie jongeren die zou worden gekenmerkt door ongeïnteresseerdheid, ongemotiveerdheid en sterk op consumptie gericht gedrag
pa·tat·kraam *de* [-kramen] NN kraam waar men patates frites en andere snacks verkoopt
patch [petsj] *(‹Eng) de* [-es] comput klein programma dat wordt toegevoegd aan bestaande programmatuur om fouten of tekortkomingen te ondervangen
patch·work [petsjwù(r)k] *(‹Eng) de (m)* ❶ bep. manier om (gebruiks)voorwerpen van textiel te vervaardigen door verschillende om karton gebogen lapjes stof met de hand aan elkaar te naaien, waarna het karton wordt verwijderd ❷ op de wijze van 1 vervaardigd stuk textiel
pa·té *(‹Fr) de (m)* [-s] ❶ gerecht van fijngehakt vlees, tot een stijve massa gemaakt ❷ pastei ★ *~ de foie gras* ganzenleverpastei; ook paté alleen voor leverpastei
pa·teen, **pa·te·na** *(‹Lat) de* [-tenen] RK gouden of verguld schoteltje waarop in de mis de hostie wordt neergelegd
pa·tent¹ *(‹Lat) het* [-en] ❶ recht toegekend aan een uitvinder om zijn uitvinding alleen te mogen exploiteren (officieel: *octrooi*) ★ *~ op iets hebben* fig bij herhaling een bepaald soort gedrag, een bep. hebbelijkheid vertonen ❷ vergunningsbewijs ter uitoefening van een beroep, bedrijf of handwerk
pa·tent² *(‹Fr) bn* ❶ klaar, evident ❷ gepatenteerd ❸ voortreffelijk, uitmuntend in zijn soort; best
pa·tent·bloem *de* vooral NN gezuiverde tarwebloem
pa·ten·te·ren *ww (‹Fr)* [patenteerde, h. gepatenteerd] een → patent¹ (bet 1) verlenen aan, resp. patent op iets nemen ★ *gepatenteerd* patent hebbend voor

★ *een gepatenteerde leugenaar* iem. die doorkneed is in het liegen
pa·tent·ge·nees·mid·del, **pa·tent·mid·del** *het* [-en] verpakt geneesmiddel met merknaam, → spécialité (bet 2)
pa·tent·steek *de (m)* bepaalde steek bij het breien, waardoor er een soort ribbel ontstaat
pa·ter *(‹Lat) de (m)* [-s] ❶ vader ★ *~ familias* huisvader ❷ RK ordesgeestelijke die priester is: ★ *een ~ jezuïet* ★ NN *een patertje goedleven* iem. die van het goede leven houdt
pa·ter·na·lis·me *(‹Eng‹Lat) het* bevoogding
pa·ter·na·lis·tisch *(‹Eng) bn* als, op de wijze van het paternalisme
Pa·ter·nos·ter *(‹Lat) het* het Onzevader
pa·ter·nos·ter *(‹Lat) de (m)* [-s] ❶ rozenkrans ❷ versiering aan een kozijn in de vorm van een rozenkrans; soort hengsel met zijlijnen ❸ ketting zonder eind ❹ NN, spreektaal *de paternosters*, de handboeien ❺ paternosterlift
pa·ter·nos·ter·lift *de (m)* [-en] steeds doorlopende open lift aan een kabel zonder eind
pa·ters·bier *het* bier uit het patersvaatje, het beste bier; zie → patersvaatje
pa·ters·kerk *de* [-en] kerk door paters bestuurd
pa·ters·vaat·je *het* [-s] vat met het beste bier of de beste wijn ★ *uit het ~ tappen* de beste drank (of spijs) opdienen die men in huis heeft
pa·the·foon *de (m)* [-s] verouderd soort grammofoon die met rollen werkte, genoemd naar de uitvinder Charles Pathé (1863-1957)
pa·the·tiek *(‹Fr‹Gr) de (v)* het pathetisch doen
pa·the·tisch *(‹Gr) bn* ❶ vol pathos, uitdrukking gevend aan hartstochtelijke bewogenheid; ❷ ‹in zwakker opvatting› aandoenlijk, roerend
pa·tho·geen *(‹Gr) bn* ziekmakend, ziekte veroorzakend
pa·tho·lo·gie *(‹Gr) de (v)* med ziekteleer, ziektekunde
pa·tho·lo·gisch *bn* med ❶ ziektekundig ❷ ziekelijk; niet normaal meer
pa·tho·loog *(‹Gr) de (m)* [-logen] ziektekundige ★ *patholoog-anatoom* specialist die secties verricht om de doodsoorzaak te bepalen of onderzoek verricht op bij operaties verkregen ziekelijk weefsel
pa·thos *(‹Gr) het* ❶ sterke gemoedsaandoening ❷ het aandoenlijke, het op het gevoel werkende in het woord, de muziek of een andere kunstuiting ❸ ongunstig hoogdravendheid, gezwollenheid
pa·tience [pasjãs(ə)] *(‹Fr‹Lat) het* geduldspel met kaarten, meestal voor één persoon
pa·tiënt [-sjent] *(‹Fr‹Lat) de (m)* [-en], **pa·tiën·te** [-sjentə] *(‹Fr) de (v)* [-n] onder doktershanden zijnde zieke; hij (zij) die iets moet ondergaan
pa·tiën·ten·dos·sier [-sjentən-] *het* [-s] ★ NN *Elektronisch Patiëntendossier* medisch dossier van een patiënt, dat behandelende artsen, apothekers en andere zorgverleners via het internet kunnen raadplegen

pa·tiën·tie [-sjensie] *(‹Lat) de (v)* een soort van zuring
pa·ti·na *(‹It) het* (groenige) oxidatielaag op bronzen en koperen voorwerpen als teken van antiquiteit; geheel van kenmerken waardoor echte oude kunstvoorwerpen zich onderscheiden van namaak
pa·ti·ne·ren *ww (‹Fr)* [patineerde, h. gepatineerd] kunstmatig patina aanbrengen op; een bronskleur geven
pa·tio [-tsie(j)oo] *(‹Sp) de (m)* ['s] binnenplaats van een woonhuis; ook ommuurde hof tegen een huis
pa·tio·wo·ning [-tie(j)oo-] *de (v)* [-en] huis met alle of de meeste kamers om een binnenplaats
pa·tis·se·rie [-ties-] *(‹Fr)* vooral BN **I** *de (v)* [-rieën] banketbakkerij **II** *de (v)* ❶ het banketbakkersvak ❷ gebak, gebakjes, taartjes
pa·tis·sier [-tiesjee] *(‹Fr) de (m)* [-s] BN banketbakker
pat·jak·ker *de (m)* [-s] NN, spreektaal protserig persoon, patser
pat·je·pee·ër *de (m)* [-s] NN, spreektaal protserig persoon, patser
pa·tois [-twà] *(‹Fr) het* streektaal, dialect; zonderling taaltje, jargon
pa·tria *(‹Lat) de (v)* vaderland ★ *pro ~* voor het vaderland
pa·tri·arch *(‹Gr) de (m)* [-en] ❶ stamvader van het Israëlitische volk, aartsvader; familiehoofd; eerwaardige grijsaard ❷ opperbisschop, vooral in de Grieks-katholieke Kerk
pa·tri·ar·chaal *bn* ❶ aartsvaderlijk, zoals past of gedacht wordt bij een aartsvader ❷ betrekking hebbend op autoritaire verhoudingen waar mannen het gezag uitoefenen: ★ *een patriarchale maatschappij*
pa·tri·ar·chaat *(‹Lat‹Gr) het* [-chaten] ❶ waardigheid van → **patriarch** (bet 2) ❷ maatschappelijke ordening waarbij de kinderen behoren tot de stam van hun vader
pa·tri·ci·aat *(‹Lat) het* ❶ rang of titel van patriciër ❷ de gezamenlijke patriciërs
pa·tri·ci·ër *(‹Lat) de (m)* [-s] ❶ in het oude Rome benaming voor de geslachten wier hoofd *(pater)* lid was van de senaat ❷ adellijk burger in sommige middeleeuwse Italiaanse republieken en in voormalig Duitse rijkssteden ❸ iem. die behoort tot de regentenfamilies, thans tot de aanzienlijksten in een stad
pa·tri·cisch *(‹Lat) bn* van of als van een patriciër of de patriciërs
pa·trijs¹ *(‹Oudfrans‹Lat) de,* jagerstaal *het* [-trijzen] tot de hoenderachtigen behorende vogel
pa·trijs² *(‹Lat) de (m)* [-trijzen] stempel waarmee men een matrijs vervaardigt
pa·trijs·haan *de (m)* [-hanen] mannelijke patrijs
pa·trijs·hen *de (v)* [-nen] vrouwelijke patrijs
pa·trijs·hond *de (m)* [-en] soort jachthond
pa·trijs·poort *de* [-en] rond glazen raam met waterdichte sluiting in de wand van een schip
pa·trij·zen·ei *het* [-eren] ei van een patrijs

pa·trij·zen·jacht *de* [-en] jacht op patrijzen
pa·tri·li·ne·air [-nee(j)èr,], **pa·tri·li·ne·aal** *(‹Lat) bn* overgaande in de mannelijke lijn van opvolging
pa·tri·mo·ni·aal *(‹Lat) bn* tot het vaderlijk erfdeel behorend, van de ouders geërfd of meegekregen
pa·tri·mo·ni·um *(‹Lat) het* [-s, -nia] vaderlijk erfgoed, (aangeërfd) vermogen ★ *~ Petri* erfdeel van Petrus, grondgebied van de paus
pa·tri·ot *(‹Fr‹Gr) de (m)* [-ten] ❶ vaderlandsvriend, goed vaderlander ❷ *in 18de eeuw* politieke tegenstander, in Nederland van het Huis van Oranje, in België van Jozef II
pa·tri·ot·tisch *(‹Fr) bn* ❶ vaderlandslievend ❷ van, betrekking hebbend op de patriotten (→ **patriot**, bet 2); *in deze betekenis ook:* patriots
pa·tri·ot·tis·me *(‹Fr) het* vaderlandsliefde
pa·tron [-tròn] *(‹Fr) de (m)* [-s] baas, meester; *vgl:* → **patroon¹**
pa·tro·naal *(‹Fr) bn* ❶ betrekking hebbend op de schutspatroon: ★ *patronale feestdag* ❷ BN ook betrekking hebbend op de werkgever(s): ★ *de patronale bijdrage op het loon van een onderzoeker bedraagt 34%*
pa·tro·naat *(‹Lat) het* [-naten] ❶ beschermheerschap; waardigheid van schutsheer of schutsvrouw; bescherming, hoede ❷ BN ook werkgeversorganisatie; de gezamenlijke werkgevers, met name als tegenpartij van de vakbonden
pa·tro·ne·ren *(‹Fr) ww* [patroneerde, h. gepatroneerd] als beschermheer fungeren over, begunstigen
pa·tro·nes *de (v)* [-sen] beschermster, schutsvrouwe; schutsheilige
pa·tro·ny·mi·cum [-nie-] *(‹Lat) het* [-ca] van de vadersnaam gevormde familienaam, bijv. Thijssen, Adriaanse, Huygens
pa·troon¹ *(‹Fr‹Lat) de (m)* [*mv* 1, 2, 3, 4 -tronen *en* -s; 5 -s] ❶ beschermer; toeziener ❷ beschermheer, begunstiger ❸ beschermheilige ❹ voorstander, verdediger ❺ BN ook baas, hoofd van een bedrijf, werkgever
pa·troon² *(‹Fr) de* [-tronen] huls van bordpapier, messing of ander metaal, waarin kogel(s), kruit en slaghoedje tot een geheel verenigd zijn
pa·troon³ *(‹Fr) het* [-tronen] ❶ model, voorbeeld; vooral voorbeeld voor het knippen van stof tot een kledingstuk ❷ decoratieve tekening op behang, weefsel enz., ook op voorwerpen in de natuur ❸ een aantal gerangschikte gegevens die inzicht geven in een situatie, bijv. *afzet-, verbruikspatroon*
pa·troon·gor·del *de (m)* [-s] gordel voor patronen (→ **patroon²**)
pa·troon·hei·li·ge *de* [-n] beschermheilige
pa·troon·tas *de* [-sen] tas voor patronen (→ **patroon²**)
pa·trouil·le [-troejə] *(‹Fr) de* [-s] ❶ het patrouilleren ❷ lopende wacht, wachtronde, op speurtocht of verkenning uitgezonden kleine afdeling politie of soldaten ❸ eenheid bij de padvinders (zes tot tien

verkenners) ❹ aanhang, troep
pa·trouil·le·ren *ww* [-troejeerə(n)] *(‹Fr)* [patrouilleerde, h. gepatrouilleerd] de wachtronde doen, in patrouilles aflopen; heen en weer lopen
pa·trouil·le·vaar·tuig [-troejə-] *het* [-en] vaartuig van waaruit men → **patrouille** (bet 2) verricht
pa·trouil·le·vlieg·tuig [-troejə-] *het* [-en] vliegtuig van waaruit men → **patrouille** (bet 2) verricht
pats I *tsw* klanknabootsing van een slag II *de* [-en] slag, klap
pat·sen *ww* [patste, is & h. gepatst] NN ❶ hard neerkomen ❷ smijten; met geld smijten
pat·ser *de (m)* [-s] vooral NN dikdoenerige druktemaker; iemand die graag aan andere toont veel geld te hebben: ★ *een rijke* ~
pat·se·rig *bn* vooral NN als een patser
pat·stel·ling *de (v)* ❶ schaakspel pat ❷ fig situatie waarbij zich geen voortzetting of uitweg aftekent
pauk *(‹Du) de* [-en] muz slaginstrument waarbij over de open zijde van een diepe ketel een bespanning van kalfsvel of nylon is aangebracht en waarop wordt gespeeld d.m.v. stokken met bolle koppen van vilt, leer of hout
pau·ken *ww* *(‹Du)* [paukte, h. gepaukt] op de pauken slaan
pau·ke·nist *de (m)* [-en] iem. die in een orkest de pauken slaat
pau·ken·slag *de (m)* [-slagen] slag op een pauk
pau·ken·sla·ger *de (m)* [-s] paukenist
pau·li·a·neus *(‹Lat) bn* NN, recht (naar de Romeinse jurist Julius Paulus) frauduleus, vooral met betrekking tot faillissementen
pau·li·nisch *(‹Lat) bn* van (de apostel) Paulus
pau·per *(‹Lat) de (m)* [-s] vero volstrekt arm persoon, zonder middelen van bestaan
pau·pe·ris·me *(‹Fr) het* toestand van algemene armoede; het bestaan van paupers
paus *(‹Lat) de (m)* [-en] ❶ hoofd van de Rooms-Katholieke en de Koptische Kerk ★ *roomser dan de* ~ overdreven fanatiek in een overtuiging of een (geloofs)leer ❷ fig onaantastbaar, absoluut heerser
paus·dom *het* ❶ pauselijke waardigheid, pauselijk gezag ❷ de Rooms-Katholieke Kerk, het rooms-katholiek geloof
pau·se·lijk *bn* van of door de paus
paus·ge·zind *bn* het gezag van de paus erkennend; rooms-katholiek
pau·sin *de (v)* vrouwelijke paus: er zou een ★ ~ *Johanna geweest zijn (855-858)*
paus·keu·ze *de* verkiezing van een paus door de kardinalen
paus·mo·biel *het* [-en] met kogelvrij glas uitgerust motorvoertuig waarin de paus staande een rijtocht kan maken
paus·schap *het* het paus-zijn
pauw *(‹Lat) de (m)* [-en] ❶ hoenderachtige vogel uit de onderfamilie van de Fazanten, met een sierlijke,

fraai gekleurde staart ❷ fig trots, pronkend persoon; zie ook bij → **trots**
pau·wen·oog [-ogen] I *het* kleurige oogvormige vlek in de pauwenstaart II *de (m)* → **pauwoog**
pau·wen·veer *de* [-veren] veer uit een pauwenstaart
pau·win *de (v)* [-nen] ❶ vrouwelijke pauw ❷ fig trotse, pronkende vrouw
pauw·oog, pau·wen·oog *de (m)* [-ogen] naam van enkele vlindersoorten (naar de tekening van de vleugels)
pauw·staart *de (m)* [-en] duif met waaiervormige staart
pau·ze *(‹Lat) de* [-n, -s] ❶ rustpoos, onderbreking in een toneel-, muziekuitvoering e.d.; muz rust; rustteken ❷ afdeling van een psalm
pau·ze·con·cert *het* [-en] concert in de middagpauze, in de tijd van de koffiemaaltijd
pau·ze·ren *ww* *(‹Fr)* [pauzeerde, h. gepauzeerd] pauze, rust houden; zijn bezigheden even onderbreken; **pauzering** *de (v)* [-en]
pau·ze·sig·naal [-sinjaal] *het* [-nalen], **pau·ze·te·ken** *het* [-s] radio signaal tijdens een pauze uitgezonden
pa·vane [-vaan(ə)] *(‹Fr‹It) de* [-s] oude statige Italiaanse hof- en gezelschapsdans; deel van een suite in deze trant
pa·vil·joen *(‹Fr) het* [-en] ❶ luchtig gebouwd buitenhuis ❷ elk van de gebouwen van een complex met een bepaalde bestemming (ziekenhuis; tentoonstelling)
pav·lov·re·ac·tie *de (v)* [-s] psych onwillekeurige reactie bij een bepaalde prikkel (genoemd naar de Russische fysioloog Ivan Petrovitsj Pavlov (1849-1936) die vooral beroemd is geworden door zijn onderzoek naar conditionering)
pa·voi·se·ren *ww* [-vwàzeerə(n)] *(‹Fr)* [pavoiseerde, h. gepavoiseerd] met reeksen vlaggen versieren, vooral schepen; **pavoisering** *de (v)*
pax *(‹Lat) de (v)* vrede ★ ~ *Romana* de door Rome gehandhaafde vrede in het Romeinse wereldrijk
pay-off [pee-of] *(‹Eng) de* [-s] slotzin of afsluitende leus van een reclametekst
pay-per-view [peepə(r)vjoe] *(‹Eng) het* vorm van betaaltelevisie waarbij het bedrag dat in rekening wordt gebracht evenredig is aan de tijd die men heeft gekeken
pay·roll [peerool] *(‹Eng) de (m)* [-s] loonlijst, lijst van personen die men in loondienst heeft
PB *afk* comput petabyte [1000 terabytes]
Pb *afk* chem symbool voor het element *lood* (*plumbum*)
PBO *afk* in Nederland Publiekrechtelijke Bedrijfsorganisatie
PC, pc *de (m)* ['s] ❶ personal computer ❷ politiek correct
pc *afk* astron parsec
p.c. *afk* ❶ par couvert *(op adressen)* ❷ per cent ❸ pour condoléance *(op visitekaartjes)*
pcb *de (m)* ['s] polychloorbifenyl [uiterst giftig en

moeilijk afbreekbaar industrieel product, vroeger veel gebruikt in condensatoren, transformators, verf en drukinkt]

P.C. Hooft-trac·tor *de (m)* [-en, -s] geringsch grote terreinwagen (waarin voornamelijk binnen de bebouwde kom wordt gereden, genoemd naar een sjieke winkelstraat in Amsterdam)

pct. *afk* percent

Pd *afk* chem symbool voor het element *palladium*

pd. *afk* pond

p.d. *afk* per dag

PDA *afk* comput *Personal Digital Assistant* (‹Eng) [computer in zakformaat voor opslag van adressen, telefoonnummers en voor eenvoudige gegevensverwerking]

pdf *afk* comput portable document format

pea·nuts [pie-] (‹Eng) *mv & tsw* kleinigheid, onbeduidend bedrag: ★ *mijn salaris is ~ vergeleken bij wat een directeur vangt*

pech *de (m)* ongeluk, tegenslag

pech·dienst *de (m)* BN ook wegenwacht

pêche mel·ba [pesj-] (‹Fr) *de* ['s] ijsgerecht van roomijs met perzik- en frambozenpuree of perziksap, door de beroemde Franse cuisinier Auguste Escoffier (1847-1935) samengesteld en genoemd naar de Australische zangeres Helen Armstrong-Mitchell (1861-1931), wier artiestennaam Nellie Melba luidde

pech·strook *de* [-stroken] BN vluchtstrook

pech·vo·gel *de (m)* [-s] iemand die voortdurend pech heeft

peck·ing·or·der [-ò(r)də(r)] (‹Eng) *de (m)* volgorde die kippen in acht nemen bij het pikken van gezamenlijk voer; overdrachtelijk van toepassing op sociale rangorde bij mensen

pec·to·raal (‹Lat) **I** *bn* op de borst betrekking hebbende, borst **II** *het* [-ralen] **❶** borstmiddel **❷** zie bij → **pectorale**

pec·to·ra·le (‹Lat) *het* [-n] **❶** RK borstkruis van abten en bisschoppen **❷** borstlap van joodse priesters

pe·cu·nia (‹Lat) *de (v)* geld, vermogen ★ *~ non olet* geld stinkt niet

pe·cu·ni·air [-nie(j)èr] (‹Fr‹Lat), **pe·cu·ni·eel** (‹Lat) *bn* geld betreffend; uit een geldelijk oogpunt; geldelijk; baar, in of met geld, geld

pe·da [peedaa] *de (v)* ['s] BN, stud (verkorting van *pedagogie*) studentenhuis, studentenflat

pe·daal (‹Fr‹Lat) *de (m) & het* [-dalen] **❶** hefboom die door de voet in beweging wordt gebracht **❷** voetwerk aan verschillende muziekinstrumenten (*tegengest*: → **manuaal** bet. 3) **❸** trapper van een fiets ★ BN, spreektaal *de pedalen verliezen* in de war raken

pe·daal·em·mer *de (m)* [-s] vuilnisemmer waarvan het deksel opklapt bij druk op een pedaal

pe·da·go·gie (‹Fr‹Gr) *de (v)* het opvoeden van kinderen

pe·da·go·giek (‹Gr) *de (v)* de leer van de pedagogie

pe·da·go·gisch (‹Gr) *bn* **❶** opvoedkundig

❷ opvoedend: ★ *dat is niet ~* ★ *in Nederland Pedagogische Academie voor het Basisonderwijs (pabo)* onderwijsinstelling waar men mensen opleidt tot leerkracht in het basisonderwijs

pe·da·goog (‹Gr) *de (m)* [-gogen] opvoedkundige

pe·da·lo (‹Fr) *de (m)* ['s] waterfiets

pe·dant (‹Fr‹It) **I** *bn* verwaand, waanwijs **II** *de (m)* [-en] **❶** schoolvos **❷** waanwijze; opgeblazen, met zichzelf ingenomen betweter

pe·dan·te·rie (‹Fr) *de (v)* [-rieën] **❶** schoolvosserij **❷** waanwijsheid, verwaand optreden

ped·del (‹Eng) *de (m)* [-s] stok met een of twee bladen, waarmee een kano wordt voortbewogen

ped·de·len *ww* [peddelde, h. gepeddeld] **❶** met een peddel voortbewegen **❷** fietsen

pe·del (‹Du‹Lat) *de (m)* [-len, -s] **❶** administratief ambtenaar aan een universiteit, belast met regeling van plechtigheden **❷** bode van een studentencorps

pe·de·rast (‹Gr) *de (m)* [-en] beoefenaar van pederastie

pe·de·ras·tie (‹Gr) *de (v)* knapenliefde, homofilie tussen mannen en jongens

pe·di·a·ter (‹Gr) *de (m)* [-s] kinderarts

pe·di·a·trie (‹Gr) *de (v)* med leer van de kinderziekten

pe·di·cu·re (‹Fr‹Lat) **I** *de* [-s] voetverzorg(st)er, persoon die eksterogen behandelt, nagels van de tenen verzorgt enz. **II** *de* voetverzorging

pe·di·cu·ren *ww* [pedicuurde, h. gepedicuurd] werkzaam zijn, behandelen als pedicure

pe·di·gree [peddieүrie] (‹Eng) *de (m)* [-s] stamboom, vooral van huisdieren; ook van kunstvoorwerpen (m.b.t. de opeenvolgende bezitters)

pe·do I *de* ['s] verkorting van → **pedofiel** (I) **II** *bn* verkorting van → **pedofiel** (II)

pe·do-¹ (‹Gr) als eerste lid in samenstellingen kinder

pe·do-² (‹Gr) als eerste lid in samenstellingen bodem

pe·do-³ (‹Lat) als eerste lid in samenstellingen voet

pe·do·fiel (‹Gr) **I** *de* [-en] kinderliefhebber, iem. die een seksuele voorkeur voor kinderen of zeer jonge personen heeft **II** *bn* de gezindheid van de pedofiel bezittend

pe·do·fi·lie (‹Gr) *de (v)* gezindheid van de pedofiel

pe·do·lo·gie (‹Gr) *de (v)* **❶** bodemkunde **❷** wetenschap van de geestelijke afwijkingen bij kinderen

pe·do·me·ter (‹Lat-Gr) *de (m)* [-s] wegmeter, hodometer

pee *de* NN: ★ *de ~ in hebben* een slecht humeur hebben, onaangenaam gestemd zijn ★ *de ~ hebben aan* een hekel hebben aan

peen *de* [penen] eetbare oranje wortel ★ *peentjes zweten* van erg benauwd hebben, in de rats zitten

peen·haar *het* gelig piekerig haar

peep·show [piepsjoo] (‹Eng) *de (m)* [-s] gelegenheid waar men tegen betaling van een klein geldbedrag een naakte vrouw enige tijd kan bekijken

peer¹ (‹Lat) *de* [peren] **❶** vrucht van de perenboom ★ *met de gebakken peren (blijven) zitten* met de nare gevolgen, de rotzooi blijven zitten ★ BN, spreektaal

iem. een ~ stoven iem. een poets bakken, een kool stoven ❷ peervormige gloeilamp ❸ BN, spreektaal klap, slag, muilpeer: ★ *iem. een ~ om zijn oren geven*
peer² [pie(r)] *(‹Eng) de (m)* [-s] lid van de hoge Britse adel die de titel 'lord' draagt en het recht heeft zitting te nemen in het Hogerhuis; *vgl*: → **pair¹**
peer³ *de (m)* [peren] Barg kerel, vent
peer·drops *(‹Eng) mv* → **perendrups**
peer·group [pie(r)γroep] *(‹Eng) de (m)* [-s] groep personen van gelijke rang of stand
peer·vor·mig *bn* in de vorm van een peer
pees *de* [pezen] ❶ taai uiteinde waarmee een spier aan de beenderen bevestigd is ❷ snoer, streng
pees·ka·mer·tje *het* [-s] inf gehuurd kamertje waar een prostituee haar werk verricht
peet [peten] I *de (m)* peetoom II *de (v)* peettante
peet·oom *de (m)* [-s], **peet·tan·te** *de (v)* [-s] vooral NN persoon naar wie een gedoopt kind genoemd wordt en die ook bij de doop aanwezig is
peet·va·der *de (m)* [-s] mannelijke peet; fig geestelijke vader
pe·gel *de (m)* [-s] ❶ ijskegel ❷ peilstreep in maten voor vloeistoffen: ★ *tot aan de ~ vol* ❸ voetbal, inf hard schot
pe·ge·len *ww* [pegelde, h. gepegeld] ❶ een → **pegel** (bet 3) op vochtmaten aanbrengen ❷ veel alcoholhoudende drank drinken ❸ afransen
peig·noir [penjwaar] *(‹Fr) de (m)* [-s] ochtendjas, kamerjas voor dames
peil *het* [-en] waterstand; hoogte ★ *beneden ~ niet volgens de eisen, onwaardig* ★ *op ~ houden* niet achteruit doen gaan ★ vooral NN *geen ~ op iets kunnen trekken* er geen maatstaf aan kunnen ontlenen, er geen berekening of gevolgtrekking uit kunnen maken
peil·baar *bn* te peilen, gepeild kunnende worden
peil·da·tum *de (m)* [-s, -data] ‹bij belastingen, verkiezingspolls e.d.› tijdstip waarop de toestand vergeleken wordt met die op een ander tijdstip
pei·len *ww* [peilde, h. gepeild] ❶ de diepte meten; radio door contact met een zendstation de plaats bepalen waar men zich bevindt, *ook* afstand en richting van een zendstation bepalen ❷ onderzoeken, trachten te doorgronden: ★ *de meningen ~* ★ BN *ook ~ naar iets* ❸ het alcoholgehalte bepalen
peil·glas *het* [-glazen] glazen buis aan stoomketels e.d. waarop men de hoogte van een vloeistof kan aflezen
pei·ling *de (v)* [-en] het peilen: ★ *volgens de laatste peilingen gaan de rechtse partijen winnen bij de verkiezingen* ★ NN *iets in de ~ hebben* iets door hebben, in de gaten hebben
peil·lood *het* [-loden] werktuig om de diepte van water te meten
peil·loos *bn* zeer diep
peil·schaal *de* [-schalen] van schaalverdeling voorziene lat waarop de waterstand wordt

afgelezen
peil·stok *de (m)* [-ken] meetstok om te peilen
pein·zen *(‹Lat) ww* [peinsde, h. gepeinsd] diep nadenken ★ *ik peins er niet over* ik denk er niet aan, ik wijs het volstrekt af
pe·jo·ra·tief *(‹Lat)* I *bn* verslechterend, een ongunstige betekenis uitdrukkend II *de (m)* [-tieven] woord of naam met een ongunstige betekenis
pek, pik *(‹Lat) de (m) & het* zwarte harsachtige stof ★ *wie met ~ omgaat, wordt ermee besmet* men ondergaat de (slechte) invloed van de- of datgene met wie of waarmee men omgaat
pek·blen·de *de* mineraal waaruit radium en uranium gewonnen worden
pe·kel *de (m)* water, met zout erin opgelost ★ *in de ~ zitten* in verlegenheid, in moeilijkheden zitten
pe·ke·len *ww* [pekelde, h. gepekeld] ❶ in de pekel leggen ❷ met pekel begieten
pe·kel·ha·ring *de (m)* [-en] gezouten haring
pe·kel·vlees *het* gepekeld vlees
pe·kel·wa·gen *de (m)* [-s] NN wagen die belangrijke verkeerswegen en rails bij sneeuw of ijzel met pekel begiet
pe·kel·wa·ter *het* min of meer verzadigde zoutoplossing
pe·kel·zon·de *(‹It) de* [-n] oude, geringe zonde (waarvan men later de gevolgen ondervindt)
Pe·ki·nees *de (m)* [-nezen] iem. geboortig of afkomstig uit Peking
pe·ki·nees *de (m)* [-nezen] langharige kleine hond, oorspronkelijk uit China
pe·king·eend *de* [-en] eend bereid op een in de Noord-Chinese keuken gebruikelijke manier
pe·king·mens *de (m)* voorhistorisch menstype, waarvan overblijfselen zijn gevonden nabij Peking, *pithecanthropus pekinensis*
pek·ken *ww* [pekte, h. gepekt], **pik·ken** [pikte, h. gepikt] met pek insmeren
pel *(‹Lat) de* [-len] BN, spreektaal ❶ ‹van allerlei vruchten en van aardappelen› schil: ★ *patatten in de ~ koken*; ‹van peulvruchten› peul; ‹van een ei› schaal, dop ❷ ‹op melk, jus e.d.› vel, vlies ★ *er is een ~ om mijn hart gekomen* ik ben onverschillig, gevoelloos geworden
pe·la·gi·aan *de (m)* [-anen] aanhanger van Pelagius (Engelse monnik en theoloog uit de vijfde eeuw), die de erfzonde loochende en beweerde dat de mens uit eigen kracht zalig kan worden
pe·le·rine [-rien(ə)] *(‹Fr) de (v)* [-s] schoudermanteltje, kraagmantel; zeer brede kraag op jas of mantel
pel·grim *(‹Lat) de (m)* [-s] bedevaartganger
pel·gri·ma·ge [-maazjə] *(‹Fr) de (v)* [-s] bedevaart
pel·gri·me·ren *ww* [pelgrimeerde, h. gepelgrimeerd] een pelgrimstocht maken
pel·grims·schelp *de* [-en] sint-jakobsschelp
pel·grims·staf *de (m)* [-staven] wandelstaf van pelgrims
pel·grims·tocht *de (m)* [-en] bedevaart

Pel·grim·va·ders *(‹Eng)* mv om het geloof naar Holland gevluchte Engelsen, die in 1620 in Noord-Amerika een kolonie stichtten; ook → **Pilgrim Fathers** genoemd

pe·li·kaan *(‹Lat) de (m)* [-kanen] ❶ tropische vogelsoort met lange snavel en een zak aan de onderkaak ❷ kiezentrekkerstang ❸ distilleervat met twee handvatten

pel·la·gra [-ɣraa] *(‹It) de* huidziekte ten gevolge van tekort aan vitaminen bij het gebruik van slechte maïs

pel·len ww [pelde, h. & is gepeld] van de schil ontdoen: ★ *een ei* ~ ★ *gepelde rijst*

pel·le·te·rie *(‹Fr) de (v)* [-rieën] ❶ pels- of bontwerk ❷ bontwinkel

pel·le·tjes *(‹Fr) mv* BN ook schilfers, velletjes; roos, hoofdroos

pel·mo·len *de (m)* [-s] molen waarin graankorrels gepeld werden

Pe·lo·pon·ne·sisch [-zies] *bn* van de Peloponnesus, schiereiland in het zuiden van Griekenland ★ *de Peloponnesische Oorlog* oorlog tussen Athene en Sparta (431-404 v.C.)

pe·lo·te *(‹Fr) de (m)* [-s] bol, bolvormig voorwerp ★ ~ *basque* aan het kaatsen verwant spel, vooral populair bij de Basken

pe·lo·ton *(‹Fr) het* [-s] ❶ onderdeel van een compagnie of van een eskadron onder bevel van een luitenant ❷ bijeenblijvende groep wielrenners of hardlopers in een wedstrijd

pels *(‹Lat) de (m)* [pelzen] behaarde dierenhuid, ook als kledingstuk: ★ *de* ~ *van een beer*; vooral BN *bontkraag, bontjas* ; zie ook bij → **luis**

pels·dier *het* [-en] dier met dichtbehaarde huid

pel·sen *bn* BN ook van bont (gemaakt), bonten ★ *een* ~ *kraag* bontkraag

pel·ser *de (m)* [-s] groot soort sardien

pels·farm *de* [-s] bedrijf waar men dieren fokt vanwege hun pels

pels·ja·ger *de (m)* [-s] iem. die op pelsdieren jaagt

pels·jas *de* [-sen] met bont gevoerde jas

pels·muts *de* [-en] bontmuts

pels·werk *het* bontwerk

pel·te·rij *(‹Fr) de (v)* [-en] bontwerk

pe·luw *(‹Lat) de* [-s *en* -en] langwerpig stijf onderkussen

PEN *afk* ❶ (International Association of) Poets (Playwrights) Essayists (Editors) and Novelists *(‹Eng)* [(internationale bond van) dichters (toneelschrijvers), essayisten (redacteuren) en romanschrijvers] ❷ Provinciaal Elektriciteitsbedrijf van Noord-Holland

pen¹ *(‹Lat) de* [-nen] ❶ schacht van een vogelveer ❷ schrijfstift daarvan of van ander materiaal; vulpen, ballpoint ★ *in de* ~ *zijn* in overweging, in voorbereiding zijn ★ *in de* ~ *gebleven zijn* niet ten uitvoer gebracht zijn ★ *in de* ~ *klimmen* schrijvend op iets reageren ★ *iem. iets in de* ~ *geven* hem inspireren tot het schrijven ervan ★ *naar de* ~ *grijpen* zich aan het schrijven zetten, vooral om iets of iem. aan te vallen of te verdedigen ★ *met geen* ~ *te beschrijven zijn* zo overweldigend zijn dat het niet in woorden is uit te drukken

pen² *de* [-nen] ❶ lang puntig voorwerp om iets te bevestigen of bij elkaar te houden; stift, nagel enz. ❷ NN klem, knijper: ★ *iem. de* ~ *op de neus zetten* hem de les lezen

pe·naal *(‹Fr‹Lat)* [pen- *of* pee-] *(‹Lat) bn* op het strafrecht betrekking hebbend, straf ★ *penale sanctie* strafsanctie; NN bepaling waarbij in het vroegere Nederlands Oost-Indië contractkoelies bij overtreking van hun contract in geld en goed aangesproken, lichamelijk gestraft of gevangen gezet konden worden

pe·na·li·se·ren ww [penaliseerde, h. gepenaliseerd] BN bestraffen

pe·na·li·teit *(‹Fr) de (v)* strafbepaling; straf, bestraffing

pen·al·ty [pennəltie, (populair ook) pənaltie] *(‹Eng‹Lat) de (m)* ['s] strafschop ★ ~ *schieten* na een wedstrijd die onbeslist is geëindigd een beslissing forceren door middel van strafschoppen

pen·al·ty·stip [pennəltie-, (populair ook) pənaltie-] *de* [-pen] voetbal witte stip op elf meter voor het doel, van waaraf strafschoppen worden genomen

pe·nant *(‹Oudfrans) het* [-en] metselwerk tussen kozijn- en deuropeningen

pe·nant·ta·fel·tje *het* [-s] NN tafeltje dat tussen twee ramen geplaatst wordt

pe·na·rie *(‹Fr‹Lat) de (v)* geldelijke zorgen, verlegenheid, benauwdheid ★ *in de* ~ *zitten* in verlegenheid zijn

pe·na·ten *(‹Lat) mv* huis- en beschermgoden van de Romeinen in de klassieke oudheid; fig eigen huis en haard

pence [pens] *(‹Eng) mv* van → **penny**

pen·cee [pãsee] *de* [-s] NN soort amandelgebak

PEN-club *de* nationale afdeling van de → **PEN**

pen·dant [pan-, pen-] *(‹Fr) de (m) & het* [-en] ❶ hanger, oorhanger ❷ tegenstuk, tegenbeeld, tegenhanger

pen·del *(‹Du‹Lat) de (m)* [-s] ❶ eig slinger ❷ hanglamp ❸ het heen-en-weerreizen van arbeiders tussen werk- en woonplaats ❹ parapsychologie gewicht aan een draadje, uit de slingerende beweging waarvan men bep. dingen kan afleiden, vaak gebruikt als wichelroede; BN wichelroede

pen·de·laar *de (m)* [-s] ❶ iem. die pendelt (→ **pendelen**, bet 2) ❷ BN wichelroedeloper, iemand die de gave bezit om met een gevorkte wilgentak water e.d. in de bodem op te sporen

pen·del·dienst *de (m)* heen- en teruggaande dienst op een spoorlijn of een andere verkeerstantie

pen·de·len ww *(‹Du)* [pendelde, h. gependeld] ❶ een pendeldienst onderhouden ❷ dagelijks heen en weer reizen tussen woonplaats en plaats waar men werkt ❸ BN met de wichelroede lopen

pen·de·loque [pãdəlok] *(‹Fr) de* [-s, -n] hanger van

edelstenen
pen·du·le *(‹Fr‹Lat)* de [-s] slingeruurwerk; staande klok met slagwerk
pe·ne·trant *(‹Fr)* bn ❶ doordringend: ★ *een penetrante geur* ❷ scherp, ook van geest
pe·ne·tra·tie [-(t)sie] *(‹Fr‹Lat)* de (v) [-s] ❶ het in-, binnendringen ❷ scherpzinnigheid
pe·ne·tre·ren ww *(‹Fr)* [penetreerde, is gepenetreerd] ❶ doordringen, indringen ❷ doorgronden, doorzien
pen·friend [-frend] *(‹Eng)* de [-s] correspondentievriend(in)
pen·hou·der, **pen·nen·hou·der** de (m) [-s] houder met schrijfpen
pen·hou·der·greep de (m) speciale greep om een tafeltennisbatje vast te houden, gelijkend op de manier waarop men een pen vasthoudt
pe·ni·bel *(‹Fr)* bn pijnlijk; moeilijk, bezwaarlijk; lastig: ★ *een penibele situatie*
pe·ni·cil·li·ne de de groei van vele ziekteverwekkende bacteriën tegengaand middel ter bestrijding o.a. van infectieziekten (tyfus, malaria e.d.) en wondinfecties, bereid uit *penicillium* *(‹Lat)* de penseelschimmel (soort plantje)
pe·nis *(‹Lat)* de (m) [-sen] deel van het mannelijk geslachtsapparaat dat bij de copulatie in het vrouwelijk geslachtsapparaat wordt gebracht
pe·nis·ko·ker de (m) [-s] ‹bij sommige primitieve volken› koker om de penis
pe·nis·nijd de (m) ‹in de psychoanalyse› afgunst van vrouwen op mannen omdat deze een penis bezitten
pe·ni·tent *(‹Fr‹Lat)* de (m) [-en], **pe·ni·ten·te** de (v) [-n] boeteling(e); biechteling(e)
pe·ni·ten·tiair [-sjèr] *(‹Fr)* bn bestraffing betreffende ★ *penitentiaire inrichting* strafgevangenis
pe·ni·ten·tie [-sie] *(‹Lat)* de (v) [-s, -tiën] ❶ boete; boetedoening; straf ❷ fig onaangename taak; bezoeking
pen·lite·bat·te·rij [-laait-] de (v) [-en] kleine en smalle, kokervormige batterij
pen·ne *(‹It)* de cul deegwaar in de vorm van holle, rechte buizen
pen·nen ww [pende, h. gepend] vlug schrijven
pen·nen·doos·je het [-s] doosje voor pennen, doosje waarin ze verkocht worden
pen·nen·hou·der de (m) [-s] → penhouder
pen·nen·lik·ker de (m) [-s] geringsch klerk
pen·nen·mes het [-sen] ❶ vroeger mesje om veren pennen te snijden ❷ thans radeermesje
pen·nen·set de (m) [-s] vulpen en / of ballpoint met vulpotlood samen in etui
pen·nen·streek de [-streken] haal met de pen ★ *met één ~ door een snel besluit (van iem. die met macht bekleed is)*
pen·nen·strijd de (m) strijd in geschrifte
pen·nen·vrucht de [-en] wat men geschreven heeft
pen·nen·zak de (m) [-ken] BN etui voor schrijfgerei
pen·ning de (m) [-en] ❶ NN munt ★ NN *op de ~ zijn*

zuinig zijn ★ *tiende ~ door de hertog van Alva (1507-1582) in Nederland ingevoerde belasting: 10% van de waarde van elk artikel bij elke verkoop* ❷ metalen ereteken, herinneringsteken, belastingbewijs enz.
pen·ning·ka·bi·net het [-ten] museum(afdeling) van oude penningen
pen·ning·kruid het sleutelbloemige plant met goudgele bloemen (*Lysimachia nummularia*)
pen·ning·kun·de de (v) kennis van oude munten, numismatiek
pen·ning·mees·ter de (m) [-s] iem. die de financiën beheert
pen·ning·ske het [-ns], **pen·ning·sken** het [-s], **pen·nink·ske** het [-ns], **pen·nink·sken** het [-s] penninkje, klein geldstukje ★ *het ~ der arme weduwe kleine waardevolle gift (naar Marcus 12: 42)*
pen·noen *(‹Fr)* het [-en] riddervaantje, vaantje aan een lans
pen·ny [-nie] *(‹Eng)* de (pence [pens voor de waarde, 's voor de munten) Engelse munt, vroeger 1/12 shilling, thans 1/100 van een pond:] ★ *dit kost 70 pence* ★ *er lagen drie penny's op de toonbank*
pen·ny·wa·fel [-nie-] de [-s] versnapering bestaande uit een aantal rechthoekige wafels met daartussen zoete crème en aan één zijde bestreken met chocola
pe·no·lo·gie *(‹Lat-Gr)* de (v) leer van de straffen, de strafoplegging en haar functie in de maatschappij
pe·no·ze de NN, Barg misdadigerskringen, onderwereld
pens *(‹Fr‹Lat)* de [-en] ❶ maagafdeling bij herkauwers ❷ spreektaal buik, lichaam ❸ BN ook worst van met gehakt vlees gevulde darm ★ *witte ~ waarbij het gehakt gemengd is met brood* ★ *zwarte ~ bloedworst, pens waarin ook varkensbloed is verwerkt*
pen·see [pã-] *(‹Fr)* **I** de [-s] driekleurig viooltje **II** het & bn paarsachtig blauw
pen·seel *(‹Oudfrans)* het [-selen] zacht schilderskwastje
pen·se·len ww [penseelde, h. gepenseeld] ❶ schilderen ❷ een medicijn met een penseel opsmeren
pen·sen·ker·mis de [-sen] BN volks eetfestijn (voor een goed doel)
pen·sioen [-sjoen] *(‹Fr‹Lat)* het [-en] jaargeld, lijfrente; vooral periodieke uitkering die wordt uitbetaald op basis van betaalde premies of wegens bewezen diensten (doorgaans na het 65ste levensjaar uitgekeerd)
pen·sioen·aan·vraag, **pen·sioen·aan·vra·ge** [-sjoen-,], **pen·sioens·aan·vraag**, **pen·sioens·aan·vra·ge** [-sjoens-] de [-vragen] het aanvragen van pensioen
pen·sioen·bij·dra·ge [-sjoen-,], **pen·sioens·bij·dra·ge** [-sjoens-] de [-n] van het salaris afgehouden bedrag bestemd voor het pensioenfonds
pen·sioen·breuk [-sjoen-] de [-en] NN wijziging van de pensioenregeling ten nadele van de pensioengerechtigde, door diens verandering van

baan, werkloosheid, korter werken e.d.
pen·sioen·fonds [-sjoen-] *het* [-en] vooral NN fonds dat pensioenpremies int en pensioenen uitbetaalt
pen·si·oen·gat *het* [-gaten] achterstand in pensioenopbouw door een wisseling van werkgever of een carrièreonderbreking
pen·sioen·ge·rech·tigd *ww* [-sjoen-,], **pen·sioen·ge·rech·tigd** aanspraak hebbend op pensioen
pen·sioen·pre·mie [-sjoen-,], **pen·sioens·pre·mie** [-sjoens-] *de (v)* [-s] NN bedrag bestemd voor de opbouw van een pensioen
pen·sioen·raad [-sjoen-] *de (m)* NN college van beheer van en toezicht op de staatspensioenen
pen·sioen·re·ge·ling [-sjoen-,], **pen·sioens·re·ge·ling** [-sjoens-] *de (v)* [-en] regeling aangaande de vestiging en het geldend maken van een pensioenaanspraak
pen·sioens·aan·vraag, **pen·sioens·aan·vra·ge** [-sjoens-] *de* [-vragen] → **pensioenaanvraag**
pen·sioens·bij·dra·ge [-sjoens-] *de* [-n] → **pensioenbijdrage**
pen·sioen·spa·ren [-sjoen-] *ww & het* sparen met belastingvoordeel voor een aanvullend pensioen
pen·sioens·pre·mie [-sjoens-] *de (v)* [-s] → **pensioenpremie**
pen·sion [-sjon] *(‹Fr) het* [-s] ❶ kost met inwoning en de prijs daarvoor ❷ huis waar men mensen kost en inwoning verstrekt; kosthuis
pen·si·o·naat [-sjoo-] *(‹Fr) het* [-naten] ❶ kostschool ❷ tijd die men op kostschool doorbrengt ❸ schertsend gevangenis
pen·sio·na·do *de* ['s] gepensioneerde die voor langere tijd in het buitenland verblijft, vooral in zonnige streken
pen·sio·na·ris [-sjoo-] *(‹Lat) de (m)* [-sen] NN, hist stadsadvocaat, raadgevend advocaat bij de stedelijke regeringen in de Republiek van de Verenigde Nederlanden; *vgl*: → **raadpensionaris**
pen·sio·ne·ren *ww* [-sjoo-] *(‹Fr)* [pensioneerde, h. gepensioneerd] op pensioen stellen
pen·sion·gast [-sjon-] *de (m)* [-en] gast in een → **pension** (bet 2)
pen·sion·hou·der [-sjon-] *de (m)* [-s] houder van een → **pension** (bet 2)
pen·ta·ë·der *de (m)* [-s] prisma met gelijkzijdige driehoeken als eindvlakken
pen·ta·gon *(‹Gr) het* [-s] vijfhoek, pentagoon ★ *het Pentagon* vijfhoekig gebouw in Washington D.C., waarin het ministerie van Defensie en het hoofdkwartier van de strijdkrachten van de Verenigde Staten zijn gevestigd
pen·ta·gram *(‹Gr) het* [-men] vijfpuntige ster, vijfhoek in één trek getekend; magisch teken (*vgl*: → **drudevoet**)
pen·ta·me·ter *(‹Gr) de (m)* [-s] versvorm van vijf voeten in de klassieke poëzie (tweemaal 2^1/$_2$ voet)
Pen·ta·teuch [-tuig] *(‹Gr) de (m)* de vijf boeken van Mozes, het eerste gedeelte van het Oude Testament

pen·ta·tlon *(‹Gr) de (m)* vijfkamp; wedstrijd in vijf onderdelen
pen·te·ke·ning *de (v)* [-en] tekening gemaakt met pen en inkt
pen·ter *de (m)* [-s] talie waarmee het anker op het scheepsboord gelegd wordt
pent·house [-haus] *(‹Eng) het* [-s] eig afdak; bij uitbreiding luxueus appartement op de hoogste verdieping van een flatgebouw
pen·tjak si·lat *(‹Mal) de (m)* op karate gelijkende Indonesische vechtsport
pe·nu·rie *(‹Fr‹Lat) de (v)* → **penarie**
pen·voer·der *de (m)* [-s] schrijver; *ook* vernederlandsing van → **secretaris**
pen·vriend *de (m)* [-en], **pen·vrien·din** *de (v)* [-nen] correspondentievriend(in), penfriend
pep *(‹Eng) de (m)* ❶ fut, veerkracht ❷ *inf* amfetamine
pe·pen *ww vero*, *verl tijd meerv van* → **pijpen**
pe·per *(‹Lat) de (m)* vrucht van de peperstruik, vooral in poedervorm ★ *~ en zout* wit en donker dooreen; *‹van haren›* grijzend ; zie ook bij → **Spaans**
pe·per·boom·pje *het* [-s] sierheester met rode of zwarte bessen (*Daphne*)
pe·per·bus *de* [-sen] strooibus voor peper
pe·per·duur *bn* zeer duur
pe·pe·ren *ww* [peperde, h. gepeperd] met peper bestrooien; zie ook → **gepeperd**
pe·per·koek *de (m)* [-en] ❶ gekruide koek ❷ BN ook ontbijtkoek, honingkoek, snijkoek
pe·per·kor·rel *de* [-s] zaad of gedroogde bes van de peperstruik
pe·per·mo·len *de (m)* [-s] werktuig om peperkorrels fijn te malen
pe·per·munt *de* [-en] ❶ sterk riekend oliehoudend kruid (*Mentha piperita*) ❷ met pepermuntolie bereid tabletje
pe·per·munt·olie *de* scherp smakende olie uit de pepermunt bereid
pe·per·noot *de* [-noten] NN half bolletje peperkoek: ★ *met pepernoten strooien op sinterklaasavond*
pe·pe·ro·ni *(‹It) mv* in azijn ingelegde onrijpe Spaanse pepers
pe·per·struik *de (m)* [-en] struik waarvan de vruchten peper leveren
pe·per·vre·ter *de (m)* [-s] tropische vogelsoort: toekan
pep·mid·del *het* [-en] oppeppend middel
pep·pel *de (m)* [-s] populier
pep·per·spray [-pə(r)spree] *(‹Eng) de (m)* in een spuitbus verpakte spray die een sterk brandend gevoel veroorzaakt, vooral gebruikt als zelfverdedigingsmiddel
pep·pil *de* [-len] stimulerend middel in tabletvorm, wekamine
pep·si·ne *(‹Gr) de & het* eiwitsplitsend enzym uit het maagsap
pep·talk [-tòk] *(‹Eng) de (m)* aansporende, prikkelende, opwekkende opmerkingen
pep·tisch *(‹Gr) bn* de spijsvertering betreffend of

bevorderend
pep·ton *(‹Gr) het* voedings- en geneesmiddel bestaande uit min of meer voorverteerd vlees
per *(‹Lat) vz* ❶ door, met, bij: ★ *~ as* met wagens (auto's e.d.) ★ *~ bode* ★ *~ stuk* elk stuk gerekend ❷ *bij tijdsbepalingen* met ingang van: ★ *~ 1 augustus*
per·ceel *(‹FrLat) het* [-celen] deel van een groter geheel, vooral afgedeeld stuk land; stuk onroerend goed, pand, gebouw: ★ *om uitbreiding van de brand te voorkomen hield de brandweer de omliggende percelen nat*
per·cent *(‹It) het* [-en] ❶ ten honderd; in honderdsten van het grondbedrag of -aantal ❷ wat men voor elke honderd ontvangt, berekent; percentage
per·cen·ta·ge [-taazjə] *het* [-s] procentsgewijze uitgedrukt of berekend gedeelte
per·cents·ge·wijs, per·cents·ge·wij·ze *bn* in percenten uitgedrukt
per·cep·tie [-sie] *(‹Lat) de (v)* ❶ ‹van gelden› ontvangst, inzameling, inning ❷ het kennisnemen; waarneming ❸ voorstelling die het resultaat van kennisneming is
per·ci·pi·ë·ren *ww* [-pjee-] *(‹Lat)* [percipieerde, h. gepercipieerd] ❶ ontvangen, innen ❷ in de geest vatten, waarnemen
per·co·la·tor *(‹Lat) de (m)* [-s] toestel voor percolatie; vooral toestel om koffie te zetten
per·cus·sie *(‹FrLat) de (v)* [-s] ❶ stoot, slag, schok; botsing van twee lichamen ❷ med beklopping als methode van onderzoek ❸ slaginstrument of groep van slaginstrumenten, slagwerk
per·cus·sie·ha·mer *de (m)* [-s] hamertje om te percuteren
per·cus·sie-in·stru·ment *het* [-en] muz slaginstrument
per·cus·sion [pə(r)kusjən] *(‹EngLat) de (m)* [-s] → **percussie** (bet 3)
per·cu·te·ren *ww (‹Lat)* [percuteerde, h. gepercuteerd] ❶ kloppen, stoten ❷ med geneeskundig onderzoeken door middel van beklopping
per·du *(‹Fr) bn* verloren
père [pèr(ə)] *(‹FrLat) de (m)* [-s] vader
pe·re·laar *de (m)* [-s] BN, spreektaal perenboom
pe·remp·to·risch *(‹Lat),* **pe·remp·toir** [-toor, -twaar] *(‹Fr) bn* een strijd opheffend, beslissend, afdoend
pe·ren·boom *de (m)* [-bomen] boomsoort waaraan peren groeien (*Pirus*)
pe·ren·drups *mv* NN peervormige roze zuurtjes
pe·ren·hout *het* hout van de perenboom
pe·ren·sap *het* sap van een of meer peren
pe·ren·vuur *het* vroegere benaming voor bacterievuur
pe·re·qua·tie [-eekwa(t)sie] *(‹FrLat) de (v)* [-s] ❶ vereffening; verhoging van een bedrag naar een bepaalde maatstaf ❷ BN verhoging van de pensioenen wegens aanpassing aan de kosten voor levensonderhoud

pe·re·stroj·ka *(‹Russ) de (m)* eig hervorming; samenvattende benaming voor de ingrijpende economische, sociale en culturele veranderingen in de Sovjet-Unie, op gang gebracht door partijleider Michail Gorbatsjov (geb. 1931)
per ex·pres *bijw,* **per ex·pres·se** met een ijlbode, met afzonderlijke bestelling
per·fect *(‹Lat) bn* ❶ voltooid ❷ volmaakt, geheel; volkomen (in orde), uitmuntend
per·fec·tie [-sie] *(‹Lat) de (v)* volkomenheid, volmaaktheid; voortreffelijkheid
per·fec·tief *(‹Fr) bn* taalk de voltooiing van een handeling of een voltooide handeling uitdrukkend
per·fec·tio·ne·ren *ww* [-sjoo-] *(‹Fr)* [perfectioneerde, h. geperfectioneerd] vervolmaken, meer volkomen maken
per·fec·tio·nis·me [-sjoo-] *het* overdreven streven om iets beter, volmaakt te maken
per·fec·tio·nist [-sjoo-] *(‹Fr) de (m)* [-en] iem. die streeft naar perfectie, die nooit tevreden is met een toestand of resultaat
per·fec·tio·nis·tisch [-sjoo-] *bn* van de aard van het perfectionisme; als van een perfectionist, altijd naar iets beters strevend
per·fec·tum *(‹Lat) het* [-ta, -s] taalk voltooid tegenwoordige tijd
per·fi·de *(‹Fr) bn* trouweloos, vals, verraderlijk
per·fo·ra·teur *(‹Fr),* **per·fo·ra·tor** *de (m)* [-s] perforeermachine
per·fo·ra·tie [-(t)sie] *(‹Lat) de (v)* [-s] ❶ het perforeren, doorboring ❷ doorboorde plaats
per·fo·reer·ma·chi·ne [-sjienə] *de (v)* [-s] machine om te perforeren
per·fo·re·ren *ww (‹FrLat)* [perforeerde, h. geperforeerd] doorboren; gaatjes in papier slaan, ten einde het afscheuren langs een bepaalde lijn gemakkelijk te maken, om papieren in een ordner te kunnen opbergen of om coupons e.d. ongeldig te maken
per·for·mance [pə(r)fòòrməns] *(‹Eng)* ❶ een optreden van een artiest, veelal kort en spectaculair van aard ❷ prestatieniveau: ★ *de ~ van een onderneming, van een computer*
per·for·men [pə(r)fòòrmən] *(‹Eng) ww* [performde, h. geperformd] ❶ optreden als artiest ❷ presteren
per·go·la *(‹ItLat) de* ['s] prieelachtige wandelgang of doorgang in een tuin met op palen, stokken, traliewerk enz. geleide klimplanten
pe·ri·cu·leus *(‹Lat) bn* gevaarlijk, hachelijk
pe·ri·feer *(‹Gr) bn* ❶ zich aan de buitenzijde van een lichaam bevindend ★ *het perifere zenuwstelsel* dat de prikkels van buiten opneemt en naar het centrale zenuwstelsel geleidt ❷ tot de omtrek of grens behorend in figuurlijke zin, rand-, accessoir
pe·ri·fe·rie *(‹FrGr) de (v)* [-rieën] ❶ cirkelomtrek ❷ buitenzijde, uiterste rand; omtrek, grens, randgebied ★ ook fig: *in de ~ van de samenleving* ❸ BN ook buitenwijken; voorsteden: ★ *we reden*

langs de periferie van Brussel
pe·ri·fra·se [-zə] *(‹Fr‹Gr) de (v)* [-n] omschrijving, stijlfiguur waarbij men een zaak niet bij zijn naam noemt, maar steeds aanduidt of omschrijft
pe·ri·ge·um *(‹Gr) het* astron punt in de maan- of zonnebaan waarin deze het dichtst bij de aarde is
pe·ri·he·li·um *(‹Gr) het* astron punt in de baan van een hemellichaam dat zich om de zon beweegt waar het deze het dichtst nadert
pe·ri·kel *(‹Lat) het* [-s, -en] ❶ gevaar; risico ❷ wederwaardigheid
pe·ri·me·ter *(‹Fr‹Gr) de (m)* [-s] omtrek van een kromlijnige figuur
pe·ri·o·de *(‹Fr‹Gr) de (v)* [-s, -n] ❶ tijdruimte, tijdvak (waarna een bepaald verschijnsel terugkeert); tijdvak in de geschiedenis; omlooptijd; maandstonden ❷ wisk interval; cijfergroep van een repeterende breuk ❸ grote, uit een aantal zinsneden bestaande volzin ❹ nat tijd waarin één trilling plaatsvindt ❺ chem elk van de onderdelen van het periodiek systeem ❻ voetbal vastgesteld aantal competitiewedstrijden die de periodekampioen oplevert
pe·ri·o·de·kam·pi·oen *de (m)* [-en] voetbal die ploeg die de meeste punten heeft behaald in een van tevoren vastgesteld aantal competitiewedstrijden en op grond daarvan mag deelnemen aan een nacompetitie; **periodekampioenschap** *het*
pe·ri·o·di·ci·teit *(‹Fr) de (v)* het periodiek-zijn; periodieke terugkeer
pe·ri·o·diek *(‹Fr‹Gr)* I *bn* ❶ op zekere tijden regelmatig terug- en wederkerend ★ *periodieke onthouding* het zich tijdens de periode van vruchtbaarheid van de vrouw onthouden van geslachtsgemeenschap ❷ telkens na afloop van een tijdperk plaatsvindend: ★ *periodieke verhogingen* (van salaris) ❸ rekenkunde repeterend ❹ ★ ~ *systeem* chem rangschikking van de elementen in groepen waarin bep. eigenschappen telkens terugkeren II *de (v) & het* [-en] ❶ geschrift dat met geregelde tussenpozen verschijnt, tijdschrift ❷ NN periodieke salarisverhoging
pe·ri·o·di·se·ring [-zee-] *de (v)* [-en] indeling in periodes
pe·ri·pa·te·ti·cus *(‹Gr) de (m)* [-ci] ❶ aanhanger van de leer van Aristoteles, die rondwandelend onderwijs gaf ❷ schertsend liefhebber van wandelen
pe·ri·pa·te·tisch *(‹Gr) bn* tot de school of de leer van Aristoteles behorend
pe·ri·pe·tie [-(t)sie] *(‹Fr‹Gr) de (v)* [-tieën] ❶ plotselinge ommekeer in het lot; onverwachte verandering ❷ beslissende wending in een toneelspel
pe·ri·scoop *(‹Gr) de (m)* [-scopen] ❶ toestel (vooral aan duikboten) om te kunnen waarnemen wat gebeurt op een vlak dat hoger ligt dan dat, waarop men zich zelf bevindt ❷ fotogr objectief bestaande uit twee positieve meniscuslenzen aan weerszijden van een diafragma
pe·ri·stal·tiek *(‹Gr) de (v)* peristaltische bewegingen
pe·ri·stal·tisch *(‹Gr) bn* wormvormig ★ med *peristaltische bewegingen* langzaam voortschrijdende beweging van de darm en andere ringvormige holten die met spiervezels bekleed zijn
pe·ri·to·ni·tis *(‹Gr) de (v)* med buikvliesontsteking
perk *(‹Lat) het* [-en] ❶ afgezet veld ❷ afgezet tuingedeelte ❸ grens ★ *dat gaat alle perken te buiten* dat gaat te ver, dat kunnen we niet toelaten
per·ka·ment *(‹Lat) het* [-en] ❶ bereide geiten-, schapen-, kalfshuid, geschikt om op te schrijven, ook voor boekbanden, trommelvellen e.d. ❷ op deze stof geschreven stuk, akte, oorkonde
per·ka·men·ten *bn* van perkament; als van perkament: ★ *een ~ gelaatskleur* verdroogd, gelig
per·ka·ment·pa·pier *het* met chloorzink of zwavelzuur behandeld papier, dat daardoor doorschijnend en duurzaam is
Perl *zn* [pù(r)l] comput Practical Extraction and Report Language *bep. programmeertaal*
perm *het* geol periode binnen het paleozoïcum, van 280-225 miljoen jaar geleden, waarin de reptielen en de moderne insecten opkwamen, genoemd naar Perm in Rusland
per·ma·frost *(‹Eng) de (m)* eeuwig bevroren bodem in de poolstreken
per·ma·nent[1] *(‹Fr‹Eng‹Lat) bn* voortdurend, blijvend, vast, steeds doorgaand ★ *permanente educatie* onderwijs en vorming gedurende het gehele leven
per·ma·nent[2] *de (m)* verkorting van → **permanent wave**
per·ma·nen·ten *ww* [permanentte, h. gepermanent] ‹van haar› er een permanent wave in aanbrengen
per·ma·nen·tie [-sie] *de (v)* ❶ het permanent-zijn; het voortdurend aanblijven (bijv. van een wetgevende of uitvoerende vergadering) ❷ BN doorlopende secretariaats- of receptiedienst ★ *de ~ verzekeren, verzorgen* de dienst gaande houden
per·ma·nent wave [pù(r)mənənt weev] *(‹Eng) de* betrekkelijk lange tijd blijvende, kunstmatig aangebrachte golving van het hoofdhaar
per·me·a·bel *(‹Fr‹Lat) bn* ‹voor vocht, elektriciteit e.d.› doordringbaar
per·mis·sie *(‹Fr‹Lat) de (v)* [-s] verlof, vergunning
per·mis·sive so·ci·e·ty [pə(r)missiv səsaiətie] *(‹Eng) de (v)* sociale orde die allerlei afwijkend of extreem gedrag tolereert
per·mit·te·ren *ww* *(‹Lat)* [permitteerde, h. gepermitteerd] vergunnen, veroorloven, toestaan
per·mu·ta·tie [-(t)sie] *(‹Lat) de (v)* [-s] verwisseling, omzetting, verplaatsing
per·mu·te·ren *ww* *(‹Lat)* [permuteerde, h. gepermuteerd] verwisselen, omzetten, verplaatsen
per·nam·bu·co [-boe-] *het*, **per·nam·buk·hout** [-boek-] *het* → **braziel**, genoemd naar de Braziliaanse stad Pernambuco
per·ni·cieus [-sjeus] *(‹Fr‹Lat) bn* verderfelijk,

schadelijk, kwaadaardig ★ *pernicieuze anemie* med bepaalde, zeer ernstige vorm van bloedarmoede

pe·ro·nis·me *het* politiek systeem van of als van de voormalige president van Argentinië, Juan Perón (1895-1974)

pe·ro·nist *de (m)* [-en] aanhanger van het peronisme

per·ora·tie [-ooraa(t)sie] *(‹Lat) de (v)* [-s] slotrede; samenvattend slot van een redevoering

per·oxi·de [-oksiedə] *(‹Lat-Gr) het* [-n, -s] chem oxide met meer zuurstof dan de gewone verbinding

per pe·des apos·to·lo·rum *bijw (‹Lat)* te voet

per·pen·di·cu·lair [-lèr] *(‹Fr‹Lat)* **I** *bn* loodrecht, in het lood, rechtstandig **II** *de* [-en] loodlijn, verticale lijn

per·pe·tu·eel *(‹Fr‹Lat) bn* eeuwig-, altijddurend, levenslang

per·pe·tu·um mo·bi·le *(‹Lat) het* fictief toestel dat eeuwigdurend in beweging blijft, zonder energie te gebruiken; fig iets onmogelijks

per·plex *(‹Fr‹Lat) bn* onthutst, verlegen, verslagen, versteld, paf

per·ron *(‹Fr) het* [-s] ❶ grote steen of bouwwerk als voetstuk van een zuil, een kruis enz. ❷ brede stoep, bordes ❸ lange zijstoep of verhoogde vrije stoep aan een station om uit en in te stappen

per·ron·kaar·tje *het* [-s] toegangsbewijs dat in sommige landen benodigd is om het perron van een station te mogen betreden

Pers *de (m)* [Perzen] iem. geboortig of afkomstig uit Perzië (de vroegere naam voor Iran)

pers¹ *(‹Fr) de* [-en] ❶ werktuig om te persen ❷ werktuig om boekwerken, kranten e.d. te drukken: ★ *ter perse gaan* ❸ de gezamenlijke dagbladen en tijdschriften en de makers daarvan: ★ *de ~ moet zich in deze zaak voorzichtig opstellen* ★ *vertegenwoordigers van de ~* journalisten ★ *een goede ~ hebben* gunstig beoordeeld worden (in de dagbladen)

pers² *de (m)* [perzen] Perzisch tapijt

pers·agent·schap *het* [-pen] persbureau

per sal·do *bijw (‹It)* als overschot; tenslotte

pers·at·ta·ché [-sjee] *de (m)* [-s] iem. die namens een gezantschap de betrekkingen met de pers onderhoudt

pers·be·richt *het* [-en] nieuwsbericht van een persbureau; krantenbericht

pers·bu·reau [-roo] *het* [-s] bureau dat nieuwsberichten verzamelt, ze doorgeeft aan de dagbladen en ze ook per radio bekend maakt

pers·cam·pag·ne [-panjə] *de* [-s] → actie (bet 4) in de pers

pers·chef [-sjef] *de (m)* [-s] iem. die namens een bedrijf of instelling de betrekkingen met de pers onderhoudt

pers·com·men·taar *de (m) & het* [-taren] beoordelende bespreking in de pers

pers·com·mu·ni·qué [-kee] *het* [-s] aan de dagbladen verstrekt communiqué

pers·con·fe·ren·tie [-sie] *de (v)* [-s] bijeenkomst van officiële personen met vertegenwoordigers van de pers ter verstrekking van inlichtingen

per se *bijw* [see] *(‹Lat)* ❶ voortvloeiend uit het wezen van de persoon of zaak, wezenlijk ❷ beslist; bepaald, met alle geweld: ★ *zij wilde ~ naar huis*

per·sen *ww* [perste, h. geperst] ❶ samendrukken ❷ ‹van kleding, papier e.d.› door erop te drukken glad maken ❸ een vorm, tekening in iets drukken ❹ stuwen ❺ fig noodzaken

per·ser *de (m)* [-s] iem. die perst

per·se·ve·ra·tie [-(t)sie] *(‹Lat) de (v)* ❶ het volhouden, volharding, doorzettingsvermogen ❷ med het blijven herhalen van bewegingen of van reeds uitgesproken woorden ❸ het in de gedachten blijven hangen van bep. woorden, melodieën of andere bewustzijnsinhouden

pers·fo·to·graaf *de (m)* [-grafen] iem. die foto's maakt voor een krant

pers·gas *het* boven normale druk geperst gas

per·si·a·ner *(‹Du) het* Perzisch lam, fijn, op astrakan lijkend bont van de rug van karakoelschapen

per·si·co *(‹Fr) de (m)* likeur bestaande uit op perzikpitten getrokken brandewijn

per·sienne [-sjen(nə)] *(‹Fr) de* [-s] buitenzonneblind van schuin in een raam gezette dunne houtstroken

per·si·flage [-flaazjə] *(‹Fr) de (v)* [-s] bespotting door navolging met sterke overdrijving, karikatuur

per·si·fle·ren *ww (‹Fr)* [persifleerde, h. gepersifleerd] belachelijk maken door overdrijvende navolging; op geestige wijze spotten met of in het zonnetje zetten

per·sing *de (v)* [-en] het persen

per·sis·ten·tie [-sie] *(‹Fr) de (v)* ❶ het vol-, aanhouden, blijven aandringen, volharding ❷ het vasthouden aan eigen mening ❸ tijd dat een werking aanhoudt

per·sis·te·ren *ww (‹Fr‹Lat)* [persisteerde, h. gepersisteerd] blijven aanhouden of aandringen, volharden

pers·kaart *de* [-en] toegangsbewijs van persvertegenwoordigers

pers·klaar *bn* gereed om gedrukt te worden

pers·lei·ding *de (v)* [-en] buis of slang waar vloeistof of gas door gepompt wordt

pers·lucht *de* samengeperste lucht

pers·ma·gis·traat *de (m)* [-traten] BN rechterlijk ambtenaar die als woordvoerder en persvoorlichter optreedt

pers·man *de (m)* [-nen] journalist

pers·mus·kiet *de (m)* [-en] geringsch opdringerig journalist

pers·of·fi·cier *de (m)* [-en] vooral NN officier van justitie die als persvoorlichter optreedt

per·so·na *(‹Lat) de (v)* [-nae] [-nee, 's] persoon ★ *~ non grata* niet gewild, niet acceptabel persoon

per·so·na·ge [-naazjə] *(‹Fr) de (v) & het* [-s] ❶ medespelende; rol waarin een acteur optreedt; een persoon in een roman e.d. ❷ persoon (met zekere gevoelswaarde gebruikt); vooral belangrijk, aanzienlijk persoon

per·son·al com·pu·ter [pùː(r)sənəl kompjoetər] *(‹Eng) de (m)* [-s] computer van beperkte omvang met een eigen CVE, voor privé en zakelijk gebruik

per·so·na·lia *(‹Lat) mv* gegevens, bijzonderheden omtrent één of meer personen; krantenrubriek daarvoor

per·so·na·li·se·ren [-zee-] *(‹Fr) ww* [personaliseren, h. gepersonaliseerd] op de eigen persoonlijkheid betrekken, verpersoonlijken, een persoonlijk karakter geven aan: ★ *gepersonaliseerd drukwerk*

per·so·na·lis·tisch *bn* ❶ op de persoonlijkheid betrekking hebbend ❷ de mens als persoon in het middelpunt stellend

per·so·na·li·teit *(‹Fr) de (v)* [-en] ❶ persoonlijkheid; hoedanigheid van een persoon ❷ *personaliteiten* persoonlijke beledigingen, hatelijkheden of zinspelingen ❸ BN, spreektaal vip, vooraanstaand persoon, hoge bezoeker of gast, hoogwaardigheidsbekleder; *personaliteiten* prominenten

per·so·neel *(‹Fr)* **I** *bn* persoonlijk; betrekking hebbend op, behorend tot een persoon of personen ★ vooral NN, vroeger *personele belasting* belasting die men voor zijn levensstandaard, huurwaarde, meubilair, dienstboden enz. moest betalen ★ *personele unie* de vereniging van twee of meer, overigens zelfstandige staten onder een zelfde vorst **II** *het* ondergeschikten; zij die in iems. dienst werkzaam zijn

per·so·neels·ad·ver·ten·tie [-sie] *de (v)* [-s] advertentie in een tijdschrift of krant waarin men te kennen geeft personeel te zoeken

per·so·neels·be·leid *het* beleid ten aanzien van het personeel

per·so·neels·be·stand *het*, **per·so·neels·be·zet·ting** *de (v)* aantal leden van het personeel

per·so·neels·chef [-sjef] *de (m)* [-s] iem. die verantwoordelijk is voor het personeelsbeleid

per·so·neels·schaars·te *de (v)* gebrek aan personeel

per·so·neels·sterk·te *de (v)* personeelsbestand

per·so·neels·stop *de (m)* het tijdelijk niet meer aannemen van personeel

per·so·neels·za·ken *mv* aangelegenheden het personeel betreffende

per·so·nen·au·to [-ootoo, -autoo] *de (m)* ['s] auto voor vervoer van personen

per·so·nen·be·las·ting *de (v)* BN inkomstenbelasting die wordt geheven van natuurlijke personen

per·so·nen·trein *de (m)* [-en] trein voor vervoer van personen

per·so·nen·ver·voer *het* het vervoeren van personen

per·so·ni·fi·ca·tie [-(t)sie] *(‹Fr) de (v)* [-s] ❶ voorstelling van een zaak als persoon, verpersoonlijking, persoonsverbeelding ❷ persoon in wie iets belichaamd is

per·so·ni·fi·ë·ren *ww (‹Fr)* [personifieerde, h. gepersonifieerd] verpersoonlijken, persoonlijk maken, levenloze zaken sprekend invoeren en als handelende personen voorstellen

per·soon *(‹Lat) de (m)* [-sonen] ❶ mens, individu ★ *in eigen ~ zelf* ★ *mijn persoontje ik* ❷ speler in een toneelstuk, figuur in een roman ❸ recht mens of instelling als drager van rechten en plichten; zie ook bij → **natuurlijk** ❹ taalk vorm die de spreker (*eerste ~*), de toegesprokene (*tweede ~*) of de of het besprokene (*derde ~*) aanduidt

per·soon·lijk *bn* ❶ van, met, betreffende de persoon zelf ★ basketbal *een persoonlijke fout* overtreding die ten koste van een tegenstander is begaan: ★ *na vijf persoonlijke fouten dient de speler het veld te verlaten* ★ *persoonlijke lening* door een bank aan een particulier verstrekte geldlening voor consumptieve uitgaven ❷ van, betreffende het eigen leven ❸ het eigen leven rakend: ★ *niet ~ worden* ★ *het is niet ~ bedoeld* ❹ een eigen karakter dragend: ★ *het is een zeer ~ werk* ❺ taalk een eerste, tweede of derde → **persoon** (bet 4) aanduidend: ★ *'hij', 'het' zijn persoonlijke voornaamwoorden*

per·soon·lijk·heid I *de (v)* een geheel eigen karakter **II** *de (v)* [-heden] ❶ iem. met een geheel eigen karakter ❷ persoon

per·soons·be·wijs *het* [-wijzen] vooral NN identiteitsbewijs, in Nederland tijdens de Duitse bezetting 1940-'45 verplicht

per·soons·naam *de (m)* [-namen] ❶ eigennaam van een persoon ❷ taalk zelfstandig naamwoord dat een persoon aanduidt; *tegengest*: → **zaaknaam**

per·soons·num·mer *het* [-s] NN nummer waaronder iem. geregistreerd staat in een (overheids)administratie: ★ *het burgerservicenummer is in Nederland een ~*

per·soons·ver·beel·ding *de (v)* [-en] voorstelling als een persoon, personificatie

per·soons·ver·heer·lij·king *de (v)* bovenmatige bewondering voor een bepaald persoon

per·soons·ver·war·ring, **per·soons·ver·wis·se·ling** *de (v)* [-en] verwarring, verwisseling van twee verschillende personen

per·soons·vorm *de (m)* [-en] taalk vervoegde vorm van een werkwoord waaruit de → **persoon** (bet 4) blijkt

pers·or·gaan *het* [-ganen] krant, tijdschrift

pers·over·zicht *het* [-en] ❶ overzicht van wat in de pers verschenen is ❷ verslag voor de pers bestemd

per·spec·tief *(‹Fr‹Lat)* **I** *de* doorzichtkunde, kunst om voorwerpen in een plat vlak zo uit te beelden dat zij ruimtelijk werken **II** *het* [-tieven] ❶ vergezicht; doorzicht ❷ fig vooruitzicht; toekomst, mogelijkheid tot ontwikkeling: ★ *er zit geen ~ in* ❸ fig context, samenhang: ★ *in dit ~ gezien hebt u gelijk*

per·spec·tief·leer *de* → **perspectief** (I)

per·spec·tief·te·ke·nen *ww & het* (het) tekenen met toepassing van de perspectief

per·spec·ti·visch *bn* ❶ betrekking hebbend op of volgens de leer van de perspectief ❷ ruimtelijk werkend

pers·pomp *de* [-en] pomp die door samenpersing werkt; *tegengest*: → **zuigpomp**

pers·si·naas·ap·pel *de (m)* [-s, -en] sinaasappel die bedoeld is om te worden uitgeperst; *vgl*: → **handsinaasappel**

pers·vrij·heid *de (v)* vrijheid van drukpers

pers·wee·ën *mv* weeën die het persen vóór de geboorte begeleiden

pers·we·ten·schap *de (v)* wetenschap van de massamedia

pers·we·zen *het* alles wat behoort tot de dagblad- en tijdschriftenpers

per·te *(‹FrtLat)* *de (v)* verlies; prijsverlies; disagio ★ BN ~ *totale* total loss, vooral van auto's e.d. (als *zn* en *bn*): ★ *deze auto is ~ totale*

per·ti·nent *(‹FrtLat)* *bn* beslist, met stelligheid

Pe·ru·aan *de (m)* [-anen] iemand geboortig of afkomstig uit Peru

Pe·ru·aans *bn* van, uit, betreffende Peru

pe·ru·bal·sem *de (m)* verzachtend middel tegen huidwonden, bereid uit hars van de Peruaanse balsemboom

Pe·ru·vi·aan *de (m)* [-anen] → **Peruaan**

Pe·ru·vi·aans *bn* → **Peruaans**

per·vers *(‹FrtLat)* *bn* ❶ verdorven ❷ verkeerd, tegennatuurlijk, onnatuurlijk ❸ behagen scheppend in abnormale lustbevrediging

per·ver·sie *(‹FrtLat)* *de (v)* [-s], **per·ver·si·teit** *(‹FrtLat)* *de (v)* [-en] ❶ het pervers-zijn; verdorvenheid ❷ een bepaalde vorm daarvan

per·ver·te·ren *ww (‹Lat)* [perverteerde, h. geperverteerd] ❶ verdraaien, vervalsen, ten kwade veranderen ❷ doen ontaarden, ten kwade verleiden

per·zik *(‹Lat)* [-ziken] **I** *de (m)* boom met fluwelige sappige vruchten *(Prunus persica)* **II** *de* de vrucht daarvan

per·zik·boom, **per·zi·ken·boom** *de (m)* [-bomen] → **perzik** (bet 1)

Per·zisch *(‹Lat)* **I** *bn* van, uit, betreffende Perzië **II** *het* Farsi, de taal van Perzië of Iran

Pe·sach *(‹Hebr)* *het* oudisraëlitisch paasfeest, herinnering aan de uittocht uit Egypte

pe·se·ta *(‹Sp)* *de (m)* ['s] munteenheid van Spanje voor de invoering van de euro

pe·so *(‹Sp)* *de (m)* ['s] munteenheid van Argentinië, Chili, Colombia, Cuba, de Dominicaanse Republiek, de Filippijnen, Mexico en Uruguay

pes·sa·ri·um *(‹Lat)* *het* [-ria, -s] ringvormig kapje dat de baarmoedermond afsluit en dient als anticonceptivum

pes·si·mis·me *(‹Lat)* *het* zucht om van alles de zwarte zijde te zien, zwartgalligheid; sombere verwachting

pes·si·mist *(‹Fr)* *de (m)* [-en] zwartkijker, iem. die alles donker inziet en voor slecht houdt

pes·si·mis·tisch *bn* behept met de zucht om alles alleen van de zwartste zijde te zien, weinig hoopvol gestemd

pest *(‹Lat)* *de* ❶ gevaarlijke besmettelijke ziekte; fig iets verderfelijks, iem. van verderfelijke invloed ★ spreektaal *de ~ aan iets hebben* er een afschuw van hebben ★ spreektaal *als de ~* heel erg:, iem. mijden als de ~; zo brutaal als de ~ ★ NN, spreektaal *de ~ in hebben* zeer uit zijn humeur zijn ★ NN, spreektaal *geen ~ niks* ❷ spreektaal *in samenstellingen*: beroerd, erg onaangenaam: ★ *pesthumeur, pestweer*

pest·ba·cil *de (m)* [-len] bacil die pest veroorzaakt, door vlooien van ratten op mensen overgebracht

pest·bui *de* [-en] *inf* erg slecht humeur

pest·buil *de* [-en] ❶ door pest veroorzaakt gezwel ❷ fig iem. *of* iets waarvan een verderfelijke invloed uitgaat

pes·ten *ww* [pestte, h. gepest] ❶ gemeen plagen, sarren ❷ een bep. kaartspel spelen

pest·epi·de·mie *de (v)* [-mieën] in bepaald gebied sterk heersende pest

pes·te·rig *bn* gemeen plagend

pes·te·rij *de (v)* [-en] gemene plagerij

pest·haard *de (m)* [-en] plaats van waaruit de pestbacillen het eerst zijn overgebracht

pest·he·kel *de (m)* ★ vooral NN, spreektaal *een ~ hebben aan* een grote afkeer hebben van, haten

pest·huis *het* [-huizen] vroeger ziekenhuis, huis van lijders aan pest, *ook* een huisje dat gebouwd of geplaatst werd voor een villa of vlak aan een rijweg (o.a. in Laren en Wassenaar)

pes·ti·ci·de *(‹Lat)* *het* [-n] middel tot verdelging van onkruid e.d.

pes·ti·lent *(‹Lat)* *bn* ❶ pest verspreidend ❷ verpestend ❸ hoogst schadelijk of gevaarlijk, verderfelijk

pes·ti·len·tie [-sie] *(‹Lat)* *de (v)* [-s, -tiën] ❶ pestziekte ❷ fig verderf

pest·kop *de (m)* [-pen] gemene plager

pest·lij·der *de (m)* [-s] iem. die de pestziekte heeft

pest·lucht *de* ❶ stank die een pestlijder verspreidt ❷ verpeste, bedorven lucht

pes·to *(‹It)* *de* de saus uit de Italiaanse keuken met o.a. olijfolie, basilicum, knoflook en geraspte kaas

pest·pok·ken *mv* gezwellen bij builenpest ★ NN, spreektaal *zich de ~ werken* keihard werken

pest·vent *de (m)* [-en] nare, vervelende, beroerde kerel

pest·vo·gel *de (m)* [-s] kleurige vogel, die volgens middeleeuwse voorstelling de voorbode was van de pest

pest·ziek·te *de (v)* pest

PET *afk* polyetheentereftalaat [hard type polyester, veel gebruikt voor verpakkingsmateriaal, vooral flessen]

pet[1] *de* [-ten] plat hoofddeksel ★ *dat gaat boven mijn pet(je)* dat begrijp ik niet ★ NN *er met zijn ~ niet bij kunnen* het niet begrijpen ★ *er met zijn ~ naar* (of *muts) naar gooien* zie bij → **muts** ★ *gooi het maar in mijn ~* ik begrijp het niet ★ *aan zijn* (of *de) ~ hebben* de zorg hebben voor ★ *geen hoge ~ ophebben van* geen hoge dunk hebben van ★ *het is huilen met de ~*

op het is heel slecht ★ *ergens zijn petje voor afnemen* iets bewonderen ★ *met de ~ rondgaan* bedelend mensen vragen geld in een pet te werpen; bij uitbreiding giften vragen voor een bep. doel ★ NN *met de platte ~* (van politieagenten) in het uniform waarin men de normale diensten verricht (i.t.t. het ME-uniform): ★ NN *de ontruiming werd verricht door politiemensen met de platte ~* ★ vooral NN *iets onder de ~ houden* iets geheim houden; zie ook bij → **Jan met de pet**

pet² *bn* NN, spreektaal nietswaardig, knudde
pe·ta·byte [-bait] *de (m)* [-s] comput 1000 terabytes
pe·tanque [-tãk(ə)] *(Fr) het* jeu de boules
pe·te·kind *het* [-eren] kind waarover men peter of meter is
pe·ter *(Lat) de (m)* [-s] peetoom
pe·ter·schap *het* ❶ het peter-zijn ❷ BN het (financieel) ondersteunen van iets
pe·ter·se·lie, **pie·ter·se·lie** *de (Lat‹Gr)* plantensoort waarvan de bladeren van diverse variëteiten worden gebruikt als keukenkruid (*Petroselinum crispum*)
pet·fles *de* [-sen] plastic (wegwerp)fles, gemaakt van polyetheentereftalaat
pe·tie·te·rig *bn* klein, nietig; **petieterigheid** *de (v)* [-heden]
pe·til·lant [-tiejant] *(Fr) bn* ❶ eig knetterend, knapperend; parelend, opbruisend ❷ fig (van geest) tintelend; (van het oog) guitig, fonkelend
pe·tit-four [pətiefoer] *(Fr) de (m)* [-s] klein gebakje
pe·ti·tie [-(t)sie] *(Fr‹Lat) de (v)* [-s en -tiën] aan de bevoegde macht gericht verzoekschrift ★ *recht van ~* grondrecht van de staatsburgers om verzoekschriften in te dienen
pe·ti·tio·na·ris [-tie(t)sjoo-] *(Fr) de (m)* [-sen] verzoeker, degene die een petitie indient
pe·ti·tio·ne·ren *ww* [-tie(t)sjoo-] *(Fr)* [petitioneerde, h. gepetitioneerd] een petitie indienen; bij petitie verzoeken
pe·ti·tion·ne·ment [-tie(t)sjon-] *(Fr) het* ❶ het petitioneren ❷ [*mv*: -en] door velen ondertekend verzoekschrift
pet·jil *(Mal) de (m)* NN groenten, overgoten met een lombok- of pindasaus
pe·toet *de (m)* NN, Barg cel, gevangenis
pe·to·maan *(Fr-Gr) de (m)* [-manen] iem. die door het laten van winden allerlei geluiden kan nabootsen
pe·trar·kis·me *(Fr) het* het schrijven in de stijl en de geest van de Italiaanse dichter Petrarca (1304-1374)
pe·tre·fact *(Gr-Lat) de (m) & het* [-en] verstening, versteend lichaam
pe·tro·che·mie *(Gr) de (v)* ❶ scheikunde die zich met de samenstelling van gesteenten bezighoudt ❷ tak van industrie die zich toelegt op de bereiding van chemische producten uit aardolie en aardgas; **petrochemisch** *bn bijw*
pe·tro·gra·fie *(Gr) de (v)* beschrijving van de samenstelling en eigenschappen van gesteenten

pe·tro·le·um *(Lat‹Gr) de (m)* ❶ aardolie ❷ uit aardolie verkregen vloeistof, vroeger vooral als lampolie gebruikt, tegenwoordig als brandstof voor straalmotoren, kerosine
pe·tro·le·um·blik *het* [-ken] bus met tuit voor petroleum
pe·tro·le·um·boer *de (m)* [-en] petroleumverkoper
pe·tro·le·um·gas *het* uit petroleum verkregen gas
pe·tro·le·um·ha·ven *de* [-s] haven waar petroleum in of uit schepen geladen wordt
pe·tro·le·um·ka·chel *de* [-s] kachel die met petroleum gestookt wordt
pe·tro·le·um·lamp *de* [-en] op petroleum brandende lamp
pe·tro·le·um·maat·schap·pij *de (v)* [-en] maatschappij die petroleum wint en verkoopt
pe·tro·le·um·stel *het* [-len] kookstel dat op petroleum brandt
pe·tro·le·um·vat *het* [-vaten] vat voor, met petroleum
pe·tro·le·um·veld *het* [-en] veld waar petroleum gewonnen wordt
pe·tro·leur *de (m)*, **pé·tro·leu·se** [-zə] *(Fr) de (v)* [-s] benaming voor de met petroleum werkende brandstich(st)ers tijdens de opstand in Parijs in 1871
pe·tro·lie *de inf* → **petroleum**
pe·tro·lo·gie *(Gr) de (v)* leer van de gesteenten in haar gehele omvang
pets *de (m)* [-en] pats, klap
pet·ti·coat [-koot] *(Eng) de (m)* [-s] onderrok in het algemeen; wijde, gestevem onderrok die de jurk of rok doet uitstaan
pet·to *bijw (It‹Lat)* zie bij → **in petto**
pe·tu·nia *(Fr‹Guaraní, een Zuid-Amerikaanse indianentaal) de* ['s] sierplant uit de familie van de nachtschaden
peuk *de (m)* [-en, *gewoonlijk*], **peuk·je** *het* [-s] endje, vooral van sigaar of sigaret
peul *de* [-en] vrucht van een peulvrucht ★ vooral NN *peulen, peultjes* soort groente: erwt die met de schil gegeten wordt, suikererwt; BN ook sluimerwt, sluimererwt ★ NN *lust/moet je nog peultjes?* ben je nu niet sprakeloos?
peu·len·schil, BN **peul·schil** *de* [-len] ❶ schil van een peul ❷ fig iets gemakkelijks, kleinigheid
peul·vrucht *de* [-en] plant van de vlinderbloemenfamilie waarvan de vrucht een peul is: ★ *van sommige soorten peulvruchten worden de peulen in onrijpe toestand gegeten (snijbonen, sperziebonen), van andere eet men de onrijpe zaden (erwten, tuinbonen, kapucijners)*
peur, poer *de* [-en] tros wormen om paling mee te vangen
peu·ren *ww* [peurde, h. gepeurd], **poe·ren** [poerde, h. gepoerd] paling vissen met een tros wormen
peut *de (m)* [-en] NN ❶ klap, stomp ❷ terpentine
peu·ter *de (m)* [-s] ❶ klein kind van ± 2 tot ± 4 jaar ❷ klap: ★ *een ~ om de oren* ❸ puntig voorwerp

waarmee een tabakspijp wordt gereinigd

peu·te·raar *de (m)* [-s] iem. die peutert, die veel tijd aan kleinigheden besteedt

peu·te·ren *ww* [peuterde, h. gepeuterd] ❶ iets met de vingers of met een voorwerp proberen los te krijgen; morrelen ❷ kleine werkjes doen zonder veel resultaat; tijdrovend en inspannend werken aan kleinigheden

peu·te·rig *bn* prutserig; klein; waaraan men moet peuteren

peu·ter·speel·zaal *de* [-zalen] dagverblijf voor kinderen van twee tot vier jaar, meestal enkele malen per week gedurende enige uren

peu·ter·tuin *de (m)* [-en] BN ook peuterspeelzaal, peuterdagverblijf, peuterschool

peu·ter·werk *het* werk waaraan men moet peuteren; werk van of als van een peuter; **peuterwerkje** *het* [-s]

peu·ze·len *ww* [peuzelde, h. gepeuzeld] met kleine stukjes eten

p. expr. *afk* per expres(se)

peyo·te [-joo-,], **peyotl** [peejotl] *(Sp)Nahuatl, een Mexicaanse indianentaal) de (m)* [-s] mescaline bevattende Mexicaanse cactus *(Lophophora williamsii)*

pe·zen *ww* [peesde, h. gepeesd] *inf* ❶ zich snel verplaatsen ❷ hard en inspannend werken ❸ prostitutie bedrijven ❹ ★ *~ op iets* er op belust zijn

pe·ze·rik *de (m)* [-riken] ❶ bullenpees ❷ sterke, gespierde kerel

pe·zig *bn* ❶ met pezen erin: ★ *~ vlees* ❷ gespierd, sterk

Pf. *afk* pfennig

Pfeif·fer *zn* [pfaifər:] ★ *ziekte van ~* virusaandoening van het lymfsysteem, de lever en de milt bij kinderen en jonge volwassenen, genoemd naar de Duitse clinicus E. Pfeiffer (1846-1921)

pfen·nig [-niech, Duitse ch] *(Du) de (m)* [-e] ‹tot 2002› Duitse munt, 1/100 deel van een mark

PG *afk* ❶ protestantse godsdienst ❷ procureur-generaal

pgb *afk* persoonsgebonden budget [financiële toelage om zelf zorg in te kopen]

PH *afk* nationaliteitsteken van vliegtuigen voor Nederland

pH *afk* potentiaal Hydrogenium [zuurgraad, maat voor zuur of basisch karakter van een oplossing]

phi [fie] *(Gr) de* ['s] 21ste letter van het Griekse alfabet, als hoofdletter Φ, als kleine letter φ

phi·lip·pus·gul·den [fie-] *de (m)* [-s] *hist* gulden met de beeltenis van Filips II van Spanje

phishing [fisjing] *het* vorm van computercriminaliteit waarbij wordt getracht om via e-mail en internet vertrouwelijke informatie aan de weet te komen over derden

phoe·nix [feu-] *(Lat‹Gr) de (m)* [-en] → feniks

pi *(Gr) de* ['s] ❶ 16de letter van het Griekse alfabet, als hoofdletter Π, als kleine letter π ❷ in de wiskunde gebruikt symbool (π) om de verhouding uit te drukken tussen de middellijn en de omtrek van een cirkel (3,14159...)

pia·nis·si·mo [-nies-] *(It)* **I** *bijw* muz zo zacht mogelijk te spelen *(It)* **II** *het* ['s] zeer zacht te spelen passage

pi·a·nist *(Fr) de (m)* [-en], **pi·a·nis·te** *de (v)* [-s] iem. die een piano bespeelt

pi·a·nis·tisch *(Fr) bn* van, betreffende het pianospel

pi·a·no *(It)* **I** *bijw* ❶ zacht; zacht te spelen ❷ fig zachtjes, kalmpjes (aan) **II** *het* zacht te spelen passage **III** *de* ['s] snaarinstrument met toetsenbord; pianoforte

pi·a·no·con·cert *het* [-en] muziekstuk voor orkest en piano

pi·a·no·for·te *(It) de* [-s] de piano van het thans gangbare model, zo genoemd omdat men er zacht en hard op kan spelen, thans meestal → **piano** genoemd

pi·a·no·kruk *de* [-ken] in de hoogte verstelbaar stoeltje zonder leuning, geschikt om op te zitten tijdens het pianospelen

pi·a·no·la *de* ['s] mechanische, d.m.v. rollen bespeelde piano

pi·a·no·le·raar *de (m)* [-raren *en* -s], **pi·a·no·le·ra·res** *de (v)* [-sen] iem. die pianoles geeft

pi·a·no·les *de* [-sen] les in het pianospelen

pi·a·no·spel *het* bespeling van een piano

pi·a·no·spe·len *ww* [speelde piano, h. pianogespeeld] op een piano spelen

pi·a·no·stem·men *ww & het* de snaren van een piano op de juiste toonhoogte brengen; **pianostemmer** [-s]

pi·a·no·toets *de (m)* [-en] toets van een piano

pi·as *(Fr) de (m)* [-sen] NN → paljas (bet 3), rare vent, grappenmaker

pi·as·se·rig *bn* NN als een pias

pi·as·ter *(It) de (m)* [-s] oude Spaanse munt, later ook benaming voor munten in andere landen

pi·az·za [-atsaa] *(It‹Gr) de* ['s] plaats, plein, marktplein

pi·ca·dor *(Sp) de (m)* [-dores] ruiter met een lans bij stierengevechten, die de stier moet trachten te verwonden

Pi·car·disch *bn* van, uit, betreffende Picardië, een landstreek in het noorden van Frankrijk

pi·ca·resk *(Fr‹Sp) bn* (als) van schelmen ★ *picareske romans* schelmenromans

pic·ca·lil·ly [pikkəlillie] *(Eng) de (m)* NN in gekruide zure saus ingelegde stukjes van verschillende groenten

pic·co·lo [piek-] *(It: eig klein)* **I** *de (m)* ['s] ❶ jonge, geüniformeerde bediende in een hotel ❷ piccolofluit ❸ BN hard puntbroodje **II** *het* kaartspel waarbij men slechts één slag wil halen

pic·co·lo·fluit [piek-] *de* [-en] kleine fluit, een octaaf hoger klinkend dan de grote fluit

Pi·che·gru [piesjəyruu:] *zn* ★ NN, schertsend *wat nu, (wat nu,) zei ~!* gezegd als men niet weet wat te doen (naar de Franse generaal Charles Pichegru, die in 1795 de Republiek der Verenigde Nederlanden

pick·et·line [-lain] ⟨Eng⟩ de (m) [-s] wijze van → **demonstreren** (bet 3) door achter elkaar rond te lopen bij de ingang van bedrijven tijdens stakingen

pick·les [pikkəls] ⟨Eng⟩ mv ❶ in azijn, zout en pekel ingemaakte groente, vlees e.d. ❷ BN piccalilly: ★ *friet met* ~

pick·nick ⟨Eng‹Fr⟩ de (m) [-s] gemeenschappelijke openluchtmaaltijd waarbij de deelnemers hun provisie meebrengen

pick·nicken ww ⟨Eng⟩ [picknickte, h. gepicknickt] een picknick houden

pick-up ⟨Eng⟩ de (m) [-s] ❶ toestel om het op een grammofoonplaat vastgelegde geluid d.m.v. een versterker en luidspreker(s) te reproduceren ❷ kleine vrachtwagen met open laadbak

pi·co bel·lo ⟨It⟩ bn piekfijn

pi·cri·ne·zuur ⟨‹picrineGr⟩ het verbinding van salpeterzuur en fenol, als springstof gebruikt

pic·to·gra·fisch bn van de aard van, in beeldschrift

pic·to·gram ⟨Lat‹Gr⟩ het [-men] pictografische voorstelling

pic·tu·raal ⟨Fr⟩ bn ❶ schilderkunstig ❷ schilderachtig

pic·ture [piktsjə(r)] ⟨Eng⟩ de (m) ★ *in de* ~ *komen* in de belangstelling, onder de aandacht van de mensen komen

pid·gin·taal [pidzjin-] de [-talen] vereenvoudigde taal, opgebouwd uit elementen van andere talen, die ontstaat als sprekers van verschillende talen met elkaar in contact komen; eenvoudige contacttaal

pièce [pjes(ə)] ⟨Fr⟩ het [-s] stuk ★ ~ *de résistance* hoofdschotel, voornaamste artikel

pie·chem NN, Barg de (m) [-s] rare vent, kwast

pied-à-terre [pjee-aa-tèr] ⟨Fr⟩ het [-s] ❶ optrekje, buitenhuisje ❷ tweede woongelegenheid in een plaats waar men (bijv. beroepshalve) regelmatig verblijft

pi·ë·de·stal ⟨Fr‹It⟩ de (m) & het [-len, -s] voetstuk

pied noir [pjee nwaar] ⟨Fr⟩ de (m) [pieds noirs] in Noord-Afrika geboren of opgevoede Fransman

pief de (m) [-en] inf kerel, vent

pief·paf·poef tsw nabootsing van het geluid van geweerschoten

piek ⟨Fr⟩ de [-en] NN, spreektaal ❶ lans ❷ hoge rotspunt, iets met een scherpe punt, o.a. uitstekend haarbosje, fig hoogtepunt ❸ kerstboomversiering die boven op de top van de boom wordt geplaatst ❹ soort houweel ❺ ruimte in het achteronderschip ❻ NN, vroeger, spreektaal gulden

pie·ken ww [piekte, h. gepiekt] ❶ een of meer pieken vormen, puntig uitsteken: ★ *dat natte haar piekt alle kanten op* ❷ sp (door een zorgvuldig opgebouwd trainingsschema) de topvorm bereiken: ★ *het trainingsschema van de atleten was zodanig opgebouwd dat ze op de Olympische Spelen zouden* ~

pie·ke·nier de (m) [-s] hist soldaat met lans

pie·ke·raar de (m) [-s] iem. die piekert

pie·ke·ren ww ⟨Mal‹Arab⟩ [piekerde, h. gepiekerd] peinzen; tobben

pie·ke·rig bn met rechte, slap hangende punten: ★ ~ *haar*

piek·fijn bn keurig

piek·haar het piekerig haar

piek·uur het [-uren] uur van grootste verkeers- of gebruiksintensiteit

piel de (m) [-en] inf penis

pie·len ww [pielde, h. gepield] NN, spreektaal ❶ prutsend bezig zijn, klooien: ★ *hij zit al uren op zijn keyboard te* ~ ❷ (een sigaret) draaien: ★ *een sjekkie* ~

pie·mel de (m) [-s] kindertaal penis

pie·me·len ww [piemelde, h. gepiemeld] kindertaal urineren

pie·mel·naakt bn helemaal naakt

pien·ter bn slim, schrander

piep tsw weergave van piepend geluid

pie·pa de (m) ['s] schertsend papa

piep·beest het [-en] speelgoeddier dat een piepend geluid kan maken

pie·pe·len ww [piepelde, h. gepiepeld] NN, spreektaal neerbuigend of vernederend behandelen: ★ *de voetballers voelden zich door de coach gepiepeld*

pie·pel·tje het [-s] inf ❶ groentje, broekje, iem. die net komt kijken ❷ onbeduidend, simpel persoon ❸ iem. die altijd pech heeft, die altijd de dupe, de pineut is

pie·pen¹ ww [piepte, h. gepiept] ❶ een fijn schril geluid maken; met zwakke stem spreken; klagen, overdreven uiting geven aan pijn of zorg ❷ even te voorschijn komen ❸ stelen ❹ slapen ❺ poffen, in hete as braden ❻ BN, spreektaal gluren, rondneuzen, bespieden

pie·pen² ww [piepte, is gepiept] ★ NN *'m* = er (stilletjes) vandoor gaan ★ NN *het zaakje is gepiept* klaar, in orde

pie·per de (m) [-s] ❶ wezen of ding dat piept ❷ inf aardappel ❸ inf persoonlijk oproepsysteem, apparaatje dat men bij zich draagt en waarmee men d.m.v. een pieptoon kan worden opgeroepen zich (telefonisch) in verbinding te stellen met een ander

pie·pe·rig bn piepend, zwak schril: ★ *een* ~ *stemmetje*

piep·jong bn heel jong, nauwelijks volwassen

piep·klein bn heel klein

piep·kui·ken het [-s] jong kuiken

piep·schuim het lichte stof gemaakt van de kunststof polystyreen, dat 'piept' bij aanraking

piep·stem de [-men] hoge piepende stem

piep·zak de (m) ★ *in de* ~ *zitten* zorgen hebben over iets, depressief zijn, bang zijn

Pier de (m) Pieter ★ NN *Lange* ~ gevreesde Friese vrijbuiter in de 16e eeuw ★ NN *de kwade (kwaaie) pier* degene die altijd de schuld krijgt

pier¹ de (m) [-en] worm

pier² ⟨Eng⟩ de (m) [-en] ❶ in zee lopende dam ❷ lange gang op een vliegveld aan weerszijden waarvan de passagiers in en uit de vliegtuigen stappen

pier·cing (‹Eng› de (m) het doorboren van lichaamsdelen (neusvleugels, tepels e.d.) om daaraan sieraden te bevestigen
pie·re·ma·cho·chel [-s] NN, spreektaal I de (m) gehuurde roeiboot II de (v) lompe, logge vrouw
pie·re·ment het [-en] inf draaiorgel
pie·ren·bad het [-baden] ❶ ondiep gedeelte van zwembassin ❷ ondiep kinderbassin
pie·ren·ver·schrik·ker de (m) [-s] inf borrel
pie·re·waai·en ww (‹Russ) [pierewaaide, h. gepierewaaid] fuiven, uitgaan, stappen
pie·re·waai·er de (m) [-s] iem. die vaak en graag stapt
Pier·la·la de (m) kluchtige figuur, o.a. in liedjes voorkomend: ★ toen ~ lag in de kist ★ de dood van ~
pier·rot [pjerroo] (‹Fr) de (m) [-s] ❶ de onnozele, in het wit geklede hansworst van het Franse toneel ❷ kostuum als van zo'n hansworst: wijde witte broek, loshangende witte jas met te lange mouwen en grote platte zwarte knopen, en grijsvilten punthoed
pie·sen ww [pieste, h. gepiest] → pissen; zie ook bij → pot¹ en → tong
pies·pot de (m) [-ten] → pispot
Piet de (m) [-en] mansnaam ★ het is een hele piet hij heeft het ver gebracht, hij heeft veel invloed, het is een knapperd ★ een hoge piet iem. van hoge rang, invloedrijk persoon ★ Zwarte ~ knecht van St.-Nicolaas ★ BN ~je de Dood magere Hein, de dood
piet de (m) [-en] ❶ vogel, vooral kanarie ❷ NN, spreektaal hoofdluis ❸ BN, spreektaal piemel, pik, penis
pi·ë·ta (‹It) de (v) ['s] afbeelding van Maria met het lijk van Jezus op haar schoot, rustend in haar armen
pi·ë·teit (‹Fr‹Lat) de (v) vroomheid, kinderlijke liefde en eerbied, vooral jegens overledenen, ook jegens oude instellingen, gebruiken, gebouwen e.d.
pie·te·peu·te·rig bn ❶ erg erg ❷ erg op kleinigheden lettend, in kleinigheden opgaande, pietluttig; **pietepeuterigheid** de (v) [-heden]
pie·ter·man de (m) [-nen] ❶ zeevis met giftige stekels ❷ NN, vroeger, spreektaal gulden ❸ BN bijnaam van de inwoner van Leuven
pie·ter·se·lie de → peterselie
Pie·ters·pen·ning de (m) vrijwillige bijdrage van katholieken voor de paus
pi·ë·tis·me (‹Du) het door de Duitse predikant Philipp Spener (17e eeuw) in het leven geroepen beweging om in het protestantisme gemoedsleven en daadwerkelijke vroomheid meer op de voorgrond te plaatsen
pi·ë·tis·tisch (‹Du) bn van of als van het piëtisme
piet·je-pre·cies het zeer nauwgezet persoon
piet·lut de [-ten] iem. die in kleinigheden opgaat
piet·lut·tig bn zeer op kleinigheden lettend, kleinzielig; **pietluttigheid** de (v) [-heden]
piets·je het [-s] klein beetje
Piet Snot de (m) ★ voor ~ (erbij) staan een onnozel figuur slaan, niet meetellen, niet meedoen,

genegeerd worden ★ iets voor ~ doen voor niets, zonder nut
pi·eus (‹Fr‹Lat) bn vroom, godvruchtig ★ pieuze giften liefdadige giften
pie·zel·tje het [-s] NN heel klein beetje
pi·ë·zo-elek·tri·ci·teit (‹Gr) de (v) het optreden van elektrische verschijnselen in kristallen onder invloed van druk
pi·ë·zo·me·ter (‹Gr) de (m) [-s] werktuig ter bepaling of meting van de samendrukbaarheid van vloeistoffen
pig·ment (‹Lat) het [-en] ❶ uit korreltjes bestaande kleurstof in bepaalde weefsels van mensen, dieren en planten die daaraan de hun kenmerkende kleur geven (huid, haren, regenboogvlies e.d.) ❷ poedervormige verf en kleurstof
pig·men·ta·tie [-(t)sie] (‹Lat) de (v) het gekleurd-zijn door pigment
pig·skin [piɡ-] (‹Eng) I het varkensleer II bn van varkensleer
pij de [-en] monnikskleed
pijl (‹Lat‹Gr) de (m) [-en] ❶ dun stokje met scherpe punt, dat weggeschoten wordt ★ als een ~ uit de boog zeer snel ★ nog meer pijlen op zijn boog hebben nog andere middelen tot zijn beschikking hebben ❷ pijlvormig aanwijsteken: ↓ ❸ wisk afstand tussen het midden van een koorde en het midden van de daardoor onderspannen cirkelboog
pijl·bun·del, pij·len·bun·del de (m) [-s] bundel pijlen
pij·ler de (m) [-s] zuil, steunpilaar
pij·ler·dam de (m) [-men] compartimenteringsdam
pijl·gif [-fen] het gif waarin pijlen gedoopt worden
pijl·inkt·vis de (m) [-sen] pijlvormige inktvis
pijl·ko·ker de (m) [-s] koker voor, met pijlen
pijl·kruid het waterplant met witte bloemen en pijlvormige bladeren (Sagittaria sagittifolia)
pijl·snel bn heel snel
pijl·staart de (m) [-en] ❶ achtereinde (met veren of weerhaken) van een pijl ❷ soort vlinder die in rust op het veerdragend eind van een pijl lijkt en waarvan de rups op het achterlijf een horentje draagt; zie ook → pijlstaarteend
pijl·staart·eend de [-en] soort eend waarvan het mannetje verlengde staartveren heeft (Anas acuta)
pijl·staart·vlin·der de (m) [-s] → pijlstaart (bet 2)
pijl·tjes·toets de (m) [-en] comput elk van de vier toetsen met een pijltje erop waarmee de cursor verplaatst kan worden naar links of rechts, naar boven of beneden
pijl·wor·tel de (m) [-s] Zuid-Amerikaanse plant waarvan de wortel veel zetmeel bevat, arrowroot
pijn¹ (‹Lat) de [-en] ❶ lichamelijk leed ❷ verdriet, smart
pijn² (‹Lat) de (m) [-en] pijnboom
pijn·ap·pel de (m) [-s] geschubde kegelvrucht van de pijnboom
pijn·ap·pel·klier de [-en] een kegelvormig gedeelte van de hersenen

pijn·bank *de* [-en] hist folterbank waarop men iemand door pijniging tot bekentenissen trachtte te brengen ★ *op de ~* fig in een toestand waarin men gekweld wordt

pijn·boom *de (m)* [-bomen] grove den (*Pinus silvestris*)

pij·nen *ww* [pijnde, h. gepijnd] ❶ pijnigen ❷ persen: ★ *honing uit de raten ~*

pijn·hout *het* hout van de pijnboom

pij·ni·gen *ww* [pijnigde, h. gepijnigd] pijn doen lijden, kwellen; **pijniging** *de (v)* [-en]

pijn·kli·niek *de (v)* [-en] kliniek waar men zich voornamelijk toelegt op het bestrijden van pijn

pijn·lijk *bn* ❶ pijn doende: ★ *een pijnlijke plek* ★ *een pijnlijke operatie* ❷ van pijn getuigend: ★ *een ~ gezicht trekken* ❸ verdrietige, onaangename gedachten wekkend: ★ *een pijnlijke ontmoeting* ❹ uiterst zorgvuldig: ★ *met pijnlijke nauwkeurigheid*

pijn·loos *bn* zonder pijn

pijn·stil·lend *bn* de pijn verzachtend

pijn·stil·ler *de (m)* [-s] pijnstillend middel

pijp *(‹Lat) de* [-en] ❶ buis, koker, staaf: ★ *de pijpen van een broek* ★ spreektaal *de ~ uit zijn, gaan* a) dood, gestorven zijn; b) BN vertrokken, weg zijn; zie ook bij → **kaars** ❷ werktuig om door te roken, tabakspijp ★ NN *een lelijke ~ roken* iets zeer onaangenaams doormaken ★ *de ~ aan Maarten geven* ermee ophouden, er de brui aan geven ★ NN *de ~ is op* hij is zeer vermoeid, hij kan niet meer; zie ook bij → **Gouds** ❸ ronde plooi aan halskraag, muts enz. ❹ fluit

pijp·aar·de *de* fijne blauwachtige kleisoort

pijp·been *het* [-deren, -benen] lang dun → **been**²

pijp·bloem *de* [-en] plantengeslacht *Aristolochia* (zie aldaar)

pij·pen *ww* [pijpte, h. gepijpt; vero peep, h. gepepen] ❶ vero fluiten ★ *naar iemands ~ dansen* alles doen wat hij wil ❷ inf aan fellatio doen, afzuigen

pij·pen·kop *de (m)* [-pen] wijd, opstaand uiteinde van een → **pijp** (bet 2)

pij·pen·krul *de* [-len] buisvormige haarkrul

pij·pen·la, pij·pen·la·de *de* [-laden, -la's, -laas] NN, fig smal diep huis of vertrek

pij·pen·ra·ger *de (m)* [-s] stevig stukje metaaldraad met pluizig materiaal om een pijp te reinigen

pij·pen·rek *het* [-ken] rek om pijpen (→ **pijp**, bet 2) in op te hangen

pij·pen·steel *de (m)* [-stelen] steel van een → **pijp** (bet 2) ★ *het regent pijpenstelen* harde regen valt loodrecht neer

pij·pen·stroo·tje pijpenstro-tje *het* [-s] bentgras

pij·per *de (m)* [-s] fluitist

pijp·fit·ter *de (m)* [-s] iem. die beroepshalve buizen met elkaar verbindt

pijp·fit·ting *de* [-s, -en] aanhechting voor buizen

pijp·je *het* [-s] bierfles met een inhoud van 30 cc

pijp·ka·neel *de (m) & het* kaneel in pijpvorm

pijp·lei·ding *de (v)* [-en] stelsel van buizen voor het vervoer van gassen of vloeistoffen (vooral olie)

pijp·lijn *(‹Eng) de* [-en] pijpleiding ★ *nog in de ~ zitten* onderweg zijn, in bewerking zijn

pijp·or·gel *het* [-s] orgel met pijpen

pijp·rei·ni·ger *de (m)* [-s] met vlossig katoen omwikkeld ijzerdraad, om pijpen (→ **pijp**, bet 2) mee door te steken

pijp·ro·ker *de (m)* [-s] iem. die gewoonlijk pijp rookt

pijp·sleu·tel *de (m)* [-s] holle sleutel voor een daarin passende stang

pijp·ta·bak *de (m)* [-ken] tabak voor pijprokers

pijp·zak *de (m)* [-ken] doedelzak

pijp·zweer *de* [-zweren] verzwering met buisvormige opening, fistel

pik¹ *de (m)* [-ken] prik, steek met een puntig voorwerp, stoot of beet met een snavel

pik² *de (m)* ★ *de ~ op iemand hebben* wrok jegens iemand koesteren

pik³ *de* [-ken] ❶ inf penis ❷ soort houweel

pik⁴ *de (m) & het* → **pek**

pi·kant *(‹Fr) bn* ❶ de smaak prikkelend, scherp ❷ de zinnen prikkelend, gewaagd, gepeperd

pi·kan·te·rie *de (v)* [-rieën] ❶ prikkelendheid, scherpheid ❷ stekelig gezegde ❸ gewaagdheid

pik·broek *de (m)* [-en] zeeman

pik·don·ker, pik·ke·don·ker *bn* zeer donker

pik·dor·ser *de (m)* [-s] BN maaidorsmachine

pi·ke·ren *ww (‹Fr)* [pikeerde, h. gepikeerd] ❶ → **stikken**², met kleine steken doornaaien ❷ prikkelen, krenken; zie → **gepikeerd** ❸ bilj door bovenwaarts raken de stootbal naar een bepaald punt doen teruglopen

pi·ket *(‹Fr)* [-ten] **I** *de (m)* aangepunt rondhout om in de grond te slaan, piketpaal **II** *het* kleine afdeling van leger of politie die in geval van nood dadelijk kan uitrukken; brandwacht ★ *officier van ~* die het toezicht heeft over de wachten **III** *het* BN, spreektaal post die bij werkstakingen wordt uitgezet om werkwilligen het werk te beletten; stakerspost, poster:

pi·ket·dienst *de (m)* [-en] NN de gezamenlijke advocaten die verdachten bijstaan die op het politiebureau in verzekering zijn gesteld

pi·ket·paal *de (m)* [-palen] → **piket** (bet 1)

pi·keur *(‹Fr) de (m)* [-s] africhter van paarden

pik·haak *de (m)* [-haken] stok met haak

pik·hi·ë·rar·chie *de (v)* → **peckingorder**

pik·hou·weel *het* [-welen] houweel, aan de ene kant puntig, aan de andere kant beitelvormig

pik·ke·don·ker *bn* → **pikdonker**

pik·kel *de (m)* [-s] BN, spreektaal ❶ ‹van een tafel, stoel e.d.› poot ❷ ‹van een mens› ¹been, ‹van een dier› poot ❸ krukje (op vier poten); statief

pik·ke·len *ww* [pikkelde, h. gepikkeld] BN, spreektaal ❶ trekkebenen, moeilijk lopen; hinken ❷ gaan, lopen; doorstappen, doorlopen

pik·ken¹ *ww* [pikte, h. gepikt] ❶ met de snavel of een ander puntig voorwerp stoten of oppakken ★ NN *in de kuif gepikt* geërgerd, geprikkeld; zie ook bij →

kam (bet 3) ❷ spreektaal nemen, grijpen, wegpakken, jatten ★ *niet ~* niet willen aanvaarden

pik·ken² *ww* [pikte, h. gepikt] ❶ → **pekken** ❷ kleven

pik·ke·ta·nis·sie *het* [-s] NN, spreektaal borreltje

pik·start *de (m)* [-s] inf, sp niet opgemerkte valse start

pik·zwart *bn* diep zwart

pil *(‹Lat)* **I** *de* [-len] ❶ geneesmiddel in de vorm van een balletje, ook wel ter aanduiding van een tablet of dragee ★ *'de' ~* door de mond in te nemen anticonceptiemiddel ★ fig *een bittere ~* iets heel onprettigs ★ *de ~ vergulden* het onaangename mooi voorstellen, iets onaangenaams verzachten door wat prettigs erbij te geven of te beloven ❷ dikke boterham ❸ dik boek **II** *de (m)* [-len] NN, spreektaal dokter; apotheker *(‹Fr)* **III** *de (v)* [-len] BN, spreektaal, sp nederlaag, vooral pijnlijke nederlaag: ★ *een 5-0 ~ te slikken krijgen*

pi·laar *(‹Lat) de (m)* [-laren] zuil

pi·laar·bij·ter *de (m)* [-s] schijnheilige

pi·laar·hei·li·ge *de* [-n] heilige die een groot deel van zijn leven op een zuil doorbracht ★ *staan als een ~* zonder enige beweging

pi·las·ter *(‹Fr‹It) de (m)* [-s] ❶ uit de wand naar voren komende vierkante platte zuil ❷ hoofdstijl aan een trapleuning

pi·la·tes *het* vorm van aerobics zonder toestellen en zonder springen, gericht op versteviging van de spieren en verbetering van de lichaamshouding

Pi·la·tus *de (m)* zie bij → **Pontius Pilatus**

Pil·grim Fa·thers [-γrim fàthə(r)s, Engelse th] *(‹Eng) mv* → **Pelgrimvaders**

pi·li·pi·li *de (m)* Chileense peper; pikant specerijpoeder, vooral gebruikt bij spaghetti

pil·len·doos *de* [-dozen] doos voor, met pillen

pil·len·draai·er *de (m)* [-s] inf apotheker

pil·len·strip *de* [-s] aantal pillen in één strip bijeen, meestal in doordrukverpakking

pi·lo *(‹Eng) het* gekeperde, grove bruine stof, half linnen half katoen, o.a. voor werkbroeken

pi·loot *(‹Fr) de (m)* [-loten] ❶ vliegtuigbestuurder ❷ BN ook, sp autocoureur, motorcoureur

pi·loot- *als eerste lid in samenstellingen* BN ook pilot-

pi·loot·af·le·ve·ring *de (v)* [-en] BN eerste (langere) aflevering van een televisiereeks

pi·lot [pai̯lət] *(‹Eng) de (m)* [-s] ❶ vooronderzoek, voorstudie ❷ proefuitzending op televisie of radio

pi·lot [pai̯lət] *(‹Eng) als eerste lid in samenstellingen* eerste-, proef-, model

pi·lo·te·ren *(‹Fr) ww* [piloteerde, h. gepiloteerd] BN ook ❶ loodsen ❷ de weg wijzen, rondleiden

pils *de (m) & het* licht gekleurd bier, genoemd naar de Tsjechische stad Plzen, vroeger Pilsen geheten

PIM *afk* comput *personal information manager (‹Eng)* [persoonlijke informatiebeheerder, programmatuur om de gebruiker te helpen bij het structureren van agendanotities, adressen, telefoonnummers enz.]

pi·ment *(‹Fr‹Lat) het* jamaicapeper, specerij bestaande uit de vruchten van de pimentboom

pi·ment·boom *de (m)* [-bomen] boom die het piment levert *(Pimenta dioica)*

pim·pel *de (m)* inf drank; drinken: ★ *aan de ~*

pim·pe·laar *de (m)* [-s] inf iem. die pimpelt

pim·pe·len *ww* [pimpelde, h. gepimpeld] inf stevig drinken

pim·pel·mees *de* [-mezen] kleine mees met een blauwe kop, blauwe vleugels, een gele borst en een zwarte vlek op de keel, broed- en standvogel in België en Nederland *(Parus caeruleus)*

pim·pel·paars *bn* roodachtig; hard, gemeen paars

pim·pen *ww* [pimpte, h. gepimpt] verfraaien, opzichtig versieren: ★ *pimp je auto*

pim·per·nel *(‹Fr) de* [-len] plantengeslacht *Sanguisorba*, waarvan enkele soorten vroeger als keukenkruid of specerij werden gebruikt

pin *de* [-nen] ❶ puntig voorwerp; pen ❷ knijper ★ NN *iem. een ~ op de neus zetten* zie bij → **pen²** ★ BN, spreektaal *met iets voor de pinnen komen* met iets op de proppen komen, met iets voor de dag komen, iets aanbrengen

pi·na·co·theek *(‹Gr) de (v)* [-theken] schilderijenverzameling, kunstkabinet

pi·na·kel *(‹Fr‹Lat) de (m)* [-s] klein torentje in gotische stijl ter versiering op steunberen, aan vensters, altaren enz.

pi·nang *(‹Mal)* [-s] **I** *de (m)* in tropisch Azië en Australië inheemse palmsoort, betelpalm *(Areca catechu)* **II** *de* noot van deze palm, ingrediënt voor de sirihpruim

pi·nas *(‹Fr‹Sp) de* [-sen] ❶ klein oorlogsschip in de 16de eeuw ❷ sloep aan boord van een oorlogsschip

pince-nez [pɛ̃sne] *(‹Fr) de (m)* [-s] knijpbril, lorgnet

pin·cet *(‹Fr) de (m) & het* [-ten] verend tangetje om kleine voorwerpen aan te vatten en vast te houden

pin·cher [-tsjər] *(‹Eng) de (m)* [-s] naam van een groep van gladharige honden, waarvan de bekendste zijn de dobermannpincher en de dwergpincher

pinch·hit·ter [pintsj-] *(‹Eng) de (m)* [-s] honkbal om tactische redenen ingezette slagman; voetbal invaller die door te scoren moet trachten een wedstrijd te redden

pin·co·de *de (m)* [-s] (pin *persoonlijk identificatienummer)*, geheime viercijferige code die ingetoetst moet worden als men gebruik maakt van de giromaatpas

pin·da *(‹Papiamento) de* ['s] eetbare boon (ten onrechte 'noot' genoemd) van de *Arachis hypogaea*; ook wel genoemd: aardnoot, apennoot, grondnoot, katjang of olienoot

pin·da·chi·nees [-sjie-] *de (m)* [-nezen] vroeger Chinees die pinda's verkocht; thans smalende benaming voor Chinees

pin·da·kaas *de (m)* broodsmeersel van gemalen apennootjes ★ *helaas, ~!* versterking van *helaas*

pin·da·koek *de (m)* [-en] NN bepaalde soort koek met pinda's erop

pin·da·rots·je *het* [-s] NN lekkernij van pinda's met chocolade

pin·da·saus *de* van pinda's gemaakte saus
pi·neut *de (m)* ★ *de ~ zijn* de sigaar zijn, de dupe zijn
ping *tsw* nabootsing van een tingelend geluid
pin·gel *de (m)* [-s] inf penalty
pin·ge·laar *de (m)* [-s] iem. die pingelt
pin·ge·len *ww* [pingelde, h. gepingeld] ❶ afdingen; krenterig op eigen voordeel uit zijn ❷ auto trillen van de motor door te langzaam rijden bij een bepaalde versnelling ❸ voetbal dribbelen
ping·ping *de (m)* inf duiten, geld
ping·pong (‹Eng) *het* tafeltennis(spel)
ping·pong·ta·fel *de* [-s] rechthoekig, veelal opvouwbaar tafelblad dat op schragen gelegd wordt voor het pingpongspel
pin·gu·ïn [piŋγwin] (‹Eng‹Welsh) *de (m)* [-s] naam van een orde van watervogels die niet kunnen vliegen, maar rechtop lopen, vooral in de Zuidpoolstreken voorkomend
pink[1] *de (m)* [-en] ❶ kleinste vinger ❷ NN vissersvaartuig met platte kiel en één mast ❸ NN jong rund
pink[2] (‹Eng) *bn* bleekrood, rozerood, vleeskleurig
pin·ken[1] *ww* [pinkte, h. gepinkt] ❶ met de pink wegnemen: ★ *een traan uit de ogen ~* ❷ elkaars pinken in elkaar haken (en daarbij een wens uitspreken, wanneer men hetzelfde gezegd heeft)
pin·ken[2] *ww* [pinkte, h. gepinkt] BN, spreektaal knipogen
pin·ken[3] *zn* ★ *bij de ~ zijn* slim, bijdehand zijn ★ *vroeg bij de ~ zijn* vroeg op zijn
pink·ster *de (m)* Pinksteren
pink·ster·be·we·ging *de (v)* gezamenlijke christelijke groeperingen die zich baseren op de herleving van de oorspronkelijke pinksterervaring (*Handelingen* 2), met het vervuld-zijn van de Heilige Geest, het spreken in tongen e.d.
pink·ster·bloem *de* [-en] in het voorjaar bloeiende kruisbloemige weideplant met lila bloemen (*Cardamine pratensis*)
pink·ster·dag *de (m)* [-dagen] dag waarop Pinksteren valt: ★ *eerste* en *tweede ~*
Pink·ste·ren (‹Lat‹Gr) *de (m)* christelijk feest ter herdenking van de uitstorting van de Heilige Geest over de apostelen (*Handelingen* 2)
pink·ster·feest *het* Pinksteren
pink·ster·ge·meen·te *de (v)* [-n en -s] elk van de gemeenten van de pinksterbeweging
pink·ster·maan·dag *de (m)* [-dagen] tweede pinksterdag
pink·ster·va·kan·tie [-sie] *de (v)* [-s] vakantie omstreeks Pinksteren
pink·ster·vuur *het* [-vuren] ❶ vuur met Pinksteren ontstoken ❷ het vuur dat op het pinksterfeest op de apostelen neerdaalde; heilige godsdienstijver
pink·ster·week *de* [-weken] week die begint met eerste pinksterdag
pink·ster·zon·dag *de (m)* [-dagen] eerste pinksterdag
pink·stier *de (m)* [-en] NN mannelijke → **pink**[1] (bet 3)

pink·vaars *de (v)* [-vaarzen] NN vrouwelijke → **pink**[1] (bet 3)
pin·nen[1] *ww* [pinde, h. gepind] NN betalen of geld opnemen met behulp van de pinpas
pin·nen[2] *ww* [pinde, h. gepind] met pinnen vastmaken
pin·nig *bn* bits, venijnig
pin·pas *de (m)* [-sen] NN bank- of giropas met daarop een pincode
pint *de* [-en] ❶ in Angelsaksische landen inhoudsmaat van ongeveer 0,5 liter ❷ BN, spreektaal glas bier ★ *een pintje pakken* a) een biertje drinken; b) bij uitbreiding uitgaan, gaan stappen
pin·te·lie·ren *ww* [pintelierde, h. gepintelierd] BN, spreektaal veel drinken, vooral veel bier drinken; pimpelen, zuipen
pin-up·girl [-γù(r)l] (‹Eng) *de (v)* [-s] afbeelding van een filmster of andere aantrekkelijke vrouw, doorgaans schaars of niet gekleed, die ter opvrolijking aan de wand geprikt wordt; ook alleen *pin-up*
pin·yin [-jin] (‹Chin) *het* internationaal transcriptiesysteem voor Chinese namen en woorden in romeinse letters
pi·oen (‹Lat‹Gr) *de* [-en] ranonkelachtige sierplant met grote donkerrode bloemen (*Paeonia*)
pi·oen·roos *de* [-rozen] pioen
pi·on[1] (‹Fr) *de (m)* [-nen] ❶ stuk van de laagste waarde in het schaakspel ❷ bij sommige andere bordspelen (ganzenborden, mens erger je niet e.d.) gebruikt stuk ❸ fig figuur waarmee men handelt naar welgevallen
pi·on[2] *het* [pi·onen] nat (verkorting van pi-meson) het lichtste meson
pi·o·nier (‹Fr) *de (m)* [-s] ❶ geniesoldaat, schansgraver ❷ fig baanbreker op een of ander gebied ❸ benaming voor padvinders boven 17 jaar ❹ lid van de communistische jeugdbeweging in de D.D.R.
pi·o·nie·ren *ww* [pionierde, h. gepionierd] het werk van een pionier doen; pionier zijn
pi·o·niers·geest *de (m)* gezindheid tot pionierswerk
pi·o·niers·werk *het* baanbrekend werk
PIP, **pip** (‹Eng) afk picture in picture [techn beeld-in-beeld (m.b.t. beeldscherm)]
pip (‹Lat) *de* vogelziekte, vogeldifterie ★ *krijg de ~* verwensing
pi·pa[1] *de (m)* ['s] → **piepa**
pi·pa[2] *de* ['s] Surinaamse pad, die haar eieren op de rug draagt (*Pipa pipa*)
pi·pet (‹Fr) *de & het* [-ten] steekhevel voor laboratoriumgebruik
pi·pet·te·ren *ww* [pipetteerde, h. gepipetteerd] met een pipet opnemen, overbrengen
pips *bn* bleekjes, zwakjes
pi·qué [piekee] (‹Fr) *de (m)* [-s] door pikeren gemaakte biljartstoot
pi·raat (‹Fr‹Gr) *de (m)* [-raten] ❶ zeerover; bandiet (ook in samenstellingen als *wegpiraat*) ❷ illegale radio- of televisiezender

pi·ra·mi·daal *(‹Fr‹Lat) bn* ❶ de vorm hebbende van een piramide ❷ inf buitengewoon groot, enorm

pi·ra·mi·de *(‹Fr‹Gr) de (v)* [-n *en* -s] ❶ grafmonument van oude Egyptische koningen in een vorm als onder 2; monument of opeenstapeling in soortgelijke vorm, zoals bekend uit precolumbiaanse indianenculturen ❷ lichaam met een veelhoek (meest vierhoek) als grondslag en driehoekige zijvlakken die in de top samenkomen

pi·ra·mi·de·spel *het* op het principe van de kettingbrief gebaseerd spel, waarbij een deelnemer een geldbedrag stuurt aan een voorganger in de keten en zelf nieuwe deelnemers zoekt ter uitbreiding van de keten, in de hoop op een later tijdstip zelf veel geld te ontvangen van latere deelnemers

pi·ran·ha [-ranjaa] *(‹Port‹Tupi, een Zuid-Amerikaanse indianentaal) de (m)* ['s] in Zuid-Amerikaanse rivieren levende, bloeddorstige roofvis

pi·ra·ten·zen·der *de (m)* [-s] → piraat (bet 3)

pi·ra·te·rij *(‹Fr) de (v)* ❶ zeeroverij ❷ fig gedrag dat zich niet stoort aan regels of voorschriften ★ *literaire* ~ plagiaat

pi·rou·et·te [pieroe(w)ettə] *(‹Fr) de* [-s, -n] ‹bij dansen, kunstschaatsen, paardrijden en vliegen› snelle draai om de eigen as

pi·rou·et·te·ren *ww (‹Fr)* [pirouetteerde, h. gepirouetteerd] een of meer pirouettes maken

pis *de (m)* inf urine

pi·sang *(‹Mal)* [-s] **I** *de* banaan ★ ~ *goreng* licht gebakken banaan **II** *de (m)* NN, spreektaal: ★ *de* ~ *zijn* de pineut zijn, de dupe zijn ★ *(rare)* ~ *(rare)* kerel

pis·bak *de (m)* [-ken] inf urinoir

pis·blaas *de* [-blazen] urineblaas

pis·buis *de* [-buizen] buis waardoor de urine van de blaas naar buiten vloeit

Pis·ces *(‹Lat) mv* Vissen (teken van de dierenriem)

pis·ci·cul·tuur *(‹Lat) de (v)* kunstmatige visteelt

pis·ci·ne [piesien] *(‹Fr‹Lat) de (v)* [-n, -s] ❶ vijver voor visteelt ❷ waterbekken; zwembassin

pis·kij·ker *de (m)* [-s] vroeger iem. die door het bekijken van de urine van een zieke de diagnose van de ziekte trachtte te stellen; bij uitbreiding kwakzalver

pis·nij·dig *bn* inf erg boos

pis·paal *de (m)* [-palen] inf, fig iem. die zich alles moet laten welgevallen

pis·pot *de (m)* [-ten] ❶ pot om in te urineren ❷ *(vooral verkl: pispotje)* naam voor verschillende planten, waarvan de bloemen min of meer op een pispot lijken

pis·se·bed *de* [-den] benaming voor vele soorten schaaldiertjes (de orde Isopoda), waarvan een aantal soorten op land en andere soorten in zee leven; de bekendste soort in onze streken is de *Oniscus asellus*, keldermot, een grijsbruin schaaldiertje dat zich vaak onder bloempotten, tegels e.d. ophoudt

pis·sen *ww* [piste, h. gepist], **pie·sen** [pieste, h. gepiest] inf urineren ★ ~ *zijn zoek, weg zijn:* ★ *mijn paspoort is* ~

pis·sig *bn* inf nijdig, kwaad

pis·soir [pieswaar] *(‹Fr) de (m) & het* [-s] waterplaats

pis·ta·che [piestasj] *(‹Fr‹Gr) de* [-s] eetbaar, langwerpig, groen zaadje van de kleine boomsoort *Pistacia vera*, veel geteeld in het Middellandse Zeegebied

pis·te [piestə] *(‹Fr) de* [-s, -n] ❶ loopbaan voor paarden en middenruimte van een circus ❷ renbaan voor wielrenners; voor skiën geprepareerde berghelling ❸ BN ook denkspoor, onderzoeksroute, lijn waarlangs een gedachtegang of onderzoek verloopt

pis·to·let *(‹Fr) de (m)* [-ten, -s] ❶ vroegere gouden munt ❷ NN (uitspraak: piestolet) langwerpig hard broodje met een groef in het midden ❸ BN (uitspraak: piestolee) rond hard broodje met een groef in het midden

pis·ton [pies-] *(‹Fr‹It) de (m)* [-s] ❶ zuiger ❷ muz klep of ventiel van een blaasinstrument ❸ muz koperen hoorn met kleppen

pis·tool¹ [pies-] *(‹Fr) de* [-tolen] vroegere gouden munt van verscheidene landen

pis·tool² [pies-] *(‹Du) het* [-tolen] klein vuurwapen met korte loop en een langwerpig patroonmagazijn, waarmee men met één hand schiet ★ *met het* ~ *op de borst* onder hevige druk of ernstige bedreiging

pis·tool·greep [pies-] *de* [-grepen] greep van of als van een pistool: ★ *een nietapparaat met* ~

pis·tool·mi·trail·leur [piestoolmietrajjeur] *de (m)* [-s] automatisch vuurwapen waaruit pistoolmunitie wordt verschoten met een vuursnelheid van tussen de 500 en 600 schoten per minuut

pis·tool·schil·der *de (m)* [-s] BN lakspuiter

pis·tool·schot *het* [-schoten] schot met een pistool

pit¹ **I** *de & het* energie, karakter: ★ *er zit* ~ *in die jongen* **II** *de* [-ten] zaadkorrel, kern van een vrucht: mandarijnen zonder pitten ❶ draad, lapje waarvan men het uiteinde brandt in een kaars, oliestel enz.; brandopening in een gasstel enz. ★ *op een laag pitje staan* geen voortgang maken ❷ ‹op aardappels› putje, oogje

pit² *(‹Eng) de (m)* [-s] werkplaats waar tijdens een autorace de wagens kunnen tanken, gerepareerd kunnen worden e.d.

pi·ta·brood·je *(‹Nieuwgrieks) het* [-s] soort broodje waarin men shoarma doet

pit·bull [-boel,], **pit·bull·ter·ri·ër** *(‹Eng) de (m)* [-s] op de bulterriër gelijkend hondenras (niet door de kynologische verenigingen erkend), vroeger veel gebruikt bij hondengevechten

pit·bull·smo·king [-boel-] *de (m)* [-s] NN, schertsend felgekleurd joggingpak (zo genoemd omdat de dragers van dit type joggingpak ook vaak pitbulleigenaars zouden zijn)

pit·cher [-sjə(r)] *(‹Eng) de (m)* [-s] honkbal, softbal speler die de bal naar de catcher werpt

pitch·pine [pitsjpain] *(‹Eng) I het* harsrijk, sterk

geaderd Amerikaans wit grenenhout **II** *de (m)* [-s] boom die dit hout levert

pi·the·can·thro·pus *(‹Gr) de (m)* geslacht van uitgestorven hominiden (mensachtige wezens), waartoe o.a. behoorde de ★ ~ *erectus* de javamens

pit·jes·kaas *de (m)* NN komijnekaas

pit·riet *het* dunne rietsoort gebruikt voor vlechtwerk

pit·rie·ten *bn* van pitriet

pits·poes *de (v)* [-en] schertsend mooie vrouw die bij autoraces bij de → **pit²** rondhangt

pit·stop *(‹Eng) de (m)* [-s] autosport het stilhouden bij de → **pit²**

pit·ten¹ *ww* [pitte, h. gepit] *inf* slapen

pit·ten² *ww* [pitte, h. gepit] ‹bij aardappels› de putjes of oogjes eruit halen

pit·tig *bn* ❶ krachtig; kruidig, sterk smakend: ★ *een pittige saus* ❷ vooral NN kernachtig: ★ *een pittige opmerking* ❸ vooral NN flink, stevig: ★ *een pittige discussie*

pit·to·resk [pietoo-] *(‹Fr‹It) bn* ❶ schilderachtig ❷ fig bloemrijk, beeldend: ★ ~ *taalgebruik*

pit·vrucht *de* [-en] vrucht met een klokhuis en pitten

pixel *(‹Eng) de (m)* [-s] beeldpunt, kleinste grafische eenheid waaruit een afbeelding is opgebouwd: ★ *hoe hoger het aantal pixels per inch, hoe beter de kwaliteit van de afbeelding*

piz·za [pietsaa] *(‹It) de* ['s] Italiaans gerecht dat bestaat uit een laag gegist deeg, belegd met tomaten, kaas, salami enz., op een open vuur of in de oven gebakken

piz·za·be·zor·ger, **piz·za·koe·rier** [pietsaa-] *de (m)* [-s] iem. die warme pizza's aan huis bezorgt

piz·ze·ria [pietsee-] *(‹It) de* ['s] restaurant waar men pizza's (en andere gerechten) kan eten of telefonisch kan bestellen

piz·zi·ca·to [pietsie-] **It I** *bijw* ‹bij snaarinstrumenten› getokkeld, niet gestreken **II** *het* ['s] stuk of passage op deze wijze gespeeld

pk *afk* paardenkracht

pkh *afk* paardenkrachtuur

PL¹ *afk* als nationaliteitsaanduiding op auto's Polen

PL² *afk* persoonlijke lening

pl. *afk* ❶ pluralis ❷ plaats

plaag *(‹Lat‹Gr) de* [plagen] ❶ door God gezonden straf: ★ *de tien plagen van Egypte* ❷ iets wat voortdurend hinder veroorzaakt ❸ plaaggeest

plaag·geest *de (m)* [-en] iem. die graag plaagt

plaag·stoot *de (m)* [-stoten] plagerige actie of prikkelende opmerking om iemand uit te dagen: ★ *de premier liet zich niet uit de tent lokken door de plaagstoten van de interviewer*

plaag·ziek *bn* graag plagend

plaag·zucht *de* zucht tot plagen

plaas·ter *(‹Oudfrans) de (m)* [-s] BN, spreektaal gips; → **pleister** (bet 1 en 2)

plaas·te·ren *bn* BN, spreektaal ❶ van pleister of gips gemaakt ❷ in het gips zittend: ★ *hij zit met zijn ~ pootje op een stoel*

plaat *(‹Oudfrans) de* [platen] ❶ plat, hard stuk van een of andere stof: ★ *glazen* ~ ★ *ijzeren* ~ ★ *fotografische* ~ ★ *gevoelige* ~ ★ *de ~ poetsen* er vandoor gaan ❷ grammofoonplaat: ★ *een ~ draaien* ❸ prent, afbeelding ❹ ondiepe plaats, zandbank ❺ honkbal, softbal thuisplaat ; zie ook → **plaatje**

plaat·brood *het* [-broden] op een ijzeren plaat gebakken, hoog, rond brood

plaat·druk *de (m)* [-ken] het afdrukken *of* afdruk van gegraveerde plaat

plaat·ijzer *het* ijzer in plaatvorm

plaat·je *het* [-s] ❶ kleine afbeelding, prent ❷ kaartsp honneur ❸ tandprothese bestaande uit een of meer kunsttanden bevestigd aan een in de mond te dragen stukje plastic ❹ iets wat of iem. die er voorbeeldig mooi uitziet: ★ *dat danseresje zag eruit als een ~*

plaat·kieu·wi·gen *mv* schelpdieren

plaats *(‹Oudfrans‹Lat) de* [-en] ❶ plek, ruimte: ★ *~ beslaan*, *innemen* ★ *ter plaatse* op de (bekende, genoemde) plaats ★ *dat is daar niet op zijn ~* dat hoort, past daar niet ★ *hij is daar op zijn ~* in een functie of omgeving die voor hem geschikt is ❷ plek om te staan of te zitten ★ *voor iem. ~ maken* voor iem. ruimte maken fig een functie of betrekking opgeven om die aan iem. over te doen ★ *droefheid moet ~ maken voor vreugde* door vreugde vervangen worden ★ *de (zijn) ~ ruimen voor iem.* zijn plaats (functie, betrekking) aan een ander overgeven; zie ook bij → **pas¹** (I, bet 1) ❸ binnenplaats; afgesloten open ruimte achter het huis ❹ stad, dorp e.d. ❺ passage in een boek e.d. ★ *ter aangehaalde plaatse* in de zo-even aangehaalde passage of (*wanneer aanduiding van bladzijde volgt*) in het zo-even aangehaalde geschrift ❻ betrekking, baan: ★ *een vacante* ~ ❼ ★ BN *ter plaatse trappelen* pas op de plaats maken, niet opschieten: ★ *de corruptiebestrijding in Zambia trappelt ter plaatse*

plaats·be·kle·der *de (m)* [-s] iem. die in de plaats van een ander optreedt

plaats·be·pa·ling *de (v)* [-en] het vaststellen van de plaats waar iem. of iets zich bevindt

plaats·be·schrij·ving *de (v)* [-en] vermelding van dorpen en steden naar hun ligging

plaats·be·spre·king *de (v)* [-en] het vooruit bestellen van plaatsen in een schouwburg, vervoermiddel enz.

plaats·be·wijs *het* [-wijzen] kaartje dat recht geeft op het bezetten van een plaats, vooral in het openbaar vervoer

plaats de·lict *de* [plaatsen delict] jur plaats waar zich een delict heeft voltrokken

plaat·se·lijk *bn* ❶ van, in, betreffende een bepaalde stad of dorp ❷ slechts op bepaalde plaats(en) ★ *plaatselijke tijd* tijd die geldt voor de genoemde plaats op de wereld: ★ *de aardbeving in Californië vond om 6 uur 's ochtends plaatselijke tijd plaats*

plaat·sen *ww* [plaatste, h. geplaatst] ❶ een plaats

geven ★ *in welke eeuw plaatst u Dante?* in welke eeuw meent u dat Dante leefde? ★ *iets niet goed kunnen* ~ niet goed weten hoe iets te interpreteren ❷ een betrekking geven: ★ *hier kunnen veel jongelui geplaatst worden* ❸ handel beleggen ❹ in de krant zetten: ★ *een advertentie* ~ ❺ handel afnemers vinden voor: ★ *deze firma plaatst haar producten in de naaste omgeving* ❻ sp de bal naar een bepaalde plaats schieten of werpen, meestal over een grote afstand; zie ook → **geplaatst**

plaats·ge·brek *het* gebrek aan ruimte, vooral in een krant of tijdschrift

plaats·geld *het* [-en] → **staangeld** (bet 1); betaling voor een zitplaats in de kerk

plaats·grij·pen *ww* [greep plaats, h. plaatsgegrepen] ‹van onverwachte zaken› gebeuren: ★ *er grepen die avond veel rellen plaats*

plaats·heb·ben *ww* [had plaats, h. plaatsgehad] gebeuren

plaat·sing *de (v)* [-en] het → **plaatsen** (bet 2, 3, 4)

plaat·sings·bu·reau [-roo] *het* [-s] vero arbeidsbureau

plaats·kaart *de* [-en], **plaats·kaart·je** *het* [-s] plaatsbewijs

plaats·naam *de (m)* [-namen] naam van een stad, dorp e.d.

plaats·naam·kun·de *de (v)* studie, kennis van plaatsnamen, toponymie

plaats·ne·men [nam plaats, h. plaatsgenomen] onoverg gaan zitten: ★ *neemt u alstublieft plaats*

plaat·snij·den *ww & het* (het) voorstellingen uitsnijden in metalen platen, graveren

plaat·snij·der *de (m)* [-s] graveur

plaats·ruim·te *de (v)* ruimte om iets neer te zetten of te bergen; ruimte om iets in een krant of tijdschrift te plaatsen

plaat·staal *het* staal in platen

plaat·sta·len *bn* van plaatstaal

plaats·ver·van·gend *bn* voor iemand in de plaats zijnde ★ *plaatsvervangende schaamte* schaamte voor het gedrag van een ander of anderen

plaats·ver·van·ger *de (m)* [-s], **plaats·ver·vang·ster** *de (v)* [-s] persoon die voor iemand in de plaats treedt of komt; **plaatsvervanging** *de (v)*

plaats·ver·vul·ling *de (v)* het optreden namens familieleden bij een erfenis

plaats·vin·den *ww* [vond plaats, h. plaatsgevonden] gebeuren

plaat·werk *het* ❶ grote plaat; verzameling platen; boek met hoofdzakelijk platen ❷ van plaatijzer vervaardigde voorwerpen

plaat·wer·ker *de (m)* [-s] iem. die → **plaatwerk** (bet 2) vervaardigt

pla·ce·bo *‹Lat› het* ['s] fopmiddel, farmaceutisch product dat lijkt op een geneesmiddel, maar geen geneeskrachtige werking heeft; wordt gegeven om het effect van een echt geneesmiddel te toetsen of als schijnmedicatie

place·mat [pleesmet] *‹Eng› de (m)* [-s] dekservet voor één persoon

pla·cen·ta *‹Lat› de* ['s] ❶ orgaan waarmee de ongeboren vrucht in de baarmoeder is verbonden met de moeder, moederkoek, nageboorte ❷ biol zaadkoek

plac·er [pleesə(r)] *‹Eng‹Sp› de (m)* [-s] plaats waar stofgoud of een ander mineraal uit een alluviale nederzetting wordt gewassen, open groeve

placht *ww*, **plach·ten** *verl tijd* van → **plegen**²

pla·dijs *‹Oudfrans‹Lat› de (m)* [-dijzen] BN ook schol, platvis met stompe bultjes aan de kop (Pleuronectes platessa)

pla·fond [-fon,], **pla·fon** *‹Fr› het* [-s] ❶ ondervlak en bekleding van een zoldering, vooral gepleisterde zoldering ❷ vlak of peil waardoor iets naar boven begrensd wordt; hoogst bereikbaar of toegelaten punt of niveau ★ *glazen ~* onzichtbare barrière die doorstroming naar een hogere positie in de weg staat, vooral gebruikt m.b.t. stagnatie in de carrière van vrouwen en leden van etnische minderheden

pla·fon·ne·ren *ww ‹Fr›* [plafonneerde, h. geplafonneerd] ❶ van een plafond voorzien, de zoldering van een kamer aanbrengen ❷ BN een maximaal bedrag vaststellen van, aan een maximum koppelen: ★ *de aardappelprijzen zijn geplafonneerd*

pla·fon·nier [-njee] *de (m)* [-s], **pla·fon·niè·re** [-njèrə] *‹Fr› de* [-s] aan de zoldering van een vertrek aangebrachte lampvoet

plag, **plag·ge** *de* [-gen] NN vierkant uitgestoken stuk gras of hei

pla·gen *ww* [plaagde, h. geplaagd] ❶ hinderen, kwellen ★ *mag ik u even ~?* even lastig vallen? ❷ voor de grap kwaad maken ★ *iem. met iets ~* hem goedaardig om een of andere eigenaardigheid bespotten ★ *iem. met iem. plagen* schertsend zinspelen op verliefdheid

pla·ge·rig *bn* geneigd tot plagen, plagend

pla·ge·rij *de (v)* [-en] het plagen; daad, opmerking waarmee men iem. plaagt

plage-u·ren [plaazje-] *mv* BN, onderw onbezoldigde uren tussen het minimum (18 uren) en het maximum aantal uren (22) dat een leraar lesgeeft bij een voltijdse betrekking

plag·ge *de* [-n] NN → **plag**

plag·gen·hut *de* [-ten] NN van plaggen gemaakte hut

plag·gen·ste·ker *de (m)* [-s] NN iem. die plaggen steekt

pla·gi·aat *‹Fr› het* ❶ onrechtmatige toe-eigening van geestesvoortbrengselen van een ander, letterdieverij [-aten] ❷ [*mv:* -aten] product van letterdieverij

pla·gi·a·ris *‹Fr‹Lat› de (m)* [-sen], **pla·gi·a·tor** *‹Lat› de (m)* [-s] bedrijver van plagiaat, letterdief

pla·gi·ë·ren *ww ‹Fr›* [plagieerde, h. geplagieerd] plagiaat plegen; als plagiaat overnemen

plaid [pleed] *‹Eng› de (m)* [-s] Schotsgeruite wollen omslagdoek; reisdeken

plak¹ *de* [-ken] ❶ vooral NN schijf, tablet: ★ *een ~ cake,*

plak–plankerig

chocola ❷ ⟨sp als prijs⟩ medaille: ★ *een gouden ~* ❸ med → **plaque**

plak² *de* [-ken] vroeger stok met een rond plankje aan het uiteinde, waarmee kinderen op de handpalm geslagen werden ★ *onder de ~ zitten* tot strenge gehoorzaamheid verplicht zijn, onder streng gezag staan

plak·band *het* [-en] smalle reep gegomd papier of cellofaan

plak·boek *het* [-en] boek om plaatjes e.d. in te plakken

pla·ket *⟨Fr⟩ de* [-ten] plaat (van metaal of aardewerk) als versiering; penningplaat

plak·kaat *⟨Fr⟩ het* [-katen] ❶ hist (aangeplakte) kennisgeving of bekendmaking van de overheid, bevelschrift, ordonnantie ❷ m.g. aanplakbiljet, affiche ❸ ronde vlek, klad, klodder ❹ metalen plaat

plak·kaat·verf *de* soort dekkende waterverf

plak·ken *ww* [plakte, h. geplakt] ❶ door middel van lijm e.d. doen vastkleven, kleven ❷ fig lang blijven zitten ❸ stukadoren, pleisteren, bepleisteren

plak·ker *de (m)* [-s] ❶ iem. die lang blijft zitten ❷ iem. die langs de openbare weg aanplakbiljetten plakt

plak·ke·rig *bn* ❶ kleverig ❷ fig geneigd tot lang blijven zitten

plak·ker·tje *het* [-s] ❶ klein etiket ❷ doorzichtig stukje papier waarmee men postzegels, foto's e.d. in een album plakt

plak·mid·del *het* [-en] iets wat dient om te plakken

plak·plaat·je *het* [-s] plaatje om op te plakken

plak·plas·tic [-plestik] *de (m) & het* plastic in vellen, met klevende achterkant

plak·pleis·ter *de* [-s] ❶ kleefpleister ❷ fig plakker

plak·sel *het* [-s] ❶ kleefstof ❷ iets wat geplakt is

plak·ze·gel *de (m)* [-s] zegel geplakt ter voldoening van zegelrecht

pla·mu·ren *ww* [plamuurde, h. geplamuurd] ⟨hout of doek⟩ met plamuur besmeren

pla·muur *⟨Fr⟩ de (m) & het* pasta voor het gladmaken van oneffenheden in een te schilderen oppervlak

pla·muur·mes *het* [-sen] mes met breed lemmet, bij plamuren gebruikt

plan *⟨Fr⟩ het* [-nen] ❶ opzet, gedragslijn, vooral voornemen: ★ *een ~ smeden* ★ *plannen maken voor een feest* ★ *zijn ~ trekken* a) bedenken wat men wil en dat doen, zijn zin doen, zijn eigen gang gaan; b) zich (weten te) redden, zich behelpen; er iets op vinden ❷ elk van de gedeelten waarin men een schilderij, toneel e.d. met betrekking tot het perspectief verdeelt; niveau ★ *dit komt op het tweede ~* is niet belangrijk, heeft geen hoge prioriteit ❸ -nen, *ook* -sBN *ook* plattegrond: ★ *een ~ van Brussel en omgeving* ❹ schets, ontwerp waarnaar iets ingericht of uitgevoerd moet worden; ontwerp voor ruimtelijke ordening;

plan·bu·reau [-roo] *het* [-s] bureau dat plannen ontwerpt, vooral voor de economische ontwikkeling: ★ *Centraal Planbureau*, → **CPB**

plan·chet [-sjet] *⟨Fr⟩ het* [-ten] ❶ plankje boven een wastafel, voor toiletbenodigdheden ❷ BN *ook* plankje voor betimmering van muren e.d., schrootje

Planck *zn* ★ *constante van ~* door de Duitse natuurkundige Max K.E.L. Planck (1858-1947) opgestelde natuurkundige grootheid met de dimensie van een werking: 6,626176 (± 0,000036) x 10^{-34} jouleseconde (symbool h)

plan de cam·pag·ne [plan də kampanjə] *⟨Fr⟩ het* veldtochtplan; fig vooruit opgemaakt plan ter bereiking van een bepaald doel

plan·eco·no·mie *de (v)* [-mieën] type economie, waarbij de gang van zaken niet wordt overgelaten aan de marktwerking en het particuliere initiatief, maar aan een centrale planning door de overheid, geleide economie

pla·neet *⟨Lat⟨Gr⟩ de* [-neten] ❶ vast hemellichaam met relatief grote afmetingen, dat zich in een baan om een ster bevindt en zelf geen licht uitzendt ★ *de rode ~* de planeet Mars ❷ ★ *iems. ~ zijn* lot en de voorspelling daarvan op grond van de stand van de planeten

pla·neet·baan *de* [-banen] baan die een planeet om een zon beschrijft

pla·ne·ren *ww ⟨Fr⟨Lat⟩* [planeerde, h. geplaneerd] effenen, gelijk- of gladmaken

pla·ne·ta·ri·um *⟨Lat⟩ het* [-ria, -s] ❶ lijst van de planeten ❷ toestel dat de loop van de planeten om de zon bewegend voorstelt ❸ gebouw waar te zien is hoe de sterren en planeten zich (schijnbaar) langs de hemel bewegen

pla·ne·ten·stel·sel *het* [-s] de planeten die om een zon wentelen

pla·ne·to·ï·den *⟨Lat-Gr⟩ mv* kleine planeten tussen Mars en Jupiter

pla·ni·me·ter *⟨Lat-Gr⟩ de (m)* [-s] werktuig om de oppervlakte van vlakke figuren te meten door de omtrek met een stift te volgen

pla·ni·me·trie *⟨Lat-Gr⟩ de (v)* ❶ vlakke meetkunde ❷ het planimetreren

pla·ni·sfeer *⟨Lat-Gr⟩ de* [-sferen] ❶ afbeelding van (een halfrond van) de aard- of hemelbol op een plat vlak, wereldkaart, hemelkaart met de twee halfronden op een vlak blad ❷ astrolabium

plank *⟨⟨Oudfrans⟨Lat⟩ de* [-en] lang, plat, rechthoekig stuk hout ★ NN *de ~ misslaan* het mis hebben ★ *op de planken komen* op het toneel ★ *van de bovenste ~* van de beste soort, van de eerste kwaliteit ★ *tussen (de) zes planken* in de doodkist ★ *zo stijf als een ~* zeer stijf ★ *brood op de ~ hebben* te eten hebben; inkomsten hebben ★ BN *de ~ maken* bij het zwemmen op de rug drijven; zie ook bij → **brood** en → **hout**

plan·ken *bn* van planken: ★ *een ~ loods* ★ *een ~ vloer*

plan·ken·koorts *de* zenuwachtige angst vóór het optreden

plan·ken·vloer *de (m)* [-en] vloer van planken

plan·ke·rig *bn* NN ⟨van textiel⟩ stijf, niet soepel

plan·ket (‹Fr› het [-ten] planken vloer; planken beschot, latwerk
plan·ket·sel het [-s] beschot, latwerk
plank·gas het ★ ‹in een auto› ~ geven het gaspedaal helemaal intrappen
plan·kier (‹Oudfrans› het [-en] plank of stellage van planken, dienend als vloer of ondergrond, bijv. bij shows, of om over te lopen (op rul zand e.d.)
plank·ton (‹Gr› het verzamelnaam voor in het open water zwevende microscopisch kleine, dierlijke en plantaardige organismen
plank·zei·len ww & het (het) zeilen, staande op een plank waarop een zeil is gemonteerd, windsurfen
plank·zei·ler de (m) [-s] iem. die aan plankzeilen doet, windsurfer
plan·ma·tig bn volgens vast plan
plan·nen ww [plen-] (‹Eng› [plande, h. gepland] een werkplan maken, een regeling ontwerpen
plan·nen·ma·ker, plan·nen·sme·der de (m) [-s] iem. die vaak (al te mooie) plannen maakt
plan·ning [plen-] (‹Eng› de (v) ‹in bedrijven, in de stedenbouw, in de economie› het opmaken van en werken volgens plannen waarin bepaalde toekomstverwachtingen verwerkt zijn
pla·no·lo·gie (‹Lat-Gr› de (v) leer van de methoden om een streek of een terrein voor gebruik en bewoning in te delen, theorie van de ruimtelijke ordening
pla·no·lo·gisch bn betrekking hebbend op de planologie
pla·no·loog (‹Lat-Gr› de (m) [-logen] beoefenaar van de planologie
plant (‹Lat› de [-en] levend organisme, dat met wortels in de aarde vastzit en daaruit voedsel opneemt ★ een teer plantje fig iets wat voorzichtig en met veel zorg behandeld moet worden
plant·aar·dig bn uit planten bestaand, van planten afkomstig
plan·ta·ge [-taazjə] (‹Fr› de (v) [-s] ❶ aanplant, plantsoen, wandelplaats ❷ terrein, vooral in de tropen, met tabak, katoen, rijst e.d. beplant; cultuuronderneming
plan·ten ww [plantte, h. geplant] ❶ in de aarde zetten: ★ bomen ~ ❷ stevig in of op de grond zetten; stevig neerzetten: ★ de vlag ~ ★ de vaan des oproers ~ of de oorlogsvaan ~ oproer, oorlog beginnen
plan·ten·bo·ter de margarine van plantaardige vetten
plan·ten·bus de [-sen] langwerpige trommel om planten in mee te nemen; botaniseertrommel
plan·ten·cel de [-len] cel waaruit planten zijn opgebouwd
plan·ten·dek het begroeiing met planten
plan·ten·etend bn zich met planten voedend
plan·ten·eter de (m) [-s] dier dat zich met planten voedt, herbivoor
plan·ten·ge·o·gra·fie de (v) plantenaardrijkskunde: leer van de geografische verbreiding van planten
plan·ten·ge·slacht het [-en] biologische groep bestaande uit bij elkaar horende plantensoorten
plan·ten·groei de (m) het groeien van planten; het vóórkomen van planten
plan·ten·ken·ner de (m) [-s] iem. die veel van planten weet, fytoloog
plan·ten·kleed het plantendek
plan·ten·kwe·ke·rij de (v) [-en] grote tuin waar allerlei planten gekweekt worden
plan·ten·leer de kennis, leer van planten, fytologie
plan·ten·le·ven het ❶ het leven van planten ❷ plantengroei ❸ fig een stil, passief leven
plan·ten·rijk het wereld van de planten
plan·ten·soort de [-en] groep nauw verwante planten
plan·ten·tuin de (m) [-en] tuin waarin allerlei planten worden gekweekt ter bestudering, hortus botanicus
plan·ten·ziek·te de (v) [-n] bij planten voorkomende ziekte
plan·ter de (m) [-s] ❶ iem. die plant ★ boompje groot, plantertje dood degene die iets opzet of onderneemt, beleeft niet meer het resultaat ❷ beheerder van een → **plantage** (bet 2) ❸ pootaardappel
plant·goed het wat geplant of gepoot wordt
plant·kun·de de (v) wetenschap van het bestuderen van planten
plant·kun·dig bn van, volgens de plantkunde
plant·luis de [-luizen] op planten levende luis
plant·naam de (m) [-namen] naam van een plant
plan·trek·ker de (m) [-s] BN ❶ opportunist ❷ lijntrekker, profiteur
plant·soen (‹Fr‹Lat› het [-en] openbare tuin
plant·soen·dienst, plant·soe·nen·dienst de (m) (gemeentelijke) dienst voor aanleg en onderhoud van plantsoenen
plaque [plak] (‹Fr› de [-s] ❶ plaat ❷ ruit- of stervormige decoratie (ridderorde) ❸ med vlek; tandaanslag, plak
pla·quet·te [-kettə] (‹Fr› de [-s] ❶ gedenkplaat; penningvormig voorwerp met afbeelding in reliëf ❷ dun boekje in fraaie uitvoering
plas¹ de (m) [-sen] ❶ rest regenwater op de weg; hoeveelheid vloeistof op de grond uitgespreid ❷ klein meer ❸ grote hoeveelheid vloeistof ❹ urine ★ een plas(je) doen urineren
plas² tsw nabootsing van het geluid dat gemaakt wordt door vallende vloeistof of door beweging in vloeistof
plas·berm de (m) [-en] bekleding met riet e.d. ter bescherming van een oever tegen de werking van het water
plas·ma (‹Gr› het ['s] ❶ het vloeibare bestanddeel van bloed, melk en sperma ❷ protoplasma
plas·ma·bank de (v) [-en] med bewaarplaats voor bloedplasma
plas·ma·scherm het [-en] dun beeldscherm van dubbelglas, gevuld met gascellen die van kleur kunnen veranderen, o.a. gebruikt voor tv's
plas·ma-tv de (v) ['s] platte tv met een plasmascherm
plas·mo·len de (m) [-s] watermolen bij een plas, die

als waterreservoir dient

plas·pil *de* [-len] inf diureticum

plas·re·gen *de (m)* [-s] NN hevige regenbui

plas·re·ge·nen *ww* [plasregende, h. geplasregend] NN hevig regenen

plas·sen *ww* [plaste, h. geplast] ❶ een → **plas**[1] (bet 4) doen, urineren ❷ met water morsen, erin stappen e.d. ❸ ‹van vloeistoffen› neervallen, neerstorten

plas·ser *de (m)* [-s] iem. die plast ★ *kindertaal plassertje* penis, piemel

plas·ta·blet *het* [-ten] diureticum, plaspil

plas·tic [plestik] ‹‹Eng›› **I** *het* benaming voor een groep van synthetische stoffen die in iedere gewenste vorm gegoten kunnen worden **II** *bn* ❶ gemaakt van de onder I genoemde stof ★ ~ *geld* niet-chartale geldmiddelen waarmee in het dagelijks leven betalingen kunnen worden verricht (betaalkaarten e.d.) ❷ fig onecht, gekunsteld: ★ *een ~ lachje*

plas·tic·bom *de* [-men] kneedbare → **bom**[1]

plas·ti·ce·ren *ww* ‹‹Lat›› [plasticeerde, h. geplasticeerd] met een laagje doorzichtig plastic bedekken

plas·ti·ci·ne *de* kneedbare kunststof

plas·ti·ci·teit ‹‹Fr›› *de (v)* ❶ kneedbaarheid, vormbaarheid ❷ beeldende kracht, a.h.w. tastbare, aanschouwelijke voorstellingswijze

plas·tiek[1] ‹‹Fr‹Gr›› *de (v)* ❶ de kunst om figuren, beelden te vormen ❷ [*mv:* -en] voorwerp van beeldhouwkunst

plas·tiek[2] ‹‹Fr‹Eng›› **I** *het* ❶ plastic ❷ mengsel van lak met toeslagstoffen om muren en plafonds te kleuren **II** *bn* spreektaal van plastic gemaakt, plastic, plastieken: ★ ~ *doek voor bescherming van uw gewassen*

plas·tie·ken *bn* van plastic gemaakt, plastic: ★ *een ~ tafelkleed*

plas·ti·fi·ce·ren *ww* ‹‹Eng‹Lat›› [plastificeerde, h. geplastificeerd] plasticeren

plas·tisch ‹‹Du‹Gr›› *bn* ❶ vormend, gedaantegevend, scheppend ★ *plastische chirurgie* medisch specialisme dat zich bezighoudt met het corrigeren of herstellen van beschadigde of verloren gegane organen, vooral door het verplaatsen van weefsel ❷ gemodelleerd, gekneed kunnende worden ❸ gemodelleerd, in zijn volle vormen uitkomend ❹ beeldend, aanschouwelijk

plas·tron ‹‹Fr‹It›› *de (m) & het* [-s] ❶ borststuk van schermers ❷ brede das die de gehele ruimte tussen vest en boord opvult ❸ gesteven front van een overhemd; voorstuk in de keurs van een japon ❹ buikschild van schildpadden

plas·tuit *de* [-en] uitvouwbare en makkelijk in een handtas mee te nemen soort tuit die vrouwen in staat stelt om staande te plassen

plat[1] ‹‹Fr‹Lat›› **I** *het* [-ten] ❶ plat dak; *vgl:* → **platje** ❷ platte kant, bijv. van een sabel ❸ onderzeese hoogvlakte; zie ook bij → **continentaal**
❹ ★ wielersport *vals* ~ schijnbaar vlak stuk weg dat in werkelijkheid een lichte helling is ❺ dialect: ★ *die Achterhoekse popgroep zong ~* **II** *bn* ❶ vlak; dun; ondiep; niet hoog ★ spreektaal *~ gaan* a) geslachtsgemeenschap hebben; b) onder de indruk raken van iem. of iets ★ ~ *liggen* stilliggen van een bedrijf door staking ❷ alledaags, ordinair; onbeschaafd; schunnig: ★ *een platte grap* ❸ BN (van smaak) slap, flauw: ★ *~ water* water zonder prik, spa blauw ❹ BN, spreektaal (van een band) lek: ★ *hij reed ~*

plat[2] [plà] ‹‹Fr‹Gr›› *de (p)* [-s] schotel ★ ~ *du jour* (in restaurants) dagschotel ★ ~ *du soir* (in restaurants) avondgerecht, zijnde één schotel van het menu

pla·taan ‹‹Lat‹Gr›› *de (m)* [-tanen] soort loofboom (*Platanus*)

plat·af *bn* kortweg, botweg

plat·bin·ding *de (v)* text binding waarbij iedere kettingdraad afwisselend boven en onder de afzonderlijke inslagdraden ligt

plat·boomd, **plat·bo·demd** *bn* ‹van schepen› plat van bodem

plat·bran·den *ww* [brandde plat, h. platgebrand] door branden met de grond gelijkmaken

Plat·duits **I** *bn* in de volkstaal van Noord-Duitsland **II** *het* volkstaal van Noord-Duitsland

pla·teau [-too] ‹‹Fr›› *het* [-s] ❶ hoogvlakte, verheven vlakke plaats ❷ BN ook presenteerblad waarop juweliers e.d. sieraden etaleren; dien- of presenteerblad (om etenswaren of drank te serveren) ❸ verheven draagvlak

pla·teau·schoen [-too-] *de (m)* [-en] schoen met een plateauzool

pla·teau·zool [-too-] *de* [-zolen] brede, dikke schoenzool

pla·teel ‹‹Oudfrans›› *het* benaming voor zekere soorten aardewerk (beschilderd Hollands majolica; Delfts aardewerk)

pla·teel·bak·ker *de (m)* [-s] iem. die plateel bakt; **plateelbakkerij** *de (v)* [-en]

pla·ten·al·bum *de (m) & het* [-s] ❶ album met prenten ❷ tas in boekvorm, voor het bewaren van grammofoonplaten

pla·ten·at·las *de (m)* [-sen] boek, gewoonlijk in groot formaat, met platen en toelichting

pla·ten·bon *de (m)* [-s, -nen] waardebon waarop een of meer cd's of grammofoonplaten te verkrijgen zijn

pla·ten·kof·fer *de (m)* [-s] → **platenalbum** (bet 2) in de vorm van een koffer

pla·ten·maat·schap·pij *de (v)* [-en] bedrijf dat cd's en grammofoonplaten laat opnemen en doet verschijnen

pla·ten·spe·ler *de (m)* [-s] toestel om grammofoonplaten op te draaien

pla·ten·win·kel *de (m)* [-s], **pla·ten·zaak** *de* [-zaken] winkel waar cd's en grammofoonplaten worden verkocht

pla·te·ren *ww* [plateerde, h. geplateerd] metaal met een ander metaal, vooral met een laagje goud of zilver, overdekken

plate·ser·vice [pleet sù(r)vis] *(‹Eng) de* het opdienen van een gehele maaltijd ineens, op een blad of bord

plat·form *(‹Eng‹Fr) het* [-s, -en] ❶ verhoging vanwaar men iets kan overzien of waar iets wordt opgesteld of verricht ❷ trein- of trambalkon *(‹Eng)* [pletfò(r)m] ❶ politiek partijprogramma; standpunt ❷ mogelijkheid tot overleg: ★ *dit biedt een ~ voor totaal verschillende groeperingen* ❸ comput besturingssysteem en bijbehorende apparatuur

plat·gaan *ww* [ging plat, is platgegaan] inf ❶ naar bed gaan ❷ door een staking stilgelegd worden: ★ *morgen gaat het hele openbare vervoer plat* ❸ zeer enthousiast raken over: ★ *heel Glasgow ging plat voor Britney Spears*

plat·gooi·en *ww* [gooide plat, h. platgegooid] inf ❶ vernietigen door te bombarderen: ★ *een stad ~* ❷ door een staking stilleggen, platleggen: ★ *als onze looneisen niet worden ingewilligd, gooien we de haven plat*

plat·heid *de (v)* ❶ het plat-zijn ❷ [mv: -heden] alledaagsheid, grofheid

pla·ti·na *(‹Sp) het* chemisch element, symbool Pt, atoomnummer 78, een wit, zwaar, edel metaal, verkleinwoord van het Spaanse woord voor zilver *(plata)* ★ *~ bruiloft* zeventigjarige bruiloftsfeest

pla·ti·ne·ren *ww* [platineerde, h. geplatineerd] met een laagje platina bedekken

pla·ting *de* [-en] oeverbekleding, beschoeiing

pla·ti·tu·de *(‹Fr) de (v)* [-s] platheid; laag-bij-de-grondse opmerking; gemeenplaats

plat·je *het* [-s] ❶ klein plat dak, uitstekende buiten een verdieping ❷ inf platluis

plat·leg·gen *ww* [legde of lei plat, h. platgelegd] ❶ vlak leggen ❷ ‹een bedrijf› doen stilleggen door staking

plat·lig·gen *ww* [lag plat, h. platgelegen] ❶ vlak liggen, vooral te bed wegens ziekte ❷ ‹van een bedrijf› stilliggen, vooral door staking

plat·lo·pen *ww* [liep plat, h. platgelopen] plat doen worden door erop te lopen: ★ *gras ~* ★ *de deur ~* fig dikwijls bezoeken

plat·luis *de* [-luizen] soort luis, die vooral in het schaamhaar leeft

pla·to·nisch *bn* de Griekse wijsgeer Plato (428/427-348/347 v.C.) of zijn leer betreffend ★ *platonische liefde* louter geestelijke, van al het zinnelijke ontdane liefde

plat·schie·ten *ww* [schoot plat, h. platgeschoten] geheel weg schieten, tot puin schieten

plat·slaan *ww* [sloeg plat, h. platgeslagen] door slaan plat maken

plat·spui·ten *ww* [spoot plat, h. platgespoten] inf kalmerende injecties toedienen aan psychiatrische patiënten die een acute psychotische aanval hebben

plat·steek *de (m)* [-steken] borduren steek waarbij de draden vlak naast elkaar komen te liggen

plat·te·grond *de (m)* [-en] grondtekening, horizontale

projectie

plat·te·kaas *de (m)* BN, spreektaal kwark

plat·te·land *het* het land buiten de steden ★ *ten plattelande* op het platteland

plat·te·lan·der *de (m)* [-s] iem. van het platteland

plat·te·lands *bn* van het platteland, zoals op het platteland: ★ *plattelandse gebruiken*

plat·te·lands·be·vol·king *de (v)* [-en] de bewoners van het platteland

plat·te·lands·ge·meen·te *de (v)* [-n en -s] gemeente op het platteland waarvan de bevolking voornamelijk in de land-, tuinbouw en veeteelt werkzaam is

plat·te·lands·vrouw *de (v)* [-en] vrouw van het platteland, boerin

plat·ting *de* [-s] scheepv platte bundel gevlochten touw, kabel e.d.

plat·trap·pen *ww* [trapte plat, h. platgetrapt] door trappen plat maken

plat·tre·den *ww* [trad plat, h. platgetreden] plattrappen ★ fig *platgetreden paden* reeds lang bekende, steeds gevolgde gebruiken of werkwijzen

plat·uit *bijw* ronduit, onomwonden

plat·vis *de (m)* [-sen] vis met een platte vorm: schol, tarbot enz.

plat·vloers *bn* laag-bij-de-gronds, weinig verheven; **platvloersheid** *de (v)* [-heden]

plat·voet *de (m)* [-en] voet zonder welving

plat·voet·wacht *de* wacht op een schip van 4 uur 's middags tot 8 uur 's avonds

plat·weg *bijw* ronduit

plat·zak, plat-zak *bn* zonder geld; zonder buit

plau·si·bel [-ziebəl] *(‹Fr‹Lat) bn* aannemelijk, geloofwaardig

plau·si·bi·li·teit [-zie-] *(‹Fr) de (v)* [-en] aannemelijkheid

pla·vei·en *ww (‹Fr‹Lat)* [plaveide, h. geplaveid] bestraten

pla·vei·sel *het* [-s] bestrating

pla·vuis *de (m)* [-vuizen] gebakken vloertegel

play·back [pleebek] *(‹Eng)* **I** *het* muz het terugspelen van een opgenomen plaat of band; het mimisch optreden van een artiest (in een zaal, voor de televisie enz.) op het geluid van een eerder in de studio opgenomen (eigen of andermans) vertolking **II** *bijw* mimisch optredend op de onder I genoemde wijze

play·backen *ww* [pleebekkə(n)] *(‹Eng)* [playbackte, h. geplaybackt] playback optreden of daarvoor oefenen

play·boy [pleeboi] *(‹Eng) de (m)* [-s] rijke jongeman die een luxeleven leidt en alleen pleziertjes najaagt

play·en [pleejən] *(‹Eng) ww & het* vooral NN, jeugdtaal zich gedragen als een **player**

play·er [pleejər] *(‹Eng) de (m)* [-s] vooral NN, jeugdtaal gewetenloze vrouwenversierder

play·list [plee-] *(‹Eng) de* [-s] lijst met muzieknummers die op een radiostation worden gedraaid

play·mate [pleemeet] (‹Eng› de (v) [-s] naaktmodel zoals afgebeeld in bladen als Playboy

play-offs [plee-] (‹Eng› mv nacompetitie bij het basketbal voor het kampioenschap van de hoogste klasse

please [pliez] (‹Eng› tsw alsjeblieft (in verschillende betekenissen)

ple·be·jer (‹Lat› de (m) [-s] ❶ burger, niet-patriciër in het oude Rome ❷ iem. zonder opvoeding, proleet

ple·be·jisch (‹Lat› bn ❶ niet-patricisch; tot het gewone volk behorend ❷ aan het gepeupel eigen, → **gemeen** (I, bet 1)

ple·bis·ciet (‹Lat› het [-en en -s] volksstemming

ple·bi·sci·te·ren (‹Fr› [-sie-] ww [plebisciteerde, h. geplebisciteerd] BN met een overweldigende meerderheid verkiezen: ★ *een met 800.000 stemmen door Vlaanderen geplebisciteerd politicus*

plebs (‹Lat› het laagste volksklasse, grauw, gepeupel

plecht de [-en] scheepv voor- en achterdek

plecht·an·ker het [-s] noodanker op de plecht; fig laatste redmiddel

plech·tig bn volgens officiële gebruiken; met staatsie; deftig; ernstig, stemmig; ★ *RK de plechtige communie* a) geloofsbelijdenis door kinderen rond het twaalfde jaar waarna zij als volwassen kerkleden worden beschouwd; b) het feest naar aanleiding daarvan

plech·tig·heid de (v) [-heden] plechtige handeling, plechtige bijeenkomst; plechtig gebruik

plecht·sta·tig bn zeer statig

plec·trum (‹Lat‹Gr› het [-s en -tra] muz ivoren, houten, plastic of metalen staafje, waarmee op een snaarinstrument getokkeld wordt

plee de (m) [-s] inf wc ★ *een figuur maken (slaan) als een ~* een akelig slecht figuur maken

plee·bor·stel de (m) [-s] borstel om een wc te reinigen; schertsend rechtopstaand hoofdhaar zonder scheiding

plee·boy [-boi] de (m) [-s] standaard voor reserveclosetrollen

plee·fi·guur het ★ *een ~ maken (slaan)* zie bij → **plee**

pleeg·broer, pleeg·broe·der de (m) [-s] pleegzoon in zijn verhouding tot de andere kinderen van een gezin

pleeg·doch·ter de (v) [-s] meisje dat opgevoed en verzorgd wordt door ouders die niet haar natuurlijke ouders zijn

pleeg·ge·zin het [-nen] gezin waarin een pleegkind geplaatst wordt

pleeg·kind het [-eren] kind dat opgevoed en verzorgd wordt door ouders die niet de natuurlijke ouders zijn

pleeg·moe·der de (v) [-s] vrouw die een pleegkind heeft

pleeg·ou·ders mv man en vrouw die een pleegkind hebben

pleeg·va·der de (m) [-s] man die een pleegkind heeft

pleeg·zoon de (m) [-zonen en -s] jongen die opgevoed en verzorgd wordt door ouders die niet zijn natuurlijke ouders zijn

pleeg·zus·ter de (v) [-s] ❶ pleegdochter in haar verhouding tot de andere kinderen van een gezin ❷ vero verpleegster

pleet (‹Eng› het met een laagje van edel metaal bedekt niet-edel metaal

ple·gen¹ ww [pleegde, h. gepleegd] begaan; verrichten: ★ *een moord ~*

ple·gen² ww [placht, geen voltooid deelwoord] gewoon zijn: ★ *vroeg ~ op te staan*

plei·dooi (‹Fr› het [-en] verdedigingsrede, eig en fig

plein (‹Oudfrans‹Lat› het [-en] vlakke open ruimte in een stad of dorp

plei·ner de (m) [-s] NN ‹in de jaren '60› iemand die deelnam aan het min of meer artistieke leven op en bij het Leidseplein te Amsterdam; bij uitbreiding iem. met een dergelijke levensstijl

plein-pou·voir [plēpoewwaar] (‹Fr› de onbeperkte volmacht, onbepaalde lastgeving

plein·vrees de psych angst voor grote open ruimten; angst om het huis te verlaten, agorafobie

pleis·ter (‹Lat› I het specie, waarin veelal gips verwerkt is, om te → **pleisteren** (bet 1) II de [-s] geprepareerd reepje linnen of kunststof dat op wonden gelegd wordt en zich met kleefstof aan de huid hecht ★ fig *een ~ op de wond* iets plezierigs ter verzachting van iets onaangenaams ★ *Engelse ~* taf bestreken met een oplossing van vislijm en benzoëtinctuur ter afsluiting van wonden ★ BN *een ~ op een houten been* boter aan de galg, een maatregel die niet echt helpt

pleis·te·ren ww [pleisterde, h. gepleisterd] ❶ muren bestrijken met pleisterspecie ❷ een korte rust houden

pleis·ter·kalk de (m) soort → **pleister** (bet 1)

pleis·ter·pil de [-len] anticonceptie in de vorm van een pleister die hormonen afgeeft door de huid heen

pleis·ter·plaats de [-en] plaats waar een korte rust gehouden wordt tijdens een reis

pleis·ter·werk het [-en] werk van → **pleister** (bet 1)

pleis·to·ceen, plis·to·ceen (‹Gr› het geol tijdvak binnen het quartair, van ongeveer 2 miljoen jaar geleden tot 10.000 jaar geleden, met daarin o.a. de eerste mensensoorten en het paleolithicum (oude steentijd)

pleit (‹Fr› het rechtsstrijd ★ *het ~ beslechten* een vonnis, beslissing uitspreken ★ *het ~ winnen of verliezen* bij een geschil in het gelijk *of* ongelijk gesteld worden, een zaak winnen *of* verliezen

pleit·be·zor·ger de (m) [-s] advocaat die één van de twee partijen, aanklager of aangeklaagde, voor het gerecht vertegenwoordigt; meestal fig iem. die een zaak of een persoon verdedigt of voorstaat

plei·te (‹Hebr› NN, Barg I bijw weg, verdwenen: ★ *mijn portemonnee is ~* ★ *~ gaan* weggaan; bankroet gaan II bn platzak

plei·ten *ww* [pleitte, h. gepleit] ❶ als advocaat verdedigen ❷ door een verdedigingsrede van de rechtbank trachten te verkrijgen: ★ *vrijspraak ~* ❸ een verdedigingsrede voor iemand of iets houden ★ *voor* of *tegen iem. ~* in iemands voordeel *of* nadeel getuigen

plei·ter *de (m)* [-s] iem. die voor het → **gerecht**[1] pleit

pleit·ge·ding *het* [-en] pleitzaak

pleit·no·ta *de* ['s] schriftelijke samenvatting van een gehouden pleidooi

pleit·re·de *de* [-s] pleidooi

pleit·zaak *de* [-zaken] rechtszaak waarbij pleidooien gehouden worden

plek *de* [-ken] plaats ★ *ter plekke* op de plaats zelf, ter plaatse ★ *een blauwe ~* onderhuidse bloeduitstorting ★ *een gevoelige ~* a) plek die bij aanraking al pijn doet; b) kwestie waarbij iem. gauw emotioneel wordt

plek·ke·rig *bn* vol vlekken

plem·pen *ww* [plempte, h. geplempt] NN ❶ puin, zand e.d. in water storten; dempen: ★ *een sloot ~* ❷ spreektaal gooien: ★ *dan plemp je nog wat soepgroente bij het gehakt*

ple·nair [-nèr] ⟨*Lat*⟩ *bn* voltallig: ★ *de plenaire vergadering*

plen·gen *ww* [plengde, h. geplengd] vergieten, uitstorten: ★ *wijn ~, tranen ~*

pleng·of·fer *het* [-s] het uitstorten van bloed, wijn of ander vocht als offer

ple·no *bijw* ⟨*Lat*⟩ zie bij → **in pleno**

plens *de (m)* [plenzen] hoeveelheid uitgestorte vloeistof, vooral water

plens·bui *de* [-en] hevige regenbui

plens·re·ge·nen *ww* [plensregende, h. geplensregend] stortregenen

plen·ty [-tie] ⟨*Eng*⟩ *onbep telw* overvloedig, veel, volop

ple·num ⟨*Lat*⟩ *het* voltallige vergadering, de gehele commissie

plen·zen *ww* [plensde, h. geplensd] ❶ ⟨vloeistof, vooral water⟩ uitstorten, smijten ❷ hard regenen, gieten: ★ *het plenst*

ple·o·nas·me ⟨*Fr*⟨*Gr*⟩⟩ *het* [-n] woordovertolligheid, het gebruik van uitdrukkingen waarin een zelfde begrip tweemaal wordt uitgedrukt, en deze uitdrukkingen zelf, zoals: ★ *een oude grijsaard* ★ *hij placht dit gewoonlijk te doen*

ple·o·nas·tisch ⟨*Fr*⟨*Gr*⟩⟩ *bn* van de aard of op de wijze van een pleonasme

ple·si·o·sau·rus ⟨*Gr*⟩ *de (m)* [-sen] voorwereldlijk hagedisachtig dier dat goed was aangepast aan het leven in zee

ple·ten *bn* van pleet

plet·ha·mer *de (m)* [-s] hamer gebruikt om te pletten

plet·ma·chi·ne [-sjienə] *de (v)* [-s] machine gebruikt om te pletten

plet·mo·len *de (m)* [-s] werktuig gebruikt om te pletten

plet·rol *de* [-len] rol waarmee geplet wordt

plet·sen *ww* [pletste, h. gepletst] BN, spreektaal gutsen ⟨vooral van regen⟩: ★ *pletsende regen*

plet·ten *ww* [plette, h. & is geplet] ❶ plat maken ❷ ⟨van stof⟩ zijn ruigte verliezen

plet·ter *de (m)* [-s] persoon of machine die plet ★ *te ~* verbrijzeld ★ *zich te ~ werken, schrikken e.d.* zeer hard werken, hevig schrikken

plet·te·rij *de (v)* [-en] inrichting waar metaal geplet wordt

plet·wals *de* [-en] ❶ BN machine om steengruis, zand e.d. te verdichten ❷ BN, sp iemand die alle tegenstanders met duidelijke cijfers verslaat

pleu·ren *ww* [pleurde, h. gepleurd] vooral NN, spreektaal smijten, gooien: ★ *hij pleurde zijn tas in de hoek*

pleu·ris *de & het* spreektaal pleuritis; *als verwensing*: ★ NN *krijg de ~* ★ NN *straks breekt (er) de ~ uit* straks komen er grote problemen ★ *vooral NN zich de ~ schrikken* heel erg schrikken

pleu·ris·lij·er *de (m)* [-s] scheldwoord verachtelijk persoon, ellendeling

pleu·ri·tis ⟨*Gr*⟩ *de (v)* med borstvliesontsteking

ple·vier ⟨*Fr*⟨*Lat*⟩⟩ *de (m)* [-en] → **pluvier**

plexi·glas *het* moeilijk breekbare, doorzichtige kunststof

ple·zant ⟨*Fr*⟩ *bn* BN, spreektaal plezierig, aangenaam: ★ *een ~ boek* ★ *dat waren plezante uren*

ple·zier ⟨*Fr*⟩ *het* [-en] ❶ blijdschap, vreugde: ★ *aan iets ~ beleven* ★ *dat doet me ~* ★ *met alle ~* heel graag ❷ pret: ★ *~ hebben, maken* ❸ genoegen: ★ *iem. een ~ doen* ; zie ook bij → **opkunnen**

ple·zier·boot *de* [-boten] boot speciaal ingericht voor het maken van plezierreisjes

ple·zie·ren *ww* [plezierde, h. geplezierd] een plezier doen

ple·zie·rig *bn* aangenaam, genoeglijk, vermakelijk, prettig

ple·zier·jacht *het* [-en] → **jacht**[1] waarmee men plezierreisjes maakt

ple·zier·reis *de* [-reizen] reis die men voor zijn plezier maakt; **plezierreiziger** *de (m)* [-s]

plicht *de* [-en] dat wat men volgens zijn geweten of volgens de zedelijke of wettelijke voorschriften moet doen ★ *zijn ~ betrachten* doen wat men doen moet; zie ook bij → **kwijten**, → **verzaken**

plicht·be·sef *het* → **plichtsbesef**

plicht·be·trach·ting *de (v)* → **plichtsbetrachting**

plicht·be·wust, **plichts·be·wust** *bn* vooral BN plichtsgetrouw

plichts·ge·trouw *bn* → **plichtsgetrouw**

plicht·ge·voel *het* → **plichtsgevoel**

plicht·ma·tig *bn* uit plicht; omdat het zo hoort; **plichtmatigheid** *de (v)*

plicht·ple·ging *de (v)* [-en] door de beleefdheid voorgeschreven uiting of handeling

plichts·be·sef, **plicht·be·sef** *het* het beseffen wat zijn plicht is

plichts·be·trach·ting, **plicht·be·trach·ting** *de (v)* het

steeds doen wat zijn plicht is
plichts·be·wust *bn* BN ook plichtsgetrouw
plichts·ge·trouw, plichts·ge·trouw *bn* nauwgezet zijn plicht betrachtend
plichts·ge·voel, plicht·ge·voel *het* plichtsbesef
plichts·hal·ve *bijw* omdat de plicht het eist
plichts·ver·vul·ling *de (v)* het doen wat zijn plicht is
plichts·ver·zuim, plicht·ver·zuim *het* het verzuimen te doen wat zijn plicht is
plicht·ver·za·ker *de (m)* [-s] iem. die zijn plicht niet nakomt; **plichtverzaking** *de (v)*
plicht·ver·zuim *het* → plichtsverzuim
plint (‹Fr‹Gr) **I** *de & het* [-en] plank langs de onderkant van kamer- en gangwanden **II** *de (v)* [-en] BN rechthoekig gymnastiektoestel om overheen te springen
plint·ver·war·ming *de (v)* centrale verwarming met elementen in de plinten
pli·o·ceen (‹Gr) *het* geol jongste tijdvak binnen het tertiair, van 22-7 miljoen jaar geleden, met daarin het hoogtepunt van de zoogdieren en de afsplitsing van de menselijke tak uit de mensapen
plis·sé [pliesee] (‹Fr) *het* (stof met) smalle, ingeweven, opgenaaide of ingeperste plooien, vooral als garnering voor dameskleren
plis·seer·ma·chi·ne [plieseermasjienə] *de (v)* [-s] machine om te plisseren
plis·se·ren *ww* [pliesee-] (‹Fr) [plisseerde, h. geplisseerd] zeer fijn plooien; machinaal in regelmatige plooien persen
PLO *afk* Palestinian Liberation Organization [Palestijnse Bevrijdingsorganisatie]
ploeg *de* [-en] ❶ landbouwwerktuig waarmee de grond omgewoeld wordt ❷ afdeling, groep ❸ groef in een plank voor een houtverbinding
ploeg·baas *de (m)* [-bazen] baas van een kleine groep arbeiders
ploeg·boom *de (m)* [-bomen] stang waaraan ploegmes en ploegschaar verbonden zijn
ploe·gen *ww* [ploegde, h. geploegd] ❶ de grond met de ploeg omwoelen ★ *op rotsen* ~ vergeefs zich inspannen ❷ moeizaam vooruitkomen: ★ *door het mulle zand* ~
ploe·gen·dienst *de (m)* het werken in ploegen (→ **ploeg**, bet 2)
ploe·gen·stel·sel *het* [-s] het in ploegen (→ **ploeg**, bet 2) werken
ploe·gen·tijd·rit *de (m)* [-ten] tijdrit waarbij wielrenners in ploegen tegen elkaar rijden
ploe·ger *de (m)* [-s] iem. die ploegt
ploeg·lei·der *de (m)* [-s] ❶ ploegbaas ❷ leider van een sportploeg vooral bij wielrennen
ploeg·schaaf *de* [-schaven] schaaf om een groef in een plank te maken waarin de → **messing²** past
ploeg·schaar *de* [-scharen] puntig ijzer achter het ploegmes, dat de aarde omgooit
ploeg·schaar·been *het* [-deren] een van de schedelbeenderen

ploeg·staart *de (m)* [-en] achtereind van de → **ploeg** (bet 1), waarmee hij bestuurd wordt
ploeg·ver·band *het* ★ *in* ~ als team
ploert *de (m)* [-en] schoft; gemene vent ★ *de koperen* ~ de zon
ploer·ten·do·der *de (m)* [-s] stok met loden bol aan het uiteinde
ploer·ten·streek *de* [-streken] gemene streek
ploer·te·rig, ploer·tig *bn* gemeen; laag; **ploerterigheid**
ploe·te·raar *de (m)* [-s] harde werker
ploe·te·ren *ww* [ploeterde, h. geploeterd] ❶ in water of modder waden ❷ hard werken
plof I *tsw* weergave van een dof geluid **II** *de (m)* [-fen] doffe klap
plof·fen *ww* [plofte, h. & is geploft] ❶ met een plof doen vallen; neergooien ❷ met een plof vallen ❸ ‹van een fietsband, ballon› met een plof stukgaan; bij uitbreiding ontploffen: ★ NN, fig ~ *van woede*
plof·fer *de (m)* [-s] spraakklank die uit een ontploffingsgeluid bestaat, explosief
plok *de* [-ken] ❶ pluk, handvol ❷ plokgeld
plok·geld *het* [-en] NN premie toegekend bij een verkoping bij afslag aan hem die bij opbod het hoogste bod gedaan heeft, strijkgeld
plok·worst *de* [-en] NN gerookte worst met stukjes vet
plom·be (‹Fr‹Lat) *de* [-s] ❶ plombeerloodje, zegellood ❷ tandvulling
plom·beer·lood *het* [-loden] stukje lood met stempel, bij verzegelen gebruikt
plom·beer·sel *het* [-s] metaalmengsel waarmee tanden geplombeerd worden
plom·be·ren *ww* (‹Fr) [plombeerde, h. geplombeerd] ❶ met lood verzegelen ❷ vero (holle tanden en kiezen) vullen met plombeersel
plom·biè·re [plõmbjɛrə] (‹Fr) *de* [-s] (verkorting van *coupe-Plombières*) portie ijs van verschillende soorten met gekonfijte vruchten, genoemd naar de stad Plombières in Lotharingen (Frankrijk)
plomp¹ *bn* ❶ grof, log van bouw of gestalte ❷ lomp, zonder manieren
plomp² I *de (m)* [-en] ❶ geluid van een in het water vallen van een zwaar voorwerp ❷ ★ NN, spreektaal *in de* ~ *vallen* in het water vallen **II** *tsw* nabootsing van dit geluid
plomp³ *de* [-en] waterplant met rond, hartvormig ingesneden blad en gele bloem (*Nuphar luteum*)
plom·pen *ww* [plompte, is & h. geplompt] ❶ met een → **plomp²** in het water vallen ❷ met een → **plomp²** in het water gooien
plom·pen·blad *het* [-bladen, -bladeren, -blaren] blad van een → **plomp³**
plomp·ver·lo·ren *bijw* onverwacht; zonder nadenken
plomp·weg *bijw* ruw, botweg
plons I *de (m)* [-en, plonzen] geluid van een val in het water **II** *tsw* nabootsing van dit geluid
plons·bad *het* [-baden] BN pierenbad, ondiep

zwembad voor de allerkleinsten
plon·zen *ww* [plonsde, is & h. geplonsd] ❶ met een plons in het water vallen ❷ met een plons in het water gooien ❸ druk bewegen, spelen in het water
plooi (*‹Oudfrans› de* [-en] ❶ vouw ★ vooral NN *zijn gezicht in de ~ houden* strak, ernstig blijven kijken ★ *niet uit de ~ komen* altijd ernstig en vormelijk blijven ★ *een ~ geven aan* een aannemelijke voorstelling geven van ★ *de plooien gladstrijken* zie bij → **gladstrijken** ★ *tussen de plooien vallen* van weinig belang zijn, niet meetellen ❷ ★ BN, spreektaal *niet in zijn ~ zijn* a) niet op orde zijn, niet in orde zijn; b) zich niet lekker voelen
plooi·baar *bn* gemakkelijk te plooien; *fig* meegaand; **plooibaarheid** *de (v)*
plooi·en *ww* [plooide, h. geplooid] ❶ een of meer plooien in iets maken: ★ *een rok ~* ❷ *fig* schikken (I, bet 3) ❸ BN ook vouwen: ★ *niet ~!* (boven enveloppen) niet vouwen ❹ BN ook kreuken: ★ *die rok plooit nogal gemakkelijk*
plooi·ing *de (v)* ❶ het plooien, vooral van de aardkorst ❷ [*mv*: -en] oneffenheid in de aardkorst
plooi·ings·ge·berg·te *het* [-n, -s] gebergte door plooiing van de aardkorst ontstaan
plooi·rok *de (m)* [-ken] rok met plooien
plooi·sel *het* [-s] geplooide strook
ploos *ww verl tijd* van → **pluizen**
ploot *de* [ploten] schapenhuid zonder wol
plop·per¹ *de (m)* [-s] zuigapparaat waarmee men een verstopte gootsteen ontstopt
plop·per² (*‹Mal› de (m)* [-s] NN, vero ‹oorspr› scheldwoord voor Indonesische strijders voor de onafhankelijkheid; ‹later› scheldnaam voor personen van gekleurd ras
plot (*‹Eng› de (m)* [-s] intrige van een verhaal, roman, film enz.
plo·ten *ww* [plootte, h. geploot] de wol van een losse schapenvacht verwijderen door middel van een chemische bewerking
plots I *bijw* plotseling, opeens: ★ *~ stapte hij binnen* **II** *bn* onverwacht, snel: ★ *een plotse hartstilstand*
plot·se·ling *bn* onverwacht
plots·klaps *bijw* samenvoeging van *plotseling* en *eensklaps*: ineens
plot·ter (*‹Eng› de (m)* [-s] comput door een computer bestuurde tekenmachine
plo·zen *ww verl tijd meerv* van → **pluizen**
plu *de (m)* ['s] *inf* verkorting van paraplu
pluche [pluusj(ə)] (*‹Fr› de (m) & het* zware fluweelachtige stof (oorspronkelijk wol, thans meest kunstzijde) met hoge → **pool²**
plu·chen [pluusjən] *bn* van pluche
plug *de* [-gen] ❶ kleine schroefbout met vierkante kop voor het dichten van openingen in buizen enz. ❷ buisje van rotan, lood, asbest, hennep of plastic ter vergemakkelijking van het bevestigen van schroeven in de muur
plug-and-play [pluy-end-plee] (*‹Eng› bn* ‹m.b.t. computers› zodanig ingesteld dat randapparatuur wordt herkend en direct werkt, zonder dat de gebruiker de systeemconfiguratie hoeft aan te passen
plug·gen *ww* (*‹Eng›* [plugde, h. geplugd] ❶ onder de aandacht, in het gehoor brengen (cd's, grammofoonplaten, liedjes enz.) om de belangstelling ervoor en de verkoop te stimuleren ❷ met een → **plug** (bet 2) bevestigen
plug·ger (*‹Eng› de (m)* [-s] iem. die plugt (→ **pluggen**, bet 1)
pluim (*‹Lat› de* [-en] ❶ BN ook veer (van een vogel): ★ BN, spreektaal *(van zijn) pluimen laten* een veer laten, verlies lijden, aan reputatie inboeten ❷ kwast ❸ staart ❹ piramidevormige bloeiwijze ❺ woord van lof; *vgl*: → **pluimpje**
plui·ma·ge [-maazjə] (*‹Fr› de (v)* gevederte ★ *vogels van diverse ~* mensen van allerlei slag
pluim·bal *de (m)* [-len] shuttle
plui·men I *ww* [pluimde, h. gepluimd] ❶ BN van veren ontdoen, plukken ❷ BN, spreektaal van zijn geld of bezit beroven ❸ van pluimen voorzien **II** *bn* BN met veren opgevuld, → **veren²**: ★ *een ~ kussen*
pluim·ge·wicht BN, sp **I** *het* gewichtsklasse bij het boksen, vedergewicht **II** *de (m)* [-en] bokser uit die gewichtsklasse
pluim·gras *het* pluimen dragend gras
pluim·pje *het* [-s] kleine pluim; woord van lof ★ *iem. een ~ geven* hem prijzen
pluim·riet *het* rietsoort met purperkleurige pluimen (*Calamagrostis lanceolata*)
pluim·staart *de (m)* [-en] dikke zachte staart
pluim·strij·ken *ww* [pluimstrijkte, h. gepluimstrijkt] onderdanig, onoprecht vleien
pluim·strij·ker *de (m)* [-s] laffe, onoprechte vleier
pluim·va·ren *de* [-s] koningsvaren
pluim·vee *het* gevederde huisdieren
pluim·vee·hou·der *de (m)* [-s] iem. die pluimvee houdt als bedrijf of onderdeel daarvan; **pluimveehouderij** *de (v)* [-en]
pluis¹ *bn* in orde, veilig; zoals het behoort: ★ *het is hier niet ~*
pluis² I *het* vlokken, geplozen touw **II** *de* [pluizen] vlok; *vaak verkl*: pluisje
plui·zen *ww* (*‹Oudfrans›* ❶ [ploos, h. geplozen] uitrafelen; *fig* ploeteren, moeilijk of peuterig werk doen ❷ [pluisde, h. gepluisd] pluisjes afgeven: ★ *deze stof pluist heel erg*
plui·ze·rig *bn* pluisjes afgevend
plui·zig *bn* ❶ met pluizen, pluizerig ❷ ‹van stoffen› niet glad, enigszins ruw
pluk *de (m)* ❶ het plukken of de opbrengst daarvan ❷ [*mv*: -ken] bosje: ★ *een ~ haar*
pluk·ha·ren *ww* [plukhaarde, h. geplukhaard] vechten; elkaar in de haren zitten
pluk·ken *ww* [plukte, h. geplukt] ❶ ‹bloemen, vruchten enz.› van de planten halen ❷ ‹vogels› de veren uittrekken ❸ pluisjes, stukjes aftrekken

❺ iem. geld afhandig maken

pluk·rijp *bn* rijp genoeg om geplukt te worden

pluk·sel *het* [-s] tot draden uitgehaald linnen of katoen voor verband

pluk·tijd *de (m)* [-en] tijd dat de vruchten geplukt worden

pluk-ze-team [-tiem] *het* [-s] in Nederland politieteam dat zich bezighoudt met de inbeslagname van uit criminele activiteiten verkregen geld en goederen (officieel: *Bureau Financiële Ondersteuning, BFO*)

plu·meau [-moo] *(‹Fr) de (m)* [-s] veren stoffer

plum·pud·ding *(‹Eng) de (m)* warm gegeten, zeer voedzame pudding met eieren, vet, amandelen, rozijnen, krenten, sukade enz., met rum overgoten

plun·de·raar *de (m)* [-s] iem. die plundert

plun·de·ren *ww* [plunderde, h. geplunderd] roven, leegroven (vooral bij chaotische situaties ten gevolge van oorlog, oproer e.d.); fig veel overnemen uit: ★ *het woordenboek* ~

plun·de·ring *de (v)* [-en] het plunderen

plun·je *de* ❶ inf de kleren die men draagt: ★ *hij loopt altijd in dezelfde* ~ ❷ bagage van een soldaat, matroos enz.

plun·je·zak *de (m)* [-ken] zak om de plunje in op te bergen

plu·ra·le tan·tum *het (‹Lat)* [pluralia tantum] woord dat alleen in het meervoud bestaat, bijv. *hersenen*

plu·ra·lis *(‹Lat) de (m)* [-sen, -lia] meervoud ★ ~ *majestatis* meervoudsvorm voor vorsten ★ ~ *modestiae* bescheidenheidsmeervoud, *wij* voor *ik*, van een schrijver

plu·ra·lis·me *(‹Lat) het* ❶ opvatting dat de wereld bestaat uit een veelheid van zelfstandige aparte entiteiten ❷ het naast elkaar bestaan van een verscheidenheid aan opvattingen in het maatschappelijk en geestelijk leven

plu·ra·lis·tisch *bn* van, gebaseerd op het pluralisme

plu·ra·li·teit *(‹Fr‹Lat) de (v)* meervoudigheid, meerderheid

plu·ri·form *(‹Lat) bn* veelvormig

plu·ri·for·mi·teit *(‹Lat) de (v)* veelvormigheid; gebrek aan eenheid

plurk *de (m)* [-en] vooral NN onbehouwen kerel

plus *(‹Lat)* **I** *vz* en, met, gevoegd bij: ★ *twee ~ drie is vijf* **II** *bijw* als positief te beschouwen: ★ ~ *vier* (+ 4) ★ ~ *15° 15°* boven nul ★ *40* ~ kaas met tenminste 40% vet ★ *65* ~ (persoon) boven de 65 jaar **III** *de (m) & het* [-sen] ❶ het teken + ❷ overschot, hoger bedrag ❸ iets wat ten goede gerekend moet worden; zie ook bij → **min³**

plus·four [-fò(r)] *(‹Eng) de (m)* [-s] wijde sportbroek, tot net beneden de knie reikend en daar om het been sluitend

plus·klas *de* [-sen] NN klas voor hoogbegaafde leerlingen

plus·mi·nus *(‹Lat) bijw* meer of minder, omtrent, ongeveer; ±

plus·punt *het* [-en] iets wat vergelijkenderwijs gunstig of in het voordeel is; *tegengest*: → **minpunt**

plus·sen *ww* [pluste, h. geplust] ★ NN *plussen en minnen* twijfelen over een te nemen besluit, dubben: ★ *ze zijn al maanden aan het plussen en minnen over de verbouwing van hun huis*

plus·te·ken *het* [-s] het teken +

plu·to·craat *(‹Gr) de (m)* [-craten] iem. die macht heeft door zijn geld

plu·to·cra·tie [-(t)sie] *(‹Gr) de (v)* ❶ heerschappij van het geld ❷ de plutocraten

plu·to·cra·tisch *bn* van, betreffende de plutocratie

plu·to·nisch *(‹Lat) bn* diep onder de aardkorst

plu·to·ni·um *(‹Lat) het* radioactief element, symbool Pu, atoomnummer 94, waarvan een isotoop als belangrijkste splijtstof in kernreactoren en kernwapens wordt gebruikt, genoemd naar de Romeinse god van de onderwereld Pluto

plu·vier, ple·vier *(‹Fr‹Lat) de (m)* [-en] snipachtige vogel

plu·vi·o·me·ter *(‹Lat-Gr) de (m)* [-s] regenmeter

plu·viô·se [-vie(j)oozə] *(‹Fr) de (v)* vijfde maand van de Franse republikeinse kalender (20 jan.-18 febr.)

plv. *afk* plaatsvervangend

Pm *afk* symbool voor het chemisch element *promethium*

p.m. *afk* ❶ piae memoriae *(na een eigennaam) zaliger nagedachtenis* ❷ plusminus ❸ post meridiem *na de middag* ❹ pro memorie ❺ promille ❻ per meter ❼ per maand

PMS *afk*, **PMS-cen·trum** in België, hist psycho-medisch-sociaal centrum [Belgische instelling voor onderwijsbegeleiding, thans CLB]

pneu·ma·tiek [pneu-, pnui-] *(‹Gr) de (v)* luchtbewegingsleer, aeromechanica

pneu·ma·tisch [pneu-, pnui-] *(‹Gr) bn* met lucht werkend; door middel van (samengeperste) lucht of door luchtzuiging

pneu·mo·nie [pneu-, pnui-] *(‹Gr) de (v)* med longontsteking

PNP *afk* comput plug-and-play

Po *afk* chem symbool voor het element *polonium*

po *de (m)* ['s] waterpot

p.o. *afk* ❶ per omgaande ❷ per order ❸ periodieke onthouding

po·chen *ww* [pochte, h. gepocht] bluffen, opscheppen

po·cher *de (m)* [-s] bluffer; zie ook bij → **klager**

po·che·ren *ww* [-sjeerə(n)] *(‹Fr)* [pocheerde, h. gepocheerd] zie bij → **gepocheerd**

po·chet [-sjet] *(‹Fr) de* [-ten] fijn (gekleurd) zakdoekje, in de linkerborstzak van een colbert gedragen als versiering, lefdoekje

poch·hans *de (m)* [-hanzen] bluffer

pock·et *(‹Eng) de (m)* [-s], **pock·et·boek** *(‹Eng) het* [-en] goedkope uitgave van een boek in zakformaat, met slappe of dun kartonnen omslag

pock·et·ca·me·ra [pokkət-] *de* ['s] klein type fototoestel

po·co *(‹It‹Lat) onbep telw & bijw* weinig; een weinig;

muz in tempoaanduidingen, bijv.: ★ ~ *allegro* een weinig levendig

po·da·gra (‹Gr) *het* med voetjicht, het → **pootje²**

pod·cast (‹Eng) *de* [-s] comput (*iPod + broadcast*) audiobestand (bijv. een radioprogramma) op internet, dat kan worden gedownload, bijv. naar een mp3-speler

pod·cas·ten (‹Eng) *ww* [podcastte, h. gepodcast] comput het maken en via internet beschikbaar stellen van podcasts

po·di·um (‹Lat‹Gr) *het* [-s, podia] ❶ verhoging om op te staan, voor iem. die voor publiek optreedt ❷ gedeelte van het toneel voor het gordijn

po·do·lo·gie *de (v)* voetkunde

po·do·the·ra·peut [-puit] *de (m)* [-en], **po·do·the·ra·peu·te** [-pui-] *de (v)* [-s *of* -n] pedicure, voetverzorger, voetverzorgster

poe·del (‹Du) *de (m)* [-s] ❶ krulharige, hoogbenige, oorspronkelijk uit Frankrijk afkomstige hond ❷ NN misgooi, misstoot, misschot: ★ *een ~ maken*

poe·de·len *ww* [poedelde, h. gepoedeld] ❶ in het water spelen, zich voor zijn plezier wassen of baden: ★ *de kinderen poedelden lekker in het water* ★ *ik ging me eens lekker ~* ❷ een misser maken

poe·del·naakt *bn* geheel naakt

poe·del·prijs *de (m)* [-prijzen] NN troostprijs voor degene die onderaan de ranglijst is geëindigd

poe·der (‹Fr‹Lat), **poei·er I** *de (m) & het* ❶ gruis van gemalen of uiteengevallen vaste stof ❷ cosmetisch artikel, schoonheidsmiddel om zich op te maken of te schminken ❸ BN ook buskruit: ★ *het ~ niet uitgevonden hebben* niet erg slim zijn, het buskruit niet uitgevonden hebben ★ *zijn ~ (naar de mussen) verschieten* zijn kruit verschieten **II** *de* [-s] geneesmiddel in poedervorm

poe·der·blus·ser, **poei·er·blus·ser** *het* [-s] brandblusapparaat werkend met poeder

poe·der·cho·co·la, **poe·der·cho·co·la·de**, **poei·er·cho·co·la**, **poei·er·cho·co·la·de** [-sjoo-] *de (m)* cacao; drank daarvan

poe·der·dons·je, **poei·er·dons·je** *het* [-s] donsje gebruikt bij het poederen

poe·der·doos, **poei·er·doos** *de* [-dozen] doos met (schoonheids)poeder

poe·der·droog *bn* BN heel erg droog, kurkdroog

poe·de·ren *ww* [poederde, h. gepoederd], **poei·e·ren** [poeierde, h. gepoeierd] met poeder bestrooien of bestrijken, vooral het gezicht of de huid

poe·der·kof·fie, **poei·er·kof·fie** *de (m)* oploskoffie

poe·der·kwast, **poei·er·kwast** *de (m)* [-en] kwast waarmee men poedert

poe·der·melk, **poei·er·melk** *de* melkpoeder

poe·der·sui·ker, **poei·er·sui·ker** *de (m)* suiker in poedervorm

po·ëem (‹Gr) *het* [poëmen] gedicht

po·ëet (‹Lat‹Gr) *de (m)* [poëten] ❶ dichter vaak iron ❷ soort narcis (*Narcissus poëticus*)

poef¹ (‹Fr) *de (m)* [-en, -s] geheel met stof overtrokken opgevuld bankje; zitkussen

poef² **I** *tsw* nabootsing van een dof klappend geluid **II** *de (m)* [-en] doffe klap

poe·ha, **poe·ha** *de (m) & het* ophef, drukte

poei·er *de & het* → **poeder**(-)

poei·e·ren *ww* [poeierde, h. gepoeierd] → **poederen**

poe·ke·len *ww* [poekelde, h. gepoekeld] NN, Barg praten, vooral te veel praten

poel *de (m)* [-en] ondiep, modderig stuk water, stuk moeras; modderplas, plas, kolk

poe·le·pe·taat (‹Fr) *de (m)* [-taten] parelhoen

poe·let (‹Fr) *de (m) & het* soepvlees van de kalfsborst; gesneden soepvlees in het algemeen

poe·lier *de (m)* [-s] koopman in geslacht gevogelte en wild

poel·snip *de* [-pen] in poelen levende snip

poe·ma (‹Sp‹Quechua, een Peruaanse indianentaal) *de (m)* ['s] middelgroot katachtig roofdier uit Amerika (*Felis concolor*)

po·ë·ma (‹Gr) *het* [-mata, 's] dichtstuk, gedicht

poen¹ *de (m)* [-en] inf opschepper, vent zonder karakter of beschaving

poen² *de (m)* Barg geld, duiten

poe·ne·rig, **poe·nig** *bn* NN als een patser, opschepperig: ★ ~ *gedrag*

poep¹ *de (m)* drek, uitwerpselen

poep² *de (m)* [-en] wind, scheet ★ *iem. een poepje laten ruiken* iem. tonen waartoe men in staat is, iem. overtreffen

poep³ (‹Fr) *de* [-en] BN, spreektaal achterwerk, kont, billen: ★ *op zijn ~ krijgen*

poep·doos *de* [-dozen] inf wc

poe·pe·loe·re·zat *bn* BN, spreektaal stomdronken

poe·pen *ww* [poepte, h. gepoept] ❶ zijn uitwerpselen lozen ❷ winden laten ❸ BN, plat geslachtsgemeenschap hebben, naaien, neuken

poe·per, **poe·perd** *de (m)* [-s] inf achterste, zitvlak

poe·pe·rij *de (v)* inf diarree

poe·pie-, **poep-** *als eerste lid in samenstellingen* inf heel erg: ★ *~duur, ~goed*

poer *de* → **peur**

poe·ren *ww* [poerde, h. gepoerd] ❶ met een vinger of een dun voorwerp in iets tasten ❷ → **peuren**

Poe·rim (‹Hebr‹Perz) *het* ❶ joods feest gevierd op de 14de of 15de dag van de voorjaarsmaand Adar (februari *of* maart), herinnerend aan de bedreiging met de ondergang van het Joodse volk in het rijk van de Meden en Perzen door de plannen van de Jodenhater Haman (*Esther* 9: 26-28) ❷ *poerim* NN, spreektaal drukte, lawaai

poes *de* [-en, poezen] ❶ kat, vooral de vrouwelijke huiskat ★ *dat is niet voor de ~* dat is niet mis ★ *mis ~* dat is lekker fout, mis gedaan, gedacht enz. ❷ inf, vaak verkl: *poesje* kut

poe·sie·al·bum *het* [-s] kindertaal poëziealbum

po·ë·sis *de (v)* BN, vroeger het vijfde jaar in de Grieks-Latijnse humaniora

poes·je *het* [-s] kleine kat; zie verder → **poes**

poes·je·nel·len·kel·der *de (m)* BN marionettentheater, vaak in een kelder: ★ *de Antwerpse ~ is zeer bekend*
poes·lief *bn* overdreven lief
poes·mooi *bn* erg mooi; verleidelijk mooi
poes·pas *de (m)* rommelzooi; omslachtig gedoe, omhaal
poes·ta *‹Hong› de* ['s] droge grasvlakte in Hongarije, steppe
poet *de (m)* Barg buit (van diefstal)
po·ë·ti·ca *‹Lat‹Gr›*, **po·ë·tiek** *‹Fr‹Gr› de (v)* leer, theorie van de dichtkunst
po·ë·tisch *‹Fr‹Gr› bn* ❶ dichterlijk; als van een dichter; als in poëzie ❷ in versmaat geschreven
poets *de* [-en] grap, list ★ *iem. een ~ bakken* of *spelen* iem. beetnemen, iem. iets onprettigs doen beleven ★ BN *~ we(d)erom ~* met gelijke munt (terugbetalen), leer om leer
poets·doek *de (m)* [-en] doek om mee te poetsen
poet·sen *ww ‹Du›* [poetste, h. gepoetst] met een bep. smeersel schoon en glimmend wrijven; zie ook bij → **plaat**
poets·ge·rei, **poets·goed** *het* poetsbenodigdheden
poets·ka·toen *de (m) & het* katoenresten waarmee machines schoongemaakt worden
poets·lap *de (m)* [-pen] poetsdoek
poets·ster [-stər] *de (v)* [-s] vrouw die poetst
poets·vrouw *de (v)* [-en] BN ook werkster
poe·ze·lig *bn* zacht vlezig: ★ *poezelige babyvoetjes*
po·ë·zie *‹Fr‹Gr› de (v)* ❶ dichtkunst ❷ gedichten ❸ dichterlijkheid
po·ë·zie·al·bum *het* [-s] albumpje waarin men vrienden en kennissen een versje laat schrijven
pof[1] **I** *tsw* nabootsing van een kort dof geluid **II** *de (m)* [-fen] kort dof geluid
pof[2] *de (m)* ★ *op de ~* op krediet
pof[3] *de* [-fen] bolle plooi
pof·broek *de* [-en] ❶ broek met opgepofte korte pijpen ❷ iem. die veel op de → **pof**[2] koopt
pof·fen *ww* [pofte, h. gepoft] ❶ op krediet kopen ❷ ‹kastanjes, maïs› braden ❸ met een → **pof**[1] doen neerkomen
pof·fer·tje *het* [-s] vooral NN klein rond baksel van gerezen → **beslag** (bet 1), gebakken in een poffertjespan
pof·fer·tjes·kraam *de & het* [-kramen] vooral NN tent waarin poffertjes gebakken en verkocht worden
pof·fer·tjes·pan *de* [-nen] vooral NN pan met putjes waarin poffertjes gebakken worden
pof·mouw *de* [-en] bol opstaande mouw
po·gen *ww* [poogde, h. gepoogd] trachten
po·ging *de (v)* [-en] het pogen; inspanning om iets te bereiken: ★ *een ~ aanwenden, doen, wagen*
po·go *de* [-γoo] *‹Eng›* punkdans
po·grom [-γrom, pooγrom] *‹Russ› de (m)* [-s] georganiseerde Jodenvervolging en -moord
poin·set·tia *de (v)* ['s] kerstster, genoemd naar de Amerikaanse diplomaat Joel R. Poinsett (†1851)

poin·te [pwɛ̃tə] *‹Fr‹Lat› de (v)* [-s] punt; vooral het fijne, de aardigheid van een geestigheid; geestige zet; de strekking van iets
point·er *‹Eng› de (m)* [-s] ❶ patrijshond, gladharige staande jachthond ❷ comput cursor of muisaanwijzer in een grafische gebruikersinterface ❸ comput verwijzing naar een geheugenadres
poin·te·ren [pwɛ̃teerə(n)] *‹Fr›* ww [pointeerde, h. gepointeerd] BN ook ❶ afvinken ❷ prikken, via een prikklok je aanwezigheid registreren
poin·til·le·ren *ww* [pwɛ̃tiejeerə(n)] *‹Fr›* [pointilleerde, h. gepointilleerd] met stipjes, puntjes schilderen
poin·til·lis·me [pwɛ̃tiejismə] *‹Fr› het* het schilderen in stipjes en streepjes
poin·til·list [pwɛ̃tiejist] *de (m)* [-en] schilder die het pointillisme beoefent
point of no re·turn [rietʉrn] *‹Eng› het* punt van waaraf geen terugkeer meer mogelijk is; ook fig
pok *de* [-ken] ❶ blaasvormig zweertje dat een putje in de huid achterlaat, veroorzaakt door een besmettelijke ziekte; ❷ *de pokken* naam van die ziekte
pok·da·lig *bn* met (pok)putjes in de huid: ★ *een ~ gezicht*
po·ken *ww* [pookte, h. gepookt] met de pook in het vuur porren
po·ker *‹Eng› het* ❶ uit Amerika afkomstig kaart- of dobbelspel waarbij veelal om geld gespeeld wordt ❷ vijf stenen of kaarten (indien er met jokers in het spel wordt gespeeld) met dezelfde waarde
po·ker·be·ker *de (m)* [-s] beker voor dobbelstenen
po·ke·ren *ww* [pokerde, h. gepokerd] poker spelen
po·ker·face [-fees] *‹Eng› het* gezicht waarop geen aandoening te lezen staat
pok·hout *het* zwaar soort, zeer slijtvast West-Indisch en Midden-Amerikaans hout
pok·ken *mv* thans uitgeroeide ernstige, besmettelijke ziekte, waarbij blaasvormige zweren de huid en de slijmvliezen aantasten; zie bij → **pok**
pok·ken- *als eerste lid in samenstellingen* slecht, rot-: ★ *pokkenfilm, pokkenweer, pokkenwijf*
pok·ken·brief·je *het* [-s] vroeger bewijs dat men ingeënt is tegen de pokken
pok·ken·epi·de·mie *de (v)* [-mieën] het heersen van de pokken
pok·put·je *het* [-s] litteken van een pok
pok·stof *de* stof waarmee men ingeënt werd tegen pokken
pol *de (m)* [-len] ❶ bosje, bundel van planten en wortels met de kluit aarde eraan ❷ BN, kindertaal klein, poezelig, mollig handje (van een kind); hand: ★ *iem. een ~ geven, iem. een polleke geven*
po·lair [-lɛr] *‹Fr‹Lat› bn* ❶ van polen (→ **pool**[1], bet 2) voorzien ❷ naar tegenovergestelde kanten gericht ❸ bij de polen (→ **pool**[1], bet 1) aanwezig of vandaar afkomstig: ★ *polaire lucht*
po·lak *‹Pools› de (m)* [-ken] *scheldnaam voor* Pool, vooral jood uit Polen

po·la·ri·sa·tie [-zaa(t)sie] *(Fr) de (v)* ❶ wijziging in licht- of andere stralen, zodanig dat zij slechts in één vlak trillen, waardoor zij na terugkaatsing of breking niet andermaal in bepaalde richtingen kunnen worden teruggekaatst of gebroken ❷ verschuiving van de lading van ionen of atomen onder invloed van een elektrisch veld (*diëlektrische polarisatie*) ❸ het zich polair tegenover elkaar opstellen, het accentueren van tegenstellingen in plaats van het streven naar samenwerking of overeenstemming

po·la·ri·se·ren *ww* [-zeerə(n)] *(Fr)* [polariseerde, h. gepolariseerd] *eig & fig* in de toestand van polarisatie brengen

po·la·ri·teit *(Fr) de (v)* het bezitten van polen; eigenschap van polair-zijn

po·la·roid [-rojd] *(Eng) het* stof waarmee men polarisatie teweeg kan brengen, o.a. gebruikt in brillen tegen spiegelend licht

pol·der *de (m)* [-s] met dijken omgeven laag land, waarin men de waterstand kan regelen

pol·der·be·las·ting *de (v)* [-en] belasting voor het onderhoud van een polder met bijbehoren

pol·der·be·ma·ling *de (v)* [-en] het wegmalen van het overtollige polderwater

pol·der·be·stuur *het* [-sturen] bestuurders van een polder

pol·der·blind·heid *de (v) NN* het verschijnsel dat een bestuurder van een motorvoertuig die op een rechte, zeer eentonige weg rijdt, gedurende korte tijd niet meer oplet

pol·der·ge·maal *het* [-malen] → **gemaal**³ om de waterstand van een polder te regelen

pol·der·land *het* uit polders bestaand land

pol·der·mees·ter *de (m)* [-s] lid van een polderbestuur

pol·der·mo·del [-del] *het* in Nederland overlegcultuur, waarbij werkgeverorganisaties, vakbonden en overheid consensus nastreven, de basis voor het succesvolle economische beleid van Nederland in de jaren '90 van de 20ste eeuw

pol·der·mo·len *de (m)* [-s] molen of → **gemaal**³ waarmee het overtollige water weggemalen wordt

pol·der·peil *het* peil waarop men het polderwater houdt

pol·der·schouw *de (m)* [-en] inspectie van sloten enz. van een polder

pol·der·wa·ter *het* water (kanalen, sloten, grondwater) in een polder

po·le·mi·cus *de (m)* [-ci] iem. die polemiek voert, polemist

po·le·miek *(Fr‹Gr) de (v)* [-en] pennenstrijd, twistgeschrijf

po·le·misch *(Fr‹Gr) bn* van de aard van, als in een polemiek

po·le·mi·se·ren *ww* [-zeerə(n)] *(Fr)* [polemiseerde, h. gepolemiseerd] polemiek voeren, in twistgeschrijf treden, een pennenstrijd voeren

po·le·mist *(Fr) de (m)* [-en] twistvoerder met de pen, deelnemer aan of liefhebber van polemiek

po·le·mo·lo·gie *(‹Gr) de (v)* wetenschap van de oorlog, van de oorzaken van oorlog en vrede

po·le·mo·lo·gisch *bn* de polemologie betreffend

po·le·mo·loog *(‹Gr) de (m)* [-logen] beoefenaar van de polemologie

Po·len *(‹Slav) het* ★ *nog is ~ niet verloren* er is nog kans op een goede afloop

pole·po·si·tion [poolpoozisjən] *de* ‹bij auto- en motorraces› voorste startpositie

po·le·ren *(‹Fr‹Lat) ww* [poleerde, h. gepoleerd] *NN* polijsten, glanzend poetsen: ★ *wijnglazen ~*

po·li *afk* verkorting van polikliniek

pol·i·cy [pollissie] *(‹Eng) de* beleid

po·liep *(‹Fr‹Gr) de* [-en] ❶ benaming voor soorten van holtedieren met een krans van tentakels, waardoor zij op een plant lijken ❷ *med* gesteeld gezwel (in neus enz.)

po·lijs·ten *ww (‹Fr)* [polijstte, h. gepolijst] ❶ glanzend poetsen ❷ *fig* verfijnen, bijschaven: ★ *zijn stijl ~*

po·li·kli·niek *(‹Du) de (v)* [-en] inrichting waar aan lopende patiënten geneeskundige hulp wordt verleend

po·li·kli·nisch *bn* in een polikliniek (geschiedend): ★ *poliklinische behandeling* ★ ~ *bevallen* bevallen in een ziekenhuis maar daar niet langer dan 24 uur blijven

po·lio *de* → **poliomyelitis**

po·lio·my·e·li·tis [-mie-ee-] *(‹Gr) de (v) med* kinderverlamming, ontsteking van de grijze ruggenmergstof, vaak met gevolg verlamming van armen of benen; komt ook bij volwassenen voor; bij verkorting ook → **polio**, vooral in samenstellingen: ★ *poliopatiënt*

po·lis¹ *(‹Fr‹It) de* [-sen] verzekeringscontract, assurantiebewijs

po·lis² *(‹Gr) de* stad; stadstaat

po·lit·bu·ro [-liet-] *het hist* politiek bureau, dagelijks bestuur en leidend orgaan van de communistische partij in de Sovjet-Unie; een dergelijk bureau in andere communistische landen

po·li·ti·co·lo·gie *(‹Fr-Gr) de (v)* wetenschap die de diverse aspecten van de totstandkoming, de uitvoering en de effecten van (overheids)beleid bestudeert; **politicologisch** *bn*

po·li·ti·co·loog *(‹Fr-Gr) de (m)* [-logen] beoefenaar van de politicologie

po·li·ti·cus *(‹Lat) de (m)* [-ci] ❶ staatsman; iem. die aan het politieke leven deelneemt ❷ *fig* handig manoeuvrerend, → **politiek** (I, bet 2) mens; slimme vos

po·li·tie [-(t)sie] *(‹Lat‹Gr)* **I** *de (v)* overheidsdienst belast met de zorg voor de openbare orde en veiligheid en met het opsporen van strafbare feiten ★ BN *gerechtelijke ~* politiedienst tot onderzoek en naspeuring van misdrijven **II** *de* [-s] *volkstaal* politieagent

po·li·tie·aca·de·mie [-(t)sie-] *de (v)* [-s] vooral NN

academie waar aanstaande politieagenten worden opgeleid voor hun functie

po·li·tie·agent [-(t)sie-] *de (m)* [-en] iem. in overheidsdienst, al dan niet in uniform, belast met het toezicht op en de handhaving van orde en veiligheid

po·li·tie·be·amb·te [-(t)sie-] *de* [-n] iem. in dienst van de politie

po·li·tie·be·richt [-(t)sie-] *het* [-en] door de politie verspreid bericht

po·li·tie·bu·reau [-(t)siebuuroo] *het* [-s] kantoor van de politie

po·li·tieel [-(t)sjeel] *bn* op de politie betrekking hebbend of daarmede in verband staand, van de politie

po·li·tie·hond [-(t)sie-] *de (m)* [-en] hond gebruikt bij de politie

po·li·tiek ⟨*Fr*<*Gr*⟩ **I** *bn* ❶ staatkundig; betrekking hebbend op het staatkundig beleid ❷ getuigend van veel overleg, behendig, sluw ★ ~ *correct* (overdreven) correct ten aanzien van kwesties die met ras, geslacht enz. te maken hebben **II** *de (v)* ❶ geheel van beginselen volgens welke een staat, gewest enz. geregeerd wordt of moet worden ❷ handelwijze van een overheid t.o.v. bepaalde objecten: ★ *financiële, economische* ~ ❸ *fig* manier van optreden, inkleding van zijn handelwijze ❹ de gezamenlijke politici, het landsbestuur: ★ *de* ~ *moet over deze kwestie een uitspraak doen*

po·li·tie·korps [-(t)sie-] *het* [-en] groep als een administratieve eenheid ingedeelde politieagenten in een stad of streek

po·li·tie·macht [-(t)sie-] *de* groep gewapende politieagenten

po·li·tie·man [-(t)sie-] *de (m)* [-nen] politiebeambte

po·li·tie·men·sen [-(t)sie-] *mv* politieagenten of politieagentes

po·li·tie·post [-(t)sie-] *de (m)* [-en] ❶ dienstgebouwtje van de politie ❷ politieagent op wachtpost

po·li·tie·recht·bank [-(t)sie-] *de* [-en] BN rechtbank met bevoegdheid over een of meer gerechtelijke kantons, die overtredingen behandelt, zoals verkeersovertredingen

po·li·tie·rech·ter [-(t)sie-] *de (m)* [-s] ❶ rechter die vonnis velt in strafzaken van minder ernstige aard en maximaal een gevangenisstraf van zes maanden kan opleggen ❷ BN rechter die zitting heeft in een politierechtbank

po·li·tie·school [-(t)sie-] *de* [-scholen] school voor opleiding van politiebeambten

po·li·tie·staat [-(t)sie-] *de (m)* [-staten] staat waarin de burgers onder streng politietoezicht staan en weinig vrijheid genieten

po·li·tie·sur·veil·lant [-(t)siesurveijant] *de (m)* [-en] surveillant van politie

po·li·tie·toe·zicht [-(t)sie-] *het* toezicht door de politie

po·li·tie·ver·or·de·ning [-(t)sie-] *de (v)* [-en] aan de burgerij opgelegde verordening door het bestuur van een lager publiekrechtelijk lichaam: ★ *iedere Nederlandse gemeente heeft zijn eigen* ~

po·li·tie·zo·ne [poli(t)siezònə] *de* [-s] BN lokale politieregio met aan het hoofd een korpschef

po·li·tio·neel [-(t)sjoo-] *bn* politieel ★ NN, hist *politionele acties* acties van het Nederlandse leger in het voormalige Nederlands Oost-Indië tegen de Indonesische vrijheidsstrijders in 1947 en 1948

po·li·ti·se·ren *ww* [-zeerə(n)] ⟨*Fr*⟩ [politiseerde, h. gepolitiseerd] over staatszaken redeneren; (iets) in de politiek betrekken; (iem.) politiek bewust maken; fig slim berekenend te werk gaan

po·li·toer ⟨*Du*<*Lat*⟩ **I** *de* gladheid, glans; fig vernisje van beschaving **II** *de (m) & het* glansmiddel, smeersel van in alcohol opgeloste schellak, ter bescherming en verfraaiing van houten meubelen

po·li·toe·ren *ww* [politoerde, h. gepolitoerd] met politoer glanzend maken; fig oppoetsen, opknappen

pol·ka ⟨*Tsjech*⟩ *de* levendige dans in 2/4-maat

poll ⟨*Eng*⟩ *de (m)* [-s] ❶ opinieonderzoek, vooral voor de verkiezingen ❷ BN, pol stemming waarbij de kandidatenlijst, vooral voor verkiezingen, wordt vastgelegd

pol·lak ⟨*Eng*⟩ *de (m)* [-ken] schelvis die boven een steenachtige bodem leeft en ongeveer 1 meter lang kan worden (*Pollachius pollachius*), vlaswijting, witte koolvis

pol·len ⟨*Lat*⟩ *het* stuifmeel van bloemen

pol·le·pel *de (m)* [-s] ❶ houten keukenlepel ❷ BN, spreektaal soeplepel

pol·lu·tie [-(t)sie] ⟨*Lat*⟩ *de (v)* [-s] ❶ bezoedeling, bevlekking, verontreiniging, vervuiling; ook m.g. van het milieu ❷ onwillekeurige nachtelijke zaadvloeiing

po·lo ⟨*Eng*<*Tibetaans*⟩ *het* balspel dat te paard, op schaatsen, rijwielen of te water wordt gespeeld

po·lo·ën *ww* [polode, h. gepolood] polo spelen

po·lo·hemd *het* [-en] sportief hemd met een split in de hals en korte mouwen

po·lo·nai·se [-nèzə] ⟨*Fr*⟩ *de (v)* [-s] Poolse dans in driekwartsmaat; muziek daarvoor; thans veelal dans van in een lange rij achter elkaar lopende mensen ★ NN *aan mijn lijf geen* ~ daar bedank ik voor, dat doe ik niet

po·lo·ni·um *het* chemisch element, symbool Po, atoomnummer 84, met een groot aantal radioactieve isotopen, genoemd naar het land Polen

po·lo·shirt [-sjù(r)t] *het* [-s] polohemd

po·lo·spel *het* [-spelen] polo; polowedstrijd

pols ⟨*Lat*⟩ *de (m)* [-en] ❶ onderarmgedeelte bij de hand; polsslag ★ iem. de ~ voelen a) de snelheid van de polsslag vaststellen, b) fig door vragen en praten trachten na te gaan wat er in iem. zit ★ *de vinger aan de* ~ *houden* fig iets blijven controleren, goed in de gaten blijven houden ★ *uit de losse* ~ zonder voorbereiding, voor de vuist weg, zonder moeite, met groot gemak ❷ polsstok

pols·band *de (m)* [-en] band om de pols, ter versteviging (bijv. bij tennis) of ter versiering

pols·be·scher·mer *de (m)* [-s] band om de pols te beschermen

pol·sen *ww* [polste, h. gepolst] ❶ iemands mening peilen ❷ met een polsstok het water in beweging brengen

pols·hor·lo·ge [-loozjə] *het* [-s] aan de pols gedragen horloge

pols·slag *de (m)* [-slagen] klopping van het bloed, bij de pols voelbaar; fig stuwkracht

pols·slag·ader *de* [-s] slagader in de pols

pols·stok *de (m)* [-ken] sp springstok

pols·stok·hoog·sprin·gen *ww & het* (het) zo hoog mogelijk springen over een lat met behulp van een polsstok

pols·stok·sprin·gen *ww & het* sp (het) springen met een polsstok

pols·stok·ver·sprin·gen *ww & het* (het) met behulp van een polsstok zo ver mogelijk springen op de horizontale afstand

pols·tas·je *het* [-s] kleine tas die men aan een lus rond de pols draagt

pol·ter·geist [-ɣaist] *⟨Du⟩ de (m)* [-e] klopgeest, kwelgeest, spook

po·ly- [poolie-] *⟨Gr⟩* als eerste lid in samenstellingen veel

po·ly·acryl [poolieaakriel] *de (m)* [-en] sterke synthetische vezelstof (zoals orlon, dralon, leacryl e.a.)

po·ly·ami·den [-lie-aamie-] *⟨Gr-Lat⟩ mv* groep kunststoffen waarvan verschillende bekend zijn geworden onder de oorspronkelijke merknaam nylon

po·ly·amo·rie [-lie-] *⟨Gr-Lat⟩ de (v)* levenswijze waarbij het mogelijk is om tegelijk met meerdere mensen een liefdesrelatie te onderhouden, elk met specifieke eigenschappen

po·ly·an·drie [-lie-] *⟨Gr⟩ de (v)* huwelijk, samenlevingsvorm van een vrouw met twee of meer mannen

po·ly·chro·me·ren *ww* [-lie-] [polychromeerde, h. gepolychromeerd] veelkleurig beschilderen

po·ly·chro·mie [-lie-] *⟨Gr⟩ de (v)* het polychromeren; veelkleurigheid

po·ly·chroom [-lie-] *⟨Gr⟩ bn* veelkleurig; in verschillende kleuren beschilderd of afgebeeld

po·ly·eder [-lie-] *⟨Gr⟩ de (m)* [-s] veelvlak; door vier of meer vlakken begrensd lichaam

po·ly·es·ter [-lie-] *⟨Gr⟩ de (m)* kunststof gevormd uit meerwaardige alcohol en meerwaardig organisch zuur

po·ly·etheen [-lie-eeteen], **po·ly·ethy·leen** [-lie-eetie-] *⟨Gr⟩ het* veel gebruikte, elastische, thermoplastische kunststof

po·ly·ether [-lie-] *⟨Gr⟩ de (m)* schuimrubberachtige kunststof, veel gebruikt in matrassen

po·ly·fo·nie [-lie-] *⟨Gr⟩ de (v)* muz veelstemmigheid; wijze van componeren waarbij elk van de stemmen gelijkwaardig is aan de andere en niet enkel tot begeleiding dient

po·ly·foon [-lie-] *⟨Gr⟩ bn* muz veelstemmig

po·ly·gaam [-lie-] *⟨Gr⟩ bn* in polygamie levend

po·ly·ga·mie [-lie-] *⟨Gr⟩ de (v)* huwelijk, samenlevingsvorm met meer dan een partner

po·ly·glot [-lie-] *⟨Gr⟩ de (m)* [-ten] iem. die veel talen kent

po·ly·goon [-lie-] *⟨Gr⟩ de (m)* [-gonen] veelhoek

po·ly·graaf [-lie-] *⟨Gr⟩ de (m)* [-grafen] ❶ veelschrijver ❷ toestel waarmee men door draaiing een aantal tekeningen kan verkrijgen ❸ toestel dat bloeddruk, ademhaling en psychische reflexen aantekent

po·ly·gy·nie [-liegie-] *⟨Gr⟩ de (v)* veelwijverij

po·ly·in·ter·pre·ta·bel [-lie-] *bn* voor velerlei uitlegging vatbaar; **polyinterpretabiliteit** *⟨Gr-Fr⟩ de (v)*

po·ly·meer [-lie-] *het* [-meren] uit verscheidene andere moleculen bestaande grote molecule

po·ly·morf [-lie-] *⟨Gr⟩ bn* veelvormig, in velerlei gedaante optredend

Po·ly·ne·si·ër [-lieneezie-] *de (m)* [-s] iem. geboortig of afkomstig uit Polynesië

Po·ly·ne·sisch [-lieneezies] *bn* van, uit, betreffende Polynesië

po·ly·sty·reen [-liestie-] *⟨Gr⟩ het* een thermoplastische, zeer brosse kunststof

po·ly·sty·rol [-liestie-] *⟨Gr⟩ de (m) & het* een glasheldere, bij 90° C zacht wordende kunststof, o.a. gebruikt voor folie

po·ly·syl·la·bisch [-liesil-] *⟨Gr⟩ bn* veellettergrepig

po·ly·syn·de·ton [-liesin-] *⟨Gr⟩ het* verbinding van een reeks nevengeschikte zinnen door een zelfde voegwoord

po·ly·tech·niek [-lie-] *⟨Gr⟩ de (v)* hogere theoretische en technische kennis, vereist voor de uitoefening van technologische en ingenieursvakken

po·ly·tech·nisch [-lie-] *⟨Gr⟩ bn* betrekking hebbend op, behorend tot de polytechniek

po·ly·the·ïs·me [-lie-] *⟨Gr⟩ het* veelgodendom; *tegengest.:* → **monotheïsme**

po·ly·the·ïst [-lie-] *⟨Gr⟩ de (m)* [-en] aanhanger van het polytheïsme

po·ly·ure·thaan [-lie-] *⟨Gr⟩ het* groep van polymeren voor kunststoffen, synthetische rubbers, lijmsoorten en vezels

po·ly·va·lent [-lie-] *⟨Gr-Lat⟩ bn* meer dan één waarde of werking bezittend; chem hogere valentie dan één bezittend

po·ly·vi·nyl- *zn* [-lievieniel] aanduiding van een eenwaardige groep die in een aantal kunststoffen voorkomt, zoals: *polyvinylacetaat, polyvinylalcohol*

po·ly·vi·nyl·chlo·ri·de [-lievieniel-] *het* kunststof die bij verwarming vervormbaar wordt (afgekort: pvc)

pom *⟨Srananтongo⟩ de (m)* Surinaams gerecht, met als hoofdbestanddeel kippenpastei

po·me·rans *⟨Du⟨It⟩ de* [-en] ❶ bittere oranjeappel

❷ pomeransbitter; jenever daarmee ❸ dopje of stooteinde aan een biljartkeu en aan een schermdegen

pom·ma·de *(‹Fr‹It) de* [-s] zalfachtig smeersel, haarzalf; lippenzalf

pom·mes fri·tes [pom friet] *(‹Fr) mv* vooral NN friet, patat

po·mo·lo·gie *(‹Lat-Gr) de (v)* ooftkunde, leer van het fruit en de fruitsoorten

pomp *de* [-en] ❶ werktuig om water, lucht enz. omhoog of weg te persen ★ *loop naar de ~!* ga toch heen! ❷ pregnant benzinepomp ❸ inf tap, tapkast

pom·pa·doer *(‹Fr) de (v)* bont bedrukte of aldus geweven japon- en bekledingsstof, genoemd naar Jeanne Antoinette Poisson, markiezin van Pompadour (1721-1764); **pompadoeren** *bn*

pomp·af *bn* BN, spreektaal bekaf, doodmoe, uitgeput

pomp·bak *de (m)* [-ken] dial gootsteen, aanrecht, spoelbak

pomp·be·dien·de *de* [-n, -s] iem. die beroepsmatig een benzinepomp bedient

pom·pel·moes *(‹Tamil) de* [-moezen] BN ook grapefruit (*Citrus paradisi*)

pom·pen *ww* [pompte, h. gepompt] ❶ met een → **pomp** omhoog-, wegpersen ★ *fig ~ of verzuipen* hard werken of falen ★ *ergens geld in ~* geld investeren in een onderneming ❷ NN, fig domweg uit het hoofd leren ❸ BN ook zich opdrukken

pom·per·nik·kel *(‹Du) de (m)* grof, zwart Westfaals roggebrood

pom·peus *(‹Fr‹Lat) bn* statig, deftig, pronkend, met praalvertoning gepaard gaand; hoogdravend

pomp·hou·der *de (m)* [-s] iem. die een benzinepomp exploiteert

pom·pier [-pier] *(‹Fr) de (m)* [-s] BN, spreektaal brandweerman, spuitgast

pom·pist *(‹Fr) de (m)* [-en] iem. die een pomp bedient, vooral pompbediende; *ook* pomphouder

pom·poen *(‹Oudfrans) de (m)* [-en] ❶ meloenachtige vrucht ❷ pompon

pom·pon *(‹Fr) de (m)* [-s] bolwkastje als versiering op kleding en schoeisel, eertijds ook op sjako's en uniformpetten

pomp·stang *de* [-en] stang waaraan de zuiger van een → **pomp** bevestigd is

pomp·sta·tion [-(t)sjon] *het* [-s] ❶ inrichting waar het water voor de waterleiding opgepompt wordt ❷ inrichting waar men brandstof, olie e.d. kan krijgen voor motorvoertuigen, tankstation ❸ BN gemaal

pomp·wa·ter *het* door een → **pomp** naar de oppervlakte gebracht water

pon *de (m)* [-nen] vooral NN nachtjapon

pon·cho [-sjoo] *(‹Sp) de (m)* ['s] mantelcape; vierkante lap met een gat in het midden om het hoofd door te steken, bij wijze van cape gedragen, oorspronkelijk in Zuid-Amerika

pond *(‹Lat) het* [-en] ❶ gewichtseenheid: 1/2 kg ❷ munteenheid van Bermuda, Cyprus, Egypte, Groot-Brittannië, Libanon, Malta, Soedan, Syrië en van Ierland tot de invoering van de euro

ponds·ponds·ge·wijs, ponds·ponds·ge·wij·ze *bijw* naar evenredigheid

po·nem *(‹Hebr) het* [-s] NN, Barg gezicht

po·ne·ren *ww (‹Lat)* [poneerde, h. geponeerd] stellen, voordragen; onderstellen

pon·jaard *(‹Fr‹Lat) de (m)* [-en, -s] korte degen, sierlijke dolk

pons *(‹Fr) de (m)* [-en] machine waarmee gaten in metaal, leer of papier geponst worden

pons·band *de (m)* [-en] band met erin geponste gaten, waarop gegevens zijn af te lezen

pon·sen *ww* [ponste, h. geponst] gaten in metaal, leer of papier slaan

pons·kaart *de* [-en] kaart met erin geponste gaten om gegevens vast te leggen

pons·ma·chi·ne [-sjienə] *de (v)* [-s] → **pons**

pon·soen *(‹Fr‹Lat) de (m)* [-en] ❶ stempel met een lettervorm, keurstempel ❷ stift met knopvormig einde, bezet met puntjes

pons·ty·pist [-tie-] *de (m)* [-en], **pons·ty·pis·te** *de (v)* [-s *en* -n] iem. die gegevens invoert via een ponsmachine

pont *(‹Lat) de* [-en] platboomd vaartuig waarmee mensen, dieren en voertuigen over een water worden gezet

pon·te·neur *(‹Fr: point d'honneur) het* ★ NN *op z'n ~ staan* volkstaal geprikkeld raken als men zich in zijn eer aangetast voelt

pon·ti·fex *(‹Lat) de (m)* [-tifices] ❶ lid van het hoogste Romeinse priestercollege, opperpriester ★ *~ maximus* hoogste van de opperpriesters ❷ paus

pon·ti·fi·caal *(‹Lat)* **I** *bn* hogepriesterlijk; bisschoppelijk: ★ *pontificale mis* door een bisschop bediend ★ *haar naam stond ~ op de voorpagina* haar naam stond heel duidelijk, een beetje overdreven, op de voorpagina **II** *het* ❶ pauselijk of bisschoppelijk staatsiegewaad ❷ staatsiekleed; inf beste pak

pon·ti·fi·caat *(‹Lat) het* opperpriesterschap; pausschap; pauselijke waardigheid en regering

Pon·ti·us Pi·la·tus *de (m)* Pilatus, Romeins stadhouder in Judea (26-36 n.C.), die Jezus veroordeelde ★ *van Pontius naar Pilatus sturen* van het kastje naar de muur (naar *Lucas* 23)

pon·ton *(‹Fr‹Lat) de (m)* [-s] ❶ (ijzeren) schuitje voor vastgelegde schipbruggen ❷ drijvende aanlegsteiger bestaande uit één of meer dichte plaatijzeren bakken, waarover een houten dek; bak die iets drijvende houdt

pon·ton·brug *de* [-gen] schipbrug

pon·ton·nier *(‹Fr) de (m)* [-s] soldaat met het maken van schipbruggen belast

pont·veer *het* [-veren] plaats waar men met een pont een water oversteken kan; geregelde dienst met een pont

po·ny[1] [ponnie] (‹Eng) *de (m)* [-'s] soort klein paard, tot 1,48 m schofthoogte, hit

po·ny[2] [ponnie] *het* over het voorhoofd gekamd en afgeknipt haar *(ponyhaar)*

pooi·er *de (m)* [-s] inf ❶ souteneur ❷ gemene kerel; onbeschaafde ruwe kerel

pook *de* [poken] ❶ omgebogen ijzer om te poken ❷ hendel waarmee in een auto geschakeld wordt

Pool *de (m)* [Polen] iem. geboortig of afkomstig uit Polen

pool[1] (‹Lat‹Gr) *de* [polen] ❶ aspunt, vooral van de aardbol en van de hemelbol ❷ elk van de beide punten of plaatsen die de zetel van tegenovergestelde krachten of eigenschappen zijn, bijv. de polen van een magneet, van een elektrische batterij ❸ fig elk van twee tegengestelde richtingen of principes

pool[2] (‹Fr‹Lat) *de* de opstaande draden van een weefsel, bijv. vloerkleed, fluweel enz.

pool[3] [poel] (‹Eng) **I** *de (m)* [-s] ❶ overeenkomst tussen producenten of handelaars om de prijs te beheersen ❷ systeem van wedden op de uitslag van een bepaald aantal sportwedstrijden, waarbij de inleg van alle deelnemers aan de winnaar wordt toegekend of onder de winnaars verdeeld wordt ❸ gemeenschappelijke pot in het algemeen; gemeenschappelijk gebruik, *vgl*: → **carpool** **II** *de (m)* naam voor alle vormen van het biljartspel waarbij men m.b.v. de speelbal de andere ballen in langs de band aangebrachte gaten moet stoten, vooral voor de in Amerika beoefende variant met 15 genummerde en gekleurde ballen

pool·beer *de (m)* [-beren] ijsbeer

pool·bil·jart [poel-] *het*)³pool

pool·cir·kel *de (m)* [-s] parallelcirkel op 66°30' noorder- en zuiderbreedte

poo·len *ww* [poelə(n)] (‹Eng) [poolde, h. gepoold] ❶ deel nemen aan een → **pool³** (bet 2) ❷ zich ten behoeve van een gemeenschappelijk belang verenigen

pool·ex·pe·di·tie [-(t)sie] *de (v)* [-s] onderzoekingstocht naar het Noord- of Zuidpoolgebied

pool·kap *de (v)* [-pen] elk van de grote ijskappen op de Noord- en de Zuidpool

pool·licht *het* verzamelnaam voor noorder- en zuiderlicht

pool·nacht *de (m)* [-en] periode gedurende welke het aan de → **pool¹** (bet 1) de gehele dag donker is

pool·rei·zi·ger *de (m)* [-s] iem. die deelneemt aan een poolexpeditie

Pools I *het* Poolse taal **II** *bn* van, uit, betreffende Polen ★ *een Poolse landdag* een rumoerige, wanordelijke vergadering ★ *Poolse vlecht* met hoofdluizen gepaard gaande huiduitslag op het hoofd met korstvorming, waarin de haren vast blijven zitten (plica polonica)

pool·schoen *de (m)* [-en] ijzermassa aan de → **pool¹** (bet 2) van een magneet

pools·hoog·te *de (v)* hoogte van de hemelpool boven de horizon ★ *fig* ~ *nemen* zich op de hoogte stellen

pool·ster *de* ster van de tweede grootte in het sterrenbeeld de Kleine Beer, niet ver verwijderd van de hemelnoordpool

pool·stre·ken *mv* het Noord- en Zuidpoolgebied

pool·vos *de (m)* [-sen] witte vos in de Noordpoolstreken

pool·zee *de* [-zeeën] ijszee in de poolstreken

poon [ponen] **I** *de (m)* bodembewonende vis die een hard (knorrend) geluid voort kan brengen, met een grote, gepantserde kop en grote, mooi gekleurde borstvinnen; ★ *in de Noordzee leven o.a. de grauwe* ~ *en de rode* ~, *die als consumptievis worden verkocht* **II** *de* vaartuig

poort (‹Lat) *de* [-en] ❶ overdekte doorgang door een muur, gebouwen enz. ❷ brede boogvormige dubbele deur ★ *iets voor de poorten van de hel wegslepen* iets net op tijd voor de ondergang behoeden ★ *de poorten openen* ❸ (van winkels e.d.) voor de eerste keer opengaan ★ *de poorten sluiten* ❹ (v. bedrijven e.d.) definitief dichtgaan ❺ comput insteekbus; zie ook: → **parallel** en → **serieel**

poort·ader *de* [-s] ader die van de darmen naar de lever loopt

poor·ten *ww* [poortte, h. gepoort] voetbal een tegenstander passeren door de bal tussen zijn benen door te spelen

poor·ter *de (m)* [-s] hist burger van een stad

poos (‹Oudfrans‹Lat) *de* [pozen] tijdje; ★ *zij is een* ~ *weggeweest*

poos·je *het* [-s] → **poos**, bet 1

poot[1] *de (m)* [poten] ❶ voet of been van een dier ★ fig *op zijn achterste poten staan* zich hevig verzetten, erg boos worden ★ *op hoge poten* verontwaardigd ★ ~ *geven* ❷ (van honden) op bevel een van de voorpoten naar iem. uitsteken ❸ spreektaal voet of been van een mens; ★ *zijn poten breken* ★ *geen* ~ *meer kunnen verzetten* zo vermoeid zijn dat men niets meer kan doen ★ *op zijn* ~ *spelen* → **uitvaren** (bet 1) ★ *zijn* ~ *stijf houden* bij zijn standpunten, eisen blijven ★ *een brief op poten* in krachtige bewoordingen ★ vooral NN *geen* ~ *aan de grond krijgen* geen enkele kans krijgen ★ *geen* ~ *hebben om op te staan* geen steekhoudende argumenten voor een standpunt kunnen aanvoeren ❹ spreektaal hand; ★ *je moet er met je poten vanaf blijven* ★ *geen* ~ *uitsteken* niets doen, niets ondernemen ❺ deel van een meubel of een andere constructie; ★ *de* ~ *van een stoel, van een booreiland* ★ *op poten staan* degelijk in orde zijn, goed in elkaar zitten ★ *op poten zetten* degelijk ordenen, goed tot stand brengen ❻ spreektaal handschrift; ★ *een lelijke* ~, *een vlotte* ~ *schrijven* ❼ afdeling van een (groot) bedrijf; zie ook bij → **pootje**[1] en → **uitdraaien**

poot[2] *de (m)* [poten] inf mannelijke homofiel

poot[3] *de* [poten] biol stekje

poot·aan *ww* NN ~ *spelen* flink aanpakken, hard

werken

poot·aard·ap·pel [-aardap-] *de (m)* [-s, -en] aardappel geschikt om gepoot te worden

poot·goed *het* kleine veldvruchten, vooral aardappels, geschikt om te poten

poot·je¹ *het* [-s] ❶ kleine → **poot**¹ ★ *op zijn pootjes terechtkomen* (na aanvankelijke moeilijkheden) goed terechtkomen ★ *~ over* ⟨bij schaatsen⟩ met het ene been voor het andere langs kruisen en zo een bocht maken ★ *met hangende pootjes* a) heel nederig, heel deemoedig; b) teleurgesteld ★ *iem. ~ haken, lichten, lappen* iem. laten struikelen ❷ handschrift: ★ *een lelijk ~ schrijven*

poot·je² *het* voetjicht

poot·je·ba·den *ww & het* (het) met blote voeten in het water lopen

poot·je·over *het* ⟨bij het schaatsen⟩ de ene voet voor de andere laten kruisen bij het maken van bochten: ★ *~ doen*

poot·vis *de (m)* visbroedsel

pop¹ *de* [-pen] ❶ nagemaakt mens, als speelgoed, voor reclamedoeleinden enz. ★ *daar heb je de poppen aan het dansen* nu beginnen de moeilijkheden, nu komt de ellende ❷ ontwikkelingsvorm van insecten waarbij het jonge dier een rusttijd doormaakt in een omhulsel ❸ wijfjesvogel ❹ kaartsp benaming voor heer, vrouw en boer ❺ koosnaam voor een vrouw: ★ *ben je klaar met opmaken, ~?* ❻ NN, vero, spreektaal gulden ; zie ook → **poppetjes**

pop² *de (v)* ⟨*Eng*⟩ ❶ verkorting van *popular*; in samenstellingen als *popart, popmuziek* en vervolgens als verkorting van het laatste, een verzamelnaam voor populaire muziekgenres als rock-'n-roll, soul, rhythm-and-blues etc. ❷ tegenwoordig het commerciële, lichte genre binnen die verzamelnaam

pop·art [-à(r)t] ⟨*Eng*⟩ *de* benaming voor een in de jaren vijftig in Engeland en de Verenigde Staten ontstane stroming in de beeldende kunst waarbij objecten uit het dagelijks leven (huishoudelijke apparaten, voedingswaren, strips e.d.) op groot formaat en veelal met gebruikmaking van mechanische druktechnieken worden afgebeeld

pop·con·cert *het* [-en] concert waar popmuziek wordt gespeeld

pop·corn [-kò(r)n] ⟨*Eng*⟩ *het* geroosterde maïs

pop·cul·tuur *de (v)* in de jaren zestig van de 20ste eeuw in de westerse landen ontstane subcultuur, die zich afzette tegen gevestigde normen en waarden en daaraan uiting gaf door afwijkende kleding en haardracht, met de popmuziek als belangrijk element

pop·doof *bn* aan het gehoor beschadigd door luide popmuziek; **popdoofheid** *de (v)*

po·pe ⟨*Russ⟨Gr*⟩ *de (m)* [-n, -s] benaming voor de leden van de lagere wereldlijke geestelijkheid van de Grieks-katholieke Kerk

po·pe·len *ww* [popelde, h. gepopeld] snel kloppen van het hart; gespannen uitkijken: ★ *~ van ongeduld* ★ *hij popelde om op vakantie te gaan*

po·pe·li·ne ⟨*Fr*⟩ *het* licht effen weefsel van zijde en katoen voor overhemden en pyjama's

pop·fes·ti·val *het* [-s] festival, vaak in de open lucht, waar popmuziek ten gehore wordt gebracht

pop·groep *de* [-en] groep muzikanten die → **pop**² speelt

pop·mu·ziek *de (v)* zie bij → **pop**²

pop·ope·ra *de (m)* ['s] opera met popmuziek

pop·pe·dein·tje *het* [-s] ❶ liefkozend kleine → **pop**¹, bet 1 ❷ op een → **pop**¹, bet 1 lijkend persoon

pop·pen·dok·ter *de (m)* [-s] hersteller van beschadigde poppen

pop·pen·huis *het* [-huizen] speelgoedwoning

pop·pen·jurk *de* [-en] jurkje voor een → **pop**¹, bet 1

pop·pen·kast I *de* [-en] toneel waarin men op de vingers bewegende poppen laat spelen **II** *de* gewichtig of geheimzinnig vertoon

pop·pen·kraam *de & het* [-kramen] ❶ marktkraam waar poppen worden verkocht ❷ fig prutserige kostbaarheden

pop·pen·stront *de (m)* ★ NN *zo fijn als gemalen ~* erg streng godsdienstig

pop·pen·wa·gen *de (m)* [-s] wagentje voor een of meer poppen

pop·pe·rig *bn* klein, peuterig, lievig

pop·pe·tjes *mv* oogpupillen

pop·song ⟨*Eng*⟩ *de (m)* [-s] gezongen stuk popmuziek

pop·ster *de* [-ren] algemeen bewonderde popmusicus

po·pu·lair [-lèr] ⟨*Fr⟨Lat*⟩ *bn* ❶ bij veel mensen geliefd, in trek ❷ voor niet-deskundigen, voor de massa verstaanbaar ❸ gemeenzaam

po·pu·la·ri·se·ren *ww* [-zeerə(n)] ⟨*Fr*⟩ [populariseerde, h. gepopulariseerd] algemeen bevattelijk, voor niet-ingewijden begrijpelijk maken; onder de mensen ingang doen vinden of bemind maken

po·pu·la·ri·teit ⟨*Fr⟨Lat*⟩ *de (v)* het populair-zijn, geliefdheid, getaptheid bij het publiek; volksgunst

po·pu·la·tie [-(t)sie] ⟨*Eng⟨Lat*⟩ *de (v)* [-s] ❶ bevolking ❷ biol mengsel van in erfelijke aanleg ongelijke individuen ❸ statistiek verzameling van elementen waarvan men de eigenschappen door steekproeven kan schatten

po·pu·lier ⟨*Oudfrans*⟩ *de (m)* [-en] slanke, hoge boom met beweeglijke driehoekige bladeren (*Populus*)

po·pu·lie·ren *bn* van populierhout

po·pu·lier·hout, **po·pu·lie·ren·hout** *het* hout van de populier

po·pu·lis·me ⟨*Fr*⟩ *het* politieke stroming waarin de rol van de gewone man bij de machtsuitoefening sterk wordt benadrukt en waarin gestreefd wordt naar een sterke en directe band tussen leider(s) en het volk, die niet wordt belemmerd door inmenging van overheidsbureaucratie en partijorganisaties: ★ *in de praktijk opent het ~ de weg naar een eenhoofdig charismatisch leiderschap*

po·pu·list *(‹Fr) de (m)* [-en] volgeling van het populisme

po·pu·lis·tisch *bn* van, betrekking hebbend op het populisme of de populisten

pop-up-ven·ster *(‹Eng) het* [-s] comput klein venster met informatie dat voor in het beeld verschijnt, bovenop het beeld dat reeds op het beeldscherm zichtbaar is

pop·zan·ger *de (m)* [-s] iem. die popsongs zingt

pop·zen·der *de (m)* [-s] radiozender die voornamelijk popmuziek uitzendt

por[1] *de (m)* [-ren] stoot, duw

por[2] *de (v)* [-ren] ❶ BN, vero, stud meisjesstudent, studente ❷ ‹meer in het algemeen› meisje

por·der *de (m)* [-s] NN, vero man die voor zijn beroep mensen ging wekken

po·rem *het* [-s] NN → ponem

po·reus *(‹Fr) bn* (veel) poriën hebbend; water doorlatend

por·fier *(‹Fr‹Gr) het* fijnkorrelige bruine of rode soort graniet

por·fie·ren *bn* van porfier

po·rie *(‹Gr) de (v)* [-riën] ❶ kleine opening in de huid van mensen, dieren en planten, vooral lucht- en zweetgaatjes ❷ kleine, zichtbare opening in het oppervlak van vaste stoffen

pork [pòk] *(‹Eng‹Lat) het* varkensvlees; spek

por·no *de (v)* verkorting van pornografie in ruime zin (ook film enz.)

por·no·baas *de (m)* [-bazen], **por·no·boer** *de (m)* [-en] geringsch iem. die handelt in pornoblaadjes, -films, -video, seksartikelen e.d.

por·no·film *de (m)* [-s] pornografische film

por·no·graaf *(‹Gr) de (m)* [-grafen] schrijver van pornografie

por·no·gra·fie *(‹Gr) de (v)* boeken waarin opzettelijk seksuele zaken en handelingen worden beschreven om de lezer te prikkelen; bij uitbreiding ook in toepassing op beeldende kunst en films

por·no·gra·fisch *bn* van de aard van pornografie, ontuchtig

por·no·shop [-sjop] *de (m)* [-s] seksshop

po·ro·si·teit [-zie-] *(‹Fr) de (v)* poreusheid

por·ren *ww* [porde, h. gepord] ❶ stoten: ★ *iem. tussen zijn ribben ~* ❷ in het vuur poken ❸ aansporen ★ NN *ergens voor te ~ zijn* ervoor te vinden zijn, er zin in hebben ❹ NN wekken

por·se·lein *(‹Fr‹It) het* fijn geglazuurd aardewerk

por·se·lein·aar·de *de* fijn mineraal gebruikt bij de vervaardiging van porselein, kaolien

por·se·lei·nen *bn* van porselein; fig zwak: ★ *een ~ mannetje*

por·se·lein·kast *de* [-en] kast voor → porselein ★ *voorzichtigheid is de moeder van de ~* voorzichtigheid is aanbevelenswaardig

por·se·lein·slak *de* [-ken] slak met een mooi gekleurde schelp

port[1] *(‹It) de (m) & het* [-en] ❶ vrachtgeld voor brieven enz., porto ❷ strafport

port[2] *(‹Eng) de (m)* witte of rode wijnsoort uit Portugal, portwijn, genoemd naar de Portugese stad Porto

por·taal[1] *(‹Oudfrans) het* [-talen] ❶ in- of uitgebouwde afgesloten ruimte die de hoofdingang van een kerk of ander groot gebouw vormt ❷ ruimte voor de gang van een huis, bij de deur of op een etage, hal, halletje

por·taal[2] *het* [-talen] twee tot één constructie verbonden draagpalen voor bovenleiding (spoorwegen) of verkeersaanwijzingen (wegverkeer)

por·taal·kraan *de* [-kranen] hijswerktuig boven een verplaatsbaar → portaal[2] geconstrueerd

port·able [pò(r)təbəl] *(‹Eng‹Lat) de (m)* [-s] lichte draagbare schrijfmachine; zo'n grammofoon, radio- of televisietoestel e.d.

por·tal [pò(r)təl] *(‹Eng) de* [-s] comput webtoegang, website die bedoeld is als startpunt bij het surfen op internet en die, naast doorklikmogelijkheden naar andere sites, vaak ook nieuws, het weerbericht, de beurskoersen e.d. bevat

por·ta·tief *(‹Fr) I bn* draagbaar **II** *het* [-tieven] draagbaar orgeltje

porte-bri·sée [port(ə)briezee] *(‹Fr) de* [-s] ❶ vouwdeur (waarvan de helft bij het openen op de andere slaat) ❷ dubbele, openslaande deur

por·tee *(‹Fr) de (v)* NN draagwijdte, omvang van betekenis, strekking

por·te·feuil·le [-fuijə] *(‹Fr) de (m)* [-s] ❶ map voor het opbergen van prenten, archiefstukken enz.; ook voor tijdschriften (leesportefeuille); schrijfmap ❷ tas voor het opbergen van staatsstukken; vandaar: beleidsterrein van een minister, wethouder enz., ministerspost, wethouderspost ❸ (leren) mapje met vakken voor het opbergen van papiergeld en persoonlijke documenten, vaak in de binnenzak gedragen ❹ handel, verzekeringswezen voorraad: ★ *orderportefeuille*

por·te·feuil·le·kwes·tie [-fuijə-] *de (v)* NN vraag of een minister nog het vertrouwen geniet van de volksvertegenwoordiging

por·te·mon·nee *(‹Fr) de (m)* ❶ geldbeurs ❷ fig geld, geldmiddelen

port·fo·lio *(‹Eng) de (m) & het* ['s] map waarin grafieken, tekeningen en andere grote bladen bewaard worden

por·tie [-sie] *(‹Fr‹Lat) de (v)* [-s] ❶ aandeel, toegekend deel; zie ook bij → legitiem ❷ zoveel als iem. krijgt of neemt bij een maaltijd; zie ook bij → Fikkie ❸ zekere hoeveelheid, partij ❹ grote hoeveelheid: ★ *ze hebben een ~ kinderen*

por·tiek *(‹Fr‹Lat) de (v)* [-en] ingebouwde deurtoegang

por·tiek·wo·ning *de (v)* [-en] woning die met andere een gemeenschappelijk portiek heeft

por·tier[1] *(‹Fr‹Lat) de (m)* [-s] ❶ (vaak in uniform gekleed) persoon die toezicht houdt bij de toegangsdeur van openbare gebouwen ❷ anat

por·tier–pos·taal

pylorus, de uitgang van de maag naar de twaalfvingerige darm

por·tier² *(‹Fr)* het [-en] deur van een auto, spoorwagon enz.

por·tiè·re [-tjèrə] *(‹Fr)* de [-s] gordijn voor deuren of ramen, veelal met een koord om ze op te houden

port·land·ce·ment het cement bereid door het branden van een mengsel van kalk en leem, oorspronkelijk van het schiereiland Portland (Engeland) afkomstig

por·to¹ *(‹It)* de (m) & het ['s en -ti] vrachtloon, voerloon, draagloon; → **port¹**

por·to² *(‹Fr)* de (m) BN ook portwijn, port: ★ *een glas ~*

por·to·foon *(‹Lat-Gr)* de (m) [-s] draagbaar zendontvangapparaat

Por·to Ri·caan de (m) [-canen] iem. afkomstig of geboortig van Porto Rico

Por·to Ri·caans bn van, uit, betreffende Porto Rico

por·tret *(‹Fr)* het [-ten] geschilderde of gefotografeerde afbeelding van iemand ★ *een raar ~* een zonderling mens

por·tret·schil·der de (m) [-s], **por·tret·tist** de (m) [-en] iem. die voornamelijk portretten schildert

por·tret·te·ren ww [portretteerde, h. geportretteerd] een portret maken van

Por·tu·gees I de (m) [-gezen] iem. geboortig of afkomstig uit Portugal **II** het de Portugese taal **III** bn van, uit, betreffende Portugal ★ *~ oorlogsschip* soort grote kwal *(Physalia physalis)*

port·vrij bn vrij van → **port¹**

port·wijn de (m) [-en] → **port²**

port·ze·gel de (m) [-s] strafportzegel

po·rum, po·rem het [-s] NN → **ponem**

Pos zn NN tante ~ schertsende benaming voor de postdienst

pos de [-sen], **post** de [-en] kleine gevlekte zoetwatervis

po·se [-zə] *(‹Fr)* de (v) [-s, -n] ❶ aangenomen houding, stand van een model ❷ aangenomen geestelijke houding; aanstellerij

po·se·ren ww [-zeerə(n)] *(‹Fr)* [poseerde, h. geposeerd] ❶ zitten om zijn beeltenis te laten maken bij een schilder, beeldhouwer of fotograaf ❷ een gemaakte houding aannemen; zich voor iem. van gewicht uitgeven; zie ook → **geposeerd**

po·seur [-zeur] *(‹Fr)* de (m) [-s] iem. die poseert (→ **poseren**, bet 2), aansteller

po·si·tie [-zie(t)sie] *(‹Fr‹Lat)* de (v) [-s] ❶ houding, stelling, ligging; stand t.o.v. andere punten; houding of stand bij de coïtus ❷ plaats op de toets en snaren van de linkerhand bij het bespelen van strijk- en tokkelinstrumenten zoals gitaar, luit e.d.; voetplaatsing bij het dansen ❸ plaats, ambt, betrekking ❹ geheel van omstandigheden waarin iem. verkeert ★ *in ~ zwanger*

po·si·tief¹, po·si·tief [-zie-] *(‹Fr‹Lat)* bn ❶ stellig, vast ❷ gunstig, welwillend: ★ *een positieve ontwikkeling, benadering* ★ *positieve actie* of *discriminatie* het geven van een voorkeursbehandeling aan minderheden ❸ vast omlijnd ★ *het positieve recht* dat op een bep. tijd en een bep. plaats geldt *(tegenover* natuurrecht) ❹ bevestigend: ★ *een ~ antwoord* ❺ wisk groter dan nul: ★ *een ~ getal* ❻ nat met een tekort aan elektronen: ★ *positieve lading, pool* ❼ ★ *~ beeld* fotogr dat waarin de verdeling van licht en donker met de werkelijkheid overeenkomt

po·si·tief² [-zie-:] *(‹Lat)* de (m) taalk stellende trap

po·si·tief³ [-zie-] *(‹Fr‹Lat)* het [-tieven] afdruk van een foto; tegengestelde van negatief

po·si·tie·jurk de [-en], **po·si·tie·kle·ding** de (v) [-zie(t)sie-] jurk, resp. kleding met speciale pasvorm voor zwangere vrouwen

po·si·tie·spel [-zie(t)sie-] het teamsport het innemen van een gunstige positie, wanneer men tijdelijk niet rechtstreeks bij het spel betrokken is

po·si·tie·ven ww [-zie-:] ★ *bij zijn ~ zijn, komen* a) bij bewustzijn zijn, komen; b) weer beseffen wat men doet

po·si·tio·neel [-zie(t)sjoo-] *(‹Lat)* bn de positie betreffend; volgens de positie

po·si·ti·vis·me [-zie-] *(‹Fr)* het wijsgerig stelsel (vooral dat van August Comte, 1798-1857) dat het weten bepaalt tot datgene wat met de zintuigen waargenomen kan worden

po·si·ti·vist [-zie-] *(‹Fr)* de (m) [-en] aanhanger van het positivisme

po·si·ti·vis·tisch [-zie-] bn op het positivisme betrekking hebbend

po·si·tron [-zie-] het [-tronen] antideeltje van het elektron, met dezelfde massa maar tegengestelde lading

pos·se [possie] *(‹Eng‹Lat)* de (m) [-s] ❶ groep vrijwilligers die op pad gaat om misdadigers, voortvluchtigen e.d. op te sporen en onschadelijk te maken, vooral vroeger in het Wilde Westen ❷ groep rapzangers

pos·ses·sief *(‹Fr‹Lat)* bn ❶ het bezit betreffend; ❷ ‹van een woord› bezit aanwijzend, bezittelijk ❸ uit een sterk bezitsinstinct voortkomend, of daarmee behept

pos·ses·si·vum *(‹Lat)* het [-siva] taalk bezittelijk voornaamwoord

post¹ *(‹Fr‹Lat)* I de (m) [-en] ❶ postbode ❷ deel van een rekening ❸ ambt, vooral leidinggevende positie ❹ wacht, schildwacht ★ *op ~ staan* op de uitkijk staan ★ *~ vatten* a) gaan staan, zich opstellen; b) fig ‹van meningen, ideeën› gangbaar worden, zich vastzetten **II** de ❶ postdienst: ★ *per ~ verzenden* ★ *op de ~ brengen, doen* ter verzending afgeven of in een brievenbus doen ❷ de ontvangen of verzonden poststukken ❸ postbestelling: ★ *met de eerste ~* ★ BN, spreektaal *een ~ pakken* ervan langs krijgen, ervan lusten ❹ postkantoor ★ *de grote ~* het hoofdpostkantoor

post² *(‹Lat)* de (m) [-en] houten raam- of deurlijst

post³ de [-en] → **pos**

pos·taal *(‹Fr)* bn van, betreffende de post

post·abon·ne·ment *het* [-en] het ontvangen van kranten, tijdschriften door middel van de post

post·aca·de·mi·aal, **post·aca·de·misch** *bn* na het academische (onderwijs) komend, de universitaire studie aanvullend

post·adres *het* [-sen] ❶ adres op een poststuk ❷ adres waarnaar men zijn post laat sturen

post·agent·schap *het* [-pen] klein postkantoor, gewoonlijk in een winkel

post·amb·te·naar *de (m)* [-naren, -s] ambtenaar bij de posterijen

pos·ta·ment *(‹Du)* *het* [-en] voetstuk; onderstel

post·au·to [-autoo, -ootoo] *de (m)* ['s] auto van de posterijen

post·be·amb·te *de* [-n] beambte bij de posterijen

post·be·de·ling *de (v)* BN het bezorgen van poststukken, postbestelling

post·be·stel·ling *de (v)* [-en] het bezorgen van poststukken; keer dat dat gebeurt, elke bezorging: ★ *een ~ per dag*

post·blad *het* [-bladen] schrijfpapier met gomrand en opgedrukte postzegel, dat men tot brief kan vouwen

post·bo·de *de (m)* [-n, -s] brievenbesteller

post·bo·de-elas·tiek *het* [-en] ringvormige brede elastische band, waarmee postbodes een aantal poststukken bij elkaar binden

post·boot *de* [-boten] boot die post vervoert

post·box *(‹Eng) de (m)* [-en] postbus

post·bus *de* [-sen] eigen brievenbus in een postkantoor

post·cheque [-sjek] *de (m)* [-s] ❶ cheque van de Postbank ❷ BN orderbriefje aan de postcheque-en-girodienst om een bepaald bedrag uit te betalen: ★ *Bestuur der Postcheques* girodienst

post·cheque- en gi·ro·dienst [-sjek-] *de (m)* in Nederland afdeling van de postdienst die betalingen per giro of per postcheque verzorgde, op 1 januari 1986 gefuseerd met de Rijkspostspaarbank tot de Postbank

post·co·de *de (m)* [-s] code (bestaande uit een getal en in Nederland ook letters) vóór de plaatsnaam op adressen

post·co·de·boek *het* [-en] boek waarin postcodes systematisch zijn geordend

post·com·man·dant *de (m)* [-en] bevelhebber van een politiepost of militaire post

post·con·cen·tra·tie·kamp·syn·droom [-(t)siekampsin-] *het* [-dromen] KZ-syndroom

post·da·te·ren *ww (‹Fr)* [postdateerde, h. gepostdateerd] een latere datum op een stuk zetten dan waarop het geschreven of uitgegeven is

post·dienst *de (m)* het vervoeren van post en wat daarmee verband houdt

post·dis·trict *het* [-en] aantal postkantoren die samen één afdeling vormen

post·doc·to·raal *bn* NN na het doctoraal examen: ★ *postdoctorale studie*

post·duif *de* [-duiven] duif die berichten overbrengt

pos·te·lein *(‹Oudfrans) de (m)* zurig smakende bladgroente *(Portulaca)*

pos·ten¹ *ww* [postte, h. gepost] op de post doen: ★ *een brief ~*

pos·ten² *ww* [postte, h. gepost] vooral NN op wachtpost staan; ‹bij een staking› op post staan om werkwilligen tegen te houden

pos·ter¹ *de (m)* [-s] vooral NN iem. die bij een staking op post staat om werkwilligen tegen te houden

pos·ter² [poostə(r)] *(‹Eng) de (m)* [-s] aanplakbiljet, affiche

pos·te·ren *(‹Fr)* I *ww* [posteerde, h. geposteerd] plaatsen, ergens opstellen; een plaats aanwijzen II *wederk* post vatten

pos·te res·tan·te *ww (‹Fr)* op het postkantoor blijvende (om afgehaald te worden)

pos·te·ri·eur *(‹Fr‹Lat) bn* jonger zijnd, later komend, volgend

pos·te·rij·en *mv* de postdienst

pos·te·ri·o·ri *ww (‹Lat)* zie bij → **a posteriori**

pos·te·ri·o·ri·teit *(‹Fr) de (v)* het posterieur-zijn, het later-komen, jonger zijn; iets wat later, in de tweede plaats komt, niet dringend is *(tegenstst*: → **prioriteit**)

post·fris *bn* ‹van postzegels› nog ongebruikt, d.w.z. ongestempeld en met gom aan de achterzijde

post·gi·ro *de (m)*, **post·gi·ro·dienst** *de (m)* NN instelling van de posterijen ter overmaking van gelden

post·gla·ci·aal I *bn* na de of een ijstijd vallend, optredend II *het* tijdperk na de ijstijd

post·gra·du·aat *het* BN postacademische opleiding: ★ *een ~ bedrijfskunde*

post·hoorn, **post·ho·ren** *de (m)* [-s] ❶ vroeger hoorn van de postbezorger ❷ slak ❸ gele vlinder

post·huis *het* [-huizen] wachthuisje voor de politie, douane e.d.

pos·tiche [-tiesj(ə)] *(‹Fr‹It)* I *bn* nagemaakt, vals II *de (m)* [-s] vals haarwerk

pos·til·jon *(‹Fr‹It) de (m)* [-s] hist postrijder, koerier die de post overbracht; schertsend postbode

pos·til·lon d'amour [-tiejõ daamoer] *(‹Fr) de (m)* [-s d'amour] liefdebode, tussenpersoon voor een minnend paar

post·in·cu·na·bel *de (m)* [-en] boek gedrukt tussen 1501 en 1540

post·kaart *de* [-en] BN ook ❶ briefkaart ❷ prentbriefkaart, ansicht, ansichtkaart

post·ka·mer *de* [-s] afdeling waar de inkomende en uitgaande post wordt gesorteerd

post·kan·toor *het* [-toren] kantoor van de posterijen

post·koets *de* [-en] diligence

post·mees·ter *de (m)* [-s] BN beheerder van een postkantoor, postdirecteur

post·merk *het* [-en] stempel met plaats en datum van verzending ★ NN *datum ~* formule op ongedateerd poststuk (meestal drukwerk)

post·mo·dern *bn* van, behorende tot het

postmodernisme
post·mo·der·nis·me *het* eclectische kunststijl, ontstaan in de jaren '80 van de 20ste eeuw, met veel reminiscenties aan de klassieke tijd, zoals bogen, zuilen e.d.
post·na·taal *(Lat) bn* na de geboorte plaats hebbend ★ *postnatale depressie* geestelijke inzinking die sommige vrouwen na de geboorte van een kind treft
post·num·mer *het* [-s] BN ook postcode
pos·to·gram *het* [-men] BN wenskaart in een envelop die verkrijgbaar is op het postkantoor
post·or·der *de & het* [-s] per post gedane bestelling
post·or·der·be·drijf *het* [-drijven] bedrijf dat goederen rechtstreeks aan particulieren levert op postorder
post·pak·ket *het* [-ten] per post verzonden pakket
post·pa·pier *het* papier om brieven te schrijven
post·re·ke·ning *de (v)* [-en] rekening bij de posterijen via welke men betalingen kan doen en ontvangen
post·script [poost-] *(Eng) het* comput na omzetting ontstane, voor de gebruiker onleesbare vorm van een bestand waarin machinecodes voor de printer staan
post·scrip·tum *(Lat) het* [-s, -ta] naschrift (PS)
post·spaar·bank *de* [-en] spaarbank onder beheer van de posterijen
post·stem·pel *de (m) & het* [-s] postmerk
post·stuk *het* [-ken] wat per post verzonden wordt
post·ta·rief *het* [-rieven] prijs voor verzending per post
post·trau·ma·tisch *bn* ★ *posttraumatische stress-stoornis* stoornis die ontstaat ten gevolge van een ernstig geestelijk trauma
post·trein *de (m)* [-en] trein die post vervoert
pos·tu·laat *(Lat) het* [-laten] ❶ aan te nemen grondstelling, zonder bewijs aangenomen stelling, axioma; vooropgestelde voorwaarde ❷ RK eerste proeftijd van drie tot twaalf maanden, aan het noviciaat in het klooster voorafgaand
pos·tu·lant *(Lat) de (m)* [-en] aanzoeker om een → **post¹** (I bet 3) of bediening; persoon die in enige geestelijke orde wenst opgenomen te worden; geestelijke die op zijn aanstelling wacht
pos·tu·le·ren *ww (Lat)* [postuleerde, h. gepostuleerd] ❶ als voorwaarde vooropstellen ❷ opname in een geestelijke orde aanvragen ❸ BN, m.g. solliciteren (naar een betrekking)
post·unie *de (v)* internationale overeenkomst betreffende het vervoer van poststukken
post·uni·ver·si·tair [-tèr] *bn* na de universitaire studie: ★ *postuniversitaire studie*
pos·tuum *(Fr<Lat) bn* ❶ na de dood (van de maker) verschenen, verleend: ★ *een postume onderscheiding* ❷ na de dood (van de vader) geboren
pos·tuur *(Fr) het* [-turen] ❶ aangenomen houding ❷ gestalte, lichaamsbouw
post·vlieg·tuig *het* [-en] vliegtuig dat een regelmatige postdienst onderhoudt
post·vlucht *de* [-en] vliegtocht ter verzending van poststukken
post·we·zen *het* de posterijen en wat daarop betrekking heeft
post·wis·sel *de (m)* [-s] biljet waarmee men gelden per post kan verzenden
post·zak *de (m)* [-ken] grote zak voor poststukken
post·ze·gel *de (m)* [-s] ❶ zegel op poststukken als bewijs dat men de verzendkosten betaald heeft ❷ NN, spreektaal gezicht, gelaat
post·ze·gel·al·bum *de (m) & het* [-s] album waarin men allerlei postzegels verzamelt
post·ze·gel·au·to·maat [-autoo-, -ootoo-] *de (m)* [-maten] toestel dat bij het inwerpen van zekere geldstukken postzegels van overeenkomstige waarden geeft
post·ze·gel·han·del *de (m)* handel in postzegels voor verzamelaars; **postzegelhandelaar** *de (m)* [-s en -laren]
post·ze·gel·ver·za·me·laar *de (m)* [-s] iem. die allerlei postzegels verzamelt, filatelist
post·ze·gel·ver·za·me·ling *de (v)* [-en] verzameling van allerlei postzegels
post·zen·ding *de (v)* [-en] poststuk
pot¹ *de (m)* [-ten] ❶ vaatwerk (van aardewerk, metaal, glas); BN ook kookpan, braadpan; kan; conservenblik ★ *eten wat de ~ schaft* eten wat op tafel komt, niet kieskeurig zijn ★ NN, fig *ergens een potje kunnen breken* er in de gunst staan en daardoor wat meer mogen doen dan een ander ★ *kleine potjes hebben grote oren* zie bij → **oor** (bet 2) ★ NN, fig *er staat een potje voor je op het vuur* of *te koken* je hebt wat onaangenaams te wachten ★ *zo dicht als een ~* zeer gesloten, niets verklappend ★ *zo doof als een ~* stokdoof ★ BN ook *rond de ~ draaien* ergens omheen praten, de vraag ontwijken ★ BN ook *niet veel potten gebroken hebben* a) niet veel uitgericht, gepresteerd hebben; b) veel brokken maken ★ BN ook *de gebroken potten betalen* het gelag betalen, de schade vergoeden ★ BN ook *met de gebroken potten zitten* met de narigheid zitten, het gelag moeten betalen, de straf voor anderen dragen, boeten ★ BN *potje breken, potje betalen* wie schade veroorzaakt, moet ze ook vergoeden ★ BN ook, fig *het potje gedekt houden* iets verzwijgen, een bedenkelijke zaak niet verder onderzoeken; zie ook bij → **dood²**, → **hond** ❷ bakje voor de inzet bij spel; de inzet zelf ❸ bijeengebracht geld, opgespaard geld: ★ *de reis wordt uit de gezamenlijke ~ betaald* ❹ ‹bij het knikkerspel› putje in de grond waarin de knikkers geschoten worden; voetbal, spreektaal doel: ★ *de bal werd hoog voor de ~ gespeeld* ❺ vooral als verkl spelletje: ★ *een potje kaarten* ★ *er een potje van maken* het niet degelijk behandelen, het verwaarlozen ❻ po ★ *je kunt de ~ op* je kunt naar de maan lopen ★ *naast, buiten de ~ piesen* a) overspel plegen; b) een kans missen ★ NN, spreektaal *ben je*

nou helemaal van de ~ gerukt? ben je helemaal gek geworden? ❼ BN, spreektaal glas bier ★ *een ~ pakken* een pilsje drinken ★ *tussen ~ en pint* bij een glaasje, in een gemoedelijke sfeer, losjesweg, informeel

pot² (‹Eng) *de (m)* marihuana of een ander cannabisproduct

pot³ *de (v)* [-ten] inf lesbienne

pot·aar·de *de* ❶ klei voor pottenbakkers ❷ aarde voor potplanten

pot·as *de* kaliumcarbonaat

pot·au·feu [pot oo -] (‹Fr) *de (m)* vlees met bouillon en groenten; vleespot

pot·dek·sel *het* [-s] deksel van een → **pot¹**

pot·dicht *bn* volkomen dicht

pot·dik·kie, pot·do·rie *tsw* bastaardvloek potverdomme

pot·doof *bn* erg doof

po·te·ling *de (m)* [-en] ❶ wat gepoot moet worden ❷ sterke, gespierde vent; stevige vrouw

po·ten *ww* [pootte, h. gepoot] ❶ planten ❷ ★ *vis ~* jonge vis in water brengen om de visstand te bevorderen ❸ inf plaatsen, zetten

po·ten·ram·men *ww & het* (het) in groepsverband homofielen mishandelen (en soms beroven)

po·ten·ram·mer *de (m)* [-s] iem., vooral jongere, die geregeld aan potenrammen doet

po·tent (‹Lat) *bn* ❶ vermogend, machtig ❷ potentie bezittend, vooral seksuele potentie

po·ten·taat (‹Fr‹Lat) *de (m)* [-taten] ❶ hist vorst, gekroond hoofd ❷ persoon die zich zeer laat gelden, autoritair persoon

po·ten·ti·aal [-sjaal] (‹Du‹Lat) *de (m)* [-tialen] grootheid die in elk punt de spanning van een elektrisch veld aangeeft

po·ten·ti·aal·ver·schil [-sjaal-] *het* [-len] spanningsverschil tussen de potentialen in twee punten

po·ten·tie [-sie] (‹Lat) *de (v)* [-s] ❶ macht, vermogen ❷ graad van verdunning van homeopathische geneesmiddelen ❸ seksueel vermogen, vermogen tot uitoefening van de geslachtsgemeenschap

po·ten·ti·eel [-sjeel] (‹Fr‹Lat) **I** *bn* (slechts) als mogelijkheid bestaande of aanwezig, (tegengest: → **actueel**) ★ *potentiële energie* arbeidsvermogen van plaats **II** *het* beschikbaar vermogen

po·ten·tie·pil [-sie-] *de* [-len] erectiepil

po·ter *de (m)* [-s] pootaardappel

pot·geld *het* [-en] opgespaard geld

pot·grond *de (m)* → **potaarde** (bet 2)

pot·hoed *de (m)* [-en] bolhoed

pot·huis *het* [-huizen] NN hokje uitgebouwd voor de ingang van een kelder, waarin vroeger kleine ambachtslieden hun bedrijf plachten uit te oefenen

po·tig *bn* sterk gespierd

pot·je *het* [-s] zie bij → **pot¹**

pot·jes·la·tijn *het* het Latijn op apothekerspotjes; slecht Latijn

pot·ka·chel *de* [-s] kachel bestaande uit een gegoten ijzeren pot met deksel

pot·kij·ker *de (m)* [-s] → **pottenkijker**

pot·lo·den *ww* [potloodde, h. gepotlood] met → **potlood** (bet 1) poetsen

pot·lood *het* ❶ [mv: -loden] in hout of een ander omhulsel gevatte schrijf- of tekenstift, vervaardigd van grafiet vermengd met een kleisoort ❷ [mv: -loden] inf mannelijk lid ❸ vroeger grafiet bevattend poetsmiddel voor kachels

pot·lood·te·ke·ning *de (v)* [-en] in potlood uitgevoerde tekening

pot·lood·ven·ter *de (m)* [-s] schertsend mannelijke exhibitionist

pot·plant *de* [-en] plant die in een pot staat

pot·pol·der *de (m)* [-s] BN rivierpolder waar men bij een te hoge stand van de rivier het water in kan laten lopen

pot·pour·ri [-poerie] (‹Fr) *de (m) & het* ['s] ❶ oorspronkelijke benaming voor glazen of stenen potten met een mengsel van gedroogde bloemblaadjes, kruiden, specerijen en fixeermiddelen, en vandaar voor mengelmoes, allegaartje ❷ muz muziek(stuk) uit melodisch aaneengeregen delen van een groter werk of uit verschillende werken

pot·re·mi·se [-zə] *de (v)* [-s] schaken, dammen onafwendbare remise: ★ *na dertig zetten was het ~*

pots *de* [-en] grap, dolle streek

pot·scherf *de* [-scherven] stuk van een gebroken aarden pot

pot·sen·ma·ker *de (m)* [-s] grappenmaker

pot·sier·lijk *bn* komiek, als van of in een klucht

pot·spel *het* [-spelen] soort biljartspel met gezamenlijke inleg

pot·ten *ww* [potte, h. gepot] ❶ ‹geld› opsparen ❷ ‹planten› in potten doen

pot·ten·bak·ker *de (m)* [-s] iem. die potten bakt van klei

pot·ten·bak·kers·schijf *de* [-schijven] ronddraaiende schijf waarop de pottenbakker zijn potten vormt

pot·ten·kij·ker, pot·kij·ker *de (m)* [-s] ❶ man die zich met het bereiden van het eten bemoeit, keukenpiet; fig bemoeial ❷ lamp boven kookstel of fornuis

pot·ter *de (m)* [-s] iem. die geld oppot

pot·teus *bn* NN als, als van een lesbienne: ★ *een ~ type*

pot·ver·dom·me *tsw* bastaardvloek uitroep van schrik, kwaadheid, verbazing e.d.

pot·ver·teer·der *de (m)* [-s] iem. die uit potverteren gaat; iem. die alles opmaakt, niets spaart

pot·ver·te·ren *ww & het* uitgaan, feestvieren van de gelden uit de gemeenschappelijke pot

pot·vis *de (m)* [-sen] zeer grote tandwalvis

pou·lar·de [poe-] (‹Fr) *de* [-s] braadkip, jong gesneden gemest hoen

poule [poel(ə)] (‹Fr) *de (v)* ❶ sp groep van deelnemers of ploegen die naar krachtsverhouding of door loting zijn ingedeeld ❷ BN, sp inzet bij het spel, vooral bij duivenwedstrijden

pou·let [poelet] *de (m) & het* → **poelet**

pous·se·ca·fé [poes-] *(‹Fr) de (m)* [-s] glaasje likeur dat aan het einde van de maaltijd met koffie geserveerd wordt

pous·se·ren *ww* [poesseerə(n)] *(‹Fr‹Lat)* [pousseerde, h. gepousseerd] ❶ bevorderen; voorthelpen ★ *zich* ~ zich op de voorgrond plaatsen, de aandacht op zich vestigen ❷ ingang doen vinden, op de markt brengen

po·ver *(‹Fr‹Lat) bn* armelijk, schraal; mager, tegenvallend

po·ver·tjes *bijw* pover

po·wer·lif·ten *ww & het*, **pow·er·lift·ing** [pauwə(r)-] *(‹Eng)* krachtsport waarbij men kniebuigingen moet doen met gewichten in de nek, op de grond liggend gewichten moet opdrukken en zware voorwerpen die op de grond staan tot kniehoogte moet optillen

pow·er·play [pauwə(r)plee] *(‹Eng) het* ijshockey benaming voor de speelwijze van de ploeg die, nadat een of meer van de tegenstanders wegens een overtreding naar de strafbank zijn gezonden, een numerieke meerderheid heeft

po·zen *ww* [poosde, h. gepoosd] rust houden

pp. *afk* muz pianissimo

p.p. *afk* ❶ per persoon ❷ per procuratie ❸ praemissis praemittendis [met vooropstelling van hetgeen vooropgesteld moet worden]

ppm *afk* comput *pages per minute (‹Eng)* [pagina's per minuut, maat voor de snelheid van printers]

p.p.p.d. *afk* per persoon per dag

pps *afk* publiek-private samenwerking [samenwerkingsvorm tussen overheid en private ondernemingen bij grootschalige (bouw)projecten]

Pr *afk* symbool voor het chemisch element *praseodymium*

pr *afk* public relations

p.r. *afk* ❶ poste restante ❷ pour remercier *(‹Fr)* [om te bedanken]

Praags *bn* van, uit, betreffende Praag; zie ook bij → **lente**

praai·en *ww* [praaide, h. gepraaid] op zee door roepen of seinen zich met een ander schip in verbinding stellen; fig aanspreken, aanroepen

praal *de* vertoon van pracht

praal·bed *het* [-den] zeer fraai uitgevoerd bed, vooral een dergelijk bed waarop het lijk van een aanzienlijk persoon voor de begrafenis wordt tentoongesteld

praal·boog *de (m)* [-bogen] BN ook (versierde) erepoort

praal·graf *het* [-graven] rijk bewerkte graftombe

praal·hans *de (m)* [-hanzen] bluffer

praal·wa·gen *de (m)* [-s] versierde wagen in een optocht

praal·ziek *bn* pronkzuchtig

praal·zucht *de* pronkzucht

praam *de* [pramen] platte schuit

praat *de (m)* het praten ★ *iem. aan de* ~ *houden* a) een gesprek met iem. lang rekken; b) fig de beslissing uitstellen ★ *(een auto, machine e.d.) aan de* ~ *krijgen* doen starten, doen functioneren ★ *praats hebben* veel en aanmatigend praten ; zie ook → **praatje**

praat·ba·rak *de* [-ken] BN, schertsend een vergadering waar veel gepraat wordt, maar met weinig resultaat

praat·graag *de (m)* [-gragen] iem. die (al te) graag praat

praat·groep *de* [-en] groep regelmatig bij elkaar komende mensen die samen over bepaalde onderwerpen spreken, vooral mensen in moeilijkheden die door te praten steun of oplossingen voor hun problemen trachten te vinden

praat·je *het* [-s] ❶ gesprekje; ★ *een* ~ *maken*, BN, spreektaal *een* ~ *slaan* ★ *praatjes vullen geen gaatjes* in plaats van te praten moet er daadwerkelijk iets ondernomen worden ❷ gerucht; ★ *het* ~ *gaat dat...* ❸ verzinsel, ongegrond gerucht; ★ *het is maar een* ~

praat·jes·ma·ker *de (m)* [-s] druktemaker, bluffer

praat·paal *de (m)* [-palen] ❶ langs grote verkeerswegen opgestelde paal waarin zich een radiozender bevindt die verbinding geeft met een centraal punt, vooral voor hulpverlening ❷ overdrachtelijk iem. die tegen niets anders kan praten zonder veel te reageren; ★ *hij heeft alleen een* ~ *nodig om zijn zorgen bij kwijt te kunnen*

praat·pro·gram·ma *het* ['s] tv- of radioprogramma waarin hoofdzakelijk wordt gepraat

praats *de (m)* zie bij → **praat**

praat·ster *de (v)* [-s] vrouw die graag en gemakkelijk praat

praat·stoel *de (m)* ★ *op zijn* ~ *zitten* druk aan het babbelen zijn

praat·stuk *het* [-ken] toneelstuk met veel dialoog en weinig handeling

praat·ziek *bn* erg graag pratend, babbelachtig

praat·zucht *de* sterke neiging tot praten

pracht *de* rijke schoonheid; iets prachtigs, iets voortreffelijks; ★ *een* ~ *van een kerel, een* ~ *van een zaal*

pracht- in samenstellingen prachtig, voortreffelijk: ★ *prachtbal, prachthuis, prachtkerel*

pracht·band *de (m)* [-en] zeer fraaie boekband

prach·tig *bn* zeer schoon, schitterend; uitstekend

pracht·kleed *het* [-klederen, -kleren] ‹van vogels› mooiste vederdos

pracht·lie·vend *bn* van pracht houdend

pracht·stuk *het* [-ken] prachtig stuk

pracht·uit·ga·ve *de* [-n] zeer fraaie uitgave

prac·ti·cal joke [prektikkəl dzjook] *(‹Eng) de (m)* [-s] grap die niet uit woorden bestaat, maar waarbij handelingen verricht worden teneinde iem. in de maling te nemen

prac·ti·cum *(‹Lat‹Gr) het* [-s, -ca] praktische oefenles in een vak van wetenschap; handleiding daarvoor

prac·ti·cus *(‹Lat‹Gr) de (m)* [-ci] ❶ iemand die ervaren is in de uitoefening of toepassing van zijn vak of wetenschap ❷ iem. die doelmatig te werk gaat
prag·ma·ti·cus *de (m)* [-ci] iem. die pragmatisch te werk gaat; aanhanger van het pragmatisme
prag·ma·tiek *(‹Fr‹Gr)* **I** *bn* de staatsorde betreffend ★ *pragmatieke sanctie* benaming voor verschillende decreten, vooral dat van 1713 betreffende de erfopvolging van keizer Karel VI in zijn Oostenrijkse landen ten gunste van Maria Theresia **II** *de (v)* taalk studie, beschrijving van de voorwaarden en omstandigheden waaronder taaluitingen worden gebruikt
prag·ma·tisch *(‹Du‹Gr) bn* ❶ leerzaam door dadelijke toepassing op de praktijk, leerrijke oplossing gevend ★ *pragmatische geschiedschrijving* geschiedschrijving waarbij de gebeurtenissen in hun oorzakelijke samenhang worden voorgesteld ❷ niet uitgaande van starre leerstellingen, maar inspelend op de gegevens, feiten zoals deze zich voordoen
prag·ma·tis·me *(‹Eng‹Gr) het* filosofische richting die het kenmerk van de waarheid ziet in haar praktische toepasselijkheid, en haar bruikbaarheid voor het leven en het handelen
prag·ma·tist *(‹Eng‹Gr) de (m)* [-en] → **pragmaticus**
prai·rial [prèrie(j)al] *(‹Fr) de (m)* negende maand van de Franse republikeinse kalender (20 mei-18 juni)
prai·rie [prè-] *(‹Fr‹Lat) de (v)* [-s en -riën] boomloze, met welig gras begroeide vlakte in het binnenland van Noord-Amerika
prai·rie·hond [prè-] *de (m)* [-en] knaagdier in Noord-Amerika, dat een blaffend geluid maakt
prai·rie-in·di·a·nen [prè-] *mv* indianen die leefden op de grote graslakten van Noord-Amerika, zoals de Sioux, Cheyennes, Comanches e.d.: ★ *met hun leven op paarden en hun verentooi werden de ~ de prototypes voor de indianen in jongensboeken*
prai·rie·wolf [prè-] *de (m)* [-wolven] coyote, wolf in de Noord-Amerikaanse prairiën
prak *de (m)* [-ken] geprakt eten, van meer dan één bestanddeel; *vaak verkl*: *prakje* ★ *in de ~* inf kapot, vernield
prak·ken *ww* [prakte, h. geprakt] vooral NN met een vork fijnmaken (*eten*)
prak·ki·se·ren *ww (‹Lat)* [prakkiseerde, h. geprakkiseerd] inf overleggen; nadenken, piekeren
prak·tijk *(‹Oudfrans‹It) de* [-en] ❶ daad, vooral sluwe, bedrieglijke daad (thans alleen in het *mv*) ❷ daadwerkelijke, feitelijke toepassing van voorschriften, regels of theorieën ❸ beroepswerkzaamheden van een arts, advocaat e.d. ❹ gezamenlijke patiënten of cliënten van een dokter, advocaat enz.
prak·tijk·as·sis·tent *de (m)* [-en], **prak·tijk·as·sis·ten·te** *de (v)* [-n, -s] assistent(e) v.e. arts, tandarts enz.
prak·tijk·di·plo·ma *het* ['s] getuigschrift van met goed gevolg afgelegd praktijkexamen
prak·tijk·exa·men *het* [-s] ❶ examen waarbij wordt beoordeeld of de kandidaat zijn vaardigheden in de praktijk goed kan toepassen ❷ thans meestal rijexamen waarbij wordt getoetst of de examinandus de praktische vaardigheden van het autorijden beheerst; *tegengest*: theorie-examen
prak·tijk·le·raar *de (m)* [-raren, -s] BN leraar voor praktijkgericht onderwijs: ★ *~ houtbewerking*
prak·tisch *(‹Du‹Gr) bn* ❶ betrekking hebbend op de toepassing, de praktijk ❷ betrekking hebbend op, zinvol voor het dagelijks leven ❸ doelmatig, voordeel of gemak gevend in de toepassing op het dagelijks leven; handig ❹ feitelijk; vrijwel
prak·ti·se·ren *ww* [-zee-] *(‹Oudfrans‹Lat)* [praktiseerde, h. gepraktiseerd] ❶ zijn werk doen als geneesheer, advocaat enz. ❷ RK zijn kerkelijke plichten vervullen
pra·len *ww (‹Du)* [praalde, h. gepraald] ❶ prijken ❷ ophef maken, bluffen
pra·ler *de (m)* [-s] pronker, bluffer
pra·le·rij *de (v)* [-en] het → **pralen** (bet 2)
pra·li·ne *(‹Fr) de (v)* [-s] oorspr gebrande of in suiker geroosterde amandel; thans gevulde chocoladebonbon
pra·men *ww* [praamde, h. gepraamd] BN, spreektaal aansporen, aanzetten ★ *zich niet laten ~* geen extra aansporing nodig hebben om iets te doen, zich iets geen twee keer laten zeggen
pra·na *(‹Sanskr) de* levensgeest; levenskracht
prang *de* [-en] pranger ★ BN *iem. de ~ op de neus zetten* iem. krachtig tot iets trachten te dwingen
pran·gen *ww* [prangde, h. geprangd] BN, in Nederland: vero ❶ duwen, dringen, persen ❷ knijpen, klemmen, omklemmen ❸ kwellen, benauwen
pra·se·o·dy·mi·um [-zee(j)oodie-] *(‹Gr) het* chemisch element, symbool Pr, atoomnummer 59, behoort tot de zeldzame aardmetalen
prat *bn* trots ★ *~ gaan op iets* er trots op zijn
pra·ten *ww* [praatte, h. gepraat] spreken ★ *iemand naar de mond ~* zeggen wat hij graag wil horen ★ *daar valt (niet) over te ~* daarover is (geen) onderhandeling mogelijk; zie ook bij → **Brugman** en → **hoofd**
pra·ter *de (m)* [-s] iem. die veel en gemakkelijk praat: ★ *een gezellige ~*
pra·te·rig *bn* (al te) graag pratend
prauw *(‹Mal) de* [-en] in Indonesië bootje, losschuit
praxis *(‹Lat‹Gr) de (v)* praktijk
pre [pree] *(‹aZLat) de (m) & het* voorrang, voorkeur: ★ *de ~ hebben*; voordeel: ★ *een ~ zijn* ★ *een ~ hebben*
pre·ad·vies *het* [-viezen] advies vooraf ter voorlichting gegeven: ★ *een ~ uitbrengen*
pre·a·la·bel *(‹Fr) bn* voorafgaand ★ *prealabele kwestie* vraag die eerst moet worden uitgemaakt, voordat omtrent de hoofdzaak kan worden beslist
pre·am·bu·le *(‹Fr‹Lat) de* [-s] ❶ inleidende rede,

inleiding o.a. van een wet; overdrachtelijk lange omhaal van woorden ❷ muz inleidende maten van een muziekstuk

pre·ben·de ⟨*Lat*⟩ *de* [-n] geestelijke bediening of titel waaraan inkomsten (uit kerkgoederen) verbonden zijn

pre·cair [preekèr] ⟨*Fr*⟨*Lat*⟩ *bn* onzeker, bedenkelijk, hachelijk

pre·ca·rio ⟨*Lat*⟩ *het* ['s] NN recht om stoepen, terrasjes, balkons, uithangborden enz. te hebben op of boven openbare grond; retributie die aan de gemeentelijke overheid moet worden betaald voor dit recht

pre·ce·dent ⟨*Fr*⟩ *het* [-en] voorafgaand geval, besluit of beslissing, waarop men zich later kan beroepen: ★ *een ~ scheppen*

pre·ce·de·ren *ww* ⟨*Fr*⟨*Lat*⟩ [precedeerde, h. geprecedeerd] voorafgaan, de voorrang hebben

pre·cies ⟨*Fr*⟩ *bn* ❶ nauwkeurig, stipt; nauwgezet ❷ NN, hist *de preciezen* de strenge calvinisten; *tegengest*: rekkelijken (→ **rekkelijk**); zie ook → **pietje-precies** ❸ helemaal: ★ *zij is ~ haar moeder* ❹ BN, spreektaal blijkbaar, kennelijk, als 't ware ★ *Jantje is ~ ziek* Jantje lijkt wel ziek

pre·cieus [preesjeus] ⟨*Fr*⟨*Lat*⟩ *bn* ❶ kostbaar ❷ gekunsteld, verfijnd, gemaniëreerd

pre·ci·pi·te·ren *ww* ⟨*Fr*⟨*Lat*⟩ [precipiteerde, is & h. geprecipiteerd] ❶ overijlen, overhaast handelen ❷ chem doen neerslaan

pre·ci·se·ren *ww* [-zeerə(n)] ⟨*Fr*⟩ [preciseerde, h. gepreciseerd] nauwkeuriger opgeven; nader omschrijven, scherper omlijnen ★ *zich ~* zich duidelijker uitdrukken of verklaren

pre·ci·sie [-siezie] ⟨*Fr*⟨*Lat*⟩ *de (v)* ❶ juistheid, nauwkeurigheid, stiptheid ❷ bondige kortheid van uitdrukking

pre·ci·sie-in·stru·ment [-siezie-] *het* [-en] toestel dat met zeer grote nauwkeurigheid vervaardigd is, resp. moet worden; zeer nauwkeurig metend of werkend instrument

pre·ci·sie·werk [-siezie-] *het* werk dat grote nauwkeurigheid vereist

pre·co·lum·bi·aans *bn* ⟨m.b.t. de geschiedenis van Amerika⟩ uit de tijd van vóór de ontdekking van Amerika door Columbus in 1492

Pred. *afk* Prediker

pre·des·ti·na·tie [-(t)sie] ⟨*Lat*⟩ *de (v)* theol goddelijke voorbeschikking van de mensen tot eeuwig heil of tot verdoemenis

pre·des·ti·ne·ren *ww* ⟨*Fr*⟨*Lat*⟩ [predestineerde, h. gepredestineerd] voorbeschikken; van tevoren bestemmen

pre·di·caat ⟨*Lat*⟩ *het* [-katen] ❶ dat wat in een oordeel van het subject gezegd wordt ❷ erenaam ❸ betiteling, aanduiding ❹ taalk gezegde

pre·di·ca·tie [-(t)sie] ⟨*Lat*⟩ *de (v)* [-s, -tiën] preek, kanselrede; fig vermanende toespraak, zedenpreek

pre·di·ca·tief ⟨*Lat*⟩ *bn* taalk een predicaat inhoudend; als naamwoordelijk deel van het gezegde

pre·dik·ambt *het* [-en] het ambt van predikant

pre·di·kant *de (m)* [-en] dominee

pre·dik·beurt *de* [-en] → **preekbeurt**

pre·di·ken *ww* ⟨*Lat*⟩ [predikte, h. gepredikt] ❶ Gods woord, een godsdienst verkondigen ❷ een preek houden ❸ vaak ongunstig (opvattingen) breedvoerig of vermanend kenbaar maken en verspreiden

pre·di·ker *de (m)* [-s] ❶ iem. die predikt ❷ *Prediker* een van de boeken van het Oude Testament

pre·dik·heer *de (m)* [-heren] dominicaan

pre·di·king *de (v)* het preken; het verkondigen

pre·dik·stoel *de (m)* [-en] → **preekstoel**

pre·dis·po·ne·ren *ww* ⟨*Lat*⟩ [predisponeerde, h. gepredisponeerd] vooraf beschikken; ontvankelijk maken, vooral voor een ziekte of afwijking

pre·dis·po·si·tie [-zie(t)sie] *de (v)* [-s] natuurlijke geschiktheid; med voorbeschiktheid, aanleg tot een ziekte

pred·ni·son *de (m)* synthetisch bijnierschorshormoon, gebruikt als medicijn bij ernstige ontstekings- en afweerreacties

pre·do·mi·ne·ren *ww* ⟨*Fr*⟩ [predomineerde, h. gepredomineerd] de overhand of het overwicht hebben, het hoogste gezag hebben

pree ⟨*Fr*⟩ *de* BN, spreektaal ❶ loon, salaris ❷ soldij ❸ zakgeld

preek *de* [preken] ❶ rede van een predikant voor parochianen *of* de tekst daarvan ❷ fig vermaning op gewichtige toon

preek·beurt, **pre·dik·beurt** *de* [-en] het houden van een preek volgens beurt: ★ *een ~ vervullen*

preek·stoel, **pre·dik·stoel** *de (m)* [-en] hoog gestoelte in de kerk waarop de predikant staat

preek·toon *de (m)* overdreven plechtige toon

prees *ww verl tijd van* → **prijzen**[1]

pref *afk* preferent

pre·fab [priefeb] ⟨*Eng*: verkorting van *prefabricated*⟩ **I** *bn* geprefabriceerd **II** *de (m)* het prefabriceren; iets wat geprefabriceerd is

pre·fa·bri·ce·ren *ww* [prefabriceerde, h. geprefabriceerd] (iets) van tevoren pasklaar maken, zó dat het elders ineengezet kan worden

pre·fect ⟨*Lat*⟩ *de (m)* [-en] ❶ titel van verschillende bestuursambtenaren in het oude Rome ❷ hoofd van een departement in Frankrijk ❸ ⟨in een klooster of kostschool⟩ hoofd van de interne dienst ❹ BN directeur van een atheneum of lyceum ❺ BN (verkorting van *studieprefect*) persoon belast met de handhaving van orde en tucht in onderwijsinstellingen; surveillant ❻ RK iem. die de leiding heeft van een congregatie e.d.: ★ *apostolisch ~* hoofd van een missiegebied

pre·fec·tuur ⟨*Lat*⟩ *de (v)* [-turen] ❶ functie van prefect ❷ gebied *of* ambtsgebouw van een prefect ❸ ★ RK *apostolische ~* missiegebied onder een apostolisch

prefect
pre·fe·ra·bel (‹Fr› bn verkieslijk, de voorkeur verdienend
pre·fe·rent (‹Lat› bn de voorrang hebbend, bevoorrecht ★ *preferente schulden* schulden die bij een bankroet ten volle moeten zijn uitbetaald alvorens de concurrente (→ **concurrent**, II) schulden aan de beurt komen; zie ook bij → **aandeel**
pre·fe·ren·tie [-sie] (‹Fr› de (v) [-s] voorkeur, voorrecht, voorrang ★ *bij* ~ bij voorkeur, liefst
pre·fe·ren·tieel [-sjeel] (‹Fr› bn ★ *preferentiële rechten* invoerrechten die voor het land dat ze moet betalen lager zijn dan voor andere landen
pre·fe·re·ren ww (‹Fr‹Lat› [prefereerde, h. geprefereerd] verkiezen (boven), liever hebben, de voorrang, de voorkeur geven
pre·fi·gu·ra·tie [-(t)sie] de (v) [-s] voorafschaduwing
pre·fix (‹Fr‹Lat› het [-en] taalk voorvoegsel
pre·gla·ci·aal (‹Lat› I bn vóór de ijstijd vallend II het tijdperk voor het ijstijdperk
preg·nant (‹Fr‹Lat› bn ❶ zwanger ❷ zinrijk, rijk aan gedachten of denkbeelden; scherp geformuleerd ❸ ★ taalk *pregnante betekenis* die meer inhoudt dan het woord zelf uitdrukt, bijv. *drinken* in de betekenis: overmatig gebruik maken van sterke drank
pre·his·to·rie de (v) geschiedenis van de mensheid van vóór de geschreven overleveringen
pre·his·to·risch bn van, uit de prehistorie; fig, schertsend zeer ouderwets
prei (‹Oudfrans‹Gr› de [-en] tot het geslacht look behorende plant met een cilindervormige, witte bol, die als groente wordt gegeten (*Allium porrum*)
pre·ju·di·cie (‹Lat› de (v) NN, recht voorbeslissing; voorafgaande afstand van enig recht of een aanspraak ★ *zonder* ~ zonder vooruit te lopen op een beslissing ten ongunste; onder alle voorbehoud
pre·ju·di·cieel [-sjeel] bn voorafgaand aan de eigenlijke rechtzaak: ★ *een* ~ *geschil*
pre·ken ww [preekte, h. gepreekt] een preek houden; fig op gewichtige toon breedvoerig spreken *of vermanen*
pre·ke·rig bn als in een preek, breedvoerig vermanend
pre·kli·nisch bn voorafgaand aan het klinische ★ ~ *onderwijs* onderwijs aan medische studenten voor ze aan het ziekbed worden toegelaten
pre·laat (‹Fr‹Lat› de (m) [-laten] titel van rooms-katholieke geestelijken met eigen rechtsgebied: aartsbisschoppen, bisschoppen, abten en priors
pre·li·mi·nair [-nèr] (‹Fr‹Lat› bn voorafgaand, inleidend, voorbereidend
pre·lu·de (‹Fr‹Lat› de (v) [-s] preludium
pre·lu·de·ren ww (‹Fr‹Lat› [preludeerde, h. gepreludeerd] ❶ een voorspel spelen ❷ fig inleiden, voorbereiden, zinspelen op wat volgt
pre·lu·di·um (‹Lat› het [-s, -dia] muz voorspel;

inleidend stuk, korte improvisatie als inleiding; fig voorteken, voorloper
pre·ma·tuur (‹Lat› bn ontijdig, vóórtijdig; voorbarig, te vroeg
pre·me·di·ca·tie [-(t)sie] de (v) toediening van geneesmiddelen vooraf (bijv. vóór een operatie)
pre·me·di·ta·tie [-(t)sie] (‹Fr› de (v) [-s] voorafgaand overleg ★ *met* ~ met voorbedachten rade
pre·men·stru·eel (‹Fr‹Lat› bn vóór de menstruatie
pre·me·tro de (m) ['s] BN metrolijn die (voorlopig) aansluit op het bovengrondse tramnet
pre·mie (‹Lat› de (v) [-s] ❶ uitgeloofde beloning voor bijzondere prestaties ❷ bijkomende prijs in loterijen; tweede prijs ❸ reclame geschenk, premieartikel ❹ op bepaalde tijden door een verzekerde voor zijn verzekering te betalen bedrag, assurantiepremie; pregnant wettelijke inhouding op het loon voor de sociale verzekeringen
pre·mie·ar·ti·kel het [-en] artikel dat men ontvangt als geschenk bij de aanschaf van een ander artikel, bij een abonnement e.d., premium
pre·mie·druk de (m) NN de gezamenlijke sociale lasten die iem. moet betalen
pre·mie·grens de [-grenzen] NN grens van het inkomen of loon waarboven geen sociale premies meer verschuldigd zijn
pre·mie·hef·fing de (v) [-en] inning van → **premie** (bet 4), vooral voor de sociale verzekeringen
pre·mie·ja·ger de (m) [-s] iem. die achter misdadigers aan jaagt om de premies in de wacht te slepen die bij hun gevangenneming wordt uitgekeerd [vooral vroeger in de VS]
pre·mie·koop·wo·ning de (v) [-en] NN koopwoning die met overheidssubsidie is gebouwd
pre·mier [prəmjee] (‹Fr‹Lat› de (m) [-s] minister-president
pre·miè·re [prəmjèrə] (‹Fr› de [-s] eerste opvoering of uitvoering: ★ *in* ~ *gaan*
pre·mie·vrij bn waarvoor geen premie betaald hoeft te worden
pre·mie·wo·ning de (v) [-en] NN woning waarbij de koper een bijdrage van de overheid ontvangt
pre·mi·niem de (m) [-en] BN speler tussen zes en tien jaar die aan de voetbalcompetitie deelneemt
pre·mis·se (‹Fr‹Lat› de (v) [-n] voorafgaande of vooropgestelde stelling (van een sluitrede); vooronderstelling
pre·mon·stra·ten·zer de (m) [-s] kanunnik of lekenbroeder van een in 1121 door Norbert van Xanten te Prémontré nabij Laon in Noord-Frankrijk gestichte orde, norbertijn
pre·na·taal (‹Fr› bn voorafgaand aan de geboorte
prent (‹Oudfrans› de [-en] ❶ afbeelding, plaat: ★ *er hangt een oude* ~ *aan de muur* ❷ NN, spreektaal bekeuring, bon ❸ jagerstaal voetafdruk
prent·brief·kaart de [-en] briefkaart met een stadsgezicht of een andere afbeelding, ansichtkaart
pren·ten ww [prentte, h. geprent] drukken ★ *in het*

geheugen ~ goed trachten te onthouden

pren·ten·boek *het* [-en] boek met platen

pren·ten·ka·bi·net *het* [-ten] museumzaal voor prenten, tekeningen enz.

prent·kaart *de* [-en] prentbriefkaart, ansichtkaart

prent·kunst *de (v)* kunst van het maken van prenten, → **grafiek** (bet 2); voortbrengselen van die kunst

pre·oc·cu·pa·tie [-(t)sie] *(‹FrLat) de (v)* [-s] vooringenomenheid; het van iets vervuld zijn in gedachten; zorgelijke gedachte

pre·oc·cu·pe·ren *ww (‹FrLat)* [preoccupeerde, h. gepreoccupeerd] de gedachten bezighouden of zorgelijk in beslag nemen

pre·paid [priepeed] *(‹Eng) bn* ‹m.b.t. mobiele telefoons› met een vooraf betaald beltegoed

pre·pa·raat *(‹Lat) het* [-raten] ❶ door kunstbewerking toebereide stof ❷ uitgesneden deel van een plantaardig of dierlijk weefsel, toebereid voor microscopisch onderzoek; lichaamsdeel, plant of dier toebereid voor onderzoek of demonstratie

pre·pa·ra·teur *(‹Fr) de (m)* [-s] iem. die prepareert; opzetter van dieren

pre·pa·ra·tie [-(t)sie] *(‹FrLat) de (v)* [-s] het prepareren; voorbereiding

pre·pa·ra·toir [-twaar, -toor] *(‹FrLat) bn* voorbereidend; voorlopig

pre·pa·ré [pree-] *de (m) BN* broodbeleg dat o.a. bestaat uit rauw rundvlees en kappertjes

pre·pa·re·ren *ww (‹Fr)* [prepareerde, h. geprepareerd] ❶ voorbereiden; door bestuderen voorbereiden ❷ klaarmaken, toebereiden, vooral chemisch of technologisch toebereiden ❸ toebereiden voor microscopisch onderzoek

pre·pen·sioen [-sjoen] *het* [-en] vervroegd pensioen: ★ *met ~ gaan*

pre·pon·de·rant *bn* overheersend, overwegend

pre·po·si·tie [-zie(t)sie] *(‹Lat) de (v)* [-s] taalk voorzetsel

pre·pu·ber·teit *(‹Lat) de (v)* levensperiode direct voor de puberteit (10-14 jaar)

pre·ra·fa·ë·lie·ten *mv* aanhangers van de opvatting dat de schilderkunst van vóór Rafaël (dus voor 1500) als ideaal moet worden gezien, vooral de Engelse schilders van deze richting (1848-± 1860)

pre·ro·ga·tief *(‹FrLat) het* [-tieven] recht dat iem. heeft voor en boven anderen, voorrecht

pres. *afk* president

pres·by·ter [-bie-] *(‹Gr) de (m)* [-s] drager van een bepaald kerkelijk ambt in de oude christelijke kerken; ouderling; priester

pres·by·te·ri·aan [-bie-] *de (m)* [-anen] lid van een hervormde kerk in Groot-Brittannië en de Verenigde Staten, die geen bisschoppen, maar alleen presbyters erkent

pre·scrip·tie [-sie] *(‹Lat) de (v)* [-s] voorschrift, verordening

pre·se·lec·tie [-leksie] *(‹Fr) de (v)* [-s] ❶ voorselectie, voorlopige selectie: ★ *de ~ voor het Groot Nederlands Dictee* ❷ keuze vooraf van bep. programma's bij wasautomaten, televisietoestellen e.d. ❸ keuzetoets; voorkeurtoets

pré·sen·ce [preezãs(ə)] *(‹Fr) de (v) BN* een zeer positief voorkomen of optreden: ★ *iets met veel présence brengen*

pre·sens [-zens] *(‹Lat) het* [-sentia] [-zensie(j)aa] taalk tegenwoordige tijd; vorm daarvan

pre·sent[1] [prəzent] *(‹FrLat) het* [-en] geschenk, gave ★ *ten presente* cadeau

pre·sent[2] [-zent] *(‹Fr) bn* ❶ aanwezig, tegenwoordig (waar men behoort te zijn) ❷ bij zinnen, helder van geest; hersteld na een ziekte

pre·sen·ta·bel [-zen-] *(‹Fr) bn* toonbaar, vertoonbaar, er behoorlijk uitziend

pre·sen·ta·tie [-zentaa(t)sie] *(‹Fr) de (v)* [-s] ❶ aanbieding, indiening ❷ voorstelling (aan het hof enz.) ❸ het → **presenteren** (bet 4)

pre·sen·ta·tor [-zen-] *de (m)* [-s] iem. die presenteert; vooral iem. die een programma voor radio of televisie inleidt; **presentatrice** *de (v)* [-s]

pre·sen·teer·blad [-zen-] *het* [-bladen] (*meestal verkl: presenteerblaadje*) blaadje waarop men dranken presenteert ★ *iets op een presenteerblaadje aangeboden krijgen* fig iets krijgen zonder er veel moeite voor te hoeven doen

pre·sen·te·ren [-zen-] *(‹FrLat) ww* [presenteerde, h. gepresenteerd] ❶ voorstellen, vooral ter kennismaking ★ *zich ~ zich* voordoen ❷ ten gebruike aanbieden; ter betaling aanbieden ❸ ★ *het geweer ~* in een bep. positie brengen als eerbewijs ❹ aankondigen, voor het publiek ten tonele voeren: ★ *zij presenteert vanavond een discussieprogramma op de tv*

pre·sent·exem·plaar [prəzent-] [-plaren] exemplaar van een boek of een andere uitgave dat ten geschenke gegeven wordt

pre·sen·tie [-zensie] *(‹Fr) de (v)* aanwezigheid, tegenwoordigheid

pre·sen·tie·geld [-zensie-] *het* geldelijke beloning voor het bijwonen van een vergadering, vacatiegeld

pre·sen·tie·lijst [-zensie-] *de* [-en] lijst van de aanwezigen

pre·ser·va·tief [-zer-] *(‹Fr)* **I** *bn* voorbehoedend **II** *het* [-tieven] voorbehoedmiddel

pre·ses [-zes] *(‹Lat) de (m)* [-sessen, -sides] voorzitter, president

pre·si·dent [-zie-] *(‹FrLat) de (m)* [-en] ❶ voorzitter ❷ staatshoofd in een republiek; **presidente** *de (v)* [-n, -s]

pre·si·dent-com·mis·sa·ris [-zie-] *de (m)* [-sen] NN voorzitter van de raad van commissarissen van een vennootschap

pre·si·dent-cu·ra·tor [-zie-] *de (m)* [-toren, -s] NN voorzitter van een college van curatoren

pre·si·den·tieel [-ziedensjeel] *(‹Fr) bn* van of voor een president

pre·si·dent·schap [-zie-] *het* ❶ het ambt van president ❷ [*mv:* -pen] ambtsperiode van een

president (*vooral bet* 2)
pre·si·de·ren *ww* [-zie-] (‹Fr‹Lat) [presideerde, h. gepresideerd] voorzitten, als voorzitter de leiding hebben
pre·si·di·aal [-zie-] (‹Lat) *bn* tot de waardigheid van voorzitter behorend
pre·si·di·um [-zie-] (‹Lat) *het* [-s, -dia] ❶ voorzitterschap ❷ college van voorzitters en ondervoorzitters
pres·sen *ww* (‹Eng‹Lat) [preste, h. geprest] dwingen; met geweld werven
pres·se-pa·pier [prespaapjee] (‹Fr) *de* (m) [-s] zwaar voorwerp om op papieren te leggen om wegwaaien te voorkomen
pres·sie (‹Fr‹Lat) *de* (v) morele druk; aandrang
pres·sie-groep *de* [-en] georganiseerde groep of klasse die invloed tracht uit te oefenen op de overheid en de publieke opinie
pres·sie-voet·bal *het* wijze van voetballen waarbij ononderbroken druk wordt uitgeoefend op het doel van de tegenpartij
pres·sure-cook·er [presjə(r)koekə(r)] (‹Eng) *de* (m) [-s] snelkookpan
pres·ta·tie [-(t)sie] (‹Lat) *de* (v) [-s] ❶ kwijting; vervulling van een taak; betaling van schuld; aflegging van een eed ❷ verrichting, (stuk) verricht werk
pres·ta·tie-loon [-(t)sie-] *het* loonstelsel waarbij een boven de norm uitgaande prestatie extra beloond wordt
pres·ta·tie-loop [-(t)sie-] *de* (m) hardloopwedstrijd waarbij het gaat om het uitlopen ervan en het plezier van de deelnemers, en niet om het winnen
pres·ta·tie-maat·schap·pij [-(t)sie-] *de* (v) maatschappij waarin mensen voornamelijk beoordeeld worden op grond van de door hen geleverde prestaties
pres·ta·tie-rit [-(t)sie-] *de* (m) [-ten] betrouwbaarheidsrit waarbij op de prestatie van elke deelnemer gelet wordt
pres·ta·tie-toe·slag [-(t)sie-] *de* (m) [-slagen] toeslag voor een bijzondere verrichting
pres·te·ren *ww* (‹Lat) [presteerde, h. gepresteerd] ❶ vervullen, verrichten hetgeen waartoe men gehouden is; (een eed) afleggen ❷ tot stand brengen, uitvoeren ❸ bestaan, wagen te doen ❹ *sp* zich bijzonder inspannen, bijzondere verrichtingen doen: ★ *de trainer verweet de speler dat deze niet presteerde*
pres·ti·ge [-tiezjə] (‹Fr‹Lat) *het* zedelijk overwicht, gezag
pres·ti·ge-kwes·tie [-tiezjə-] *de* (v) [-s] kwestie waarmee iemands prestige gemoeid is
pres·ti·gieus [-zjeus] (‹Fr) *bn* ❶ prestige hebbend, gezaghebbend, invloedrijk: ★ *een ~ veldheer* ❷ waarmee prestige is gemoeid ❸ indrukwekkend, schitterend: ★ *een ~ spektakel*
pres·to (‹It) *bn* muz haastig, snel

pre·su·me·ren *ww* [-zuu-] (‹Fr‹Lat) [presumeerde, h. gepresumeerd] onderstellen, vermoeden
pre·sump·tie [-zum(p)sie] (‹Lat) *de* (v) [-s] vermoeden, gissing, onderstelling; argwaan
pre·sump·tief [-zum-] (‹Lat) *bn* vermoedelijk
pret *de* plezier: ★ *~ hebben, maken* ★ *vooral NN dat mag de ~ niet drukken* dat is geen beletsel om vrolijk te blijven, door te gaan, door te zetten; zie ook → **pretje**
pret·echo *de* (m) ['s] echoscopie van een foetus, die men meer uit nieuwsgierigheid dan uit medische noodzaak laat maken
pre·ten·dent (‹Fr) *de* (m) [-en] ❶ iem. die aanspraak op iets maakt, vooral op de kroon ❷ dinger naar de hand van een meisje, vrijer
pre·ten·de·ren *ww* (‹Fr‹Lat) [pretendeerde, h. gepretendeerd] voorgeven, beweren; menen te mogen eisen, aanspraak maken op, zich aanmatigen
pre·ten·tie [-sie] (‹Fr) *de* (v) [-s] ❶ aanspraak, aanmatigende, als een recht gevorderde, min of meer brutale eis ❷ aanspraak op eigenschappen of kundigheden
pre·ten·tie·loos [-sie-] *bn* zonder pretenties; niet veeleisend
pre·ten·tieus [-sjeus] (‹Fr) *bn* aanmatigend, vol inbeelding, vol pretenties
pre·te·ri·tum (‹Lat) *het* [-ta, -s] taalk verleden tijd; vorm daarvan
pre·test [prie-] (‹Eng) *de* (m) [-s] voorafgaand onderzoek om de effectiviteit van een reclameboodschap te kunnen voorspellen
pret·je *het* [-s] feestje; plezierige bezigheid ★ *geen ~ allesbehalve plezierig*
pret·ma·ker *de* (m) [-s] iem. die van pretjes houdt
pre·to·ri·a·nen (‹Lat) *mv* hist lijfwacht van de Romeinse keizers
pret·pak·ket *het* [-ten] schertsend vakkenpakket in het middelbaar onderwijs waarin veel talen en geen of weinig exacte vakken zijn opgenomen
pret·park *het* [-en] terrein waarop zich allerlei attracties bevinden voor recreatiedoeleinden
pret·tig *bn* plezierig, aangenaam; vriendelijk, aangenaam in de omgang: ★ *een ~ mens*
preu·te·len *ww* [preutelde, h. gepreuteld] pruttelen, → **borrelen** (bet 1)
preuts (‹Fr) *bn* overdreven zedig
preuts·heid *de* overdreven zedigheid
pre·va·le·ren *ww* (‹Lat) [prevaleerde, h. geprevaleerd] het overwicht of de overhand hebben, meer zijn of gelden
pre·ve·le·ment *het* [-en] NN, Barg toespraak; pleidooi
pre·ve·len *ww* [prevelde, h. gepreveld] zacht binnensmonds praten
pre·ven·tie [-sie] (‹Fr‹Lat) *de* (v) het → **voorkomen**², verhoeden
pre·ven·tief (‹Fr) *bn* ❶ voorkomend, verhoedend; strekkend ter voorkoming: ★ *preventieve maatregelen*

❷ voorlopig
pre·view [prievjoe] *(‹Eng) de (m)* [-s] ❶ voorvertoning van een film of toneelstuk ❷ trailer
pre·zen *ww* verl tijd meerv van → **prijzen**¹
pri·a·pis·me *het* aanhoudende hinderlijke erectie van het mannelijk lid door een ziekelijke aandoening
pri·a·pus *de (m)* wellusteling; naar *Priapus*, Romeinse vruchtbaarheidsgod, voorgesteld met een grote, opgerichte roede
pri·eel *(‹Oudfrans) het* [priëlen] sierlijk gebouwd tuinhuisje
prie·ge·len *ww* [priegelde, h. gepriegeld] ❶ met inspanning op een klein oppervlak peuterend werken, vooral op fijn naaiwerk ❷ met heel kleine letters schrijven
prie·ge·lig *bn* peuterig klein
prie·gel·schrift *het* zeer klein schrift
priem *de (m)* [-en] prikpen
prie·men *ww* [priemde, h. gepriemd] met een priem steken; *fig* (bedekt) hatelijkheden toevoegen
priem·ge·tal *het* [-len] positief geheel getal dat alleen door 1 en zichzelf deelbaar is zonder een breuk als uitkomst
pries·ter *(‹Oudfrans‹Lat) de (m)* [-s] tempel- of kerkdienaar
pries·te·res *de (v)* [-sen] vrouwelijk priester
pries·ter·ge·waad *het* [-gewaden], **pries·ter·kleed** *het* [-kleden en -klederen] kledij van een priester
pries·ter·koor *het* [-koren] RK afgesloten gedeelte van kerk, waarin het hoogaltaar staat
pries·ter·lijk *bn* van, zoals een priester
pries·ter·schap I *het* een van de zeven rooms-katholieke sacramenten; de priesterlijke waardigheid **II** *de (v)* [-pen] de gezamenlijke priesters
pries·ter·se·mi·na·rie *het* [-s] school ter opleiding tot priester
pries·ter·wij·ding *de (v)* [-en] het wijden tot priester
priet·praat *de (m)* kletspraat
prij·ken *ww* [prijkte, h. geprijkt] als iets fraais zichtbaar zijn: ★ *wiens naam prijkte bovenaan op de lijst?*
prijs *(‹Oudfrans‹Lat) de (m)* [prijzen] ❶ wat men voor iets moet betalen, waarde ★ *tot elke ~, BN ook te allen prijze* het koste wat het wil ❷ beloning, bijv. bij een wedstrijd; gewonnen bedrag bij een loterij ★ *dat is altijd ~* daar kun je vast op rekenen, dat gaat (of is) altijd zo; dat is altijd goed ★ *auto-, motorsport de grote ~ van X* de grand prix van X ❸ ★ *op ~ stellen, ~ stellen op* ten zeerste waarderen, graag willen; zie ook bij → **prijsje**
prijs·af·spraak *de* [-afspraken] afspraak tussen producenten of leveranciers tot handhaving van een vastgestelde prijs
prijs·be·heer·sing *de (v)* regeling van de prijzen door de overheid
prijs·be·leid *het* gedragslijn (vooral van de overheid) ten aanzien van de prijzen
prijs·be·wust *bn* scherp lettend op de prijzen
prijs·bin·ding *de (v)* het voorschrijven van een vaste verkoopprijs ★ *verticale ~* door de fabrikant of grossier aan de detaillist opgelegde verplichting tot vaste verkoopprijs
prijs·bre·ker *de (m)* [-s] iem. die beneden de algemene geldende → **prijs**, bet 1 verkoopt
prijs·com·pen·sa·tie [-(t)sie] *de (v)* loonsverhoging als aanpassing bij gestegen prijspeil
prijs·cou·rant [-koe-] *de (m)* [-en] prijslijst
prijs·da·ling *de (v)* [-en] het lager worden van de → **prijs** (bet 1)
prij·se·lijk, **prijs·lijk** *bn* loffelijk, te → **prijzen**¹
prijs·ge·ven *ww* [gaf prijs, h. prijsgegeven] overgeven; afstand doen van: ★ *de wielrenner gaf zijn koppositie prijs aan zijn belangrijkste concurrent* ★ *informatie ~* gegevens verstrekken (al dan niet onbedoeld)
prijs·hou·dend *bn* op de → **prijs**, bet 1 blijvend
prijs·in·dex *de (m)* statistisch overzicht van het prijsverloop in een bepaalde periode
prijs·je *het* [-s] ❶ kleine → **prijs**, bet 1; pluimpje ❷ prijskaartje
prijs·kaart·je *het* [-s] kaartje op een artikel dat de → **prijs** (bet 1) ervan aangeeft ★ *er hangt een ~ aan* het kost geld
prijs·kamp *de (m)* [-en] ❶ vero proefwerk ❷ wedstrijd; prijsvraag
prijs·klas, **prijs·klas·se** *de (v)* [-klassen] hogere of lagere groep prijzen: ★ *in welke ~ komt dat?*
prijs·lijk *bn* → **prijselijk**
prijs·lijst *de* [-en] lijst met prijzen
prijs·ni·veau [-voo] *het* [-s] gemiddelde prijshoogte
prijs·no·te·ring *de (v)* [-en] het opgeven van prijzen en koersen aan de beurs
prijs·op·drij·ving *de (v)* [-en] het onbillijk verhogen van prijzen
prijs·op·gaaf, **prijs·op·ga·ve** *de* [-gaven] ❶ het opgeven van prijzen ❷ (bindende) calculatie van te maken kosten
prijs·peil *het* gemiddelde prijshoogte
prijs·schom·me·ling *de (v)* [-en] het op en neer gaan van de prijzen
prijs·stij·ging *de (v)* [-en] het stijgen van de prijzen
prijs·stop *de (m)* verbod van prijsverhoging; *ook:* → **prijzenstop**
prijs·uit·rei·king *de (v)* [-en] uitdeling van geschenken aan de winnaars van een wedstrijd
prijs·ver·ho·ging *de (v)* [-en] verhoging van de → **prijs** (bet 1)
prijs·ver·la·ging *de (v)* [-en] verlaging van de → **prijs** (bet 1)
prijs·vlucht *de* [-en] BN, sp wedstrijd met postduiven
prijs·vork *de* [-en] BN marge tussen de minimum- en de maximumprijs
prijs·vor·ming *de (v)* het tot stand komen van de → **prijs**, bet 1

prijs·vraag *de* [-vragen] vraag of stel vragen voor de goede beantwoording waarvan een → **prijs** (bet 2) wordt uitgeloofd

prijs·waar·dig *bn* zijn → **prijs** (bet 1) waard

prijs·win·naar *de (m)* [-s] iem. die een → **prijs** (bet 2) wint

prijs·zet·ting *de (v)* [-en] vaststelling van de → **prijs**, bet 1 door de overheid

prij·zen[1] *ww* (‹Oudfrans) [prees, h. geprezen] loven ★ *zich gelukkig ~* blij zijn over iets aangenaams

prij·zen[2] *ww* (‹Oudfrans) [prijsde, h. geprijsd] ❶ van een prijsbriefje voorzien ❷ de → **prijs** (bet 1) vaststellen ★ *zich uit de markt ~* door te hoge prijzen niet meer kunnen concurreren

prij·zen·be·schik·king *de (v)* [-en] NN overheidsverordening met betrekking tot de prijzen van goederen

prij·zen·slag *de (m)* [mv ongebr] scherpe concurrentie door verlaging van prijzen

prij·zen·stop *de (m)* verbod van prijsverhoging; *ook:* → **prijsstop**

prij·zens·waard, **prij·zens·waar·dig** *bn* waard geprezen te worden

prij·zig *bn* nogal duur

prij·zij *de (v)* [-en] BN vergoeding verschuldigd aan de vorige pachter voor de verbetering van de grond: ★ *de bepaling van de ~ gebeurt o.a. op basis van de bemesting*

prik[1] *de (m)* [-ken] ❶ → **steek** (bet 1) ★ NN *op een ~ weten* precies uit het hoofd weten ★ vooral, NN *voor een prik(je)* voor heel weinig geld ★ NN *dat is vaste ~* dat is de gewoonte, dat gebeurt altijd ❷ injectie, spuitje

prik[2] *de* [-ken] ❶ scherpe (ijzeren) punt ❷ stukje talhout

prik[3] *de (m)* [-ken] lamprei

prik[4] *de* ❶ koolzuur: ★ *limonade met ~* ❷ NN verkorting van → **priklimonade**: ★ *een glaasje ~*

prik·ac·tie *de (v)* [-s] korte actie, vooral staking, als protest of waarschuwing

prik·bord *het* [-en] plaat van zacht materiaal bestemd om mededelingen, foto's e.d. op vast te prikken

prik·je *het* [-s] zie bij → **prik**[1]

prik·kaart *de* [-en] kaart waarop men d.m.v. een prikklok de gewerkte uren registreert

prik·ke·been [-benen] **I** *het* spillebeen **II** *de (m)* iem. met spillebenen

prik·kel *de (m)* [-s en -en] puntig voorwerp, stekel; fig aansporing; invloed van buiten die een reactie verwekt

prik·kel·baar *bn* licht geraakt; **prikkelbaarheid** *de (v)*

prik·kel·draad *de (m) & het* ijzerdraad met prikkels ★ *~ maken* kinderspel met de handen de huid van iem. (vooral op de onderarm) in twee verschillende richtingen draaien, hetgeen een scherp, stekend gevoel veroorzaakt

prik·kel·draad·ver·sper·ring *de (v)* [-en] haag van prikkeldraad als versperring

prik·ke·len *ww* [prikkelde, h. geprikkeld] ❶ steken met een puntig voorwerp ❷ ‹van kruiden enz.› scherp → **branden** (bet 2) ❸ fig aansporen: ★ *iem. ~ tot meer vlijt*; een invloed van buiten uitoefenen op: ★ *een zenuw ~* ★ *de verbeelding ~* ❹ ergeren; **prikkeling** *de (v)* [-en]

prik·kel·hoest *de (m)* hoest door prikkeling in de keel veroorzaakt

prik·kel·lec·tuur *de (v)* lectuur die de hartstochten prikkelt

prik·ken *ww* [prikte, h. geprikt] ❶ een steek geven met een puntig voorwerp: ★ *iem. ~* iem. een injectie geven ❷ vooral NN, fig willekeurig kiezen: ★ *iem. uit een lijst ~* ★ *een datum ~* een datum uitkiezen voor een afspraak ❸ NN, fig onaangenaam treffen

prik·klok *de* [-ken] mechanisme voorzien van een klok waarmee de tijden van aankomst en vertrek van de arbeiders geregistreerd worden; *vgl:* → **prikkaart**

prik·li·mo·na·de *de* NN koolzuurhoudende limonade

prik·pil *de* [-len] injectie die werkt als anticonceptiemiddel

prik·sle·de, **prik·slee** *de* [-sleden, -sleeën] kleine slee, die met prikstokken voorwaarts bewogen wordt

prik·stok *de (m)* [-ken] stok met ijzeren punt

prik·tol *de (m)* [-len] tol die met een touw opgewonden en uitgegooid wordt

pril *bn* vroeg, eerst, in het beginstadium verkerend: ★ *een prille liefde*

pri·ma (‹It‹Lat) **I** *bn* ❶ eerste, voornaamste ★ *~ ballerina* eerste danseres ★ *~ donna* eerste toneelspeelster of zangeres in een opera ❷ fijnste, beste: ❸ *~ kwaliteit* ❸ vandaar bijzonder goed **II** *tsw* zeer goed, uitstekend; akkoord ★ *~ de luxe* versterking van *prima*

pri·maat[1] (‹Lat) *het* eerste, hoogste plaats, oppergezag

pri·maat[2] (‹Lat) *de (m)* [-maten] aartsbisschop als hoofd van een kerkprovincie; hoogste waardigheidsbekleder

pri·maat[3] (‹Lat) *de (m)* [-maten] aap en halfaap

pri·mair [-mèr] (‹Fr‹Lat) **I** *bn* ❶ eerste, vroegste, van de eerste trap; niet afgeleid, niet herleidbaar ★ *primaire kleuren* blauw, geel en rood ★ *primaire functie* psych de spontane reactie op gewaarwordingen; zie ook bij → **arbeidsvoorwaarde** ❷ in de eerste plaats komend ★ *iets ~ stellen* als eerste, belangrijkste beschouwen **II** *bijw* in de eerste plaats

pri·ma·ries [praiməries] (‹Eng‹Lat) *mv* voorverkiezingen; verkiezingen in de afzonderlijke Amerikaanse staten en de kiesmannen voor de conventies van de partijen waarop de kandidaten voor het presidentschap worden aangewezen

prime·rate [praimreet] (‹Eng) *de (m)* [-s] rentevoet die het Federal Reserve System (organisatieverband van de centrale banken in de Verenigde Staten) hanteert als zij geld leent aan andere banken

pri·me·ren *ww* (‹Fr) [primeerde, h. geprimeerd] ❶ voorgaan, nummer één zijn, de eerste zijn

❷ bekronen
prime·time [praimtaim] (‹Eng) de (m) RTV tijd waarin de kijk- of luisterdichtheid het hoogst is
pri·meur (‹Fr) de [-s] ❶ eersteling, eerste gewas; ❷ *primeurs* eerste voorjaarsgroenten, vruchten enz. ❸ eerste openbaarmaking; eerste bericht
pri·mi·tief (‹Fr‹Lat) bn ❶ oudst, oorspronkelijk, allereerst ❷ niet kunstig; gebrekkig, ruw of eenvoudig van samenstelling; met nog gebrekkige hulpmiddelen vervaardigd: ★ *primitieve gereedschappen* ★ *primitieve volkeren* natuurvolkeren ★ *primitieve kunst* kunst van natuurvolkeren; zie ook bij → **primitieven**
pri·mi·tie·ven *mv* schilders van het vóór de renaissance liggende tijdperk: ★ *de Vlaamse ~*
pri·mi·ti·vi·teit *de (v)* primitiefheid, het primitief-zijn
pri·mo (‹Lat) bijw ❶ op de eerste (van de maand) ❷ ten eerste
pri·mo·ge·ni·tuur (‹Lat) de (v) eerstgeboorterecht; recht op troonopvolging van de oudste zoon; apanage voor de eerstgeborene
pri·mor·di·aal (‹Fr‹Lat) bn ❶ oorspronkelijk, behorend bij een stadium van wording ❷ grondig, fundamenteel ❸ BN ook voornaamste, doorslaggevend
pri·mu·la (‹Lat) de ['s] sleutelbloem
pri·mus¹ (‹Lat) bn eerste ★ *~ inter pares* de eerste onder zijns gelijken
pri·mus² de (m) [-sen] naam van een kooktoestel dat met vergaste petroleum werkt
prin·ceps (‹Lat) de (m) [-cipes] eerste, voornaamste, aanvoerder, vorst
prin·ci·paal¹ (‹Fr‹Lat) de (m) [-palen] hoofd; superieur
prin·ci·paal² (‹Fr‹Lat) bn voornaamste, belangrijkste ★ *ten principale* wat de hoofdzaak betreft
prin·ci·paat (‹Lat) het waardigheid van princeps; Romeinse geschiedenis gematigde alleenheerschappij van Augustus tot Diocletianus
prin·ci·pe (‹Fr‹Lat) het [-s] ❶ grondoorzaak, werkend beginsel: ★ *het ~ van de motor* ❷ grondstelling, grondbeginsel; stelregel: ★ *het ~ van geweldloosheid* ★ *in ~ akkoord gaan met iets* ★ *uit ~ iets weigeren*
prin·ci·pe·be·sluit het [-en] besluit dat een principe betreft, niet de praktijk; besluit over een of meer uitgangspunten
prin·ci·pieel [-pjeel] (‹Lat) bn ❶ betrekking hebbend op de grondslag: ★ *een ~ onderscheid* ❷ betrekking hebbend op of volgens een stelling of overtuiging: ★ *principiële tegenstanders* ★ *ik ben er ~ tegen*
prins (‹Fr‹Lat) de (m) [-en] vorstenzoon; vorst; mannelijk, niet regerend lid van een vorstenhuis ★ *een ~ van den bloede* een lid van het regerend vorstenhuis ★ *van de ~ geen kwaad weten* volkomen onschuldig zijn ★ NN *de ~ gesproken hebben* een beetje dronken zijn ★ *~ carnaval* iem. die tijdens carnaval ceremonieel de leiding heeft in een stad of dorp
prins·bis·dom *het* [-men] gebied van een prins-bisschop
prins·bis·schop de (m) [-pen] bisschop die tevens wereldlijk gezag heeft: ★ *de ~ van Luik*
prins·dom het [-men] gebied van een regerend prins
prin·se·lijk bn vorstelijk; van, betreffende de prins
prin·se·ma·rij de (v) NN, Barg politie
prin·sen·hof het woning van een prins
prin·sen·vlag de [-gen] NN, vero oude benaming voor de rood-wit-blauwe vlag van Nederland, in drie, zes, negen of twaalf banen, vroeger ook met oranje i.p.v. rood (oranje-blanje-bleu)
prin·ses (‹Fr) de (v) [-sen] vorstendochter, vrouw van een prins
prin·ses·sen·boon de [-bonen] als groente gegeten peulvrucht, sperzieboon
prins-ge·maal de (m) [prinsen-gemaal] echtgenoot van een regerende vorstin
prins·ge·zin·de de [-n] NN, vero aanhanger van het Huis van Oranje in de tijd van de Republiek
prins·heer·lijk, **prins·heer·lijk** bn vaak iron als een prins, vorstelijk
Prins·jes·dag de (m) in Nederland dag van de opening van de Staten-Generaal, derde dinsdag in september
print (‹Eng) de (m) [-s] ❶ fotografisch positief op papier ❷ comput afdruk op papier van computergegevens
prin·ten ww (‹Eng) [printte, h. geprint] afdrukken d.m.v. een printer
print·er [printə(r)] (‹Eng) de (m) [-s] ❶ apparaat voor het maken van prints (→ **print**, bet 1) ❷ comput met een computer verbonden apparaat dat gegevens die uit de computer komen op papier afdrukt
print·kop de (m) [-pen] comput onderdeel van de printer dat de inkt op het papier spuit of, bij matrixprinters, de rij naalden die de puntjes op het papier zetten
print-out (‹Eng) de [-s] comput afdruk op papier, print
prin·zi·pi·en·rei·te·rei [prientsiepie(j)ənraitərai] (‹Du) de (v) het koppig vasthouden aan een beginsel, het voortdurend schermen met zijn beginselen
pri·on het [prionen] infectueus eiwitdeeltje dat hersenziektes kan veroorzaken, zoals BSE (bij runderen) en de ziekte van creutzfeldt-jakob (bij mensen)
pri·or (‹Lat) de (m) [-s] overste van sommige mannenkloosters
pri·o·res de (v) [-sen] overste van een vrouwenklooster
pri·o·ri bijw (‹Lat) zie bij → **a priori¹**
pri·o·rij de (v) [-en] klooster met het aan hoofd een prior of priores; kerk van zo'n klooster
pri·o·ri·tair [-tèr] (‹Fr) bn voorrang hebbend; voorrang krijgend; met voorrang: ★ *dit moet ~ worden behandeld*
pri·o·ri·teit (‹Fr‹Lat) de (v) voorrang, voorkeur: ★ *iets met ~ behandelen* ★ *~ geven aan iets*
pri·o·ri·teits·aan·deel het [-delen] handel aandeel waaraan buitengewone zeggenschapsrechten zijn verbonden en waarvan de houders t.a.v. belangrijke

besluiten beslissende invloed kunnen uitoefenen
pri·o·ri·teits·schuld *de* [-en] schuld met recht van prioriteit
prio·ri·te·ren *ww* [prioriteerde, h. geprioriteerd] de prioriteit aangeven van iets, aangeven wat het belangrijkste is of als eerste moet gebeuren: ★ *we moeten de taken nog prioriteren*
pris·ma (‹Gr› *het* ['s, -mata] lichaam begrensd door twee evenwijdige gelijke grondvlakken en drie of meer parallellogrammen als zijvlakken; voorwerp in die vorm, vooral een driezijdig geslepen glas
pris·ma·kij·ker *de (m)* [-s] apparaat waarmee met behulp van glazen prisma's voorwerpen op grote afstand waargenomen kunnen worden
pris·ma·tisch *bn* ❶ de vorm van een prisma hebbend ❷ door een prisma gevormd ❸ stilistiek beeldend (van poëzie)
pris·oner's di·lem·ma [prizzənə(r)s -] (‹Eng› *het* [-s] dilemma waarbij de juistheid van de keuze die men maakt afhankelijk is van een soortgelijke keuze die een ander moet maken: ★ *de verdachte die een vriend moet verraden of anders het risico loopt zelf langdurig de gevangenis in te gaan als die vriend hem verraadt, zit met een ~*
pri·vaat¹ (‹Lat› *bn* ❶ niet openbaar; niet ambtelijk: ★ *private personen* ❷ in het bijzonder of aan één persoon toegestaan, verleend of gegeven: ★ *private audiëntie*
pri·vaat² (‹Lat› *het* [-vaten] vero wc
pri·vaat·be·zit *het* particulier bezit
pri·vaat·do·cent *de (m)* [-en] NN iem. die toegelaten is tot het onbezoldigd geven van lessen aan een universiteit
pri·vaat·les *de* [-sen] afzonderlijke, niet in schoolverband gegeven les (voor meer dan een leerling of student)
pri·vaat·on·der·wijs *het* onderwijs door middel van privaatlessen
pri·vaat·per·soon *de (m)* [-sonen] iemand zonder functie in het openbare leven
pri·vaat·recht *het* het recht dat de betrekkingen tussen de burgers onderling regelt
pri·vaat·rech·te·lijk, **pri·vaat·rech·te·lijk** *bn* van, volgens het privaatrecht
pri·va·cy [praivəsie] (‹Eng› *de (v)* vrijheid, ongestoordheid in de huiselijke kring, in het private leven; afscherming tegen onbevoegde inmenging in iemands zaken
private equi·ty [praivət ekkwittie] (‹Eng› *de (v)* econ geld dat door participatiemaatschappijen wordt geïnvesteerd in niet-beursgenoteerde bedrijven, met het doel die bedrijven op korte termijn winstgevender te maken
pri·va·tief (‹FrLat› I *bn* ❶ → privaat¹, alleen aan een bep. persoon toekomend ❷ taalk een beroving uitdrukkend II *het* [-tieven] taalk werkwoord dat een 'ontdoen van' uitdrukt; bijv. *schillen*, *ontbolsteren*
pri·va·ti·se·ren *ww* [-zee-] [privatiseerde, h.

geprivatiseerd] overheids- of semioverheidsbedrijven in particuliere handen laten overgaan; *tegengest*: → **nationaliseren**
pri·va·ti·se·ring [-zee-] *de (v)* het privatiseren: ★ *de ~ van de reinigingsdienst*
pri·vé (‹FrLat› *bn* particulier, persoonlijk
pri·vé·aan·ge·le·gen·heid *de (v)* [-heden] aangelegenheid van iem. persoonlijk, niet met zijn ambt of beroep verband houdend
pri·vé·de·tec·tive [-dietektiv] *de (m)* [-s] iem. die beroepshalve naspeuringen doet zonder lid te zijn van een politiekorps
pri·vé·le·ven *het* persoonlijk, huiselijk leven
pri·vé·sec·re·ta·res·se *de (v)* [-n, -s] secretaresse van iemand persoonlijk
pri·vi·le·ge [-leezjə] (‹FrLat› *het* [-s], **pri·vi·le·gie** [-gie of -zjie] (‹Lat› *het* [-s, -giën] ❶ hist door de soeverein aan steden, gilden enz. verleend bijzonder recht, handvest ★ *Groot Privilege* belangrijke privileges door Maria van Bourgondië in 1477 aan de Nederlandse gewesten verleend ❷ voorrecht van bijzondere personen of groepen van personen
pri·vi·le·gië·ren *ww* [-gie(j)eerə(n), -zjeerə(n)] (‹Fr› [privilegieerde, h. geprivilegieerd] bevoorrechten; een privilege of privileges verlenen
prix [prie] (‹FrLat› *de (m)* prijs ★ *~ de Rome* toelage voor zekere tijd aan beeldende kunstenaars na een wedstrijd toegekend, waarmee zij in het buitenland, vooral in Rome, verder kunnen studeren ★ *~ fixe* vaste prijs; zie ook bij → **à tout prix**
prk *afk* BN postrekening
pro (‹GrLat› I *bn* voor, gezind tot: ★ *wie is ~?* wie is ervoor? II *het* ★ *het ~ en het contra* het voor en tegen III *de* ['s] degene die voor iets is, voorstander IV *vz* voor, tot ‹in tal van verbindingen›
pro·ac·tief¹ *bn* handelend voordat eventuele problemen zich voordoen, anticiperend op problemen: ★ *een proactieve politiek*
pro·ac·tief² *bn* ❶ psych snel uit zichzelf handelend, anticiperend op verwachte ontwikkelingen ❷ uit zichzelf werkzaam, bijv. van chemische stoffen
pro-Ame·ri·kaans *bn* ten gunste van Amerika (de Verenigde Staten); de Verenigde Staten gunstig gezind
pro·baat (‹Lat› *bn* beproefd, afdoend, bewezen deugdelijk: ★ *een ~ middel tegen hoest*
pro·ba·bi·lis·me (‹Fr› *het* filosofische opvatting volgens welke er alleen waarschijnlijkheid en geen volkomen zekere kennis te verkrijgen is
pro·ba·bi·li·teit (‹FrLat› *de (v)* waarschijnlijkheid
pro·ba·tie [-(t)sie] (‹FrLat› *de (v)* BN, jur opschorting van uitstel gedurende een proeftermijn van maximaal vijf jaar waarbij de rechter de veroordeelde de verplichting oplegt bepaalde voorwaarden (sociale begeleiding, straatverbod e.d.) na te leven
pro·beer·sel *het* [-s] proef, proefneming ‹gewoonlijk in ongunstige zin›
pro·be·ren *ww* [probeerde, h. geprobeerd] beginnen

met of zich voorbereiden op een handeling waarbij men onzeker is over de kans van slagen ★ *dat moet je niet ~!* daartoe moet je niet de brutaliteit hebben!

pro·bi·o·ti·ca *(‹Gr) mv* levende microbiologische voedingssupplementen die mogelijk iemands gezondheid bevorderen door het evenwicht in de darmflora te verbeteren

pro·bleem *(‹Gr) het* [-blemen] vraagstuk, voorgelegde strijdvraag of moeilijkheid; twijfelachtige vraag, niet opgeloste zaak; op te lossen opgave

pro·bleem·ge·bied *het* [-en] streek of land met economische of staatkundige moeilijkheden, waarin voorzien moet worden

pro·bleem·ge·val *het* [-len] iem. die of iets wat (regelmatig) voor moeilijkheden zorgt

pro·bleem·loos *bn* zonder problemen; eenvoudig van geest

pro·bleem·stel·ling *de (v)* [-en] het formuleren van een probleem

pro·ble·ma·tiek[1] *(‹Fr‹Gr)*, **pro·ble·ma·tisch** *(‹Du‹Gr) bn* een probleem vormend, onopgelost; onzeker, twijfelachtig

pro·ble·ma·tiek[2] *(‹Fr‹Gr) de (v)* het geheel van de problemen betreffende zekere kwestie of op zeker gebied

pro·ble·ma·tisch *(‹Du‹Gr) bn* → **problematiek**[1]

pro·ble·mist *de (m)* maker en oplosser van dam- en schaakproblemen

proc. *afk* procureur

pro·ce·dé *(‹Fr) het* [-s] handelwijze, werkwijze, vooral technologische bereidingswijze

pro·ce·de·ren *ww (‹Fr‹Lat)* [procedeerde, h. geprocedeerd] een rechtsgeding voeren; in een rechtsgeding gewikkeld zijn

pro·ce·du·re *(‹Fr) de* [-s] ❶ gang van zaken in een proces, procesvoering ❷ handelwijze die men moet volgen om iets te bereiken ❸ gerechtelijke actie, proces: ★ *civiele ~* ★ *verkorte ~*

pro·ce·du·reel *bn* de procedure betreffend

pro·cent *(‹Lat) het* [-en] percent ★ *voor 100 ~* geheel en al

pro·cen·tu·eel *bn* in procenten uitgedrukt

pro·ces *(‹Fr‹Lat) het* [-sen] ❶ werking in een voortgang beschouwd, ontwikkelingsgang, verloop: ★ *een langdurig ~* ★ *een chemisch ~* ❷ rechtsgeding, vooral een civiel geding: ★ *de opstandelingen werden zonder vorm van ~ neergeschoten*

pro·ces·recht *het* de rechtsregels betreffende rechtsvorderingen en de tenuitvoerlegging van vonnissen en beschikkingen: ★ *burgerlijk ~*

pro·ces·sie *(‹Fr‹Lat) de (v)* [-s] kerkelijke optocht of ommegang, plechtige bede- of kerkvaart

pro·ces·sie·rups *de* [-en] rups van de processievlinder (Thaumetopoea), die 's avonds met soortgenoten in optocht voedsel gaat zoeken en waarvan de haren irriterend werken op de menselijke huid en slijmvliezen

pro·ces·sie·vlin·der *de (m)* [-s] vlinder van de processierups

pro·ces·sing *(‹Eng) de (v)* regeling, besturing van technologische processen of van de volgorde van productiehandelingen

pro·ces·sor *de (m)* [-s] comput chip die de centrale verwerkingseenheid bevat en het hart van de computer vormt

pro·ces·stuk *het* [-ken] geschrift dat op een → **proces** (bet 2) betrekking heeft

pro·ces·su·eel *bn* vooral NN op een rechtsgeding betrekking hebbend; in, van het geding

pro·ces·ver·baal *het* [processen-verbaal] *(‹Fr)* van ambtswege opgemaakt schriftelijk verslag van een handeling of bevinding; vooral schriftelijke verklaring van een opsporingsambtenaar betreffende een strafbaar feit; akte van bekeuring

pro·cla·ma·tie [-(t)sie] *(‹Lat) de (v)* [-s] ❶ openlijke bekendmaking, afkondiging van de overheid ❷ BN ‹bij een wedstrijd, examen› bekendmaking van de resultaten

pro·cla·me·ren *ww (‹Fr‹Lat)* [proclameerde, h. geproclameerd] openlijk bekend maken, afkondigen; uitroepen

pro·cli·sis [-zis] *(‹Gr) de (v)* [-sissen, -ses] taalk aanleuning: het aansluiten van een onbeklemtoond eenlettergrepig woordje aan een volgend beklemtoond woord, bijv. *'t hoofd, 'k weet*

pro·cli·tisch *(‹Gr) bn* van de aard van of als bij een proclisis

pro·cre·a·tie [-(t)sie] *(‹Fr‹Lat) de (v)* verwekking van kinderen, voortplanting

pro·crus·tes·bed *het* genoemd naar de Griekse (mythologische) rover Prokroustes, die zijn slachtoffers op een te klein resp. te groot bed legde om hen de leden af te hakken of hen uit te rekken; fig willekeurige vorm waarin men een zaak met geweld besluit door inkorting, uitrekking of anderszins: ★ *iem.* of *iets op het ~ leggen*

pro·cu·ra·tie [-(t)sie] *(‹Lat) de (v)* [-s] schriftelijke volmacht om uit naam van anderen te handelen, te tekenen

pro·cu·ra·tie·hou·der [-(t)sie-] *de (m)* [-s] gevolmachtigde van een handelsfirma

pro·cu·ra·tor *(‹Lat) de (m)* [-s, -toren] ❶ hist Romeinse ambtenaar die de geldelijke belangen van de keizer in een provincie waarnam ❷ RK administrateur van een klooster of geestelijke stichting

pro·cu·re·ren *ww (‹Lat)* [procureerde, h. geprocureerd] verschaffen, bezorgen, leveren, voorzien van

pro·cu·reur *(‹Fr) de (m)* [-s] iem. die in burgerlijke zaken de gedingvoerende partijen vertegenwoordigt zonder als raadsman op te treden ★ BN *~ des Konings* vertegenwoordiger van het Openbaar Ministerie

pro·cu·reur-ge·ne·raal *de (m)* [-s-generaal] hoofd van het parket bij de gerechtshoven en bij de Hoge Raad

pro·De·aan *de (v)* [-anen] NN iem. die pro Deo rechtskundige bijstand geniet
pro·de·caan *de (m)* [-decanen] BN iemand wiens decaanschap pas voorbij is
pro·de·mo·cra·tisch *bn* de democratie voorstaand
pro Deo *bijw* ‹Lat› om godswil; eig kosteloos
pro·du·cent ‹Lat› *de (m)* [-en] iem. die iets produceert
pro·du·cer [prədjoesə(r)] ‹Eng› *de (m)* [-s] muz, film, toneel iem. die de vertoning van een stuk of het opnemen van een film of het opnemen van muziek op cd's e.d. organiseert
pro·du·ce·ren *ww* ‹Lat› [produceerde, h. geproduceerd] ❶ voortbrengen, vervaardigen, maken ❷ recht overleggen, tonen, voor den dag komen met
pro·duct ‹Lat› *het* [-en] ❶ voortbrengsel van de al of niet gecultiveerde natuur, vrucht: ★ *tropische producten* ★ NN, fig *een raar ~* een vreemd mens ❷ voortbrengsel van arbeid of nijverheid ❸ uitkomst van een vermenigvuldiging
pro·duc·tie [-sie] ‹Fr› *de (v)* [-s] ❶ voortbrenging, vervaardiging van artikelen; econ voortbrenging van maatschappelijke goederen; voortbrenging van stoffen in fysiologische, chemische zin enz.; film, theater voortbrenging, realisering van een artistieke vertoning ❷ wat voortgebracht wordt, geproduceerde hoeveelheid
pro·duc·tie·ca·pa·ci·teit [-sie-] *de (v)* vermogen tot productie, hoeveelheid die geproduceerd kan worden
pro·duc·tief *ww* ‹Fr› voortbrengend; vruchtbaar; winstgevend
pro·duc·tie·fac·tor [-sie-] *de (m)* [-toren] elk van de factoren die de maatschappelijke (economische) productie mogelijk maken: ★ *arbeid en kapitaal zijn productiefactoren*
pro·duc·tie·kos·ten [-sie-] *mv* alle uitgaven die voor het voortbrengen van een artikel nodig zijn
pro·duc·tie·lei·der [-sie-] *de (m)* [-s] iem. die leiding geeft bij het produceren
pro·duc·tie·mid·de·len [-sie-] *mv* zaken als grond, gebouwen, machines, voertuigen e.d. die men gebruikt voor de productie van goederen of voor de dienstverlening
pro·duc·tie·slag [-sie-] *de (m)* algemene inspanning tot verhoging van de productie
pro·duc·ti·vi·teit ‹Fr› *de (v)* ❶ voortbrengende, scheppende kracht, vruchtbaarheid ❷ vermogen of eigenschap van bij te dragen tot de maatschappelijke voortbrenging ❸ mate waarin geproduceerd wordt
pro·duct·schap *het* [-pen] vooral NN publiekrechtelijke organisatie van de bedrijven die bij de totstandkoming van een bepaald type product betrokken zijn
pro-Duits *bn* ten gunste van Duitsland; Duitsland gunstig gezind
proef, (vooral in *bet* 2, 3, 4:) **proe·ve** ‹Oudfrans‹Lat› *de* [proeven] ❶ onderzoek; het proberen van iets: ★ *proeven nemen* ★ *op ~* voorlopig, om te proberen ★ *de ~ op de som nemen* proberen of de uitkomst klopt ★ *op de ~ stellen* beproeven ❷ bewijs: ★ *proeve van bekwaamheid* ❸ ‹van een boek, tijdschrift e.d.› voorbeeld van de uitvoering: ★ *proeve van bewerking* ❹ bescheiden aanduiding van de inhoud van een (wetenschappelijk) geschrift: ★ *proeve van grammatische beschrijving* ❺ drukproef ❻ merk, keur ❼ BN onderdeel van een sportwedstrijd
proef·abon·ne·ment *het* [-en] abonnement op → **proef** (bet 1), vaak tegen gereduceerde prijs
proef·ba·lans *de* [-en] → **balans** (bet 3), opgemaakt om te onderzoeken of het grootboek klopt
proef·bal·lon *de (m)* [-s en -nen] meteor luchtballonnetje, opgelaten om de toestand van de atmosfeer te leren kennen; veelal fig poging om de stemming of gezindheid te leren kennen
proef·be·drijf *het* [-drijven] bedrijf waar op grote schaal proeven worden genomen ter vervolmaking van een product en / of de vervaardiging daarvan
proef·blad *het* [-bladen] als drukproef gegeven blad
proef·boer·de·rij *de (v)* [-en] vooral NN landbouwproefstation
proef·bo·ring *de (v)* [-en] het boren in de grond om vast te stellen of er delfstoffen in zitten
proef·buis *de* [-buizen] BN ook reageerbuis
proef·buis·ba·by *de (m)* ['s] BN ook reageerbuisbaby
proef·dier *het* [-en] dier waarop of waarmee proefnemingen gedaan worden
proef·draai·en *ww* [verleden tijd ongebr, h. proefgedraaid] ‹van een machine, film› draaien als proefneming
proef·druk *de (m)* [-ken] eerste afdruk als proef
proef·hou·dend, proef·hou·dend *bn* degelijk, duurzaam
proef·jaar *het* [-jaren] jaar op proef
proef·ko·nijn *het* [-en] konijn waarop of waarmee proeven gedaan worden; fig iemand op wie iets nieuws geprobeerd wordt
proef·les *de* [-sen] les die een onderwijsgevende in tegenwoordigheid van deskundigen als proef geeft
proef·lo·kaal *het* [-lokalen] lokaal waar aan een toonbank sterke drank verkocht wordt
proef·mon·ster *het* [-s] kleine hoeveelheid van een monster om te proberen
proef·ne·ming *de (v)* [-en] onderzoek; het proberen van iets
proef·num·mer *het* [-s] gratis exemplaar van krant of tijdschrift ter kennismaking
proef·on·der·vin·de·lijk *bn* op proefneming, waarneming berustend
proef·or·der *de & het* [-s] kleine bestelling als proefneming
proef·per·soon *de (m)* [-sonen] persoon met wie proefnemingen worden gedaan
proef·pro·ces *het* [-sen] rechtsgeding aangegaan door één van verscheidene belanghebbenden met gelijke

of overeenkomstige eisen: wordt de eis in dat proefproces toegewezen, dan kunnen ook de anderen met kans op succes een proces beginnen

proef·rij·den ww [verleden tijd ongebr, h. proefgereden] een proefrit maken

proef·rit de (m) [-ten] rit om een nieuw voertuig of een nieuw baanvak te proberen

proef·schrift het [-en] wetenschappelijke verhandeling ter verkrijging van de doctorstitel

proef·sta·tion [-(t)sjon] het [-s] laboratorium voor onderzoekingen op het gebied van de land- en tuinbouw

proef·strook de [-stroken] fotogr testafdruk met verschillende belichtingstijden op een strook fotopapier

proef·stuk het [-ken] vroeger werkstuk dat als blijk van bekwaamheid vervaardigd moest worden voor het verkrijgen van de rang van meester in een gilde ★ zijn ~ leveren bewijs van bekwaamheid leveren ★ BN niet aan zijn ~ toe zijn al ervaring hebben, het klappen van de zweep kennen

proef·tijd de (m) [-en] ❶ tijd dat men op proef is ❷ tijd waarbinnen een voorwaardelijk veroordeelde zijn straf nog opgelegd kan worden

proef·tocht de (m) [-en] reis om een nieuw voer-, vaar- of vliegtuig op de proef te stellen

proef·tuin de (m) [-en] tuin waarin proefnemingen gedaan worden met planten

proef·vaart de [-en] ‹van een schip› vaart als proef

proef·va·ren ww [verleden tijd ongebr, h. proefgevaren] een proefvaart doen

proef·veld het [-en] veld waarop men proeven neemt met gewassen

proef·ver·lof het [-loven] NN tijdelijk verlof aan een verpleegde (vooral in een psychiatrische inrichting) of aan een gedetineerde om te beslissen of hij in de maatschappij kan terugkeren

proef·vlucht de [-en] eerste vliegtocht van een vliegtuig

proef·werk het [-en] opgave om de vorderingen van de leerlingen te onderzoeken

proes·ten ww [proestte, h. geproest] ❶ snuiven ❷ hard niezen ❸ trachten niet te lachen, maar toch in lachen uitbarsten

proe·ve (‹Oudfrans‹Lat›) de [-n] → proef

proe·ven ww (‹Oudfrans‹Lat›) [proefde, h. geproefd] ❶ proberen hoe iets smaakt, de smaak van iets waarnemen ❷ fig herkennen, de eigenaardigheid van iem. of iets waarnemen: ★ men proeft de politicus uit dit geschrift ❸ fig (voor het eerst) ervaren, leren kennen: ★ het leed ~ ★ de weelde ~

proe·ver de (m) [-s] ❶ iem. die proeft of geregeld proeven moet ❷ lekkerbek, smuller ❸ drinkebroer

prof de (m) ❶ [mv: -fen] professor ❷ [mv: -s] professional

prof. afk professor

pro·faan (‹Lat) bn ❶ ongewijd, werelds, niet-kerkelijk ❷ oningewijd ❸ met het heilige spottend

pro·fa·ne·ren ww (‹Fr) [profaneerde, h. geprofaneerd] ontwijden, ontheiligen; met het heilige spotten

prof·club de [-s] sp club van beroepsspelers

pro·feet (‹Lat‹Gr) de (m) [-feten] ❶ gezant van God ★ de twaalf kleine profeten van het Oude Testament twaalf Bijbelboeken met profetische inhoud in het Oude Testament, elk relatief klein van omvang ★ de Profeet Mohammed ❷ iem. die voorspellingen doet ★ NN geen ~ is in zijn eigen land geëerd, BN niemand is ~ in eigen land iem. van verdienste vindt in zijn eigen omgeving geen bewondering ★ NN een ~ die brood eet iem. wiens voorspellingen geen waarde hebben

pro·fes·sen ww [profeste, h. geprofest] RK de kloostergeloften doen afleggen

pro·fes·sie (‹Lat) de (v) [-s] ❶ belijdenis, openlijke verklaring ★ de ~ afleggen de kloostergeloften doen ❷ beroep; handwerk

pro·fes·sion·al [proofesjənəl] (‹Eng) de [-s] beroepssportman; bij uitbreiding iem. die iets beroepshalve doet: ★ we moeten deze klus aan een ~ uitbesteden

pro·fes·sio·na·li·se·ren ww [-sjoonaaliezeerə(n)] (‹Eng) [professionaliseerde, h. geprofessionaliseerd] ❶ tot een beroep maken ❷ professioneler, zakelijker aanpakken

pro·fes·sio·na·li·se·ring [-sjoonaaliezeering] de (v) het professioneel-maken of -worden: ★ de ~ van het militaire apparaat

pro·fes·sio·na·lis·me [-sjoo-] het het verrichten van iets of het optreden van beroepswege; beroepsbekwaamheid; vooral het beoefenen van sport als beroep

pro·fes·sio·neel [-sjoo-] (‹Fr) bn ❶ van beroep ❷ aan een beroep eigen

pro·fes·sor (‹Lat) de (m) [-soren, -s] ❶ aanspreektitel van en benaming voor een hoogleraar ❷ schertsend geleerd aandoend persoon

pro·fes·so·raal (‹Fr) bn ❶ tot het hoogleraarsambt behorend; van een professor ★ ~ kwartiertje de tijd die gewoonlijk verloopt tussen de officiële en de werkelijke begintijd van een college ❷ fig als van een professor, geleerd, docerend

pro·fes·so·raat (‹Fr) het [-raten] ❶ hoogleraarsambt ❷ leerstoel

pro·fes·so·ra·bel bn geschikt om hoogleraar te worden

pro·fe·te·ren ww (‹Lat) [profeteerde, h. geprofeteerd] ❶ het Woord Gods of het evangelie verkondigen ❷ voorspellen, voorzeggen

pro·fe·tes de (v) [-sen] vrouwelijke profeet

pro·fe·tie [-(t)sie] (‹Fr‹Gr) de (v) [-tieën] ❶ uitspraak van een profeet ❷ voorspelling

pro·fe·tisch (‹Fr‹Gr) bn ❶ van of als van een profeet ❷ begiftigd met het vermogen tot voorspelling; voorspellend

pro·fi·ci·at (‹Lat) tsw wel bekome het u!; geluk gewenst!

pro·fiel *(‹It) het* [-en] ❶ zijdelings aanzicht, vooral van het menselijk gezicht ❷ beloop van een verticale doorsnede ❸ niet-ronde, vierkante of platte doorsnede van staven ❹ bouw·lat voor het afbakenen van een op te trekken muur ❺ gewenste combinatie van eigenschappen en bekwaamheden met het oog op een te vervullen (publieke) functie ❻ NN elk van de vakkenpakketten waaruit leerlingen kunnen kiezen na de basisvorming

pro·fie·len·site [-sait] *de* [-s] website waarop mensen zich presenteren d.m.v. een foto en informatie over zichzelf om zo in contact te komen met anderen

pro·fiel·schets *de* [-en] korte beschrijving van de eigenschappen die een kandidaat voor een bepaalde functie moet bezitten

pro·fiel·werk·stuk *het* [-ken] NN, onderw uitgebreid werkstuk dat havo- en vwo-leerlingen in de bovenbouw over een onderwerp uit hun → **profiel** (bet. 6) moeten maken en presenteren

pro·fiel·zool *de* [-zolen] schoenzool met veel profiel, zoals onder berg- of wandelschoenen

pro·fijt *(‹Fr) het* [-en] ❶ voordeel ❷ opbrengst, winst

pro·fijt·be·gin·sel *het* NN principe dat de kosten van openbare voorzieningen zo veel mogelijk moeten worden betaald door degenen die er profijt van hebben

pro·fij·te·lijk *bn* voordelig, voordeel opleverend

pro·fil *zn* [-fiel] *(‹Fr‹It)* zie bij → **en profil**

pro·fi·le·ren *(‹Fr)* I *ww* [profileerde, h. geprofileerd] ❶ de doorsnede van een gebouw, het beloop van een dijk enz. in tekening of door latten aangeven ❷ randversieringen aanbrengen ❸ karakteriseren, kenschetsen II *wederk* een duidelijk eigen karakter aannemen: ★ *deze partij wil zich wat meer ~*

pro·fi·ta·bel *(‹Fr) bn* voordelig, winstgevend

pro·fi·ta·ri·aat *het* BN groep (sociale) profiteurs

pro·fi·te·ren *ww (‹Fr)* [profiteerde, h. geprofiteerd] voordeel, partij trekken van, nuttig gebruik maken van ★ *van het onderwijs ~* veel opsteken, goed leren, vorderen

pro·fi·teur *(‹Fr) de (m)* [-s] iemand die op minder oorbare wijze uit bepaalde omstandigheden profijt trekt

prof·li·ga *de* BN orgaan waarin elke profvoetbalclub is vertegenwoordigd

pro for·ma *bijw (‹Lat)* voor de vorm

prof·spe·ler *de (m)* [-s] sp beroepsspeler

prof·voet·bal *het* voetbal door beroepsspelers; **profvoetballer** *de (m)* [-s]

pro·fy·lac·tisch [-fie-] *(‹Gr) bn* verhoedend, afwendend, voorkomend

pro·fy·laxe, pro·fy·laxis [-fie-] *(‹Gr) de (v)* med voorbehoeding, voorkoming

prog·no·se [-zə] *(‹Gr) de (v)* [-s] voorspelling omtrent het verloop van een ziekte, bij uitbreiding ook van andere ontwikkelingen

prog·nos·tisch *(‹Gr) bn* op de prognose betrekking hebbend

pro·gram *het* [-s] → **programma**

pro·gram·col·le·ge [-leezjə] *het* [-s] NN college van wethouders dat gevormd is op grond van de gezamenlijke aanvaarding van een politiek programma, niet van de samenstelling van de gemeenteraad (dit heet → **afspiegelingscollege**)

pro·gram·ma *(‹Lat‹Gr) het* ['s] ❶ lijst van hetgeen verricht, vertoond, gespeeld, onderwezen zal worden ❷ verklaring van een politieke partij, van een ministerie enz. waarin de beginselen uiteengezet worden; richtsnoer ❸ staat van eisen en gegevens voor een uit te voeren werk ❹ comput logisch geordende reeks opdrachten die de computer achtereenvolgens uitvoert

pro·gram·ma·blad *het* [-bladen] weekblad bevattende de radio- en televisieprogramma's voor een week

pro·gram·ma·mu·ziek *(‹Du) de (v)* meestal instrumentale compositie waaraan een bep. programma ten grondslag ligt waarvan het karakter wordt bepaald door een onderwerp buiten de muziek, zoals een verhaal, schilderij e.d.

pro·gram·ma·schijf *de* [-schijven] harde schijf binnen een computersysteem waarop de programmatuur staat

pro·gram·ma·tie [-sie] *(‹Fr) de (v)* BN ook programmering

pro·gram·ma·tisch *(‹Du) bn* gebaseerd op of een of volgens het programma

pro·gram·ma·tuur *de (v)* comput geheel van programma's voor een computersysteem

pro·gram·meer·taal *de* [-talen] taal waarin computerprogramma's worden geschreven ★ *lagere ~* programmeertaal die nauw aansluit bij de machinetaal ★ *hogere ~* programmeertaal die overeenkomsten vertoont met de gewone taal en die moet worden omgezet in machinetaal om voor de computer begrijpelijk te zijn

pro·gram·me·ren *ww* [programmeerde, h. geprogrammeerd] ❶ comput schrijven van een computerprogramma in een programmeertaal ❷ een programma opstellen voor het verloop van een gebeurtenis: ★ *de studiedag is als volgt geprogrammeerd*

pro·gram·me·ring *de (v)* RTV het indelen van de zendtijd voor radio en tv ★ *horizontale ~* zodanige indeling van de zendtijd dat er steeds op dezelfde dag en hetzelfde uur dezelfde programma's zijn ★ *verticale ~* zodanige indeling van de zendtijd dat op een bep. zender steeds een bep. type programma's zijn

pro·gram·meur *de (m)* [-s] iem. die onderlegd is in, resp. belast met → **programmeren** (bet 1)

pro·gres·sie *(‹Fr‹Lat) de (v)* [-s] ❶ voortschrijding, voortgang ❷ opklimming; getallenreeks die naar dezelfde wet opklimt; meer dan evenredige toeneming van een grootheid ten opzichte van een andere grootheid; ❸ ‹vooral bij belasting› stijging van het heffingspercentage naarmate het te

belasten inkomen of vermogen groter wordt
pro·gres·sief *(‹Fr) bn* ❶ in rechte lijn voortgaand, voortschrijdend ❷ zich geleidelijk verder ontwikkelend: ★ *progressieve paralyse* ★ *progressieve methode* boekhouden methode van renteberekening waarbij de rente van alle posten berekend wordt tot op de datum waarop de rekening-courant wordt afgesloten ❸ procentsgewijze hoger wordend: ★ *een ~ belastingtarief* ❹ vooruitstrevend, op vooruitgang gericht: ★ *een progressieve politieke partij*
pro·gres·si·vi·teit *(‹Fr) de (v)* het progressief-zijn (in verschillende betekenissen)
pro·hi·bi·tie [-(t)sie] *(‹Lat) de (v)* [-s] verbod; in het bijzonder verbod van invoer, van fabricage of van verkoop van sterke drank
pro·hi·bi·tie·stel·sel, **pro·hi·bi·tie·sys·teem** [-(t)siesis- of -(t)siesies-] *het* op buitengewoon hoge rechten gegrondvest stelsel van in- en uitvoerbeperking of -wering
pro·hi·bi·tio·nist [-(t)sjoo-] *(‹Fr) de (m)* [-en] voorstander van verbodswetten of -bepalingen; voorstander van een prohibitiesysteem, vooral van verbod tot maken en verkopen van sterke drank; **prohibitionistisch** *bn bijw*
pro·ject *(‹Lat) het* [-en] ❶ ontwerp; plan ❷ gezamenlijk uit te voeren werk of studieobject
pro·jec·te·ren *ww* [projecteerde, h. geprojecteerd] ❶ ontwerpen, plannen of ontwerpen maken voor ❷ van een ruimtelijk figuur een afbeelding maken in een plat vlak zodanig dat de eigenschappen van die ruimtelijke figuur uit de afbeelding in het platte vlak afgeleid kunnen worden; de oppervlakte van een bol, vooral de aardbol, afbeelden op een plat vlak ❸ door middel van licht een beeld werpen op een scherm of ander vlak
pro·ject·groep *de* [-en] groep mensen die deelnemen aan een → **project** (bet 2), vooral in het onderwijs
pro·jec·tie [-sie] *(‹Lat) de (v)* [-s] ❶ het → **projecteren** (bet 2), vooral afbeelding van de aardoppervlakte in een plat vlak ❷ het werpen van een lichtbeeld op een scherm enz. ❸ psych het overbrengen van psychisch gebeuren op de buitenwereld; psychoanalyse het toeschrijven van onbewuste gevoelens (wensen, angsten) aan anderen
pro·jec·tie·ap·pa·raat [-sie-] *het* [-raten] toestel voor → **projectie** (bet 2)
pro·jec·tiel *(‹Fr) het* [-en] weggeworpen of weggeschoten voorwerp, vooral uit een vuurwapen; kogel
pro·jec·tie·scherm [-sie-] *het* [-en] scherm waarop lichtbeelden geprojecteerd worden
pro·ject·lei·der *de (m)* [-s] leider bij een → **project** (bet 2)
pro·ject·on·der·wijs *het* onderwijs waarbij leerlingen een werkgroep vormen; *vgl*: → **project**, bet 2
pro·ject·ont·wik·ke·laar *de (m)* [-s] persoon die of bedrijf dat zich bezighoudt met het ontwerpen, financieren of bouwen van grote projecten als winkelcentra, grote kantoorgebouwen, nieuwe woonwijken e.d.
pro·jec·tor *de (m)* [-s] ❶ toestel voor → **projectie** (bet 2) ❷ wisk lijn waarmee men projecteert
Pro Ju·ven·tu·te *zn (‹Lat)* vooral in Nederland federatie van verenigingen die werkzaam zijn op het gebied van de kinderbescherming, met als belangrijkste doel voorkoming en bestrijding van jeugdcriminaliteit en bemoeienis met verwaarloosde en moeilijk opvoedbare kinderen
pro·laps *(‹Lat) de (m)* [-en], **pro·lap·sus** *(‹Lat) de (m)* med verzakking
pro·leet *(‹Du) de (m)* [-leten] persoon uit een onbeschaafd milieu of van grove levensopvatting
pro·le·go·me·na *(‹Gr) mv* inleidende opmerkingen, inleiding, voorstudie
pro·lep·sis *(‹Gr) de (v)* taalk retorische figuur of syntactische constructie waarbij een woord of zinswending logisch te vroeg wordt gebruikt; het vooruitlopen op iets
pro·le·ta·ri·aat *(‹Du‹Lat) het* klasse van de bezitlozen; niets bezittende stand
pro·le·ta·ri·ër *(‹Lat) de (m)* [-s] ❶ hist arme burger die de staat enkel met zijn kroost *(Lat: proles)* kon dienen ❷ thans bezitloze onder het kapitalistische systeem die geheel van zijn arbeid moet leven
pro·le·ta·risch *(‹Du) bn* van de proletariërs, van het proletariaat ★ *~ winkelen* winkeldiefstal plegen, aanvankelijk gedacht als politieke actie bestaande uit het collectief weigeren te betalen voor uit zelfbedieningswinkels gehaalde goederen
pro·le·ta·ri·se·ren *ww* [-zeerə(n)] *(‹Du)* [proletariseerde, is & h. geproletariseerd] ❶ tot proletariër worden ❷ tot proletariër doen worden; **proletarisering** *de (v)*
pro·li·fe·ra·tie [-(t)sie] *(‹Fr) de (v)* ❶ algemeen voortplanting, verbreiding ❷ med woekering ❸ politiek verspreiding van kennis, apparatuur en grondstoffen die betrekking hebben op de vervaardiging van kernwapens; zie ook → **non-proliferatieverdrag**
Prolog *afk* comput Programming and Logic *(‹Eng)* [bep. programmeertaal]
pro·lon·ga·tie [-(t)sie] *(‹Fr) de (v)* [-s] handel termijnverlenging, later gestelde termijn; geldverstrekking tegen rente op in onderpand gegeven of gelaten effecten om meer effecten te kunnen kopen dan men dadelijk betaalt; die rente zelf; algemeen verlenging gedurende een (on)bepaalde tijd
pro·lon·ge·ren *ww (‹Fr‹Lat)* [prolongeerde, h. geprolongeerd] verlengen; vooral de betalingstermijn verlengen; uitstel (van betaling) geven; blijven vertonen: ★ *een film ~*
pro·loog *(‹Fr‹Gr) de (m)* [-logen] ❶ voorrede, voorwoord ❷ voorspel, inleiding tot een toneelstuk e.d. ❸ eerste rit, meestal een korte tijdrit, bij een

meerdaagse wielerwedstrijd
pro me·mo·rie *bijw* (‹Lat) als herinnering, om het niet te vergeten, p.m.
pro·me·na·de (‹Fr) *de (v)* [-s] wandelweg
pro·me·na·de·con·cert *het* [-en] ❶ concert in een openbaar park, op een plein enz. ❷ thans *ook* populair concert
pro·me·na·de·dek *het* [-ken] wandeldek
pro·mes·se (‹Fr‹Lat) *de (v)* [-s, -n] schriftelijke belofte tot betaling ★ handel ~ aan order orderbriefje
pro·mes·se·dis·con·to *het* ['s] disconto dat door de centrale bank wordt berekend op de bij haar verdisconteerde promessen en wissels
pro·me·thi·um *het* chemisch element, symbool Pm, atoomnummer 61, behorend tot de zeldzame aarden, genoemd naar Prometheus uit de Griekse mythologie
pro·mil·la·ge [-mielaazjə] *het* bedrag of hoeveelheid in promilles; pregnant alcoholpromillage, hoeveelheid alcohol in het bloed
promille *ww* [miel] (‹Lat) per duizend, in duizendsten (‰)
pro·mi·nent (‹Lat) *bn* vooruitspringend; vooraanstaand, op de voorgrond tredend ★ *de ~en* de personen die op de voorgrond treden
pro·mis·cue [-kuu(w)ee] (‹Lat) *bijw* ❶ vermengd, door elkander, zonder onderscheid ❷ met wisselende seksuele contacten
pro·mis·cu·ï·teit (‹Fr) *de (v)* ❶ maatschappelijke toestand waarin een rijke schakering van (hetero)seksuele relaties bestaat ❷ geslachtelijke omgang met wisselende partners (niet door het huwelijk geregeld)
pro·mo·ten *ww* (‹Eng) [promootte, h. gepromoot] verkoopbevordering bedrijven
pro·mo·tie [-(t)sie] (‹Lat) *de (v)* [-s] ❶ bevordering, rangverhoging; ★ *~ krijgen / maken* ❷ het toekennen, respectievelijk de verwerving van de academische graad van doctor in een bijzondere plechtigheid ❸ sp plaatsing in een hogere klasse van de competitie ❹ verkoopbevordering, acties ter bevordering van de verkoop ★ BN, spreektaal *in ~ in de aanbieding, in de reclame* ❺ ★ BN *sociale ~* nascholing in de vorm van avond- of weekendonderwijs met overheidsvergoeding
pro·mo·tie·plaats [-(t)sie-] *de* [-en] aanstelling aan een universiteit om onderzoek te doen waarop men tot doctor kan promoveren
pro·mo·tie·wed·strijd [-(t)sie-] *de (m)* [-en] sp wedstrijd die de winnende club in een hogere klasse kan plaatsen
pro·mot·ing *de*, **pro·mot·ion** [-moosjən] (‹Eng) *de (m)* het bevorderen, het aan de man trachten te brengen (door gunstige aanbiedingen enz.), verkoopbevordering, → **promotie** (bet 4)
pro·mo·tor (‹Lat) *de (m)* [-s, -toren] ❶ hoogleraar onder wiens leiding iem. tot doctor promoveert ❷ bevorderaar, ijveraar, iem. die voor iets ijvert ❸ iem. die zich belast met het plaatsen van aandelen voor een op te richten maatschappij ❹ iem. die tracht een muziekgroep, sportman e.d. bij het publiek te introduceren of meer bekendheid te geven door concerten, resp. sportwedstrijden e.d. te organiseren ❺ chem stof die de werking van een katalysator verhoogt ❻ BN *ook* projectontwikkelaar
pro·mo·ven·dus (‹Lat) *de (m)* [-di], **pro·mo·ven·da** (‹Lat) *de (v)* [-dae] [-dee] iem. die binnenkort zal → **promoveren** (bet 4)
pro·mo·ve·ren *ww* (‹Lat) [promoveerde, h. & is gepromoveerd] ❶ bevorderen, verhogen ❷ overgaan naar een hogere klasse (ook van sportclubs, schaakspelers enz.) ❸ schaken een pion die de overzijde van het bord heeft bereikt, vervangen door een ander stuk naar keuze ❹ de academische graad van doctor verwerven
prompt (‹Fr‹Lat) **I** *bn* onverwijld, zonder tussenpoos **II** *de (m)* handel termijn voor prompte betaling **III** *de* comput woord of symbool op het beeldscherm waarachter commando's worden ingetypt
proms (‹Eng: afkorting van *promenade concerts*) *mv* cyclus van goedkope (zomer)concerten in de Royal Albert Hall te Londen
pronk *de (m)* ❶ het pronken ★ *te ~ staan* te kijk staan ★ *te ~ stellen* ❷ sieraad; opschik
pronk·boon *de* [-bonen] vlinderbloemige sierplant met rode bloemen (*Phaseolus multiflorus*)
pron·ken *ww* [pronkte, h. gepronkt] vertoon maken met mooie dingen; pralen, opscheppen; zie ook bij → **veer**[1]
pron·ker *de (m)* [-s], **pronk·ster** *de (v)* [-s] iem. die pronkt
pron·ke·rig *bn* geneigd tot pronken; opgeschikt, overdreven mooi gemaakt
pron·ke·rij *de (v)* [-en] het pronken
pronk·erwt [-ert] *de* [-en] een sierplant (*Lathyrus odoratus*)
pronk·ju·weel *het* [-welen] schitterende edelsteen; fig iets zeldzaam voortreffelijks
pronk·ka·mer *de* [-s] 'mooie' kamer, kamer met de mooiste meubelen en stoffering
pronk·stuk *het* [-ken] iets waarmee men pronkt; iets bijzonder moois
pronk·ziek *bn* geneigd tot pronken
pronk·zucht *de* sterke neiging tot pronken; **pronkzuchtig** *bn*
pro·no·men (‹Lat) *het* [-mina] taalk voornaamwoord
pro·no·mi·naal (‹Lat) *bn* voornaamwoordelijk
pro·non·ce·ren *ww* (‹Fr‹Lat) [prononceerde, h. geprononceerd] uitspreken; alleen nog fig gebruikt in → **geprononceerd**
pro·nos·tiek (‹Fr‹Gr) *de (v)* [-en] BN ❶ sp voetbalpool, toto; toto-uitslag ❷ voorspelling, prognose ❸ sp lijst van kanshebbers op de overwinning
pro·nos·ti·ke·ren *ww* (‹Fr) [pronostikeerde, h. gepronostikeerd] BN, sp een voorspelling doen m.b.t. sportprestaties; meespelen in de toto

pront *bn* (meestal van vrouwen gezegd) wakker, monter, flink

pro·nun·ti·us [-sie(j)us] *(‹Lat) de (m)* [-tii, -sen] plaatsvervangend nuntius, diplomatiek vertegenwoordiger van de paus die niet de rang van gezant heeft

prooi *(‹Fr) de* [-en] ❶ buit ❷ fig slachtoffer ★ *ten ~ overgegeven, in de macht van*

prooi·dier *het* [-en] dier dat dient als voedsel voor een roofdier

proos·dij *de (v)* [-en] ambt en woning van een → **proost¹**

proost¹ *(‹Lat) de (m)* [-en] ❶ voorzitter van een kapittel van kanunniken ❷ BN priester-bestuurder van een vereniging, vooral van een sociale organisatie, een jeugdbeweging e.d.; geestelijk adviseur

proost² *(‹Lat) tsw* → **prosit**

proos·ten *ww* [proostte, h. geproost] glaasjes drank tegen elkaar aantikken alvorens te drinken

prop *de* [-pen] samengeknepen bol papier, goed enz.; *ook* dik, ineengedrongen persoon ★ *met iets op de proppen komen* ermee voor den dag komen; zie ook → **propje**

prop. *afk* ❶ proponent ❷ propedeutisch examen

pro·paan *(‹Gr) het*, **pro·paan·gas** *het* een koolwaterstof (C₃H₈), een kleur- en reukloos gas van hoog calorisch gehalte dat bij de petroleumraffinage vrijkomt

pro·pa·gan·da *(‹Lat) de* ❶ werkzaamheid voor de uitbreiding van en het werven van aanhangers voor politieke, kerkelijke of maatschappelijke leerstellingen of ter bevordering van enig ander (niet-commercieel) doel: ★ *~ voeren voor energiebesparing* ❷ drukwerken, films e.d. om → **propaganda** (bet 1) mee te voeren, propagandamateriaal: ★ *alle ~ werd in beslag genomen*

pro·pa·gan·da·ma·te·ri·aal *het* → **propaganda** (bet 2)

pro·pa·gan·de·ren *ww* [propagandeerde, h. gepropagandeerd] voor een bepaalde richting of zaak ijveren en aanhangers werven

pro·pa·gan·dist *de (m)* [-en] iem. die propaganda voor iets maakt

pro·pa·gan·dis·tisch *bn* bestemd, geschikt om propaganda mee te maken; (als) om te propaganderen

pro·pa·ge·ren *ww (‹Fr)* [propageerde, h. gepropageerd] uitbreiden, voortplanten, verspreiden; propaganderen

pro patria *bijw (‹Lat)* zie bij → **patria**

pro·pe·deu·se [-duizə], **pro·pe·deu·ti·ca** [-dui-] *(‹Gr) de (v)* vooropleiding, voorbereidend onderwijs voor een bepaalde studierichting; studiepakket voor eerstejaarsstudenten aan een universiteit

pro·pe·deu·tisch [-peedui-] *bn* voorbereidend ★ *~ examen* onderzoek naar de voorbereidende kennis, nodig voor een bepaalde vakstudie, voorafgaande aan het kandidaatsexamen

pro·peen, **pro·py·leen** [-pie-] *(‹Gr) het* een gasvormige koolwaterstof

pro·pel·ler *(‹Eng) de (m)* [-s] voortbewegingsschroef van een vliegtuig of luchtkussenvoertuig

pro·per *bn* vooral BN ❶ zindelijk, net: ★ *een ~ huishouden* ❷ keurig, tot in de puntjes verzorgd; fraai, netjes: ★ *een ~ uniform* ❸ geschikt, goed, behoorlijk, duidelijk: ★ *~ werk leveren*

pro·per·tjes *bijw* zindelijk, netjes

prop·je *het* [-s] ❶ kleine prop: ★ *propjes schieten* ❷ klein, dik persoon

prop·jes *het* NN, stud, vero propedeutisch examen: ★ *zijn ~ doen*

pro·po·nent *(‹Lat) de (m)* [-en] vooral NN theoloog met de graad van kandidaat, die na een kerkelijk examen of een colloquium beroepbaar is verklaard

pro·po·ne·ren *ww (‹Lat)* [proponeerde, h. geproponeerd] voorstellen, voorslaan

pro·por·tie [-sie] *(‹Lat) de (v)* [-s] ❶ evenredigheid; verhouding, vooral de onderlinge verhouding van afmetingen ❷ juiste verhouding ★ *buiten ~ zeer onevenredig* ❸ afmeting

pro·por·tio·na·li·teit [-sjoo-] *(‹Fr‹Lat) de (v)* evenredigheid

pro·por·tio·neel [-sjoo-] *(‹Fr‹Lat) bn* naar (juiste) verhouding, evenredig, gelijkmatig

pro·por·tio·ne·ren *ww* [-sjoo-] *(‹Fr‹Lat)* [proportioneerde, h. geproportioneerd] in verhouding stellen, naar zekere verhouding inrichten, evenredig maken

pro·pos *bijw* [proopoo] *(‹Fr)* zie bij → **à propos**

pro·po·si·tie [-zie(t)sie] *(‹Fr‹Lat) de (v)* [-s] ❶ voorstel; het voorstellen ❷ uitgesproken oordeel, stelling

prop·pen *ww* [propte, h. gepropt] ❶ met kracht in elkaar drukken, door krachtig duwen iets tot het uiterste vullen: ★ *al het afval werd in een zak gepropt* ❷ met grote happen eten: ★ *zij propte de boterham naar binnen*

prop·pen·schie·ter *de (m)* [-s] werktuig waarmee kinderen propjes papier schieten

prop·vol *bn* overvol

pro·py·lee·ën [-pie-] *(‹Gr) mv* zuilengang die naar een tempel leidt; fig inleiding, inwijding

pro·py·leen [-pie-] *(‹Gr) het* → **propeen**

pro rato *bijw (‹Lat)* naar evenredigheid

pro·rec·tor *de (m)* [-toren, -s] BN iemand wiens rectorschap pas voorbij is

pro·ro·ga·tie [-(t)sie] *(‹Lat) de (v)* [-s] verschuiving; verdaging, verlenging (van een termijn) ★ NN *~ van rechtspraak* opschuiving van een geschil naar een hogere rechter, opdracht tot berechting aan een rechter die normaal daarvoor niet aangewezen is

pro·sce·ni·um *(‹Lat) het* [-nia *en* -s] ❶ ‹bij de Romeinen› toneel ❷ thans voortoneel, gedeelte van het toneel vóór het gordijn

pro·sciut·to [prozjoeto] *(‹It) de (m)* ['s, -sciutti] licht gezouten, luchtgedroogde ham uit Italië

pro·scrip·tie [-sie] *(‹Lat) de (v)* [-s] vogelvrijverklaring; verbanning
pro·sec·tor *(‹Lat) de (m)* [-s, -toren] med ❶ assistent van een hoogleraar in de ontleedkunde ❷ specialist die secties verricht
pro·se·cu·tie [-(t)sie] *(‹Lat) de (v)* [-s] gerechtelijke vervolging
pro·se·liet [-zə-] *(‹Gr) de (m)* [-en] nieuwbekeerde, iem. die door een ander tot diens geloof of overtuiging is overgehaald
pro·se·li·tis·me [-zə-] *het* bekeringsijver, zieltjeswinnerij
pro·sit [-zit,], **proost** *(‹Lat) tsw* wel bekome het u!; op je gezondheid!
pro·so·die [-zoo-] *(‹Gr) de (v)* ❶ dichtkunst leer van het gebruik van de lettergrepen in de versbouw ❷ muz leer van de tijd- en toonmeting
pro·so·disch [-zoo-] *bn* van, volgens, betreffende de prosodie
pro·so·pag·no·sie [-zie] *(‹Gr) de (v)* stoornis in het vermogen om gezichten te herkennen, gezichtsblindheid
pros·pect *(‹Lat) het* [-en] schets van het uitwendig voorkomen van een gebouw enz.
pros·pec·tie *(‹Fr) de (v)* [-s] BN ook verkenning van de markt, marktanalyse, marktonderzoek
pros·pec·tus *(‹Lat) de (m) & het* [-sen] (voorlopige) aankondiging; gedrukt overzicht met gegevens over uitgaven, op te richten vennootschappen, voorwaarden van verzekeringsmaatschappijen, geldleningen enz.; beursterm drukwerk waarin voor toekomstige beleggers de financiële gegevens staan van een bedrijf dat naar de beurs gaat
pros·taat *(‹Gr) de (m)* [-taten] voorstanderklier, een klier die bij de man het bovenste deel van de pisbuis omgeeft
pros·taat·kan·ker *de (m)* kanker aan het epitheel van de prostaat
pros·ti·tu·ant *de (m)* [-en] iem. die prostitueert
pros·ti·tu·ee *ww (‹Fr)* [-s] publieke vrouw
pros·ti·tu·e·ren *ww (‹Fr‹Lat)* [prostitueerde, h. geprostitueerd] ❶ ★ *zich ~* zich aan prostitutie overgeven ❷ aan oneer prijsgeven, onteren
pros·ti·tu·tie [-(t)sie] *(‹Fr‹Lat) de (v)* het zich tegen betaling ter beschikking stellen voor seksueel verkeer
prot. *afk* protestants
pro·ta·go·nist *(‹Gr) de (m)* [-en] ❶ hoofdfiguur in het Griekse treurspel ❷ overdrachtelijk hoofdrolspeler; voorvechter
pro·tec·tie [-sie] *(‹Lat) de (v)* ❶ bescherming, hoede ❷ begunstiging; voorspraak ❸ handel beschermende rechten
pro·tec·tio·nis·me [-sjoo-] *(‹Fr) het* stelsel van bescherming van handel, nijverheid of landbouw van eigen land door invoerrechten, uitvoerpremies enz.
pro·tec·tio·nist [-sjoo-] *(‹Fr) de (m)* [-en] aanhanger van het protectionisme
pro·tec·tio·nis·tisch [-sjoo-] *bn* van de aard van het protectionisme
pro·tec·tor *(‹Lat) de (m)* [-s, -toren] ❶ beschermer, beschermheer; rijksvoogd; vooral als titel van de Engelse staatsman Cromwell (1599-1658) ❷ beschermend voorwerp
pro·tec·to·raat *(‹Fr) het* [-raten] ❶ waardigheid van protector; beschermheerschap ❷ gebied waarover een ander land het beschermheerschap uitoefent en dat geen eigen buitenlandse vertegenwoordiging heeft
pro·te·gé *de (m)* [-s], **pro·te·gee** *de (v)* [-s] [-teezjee] *(‹Fr)* beschermeling(e), gunsteling(e)
pro·te·ge·ren *ww* [-zjeerə(n)] *(‹Fr‹Lat)* [protegeerde, h. geprotegeerd] beschermen, begunstigen; door voorspraak vooruithelpen
pro·te·ï·ne *(‹Gr) de* [-n, -s] plantaardig en dierlijk eiwit
pro·test *(‹Fr) het* [-en] ❶ mondelinge of schriftelijke verklaring dat men zich tegen iets verzet: ★ *er rees veel ~ tegen de geplande snelweg* ★ *~ aantekenen tegen iets* ★ *onder ~ iets overhandigen, aan een wedstrijd deelnemen* ❷ rechtsvoorbehoud ❸ verklaring van niet-aanneming van een wissel, door een daartoe bevoegd ambtenaar in een wettelijke akte bevestigd
pro·test·ac·tie [-sie-] *de (v)* [-s] → **actie** (bet 4) als protest tegen iets
pro·tes·tant *(‹Lat) de (m)* [-en] iemand die een van de christelijke godsdiensten belijdt die door en na de hervorming zijn ontstaan
pro·tes·tan·ten *(‹Lat) mv* aanvankelijk benaming van de luthersen, sinds zij tegen de besluiten van de rijksdag te Spiers in 1529 protesteerden; later aan alle hervormden toegekend
pro·tes·tan·ten·dag *de (m)* in België de jaarlijkse bijeenkomst van protestanten in Maria-Horebeke
pro·tes·tan·tis·me *het* leer, geloof en aanhang van de protestanten
pro·tes·tants *bn* (als) van, betreffende de protestanten
pro·tes·tants-chris·te·lijk [-kris-] *bn* christelijk in onderscheiding van katholiek
pro·tes·te·ren *ww (‹Fr‹Lat)* [protesteerde, h. geprotesteerd] ❶ tegen aantekenen; (in rechten) opkomen tegen; bezwaren maken, tegenpruttelen ❷ het → **protest** (bet 1) van een wissel doen opmaken
pro·test·mars *de* [-en] optocht als protest
pro·test·mee·ting [-mie-] *de* [-s] meeting om in het openbaar te protesteren
pro·test·song *de (m)* [-s] lied waarvan de tekst bepaalde maatschappelijke of politieke toestanden aan de kaak stelt
pro·test·sta·king *de (v)* [-en] korte werkstaking als protest
pro·the·se [-zə] *(‹Fr‹Gr) de (v)* [-n, -s] ❶ aanzetting van een kunstlid ❷ kunstbeen, kunstneus, kunsttand enz. ❸ → **prothesis**

pro·the·sis [-zis] *(‹Gr)* de *(v)* toevoeging van één of meer letters vóór aan een woord, bijv. de *t* van *tachtig*

pro·to·col *(‹Gr)* het [-len] ❶ kort verslag van een internationale overeenkomst, dat, door de deelnemers getekend, de kracht van een verdrag heeft ❷ akte, schriftelijke verklaring; ambtelijk bericht van het voorgevallene of verhandelde ❸ het geheel van de aan een hof en in het diplomatiek verkeer gebruikelijke vormen en de daarvoor geldende voorschriften ❹ comput geheel van afspraken betreffende de communicatie tussen (onderdelen van) computersystemen

pro·to·col·lair [-lèr] *(‹Fr)* bn betrekking hebbend op, volgens het → **protocol** (bet 3)

pro·to·col·le·ren ww [protocolleerde, h. geprotocolleerd] optekenen, openbare handelingen in een boek opschrijven; notuleren

pro·to·his·to·rie de *(v)* de periode in de geschiedenis van een volk waarover wel contemporaine documenten bestaan, maar waarin dat volk zelf nog geen schrift kende

pro·ton *(‹Gr)* het [-tonen] ❶ nat onderdeel van het atoom, 200 keer zwaarder dan het elektron, maar met een even grote - zij het positieve - lading ❷ BN protonkaart

pro·ton·kaart de BN chipknip, elektronische portemonnee

pro·to·plas·ma *(‹Gr)* het cytoplasma tezamen met de celkernen

pro·to·ty·pe ww [-tiepə] *(‹Fr‹Gr)* [-n en -s] ❶ eerste beeld, oermodel; eerste afdruk of vorm van ets- of snijwerk ❷ voorafbeelding

pro·to·zo het [-zoën], **pro·to·zo·ön** het [-zoa] *(‹Gr)* eencellig organisme

prot·ser de *(m)* [-s] iem. die smakeloos zijn rijkdom vertoont

prot·se·rig bn overdadig en smakeloos weelderig; als een protser

Pro·ven·çaals [-saals] I bn van, uit, betreffende de (oude) Provence II het taal van de Provence (in Zuid-Frankrijk)

pro·ve·nier de *(m)* [-s] vroeger iemand die een prove genoot, die in een proveniershuis gevoed en verpleegd werd

pro·ve·niers·huis het [-huizen] vroeger gesticht voor proveniers

pro·ve·nu *(‹Fr)* het ['s] opbrengst, voordeel, winstbedrag

pro·ver·bi·aal *(‹Fr)* bn spreekwoordelijk

pro·vi·and *(‹Du‹Lat)* de *(m)* & het mondvoorraad, teerkost, levensmiddelen

pro·vi·an·de·ren ww *(‹Du)* [proviandeerde, h. geproviandeerd] van levensmiddelen voorzien

pro·vi·an·de·ring de *(v)* [-en] het provianderen

pro·vi·den·tie [-sie] *(‹Lat)* de *(v)* voorzienigheid; voorzorg

pro·vi·den·tieel [-sjeel] *(‹Fr)* bn door of als door de voorzienigheid beschikt, zeer gelukkig

pro·vid·er [-vaidə(r)] *(‹Eng)* de *(m)* [-s] bedrijf dat toegang verschaft tot internet

pro·vin·ciaal [-sjaal] *(‹Lat)* I bn ❶ van, behorend tot, uit de provincie; gewestelijk ★ NN *Provinciale Staten* in elke provincie gekozen gewestelijk bestuurscollege, tevens kiescollege voor de Eerste Kamer der Staten-Generaal ❷ als op het platteland, niet-stedelijk; *ook wel* achterlijk, lomp; bekrompen; kleinburgerlijk II de *(m)* [-cialen] ❶ iem. uit de provincie; kleinburgerlijk, bekrompen mens ❷ RK hoofd van een kloosterprovincie of ordeprovincie met een aantal huizen onder zijn bestuur ❸ BN, sp verkorting van provinciale divisie of provinciale afdeling in het voetbal: club, ploeg uit een lagere klasse, die uitsluitend uitkomt tegen clubs uit dezelfde provincie

pro·vin·cia·lis·me [-sjaa-] *(‹Fr)* het [-n] ❶ gewestelijk woord; zulk een zegswijze of uitdrukking of taalkundige variant ❷ overdreven gehechtheid aan zijn gewest; kleinsteedse bekrompenheid

pro·vin·cie *(‹Lat)* de *(v)* [-s, -ciën] ❶ gewest, administratief onderdeel van een staat ★ NN, hist *de Zeven Provinciën* de Nederlandse republiek (1581-1795) ❷ gewest van een kerkelijke indeling ❸ het platteland: ★ *je kunt horen dat hij uit de ~ komt*

pro·vin·cie·gou·ver·neur de *(m)* [-en, -s] BN persoon aan het hoofd van de 'Bestendige Deputatie', vergelijkbaar met Commissaris van de Koning(in) in Nederland

pro·vin·cie·huis het [-huizen] centraal bureau van het bestuur van een → **provincie** (bet 1)

pro·vin·cie·raad de *(m)* [-raden] BN bestuurscollege van een provincie met rechtstreeks gekozen vertegenwoordigers, vergelijkbaar met de *Provinciale Staten* in Nederland

pro·vin·cie·stad de [-steden] stad in de → **provincie** (bet 3)

pro·vi·sie [-viezie] *(‹Lat)* de *(v)* [-s] ❶ tijdelijke voorziening ★ *bij ~ voorlopig* ❷ voorraad, vooral van levensmiddelen ❸ percentsgewijze berekende vergoeding voor gedane moeite als loon van makelaars, commissionairs, expediteurs enz. ❹ BN voorschot op het honorarium van een advocaat of deurwaarder

pro·vi·sie·ba·sis [-ziebaazis] de *(v)* ★ *op ~ met →* **provisie** (bet 3) als beloning

pro·vi·sie·ka·mer [-zie-] de [-s] voorraadkamer vooral voor levensmiddelen

pro·vi·sie·kast [-zie-] de [-en] voorraadkast vooral voor levensmiddelen

pro·vi·sio·neel [-zjoo-] *(‹Fr)* bn voorlopig, voorshands, tijdelijk

pro·vi·soir [-zwaar, -zoor] *(‹Fr)* bn voorlopig

pro·vi·sor [-zor] *(‹Lat)* de *(m)* [-s, -soren] ❶ tijdelijk bestuurder, bevoegde waarnemer, vooral van een apotheek, van een fonds enz. ❷ RK geestelijk verzorger die met de tijdelijke zaken in een klooster enz. is belast

pro·vi·so·risch [-zoo-] *(‹Du)* *bn* provisioneel

pro·vi·so·ri·um [-zoo-] *(‹Lat)* *het* [-s, -ria] voorziening van tijdelijke aard, vooral een gebouw

pro·vo *de (m)* ['s] naam voor zekere anarchistisch gezinde jongeren die provocerend optraden als protest tegen bepaalde maatschappelijke toestanden in de tweede helft van de jaren zestig

pro·vo·ca·teur *(‹Fr‹Lat) de (m)* [-s] uitlokker; zie ook → **agent-provocateur**

pro·vo·ca·tie [-(t)sie] *(‹Lat) de (v)* [-s] uitdaging, tarting, terging; het uitlokken van iets wat als overtreding beschouwd kan worden

pro·vo·ce·ren *ww (‹Fr)* [provoceerde, h. geprovoceerd] ❶ uitdagen, tarten ❷ uitlokken, aanleiding geven tot

pro·voost *(‹Oudfrans)* **I** *de (m)* [-en] hist opzichter van orde en tucht in een legerplaats; onderofficier met toezicht op gevangenen; thans bode of onderofficier die bij de terechtzitting als deurwaarder optreedt **II** *de NN* ruimte waarin een militair als straf wordt opgesloten; streng arrest

Prov. St. *afk* Provinciale Staten

pro·wes·ters *bn* de Westerse wereld gunstig gezind

pro·za *(‹Lat) het* ❶ ongebonden stijl; wat niet in verzen geschreven is ❷ het alledaagse, niet-verhevene

pro·za·isch *(‹Lat) bn* ❶ gesteld in proza, niet in dichtvorm ❷ fig alledaags, nuchter

pro·za·ist *de (m)* [-en] schrijver van proza

pro·za·ro·man *de (m)* [-s] middeleeuwse bewerking in proza van een ridderroman, voorloper van de roman

pro·za·schrij·ver *de (m)* [-s] schrijver van → **proza** (bet 1)

pru·dent *(‹Fr‹Lat) bn* van veel inzicht of beleid getuigend, wijs

pru·den·tie [-sie] *(‹Lat) de (v)* inzicht, oordeel, wijs beleid

pruik *(‹Fr‹It) de* [-en] nagemaakte haardos; *ook* dikke verwarde bos haar ★ NN, fig *zijn ~ staat scheef* hij is slecht gehumeurd

prui·ken·bol *de (m)* [-len] ❶ houten kop waarop een pruik gemaakt wordt ❷ iem. met een verwarde bos haar

prui·ken·ma·ker *de (m)* [-s] iem. die pruiken maakt

prui·ken·tijd *de (m)* eind 18de, begin 19de eeuw, tijd van gekunsteldheid op allerlei gebied

prui·len *ww* [pruilde, h. gepruild] mokken

prui·le·rig *bn* zeurig, niet opgewekt; **pruilerigheid** *de (v)*

pruil·lip *de* [-pen] enigszins hangende onderlip als uiting van verdriet

pruim *(‹Lat) de* [-en] ❶ vrucht van de pruimenboom ❷ plukje kauwtabak ❸ plat vrouwelijk geslachtsdeel

prui·me·dant *(‹Fr) de* [-en] NN grote gedroogde pruim

prui·me·laar *de (m)* [-s] BN, spreektaal pruimenboom

prui·men *ww* [pruimde, h. gepruimd] ❶ op tabak kauwen ❷ lekker eten; *inf:* ★ *iem. of iets niet (langer) kunnen of willen ~ iem. of iets niet (langer) kunnen of willen aanvaarden* ★ *dat boek, die film is niet te ~ daar valt niet van te genieten* ★ *iem. niet kunnen ~ hem, haar niet kunnen verdragen*

prui·men·boom *de (m)* [-bomen] boom waaraan pruimen (→ **pruim**, bet 1) groeien (*Prunus*)

prui·men·jam *ww* [-sjem, -zjem] [-s] jam van pruimen (→ **pruim**, bet 1)

prui·men·mond·je *het* [-s] klein vooruitgestoken mondje

prui·men·pit *de* [-ten] pit van een → **pruim** (bet 1)

prui·men·taart *de* [-en] taart met pruimen (→ **pruim**, bet 1)

pruim·ta·bak *de (m)* tabak om op te kauwen

Pruis *de (m)* [-en] inwoner van Pruisen

Prui·sisch *bn* van, uit, betreffende Pruisen ★ NN *het ging er ~ aan toe* heftig ★ *~ blauw* paarsblauw ★ *~ zuur* blauwzuur

prul *het* [-len] ❶ nietswaardig ding ❷ nietswaardig persoon ❸ liefkozend, *vooral verkl:* *prulletje* klein kind

prul·dich·ter *de (m)* [-s] knoeidichter, rijmelaar

prul·la·ria *mv* prullen

prul·len·bak *de (m)* [-ken], **prul·len·mand** *de* [-en] bak, mand voor weggegooid papier

prul·le·rig, **prul·lig** *bn* nietswaardig

prul·lig *bn* → **prullerig**

prul·schrij·ver *de (m)* [-s] schrijver van nietswaardig werk

prul·werk *het* [-en] nietswaardig werk

prune [pruun(ə)] *(‹Fr‹Lat)* **I** *bn* pruimkleurig, roodpaars **II** *het* pruimkleur

pru·nel *de* [-len] NN van de schil ontdane, gedroogde witte pruim

pru·nus *(‹Lat) de (m)* [-sen] sierheester met roze bloemen

prut *de* ❶ drab, vooral koffiedik ❷ modder ❸ brijachtige massa, vooral eenpansgerechten, stukgekookte aardappels e.d.: ★ *de aardappels zijn tot ~ gekookt* ❹ knoeiwerk

pruts BN, spreektaal **I** *de* [-en] ❶ prul, vod, spul ❷ slechte zaak **II** *de* [-en] *meestal verkleinwoord: prutske* dreumes, peuter, ukkepuk

pruts·ding *het* [-en] ding van geen waarde

prut·sen *ww* [prutste, h. geprutst] ❶ knutselen ❷ knoeien

prut·ser *de (m)* [-s] knoeier

prut·se·rig, **prut·sig** *bn* ❶ knoeierig, slordig ❷ onbelangrijk, waardeloos; petieterig

pruts·werk *het* knoeiwerk

prut·te·len *ww* [pruttelde, h. geprutteld] borrelend koken

prze·wal·ski·paard *het* [-en] soort wild paard waarvan slechts een klein aantal in en nabij Mongolië leeft (*Equus przewalskii*), genoemd naar de Russische generaal en ontdekkingsreiziger Nikolai

Przhevalski (†1888)
PS *afk* ❶ postscriptum *naschrift* ❷ in België Parti socialiste [socialistische politieke partij]
Ps. *afk* Bijbel Psalmen
ps. *afk* psalm
psalm (‹Lat‹Gr) *de (m)* [-en] plechtige zang tot Gods eer, vooral elk van de 150 geestelijke gezangen die in de Bijbel staan
psalm·be·rij·ming *de (v)* [-en] het op rijm zetten van de Bijbelse psalmen; de gezamenlijke berijmde psalmen
psalm·boek *het* [-en] boek met de berijmde psalmen
psalm·bord *het* NN, prot bord waarop de in een kerkdienst te zingen liederen staan
psalm·dich·ter *de (m)* [-s] iem. die psalmen gedicht heeft
psal·mist *de (m)* [-en] psalmdichter; psalmzanger, vooral David
psal·mo·die (‹Lat) *de (v)* [-dieën] RK het zingen van psalmen in bepaalde tonen
psal·mo·di·ë·ren *ww* [psalmodieerde, h. gepsalmodieerd] psalmzingen; vooral eentonig opdreunen
psalm·vers *het* [-verzen] couplet van een psalm
psalm·ver·ta·ling *de (v)* [-en] vertaling van de psalmen in proza
psalm·zin·gen *ww* [verl tijd ongebr, h. psalmgezongen] psalmen zingen
psal·ter (‹Lat‹Gr) *het* [-s], **psal·te·ri·on** (‹Gr), **psal·te·ri·um** (‹Lat) *het* [-s, -teria] ❶ zeer oud, op een harp gelijkend snaarinstrument ❷ psalmboek; boek der Psalmen
PSC *afk* in België Parti social chrétien [vroegere sociaalchristelijke politieke partij]
pseu·do- [pseu-, psui-] (‹Gr) *als eerste lid in samenstellingen* vals, onecht, in schijn; gewaand
pseu·do·lo·gia phan·tas·ti·ca [psui-, fan-] *de (v)* med ziekelijk neiging om leugens te vertellen (waar de verteller overigens zelf in gelooft)
pseu·do·niem [pseu-, psui-] (‹Gr) **I** *het* [-niemen] schuilnaam **II** *bn* een schuilnaam dragend; onder schuilnaam uitgegeven
psi (‹Gr) *de* ['s] ❶ 23ste letter van het Griekse alfabet, als hoofdletter Ψ, als kleine letter ψ ❷ parapsychologische kracht (vooral in Angelsaksische landen) ❸ nat symbool voor golffunctie (in de kwantummechanica)
pso·ri·a·sis, pso·ri·a·sis [-zis] (‹Gr) *de (v)* med huidziekte waarbij schilfering van gedeelten van de huid optreedt
PSP *afk* in Nederland Pacifistisch-Socialistische Partij [vroegere Nederlandse politieke partij, in 1991 opgegaan in GroenLinks]
pst *tsw* geluid om iemands aandacht te trekken
p.st. *afk* ❶ per stuk ❷ pond sterling
psych [psieg] *de (m)* schertsend verkorting van → **psychiater**
psy·che [psiegee] (‹Gr) *de* ❶ ziel (als levensprincipe en als zetel van de bewustzijnsverschijnselen en van de persoonlijkheid) ❷ innerlijk, binnenste
psy·che·de·lisch [psie-] *bn* verandering in het bewustzijn, in het zielenleven kunnende bewerkstelligen, van daartoe dienende stoffen en middelen gezegd
psy·chi·a·ter [psie-] (‹Gr) *de (m)* [-s] arts voor geestesziekten
psy·chi·a·trie [psie-] (‹Gr) *de (v)* leer van de geestesziekten
psy·chi·a·trisch [psie-] *bn* betrekking hebbend op de psychiatrie
psy·chisch [psie-] (‹Gr) *bn* de geest, ziel betreffend
psy·cho·ana·ly·se [psiegooaanaaliezǝ] (‹Gr) *de (v)* ❶ door Sigmund Freud (1856-1939) uitgewerkte methode van onderzoek naar de invloeden die het onbewuste uitoefent op de geestesgesteldheid van mensen, gebaseerd op verklaring van dromen, onwillekeurige handelingen enz. ❷ [*mv:* -n, -s] behandeling volgens deze methode
psy·cho·ana·ly·ti·cus [psiegooaanaalie-] *de (m)* [-ci], **psy·cho·ana·ly·ti·ca** [psiegooaanaalie-] *de (v)* [-cae] iem. die de psychoanalyse beoefent
psy·cho·ana·ly·tisch [psiegooaanaalie-] *bn* volgens de psychoanalyse
psy·cho·dra·ma [psie-] *het* rollenspel, het laten optreden van personen in een soort toneelstuk om hen inzicht te geven in de conflictsituatie waarin ze verkeren door die uit te beelden
psy·cho·far·ma·ca [psie-] (‹Gr) *mv* medicamenten die het functioneren van de geest kunnen beïnvloeden; geneesmiddelen voor geestesziekten
psy·cho·geen [psie-] (‹Gr) *bn* door psychische oorzaken of invloeden ontstaan
psy·cho·lin·guïs·tiek [psiegoolinywis-] (‹Gr‹Fr) *de (v)* wetenschap die bestudeert welke psychische vermogens het taalgedrag bepalen
psy·cho·lo·gie [psie-] (‹Gr) *de (v)* ❶ wetenschap die het psychische gebeuren onderzoekt ❷ zielkundige ontleding; zielkundig inzicht
psy·cho·lo·gisch [psie-] *bn* de psychologie betreffend; uit zielkundig oogpunt
psy·cho·lo·gi·se·ren *ww* [psiegooloogiezeerǝ(n)] (‹Gr) [psychologiseerde, h. gepsychologiseerd] een psychologische verklaring (trachten te) geven
psy·cho·loog [psie-] (‹Gr) *de (m)* [-logen] beoefenaar van de → **psychologie** (bet 1)
psy·cho·mo·to·riek [psie-] *de (v)* de bewegingsprocessen die willekeurig beïnvloed en bewust beleefd kunnen worden, zoals lopen, spreken, mimiek
psy·cho·no·mie [psie-] (‹Gr) *de (v)* wetenschap van de psychologische problemen, waarbij uitsluitend gebruik wordt gemaakt van experimentele technieken en exacte methoden
psy·choot [psie-] (‹Gr) *de* [-choten] lijder aan een psychose, geestelijk gestoorde
psy·cho·paat [psie-] (‹Gr) *de (m)* [-paten] med eig

geesteszieke; thans iem. met een zodanige geestesziekte dat hij niet in de maatschappij gehandhaafd kan worden; ook gebruikt als scheldwoord

psy·cho·pa·thie [psie-] *(‹Gr› de (v)* [-thiën] abnormale geestestoestand waardoor men zich niet aan de eisen van de maatschappij kan aanpassen

psy·cho·pa·thisch [psie-] *bn* psychisch abnormaal, zielsziek

psy·cho·pa·tho·lo·gie [psie-] *(‹Gr› de (v)* med leer van de geestes- en zielsziekten

psy·cho·se [psiegooze] *(‹Gr› de (v)* [-n] geestesziekte waarbij de persoonlijkheid diepgaand is aangetast

psy·cho·so·ciaal [psiegoosoosjaal] *bn* het zielenleven betreffend voor zover dit door sociale factoren beïnvloed wordt

psy·cho·so·ma·tiek [psie-] *(‹Gr› de (v)* leer van de betrekkingen tussen het psychische en het lichamelijke, vooral van de psychische oorzaken van lichamelijke aandoeningen

psy·cho·so·ma·tisch [psie-] *bn* de psychosomatiek betreffend

psy·cho·tech·niek [psie-] *de (v)* toepassing van de experimentele psychologie, o.a. om te onderzoeken of iem. voor een bepaald beroep of een bepaalde opleiding geschikt is

psy·cho·the·ra·peut [psiegooteeraapuit] *de (m)* med iem. die psychotherapie toepast

psy·cho·the·ra·peu·tisch [psiegooteeraapui-] *bn* als, op de wijze van de psychotherapeut

psy·cho·the·ra·pie [psie-] *de (v)* behandeling van mensen met geestesstoornissen zonder gebruikmaking van fysieke ingrepen of methodieken, medicamenten e.d.

psy·cho·tisch [psie-] *bn* van de aard van of lijdende aan een psychose

psy·chro·me·ter [psie-] *(‹Gr› de (m)* [-s] toestel om de vochtigheid van de lucht of van een gas te bepalen

Pt *afk* chem symbool voor het element *platina*

PTA *afk* Programma van Toetsing en Afsluiting [NN, onderw geheel van toetsen, opdrachten en examens waarop een leerling aan het eind van zijn opleiding aan de middelbare school wordt beoordeeld]

pte [paat] *(‹Fr‹Lat)* de verflaag van een schilderij

P-trein *de (m)* [-en] BN piekuurtrein [extra trein die op piekuren wordt ingezet]

PTSS *afk* Posttraumatisch Stresssyndroom

ptss *afk* posttraumatische stress-stoornis [chronische stressklachten na een traumatische gebeurtenis]

PTT *afk* in Nederland Posterijen, Telegrafie en Telefonie

Pu *afk* symbool voor het chemisch element *plutonium*

pub *(‹Eng: verkorting van public house) de (m)* [-s] herberg, café, kroeg

pu·ber *(‹Lat) de* [-s] jongen of meisje in de periode van de puberteit

pu·be·raal *bn* zoals men vindt bij pubers, kenmerkend voor de puberteit

pu·ber·teit *(‹Lat) de (v)* overgangstijd tussen kind en volwassene, waarin de geslachtsrijpheid bereikt wordt

pu·ber·teits·ja·ren *mv* periode die de puberteit bestrijkt

pu·bli·ca·bel *bn* geschikt om gepubliceerd te worden

pu·bli·ca·tie [-(t)sie] *(‹Fr) de (v)* [-s] ❶ kennisgeving, openbare aankondiging ❷ het uitgeven van een geschrift ❸ uitgegeven geschrift

pub·lic do·main [pubblik doomeen] *(‹Eng) het* comput aanduiding voor software waar geen auteursrechten meer op rusten en die vrij verkrijgbaar en toepasbaar is

pu·bli·ce·ren *(‹Lat) ww* [publiceerde, h. gepubliceerd] ❶ ‹artikelen, boeken enz.› in gedrukte vorm openbaar maken, uitgeven ❷ NN van overheidswege afkondigen, bekendmaken: ★ *vanaf juli 2009 worden nieuwe wetten en regels door de Nederlandse overheid alleen nog op internet gepubliceerd en niet meer in de Staatscourant*

pu·bli·cist *(‹Fr) de (m)* [-en] schrijver over actuele (politieke) vragen

pu·bli·ci·tair [-tèr] *(‹Fr) bn* de publiciteit betreffend

pu·bli·ci·teit *(‹Fr) de (v)* ❶ openbaarheid, bekendheid, ruchtbaarheid ❷ openbaarmaking ❸ kranten, tijdschriften, radio en televisie als organen van openbaarmaking ❹ BN ook reclame

pu·bli·ci·teits·me·di·um *het* [-dia],
pu·bli·ci·teits·or·gaan *het* [-ganen] middel van → **publiciteit** (bet 3)

pub·lic re·la·tions [pubblik rieleesjens] *(‹Eng) mv* het leggen en onderhouden van goede betrekkingen tussen een onderneming of instelling en bepaalde personen of groepen in de buitenwereld

pu·bliek *(‹Fr‹Lat)* I *het* ❶ de ergens aanwezige mensen, toehoorders, toeschouwers: ★ *het ~ applaudisseerde* ❷ het volk in het algemeen: ★ *dit park is voor het ~ toegankelijk* ★ *het grote ~* de massa II *bn* ❶ openbaar, voor iedereen bestemd of toegankelijk: ★ *de publieke weg* ★ *publieke opinie* mening die algemeen onder de bevolking leeft ★ *publieke vrouw* prostituee ❷ aan iedereen bekend: ★ *een ~ schandaal* ★ *een ~ geheim* ❸ vooral NN van de overheid uitgaande: ★ *publieke werken* ★ *de publieke omroep* de niet-commerciële omroep

pu·blie·ke·lijk *bijw* in het openbaar, zo dat iedereen het te weten komt

pu·bliek·recht *het* het recht dat de betrekkingen tussen de burgers en de staat regelt

pu·bliek·rech·te·lijk *bn* van, betreffende, volgens het publiekrecht ★ *~ lichaam* openbaar lichaam

pu·blieks·film *de (m)* [-s] film die veel bezoekers trekt

pu·blieks·trek·ker *de (m)* [-s] iets dat of iemand die veel publiek trekt: ★ *in het nieuwe pretpark is de rollercoaster de grote ~*

pu·blieks·wis·sel *de (m)* [-s] vooral NN applauswissel

puck *(‹Eng) de (m)* [-s] schijf van hard rubber waarmee ijshockey wordt gespeeld

pud‧ding *(<Eng) de (m)* [-en *en* -s] nagerecht van melk, room of vruchtensap met een bindmiddel, dat na het gaarkoken in een speciale vorm dient af te koelen en te stijven

pud‧ding‧brood‧je *het* [-s] soort gebak in de vorm van een broodje, gevuld met banketbakkersroom

pud‧ding‧poe‧der, pud‧ding‧poei‧er *de (m) & het* meelpoeder waarvan men pudding kan koken

pud‧ding‧vorm *de (m)* [-en] schotel of bakje die aan de pudding een bep. vorm geeft

pu‧deur [-dùr] *(<Fr<Lat) de (v)* schaamachtigheid, eerbaarheid, kuisheid

pu‧e‧riel *(<Fr<Lat) bn* kinderlijk of kinderachtig, jongensachtig

puf *de* NN zin, trek: ★ *ergens geen ~ in hebben*

puf‧fen *ww* [pufte, h. gepuft] blazen van de warmte

pu‧gi‧list *(<Fr) de (m)* [-en] vuistvechter, kampvechter, bokser

pu‧gi‧lis‧tiek *(<Fr) I bn* de bokskunst betreffend **II** *de (v)* het vuistvechten, de bokskunst

pui *(<Oudfrans<Lat) de* [-en] ondergevel; bordes; voorgevel

puik NN **I** *bn* uitstekend **II** *het* het beste *(vaak als verkleinvorm)* ★ *het puikje van de zalm* het allerbeste

puik‧best *bn* NN uitstekend

pui‧len *ww* [puilde, h. gepuild] bol uitsteken

puim‧steen *(<Lat) als stof: de (m) & het, als voorwerp: de (m)* [-stenen] poreuze, vulkanische steen

puin *het* metselafval, steenresten

puin‧fun‧de‧ring *de (v)* [-en] puinlaag onder een weg

puin‧hoop I *de (m)* [-hopen] hoop puin; *fig,* **II** *meestal mv* wat overblijft na ondergang: ★ *op de puinhopen van ons geluk* ★ *wat een ~!* wat een rotzooi, ellende!

puin‧laag *de* [-lagen] laag puin als fundering of versterking

puis‧sance [pwiesãs(ə)] *(<Fr) de (v)* ❶ eig macht; ❷ ‹in de ruitersport› onderdeel van een concours waarbij ruiters die een gelijk aantal punten hebben verzameld, een verzwaard parcours moeten afleggen

puis‧sant [pwiessant] *(<Fr) I bn* machtig, vermogend; **II** *bijw* ★ *~ rijk* schatrijk

puist *de* [-en] klein huidgezwel

puis‧te‧rig *bn* ❶ met puisten ❷ vaak puisten krijgend

puk *de (m)* [-ken] klein persoon, klein dier *(vaak verkl: pukkie)*

puk‧kel¹ *de* [-s] puistje; puntig uitsteeksel

puk‧kel² *de* [-s] NN bepaald model schoudertas [vroeger van soldaten]

puk‧kie *het* [-s] NN zie bij → **puk**

pul *(<Lat) de* [-len] kan, kruik, vaas

Pu‧lit‧zer‧prijs [poelitsə(r)-] *de (m)* prijs, ingesteld door de Amerikaanse dagbladuitgever Joseph Pulitzer (1847-1911), voor journalistiek, dienst aan de gemeenschap, literatuur en opvoeding

pul‧ken *ww* [pulkte, h. gepulkt] peuteren

pull [NN poel, BN pul] *de (m)* [-s] (verkorting van) pullover, trui

pul‧li [poelie] *(<Du) de (m)* ['s] dunne, nauw sluitende pullover

pull‧man‧trein [poelmən-] *de (m)* [-en] trein met salonrijtuigen, genoemd naar de Amerikaanse carrosseriebouwer G.M. Pullmann (1831-1897)

pull‧o‧ver [NN poeloovə(r), BN pul-] *(<Eng) de (m)* [-s] slip-over met mouwen

pulp *(<Fr<Lat) de* ❶ uitgeperst vruchtvlees van suikerbieten ❷ houtpap ❸ brij van vruchten voor jamfabricage ❹ veevoer uit dergelijke bestanddelen ❺ massalectuur van slechte kwaliteit

pulp‧blad *het* [-bladen] tijdschrift gevuld met → **pulp** (bet 5), vaak met roddel over bekende of beroemde personen zoals film- of televisiesterren, roddelblad

pul‧que [poelkə] *(<Nahuatl) de (m)* alcoholische Mexicaanse drank, bereid uit het sap van de agave

puls¹ *de* verkorting van → **impuls**, elektrische stroom- of spanningsstoot

puls² *de* [-en] open buis, van onderen van een klep voorzien, gebruikt bij oliewinning

pul‧sar *(<Eng* verkorting van *pulsating radio source* pulserende radiobron*) de (m)* [-s] benaming voor radio- of röntgenbronnen in het heelal met periodiek veranderlijke intensiteit, waarvan men aanneemt dat het roterende neutronsterren zijn

pul‧sa‧tie [-(t)sie] *(<Lat) de (v)* het pulseren, het slaan, kloppen, bijv. van het hart; polsslag

pul‧sen *ww* [pulste, h. gepulst] met een grondboor werken

pul‧se‧ren *ww (<Lat)* [pulseerde, h. gepulseerd] ❶ kloppen, slaan, krachtig leven ❷ golven ❸ zich periodiek uitzetten en weer inkrimpen

pul‧ver *(<Lat) het* poeder; buskruit

pul‧ve‧ri‧sa‧tor [-zaa-] *de (m)* [-s] verstuiver; nevelsproeier

pul‧ve‧ri‧se‧ren *ww* [-zeerə(n)] *(<Fr<Lat)* [pulveriseerde, h. gepulveriseerd] tot poeder maken, fijnwrijven; verstuiven

pum‧mel *de (m)* [-s] lummel, lompe vent

pum‧me‧lig *bn* lomp; onhandig

pump *(<Eng) de (m)* [-s] laag uitgesneden schoen met hoge hak en zonder sluiting op de wreef

pu‧nai‧se [-nèzə] *(<Fr) de (v)* [-s] klein, puntig voorwerp met platte kop om iets mee vast te prikken

punch [pun(t)sj] *(<Eng<Hindi) de (m)* ❶ drank waarvan rum, cognac of wijn en (heet) water met suiker en citroensap de hoofdbestanddelen zijn ❷ hardheid van een stoot bij het boksen ❸ BN ook, sp durf, doorzettingsvermogen; aanvalsvermogen; wilskracht, pit, energie

punc‧te‧ren *ww (<Lat)* [puncteerde, h. gepuncteerd] med prikken, een punctie verrichten

punc‧tie [-sie] *(<Lat) de (v)* [-s] med het aanprikken; opening door middel van een steek of prik met een holle naald om vocht af te tappen

punc‧tu‧a‧li‧teit *(<Fr) de (v)* stiptheid, nauwkeurigheid

punc‧tu‧a‧tie [-(t)sie] *(<Lat) de (v)* ❶ plaatsing en wijze van plaatsing van leestekens ❷ leer van de

leestekens
punc·tu·eel *(‹Lat)* *bn* stipt, zeer nauwkeurig
pun·dit *(‹Sanskr)* *de (m)* [-s] → **pandit**
Pu·nisch *(‹Lat)* *bn* Carthaags, de Carthagers betreffend; fig trouweloos, vals ★ *Punische oorlogen* drietal oorlogen tussen Rome en Carthago in de derde en de tweede eeuw v.C. om de hegemonie in het Middellandse Zeegebied
punk *(‹Eng)* **I** *de (m)* aanduiding voor een levenshouding die veel maatschappelijke normen verwerpt en een ruw leven voorstaat; uiting van deze houding door zwarte, leren kleding, rechtopstaand, piekerig haar en speciale ornamenten **II** *de (m)* de bij deze houding behorende agressieve muziek, gekenmerkt door eenvoudige structuur, luidheid en rauwheid **III** *de* [-s] punker
pun·ker *de (m)* [-s] voorstander, navolger van de punk
punk·haar *het*, **punk·kap·sel** *het* rechtopstaand, piekerig haar
pun·ni·ken *ww* [punnikte, h. gepunnikt] ❶ peuteren, pulken ❷ een koord breien op een garenklos of een doorboorde kurk
punt *(‹Fr‹Lat)* **I** *de (m)* [-en] spits, uiteinde ★ *daar kun je een ~ aan zuigen* daar kun je een voorbeeld aan nemen, daar blijf je ver bij achter ★ *in de puntjes* keurig in orde ★ *als puntje bij paaltje komt* als het erop aankomt **II** *de & het* [-en] *(‹Lat)* stip aan het eind van een zin; stip als onderdeel van een letter ★ *de puntjes op de i's zetten* iets precies nagaan en kleine onnauwkeurigheden verbeteren ★ *fig ergens een ~ achter zetten* ermee ophouden ★ spreektaal *een ~ zetten* een nummertje maken, neuken **III** *het* [-en] *(‹Lat)* ❶ wisk grens van een lijn ❷ plaats: ★ *een mooi ~* ❸ waarderingscijfer: ★ *de bokser won op punten* ❹ BN, onderw ‹ook in het zuiden van Nederland› cijfer op het rapport: ★ *goede, slechte punten krijgen* ❺ deel, onderdeel, zaak: ★ *de punten van behandeling* ★ *het ~ van eer* eergevoel ★ *dat is het ~ (niet)* daarop komt het (niet) aan, dat is (niet) van belang ★ *dat is geen ~* dat is geen probleem, dat geeft geen moeilijkheden ★ *een teer ~* een kwestie die het gevoel raakt ★ *op het ~ staan (om) te...* juist gereed zijn om te... ★ *~ is dat...* er moet rekening mee worden gehouden dat... ❻ ★ BN *ook op ~ stellen* ‹een machine› afstellen, volledig in orde maken; ‹een kwestie, plan› regelen, uitwerken, preciseren ★ BN *ook (nog niet helemaal) op ~ staan* (nog niet helemaal) klaar zijn, in orde zijn
punt·baard·je *het* [-s] kleine puntige baard
punt·buik *de (m)* [-en] vooral NN vooruitstekende buik
punt·dak *het* [-daken] spits toelopend dak
punt·dicht *het* [-en] klein kernachtig gedicht
punt·dich·ter *de (m)* [-s] iem. die veel puntdichten schrijft
pun·ten *ww* [puntte, h. gepunt] een scherpe punt maken aan
pun·ten·koers *de* [-en] wielerwedstrijd op de baan waarbij telkens iem. die het snelst een aantal ronden aflegt punten verdient
pun·ten·lijst *de* [-en] lijst met waarderingscijfers, vooral schoolrapport
pun·ten·schaal *de* [-schalen] rangschikking in punten (→ **punt** III, bet 3) uitgedrukt
pun·ten·slij·per *de (m)* [-s] instrument voor het slijpen van potloden
pun·ter *de (m)* [-s] ❶ puntige platboomde boot ❷ voetbal met de punt van de schoen recht vooruit geschoten bal
pun·te·ren *ww* [punterde, h. gepunterd] ❶ met een punter varen ❷ voetbal de bal recht vooruit schieten met de punt van de schoen
punt·gaaf *bn* vooral NN volkomen gaaf, zonder enig gebrek
punt·ge·vel *de (m)* [-s] naar boven spits toelopende gevel
punt·hoofd *het* [-en] naar boven enigszins puntig toelopend hoofd ★ *een ~ krijgen van iets* iets erg vervelend of lastig vinden
pun·tig *bn* met een punt; fig geestig, snedig
pun·tig·heid *de (v)* [-heden] snedige wijze van zeggen
punt·je *het* [-s] ❶ zie bij → **punt** ❷ NN langwerpig broodje dat aan beide uiteinden puntig toeloopt
punt·kom·ma *de & het* ['s] kommapunt
punt·las·sen *ww & het* (manier van) lassen waarbij de aaneenhechting op enige punten tot stand komt
punt·las·ser *de (m)* [-s] iem. die de puntlasmachine bedient
punt·muts *de* [-en] naar boven spits toelopende muts
punts·ge·wijs, **punts·ge·wij·ze** *bn* in punten, punt voor → **punt** (III, bet 4)
punt·zak *de (m)* [-ken] in een punt uitlopende papieren zak
pup *(‹Eng)* *de (m)* [-s] jonge hond die nog in, of nog maar net uit het nest is
pu·pil[1] *(‹Fr‹Lat)* *de* [-len] ❶ pleegkind; minderjarige wiens ouders uit de ouderlijke macht zijn ontzet of ontheven ❷ lid onder de 12 jaar van een (sport)vereniging; leerling in het algemeen
pu·pil[2] *(‹Fr‹Lat)* *de* [-len] donkere opening in het regenboogvlies van het oog
pup·py [puppie] *(‹Eng‹Lat)* *de* ['s] pup
pu·ree *(‹Fr)* *de (v)* brij van fijngewreven erwten, bonen, aardappelen enz. ★ *in de ~* schertsend in de narigheid ★ *een auto in de ~ rijden* zodanig rijden dat de auto volledig kapot gaat
pu·ren *ww* [puurde, h. gepuurd] zuigen uit, uithalen: ★ *honing ~*
pur·ga·tief *(‹Fr‹Lat)* **I** *bn* purgerend **II** *het* [-tieven] purgeermiddel
pur·ga·to·ri·um *(‹Lat)* *het* vagevuur
pur·geer·mid·del *het* [-en] vero laxeermiddel
pur·ge·ren *ww* *(‹Fr‹Lat)* [purgeerde, h. gepurgeerd] med de ontlasting bevorderen
pu·ris·me *(‹Fr)* *het* ❶ (streven naar) taalzuivering, het vermijden van het gebruik van vreemde woorden

❷ met dat doel vertaald vreemd woord
❸ kunstrichting die streeft naar een uiterste zuivering van de vorm
pu·rist *(‹Fr) de (m)* [-en] voorstander van het purisme
pu·ris·tisch *bn* van de aard van, volgens het purisme
pu·ri·ta·nis·me *(‹Eng) het* leer van de puriteinen
pu·ri·tei·nen *(‹Eng) mv* aanhangers van een streng protestantse richting in Engeland sinds de 16de eeuw; strenge protestanten in het algemeen
pu·ri·teins *bn* van of als van de puriteinen; zich streng houdend aan zedelijke voorschriften; zeer ingetogen
pur·per *(‹Lat‹Gr) het* paarsrood; paarsrode kleurstof; kleding in die kleur; kleding, vroeger van vorsten, thans van prelaten
pur·pe·ren *bn* purperkleurig
pur·per·kleu·rig *bn* de rode kleur van purper hebbende
pur·per·rei·ger *de (m)* [-s] purperkleurige reiger
pur·per·rood *bn* purperkleurig
pur·per·slak *de* [-ken] → **slak¹** die in de oudheid een purperkleurstof leverde
pur sang [puursã] *(‹Fr)* **I** *bn* volbloed, zuiver, van echt ras; fig echt, geheel en al **II** *de (m)* [-s] volbloedpaard
pur·schuim *het* vooral NN schuim van polyurethaan, gebruikt als isolatie- en vulmiddel
pur·ser [pù(r)sə(r)] *(‹Eng) de (m)* [-s] ❶ administrateur aan boord van passagiersschepen ❷ hoofd van de cabinebemanning in een vliegtuig
pus *(‹Lat) de (m) & het* med etter
push·en *ww* [poesjə(n)] *(‹Eng)* [pushte, h. gepusht] ❶ inf pluggen ❷ slang iem. ertoe brengen verslavende drugs te gebruiken
push·er [poesjə(r)] *(‹Eng) de (m)* [-s] slang iem. die drugs pusht
push-up [poesjup] *(‹Eng) de (m)* [-s] keer dat men zich opdrukt (→ **opdrukken** II), als lichamelijke oefening
pus·sen *ww* [puste, h. gepust] etteren
put *(‹Lat) de (m)* [-ten] ❶ gegraven gat in de grond, gebruikt als afvoer, om water uit te halen, als opslagplaats voor afval, voor archeologisch onderzoek e.d. ★ *in de ~ zitten* zeer neerslachtig zijn ★ fig *een bodemloze ~* een zaak waar men geld, aandacht e.d. aan kan blijven besteden zonder dat het wat uithaalt, zonder dat er opbrengsten zijn ★ BN *septische ~* septic tank ★ BN *wie een ~ graaft voor een ander, valt er zelf in* wie een kuil graaft voor een ander, valt er zelf in ★ BN, spreektaal *putten in de grond klagen* steen en been klagen ★ *een ~ maken (om een andere te vullen)* het ene gat vullen met het andere ; zie ook bij → **kalf** (bet 1) ❷ ‹vooral als verkleinwoord› (kleine) indeuking of uitholling: ★ *een huid met veel putjes* ★ *een sinaasappel met putjes* ❸ BN ook het diepste, het midden ★ *in het putje van de winter* in de koudste periode van de winter, hartje winter ★ *in het putje van de nacht* het holst ★ *in het putje van zijn hart* het diepst
put·boor *de* [-boren] toestel om putten te boren

put·em·mer *de (m)* [-s] emmer waarmee water geput wordt
put·jes·schep·per *de (m)* [-s] ❶ iem. die beerputten ledigt; ❷ NN ‹algemene aanduiding voor› iem. met een nederig, onaanzienlijk beroep: ★ *als je niet je best doet op school, kun je altijd nog ~ worden*
put·op·tie [poet-opsie] *(‹Eng) de (v)* [-s] handel optie bet 4 die het recht geeft een aandeel te verkopen tegen een van tevoren vastgestelde koers op een van tevoren vastgestelde datum; *tegengest:* → **calloptie**
puts *de* [putsen] (scheeps)emmer: ★ *een ~ water*
putsch [poetsj] *(‹Du) de (m)* [-en] greep naar de macht, onverwachts gewapende aanslag op de regering
put·sen *ww* [putste, h. geputst] met een puts water scheppen
put·ten *ww* [putte, h. geput] uit een put halen; fig uithalen, ontlenen
put·ter *de (m)* [-s] distelvink
put·ting *de* [-s] scheepv touwwerk om de touwen die naar de stengen lopen vast te zetten
put·to [poetoo] *(‹It‹Lat) de (m)* [putti] naakt kinderfiguurtje, als amorette of engeltje gedacht, met decoratieve functie
put·wa·ter *het* water uit een put
puur *(‹Fr‹Lat) bn* ❶ rein, louter ❷ ‹van chocolade› met een hoog cacaogehalte en daardoor enigszins bitter smakend
puz·zel *(‹Eng) de (m)* [-s] ❶ behendigheidsspel met stukjes van een figuur die samengevoegd de gehele figuur vormen ❷ lastige opgave die men als tijdverdrijf tracht op te lossen, zoals kruiswoordraadsel, cryptogram e.d. ❸ lastig vraagstuk in het algemeen
puz·ze·laar *de (m)* [-s] iem. die puzzels oplost
puz·ze·len *ww* [puzzelde, h. gepuzzeld] puzzels oplossen; diep nadenken: ★ *~ over* of *op*
puz·zel·rit *de (m)* [-ten], **puz·zel·tocht** *de (m)* [-en] NN rit of wandeling waarbij de deelnemers de juiste richting moeten vinden aan de hand van bedekte aanwijzingen, en voorts vragen moeten beantwoorden over wat ze langs de weg zien
puz·zel·woor·den·boek *het* [-en] woordenboek dat men speciaal gebruikt bij het oplossen van kruiswoordpuzzels
pv *afk* BN proces-verbaal
pvc *afk* polyvinylchloride
PVDA *afk* in België Partij van de Arbeid [een extreem linkse politieke partij]
PvdA *afk* in Nederland Partij van de Arbeid [een sociaaldemocratische politieke partij]
PvdD *afk* in Nederland Partij voor de Dieren [politieke partij met dierenwelzijn als belangrijkste programmapunt]
PVV *afk* in Nederland Partij voor de Vrijheid [rechtse politieke partij]
PW *afk* in Nederland ❶ Publieke Werken ❷ Provinciale Waterstaat

p.w. *afk* per week
PWN *afk* in Nederland Provinciaal Waterleidingnet (in Noord-Holland)
pyg·mee [pig-] (‹Gr) de [-meeën] ❶ eig benaming voor fabelachtige dwergen bij de Grieken ❷ thans benaming voor dwergvolken in Afrika en Azië (tot 1,50 m lang)
py·ja·ma [pie-] (‹Eng‹Hindi) de (m) ['s] nachtgewaad bestaande uit (wijde) broek en los jasje
py·ja·ma·dag [pie-] de (m) [-dagen] NN ❶ dag waarop iem. zich niet aankleedt en de hele dag thuis in pyama loopt ❷ dag waarop bewoners van een verpleeg- of verzorgingstehuis wegens personeelsgebrek niet worden aangekleed
py·lon [pie-] (‹Gr) de (m) [-lonen] felgekleurde kegel, o.a. gebruikt voor wegafzettingen
py·loon [pie-] (‹Gr) de (m) [-lonen] ❶ benaming voor vierkante torens ter weerszijden van de ingang van Oudegyptische tempels ❷ hoog, metalen of betonnen bouwsel, zoals een bouwsteiger, boortoren e.d.; vooral hoogspanningsmast ❸ gedenkzuil
Py·re·nees [pie-] bn van, uit, betreffende de Pyreneeën
py·ri·di·ne [pie-] (‹Gr) de een onaangenaam riekende vloeistof ter denaturering van alcohol
py·riet [pie-] (‹Gr) het zwavelkies, zwavelijzer
py·ro·maan [pie-] (‹Gr) I bn lijdend aan pyromanie II de (m) [-manen] iem. die aan pyromanie lijdt
py·ro·ma·nie [pie-] (‹Gr) de (v) ziekelijke neiging om telkens brand te stichten
py·ro·me·ter [pie-] (‹Gr) de (m) [-s] werktuig tot meting van zeer hoge temperaturen
py·ro·tech·ni·cus [pie-] de (m) [-ci] vuurwerkmaker
py·ro·tech·niek [pie-] de (v) ❶ kunst om vuurwerk te vervaardigen ❷ tak van industrie die vuurwerk produceert
pyr·rus·over·win·ning [pir-] de (v) [-en] schijnzegepraal, die de overwinnaar meer verzwakt dan de overwonnene, genoemd naar Pyrros, koning van Epirus, die de Romeinen versloeg in 280 v. Chr.
py·tha·go·ree·ërs [pietaa-] mv volgelingen van Pythagoras
py·tha·go·re·ïsch, **py·tha·go·risch** [pietaa-] (‹Lat) bn van, volgens de leer van Pythagoras ★ *pythagorische tafel* tafel van vermenigvuldiging ★ ~ *zwijgen* langdurig zwijgen (zoals Pythagoras het oplegde aan zijn nieuwe leerlingen)
py·thisch [pie-] (‹Lat‹Gr) bn Apollo betreffend, hem geheiligd ★ *het ~ orakel* het orakel te Delphi ★ *Pythische spelen* om de vier jaar te Delphi ter ere van Apollo gehouden spelen
py·thon [pieton] (‹Gr) de (m) ❶ ‹in de Griekse mythologie› een vreselijke slang of draak ❷ [mv: -s] familie van niet-giftige reuzenslangen in Afrika en Zuid-Azië

Q

q [kuu] de [q's] zeventiende letter van het alfabet
qat [kat] (‹Arab) de (m) opwekkend middel uit de bladeren van een struik (*Catha edulis*) die groeit in o.a. Jemen, Somalië, Eritrea en Kenia
q.e. *afk* quod est [hetgeen betekent]
q.e.d. *afk* quod erat demonstrandum [wat te bewijzen was]
Q-koorts *de* vooral NN ziekte, veroorzaakt door bacteriën die vrijkomen bij miskramen van geiten en schapen, zich door de lucht verspreiden en leiden tot ernstige klachten, zoals longontsteking
q.q. *afk* qualitate qua [in de genoemde hoedanigheid]
qua [kwaa] (‹Lat) bijw ❶ als, in de hoedanigheid van ❷ wat aangaat, wat betreft
quad [kwòd] (‹Eng) de [-s] motorfiets met vier grote wielen, twee voor en twee achter
qua·dra·fo·nie [kwaa-] (‹Lat-Gr) de (v) ruimtelijke geluidsweergave waarbij vier geluidsbronnen worden gebruikt
qua·dra·fo·nisch [kwaa-] (‹Lat-Gr) bn met toepassing van de quadrafonie
qua·dra·geen (‹Lat) [kwaa-] de [-genen] RK vroeger ❶ veertigdaagse boetedoening ❷ kwijtschelding van straffen met een veertig dagen durende boetetijd
qua·dra·ge·si·ma [kwaadraageezie-] (‹Lat) de (m) ❶ zesde zondag vóór Pasen ❷ jaarlijkse veertigdaagse vasten
qua·dri- [kwaa-] (‹Lat) *als eerste lid in samenstellingen* viervoudig, vier
qua·dril·joen [kwaa-] *telw & het* miljoen tot de 4de macht verheven, 10^{24}
qua·dril·le [k(w)aadriejə] (‹Fr‹Sp) de [-s] dans uit de 18de eeuw van vier in een vierkant tegenover elkaar gestelde paren
qua·dril·le·ren *ww* [kaadriejee- of kwaadriejee-] [quadrilleerde, h. gequadrilleerd] in de vorm van een quadrille opstellen
qua·dri·vi·um [kwaa-] (‹Lat) het de vier hogere van de zeven vrije kunsten en wetenschappen (volgens middeleeuwse opvatting), t.w. muziek, rekenkunde, meetkunde en sterrenkunde; *vgl*: → *trivium*
qua·dru·pe·den [kwaa-] (‹Lat) mv viervoetige dieren, gewervelde dieren met vier goed ontwikkelde ledematen
qua·dru·pel [kwaa-] (‹Fr‹Lat) I bn viervoudig ★ *Quadruple Alliantie* in 1718 gesloten en tegen Spanje gericht verdrag tussen Frankrijk, Engeland, Oostenrijk, waarbij Nederland zich aansloot zonder het verdrag daadwerkelijk te ondertekenen II de (m) [-s] ploeg van vier roeiers
quaes·tor [kwes-] (‹Lat) de (m) [-tores, -toren, -s] ❶ ‹in het oude Rome› beheerder van de staatskas ❷ NN penningmeester ❸ BN lid van de quaestuur,

persoon die in de Kamer van Volksvertegenwoordigers en in de Senaat belast is met personeelszaken, protocollaire aangelegenheden e.d.

quaes·trix [kwestriks] *de (v)* [-trices] vrouwelijke quaestor; NN penningmeesteres

quaes·tuur [kwes-] *(<Lat) de (v)* [-turen] ❶ ambt, waardigheid van quaestor; diensttijd van een quaestor ❷ BN presidium van Kamer of Senaat

quag·ga [kwagga] *(Hottentots) de (m)* ['s] zebrasoort uit zuidelijk Afrika (*Equus quagga*), waarvan de meeste ondersoorten gekenmerkt worden door brede strepen en waarvan twee ondersoorten zijn uitgeroeid

qua·ker [kwaa-, kwee-] *(Eng: sidderaar) de (m)* [-s] (oorspronkelijk spottende) naam van de aanhangers van de door George Fox in 1649 gestichte godsdienstige sekte der 'Vrienden', o.a. gekenmerkt door een sobere levensstijl, liefdadigheid en verwerping van militarisme

qual·i·fi·er [kwolliffaiə(r)] *de* [-s] sp sporter die via kwalificatiewedstrijden het recht heeft verworven om aan een toernooi deel te nemen

qua·li·ta·te qua *bijw* [kwaa- kwaa] *(<Lat)* ❶ in de (zijn) hoedanigheid van ❷ ambtshalve

quant [kwant] *(<Lat) de (m) & het* [-en] nat de kleinste hoeveelheid waarin een vastgestelde grootheid kan voorkomen;; zie ook → **kwantum**

qua·ran·tai·ne [kaarantènə] *(<Fr) de* ❶ gedwongen wachttijd (vroeger 40 dagen) vóór havens van schepen, reizigers of goederen die uit besmette of van besmetting verdachte plaatsen komen ❷ inrichting waar deze wachttijd doorgebracht moet worden: ★ *in ~ liggen*

quark [kwark] *(<Eng) de (m)* [-s] nat bouwsteen van protonen en neutronen (term afkomstig uit de roman *Finnegans Wake* van de Ierse schrijver James Joyce, 1882-1941)

quar·tair¹ [kwartèr] *de* geol periode van 2 miljoen jaar geleden tot nu, de tijd van het menselijk leven op aarde, omvattend het pleistoceen en het holoceen

quar·tair² [kwartèr] *(<Lat) bn* vierde ★ *quartaire sector* sector in de maatschappij die alle banen bij de overheid en door de overheid gesubsidieerde niet-commerciële instellingen, zoals het onderwijs en de gezondheidszorg, omvat ★ *het quartaire tijdperk* geol het quartair

quar·ter·back [kwò(r)tə(r)bek] *(<Eng) de (m)* [-s] American football spelverdeler

qua·sar [kwaazar] *(<Eng:* samentrekking van *quasistellar radio source* = op een ster lijkende bron van radiostraling) *de (m)* [-s] plek aan de hemel die zowel radiostraling als zichtbaar licht uitzendt en gekenmerkt wordt door een sterke roodverschuiving (d.w.z. een spectrum dat naar langere golflengten verschoven is)

qua·si [kwaazie] *(<Lat) bijw* ❶ zogenaamd, schijnbaar, als het ware: ★ *quasiwetenschappelijk* ❷ BN ook bijna, nagenoeg, vrijwel: ★ *dat is ~ onmogelijk*

qua·ter·tem·per [kwaa-] *(<Lat) de (m)* [-s] RK naam van de vastendagen op de eerste woensdag, vrijdag of zaterdag van elk jaargetijde

qua·tre-mains [katrəmẽ] *(<Fr) de (m)* [*mv* idem] pianostuk voor vier handen gezet

quatsch [kwatsj] *(<Du) de (m)* geklets, onzin

quat·tro·cen·to [kwatrootsjen-] *(<It<Lat) het* de 15de eeuw, vooral als cultuur- en stijltijdperk in Italië

queen [kwien] *(<Eng) de (v)* [-s] koningin ★ *Queen Anne, Queen Annestijl* stijl uit de tijd van koningin Anna van Engeland (1702-1714)

quees·te [kwees-] *(<Oudfr<Lat) de (v)* [-n] speurtocht, een bijna onmogelijke opdracht om iets te bemachtigen: ★ *een ~ naar het geluk*

que·ru·lant [kwee-] *(<Lat) de (m)* [-en] iem. die uit vermeend onrecht steeds klaagt en zich vaak verongelijkt voelt, ruziezoeker

que·ru·lan·tis·me [kwee-] *het* optreden als querulant; persoonlijkheidsstoornis waarbij de persoon zich steeds onrechtvaardig beoordeeld of behandeld voelt

que·ru·le·ren *ww* [kwee-] *(<Lat)* [queruleerde, h. gequeruleerd] graag wegens een vermeend onrecht klagen, zonder rechtmatige oorzaak rechtsgeschil zoeken

query [kwierie] *(<Eng) de* ['s] comput opdracht om gegevens in een database op te zoeken

que·ry·taal [kwierie-] *(<Eng<Lat) de* [-talen] comput vraagtaal, taal bestaande uit letters, cijfers en symbolen (bijv. booleaanse operatoren) om zoekvragen te formuleren voor een computerinformatiesysteem

ques·tion·naire [kestjonnèr] *(<Fr) de (v)* [-s] vragenlijst

quet·zal [ketthal, Engelse th] *(<Nahuatl, een Mexicaanse indianentaal) de (m)* [-s] ❶ Midden-Amerikaanse papegaaiachtige vogel met fraaie groene veren, symbool van Guatemala (*Pharomachrus mocinno*) ❷ naam van de munteenheid van Guatemala

queue [keu] *(<Fr<Lat) de* [-s, queuën] ❶ staart, staartvlecht ❷ kussentje om een rok van achteren te doen uitstaan, tournure, ook 'queue de Paris' genaamd ❸ lange rij van mensen die op hun beurt staan te wachten; lange rij voertuigen [kjoe] ❹ comput wachtrij van printopdrachten in een printer

quiche [kiesj] *de (v)* [-s] hartige taart, die warm of koud gegeten wordt

quiche lor·raine [kiesj lorènə] *(<Fr) de (m)* [quiches lorraines] hartige Lotharingse taart, met vlees, spek, uien, groente, melk, eieren en kaas als ingrediënten

quick-and-dir·ty [kwik-en-dù(r)tie] *(<Eng) bn* ‹in de zaken- en computerwereld› aanduiding van een snelle maar grove manier van werken

quick·scan [kwiksken] *(<Eng) de (m)* [-s] kort, verkennend onderzoekje

quick·step [kwik-] *(<Eng) de (m)* [-s] uit de foxtrot

voortgekomen ballroomdans

qui·dam [kwie-] *(‹Lat) de (m)* [-s] een zekere persoon, een of andere snuiter

qui·ë·tis·me [kwiejee- of kiejee-] *(‹Fr‹Lat) het* mystiek-contemplatieve opvatting binnen het christendom of een andere godsdienst, die het hoogste goed zoekt in afwending van de wereld en volkomen berusting in Gods wil

qui·ë·tist [kwiejee- of kiejee-] *(‹Fr) de (m)* [-en] aanhanger van het quiëtisme

quilt [kwilt] *(‹Eng) de (m)* [-s] dikke, gewatteerde sprei of deken waarop kleurige stukjes stof zijn gestikt, als decoratie of bedbedekking

quin·qua·ge·si·ma [kwinkwaageezie-] *(‹Lat) de (m)* zevende zondag vóór Pasen

qui·pro·quo [kiepròkoo] *(‹Fr‹Lat) het* ['s] misverstand, persoonsverwisseling

Qui·ri·naal [kwie-] *(‹Lat) het* ❶ eig een van de zeven heuvelen van Rome; paleis daarop van de Italiaanse koning, thans ambtswoning van de president ❷ fig de Italiaanse staatsmacht

quis·ling [kwis-] *de (m)* [-s] politiek leider die met de bezetter heult (naar de Noor Vidkun Quisling, tijdens de Duitse bezetting van Noorwegen eerste minister); collaborateur

quitte [kiet] *(‹Fr‹Lat) bn* ❶ ★ ~ *zijn*, ~ *staan* elkaar niets meer schuldig zijn ★ ~ *spelen* gelijkspel ❷ ★ ~ *ou double of* ~ *of dubbel* gelijk of dubbel, kansspel waarbij men gelijk kan spelen of dubbel moet betalen; fig alles op het spel zetten, alles wagen

qui·vi·ve [kie-] *(‹Fr) het* ★ *op zijn* ~ *zijn* zeer oplettend zijn, op zijn hoede zijn, oppassen

quiz [kwiz] *(‹Eng)* [-zen, -zes] *de (m)* wedstrijd, veelal in een tv- of radioprogramma, waarbij men vragen moet beantwoorden

quiz·mas·ter [kwizmàstə(r)] *(‹Eng) de (m)* [-s] leider van een quiz

quod *vnw* [kwot] *(‹Lat)* ★ ~ *erat demonstrandum* wat bewezen moest worden ★ ~ *non* wat niet het geval is: ★ *als ik een nieuwe baan zou willen - ~ non - dan zou het iets in het onderwijs zijn*

quo·rum [kwoo-] *(‹Lat) het* [-s] minimum aantal leden van een college, wettelijk vereist om te kunnen vergaderen of besluiten te kunnen nemen: ★ *geen ~ hebben bij een vergadering*

quo·ta [kwoo-] *(‹Lat) de* ['s] → **quotum**

quote[1] [kwoot] *(‹Eng‹Lat) de* [-s] ❶ citaat ❷ aanhalingsteken: ★ *enkele, dubbele quotes*

quo·te[2] [kwoo-] *(‹Lat) de* [-n] → **quotum**

quo·ten *ww* [kwoo-] *(‹Eng‹Lat)* [quootte, h. gequoot] citeren

quo·te·ren *ww* [kwoo-] [quoteerde, h. gequoteerd] ❶ naar evenredigheid verdelen ❷ van volgnummers voorzien, nummeren, tekenen, merken ❸ BN ook de waarde, de prijs van iets bepalen; vooral beoordelen, een cijfer geven: ★ *de masterproef quoteren op 20*

quo·te·ring [kwoo-] **I** *de (v)* [-en] BN ook beoordeling, cijfer, punt **II** *de (v) het* → **quoteren** (bet 1 en 2)

quo·tiënt [koosjent] *(‹Fr‹Lat) het* [-en] uitkomst van een deling

quo·ti·sa·tie [kwootiezaa(t)sie] *de (v)* berekening van ieders aandeel

quo·ti·se·ren *ww* [kwootiezee-] [quotiseerde, h. gequotiseerd] naar verhouding verdelen

quo·tum [kwoo-] *(‹Lat) het* [-s, -ta] evenredig aandeel; toegewezen aandeel in productie of afzet van iets ★ *visquota* hoeveelheden die de diverse landen van een bep. vissoort mogen vangen

qwer·ty·toet·sen·bord [kwertie-] *het* [-en] toetsenbord zoals gebruikelijk in o.a. Nederland en de Angelsaksische landen, waarvan de lettertoetsen vanaf linksboven beginnen met de letters q w e r t y

qwertz·toet·sen·bord *het* [-en] Duits toetsenbord waarop de toetsen met de letters y en z ten opzichte van het meest gangbare → **qwertytoetsenbord** zijn verwisseld

R

r *de* ['s] de achttiende letter van het alfabet
R *afk* ❶ nat symbool voor *röntgen* ❷ Roemenië, als nationaliteitsaanduiding op auto's
RA *afk* ❶ registeraccountant- ❷ República Argentina, Argentinië (als nationaliteitsaanduiding op auto's)
Ra *afk* chem symbool voor het element *radium*
ra[1] *de* ['s, raas] dwars aan een mast bevestigd rondhout waaraan een zeil hangt
ra[2] *tsw* meestal *ra, ra* (ook → **rara**), eig *gebiedende wijs van* → **raden**[1]: ★ ~, ~ *wat is dat?*
raad *de (m)* ❶ raadgeving, advies ★ *iemand met* ~ *en daad bijstaan* iem. raad geven en tevens wat voor hem doen ★ *te rade gaan bij* om raad vragen bij ★ ~ *inwinnen bij iemand* ★ vooral NN *komt tijd, komt* ~, BN *tijd geeft / brengt* ~ in de loop van de tijd zal er zich wel een oplossing voordoen ★ ~ *geven* adviseren, een mogelijke oplossing suggeren ★ *goede* ~ *was duur* niemand wist wat te doen ★ *met voorbedachten rade* zie bij → **voorbedacht** ★ *op alles* ~ *weten* voor alles een oplossing weten ★ *geen* ~ *met iets weten* niet weten wat ermee te moeten beginnen ★ *ten einde* ~ *zijn* niet meer weten wat te doen om tot een goede oplossing te komen ❷ [*mv*: raden] raadgevend, besturend, beslissend college; lid van zo'n college ★ *Raad van Beroerten* door de hertog van Alva in 1567 ingestelde rechtbank; zie ook → **Bloedraad** ★ ~ *van beheer* a) raad van bestuur, groep mensen die belast is met de dagelijkse leiding over een onderneming en met de planning en organisatie op langere termijn, b) in België, vroeger orgaan dat belast is met het bestuur en de vertegenwoordiging van naamloze venootschappen, thans raad van bestuur ★ in Nederland ~ *van commissarissen* college van toezicht bij een vennootschap ★ NN ~ *van elf* groep van elf personen die Prins Carnaval bijstaat ★ *Raad van State* a) in Nederland raadgevend college van veertien personen, aan het hoofd waarvan de regerende vorst(in) staat, b) in België instelling waaraan alle wetten moeten worden voorgelegd en beroepsinstantie tegen administratieve beslissingen; zie ook bij → **Hoge Raad**
raad·ad·vi·seur [-zeur] *de (m)* [-s] NN departementsambtenaar, een rang onder secretaris-generaal
raad·geef·ster *de (v)* [-s] zij die raad geeft
raad·ge·vend *bn* ★ *een* ~ *lichaam* college dat raad geeft, → **raad** (bet 2) ★ *een raadgevende stem* een → **stem** (bet 3) die bij de beslissing niet meetelt
raad·ge·ver *de (m)* [-s] iemand die raad geeft
raad·ge·ving *de (v)* [-en] aanbeveling om iets te doen, voorlichting
raad·huis *het* [-huizen] gemeentehuis, stadhuis
raad·ka·mer *de* [-s] besloten vergadering van een rechtbank
raad·pen·si·o·na·ris [-sjoo-] *de (m)* [-sen] NN, hist ‹in de Republiek der Verenigde Nederlanden› opperste dienaar van de Algemene Staten; van 1805-1806 titel van het Hoofd van de Bataafse Republiek
raad·ple·gen *ww* [raadpleegde, h. geraadpleegd] raad inwinnen bij; overleg plegen met
raad·ple·ging *de (v)* [-en] BN ❶ ‹van een dokter, advocaat e.d.› spreekuur; consultatie; advies ❷ ‹voor babyverzorging, tbc-bestrijding e.d.› consultatiebureau
raads·be·sluit *het* [-en] ❶ besluit van een → **raad** (bet 2) ❷ goddelijke beschikking
raad·sel *het* [-s *en* -en] ingewikkelde, vaak grappige opgave, waarvan men het antwoord moet raden; fig iets wat niet te begrijpen of te verklaren is: ★ *de toedracht van dat ongeluk is mij een* ~
raad·sel·ach·tig, raad·sel·ach·tig *bn* wonderlijk, onbegrijpelijk
raads·frac·tie [-sie] *de (v)* [-s] de leden van één politieke partij in een gemeenteraad
raads·heer *de (m)* [-heren] ❶ lid van een gerechtshof of van de Hoge Raad ❷ zeker schaakstuk: loper ❸ soort duif
raads·kel·der *de (m)* [-s] raadhuiskelder: tot café ingerichte ruimte onder een raadhuis
raads·lid *het* [-leden] lid van een gemeenteraad
raads·man *de (m)* [-lieden] algemeen raadgever ★ *rechtskundige* ~ advocaat ★ NN *sociaal* ~ voorlichtend ambtenaar in maatschappelijke aangelegenheden ★ NN *humanistisch* ~ geestelijke verzorger van humanistisch gezinde, niet-kerkelijke dienstplichtigen
raads·ver·ga·de·ring *de (v)* [-en] vergadering van een gemeenteraad
raads·ver·slag *het* [-slagen] persverslag van een raadszitting
raads·vrouw *de (v)* [-en], **raads·vrou·we** *de (v)* [-n] vrouwelijke advocaat
raads·zit·ting *de (v)* [-en] raadsvergadering
raad·zaal *de* [-zalen] vergaderzaal voor de gemeenteraad
raad·zaam *bn* geraden, dienstig
raaf *de* [raven] grote zwarte vogel ★ *stelen als de raven* veel stelen ★ *een witte* ~ iets zeer zeldzaams ★ *de raven zullen het uitbrengen* ten slotte komt het toch uit
raag·bol, ra·ge·bol *de (m)* [-len] ❶ ronde borstel aan een lange stok ❷ fig verwilderde, onverzorgde haardos
raai (‹Fr›) *de* [-en] denkbeeldige of uitgezette lijn dwars op een rivier, waarlangs peilingen gedaan worden
raai·en *ww* [raaide, h. geraaid] raaien uitzetten; peilingen verrichten op een rivier
raai·gras (‹Eng›) *het* grassoort met niet dicht opeen staande aartjes (*Lolium*)
raak *bn* ❶ het doel getroffen hebbend; hard aankomend: ★ *die klap was* ~ ❷ scherp

geformuleerd: ★ *een rake beschrijving* ★ *maar* ~ zomaar erop los, zonder nadenken, zonder doel: ★ *je praat maar* ~

raak·cir·kel *de (m)* [-s] cirkel die met een andere meetkundige figuur (lijn, vlak) maar één punt gemeen heeft

raak·lijn *de* [-en] lijn die met een andere meetkundige figuur maar één punt gemeen heeft

raak·punt *het* [-en] ❶ punt dat een raaklijn of raakcirkel met een andere meetkundige figuur gemeen heeft ❷ fig iets gemeenschappelijks of overeenkomstigs

raak·vlak *het* [-ken] ❶ vlak dat een bol in één punt raakt ❷ fig iets wat twee verschillende zaken gemeen hebben

raam *het* [ramen] ❶ omlijsting; ook fig: kader, context ★ *in het* ~ *van* in het verband van, in het geheel van ❷ houtwerk waarop iets gespannen wordt; hoofdvormen van een gebouw, een machine enz. ❸ venster, glasraam

raam·ad·ver·ten·tie [-sie] *de (v)* [-s] achter een (etalage)raam opgehangen advertentie

raam·ak·koord *het* [-en] overeenkomst betreffende de hoofdzaken, terwijl de details nog nader uitgewerkt moeten worden

raam·an·ten·ne *de* [-s en -n] antenne in raamvorm

raam·bil·jet *het* [-ten] aan een venster aangebracht biljet om aandacht op iets te vestigen

raam·ko·zijn *het* [-en] houten omlijsting aan een → **raam** (bet 3)

raam·over·een·komst *de (v)* [-en] raamakkoord

raam·pros·ti·tu·tie *de* [-(t)sie] *de (v)* prostitutie waarbij de prostituee gezeten achter een venster klanten tracht te lokken

raam·stok *de (m)* [-ken] stok met een haak om ramen te openen of te sluiten

raam·ven·ti·la·tor *de (m)* [-s, -toren] ventilator in een venster aangebracht

raam·ver·tel·ling *de (v)* [-en] verhaal waarin afzonderlijke vertellingen zijn gegroepeerd

raam·werk *het* [-en] ❶ samenstel van latten, stijlen e.d. dat een → **raam** (bet 2 en 3) vormt ❷ fig structuur, inbedding

raam·wet *de* [-ten] wet die de algemene lijnen aangeeft voor wat nader door wettelijke maatregelen zal worden vastgesteld

raap¹ (‹Lat›) *de* [rapen] ❶ groentegewas, soort koolzaad uit de Kruisbloemenfamilie, waarvan de verdikte wortel wordt gegeten, knolraap (*Brassica napus* var. *napobrassica*) ★ NN *nu zijn de rapen gaar* nu gaat het gebeuren, nu zijn de poppen aan het dansen ❷ koolgewas met een kleine stengelknol, die als groente wordt gegeten, koolrabi (*Brassica oleracea* var. *gongylodes*) ❸ spreektaal lichaam, hoofd ★ NN *ik zal hem op z'n* ~ *komen* afranselen ★ NN *iem. voor zijn* ~ *schieten* neerschieten ★ *recht voor z'n* ~ op de man af

raap² *de (m)* ❶ afgevallen fruit ❷ ★ *te* ~ voor het oprapen

raap·bord *het* [-en] bord met handvat gebruikt bij raapwerk

raap·koek *de (m)* [-en] veevoederkoek van uitgeperst raapzaad

raap·olie *de* uit raapzaad geperste olie

raap·ste·len *mv* jonge stengels van rapen (vooral van meirapen) als groente

raap·werk *het* het ruw bepleisteren van muren

raap·zaad *het* kruisbloemige plant met goudgele bloemen, waarvan de zaden raapolie leveren

raar (‹Fr‹Lat›) *bn* vreemd, zonderling, ongewoon ★ *een rare* een zonderling mens; zie ook bij → **kostganger**

raas·don·ders *mv* grauwe erwten

raas·kal·len *ww* [raaskalde, h. geraaskald] ijlen, onzin praten

raat *de* [raten] honingraat

raat·ho·ning *de (m)* honing met de raat erin

ra·bar·ber (‹Lat›) *de* plant waarvan de stelen als moes gegeten worden (*Rheum officinale*)

ra·bat (‹Fr›) *het* [-ten] procentuele korting op de bepaalde prijs

ra·bauw (‹Fr›) *de (m)* [-en] vagebond; ruw, losbandig persoon

rab·bi (‹Hebr›) *de (m)* ['s], **rab·bijn** (‹Fr‹Hebr›) *de (m)* [-en] joods godsdienstleraar, geestelijke

rab·bijns *bn* van, betreffende de rabbijnen ★ *de rabbijnse taal* het latere Hebreeuws

rab·bi·naal *bn* van of door een rabbi (geschiedend)

rab·bi·naat (‹Fr›) *het* [-naten] ambt, waardigheid van een rabbi

ra·bi·aat (‹DuLat›) *bn* woedend, verwoed, doldriftig

ra·bi·ës (‹Lat›) *de (v)* woede, razernij, dolheid ★ med ~ *canina* hondsdolheid

race [rees] (‹Eng›) *de (m)* [-s] [reesis] wedloop; snelheidswedstrijd

race·au·to [reesautoo, reesootoo] *de (m)* ['s] zeer snelle auto voor snelheidswedstrijden

race·baan [rees-] *de* [-banen] renbaan

race·boot [rees-] *de* [-boten] snelvarende boot; boot in wedstrijden gebruikt

race·fiets [rees-] *de* [-en] lichte fiets voor wielerwedstrijden

race·kak [rees-] *de (m)* inf diarree

ra·cen [reesən] *ww* (‹Eng›) [racete, h. & is geracet] ❶ aan een snelheidswedstrijd deelnemen ❷ rennen, zeer hard lopen of rijden

race·paard [rees-] *het* [-en] paard dat deelneemt aan paardenrennen

race·stuur [rees-] *het* [-sturen] laag stuur aan een racefiets

race·wa·gen [rees-] *de (m)* [-s] raceauto

ra·chi·tis (‹Gr›) *de (v)* Engelse ziekte, kinderziekte van het beendergestel

ra·chi·tisch *bn* met aanleg voor rachitis, verschijnselen daarvan vertonend

ra·ciaal [-sjaal] (‹Fr›) *bn* het ras, de rassen of de rassenkwestie betreffend

ra·cis·me *(‹Fr) het* ❶ rassentheorie, rassenwaan, leer van de superioriteit van het ene ras boven het andere ❷ uitingen voortkomend uit een gevoel van superioriteit van het ene ras boven het andere
ra·cist *(‹Fr) de (m)* [-en] aanhanger van het racisme
ra·cis·tisch *bn* het racisme betreffend, daaruit voortvloeiend
rack·et [rekkət] *(‹Eng) het* [-s] voorwerp bestaande uit een ovale ring, bespannen met een netwerk van snaren, en een steel met handvat, gebruikt om shuttle of bal te slaan bij badminton en verschillende balsporten, o.a. tennis en squash
ra·clet·ten *ww* [raclette, h. geraclet] manier van dineren waarbij de disgenoten zelf aan tafel kaas smelten
rad¹ *het* [raderen] ❶ wiel ★ *iemand een ~ voor ogen draaien* hem bedriegen ★ NN *het vijfde ~ aan de wagen zijn* te veel, overbodig zijn ★ *het ~ van fortuin* de wisselvalligheden van het leven ★ *~ van avontuur* voorstelling van de wisselvalligheden van het leven ❷ vroeger strafwerktuig waarop iem. geradbraakt werd ★ *opgroeien voor galg en ~* tot misdadiger; zie ook → radertje
rad² *bn* snel, vlug; ★ *~ van tong*
rad³ *ww* nat oude eenheid van straling
ra·dar *(‹Eng* gevormd uit de eerste letters van *radio detection and ranging* = opsporing en rangschikking door radio) *de (m)* [-s] elektromagnetische golven uitzendend toestel voor plaatsbepaling, waarvan de werking berust op terugkaatsing van die golven
ra·dar·con·tro·le [-tròlə] *de* het controleren door middel van radar, vooral van de snelheid van weggebruikers
ra·dar·post *de (m)* [-en] waarnemingspost met radar
ra·dar·scherm *het* [-en] scherm waarop een door middel van radar waargenomen voorwerp wordt geprojecteerd
ra·dar·sta·tion [-(t)sjon] *het* [-s] radarpost
ra·dar·ver·klik·ker *de (m)* [-s] kastje in een auto dat de aanwezigheid van radarcontrole langs de weg meldt
rad·bra·ken *ww* [radbraakte, h. geradbraakt] ❶ hist voltrekken van de doodstraf waarbij een rad op enigerlei wijze als werktuig werd gebruikt ❷ fig zeer slecht uitspreken: ★ *een taal ~*
rad·draai·er *de (m)* [-s] NN relschopper, onruststoker
ra·de *zn* ★ *bij iem. te ~ gaan* iem. om raad vragen ; zie ook bij → raad
ra·deer·mes·je *het* [-s] mesje om te raderen
ra·de·loos *bn* wanhopig, geen raad meer wetend; **radeloosheid** *de (v)*
ra·den *ww* [ried *of* raadde, h. geraden] ❶ gissend het juiste antwoord trachten te geven ★ BN *het ~ hebben naar iets* slechts kunnen gissen naar iets ❷ aanraden
ra·den² *(‹Jav) de (m)* [-s] adellijke titel op Java
ra·den·com·mu·nis·me *het* vorm van communisme die het deelnemen aan parlementsverkiezingen afwijst en die een organisatie via de bedrijven voorstaat
ra·den·re·pu·bliek *de (v)* [-en] door een bestuur van vertegenwoordigers van de arbeiders, boeren en / of soldaten geregeerde republiek
ra·der·boot *de* [-boten] door schepraderen voortbewogen stoomboot
ra·der·dier·tje *het* [-s] zeer klein diertje, dat zich door trilharen in het water voortbeweegt
ra·de·ren¹ *ww (‹Du‹Lat)* [radeerde, h. geradeerd] ❶ ‹lijnen› uitschrappen, wegkrabben ❷ etsen
ra·de·ren² *zn meerv* van → **rad¹**
ra·der·tje *het* [-s] klein rad ★ *een klein ~ in het geheel zijn* een klein onderdeel van een (heel groot) geheel zijn
ra·der·werk *het* ❶ geheel van in elkaar passende raderen, die iets in beweging brengen ❷ fig (ingewikkeld) samenstel
rad·heid *de (v)* het → **rad²** zijn; snelheid
ra·di·aal *(‹Fr)* I *bn* verlopend of geplaatst volgens de straal ★ astron *radiale snelheid* snelheid waarmee een ster zich verplaatst in de gezichtslijn II *de (m)* [-alen] wisk hoek die van een cirkelboog met het hoekpunt als middelpunt, een deel insluit ter grootte van de straal van de cirkelboog
ra·di·aal·band *de (m)* [-en] autoband met radiaal verlopende koordlagen en versterkt loopvlak
ra·di·a·teur *(‹Fr) de (m)* [-s] radiator
ra·di·a·tie [-(t)sie] *(‹Fr‹Lat) de (v)* [-s] ❶ uitstraling, straalwerping ❷ het doorhalen van een post in een rekening
ra·di·a·tor *(‹Lat) de (m)* [-s, -toren] ❶ ‹bij centrale verwarming› toestel tot verhoging van het uitstralingsvermogen van verwarmingsbuizen ❷ ‹bij motoren› toestel tot vergroting van het afkoelingsvlak voor het koelwater
ra·di·caal *(‹Fr‹Lat)* I *bn* ❶ tot de wortel gaande, afdoende: ★ *een ~ middel; geheel en al* ❷ geneigd tot consequente, diep ingrijpende hervormingen, vooral op politiek en sociaal gebied II *de (m)* [-calen] persoon die een radicaal stelsel of zulk een partij aanhangt
ra·di·ca·li·se·ren *ww* [-zeerə(n)] [radicaliseerde, h. & is geradicaliseerd] ❶ radicaal maken of aangrijpen ❷ radicaal of radicaler worden, een extreem standpunt (gaan) innemen
ra·di·ca·lis·me *(‹Fr) het* neiging tot radicale, diep ingrijpende maatregelen of hervormingen
ra·di·ca·li·teit *de (v)* het radicaal-zijn
ra·dijs *(‹Fr) de* [-dijzen] kruisbloemige plant met eetbare, scherp smakende knolletjes *(Raphanus sativus radicula)*
ra·dio *de (m)* ['s] ❶ draadloze telegrafie en telefonie ❷ draadloze omroep ❸ ontvangtoestel voor draadloze omroep
ra·dio·ac·tief *bn* radioactiviteit bezittende
ra·dio·ac·ti·vi·teit *de (v)* eigenschap van stoffen om spontaan energie in de vorm van onzichtbare stralen uit te zenden die op een fotografische plaat

inwerken, gassen elektrisch geleidend maken, door allerlei lichamen heen dringen en fluorescentie opwekken; het uitzenden van stralingen in verband met splitsing van de atoomkern

ra·dio·ama·teur *de (m)* [-s] iem. die zich uit liefhebberij met radiotechniek bezighoudt, vooral die een zendinstallatie heeft

ra·dio·as·tro·no·mie *de (v)* deel van de sterrenkunde betreffende de door sterren en nevels uitgezonden korte radiogolven en het opvangen daarvan

ra·dio·ba·ken *het* [-s] radiozendstation op een vliegveld en langs de vliegroute, bestemd voor seinen aan de piloten

ra·dio·bo·de *de (m)* [-s] NN, vero radiogids

ra·dio·dis·tri·bu·tie *de (-(t)sie) (v)* verspreiding van radio-uitzendingen vanuit een centrale

ra·dio·gids *de (m)* [-en] NN, vero weekblad waarin radioprogramma's worden gepubliceerd

ra·dio·golf *de* [-golven] vrije elektromagnetische golf in het gebied van het elektromagnetisch stralingsspectrum met een golflengte van meer dan een millimeter, gebruikt bij radio-uitzendingen

ra·dio·gra·fie *(Lat-Gr) de (v)* ❶ fotografie door middel van röntgenstralen of radioactieve stralen ❷ overbrenging van berichten door middel van radio

ra·dio·gra·fisch *bn* geschiedend door radiografie ★ ~ *bestuurd* d.m.v. radiogolven

ra·dio·gram *(Lat-Gr) het* [-men] fotografische afbeelding, verkregen door röntgen- of gammastraling

ra·dio·hut *de* [-ten] ruimte op schepen waar het radiozend- en ontvangtoestel is aangebracht

ra·dio·jour·naal [-zjoer-] *het* via de radio op geregelde tijden uitgezonden verslag van actuele gebeurtenissen

ra·dio·kool·stof·da·te·ring *de (v)* C14-methode

ra·dio·la·ria, ra·dio·la·ri·ën *(Lat) mv* straaldiertjes, een orde van eencellige zeediertjes

ra·dio·lo·gie *(Lat-Gr) de (v)* ❶ leer van de radioactiviteit ❷ med kennis en toepassing van stralingsenergie voor onderzoek en therapie

ra·dio·lo·gisch *bn* van, betrekking hebbende op, door radiologie

ra·dio·loog *de (m)* [-logen] ❶ kenner van de radiologie ❷ arts voor stralingstherapie

ra·dio·mast *de (m)* [-en] paal waarop een antenne bevestigd is

ra·dio·me·ter *(Lat-Gr) de (m)* [-s] toestel voor het aantonen en het meten van de intensiteit van straling

ra·dio·om·roep *de (m)* ❶ algemene berichtenuitzending per radio ❷ vereniging die radioprogramma's uitzendt

ra·dio·om·roe·per *de (m)* [-s], **ra·dio·om·roep·ster** *de (v)* [-s] iem. die radio-uitzendingen aankondigt

ra·dio·ont·vangst *de (v)* wijze waarop de radio-uitzendingen te horen zijn

ra·dio·pei·ling *de (v)* [-en] het door middel van de radio bepalen waar een schip of vliegtuig zich bevindt

ra·dio·pro·gram·ma *het* ['s] per radio uitgezonden programma

ra·dio·re·cla·me *de* reclame d.m.v. een radio-uitzending

ra·dio·re·de *de* [-s] toespraak voor de radio

ra·dio·scan·ner [-skennər] *de (m)* [-s] type radio-ontvanger dat een bepaald frequentiegebied voortdurend aftast en hiermee stopt zodra een in de lucht zijnde zender gevonden wordt

ra·dio·scoop *(Lat-Gr) de (m)* [-scopen] röntgentoestel

ra·dio·sco·pie *(Lat-Gr) de (v)* bezichtiging van inwendige organen door middel van röntgenstralen

ra·dio·son·de *de* [-s] meteor aan een vrije ballon bevestigd toestel dat door radioseinen weerkundige gegevens uit hoge luchtlagen overbrengt

ra·dio·sta·tion [-(t)sjon] *het* [-s] gebouw van waaruit radio-uitzendingen plaatsvinden

ra·dio·te·le·fo·nie *de (v)* draadloze telefonie

ra·dio·te·le·gra·fie *de (v)* draadloze telegrafie

ra·dio·te·le·gra·fist *de (m)* [-en] iem. die een toestel voor radiotelegrafie bedient

ra·dio·the·ra·pie *de (v)* geneeswijze door bestraling met gamma- of röntgenstralen

ra·dio·toe·stel *het* [-len] toestel waarmee uitzendingen per radio worden opgevangen

ra·dio·wek·ker *de (m)* [-s] wekkerradio

ra·di·um *(Lat) het* ❶ chemisch element, symbool Ra, atoomnummer 88, door het Franse echtpaar Curie in 1898 ontdekt, dat in het donker licht geeft en radioactieve stralen uitzendt, genoemd naar het Latijnse woord voor straal (*radius*) ❷ lichtgevend preparaat, onder andere op de wijzers en cijfers van horloges aangebracht

ra·di·um·the·ra·pie *de (v)* → **radiotherapie**

ra·di·us *(Lat) de (m)* [-dii, -sen] ⟨van een cirkel⟩ straal

ra·dix *(Lat) de (m)* [-dices] wortel, wortelgetal; stam- of wortelwoord

rad·ja *(Sanskr) de (m)* ['s] vorstentitel in India, heer

ra·don *het* chemisch element, symbool Rn, atoomnummer 86, een edelgas met vele radioactieve isotopen

rad·slag *de (m)* [-slagen] gymnastische toer waarbij men zijwaarts met gestrekte armen en benen een volledige omwenteling met de verticale lichaamsas maakt

RAF *afk* ❶ Royal Air Force *(Eng)* [Koninklijke Luchtmacht (van Groot-Brittannië)] ❷ Rote Armee Fraktion *(Du)* [hist een terroristische beweging van anarchisten in de Duitse Bondsrepubliek]

ra·fel *de* [-s] draad die losgeraakt is uit een weefsel

ra·fe·len *ww* [rafelde, h. gerafeld] ❶ loslaten van draden ❷ losse draden uithalen

ra·fe·lig *bn* met rafels

raf·fe·len *ww* [raffelde, h. geraffeld] haastig en slordig afdoen, te vlug spreken of lezen

raf·fia (‹Malagasi›) de (m) & het bind- en vlechtmateriaal van de bladeren en de bast van een vederpalm (*Raphia ruffia*) uit Oost-Afrika

raf·fi·na·de·rij de (v) [-en] fabriek waar suiker of olie geraffineerd wordt

raf·fi·na·ge [-zjə] (‹Fr›) de (v) zuivering, loutering

raf·fi·ne·ment (‹Fr›) het ❶ verfijndheid, fijne berekening en het effect daarvan ❷ sluwheid of doortraptheid: ★ *de oplichters zijn met veel ~ te werk gegaan*

raf·fi·ne·ren ww (‹Fr›) [raffineerde, h. geraffineerd] ‹grondstoffen› verfijnen, zuiveren, louteren

raf·fle·sia [-zie(j)aa] de (v) ['s] woekerplant met reusachtige bloem zonder steel, op Sumatra en Borneo, zo genoemd naar Sir Thomas Stamford Raffles, Brits koloniaal bewindsman (1781-1826)

raf·ten ww [raftte, h. geraft], **raf·ting** het (‹Eng›) met een aantal mensen in een rubberboot een snelstromende rivier afzakken

rag het [ragen] spinrag

ra·ge [-zjə] (‹Fr‹Lat›) de [-s] algemene bevlieging; iets wat op zeker ogenblik sterk in de mode is

ra·ge·bol de (m) [-len] → **raagbol**

ra·gen[1] ww [raagde, h. geraagd] met een raagbol schoonvegen

ra·gen[2] zn meerv van → **rag**

rag·fijn bn zo fijn als spinrag

rag·ga·muf·fin [reγγə-] (‹Eng›) de muz genre popmuziek dat een mengvorm is van hiphop en reggae

rag·gen ww [ragde, h. geragd] zich voortdurend onrustig bewegen; wild spelen

rag·lan·mouw [reγlən-, raglan-] de [-en] mouw waarvan de naden overgaan in schouderlanden; genoemd naar de Engelse veldmaarschalk lord Henry Raglan (1788-1853)

ra·gout [-γoe] (‹Fr›) de (m) [-s] ❶ gestoofd kleingesneden vlees, vis enz. met gekruide saus ❷ fig mengelmoes

rag·time [reγtaim] (‹Eng›) de (m) gesyncopeerde dansmuziek die zijn bloeitijd beleefde tussen 1900 en 1910

RAI afk ❶ NN (Nederlandse Vereniging) Rijwiel- en Automobielindustrie ❷ NN grote tentoonstellingshal in Amsterdam ❸ Radio Italiana [de Italiaanse staatsomroep]

rai (‹Noord-Afrikaans Arab›) de (m) oorspronkelijk Algerijnse ritmische muziekstijl die een mengsel is van popmuziek en oorspronkelijke Arabische muziek

raid [reed] (‹Eng›) de (m) [-s] militaire strooptocht, snel uitgevoerde onderneming in vijandelijk land of luchtgebied; plotselinge invasie

rail [reel] (‹Eng›) de [-s] spoorstaaf; metalen richel waarover wieltjes kunnen lopen

rail·le·ren [rajjee-] (‹Fr›) ww [railleerde, h. gerailleerd] NN schertsen, gekscheren ★ *~ met iem. of iets* spotten

rail·le·rie [rajjə-] (‹Fr›) de (v) [-s, -rieën] NN scherts, spotternij

rail·run·ner [reel-] (‹quasi-Eng›) de (m) [-s] NN ‹bij de Nederlandse Spoorwegen› kaartje tegen sterk gereduceerd tarief voor kinderen van 4 t/m 11 jaar die reizen onder begeleiding van een volwassene

rail·ver·bin·ding [reel-] de (v) [-en] verbinding door een tram- of spoorlijn

rail·ver·voer [reel-] het vervoer per spoor

raio [raajoo] afk NN rechterlijk ambtenaar in opleiding

rai·son [rèzõ] (‹Fr‹Lat›) de (v) [-s] ❶ oorzaak of reden ★ *~ d'être* reden van bestaan ❷ zie bij → **à raison van**

rai·son·na·bel [rèzon-] (‹Fr›) bn redelijk, verstandig; billijk

rai·son·ne·ren ww [rèzon-] (‹Fr‹Lat›) [raisonneerde, h. geraisonneerd] redeneren; tegenwerpingen maken, tegenstribbelen, praatjes maken

rak het [-ken] recht stuk water of weg

ra·kel (‹Du‹Fr›) de (m) [-s] slap mes, voor het afstrijken van inkt of verf

ra·ke·len ww [rakelde, h. gerakeld] oppoken

ra·ke·lings bijw vlak langs

ra·ken ww [raakte, h. & is geraakt] ❶ treffen; ook fig aandoen, in gemoedsbeweging brengen ★ NN, spreektaal *'m* ~ a) flink feestvieren, vooral drinken; b) intensief aan de gang zijn, hard werken ❷ betreffen, aangaan: ★ *dat raakt mij* ❸ geraken, in een of andere toestand komen: ★ *in brand ~* ★ *in oorlog ~* ★ *in moeilijkheden ~* ★ *slaags ~*

ra·ket[1] (‹Du‹It›) de [-ten] ❶ vuurpijl ❷ zichzelf voortstuwend projectiel (werkend door de reactiekracht van een gasstraal)

ra·ket[2] (‹Fr‹It›) de [-ten] kruisbloemige plant met fijne bleekgele bloemetjes (*Sisymbrium officinale*)

ra·ket[3] (‹Fr›) de & het [-ten] BN, spreektaal → **racket**

ra·ket·ba·sis [-zis] de (v) [-sen, -bases] plaats vanwaar raketten (→ **raket**[1], bet 2) kunnen worden afgevuurd

ra·ket·mo·tor de (m) [-toren, -s] met raketten (→ **raket**[1], bet 2) werkende motor

ra·ket·vlieg·tuig het [-en] vliegtuig dat door de kracht van ontploffende raketten (→ **raket**[1], bet 2) wordt voortbewogen

ra·ki (‹Turks‹Arab›) de sterkalcoholische drank, o.a. bereid uit rozijnen en vijgen, oorspronkelijk uit Zuidoost-Europa en het Midden-Oosten

rak·ker de (m) [-s] ❶ ondeugend kind, schelm ❷ vroeger diender: ★ *schout en rakkers*

ral (‹Oudfrans›) de (m) [-len] naam van een familie van watervogels, waartoe onder andere het waterhoentje behoort

ral·len·tan·do (‹It›) bijw muz vertragend, langzamer bewegen

ral·ly [rellie] (‹Eng›) de (m) ['s] ❶ wedstrijd waarbij de deelnemers per auto, motor, fiets e.d. vanuit verschillende beginpunten naar hetzelfde eindpunt rijden; ook wedstrijd voor auto's en motoren door woeste gebieden: ★ *de ~ Parijs-Dakar* ❷ reeks van

snelgewisselde slagen bij tennis, badminton e.d.
ram *de (m)* [-men] ❶ mannelijk schaap ❷ mannelijk konijn ❸ mannelijke bunzing, fret, otter, das ❹ stormram ❺ *Ram* eerste teken van de dierenriem (van ±21 maart tot ±21 april)
RAM *afk* comput: *Random Access Memory* (‹Eng›) [geheugen waarin zowel gelezen als geschreven kan worden en waarin dus veranderingen kunnen worden aangebracht, werkgeheugen; *vgl*: → **ROM**]
ra·ma·dan, ra·ma·dan (‹Arab›) *de (m)* vastenmaand bij de moslims (9de maand van het islamitische jaar): ★ *gedurende (de) ~ dienen moslims zich overdag te onthouden van voedsel, drank en seksueel verkeer*
ra·ma·dan·nen *ww* [‹Arab›] [ramadande, h. geramadand] vasten tijdens de islamitische vastenmaand ramadan
ram·bam *de (m) & het* NN, spreektaal ❶ in verwensingen: ★ *krijg de / het ~* verrek, barst ❷ ★ *zich de / het ~ schrikken* heel erg schrikken
ra·mee (‹Mal›) *de (m)* [-s] oorspronkelijk Oost-Aziatische plant (*Boehmeria nivea* of *B. tenacissima*) en de vezels daarvan, die dienen om stoffen van te weven, gloeikousjes van te maken e.d.
ra·men *ww* [raamde, h. geraamd] schatten, begroten
ram·kraak *de (m)* [-kraken] inbraak waarbij de daders zich toegang verschaffen tot aan een winkel of bank door met een auto door de pui te rammen
ram·mei *de* [-en] stormram
ram·mei·en *ww* [rammeide, h. gerammeid] ‹met een rammei› beuken
ram·mel **I** *de (v)* [-s] kletskous **II** *de (m)* slaag: ★ *een pak ~*
ram·me·laar *de (m)* [-s] ❶ stuk speelgoed dat een rammelend geluid geeft ❷ mannetjeshaas, mannetjeskonijn
ram·me·len *ww* [rammelde, h. gerammeld] door schudden lawaai maken; fig geen goed geheel vormen ★ *~ van de honger* hevige honger hebben ★ *iem. door elkaar ~* hardhandig heen en weer schudden
ram·me·ling *de (v)* [-en] BN, spreektaal pak slaag, afranseling
ram·mel·kar *de* [-ren] oud rammelend voertuig
ram·mel·kast *de* [-en] oud, rammelend instrument of voertuig
ram·men *ww* [ramde, h. geramd] ❶ rammeien ❷ dwarsscheeps varen op; in snelle vaart tegen een ander voertuig rijden
ram·me·nas (‹It›) *de* [-sen] rettich
ramp *de* [-en] ernstig ongeluk, dat vaak een grote groep mensen treft
ram·pen·fonds *het* [-en] fonds waaruit hulp geboden kan worden bij rampen
ram·pen·plan *het* [-nen] plan waarin ideeën zijn ontwikkeld omtrent te treffen maatregelen bij een (milieu)ramp
ram·pen·toe·ris·me *het* → **ramptoerisme**
ram·pe·tamp *de (m)* [-en] inf mannelijk geslachtsdeel, penis, lul
ram·pe·tam·pen *ww* [rampetampte, h. gerampetampt] inf geslachtsgemeenschap hebben, neuken
ramp·ge·bied *het* [-en] door een ramp getroffen gebied (waar bijzondere hulp nodig is)
ram·pok·ken *ww* [rampokte, h. gerampokt] in benden verenigd roven en plunderen
ramp·spoed *de (m)* [-en] ❶ zware ramp ❷ zware tegenspoed
ramp·spoe·dig *bn* met veel rampspoed, met zware tegenslagen
ramp·toe·ris·me *het* het uit nieuwsgierigheid massaal bezichtigen van een plaats waar zich kort daarvoor een ramp heeft voltrokken
ramp·toe·rist *de (m)* [-en] iemand die uit nieuwsgierigheid naar (de gevolgen van) een ramp gaat kijken
ramp·za·lig *bn* ellendig, diep ongelukkig
rams·hoorn, rams·ho·ren *de (m)* [-s] hoorn van een ram; Bijbel Joods blaasinstrument
ramsj *de (m)* Barg goederen van mindere kwaliteit ★ *in de ~ liggen* wegens gebrek aan belangstelling voor een lager dan de officiële prijs verkocht worden (vooral gezegd van boeken)
ram·sjen *ww* [ramsjte, h. geramsjt] Barg tegen lage prijs ongeregelde goederen opkopen en verhandelen
ramsj·goed *het* opgekochte spullen
ranch [rentsj] (‹Eng‹Sp›) *de (m)* [-es], **ran·cho** [rantsjoo] (‹Sp›) *de (m)* ['s] veehoeve, landgoed met paardenfokkerij of veeteelt
ranch·er [rentsjə(r)] (‹Eng›) *de (m)* [-s] bezitter van een ranch
ran·cu·ne (‹Fr›) *de* [-s] wrok, opgekropte haat
ran·cu·neus (‹Fr›) *bn* wrokzuchtig, haatdragend
rand[1] *de (m)* [-en] omtrek, kant, lijst ★ fig *aan de ~ van de afgrond* dicht bij de ondergang, door een groot gevaar van nabij bedreigd ★ *op het randje* op het kantje af ★ BN ook *in de ~ van* in het kader van ★ BN *de Rand* de Vlaamse gemeenten die als een ring om Brussel liggen
rand[2] *de (m)* [-s] munteenheid in Zuid-Afrika
rand·aar·ding *de (v)* aarding die verloopt via de rand van een stopcontact
rand·ap·pa·raat *het* [-raten] comput door de centrale verwerkingseenheid bestuurd apparaat voor de in- en / of uitvoer van gegevens: ★ *een printer is een ~*
rand·ap·pa·ra·tuur *de (v)* comput geheel van randapparaten
R&B, r&b [à(r) ənd bie] (‹Eng›) *de (m)* ❶ rhythm-and-blues ❷ popmuziek die sterk is beïnvloed door Amerikaanse soul en hiphop
rand·be·mer·king (‹Du›) *de (v)* [-en] BN ook kanttekening: ★ *ik vond het een goede tekst, maar ik wil toch graag één ~ maken*
rand·de·biel *de (m)* [-en] scheldwoord stommeling
rand·fi·guur *de* [-guren] iem. die slechts zeer

zijdelings bij het maatschappelijke leven betrokken is

rand·ge·berg·te *het* [-n, -s] gebergte dat een hoogvlakte afsluit

rand·ge·meen·te *de (v)* [-n, -s] ❶ gemeente die aan een grote stad grenst ❷ BN gemeente met een bijzonder taalstatuut, die in het Vlaamse Gewest ligt en grenst aan het Brussels Gewest

rand·groep·jon·ge·re *de* [-n] jeugdige persoon die moeilijkheden heeft met de aanpassing aan de maatschappij, wat zich uit in licht crimineel gedrag, vandalisme, agressie e.d.

rand·je *het* [-s] smalle → **rand¹** ★ *op het ~ zie bij* → **rand¹**

rand·ker·ke·lij·ke *de* [-n] iem. die nog nauwelijks deelneemt aan het kerkelijk leven

rand·meer *het* [-meren] in Nederland meer gelegen aan de rand van een droogmakerij, vooral *de Randmeren* die gelegen zijn tussen de IJsselmeerpolders en het omringende land

ran·dom [rendəm] *‹Eng› bn* ‹van steekproeven› willekeurig

R. and R., R & R [à(r) ənd à(r)] *‹Eng› de (m)* rock-'n-roll

rand·schrift *het* [-en] spreuk op de → **rand¹** van munten e.d.

rand·staat *de (m)* [-staten] kleine staat aan de grens van een grote

Rand·stad *de* benaming voor het lint van steden in het westen van Nederland, lopend van Utrecht, via Hilversum, Amsterdam, Haarlem, Leiden, Den Haag, Rotterdam tot Dordrecht

rand·ste·de·lijk *bn* NN van, afkomstig uit, behorend tot de Randstad

rand·sto·ring *de (v)* [-en] storende invloed op het weer, vooral neerslag, aan de rand van een atmosferische depressie

rand·ver·schijn·sel *het* [-en, -s] iets bijkomends, iets wat niet tot de kern of hoofdzaak behoort

rand·voor·waar·de *de (v)* [-n] voorwaarde die noodzakelijk is bij de bepaling binnen welk kader een proces of plan zich dient te ontwikkelen

rand·weg *de (m)* [-wegen] NN weg die langs de rand van de bebouwde kom loopt

rang¹ *‹Fr› de (m)* [-en] ❶ plaats in een opklimmende reeks, bijv. van maatschappelijke of militaire graden, van in geschiktheid en duurte opeenvolgende schouwburgzitplaatsen enz. ❷ BN, spreektaal rij van personen m.n. schoolkinderen, gelid: ★ *de rangen sluiten* ★ BN ook *in eigen rangen* in eigen gelederen

rang² *tsw* nabootsing van een hard en kort geluid

rang·cij·fer *het* [-s] rangnummer

ran·geer·der [-zjeer-] *de (m)* [-s] beambte belast met het rangeren van spoorwagens

ran·geer·ter·rein [-zjeer-] *het* [-en] terrein waar gerangeerd kan worden

rang·er [reendzjə(r)] *‹Eng› de (m)* [-s] ❶ boswachter; opzichter in de Nationale Parken in Noord-Amerika ❷ jeugdlid van het Wereld Natuurfonds

ran·ge·ren *ww* [-zjee-] *‹Fr›* [rangeerde, h. gerangeerd] ❶ schikken, ordenen ❷ treinen splitsen en de spoorwagens in de goede orde stellen

rang·ge·tal *het* [-len] rangtelwoord

rang·lijst *de* [-en] lijst waarop rangen vermeld staan

rang·num·mer *het* [-s] nummer dat iemands plaats of → **rang¹** aangeeft

rang·or·de *de* volgorde naar → **rang¹**

rang·schik·ken *ww* [rangschikte, h. gerangschikt] ordenen, in groepen indelen

rang·schik·king *de (v)* [-en] ordening, indeling in groepen

rang·tel·woord *het* [-en] taalk woord dat door een getal de rangorde aangeeft: *eerste, tweede, derde* enz.

ran·ja *‹Fr› de (m)* NN limonadesiroop aangelengd met water

rank¹ *bn* slank, lang en smal van bouw

rank² *de* [-en] dunne kronkelende stengel, takje

ran·ken *ww* [rankte, h. gerankt] in ranken groeien, ranken vormen ★ *zich ~ om* zich met ranken slingeren om

rank·ge·bouwd *bn* → **rank¹**

ra·non·kel *‹Lat› de* [-s] plantensoort waartoe de boterbloem behoort

ra·non·kel·ach·ti·gen *mv* uitgebreide plantenfamilie, waartoe o.a. de boterbloem behoort, *Ranunculaceae*

rans *bn* ‹van vet, boter› sterk smakend

ran·sel *de (m)* [-s] ❶ rugzak van soldaten; NN, schertsend rug, lijf, buik ★ *iem. op zijn ~ geven* een pak slaag geven ❷ slaag: ★ *een pak ~*

ran·se·len *ww* [ranselde, h. geranseld] duchtig slaan

rans·uil *de (m)* [-en] middelmatig grote uil met oorpluimen

rant·soen *‹Fr‹Lat› het* [-en] voor elk lid van een gemeenschap beschikbaar gestelde hoeveelheid van middelen tot levensonderhoud waarvan maar een beperkte hoeveelheid beschikbaar is

rant·soe·ne·ren *ww ‹Fr›* [rantsoeneerde, h. gerantsoeneerd] ❶ van rantsoenen voorzien ❷ in rantsoenen verdelen; in slechts beperkte, afgepaste hoeveelheden beschikbaar stellen

ran·zig *bn* ❶ rans ❷ op een onaangename manier handelend over seks: ★ *ranzige tv-programma's, songteksten*

rap¹ *bn* ❶ vlug, snel; haastig, spoedig, gauw: ★ *ik zal me ~ aankleden* ❷ kwiek, flink: ★ *~ ter been*

rap² [rep] *‹Eng› de (m)* muziekgenre waarbij men ritmisch praat (vaak improviserend) op de maat van de (pop)muziek

ra·pail·le [-pajjə] *‹Oudfrans› het* gepeupel, gespuis

ra·pen *ww* [raapte, h. geraapt] van de grond opnemen

ra·pier *‹Fr› het* [-en] lange degen

rap·pel *‹Fr› het* [-s] ❶ terugroeping; sein daartoe ❷ herinnering, waarschuwing ❸ bilj stoot waarbij ervoor wordt gezorgd dat de bal die het eerst is aangespeeld, via de band weer terugkeert tot nabij

de overige ballen
rap·pel·le·ren *ww* (‹*Fr*) [rappelleerde, h. gerappelleerd] ❶ terugroepen ❷ in herinnering brengen ★ *zich* ~ zich herinneren
rap·pen¹ *ww* [rɛppə(n)] (‹*Eng*) [rapte, h. gerapt] snel en ritmisch, bijna zingend spreken op de maat van (pop)muziek
rap·pen² (‹*Du*) *de (m)* [*mv* idem] Zwitserse munt van 1/100 frank, centime
rap·per [rɛppər] (‹*Eng*) *de (m)* [-s] iem. die rapt
rap·port (‹*Fr*) *het* [-en] ❶ volgens opdracht uitgebracht verslag ❷ verslag van de resultaten van een scholier ❸ melding aan een superieur
rap·por·ta·ge [-zjə] (‹*Fr*) *de (v)* het rapporteren
rap·port·cij·fer *het* [-s] cijfer op een → **rapport** (bet 2)
rap·por·te·ren *ww* (‹*Fr*) [rapporteerde, h. gerapporteerd] ❶ melden; verslag uitbrengen, bericht geven ❷ aanbrengen, overbrengen ❸ betrekking hebben op
rap·por·teur (‹*Fr*) *de (m)* [-s] verslaggever; maker van een rapport
rap·so·die (‹*Gr*) *de (v)* [-dieën] ❶ verzamelwerk van (brok)stukken, mengelmoes ❷ muz muziekstuk van vrije vorm, waarin volksmelodieën verwerkt zijn
rap·so·disch (‹*Gr*) *bn* van de aard van een rapsodie, uit verschillende delen bijeengebracht, onsamenhangend
ra·pun·zel (‹*Du*‹*Lat*) *de (m) & het* [-s] zeldzame bosplant met geelwitte aarvormige bloemen (*Phyteuma splicatum*)
ra·ra *tsw* zie bij → **ra**²
ra·re·fac·tie [-sie] (‹*Fr*‹*Lat*) *de (v)* ❶ verdunning van de lucht of van een gas, vooral door warmte ❷ med schrompeling door verdwijnen van weefsel
ra·ri·teit (‹*Fr*‹*Lat*) *de (v)* [-en] ❶ voorwerp dat om zijn uitheemse oorsprong, zeldzaam- of merkwaardigheid wordt gewaardeerd; vreemd, raar ding ❷ zeldzaamheid
ra·ri·tei·ten·ka·bi·net *het* [-ten] verzameling van zeldzaamheden, vertrek daarvoor
ras¹ *bn* snel, vlug
ras² I *het* [-sen] groep individuen die zich door gemeenschappelijke erfelijke lichamelijke kenmerken onderscheiden van andere individuen; plantk tot een cultuurgewas behorende groep planten die voor cultuurdoeleinden als een zelfstandige eenheid wordt beschouwd II *als eerste lid in samenstellingen*, **ras-** echt, van nature *of* in hoge mate
ras·echt *bn* ❶ van zuiver → **ras**² ❷ fig heel echt, zuiver: ★ *een rasechte Hagenaar*
ras·ego·ïst *de (m)* [-en] echte, erge egoïst
ras·hond *de (m)* [-en] hond van zuiver → **ras**²
ras·ken·merk *het* [-en] kenmerk van een → **ras**²
ras·kol·ni·ki, ras·kol·ni·ken (‹*Russ*) *mv* groep gelovigen die de in de 17de eeuw doorgevoerde hervormingen in de Russisch-orthodoxe Kerk afwezen en zich van deze Kerk losmaakten

rasp (‹*Oudfrans*) *de* [-en] werktuig om iets fijn te schuren
ras·paard *het* [-en] paard van zuiver → **ras**²
ras·pen *ww* [raspte, h. geraspt] met de rasp bewerken
rasp·huis *het* [-huizen] NN, hist gevangenis waar de gevangenen hout moesten raspen
ras·ploert *de (m)* [-en] echte ploert
ras·sen·dis·cri·mi·na·tie [-(t)sie] *de (v)* het ene ras begunstigen in onderscheiding van het andere
ras·sen·haat *de (m)* het haten van (leden van) een ander → **ras**²
ras·sen·kun·de *de (v)* leer van de mensenrassen
ras·sen·kwes·tie *de (v)* [-s], **ras·sen·pro·bleem** *het* [-blemen] moeilijkheden die samenhangen met het verschil tussen rassen (→ **ras**²)
ras·sen·strijd *de (m)* strijd tussen verschillende rassen (→ **ras**²)
ras·sen·the·o·rie *de (v)* [-rieën] het sterk doen uitkomen van tegenstellingen tussen rassen (→ **ras**²)
ras·sen·ver·men·ging *de (v)* [-en] vermenging van rassen (→ **ras**²)
ras·sen·waan *de (m)* dwaze mening dat een bep. → **ras**², vooral dat waartoe men zelf behoort, beter, begaafder is dan een ander
ras·ta, ras·ta·fa·ri *de* ['s] aanhanger van de theorie dat Haile Selassie (ook Ras Tafari genoemd, 1892-1975), voormalig keizer van Ethiopië, goddelijk en onsterfelijk is, geïnspireerd door de terug-naar-Afrika-gedachte bij de Amerikaanse negers
ras·ter (‹*Lat*) I *de (m)* [-s] brede lat II *het* [-s] hekwerk, latwerk; druktechn netwerk van een cliché
ras·ter·beeld *het* [-en] druktechn, comput beeld dat is opgebouwd uit beeldpunten
ras·ter·cli·ché [-sjee] *het* [-s] cliché voor autotypie
ras·te·ring *de (v)* [-en] rasterwerk, schutting
ras·ter·werk *het* [-en] ❶ vlak of → **raam** (bet 2) met daarin elkaar haaks kruisende lijnen of latten ❷ dat waarmee men iets afrastert
ras·zui·ver *bn* van ongemengd → **ras**²; **raszuiverheid** *de (v)*
rat *de* [-ten] ❶ kleine tot middelgrote knaagdiersoort, over de gehele wereld verspreid, berucht vanwege het overbrengen van ziekten ★ NN, schertsend *vliegende* ~ stadsduif ❷ scheldwoord minderwaardig, achterbaks individu
ra·ta (‹*Lat*) *de* evenredige bijdrage, evenredig aandeel ★ *naar* ~ naar evenredigheid
ra·ta·plan, ra·ta·plan (‹*Fr*) I *tsw* nabootsing van trommelgeluid II *de (m)* rommel, boel
ra·ta·touil·le [-toejə] (‹*Fr*) *de (v)* → **ratjetoe** (bet 1)
ra·tel *de (m)* [-s] ❶ houten klepperwerktuig met handvat ❷ fig iem. die druk en veel babbelt
ra·te·laar *de (m)* [-s] ❶ leeuwenbekachtige plant met gele bloemen en in droge hulzen rammelende zaden (*Alectorolophus*) ❷ iem. die druk en veel babbelt
ra·te·len *ww* [ratelde, h. gerateld] ❶ klepperen met

een ratel; een klepperend geluid maken ❷ druk en veel praten

ra·tel·po·pu·lier *de (m)* [-en] esp

ra·tel·slang *de* [-en] Amerikaanse giftige slang met hoornen ringen aan de staart, die een gedruis maken

ra·ti·fi·ca·tie [-(t)sie] *(‹Lat) de (v)* [-s] ambtelijke goedkeuring, bekrachtiging, vooral van een internationale overeenkomst door een regering of het staatshoofd; oorkonde van bekrachtiging

ra·ti·fi·ce·ren *ww (‹Lat)* [ratificeerde, h. geratificeerd] bekrachtigen, ambtelijk goedkeuren, vooral van internationale overeenkomsten

ra·ti·né *(‹Fr) het* wollen stof met gekrulde noppen

rat·ing [reeting] *(‹Eng) de (v)* beoordeling, waardering; schaken geschatte sterkte van een speler, uitgedrukt in punten

ra·tio [-(t)sie(j)oo] *(‹Lat) de (v)* rede

ra·tio·naal [-(t)sjoo-] *(‹Du‹Lat) bn* wisk meetbaar ★ ~ *getal* geheel getal of breuk waarvan teller en noemer gehele getallen zijn

ra·tio·na·li·sa·tie [-(t)sjoonaaliezaa(t)sie] *(‹Fr) de (v)* ❶ het rationeel-maken ❷ [*mv:* -s] beredenering, denkgewoonte om plausibele redenen te geven of te zoeken (in plaats van de verborgene of werkelijke) ❸ econ geheel van methoden waardoor met de minste kosten de grootste productie wordt bereikt

ra·tio·na·li·se·ren *ww* [-(t)sjoonaaliezee-] *(‹Fr)* [rationaliseerde, h. gerationaliseerd] praktischer, economischer inrichten

ra·tio·na·lis·me [-(t)sjoo-] *(‹Fr) het* geloof aan de rede; toepassing van de rede (*ratio*) op alles wat de mens in de ervaring gegeven is, om het daarnaar te beoordelen en te toetsen; de wijsgerige richting die de rede, het gezond verstand als de enige bron van kennis beschouwt

ra·tio·na·list [-(t)sjoo-] *(‹Fr) de (m)* [-en] aanhanger van het rationalisme

ra·tio·na·lis·tisch [-(t)sjoo-] *bn* gebaseerd op, volgens het rationalisme

ra·tio·neel [-(t)sjoo-] *(‹Fr‹Lat) bn* ❶ door middel van de rede (geschiedend) ❷ weldoordacht; gebaseerd op wetenschappelijke redenering of ontleding ❸ wisk → **rationaal**

rat·je·toe *(‹Fr) de (m) & het* ❶ stamppot, vooral voor soldaten, rats ❷ mengelmoes, allegaartje

ra·to *zn (‹Lat)* ★ *pro of naar ~,* BN *a ~ van* naar verhouding, naar evenredigheid

rat·race [retrees] *(‹Eng) de (m)* bij het gedrag van gedresseerde ratten vergeleken concurrentiestrijd in een op prestatie gerichte maatschappij

rats[1] *de* ❶ stamppot ❷ inf angst ★ *in de ~ zitten* in de benauwdheid, de zenuwen zitten

rats[2] *tsw* woord dat een snelle beweging weergeeft

rat·sen *ww* [ratste, h. geratst] gappen, kapen

rats·mo·dee *(‹Jidd) de* NN: ★ *naar de ~* in de vernieling, kapot: ★ *de joyriders reden de auto naar de ~*

rat·ta·chis·me *(‹Fr) het* BN beweging die ijvert voor aansluiting van Wallonië bij Frankrijk

rat·ta·chist *(‹Fr) de (m)* BN aanhanger van het rattachisme

rat·ten·gif *het* gif tegen ratten

rat·ten·hol *het* [-holen] hol van ratten

rat·ten·klem *de* [-men] klem om ratten te vangen

rat·ten·ko·ning *de (m)* [-en] ❶ nest jonge ratten met de staarten in elkaar verward ❷ fig onontwarbare kluwen, onoplosbare moeilijkheid

rat·ten·kop *de (m)* [-pen], **rat·ten·kop·je** *het* [-s] ❶ kapsel voor meisjes of vrouwen bestaande uit kort, steil haar ❷ iem. met een dergelijk kapsel

rat·ten·kruit *het* gif tegen ratten

rat·ten·staart *de (m)* [-en] ❶ staart van een rat ❷ ronde vijl

rat·ten·val *de* [-len] val om ratten in te vangen

rat·ten·van·ger *de (m)* [-s] mens die of dier dat ratten vangt, vooral ratten vangende hond ★ *de ~ van Hamelen* man die de inwoners van Hamelen van een rattenplaag verloste door muziek, maar zich om de onvoldoende beloning wreekte door de kinderen met muziek in een berg te lokken

ra·tuur *(‹Fr) de (v)* [-turen] doorhaling; uitgekrabde plaats in een handschrift

rauh·fa·ser·be·hang [raufaazər-] *(‹Du) het* behang met een ruw, korrelig oppervlak

rauw *bn* ❶ ongekookt: ★ *rauwe groente* ★ *iem. (wel) ~ lusten* zeker tegen iem. opgewassen zijn ❷ zonder huid, ontveld: ★ *een rauwe huid* ❸ schor: ★ *een rauwe stem* ❹ ‹van de keel› ontstoken, (licht) gezwollen ❺ ruw, woest, grof: ★ *een rauwe kerel; onaangenaam, zonder iem. te sparen* ★ NN *dat viel me ~ op de maag* of *dat viel me ~ op het dak* dat verraste me op een onaangename wijze

rau·we·lings *bijw* NN onverwacht en onaangenaam verrassend

rauw·kost *(‹Du) de (m)* rauw gegeten groenten en vruchten

rau·zen *ww* [rausde, h. gerausd] wild te keer gaan, raggen; woest rijden of spelen

ra·va·ge [-zjə] *(‹Fr) de (v)* [-s] verwoesting, uitgebreide schade; puinhoop

ra·ve·lijn *(‹Fr‹It) het* [-en] hist buiten de vestinggracht gelegen halvemaanvormig of hoekig bouwwerk

ra·ven·zwart *bn* zwart als een raaf

ra·vi·go·te *(‹Fr),* **ra·vi·go·te·saus** [-γo-] *de* koude mayonaisesaus met verschillende kruiden

ra·vijn *(‹Fr) het* [-en] ❶ bergkloof, diepe insnijding in een terrein ❷ holle weg

ra·vi·o·li [-vie(j)oo-] *(‹It) de (m)* ronde, vierkante of driehoekige plakjes pasta, met daarin een vleesvulling of andere vulling

ra·vis·sant [-vies-] *(‹Fr) bn* ❶ verrukkelijk, bekoorlijk, allerliefst ❷ herald met een prooi in de bek

ra·vi·tail·le·ren *ww* [-tajjee-] *(‹Fr)* [ravitailleerde, h. geravitailleerd] (opnieuw) van levensmiddelen en

voorraden voorzien; **ravitaillering** *de (v)*
ra·vot·ten *ww* [ravotte, h. geravot] wild stoeien
rawl·plug [ròl-] *(‹Eng) de* [-gen] kegel- of cilindervormig voorwerp van asbest, rotting enz., dat in een muur gedreven wordt om daarin een schroef of spijker te bevestigen
ra·yon[1] [reijon] *(‹Fr‹Lat) het* [-s] ❶ kring waarbinnen iets geldt, iets of iemand werkzaam is; afdeling van het werkterrein van een handelszaak ❷ afdeling in een warenhuis, restaurant, bibliotheek, magazijn enz.
ra·yon[2] [reijon] *(‹Fr) de (m) & het* algemene benaming voor kunstvezels uit cellulose, kunstzijde
ra·yon·chef [reijonsjef] *de (m)* [-s] hoofd van een → **rayon**[1]
ra·yon·hoofd [-jon-] *het* [-en] ❶ iem. die de leiding heeft over een rayon ❷ NN ‹bij de Elfstedentocht› iem. die de supervisie heeft over de ijskwaliteit op een bep. traject en adviseert over het al dan niet verreden kunnen worden van de tocht
ra·zen *ww* [raasde, h. geraasd] ❶ tieren; woedend uitvaren; veel lawaai maken ❷ zich onstuimig voortbewegen
ra·zend *bn* woedend; hevig; buiten zinnen, krankzinnig
ra·zend·snel *bn* zeer snel
ra·zer·nij *de (v)* dolle woede
raz·zia *(‹Fr‹Arab) de* ['s] ❶ militaire strooptocht ❷ onverwachte inval, drijf-, klopjacht van de politie, massale inhechtenisneming
Rb *afk* chem symbool voor het element *rubidium*
r.-c. *afk* rekening-courant
R'dam *afk* Rotterdam
Re *afk* chem symbool voor het element *renium*
re *de* ['s] muz tweede noot van de diatonische toonladder
re·aal *(‹Sp) de (m)* [-alen] vroegere Spaanse zilveren, later koperen munt
reach [rietsj] *(‹Eng) de (m)* reikwijdte: ★ *een bokser met lange armen heeft voordeel van zijn grote ~*
re·ac·tie [-sie] *(‹Fr) de (v)* [-s] ❶ door een actie te voorschijn geroepen werking in tegengestelde zin, terugwerking; terugstoot ❷ antwoord, respons: ★ *wat is uw ~ op dit voorstel?* ❸ politiek streven naar terugkeer tot een vroegere toestand in het staatsleven en het tenietdoen van het nieuwere ❹ chemisch proces
re·ac·tief *(‹Fr)* I *bn* ❶ zich voordoende als reactie ❷ chemisch reagerend II *het* [-tieven] stof die een bepaalde → **reactie** (bet 4) kan veroorzaken
re·ac·tie·mo·tor [-sie-] *de (m)* [-s, -toren] straalmotor
re·ac·tie·snel·heid [-sie-] *de (v)* ❶ snelheid van de → **reactie** (bet 1), snelheid waarmee wordt gereageerd ❷ [*mv*: -heden] snelheid waarmee een chemische omzetting verloopt, gemeten naar de opbrengst van reactieproduct per tijdseenheid
re·ac·tie·ver·mo·gen [-sie-] *het* snelheid waarmee men op iets kan reageren: ★ *een keeper met een*

goed ~
re·ac·tio·nair [-sjoonèr] *(‹Fr)* I *bn* de → **reactie** (bet 3) toegedaan II *de (m)* [-en] voorstander van de → **reactie** (bet 3)
re·ac·ti·ve·ren *ww (‹Fr)* [reactiveerde, h. gereactiveerd] weer tot werking, tot leven brengen
re·ac·tor *de (m)* [-s, -toren] ❶ vat waarin zich een chemisch(e) proces (reactie) afspeelt ❷ vooral als verkorting voor kernreactor, toestel voor het opwekken van kernenergie
re·ac·tor·cen·trum *het* [-tra, -s] onderzoekscentrum voor kernenergie
re·ac·tor·vat *het* [-vaten] afgeschermd deel van een kernreactor waarbinnen zich o.a. de kern en de koelinstallaties bevinden
read·er [rieda(r)] *(‹Eng) de (m)* [-s] ❶ iemand die voor een uitgever de manuscripten beoordeelt ❷ bundel met wetenschappelijke artikelen van verschillende auteurs over bepaalde onderwerpen
read·on·ly [riedoonlie] *(‹Eng) bn* ‹comput› m.b.t. bestanden en geheugenruimte› wel te raadplegen, maar niet te beschrijven of te wijzigen
ready [reddie] *(‹Eng) bn* gereed, klaar
ready·made [reddie meed] *(‹Eng) de (m)* [-s] alledaags (gebruiks)voorwerp dat door het feit dat het gekozen is en uit zijn verband is afgezonderd door de kunstenaar tot kunstwerk is verklaard (term afkomstig van de Franse schilder Marcel Duchamp, 1887-1968)
re·af·fec·te·ren *ww* [reaffecteerde, h. gereaffecteerd] BN herbestemmen, overplaatsen (in het onderwijs)
re·a·geer·buis·ba·by [-beebie] *de (m)* ['s] baby geboren uit een buiten de baarmoeder bevruchte eicel die daarna in de baarmoeder ingebracht is
re·a·geer·buis·je *het* [-s] van onderen gesloten cilindrisch glazen buisje, o.a. gebruikt bij chemische proeven
re·a·gens *(‹Lat) het* [-gentia] [-gen(t)sie(j)aa] stof die dient om een bep. chemische werking teweeg te brengen in aanwezigheid van een andere stof
re·a·ge·ren *ww (‹Lat)* [reageerde, h. gereageerd] ❶ bepaalde verschijnselen vertonen als antwoord op een prikkel ❷ een chemische reactie aangaan ❸ een houding aannemen of handelen als antwoord op iets dat de geest heeft geprikkeld; vooral met woorden ingaan op, antwoorden
real *(‹Port) de* [-s] munteenheid van Brazilië
re·a·li·sa·tie [-zaa(t)sie] *(‹Fr)* I *de (v)* het realiseren; verwezenlijking II *de (v)* [-s] omzetting in geld
re·a·li·se·ren [-zee-] *(‹Fr)* I *ww* [realiseerde, h. gerealiseerd] ❶ verwezenlijken, bewerkstelligen, tot stand brengen ❷ te gelde maken, vooral geldswaardig papier zoals effecten e.d. II *wederk* zich bewust maken, bewust doordenken
re·a·lis·me *(‹Fr) het* ❶ filos opvatting volgens welke de algemene begrippen een eigen werkelijkheid bezitten ❷ levenspraktijk die zich richt op de waarneembare werkelijkheid ❸ uitbeeldingswijze

re·a·list *(‹Fr›) de (m)* [-en] aanhanger van het realisme; iem. die zich aan het praktisch realiseerbare houdt

re·a·lis·tisch *bn* van de aard van, volgens het realisme in verschillende opvattingen; de werkelijkheid onverbloemd weergevend

re·a·li·teit *(‹Fr‹Lat›) de (v)* ❶ het werkelijk-zijn van iets ❷ [*mv:* -en] iets wat werkelijk is; ❸ ‹collectief› al het werkelijk bestaande ★ comput *virtuele* ~ door de computer gesuggereerde werkelijkheid

re·a·li·ter *(‹Lat›) bijw* werkelijk, in werkelijkheid

re·al·i·ty-tv [rie(j)ellittieteevee] *(‹Eng›) de (v)* genre tv-journalistiek waarbij mensen worden gevolgd bij (soms dramatische) gebeurtenissen in het dagelijks leven (ziekenhuisopname, ongeval, politiewerkzaamheden e.d.)

re·a·lo *(‹Du›) de* ['s] politiek iem. die bereid is tot compromissen, die aan → realpolitik doet

re·al·po·li·tik [ree(j)aalpoolietiek] *(‹Du›) de (v)* politiek die alleen concrete, tastbare resultaten tracht te bereiken

real time [riel taim] *(‹Eng›) de (m)* de tijd die een computer voor de afwikkeling van een probleem beschikbaar heeft bij een bepaalde productie

re·a·ni·ma·tie [-(t)sie] *(‹Fr›) de (v)* het geheel van handelingen om een stilstaand hart en / of een stilstaande ademhaling weer op gang te brengen; bij uitbreiding het hergeven van het bewustzijn aan een bewusteloze

re·a·ni·me·ren *ww (‹Fr›)* [reanimeerde, h. gereanimeerd] weer tot leven wekken

re·as·su·re·ren *ww (‹Fr›)* [reassureerde, h. geréassureerd] herverzekeren; de verzekeraar tegen schade voortvloeiende uit zijn verplichtingen verzekeren

reb·be *(‹Hebr›) de (m)* ❶ joods onderwijzer, huisleraar ❷ aanspreektitel van een opperrabbijn

re·bel *(‹Fr‹Lat›) de (m)* [-len] oproermaker, oproerling, muiter; weerspannige

re·bel·le·ren *ww (‹Fr‹Lat›)* [rebelleerde, h. gerebelleerd] in opstand komen tegen het wettig gezag; opstandig zijn

re·bel·lie *(‹Lat›) de (v)* [-lieën] ❶ opstand tegen het wettig gezag, muiterij ❷ opstandigheid, weerspannigheid

re·bels *bn* ❶ opstandig ❷ woedend

re·boo·ten *ww* [rieboe-] *(‹Eng›)* [rebootte, h. geboot] de computer opnieuw starten

re·bound [riebaund] *(‹Eng›) de (m)* [-s] basketbal het afvangen van de bal na een scoringspoging; ook gebruikt bij sommige andere sporten

re·bus *(‹Fr›) de (m)* [-sen] beeld-, figuur- of lettergreepraadsel

re·cal·ci·trant *(‹Fr›) bn* onwillig, weerspannig, tegenstrevend

re·cal·ci·tran·tie [-sie] *(‹Fr›) de (v)* weerspannigheid, verzet

re·ca·pi·tu·la·tie [-(t)sie] *(‹Lat›) de (v)* [-s] korte samenvatting van de hoofdinhoud of van iets wat voorafgaat

re·ca·pi·tu·le·ren *ww (‹Lat›)* [recapituleerde, h. gerecapituleerd] zakelijk herhalen, kort samenvatten

re·cen·sent *(‹Lat›) de (m)* [-en] beoordelaar van boeken, muziek, toneel, films enz.

re·cen·se·ren *ww (‹Lat›)* [recenseerde, h. gerecenseerd] ‹boeken enz.› beoordelen; beoordelend aankondigen

re·cen·sie *(‹Lat›) de (v)* [-s] beoordeling, vooral van boeken, films enz.

re·cen·sie-exem·plaar *het* [-plaren] ter beoordeling toegezonden exemplaar van een boek

re·cent *(‹Fr‹Lat›) bn* van jonge datum, uit de laatste tijd, pas gebeurd

re·cen·te·lijk *(‹Eng›) bijw* onlangs

re·ce·pis [reesə-, rissə-] *(‹Lat›) de & het* [-sen] NN ❶ ontvangstbewijs ❷ voorlopig stuk dat soms bij de emissie van aandelen of obligaties wordt afgegeven om de tijd die gemoeid is met de aanmaak van de definitieve stukken te overbruggen

re·cept *(‹Lat›) het* [-en] ❶ door een dokter afgegeven artsenijvoorschrift ❷ voorschrift voor de bereiding van spijzen, dranken of iets anders

re·cep·ten·boek *het* [-en] boek met recepten

re·cep·te·ren *ww* [recepteerde, h. gerecepteerd] ❶ medicijnen voorschrijven ❷ geneesmiddelen gereedmaken volgens recept

re·cep·tie [-sie] *(‹Fr‹Lat›) de (v)* [-s] ❶ ontvangst, vooral officiële ontvangst van een groot aantal personen ter aanvaarding van gelukwensen, bijv. bij ondertrouw, bij een promotie e.d. ❷ ontvangstbalie in de hal van een hotel, kantoor e.d. ❸ overneming van rechtsgewoonten of andere cultuurgoederen van een andere gemeenschap, vooral de overname van het Romeinse recht in Europa

re·cep·tief *(‹Fr›) bn* ontvankelijk, gevoelig voor indrukken of voor prikkels

re·cep·tio·nist [-sjoo-] *de (m)* [-en], **re·cep·tio·nis·te** [-sjoo-] *de (v)* [-s en -n] iem. die bezoekers ontvangt in hotels, ziekenhuizen, kantoren e.d.

re·cep·ti·vi·teit *(‹Fr›) de (v)* ontvankelijkheid, vatbaarheid

re·cep·tor *(‹Lat›) de (m)* [-toren] ❶ ontvanger; vooral ❷ toestel waarin elektrische energie in chemische, mechanische of thermische wordt omgezet ❸ zintuig ❹ moleculaire groep die de ontvankelijkheid van het organisme voor een bepaalde stof bepaalt

re·cep·tuur *(‹Du›) de (v)* kunst van het schrijven van recepten en van het gereedmaken van medicijnen

re·ces *(‹Lat›) het* [-sen] verdaging, vakantie van volksvertegenwoordigingen en (rechterlijke) colleges

re·ces·sie *(‹Lat›) de (v)* teruggang; achteruitgang in economische activiteit, depressie: ★ *bij twee* *achtereenvolgende kwartalen met economische krimp spreekt men van* ~

re·ces·sief *(‹Fr) bn* biol gezegd van erfelijke eigenschappen die alleen tot uiting komen als ze niet door andere worden verdrongen

re·cet·te *(‹Fr‹Lat) de (v)* [-s] ‹aan schouwburgloketten e.d.› ontvangsten, inkomsten van entreegelden

re·chaud [-sjoo] *(‹Fr) de (m)* [-s] tafelkomfoor

re·cher·che [-sjersjə] *(‹Fr) de* [-s] ❶ onderzoek, naspeuring, in het bijzonder naar ongeoorloofde handelingen ❷ afdeling van de politie die zich bezighoudt met het opsporen en aanhouden van verdachten en het verzamelen van bewijsmateriaal

re·cher·cheur [-sjersjeur] *(‹Fr) de (m)* [-s] ongeüniformeerd politiebeambte belast met het opsporen van misdadigers en het onderzoek naar misdrijven

recht I *bn* ❶ gestrekt, niet krom: ★ *een rechte lijn* ★ *de auto kwam* ~ *op me af* ❷ niet schuin, niet scheef: ★ *ga eens* ~ *op je stoel zitten* ★ *de raket ging* ~ *de lucht in* ★ *iem. iets* ~ *in zijn gezicht zeggen* rechtstreeks tegen iem. zeggen wat je niet aan hem bevalt ❸ BN ook, spreektaal overeind, omhoog: ★ *sta* ~*!* sta op! ★ ~ *in zijn schoenen staan* overtuigd zijn van zijn gelijk ❹ NN juist, goed: ★ *de rechte weg bewandelen* ★ *iets niet* ~ *meer weten* het niet meer precies weten; zie ook bij → **eind** ❺ meetkunde van 90°: ★ *een rechte hoek* **II** *het* [-en] ❶ wettelijke voorschriften ❷ toepassing van de wettelijke voorschriften: ★ *iem. in rechte(n) vervolgen* ❸ kennis van de wettelijke voorschriften: ★ *rechten studeren* ❹ rechtvaardigheid, hetgeen als rechtvaardig en billijk wordt beschouwd: ★ *iem.* ~ *laten wedervaren* ★ *het* ~ *moet zijn loop hebben* wat rechtvaardig is moet gebeuren ★ *tot zijn* ~ *komen* goed tot uitdrukking komen ❺ bevoegdheid, aanspraak op: ★ ~ *hebben op* ★ *op zijn* ~ *staan* vasthouden aan zijn aanspraken op iets ★ *het* ~ *in eigen hand nemen* eigenmachtig straffen gaan uitdelen of beslissingen nemen die aan gerechtelijke instanties voorbehouden zijn ❻ ★ *met* ~ *op goede gronden*, terecht ❼ *(vooral mv)* belasting, heffing: ★ *rechten heffen* ★ *successierecht betalen*

recht·aan *bijw* recht vooruit: ★ *rechttoe* ~

recht·bank *de* [-en] ❶ groep rechters ❷ gebouw waarin zij zetelen ★ BN *correctionele* ~ rechtbank bevoegd voor strafzaken, met name voor wanbedrijven

recht·bui·gen *ww* [boog recht, h. rechtgebogen] door buigen recht maken

recht·door *bijw* rechtuit

recht·door·zee *bn* eerlijk, zonder achterbaksheid; *vgl*: → **zee**

recht·draads, **recht·draads** *bn* ❶ ‹van textiel› volgens de draad ❷ ‹van hout› langs de richting van de nerf gezaagd: ★ ~ *hout*

rech·te *de* [-n] rechte lijn

rech·te·lijk *bn* van, volgens het recht

rech·te·loos *bn* geen rechten hebbende; zonder (gelijk) recht (voor iedereen): ★ *een rechteloze staat*; **rechteloosheid** *de (v)*

rech·ten *ww* [rechtte, h. gerecht] recht maken, strekken: ★ *hij rechtte zijn rug* ★ *zich* ~ *een fiere of fierdere lichaamshouding aannemen*

rech·tens *bijw* volgens recht

rech·ter¹ *de (m)* [-s] ❶ iemand die bevoegd is uitspraken te doen over overtredingen, geschillen enz. ★ ~ *van instructie* rechter belast met het onderzoek ★ *niemand kan* ~ *in eigen zaak zijn* niemand is onbevooroordeeld ten opzichte van zichzelf ❷ bestuurder van Israël vóór het tijdperk van de koningen, beschreven in het Bijbelboek *Rechters*; zie ook → **richter**

rech·ter² **I** *bn* aan de rechterzijde (vaak met het bepaalde woord aaneengeschreven) **II** *de* rechterhand

rech·ter·arm *de (m)* [-en] arm aan de rechterzijde

rech·ter·been *het* [-benen] been aan de rechterzijde

rech·ter·com·mis·sa·ris *de (m)* [rechters-commissarissen] vooral NN → **rechter¹** die een speciale opdracht heeft

rech·ter·hand *de* [-en] ❶ hand van de rechterarm ❷ fig grote steun

rech·ter·kant *de (m)* [-en] rechterzijde

rech·ter·lijk *bn* van, door de rechter ★ *de rechterlijke macht* het geheel van de rechtsprekende lichamen ★ *de rechterlijke organisatie* de inrichting en onderlinge verhouding van de rechtsprekende lichamen ★ *een rechterlijke uitspraak* ★ *een* ~ *vonnis*

rech·ter·oe·ver *de (m)* [-s] oever aan de rechterkant stroomafwaarts gezien

rech·ter·schap *het* het → **rechter¹**-zijn, de waardigheid van rechter

rech·ter·stoel *de (m)* [-en] zetel van de rechter; rechtbank ★ *voor Gods* ~ *verschijnen* voor God (na de dood) rekenschap van zijn daden moeten afleggen

rech·ter·vleu·gel *de (m)* [-s] vleugel aan de rechterzijde; rechterafdeling

rech·ter·zij [-den], **rech·ter·zij·de** *de* [-n] ❶ rechterkant: ★ *aan de* ~ *van dit boek, indien opengeslagen, bevinden zich de oneven pagina's* ❷ de behoudende politieke partijen, die minder naar sociale hervormingen streven; behoudende groeperingen in een vergadering, congres e.d.

recht·ge·aard *bn* braaf; echt

recht·ge·lo·vig *bn* streng gelovig

recht·heb·ben·de *de* [-n] iem. die aanspraak op iets heeft

recht·heid *de (v)* het recht-zijn

recht·hoek *de (m)* [-en] vierhoek met hoeken van 90°

recht·hoe·kig, **recht·hoe·kig** *bn* met een rechte hoek, met rechte hoeken

recht·hoeks·zij·de *de* [-n] elk van de zijden van de rechte hoek van een rechthoekige driehoek

recht·lij·nig, **recht·lij·nig** *bn* van, met rechte lijnen ★ ~ *denken* fig (al te) consequent denken

recht·ma·tig *bn* billijk, waarop men aanspraak heeft
recht·ma·tig·heid *de (v)* billijkheid
recht·op, **recht·op** *bijw* recht omhoog staande
recht·op·staand, **recht·op·staand** *bn* recht omhoog staande
recht·over *vz & bijw* BN ook (recht) tegenover, aan de overkant (van), aan de overzijde: ★ *het huis hier ~* ★ *~ het station was een koffiehuis*
rechts *bn* ❶ aan, naar de rechterkant ❷ ‹in de politiek› behoudend; niet strevend naar sociale hervormingen; *ook zelfstandig gebruikt:* ★ *~ is tegen deze voorstellen*
rechts·af, **rechts·af** *bijw* naar de rechterkant afslaand
rechts·be·de·ling *de (v)* toepassing van het recht
rechts·be·gin·sel *het* [-en, -s] rechtsnorm
rechts·be·grip *het* [-pen] begrip, opvatting van, aangaande het recht
rechts·be·wust·zijn *het* rechtsgevoel
rechts·bij·stand *de (m)* hulp voor het gerecht door een rechtsgeleerd tussenpersoon
rechts·bin·nen *de (m)* [-s] teamsport een van de vijf voorspelers in een elftal: de rechtsbinnen staat links naast de rechtsbuiten
rechts·bui·ten *de (m)* [-s] teamsport een van de vijf voorspelers in een elftal: de rechtsbuiten staat uiterst rechts
recht·scha·pen *bn* eerlijk, fatsoenlijk; **rechtschapenheid** *de (v)*
rechts·col·le·ge [-leezjə] *het* [-s] rechtsprekend lichaam
rechts·draai·end *bn* chem ‹van stoffen› zodanig samengesteld dat het erop vallend gepolariseerd licht naar rechts afbuigt
rechts·dra·gend *bn* ‹gezegd van een man› het geslachtsdeel in de broek naar rechts dragend
rechts·dwang *de (m)* dwangmaatregel van de rechterlijke macht
rechts·fa·cul·teit *de (v)* BN juridische faculteit
rechts·feit *het* [-en] feit dat juridische gevolgen kan hebben: ★ *bloot ~*
rechts·fi·lo·so·fie *de (v)* wijsbegeerte van het recht
rechts·gang *de (m)* → **verloop** (bet 1) van de rechtspleging
rechts·ge·bied *het* [-en] gebied waarover een rechtbank recht spreekt
rechts·ge·ding *het* [-en] rechtszaak
rechts·gel·dig *bn* geldig in rechten, wettig; **rechtsgeldigheid** *de (v)*
rechts·ge·leerd *bn* op de kennis van het recht betrekking hebbend: ★ *rechtsgeleerde studiën*
rechts·ge·leer·de *de* [-n] kenner van het recht
rechts·ge·leerd·heid *de (v)* kennis van het recht
rechts·ge·voel *het* het gevoel voor wat rechtvaardig is
rechts·ge·volg *het* [-en] gevolg volgens geldend recht
rechts·grond *de (m)* [-en] grond voor rechtsgeldigheid
rechts·han·de·ling *de (v)* [-en] handeling waaruit rechtelijke gevolgen voortvloeien

rechts·han·dig, **rechts·han·dig** *bn* het gemakkelijkst met de rechterhand werkend
rechts·her·stel *het* sedert 1945 herstel in of vergoeding voor door de Duitse bezetter ontnomen rechten: ★ *de Raad voor het Rechtsherstel werd opgeheven op 1 juni 1967*
rechts·hulp *de* hulp aan burgers die juridische adviezen nodig hebben ★ *Bureau voor Rechtshulp* bureau waar aan burgers gratis juridisch advies wordt gegeven
rechts·in·gang *de (m)* het in behandeling nemen voor het gerecht: ★ *~ verlenen*
rechts·kracht *de* rechtsgeldigheid
rechts·kun·dig *bn* ❶ van, volgens de rechtswetenschappen: ★ *in ~ opzicht* ❷ rechtsgeleerd ★ *een ~ adviseur* praktizijn
rechts·mid·del *ww* middel tot rechtshandhaving, veelal middel om zich tegen een gerechtelijke uitspraak te verweren ★ *gewone rechtsmiddelen* middelen die een vonnis schorsen, zoals hoger beroep en cassatie ★ *buitengewone rechtsmiddelen* middelen die het vonnis niet schorsen, zoals een revisie
rechts·norm *de* [-en] rechtsvoorschrift, rechtsregel
rechts·om, **rechts·om** *bijw* aan de rechterzijde omkerend of afslaand
rechts·om·keer, **rechts·om·keert**, **rechts·om·keer**, **rechts·om·keert** *bijw* ★ *~maken* omdraaien naar de rechterkant
rechts·op·vat·ting *de (v)* [-en] interpretatie van rechtsregels en algemeen oordeel over wat recht is
rechts·op·vol·ger *de (m)* [-s] iem. die bij opvolging in de rechten van een ander treedt
rechts·or·de *de* de gezamenlijke rechtsregels en de toepassing daarvan
rechts·per·soon *de (m)* [-sonen] organisatie (vennootschap, vereniging, stichting e.d.) die bevoegd is bepaalde rechtshandelingen te verrichten
rechts·per·soon·lijk·heid, **rechts·per·soon·lijk·heid** *de (v)* het rechtspersoon-zijn
rechts·ple·ging *de (v)* [-en] rechtsvordering, procesrecht, vooral strafprocesrecht ★ *hist bijzondere ~* strafprocesrecht dat betrekking had op politieke delinquenten en delicten direct na de Tweede Wereldoorlog
rechts·po·si·tie [-zie(t)sie] *de (v)* toestand waarin iem. verkeert wat betreft zijn rechten en plichten, bijv. een werknemer jegens zijn werkgever
recht·spraak *de* het behandelen en vonnissen van overtredingen, geschillen e.d. onder toepassing van het recht
rechts·prak·tijk *de (v)* ❶ praktische toepassing van het recht ❷ [*mv:* -en] advocatenpraktijk
recht·spre·ken *ww* [sprak recht, h. rechtgesproken] rechtspraak uitoefenen
rechts·re·gel *de (m)* [-s, -en] door wet of recht vastgestelde regel

rechts·staat *de (m)* [-staten] staat waarin iedereen onderworpen is aan het → **recht** (II, bet 1)

rechts·taal *de* door rechtsgeleerden gebruikte taal

recht·staan *ww* [stond recht, is rechtgestaan] BN ook ❶ opstaan, gaan staan ★ *blijven ~ blijven staan, niet gaan zitten*; zie ook bij **recht** (I) ❷ staan; overeind staan: ★ *na de ontploffing stonden nog enkele muren recht*

recht·stan·dig *bn* loodrecht

rechts·term *de (m)* [-en] term uit de rechtstaal

rechts·ti·tel *de (m)* [-s] rechtsgrond

recht·streeks, recht·streeks *bn* zonder omwegen, zonder bemiddeling, regelrecht

rechts·ver·keer *het* maatschappelijk verkeer met betrekking tot het recht

rechts·ver·krach·ting *de (v)* [-en] grove schending van het recht

rechts·ver·vol·ging *de (v)* in rechte vervolgen ★ *ontslag van ~* verklaring dat er geen reden voor strafrechtelijke vervolging is

rechts·vin·ding *de (v)* het vinden van (nieuwe) rechtsregels (doordat nieuwe gevallen aan rechtscolleges worden voorgelegd)

rechts·vor·de·ring *de (v)* [-en] ❶ handeling om van de rechter handhaving van zijn recht te krijgen ❷ bevoegdheid om dit te doen

rechts·vorm *de (m)* [-en] ❶ vorm die bij de rechtspleging gevolgd wordt ❷ vorm van recht

rechts·vraag *de* [-vragen] kwestie van recht; aan de rechter voorgelegd juridisch twistpunt

rechts·we·ge *zn* ★ *van ~* volgens het recht

rechts·wei·ge·ring *de (v)* weigering (door de rechter) om recht te spreken

rechts·we·ten·schap *de (v)* [-pen] wetenschap die het recht bestudeert, die zich bezighoudt met de verklaring en onderlinge vergelijking van rechtsnormen

rechts·we·zen *het* alles wat met het recht en de rechtspraak verband houdt

rechts·win·kel *de (m)* [-s] NN wetswinkel

rechts·zaak *de* [-zaken] behandeling van een overtreding, geschil enz. door de rechtbank

rechts·zaal *de* [-zalen] zaal waarin de rechtbank zitting houdt

rechts·ze·ker·heid *de (v)* zekerheid omtrent hetgeen als recht geldt; de toestand dat ieder kan rekenen op handhaving en eerbiediging van zijn rechten

rechts·ze·ker·heids·be·gin·sel *het* beginsel dat bestaande rechtsposities niet zonder meer veranderd kunnen worden

rechts·zit·ting *de (v)* [-en] zitting van een rechtsprekend college

recht·toe *bijw* recht vooruit: ★ *~, rechtaan*

recht·uit, recht·uit I *bijw* recht vooruit II *bijw bn* ronduit; eerlijk, openhartig, oprecht

recht·vaar·dig *bn* ❶ eerlijk, billijk, volgens het recht ❷ deugdzaam

recht·vaar·di·gen *ww* [rechtvaardigde, h. gerechtvaardigd] de juistheid of rechtvaardigheid aantonen van ★ *zich ~* aantonen dat gedrag of handelwijze correct was

recht·vaar·dig·heid *de (v)* het rechtvaardig-zijn

recht·vaar·di·ging *de (v)* ❶ het aantonen van de juistheid of rechtvaardigheid van iets ❷ rechtvaardigmaking

recht·ver·krij·gen·de *de* [-n] iem. die door overdracht (koop, erfenis enz.) in de rechten van een ander opvolgt

recht·vleu·ge·li·gen *mv* superorde van insecten, Orthoptera, omvattende de sprinkhanen, krekels, wandelende takken, wandelende bladeren en oorwormen

recht·zet·ten *ww* [zette recht, h. rechtgezet] orde scheppen in; in het juiste licht plaatsen; **rechtzetting** *de (v)* [-en]

recht·zin·nig *bn* streng gelovig, strikt volgens de leer; **rechtzinnigheid** *de (v)*

re·ci·di·ve *(‹FrLat) de* ❶ herhaling van een misdrijf; het opnieuw vervallen in dezelfde zonde ❷ med het terugkomen van een ziekte, wederinstorting

re·ci·di·ve·ren *ww ‹FrLat)* [recidiveerde, h. gerecidiveerd] ❶ dezelfde overtreding, misdaad of fout weer begaan, herhalen ❷ med het terugkomen van een ziekte

re·ci·di·vist *(‹Fr) de (m)* [-en] ❶ iem. die na zijn bestraffing in hetzelfde misdrijf vervalt ❷ *schertsend* iem. die een examen moet herhalen; zittenblijver

re·ci·piënt [-pjent] *(‹FrLat) de (m)* [-en] ❶ ontvanger; vat ter opneming van het door distillatie voortgebrachte vocht; glazen klok van een luchtpomp ❷ iem. die iem. als lid voordraagt en installeert ❸ med iem. die het door een donor afgestane bloed of orgaan ontvangt, acceptor

re·ci·pi·ë·ren [-pjee-] *(‹Lat) ww* [recipieerde, h. gerecipieerd] NN ❶ ontvangen, receptie houden ❷ recht (vreemd recht) overnemen

re·ci·pro·ce·ren *ww ‹Lat)* [reciproceerde, h. gereciproceerd] ❶ beantwoorden ❷ met gelijke munt betalen

re·ci·pro·ci·teit *(‹FrLat) de (v)* wederzijdsheid, wederkerigheid, gelijke behandeling over en weer

re·ci·proque [-prok] *(‹FrLat) bn* ❶ wederkerig ★ *rekenkunde reciproque getallen* die elkaars omgekeerde zijn en vermenigvuldigd als uitkomst één geven: ★ *1/5 en 5 zijn reciproque getallen* ❷ verwisselbaar

re·ci·tal [riesaitəl] *(‹Eng) het* [-s] uitvoering van een geheel programma door een solist

re·ci·tan·do [-tsjie-] *(‹ItLat) bijw muz* opzeggend, half zingend, half sprekend; in zangtoon sprekend

re·ci·ta·tief *(‹ItLat),* **re·ci·ta·ti·vo** [-tsjie-] *(‹ItLat)* I *het* [-tieven, -tivi] op zangtoon gesproken verhalend gedeelte in opera of oratorium II *bn* half sprekend, half zingend voorgedragen

re·ci·te·ren *ww ‹FrLat)* [reciteerde, h. geciteerd]

opzeggen, voordragen; de voordrachtskunst beoefenen

re·cla·mant *(‹Fr) de (m)* [-en] iem. die reclameert; klager

re·cla·ma·tie [-(t)sie] *(‹Fr‹Lat) de (v)* [-s] terugvordering; indiening van bezwaren; beklag, bezwaar wegens rechtsschending

re·cla·me *(‹Fr)* **I** *de* in het oog lopende, aanbevelende aankondiging, openlijke aanprijzing en al wat daartoe dient ★ NN *in de ~ zijn*, BN *in ~ zijn* (van artikelen) voordelig aangeboden worden aan de klant **II** *de* [-s] klacht; bezwaar

re·cla·me·aan·bie·ding *de (v)* [-en] aanbieding van een product tegen gunstige voorwaarden of een lage(re) prijs, bijv. in het kader van een reclamecampagne

re·cla·me·blok *het* [-ken] aantal achtereenvolgende reclamespots op de radio of de tv

re·cla·me·bood·schap *de (v)* [-pen] door radio of televisie uitgezonden boodschap waarin geadverteerd wordt; *vgl*: → **spot**²

re·cla·me·bord *het* [-en] bord waarop reclameplaten worden aangebracht

re·cla·me·bu·reau [-roo] *het* [-s] bedrijf dat voorlichting geeft over → **reclame** (bet 1) en ook zelf reclame verzorgt

re·cla·me·cam·pag·ne [-panjə] *de* [-s] groot opgezette → **reclame** (bet 1)

re·cla·me·co·de·com·mis·sie *de (v)* in Nederland commissie die toeziet op de naleving van de regels voor het maken van reclame via de media

re·cla·me·plaat *de* [-platen] plaat, tekening die dient voor → **reclame** (bet 1)

re·cla·me·ren *ww (‹Fr‹Lat)* [reclameerde, h. gereclameerd] ❶ terugeisen, vergoeding vorderen ❷ tegen iets opkomen, klagen ★ *zonder ~ zonder protest, zonder te mopperen*

re·cla·me·spot *de (m)* [-s] → **spot**²

re·cla·me·stunt *de (m)* [-s] in het oog vallende maatregel voor → **reclame** (bet 1)

re·cla·me·te·ke·naar *de (m)* [-s] iem. die reclameplaten tekent

re·cla·me·zuil *de* [-en] zuil waaraan men → **reclame** (bet 1) aanplakt

re·clas·se·ren *ww (‹Fr)* [reclasseerde, h. gereclasseerd] delinquenten begeleiden tijdens hun verblijf in de gevangenis en na hun ontslag daaruit

re·clas·se·ring *de (v)* ❶ het reclasseren ❷ de organisatie daarvoor

re·clas·se·rings·in·stel·ling *de (v)* [-en] NN particuliere instelling, door het rijk erkend, voor reclassering

re·cog·ni·tie [-(t)sie] *(‹Lat) de (v)* [-s, -tiën]
❶ gerechtelijke erkenning van een persoon of zaak in een bepaalde kwaliteit; akte daarvan ❷ heffing, belasting

re·col·lec·tie [-sie] *(‹Fr) de (v)* [-s] ❶ herinnering ❷ RK godsdienstige oefening bestaande in afzondering voor enkele uren of voor een dag

re·com·bi·nant-DNA-tech·niek *(‹Eng) de (v)* bepaalde techniek om veranderingen in de erfelijkheidsmoleculen teweeg te brengen, veel gebruikt om goedkoop en snel belangrijke eiwitten, hormonen e.d. ten behoeve van de geneeskunde te verkrijgen

re·com·man·da·bel *(‹Fr) bn* aanbevelenswaardig

re·com·man·da·tie [-(t)sie] *(‹Fr) de (v)* [-s] aanbeveling, voorspraak

re·com·man·de·ren *ww (‹Fr)* [recommandeerde, h. gerecommandeerd] aanbevelen, aanprijzen

re·con·struc·tie [-sie] *(‹Fr‹Lat) de (v)* [-s] ❶ het reconstrueren, herbouwing, wederopbouw, herstel ❷ iets wat in zijn oorspronkelijke vorm hersteld is ❸ voorstelling van iets wat tevoren gebeurd is

re·con·stru·e·ren *ww* [reconstrueerde, h. gereconstrueerd] ❶ herbouwen, weer in elkaar zetten ❷ zich opnieuw laten afspelen: ★ *een voorval, een misdaad ~*

re·con·va·les·cent *(‹Lat)* **I** *bn* herstellend **II** *de (m)* [-en] ‹van een ziekte› herstellende

re·con·va·les·cen·tie [-sie] *(‹Lat) de (v)* ‹van een ziekte› herstel

re·con·ver·sie [-zie] *(‹Fr) de (v)* BN ook omschakeling van bepaalde takken van economische bedrijvigheid op andere, herstructurering van de economie

re·cord¹ [rəkòr, rəkort] *(‹Eng)* **I** *het* [-s] het hoogste dat, de beste prestatie die (onder officiële controle) op zeker onderdeel van sport bereikt is; algemeen hoogste, uiterste wat bereikt of voorgevallen is; **II** als eerste lid in samenstellingen, **recordaantal**, **recordcijfer**

rec·ord² [rekkərt] *(‹Eng) het* [-s] comput verzameling bij elkaar behorende gegevens die als eenheid worden behandeld en die deel uitmaken van een bestand

re·cord·boek [rəkòr-, rəkort-] *het* [-en] boek waarin records op allerhande gebieden zijn opgenomen

re·cor·der [riekò(r)də(r)] *(‹Eng) de (m)* [-s]
❶ registrerende meter ❷ verkorting van → **taperecorder**

re·cord·er·deck [riekò(r)də(r)dek] *(‹Eng) het* [-s] paneel met bedieningsapparaten voor het afspelen van geluidsbanden

re·cord·hou·der [rəkòr-, rəkort-] *de (m)* [-s] wedstrijdsport degene die het hoogste bereikt heeft, die een record bezit

re·cord·po·ging [rəkòr-, rəkort-] *de (v)* [-en] poging om een record te halen

re·cord·tijd [rəkòr-, rəkort-] *de (m)* [-en] beste tijd

re·cre·ant *(‹Lat) de (m)* [-en] iem. die zich recreëert

re·cre·a·tie [-(t)sie] *(‹Fr‹Lat) de (v)* ontspanning, uitspanning, verpozing; tijd daarvoor; algemeen besteding van de vrije tijd en de gelegenheid daartoe

re·cre·a·tief *(‹Fr) bn* betrekking hebbend op de

recreatie
re·cre·a·tie·ge·bied [-(t)sie-] *het* [-en] gebied bestemd voor recreatie
re·cre·a·tie·schap [-(t)sie-] *het* [-pen] NN bedrijfschap ter behartiging van de bij de recreatie betrokkenen
re·cre·a·tie·team [-(t)sietiem] *het* [-s] team van personen dat zorgt voor vertier en afleiding op campings, in hotels e.d.
re·cre·a·tie·zaal [-(t)sie-] *de* [-zalen] zaal voor ontspanning, gezellige bezigheid
re·cre·ë·ren *ww* (‹*Fr*) [recreëerde, h. gerecreëerd] ❶ zich ontspannen, zich verpozen ❷ herscheppen
rec·taal (‹*Fr*) *bn* de endeldarm betreffende; in de endeldarm ingebracht
rec·ti·fi·ca·tie [-(t)sie] (‹*Fr*) *de* (*v*) [-s] herstelling, verbetering, verbeterde opgave
rec·ti·fi·ce·ren *ww* (‹*Lat*) [rectificeerde, h. gerectificeerd] verbeteren, rechtzetten
rec·to (‹*Lat*) **I** *bijw* op de voorzijde van het blad **II** *mv* ★ *de recto's* de voorzijden, de rechterbladzijden
rec·tor (‹*Lat*) *de* (*m*) [-toren, -s] ❶ NN directeur van een school voor voorbereidend wetenschappelijk onderwijs ❷ BN hoofd van een universiteit ★ NN ~ *magnificus* op voordracht van het college van decanen door de Kroon benoemde bestuurder van een openbare universiteit of hogeschool ❸ NN voorzitter van een studentencorps ❹ RK geestelijke wiens kerk geen parochiekerk is; overste van sommige kloosters
rec·to·raal (‹*Fr*) *bn* een rector betreffende
rec·to·raat (‹*Fr*) *het* [-raten] ambt, waardigheid van rector
rec·trix (‹*Lat*) *de* (*v*) [-trices] vrouwelijke → **rector** (bet 1)
rec·tum (‹*Lat*) *het* [-ta] med endeldarm
re·çu [rəsuu] (‹*Fr*) *het* ['s] schriftelijk ontvangbewijs
re·cu·pe·ra·tie [-(t)sie] (‹*Fr*) *de* (*v*) ❶ terugwinning, vooral van warmte uit ovens en van grondstoffen uit afval ❷ (van een uitgegeven bedrag e.d.) het weer goedmaken; ★ *snelle ~ van aankoopprijs door kostenbesparing* ❸ sp het goedmaken (van een achterstand); vermogen om te herstellen van lichamelijke inspanningen
re·cu·pe·re·ren (‹*Fr*‹*Lat*) *ww* [recupereerde, h. gerecupereerd] ❶ terugwinnen, terugverdienen: ★ *geld uit een investering ~; opnieuw in het bezit komen; heroveren* ❷ BN recyclen, afvalstoffen opnieuw verwerken ❸ ontspannen; nieuwe krachten opdoen, vooral sp herstellen, weer op krachten komen ❹ BN, sp (een fout, balverlies e.d.) weer goedmaken, herstellen ★ *een bal ~* een bal van de tegenpartij onderscheppen
re·cur·sief (‹*Fr*) *bn* terugkerend, (zich) herhalend: ★ *recursieve systemen*
re·cy·cla·ge [reesieklaazjə] (‹*Fr*) **I** *de* (*v*) recycling **II** *de* (*v*) [-s] BN ook cursus voor om- of bijscholing
re·cy·clen [riesaiklə(n)] (‹*Eng*) *ww* [recyclede, h. gerecycled] vooral NN opnieuw verwerken tot grondstof; vgl: → **recycling**
re·cy·cle·ren [riesaikleerə(n)] *ww* [recycleerde, h. gerecycleerd] BN recyclen
re·cy·cling [riesaikling] (‹*Eng*) *de* vooral NN het verwerken van afvalstoffen tot grondstoffen voor nieuwe productie, recuperatie
red. *afk* redacteur, redactie
re·dac·teur (‹*Fr*) *de* (*m*) [-en en -s] ❶ opsteller van, medewerker aan een tijdschrift, dagblad, reeks radio-uitzendingen ❷ persoon die met anderen een verzamelwerk (encyclopedie, wereldgeschiedenis e.d.) opstelt
re·dac·tie [-sie] (‹*Fr*) *de* (*v*) [-s] ❶ het redigeren, het opstellen van een stuk; inkleding, vorm van een schriftstuk ❷ de werkzaamheden voor het opstellen en ordenen van de artikelen voor een krant of periodiek ❸ de personen belast met werkzaamheden als onder *bet* 2, de gezamenlijke redacteuren ❹ redactiebureau
re·dac·tie·bu·reau [-siebuuroo] *het* [-s] kantoor van de redacteuren
re·dac·tio·neel [-sjoo-] (‹*Fr*) *bn* ❶ van, behorende tot de redactie; daarvan uitgaande ❷ de → **redactie** (bet 1) betreffende
re·dac·tri·ce (‹*Fr*) *de* (*v*) [-s] vrouwelijke redacteur
red·de·loos *bn* niet te redden, niet meer in orde te brengen; **reddeloosheid** *de* (*v*)
red·den *ww* [redde, h. gered] uit gevaar bevrijden ★ *zich kunnen ~* handig zijn *of* in goede financiële omstandigheden verkeren ★ *zich weten te ~* handig zijn, in moeilijke omstandigheden weten wat men doen moet
red·der *de* (*m*) [-s] iem. die redt
red·de·ren *ww* [redderde, h. geredderd] regelen, rangschikken; in orde maken
red·ding *de* (*v*) [-en] het redden
red·ding·ac·tie, **red·dings·ac·tie** [-sie] *de* (*v*) [-s] maatregelen tot redding
red·ding·boei, **red·dings·boei** *de* [-en] met kurk of andere stof gevulde ring waarop men zich drijvende kan houden
red·ding·boot, **red·dings·boot** *de* [-boten] boot ingericht voor het redden van schipbreukelingen en drenkelingen
red·ding·bri·ga·de, **red·dings·bri·ga·de** *de* (*v*) [-n en -s] (georganiseerde) groep personen die bij gevaar mensen tracht te redden
red·ding·gor·del, **red·dings·gor·del** *de* (*m*) [-s] reddingboei
red·dings·plan *het* [-nen] plan dat men maakt om iem. of iets, bijv. een bedrijf, voor de ondergang te behoeden
red·ding·vlot, **red·dings·vlot** *het* [-ten] vlot waarop schipbreukelingen of drenkelingen zich in redding brengen
re·de[1] *de* [-s] ❶ toespraak ★ *iemand in de ~ vallen* iets zeggen als hij nog spreekt; zie ook bij → **direct**, → **indirect** ❷ verstand, denkvermogen, ratio ★ *iem.*

tot ~ brengen hem verstandig doen nadenken ★ *(niet) voor ~ vatbaar zijn* (niet) gevoelig zijn voor redelijke argumenten ★ NN *dat ligt in de ~* dat spreekt vanzelf ★ *naar ~ luisteren* naar verstandige woorden luisteren

re·de² *de* [-n], **ree** *de* [reeën] veilige ligplaats voor schepen

re·de·deel *het* [-delen] woord, woordsoort

re·de·ka·ve·len *ww* [redekavelde, h. geredekaveld] NN redeneren; redetwisten; **redekaveling** *de (v)* [-en]

re·de·kun·de *de (v)* leer van de welsprekendheid

re·de·kun·dig *bn* in zindelen, niet in woordsoorten

re·de·kunst *de (v)* de kunst van de welsprekendheid, redekunde

re·de·kun·stig *bn* van de welsprekendheid, welsprekendheids

re·de·lijk *bn* ❶ met verstand ❷ billijk ❸ tamelijk

rede·lij·ker·wijs, **re·de·lijker·wij·ze**, **re·de·lij·ker·wijs**, **re·de·lij·ker·wij·ze** *bijw* volgens recht, met recht, volgens billijkheid

re·de·lijk·heid *de (v)* het redelijk-zijn

re·de·loos *bn* zonder → **rede¹** (bet 2), zonder verstand; **redeloosheid** *de (v)*

re·demp·to·ris·ten *mv* leden van de orde van de Allerheiligste Verlosser

re·den¹ *de* ❶ [*mv:* -s] rekenkunde verhouding ❷ [*mv:* -en] grond, oorzaak ★ *~ geven tot iets* aanleiding geven tot iets ★ *met ~* op goede gronden ★ *om die ~* daarom

re·den² *ww verl tijd meerv* van → **rijden**

re·de·naar *de (m)* [-s] spreker; iem. die een → **rede¹** (bet 1) houdt; begaafd, talentvol spreker

re·de·naars·ta·lent *het* [-en] de gave van goed te kunnen spreken

re·de·na·tie [-(t)sie] *de (v)* [-s] redenering; manier van redeneren

re·de·neer·kun·de *de (v)* leer van het logisch redeneren

re·de·neer·kunst *de (v)* het logisch kunnen redeneren

re·de·neer·trant *de (m)* wijze van redenering

re·de·ne·ren *ww* [redeneerde, h. geredeneerd] betogen, een gedachtegang ontwikkelen; (breedvoerig) praten

re·de·ne·ring *de (v)* [-en] het redeneren, gedachtegang

re·den·ge·vend *bn* → **reden¹** (bet 2), oorzaak of gevolg aanduidend

re·der *de (m)* [-s] scheepvaartondernemer, leider van een rederij

re·de·rij *de (v)* [-en] onderneming die vracht- of passagiersschepen laat varen

re·de·rij·ker *de (m)* [-s] lid van een rederijkerskamer

re·de·rij·kers·ka·mer *de* [-s] voordracht- en toneelclub, vooral in de 15de en 16de eeuw

re·de·twist *de (m)* [-en] woordenstrijd

re·de·twis·ten *ww* [redetwistte, h. geredetwist] een woordenstrijd voeren

re·de·voe·ring *de (v)* [-en] toespraak

red·hi·bi·tie [-(t)sie] *(‹Lat) de (v)* [-s] NN, recht koopvernietiging; terugneming van iets wat gekocht is

red·hi·bi·toir [-twaar, -toor] *(‹Fr‹Lat) bn* NN, recht strekkend tot tenietdoening ★ *redhibitoire actie* vordering tot tenietdoening (van een koop)

re·di·ge·ren *ww* *(‹Fr‹Lat)* [redigeerde, h. geredigeerd] ❶ in behoorlijke vorm op schrift stellen, formuleren ❷ de redactie voeren van, een persorgaan leiden

red·mid·del *het* [-en] middel tot redding

re·dou·ble·ren *ww* [-doe-] *(‹Fr)* [redoubleerde, h. geredoubleerd] bridge nogmaals verdubbelen

re·doute [-doet] *(‹Fr) de* [-s] ❶ kleine veldschans ❷ NN gemaskerd bal, maskerade bij het carnaval

re·dres *(‹Fr) het* NN herstel, herstelling, vergoeding; herziening

re·dres·se·ren *ww (‹Fr)* [redresseerde, h. geredresseerd] ❶ NN herstellen, goedmaken ❷ med een gewricht weer in de juiste stand brengen

re·du·ce·ren *ww (‹Lat)* [reduceerde, h. gereduceerd] ❶ terugbrengen tot een lager peil, tot een geringer aantal of een geringere omvang, beperken ❷ op een kleinere schaal brengen ❸ herleiden, omrekenen ❹ chem zuurstof aan een verbinding onttrekken; elektronen doen opnemen

re·duc·tie [-sie] *(‹Fr‹Lat) de (v)* [-s] ❶ het reduceren: ❷ korting, vermindering, terugbrenging, verlaging ❸ chem onttrekking van zuurstof

re·dun·dant *(‹Eng‹Lat) bn* wat er meer is of verstrekt wordt dan strikt nodig is (voor begrip of informatie), overbodig

re·dun·dan·tie [-sie] *(‹Lat) de (v)* ❶ het redundant-zijn ❷ woordenvloed, overtollige woordenrijkheid; hetgeen meer is dan strikt nodig voor informatie

re·du·pli·ca·tie [-(t)sie] *(‹Fr‹Lat) de (v)* [-s] verdubbeling, vooral verdubbeling van een lettergreep

re·du·pli·ce·ren *ww (‹Lat)* [redupliceerde, h. geredupliceerd] reduplicatie toepassen

red·wood [-woed] *(‹Eng) het* benaming voor het lichtrode hout van de *Sequoia sempervirens*, een in Noordwest-Amerika groeiende boom

red·zaam *bn* zich kunnende redden; handig, flink

ree¹ *de & het* [reeën] hertachtig dier (*Capreolus capreolus*), met een schofthoogte van 60-80 cm, algemeen voorkomend in Nederland en België

ree² *de* → **rede²**

ree·bok *de (m)* [-ken] mannelijke → **ree¹**

ree·bout *de (m)* [-en] bout van een → **ree¹**

reed *ww verl tijd* van → **rijden**

reeds *bijw* al

re·ëel *(‹Fr‹Lat) bn* ❶ werkelijk, wezenlijk, inderdaad bestaande ★ *~ getal* positief of negatief getal ❷ intrinsieke waarde hebbend ★ *~ inkomen* berekend naar de koopkracht van het geld ❸ op de werkelijkheid gegrond of daarvan uitgaande; zakelijk; niet speculatief ★ *een reële prijs* op grond waarvan men werkelijk tot koop en verkoop kan komen

reef, rif *het* [reven] smalle strook in een zeil dat bij harde wind kan worden ingebonden om de oppervlakte van het zeil te verkleinen ★ NN *een ~ in het zeil doen* iets kalmer aan gaan doen, iets zuiniger worden

reeg *ww verl tijd van* → **rijgen**

ree·geit *de (v)* [-en] vrouwelijke → **ree¹**

ree·kalf *het* [-kalveren] jonge → **ree¹**

reeks *de* [-en] ❶ rij; aaneenschakeling; geordende rij ★ *meetkundige ~* serie getallen waarvan elk hetzelfde aantal malen het vorige is ★ *rekenkundige ~* serie getallen waarvan het verschil tussen twee opeenvolgende getallen steeds hetzelfde is ❷ sp categorie, klasse, afdeling, groep; voorwedstrijd, serie ❸ BN ook serie ⟨op radio of televisie⟩

reeks·hoofd *het* [-en] BN, sp ⟨bij tennis⟩ speler die geplaatst is, d.w.z. dat hij onafhankelijk van zijn plaats in de klassering in de eerste ronde niet tegen andere geplaatste spelers hoeft uit te komen: ★ *Venus Williams verloor van het derde ~ Svetlana Kuznetsova*

reel [riel] *(‹Eng) de (m)* [-s] ❶ levendige dans van Keltische oorsprong ❷ spoel; molen van een werphengel

reep *de (m)* [repen] ❶ strook: ★ *een ~ stof* ❷ langwerpig (verpakt) stuk chocolade ❸ dik touw; kabel

ree·rug *de (m)* [-gen] rug van een → **ree¹**; vlees daarvan

rees *ww verl tijd van* → **rijzen**

ree·schaaf, rij·schaaf *de* [-schaven] lange schaaf

reet¹ *de* [reten] ❶ spreektaal anus; achterste, billen ★ *geen ~ niets* ★ NN *(lik) m'n ~ dat doe ik niet, vergeet het maar* ★ NN *iem. achter zijn ~ (aan) zitten* iem. constant in de gaten houden, iem. achter zijn vodden zitten ★ NN *een doelpunt, achterstand, bekeuring e.d. aan zijn ~ hebben* opgelopen, geïncasseerd hebben ★ NN, plat *iems. ~ likken* of *iem. in zijn ~ kruipen* iem. overdreven, kruiperig vleien ❷ vero spleet, kier: ★ *een vloer met veel reten*

reet² *ww verl tijd van* → **rijten**

reeuw *het* schuim op de lippen van een stervende; doodszweet

ref. *afk* referent

re·fac·tie [-sie] *(‹Fr) de (v)* korting op het gewicht wegens beschadiging of vergoeding, toegestaan als de geleverde waar minder in kwaliteit is dan het monster

re·fec·to·ri·um *(‹Lat) het* [-s, -ria] refter, eetzaal in kloosters

re·fe·raat *(‹Du‹Lat) het* [-raten] verslag, bericht, voordracht ter inleiding van een discussie

ref·er·ee [refərie] *(‹Eng) de (m)* [-s] sp scheidsrechter, arbiter; zie ook → **homereferee**

re·fe·ren·da·ris *(‹Lat) de (m)* [-sen] ❶ ambtenaar die omtrent de inhoud van akten bij een college van justitie rapporteert ❷ hoofdambtenaar bij een departement, één rang lager dan een administrateur ❸ hoofdambtenaar bij de gemeentesecretarie ❹ BN medewerker-jurist van een magistraat

re·fe·ren·dum *(‹Lat) het* [-s, -da] ❶ algemene stemming in een land over een bep. onderwerp, volksstemming ❷ stemming waaraan alle leden van een vereniging deelnemen

re·fe·rent *(‹Lat) de (v)* [-en] ❶ inleider van een onderwerp op een vergadering of een congres ❷ deskundige als rapporteur

re·fe·ren·tie [-sie] *(‹Fr) de (v)* [-s en -tiën] ❶ het refereren ★ *onder ~ aan* met verwijzing naar ❷ (opgave van) personen die of adressen waar men inlichtingen over iem. kan geven; getuigschrift

re·fe·ren·tie·ka·der [-sie-] *het* [-s] sociologie de algemene samenhang van factoren die voor een persoon of een gemeenschap de psychische werkelijkheid op een zeker ogenblik vormen

re·fe·re·ren *(‹Fr‹Lat) ww* [refereerde, h. gerefereerd] zich beroepen op, terugkomen op, verwijzen (naar): ★ *ik refereer aan een eerdere toezegging* ★ NN *zich ~ aan* zich beroepen op

re·fer·te *de* [-s] verwijzing (naar); beroep (op iets) ★ BN ook ⟨in brieven⟩ *uw / onze ~ uw / ons kenmerk*

re·fer·te·da·tum *de (m)* [-s en -data] BN, sociaal recht datum die in aanmerking wordt genomen voor de vaststelling van een bijdrage of van het recht op een prestatie of een element ter berekening ervan, bijv. het tijdvak van tewerkstelling of beroepsuitoefening voor de vaststelling van het pensioen of voor de berekening van het basisloon; referentiedatum

re·fer·te·loon *het* [-lonen] BN, sociaal recht (theoretisch) loon dat als maatstaf wordt genomen voor het bepalen van andere lonen of voor het toekennen van prestaties; referentieloon

re·flec·tant *de (m)* [-en] NN gegadigde, iemand die zich als gegadigde aanmeldt voor een vacature, ingevolge een advertentie enz.

re·flec·te·ren *(‹Lat) ww* [reflecteerde, h. gereflecteerd] ❶ terugstralen, terugkaatsen; weerspiegelen ❷ bespiegelend nadenken over, overwegen ❸ ★ NN *op een advertentie ~* op een advertentie schrijven, zich als gegadigde aanmelden

re·flec·tie [-sie] *(‹Fr‹Lat) de (v)* [-s] ❶ terugkaatsing; weerschijn, gloed ❷ beschouwing, overdenking; het denken

re·flec·tor *de (m)* [-s, -toren] hulpmiddel om lichtstralen of een ander verschijnsel duidelijk in zekere richting terug te kaatsen

re·flec·tor·spot *de (m)* [-s] → **spot³** waarbij het licht van de gloeilamp via het spiegelend binnenwerk het vertrek in gekaatst wordt

re·flex *(‹Lat) de (m)* [-en] ❶ terugkaatsing; weerspiegeling, spiegelbeeld ❷ onbewuste reactie op een zenuwprikkel

re·flex·be·we·ging *de (v)* [-en] onwillekeurige, op

periferische prikkeling volgende beweging

re·flex·ief [-fleksief] (‹Lat›) **I** bn ❶ taalk wederkerend ❷ bespiegelend **II** het [-flexieven] wederkerend werkwoord

re·form (‹Fr›) de [-en] hervorming, verbetering; vroeger beweging tot rationele regeling van kleding en voeding; thans beweging die gezonde, natuurlijke voeding voorstaat

re·for·ma·tie [-(t)sie] (‹Lat›) de (v) [-s] hervorming, vooral tot herstel van een vroegere, betere toestand ★ *de reformatie* de Kerkhervorming in de 16de eeuw

re·for·ma·tor (‹Lat›) de (m) [-toren en -s] hervormer, vooral kerkhervormer

re·for·ma·to·risch (‹Du›) bn betrekking hebbend op of volgens de beginselen van de kerkhervorming

re·for·me·ren ww (‹Fr‹Lat›) [reformeerde, h. gereformeerd] een andere vorm geven; hervormen

re·for·mis·me (‹Fr›) het beweging tot hervorming; vooral stroming in het socialisme om langs wettige weg tot sociale hervormingen te komen

re·for·mist (‹Fr›) de (m) [-en] aanhanger van het reformisme

re·for·mis·tisch bn betrekking hebbend op het reformisme

re·form·win·kel de (m) [-s] winkel van gezonde, natuurlijke voedingsmiddelen

re·frac·tie [-sie] (‹Fr‹Lat›) de (v) [-s] straalbreking

re·frac·tor (‹Lat›) de (m) [-s, -toren] straalbreker; verrekijker met lenzen

re·frein (‹Oudfrans›) het [-en] ❶ keervers, één of meer woorden of regels die aan het einde van elk couplet van een lied of gedicht herhaald worden ❷ rederijkersgedicht in strofen die elk dezelfde slotregel hebben

ref·ter (‹Lat›) de (m) [-s] ❶ eetzaal in een klooster ❷ BN, spreektaal eetzaal van een school of bedrijf, kantine

re·fu·gié [-zjee] (‹Fr›) de (m) [-s] uitgewekene, vluchteling om het geloof, vooral de protestanten die onder Lodewijk XIV sedert 1685 wegens de geloofsvervolging Frankrijk verlieten

re·fu·se·ren ww [-zeerə(n)] (‹Fr‹Lat›) [refuseerde, h. gerefuseerd] weigeren, van de hand wijzen

reg. afk ❶ regel ❷ regering ❸ regiment

re·gaal (‹Lat›) **I** bn koninklijk; vorstelijk **II** het [-galia, -liën] koninklijk voorrecht; hoogheidsrecht; uiterlijke tekens daarvan

re·ga·lia, re·ga·li·ën (‹Lat›) mv zie bij → **regaal** (II)

re·gat·ta (‹It›) de ['s] vroeger roeiwedstrijd met gondels in Venetië; thans roei- of zeilwedstrijd

re·geer·ak·koord het [-en] overeenkomst tussen politieke partijen betreffende de eventueel in samenwerking te vormen regering, d.w.z. een kabinet van ministers

re·geer·der de (m) [-s] iem. die regeert

re·gel (‹Lat›) de (m) [-s en -en] ❶ lijn, elke horizontale rij woorden in boek of geschrift ★ NN *tussen de regels door lezen*, BN *tussen de regels lezen* uit kleine aanwijzingen de (onuitgesproken) bedoeling begrijpen ❷ gewoonte, voorschrift ★ *in de* ~ gewoonlijk ★ BN ook *een gevecht in* ~ een echt, heus gevecht ❸ kloostervoorschrift: ★ *de* ~ *van Benedictus*

re·ge·laar de (m) [-s] iemand die of iets wat regelt

re·gel·af·stand de (m) [-en] tussenruimte tussen de regels (→ **regel**, bet 1)

re·gel·baar bn geregeld, ingesteld of versteld kunnende worden

re·ge·len ww [regelde, h. geregeld] ❶ in orde maken, inrichten; voorschriften geven voor ★ *regelend recht* aanvullend recht, rechtsregel waarvan door bijzondere overeenkomst afgeweken kan worden ❷ organiseren, → **versieren** (bet 2): ★ *ik zal die opdracht wel voor je* ~

re·ge·lend bn ★ ~ *recht* zie bij → **regelen** (bet 1)

re·gel·ge·ving de (v) ❶ het maken van regels en voorschriften ❷ de regels en voorschriften die met betrekking tot een bep. onderwerp bestaan: ★ *de* ~ *ten aanzien van brandpreventie schiet tekort*

re·ge·ling de (v) [-en] schikking, inrichting; verordening: ★ *een* ~ *treffen* ★ NN, recht *ministeriële* ~ voorschrift dat door een of meer ministers is opgesteld en formeel geen wet is

re·gel·ka·mer de [-s] kamer met regelapparatuur, vooral op het gebied van de telecommunicatie

re·gel·loos bn zonder → **regel** (bet 2); verward, onordelijk

re·gel·maat de orde, inachtneming van regels

re·gel·ma·tig bn ordelijk, volgens vaste regels; **regelmatigheid** de (v)

re·gel·neef de (m) [-neven] vooral NN, schertsend iem. die op overdreven wijze (vaak voor anderen) dingen wil regelen (naar een persoon gecreëerd door Van Kooten en De Bie)

re·gel·recht bijw bn rechtstreeks

re·gel·staaf de [-staven] onderdeel van een kernreactor waarmee men de hoeveelheid energie regelt die geleverd wordt door de reactor

re·gel·tech·niek de (v) techniek van het regelen, d.w.z. het iets volgens een gegeven doelstelling zo goed mogelijk laten functioneren

re·gen^1 de (m) [-s] ❶ neerslag van waterdruppels ❷ fig overstelpende massa: ★ *een* ~ *van kogels* ★ *een* ~ *van bezwaren* ★ *na* ~ *komt zonneschijn* na tegenspoed komt voorspoed; zie ook → **drop**^{1}

re·gen^2 ww verl tijd meerv van → **rijgen**

re·gen·ach·tig bn telkens regenend

re·gen·bak de (m) [-ken] (ondergrondse) bak waarin het regenwater vergaard wordt

re·gen·boog de (m) [-bogen] ❶ kleurenboog aan de hemel, soms zichtbaar als de zon schijnt en er tegelijk regen valt ★ *alle kleuren van de* ~ *hebben* veelkleurig, bont zijn ★ *alle kleuren van de* ~ *zien* zeer duizelig zijn (door een slag of stoot) ❷ regenboogjacht

re·gen·boog·jacht het [-en] licht soort zeiljacht

re·gen·boog·klas·se de (v) klasse van de regenboogjachten

re·gen·boog·trui *de* [-en] wielrennen trui met de kleuren van de regenboog, gedragen door de wereldkampioen

re·gen·boog·vlies *het* [-vliezen] een van de vliezen over de voorzijde van het oog, in het midden waarvan zich een opening (pupil) bevindt, iris

re·gen·bui *de* [-en] kortstondige regenval

re·gen·dag *de (m)* [-dagen] dag waarop het (veel) regent

re·gen·drup·pel, re·gen·drop·pel *de (m)* [-s] druppel regenwater

re·ge·nen *ww* [het regende, het h. geregend] ❶ neervallen van regen ❷ fig in grote hoeveelheid neerkomen, binnenkomen: ★ *het regent stof* ★ *het regent bedankjes*

re·ge·ne·ra·tie [-(t)sie] *(‹Fr‹Lat) de (v)* [-s] ❶ wedergeboorte, hernieuwd zedelijk leven ❷ het opnieuw aangroeien van beschadigde of geamputeerde lichaamsdelen of organen ❸ het opnieuw doen ontstaan of weer bruikbaar maken van stoffen van welke men is uitgegaan in een technologisch procedé

re·ge·ne·ra·tor *(‹Lat) de (m)* [-toren, -s] ❶ herschepper, opwekker tot nieuw leven ❷ toestel dat afgewerkte producten nog dienstbaar maakt, bijv. rookgassen, die warmte kunnen afgeven

re·ge·ne·re·ren *ww (‹Lat)* [regenereerde, h. geregenereerd] weer telen of voortbrengen; weder opwekken (tot nieuw leven), herscheppen; als herboren doen worden; weer bruik- of dienstbaar maken

re·gen·front *het* [-en] → **front** (bet 3) waarachter regenachtig weer heerst

re·gen·jas *de* [-sen] jas die geen of weinig water doorlaat

re·gen·kap *de* [-pen] kap van waterdicht en / of waterafstotend materiaal

re·gen·kle·ding *de (v)* kleding van waterdicht en / of waterafstotend materiaal

re·gen·ma·ker *de (m)* [-s] bij sommige niet-westerse volkeren iem. die gespecialiseerd is in het verrichten van rituelen die bedoeld zijn om de komst van regen te bespoedigen

re·gen·man·tel *de (m)* [-s] mantel die geen of weinig water doorlaat

re·gen·me·ter *de (m)* [-s] werktuig waarmee men kan bepalen hoe groot de regenval is

re·gen·pak *het* [-ken] waterdicht pak dat bescherming biedt tegen regen

re·gen·pijp *de* [-en] buis waardoor regenwater uit de dakgoot wordt afgevoerd

re·gen·put *de (m)* [-ten] put waarin regenwater opgevangen wordt

re·gen·ri·vier *de* [-en] rivier die door regen gevoed wordt

re·gen·scherm *het* [-en] paraplu

re·gent *(‹Fr‹Lat) de (m)* [-en] ❶ rijksbestuurder, vooral iem. die voor een ander het rijksbestuur waarneemt ❷ bestuurder van een instelling voor geestelijke of lichamelijke gezondheid, een liefdadigheidsinstelling e.d. ❸ NN, hist persoon behorende tot de kringen waaruit in de Republiek der Verenigde Nederlanden de bestuurders voortkwamen; later licht minachtend bestuurder met autoritaire opvattingen en stijl van leidinggeven ❹ hoofd van een rooms-katholiek seminarie ❺ BN, hist niet-academisch gevormd leraar aan de lagere cyclus van een middelbare school, vergelijkbaar met een leraar met mo-akte in Nederland, bachelor onderwijs ❻ NN, hist ‹vroeger op Java› hoofd van het inlands bestuur in een residentie, belast met de leiding van de inheemse bevolking

re·gen·taat *het* [-taten] BN, hist ❶ lerarenopleiding, niet-academische opleiding ter vorming van leraren aan een middelbare school ❷ gebouw waar zo'n opleiding gevestigd is

re·gen·ten·ka·mer *de* [-s] hist kamer van de regenten in een weeshuis enz.

re·gen·ten·kliek *de* geringsch de samenwerkende groep regerende families in de 18de eeuw, die onderling de ambten verdeelden en een regentenregering vormden

re·gen·ten·stuk *het* [-ken] schilderstuk waarop de regenten van een weeshuis enz. staan afgebeeld

re·gen·tes *de (v)* [-sen] ❶ vrouwelijke regent ❷ BN, hist niet-academisch gevormde lerares aan de lagere cyclus van een middelbare school, vergelijkbaar met een lerares met mo-akte in Nederland, bachelor onderwijs

re·gen·tijd *de (m)* [-en] tijd dat er veel regen valt

re·gen·ton *de* [-nen] ton waarin regenwater opgevangen wordt

re·gent·schap *het* [-pen] ❶ het ambt van regent, ambtstijd van een regent ❷ vroeger op Java gebied van een regent

re·gen·val *de (m)* hoeveelheid regen die op een plaats valt

re·gen·ver·ze·ke·ring *de (v)* [-en] verzekering tegen regen, voor vakantiegangers en voor ondernemingen die sterke invloed van het weer op hun bedrijfsresultaten ondervinden

re·gen·vlaag *de* [-vlagen] aanwaaiende regenbui

re·gen·wa·ter *het* opgevangen regen

re·gen·wolk *de* [-en] donkere wolk waaruit regen valt

re·gen·worm *de (m)* [-en] vrij grote worm (9-30 cm lang) die men vaak boven de grond ziet bij regenachtig weer, aardworm (*Lumbricus terrestris*)

re·gen·woud *het* [-en] vooral in de tropen voorkomend type woud dat afhankelijk is van veel, het gehele jaar door vallende regen

re·gen·wulp *de (m)* [-en] soort steltloper, in onze streken een trekvogel (*Numenius phaeopus*)

re·gen·zon·ne·tje *het* zwak schijnende zon tussen regenwolken door

re·ge·ren *ww (‹Oudfrans‹Lat)* [regeerde, h. geregeerd]

❶ een land besturen ❷ beheersen ❸ ‹taalk van sommige werkwoorden of voorzetsels› altijd een bep. naamval bij zich hebben

re·ge·ring *de (v)* [-en] het regeren; de bestuurders van een land

re·ge·ring·loos *bn* zonder regering (en daardoor in ongeregelde, onordelijke toestand); **regeringloosheid** *de (v)*

re·ge·rings·com·mis·sa·ris *de (m)* [-sen] iem. die door de regering met een bepaalde opdracht belast is; iem. die de regering in een college vertegenwoordigt

re·ge·rings·cri·sis [-zis] *de (v)* [-sen, -crises] [-sen] kabinetscrisis

re·ge·rings·lei·der *de (m)* [-s] hoofd van een regering, meestal een minister-president (premier)

re·ge·rings·par·tij *de (v)* [-en] politieke partij waarvan leden deel uitmaken van de regering

re·ge·rings·raad *de (m)* [-raden] BN vergadering van alle leden van de regering, t.w. ministers én staatssecretarissen

re·ge·rings·ta·fel *de* tafel waaraan de ministers en staatssecretarissen zitten bij vergaderingen van het parlement

re·ge·rings·ver·kla·ring *de (v)* [-en] uiteenzetting, meestal in het parlement, door de regering omtrent het te voeren (of in een bepaalde zaak gevoerde) beleid

re·ge·rings·vorm *de (m)* [-en] inrichting van het bestuur van een land

re·ge·rings·we·ge *zn* ♦ *van* ~ door de regering

re·gest *(‹Lat) het* [-en] ❶ inhoudsopgave van een oorkonde ❷ boek met afschriften van oorkonden

reg·gae [reγγee] *(‹Eng) de (m)* aanduiding voor een in Jamaica ontstane muzieksoort, gekenmerkt door een specifiek ritme (backbeat) en oorspronkelijk met sociaal bewogen teksten

re·gie [-gie, -zjie] *(‹Fr) de (v)* [-s] ❶ beheer van een staatsmonopolie of van staatsinkomsten, bijv. de verkoop van tabak ❷ spelleiding, leiding van de uitvoering van werken voor toneel, radio, televisie, film; ook van grote openbare bijeenkomsten ❸ uitvoering van een bouwwerk voor rekening van de overheid door een particuliere ondernemer: ★ *iets in* ~ *bouwen, repareren* ❹ BN openbaar nutsbedrijf, staatsbedrijf, overheidsbedrijf: ★ *Regie der Gebouwen* openbare instelling die het vastgoed van de federale staat beheert

re·gime [-zjiem] *(‹Fr‹Lat) het* [-s] ❶ staatsbestel, regeringsstelsel, vooral van autoritaire aard: ★ *het* ~ *van Mussolini* ; zie ook → **ancien régime** ❷ geheel van voorschriften voor de inwendige dienst in instellingen ❸ algemene gaardheid van een rivier in verband met haar verhang, breedte enz.

re·gi·ment [-zjie-] *(‹Fr‹Lat) het* [-en] administratieve militaire eenheid onder een (luitenant-)kolonel

re·gio *(‹Lat) de (v)* ['s *en* -gi·onen] streek, landstreek, deelgebied; in verschillende wetenschappen in bijzondere opvatting, bijv. met betrekking tot bodemsoort, klimaat, begroeiing, aard van de bewoning, economische activiteit, verzorging, planning enz.; zie ook → **regionen**

re·gi·o·naal *(‹Fr) bn* een → **streek**[1], bet 1 betreffend, streek-, gewestelijk; streeksgewijs

re·gi·o·na·lis·me *(‹Fr) het* ❶ streven naar zelfstandigheid (autonomie) van streken ❷ streven naar instandhouding van gewestelijke cultuur en tradities

re·gi·o·na·list *(‹Fr) de (m)* [-en] aanhanger van het regionalisme; **regionalistisch** *bn bijw*

re·gi·o·nen *(‹Lat) mv* streken, gebieden ★ *in hogere regionen* fig in kringen van hoge rang of hoog aanzien, schertsend niet met de gedachten bij het werk of het gesprek

re·gis·se·ren *ww* [-gies-, -zjies-] [regisseerde, h. geregisseerd] ❶ de regie voeren van: ★ *een toneelstuk, film* ~ ❷ ‹iets groots› voorbereiden en planmatig uitvoeren: ★ *een zorgvuldig geregisseerde verkiezingscampagne*

re·gis·seur [-gies-, -zjies-] *(‹Fr) de (m)* [-s], **re·gis·seu·se** [-giesseuzə, -zjiesseuzə] *de (v)* [-s] iem. die de aankleding (toneelschikking, kostuums, opstelling enz.) van een toneelstuk, film of enigerlei andere vertoning of uitvoering verzorgt

re·gis·ter *(‹Fr‹Lat) het* [-s] ❶ alfabetische of systematische inhoudsopgave, bladwijzer ❷ inschrijvingsboek, akteboek: ★ *de registers van de burgerlijke stand* ❸ muz orgelstem; de gezamenlijke tot één geluidsoort behorende orgelpijpen ★ *alle registers opentrekken* met veel inzet te werk gaan ❹ taalk stijlniveau, bijv. informeel, plechtig, plat e.d.

re·gis·ter·ac·count·ant [-eakəntənt] *de (m)* [-s] NN accountant die is ingeschreven bij het Nederlands Instituut van Registeraccountants en die wettelijk bevoegd is om de jaarrekeningen van een bedrijf te beoordelen

re·gis·tra·tie [-(t)sie] *de (v)* [-s] ❶ het inschrijven van oorkonden of (notariële) akten in een wettelijk register ❷ het opnemen en vastleggen van klanken of signalen ❸ het bedienen van de registers van een orgel

re·gis·tra·tie·kos·ten [-(t)sie-] *mv* kosten voor inschrijving van een akte

re·gis·tra·tie·recht [-(t)sie-] *het* [-en] het verschuldigde wegens inschrijving in een publiek register

re·gis·tra·tor *(‹Lat) de (m)* [-s] ❶ registrerend persoon of toestel ❷ beheerder van een archief

re·gis·tre·ren *ww (‹Lat)* [registreerde, h. geregistreerd] ❶ in een register of de registers inschrijven, boeken ❷ optekenen door middel van een instrument; vastleggen ❸ de registers van een orgel bedienen; **registrering** *de (v)* [-en]

re·gle·ment *(‹Fr) het* [-en] geheel van bepalingen of voorschriften die de leden van enigerlei organisatie (vereniging, bestuur) in acht moeten nemen

re·gle·men·tair [-tèr] *(‹Fr) bn* ❶ het reglement betreffende ❷ in het reglement voorgeschreven; in overeenstemming daarmee; *reglementaire nederlaag of overwinning* een nederlaag of overwinning die voortvloeit uit de reglementen, in plaats van na een sportieve prestatie, bijv. wanneer één van de ploegen of deelnemers niet komt opdagen

re·gle·men·te·ren *ww (‹Fr)* [reglementeerde, h. gereglementeerd] aan een reglement onderwerpen

re·gres *(‹Lat) het* recht op schadevergoeding, → **verhaal**² (op iem.)

re·gres·sie *(‹Fr‹Lat) de (v)* [-s] ❶ terugkeer tot een vroegere toestand ❷ psych terugval in een kinderlijk gedragspatroon

re·gres·sief *(‹Fr) bn* teruggaand; terugwerkend

re·gu·lair [-lèr] *(‹Du‹Lat) bn* ❶ regelmatig; geregeld ❷ text in de gebruiks- of pasvorm vervaardigd

re·gu·la·ri·sa·tie [-zaa(t)sie] *(‹Fr) de (v)* [-s] het regulariseren; regeling, schikking

re·gu·la·ri·se·ren *ww* [-zee-] *(‹Fr)* [regulariseerde, h. geregulariseerd] ❶ regelen; in overeenstemming brengen met de voorschriften ❷ een rivierloop regelmatig maken, normaliseren

re·gu·la·teur *(‹Fr) de (m)* [-s], **re·gu·la·tor** *de (m)* [-s *en* -toren] onderdeel van machines dat dient om de regelmatige werking van die machines te bewerkstelligen, regelaar

re·gu·la·tie [-(t)sie] *(‹Fr) de (v)* ❶ regeling ❷ regelend stelsel ❸ het regelmatig-maken van een gebit

re·gu·la·tor *de (m)* [-s *en* -toren] regulateur

re·gu·le·ren *ww (‹Oudfrans)* [reguleerde, h. gereguleerd] ❶ ★ *zich ~* zich richten (naar) ❷ leiden, ordelijk doen verlopen ❸ regelen, schikken; afspreken

re·gu·lier *(‹Fr‹Lat)* **I** *bn* ❶ geregeld, regelmatig ❷ volgens een kloosterregel levend; *tegengest*: → **seculier II** *de (m)* [-en] ordesgeestelijke, kloosterling

re·ha·bi·li·ta·tie [-(t)sie] *(‹Fr) de (v)* [-s] herstel in vorige staat, eer of aanzien

re·ha·bi·li·te·ren *ww (‹Fr)* [rehabiliteerde, h. gerehabiliteerd] in eer en goede naam herstellen (*ook wederkerend*)

re·hy·dra·tie [-hiedraa(t)sie] *de (v)* het in balans houden of brengen van de vochthuishouding van het lichaam

rei *(‹Fr)* [-en] **I** *de (m)* ❶ koor bij vroegere toneelopvoeringen, dat na ieder bedrijf de gedachten van de toeschouwers vertolkte ❷ door de rei gezongen tekst of uitgevoerde dans **II** *de* ❶ meetlat ❷ BN ook stadsgracht

reichs·mark [raichs-, Duitse ch] *de* [-en] naam van de Duitse munteenheid, 1923-1945

rei·dans *de (m)* [-en] door een rei uitgevoerde dans

rei·ger *de (m)* [-s] vogel uit de familie van de Ardeidae, vooral de *blauwe ~ (Ardea cinerea)*, een 90 cm grote vogel die veel in Nederland wordt aangetroffen

rei·gers·bek *de (m)* [-ken] tot de ooievaarsbekken behorende kleine plantensoort (*Erodium*)

rei·ken *ww* [reikte, h. gereikt] ❶ aanreiken: ★ *reikt elkaar de handen* ❷ zich uitstrekken: ★ *~ tot de schouders* ★ *zover het oog reikt* ❸ trachten aan te raken: ★ *het kind reikte naar de bel*

reik·hal·zen *ww* [reikhalsde, h. gereikhalsd] vurig verlangen; **reikhalzend** *bn*

reik·wijd·te *de (v)* [-s] ❶ afstand waartoe iets reikt ❷ fig gebied of kring waarbinnen iets of iem. zich kan doen gelden

rei·len *ww* [reilde, *volt deelwoord ongebr*] ★ *zoals het reilt en zeilt* eig zowel voor ankers als in de vaart; fig met alles erbij, in zijn gewone toestand

rein *bn* zuiver; onbevlekt ★ *in het reine brengen* weer in orde maken, goedmaken

re·ïn·car·na·tie [-(t)sie] *de (v)* [-s] ❶ wedergeboorte; terugkeer van de ziel in een ander mens of een dier ❷ gestalte waaronder iem. wedergeboren is

re·ïn·car·ne·ren *ww* [reïncarneerde, is gereïncarneerd] zich opnieuw belichamen, wedergeboren worden

rein·cul·tuur *(‹Du) de (v)* [-turen] zuivere kweek; het kweken van bacteriën van één soort

rei·ne·clau·de [rɛnəkloːdə, rɛɪnə klɑudə] *(‹Fr) de* [-s] zoete geelgroene pruim, genoemd naar koningin Claude van Frankrijk (gest. 1524), vrouw van Frans I

rein·heid *de (v)* het rein-zijn

rei·ni·gen *ww* [reinigde, h. gereinigd] schoonmaken, zuiveren

rei·ni·ging *de (v)* ❶ het reinigen ❷ [*mv*: -en] reinigingsdienst

rei·ni·gings·dienst *de (m)* [-en] overheidsdienst belast met het schoonhouden van de openbare wegen in een gemeente

rei·ni·gings·mid·del *het* [-en] iets waarmee men reinigt

re·in·te·gra·tie [-(t)sie] *(‹Lat) de (v)* ❶ herstel in vroeger bezit of genot ❷ vernieuwing, het opnieuw goed doen functioneren

re·in·te·gre·ren *ww (‹Lat)* [reïntegreerde, h. gereïntegreerd] in vorig bezit of genot herstellen; weer goed doen functioneren

Rein·tje *het* de vos die hoofdpersoon is in het Middelnederlandse dierenepos Vanden vos Reinaerde

reis *de* [reizen] ❶ het gaan naar een verwijderde plaats: ★ *een ~ naar Oostenrijk maken* ★ BN ook *van een kale ~ thuiskomen* van een koude kermis thuiskomen, er slecht van afkomen ❷ vero keer, maal

reis·agent·schap *het* BN ook reisbureau

reis·apo·theek *de (v)* [-theken] kistje met de meest gebruikelijke geneesmiddelen, dat op reis meegenomen kan worden

reis·be·no·digd·he·den *mv* wat men nodig heeft voor een reis

reis·be·schrij·ving *de (v)* [-en] beschrijving van een reis

reis·beurs *de* [-beurzen] toelage voor een studiereis

reis·bij·stand *de (m)* BN hulp bij ongeval of ziekte tijdens een reis
reis·bij·stands·ver·ze·ke·ring *de (v)* [-en] BN, schrijftaal reisverzekering
reis·bil·jet *het* [-ten] bewijs van betaling van een ²reis
reis·bu·reau [-roo] *het* [-s] bureau waar men geheel en gedeeltelijk verzorgde reizen organiseert en verkoopt
reis·cheque [-sjek] *de (m)* [-s] door een bank afgegeven cheque, die elders, vooral in een ander land, te gelde kan worden gemaakt
reis·de·ken *de* [-s] deken voor op reis, vooral ter bedekking van de benen
reis·doel *het* [-en] bestemming van een reis
reis·duif *de* [-duiven] BN ook postduif (om wedstrijden mee te vliegen)
reis- en kre·diet·brief *de (m)* [-brieven] NN verzekering waarmee automobilsten hulp krijgen bij pech en schade in het buitenland
reis- en ver·blijf·kos·ten *mv* hetgeen men voor het reizen en voor het verblijf in andere plaatsen heeft moeten uitgeven
reis·geld *het* [-en] geld dat voor een ²reis uitgegeven moet worden
reis·ge·le·gen·heid *de (v)* [-heden] vervoermiddel voor reizigers
reis·ge·noot *de (m)* [-noten], **reis·ge·no·te** *de (v)* [-n, -s] degene met wie men op reis is
reis·ge·zel *de (m)* [-len] reisgenoot
reis·ge·zel·schap *het* [-pen] groep samen reizende personen
reis·gids *de (m)* [-en] ❶ persoon die reizigers in een vreemde streek de weg wijst ❷ boekje dat allerlei inlichtingen bevat voor reizigers in een bepaalde streek; *ook* spoorboekje
reis·kaar·tje *het* [-s] BN ook plaatsbewijs voor het openbaar vervoer, reisbiljet, kaartje (treinkaartje, buskaartje e.d.)
reis·kof·fer *de (m)* [-s] koffer om mee op reis te gaan
reis·kos·ten *mv* reisgeld: ★ ~ *woon-en- werkverkeer*
reis·kos·ten·for·fait [-fè] *het* NN fiscale aftrekpost voor woon-werkverkeer
reis·lec·tuur *de (v)* (lichte) lectuur voor op reis
reis·lei·der *de (m)* [-s] iem. die de leiding heeft bij een reisgezelschap
reis·lust *de (m)* lust tot reizen; **reislustig** *bn*
reis·mi·cro·be *de* [-s, -n] BN zin om te reizen: ★ *na zijn bezoek aan de Sovjet-Unie kreeg de ~ Kuifje voorgoed te pakken*
reis·ne·ces·sai·re [-sèrə] *de (z)* [-s] etui met toiletbenodigdheden
reis·or·ga·ni·sa·tie [-zaa(t)sie] *de (v)* [-s] instelling die (vakantie)reizen organiseert
reis·plan *het* [-nen] routebeschrijving voor een reis; voorgenomen manier van reizen en te volgen route
reis·tas *de* [-sen] tas voor reisbenodigdheden
reis·vaar·dig *bn* gereed om op reis te gaan
reis·ver·eni·ging *de (v)* [-en] vereniging die voor haar leden reizen, privé of in gezelschappen, organiseert
reis·ver·goe·ding *de (v)* [-en] vergoeding voor reizen in dienst
reis·ver·haal *het* [-halen] verhaal over een reis
reis·ver·slag *het* [-slagen] verslag van een gemaakte reis
reis·ver·ze·ke·ring *de (v)* [-en] verzekering tegen schade opgelopen tijdens een (buitenlandse) reis
reis·wek·ker *de (m)* [-s] wekkertje voor op reis
reis·wieg *de* [-en] draagbare wieg, om een baby op reis mee te nemen
reis·wij·zer *de (m)* [-s] boekje met inlichtingen over één of meer reizen
reis·ziek *bn* onwel door reizen (wagenziek, zeeziek, luchtziek); **reisziekte** *de (v)*
rei·zen *ww* [reisde, h. & is gereisd] ❶ een reis maken; ❷ *reizend* op reis zijnde *of* voortdurend zich verplaatsend: ★ *een reizend circus*
rei·zi·ger *de (m)* [-s] ❶ iemand die een reis maakt ❷ handelsreiziger; **reizigster** *de (v)* [-s]
rek I *het* [-ken] latwerk om iets aan of in op te hangen of in te zetten **II** *de (m)* rekkracht: ★ NN *de ~ is er uit*
rek. *afk* rekening
rek·baar *bn* ❶ gerekt kunnende worden ❷ fig voor ruime uitleg of toepassing vatbaar: ★ *een ~ voorschrift*
rek·baar·heid *de (v)* het rekbaar-zijn, veerkracht
re·kel *de (m)* [-s] ❶ vlegel; onbeschofte, brutale vent ❷ mannetjeshond; *ook* mannelijke vos en wolf
re·ken·boek *de (m)* [-en] boek met rekensommen
re·ken·cen·trum *het* [-s, -tra] inrichting waar met computers berekeningen worden uitgevoerd
re·ken·een·heid *de (v)* [-heden] geldverkeer eenheid waarin bedragen worden uitgedrukt, maar die zelf geen gangbaar betaalmiddel is
re·ke·nen *ww* [rekende, h. gerekend] ❶ bewerkingen met getallen uitvoeren ❷ beschouwen: ★ *iets tot zijn plicht ~* ❸ ★ *~ op* vast vertrouwen op: ★ *ik reken erop dat je komt*
re·ken·fout *de* [-en] fout bij het rekenen gemaakt
Re·ken·hof *het* BN staatsorgaan belast met de controle op het financieel beheer over de rijksmiddelen, vergelijkbaar met de *Algemene Rekenkamer* in Nederland
re·ke·ning *de (v)* [-en] ❶ papier waarop vermeld staat wat men voor geleverde diensten of goederen verschuldigd is ★ *een ~ vereffenen* betalen; zie ook bij → *kind* ❷ boekhouden blad bestaande uit een debet- en een creditzijde, waarop veranderingen in bezittingen en schulden en vorderingen worden geboekt ★ *voor iemands ~, voor ~ van* te betalen door of voor de verantwoording van ★ *in ~ brengen* doen betalen ❸ ★ *per slot van ~* ten slotte, uiteindelijk ❹ ★ *~ houden met* denken aan, zich richten naar ❺ ★ *~ en verantwoording afleggen* verklaringen afleggen aangaande het beheer van gelden fig verklaringen afleggen omtrent zijn gedragingen ❻ rekening-courant: ★ *een ~ bij de giro hebben*

re·ke·ning-cou·rant [-koe-] *de (v)* [rekeningen-courant] voortdurende vereffening van wederzijdse schulden en vorderingen, vooral bij een bank of giro-instelling

re·ke·ning·hou·der *de (m)* [-s] iem. die een → **rekening** (bet 6) heeft bij een bank of bij een postgirodienst

re·ke·ning·rij·den *ww & het* moeten betalen voor het rijden op bep. (auto)wegen en tijdens bep. uren

re·ke·ning·uit·trek·sel *het* [-s] BN ook dagafschrift, bankafschrift

Re·ken·ka·mer *de* ★ in Nederland *Algemene* ~ rijksinstelling belast met de controle op de financiën van rijk, provincie en gemeente

re·ken·kun·de *de (v)* theorie van de getallen, het werken met getallen (optellen, aftrekken enz.)

re·ken·kun·dig *bn* van, volgens, betreffende de rekenkunde; zie ook bij → **reeks**

re·ken·les *de* [-sen] les in het rekenen

re·ken·li·ni·aal *de* [-alen] soort liniaal waarmee men tevens snel berekeningen kan uitvoeren

re·ken·ma·chi·ne [-sjie-] *de (v)* [-s] toestel waarmee men machinaal berekeningen kan uitvoeren

re·ken·mees·ter *de (m)* [-s] iem. die knap is in het rekenen; iem. die de dingen scherp narekent

re·ken·me·tho·de *de (v)* [-s *en* -n] leerwijze bij het rekenonderwijs

re·ken·munt *de* [-en] munt die niet meer in omloop is, maar waarin men wel de prijs van iets uitdrukt

re·ken·plich·tig *bn* verantwoordelijk voor zijn geldelijk beheer

re·ken·raam *het* [-ramen] telraam

re·ken·schap *de (v)* verantwoording: ★ ~ *afleggen* ★ ~ *geven van* ★ *zich* ~ *geven van iets* zich de betekenis ervan goed duidelijk maken

re·ken·schrift *het* [-en] cahier voor rekenen

re·ken·som *de* [-men] opgave om een berekening te maken

re·ken·won·der *het* [-s] iem. die zeer snel moeilijke berekeningen uit zijn hoofd kan maken, algorist

re·kest (‹Oudfrans) *het* [-en] → **rekwest**

re·kes·tre·ren *ww* [rekestreerde, h. gerekestreerd] → **rekwestreren**

rek·ke·lijk *bn* ❶ rekbaar, lenig ❷ fig het niet al te streng nemend, niet al te precies ★ NN, hist *de Rekkelijken en Preciezen* calvinisten die zich niet streng hielden aan de leer van de Dordtse Synode (17de eeuw), respectievelijk degenen die deze leer onverkort handhaafden; **rekkelijkheid** *de (v)*

rek·ken *ww* [rekte, h. & is gerekt] ❶ langer maken; lang laten duren ❷ langer worden; lang duren

rek·ke·rig *bn* ❶ geneigd zich uit te rekken van luiheid ❷ spoedig rekkend ❸ langdradig, vervelend

rek·king *de (v)* [-en] het rekken, verlenging

re·kru·te·ren *ww* (‹Fr) [rekruteerde, h. gerekruteerd] ‹troepen, personen voor een betrekking› werven

re·kruut (‹Oudfrans) *de (m)* [-kruten] pas aangenomen, onvaren soldaat, nieuweling

rek·stok *de (m)* [-ken] horizontaal bevestigde stok waaraan gymnastische oefeningen gedaan worden

rek·ver·band *het* [-en] → **verband** (bet 1) dat het verbonden lichaamsdeel (bijv. een gebroken been) rekt

re·kwest, **re·kest** (‹Oudfrans) *het* [-en] verzoekschrift; zie ook bij → **nul**

re·kwes·trant *de (m)* [-en] NN indiener van een verzoekschrift; verzoeker, eiser

re·kwes·tre·ren *ww* [rekwestreerde, h. gerekwestreerd], **re·kes·tre·ren** [rekestreerde, h. gerekestreerd] NN een verzoekschrift indienen; bij rekwest vragen

re·kwi·rant *de (m)* [-en] NN ❶ eiser ❷ lastgever

re·kwi·re·ren (‹Lat) *ww* [rekwireerde, h. gerekwireerd] NN, recht vorderen, eisen; vorderen voor levering, opeisen

re·kwi·siet [-ziet] (‹Lat) *het* [-en] ❶ vereiste, noodzakelijke eigenschap ❷ toneel benaming voor voorwerpen, benodigd voor een toneelvoorstelling, die niet tot de decoratie of de kostuums behoren

re·kwi·si·teur [-zie-] *de (m)* [-s] iem. die voor de rekwisieten zorgt

re·kwi·si·tie [-zie(t)sie] (‹Lat) *de (v)* [-s] opeising, vordering, vooral van leveranties, resp. goederen ten bate van het leger

rel *de (m)* [-len] opschudding, opstootje, verstoring van de openbare orde: ★ *bij de rellen gingen tien auto's in vlammen op* ★ *in de media ontstond een rel over de naaktfoto's van de tv-ster*

re·laas (‹Lat) *het* [-lazen] bericht, mondeling verslag; verhaal

re·lais [-lè] (‹Fr) *het* [*mv* idem] ❶ vroeger wisselplaats, pleisterplaats, poststation; wisselpaarden ❷ nat toestel om met een zwakke stroom een nieuwe, sterkere stroomkring te openen of te sluiten ❸ BN heruitzending van een radio- of televisie-uitzending door een ander station: ★ *in uitgesteld* ~ uitzending in uitgesteld relais, uitzending van een opgenomen concert, voetbalwedstrijd e.d.

re·lance [-lãs(ə)] (‹Fr) *de (v)* [-n] BN opleving, vooral van de economie

re·lance·plan [-lãs(ə)-] *het* [-nen] BN economisch herstelplan

re·laps (‹Lat), **re·lap·sus** (‹Lat) **I** *de (m)* terugval (in ketterij); wederinstorting **II** *de* [-lapsen] wederafvallige

re·la·te·ren *ww* [relateerde, h. gerelateerd] (‹Fr) berichten, vermelden ((‹Eng) ★ ~ *aan* in verhouding brengen of beschouwen tot, doen afhangen van het genoemde

re·la·tie [-(t)sie] (‹Fr‹Lat) **I** *de (v)* [-s] ❶ betrekking, verhouding ❷ betrekking tot andere personen, verkeer, omgang **II** *de* persoon met wie men verkeert, kennis, connectie, partner

re·la·tief (‹Fr‹Lat) **I** *bn* betrekkelijk, afhangende van iets anders ★ ~ *voornaamwoord* betrekkelijk voornaamwoord ★ *relatieve competentie* zie →

competentie II *het* [-tieven] betrekkelijk voornaamwoord

re·la·tie·ge·schenk [-(t)sie-] *het* [-en] geschenk aan goede (zaken)relaties

re·la·tie·mar·ke·ting [-(t)siemà(r)-] *de (v)* marketing gericht op het behouden en bestendigen van de bestaande klantenkring

re·la·tio·neel [-(t)sjoo-] *(‹Fr) bn* de relatie(s) betreffend, daardoor bepaald ★ *relationele database* database waarvan de bestanden op een bep. wijze aan elkaar gerelateerd kunnen worden

re·la·ti·ve·ren *ww* [relativeerde, h. gerelativeerd] tot iets relatiefs maken, de betrekkelijkheid doen uitkomen van

re·la·ti·vis·me *(‹Fr) het* ❶ ‹in de kennisleer› de mening dat er geen waarheid is die wij door ons denken zouden kunnen benaderen ❷ ‹in de zedenleer› de ontkenning van het bestaan van algemeen geldende normen ★ *cultureel* ~ opvatting dat alle culturen gelijkwaardig zijn

re·la·ti·vis·tisch *bn* van de aard van het relativisme

re·la·ti·vi·teit *(‹Fr) de (v)* betrekkelijkheid

re·la·ti·vi·teits·the·o·rie *de (v)* theorie van A. Einstein (1875-1955) volgens welke materie, ruimte en tijd van elkaar afhankelijk zijn

re·la·ti·vum *(‹Lat) het* [-va] betrekkelijk voornaamwoord

re·laxed *(‹Eng)* [rieleskt] *bn* ontspannen, op zijn gemak: ★ *een relaxte avond*

re·laxen *ww* [rieleksə(n)] *(‹Eng‹Lat)* [relaxte, h. gerelaxt] ❶ zich ontspannen; in een ontspannen houding rusten ❷ eufemistisch zich vermaken bij een prostituee

re·lay·e·ren *ww* [-lei(j)ee-] *(‹Fr)* [relayeerde, h. gerelayeerd] het door een radio- of televisiestation ontvangen en opnieuw uitzenden van een uitzending van een ander station

re·lease [rielies] *(‹Eng) de (m)* ❶ het vrijgeven; techn vrijloop ❷ [*mv:* -s] nieuw uitgebrachte film, cd enz.; ook het uitbrengen van die producten

re·le·vant *(‹Lat) bn* ter zake dienend, van betekenis

re·le·van·tie [-sie] *(‹Lat) de (v)* het relevant-zijn, betekenis, gewicht

re·lict *(‹Lat) het* [-en] overblijfsel uit vroegere tijd dat nog getuigt van de toestand zoals die toenmaals was

re·liëf [-ljef] *(‹Fr) het* [-s] verhevenheid, het uitsteken boven de omgeving ★ *en relief (‹Fr)* ‹van beeldwerk› verheven ★ fig ~ *geven aan een zaak* die (beter) doen uitkomen stuk verheven beeldwerk; *vgl:* → **bas-reliëf**, → **haut-reliëf**

re·liëf·druk [-ljef-] *de (m)* [-ken] drukwerk met hoger liggende, voelbare letters

re·liëf·stem·pel [-ljef-] *de (m) & het* [-s] stempel om merken in te drukken

re·liek *(‹Fr‹Lat) de (v) & het* [-en] relikwie

re·liek·hou·der *de (m)* [-s] sierlijk voorwerp waarin een reliek bewaard wordt

re·liek·schrijn *de (m) & het* [-en] fraai kistje waarin relieken bewaard worden

re·li·gie [-gie, -zjie] *(‹Fr‹Lat) de (v)* [-s, -giën] geloof, godsdienst, eredienst

re·li·gie·twist [-gie-, -zjie-] *de (m)* [-en] godsdiensttwist

re·li·gieus [-gjeus, -zjeus] *(‹Fr‹Lat)* **I** *bn* ❶ de godsdienst betreffend ❷ godsdienstig, godvrezend, vroom **II** *de (m)* [-gieuzen] kloosterling

re·li·gieu·ze [-zjeu-] *(‹Fr) de (v)* [-n *en* -s] non

re·li·gio·si·teit [-gjoozie-, -zjoozie-] *(‹Fr) de (v)* godsdienstigheid

re·li·kwie *(‹Lat) de (v) & het* [-kwieën] ❶ overblijfselen van lichamen van heiligen of voorwerpen die in nauw verband met hen hebben gestaan ❷ fig dierbaar aandenken

re·ling *(‹Eng) de* [-en, -s] leuning boven de verschansing van een schip; hekwerk

re·li·pop *de (m)* genre popmuziek met religieuze teksten

rel·len *ww* [relde, h. gereld] ❶ deelnemen aan een rel ❷ NN schel lawaai maken ❸ NN druk babbelen

rel·muis *de* [-muizen] op bomen levend muisachtig knaagdier, zevenslaper (*Glis glis*)

rel·nicht *de (m)* [-en] inf flamboyante mannelijke homoseksueel van het vrouwelijke type

rel·schop·per *de (m)* [-s] aanstichter van een rel

rem¹ *de* [-men] toestel waarmee men een voertuig doet stilstaan; fig belemmering, tegenwerking

rem² *afk* rad equivalent man *(‹Eng)* [verouderde eenheid van effectieve stralingsdosis]

r.e.m. *afk* rapid eye movements *(‹Eng)* [snelle bewegingen van het oog: periode van diepe slaap gekenmerkt door snelle oogbewegingen]

re·make [riemeek] *(‹Eng) de (m)* [-s] ‹van een film, muziekwerk enz.› nieuwe versie

re·mar·ka·bel *(‹Fr) bn* opmerkenswaardig, opmerkelijk

rem·be·krach·ti·ging *de (v)* het vergroten van het remeffect van een voertuig

rem·blok *het* [-ken] blok hout of metaal dat tegen het wiel gedrukt wordt om een voertuig te doen stilstaan

rem·bours [ramboers,], **rem·bour·se·ment** [ramboer-] *(‹Fr) het* [-en] ❶ terugbetaling, teruggave van een voorschot; dekking van een wissel ❷ betaling van een zending bij de ontvangst daarvan ★ *onder* ~ zodanig dat het bij ontvangst betaald moet worden

rem·bour·se·ren *ww* [ramboer-] *(‹Fr)* [rembourseerde, h. gerembourseerd] ❶ terugbetalen, vergoeden; de dekking toezenden van een wissel ❷ onder rembours zenden

rem·brandt·esk *bn* als op de schilderijen van Rembrandt, 1606-1669 (met betrekking tot de lichteffecten)

re·me·di·al teach·er [riemied(j)əl tietsjə(r)] *(‹Eng) de* [-s] bijzondere leerkracht die kinderen met leermoeilijkheden individueel bijstaat

re·me·di·al teach·ing [riemied(j)əl tietsjing] *(‹Eng) de* *(v)* de werkzaamheid van de remedial teacher

re·me·die *(‹Lat) de (v) & het* [-s], **re·me·di·um** *(‹Lat) het* [-dia] geneesmiddel, eig en fig

re·me·di·ë·ren *ww (‹Fr‹Lat)* [remedieerde, h. geremedieerd] verhelpen, genezen, helen; verbetering brengen, een remedie vinden (voor, tegen)

rem·geld *het* BN ❶ vero eigen bijdrage ❷ deel van het bedrag voor geneeskundige hulp en geneesmiddelen dat niet door het ziekenfonds wordt terugbetaald

re·mi·grant *de (m)* [-en] naar het vaderland terugkerend emigrant

re·mi·gra·tie [-(t)sie] *de (v)* terugkeer naar zijn vaderland ‹van een emigrant›

re·mi·gre·ren *ww* [remigreerde, is geremigreerd] naar het vaderland terugkeren

re·min·der [riemaində(r)] *(‹Eng) de (m)* [-s] teken, signaal dat of notitie die dient te herinneren aan een voorgenomen taak

re·mi·nis·cen·tie [-sensie] *(‹Lat) de (v)* [-s] herinnering; plaats in een boek die aan een ander geschrift doet denken; evenzo bij andere kunstvormen

re·mi·se [-zə] *(‹Fr) de (v)* [-s] ❶ schaken, dammen het onbeslist blijven van een partij in het spel, gelijkspel ❷ ruimte waarin bussen en trams geparkeerd worden ❸ overmaking van geld of geldswaarde, en het overgemaakte zelf

re·mi·se·ren *ww* [-zee-] [remiseerde, h. geremiseerd] schaken, dammen remise spelen

re·mis·sie *(‹Fr‹Lat) de (v)* [-s] ❶ toegestane korting; vermindering van straf ❷ opheffing van een verbod ❸ het verminderen of wegblijven van koorts enz.

re·mit·tent *(‹Lat) de (m)* [-en] overmaker van geld; de eerste wisselhouder of ontvanger

re·mit·te·ren *ww (‹Lat)* [remitteerde, h. geremitteerd] ❶ terugzenden ❷ ‹van een vordering› iets laten vallen of kwijtschelden

re·mix [rie-] *(‹Eng) de (m)* [-en] opnieuw gemixte geluidsopname

rem·ka·bel *de (m)* [-s] kabel waarmee een rem wordt aangetrokken

rem·licht *het* [-en] autolicht dat gaat branden als het rempedaal bediend wordt

rem·men *ww* [remde, h. geremd] de vaart van een voertuig verminderen door het draaien van de wielen tegen te gaan; fig tegenwerken, belemmeren

rem·ming *de (v)* [-en] belemmering, vooral psychische belemmering

rem·mings·werk *het* [-en] palenrij vóór steigers of bruggen ter bescherming

re·mon·stran·ten *(‹Lat) mv* volgelingen van de Leidse hoogleraar Arminius, die in 1610 een bezwaarschrift, tevens betoogschrift of verweer (*remonstrantio*) bij de Staten van Holland indienden, betogend dat hun leer niet staatsgevaarlijk was; vgl: → **contraremonstrant**

re·mon·stran·tie [-sie] *(‹Lat) de (v)* [-s] tegenvoorstelling; tegenbetoog

re·mon·strants *bn* van, volgens de leer van de remonstranten

re·mon·te *(‹Fr) de* [-s] BN ook, sp het weer naar boven gaan, het stijgen (in een klassement e.d.); herstel (na een zwakke periode in een wedstrijd)

re·mon·te·ren *(‹Fr) ww* [remonteerde, h. geremonteerd] BN ook, sp op gelijke hoogte komen (met iem.); een achterstand inhalen; (iem.) passeren

re·mo·ver [riemoevə(r)] *(‹Eng‹Lat) de (m)* middel waarmee men nagellak, oogmake-up e.d. verwijdert

rem·pa·ra·chute [-sjuut] *de (m)* [-s] parachute nabij de staart van sommige vliegtuigen die kort na de landing opengaat, o.a. gebruikt bij landingen op vliegdekschepen

rem·pe·daal *de (m) & het* [-dalen] pedaal voor voetrem

rem·pla·çant [ramplaasant] *(‹Fr) de (m)* [-en] plaatsvervanger, vooral eertijds voor de militaire dienst

rem·proef *de* [-proeven] controle op de deugdelijkheid van een remtoestel

rem·ra·ket *de* [-ten] raket om de snelheid van een ruimtevaartuig te verminderen

rem·schijf *de* [-schijven] schijf aan de as van een voertuig, waartegen een remblok gedrukt kan worden

rem·schoen *het* [-en] blok ijzer dat op een wiel past en er bij het remmen tegen gedrukt wordt

rem·slaap *de (m)* → **r.e.m.**

rem·spoor *het* [-sporen] spoor dat een geremd voertuig nalaat

re·mu·ne·ra·tie [-(t)sie] *(‹Fr‹Lat) de (v)* [-s en -tiën] geldelijke beloning, vergoeding, loon

rem·weg *de (m)* [-wegen] afstand die een rijdend voertuig nodig heeft om tot stilstand te komen

ren¹ *de (m)* [-nen] snelle loop

ren² *de* [-nen] kippenren

re·nais·san·ce [-nes-] *(‹Fr) de* wedergeboorte; vooral hernieuwing van levensopvatting en kunsten onder invloed van de klassieke oudheid, het eerst in Italië, in de 15de en 16de eeuw (in deze opvatting vaak met hoofdletter); vervolgens in toepassing op andere herlevingsverschijnselen in kunst, literatuur, mode enz.

re·nais·san·cist [-nes-] *de (m)* [-en] kunstenaar die de renaissance volgt

re·nais·san·cis·tisch [-nes-] *bn* in de stijl of de geest van de renaissance

ren·baan *de* [-banen] baan voor wedrennen

ren·bo·de *de (m)* [-n, -s] snelle boodschapper, koerier

ren·da·bel *bn* rentegevend, die moeite lonend, behoorlijke winst of verdienste opleverend

ren·de·ment *(‹Fr) het* [-en] ❶ opbrengst, financiële uitkomst ❷ energie die een machine levert in verhouding tot de krachtbron, nuttig effect

ren·de·ren *ww (‹Fr)* [rendeerde, h. gerendeerd]

voldoende opbrengen, winst, rente afwerpen
ren·dez·vous [rãdeevoe] ⟨‹Fr⟩ het [mv idem]
❶ afgesproken plaats van samenkomst
❷ afgesproken bijeenkomst, vooral van gelieven
ren·dier het [-en] hertachtig dier dat leeft in de toendra's en bosgebieden in het uiterste noorden van Europa, Azië en Amerika (*Rangifer tarandus*)
ren·dier·mos het grijs korstmos
re·ne·gaat ⟨‹Fr‹It⟩ de (m) [-gaten] geloofsverzaker, afvallige, overloper
re·net ⟨‹Fr⟩ de [-ten] grote, grauwgroene appelsoort
re·ni·um het chemisch element, symbool Re, atoomnummer 75, een zilverwit, glanzend metaal o.a. gebruikt als katalysator, ook gebruikt voor de vervaardiging van vulpenpunten, genoemd naar de Latijnse naam voor de Rijn, *Rhenus*
ren·min·bi de (m) geldsoort in de Volksrepubliek China
ren·nen ww [rende, h. & is gerend] hard lopen, draven
ren·ner de (m) [-s] iem. die rent; *ook verkorting van*: wielrenner, motorrenner
ren·ners·kwar·tier het [-en] sp verblijf voor coureurs en wielrenners
re·nom·mee ⟨‹Fr⟩ de (v) faam, naam, vermaardheid, roem
re·non·ce ⟨‹Fr⟩ de [-s] kaartsp het ontbreken van een bep. kleur in een hand kaarten
re·non·ce·ren ww ⟨‹Fr‹Lat⟩ [renonceerde, h. gerenonceerd] ❶ van een zaak afzien, haar opgeven ❷ kaartsp niet bekennen, de kleur niet bijspelen, verzaken
re·no·va·tie [-(t)sie] ⟨‹Fr‹Lat⟩ de (v) [-s] hernieuwing, vernieuwing, herstelling; verbetering van woningen
re·no·ve·ren ww ⟨‹Fr‹Lat⟩ [renoveerde, h. gerenoveerd] vernieuwen; herhalen; verbeteren van woningen ★ handel *een wissel* ~ zijn vervaltijd later stellen
ren·paard het [-en] paard speciaal afgericht voor wedrennen
ren·sport de wedrennen met paarden
ren·stal de (m) [-len] ❶ stal met renpaarden ❷ de paarden daarin ❸ fig groep autocoureurs, onder andere coureurs voor een bepaalde fabriek
ren·ta·bi·li·se·ren ww [rentabiliseerde, h. gerentabiliseerd] BN winstgevend maken
ren·ta·bi·li·teit de (v) het vermogen om rente op te brengen; in percenten van het kapitaal uitgedrukte winst
ren·te ⟨‹Fr‹Lat⟩ **I** de [-n en -s] vergoeding voor het lenen van geld ★ recht *wettelijke* ~ rente op verschuldigd als vergoeding voor vertragingsschade bij het tekortschieten bij de betaling van een geldschuld **II** *als laatste lid in samenstellingen* vaste uitkering: ★ *lijfrente* ★ *invaliditeitsrente*
ren·te·be·re·ke·ning de (v) [-en] berekening van de rente
ren·te·dra·gend bn rentegevend

ren·te·fonds het BN zelfstandige openbare instelling die de markt van de overheidsobligaties reguleert
ren·te·ge·vend bn rente opbrengend
ren·te·loos bn geen rente opleverend: ★ ~ *kapitaal*; *waarvoor geen rente betaald hoeft te worden*: ★ *een* ~ *voorschot*
ren·ten ww [rentte, h. gerent] rente opleveren
ren·te·nier ⟨‹Fr⟩ de (m) [-s], **ren·te·nier·ster** de (v) [-s] iem. die van zijn rente, van de opbrengst van zijn kapitaal leeft
ren·te·nie·ren ww [rentenierde, h. gerentenierd] van zijn rente(n) leven; *schertsend* niets uitvoeren
ren·te·stand de (m) [-en], **ren·te·stan·daard** de (m) [-en] koers van de rente in percenten
ren·te·voet de (m) rentestandaard
rent·mees·ter de (m) [-s] geld- of goedbeheerder
rent·mees·ter·schap het het rentmeester-zijn
ren·tree [ran-] ⟨‹Fr⟩ de (v) wederopkomst, hervatting van een loopbaan als kunstenaar of anderszins, ook van een gezelschap enz.
re·nun·cia·tie [-sjaa(t)sie] ⟨‹Lat⟩ de (v) [-s] opzegging, afstanddoening; het afzien, bijv. van een nalatenschap, van verder procederen
re·nun·ci·ë·ren ww [-sjee-] ⟨‹Lat⟩ [renuncieerde, h. gerenuncieerd] afstand doen van, vaarwel zeggen, afzien van
ren·vo·gel de (m) [-s] soort woestijnvogel van Noord-Afrika en het Nabije Oosten (*Cursorius cursor*)
ren·vooi [ran-] ⟨‹Fr⟩ het [-en] ❶ ⟨in boeken⟩ verwijzing ❷ verbetering in de marge van een akte ❸ overgave van stukken aan een commissie van onderzoek
ren·vooi·e·ren ww [ran-] ⟨‹Fr⟩ [renvooieerde, h. gerenvooieerd] ❶ in handen stellen van ❷ verwijzen ❸ door renvooi wijzigen
ren·wa·gen de (m) [-s] wagen voor wedrennen
re·or·ga·ni·sa·tie [-zaa(t)sie] ⟨‹Fr⟩ de (v) [-s] het reorganiseren; herinrichting; hernieuwing
re·or·ga·ni·se·ren ww [-zee-] ⟨‹Fr⟩ [reorganiseerde, h. gereorganiseerd] opnieuw en anders inrichten, hervormen
Rep. afk Republiek
rep zn ★ *in* ~ *en roer* in opschudding, in grote verwarring
re·pa·ra·bel ⟨‹Fr⟩ bn vatbaar voor herstel of voor vergoeding
re·pa·ra·teur ⟨‹Fr‹Lat⟩ de (m) [-s] hersteller van toestellen en instrumenten
re·pa·ra·tie [-(t)sie] ⟨‹Fr‹Lat⟩ de (v) [-s] ❶ herstel, herstelling ❷ vergoeding, schadeloosstelling
re·pa·ra·tie·wet·ge·ving [-(t)sie-] de (v) wetgeving die dient om fouten en onvolkomenheden in reeds bestaande wetgeving te herstellen
re·pa·re·ren ww ⟨‹Fr‹Lat⟩ [repareerde, h. gerepareerd] herstellen, verbeteren, weer in orde maken
re·par·ti·tie [-(t)sie] ⟨‹Fr⟩ de (v) [-s] verdeling naar een zekere verhouding
re·pa·tri·ant ⟨‹Lat⟩ de (m) [-en] iem. die terugkeert naar het vaderland, vooral uit een overzees

gebiedsdeel

re·pa·tri·ë·ren *ww* (‹*Lat*) [repatrieerde, is & h. gerepatrieerd] ❶ terugkeren naar het vaderland ❷ terugvoeren naar het vaderland; **repatriëring** *de (v)*

re·pel *de (m)* [-s] vlaskam, kam waarmee het vlas ontdaan wordt van de zaaddozen

re·pe·len *ww* [repelde, h. gerepeld] het vlas met de repel van de zaaddozen ontdoen

re·per·cus·sie (‹*Lat*) *de (v)* [-s] ❶ weerkaatsing van geluid, licht enz. ❷ muz terugkeer van de thema's in een fuga ❸ weerslag, gevolg (veelal onaangenaam): ★ *de ~ van het overheidsbeleid voor het jongerenwerk*

re·per·toire [-twaar] (‹*Fr*‹*Lat*) *het* [-s] ❶ geheel van ingestudeerde toneel- of muziekstukken; al de nummers van een programma ❷ repertorium

re·per·to·ri·um (‹*Lat*) *het* [-ria, -s] ❶ register van ingeschreven of behandelde akten ❷ zaakregister, klapper ❸ beknopte samenvatting van de fundamentele gegevens van een tak van wetenschap

re·pe·teer·ge·weer *het* [-weren] snelvuurgeweer

re·pe·teer·wek·ker *de (m)* [-s] wekker die met tussenpozen signaal geeft

re·pe·tent (‹*Lat*) *de (m)* [-en] ❶ terugkerende cijfers van een repeterende breuk ❷ student die bij een repetitor les neemt

re·pe·te·ren *ww* (‹*Fr*‹*Lat*) [repeteerde, h. gerepeteerd] ❶ herhalen, herzeggen; nog eens doen ❷ leerstof herhalen, voor zichzelf nog eens doornemen en zich inprenten ❸ een toneel- of muziekstuk dat ingestudeerd wordt, bij wijze van proef uit- of opvoeren ❹ als repetitor werkzaam zijn; bij een repetitor studeren ❺ ★ *repeterende breuk* tiendelige breuk waarbij een groep van de cijfers na de komma regelmatig terugkeert

re·pe·ti·tie [-(t)sie] (‹*Fr*‹*Lat*) *de (v)* [-s] ❶ herhaling ❷ proefwerk ❸ proefuitvoering

re·pe·ti·tief *bn* BN ook ‹van werk enz.› monotoon

re·pe·ti·tor (‹*Lat*) *de (m)* [-s, -toren] ❶ iemand die examenstof met studenten repeteert ❷ leider van de oefeningen van een orkest of koor

re·play [rieplee] (‹*Eng*) *de (m)* ❶ het herhalen, bijv. van een beeldfragment ❷ sp beslissingswedstrijd

re·pli·ca (‹*It*) *de* ['s] ❶ door de ontwerper zelf vervaardigde kopie van een kunstwerk ❷ muz herhaling van een muziekstuk ❸ afgietsel; afdruk van een oppervlaktestructuur

re·pli·ce·ren *ww* (‹*Lat*) [repliceerde, h. gerepliceerd] antwoorden, tegen het gezegde inbrengen, terugzeggen; van repliek dienen

re·pliek (‹*Fr*) *de (v)* [-en] antwoord op hetgeen iem. tot de spreker gezegd heeft, tegenbescheid; recht antwoord van eiser op het verweer van gedaagde; zie ook → **replica**

re·plyen *ww* [replyde, h. gereplyd] (‹*Eng*) een e-mail beantwoorden met een e-mail: ★ *een mailtje ~*

re·por·ta·ge [-zjə] (‹*Fr*) *de (v)* [-s] verslaggeving, vooral ooggetuigenverslag voor radio of televisie

re·por·ta·ge·wa·gen [-zjə-] *de (m)* [-s] auto met apparatuur voor opnames ten dienste van radio en televisie

re·por·ter [riepò(r)tə(r)] (‹*Eng*) *de (m)* [-s] verslaggever, berichtgever

re·port·writ·er [riepoortraitə(r)] (‹*Eng*) *de* [-s] comput onderdeel van programmatuur dat zg. logfiles produceert waarin een registratie staat van een programmasessie, t.w. alles wat er is gebeurd en eventueel is fout gegaan

rep·pen *ww* [repte, h. gerept] ❶ vlug bewegen: ★ *de handen ~* ★ *de vleugels ~* ❷ ★ *zich haasten*; zie ook bij → **haasten** ❸ aanroeren (met woorden) ★ *niet over iets ~* er geen woord over zeggen

re·pre·sail·le [-zajjə] (‹*Fr*) *de* [-s],

re·pre·sail·le·maat·re·gel *de (m)* [-en] weerwraak, vergeldingsmaatregel

re·pre·sen·tant [-zen-] (‹*Fr*) *de (m)* [-en] vertegenwoordiger, vooral volksvertegenwoordiger

re·pre·sen·ta·tie [-zentaa(t)sie] (‹*Fr*‹*Lat*) *de (v)* [-s] ❶ vertegenwoordiging; plaatsvervulling; in-de-plaatstreding ❷ behoorlijke vertegenwoordiging in optreden namens een lichaam, bedrijf enz.; kosten daarvoor

re·pre·sen·ta·tief [-zen-] (‹*Fr*) *bn* ❶ vertegenwoordigend ❷ een indruk, een beeld gevend van het genoemde: ★ *dit schilderij is ~ voor het oeuvre van Goya* ❸ geschikt om te vertegenwoordigen ❹ op zijn post een goede indruk makend; met een gunstig voorkomen en met goede manieren: ★ *een ~ uiterlijk*

re·pre·sen·ta·tie·kos·ten [-zentaa(t)sie-] *mv* uitgaven voor het voeren van aan bepaalde rang of functie verbonden staat

re·pre·sen·ta·ti·vi·teit [-zen-] (‹*Fr*) *de (v)* ❶ hoedanigheid van representatief te zijn ❷ geschiktheid om als representant te dienen

re·pre·sen·te·ren *ww* [-zen-] (‹*Fr*‹*Lat*) [representeerde, h. gerepresenteerd] ❶ vertegenwoordigen ❷ voorstellen; verbeelden ❸ in zijn functie zijn stand ophouden, zich goed voordoen

re·pres·sie (‹*Fr*‹*Lat*) *de (v)* [-s] ❶ onderdrukking, beteugeling: ★ *~ toepassen tegen een oproerige bevolking* ❷ psych verdringing ❸ BN bestraffing van collaborateurs na WO I en II

re·pres·sief (‹*Fr*) *bn* ❶ onderdrukkend, beteugelend ★ *repressieve tolerantie* houding van meegaandheid om aan een storende of revolutionaire activiteit de kracht te ontnemen ❷ achteraf verhinderend; tegengest: → **preventief**

re·pri·man·de (‹*Fr*) *de* [-s] terechtwijzing, berisping, uitbrander

re·print [rie-] (‹*Eng*) *de (m)* [-s] onveranderde, fotomechanische herdruk van een boek, anastatische druk

re·pri·se [-zə] (‹*Fr*) *de (v)* [-s] herhaling;

wederopvoering van een vroeger gespeeld toneelstuk, het weer in roulatie brengen van een oude film

re·pro·du·ce·ren I *ww* [reproduceerde, h. gereproduceerd] ❶ weer voortbrengen; weergeven ❷ een nabootsing geven of maken van iets, vooral van een kunstwerk, bepaaldelijk zo dat dit vermenigvuldigd kan worden ❸ uit het geheugen opzeggen of opschrijven II *wederk* zich voortplanten

re·pro·duc·tie [-sie] *de (v)* [-s] ❶ nabootsing; nagebootste uitbeelding, vooral plaat die een schilderij of een grafisch kunstwerk weergeeft ❷ voortplanting

re·pro·duc·tief *bn* opnieuw voortbrengend; voortplantend

re·pro·recht *het* recht dat beschermt tegen het fotokopiëren van geschriften, boeken e.d.
★ *reprorechten* vergoedingen die wettelijk betaald moeten worden bij het maken van kopieën

rep·tiel ⟨*Fr*⟨*Lat*⟩ *het* [-en] kruipend dier, vooral slang, hagedis, krokodil of schildpad

re·pu·bliek ⟨*Fr*⟨*Lat*⟩ *de (v)* [-en] hist staat met een meerhoofdig bestuur; thans staat waarvan het hoofd niet door erfelijke opvolging wordt aangewezen

re·pu·bli·kein ⟨*Fr*⟩ *de (m)* [-en] aanhanger van de republiek als staatsvorm

re·pu·bli·keins *bn* ❶ van, eigen aan, zoals in een republiek ★ *Republikeinse Kalender* nieuwe jaarindeling tijdens de Franse Revolutie ❷ van de republikeinen

re·pul·sie ⟨*Lat*⟩ *de (v)* [-s] ❶ afstoting; terugstoot ❷ afwijzing, weigering

re·pu·ta·tie [-(t)sie] ⟨*Fr*⟨*Lat*⟩ *de (v)* [-s] ❶ naam of faam, roep ❷ goede naam

re·qui·em [reekwie(j)em] ⟨*Lat*⟩ *het* [-s] ❶ dodenmis, mis voor de zielenrust van een overledene ❷ muziek en zang daarbij

re·qui·si·toir [-kwiezietoor] ⟨*Fr*⟩ *het* [-s, -toren] recht vordering, eis van het Openbaar Ministerie

re·script ⟨*Lat*⟩ *het* [-en] schriftelijk antwoord, bescheid op een schriftelijke vraag, op verzoeken

re·search [riesù(r)tsj] ⟨*Eng*⟩ *de (m)* wetenschappelijk onderzoek tot uitbreiding van, resp. correctie op praktische toepassing van op de wetenschap gebaseerde handelingen en werkwijzen; speurwerk

re·search·team [riesù(r)tsjtiem] ⟨*Eng*⟩ *het* groep samenwerkende wetenschapsbeoefenaars die onderzoek verrichten op een bepaald terrein

re·se·da [-zee-] ⟨*Lat*⟩ I *de* ['s] roosachtig plantengeslacht waarvan enkele soorten als sierplant gekweekt worden, vooral de *Reseda odorata* II *bn* grijsachtig groen als de genoemde plant III *het* de kleur grijsachtig groen

re·sem *de (m)* [-s] BN ook, spreektaal ❶ rits, rist, tros ❷ rij, reeks, serie; grote hoeveelheid, menigte, hoop

re·ser·vaat [-zer-] ⟨*Lat*⟩ *het* [-vaten] eig wat voorbehouden is; gebied waar de natuur in ongerepte staat wordt gehouden; gebied bestemd voor onderbrenging van inheemse bevolking die uit haar oorspronkelijke territoir verdreven is

re·ser·va·tie [-zervaa(t)sie] ⟨*Lat*⟩ *de (v)* [-s] BN ook reservering, plaatsbespreking; voorverkoop

re·ser·ve [-zer-] ⟨*Fr*⟩ *de* [-s] ❶ wat voor bijzondere omstandigheden achtergehouden wordt, noodvoorraad ❷ mil achtergehouden troepen ❸ sp iem. die bij wedstrijden gereed gehouden wordt om eventueel in te vallen ❹ econ surplus aan kapitaal ❺ voorbehoud ❻ terughoudendheid

re·ser·ve·band [-zer-] *de (m)* [-en] band, meegenomen ter vervanging van een eventueel lekke band

re·ser·ve·bank [-zer-] *de* [-en] bank waarop de reserves van een sportteam plaatsnemen tijdens een wedstrijd

re·ser·ve·fonds [-zer-] *het* [-en] geld dat opzij gelegd wordt voor onvoorziene uitgaven

re·ser·ve·ge·tal [-zer-] *het* [-len] extra getal dat wordt getrokken bij de lotto

re·ser·ve·ka·der [-zer-] *het* mil aanvullingskader van het leger, bestaande uit oudgedienden of uit vrijwilligers, die aan zekere voorwaarden van geschiktheid hebben voldaan

re·ser·ve·ka·pi·taal [-zer-] *het* [-talen] opzij gelegd kapitaal

re·ser·ve·lui·te·nant [-zer-] *de (m)* [-s] luitenant van het reservekader

re·ser·ve·of·fi·cier [-zer-] *de (m)* [-en] officier van het reservekader

re·ser·ve·on·der·deel [-zer-] *het* [-delen] onderdeel dat voor eventuele vervanging kan dienen

re·ser·ve·ren *ww* [-zer-] ⟨*Fr*⟨*Lat*⟩ [reserveerde, h. gereserveerd] ❶ bewaren, wegleggen, in voorraad houden ❷ voorbehouden (bijv. zijn rechten)
★ *plaatsen* ~ van tevoren bespreken; **reservering** *de (v)* [-en]

re·ser·ve·spe·ler [-zer-] *de (m)* [-s] sp reserve, bet 3

re·ser·ve·troe·pen [-zer-] *mv* troepen die als reserve dienen

re·ser·vist [-zer-] ⟨*Fr*⟩ *de (m)* [-en] dienstplichtige die tot de reserve behoort

re·ser·voir [-zervwaar] ⟨*Fr*⟩ *het* [-s] vergaarbak; bewaarplaats; ruimtehoudend lichaam voor gassen en vloeistoffen, o.a. houder voor brandstof in vliegtuigen, voor drinkwater enz.; ook fig

re·set·ten *ww* [rie-] ⟨*Eng*⟩ [resette, h. gereset] ⟨bij computers en andere apparatuur⟩ uitschakelen om veelal de oorspronkelijke instellingen te herstellen

re·si·dent [-zie-] ⟨*Lat*⟩ *de (m)* [-en] NN, hist hoofd van een residentie in het vroegere Nederlands Oost-Indië, belast met het burgerlijk bestuur, het geldelijk beheer en het politiegezag

re·si·den·tie [-ziedensie] ⟨*Lat*⟩ *de (v)* [-s] ❶ gewone verblijfplaats van een vorst en / of een regering; hofstad ★ in Nederland de Residentie Den Haag ❷ NN, hist gebied in het vroegere Nederlands Oost-Indië onder een resident ❸ BN flatgebouw, buitenverblijf, zomerverblijf: ★ ~ Nereïden in Nieuwpoort

re·si·den·tieel [-ziedensjeel] *(‹Fr) bn* BN ook ❶ vooral (gezegd van een dorp of stad) bestemd of geschikt om te worden bewoond; vooral gezegd van een deftige woonwijk met villa's enz. in een landelijke omgeving; *tegengest.:* → **industrieel** ❷ landelijk, met veel groen, niet dicht bevolkt; in een landelijke omgeving; vrijstaand ❸ ‹van woonwijken en huizen› chic, exclusief, luxueus, comfortabel ★ *residentiële caravan* luxueuze stacaravan ❹ met overnachting ter plekke: ★ *een residentiële managementscursus* ★ *residentiële jeugdhulpverlening* waarbij de jongeren buiten hun eigen omgeving dag en nacht worden opgevangen

re·si·de·ren [-zie-] *(‹Fr‹Lat) ww* [resideerde, h. geresideerd] wonen, verblijf houden, zetelen: ★ *residerend bisschop* bisschop die werkelijk een diocees bestuurt *(tegengest.:* → **titulair** bisschop)

re·si·du [-zie-] *(‹Fr‹Lat) het* ['s en -en] overblijfsel, neerslag; bezinksel, droesem, overschot

re·si·du·air [-zieduwèr] *(‹Fr) bn* ❶ overblijvend, residuaal ❷ ★ BN, jur *residuaire bevoegdheden* bevoegdheden die niet uitdrukkelijk toegewezen zijn en waarvoor de federale wetgever bevoegd blijft: ★ *door de wet van 8 augustus 1980 zijn de gemeenschappen bevoegd voor radio en televisie, terwijl de federale wetgever op grond van zijn residuaire bevoegdheid bevoegd is voor de andere vormen van telecommunicatie*

re·sig·na·tie [reezienjaa(t)sie] *(‹Fr) de (v)* [-s] ❶ neerlegging van ambt of post ❷ onderwerping aan de goddelijke wil; berusting; gelatenheid

re·sig·ne·ren *ww* [reezienjeerə(n)] *(‹Fr‹Lat)* [resigneerde, h. geresigneerd] ❶ afstand doen van, neerleggen ❷ berusten of zich schikken in zijn lot

ré·sis·tance [reeziestãs(ə)] *(‹Fr) de (v)* ❶ weerstand; verzet, de ondergrondse beweging in Frankrijk (1940-1945) ❷ zie bij → **pièce**

re·si·stent [-zie-] *(‹Lat) bn* bestand, weerstand kunnende bieden, vooral tegen infecties, schadelijke stoffen of verdelgingsmiddelen

re·si·sten·tie [reeziestensie] *(‹Fr) de (v)* weerstandsvermogen; ongevoeligheid voor aantasting

re·si·ste·ren *ww* [reezie-] *(‹Fr‹Lat)* [resisteerde, h. geresisteerd] weerstand bieden, zich verzetten

re·so·ci·a·li·se·ren *ww* [-sjaaliezee-] [resocialiseerde, h. geresocialiseerd] geschikt maken voor terugkeer in de maatschappij: ★ *een project om langgestraften te ~*

re·so·lu·tie [-zooluu(t)sie] *(‹Fr‹Lat) de (v)* [-s] ❶ besluit waarin een vergadering haar mening formuleert ❷ aantal beeldpunten per oppervlakte-eenheid, mate van scherpte van de weergave op een beeldscherm, een foto, een printer e.d.

re·so·luut [-zoo-] *(‹Lat) bn* vastberaden, doortastend; ronduit

re·sol·ve·ren *ww* [-zol-] *(‹Lat)* [resolveerde, h.

geresolveerd] ❶ oplossen; ontbinden ❷ besluiten, een besluit nemen; vaststellen

re·so·nans·bo·dem [-zoo-] *de (m)* [-s] muz (van een snaarinstrument) klankbodem

re·so·nan·tie [-zoonansie] *(‹Fr) de (v)* [-s] het weerklinken, weergalm, naklank; het meetrillen van de lucht in nabijzijnde ruimten

re·so·ne·ren *ww* [-zoo-] *(‹Lat)* [resoneerde, h. geresoneerd] weergalmen, naklinken, meeklinken

re·sor·be·ren *ww* [-zor-] *(‹Fr‹Lat)* [resorbeerde, h. geresorbeerd] opslorpen, opzuigen; inzuigen

re·sorp·tie [-zorpsie] *(‹Fr) de (v)* opslorping, opzuiging; inzuiging

resp. *afk* respectievelijk

res·pect *(‹Fr‹Lat) het* ❶ ontzag, achting, eerbied ❷ opzicht, betrekking

res·pec·ta·bel *(‹Fr) bn* achtenswaardig, eerbiedwaardig; aanzienlijk

res·pec·te·ren *ww (‹Fr)* [respecteerde, h. gerespecteerd] ❶ ontzag hebben voor, hoogachten, eren ❷ eerbiedigen; ontzien; ongemoeid laten: ★ *de wet ~*

res·pec·tie·ve·lijk *bn* onderscheidenlijk, elk voor zich; in de genoemde orde

res·pec·tu·eus *(‹Fr) bn* eerbiedig, vol eerbied: ★ *respectueuze bewoordingen*

res·pijt *(‹Oudfrans) het* ❶ het aflaten; onderbreking ❷ uitstel, vooral uitstel van betaling

res·pijt·zorg *de* vooral NN het tijdelijk overnemen van de zorg ter ontlasting van de omgeving van een langdurig zieke of gehandicapte

res·pi·ra·tor *(‹Lat) de (m)* [-s en -toren] ❶ toestel tot bevordering van gestoorde ademhaling ❷ op de mond gedragen ademhalingswerktuig om het onmiddellijk indringen van koude of giftige lucht in de longen te beletten ❸ gasmasker

res·pi·re·ren *ww (‹Fr‹Lat)* [respireerde, h. gerespireerd] ademhalen; op adem komen; zich herstellen

res·pon·dent *(‹Lat) de (m)* [-en] iem. die antwoordt op een enquête

res·pons *(‹Eng‹Lat) het* antwoord, reactie, weerwerk, weerklank

res·pon·sa·bel *(‹Fr) bn* verantwoordelijk, aansprakelijk

res·pon·sa·bi·li·se·ren *(‹Fr) ww* [responsabiliseerde, h. geresponsabiliseerd] BN stimuleren tot het opnemen van zijn eigen verantwoordelijkheid: ★ *maatregelen om artsen te ~*

res·pon·sa·bi·li·se·ring *(‹Fr) de (v)* BN het stimuleren tot het opnemen van zijn eigen verantwoordelijkheid

res·pon·sie *(‹Lat) de (v)* [-s] beantwoording, verdediging

res·pon·sie·col·le·ge [-leezjə] *het* [-s] les waarbij een hoogleraar vragen stelt aan de studenten

res·pon·sie·tijd *de (m)* [-en] tijd die de computer nodig heeft om te reageren op een commando

res·pon·so·rie *de (v)* [-s *en* -riën], **res·pon·so·ri·um** *(‹Lat) het* [-s *en* -ria] beurtzang tussen de dienstdoende priester en het koor; gebed en gezang in verzen en antwoorden (*responsies*)

res·pons·tijd *de (m)* [-en] comput tijd die verstrijkt tussen het intoetsen van een commando en het antwoord daarop van de computer

res·sen·ti·ment *(‹Fr) het* [-en] pijnlijke herinnering; wrok

res·sort¹ [rəssòr] *(‹Fr) het* [-s] ❶ veer, spankracht; fig geheime beweegreden ❷ geheim vak dat door een veer geopend kan worden

res·sort² *(‹Fr) het* [-en] ambtsgebied, gezagsgebied; district; kring, gebied bijv. van een wetenschap; vak, werkkring ★ NN *in hoogste ~* in hoogste instantie

res·sor·te·ren *ww (‹Fr)* [ressorteerde, h. geressorteerd] ★ *~ onder* behoren onder

res·source [rəssoers] *(‹Fr) de* [-s] ❶ hulpbron, bestaansmiddel ❷ *ressources* inkomsten

rest *(‹Oudfrans) de* [-en] overblijfsel

res·tant *(‹Fr) het* [-en] overschot, overblijfsel; rest van een voorraad

res·tau·rant [-toorant] *(‹Fr) het* [-s] publieke gelegenheid waar men warme en koude maaltijden kan nuttigen

res·tau·rant·dag [-toorant-] *de (m)* [-en] BN dag waarop een vereniging eten biedt aan iedereen die haar wil steunen

res·tau·ra·teur [-too-] *(‹Fr‹Lat) de (m)* [-s] ❶ hersteller, iem. die restauraties verricht ❷ houder van een eetgelegenheid

res·tau·ra·tie [-tooraa(t)sie] *(‹Fr‹Lat) de (v)* [-s] ❶ herstel in de vroegere toestand, vooral van bouw- en kunstwerken; herstelling van een dynastie op de troon, vooral die van de Bourbons na de val van Napoleon I ❷ versterking van de inwendige mens ❸ eetgelegenheid, vooral op stations, in treinen enz.

res·tau·ra·tie·wa·gen [-tooraa(t)sie-] *de (m)* [-s] als restaurant ingerichte spoorwagon

res·tau·re·ren *ww* [-too-] *(‹Fr‹Lat)* [restaureerde, h. gerestaureerd] in de vroegere toestand herstellen; bijwerken

res·ten *ww* [restte, is gerest] → **overblijven** (bet 1)

res·te·ren *ww (‹Fr)* [resteerde, h. geresteerd] overschieten, overblijven; nog niet aangezuiverd zijn

res·ti·tu·e·ren *ww (‹Fr‹Lat)* [restitueerde, h. gerestitueerd] herstellen; teruggeven, vergoeden

res·ti·tu·tie [-(t)sie] *(‹Fr‹Lat) de (v)* [-s] herstel; teruggave, vergoeding, terugbetaling

res·tor·ne·ren *ww* [restorneerde, h. gerestorneerd] fin terugstorten

res·tor·no *(‹It) de (m)* ['s] handel gedeelte van de premie dat de verzekeraar teruggeeft ingeval een gesloten verzekering geheel of gedeeltelijk vervalt, ristorno

res·tric·tie [-sie] *(‹Fr‹Lat) de (v)* [-s] ❶ beperking ❷ voorbehoud

res·tric·tief *(‹Fr) bn* ❶ beperkend ❷ een voorbehoud bevattend ❸ med stoppend

rest·waar·de *de (v)* waarde als overschot, na afschaffing of buitengebruikstelling

rest·ze·tel *de (m)* [-s] NN elk van de zetels die bij verkiezingen met evenredige vertegenwoordiging overblijven, na toewijzing van de zetels die op grond van de kiesdeler zijn behaald, en welke volgens een bepaald systeem over de partijen worden verdeeld

re·sul·taat [-zul-] *(‹Fr‹Lat) het* [-taten] ❶ uitslag, gevolg, uitwerking ❷ positieve uitkomst ★ *zonder ~ vruchteloos* ❸ vrucht (bet 3), opbrengst; *vgl*: → **bedrijfsresultaat**

re·sul·taat·voet·bal [-zul-] *het* speelwijze bij voetbal die vooral gekenmerkt wordt door het willen behalen van een gunstig resultaat, veelal ten koste van de aantrekkelijkheid van het spel

re·sul·tan·te [-zul-] *(‹Fr) de* [-n] ❶ wisk einduitkomst ❷ nat kracht die hetzelfde zou kunnen uitwerken als de samenstelling van twee of meer gegeven krachten

re·sul·ta·tief [-zul-] *(‹Lat) bn* taalk de uitkomst van een handeling aanduidend

re·sul·te·ren *ww* [-zul-] *(‹Fr‹Lat)* [resulteerde, h. geresulteerd] uit een zaak voortvloeien, voortspruiten

re·su·mé [-zuu-] *(‹Fr) het* [-s] korte samenvatting, beknopt overzicht

re·su·me·ren *ww* [-zuu-] *(‹Fr‹Lat)* [resumeerde, h. geresumeerd] kort samenvatten, beknopt herhalen; (notulen) voorlezen en vaststellen

re·sur·rec·tie [-zurreksie] *(‹Fr‹Lat) de (v)* opstanding uit de dood

re·sus·aap [reezus-] *de (m)* [-apen] soort aap waarbij de resusfactor het eerst ontdekt is, genoemd naar de mythische koning van Thracië, Rhesus

re·sus·fac·tor [reezus-] *de (m)* med antigeen in rode bloedlichaampjes van de meeste mensen; als een kind verwekt wordt door een man die de factor wel bezit (*resuspositief*) bij een vrouw die deze niet bezit (*resusnegatief*), kan stoornis in de zwangerschap ontstaan

re·ta·bel *(‹Fr‹Sp) de & het* [-s] RK achterbouw van het altaar, doorgaans versierd met heiligenbeelden, houtsnij- of schilderwerk

re·tar·da·tie [-(t)sie] *(‹Lat) de (v)* vertraging in een voortgang of ontwikkeling

re·tar·de·ren *ww (‹Fr‹Lat)* [retardeerde, h. geretardeerd] vertraging brengen in, vertragen, ophouden

re·te- *voorvoegsel* NN, spreektaal met versterkende betekenis: ★ *retegoed, retestrak*

re·ten *ww verl tijd meerv* van → **rijten**

re·ten·tie [-sie] *(‹Lat) de (v)* [-s] ❶ terughouding ★ NN, recht *recht van ~* recht om andermans goed onder zich te houden tot een schuld met betrekking tot dat goed betaald is ❷ het ophouden, opgehouden-worden, vooral van urine

re·ti·cule [-kuul(ə)] (⟨Fr⟨Lat⟩ de (m) [-s] vroeger handtas die van boven toegehaald kan worden

re·ti·na (⟨Lat⟩ de ['s] ⟨van het oog⟩ netvlies

re·ti·ra·de de (v) [-s] vero openbaar toilet, wc

re·ti·re·ren (⟨Fr⟩ ww [retireerde, h. & is geretireerd] terugtrekken, terugtreden ★ zich ~ a) zich terugtrekken; b) naar bed gaan; c) zich uit de wereld terugtrekken, stil gaan leven

re·to·ri·ca (⟨Lat⟨Gr⟩ de (v) ❶ redekunst, leer van de welsprekendheid ❷ hoogdravende taal zonder echte inhoud ❸ [mv: 's] BN, vroeger benaming voor de hoogste klas van de Oude of Grieks-Latijnse Humaniora (vergelijkbaar met de laatste klas van het gymnasium in Nederland), waar vooral de bestudering van de klassieke redevoeringen op het programma stond

re·to·riek (⟨Lat⟨Gr⟩ de (v) ❶ hoogdravende taal zonder echte inhoud ❷ retorica

re·to·risch (⟨Gr⟩ bn ❶ behorend tot de retorica; redekunstig ★ retorische vraag vraag die eigenlijk een bevestiging is en waarop men geen antwoord verwacht, bijv.: 'moet hier niet ingegrepen worden?' ❷ op redenaarswijze, bombastisch

Re·to·Ro·maans het Romaanse taal gesproken in Oost-Zwitserland, de Dolomieten en Friaul, genoemd naar de Raeti, in de Romeinse tijd een bergvolk dat woonde tussen Po, Donau, Rijn en Lech

re·tor·sie (⟨Fr⟨Lat⟩ de (v) [-s] wraak, vergelding, revanche

re·tort (⟨Lat⟩ de & het [-en] kromhalzig glazen vat, kromhals, kolffles om vloeistoffen te destilleren; ook als benaming voor een toestel voor droge destillatie

re·touche [rətoesj(ə)] (⟨Fr⟩ de [-s] ❶ bijwerking, opwerking, overwerking; overgewerkte plaats in een schilderij, foto enz. ❷ BN verandering aan confectiekleding, om deze goed passend te maken

re·tou·che·ren [-toesjee-] (⟨Fr⟩ ww [retoucheerde, h. geretoucheerd] ❶ bewerken, bijwerken; de laatste hand leggen aan; een schilderij, foto enz. bijwerken ❷ BN ⟨van kleren⟩ door verandering passend maken

re·tour [rətoer] (⟨Fr⟩ I bijw terug II de (m) [-s] terugkeer; terugreis ★ fig op zijn ~ zijn over zijn hoogtepunt heen zijn terugzending van geld, een wissel of van goederenladingen III het [-s] kaartje (reisbiljet) voor heen- en terugreis

re·tour·bil·jet [-toer-] het [-ten], **re·tour·kaart·je** het [-s] → retour (III)

re·tour·ne·ren ww [-toer-] (⟨Fr⟩ [retourneerde, h. geretourneerd] ❶ terugkeren ❷ terugzenden ❸ terugslaan, terugspelen: ★ de tennisser retourneerde de bal bijzonder hard

re·tour·tje [-toer-] het [-s] retour (III)

re·tour·vracht [-toer-] de [-en] vracht op de terugreis

re·trac·tie [-sie] (⟨Fr⟨Lat⟩ de (v) [-s] ❶ terugtrekking ❷ samentrekking van een spier; schrompeling

re·trai·tant [-trè-] (⟨Fr⟩ de (m) [-en] persoon die in retraite gaat of is

re·trai·te [-trètə] (⟨Fr⟩ de (v) [-s] tijdelijke afzondering van de wereld om zich aan godsdienstige overpeinzingen en gewetensonderzoek over te geven

re·trai·te·huis [-trè-] het [-huizen] huis waar gelegenheid tot → **retraite** (bet 2) wordt gegeven

re·tran·che·ment [-sjə-] (⟨Fr⟩ het [-en] mil tweede wal of verschansing waarachter men zich kan terugtrekken

re·tri·bu·tie [-(t)sie] (⟨Fr⟨Lat⟩ de (v) [-s] ❶ teruggave; vergoeding ❷ heffing voor door de overheid bewezen diensten; geldelijke beloning

re·triev·er [rie-] (⟨Eng⟩ de (m) [-s] naam van een jachthondenras met verscheidene variëteiten, gebruikt om te apporteren

re·tro·gra·de (⟨Fr⟨Lat⟩ bn teruggaand ★ ~ woordenboek woordenboek waarin de woorden alfabetisch zijn gerangschikt vanaf de laatste letter

re·tro·spec·tie [-sie] (⟨Fr⟩ de (v) het terugzien, terugblik

re·tro·spec·tief (⟨Fr⟩ bn terugblikkend, een terugblik gevend

re·tro·vi·rus (⟨Lat⟩ het [-sen] med elk virus dat behoort tot de familie van RNA-virussen die gezwelziekten (o.a. kanker) veroorzaken

ret·si·na (⟨Gr⟩ de (m) [-'s] witte harswijn uit Griekenland

ret·tich (⟨Du⟨Lat⟩ de (m) eenjarige plant uit het Midden-Oosten, waarvan de lichtbruine knol, met een radijsachtige smaak, als groente wordt gegeten (Raphanus sativus, var. niger)

re·turn [rietù(r)n] (⟨Eng⟩ de (m) [-s] ❶ tennis slag terug ❷ returnmatch ❸ comput onzichtbaar teken in een tekstdocument, aan te brengen door het indrukken van de entertoets, waardoor er naar het begin van de volgende regel wordt gesprongen

re·turn·match [rietù(r)nmetsj] (⟨Eng⟩ de (m) [-es, -en], **re·turn·wed·strijd** de (m) [-en] wedstrijd als vervolg op een eerder gespeelde wedstrijd, waarbij de ploeg die eerst thuis speelde nu uit speelt en omgekeerd

re·turn·toets [-tù(r)n-] (⟨Eng⟩ de (m) [-en] comput entertoets

reu de (m) [-en] mannetjeshond

reuk de (m) ❶ reukzintuig, het ruiken ❷ [mv: -en] geur ★ NN in een kwade ~ staan slecht bekend staan

reuk·al·taar de (m) & het [-taren] altaar waarop reukoffers, vooral van wierook ontstoken worden

reuk·fles·je het [-s] flesje met reukwater

reuk·gras het welriekende grassoort (Antoxanthum odoratum)

reuk·hout het welriekende houtsoort, weichselhout

reuk·loos bn niet ruikend

reuk·of·fer het [-s] verbranding van sterk geurende stoffen als offer

reuk·or·gaan het [-ganen] neus

reuk·wa·ter het [-s, -en] welriekend water

reuk·werk het [-en] welriekende stof, vooral vloeistof

reuk·ze·nuw *de* [-en] zenuw die het reukorgaan verbindt met de hersenen

reu·ma *het & de (v)*, **reu·ma·tiek** *(⟨Gr⟩ de (v)* verzamelnaam voor aandoeningen in spieren, pezen of gewrichten die aldaar pijn en stijfheid veroorzaken

reu·ma·tisch *(⟨Gr⟩ bn* van de aard van, lijdende aan of voortkomende uit reumatiek ★ *reumatische aandoeningen* reuma(tiek)

reu·ma·to·lo·gie *(⟨Gr⟩ de (v)* leer en studie van de reumatische ziekten

reu·ma·to·loog *(⟨Gr⟩ de (m)* [-logen] arts voor reumatische ziekten

re·ü·nie *(⟨Fr⟩ de (v)* [-s] hereniging; gezellige bijeenkomst van oud-leden, oud-leerlingen, oud-studenten, oudgedienden enz.

re·ü·nist *de (m)* [-en] deelnemer aan een reünie

reu·ring *(⟨West-Fries⟩ de (v)* NN drukte, gedoe; beroering, opschudding; leven, bedrijvigheid: ★ *er was veel ~ in dat stadje*

reus *de (m)* [reuzen] zeer groot mens, vaak voorkomend in de mythologie, in sprookjes e.d.; fig iem. of iets wat zeer groot is in zijn soort

reus·ach·tig [reuzach-] *bn* zeer groot; geweldig

reut *de (m)* NN, spreektaal troep, boel: ★ *de hele ~*

reu·tel *de (m)* [-s] rochelende ademhaling

reu·te·len *ww* [reutelde, h. gereuteld] ❶ rochelend ademhalen, zoals een stervende doet ❷ zeuren

reu·te·me·teut *de (m)* reut, troep, boel: ★ *de hele ~*

reu·ze I *bn* reusachtig, geweldig, heel plezierig; **II** *als eerste lid in samenstellingen*, **reuzegoed**, **reuzegezellig**

reu·zel *de (m)* gesmolten varkensvet

reu·zen·ar·beid *de (m)* geweldig werk

reu·zen·be·ren·klauw *de* [-en] zeer grote (tot 3 m), uit de Kaukasus afkomstige tuinplant uit de schermbloemenfamilie (*Heracleum mantegazzianum*)

reu·zen·bo·vist *de* [-en] in Nederland en België algemeen bekende paddenstoelensoort, met een diameter van 60 cm (*Bovista gigantea*)

reu·zen·haai *de (m)* [-en] ongeveer 10 m lange haai

reu·zen·ha·ge·dis *de* [-sen] zeer grote voorwereldlijke hagedis

reu·zen·kracht *de* [-en] zeer grote kracht

reu·zen·om·me·gang *de (m)* BN stoet waarin reuzenpoppen worden rondgedragen

reu·zen·pan·da *de (m)* ['s] bijna uitgestorven, vrijwel uitsluitend bamboe etende beer uit China (*Ailuropoda melanoleuca*)

reu·zen·rad *het* [-raderen] attractie op kermissen en in pretparken, bestaande uit een groot, verticaal geplaatst, draaiend rad met bankjes

reu·zen·sa·la·man·der *de (m)* [-s] in Japan en China voorkomende salamander die tot anderhalve meter lang kan worden (*Cryptobranchus*)

reu·zen·schild·pad *de* [-den] zeer grote schildpad, thans uitgestorven

reu·zen·schre·de *de* [-n] zeer grote stap; vaak fig:

★ *met reuzenschreden vooruitgaan* zeer snel

reu·zen·sla·lom *de (m)* [-s] skislalom over lange afstand, waarbij de poortjes verder uit elkaar staan dan bij de gewone slalom

reu·zen·slang *de* [-en] zeer grote tropische slang, die zich om de prooi slingert

reu·zen·werk *het* [-en] zeer groot werk

reu·zen·zwaai *de (m)* [-en] turnen het geheel gestrekt omzwaaien aan de rekstok

reu·zin *de (v)* [-nen] vrouwelijke reus, zeer grote vrouw

re·vac·ci·na·tie [-(t)sie] *de (v)* [-s] herinenting

re·vac·ci·ne·ren *ww* [revaccineerde, h. gerevaccineerd] opnieuw inenten

re·va·li·da·tie [-(t)sie] *de (v)* het weer valide en voor de maatschappij geschikt maken van invaliden of minder valide arbeidskrachten

re·va·li·da·tie·cen·trum [-(t)sie-] *het* [-s en -tra] inrichting voor revalidatie

re·va·li·de·ren *ww* [revalideerde, h. gerevalideerd] weer valide maken

re·va·lo·ri·se·ren *ww* [-zee-] *(⟨Fr⟩* [revaloriseerde, h. gerevaloriseerd] opnieuw waarde of geldigheid geven; herwaarderen; andere waarde aan de munt geven

re·va·lu·a·tie [-(t)sie] *de (v)* [-s] toekenning van een hogere waarde aan de munt van een land

re·va·lu·e·ren *ww* [revalueerde, h. gerevalueerd] een andere (hogere) waarde geven; **revaluering** *de (v)* [-en]

re·vanche [rəvãsj(ə)] *(⟨Fr⟩ de (v)* [-s] (weer)wraak, genoegdoening na een geleden nederlaag; tweede spel om het verlies bij het eerste te herstellen ★ *~ nemen* zich wreken, zich genoegdoening verschaffen

re·van·che·ren [-sjeerə(n)] *(⟨Fr⟩* wederk [revancheerde, h. gerevancheerd] zich wreken, zich genoegdoening verschaffen; een vriendelijkheid met een vriendelijkheid beantwoorden

re·van·chis·me [-sjis-] *het* het streven naar revanche

re·van·chist [-sjist] *de (m)* [-en] voorstander, aanhanger van het revanchisme

re·van·chis·tisch [-sjis-] *bn* van de aard van of voortvloeiend uit revanchisme

re·veil [reveij] *(⟨Fr⟩ het* opwekking, herleving ★ in Nederland, hist *het Reveil* beweging van godsdienstige herleving bij de protestanten omstreeks 1840

re·veil·le [reveijə] *(⟨Fr⟩ de* signaal om soldaten te wekken, weksignaal

re·ve·la·tie [-(t)sie] *(⟨Fr⟨Lat⟩ de (v)* [-s] ontdekking, (goddelijke) openbaring, onthulling

re·ven *ww* [reefde, h. gereefd] de zeilen gedeeltelijk plooien, oprollen

re·ve·nu *(⟨Fr⟩* **I** *het* [-en en 's] inkomen; **II** *mv* inkomsten, renten

re·ve·ren·ce [reveveerãs(ə)] *(⟨Fr⟨Lat⟩ de (v)* [-s] ⟨van vrouwen⟩ diepe buiging door de knieën (als

beleefde begroeting)
re·ve·ren·tie [-sie] *(‹Lat› de (v)) [-s]* ❶ eerbiedig ontzag ❷ eerbetuiging; buiging, nijging
rê·ve·rie [rè-] *(‹Fr› de (v)) [-rieën, -s]* ❶ dromerij, mijmering; droombeeld ❷ muz muziekstuk van dromerige aard
re·vers [rəvèr] *(‹Fr‹Lat› de (m)) [mv idem]* ❶ keerzijde van een munt of penning ❷ omslag van een jas of vest
re·ver·si·bel *(‹Fr› bn)* ❶ terugvallend, wat terugkeert (bijv. een leen) ❷ ‹van een schei- of natuurkundig proces› omkeerbaar
re·vi·aans *bn* in de stijl van Gerard Reve, Nederlands schrijver (1923-2006)
re·vier *(‹Du› het [-en])* gebied, terrein, vooral jachtterrein
re·vie·ren *ww (‹Du›)* [revierde, h. gereviert] hondensport een terrein afzoeken
re·view [rievjoe] *(‹Eng› de (m)) [-s]* ❶ tijdschrift, maandblad ❷ boekbeoordeling
re·vin·di·ce·ren *ww* [revindiceerde, h. gerevindiceerd] recht terugvorderen
re·vi·se·ren *ww* [-zee-] *(‹Fr‹Lat›)* [reviseerde, h. gereviseerd] een revisie doen ondergaan; geheel nazien en de versleten onderdelen vervangen
re·vi·sie [-zie] *(‹Fr‹Lat› de (v)) [-s]* ❶ herziening; recht (in strafzaken) middel tegen een in hoogste instantie gewezen vonnis of arrest als er nieuwe omstandigheden gebleken zijn waardoor er vrijspraak of een lagere straf verwacht kan worden ❷ het opnieuw corrigeren; tweede drukproef
re·vi·sio·nis·me [-zjoo-] *(‹Fr› het)* richting in het socialisme die naar herziening van het maatschappelijk bestel streeft, niet naar revolutie
re·vi·sio·nist [-zjoo-] *(‹Fr› de (m)) [-en]* ❶ voorstander van het revisionisme ❷ iem. met een afwijkende historische visie, vooral iem. die ontkent dat er onder het nazibewind miljoenen Joden zijn omgebracht
re·vi·sio·nis·tisch [-zjoo-] *bn* volgens het revisionisme
re·vi·sor [-zor] *(‹Fr› de (m)) [-s en -soren]* ❶ controleur van rekeningen ❷ corrector ❸ BN verkorting van *bedrijfsrevisor*
re·vi·ta·li·se·ren *ww* [-zee-] *(‹Fr›)* [revitaliseerde, h. gerevitaliseerd] nieuw leven inblazen, opnieuw tot leven wekken
re·viv·al [rievaivəl] *(‹Eng› de [-s])* plotselinge herleving en opwekking, vooral van het religieuze leven
re·vo·ca·tie [-(t)sie] *(‹Fr‹Lat› de (v)) [-s]* herroeping; intrekking van een volmacht, van een bevel e.d.
re·voir [rəvwaar] *(‹Fr› het)* weerzien ★ au ~ tot weerziens
re·vol·tant *(‹Fr› bn)* tegen de borst stuitend, weerzinwekkend
re·vol·te *(‹Fr› de (v)) [-s]* oproer, muiterij, opstand
re·vol·te·ren *ww (‹Fr‹It›)* [revolteerde, h. gerevolteerd] ❶ oproerig worden, muiten, in opstand komen ❷ in opstand brengen

re·vo·lu·tie [-(t)sie] *(‹Fr‹Lat› de (v)) [-s]* ❶ omwenteling van een kleine hemelbol om een grotere, bijv. van de aarde om de zon ❷ radicale verandering van het politieke systeem op gewelddadige, althans buitenwettelijke wijze: ★ *de Franse Revolutie* (1789) ★ *de Russische Revolutie* (1917) ❸ grote, algehele ommekeer: ★ *het impressionisme was een ~ in de kunst* ★ *de industriële ~* zie bij → **industrieel**
re·vo·lu·tie·bouw [-(t)sie-] *de (m)* NN onsolide huizenbouw
re·vo·lu·tio·nair [-(t)sjoonèr] *(‹Fr›) I bn* ❶ omwentelingsgezind, oproerig ❷ van de aard van een revolutie of die teweegbrengend *II de (m) [-en]* omwentelingsgezinde, aanhanger van de of van een revolutie
re·vol·ver *(‹Eng› de (m)) [-s]* ❶ halfautomatisch handvuurwapen met roterend magazijn ❷ draaibare schijf aan een microscoop of een filmcamera met verschillende objectieven
re·vol·ver·ca·me·ra *de ['s]* fototoestel waarmee men snel achter elkaar een aantal opnamen kan maken
re·vol·ver·held *de (m) [-en]* schertsend iem. die snel en vaardig een revolver gebruikt om de zaken naar zijn hand te zetten, vooral in verhalen over het Wilde Westen
re·vol·ver·schot *het [-schoten]* schot met een revolver
re·vol·ver·tas *de [-sen]* tas waarin een revolver gedragen wordt
re·vue [rəvuu] *(‹Fr› de [-s])* ❶ monstering, wapenschouw ★ *de ~ passeren* gemonsterd, nauwkeurig bekeken of beoordeeld worden ❷ openbare vertoning waarin zonder veel onderling verband gedanst, gezongen, toneelgespeeld wordt ❸ overzicht; titel van tijdschriften
re·vue·girl [rəvuuyù(r)l] *de (v) [-s]* medewerkster aan het ballet in een → **revue** (bet 2)
rex *(‹Lat› de (m) [‹reges])* ❶ koning ★ ~ *Judaeorum* de koning der Joden (Jezus Christus) ❷ naam van een kattenras met golvend haar
rexis·me [reksis-] *het* in België, hist vorm van fascisme (met de partij Rex o.l.v. Léon Degrelle)
rexist [reksist] *de (m) [-en]* in België, hist aanhanger van de voormalige fascistische partij (1935-1944) (naar het devies *Christus Rex* Christus Koning)
rez-de-chaus·see [reedəsjoosee] *(‹Fr› de (m) & het [-s])* gelijkvloerse verdieping
re·zen *ww verl tijd meerv* van → **rijzen**
RF *afk* République Française *(‹Fr›)* [Franse Republiek]
Rh *afk* chem symbool voor het element *rhodium*
rhe·ni·um *het* → **renium**
rho *(‹Gr› de ['s])* 17de letter van het Griekse alfabet, als hoofdletter P, als kleine letter ρ
rho·di·um *(‹Gr› het)* → **rodium**
rhythm-and-blues [rithmənbloez, Engelse th] *(‹Eng› de (m))* aan het eind van de jaren '30 bij de Amerikaanse negers ontstane muziekstijl, gebaseerd op betrekkelijk eenvoudige bluesschema's met een

sterke beat
RI *afk* Republik Indonesia [Indonesië (als nationaliteitsaanduiding op auto's)]
Riagg *afk* in Nederland Regionaal instituut voor ambulante geestelijke gezondheidszorg, thans ressorterend onder de *GGZ*
ri·a·kust *de* [-en] kust met veel ria's, verdronken riviermondingen, zoals in Bretagne en Noordwest-Spanje
ri·al *de (m)* [-s] munteenheid van Iran, Jemen en Oman
ri·ant *(‹Fr› bn* ❶ er vrolijk of bekoorlijk uitziend, aanlokkelijk: ★ *een ~ uitzicht* ❷ hoopvol; gunstig: ★ *een ~ vooruitzicht* ❸ royaal, ruim: ★ *een ~ inkomen*
rib, rib·be *de* [ribben] ❶ elk van de boogvormige beenderen die de borstkas vormen ★ NN *dat is een ~ uit mijn lijf* dat is een grote uitgave ★ *men kan zijn ribben tellen* hij is zeer mager ❷ ribstuk van een rund, varken enz. ❸ gebogen balk van een scheepsromp ❹ houten balk ❺ meetk snijlijn van twee grensvlakken van een lichaam
rib·be·de·bie *bijw* BN, spreektaal weg, verdwenen
rib·bel *de* [-s] dunne uitstekende rand; kleine welving of rimpeling
rib·be·len *ww* [ribbelde, h. geribbeld] ribbels aanbrengen op, **rib·be·ling** *de (v)* [-en]
rib·ben·kast *de* het samenstel van ribben, dat de borstkas omgeeft; inf lichaam
rib·ben·stoot *de (m)* [-stoten] stoot in de ribben
rib·cord [-kò(r)d] *(‹Eng› het)* op ribfluweel gelijkende stof, maar met grotere afstand tussen de ribbels
ri·bes *de (m)* [-sen] vroegbloeiende struik met trosjes meestal rozenachtige bloemen
rib·eye *(‹Eng›* [rib-aai] *de (m)* [-s] fijn stuk vlees van de rib
rib·flu·weel *het* geribde fluweelachtige stof
rib·lap *de (m)* [-pen] NN stuk vlees uit het gebied bij de ribben, vooral van een rund
ri·bo·nu·cle·ï·ne·zuur *het* RNA
rib·stuk *het* [-ken] vlees van de ribben van een rund of varken
ri·chel *de* [-s] ❶ lat ❷ smalle, uitstekende rand of ribbel ★ *tuig van de ~* gespuis, schorremorrie
rich·ten *ww* [richtte, h. gericht] ❶ in een rechte lijn doen staan ❷ naar een bepaalde kant stellen, een bepaalde kant doen heengaan: ★ *een stuk geschut ~* ★ *zich ~ naar* zich regelen naar ★ *te gronde ~* zie bij → **grond** (bet 1) ❸ wenden: ★ *zich tot iem. ~* ❹ zenden: ★ *een schrijven ~ aan iem.*
Rich·ter *zn* [riech-, Duitse ch:] ★ *Schaal van ~,* eig schaal van Mercalli-Cancani-Richter schaal van 1 tot 12 waarin de intensiteit van aardbevingen wordt gemeten, genoemd naar de Amerikaanse seismoloog Charles F. Richter (1900-1985): ★ *deze aardbeving scoorde 6,9 op de Schaal van ~*
rich·ter *de (m)* [-s en -en] Bijbel, vero bestuurder van het volk Israël vóór het koningschap; daden van deze bestuurders worden verhaald in het boek *Richteren,* thans: *Rechters*

rich·ting *de (v)* [-en] ❶ te volgen weg; ★ BN, spreektaal *enkele ~* eenrichtingsverkeer ❷ → **zijde**[1]; → **kant**[1] ❸ stand ❹ fig stroming, partij
rich·ting·aan·wij·zer, rich·ting·wij·zer *de (m)* [-s] knipperlicht aan voertuigen, waardoor verandering van richting wordt aangegeven
rich·ting·ge·vend, rich·ting·ge·vend *bn* richting of leiding gevend
rich·ting·ge·voel, rich·tings·ge·voel *het* gevoel voor de juiste richting, oriënteringsvermogen
rich·ting·wij·zer *de (m)* [-s] → **richtingaanwijzer**
rich·ting·zoe·ker *de (m)* [-s] radiopeiler
richt·lijn *de* [-en] ❶ algemeen lijn die de richting aangeeft ❷ fig regel waarnaar gewerkt, gehandeld moet worden ❸ wisk rechte lijn die op een bep. afstand loodrecht door het verlengde van de as van een kegelsnede wordt getrokken
richt·lood *het* [-loden] schietlood
richt·mi·cro·foon *de (m)* [-s] zeer gevoelige microfoon die, indien juist gericht, op grote afstand geluiden kan registreren, gebruikt bij afluisteren
richt·prijs *de (m)* [-prijzen] handel prijs waarnaar men zich richten kan, prijs waarin een redelijke winst is berekend
richt·snoer *het* [-en] datgene waarnaar men zich richt
ri·ci·nus *(‹Lat› de (m)* wonderboom, struik uit Indonesië, waarvan de zaden een geneeskrachtige olie opleveren
ri·ci·nus·olie *de* med wonderolie, olie uit de zaden van *Ricinus communis,* een wolfsmelkachtige plant
ri·co·che·ren *ww* [-sjee-] *(‹Fr›* [ricocheerde, h. gericocheerd] ‹van kogels› tegen de grond of een ander vlak aanslaan en terugspringen
ri·co·chet [-sjè, -sjet] *(‹Fr› het* het keilen, het afkaatsen van een projectiel op de grond, een muur of het water
ri·co·chet·schot [-sjet-] *het* [-schoten] afgekaatst schot
rid·der *de (m)* [-s] ❶ ‹in de middeleeuwen› iem. die behoorde tot de stand van de bereden militairen; door de ridderslag tot ridder gewordene ★ *een dolend ~* zie bij → **dolen** ★ *~ van de droevige figuur* armelijk verwaarloosd uitziend ridder, Don Quichot ★ *de Ridders van de Ronde Tafel* de ridders aan het hof van de legendarische Keltische koning Arthur ★ *tot ~ slaan* door de ridderslag in de ridderstand opnemen ❷ adellijke titel tussen jonkheer en baron ❸ iem. die in het bezit is van een ridderorde: ★ *~ in de orde van Oranje-Nassau* ❹ begeleider, beschermer van een vrouw; iem. die zich hoffelijk tegenover een vrouw gedraagt
rid·de·ren *ww* [ridderde, h. geridderd] een ridderorde geven aan
rid·der·epos *het* [-epen, -epossen] ridderroman
rid·der·goed *het* [-goederen] onroerend goed aan een ridder toebehorend; landgoed waarvan de bezitter in de ridderschap kon worden opgenomen
rid·der·kruis *het* [-en] kruis als ereteken van een ridderorde

rid·der·lijk *bn* edel en moedig als een ridder, hoffelijk ★ *ridderlijke orde* ridderorde; **ridderlijkheid** *de (v)*

rid·der·lint *het* [-en] lint aan een ridderorde of als ereteken van een ridderorde

rid·der·or·de *de* [-n en -s] hist gemeenschap van ridders; later van staatswege verleende onderscheiding voor bijzondere verdiensten

rid·der·ro·man *de (m)* [-s] middeleeuws berijmd verhaal over het leven en vooral de avonturen van ridders

rid·der·schap I *de (v)* [-pen] de gezamenlijke ridders van een gewest **II** *het* het ridder-zijn

rid·der·slag *de (m)* slag in de hals met het plat van een zwaard, waardoor men in de ridderstand werd opgenomen

rid·der·spoor *de* [-sporen] ❶ ²spoor van een ridder ❷ ranonkelachtige plant met gespoorde blauwe of violette bloemen (*Delphinium*)

rid·der·stand *de (m)* ¹stand van de ridders

rid·der·tijd *de (m)* de latere middeleeuwen

rid·der·zaal *de* [-zalen] grote zaal in een kasteel ★ *in Nederland de Ridderzaal* gebouw op het Binnenhof in Den Haag, waar jaarlijks op de derde dinsdag in september de troonrede wordt uitgesproken door de koningin

rid·der·za·te *de* [-n] landgoed van een ridder

ri·di·cu·li·se·ren *ww* [-zeerə(n)] (<Fr) [ridiculiseerde, h. geridiculiseerd] belachelijk maken, bespottelijk voorstellen

ri·di·cu·li·teit *de (v)* [-en] belachelijkheid

ri·di·cuul (<Fr<Lat) *bn* belachelijk, bespottelijk

ried *ww*, **rie·den** *verl tijd* van → **raden**¹

rie·del *de (m)* [-s] vaak verkleind tot: *riedeltje* vaste, gemakkelijk herkenbare kreet, vast deuntje

riek *de (m)* [-en] mestvork

rie·ken *ww* [rook, fig ook wel: riekte, h. geroken] geur afgeven ★ fig ~ *naar* de gedachte opwekken van, doen denken aan (meestal iets ongunstigs)

riem¹ *de (m)* [-en] leren band: ★ *de riemen aan een zadel* ★ *het is goed riemen snijden uit andermans leer* het is gemakkelijk gul te zijn met het geld van een ander; zie ook bij → **hart**

riem² (<Lat) *de (m)* [-en] roeispaan ★ *men moet roeien met de riemen die men heeft* men moet zich behelpen met de (gebrekkige) hulpmiddelen waarover men beschikt

riem³ (<Sp<Arab) *de (m)* [-en] 500 vel papier

riem·schijf *de* [-schijven] schijf waarover een → **riem**¹ zonder eind loopt

riep *ww*, **rie·pen** *verl tijd* van → **roepen**

ries·ling (<Du) *de (m)* soort moezelwijn

riet *het* ❶ plantensoort uit de grassenfamilie, met hoge stengels, brede bladeren en een pluim als bloeiwijze, over de gehele wereld voorkomend langs wateren en in moerassen (*Phragmites australis*) ❷ stengel van deze plant: ★ *beven als een* ~ ❸ muz onderdeel van houten blaasinstrumenten waardoor de luchtkolom in trilling wordt gebracht; zie ook bij → **Spaans**

riet·dek·ker *de (m)* [-s] iem. die rieten daken maakt

rie·ten *bn* van riet

riet·gans *de* [-ganzen] ganzensoort (*Anser fabalis*)

riet·gors¹ *de* [-gorzen] in het riet levende vogel ter grootte van een mus (*Emberiza schoeniclus*)

riet·gors² *de & het* [-gorzen] met riet begroeid aangeslibd land

riet·gras *het* [-sen] ❶ grassoort met roodachtige pluimen (*Phalaris arundinacea*) ❷ → **zegge**¹

riet·halm *de (m)* [-en] ❶ halm van riet ❷ fig zwak, onbetrouwbaar steunsel

riet·je *het* [-s] ❶ stukje rietstengel of plastic buisje, o.a. gebruikt om koele dranken op te zuigen ❷ muz riet

riet·kraag *de (m)* haag riet langs water

riet·land *het* [-en] met riet begroeid land

riet·lijs·ter *de* [-s] rietzanger

riet·mat *de* [-ten] van riet gevlochten mat

riet·pluim *de* [-en] pluim van bloeiend riet

riet·steel *de (m)* [-stelen], **riet·sten·gel** *de (m)* [-s] riethalm

riet·sui·ker *de (m)* suiker uit suikerriet

riet·veld *het* [-en] veld met riet begroeid; riettuin

riet·vink *de* [-en] → **rietgors**¹

riet·voorn, **riet·vo·ren** *de (m)* [-s] tot de Karpers behorende vissoort, voorkomend in helder water op plaatsen met plantengroei, ruisvoorn

riet·zan·ger *de (m)* [-s] insectenetende zangvogel, veel in het riet levend (*Acrocephalus schoenobaenus*)

riet·zod·de *de* [-n] NN drijvende massa losgeraakte waterplanten

rif *het* [-fen] rots, klip

Rif·fijn *de (m)* [-en] Berber uit het Rifgebied in Noord-Marokko

Rif·fijns *het* Berberdialect gesproken in het Rifgebied in Noord-Marokko

ri·gi·de [-gie-, -zjie-] (<Fr<Lat) *bn* ❶ stijf, strak, niet slap ❷ hard, streng, onverbiddelijk

ri·gi·di·teit [-gie-, -zjie-] (<Fr<Lat) *de (v)* stijfheid, strakheid; strengheid, rigueur

ri·go·ris·me (<Fr) *het* strengheid in de toepassing van regels of normen; starheid, het stijf en strak volgen van principes

ri·gou·reus [-goe-] (<Fr<Lat) *bn* uiterst streng, voorschriften zeer stipt volgend

rij *de* [-en] ❶ aantal naast of achter elkaar geplaatste wezens of voorwerpen ❷ reeks ★ *op* ~ achter elkaar: ★ *onze club heeft vier keer op* ~ *verloren* ❸ gelid

rij·baan *de* [-banen] ❶ baan waarop men zich in het rijden oefent; baan voor schaatsenrijders ❷ rijweg of (door middenberm of vangrail) afgescheiden gedeelte daarvan

rij·be·voegd·heid *de (v)* wettelijke bevoegdheid om een motorvoertuig te besturen

rij·be·wijs *het* [-wijzen] bewijs van rijvaardigheid

rij·broek *de* [-en] broek bij het paardrijden gedragen, met leren zitvlak en onder de knieën om de benen nauwsluitende pijpen

rij·dek *het* [-ken] scheepsdek voor voertuigen, bijv. op een pont

rij·den *ww* [reed, h. & is gereden] ❶ voortbewegen op een dier, fiets, auto, schaatsen enz. ❷ berijdbaar zijn: ★ *deze auto rijdt lekker* ★ *die weg rijdt goed* ❸ NN onrustig heen en weer bewegen: ★ *zit niet zo te ~ op je stoel* ★ *een schip rijdt soms als het voor anker ligt* ❹ NN met schokkende bewegingen tegen iets of iem. aan bewegen: ★ *die hond zit de hele tijd tegen mijn been aan te ~*

rij·dend *bn* op (motor)voertuigen verplaatsbaar: ★ *een rijdende winkel*

rij·der *de (m)* [-s] ❶ iemand die rijdt ❷ NN iem. die iets per voertuig bezorgt ❸ NN oude Nederlandse munt

rij·dier *het* [-en] dier waarop een mens rijdt

rij·draad *de (m)* [-draden] bovengrondse draad ter geleiding van elektrisch aangedreven wagens van het openbaar vervoer

rij·en *wederk* [rijde, h. gerijd] een rij of rijen vormen

rij·exa·men *het* [-s] examen ter verkrijging van het rijbewijs

rijg·draad *de (m)* [-draden] draad waarmee iets voorlopig in elkaar genaaid wordt

rij·ge·drag *het* ⟨van verkeersdeelnemers⟩ wijze van rijden

rij·gen *ww* [reeg, h. geregen] ❶ ⟨kralen, parels e.d.⟩ door middel van een draad of koord verbinden ★ *iemand aan de degen ~* met een degen doorboren ❷ met een koord sluiten ❸ voorlopig in elkaar naaien

rijg·ga·ren *het* garen om te → **rijgen** (bet 3)

rijg·laars *de* [-laarzen] met veters gesloten hoge schoen

rijg·lijf *het* [-lijven] met veter toegeregen lijf, keurs

rijg·naald *de* [-en] grote platte naald met wijd oog, voor het doorhalen van elastiek e.d.

rijg·pen *de* [-nen] rijgnaald

rijg·schoen *de* [-en] schoen die met veters vastgeregen wordt

rijg·snoer *het* [-en] snoer waaraan geregen wordt

rijg·ve·ter *de (m)* [-s] veter

rij·huis *het* [-huizen] BN ook rijtjeshuis

rij·in·struc·teur *de (m)* [-s] iem. die les geeft in autorijden

rijk[1] *bn* ❶ veel geld (en goed) bezittend ★ *de koning te ~ zijn* zich zeer rijk en gelukkig voelen ❷ kostbaar, weelderig ❸ in het bezit hebbend: ★ *hij is geen honderd euro ~* ❹ in overvloed hebbend: ★ *~ aan grondstoffen* ❺ waardoor men rijk wordt: ★ *een ~ huwelijk* ❻ waar rijke mensen wonen: ★ *de rijke wijk van een stad* ❼ overvloedig: ★ *een rijke oogst* ❽ kostelijk, vermakelijk: ★ *een ~ toneeltje*

rijk[2] *het* [-en] ❶ staat; land ★ *het ~ der doden de onderwereld* ❷ heerschappij: ★ *zijn ~ is uit* ★ *het ~ alleen hebben* geheel alleen zijn ★ *het Rijk* de Staat der Nederlanden ❸ gebied in overdrachtelijke zin: ★ *het ~ der dromen; het ~ der natuur*

rijk·aard *de (m)* [-s] iem. die zeer rijk is

rijk·dom *de (m)* [mv 2, 4 -men] ❶ het rijk-zijn ❷ groot bezit aan geld of goed of aan geluk enz. ❸ de rijke mensen ❹ overvloed, grote hoeveelheid: ★ *een ~ aan gedachten* ★ *de ~ van Gods liefde*

rij·ke *de* [-n] iemand die rijk is

rij·ke·lijk *bn* ❶ overvloedig: ★ *dit is ~ aanwezig* ❷ in te ruime mate: ★ *hij is ~ vrijmoedig*

rij·ke·lui *mv* rijke mensen ★ *rijkeluiswens* twee kinderen: een jongen en een meisje

rij·ke·luis·kind *het* [-eren] kind van rijke ouders

rijk·heid *de (v)* luister, weelderigheid, pracht

rij·kle·ding *de (v)*, **rij·kle·ren** *mv* rijkostuum

rij·knecht *de (m)* [-en, -s] paardenknecht, jockey

rij·kos·tuum *het* [-s] kostuum bij het paardrijden gedragen

rijks·ad·vo·caat, **rijks-ad·vo·caat** *de (m)* [-caten] NN advocaat voor de regering bij belastingzaken

rijks·amb·te·naar, **rijks-amb·te·naar** *de (m)* [-s, -naren] ambtenaar in dienst van het rijk

rijks·ap·pel *de (m)* [-s] gouden bol met een kruis erop, symbool van de wereldlijke macht

rijks·ar·chief, **rijks-ar·chief** *het* [-chieven] archief van op het rijk betrekking hebbende documenten

rijks·ar·chi·va·ris, **rijks-ar·chi·va·ris** *de (m)* [-sen] beheerder van rijksarchief

rijks·ban *de (m)*, ⟨in het Duitse Keizerrijk⟩ straf voor hoogverraad of andere zware misdaden waardoor men zijn rechten en zijn aanspraak op rechtsbescherming verloor

rijks·be·gro·ting *de* [-en] vooral NN schatting van inkomsten en uitgaven van de rijksoverheid in de eerstkomende periode

rijks·bouw·mees·ter *de (m)* [-s] NN bouwkundige die het toezicht heeft op de rijksgebouwen

rijks·com·mis·sa·ris ⟨Du⟩ *de (m)* hist ⟨tijdens de Tweede Wereldoorlog⟩ titel van de persoon die het beheer had over een door de Duitsers bezet gebied: ★ *in Nederland was Seyss-Inquart van 1940 tot 1945 ~*

rijks·daal·der *de (m)* [-s] NN, vroeger zilveren of nikkelen munt, fl. 2,50

rijks·dag *de (m)* [-dagen] ❶ volksvertegenwoordiging in sommige staten ❷ het gebouw waarin deze vergaderde

rijks·deel *het* [-delen] vooral NN deel van een rijk, vooral deel dat een afzonderlijk gelegen geheel vormt

rijks·dienst *de (m)* [-en] vooral NN ❶ bedrijf of instelling van het rijk ❷ dienstverband bij het rijk, overheidsdienst: ★ *in ~ zijn*

rijks·ge·bied *het* grondgebied van een rijk

rijks·ge·bouw *het* [-en] gebouw van het rijk

rijks·ge·noot *de (m)* [-noten] NN burger van hetzelfde rijk; vooral ingezetene uit de Nederlandse Antillen, vroeger ook uit Suriname

rijks·grens *de* [-grenzen] grens van een rijk

rijks·gro·te *de (m)* [-n] hist iem. van hoge adel, veelal medebestuurder van een rijk

rijks·in·stel·ling, rijks·in·stel·ling *de (v)* [-en] onder het rijk ressorterende instelling

rijks·kan·se·lier *de (m)* [-s, -en] hist hoofd van de regering in het voormalige Duitse Rijk

rijks·lucht·vaart·dienst *de (m)* NN dienst die de vliegtuigen registreert en controleert

rijks·mid·de·len *mv* de inkomsten van het rijk

Rijks·munt, Rijks·munt *de* in Nederland, vroeger rijksinrichting voor het munten van geld [in 1994 verzelfstandigd tot de Nederlandse Munt]

rijks·munt *de* [-en] in een rijk gangbare munt

rijks·mu·se·um [-zee(j)um] *het* [-s en -sea] NN op kosten van het rijk gesticht en onderhouden museum ★ *het Rijksmuseum* het grootste museum van Nederland, gevestigd te Amsterdam

rijks·op·voe·dings·ge·sticht *het* [-en] door het rijk opgericht en onderhouden inrichting ter opvoeding van jeugdige delinquenten en voogdijkinderen

rijks·over·heid *de (v)* NN gezamenlijke bestuursorganen op staatsniveau (i.t.t. provinciaal of gemeentelijk niveau)

rijks·po·li·tie [-(t)sie] *de (v)* NN, vroeger (tot 1993) politie waarvan de leiding berustte bij de minister van Justitie en die opereerde in kleine en middelgrote gemeenten

rijks·re·ge·ling *de (v)* [-en] NN door het rijk vastgestelde regeling

rijks·re·gis·ter *het* BN bestand met identificatiegegevens van alle inwoners van België

rijks·re·gis·ter·num·mer *het* [-s] BN uniek administratief nummer van elf cijfers dat sinds 1983 wordt toegekend aan elke persoon die in België woont; *vgl* NN → **persoonsnummer**

rijks·scep·ter, rijks·scep·ter *de (m)* [-s] scepter als zinnebeeld van de rijksmacht

rijks·schat·kist, rijks·schat·kist *de* [-en] NN de geldmiddelen van een rijk

rijks·stad *de* [-steden] hist ⟨in het oude Duitse rijk⟩ stad die alleen afhankelijk was van de keizer

rijks·stu·die·toe·la·ge *de* [-n] NN rijksbeurs

rijks·sub·si·die *de (v) & het* [-s] NN geldelijke ondersteuning van rijkswege

rijks·uni·ver·si·teit *de (v)* [-en] NN (vroeger ook BN) door het rijk onderhouden universiteit

rijks·voor·lich·tings·dienst *de (m)* in Nederland rijksdienst die de mededelingen doet over aangelegenheden van algemeen belang en zaken betreffende het Koninklijk Huis

rijks·wacht *de* BN, hist nationale politie (in 2001 opgegaan in de lokale en federale politie)

rijks·wa·pen *het* [-s] → **wapen** (bet 3) van het rijk; in Nederland twee leeuwen die een gekroond schild dragen met daaronder de woorden 'Je maintiendrai' (ik zal handhaven)

Rijks·wa·ter·staat *de (m)* in Nederland uitvoerende organisatie van het ministerie van Verkeer en Waterstaat

rijks·weg *de (m)* [-wegen] vooral NN door het rijk aangelegde en onderhouden weg

rijks·we·ge *zn* ★ NN *van ~* door, vanwege het rijk

rijks·wet *de* [-ten] ★ NN wet die geldt voor Nederland en de Nederlandse Antillen

rij·kunst *de (v)* de kunst van het (paard)rijden

rij·laars *de* [-laarzen] hoge, nauwsluitende laars

rij·les *de* [-sen] les in het paard- of autorijden

rijm¹ ⟨Fr⟩ *het* [-en] ❶ gelijkheid van klank in de (laatste) woorden van dichtregels ★ *gepaard ~* twee opeenvolgende regels rijmen ★ *gekruist ~* de 1ste rijmt op de 3de en de 2de op de 4de versregel ★ *omarmend ~* de 1ste rijmt op de 4de en de 2de op de 3de versregel ★ *staand* of *mannelijk ~* de beklemtoonde laatste lettergrepen van twee versregels rijmen ★ *liggend, slepend* of *vrouwelijk ~* op de beklemtoonde rijmende lettergrepen volgt nog een onbetoonde lettergreep ★ *glijdend ~* op de beklemtoonde rijmende lettergrepen volgen twee onbetoonde lettergrepen ❷ de rijmende woorden: ★ *onzuiver ~* ❸ gedichtje op rijm ★ *op ~ zetten* in rijmende versregels schrijven; zie ook → **rijmpje**

rijm² *de (m)* → **rijp¹**

rijm·bij·bel *de (m)* [-s] Bijbel op rijm

rij·me·laar *de (m)* [-s] slecht dichter

rij·me·la·rij *de (v)* [-en] waardeloos dichtwerk

rij·me·len *ww* [rijmelde, h. gerijmeld] slechte gedichten maken

rij·men *ww* [rijmde, h. gerijmd] ❶ rijmen (→ **rijm¹**, bet 3) maken ❷ ⟨van versregels, woorden⟩ klankgelijkheid vertonen ❸ in overeenstemming zijn: ★ *dat rijmt niet met mijn beginselen* ❹ in overeenstemming brengen: ★ *wat hij doet is niet te ~ met wat hij zegt*

rij·mer *de (m)* [-s] verzenmaker, rijmelaar

rijm·klank *de (m)* [-en] de gelijke klank in rijmende woorden

rijm·kro·niek *de (v)* [-en] kroniek op rijm

rijm·loos *bn* niet rijmend: ★ *rijmloze verzen*

rijm·pje *het* [-s] kort gedichtje

rijm·prent *de* [-en] plaat met toepasselijk gedicht, bij een bepaalde gelegenheid (feest, herdenking enz.) uitgegeven

rijm·sche·ma *het* ['s] groepering van de rijmklanken in een gedicht

rijm·woord *het* [-en] woord dat een rijmklank bevat

rijm·woor·den·boek *het* [-en] boek waarin rijmwoorden opgezocht kunnen worden

rijn·aak *de* [-aken] lange platte vrachtboot, oorspronkelijk alleen op de Rijn varend

Rijn·lan·der *de (m)* [-s] iem. geboortig of afkomstig uit het Duitse Rijnland

Rijn·lands *bn* van, uit, betreffende het Rijnland

rijns *bn* rins

rijn·schip *het* [-schepen] schip dat de Rijn bevaart; rijnaak

rijn·steen *de (m)* [-stenen] ❶ NN baksteen van rivierklei langs de Oude Rijn ❷ imitatiediamant

Rijn·vaart *de* scheepvaart op de Rijn

rijn·wijn *de (m)* [-en] wijn afkomstig uit de Duitse Rijnstreek

rijn·zand *het* BN grof, scherp rivierzand

rij-op-rij-af·schip *het* [-schepen] schip waarop voertuigen rijdend worden in- en uitgeladen

rijp¹ *de (m)* bevroren dauw

rijp² *bn* ❶ volgroeid, volwassen, tot volle lichamelijke of geestelijke ontwikkeling gekomen ★ *vroeg ~, vroeg rot* wie of wat vroeg volgroeid is, is vaak vroeg bedorven ★ *~ en groen* doordacht en ondoordacht, geschikt en ongeschikt, alles door elkaar ❷ ernstig, doordacht: ★ *na ~ beraad* ❸ ⟨van vruchten⟩ geschikt om geplukt, genuttigd e.d. te worden ❹ fig geschikt in het algemeen: ★ *~ voor de sloop; ver genoeg gevorderd:* ★ *de tijd is nog niet ~ voor zulke idealen*

rij·paard *het* [-en] paard, geschikt om bereden te worden en daarvoor bestemd

rij·pe·lijk *bijw* ernstig, grondig: ★ *iets ~ overwegen*

rij·pen¹ *ww* [rijpte, h. & is gerijpt] ❶ → **rijp²** maken ❷ → **rijp²** worden; tot ontwikkeling komen

rij·pen² *ww* [rijpte, h. gerijpt] licht vriezen met vorming van → **rijp¹**

rijp·heid *de (v)* het → **rijp²**-zijn ★ *volle ~* toestand van volle lichamelijke of geestelijke ontwikkeling

rij·proef *de* [-proeven] proef ter toetsing van rijvaardigheid of van deugdelijkheid van een voertuig

rijs *het* [rijzen] ❶ dunne takjes ★ *jong ~ kan men buigen, oude bomen niet* kinderen kan men leiden en opvoeden, ouderen niet meer ❷ staak

rijs·berm *de (m)* [-en] bermversterking met rijshout

rijs·be·slag *het* bekleding met rijshout

rij·school *de* [-scholen] inrichting waar men kan leren paard- of autorijden

rijs·dam *de (m)* [-men] dam van rijshout, bedekt met puin, om de stroomsnelheid te verminderen

rijs·hout *het* dunne taaie takken

rij·snel·heid *de (v)* [-heden] snelheid bij het rijden

rij·spoor *het* [-sporen] wagenspoor

rij·sport *de* paardrijden als sport

rijst (⟨Oudfrans⟨Gr⟩ *de (m)* ❶ oorspr tropische graansoort (*Oryza sativa*), later ook in gematigde luchtstreken verbouwd ❷ de zaadkorrels ervan ❸ → **gerecht²** van die zaadkorrels

rijst·bouw *de (m)* het verbouwen van rijst

rijst·buik *de (m)* [-en] door veel rijst eten gezwollen buik

rijs·te·bloem *de* rijstemeel

rijs·te·brij *de (m)* brij van rijst en melk

rijs·te·brij·berg *de (m)* berg van rijstebrij waar men volgens een sprookje doorheen moest eten voor men in Luilekkerland kwam ★ *zich door een ~ heen moeten eten* eerst een lastig, omvangrijk karwei moeten voltooien alvorens het gewenste resultaat bereikt kan worden

rijs·te·meel, **rijst·meel** *het* gemalen rijst

rijs·te·nat *het* water waarin (weinig) rijst gekookt is

rijs·te·pap, BN **rijst·pap** *de* pap van rijst en melk

rij·stijl *de (m)* manier van (auto)rijden

rijst·kor·rel *de (m)* [-s] zaadkorrel van rijst

rijst·meel *het* → **rijstemeel**

rijst·pa·pier *het* zachte Chinese papiersoort

rijst·pel·le·rij *de (v)* [-en] inrichting waar rijst gepeld wordt

rij·strook *de* [-stroken] door een streep gemerkte strook van een → **rijbaan** (bet 2)

rijst·sto·mer *de (m)* [-s] pan met dubbele bodem, waarin rijst wordt gestoomd

rijst·ta·fel *de* [-s] maaltijd bestaande uit rijst met allerlei bijgerechten: ★ *Indische, Chinese ~*

rijst·ta·fe·len *ww* [rijsttafelde, h. gerijsttafeld] rijsttafel eten

rijst·veld *het* [-en] veld met rijstplanten

rijst·vo·gel *de (m)* [-s], **rijst·vo·gel·tje** *het* [-s] rijst etend vogeltje

rijst·wa·ter *het* rijstenat

rijs·waard *de* [-en] NN griend, uiterwaard

rijs·werk *het* oeverbekledingen, vooral van rijshout

rij·taks *de* BN verkeersbelasting op motorrijtuigen

rij·ten *ww* [reet, h. gereten] openscheuren

rij·tijd *de (m)* [-en] ❶ tijd waarin een bepaalde afstand wordt gereden ❷ tijd die een chauffeur of machinist achtereen rijdt

rij·tij·den·be·sluit *het* regeling voor de rijtijden van chauffeurs

rij·tjes·huis *het* [-huizen] niet-vrijstaande woning in een straat met identieke huizen

rij·toer *de (m)* [-en] tochtje in een rijtuig, auto enz.

rij·tuig *het* [-en] ❶ door een of meer paarden getrokken open of gesloten wagen voor het vervoer van personen ❷ spoorwagen

rij·vaar·dig·heid *de (v)* bedrevenheid in het rijden met een auto enz.

rij·vaar·dig·heids·be·wijs *het* [-wijzen] verklaring dat men voor het rijexamen geslaagd is

rij·vak *het* [-ken] BN ook (op een verkeersweg) rijstrook

rij·ver·bod *het* [-boden] een voor maximaal 24 uur geldend verbod om verder te rijden, door de politie opgelegd aan een verkeersdeelnemer die is betrapt op een overtreding: ★ *de politie legde de dronken automobilist een ~ op*

rij·ver·keer *het* verkeer met voertuigen

rij·waar·dig·heid *de (v)* ⟨van motorvoertuigen⟩ deugdelijkheid, betrouwbaarheid

rij·weg *de (m)* [-wegen] weg waarop voertuigen mogen of kunnen rijden

rij·wiel *het* [-en] fiets

rij·wiel·fa·briek *de (v)* [-en] fabriek waar rijwielen gemaakt worden

rij·wiel·han·del *de (m)* [-s] ❶ fietsenwinkel ❷ handel in rijwielen

rij·wiel·her·stel·ler *de (m)* [-s] fietsenmaker

rij·wiel·pad *het* [-paden] fietspad

rij·wiel·stal·ling *de (v)* ❶ het stallen van fietsen ❷ [*mv:* -en] plaats waar fietsen gestald worden

rij·za·del *de (m) & het* [-s] zadel voor het berijden van een dier

rij·zen *ww* [rees, is gerezen] ❶ stijgen; hoger worden; opkomen ★ *zijn haren rezen te berge* hij was zeer beangst of verschrikt ❷ ⟨van misverstanden, moeilijkheden, twijfel e.d.⟩ ontstaan; zie ook bij → **zon**¹

rij·zig *bn* lang en slank

rij·zweep *de* [-zwepen] zweep van de paardrijder

rik·ke·tik I *tsw* nabootsing van een tikkend geluid ★ *hij zit in zijn ~* zijn hart klopt van angst **II** *de (m)* inf hart

rik·sja *(⟨Jap⟩ de (m)* ['s] open tweewielig rijtuigje voor één of twee personen, door een man getrokken

ril I *de (m)* rilling: ★ *de ~ over mijn lijf van de kou* **II** *de* [-len] groef, geul, vore

ril·len *ww* [rilde, h. gerild] ❶ ⟨van het lichaam⟩ beven, trillen ❷ rillen (→ **ril** II) in papier of karton aanbrengen zodat het daarlangs gemakkelijk gevouwen kan worden

ril·le·rig *bn* enigszins rillend (van koude, koorts)

ril·lijn *de* [-en] rechte lijn van kleine gaatjes in papier: ★ *langs de ~ vouwen*

ril·ling *de (v)* [-en] ⟨van het lichaam⟩ trilling, beving

rim·boe *(⟨Mal⟩ de* [-s] ❶ wildernis, ontoegankelijk woud ❷ *bij uitbreiding* eenzame, verlaten of achteraf gelegen streek

rim·pel *de (m)* [-s] ❶ groef in de huid ❷ smalle plooi ❸ lichte golving van het water

rim·pe·len *ww* [rimpelde, h. & is gerimpeld] ❶ rimpels maken in, rimpels doen krijgen ❷ rimpels krijgen

rim·pe·lig *bn* met rimpels

rim·pe·ling *de (v)* [-en] vorming van rimpels

rim·pel·loos *bn* ❶ zonder rimpels, effen ❷ fig zonder zorgen of moeilijkheden: ★ *een ~ bestaan*

rim·ram *de (m)* bombast; vervelend gepraat, klets

ring *de (m)* [-en] ❶ cirkelvormig voorwerp, gebruikt als sieraad of om iets doorheen te steken of aan op te hangen ❷ kring, gesloten ronde lijn ❸ strijdperk voor boksers ❹ ringweg, rondweg ❺ zwerm van grotere en kleinere brokstukken die banen om een planeet beschrijven: ★ *de ringen van Saturnus* ❻ NN groep kerkelijke gemeenten, onderdeel van een classis ❼ turnen elke van de twee aan touwen hangende cirkelvormige voorwerpen waaraan men hangende oefeningen verricht: ★ *een oefening aan de ringen* ; zie ook → **ringetje**

ring·baan *de* [-banen] ringvormige baan

ring·baard *de (m)* [-en] smalle baard van oor tot oor

ring·band *de (m)* [-en] band voor losbladig cahier

ring·dijk *de (m)* [-en] dijk rond een polder

ring·el·duif *de* [-duiven] houtduif

rin·ge·len *ww* [ringelde, h. geringeld] ❶ een rinkelend geluid maken ❷ ⟨bij dieren⟩ een ring door de neus of het oor steken

rin·gel·mus *de* [-sen] → **ringmus**

rin·gel·oren *ww* [ringeloorde, h. geringeloord] ⟨bij dieren⟩ een ring door het oor aanbrengen; meestal fig zijn overmacht doen gevoelen; plagen

rin·gel·rups *de* [-en] rups van een vlinder die zijn eieren in een koker aan de takken kleeft

rin·gen *ww* [ringde, h. geringd] van een ring voorzien; (bij vogels) een ring met tekens om een poot aanbrengen; (sigaren) van een bandje voorzien

rin·ge·tje *het* [-s] kleine ring ★ *om door een ~ te halen* zeer verzorgd gekleed

ring·kraag *de (m)* [-kragen] ❶ deel van het harnas, de hals beschermend ❷ ringvormige band (van veren) om de hals van een vogel

ring·lijn *de* [-en] rondlopende bus- of tramlijn

ring·mus *de* [-sen] mus met een witte ring van veren om de hals (*Passer montanus*)

ring·muur *de (m)* [-muren] ringvormige muur

ring·oven *de (m)* [-s] ronde oven

ring·rij·den *ww & het* folklore (het) rijdende trachten een stokje door een opgehangen ring te steken om deze eraf te trekken

ring·rups *de* [-en] → **ringelrups**

ring·slang *de* [-en] inheemse, niet-giftige slang met witte ring om de hals

ring·sleu·tel *de (m)* [-s] schroevendraaier met een ring die de moer omvat

ring·ste·ken *ww & het* (het) ringrijden

ring·tone [-toon] *(⟨Eng⟩ de (m)* [-s] ⟨bij telefoons⟩ beltoon

ring·vaart *de* [-en] brede sloot rond een polder

ring·vin·ger *de (m)* [-s] de vinger naast de pink

ring·vor·mig *bn* in de vorm van een ring

ring·weg *de (m)* [-wegen] rondweg

ring·worm *de (m)* schimmelziekte waarbij ringvormige plekken op de huid ontstaan

ring·wor·men *mv* groep wormen waarvan het lichaam uit ringen is opgebouwd

rin·kel *de (m)* [-s] metalen plaatje waarmee een rinkelend geluid gemaakt wordt

rin·kel·bel *de* [-len] rinkelende bel; → **rammelaar** (bet 1)

rin·kel·bom *de* [-men] vero tamboerijn

rin·ke·len *ww* [rinkelde, h. gerinkeld] het helder klinken van tegen elkaar slaande metalen of glazen voorwerpen

rin·ket *het* [-ten] deurtje aan de waterkerende zijde van een sluisdeur

rin·kin·ken *ww* [rinkinkte, h. gerinkinkt] NN, vero een helder klinkend geluid geven, bijv. van metalen of glazen voorwerpen

ri·no·ce·ros *(⟨Gr⟩ de (m)* [-sen] neushoorn

rins *bn* fris zuurachtig

Ri·nus *zn* NN ijzeren ~ [computeranimatie om voetbalsituaties na te bootsen en te analyseren]

RIOD *afk* in Nederland Rijksinstituut voor Oorlogsdocumentatie; thans → **NIOD** genoemd

rio·ja *(*rie(j)ochaa (Duitse ch)*) (⟨Sp⟩ de (m)* wijn uit de streek La Rioja in Noord-Spanje

ri·o·len·stel·sel *het* [-s] → **rioolstelsel**

ri·o·le·ren *ww* [rioleerde, h. gerioleerd] van een riool of riolen voorzien

ri·ool *(‹Fr) de & het* [-olen] ondergrondse buis voor de afvoer van afvalsoorten, uitwerpselen e.d. ★ open ~ goot of open water gebruikt voor de lozing van afval(stoffen)

ri·ool·buis *de* [-buizen] riool

ri·ool·jour·na·lis·tiek [-zjoe-] *de (v)* vorm van journalistiek waarbij sensatie en roddel belangrijker worden geacht dan een waarheidsgetrouwe weergave van de feiten

ri·ool·put *de* [-ten] put waarin de inhoud van een riool wordt verzameld

ri·ool·rat *de* [-ten] ❶ bruine rat (*Rattus norvegicus*) ❷ scheldwoord verachtelijk mens

ri·ool·stel·sel, **ri·o·len·stel·sel** *het* [-s] het geheel van riolen onder de bodem van een woongebied

ri·ool·wa·ter *het* vervuild water in een riool

ri·ot·gun [raa(j)ətyun] *(‹Eng) de (m)* [-s] enkelloops hagelgeweer met onder de loop een magazijn voor drie tot negen hagelpatronen

R.I.P. *afk* requiescat in pace [hij (zij) ruste in vrede]

ri·pos·te·ren *ww (‹Fr)* [riposteerde, h. geriposteerd] ❶ schermen een tegenstoot toebrengen ❷ snedig, ad rem antwoorden

rip·pen *ww (‹Eng)* [ripte, h. geript] ❶ *slang* beroven ❷ ★ *een dvd ~* de informatie van een dvd omzetten naar een ander bestandsformaat en kopiëren

rips *(‹Eng) het* geribbelde stof

ris *de* [-sen] → **rist**

ri·see [-zee] *(‹Fr) de (v)* persoon of zaak om welke algemeen gelachen wordt, voorwerp van spot

ri·si·co [-zie-] *(‹It) de (m) & het* ['s] gevaar voor schade of verlies; de kwade kansen die zich bij iets voordoen ★ *geen ~ nemen* alle gevaar vermijden

ri·si·co·dra·gend [-zie-] *bn* met risico: ★ *~ kapitaal* kapitaal waarvan de inkomsten afhangen van bedrijfsresultaten

ri·si·co·groep [-zie-] *de* [-en] groep personen die een bep. risico loopt: ★ *carapatiënten zijn een ~ bij griepepidemieën*

ri·si·co·pre·mie [-zie-] *de (v)* [-s] premie te betalen voor risicoverzekering

ris·kant *(‹Du‹Fr) bn* gewaagd, gevaarlijk

ris·ken *ww* [riskte, h. geriskt] het spel Risk® spelen

ris·ke·ren *(‹Fr) ww* [riskeerde, h. geriskeerd] wagen, op 't spel zetten; het gevaar lopen van ★ BN ook *~ te* het risico lopen te: ★ *hij riskeert te worden ontslagen*

ri·sot·to *(‹It) de (m)* ²gerecht van met vleesnat gekookte rijst met Parmezaanse kaas

ris·sen *ww* [riste, h. gerist] → **risten**

ris·sole [riesòl(ə)] *(‹Fr‹Lat) de* [-s] baksel van bladerdeeg; bruingebraden (vlees)pasteitje

rist *de* [-en], **ris** *de* [-sen] verzameling aaneengeregen voorwerpen; verzameling, rij van gelijksoortige personen of voorwerpen

ris·ten *ww* [ristte, h. gerist], **ris·sen** [riste, h. gerist] ❶ aaneenrijgen ❷ afrissen: ★ *bessen ~*

ri·stor·no *(‹It) de (m)* BN ook, handel terugbetaling, teruggave (op sommige betalingen)

rit I *de (m)* [-ten] het rijden ★ *de ~ uitzitten* de gehele regeringsperiode aanblijven (gezegd van kabinetten) **II** *de (v)* [-ten] mollengang **III** *het* kikkerrit

ri·tar·dan·do, **ri·tar·da·to** *(‹It‹Lat) bijw* muz langzamer wordend

ri·te *(‹Lat) de* [-n en -s] ritueel gebruik; → **ritus**

rit·me *(‹Gr) het* [-n, -s] iedere geaccentueerde, periodieke wisseling in de gang en de kracht van een beweging; muz de afwisseling van tonen van verschillende lengte binnen de tijdmaat; letterk de wisseling in kracht en de groepering daarnaar van de klanken boven de tijdmaat

rit·me·box *de (m)* [-en] elektronisch apparaat dat automatisch een gewenst ritme voortbrengt, in de popmuziek soms gebruikt ter vervanging van de drum

rit·mees·ter *de (m)* [-s] NN kapitein bij de cavalerie

rit·me·sec·tie *de (v)* [-s] muz de begeleidende muzikanten met hun instrumenten

rit·miek *(‹Gr) de (v)* ❶ leer van de ritmen ❷ het ritmisch-zijn

rit·misch *(‹Gr) bn* ❶ tot het ritme behorend ❷ ritme vertonend; volgens zeker ritme ★ *ritmische gymnastiek* gymnastiek op het ritme van begeleidende muziek

rit·naald *de* [-en] larve van de kniptor

ri·tor·nel *(‹It) het* [-len], **ri·tour·nelle** [-toernel(lə)] *(‹Fr‹It) de* [-s] ❶ muz herhalingsthema ❷ terugkerend muzikaal intermezzo in vocale composities

rit·prijs *de (m)* [-prijzen] wat een rit (in taxi, bus, trein) kost

rits¹ *de* [-en] ritssluiting

rits² **I** *tsw* het geluid van plotseling scheuren **II** *de* [-en] kras, groef; scheur

rit·se·len *ww* [ritselde, h. geritseld] ❶ een nauwelijks hoorbaar krakend of schurend geluid maken als dat van het bewegen of kreuken van papier ❷ *inf* (meestal iets onbehoorlijks) handig klaarspelen; **ritseling** *de (v)* [-en]

rit·sen *ww* [ritste, h. geritst] ❶ vooral NN ‹van verkeer› op de wijze van een ritssluiting invoegen van auto's op een snelweg ❷ inkerven, inkrassen; → **rillen** (bet 2)

rit·sig *bn* bronstig

rits·ijzer *het* [-s] werktuig om inkrassingen of insnijdingen te maken

rits·slui·ting *de (v)* [-en] sluiting bestaande uit in elkaar grijpende tandjes, die door middel van een mechaniekje gemakkelijk in één beweging geopend en gesloten kan worden

ri·tu·aal *(‹Lat) het* [-alen] voorschrift of geheel van voorschriften volgens welke bepaalde plechtige, vooral godsdienstige handelingen moeten worden voltrokken

ri·tu·eel ‹Fr› **I** bn de ritus of het rituaal betreffend; volgens de riten: ★ ~ slachten ★ rituele dans gezamenlijke bij elkaar behorende bewegingen van het menselijk lichaam als (onderdeel van een) rituele; bij uitbreiding gewoonten, gebruiken die iets begeleiden **II** het [-tuelen] geheel van riten, ritus

ri·tus ‹Lat› de (m) geheel van overgeleverde gebruiken, vooral godsdienstige gebruiken; geheel van plechtigheden en gebeden bij het uitoefenen van de eredienst; ook wel een enkel dusdanig gebruik

ri·vaal ‹Fr‹Lat› de (m) [-valen], **ri·va·le** de (v) [-n] ❶ mededing(st)er ❷ medeminnaar, medeminnares

ri·va·li·se·ren ww [-zeerǝ(n)] ‹Fr› [rivaliseerde, h. gerivaliseerd] wedijveren, om de voorrang strijden

ri·va·li·teit ‹Fr› de (v) wedijver, ijverzucht, jaloezie

ri·vier ‹Oudfrans‹Lat› de [-en] breed stromend water

ri·vier·aal de (m) [-alen] rivierpaling

ri·vier·arm de (m) [-en] afsplitsing van een rivier

ri·vier·bed het [-den], **ri·vier·bed·ding** de [-en] ruimte waarin het water van een rivier zich beweegt

ri·vier·dal het [-dalen] dal waarin een rivier stroomt

ri·vier·dijk de (m) [-en] dijk langs een rivier

ri·vier·dui·nen mv zandheuvels langs rivieren gevormd

ri·vier·ge·zicht het [-en] ❶ uitzicht op een rivier ❷ schilderij of tekening daarvan

ri·vier·klei de aan rivieroevers aangeslibde klei

ri·vier·kreeft de [-en] in helder stromend water levende kreeft

ri·vier·mond de (m) [-en] plaats waar een rivier in zee of in een meer uitstroomt

ri·vier·mos·sel de [-s, -en] in rivieren levende mossel

ri·vier·po·li·tie [-(t)sie] de (v) NN politie belast met toezicht op de rivieren

ri·vier·stand de (m) [-en] waterstand in een rivier

ri·vier·vaart de scheepvaart op rivieren

ri·vier·vis de (m) [-sen] zoetwatervis

ri·vier·vis·se·rij de (v) het vangen van vis in rivieren als beroep

ri·vier·wa·ter het water van een rivier

ri·vier·zand het zand op de bodem van rivieren

RIVM afk in Nederland Rijksinstituut voor Volksgezondheid en Milieu

ri·yal de (m) [-s] munteenheid van Qatar en Saoedi-Arabië

Riziv afk in België Rijksinstituut voor ziekte- en invaliditeitsverzekering

ri·zo·foor ‹Gr› de (m) [-foren] tropische kustboom met luchtwortels

r.-k. afk rooms-katholiek

RL afk in Nederland Rijksuniversiteit Limburg

RLD afk in Nederland Rijksluchtvaartdienst

RLS afk restless legs syndrome [rusteloze-benensyndroom: onprettig (branderig of jeukend) gevoel in de benen]

RMS afk Republik Maluku Selatan [Republiek der Zuid-Molukken]

Rn afk chem symbool voor het element radon

RNA afk ribonucleic acid ‹Eng› [ribonucleïnezuur, verzamelnaam voor een groep van macromoleculen die alle betrokken zijn bij het tot uitdrukking brengen van de in DNA opgeslagen genetische informatie]

road·ie [roodie], **road·man·ag·er** [roodmennidzjǝ(r)] ‹Eng› de (m) [-s] iem. die zorg draagt voor het in materieel opzicht goed verlopen van een tournee van een artiest of groep artiesten

road·mov·ie [rootmoevie] ‹Eng› de [-s] film die zich afspeelt rond een reis (meestal per auto) die door de hoofdpersonage(s) wordt gemaakt

road·pric·ing [roodpraising] de (m) systeem van rekeningrijden

road·test [rood-] ‹Eng› de (m) [-s] ❶ proef om het rijgedrag van een auto te onderzoeken ❷ verslag van zo'n proef

roar·ing for·ties [ròring fò(r)ties] ‹Eng› mv zeegebied op ± 40° N.Br., waar het vaak erg stormt; (vandaar)

roar·ing for·ties [ròring -] ‹Eng› mv benaming voor de bewogen jaren '20 van de twintigste eeuw, vooral met betrekking tot de uitbundigheid van levensstijl

rob de (m) [-ben] zeehond

rob·be·does de [-doezen] wild kind

rob·ben·vangst de (v) het vangen van zeehonden

rob·ber ‹Eng› de (m) [-s] ❶ bridge twee door dezelfde partij gewonnen manches ❷ ★ een robbertje vechten een partijtje vechten

ro·be [ròbǝ] ‹Fr› de [-s] lang vrouwenkleed, japons

ro·bijn ‹Lat› als stof: het, als voorwerp: de (m) [-en] rode edelsteen

ro·bij·nen bn ❶ van robijn ❷ rood als robijn

ro·bijn·rood bn de rode kleur van robijn hebbend

ro·bin·so·na·de de (v) [-s] avontuurlijke geschiedenis in de trant van Robinson Crusoe van Daniel Defoe (1660-1731)

ro·bot ‹Tsjech› de (m) [-s] ❶ mechanisme, min of meer in de gedaante van een mens, dat menselijke bewegingen kan maken; het woord werd in 1920 in een toneelstuk van de Tsjechische schrijver Karel ČCapek gebruikt om kunstmatige arbeiders aan te duiden ❷ elektronisch bestuurd apparaat

ro·bot·fo·to de ['s] BN op grond van beschrijving samengestelde afbeelding van een door de politie gezocht persoon, montagefoto

ro·bo·ti·se·ren ww [-zee-] [robotiseerde, h. gerobotiseerd] robots inschakelen bij een productieproces; inrichten met robots

ro·buust ‹Fr‹Lat› bn sterk, krachtig, gespierd, stevig gebouwd

ROC afk ❶ in Nederland regionaal opleidingscentrum ❷ Republic of China [Republiek China (Taiwan)]

ro·cam·bo·lesk ‹Fr› bn BN fantastisch, onwaarschijnlijk ★ een ~ verhaal een indianenverhaal

ro·chel de (m) [-s] fluim

ro·che·laar *de (m)* [-s] iem. die rochelt
ro·che·len *ww* [rochelde, h. gerocheld] ❶ fluimen ❷ ‹van stervenden› met keelgeluid ademen
rock *(‹Eng) de (m)* ❶ rock-'n-roll ❷ algemene benaming voor luide, ritmische popmuziek
rock·a·bil·ly [rokkəbillie] *(‹Eng)* **I** *de (m)* vroeg type rock-'n-roll uit het zuiden van de Verenigde Staten, kruising tussen country and western en rhythm-and-blues, in zijn oorspronkelijke vorm gekenmerkt door het ontbreken van de drum en het overnemen van de drumpartij door de akoestische bas **II** *de* ['s] uitvoerder of liefhebber van deze muziek
rock·en *ww* [rokkə(n)] *(‹Eng)* [rockte, h. gerockt] op rock-'n-rollmuziek dansen
rock·er [rokkə(r)] *(‹Eng) de (m)* [-s] ❶ liefhebber van rock-'n-roll; ❷ lid van een groep jongeren die (met name in Engeland, in de jaren rond 1960) op motoren rondreden, gekleed in leren jasjes; ❸ cd met muziek waarop men kan rocken
rock-'n-roll [rok ən rool] *(‹Eng) de (m)* ❶ in het midden van de jaren vijftig in Amerika ontstane ritmische dansmuziek, die indertijd een rage onder de jeugd veroorzaakte ❷ de bij deze muziek behorende dans
rock·ope·ra *de (m)* ['s] opera met rockmuziek
rocks ★ *on the ~ (‹Eng)* bijwoordelijke uitdrukking met ijsblokjes geserveerd: ★ *ik drink graag whisky on the rocks*
ro·co·co *(‹Fr) het*, **ro·co·co·stijl** *de (m)* bouw- en versieringsstijl uit de 18de eeuw, gekenmerkt door vermijding van de rechte lijn en het platte vlak, woekering van het ornament, en speelsheid
rod·del I *de (m)* het roddelen **II** *de (m)* [-s] ❶ roddelpraatje ❷ iem. die vaak roddelt
rod·de·laar *de (m)* [-s], **rod·de·laar·ster** *de (v)* [-s] iem. die roddelt
rod·del·blad *het* [-bladen] tijdschrift met vooral lasterpraat en nieuwtjes over algemeen bekende personen
rod·de·len *ww* [roddelde, h. geroddeld] praten over een niet-aanwezige persoon, waarbij allerlei feitjes die persoon aangaande in een kwaad daglicht worden gesteld
rod·del·pers *de* tijdschriften die voornamelijk worden gevuld met roddelverhalen over bekende persoonlijkheden
rod·del·praat *de (m)* het roddelen
rod·del·ru·briek *de (v)* [-en] vaste rubriek in sommige tijdschriften, met daarin nieuwtjes over het privéleven van algemeen bekende personen
ro·de [-n] **I** *de* roodharige **II** *de* socialist of communist **III** *de (m)* soort aardappel; in bet 1 en 2 vaak → **rooie**; vgl: → **rood**[1]
ro·de·hond *de (m)* ❶ besmettelijke ziekte waarbij de huid rode vlekken krijgt, onschuldiger dan roodvonk, rubella ❷ tropische ziekte: ontsteking van de zweetklieren met vorming van rode blaasjes

ro·de·kool *de* [-kolen] zie bij → **kool**[2]
ro·de·lan·taarn·dra·ger, **ro·de·lan·ta·ren·dra·ger** *de (m)* [-s] *sp* persoon of ploeg die op de laatste plaats staat in een klassement
ro·del·baan *(‹Du) de* [-banen] hellende weg waarlangs men met sportsleden naar beneden glijdt
ro·de·len *ww (‹Du)* [rodelde, h. gerodeld] liggend sleeën op een hellende baan
ro·deo *(‹Sp) de (m)* ['s] het bijeendrijven van een kudde door cowboys of gaucho's; feestelijke samenkomst van cowboys of gaucho's, waarbij zij staaltjes van rijkunst vertonen
ro·di·um *(‹Gr) het* chemisch element, symbool Rh, atoomnummer 45, een zilverwit zacht metaal uit de groep van platinametalen
ro·do·den·dron *(‹Gr) de (m)* [-s] sierstruik met leerachtige bladeren en grote, meest lichtviolette bloemschermen
roe *de* [-s] → **roede**
roe·bel *(‹Russ) de (m)* [-s] munteenheid van Rusland, Wit-Rusland en Tadzjikistan
roe·de [-n], **roe** [-s] *de* ❶ buigzaam takje, gesel ★ *de ~ kussen* zich gedwee onder de strenge tucht schikken ❷ staf ❸ metalen of houten buis of lat waaraan gordijnen hangen ❹ penis: ★ *de mannelijke ~* ❺ oude Nederlandse lengtemaat (± 4 m) of vlaktemaat (1 are)
roe·de·bun·del *de (m)* [-s] fasces, bijlbundel
roe·del *(‹Du) het* [-s] jagerstaal troep lopend wild, vooral herten
roe·de·lo·per *de (m)* [-s] wichelroedeloper
roe·djak *(‹Mal) de (m)* vooral NN → **gerecht**[2], bestaande uit gesneden onrijpe vruchten met soja, Spaanse peper en goela djawa
roef[1] *de* [roeven] kleine kajuit
roef[2] *tsw* nabootsing van een dof, snel voorbijgaand geluid
roei·boot *de* [-boten] door roeien voortbewogen boot
roei·en[1] *ww* [roeide, h. & is geroeid] een boot met roeispanen door het water trekken; met een roeiboot vervoeren; zie ook bij → **riem**[2]
roei·en[2] *ww* [roeide, h. geroeid] peilen, meten, vooral van alcoholhoudende dranken op fust
roei·er *de (m)* [-s] iem. die roeit
roei·pen *de* [-nen] pen waaraan de roeispanen bevestigd zijn, → **dol**[2] (bet 1)
roei·riem *de (m)* [-en] roeispaan
roei·spaan *de* [-spanen] aan het uiteinde afgeplatte stok waarmee een boot door het water getrokken wordt
roei·sport *de* het → **roeien**[1] als sport
roei·ver·eni·ging *de (v)* [-en] vereniging van beoefenaars van de roeisport
roei·voe·ti·gen *mv* vogels waarvan de naar voren gerichte tenen door zwemvliezen verbonden zijn
roei·wed·strijd *de (m)* [-en] wedstrijd in het → **roeien**[1]
roek *de (m)* [-en] soort kraai met slanke, grijszwarte snavel (*Corvus frugilegus*)

roe·ke·loos bn zorgeloos, onbezonnen, niet op gevaar lettend; **roekeloosheid** de (v) [-heden]

roe·koe·ën ww [roekoede, h. geroekoed] het geluid van duiven maken

roe·land de (m) ★ een razende ~ een woest, doldriest persoon, naar de hoofdpersoon uit de *Orlando furioso* van de Italiaanse dichter Ludovico Ariosto (1474-1533)

Roe·lands·lied het heldendicht waarin de daden van Roeland, een paladijn van Karel de Grote, bezongen worden

roem de (m) ❶ het bewonderd en geprezen worden door anderen; lof: ★ iemand met ~ overladen ❷ het prijzen van zichzelf ★ eigen ~ stinkt zichzelf bewonderen staat niet mooi ❸ iets wat de oorzaak is van bewondering: ★ *de zindelijkheid was Hollands ~* ❹ kaartsp bepaalde combinatie kaarten die extra punten oplevert: ★ ~ melden

Roe·meen de (m) [-menen] iem. geboortig of afkomstig uit Roemenië

Roe·meens I bn van, uit, betreffende Roemenië **II** het de Roemeense taal

roe·men ww [roemde, h. geroemd] ❶ loven, prijzen ❷ ★ ~ *op* of *over* met lof spreken over ❸ ★ ~ *op* of *in* zich beroemen op; met blijdschap spreken over ❹ kaartsp een waardevolle groep kaarten aankondigen; vgl: → **roem** (bet 4)

roe·mer de (m) [-s] groot wijnglas

roem·loos bn zonder roem of eer: ★ een ~ einde

roem·rijk bn rijk aan roem

roem·rucht, **roem·ruch·tig** bn beroemd; **roemruchtigheid** de (v)

roem·zucht de begeerte naar roem

roep de (m) ❶ het roepen, kreet ❷ bekendheid, wijze waarop men over iem. spreekt: ★ *in een kwade ~ staan* ❸ vermaardheid, faam: ★ *hij heeft de ~ van...*

roe·pen ww [riep, h. geroepen] ❶ de stem luid verheffen ❷ ★ ~ *tot* biddend aanroepen: ★ ~ *tot God* ❸ door het luid noemen van iems. naam zijn aandacht trachten te trekken ❹ wakker doen worden: ★ *ik zal je om 7 uur ~* ❺ verzoeken of gebieden te komen: ★ *een dokter ~*, *de kinderen ~* ★ *in het aanzijn (leven) ~* oprichten, doen ontstaan ❻ benoemen, verkiezen: ★ *tot een ambt ~* ❼ bestemmen: ★ *tot iets groots geroepen zijn* ★ *velen zijn geroepen maar weinigen uitverkoren* tot velen komt de uitnodiging, maar weinigen geven aan die uitnodiging gehoor (*Mattheus* 22: 14); *ook wel* velen menen dat zij tot iets bijzonders bestemd zijn, maar slechts weinigen bereiken dat

roe·pen·de de [-n] iemand die roept ★ *een ~ in de woestijn* (naar *Jesaja* 40: 3) naar wie niemand luistert

roe·per de (m) [-s] spreektrompet

roe·pia (<Hindi<Sanskr) de (m) ['s] munteenheid van Indonesië

roe·pie (<Hindi< Sanskr) de (m) [-s] munteenheid van India, de Maledieven, Mauritius, Nepal, Pakistan, de Seychellen en Sri Lanka

roe·ping de (v) [-en] waartoe men zich geroepen gevoelt; bestemming: ★ *zijn ~ volgen* ★ *zijn ~ gemist hebben* niet datgene geworden zijn waarvoor men aanleg had

roep·naam de (m) [-namen] naam waarmee men een mens of dier aanroept

roep·stem de [-men] vermaning, waarschuwing; verzoek

roer[1] zn ★ *in rep en ~* zie bij → **rep**

roer[2] het [-en, -s] stuur van een schip ★ *het ~ wenden* een andere richting inslaan ★ *zijn ~ recht houden* niet van de goede richting afwijken ★ *het ~ in handen hebben, aan het ~ zitten / staan* de macht, de leiding hebben

roer[3] het [-en, -s] geweer

roer·bak·ken ww [roerbakte, h. geroerbakt] bakken terwijl men voortdurend roert

roer·domp de (m) [-en] reigerachtige geelbruine moerasvogel (*Botaurus stellaris*)

roer·ei het [-eieren] geklutst ei dat onder voortdurend roeren wordt gebakken

roe·ren I ww [roerde, h. geroerd] ❶ met een voorwerp in een stof heen en weer gaan of enkele stoffen dooreenmengen ❷ bewegen, aanraken en daardoor geluid doen geven: ★ *de grote trom ~* ★ *de mond ~* druk praten ❸ ontroeren, in het hart treffen: ★ *ze was tot tranen toe geroerd* ❹ aanraken; vgl: → **kruidje-roer-mij-niet II** *wederk* a) zich bewegen; b) pregnant zich laten gelden, in beweging of opstand komen ★ *ze kunnen zich daar niet ~, zo klein is het er*

roe·rend bn ❶ aandoenlijk: ★ *een roerende toespraak* ★ *het ~ (met elkaar) eens zijn* het volledig (met elkaar) eens zijn ❷ verplaatsbaar: ★ *roerende goederen* ★ *roerende feestdagen* die niet steeds op dezelfde datum vallen

roer·gan·ger de (m) [-s] ❶ man aan het → **roer**[2] ❷ fig leider van een politieke beweging ★ *de Grote Roerganger* bijnaam van de Chinese staatsman Mao Zedong (1893-1976)

roe·rig bn beweeglijk, druk

roer·loos bn onbeweeglijk; **roerloosheid** de (v)

roer·om, **roer·om** de (m) [-men, -s] NN pap op basis van boekweitmeel

roer·pen de [-nen] stok waarmee het → **roer**[2] bewogen wordt

roer·sel het [-en, -s] ❶ drijfveer ❷ wat in het gemoed omgaat: ★ *de diepste roerselen van het hart*

roer·spaan de [-spanen] spaan waarmee iets omgeroerd wordt

roer·stel het [-len] toestel waarmee het → **roer**[2] aan het schip bevestigd is

roer·vink de [-en] lokvink

roer·zeef de [-zeven] werktuig om spijzen al roerend zeer fijn verdeeld te zeven

roes de (m) [roezen] ❶ bedwelming (door sterke drank of bepaalde drugs) ★ *zijn ~ uitslapen* door diep slapen bekomen van overmatig drankgebruik ❷ fig opgewonden toestand: ★ *de ~ van de overwinning*

roest¹ I *de (m) & het* ❶ door corrosie ontstane aantasting van ijzer en ijzerlegeringen ❷ het roesten **II** *de (m)* plantenziekte; (in koren) brand

roest² *de (m) & het* [-en] zitstok voor kippen

roest·bruin *bn* roodbruin (als de kleur van roest op ijzer)

roes·ten¹ *ww* [roestte, is geroest] roest vormen, roestig worden ★ *rust roest* door nietsdoen verslapt de energie

roes·ten² *ww* [roestte, h. geroest] ‹van kippen, roofvogels› in rust op een → **roest²**, een tak, een rots e.d. ziten

roes·tig *bn* door roest aangetast

roest·kleur *de* roodbruine kleur (als de kleur van roest op ijzer); **roestkleurig** *bn*

roest·plaats *de* [-en] plaats waar een vogel vaak komt → **roesten²**

roest·plek *de* [-ken], **roest·vlek** *de* [-ken] plekje roest; door roest veroorzaakte bruine vlek

roest·vrij *bn* ❶ niet roestend; ❷ ‹van staal gewoonlijk› verchroomd

roet *het* ❶ zwart afzetsel bij branden ★ *~ in het eten gooien* het plezier bederven ❷ ‹van runderen, schapen en geiten› ongel, vooral gebruikt om kaarsen van te maken; kaarsvet

roet·deel·tje *het* [-s] klein stukje roet

roe·ten *ww* [roette, h. geroet] roet vormen

roet·mop *de* [-pen] **NN** ❶ stuk roet, kluit roet ❷ smerig persoon ❸ scheldwoord neger

roetsj·baan *‹Du› de* [-banen] welvende glijbaan als kermisattractie

roet·sjen *ww* [roetsjte, h. & is geroetsjt] snel naar beneden glijden: ★ *we roetsjten de helling af* ; zie ook → **rutschen**

roet·zwart *bn* diep dof zwart

roe·ze·moe·zen *ww* [roezemoesde, h. geroezemoesd] leven maken; het gonzend dooreenklinken van stemmen

roe·ze·moe·zig *bn* onstuimig, druk; dof gonzend van stemmen; overhoop

roe·zig *bn* druk, wild, onstuimig

rof·fel¹ *de (m)* [-s] grove schaaf ★ *er met de ~ overheen gaan* het slordig afwerken, afroffelen

rof·fel² *de (m)* [-s] snel opeenvolgende trommelslagen, trommelsein: ★ *een ~ slaan*

rof·fe·laar *de (m)* [-s] iem. die haastig en slordig werkt

rof·fe·len¹ *ww* [roffelde, h. geroffeld] ❶ met een → **roffel¹** schaven ❷ fig slordig en haastig werken

rof·fe·len² *ww* [roffelde, h. geroffeld] een → **roffel²** slaan

rof·fe·lig *bn* haastig en slordig

rof·fel·schaaf *de* [-schaven] → **roffel¹**

rof·fel·werk *het* haastig en slordig gedaan werk

rog *de (m)* [-gen] in alle zeeën en oceanen voorkomende platte, brede kraakbeenvis uit de orde Rajiformes

Rog·er *zn* [rodzjə(r)] *‹Eng›* codewoord in de radiotelefonie voor: ontvangen en begrepen

rog·ge *de* soort graan *(Secale cereale)*; zie ook → **roggetje**

rog·ge·bloem *de* het fijnste van het roggemeel

rog·ge·brood *het* [-broden] brood van roggemeel

rog·ge·meel *het* gemalen roggekorrels

rog·ge·tje *het* [-s] ❶ roggebroodje ❷ sneetje roggebrood

rog·ge·veld *het* [-en] veld met rogge

roi [rwà] *‹Fr› de (m)* [-s] koning ★ *~ fainéant* nietsdoende koning, benaming voor de latere Merovingische koningen, die alles aan hun hofmeier overlieten ★ *~ soleil* zonnekoning, Lodewijk XIV

rok¹ *de (m)* [-ken] ❶ van het middel afhangend vrouwenkledingstuk ❷ geklede herenjas, van voren tot het middel reikend, van achteren met panden ❸ bekleedsel van een bloembol; zie ook bij → **hemd**

rok² *de (m)* [-s, -ken] mythologische vogel in oosterse legenden

ro·ka·de *‹Fr› de (v)* [-s] schaakzet waarbij men de koning twee plaatsen opzij zet en de toren aan de andere kant naast de koning plaatst: ★ *bij de lange ~ zet men de koning op de C-lijn, bij de korte ~ op de G-lijn*

rok·broek *de* [-en] damesbroek die dezelfde lengte en valling heeft als een → **rok¹** (bet 1)

ro·ken¹ *ww* [rookte, h. gerookt] ❶ tabaksrook door een pijp, sigaar of sigaret inzuigen en dan uitblazen; ❷ ‹in bijzondere betekenis› cannabisproducten roken ❸ rook afgeven, dampen: ★ *rokende puinhopen* ❹ ‹vis, vlees› in de rook hangen

ro·ken² *ww* verl tijd meerv van → **rieken** en → **ruiken**

ro·ker *de (m)* [-s] iemand die rookt (→ **roken¹**, bet 1)

ro·ke·ren *ww ‹Fr›* [rokeerde, h. gerokeerd] schaakspel de rokade spelen

ro·ke·rig *bn* ❶ rook bevattend, vol rook ❷ naar rook smakend

ro·ke·rij *de (v)* [-en] ❶ inrichting waar vis of vlees gerookt (→ **roken¹**, bet 3) wordt ❷ iets om te → **roken¹** (bet 1)

ro·kers·hoest *de (m)* hoest bij sterke rokers

ro·ker·tje *het* [-s] sigaret of sigaar

rok·ken *het* [-s] spinrokken

rok·ken·ja·ger *de (m)* [-s] man die verzot is op vrouwen, vrouwengek

rok·kos·tuum *het* [-s] herenkostuum met een → **rok¹** (bet 2)

rok·pand *de (m) & het* [-en] → **pand** (II) van een heren- of vrouwenrok

rol¹ *‹Lat› de* [-len] ❶ opgerold papier, goed e.d.; in papier gerolde voorwerpen e.d. ❷ lijst van de voor de rechtbank te behandelen zaken; lijst met de namen van alle schepelingen, naamlijst ❸ oorspr (op een rol geschreven) tekst die men op het toneel zegt; persoon die men op het toneel voorstelt; ❹ ‹in de sociale wetenschappen› maatschappelijk voorgeschreven gedrag dat behoort bij een bep. status, functie e.d. ★ *een belangrijke ~ spelen* een (belangrijke) taak vervullen ★ *de rollen omdraaien* van functie verwisselen, de verhouding omdraaien ★ *uit zijn ~ vallen* niet goed volharden in de houding die men aangenomen heeft ❺ cilindervormig stuk hout, metaal enz. voor verschillende doeleinden ★ *het liep op rolletjes* het verliep vlot ❻ ‹van een zangvogel› wijze van zingen, slag

rol² *de* (m) ★ *aan de ~ zijn* uitgaan, boemelen

Ro·lands·lied *het* Roelandslied

rol·baan *de* [-banen] ❶ baan waarover een vliegtuig taxiet ❷ rolschaatsbaan

rol·be·roer·te *de* (v) ★ NN, spreektaal *zich een ~ schrikken, lachen e.d.* heel erg schrikken, lachen e.d.

rol·be·ves·ti·gend *bn* getuigend van instemming met de gangbare sociale rolpatronen en deze daardoor versterkend: ★ *de feministes klaagden over het rolbevestigende karakter van de leerboekjes*

rol·be·zem *de* (m) [-s] → **rolveger**

rol·be·zet·ting *de* (v) verdeling van de rollen (→ **rol¹**, bet 3)

rol·blind *het* [-en] oprolbaar → **blind²**

rol·bor·stel *de* (m) [-s] verfroller

rol·dak *het* [-daken] auto dak dat op een → **rol¹** (bet 4) weggeschoven kan worden

rol·deur *de* [-en] deur die door oprollen geopend wordt

rol·film *de* (m) [-s] opgerolde film voor fotografie

rol·fluit *de* [-en] mondstuk met daaraan een opgerold stuk papier dat zich ontrolt als men er op blaast (veel gebruikt bij carnaval en kinderpartijtjes)

rol·gor·dijn *het* [-en] oprolbaar gordijn

rol·hand·doek *de* (m) [-en] om een beweegbare → **rol¹** (bet 4) bevestigde handdoek

rol·hock·ey *het* [-hokkie] *het* hockey gespeeld op rolschaatsen

rol·kla·ver *de* vlinderbloemige plant met donkergele bloemen (*Lotus*)

rol·kraag *de* (m) [-kragen] rolvormige kraag aan een gebreid kledingstuk

rol·kus·sen *het* [-s] rolvormig hoofdkussen

rol·laag *de* [-lagen] uitstekende rij op hun kant gemetselde stenen boven een raam, langs een straat enz.

rol·la·de *(‹Fr›) de* (v) [-s en -n] opgerold stuk uitgebeend vlees met pinnen bijeengehouden

rol·la·tor *de* (m) [-s] loopjek op vier wieltjes als hulpmiddel voor mensen die slecht ter been zijn

rol·le·bol·len *ww* [rollebolde, h. gerollebold] ❶ buitelen, over de kop rollen ❷ een seksueel spel bedrijven

rol·len *ww* [rolde, h. & is gerold] ❶ wentelend doen voortbewegen: ★ *hij rolde de bal naar mij* ❷ zich wentelend voortbewegen: ★ *de knikker rolde langs de pot* ★ *door iets heen ~* fig er gelukkig afkomen ❸ met een → **rol¹** (bet 4) bewerken: ★ *deeg ~* ★ *gras ~* ❹ uit de zak stelen, ontfutselen: ★ *iemand zijn portemonnee ~* ❺ een herhaald rommelend geluid maken: ★ *de donder rolt*

rol·len·de *de* [-n] rollade

rol·len·spel *het* [-spelen] gesprek waarbij iedere deelnemer een bepaalde zaak of mening moet bepleiten of verdedigen

rol·ler *de* (m) [-s] ❶ iem. die of iets wat rolt ❷ hoge golf, breker ❸ reeks zangtonen van zangvogels

roll·er·coast·er [roolə(r)koostər] (‹Eng›) *de* (m) [-s] achtbaan

rol·ler·skate [roolə(r)skeet] (‹Eng›) *de* (m) [-s] hoge schoen waarbij wieltjes twee aan twee achter elkaar aan de zool zijn gemonteerd

rol·ler·ska·ten *ww* [roolə(r)skeetə(n)] (‹Eng›) [rollerskatete, h. gerollerskatet] op rollerskates rijden

roll·er·skat·ing [roolə(r)skeeting] (‹Eng›) *het* het op rollerskates rijden

rol·le·tje *het* [-s] zie bij → **rol¹** (bet 4)

rol·ling *de* (v) [-en] ❶ het rollen ❷ hevige golfslag

roll-on-roll-off *bn* [rool on rool of] (‹Eng›) zie bij → **roroschip**

rol·luik *het* [-en] oprolbaar luik

rol·maat *de* [-maten] NN doosvormig voorwerp waaruit een oprolbaar metalen meetlint te voorschijn getrokken kan worden

rol·me·nu *het* ['s] comput klein venster met een keuzemenu

rol·me·ter *de* (m) [-s] dial ❶ meetlint, → **centimeter** (bet 2) ❷ rolmaat

rol·mops *de* (m) [-en] opgerolde halve haring in azijn met kruiden

rol·paal *de* (m) [-palen] al of niet (om zijn lengteas) draaibare paal waaromheen de jaaglijn geleid werd bij een bocht in een kanaal

rol·paard *het* [-en] scheepsaffuit

rol·pad *het* [-paden] bewegend pad voor voetgangers, rollend voetpad: ★ *op Schiphol zijn rolpaden*

rol·pa·troon *het* [-tronen] het geheel van gedragingen die bij een (sociale) rol behoren; vgl: → **rol¹** (bet 3)

rol·pens *de* [-en] NN opgerold stuk pens met vlees gevuld

rol·prent *de* [-en] film

rol·roer *het* [-en] vliegtuigroer aan het uiteinde van de vleugels, aileron

rol·rond *bn* rolvormig

rol·schaats *de* [-en] voorwerp op vier wieltjes dat men als schaats onder de voet bindt

rol·schaats·baan *de* [-banen] baan om op te rolschaatsen

rol·schaat·sen *ww* [rolschaatste, h. gerolschaatst] op rolschaatsen rijden

rolskiën *ww* [rolskiede, h. & is geroldskied] langlaufen met ski's op wielen

rol·sprong *de* (m) [-en] hoogspringen sprong over de lat met het lichaam in de hoogste stand horizontaal

rol·staart·beer *de (m)* [-beren] beerachtig roofdier, verwant met de wasbeer (*Potos flavus*)
rol·steen *de (m)* [-stenen] door stromend water rond afgesleten steen
rol·stoel *de (m)* [-en] stoel op wieltjes, vooral waarin personen die niet kunnen lopen zich verplaatsen of verplaatst worden
rol·stoel·bas·ket·bal [-baaskət-] *het* aangepaste vorm van basketbal voor rolstoelgebruikers
rol·stoe·ler *de (m)* [-s], **rol·stoel·ster** *de (v)* [-s], **rol·stoel·ge·brui·ker** *de (m)* [-s] iem. die voor de voortbeweging gebruik moet maken van een rolstoel
rol·stoel·lift *de (m)* [-en] voorziening langs een trap waarmee iem. met rolstoel en al naar boven en beneden getransporteerd kan worden
rol·ta·bak *de (m)* [-ken] BN.shag, sigarettentabak
rol·trap *de (m)* [-pen] trap die steeds doordraait, zodat men zonder te lopen boven of beneden komt
rol·vast *bn* zijn → **rol**¹ (bet 3) goed kennend
rol·ve·ger *de (m)* [-s] met een borstel toegerust apparaat waarmee men vloeren veegt
rol·ver·de·ling *de (v)* [-en] toewijzing van een toneelrol aan elk van de spelers; het opdragen van een taak aan ieder
rol·vor·mig *bn* cilindrisch
rol·wa·gen *de (m)* [-s] wagen op lage wielen
rol·wis·se·ling *de (v)* het van functie verwisselen, vooral het optreden van de vrouw als kostwinnaar in plaats van de man
rol·zoom *de (m)* [-zomen] zoom aan stof, niet gevouwen, maar gerold
ROM *afk* comput: *Read Only Memory* (‹Eng) [geheugen waarvan de inhoud alleen kan worden gelezen en waarin dus geen veranderingen kunnen worden aangebracht, permanent geheugen; *vgl:* → **RAM**]
Rom. *afk* Romeins, Romeinen
Ro·ma *de* [*mv* idem] naam van een bep. groep zigeuners, die een dialect spreken van de Midden-Europese Zigeunertaal
Ro·maans (‹Lat) **I** *bn* van het Latijn afstammend ★ *Romaanse talen* Italiaans, Spaans, Portugees, Frans, Roemeens, Reto-Romaans, Provençaals, Catalaans, Galicisch en Sardisch ★ *romaanse stijl* in West-Europa omstreeks de 10de eeuw ontstane bouwstijl, die zich vooral bij de kerken kenmerkt door zware muren en vierkante en ronde pijlers en ronde bogen voor de vensters en gewelven ★ *Romaanse volken* volken van Romeinse of gemengd-Romeinse oorsprong **II** *het* de gezamenlijke talen die van het Latijn afstammen
ro·man (‹Fr) *de (m)* [-s] ❶ hist verhaal in verzen in de volkstaal, meest over ridderavonturen (*ridderroman*) ❷ verdicht verhaal in proza van betrekkelijk grote lengte
ro·man·ce (‹Fr) *de* [-s] ❶ kort verhalend gedicht in eenvoudige taal betreffende een roerende gebeurtenis ❷ muz kort muziekstuk van min of meer overeenkomstige strekking ❸ liefdesavontuur
ro·man·cier [-sjee] (‹Fr) *de (m)*, **ro·man·ciè·re** [-sjèrə] (‹Fr) *de (v)* [-s] iem. die romans schrijft
Ro·ma·nen (‹Lat) *mv* volken die een Romaanse taal spreken; zie bij → **Romaans**
ro·ma·nesk (‹Fr) *bn* ❶ romanachtig, verdicht; avontuurlijk ❷ ziekelijk romantisch of dweperig
ro·man·held *de (m)* [-en] hoofdpersoon in een roman; iemand als uit een roman
Ro·ma·ni *het* taal van de zigeuners
ro·ma·ni·se·ren *ww* [-zeerə(n)] (‹Fr) [romaniseerde, h. geromaniseerd] ❶ een Romeins karakter doen aannemen ❷ een Romaans karakter doen aannemen ❸ zich richten naar Romeinse (Italiaanse) voorbeelden in de beeldende kunst
ro·ma·nist (‹Fr) *de (m)* [-en] ❶ beoefenaar van de romanistiek of van het Romeinse recht ❷ onder de invloed van de Italiaanse renaissance staand schilder
ro·ma·nis·tiek *de (v)* wetenschap van de Romaanse talen en letterkunde
ro·man·schrij·ver *de (m)*, **ro·man·schrijf·ster** *de (v)* [-s] iem. die romans schrijft
ro·man·ti·cus *de (m)* [-ci] ❶ aanhanger, volgeling van de romantiek ❷ persoon met rijke verbeeldingskracht; iem. die in zijn leven tot romantiek neigt
ro·man·tiek (‹Fr) **I** *de (v)* ❶ kunstrichting van het eind van de 18de en de eerste helft van de 19de eeuw die streefde naar het indrukwekkend grootse of de hartstochtelijke schilderachtigheid ❷ alles wat tot het gevoel, de fantasie spreekt **II** *bn* romantisch; uit de tijd van of in de stijl van de romantiek
ro·man·tisch (‹Du‹Fr) *bn* ❶ de geest van de romantiek volgend, brekend met de klassieke modellen ❷ aan romans herinnerend; dichterlijk dromend en geen rekening met de werkelijkheid houdend
ro·man·ti·se·ren *ww* [-zeerə(n)] [romantiseerde, h. geromantiseerd] een romantische, verdichte voorstelling geven van; tot een roman verwerken
rom·bisch *bn* ruitvormig
rom·bo·ë·der (‹Gr) *de (m)* [-s] een door zes gelijke ruiten begrensd lichaam
rom·bo·ï·de (‹Gr) *de (v)* [-n] scheefhoekig parallellogram
rom·bus (‹Gr) *de (m)* [-sen] ruit, scheve gelijkzijdige vierhoek
Ro·me (‹Lat) *het* hoofdstad van Italië, zetel van de paus: ★ ~ *is niet op één dag gebouwd* een groot werk is niet snel klaar ★ *hoe dichter bij ~, hoe slechter christenen* de mensen die het dichtst bij de kerk wonen, zijn niet altijd de braafste ★ NN *er zijn vele wegen die naar ~ leiden*, BN *alle wegen leiden naar ~* er zijn verschillende middelen om een doel te bereiken ★ vooral NN *zo oud als de weg naar ~* zeer oud, *vgl:* → **Kralingen** ★ NN *in ~ geweest zijn en de paus niet gezien hebben* ergens geweest zijn en er het belangrijkste gemist hebben ★ NN *~ en Dordt*

katholieken en calvinisten ★ *Verdrag van* ~ internationale overeenkomst van 25 maart 1957, die de grondslag vormt van de huidige EU; zie ook bij → **prix**

Ro·mein *(‹Lat› de (m)* [-en] ❶ inwoner van de stad Rome of van het door Rome gestichte rijk; ❷ *Romeinen* Bijbel brief van Paulus aan de Romeinen

ro·mein *de* [-en] staande drukletter

Ro·meins *(‹Lat› bn* van, uit Rome; van, als van de Romeinen ★ *Romeinse congregaties* de colleges van kardinalen met elk een eigen taak ★ *Romeinse cijfers* letters die dienen als symbolen voor getallen, in Europa in gebruik vóór de invoering van de Arabische cijfers (bijv. V (5), L (50), C (100)

ro·men *ww* [roomde, h. geroomd] ❶ afromen ❷ ‹van melk› room vormen

ro·mig *bn* in smaak en samenstelling op room gelijkend

rom·mel *de (m)* wanordelijke boel; ondeugdelijke waar; zie ook → **rommeltje**

rom·me·len *ww* [rommelde, h. gerommeld] ❶ rommel veroorzaken, wanordelijk te werk gaan ❷ herhaald dof dreunen: ★ *de donder rommelt*

rom·me·lig *bn* onordelijk

rom·mel·ka·mer *de* [-s] bewaarplaats van ongebruikte voorwerpen

rom·mel·kast *de* [-en] kast voor ongebruikte voorwerpen

rom·mel·markt *de* [-en] markt voor oude, gebruikte spullen

rom·mel·pot *de (m)* [-ten] met een blaas overtrokken pot waarin een vochtig rietje op en neer bewogen wordt, zodat een rommelend geluid ontstaat

rom·mel·tje *het* ❶ rommel ❷ *rommeltjes* spullen van weinig waarde

rom·mel·zol·der *de (m)* [-s] zolder als bergplaats voor ongebruikte voorwerpen

rom·mel·zooi [-en] *de* dooreengeworpen voorwerpen

rom·mel·zootje [-zo·tje] *het* [-s] → **rommelzooi**

rom·men·dom, **rom·men·tom** *bijw* rondom, van *of* aan alle kanten

romp *de (m)* [-en] ❶ lichaam zonder hoofd en ledematen; kledingstuk of deel van kleding dat dat deel van het lichaam omsluit ❷ hoofdvorm van een gebouw zonder toebehoren; ❸ ‹van schepen› onderste deel; ❹ ‹van vliegtuigen› het geheel zonder vleugels, wielen enz. ❺ ondeugdelijke muskaatnoot, stuk muskaatnoot of kruidnagel

romp- als eerste lid in samenstellingen onvolledig, geschonden: → **rompparlement**, → **rompstaat**

rom·per·tje *het* [-s] vooral NN hemdje voor baby's en peuters dat met drukknoopjes in het kruis wordt gesloten

romp·ka·bi·net *het* [-ten] NN de gezamenlijke overgebleven ministers van een regering van wie enkele leden hun functie hebben neergelegd

romp·par·le·ment *het* [-en] parlement waaruit bepaalde leden verwijderd zijn, zoals in Engeland ten tijde van Cromwell, 1648

romp·slomp *de (m)* (gewoonlijk nodeloze) drukte, omhaal

romp·staat *de (m)* [-staten] → **rijk²** waaraan stukken ontbreken die eigenlijk erbij horen

rond *(‹Fr‹Lat›* **I** *bn* ❶ cirkelvormig, bolvormig ❷ om iets, om zich heen; naar alle kanten: ★ *hij keek de kamer* ~ ❸ gevuld, mollig: ★ *ronde vormen* ❹ vol: ★ *een* ~ *jaar* ❺ afgerond: ★ *een* ~ *getal* ❻ klaar, afgehandeld, geregeld: ★ *de zaak is* ~ ❼ bij benadering, ongeveer: ★ ~ *honderd euro* **II** *het* [-en] bol- of cirkelvormige ruimte, plein, bol- of cirkelvormig voorwerp; zie ook → **rondje III** *vz* ❶ ongeveer: ★ *zij komt* ~ *negen uur* ★ *hij is* ~ *de vijftig* ❷ omtrent: ★ *de moeilijkheden* ~ *zijn benoeming speelden ons parten* ❸ rondom, om... heen: ★ *een reis* ~ *de wereld*

rond·ba·zui·nen *ww* [bazuinde rond, h. rondgebazuind] met veel drukte aan iedereen oververtellen

rond·be·zor·gen *ww* [bezorgde rond, h. rondbezorgd] rondbrengen

rond·blik·ken *ww* [blikte rond, h. rondgeblikt] in het rond kijken

rond·boog *de (m)* [-bogen] halfcirkelvormige boog

rond·bor·stig *bn* openhartig; **rondborstigheid** *de (v)*

rond·brei·ma·chi·ne [-sjie-] *de (v)* [-s] machine die breiwerk op ronde toeren maakt

rond·bren·gen *ww* [bracht rond, h. rondgebracht] bij elk van de belanghebbenden bezorgen

rond·brie·ven *ww* [briefde rond, h. rondgebriefd] rondvertellen (meestal iets wat beter geheim bleef)

rond·dan·sen *ww* [danste rond, h. rondgedanst] zich dansend in een bepaalde ruimte bewegen

rond·de·len *ww* [deelde rond, h. rondgedeeld] uitdelen aan een gezelschap

rond·die·nen *ww* [diende rond, h. rondgediend] ‹spijs of drank› aan een gezelschap aanbieden

rond·dob·be·ren *ww* [dobberde rond, h. rondgedobberd] zonder stuur of richting ronddrijven

rond·do·len *ww* [doolde rond, h. rondgedoold] alle kanten heen dwalen

rond·draai·en *ww* [draaide rond, is & h. rondgedraaid] ❶ in een kring draaien, om zijn as wentelen ❷ in een kring doen draaien, om zijn as doen wentelen

rond·drij·ven *ww* [dreef rond, h. rondgedreven] zonder vaste richting drijven

rond·dwa·len *ww* [dwaalde rond, h. rondgedwaald] → **rondzwerven** (bet 1)

ron·de *(‹Fr› de* [-n en -s] ❶ omgang, rondgang van een wacht of patrouille ❷ rondedans, rondgezang ❸ etappewedstrijd bij wielrennen: ★ *de* ~ *van Frankrijk* ❹ traject in een snelheidswedstrijd dat herhaalde malen afgelegd moet worden ❺ algemeen onderdeel van een wedstrijd: ★ *in de*

achtste ~ ging de bokser knock-out
ron·deau [rōdoo] *(‹Fr)* *het* [-s] → **rondeel** (bet 2)
ron·de·dans *de (m)* [-en] kringdans; dans in 't rond
ron·deel *(‹Oudfrans) het* [-delen] ❶ rond buitenwerk, ronde sterke toren ❷ letterk gedicht van meestal dertien regels met twee rijmklanken en gelijke eerste, zevende en dertiende regel
ron·del *(‹Fr) de (v)* [-len] BN, spreektaal ❶ techn ringetje waartegen een moer wordt vastgedraaid, moerplaatje, klemring, veerring e.d. ❷ ringetje of schijfje groente of vlees, plakje: ★ *snij de wortel en de pijpajuin in rondelletjes*
ron·den *ww* [rondde, h. & is gerond] ❶ rond maken, een ronde vorm geven ❷ een ronde vorm aannemen, zich rond voordoen ❸ scheepv omheen varen: ★ *een boei ~, een kaap ~* ❹ ★ *zich ~* rond worden
ron·de·ta·fel·con·fe·ren·tie [-sie] *de (v)* [-s] besprekingen tussen partijen over geschilpunten, waarbij de ronde tafel de gelijkheid van de deelnemers symboliseert
rond·fiet·sen *ww* [fietste rond, h. rondgefietst] om iets heen fietsen, fietsend doorkruisen
rond·flad·de·ren *ww* [fladderde rond, h. rondgefladderd] fladderend heen en weer vliegen; fig zonder bepaald doel heen en weer lopen
rond·gaan *ww* [ging rond, is rondgegaan] in een kring, om iets heen gaan; alle kanten heen gaan; huis aan huis gaan; van hand tot hand gaan enz.
rond·gang *de (m)* [-en] het rondgaan, rondwandeling, vooral voor bezichtiging of toezicht
rond·ge·ven *ww* [gaf rond, h. rondgegeven] aan ieder van een gezelschap doorgeven
rond·han·gen *ww* [hing rond, h. rondgehangen] lummelen
rond·heid *de (v)* het rond-zijn
rond·hoe·re·ren *ww* [hoereerde rond, h. rondgehoereerd] NN al flirtend her en der contacten proberen te leggen
rond·hout *het* [-en] ❶ al het hout dat niet gekloofd, gezaagd of beslagen in de handel wordt gebracht ❷ scheepv alle ronde houten die tot het tuig van een schip behoren, zoals masten, stengen, ra's enz.
ron·ding *de (v)* [-en] welving, ronde vorm
rond·je *het* [-s] ❶ rond voorwerp, cirkel ❷ traktatie aan het hele gezelschap ❸ korte wandeling of rijtoer: ★ *een ~ doen, maken* ❹ kleine → **ronde** (bet 4): ★ *een ~ van 35.7 sec* ★ *~ om de kerk* steeds terugkerend kort traject of kort stuk van een etappe in een wielerwedstrijd
rond·kij·ken *ww* [keek rond, h. rondgekeken] om zich heen kijken ★ *~ naar* trachten te vinden of te krijgen
rond·ko·men *ww* [kwam rond, is rondgekomen] ❶ bij ieder van een gezelschap iets komen aanbieden: ★ *met wijn ~* ❷ juist genoeg hebben om de nodige uitgaven te kunnen doen: ★ *met 1000 euro per maand ~*

rond·kop *de (m)* [-pen] NN spijker met ronde kop
rond·lei·den *ww* [leidde rond, h. rondgeleid] leiden langs al wat men wil laten zien (*tentoonstelling, museum, stad, enz.)*
rond·lei·ding *de (v)* [-en] ❶ het rondleiden ❷ keer dat men rondgeleid wordt
rond·lo·pen *ww* [liep rond, h. & is rondgelopen] in een kring, om iets heen lopen; naar alle kanten lopen
rond·neu·zen *ww* [neusde rond, h. rondgeneusd] vluchtig rondsnuffelen
ron·do *(‹It‹Fr) het* ['s] muz muziekstuk waarvan het hoofdthema meermalen wordt herhaald; laatste deel van een sonate of concert
rond·om, **rond·om** *bijw vz* om iets of iem. heen
rond·punt *het* BN ook rotonde
rond·reis *de* [-reizen] reis van plaats tot plaats, waarbij men gewoonlijk op het uitgangspunt terugkeert
rond·rij·den *ww* [reed rond, h. & is rondgereden] in een kring, om iets heen rijden; rijdend doorkruisen; naar alle kanten rijden
rond·rit *de (m)* [-ten] het rondrijden door een stad, land enz.
rond·schar·re·len *ww* [scharrelde rond, h. rondgescharreld] ❶ zonder bepaald doel rondlopen ❷ met enige moeite zich in een beperkte ruimte bewegen; fig met moeite zich behelpend → **rondkomen** (bet 2)
rond·schrij·ven *het* brief aan een bepaalde kring van personen, omzendbrief
rond·sel *het* [-s] klein tandrad
rond·sjou·wen *ww* [sjouwde rond, h. rondgesjouwd] ❶ rondzwerven ❷ ★ *~ met* zwervend meenemen
rond·slen·te·ren *ww* [slenterde rond, h. rondgeslenterd] slenterend rondlopen
rond·slin·ge·ren *ww* [slingerde rond, h. rondgeslingerd] ❶ in het rond slingeren ❷ her en der verspreid liggen
rond·snuf·fe·len *ww* [snuffelde rond, h. rondgesnuffeld] overal lopen te snuffelen; rondkijken om iets te vinden
rond·spo·ken *ww* [spookte rond, h. rondgespookt] rondwaren; fig geheimzinnig schrikwekkend rondgaan
rond·strooi·en *ww* [strooide rond, h. rondgestrooid] verspreiden: ★ *praatjes ~*
rond·strui·nen *ww* [struinde rond, h. rondgestruind] struinen
rond·stu·ren *ww* [stuurde rond, h. rondgestuurd] rondzenden
rond·tas·ten *ww* [tastte rond, h. rondgetast] met de handen in het rond voelen; fig onzekere pogingen doen, weifelen: ★ *in onzekerheid ~*
rond·te *de (v)* [-n en -s] rondheid; omtrek; kring
rond·trek·ken *ww* [trok rond, h. & is rondgetrokken] in alle richtingen door een bep. gebied trekken: ★ *rondtrekkende kooplieden*
rond·uit, **rond·uit** *bijw* ❶ eerlijk, zonder

terughoudendheid ❷ onverbloemd uitgedrukt: ★ *dat is ~ een schandaal*

rond·vaart *de* [-en] vaart met een boot, waarbij tot het uitgangspunt teruggekeerd wordt: ★ *een ~ door de Amsterdamse grachten*

rond·vaart·boot *de* [-boten] vaartuig gebruikt bij rondvaarten

rond·ven·ten *ww* [ventte rond, h. rondgevent] met iets rondgaan om het te koop aan te bieden

rond·ver·tel·len *ww* [vertelde rond, h. rondverteld] aan iedereen vertellen

rond·vlie·gen *ww* [vloog rond, h. & is rondgevlogen] in een kring, om iets heen vliegen; naar alle kanten vliegen

rond·vlucht *de* [-en] rondreis met een vliegtuig: ★ *een ~ boven Amsterdam*

rond·vraag *de* [-vragen] omvraag aan het eind van een vergadering, waarbij de leden nog wat ter tafel kunnen brengen

rond·wan·de·len *ww* [wandelde rond, h. rondgewandeld] wandelend rondgaan; fig onder de mensen verkeren; **rondwandeling** *de (v)* [-en]

rond·weg¹ *de (m)* [-wegen] NN weg (*meestal*: autosnelweg) voor doorgaand verkeer om een stad heen

rond·weg², **rond·weg** *bijw* ronduit

rond·zeg·gen *ww* [zegde of zei(de) rond, h. rondgezegd] ❶ aan alle belangstellenden aanzeggen ❷ aan iedereen vertellen

rond·zen·den *ww* [zond rond, h. rondgezonden] ❶ binnen een bepaalde ruimte in alle richtingen zenden ❷ zenden aan allen (tegelijk of achtereenvolgens) die tot een bepaalde kring behoren; **rondzending** *de (v)*

rond·zin·gen *ww & het* ❶ (het produceren van een) hoge fluittoon als een microfoon signalen opvangt die deze juist via een versterker uitgezonden heeft ❷ fig zich verspreiden, van een verhaal, naam e.d.

rond·zwer·ven *ww* [zwierf rond, h. rondgezworven] ❶ in vele richtingen zwerven; van de ene plaats naar de andere gaan ❷ ordeloos verspreid liggen: ★ *rondzwervende papieren*

rong *de* [-en] elk van de vier staanders op een kar of een wagen

ron·ken *ww* [ronkte, h. geronkt] snorken; gonzen

ron·se·laar *de (m)* [-s] aanwerver van soldaten, matrozen enz.

ron·se·len *ww* [ronselde, h. geronseld] ⟨matrozen, soldaten⟩ aanwerven

rönt·gen [runt-] *de (m)* [*mv* idem] eenheid waarin de dosis ontvangen of toegediende röntgenstralen wordt uitgedrukt, genoemd naar de Duitse natuurkundige Wilhelm Conrad Röntgen (1845-1923), die in 1895 de röntgenstralen ontdekte

rönt·gen·ap·pa·raat [runt-] *het* [-raten] röntgentoestel

rönt·ge·nen *ww* [runt-] [röntgende, h. geröntgend] röntgenfoto's maken van

rönt·gen·fo·to [runt-] *de* ['s] foto gemaakt met behulp van röntgenstralen

rönt·ge·no·lo·gie [runt-] *de (v)* de toepassing van röntgenstralen voor diagnostiek e.a. doeleinden

rönt·ge·no·loog [runt-] *de (m)* [-logen] arts die de röntgenologie beoefent

rönt·gen·stra·len [runt-] *mv* elektromagnetische stralen met golflengten die aanzienlijk kleiner zijn dan die van zichtbaar licht, o.a. toegepast voor het fotograferen van inwendige organen

rönt·gen·the·ra·pie [runt-] *de (v)* geneeskundige behandeling met röntgenstralen

rönt·gen·toe·stel [runt-] *het* [-len] toestel om te röntgenen

rood¹ I *bn* ❶ één van de drie hoofdkleuren: ★ *de bovenste baan van de Nederlandse vlag is ~* ★ *de haan* vuur, brand ★ voetbal *rode kaart* kaart die men na een zware overtreding getoond krijgt door de scheidsrechter waarna men het veld moet verlaten ★ *rode lantaarn* benaming voor de laagste plaats in een klassement, rangschikking e.d. ★ *de rode vlag* teken van gevaar, oorlog, revolutie ★ *het Rode Kruis* internationale vereniging die gewonden en krijgsgevangenen verzorgt, hulp verleent bij epidemieën, overstromingen, aardbevingen, hongersnood en dergelijke grote rampen; een rood kruis op een wit veld is het onderscheidingsteken ★ *het werd hem ~ voor de ogen* hij werd onbeheerst driftig ★ *~ staan* een negatief saldo hebben bij een bank- of giro-instelling ★ *door, over de rooie (rode) gaan* zich niet meer kunnen beheersen ❷ (van hoofdhaar): roodbruin, geelbruin ★ *een rode, rooie roodharige* ❸ socialistisch, communistisch ★ *het rode boekje* populaire benaming van een door Mao Zedong (1893-1976) geschreven werk over de revolutie; ook gebruikt voor andere boekjes met (vermeend) subversieve inhoud: ★ *het rode boekje voor soldaten, scholieren enz.*; zie ook bij → *cijfer*, → *gevaar* en → *oor II het* ❶ de rode kleur ❷ NN aalbessenjenever: ★ *een glaasje ~*

rood² *het* plantenziekte: roest

rood·aar·de *de* ijzeroxide bevattende, rode grondsoort, als poetsmiddel gebruikt

rood·ach·tig *bn* min of meer rood, op rood lijkend

rood·baard *de (m)* [-en] ❶ persoon met een rode baard ❷ benaming voor vogels, o.a. het roodborstje

rood·bont *bn* roodbruin met witte plekken: ★ *~ IJsselvee*

rood·borst·je *het* [-s] zangvogeltje met oranjerood borstje (*Erithacus rubecula*)

rood·borst·ta·puit *de (m)* [-en] kleine zangvogel van landbouw- en heidestreken

rood·bruin *bn* kleur tussen rood en bruin

rood·gloei·end *bn* door grote hitte rood

rood·hals·fuut *de (m)* [-futen] soort fuut met (in prachtkleed) rode hals (*Podiceps griseigena*)

rood·ha·rig, **rood·ha·rig** *bn* met rood haar; **roodharige** *de* [-n]

rood·huid *de (m)* [-en] indiaan in Noord-Amerika

Rood·kap·je *het* meisje met een rood kapje, hoofdpersoon uit een bekend sprookje

rood·ko·per, rood·ko·per *het* niet met ander metaal gemengd koper; *ook als twee woorden geschreven:* rood koper

rood·ko·pe·ren *bn* van roodkoper ★ *inf hij is voor z'n ~ het is in orde, afgewerkt, klaar*

rood·staart *de (m)* [-en] zangvogel met rode staart: ★ *gekraagde ~* ★ *zwarte ~*

rood·vonk *de & het* besmettelijke ziekte gepaard met huiduitslag en huidvervelling

rood·wild *het* herten

roof[1] *de (m)* ❶ het roven, diefstal met geweld ❷ wat geroofd wordt

roof[2] *de* [roven] wondkorst

roof·ach·tig *bn* geneigd tot stelen

roof·bouw *de (m)* landbouw die de bodem uitput; bij uitbreiding iets op zodanige wijze gebruiken dat het er schade van ondervindt of tenietgaat: ★ *door aan zoveel wedstrijden deel te nemen pleegt de marathonloper ~ op zijn lichaam*

roof·dier *het* [-en] lid van een orde van zoogdieren die zich door het gebit van andere zoogdieren onderscheiden en waartoe o.a. de beren, de katten, de honden en de marters behoren

roof·druk *de (m)* [-ken] uitgave van een drukwerk waarvoor de rechthebbende geen toestemming heeft gegeven en geen vergoeding ontvangt

roof·gie·rig *bn* begerig naar → **roof**[1]

roof·goed *het* [-eren] ❶ geroofd goed ❷ voorwerp dat populair is bij dieven

roof·ing [roefing] *(<Eng) de (m)* BN ruberoïd, een soort dakbedekking (bij platte daken)

roof·ke·ver *de* [-s] kever die zich (als larve en als kever) met rupsen, poppen (→ **pop**[1], bet 2) en larven voedt

roof·mier *de* [-en] miersoort die poppen (→ **pop**[1], bet 2) steelt bij zwarte en andere mieren

roof·moord *de* [-en] het vermoorden van iemand teneinde hem daarna te kunnen bestelen

roof·nest *het* [-en] schuilplaats van rovers

roof·over·val *de (m)* [-len] overval met de bedoeling om te roven

roof·rid·der *de (m)* [-s] ridder die van → **roof**[1] leefde

roof·staat *de (m)* [-staten] staat die → **roof**[1] op andere volken pleegt

roof·tocht *de (m)* [-en] het uitgaan op → **roof**[1]

roof·vis *de (m)* [-sen] vis die andere vissen eet

roof·vo·gel *de (m)* [-s] lid van een orde van de vogels die zich onderscheiden door een scherpe, naar beneden gekromde snavel, stootvogel

roof·ziek *bn* roofgierig

roof·zucht *de* begeerte naar → **roof**[1]; **roofzuchtig** *bn*

rooie de [-n] zie bij → **rood**[1] en → **rode**

rooi·en[1] *ww* [rooide, h. gerooid] ❶ in één lijn plaatsen ❷ NN klaarspelen, voor elkaar krijgen: ★ *ik kan het in mijn eentje wel ~* ★ *het goed met iem. kunnen ~ goed met iem. overweg kunnen*

rooi·en[2] *ww* [rooide, h. gerooid] uit de grond halen: ★ *aardappelen ~*

rooi·lijn *de* [-en] richtlijn; gevellijn van de huizen in een straat

rooi·nek *de* [-ken] <in de Boerenoorlog> Engels soldaat

rook[1] *de (m)* damp van brandende stof ★ *onder de ~ van* in de naaste omgeving van ★ *in ~ opgaan* vervliegen ★ *geen ~ zonder vuur* alles heeft zijn oorzaak *of* een gerucht dat omtrent iem. of iets gaat, heeft altijd wel een kern van waarheid

rook[2] *de* [roken] hooistapel

rook[3] *ww verl tijd van* → **rieken** *en* → **ruiken**

rook·ar·ti·ke·len *mv* rookgerei

rook·bom *de* [-men] omhulsel gevuld met een chemisch mengsel dat bij ontsteking veel rook afgeeft

rook·cou·pé [-koepee] *de (m)* [-s] coupé in een trein waarin gerookt mag worden

rook·ge·rei *het* benodigdheden voor het roken

rook·glas *het* enigszins donker soort, gerookt glas

rook·gor·dijn *het* [-en] ❶ rookwolken om iets onzichtbaar te maken (ook fig): ★ *een ~ leggen* ❷ NN <in de Tweede Kamer> gordijn achter welk het toegestaan is te roken, ook gebruikt om zich tijdelijk achter terug te trekken

rook·hol *het* [-ken] kamer vol → **rook**[1]

rook·kaas *de (m)* [-kazen] NN naar rook smakende kaas

rook·ka·naal *het* [-nalen] afvoerpijp voor → **rook**[1]

rook·ko·lom *de* [-men] dikke opstijgende rookwolk

rook·lucht *de* naar rook ruikende lucht

rook·ma·chi·ne [-sjie-] *de (v)* [-s] apparaat dat rook produceert tijdens optredens (→ **optreden** II, bet 1)

rook·mel·der *de (m)* [-s] apparaat dat rook in een vertrek signaleert en daardoor een alarm geeft, ter voorkoming van brand

rook·paal *de* [-palen] rookzuil

rook·pluim *de* [-en] sliert rook uit een schoorsteen

rook·sa·lon *de (m) & het* [-s] vertrek voor rokers, vooral in hotels of op schepen

rook·spek *het* gerookt spek

rook·stel *het* [-len] bijeenpassende rookbenodigdheden

rook·ta·bak *de (m)* tabak om in een pijp te roken

rook·ta·fel·tje *het* [-s] tafeltje met rookbenodigdheden

rook·vang *de (m)* [-en] toestel boven een vuur of lamp, dat de rook naar de schoorsteen leidt

rook·ver·bod *het* [-boden] verbod om op een bep. plaats te roken

rook·ver·drij·ver *de (m)* [-s] ❶ toestel boven een schoorsteen, dat het naar binnen slaan van rook moet beletten ❷ toestelletje dat tabaksrook in een vertrek verdrijft, bijv. met een brandende kaars

rook·vlees, rook·vlees *het* gerookt vlees, vooral gerookt muisje of spierstuk van een rund of een paard

rook·vrij *bn* waar niet gerookt mag worden: ★ *een ~ restaurant*
rook·wolk *de* [-en] wolk van rook
rook·worst *de* [-en] gerookte worst
rook·zuil *de* [-en] ❶ rookkolom ❷ paal met een asbak op stations in een zone waar mag worden gerookt
room *de (m)* melkvet ★ *geslagen ~ room die door opkloppen stijf is geworden*, slagroom ★ NN *de ~ is er af* het beste is er af
room·bo·ter *de* boter van room
room·ho·ren, **room·hoorn** *de (m)* [-s] horenvormig roomgebakje
room·ijs *het* met room bereid ijs
room·kaas *de (m)* [-kazen] volvette kaas
room·kleu·rig *bn* geelwit
rooms *bn* rooms-katholiek ★ NN *roomse bonen* tuinbonen ★ hist *Rooms-Koning* titel van de vorst in het oude Duitse Keizerrijk die tot keizer zou worden gekroond
room·saus *de* [-en, -sauzen] met room bereide saus
room·ser·vice [roemsù(r)vis] *(‹Eng) de (m)* bediening op de kamer in een hotel
rooms·ge·zin·de, **rooms·ge·zin·de** *de* [-n] vooral hist aanhanger van het rooms-katholiek geloof; **roomsgezindheid** *de (v)*
rooms-ka·tho·liek I *bn* van, volgens de christelijke godsdienst die de paus te Rome als hoofd erkent **II** *de* [-en] iem. die de rooms-katholieke godsdienst belijdt
room·soes *de* [-soezen] met room gevuld gebakje
room·taart *de* [-en] taart met room
roos¹ *(‹Lat) de* [rozen] ❶ doornige plant met meestal welriekende bloemen (*Rosa*); de bloem van deze plant ★ *geen rozen zonder doornen* er is altijd wel een minder prettige kant aan een zaak ★ *slapen als een ~* ★ BN ook *op rozen slapen* slapen als een roos, gerust slapen ★ *op rozen zitten* voorspoed genieten ★ NN *onder de ~* geheim, in vertrouwen; zie ook bij → **Jericho** ❷ cirkel midden in schietschijf: ★ fig *in de ~ schieten, treffen* een goede, geslaagde maatregel nemen ★ *een schot in de ~* een gelukkige, geslaagde maatregel ❸ schijf met de 32 windstreken: ★ *de ~ van een kompas* ❹ (geen *mv*) rode huiduitslag ❺ (geen *mv*) huidschilfers op het hoofd ❻ veelal verkl diamant met de vorm van een afgeknotte piramide
roos² BN ook **I** *bn* roze, bleek- of lichtrood: ★ *~ gekleurd papier* **II** *het* het roze, de bleek- of lichtrode kleur
roos·ach·ti·gen *mv* plantengeslacht (*Rosaceae*)
roos·je *het* [-s] kleine roos; zie ook → **roos¹** (bet 7)
roos·kleu·rig *bn* fig gunstig, veelbelovend
roos·ten *ww* [roostte, h. geroost] chem verhitten aan de lucht
roos·ter *de (m) & het* [-s] ❶ traliewerk; raamwerk van staven (ter afwering van vuil; voor toetreding van lucht; ❷ ‹in een kolenkachel› om de as door te laten); ★ BN ook *iem. op de ~ leggen* iem. aan de

tand voelen, iemand streng en indringend ondervragen ❸ lijst van verdeling van de werkzaamheden
roos·te·ren *ww* [roosterde, h. geroosterd] op een rooster bruin braden
roos·ter·vrij *bn* ★ NN *roostervrije dag* dag waarop men geen op een → **rooster** (bet 2) vermelde verplichtingen heeft
roos·ter·werk *het* roostervormig samenstel van staven, latten enz., onder zoldering of vloer
roos·ven·ster *het* [-s] cirkelvormig venster dat stervormig in vakken verdeeld is
root *de* [roten] plaats waar men het vlas laat roten
roots [roets] *(‹Eng) mv* oorsprong
ro·que·fort [rok(ə)fòr] *de (m)* met schimmel dooraderde, pittige Franse schapenkaas, genoemd naar de plaats van die naam in Zuid-Frankrijk
ro·ro·schip *het* [-schepen: *roll-on-roll-off-schip* schip dat beladen vrachtauto's kan opnemen en overvaren]
ror·schach·test [roorsjach-, Duitse ch] *de (m)* [-s] psychologische test waarbij men iem. laat vertellen wat hij in een aantal inktvlekken ziet, genoemd naar de Zwitserse psychiater H. Rorschach (1884-1922)
ros¹ *het* [-sen] paard; zie ook bij → **stalen¹**
ros² *(‹Oudfrans‹Lat) bn* roodachtig ★ *de rosse buurt* buurt met veel prostitutie
ros³ *de (m)* verkorting van → **rosbief**
RoSa *afk* in België Rol en Samenleving [Belgisch feministisch documentatiecentrum]
ro·sa·cee·ën [-zaa-] *(‹Lat) mv* roosachtige planten
ro·sa·ri·um [-zaa-] *(‹Lat) het* [-s, -ria] ❶ rozenkrans ❷ rozentuin, rozenkwekerij
ros·bief *(‹Eng) de (m) & het* op Engelse wijze geroosterd of gebraden rundvlees
ro·sé [-zee] *(‹Fr) de (m)* wijn met een roze kleur (ontstaan door de schillen uit de most te verwijderen)
ro·sé·wijn [-zee-] *de (m)* → **rosé**
ros·kam *de (m)* [-men] paardenkam
ros·kam·men *ww* [roskamde, h. geroskamd] een paard met de roskam kammen; fig scherp hekelen
ros·ma·rijn, **ro·ze·ma·rijn** *(‹Lat) de (m)* welriekend lipbloemig gewas, ook als keukenkruid gebruikt
ros·mo·len *de (m)* [-s] door een paard in beweging gehouden molen; tredmolen ★ NN *in de ~ lopen* mechanisch of zwaar werk verrichten
ros·sen *ww* [roste, h. gerost] ❶ hardhandig reinigen; ranselen ❷ wild rijden: ★ *rijden en ~* ❸ fig losbandig of verkwistend leven
ros·sig *bn* roodachtig
rot¹ I *bn* verrot, bedorven; fig onaangenaam, beroerd **II** *het* het verrotte; gedeelte dat verrot is
rot² *de* [-ten] rat ★ *een oude ~* iem. die door ervaring slim is geworden en zich niet gemakkelijk laat misleiden
rot³ *(‹Oudfrans) het* [-ten] ❶ bende ❷ twee man achter elkaar bij de opstelling in twee gelederen ❸ vier

geweren in piramidevorm tegen elkaar gezet

Ro·ta *(‹Lat) de* pauselijk rechtscollege en hof van beroep

ro·ta·cis·me *het* taalk overgang van een consonant in *r*, vooral die van *z* in *r*, genoemd naar de Griekse letter rho (de *r*); in het Nederlands bijv. *bevroren* uit *bevrozen*

ro·tan [rottan] *(‹Mal) (de m) & het* Spaans riet, stengels van de rietpalm uit Indonesië

Ro·ta·rian [-tèrie(j)ən] *(‹Eng) de (m)* [-s] lid van een Rotaryclub

Ro·ta·ry [rootərie] *(‹Eng) de* internationale vereniging, in 1905 te Chicago gesticht, van personen van verschillend beroep die zich ten doel stelt individuele hulpverlening en bevordering van welvaart en goede verstandhouding, ongeacht politieke en godsdienstige overtuiging

Ro·ta·ry·club [rootərie-] *(‹Eng) de* [-s] plaatselijke afdeling van de Rotarybeweging

ro·ta·tie [-(t)sie] *(‹Fr‹Lat) de (v)* [-s] wenteling, omdraaiing, beweging om een as; dagelijkse beweging van de aarde om haar as

ro·ta·tie·pers [-(t)sie-] *de* [-en] drukpers waarbij men cilindrische stereotypeplaten op de drukrollen schroeft

ro·ten *ww* [rootte, h. geroot] de vezels van vlas van elkaar weken

ro·te·ren *ww (‹Lat)* [roteerde, h. geroteerd] ronddraaien, wentelen om een as of een middelpunt

rot·gang *de (m)* NN, spreektaal → **noodgang**

rot·gans *de* [-ganzen] kleine ganzensoort (*Branta bernicla*)

ro·ti *de (m)* ❶ *(‹Sranantongo)* Surinaams gerecht bestaande uit een soort pannenkoek met vlees en groente ❷ *(‹Fr)* gebraad

ro·tis·se·rie [-ties-] *(‹Fr) de (v)* [-rieën] eig braderij; restaurant waar vooral gebraden vleesspijzen verkrijgbaar zijn

rot·je *het* [-s] NN stuk vuurwerk dat een luide knal geeft

Rot·je·knor *het* NN geringschattende bijnaam voor Rotterdam

rot·joch [-en], **rot·jon·gen** *de (m)* [-s] vervelende jongen

rot·kreu·pel *het* klauwzeer bij schapen

ro·to·gra·vu·re *de* [-s] reproductiemethode door koperdiepdruk met ronde drukvormen; aldus verkregen reproductie

ro·ton·de *(‹Fr‹Lat) de* [-n, -s] ❶ van binnen en van buiten rond gebouw of rond deel van een gebouw ❷ rond verkeersplein in de samenkomst van verschillende wegen, ter vermijding van kruisingen

ro·tor *(‹Lat) de (m)* [-s en -toren] draaier, draaiend gedeelte van een elektromotor of dynamo

rots *(‹Oudfrans‹Lat) de* [-en] grote, kale steen; bij uitbreiding grote, kale berg; fig toevlaat, iem. op wie men vast vertrouwt ★ *een ~ in de branding* een krachtig steunpunt in woelige omstandigheden; zie ook bij → **ploegen**

rots·ach·tig *bn* met rotsen

rots·been *het* [-deren] onderste stuk van de slaapbeenderen

rots·blok *het* [-ken] stuk rots

rots·bo·dem *de (m)* rotsachtige bodem

rot·sig *bn* rotsachtig

rots·mis·pel *de (m)* [-s] krentenboompje

rots·par·tij *de (v)* [-en] ❶ groep rotsen ❷ ‹in tuinen e.d.› groep steenblokken waartussen planten groeien

rots·plant *de* [-en] vooral op rotsige bodem groeiende plant

rots·punt *de (m)* [-en] punt van een rots

rots·te·ke·ning *de (v)* [-en] prehistorische tekening op een rots

rot·straal *de (m)* paardenziekte: → **rotting**[1] aan de hoef

rots·tuin *de (m)* [-en] tuin met rotspartijen en rotsplanten

rots·vast *bn* zeer vast, onwankelbaar

rots·wand *de (m)* [-en] steile zijkant van een rots

rots·wol *de* BN ook steenwol, wolachtig isolatiemateriaal

rot·ten *ww* [rotte, is gerot] bederven, tot ontbinding overgaan

Rot·ter·dam·mer *de (m)* [-s] iem. geboortig of afkomstig uit Rotterdam

Rot·ter·dams I *bn* van, uit, betreffende Rotterdam II *het* het dialect van Rotterdam

rot·tig *bn* inf beroerd, onaangenaam, vervelend

rot·tig·heid *de (v)* [-heden] beroerde, verdrietige zaak, narigheid

rot·ting[1] *de (v)* het rotten, ontbinding

rot·ting[2] *de (m)* ❶ rotan ❷ [*mv:* -en] wandelstok van rotan

rott·wei·ler [rootwailər] *(‹Du) de (m)* [-s] hoogbenige, zwarte of roestbruine, kortharige herdershond met een brede kop, hangende oren en een korte staart, genoemd naar de stad Rottweil in Duitsland

rot·vaart *de* inf grote snelheid

rot·zak *de (m)* [-ken] inf onaangename, vervelende vent

rot·zooi *de* inf rommel, warboel

rot·zooi·en *ww* [rotzooide, h. gerotzooid] inf rommelig te werk gaan; *ook* seksueel spel bedrijven

rou·ge [roezjə] *(‹Fr‹Lat)* I *bn* rood ★ *~ et noir* rood en zwart, hazardspel met zes whistspellen II *de (m) & het* rode schmink

rou·la·de [roe-] *(‹Fr) de (v)* [-s] muz rolling van tonen, loopje, roller van achter elkaar meest op één lettergreep gezongen noten

rou·la·tie [roelaa(t)sie] *(‹Fr) de (v)* omloop, verkeer, vooral in uitdrukkingen als: ★ *in (de) ~ brengen* ★ *uit de ~ nemen* aan de omloop onttrekken ★ *uit de ~ zijn* uitgeschakeld zijn (door ziekte bijv.)

rou·le·ren *ww* [roe-] *(‹Fr)* [rouleerde, h. gerouleerd]

❶ omlopen, in omloop of gangbaar zijn
❷ beurtelings waargenomen worden

rou·let·te [roe-] *(‹Fr) de* [-s] kansspel met een balletje op een draaiend bord; zie ook bij → **Russisch**

rou·let·te·ta·fel [roe-] *de* [-s] tafel waarop de roulette draait

rou·te [roetə] *(‹Fr‹Lat) de* [-s en -n] gevolgde of te volgen weg, reis- of vaarweg; koers

rou·te·be·schrij·ving [roe-] *de* [-en] beschrijving van de te volgen route naar een bep. bestemming

rou·te·plan·ner [roetəplennər] *de (m)* [-s] computerprogramma dat de kortste route naar een bep. bestemming aangeeft

rou·ter [rautə(r)] *(‹Eng) de* [-s] comput apparaat dat of software die twee of meer netwerken met elkaar verbindt

rou·ti·ne [roe-] *(‹Fr) de (v)* ❶ door gewoonte verkregen vlug- of vaardigheid, bedrevenheid ❷ geregelde gang van zaken; sleur

rou·ti·ne·ge·val [roe-] *het* [-len] geval dat zich telkens voordoet (en geen bijzondere bespreking of beslissing vereist)

rou·ti·ne·on·der·zoek [roe-] *de (v)* [-en] onderzoek dat geregeld plaatsvindt, ook zonder bijzondere aanleiding

rou·ti·ne·werk [roe-] *het* werk waarbij het vooral op routine aankomt; eenvormig, eentonig werk

rout·ing [roet-] *(‹Eng) de* het aangeven van de meest economische weg die grondstoffen in een fabriek moeten afleggen of van de meest efficiënte volgorde van handelingen

rou·ti·nier [roetienjee] *(‹Fr) de (m)* [-s] geroutineerd persoon; iem. die uit routine schrijft, componeert enz.

rouw *de (m)* ❶ smart, vooral wegens iemands overlijden ❷ uiting van smart: ★ ~ *bedrijven* ❸ rouwkleding: ★ *in de* ~ *zijn*

rouw·band *de (m)* [-en] zwarte band als teken van → **rouw** gedragen

rouw·be·klag *het* deelnemingsbetuiging bij een sterfgeval

rouw·be·toon *het* uiting van → **rouw** of van deelneming

rouw·brief *de (m)* [-brieven] zwart of donkergrijs omrande brief met overlijdensbericht

rouw·dienst *de (m)* [-en] lijkdienst

rou·wen *ww* [rouwde, h. gerouwd] ❶ treuren ❷ in de → **rouw** zijn ❸ berouwen: ★ *dat zal hem* ~

rouw·floers *het* doffe zwarte stof; omhulsel, sluier daarvan

rouw·goed *het* kleding(stof) voor de → **rouw**

rouw·wig *bn* bedroefd ★ *er niet* ~ *om zijn* er weinig hinder van hebben

rouw·ka·mer *de* [-s] vertrek waarin de lijkkist staat

rouw·ka·pel *de* [-len] in → **rouw** gehulde kapel, → **chapelle ardente**

rouw·klacht *de* [-en] uiting van → **rouw**, van smart

rouw·kla·gen *ww* [rouwklaagde, h. gerouwklaagd] uiting geven aan smart, vooral over een sterfgeval

rouw·kle·ding *de (v)* kleding die men draagt bij → **rouw**

rouw·kleed *het* [1 -kleren, -klederen; 2 -kleden]
❶ zwart gewaad ❷ zwart dekkleed

rouw·kleur *de* [-en] kleur als teken van → **rouw**, in Europa zwart

rouw·koets *de* [-en] ❶ lijkwagen ❷ zwart rijtuig in een begrafenisstoet

rouw·lint *het* [-en] lint als teken van → **rouw**

rouw·mis *de* [-sen] RK uitvaartmis

rouw·moe·dig *bn* berouwvol

rouw·pro·ces *het* [-sen] het proces van het verwerken van verdriet, vooral na het overlijden van iem. die zeer na aan het hart lag

rouw·rand *de (m)* [-en] zwarte of donkergrijze rand om brieven als teken van → **rouw**; schertsend zwarte rand aan de nagel, door vuil dat zich eronder opgehoopt heeft

rouw·slui·er *de (m)* [-s] sluier van een vrouw in de → **rouw**; sluier ten teken van → **rouw** over iets gehangen

rouw·stoet *de (m)* [-en] begrafenisstoet

rouw·tijd *de (m)* tijd gedurende welke men rouwt

roux [roe] *(‹Fr‹Lat) de (m)* basis voor saus of soep, bereid met gelijke hoeveelheden boter en bloem waaraan hete melk of bouillon is toegevoegd
★ *witte* ~ witte saus

ro·ven *ww* [roofde, h. geroofd] met geweld stelen

ro·ver *de (m)* [-s] iemand die rooft

ro·ver·hoofd·man *de (m)* [-nen] aanvoerder van een roverbende

ro·vers·ben·de *de* [-n, -s] een bende rovers

ro·vers·hol *het* [-holen] schuilplaats, verblijfplaats van een roverbende

ro·vers·nest *het* [-en] rovershol

ro·yaal [roojaal,], **roy·aal** [rwajjaal] *(‹Fr‹Lat) bn*
❶ vorstelijk; onbekrompen, mild; zie ook bij → **kaal**
❷ ruim van opvattingen, niet kleingeestig; rondborstig ❸ flink van afmetingen ★ ~ *papier* papierformaat van 50 x 65 cm ★ vandaar: ~ *octavo* in het formaat van royaal papier

ro·yal [rojjəl] *(‹Eng) bn* zie bij → **flush**

ro·yal class [rojjəl klàs] *(‹Eng) de (m)* dure klasse op schepen en in vliegtuigen

roy·a·lis·me [rwajjaa-] *(‹Fr) het* koningsgezindheid

roy·a·list [rwajjaa-] *(‹Fr) de (m)* [-en] koningsgezinde

roy·a·lis·tisch [rwajjaa-] *bn* koningsgezind

ro·ya·li·teit [roojaa-,], **roy·a·li·teit** [rwajjaa-] *de (v)* gulheid, vrijgevigheid

ro·yal·ty [rojjəltie] *(‹Eng‹Oudfrans) de* ['s]
❶ koningschap, koninklijke waardigheid
❷ koninklijke familie; personen die lid zijn van een koninklijke familie; ★ *er komt veel* ~ *naar deze badplaats* ❸ aandeel in de opbrengst, bijv. van een mijn, een boek, exploitatie van een octrooi e.d.

ro·yal·ty wat·cher *(‹Eng)* [rojjəltie wotsjə(r)] *de (m)* [-s] iem. die de ontwikkelingen binnen koningshuizen volgt en daarover in de pers bericht

roy·e·ment [rwajjə-] *(‹Fr) het* [-en] NN het royeren; doorhaling (bijv. van een hypotheek); schrapping (als lid); tenietdoening (van een verzekering)

roy·e·ren [rwajjee-, roojee-] *(‹Fr) ww* [royeerde, h. geroyeerd] vooral NN ❶ afvoeren als lid van een vereniging ❷ doorhalen, schrappen van een lijst, vervallen verklaren

ro·ze [ròzə] *(‹Fr) bn* lichtrood

ro·ze·laar *de (m)* [-s] BN, spreektaal rozenstruik, rozenboom

ro·ze·ma·rijn *(‹Lat) de (m)* → **rosmarijn**

ro·zen·bed *het* [-den] bed, perk met rozen

ro·zen·blad *het* [-bladen, -bladeren, -blaren], **ro·zen·blaad·je** *het* [-s] blad van een roos

ro·zen·bok *de (m)* [-ken] metaalgroene boktor

ro·zen·boom *de (m)* [-bomen] stamroos

ro·zen·bot·tel *de* [-s] vrucht (schijnvrucht) van de roos

ro·zen·geur *de (m)* [-en] geur van rozen ★ ~ *en maneschijn* volkomen (huwelijks- of liefdes)geluk

ro·zen·hoed·je *het* [-s] een derde gedeelte van een → **rozenkrans** (bet 2)

ro·zen·hout *het* welriekende houtsoort

ro·zen·ke·ver·tje *het* [-s] johanneskever

ro·zen·knop *de (m)* [-pen] knop van een roos

ro·zen·krans *de (m)* [-en] ❶ krans van rozen ❷ RK reeks gebeden: het credo, het onzevader, drie weesgegroeten en bij elk weesgegroet een gloria, gevolgd door vijftien maal tien weesgegroeten, ieder voorafgegaan door een onzevader en een credo ❸ kralensnoer gebruikt bij het bidden van de → **rozenkrans** (bet 2)

Ro·zen·krui·sers *mv* benaming voor verscheidene mystieke genootschappen met roos en kruis als zinnebeeld, waarvan de oorsprong waarschijnlijk in de zeventiende eeuw in Duitsland ligt

ro·zen·kwe·ke·rij *de (v)* [-en] kwekerij van rozen

ro·zen·olie *de* etherische olie, bereid uit sommige rozensoorten in oosterse landen

ro·zen·perk *het* [-en] perk met rozen

ro·zen·rood *bn* rood als rozen

ro·zen·stok *de (m)* [-ken] beenknobbel bij herten, waarop zich het gewei ontwikkelt

ro·zen·struik *de (m)* [-en] struik waaraan rozen groeien

ro·zen·tuin *de (m)* [-en] tuin met rozen

ro·zen·wa·ter *het* water waarin rozenblaren zijn afgetrokken; zie ook bij → **lul**

ro·ze·rood [ròzə-] *bn* lichtrood

ro·zet *(‹Fr) de* [-ten] ❶ roosvormig sieraad; ronde knoop van een ordelint in het knoopsgat, aanduidende dat iemand officier is in een ridderorde ❷ van onderen plat en van boven hoekig geslepen diamant

ro·zig *bn* zich vermoeid, loom of slaperig voelend door bijv. weersinvloeden of drank, niet door lichaamsinspanning

ro·zijn *(‹Oudfrans‹Lat) de* [-en] gedroogde kleine druif

Rp. *afk* roepia

RPF *afk* in Nederland Reformatorische Politieke Federatie [christelijke politieke partij, in 2000 opgegaan in de ChristenUnie]

RSI *afk* repetitive strain injury [verzamelnaam voor aandoeningen die het gevolg zijn van overbelasting door het steeds uitvoeren van dezelfde beweging en waarbij pijn optreedt in de arm, pols, elleboog, schouder en nek; *vgl*: → **muisarm**]

RSM *ww* San Marino (*Repubblica di San Marino*) (als nationaliteitsaanduiding op auto's)

rss *afk* really simple syndication (of Rich/RDF Site Summary) [bep. type XML-bestandsformaat voor gebruik op internetsites, vooral bij weblogs om een lezer erop te attenderen dat er een nieuw bericht is geplaatst]

RSZ *afk* in België Rijksdienst voor Sociale Zekerheid

RTBF *afk* in België Radio-Télévision belge de la Communauté culturelle française *(‹Fr)* [de Franstalige omroep in België]

RTF *afk* Rich Text Format *(‹Eng)* [type formaat waarin bestanden zonder verlies van opmaakgegevens kunnen worden verstuurd of overgebracht naar een andere applicatie]

RTL *afk* Radio Télévision Luxembourgeoise *(‹Fr)* [Luxemburgse Radio en Televisie]

Ru *afk* symbool voor het chemische element ruthenium

rub·ber *(‹Eng) de (m) & het* het elastische product dat verkregen wordt uit het melksap van enige tropische boomsoorten (*Ficus elastica*, *Hevea brasiliensis*); kunstproduct dat daarop gelijkt: ★ *synthetische* ~

rub·ber·band *de (m)* [-en] wielband van rubber

rub·ber·boom *de (m)* [-bomen] boom waarvan het sap in verharde toestand rubber levert

rub·ber·boot *de* [-boten] opvouwbaar bootje van rubber

rub·ber·cul·tuur *de (v)* het verbouwen van rubberbomen

rub·be·ren *bn* van rubber

rub·ber·ko·gel *de (m)* [-s] grote, van rubber vervaardigde kogel, door de politie gebruikt om bij het uiteenjagen van betogingen e.d. (dodelijke) slachtoffers te voorkomen

rub·ber·plan·ta·ge [-taazjə] *de (v)* [-s] tuin met rubberbomen

rub·ber·zool *de* [-zolen] zool van rubber

rub·bish [-bisj] *(‹Eng) de (m)* waardeloze rommel; *als uitroep* nonsens!

ru·bens·fi·guur *de* [-guren] mollig vrouwenfiguur zoals vaak voorkomt op schilderijen van Rubens (1577-1640)

ru·be·roïd [-rojd] *het* een soort dakbedekking van in petroleumasfalt gedrenkt en met natuurasfalt bedekt vilt

Ru·bi·con *de (m)* ‹in de klassieke oudheid› naam van een rivier op de grens van Gallië en Italië welke

Caesar in 49 v.C. overtrok, waarmee hij een burgeroorlog begon ★ *de ~ overtrekken* een onherroepelijke stap doen

ru·bi·di·um *(‹Lat) het* chemisch element, symbool Rb, atoomnummer 37, een zilverwit alkalimetaal

ru·bri·ce·ren *ww (‹Lat)* [rubriceerde, h. gerubriceerd] naar rubrieken, vakken indelen of betitelen; onder rubrieken brengen

ru·briek *(‹Lat) de (v)* [-en] ❶ opschrift, titel boven een afdeling in een boek ❷ afdeling in een dagblad, tijdschrift of andere uitgave gewijd aan een bep. soort van onderwerpen; afdeling, categorie in het algemeen ❸ RK kerkelijk voorschrift betreffende de liturgie

RUCA *afk* Rijksuniversitair Centrum Antwerpen

ruche [ruusj(ə)] *(‹Fr‹Lat) de* [-s] geplooid, kanten belegsel

rucht·baar *bn* wereldkundig, algemeen bekend: ★ *~ maken, ~ worden*

rucht·baar·heid *de (v)* bekendheid: ★ *~ aan iets geven*

rück·sichts·los [ruuksiechtsloos, Duitse ch] *(‹Du) bn* niemand en niets ontziende

ru·co·la [rukoo-] *de* aromatische, pittige slasoort

ru·di·ment *(‹Lat)* **I** *het* [-en] niet meer tot ontwikkeling komend lichaamsdeel of orgaan **II** *mv*, **rudimenten** eerste beginselen (van enigerlei kennis)

ru·di·men·tair [-tèr] *(‹Fr) bn* van de aard van een rudiment; in beginsel aanwezig, onvolkomen ontwikkeld

ruft *de (m)* [-en] NN, spreektaal scheet, → **wind** (bet 2)

ruf·ten *ww* [ruftte, h. geruft] NN, spreektaal winden laten

rug *de (m)* [-gen] achterzijde, bovenzijde van een lichaam of voorwerp ★ *het is achter de ~* voorbij ★ *iets achter iemands ~ doen* zonder dat hij het weet ★ *in de ~ aanvallen* van achteren ★ *een brede ~ hebben* veel kunnen verdragen of veel moeten verdragen, van veel de schuld krijgen ★ *op zijn ~ liggen* in een toestand van ongewenste rust of verwaarlozing verkeren; failliet gaan *(onderneming)* ★ *iem. de ~ toekeren* zich niet meer met hem inlaten, zich van hem afwenden ★ *een hoge ~ opzetten* (bij katten) de rug sterk krommen als uiting van kwaadheid, fig ook van mensen gezegd

RUG *afk* ❶ in Nederland Rijksuniversiteit Groningen ❷ in België, hist Rijksuniversiteit Gent, thans UGent

rug·by [ruybie] *(‹Eng) het* teamsport tussen twee vijftientallen waarbij een ovale bal zowel met de hand als met de voet gespeeld wordt en het toegestaan is de tegenstander ten val te brengen

rug·by·en *ww* [ruybie(j)ə(n)] *(‹Eng)* [rugbyde, h. gerugbyd] rugby spelen

rug·crawl [-kròl] *de (m)* zwemmen crawlslag met de rug naar beneden

rug·dek·king *de (v)* bescherming in de rug

rug·ge·lings *bijw* op de rug, achterover, achterwaarts, met de ruggen tegen elkaar: ★ *~ aan elkaar gebonden*

rug·gen·graat *de* [-graten] beweegbare kolom van wervels in de rug van gewervelde dieren en de mens; fig kracht waarop iem. of iets steunen kan

rug·gen·graats·ver·krom·ming *de (v)* [-en] het kromgegroeid zijn van de ruggengraat

rug·gen·merg *het* het merg in de wervelkolom; fig kracht, flinkheid

rug·gen·prik *de (m)* [-ken] med prik tussen twee lendenwervels voor het afnemen en onderzoeken van ruggenmergsvocht of ter verdoving

rug·gen·wer·vel, rug·wer·vel *de (m)* [-s] elk van de twaalf wervels in de ruggengraat waaraan de ribben verbonden zijn

rug·ge·spraak *de* overleg, vooral met opdrachtgevers

rug·klach·ten *mv* pijn of andere onaangename gevoelens in de rug

rug·leu·ning *de (v)* [-en] leuning waartegen men met de rug zit

rug·num·mer *het* [-s] sp een op de rug bevestigd of aan de rug van een shirt genaaid nummer ter registratie van een deelnemer aan een wedstrijd

rug·pand *het* [-en] uitgeknipt stuk stof, dat de rug van een kledingstuk gaat worden

rug·slag *de (m)* het zwemmen op de rug

rug·slui·ting *de (v)* [-en] sluiting aan de rugzijde

rug·steun *de (m)* ❶ steun voor de rug ❷ fig hulp

rug·steu·nen *ww* [rugsteunde, h. gerugsteund] ondersteunen

rug·vin *de* [-nen] vin op de rug van een vis

rug·waarts *bn* achterwaarts

rug·wer·vel *de (m)* [-s] → **ruggenwervel**

rug·zak *de (m)* [-ken] op de rug gedragen bagagezak ★ *rugzakje* financiële toelage om zelf zorg in te kopen, persoonsgebonden budget

rug·zij, rug·zij·de *de* [-zijden] achterkant, bovenkant

rug·zwem·men *ww & het* op de rug zwemmen

rug·zwem·mer·tje *het* [-s] tot de wantsen behorend waterinsect (*Notonecta*)

rui *de (m)* het ruien ★ *in de ~ zijn* ruien

rui·en *ww* [ruide, h. geruid] oude veren of haren verliezen en nieuwe krijgen

ruif *de* [ruiven] voederrek

ruig *bn* harig, wollig; borstelig; fig ruw, grof

ruig·ha·rig *bn* met ruig haar

ruig·heid *de (v)* het ruig-zijn

ruig·poot·bui·zerd *de (m)* [-s, -en] in noordelijke streken levende buizerdsoort met tot aan de tenen toe bevederde poten, in Nederland alleen in het winterhalfjaar te zien

ruig·te *de (v)* [-n, -s] wild gewas

rui·ken *ww* [rook, h. geroken] ❶ geur verspreiden ❷ geur inademen, opsnuiven; fig bespeuren, gewaarworden: ★ *~ dat er iets aan de hand is* ★ *dat kan ik toch niet ~* dat moet mij toch gezegd worden ★ *aan iets geroken hebben* er oppervlakkig kennis van hebben genomen; zie ook bij → **lont**

rui·ker *de (m)* [-s] bos bloemen

ruil *de (m)* [-en] het ruilen, verwisseling: ★ *in ~ geven*

ruil·beurs de [-beurzen] soort markt voor ruilverkeer, vooral voor verzamelaars

rui·len ww [ruilde, h. geruild] in de plaats geven van iets anders, verwisselen ★ *als twee ~, moet er een huilen* of NN *van ~ komt huilen* een ruil is vaak voor een van de partijen nadelig

ruil·han·del de (m) handel in goederen zonder geld, dus met goederen als betaalmiddel

ruil·hart het [-en] hart dat een patiënt ontvangt bij een harttransplantatie, donorhart

rui·ling de (v) [-en] het ruilen

ruil·mid·del het [-en] voorwerpen van waarde, in voldoende hoeveelheid aanwezig, dienende als betaalmiddel

ruil·ob·ject het [-en] wat men in ruil kan aanbieden, vooral bij woningruil

ruil·ver·ka·ve·ling de (v) [-en] betere verdeling van de gronden door ruiling van uiteenliggende kleine stukken grond

ruil·ver·keer het uitwisseling van goederen; het door kopen en verkopen zich verschaffen wat men nodig heeft

ruil·voet de (m) getal waarin de ruilwaarde van een goed ten opzichte van één eenheid van een ander goed wordt uitgedrukt

ruil·waar·de de (v) waarde als betaalmiddel

ruim I bn ❶ wijd, open, vrij ★ *~ baan maken* belemmeringen wegnemen ★ *het ruime sop* de volle zee ❷ veel ruimte biedend: ★ *ruime kamers, een wat te ruime jas* ❸ onbekrompen: ★ *een ~ standpunt* ★ *je moet die dingen ~ zien* ❹ royaal, rijkelijk: ★ *over ruime middelen beschikken* ★ *in ruime mate* ★ *~ kunnen leven* ★ *met ruime hand geven* ★ *een ~ geweten hebben* niet al te nauwgezet zijn ❺ meer dan: ★ *~ honderd* ★ *~ een uur* **II** het [-en] ❶ voor goederen bestemde ruimte in een schip ❷ hemelruimte, heelal

ruim·den·kend bn met ruime opvattingen, niet enghartig

rui·men ww [ruimde, overg h., onoverg is geruimd] ❶ opruimen ★ *uit de weg ~* (bezwaren, hindernissen) wegnemen ★ *iem. uit de weg ~* doodmaken ❷ vee afmaken op een boerderij waar mogelijk een besmettelijke veeziekte heerst: ★ *varkens ~ in een gebied met varkenspest* ❸ verlaten ★ *het veld ~* wijken voor de tegenstander ❹ ⟨van de wind⟩ door het westen naar het noorden lopen

ruim·har·tig bn niet streng, mild van opvatting

rui·ming de (v) [-en] ❶ het (op)ruimen (o.a. van vee) ❷ het ontruimen (van een stad, vesting)

ruim·schoots bn overvloedig, meer dan genoeg

ruim·te de (v) [-n, -s] ❶ plaats, tussenruimte ★ *geef hem de ~* hij vindt zijn weg wel, hij doet zich wel gelden ❷ het onbegrensde waarin alle dingen hun plaats vinden; het wereldruim; uitgebreidheid van drie afmetingen ★ NN *gelul / gezwam in de ~* gepraat zonder vaste vorm of zonder degelijke ondergrond ❸ plaats binnen zekere grenzen ❹ overvloed; onbekrompenheid ❺ gevoel van vrijheid: ★ *een klacht die het hart ~ geeft*

ruim·te·cap·su·le de [-s] → **capsule** (bet 2)

ruim·te·dek·king de (v) voetbal het afschermen van een gedeelte van het veld; tegengest: → **mandekking**

ruim·te·la·bo·ra·to·ri·um het [-s en -ria] ruimteschip als laboratorium ingericht

ruim·te·lijk bn van, betreffende de ruimte ★ *ruimtelijke ordening* planologische regeling

ruim·te·maat de [-maten] maat van inhoud of ruimte

ruim·te·pen·del ⟨Eng⟩ de (m) [-s] ruimtevaartuig dat een aantal malen een reis kan ondernemen naar een ruimtestation en landt als een gewoon vliegtuig (voor het eerst beproefd op 12 april 1981)

ruim·te·ra·ket de [-ten] raket die in de ruimte geschoten wordt

ruim·te·schild het de gezamenlijke zich in de ruimte bevindende (kern)wapens van een land

ruim·te·schip het [-schepen] voertuig voor het vervoer rond en tussen hemellichamen

ruim·te·son·de de [-s] onbemand ruimtevaartuig met behulp waarvan men onderzoek verricht in het heelal

ruim·te·sta·tion [-(t)sjon] het [-s] kunstmatige aardsatelliet die als steunpunt dient voor verdere ruimtereizen en -onderzoek

ruim·te·vaar·der de [-s] reiziger in een ruimteschip

ruim·te·vaart de het bereizen van het heelal

ruim·te·veer het [-veren] ruimtependel

ruim·te·vrees de ziekelijke angst voor grote open plaatsen, agorafobie

ruim·te·wa·gen de (m) [-s] zeer ruime personenauto met 6 tot 7 plaatsen

ruim·te·wan·de·ling de (v) [-en] het zich bevinden buiten het ruimteschip van ruimtevaarders zonder zich op een hemellichaam te bevinden

ruim·te·wa·pen het [-s] wapen dat vanuit de ruimte gebruikt wordt

ruim·te·ziek·te de (v) ziekte ontstaan door het vertoeven in een toestand van gewichtloosheid, bijv. bij reizen in de ruimte

ruin de (m) [-en] ontmande hengst

ru·ï·ne ⟨Fr‹Lat⟩ de (v) [-s en -n] ❶ ondergang; verwoesting ❷ overblijfsel van een verwoest gebouw, puinhoop, bouwval; ook fig

ru·ï·ne·ren ww ⟨Fr⟩ [ruïneerde, h. geruïneerd] ❶ verwoesten, vernietigen, stukmaken ❷ te gronde richten; in 't verderf storten ★ *zich ~* zijn gehele bezit of vermogen verspelen

ru·ï·neus ⟨Fr‹Lat⟩ bn tot ondergang voerend, verderfelijk

ruis[1] de (m) [ruizen] ruisvoorn

ruis[2] de (m) geruis, vooral hinderlijk bijgeluid

rui·sen ww [ruiste, h. geruist] het geluid maken dat veroorzaakt wordt door een matige beweging van lucht, vloeistof e.d. ★ *het riet ruist, de bomen ~*

★ *ruisende zijde*
ruis·fil·ter *de (m) & het* [-s] inrichting in geluidsinstallaties om → **ruis²** tegen te gaan
ruis·voorn, ruis·vo·ren *de (m)* [-s] soort voorn, rietvoren
ruit¹ *(‹Lat) de* [-en] ❶ vierhoek met gelijke zijden en scheve hoeken; ruitvormig voorwerp, figuurtje, bijv. op speelkaarten, in stoffen ★ *een ~ een (kledingstuk van) geruite stof* ❷ vensterglas ★ *zijn eigen ruiten ingooien* zijn eigen zaak bederven ❸ ‹op een diamant› facet
ruit² *(‹Lat) de* ranonkelachtige plant *(Thalictrum)*
rui·ten¹ *ww* [ruitte, h. geruit] ruiten maken in of op
rui·ten² *de* [*mv* idem of -s] kaartsp kaart met ruitvormige figuurtjes
rui·ten-aas *de (m) & het* [-azen] kaartsp het → **aas²** van ruiten
rui·ten-boer *de (m)* [-en] kaartsp de boer van ruiten
rui·ten-heer *de (m)* [-heren] kaartsp de heer van ruiten
rui·ten-sproei·er *de (m)* [-s] inrichting waarmee de voorruit van een auto bevochtigd wordt teneinde deze met de ruitenwissers te reinigen
rui·ten-tik·ker *de (m)* [-s] iem. die ruiten inslaat, inbreker
rui·ten-vrouw *de (v)* [-en] kaartsp de vrouw van ruiten
rui·ten-was·ser *de (m)* [-s] BN, spreektaal glazenwasser (bij een schoonmaakbedrijf)
rui·ten-wis·ser *de (m)* [-s] reep gummi in een houder, die over de ruiten van een voertuig heen en weer gaat om regendruppels enz. te verwijderen; *ook* werktuig van een glazenwasser
rui·ter *(‹Lat) de (m)* [-s] ❶ berijder van een paard ❷ soldaat te paard ❸ licht gewichtje in de vorm van haakje of gebogen draad ❹ papiertje dat men op bepaalde kaarten van een kaartsysteem klemt om deze van andere te onderscheiden ❺ twee planken hoekvormig tegen elkaar op de nok van een dak ❻ ★ *Spaanse* of *Friese ~* versperringsmiddel: balk of staaf met scherpe pinnen of prikkeldraad erop ❼ kleine houten stellage in het veld om gemaaid gras, erwten e.d. over te hangen ❽ tot een bepaalde groep van steltlopers behorende vogel, bijv. oeverloper, tureluur, zwarte ruiter
rui·te·rij *de (v)* paardenvolk, soldaten te paard
rui·ter-lamp·je *het* [-s] NN verlichtingsapparaat met een wit en een rood licht dat door ruiters en ook wel door fietsers aan een band om de bovenarm wordt gedragen
rui·ter·lijk *bn* rond, oprecht; **ruiterlijkheid** *de (v)*
rui·ter·pad *het* [-paden] → **pad¹** voor ruiters
rui·ter·sport *de* paardensport
rui·ter·stand·beeld *het* [-en] beeldhouwwerk van iemand te paard
rui·ter·tje *het* [-s] → **ruiter** (bet 3, 4)
rui·tijd *de (m)* tijd van het ruien
ruit·jes·goed *het* weefsel met ruitfiguren
ruk *de (m)* [-ken] ❶ het hard, wild trekken aan iets ❷ lange tijd van inspanning: ★ *het is een hele ~*
ruk·ken *ww* [rukte, *overg* h., *onoverg* is gerukt] ❶ hard, wild trekken ❷ marcheren: ★ *de troepen rukten de verwoeste stad binnen*
ruk·ker *de (m)* [-s] iem. die rukt ★ *ouwe ~!* gemeenzame, kameraadschappelijke aanspreekvorm
ruk·wind *de (m)* [-en] plotselinge, felle wind
rul *bn* erg los, onsamenhangend: ★ *het rulle zand*
rum *(‹Eng) de (m)* soort sterke drank uit suikerrietsap
rum·ba [roem-] *(‹Sp) de (m)* ['s] van de Cubaanse negers afkomstige dans in gesyncopeerde 4/4-maat
rum·ble [-bəl] *(‹Eng) de (m)* hoorbaar rommelend bijgeluid bij het draaien van een grammofoonplaat, voortgebracht door de draaitafel van een pick-up
rum·boon *de* [-bonen] NN met rum gevuld boonvormig chocolaatje
rum·grog [-grok] *de (m)* [-s] warm water met rum, suiker en citroen
rum·mi·kub [-mie-] *(‹Eng) het* gezelschapsspel waarbij de spelers series moeten trachten te maken met steentjes waarop gekleurde nummers staan
rum·mi·kup·pen *ww* [-mie-] *(‹Eng)* [rummikupte, h. gerummikupt] rummikub spelen
ru·moer *(‹Oudfrans‹Lat) het* ❶ geraas ❷ opschudding
ru·moe·ren *ww* [rumoerde, h. gerumoerd] leven maken
ru·moe·rig *bn* druk, onstuimig; **rumoerigheid** *de (v)*
run¹ *(‹Eng) de (m)* [-s] ❶ het rennen, renloop; punt te behalen bij honkbal en cricket ❷ stormloop, grote toeloop van mensen: ★ *een ~ op de bank, een ~ op cd-spelers* ❸ comput het ononderbroken uitvoeren van een programma door een computer
run² *de* gemalen eikenschors
rund *het* [-eren] huisdier, gehouden als slacht- en melkvee of als trekdier ★ *bloeden als een ~* hevig bloeden (als een geslachte koe) fig domme of lompe kerel
run·der·daas *de* [-dazen] steekvlieg op runderen levend
run·de·ren *zn meerv* van → **rund**
run·der·haas *de (m)* [-hazen] fijn stuk rundvlees
run·der·lap *de (m)* [-pen] schijf rundvlees om gaar te stoven
run·der·pest *de* gevaarlijke, besmettelijke veeziekte
run·der·teelt *de* het fokken van runderen
run·der·ziek·te *de (v)* [-n, -s] ziekte bij runderen, vooral runderpest
rund·vee *het* runderen
rund·vee·stam·boek *het* [-en] stamboek van rundvee
rund·vlees *het* vlees van een rund
ru·ne *(‹Du‹Scand) de* [-n] schriftteken van het Oudgermaanse alfabet; geheimzinnig teken, hiëroglief
ru·nen·schrift *het* schrift bestaande uit runen
ru·nen·spreuk *de* [-en] spreuk in runenschrift; toverspreuk
ru·nen·steen *de (m)* [-stenen] met runen beschreven

steen
run·nen *ww* [runde, h. & is gerund] ❶ rennen ❷ in geregelde gang houden: ★ *een bedrijf ~, een zaak ~* ❸ stollen
run·ner *(‹Eng) de (m)* [-s] ❶ iem. die buitengaats naar binnenkomende schepen gaat voor bestellingen ❷ iemand die klanten werft voor hotels ❸ metalen rolletje voor gordijnrail
run·ner-up *(‹Eng) de (m)* [runners-up] iem. die een andere genoemde in prestatie nabijkomt, evenknie; sp ploeg of persoon die op een zeer hoge plaats eindigt, (vlak) onder de kampioen
run·ning gag [ɣeɣ] *(‹Eng) de (m)* [-s] bep. grapje dat in een show, film, televisieserie e.d. steeds, al dan niet gevarieerd, terugkeert
run·ning mate [meet] *(‹Eng) de (m)* [-s] iem. die door een kandidaat voor het presidentschap van de Verenigde Staten als toekomstige vicepresident is gekozen na zijn nominatie
run·time [-taim] *(‹Eng) de* comput tijd die een programma nodig heeft om te draaien
run·time-er·ror [-taimerrə(r)] *(‹Eng) de* [-s] comput fout in programmatuur die zichtbaar wordt tijdens de toepassing
ru·pee [roepie] *(‹Eng‹Hindi) de (m)* [-s] → roepie
ru·pi·ah [roe-] *(‹Hindi‹Sanskr) de (m)* [-s] → roepia
rups *de* [-en] larve van vlinders
rups·band *de (m)* [-en] band die over twee wielen van een voertuig loopt, waardoor dit zich over zachte of oneffen grond kan voortbewegen
rup·sen·do·der *de (m)* [-s] soort wesp
rup·sen·ei *het* [-eieren] vlinderei
rup·sen·nest *het* [-en] ingesponnen rupseneieren
rup·sen·plaag *de* [-plagen] ongewoon grote hoeveelheid rupsen, veel schade veroorzakend
rups·kla·ver *de* vlinderbloemige plant met gele bloemen en gebogen of opgerolde peulvrucht (*Medicago*)
rups·voer·tuig *het* [-en] voertuig op rupsbanden
rup·tuur *(‹Fr‹Lat) de (v)* [-turen] breuk, breking, scheur; vredebreuk, verbreking van betrekkingen
ru·raal *(‹Fr‹Lat) bn* landelijk, boers, agrarisch
Rus *(‹Russ) de (m)* [-sen] iem. geboortig of afkomstig uit Rusland
rus¹ *de (m)* [-sen] grasachtige plant, bies (*Juncus*)
rus² *de (m)* [-sen] NN, Barg rechercheur
rush [rusj] *(‹Eng) de (m)* [-es] plotselinge snelle toevloed van personen naar één plaats; sp ren: ★ *een ~ over het halve veld*
rus·si·fi·ca·tie [-(t)sie] *de (v)* het Russisch-maken, onder Russische overheersing brengen
rus·si·fi·ce·ren *ww* [russificeerde, h. gerussificeerd] Russisch maken
Rus·sin *de (v)* [-nen] vrouw of meisje geboortig of afkomstig uit Rusland
Rus·sisch I *bn* van, uit, betreffende Rusland ★ *~ ei* half, hard gekookt ei met sla en mayonaise ★ *~ roulette* spel waarbij de deelnemers om beurten op zichzelf schieten met een revolver waarvan één van de kamers met een kogel gevuld is; fig spel of daad met riskante gevolgen ★ *~ zilver* legering van koper, zink en nikkel ★ *Russische poppetjes* stel bij elkaar horende holle houten poppetjes met een moederlijk uiterlijk, alle van verschillend formaat, die in elkaar passen **II** *het* de Russische taal
rus·so·fiel *de (m)* [-en] Russenvriend
rust *de* ❶ het niet bewegen, het zich niet inspannen ★ *~ roest* zie bij → roesten¹ ❷ slaap: ★ *zich ter ruste begeven* ★ *de eeuwige ~* doodsslaap ❸ [*mv*: -en] pauze; *ook* teken van pauze; sp pauze tijdens een wedstrijd ❹ vrede, vredigheid, kalmte, stilte ★ *iemand met ~ laten* hem niet hinderen ★ *~ noch duur hebben* zeer onrustig zijn ★ *in ruste* rustend, niet meer werkend ❺ inkerving, groeve waarin iets rust: ★ *de haan (van het geweer) in de ~ zetten* ❻ BN *ook* pensioen: ★ *op of met ~ gaan* met pensioen gaan ★ *op ~ stellen* pensioneren ★ *op ~* (na een naam of functie) rustend, in ruste; buiten dienst
rust·bank *de* [-en] gemakkelijke bank om op te liggen
rust·bed *het* [-den] rustbank zonder leuning
rust·dag *de (m)* [-dagen] dag waarop niet gewerkt wordt
rus·te·loos *bn* onvermoeid bezig, zonder (innerlijke) rust
rus·te·loos·heid *de (v)* het rusteloos-zijn
rus·ten *ww* [rustte, h. gerust] ❶ zich niet inspannen; niet bewegen ❷ niet meer werken: ★ *rustend burgemeester* ❸ stilliggen: ★ *dit werk moet voorlopig blijven ~* ★ *een zaak laten ~* zich er niet meer mee bezighouden, er niet meer over praten ❹ in het graf liggen: ★ *Hier rust...* ❺ liggen, steunen: ★ *een brug rust op pijlers* ❻ fig drukken: ★ *op mij rust de plicht om...* ❼ fig gericht zijn op: ★ *zijn blik rustte in de hare*
rus·tend *bn* zie bij → rusten (bet 2)
rust·huis *het* [-huizen] tehuis voor oude mensen of mensen die een rustkuur houden
rus·ti·ci·teit *(‹Fr‹Lat) de (v)* landelijkheid; boersheid; onbeschaafdheid
rus·tiek *(‹Fr‹Lat) bn* ❶ landelijk ❷ in de natuurtoestand gelaten: ★ *~ hout* ★ *een rustieke brug van rustiek hout gemaakt*
rus·tig *bn* kalm, vredig, stil
rus·tig·jes *bijw* kalm
rus·ting *de (v)* [-en] wapenrusting
rust·jaar *het* [-jaren] sabbatjaar
rust·kuur *de* [-kuren] periode van volkomen rust, ter genezing
rust·oord *het* [-en] rustig gelegen inrichting voor herstellende zieken
rust·pen·sioen [-sjoen] *het* [-en] BN *ook* pensioen dat wordt toegekend bij het beëindigen van de beroepsactiviteit, vergelijkbaar met het → ouderdomspensioen in Nederland
rust·plaats *de* [-en] plaats waar men kan rusten ★ *de laatste ~* het graf

rust·punt *het* [-en] punt, plaats waar gerust wordt; steunpunt
rust·stand *de (m)* [-en] ❶ bij lichaamsoefeningen houding met ene been schuin vóór het andere ❷ stand waarin een beweegbaar voorwerp zich bevindt, wanneer er geen kracht op werkt ❸ stand van een bedieningshendel, waarbij de machine niet werkt ❹ sp de stand in de pauze van een wedstrijd
rust·stoel *de (m)* [-en] lange leunstoel met kussens
rust·te·ken *het* [-s] rust aanduidend teken, in geschriften een liggend streepje, in de muziek een punt met een boogje er overheen
rust·tijd *de (m)* [-en] tijd van rust
rust·uur *het* [-uren] uur waarin gerust wordt
rust·ver·stoor·der *de (m)* [-s] iem. die de rust verstoort
rust·ver·sto·ring *de (v)* [-en] het verstoren van de orde door ongeregeldheden, opstootjes enz.
rut *bn* NN, spreektaal blut, alles kwijt
ru·the·ni·um *het* chemisch element, symbool Ru, atoomnummer 44, een zeer zeldzaam, wit, poreus metaal, genoemd naar *Ruthenia*, de Latijnse naam voor Rusland
rut·schen [roetsjə(n)] *(‹Du› ww* [rutschte, h. & is gerutscht] op ski's zijdelings naar beneden glijden; zie ook → **roetsjen**
ruw *bn* ❶ oneffen, grof, ruig ❷ onbewerkt: ★ *ruwe grondstoffen* ❸ niet fijn, onbeschaamd, lomp: ★ ~ *zijn in het spreken* ❹ wild, woest: ★ ~ *weer* ❺ in grove trekken: ★ *een ruwe schatting maken*
ru·waard *(‹Fr› de (m)* [-s] hist landvoogd
ruw·bla·di·gen *mv* plantenfamilie met behaarde bladeren *(Asperifoliën)*
ruw·bouw *de (m)* bouwk fundamenten, vloeren, muren, dak (klaar voor verdere afwerking)
ru·wen *ww* [ruwde, h. geruwd] een ruw, pluizig oppervlak geven
ruw·ha·rig *bn* met ruig haar
ruw·heid *de (v)* [-heden] het ruw-zijn; iets ruws
ruw·ijzer *het* ijzererts dat tot smelten toe in de hoogovens verhit is onder toevoeging o.a. van cokes of antraciet, en daarna afgekoeld
ruw·kruid *het* plantensoort waartoe o.a. het lievevrouwebedstro behoort *(Asperula)*
ruw·weg *bijw* → **ruw** (bet 3 en 5)
ru·zie *de (v)* [-s] twist, krakeel
ru·zie·ach·tig *bn* geneigd tot ruzie
ru·zie·ma·ker *de (m)* [-s] iem. die (geregeld) ruzie maakt
ru·zi·ën *ww* [ruziede, h. geruzied] ruzie maken
ru·zie·toon *de (m)* twistende, ruzieachtige wijze van spreken
ru·zie·zoe·ker *de (m)* [-s] iem. die (steeds) tot ruzie uitdaagt
RVA *afk* in België Rijksdienst voor Arbeidsvoorziening
RVD *afk* in Nederland Rijksvoorlichtingsdienst
RVI *afk* in Nederland Rijksverkeersinspectie
RvS *afk* Raad van State
RVT *afk* in België ❶ Reizend Volkstheater [theatergezelschap] ❷ rust- en verzorgingstehuizen [categorie van medisch-sociale instellingen]
RVU *afk* in Nederland educatieve omroepRadio-Volksuniversiteit
RW *afk* ❶ in Nederland Rijkswaterstaat ❷ in Nederland Rijksweg ❸ in België Rassemblement Wallon [Franstalige federalistische partij]
Rwan·dees I *de (m)* [-dezen] iem. geboortig of afkomstig uit Rwanda **II** *bn* van, uit, betreffende Rwanda
RWW *afk* in Nederland Rijksgroepsregeling Werkloze Werknemers

S

s¹ *de* [s'en] negentiende letter van het alfabet
s² *afk* symbool voor *seconde*
's *lidw* verkorting van → **des³**: ★ *'s morgens, 's winters*
$ *afk* dollar
S *afk* ❶ chem symbool voor het element zwavel (*sulfur*) ❷ stère ❸ Zweden (*Sverige*) als nationaliteitsaanduiding op auto's
SA *afk* ❶ société anonyme [naamloze vennootschap] ❷ Sturmabteilung [paramilitaire naziorganisatie] ❸ South Africa (⟨Eng⟩) ❹ Suid Afrika (⟨Afrikaans⟩)
saai¹ *bn* vervelend, doods: ★ *een ~ feest* ★ *een ~e film*; **saaiheid** *de (v)*
saai² (⟨Oudfrans⟩) *de (m) & het* gekeperde wol
saai·en *bn* van → **saai²**
saam *bijw* → **samen**
saam·ho·rig·heid, sa·men·ho·rig·heid *de (v)* het gevoel en gedrag van zich één voelenden, geestelijke eenheid
saam·ho·rig·heids·ge·voel, sa·men·ho·rig·heids·ge·voel *het* het gevoel van bij elkaar te behoren
saam·pjes *bijw* vooral NN (knus) met zijn tweeën
SABAM *afk* in België Société des Auteurs Belges/Belgische Auteurs Maatschappij [vereniging ter bescherming van auteursrechten]
sab·bat (⟨Hebr⟩) *de (m)* [-ten] rustdag en heilige dag bij de joden (van vrijdagavond tot zaterdagavond)
sab·bat·i·cal year [səbètəkəl jie(r)] (⟨Eng⟩) *het* [-s] → **sabbatjaar** (bet 2)
sab·bat·jaar, sab·bats·jaar *het* [-jaren] ❶ om de zeven jaar terugkerend jaar van rust ❷ bij uitbreiding jaar waarin men niet werkt, maar verlof heeft zich door studie verder te bekwamen in zijn vak
sab·bat·rust, sab·bats·rust *de* het rusten, het niet arbeiden tijdens de sabbat
sab·bat·schen·ding, sab·bats·schen·ding *de (v)* [-en], **sab·bat·schen·nis, sab·bats·schen·nis** *de (v)* overtreding tegen de voorgeschreven sabbatrust
sab·be·laar *de (m)* [-s] iem. die sabbelt
sab·be·len *ww* [sabbelde, h. gesabbeld] zuigen
sa·bel¹ (⟨Du⟩) *de (m)* [-s] gebogen zwaard, aan één kant snijdend
sa·bel² (⟨Russ⟩) **I** *de (m)* [-s] een marterachtig zoogdier uit Azië **II** *het* het bont daarvan **III** *het* zwart als heraldische kleur **IV** *bn* herald zwart
sa·bel·bont *het* pels van het sabeldier
sa·bel·dier *het* [-en] → **sabel²** I
sa·be·len *ww* [sabelde, h. gesabeld] sabelhouwen uitdelen
sa·bel·ge·klet·ter *het* fig dreiging met (oorlogs)geweld
Sabena *afk* in België, hist Société Anonyme Belge d'Exploitation de la Navigation Aérienne (⟨Fr⟩) [officiële Nederlandse vertaling: Belgische Vereniging tot Exploitatie van het Luchtverkeer; tot 2001 Belgische luchtvaartmaatschappij]
Sa·bijn·se maag·den·roof *de (m)* zie bij → **maagdenroof**
sa·bo·ta·ge [-zjə] (⟨Fr⟩) *de (v)* kwaadwillige tegenwerking; het langzaam, slecht, verkeerd werken of het veroorzaken van schade, om de productie of bepaalde werkzaamheden tegen te houden, of bij wijze van protest of verzet: ★ *~ plegen*
sa·bo·te·ren *ww* (⟨Fr⟩) [saboteerde, h. gesaboteerd] sabotage plegen; door sabotage in de war sturen: ★ *een militaire oefening ~* ★ *een experiment ~*
sa·bo·teur (⟨Fr⟩) *de (m)* [-s] iemand die sabotage pleegt
sa·bra (⟨Hebr⟩) *de* ['s] in Israël geboren Israëliër
Saceur *afk* Supreme Allied Commander Europe (⟨Eng⟩) [Hoogste Bevelhebber van de Geallieerden in Europa (hoofd van de NAVO-defensie)]
sa·cha·ri·ne (⟨Lat⟩) *de* uit steenkoolteer bereid, zoetmakend middel, 550 maal zoeter dan suiker, maar zonder voedingswaarde
sa·cha·ro·se [-zə] (⟨Lat⟩) *de* [-n] algemene benaming voor suiker in chemische zin
sa·chem (⟨Algonkin, een Noord-Amerikaanse indianentaal⟩) *de (m)* [-s] opperhoofd bij sommige Noord-Amerikaanse indianenstammen
sa·chet [sasjè] (⟨Fr⟩) *het* [-s] zakje welriekende stoffen dat men tussen linnengoed e.d. legt
sa·craal (⟨Lat⟩) *bn* ❶ geheiligd, gewijd: ★ *sacrale handelingen tijdens een rituéel* ❷ med betrekking hebbend op het heiligbeen (*os sacrum*)
sa·cra·ment (⟨Lat⟩) *het* [-en] genademiddel, gewijde handeling die als instelling van Christus wordt beschouwd; bij de protestanten zijn er twee: doop en avondmaal; in de Rooms-Katholieke Kerk zeven: de doop, het vormsel, de eucharistie (voorheen Sacrament des Altaars), de biecht (of het boetesacrament), het Heilig Oliesel (of de ziekenzalving), het priesterschap en het huwelijk
sa·cra·men·teel (⟨Lat⟩) *bn* ❶ van de aard van of behorend tot een sacrament ❷ volgens oud gebruik op plechtige wijze verricht of gebruikt
Sa·cra·ments·dag *de (m)* RK feestdag op de tweede donderdag na Pinksteren
sa·cra·ments·huis·je *het* [-s] tempelvormig huisje als bergplaats voor het Heilig Sacrament des Altaars
sa·cre·dieu [-djeu] (⟨Fr⟩) *tsw* krachtterm christene zielen!
sa·cre·ren *ww* (⟨Fr⟨Lat⟩) [sacreerde, h. gesacreerd] heiligen, wijden; zalven
sa·cri·fi·ce·ren *ww* (⟨Lat⟩) [sacrificeerde, h. gesacrificeerd] → **sacrifiëren**
sa·cri·fi·cie (⟨Lat⟩) *het* [-s en -ciën] ❶ offer; opoffering ❷ RK misoffer (ook: *Heilig sacrificie*)
sa·cri·fi·ë·ren *ww* (⟨Fr⟨Lat⟩) [sacrificeerde, h. gesacrificeerd] offeren
sa·cris·tein (⟨Fr⟨Lat⟩) *de (m)* [-en] NN, RK koster, kerkbewaarder
sa·cris·tie (⟨Fr⟨Lat⟩) *de (v)* [-tieën] vertrek in een

rooms-katholieke kerk waar alles wat voor de altaardienst nodig is, bewaard wordt

sa·cro·sanct (‹Lat) bn bij uitstek heilig, onaantastbaar

sad·du·cee·ërs (‹Lat) mv oudjoodse sekte ten tijde van Christus, die de opstanding en de onsterfelijkheid van de ziel loochende, aan engelen noch geesten geloofde, maar in haar zeden streng en zuiver was

sa·dis·me het ❶ seksuele drift gericht op kwelling van het voorwerp van de begeerte voor en gedurende de bevrediging, genoemd naar Donatien Alphonse François, markies de Sade (1740-1814), een Frans schrijver die een dergelijk verschijnsel in zijn boeken beschreef ❷ lust tot kwellen in het algemeen

sa·dist de (m) [-en], **sa·dis·te** de (v) [-n] iem. die zich overgeeft aan sadisme

sa·dis·tisch bn van de aard van sadisme ★ ergens een ~ genoegen in scheppen plezier hebben in het leed van een ander, vol leedvermaak zijn over

sa·do (‹Fr: dos-à-dos) de (m) ['s] licht huurrijtuigje in Indonesië waarin koetsier en passagier rug aan rug zitten

sa·doma·so·chis·me het sadisme en masochisme zoals die in combinatie met elkaar gewoonlijk voorkomen (afgekort: SM)

sa·doma·so·chis·tisch bn betreffende het sadomasochisme

sa·fa·ri (‹Swahili) de (m) ['s] ❶ jachtexpeditie in Afrika ❷ toeristische expeditie in het algemeen

sa·fa·ri·park het [-en] omheind gebied (o.a. in Nederland) waar in vrijheid levend groot wild (o.a. leeuwen) geobserveerd kan worden

safe [seef] (‹Eng‹Lat) I bn veilig, zeker: ★ deze kermisattractie is volkomen ~ ★ ~ sex geslachtsgemeenschap met een condoom (dus met weinig gevaar voor het oplopen van een seksueel overdraagbare ziekte) ★ op ~ spelen zo voorzichtig mogelijk zijn, het zekere voor het onzekere nemen II de (m) [-s] kluis voor effecten, geld en kostbaarheden

safe·de·pos·it [seefdiepozzit] (‹Eng) de (m) [-s] → **safe** (II)

safe·lo·ket [seef-] het [-ten] afgesloten deel van een kluis, bijv. in een bank, verhuurd aan personen die er waardepapieren, geld, sieraden e.d. in bewaren

safe·ty first bijw [seeftie fù(r)st] (‹Eng) veiligheid voor alles

saf·fi·aan (‹Du‹Perz) het NN fijn marokijnleer, oorspronkelijk uit Safi in Marokko

saf·fie het [-s] NN, Barg sigaret

saf·fier (‹Lat) I als stof: het, als voorwerp: de (m) [-en] blauwe edelsteen, variëteit van korund II het hemelsblauwe kleur

saf·fisch, **sap·fisch** bn als van Sappho (Griekse dichteres ± 600 voor Chr.); zie ook: → **lesbisch** ★ saffische strofe vierregelige strofe in bepaalde maat

saf·fraan (‹Fr) de (m) specerij, gedroogde bloemstengels van een variëteit van de krokus (Crocus sativus)

saf·fraan·kleu·rig bn bleekgeel

sa·ga (‹Oudnoors) de ['s] oorspronkelijk Oudnoorse romancyclus die op meer dan één generatie betrekking heeft

sa·gaai (‹Arab) de [-en] → **assagaai**

sa·ge (‹Oudnoors) de [-n] volksoverlevering, overgeleverd volksverhaal, vooral heldengeschiedenis, veelal met een historische grondslag

Sa·git·ta·ri·us (‹Lat) de (m) Boogschutter (teken van de dierenriem)

sa·go (‹Mal) de (m) meel uit het merg van sommige palmsoorten

sa·go·palm de (m) [-en] Indonesische palm van het geslacht Metroxylon die sago levert

Sa·hel·lan·den mv de landen aan de zuidelijke grens van de Sahara, die vaak door droogte en honger worden geteisterd

sail·lant [sajjant] (‹Fr) I bn vooruitstekend; fig in 't oog springend, op de voorgrond tredend, het meest uitkomend: ★ een ~ detail II de (m) & het [-en] vooruitspringend deel van een versterkte linie of vestingwerk

sa·jet (‹Fr) de (m) losse, niet-gekamde wol

sa·ke (‹Jap) de (m) Japanse rijstwijn

sa·ki de (m) ['s] soort van aap met brede baard en haardos op de kruin, de onderfamilie Pitheciinae

sak·ke·ren (‹Fr) ww [sakkerde, h. gesakkerd] BN ook mopperen, foeteren

sak·ker·loot (‹Fr) tsw bastaardvloek

Saks de (m) [-en] iemand geboortig of afkomstig uit Saksen

Sak·sisch bn van, uit, betreffende Saksen

sa·laam (‹Arab) tsw heil; woord en gebaar van begroeting bij moslims: buiging, met de samengevouwen handen tot het hoofd opgeheven ★ ~ alaikum vrede zij met u ★ wa alaikum as~ antwoord op '~ alaikum'

sal·ad·bar [selləd bà(r)] (‹Eng) de [-s] tafel in een restaurant met daarop salades en groenteschotels, waarvan de gasten zich vrijelijk mogen bedienen

sa·la·de (‹Fr) de [-s] koud gerecht van groente, vruchten, aardappelen, vlees of vis, aangemaakt met olie en azijn

sa·la·fist de [-en] rel moslim die streeft naar de islam zoals gepraktiseerd in de tijd van de eerste kaliefen in de 7de eeuw

sa·la·fis·tisch bn betreffende de salafisten

sa·la·man·der (‹Lat‹Gr) de (m) [-s] ❶ op de hagedis gelijkende amfibie ❷ kachel, van binnen bekleed met vuurvaste steen ❸ (‹Du‹Gr) BN, stud groepsdronk, heildronk waarbij het volle bierglas in één teug tot op de bodem leeggedronken wordt; aantal drinkliederen die bij deze heildronk gezongen worden

sa·la·mi *(‹It) de (m)* pikante, sterk gerookte worst met knoflook, soms door indompeling in zemelenpap met een witte beschermende laag omgeven

sa·la·mi·tac·tiek *de (v)* systeem om met kleine stukjes, door kleine, telkens herhaalde concessies, datgene te verkrijgen wat men niet ineens gedaan kan krijgen

sa·lan·gaan *(‹Mal) de (m)* [-ganen] klipzwaluw die eetbare vogelnestjes bouwt, het geslacht *Collocalia*

sa·la·ri·ë·ren *ww (‹Fr)* [salarieerde, h. gesalarieerd] ❶ een salaris geven, bezoldigen ❷ een salaris verbinden aan

sa·la·ri·ë·ring *de (v)* het salariëren, salaris

sa·la·ris *(‹Oudfrans) het* [-sen] loon, vooral voor geestelijke arbeid over een bepaalde periode

sa·la·ris·re·ge·ling *de (v)* [-en] vooral NN regeling betreffende de salarissen

sa·la·ris·schaal *de* [-schalen] rangnummer in de lijst van de salarissen

sa·la·ris·spe·ci·fi·ca·tie [-(t)sie] *de (v)* [-s] NN overzicht van het verdiende loon en de bedragen die als premie voor volksverzekering, ziekenfonds e.d. van het brutosalaris zijn afgehouden

sa·la·ris·ver·ho·ging *de (v)* [-en] vooral NN verhoging van het salaris

sa·la·ris·ver·la·ging *de (v)* [-en] vooral NN verlaging van het salaris

sa·lat *(‹Arab) de (m)* de in de islam vijf maal per dag verplichte gebeden

sal·de·ren *ww* [saldeerde, h. gesaldeerd] het saldo opmaken van, vereffenen, rekeningen afsluiten

sal·di·ba·lans *de* staat van de saldi van de rekeningen van een grootboek

sal·do *(‹It) het* ['s, saldi] overschot, verschil tussen debet en credit, tussen inkomsten en uitgaven: ★ *een batig, een nadelig ~* ★ *per ~* als wat blijft; per slot van rekening

sale-and-lease-back·con·struc·tie [seelendliezbek-] *(‹Eng) de (v)* [-s] econ constructie waarin vastgoed verkocht wordt aan een beleggingsmaatschappij en vervolgens voor een langere periode wordt teruggehuurd

sa·lem *(‹Arab) tsw* → **salaam**

sa·lep *(‹Arab) de (m)* ❶ slijmachtige stof uit de knollen van sommige soorten van orchideeën, gebruikt als middel tegen buikloop ❷ Turkse warme drank bereid uit deze stof

sales·man [seelzmen] *(‹Eng) de (m)* [-men] verkoper

sales·man·ag·er [seelzmennədzjə(r)] *(‹Eng) de (m)* [-s] iem. die in een bedrijf de verantwoordelijkheid draagt voor de verkoop en de → **reclame** (bet 1), verkoopleider

sales·pro·mo·tion [seelzprəmoosjən] *(‹Eng) de (m)* verkoopbevordering door reclame enz.

sales·pro·mot·or [seelzprəmootə(r)] *(‹Eng) de (m)* [-s] iem. die belast is met salespromotion

sa·let·jon·ker *de (m)* [-s] fat

sa·li·cyl·zuur [-siel-] *(‹Lat) het* sterk bederfwerend zuur dat o.a. voorkomt in wilgenbast en grondstof is voor verschillende geneesmiddelen

sa·lie *(‹Oudfrans) de* sterk riekende lipbloemige plant *(Salvia)*

Sa·lie, Jan *de (m)* NN → **jansalie**

sa·lie·melk *de* melk waarin saliebladeren zijn getrokken

Sa·lisch *bn* betreffende de Salische Franken, de Franken die aan de Neder-Rijn woonden

sal·mi·ak *(‹Lat) de (m)* vooral NN samentrekking van *sal ammoniacum*; vluchtig loogzout (ammoniumchloride), bestanddeel van drop en zwart-op-wit: ★ *geest van ~* ammonia

sal·mo·nel·la *de* geslacht van bacteriën die soms in voedsel, bijv. in kip, voorkomen en o.a. paratyfus veroorzaken, genoemd naar de ontdekker, de Amerikaanse patholoog Daniel E. Salmon (1850-1914)

sa·lo·mons·oor·deel *het* [-delen] schrandere beslissing van een moeilijk geschil (naar de rechtspraak van Salomo, 1 *Koningen* 3: 16-23)

sa·lo·mons·ze·gel *de (m)* [-s] in het wild groeiende lelieachtige plant met blauwzwarte bessen *(Polygonatum)*

sa·lon *(‹Fr) de (m) & het* [-s] ❶ grote kamer, mooie kamer ❷ samenkomst in een kamer als onder 1: ★ *een literair ~* ❸ BN ook zithoek, zitkamer ❹ BN meubels in of geschikt voor een woonkamer, salonameublement: ★ *wegens aankoop van een nieuw ~ verkopen we onze driezits* ❺ BN tentoonstelling (vooral van auto's, elektrische apparatuur e.d.); *ook* beurs, jaarbeurs, huishoudbeurs

sa·lon·ameu·ble·ment *het* [-en] bij elkaar behorende meubels in een salon

sa·lon·boot *de* [-boten] fraai ingerichte passagiersboot

sa·lon·com·mu·nist *de (m)* [-en], **sa·lon·so·cia·list** [-sjaa-] *de (m)* [-en] iem. die zegt de communistische of socialistische leer aan te hangen, maar daar in zijn handelen geen blijk van geeft

sa·lon·fä·hig [-feehiech, Duitse ch] *(‹Du) bn* geschikt voor beschaafde omgeving, voor beschaafd gezelschap: ★ *deze kleding is niet ~*

sa·lon·held *de (m)* [-en] in bep. gezelschappen gevierde maar overigens onbeduidende persoon

sa·lon·mu·ziek *de (v)* weinig artistieke amusementsmuziek

sa·lon·re·mi·se [-ze] *de (v)* [-s] schaken, dammen partij die zonder veel (in)spanning of strijd onbeslist geëindigd is

sa·lon·rij·tuig *het* [-en] fraai ingerichte passagierswagon van een trein

sa·lon·so·cia·list [-sjaa-] *de (m)* [-en] zie bij: → **saloncommunist**

sa·lon·vleu·gel *de (m)* [-s] vleugelpiano, kleiner dan een concertvleugel

sa·loon [-loen] *(‹Eng) de* [-s] café in het Wilde Westen

sa·lo·pette [-pet] (‹Fr) de (v) [-s] tuinbroek

sal·pe·ter (‹Lat) de (m) & het verkorte benaming voor zouten van salpeterzuur, vooral voor kaliumnitraat, gebruikt o.a. voor het maken van kunstmest en buskruit

sal·pe·ter·zuur het bijtend zuur, sterk anorganisch zuur

sal·sa (‹Sp) de (m) opzwepende Latijns-Amerikaanse muziek, gemaakt door emigranten uit het Caribisch gebied, aan het eind van de jaren zestig vooral in New York, later ook elders

SALT [sàlt] afk Strategic Arms Limitation Talks (‹Eng) [hist naam van de besprekingen in de jaren '70 tussen de Verenigde Staten en de Sovjet-Unie over de beperking van strategische bewapening]

sal·to (‹It‹Lat) de (m) ['s] sprong waarbij het lichaam een volledige draai maakt in de lucht, haaks op de lichaamsas ★ ~ *mortale* a) moeilijk uitvoerbare en gevaarlijke combinaties van verschillende salto's, vooral van trapezewerkers; b) fig gevaarlijk waagstuk

sa·lu·e·ren ww (‹Fr‹Lat) [salueerde, h. gesalueerd] op voorgeschreven wijze groeten, het saluut brengen

sa·lut [-luu] (‹Fr‹Lat), **sa·luut** (‹Fr‹Lat) tsw gegroet!

sa·luut (‹Fr‹Lat) **I** tsw → **salut II** het [-luten] ❶ groet, vooral de militaire groet ❷ het lossen van geweerschoten of kanonschoten als begroeting en bijv. bij militaire begrafenissen

sa·luut·schot het [-schoten] kanonschot als begroeting

Sal·va·do·ri·aan de (m) [-anen] iem. geboortig of afkomstig uit El Salvador

Sal·va·do·ri·aans bn van, uit, betreffende El Salvador

sal·ve (‹Lat) tsw wees gegroet!, welkom!

sal·vo (‹It) het ['s] het gelijktijdig afvuren van een aantal vuurwapens; losbarsting van toejuichingen enz.; toast (bij vrijmetselaars)

SAM afk surface-to-air missile (‹Eng) [type luchtdoelraket dat vanaf de grond gelanceerd wordt]

Sam [sem] (‹Eng) de (m) verkorting van *Samuel*; zie ook → **Uncle Sam**

Sa·ma·ri·taan de (m) [-tanen] bewoner van Samaria (vroegere naam voor Midden-Palestina) ★ *barmhartige* ~ (Lucas 10: 30-39) iem. die zich over een medemens ontfermt

sa·ma·ri·um het chemisch element, symbool Sm, atoomnummer 62, een grijs, glanzend metaal, een van de zeldzame aarden, genoemd naar de ontdekker van het mineraal samarskiet waarin het werd gevonden, de 19de-eeuwse Russische mijnbeambte kolonel von Samarski

sam·ba (‹Port) de ['s] ❶ uit Brazilië afkomstige ritmische muziek in 2/4- of 4/4-maat, waarbij veel gebruik wordt gemaakt van percussie-instrumenten ❷ dans op deze muziek

sam·ba·bal de (m) [-len] percussie-instrument bestaande uit een bol met een handvat, met daarin kogeltjes of rijstkorrels, die ritmisch heen en weer wordt bewogen

sam·bal (‹Mal) de (m) [-s] zeer pittige saus op basis van Spaanse pepers in de Indonesische keuken: ★ *vooral NN* ~ *oelek* fijngewreven Spaanse pepers met zout ★ *vooral NN* ~ *badjak, brandal enz.* gebraden en fijngewreven Spaanse pepers met diverse kruiden

sa·men, saam I bijw met of bij elkaar ★ *iets* ~ *hebben* a) verkering hebben; b) samen een geheim hebben ★ ~ *uit,* ~ *thuis* als je samen ergens naar toe gaat, moet je ook samen terugkeren; **II** voorvoegsel, **samen-** bijeen-, ineen

sa·men·bal·len ww [balde samen, h. samengebald] ❶ tot een bal maken ❷ meestal fig tot een hechte samenwerking brengen: ★ *de krachten* ~; **samenballing** de (v)

sa·men·bin·den ww [bond samen, h. samengebonden] bijeenbinden

sa·men·bin·ding de (v) ❶ het samenbinden ❷ fig groei van geestelijke eenheid, saamhorigheid

sa·men·bren·gen ww [bracht samen, h. samengebracht] bijeenbrengen

sa·men·bun·de·len ww [bundelde samen, h. samengebundeld] ❶ in een bundel bijeen brengen ❷ doen samenwerken; **samenbundeling** de (v)

sa·men·doen ww [deed samen, h. samengedaan] bijeendoen

sa·men·druk·baar bn samengedrukt kunnende worden

sa·men·druk·ken ww [drukte samen, h. samengedrukt] ineendrukken

sa·men·flan·sen ww [flanste samen, h. samengeflanst] haastig in elkaar zetten

sa·men·gaan ww [ging samen, is samengegaan] ❶ gepaard gaan: ★ *deze ziekte gaat vaak samen met koorts* ❷ fuseren: ★ *vanaf 1 januari gaan deze banken samen*

sa·men·ge·steld bn uit verschillende delen bestaande ★ *plantk een* ~ *blad* verschillende blaadjes aan één steel ★ *~e interest* interestrekening waarbij de interest jaar op jaar aan de hoofdsom wordt toegevoegd en dan zelf ook rentedragend wordt ★ ~ *oog* uit vele enkelvoudige ogen bestaande oog bij insecten, facetoog ★ taalk *~e zin* zin bestaande uit meerdere hoofdzinnen of uit een of meer hoofdzinnen en een of meer bijzinnen

sa·men·ge·steld·bloe·mi·gen mv plantenfamilie met bloemen in hoofdjes met omwindsel, waartoe o.a. de zonnebloem, de margriet en het madeliefje behoren → **composieten**

sa·men·hang de (m) onderling verband

sa·men·han·gen ww [hing samen, h. samengehangen] in onderling verband staan ★ ~ *met* in verband staan met

sa·men·han·gend bn een goed geheel vormend

sa·men·hok·ken ww [hokte samen, h. samengehokt] ❶ in een kleine ruimte samenwonen ❷ ongunstig gedurig in elkanders gezelschap zijn ❸ schertsend

(ongetrouwd) samenwonen, hokken
sa·men·ho·rig·heid *de (v)* → **saamhorigheid**
sa·men·ho·rig·heids·ge·voel *het* → **saamhorigheidsgevoel**
sa·men·klank *de (m)* het gelijktijdig klinken, vooral het goed harmonisch samenklinken
sa·men·ko·men *ww* [kwam samen, is samengekomen] bijeenkomen, vergaderen; elkaar ontmoeten
sa·men·komst *de (v)* [-en] bijeenkomst
sa·men·le·ven *ww* [leefde samen, h. samengeleefd] samenwonen
sa·men·le·ving *de (v)* ❶ het samen leven ❷ maatschappij, grote groep personen die ongeveer dezelfde normen en waarden hebben en een eigen identiteit heeft: ★ *de westerse ~* ★ *hij is een nuttig lid van de ~*
sa·men·le·vings·con·tract *het* [-en] bij de notaris opgemaakt contract waarin twee samenlevende personen bep. zakelijke afspraken vastleggen
sa·men·le·vings·re·gis·ter *het* -s officiële lijst waarin personen zich als samenwonend kunnen laten registreren (als een soort alternatief voor het huwelijk)
sa·men·loop *de (m)* ❶ het in elkaar uitstromen van rivieren ❷ *fig* het toevallig gelijktijdig zijn: ★ *door een ongelukkige ~ van omstandigheden ben ik ontslagen*
sa·men·pak·ken *wederk* [pakte samen, h. samengepakt] zich tot een dichte massa verenigen ‹wolken›
sa·men·per·sen *ww* [perste samen, h. samengeperst] samendrukken
sa·men·raap·sel *het* [-s] allegaartje: ★ *een ~ van hele en halve leugens*
sa·men·rot·ten *ww* [rotte samen, h. & is samengerot] NN samenscholen met vijandige of slechte bedoelingen
sa·men·scho·len *ww* [schoolde samen, h. & is samengeschoold] in grote menigte bijeenkomen, vaak met slechte bedoelingen: ★ *de opstandelingen schoolden samen voor het paleis*; **samenscholing** *de (v)* [-en]
sa·men·smel·ten *ww* [smolt samen, h. & is samengesmolten] ❶ tot een geheel smelten, fig tot een geheel maken, verenigen ❷ door smelten tot een geheel worden, fig een geheel vormen, zich verenigen
sa·men·span·nen *ww* [spande samen, h. samengespannen] samen een boosaardig plan beramen, samenzweren, complotteren
sa·men·span·ning *de (v)* [-en] complot
sa·men·spel *het* het met andere spelers samenwerken tot een goed resultaat; algemeen het samenwerken: ★ *een handig ~, een ~ van krachten*
sa·men·spraak *de* [-spraken] gesprek, dialoog
sa·men·stel *het* uit vele delen bestaand geheel
sa·men·stel·len *ww* [stelde samen, h. samengesteld]

maken; vormen; uit onderdelen ineenzetten
sa·men·stel·ler *de (m)* [-s] iem. die samenstelt
sa·men·stel·ling *de (v)* ❶ het samenstellen: ★ *de ~ van een sportteam* ❷ onderlinge verhouding van de delen: ★ *wat is de ~ van deze grondsoort?* ❸ [*mv:* -en] woord dat uit twee of meer woorden gevormd is, bijv. *huiskamer*
sa·men·tref·fen *ww* [trof samen, h. samengetroffen] ❶ toevallig ontmoeten ❷ toevallig gelijktijdig zijn
sa·men·trek·ken *ww* [trok samen, h. & is samengetrokken] ❶ bijeennemen, *van zinnen* door gemeenschappelijke zindelen weg te laten, *van woorden* door klanken weg te laten: bijv. *leer* uit *leder* ❷ naar elkaar toe trekken, verzamelen ❸ ‹troepen› op een bepaald punt bijeenbrengen ❹ ★ *zich ~* a) kleiner van omvang worden: een spier kan zich ~; b) op een bep. punt zich verzamelen: het leger trekt zich samen
sa·men·trek·kings·te·ken *het* [-s] dakvormig teken, dat aangeeft dat in een woord een samentrekking heeft plaatsgehad, bijv. *goôn* uit *goden*
sa·men·val·len *ww* [viel samen, is samengevallen] ❶ gelijktijdig gebeuren: ★ *dit jaar vallen Pasen en haar verjaardag samen* ❷ tot één worden, niet meer van elkaar (te) onderscheiden zijn
sa·men·vat·ten *ww* [vatte samen, h. samengevat] ❶ in het kort weergeven, in het kort herhalen: ★ *een betoog ~* ❷ in een geheel opnemen: ★ *verhalen in een bundel ~*; **samenvatting** *de (v)* [-en]
sa·men·vloei·en *ww* [vloeide samen, is samengevloeid] bijeenvloeien, ineenvloeien; **samenvloeiing** *de (v)* [-en]
sa·men·voe·gen *ww* [voegde samen, h. samengevoegd] verenigen, bijeen nemen; **samenvoeging** *de (v)* [-en]
sa·men·vou·wen *ww* [vouwde samen, h. samengevouwen] ineenvouwen
sa·men·weef·sel *het* [-s] NN ingewikkeld samenstel: ★ *een ~ van leugens*
sa·men·wer·ken *ww* [werkte samen, h. samengewerkt] gezamenlijk werken, handelen; **samenwerking** *de (v)*
sa·men·wer·kings·school *de* [-scholen] NN school waarin verschillende confessionele richtingen samenwerken, ook wel met niet-confessionelen
sa·men·wo·nen *ww* [woonde samen, h. samengewoond] in één huis wonen, vooral gezegd van partners die niet gehuwd zijn; **samenwoning** *de (v)*
sa·men·zang *de (m)* het gemeenschappelijk zingen
sa·men·zijn *het* het in elkaars gezelschap zijn: ★ *een gezellig ~*
sa·men·zweer·der *de (m)* [-s] iem. die samenzweert
sa·men·zwe·ren *ww* [zwoer samen, h. samengezworen] zich met anderen verbinden tot iets vijandigs of ongunstigs
sa·men·zwe·ring *de (v)* [-en] het samenzweren, samenspanning, complot

Sa·misch I *het* taal van de Lappen, Laps II *bn* van, betreffende de Lappen, Laps

sa·miz·dat *(‹Russ) de (m)* ondergrondse pers in de voormalige Sovjet-Unie

sa·moem *(‹Arab) de [-s]* krachtige, hete wind in de woestijn

sa·moe·rai *(‹Jap) de (m) [mv idem]* lid van de stand van de vroegere Japanse ridders; Japanse krijgsadel

Sa·mo·jeed *de (m) [-jeden]* lid van een volksstam in noordelijk Siberië

sa·mo·jeed *de (m) [-jeden]* Siberische poolhond

sa·mo·war, sa·mo·waar *(‹Russ) de (m) [-s]* toestel om op Russische wijze thee te zetten

sam·pan *(‹Chin) de (m) [-s]* klein kustvaartuig in de Indische archipel

sam·ple [sàmpəl, sempəl] *(‹Eng‹Lat) de (m) [-s]* ❶ → **monster¹**; gekwalificeerde steekproef uit een grote groep ❷ gedigitaliseerd geluidsfragment, toegepast in de elektronische muziek; vgl: → **sampling**

sam·plen *ww* [sem-] *(‹Eng)* [samplede, h. gesampled] doen aan sampling

sam·pler [sem-] *(‹Eng) de (m) [-s]* apparaat gebruikt bij sampling

sam·pling [sem-] *(‹Eng) de (m)* toonhoogte, tempo en / of volgorde veranderen van een opgenomen stuk muziek dat in gedigitaliseerde vorm is opgeslagen, en het resultaat toevoegen aan de orkestratie van een nieuwe plaat

sam·sam *bijw* NN, spreektaal samen, gemeenschappelijk *(delen, betalen)*: ★ *we betaalden de taxi ~*

sa·na·to·ri·um *(‹Lat) het [-s en -ria]* inrichting voor het verplegen van zieken voor wie de behandeling voornamelijk bestaat uit het gedurende langere tijd volgen van bep. leefregels

san·be·ni·to *(‹Sp) het ['s]* geel, met duivelskoppen enz. beschilderd hemd, waarin de slachtoffers van de inquisitie werden verbrand; ook zulk een muts

sanc·tie [-sie] *(‹Fr‹Lat) de (v) [-s]* ❶ dwangmiddel tot naleving van een voorschrift, straf; strafmaatregel, vooral van economische aard: ★ *~s treffen tegen een land dat de mensenrechten schendt* ; zie ook → **penaal** ❷ vooral NN bevestiging, goedkeuring, wettelijke bekrachtiging: ★ *~ verlenen aan een ingeroest gebruik*

sanc·tio·ne·ren [-sjoo-] *(‹Fr) ww* [sanctioneerde, h. gesanctioneerd] ❶ vooral NN sanctie verlenen aan, bekrachtigen, bevestigen ❷ vooral NN waarborgen, verzekeren ❸ BN ook bestraffen

sanc·tu·a·ri·um *(‹Lat) het [-s, -ria]* ❶ heiligdom; onschendbare plaats, vrijplaats ❷ RK priesterkoor ❸ heiligdomkamer, reliekschrijn

sanc·tus *(‹Lat)* I *bn* heilig ★ *Sanctus Franciscus* de Heilige Franciscus II *de (m) & het* lied als inleiding van de consecratie in de mis

san·daal *(‹Fr‹Gr) de* [-dalen] schoeisel dat alleen bestaat uit een zool, met banden aan de voet bevestigd

san·del·hout *het* hout van Indonesische boomsoorten als verfhout en in de geneeskunde gebruikt

san·dhi *(‹Sanskr) de* taalk fonetische inwerking van het slot van het ene woord op het begin van het andere, bijv. in *moet dat nou* dat klinkt als *moettatnau* (vgl: → **assimilatie**)

san·di·nist *de (m)* [-en] lid van een linksgeoriënteerde politieke beweging in Nicaragua die van 1979 tot 1990 de macht had in dat land (genoemd naar de journalist C.A. Sandino, die in 1934 werd vermoord); **sandinistisch** *bn bijw*

sand·wich [sentwitsj, BN santwitsj] *(‹Eng) de (m)* [-es] ❶ tweetal dunne sneetjes brood, vaak zonder korst, met daartussen beleg ❷ BN zacht broodje dat aan twee kanten puntvormig toeloopt ❸ sp het tussen twee tegenstanders geklemd worden van een speler bij een duel: ★ *in de ~ genomen worden*

sand·wich·man [sendwitsjmen] *(‹Eng) de (m)* [-nen] persoon die met een reclamebord op zowel buik als rug rondloopt

sand·wich·spread [sendwitsjsprèd] *(‹Eng) de (m)* fris, pittig, zuur smakend broodbeleg met tal van ingrediënten

sa·ne·ren *ww (‹Lat)* [saneerde, h. gesaneerd] gezond maken in overdrachtelijke zin, ordenen, bijv. van financiën, van een bedrijf, van een gebit ★ *een stadswijk ~* verbeteren, vooral door het opruimen van krotwoningen; **sanering** *de (v)* [-en]

sang·froid [sãfrwà] *(‹Fr) het* koelbloedigheid: ★ *met veel ~ optreden tegen zinloos geweld*

san·gria [-ɣrie(j)aa] *(‹Sp‹Lat) de* soort bowl van rode wijn met stukjes citrusvruchten en kruidnagel erin

san·gui·na·ria [-ɣie-] *(‹Lat) de* ['s] bloedwortel, een uit Noordoost-Amerika afkomstige tuinplant

san·guine [sãɣwien(ə)] *(‹Fr‹Lat)* I *het* rood krijt II *de (v)* [-s] tekening in rood krijt

san·gui·ni·cus [-ɣwie-] *(‹Lat) de (m)* [-ci] sanguinisch, prikkelbaar, driftig mens

san·gui·nisch *(‹Du‹Lat) bn* ❶ oorspr bloedrijk, volbloedig ❷ heftig van temperament; prikkelbaar

san·he·drin *(‹Hebr) het* raadsvergadering; Hoge Raad (bestuurslichaam en gerechtshof van 72 leden) bij de oude Israëlieten te Jeruzalem

sa·ni·tair [-tèr] *(‹Fr)* I *bn* ❶ de gezondheid of de gezondheidstoestand betreffend ★ BN, m.g. *sanitaire (gezins)helpster* gezinsverzorgster ★ BN, m.g. *sanitaire hulp* gezinshulp, gezinsverzorging; bejaardenhulp ❷ ★ *~e artikelen* al wat behoort tot de installatie van was- en badgelegenheid en wc's ★ *~e stop* kort oponthoud om aan een natuurlijke behoefte te voldoen II *het* sanitaire artikelen of installatie(s) zoals wc, bad, wasbak

sa·ni·ta·tie [-(t)sie] *(‹Fr) de (v)* hygiënische waterhuishouding: schoon drinkwater, goede sanitaire voorzieningen, goede riolering en persoonlijke hygiëne

San·ma·ri·nees I *de (m)* [-nezen] iem. geboortig of afkomstig uit San Marino II *bn* van, uit, betreffende San Marino

san·nya·sin [sanjassien] *(‹Hindi) de* [-s] ❶ ‹in de Indische godsdienst› rondzwervend asceet die de hoogste mystieke kennis heeft bereikt ❷ volgeling van de Indiase goeroe Bhagwan Shri Rajneesh (1931-1990)

sans [sã] *(‹Fr) vz* zonder

sans atout *bijw* [sãz aatoe] *(‹Fr)* kaartsp zonder troef

sans·cu·lot·ten, **sans·cu·lot·tes** [sã-] *(‹Fr) mv* aanhangers van de Franse Revolutie (1789) die niet meer de *culotte* (kuitbroek) droegen, maar de pantalon

san·se·vie·ria [-veria,], **san·se·ve·ria** *de* ['s] plantengeslacht (*Sansevieria*) uit de familie van de Agavaceae, waarvan de variëteit *S. trifasciata laurentii* of vrouwentong een vooral in België zeer populaire kamerplant is; genoemd naar de Italiaanse geleerde Raimond van Sangro, vorst van San Severo (gest. 1774)

sans gê·ne [sã zjènə] *(‹Fr)* I *bn* ongedwongen, ongegeneerd II *het* ongedwongenheid, ongegeneerdheid

Sans·kriet *het* ❶ oude, heilige taal van Voor-Indië, waarin de Veda's geschreven zijn ❷ fig onbegrijpelijke taal

sans·kri·tist *de (m)* [-en] kenner, beoefenaar van het Sanskriet

sans-pa·piers [sãpapjee] *de (m)* BN iemand die illegaal in het land verblijft, dus zonder papieren zoals een verblijfsvergunning

sans par·don *bijw* [sã pardõ] *(‹Fr)* zonder genade

sans ran·cune *bijw* [sã rãkuun] *(‹Fr)* zonder wrok

sant *de (m)* [-en] ★ BN *niemand is ~ in eigen land* niemand is profeet in eigen land, in eigen omgeving krijg je vaak geen erkenning

san·té *(‹Fr‹Lat) de (v)* gezondheid!, proost! ★ *à votre ~!* op uw gezondheid!

san·ten·kraam *de & het* verzameling heiligen(beelden) ★ *de hele ~* de hele boel, de hele rommel

san·tje *het* [-s] heiligenbeeldje, bidprentje

sant·jes *tsw* ‹bij het elkaar toedrinken› santé, gezondheid

Sa·oe·di·ër *de (m)* [-s] iem. geboortig of afkomstig uit Saoedi-Arabië

Sa·oe·disch *bn* van, uit, betreffende Saoedi-Arabië

sap *het* [-pen] ❶ vloeistof die zich bevindt in vruchten of andere plantendelen ❷ vocht in het menselijk of dierlijk lichaam

sap·fisch *bn* → **saffisch**

sap·je *het* [-s] vooral NN glas met niet-alcoholische drank: ★ *ik moet nog rijden, doe mij dus maar een ~*

sap·pel *zn* ★ NN *zich te ~ maken* zich inspannen, zich druk maken

sap·pe·len *ww* [sappelde, h. gesappeld] NN hard werken, ploeteren

sap·per·kriek, **sap·per·de·kriek** *tsw* sapperloot

sap·per·loot *tsw* bastaardvloek, uitroep van verbazing

sap·pig *bn* ❶ met veel sap: ★ *~ fruit* ❷ ‹van een taal of dialect› melodieus, pittig; **sappigheid** *de (v)*

sap·rijk *bn* met zeer veel sap

sa·pris·ti [-pries-] *(‹Fr) tsw* krachtterm: sapperloot

sa·ra *de (v)* ['s] NN speculaaspop als geschenk voor vrouwen die vijftig jaar worden

sa·ra·ban·de *(‹Fr‹Sp) de* [-s] ❶ van oorsprong Spaanse, aanvankelijk snelle, later langzame dans ❷ muziek daarvoor, vooral als deel van een suite

Sa·ra·ceen *(‹Gr) de (m)* [-cenen] vero moslim uit het Middellandse Zeegebied

Sa·ra·ceens *bn* vero van, betreffende de Saracenen

sar·cas·me *(‹Fr‹Lat) het* bittere, bijtende spot

sar·cast *de (m)* [-en] iem. die sarcastisch spreekt of schrijft

sar·cas·tisch *(‹Fr) bn* van de aard van sarcasme, vol bittere spot: ★ *~e opmerkingen*

sar·co·faag *(‹Fr‹Gr) de (m)* [-fagen] ❶ stenen doodkist ❷ doodkistvormig grafteken

sar·co·ma *het* ['s], **sar·coom** [-comen] *(‹Gr) het* kwaadaardig gezwel, ontstaan uit bind- en steunweefsel ★ *~ van Kaposi* zie → **kaposisarcoom**

Sard *de (m)* [-en] iem. geboortig of afkomstig van Sardinië

sar·da·na *(‹Sp) de* ['s] Catalaanse volksdans

sar·di·ne [-s] *(‹Fr‹Gr) de* [-en] kleine soort haring (*Sardina pilchardus*), die veel in olie ingelegd wordt

sar·di·ne·blik·je *het* [-s] blikken doosje voor sardines

Sar·di·ni·ër *de (m)* [-s] Sard

Sar·disch I *bn* van, uit, betreffende Sardinië II *het* de taal van Sardinië

sar·do·nisch *(‹Fr) bn* grijnzend, boosaardig spottend: ★ *~ lachen*

sar·do·nyx [-niks] *(‹Gr) de (m) & het* [-en] halfedelsteen, een uit kleurige lagen bestaande onyx

sa·ri *(‹Hindi) de (m)* ['s] kleurig katoenen of zijden gewaad van vrouwen in India

sa·rong *(‹Mal) de (m)* [-s] lange rok van gebatikt katoen, samen met de kabaja de nationale dracht van vrouwen in Indonesië

sar·ren *ww* [sarde, h. gesard] tergen, gemeen plagen

sar·rig *bn* NN tergend; plaagziek

SARS *afk* Severe Acute Respiratory Syndrome [med ernstige infectieziekte aan de luchtwegen, veroorzaakt door een besmettelijk virus]

SAS *afk* Scandinavian Airlines System *(‹Eng)* [de Scandinavische luchtvaartmaatschappij]

sas[1] *het* [-sen] schutsluis, sluis; sluiskolk

sas[2] *(‹Du) de* [-sen] zeer brandbaar mengsel voor vuurwerk e.d.

sas[3] *zn* ★ *in zijn ~ zijn* in zijn schik zijn, het naar de zin hebben

sas·mees·ter *de (m)* [-s] sluiswachter

sas·sa·fras *(‹Sp) het* aftreksel van de bast en bladeren van de Noord-Amerikaanse boom *Sassafras albidum*, toegepast als geneesmiddel en antisepticum

sas·sen *ww* [saste, h. gesast] NN spreektaal plassen, urineren

Sa·tan (‹Gr‹Hebr) *de (m)* de duivel ★ *een satan* een boosaardig, duivels mens

sa·ta·nisch (‹Gr) *bn* als, van of op de wijze van Satan, duivels: ★ *~e rituelen* ★ *ergens een ~ genoegen in scheppen*

sa·ta·nis·me (‹Fr) *het* aanbidding van Satan, verering van het kwaad

sa·tans *bn* duivels, beroerd

sa·tans·kind *het* [-eren] duivels persoon

sa·tans·werk *het* gemeen, schandelijk gedoe

sa·té (‹Mal) *de* op stokjes (veelal van bamboe) gestoken geroosterde stukjes vlees

sa·tel·liet (‹Fr‹Lat) *de (m)* [-en] ❶ begeleidend hemellichaam, hemellichaam dat om een ander draait ★ *kunstmatige ~* kunstmaan ❷ ondergeschikt persoon die een voornamer persoon als zijn schaduw volgt; ook van staten gezegd; *vgl*: → satellietland ❸ op een grote computer aangesloten of aan te sluiten kleiner rekensysteem

sa·tel·liet·fo·to *de* ['s] foto genomen vanuit een kunstmatige satelliet, bijv. ten behoeve van de meteorologie, cartografie of spionage

sa·tel·liet·land *het* [-en], **sa·tel·liet·staat** *de (m)* [-staten] in naam zelfstandige staat, die in werkelijkheid volkomen van een machtiger staat afhankelijk is

sa·tel·liet·ont·van·ger *de (m)* [-s] schotelantenne

sa·tel·liet·stad *de* [-steden] stad waarvan de bevolking grotendeels economisch gebonden is aan een andere, grotere stad

sa·ter (‹Gr) *de (m)* [-s] ❶ veld- of bosgod met bokkenpoten, zinnebeeld van de grofzinnelijke mensennatuur ❷ fig oude wellusteling

sa·tijn (‹Fr‹Arab) *het* glanzende zijden stof

sa·tij·nen *bn* van satijn

sa·tijn·glans *de* ‹van verf› zacht glanzend

sa·ti·ne·ren *ww* (‹Fr) [satineerde, h. gesatineerd] als satijn maken, satijnglans geven; glanzend of glad maken (bijv. papier)

sa·ti·net (‹Fr) *de (m) & het* satijnachtige katoenen stof

sa·ti·re (‹Fr‹Lat) *de* [-n en -s] geschrift of voorstelling waarin de spot met iem. of iets wordt gedreven

sa·ti·ri·cus (‹Lat) *de (m)* [-ci] schrijver van satiren

sa·ti·riek (‹Fr), **sa·ti·risch** (‹Du) *bn* spottend, hekelend, stekelig: ★ *een satirisch tv-programma*

sa·tis·fac·tie [-sie] (‹Fr‹Lat) *de (v)* [-s] ❶ genoegdoening, voldoening (bijv. door een tweegevecht); schadeloosstelling ❷ hist traktaat waarbij een stad of gewest overging naar de zijde van de prins van Oranje (1577-1578)

sa·traap (‹Gr‹Perz) *de (m)* [-trapen] stadhouder in het oude Perzië; fig weelderig levende machthebber

sa·tur·na·lia, **sa·tur·na·li·ën** (‹Lat) *mv* Saturnusfeesten, volksfeesten in het oude Rome ter ere van Saturnus, ± half december

sau·cijs [soo-, sau-] (‹Fr‹Lat) *de* [-cijzen], **sau·cijs·je** [soo-, sau-] *het* [-s] kleine soort worst, meestal met andere aan elkaar zittend

sau·cij·zen·brood·je [soo-] *het* [-s] NN bladerdeeg met daarin een worstje gebakken

sau·mon [soomô] (‹Fr‹Lat) *bn* zalmkleurig

sau·na (‹Fins) *de (m)* ❶ van origine Fins stoombad met koude afspoeling na ❷ [*mv*: 's] vertrek of gebouw ingericht voor een dergelijk bad

sau·ri·ër *de (m)* [-s], **sau·rus** *de (m)* [-sen] (‹Gr) voorwereldlijk hagedisachtig dier, dinosaurus

saus (‹Fr‹Lat) *de* [-en, sauzen] ❶ op bepaalde wijze bereid vocht bij maaltijden gebruikt ★ *iets met een bep. sausje overgieten* iets een bep. schijn geven; zie ook bij → **honger** ❷ dunne vloeistof gebruikt als kleurmiddel ❸ bepaald mengsel waarin tabak gelegd wordt om er een smaakje aan te geven ❹ BN jus, vleesnat

sau·sen *ww* [sauste, h. gesaust], **sau·zen** [sausde, h. gesausd] ❶ van saus voorzien ❷ regenen: ★ *het saust flink* ❸ muren verven met een → **saus** (bet 2)

saus·kom *de* [-men] kom voor jus of saus

saus·le·pel *de (m)* [-s] lepel om jus of saus te scheppen

sau·te·ren *ww* [soo-] (‹Fr‹Lat) [sauteerde, h. gesauteerd] op sterk vuur snel aan beide zijden in weinig boter of vet bakken en gaarmaken

sau·ve·ren [soo-] (‹Fr‹Lat) *ww* [sauveerde, h. gesauveerd] NN voor een schandaal behoeden, de goede naam of positie beschermen

sau·zen *ww* [sausde, h. gesausd] → **sausen**

sa·van·ne (‹Sp) *de* [-n, -s] (sub)tropisch vlaktelandschap met verspreide boomgroepen

save [seev] (‹Eng) *de (m)* [-s] sp duik van een doelman om een schot op het doel te weren

sa·ven *ww* [seevə(n)] (‹Eng) [savede, h. gesaved] comput vastleggen van gegevens op een opslagmedium (diskette, cassetteband e.d.)

sa·voir-vi·vre [saavwaarvievrə] (‹Fr) *het* handigheid in de omgang met mensen; wellevendheidskunst

Sa·vooi *de* [-en] savooiekool

Sa·vooi·aard *de (m)* [-en] bewoner van, iem. uit Savoye

sa·vooie·kool *de* [-kolen] witgele kool met gekruld blad

sa·vou·re·ren *ww* [-voe-] (‹Fr) [savoureerde, h. gesavoureerd] met bijzondere smaak nuttigen, langzaam genieten van

sa·wa (‹Mal) *de (m)* ['s] bevloeid rijstveld in Indonesië, vaak terrasvormig aangelegd

sa·wa·bouw *de (m)* het verbouwen van rijst op sawa's

sax *de (m)* [-en] afkorting van → **saxofoon**

sax·hoorn, **sax·ho·ren** *de (m)* [-s] muz door C.J. Sax (1791-1865) uitgevonden koperen blaasinstrument

saxi·fra·ga (‹Lat) *de* plantengeslacht steenbreek, vooral de soort *S. umbrosa* (hoe-langer-hoe-liever, menistenzusje, schildersverdriet) en de soort *S. stolonifera* (moederplant)

saxo·fo·nist *de (m)* [-en] bespeler van een saxofoon

saxo·foon *de (m)* [-s en -fonen] door de Belgische instrumentmaker Adolphe Sax (1814-1894) uitgevonden blaasinstrument, met enkelvoudig riet

aangeblazen
saz *(‹Turks) de (m)* [-zen] tokkelinstrument met een lange hals, o.a. populair in Turkije en op het Balkanschiereiland
Sb *afk* symbool voor het chemische element *antimoon (stibium)*
SBB *afk* in Nederland Staatsbosbeheer
SBS [es-bie-es] *afk* Scandinavian Broadcasting System [commerciële televisiezender] ★ *SBS6* commercieel Nederlands televisiestation dat sinds 1995 uitzendt
Sc *afk* symbool voor het chemische element *scandium*
sca·bi·ës *(‹Lat) de (v)* schurft
sca·breus *(‹Fr‹Lat) bn* gewaagd, schuin, onwelvoeglijk: ★ *scabreuze moppen*
sca·la *(‹It‹Lat) de* ['s] ❶ reeks van graden ❷ grote verscheidenheid: ★ *een heel ~ aan partijen deed aan de verkiezingen mee* ❸ muz toonladder; *la Scala* het grote operagebouw te Milaan
scalp *(‹Eng) de (m)* [-en] behaarde, afgesneden schedelhuid, vroeger gebruikt als overwinningstrofee door Noord-Amerikaanse indianen
scal·peer·mes *het* [-sen] mes gebruikt voor het scalperen
scal·pel *(‹Fr‹Lat) het* [-s] ontleedmes met vaststaand heft
scal·pe·ren *ww (‹Eng)* [scalpeerde, h. gescalpeerd] de huid met het haar van de hersenpan afsnijden van huid van overwonnen tegenstanders
scam·pi *(‹It) mv* soort grote garnalen
scan [sken] *(‹Eng) de (m)* [-s] resultaat van het scannen
scan·da·leus *(‹Fr‹Lat) bn* → **schandaleus**
scan·de·ren *ww (‹Fr‹Lat)* [scandeerde, h. gescandeerd] ❶ bij het zeggen de maat duidelijk doen uitkomen: ★ *leuzen ~* ❷ een versregel in voeten (→ **voet**, bet 6) verdelen
Scan·di·na·vi·ër *de (m)* [-s] iem. geboortig of afkomstig uit Scandinavië (Zweden, Noorwegen en soms Denemarken)
Scan·di·na·visch *bn* van, uit, betreffende Scandinavië
scan·di·um *het* chemisch element, symbool Sc, atoomnummer 21, een zeldzaam, zilverwit, tamelijk zacht metaal, genoemd naar *Lat* Scandium Scandinavië
scan·nen *ww* [skennə(n)] *(‹Eng)* [scande, h. gescand] ❶ met een → **scanner** (bet 2) punts- of lijnsgewijs aftasten ❷ med met behulp van röntgenapparatuur en een computer een beeld maken van een dwarsdoorsnede van lichaamsdelen ❸ met een radioscanner een bep. frequentiegebied afzoeken naar zenders
scan·ner [skennə(r)] *(‹Eng) de (m)* [-s] ❶ draaiende radarantenne ❷ toestel dat iets punts- of lijnsgewijs aftast ★ *optische ~* toestel dat optische beelden aftast en dat de waargenomen optische intensiteitsverschillen omzet in spannings- of stroomverschillen die verder verwerkt kunnen worden ❸ → **radioscanner** (zie aldaar)

scan·ning [sken-] *(‹Eng) de (m)* het systematisch aftasten van een object of beeld, o.a. toegepast in de grafische techniek
sca·pu·lier, scha·pu·lier *(‹Fr) de (m) & het* [-en *en* -s] schouderkleed van sommige rooms-katholieke ordesgeestelijken
sca·ra·bee *(‹Fr‹Lat) de* [-beeën] ❶ mestkever, heilige kever bij de Egyptenaren in de oudheid, het geslacht *Scarabaeus* ❷ voorstelling daarvan als amulet
sca·to·lo·gisch *bn* betrekking hebbend op uitwerpselen, poep
sce·na·rio *(‹It) het* ['s] ❶ speelboek, korte beschrijving van de scènes van een te vervaardigen film, ontwerp van een film ❷ schema van de opeenvolging van de scènes van een toneelstuk of opera ❸ fig beleidslijn: ★ *bij de invoering van het nieuwe belastingstelsel volgen we het volgende ~*
sce·na·rist *(‹Fr) de* [-en] scenarioschrijver; vooral bedenker van de verhalen van strips
scene [sien] *(‹Eng‹Gr) de* de groepering die zich kenmerkt door geheel eigen gedrags- en omgangsvormen en waarin een bep. cultureel verschijnsel centraal staat: ★ *de popscene, de artiestenscene*
scè·ne *(‹Fr‹Gr) de* [-s] ❶ → **toneel** (bet 5), elk van de afdelingen van een bedrijf van een toneelstuk ❷ deel van een film waarin zich een bep. gebeurtenis afspeelt ❸ voorval zoals gezien door een toeschouwer, tafereel: ★ *komische ~s* ❹ ★ *een ~ maken* luidruchtig uiting geven aan zijn ongenoegen; zich aanstellen ★ *in ~ zetten* ensceneren, als schijnvertoning opvoeren: ★ *een arrestatie in ~ zetten* ❺ BN ook podium, toneel (bet 1), toneelruimte ★ *op de ~ komen* op de planken, het toneel komen
scep·sis [skep-, sep-] *(‹Gr) de (v)* twijfelzucht; twijfel aan de goede afloop van iets: ★ *iets met ~ bekijken*
scep·ter [skep-, sep-] *(‹Gr) de (m)* [-s] kostbare staf als teken van vorstelijk gezag ★ *de ~ zwaaien over iets* fig het oppergezag hebben
scep·ti·cis·me [skep-, sep-] *(‹Fr) het* de sceptische levensopvatting, scepsis
scep·ti·cus [skep-, sep-] *(‹Lat‹Gr) de (m)* [-ci] twijfelaar, aanhanger van het scepticisme
scep·tisch [skep-, sep-] *(‹Fr) bn* ❶ twijfelend, geneigd tot twijfel: ★ *~ tegenover bep. ideeën staan* ❷ twijfel uitdrukkend: ★ *een ~ gezicht zetten*
scha *de* [-den, -des] → **schade**
schaaf *de* [schaven] ❶ werktuig om hout glad te snijden ❷ werktuig om dunne plakken van iets af te nemen, vooral → **kaasschaaf**
schaaf·bank *de* [-en] werktafel waarop de timmerman schaaft
schaaf·ijs *het* o.a. in Zuid- en Midden-Amerika en Indonesië bekend consumptie-ijs, bestaande uit ijs dat van een ijsblok is geschaafd en waaraan limonadesiroop is toegevoegd
schaaf·sel *het* wat van hout afgeschaafd wordt

schaaf·wond [-en] *de* ontvelling

schaak (‹Oudfrans‹Perz›) **I** *het* schaakspel: ★ *een partij ~* **II** *bn* ‹in het schaakspel› in de positie waarin de tegenpartij de koning kan nemen: ★ *~ geven* ★ *~ staan* ★ *~ zetten* **III** *tsw* waarschuwing als de koning van de tegenstander schaak staat

schaak·bord *het* [-en] ❶ in 64 vakken verdeeld bord waarop het schaakspel gespeeld wordt ❷ fig sfeer waarin strijd tussen partijen plaatsvindt: ★ *het politieke ~*

schaak·com·pu·ter [-pjoetər] *de (m)* [-s] computer die geprogrammeerd is tot het spelen van schaak

schaak·klok *de* [-ken] dubbele klok bij een schaakwedstrijd om de tijd bij te houden die elke speler aan zijn zetten besteedt

schaak·mat *bn* positie in het schaakspel, waarbij de koning schaak staat en niet meer te redden is ★ fig iem. *~ zetten* iem. de laatste mogelijkheid tot verweer of goede uitkomst ontnemen

schaak·mees·ter *de (m)* [-s] meester in het schaken

schaak·par·tij *de (v)* [-en] een spel schaak

schaak·pro·bleem *het* [-blemen] moeilijke positie in het schaakspel, ter oplossing opgegeven

schaak·ru·briek *de (v)* [-en] regelmatig verschijnende rubriek in een krant of tijdschrift waarin over het schaakspel geschreven wordt

schaak·spel *het* ❶ spel met 16 witte en 16 zwarte stukken, waarbij degene die de koning van de tegenpartij het eerst schaakmat zet winnaar is ❷ [*mv:* -len] het schaakbord met de stukken

schaak·spe·len *ww* [speelde schaak, h. schaakgespeeld] het schaakspel spelen; **schaakspeler** *de (m)* [-s schaakspeelster] *de (v)* [-s]

schaak·stuk *het* [-ken] elk van de stukken waarmee het schaakspel gespeeld wordt: koning, koningin (dame), toren, loper, paard of pion

schaak·toer·nooi, **schaak·tor·nooi** *het* [-en] belangrijke, vooral internationale schaakwedstrijd (tussen schaakmeesters en -grootmeesters)

schaak·wed·strijd *de (m)* [-en] wedstrijd in het schaken

schaal¹ (‹Lat) *de* [schalen] ❶ lijn met een maatverdeling; ❷ ‹op landkaarten› in afstanden verdeelde lijn waarbij vermeld staat in welke verhouding ieder afstandje tot de werkelijke afstand staat, bijv.: ★ *~ 1: 400.000* ★ *op grote ~*, *op ruime ~* in het groot ★ *op kleine ~* in het klein ★ *op ~ nabouwen* in het klein, nauwkeurig in dezelfde verhoudingen nabouwen; zie ook bij → **Richter** ❸ muz toonladder

schaal² *de* [schalen] ❶ vooral NN schotel, kom: ★ *een ~ olijven* ❷ weegschaalbord ★ *dat legt gewicht in de ~* dat heeft veel invloed ❸ kalkomhulsel van een ei, van mosselen enz.

schaal·col·lec·te *de* [-s, -n] geldinzameling op een open schaal

schaal·dier *het* [-en] dier met een kalkachtig omhulsel, zoals garnalen, kreeften en krabben

schaal·mo·del *het* [-len] model van iets op een bepaalde → **schaal¹** (bet 1)

schaal·ver·de·ling *de (v)* [-en] indeling op of volgens een → **schaal¹** (bet 1)

schaal·ver·gro·ting *de (v)* omstandigheid dat in een maatschappij veel zaken, activiteiten e.d. op groter schaal plaatsvinden dan vroeger: ★ *het ontstaan van slaapsteden is typisch een gevolg van ~*

schaal·vrucht *de* [-en] dopvrucht

schaam·ach·tig *bn* ❶ verlegen ❷ overdreven schaamtegevoel hebbend

schaam·been *het* [-deren *en* -benen] deel van het heupbeen vlak boven de geslachtsdelen

schaam·deel *het* [-delen] uitwendig geslachtsdeel

schaam·doek *de (m)* [-en] doek die de schaamdelen bedekt

schaam·haar *het* beharing van de schaamstreek

schaam·heu·vel *de (m)* kleine verhevenheid boven de schaamdelen

schaam·lip·pen *mv* huidplooien rond de vagina: ★ *grote en kleine ~*

schaam·luis *de* [-luizen] luis in de schaamstreek levend

schaam·rood I *bn* blozend van schaamte **II** *het* blos van schaamte: ★ *het ~ op de kaken* (BN *ook* wangen) *hebben*

schaam·schort *de (m) & het* [-en], **schaam·schort·je** *het* [-s] klein schort tot bedekking van de schaamdelen

schaam·schot *het* [-ten] kleine afscheiding tussen twee urinoirs

schaam·spleet *de* [-spleten] spleet tussen de grote schaamlippen

schaam·streek *de* schaamdelen en naaste omgeving

schaam·te *de (v)* ❶ gevoel van verlegenheid of zelfverwijt: ★ *rood worden van ~* ★ *valse ~* ongegronde schaamte, schaamte voor iets waarvoor men zich niet hoort te schamen; zie ook bij → **plaatsvervangend** ❷ schaamstreek

schaam·te·blos *de (m)* → **schaamrood** (II)

schaam·te·ge·voel *het* een gevoel van schaamte

schaam·te·loos *bn* geen schaamte kennend, brutaal: ★ *schaamteloze kritiek*; **schaamteloosheid** *de (v)*

schaap *het* [schapen] ❶ woldragend hoefdier, behorend tot het geslacht *Ovis* ★ *het verloren ~* iets wat zoek was ★ *een verdoold ~* een afgedwaalde, iem. die van het rechte spoor is afgeweken ★ *zijn schaapjes op het droge hebben* fig zoveel geld verdiend hebben dat men verder onbezorgd kan leven ★ *als er één ~ over de dam is, volgen er meer* als één het voorbeeld geeft of voorgaat, volgen anderen ★ *er gaan veel makke schapen in een hok* als men wat meewerkt kunnen er veel mensen in een ruimte ★ *de schapen van de bokken scheiden* de mannen van de vrouwen, de goeden van de kwaden scheiden ★ *een ~ met vijf poten* iem. die van alles kan, een bijzonder deskundige ★ *een ~ met vijf poten willen* het onredelijke of onmogelijke verlangen ★ *zwart ~* iem. die in ongunstige zin uit de toon valt: ★ *hij is het zwarte ~ van de familie* ❷ fig weerloos of onnozel persoon, vooral kind

schaap·ach·tig *bn* onnozel: ★ *iem. ~ aankijken*

schaap·her·der *de (m)* [-s] oppasser van een kudde schapen

schaaps·kle·ren *mv* ★ *een wolf in ~* slechtaard die zich mooi voordoet

schaaps·kooi *de* [-en] hok voor schapen

schaaps·kop *de (m)* [-pen] fig pummel, stommerd

schaaps·leer, **schaaps·le·der** *het* → **schapenleer**

schaaps·vacht *de* [-en] → **schapenvacht**

schaar¹ *de* [scharen] ❶ knipwerktuig ★ *de ~ erin zetten* a) gaan knippen; b) fig bekorten (bijv. een geschrift) ❷ grijpend of knijpend orgaan (van schaaldieren) ❸ ploegschaar ❹ voetbal schaarbeweging ★ *vliegende ~* sprong met de benen licht gespreid naar voren gericht met de bedoeling een tegenstander ten val te brengen

schaar² *de* [scharen] → **schare**

schaar³ *de* [scharen], **schaard**, **schaar·de** *de* [scharden] kerf in het scherp van een mes

schaar·be·we·ging *de (v)* [-en] voetbal passeerbeweging waarbij men de ene voet over de bal heen zwaait en de bal met de andere voet meeneemt

schaar·den *ww* [schaardde, h. & is geschaard] ❶ schaarden maken in ❷ schaarden krijgen

schaar·dijk *de (m)* [-en] NN dijk zonder uiterwaarden

schaar·hout *het* hout dat zo nu en dan gekapt wordt

schaars (‹Oudfrans›) *bn* ❶ zeldzaam, gering: ★ *schaarse artikelen* ★ *water is ~ in de woestijn* ❷ zelden: ★ *deze boeken worden ~ aangeboden* ★ *~ gekleed* bijna naakt; **schaarsheid** *de (v)*

schaar·sliep *de (m)* [-en] → **scharensliep**

schaars·te *de (v)* geringe voorraad, gebrek: ★ *~ aan suiker*

schaats (‹Oudfrans›) *de* [-en] al dan niet aan een schoen bevestigd scherp ijzer, dienend over ijs te glijden ★ *een scheve ~ rijden* uit de band springen, iets onbehoorlijks doen

schaats·baan *de* [-banen] baan voor schaatsenrijden, vooral voor rolschaatsen of skeelers

schaat·sen *ww* [schaatste, h. & is geschaatst] schaatsenrijden

schaat·sen·rij·den *ww* [reed schaatsen, h. schaatsengereden] op schaatsen glijden

schaat·sen·rij·der *de (m)* [-s], **schaat·sen·rijd·ster** *de (v)* [-s], **schaat·ser** *de (m)* [-s] iem. die schaatst

schaats·pak *het* [-ken] elastisch kledingstuk van kunststof dat het gehele lichaam (behalve het gezicht) nauw omsluit en bij het wedstrijdschaatsen gedragen wordt vanwege de aerodynamische werking

schaats·plank *de* [-en] ovalen plankje op wielen waarop men zich staande voortbeweegt, skateboard

schaats·ster [-stər] *de (v)* [-s] schaatsenrijdster

scha·bel (‹Oudfrans›) *de* [-len] kniel- of voetbankje

scha·bou·we·lijk *bn* BN, spreektaal schromelijk; jammerlijk; droevig

schacht¹ *de* [-en] ❶ koker; mijnschacht ❷ steel, kokervormig deel, buis: ★ *de ~ van een veer, van een laars* ❸ ‹van een zuil› het deel tussen voet en kapiteel ❹ pijl

schacht² *de (m)* [-en] BN ❶ mil rekruut; tegengest: → **ancien** ❷ stud eerstejaarsstudent

schach·ten·doop *de (m)* [-dopen] BN, stud ontgroeningsceremonie bij studenten

schacht·kooi *de* [-en] lift waarmee men in een mijn afdaalt

scha·de [-n, -s], **scha** *de* [-den, -des] beschadiging; nadeel, verlies: ★ BN ook *stoffelijke ~* materiële schade, schade die direct in geld is uit te drukken ★ *~ aanrichten* ★ *zijn ~ inhalen* wat men verzuimd heeft goedmaken ★ *door ~ en schande wordt men wijs* uit onplezierige ervaringen leert men

scha·de·cer·ti·fi·caat *het* [-caten] NN officieel stuk waarop de geleden schade is aangetekend

scha·de·for·mu·lier *het* [-en] vooral NN formulier dat men na schade geleden te hebben ingevuld aan zijn verzekeringsmaatschappij stuurt

scha·de·lijk *bn* schade veroorzakend, nadelig: ★ *een ~e werking hebben*; **schadelijkheid** *de (v)*

scha·de·loos·stel·len *ww* [stelde schadeloos, h. schadeloosgesteld] ❶ de schade vergoeden ❷ met iets prettigs iets onaangenaams goedmaken

scha·de·loos·stel·ling *de (v)* [-en] schadevergoeding

scha·den *ww* [schaadde, h. geschaad] nadeel veroorzaken: ★ *roken schaadt de gezondheid*

scha·de·plich·tig *bn* verplicht tot schadeloosstelling

scha·de·post *de (m)* [-en] tegenvaller, onverwacht nadeel

scha·de·re·ge·ling *de (v)* [-en] regeling die bepaalt wie de schade moet vergoeden

scha·de·ver·goe·ding *de (v)* [-en] herstel van geleden schade

scha·de·ver·ze·ke·ring *de (v)* [-en] verzekering die recht geeft op vergoeding van mogelijke schade

scha·de·vrij *bn* zonder schade

scha·duw *de* [-en] ❶ plaats waar de lichtstralen niet of niet onbelemmerd kunnen doordringen: ★ *in de ~ zitten* ❷ donkere plaats door onderschepping van de lichtstralen, de vorm hebbend van het in de weg staand voorwerp of wezen: ★ *de ~ van een lantaarnpaal* ★ *iem. in de ~ stellen* fig hem ver de meerdere zijn ★ *in de ~ staan van...* steeds overtroffen worden door... ❸ fig schim, schijn: ★ *een ~ van wat het geweest was* ❹ fig wat drukt of minder gunstig doet zijn: ★ *een ~ over het gezinsleven* ★ NN zijn ~ vooruitwerpen reeds merkbaar zijn, dreigend naderen; zie ook bij → **lengen**

scha·duw·beeld *het* [-en] door schaduwen (bijv. van de vingers op de muur) gevormd beeld

scha·duw·boom *de (m)* [-bomen] boom geplant om andere gewassen schaduw te geven

scha·du·wen *ww* [schaduwde, h. geschaduwd]

❶ schaduw aanbrengen ❷ ⟨een verdacht persoon⟩ ongemerkt overal volgen ❸ ⟨sp een tegenstander⟩ gedurende de hele wedstrijd dekken
scha·duw·ka·bi·net *het* [-ten] → **kabinet** (bet 3) dat als alternatief voor het zittende kabinet gepresenteerd wordt en waarin uitsluitend leden van de oppositiepartijen zitting hebben
scha·duw·ke·gel *de (m)* [-s] kegelvormige schaduw, vooral van een planeet of maan
scha·duw·par·tij *de (v)* [-en] in de schaduw liggend gedeelte, vooral van een tekening of schilderij
scha·duw·rijk *bn* met veel schaduw
scha·duw·we·du·we *de (v)* [-s, -n] minnares van een overleden gehuwde man
scha·duw·zij·de *de* [-n] ❶ zijde waar schaduw is ❷ fig het nadelige van iets: ★ *de ~ van dit loonbeleid is de hoge inflatie*
schaf·fen *ww* ⟨Du⟩ [schafte, h. geschaft] bezorgen, opleveren: ★ *raad ~* ★ *eten wat de pot schaft* eten wat men voorgezet krijgt
schaft *de* [-en] ❶ → **schacht**[1] (bet 2) ❷ schafttijd
schaf·ten *ww* [schaftte, h. geschaft] ❶ eten tussen het werk door ❷ rust houden om te eten
schaft·lo·kaal *het* [-kalen] lokaliteit waar men schaft
schaft·tijd *de (m)* [-en] tijd voor het schaften
schaft·uur *het* [-uren] uur vrij om te schaften
scha·kel *de* [-s] ❶ elk van de in elkaar grijpende kettingringen ★ *een ketting is zo sterk als zijn zwakste ~* als een onderdeel van een geheel zwak is, is dat geheel het zo zwak ❷ fig band, verbindingsstuk ★ *een zwakke ~* persoon die, onderdeel dat slecht functioneert en zoodoende het geheel in gevaar brengt ❸ soort visnet waarmee men een gedeelte van smalle wateren afzet
scha·ke·laar *de (m)* [-s] inrichting om elektrische stroom in- en uit te schakelen
scha·kel·arm·band *de (m)* [-en] armband van schakels (→ **schakel**, bet 1)
scha·kel·bord *het* [-en] bord met verschillende schakelaars
scha·ke·len *ww* [schakelde, h. geschakeld] ❶ verbinden ❷ ⟨voertuigen⟩ in een andere versnelling zetten ❸ met schakels (→ **schakel**, bet 3) vissen
scha·ke·ling *de (v)* [-en] het schakelen, wijze van schakelen
scha·kel·jaar *het* [-jaren] ❶ onderw jaar waarin de kennis en vaardigheden van iem. met een bep. opleidingsniveau worden bijgespijkerd in het kader van een vervolgopleiding op een hoger niveau ❷ BN, onderw studie van een jaar dat een professionele bachelor voorbereidt op een masterstudie aan de universiteit
scha·kel·kast *de* [-en] kast voor een schakelbord
scha·kel·klas *de (v)* [-sen] NN klas die fungeert als overgang tussen twee typen onderwijs
scha·kel·klok *de* [-ken] tijdklok
scha·kel·meu·be·len *mv* meubelen die alle volgens eenzelfde principe geconstrueerd zijn, waardoor men ze op verschillende wijzen tot één geheel kan maken
scha·kel·net *het* [-ten] → **schakel** (bet 3)
scha·kel·pa·neel *het* [-nelen] schakelbord
scha·kel·wo·ning *de (v)* [-en] vooral NN huis of flatwoning zodanig gebouwd dat er gemakkelijk één geheel kan worden gevormd met wat ernaast ligt
scha·ken[1] *ww* [schaakte, h. geschaakt] ⟨een meisje of vrouw⟩ ontvoeren om met haar te trouwen
scha·ken[2] *ww* [schaakte, h. geschaakt] schaakspelen
scha·ker *de (m)* [-s] iem. die schaakt (→ **schaken**[1] en → **schaken**[2])
scha·ke·ren *ww* ⟨Oudfrans⟩ [schakeerde, h. geschakeerd] ❶ verscheidenheid aanbrengen, afwisselen ❷ in verscheidenheid groeperen
scha·ke·ring *de (v)* [-en] ❶ verscheidenheid van kleur of tint, nuance ❷ afwisseling
scha·king *de (v)* [-en] ontvoering van een meisje of vrouw om met haar te trouwen
scha·lie ⟨Oudfrans⟩ *de (v)* [-s en -liën] gemakkelijk splijtbaar kristallijn gesteente met hobbelig splijtvak
schalk *de (m)* [-en] ❶ guit, ondeugend persoon ❷ muraalzuil
schalks *bn* grappig, guitig
schal·len *ww* [schalde, h. geschald] luid weerklinken: ★ *er schalde een lied door het dal*
schalm *de (m)* [-en] → **schakel** (bet 1)
schal·mei ⟨Oudfrans⟩ *de* [-en] herdersfluit, rietfluit, houten blaasinstrument met dubbel riet, voorloper van de hobo
scha·mel[1] *bn* armoedig: ★ *er stond wat ~ meubilair* ★ *de ~e restanten van een overvloedig diner*; **schamelheid** *de (v)*
scha·mel[2] ⟨Lat⟩ *de (m)* [-s] bank waarop de bestuurder van een wagen zit
scha·men *wederk* [schaamde, h. geschaamd] schaamte voelen: ★ *hij schaamt zich vreselijk voor die blunder* ★ *ze schaamde zich in haar kleine bikinietje*
scham·pen *ww* [schampte, h. geschampt] ❶ even raken ❷ licht verwonden
scham·per *bn* geringschattend, spottend: ★ *~e opmerkingen maken*
scham·pe·ren *ww* [schamperde, h. geschamperd] vooral NN schamper zeggen
schamp·paal *de (m)* [-palen] paal die beschermt tegen wrijving, aanrijding enz.
schamp·schot *het* [-schoten] even rakend, afglijdend schot
schand *de* → **schande**
schan·daal ⟨Fr⟨Gr⟩⟩ *het* [-dalen] ❶ aanstootgevende, ergerlijke gebeurtenis: ★ *de onthulling, deze inbraak veroorzaakte een enorm ~* ★ *het is een ~* ergerlijk ❷ persoon die ergernis geeft door zijn gedrag: ★ *hij is het ~ van de familie* ★ *voor ~ lopen* door kledij, uiterlijk of gedrag bespotting of ergernis wekken
schan·daal·pers *de* kranten die graag schandaaltjes

publiceren
schan·da·leus, **scan·da·leus** (‹Fr‹Lat›) *bn* schandelijk, aanstotelijk, ergerniswekkend
schan·da·lig *bn* aanstootgevend, ergerlijk: ★ *zich ~ gedragen* ★ *een schandalige corruptie* ★ *een kind ~ verwennen*
schan·da·li·se·ren *ww* [-zee-] (‹Lat›) [schandaliseerde, h. geschandaliseerd] te schande maken, belasteren, iems. eer roven
schand·daad *de* [-daden] schandelijke daad
schan·de *de* datgene wat een mens in de ogen van anderen in zijn eer krenkt; onacceptabele toestand ★ *~ aandoen, te ~ maken* in een lelijk daglicht stellen, blameren *of logenstraffen* ★ *~ van iem. of iets spreken* zijn ergernis uiten over
schan·de·lijk *bn* onterend, oneervol; ergerlijk; **schandelijkheid** *de (v)* [-heden]
schand·jon·gen *de (m)* [-s], **schand·knaap** *de (m)* [-knapen] jongen die zich (tegen betaling) leent voor homoseksuele handelingen
schand·merk *het* [-en] kenteken van slecht gedrag
schand·mer·ken *ww* [schandmerkte, h. geschandmerkt] ❶ een schandmerk geven ❷ *fig* als schandelijk kenmerken
schand·paal *de (m)* [-palen] paal waaraan veroordeelden vroeger werden tentoongesteld ★ *iem. aan de ~ nagelen fig* iem. in het openbaar vernederend beschuldigen
schand·vlek *de* [-ken] wat onteert, wat tot schande strekt
schand·vlek·ken *ww* [schandvlekte, h. geschandvlekt] oneer aandoen
schans (‹Du› *de* [-en] mil ❶ versterking ❷ springschans, skischans
schans·sprin·gen *ww & het* (het) skispringen
schap¹ *de & het* [-pen] plank, legplank: ★ *huishoudrek met vijf ~pen*; *vak (in een meubel)*; vooral *legplank in een winkelrek*
schap² *het* [-pen] NN bedrijfschap
scha·pen·bout *de (m)* [-en] braadvlees van een schaap, vooral van een poot
scha·pen·does *de (m)* [-doezen] vooral NN Nederlands ras herdershond (langharig, hangoren en een lange staart)
scha·pen·hok *het* [-ken] hok voor schapen
scha·pen·kaas *de (m)* kaas van schapenmelk
scha·pen·kop *de (m)* [-pen] ❶ kop van een schaap ❷ onnozel persoon
scha·pen·leer, **scha·pen·le·der**, **schaaps·leer**, **schaaps·le·der** *het* geprepareerd schapenvel
scha·pen·melk *de* melk van schapen
scha·pen·scheer·der *de (m)* [-s] iem. die schapen de wol afscheert
scha·pen·teelt *de* het fokken van schapen
scha·pen·vacht, **schaaps·vacht** *de* [-en] dik behaarde huid van een schaap
scha·pen·vlees *het* vlees van een schaap
scha·pen·wol *de* wol bereid van de vacht van schapen

scha·pen·wol·ken, **scha·pen·wolk·jes** *mv* kleine witte wolkjes, in rijen gegroepeerd
scha·per, **sche·per** *de (m)* [-s] schaapherder
schap·pe·lijk *bn* redelijk, behoorlijk; niet te streng of veeleisend: ★ *iem. ~ behandelen*; **schappelijkheid** *de (v)*
scha·pu·lier (‹Fr‹Lat›) *de (m) & het* [-en *en* -s] → **scapulier**
schar *de* [-ren] klein soort platvis, *Limanda limanda*
scha·re [-n], **schaar** *de* [scharen] menigte
scha·ren¹ *ww* [schaarde, h. geschaard] opstellen, ordenen ★ *zich ~ om* zich verzamelen om (ter bescherming of verdediging *of* uit belangstelling) ★ *zich ~ bij, onder* het standpunt innemen van, de mening aanhangen van
scha·ren² *ww* [schaarde, h. geschaard] ❶ zich als een schaar bewegen ❷ turnen een beweging maken op een → **paard** (bet 3) waarbij de benen aan weerszijden van het toestel zwaaien, terwijl men met de handen op het paard steunt ❸ verkeer verschuiven van een aanhangwagen ten opzichte van het trekkende motorvoertuig
scha·ren·sliep, **schaar·sliep** *de (m)* [-en] vero scharensslijper
scha·ren·slij·per *de (m)* [-s] iem. die langs de huizen gaat om messen en scharen te slijpen
schar·la·ken (‹Oudfrans›) I *het* ❶ hoogrode wollen stof ❷ hoogrode verfstof of kleur II *bn* van de kleur van scharlaken: hoogrood
schar·la·kens *bn* van scharlaken
schar·min·kel (‹Lat›) *de (m) & het* [-s] mager mens of dier
schar·nier (‹Fr‹Lat›) *het* [-en] draai-inrichting van een deur enz.
schar·nie·ren *ww* [scharnierde, h. gescharnierd] om een scharnier draaien; **scharnierend** *bn* bijw
schar·nier·ge·wricht *het* [-en] gewricht waarbij de verbonden beenderen in slechts één richting kunnen draaien, zoals de knie of de elleboog
schar·re·bier *het* NN dun, schraal bier
schar·rel I *de (m)* het → **scharrelen**, vooral bet 5: ★ *aan de ~ zijn* → **scharrelen** (bet 5) II *de (v)* [-s] vooral NN meisje of vrouw met wie men scharrelt (→ **scharrelen**, bet 5); ook → **scharreltje**
schar·re·laar *de (m)* [-s] ❶ iem. die scharrelt, vooral iem. die ongeregeld werk verricht ❷ soort bosvogel, in Nederland uiterst zeldzame toevallige gast, de familie Coraciidae
schar·rel·ei *het* [-eren] ei van een scharrelkip
schar·re·len *ww* [scharrelde, h. gescharreld] ❶ onzeker lopen, strompelen ❷ ‹van hoenders› al lopende op de grond voedsel zoeken ❸ allerlei lichte werkzaamheden verrichten ❹ ongeregelde handel drijven in allerlei goederen ❺ losse verkering hebben
schar·rel·kip *de (v)* [-pen] kip die de gelegenheid heeft om te → **scharrelen** (bet 2), d.w.z. om vrij rond te

lopen in een bep. ruimte over een met stro, zand of ander strooiselmateriaal bedekt vloeroppervlak; *tegengest*: → **batterijkip**

schar·rel·tje *het* [-s] vooral NN ❶ losse verkering ❷ meisje, jongen met wie men losse verkering heeft

schar·rel·var·ken *het* [-s] varken dat vrij kan rondlopen in een bep. ruimte; *vgl*: → **scharrelkip**

schat *de (m)* [-ten] ❶ zeer grote hoeveelheid geld en / of kostbare voorwerpen: ★ *de zeerovers begroeven een ~* ❷ grote som gelds: ★ *hij verdiende schatten bij dat bedrijf* ❸ zeer waardevol bezit, iets zeer kostbaars ★ *gezondheid is de grootste ~* niets is zo belangrijk als een goede gezondheid ❹ overvloed (van bijzondere dingen): ★ *zij kreeg een ~ van bloemen* ★ *een ~ van gegevens* ❺ lief, dierbaar persoon

schat·be·waar·der *de (m)* [-s] BN ook penningmeester, beheerder van de geldmiddelen (van een vereniging e.d.)

scha·te·ren *ww* [schaterde, h. geschaterd] ❶ ⟨van gelach⟩ weerklinken: ★ *~ van het lachen* ❷ schaterlachen: ★ *we schaterden om zijn moppen*

scha·ter·lach *de (m)* luid klinkende lach

scha·ter·la·chen *ww* [schaterlachte, h. geschaterlacht] uitbundig lachen

schat·gra·ver *de (m)* [-s] iem. die naar schatten graaft

schat·ka·mer *de* [-s] ❶ vertrek waarin schatten bewaard worden ❷ *fig* verzameling van belangrijke voorwerpen of gegevens

schat·kist *de* [-en] ❶ kist waarin een schat wordt bewaard ❷ *fig* de geldmiddelen van een land

schat·kist·bil·jet *het* [-ten] NN door de staat uitgegeven schuldbekentenis met een vaste rente en een looptijd van drie tot vijf jaar

schat·kist·cer·ti·fi·caat *het* [-caten] door de staat uitgegeven schuldbekentenis met een vaste rente en een looptijd van acht, tien of twaalf jaar

schat·kist·pa·pier *het* door de staat uitgegeven schuldbekentenis met een vaste rente (schatkistbiljetten, -certificaten of -promessen)

schat·kist·pro·mes·se *de (v)* [-n en -s] NN door de staat uitgegeven schuldbekentenis met een vaste rente en een looptijd tot één jaar

schat·plich·tig *bn* ❶ belastingplichtig ❷ *fig* iets te danken hebben aan: ★ *deze filosoof is ~ aan het rationalisme*

schat·rijk *bn* zeer rijk

schat·te·bout *de (m)* [-en] → **schat** (bet 5)

schat·ten *ww* [schatte, h. geschat] ❶ de waarde, hoeveelheid ongeveer bepalen: ★ *ik schat de hoogte van die berg op 2000 m* ❷ waarderen, achten: ★ *iem. hoog ~, iets naar waarde ~*

schat·ter *de (m)* [-s] iemand die schat (→ **schatten**, bet 1), taxateur

schat·tig *bn* lief: ★ *wat een ~ hondje!*

schat·ting *de (v)* [-en] ❶ het schatten ❷ heffing, belasting

scha·ven *ww* [schaafde, h. geschaafd] ❶ met een schaaf glad maken ❷ de huid stuk schuren: ★ *ik heb mijn elleboog geschaafd*

scha·vot ⟨*Fr*⟩ *het* [-ten] stellage, vooral voor het ondergaan van de doodstraf of een lijfstraf

scha·vot·je *het* [-s] kleine stellage, kleine verhoogde standplaats, vooral voor het uitreiken van een prijs aan de winnaar van een wedstrijd

scha·vuit *de (m)* [-en] schelm

sche·de *de* [-n, -s] ❶ omhulsel waarin een mes of zwaard gestoken wordt; omhulsel van een bladsteel enz. ❷ vagina

sche·del *de (m)* [-s] ❶ de gezamenlijke beenderen die zich rond de hersenen bevinden ★ *een kale ~* een onbehaarde hoofdhuid ❷ doodshoofd

sche·del·ba·sis [-zis] *de (v)* bodem van de hersenpan

sche·del·ba·sis·frac·tuur [-zis-] *de (v)* breuk in de schedelbasis

sche·del·been *het* [-deren, -benen] been dat een onderdeel is van de schedel

sche·del·boor *de* [-boren] boor gebruikt voor het openen van de schedel voor onderzoek of operatie

sche·del·breuk *de* [-en] breuk van de schedel, bijv. veroorzaakt door een val

sche·del·hol·te *de (v)* [-n, -s] holte binnen de schedel

sche·del·in·dex *de (m)* [-en, -indices] verhouding tussen lengte en breedte van de schedel

sche·del·leer *de* verouderde theorie omtrent het verband tussen de bouw van iem. schedel en zijn geestelijke vermogens

sche·del·me·ting *de (v)* [-en] bepaling van de afmetingen van de schedel

schee *de* [scheeën] → **schede**, bet 1

scheef *bn* ❶ schuin: ★ *die toren staat ~* ★ *je hebt de foto's ~ in het album geplakt* ★ *een scheve hoek* een scherpe of stompe hoek ❷ *fig* verkeerd, verdraaid: ★ *een scheve voorstelling van iets* ❸ niet zoals het behoort of gewenst is: ★ *een scheve positie, een scheve verhouding*

scheef·bloem *de* [-en] kruisbloemige plant met witte bloemen waarvan twee blaadjes groter zijn dan de twee andere (*Iberis*)

scheef·groei *de (m)* *fig* verkeerde ontwikkeling: ★ *bij de toewijzing van subsidies is de laatste jaren ~ opgetreden*

scheef·groei·en *ww* [groeide scheef, is scheefgegroeid] ❶ in het opgroeien scheef worden ❷ *fig* zich in verkeerde richting ontwikkelen

scheef·hoe·kig, **scheef·hoe·kig** *bn* met een scheve hoek of met scheve hoeken

scheef·slaan *ww* [sloeg scheef, h. scheefgeslagen] BN, *spreektaal* ontvreemden, stelen

scheef·trek·ken *ww* [trok scheef, h. & is scheefgetrokken] ❶ in een scheve stand trekken ❷ vooral *fig* uit de normale verhouding brengen

scheef·wo·nen *ww* [woonde scheef, h. scheefgewoond] te weinig huur betalen voor een woning in verhouding tot het inkomen

scheel *bn* ⟨van de ogen⟩ niet gelijk gericht ★ *schele* *ogen maken* door bevoorrechting van de een de ander jaloers maken ★ *schele hoofdpijn* pijn in één kant van het hoofd, migraine ★ *~ zien van de honger* zeer hongerig zijn; zie ook bij → **aankijken**

scheel·kij·ken *ww* [keek scheel, h. scheelgekeken] niet gelijk gerichte ogen hebben

scheel·oog *de* [-ogen] iem. die scheel kijkt

scheel·zien *ww* [zag scheel, h. scheelgezien] scheelkijken

scheen¹ *de* [schenen] ❶ voorzijde van het onderbeen ★ *iem. tegen de schenen schoppen* iem. zwaar beledigen ❷ gladde, smalle reep ijzer of hout, bijv. onder een slee

scheen² *ww* verl tijd van → **schijnen**

scheen·been *het* [-deren, -benen] been aan de voorzijde van het onderbeen

scheen·be·scher·mer *de (m)* [-s] bij sommige balsporten gebruikte plaat ter bescherming van het scheenbeen

scheep *zn* ★ *~ gaan* aan boord gaan ★ BN ook *~ gaan met iem.* in zee gaan met, samen met iem. iets ondernemen

scheep·je *het* [-s] klein schip

scheeps·agent *de (m)* [-en] ❶ vertegenwoordiger van rederijen ❷ aanbrenger van scheepslading

scheeps·arts *de (m)* [-en] scheepsdokter

scheeps·be·rich·ten *mv* ⟨in kranten⟩ dagelijks overzicht van de positie van varende zeeschepen

scheeps·be·schuit *de* [-en] harde beschuit die lang goed blijft

scheeps·be·vrach·ter *de (m)* [-s] iem. die een schip vracht bezorgt, cargadoor

scheeps·boord *het* [-en] → **boord** (I, bet 2)

scheeps·bouw *de (m)* het bouwen van schepen; **scheepsbouwer** *de (m)* [-s]

scheeps·bouw·kun·dig, **scheeps·bouw·kun·dig** *bn* op het bouwen van schepen betrekking hebbend

scheeps·bouw·mees·ter *de (m)* [-s] ontwerper van schepen en leider bij de bouw ervan

scheeps·dok·ter *de (m)* [-s] arts die werkzaam is op een zeeschip

scheeps·ge·le·gen·heid *de (v)* [-heden] NN gelegenheid tot reizen of verzenden per schip: ★ *per eerste ~*

scheeps·ge·zel *de (m)* [-len] matroos

scheeps·hy·po·theek [-hie-] *de (v)* [-theken] geldlening met schepen als onderpand

scheeps·jon·gen *de (m)* [-s] leerjongen op een schip

scheeps·jour·naal [-zjoer-] *het* [-nalen] dagboek waarin de kapitein alle verrichtingen en voorvallen optekent

scheeps·ka·meel *het* [-melen] twee lichters, verbonden door kettingen waarmee schepen over ondiepten getrokken werden

scheeps·ka·pi·tein *de (m)* [-s] gezagvoerder op een schip

scheeps·kok *de (m)* [-s] kok op een schip

scheeps·kost *de (m)* voedsel voor de bemanning van een schip

scheeps·la·ding *de (v)* [-en] ❶ wat in een schip geladen kan worden ❷ fig zeer grote hoeveelheid: ★ *hij sloeg ~en bier in voor het feest*

scheeps·last *de (m)* [-en] lading van 2000 kg

scheeps·maat *de (m)* [-s] scheepsjongen

scheeps·ma·ke·laar *de (m)* [-s, -laren] tussenpersoon bij het bevrachten of verkopen van schepen

scheeps·mo·del *het* [-len] op kleine schaal nagebouwd schip

scheeps·of·fi·cier *de (m)* [-en] rang voor personen met enig gezag beneden die van kapitein op koopvaardijschepen, zoals stuurman, bootsman e.d.

scheeps·pa·pie·ren *mv* bewijsstukken, zoals verklaringen omtrent de lading, de eigenaar, de nationaliteit, de bemanning enz.

scheeps·raad *de (m)* [-raden] (vergadering van) gezagvoerder en scheepsofficieren

scheeps·ramp *de* [-en] ernstig ongeluk in de scheepvaart

scheeps·recht *het* recht dat op schepen geldt ★ *driemaal (is) ~* gezegd als vergoelijking voor iets wat voor de derde maal gebeurt

scheeps·re·gis·ter *het* [-s] register met gegevens omtrent alle passagiers- en koopvaardijschepen

scheeps·roe·per *de (m)* [-s] spreektrompet aan boord van schepen gebruikt

scheeps·rol *de* [-len] lijst met de namen van de schepelingen

scheeps·ruim *het* [-en] ruimte voor goederen in een schip

scheeps·ruim·te *de (v)* hoeveelheid schepen of tonnenmaat beschikbaar voor het vervoer

scheeps·tim·mer·man *de (m)* [-lui, -lieden] iem. die schepen timmert of timmerwerk voor schepen verricht

scheeps·tim·mer·werf *de* [-werven] scheepswerf

scheeps·ton *de* [-nen] inhoudsmaat voor schepen; voor de binnenvaart en voor oorlogsschepen: 1 m³

scheeps·volk *het* ❶ bemanning van een schip ❷ zeelieden

scheeps·want *het* het touwwerk van een schip

scheeps·werf *de* [-werven] werf waarop schepen gebouwd worden

scheep·vaart *de* het varen van schepen; verkeer van schepen

scheep·vaart·band *de (m)* radiofrequentieband t.b.v. de scheepvaart

scheer ⟨〈Zw⟩ *de* [scheren] rotsachtig eilandje voor de kust van Finland en Zweden

scheer·ap·pa·raat *het* [-raten] toestel waarmee men zich elektrisch scheert

scheer·bek·ken *het* [-s] bekken voor scheerwater

scheer·crème [-krèm] *de* scheerzeep als pasta

scheer·der *de (m)* [-s] iemand die scheert

scheer·hoofd *het* [-en], **scheer·kop** *de (m)* [-pen] ronddraaiend en snijdend onderdeel van een scheerapparaat

scheer·kwast *de (m)* [-en] kwast om de scheerzeep mee op het gezicht te smeren

scheer·lijn *de* [-en] lijn die tussen twee punten gespannen wordt, vooral die waarmee een tent wordt vastgezet

scheer·ling *de* [-en] schermbloemige plant met witte bloemen, veel langs wegen voorkomend (*Conium maculatum*)

scheer·lings *bijw* rakelings

scheer·mes *het* [-sen] mes gebruikt om te scheren ★ *een tong als een ~ hebben* vaak hatelijkheden zeggen ★ *het ~ van Ockham* filos principe volgens welke men, als er een eenvoudige verklaring voor iets is, een meer ingewikkelde verklaring moet verwerpen, genoemd naar de Engelse filosoof Willem van Ockham (1285-1349), die dit principe voor het eerst naar voren bracht

scheer·mes·je *het* [-s] mesje dat in een veiligheidsscheermes bevestigd wordt

scheer·riem *de (m)* [-en] aanzetriem voor een scheermes

scheer·schuim *het* schuim uit spuitbus om als scheercrème te gebruiken

scheer·spie·gel *de (m)* [-s] draaibare spiegel gebruikt bij het scheren

scheer·stoel *de (m)* [-en] stoel waarin men (in een kapperszaak) geschoren wordt

scheer·vlucht *de* [-en] het laag over het doel vliegen, bijv. van een militair vliegtuig

scheer·wa·ter *het* (warm) water waarin de scheerkwast gedoopt wordt

scheer·wol *de* van de schapenhuid geschoren wol, 'echte' wol, in tegenstelling tot scheurwol of kunststof

scheer·zeep *de* zeep bij het scheren gebruikt

scheet *de (m)* [scheten] ❶ spreektaal (meestal hoorbare) ontsnapping van gas uit de anus, wind ★ *geen ~ niks* ★ *van een ~ een donderslag maken* schromelijk overdrijven ★ NN *een ~ in een netje* iets erg onzekers ❷ koosnaam, vooral voor een klein kind: ★ *wat een ~ hè!* ❸ *verl tijd van* → **schijten**

scheets·ge·wijs, **scheets·ge·wij·ze** *bijw* NN, schertsend snel, vlug als een scheet: ★ *er ~ vandoor gaan* ★ *~ verdwijnen*

scheg [-gen] *de* NN versterkt middengedeelte van de voorsteven van een schip

scheg·beeld *het* [-en] NN beeld ter versiering aan de scheg aangebracht; boegbeeld

schei *de* [-en] dwarshout, dwarsijzer

scheid·baar *bn* ❶ gescheiden kunnende worden; ❷ ⟨van werkwoorden⟩ waarvan de delen gescheiden kunnen voorkomen: bijv. uitsteken, *stak ver uit*; **scheidbaarheid** *de (v)*

schei·den *ww* [scheidde, h. & is gescheiden] ❶ van elkaar, vaneen halen, trekken, houden ★ *tot de dood ons scheidt* gezegd als men elkaar eeuwige trouw zweert ; zie ook bij → **bok**[1], → **kaf** ❷ van elkaar gaan ★ *hier ~ onze wegen* vanaf hier, vanaf nu gaan we niet meer samen, hier moeten we afscheid nemen ❸ ⟨van gehuwden⟩ uit elkaar gaan ❹ afscheid nemen, vertrekken: ★ *~ doet lijden* ; zie ook bij → **markt** (bet 2)

schei·ding *de (v)* [-en] ❶ het scheiden ❷ echtscheiding: ★ *in ~ liggen* in een proces tot echtscheiding verwikkeld zijn ★ *~ van tafel en bed* opheffing van de samenwoningsplicht van gehuwden ❸ het gescheiden-zijn ★ *~ van Kerk en staat* principe volgens welke godsdienstige en wereldlijke autoriteiten zich niet in elkaars aangelegenheden moeten mengen ❹ grens ❺ lijn die het hoofdhaar in tweeën splitst

schei·dings·lijn *de* [-en] lijn die een scheiding of grens aangeeft

schei·dings·wand *de (m)* [-en] scheidsmuur

scheids *de (m)* sp, inf verkorting van scheidsrechter

scheids·ge·recht *het* [-en] college van scheidsrechters → **scheidsrechter** (bet 1)

scheids·lijn *de* [-en] scheidingslijn, grenslijn

scheids·man *de (m)* [-lieden] bemiddelaar, iem. die uitspraak doet in een geschil

scheids·muur *de (m)* [-muren] ❶ muur die een scheiding vormt ❷ fig belemmering of hindernis voor vereniging of vriendschappelijke omgang

scheids·rech·ter *de (m)* [-s] ❶ iem. die tussen twee partijen beslist, arbiter ❷ iem. die bij een wedstrijd toeziet of de spelregels nageleefd worden, arbiter, referee

scheids·rech·te·ren *ww* [scheidsrechterde, h. gescheidsrechterd] → **scheidsrechter** (bet 2) zijn, als scheidsrechter optreden

scheids·rech·ter·lijk *bn* van een scheidsrechter

scheids·rech·ters·bal *de (m)* [-len] voetbal spelhervatting na een onderbreking die niet het gevolg is van een overtreding (bijv. weersomstandigheden, blessurebehandeling e.d.), waarbij de scheidsrechter de bal tussen twee spelers in laat vallen

schei·kun·de *de (v)* wetenschap die studie maakt van de samenstelling, bouw en bereiding van dode stoffen, van de blijvende veranderingen die zij kunnen ondergaan en van de wetmatigheden die daarbij optreden, chemie

schei·kun·dig *bn* van, betreffende, volgens, met behulp van de scheikunde, chemisch

schei·kun·di·ge *de* [-n] kenner of beoefenaar van de scheikunde, chemicus

scheil *het* [-en] vlies om de darmen

schei·sloot *de* [-sloten] sloot als afscheiding tussen stukken grond

schel[1] *bn* ⟨van geluid of kleur⟩ hel, hard

schel[2] *de* [-len] vero vlies over het oog ★ *de ~len zijn hem van de ogen gevallen* hij heeft de ware toestand leren zien

schel[3] *de* [-len] vero bel

schel·den *ww* [schold, h. gescholden] lelijke, boze woorden zeggen ★ *~ doet geen zeer (, maar slaan veel* *meer)* gezegd om duidelijk te maken dat men ongevoelig is voor scheldwoorden

scheld·ka·non·na·de *de (v)* [-s] vooral NN stortvloed van scheldwoorden

scheld·naam *de (m)* [-namen] naam waarmee men iemand uitscheldt

scheld·par·tij *de (v)* [-en] het elkaar hevig uitschelden

scheld·woord *het* [-en] lelijk woord waarmee men iemand uitscheldt

sche·len *ww* [scheelde, h. gescheeld] ❶ verschillen: ★ *het scheelt te veel* ★ *dat scheelt!* dat maakt een heel verschil uit (meestal gezegd bij een opluchting) ❷ mankeren: ★ *wat scheelt hem toch?* ❸ verschil maken ★ *het kan mij niet ~* het is me onverschillig

schelf *de* [schelven] hoop, stapel: ★ *een ~ hooi*

schel·heid *de (v)* het schel-zijn

schel·klin·kend *bn* ❶ een schelle klank gevend ❷ fig een pralende indruk makend: ★ *~e titels*

schel·koord *de & het* [-en] afhangend koord van een bel

schel·lak *‹Du‹Eng› (de (m) & het* gezuiverd roodbruin gomlak, afkomstig van een bepaald soort schildluis die leeft op de takken van sommige ficussoorten in Zuidoost-Azië

schel·len *ww* [schelde, h. gescheld] vero bellen

schel·len·boom *de (m)* [-bomen] muziekinstrument: stok met dwarshouten waaraan schelletjes hangen

schel·ling *de (m)* [-en] NN, vero oude munt van 30 ct

schel·link·je *het* engelenbak

schelm *de (m)* [-en] schavuit, iem. die verkeerde dingen doet die hem toch niet kwalijk worden genomen

schelm·ach·tig *bn* ondeugend

schel·men·ro·man *de (m)* [-s] roman waarin een schelm een hoofdrol speelt

schel·men·streek *de* [-streken] ondeugende streek

schel·me·rij *de (v)* [-en] ondeugende streken

schelms *bn* guitig

schelp *de* [-en] ❶ kalkachtig omhulsel van een weekdier ★ BN ook *uit zijn ~ komen* uit zijn schulp komen, zich niet langer defensief opstellen ★ BN ook *in zijn ~ kruipen* a) in zijn schulp kruipen, zich terugtrekken, terugkrabbelen; b) sp verdedigend spelen ❷ voorwerp in de vorm van een → **schelp** (bet 1) ❸ gerecht in een → **schelp** (bet 1) of schelpvormige schotel opgediend

schelp·dier *het* [-en] dier dat in een schelp leeft

schel·pen·pad *het* [-paden] met schelpen verhard pad

schel·pen·vis·ser *de (m)* [-s] iem. die schelpen vist

schelp·kalk *de (m)* uit schelpen gebrande kalk

schelp·net *het* [-ten] net waarmee schelpen gevist worden

schelp·vor·mig *bn* de vorm van een schelp hebbend

sche·luw *bn* ‹van hout› scheef getrokken

schel·vis *de (m)* [-sen] goed eetbare soort zeevis, gekenmerkt door een grote zwarte vlek boven de borstvinnen en een zwarte zijstreep, voorkomend in het noordelijke gebied van de Atlantische Oceaan,

Melanogrammus aeglefinus

schel·vis·oog *het* [-ogen] ❶ oog van een schelvis ❷ bij uitbreiding uitpuilend oog

schel·vis·pe·kel *de (m)* NN sterk alcoholische drank met kruiden erin, vroeger gedronken door Vlaardingse vissers

sche·ma *‹Gr› het* ['s *en* -ta] ❶ getekende voorstelling die een vereenvoudigd of generaliserend beeld geeft van een inrichting, werking of een samengesteld toestel ❷ geheel van punten dat als leidraad dient: ★ *een ~ maken van de huishoudelijke taken* ★ *op ~ liggen* geen achterstand hebben ❸ korte opzet: ★ *een ~ van een roman*; **schemaatje** -ma·tje *het* [-s]

sche·ma·tisch *‹Fr› bn* van de aard van of als in een schema, schetsmatig, overzichtelijk

sche·ma·ti·se·ren *ww* [-zee-] *‹Fr›* [schematiseerde, h. geschematiseerd] een schema opstellen van, in overzichtsvorm brengen, een vereenvoudigde voorstelling geven van; volgens één schema behandelen

sche·mel *‹Lat› de (m)* [-s] voetbank

sche·mer *de (m)* schemering

sche·mer·ach·tig *bn* schemerig

sche·mer·avond, **sche·mer·avond** *de (m)* [-en] tijd van de avond dat het schemert

sche·mer·don·ker, **sche·mer·don·ker** *het* halfdonker

sche·me·ren *ww* [schemerde, h. geschemerd] ❶ donker of licht beginnen te worden ❷ gezellig in de schemering zitten ❸ vaag te zien zijn: ★ *in de verte schemerden de huizen van de grote stad* ❹ fig vaag, onduidelijk in de herinnering zijn ❺ vaag, onduidelijk worden: ★ *het begon hem voor de ogen te ~*

sche·me·rig *bn* tussen licht en donker, vaag

sche·me·ring *de (v)* [-en] overgang van licht naar donker of andersom; halfdonker

sche·me·rings·cir·kel *de (m)* [-s] denkbeeldige cirkel, 16° beneden de horizon, waarbinnen de zon zich tijdens de sterrenkundige schemering bevindt

sche·mer·lamp *de* [-en] lamp die een zacht licht in een vertrek verspreidt

sche·mer·licht *het* vaag, zwak licht

sche·mer·tijd *de (m)* tijd dat het schemert

sche·mer·toe·stand *de (m)* toestand van sterk verminderd bewustzijn

sche·mer·uur *het* [-uren] tijd waarin men schemert → **schemeren** (bet 2); vaak verkl: sche·mer·uur·tje

sche·mer·zo·ne [-zònə] *de* [-n *en* -s] grensgebied, overgangsgebied, gebied waarin bep. dingen niet nauwkeurig bepaald of te bepalen zijn

schen·den *ww* [schond, h. geschonden] ❶ onteren, kwetsen: ★ *iems. goede naam ~* ❷ zich niet houden aan: ★ *de wet, de neutraliteit, de mensenrechten ~* ❸ beschadigen wat voor anderen waardevol is: ★ *graven ~*

schen·der *de (m)* [-s] iem. die schendt

schen·ding *de (v)* [-en] het schenden

sche·nen ww verl tijd meerv van → **schijnen**
schenk·blad het [-bladen] presenteerblad
schen·kel, schin·kel de (m) [-s] ❶ ⟨bij de mens⟩ onderbeen tussen knie en voet ❷ ⟨bij dieren⟩ gedeelte van achterpoot (ook wel voorpoot) dat overeenkomt met de schenkel bij de mens
schen·kel·vlees het vlees van de schenkels van een rund
schen·ken ww [schonk, h. geschonken] ❶ vloeistof in een vat gieten ❷ drank in de daarvoor bestemde bekers, kopjes, glazen gieten ★ *wijn* ~ wijn aan zijn gasten aanbieden ❸ ten geschenke geven; geven, verlenen ❹ kwijtschelden: ★ *de rest van de straf* ~
schen·ker de (m) [-s] iem. die schenkt
schen·king de (v) [-en] het schenken; het afstaan van geld of goederen ★ BN, jur ~ *onder levenden* schenking tijdens het leven, niet bij testament, waardoor onder bepaalde voorwaarden successierechten kunnen worden vermeden
schen·kings·ak·te de [-n, -s] authentieke akte waarbij een schenking geschiedt
schen·kings·recht het [-en] belasting op wat door schenking wordt verkregen
schenk·kan de [-nen] grote kan
schenk·kurk de [-en] met een metalen buisje doorboorde kurk
schenk·ster de (v) [-s] vrouw die, meisje dat schenkt
schen·nis de (v) schending; ontwijding, ontering
schep [-pen] **I** de → **schop**¹ **II** de (m) zoveel als op een schep, lepel enz. gaat: ★ *een* ~ *spinazie* ; zie ook → **schepje III** de (m) fig een grote hoeveelheid ★ *een* ~ *geld*
schep·bord het [-en] bord aan een waterrad
sche·pel de (m) & het [-s] oude inhoudsmaat: 10 l
sche·pe·ling de (m) [-en] opvarende die geen passagier is
sche·pen¹ de (m) [-en] ❶ vroeger stadsbestuurder, rechter ★ *de jongste* ~ *velt (wijst)* het vonnis de kinderen (menen te mogen) beslissen, hebben het hoogste woord ❷ BN lid van het dagelijks bestuur van een gemeente: ★ *het college van burgemeester en schepenen*
sche·pen² zn [meerv van → **schip**]
sche·pen·bank de [-en] vroeger rechtbank van schepenen
sche·pen·col·le·ge [-leezjə] het [-s] BN college van burgemeester en schepenen, dat het dagelijks bestuur vormt van een gemeente, vergelijkbaar met het college van burgemeester en wethouders in Nederland
sche·per de (m) [-s] ❶ BN herdershond ❷ → **schaper**
schep·ijs het consumptie-ijs dat uit een bak wordt geschept
schep·je het [-s] kleine schep (voorwerp & hoeveelheid), lepeltje ★ *er een* ~ *(boven)op doen* a) ⟨een bedrag of een eis⟩ verhogen; b) ⟨een verhaal⟩ aandikken; zich meer inspannen
schep·le·pel de (m) [-s] diepe, ronde lepel

schep·net het [-ten] net aan een stok om vissen te vangen
schep·pen¹ ww [schepte, h. geschept] ❶ putten, met een schep, lepel enz. opnemen en overbrengen ★ *adem* ~ uitrusten na inspanning, verlichting krijgen ★ *een luchtje* ~ zie bij → **lucht** ★ *moed* ~ moed verzamelen ★ *schep vreugde in het leven* geniet ervan, wees vrolijk ❷ optillen en doen vallen: ★ *de auto schepte een voetganger*
schep·pen² ww [schiep, h. geschapen] uit het niet in het leven roepen; nieuw vormen: ★ *In den beginne schiep God de hemel en de aarde (Genesis 1: 1)* ★ *een ~d kunstenaar* iem. die oorspronkelijke kunstwerken voortbrengt ★ *ergens voor geschapen zijn* veel aanleg voor iets hebben, ervoor in de wieg zijn gelegd
schep·per¹ de (m) [-s] persoon die schept (→ **scheppen**¹)
schep·per² de (m) [-s] iem. die schept (→ **scheppen**²) ★ *de Schepper* God
schep·ping de (v) ❶ het → **scheppen**², maken: ★ *de* ~ *van de wereld* ❷ het heelal, alles wat geschapen is ❸ [mv: -en] kunstwerk: ★ *dit beeld is een* ~ *van Rodin*
schep·pings·dag de (m) [-dagen] elk van de zes dagen waarop God de wereld schiep
schep·pings·drang de (m), **schep·pings·drift** de aandrift om iets te → **scheppen**²
schep·pings·ge·schie·de·nis de (v) [-sen] verhaal van de schepping van de wereld
schep·pings·kracht de vermogen om iets te → **scheppen**²
schep·pings·ver·haal het [-halen] scheppingsgeschiedenis
schep·pings·werk het het → **scheppen**² (door God)
schep·rad het [-raderen] rad met uitstekende borden waarmee water verplaatst wordt, middel om watermolens, schepen e.d. in beweging te brengen
schep·sel het [-en, -s] ❶ mens of dier: ★ *er was geen* ~ *te bekennen* ❷ inf vrouwelijk persoon of kind: ★ *dat arme* ~ ★ *een vervelend* ~
sche·ren¹ ww [schoor, h. geschoren] ❶ ⟨haren⟩ kort afsnijden, vooral de baard en de snor van mannen ★ *schapen* ~ met een tondeuse de vacht van schapen verwijderen ❷ fig te veel geld vragen, afzetten ; zie ook bij → **geschoren**
sche·ren² ww [scheerde, h. gescheerd] ❶ rakelings langs strijken: ★ *het steentje scheerde over het water* ❷ zich snel bewegen: ★ *het vliegtuig scheerde door de lucht* ❸ [scheerde, h. gescheerd *of* schoor, h. geschoren] ★ BN *hoge toppen* ~ grote successen behalen
sche·ren³ mv waterplantjes met zwaardvormige, getande bladen en witte bloemen (*Stratiotes aloides*)
sche·ren·kust de [-en] kust met eilandjes ervoor (vgl: → **scheer**)
scherf de [scherven] stuk van gebroken glas, steen, ijzer enz. ★ *scherven brengen geluk* zegswijze als troost wanneer er iets breekt
sche·ring de (v) [-en] lengtedraden van een weefsel

★ *dat is tegenwoordig ~ en inslag* dat gebeurt herhaaldelijk, dat is iets zeer gewoons
scherm *het* [-en] ❶ met papier, stof enz. overtrokken raam, dat op- of neergezet wordt ter bescherming tegen hitte, tocht, zon, regen enz., of om er met behulp van licht een beeld op te werpen ❷ voorzijde van een beeldbuis van een tv of een display van een computer ❸ toneelgordijn, toneelwand ★ *achter de schermen kijken* fig te weten komen wat de geheime bedoeling is, te weten komen welke drijfveren of invloeden zich bij een zaak hebben doen gelden ★ *achter de schermen blijven* zich op de achtergrond houden, maar toch zijn invloed doen gelden ❹ biol bloeiwijze waarbij de bloemen zich in één vlak uitspreiden
scherm·be·vei·li·ging *de (v)* [-en] comput → **screensaver**
scherm·bloe·mi·gen, scherm·bloe·mi·gen *mv* plantenfamilie waarvan de bloemen in een scherm groeien (*Umbelliferen*)
scherm·de·gen *de (m)* [-s] degen om mee te schermen
scher·men *ww* [schermde, h. geschermd] strijden met blanke wapens (degen, sabel, floret), vooral als sport ★ *met iets ~* fig met veel ophef indruk trachten te maken met iets *of* ermee trachten te overtuigen ★ *met woorden ~* grote woorden gebruiken zonder veel inhoud
scher·men·beurs *de* zie: → **Nasdaq**
scher·mer *de (m)* [-s] iem. die schermt
scherm·hand·schoen *de* [-en] opgevulde leren handschoen, gedragen bij het schermen
scherm·kunst *de (v)* de kunst van het schermen
scherm·mas·ker *het* [-s] gevlochten metalen masker bij het schermen gedragen
scherm·mees·ter *de (m)* [-s] iem. die les geeft in het schermen
scherm·school *de* [-scholen] inrichting waar men kan leren schermen
scher·mut·se·len *ww* (‹Oudfrans‹It) [schermutselde, h. geschermutseld] ❶ een klein, niet beslissend gevecht leveren ❷ fig een kleine woordenstrijd voeren
scher·mut·se·ling *de (v)* [-en] ❶ klein, niet beslissend gevecht ❷ woordenstrijd
scherm·zaal *de* [-zalen] vertrek waarin de schermkunst beoefend wordt
scherp I *bn* ❶ puntig; (diep) snijdend: ★ *een ~ mes* ★ *de scherpe punt van een naald* ★ *een paard (op) ~ zetten* scherpe punten aan de hoefijzers maken tegen het uitglijden ★ *vooral NN een conflict op ~ zetten* zo laten verhevigen dat het tot een uitbarsting zal komen ★ *op ~ staan* van scherpe punten aan de hoefijzers voorzien zijn; fig met inspanning en grote oplettendheid iets doen (om geen fouten te maken) ❷ ‹van een hoek› kleiner dan 90° ❸ ‹van smaak e.d.› bijtend, pikant ❹ raak: ★ *een geestig, ~ antwoord* ❺ onvriendelijk, kwetsend, beledigend: ★ *een scherpe toon* ❻ zeer fijn ontwikkeld: ★ *een ~ gehoor, een ~ verstand* ❼ streng, nauwkeurig: ★ *een ~ onderscheid maken* ★ *~ toezien* ❽ duidelijk: ★ *een scherpe foto, zich ~ aftekenen* ❾ heftig: ★ *een scherpe woordenwisseling* ★ *~ concurreren* zo dat er maar weinig winst overblijft II *het* ❶ scherpe kant: ★ *het ~ van een zwaard* ★ *op het ~ van de snede* fel, meedogenloos en gebruikmakend van alle beschikbare middelen: ★ *ze bestrijden elkaar op het ~ van de snede* ❷ iets scherps ❸ kogels: ★ *met ~ schieten*
scher·pen *ww* [scherpte, h. gescherpt] ❶ scherp maken: ★ *een potlood ~* ❷ fig nauwkeuriger maken: ★ *het oordeel ~* ★ *het gehoor ~*
scherp·heid *de (v)* het scherp-zijn
scherp·hoe·kig *bn* met hoeken kleiner dan 90°
scher·ping *de (v)* het scherpen of gescherpt worden
scherp·rech·ter *de (m)* [-s] → **beul** (bet 1)
scherp·schut·ter *de (m)* [-s] uitmuntend schutter
scherp·slij·per *de (m)* [-s] overdreven nauwlettend persoon, iem. die zich uiterst streng aan voorschriften of beginselen houdt
scherp·slij·pe·rij *de (v)* [-en] overdreven strenge toepassing van voorschriften of beginselen
scherp·te *de (v)* [-n, -s] scherpheid; scherpe kant of punt
scherp·te·diep·te *de (v)* fotogr dat deel van de te fotograferen ruimte waarvan men nog een scherp beeld krijgt, dieptescherpte
scherp·ziend *bn* zeer scherp van gezicht; nauwlettend
scherp·zin·nig *bn* schrander; met een helder oordeel; **scherpzinnigheid** *de (v)*
scherts (‹Du) *de* grappen, lichte spot ★ *geen ~ verstaan* niet ontvankelijk zijn voor grappen
schert·sen *ww* [schertste, h. geschertst] grappen maken
schert·sen·der·wijs, schert·sen·der·wij·ze *bijw* in scherts, als scherts bedoeld
scherts·fi·guur *de* [-guren] lachwekkend persoon
scher·ven·ge·richt *het* ostracisme
scher·zan·do [skertsan-] (‹It), **scher·zo·so** [skertsoo-] (‹It) *bijw* muz schertsend
scher·zo [skertsoo] (‹It) *het* ['s] muz muziekstuk van vrolijk, levendig karakter
sche·ten *ww* verl tijd meerv van → **schijten**
schets (‹It) *de* [-en] ❶ vluchtige tekening; tekening van enkele hoofdlijnen ❷ ontwerp ❸ overzicht ❹ kort verhaal
schets·boek *het* [-en] tekenboek om schetsen in te maken
schet·sen *ww* [schetste, h. geschetst] ❶ een schets maken van ❷ de hoofdlijnen, hoofdtrekken aangeven; in woorden (kort) weergeven: ★ *een karakter ~* ★ *vooral NN wie schetst mijn verbazing toen ik...* ik was uitermate verbaasd toen...
schets·kaart *de* [-en] schetsmatige kaart
schets·ma·tig *bn* in de vorm van een schets, (nog) niet volledig uitgewerkt

schet·te·ren *ww* [schetterde, h. geschetterd] ❶ een schel geluid geven ❷ druk en heftig praten zonder inzicht of verstand

scheu·ken *ww* [scheukte, h. gescheukt] NN wrijven vanwege de jeuk ★ *zich ~* zich schurken

scheur *de* [-en] ❶ spleet, barst, plaats waar iets gescheurd is: ★ *een ~ in een krant, een T-shirt, een muur* ❷ NN, spreektaal (grote) mond: ★ *houd je (grote) ~!* ★ *zijn ~ opentrekken* een grote mond opzetten

scheur·buik *(‹DuScand› de (m) & het* scorbuut, ziekte ontstaan door gebrek aan vitaminerijk vers voedsel; o.a. gekenmerkt door darmaandoeningen en ontstoken tandvlees

scheu·ren *ww* [scheurde, h. & is gescheurd] ❶ een scheur maken in: ★ *een krant ~* ❷ geheel los-, vaneentrekken: ★ *pagina's uit een boek ~* ❸ een scheur, scheuren krijgen: ★ *dit papier scheurt gauw* ❹ inf roekeloos hard rijden: ★ *door de bocht ~*

scheu·ring *de (v)* [-en] het scheuren; splitsing, verdeeldheid

scheur·ka·len·der *de (m)* [-s] kalender met voor elke dag een afscheurbaar blaadje

scheur·kerk *de* [-en] NN door scheuring ontstane (kleine) kerk, sekte

scheur·kies *de* [-kiezen] kies met scherpe randen bij roofdieren

scheur·lijst *de* [-en] BN verkiezingslijst van een kleine politieke partij die zich van een grotere heeft afgesplitst

scheur·ma·ker *de (m)* [-s] NN ❶ iem. die een scheuring veroorzaakt in een partij ❷ iem. die zich afscheidt van een bepaalde kerk om een nieuwe te stichten enz.

scheur·pa·pier *het* waardeloos papier

scheur·par·tij *de (v)* [-en] BN kleine politieke partij, ontstaan door afsplitsing van een grote partij, splinterpartij

scheur·wol *de* uit oude, gebruikte weefsels gewonnen wol, die dan opnieuw verwerkt wordt; vgl: → **scheerwol**

scheut *de (m)* [-en] ❶ loot: ★ *nieuwe scheuten aan een plant* ❷ korte, hevige steek van pijn ❸ kleine hoeveelheid vloeistof: ★ *een scheutje melk in de koffie*

scheu·tig *bn* vrijgevig, onbekrompen ★ *hij is niet erg ~ met complimenten* geeft niet vaak complimenten ★ BN, spreektaal *ergens niet ~ op zijn* ergens niet op gebrand zijn; **scheutigheid** *de (v)*

scheu·tist *de (m)* [-en] BN lid van de Congregatie van het Onbevlekte Hart van Maria, een orde die veel missionarissen opleidde, genoemd naar de plaatsnaam Scheut in Anderlecht

schicht *de (m)* [-en] ❶ flits ❷ bliksemschicht

schich·tig *bn* schrikachtig, schuw

Schie·dam·mer I *de (m)* [-s] ❶ iem. geboortig of afkomstig uit Schiedam ❷ *schiedammer* jenever uit Schiedam **II** *bn* van, uit, betreffende Schiedam

schie·lijk *bn* ❶ snel, haastig: ★ *er ~ vandoor gaan* ❷ BN, vero plotseling, onverwacht: ★ *~ overleden*

schiep *ww*, **schie·pen** *verl tijd van* → **scheppen²**

schier *bijw* bijna

schier·aal *de (m)* [-alen] paling met een witte huid

schier·ei·land, schier·ei·land *het* [-en] stuk land, slechts aan een zijde met het vasteland verbonden: ★ *het Iberisch Schiereiland*

Schie·rin·gers en Vet·ko·pers *mv* NN, hist benaming voor de twee partijen die elkaar in Friesland en ook in Groningen aan het eind van de middeleeuwen fel bestreden

schiet·baan *de* [-banen] terrein voor schietoefeningen

schie·ten *ww* [schoot, h. & is geschoten] ❶ een hard voorwerp, meestal met behulp van een werktuig, met grote kracht wegwerpen, gewoonlijk teneinde daarmee iemand of iets te raken ★ *te kort ~* zie bij → **kort** ★ *niet geschoten, altijd mis* als je niets probeert, bereik je ook nooit resultaat ❷ door schieten (bet 1) treffen, raken: ★ *een haas ~* ; zie ook bij → **bok²** ★ NN *het (goed) geschoten hebben* het gelukkig getroffen hebben ❸ ‹voetballen› een schop op het doel richten: ★ *de spits schoot de bal in de kruising* ❹ snel fotograferen: ★ *een plaatje ~* ❺ zich snel bewegen: ★ *hij schoot opzij* ★ *in de kleren ~* gehaast kleren aantrekken ★ *te binnen ~* plotseling in de herinnering komen ★ *wortel ~* a) zich met wortels in de aarde vastzetten; b) fig ingang vinden, een vaste grondslag krijgen ❻ uitwerpen ★ *zijn ogen schoten vuur* zijn ogen fonkelden van woede ★ *kuit ~* eieren leggen (bij vissen) ❼ plotseling, zonder opzet in een bep. toestand komen: ★ *haar ogen schoten vol tranen* ★ *in de lach ~* ★ *zijn gemoed schoot vol* ❽ met *laten*: loslaten, laten rusten, ervan afzien, onbenut laten: ★ *een touw laten ~* ★ *wat werk laten ~* ★ *een kans laten ~*

schie·ter *de (m)* [-s] ❶ iem. die schiet ❷ voorwerp dat schiet: schietspoel, schoot van een slot ❸ schietmot

schiet·gat *het* [-gaten] opening in een vestingmuur om door te schieten

schiet·ge·bed *het* [-beden] kort gebed in nood: ★ *een ~ doen*

schiet·ka·toen *het* cellulosenitraat met meer dan 12,6% stikstof, gebruikt bij de fabricage van buskruit en dynamiet

schiet·klaar *bn* ‹van vuurwapens› klaar om een schot af te vuren

schiet·lood *het* [-loden] koord waaraan een stuk lood hangt, in de bouwkunde gebruikt om de loodrechte richting aan te geven

schiet·mas·ker *het* [-s] masker dat men te doden vee voordoet

schiet·mot *de* [-ten] insect waarvan de larven (kokerjuffers) onder water een kokertje maken van plantdelen, steentjes enz.

schiet·oe·fe·ning *de (v)* [-en] oefening in het schieten

schiet·par·tij *de (v)* [-en] vechtpartij waarbij geschoten wordt

schiet·schijf *de* [-schijven] schijf met een

puntenverdeling als mikpunt bij schietoefeningen
schiet·school *de* [-scholen] inrichting tot oefening in het schieten
schiet·spoel *de* [-en] het inslaggaren bevattende spoel, die bij het weven door de schering schiet
schiet·stoel *de (m)* [-en] stoel waarin de piloot uit het vliegtuig weggeschoten wordt bij levensgevaar
schiet·tent *de* [-en] kermistent waarin om prijzen geschoten wordt
schiet·ter·rein *het* [-en] terrein voor schietoefeningen
schiet·vaar·dig·heid *de (v)* bekwaamheid in het schieten
schiet·ver·eni·ging *de (v)* [-en] vereniging die schietoefeningen houdt
schiet·wa·pen *het* [-s] wapen waarmee geschoten wordt
schiet·wilg *de (m)* [-en] uitgegroeide, niet geknotte wilg
schif·ten *ww* [schiftte, h. & is geschift] ❶ uit een mengsel het ene afzonderen van het andere, *vooral het goede afzonderen* ❷ klonters vormen: ★ *melk, verf kan* ~
schif·ting *de (v)* [-en] ❶ het schiften ❷ BN, sp voorronde, serie, voorwedstrijd om te bepalen wie verder gaat
schif·tings·vraag *de* [-vragen] BN extra vraag bij een prijsvraag die de winnaar moet aanwijzen in geval van ex aequo (als kandidaten even goed zijn)
schijf *de* [schijven] ❶ algemeen plat, rond voorwerp ❷ plat stuk gesneden worst, appel enz.; *vaak verkl: schijfje* ❸ voorwerp bij spelen gebruikt (dammen, discuswerpen, frisbeeën) ❹ wiel waarover drijfriemen lopen ★ *het loopt over veel schijven* veel instanties moeten erover beslissen ❺ rond stuk been in het kniegewricht ❻ ronddraaiend dik houten bord: ★ ~ *van pottenbakkers, diamantbewerkers* ❼ cd, grammofoonplaat ❽ comput disk; ★ *vaste, harde* ~ disk die is ingebouwd in de computer ★ *optische* ~ disk die met behulp van een laserstraal wordt gelezen
schijf·cac·tus *de (m)* [-sen] cactus, o.a. gekweekt als kamerplant, maar die ook de cactusvijg levert, het geslacht *Opuntia*
schijf·ge·heu·gen *het* comput direct toegankelijk geheugen waarbij gegevens magnetisch worden vastgelegd op roterende schijven
schijf·rem *de* [-men] rem die op een aan het wiel verbonden schijf werkt
schijf·schie·ten *ww & het* (het) houden van een schietoefening of schietwedstrijd, waarbij een schijf mikpunt is
schijf·wiel *het* [-en] wielersport geheel gesloten, aerodynamisch fietswiel, dus zonder spaken
schijn I *de (m)* ❶ misleidend uiterlijk, iets wat voorgewend is, zo lijkt, zonder het werkelijk te zijn: ★ *schone* ~ ★ *de* ~ *wekken van vooruitstrevend te zijn* ★ *de* ~ *ophouden* doen alsof alles in orde is ★ ~ *bedriegt* niet alles is zo mooi als het lijkt ★ *in* ~ zo schijnend, maar niet werkelijk; ❷ waarschijnlijkheid: ★ *naar alle* ~ ★ *het heeft er alle* ~ *van* ❸ lichtuitstraling ❹ zweem, heel weinig: ★ *geen* ~ *van kans* ★ NN *een schijntje verdienen* II *als eerste lid in samenstellingen*, **schijn-** vals, niet echt: ★ *schijnaanval, schijnproces, schijnvertoning*
schijn·aan·val *de (m)* [-len] voorgewende aanval als list
schijn·baar *bn* de schijn hebbende van, naar de schijn; slechts in schijn, niet werkelijk: ★ *hij is* ~ *een wijnkenner, maar in werkelijkheid kan hij geen bordeaux van een bourgogne onderscheiden*
schijn·beeld *het* [-en] beeld niet met de werkelijkheid overeenkomend, bedrieglijk beeld
schijn·be·we·ging *de (v)* [-en] schijnbare beweging, misleidende beweging, bijv. in de sport
schijn·chris·ten [-kris-] *de (m)* [-en] christen slechts in schijn
schijn·do·de *de* [-n] iemand die schijndood is
schijn·dood *bn* schijnbaar dood, in een toestand waarin waarneembare levensverschijnselen (hartslag, ademhaling) ontbreken
schij·nen *ww* [scheen, h. geschenen] ❶ licht uitstralen: ★ *de maan schijnt door de bomen* ❷ schijnbaar maar niet werkelijk zijn: ★ *hij schijnt zo bescheiden* ❸ naar alle schijn zo zijn; volgens zeggen van anderen zo zijn: ★ *er schijnt een ongeluk gebeurd te zijn*
schijn·ge·stal·te *de (v)* [-n] schijnbare vorm: ★ *de* ~*n van de maan*
schijn·han·de·ling *de (v)* [-en] rechtshandeling met een ander doel dan het voorgewende
schijn·hei·lig *bn* geveinsd vroom, huichelachtig; **schijnheiligheid** *de (v)*
schijn·hu·we·lijk *het* [-en] huwelijk dat uitsluitend is gesloten om bep. (wettelijke) voorrechten te verkrijgen of verplichtingen te ontlopen
schijn·ma·noeu·vre [-nùvrə] *de & het* [-s] mil afleidende beweging
schijn·pro·ces *het* [-sen] proces waarvan de afloop bij voorbaat vaststaat en waarbij de normale rechtsgang alleen voor de schijn gevolgd wordt
schijn·sel *het* [-s] lichtstraling: ★ *bij het* ~ *van een lantaarn*
schijn·tje *het* [-s] NN zeer klein beetje: ★ *die jurk kostte maar een* ~
schijn·ver·to·ning *de (v)* [-en], **schijn·ver·toon** *het* ijdel gewichtig gedoe
schijn·vroom *bn* schijnheilig
schijn·vrucht *de* [-en] biol vrucht die in zuiver plantkundige zin geen vrucht is, omdat ook andere bestanddelen van de bloem dan de stamper ertoe hebben bijgedragen
schijn·wer·per *de (m)* [-s] toestel dat een sterke lichtbundel uitstraalt ★ *in de schijnwerpers staan* in het centrum van de belangstelling staan
schijn·zwan·ger *bn* de kenmerken van zwangerschap vertonend zonder zwanger te zijn

schijn·zwan·ger·schap *de (v)* het schijnzwanger-zijn
schijt *de (m) & het* inf poep, uitwerpselen ★ *ik heb er ~ aan* het kan me niets schelen, ik trek er me niets van aan
schij·te·broek *de (m)* [-en] inf fig lafaard, bangerd
schij·ten *ww* [scheet, h. gescheten] spreektaal poepen ★ *in zijn broek, zeven kleuren stront, bagger ~ erg bang zijn* ★ NN *de duivel schijt altijd op de grote hoop* wie eenmaal rijk is, krijgt er vaak nog meer bij
schij·terd *de (m)* [-s] inf bangerik
schij·te·rig *bn* inf laf
schij·te·rij *de (v)* inf diarree
schijt·huis *het* [-huizen] inf ❶ plee, wc ❷ scheldwoord laffe vent; lammeling, beroerde kerel
schijt·laars *de (m)* [-laarzen], **schijt·lijs·ter** *de (m)* [-s], **schijt·luis** *de (m)* [-luizen] inf bangerd
schij·ven·ta·rief *het* NN tarief betreffende inkomsten- en loonbelasting waarbij men over een aanvangsbedrag geen en over het meerdere, verdeeld in 'schijven', een per 'schijf' opklimmend percentage moet betalen
schik *de (m)* vooral NN tevredenheid, plezier: ★ *~ in iets hebben* ★ *in zijn ~ zijn* blij zijn
schik·go·din·nen *mv* Griekse myth de drie godinnen die over het lot van de mensen beschikken
schik·ke·lijk *bn* NN redelijk, schappelijk: ★ *een ~ voorstel*
schik·ken I *ww* [schikte, h. geschikt] ❶ passen ★ *wanneer het u schikt* wanneer het u gelegen komt ❷ ordenen: ★ *bloemen in een vaas ~* ❸ regelen, tot een oplossing brengen door wederzijdse tegemoetkoming **II** *wederk* ❶ zich op ordelijke wijze plaatsen, plaats nemen: ★ *zich om de tafel ~* ❷ zich neerleggen bij, berusten, genoegen nemen met: ★ *zich naar iem. ~* ★ *zich in zijn lot ~* ❸ in orde komen, tot een bevredigende oplossing komen: ★ *de zaak zal zich wel ~*
schik·king *de (v)* [-en] ❶ ordening ❷ overeenkomst met wederzijdse tegemoetkoming: ★ *een ~ treffen* ; zie ook → **minnelijk**
schil *de* [-len] vlies, buitenste laag van een vrucht of knol: ★ *de ~ van een peer, een aardappel*
schild *het* [-en] ❶ houten, metalen enz. bord met handvat, waarmee krijgers zich vroeger beschermden tegen aanvalsstoten; thans dergelijke voorwerpen van doorzichtig materiaal of riet door politieagenten e.d. bij de bestrijding van rellen gedragen ★ *menselijk ~* groep burgers waarachter militairen of andere strijders bescherming zoeken ★ *iem. op het ~ verheffen* hem tot koning, tot leider verheffen ❷ door ridders gedragen schild (bet 1), waarop hun wapen stond afgebeeld ★ *iets in het ~ of zijn ~ voeren* iets van plan zijn ❸ beschermende metalen plaat aan geschut ❹ hard, hoornachtig bekleedsel van sommige dieren: ★ *het ~ van een kakkerlak* ❺ uithangbord → **schildje**
schild·dra·ger *de (m)* [-s] ❶ schildknaap ❷ dier met een → **schild** (bet 4)

schil·der *de (m)* [-s] iem. die schildert: huisschilder of kunstschilder
schil·der·ach·tig *bn* ❶ liefelijk, kleurrijk ❷ fig tekenend van uitdrukking: ★ *~e taal*
schil·de·ren *ww* [schilderde, h. geschilderd] ❶ verven: ★ *een deur ~* ❷ met het penseel in beeld brengen: ★ *een portret ~* ❸ fig levendig beschrijven: ★ *een tafereel ~* ❹ ★ BN *ergens staan (te) ~* ergens lang (en doelloos) staan wachten
schil·de·res *de (v)* [-sen] vrouw die, meisje dat schildert
schil·de·rij *de (v) & het* [-en] ❶ met het penseel afgebeelde voorstelling ❷ ingelijste plaat ❸ iets schilderachtigs
schil·de·rij·en·ka·bi·net *het* [-ten] klein museum van schilderijen
schil·de·rij·en·ten·toon·stel·ling *de (v)* [-en] tentoonstelling van schilderijen
schil·de·rij·en·ver·za·me·ling *de (v)* [-en] verzameling van schilderijen
schil·de·rij·lijst *de* [-en] lijst om een schilderij
schil·de·ring *de (v)* [-en] ❶ het schilderen ❷ het geschilderde ❸ levendige beschrijving
schil·der·kunst *de (v)* kunst van het schilderijen maken
schil·der·school *de* [-scholen] groep schilders wier werken verwantschap vertonen
schil·ders·ezel *de (m)* [-s] stellage waarop het te maken schilderij gezet wordt
schil·ders·lin·nen *het* stevig linnen waarop geschilderd wordt
schil·der·stuk *het* [-ken] groot schilderij
schil·ders·ver·driet *het* soort steenbreek (*Saxifraga umbrosa*)
schil·ders·ziek·te *de (v)* zie: → **OPS**
schil·der·werk *het* wat geverfd is of geverfd moet worden
schild·je *het* [-s] voorwerp dat in de baarmoeder wordt aangebracht ter voorkoming van zwangerschap
schild·klier *de* [-en] klier in de hals, die een belangrijke invloed heeft op de stofwisseling, de groei, het zenuwstelsel e.d.
schild·knaap *de (m)* [-knapen] edelknaap in dienst van een ridder
schild·luis *de* [-luizen] insect dat sappen uit planten zuigt, de familie Diaspididae
schild·pad I *de* [-den] viervoetig kruipend dier met rug- en buikschild van hoorn- en beenplaten, de orde Testudines **II** *het* de schilden van deze dieren als materiaal voor het vervaardigen van doosjes enz.
schild·pad·den *bn* van → **schildpad** (bet 2)
schild·pad·soep *de* ❶ soep van schildpaddenvlees ❷ gekruide soep met kalfs- en rundvlees
schild·var·ken *het* [-s] een in Midden- en Zuid-Amerika voorkomend gordeldier met schubachtige schilden, armadillo
schild·vleu·ge·lig *bn* twee tot schilden verharde

vleugels hebbend
schild·wacht I *de (m)* [-en en -s] soldaat op post II *de het* op post staan
schild·wacht·huis·je *het* [-s] hokje voor een schildwacht
schil·fer *de (m)* [-s] dun laagje, klein plat deeltje; vooral deeltje dat van een oppervlak loslaat
schil·fe·ren *ww* [schilferde, h. geschilferd] schilfers afgeven, schilfers vormen: ★ *het oude hek schilfert*
schil·fe·rig *bn* schilfers vormend
schil·len *ww* [schilde, h. geschild] van de schil ontdoen; zie ook bij → **appel**¹
schil·len·boer *de (m)* [-en] NN, vroeger man die schillen en andere restanten van groente en fruit ophaalde langs de huizen voor veevoer
schil·ler·hemd [sjielər-] *het* [-en] hemd met platliggende open kraag (zo genoemd naar de Duitse schrijver Friedrich von Schiller, 1759-1805)
schil·ling [sjil-] *‹Du› de (m)* [-en] Oostenrijkse munteenheid voor de invoering van de euro
schim *de* [-men] ❶ spookachtig verschijnsel: ★ *hij zag schimmen boven het meer* ❷ geest van afgestorvene ★ *hij is een ~ van wat hij vroeger was* hij kan zijn vroegere kwaliteiten of krachten bij lange niet benaderen
schim·mel¹ *de (m)* [-s] wit of lichtgrijs paard
schim·mel² *de (m)* [-s] biol ❶ zwam, plantachtig organisme zonder bladgroen, levend op andere levende of dode organismen ❷ witte uitslag, bestaande uit zwammen
schim·mel·draad *de (m)* [-draden] kleurloze, vertakte draad waaruit een mycelium is opgebouwd
schim·me·len *ww* [schimmelde, is geschimmeld] biol met schimmel bedekt worden
schim·me·lig *bn* beschimmeld
schim·mel·kaas *de (m)* [-kazen] kaas waarin of waarop tijdens het rijpen een eetbare schimmel is ontstaan
schim·mel·kleu·rig *bn* lichtgrijs
schim·mel·ziek·te *de (v)* [-n en -s] ziekte bij mens, dier of plant, veroorzaakt door een → **schimmel**² (bet 1), mycose
schim·men·rijk *het* onderwereld, geestenwereld
schim·men·spel *het* [-spelen] toneelspel met schaduwbeelden op een scherm geprojecteerd
schim·me·tje *het* [-s] klein beetje, kleine hoeveelheid
schim·mig *bn* vaag, onduidelijk, ook fig: ★ *de berichten zijn nog erg ~*
schimp *de (m)* hoon, belediging, smaad
schimp·dicht *het* [-en] hekelend gedicht
schim·pen *ww* [schimpte, h. geschimpt] honende, beledigende taal spreken ★ *~ op* honen
schimp·scheut *de (m)* [-en] hatelijke toespeling
schin·kel *de (m)* [-s] → **schenkel**
schip *het* [schepen] ❶ vaartuig van vrij aanzienlijke afmetingen: ★ *een ~ te water laten; een ~ uit de vaart nemen* ★ *het ~ van staat* de staat voorgesteld als een moeilijk te besturen schip ★ *het ~ der woestijn* de

kameel ★ *schoon ~ maken* opruiming houden, afrekenen ★ *zijn of de schepen achter zich verbranden* het zichzelf onmogelijk maken om terug te keren naar zoals het was, het verleden achter zich laten ★ NN *het ~ in gaan* verliezen ❷ grote middenruimte van een kerk
schip·breuk *de* [-en] het vergaan van een schip: ★ *~ lijden*
schip·breu·ke·ling *de (m)* [-en] slachtoffer van een schipbreuk; fig mislukkeling in de maatschappij
schip·brug *de* [-gen] brug door schepen gesteund
schip·per *de (m)* [-s] ❶ eigenaar of gezagvoerder van een klein schip, thans vooral van een binnenvaartuig ❷ recht kapitein van een groot schip ❸ ‹op een oorlogsschip› oudste onderofficier
schip·pe·ren *ww* [schipperde, h. geschipperd] met voorzichtig beleid in orde brengen; geven en nemen; moeilijkheden ontwijken
schip·per·ke *het* [-s] klein, op een kees lijkend hondje met zwart, halflang haar
schip·pers·beurs *de* plaats waar binnenschippers en bevrachters vervoersovereenkomsten kunnen sluiten
schip·pers·kind *het* [-eren] kind van een → **schipper** (bet 1)
schip·pers·knecht *de (m)* [-en, -s] knecht op een schip
schip·pers·knoop *de (m)* [-knopen] achtvormige knoop in een touw
schip·pers·trui *de* [-en] dikke, gebreide coltrui met rits
schip·pers·vrouw *de (v)* [-en] vrouw van een → **schipper** (bet 1)
schip·per·tje *het* [-s] → **schipper** → **schipperke**
schis·ma *‹Gr› het* ['s, -ta] scheuring; kerkscheuring of geloofsscheuring
schit·te·ren *ww* [schitterde, h. geschitterd] ❶ een fel, levendig licht uitstralen ❷ fig uitblinken, bijzonder opvallen; zie ook: → **afwezigheid**
schit·te·rend *bn* blinkend; uitblinkend; prachtig, buitengewoon mooi
schit·te·ring *de (v)* [-en] het schitteren
schit·ter·licht *het* [-en] fel, levendig, veelal afwisselend licht
schi·zo·freen [schie(d)zoo-] *‹Gr› bn* lijdende aan of voortkomende uit schizofrenie
schi·zo·fre·nie [schie(d)zoo-] *‹Gr› de (v)* vorm van geestesziekte gekenmerkt door aanvallen van psychosen (wanen, hallucinaties), met daartussendoor perioden met stoornissen in denken en voelen
schi·zo·ï·de [schie(d)zoo-] *‹Gr› bn* med tot schizofrenie behorend of daarop gelijkend; niet-volkomen schizofreen
schla·ger [sjlaːɣər] *‹Du› de (m)* [-s] ❶ succesvol, populair lied, hit ❷ succesvol iets, vooral boek, film e.d., succesnummer, topper
schle·miel [sjlə-] *‹Du‹Hebr› de (m)* [-en] ❶ slungel ❷ arme stakker, ongeluksvogel

schle·mie·lig [sjlə-] *bn* lummelig, slungelig
schmink [sjmienk] *(‹Du› de (m))* grimeersel
schmin·ken *ww* [sjmien-] *(‹Du›* [schminkte, h. geschminkt] grimeren voor het toneel, de film of de televisie
schnab·bel [sjnabbəl] *(‹Jidd› de (m))* [-s] ❶ oorspr werk dat een beroepsmusicus als bijverdienste doet ❷ ‹vervolgens ook meer in het algemeen voor› bijbaantje
schnab·be·laar [sjnab-] *de (m)* [-s] iem. die regelmatig bijverdiensten heeft
schnab·be·len *ww* [sjnab-] [schnabbelde, h. geschnabbeld] naast het gewone werk iets bijverdienen
schnaps [sjnaps] *(‹Du› de (m))* jenever
schnit·zel [sjnietsəl] *(‹Du› de (m))* [-s] dunne plak gebraden of te braden vlees ★ *Wiener* ~ gepaneerd kalfslapje
schob·be·jak *de (m)* [-ken] schurk, schooier
schob·ben *ww* [schobde, h. geschobd] krabben, schurken
schob·ber·de·bonk *zn* ★ NN *op de* ~ *lopen* bedelen, schooien, klaplopen
schoei·en *ww* [schoeide, h. geschoeid] van schoeisel voorzien ★ *iets op een andere leest* ~ een andere grondslag geven, anders inrichten
schoei·ing *de (v)* [-en] houten oeverbedekking
schoei·sel *het* [-s] schoenen, laarzen, sandalen e.d.
schoel·je *de (m)* NN, vero gespuis, oneerlijk volk
schoen *de (m)* [-en] ❶ voetbekleding van buigzaam, maar stevig materiaal, vaak van leer: ★ *schoenen met een lage / hoge hak* ★ *de* ~ *zetten* ‹door kinderen› voor Sinterklaas een schoen bij de kachel plaatsen in de hoop dat er een cadeautje in komt ★ NN *op een* ~ *en een slof aankomen* slordig of armoedig gekleed aankomen ★ *de stoute schoenen aantrekken* zich vermannen, iets moedigs doen ★ *met loden schoenen gaan* met een bezwaard hart, met tegenzin ★ *wie de* ~ *past, trekke hem aan* wie zich schuldig voelt moet zich het gezegde maar aantrekken ★ *iem. iets in de schoenen schuiven* iem. ten onrechte van iets beschuldigen ★ *niet graag in iems. schoenen staan* niet graag in zijn plaats staan ★ *niet vast in zijn schoenen staan* zich niet geheel verantwoord weten; niet weten wat men wil ★ *naast zijn schoenen lopen* erg verwaand zijn ★ *geen oude schoenen weggooien voor men nieuwe heeft* het oude niet afdanken zolang er niets nieuws voor in de plaats is ★ *weten waar de* ~ *wringt* weten waar de moeilijkheid zit ★ BN, spreektaal *in nauwe* ~*tjes zitten* in moeilijkheden zitten ❷ schoenvormig voorwerp
schoen·bor·stel *de (m)* [-s] borstel om schoenen mee te poetsen
schoen·crème [-krèm] *de* schoensmeer
schoe·nen·doos *de* [-dozen] doos voor een paar schoenen
schoe·nen·win·kel, schoen·win·kel *de (m)* [-s] winkel waar schoenen verkocht worden
schoe·ner *(‹Eng› de (m))* [-s] snel, langsscheeps getuigd zeilschip van Amerikaanse oorsprong met twee tot zes masten
schoen·lap·pen *ww & het* (het) herstellen van schoenen
schoen·lap·per *de (m)* [-s] ❶ schoenmaker ❷ kleurige vlinder, familie Nymphalidae, waaronder de dagpauwoog en de atalanta
schoen·le·pel *de (m)* [-s] in de binnenzijde van de hiel van een schoen passend voorwerp waarlangs men gemakkelijk in de schoenen glijdt
schoen·ma·ker *de (m)* [-s] iem. die schoenen herstelt (*soms* fabriceert) ★ ~ *blijf bij je leest* men moet zich alleen bemoeien met dingen waarvan men verstand heeft
schoen·ma·ke·rij *de (v)* [-en] schoenmakersbedrijf
schoen·poets *de (m)* schoensmeer
schoen·poet·ser *de (m)* [-s] iem. die op straat tegen betaling schoenen poetst
schoen·riem *de (m)* [-en] riem aan een schoen ★ *niet waard zijn iemands* ~ *te ontbinden* zeer ver beneden iemand staan (Johannes 1: 27)
schoen·smeer *de (m) & het* smeersel om schoenen glanzend te maken
schoen·trek·ker *de (m)* [-s] BN ook schoenlepel
schoen·ve·ter *de (m)* [-s] koordje waarmee een schoen wordt dichtgestrikt
schoen·win·kel *de (m)* [-s] → **schoenenwinkel**
schoen·zool *de* [-zolen] zool van een schoen
schoep *de* [-en] bord of blad van een waterrad, propeller, turbine e.d.
schoe·pen·rad *het* wiel met schoepen dat stroming (v. water, wind e.d.) omzet in energie
schof·fel *de* [-s] tuingereedschap, stuk ijzer aan een steel om de grond los te woelen, onkruid uit te halen enz.
schof·fe·len *ww* [schoffelde, h. geschoffeld] ❶ de grond met de schoffel bewerken ❷ voetbal ruw spelen
schof·fe·ren *ww* (‹Oudfrans›) [schoffeerde, h. geschoffeerd] ❶ beledigen, brutaal bejegenen ❷ onteren, schenden
schof·fie *het* [-s] NN straatjongen, ondeugende jongen
schoft[1] *de (m)* [-en] inf ploert, schurk
schoft[2] *de* [-en] schouder van een dier
schoft[3] *de* [-en] rust tussen de werktijden, schaft
schof·ten *ww* [schoftte, h. geschoft] schaften
schof·te·rig NN, spreektaal **I** *bn* als een → **schoft**[1], gemeen **II** *bijw* buitengewoon, zeer, erg: ★ *er worden* ~ *veel videorecorders verkocht*
schoft·hoog·te *de (v)* [-n en -s] hoogte van de → **schoft**[2]: ★ *een hond met een* ~ *van 36 cm*
schok *de (m)* [-ken] ❶ stoot, heftige beweging: ★ *met een enorme* ~ *kwam de auto tegen de boom terecht* ★ *elektrische* ~ hoeveel elektrische stroom die door het lichaam van mens of dier gaat ❷ fig

(gebeurtenis met) hevige uitwerking, plotselinge hevige ontroering

schok·be·ton *het* beton dat tijdens de menging schokken heeft ondergaan (en daardoor heel sterk wordt)

schok·bre·ker, **schok·dem·per** *de (m)* [-s] inrichting aan motorvoertuigen, die de schokken opvangt

schok·ef·fect *het* [-en] plotselinge, hevige uitwerking

schok·ken *ww* [schokte, h. geschokt] ❶ stoten, schudden ❷ een hevige uitwerking hebben, aan het wankelen brengen, ernstig storen ❸ hevig doen schrikken, ontroeren: ★ *hij was geschokt door dit nieuws* ❹ NN, spreektaal betalen: ★ *we moesten allemaal vijf euro ~*

schok·ker *de (m)* [-s] ❶ soort vissersvaartuig ❷ NN soort groene erwt

schok·schou·de·ren *ww* [schokschouderde, h. geschokschouderd] de schouders enige keren ophalen vanwege onverschilligheid

schoks·ge·wijs, **schoks·ge·wij·ze** *bijw* met plotselinge veranderingen, niet geleidelijk

schok·sta·king *de (v)* [-en] BN, sociaal recht werkstaking welke één onderneming beurtelings in verschillende afdelingen en op niet vooraf bekendgemaakte tijdstippen treft, prikactie

schok·vast, **schok·vrij** *bn* bestand tegen schokken

school[1] *de (m)* [-len] platvissoort met een gladde huid en kleine schubben, levend als bodemvis, o.a. in de Noordzee (*Pleuronectes platessa*)

schol[2] *de* [-len] ❶ ijsschots ❷ geol zich langzaam voortbewegend deel van de aardkorst

schol[3] *tsw* BN, spreektaal proost

scho·la can·to·rum *(‹Lat) de (v)* RK koorklas van jongens voor de koorzang, vooral voor gregoriaanse gezangen

scho·la·ri·sa·tie [-zaa(t)sie] *(‹Fr) de (v)* het tot stand brengen van verscheidene onderwijsvoorzieningen; het voorzien van scholen of verscheidene schooltypes (in een bep. streek); *ook* schoolplicht, leerplicht

scho·last *(‹Lat) de (m)* [-en], **scho·las·ti·cus** *(‹Lat‹Gr) de (m)* [-ci] beoefenaar van de scholastiek

scho·las·tiek *(‹Fr‹Gr)* **I** *de (v)* ❶ systematisch samenstel van wijsbegeerte en godgeleerdheid dat aan de middeleeuwse universiteiten beoefend en onderwezen werd ❷ de (m) ❸ [*mv:* -en] RK jong kloosterling die zich op studie toelegt; jezuïetenleerling tussen noviciaat en priesterschap **II** *bn* behorend tot de → scholastiek (I bet 1)

scho·las·tisch *(‹Du‹Gr) bn* → scholastiek (I bet 1)

schold, **schol·den** *ww verl tijd van* → schelden

schol·ek·ster *de* [-s] zwart-witte vogel in waterrijke gebieden, vooral het strand, met rode poten en lange rode snavel, in Nederland en België langs de kust algemeen voorkomend (*Haematopus ostralegus*)

scho·len[1] *ww* [schoolde, h. geschoold] ❶ door oefening en voorbeeld onderrichten ❷ ‹van vissen› groepen vormen, in grote menigte samen zwemmen

scho·len[2] *ww verl tijd meerv van* → schuilen

scho·len·ge·meen·schap *de (v)* [-pen] onderwijsinstelling waarin verschillende schooltypen van voortgezet onderwijs gecombineerd zijn

scho·lier *de (m)* [-en] ❶ schooljongen, schoolmeisje ❷ BN (bij verschillende sportbonden) benaming voor jeugdspelers van 15 en 16 jaar

scho·ling *de (v)* ❶ opleiding in een bep. vak, verbetering van vakkennis ❷ het aanleren van een nieuw vak (eig herscholing)

schol·le·vaar *de (m)* [-s] NN aalscholver

schom·mel *de* [-s] ❶ horizontaal plankje aan touwen om op heen en weer te slingeren als kinderspeeltuig ❷ dikke vrouw die zich schommelend voortbeweegt

schom·me·len *ww* [schommelde, h. geschommeld] ❶ op een schommel heen en weer gaan ❷ heen en weer gaan, wiegelen: ★ *de auto schommelde over het zandweggetje* ❸ ‹van prijzen enz.› op en neer gaan

schom·me·ling *de (v)* [-en] het → schommelen (*vooral* bet 3)

schom·mel·stoel *de (m)* [-en] stoel met gebogen onderstel waarin men kan wiegen

schom·pes *het* ★ NN, spreektaal *zich het ~ werken, lachen e.d.* zeer hard werken, uitbundig lachen e.d.

schond, **schon·den** *ww verl tijd van* → schenden

scho·ne *de (v)* [-n] schone vrouw, knap meisje: ★ *Zeeuwse ~n*

scho·nen *ww* [schoonde, h. geschoond] ❶ ‹zaden, vruchten› zuiveren, reinigen ❷ ‹water› ontdoen van waterplanten e.d.

schonk[1] *de* [-en] grof been

schonk[2], **schon·ken** *ww verl tijd van* → schenken

schon·kig *bn* grof gebouwd, met duidelijk zichtbare botten: ★ *een ~e kameel*

schoof[1] *de* [schoven] bundel halmen

schoof[2] *ww verl tijd van* → schuiven

schooi·en *ww* [schooide, h. geschooid] bedelen: ★ *geld voor een reis bij elkaar ~*

schooi·er *de (m)* [-s] landloper, bedelaar

schooi·e·ren *ww* [schooierde, h. geschooierd] NN als een schooier leven, op straat zwerven

school[1] *de* [scholen] ❶ onderwijsinrichting: ★ *op ~ zitten* ★ *naar ~ gaan* ★ kindertaal *de grote ~, vroeger, school waar lager onderwijs gegeven werd, tegengest:* → kleuterschool ★ NN *~ met de Bijbel* school waar onderwijs gegeven wordt in orthodox-protestantse geest ★ BN *sociale ~* HBO-school die opleidt voor banen in het sociaal werk ★ *een gemengde ~* zie bij → gemengd ★ *bijzondere, lagere, openbare ~* zie bij → onderwijs; zie ook: → vrij ❷ onderwijs, les: ★ *morgen is er geen ~* ★ NN *uit de ~ klappen* dingen vertellen die binnen een bepaalde kring moesten blijven ❸ leerlingen en leerkrachten: ★ *de ~ moest verhuizen naar een ander gebouw* ❹ richting in kunst of

wetenschap, groep verwante kunstenaars of geleerden ★ *de Haagse School* groep impressionistische schilders in Den Haag (ca. 1870-1890) ★ *~ maken, ~ stichten* anderen tot navolging brengen in de eigen richting
school² *de* [scholen] grote troep vissen
school³ *ww* verl tijd van → **schuilen**
school·ad·vies·dienst, school·ad·vies·dienst *de (m)* [-en] NN organisatie of overheidsdienst die onderwijskundige adviezen geeft
school·agen·da *de* ['s] huiswerkboekje voor scholieren
school·arts *de (m)* [-en] arts belast met het toezicht op de gezondheid van het schoolkind
school·at·las *de (m)* [-sen] atlas voor schoolgebruik
school·bank *de* [-en] bank met lessenaar voor schoolgebruik ★ *in de ~en zitten* schoolonderwijs krijgen
school·be·ge·lei·dings·dienst *de (m)* [-en] NN schooladviesdienst
school·be·hoef·ten *mv* voorwerpen die noodzakelijk zijn voor het onderwijs op school, zoals boeken, schriften, pennen enz.
school·be·zoek *het* ❶ het schoolgaan, het bezoeken van de school door leerlingen ❷ [*mv:* -en] bezoek aan een school door inspecteurs, leden van schoolbesturen of commissies van toezicht enz.
school·bi·bli·o·theek *de (v)* [-theken] verzameling boeken van een school
school·blad *het* [-bladen] schoolkrant
school·blij·ven *ww* [bleef school, is schoolgebleven] voor straf na schooltijd blijven; **schoolblijver** *de (m)* [-s]
school·boek *het* [-en] leer- of leesboek voor schoolgebruik
school·boek·han·del *de (m)* [-s] winkel waar schoolboeken verkocht worden
school·bord *het* [-en] schrijfbord in een schoollokaal
school·bord·verf *de* type verf waarmee men schoolborden zwart maakt en geschikt om op te schrijven met krijt
school·bus *de* [-sen] bus waarmee kinderen van huis naar school worden vervoerd en vice versa
school·dag *de (m)* [-dagen] dag waarop school gegeven wordt
school·de·caan *de (m)* [-canen] NN leraar die de scholieren helpt bij studie en beroepskeuze en soms bij persoonlijke moeilijkheden
school·dok·ter *de (m)* [-s] schoolarts
school·edi·tie [-(t)sie] *de (v)* [-s] schooluitgave
school·etui [-eetwie] *het* [-s] etui waarin kleine schoolartikelen worden bewaard, zoals pennen, potloden, gummetjes e.d.
school·exa·men *het* [-s] NN door de leerkrachten van de school afgenomen examen
school·feest *het* [-en] feest van leerlingen (en soms ook leerkrachten)
school·fonds *het* [-en] ❶ onder leerlingen of leerkrachten opgehaalde gelden voor bijzondere uitgaven (voor schoolreisjes e.d.) bestemd ❷ de gezamenlijke schoolboekuitgaven van een uitgever
school·frik *de (m)* [-ken] geringsch schoolmeester
school·gaan *ww* [ging school, h. schoolgegaan] het onderwijs op een school volgen
school·gaand *bn* geregeld schoolonderwijs volgend: ★ *~e kinderen*
school·ge·bouw *het* [-en] gebouw waarin een school is gevestigd
school·geld *het* [-en] vergoeding voor genoten onderwijs ★ *haal je ~ terug!* gezegd tegen iem. die zekere elementaire kennis blijkt te ontberen
school·hoofd *het* [-en] vroeger leerkracht die aangesteld is om de leiding in de school te hebben; thans directeur
school·jaar *het* [-jaren] ❶ het jaar gerekend van de ene zomervakantie tot de andere ❷ jaar waarin men schoolgaat
school·jeugd *de* kinderen die schoolonderwijs ontvangen
school·jon·gen *de (m)* [-s] schoolgaande jongen
school·juf *de (v)* [-fen], **school·juf·frouw** *de (v)* [-en] inf onderwijzeres
school·kaart *de* [-en] ❶ aardrijkskundige kaart voor schoolgebruik ❷ bewijs van toegang, reisbiljet e.d. voor scholieren
school·ka·me·raad *de (m)* [-raden] vriendje, vriendinnetje dat een kind kent via de school; **schoolkameraadje** *het* [-s]
school·ken·nis I *de (v)* [-sen] wat men op school leert **II** *de* [-sen] iem. die men op school heeft leren kennen
school·kind *het* [-eren] schoolgaand kind
school·klas *de (v)* [-sen] groep bijeenzittende leerlingen
school·krant *de* [-en] krant van en voor leerlingen van een school
school·krijt *het* krijt in de vorm van pijpjes
school·lo·kaal *het* [-kalen] vertrek waarin een schoolklas zit
school·maat·schap·pe·lijk *bn* ★ NN ~ *werk* maatschappelijk werk gericht op het belang van scholieren
school·mak·ker *de (m)* [-s] schoolkameraad
school·mees·ter *de (m)* [-s] ❶ vero onderwijzer ❷ geringschattend iem. met van buiten geleerde wijsheid, iem. die zich houdt aan strenge regels, iem. die geneigd is tot wanwijze betutteling
school·mees·ter·ach·tig *bn* (als) van een schoolmeester ‹in minachtende zin›; **schoolmeesterachtigheid** *de (v)*
school·mees·te·ren *ww* [schoolmeesterde, h. geschoolmeesterd] schoolmeesterachtig te werk gaan; erg onderwijzend praten
school·meis·je *het* [-s] jong, schoolgaand meisje
school·melk *de* op school aan leerlingen verstrekte melk
school·net *het* [-ten] BN elk van de twee sectoren die

het onderwijs in België organiseren: het gemeenschapsonderwijs en het vrij onderwijs

school·on·der·wijs *het* in een school gegeven onderwijs

school·on·der·zoek *het* [-en] NN onderdeel van het eindexamen dat geheel door de scholen zelf wordt verzorgd, bestaande uit één of meer tests m.b.t. op elke school afzonderlijk behandelde (en onderling uiteenlopende) leerstof

school·op·zie·ner *de (m)* [-s] NN, vroeger ambtenaar die belast was met het toezicht op het lager schoolonderwijs

School·pact *het* [-en] in België, hist overeenkomst inzake de erkenning van het zgn. officieel en vrij onderwijs, waardoor een einde gemaakt werd aan de schoolstrijd (1958)

school·par·le·ment *het* [-en] vertegenwoordigend lichaam van leerlingen op een school

school·plein *het* [-en] plein bij een school, veelal als speelplaats gebruikt

school·psy·cho·loog [-psie-] *de (m)* [-logen] psycholoog verbonden aan de schooladviesdienst

school·raad *de (m)* [-raden] NN gemeentelijk orgaan voor advies ten bate van het openbaar voortgezet onderwijs

school·ra·dio *de (m)* radio-uitzending ten dienste van het onderwijs

school·reis·je *het* [-s] reis van scholieren onder leiding van leerkrachten: ★ *groep 8 vertrok voor een ~ naar Ameland*

school·rij·den *ww & het* ❶ (het) lesnemen in paardrijden ❷ (het) uitvoeren van kunstjes op een paard

schools *bn* volgens vaste, van buiten geleerde voorschriften of regels ★ *schoolse kennis* weinig diepgaande kennis die zonder veel begrip is verzameld; **schoolsheid** *de (v)*

school·schip *het* [-schepen] opleidingsschip

school·schrift *het* ❶ manier van schrijven zoals op school geleerd wordt ❷ [*mv:* -en] schrijfboek op scholen gebruikt

school·slag *de (m)* zwemmen bep. borstslag

school·strijd *de (m)* hist ❶ NN strijd over de vraag of het onderwijs een neutraal karakter moest hebben t.a.v. feitelijke godsdienstige verschillen (in de 19de eeuw) ❷ BN benaming voor twee controverses, de eerste van 1879-1884, de tweede van 1954-1958, over de vrijheid van onderwijs

school·tand·arts *de (m)* [-en] NN, vroeger tandarts met een mobiele praktijk, belast met de periodieke gebitscontrole van schoolkinderen en met hun mondhygiënische educatie

school·tas *de* [-sen] tas voor schoolboeken enz.

school·te·le·vi·sie [-zie] *de (v)* televisie-uitzendingen ten dienste van het onderwijs

school·tijd *de (m)* [-en] ❶ de uren waarin les gegeven wordt op school: ★ *zich na ~ ontspannen* ❷ levensperiode gedurende welke men heeft schoolgegaan: ★ *in mijn ~ woonde ik in Tiel*

school·toe·zicht *het* toezicht op het schoolonderwijs

school·tuin *de (m)* [-en] tuin waarin de leerlingen planten leren kennen of waarin zij onderwijs krijgen in tuinwerk

school·ty·pe [-tiepə] *het* [-n, -s] vorm van onderwijs, zoals vbo, mavo, vwo

school·uit·gaaf [-gaven], **school·uit·ga·ve** *de* [-n] uitgave van een letterkundig werk voorzien van aantekeningen voor schoolgebruik

school·ver·band *het* ★ *in ~* op een school ★ *onderwijs buiten ~* niet op een school

school·ver·eni·ging *de (v)* [-en] ❶ groep personen die een school opricht en onderhoudt ❷ vereniging van scholieren

school·ver·la·ter *de (m)* [-s] iem. die het schoolonderwijs beëindigd heeft na het behalen van het examen (en nu een betrekking moet trachten te vinden): ★ *werkloze schoolverlaters*

school·ver·zuim *het* ❶ het verzuimen van de schoollessen ❷ keer dat men de schoollessen verzuimt

school·voor·beeld *het* [-en] vaak bij het onderwijs (vooral taalonderwijs) gebruikt voorbeeld: ★ *'lopen' is het ~ van een sterk werkwoord* ★ *het ~ van* fig alle kenmerken vertonende van: ★ *het ~ van de plicht(s)getrouwe ambtenaar*

school·voor·stel·ling *de (v)* [-en] toneeluitvoering of filmvoorstelling voor scholieren

school·vos *de (m)* [-sen] bekrompen, overdreven ijverig schoolmeester

school·vriend *de (m)* [-en], **school·vrien·din** *de (v)* [-nen] schoolkameraad

school·wijs·heid *de (v)* op school opgedane (nutteloze) wijsheid

school·ziek *bn* zich ziek houdend om niet naar school te hoeven

school·ziek·te *de (v)* ❶ het schoolziek-zijn ❷ [*mv:* -n, -s] ziekte die kinderen op school van elkaar overnemen

school·zwem·men *ww & het* zwemles (krijgen) in schoolverband

schoon[1] **I** *bn* ❶ zindelijk, niet vuil: ★ *een ~ gezicht* ★ *schone theekopjes*; weinig of geen verontreiniging van het milieu veroorzakend: ★ *een schone industrie* ❷ BN, spreektaal mooi ★ *een schone jonkvrouw* ★ *een schoon uitzicht*; zie ook → **kunst** (bet 2), → **avond** ❸ NN netto; na aftrek van onkosten of inhoudingen: ★ *zij verdiende € 1973,85 ~* ❹ gunstig ★ *de kans ~ zien* zien dat er goede mogelijkheden zijn (tot iets) ❺ leeg ★ *een ~ kanaaltje* (bij radioamateurs) waar niemand anders zendt ❻ BN, spreektaal verheven, loffelijk: ★ *schone manieren* ❼ BN, spreektaal ⟨van kinderen⟩ aangenaam, behaaglijk ★ *iets ~ vragen* beleefd ❽ BN, spreektaal gelegen komend ★ *op een schone dag* op zekere dag, op een goeie dag ❾ BN, spreektaal aanzienlijk, de moeite waard (van een bedrag, leeftijd e.d.): ★ *een ~*

pensioentje **II** *bijw* geheel en al: ★ *alles ging ~ op* ★ *er ~ genoeg van hebben*

schoon² *voegw* vero ofschoon, hoewel: ★ *~ zijn vader het hem verbood*

schoon·broer, **schoon·broe·der** *de (m)* [-s] BN ook zwager, broer van iems. echtgenoot (-genote) *of* echtgenoot van iems. zuster

schoon·doch·ter *de (v)* [-s] aangetrouwde dochter, echtgenote van een zoon

schoon·druk *de (m)* [-ken] druk op de eerste zijde van een nog onbedrukt vel papier

schoon·fa·mi·lie *de (v)* aangetrouwde familie

schoon·heid *de (v)* [-heden] ❶ het mooi-zijn; het mooie van iets of iem.: ★ *de ~ van een schilderij* ❷ bijzonder mooi persoon, vooral vrouw of meisje: ★ *er flaneerden een stel schoonheden over de boulevard* ★ BN ook *in ~ eindigen* waardig eindigen

schoon·heids·com·mis·sie *de (v)* [-s] NN gemeentelijke commissie van advies over bouwplannen met het oog op de schoonheid

schoon·heids·fout *de* [-en], **schoon·heids·fout·je** *het* [-s] ❶ kleine fout, die de schoonheid van het geheel des te beter doet uitkomen ❷ kleine onvolkomenheid die echter nauwelijks van invloed is op de schoonheid of waarde van het geheel

schoon·heids·ge·voel *het* het aanvoelen van schoonheid

schoon·heids·in·sti·tuut *het* [-tuten] schoonheidssalon

schoon·heids·ko·nin·gin *de (v)* [-nen] winnares van een schoonheidswedstrijd

schoon·heids·leer *de* leer van het schone, esthetiek

schoon·heids·mid·del *het* [-en] middel tot verzorging van de schoonheid, vooral van het gezicht

schoon·heids·sa·lon *de (m) & het* [-s] inrichting voor verzorging van de schoonheid, vooral van het gezicht

schoon·heids·spe·cia·list [-sjaa-] *de (m)* [-en], **schoon·heids·spe·cia·lis·te** [-sjaa-] *de (v)* [-n *en* -s] iem. die beroepshalve op verschillende wijzen de uiterlijke schoonheid verzorgt

schoon·heids·wed·strijd *de (m)* [-en] wedstrijd waarbij personen worden beoordeeld op hun uiterlijke schoonheid

schoon·heids·zin *de (m)* schoonheidsgevoel, gevoel voor esthetiek

schoon·hou·den *ww* [hield schoon, h. schoongehouden] zorgen dat iets schoon blijft

schoon·klin·kend *bn* mooi klinkend maar nietszeggend

schoon·maak *de (m)* het schoonmaken van het gehele huis ★ *grote ~ houden* fig grote opruiming houden, ongewenste elementen verwijderen

schoon·maak·be·drijf *het* [-drijven] onderneming die huizen en kantoren schoonmaakt

schoon·maak·beurt *de* [-en] schoonmakende behandeling

schoon·maak·woe·de *de* overdreven neiging tot schoonmaken

schoon·ma·ken *ww* [maakte schoon, h. schoongemaakt] ❶ reinigen ❷ schoonmaak houden

schoon·ma·ker *de (m)* [-s], **schoon·maak·ster** *de (v)* [-s] iem. die tegen betaling huizen en gebouwen schoonmaakt

schoon·moe·der *de (v)* [-s] moeder van de echtgenoot of de echtgenote

schoon·ou·ders *mv* schoonvader en schoonmoeder

schoon·rij·den *ww & het* (het) sierlijk rijden, te paard of op de schaats

schoon·schij·nend *bn* slechts mooi lijkend

schoon·schrift *het* mooi en duidelijk geschreven letters

schoon·schrij·ven *ww & het* (het) mooi en duidelijk schrijven

schoon·sprin·gen *ww & het* (het) maken van sierlijke sprongen van een duikplank of een andere hoge stellage (*vgl*: → **torenspringen**) in een zwembad; **schoonspringer** *de (m)* [-s]; **schoonspringster** *de (v)* [-s]

schoon·va·der *de (m)* [-s] vader van de echtgenoot of de echtgenote

schoon·ve·gen *ww* [veegde schoon, h. schoongeveegd] door vegen schoonmaken ★ *de straat ~* fig de samengeschoolde mensen verjagen

schoon·zoon *de (m)* [-s *en* -zonen] aangetrouwde zoon, echtgenoot van een dochter

schoon·zus [-sen], **schoon·zus·ter** *de (v)* [-s] zuster van iems. echtgenoot (-genote) *of* echtgenote van iems. broer

schoon·zwem·men *ww & het* kunstzwemmen

schoor¹ *de (m)* [schoren] stut

schoor² *ww* verl tijd van → **scheren¹**

schoor·balk *de (m)* [-en] bouwk steunende balk

schoor·muur *de (m)* [-muren] tot steun aangebouwde muur

schoor·paal *de (m)* [-palen] steunende paal

schoor·steen *de (m)* [-stenen] ❶ koker waardoor de rook een gebouw, boot enz. verlaat ★ NN *daar kan de ~ niet van roken* dat is niet voldoende als middel van bestaan ★ *roken als een ~* een zware roker zijn, bijzonder veel roken ❷ schoorsteenmantel

schoor·steen·brand *de (m)* [-en] brand in een schoorsteen

schoor·steen·man·tel *de (m)* [-s] omlijsting van het onderste gedeelte van een schoorsteen in een vertrek, schouw

schoor·steen·ve·ger *de (m)* [-s] iem. die de schoorsteen schoonveegt

schoor·voe·tend *bn* met tegenzin, niet graag, aarzelend: ★ *~ gaf hij zijn ongelijk toe*

schoor·wal *de (m)* [-len] zich ophogende wal voor een kust

schoot¹ *de (m)* [schoten] ❶ dijen van een zittend persoon: ★ *op ~ zitten* ★ *het hoofd in de ~ leggen* zie bij → **hoofd** ★ *iemand iets in de ~ werpen* iemand zomaar iets van grote waarde geven, zonder dat hij er moeite voor hoeft te doen ; zie ook bij → **lot** ❷ binnenste: ★ *in de ~ der aarde* ; zie ook bij → **Abraham** ❸ van het middel afhangend gedeelte van een kledingstuk

schoot² *de (m)* [schoten] scheepv touw waarmee de benedenhoek van een zeil wordt vastgehouden ★ *de ~ vieren* het touw laten schieten om het zeil boller te doen staan

schoot³ *de (m)* [schoten] uitschietend deel van een slot

schoot⁴ *ww* verl tijd van → **schieten**

schoot·com·pu·ter [-pjoetər] *de (m)* [-s] computer van zodanig klein formaat dat men er op schoot mee kan werken, laptop, notebook

schoot·hond·je *het* [-s] troetelhondje dat vaak op schoot genomen wordt

schoot·kat *de* [-ten] kat die graag op schoot zit

schoot·kind *het* [-eren] ❶ kind dat veel op schoot zit ❷ fig verwend kind

schoots·af·stand *de (m)* [-en] uiterste bereik van de projectielen van een bep. (vuur)wapen

schoots·hoek *de (m)* [-en] hoek tussen de loop van een vuurwapen en het aardoppervlak

schoots·vel *het* [-len] leren voorschoot

schoots·veld *het* [-en] terrein dat door een vuurwapen bestreken wordt

schop¹ *de* [-pen] graaf- of schepwerktuig met een gebogen blad ★ NN *de wijk gaat op de ~* de wijk wordt gerenoveerd

schop² *de (m)* [-pen] trappende beweging met het been, trap ★ NN, fig *iem. een ~ geven* hem afdanken ★ *iem. een ~ na geven* iem. die net een moeilijke periode achter de rug heeft, nog eens te pakken nemen; zie ook bij: → **vrij**

schop·pen¹ *de* [*mv* idem *en* -s] kaartsp kaart met zwarte, gesteelde, omgekeerde hartvormige figuurtjes erop

schop·pen² *ww* [schopte, h. geschopt] trappen ★ *herrie ~* lawaai maken ★ *het ver ~* inf een hoge positie bereiken ★ *tegen iets aan ~* fig zich afzetten tegen, ernstige kritiek leveren op: ★ *tegen het overheidsbeleid aan ~* ★ *(kinderen) de wereld in ~* inf verwekken, geboren laten worden (zonder met hun toekomst rekening te houden)

schop·pen·aas *de (m) & het* [-azen] één van → **schoppen¹**

schop·pen·boer *de (m)* [-en] boer van → **schoppen¹**

schop·pen·heer *de (m)* [-heren] heer van → **schoppen¹**

schop·pen·vrouw *de (v)* [-en] vrouw van → **schoppen¹**

schop·stoel *de (m)* hist zeker strafwerktuig ★ *op de ~ zitten* geen vastheid (van positie, verblijf enz.) hebben

schor¹ *bn* hees, met een schrapend geluid in de keel

schor² [-ren], **schor·re** *de* [-n] buitendijks aangeslibd land

scho·rem I *het* gepeupel II *bn* haveloos: ★ *schoreme kleding*

scho·ren¹ *ww* [schoorde, h. geschoord] stutten

scho·ren² *ww* verl tijd meerv van → **scheren¹**

schor·heid *de (v)* het → **schor¹**-zijn

schor·pi·oen (‹Oudfrans‹Gr) *de (m)* [-en] ❶ spinachtig dier met een gifstekel, de orde Scorpionidae ❷ fig gesel met stekels: ★ *met schorpioenen kastijden* [1 Koningen 12: 11] Schorpioen achtste teken in de dierenriem (van ± 21 oktober tot ± 21 november)

schor·re *de* [-n] → **schor²**

schor·re·mor·rie, **schor·rie·mor·rie** (‹Perz) *het* gepeupel

schors (‹Oudfrans‹Lat) *de* [-en] bast, buitenbekleding van bomen e.d.; buiten- of bovenlaag

schor·sen *ww* (‹Oudfrans) [schorste, h. geschorst] ❶ tijdelijk staken; uitstellen: ★ *de beraadslagingen ~* ❷ ‹een functionaris› tijdelijk ontslaan; ❸ ‹een vergadering› tijdelijk doen ophouden; ❹ ‹een sportman› het recht ontzeggen aan een of meer wedstrijden deel te nemen

schor·se·neer *de* [-neren] als groente gegeten wortel van een samengesteldbloemige plant (*Scorzonera hispanica*)

schor·sing *de (v)* [-en] het schorsen

schort *de & het* [-en] kledingstuk dat de voorzijde van het lichaam geheel of gedeeltelijk bedekt en dient ter bescherming van de eronder gedragen kleding

schor·ten *ww* [schortte, h. geschort] ❶ → **opschorten** (bet 1) ❷ mankeren, haperen: ★ *wat schort eraan?*

Schot *de (m)* [-ten] iemand geboortig of afkomstig uit Schotland

schot¹ *het* [schoten] ❶ het schieten, vooral met een vuurwapen; de knal daarbij, de verwonding daardoor veroorzaakt; schop of worp op het doel bij een balspel ★ *buiten ~ blijven* zorgen dat men niet geraakt wordt, zich veilig op de achtergrond houden ★ *iem. onder ~ houden* van dichtbij een vuurwapen op iem. richten; zie ook bij → **boeg**, → **roos¹** ❷ beweging, voortgang: ★ *er zit geen ~ in* ★ *~ in iets brengen* ❸ het ontkiemen van zaad in geoogste gewassen door nat weer ❹ plotselinge snelle groei ★ *die jongen heeft een ~ gekregen*

schot² *het* [-ten] losse wand ter afscheiding, afsluiting

scho·tel (‹Lat) *de* [-s] ❶ veelal langwerpige, ondiepe, aardewerken schaal, vooral om gerechten in op te dienen ❷ gerecht (al dan niet opgediend in een dergelijke schaal) ❸ plat schaaltje onder een kopje ★ *vliegende ~* schotelvormig ruimtevaartuig waarmee leden van buitenaardse beschavingen zich door het heelal zouden voortbewegen, een soort ufo ❹ schotelantenne

scho·tel·an·ten·ne *de* [-s en -en] antenne in de vorm van een grote schotel of schaal, waarmee via satellieten uitgezonden signalen worden opgevangen

scho·tel·doek *de (m)* [-en] BN, spreektaal vaatdoek

scho·tel·vod *het* [-den] BN vaatdoek

scho·ten¹ *ww* verl tijd meerv van → **schieten**

scho·ten² [meerv van → **schot¹**]
schot·jes·geest *de (m)* NN neiging tot splitsing naar politiek of godsdienst
Schots *bn* ❶ van, uit, betreffende Schotland ★ *Schotse drie* soort dans ❷ met kleurige ruiten en strepen: ★ *een Schotse rok*
schots¹ *de* [-en] plat stuk drijvend ijs, ijsschots
schots² *bn* ★ ~ *en scheef* wanordelijk, zonder regelmaat
schots·bont *bn* van bonte geruite stof
schot·schrift *het* [-en] schimpend geschrift, smaadschrift
schot·wilg *de (m)* [-en] → **schietwilg**
schot·wond [-en] *de* wond door een kogel veroorzaakt
schou·der *de (m)* [-s] gedeelte dat de overgang vormt van de arm (of één van de voorste ledematen) naar de hals ★ *iem. op de ~ kloppen* om hem te bemoedigen of te prijzen ★ *de schouders ophalen* ten teken dat men iets niet weet *of* dat men onverschillig tegenover iets staat ★ *niet aan iemands schouders reiken* verre zijn mindere zijn ★ *op iemands schouders staan* op zijn werk voortbouwen ★ *zijn schouders onder iets zetten* krachtige steun verlenen om iets tot stand te brengen ★ *een ~ om op te huilen* iem. bij wie men troost kan vinden
schou·der·band *de (m)* [-en], **schou·der·band·je** *het* [-s] smal, over de schouder lopend bandje van bijv. damesondergoed, zomerjurken, bovenstukjes van bikini's e.d.
schou·der·blad *het* [-bladen] driehoekig plat been in de bovenrug ter weerszijden van de wervelkolom
schou·der·breed·te *de (v)* [-n, -s] breedte van de rug ter hoogte van de schouders
schou·der·duw *de* [-en] sp duw met de schouder tegen het lichaam van een tegenstander in een duel om de bal
schou·de·ren *ww* [schouderde, h. geschouderd] ❶ ‹een geweer› tegen de schouder plaatsen ❷ op de schouders tillen
schou·der·ge·wricht *het* [-en] gewricht waarin de arm draait
schou·der·gor·del *de (m)* [-s] gordel van beenderen waarmee de armen of voorpoten aan de wervelkolom bevestigd zijn
schou·der·ham *de* ham van de voorpoot van het varken
schou·der·hoog·te *de (v)* plaats waar zich de schouders bevinden: ★ *op ~*
schou·der·klop·je *het* [-s] klopje op de schouder als teken van bemoediging of aanmoediging; vaak *fig* compliment
schou·der·kwast *de (m)* [-en] ‹aan een uniform› kwast ter hoogte van de schouder
schou·der·man·tel *de (m)* [-s] om de schouders geslagen tot het middel hangende mantel
schou·der·op·ha·len *het* gebaar van onzekerheid of onverschilligheid

schou·der·stand *de (m)* [-en] gymnastiek stand waarbij men op de schouders rust met de benen recht omhoog
schou·der·tas *de* [-sen] tas die door middel van een lange riem over de schouders wordt gedragen
schou·der·vul·ling *de (v)* [-en] vulling in kleding waardoor de drager ervan schijnbaar bredere schouders heeft
schout *de (m)* [-en] ❶ hist gerechtelijk ambtenaar, hoofd van de politie ❷ dijkgraaf
schout-bij-nacht *de (m)* [schout-bij-nachts, schouten-bij-nacht] NN vlagofficier bij de marine, één rang onder viceadmiraal
schouw¹ ‹‹Lat› *de* [-en] ❶ wand van de schoorsteen, schoorsteenmantel: ★ *de sigaretten liggen op de ~* ❷ BN ook schoorsteen, koker waardoor de rook een gebouw, boot, fabriek enz. verlaat
schouw² *de (m)* [-en] schouwing, inspectie, vooral van duikers en sloten in een polder
schouw·burg *de (m)* [-en] ❶ gebouw waar toneelvoorstellingen e.d. worden vertoond ❷ het aanwezige publiek bij een voorstelling in dit gebouw: ★ *de hele ~ applaudisseerde*
schou·wen *ww* [schouwde, h. geschouwd] ❶ ‹dijken, een lijk e.d.› inspecteren, onderzoeken; mil ‹troepen› inspecteren ❷ BN ook ‹een auto› technisch keuren
schou·wing *de (v)* [-en] ❶ het nazien, inspectie ❷ BN ook keuring; technische keuring van auto's
schouw·spel *het* [-spelen] tafereel, vertoning, gezicht
schouw·to·neel *het* [-nelen] plaats waar zich iets afspeelt
scho·ven¹ *ww* [schoofde, h. geschoofd] tot schoven binden
scho·ven² *ww* verl tijd meerv van → **schuiven**
schraag *de* [schragen] draaggestel, toestel dat iets steunt
schraag·balk *de (m)* [-en] balk, plank ter versteviging van een raamwerk
schraag·pij·ler *de (m)* [-s] steunende pijler
schraal *bn* ❶ dor, dun; gering; sober, armoedig: ★ *een schrale maaltijd* ❷ ‹van de huid› ruw en pijnlijk ❸ ‹van weer, wind› koud en droog, niet groeizaam; **schraalheid** *de (v)*
schraal·hans *de (m)* ★ *daar is ~ keukenmeester* daar is niet veel te eten
schraal·tjes *bijw* karig, zeer sober, armoedig; dor
schraap·ach·tig *bn* schraperig, inhalig
schraap·ijzer *het* [-s], **schraap·mes** *het* [-sen] driehoekig stuk ijzer op een handvat, gebruikt om te → **schrapen** (bet 3)
schraap·sel *het* [-s] wat van iets afgeschraapt of afgekrabd wordt
schraap·zucht *de* inhaligheid
schraap·zuch·tig *bn* inhalig; **schraapzuchtigheid** *de (v)*
schrab *de* [-ben] krab, kras, ingegroefde streep
schrab·ben *ww* [schrabde, h. geschrabd] krabben

schrab·ber *de (m)* [-s] schrapwerktuig; ijzer waarop men straatvuil van de schoenen krabt

schra·gen *ww* [schraagde, h. geschraagd] <u>vero</u> ondersteunen; sterken; **schraging** *de (v)*

schram *de* [-men] → **krab**[1]; lichte verwonding

schram·mel·mu·ziek [sjram-] *de (v)* in de open lucht gespeelde Oostenrijkse populaire muziek (naar de Oostenrijkse musicus Johann Schrammel, 1850-'93)

schram·men *ww* [schramde, h. geschramd] de huid oppervlakkig openrijten

schran·der *bn* vlug van verstand, scherpzinnig, slim; **schranderheid** *de (v)*

schran·sen *ww* [schranste, h. geschranst], **schran·zen** [schransde, h. geschransd] gretig eten

schrap[1] *de* [-pen] streep, → **krab**[1]

schrap[2] *bijw* vast, stevig, gereed tot verzet: ★ ~ staan, zich ~ zetten

schra·pen *ww* [schraapte, h. geschraapt] ❶ een keelgeluid maken ❷ vrekkig bijeenzamelen ❸ de buitenzijde wegkrabben: ★ *aardappels* ~

schra·per *de (m)* [-s] ❶ schrapwerktuig ❷ vrek, inhalig mens

schra·pe·rig *bn* vrekkig, inhalig; **schraperigheid** *de (v)*

schrap·ijzer *het* [-s] schrapwerktuig

schrap·pen *ww* [schrapte, h. geschrapt] ❶ krabben, → **schrapen**, bet 3 ❷ doorhalen ★ *iem.* ~ zijn naam op een lijst doorstrepen ★ *een post* ~ laten vervallen ★ <u>BN</u> ook ~ *wat niet past* schrappen wat niet van toepassing is

schre·de *de* [-n] <u>plechtig</u> stap ★ *met rasse schreden* snel

schreed *ww*, **schre·den** *verl tijd* van → **schrijden**

schreef[1] *de* [schreven] ❶ streep ★ *over de* ~ *gaan* te ver gaan, niet meer toelaatbaar zijn ❷ <u>druktechn</u> dwarsstreepje aan drukletters

schreef[2] *ww* verl tijd van → **schrijven**

schreef·loos *bn* ‹druktechn van letters› zonder horizontaal dwarsstreepje

schreeuw *de (m)* [-en] hard geluid, gemaakt door middel van de stembanden, gil, kreet

schreeuw·bek *de (m)* [-ken] <u>NN</u> schreeuwerig mens, schreeuwer

schreeu·wen *ww* [schreeuwde, h. geschreeuwd] ❶ een schreeuw geven ❷ luid roepen ❸ huilen ❹ ‹van kleuren› een lelijke combinatie vormen, vloeken

schreeu·wend I *bn* ❶ luid roepend ★ *een* ~ *onrecht* dat algemene verontwaardiging wekt ❷ huilend ❸ van kleuren) vloekend **II** *bijw* uitermate: ★ ~ *duur*

schreeu·wer *de (m)* [-s] ❶ iem. die schreeuwt ❷ iem. die op luidruchtige wijze loze dingen beweert

schreeu·we·rig *bn* geneigd tot schreeuwen; vaak heftige woorden gebruikend; lawaaierig sprekend

schreeuw·le·lijk *de (m)* [-en] schreeuwer

schrei·en *ww* [schreide, h. geschreid] <u>vero</u> huilen ★ <u>NN</u> *dat is ten hemel schreiend* dat is verschrikkelijk, ergerlijk, afschuwelijk

schre·pel *de (m)* [-s] <u>NN</u> tuingereedschap voor het wieden van onkruid

schre·ven *ww* verl tijd meerv van → **schrijven**

schriel *bn* ❶ gierig, karig ❷ mager

schrift *het* [-en] ❶ manier van schrijven, handschrift ❷ schrijfstelsel, stelsel van letters: ★ *het Latijnse, Arabische, cyrillische schrift* ❸ dun schrijfboek met een slappe kaft ★ *op* ~ opgeschreven, op papier gesteld ★ *de (Heilige) Schrift* de Bijbel

schrif·te·lijk I *bn* geschreven, door schrijven **II** *het* schriftelijk examen

Schrift·ge·leer·de *de (m)* [-n] ‹omstreeks het begin van de jaartelling› joodse kenner van de Schrift

Schrift·ken·ner *de (m)* [-s] ❶ Bijbelkenner ❷ iem. die goed (oude) handschriften kan lezen en de tijd van ontstaan kan bepalen

schrift·kun·de *de (v)* ❶ Bijbelkennis ❷ de kunst om uit iemands handschrift zijn karakter te bepalen, grafologie

Schrift·le·zing *de (v)* [-en] lezing van een Bijbelgedeelte

schrif·tuur ‹*Lat*› *de (v)* plechtig [-turen] ❶ geschrift ❷ *Schriftuur* Bijbel

Schrif·tuur·lijk *bn* plechtig Bijbels, in de Bijbel voorkomend, aan de Bijbel ontleend

schrift·ver·val·sing *de (v)* BN ook valsheid in geschrifte

schrij·den *ww* [schreed, h. & is geschreden] statig lopen: ★ *de ministers schreden naar voren*

schrijf·be·hoef·ten *mv* papier, potlood enz.

schrijf·bord *het* [-en] bord waarop met krijt geschreven kan worden

schrijf·bu·reau [-buuroo] *het* [-s] meubel om aan te schrijven, meestal bestaande uit een rechthoekig blad dat rust op twee zijstukken, waarin zich laden e.d. bevinden

schrijf·fout *de* [-en] verschrijving, fout bij het schrijven gemaakt

schrijf·ge·reed·schap *het* schrijfbehoeften

schrijf·ge·rief *het* BN, spreektaal schrijfgerei, schrijfbehoeften

schrijf·hand *de* ❶ de hand waarmee men schrijft ❷ handschrift, vooral de kenmerken daarvan die de vorm en leesbaarheid van de schrijfletters betreffen

schrijf·inkt *de (m)* [-en] inkt om mee te schrijven, tegengest: → **drukinkt**

schrijf·kramp *de* kramp in de vingers door te veel schrijven

schrijf·les *de* [-sen] les in het → **schrijven** (I, bet 1)

schrijf·let·ter *de* [-s] ❶ geschreven letter, tegengest: → **drukletter** ❷ cursieve druklettersoort

schrijf·ma·chi·ne [-sjenə] *de (v)* [-s] toestel met toetsen waarmee men machinaal kan schrijven, typemachine

schrijf·map *de* [-pen] mapje met postpapier en enveloppen

schrijf·pa·pier *het* papier geschikt om op te schrijven

schrijf·ster *de (v)* [-s] vrouw die, meisje dat een boek, een verhandeling e.d. schrijft of schrijfwerk verricht

schrijf·taal *de* geschreven taal, in woordkeus en

zinsbouw afwijkend van de gesproken taal
schrijf·ta·fel *de* [-s] tafel, gebruikt of ingericht om aan te schrijven
schrijf·trant *de (m)* wijze van schrijven, stijl
schrijf·werk *het* geschreven of te schrijven werk: ★ *op kantoor veel ~ moeten verrichten*
schrijf·wijs [-wijzen], **schrijf·wij·ze** *de* [-n] manier van schrijven, spelling
schrijf·woe·de *de* overdreven lust tot schrijven
schrij·lings *bijw bn* met de benen aan weerszijden van de zaak waarop men zit of waarboven men staat: ★ *~ op een paard zitten*
schrijn ⟨*Lat*⟩ *de (m) & het* [-en] fraai bewerkte kist
schrij·nen *ww* [schrijnde, h. geschrijnd] ❶ pijn doen door schaven of drukken van de huid ❷ een brandende pijn geven
schrij·nend *bn* grievend, diep smartelijk: ★ *~ leed*
schrijn·wer·ker *de (m)* [-s] ❶ meubelmaker; houtsnijder ❷ BN ook timmerman
schrijn·wer·ke·rij *de (v)* BN ook ❶ betimmering; houtwerk ❷ timmerwerk, het timmeren ❸ [*mv:* -en] timmermanswerkplaats, timmermanswinkel; timmerfabriek ❹ meubelmakerswerk ❺ [*mv:* -en] meubelmakerij; meubelfabriek
schrij·ve·laar *de (m)* BN, geringsch schrijver zonder talent, prulschrijver
schrij·ven ⟨*Lat*⟩ **I** *ww* [schreef, h. geschreven] ❶ met potlood, pen, krijt, typemachine, tekstverwerker enz. letters, cijfers zetten: ★ *een opstel ~* ❷ boeken, verhandelingen e.d. samenstellen ❸ een schriftelijk bericht zenden: ★ *(aan) iem. ~, dat...* ★ *om iets ~* schriftelijk om iets verzoeken ❹ beschrijfbaar zijn: ★ *het papier schrijft slecht* ❺ ★ *wij schrijven 28 juli 2001* het is nu 28 juli 2001 **II** *het* brief: ★ *in antwoord op uw ~*
schrij·ver *de (m)* [-s] ❶ iem. die schrijft ❷ iem. die boeken, gedichten e.d. maakt ❸ iem. die op een kantoor bepaald schrijfwerk verricht
schrij·ve·rij *de (v)* [-en] geschrijf, het schrijven (enigszins minachtend)
schrij·ver·tje *het* [-s] torretje dat zich over de oppervlakte van het water beweegt, familie Gyrinidae
schrik *de (m)* ❶ (plotselinge) angst, ontsteltenis: ★ *van ~ wegrennen* ★ *de ~ van zijn leven hebben* heel erg schrikken ★ *de ~ erin hebben, houden* de mensen met de bedreiging van of herinnering aan iets onaangenaams in voortdurende angst houden ★ *de ~ sloeg hem om het hart* hij werd plotseling zeer angstig ★ BN, spreektaal *~ hebben van* bang zijn voor ★ *met de ~ vrijkomen* bij een ongeluk ongedeerd blijven ❷ iem. die of iets wat schrik aanjaagt: ★ *die hond is de ~ van de buurt*
schrik·aan·ja·gend, **schrik·aan·ja·gend** *bn* angst of schrik veroorzakend
schrik·ach·tig *bn* spoedig schrikkend, schichtig
schrik·ba·rend *bn bijw* verschrikkelijk: ★ *een schrikbarende honger hebben* ★ *~ hoge belastingen*

schrik·beeld *het* [-en] schrikaanjagende voorstelling
schrik·be·wind *het* [-en] streng, zich door geweld handhavend landsbestuur
schrik·draad als stof: *het*, als voorwerp: *de (m)* [-draden] metaaldraad onder lichte elektrische stroom, om weidend vee binnen het door de draad omsloten stuk te houden
schrik·kel·dag *de (m)* [-dagen] dag die alleen in een schrikkeljaar voorkomt: 29 februari
schrik·kel·dans *de (m)* [-en] dans waarbij de dame de heer vraagt
schrik·kel·jaar *het* [-jaren] jaar met 366 dagen
schrik·kel·maand *de* [-en] februari met 29 dagen
schrik·ken I *ww* [schrok, is geschrokken] ❶ door plotselinge vrees bevangen worden: ★ *~ van een lichtflits* ★ *ik schrok toen ik dat bericht hoorde* ★ *zich dood, een aap, een hoedje ~* hevig schrikken ❷ terugdeinzen (voor iets): ★ *ik schrok om die taak te aanvaarden* **II** *ww* [schrikte, h. geschrikt] plotseling doen afkoelen door onderdompeling in koud water: ★ *eieren, gloeiend ijzer ~*
schrik·ke·rig *bn* schrikachtig
schrik·wek·kend *bn* schrikaanjagend
schril *bn* ❶ ⟨van geluid, kleur⟩ schel ❷ pijnlijk aandoende: ★ *een schrille tegenstelling* ★ *een ~ gezicht* iets dat angstaanjagend is om naar te kijken
schrob·ben *ww* [schrobde, h. geschrobd] ❶ met bezem en water reinigen ❷ met een schrobnet vissen
schrob·ber *de (m)* [-s] bezem met harde borstelharen
schrob·be·ring *de (v)* [-en] uitbrander
schrob·net *het* [-ten] viss net dat over de bodem gesleept wordt
schrob·zaag *de* [-zagen] puntig toelopende zaag
schroef *de* [schroeven] ❶ rond staafje metaal waarin windingen gegroefd zijn, dat in hout, ijzer enz. kan worden vastgedraaid ★ *op losse schroeven staan* onzeker zijn ❷ twee of meer vleugelvormige gebogen bladen, die door draaiing in de lucht of in het water beweging veroorzaken ❸ naam van een bloeiwijze ❹ turnen, schoonspringen figuur waarbij het lichaam een volledige draai maakt om de eigen lichaamsas
schroef·as *de* [-sen] as van een → **schroef** (bet 2)
schroef·bank *de* [-en] toestel waarin een te bewerken voorwerp geklemd wordt
schroef·blad *het* [-bladen] blad van een → **schroef** (bet 2)
schroef·boor *de* [-boren] boor met een schroefvormige punt
schroef·bout *de (m)* [-en] bout met een schroefdraad
schroef·dek·sel *het* [-s] deksel met windingen, dat door draaien vastgezet kan worden
schroef·dop *de (m)* [-pen] dop met windingen dat ter afsluiting op een fles, potje enz. gedraaid wordt
schroef·draad *de (m)* [-draden] de windingen van schroeven enz.: ★ *een dop met een ~*
schroef·lijn *de* [-en] lijn met windingen; ruimtelijke

spiraal
schroef·moer *de* [-en] → **moer**[1]
schroef·oog *het* [-ogen] → **schroef** (bet 1) met een ringvormig bovenstuk
schroef·sleu·tel *de (m)* [-s] sleutel om schroeven vast of los te draaien
schroef·slui·ting *de (v)* [-en] sluiting met een schroefdeksel, schroefdop e.d.
schroef·sprong *de (m)* [-en] turnen, schoonspringen schroef
schroef·vor·mig *bn* met de vorm van een schroef; als een schroef
schroei·en *ww* [schroeide, h. & is geschroeid] ❶ aan de oppervlakte doen wegbranden: ★ *de sigaret schroeide het tafelkleed* ❷ aan de oppervlakte weggebrand worden: ★ *het papier schroeide*
schroei·e·rig *bn* alsof er iets schroeit: ★ *het rook er ~*
schroe·ven *ww* [schroefde, h. geschroefd] ❶ met schroeven bevestigen: ★ *een boekenkast in elkaar ~* ❷ draaiend bevestigen of verwijderen: ★ *een deksel op / van een potje ~*
schroe·ven·draai·er *de (m)* [-s] gereedschap waarvan het uiteinde in de gleuf van een schroef past, dienende om deze vast of los te draaien
schrok[1] *de (m)* [-ken] gulzige eter, vraatzuchtig persoon of dier
schrok[2] *ww* verl tijd van → **schrikken** (I)
schrok·ken[1] *ww* [schrokte, h. geschrokt] gulzig eten
schrok·ken[2] *ww* verl tijd meerv van → **schrikken** (I)
schrok·ker, schrok·kerd *de (m)* [-s] gulzige eter
schrok·ke·rig, schrok·kig *bn* gulzig
schrok·op *de (m)* [-pen] iem. die veel en gulzig eet
schro·me·lijk *bn* ergerlijk, afschuwelijk: ★ *~ overdrijven*
schro·men *ww* [schroomde, h. geschroomd] aarzelen vanwege angst: ★ *ik schroomde haar de waarheid te vertellen*
schrom·pe·lig *bn* gerimpeld
schroom *de (m)* lichte vrees; weifeling, aarzeling: ★ *met ~ het podium betreden*
schroom·val·lig *bn* beschroomd; verlegen; **schroomvalligheid** *de (v)*
schroot[1] *⟨Du⟩ het* ❶ afval van ijzer enz. ❷ stukjes ijzer, vroeger gebruikt als munitie voor vuurwapens; → **hagel** (bet 2)
schroot[2] *de (m)* [schroten] lange, smalle reep hout, meestal in de verkleinvorm: *schrootjes*
schroot·hoop *de (m)* [-hopen] hoop ijzerafval ★ *op de ~ gooien, werpen* fig als waardeloos aanmerken, afschaffen
schroot·jes·wand *de (m)* [-en] met latten beklede wand
schrot *het* uitschot van vruchten
schub [-ben], **schub·be** *de* [-n] ❶ huidplaatje bij verschillende dieren, bijv. vissen ❷ elk van de dunne over elkaar heen liggende plaatjes aan de buitenzijde van verschillende voorwerpen, planten enz.

schub·ben *ww* [schubde, h. geschubd] van de schubben ontdoen
schub·big *bn* met schubben
schub·dier *het* [-en] tropisch zoogdier met een geschubde rug
schub·vleu·ge·lig *bn* ❶ biol met schubben op de vleugels; ❷ schubvleugeligen schubvleugelige insecten: vlinders
schuch·ter *⟨Du⟩ bn* bedeesd: ★ *een ~ kind* ★ *een ~ zonnetje* heel flauw doorkomende zon; **schuchterheid** *de (v)*
schud·de·bol·len *ww* [schuddebolde, h. geschuddebold] voortdurend met het hoofd schudden
schud·den *ww* [schudde, h. geschud] ❶ heen en weer doen bewegen: ★ *~ voor gebruik* ★ *iem. de hand ~* iems. hand pakken en zo elkaars handen even heen en weer bewegen als uiting van beleefdheid, als begroeting e.d. ★ *de kaarten ~* de kaarten door elkaar stoppen voor er gedeeld wordt ★ NN, spreektaal *dat kun je wel ~* dat kun je wel vergeten, dat gebeurt toch niet ★ *iets uit de mouw ~* zie bij → **mouw** ❷ zich heen en weer bewegen, heen en weer bewogen worden: ★ *de auto schudde op het landweggetje* ★ *~ van het lachen* heel erg moeten lachen
schud·goot *de* [-goten] metalen goot, waarlangs kolen e.d. schuddende verplaatst worden
schui·er *de (m)* [-s] vooral NN borstel
schui·e·ren *ww* [schuierde, h. geschuierd] vooral NN borstelen
schuif *de* [schuiven] ❶ verschuifbaar deurtje ❷ schuivend slot ❸ BN ook lade, schuifbare bak in een meubelstuk ★ *in de bovenste ~ liggen* in een goed blaadje staan, in de gunst staan ; zie ook → **schuifje**
schuif·af *de (m)* [-fen, -s] BN, spreektaal glijbaan
schuif·balk *de (m)* [-en] comput → **scrollbar**
schuif·dak *het* [-daken] auto dak dat open geschoven kan worden
schuif·deur *de* [-en] deur die open en dicht geschoven wordt ★ NN *tussen de schuifdeuren optreden* zijn kunsten vertonen voor een kleine kring van bekenden, vooral familieleden
schui·fe·len *ww* [schuifelde, is & h. geschuifeld] ❶ heen en weer schuiven met de voeten; zich op die wijze langzaam voortbewegen: ★ *de menigte schuifelde naar binnen* ❷ langzaam, dicht tegen elkaar aan, dansen, slijpen ❸ BN, lit (van vogels) fluiten
schuif·je *het* [-s] ❶ kleine schuif (alle bet) ❷ schuifspeldje
schuif·lad·der *de* [-s] uitschuifbare ladder
schuif·maat *de* [-maten] stuk gereedschap voorzien van een uitschuifbare bek en een maatverdeling om nauwkeurig de (binnen)maat van buizen e.d. te bepalen
schuif·pui *de* [-en] een voornamelijk uit een glaswand

en grote glazen deuren bestaande pui, bijv. van een winkel

schuif·raam *het* [-ramen] raam dat door schuiven geopend en gesloten wordt

schuif·speld·je *het* [-sw] haarspeldje dat in het haar geschoven wordt

schuif·ta·fel *de* [-s] tafel met uitschuifbladen

schuif·trom·pet *de* [-ten] trompet waarvan een gedeelte onder het spelen in- en uitgeschoven wordt, trombone

schuif·wand *de (m)* [-en] wand die ineengeschoven kan worden

schui·len *ww* [schuilde, h. geschuild; *ook* school, h. gescholen] ❶ beschutting zoeken tegen de regen of de hagel onder een afdak, in een portiek e.d. ❷ zich bevinden, verborgen zijn, schuilgaan: ★ *er schuilt iets geheimzinnigs in zijn woorden*

schui·le·vink·je *het* NN, *vero* verstoppertje: ★ *~ spelen*

schuil·gaan *ww* [ging schuil, is schuilgegaan] zich verbergen, verborgen zijn: ★ *de maan ging schuil achter een wolkendek*

schuil·hoek *de (m)* [-en] plaats waar men zich schuilhoudt

schuil·hok·je *het* [-s] BN *ook* wachthokje bij een halte van het openbaar vervoer

schuil·hou·den *wederk* [hield schuil, h. schuilgehouden] zich verborgen houden

schuil·kel·der *de (m)* [-s] ondergrondse schuilplaats tegen luchtaanvallen

schuil·kerk *de* [-en] NN, hist verborgen, niet aan de openbare weg gelegen kerk

schuil·naam *de (m)* [-namen] aangenomen naam waaronder iem. zijn werk doet verschijnen, pseudoniem

schuil·plaats *de* [-en] ❶ plaats waar men schuilt of kan schuilen: ★ *een ~ zoeken tegen de regen* ❷ plaats waar men zich verborgen houdt: ★ *de partizanen zochten een ~ in de bossen*

schuim *het* ❶ met lucht gevulde vloeistofblaasjes: ★ *het ~ stond hem op de mond van woede* ❷ laag luchtblaasjes met vuil op een vloeistof ❸ *fig* tuig, gemeen volk ❹ schuimpje NN bros, luchtig gebakje van opgeklopt eiwit en suiker

schuim·bad *het* [-baden] bad in schuimend warm water

schuim·beest·je *het* [-s] insect waarvan de larve in een vlok schuim zit, het z.g. koekoeksspog, familie Cercopidae

schuim·bek·ken *ww* [schuimbekte, h. geschuimbekt] schuim op de mond hebben: ★ *~ van woede*

schuim·blus·ap·pa·raat *het* [-raten], **schuim·blus·ser** *de (m)* [-s] toestel om brand te blussen met koolzuur bevattend schuim

schuim·ci·ca·de *de (v)* [-n, -s] schuimbeestje

schui·men *ww* [schuimde, h. geschuimd] ❶ schuim vormen ❷ van schuim ontdoen ❸ rovend en plunderend rondzwerven: ★ *door het land ~*

schui·mig *bn* van schuim, met schuim bedekt

schuim·kop *de (m)* [-pen] ❶ golf met wit schuim ❷ laag schuim op bier in een glas

schuim·kraag *de (m)* [-kragen] laag schuim boven in een glas bier

schuim·le·pel *de (m)* [-s] schuimspaan

schuim·pje *het* [-s] bros en luchtig zoet snoepje

schuim·plas·tic [-plestik] *de (m) & het* sponzig, meestal stevig plastic

schuim·rub·ber *de (m) & het* zacht sponzig rubber (voor matrassen e.d.)

schuim·spaan *de* [-spanen] lepel met gaatjes om schuim van een vloeistof te verwijderen

schuim·wijn *de (m)* [-en] mousserende wijn

schuin *bn* ❶ scheef; niet horizontaal of verticaal: ★ *de straat ~ oversteken* ❷ met toespelingen op de seksualiteit: ★ *schuine moppen*

schuin·balk *de (m)* [-en] herald strook van boven rechts naar beneden links

schui·nen *ww* [schuinde, h. geschuind] schuin maken

schuins *bn* schuin: ★ *iem. ~ aankijken*

schuin·schrift *het* cursief geschreven letters

schuins·mar·cheer·der [-sjeer-] *de (m)* [-s] loszinnig persoon, fuifnummer, losbol

schuin·te *de (v)* [-n *en* -s] schuine richting, helling

schuit *de* [-en] ❶ plat binnenschip ❷ *algemeen* schip van vrij kleine afmeting; zie ook → **schuitje**

schui·ten·huis *het* [-huizen] overdekte ligplaats voor kleine boten

schuit·je *het* [-s] ❶ kleine schuit ★ *in hetzelfde ~ varen* van dezelfde gezindheid *of* in dezelfde omstandigheden zijn ★ *je zit in het ~ en je moet meevaren* je moet aanvaarden wat eruit voortvloeit, je kunt niet meer terug ❷ bak, mand aan een schommel, luchtballon e.d. ❸ vorm waarin gegoten metaal, vooral tin, in de handel komt

schuit·je·va·ren *ww & het* (het) spelevaren

schui·ven *ww* [schoof, h. & is geschoven] ❶ duwend en zonder optillen voortbewegen over een vlak: ★ *we schoven de tafel in de hoek* ★ *bezwaren terzijde ~* als onbelangrijk afdoen, negeren ❷ ‹opium› roken in een speciale pijp ❸ zich glijdend over een vlak voortbewegen: ★ *het kratje flessen schoof van de laadbak* ★ NN *laat hem maar ~* laat hem zijn gang maar gaan ★ NN, spreektaal *wat schuift dat?* hoeveel verdien ik daarmee?

schui·ver *de (m)* [-s] ❶ plotselinge hevige beweging ★ *een lelijke ~ maken* lelijk ten val komen ❷ voetbal laag schot ❸ opiumschuiver

schuld *de* [-en] ❶ bedrag dat men nog betalen moet ★ *een ~ vereffenen* betalen ★ *zich in de schulden steken* veel schulden maken; zie ook bij → **vast** → **vlottend** ❷ het begaan hebben van of medeplichtig zijn aan een verkeerde daad: ★ *~ hebben aan iets* ★ *het is zijn ~* hij heeft het gedaan, hij is er de oorzaak van ★ *iem. de ~ geven* zeggen dat iem. iets verkeerds gedaan heeft ★ *eigen ~, dikke bult!* uitroep als iem. door eigen schuld zichzelf benadeelt ❸ verplichting tot iets ★ *belofte maakt ~*

schuld·be·ken·te·nis *de (v)* [-sen] ❶ schriftelijke verklaring dat men iemand een bedrag schuldig is ❷ het bekennen van schuld

schuld·be·lij·de·nis *de (v)* [-sen] het belijden van zonden

schuld·be·sef *het* bewustzijn van schuld

schuld·be·wijs *het* [-wijzen] bewijsstuk van een aangegane schuld

schuld·be·wust, schuld·be·wust *bn* met het besef schuldig te zijn: ★ ~ *kijken* ★ *de hond kroop* ~ *in de mand*

schuld·be·wust·zijn *het* schuldbesef

schuld·brief *de (m)* [-brieven] schuldbekentenis

schuld·del·ging *de (v)* [-en] het afbetalen van een schuld

schuld·ei·ser *de (m)* [-s], **schuld·ei·se·res** *de (v)* [-sen] iem. die geld te vorderen heeft

schul·de·loos *bn* zonder schuld, onschuldig

schul·de·naar *de (m)* [-s *en* -naren], **schul·de·na·res** *de (v)* [-sen] iem. die geld schuldig is

schul·den·land *het* [-en] land dat grote buitenlandse schulden heeft

schul·den·last *de (m)* [-en] de gezamenlijke schulden die men te betalen heeft

schuld·ge·voel *het* [*als mv doet dienst*: -gevoelens] schuldbesef

schul·dig *bn* ❶ nog te betalen hebbend: ★ *iem. _ 1000 schuldig zijn* ❷ een verkeerde daad gedaan hebbend of er medeplichtig aan zijnde ★ *des doods* ~ *zijn* de doodstraf verdienen ❸ de verplichting hebbend, verplicht ★ *iemand het antwoord* ~ *blijven* geen antwoord kunnen geven op hetgeen hij zegt

schul·di·ge *de* [-n] iem. die → **schuldig** (bet 2) is

schuld·plich·tig *bn* verplicht een schuld te betalen

schuld·sa·ne·ring *de (v)* hulpverlening bij de problematiek die is ontstaan als een particulier zijn schulden niet meer kan betalen

schuld·ver·ef·fe·ning *de (v)* [-en] het geheel betalen van zijn schulden

schuld·ver·ge·lij·king *de (v)* [-en] recht tenietgaan van schuld tussen twee partijen door wederzijdse vorderingen tegen elkaar weg te strepen

schuld·vor·de·ring *de (v)* [-en] te vorderen schuld; vordering van schuld

schuld·vraag *de* [-vragen] de vraag wie de schuldige is

schulp *de* [-en] schelp ★ *in zijn* ~ *kruipen* zich terugtrekken, niet durven volharden, terugkrabbelen

schul·pen *ww* [schulpte, h. geschulpt] met schelpen versieren; schelpvormig afwerken

schund [sjoent] *(‹Du) de (m)* ❶ product(en) van zeer slechte kwaliteit, rotzooi, troep ❷ minderwaardige lectuur

schun·nig *bn* smerig, gemeen: ★ *schunnige humor*

schun·nig·heid *de (v)* ❶ het schunnig-zijn ❷ [*mv*: -heden] iets schunnigs

schu·ren *ww* [schuurde, h. geschuurd] ❶ hard wrijven met zand enz., vooral om schoon of glanzend te maken ★ *zand schuurt de maag* schertsende geruststelling bij het aantreffen van zand (of andere onzuiverheden) in spijzen ❷ voortdurend tegen iets wrijven en zodoende beschadigen: ★ *de riem van de rugzak schuurde tegen mijn schouder* ❸ BN ook ‹de vloer› schrobben

schurft *de & het* ❶ besmettelijke huidziekte veroorzaakt door de schurftmijt ★ NN *de* ~ *hebben aan iem./ iets* een hekel hebben aan iem. / iets ❷ een plantenziekte, o.a. bij aardappels

schurf·tig *bn* aan schurft lijdend ★ *een schurftige hond* fig uiterst onaangenaam mens, smeerlap; **schurftigheid** *de (v)*

schurft·mijt *de* [-en] huidparasiet van de mens die schurft veroorzaakt (*Scarcoptes scabiei*)

schu·ring *de (v)* [-en] het schuren, het langs elkaar wrijven

schurk *de (m)* [-en] gemene kerel, boef

schurk·ach·tig *bn* gemeen, als een schurk; **schurkachtigheid** *de (v)* [-heden]

schur·ken *ww* [schurkte, h. geschurkt] wrijvende bewegingen maken tegen een paal, muur enz. ★ *zich* ~ *(tegen)* a) dergelijke bewegingen (tegen iets aan) maken om jeuk te verdrijven; b) fig ‹in ongunstige zin› toenadering zoeken tot

schur·ken·staat *de (m)* [-staten] staat die het terrorisme ondersteunt of zich anderszins niet houdt aan de internationale rechtsregels

schur·ken·streek *de* [-streken] gemene streek

schurk·paal *de (m)* [-palen] wrijfpaal voor vee

schut¹ *het* [-ten] ❶ schot, scherm ❷ stuw, dam

schut² *zn* ★ *voor* ~ *staan, zitten* zich aan bespotting blootstellen ★ *iem. voor* ~ *zetten* iem. een mal figuur laten slaan ★ NN *voor* ~ *lopen* zich belachelijk maken door vreemde kleding of een afwijkend uiterlijk

schut·blad *het* [-bladen] ❶ biol bladachtig orgaan aan de voet van de zijassen van een stengel ❷ beschermend blad voor of achter in een boek

schut·geld *het* NN prijs voor het → **schutten** (bet 1)

schut·kleur *de* [-en] in de natuurlijke omgeving onopvallende kleur bij dieren, ter bescherming

schut·kolk *de* [-en] ruimte tussen de deuren van een schutsluis

schut·kring *de (m)* [-en] beschermende zone rondom een besmettingshaard: ★ *bij varkenspest wordt er een* ~ *van 500 meter ingesteld*

schuts·en·gel *de (m)* [-en] beschermengel

schuts·heer *de (m)* [-heren] beschermheer

schuts·hei·li·ge *de* [-n] beschermheilige

schut·sluis *de* [-sluizen] sluis, bestaande uit dubbel stel sluisdeuren, zodat een vaartuig de sluis kan passeren bij aanzienlijk verschil van waterstand aan weerszijden hiervan

schuts·pa·troon *de (m)* [-s *en* -tronen], **schuts·pa·tro·nes** *de (v)* [-sen] beschermheilige

schut·ten *ww* [schutte, h. geschut] ❶ door een schutsluis gaan *of* laten gaan ❷ tegenhouden,

tegengaan ❸ beschutten, beschermen
schut·ter *de (m)* [-s] ❶ iem. die schiet ❷ hist lid van de schutterij; thans lid van een schietvereniging ❸ onhandige, rare vent
schut·te·ren *ww* [schutterde, h. geschutterd] NN ❶ haastig en onbeholpen te werk gaan: ★ *zitten ~ achter een computer* ❷ dienst doen als → **schutter** (bet 2)
schut·te·rig *bn* haastig, niet beheerst in zijn bewegingen, onhandig; **schutterigheid** *de (v)*
schut·te·rij *de (v)* [-en] ❶ vroeger vereniging van personen die zich oefenden om gewapenderhand een stad te verdedigen ❷ thans schietvereniging
schut·ters·doe·len *de (m)* [-s] vroeger oefenplaats van de schutters
schut·ters·gil·de *de & het* [-n] vroeger vereniging van schutters, schutterij
schut·ters·ko·ning *de (m)* [-en] kampioen bij een schietwedstrijd van de schutterij
schut·ters·maal·tijd *de (m)* [-en] feestmaal van een schuttersgilde
schut·ters·put·je *het* [-s] → **mangat**
schut·ters·stuk *het* [-ken] schilderij dat een groep schutters voorstelt
schut·ting *de (v)* [-en] hoog, houten hek tussen tuinen of rond een tuin
schut·ting·taal *de* taal die veel obscene woorden bevat
schut·ting·woord *het* [-en] onnet woord, dat vaak op schuttingen geschreven wordt, drieletterwoord
Schutz·staf·fel [sjoetssjtaf-] *(Du) de (v)* beruchte, paramilitaire organisatie van de nationaalsocialisten, belast met o.a. opsporingswerkzaamheden, kampbewakingsdiensten en later ook met militaire aangelegenheden: SS
schuur *de* [schuren] eenvoudig gebouw(tje) als bergruimte
schuur·deur *de* [-en] grote deur van een schuur ★ *een mond als een ~* een grote mond
schuur·lin·nen *het* weefsel bedekt met een ruwe scherpe laag, dienende om te schuren
schuur·mid·del *het* [-en] alles wat gebruikt wordt om te schuren
schuur·paal *de (m)* [-palen] wrijfpaal voor vee, schurkpaal
schuur·pa·pier *het* papier waarop een laagje fijn zand of glas is aangebracht, dienende om te schuren
schuur·spons·je *het* [-s] sponsje met één ruwe zijde, waarmee men kan schuren
schuur·zand *het* fijn scherp zand, dienende om te schuren
schuw *bn* vreesachtig, schuchter: ★ *een ~ hondje*
schu·wen *ww* [schuwde, h. geschuwd] vrezen, mijden: ★ *drukke ruimtes ~* ★ *geen geweld ~* bereid zijn eventueel geweld te gebruiken
schuw·heid *de (v)* vreesachtigheid, schuchterheid

schwal·be [sjwalbə] *(Du) de* [-n] voetbal nagebootste val tijdens een duel om de bal teneinde de scheidsrechter te verleiden tot het geven van een strafschop, een vrije schop en / of een kaart aan de tegenstander
schwung [sjwoeng] *(Du) de (m)* vaart, gloed, bezieling: ★ *met veel ~ zijn avonturen vertellen*
sci·ence·fic·tion [saiəns fiksjən] *(Eng) de (v)* romanliteratuur waarin de denkbeeldige avonturen in verband staan met de toekomstige ontwikkeling van wetenschap en techniek of andere toekomstverwachtingen
SCK *afk* in België Studiecentrum voor Kernenergie
scle·ro·se [-zə] *(‹Gr) de (v)* med verkalking, verharding; zie ook → **multipel**
SCO *afk* Shanghai Cooperation Organization [samenwerkingsverband (op het gebied van defensie en economie) van China, Rusland, Kazachstan, Tadzjikistan en Oezbekistan (aspirant-leden: India, Pakistan, Iran, Mongolië)]
scone [skoon] *(Eng) de* [-s] klein, zoet cakeje
scon·to *(‹It) het* ['s] → **disconto**
scoop *(‹Eng)* [skoep] *de (m)* [-s] ❶ opzienbarende primeur: ★ *het ochtendblad bracht de ~ groot op de voorpagina* ❷ meetinstrument ❸ medisch instrument om mee te kijken en kleine operaties mee te verrichten
scoo·ter [skoetər] *(‹Eng) de (m)* [-s] laag motorrijwiel met een open frame en kleine, brede wielen
scoot·mo·biel [skoet-] *de* [-en] gemotoriseerde invalidenwagen voor lichamelijk gehandicapten
scope [skoop] *(‹Eng‹Gr) de (m)* [-s] gezichtskring, terrein van werkzaamheid
sco·re *(‹Eng) de (m)* [-s] sp stand in of na de wedstrijd wat betreft het aantal (doel)punten: ★ *wat is momenteel de ~*
sco·re·bord *het* [-en] bord waarop het aantal behaalde punten en andere gegevens over het verloop van een wedstrijd of spel worden aangegeven
sco·ren *(‹Eng) ww* [scoorde, h. gescoord] ❶ het genoemde aantal (doel)punten maken; een doelpunt maken: ★ *Van Persie scoorde het beslissende doelpunt* ❷ NN, slang erin slagen heroïne te bemachtigen (door een verslaafde) ❸ NN, schertsend bemachtigen (in het algemeen): ★ *een kroket ~* ★ *een kaartje voor een concert van U2 ~* ❹ bewerkstelligen: ★ *een hit e.d. ~* zorgen voor een hit e.d.
Scor·pio *(‹Lat‹Gr) de (m)* astrol Schorpioen (teken van de dierenriem)
Scot·land Yard *zn* [skotlənd jà(r)d] *(Eng)* benaming voor de Britse politieorganisatie, zo genoemd naar het gebouw in Londen waar deze organisatie aanvankelijk gevestigd was
scout *(‹Eng) de (m)* [-s] ❶ verkenner, padvinder ❷ sp iem. die voor een profclub spelers van andere clubs observeert en zijn bevindingen rapporteert

scou·ting *de (v)* → **padvindersbeweging**

scrab·be·len *ww* [skreb-] *(‹Eng)* [scrabbelde, h. gescrabbeld] een bep. gezelschapsspel spelen waarbij men met losse letters woorden moet leggen op een in vakjes verdeeld bord

scram·bler [skremblə(r)] *(‹Eng) de (m)* [-s] spraakomvormer, toestel waarmee mobilofoonberichten voor onbevoegden onverstaanbaar worden gemaakt

scrat·chen *ww* [skretsjə(n)] *(‹Eng)* [scratchte, h. gescratcht] popmuziek geluidseffecten teweegbrengen door onder de pick-upnaald heen en weer te bewegen, door het laten draaien en doen stilstaan van de draaitafel

screen [skrien] *(‹Eng) de (m) & het* [-s] ❶ scherm ❷ grafische kunst houten of metalen, met gaas bespannen raam, gebruikt bij de zeefdruk

screen·dump [skrien-] *(‹Eng) de (m)* [-s] comput afbeelding van hetgeen op een bep. moment op het beeldscherm zichtbaar is

scree·nen *ww* [skrie-] *(‹Eng)* [screende, h. gescreend] ❶ iem. op zijn betrouwbaarheid controleren door zijn verleden na te gaan ❷ fig kritisch onderzoeken

screen·ing [skrie-] *(‹Eng) de (v)* het screenen, doorlichting (fig)

screen·sav·er [skrienseevə(r)] *(‹Eng) de (m)* [-s] comput programma dat, ter voorkoming van inbranding van het beeldscherm, in werking treedt als het toetsenbord of de muis enige tijd niet is aangeraakt en dat een patroon van bewegende beelden op het scherm te zien geeft

screen·shot [skriensjot] *(‹Eng) het* [-s] → **screendump**

screen·test [skrien-] *(‹Eng) de* [-s] onderzoek naar de geschiktheid van een acteur of actrice voor een bep. rol

screw·dri·ver [skroedraivə(r)] *(‹Eng: schroevendraaier) de (m)* [-s] cocktail van sinaasappelsap en wodka

scri·ba *(‹Lat) de (m)* ['s] secretaris, vooral van een protestantse kerkelijke vergadering (classis)

scri·bent *(‹Lat) de (m)* [-en] schrijver, opsteller van een geschrift, meestal ongunstig: prulschrijver

scrim·mage [skrimmidzj] *(‹Eng) de (v)* [-s] worsteling, gedrang bij rugby en voetbal: ★ *een ~ voor het doel*

scrip [skrip] *(‹Eng) de (m)* [-s] handel ❶ voorlopige vorm van een later uit te geven waardepapier ❷ bewijs van recht op uitkering bij liquidatie ❸ bewijs dat recht geeft op een (deel van een) nieuw aandeel of nieuwe obligatie

script *(‹Eng‹Lat) de (m)* [-s] manuscript van een film, een televisieprogramma e.d.

script·girl [-yù(r)l] *(‹Eng) de (v)* [-s] meisje dat de lengte van iedere opname van een film precies bijhoudt en voor de continuïteit van de film zorgt; in Engeland *continuitygirl* genoemd

scrip·tie [-sie] *(‹Lat) de (v)* [-s] schriftelijke verhandeling over een opgegeven of gekozen onderwerp, werkstuk voor school of voor een studie

scroll·bar [skroolbà(r)] *(‹Eng) de* [-s] comput balk aan de zijkant van een venster in het beeldscherm waarmee de gebruiker langs een tekst of afbeelding kan lopen als die groter is dan het venster

scrol·len [skroolə(n)] *(‹Eng) ww & het* comput (het) horizontaal of verticaal verplaatsen van een tekst op een beeldscherm, zodat delen van de tekst die niet in één keer op het scherm passen, zichtbaar worden

scro·tum *(‹Lat) het* anat balzak

scrum *(‹Eng) de (m)* [-s] rugby spelonderdeel waarbij de voorwaartsen van de beide teams massaal in een kring tegen elkaar aanduwen in een poging de in het midden geworpen bal te veroveren

scru·pu·le *(‹Fr‹Lat) de* [-s] gewetensbezwaar ★ *geen scrupules kennen* gewetenloos zijn

scru·pu·leus *(‹Fr‹Lat) bn* angstvallig, zeer of al te nauwgezet

SCSI *afk* small computer system interface *(‹Eng)* [technologische standaard voor de aansluiting van randapparatuur aan een pc]

scud·ra·ket *de* [-ten] raket van Russisch fabricaat met explosieve lading, die vanaf een mobiel platform wordt gelanceerd

scul·ler *(‹Eng) de (m)* [-s] ❶ eenpersoons sportroeiboot ❷ roeier daarin

sculp·tuur *(‹Lat) de (v)* ❶ beeldhouwkunst [-turen] ❷ [*mv:* -turen] beeldhouw- of snijwerk

Scyl·la [skillaa] *(‹Lat‹Gr) de* ★ *van ~ in Charybdis vervallen* van het ene gevaar in het andere komen; naar Scylla en Charybdis, de klassieke namen van twee gevaarlijke rotsen in de Straat van Messina

Scy·then [skietə(n)] *(‹Gr) mv* vroeger nomadenvolk in het zuiden van Rusland

SD *afk* Sicherheitsdienst *(‹Du)* [Veiligheidsdienst (van het nationaalsocialistisch regime)]

SDAP *afk* in Nederland, hist Sociaaldemocratische Arbeiderspartij [politieke partij vanaf 1894 tot de Duitse bezetting, voorloopster van de Partij van de Arbeid]

SDI *afk* Strategic Defence Initiative *(‹Eng)* [(plannen rond) oorlogvoering waarbij vijandelijke raketten direct na de start worden ontdekt en onschadelijk gemaakt vanuit de ruimte, vaak inf Star Wars genoemd]

Se *afk* symbool voor het chemisch element *selenium*

sea·len *ww* [sie-] *(‹Eng)* [sealde, h. geseald] strak met een doorzichtig stuk plasticfolie overtrekken bij wijze van verpakking

seal·skin [siel-] *(‹Eng) het* bont van met knuppels doodgeslagen jonge zeehondjes

se·an·ce [see-] *(‹Fr) de* [-s] bijeenkomst waar iets gedemonstreerd of uitgevoerd wordt, vooral spiritistische bijeenkomst

search·en·gine [sù(r)tsjendzjin] *(‹Eng) de* [-s] programma waarmee gezocht kan worden naar data of files in een database of netwerk, vooral toegepast op internet

Seato *afk* South East Asia Treaty Organization *(‹Eng)*

[Zuidoost-Aziatische Verdragsorganisatie (ZOAVO)]
sec¹ [sek] *(‹Fr‹Lat)* **I** *bn* ❶ droog; (van wijn) niet zoet ❷ onvermengd, zonder toevoegsel **II** *bijw* ❶ droogjes, droogweg, zonder veel omhaal: ★ *een tragische gebeurtenis* ~ *vertellen* ~ kaartsp met slechts één kaart van een bep. kleur: ★ *harten 10* ~ *hebben* **III** *de (m)* droge, niet zoete wijn
sec² *afk* ❶ seconde ❷ secans
se·cans *(‹Lat) de* [-en, -canten] wisk snijlijn; verhouding van een geprojecteerd lijnstuk tot zijn projectie (omgekeerde van de cosinus)
sec·co *(‹It‹Fr) bn* droog; zie ook → **al secco**
se·ces·sie *(‹Lat) de (v)* afscheiding, vooral van een deel van een land
Se·ces·sie·oor·log *de (m)* hist burgeroorlog in de Verenigde Staten (1861-1865) tussen de Noordelijke en de Zuidelijke staten met o.a. de slavernij als inzet, Amerikaanse Burgeroorlog
se·clu·sie [-zie] *(‹Lat) de (v)* NN uitsluiting ★ hist *akte van* ~ besluit van de Staten van Holland (4 mei 1654) waarbij de prins van Oranje van het stadhouderschap enz. werd uitgesloten
se·con·dair [-dèr] *(‹Fr‹Lat) bn* = **secundair**
se·con·dant *(‹Fr) de (m)* [-en] ❶ helper; getuige en helper bij een duel ❷ assistent in een schaak- of damtoernooi of -duel
se·con·de *(‹Fr‹Lat) de* [-n, -s] ❶ 1/60 minuut ❷ 1/60 graad ❸ muz de tweede toon van de diatonische toonladder; interval van twee op elkaar volgende tonen daarvan
se·con·de·lang *bn* gedurende vele seconden: ★ *iem.* ~ *aanstaren*
se·con·de·ren *ww (‹Fr)* [secondeerde, h. gesecondeerd] helpen; secondant bij een duel of een toernooi zijn
se·con·de·wij·zer *de (m)* [-s] wijzertje in een uurwerk dat de seconden aangeeft
sec·ond opin·ion [sekkənt oopinjən] *(‹Eng) de (m)* [-s] mening van een tweede deskundige als de mening van een eerder geraadpleegde deskundige twijfelachtig wordt gevonden: ★ *voor een* ~ *naar een andere arts gaan*
se·creet¹ *(‹Lat) bn & het* [-creten] geheim ★ BN *op* ~ *plaatsen* in volledige beperking plaatsen ★ *de dierenarts is gearresteerd en op* ~ *geplaatst*
se·creet² *(‹Lat) het* [-creten] ❶ afscheidingsproduct van een orgaan ❷ scheldwoord mispunt, nare vrouw, ellendig wijf ❸ vero wc
se·cre·tai·re [-tèrə] *(‹Fr‹Lat) de (m)* [-s] kast met laden en een klep die, als deze neergelaten is, als schrijfvlak dient
se·cre·ta·res·se *de (v)* [-n, -s] vrouwelijke secretaris ★ *medisch* ~ doktersassistente
se·cre·ta·ri·aat *(‹Fr) het* [-aten] ❶ functie, ambt of bureau van een secretaris ❷ ruimte in een kantoor waar secretarissen en secretaressen werken
se·cre·ta·rie *(‹Fr‹Lat) de (v)* [-rieën] NN bureau van een secretaris; bureau waar de administratieve werkzaamheden van een gemeente of een openbaar lichaam worden gevoerd
se·cre·ta·ris *(‹Lat) de (m)* [-sen] ❶ persoon die voor iem. of een lichaam de correspondentie voert ❷ hoogste ambtenaar van een gemeentebestuur
se·cre·ta·ris-ge·ne·raal *de (m)* [-sen-generaal] ❶ hoogste ambtenaar aan een ministerie ❷ titel van hooggeplaatste functionarissen binnen sommige grote organisaties als de NAVO of de Verenigde Naties
se·cre·ta·ris·vo·gel *de (m)* [-s] Afrikaanse soort van gier met lange veren achteraan zijn kop, *Sagittarius serpentarius*
se·cre·tie [-(t)sie] *(‹Lat) de (v)* [-s] afzondering, afscheiding van lichaamsstoffen ★ *interne* ~ inwendige afscheiding (van lichaamsstoffen)
sec·tair *bn* BN ook onverdraagzaam, bekrompen
sec·tie [-sie] *(‹Lat) de (v)* [-s en -tiën] ❶ chirurgische snede; lijkopening om de doodsoorzaak vast te stellen: ★ ~ *verrichten op een slachtoffer van een misdrijf* ❷ onderdeel, gedeelte, afdeling: ★ *de* ~ *verkoop van ons bedrijf*
sec·tor *(‹Lat) de (m)* [-toren, -s] ❶ deel van een cirkel, tussen twee stralen en een boog ❷ onderdeel van een gebied waarover zekere bemoeiingen zich uitstrekken; onderdeel van het maatschappelijk of economisch leven: ★ *de sociaaleconomische* ~ ★ NN *de vrije* ~ ‹van de huizenmarkt› huurhuizen met een huurprijs boven een bep. grens, die niet voor woningdistributie in aanmerking komen en dus vrij betrokken of verhuurd mogen worden ★ *de collectieve* ~ sector in de economie bestaande uit door de overheid gefinancierde gemeenschappelijke zaken
sec·tor·werk·stuk *het* [-ken] NN, onderw werkstuk dat vmbo-leerlingen als onderdeel van het schoolexamen moeten maken en presenteren
se·cu·lair [-lèr] *(‹Fr‹Lat) bn* ❶ wereldlijk, niet geestelijk; *vgl:* → **seculier** ❷ eens per eeuw plaatsvindend; zich over lange tijd uitstrekkend
se·cu·la·ri·sa·tie [-zaa(t)sie] *(‹Fr) de (v)* [-s, -tiën] ❶ het wereldlijk-maken ❷ losmaking van het culturele leven uit de godsdienstig-kerkelijke sfeer ❸ naasting van kerkelijke bezittingen
se·cu·la·ri·se·ren *ww* [-zee-] *(‹Fr)* [seculariseerde, h. geseculariseerd] ❶ wereldlijk maken, verwereldlijken ❷ een geestelijk goed in een wereldlijk veranderen, geestelijke goederen tot wereldlijk gebruik aanwenden of intrekken
se·cu·lier *(‹Fr‹Lat)* **I** *bn* wereldlijk, niet tot een orde behorend **II** *de (m)* [-en] niet tot een orde of congregatie behorende geestelijke; *vgl:* → **regulier**
se·cun·dair, **se·con·dair** [-dèr] *(‹Fr‹Lat) bn* op de tweede plaats komend, de tweede plaats innemend, ondergeschikt ★ *secundaire kleuren* kleuren die ontstaan door twee van de primaire kleuren (rood, geel en blauw) te vermengen ★ ~ *tijdvak* tweede periode in de aardgeschiedenis, ook *zelfst*: het

secundair ★ *secundaire weg* weg die belangrijke plaatsen in de provincie verbindt en aansluit op een primaire weg ★ *~ reageren* traag, pas na verloop van tijd reageren ★ BN *~ onderwijs* middelbaar onderwijs ★ in België, vroeger *vernieuwd secundair onderwijs* (vanaf 1970) middelbaar onderwijs met diverse onderwijssoorten; zie ook bij → **arbeidsvoorwaarde**

se·cun·do *(‹Lat) bijw* ten tweede (2°)

se·cu·ri·teit *(‹Fr‹Lat) de (v)* NN veiligheid; zekerheid; gewetensrust: ★ *ik ga alles voor de ~ toch maar controleren*

se·cuur *(‹Lat) bn* ❶ zeker, waarop men staat kan maken: ★ *een secure werkwijze* ❷ nauwgezet, voorzichtig; stipt: ★ *~ te werk gaan* ★ NN *jantje-secuur* iem. die zeer nauwgezet is ❸ nauwlettend, zorgvuldigheid vereisend: ★ *een ~ werkje* ❹ stellig

se·dan *(‹Eng) de (m)* [-s] personenauto met vier of vijf zitplaatsen, met een gesloten carrosserie en voorzien van vier deuren

se·da·tie [-(t)sie] *(‹Lat) de (v)* het sederen ★ *palliatieve ~* diepe sedatie bij patiënten in de stervensfase, om ondraaglijk lijden te verlichten

se·da·tief *(‹Fr‹Lat)* **I** *bn* kalmerend **II** *het* [-tieven], **se·da·ti·vum** *(‹Lat) het* [-va] kalmerend middel

se·den·tair [-tèr] *(‹Fr‹Lat) bn* ❶ zittend werk verrichtend ❷ metterwoon gevestigd, vaste woonplaats hebbend: ★ *een sedentaire bevolkingsgroep; tegengest:* → **nomadisch**

se·de·ren *(‹Lat) ww* [sedeerde, h. gesedeerd] med het bewustzijn van een patiënt verlagen, vooral voor pijnbestrijding

se·dert I *voegw* sinds, vanaf het moment dat: ★ *~ ik hier werk, voel ik me beter* **II** *vz* sinds, vanaf: ★ *~ de Tweede Wereldoorlog*

se·dert·dien *bijw* sindsdien

se·des *(‹Lat) de (v)* zetel ★ *~ apostolica* pauselijke stoel

se·di·ment *(‹Fr‹Lat) het* [-en] ❶ bezinksel, neerslag, afzetting ❷ afzettingsgesteente

se·di·men·tair [-tèr] *(‹Fr) bn* van de aard van of ontstaan uit sediment, bezinkings

se·di·men·ta·tie [-(t)sie] *(‹Lat) de (v)* ❶ chem bezinkingsproces ❷ geol vorming van afzettingen

se·dum *(‹Lat) het* vetplant; vetkruid

seer·suck·er [sie(r)sukkə(r)] *(‹Eng) het* dunne stof met bobbeltjes voor zomerkleding

Se·far·dim [-diem,], **Se·far·den** *(‹Hebr) mv* die groep van Joden wier voorouders uit Spanje of Portugal kwamen; bij uitbreiding Joden afkomstig uit Noord-Afrika en het Midden-Oosten; *tegengest:* → **Asjkenazim**

Se·far·disch *bn* van, betrekking hebbend op de Sefarden

sef·fens *bijw* BN, spreektaal ❶ direct, aanstonds, onmiddellijk: ★ *ik herkende hem ~;* ineens, opeens; meteen; vlug, spoedig ★ *nu ~* nu meteen ❷ straks, strakjes, (zo) dadelijk: ★ *ik ben ~ weer terug*

seg·ment *(‹Fr‹Lat) het* [-en] ❶ wisk deel van een cirkelomtrek, begrepen tussen een koorde en de boog die zij onderspant ❷ gedeelte van een bol dat langs een plat vlak is afgesneden ❸ biol geleding van een dierlijk of plantaardig organisme

seg·men·ta·tie [-(t)sie] *(‹Fr) de (v)* het bestaan uit segmenten (→ **segment**, bet 3)

seg·men·te·ren *ww (‹Fr)* [segmenteerde, h. gesegmenteerd] in segmenten verdelen; **segmentering** *de (v)*

se·gre·ga·tie [-(t)sie] *(‹Lat) de (v)* ❶ afzondering, afscheiding; vooral afscheiding van bevolkingsgroepen in een land met gemengde bevolking, apartheid ❷ ontmenging

se·gre·ge·ren *ww (‹Lat)* [segregeerde, h. gesegregeerd] ❶ afscheiden ❷ ontmengen

se·grijn *(‹Fr‹Turks) het* hard korrelig leer

se·grij·nen *bn* van segrijn

sei·der *(‹Hebr) de (m)* godsdienstoefening aan huis op de twee vooravonden van het joodse paasfeest

seig·neur [senjeur] *(‹Fr‹Lat) de (m)* [-s] ❶ heer; aanzienlijk, groot heer (vgl: → **grand seigneur**) ❷ bezitter van een heerlijkheid; vgl: → **sinjeur**

sein *(‹Eng‹Oudfrans‹Lat) het* [-en] ❶ teken ter waarschuwing, overbrenging van berichten enz. ★ *iem. een seintje geven* iem. waarschuwen ❷ voorwerp, werktuig waarmee een sein gegeven wordt: ★ *het ~ staat op veilig, op groen*

sein·boek *het* [-en] boek waarin de verschillende seinen zijn beschreven en afgebeeld

sein·bord *het* [-en] bord waarop schakelaars e.d. zijn aangebracht, die seinen overbrengen

sei·nen *ww* [seinde, h. geseind] ❶ tekens geven ter waarschuwing, overbrenging van berichten enz. ❷ vero telegraferen

sei·ner *de (m)* [-s] iem. die seint

sein·huis·je *het* [-s] huisje van waaruit de seinen van een spoorlijn bediend worden

sein·licht *het* [-en] licht van bepaalde kleur waarmee seinen gegeven worden

sein·paal *de (m)* [-palen] paal met beweegbare armen, dienende om seinen te geven

sein·post *de (m)* [-en] plaats vanwaar seinen worden gegeven

sein·re·gis·ter *het* [-s] register met voorschriften betreffende de te geven seinen

sein·schot *het* [-schoten] → **schot¹** (bet 1) als sein dienend

sein·sleu·tel *de (m)* [-s] hefboompje aan een telegraaftoestel, waarmee men seinen kan overbrengen

sein·toe·stel *het* [-len] toestel waarmee seinen gegeven worden

sein·to·ren *de (m)* [-s] toren van waaruit verkeersseinen worden gegeven

sein·vlag *de* [-gen] vlag waarmee seinen gegeven worden

sein·wach·ter *de (m)* [-s] spoorwegbeambte die in een

seinhuisje de seinen bedient
seis·misch *(‹Fr‹Gr) bn* op aardbevingen betrekking hebbende: ★ *seismische trillingen*
seis·mo·graaf *(‹Gr) de (m)* [-grafen] toestel voor het meten van richting, duur en kracht van aardbevingen
seis·mo·gra·fisch *bn* met een seismograaf waarneembaar
seis·mo·gram *(‹Gr) het* [-men] grafische voorstelling van de trillingen die door een aardbeving zijn veroorzaakt
seis·mo·lo·gie *(‹Gr) de (v)* aardbevingsleer
seis·mo·lo·gisch *bn* de seismologie betreffend
sei·zen *ww* [seisde, h. geseisd] ‹scheepv› een tros, kabel› vastmaken
sei·zing *de (v)* [-s] ‹scheepv› touw, platte band van kabelgaren, gebruikt om zeil op de ra te binden
sei·zoen *(‹Fr) het* [-en] ❶ jaargetijde: ★ *de vier seizoenen* ❷ drukke tijd van het jaar: ★ *tijdens het ~ zijn alle hotels vol* ❸ de juiste tijd voor iets: ★ *dit is het ~ om op zalm te vissen* ❹ sp periode gedurende welke de competitie wordt afgewerkt
sei·zoen·ar·beid *de (m)* arbeid die alleen in een deel van het jaar verricht wordt; **seizoenarbeider** *de (m)* [-s]
sei·zoen·be·drijf *het* [-drijven] bedrijf dat alleen in een bep. seizoen werken kan
sei·zoen·kaart *de* [-en] toegangsbewijs dat gedurende een heel → **seizoen** (bet 4) geldig is, bijv. voor alle wedstrijden van een sportclub
sei·zoen·op·rui·ming *de (v)* [-en] verkoop tegen lagere prijzen aan het eind van een seizoen
sei·zoen·werk·loos·heid, sei·zoen·wer·ke·loos·heid *de (v)* werkloosheid die samenhangt met seizoensomstandigheden
seks *(‹Eng‹Lat) de (m)* ❶ seksualiteit; het seksuele: ★ *hij denkt altijd aan ~* ❷ seksuele omgang: ★ *die twee hebben ~ met elkaar*
seks·blad *het* [-bladen], **seks·boek** *het* [-en] tijdschrift, boek met veel seks, pornografisch geschrift
seks·boer·de·rij *de (v)* [-en] op het platteland gelegen seksclub
seks·boe·tiek *de (v)* [-en] seksshop
seks·bom *de (v)* [-men] seksueel bijzonder aantrekkelijke (jonge) vrouw
seks·club *de* [-s] gelegenheid voor mannen en vrouwen tot ongedwongen onderling seksueel contact; bordeel
sek·se *(‹Fr‹Lat) de (v)* [-n, -s] geslacht, kunne
sek·sen *ww (‹Eng)* [sekste, h. gesekst] het geslacht van kuikens bepalen, ze naar geslacht scheiden
sek·se·neu·traal *bn* niet verbonden aan een van de beide seksen: ★ *verzorgende is een ~ woord, in tegenstelling tot verzorger of verzorgster*
seks·film *de (m)* [-s] film met veel seks
sek·sis·me *het* discriminatie op grond van sekse: ★ *dat de jongen werd afgewezen voor de functie van kleuterleider is een voorbeeld van ~*

sek·sist *de (m)* [-en], **sek·sis·te** *de (v)* [-n] iem. die aan seksisme doet
sek·sis·tisch *bn* van de aard van, als bij seksisme
seks·lijn *de* [-en] telefoonlijn waar men tegen een prijs per minuut seksueel getinte verhalen kan beluisteren of dergelijke gesprekken kan voeren
seks·lin·ge·rie [-lēzjə-] *de (v)* pikante, seksueel prikkelende onderkleding
seks·loos *bn* ❶ zonder seksuele aantrekkelijkheid: ★ *een volkomen ~ joggingpak* ❷ oninteressant, flauw, zonder spanning: ★ *seksloze muziek*
seks·ma·ni·ak *de (m)* [-ken] iem. die op maniakale wijze met seks bezig is
seks·shop [-sjop] *de (m)* [-s] winkel waar seksartikelen verkocht worden, zoals pornografie, dildo's e.d.
seks·toe·ris·me *het* toerisme naar bep. landen, zoals Thailand en de Filippijnen, vanwege de commerciële seks aldaar
sek·su·a·li·teit *(‹Fr) de (v)* ❶ geslachtelijkheid ❷ geslachtsleven; alles wat met het vrijen te maken heeft
sek·su·eel *(‹Fr‹Lat) bn* geslachtelijk, geslachts ★ *~ overdraagbare ziekte* geslachtsziekte ★ *seksuele voorlichting* onderricht, vooral aan kinderen, over zaken die met erotiek, voortplanting e.d. te maken hebben ★ *~ systeem* rangschikking van de planten volgens hun geslachtsdelen
sek·su·o·lo·gie *(‹Fr-Gr) de (v)* wetenschap van de seksualiteit van de mens
sek·su·o·loog *(‹Fr-Gr) de (m)* [-logen] beoefenaar van de seksuologie
seks·win·kel *de (m)* [-s] seksshop
sekt *(‹Du) de (m)* Duitse champagne
sek·ta·ri·ër *(‹Fr) de (m)* [-s] ❶ aanhanger van een sekte ❷ iemand die ijvert voor de leerstellingen van een sekte
sek·ta·risch *(‹Fr) bn* betrekking hebbend op, behorende tot een sekte
sek·ta·ris·me *(‹Fr) het* sektarische gezindheid
sek·te *(‹Fr‹Lat) de (v)* [-n, -s] relatief kleine groep personen verenigd rond een religieus idee en / of een religieuze leidersfiguur, meestal als afscheiding van een grotere godsdienstige beweging
sek·te·geest *de (m)* sektarisme
se·kwes·ter *(‹Fr‹Lat)* I *de (m)* [-s] bewaarder, van rechtswege aangesteld persoon die gesekwestreerde zaken in bewaring neemt II *het* [-s] sekwestratie
se·kwes·tra·tie [-(t)sie] *(‹Lat)* [-s], **se·kwes·tre·ring** *de (v)* [-en] gerechtelijke beslaglegging op een goed en het beheer daarvan door een van rechtswege aangesteld persoon
se·kwes·tre·ren *ww (‹Fr)* [sekwestreerde, h. gesekwestreerd] recht in bewaring stellen, een betwist goed gerechtelijk in beslag nemen en aan een derde in beheer overgeven
se·la *(‹Hebr) de (m) & het* in de psalmen voorkomend woord van onzekere betekenis: *volgens sommigen* pauze, tussen- of naspel, *volgens anderen*

selder–senaat

verandering van maat of wijze
sel·der *de (m)* [-s] BN ook selderij
sel·de·rie, sel·de·rij *(‹Fr) de (m)* schermbloemige plant, gebruikt als groente *(Apium graveolens)*
sel·de·rie·knol *de (m)* [-len] NN knol van de knolselderie, gebruikt als groente of kruid
sel·de·rie·sa·la·de *de* [-s] NN salade van knolselderie
se·lect *(‹Eng‹Lat) bn* uitgelezen, uitgekozen: ★ *een ~ gezelschap*
se·lec·te·ren *ww* [selecteerde, h. geselecteerd] uitzoeken, scheiden naar kwaliteit, → **uitlezen** (bet 2)
se·lec·tie [-sie] *(‹Fr‹Lat) de (v)* [-s] ❶ het uitkiezen van de beste(n) ❷ uitgekozen gedeelten of personen: ★ *lid zijn van een ~ afgevaardigden*
se·lec·tief *(‹Fr) bn* uitkiezend, nauwgezet kiezend ★ *~ te werk gaan* nauwkeurig kiezen ★ *selectieve verontwaardiging* verontwaardiging over het gedrag van bep. personen of groepen, terwijl andere personen of groepen die hetzelfde gedrag vertonen, buiten schot blijven ★ *~ geheugen* geheugen dat alleen de voor de persoon zelf belangrijke (leuke) dingen onthoudt
se·lec·tie·heer [-sie-] *de (m)* BN, sp lid van een selectiecommissie
se·lec·ti·vi·teit *(‹Fr) de (v)* het selectief-zijn (o.a. van een radiotoestel)
se·le·ni·um *(‹Gr) het* chemisch element, symbool Se, atoomnummer 34, waarvan het elektrisch geleidingsvermogen toeneemt bij belichting; daarom gebruikt in foto-elektrische cellen
self·ful·fill·ing proph·e·cy [-foelfilling proffəsie] *(‹Eng) de (v)* [-cies] voorspelling die bewaarheid wordt juist omdat zij gedaan is, omdat zij zelf meewerkt tot de vervulling
self·made man [-meed men] *(‹Eng) de (m)* [selfmade men] iem. die fortuin en maatschappelijke positie aan zich zelf te danken, door eigen inspanning verworven heeft
self·ser·vice [-sù(r)vis] *(‹Eng) de* zelfbediening
self·sup·port·ing [-pò(r)-] *(‹Eng) bn* in staat zich zelf te onderhouden: ★ *een ~ landbouwcommune*
sel·lers·mar·ket [sellə(r)zmà(r)kət] *de* econ producentenmarkt, markt gekenmerkt door een grote vraag en een beperkt aanbod en dientengevolge hoge prijzen
sel·va *(‹Port de Sp‹Lat) de* ['s] dicht oerwoud in het Amazonegebied in Zuid-Amerika
se·ma·foon *(‹Gr) de (m)* [-s en -fonen] ❶ → **pieper**, bet 3 ❷ verplaatsbare draadloze oproepinstallatie waarmee via een centrale codeberichten kunnen worden doorgegeven
se·ma·foor *(‹Fr‹Gr) de (m)* [-foren] optisch seintoestel, vooral een stellage bij een haven vanwaar seinen voor de kustvaart worden gegeven
se·ma·na san·ta *(‹Sp) de* Heilige Week, week voor Pasen
se·man·tiek *(‹Fr‹Gr) de (v)* taalk leer van de betekenis

en betekenisveranderingen
se·man·tisch *bn* taalk de betekenis betreffend; uit een oogpunt van betekenis
se·ma·sio·lo·gie [-zjoo-] *(‹Gr) de (v)* ❶ taalk leer van de ontwikkeling van de betekenissen, semantiek ❷ med semiotiek
se·ma·sio·lo·gisch [-zjoo-] *bn* de semasiologie betreffend
se·mes·ter *(‹Lat) het* [-s] halfjaar, vooral als duur van een universitaire cursus
se·mi *het* NN verkorting voor semiartsexamen
se·mi- *(‹Lat) als eerste lid in samenstellingen* half
se·mi·bun·ga·low [-bunyaaloo] *de (m)* [-s] NN huis met een woonlaag op de begane grond en direct daarboven een schuin dak met daaronder kamers
Se·mie·ten *mv* leden van een volk dat een Semitische taal spreekt
se·mi·fi·na·le *de* [-s] sp halve finale
se·mi·lor, si·mi·lor *(‹Lat‹Fr) het* goudkleurige legering van koper en zink
se·mi·nar *(‹Eng) het* [-s] meerdaags programma van lezingen en workshops betreffende de stand van zaken in een bep. vakgebied
se·mi·na·rie *(‹Lat) het* [-s], **se·mi·na·ri·um** *(‹Lat)* [-ria en -s] ❶ opleidingsschool, vooral voor rooms-katholieke priesters ★ *klein ~* internaat met gymnasiale vorming ★ *groot ~* met een filosofische en theologische opleiding ❷ universitair instituut voor een bepaald studievak ❸ BN ook seminar
se·mi·na·rist *(‹Fr) de (m)* [-en] leerling op een → **seminarie** (bet 1)
se·mi·na·ri·um *(‹Lat) het* [-ria en -s] → **seminarie**
se·mi·o·lo·gie, se·mi·o·tiek *(‹Gr) de (v)* med leer van de afzonderlijke kentekenen van de ziekten, symptomenleer
se·mi·over·heids·be·drijf *het* [-drijven] NN bedrijf met kapitaal van de overheid, maar als particulier bedrijf uitgeoefend
se·mi·per·ma·nent *bn* halfblijvend, voor een bepaalde periode geprojecteerd
se·mi·prof *de* [-s] iem. die geld verdient door het beoefenen van een tak van sport en daarnaast nog een maatschappelijk beroep uitoefent
se·mi·pro·fes·sio·na·lis·me [-sjoo-] *het* het beoefenen van een tak van sport voor geld met daarnaast een maatschappelijk beroep
Se·mi·tisch *bn* van, betreffende de Semieten ★ *Semitische talen* aantal onderling verwante talen, waaronder het Arabisch, Hebreeuws en Aramees
se·mi·tis·tiek *de (v)* de studie van de Semitische talen
sem·per·vi·vum *(‹Lat) het* huislook
sen *(‹Jap) de (m)* [-s] ❶ Japanse munt, 1/100 yen ❷ Indonesische munt, 1/100 roepia
sen. *afk* ❶ senator ❷ senior
se·naat *(‹Lat) de (m)* ❶ hist raad van de Ouden, hoogste regeringslichaam bij de Romeinen ❷ *in sommige staten* een van de vertegenwoordigende lichamen van een volksvertegenwoordiging of

parlement, o.a. in België en de Verenigde Staten; ook wel toegepast op de Nederlandse Eerste Kamer ❸ NN, hist raad van de gezamenlijke gewone hoogleraren van een universiteit of hogeschool (tot 1970) ❹ bestuur van een studentencorps

se·nang *(‹Mal)* bn NN behaaglijk, tevreden, gerust, rustig: ★ *ze voelde zich gelijk ~ in dat vakantieoord*

se·na·tor *(‹Lat) de (m)* [-s en -toren] ❶ lid van een senaat ★ BN *provinciaal ~* senator gekozen door een provincieraad ★ BN *gecoöpteerd ~* senator gekozen door de rechtstreeks verkozen senatoren en de provinciale senatoren ❷ NN lid van de Eerste Kamer; BN lid van de Senaat

Se·ne·ga·lees I *de (m)* [-lezen] iem. geboortig of afkomstig uit Senegal II *bn* van, uit, betreffende Senegal

se·niel *(‹Fr‹Lat) bn* door ouderdom afgetakeld, afgeleefd; vooral dement, kinds

se·ni·li·teit *(‹Fr) de (v)* het seniel-zijn, dementie, kindsheid

se·ni·or *(‹Lat)* I *bn* de oudere, oudste van naamgenoten: ★ *Willem Drees ~* II *de (m)* [-oren, -ores] iem. die behoort tot een oudere generatie of jaargang, vooral in de sport

se·ni·o·ren·con·vent *het* raad van de oudsten uit een vertegenwoordigend lichaam, raad van de leiders of partijhoofden

se·ni·o·rie *de (v)* [-s] BN luxueuze verzorgingsflat voor bejaarden

sen·nen·hund [zennənhoent] *(‹Du) de (m)* [-hunde of -hunden] lid van een Zwitsers ras herdershonden

senn·hut [zen-] *(‹Du) de* [-ten] herdershut in de Alpen

sen·sa·tie [-(t)sie] *(‹Fr‹Lat) de (v)* [-s] ❶ sterke beroering, opzien, beweging: ★ *dit bericht veroorzaakte een grote ~* ★ *een film met veel ~* ❷ zintuiglijke gewaarwording; indruk ❸ sterke gevoelsgewaarwording

sen·sa·tie·be·richt [-(t)sie-] *het* [-en] sensatie veroorzakend bericht

sen·sa·tie·film [-(t)sie-] *de (m)* [-s] film met veel actie en spanning

sen·sa·tie·pers *de* [-(t)sie-] kranten die sensatieberichten en -verhalen bevatten

sen·sa·tie·zucht *de* zucht, hang naar sensatie

sen·sa·tio·neel [-(t)sjoo-] *(‹Fr) bn* opzienbarend, geruchtmakend: ★ *het concert was ~* ★ *een ~ wedstrijdverloop*

sen·si·bel *(‹Fr‹Lat) bn* gevoelig, prikkelbaar, zeer vatbaar voor indrukken: ★ *een ~ kind*

sen·si·bi·li·se·ren *ww* [-zee-] *(‹Fr)* [sensibiliseerde, h. gesensibiliseerd] ❶ de lichtgevoeligheid vergroten, vooral van fotografische emulsies ❷ BN (iem.) gevoelig, ontvankelijk maken, vooral door iem. ergens bij te betrekken, door informatie te verschaffen enz.: ★ *mensen voor het museum ~*

sen·si·bi·li·teit *(‹Fr‹Lat) de (v)* ❶ gevoeligheid, prikkelbaarheid ❷ lichtgeraaktheid

sen·si·tief *(‹Fr‹Lat) bn* ❶ voor gewaarwordingen vatbaar ❷ zeer gevoelig

sen·si·ti·vis·me *(‹Fr) het* literaire richting waarbij het weergeven en ontleden van zintuiglijke indrukken het hoofdmotief is

sen·si·ti·vi·teit *(‹Fr) de (v)* fijn- of overgevoeligheid (van de zintuigen)

sen·si·tiv·ity·train·ing [sensitivvətietreening] *(‹Eng) de (v)* bijeenkomst van personen die om tot vergroting van zelfkennis en wederzijds begrip te komen gedurende enige dagen elkaar onomwonden en ongeremd zeggen wat zij van elkaar denken en vinden

sen·sor *(‹Lat) de (m)* [-soren] instrument dat in staat is tot het waarnemen en meten van fysische verschijnselen als druk, temperatuur e.d.

sen·so·risch *bn* ❶ betrekking hebbend op de zintuigen als organen ❷ sterk gericht op het zintuiglijk waarnemen

sen·su·a·lis·me *(‹Fr) het* ❶ zinnelijkheid, neiging om volgens zinnelijke aandrift te handelen ❷ wijsgerige leer die het wezen van de dingen enkel zoekt in de zinnelijke waarnemingen en gewaarwordingen

sen·su·a·list *(‹Fr) de (m)* [-en] ❶ aanhanger van het sensualisme ❷ zinnelijk mens, wellusteling

sen·su·a·li·teit *(‹Fr‹Lat) de (v)* zinnelijkheid, neiging tot zinnelijk genot

sen·su·eel *(‹Fr‹Lat) bn* zinnelijk, wellustig: ★ *een sensuele stem*

sen·ten·tie [-sie] *(‹Lat) de (v)* [-s en -tiën] ❶ uitspraak; zin- en zedenspreuk; kernspreuk ❷ NN rechterlijke uitspraak, vonnis, thans alleen nog voor strafvonnissen van het Hoog Militair Gerechtshof

sen·ten·tieus [-sjeus] *(‹Fr‹Lat) bn* als van een spreuk: kernachtig, bondig

sen·ti·ment *(‹Fr) het* [-en] gevoel, t.w. als uiting of reactie van het gemoed: ★ *hij kon die oude auto niet wegdoen vanwege het ~*

sen·ti·men·ta·li·teit *(‹Fr) de (v)* overgevoeligheid, overdreven of dweepzieke teerhartigheid: ★ *die film droop van de ~*

sen·ti·men·teel *(‹Fr) bn* overdreven gevoelig; getuigend van weekheid van gevoel: ★ *sentimentele praatjes*

se·ñor [senjor] *(‹Sp‹Lat) de (m)* [-es] mijnheer

se·ño·ra [senjooraa] *(‹Sp) de (v)* ['s] mevrouw

se·ño·ri·ta [senjoo-] *(‹Sp) de (v)* ['s] jongedame

se·pa·raat *(‹Lat) bn* afzonderlijk: ★ *wij sturen u de verzekeringspolis ~ toe*

se·pa·ra·bel *(‹Fr‹Lat) bn* scheidbaar, afscheidelijk

se·pa·ra·tie [-(t)sie] *(‹Fr‹Lat) de (v)* [-s] ❶ scheiding ❷ afscheiding en wat daartoe dient ❸ het plaatsen in een isoleercel in inrichtingen

se·pa·ra·tis·me *(‹Fr) het* zucht tot afscheiding, streven om zich los te maken uit staats- of geloofsverband, afscheidingsbeweging

se·pa·ra·tist *(‹Fr) de (m)* [-en] aanhanger van een afscheidingspartij: ★ *Corsicaanse separatisten*

se·pa·ra·tis·tisch *bn* van de aard van separatisme;

afscheidingsgezind

se·pa·ra·tor *(‹Lat) de (m)* [-s en -toren] afscheider, werktuig om vloeibare stoffen van vaste af te scheiden

se·pa·re·ren *ww (‹Fr‹Lat)* [separeerde, h. gesepareerd] scheiden, afzonderen

se·pia *(‹Gr) de & het* ❶ bruinzwarte kleurstof verkregen uit de inktzak van de inktvis ❷ deze kleur

se·po·ne·ren *ww (‹Lat)* [seponeerde, h. geseponeerd] recht ter zijde leggen, een zaak niet verder behandelen: ★ *de officier heeft de fraudezaak geseponeerd*

se·pot [seepoo] *(‹Lat) het* ❶ het seponeren ★ NN, recht *voorwaardelijk* ~ het onder bepaalde voorwaarden niet vervolgen van een strafbaar feit ❷ geseponeerde zaak

sep·poe·koe *de*, **sep·pu·ku** [-poekoe] *(‹Jap)* de Japanse naam voor wat westerlingen harakiri noemen

sep·sis *(‹Gr) de (v)* med ❶ rotting, ontbinding, bederf ❷ algemene bloedvergiftiging

sept. *afk* september

sep·tem·ber *(‹Lat) de (m)* negende maand van het jaar, herfstmaand

sep·ten·naal *(‹Fr‹Lat) bn* zevenjaarlijks

sep·tet *(‹Lat) het* [-ten] muz ❶ muziekstuk voor zeven stemmen of instrumenten ❷ ensemble van zeven musici die zo'n stuk uitvoeren

sep·tic tank [tenk] *(‹Eng) de (m)* [-s] tank voor afvalwater waarin slib bezinkt en organische bestanddelen door rotting vernietigd worden

sep·ti·me *de* [-n, -s], **sep·tiem** *de* [-en] *(‹Lat)* muz zevende toon van de grondtoon af; afstand tot de zevende toon

sep·tisch *(‹Lat) bn* bederf of verrotting bewerkend; vervuild

sep·tu·a·ge·si·ma [-zie-] *(‹Lat) de (m)* RK negende zondag vóór Pasen

Sep·tu·a·gin·ta *(‹Lat)*, **Sep·tu·a·gint** *de* benaming voor de oudste Griekse vertaling van het Oude Testament, door 70 of 72 joodse geleerden te Alexandrië gemaakt in de 3de eeuw voor Chr.

seq. *afk* sequens [volgende]

se·quens [seekwens] *(‹Lat) de* [-en] ❶ muz herhaling van een toonfiguur op een hogere of lagere toontrap ❷ RK kerkelijk gezang met syllabische melodie; thans vooral lofzang op bepaalde hoge feestdagen

se·quen·tie [seekwensie] *(‹Lat) de (v)* [-s] ❶ opeenvolging, reeks ❷ film beeldenreeks

se·quoia [-kwoojaa] *de* ['s] mammoetboom, geslacht van reuzenpijnbomen in Californië, waarvan sommige soorten ruim 100 meter hoog kunnen worden (*S. sempervirens*), genoemd naar het indiaanse opperhoofd Sequoyah (ca. 1765-1843)

SER *afk* Sociaaleconomische Raad [adviesorgaan van de regering voor algemene vraagstukken van sociaaleconomisch beleid]

se·raf *de (m)*, [-s], **se·ra·fijn** *(‹Hebr) de (m)* [-s] vuur- of lichtengel, engel van de hoogste rang, voor de troon Gods

se·rail [seeraj] *(‹Fr‹Turks) het* ❶ Turks paleis; paleis van de Turkse sultan ❷ vrouwenverblijf, harem

se·reen *(‹Fr‹Lat) bn* ❶ ongestoord-kalm, onberoerd, zonder troebeling: ★ *een serene ambiance* ❷ helder en kalm (van de atmosfeer)

se·re·na·de *(‹Fr‹It) de (v)* [-s] ❶ muzikale hulde, bij iemands woning 's avonds ten gehore gebracht, *tegengest*: → **aubade** ❷ muziekstuk van het karakter als past bij zulk een gelegenheid

se·ren·di·pi·teit Eng *de (v)* ❶ het doen van een vondst waarnaar men niet zocht, naar het boek *The three princes of Serendip* van H. Walpole (1717-1797), waarin Sri Lanka met de Arabische naam *Serendib* werd aangeduid ❷ de gave zulke vondsten te doen

se·re·ni·teit *(‹Fr‹Lat) de (v)* het sereen-zijn; kalme gemoedsstemming

Serf *de (m)* [enk weinig gebruikelijk, mv Serven] Serviër

ser·ge [serzjə] *(‹Fr‹Lat) de* [-s] wollen, halfwollen, zijden of katoenen weefsel in keperbinding, gebruikt als voeringstof

ser·geant [-zjant] *(‹Fr‹Lat) de (m)* [-en en -s] ❶ laagste rang van onderofficier ★ *sergeant-majoor* rang boven sergeant ❷ gereedschap om voorwerpen (planken e.d.) die aan elkaar gelijmd moeten worden, tegen elkaar te klemmen, lijmklem

ser·geants·stre·pen [-zjants-] *mv* onderscheidingsteken van sergeant

se·rie *(‹Fr‹Lat) de (v)* [-s, -riën] ❶ aantal bij elkaar horende zaken, reeks, bijv.: a) door een letter(combinatie) aangeduide reeks bankbiljetten; b) bep. aantal loten in een loterij; c) aantal bijeenhorende postzegels ❷ groot aantal: ★ *hij had een hele ~ cd's op de plank* ❸ televisieserie: ★ *een ~ volgen* ❹ sp voorwedstrijd voor de (halve) finale, kwartfinale e.d. ❺ bilj reeks achter elkaar gemaakte caramboles ❻ nat: ★ *in* ~ zo geschakeld dat de elektrische stroom achtereenvolgens alle toestellen doorloopt; *tegengest*: → **parallel**

se·rie·bouw *de (m)* bouw in serieproductie

se·ri·eel *(‹Fr) bn* ❶ van de aard van of bestaande uit reeksen, series ★ *seriële muziek* muziek die ontstaat door integrale toepassing van een mathematisch reeksbeginsel in alle klankelementen ❷ nat zo geschakeld dat de stroom van toestel naar toestel loopt ★ *seriële poort, seriële interface* comput poort gebruikt voor seriële schakeling

se·rie·moor·de·naar *de (m)* [-s] iem. die in de loop van een langere periode een groot aantal mensen vermoordt; vgl:→ **massamoordenaar**

se·rie·pro·duct *het* [-en] iets wat vervaardigd wordt in serieproductie

se·rie·pro·duc·tie [-sie] *de (v)* voortbrenging in reeksen, in tamelijk grote aantallen

se·rie·scha·ke·ling *de (v)* [-en] schakeling van elektrische toestellen, waarbij de stroom deze achtereenvolgens doorloopt

se·ri·eus *(Fr‹Lat) bn* ❶ ernstig: ★ *een ~ probleem* ❷ oprecht, in ernst: ★ *zij meende het* ~ ★ *iem.* ~ *nemen* ervan uitgaan dat wat iem. zegt gemeend en / of belangrijk is, iem. als volwaardig behandelen ★ BN, spreektaal *(is het)* ~? *echt waar?, heus?*

sé·rieux *bijw* [seerjeu] *(Fr‹Lat)* zie bij → **au sérieux**

se·rie·ver·krach·ter *de [-s]* iem. die in een relatief kort tijdsbestek een aantal personen verkracht

se·ring *(Lat‹Gr) de* [-en] struik met welriekende bloemen in verschillende kleuren *(Syringa)*

se·rin·gen·boom *de (m)* [-bomen] hoge sering

ser·moen *(Fr‹Lat) het* [-en] ❶ preek, predicatie als deel van een godsdienstoefening ❷ strafpredicatie, vermaning

se·roen·deng *de (m)* NN geroosterde, gemalen kokos in de Indonesische keuken

se·ro·lo·gie *(Lat‹Gr) de (v)* med kennis van de serums; **serologisch** *bn bijw*

se·ro·po·si·tief [-zie-] *(Lat-Fr) bn* med, oorspr positief reagerend op een serum; thans vooral gezegd van dragers van het aidsvirus, *vandaar*: besmet met het aids- of hiv-virus en dus binnen afzienbare tijd aids krijgend

se·ro·to·ni·ne *de* belangrijke neurotransmitter die een activerende uitwerking heeft op het centrale zenuwstelsel en waarvan een tekort zou leiden tot bep. vormen van depressie, terwijl een te hoge concentratie leidt tot nervositeit, geprikkeldheid, duizeligheid en concentratieverlies

ser·pent *(Fr‹Lat: slang)* I *het* [-en] ❶ kwaad wijf, helleveeg ❷ bij uitbreiding onuitstaanbaar persoon, ellendeling II *de* [-en] muz oud slangvormig gekromd blaasinstrument

ser·pen·ti·ne *(Fr‹Lat) de (v)* [-s] stijf opgerolde, lange strook gekleurd papier, die zich bij het uitwerpen ontrolt

ser·ra·del·la *(‹Port) de* vlinderbloemige plant waarvan de peultjes op een vogelpoot lijken *(Ornithopus sativus)*

ser·re *(Fr) de* [-s] ❶ gesloten (glazen) veranda ❷ BN ook kas, broeikas; *ook* lage broeibak, broeibed

ser·re·ren *ww (Fr)* [serreerde, h. geserreerd] ❶ samendrukken ❷ bilj de ballen heel dicht bij elkaar houden; zie ook → **geserreerd**

se·rum *(Lat) het* [-s, -ra] ❶ vloeistof die zich afscheidt bij stolling van bloed, bloedwei ❷ bloedwei van dieren die met smetstof zijn ingeënt, gebruikt om mensen of dieren te beschermen tegen bepaalde besmettelijke ziekten

SERV *afk* in België Sociaal-Economische Raad van Vlaanderen [openbaar overlegorgaan]

ser·val *(‹Port) de (m)* [-s] langbenig, katachtig roofdier uit Afrika *(Leptailurus serval)*

serve [sù(r)v] *(‹Eng) de (m)* [-s] NN ‹bij diverse balsporten› slag waarmee de bal in het spel wordt gebracht, opslag: ★ *aan* ~ *zijn*

ser·veer·boy [-boj] *de (m)* [-s] stel dienbladen, dientafeltje op wieltjes

ser·veer·ster *de (v)* [-s] dienster

Ser·ven *mv* Serviërs

ser·ver [sùrvər] *(‹Eng) de (m)* [-s] comput krachtige computer die in een netwerk de gemeenschappelijke voorzieningen (bijv. gegevensopslag, printfaciliteiten) bestuurt

ser·ve·ren *ww (‹Fr‹Lat)* [serveerde, h. geserveerd] ❶ aan tafel bedienen; opdienen ❷ ‹bij diverse balsporten› de bal in het spel brengen

ser·vet *(‹Fr) het* [-ten] vinger- of monddoek; doek waarmee een eettafel ten dele bedekt wordt ★ NN *te groot voor* ~, *te klein voor tafellaken* gezegd van pubers of tieners

ser·vet·ring *de (m)* [-en] ring waarin men een opgerold servet steekt

ser·vice [sù(r)vis] *(‹Eng‹Lat) de (m)* ❶ bij diverse balsporten ❷ *[mv: -s]* eerste slag, serve, opslag: ★ *Hingis is aan* ~ ❸ bediening: ★ *een restaurant met een goede* ~ ❹ diensten ten behoeve van de klanten: ★ ~ *verlenen aan de afnemers*

ser·vice·beurt [sù(r)vis-] *de* [-en] onderhoudsbeurt aan een auto

ser·vice·break [sù(r)visbreek] *(‹Eng) de (m)* [-s] tennis het scoren van een punt door de speler die niet de opslag heeft

ser·vice·flat [sù(r)visflet] *(‹Eng) de (m)* [-s] verzorgingsflat

ser·vice·sta·tion [sù(r)visstaa(t)sjon] *het* [-s] tankstation waar automobilisten e.d. kleine reparaties kunnen laten verrichten

ser·viel *(‹Fr‹Lat) bn* slaafs, kruipend, laag: ★ *iem.* ~ *gehoorzamen*

Ser·vi·ër *de (m)* [-s] iem. geboortig of afkomstig uit Servië

ser·vies *(‹Fr‹Lat) het* [-viezen] stel bijeenhorende kopjes, borden, schotels e.d.

ser·viette [-vjet] *(‹Fr) de* [-n] BN, m.g. servet

ser·vi·li·teit *(‹Fr) de (v)* slaafsheid, slaafse vrees, kruiperij

Ser·visch *bn* van, uit, betreffende Servië

ser·vi·tuut *(‹Lat) het* [-tuten] erfdienstbaarheid

Ser·vo·Kro·a·tisch *het* Zuid-Slavische taal, de taal van Kroatië, Servië en Bosnië

se·sam [-zam] *(‹Lat) de (m)* ❶ tropisch oliehoudend gewas *(Sesamum indicum)* en het zaad daaruit ❷ *Sesam* berg uit een sprookje uit 1001 nacht ★ ~ *open u!* toverwoord uit dat sprookje

se·sam·olie [-zam-] *de* olie bereid uit sesamzaad

se·sam·pas·ta *de & het* ['s] pasta van gemalen sesamzaad

se·sam·zaad [-zam-] *het* zaad van de sesam

ses·sie *(‹Fr‹Lat) de (v)* [-s] ❶ zitting van een college, vooral rechtszitting ❷ → **session**

ses·sie·mu·zi·kant *de (m)* [-en] musicus, vooral in de popmuziek, die meespeelt bij studio-opnames van groepen waarvan hij geen deel uitmaakt of van artiesten die hij niet vast begeleidt

ses·sion [sesjən] *(‹Eng‹Lat) de* [-s] bijeenkomst van en uitvoering door jazz- of popmusici

ses·ter·ti·us [-(t)sie(j)us] *(‹Lat› de (m)* [-tii] Oud-Romeinse zilveren munt van 2,5 as, later 4 as

set *(‹Eng› de (m)* [-s] ❶ ‹bij diverse balsporten› zelfstandig gedeelte van een wedstrijd: ★ *bij de mannen bestaat een tenniswedstrijd uit maximaal vijf sets* ❷ stel bij elkaar behorende voorwerpen: ★ *een ~ pennen* ❸ plaats in een filmstudio waar de opnames plaatsvinden

set·point *(‹Eng› het* [-s] sp wedstrijdsituatie waarbij één van de deelnemers of deelnemende partijen aan één winnende slag genoeg heeft om een set te winnen

set·te·len *(‹Eng›* I *ww* [settelde, h. gesetteld] ❶ zich als kolonist (settler) ergens vestigen ❷ regelen, in der minne schikken: ★ *we hebben dit zaakje gesetteld* II *wederk* ❶ ergens gaan wonen ❷ een vaste of rustige positie verwerven

set·ter *(‹Eng› de (m)* [-s] patrijshond, langharige staande hond voor de korte jacht

set·ting *(‹Eng› de (v)* [-s] ❶ toneel; omgeving, omlijsting waarin zich iets afspeelt ❷ fig context, samenhang, achtergrond

set-up *(‹Eng› de (m)* [-s] volleybal pass langs het net naar een medespeler die de aanval afrondt

sev·en-year itch [sevvənjie(r) itsj] *(‹Eng› de* (eig zevenjaarsjeuk) de verleiding tot het aangaan van een buitenechtelijke relatie die vooral zou opkomen in het zevende jaar van een huwelijk

se·ve·ri·teit *(‹Lat› de (v)* gestrengheid, hardheid

SEVI *afk* in België Studie- en Documentatiecentrum Emile Vandervelde [socialistisch studiecentrum]

sè·vres [sèvrə] *(‹Fr› het* fijn Frans porselein, genoemd naar de stad Sèvres bij Parijs

sexa·ge·si·ma [-zie-] *(‹Lat› de (m)* RK zesde zondag voor Pasen, tweede zondag vóór de vasten

sex·ap·peal [-əpiel] *(‹Eng› de (m) & het* seksuele aantrekkingskracht

sex·ra·tio *de (m)* ['s] cijfer dat de getalsverhouding tussen de seksen in een groep of maatschappij aangeeft: het aantal mannelijke personen gedeeld door het aantal vrouwelijke, maal 100, geslachtsverhouding: ★ *bij de geboorte is de ~ ongeveer 105*

sext *(‹Lat› de* [-en] *muz* ❶ zesde toon van de diatonische toonladder ❷ interval van zes tonen

sex·tant *(‹Fr› de (m)* [-en] hoekmeetinstrument dat een zesde van de cirkel (60 graden) omvat, o.a. dienende tot plaatsbepaling op zee

sex·tet *(‹It› het* [-ten] ❶ *muz* muziekstuk voor zes stemmen of instrumenten; de zes uitvoerenden ❷ de twee terzinen van een sonnet

sexy [seksie] *(‹Eng› bn* ❶ veel sexappeal bezittend: ★ *een ~ filmster* ❷ seksueel prikkelend: ★ *een ~ jurkje*

SF¹ *afk* als nationaliteitsaanduiding op auto's: *Finland (Suomi Finland)*

SF² *afk* sciencefiction

sfeer *(‹Fr‹Gr› de* [sferen] ❶ bol, vooral hemel- of wereldbol ★ *iets in die ~* iets dergelijks ★ *in hogere sferen zijn* a) mijmeren over hogere zaken, wegdromen; b) high of onder invloed van drugs zijn ❷ gezichtskring; omvang, gebied van iemands macht, kundigheden of interesses; arbeidsveld; maatschappelijke kring ❸ stemming die in een kring of omgeving heerst: ★ *er heerste een gezellige ~*

sfeer·loos *bn* zonder bijzondere sfeer of stemming: ★ *een ~ concert*

sfeer·vol *bn* met een bijzondere, aangename sfeer: ★ *een ~ restaurant*

sfe·risch *(‹Gr› bn* bolvormig, bolrond; op een bol betrekking hebbend

sfinx *(‹Gr› de (m)* [-en] ❶ fabelachtig wezen in de Egyptische, Assyrische en Griekse cultuur, vooral voorgesteld met een (al dan niet gevleugeld) leeuwenlichaam en een mensenhoofd: ★ *de Sfinx te Gizeh* ❷ ondoorgrondelijk mens

sfinx·ach·tig *bn* raadselachtig, ondoorgrondelijk

sfor·zan·do [-tsan-,], **sfor·za·to** [-tsaa-] *(‹It› bijw muz* versterkt, sterker wordend

SG *afk* scholengemeenschap

s.g. *afk* soortelijk gewicht

SGML *afk* comput *Standard Generalized Markup Language (‹Eng›* [standaard voor het opmaken en ontsluiten van elektronische teksten voor bijv. het maken van een lay-out of een taalkundige analyse]

SGP *afk* in Nederland Staatkundig Gereformeerde Partij [Nederlandse politieke partij]

SH *afk* slechthorende

sh. *afk* shilling

shab·by [sjebbie] *(‹Eng› bn* sjofel, kaal, haveloos: ★ *~ gekleed gaan*

shag [sjey] *(‹Eng› de (m)* NN fijngesneden tabak waarvan men zelf sigaretten draait *(vgl:* → **sjekkie)**

shag·gie [sjekkie] *het* [-s] NN sjekkie

sha·ken [sjee-] *(‹Eng› ww* ‹een cocktail› schuddend mengen

sha·ken·ba·by·syn·droom [sjeekənbeebie-] *(‹Eng› het* med letsel bij een baby of een jong kind, als gevolg van hevig dooreen geschud te zijn

shake-out [sjeek-] *(‹Eng› de* [-s] ondergang van een groot aantal bedrijven als gevolg van een crisis in een bepaalde bedrijfstak: ★ *de ~ onder internetbedrijven*

shak·er [sjeekə(r)] *(‹Eng›* I *de (m)* [-s] schudbeker voor het mengen van dranken II *mv,* **shakers** sidderaars, een quakersekte

sham·po·ne·ren *ww* [sjam-] *(‹Eng‹Hindi›* [shamponeerde, h. geshamponeerd] met shampoo behandelen, het hoofdhaar wassen

sham·poo [sjampoo] *(‹Eng‹Hindi› de (m)* ❶ schuimvormend haarwasmiddel ❷ middel ter reiniging van vloerkleden

shan·toeng [sjan-] *(‹Eng› de (m) & het* stof uit Chinese tussorzijde, vooral voor tropen- en strandkleding, genoemd naar de Chinese provincie Shandong

Shape *afk* Supreme Headquarters Allied Powers in

Europe *(‹Eng)* [NAVO-hoofdkwartier van de geallieerde strijdkrachten in Europa, gevestigd nabij Bergen in België]

share·ware *(‹Eng)* [sjè(r)wè(r)] *de (m)* comput software die kosteloos gekopieerd mag worden, maar waarvoor wel een kleine vrijwillige tegemoetkoming wordt gevraagd

sha·ria [sjaa-] *(‹Arab) de (v)* islamitisch recht

shawl [sjòl] *(‹Eng) de (m)* [-s] → sjaal

shed·dak [sjed-] *het* [-daken] zaagdak, zaagvormige reeks fabrieks- of loodsdaken, elk met een steile en een flauw hellende zijde, de eerste van ruiten voorzien, zodat het geheel goed verlicht wordt

sheet [sjiet] *(‹Eng) de* [-s] ❶ transparant vel gebruikt bij een overheadprojector ❷ groot vel papier gebruikt bij een flip-over

shelf·ware [sjelfwè(r)] *(‹Eng) de* comput software die ooit is aangeschaft maar niet wordt gebruikt en nog op de plank ligt

shell [sjel] *(‹Eng) de* comput software die functioneert als bemiddelaar tussen het besturingssysteem en de gebruiker en die vaak is bedoeld om het besturingssysteem gebruikersvriendelijker te maken: ★ *Windows is een uitgebreid shellprogramma, terwijl commandogestuurde systemen een veel beperktere ~ hebben*

shel·ter [sjeltə(r)] *(‹Eng) de (m)* [-s] schuilplaats; zeer eenvoudige kampeertent

sher·iff [sjerrif] *(‹Eng) de (m)* [-s] ❶ ‹in de Verenigde Staten van Noord-Amerika› hoofd van de politie in een county ❷ ‹hist in Engeland› ambtenaar met verschillende bevoegdheden

sher·pa [sjerpaa] *de* ['s] ❶ lid van een stam in Nepal, waarvan de mannen vaak als helpers en gidsen bij bergbeklimmingen optreden ❷ meisje van 14-17 jaar bij scouting

sher·ry [sjerrie] *(‹Eng) de (m)* witte wijn uit de streek van Jerez de la Frontera in Andalusië, met 16-22% alcohol

shet·land [sjetlənd] *(‹Eng) het* bep. soort fijne wol, genoemd naar de Shetlandeilanden

shet·land·pony [sjetlənd pooni(e)] *(‹Eng) de (m)* ['s], **shet·lan·der** [sjet-] *de (m)* [-s] ras van kleine, gedrongen pony's, oorspr van de Shetlandeilanden

shift [sjift] *(‹Eng) de (m)* [-en] ❶ ploeg van arbeiders die in afwisseling met een of meer groepen in hetzelfde bedrijf dezelfde arbeid verrichten ★ *in ~ werken* in ploegendienst ❷ werkperiode tussen twee ploegwisselingen (in ploegendienst): ★ *in de late ~ werken* ❸ comput shifttoets, hoofdlettertoets

shift·toets [sjift-] *(‹Eng) de (m)* [-en] comput toets om te wisselen tussen hoofd- en kleine letters

shii·ta·ke [-sjie-ie] *(‹Jap) de* [-s] bep. soort Japanse eetbare paddenstoel

shil·ling [sjil-] *(‹Eng) de (m)* [-s] ❶ voormalige Engelse munt, 1/20 van een pond sterling ❷ munteenheid van Oeganda, Somalië en Tanzania

shin·to·ïs·me [sjin-] *(‹Chin: shin tao* weg van de goden*) het* staatsgodsdienst in Japan

shirt [sjù(r)t] *(‹Eng) het* [-s] dunne trui; overhemd

shirt·re·cla·me [sjⁱ(r)t-] *de* [-s] → reclame (bet 1) op de shirts van sportlieden

shirt·spon·so·ring [sjù(r)tsponsəring] *(‹Eng) de* het sponsoren van sportverenigingen en het daarbij voeren van sponsorreclame op de shirts van de sporters

shish ke·bab [sjisj-] *(‹Turks) de* aan een pen geregen stukjes schapen- of lamsvlees

shit [sjit] *(‹Eng) inf* **I** *de (m)* ❶ eig stront; rotzooi, troep; onzin, geleuter: ★ *hou eens op met die ~!* ❷ hasj **II** *tsw* uitroep om afkeer of minachting aan te duiden; gelul!; verdomme!: ★ *~, ben ik mijn schooltas weer vergeten!*

sho·ar·ma [sjwar-] *(‹Hebr) de (m)*, **sho·ar·ma·vlees** *het* geroosterd en gekruid schapen- of lamsvlees

sho·ar·ma·tent [sjwar-] *de* [-en], **sho·ar·ma·zaak** [sjwar-] *de* [-zaken] NN zaak waar men broodjes shoarma of shoarmamaaltijden kan nuttigen of afhalen

shock [sjok] *(‹Eng) de (m)* [-s] ❶ med ziekelijke toestand ten gevolge van verandering in bloedsamenstelling bij ernstig letsel of door vaatverlamming na ernstige zenuwaandoening ❷ fig heftige gemoedsaandoening ❸ kunstmatig teweeggebrachte schok in de hersenen als therapie bij sommige geestesziekten als depressie, elektroshock

shocken *ww* [sjokkə(n)] *(‹Eng)* [shockte, h. geshockt] als geneeskundige behandeling een → shock (bet 3) toedienen

shock·ing [sjokking] *(‹Eng) bn & tsw* aanstotelijk, ergerlijk

shock·proof [sjokproef] *(‹Eng) bn* bestand tegen schokken

shock·the·ra·pie [sjok-] *de (v)* behandeling door shocken

shoo·ter *(‹Eng)* [sjoetə(r)] *de* [-s] in kleine verpakking verkochte likeurachtige mixdrank met ca. 20% alcohol

shop [sjop] *(‹Eng) de (m)* [-s] winkel

shop·pen *ww* [sjop-] *(‹Eng)* [shopte, h. geshopt] ❶ winkelen ❷ verscheidene (gezondheids)instellingen afgaan om te kijken waar men het best geholpen wordt

shop·per [sjop-] *(‹Eng) de* [-s] ❶ boodschappentas ❷ kleine auto, vooral gebruikt voor het boodschappen doen

shop·ping [sjop-] *(‹Eng) de & het* het inkopen doen, winkelen

shop·ping·cen·ter [sjoppingsentə(r)] *(‹Eng) het* winkelcentrum

short [sjò(r)t] *(‹Eng) bn* kort ★ *~ drink* niet-aangelengde alcoholische drank, borrel ★ *~ story* kort verhaal, novelle ★ *~ ton* gewicht van 907,2 kg (in Noord-Amerika) ★ handel *~ gaan* à la baisse verkopen

shor·ta·ma de ['s] ⟨Eng⟩ (uit: *short* en *pyjama*) pyjama met korte broek

short·list [sjò(r)t-] ⟨Eng⟩ de [-s] korte lijst met kandidaten voor een functie of onderscheiding

shorts [sjò(r)ts] ⟨Eng⟩ mv korte broek

short·track [sjò(r)ttrek] ⟨Eng⟩ de (m) hardrijwedstrijd op de schaats op een ijshockeybaan

shot [sjot] ⟨Eng⟩ de (m) [-s] ❶ sp schot ❷ filmopname, foto-opname ❸ slang injectie, vooral met een verdovend middel

sho·vel [sjɔvvəl] ⟨Eng⟩ de (m) [-s] grote → laadschop

show [sjoow] ⟨Eng⟩ de (m) [-s] ❶ optreden van één of meer artiesten, vooral met muziek en dans, in een theater maar ook voor de tv ❷ vertoning, het vertoon-maken; ook modevertoning ★ *de ~ stelen* de meeste aandacht opeisen door succes ❸ tentoonstelling

show·bink [sjoo(w)-] de (m) [-en] iem. die op uiterlijk vertoon gesteld is, opschepper

show·bizz [sjoo-] ⟨Eng: show biz⟩ de (m) verkorting van → showbusiness

show·busi·ness [sjoobizniss] ⟨Eng⟩ de (m) het organiseren, produceren enz. van shows, revues, variétés e.d., vooral gezien vanuit zakelijk oogpunt

sho·wen ww [sjoo-] ⟨Eng⟩ [showde, h. geshowd] ❶ voor een publiek vertonen, een → show (bet 1) houden ❷ met enig vertoon laten zien in het algemeen; ★ *een pas gekochte jas ~*

show·film [sjoo-] de (m) [-s] film die grotendeels bestaat uit dans en muziek

show·pro·ces [sjoo-] het [-sen] grote rechtszaak waarvan de uitslag van tevoren vast staat, maar dat voor de schijn toch wordt gehouden

show·room [sjooroem] ⟨Eng⟩ de (m) [-s] toonzaal, ruimte waar iets wordt tentoongesteld

shrap·nel [sjrepnəl] ⟨Eng⟩ de (m) [-s] granaatkartets (genoemd naar generaal G. Shrapnel, 1761-1842)

shred·der [sjreddər] ⟨Eng⟩ de [-s] ❶ machine die autowrakken tot kubussen vermaalt ❷ apparaat waarmee papier wordt versnipperd, papierversnipperaar

shuf·fle [sjuffəl] ⟨Eng⟩ de (m) [-s] ❶ (dans)pas waarbij men met de voet een schuivende beweging naar voren en weer terug maakt ❷ muz (ritmisch) liedje waarop men met de shuffle kan dansen

shunt [sjunt] ⟨Eng⟩ de (m) [-s] ❶ nat parallelle keten; weerstand van bepaalde grootte, parallel geschakeld met een meetinstrument ❷ med buisje dat twee bloedvatstelsels verbindt, o.a. gebruikt bij nierdialyse

shuttle [sjuttəl] ⟨Eng⟩ de (m) [-s] ❶ voorwerp van licht materiaal dat heen-en-weer geslagen wordt bij badminton ❷ spaceshuttle ❸ trein, bus die voortdurend tussen twee plaatsen heen en weer rijdt; ★ *een ~ tussen de stad en het vliegveld*

shut·tle·bus [sjuttəl-] ⟨Eng⟩ de [-sen] comfortabele en snelle pendelbus, vooral ingezet tijdens de spitsuren; ★ *er rijdt een ~ tussen het station en het industrieterrein*

Si afk symbool voor het chemisch element *silicium*

si de ['s] naam van de zevende toon van de diatonische toonladder (b)

Si·a·mees I de (m) [-mezen] iem. geboortig of afkomstig uit Siam, thans Thailand geheten **II** het de taal van de Siamezen **III** bn ❶ van, uit, betreffende Siam, thans Thailand geheten ★ *Siamese kat* zie → siamees ★ *Siamese tweeling* oorspronkelijke benaming voor een in Siam uit Chinese ouders geboren tweeling, *Chang* en *Eng* (1811-1874), door een weefselstreng ter dikte van een arm aan elkaar verbonden; ❷ ⟨vandaar in het algemeen voor⟩ aaneengegroeide tweeling

si·a·mees de (m) [-mezen] slank gebouwd type kat met kort, licht haar en donkere poten en kop

sib·be de [-n] (uit het Nederduits afkomstige aanduiding voor) geslacht, familie

sib·ben·kun·de de (v) onderzoek naar de → sibbe, de gezamenlijke verwanten; genealogie in ruime zin

Si·be·risch bn van, uit, betreffende Siberië

si·be·risch bn ★ *~ koud* ★ *het laat mij ~* ik trek er mij niets van aan

si·bil·le ⟨Lat⟩ de (v) [-n] ❶ profetes bij de oude Romeinen, waarzegster ❷ fig raadselachtige vrouw

si·bil·lijns ⟨Lat⟩ bn van of als van de sibillen, raadselachtig

sic ⟨Lat⟩ bijw aldus, op deze wijze; zo staat er woordelijk, let wel

si·cav de (m) [-s] BN beleggingsmaatschappij met veranderlijk kapitaal

sic·ca·tief ⟨Fr‹Lat⟩ het [-tieven] opdrogend middel, vooral in verf en drukinkt

Si·cher·heits·dienst [siechərhaits- (Duitse chh)] ⟨Du⟩ de (m) Duitse veiligheidsdienst (politieke politie, SD) in de bezette gebieden tijdens de Tweede Wereldoorlog

Si·ci·li·aan de (m) [-anen] iem. geboortig of afkomstig van Sicilië

Si·ci·li·aans bn van, uit, betreffende Sicilië ★ *Siciliaanse Vesper* opstand op Sicilië in 1282, waarbij nagenoeg alle Fransen vermoord werden

sick ⟨Eng⟩ bn NN morbide: ★ *ik vond die grap over kanker nogal ~*; zie ook bij → joke

sick·build·ing·syn·drome [-bildingsindrəm] ⟨Eng⟩ de (m) geheel van lichamelijke klachten (waaronder hoofdpijn, vermoeidheid, oog- en luchtwegirritaties) dat zich vooral voordoet bij mensen werkzaam in grote, moderne (kantoor)gebouwen en waarvan de oorzaak waarschijnlijk ligt in eigenschappen van de werkomgeving

sid·der·aal de (m) [-alen] soort aal die elektrische schokken kan geven, *Electrophorus electricus*

sid·de·ren ww [sidderde, h. gesidderd] hevig beven ★ *voor iem. ~* erg bang voor iem. zijn

sid·de·ring de (v) [-en] hevige beving

sid·der·rog de (m) [-gen] soort rog die elektrische

schokken kan geven, *Torpeda nobeliana*
side *(‹Eng)* [saaid] *de* [-s] ❶ supporters van een voetbalclub: ★ *de F-side van Ajax* ❷ vak van een voetbaltribune voor de vaste supporters van de thuisclub
side·bar [saitbàr] *(‹Eng)* de [-s] comput soort taakbalk aan de zijkant van een computerscherm
side·kick [sait-] *(‹Eng)* de (m) [-s] medepresentator van een tv- of radioprogramma, naast de hoofdpresentator
si·de·let·ter [said-] *(‹Eng)* de (m) [-s] document bij een overeenkomst, met daarin aanvullende, vertrouwelijke informatie
side-out [said-] *(‹Eng)* de (m) [-s] volleybal opslag
sie·pe·len *ww* [siepelde, is gesiepeld] NN → **sijpelen**
sier *de* NN versiering, opschik: ★ *dat gordijn hangt er alleen maar voor de ~* ★ *goede ~ maken* het er goed van nemen, pret maken, royaal voor de dag komen ★ *goede ~ met iets maken* zich vanwege iets laten bewonderen
sie·raad *(‹Du)* het [-raden] ❶ voorwerp van edel metaal, gesteente enz., dat dient ter verfraaiing, versiersel ❷ fig iemand die uitblinkt
sier·be·stra·ting *de (v)* plaveisel met figuren erin, vaak in verschillende kleuren
sier·bloem *de* [-en] vanwege de schoonheid gekweekte bloem
sier·boom *de (m)* [-bomen] vanwege de schoonheid gekweekte boom
sier·duif *de* [-duiven] duif die gefokt is om zijn mooie veren
sie·ren *ww* [sierde, h. gesierd] mooi maken, verfraaien ★ *dat siert je* dat strekt je tot eer
sier·ge·was *het* [-sen] vanwege de schoonheid gekweekt gewas
sier·hees·ter *de (m)* [-s] vanwege de schoonheid gekweekte heester
sier·kunst *de (v)* het maken van voorwerpen tot versiering en van mooie gebruiksvoorwerpen; **sierkunstenaar** *de (m)* [-s]
sier·lijk *bn* ❶ mooi van vorm: ★ *een ~ vaasje* ❷ bevallig: ★ *~ dansen*; **sierlijkheid** *de (v)*
sier·lijst *de* [-en] lijst als versiering
sier·plant *de* [-en] vanwege de schoonheid gekweekte plant
sièr·ra [sjerra] *(‹Sp)* de ['s] bergketen, gebergte in Spaanstalige landen of gebieden
Sier·ra Le·o·ner [sjer-] *de (m)* [-s] iem. geboortig of afkomstig uit Sierra Leone
Sier·ra Le·oons [sjer-] *bn* van, uit, betreffende Sierra Leone
sier·sel *het* [-s] versiersel
sier·smeed·werk *het* sierlijk smeedwerk
sier·steek *de (m)* [-steken] borduren sierlijke steek als afwerking
sier·strip *de (m)* [-s] strip aan de zijkant van personenauto's met decoratieve functie
sier·teelt *de* teelt van siergewassen

sier·tuin *de (m)* [-en] tuin met sierplanten
siës·ta [sjes-] *(‹It‹Sp)* de ['s] middagslaapje, middagdutje
sie·vert *de (m)* eenheid van hoeveelheid geabsorbeerde radioactieve straling en de biologische schade, genoemd naar de Zweedse radioloog Rolf Sievert (1896-1966)
si·fon *(‹Fr‹Gr)* de (m) [-s] ❶ stankafsluiter van een wc enz.; kolk in een rioolleiding met stankafsluiting ❷ spuitwaterfles met een hevel ❸ gronddoiker
si·gaar *(‹Sp)* de [-garen] rol tabak in een dekblad ★ *de ~ zijn* het slachtoffer, de dupe zijn
si·ga·ren·as *de* as van sigaren
si·ga·ren·band·je *het* [-s] versierend bandje met de merknaam om een sigaar
si·ga·ren·fa·briek *de (v)* [-en] fabriek waar sigaren gemaakt worden
si·ga·ren·kist·je *het* [-s] ❶ kistje voor of met sigaren ❷ schertsend grove schoen
si·ga·ren·knip·per *de (m)* [-s] sigarenschaartje
si·ga·ren·ko·ker *de (m)* [-s] ❶ etui om sigaren in mee te nemen ❷ cilindervormige hermetisch sluitende metalen bus waarin een sigaar, gevrijwaard tegen vocht, bewaard kan worden
si·ga·ren·ma·ga·zijn *het* [-en] sigarenwinkel
si·ga·ren·ma·ker *de (m)* [-s] iem. die sigaren maakt
si·ga·ren·rook *de (m)* rook van sigaren
si·ga·ren·schaar·tje *het* [-s] speciaal schaartje om de punt van een sigaar af te knippen
si·ga·ren·win·kel *de (m)* [-s], **si·ga·ren·zaak** *de* [-zaken] winkel waar men sigaren e.d. kan kopen
si·ga·ret *(‹Fr)* de [-ten] rolletje tabak in dun papieren omhulsel
si·ga·ret·ten·ko·ker *de (m)* [-s] platte koker om sigaretten mee te nemen
si·ga·ret·ten·pa·pier *het* dunne stukjes papier om sigaretten mee te rollen, vloeitjes
si·ga·ret·ten·pijp·je *het* [-s] pijpje waarin men een sigaret rookt
sight·see·ën [saitsie(j)ə(n)] *(‹Eng)* ww & het (het) bezoeken van bezienswaardigheden van een plaats of een land: ★ *we zijn een dagje wezen ~ in Barcelona*
sight·see·ing [saitsie-ing] *(‹Eng)* het het sightseeën
sig·ma *(‹Gr)* de ['s] ❶ achttiende letter van het Griekse alfabet, als hoofdletter Σ, als kleine letter σ, als slotletter van een woord ς ❷ wisk symbool voor sommering van een gedurige som
sig·naal [sinjaal] *(‹Fr‹Lat)* het [-nalen] sein; teken om iets te doen of na te laten; hoor- of zichtbaar teken als blijk van een verbinding of werking
sig·naal·func·tie [sinjaalfunksie] *de (v)* ★ *een ~ hebben voor iem.* een teken zijn voor iem. dat er iets moet gebeuren of veranderen
sig·naal·kleur [sinjaal] *de* [-en] kleur die doet opvallen: ★ *de politiemensen droegen hesjes in een ~*
sig·na·le·ment [sinjaa-] *(‹Fr)* het [-en] ❶ nauwkeurige beschrijving van het uiterlijk van een persoon, vooral een gezocht persoon: ★ *het ~ van een*

sig·na·le·ren *ww* [sinjaa-] *(‹Fr)* [signaleerde, h. gesignaleerd] ❶ de aanwezigheid (doen) opmerken van: ★ *hij is in de bioscoop gesignaleerd* ❷ waarschuwend de aandacht vestigen op: ★ *gevaren ~*

verdwenen kind verspreiden ★ *de arrestant voldeed aan het signalement* ❷ fig nauwkeurige beschrijving in het algemeen

sig·na·li·sa·tie [sinjaaliezaa(t)sie] *(‹Fr) de (v)* [-s] BN ook aanduiding voor de verkeerstekens, wegbebakening, wegmarkering e.d.; *ook* bewegwijzering

sig·na·tuur [sinjaa-] *(‹Fr‹Lat) de (v)* [-turen] ❶ oorspr handtekening ❷ ondertekening van een kunstwerk ❸ vandaar kenmerk, aard, karakter: ★ *iemands ~ dragen* ★ *een vereniging van behoudende ~*

sig·ne·ren *ww* [sinjee-] *(‹Fr‹Lat)* [signeerde, h. gesigneerd] ondertekenen, met zijn naam tekenen

sig·net [sienjet] *(‹Fr) het* [-ten] handzegel, cachet, briefsluiter

sig·ni·fi·cant *(‹Eng) bn* ❶ statistisch van betekenis, omdat het verschijnsel vaker voorkomt dan volgens de kansberekening binnen de grenzen van het toeval mogelijk is ❷ vandaar aanmerkelijk, opvallend: ★ *Nederlanders zijn ~ langer dan Chinezen*

sig·ni·fi·can·tie [-sie] *(‹Lat) de (v)* het significant-zijn

sig·ni·fi·ca·tie [signiefiekaa(t)sie, sienjiefiekaa(t)sie] *(‹Fr‹Lat) de (v)* ❶ betekenis; betekenisaanduiding ❷ NN gerechtelijke aanzegging

si·gnor [sienjor,] **si·gno·re** [sienjooree] *(‹It‹Lat) de (m)* mijnheer; de heer

si·gno·ra [sienjooraa] *(‹It) de (v)* mevrouw

si·gno·ria [sienjoorie(j)aa] *(‹It) de (v)* ❶ macht, heerschappij ❷ regering van Florence in de middeleeuwen

si·gno·ri·na [sienjoo-] *(‹It) de (v)* juffrouw

sig·num *(‹Lat) het* [-na] teken; wonderteken

sij·pe·len *ww* [sijpelde, h. & is gesijpeld], **zij·pe·len** [zijpelde, h. & is gezijpeld] langzaam vloeien

sijs·je *het* [-s] groen en geel gekleurd vogeltje, tot de vinkachtigen behorend, *Carduelis spina*

sijs·jes·lij·mer *de (m)* [-s] vooral NN, spreektaal zoetsappige, saaie vent

sik *(‹Du) de* [-ken] ❶ puntbaardje, van een man of van een geit ★ *ik krijg er een ~ van!* ik vind het heel lastig of irritant ❷ geit

sikh *de (m)* [-s] lid van een godsdienstige groepering met zowel islamitische als hindoekenmerken, met de Indiase deelstaat Punjab als politieke basis

sik·kel¹ *(‹Lat) de* [-s] halvemaanvormig oogstmes

sik·kel² *(‹Lat‹Hebr) de (m)* [-en, -s] oude Hebreeuwse munt en dito gewicht; *vgl*: → sjekel

sik·kel·duin *het* [-en] duin met een sikkelvormige omtrek, vooral in woestijnen

sik·ke·neu·rig *(‹Fr) bn* vooral NN chagrijnig, zeurderig; **sikkeneurigheid** *de (v)*

sik·ke·pit *de*, **sik·ke·pit·je** *het* beetje, weinigje: ★ *een sikkepitje melk in de koffie* ★ *geen ~* helemaal niets

si·le·ne *(‹Lat) de* [-n *en* -s] muurachtige plant (→ **muur²**) met lange bolle kelk

si·lent ma·jor·ity [sailənt mədzjòrittie] *(‹Eng) de* zwijgende meerderheid (zie bij → **zwijgend**)

si·lex *(‹Lat)* **I** *het* vuursteen **II** *de (m)* [-en] voorhistorisch bewerkt vuurstenen voorwerp

sil·hou·et [sieloe-] *(‹Fr) de & het* [-ten] schaduwomtrek, schaduwbeeld, genoemd naar de Franse controleur-generaal van Financiën Etienne de Silhouet (1709-1767), die levensgrote schaduwbeelden vervaardigde

si·li·caat *(‹Fr) het* [-caten] kiezelverbinding, kiezelzuur zout, o.a. kaoline, veldspaat en glimmer of mica

si·li·ci·um *(‹Lat) het* chemisch element, symbool Si, atoomnummer 14, een halfgeleider die o.a. wordt gebruikt in chips en zonnecellen, kiezel

si·li·co·nen *(‹Lat) mv* kunststoffen die bestaan uit silicium en zuurstof met hydroxyl- en alkylgroepen, o.a. bekend als materiaal voor borstvergroting

si·li·co·nen·kit *de* elastisch en hittebestendig vulmiddel op basis van siliconen

si·li·co·se [-zə] *(‹Lat) de (v)* med chronisch ontstekings- en verhardingsproces in de longen van mijnwerkers, arbeiders in slijperijen, cementfabrieken enz., veroorzaakt door het inademen van steenstof

si·lo *(‹Sp) de (m)* ['s] ❶ ingegraven betonnen cilinder voor het bewaren van groenvoer ❷ pakhuis voor stortgoed, vooral voor graan, met van onderen een trechtervormige opening ❸ verborgen bewaarplaats voor raketten ❹ fig hoog woon- of kantoorgebouw met veel verdiepingen; meestal in samenstellingen, bijv. kantoorsilo

si·lu·risch *bn* van, uit het siluur

si·luur *het* geol periode binnen het paleozoïcum, van 435-395 miljoen jaar geleden, met daarin de eerste longvissen en landplanten, genoemd naar de *Silures*, een Keltische volksstam in het grondgebied waarvan het siluur voor het eerst onderzocht is

sil·ves·ter·avond *de (m)* [-en] oudejaarsavond (naar paus Silvester I (gestorven in 335), wiens feestdag op 31 december viel)

s'il vous plaît [sie voe plè] *bijw (‹Fr)* als het u belieft (s.v.p.)

sim¹ *afk* telec *subscriber identification module* [identificatiemodule van abonnees bij mobiele telefonie]

sim² *de* [-men] hengelsnoer

Simavi *afk* in Nederland Steun in medische aangelegenheden voor inheemsen

si·mi·li- *(‹Lat)* als eerste lid in samenstellingen ❶ namaak-, kunst-, nagebootst; ❷ *similisteen* onechte (edel)steen

si·mi·li·le·der, **si·mi·li·leer** *het* BN, m.g. kunstleer

si·mi·lor *het* → **semilor**

sim·kaart *de* [-en] telec kaart waarmee men mobiel kan telefoneren

sim·lock *de* [-s] *(‹Eng)* telec programma waarmee men

alleen mobiel kan telefoneren via het netwerk van de aanbieder van wie de telefoon is gekocht
sim·men *ww* [simde, h. gesimd] NN huilerig en zielig doen: ★ *toen hij zijn zin niet kreeg, zat hij de hele tijd te ~*
si·mo·nie *(‹Lat) de (v)* het handeldrijven met geestelijke ambten
si·mo·ni·se·ren *ww* [simoniseerde, h. gesimoniseerd] BN ‹van carrosserieën› insmeren met was ter bescherming
sim·pel *(Fr‹Lat) bn* ❶ eenvoudig: ★ *een simpele rekensom* ★ *het is maar een simpele bromfiets* niets meer dan een gewone bromfiets ❷ onnozel: ★ *een ~ mens* ★ *een ~ gezicht zetten* ★ *ik word er ~ van* ik heb genoeg van dit vervelende werk of gedoe; **simpelheid** *de (v)*
sim·plex *(‹Lat) het* ❶ het eenvoudige ❷ taalk niet-samengesteld woord
sim·pli·ci·teit *(Fr‹Lat) de (v)* ❶ eenvoudigheid, ongekunsteldheid ❷ onnozelheid
sim·pli·fi·ca·tie [-(t)sie] *(Fr) de (v)* [-s] ❶ vereenvoudiging ❷ al te eenvoudige voorstelling
sim·pli·fi·ce·ren *ww (‹Lat)* [simplificeerde, h. gesimplificeerd] ❶ vereenvoudigen ❷ eenvoudig of al te eenvoudig voorstellen; **simplificering** *de (v)*
sim·plis·me *(‹Fr) het* versimpeling, al te eenvoudige voorstelling van een ingewikkelde zaak
sim·plis·tisch *(‹Fr) bn* al te eenvoudig, eenzijdig, alles of te veel uit één beginsel verklarend: ★ *een simplistische theorie*
si·mu·lant *(‹Lat) de (m)* [-en], **si·mu·lan·te** *de (v)* [-n] iem. die simuleert, iem. die veinst ziek of psychisch gestoord te zijn
si·mu·la·tie [-(t)sie] *(Fr‹Lat) de (v)* [-s] het simuleren, nabootsing, veinzing, het voorwenden van ziekte of psychische gestoordheid
si·mu·la·tor *(‹Lat) de (m)* [-s *en* -toren] nabootser; toestel dat situaties en verrichtingen nabootst, bijv. voor opleiding van bestuurders van vliegtuigen, tanks, vaartuigen
si·mu·le·ren *ww (‹Fr‹Lat)* [simuleerde, h. gesimuleerd] ❶ veinzen, voorgeven, voorwenden, vooral veinzen een ziekte of stoornis te hebben ★ *gesimuleerde koop* schijnkoop ❷ nabootsen, vooral bepaalde situaties nabootsen voor de opleiding van vliegers, bestuurders enz.
si·mul·taan *(‹Lat) bn* gelijktijdig; terzelfdertijd bestaand of verricht ★ *~ dammen, schaken* gelijktijdig tegen één persoon meerdere partijen spelen ★ *~ vertalen* gesproken tekst vertalen op het moment dat de spreker nog bezig is
si·mul·taan·par·tij *de (v)* [-en], **si·mul·taan·se·an·ce** [-see(j)ãsə] *de* [-s] schaak- of dampartij van één speler tegen verschillende andere
si·mul·taan·tolk *de (m)* [-en] tolk die de woorden van een spreker vertaalt, terwijl deze nog aan het spreken is: ★ *de redevoering van de president werd voor de tv door een ~ vertaald*

sin. *afk* sinus
si·naas·ap·pel *de (m)* [-s *en* -en] ❶ saprijke zuidvrucht met oranje of gele schil ❷ boom waaraan deze vruchten groeien (*Citrus sinensis*) ★ *zure ~* oranjeboom (*Citrus aurantium*)
si·naas·ap·pel·huid *de* cellulitis
si·naas·ap·pel·sap *het* sap van de sinaasappel
si·naas·ap·pel·schil *de* [-len] schil van de sinaasappel
si·nas *de (m)* vooral NN koolzuurhoudende frisdrank met sinaasappelsmaak
sinds I *voegw* sedert, van het genoemde ogenblik af: ★ *~ ik hier werk, voel ik me niet lekker* II *vz* sedert, vanaf: ★ *~ de Eerste Wereldoorlog*
sinds·dien *bijw* sinds die (genoemde) tijd: ★ *~ gaat het beter tussen ons*
si·ne·cu·re *(‹Fr) de* [-s], **si·ne·cuur** *de* [-curen] ❶ oorspr bezoldigde functie zonder of met heel weinig daaraan verbonden bezigheden ❷ gemakkelijk (en voordelig) baantje of karweitje: ★ *dat is geen ~* dat is een lastige taak
sing. *afk* singularis
Sin·ga·lees I *de (m)* [-lezen] lid van een bevolkingsgroep die de meerderheid van de inwoners van Sri Lanka vormt II *het* taal van de Singalezen III *bn* betreffende de Singalezen
Sin·ga·po·rees [sinɣaapoe-] I *de (m)* [-ezen] iem. geboortig of afkomstig uit Singapore II *bn* van, uit, betreffende Singapore
sin·gel *(‹Oudfrans‹Lat) de (m)* [-s] ❶ stadsgracht of weg daarlangs ❷ gordel ❸ stevige band, vaak van leer, o.a. voor paardentuig en onder stoelzittingen ❹ windsingel
sin·gel·band als stof: *het*, als voorwerp: *de (m)* [-en] sterk band, door stoffeerders gebruikt
sin·ge·len¹ *ww* [singelde, h. gesingeld] een paard een → **singel** (bet 3) omdoen
sin·ge·len² *ww* [-ɣə-] [singelde, h. gesingeld] tennis een single spelen
sin·gle [sinɣəl] *(‹Eng‹Lat)* I *de (m)* [-s] ❶ balspel met aan weerszijden slechts één speler ❷ vroeger 45-toerenplaat; thans cd met zeer beperkte speelduur, cd-single; II *de* [-s] alleenstaande, vrijgezel
sing·let [sinɣlet] *(‹Eng) het* [-s] kort onderhemd zonder mouwen
sing·le·ton [sinɣəltən] *(‹Eng) de (m)* kaartsp (na het delen) bezit van slechts één kaart in een kleur: ★ *een ~ ruiten hebben*
sin·gu·la·ris *(‹Lat) de (m)* [-sen, -laria] taalk enkelvoud; vorm van het enkelvoud; *tegenst*: → **pluralis**
sin·gu·lier *(‹Fr‹Lat) bn* ❶ bijzonder, ongewoon ❷ wonderlijk, eigenaardig
si·nis·ter *(‹Fr‹Lat) bn* onheilspellend, schrikwekkend; onguur, zeer ongunstig (van uiterlijk)
si·nis·tro·gyr [-gier] *(‹Lat) bn* linksdraaiend; *tegenst*: → **dextrogyr**
sin·jeur *(‹Fr) de (m)* [-en] heerschap, kwant: ★ *een rare ~*

sin·joor *(‹Sp) de (m)* [-joren] BN, schertsend bijnaam voor de Antwerpenaar

sin·jo·ren·stad *de* Antwerpen

Sin·kel *zn* ★ NN een winkel van ~ iets waar van alles te krijgen is, een verzameling zeer verschillende artikelen, genoemd naar een voormalig winkelbedrijf te Amsterdam

Sink·sen *(‹Lat) het* BN, spreektaal Pinksteren

Sinn Fein *zn* [sjin feen] *(‹Iers)* 'wij zelf', in 1905 gestichte beweging van Ieren die de onafhankelijkheid van Ierland nastreefde

si·no·lo·gie *(‹Gr) de (v)* wetenschappelijke beoefening van de Chinese taal, letterkunde en cultuur(geschiedenis)

si·no·lo·gisch *bn* de sinologie betreffend

si·no·loog *(‹Gr) de (m)* [-logen] beoefenaar van de sinologie

si·no·pel *(‹Fr) het* herald groen

sint *(‹Fr‹Lat)* **I** *de (m)* [-en] heilige ★ *de goede ~* Sint-Nicolaas **II** *bn*, **Sint** heilige (voor persoonsnamen): ★ *Sint-Jan* ★ *Sint-Pieter*

sint-an·dries·kruis, **sint-an·dreas·kruis** *het* [-en] → andreaskruis

sint-ber·nard *de (m)* [-s], **sint-ber·nards·hond** *de (m)* [-en] zeer grote hond, in het klooster bij de Grote Sint-Bernardpas in de Alpen afgericht op het opsporen van verdwaalden en van mensen die onder de sneeuw bedolven zijn

sin·tel *(‹Du) de (m)* [-s] niet geheel verbrand stuk steenkool

sin·tel·baan *de* [-banen] met sintels verharde wedstrijdbaan

sint-elms·vuur *het* → elmsvuur

sin·te·ren *ww* [sinterde, h. gesinterd] ⟨van klei die gebakken wordt⟩ beginnen te smelten

sin·ter·klaas *de (m)* [-klazen] ❶ iem. die Sint-Nicolaas voorstelt ★ *voor ~ spelen* a) verkleed optreden als Sint-Nicolaas; b) fig zeer royaal of vrijgevig zijn zonder iets terug te verlangen ❷ sinterklaasfeest: ★ *over twee dagen is het ~*

sin·ter·klaas·avond *de (m)* [-en] vooral NN de avond van 5 december

sin·ter·klaas·feest *het* [-en] feest ter ere van Sint-Nicolaas op sinterklaasavond en sinterklaasdag, waarbij iedereen geschenken krijgt

sin·ter·klaas·ge·dicht *het* [-en] NN ❶ gedicht bij een sinterklaasgeschenk ❷ waardeloos gerijmel

Sin·ti *mv* naam van een bep. groep zigeuners, ook in Nederland levend, die een dialect spreken van de Midden-Europese Zigeunertaal

sint-ja·kobs·schelp *de* [-en] bep. schelp die pelgrims meenamen van een bedevaart naar Santiago de Compostela in Spanje

sint-jans·kruid *het* veldplant met gele bloemen, hertshooi (*Hypericum perforatum*)

sint-jans·lot *het* [-loten] → janslot

sint-jans·vlin·der *de (m)* [-s] klein vlindertje, groenzwart en rood (*Zygaena filipendulae*)

Sint-Jo·ris·dag *de (m)* [-dagen] 23 april, bijzondere dag voor de padvinders, genoemd naar de heilige Georgius

sint-jut·mis *de*, **sint-jut·te·mis**: ★ *met ~* schertsend nooit, nimmer: ★ *ze kan tot ~ op d'r geld wachten*

Sint-Mi·chiels·zo·mer, **mi·chiels·zo·mer** *de (m)* BN periode eind september met zacht, mooi herfstweer, nazomer [de naamdag van Sint-Michiel valt op 29 september]

Sint-Ni·co·laas *de (m)* ❶ Nicolaas van Myra, vermoedelijk een voormalige bisschop van Myra (in Klein-Azië), vermaard om zijn goede daden en vrijgevigheid ❷ feest ter ere van deze heilige op de avond van 5 december, sinterklaas

Sint-Ni·co·laas·avond *de (m)* [-en] → sinterklaasavond

Sint-Ni·co·laas·dag *de (m)* [-dagen] 6 december, feestdag ter ere van Sint-Nicolaas

Sint-Ni·co·laas·feest *het* [-en] → sinterklaasfeest

Sint-Pie·ters·pen·ning *de (m)* → Pieterspenning

sint-veits·dans, **sint-vi·tus·dans** *de (m)* volksbenaming voor een zenuwziekte die gepaard gaat met plotselinge onwillekeurige bewegingen van ledematen en gelaat; genoemd naar Sint-Vitus, beschermheilige tegen bliksem en vuur

si·nus *(‹Lat) de (m)* [-sen] ❶ anat holte, vooral bijholte, zoals de neusbijholte (*~ paranasales*) of de voorhoofdsholte (*~ frontalis*) ❷ wisk verhouding van de lengte van een loodlijn uit een been van een hoek neergelaten op het andere been, tot het beenstuk vanwaar wordt uitgegaan

si·nu·si·tis [-zie-] *(‹Lat) de (v)* med ontsteking van een of meer neusbijholten

SIOD *afk* Sociale Inlichtingen- en Opsporingsdienst

sip **I** *bijw* **II** *bn* teleurgesteld, bedrukt: ★ *~ kijken*

sir [sù(r)] *(‹Eng) de (m)* [-s] ❶ als aanspreking mijnheer ❷ *Sir* titel voor de doopnaam van leden van de lagere Engelse adel (knights en baronets)

Sire[1] *afk in Nederland* Stichting ideële reclame

Si·re[2] *zn (‹Fr)* titel waarmee men een vorst aanspreekt

si·re·ne *(‹Gr) de (v)* [-n, -s] ❶ toestel om langdurige en krachtige geluidssignalen te geven, vooral als alarm ❷ vrouwelijke demon in de Griekse mythologie, die zeevarenden door gezang aanlokte en deed sterven ❸ bekoorlijke verleidster

si·re·nen·zang *de (m)* [-en] het lokkend zingen van de sirenen (→ sirene, bet 2)

si·rih *(‹Mal) de (m)* NN peperachtige slingerplant waarvan de bladeren met fijne kalk bestreken en onder toevoeging van een stukje *gambir* en een stukje *betel-* of *pinangnoot* als sirihpruim gekauwd worden

si·roc·co *(‹It‹Arab) de (m)* ['s] droge, hete zuidoostenwind, in het Middellandse Zeegebied, vooral in Italië, hete woestijnwind

si·roop *(‹Fr‹Arab) de* [-ropen] ❶ stroperige vloeistof, dienende als geneesmiddel of, meestal met water aangelengd, als drank ❷ BN stroop, vruchtenstroop

sir·ta·ki *(‹Gr› de (m))* ['s] bep. traditionele Griekse dans

si·sal *de (m)* vezel afkomstig van de bladeren van de *Agave sisalana*, genoemd naar de havenplaats Sisal in Mexico

SIS-kaart *de* [-en] BN Sociaal Informatie Systeem-kaart, identiteitskaart met ingebouwde chip die informatie bevat over het ziekenfondslidmaatschap en recht op medische vergoedingen

sis ke·bab [sjiesj -] *(‹Turks› de (m))* stukken geroosterd vlees aan een pen

sis·klank *de (m)* [-en] spraakklank die uit een sissend geluid bestaat, bijv. de *s, z, sj* e.d.

sis·sen *ww* [siste, h. gesist] een scherp blazend geluid maken

sis·ser *de (m)* [-s] soort vuurwerk dat een sissend geluid geeft ★ *het liep met een ~ af* het liep veel minder erg af dan men zich had voorgesteld

sis·trum *(‹Lat‹Gr› het)* rinkel- of ratelinstrument van de Egyptenaren in de oudheid, met een U-vormig frame en een handvat

si·sy·fus·ar·beid [siezie-] *de (m)* vergeefse arbeid; onbegonnen werk (naar de mythische koning Sisyfus, die in de onderwereld voor straf een zwaar rotsblok tegen een berg moest wentelen, dat bij de top telkens weer naar beneden viel)

si·tar *(‹Hindi› de (m))* [-s] muziekinstrument uit India, een soort van luit met lange hals, negentien toonrichels en zeven snaren (met elf tot dertien resonerende snaren), die met een metalen plectrum getokkeld worden

sit·com *(‹Eng› de (m))* [-s] verkorting van *situation comedy*, komische televisieserie die zich voornamelijk op één locatie afspeelt (een huis, kantoor, restaurant e.d.)

sit·down·sta·king [-daun-] *(‹Eng› de (v))* [-en] staking waarbij de stakers de fabriek of werkplaats bezet houden, maar weigeren te werken

site [sait] *(‹Eng› de (m))* [-s] ❶ comput onderdeel van internet vanwaar bepaalde informatie beschikbaar wordt gesteld of bepaalde diensten worden geleverd: ★ *onze uitgeverij heeft een ~ op internet* ❷ BN, archeol [uitspraak: sitə] plaats van een opgraving

sit-in *(‹Eng› de (m))* [-s] actie waarbij een groep personen demonstratief in een gebouw gaat zitten, bezetting

sits *het* met de hand gedecoreerde katoenen stof, in de 16de-18de eeuw vervaardigd in India en Midden-Azië

sits·pa·pier *het* NN glanzend, gekleurd papier

si·tu·a·tie [-(t)sie] *(‹Fr› de (v))* [-s] geheel van omstandigheden waarin iem. of iets zich op een bepaald ogenblik bevindt, toestand: ★ *in een benarde ~ verkeren* ★ *na de aardbeving heerste er een chaotische ~ in het land*

si·tu·a·tie·plan [-(t)sie-] *het* horizontale projectie van een gebouw of gebouwencomplex

si·tu·a·tie·te·ke·ning [-(t)sie-] *de (v)* [-en] tekening van een deel van een terrein zoals dat in bijzonderheden is opgemeten

si·tu·a·tio·neel [-(t)sjoo-] *bn* de situatie betreffend

si·tu·e·ren *(‹Fr‹Lat› ww)* [situeerde, h. gesitueerd] plaatsen in ruimte of tijd, een plaats aanwijzen: ★ *zij wist Senegal niet te ~* ★ BN ook *zich ~* zich plaatsen, zich opstellen ★ *zich links van het centrum ~*; **situering** *de (v)*

sit-up *(‹Eng› de (m))* [-s] lichamelijke oefening waarbij men vanuit liggende houding in zithouding komt zonder de handen te gebruiken

six·pack [-pek] *(‹Eng› de (m))* [-s] ❶ verpakking voor zes flesjes of blikjes: ★ *een ~ bier* ❷ vooral NN gespierde buik, met glooiingen die doen denken aan de verpakking van bet. 1: ★ *met veel sit-ups ontwikkelde hij een ~*

six·ties *(‹Eng› mv)* de jaren zestig van de twintigste eeuw (±1964-1972) als tijdperk van veel vernieuwing en idealisme en gekenmerkt door opstandige jeugdbewegingen (provo's, hippies, studenten)

six·tijns *bn* van Sixtus ★ *Sixtijnse kapel* kapel in het Vaticaan, door Paus Sixtus IV (1471-1484) gebouwd en later door Michelangelo met fresco's versierd

SJ *afk* ❶ Societatis Jesu [‹achter namen› jezuïet] ❷ Socialistische Jeugd

sjaal *de (m)* [-s] *(‹Eng›)* (kleurige) omslagdoek, das

sjab·bes *(‹Jidd› de (m))* NN sabbat

sja·bloon [-blonen], **sja·blo·ne** *(‹Du› de)* model, patroon, geijkte vorm: ★ *volgens een vast ~*

sja·brak *(‹Du› de & het)* [-ken] (sierlijk) paardendek onder of over het zadel; pronkdek

sja·che·raar *de (m)* [-s] iem. die sjachert

sja·che·ren *ww (‹Hebr›)* [sjacherde, h. gesjacherd] op minder fatsoenlijke of onwettige wijze handel drijven

sjah *(‹Perz› de (m))* [-s] titel van de voormalige monarchen van Iran (Perzië)

sja·ko *(‹Fr‹Hong› de (m))* ['s] soldatenhoofddeksel in de vorm van een afgeknotte kegel met een klep

sja·lom *(‹Hebr› tsw)* vrede; standaardgroet in Israël; *vgl:* → salaam

sja·lot *(‹Fr› de)* [-ten] klein soort ui

sja·maan *(‹Du› de (m))* [-manen] benaming voor de priesters bij sommige volksstammen in Siberië, die in trance contact hebben met het bovennatuurlijke

sjang·hai·noot·je *het* [-s] NN pinda met een knapperig deegomhulsel met knoflooksmaak

sjan·ker *(‹Fr› de (m))* [-s] zweer aan de geslachtsorganen, ontstaan door geslachtsgemeenschap

sjans *(‹Fr› de NN, spreektaal)* ~ hebben op zonodige wijze aandacht van iemand krijgen dat duidelijk te kennen wordt gegeven dat intiemere kennismaking gewenst wordt

sjan·sen *ww* [sjanste, h. gesjanst] NN, spreektaal flirten

sjap·pie·tou·wer *de (m)* [-s] NN ruwe onverschillige

kerel

sja·rif *(‹Arab) de (m)* [-s] → **sjerif**

sjas·liek *de (m)* gerecht van Centraal-Aziatische oorsprong, t.w. aan pennen geroosterde stukjes vlees, uien, paddenstoelen enz.

sjees *(‹Fr) de* [sjezen] ❶ tweewielig rijtuigje ❷ NN, spreektaal groot aantal: ★ *een hele ~*

sjeik *(‹Arab) de (m)* [-s] ❶ Arabisch stamhoofd ❷ geleerde, leraar

sje·kel *(‹Hebr) de (m)* [-s] Israëlische munt, bestaande uit tien Israëlische ponden; zie ook → **sikkel²**

sjek·kie *het* [-s] NN, spreektaal sigaret met de hand (of met een eenvoudig werktuig) gerold: ★ *een ~ draaien*

sje·rif *ww*, **sje·rief** *(‹Arab)* titel van afstammelingen van de Profeet Mohammed

sjerp *(‹Du) de (m)* [-en] ❶ over de schouder of om het middel gedragen geplooide brede band ❷ BN, spreektaal das; sjaal: ★ *in de winter draag ik een wollen ~*

sjeu·ïg *bn* → **jeuïg**

sje·zen *ww* [sjeesde, is gesjeesd] NN, spreektaal ❶ ‹voor een examen› zakken ❷ de studie opgeven ❸ hard rennen of rijden

sjia, **sjiat** *(‹Arab) de (m)* partij ★ *Sjiat Ali* partij van Ali, genoemd naar Ali ibn Aboe Talib, de stichter van de sjiitische richting in de islam

sjib·bo·let *(‹Hebr) het* [-s] oorspr herkenningswoord, woord aan de uitspraak waarvan men vreemdelingen herkent (Richteren 12: 6); bij uitbreiding datgene waaruit het bezit van een bep. overtuiging, hoedanigheid of eigenschap met beslistheid blijkt

sji·iet [sjie-iet] *(‹Arab) de (m)* [-en] aanhanger van de islamitische richting die Ali beschouwt als de eerste opvolger van de Profeet Mohammed, vooral talrijk in Iran en Irak

sji·i·tisch [sjie-ieties] *bn* betreffende de sjiieten

sjil·pen *ww* [sjilpte, h. gesjilpt] tjilpen

sjir·pen *ww* [sjirpte, h. gesjirpt] het doordringende geluid van krekels maken

sjoe·ge *(‹Hebr) de (m)* NN, spreektaal ❶ kennis, begrip, vermoeden: ★ *ergens (geen) ~ van hebben* ❷ antwoord, reactie: ★ *geen ~ geven*

sjoel *(‹Jidd) de* [-s] synagoge

sjoel·bak *(‹Fries) de (m)* [-ken] oorspronkelijk Fries spel met schijven, die in een lange bak in poortjes geschoven worden

sjoel·bak·ken *ww* [sjoelbakte, h. gesjoelbakt], **sjoe·len** *(‹Fries)* [sjoelde, h. gesjoeld] met de sjoelbak spelen

sjoe·me·len *ww* *(‹Du)* [sjoemelde, h. gesjoemeld] oneerlijke kunstgrepen toepassen, knoeien; **sjoemelaar** *de (m)* [-s]

sjo·fel *(‹Du) bn* kaal, armoedig

sjo·fel·tjes *bijw* armoedig

sjo·goen [-ɣoen] *(‹Jap) de (m)* [-s] legeraanvoerder in het vroegere Japan, die van de 14de eeuw tot 1867 in feite de absolute macht uitoefende

sjok·ken *ww* *(‹Fries)* [sjokte, h. & is gesjokt] lomp en langzaam lopen

sjok·ke·rig *bn* sjokkend: ★ *~ lopen*

sjon·ge, **sjon·ge!** *tsw*, **sjon·ge**, **jon·ge!** zie bij → **jongen¹**

sjor·ren *ww* [sjorde, h. gesjord] ❶ vastbinden: ★ *kisten stevig op een vrachtwagen ~* ❷ rukken, trekken aan iets zwaars: ★ *een bankstel naar boven ~*

sjor·ring *de (v)* [-s, -en] touw om iets vast te sjorren

sjot·ten *(‹Eng) ww* [sjotte, h. gesjot] BN, spreektaal, voetbal ❶ voetballen ❷ hard tegen de bal trappen, schoppen; *vandaar* (iem.) hard raken met de voet: ★ *iem. tegen de schenen ~*

sjouw *de (m)* [-en] ❶ zwaar werk: ★ *een hele ~* ❷ het uitgaan naar cafés, nachtclubs e.d. ★ *aan de ~* aan de zwier

sjou·wen *ww* *(‹Fries)* [sjouwde, h. gesjouwd] ❶ met moeite dragen: ★ *een kast naar boven ~* ❷ zwaar werken, ploeteren ❸ lummelig lopen, rondslenteren ❹ uitgaan naar cafés, nachtclubs e.d., nachtbraken

sjou·wer *de (m)* [-s] pakkendrager; iem. die zwaar laad- en loswerk doet

sjwa *(‹Sanskr) de* ['s] taalk benaming voor de toonloze *e* van *de* (voorgesteld door ə)

ska *de (m)* sterk aan rhythm-and-blues verwante, opthisende muziek, gekenmerkt door benadrukking van de afterbeat, gespeeld met blaasinstrumenten, vooral door Jamaicaanse groepen

skai I *de (m)* op leer lijkende kunststof voor meubelbekleding II *bn* van deze kunststof vervaardigd of ermee bekleed: ★ *een ~ bankstel*

skate·board [skeetbò(r)d] *(‹Eng) het* [-s] ovale plank op wielen, waarop men zich in staande houding voortbeweegt, schaatsplank

skate·boar·den *ww* [skeetbò(r)də(n)] *(‹Eng)* [skateboardde, h. geskateboard] op een skateboard rijden

ska·ten *ww* [skee-] *(‹Eng)* [skatete, h. & is geskatet] zich voortbewegen op rollerskates, inlineskates of skeelers

skeel·er [skielə(r)] *(‹Eng) de (m)* [-s] type rolschaats met vier of vijf wieltjes achter elkaar

skee·le·ren *ww* [skie-] *(‹Eng)* [skeelerde, h. & is geskeelerd] zich voortbewegen op skeelers

ske·let *(‹Gr) het* [-ten] ❶ geraamte van dier of mens; ook van planten en van gebouwen ❷ fig zeer mager mens

ske·le·ton [skellətən] *het* sp vorm van sleeën waarbij de beoefenaar plat op zijn buik en met het hoofd naar voren op een lage slee ligt

skel·ter *(‹Eng) de (m)* [-s] ❶ laag vierwielig motorwagentje met beperkt vermogen, waarmee men op racebanen rijdt, cart ❷ NN lage, vierwielige trapfiets, trapautootje

sketch [sketsj] *(‹Eng‹It) de* [-es] ❶ schets ❷ kort toneelstukje met een verrassende wending als onderdeel van een cabaretvoorstelling

ski ⟨*Noors*⟩ *de (m)* ['s] lange lat met van voren een spitse, enigszins opstaande punt die men onder de schoen bindt om ermee over sneeuw te glijden

ski·bin·ding *de (v)* [-en] constructie op een ski waarin de schischoen wordt vastgezet

ski·box *de (m)* [-en] langwerpige doos waarin ski's boven op een auto vervoerd worden

ski·broek *de* [-en] broek bij het skiën gedragen

ski·ën *ww* [skiede, h. & is geskied] op ski's glijden

ski·ër *de (m)* [-s], **skie·ster** *de (v)* [-s] iem. die skiet

skiff ⟨*Eng*⟩ *de (m)* [-s] zeer lichte en smalle roeiboot voor één persoon

skif·feur *de (m)* [-s] iem. die in een skiff roeit

skif·fle ⟨*Eng*⟩ *de muz* soort popmuziek uit de jaren '50 van de 20ste eeuw, gespeeld op eenvoudige, soms zelfgemaakte instrumenten

ski·le·raar *de (m)* [-raren, -s] iem. die les geeft in het skiën

ski·lift *de (m)* [-en] kabelbaantje dat skiërs naar boven vervoert

skim·boar·den [skimbò(r)də(n)] ⟨*Eng*⟩ *ww* [skimboardde, h. geskimboard] watersport waarbij men een plankje op een dunne laag water legt, er na een aanloop op springt en enkele meters over het water glijdt

skim·men ⟨*Eng*⟩ *ww* [skimde, h. geskimd] NN ⟨van teksten⟩ vluchtig doorkijken

skim·mer ⟨*Eng*⟩ *de (m)* [-s] apparaat om magneetstrips te kopiëren, o.a. door criminelen bij geldautomaten gebruikt om pinpassen na te maken

skin ⟨*Eng*⟩ *de (m)* ❶ huid ❷ bedekkend laagje ❸ [*mv:* -s] → **skinhead**

skin·di·ving [-daiving] *het* het duiken zonder duikerpak

skin·head [-hed] ⟨*Eng*⟩ *de (m)* [-s] zich provocerend gedragende jongere die qua uiterlijk vooral opvalt door een geheel kaal geschoren of gemillimeterd hoofd en lompe soldatenschoenen

ski·pak *het* [-ken] pak uit één stuk, bij het skiën gedragen

ski·pis·te [-piestə] *de* [-s, -n] voor het skiën geprepareerde baan

skip·py·bal [-pie-] *de (m)* [-len] vooral NN grote bal met een handvat waarop kinderen zich springend voortbewegen

ski·schans *de* [-en] schans vanwaaraf men springt op ski's

ski·schoen *de (m)* [-en] zware, stugge schoen waaronder ski's bevestigd worden

ski·sprin·gen *ww & het* (het) springen van een skischans

ski·vlie·gen *ww & het* (het) op ski's van een schans springen die langer is dan bij het skispringen

ski·wed·strijd *de (m)* [-en] wedstrijd in het skiën

skunk ⟨*Eng*⟨*Algonkin, een Noord-Amerikaanse indianentaal*⟩⟩ **I** *de (m)* [-s] Amerikaans stinkdier, een soort grote marter (*Mephitis mephitis*) **II** *het* bont van dit dier

skût·sje [skoet-] ⟨*Fries*⟩ *het* [-s] traditioneel type Friese tjalk

skût·sje·si·len [skoet-] ⟨*Fries*⟩ *ww & het* NN (het) wedstrijdzeilen met tjalken

sky·box [skai-] ⟨*Eng*⟩ *de (m)* [-en] zeer luxe zitplaats in stadions

sky·di·ven [skaidaivə(n)] ⟨*Eng*⟩ *ww & het* tijdens het stuntvliegen scherp met de neus naar beneden duiken

sky·lab ⟨*Eng*⟩ [skaaileb] *het* [-s] voormalig ruimtestation en -laboratorium van NASA in de jaren zeventig

sky·line [skailain] ⟨*Eng*⟩ *de* silhouet van een stad

sky·pen [skai-] *ww* [skypete, h. geskypet] telefoneren via internet, genoemd naar het softwareprogramma dat daarvoor nodig is (Skype®)

sla *de* ❶ samengesteldbloemige plant waarvan de bladeren rauw gegeten worden (*Lactuca*); ★ *een krop ~* ❷ → **salade**

Slaaf *de (m)* [Slaven] weinig gebruikelijk enkelvoud van → **Slaven**

slaaf *de (m)* [slaven] ❶ iem. die het eigendom is van iem. anders, meest als arbeidskracht wordt gebruikt en verkocht kan worden ❷ fig onderworpene ❸ iem. die bepaalde neigingen of gewoonten niet de baas kan: ★ *een ~ van het gokken*

slaafs *bn* als een slaaf, onderworpen, onzelfstandig: ★ *slaafse gehoorzaamheid* ★ *~ navolgen* zonder zelfstandig oordeel ★ *~ berouw* RK berouw alleen uit vrees voor straf

slaag *de (m)* klappen, → **ransel** (bet 2): ★ *(een pak) ~ geven, ~ krijgen*

slaags *bijw* aan het vechten: ★ *de landen zijn ~ geraakt na een grensincident*

slaan *ww* [sloeg, h. & is geslagen] ❶ slagen, klappen geven: ★ *een hond, een stout kind ~* ★ *de hand aan zichzelf ~* zelfmoord plegen ★ *zich ergens doorheen ~* moeilijkheden overwinnen → **kort** ❷ hameren, timmeren: ★ *een spijker in een wand ~*; door hameren vastmaken ❸ kloppen: ★ *het hart, de pols slaat* ❹ maken: ★ *munt ~* ★ *alarm ~* ★ *de maat ~* ★ *een brug over een rivier ~* ★ *een kruis ~* ★ *een gek figuur ~* een vreemde indruk maken ★ *iem. tot ridder ~* iem. tot ridder benoemen door een slag met het plat van een zwaard op de schouder ★ BN, spreektaal *een babbeltje, praatje ~* een praatje maken ❺ met een slag doen vallen, doen neerkomen: ★ *hij sloeg de deur dicht* ❻ met een slag neerkomen: ★ *tegen de grond ~* ❼ met een vaart uit of over iets heen komen ★ *de vlammen sloegen uit de ramen* ★ fig *de schrik sloeg hem om het hart* zie bij → **schrik** ❽ beginnen met, overgaan tot: ★ *op de vlucht ~* ★ *aan het werken ~* ❾ verslaan: ★ *met 3-0 geslagen* ❿ door slaan geluid geven: ★ *hij sloeg de trom* ⓫ helder geluid van sommige vogels: ★ *het ~ van een vink, kwartel, nachtegaal* ⓬ richten: ★ *de ogen ten hemel ~* ⓭ ★ *~ op* ⟨van woorden, uitlatingen e.d.⟩ betrekking hebben op: *waar slaat dat op?* ★ *dat* *slaat nergens op* dat is volkomen zinloos ⓮ schaken, dammen stukken van de tegenpartij winnen ⓯ vouwen, omleggen: ★ *de rand naar binnen* ~ ⓰ *van klokken* op gezette tijden geluid voortbrengen: ★ *de klok sloeg tien*

slaand *bn* een slag of slagen gevend: ★ *een slaande klok* ★ *met slaande trom* ★ *slaande ruzie* hevige ruzie

slaap *de (m)* ❶ het slapen: ★ *in* ~ *vallen* ★ *de* ~ *niet kunnen vatten* niet kunnen beginnen met slapen ❷ neiging tot slapen: ★ ~ *hebben* ❸ [*mv:* slapen] elk van de twee zijwanden van het hoofd, tussen de ogen en de oren ❹ korstjes in de binnenste ooghoeken die tijdens de slaap ontstaan

slaap·bank *de* [-en] ligmeubel dat als bed kan dienen

slaap·been *het* [-deren, -benen] elk van de twee beenderen die de zijwanden van het hoofd vormen, tussen de ogen en de oren

slaap·bol *de (m)* [-len] soort papaver, maankop

slaap·cou·pé [-koepee] *de (m)* [-s] coupé van een trein ingericht om erin te slapen

slaap·drank *de (m)* [-en] het slapen bevorderende drank

slaap·dron·ken, **slaap·dron·ken** *bn* nog duizelig van de slaap: ★ ~ *botste hij tegen een deur op*; **slaapdronkenheid** *de (v)*

slaap·je *het* [-s] ❶ korte slaap ❷ NN iemand naast wie men slaapt, slapie

slaap·ka·mer *de* [-s] kamer waarin men slaapt

slaap·kleed *het* [-kleden] BN ook nachtjapon, nachthemd

slaap·kop *de (m)* [-pen] ❶ iemand die veel slaapt ❷ fig sufferd, domkop

slaap·lied·je *het* [-s] liedje waarmee men een kind in slaap zingt

slaap·lucht *de* onfrisse lucht in een kamer waarin geslapen is

slaap·mid·del *het* [-en] middel dat het slapen bevordert

slaap·muis *de* [-muizen] een knaagdierfamilie waartoe o.a. de zevenslaper en de relmuis behoren (Gliridae)

slaap·muts *de* [-en] puntige muts die mannen vroeger in bed droegen

slaap·muts·je *het* [-s] ❶ veelal in het *mv* plantje met fijn groen en papaverachtige oranje bloemen (*Eschscholtzia californica*) ❷ glaasje wijn of sterke drank vóór het naar bed gaan gedronken

slaap·ogen *mv* ❶ nog slaperige ogen na het wakker worden ❷ poppenogen die dicht gaan als de pop ligt

slaap·pil *de* [-len] slaaptablet

slaap·plaats *de* [-en] plaats om te slapen

slaap·poe·der, **slaap·poei·er** *de* [-s] poeder die het slapen bevordert

slaap·stad *de* [-steden] stad of stadswijk waarvan veel bewoners overdag elders werken

slaap·ster *de (v)* [-s] slapende vrouw, slapend meisje ★ *de Schone Slaapster* benaming voor Doornroosje,

een sprookjesfiguur

slaap·ta·blet *het* [-ten] slaapmiddel in de vorm van een tablet

slaap·ver·trek *het* [-ken] slaapkamer

slaap·wa·gen *de (m)* [-s] spoorwagen ingericht om erin te slapen, couchetterijtuig

slaap·wan·de·laar *de (m)* [-s] iem. die slaapwandelt

slaap·wan·de·len *ww* [slaapwandelde, h. geslaapwandeld] gedurende het slapen rondlopen

slaap·wek·kend, **slaap·wek·kend** *bn* slaap verwekkend: ★ *een slaapwekkende vertoning, wedstrijd*

slaap·wel *tw* BN, spreektaal welterusten

slaap·zaal *de* [-zalen] zaal met bedden

slaap·zak *de (m)* [-ken] met dons enz. gevoerde zak om in te slapen

slaap·ziek·te *de (v)* tropische ziekte, veroorzaakt door de steek van de tseetseevlieg, soort slaaptoestand, die meestal eindigt met de dood

slaap·zucht *de* onweerstaanbare neiging om te slapen

slaatje sla-tje *het* [-s] ❶ koud gerecht van groenten of vruchten e.d., salade ❷ vooral NN voordeeltje: ★ *ergens een* ~ *uit slaan*

slab *de* [-ben], **slab·be·tje** *het* [-s] onder de kin van bijv. zeer jonge kinderen gehangen doekje ter bescherming van de kleding tijdens het eten

sla·bak[1] *de* [-ken] iem. die slabakt

sla·bak[2] *de (m)* [-ken] bak waarin men sla bereidt en opdient

sla·bak·ken *ww* [slabakte, h. geslabakt] ❶ traag werken, weinig uitvoeren ❷ BN ook verflauwen: ★ *de economie slabakt*

sla·boon *de* [-bonen] sperzieboon

slacht *de* ❶ het slachten ❷ wat het slachten oplevert: vlees, spek enz.

slacht·af·val *de (m) & het* wat na het slachten ongeschikt is voor menselijke consumptie

slacht·bank *de* [-en] bank waarop vee geslacht wordt ★ *iem. naar de (ter)* ~ *leiden, voeren* fig een gewelddadige dood laten sterven *of* ander ernstig nadeel berokkenen

slacht·beest *het* [-en] beest voor de slacht bestemd

slacht·blok *het* [-ken] blok waarop het vlees van een geslacht dier afgehakt wordt

slacht·dier *het* [-en] dier voor de slacht bestemd

slach·ten *ww* [slachtte, h. geslacht] ❶ vee doden voor de consumptie ★ *ritueel* ~ *dieren doden volgens godsdienstige voorschriften, bijv. door het openen van de halsslagaders zoals gebruikelijk in de islam en het jodendom* ❷ wreed doden, in grote groep neersabelen

slach·ter *de (m)* [-s] iem. die vee doodt

slach·te·rij *de (v)* [-en] plaats waar men vee doodt

Slacht·feest *het* [-feesten] **offerfeest**

slacht·huis *het* [-huizen] inrichting waar vee geslacht wordt, abattoir

slach·ting *de (v)* [-en] bloedbad: ★ *een* ~ *aanrichten*

slacht·maand *de* [-en] november

slacht·mas·ker *het* [-s] masker dat men slachtvee voor de kop bindt

slacht·mes *het* [-sen] lang mes door slagers gebruikt

slacht·of·fer *het* [-s] ❶ oorspr dier dat geslacht werd als offer aan een godheid ❷ thans meestal iem. die door iets getroffen wordt, die het ontgelden moet: ★ *het ~ van een misdrijf, een verkeersongeluk*

slacht·of·fe·ren *ww* [slachtofferde, h. geslachtofferd] slachtoffers maken, vooral schertsend iem. als slachtoffer voorstellen om medelijden op te wekken

slacht·par·tij *de (v)* [-en] → **slachting**

slacht·tijd *de (m)* tijd dat er veel geslacht wordt

slacht·vee *het* vee dat geslacht wordt

sla·cou·vert [-koevèr] *het* [-s] vork en lepel voor het opscheppen van sla

sla·dood *de (m)* NN, scherts lang, mager mens

sla·fe·lijk *bn* zwaar, moeizaam: ★ *~ werk, ~ arbeiden*

slag I *de (m)* [slagen] ❶ het slaan ❷ klap: ★ *met één ~ in één keer* ★ *zijn ~ slaan* bij een geschikte gelegenheid zijn voordeel doen ★ *er een ~ naar slaan* ernaar gissen ★ *op ~ dood zijn* meteen, ter plekke gestorven zijn ★ *zonder ~ of stoot* zonder enige strijd ★ *een ~ in de lucht*, BN *een ~ in het water* een poging zonder resultaat ★ BN, spreektaal *~ om slinger* a) voortdurend, steeds, om de haverklap; b) om het hardst; zie ook bij → **aangezicht** ❸ ongeluk, ramp: ★ *het was een zware ~* ❹ veldslag: ★ *~ leveren* ★ *de ~ bij Stalingrad* ★ BN ook *zijn ~ thuishalen* winnen, een goede zaak doen ❺ plotseling hard geluid van korte duur: ★ *een harde ~* ❻ het slaan van de klok: ★ *de klok was van ~* sloeg onregelmatig (vgl ook bet 10) ★ *het is op ~ van acht(en)* het is bijna acht uur ★ *op ~* terstond ❼ klopping van pols en hart ❽ het werken: ★ *aan de ~ gaan* ❾ beweging bij het zwemmen, roeien enz.: ★ *een paar slagen doen* ★ *op ~ zitten* de voorste roeier in een roeiboot zijn ★ *~ houden* a) gelijk met een mederoeier oproeien; b) fig gelijk opgaan ❿ handigheid: ★ *~ van iets hebben* ★ *de ~ te pakken hebben* geleerd hebben, door hebben hoe men iets moet doen ★ *van ~ zijn* a) niet de gewone vaardigheid hebben; b) algemeen niet de gewone innerlijke rust hebben (vgl ook bet 6) ★ *met de Franse ~* zie bij → **Frans**¹ ⓫ één draaiing: ★ *een wiel een ~ draaien* ★ *een ~ in het haar* een lichte kronkeling in het haar, plaats waar het haar niet geheel steil is ⓬ winding van opgerold touw enz. ★ *een ~ om de arm houden* zie bij → **arm**¹ ⓭ het opnemen van de kaarten van één ronde door degene die de hoogste kaart heeft opgegooid: ★ *alle slagen halen* ⓮ zet met winst van één of meer stukken in dam- of schaakspel ⓯ honkbal, softbal keer dat de werper een bal correct over de thuisplaat gooit of dat de slagman een bal fout slaat of misslaat ★ *aan ~ zijn* aan de beurt zijn om te proberen de bal het veld in te slaan ⓰ wagenspoor ★ BN *zich (goed) uit de ~ trekken* zich weten te behelpen, uit een moeilijkheid, een netelige situatie (weten te) raken II *het* [slagen] ❶ maat, stukje: ★ *een ~ groter, kleiner* ❷ (geen mv) (vaak neerbuigend) soort ★ *een raar ~ mensen* ❸ vogelknip; → **til**² (bet 1)

slag·ader *de* [-s en -en] ❶ van het hart af stuwend bloedvat ❷ fig levensvoorwaarde; noodzakelijke behoefte: ★ *export is de ~ van onze economie*

slag·a·der·lijk *bn* in, van, betreffende de slagaders: ★ *een slagaderlijke bloeding*

slag·bal *het* spel waarbij een bal met een plank of stok wordt weggeslagen

slag·beurt *de* [-en] keer dat een ploeg aan slag is bij honkbal, softbal of cricket

slag·boom *de (m)* [-bomen] draaibare paal ter afsluiting van een weg enz.

slag·drem·pel *de (m)* [-s] drempel van een sluis

sla·gen¹ *ww* [slaagde, is geslaagd] ❶ zijn doel bereiken: ★ *hij slaagde erin de finale te halen* ❷ een examen halen: ★ *ze is geslaagd voor het rijexamen* ❸ gelukken, een succes worden: ★ *de expeditie is geslaagd*

sla·gen² *zn* [meerv van → **slag**]

sla·ger *de (m)* [-s] ❶ oorspr iem. die vee slacht ❷ thans iem. die vlees en vleeswaren verkoopt ❸ fig iem. die wreed te werk gaat: ★ *in dat land is een ~ aan het bewind*

sla·ge·rij *de (v)* [-en] slagerswinkel

sla·gers·bank *de* [-en] bank waarop een slager vlees snijdt enz.

sla·gers·jon·gen, **sla·gers·jon·gen** *de (m)* [-s] jongen in dienst van een slager

sla·gers·knecht, **sla·gers·knecht** *de (m)* [-en, -s] knecht van een slager

sla·gers·mes *het* [-sen] groot mes door slagers gebruikt

sla·gers·win·kel *de (m)* [-s] winkel van een slager

slag·gi·taar *de* [-taren] gitaar die in akkoorden bespeeld wordt (in tegenstelling tot de sologitaar)

slag·hoed·je *het* [-s] dopje in een schietwapen, gevuld met ontplofbare stof, die bij het overtrekken van de haan in werking komt

slag·hout *het* [-en] hout waarmee men slaat, bijv. in een balspel

slag·in·stru·ment *het* [-en] muziekinstrument waarop geslagen moet worden, zoals een trommel, xylofoon e.d.

slag·krach·tig *bn* BN ook slagvaardig

slag·krui·ser *de (m)* [-s] groot oorlogsschip, dat vooral op snelheid is ingericht

slag·kwik *het* ontplofbare stof van kwik, salpeterzuur en alcohol

slag·li·nie *de (v)* [-s] ❶ lijn waarin troepen zijn opgesteld om slag te leveren ❷ strook grond waarin slag geleverd wordt

slag·man *de (m)* [-nen] sp man die aan slag is bij honkbal en cricket

slag·net *het* [-ten] net voor het vangen van vogels, vissen enz., dat dicht slaat

slag·or·de *de* [-n] opstelling van een leger of van oorlogsschepen vlak voordat er slag wordt geleverd: ★ *in ~ stellen*

slag·par·tij *de (v)* [-en] honkbal, softbal, cricket de partij die aan → **slag** (I, bet 14) is; *tegengest:* → **veldpartij**

slag·pen *de* [-nen] grote veer uit de vleugel van een vogel

slag·re·gen *de (m)* [-s] hevige regenbui

slag·re·ge·nen *ww* [slagregende, h. geslagregend] stortregenen

slag·rijm *het* het rijmen van (bijna) alle versregels in een strofe

slag·room *de (m)* ❶ room met een vetpercentage van ten minste 40%, die stijfgeklopt kan worden: ★ *een flesje ~ kopen* ❷ deze stijfgeklopte substantie zelf: ★ *een appelpunt met ~*

slag·scha·duw *de* [-en] scherp afgetekende schaduw op een lichte achtergrond

slag·schip *het* [-schepen] ❶ groot, zwaar bewapend oorlogsschip ❷ zeer dik, fors persoon, vooral een zeer dikke, forse vrouw

slag·tand *de (m)* [-en] grote uitstekende snijtand, zoals van olifanten

slag·uur·werk *het* [-en] uurwerk dat op gezette tijden één of meer malen dezelfde klank laat horen

slag·vaar·dig *bn* ❶ oorspr gereed voor de strijd, strijdvaardig ❷ fig gevat om te antwoorden, ad rem ❸ gereed om iets met voortvarendheid aan te pakken: ★ *een slagvaardige verkoopleider*; **slagvaardigheid** *de (v)*

slag·veer *de* [-veren] ❶ slagpen ❷ veer die de haan van een schietwapen doet overgaan

slag·veld *het* [-en] terrein waarop → **slag** (I, bet 3) geleverd wordt of is

slag·werk *het* ❶ onderdelen van een uurwerk die het doen slaan ❷ slaginstrumenten

slag·wer·ker *de (m)* [-s] bespeler van slaginstrumenten

slag·zee *de* [-zeeën] over het schip slaande golf

slag·zij *de* het overhellen van een schip: ★ *~ maken*

slag·zin *de (m)* [-nen] korte, pakkende zin, als leus, vermaning, reclame enz., slogan

slag·zwaard *het* [-en] groot zwaard

slak¹ *de* [-ken] ❶ weekdier, bekend om zijn traagheid en vaak met een huisje op zijn rug (klasse Gastropoda) ★ *op alle slakken zout leggen* alle kleine gebreken aanwijzen, vitten ❷ fig traag, langzaam persoon of voertuig

slak² *de* [-ken] rest van gesmolten metaal of verbrande steenkool

sla·ken *ww* [slaakte, h. geslaakt] lozen, doen horen: ★ *een zucht ~*

slak·ken·gang *de (m)* uiterst langzame gang

slak·ken·huis *het* [-huizen] ❶ schaal van een → **slak¹** ❷ spiraalvormig gewonden orgaan in het inwendige van het oor

slak·ken·lijn *de* [-en] schroeflijn, spiraalvormige lijn

slak·ken·meel *het* fijn gemalen slakken (→ **slak²**) gebruikt als meststof

slak·ken·wol *de* wolachtige stof uit slakken (→ **slak²**)

sla·lom *(‹Noors) de (m)* [-s] afdaling met hindernissen in de skisport

slam·pam·pen *ww* [slampampte, h. geslampampt] lummelen, niets uitvoeren

slam·pam·per *de (m)* [-s] nietsnut; **slampamperij** *de (v)* [-en]

slang¹ *de* [-en] ❶ kruipend, kronkelend, soms giftig reptiel zonder ledematen, behorend tot de onderorde Serpentes of Ophidia; zinnebeeld van boosaardigheid ❷ buis van buigzaam materiaal; tuinslang, stofzuigerslang e.d.

slang² [slɛŋ] *(‹Eng) het* de aan elke stand eigen beroeps- of groepstaal, de eigenaardige gemeenzame uitdrukkingen van de onderscheiden kringen in de maatschappij, jargon

slan·gen·beet *de (m)* [-beten] beet van een slang

slan·gen·be·zweer·der *de (m)* [-s] iem., vooral oosterling, die giftige slangen met zijn wil beheerst

slan·gen·broed, **slan·gen·broed·sel** *het* ❶ nest slangen ❷ fig gemeen volk

slan·gen·ei *het* [-eieren] ei van een slang

slan·gen·gif *het* gif dat een slang afscheidt

slan·gen·huid *de* [-en] huid van een slang

slan·gen·kop *de (m)* [-pen] ❶ kop van een slang ❷ leider in een Chinees misdadigerssyndicaat

slan·gen·kruid *het* ruwbladige plant in duinen en op zandgrond waarvan de bloempjes eerst donkerrood, later blauw zijn (*Echium vulgare*)

slan·gen·leer *het* leer uit slangenhuid

slan·gen·le·ren *bn* van slangenleer

slan·gen·mens *de (m)* [-en] uiterst lenig mens

slan·gen·tong *de* [-en] ❶ tong van een slang ❷ kwaadsprekende, lasterende vrouw ❸ pijlkruid

slan·gen·wor·tel *de (m)* [-s] aronskelkachtige plant in poelen en moerassen (*Calla palustris*)

slank *bn* ‹v. personen en dieren› niet dik, tamelijk dun ★ *slanke lijn* zie bij → **lijn** (bet 1); **slankheid** *de (v)*

sla·olie *de* olie voor de sla, bereid uit noten en andere vet bevattende producten

slap *bn* ❶ niet stijf: ★ *een slappe kaft* ❷ zonder veerkracht, zonder spanning: ★ *het touw hing ~* ★ *de slappe lach hebben* niet meer kunnen ophouden met lachen naar aanleiding van een kleinigheid ❸ zwak, futloos: ★ *de jongen is wat ~*; zie ook bij → **vaatdoek** ❹ van dranken niet sterk, verdund: ★ *slappe thee* ❺ niet pittig, niet levendig: ★ *een ~ opstel* ★ *een slappe quiz* ★ *~ geklets* onzinpraat, geouwehoer ❻ niet krachtig: ★ *een slappe wind* ❼ niet streng: ★ *een slappe winter* ★ *de politie trad ~ op* ❽ niet druk: ★ *in de slappe tijd* ❾ beursterm niet kooplustig ; zie ook bij → **was²**

sla·pe·loos *bn* zonder te slapen

sla·pe·loos·heid *de (v)* het niet kunnen slapen

sla·pen *ww* [sliep, h. geslapen] ❶ rusten van het lichaam en van het bewustzijn ★ *~ als een roos*, *een* *marmot, een os* heel vast ★ *ergens (een nachtje) over slapen* er nog eens goed over moeten nadenken alvorens uitsluitsel te geven ★ *slapende rijk worden* zonder iets ervoor te doen ★ *de slaap des rechtvaardigen* ~ een welverdiende slaap genieten ★ *met iem.* ~ geslachtsgemeenschap hebben met iem. ★ *geen slapende honden wakker maken* zie bij → **hond** ❷ niet waakzaam zijn, niet oplletten: ★ *ik zat wat te* ~ *bij die cursus* ❸ gevoelloos zijn en daarna prikkelen van de ledematen: ★ *mijn been slaapt*

sla·per *de (m)* [-s] ❶ iem. die (veel) slaapt ❷ logé ❸ slaperdijk

sla·per·dijk *de (m)* [-en] dijk achter de hoofddijk

sla·pe·rig *bn* ❶ slaap hebbend: ★ *zich* ~ *voelen na een nachtje opblijven* ❷ niet levendig; niet waakzaam: ★ ~ *kijken*; **slaperigheid** *de (v)*

slap·heid *de (v)* ❶ het slap-zijn ❷ zwakheid ❸ ongunstige bedrijfstoestand

sla·pie *de (m)* [-s] NN → **slaapje** (bet 2)

slap·ja·nus *de (m)* [-sen] slappeling

slap·jes *bijw* ❶ nogal slap, zwak ❷ niet levendig

slap·pe·ling *de (m)* [-en] iem. met weinig wilskracht

slap·pen *ww* [slapte, is geslapt] minder krachtig worden, verslappen

slap·stick [slep-] *(Eng) de (m)* [-s] ❶ komische film met veel gooi- en smijtwerk: ★ *een* ~ *van de Dikke en de Dunne* ❷ dergelijke filmscènes: ★ *er is veel* ~ *in die film*

slap·te *de (v)* toestand van slapheid; ongunstige bedrijfstoestand

sla·saus *de* [-en, -sauzen] saus om sla aan te maken

slash [slesj] *(Eng) de* [-es] schuin naar voren gericht streepje, het teken /

Sla·ven *mv* volken die een Slavische taal spreken

sla·ven *ww* [slaafde, h. geslaafd] hard zwoegen

sla·ven·ar·beid *de (m)* ❶ werk van een slaaf ❷ zeer zwaar werk; gedwongen, slecht betaalde arbeid

sla·ven·band *de (m)* [-en] ringvormige, geheel gesloten, brede armband

sla·ven·drij·ver *de (m)* [-s] ❶ iem. die slaven bij hun arbeid aanspoorde ❷ fig werkgever die zijn personeel zeer hard laat werken

sla·ven·ha·ler *de (m)* [-s] ❶ schip dat slaven vervoerde ❷ gezagvoerder op zo'n schip

sla·ven·han·del *de (m)* het kopen en verkopen van slaven; **slavenhandelaar** *de (m)* [-s, -laren]

sla·ven·hou·der *de (m)* [-s] iem. die slaven hield

sla·ven·jacht *de* hist jacht op mensen, vooral negers, om hen als slaven weg te voeren

sla·ven·le·ven *het* leven van zwoegen en ellende

sla·ven·markt *de* [-en] markt waarop slaven verhandeld werden

sla·ven·schip *het* [-schepen] schip dat slaven vervoerde

sla·ven·werk *het* slavenarbeid

sla·ver·nij *de (v)* ❶ het slaaf-zijn: ★ *een leven in* ~: ❷ toestand waarin slaven bestaan: ★ *wanneer is de* ~ *in Suriname afgeschaft?* ❸ drukkende dienstbaarheid

sla·vin *de (v)* [-nen] vrouwelijke slaaf ★ *blanke* ~ meisje dat door misleiding tot prostitutie gebracht of gedwongen is

sla·vink *de* [-en] vooral NN rolletje gehakt met spek omwonden

Sla·visch I *bn* behorend tot, betrekking hebbend op de Slaven **II** *het* de Slavische talen: Russisch, Wit-Russisch, Oekraïens, Pools, Sorbisch, Tsjechisch, Slowaaks, Sloveens, Servo-Kroatisch, Bulgaars, Macedonisch

sla·vist *de (m)* [-en] kenner van de Slavische talen, letterkunde en cultuur

sla·vis·tiek *de (v)* wetenschap van de Slavische talen

Sla·vo·nisch *bn* van, uit, betreffende Slavonië, een streek in Kroatië

sla·vork *de* [-en] vork om sla mee op te nemen

sla·zwier·der *de (m)* [-s] BN slacentrifuge

slecht I *bn* ❶ niet goed; niet voldoende; niet deugdelijk: ★ *je hebt je werk* ~ *gemaakt* ★ *ze kon* ~ *horen* ❷ boosaardig, kwaad: ★ *een* ~ *mens* ❸ niet gezond, zwak: ★ *er* ~ *uitzien* ❹ vero eenvoudig ~ NN *recht en* ~ eerlijk en eenvoudig **II** *bijw* bezwaarlijk, bijna onmogelijk: ★ *ik kon haar* ~ *de waarheid vertellen*

slecht·aard *de (m)* [-s] slecht mens

slech·ten *ww* [slechtte, h. geslecht] ❶ slopen: ★ *een vesting* ~ ❷ gladmaken, gelijkmaken: ★ *een weg* ~

slech·te·rik *de (m)* [-riken] slecht, gemeen persoon

slecht·ge·hu·meurd, **slecht·ge·mutst** *bn* in een slechte (sombere, geprikkelde enz.) gemoedsstemming

slecht·ge·zind *bn* ❶ kwaadwillig ❷ BN, spreektaal slechtgehumeurd

slecht·ha·mer *de (m)* [-s] grote, houten hamer

slecht·heid *de (v)* ❶ het slecht-zijn ❷ [mv: -heden] iets slechts

slecht·ho·ren·de *de* [-n] iem. met een beperkt hoorvermogen

slech·ting *de (v)* [-en] het slechten

slecht·nieuws·ge·sprek *het* [-ken] gesprek waarin slecht nieuws wordt gebracht

slechts *bijw* ❶ alleen maar: ★ *u hoeft hier* ~ *te tekenen* ❷ niet meer dan: ★ *het is hier* ~ *5 minuten rijden vandaan* ❸ BN ook niet eerder dan, pas: ★ *haar werk kreeg* ~ *laat erkenning*

slecht·valk *de* [-en] roofvogel, grote valk, die gedurende het winterhalfjaar in onze streken te zien is (*Falco peregrinus*)

slecht·weg *bijw* eenvoudigweg, zonder omhaal of opsiering

slecht·zien·de *de* [-n] iem. met een beperkt gezichtsvermogen

sle·de *de* [-n, -s], **slee** *de* [sleeën] ❶ meestal laag voertuig dat op platte repen hout of metaal voortglijdt; zie ook: → **slee¹** ❷ verschuifbaar glijdend onderstel ★ *de* ~ *van een schrijfmachine*

sle·de·hond *de (m)* [-en] hond die een slede trekt, vooral in gebruik bij Eskimo's

sle·de·tocht, slee·tocht *de (m)* [-en] tocht op een slee
slee[1] *de* [sleeën] ❶ → **slede** ❷ mooie, vooral brede, gestroomlijnde auto
slee[2] *de (m)* [sleeën] sleedoorn
slee·doorn, slee·do·ren *de (m)* [-s] tot de roosachtigen behorende, in het wild groeiende struik met harde donkerblauwe vruchten (*Prunus spinosa*)
slee·ën *ww* [sleede, h. & is gesleed], **sle·den** [sleedde, h. & is gesleed] op een slee glijden
slee·hak *de* [-ken] hak onder een damesschoen die één geheel uitmaakt met het voorste deel van de zool
sleep[1] *de (m)* [slepen] ❶ over de grond slepend gedeelte van een jurk of mantel ❷ lange reeks, stoet: ★ *er liep een ~ kinderen achter de rattenvanger aan* ❸ rij schepen door één sleepboot getrokken ❹ wat sleept of gesleept wordt ❺ landbouwwerktuig om de grond gelijk te maken
sleep[2] *ww* verl tijd van → **slijpen**
sleep·aak *de* [-aken] rivierschip dat gesleept wordt
sleep·boot *de* [-boten] boot die grote schepen voorttrekt
sleep·con·tact *het* [-en] elektrisch contact dat over een geleider sleept (bijv. een trambeugel)
sleep·dienst *de (m)* [-en] ❶ het slepen door een sleepboot ❷ sleepbootmaatschappij
sleep·hel·ling *de (v)* [-en] helling waarop een schip getrokken wordt, dat hersteld moet worden
sleep·in [sliep-] *‹(quasi-Eng)› de (m)* [-s] goedkope slaapgelegenheid voor jonge toeristen
sleep·ka·bel *de (m)* [-s] kabel waaraan een schip, zweefvliegtuig of auto gesleept wordt
sleep·lift *de (m)* [-en] lift in wintersportgebieden waarmee skiërs naar boven worden gesleept
sleep·lijn *de* [-en] ❶ kabel tussen een sleepboot en gesleept schip ❷ door het water gesleepte vislijn
sleep·loon *het* [-lonen] loon voor vervoer van goederen of het slepen van schepen
sleep·net *het* [-ten] net dat door het water of over de grond getrokken wordt
slee·pruim [-en] **I** *de (m)* sleedoorn **II** *de* vrucht daarvan
sleep·schip *het* [-schepen] schip dat gesleept wordt
sleep·touw *het* [-en] touw waaraan iets voortgesleept wordt ★ *iem. op ~ nemen* hem meenemen naar verschillende plaatsen waar hij uit eigen beweging niet naar toe zou gaan: ★ *toeristen op ~ nemen*
sleep·tros *de (m)* [-sen] kabel waaraan een schip voortgesleept wordt
sleep·vaart *de* het voorttrekken van schepen met behulp van sleepboten
sleep·vis·se·rij *de (v)* het vissen met een sleepnet
sleep·vlieg·tuig *het* [-en] vliegtuig dat zweefvliegtuigen voortsleept
sleep·voe·ten *ww* [sleepvoette, h. gesleepvoet] de voeten bij het lopen niet voldoende opheffen, sloffen
sleet *de* ❶ slijtage, het verslijten ❷ aftakeling ★ *de ~ zit erin* het begint te verouderen of af te takelen *verl tijd van* → **slijten**
sleet·je *het* [-s] versleten plek in weefsel; zie bij → **sleet**
slee·tje·rij·den *ww* [*verl tijd ongebr*, h. sleetjegereden] sleeën als vermaak voor kinderen
slee·tocht *de* [-en] → **sledetocht**
sleets *bn* vooral NN sporen van slijtage vertonend: ★ *dit jasje wordt bij de ellebogen wat ~*
slem *‹Eng› bridge het* ★ *groot ~* alle slagen ★ *klein ~* alle slagen op één na
slem·pen[1] *ww* [slempte, h. geslempt] brassen, overvloedig eten en drinken
slem·pen[2] *ww* [slempte, h. geslempt] ❶ ‹grond› met water drenken voor stevige aaneensluiting ❷ kuilen, ❸ ‹gaten› met vochtig zand dempen
slem·per *de (m)* [-s] iem. die slempt (→ **slempen**[1])
slem·pe·rij *de (v)* [-en] het → **slempen**[1]
slemp·par·tij *de (v)* [-en] overdadige eet- en drinkpartij
slen·dang *‹Mal› de (m)* [-s] NN schouderdoek die om de borst of over het hoofd geslagen wordt, ook als draagdoek gebruikt
slenk *de* [-en] ❶ brede geul op het strand ❷ geol bodeminzinking
slen·te·ren *ww* [slenterde, h. & is geslenterd] zonder vast doel langzaam wandelen
slen·ter·gang *de (m)* ❶ slenterende gang ❷ sleur
sle·pen[1] *ww* [sleepte, h. gesleept] ❶ iets zwaars voorttrekken; langs de grond doen schuren; ★ *een zware tas over de grond ~* ★ *een zaak voor de rechter ~* aanhangig maken ★ *iets erbij ~* iets op geforceerde wijze als argument naar voren brengen ❷ aan een kabel achter zich aan laten rijden of varen: ★ *een kapotte auto ~* ★ *iem. erdoor ~* met veel moeite iem. ergens doorheen brengen: ★ *iem. door een examen, door gevaren ~* ★ *met zich, na zich ~* tot (ongunstig) gevolg hebben ❸ comput een onderdeel op het scherm verplaatsen door met de muis te schuiven; zie ook bij → **wacht** ❹ langs de grond schuren, afhangen in of op iets: ★ *haar ceintuur sleepte achter haar aan* ❺ fig traag verlopen: ★ *die zaak sleept te lang*
sle·pen[2] *ww* verl tijd meerv van → **slijpen**
sle·pend *bn* gerekt, traag, langdurig ★ *~ rijm* zie bij → **rijm**[1]
sle·per *de (m)* [-s] ❶ visser die met een sleepnet vist ❷ sleepboot
slet *de (v)* [-ten] onfatsoenlijke, losbandige vrouw
sle·ten *ww* verl tijd meerv van → **slijten**
sleuf *de* [sleuven] groef, gleuf
sleur *de (m)* gewoonte die gedachteloos gevolgd wordt: ★ *de alledaagse ~*
sleu·ren *ww* [sleurde, h. gesleurd] ❶ ruw slepen; zie ook bij → **slijk** ❷ trage voortgang hebben: ★ *die zaak blijft maar ~*
sleur·hut *de* [-ten] NN, schertsend caravan
sleur·mens *de (m)* [-en] iem. die altijd in een zelfde

sleur leeft
sleur·werk *het* werk dat men in sleur verricht
sleu·tel *de (m)* [-s] ❶ voorwerp waarmee men iets kan openen of sluiten: ★ *de ~ van de voordeur* ❷ fig belangrijk punt, dat toegang verleent tot een bep. gebied; belangrijk feit, dat opheldering geeft: ★ *de ~ tot de oplossing van een misdrijf* ❸ ‹in boeken› uitgewerkte vraagstukken of thema's ❹ sleutelvormig gereedschap, gebruikt om iets op te winden of om te draaien: ★ *de sleutels waarmee de snaren van een viool e.d. worden gespannen* ★ *een Engelse ~* moersleutel met verstelbare opening ❺ muz gestileerd letterteken op een notenbalk waarmee de toonhoogte van een bep. noot en daarmee van alle noten op die balk wordt gefixeerd
sleu·tel·be·drijf *het* [-drijven] bedrijf waarvan de economische positie van een land afhangt
sleu·tel·been *het* [-deren, -benen] been dat het schouderblad en het borstbeen verbindt
sleu·tel·bloem *de (m)* [-en] veel voorkomende plantensoort (*Primula*)
sleu·tel·bord *het* [-en] bord (in een groot gebouw) waaraan de verschillende sleutels hangen
sleu·tel·bos *de (m)* [-sen] ring met sleutels
sleu·tel·dra·ger *de (m)* [-s] ❶ degene die de sleutel bewaart ❷ kamerheer aan het hof
sleu·te·len *ww* [sleutelde, h. gesleuteld] knutselen (aan een auto, machine e.d.) om een defect op te sporen en te herstellen
sleu·tel·fi·guur *de* [-guren] iem. in een sleutelpositie
sleu·tel·func·tie [-sie] *de (v)* [-s] beheersende, centrale functie
sleu·tel·gat *het* [-gaten] opening in een deur waarin een sleutel past
sleu·tel·geld *het* [-en] NN geld dat een aanstaande huurder van een huis betaalt aan de eigenaar om dat huis te mogen betrekken
sleu·tel·han·ger *de (m)* [-s] versiersel aan het oog van een sleutel bevestigd, waarmee deze opgehangen kan worden
sleu·tel·in·dus·trie *de (v)* [-trieën] industrie die grondstoffen en halffabricaten levert aan andere industrieën, en aldus een sleutelpositie inneemt
sleu·tel·kind *het* [-eren] kind waarvan de ouder(s) overdag niet thuis zijn (is) en dat dus de huissleutel mee naar school krijgt
sleu·tel·klaar *bn* ‹m.b.t. een gebouw› klaar om betrokken te worden
sleu·tel·macht *de* ❶ RK de pauselijke macht, de macht om zonden te vergeven ❷ → **huismacht**
sleu·tel·op-de-deur *bn* BN ‹van woningen› helemaal klaar
sleu·tel·po·si·tie [-zie(t)sie] *de (v)* [-s] centrale, beheersende positie
sleu·tel·ring *de (m)* [-en] ring waaraan men sleutels schuift
sleu·tel·rol *de* cruciale functie of rol
sleu·tel·ro·man *de (m)* [-s] roman waarin een ware gebeurtenis verteld wordt, waarbij niet gefingeerde personen wel een andere, zij het soms ook doorzichtige naam dragen
sleu·tel·stad *de* NN bijnaam van Leiden, naar de gekruiste sleutels in het wapen
sleu·tel·stuk *het* [-ken] balk als verbindingsstuk tussen twee balken
sleu·tel·woord *het* [-en] kenschetsend woord, woord waarin de kern van een roman, een betoog, een essay enz. is uitgedrukt: ★ *het ~ van deze roman is 'eenzaamheid'*
slib *het* achtergebleven slijk
slib·be·ren *ww* [slibberde, h. & is geslibberd] telkens uitglijden
slib·be·rig *bn* modderig, glad; **slibberigheid** *de (v)*
slide·gui·tar [slaidyietà(r)] ‹‹Eng› *de (m)* [-s] elektrische gitaar die met een → **bottleneck** bet. 3, wordt bespeeld
slid·ing [slai-] ‹‹Eng› *de (m)* [-s] voetbal, honkbal het met één been vooruit glijden om snel bij de bal, resp. het honk te komen
sliep *ww*, **slie·pen** *verl tijd* van → **slapen**
sliep·uit, sleep·uit *tsw* uitroep van zachte spot, waarbij de wijsvingers over elkaar gestreken worden
slier *de (m)* [-en] sliert
slier·as·per·ge [-zjə] *de* [-s] asperge die heel wordt opgediend en voor het nuttigen door saus gehaald wordt
slie·ren *ww* [slierde, h. geslierd] ❶ slingeren ❷ glijden
sliert *de (m)* [-en] ❶ lange rij: ★ *een ~ mensen voor een loket* ❷ slap afhangend uiteinde ❸ wanordelijk afhangende lok haar ❹ lang, slap, dun ding, bijv. een spaghettisliert, vermicelli e.d.
slijk *het* modder ★ *het ~ der aarde* fig geld ★ *iem. door het ~ halen, slepen, sleuren* zeer veel lelijks van iem. zeggen
slij·ke·rig *bn* modderig
slijk·gras *het* grassoort in Zeeland (*Spartina stricta*)
slijk·grond *de (m)* [-en] slikgrond
slijk·vul·kaan *de (m)* [-kanen] vulkaan die modder, stenen enz. uitwerpt
slijm *de (m) & het* [-en] dikke, door levende wezens en planten afgescheiden dikke vloeistof
slijm·bal *de (m)* [-len] slijmerd
slijm·beurs *de* [-beurzen] zakje met slijm bij een gewricht
slijm·dier·tje *het* [-s] zie bij → **amoebe**
slij·men *ww* [slijmde, h. geslijmd] ❶ opvallend en overdreven vriendelijk doen, vleien ❷ van slijm ontdoen ❸ slijm vormen, slijm opgeven
slij·merd *de (m)* [-s] ❶ bangelijke en overdreven zachtzinnige kerel ❷ iem. die slijmt, vleier
slij·me·rig *bn* ❶ met of als slijm ❷ fig overdreven vriendelijk; **slijmerigheid** *de (v)*
slijm·hoest *de (m)* hoest waarbij veel slijm wordt afgescheiden
slij·mig *bn* ❶ slijmerig ❷ met slijm bedekt

slijm·jurk *de* [-en] slijmerd
slijm·klier *de* [-en] slijm afscheidende klier
slijm·vis *de (m)* [-sen] vis met slijmerige huid zonder schubben
slijm·vlies *het* [-vliezen] slijm afscheidend vlies
slijp *het* slijpsel, schuurmiddel
slij·pen *ww* [sleep, h. geslepen] ❶ scherp maken: ★ *potloden, messen* ~ ❷ glad schuren op een ruw oppervlak: ❸ NN langzaam en dicht tegen elkaar aan dansen, schuifelen
slij·per *de (m)* [-s] iem. die slijpt
slij·pe·rij *de (v)* [-en] werkplaats waar geslepen wordt
slijp·mo·len *de (m)* [-s] toestel waarmee men voorwerpen slijpt
slijp·poe·der, **slijp·poei·er** *de (m) & het* poeder gebruikt bij het slijpen
slijp·sel *het* fijn stof door het slijpen ontstaan
slijp·staal *het* [-stalen] stuk staal waarop messen geslepen worden
slijp·steen *de (m)* [-stenen] platte ronde steen met ruw oppervlak, waarop gereedschappen e.d. geslepen worden
slijp·zand *het* zand om mee te slijpen, o.a. zand op slijpsteen aangebracht
slij·ta·ge [-zjə] *de (v)* het slijten ★ *aan* ~ *onderhevig zijn* slijten door gebruik
slij·ta·ge·slag [-zjə-] *de (m)* [-slagen] ❶ veldslag waarbij vooral beoogd wordt de tegenstander zware verliezen aan materiaal en mensen te bezorgen ❷ fig langdurige, afmattende onderhandelingen tussen partijen over een betwist punt ❸ algemeen afmattende bezigheid
slij·ten *ww* [sleet, h. & is gesleten] ❶ door het gebruik langzaam doen stuk gaan ❷ door veelvuldig gebruik langzaam stuk gaan; dun, kaal worden; vergaan, verteren ❸ fig langzaam minder worden: ★ *het verdriet over de scheiding zal wel* ~ ❹ fig doorbrengen: ★ *zijn leven in stilte* ~ ❺ NN in het klein verkopen: ★ *aardbeien* ~ *langs de weg*
slij·ter *de (m)* [-s] NN verkoper in het klein, vooral van sterke drank
slij·te·rij *de (v)* [-en] vooral NN winkel waar sterke drank in het klein verkocht wordt
slik *de (m) & het* ❶ slijk ❷ [*mv:* -ken] aangeslibde, nog vochtige grond
slik·grond *de (m)* [-en] modderige grond, grond met slib
slik·ken *ww* [slikte, h. geslikt] ❶ een bepaalde keelbeweging maken waardoor het voedsel in de slokdarm komt: ★ *medicijnen* ~ ❷ fig zonder protest, voetstoots aannemen: ★ *beledigingen* ~ *we hoeven zo'n beleid niet te* ~! ❸ drugs, doping via de mond tot zich nemen: ★ *die wielrenner heeft geslikt*
slik·ke·rig *bn* modderig
slik·nat *bn* kletsnat
slim *bn* ❶ verstandig, handig, listig: ★ *een slimme leerling* ★ *een* ~ *oplichter* ★ *wie niet sterk is, moet* ~ *zijn* door een list bereikt men vaak wat men met geweld niet kan verkrijgen ★ *iem. te* ~ *af zijn* ervoor zorgen dat deze (steeds) niet in zijn opzet slaagt ❷ blijk gevend van oplettendheid: ★ *slimme ogen*
slim·heid *de (v)* ❶ het slim-zijn, schranderheid ❷ [*mv:* -heden] slim bedenksel, truc, list
slim·me·ling *de (m)* [-en], **slim·merd** [-s] → **slimmerik** (bet 1)
slim·me·rik *de (m)* [-riken] uitgekookt, uitgeslapen, schrander persoon
slim·mig·heid *de (v)* [-heden] listige handigheid, enigszins gemene truc
slin·ger *de (m)* [-s] ❶ heen en weer bewegend voorwerp in verschillende toestellen: ★ *de* ~ *van een klok* ❷ handvat waaraan gedraaid wordt: ★ *de* ~ *van een oude auto* ❸ slingering, zwaai ❹ afhangende versiering van bloemen enz.; tot een ketting aan elkaar gebonden voorwerpen ❺ werktuig waarmee men stenen wegslingert (als wapen) ❻ ★ NN, spreektaal *iem. een* ~ *geven* iem. een lift geven ergens heen
slin·ger·aap *de (m)* [-apen] lid van een geslacht van zeer behendige apen met lange ledematen en een grijpstaart (*Ateles*)
slin·ge·raar *de (m)* [-s] iem. die met een → **slinger** (bet 5) als wapen stenen gooit
slin·ger·de·slang *bijw* kronkelend
slin·ge·ren *ww* [slingerde, h. & is geslingerd] ❶ heen en weer bewegen: ★ *aan een klimrek* ~ ❷ wild wegwerpen: ★ *zijn kleren in een kast* ~ ❸ om iets heen leggen, winden: ★ *de plant slingerde zich om de boomstam* ❹ kronkelen: ★ *het paadje slingerde door het bos* ❺ overal achteloos neergelegd zijn: ★ *overal slingerden oude kranten* ❻ weggeworpen worden: ★ *het slachtoffer is uit de auto geslingerd*
slin·ger·pad *het* [-paden] kronkelend paadje
slin·ger·plant *de* [-en] plant die zich om iets heen slingert
slin·ger·proef *de* proef met een → **slinger** (bet 1) om de aswenteling van de aarde te bewijzen (de zgn. ~ van Foucault, 1819-1868)
slin·ger·tijd *de (m)* [-en] tijd nodig voor één heen-en-weergaande beweging van een → **slinger** (bet 1)
slin·ger·uur·werk *het* [-en] uurwerk waarvan de gang geregeld wordt door een slinger
slin·ger·wijd·te *de (v)* [-n] grootste uitwijking van een slingerend voorwerp
slin·ken *ww* [slonk, is geslonken] in omvang of hoeveelheid afnemen; **slinking** *de (v)*
slinks *bn* vals, verraderlijk: ★ *op slinkse wijze trachtte hij zijn doel te bereiken*
slip[1] *de* [-pen] afhangend puntig gedeelte van een kledingstuk: ★ *de slippen van een jas*
slip[2] (〈Eng〉 *de*) [-s] ❶ het slippen, uitschieten ★ *in een* ~ *raken* wegslippen ★ ~ *of the pen* verschrijving, schrijffout ★ ~ *of the tongue* verspreking, het zeggen van iets wat men beter had kunnen verzwijgen ❷ nauwsluitend onderbroekje zonder pijpen

(meestal *slipje*) ❸ drukproef op stroken, nog niet in de vorm van bladzijden

slip·cur·sus *de (m)* [-sen] → **antislipcursus**

slip·ge·vaar *het* gevaar dat een voertuig gaat slippen

slip·jacht *de* [-en] jacht waarbij met behulp van een bos stro met de reuk van vossen kunstmatig een vossenspoor gemaakt is, dat door de jagers of honden gevolgd wordt

slip·jas *de* [-sen] jas met slippen, pandjesjas

slip·je *het* [-s] → **slip²**, bet 2

slip-over *(‹Eng) de (m)* [-s] mouwloze trui

slip·pen *ww* [slipte, h. & is geslipt] ❶ zijwaarts uitglijden: ★ *de auto slipte de berm in* ❷ glippen: ★ *naar binnen ~*

slip·pen·dra·ger *de (m)* [-s] ❶ iem. die bij een begrafenis een van de slippen van het lijkkleed draagt ❷ fig iem. die een ander met overdreven gedienstigheid of eerbetoon behandelt

slip·per *(‹Eng) de (m)* [-s] ❶ sandaal of schoen zonder hielstuk ❷ een in zee levende soort slak (*Crepidula formicata*)

slip·per·tje *het* [-s] euf incidentele echtbreuk

slip·school *de* [-scholen] → **antislipschool**

slip·tong *de* viss ondermaatse zeetong

slip·vrij *bn* beveiligd tegen → **slippen** (bet 1)

slis·sen *ww* [sliste, h. geslist] sisklanken uitspreken met de tong tegen of tussen de tanden

sli·vo·vitsj [-vietsj] *(‹Servo-Kroatisch) de (m)* pruimenjenever

slob·be·ren¹ *ww* [slobberde, h. geslobberd] met duidelijk hoorbare bewegingen van de tong water of een andere vloeistof tot zich nemen: ★ *eenden ~*

slob·be·ren² *ww* [slobberde, h. geslobberd] ‹van kleren› wijd, vormeloos aan het lichaam hangen

slob·be·rig *bn* ❶ morsig, vuil, slordig ❷ te ruim, te wijd om het lichaam hangend (*vgl:* → **slobberen²**)

slob·ber·trui *de* [-en] zeer ruim zittende trui

slob·broek *de* [-en] kinderbroek met lange pijpen, die ook de voeten omsluiten

slob·eend *de* [-en] eend met een brede lepelachtige snavel (*Spatula clypeata*)

slob·kous *de* [-en] vroeger bedekking van been en bovenvoet, met een riempje onder de voet vastgehouden

sloch·ter *de (m)* [-s] NN geul, diepte tussen oeverzand; *vgl:* → **slufter**

slod·de·rig *bn* slordig, onachtzaam

slod·der·kous *de* [-en] erg slordig (vrouw)mens

slod·der·vos *de (m)* [-sen] erg slordig persoon

sloe·ber *de (m)* [-s] ❶ sukkel, stakker: ★ *die arme ~!* ❷ BN, spreektaal slokop, deugniet

sloef *de (m)* [-en] BN, spreektaal slof, pantoffel ★ *onder de ~ liggen* onder de plak zitten, door iemand anders overheerst worden

sloeg *ww*, **sloe·gen** verl tijd van → **slaan**

sloep *(‹Oudfrans) de* [-en] kleine open boot, o.a. als reddingboot op een groot schip

sloe·pen·dek *het* [-ken] dek waarop zich de sloepen bevinden

sloe·pen·rol *de* [-len] NN lijst van de bemanningen van de sloepen ★ *~ houden* de verdeling van de opvarenden over de sloepen in geval van gevaar bekendmaken

sloe·rie *de (v)* [-s] slet

slof¹ *de (m)* [-fen] ❶ pantoffel ★ *op zijn sloffen* of *slofjes* fig op zijn gemak ★ *(zich) het vuur uit de sloffen lopen* veel moeite voor iets doen ★ voetbal *de bal op de ~ nemen* de bal wegschieten ❷ onderste deel van een strijkstok ❸ langwerpig aardbeienmandje ❹ pak van een aantal pakjes sigaretten

slof² *de (m)* het → **sloffen** (bet 2) ★ *uit zijn ~ schieten* uitvallen, onverwacht vrijgevig, geestdriftig of boos worden, in actie komen

slof·fen *ww* [slofte, h. & is gesloft] ❶ onder het lopen met de voeten schuiven ❷ ★ NN *iets laten ~* iets veronachtzamen, talmen met iets

slo·gan [slooɣən] *(‹Eng‹Schots) de (m)* [-s] slagzin, voortdurend terugkerende reclame- of propagandaleus

slöjd [sleujd] *(‹Zw) de* handenarbeid (het maken van voorwerpen van karton, klei of hout) als deel van het onderwijs

slok *de (m)* [-ken] het slikken, teug: ★ *een ~ melk* ★ *dat scheelt een ~ op een borrel* dat maakt een zeer aanzienlijk verschil ★ *een slokje op hebben* (een beetje) dronken zijn

slok·darm *de (m)* [-en] buis die de keel met de maag verbindt

slok·ken *ww* [slokte, h. geslokt] gulzig doorslikken

slok·ker, **slok·kerd** *de (m)* [-s] ❶ slokop, gulzige eter ❷ ★ *arme ~* arme drommel

slok·op *de (m)* [-pen] gulzigaard

slo·mo *de* ['s] verkorting van *slow motion*

slonk *ww*, **slon·ken** verl tijd van → **slinken**

slons *de (v)* [slonzen] slordige vrouw

slon·zen *ww* [slonsde, h. geslonsd] slordig, onachtzaam werken

slon·zig *bn* slordig; **slonzigheid** *de (v)*

sloof *de (v)* [sloven] vrouw die altijd zwaar huishoudelijk werk moet doen

sloom *bn* ❶ suf, langzaam van begrip: ★ *een slome leerling* ❷ traag: ★ *~ worden van de hitte* ★ *slome duikelaar* traag, suffig mens; **sloomheid** *de (v)*

sloop¹ *de & het* [slopen] overtrek van een kussen

sloop² *de (m)* het slopen ★ *voor de ~ om* gesloopt te worden

sloop³ *ww* verl tijd van → **sluipen**

sloop·pand *de (m)* [-en] gebouw dat binnenkort gesloopt wordt

sloop·ver·gun·ning *de (v)* [-en] door de overheid verleende toestemming tot slopen

sloot¹ *de* [sloten] NN ❶ gegraven watertje rond of langs een weide enz. voor de afvoer van water ★ *hij zal niet in zeven sloten tegelijk lopen* hij is voorzichtig genoeg; zie ook bij → **hak¹**, → **koe**, → **wal** ❷ ‹van vloeistoffen› aanzienlijke hoeveelheid: ★ *een ~ water*

over zich heen krijgen
sloot² *ww* verl tijd van → **sluiten**
sloot·je *het* [-s] zie bij → **slot**
sloot·je·sprin·gen *ww* [sprong slootje, h. slootjegesprongen] NN over sloten springen, al dan niet met een polsstok
sloot·kant *de (m)* [-en] NN kant van een sloot
sloot·riet *het* NN het gewone riet (*Phragmites communis*)
sloot·wa·ter *het* NN ❶ water uit een sloot ❷ schertsend slappe koffie, thee enz.
slop *het* [-pen] nauwe, armoedige, vooral doodlopende steeg ★ *in het ~ raken* achterop raken, niet tot ontwikkeling komen
slo·pen¹ *ww* [sloopte, h. gesloopt] ❶ afbreken: ★ *huizen, auto's ~* ❷ fig langzaam tenietdoen, ondermijnen ★ *slopend werk* werk dat het gestel ondermijnt
slo·pen² *ww* verl tijd meerv van → **sluipen**
slo·per *de (m)* [-s] iem. die sloopt
slo·pe·rij *de (v)* [-en] bedrijf waar men sloopt, vooral auto's
slo·ping *de (v)* [-en] het slopen
slop·pen·wijk *de* [-en] arme stadswijk met veel krotwoningen
slor·dig *bn* ❶ niet netjes, onverzorgd ❷ ongeveer, niet precies, vooral van grote bedragen of aantallen: ★ *die berg is zo'n slordige 6000 m hoog* ★ *ergens een slordige duit aan verdienen* er veel geld aan verdienen
slor·dig·heid *de (v)* ❶ onverzorgdheid, onachtzaamheid ❷ [mv: -heden] blijk van onachtzaamheid, onachtzame handeling
slorp *de (m)* [-en] → **slurp**
slor·pen *ww* [slorpte, h. geslorpt] → **slurpen**
slot *het* [sloten] ❶ sluitinrichting: ★ *een kamer, een fiets op ~ doen* ★ *een slotje van een halsketting* onderdeel waarmee beide uiteinden van die ketting aan elkaar verbonden worden ★ *achter ~* goed opgeborgen in afgesloten kast e.d. ★ *achter ~ en grendel* gevangen of opgeborgen in afgesloten kast e.d. ★ *iemand een ~ op de mond doen* hem beletten zich vrij uit te spreken ❷ einde, afloop ★ *ten slotte* eindelijk, uiteindelijk ❸ ⟨in de boekhouding⟩ uitkomst ★ *een batig ~* een voordelige uitkomst, er is winst ★ *bij of per ~ van rekening* zie bij → **rekening** ❹ versterkt kasteel, burcht ❺ inrichting aan vuurwapens, met behulp waarvan de ontsteking plaatsvindt, **slot·je, sloot·je** *het* [-s] verkl bij: → **slot** (bet 1 en 5)
slot·ak·koord *het* [-en] ❶ de samenklinkende tonen die een muziekstuk besluiten ❷ aan het eind van een (veelal langdurige) vergadering bereikt akkoord; verklaring daarover
slot·be·pa·ling *de (v)* [-en] laatste bepaling, laatste voorschrift
slot·be·waar·der *de (m)* [-s] iem. die belast is met de zorg voor een onbewoond kasteel

slot·be·wo·ner *de (m)* [-s] kasteelbewoner
slot·com·mu·ni·qué [-kee] *het* [-s] officiële mededeling na afloop van een conferentie
slot·co·ör·di·na·tor *de (m)* [-s, -toren] persoon die verantwoordelijk is voor de toewijzing aan luchtvaartmaatschappijen van het aantal op een vliegveld toegestane landingen en vertrekken
slot·di·vi·dend *het* [-en] resterend dividend, uitgekeerd na het interim-dividend
slo·ten *ww* ❶ verl tijd meerv van → **sluiten** ❷ meerv van → **slot**
slo·ten·ma·ker *de (m)* [-s] iem. die sloten (→ **slot**, bet 1) maakt
slot·ge·bed *het* [-beden] gebed waarmee een godsdienstoefening besloten wordt
slot·gracht *de* [-en] gracht rond een kasteel of burcht
slot·heer *de (m)* [-heren] kasteelheer
slot·klank *de (m)* [-en] klank aan het slot, afsluitende klank
slot·klin·ker *de (m)* [-s] klinker aan het eind van een woord
slot·koers *de (m)* [-en] koers van de effecten bij het sluiten van de beurs
slot·let·ter *de* [-s] laatste letter van een woord
slot·no·te·ring *de (v)* [-en] handel notering bij het sluiten van de beurs
slot·plein *het* [-en] voorplein of binnenplein van een kasteel
slot·re·de *de* [-s] rede waarmee een bijeenkomst gesloten wordt
slot·re·gel *de (m)* [-s] laatste regel
slot·som *de* [-men] gevolgtrekking, conclusie: ★ *tot de ~ komen, dat...*
slot·voogd *de (m)* [-en], **slot·voog·des** *de (v)* [-sen] iem. die (namens een ander) op een kasteel het bewind voert
slot·woord *het* [-en] tekst waarmee een rede, een boek enz. besloten wordt
slot·zang *de (m)* [-en] laatste zang; tot besluit gezongen lied
Slo·veen *de (m)* [-venen] iem. geboortig of afkomstig uit Slovenië
Slo·veens I *bn* van, uit, betreffende Slovenië II *het* taal van Slovenië
slo·ven *ww* [sloofde, h. gesloofd] hard werken
slow [sloo(w)] ⟨Eng⟩ *bn* langzaam
Slo·waak *de (m)* [-waken] iem. geboortig of afkomstig uit Slowakije
Slo·waaks I *bn* van, uit, betreffende Slowakije II *het* taal van Slowakije
slow·down·ac·tie [sloodaunaksie] ⟨Eng⟩ *de (v)* [-s] langzaamaanactie
slo·wen ⟨Eng⟩ *ww* [slowde, h. geslowd] langzaam en intiem met iem. dansen, schuifelen, slijpen
slow·fox [sloo-] ⟨Eng⟩ *de (m)* langzame foxtrot
slow·mo·tion [sloomoosjən] ⟨Eng⟩ *de (m)* het langzamer afspelen van een film of van televisiebeelden dan de snelheid van het opnemen:

★ *in deze ~ kunt u duidelijk de schijnbewegingen van de spitsspeler zien*
SLP *afk* in België Sociaalliberale Partij [politieke partij]
sluf·ter *de (m)* [-s] NN kreek in de duinen; *vgl:* → **slochter**
slui·er *de (m)* [-s] ❶ van het hoofd afhangende doek van dun weefsel, dat het haar, maar soms ook het gezicht gedeeltelijk bedekt: ★ *de ~ van een bruid, een non, een moslimvrouw* ★ *de ~ aannemen* non worden ❷ fig bedekking, iets wat verbergt ★ *een tipje van de ~ oplichten* iets van hetgeen verborgen gehouden wordt openbaren ❸ ⟨op een foto⟩ nevelige bovenlaag, waas
slui·er·dans *de (m)* dans waarbij de danseres alle sluiers waarin zij is gekleed de een na de ander afdoet
slui·er·ef·fect *het*, **slui·e·ring** *de (v)* techn het wegzakken van het geluid, fading
slui·e·ren *ww* [sluierde, h. gesluierd] ❶ een sluier aandoen ❷ omhullen met een sluier ★ *zich ~ een hoofddoek dragen*
slui·e·ring *de (v)* zie bij → **sluiereffect**
sluik *bn* ⟨van hoofdhaar⟩ platliggend, steil
sluik·han·del *de (m)* smokkelhandel
sluik·ha·rig, **sluik·ha·rig** *bn* met sluik haar
sluik·pers *de* BN het clandestien laten verschijnen van drukwerk
sluik·re·cla·me *de* [-s] zijdelingse reclame, reclame die zich niet als reclame presenteert
sluik·stort *de & het* [-en] BN ook clandestiene vuilnisbelt of stortplaats
sluik·stor·ten *ww* [sluikstortte, h. gesluikstort] BN clandestien afval storten
sluik·ver·keer *het* BN ook niet-toegelaten verkeer, vooral m.b.t. weggebruikers die van sluiproutes gebruik maken
slui·mer *de (m)* [-s] sluimering
slui·me·ren *ww* [sluimerde, h. gesluimerd] ❶ licht slapen ❷ onmerkbaar aanwezig zijn: ★ *er sluimerden gevoelens van onvrede onder de bevolking*
slui·me·ring *de (v)* [-en] lichte slaap
slui·mer·rol *de* [-len] rolvormig hoofdkussen
slui·mer·stand *de (m)* [-en] toestand waarbij een elektrisch apparaat wel is ingeschakeld, maar niet aan staat, stand-bymode
sluimerwt, **sluimererwt** [-ert] *de* [-en] BN bep. groente: erwt die met de schil gegeten wordt, peultje, suikererwt
slui·pen *ww* [sloop, h. & is gelopen] ❶ langzaam, onhoorbaar lopen: ★ *aarzelend sloop het kind naar voren* ❷ ongemerkt naderbij of binnenkomen: ★ *naar binnen ~* ★ *er zijn heel wat onvolkomenheden in geslopen* ongemerkt zijn er veel foutjes ontstaan ★ *sluipend gif* langzaam werkend vergif
sluip·moord *de* [-en] moord door een verraderlijke overval
sluip·moor·de·naar *de (m)* [-s] iem. die een sluipmoord pleegt
sluip·pa·trouil·le [-troejə] *de* [-s] patrouille die voorzichtig dicht bij de vijand moet trachten te komen
sluip·rou·te [-roetə] *de* [-*s en* -n] route, vaak door stille woonwijken of over smalle weggetjes, die sommige automobilisten volgen om drukte, verkeersopstoppingen en stoplichten op hoofdwegen te ontlopen
sluip·schut·ter *de (m)* [-s] iem. die personen vanuit een hinderlaag beschiet
sluip·weg *de (m)* [-wegen] ❶ heimelijke weg ❷ vooral *mv*, fig: ★ *langs sluipwegen gaan, sluipwegen bewandelen* met minder eerlijke middelen te werk gaan
sluip·wesp *de* [-en] insect dat met een legboor rupsen, larven enz. steekt om er de eigen eieren in te leggen
sluis *de* [sluizen] ❶ waterkering door middel van deuren ★ *de sluizen des hemels zijn geopend* het regent hard ★ *de sluizen der welsprekendheid gaan open* er worden veel redevoeringen gehouden ❷ sluiskolk: ★ *het schip wachtte in de ~*
sluis·deur *de* [-en] deur van een sluis
sluis·geld *het* [-en] geld te betalen voor het varen door een sluis
sluis·kolk *de* [-en] schutkolk
sluis·mees·ter, **sluis·wach·ter** *de (m)* [-s] iem. die de sluisdeuren opent en sluit
sluit·band *de (m)* [-en] ❶ band ter afsluiting ❷ buikband
sluit·boom *de (m)* [-bomen] paal ter afsluiting
slui·ten *ww* [sloot, h. & is gesloten] ❶ dichtmaken, dichtdoen: ★ *een deur ~* ★ *de ogen voor iets ~* het niet willen zien, doen alsof het niet bestaat ★ *met gesloten deuren* niet openbaar ❷ dichtgaan: ★ *dit café sluit om één uur* ❸ aansluiten; in, tegen elkaar passen: ★ *de gelederen ~* ❹ kloppen: ★ *een niet sluitende rekening; gelijke cijfers van inkomsten en uitgaven vertonend:* ★ *een sluitende begroting* ❺ beëindigen: ★ *de vergadering werd gesloten;* opheffen: ★ *men sluit die zaak* ❻ aangaan, officieel vastleggen: ★ *een overeenkomst, verdrag, hypotheek, huwelijk ~; soms ook niet-officieel:* ★ *vriendschap ~*
slui·tend *bn* zie bij → **sluiten** (bet 4)
slui·ter *de (m)* [-s] drukknopje of hefboompje waarmee het lichtdichte klepje voor de fotografische film even wordt weggenomen en de duur van de belichting wordt geregeld
slui·ter·tijd *de (m)* fotogr tijd gedurende welke de sluiter de film niet afdekt, zodat deze belicht wordt door het licht dat in de lens valt
slui·ting *de (v)* [-en] ❶ het sluiten (*alle betekenissen*) ❷ datgene waarmee iets gesloten is: ★ *de ~ van een jas*
slui·tings·tijd *de (m)* [-en] ❶ tijd waarop gesloten wordt, sluitingsuur ❷ tijd gedurende welke iets gesloten is

slui·tings·uur *het* [-uren] tijd waarop een winkel, café enz. moet sluiten

sluit·kool *de* [-kolen] kool waarvan de bladeren zich sluiten

sluit·post *de (m)* [-en] ❶ post waarmee een rekening, een begroting e.d., in evenwicht wordt gebracht ❷ vooral NN, fig belang waarmee weinig rekening wordt gehouden: ★ *dit soort onderwijs wordt door de overheid al lang als ~ beschouwd*

sluit·re·de *de* [-s] het uitspreken van twee oordelen waaruit een conclusie getrokken wordt, syllogisme

sluit·speld *de* [-en] veiligheidsspeld

sluit·spier *de* [-en] spier die een lichaamsopening kan afsluiten

sluit·steen *de (m)* [-stenen] ❶ wigvormige laatste steen of topsteen in een boogconstructie ❷ fig afsluitend gedeelte

sluit·stuk *het* [-ken] ❶ datgene waardoor iets voltooid wordt ❷ dat wat de afsluiting vormt

sluit·werk *het* zie bij → **hang-en-sluitwerk**

sluit·ze·gel *de (m)* [-s] zegel waarmee een brief enz. gesloten wordt

slui·zen *ww* [sluisde, h. gesluisd] ❶ → **schutten** (bet 1) ❷ door iets heen leiden: ★ *een wetsvoorstel door de Tweede Kamer ~* ❸ ⟨zwart geld⟩ ergens op slinkse wijze plaatsen: ★ *er zijn miljoenen naar zijn bankrekening in Liechtenstein gesluisd*

slum ⟨*Eng*⟩ *de (m)* [-s] armenwijk, achterbuurt, krottenwijk

slun·gel *de (m)* [-s] lang mager zich onhandig bewegend persoon, vooral jongen

slun·ge·len *ww* [slungelde, h. geslungeld] ❶ slenteren ❷ rondlopen en niets uitvoeren

slun·ge·lig *bn* als een slungel, onhandig

slurf *de* [slurven] ❶ lange snuit van zoogdieren, vooral van de olifant ❷ flexibele gang op vliegvelden waardoor passagiers in en uit het vliegtuig stappen ❸ onderste, nauwe deel van een windhoos

slurp, slorp *de (m)* [-en] het opslurpen

slur·pen *ww* [slurpte, h. geslurpt], **slor·pen** [slorpte, h. geslorpt] geluiden maken door zuigend te drinken

slur·ry [-rie] ⟨*Eng*⟩ *de (m)* mengsel van een korrelvormige vaste stof, bijv. zand, ijzererts of steenkool, met water, waardoor vervoer door een pijpleiding mogelijk is

sluw *bn* zeer listig, geslepen: ★ *een sluwe vos*; **sluwheid** *de (v)* [-heden]; **sluwigheid** *de (v)* [-heden]

S.M. *afk* sadomasochisme

Sm *afk* symbool voor het chemisch element *samarium*

smaad *de (m)* ❶ schandelijke belediging in het openbaar: ★ *iem. aanklagen wegens ~* ❷ BN daad, woord, gebaar of bedreiging gericht tegen een overheidspersoon in functie: ★ *artikel 276 van het Strafwetboek stelt ~ aan de politie strafbaar*

smaad·re·de *de* [-s] beledigende woorden

smaad·schrift *het* [-en] geschrift vol beledigingen

smaak *de (m)* [smaken] ❶ zintuig waarmee men de indrukken van spijs en drank waarneemt ❷ de indruk die op de tong van spijs en drank wordt waargenomen: ★ *suiker en melk naar ~ toevoegen* ★ NN *er zit kraak noch ~ aan* gezegd van iets wat heel flauw smaakt ★ *ik krijg er een vieze ~ van in de mond* het bevalt me niet, ik vind het heel erg onprettig ❸ eetlust: ★ *met ~ eten* ❹ lust ★ *in de ~ vallen* bevallen ★ *de ~ te pakken hebben* er zin in gekregen hebben ❺ gevoel voor schoonheid: ★ *zich met ~ kleden* ★ *naar mijn ~* volgens mijn opvattingen ★ *een dure ~ hebben* graag dure kleding, meubels e.d. kopend ★ *over ~ valt niet te twisten, smaken verschillen* iedereen heeft nu eenmaal een eigen mening over wat mooi of lekker is en daarover moet men het niet proberen eens te worden

smaak·je *het* [-s] ❶ lichte, niet-lekkere indruk van een smaak, bijsmaak: ★ *er zit een ~ aan die thee* ❷ stof die door een gerecht gemengd wordt om er een bep. → **smaak** (bet 2) aan te geven

smaak·loos *bn* zonder → **smaak** (bet 2): ★ *dit medicijn is ~*

smaak·ma·ker *de (m)* [-s] ❶ iem. die in eigen kring de mode, de opinies enz. bepaalt ❷ iem. die of iets wat zich op een opvallende, plezierige manier onderscheidt van de andere(n): ★ *die club was de ~ van het voetbaltoernooi*

smaak·mid·del *het* [-en], **smaak·stof** *de* [-fen] stof, vooral chemisch middel, die men aan spijs of drank toevoegt om de smaak te verbeteren

smaak·vol *bn* van goede → **smaak** (bet 5) getuigend: ★ *een ~ ingericht huis*

smach·ten *ww* [smachtte, h. gesmacht] hevig verlangen

smach·tend *bn* hevig verlangend: ★ *~ kijken*

smack [smek] ⟨*Eng*⟩ *de (m)* slang heroïne

sma·de·lijk *bn* honend, vernederend

sma·den *ww* [smaadde, h. gesmaad] schandelijk beledigen

smak¹ *de (m)* [-ken] ❶ geluid dat wordt gemaakt bij het → **smakken** (bet 1): ★ *met een ~ neerkomen* ★ *dat gaf me een ~!* ❷ val: ★ *een ~ maken* ❸ grote hoeveelheid: ★ *een ~ euro's*

smak² *de* [-ken] soort vissersvaartuig

sma·ke·lijk *bn* ❶ goed van smaak, lekker, heerlijk: ★ *een smakelijke maaltijd* ★ *~ vertellen* levendig, beeldend vertellen ❷ met goede eetlust, appetijtelijk: ★ *~ eten*; **smakelijkheid** *de (v)*

sma·ke·loos *bn* strijdig met een goede → **smaak** (bet 5), lelijk: ★ *een ~ interieur* ★ *smakeloze humor*; **smakeloosheid** *de (v)* [-heden]

sma·ken *ww* [smaakte, h. gesmaakt] ❶ een bepaalde → **smaak** (bet 2) hebben: ★ *die jam smaakt naar pindakaas* ★ *dat smaakt naar meer* (BN ook: *naar nog*) dat is erg lekker ❷ lekker zijn: ★ *die boterhammen smaakten me* ★ *heeft het gesmaakt?* was het lekker? ❸ BN ook op prijs stellen, appreciëren, mooi vinden: ★ *modern ballet kon ze wel ~*

smak·ken *ww* [smakte, h. & is gesmakt] ❶ met de

tong of de lippen een bepaald geluid maken, vooral bij het eten ❷ hard doen vallen, hard neerwerpen: ★ *een tas in de hoek* ~ ❸ hard neerkomen: ★ *de poes smakte van twee hoog op de grond*

smak·ker, smak·kerd *de (m)* [-s] vooral NN ❶ iem. die smakt (→ **smakken**, bet 1) ❷ klinkende kus: ★ *ze gaf me een* ~ ❸ harde val, smak: ★ *een flinke* ~ *maken*

smal *bn* ❶ een geringe dwarsafmeting hebbend, niet breed: ★ *een* ~ *bospaadje* ❷ ⟨van het gezicht⟩ mager ❸ ★ NN *voor de smalle beurs* voor mensen die weinig te besteden hebben ★ *Holland op zijn smalst* zie bij → **Holland**

smal·deel *het* [-delen] gedeelte van een vloot, eskader

sma·len *ww* [smaalde, h. gesmaald] honend, minachtend over iets spreken

smal·film *de (m)* [-s] smalle film (niet breder dan 16 mm) voor amateurfilmopnamen

smal·le·tjes *bijw* ❶ schraaltjes ❷ ⟨van het gezicht⟩ niet gezond, bleek: ★ *er* ~ *uitzien*

small·talk [smòl-tòk] *⟨Eng⟩ de (m)* kletspraat, het praten over koetjes en kalfjes

smal·spoor *het* [-sporen] spoorbaantje met dicht naast elkaar liggende rails

sma·ragd *⟨Gr⟨Perz⟩ de (m) & het* [-en] ❶ groene edelsteen ❷ groene kleur als van deze steen ★ *gordel van* ~ benaming voor Indonesië, ontleend aan Multatuli's *Max Havelaar*

sma·rag·den *bn* ❶ van smaragd, met smaragd bewerkt ❷ groen als smaragd

smart *de* [-en] ❶ plechtig groot verdriet ★ *met* ~ *op iem. wachten* zeer verlangend naar iem. uitzien ★ *gedeelde* ~ *is halve* ~ deelneming van anderen maakt het verdriet gemakkelijker te dragen ❷ plechtig pijn

smart·board [smà(r)tbò(r)d] *⟨Eng⟩ het* [-s] digitaal schoolbord

smart·card [smà(r)tkà(r)d] *⟨Eng⟩ de (m)* [-s] kaart met daarop voor een computer afleesbare gegevens

smart·drug [smà(r)tdruγ] *⟨Eng⟩ de (m)* [-s] middel dat geacht wordt een bepaalde uitwerking op de geest te hebben, zoals hallucinogene paddenstoelen, opwekkende drankjes en andere pepmiddelen; → **ecodrug**

smar·te·lijk *bn* zeer droevig, verdriet veroorzakend: ★ *een* ~ *afscheid*; **smartelijkheid** *de (v)*

smar·ten[1] *ww* [smartte, h. gesmart] plechtig leed doen

smar·ten[2] *ww* [smartte, h. gesmart] touwwerk met geteerd zeildoek omwinden, tegen slijtage

smar·ten·geld *het* [-en] vooral NN ❶ geldelijke vergoeding voor toegebracht leed ❷ toelage boven het gewone pensioen wegens bijzonder letsel of leed

smar·ten·kreet *de (m)* [-kreten] plechtig kreet als uiting van groot verdriet

smart·lap *de (m)* [-pen] sentimenteel lied in populaire toon

smart·phone [smà(r)tfoon] *⟨Eng⟩ de* [-s] mobiele telefoon met uitgebreide functionaliteit

smart·shop [smà(r)tsjop] *⟨Eng⟩ de (m)* [-s] winkel waar smartdrugs worden verkocht

smash [smesj] *⟨Eng⟩ de (m)* [-es] [smesjiz] *sp* krachtige, schuin naar beneden op de helft van de tegenstander gerichte slag bij volleybal, tennis en badminton

smash·en *ww* [smesjə(n)] *⟨Eng⟩* [smashte, h. gesmasht] *sp* een smash geven

SME *afk* als nationaliteitsaanduiding op auto's: *Suriname*

sme·den *ww* [smeedde, h. gesmeed] ❶ een metaal vervormen en modelleren in plastische toestand door middel van verhitting en met behulp van een hamer of een pers: ★ *een hoefijzer* ~ ★ *sieraden* ~ ; zie ook bij → **ijzer** ❷ met moeite maken: ★ *verzen* ~ ❸ beramen: ★ *een plan* ~ ❹ bedenken, vormen: ★ *woorden* ~ *meerv van* → **smid**

sme·de·rij *de (v)* [-en] ❶ smidswerkplaats, smidse ❷ het smeden

sme·dig *bn* smijdig, lenig, soepel, kneedbaar

smeed·baar *bn* gesmeed kunnende worden: ★ ~ *staal*; **smeedbaarheid** *de (v)*

smeed·ijzer *het* ruwijzer met een koolstofgehalte van ten hoogste 0,5%

smeed·ijze·ren *bn* van smeedijzer

smeed·kunst *de (v)* kunst van het smeden

smeed·staal *het* ruwijzer met een koolstofgehalte van 0,5 tot 1,5%

smeed·werk *het* [-en] werk dat door een smid gedaan wordt of is

smeek·be·de *de* [-n] dringend, smekend verzoek

smeek·schrift *het* [-en] onderdanig verzoekschrift

smeer *de (m) & het* ❶ vet, vettig mengsel ★ *om den wille van het* ~, *likt de kat de kandeleer* men doet iets veelal uit eigenbelang ❷ smeersel ❸ vettig vuil

smeer·boel *de (m)* smerige boel

smeer·brug *de* [-gen] ophijstoestel voor auto's die gesmeerd moeten worden

smeer·geld *het* geld gegeven om iets niet op de wettige manier te verkrijgen; steekpenningen; zie bij → **smeren** (bet 3)

smeer·kaars *de* [-en] vetkaars

smeer·kaas *de (m)* zachte kaas die men op het brood smeert

smeer·kees *de (m)* [-kezen] NN smeerpoets, smeerlap

smeer·lap *de (m)* [-pen] ❶ vuilak ❷ gemene vent

smeer·la·pe·rij *de (v)* [-en] ❶ gemeenheid ❷ vuilheid, liederlijkheid

smeer·nip·pel *de (m)* [-s] buisje waardoor smeerolie kan worden ingebracht

smeer·olie *de* [-liën] olie voor het smeren van bewegende onderdelen (van motoren enz.)

smeer·pijp[1] *de* [-en] afvoerleiding van onzuiver afvalwater

smeer·pijp[2] *de (m)* [-en] smeerlap

smeer·pij·pe·rij *de (v)* [-en] smeerlapperij

smeer·poes, smeer·poets *de* [-en] vies, onzindelijk

persoon

smeer·sel *het* [-s] smeermiddel, iets waarmee men smeert of insmeert

smeer·worst *de* zachte leverworst die op brood uitgesmeerd kan worden

smeer·wor·tel *de (m)* [-s] ruwbladige plant met hangende paarse, rode of witte bloemen (*Symphytum officinale*)

smeet *ww* verl tijd van → **smijten**

smeg·ma ‹Gr› *het* door kliertjes afgescheiden wit smeer onder de voorhuid van de penis of bij de clitoris en de kleine schaamlippen

sme·ke·ling *de (m)* [-en], **sme·ke·lin·ge** *de (v)* [-n] persoon die smeekt

sme·ken *ww* [smeekte, h. gesmeekt] nederig verzoeken, biddend verzoeken, met aandrang verzoeken: ★ *om een gunst ~*

smel·le·ken *het* [-s] klein valkje, in Nederland alleen als doortrekker en wintergast (*Falco columbarius*)

smelt *de* [-en] tot ca. 40 cm lange spiering die o.a. in de Noordzee voorkomt, *Hyperoplus lanceolatus*

smelt·baar *bn* gesmolten kunnende worden; **smeltbaarheid** *de (v)*

smel·ten *ww* [smolt, h. & is gesmolten] ❶ van vast vloeibaar doen worden: ★ *ze smolten de kazen* ❷ van vaste in vloeibare toestand overgaan: ★ *de sneeuw smelt* ❸ fig week worden van aandoening: ★ *het hart smelt* ❹ opraken, verminderen: ★ *zijn vermogen is aardig gesmolten*

smel·tend *bn* fig aandoenlijk, weemoedig: ★ *een smeltende melodie*

smel·te·rij *de (v)* [-en] werkplaats waar gesmolten wordt

smelt·kroes *de (m)* [-kroezen] ❶ kroes waarin metalen enz. gesmolten worden ❷ fig plaats waar allerlei zaken of personen van uiteenlopende herkomst worden verenigd: ★ *Suriname is een ~ van verschillende volkeren*

smelt·oven *de (m)* [-s] oven waarin metalen gesmolten worden

smelt·punt *het* [-en] temperatuur waarbij een stof smelt

smelt·wa·ter *het* water dat door smelten van ijs of sneeuw ontstaat

sme·ren *ww* [smeerde, h. & is gesmeerd] ❶ bestrijken met of voorzien van vet of olie: ★ *een scharnier ~* ★ *een boterham ~* bestrijken met boter en beleg ★ *de keel ~* veel drinken ★ *het ging / liep gesmeerd* het verliep zeer vlot ❷ ★ *'m ~* er vandoor gaan

smer·gel ‹DuIt› *de (m)* amaril

sme·rig *bn* ❶ verontreinigd, vuil: ★ *smerige handen* ❷ heel onaangenaam, ellendig: ★ *~ weer* ❸ oneerlijk, vals, gemeen: ★ *smerige praktijken* ★ *de Smerige Oorlog* periode van terreur door de militaire junta in Argentinië van 1976-1982 ❹ goor, schunnig: ★ *smerige taal*

sme·ring *de (v)* het → **smeren** (bet 1)

sme·ris ‹Hebr› *de (m)* [-sen] NN, spreektaal

politieagent

smet *de* [-ten] ❶ vlek, vieze plek ❷ fig schandvlek, blaam: ★ *een ~ op iems. naam werpen* ★ *iem. van alle smetten zuiveren* zorgen voor eerherstel

sme·ten *ww* verl tijd meerv van → **smijten**

smet·stof *de* [-fen] virussen of bacteriën bevattende stof die een besmettelijke ziekte van de een op de ander overbrengt

smet·te·loos *bn* ❶ zonder één vlekje: ★ *een smetteloze jas* ❷ rein, onbevlekt: ★ *een ~ verleden*; **smetteloosheid** *de (v)*

smet·ten *ww* [smette, h. gesmet] ❶ bevlekken, vuil afgeven ❷ vlekken of vuil aannemen: ★ *deze stof smet gauw* ❸ ‹van de huid› branderig, ontstoken worden

smet·vrees *de* overdreven angst voor vuil of besmetting

smeu·ïg *bn* ❶ dikvloeibaar, kneedbaar: ★ *smeuïge pindakaas* ❷ fig smakelijk, levendig: ★ *een ~ verhaal*

smeu·len *ww* [smeulde, h. gesmeuld] ❶ zonder vlam langzaam doorbranden, gloeien: ★ *het hout smeulde in de haard* ❷ fig in het verborgen werken, broeien: ★ *er smeult verzet*

smid *de (m)* [smeden] iem. die beroepsmatig metalen smeedt ★ *dat is het geheim van de ~* daarin ben ik (of is hij of zij) bijzonder bedreven

smid·se *de* [-n], **smis·se** *de* [-n] smidswerkplaats

smids·ha·mer *de (m)* [-s] grote hamer

smids·werk *het* smeedwerk

smiecht *de (m)* [-en] NN oneerlijk persoon

smient *de* [-en] wilde eend uit noordelijke streken, in onze streken in het winterhalfjaar voorkomend, fluitend (*Anas penelope*)

smies·pe·len *ww* [smiespelde, h. gesmiespeld] NN smoezen

smie·zen *zn* ★ *iets in de ~ hebben* iets in de gaten, in 't oog hebben ★ *iem. in de ~ hebben* iem. doorhebben, weten wat iem. van plan is

smij·dig *bn* lenig, buigzaam

smij·ten *ww* [smeet, h. gesmeten] hard gooien ★ *met geld ~* overmatig veel geld uitgeven

smik·ke·len *ww* [smikkelde, h. gesmikkeld] smullen

smoel *de (m)* [-en] inf ❶ mond, bek ❷ gezicht ★ *een aardig smoeltje* een leuk gezichtje

smoe·len·boek *het* [-en] schertsend boek of bestand met foto's van leden, medewerkers e.a.

smoel·werk *het* [-en] inf smoel

smoes ‹Hebr› *de* [smoezen] (vaak verkleind tot: *smoesje*) praatje, uitvlucht: ★ *smoezen, smoesjes verzinnen*

smoe·ze·len *ww* [smoezelde, h. gesmoezeld] smoezen

smoe·ze·lig *bn* enigszins vuil, vlekkerig, beduimeld; **smoezeligheid** *de (v)*

smoe·zen *ww* [smoesde, h. gesmoesd] ❶ zacht, heimelijk praten ❷ konkelen

smog [smɔɣ] ‹Eng: gevormd uit *smoke* (rook) en *fog* (mist)› *de (m)* mist die wordt veroorzaakt door verontreiniging van de lucht met rook, uitlaatgassen enz.

smog·alarm [smoy-] *het* waarschuwing voor smog in een bepaald gebied

smo·ken *ww* [smookte, h. gesmookt] roken

smo·ke·rig *bn* rokerig

smo·king *(‹Eng) de (m)* [-s] korte geklede zwarte (in de tropen witte) herenjas met brede (zijden) revers, vooral bij diners gedragen, met een wit overhemd en een zwart strikje

smok·kel *de (m)* ❶ het smokkelen ❷ smokkelwaar, contrabande

smok·ke·laar *de (m)* [-s] iem. die smokkelt

smok·ke·la·rij *de (v)* [-en] het smokkelen

smok·ke·len *ww* [smokkelde, h. gesmokkeld] ❶ goederen invoeren zonder invoerrechten te betalen: ★ *sigaretten* ~ ❷ illegaal over de grens of ergens naar binnen brengen: ★ *drugs* ~ ★ *hij smokkelde wapens de gevangenis binnen* ❸ bedriegen, vals spelen, oneerlijke praktijken toepassen ter ontduiking van voorschriften: ★ ~ *bij het invullen van een formulier*

smok·kel·han·del *de (m)* handel in gesmokkeld goed

smok·kel·waar *de* [-waren] gesmokkelde waar, contrabande

smok·ken *ww (‹Eng)* [smokte, h. gesmokt] met smokwerk versieren

smok·werk *(‹Eng) het* uit Rusland afkomstige handwerktechniek waarbij kleine verticale plooitjes door horizontale borduursteken worden bijeengetrokken

smolt *ww*, **smol·ten** *verl tijd* van → **smelten**

smook *de (m)* dikke rook

smoor¹ *de (m)* NN ★ *de* ~ *in hebben* erg het land hebben ★ *de* ~ *hebben aan iem.* / *iets* een hekel aan iem. / iets hebben

smoor² *bn* smoorverliefd: ★ *hij is* ~ *op Sandra*

smoor³ *(‹Mal) de (m)* NN stoofgerecht

smoor·dron·ken *bn* in hoge mate dronken

smoor·heet *bn* drukkend, ondraaglijk heet

smoor·lijk *bijw* in hoge mate ★ ~ *verliefd* smoorverliefd

smoor·ver·liefd *bn* zeer verliefd, tot over de oren verliefd

smoothie [smoethie, Engelse th] *(‹Eng) de* [-s] romige drank van gepureerd fruit, vaak bereid met ijs, bevroren vruchten en yoghurt

smo·ren *ww* [smoorde, h. & is gesmoord] ❶ verstikken ★ *iets in de kiem* ~ reeds bij de aanvang onderdrukken; zie ook bij → **wieg** ❷ stikken: ★ *het is hier om te* ~ ★ *met gesmoorde stem* met door emotie of verdriet moeilijk verstaanbare stem ❸ op een zacht vuur gaar laten worden in boter

smör·gås·bord [smeurgòs-] *(‹Zw) het* [-s] uit vele gerechten (o.a. diverse soorten vis en vlees) bestaande Zweedse maaltijd, als buffet geserveerd

smör·re·bröd [smurrəbreut] *(‹De) het* dik belegde boterham

smos *de (m)* [-sen] BN, spreektaal broodje gezond

smous *(‹Du) de (m)* [-en *en* smouzen] ❶ soort kleine, krulharige hond ❷ NN, scheldnaam jood

smous·hond *de (m)* [-en] → **smous** (bet 1)

smout *het* BN, vero gesmolten en daarna weer gestolde reuzel (bijv. als broodbeleg); reuzel, vet; *ook* (plantaardige) olie ★ *zonder zout of* ~ zonder iets

smout·bol *de (m)* [-len] BN *ook* oliebol

smou·ten *ww* [smoutte, h. gesmout] invetten

smout·werk *het* klein drukwerk, zetwerk dat niet bestaat uit doorlopende regels van één lettertype, maar uit afwisselende lettertypen, zoals voor geboortekaartjes, advertenties enz.

sms *afk* short message service [faciliteit om met een mobiele telefoon korte tekstberichten te versturen en te ontvangen]

sms-alert [-luRt] *(‹Eng) het* [-s] sms-bericht, aan een geabonneerde groep mensen gestuurd om ze te waarschuwen of tot iets op te roepen: ★ *de politie riep met een* ~ *op om uit te kijken naar het vermiste meisje*

sms'en *ww* [sms'te, h. ge-sms't] sms'jes verzenden

sms'je *het* [-s] bericht via sms

smuk *(‹Du) de (m)* versiering, opschik

smuk·ken *ww* [smukte, h. gesmukt] versieren

smul·len *ww* [smulde, h. gesmuld] ❶ lekker eten: ★ ~ *van een pannenkoek* ❷ genieten

smul·paap *de (m)* [-papen] iem. die van lekker eten houdt

smul·par·tij *de (v)* [-en] gelegenheid waarbij lekker gegeten en gedronken wordt

smurf *de (m)* [-en] klein, blauw stripfiguurtje met witte broek en muts, bedacht door de Belgische tekenaar Peyo (1928-1992)

smur·rie *de* modderig vuil

smyr·na [smir-] *het* soort tapijtstof, genoemd naar een stad in Turkije van die naam, thans Izmir geheten

smyr·na·ta·pijt [smir-] *het* [-en] tapijt van smyrna

Sn *afk* chem symbool voor het element tin (*stannum*)

snaai·en *ww* [snaaide, h. gesnaaid] NN, spreektaal ❶ gappen, weghalen; op minder eerlijke wijze voordeel trachten te behalen ❷ snoepen, eten

snaak *de (m)* [snaken] NN ❶ grappenmaker ❷ rare vent

snaaks *bn* NN ondeugend maar grappig; **snaaksheid** *de (v)* [-heden]

snaar *de* [snaren] ❶ dunne draad van metaal of darmen, die op een muziekinstrument gespannen is: ★ *de snaren van een gitaar, een piano e.d.* ★ *een gevoelige, tere* ~ *aanraken, aanroeren* over een onderwerp spreken waarmee men iemand in het gemoed treft ★ NN *alles op haren en snaren zetten* de meest ingrijpende maatregelen nemen om iets te bereiken ❷ een dergelijke draad op een tennisracket

snaar·in·stru·ment *het* [-en] muziekinstrument met snaren

snack [snek] *(‹Eng) de (m)* [-s] klein hartig hapje

snack·bar [snekbà(r)] *(‹Eng) de* [-s] eenvoudig ingerichte gelegenheid waar snacks en andere eetwaren gekocht en genuttigd kunnen worden

snail·mail [sneelmeel] *(⟨Eng⟩ de lett* slakkenpost; schertsende aanduiding voor de traditionele postbezorging, die beduidend trager werkt dan e-mail

snak·ken *ww* [snakte, h. gesnakt] ❶ zwaar hijgen: ★ *naar adem ~* ❷ vurig verlangen: ★ *~ naar een uitje, een glas cola*

snap·pen *ww* [snapte, h. gesnapt] ❶ begrijpen: ★ *een som ~* ❷ vangen ❸ betrappen: ★ *een inbreker ~* ❹ babbelen

snap·per *de (m)* [-s] babbelaar

snap·pez-vous? *tsw* [snapee-voe] *(⟨quasi-Frans⟩* schertsend begrijpt u?

snap·shot [snepsjot] *(⟨Eng⟩ de (m)* [-s] fotogr momentopname, kiekje

sna·ren·spel *het* muziek van snaarinstrumenten

snars *zn* ★ *geen ~* niets

sna·ter *de (m)* [-s] mond (als praatorgaan): ★ *zijn ~ roeren* ★ *hou nou eens even je ~!*

sna·te·raar *de (m)* [-s], **sna·te·raar·ster** *de (v)* [-s] iem. die veel en in druk snatert, → **snateren** (bet 2)

sna·ter·bek *de (m)* [-ken] snateraar(ster)

sna·te·ren *ww* [snaterde, h. gesnaterd] ❶ ⟨van eenden en ganzen⟩ schreeuwen ❷ voortdurend luidruchtig babbelen

snauw *de (m)* [-en] bits woord: ★ *een grauw en een ~*

snau·wen *ww* [snauwde, h. gesnauwd] bits → **uitvallen** (bet 4)

sna·vel *de (m)* [-s] ❶ bek van een vogel ❷ inf mond

sneak·ers [snieka(r)s] *(⟨Eng⟩ mv* schoenen van zeer soepel materiaal

sneak·pre·view [sniekprievjoew] *(⟨Eng⟩ de* [-s] voorvertoning van een nieuwe film waarbij het publiek van tevoren niet weet om welke film het gaat

sneb [-ben], **sneb·be** *de* [-n] ❶ snavel ❷ voorpunt van een schip

sne·de *de* [-den], **snee** *de* [sneeën] ❶ plaats waar gesneden is, snijwond: ★ *een ~ in het hout, in een duim* ★ NN, spreektaal *een snee in de neus hebben* dronken zijn ❷ afgesneden plat stuk; plakje, schijfje, lapje: ★ *een ~ brood* ★ *een ~ kaas* ★ *een ~ vlees*; zie ook bij → **goud** en → **verguld** ❸ snijdende kant van een mes enz. ❹ het snijden ★ NN *ter snede* juist van pas, gevat, snedig

sne·den *ww* verl tijd meerv van → **snijden**

sne·dig *bn* gevat, schrander: ★ *een ~ antwoord*; **snedigheid** *de (v)* [-heden]

snee *de* [sneeën] → **snede**

sneed *ww* verl tijd van → **snijden**

sneep *de (m)* [snepen] karperachtige zoetwatervis met een uitstekende snuit, *Chondrostoma nasus*

sneer [sneer, snie(r)] *(⟨Eng⟩ de (m)* [sneren, -s] honende, schampere opmerking, snauw

snee·tje *het* [-s] ❶ dunne, kleine snede ❷ ⟨enkele⟩ boterham

sneeuw *de* ❶ tot vlokken bevroren waterdamp ★ *zo wit als ~* zeer wit ★ *natte ~* sneeuw die niet op de straat blijft liggen ★ *verdwijnen als ~ voor de zon* snel verdwijnen ★ BN *zwarte ~ zien* ellende kennen ★ vooral BN *tot ~ kloppen* (eiwit) stijf kloppen ❷ televisie slechte ontvangst, waarbij witte vlekjes op het scherm verschijnen

sneeuw·bal *de (m)* [-len] ❶ van sneeuw gevormde bal ❷ heester met witte bolle bloemtrossen (*Viburnum*) ❸ verbreiding van iets door het bijv. zelf aan twee personen mede te delen, die het op hun beurt weer ieder aan twee personen doorgeven enz. ❹ doorzichtige bol, met bijv. een kleine wintervoorstelling erin, die bij schudden of omkeren warrelende sneeuw te zien geeft

sneeuw·bal·ef·fect *het* het snel toenemen of zich uitbreiden (op de wijze van een → **sneeuwbal**, bet 1)

sneeuw·band *de (m)* [-en] autoband met speciaal profiel voor het rijden door sneeuw

sneeuw·bank *de* [-en] opgestapelde sneeuw

sneeuw·berg *de (m)* [-en] ❶ hoop sneeuw ❷ met sneeuw bedekte berg

sneeuw·blind *bn* verblind door het scherpe licht dat door de sneeuw wordt teruggekaatst

sneeuw·bril *de (m)* [-len] bril die de ogen beschermt tegen het felle wit van de sneeuw

sneeuw·bui *de* [-en] bui sneeuw

sneeu·wen *ww* [sneeuwde, h. gesneeuwd] ❶ vallen van sneeuw: ★ *het heeft vannacht gesneeuwd* ❷ als sneeuw zweven en in groot aantal neerkomen: ★ *het sneeuwde as uit de vulkaan*

sneeuw·gans *de* [-ganzen] witte gans uit noordelijke streken (*Anser albifrons*)

sneeuw·grens *de* [-grenzen] hoogte waarboven de sneeuw nooit geheel verdwijnt

sneeuw·hoen *het* [-hoenders] hoen in het hoge noorden en in gebergten, dat 's winters wit is, het geslacht *Legopus*

sneeuw·jacht *de* bui van fijne, door krachtige wind stuivende sneeuw

sneeuw·ket·ting *de* [-en] ketting die om een wiel van een auto enz. gelegd wordt om het rijden door sneeuw te vergemakkelijken

sneeuw·klas *de* [-sen] BN klas die 's winters enige weken in de bergen verblijft voor het volgen van lessen, het bedrijven van wintersport e.d.

sneeuw·klok·je *het* [-s] bolgewas, vroeg in het voorjaar bloeiend met witte bloemen (*Galanthus nivalis*)

sneeuw·la·wi·ne *de (v)* [-s en -n] lawine van sneeuw

sneeuw·lucht *de* donkere, egaal grijze bewolking die sneeuw doet verwachten

sneeuw·man *de (m)* [-nen] ❶ sneeuwpop ❷ ★ *de verschrikkelijke ~* griezelig menselijk wezen, waarvan de voetstappen in de Himalaya te zien zouden zijn, yeti

sneeuw·pan·ter *de (m)* [-s] groot, katachtig roofdier uit de hooggebergten van Midden-Azië (*Panthera* *uncia*)

sneeuw·ploeg *de* [-en] inrichting aan een voertuig dat de sneeuw verwijdert

sneeuw·pop *de* [-pen] van sneeuw gemaakte pop

sneeuw·rui·men *ww & het* (het) wegruimen van sneeuw

sneeuw·rui·mer *de (m)* [-s] ❶ iem. die sneeuw wegruimt ❷ voertuig dat sneeuw wegruimt ❸ stok met houten of plastic plankje om sneeuw weg te ruimen (van trottoirs, ijsbanen e.d.), sneeuwschuiver

sneeuw·schoen *de (m)* [-en] groot, plat onderstel voor een schoen om gemakkelijker over losse sneeuw te lopen

sneeuw·school *de* [-scholen] zie bij → **sneeuwklas**

sneeuw·storm *de (m)* [-en] met sneeuwbuien gepaard gaande storm

sneeuw·val *de (m)* het sneeuwen

sneeuw·veld *het* [-en] besneeuwd landschap

sneeuw·vlaag *de* [-vlagen] krachtig aanwaaiende sneeuwbui

sneeuw·vlok *de* [-ken] vlokje van sneeuwkristallen

sneeuw·vrij *bn* niet (meer) besneeuwd: ★ *het voetbalveld was* ~

sneeuw·wa·ter *het* gesmolten sneeuw

sneeuw·wit *bn* wit als sneeuw

sneeuw·wit·je *het* [-s] ❶ glas limonade of frisdrank, gemengd met wat bier ❷ *Sneeuwwitje* bekende sprookjesfiguur

sneeuw·ze·ker *bn* ‹van wintersportplaatsen› met gegarandeerd voldoende sneeuw om er te kunnen skiën

snel *bn* ❶ zeer vlug: ★ ~ *fietsen* ★ *een* ~ *paard* ❷ volgens de laatste mode en met een zekere nonchalance ★ *een snelle broek* ❸ ‹van kernreactoren› waarin gebruik gemaakt wordt van neutronen die niet door een moderator zijn afgeremd en een hoge energie bezitten

snel·belg·wet *de* BN wet uit 2000 om de naturalisering van allochtonen tot Belg op een snelle manier te laten verlopen

snel·bin·der *de (m)* [-s] rekbare riem die over een pak heen gespannen wordt, om dit te bevestigen, vooral op de bagagedrager van een fiets

snel·blus·ser *de (m)* [-s] snel werkend brandblusapparaat

snel·buf·fet *het* [-ten] buffet in grote winkels, stations enz. waaraan men staande iets gebruikt

snel·dicht *het* [-en] snel gemaakt gedicht

snel·dich·ter *de (m)* [-s] iem. die vlug verzen kan maken (en dat soms op bestelling voor anderen doet)

snel·fil·ter *de (m) & het* [-s] koffiefilter waar het water snel doorheen loopt

snel·fil·ter·ma·ling *de (v)* wijze van malen van koffie zodat deze geschikt is voor snelfilters

snel·heid *de (v)* [-heden] vlugheid; vaart; afstand die in een bep. tijd wordt afgelegd: ★ *met een* ~ *van 100 km per uur*

snel·heids·be·gren·zer *de (m)* [-s] apparaat in vrachtauto's en bussen, dat ervoor zorgt dat de snelheid niet boven een bep. maximum komt

snel·heids·be·per·king *de (v)* [-en] bepaling, verordening dat men een bep. snelheid niet te boven mag gaan

snel·heids·ma·ni·ak *de (m)* [-ken] iem. die graag heel hard rijdt

snel·heids·me·ter *de (m)* [-s] toestel dat de snelheid van een bewegend voertuig enz. aangeeft

snel·ko·ker *de (m)* [-s] toestel waarop of waarin iets spoedig kookt

snel·kook·pan *de* [-nen] pan waarin door luchtdruk de spijzen vlug gaar worden, hogedrukpan

snel·kop·pe·ling *de (v)* [-en] comput verbinding met een programma of bestand via een pictogram op het bureaublad

snel·kraak *de (m)* [-kraken] snel uitgevoerde overval op een bank e.d.

snel·le·kweek·re·ac·tor *de (m)* [-s] kernreactor die met snelle neutronen werkt

snel·len[1] *ww* [snelde, is gesneld] hard lopen, spoeden ★ *iem. te hulp* ~ iem. met spoed helpen

snel·len[2] *ww* [snelde, h. gesneld] koppensnellen

snel·recht *het* vorm van rechtspleging waarbij zeer kort na de constatering van het strafbare feit vonnis wordt gewezen

snel·schrift *het* het snel opschrijven van wat men hoort door middel van bepaalde tekens, stenografie

snel·schrij·ver *de (m)* [-s] stenograaf

snel·te·ke·naar *de (m)* [-s] iem. die vlug portretten (en andere tekeningen) tekent

snel·toets *de (m)* [-en] comput toets of toetscombinatie die door de gebruiker gedefinieerd kan worden (of al door het systeem is gedefinieerd) als vervanging voor een optie in een keuzemenu

snel·tram [-trem] *de (m)* [-s] tram die maar bij een beperkt aantal haltes stopt en een vrije rijbaan heeft

snel·trein *de (m)* [-en] trein die alleen bij belangrijke stations stopt

snel·ver·band *het* [-en] gemakkelijk en vlug te leggen voorlopig → **verband** (bet 1)

snel·ver·keer *het* het verkeer van motorvoertuigen als auto's, motoren enz.

snel·ver·keers·weg *de (m)* [-wegen] weg uitsluitend voor motorvoertuigen

snel·ver·voer *het* vervoer (vooral van goederen) met snelle vervoermiddelen

snel·voe·tig *bn* zeer snel in het lopen

snel·vuur *het* het snel lossen van een reeks schoten

snel·vuur·ka·non *het* [-nen] kanon voor snelvuur

snel·wan·de·len *ww & het* atletiek (het) zo snel mogelijk lopen zonder met twee voeten gelijktijdig van de grond te komen

snel·weg *de (m)* [-wegen] weg voor snelverkeer ★ *digitale* ~ comput wereldwijd netwerk van computerverbindingen, internet

snel·we·ger *de (m)* [-s] weegschaal die onmiddellijk

het gewicht aanwijst
snel·zei·lend *bn* ★ *een ~ fregat* fregat dat zeer snel kan zeilen
snep *de* [-pen] → **snip**
sne·ren *ww* [snee-, snie-] ⟨*Eng*⟩ [sneerde, h. gesneerd] hatelijke opmerkingen maken
sner·pen *ww* [snerpte, h. gesnerpt] ⟨door de kou, wind, geluid⟩ pijn veroorzaken
sner·pend *bn* schrijnend, striemend: ★ *een snerpende kou* ★ *een ~ gefluit*
snert I *de* ❶ NN erwtensoep ❷ iets wat ondeugdelijk is, dat geen waarde heeft: ★ *dit boek was ~* II *als eerste lid in samenstellingen* ondeugdelijk, onbeduidend, nietswaardig, onaangenaam: ★ *snertding, snertboek, snertmaatregel, snertweer*
sneu *bn* NN teleurstellend: ★ *dat is erg ~ voor haar* ★ *~ kijken* zich teleurgesteld tonen
sneu·ve·len *ww* [sneuvelde, is gesneuveld] ❶ op het slagveld gedood worden ❷ ⟨van voorwerpen⟩ stukgaan ❸ ⟨van plannen⟩ mislukken
sneu·vel·tekst *de (m)* BN voorlopige tekst waaraan nog gesleuteld gaat worden
sne·ven *ww* [sneefde, is gesneefd] vero sneuvelen
snib·big *bn* bits, nijdig; **snibbigheid** *de (v)* [-heden]
snier *de (m)* [-en, -s] NN → **sneer**
snie·ren *ww* [snierde, h. gesnierd] NN → **sneren**
snij·bank *de* [-en] bank waarop snijwerk verricht wordt
snij·biet *de* [-en] biet waarvan het loof afgesneden en als groente gegeten wordt, terwijl de biet tot veevoeder dient
snij·bloem *de* [-en] bloem speciaal gekweekt om afgesneden en in een vaas gezet te worden
snij·bo·nen·mo·len *de (m)* [-s] molentje waarin snijbonen in stukjes worden gesneden
snij·boon *de* [-bonen] ❶ lange platte peulvrucht die in stukjes gesneden wordt alvorens gekookt te worden ❷ fig merkwaardig persoon: ★ *een rare ~*
snij·bran·der *de (m)* [-s] toestel dat met een zeer hete vlam metaal kan doorsnijden
snij·den *ww* [sneed, h. gesneden] ❶ met een mes of ander scherp voorwerp kerven of geheel scheiden: ★ *een taart in stukken ~* ★ *zich ~* zich een snijwond toebrengen ★ *de spanning was (om) te ~* heel groot ★ *de sfeer was te ~* er heerste een geladen sfeer ❷ scherpe pijn veroorzaken: ★ *een snijdende wind* ❸ NN, vero afzetten, te veel laten betalen ❹ kaartsp proberen een slag te maken met een lagere kaart dan de hoogste van de tegenstander, door gebruik te maken van een gunstige kaartverdeling ❺ ⟨wijn⟩ mengen ❻ wisk een snijpunt of snijlijn hebben met, kruisen ❼ ⟨in het verkeer⟩ na het passeren te snel weer invoegen, zodat de gepasseerde naar de kant van de weg gedrongen wordt
snij·der *de (m)* [-s] vero kleermaker
snij·ding *de (v)* [-en] het snijden
snij·ijzer *het* [-s] werktuig om schroefdraden in te snijden

snij·ka·mer *de* [-s] vertrek waarin lichamen van dode mensen of dieren tot onderzoek worden opengesneden
snij·koek *de (m)* [-en] ❶ koek die in schijfjes gesneden wordt ❷ ontbijtkoek
snij·lijn *de* [-en] ❶ lijn die een andere lijn of figuur of lichaam snijdt ❷ gemeenschappelijke lijn van twee vlakken
snij·ma·chi·ne [-sjie-] *de (v)* [-s] ❶ werktuig om dunne plakjes kaas of vleeswaren af te snijden ❷ werktuig om papier op maat te snijden of door te snijden
snij·punt *het* [-en] punt waarin twee meetkundige figuren elkaar snijden
snij·ta·fel *de* [-s] tafel in een snijkamer
snij·tand *de (m)* [-en] voortand van het gebit
snij·vlak *het* [-ken] ❶ vlak waarlangs twee lichamen (→ **lichaam**, bet 2) elkaar snijden ❷ vlak deel van snijdend werktuig
snij·werk *het* uitgesneden voorwerpen
snij·wond *de* [-en] wond door snijden ontstaan
snij·zaal *de* [-zalen] ❶ snijkamer ❷ afdeling in een confectiebedrijf waar de kledingstoffen in het model gesneden worden
snik[1] *de (m)* [-ken] krachtige ademstoot bij het huilen ★ *de laatste ~* het moment van sterven: ★ *tot zijn laatste ~ bleef hij zijn overtuiging trouw*
snik[2] *bn* ★ *niet goed ~* niet goed wijs, gek
snik·heet *bn* zeer heet
snik·ken *ww* [snikte, h. gesnikt] ❶ met krachtige ademstoten huilen ❷ huilend zeggen
snip, snep *de (m)* [-pen] ❶ onderfamilie Scolopacinae van middelgrote vogels met korte poten en een zeer lange snavel ❷ NN, vroeger, spreektaal briefje van honderd gulden waarop de snip stond afgebeeld
snip·pen·ei *het* [-eren] ei van een snip
snip·per *de (m)* [-s] ❶ klein stukje papier ❷ reepje gesuikerde sinaasappelschil
snip·per·dag *de (m)* [-dagen] werkdag die men vrijaf neemt buiten de gewone vakantie
snip·pe·ren *ww* [snipperde, h. gesnipperd] ❶ in kleine stukjes scheuren; snippers maken: ★ *papier ~* ❷ NN een snipperdag of snipperdagen opnemen
snip·per·mand *de* [-en] prullenbak
snip·per·uur·tje *het* [-s] uur vrij van school of werk
snip·ver·kou·den *bn* erg verkouden
snit ⟨*Du*⟩ *de* [-ten] snede, vooral de wijze waarop kleding is gesneden: ★ *een moderne ~* ★ BN, hist ★ *en naad* (als vak op school) knippen en naaien
snob ⟨*Eng*⟩ *de (m)* [-s] iem. wiens gedrag wordt gekenmerkt door overdreven verfijndheid en die zich van anderen tracht te onderscheiden door een grote kennis van en liefde voor culturele zaken voor te wenden
sno·bis·me *het* houding en optreden van een snob
sno·bis·tisch *bn* als een snob, op de wijze van een snob
snoei *de (m)* ❶ het snoeien ❷ snoeisel
snoei·en *ww* [snoeide, h. gesnoeid] ❶ ⟨boomtakken

enz.) afknippen, afsnijden of afzagen ★ *geld ~ vroeger* stukjes van de rand van munten van edelmetaal afsnijden ❷ minder doen worden, bezuinigen: ★ *in een begroting ~* ❸ inf snoepen

snoei·hard *bn* NN erg hard: ★ *snoeiharde muziek, een ~ schot*

snoei·mes *het* [-sen] sterk, gebogen mes, gebruikt om te snoeien

snoei·schaar *de* [-scharen] schaar gebruikt om te snoeien

snoei·sel *de (m)* [-s] wat bij het snoeien afvalt

snoek *de (m)* [-en] grote, van roof levende zoetwatervis, *Esox lucius* ★ NN, schertsend *een ~ vangen* a) in het water vallen; b) de roeiriem te diep in het water slaan *of* het water laten raken als het niet moet

snoek·baars *de (m)* [-baarzen] baars met een kop die op die van een snoek lijkt, *Stizostedion lucioperca*

snoek·duik *de (m)* [-en] duik waarbij men met het lichaam horizontaal naar voren of opzij springt

snoe·ken *ww* [snoekte, h. gesnoekt] met de hengel op snoek vissen

snoek·sprong *de (m)* [-en] soort siersprong

snoep *de (m)* (vooral zoete) etenswaren met geringe voedingswaarde die men nuttigt omdat ze lekker zijn, bijv. drop, zuurtjes, pepermunt e.d.

snoep·ach·tig *bn* vaak snoepend

snoe·pen *ww* [snoepte, h. gesnoept] ❶ snoep eten ❷ (in het geheim) proeven, eten waarvan men niet kan afblijven: ★ *van de taart ~*

snoe·per *de (m)* [-s] iem. die snoept ★ *een oude (ouwe) ~* oude man die grote belangstelling heeft voor jonge vrouwen en meisjes

snoe·pe·rig *bn* ❶ snoepachtig ❷ bekoorlijk

snoe·pe·rij *de (v)* [-en] ❶ het snoepen ❷ snoep

snoep·goed *het* snoep

snoe·pig *bn* lief, bekoorlijk

snoep·je *het* [-s] ❶ stukje snoep, vooral zuurtje ❷ vooral NN lief, zoet persoon: ★ *is dat kind geen ~?*

snoep·lust *de (m)* lust tot snoepen

snoep·reis·je *het* [-s] korte reis voor het plezier, vaak op kosten van een of andere instelling en waarbij werk als argument wordt gebruikt

snoep·win·kel *de (m)* [-s] winkel waarin snoepgoed verkocht wordt

snoep·zucht *de* onweerstaanbare snoeplust

snoer *het* [-en] ❶ koord: ★ *het ~ van een hengel* ★ *kralen aan een ~ rijgen* ❷ korte, dunne elektriciteitskabel: ★ *de snoeren van een computer*

snoe·ren *ww* [snoerde, h. gesnoerd] ❶ met een snoer (vast)binden; zie ook bij → **mond** ❷ aan een snoer rijgen

snoes *de* [snoezen] lieverd

snoes·haan (‹Du› *de (m)* [-hanen] vent, kerel: ★ *een rare, vreemde ~*

snoet *de (m)* [-en] ❶ (van mensen, vooral van kinderen) gezicht: ★ *een lief snoetje* ❷ (van dieren) vooruitstekend gedeelte van de kop, snuit

snoe·ven *ww* [snoefde, h. gesnoefd] pochen, opscheppen

snoe·ver *de (m)* [-s] pocher, opschepper

snoe·ve·rij *de (v)* [-en] het snoeven, opschepperij

snoe·zig *bn* lief, schattig

snok *de (m)* [-ken] BN, spreektaal ruk; *ook* schok, zenuwtrekking, trek: ★ *een wilde ~ van het hoofd*

snok·ken *ww* [snokte, h. gesnokt] BN, spreektaal ❶ rukken (aan) ❷ rukkende of schokkende bewegingen (doen) maken; schokken ❸ krachtig stoten, trekken: ★ *zij snokte aan de bel*

snol *de (v)* [-len] ❶ ordinaire vrouw, slet ❷ prostituee

snood *bn* veelal iron slecht, misdadig: ★ *snode plannen*

snood·aard *de (m)* [-s] veelal iron slecht mens

snood·heid *de (v)* slechtheid, laagheid

snoof *ww* verl tijd van → **snuiven**

snoo·ker [snoekə(r)] (‹Eng› *het* vorm van biljarten waarbij men m.b.v. de (witte) speelbal 15 rode en 6 anders gekleurde ballen in langs de band aangebrachte gaten moet stoten, vooral populair in Groot-Brittannië

snoo·ke·ren *ww* [snoekərə(n)] (‹Eng› [snookerde, h. gesnookerd] snooker spelen

snoot *ww* verl tijd van → **snuiten**

snor¹ *de* [-ren] haren op de bovenlip ★ *zijn ~ laten staan* niet afscheren ★ NN *zijn ~ drukken* heimelijk weggaan, meestal in een penibele situatie

snor² *bijw* ★ vooral NN *dat zit (wel) ~* dat is (wel) in orde, daar zijn geen moeilijkheden

snor·baard, **snor·ren·baard** *de (m)* [-en] ❶ → **snor¹** ❷ man met een zware snor ❸ man met een krijgshaftig voorkomen

snor·der *de (m)* [-s] NN chauffeur die snort, zie → **snorren** (bet 2), illegale taxichauffeur

snor·fiets *de* [-en] bromfiets met beperkte snelheid (tot 20 km)

snor·haar *de* [-haren] haar van een snor; vooral elk van de stevige haren op de snuit van veel zoogdieren

snor·kel (‹Du› *de (m)* [-s] ❶ → **snuiver** (bet 2) ❷ buis waardoor men kan ademhalen bij het zwemmen vlak onder het wateroppervlak

snor·ke·len *ww* [snorkelde, h. gesnorkeld] met een snorkel zwemmen

snor·ken *ww* [snorkte, h. gesnorkt] ❶ NN snoeven, zich in opschepperige woorden uitdrukken: ★ *een snorkende reclame* ❷ → **snurken**

snor·ren *ww* [snorde, h. gesnord] ❶ een gonzend geluid maken ❷ NN zonder de benodigde vergunning als taxichauffeur werken

snor·ren·baard *de (m)* [-en] → **snorbaard**

snot *de (m) & het* ❶ neusslijm ❷ ziekte die bij kippen en paarden voorkomt

snot·aap *de (m)* [-apen], **snot·jon·gen** *de (m)* [-s] kwajongen

snot·dolf *de (m)* [-dolven] soort zeeroofvis in het gebied van de Atlantische Oceaan (*Cyclopterus*

lumpus)
sno·ten *ww* verl tijd meerv van → **snuiten**
snot·je *het* ★ *in het ~ krijgen* inf bemerken
snot·jon·gen *de (m)* [-s] → **snotaap**
snot·ko·ker *de (m)* [-s] inf neus
snot·lap *de (m)* [-pen] inf zakdoek van textiel
snot·neus *de (m)* [-neuzen] ❶ vieze neus ❷ beginneling, groentje ❸ brutale jongen die erg stoer doet; kwajongen ❹ ouderwetse olielamp
snot·te·bel *de* [-len] uit de neus hangend neusslijm
snot·te·ren *ww* [snotterde, h. gesnotterd] ❶ huilen, jammeren ❷ de neus hoorbaar ophalen
snot·ver·kou·den *bn* snipverkouden
snot·ziek·te *de (v)* → **snot** (bet 2)
sno·ven *ww* verl tijd meerv van → **snuiven**
snow·board [-bò(r)d] *(‹Eng) het* [-s] sp plank waarop men met twee benen staat en van besneeuwde hellingen naar beneden glijdt
snow·boar·den *ww* [-bò(r)də(n)] *(‹Eng)* [snowboardde, h. gesnowboard] op een snowboard glijden
snuf·fe·laar *de (m)* [-s] iem. die snuffelt
snuf·fe·len *ww* [snuffelde, h. gesnuffeld] ❶ hoorbaar, nadrukkelijk de reuk van iem. of iets opsnuiven vooral door dieren: ★ *Pasja snuffelde aan de lantaarnpaal* ❷ doorzoeken; nieuwsgierig doorkijken: ★ *~ in een antiekzaakje*
snuf·fel·paal *de (m)* [-palen] paal met een meettoestel om de luchtverontreiniging te registreren
snuf·fen *ww* [snufte, h. gesnuft] snuiven
snuf·ferd *de (m)* [-s] inf ❶ neus ★ *ergens z'n ~ insteken* zich ergens mee bemoeien ❷ gezicht
snuff·mov·ie [-moevie] *(‹Eng) de* [-s] harde seksfilm waarin iem. daadwerkelijk om het leven wordt gebracht
snuf·je *het* [-s] ❶ wat nieuws, nieuwigheid: ★ *de laatste snufjes op het gebied van elektronica* ❷ geringe hoeveelheid, klein beetje: ★ *een ~ zout*
snug·ger *bn* schrander
snuif *de (m)* snuiftabak
snuif·doos *de* [-dozen] doos voor snuiftabak
snuif·je *het* [-s] ❶ hoeveelheid snuiftabak voor één keer → **snuiven** (bet 2) ❷ klein beetje, snufje
snuif·ta·bak *de (m)* tabak die fijngemalen wordt om opgesnoven te worden
snuis·te·ren *ww* [snuisterde, h. gesnuisterd] BN ook snuffelen, nieuwsgierig doorkijken: ★ *in oude archieven ~*
snuis·te·rij *de (v)* [-en] siervoorwerp van weinig waarde
snuit *de (m)* [-en] ❶ bek en neus van dieren ❷ gezicht, vooral van kinderen, snoet: ★ *een leuk snuitje* ❸ ★ BN ook *iets in het snuitje hebben* iets in het snotje hebben, iets in de gaten hebben
snui·ten *ww* [snoot, h. gesnoten] ❶ de neus reinigen door er krachtig lucht door naar buiten te snuiven ❷ het uiteinde wegnemen ★ *een kaars ~* de verkoolde pit ervan korter maken
snui·ter *de (m)* [-s] ❶ raar persoon, zonderling

❷ kaarsensnuiter
snuit·ke·vers *mv* kevers die een lange snuit hebben, waarmee ze gaten boren in bloesems enz., familie Curcolionidae
snui·ven *ww* [snoof, h. gesnoven] ❶ krachtig, hoorbaar door de neus ademen ❷ [*ook*: snuifde, h. gesnuifd] snuiftabak gebruiken; drugs (cocaïne e.d.) door de neus inhaleren
snui·ver *de (m)* [-s] ❶ iem. die snuift ❷ toestel voor luchtverversing in een onderzeeboot
snul *de (m)* [-len] BN sul
snur·ken *ww* [snurkte, h. gesnurkt] luidruchtig ademhalen tijdens de slaap
soa *afk* seksueel overdraagbare aandoening [geslachtsziekte]
soap [soop], **soap·op·era** [soopoppərə] *(‹Eng) de (m)* [-s], **soap·se·rie** [soop-] *de (v)* [-s] televisieserie met een sterk melodramatische inhoud
soa·pie [soopie] *(‹Eng) de (m)* [-s] actrice of acteur in een soapserie
soap·ster [soop-] *de* [-ren] iem. die bekendheid heeft verworven als acteur of actrice in een soapserie
so·ber *(‹Fr‹Lat) bn* ❶ matig, bescheiden, eenvoudig, zonder overdaad: ★ *~ leven* ❷ nogal arm, karig: ★ *een sobere maaltijd*
so·ber·tjes *bijw* karig, schraaltjes
so·ciaal [-sjaal] *(‹Fr‹Lat) bn* ❶ in groepsverband, met soortgenoten levend: ★ *mens zowel als hond zijn sociale wezens* ★ *zich ~ gedragen* zich tot zijn medemens opstellen zoals het betaamt ❷ maatschappelijk, de menselijke samenleving betreffend: vgl de samenstellingen met *socio-* ★ *sociale controle* correctie op het gedrag van iem., niet door een overheid of daartoe aangestelde persoon, maar door anderen zoals omstanders, vrienden e.d. ★ *sociale geografie* aardrijkskunde die nadruk legt op de verhouding tussen mens en milieu ★ *sociale psychologie* deel van de psychologie dat het menselijk gedrag onderzoekt voor zover het zich afspeelt in sociale situaties ★ *sociale wetenschappen* maatschappijwetenschappen, zoals psychologie, pedagogie, sociologie enz. ❸ gericht op maatschappelijke verbetering, op een evenwichtige verdeling van de welvaart en bevordering van het welzijn ★ *sociale voorzieningen* maatregelen als ziekte-, ouderdoms- en werkeloosheidsverzekering ★ *sociale politiek* staatkunde die ten doel heeft in de noden en gebreken van de maatschappij te voorzien ★ *~ werk* werkzaamheden ter verlichting van maatschappelijke noden ★ vandaag: *~ werker, werkster;* BN *~ assistent* iem. die sociaal werk doet ★ NN, hist *sociale academie,* BN *sociale school* opleidingsinstituut voor sociale beroepen, bijv. dat van maatschappelijk werker ★ *sociale dienst* gemeentelijke instantie die zich bezighoudt met de uitvoering van bepaalde sociale wetten ★ *sociale partners* werkgevers en werknemers (of

vertegenwoordigers daarvan) als gesprekspartners bij cao-onderhandelingen e.d. ★ *sociale werkplaats* instelling waar geestelijk en / of lichamelijk gehandicapte personen nuttige arbeid kunnen verrichten ★ *sociale wetgeving* wetten regelende arbeidsvoorwaarden en andere verzorging van werknemers ★ *sociale verzekeringen* verzekeringen ten behoeve van loontrekkenden die niet (meer) kunnen werken ★ *sociale lasten* bijdragen ten behoeve van sociale verzekeringen ★ *~ plan* plan bij afvloeiing van personeel, waarbij zoveel mogelijk aan de belangen van dit personeel wordt gedacht; zie ook bij → **woning** ❹ begrip en gevoel hebbend voor de maatschappelijke noden: ★ *een ~ mens*

so·ciaal-cul·tu·reel [-sjaal-] *bn* zowel het sociale als het culturele leven betreffend ★ *~ werk* overkoepelende term voor sociale en / of culturele activiteiten als vormingswerk, opbouwwerk, jeugdwerk e.d.

so·ciaal·de·mo·craat [-sjaal-] *⟨Du⟩ de (m)* [-craten] ❶ aanhanger van de sociaaldemocratie ❷ lid van een sociaaldemocratische partij

so·ciaal·de·mo·cra·tie [-sjaal-, -(t)sie] *⟨Du⟩ de (v)* leer en politieke beweging die langs democratische weg tot verwezenlijking van de socialistische idealen wil komen

so·ciaal·eco·no·misch [-sjaal-] *bn* betrekking hebbende op de algemene welvaart ★ *Sociaaleconomische Raad* zie bij → **SER**

so·ciaal geo·graaf [-sjaal-] *de (m)* [-grafen] beoefenaar van de sociale geografie; zie bij → **sociaal** (bet 2)

so·ciaal psy·cho·loog [-sjaal-psie-] *de (m)* [-logen] beoefenaar van de sociale psychologie

so·cia·bel [-sjaabəl] *⟨Fr⟨Lat⟩ bn* gezellig, voor de gezellige omgang geschikt

so·cia·li·sa·tie [-sjaaliezaa(t)sie] *⟨Fr⟩ de (v)* het socialiseren of gesocialiseerd-worden

so·cia·li·se·ren [-sjaaliezee-] *⟨Fr⟩* [socialiseerde, h. gesocialiseerd] ❶ de maatschappelijke normen en waarden aanleren ❷ sociaal of gemeenschappelijk maken, de materiële productiemiddelen aan de gemeenschap overdragen

so·cia·lis·me [-sjaa-] *⟨Fr⟩ het* ❶ politiek-economisch stelsel waarin de productiemiddelen niet in particuliere handen zijn en waarbij de opbrengsten van deze productiemiddelen zoveel mogelijk ten goede komen aan de gehele bevolking; het streven naar een dergelijk stelsel ❷ thans meestal politiek stelsel waarbij geen of slechts geringe klassenverschillen zijn; het streven naar een dergelijk stelsel ❸ ⟨vroeger in de communistische landen⟩ communisme

so·cia·list [-sjaa-] *⟨Fr⟩ de (m)* [-en] aanhanger van het socialisme

so·cia·lis·tisch [-sjaa-] *bn* van het socialisme, volgens de beginselen of in de geest van het socialisme

so·cië·teit [-sie(j)ee- of -sjee-] *⟨Fr⟨Lat⟩ de (v)* [-en] NN ❶ gezelligheidsvereniging, club, soos ❷ gebouw daarvan

so·ci·e·ty [səsaiətie] *⟨Eng⟨Lat⟩ de* de deftige of hogere kringen

so·cio·bi·o·lo·gie *de (v)* [-sjoo-] studie van de biologische grondslagen van bepaald sociaal gedrag (term van de Amerikaanse bioloog E.O. Wilson (1975))

so·cio·eco·no·misch *bn* BN ook sociaaleconomisch

so·cio·graaf [-sjoo-] *de (m)* [-grafen] beoefenaar van de sociografie

so·cio·gra·fie [-sjoo-] *⟨Gr-Lat⟩ de (v)* sociaaleconomische beschrijving van bevolkingsgroepen of streken; **sociografisch** *bn bijw*

so·cio·lin·guïs·tiek [-sjoolinɣwis-] *de (v)* studie van de sociale betekenis van de taal en de taalkennis

so·cio·lo·gie [-sjoo-] *⟨Gr-Lat⟩ de (v)* wetenschap van de wetten en verschijnselen van de samenleving van de mensen

so·cio·lo·gisch [-sjoo-] *bn* de sociologie betreffend

so·cio·loog [-sjoo-] *de (m)* [-logen] beoefenaar van de sociologie

so·cra·tisch *bn* van, op de wijze van Socrates ★ *socratische leerwijze* door Socrates toegepaste leerwijze waarbij door een reeks van vragen de leerling zelf ongemerkt het gezochte uit het hem bekende ontwikkelt

So·cu·te·ra *afk* in Nederland Stichting ter bevordering van Sociale en Culturele doeleinden door Televisie en Radio

so·da *⟨It⟩ de* ❶ natriumcarbonaat, belangrijk als reinigingsmiddel en voor zeep- en glasfabricage ★ *dubbelkoolzure ~* zuiveringszout ❷ sodawater: ★ *whisky~* → **whisky-soda**

so·da·wa·ter *het* mineraalwater met prik, spuitwater

so·de·flik·ker *de (m)* [-s] NN → **sodemieter** (bet 1, 3)

so·de·ju *tw* vooral NN, spreektaal bastaardvloek

so·de·mie·ter *de (m)* [-s] vooral NN, spreektaal lichaam: ★ *iem. op z'n ~ geven* ★ *geen ~ niks*

so·de·mie·te·ren *ww* [sodemieterde, h. & is gesodemieterd] vooral NN, spreektaal ❶ gooien, smijten, smakken: ★ *een tas in een hoek ~* ❷ vallen, tuimelen: ★ *van de trap ~*

so·dom en go·mor·ra *zn* ❶ Bijbel twee steden die God door vuur verwoestte omdat de inwoners zedelijk ontaard waren (Genesis 19) ❷ fig zedeloze toestand: ★ *het is daar een ~*

so·do·mie *⟨Fr⟩ de (v)* ❶ seksuele omgang tussen mens en dier ❷ vroeger ook homoseksualiteit tussen mannen

soe·bat·ten *⟨Mal⟩ ww* [soebatte, h. gesoebat] NN vleiend, onderdanig smeken

Soe·da·nees I *de (m)* [-nezen] iem. geboortig of afkomstig uit Soedan **II** *bn* van, uit, betreffende Soedan

soe·fi *⟨Arab⟩ de (m)* ['s] ❶ beoefenaar van de islamitische mystiek ❷ aanhanger van de soefibeweging

soe·fi·be·we·ging *de (v)* door Inayat Khan

(1882-1927) gestichte religieuze beweging op grondslag van het soefisme, die de nadruk legt op het universele in alle wereldreligies

soe·fis·me *het* islamitische mystiek

soek *(‹Arab) de (m)* [-s] overwelfde straat met bazaars en werkplaatsen in steden van Noord-Afrika en het Nabije Oosten, oosterse markt

soe·laas, so·laas *(‹Oudfrans) het* verlichting, vertroosting: ★ ~ *bieden*

soe·mo [soe-] *(‹Jap) het* → sumo

soe·mo·wor·ste·laar *de (m)* [-s] → **sumoworstelaar**

soen·na *(‹Arab) de* de gezamenlijke uitspraken en handelingen van de Profeet Mohammed die als leidraad gelden voor iedere moslim

soen·niet *de (m)* [-en] moslim die de soenna erkent als van de Profeet afkomstig, vaak gebruikt ter onderscheiding van de sjiiet

soen·ni·tisch *(‹Arab) bn* van, betreffende de soenna of de soennieten

soep *(‹Fr) de* [-en] vloeibaar gerecht van in water gekookte groenten, vlees enz. ★ *niet veel soeps* niet veel waard ★ *het is maar ~ er deugt niet veel van* ★ *in de ~ rijden* kapot rijden ★ *de ~ wordt niet zo heet gegeten als ze wordt opgediend* een aangekondigde harde of strenge maatregel valt vaak mee als hij uitgevoerd wordt ★ *iets in de ~ laten lopen* iets in 't honderd laten lopen ★ BN, spreektaal *tussen de ~ en de patatten* snel tussendoor

soep·bal·le·tje *het* [-s] balletje gehakt in soep

soep·blok·je *het* [-s] tot een blokje samengeperste gedroogde groenten, vleesextract enz.

soep·bord *het* [-en] diep etensbord

soe·pel *(‹Fr) bn* ❶ zeer buigzaam: ★ *een soepele buis* ★ *~ materiaal* ❷ fig meegaand: ★ *een soepele toezichthouder* ❸ gemakkelijk, moeiteloos: ★ *het loopt ~*; **soepelheid** *de (v)*

soep·groen·te *de (v)* [-n, -s] in soep te koken groente, selderij enz.

soep·jurk *de* [-en] jurk die als een zak om het lijf hangt

soep·ke·tel *de (m)* [-s] grote ketel waarin soep gekookt wordt

soep·kip *de (v)* [-pen] kip om soep van te koken

soep·kom *de* [-men] kom waaruit soep wordt gegeten

soep·le·pel *de (m)* [-s] ❶ lange, diepe lepel om soep uit de pan in de borden te scheppen ❷ BN ook eetlepel (ook als maataanduiding, bijv. in kookboeken)

soep·schild·pad *de* [-den] grote schildpad in tropische en subtropische zeeën, *Chelonia mydas*

soep·sten·gel *de (m)* [-s] stokvormig, krokant baksel dat bij soep wordt gegeten

soep·ta·blet *de & het* [-ten] soepblokje

soep·ter·rine [-riën] *de (v)* [-s] wijde kom waarin soep wordt opgediend

soep·vlees *het* stukjes vlees waarvan soep gekookt wordt

soep·zootje soepzo-tje *het* [-s] rommeltje, warboel

soe·ra, su·rah *(‹Arab) de* ['s] hoofdstuk van de Koran

soes *de* [soezen] stuk zacht gebak

soe·sa *(‹Mal) de (m)* NN last, drukte, beslommering: ★ *dat geeft een heleboel* ~

soeur [sùr] *(‹Fr‹Lat) de (v)* [-s] zuster, kloosterzuster

soe·ve·rein *(‹Fr‹Lat)* **I** *bn* ❶ oppermachtig, alleenheersend ★ *een soevereine staat* een geheel onafhankelijke staat ❷ zich nergens aan storend **II** *de (m)* [-en] onafhankelijk vorst

soe·ve·rei·ni·teit *(‹Fr) de (v)* ❶ opperheerschappij, hoogste staatsgezag ❷ onafhankelijk gezag, door geen andere ingeperkte macht

soe·ve·rei·ni·teits·over·dracht *de* het overdragen van de soevereiniteit, vooral die over het voormalige Nederlands-Indië aan Indonesië in 1949

soe·zen *ww* [soesde, h. gesoesd] suffen, half slapen

soe·ze·rig, soe·zig *bn* slaperig; **soezerigheid** *de (v)*

sof *(‹Hebr) de (m)* tegenslag, mislukking, teleurstelling: ★ *het rijexamen werd een enorme* ~

so·fa *(‹Arab) de (m)* ['s] gestoffeerde rustbank; canapé

so·fi·num·mer *het* [-s] NN, vroeger verkorting van *sociaalfiscaal nummer*; nummer waaronder personen staan geregistreerd bij de Nederlandse belasting- en de sociale dienst [eind 2007 vervangen door het **burgerservicenummer**]

so·fis·me *(‹Gr) het* [-n] spitsvondige maar geen steekhoudende redenering, drogreden

so·fist *(‹Gr) de (m)* [-en] ❶ eig de benaming van zekere Griekse wijsgeren ❷ thans iem. die drogredenen of schijngronden aanvoert

so·fis·te·rij *de (v)* drogredenering als van de sofisten, spitsvondigheid

so·fis·tisch *(‹Gr) bn* als van de sofisten, spitsvondig, bedrieglijk

soft *(‹Eng) bn* zacht, zachtaardig: ★ *een softe jongen* ★ *~ sponsoring* sponsoring waarbij de sponsor geen hoge eisen stelt aan de begunstigde (betreffende de wijze van reclamevoering, naamswijziging e.d.)

soft·bal *(‹Eng) het* een op honkbal gelijkend balspel, maar met een zachtere bal

soft·bal·len *ww* [softbalde, h. gesoftbald] softbal spelen

soft·drink *(‹Eng) de (m)* [-s] niet-alcoholische drank, limonade, frisdrank e.d.

soft·drug [-druɣ] *(‹Eng) de (m)* [-s] genotmiddelen, zoals hasj en marihuana, die geen sterk schadelijke gevolgen hebben en geringe kans op verslaving

soft·fo·cus *(‹Eng) de (m)* ❶ fotogr techniek waarbij het beeld aan de rand vervloeit ❷ [*mv:* -sen] foto gemaakt met deze techniek

soft·ice [-ais] *(‹Eng) de* softijs

sof·tie *(‹Eng) de (m)* [-s] overdreven zachtmoedig persoon, eitje, slappeling, doetje

soft·ijs *het* dikvloeibaar roomijs uit een machine

soft·lens *de* [-lenzen] contactlens van buigzaam materiaal

soft·por·no, soft-por·no *de (v)* niet hevig choquerende porno

soft·ware [-wè(r)] (‹Eng) *de* comput instructies en programma's aan de hand waarvan een computer achtereenvolgens een reeks bewerkingen uitvoert, programmatuur; *vgl*: → **hardware**

soft·ware·bu·reau [-wè(r)buuroo] *het* [-s] comput bedrijf dat software ontwikkelt en / of verhandelt

soft·ware·li·cen·tie [-wè(r)liesensie] *de (v)* [-s] comput overeenkomst tussen de gebruiker en de softwareproducent waarin de rechten van de gebruiker zijn vastgelegd

soft·ware·pak·ket [-wè(r)-] *het* [-ten] comput reeks programma's die onderling samenhangen en een bep. taak vervullen

soft·ware·pi·ra·te·rij [-wè(r)-] *de (v)* comput het op ongeoorloofde wijze kopiëren, openbaar maken of verkopen van auteursrechtelijk beschermde software

soig·ne·ren *ww* [swanjee-] (‹Fr) [soigneerde, h. gesoigneerd] ❶ sp, vooral wielersport medisch verzorgen en fit maken voor wedstrijden ❷ met zorg bewerken of behandelen; veel zorg besteden aan; zie ook → **gesoigneerd**

soig·neur [swanjeur] (‹Fr) *de (m)* [-s] iem. die deelnemers aan wedstrijden soigneert

soi·ree [swaaree] (‹Fr) *de (v)* [-s] ❶ avondpartij, feest in de avond ❷ avondvoorstelling

soit! [swà] (‹Fr) *tsw* het zij zo!, toegegeven!

so·ja (‹Jap) *de (m)* ❶ vlinderbloemige plant, oorspronkelijk uit Oost-Azië, *Glycine max* ❷ specerij die door gisting uit de bonen van deze plant bereid wordt

so·ja·boon *de* [-bonen] vrucht van de soja

so·ja·koek *de (m)* [-en] veekoek uit sojabonen bereid

so·ja·olie *de* olie uit sojabonen bereid

so·ja·saus *de* ketjap

sok (‹Lat) *de* [-ken] ❶ korte kous, tot even boven de enkel ★ *oude* ~ oude en ouderwetse man, oude sukkel ★ *een held op sokken* bangerd; zie ook bij → **beer**[1] ★ *iem. van zijn sokken rijden* iem. omverrijden ★ NN *er de sokken in zetten* vaart maken, zich haasten ❷ ‹van een dier› onderzijde van de poot met een contrasterende tekening: ★ *een poes met witte sokken*

sok·kel (‹Fr‹Lat) *de (m)* [-s] voetstuk van een beeld

sok·op·hou·der *de (m)* [-s] elastiek waarmee een sok strak gehouden wordt

sol[1] *de* [-len] muz vijfde toon van de diatonische toonschaal

sol[2] (‹Sp: zon) *de* [-s] vroegere munteenheid van Peru ★ *nieuwe* ~ sinds 1990 munteenheid van Peru die de *inti* verving

so·laas (‹Oudfrans) *het* → **soelaas**

so·lair [-lèr] (‹Fr‹Lat) *bn* op de zon betrekking hebbend

so·la·ri·um (‹Lat) *het* [-s, -ria] apparaat waaronder men plaatsneemt om kunstmatig bruin te worden

sol·daat (‹Fr‹It) *de (m)* [-daten] militair zonder rang; soms ook gezegd van hogere militairen ★ *de man is op-en-top* ~ is een zeer goed militair ★ *iets* ~ *maken* opeten of opdrinken

sol·daat·je *het* [-s] ❶ kleine soldaat; speelgoedsoldaat ❷ reepje geroosterd brood

sol·da·ten·koek *de (m)* [-en] BN droge koek die lang goed blijft

sol·da·ten·le·ven *het* het leven van de soldaten

sol·da·ten·taal *de* [-talen] alleen door soldaten gebruikte uitdrukkingen

sol·da·tesk (‹Fr‹It) *bn* als van soldaten, op militaire wijze

sol·da·tes·ka (‹It) *de* ruwe soldatenbende

sol·deer *de (m) & het* soldeersel

sol·deer·bout *de (m)* [-en], **sol·deer·ijzer** *het* [-s] apparaat om soldeersel op te solderen voorwerpen aan te brengen

sol·deer·sel *het* [-s] metaalmengsel van lood met tin, waarmee gesoldeerd wordt

sol·den (‹Fr) *mv* BN, spreektaal ❶ overgebleven waren die tegen verminderde prijs verkocht worden, restanten; koopjes ❷ uitverkoop, opruiming; balansopruiming (aan het einde van het boekjaar); koopjesperiode

sol·de·nier *de (m)* [-s] hist huursoldaat

sol·de·ren[1] *ww* (‹Fr) [soldeerde, h. gesoldeerd] stukken metaal aaneenhechten met soldeersel

sol·de·ren[2] *ww* (‹Fr) [soldeerde, h. gesoldeerd] BN, spreektaal opruimen, uitverkopen

sol·dij (‹Fr) *de (v)* ❶ oorspr loon van huursoldaten ❷ NN, thans toelage aan militairen beneden de rang van sergeant

so·lem·ni·teit (‹Fr‹Lat) *de (v)* [-en] ❶ plechtigheid, feestelijkheid ❷ RK kerkplechtigheid op bijzondere feestdagen

so·le·ren *ww* [soleerde, h. gesoleerd] als solist optreden

sol·fè·ge [-fèzjə] (‹Fr‹It) *de (m)* muz zangoefening zonder tekst, alleen op de namen van de noten

sol·fer (‹Lat) *de (m) & het* → **sulfer**

so·li (‹It) *mv* → **solo**

so·li·dair [-dèr] (‹Fr) *bn* ❶ recht hoofdelijk, elk voor het geheel gehouden ❷ door saamhorigheidsgevoel verbonden; één lijn trekkend: ★ ~ *zijn met de stakers, de onderdrukte massa's*

so·li·da·ri·teit (‹Fr) *de (v)* ❶ recht hoofdelijke aansprakelijkheid voor het geheel ❷ saamhorigheid, (gevoel van) verbondenheid: ★ *internationale* ~

so·li·da·ri·teits·bij·dra·ge *de* [-n] BN extra bedrag dat afgehouden wordt van het loon ten behoeve van de sociale zekerheid

so·li·da·ri·teits·hef·fing *de (v)* extra belasting geheven op hoge inkomens ten behoeve van personen met een zeer laag inkomen

so·li·de (‹Fr‹Lat) *bn* ❶ dicht, vast, massief ❷ duurzaam, stevig, hecht: ★ *een* ~ *apparaat* ❸ betrouwbaar, degelijk in geldzaken: ★ *een* ~ *onderneming*

so·li·di·teit (‹Fr‹Lat) *de (v)* ❶ dichtheid, vastheid,

so·li·dus ‹Lat› de (m) [-di] Romeinse gouden munt
so·lip·sis·me ‹Lat› het naam voor de filosofische opvatting dat alleen het ik bestaat, terwijl al het andere in de wereld alleen uit het denken van het ik voortkomt
so·lis·me het kunst van de solist
so·list ‹Fr‹It› de (m) [-en] muz solozanger, solospeler; **soliste** de (v) [-n en -s]
so·li·tair [-tèr] ‹Fr‹Lat› I bn eenzaam; afzonderlijk levend II de (m) [-en] ❶ kluizenaar ❷ eenzaam levend dier: ★ *tijgers zijn solitairen* ❸ eenling, iem. die zijn eigen gang gaat
sol·len ww ‹Oudfrans› [solde, h. gesold] ❶ heen en weer trekken of gooien ❷ plagend stoeien: ★ *met de hond ~* ❸ slordig omspringen: ★ *je moet niet zo ~ met die dure apparatuur* ★ *niet met zich laten ~* zich niet alles laten welgevallen
sol·li·ci·tant ‹Lat› de (m) [-en] iem. die naar een betrekking solliciteert
sol·li·ci·ta·tie [-(t)sie] ‹Fr‹Lat› de (v) [-s] ❶ het dingen naar een betrekking ❷ sollicitatiebrief: ★ *veel sollicitaties verzenden*
sol·li·ci·ta·tie·brief [-(t)sie-] de (m) [-brieven] brief waarin men naar een betrekking dingt
sol·li·ci·te·ren ww ‹Fr› [solliciteerde, h. gesolliciteerd] dingen naar een betrekking ★ *~ naar iets* schertsend zich zo gedragen dat men een bep. (vooral negatieve) reactie kan verwachten: ★ *hij solliciteerde naar strafwerk, naar een gele kaart*
so·lo ‹It‹Lat› I bijw ❶ als zanger of speler alleen ❷ kaartsp zonder hulp van zijn maat II de (m) & het ['s, soli] ❶ het alleen-zingen of -optreden ❷ partij voor één enkele uitvoerder
so·lo-elpee de [-s], **so·lo-lp** de ['s] elpee van een (pop)musicus of -zanger als soloartiest en niet als lid van de groep waarmee hij normaliter optreedt
so long ‹Eng› tsw populaire groet: tot ziens
so·lo·par·tij de (v) [-en] solo in een muziekstuk
so·lo·spel het [-spelen] het alleen spelen
so·lo·zang de (m) [-en] het alleen zingen; **solozanger** de (m) [-s]; **solozangeres** de (v) [-sen]
sol·sleu·tel de (m) [-s] muz g-sleutel
sol·sti·ti·um [-(t)sie-] ‹Lat› het [-tia] schijnbare stilstand van de zon op ca. 21 juni en 22 december tijdens haar schijnbare loop om de aarde
so·lu·tie [-(t)sie] de (v) ‹Eng‹Lat› in benzine opgeloste rubber voor bandenreparatie ‹Fr‹Lat› [-s] → **oplossing** (bet 2); verklaring
sol·va·bel ‹Fr› bn in staat te betalen
sol·va·bi·li·teit ‹Fr› de (v) mate waarin een onderneming of organisatie in staat is bij liquidatie aan haar financiële verplichtingen te voldoen
sol·vent ‹Lat› bn solvabel
sol·ven·tie [-sie] de (v) solvabiliteit
sol·ve·ren ww ‹Lat› [solveerde, h. gesolveerd] ❶ oplossen ❷ vereffenen, afdoen

som¹ ‹Fr‹Lat› de [-men] ❶ wis- en rekenkundig vraagstuk: ★ *een moeilijke ~* ❷ uitkomst van een optelling: ★ *de ~ van 7 en 8 is 15* ❸ bedrag: ★ *ze moesten een enorme ~ voor dat huis neerleggen*
som² ‹Kirgizisch› de [-s] munteenheid van Kirgizië
So·ma·li I de (m) [mv idem] lid van een hamitisch volk dat woont in Somalië en het oosten van Ethiopië **II** het taal van de Somali
So·ma·li·ër de (m) [-s] iem. geboortig of afkomstig uit Somalië
So·ma·lisch bn van, uit, betreffende Somalië
so·ma·tisch ‹Gr› bn lichamelijk; op of door het lichaam werkend: ★ *somatische ziekten*
so·ma·to·lo·gie ‹Gr› de (v) leer van het lichaam, de lichamelijke verrichtingen en eigenschappen
som·ber ‹Fr› bn ❶ dof donker: ★ *~ weer* ❷ fig zeer ernstig, bedrukt, droefgeestig: ★ *een ~ gemoed*
som·be·ren ww [somberde, h. gesomberd] droefgeestig, zwaarmoedig gestemd zijn
som·ber·heid de (v) het somber-zijn
som·bre·ro ‹Sp› de (m) ['s] zeer breedgerande hoed zoals men vroeger in Mexico droeg
som·ma ‹Lat› de (v) NN bedrag, geldsom: ★ *dit kost de ~ van € 200* ; zie ook → **summa¹**
som·ma·tie [-(t)sie] ‹Fr› de (v) [-s] ❶ het sommeren; (gerechtelijke) aanmaning tot betalen ❷ dagvaarding, exploot
som·me·lier ‹Fr› de (m) [-s] wijnkelner
som·men·ver·ze·ke·ring de (v) [-en] NN verzekering waarbij een bepaalde som in een bepaald geval wordt uitbetaald (bijv. levensverzekering)
som·me·ren ww ‹Fr‹Lat› [sommeerde, h. gesommeerd] ❶ aanmanen tot het voldoen aan een verplichting of een eis, uitdrukkelijk verzoeken: ★ *de agenten sommeerden de krakers het pand te verlaten* ★ *iem. ~ tot betaling* ❷ optellen
som·mi·ge telw vnw enige, niet veel: ★ *~ appels bleken verrot* ★ *sommigen* (zelfstandig gebruikt) enkelen, niet velen: ★ *sommigen vonden het eten niet lekker*
som·pig bn → **zompig**
somp·tu·eus ‹Fr‹Lat› bn weelderig, kostbaar ingericht of uitgevoerd
soms bijw ❶ nu en dan, wel eens: ★ *~ komt er een boot voorbij* ❷ wellicht, misschien: ★ *had je ~ gedacht dat ik het niet deed?*
som·wij·len bijw plechtig soms
so·nant ‹Lat› de (m) [-en] medeklinker die optreedt als centraal element in een lettergreep (vooral de l, m, n en r): ★ *in het dialectisch uitgesproken loop-m (lopen) is de m de ~*
so·nar ‹Eng› de (m) sound navigation ranging [systeem waarmee men door middel van geluid de plaats kan bepalen of voorwerpen (onder water) kan ontdekken, vooral gebruikt op schepen]
so·na·te ‹It› de [-s, -n] muziekstuk voor één instrument, vooral voor viool of piano, al of niet met begeleiding van andere instrumenten, bestaande uit enige afdelingen in verschillende

tempo's
so·na·ti·ne (‹Fr) de (v) [-s] sonate van kleine omvang en licht van aard
son·de (‹Fr) de [-s] ❶ med buisje waarmee vocht uit het lichaam wordt afgevoerd of erin gebracht ❷ med peilstift, staafje om de diepte van wonden te onderzoeken ❸ ruimtesonde
son·deer·bal·lon de (m) [-s, -nen] ballon dienende voor weerkundige waarnemingen
son·de·ren ww (‹Fr) [sondeerde, h. gesondeerd] ‹een wond, de zeebodem enz.› met een sonde onderzoeken, peilen
son·de·voe·ding de (v) voeding via een slangetje naar de maag
song (‹Eng) de (m) [-s] lied in de pop- en amusementsmuziek
song·fes·ti·val het [-s] feestelijke wedstrijd in songs
song·tekst de (m) [-en] de woorden van vooral buitenlandse liederen: ★ een bundel met alle songteksten van Patty Smith
son·ja·bak·ke·ren [sonjabakkerde, h. gesonjabakkerd] ww de dieetvoorschriften volgen van de gewichtsconsulente Sonja Bakker
son·net (‹Fr‹It) het [-ten] klinkdicht, gedicht, meest in jambische maat, van veertien regels, verdeeld in vier strofen, waarvan de eerste twee, elk van vier regels (kwatrijnen) samen het octaaf vormen, de laatste twee, elk van drie regels (terzinen) het sextet
son·net·ten·krans de (m) [-en] ❶ reeks naar de inhoud verwante sonnetten ❷ kunstig geheel van vijftien sonnetten, waarvan het laatste bestaat uit de beginverzen van de veertien voorafgaande
so·noor (‹Lat) bn welluidend, helder en vol klinkend
so·no·ri·teit (‹Fr‹Lat) de (v) het sonoor-zijn; heldere, volle klank
soort (‹Fr‹Lat) de & het [-en] ❶ groep bijeenhorende voorwerpen, wezens: ★ dit ~ boeken verkoopt altijd goed ★ enig in zijn ~ waarvan gen ander is ★ ~ zoekt ~ verwante personen enz. zoeken elkaar op ❷ biol groep dieren of planten die onderling vruchtbaar kunnen zijn, onderafdeling van een geslacht, species: ★ de huiskat is een biologische ~, behorend tot het geslacht Felis ❸ iets wat lijkt op het genoemde (maar het niet is): ★ we logeerden in een ~ hotel
soor·te·lijk bn aan de soort eigen ★ ~ gewicht gewicht in grammen van 1 cm³ van een stof ★ soortelijke warmte hoeveelheid warmte nodig om één gram van een stof één graad in temperatuur te doen stijgen
soor·te·ment het ‹inf voorafgaande aan een zn› soort, bet 3: ★ een ~ harmonica
soort·ge·lijk bn dergelijk
soort·ge·noot de (m) [-noten] ❶ plant of dier dat tot dezelfde soort behoort ❷ iem. die tot dezelfde groep behoort
soort·koop de (m) [-kopen] handel genuskoop
soort·naam de (m) [-namen] naam voor een bepaalde soort van dingen (tegenstel: → **eigennaam**): ★ stad is een ~, Leuven is een eigennaam
soort·vor·ming de (v) het in de levende natuur ontstaan van nieuwe soorten in het evolutieproces
soos de NN verkorting van sociëteit, clubgebouw (van een sociëteit)
sop het [-pen] ❶ vloeibaar mengsel ★ het ruime ~ de volle zee ★ iem. in zijn ~ gaar laten koken een (eigenwijs) persoon zijn gang laten gaan, zich niet meer met hem bemoeien;; zie ook bij → **kool²**, → **overgieten²** ❷ zeepsop: ★ iets in een sopje wassen
so·phis·ti·cat·ed [safistiekeetid] (‹Eng‹Lat) bn ❶ gekunsteld, gezocht ❷ wereldwijs, sceptisch-ironisch
sop·pen ww [sopte, h. gesopt] ❶ indopen: ★ koekjes in de thee ~ ❷ vooral NN met zeepsop schoonmaken: ★ de keukenkastjes ~ ❸ op drassige grond lopen: ★ door de modder ~ ★ mijn schoenen ~ er staat water in mijn schoenen
sop·pe·rig bn ❶ dun, soepachtig ❷ drassig, modderig
so·praan (‹It) I de hoogste vrouwen- of kinderstem II de (v) [-pranen] zangeres met de onder 1 genoemde stem
so·praan·par·tij de (v) [-en] muz partij van de sopraan
sor·ben·kruid (‹Fr‹Lat) het tot de roosachtigen behorende plant (Poterium)
sor·bet (‹Fr‹Arab) de (m) [-s] halfvast mengsel van consumptie-ijs met slagroom of geklopt eiwit en vruchtensiroop
sor·bi·tol het soort alcohol die gebruikt wordt als zoetstof
sor·di·no (‹It) de (m) ['s], **sour·dine** [soerdien(ə)] (‹Fr) de (v) ['s] muz klankdemper
so·res (‹Jidd‹Hebr) mv NN, spreektaal narigheid, ellende ★ ~ aan zijn kop hebben veel zorgen hebben
sor·ghum (‹It) de (m) (sub)tropische gierstsoort die goed tegen droogte bestand is, vooral in Azië en Afrika als belangrijk voedingsgewas geteeld, maar ook aangewend voor andere doeleinden (bezems, borstels, vlechtwerk e.d.) (Sorghum vulgare)
so·ro·che [-rotsjee] (‹Sp) de (m) bergziekte, hoogteziekte
so·rop·ti·mis·ten (‹Lat) mv naam van de leden van een internationale vereniging van vrouwen, met als doel de onderlinge waardering en de nationale en internationale goede verstandhouding te bevorderen (vrouwelijke pendant van de Rotarybeweging)
so·ro·raat (‹Lat) het volkenkunde ❶ gebruik waarbij een weduwnaar trouwt met een zuster van zijn overleden echtgenote ❷ soms ook gebruik waarbij een man tegelijkertijd met twee of meer zusters is gehuwd
sor·ry [-rie] (‹Eng) tsw het spijt mij, neem me niet kwalijk, pardon
sor·rycul·tuur [-rie-] de (v) gewoonte om alleen sorry te zeggen na een fout die men heeft gemaakt en te menen dat daarmee de zaak is afgedaan

sor·te·ren[1] *ww (‹Du‹Lat)* [sorteerde, h. gesorteerd] uitzoeken, schiften, soort bij soort leggen: ★ *postzegels naar land* ~ ; zie ook → **gesorteerd**

sor·te·ren[2] *ww (‹Fr)* [sorteerde, h. gesorteerd] ★ *effect* ~ een goede (uit)werking hebben, (een heilzaam) gevolg hebben

sor·te·ring *de (v)* [-en] ❶ het sorteren ❷ verscheidenheid ★ *eerste* ~ beste kwaliteit

sor·tie *(‹Fr) de (v)* [-s] ❶ uitgang ❷ mil uitval

SOS *afk* save our souls *(‹Eng)* ❶ 'redt onze zielen'; het vastgestelde teken in de internationale radiocode, waarmee een in nood verkerend schip of vliegtuig om hulp vraagt ❷ fig noodsignaal

so·ste·nu·to [-noe-] *(‹It) bijw* muz aanhoudend, volhoudend

sot·ter·nie *de (v)* [-nieën] middeleeuwse klucht

sot·to *(‹It) bijw* van onderen ★ ~ *voce* met gedempte stem, halfluid

sou [soe] *(‹Fr) de (m)* [-s] vroeger Franse stuiver, munt van vijf centimes ★ *geen* ~ geen cent

sou·bret·te [soe-] *(‹Fr) de (v)* [-s] ❶ slim kamenierje in de opera en de operette ❷ zangeres van vrolijke en komische rollen

souche [soesj(ə)] *(‹Fr) de* [-s] niet-afscheurbaar gedeelte van een bon- of chequeboekje

souf·flé [soeflee] *(‹Fr) de (m)* [-s] warm of koud te eten, met opgeklopt eiwit luchtig gemaakte snack

souf·fle·ren *ww* [soef-] *(‹Fr‹Lat)* [souffleerde, h. gesouffleerd] ❶ toneel iem. zijn rol zachtjes voorzeggen ❷ fig voorzeggen in het algemeen: ★ *de minister werd gesouffleerd door zijn secretaris*

souf·fleur [soef-] *(‹Fr) de (m)* [-s], **souf·fleu·se** [soefløøzə] *(‹Fr) de (v)* [-s] iem. die toneelspelers hun rollen voorzegt

souf·fleurs·hok·je [soef-] *het* [-s] hokje van de souffleur, aan de voorkant van de toneelvloer

soul [sool] *de (m) (‹Eng)* ziel als verkorting van *soulmuziek* aanduiding voor een genre popmuziek, oorspronkelijk muziek van de Afro-Amerikanen, spontaan en emotioneel van aard, ontstaan door toevoeging van gospelelementen aan de rhythm-and-blues

soum [soem] *(‹Oezbeeks) de* [-s] munteenheid van Oezbekistan

sound *(‹Eng‹Lat) de (m)* [-s] geheel van muzikale kenmerken die eigen zijn aan een popgroep of aan een stroming in de popmuziek

soundcheck [-tsjek] *(‹Eng) de (m)* [-s] het testen van geluidsapparatuur (vooral voor een optreden)

sound·mix *(‹Eng) de (m)* [-en] (naar eigen smaak) aangepaste mix van een lied

sound·mixer *(‹Eng) de (m)* [-s] apparaat waarmee men soundmixen maakt

sound·track [-trek] *(‹Eng) de (m)* [-s] ❶ strook van een geluidsfilm waarop de klanken geregistreerd staan ❷ muz songs uit een musical of film met veel muziek, apart in de handel gebracht: ★ *de* ~ *van My fair lady werd goed verkocht*

sou·per [soepee] *(‹Fr) het* [-s] licht avondmaal, vooral een min of meer feestelijk avondmaal op een laat uur

sou·pe·ren *ww* [soe-] *(‹Fr)* [soupeerde, h. gesoupeerd] een souper gebruiken

sou·ples·se [soe-] *(‹Fr) de (v)* ❶ buigzaamheid, lenigheid: ★ *skeeleren met* ~ ❷ meegaandheid

source·code [sò(r)skood] *(‹Eng) de* [-s] comput broncode

sour cream [sauə(r) kriem] *(‹Eng) de (m)* zure room

sour·dine [soerdien(ə)] *(‹Fr‹It) de (v)* [-s] → **sordino**

sou·sa·foon [soezaa-] *de (m)* [-s en -fonen] soort grote tuba, genoemd naar de uitvinder, de Amerikaanse bandleider en componist John Philip Sousa (1854-1932)

sous·chef [soesjef] *(‹Fr) de (m)* [-s] onderchef, tweede hoofd

sous·pied [soepjee] *(‹Fr) de (m)* [-s] ❶ riempje dat onder de voet doorloopt om de broekspijp op de schoen vast te houden ❷ lage slobkous

sou·ta·ne [soe-] *(‹Fr‹It) de* [-s] lang overkleed van rooms-katholieke priesters

sou·te·ne·ren *ww* [soe-] *(‹Fr‹Lat)* [souteneerde, h. gesouteneerd] ❶ ondersteunen ❷ staande houden; volhouden, beweren

sou·te·neur [soe-] *(‹Fr) de (m)* [-s] pooier, man die van de verdiensten van een prostituee leeft en haar in ruil daarvoor beschermt

sou·ter·rain [soeterrẽ] *(‹Fr) het* [-s] verdieping van een huis die gedeeltelijk (minder dan de helft) beneden de straat ligt

sou·ve·nir [soevənier] *(‹Fr) het* [-s] ❶ aandenken, herinnering, herinneringsgeschenk: ★ *dit vaasje is een* ~ *van mijn overleden moeder* ❷ vooral snuisterij dat door toeristen wordt gekocht als herinnering aan hun verblijf in een verre plaats of streek

sou·ve·nir·win·kel·tje [soevənier-] *het* [-s] winkel waar souvenirs worden verkocht

sou·vla·ki [soe-] *(‹Gr) de (m)* Griekse vleessnack

sov·choz *(‹Russ) de (m)* [-chozen] staatslandbouwbedrijf van zeer grote omvang in de voormalige Sovjet-Unie

sov·jet *(‹Russ) de (m)* [-s] ❶ raad, oorspronkelijk arbeiders- en soldatenraad ❷ hist bestuursraad in de voormalige Sovjet-Unie ★ *de Opperste Sovjet* uit twee kamers bestaande volksvertegenwoordiging in de voormalige Sovjet-Unie

sov·je·ti·se·ren *ww* [-zee-] *(‹Fr)* [sovjetiseerde, h. gesovjetiseerd] inrichten volgens het staatsbestel van de voormalige Sovjet-Unie

sov·jet·re·pu·bliek *de (v)* [-en] elk van de republieken die samen de USSR vormden

so what? [soo wot] *(‹Eng) tsw* en wat dan nog?

so·wie·so [zoowiezoo] *(‹Du) bijw* toch al, in elk geval

SP *afk* in Nederland Socialistische Partij [linkse politieke partij]

spa [-den], **spa·de** *de* [-n] → **schop**[1] ★ *de eerste* ~ *in de grond steken* beginnen met de bouw of de aanleg van iets

sp.a *afk* in België Socialistische Partij Anders [linkse politieke partij]

spaak *de* [spaken] ❶ *in een wiel* versterkende staaf die van het middelpunt naar de omtrek loopt ★ NN *een ~ in het wiel steken* belemmeren, tegenwerken, tegenhouden ❷ hefboom ❸ ★ *~ lopen* mislukken: *zijn plannen zijn ~ gelopen*

spaak·been *het* [-deren, -benen] een van de twee onderarmbeenderen, namelijk die aan de kant van de duim

spaak·wiel *het* [-en] wiel met spaken

spaan *de* [spanen] ❶ platte houten schep ❷ NN spaander ★ *geen ~ van iets heel laten* a) totaal vernielen; b) afkraken

spaan·der *de (m)* [-s] houtschilfer ★ *waar (hout) gehakt wordt, vallen spaanders* als er krachtig ingegrepen moet worden, zijn er altijd ongewenste neveneffecten, zoals onschuldige slachtoffers

spaan·plaat *de* [-platen] tot platen geperste houtvezel of ander houtachtig materiaal

Spaans I *bn* (als) van, uit, betreffende Spanje: ★ NN *hij heeft het ~ benauwd* zeer benauwd ★ *Spaanse griep* kwaadaardige griep, die in 1918 over heel Europa heerste en in Spanje het eerst was waargenomen ★ *Spaanse kraag* a) stolpkraag; b) med aandoening waarbij de voorhuid niet meer over de eikel kan schuiven, parafimose ★ *Spaanse laars* hist martelwerktuig dat het onderbeen omknelde ★ *Spaanse peper* uit Mexico afkomstige plant met scherp smakende langwerpige rode vruchten (*Capsicum annuum*) ★ *~ riet* soort rietpalm, rotan ★ *Spaanse vlieg* cantharide **II** *het* de Spaanse taal, Castiliaans

Spaan·se *de (v)* [-n] vrouw of meisje, geboortig of afkomstig uit Spanje

Spaans·ge·zind *bn* vóór de Spaanse regering; vóór het land Spanje

spaar·bank *de* [-en] bank die spaargelden aantrekt van particulieren, verenigingen en stichtingen en deze ergens belegt

spaar·bank·boek·je *het* [-s] NN, vroeger boekje waarin op een spaarbank de ingelegde gelden, de rente enz. worden opgetekend

spaar·bek·ken *het* [-s] bassin waarin water verzameld en bewaard wordt

spaar·boek·je *het* [-s] vroeger spaarbankboekje

spaar·bon *de (m)* [-nen] BN spaarbiljet

spaar·bran·der *de (m)* [-s] klein blijvend vlammetje in een geiser, kachel, gaskomfoor e.d.

spaar·brief *de (m)* [-brieven] NN door een bank uitgegeven schuldbrief, waarvan het bedrag, met rente op rente berekend, na een bepaald aantal jaren wordt uitbetaald

spaar·cen·ten *mv*, **spaar·cent·je** *het* [-s] bij kleine beetjes opgespaard geld

spaar·der *de (m)* [-s] iem. die spaart (→ **sparen** bet 1) ★ *kleine spaarders* beleggers van kleine bedragen

spaar·geld *het* [-en] opgespaard geld

spaar·hy·po·theek [-hie-] *de (v)* [-theken] NN, onroerend goed hypotheekvorm waarbij gedurende de looptijd alleen rente wordt betaald en waarbij door betaling van een maandelijkse spaarpremie het hypotheekbedrag aan het eind van de looptijd kan worden afgelost

spaar·kas *de* [-sen] ❶ onderling fonds in bedrijven e.d. waarbij de deelnemers stortingen verrichten tot vorming van een kapitaal dat na enige jaren verdeeld wordt ❷ BN spaarbank

spaar·lamp *de* [-en] gloeilamp die weinig stroom verbruikt en lang meegaat

spaar·loon *het* [-lonen] gedeelte van het loon dat de werkgever stort op een spaarrekening van de werknemer

spaar·pen·ning *de (m)* [-en] spaargeld

spaar·pot *de (m)* [-ten] ❶ potje, busje waarin men geld opspaart; ❷ *spaarpotje* opzij gelegd geld

spaar·quote [-kwoot] *de* deel van het gemiddelde persoonlijke of nationale inkomen dat gespaard wordt

spaar·re·ke·ning *de (v)* [-en] bankrekening waarop spaargelden worden gestort

spaar·te·goed *het* [-en] tegoed aan spaargeld

spaar·var·ken *het* [-s] spaarpot in de vorm van een varken

spaar·zaam *bn* zuinig, karig ★ *~ zijn met woorden* zwijgzaam zijn

spaar·ze·gel *de (m)* [-s] zegel die geplakt wordt als bewijs van storting van een (klein) bedrag aan spaargeld

spaat ⟨Du⟩ *het* glanzig mineraal dat makkelijk in kubieke, prismatische of hoekige stukken breekt

spaatje [spa-tje] *het* [-s] ❶ kleine → **spa** ❷ glaasje spawater

space·cake [speeskeek] ⟨Eng⟩ *de (m)* [-s] (stuk) cake waarin hasj is verwerkt

space·lab [speesleb] ⟨Eng⟩ *de (m)* [-s] laboratorium in de ruimte

space·shut·tle [speessjuttəl] ⟨Eng⟩ *de (m)* [-s] ruimtependel

spa·de *de* [-n] → **spa**

spa·gaat ⟨Du⟩ *de (m)* spreidzit; het met de benen vormen van een gestrekte hoek

spa·ghet·ti [-ɣet-, -get-] ⟨It⟩ *de (m)* ❶ meelproduct bestaande uit lange, dunne, niet holle slierten ❷ hiermee bereid gerecht ★ *~ bolognese* spaghetti met een saus van gehakt met groenten en tomatenpuree

spa·ghet·ti·vre·ter [-ɣet-, -get-] *de (m)* [-s] scheldwoord Italiaan

spa·ghet·ti·west·ern [-ɣettiewestə(r)n, -gettiewestə(r)n] *de (m)* [-s] inf, film western die in Italië of door Italianen is geproduceerd

spa·lier·boom *de (m)* [-bomen] leiboom, waaierboom tegen latwerk

spalk *de* [-en] stevig langwerpig voorwerp om

gebroken ledematen bijeen te houden
spal·ken *ww* [spalkte, h. gespalkt] ❶ met een spalk verbinden: ★ *een gebroken been ~* ❷ openhouden, openspannen
spam [spem] *(‹Eng›)* *de* via e-mail op grote schaal verstuurde ongevraagde reclame
spam·men [spem-] *ww* [spamde, h. gespamd] spam verzenden
span¹ *het* [-nen] ❶ twee of meer voorgespannen trekdieren ❷ NN paar: ★ *een leuk ~*
span² [-nen], **span·ne** *de* [-n] ❶ met duim en pink te bespannen lengte ❷ korte tijd: ★ *een spanne tijds*
span·band *de (m)* [-en] brede, sterke riem met sluitmechaniek
span·be·ton *het* beton dat vooraf onder druk of spanning gezet is (om later scheuren of barsten te voorkomen)
span·dienst *de (m)* [-en] zie → **hand-en-spandiensten**
span·doek *de (m) & het* [-en] uitgespannen doek met daarop een leus
spa·nen¹ *ww* [spaande, h. gespaand] ‹van boter› met een spaan scheppen
spa·nen² *bn* van zeer dun hout: ★ *een ~ doosje*
spang *de* [-en] sierlijke ring of haak, gesp
spa·niël [spenjəl] *(‹Eng‹Lat›)* *de (m)* [-s] ❶ naam van een groep kleinere jachthonden ❷ patrijshond
Span·jaard *de (m)* [-en, -s] iemand geboortig of afkomstig uit Spanje
span·jo·let, es·pag·no·let [-panjoo-] *(‹Fr›)* *de* [-ten] aan openslaande ramen en deuren bevestigde verticale stang waarmee deze gesloten kunnen worden
span·jool *de (m)* [-jolen] geringsch Spanjaard
span·kracht *de* ❶ uitzettings- of uitrekkingsvermogen ❷ *fig* geestelijk uithoudingsvermogen, vermogen tot concentratie, intensiteit
span·ne *de* zie bij → **span**²
span·nen *ww* [spande, h. gespannen] ❶ uitrekken, strak trekken; zie ook bij → **boog**¹, → **kroon**, → **vierschaar** ❷ *fig* hoog opvoeren: ★ *in gespannen verwachting* ❸ heftig tegen elkaar ingaan, botsen van krachten: ★ *het heeft er gespannen* ★ *het heeft erom gespannen wie zou winnen* ★ *op gespannen voet leven* zie bij → **voet** (bet 5) ❹ trekdieren voor een wagen binden ❺ strak zitten: ★ *de broek spant om de dijen*
span·nend *bn* ❶ een gevoel van gespannen verwachting veroorzakend: ★ *een ~ boek, een spannende wedstrijd* ❷ BN, spreektaal strak (van kledingstukken e.d.): ★ *een spannende jeansbroek*
span·ner *de (m)* [-s] vlinder waarvan de rupsen zich voortbewegen door het lichaam beurtelings te strekken en te krommen, familie Geometridae
span·ning *de (v)* [-en] ❶ het spannen; gespannenheid; strakheid ❷ geestdrift, geestvervoering; opgewondenheid, onrust ★ *in ~ zitten* onrustig zijn omdat men een bijzondere, meestal een nare gebeurtenis verwacht; zie ook bij → **snijden** ❸ dreigende vijandschap ❹ ‹van gassen› druk,

drukverschil ★ *een band op ~ brengen* deze geheel oppompen ❺ ‹van elektriciteit› potentiaalverschil tussen twee punten ❻ afstand tussen twee steunpunten; boog tussen twee steunpunten; overkapping
span·nings·veld *het* [-en] veld waarbinnen → **spanning** (bet 4) merkbaar is; *veelal fig* aangelegenheid waarbij zich scherpe meningsverschillen of tegenstellingen voordoen
span·ning·zoe·ker *de (m)* [-s] werktuigje waarmee men, doordat een lampje al of niet gaat branden, kan vaststellen of een elektrische geleiding onder spanning staat
span·raam *het* [-ramen] raam waarop een doek enz. gespannen wordt
span·rups *de* [-en] rups van de spanner
spant *het* [-en] ❶ drie- of meerhoekig raamwerk van hout, ijzer of beton: twee of meer spanten onderling verbonden vormen het geraamte van een dak ❷ elk van de balken waarop de zijwanden van een schip bevestigd zijn
span·wijd·te *de (v)* [-n *en* -s] ❶ afstand tussen twee steunpunten (bijv. lengte van de bogen van een brug) ❷ ‹van een vogel, vliegtuig› afstand tussen de uiteinden van de vleugels
span·zaag *de* [-zagen] in een houten raam gespannen zaag
spar *de (m)* [-ren] ❶ naaldboom met een rechte stam waarvan de naalden alleen staan (*Picea excelsa*), o.a. gebruikt als kerstboom ❷ lang rond dakhout
spa *de (m)* → **spawater**
spar·ap·pel *de (m)* [-s, -en] kegelvormige geschubde vrucht van de spar
spare [spè(r)] *(‹Eng›)* *de (m)* [-s] bowling het omgooien van alle kegels in twee worpen
spa·ren *ww* [spaarde, h. gespaard] ❶ geld opzij leggen; een deel van het inkomen niet-consumptief besteden ❷ verzamelen: ★ *postzegels, suikerzakjes ~* ❸ ontzien, voorzichtig zijn met: ★ *de burgerbevolking ~* ★ *zich ~* voorzichtig omspringen met zijn vermogens, zich inhouden ★ *zijn krachten ~* niet al zijn krachten gebruiken om later sterker te zijn ❹ achterwege laten: ★ *die moeite kun je je ~* ❺ zich ontzeggen: ★ *iets uit zijn mond ~ ter wille van de kinderen*
spare-ribs [spè(r)-] *(‹Eng›)* *mv* stuk rib, meestal van een varken, met vlees eraan
spar·ren *ww* [sparde, h. gespard] ‹boksen› een schijngevecht tegen een tegenstander houden als training
spar·ren·boom *de (m)* [-bomen] → **spar** (bet 1)
spar·ren·bos *het* [-sen] bos van sparren
spar·ren·groen *het* de groene sparrentakken
spar·ren·hout *het* hout van sparren
spar·ren·ke·gel *de (m)* [-s] sparappel
spar·ring *(‹Eng›)* *de (v)* ❶ het oefenen van boksstoten op een zak of een sparringpartner
❷ sparringpartner

spar·ring·part·ner *(‹Eng) de (m)* [-s] iem. die bij trainingswedstrijden als tegenstander wil fungeren voor een beduidend sterker bokser; bij uitbreiding ook toegepast bij andere sporten

Spar·taan *de (m)* [-tanen] ❶ iemand uit Sparta ❷ fig streng opgevoed, gehard persoon

Spar·taans *bn* ❶ van of als van de Spartanen ❷ mannelijk, hard, als in de oude Griekse staat Sparta; sober, niet verwijfd: ★ *een ~ interieur*

spar·te·len *ww* [spartelde, h. gesparteld] ❶ heftig bewegen met armen en benen; zich kronkelen ❷ ‹v. vis› sterk bewegen

spar·tel·meer *het* [-meren] NN klein meer, geschikt om in te zwemmen of baden, vooral voor jonge kinderen

spas·me *(‹Fr‹Lat) het* [-n] med kramp van glad weefsel die lang aanhoudt

spas·misch, **spas·mo·disch** *(‹Gr) bn* ❶ krampachtig ❷ kramp betreffende

spas·tisch *(‹Lat‹Gr) bn* ❶ med kramptrekkend ★ *spastische kinderen* kinderen bij wie door hersenbloeding bij of kort na de geboorte een aantal spieren in een voortdurende kramptoestand zijn (ziekte van Little) ❷ fig krampachtig, onnatuurlijk: ★ *een spastische manier van schrijven, dansen*

spat *de* [-ten] druppel water, modder enz. ★ *geen ~ helemaal niets*

spat·ader *de* [-s] bloedvat dat is uitgezet en daardoor goed zichtbaar is, vooral in de benen

spat·bord *het* [-en] gebogen, metalen kap boven een wiel om opspattend modder tegen te houden

spa·tel *(‹Lat) de* [-s] strijkmes; tempeermes van schilders

spa·tie [-(t)sie] *(‹Lat) de (v)* [-s] ruimte tussen letters, tekens of woorden

spa·tie·balk [-(t)sie-] *de (m)* [-en] brede toets op een toetsenbord waarmee men een spatie maakt

spa·tië·ren *ww* [-(t)sjee-] [spatieerde, h. gespatieerd] ❶ scheiding, tussenruimte aanbrengen, vooral tussen letters en woorden ❷ ‹in engere zin› spaties, tussenruimte aanbrengen tussen alle letters van een woord of van enige woorden om daarop speciaal de aandacht te vestigen

spat·lap *de (m)* [-pen] rubberlap onderaan een spatbord

spat·scherm *het* [-en] spatbord

spat·sies *mv* ★ NN, spreektaal *~ hebben* praatjes hebben, kapsones hebben

spat·ten *ww* [spatte, h. & is gespat] ❶ in druppels doen wegspringen: ★ *ze spatte water in mijn gezicht* ❷ in druppels wegspringen: ★ *het water spatte alle kanten op*

spat·ting *de (v)* [-en] scheepv wijdte, breedte

spa·wa·ter *het* bronwater uit de Belgische badplaats Spa

SPD *afk* ❶ Sozialdemokratische Partei Deutschlands [Duitse sociaaldemocratische partij] ❷ NN Staatspraktijkdiploma [voor bedrijfsadministratie] ❸ in Nederland Sociaalpsychiatrische Dienst

speak·er [spiekə(r)] *(‹Eng: spreker) de (m)* [-s] ❶ luidspreker ❷ iem. die in stations, sporthallen e.d. mededelingen doet via een geluidsinstallatie ❸ titel van de voorzitter van het Engelse Lagerhuis

speak·er·box [spiekə(r)boks] *(‹Eng) de (m)* [-en] luidspreker als afzonderlijk opgesteld of opgehangen kastje

spe·ce·rij *(‹Oudfrans) de (v)* [-en] kruiderij, aromatisch toevoegsel aan spijs of drank, zoals peper, saffraan, koriander e.d.

specht *de (m)* [-en] kleurige klimvogel in de bossen, de familie Picidae

spe·ciaal [-sjaal] *(‹Fr‹Lat)* **I** *bn* bijzonder, uitzonderlijk: ★ *dit is een ~ geval* ★ NN *~ onderwijs* onderwijs aan kinderen die niet kunnen meekomen met het gewone onderwijs, zoals slechthorenden, slechtzienden, moeilijk opvoedbare kinderen e.d. **II** *bijw* in het bijzonder, bepaaldelijk: ★ *hier moeten we ~ op letten*

spe·ciaal·zaak [-sjaal-] *(‹Du) de* [-zaken] winkel voor een bepaalde soort artikelen

spe·cial [spesjəl] *(‹Eng‹Lat) de (m)* [-s] speciale reportage op radio en tv

spe·cia·li·sa·tie [-sjaaliezaa(t)sie] *(‹Fr) de (v)* ❶ het specialiseren ❷ [*mv*: -s] specialisme

spe·cia·li·sa·tie·jaar [-sjaaliezaa(t)sie-] *het* [-jaren] BN extra jaar op school waarin men zich specialiseert

spe·cia·li·se·ren [-sjaaliezee-] *(‹Fr)* **I** *ww* [specialiseerde, h. gespecialiseerd] afzonderlijk in- of verdelen; bijzonder kenmerken en aanduiden; een bijzonder geval noemen **II** *wederk* zich op een bepaald onderdeel van een vak, kunst, sport enz. toeleggen: ★ *ze specialiseerde zich op de geschiedenis van het Midden-Oosten*

spe·cia·lis·me [-sjaa-] *(‹Fr) het* [-n] onderdeel van een vak, kunst of sport dat afzonderlijk beoefend wordt, waarop iem. zich heeft toegelegd: ★ *zijn ~ is de 10 km*

spe·cia·list [-sjaa-] *(‹Fr) de (m)* [-en], **spe·cia·lis·te** [-sjaa-] *de (v)* [-n] ❶ iemand die bijzondere studie maakt van een bepaald vak of een onderdeel van een vak, kunst of sport, of zich daar uitsluitend op toelegt ❷ vooral geneeskundige voor een bepaald, beperkt gebied: ★ *verwezen worden naar een ~*

spe·cia·lis·tisch [sjaa-] *bn* een specialisme betreffend; voor buitenstaanders moeilijk te begrijpen: ★ *dit boek over de oerknal is wel erg ~*

spé·cia·li·té [-sjaa-] *(‹Fr‹Lat) de* [-s] ❶ bijzonder, eigen product ❷ verpakt, gepatenteerd geneesmiddel

spe·cia·li·teit [-sjaa-] *(‹Fr) de (v)* [-en] ❶ bijzonderheid ❷ bijzondere tak van handel of bedrijf, van kennis of kunst waarop iem. (resp. een bedrijf, firma enz.) zich toelegt

spe·cie *(‹Lat) de (v)* [-s en -ciën] ❶ grondstof, o.a. voor het gieten van metalen dingen ❷ geld ★ BN, form *in speciën betalen* in contant geld, cash, in klinkende

munt betalen ❸ mortel
spe·cie·brief·je *het* [-s] lijst van muntstukken of bankbiljetten waaruit een geldsom is samengesteld
spe·ci·es *(‹Lat) de (v)* soort; bepaalde soort van dier of plant
spe·ci·es·koop *de (m)* koop waarbij het gekochte bepaald is aangewezen; *tegengest:* → **genuskoop**
spe·ci·fi·ca·tie [-(t)sie] *(‹Fr‹Lat) de (v)* [-s en -tiën] gesplitste, in bijzonderheden gaande opsomming, uitgewerkte opgave: ★ *een ~ van een doktersrekening*
spe·ci·fi·ce·ren *ww (‹Lat)* [specificeerde, h. gespecificeerd] ieder onderdeel nauwkeurig opgeven, elk voorwerp, elke post op zich zelf noemen; splitsen in onderdelen
spe·ci·fiek *(‹Fr‹Lat)* **I** *bn* ❶ soortelijk ★ *~ gewicht* soortelijk gewicht ❷ bij een bep. persoon of zaak vast behorend, eigenaardig, kenmerkend: ★ *deze afwijking is ~ voor grote hondenrassen* **II** *bijw* speciaal: ★ *hier moeten we ~ onze aandacht op richten*
spe·ci·men *(‹Lat) het* [-s, -cimina] proeve; voorbeeld: ★ *een ~ van een bankbiljet*
spec·ta·cu·lair [-lèr] *(‹Fr) bn* (door uiterlijkheden) sterk de aandacht trekkend, opzienbarend: ★ *een ~ vuurwerk*
spec·ta·tor *(‹Lat) de (m)* [-s] beschouwer, aanschouwer, opmerker
spec·traal *(‹Fr) bn* betrekking hebbend op het spectrum
spec·traal·ana·ly·se [-lieze] *de (v)* het bepalen van de aard of samenstelling van een stof uit het daarvan verkregen spectrum
spec·tro·graaf *(‹Lat-Gr) de (m)* [-grafen] toestel waarmee de verkregen spectra fotografisch vastgelegd worden
spec·tro·gra·fie *(‹Lat-Gr) de (v)* het fotograferen van spectra (→ **spectrum**, bet 1)
spec·tro·gram *(‹Lat-Gr) het* [-men] foto van een → **spectrum** (bet 1)
spec·tro·scoop *(‹Lat-Gr) de (m)* [-scopen] toestel om het licht in enkelvoudige kleuren te ontleden, tot het onderzoeken van spectra en, door middel daarvan, van de stralingsbron waaruit de spectra verkregen worden
spec·trum *(‹Lat) het* [-s, -tra] ❶ band van kleuren die ontstaat als wit licht door een prisma wordt gebroken; kleurenbeeld van het ontlede licht van de zon of andere hemellichamen (bijv. in een regenboog), of van een ander gloeiend lichaam; ook gebruikt met betrekking tot de ontleding van röntgen- en andere stralen ❷ fig reeks van uiteenlopende ideeën, overtuigingen e.d.: ★ *een ~ van religieuze overtuigingen*
spe·cu·laas *de (m) & het* brosse, bruine, kruidige koek, vooral in de tijd rond het Sinterklaasfeest gegeten
spe·cu·laas·je *het* [-s] koekje van speculaas
spe·cu·laas·plank *de* [-en] → **vorm** (bet 2) voor speculaas
spe·cu·laas·pop *de* [-pen] vooral NN stuk speculaas in de vorm van een menselijke figuur
spe·cu·lant *(‹Du‹Lat) de (m)* [-en] iem. die speculeert (→ **speculeren**, bet 1), die koopt of verkoopt in de verwachting door prijsstijging of -daling op korte termijn winst te maken: ★ *een ~ in aandelen*
spe·cu·la·tie [-(t)sie] *(‹Fr‹Lat) de (v)* [-s] ❶ het → **speculeren** (bet 2) ❷ wijsgerige beschouwing, bespiegeling
spe·cu·la·tief *(‹Fr‹Lat) bn* ❶ met onzekere kans op winst: ★ *een speculatieve onderneming* ❷ bespiegelend ❸ op veronderstelling berustend, niet in ervaring en openbaring gegeven: ★ *deze theorie is nogal ~*
spe·cu·le·ren *ww (‹Fr‹Lat)* [speculeerde, h. gespeculeerd] ❶ kopen en verkopen met het doel om snelle winst te maken op grond van vooruit gemaakte berekeningen van de stijging of daling van de prijs: ★ *~ op de termijnmarkt, in koffie* ❷ verwachtingen bouwen op, rekenen op: ★ *~ op winst van Ajax* ❸ bespiegelend overdenken, in de geest beschouwen
spe·cu·lum *(‹Lat) het* [specula] spiegel; med instrument met spiegelend oppervlak dat in lichaamsopeningen wordt gebracht voor inwendig onderzoek of tijdens inwendige behandeling
speech [spietsj] *(‹Eng) de (m)* [-es en -en] toespraak; redevoering
spee·chen *ww* [spietsjə(n)] *(‹Eng)* [speechte, h. gespeecht] een speech houden
speed [spied] *(‹Eng) de* ❶ snelheid; *vgl:* ★ *full ~* ❷ slang wekamine, stimulerende drugs
speed·boot [-boten] [spiedboot] *(‹Eng) de* raceboot
speed·da·ten [spiedeeta(n)] *(‹Eng) ww* [speeddatete, h. gespeeddatet] als vrijgezel een reeks korte kennismakingsgesprekken voeren met potentiële partners op een speciaal daarvoor georganiseerde bijeenkomst
speed·freak [spiedfriek] *(‹Eng) de (m)* [-s] slang iem. die veel stimulerende drugs gebruikt
speed·way [spiedwee] *(‹Eng) de (m)* [-s] motorrace op kleine gesloten banen (sintel of gravel) met speciaal ingerichte motoren (zonder versnelling of remmen)
speek·sel *het* door de speekselklieren afgescheiden vocht in de mond, spuug
speek·sel·klier *de* [-en] speeksel afscheidende klier
speel·au·to·maat [-autoo- of -ootoo-] *de (m)* [-maten] machine voor kansspel
speel·bal *de (m)* [-len] ❶ bal waarmee gespeeld wordt ❷ fig willoos slachtoffer: ★ *hij was een ~ in de handen van de chanteurs*
speel·bank *de* [-en] inrichting waar kansspelen om geld gespeeld wordt, casino
speel·doos *de* [-dozen] muziekdoos
speel·film *de (m)* [-s] film waarin filmacteurs optreden in tegenstelling tot tekenfilm, natuurfilm, documentaire film e.d.
speel·ge·noot *de (m)*, **speel·ge·no·te** *de (v)* [-noten] speelkameraad

speel·goed *het* [-eren] voorwerpen waarmee kinderen spelen, zoals poppen, blokkendozen, bordspellen e.d.
speel·hal *de* [-len] zaal met speel- en gokautomaten
speel·helft *de* [-en] sp ❶ helft van een speelveld ❷ helft van de speeltijd
speel·hol *het* [-holen] minachtend speelhuis, casino
speel·huis *het* [-huizen] huis waarin kansspelen om geld gespeeld wordt, casino
speel·kaart *de* [-en] kaart van een kaartspel of ander gezelschapsspel
speel·ka·mer *de* [-s] kamer waarin kinderen spelen kunnen
speel·ka·me·raad *de (m)* [-raden] vriend(in) waarmee een kind vaak samen speelt; **speelkameraadje** *het* [-s]
speel·kwar·tier *het* [-en] op basisscholen gebruikelijke term voor pauze tussen de lesuren
speel·lo·kaal *het* [-kalen] schoollokaal waarin leerlingen kunnen spelen
speel·mak·ker *de (m)* [-s] speelkameraad
speel·man *de (m)* [-lieden, -lui] rondzwervend muzikant
speel-o-theek *de* [-theken] → spelotheek
speel·plaats *de* [-en] plein, binnenplaats waarop kinderen spelen
speel·plein *het* [-en] ❶ speelplaats; sportterrein ❷ BN organisatie om schoolgaande kinderen van werkende ouders gedurende de zomervakantie op te vangen; terrein voor de activiteiten van deze organisatie
speel·pop *de* [-pen] fig kind dat of vrouw die men als speelgoed behandelt, speelbal
speel·ruim·te *de (v)* ❶ ruimte voor kleine verschuivingen (bij ineenpassende onderdelen) ❷ fig enige vrijheid tot kleine verschillen of afwijkingen: ★ *wat ~ hebben bij de onderhandelingen*
speels *bn* dartel, graag spelend: ★ *speelse lammetjes*
speel·schuld *de* [-en] schuld gemaakt bij het spelen om geld
speels·heid *de (v)* het speels-zijn
speel·ster *de (v)* [-s] zie bij → speler
speel·straat *de* [-straten] straat waar kinderen zonder hinder van verkeer veilig kunnen spelen
speel·ta·fel *de* [-s] tafel waaraan een kansspel om geld gespeeld wordt ★ *aan de ~ zitten* gokken
speel·tijd *de* ❶ de tijd die een spel duurt ❷ BN speelkwartier
speel·tuig *het* [-en] ❶ muziekinstrument ❷ speelgoed; stuk speelgoed ❸ BN ook speeltoestel, toestel waarop kinderen kunnen klimmen of hun evenwicht moeten bewaren
speel·tuin *de (m)* [-en] terrein met speeltoestellen voor kinderen, zoals schommels, wippen, glijbanen e.d.
speel·veld *het* [-en] veld waarop een balspel wordt gespeeld
speel·vij·ver *de (m)* [-s] pierenbadje
speel·vo·gel *de* [-s] BN, spreektaal speels kind

speel·wei [-den], **speel·wei·de** *de* [-n] grasveld als kinderspeelplaats
speel·werk *het* [-en] mechanisch muziekwerk in een klok, speeldoos enz.
speel·zaal *de* [-zalen] zaal voor spel, vooral kansspel(en)
speel·ziek *bn* altijd willende spelen
speel·zucht *de* onweerstaanbare neiging tot spelen in een casino
speen[1] *de* [spenen] ❶ tepel (van een dier) ❷ gummi dop op een zuigfles voor baby's ❸ fopspeen
speen[2] *het* BN, spreektaal aambeien
speen·kruid *het* ranonkelachtige plant, in het voorjaar bloeiend met glimmende gele bloemen (*Ficaria verna*)
speen·var·ken *het* [-s] zeer jong varken ★ *gillen als een (mager) ~* zeer hard en klagelijk gillen
speer *de* [speren] lange stok of staaf met een scherpe punt, gebruikt als werp- of steekwapen of voor speerwerpen bij atletiek
speer·punt *de (m)* [-en] ❶ punt van een speer ❷ fig hoofdpunt, voornaamste punt van strijd
speer·wer·pen *ww & het* (het) werpen van een speer als sport
speet[1] *de* [speten] houten pen waaraan vis geregen wordt
speet[2] *ww* verl tijd van → spijten
spek *het* vetlaag bij zoogdieren als varkens, robben, walvissen enz. ★ *er voor ~ en bonen bij zitten* werkeloos, zonder mee te kunnen doen ★ *voor ~ en bonen meedoen* meedoen zonder serieus te worden genomen ★ *dat is geen spekje voor zijn bekje* dat is niets voor hem ★ *met ~ schieten* opscheppen, pochen ★ BN, spreektaal *het ~ aan zijn been hebben* de dupe zijn; zie ook → kat
spek·bok·king *de (m)* [-en] vette gerookte bokking
spek·glad *bn* zeer glad
spek·haak *de (m)* [-haken] S-vormige haak om vlees aan op te hangen
spek·ken *ww* [spekte, h. gespekt] ❶ iem. of iets materieel begunstigen ★ *zijn beurs ~* veel geld binnenhalen ❷ klaverjassen op een slag van de partner een kaart met hoog puntenaantal leggen
spek·kie, vooral BN **spek·je** *het* [-s] ruitvormig, zacht, zeer zoet stuk snoepgoed, meestal roze en witgeel gekleurd
spek·koek *de (m)* [-en] NN ❶ spekpannenkoek ❷ ★ *Indische ~* zacht gebak uit afwisselend lichte en donkere lagen bestaande
spek·ko·per *de (m)* [-s] NN ★ *een hele ~* een rijk man, een hele piet ★ *~ zijn* financieel voordeel behalen
spek·lap *de (m)* [-pen] NN dunne lap spek met nog wat vlees eraan
spek·nek *de (m)* [-ken] NN ❶ dikke nek ❷ iem. met zo'n nek
spek·pan·nen·koek *de (m)* [-en] NN pannenkoek waarin spek gebakken is
spek·sla·ger *de (m)* [-s] varkensslager

spek·sla·ge·rij *de (v)* [-en] varkensslagerij

spek·snij·der *de (m)* [-s] ⟨op walvisvaarder⟩ degene die het spek van de walvis snijdt

spek·steen *de (m) & het* zachte, vettige steensoort

spek·steen·poe·der, **spek·steen·poei·er** *de (m) & het* speksteen in poedervorm

spek·ta·kel *(‹Fr‹Lat) het* [-s] ❶ lawaai, drukte, herrie: ★ *er was een hels ~ in de disco* ★ *~ maken* fig opspelen ❷ iets opzienbarends, spectaculairs: ★ *die show was een fantastisch ~* ★ *voor ~ zorgen* opschudding veroorzaken

spek·ta·kel·stuk *het* [-ken] groots opgezet toneelstuk waarbij gepoogd wordt het publiek door uiterlijk vertoon te overdonderen

spek·vet I *het* uit spek gebraden vet **II** *bn* erg vet

spek·zool *de* [-zolen] schoenzool van rubber met een ruw oppervlak

spek·zwoerd, **spek·zwoord** *het* [-en] huid van spek

spel *het* [1, 2, 3 spellen, 5, 6 spelen] ❶ bezigheid ter ontspanning of vermaak, soms als wedstrijd volgens bepaalde regels: ★ *het ~ van jonge katten met een knot wol* ★ *een ~ schaak* ★ *vrij ~ laten* niet tegengaan, niet tegenhouden of belemmeren ★ *hoog ~ spelen* iets gewaagds doen ★ *buiten ~ staan* zie bij → **buitenspel**¹ ★ *er staat veel op het ~* er wordt veel voor in gevaar gebracht ★ *er waren nog andere factoren in het ~* nog andere factoren hadden invloed ★ *alles op het ~ zetten* er alles voor wagen, zijn uiterste best doen ★ *een spelletje met iem. spelen* iem. bedriegen, voor de gek houden ❷ de benodigdheden voor een → **spel** (bet 1): ★ *een ~ kaarten* ❸ niet-ernstige bezigheid: ★ *oorlogvoeren is géén ~* ❹ het op speels aandoende wijze bewegen: ★ *het ~ van zon en schaduw* ★ *het ~ van de wind in je haar* ❺ (wijze van) uitvoering van acteurs, musici en bep. sportlieden (bij balspelen) ❻ sportmanifestatie: ★ *Olympische Spelen*

spel·be·derf *het* voetbal onsportief gedrag tijdens een wedstrijd zoals tijdrekken, opzettelijke hands, de bal nodeloos wegtrappen na een fluitsignaal e.d.; **spelbederver** *de (m)* [-s]

spel·bre·ker *de (m)* [-s], **spel·breek·ster** *de (v)* [-s] iem. die iets aangenaams verstoort

spel·com·pu·ter [-pjoe-] *de (m)* [-s] computer die speciaal ontworpen is om er spelletjes op te spelen

speld *de* [-en] ❶ dun metalen pennetje met een kop ★ *er was geen ~ tussen te krijgen* a) men kon niet aan het woord komen; b) de redenering was feilloos, het klopte volkomen ★ *men kon een ~ horen vallen* het was doodstil ; zie ook bij → **hooiberg** ❷ veiligheidsspeld, haarspeld, broche, dasspeld enz.

spel·den *ww* [speldde, h. gespeld] ❶ met speld bevestigen: ★ *een tekening op een bord ~* ❷ een speld, broche e.d. ergens op bevestigen: ★ *iem. een onderscheiding op de borst ~* ; zie ook bij → **mouw**

spel·den·knop *de (m)* [-pen] speldenknop

spel·den·kop *de (m)* [-pen] kop van een → **speld** (bet 1)

spel·den·kus·sen *het* [-s] kussentje waarop spelden gestoken worden

spel·den·prik *de (m)* [-ken] ❶ prik met een speld ❷ fig bedekte of kleine hatelijkheid; kleine vijandelijke daad

spe·len *ww* [speelde, h. gespeeld] ❶ zich vermaken, een spel doen: ★ *de kinderen ~ buiten* ❷ levendig bewegen ★ *het speelt voortdurend door mijn hoofd* telkens herinner ik het me weer even ❸ lichtzinnig omgaan: ★ *met zijn leven ~* ❹ een muziekinstrument bespelen: ★ *gitaar ~* ★ *op de piano ~* ❺ als acteur in een toneelstuk, film, televisiestuk spelen: ★ *Hamlet ~* ❻ een balsport beoefenen: ★ *in de spits ~* ❼ zich voordoen als: ★ *de grote meneer ~* ★ *de baas ~* ❽ in een bep. plaats of tijd gebeuren: ★ *de roman speelt in Italië ~* ★ *dit speelde in de middeleeuwen* ❾ de gang van zaken inrichten: ★ *hoe zullen we dat ~?* ★ *we moeten het anders ~* meerv van → **spel**

spe·len·der·wijs, **spe·len·der·wij·ze** *bijw* al spelende; gemakkelijk, zonder inspanning: ★ *~ een taal leren*

spe·le·o·lo·gie *(‹Gr) de (v)* wetenschap van de grotten en holen, grotonderzoek

spe·le·o·loog *(‹Gr) de (m)* [-logen] iem. die studie maakt van grotten

spe·ler *de (m)* [-s], **speel·ster** *de (v)* [-s] iem. die speelt, acteert, een muziekinstrument bespeelt, een balsport beoefent e.d.

spe·lers·bank *de* [-en] bank langs het speelveld waarop de reserves, de coach enz. zitten

spe·lers·home *het* [-s] voetbal gezellige ruimte in of bij een stadion waar de spelers zich kunnen ontspannen, iets kunnen eten en drinken, een spelletje kunnen spelen enz.

spe·lers·vrou·wen *mv* echtgenoten, verloofden e.d. van de spelers van een sportteam

spe·le·va·ren *ww* [spelevaarde, h. gespelevaard] voor zijn genoegen in een bootje varen

spel·fout *de* [-en] fout tegen de spelling

spe·ling *de (v)* [-en] ❶ speelruimte ★ *er zit te veel ~ in het wiel* het wiel zit niet stevig genoeg; ❷ fig tussenruimte: ★ *de trein moet om 2 uur aankomen en de bus vertrekt om drie uur, dus we hebben één uur ~* ❸ grillige wending, keer: ★ *~ van het lot* ❹ eigenaardige afwijking: ★ *een ~ der natuur*

spel·kunst *de (v)* de kunst goed te spellen, orthografie

spel·lei·der *de (m)* [-s] iem. die een spel, toneelstuk, quiz enz. leidt

spel·len *ww* [spelde, h. gespeld] ❶ met bep. letters schrijven: ★ *hoe spel je 'Cruijff'?* ★ *'hond' spel je met een 'd'* ❷ de letters van een woord één voor één schrijven of opnoemen: ★ *kunt u uw naam ~?* ❸ fig zeer nauwkeurig lezen: ★ *een brief ~* ★ BN ook *iem. de les ~* iem. de les lezen, berispen

spel·le·tje *het* [-s] zie bij → **spel** (bet 1, 2, 3)

spel·ling *de (v)* [-en] schrijfwijze, de wijze waarop letters een woord of naam vormen

spel·ling·check·er [-tsjekkər] *de (m)* [-s] geïntegreerd onderdeel van een tekstverwerker dat spelfouten in een tekst signaleert

spel·ling·con·tro·le [-tròlə] *de* comput automatische controle van de spelling in een document door een programma dat de spelling vergelijkt met die van een lijst woorden

spel·ling·her·vor·mer *de (m)* [-s] iem. die streeft naar hervorming van de spelling

spel·ling·strijd *de (m)* strijd voor of tegen spellinghervormingen

spel·ling·uit·spraak *de* uitspraak die door de spelling wordt bepaald, bijv. [laazər- i.p.v.] [leezə(r)- in] ★ *laserstraal*

spel·me·tho·de *de (v)* [-n, -s] vroegere methode van leesonderwijs, waarbij men de kinderen de woorden liet spellen

spe·lonk (⟨Lat⟨Gr) *de* [-en] grot

spe·lo·theek *de* [-theken] uitleenbureau voor speelgoed

spel·peil *het* sp, toneel, film kwaliteit van het spel

spel·re·gel *de (m)* [-s] ❶ voorschrift voor een spel: ★ *de spelregels van het basketbal* ★ *zich aan de spelregels houden; soms ook* fig: ★ *de spelregels van de democratie* ❷ voorschrift voor de spelling, spellingregel

spelt (⟨Lat) *de* soort grove tarwe

spel·the·ra·pie *het* [-pieën] psychotherapeutische behandeling door spelen

spel·woord *het* [-en] naam waarmee (bij telefoneren e.d.) een letter wordt aangeduid bij het spellen van een moeilijk woord of een eigennaam (*Frits* voor *f*, *Otto* voor *o*, enz.)

spen·cer (⟨Eng) *de* [-s] mouwloos vest, mouwloze trui, slip-over, genoemd naar de Engelsman George John, graaf Spencer (1758-1834)

spen·de·ren *ww* (⟨Du) [spendeerde, h. gespendeerd] besteden, uitgeven

spe·nen *ww* [speende, h. gespeend] van de speen, van de borst afwennen; *vgl:* → gespeend

sper·ac·tie [-aksie] *de (v)* [-s] BN, spreektaal wegversperring door de politie

sper·ma (⟨Gr) *het* mannelijk zaad bij de mens en veel diersoorten

sper·ma·bank *de* [-en] bewaarplaats van geconserveerd sperma

sper·ma·ceet, **sper·ma·ce·ti** (⟨Gr-Lat) *de (m)* vloeibare, witte, vetachtige stof in de kopholten van potvissen, walschot

sper·ma·ci·de (⟨Gr-Lat) **I** *bn* zaaddodend **II** *het* zaaddodend middel

sper·ma·do·nor *de (m)* [-s] man die sperma afstaat aan een spermabank, zaaddonor

sper·ma·to·zo·ï·de (⟨Gr) *de (v)* [-n] zaadcel van planten (algen, mossen, varens)

sper·ma·to·zo·ön (⟨Gr), **sper·ma·to·zo** *het* [-zoa, -zoën] menselijke of dierlijke zaadcel

sper·ren *ww* [sperde, h. gesperd] openspalken, ver openzetten: ★ *de ogen* ~

sper·tijd *de (m)* [-en] ❶ gesloten tijd ❷ tijd waarin het verboden is zich op straat te bevinden

sper·vuur *het* hevig kruisvuur om de vijand de doorgang te beletten ★ *een* ~ *van vragen* een ononderbroken stroom van vragen

sper·wer *de (m)* [-s] roofvogel uit de onderfamilie van de Haviken, met korte, afgeronde vleugels en lange, recht afgesneden staart, als broedvogel schaars voorkomend in Nederland en België (*Accipiter nisus*)

sper·zie·boon *de* [-bonen] vooral NN als groente gegeten groene peulvrucht, *Phaseolus vulgaris*

spet *de* [-ten] → **spat**

spe·ten *ww* [speette, h. gespeet] aan een speet rijgen *meerv* van → spit[1]

spet·ten *ww* [spette, h. gespet] spatten maken

spet·ter *de (m)* [-s] ❶ → **spat** ❷ NN, spreektaal aantrekkelijke jonge vrouw of man ❸ sp, spreektaal zeer hard schot

spet·te·ren *ww* [spetterde, h. gespetterd] hevig spetten

speur·der *de (m)* [-s] ❶ iem. die naspoort ❷ opsporend politiebeambte

speu·ren *ww* [speurde, h. gespeurd] ❶ bespeuren ❷ nasporen: ★ ~ *naar de oorzaak van iets*

speur·hond *de (m)* [-en] ❶ jachthond die het wild opspoort ❷ hond door de politie afgericht op het opsporen van personen na eerst een voorwerp, waaraan de lucht hangt van de op te sporen persoon, geroken te hebben ❸ fig iem. die listig naspoort, detective

speur·neus *de (m)* [-neuzen] ❶ scherp reukorgaan ❷ iem. met een scherp reukorgaan ❸ schertsend uiterst nauwkeurig onderzoeker

speur·tocht *de (m)* [-en] → **tocht** (bet 2) met als doel iets te (onder)zoeken

speur·werk *het* ❶ opsporend werk van politie ❷ wetenschappelijk onderzoek, research

speur·zin *de (m)* aanleg en neiging tot nasporen

spic·ca·to [spiek-] (⟨It) *bijw* muz met springende strijkstok

spicht *de* [⟨-en] *inf* lang, dun persoon, vooral zo'n vrouw of meisje

spich·tig *bn* ❶ smal en puntig ❷ lang en dun

spie[1] *de* [spieën] bout, wig, pin

spie[2] *de (m) & het* NN, spreektaal cent

spie·den *ww* [spiedde, h. gespied] onderzoekend turen, loeren

spie·gat *het* [-gaten] → **spuigat**

spie·gel *de (m)* [-s] ❶ gladde plaat, vlak, hol of bol, van metaal of van spiegelglas, waaronder of waarop een dun spiegelend laagje metaal (bijv. zilver of aluminium) is aangebracht, welke plaat de lichtstralen weerkaatst ★ *iem. een* ~ *voorhouden* iem. zijn fouten of tekortkomingen laten zien ❷ fig wat een beeld, een afspiegeling geeft: ★ *het oog is of de ogen zijn de* ~ *van de ziel* ❸ vloeistofoppervlak ❹ achtersteven ❺ med gehalte van een stof in een vloeistof, bijv. in het bloed

spie·gel·beeld *het* [-en] ❶ afbeelding waarbij wat zich

eigenlijk links bevindt nu rechts is en omgekeerd: ★ *een foto in ~ plaatsen* ❷ beeld op de → **spiegel** (bet 1)
spie·gel·blank *bn* zo glad, zo blinkend als een → **spiegel** (bet 1)
spie·gel·bol *de (m)* [-len] grote bol met daarop kleine stukjes spiegel die bijv. hangt in discotheken of andere vermaaksgelegenheden als versiering
spie·gel·ei *het* [-eren] ❶ gebakken ei met heel gelaten dooier ❷ stok met ronde schijf, waarmee op een station het sein tot vertrek van een trein wordt gegeven
spie·ge·len I *ww* [spiegelde, h. gespiegeld] het licht terugkaatsen **II** *wederk* ❶ zich in een spiegel bekijken ❷ fig zich vergelijken met een ander en daar een voorbeeld aan nemen: ★ *zich ~ aan zijn broer* ★ *wie zich aan een ander spiegelt, spiegelt zich zacht* wie zich het lot van anderen voor ogen houdt, trekt daaruit voor zichzelf voordeel
spie·gel·ga·le·rij *de (v)* [-en] grote zaal waarvan de wanden bedekt zijn met grote spiegels
spie·gel·ge·vecht *het* [-en] schijngevecht
spie·gel·glad *bn* zeer glad
spie·gel·glas *het* [-glazen] gegoten en daarna geslepen glas
spie·gel·hars *de (m) & het* fijne hars voor strijkstokken
spie·ge·ling *de (v)* [-en] weerkaatsing
spie·gel·kast *de* [-en] kast met spiegels in de deuren
spie·gel·mees *de* [-mezen] NN koolmees
spie·gel·re·flex·ca·me·ra *de* ['s] fototoestel waarbij het invallende licht via een schuine (bij het afdrukken wegspringende) spiegel naar de zoeker gaat
spie·gel·ruit *de* [-en] ruit van spiegelglas
spie·gel·schrift *het* schrift dat in spiegelbeeld staat en met behulp van een spiegel te lezen is
spie·gel·te·le·scoop *de (m)* [-scopen] telescoop waarbij in plaats van lenzen spiegels gebruikt worden, spiegelkijker
spie·gel·vlak *het* [-ken] weerspiegelend vlak
spie·gel·zaal *de* [-zalen] zaal waarvan de wanden met spiegels bedekt zijn
spie·gel·zool *de* [-zolen] schoenzool die een andere geheel bedekt
spiek·brief·je *het* [-s] spiekpapiertje
spie·ken *ww* [spiekte, h. gespiekt] ❶ afkijken tijdens een les of een examen ❷ vluchtig, terloops inkijken
spiek·pa·pier·tje *het* [-s] ❶ briefje met aantekeningen waarvan tijdens een overhoring, repetitie of examen een ongeoorloofd gebruik wordt gemaakt ❷ schertsend briefje met notities als geheugensteuntje voor een redenaar e.d.
spie·le·rei [sjpielərai] *⟨Du⟩ de (m)* iets wat men voor zijn plezier doet, niet-ernstige bezigheid
spiel·ma·cher [sjpiel-, Duitse ch] *⟨Du⟩ de (m)* [-s] voetbal aanvallende middenveldspeler die het aanvalspatroon bepaalt
spier *de* [-en] ❶ ⟨in het lichaam⟩ vlezig, rekbaar weefsel, dat bewegingen mogelijk maakt ★ *geen ~ van zijn gezicht vertrekken* niets van zijn aandoeningen enz. laten blijken ❷ grassprietje
spier·bal *de (m)* [-len] balvormig samengetrokken spier, vooral in de bovenarm
spie·ring *de (m)* [-en] kleine zalmachtige vis, *Osmerus eperlanus eperlanus* ★ NN *~ uitwerpen om kabeljauw te vangen* een kleinigheid geven, zeggen enz. in de hoop dat de ander daarop met iets belangrijks zal reageren
spier·kracht *de* sterkte van de spieren
spier·maag *de* [-magen] dikwandige maag bij zaadetende vogels
spier·naakt *bn* geheel naakt
spier·pijn *de* [-en] pijn in de spieren, vooral ten gevolge van ongewone inspanning
spier·stel·sel *het* [-s] het geheel van spieren in een lichaam of een deel daarvan
spier·stuk *het* [-ken] rundvlees van de bil
spier·trek·king *de (v)* [-en] onwillekeurige krampachtige beweging van een spier
spier·wit *bn* zeer wit
spies *⟨Du⟩ de* [-en] ❶ speer ❷ puntig stuk hout of metaal waaraan stukjes vlees of groente worden geregen
spies·hert *het* [-en] hert met nog onvertakte horens
spiets *de* [-en] spies
spiet·sen *ww* [spietste, h. gespietst] met een spies doorsteken: ★ *stukjes kip ~*
spij·be·laar *de (m)* [-s] iem. die spijbelt
spij·be·len *ww* [spijbelde, h. gespijbeld] ❶ stiekem van school wegblijven ❷ bij uitbreiding zonder goed argument wegblijven van het werk, een vergadering e.d.
spij·ker *de (m)* [-s] ❶ metalen pen met kop ★ *zo hard als een ~* a) volkomen ongevoelig; b) onverzettelijk ★ vooral NN *de ~ op de kop slaan* het juiste treffen, precies zeggen waar het eigenlijk om gaat ★ *spijkers met koppen slaan* juiste, belangrijke dingen zeggen of doen, zakelijk en flink te werk gaan ★ *spijkers op laag water zoeken* vitten, op kleingeestige wijze kritiek leveren, gezochte bezwaren naar voren brengen ★ NN *een ~ in zijn kop hebben* hoofdpijn hebben na dronkenschap ❷ verkorting van voegspijker
spij·ker·band *de (m)* [-en] autoband met metalen nagels versterkt
spij·ker·bed *het* [-den] van naar boven gerichte spijkers voorzien vlak, waarop fakirs soms plaatsnemen
spij·ker·broek *de* [-en] ❶ broek met spijkerkopachtige versiersels aan naden en zakken ❷ bij uitbreiding broek gemaakt van denim
spij·ke·ren *ww* [spijkerde, h. gespijkerd] met spijkers bevestigen
spij·ker·hard *bn* ❶ zo hard als een spijker ❷ vooral fig onbuigzaam, meedogenloos, onvermurwbaar
spij·ker·jas·je *het* [-s] ❶ jasje met spijkerkopachtige

versiersels aan naden en zakken ❷ bij uitbreiding jasje gemaakt van denim

spij·ker·kop *de (m)* [-pen] het eind van de spijker waarop geslagen wordt

spij·ker·pak *het* [-ken] spijkerbroek en spijkerjasje samen gedragen, soms ook met een spijkervest erbij

spij·ker·schrift *het* oud Babylonisch-Assyrisch schrift waarvan de tekens zijn opgebouwd uit spijkervormige elementen

spij·ker·stof *de* populair denim

spij·ker·vast *bn* NN met spijkers bevestigd

spijl *de* [-en] verticale staaf in een hek e.d.

spijs[1], NN **spij·ze** (‹Lat› *de* [spijzen] voedsel ★ *verandering van ~ doet eten* verandering prikkelt de lust

spijs[2] (‹Lat› *de* ❶ gesmolten mengsel als grondstof bij het gieten van metaal ❷ weke massa als vulling van gebak, amandelpers ❸ metselspecie ❹ BN, spreektaal moes (van vruchten), ook als vulling of belegsel voor een taart, gebak e.d.

spijs·brij *de (m)* tot brij geworden voedsel in de maag

spijs·kaart, **spijs·lijst** *de* [-en] lijst met spijzen in een restaurant, menu

spijs·of·fer *het* [-s] voedsel als offer

spijs·olie *de* olie bij het bereiden van spijzen gebruikt

spijs·ver·te·ring *de (v)* het verteren van het voedsel tot stoffen die door het bloed opgenomen kunnen worden, digestie

spijs·ver·te·rings·ka·naal *het* het samenstel van buizen en lichaamsholten waarin de spijsvertering plaatsvindt

spijs·vet *het* [-ten] vet bij het bereiden van spijzen gebruikt

spijs·wet *de* [*meestal mv*], **spijswetten** godsdienstige voorschriften omtrent samenstelling en bereiding van voedsel

spijt (‹Oudfrans‹Lat› *de* gevoel dat men heeft als men beseft iets verkeerds te hebben gedaan, berouw, zelfverwijt, wroeging: ★ *~ van iets hebben* ★ *~ betuigen* ★ *ten ~ ondanks*: ★ *alle maatregelen ten ~ blijft de situatie bedroevend* ★ *het slechte weer ten ~ gingen wij een wandeling maken* ★ NN *~ hebben als haren op zijn hoofd* ergens vreselijk spijt van hebben ★ BN *tot ~ van wie 't benijdt* gezegd over iets waarvan men denkt dat niet iedereen het waardeert

spij·ten *ww* [speet, h. gespeten] verdriet, zelfverwijt veroorzaken: ★ *het spijt me dat ik u onrecht heb aangedaan*

spij·tig *bn* verdrietig, spijt veroorzakend

spijt·op·tant *de (m)* [-en] ❶ NN iem. die bij het onafhankelijk worden van Indonesië voor de Indonesische nationaliteit had geopteerd en dat later betreurde ❷ bij uitbreiding iem. die spijt heeft van een besluit

spijts *vz* BN, schrijftaal ondanks

spijt·stem·mer *de (m)* [-s] iem. die achteraf spijt heeft van de door hem uitgebrachte → **stem** (bet 3)

spij·ze *de* [-n] NN → **spijs**[1]

1185 spijkerkop–spindoctor

spij·zen *ww* [spijsde, h. gespijsd] ❶ te eten geven ❷ BN (een kas, fonds e.d.) van de nodige geldmiddelen voorzien, spekken, → **stijven**[2]: ★ *de kas ~*; financieren; subsidiëren

spij·zi·gen *ww* [spijzigde, h. gespijzigd] vero voedsel geven; **spijziging** *de (v)* [-en]

spikes [spaiks] (‹Eng› *mv* ❶ metalen punten onder door atleten gedragen sportschoenen om beter grip te krijgen op de grond ❷ bij uitbreiding dergelijke sportschoenen ❸ metalen punten op de banden van bij ijsspeedway gebruikte motoren

spik·kel *de (m)* [-s] vlekje, stipje op een ondergrond van een andere kleur: ★ *een blauwe rok met witte spikkels*

spik·ke·len *ww* [spikkelde, h. gespikkeld] spikkels maken op

spik·ke·lig *bn* met spikkels

spik·kel·tjes·kaas *de (m)* [-kazen] NN, spreektaal komijnekaas of nagelkaas

spik·splin·ter·nieuw *bn* geheel nieuw

spil I *de* [-len] ❶ as waarom iets draait ❷ fig degene, datgene waarom alles draait: ★ *zij is de ~ van een bedrijf* ❸ teamsport middelste speler van de middenlinie **II** *het* [-len] kaapstander

spil·func·tie [-funksie] *de (v)* [-s] sleutelrol, cruciale functie

spil·in·dex *de (m)* [-en] BN bepaalde stand van het indexcijfer die de aanpassing van de lonen en sociale uitkeringen bepaalt

spil·koers *de (m)* [-en] gemiddelde → **koers**[1] (bet 3)

spil·la·ge [-zjə] (‹Eng› *de (v)* handel wat bij de verzending verloren gaat uit kisten, balen enz.

spil·le·been [-benen] **I** *het* lang, dun been **II** *de* persoon met spillebenen

spil·le·leen *het* [-lenen] hist leen waarin ook vrouwen mochten opvolgen

spil·len *ww* [spilde, h. gespild] verspillen

spil·ziek *bn* verkwistend

spil·zucht *de* het spilziek-zijn

spin[1] *de* [-nen] ❶ geleed dier met acht poten, dat in zijn web vliegende insecten vangt of lopend insecten bespringt ★ *kwaad, nijdig als een ~* zeer kwaad, nijdig ❷ uit stevige, elastische draden bestaand voorwerp met haken, waarmee bagage op een imperiaal gebonden wordt

spin[2] (‹Eng› *de (m)* [-s] ❶ luchtv tolvlucht, vrille ❷ nat wenteling van elementaire deeltjes om hun as ❸ draaiende figuur bij het dansen

spi·naal (‹Lat› *bn* de ruggengraat betreffend

spin·ach·tig *bn* ❶ op een spin gelijkend ❷ behorende tot de spinnen: ★ *schorpioenen zijn spinachtige dieren*

spi·na·zie (‹Oudfrans› *de* soort bladgroente, *Spinacia oleracea*

spin·de (‹Lat› *de* [-n] etenskast, provisiekast

spin·del (‹Du› *het* [-s] klos waarom in spinnerijen het garen wordt gewonden

spin·doc·tor (‹Eng-Am› *de (m)* [-s] ‹in de politiek› mannetjesmaker, pr-functionaris die tracht de

spinet–spiritualisme

publieke opinie te beïnvloeden door een voorstelling van zaken te geven die gunstig is voor zijn partij of voor de politicus die hij vertegenwoordigt

spi·net *het* [-ten] muz meestal driehoekig, mechanisch aangetokkeld, op de klavecimbel lijkend muziekinstrument, vooral populair in de 17de en 18de eeuw, het eerst door G. Spinetti omstreeks 1500 te Venetië gebouwd

spin·huis *het* [-huizen] NN, hist tuchthuis waar veroordeelde vrouwen moesten spinnen of soortgelijk handwerk moesten verrichten

spin·ma·chi·ne [-sjienə] *de (v)* [-s] machine waarmee garens vervaardigd worden

spin·na·ker *(‹Eng) de (m)* [-s] zeilsport een bijzeil, een groot, bolgesneden jaagzeil dat aan een boom te loevert wordt uitgezet

spin·nen I *ww* [spon, h. gesponnen] ❶ draden vervaardigen uit wol, vlas, katoen, zijde enz. ★ *zijde bij iets* ~ er voordeel van hebben ❷ van draden samenstellen: ★ *de spin heeft een ingenieus web gesponnen* II *ww* [spinde, h. gespind] ❶ ⟨van een kat⟩ snorren ❷ op een hometrainer hard fietsen als vorm van fitnesstraining [spinde, is gespind] ❸ een tollende beweging maken ★ *de raceauto spinde in de bocht*

spin·nen·kop *de* [-pen] ❶ spin ❷ scheldwoord kattig vrouwspersoon

spin·nen·web *het* [-ben] ❶ net dat een spin maakt om vliegende insecten in te vangen ❷ fig daarop gelijkend samenstel: ★ *een ~ van wegen*

spin·ner¹ *de (m)* [-s] iem. die spint

spin·ner² *(‹Eng) de (m)* [-s] hengelsport draaiend kunstaas

spin·ne·rij *de (v)* [-en] garenfabriek

spin·ne·wiel *het* [-en] toestel met een groot wiel om met de hand te → **spinnen** (bet 1)

spin·nig *bn* kattig, bits

spin·nij·dig *bn* nijdig als een spin, d.w.z. zeer nijdig

spin-off *(‹Eng) de (m)* [-s] ❶ afgeleide toepassing ❷ afgeleid product: ★ *deze muziekencyclopedie is een ~ van een grote algemene encyclopedie*

spi·no·zis·me *het* leer van de Nederlandse wijsgeer Baruch de Spinoza (1632-1677), o.a. behelzende dat God en de natuur één zijn

spin·rag *het* spinnenwebdraden

spin·rok·ken *het* [-s] stok op het spinnewiel waaromheen de wol, het vlas enz. zit dat tot draden gesponnen moet worden

spin·sel *het* [-s] wat gesponnen is

spin·ster *de (v)* [-s] spinnende vrouw, spinnend meisje

spint¹ *het* het zachte hout buiten het hart en onder de bast van een boomstam

spint² *het* ❶ spinsel van een mijt, dat een plantenziekte veroorzaakt ❷ daardoor ontstane ziekte

spin·zen *ww* [spinsde, h. gespinsd] NN Barg begerig loeren: ★ *de kat spinsde naar het vogeltje* ★ *op iets zitten te* ~ iets graag willen hebben

spi·on *(‹Fr‹It) de (m)* [-nen] ❶ iem. die militaire of andere geheimen op slinkse wijze tracht te ontdekken ❷ vensterspiegeltje

spi·o·na·ge [-zjə] *(‹Fr) de (v)* het spioneren, het verspieden

spi·o·ne·ren *ww (‹Fr)* [spioneerde, h. gespioneerd] spieden, afloeren, als spion optreden

spi·on·kop *de (m)* [-pen] BN, voetbal luidruchtige supportersmenigte [naar de voormalige staantribune van de Engelse voetbalclub Liverpool (de *Kop*), die op zijn beurt is genoemd naar een plaats van een veldslag tijdens de Boerenoorlog in Zuid-Afrika]

spi·on·ne *de (v)* [-n en -s] vrouwelijke spion

spi·on·ne·tje *het* [-s] zie bij → **spion**, vooral bet 2

spi·raal *(‹Lat) de* [-ralen] ❶ kromme lijn, hetzij in het platte vlak of in de ruimte (schroeflijn), die zich vele malen om een vast punt heen windt ❷ metalen voorwerp in de vorm van de onder 1 genoemde lijn, spiraalveer; zie ook → **spiraaltje**

spi·raal·bin·ding *de (v)* [-en] gewonden metaaldraad aan de rug van een boek of schrift, waardoor het gemakkelijk plat kan liggen

spi·raal·ma·tras *de & het* [-sen] matras met spiraalveren

spi·raal·ne·vel *de (m)* [-s] spiraalvormig sterrenstelsel buiten de Melkweg

spi·raals·ge·wijs, spi·raals·ge·wij·ze *bijw* in de vorm van een spiraal

spi·raal·tje *het* [-s] ❶ kleine spiraal ❷ spiraalvormig, in de baarmoeder ingebracht voorbehoedmiddel

spi·raal·veer *de* [-veren] spiraalvormig gewonden metalen veer

spi·raal·vor·mig *bn* met de vorm van een spiraal

spi·raal·win·ding *de (v)* [-en] zie bij → **spiraal**

spi·rant *(‹Lat) de* [-en] taalk schuringsklank: s, z, f, v, ch en g

spi·rea *(‹Gr) de (m)* ['s] winterharde roosachtige heester met in pluimen of trossen bloeiende witte of rode bloempjes

spir·it [spirrit] *(‹Eng‹Lat) de (m)* geest, geestkracht, vuur: ★ *met veel* ~ *aan een nieuwe taak beginnen*

spi·ri·tis·me *(‹Eng) het* leer en praktijk van de spiritisten

spi·ri·tist *de (m)* [-en] iemand die gelooft dat door tussenkomst van een medium contact met de geesten van gestorvenen mogelijk is

spi·ri·tis·tisch *bn* betrekking hebbend op het spiritisme

spir·it·u·al [spirritjoe(w)əl] *(‹Eng‹Lat) de (m)* [-s] zie → **negrospiritual**

spi·ri·tu·a·li·ën *(‹Lat) mv* ❶ geestelijke aangelegenheden, geloofszaken ❷ gedistilleerde of alcoholische dranken, sterke drank

spi·ri·tu·a·lis·me *(‹Lat) het* wijsgerig stelsel dat het stoffelijk bestaan ontkennende, alles verklaart uit of terugbrengt tot de geest

spi·ri·tu·a·li·teit *(‹Fr‹Lat) de (v)* ❶ geestelijk wezen, onstoffelijkheid, onlichamelijkheid ❷ geestelijke levenshouding; bijzondere vorm van vroomheid bij verschillende kloosterorden

spi·ri·tu·eel *(‹Fr‹Lat) bn* ❶ geestelijk, onlichamelijk ❷ geestig; geestrijk, zinrijk

spi·ri·tuo·so [-toe(w)oo-] *(‹It) bijw muz* met geest en vuur

spi·ri·tus *(‹Lat) de (m)* niet voor consumptie geschikte alcohol

spi·ri·tus·drin·ker *de (m)* [-s] alcoholist die brandspiritus drinkt

spi·ri·tus·lamp *de* [-en] lamp brandend op spiritus

spi·ro·me·ter *(‹Lat-Gr) de (m)* [-s] toestel dat de hoeveelheid uitgeademde lucht meet, ter bepaling van de capaciteit van de longen

spit¹ *het* [speten, -ten] braadspit

spit² *het* plotseling opkomende pijn in de lenden

spi·tant *bn* BN ook bruisend, sprankelend, levendig

spits *(‹Du)* **I** *bn* ❶ puntig: ★ *een spitse boog* ❷ fig scherpzinnig, gevat: ★ *een ~ antwoord* **II** *de* [-en] ❶ puntig uiteinde: ★ *de ~ van een toren* ★ *op de ~ drijven* te ver doordrijven, escaleren ❷ hoofd, voorhoede, aanvalslinie ★ *zich aan de ~ stellen* aan het hoofd gaan staan, de leiding nemen **III** *de (m)* [-en] spitsspeler **IV** *de (m)* afkorting van → **spitsuren** **V** *de (m)* [-en] ❶ soort keeshond ❷ ★ *het (de) ~ afbijten* zich als eerste in het gevaar werpen

spits·baard *de (m)* [-en] puntig toelopende baard

spits·boef *de (m)* [-boeven] sluwe schelm

spits·bo·gen·stijl *de (m)* gotische stijl, bouwstijl waarin veel spitsbogen voorkomen

spits·boog *de (m)* [-bogen] in een punt eindigende boog

spits·broe·der *de (m)* [-s] BN, vero krijgsmakker; kameraad

spits·bur·ger *de (m)* [-s] NN bekrompen, kleinburgerlijk persoon

spit·sen *ww* [spitste, h. gespitst] ❶ opsteken ★ *de oren ~* a) ‹van dieren› de oorschelpen omhoog steken; b) fig ‹van mensen› scherp luisteren ❷ scherpen ★ fig: *de geest ~ op* scherp over iets denken ❸ ★ vooral NN *gespitst zijn op iets* iets met gespannen aandacht volgen: ★ *ik ben gespitst op veranderingen*

spits·hond *de (m)* [-en] soort keeshond

spit·sig *bn* vrij spits

spits·kool *de* [-kolen] koolsoort met spits toelopende krop, vroege witte kool

spits·muis *de* [-muizen] insectenetend zoogdiertje met een spitse snuit, familie Soricidae

spits·neus *de (m)* [-neuzen] persoon of dier met een spitse neus

spits·roe·de *de* [-n] ★ *spitsroeden lopen* a) vroeger militaire straf waarbij de gestrafte tussen twee rijen met puntige roeden slaande soldaten door moest lopen; b) fig aan scherpe kritiek van velen onderworpen worden; c) vandaar een zeer moeilijke taak moeten verrichten

spits·spe·ler *de (m)* [-s] sp aanvalsspeler

spits·tech·no·lo·gie *de (v)* BN geavanceerde technologie

spits·uren *mv* drukste uren van de dag, vooral wat het verkeer en elektriciteitsverbruik betreft

spits·vig·net [-vinjet] *het* [-ten] NN vignet als bewijs dat men de speciale heffing heeft betaald voor het rijden op bep. drukke verkeerswegen tijdens de spitsuren

spits·von·dig *bn* vernuftig, maar gezocht: ★ *een ~ argument*; **spitsvondigheid** *de (v)* [-heden]

spit·ten *ww* [spitte, h. gespit] ❶ graven, de grond omwerken ❷ fig grondig onderzoeken: ★ *~ in de geschiedenis van Oost-Vlaanderen*

spit·zen [sjpietsə(n)] *(‹Du) mv* balletschoenen met een stevige neus, waarmee men op de punten van de tenen kan dansen

spleen [splien] *(‹Eng‹Gr) het* eig lichte depressieve gemoedsgesteldheid waarbij men met zichzelf niet goed raad weet

spleet *de* [spleten] ❶ scheur; lange, smalle opening; barst: ★ *een ~ in een muur* ❷ inf vagina verl tijd van → **splijten**

spleet·oog [-ogen] **I** *het* spleetvormig oog **II** *de* iem. met spleetogen, scheldnaam voor iemand met een mongolenplooi, zoals een Chinees of een Japanner

splen·deur [splādùr] *(‹Fr‹Lat) de (v)* pracht, praal, luister

sple·ten *ww* verl tijd meerv van → **splijten**

splijt·baar *bn* ❶ gespleten kunnende worden ❷ vooral gebruikt kunnende worden voor atoomsplitsing

splij·ten *ww* [spleet, is & h. gespleten] ❶ vaneen scheuren, vooral in de lengterichting: ★ *de boomstam spleet* ❷ vaneen doen scheuren, vooral in de lengterichting: ★ *ik spleet de boomstam* ❸ fig verdeeldheid veroorzaken, doen ontstaan: ★ *deze acties spleten onze partij*

splij·tings·pro·duct *het* [-en] stof die overblijft na de kernsplijting van stoffen als uranium of plutonium

splijt·stof *de* [-fen] stof die gebruikt kan worden voor ontwikkeling van atoomenergie

splijt·zwam *de* [-men] ❶ eencellig organisme dat zich door splitsing vermenigvuldigt ❷ fig neiging tot, oorzaak van verdeeldheid

splin·ter *de (m)* [-s] scherp stukje hout, glas enz. ★ *de ~ zien in andermans oog en niet de balk in het eigen* (naar *Mattheus* 7: 3) kleine fouten in anderen opmerken en grote gebreken van zichzelf niet zien; zie ook → **Jan Splinter**

splin·ter·bom *de* [-men] versplinterde → **bom¹**, → **fragmentatiebom**

splin·te·ren *ww* [splinterde, h. & is gesplinterd] ❶ tot splinters maken ❷ tot splinters worden ❸ splinters afgeven: ★ *die plank splintert*

splin·ter·groep *de* [-en] heel kleine groep, veelal afgesplitst uit een grotere

splin·te·rig *bn* ❶ met splinters ❷ gemakkelijk splinterend
splin·ter·nieuw *bn* zeer nieuw
splin·ter·par·tij *de (v)* [-en] zeer kleine → **partij** (bet 3), veelal afkomstig uit een grotere
split[1] *het* [-ten] spleet, opening: ★ *een rok met een ~*
split[2] *het* steenslag, uitgestrooid over pas geasfalteerde wegen
split[3] *de* [-ten] bep. gymnastische stand, spreidzit
split·erw·ten [-ertə(n)] *mv* van de bast ontdane, gesplitste erwten
split·ge·vaar *het* waarschuwing voor automobilisten tegen opspringend → **split**[2]
split lev·el [-levvəl] *(<Eng) bn* op verschillende niveaus gebouwd, t.w. van delen van een huis die in elkaar overgaan
split·pen *de* [-nen] gespleten pennetje, dat door een gaatje gestoken wordt, waarna de twee helften omgebogen worden, als bevestigingsmiddel
split·screen [-skrien] *(<Eng) het* [-s] comput verdeling van het beeldscherm in twee of meer delen waarbinnen verschillende beelden zichtbaar zijn
split sec·ond [-sekkənd] *(<Eng) de (m)* [-s] fractie van een seconde
split·sen I *ww* [splitste, h. gesplitst] ❶ verdelen ★ *een boedel ~* ★ *atomen ~* uiteen doen vallen ❷ uit elkaar draaien: ★ *touw ~* ★ *iem. iets in de maag ~* iem. met iets onaangenaams opschepen II *wederk* zich in twee of meer delen verdelen: ★ *de weg splitst zich hier in tweeën* ★ *zich in groepen ~*
split·sing *de (v)* [-en] ❶ het splitsen ❷ scheiding, verdeling ❸ plaats waar een weg zich splitst in twee of meer andere wegen
split·sings·ak·te *de* [-n, -s] notariële akte waarbij een onroerend goed in afzonderlijke horizontale eigendommen wordt gesplitst
spoed *de (m)* ❶ snelle voortgang, snelheid van handelen: ★ *iets met ~ afhandelen* ; zie ook bij → **bekwaam**, → **haastig** ❷ afstand tussen twee opeenvolgende windingen van een schroefdraad
spoed·be·han·de·ling *de (v)* [-en] behandeling die direct moet plaatshebben
spoed·be·raad *het* beraad op zeer korte termijn i.v.m. een spoedeisende aangelegenheid
spoed·be·stel·ling *de (v)* [-en] zo snel mogelijke bezorging
spoed·cur·sus *de (m)* [-sen] zeer snelle opleiding
spoed·de·bat *het* [-ten] kamerdebat dat niet gepland was maar op korte termijn wordt ingelast in verband met een belangrijke, actuele kwestie: ★ *na de verloving van de kroonprins werd er een ~ gehouden*
spoed·ei·send *bn* waar haast bij is
spoe·den *wederk* [spoedde, h. gespoed] plechtig vlug gaan
spoed·ge·val *het* [-len] spoedeisende aangelegenheid: ★ *de arts is gebeld voor een ~* ★ BN *(de dienst) spoedgevallen* (de afdeling) eerste hulp, voor spoedeisende medische bijstand

spoe·dig *bn* ❶ op korte termijn, aanstonds, binnenkort: ★ *hij vertrekt al ~* ❷ met vaart, vlug: ★ *zo ~ mogelijk*
spoed·ope·ra·tie [-(t)sie] *de (v)* [-s] → **operatie** (bet 2) die direct uitgevoerd moet worden
spoed·op·na·me *de* [-n] onverwijlde opneming in een ziekenhuis
spoed·stuk *het* [-ken] ❶ NN poststuk dat snel bezorgd moet worden ❷ document (voorstel, rapport e.d.) dat snel besproken moet worden
spoed·ver·ga·de·ring *de (v)* [-en], **spoed·zit·ting** *de (v)* [-en] snel belegde vergadering bij bijzondere omstandigheden
spoel *de* [-en] ❶ klos waaromheen iets gewonden wordt, bijv. een film, geluids- of videoband e.d. ❷ weversklos, metalen garenklosje in een naaimachine ❸ met stroomgeleidende draad omwonden klos in elektrische apparaten, transistoren e.d.
spoel·bak *de (m)* [-ken] bak om iets in om te spoelen
spoel·drank *de (m)* [-en] drank om de mond of de keel te spoelen
spoe·len[1] *ww* [spoelde, h. gespoeld] op een spoel winden
spoe·len[2] *ww* [spoelde, h. & is gespoeld] ❶ in vloeistof reinigen: ★ *de borden ~* ★ *de keel ~* wat drinken ❷ stromen: ★ *het water spoelde over de kade* ❸ door stroming meevoeren: ★ *de Rijn spoelt het vuil naar de Noordzee* ❹ met de stroom van een vloeistof meegevoerd worden: ★ *het zand spoelde de afvoer in*
spoe·ling *de (v)* [-en] ❶ het spoelen ❷ afvalproduct van jeneverstokerijen als veevoer ★ *veel varkens maken de ~ dun* waar er veel zijn krijgt ieder maar een klein gedeelte
spoel·keu·ken *de* [-s] keuken (in een restaurant of hotel) voor de afwas
spoel·kom *de* [-men] wijde kom van aardewerk
spoel·ma·chi·ne [-sjienə] *de (v)* [-s] garenwinder
spoel·sel *het* [-s] vloeistof voor (mond)spoeling gebruikt
spoel·wa·ter *het* water waarin gespoeld is of waarmee gespoeld wordt
spoel·worm *de (m)* [-en] worm die in de darmen van mensen en dieren leeft: ★ *bij mensen leeft soms de ~ Ascaris lumbrocoides als parasiet*
spoet·nik *(<Russ: begeleider) de (m)* [-s] benaming van de eerste Russische kunstmatige aardsatellieten
spog *het* speeksel
spo·gen *ww* verl tijd meerv van → **spugen**
spoi·ler *(<Eng) de (m)* [-s] inrichting aan vliegtuigen en auto's waardoor de stroming van de lucht erlangs zo veranderd wordt dat zij de ligging vaster maakt, *vgl:* → **interceptor**
spo·ken *ww* [spookte, h. gespookt] ❶ rondwaren als een spook: ★ *de geest van een voorvader spookte in het slot* ❷ ‹van gedachten enz.› onophoudelijk terugkomen, woelen: ★ *die herinnering bleef in mijn hoofd ~* ★ *het spookt er* a) er zijn werkingen of

verschijningen van spoken waar te nemen; b) het gaat er wild, onstuimig toe
spo·ke·rij *de (v)* [-en] het spoken
spo·li·a·tie [-(t)sie] *(Fr<Lat) de (v)* [-s] NN, recht ❶ beroving, roof, plundering ❷ het te kwader trouw onttrekken van goederen
spo·li·ë·ren *(Fr<Lat) ww* [spolieerde, h. gespolieerd] NN beroven, uitplunderen, ontroven
spon¹ *de* [-nen] → **stop¹** (bet 1), tap
spon² *ww* verl tijd van → **spinnen**
spon·de *(<Oudfrans) de* [-n] plechtig bed
spon·dee *(<Lat)*, **spon·de·us** *(<Lat<Gr) de (m)* [-deeën] versvoet van twee lange lettergrepen
spon·de·isch *(<Lat<Gr) bn* ❶ van de aard van een spondee ❷ uit spondeeën bestaand
spon·gat *het* [-gaten] gat in een vat voor de spon
spon·nen *ww* verl tijd meerv van → **spinnen**
spon·ning *de* [-en] langwerpige gleuf waarin iets past, bijv. in een venster waarin een ruit wordt geplaatst
spons *(<Oudfrans) de* [-en *en* sponzen] ❶ tot de stam Porifera behorend en in kolonies op de bodem van de zee levend primitief dier zonder mond of organen ❷ skelet van zo'n kolonie, dat veel water opzuigt en gebruikt wordt bij het schoonmaken ★ BN *de ~ over iets vegen* de spons over iets halen, bereid zijn iets te vergeten ★ BN ook *de ~ erover* zand erover, laten we het maar vergeten en er niet meer over praten ❸ een dergelijk gebruiksvoorwerp van een andere stof: ★ *een rubberen ~*
spons·ach·tig *bn* als een spons: ★ *~ materiaal*
spon·sen *ww* [sponste, h. gesponst], **spon·zen** [sponsde, h. gesponsd] met een spons afvegen
spon·sig *bn* → **sponzig**
spon·sor [-sər] *(<Eng<Lat) de (m)* [-s] persoon of instelling die radio- of televisieprogramma's, sportclubs-, evenementen e.d. financiert (met reclamedoeleinden)
spon·so·ren *ww* [-sə-] [sponsorde, h. gesponsord] als sponsor optreden
spons·rub·ber *de (m) & het* sponsachtige rubber
spons·vis·ser *de (m)* [-s] iem. die sponsen opvist
spon·taan *(<Fr<Lat) bn* ❶ uit een opwelling voortkomend, niet uitgelokt: ★ *een ~ gejuich* ❷ geneigd zijn opwellingen meteen te volgen, ongedwongen: ★ *een ~ karakter* ❸ niet door uitwendige oorzaken teweeggebracht: ★ *spontane genezing*
spon·ta·ni·teit, **spon·ta·ne·i·teit** *(Fr) de (v)* ❶ het spontaan-zijn ❷ ongedwongen gevoelsuiting
spon·zen *ww* [sponsde, h. gesponsd] → **sponsen**
spon·zig, **spon·sig** *bn* sponsachtig
spoof [spoef] *(<Eng) de (m)* [-s] persiflage van een film
spoog *ww* verl tijd van → **spugen**
spook *het* [spoken] ❶ rondwarende geest, vaak in een laken gehuld voorgesteld: ★ *er waart elke nacht een ~ in het kasteel* ★ *spoken zien* bang zijn voor niet-werkelijke gevaren ❷ schrikbeeld: ★ *het ~ van het internationale terrorisme* ❸ onaangenaam, akelig mens

spook·ach·tig *bn* als een spook, griezelig
spook·beeld *het* [-en] schrikbeeld
spook·dier *het* [-en] in Indonesië en op de Filippijnen voorkomend aapachtig diertje (geslacht *Tarsius*)
spook·ge·schie·de·nis *de (v)* [-sen] verhaal over spoken, griezelverhaal
spook·huis *het* [-huizen] ❶ huis waarin zich verschijnselen voordoen die de aanwezigheid van spoken doet vermoeden ❷ kermistent waarin men spookachtige effecten te zien krijgt
spook·rij·der *de (m)* [-s] automobilist die om onverklaarbare redenen op een autosnelweg tegen de verkeersrichting in rijdt
spook·sel *het* [-s] spook
spook·stad *de* [-steden] geheel verlaten stad
spook·uur *het* tijd waarop zich spookverschijningen voordoen, vooral 112 uur 's nachts
spook·ver·schij·ning *de (v)* [-en] ❶ rondwarend spook ❷ verschijning die de aanwezigheid van spoken doet vermoeden
spoor¹ *het* [sporen] ❶ het geheel van tekens waaraan de weg die iem. of iets gegaan is, te herkennen is, bijv. voet- of pootafdrukken, indrukken van een wiel enz.: ★ *het ~ van een vos volgen* ★ *de vandalen lieten een ~ van vernielingen achter* overal waar ze kwamen hadden ze dingen kapot gemaakt ★ *iemand op het ~ helpen* de richting aangeven waarin hij zoeken moet ★ *het ~ bijster zijn* de weg kwijt zijn ★ *iemand op het ~ zijn* weten waar men heen moet gaan om hem te vinden ★ *hij is vertrokken zonder een ~ achter te laten* zonder dat uit te maken is waarheen hij gegaan is ❷ fig overblijfsel ★ *er was geen ~ meer van te vinden* er was niets van over ★ *er waren nog sporen van zijn invloed te bemerken* ★ *in dit erts is een ~ van radium aangetoond* een kleine hoeveelheid ❸ stel rails, spoorlijn; deel van het station waar een trein aankomt en vertrekt: ★ *de intercity naar Nijmegen vertrekt van ~ 8* ; zie ook → **dubbelspoor**, → **smalspoor** ❹ trein: ★ *we gaan met het ~* ❺ spoorwegmaatschappij: ★ *hij werkt bij het ~* ❻ deel van een filmstrook waarop het geluid wordt geregistreerd, of van een magneetband of -schijf waarop informatie wordt vastgelegd, bijv. een geluids- of een videosignaal
spoor² *de* [sporen] ❶ puntig uitsteeksel, getand raadje aan de laars van ruiters ★ *een paard de sporen geven* door een prik met de sporen tot groter snelheid aandrijven ★ *zijn sporen verdiend hebben* zijn bekwaamheid getoond hebben ❷ puntig uitsteeksel aan de poot van een haan
spoor³ *(<Gr)* [sporen], **spo·re** *(<Gr) de* [-n] voortplantingsorgaan bij lagere planten
spoor·baan *de* [-banen] spoorweg
spoor·boek·je *het* [-s] vooral NN boekje met vertrek- en aankomsttijden van de treinen
spoor·boom *de (m)* [-bomen] → **boom¹** (bet 2) bij een spoorwegovergang

spoor·breed·te *de (v)* [-n, -s] zie bij → **spoorwijdte**
spoor·brug *de* [-gen] brug waarover treinen rijden
spoor·dijk *de (m)* [-en] dijk waarop een spoorlijn is aangelegd
spoor·kaart·je *het* [-s] bewijs dat men voor het vervoer in de trein betaald heeft
spoor·lijn *de* [-en] spoorweg
spoor·loos *bn* zonder een → **spoor¹** (bet 1) achter te laten: ★ ~ *verdwenen*
spoor·rail [-reel] *de* [-s] spoorstaaf
spoor·slags *bijw* meteen en gehaast: ★ ~ *vertrekken*
spoor·staaf *de* [-staven] ijzeren staaf waarover een trein loopt, rail
spoor·stu·dent *de (m)* [-en] student die per trein van zijn woonplaats naar de universiteit heen en weer reist
spoor·ver·bin·ding *de (v)* [-en] verbinding met de trein: ★ *er is een ~ tussen Zwolle en Emmen*
spoor·wach·ter *de (m)* [-s] iem. die een spoorwegovergang bewaakt
spoor·wa·gen, **spoor·wa·gon** *de (m)* [-s] treinwagen
spoor·weg *de (m)* [-wegen] weg met rails waarover treinen rijden
spoor·weg·be·amb·te [-amta] *de* [-n] iem. die in dienst is bij een spoorwegmaatschappij
spoor·weg·maat·schap·pij *de (v)* [-en] maatschappij die treinen laat rijden
spoor·weg·net *het* [-ten] net van spoorwegen
spoor·weg·on·ge·luk *het* [-ken] ongeluk waarbij een of meer treinen betrokken zijn
spoor·weg·over·gang *de (m)* [-en] plaats waar een weg de spoorbaan kruist
spoor·weg·sta·king *de (v)* [-en] staking van spoorwegbeambten
spoor·wijd·te *de (v)* [-n, -s] afstand tussen de rails, spoorbreedte
spoor·zoe·ken *ww & het* (het) herkennen en volgen van sporen (→ **spoor¹**, bet 1) (als oefening voor padvinders of als spel)
spoor·zoe·ker *de (m)* [-s] iem. die goed sporen, vooral van dieren, kan herkennen
spoot *ww* verl tijd van → **spuiten**
spo·ra·disch ⟨*FrGr*⟩ *bn* verstrooid, hier en daar, buiten verband (voorkomend), op zich zelf staande, niet algemeen heersend: ★ ~ *komen deze vogels voor*
spo·re ⟨*Gr*⟩ *de* [-n] → **spoor³**
spo·ren *ww* [spoorde, h. & is gespoord] ❶ vooral BN met de trein reizen ❷ ★ *de auto spoort niet* de achterwielen van de auto lopen niet in een rechte lijn met de voorwielen ❸ vooral NN, fig passen bij: ★ *deze plannen sporen niet met het regeringsbeleid* ❹ NN, spreektaal gek zijn, niet goed bij het hoofd zijn: ★ *die jongen spoort niet*
spo·ren·ele·ment *het* [-en] chemisch element dat in slechts kleine hoeveelheden noodzakelijk is voor de groei en instandhouding van alle organismen, zoals bijv. zink, koper, mangaan en kobalt
spo·ren·plant *de* [-en] plant die zich door sporen voortplant
spor·ke·boom *de (m)* [-bomen] NN vuilboom
sport¹ *de* [-en] ❶ trede van een ladder ❷ dwarsstuk tussen de poten van een stoel
sport² ⟨*Eng*⟩ *de* ❶ ontspanning door lichaamsoefening, bezigheid met een spel (denksporten inbegrepen): ★ *aan ~ doen* ❷ [*mv:* -en] bep. oefeningen of een bep. spel, al dan niet in competitieverband beoefend, soms als beroep: ★ *aan een ~ doen* ★ *iets voor de ~ doen* voor de spanning of het genoegen: ★ *voor de ~ iets uit een winkel meepikken*
sport·ar·ti·kel *het* [-en] wat men bij de beoefening van een sport nodig heeft
sport·be·richt *het* [-en] mededeling over sportwedstrijden
sport·blad *het* [-bladen] aan sport gewijd tijdschrift
sport·bond *de (m)* [-en] organisatie waaraan individuen en / of verenigingen die zich aan een bep. tak van sport wijden, zijn aangesloten
sport·broek *de* [-en] korte, makkelijk bij het beoefenen van een sport gedragen broek
sport·club *de* [-s] vereniging waarvan de leden een bep. tak van sport beoefenen
spor·ten *ww* [sportte, h. gesport] aan sport doen, sport beoefenen
spor·ter *de (m)* [-s] sportbeoefenaar
sport·fiets *de* [-en] licht gebouwde fiets
sport·hal *de* [-len] grote zaal voor indoorsporten
sport·hart *het* [-en] vergroot hart, meestal als gevolg van overmatige sportbeoefening
sport·hemd *het* [-en] overhemd met een slappe kraag
spor·tief ⟨*Fr*⟩ *bn* ❶ de sport betreffend: ★ *sportieve prestaties* ❷ van de geest van de sport bezield, sportlievend: ★ *sportieve jongeren* ❸ in overeenstemming met de geest van de sport, fair: ★ ~ *paste hij de bal naar de tegenstander* ★ *zijn sportieve plicht doen* zijn best blijven doen tijdens een sportwedstrijd, als het resultaat ervan niet meer van belang is voor het team of de sportman, om de tegenstander niet te bevoordelen ❹ ⟨van kleding⟩ makkelijk zittend en vlot
spor·tie·ve·ling *de (m)* [-en] veelal iron sportief persoon, iem. die veel aan sport doet
spor·ti·vi·teit ⟨*Fr*⟩ *de (v)* [-en] het sportief-zijn
sport·jour·na·list [-zjoer-] *de (m)* [-en] journalist die in een krant of tijdschrift over sport schrijft
sport·keu·ring *de (v)* [-en] keuring op lichamelijke geschiktheid voor een bep. sport
sport·kle·ding *de (v)* kleding om sport in te beoefenen
sport·kous *de* [-en] (wollen) kniekous
sport·lei·der *de (m)* [-s] leraar in sport en gymnastiek buiten schoolverband
sport·lief·heb·ber *de (m)* [-s] iem. die veel aan sport doet en / of graag naar sportwedstrijden kijkt
sport·man *de (m)* [-nen, -lieden, -lui] beoefenaar van een sport

sport·nieuws *het* sportuitslagen enz.
sport·pa·leis *het* [-leizen] grote sporthal
sport·ru·briek *de (v)* [-en] afdeling in een tijdschrift voor sportnieuws
sport·school *de* [-scholen] instituut waar men m.b.v. speciaal daartoe ontworpen apparatuur zijn lichamelijke conditie verbetert
sport·team [-tiem] *het* [-s] groep die in een sportwedstrijd tegen een andere groep speelt
sport·ter·rein *het* [-en] veld waarop sport beoefend wordt
sport·uit·sla·gen *mv* uitslagen van sportwedstrijden
sport·ver·dwa·zing *de (v)* overdreven belangstelling voor sport, overschatting van de waarde ervan
sport·ver·eni·ging *de (v)* [-en] sportclub
sport·vis·ser *de (m)* [-s] iem. die met een hengel vissen vangt uit liefhebberij
sport·vis·se·rij *de (v)* visserij met een hengel voor eigen genoegen
sport·vlie·ger *de (m)* [-s] vliegtuigbestuurder voor eigen genoegen
sport·vlieg·tuig *het* [-en] klein, licht vliegtuig
sport·vrouw *de (v)* [-en] beoefenaarster van een sport
sport·wa·gen *de (m)* [-s] lichte, snelle auto, meestal tweepersoons
sport·wed·strijd *de (m)* [-en] wedstrijd in een bepaalde tak van sport, match
sport·we·reld *de* kringen van sportbeoefenaars
spot[1] *de (m)* het belachelijk maken van iemand of iets ★ *de ~ met iemand of iets drijven* hem of het belachelijk maken
spot[2] *(‹Eng)* *de (m)* [-s] korte reclameboodschap in de bioscoop of op de televisie
spot[3] *(‹Eng)* *de (m)* [-s] ❶ spotlight ❷ lamp of bep. type lampenkap voor het projecteren van een lichtbundel
spot·dicht *het* [-en] hekeldicht
spo·ten *ww* verl tijd meerv van → **spuiten**
spot·goed·koop *bn* zeer goedkoop
spot·koop·je *het* [-s] *NN* bijzonder voordelige koop of aanbieding
spot·lach *de (m)* spottende lach
spot·light [-lait] *(‹Eng)* *het* [-s] lichtbundel op een klein vlak, klein zoeklicht, kleine schijnwerper
spot·lust *de (m)* lust tot spotten
spot·naam *de (m)* [-namen] naam waarmee men iemand of iets bespot
spot·prent *de* [-en] prent die iets of iemand belachelijk voorstelt, karikatuur
spot·prijs *de (m)* [-prijzen] verbazend lage prijs
spot·schrift *het* [-en] geschrift waarin iemand of iets bespot wordt
spot·ten[1] *ww* [spotte, h. gespot] iets of iem. belachelijk maken
spot·ten[2] *ww* *(‹Eng)* [spotte, h. gespot] systematisch observeren of fotograferen uit liefhebberij: ★ *vliegtuigen ~*
spot·ten·der·wijs, **spot·ten·der·wij·ze** *bijw* als spot, niet ernstig gemeend
spot·ter[1] *de (m)* [-s] iem. die spot (→ **spotten**[1])
spot·ter[2] *(‹Eng)* *de (m)* [-s] iem. die spot (→ **spotten**[2])
spot·ter·nij *de (v)* ❶ het spotten ❷ [*mv*: -en] spottend gezegde
spot·vo·gel *de (m)* [-s] ❶ inheems zangvogeltje, geelachtig gekleurd, dat een levendige, zeer afwisselende zang heeft, *Hippolais icterina* ❷ spotter
spot·ziek *bn* geneigd tot spotten
spot·zucht *de* sterke neiging tot spotten
spouw *de* [-en] ruimte tussen twee binnenwanden van een dubbele muur tegen de kou
spouw·muur *de (m)* [-muren] dubbele muur met tussenruimte
SPQR *afk* Senatus Populusque Romanus
spraak *de* ❶ het vermogen om te spreken ❷ wijze van spreken ★ *NN de derde man brengt de ~ aan* brengt het gesprek op gang; zie ook: → **sprake**
spraak·cen·trum *het* plaats in de hersenen van de zenuwen van de spraakorganen
spraak·ge·brek *het* [-breken] gebrek waardoor men niet in staat is een taal adequaat uit te spreken: ★ *stotteren en slissen zijn spraakgebreken*
spraak·ge·bruik *het* gewone wijze van zeggen: ★ *het alledaagse ~*
spraak·her·ken·ning *de (v)* het kunnen 'begrijpen' van gesproken taal door een computer
spraak·klank *de (m)* [-en] naam voor de geluiden die bij het spreken in de spraakorganen worden gevormd, in schrift bij benadering door letters voorgesteld
spraak·kunst *de (v)* [-en] leer en regels van een bepaalde taal, grammatica
spraak·kun·stig *bn* van, betreffende de spraakkunst
spraak·le·raar *de (m)* [-raren, -s], **spraak·le·ra·res** *de (v)* [-sen] iem. die spraakles geeft
spraak·les *de* [-sen] les in het op de juiste wijze spreken
spraak·ma·kend *bn* waarover veel gesproken wordt: ★ *een ~ interview* ★ *de spraakmakende gemeente* a) de taalgebruikers die invloed hebben op het algemene taalgebruik; b) de mensen die invloed hebben op de algemene opinie
spraak·or·gaan *het* [-ganen] orgaan gebruikt bij het spreken: de stembanden, de tong, de lippen enz.
spraak·stoor·nis *de (v)* [-sen] stoornis in het gebruik van de spraakorganen
spraak·syn·the·se [-sinteezə] *de* het via een computerprogramma voortbrengen van spraak
spraak·ver·mo·gen *het* het vermogen om te spreken
spraak·ver·war·ring *de (v)* ❶ het niet begrijpen van elkaars taal ★ *de Babylonische ~* verwarring in de spraak van de torenbouwers van Babylon, als straf voor hun hoogmoed (*Genesis* 11: 1-9) ❷ *fig* chaos door het niet begrijpen van elkaars woordgebruik, door tegenstrijdigheden in berichten, bevelen e.d.
spraak·wa·ter *het* schertsend sterke drank (die spraakzaam maakt) ★ *vooral NN veel ~ hebben* steeds

maar praten
spraak·wa·ter·val *de (m)* [-len] schertsend ❶ woordenvloed ❷ iem. die druk praat
spraak·zaam *bn* graag en veel sprekend; **spraakzaamheid** *de (v)*
sprak *ww* verl tijd van → **spreken**
spra·ke *de* spraak ★ *er is ~ van...* ...komt voor: ★ *er is sprake van taalachterstand bij allochtone leerlingen* ★ *ter ~ brengen* in bespreking doen komen ★ *ter ~ komen* in bespreking komen ★ *geen ~ van* a) dat gebeurt niet; b) er is niets van waar
spra·ke·loos *bn* stom van verbazing: ★ *hij stond ~ bij zulke brutaliteit*; **sprakeloosheid** *de (v)*
spra·ken *ww* verl tijd meerv van → **spreken**
sprank *de* [-en] ❶ vonk ★ *een sprankje hoop* een beetje hoop ❷ toevoerkanaal van de waterleiding
spran·ke·len *ww* [sprankelde, h. gesprankeld] vonken doen rondspringen; ook fig: ★ *sprankelend vernuft*
spray [spree(j)] *⟨Eng⟩ de (m)* [-s] ❶ verstuiver, spuitbus, vaporisator ❷ vloeistof die door een verstuiver verspreid wordt
spread·sheet [sprèdsjiet] *⟨Eng⟩ de (m)* [-s] computerprogramma dat werkt met een tweedimensionale matrix, d.w.z. opgebouwd uit rijen en kolommen
spreek·beurt *de* [-en] beurt om in het openbaar wat te zeggen: ★ *een ~ houden op school over paarden*
spreek·buis *de* [-buizen] ❶ buis waarin men spreekt ter versterking van het geluid ❷ fig persoon, krant enz. die de mening van anderen verkondigt
spreek·cel *de* [-len] telefoonhokje
spreek·ge·stoel·te *het* [-n, -s] verhoogde plaats in een zaal, waarop een redenaar staat
spreek·hoorn *de (m)* [-en en -s], **spreek·ho·ren** [-s] ❶ hoorn die hardhorenden aan het oor houden als men tot hen spreekt ❷ hoorn waardoor men spreekt, bijv. megafoon
spreek·ka·mer *de* [-s] kamer waarin men personen ontvangt voor een korte bespreking of behandeling (bij een arts, notaris e.d.)
spreek·koor *het* [-koren] ❶ groep die in koor spreekt ❷ het in koor gesprokene: ★ *er klonken veel spreekkoren op die manifestatie*
spreek·oe·fe·ning *de (v)* [-en] oefening in het goed spreken
spreek·stal·mees·ter *de (m)* [-s] iem. die in circussen de nummers aankondigt
spreek·ster *de (v)* [-s] ❶ vrouw die, meisje dat een toespraak houdt ❷ woordvoerster
spreek·taal *de* taal zoals men die gebruikt in dagelijkse gesprekken; *tegengest:* → **schrijftaal**
spreek·ta·lent *het* [-en] redenaarstalent
spreek·tijd *de (m)* [-en] tijd die men voor spreken mag gebruiken
spreek·trant *de (m)* manier van spreken
spreek·trom·pet *de* [-ten] spreekbuis in de vorm van een trompet
spreek·uur *het* [-uren] uur waarin iemand, bijv. een dokter, dierenarts e.d., te consulteren is zonder voorafgaande afspraak
spreek·vaar·dig *bn* gemakkelijk, vlot kunnende spreken; **spreekvaardigheid** *de (v)*
spreek·ver·bod *het* [-boden] ❶ verbod om in het openbaar te spreken ❷ verplichting tot zwijgen over een bepaalde aangelegenheid
spreek·wijs [-wijzen], **spreek·wij·ze** *de* [-n] ❶ zegswijze ❷ wijze van spreken
spreek·woord *het* [-en] kernachtig, soms rijmend volksgezegde, waarin een algemene waarheid of wijze les is uitgedrukt, zoals: *Oost west, thuis best*
spreek·woor·de·lijk *bn* als, van een spreekwoord, algemeen bekend: ★ *Timboektoe is een ~ verafgelegen oord*
spreeuw *de* [-en] zangvogel met gespikkelde veren (*Sturnus vulgaris*)
spreeu·wen·nest *het* [-en] nest van een spreeuw
sprei *de* [-en] bedkleed over de lakens en dekens
sprei·den *ww* [spreidde, h. gespreid] ❶ uitgespreid neerleggen, uitleggen: ★ *een laken over een bed ~* ★ *zijn bedje is gespreid* fig zijn toekomst is verzekerd ❷ gelijkmatig verdelen over een bep. periode: ★ *de vakanties ~* ❸ uit elkaar doen: ★ *de benen ~*
sprei·ding *de (v)* het verdelen over verschillende plaatsen of tijden: ★ *de ~ van de vakanties*
spreid·licht *het* floodlight
spreid·sprong *de (m)* [-en] sprong met gespreide benen
spreid·stand *de (m)* [-en] wijdbeens staande houding
spreid·voet *de (m)* [-en] voet waarvan het voorste gedeelte zich verbreedt
spreid·zit *de (m)* gymnastiek stand met de beide benen in rechte lijn gespreid en het bovenlijf rechtop, spagaat
spre·ken *ww* [sprak, h. gesproken] ❶ gedachten en gevoelens in woorden uiten ★ *Engels ~* de Engelse taal beheersen ★ *hij is niet te ~* men kan niet met hem spreken omdat hij bezet of afwezig is ★ *hij was niet / erg slecht te ~ (over)* zeer ontevreden (over) ★ *dat spreekt vanzelf* dat behoeft geen toelichting ★ *~ is zilver, zwijgen is goud* spreken kan goed zijn, zwijgen is vaak nog beter ❷ een toespraak houden: ★ *hij wil op het jubileum ~* ❸ een onderhoud hebben met: ★ *ik moet de directeur ~* ❹ NN ⟨van honden⟩ blaffen: ★ *hoe spreekt-ie dan?* ❺ zich uiten: ★ *met de ogen ~*
spre·kend *bn* ❶ pretend ★ *sprekende film* geluidsfilm; *tegengest: stomme film* ❷ een treffende gelijkenis vertonend: ★ *een ~ portret* ❸ helder, sterk afstekend: ★ *sprekende kleuren*
spre·ker *de (m)* [-s] iem. die spreekt of die een toespraak houdt ★ *ik sluit me bij de vorige ~ aan* ik heb dezelfde mening als degeen die voor mij sprak
spre·kers·hoek *de (m)* [-en] plaats in de open lucht waar iedereen vrijelijk zijn mening kan uiten
spreng *de* [-en] ondergrondse verzamelplaats voor water, vooral ten behoeve van waterleiding

spren·gen *ww* [sprengde, h. gesprengd] NN, vero in druppels vallen, licht besproeien

spren·kel *de* [-s] ❶ spattende druppel ❷ vlekje van andere kleur op een oppervlak

spren·ke·len *ww* [sprenkelde, h. gesprenkeld] vloeistof in druppels laten vallen, licht besproeien; **sprenkeling** *de (v)* [-en]

spreuk *de* [-en] ❶ wijsheid in een standaardformulering; ❷ *Spreuken (van Salomo)* een van de boeken van het Oude Testament

spriet *de (m)* [-en] ❶ dunne stengel, blaadje gras e.d. ❷ reukorgaan op de kop van insecten, voelhoorn ❸ rondhout waaraan het zeil bevestigd is ❹ *meestal verkl*: *sprietje* klein, dun sigaartje, dat de vorm heeft van een sigaret ❺ inf dun, spichtig persoon, vooral meisje

spriet·an·ten·ne *de* [-s] sprietvormige antenne, vooral voor kortegolfontvangst, gebruikt bij draagbare radio's, autoradio's, portofoons, bij modelbesturing e.d.

sprie·ten·plant *de* [-en] plantensoort *Chlorophytum comosum variegatum*, zie bij → **chlorophytum**

sprie·tig *bn* erg dun, erg mager

spriet·je *het* [-s] zie bij → **spriet** (bet 4)

spring·ader *de* [-s] ader waaruit water ontspringt, bron

spring·bak *de (m)* [-ken] ❶ matras waarin grote springveren op planken aan de onderkant bevestigd zijn ❷ atletiek met zand gevulde bak waarin verspringers en hink-stap-springers na hun sprong terechtkomen

spring·bal·se·mien *de* [-en] plant uit het geslacht *Impatiens* met roze of rode bloemen, waarvan de vruchten bij aanraking soms openschieten waardoor het zaad wegspringt

spring·bok *de (m)* [-ken] ❶ middelgrote antilope in Zuidelijk Afrika (*Antidoreas marsupialis*), nationaal symbool van Zuid-Afrika ❷ → **bok**[1] (bet 3)

spring·box *de (m)* [-en] bed met matras op onderstel met binnenvering

spring·bron *de* [-nen] bron waarvan het water uit de grond springt

spring·con·cours [-koers] *de (m) & het* [-en] paardensport wedstrijd voor springruiters

sprin·gen *ww* [sprong, h. & is gesprongen] ❶ zich met kracht van de grond verheffen: ★ *hij heeft 2,20 meter hoog gesprongen* ★ *zij is over het hek gesprongen* ★ *je kunt hoog of laag ~, het gebeurt niet* wat je ook probeert, er komt niets van in ; zie ook bij → **bocht**[1] en → **band**[1] ❷ plotseling en / of met kracht te voorschijn komen: ★ *de tranen sprongen hem in de ogen* ★ *het stoplicht sprong op rood* ★ *eruit ~ in* gunstige zin opvallen ★ *dat springt in het oog* dat valt dadelijk op ★ *zitten te ~ om iets* iets dringend nodig hebben ★ *staan te ~ om te* met ongeduld het moment afwachten om iets te kunnen gaan doen ★ *erop (in) ~* erop in haken ❸ plotseling openbreken, barsten, exploderen: ★ *een gesprongen waterleiding* ★ *haar lippen zijn gesprongen* er zijn barstjes in gekomen ★ *op ~ staan* a) dreigen te exploderen, failliet te gaan e.d.; b) inf nodig moeten urineren; c) ⟨van een huwelijk of verhouding⟩ op het punt staan verbroken, ontbonden worden ❹ fig failliet gaan: ★ *de bank is gesprongen*

sprin·ger *de (m)* [-s] iem. die springt

sprin·ge·rig *bn* ❶ geneigd tot springen, beweeglijk, niet rustig ❷ fig zonder samenhang van het ene op het andere onderwerp overgaande ❸ alle kanten uit schietend: ★ *~ haar*

spring·haas *de (m)* [-hazen] klein knaagdier (*Pedetes capensis*), levend in Zuidelijk en Oost-Afrika

spring-in-'t-veld *de (m)* [-en, -s] levendig kind

spring·ke·ver *de (m)* [-s] kniptor

spring·la·ding *de (v)* [-en] ontplofbare inhoud

spring·le·vend *bn* nog levend, kerngezond en ongedeerd: ★ *~ klom hij uit het autowrak*

spring·ma·tras *de & het* [-sen] matras met springveren

spring·muis *de* [-muizen] lid van een knaagdierfamilie met sterk ontwikkelde achterpoten, levend in grassteppen en woestijnen in Afrika, Azië en Europa

spring·net *het* [-ten] sterk net om van grote hoogte springende of vallende mensen op te vangen

spring·paard *het* [-en] paard dat geoefend is in het springen over hindernissen

spring·plank *de* [-en] ❶ verende plank bij gymnastiek, zwemmen enz. gebruikt ❷ fig middel om hogerop te komen

spring·pro·ces·sie *de (v)* [-s] processie op derde pinksterdag te Echternach (Luxemburg) gehouden, waarbij de deelnemers telkens drie passen naar voren en daarna twee naar achteren springen

spring·rui·ter *de (m)* [-s] beoefenaar van paardensport in springconcoursen

spring·schans *de* [-en] stellage gebruikt bij het skispringen en skivliegen

spring·stof *de* [-fen] ontplofbare stof, explosief

spring·tij *het* [-en] sterk getij kort na volle en nieuwe maan

spring·touw *het* [-en] touw gebruikt bij het touwtjespringen

spring·tuig *het* [-en] BN ook explosief (bet. II), ontplofbaar voorwerp, zoals een bom, een granaat

spring·uur *het* [-uren] BN ook tussenuur, vrij uur tussen lesuren

spring·veer *de* [-veren] ❶ springende → **veer**[1] (bet 2) in een → **slot** (bet 1) ❷ spiraalveer in een matras

spring·ve·ren *bn* met springveren erin: ★ *een ~ matras*

spring·vloed *de (m)* [-en] bijzonder hoge vloed tijdens springtij

spring·vorm *de (m)* [-en] bakblik met een opstaande rand, die losgemaakt kan worden

spring·zaad *het* plantengeslacht uit de Balsemienfamilie waarvan de soort *groot ~* (*Impatiens noli-tangere*) met gele, grote hangende bloemen in het wild in Nederland en België voorkomt

spring·zeil *het* [-en] zeil om van grote hoogte springende of vallende mensen op te vangen; *vgl*: → **springnet**

sprink·haan *de (m)* [-hanen] rechtvleugelig insect met sterke achterpoten, soms in zeer grote zwermen in woestijnen voorkomend

sprink·ler *(‹Eng› de (m))*, **sprink·ler·in·stal·la·tie** *de (v)* [-s] sproeier, blusinrichting die automatisch in werking treedt bij overschrijden van een bepaalde temperatuur

sprint *(‹Eng› de (m))* [-en, -s] ❶ wedloop of ren over korte afstand ❷ zeer snel afgelegde korte afstand: ★ *een sprint naar de finish* ★ *even een sprintje trekken om te bus te halen*

sprin·ten *ww (‹Eng›)* [sprintte, h. & is gesprint] ❶ een wedren over korte afstand houden ❷ een kort traject snel afleggen: ★ *naar de tram* ~ ★ *door de laatste paar honderd meter naar de finish te sprinten won hij de etappe*

sprin·ter *(‹Eng› de (m))* [-s] ❶ hardloper of -rijder over korte afstanden ❷ iem. die korte afstanden zeer snel kan afleggen ❸ NN snelle trein voor korte trajecten

sprits *(‹Du› de)* [-en] soort droog gebak, waarbij het deeg op de bakplaat wordt gespoten

sprit·sen *ww (‹Du›)* [spritste, h. gespritst] spuiten

sproei·en *ww* [sproeide, h. gesproeid] door een sproeier bespuiten

sproei·er *de (m)* [-s] dop met kleine gaatjes, waardoor de vochtstraal in fijne druppeltjes verdeeld wordt

sproei·kop *de (m)* [-pen] kop van een watersproeier met gaatjes waardoor het water in druppels verdeeld wordt

sproei·wa·gen *de (m)* [-s] wagen die de straten nat sproeit

sproet *de* [-en] bruin pigmentvlekje op een blanke huid

sproe·tig, **sproe·te·rig** *bn* met sproeten

spro·ke *de* [-n] middeleeuws vertellend gedicht, ernstig van inhoud

sprok·kel *de (m)* [-s] afgebroken takje

sprok·ke·laar *de (m)* [-s] ❶ iem. die sprokkelt ❷ fig verzamelaar van bijzonderheden, gedichten enz.

sprok·ke·len *ww* [sprokkelde, h. gesprokkeld] ❶ afgevallen hout verzamelen ❷ meer algemeen verzamelen, vergaren: ★ *punten bijeen* ~

sprok·kel·hout *het* gesprokkeld hout

sprok·kel·maand *de* februari

sprong¹ *de (m)* [-en] ❶ het springen, springbeweging ★ *met sprongen omhoog gaan* snel en in grote stappen omhoog gaan: ★ *de aandelenkoersen gaan met sprongen omhoog* ★ vooral NN *op stel en* ~ *meteen, terstond* ★ *een* ~ *in het duister* iets gewaagds of onzekers ★ NN, fig *rare / vreemde sprongen maken* buitensporige dingen doen *of* allerlei listen bedenken om zich ergens uit te redden ❷ beentje uit de achterpoot van een haas

sprong² *ww*, **spron·gen** *verl tijd van* → **springen**

sprong·been *het* [-deren] een van de beentjes in de voetwortel (*os talus*)

spron·ge·wricht *het* [-en] gewricht tussen onderbeen en voet

sprong·ser·vice [-sù(r)vis] *de (m)* [-s] volleybal harde service waarbij de bal vanuit een sprong wordt geslagen

sprongs·ge·wijs, **sprongs·ge·wij·ze** *bn* met sprongen, niet vloeiend: ★ ~ *veranderen*

sprook·je *het* [-s] ❶ meestal kort volksverhaal dat uit de verbeelding is ontsproten en geen verband houdt met historische gebeurtenissen en waarin fantastische figuren optreden als kabouters, reuzen, elfen e.d. ❷ bij uitbreiding onzinnig verhaal, verzinsel: ★ *nu zit je me sprookjes te vertellen*

sprook·jes·ach·tig *bn* als in een sprookje, wonderlijk mooi: ★ *een* ~ *landschap*

sprook·jes·boek *het* [-en] boek met sprookjes

sprook·jes·fi·guur *het* [-guren] uit de verbeelding ontsproten figuur die veel in sprookjes optreedt, zoals een kabouter, een reus, een elf e.d.

sprook·jes·land *het*, **sprook·jes·we·reld** *de* mooie, onwerkelijke wereld, zoals in sprookjes beschreven wordt

sproot *ww*, **spro·ten** *verl tijd van* → **spruiten**

sprot *de (m)* [-ten] haringachtig zeevisje, *Sprattus sprattus*

spruit *de* [-en] ❶ loot, uitloper van een plant ❷ fig kind, afstamming ❸ zijtak van een buis ❹ ‹in Zuid-Afrika› riviertje ★ *spruiten zie bij* → **spruitjes**

sprui·ten *ww* [sproot, is gesproten] ❶ loten schieten ❷ voortkomen, afstammen: ★ *ze sproot uit een aanzienlijk geslacht*

spruit·jes, **sprui·ten** *mv* groente van spruitkool, bestaande uit kleine kropjes

spruit·kool *de* [-kolen] koolsoort waarvan de spruiten als groente worden gegeten

spruit·stuk *het* [-ken] stuk van een buis of leiding, waarin een zijtak geplaatst kan worden

spruw *de* schimmelziekte in de mond

spu·gen *ww* [spoog, h. gespogen; *ook* spuugde, h. gespuugd] spuwen

spui·en *ww* [spuide, h. gespuid] ❶ water lozen ❷ uiten wat men gevoelt of weet: ★ *zijn drift* ~, *kennis* ~

spui·gat *het* [-gaten] scheepv rond gat in de dekrand om het water weg te laten lopen ★ *het loopt de spuigaten uit* het is te erg

spui·sluis *de* [-sluizen] ❶ spuidok ❷ sluis voor het op peil houden van een kanaal

spuit *de* [-en] ❶ werktuig waarmee men spuit (→ **spuiten**, bet 1 en 3) ★ NN ~ *elf geeft weer modder* dat stuk onbenul zegt weer eens wat doms ❷ NN, schertsend paraplu ❸ soldatentaal geweer; zie ook → **spuitje**

spuit·bus *de* [-sen] → **bus**¹ (bet 1) waaruit de inhoud fijn verdeeld gespoten kan worden

spui·ten *ww* [spoot, h. & is gespoten] ❶ vloeistof of zachte stof met kracht door een buis of slang persen: ★ *slagroom op een taart* ~ ★ *een auto* ~ er met een spuit lak op aanbrengen ❷ met kracht te voorschijn komen: ★ *het water spoot uit de gesprongen leiding* ❸ zich door injectie een drug toedienen ❹ vloeistof met kracht uit zich laten stromen: ★ *de fontein spuit niet meer*

spui·ter *de (m)* [-s] ❶ iem. die spuit (→ **spuiten**, bet 3) ❷ oliebron waar met kracht, ongecontroleerd olie uit spuit

spuit·fles *de* [-sen] fles waaruit de vloeistof gespoten kan worden

spuit·gast *de (m)* [-en] brandweerman die een brandspuit bedient

spuit·je *het* [-s] ❶ kleine spuit; injectiespuitje ❷ inspuiting, injectie: ★ *een* ~ *tegen de mazelen*

spuit·mees·ter *de (m)* [-s] opzichter van de spuitgasten

spuit·poep *de (m)* NN, spreektaal diarree, slingerschijt

spuit·wa·ter *het* mineraalwater waarin koolzuur opgelost is, water met prik

spuit·werk *het* ❶ het bespuiten met verf, lak enz. ❷ opgespoten lak, verf enz.

spul *het* [-len] ❶ materiaal, stof, verschillende goederen, artikelen e.d.: ★ *wat moet(en) dat* ~ / *die spullen kosten?* ★ *dat is lekker* ~ ❷ gedoe, geharrewar ❸ groep personen, vooral kinderen: ★ *het hele* ~ *ging naar de speeltuin*

spul·len·baas *de (m)* [-bazen] NN, vero baas van een kermistent

spur·rie *de* op → **muur**² gelijkend gewas, gebruikt als veevoeder (*Spergula*)

spurt ⟨*Eng*⟩ *de (m)* [-en, -s] plotselinge sterke inspanning, vooral aan het eind van een wedstrijd, om de tegenstander vóór te komen, sprint

spur·ten *ww* ⟨*Eng*⟩ [spurtte, h. gespurt] ❶ in de laatste ogenblikken van een snelheidswedstrijd alle krachten inspannen om te winnen, sprinten ❷ grote vaart zetten

sput·te·ren *ww* [sputterde, h. gesputterd] ❶ telkens een spuitend, borrelend geluid maken: ★ *een sputterende motor* ❷ zijn ontevredenheid uiten, morren ❸ BN, spreektaal ⟨van de economie enz.⟩ stagneren ❹ ⟨*Eng*⟩ benaming voor een methode om dunne laagjes metaal op iets aan te brengen d.m.v. gasontlading

spu·tum ⟨*Lat*⟩ *het* med slijm dat bij het hoesten wordt opgegeven

spuug *het* speeksel

spuug·le·lijk *bn* vooral NN erg lelijk

spuug·lok *de* [-ken] vooral NN afhangende, vettige haarlok over het voorhoofd

spuug·zak *de (m)* [-ken] kotszak

spuug·zat *bn* ★ vooral NN, spreektaal *ik ben het* ~ *ik ben het meer dan beu, het hangt me de keel uit*

spu·wen *ww* [spuwde, h. gespuwd] ❶ speeksel of ander vocht uit de mond stoten ★ *op iem* of *iets* ~ diep verachten ❷ braken, overgeven ★ *van iets moeten* ~ er een hevige afkeer van hebben

spy·ware [spaiwè(r)] *de* ⟨*Eng*⟩ comput software die ongemerkt op een computer of systeem wordt geïnstalleerd om het computer- en internetgebruik te bespioneren

SQL *afk* Structured Query Language [gestructureerde zoektaal voor de formulering van zoekvragen aan relationele databases]

squad·ron [skwoddrən] ⟨*Eng⟨It*⟩ *het* [-s] ❶ escadrille, afdeling gevechtsvliegtuigen ❷ afdeling lichte zeestrijdkrachten

square [skwè(r)] ⟨*Eng: vierkant*⟩ *bn* traditioneel, ouderwets, stijf-vormelijk ★ ~ *dance* dans waarbij de deelnemers in een vierkant opgesteld staan

squash [skwosj] ⟨*Eng*⟩ *het* zaalsport met twee personen waarbij een zachte bal tegen een muur moet worden geslagen

squash·baan [skwosj-] *de* [-banen] kleine zaal voor het spelen van squash

squashen *ww* [skwosjə(n)] ⟨*Eng*⟩ [squashte, h. gesquasht] squash spelen

squat·ter [skwotta(r)] ⟨*Eng*⟩ *de (m)* [-s] ❶ eerste nederzetter op onontgonnen land, kolonist, fokker, veefokker ❷ dakloze die in een leegstaand gebouw trekt, kraker

squaw [skwà] ⟨*Eng⟨Algonkin, een Noord-Amerikaanse indianentaal*⟩ *de (v)* [-s] Noord-Amerikaanse indiaanse vrouw

Sr *afk* symbool voor het chemisch element *strontium*

Sr. *afk* ❶ sieur ⟨*Fr*⟩, signore ⟨*It*⟩, señor ⟨*Sp*⟩ [senior] ❷ Soeur [(vóór de naam) Zuster]

Sra·nan, Sra·nan·ton·go [-ɣoo] *het* inheemse taal van Suriname

Sri Lan·kaan *de (m)* [-kanen] iem. geboortig of afkomstig uit Sri Lanka

Sri Lan·kaans *bn* van, uit, betreffende Sri Lanka

SS *afk* ❶ Schutzstaffel ⟨*Du*⟩ [paramilitaire organisatie tijdens het nazibewind] ❷ stoomschip ❸ Surface to Surface ⟨*Eng*⟩ [aanduiding voor een type vernietigingsraket dat vanaf de grond gelanceerd wordt en gericht is op zich op de grond bevindende zaken]

SS'er *de (m)* [-s] lid van de → **SS** (bet 1)

SST *afk* in België Samenwerkingsverband Sociale Tewerkstelling

s.s.t.t. *afk* salvis titulis [met weglating van titels]

St. *afk* ❶ Sint ⟨*Lat*⟩ ❷ Sanctus ⟨*Fr⟨Eng*⟩ ❸ Saint

st¹, sst *tsw* geluid om tot stilte aan te manen

st² *afk* stère 1 m³

st. *afk* ❶ stuiver ❷ sterling ❸ stuks

s.t. *afk* salvo titulo [met weglating van de titel]

sta *zn* ★ NN, vero *te* ~ *komen* → **stade**

staaf *de* [staven] langwerpig voorwerp van uiteenlopend materiaal: ★ *een* ~ *ijzer, banket e.d.*

staaf·di·a·gram *het* [-men] diagram waarbij de gegevens in kolommen worden weergegeven

staaf·goud *het* goud in de vorm van staven

staaf·lan·taarn, **staaf·lan·ta·ren** *de* [-s] lange, cilindervormige elektrische lantaarn

staaf·mag·neet *de (m)* [-neten] staafvormige magneet

staaf·vor·mig *bn* de vorm van een staaf hebbend

staak *de (m)* [staken] ❶ paal, lange, dunne stok ❷ schertsend lang, mager persoon ❸ lang, dun been; lange, dunne arm

staakt-het-vu·ren *het* ophouden met schieten: beëindiging van de actieve oorlogshandelingen

staal¹ *(‹Oudfrans) het* [stalen] ❶ kleine hoeveelheid van iets als proef, monster ❷ lapje stof ❸ voorbeeld: ★ *de goochelaar liet wat staaltjes van zijn kunnen zien* ★ *daar kan ik je een sterk staaltje van vertellen* een bijna ongeloofwaardig verhaal

staal² *het* ❶ harde, koolstof bevattende ijzersoort ❷ voorwerp, vooral wapen van staal: ★ *het moordend ~* ❸ NN ijzerhoudend geneesmiddel

staal·be·ton *het* gewapend beton

staal·blauw *bn* blinkend blauw als staal

staal·boek *het* [-en] → **stalenboek**

staal·bor·stel *de (m)* [-s] borstel van staaldraad

staal·bron *de* [-nen] bron met ijzerhoudend water

staal·draad *als stof: de (m) & het, als voorwerp: de (m)* [-draden] draad van staal

staal·drank *de (m)* [-en], **staal·drup·pels** *mv* NN staal bevattend drankje

staal·gra·vu·re *de* [-s, -n] ❶ op staal gegraveerde plaat ❷ afdruk daarvan

staal·hard *bn* zo hard als staal

staal·kaart *de* [-en] ❶ kaart met monsters van verschillende stoffen ❷ fig bonte mengeling: ★ *een ~ van politieke activisten*

staal·ka·bel *de (m)* [-s] kabel van staaldraad

staal·mees·ter *de (m)* [-s] vroeger lakenkeurder

staal·pil *de* [-len] NN staal bevattende pil

staal·plaat *de* [-platen] ❶ plaat van staal ❷ staal in platen

staal·wol *de* poeder van fijn verdeeld staaldraad (schuurmiddel)

staan *ww* [stond, h. gestaan] ❶ in opgerichte houding zijn, op voeten of poten rusten ★ *achter iem. ~ hem steunen* ★ *staande blijven* in stand blijven *of* in dezelfde stand, op dezelfde hoogte blijven ★ *zich staande houden* zich handhaven, niet ten onder gaan ★ *iets staande houden* een bewering handhaven ★ *hij staat voor niets* hij deinst voor niets terug, durft alles ★ *op zichzelf ~* niet afhankelijk zijn of gesteund worden door anderen, geen verband houden met andere dingen ★ *dat staat of valt met...* het succes is geheel afhankelijk van... ★ *laten ~* iets niet eten of drinken wat geserveerd is ★ NN spreektaal *voor lul (joker) ~* een raar figuur slaan ❷ zijn: ★ *in bloei ~* ★ *ter beschikking ~* ★ *in betrekking ~ tot iemand* ★ *verbaasd ~ over iets* ★ *hoe ~ de zaken?* ★ *dat staat te bezien* dat is nog niet zeker ★ *ergens buiten ~* er geen deel aan hebben, er niet in gemengd worden ★ *in het krijt ~* zie bij → **krijt** (bet 1) ★ *zeggen waar het op staat* zonder omhaal de waarheid, de hoofdzaak vertellen ; zie ook bij → **mannetje** ❸ zich bevinden: ★ *wat staat er boven het eerste hoofdstuk?* ★ *zijn portret staat in de krant* ★ NN *dat staat in mijn maag* dat eten valt zwaar ❹ stilstaan, niet (meer) in beweging zijn: ★ *tot ~ brengen* ★ *tot ~ komen* ❺ de taak zijn van: ★ *wat staat ons te doen* ★ *nu staat het aan hem de zaak in het reine te brengen* ❻ juist gereed zijn om: ★ *het staat op springen* ★ *op het punt ~ om...* ❼ streven naar ★ *iemand naar het leven ~* van plan zijn hem te doden ❽ zijn werkkring hebben: ★ *dominee A. staat te Utrecht* ❾ kleden, passen: ★ *hoe staat die jas me?* ★ *dat staat je niet mooi, dat geliegt* ❿ zich verhouden: ★ *a staat tot b, als c staat tot d* ⓫ kosten: ★ *het kwam hem duur te ~* ★ *op ontvoering staat 9 jaar (gevangenis)* ★ *er staat hem heel wat te wachten* hij zal straf, een moeilijke taak e.d. krijgen ⓬ ★ *~ op* eisen: ★ *hij staat erop dat het zo gebeurt* ⓭ gericht zijn op: ★ *de wind staat op de voorkant* ★ *mijn hoofd staat er niet naar* ik ben er niet voor in de stemming ⓮ ★ *~ op* berekend worden voor: ★ *er staat 25 euro boete op* ★ *er staat een zware straf op*

staand *bn* ❶ rechtopstaand ❷ niet veranderend ★ *een staande uitdrukking* een algemeen bekende, vaste zegswijze ❸ stilstaand: ★ *~ water* ❹ steeds in dienst: ★ *een ~ leger* ❺ vastzittend ★ *~ want* de touwen die de masten enz. steunen, en dus altijd strak gespannen staan ❻ voor het wild staan blijvend: ★ *een staande hond* ❼ ★ *~ rijm* zie bij → **rijm¹** ❽ ★ *op staande voet* zie bij → **voet**; zie ook bij → **magistratuur**

staan·de **I** *vz* tijdens, gedurende: ★ *~ de vergadering* **II** *bn* ★ *~ blijven, houden* zie bij → **staan** (bet 1)

staan·der *de (m)* [-s] ❶ verticaal staand voorwerp waarop iets rust, stander, standaard: ★ *de ~ van een fiets* ❷ ★ *Duitse ~* hoogbenige, bruinachtige staande jachthond met hangende oren ❸ doelpaal

staan·geld *het* [-en] ❶ betaling voor een standplaats ❷ waarborgsom, o.a. voor iets wat men van een ander in leen heeft, statiegeld

staan·plaats *de* [-en] plaats waar men kan staan (bij manifestaties, sportwedstrijden e.d.)

staar *(‹Du) de* oogziekte waarbij, door vertroebeling van de lens, het gezichtsvermogen vermindert ★ *grauwe* of *grijze ~ staar* bij ouderdom, cataract ★ *groene ~* glaucoma ★ *zwarte ~* volkomen blindheid

staart *de (m)* [-en] ❶ afhangend of uitstaand achtereinde bij verschillende dieren ★ *met de ~ tussen de benen* a) beschaamd; b) teleurgesteld; c) bevreesd ★ *'m op zijn ~ trappen* zich haasten, vaart maken ; zie ook bij → **aal** en → **duivel** ❷ lange haarlok die bovenaan bijeengebonden is ❸ afhangend uiteinde, bijv. touw met proppen aan een vlieger, lichtende streep aan een komeet enz. ❹ uitstekend achterstuk: ★ *de ~ van een vliegtuig* ❺ NN rest: ★ *er is nog een staartje wijn in deze fles* ❻ gevolgen: ★ *dat zaakje zal wel een staartje hebben* ; zie ook bij → **muis** en → **hond** ❼ fig laatste stuk, onderste deel van een rangschikking e.d.: ★ *Sparta staat in de ~ van de competitie* ❽ houten constructie aan de achterzijde van een bovenkruier

staart·balk *de (m)* [-en] balk die niet van muur tot muur loopt, maar, halverwege onderbroken, op een dwarsbalk steunt

staart·been *het* [-deren, -benen] stuitbeen

staart·bij·ten *ww & het* (het) elkaar in de staart bijten door in kleine ruimten opgesloten varkens

staartdeling *de (v)* rekenwijze voor deelsommen waarbij een soort staart ontstaat

staart·klok *de* [-ken] soort ouderwetse hangklok

staart·let·ter *de* [-s] letter waarvan een gedeelte onder de regel uitsteekt, zoals g, j, p

staart·licht *het* [-en] licht aan de staart van een vliegtuig

staart·loos *bn* zonder staart: ★ *de staartloze manxkat*

staart·mees *de* [-mezen] soort mees met een heel lange staart, *Aegithalos caudatus*

staart·mo·len *de (m)* [-s] kleine watermolen, die zich door een als een staart afhangend windbord in de goede richting stelt om door de wind bewogen te worden

staart·pen *de* [-nen] staartveer

staart·pruik *de* [-en] pruik met een afhangende vlecht

staart·ster *de* [-ren] komeet

staart·stuk *het* [-ken] ❶ stuk vlees van de staart ❷ achterstuk van een vliegtuig, kanon e.d. ❸ ⟨van strijkinstrumenten⟩ plaatje op de kast waaraan de snaren zijn bevestigd

staart·veer *de* [-veren] veer uit een vogelstaart

staart·vin *de* [-nen] vin aan de staart van een vis

staart·vis *de (m)* [-sen] BN, cul zeeduivel: ★ *~ dankt zijn naam aan het feit dat hij meteen na de vangst wordt onthoofd*

staart·vlak *het* [-ken] vlak aan de staart van een vliegtuig

staart·wer·vel *de (m)* [-s] elk van de onderste of achterste wervels van de ruggengraat

staart·wiel *het* [-en] wiel onder de staart van een vliegtuig

staat *de (m)* [staten] ❶ toestand: ★ *in goede ~* ★ *in slechte ~* ★ *~ van beleg* oorlogstoestand waarbij het hoogste gezag berust bij de militaire autoriteiten ★ *de echtelijke ~* het huwelijk ★ *in kennelijke ~ van dronkenschap* duidelijk beschonken ★ *in alle staten* in hevige opwinding; zie ook: → **burgerlijk** ★ BN *in ~ van gewijsde zijn* niet meer vatbaar zijn voor bestrijding met de gewone rechtsmiddelen ❷ vereiste toestand, gelegenheid ★ *in ~ zijn om...* ★ *iemand in ~ stellen iets te doen* ★ *tot alles in ~ zijn* nergens voor terugdeinzen ❸ stuk grondgebied met de daarop wonende bevolking dat zich onder het gezag van een soevereine regering bevindt; zie ook bij → **raad** ❹ stand, rang; waardigheid: ★ *een hoge ~ voeren* ❺ ★ in Nederland *Gedeputeerde Staten* uit de Provinciale Staten gekozen groep, belast met het dagelijks bestuur en de uitvoering van de door de Provinciale Staten (zie bij → **provinciaal**) genomen besluiten ★ in Nederland *de Staten-Generaal* de Eerste en Tweede Kamer ❻ overzicht, lijst: ★ *een ~ aanleggen* ★ *een ~ van dienst* opsomming hoe lang, waar, in welke functie enz. men in dienst geweest is ❼ berekening ★ *~ op iets kunnen maken* erop kunnen rekenen

staat·huis·houd·kun·de *de (v)* economie

staat·huis·houd·kun·dig *bn* van, betreffende, volgens de staathuishoudkunde, economisch

staat·huis·houd·kun·di·ge *de* [-n] beoefenaar(ster) van de staathuishoudkunde, econoom

staat·kun·de *de (v)* ❶ leer van het staatsbestuur ❷ praktische toepassing van die leer, politiek

staat·kun·dig *bn* van, betreffende, volgens de staatkunde, politiek ★ *staatkundige kaart* geografische kaart waar de landsgrenzen goed tot uiting komen

staat·loos *bn* geen staatsburgerschap bezittend, stateloos

staats *bn* NN, hist van de Algemene Staten, Nederlands, tegenover: Spaans; later: antistadhouderlijk; *vgl:* → **staatsgezind**

staats·al·ma·nak *de (m)* [-ken] NN almanak met gegevens omtrent bestuur, onderwijs, rechtspraak enz.

staats·ama·teur *de (m)* [-s] sportbeoefenaar die officieel als amateur bij een internationale bond is ingeschreven, maar wiens training en levensonderhoud geheel door de staat worden bekostigd (vooral gebruikt ten tijde van de Koude Oorlog m.b.t. sporters uit het Oostblok); **staatsamateurisme** *het*

staats·ambt *het* [-en] (hoog) ambt in staatsdienst

staats·amb·te·naar *de (m)* [-s, -naren] ambtenaar in staatsdienst

staats·bank·roet *het* onvermogen van een staat om te voldoen aan zijn geldelijke verplichtingen

staats·be·drijf *het* [-drijven] overheidsbedrijf

staats·be·gro·ting *de (v)* [-en] begroting van de inkomsten en uitgaven van de staat voor het komende jaar

staats·be·lang *het* [-en] wat in het belang is van de staat

staats·be·leid *het* regeringsbeleid

staats·be·moei·ing *de (v)* [-en] overheidsbemoeiing

staats·be·sluit *het* [-en] regeringsbesluit

staats·be·stel *het* inrichting van het staatsbestuur

staats·be·stuur *het* [-sturen] de regering van een land

staats·be·trek·king *de (v)* [-en] betrekking in dienst van de staat

staats·be·wind *het* staatsbestuur

staats·be·zoek *het* [-en] officieel bezoek van een staatshoofd aan een ander staatshoofd; *vgl:* → **staatsiebezoek**

Staats·blad *het* [-bladen] ★ in Nederland, vroeger *~ van het Koninkrijk der Nederlanden* door de regering uitgegeven blad, waarin wetten en regeringsbesluiten worden gepubliceerd (sinds juli 2009 alleen nog via internet) ★ in België *het Belgisch* ~ blad waarin alle wetten en besluiten worden gepubliceerd (sinds januari 2003 alleen nog via internet)

staats·bon *de (m)* BN obligatie uitgegeven door de staat

Staats·bos·be·heer *het* in Nederland rijksinstelling belast met het toezicht en onderhoud van aan de staat behorende bossen

staats·bur·ger *de (m)* [-s], **staats·bur·ge·res** *de (v)* [-sen] iem. die burgerrechten heeft in een staat

staats·bur·ger·lijk *bn* van een staatsburger

staats·com·mis·sie *de (v)* [-s] commissie door de regering ingesteld met een bepaalde opdracht

staats·con·tro·le [-tròlə] *de* toezicht van de staat

Staats·cou·rant [-koe-] *de* ★ in Nederland, vroeger *Nederlandse* ~ door de regering uitgegeven krant met overheidsmededelingen en verslagen (sinds juli 2009 nog alleen via internet)

staats·die·naar *de (m)* [-naren, -s] (hooggeplaatst) staatsambtenaar

staats·dienst *de (m)* [-en] rijksdienst

staats·do·mein *het* [-en] aan de staat behorend onroerend goed

Staat·sen *mv* NN, hist Staatsgezinden

staats·exa·men *het* [-s] van staatswege afgenomen examen

staats·fonds *het* [-en] door de staat uitgegeven obligatie

staats·ge·heim *het* [-en] in het belang van de staat geheim gehouden zaak

staats·ge·vaar·lijk, **staats·ge·vaar·lijk** *bn* de staat in gevaar brengend: ★ *staatsgevaarlijke activiteiten*

staats·ge·zag *het* macht van de staat over het volk

staats·ge·zind *bn* NN, hist ❶ ‹tijdens de 80-jarige oorlog› tegen de Spaanse regering ❷ ‹tijdens de stadhouderlijke regering› tegen de regering door de stadhouders

staats·gods·dienst *de (m)* [-en] door de regering als de officiële aangenomen godsdienst: ★ *de islam is de ~ in Iran*

staats·greep *de (m)* [-grepen] snelle, gewelddadige machtswisseling in een staat, meestal uitgevoerd door militairen, coup (d'état)

staats·hoofd *het* [-en] iem. die de hoogste macht heeft in een staat of daarvan de voorstelling is, meestal een koning(in) of president

staat·sie (‹Oudfrans‹Lat) *de (v)* [bet 2, 3, -s] ❶ praal, pracht: ★ *veel ~ voeren* ❷ plechtige optocht, stoet

staat·sie·be·zoek *het* [-en] staatsbezoek met veel pracht en praal

staat·sie·fo·to *de* ['s] ❶ officiële foto van iemand in vol ornaat ❷ officiële foto van een groep hoogwaardigheidsbekleders

staat·sie·kleed *het* [-kleden, -kleren] praalgewaad

staat·sie·koets *de* [-en] praalrijtuig

staats·in·kom·sten *mv* geld dat een staat ontvangt

staats·in·men·ging *de (v)* het tussenbeide komen van de staat

staats·in·rich·ting *de (v)* [-en] ❶ organisatie van een staat ❷ schoolvak waar dit wordt onderwezen

staats·in·stel·ling *de (v)* [-en] ❶ iets wat van staatswege ingesteld is en bestuurd of beheerd wordt ❷ *vooral: staatsinstellingen* staatsinrichting

staats·ka·pi·ta·lis·me *het* economisch stelsel waarbij de overheid als investeerder en ondernemer optreedt

staats·kas *de* [-sen] schatkist

staats·kerk *de* [-en] door de regering als de officiële erkende kerk

staats·kos·ten *mv* ★ *op ~* door de staat betaald

staats·leer *de* staatkundige leer; leer van de staatsinrichting

staats·le·ning *de (v)* [-en] door de staat uitgeschreven lening

staats·lo·te·rij, **staats·lo·te·rij** *de (v)* [-en] door de staat gehouden loterij

staats·man *de (m)* [-lieden] iem. die een plaats van betekenis inneemt in de regering of volksvertegenwoordiging

staats·mijn *de* [-en] NN aan de staat behorende kolenmijn

staats·mo·no·po·lie *het* [-s, -liën] aan de staat toegekend recht van alleenhandel of alleenproductie

staats·or·gaan *het* [-ganen] elk van de instellingen of lichamen waardoor de staat zijn besturende functie uitoefent

staats·pa·pier *het* [-en] obligatie van door een staat uitgegeven lening

staats·pen·sioen [-sjoen] *het* [-en] rijkspensioen

staats·prijs *de (m)* [-prijzen] door de staat toegekende prijs als erkenning van bijzondere verdiensten, vooral op letterkundig gebied

staats·raad *de (m)* [-raden] ❶ hoog college dat adviseert in staatszaken; in Nederland Raad van State ❷ lid van de Raad van State ❸ raadsman van een staatsbestuurder

staats·rai·son [-rèzõ] *het* beginsel dat de belangen van de staat voor alle andere - ook zedelijke - gaan (waardoor de staat alles is toegestaan, mits het uiteindelijke doel op rationele wijze wordt gediend)

staats·recht *het* het (dikwijls ongeschreven) recht regelende de onderlinge verhoudingen van de staatsorganen en de wijze waarop de wetgevende organen hun taak te vervullen hebben

staats·rech·te·lijk *bn* van, betreffende, volgens het staatsrecht

staats·re·ge·ling *de (v)* [-en] wijze van staatsbestuur

staats·ruif *de* schertsend schatkist als orgaan dat salarissen e.d. betaalt ★ *aan de ~ zitten* inkomsten van het rijk genieten, vooral als ambtenaar

staats·schuld *de* [-en] schuld die een staat heeft, meestal in de vorm van terug te betalen leningen

staats·se·cre·ta·ris *de (m)* [-sen] bewindsman die

onder verantwoordelijkheid van een minister een deel van diens taak overneemt, onderminister

staats·so·cia·lis·me [-sjaa-] *het* socialistisch stelsel, waarbij de regeling van het economische leven geheel bij de staat berust

staats·soe·ve·rei·ni·teit *de (v)* onbeperkt staatsgezag

staats·steun *de (m)* BN rijkssubsidie

staats·stuk *het* [-ken] NN ❶ op staatszaken betrekking hebbend officieel stuk ❷ obligatie in een staatslening

staats·vij·and *de (m)* [-en] ❶ vijand van de staat ❷ vooral fig iets wat het algemeen welzijn bedreigt of schaadt: ★ *milieuvervuiling (werkloosheid, criminaliteit e.d.) is ~ no. 1* het ergste, gevaarlijkste kwaad

staats·vorm *de (m)* [-en] wijze van inrichting van een regering, als *monarchie, republiek* enz.

staats·waar·borg *de (m)* BN garantie die de staat geeft voor de terugbetaling en het voldoen van de rente van een door derden aangegane lening, overheidsgarantie

staats·we·ge *zn* ★ *van ~* van de staat uitgaande

staats·wet *de* [-ten] besluit genomen door het wetgevend orgaan van de staat

staats·we·ten·schap *de (v)* [-pen] NN, vroeger wetenschap die bestudeert wat betrekking heeft op inrichting, bestuur enz. van een staat

staats·zaak *de* [-zaken] zaak die de regering betreft

staats·zorg *de* [-en] ❶ zorg voor, over de staat ❷ vooral fig zorg van de staat

sta·biel *(‹Lat) bn* ❶ bestendig, duurzaam: ★ *een ~ evenwicht* ❷ vast van evenwicht, niet wankelbaar: ★ *een stabiele gezondheid, persoonlijkheid* ❸ vast van toestand of grootte: ★ *stabiele prijzen*

sta·bij *(‹Fries) de* [-en] NN oorspronkelijk Friese, hoogbenige, langharige jachthond

sta·bi·li·sa·tie [-zaa(t)sie] *(‹Fr) de (v)* [-s] het stabielmaken

sta·bi·li·sa·tor [-zaa-] *(‹Fr) de (m)* [-s *en* -toren] ❶ wat dient om te stabiliseren ❷ ‹bij schepen› inrichting om schepen minder aan schommelingen onderhevig te doen zijn ❸ ‹bij auto's› inrichting om sterk overhellen in bochten tegen te gaan ❹ ‹in de chemie› stof die dient om chemische reacties van een andere stof tegen te gaan of te verhinderen

sta·bi·li·se·ren [-zee-] *(‹Fr) ww* [stabiliseerde, h. & is gestabiliseerd] ❶ stabiel, duurzaam, onveranderlijk maken ❷ laten voortduren ❸ stabiel worden

sta·bi·li·teit *(‹Fr) de (v)* ❶ bestendigheid, duurzaamheid, vastheid ❷ vaste ligging; vermogen tot terugkeer naar de evenwichtstoestand

sta·ca·ra·van [-kerrəvən] *de (m)* [-s] caravan met een vaste standplaats

stac·ca·to *(‹It)* I *bijw* muz afgebroken, zonder ineensmelting voor te dragen II *het* ❶ aldus te spelen passage ❷ fig ook m.b.t. het spreken gebruikt

stad *de* [steden] ❶ hist woongemeenschap die stadsrechten verkregen had ❷ thans min of meer grote woongemeenschap met aaneengesloten bebouwing ★ *de ~ van David* a) Bethlehem; b) Jeruzalem ★ *een dode ~* zie bij → **dood¹** ★ *de eeuwige ~* of *de ~ van de zeven heuvelen* Rome ★ *de heilige ~* zie bij → **heilig** ★ *~ en land aflopen* overal zoeken, overal proberen iets te krijgen ❸ bewoners, bestuur van een stad ❹ centrum van een stad, gezien als plaats waar veel inkopen worden gedaan: ★ *de ~ in gaan* ★ *dat heb ik in de ~ gekocht*

sta·de *zn*, **sta:** ★ NN, vero *te ~ komen* van pas komen

Stad·fries *het* NN het sterk door het Hollands beïnvloede Fries dat in de steden van Friesland gesproken wordt

stad·ge·noot, **stads·ge·noot** *de (m)* [-noten], **stad·ge·no·te**, **stads·ge·no·te** *de (v)* [-n] iem. die in dezelfde stad woont of daar geboren is

stad·hou·der *de (m)* [-s] NN, oorspr plaatsvervanger; hist bestuurder van één of meer Nederlandse gewesten

stad·hou·der·lijk, **stad·hou·der·lijk** *bn* NN met, door, van een stadhouder

stad·hou·der·loos *bn* NN zonder stadhouder: ★ *een ~ tijdperk*

stad·hou·der·schap *het* NN ❶ waardigheid van stadhouder ❷ tijd dat een stadhouder zijn ambt bekleedt

stad·huis *het* [-huizen] gemeentehuis in een stad

stad·huis·bo·de *de (m)* [-n *en* -s] boodschapper, bediende op het stadhuis

stad·huis·stijl *de (m)*, **stad·huis·taal** *de* omslachtige, vormelijke zinsbouw en deftige woordkeus

sta·die *(‹Gr) de (v)* [-diën] lengtemaat van 125 schreden (182 m) bij de oude Grieken

sta·dig *bn* → **gestadig**

sta·di·on *(‹Gr) het* [-s] ❶ door zitplaatsen en tribunes omgeven groot sportterrein ❷ hist loop- of renbaan in de oudheid

sta·di·um *(‹Lat‹Gr) het* [-dia, -s] periode, tijdperk, vooral tijdperk in een voortgaande ontwikkeling, bijv. van een ziekte

stads *bn* vooral NN van, als in een stad: ★ *stadse mensen; stadse gewoontes*

stads·beeld *het* [-en] uiterlijk van een stad

stads·be·schrij·ving *de (v)* [-en] beschrijving van een stad

stads·be·stuur *het* [-sturen] bestuur van een stad

stads·bi·bli·o·theek *de (v)* [-theken] openbare bibliotheek, van gemeentewege beheerd

stads·bus *de* [-sen] autobus voor het vervoer in de stad

stads·deel *het* [-delen] bestuurlijk deel van een grote stad

stads·deel·raad *de (m)* [-raden] NN bestuurslichaam van een stadsdeel met beperkte bevoegdheden

Stads·fries *het* NN → **Stadfries**

stads·ge·meen·te *de (v)* [-n, -s] NN ❶ gemeente die hoofdzakelijk stad is ❷ prot kerkelijke gemeente in een stad

stads·ge·noot *de (m)* [-noten], **stads·ge·no·te** *de (v)* [-n] → **stadgenoot**

stads·gesprek *het* [-ken] NN, telec lokaal telefoongesprek

stads·ge·west *het* [-en] groep samenwerkende gemeenten onder gemeenschappelijk bestuur

stads·ge·zicht *het* [-en] ❶ aanblik op een stad of stadsdeel ❷ afbeelding daarvan

stads·guer·ril·la [-ɣerrieljaa] *de (m)* in steden gevoerde guerrilla, waarbij politieke druk wordt uitgeoefend door middel van ontvoeringen, bomaanslagen enz.

stads·huis *het* [-huizen] (groot) huis in een stad

stads·jeugd *de* kinderen en jongeren in een stad

stads·kan·toor *het* [-toren] gebouw waarin veel gemeentelijke diensten zijn ondergebracht

stads·kern *de* [-en] de (oude) binnenstad

stads·kind *het* [-eren] in een stad opgegroeid kind

stads·kle·dij *de (v)* BN ook, vero stadskleding, wandelkostuum

stads·kle·ding *de (v)* wandelkostuum, tenue de ville

stads·kwar·tier *het* [-en] stadswijk

stads·le·ven *het* het leven in een stad

stads·licht *het* [-en] auto gematigd licht voor stadsverkeer, thans alleen toegestaan als parkeerlicht

stads·lucht *de* de (onfrisse) lucht in een stad ★ ~ *maakt vrij* hist na verblijf van enige tijd in een stad is men ontslagen van verplichtingen als horige

stads·mens *de (m)* [-en] ❶ iem. die in een stad is opgegroeid ❷ iem. die aan het stadsleven gehecht is

stads·muur *de (m)* [-muren] muur rond een stad

stads·nieuws *het* berichten over wat in de stad gebeurt

stads·no·ma·de *de(m-v)* [-n] iem. die in de stad in tijdelijke onderkomens (caravans e.d.) woont

stads·park *het* [-en] openbaar park in een stad

stads·pas *de (m)* [-sen] NN bewijs dat door de gemeente aan mensen met een lage uitkering wordt verstrekt en dat recht geeft op korting voor sportieve, culturele en educatieve attracties

stads·plan·ning [-plen-] *de (v)* plan voor aanleg en uitbreiding van een stad

stads·poort *de* [-en] poort die toegang gaf tot een stad

stads·pro·vin·cie *de (v)* [-s] NN provincie die bestaat uit een grote stad en de voorsteden ervan

stads·recht *het* [-en] vrijheid of privilege door de landsheer aan een stad verleend, inhoudende dat de stad een eigen bestuur, wetgeving en rechtspraak kreeg

stads·rei·ni·ging *de (v)* ❶ opruiming van huisvuil, reiniging van de straten enz. ❷ stadsreinigingsdienst

stads·rei·ni·gings·dienst *de (m)* gemeentelijke dienst belast met de stadsreiniging

stads·schouw·burg, **stads·schouw·burg** *de (m)* [-en] van gemeentewege gestichte schouwburg

stads·spoor·weg *de (m)* [-wegen] stedelijk spoorwegsysteem dat geheel van het overige verkeer is gescheiden

stad·staat *de (m)* [-staten] stad die een zelfstandige staat vormde, bijv. in Griekenland in de oudheid, maar thans ook bijv. Singapore

stads·tuin *het* [-en] tuin bij een huis in een stad

stads·ver·keer *het* verkeer in een stad

stads·ver·nieu·wing *de (v)* vernieuwing en verbetering van oude stadswijken

stads·ver·war·ming *de (v)* systeem van productie en distributie van warmte waarbij alle gebouwen van een stadswijk of een stad via warmwaterleidingen zijn aangesloten op een centrale warmtebron

stads·waag *de* [-wagen] hist waag van een stad

stads·wacht *de* [-en] ❶ door enkele gemeenten ter ondersteuning van de politie ingestelde organisatie, bestaande uit geüniformeerde personen die, zonder vergaande bevoegdheden, moeten toezien op handhaving van de openbare orde en de veiligheid ❷ lid van een dergelijke organisatie

stads·wal *de (m)* [-len] wal rond een stad

stads·wa·pen *het* [-s] door een stad gevoerd wapen

stads·we·ge *zn* ★ *van* ~ van het stadsbestuur uitgaande

stads·wijk *de* [-en] stadsgedeelte

stad·waarts *bijw* naar de stad

staf *de (m)* [staven] ❶ stok, stang, vooral fraaie stok als symbool van hoge geestelijke of vorstelijke waardigheid: ★ *de* ~ *van Sint-Nicolaas* ★ *de* ~ *zwaaien* heersen ❷ legerleiding ★ *de generale* ~ de opperste legerleiding ❸ in ruimere zin degenen die als naaste helpers onder iem. werken: ★ *een* ~ *van medewerkers; ook de medewerkers in een staffunctie van een bedrijf, instelling enz.* ❹ NN stok als symbool van de rechterlijke macht ★ *de* ~ *breken over iem.* / *iets* een negatief oordeel vellen over iem. / iets

staf·bre·vet *het* BN brevet dat door de Hogere Krijgsschool wordt afgegeven

staf·chef [-sjef] *de (m)* [-s] leider van de → **staf** (bet 2 & 3)

staf·fel *de (m)* [-s] fin berekening volgens de staffelmethode

staf·fel·me·tho·de *(‹Du›) de (v)* methode om de rekening-courant in laddervorm op te maken (bijv. in spaarbankboekjes)

staf·func·tie [-sie] *de (v)* [-s] ❶ werkzaamheid in een → **staf** (bet 2 & 3) ❷ adviserende, richtinggevende functie in een bedrijf (*tegenst*: → **lijnfunctie**)

staf·func·tio·na·ris [-sjoo-] *de (m)* [-sen] bekleder van een staffunctie

staf·hou·der *de (m)* [-s] BN deken van de orde van advocaten

staf·kaart *de* [-en] nauwkeurige kaart, door de topografische dienst in opdracht van de generale staf vervaardigd

staf·lid *het* [-leden], **staf·me·de·wer·ker** *de (m)* [-s] iem.

die deel uitmaakt van een → **staf** (bet 2 & 3)

staf·of·fi·cier *de (m)* [-en] tot de staf behorende officier

staf·rijm *het* gelijkheid van beginklank in twee of meer woorden

staf·ver·ga·de·ring *de (v)* [-en] bijeenkomst van stafleden

sta·fy·lo·kok [-fie-] (⟨Gr⟩ *de (m)* [-ken] bep. bacterie, die o.a. steenpuisten, hersenvliesontsteking of voedselvergiftiging kan veroorzaken, *Staphylococcus aureus*

stag *het* [stagen] steunkabel op een schip; *vgl*: → **overstag**

sta·ge [staazjə] (⟨Fr⟩ *de* [-s] ❶ onbezoldigde praktische oefentijd van een student of leerling ★ ~ *lopen* a) een stage vervullen; b) ⟨in het onderwijs⟩ hospiteren ❷ BN tijdvak waarin beoordeeld wordt of bep. rechtstoestanden na verloop van dat tijdvak zullen voortbestaan; proeftijd (van een werknemer): ★ ~ *doen, een ~ hebben* wachttijd (bij een verzekering)

stage·di·ven [steedzjdaivə(n)] (⟨Eng⟩ *het* gebruik om vanaf het podium in het publiek te duiken en door het publiek te worden opgevangen, vooral bij hardrockconcerten

sta·geld *het* [-en] NN → **staangeld**

sta·ge·plaats [staazjə-] *de* [-en] gelegenheid voor een leerling of student om stage te lopen: ★ *dit bedrijf heeft nog wat stageplaatsen*

stag·fla·tie [-(t)sie] *de (v)* combinatie van *stag*natie en in*flatie*: economische achteruitgang bij waardedaling van het geld

sta·giair [-zjèr] *de (m)* [-s], **sta·giai·re** [-zjèrə] (⟨Fr⟩ *de (v)* [-s] iem. die stage loopt

stag·na·tie [-(t)sie] (⟨Fr⟩ *de (v)* [-s] stilstand, stremming: ★ *door dat ongeluk ontstond er veel ~ in het verkeer*

stag·ne·ren *ww* (⟨Fr⟨Lat⟩ [stagneerde, h. gestagneerd] stilstaan, geen voortgang hebben; gestremd zijn

sta-in-de-weg *de (m)* [-s] ❶ iem. die of iets wat voortdurend in de weg staat ❷ belemmering

stak *ww* verl tijd van → **steken**

sta·ken[1] *ww* [staakte, h. gestaakt] ❶ (uit protest) het werk neerleggen: ★ *de arbeiders gingen ~ nadat hun looneisen waren afgewezen* ❷ ophouden met: ★ *de besprekingen, de bezorging ~* ❸ gelijk in aantal zijn ★ *de stemmen ~ er zijn evenveel stemmen vóór als tegen*

sta·ken[2] *ww* verl tijd meerv van → **steken**

sta·ker *de (m)* [-s] werknemer die staakt

sta·ket (⟨Oudfrans⟩ *het* [-ten], **sta·ket·sel** *het* [-s] paalwerk; paalheining

sta·king *de (v)* [-en] het staken ★ *een wilde ~* die niet uitgaat van of georganiseerd wordt door de vakbond(en)

sta·kings·aan·zeg·ging *de (v)* BN officiële kennisgeving door de vakbond aan de werkgever van een voorgenomen staking: ★ *een ~ indienen*

sta·kings·bre·ker *de (m)* [-s] iem. die gaat werken waar gestaakt wordt

sta·kings·golf *de* [-golven] ettelijke werkstakingen in snelle opeenvolging

sta·kings·kas *de* [-sen] fonds waaruit stakende arbeiders geldelijke steun ontvangen

sta·kings·pi·ket *het* [-ten] BN ook stakerspost

sta·kings·recht *het* wettelijk erkend recht om te staken

sta·kings·ver·bod *het* [-boden] wettelijk verbod om te staken

stak·ker, **stak·kerd** *de (m)* [-s] stumper

stak·ke·rig *bn* NN zielig

stal[1] *de (m)* [-len] ❶ hok waar paarden, koeien enz. verblijven ★ *de ~ ruiken* haast krijgen om thuis te komen ★ *op ~ zetten* opbergen, niet meer gebruiken ★ *van ~ halen* a) (na lange tijd) te voorschijn halen; b) ⟨reeds achterhaalde argumenten⟩ gebruiken ❷ *veelal verkl*: *stalletje* kraam, verkooptafel op een markt ❸ *verkorting van* renstal; *ook* groep wielrenners, autocoureurs e.d. die door een bep. bedrijf worden gesponsord

stal[2] *ww* verl tijd van → **stelen**

sta·lac·tiet (⟨Gr⟩ *de (m)* [-en] druipsteen boven aan het gewelf in een druipsteengrot

sta·lag·miet (⟨Gr⟩ *de (m)* [-en] druipsteen op de grotbodem

stal·bo·ter *de* NN boter van de melk van koeien die op stal staan, hooiboter

stal·deur *de* [-en] grote deur van een stal

sta·len[1] *bn* ❶ van staal ★ *schertsend het ~ ros* de fiets ❷ *fig* onbuigzaam, onvermoeid, onaantastbaar ★ *een ~ gezicht* dat geen emoties verraadt ★ *een ~ geheugen* dat alles onthoudt ★ *~ zenuwen hebben* tegen grote spanning bestand zijn, zich altijd kunnen beheersen

sta·len[2] *ww* [staalde, h. gestaald] harden, sterk maken

sta·len[3] *ww* verl tijd meerv van → **stelen**

sta·len·boek, **staal·boek** *het* [-en] boek met monsters (→ **monster**[1]) van diverse soorten stof, behang e.d.

stal·geld *het* [-en] prijs voor stalling

stal·hou·der *de (m)* [-s] verhuurder van paarden en / of rijtuigen

sta·li·nis·me *het* het communisme zoals de Sovjet-Russische dictator Stalin (eigenlijk Jozef V. Dzjoegasjvili genaamd, 1879-1953) het toepaste

sta·li·nist *de (m)* [-en] aanhanger van de regeerwijze van Stalin; **stalinistisch** *bn bijw*

sta·lin·or·gel *het* [-s] mil installatie waarmee men veel raketten in zeer korte tijd kan afvuren

stal·jon·gen *de (m)* [-s], **stal·knecht** *de (m)* [-en, -s] knecht voor het werk in de stal

stal·ken *ww* [stalkte, h. gestalkt] zich schuldig maken aan stalking

stal·ker (⟨Eng⟩ *de (m)* [-s] iem. die aan stalking doet

stal·king (⟨Eng⟩ *de (m)* het gedurende een langere periode aanhoudend lastig vallen van een persoon (meestal men ex-partner of een beroemdheid) door bij diens huis te posten, voortdurend op te bellen, hem of haar op straat te volgen en aan te spreken

enz.
stal·kruid *het* vlinderbloemige plant met roze bloemen (*Onosis*)
stal·len *ww* [stalde, h. gestald] ❶ op stal zetten ❷ ‹van voertuigen› tijdelijk plaatsen: ★ *een fiets tegen een hek ~*
stal·les *(Fr) mv* ❶ voorste rijen plaatsen in een schouwburg ❷ rang van plaatsen tussen de voorste en de achterste rijen in een bioscoopzaal
stal·le·tje *het* [-s] zie bij → **stal¹** (bet 1)
stal·ling *de (v)* [-en] ❶ het stallen ❷ ruimte waarin gestald wordt; bergplaats voor fietsen e.d.
stal·mees·ter *de (m)* [-s] iem. die aan een hof het toezicht heeft op de stallen
stal·mest *de (m)* mest van op stal staande dieren
stam *de (m)* [-men] ❶ rechtop staand gedeelte van een boom, dat de takken draagt ❷ plechtig geslacht; clan: ★ *de twaalf stammen van Israël* ❸ volkenkunde groep mensen met een eigen taal en cultuur die samen een politieke eenheid vormen, volksstam ❹ taalk grondvorm van een woord, zonder voor- of achtervoegsel of uitgangen: ★ *de ~ van 'werken' is 'werk'*
stam·be·wust·zijn *het* het gevoel dat men tot een → **stam** (bet 3) behoort
stam·boek *het* [-en] ❶ geslachtsregister ❷ lijst van gegevens omtrent de afstamming van vee ❸ register van personen naar volgorde van hun toetreding tot een vereniging enz.
stam·boek·keu·ring *de (v)* [-en] ‹vee, paarden› keuring voor opneming in een stamboek
stam·boek·num·mer *het* [-s] nummer waarmee een persoon of dier in een stamboek is aangeduid
stam·boek·vee *het* vee van zuiver ras, waarvan allerlei gegevens in een stamboek zijn opgetekend
stam·boom *de (m)* [-bomen] overzicht van de afstammelingen van één of meer personen of dieren, soms in de vorm van een stam met zijtakken voorgesteld: ★ *een hond met een lange ~*
stam·boon *de* [-bonen] boon die niet langs staken groeit, maar in een struikje
stam·ca·fé *het* [-s] café waar men stamgast is
stam·cel *de* [-len] biol niet-specifieke lichaamscel waaruit zich, bij deling, verschillende typen gespecialiseerde cellen (bijv. hartspiercellen, huidcellen, rode bloedlichaampjes) kunnen ontwikkelen
sta·me·len *ww* [stamelde, h. gestameld] ❶ gebrekkig spreken, niet uit zijn woorden kunnen komen ❷ fig slechts onbevredigend in woorden uitdrukken: ★ *enige excuses ~*
stam·gast *de (m)* [-en] geregelde gast in een café
stam·ge·noot *de (m)* [-noten], **stam·ge·no·te** *de (v)* [-n] iem. die tot dezelfde → **stam** (bet 3) behoort
stam·goed *het* [-eren] bezitting vanouds aan een geslacht behorend
stam·hoofd *het* [-en] hoofd van een volksstam
stam·hou·der *de (m)* [-s] oudste zoon

stam·huis *het* [-huizen] geslacht
sta·mijn *(‹Oudfrans) het* soort grove wollen stof; zeefdoek
stam·kaart *de* [-en] ❶ kaart met persoonlijke gegevens als onderdeel van een registratiesysteem ❷ ‹tijdens en kort na de Duitse bezetting› kaart op vertoon waarvan men distributiebescheiden kon verkrijgen
stam·ka·pi·taal *het* [-talen] grondkapitaal, eerste kapitaal
stam·klin·ker *de (m)* [-s] klinker van de → **stam** (bet 4)
stam·kroeg *de* [-en] stamcafé
stam·land *het* [-en] land waar een volk of geslacht oorspronkelijk heeft gewoond
stam·men *ww* [stamde, is gestamd] afkomstig zijn: ★ *spaghetti stamt uit Italië*
stam·men·twist *de (m)* [-en] strijd tussen stammen
stam·moe·der *de (v)* [-s] vrouw van wie een geslacht in oorsprong afstamt
stam·ou·ders *mv* vroegste voorouderpaar
stamp *de (m)* [-en] ❶ keer dat men stampt: ★ *een ~ op de grond* ❷ NN, spreektaal dreun, klap, slag: ★ *moet jij een ~ voor je harses?* ❸ NN, spreektaal grote hoeveelheid: ★ *er kwam een hele ~ bezoekers* ❹ BN, spreektaal schop, trap, duw, stoot, stomp: ★ *een ~ onder zijn broek*
stamp·be·ton *het* door stampen stevig ineengewerkt beton
stamp·blok *het* [-ken] blok gebruikt bij het stampen
stam·pe·de [stempied] *(‹Eng) de* [-s] het op hol slaan van een kudde vee of wilde dieren
stam·pei *de (v)* → **stampij**
stam·pen *ww* [stampte, h. gestampt] ❶ stotende, op- en neergaande bewegingen maken; daardoor fijnmaken ★ spreektaal *in elkaar ~* in elkaar slaan, een pak rammel geven ❷ de voet hard op de grond laten neerkomen: ★ *een gebouw, een zaak uit de grond* ❸ ‹van een schip› afwisselend stotend rijzen en dalen van voor- en achtersteven door het recht tegen de golven in varen ❹ fig met moeite in het geheugen prenten; zie ook → **gestampt** ❺ BN, spreektaal schoppen, trappen; *ook* duwen, stoten
stam·pens·vol *bn* tot het uiterste gevuld: ★ *de zaal zat ~*
stam·per *de (m)* [-s] ❶ voorwerp om mee te stampen ❷ vrouwelijk voortplantingsorgaan in een bloem ❸ iemand die stampt
stam·pij *de (m)* herrie, kabaal, drukte: ★ *veel ~ over, om iets maken*
stamp·pot *de (m)* warm gerecht bestaande uit dooreengestampte aardappelen en groente
stamp·voe·ten *ww* [stampvoette, h. gestampvoet] hard met een voet stampen: ★ *~ van kwaadheid*
stamp·vol *bn* tot in de uiterste hoeken vol
stamp·werk *het* ❶ werk waarbij grond, beton enz. in elkaar gestampt wordt ❷ wat van buiten geleerd moet worden

stam·roos *de* [-rozen] in de vorm van een boompje groeiende roos

stam·slot *het* [-sloten] kasteel waar de voorouders van een geslacht woonden

stam·taal *de* [-talen] → **grondtaal** (bet 1)

stam·ta·fel *de* [-s] tafel voor stamgasten van een café

stam·tijd *de (m)* [-en] *taalk* tijdvorm van een werkwoord, waaruit andere vormen zijn af te leiden: ★ *de stamtijden van 'brengen' zijn: brengen, bracht, gebracht*

stam·va·der *de (m)* [-s] man van wie een geslacht in oorsprong afstamt

stam·ver·want I *bn* tot dezelfde → **stam** (bet 3) behorend **II** *de (m)* [-en] iem. die door afkomst uit eenzelfde stam verwant is

stam·woord *het* [-en] woord waarvan andere zijn afgeleid

stance [stãs(ə)] *(‹Fr‹It)* *de (v)* [-s] strofe, couplet; *vgl*: → **stanza**

stand¹ *de (m)* [-en] ❶ houding; plaats ten opzichte van de omgeving; ligging, positie: ★ *aan de ~ van de zon kun je zien hoe laat het ongeveer is* ★ *tot ~ brengen* verrichten; oprichten ★ *in ~ houden* doen voortbestaan ★ *tot ~ komen* voltooid, verwezenlijkt worden ★ *de ~ van zaken* de toestand ❷ *schaken, dammen* stelling op het bord: ★ *een goede ~ hebben* ❸ maatschappelijke rang ★ *een heer van ~* een deftige heer ★ *de betere ~, de gegoede ~* de meer gegoeden ★ *de lagere ~* de minder gegoeden ★ *de derde ~* in de middeleeuwen: het volk, de burgerij, tegenover adel en geestelijkheid ★ *boven zijn ~ leven* royaler leven dan de inkomsten toelaten ★ *zijn ~ ophouden* (met moeite) volbrengen wat men meent aan zijn stand verschuldigd te zijn ★ *iets aan zijn ~ verplicht zijn* een bijzondere prestatie moeten leveren, omdat men een goede naam heeft ★ *een (hoge) ~ voeren* zijn levenswijze inrichten naar een (hoge) stand ★ *BN standen* de verschillende maatschappelijke geledingen van een politieke partij (vooral de christelijke partij: de middenstanders, ACW'ers, e.d.) ❹ getal(len), rangschikking e.d. waarmee men scores aanduidt in wedstrijden of het resultaat van metingen: ★ *de ~ is 2-0* ❺ ★ *de Burgerlijke Stand* zie bij → **burgerlijk**; zie ook bij → **standje**

stand² [stend] *(‹Eng)* *de (m)* [-s] plaats, uitstalling van een deelnemer op een tentoonstelling, manifestatie e.d.: ★ *een ~ van een uitgeverij, van Amnesty International e.d.*

stan·daard *(‹Oudfrans)* *de (m)* [-s en -en] ❶ vaandel ❷ vaste maatstaf, vast model; zie ook bij → **standaard-** ❸ voorbeeld van deugdelijkheid of voortreffelijkheid ❹ *hist* grondslag van een muntstelsel: ★ *de gouden (zilveren) ~ muntstelsel* waarvan de gouden (zilveren) munt de grondslag is ❺ steunend onderstel om iets in te zetten, aan op te hangen, op te laten steunen enz.: ★ *de ~ van een fiets* ★ *een paraplu in een ~ zetten*

stan·daard- als eerste lid in samenstellingen geldende als → **standaard** (bet 2); een vaste grondslag vormend; waarvan men uitgaat of waarop men zich baseert: ★ *standaardloon, standaardmaat, standaardprijs*

stan·daard·ar·rest *het* [-en] → **arrest** (bet 2) dat als voorbeeld kan dienen voor soortgelijke zaken

stan·daard·brief *de (m)* [-brieven] brief waarvan inhoud en vorm volgens voorgeschreven richtlijnen zijn opgesteld

stan·daard·con·tract *het* [-en] contract dat als model kan dienen of gebruikt wordt voor gelijkvormige overeenkomsten

stan·daard·de·vi·a·tie [-(t)sie] *de (v)* [-s] *wisk* binnen de statistiek gehanteerde maat voor de variatie in het verschil tussen werkelijke getallen en statistisch verkregen getallen

stan·daar·di·sa·tie [-zaa(t)sie] *de (v)* het standaardiseren

stan·daar·di·se·ren *ww* [-zee-] [standaardiseerde, h. gestandaardiseerd] brengen tot een standaard of eenheid (gelijkheid) in afmeting, vorm, samenstelling enz.: ★ *de spoorbreedte ~*

stan·daard·munt *de* [-en] als → **standaard** (bet 4) geldende munt; de grondslag van het hele muntstelsel

stan·daard·taal *de* [-talen] taalvariëteit die binnen een bep. gemeenschap de status heeft gekregen van officiële taal in het onderwijs, de media en de overheidsorganen

stan·daard·werk *het* [-en] omvangrijk boekwerk van grote waarde, het voornaamste en uitgebreidste werk over een onderwerp of vak van studie: ★ *een ~ over de val van het communisme*

stand·alone [stendəloon] *(‹Eng)* *bn* ‹van computers› op zichzelf staand, geen onderdeel uitmakend van een netwerk

stand·beeld *het* [-en] ter ere van beroemd persoon opgericht beeld ★ *staan als een ~* stijf en onbeweeglijk ★ *levend ~* artiest die, fraai uitgedost als een standbeeld, onbeweeglijk staat tot hij geld ontvangt

stand·been *het* [-benen] been waarop het lichaam rust (als men bijv. met het andere been een bal wegschopt)

stand-by [stend-bai] *(‹Eng)* **I** *tsw* attentie!, aantreden! **II** *bn* **III** als eerste lid in samenstellingen ❶ hulp-, reserve ❷ paraat, klaar om in actie te komen: ★ *het bestuur is ~ om direct maatregelen te nemen*

stand-by-mode [stendbajmood] *(‹Eng)* *de* sluimerstand

stand-by-pas·sa·gier [stendbaipassazjier] *de (m)* [-s] iem. die goedkoop een ticket voor een luchtreis koopt door niet tevoren te boeken, maar te wachten tot het laatste moment in de hoop dat een lijnvlucht niet volgeboekt is

stan·del·kruid *het* tot de orchideeën behorende plantensoort (*Orchis*)

stan·den·lijst *de* [-en] sp lijst die de onderlinge positie aangeeft van de deelnemers aan een competitie
stan·den·lo·ze *de* [-n] BN christelijk partijlid dat tot geen van de standen behoort (zie **stand**¹, bet. 3)
stan·der *de (m)* [-s] ❶ staande stok ❷ staande kapstok ❸ → **standaard** (bet 5)
stand·geld *het* [-en] staangeld vooral voor een (markt)kraam of → **stand**²
stand·hoek *de (m)* [-en] wisk hoek gevormd door de snijlijnen van twee vlakken met een vlak loodrecht op de snijlijn van de vlakken
stand·hou·den *ww* [hield stand, h. standgehouden] ❶ blijven bestaan: ★ *het mooie weer hield geen stand* ❷ blijven staan ❸ niet wijken, het uithouden tegen de vijand: ★ *we konden maar één helft tegen AC Milan ~*
stand·hou·der [stend-] *de (m)* [-s] iem. die een → **stand**² heeft op een tentoonstelling, manifestatie e.d.
stand-in [stend-] *de (‹Eng)* [-s] plaatsvervanger, plaatsvervangster van de eigenlijke speler ‹bij filmopnamen e.d.›
stand·ing [sten-] *(‹Eng) de* plaats in de maatschappij in verband met de daaraan verbonden achting; vooral hoge maatschappelijke stand, rang: ★ *een dame van ~*
stand·je *het* [-s] ❶ vooral NN uitbrander, berisping: ★ *een ~ krijgen / geven* ❷ NN druk persoon: ★ *een opgewonden ~* ❸ bepaalde positie van de lichamen bij geslachtsgemeenschap
stand·licht *(‹Du) het* [-en] BN ook stadslicht (van een auto)
stand·olie *de* soort dikke lijnolie
stand·pen·ning *de (m)* [-en] NN ❶ standaardmunt ❷ munt geslagen volgens bepaald gewicht en gehalte, geldig voor betaling tot alle bedragen (*tegengest*: → **pasmunt**)
stand·plaats *de* [-en] ❶ plaats waar iemand of iets staat: ★ *een ~ voor taxi's* ❷ plaats waar men zijn betrekking heeft: ★ *de ~ van een vertegenwoordiger* ❸ plaats waar men een marktkraam, kermistent e.d. plaatst
stand·punt *het* [-en] fig uitgangspunt, gezichtspunt; opvatting: ★ *een bepaald ~ innemen, verlaten* ★ *op een zeker ~ staan*
stand·recht *het* door militairen of politie toegepaste snelle berechting in oorlogstijd of andere noodsituaties
stand·rech·te·lijk *bn* van, volgens het standrecht ★ *iem. ~ fusilleren* iem. fusilleren zonder veel rechtspleging
stands·be·sef *het* het zich bewust zijn van de (waarde en rang van de) maatschappelijke stand waartoe men zelf behoort
stands·ver·schil *het* [-len] verschil in maatschappelijke rang
stand-up-co·me·di·an [stendupkommiedie(j)ən] *(‹Eng) de (m)* [-s] conferencier die staande voor een publiek in hoog tempo grappen vertelt
stand·vas·tig *bn* duurzaam; volhardend; onwankelbaar: ★ *standvastige vriendschap*; **standvastigheid** *de (v)*
stand·vo·gel *de (m)* [-s] vogel die elk seizoen in dezelfde streek blijft; *tegengest*: → **trekvogel**
stand·wer·ker *de (m)* [-s] marktkoopman die luidruchtig zijn waren aanprijst
stand·wild *het* wild dat het hele jaar door voorkomt
Stan·fries *de (m)* [-friezen] NN echte, onvervalste Fries
stang *de* [-en] ❶ ronde staaf ❷ bit, mondstang voor een paard ★ *iem. op ~ jagen* iemand kwaad maken, iem. plagen
stan·gen *ww* [stangde, h. gestangd] NN, spreektaal op stang jagen (zie bij → **stang**), plagen: ★ *hij zit me de hele tijd te ~*
sta·ni·ol, **stan·ni·ool** *(‹Lat) het* bladtin, tinfolie
stank *de (m)* [-en] onaangename geur ★ *~ voor dank* grove ondank
stank·af·slui·ter *de (m)* [-s], **stank·af·slui·ting** *de (v)* [-en] toestel dat de stank (van een riool, wc) belet naar buiten te komen
stan·ley·mes [-lie-] *het* [-sen] mes met een kort, maar zeer scherp lemmet
stan·ni·ool *het* → **staniol**
stan·sen *ww* (‹Du) [stanste, h. gestanst] ponsen
stan·te pe·de *bijw* (‹Lat) op staande voet, terstond: ★ *~ weggaan*
stan·za *(‹It) de* ['s] strofe van acht vijfvoetige jamben met het rijmschema a b a b a b c c
stap *de (m)* [-pen] ❶ verplaatsing van de ene voet voor de andere bij het lopen, schrede ★ *geen ~ meer kunnen verzetten* lichamelijk zeer vermoeid zijn ❷ het stappen, wijze van lopen: ★ *met een snelle ~* ❸ fig maatregel, handeling tot een bepaald doel: ★ *de eerste ~ doen* een begin maken met ★ *fig geen ~ verzetten* niet handelend optreden ★ *een hele, een grote ~* een grote moeite; een bijzondere zelfoverwinning ★ *een ~ in de goede richting* het begin van iets wat tot succes kan leiden ★ *~ voor ~* langzamaan, beetje bij beetje ★ *op ~ weg* (van huis), onderweg ★ *op ~ gaan / zijn* uitgaan, aan de boemel zijn ★ *een ~ of stapje terug doen* minder gaan verdienen ★ BN *stappen aanwenden* stappen doen, pogingen aanwenden ★ BN *op zijn stappen terugkeren* zijn besluit of standpunt herroepen
sta·pel¹ *de (m)* [-s] ❶ hoop: ★ *een ~ kranten* ❷ scheepshelling ★ *een schip op ~ leggen, zetten* het beginnen te bouwen ★ *(te) hard van ~ lopen* haastig, zonder bedaard overleg, onvoorzichtig te werk gaan ★ *op ~ staan* in voorbereiding zijn ❸ stokje onder de kam van een strijkinstrument, dat de gelijkmatige verdeling van de trillingen bevordert
sta·pel² *bn* ❶ stapelgek ❷ stapelverliefd
sta·pel·bed *het* [-den] constructie van twee of meer bedden die boven elkaar gestapeld aaneen zitten
sta·pe·len *ww* [stapelde, h. gestapeld] ophopen, stapels maken: ★ *boeken ~*

sta·pel·gek *bn* volslagen gek
sta·pel·goed *het* [-eren] hist handelswaar waarvoor stapelrecht betaald moest worden
sta·pel·loop *de (m)* ‹van een schip› het van stapel lopen, tewaterlating
sta·pel·markt *de* [-en] hist plaats waar handelswaar opgeslagen werd
sta·pel·plaats *de* [-en] hist ❶ stapelmarkt ❷ plaats met stapelrecht ❸ BN ook opslagplaats, opslagruimte voor goederen, depot; magazijn, magazijnruimte
sta·pel·recht *het* hist ❶ aan sommige steden toegekend recht om aangevoerde goederen te doen opslaan of verhandelen ❷ op sommige goederen geheven belasting
sta·pel·ver·liefd *bn* zeer verliefd, smoorverliefd
sta·pel·wolk *de* [-en] dreigende wolkenmassa met bloemkoolachtig uiterlijk, cumulus
sta·pel·zot *bn* stapelgek
Stap·horst *het* plaats in Overijssel; NN symbool van protestantse rechtzinnigheid en zuiverheid in de leer; *ook* van provinciale bekrompenheid
stap·pen *ww* [stapte, h. & is gestapt] ❶ stevig lopen ★ *over iets heen ~* niet onovermakelijk *of* niet onvergeeflijk achten ★ *eruit ~* a) niet meer meedoen; b) zelfmoord plegen ❷ stapvoets gaan ❸ cafés (e.d.) bezoeken, uitgaan
stap·per *de (m)* [-s] ❶ iemand die flink kan lopen ❷ stevige schoen: ★ *flinke stappers* ❸ uitgaander, kroegloper, feestvierder
stap·voets *bijw* stap voor stap, langzaam ★ *~ rijden* a) het paard laten stappen; b) fig langzaam rijden met een fiets, auto e.d.
star[1] *bn* ❶ strak, stijf: ★ *iem. ~ aankijken* ★ *een starre lichaamshouding* ❷ onveranderlijk: ★ *~ aan zijn principes vasthouden*
star[2] *de* [-ren] plechtig ster
star[3] [stà(r)] ‹Eng› *de* [-s] ster, vooral bekend persoon in de wereld van de popmuziek of de film
sta·ren *ww* [staarde, h. gestaard] strak kijken ★ *zich blind ~ op* uitsluitend aandacht hebben voor
star·na·kel *bn* NN spreektaal stomdronken
star·ogen *ww* [staroogde, h. gestaroogd] staren
stars-and-stripes [stà(r)sənstraips] ‹Eng› *mv* sterren en strepen, benaming voor de vlag van de Verenigde Staten van Amerika
Start *afk* Strategic Arms Reduction Talks ‹Eng› [besprekingen tot vermindering van strategische wapens]
start ‹Eng› *de (m)* [-s] ❶ het vertrekken van het beginpunt ★ *een vliegende ~* met een aanloop voor het punt dat als begin geldt (o.a. bij autoraces); zie ook bij → **vals** ❷ beginpunt bij wedstrijden: ★ *~ en finish van de marathon zijn op de Grote Markt* ❸ het maken van een begin met iets ★ *van ~ gaan* beginnen ❹ ★ comput *een warme ~* het opnieuw opstarten van de computer terwijl hij al aan staat, veelal met de toetscombinatie Ctrl-Alt-Del

start·baan *de* [-banen] (meestal) verharde baan op vliegvelden voor startende vliegtuigen
start·blok *het* [-ken] voetsteun waarop een hardloper zich afzet bij de start ★ *in de startblokken staan* gereed zijn snel te beginnen
star·ten *ww* ‹Eng› [startte, is & h. gestart] ❶ vertrekken van het beginpunt ❷ op gang, aan het rijden brengen; fig beginnen aan een onderneming ❸ op gang komen; opstijgen
star·ter ‹Eng› *de (m)* [-s] ❶ iem. die het teken geeft tot vertrek ❷ onderdeel, inrichting voor het aanzetten van een motor ❸ inrichting voor het ontsteken van gasontladingslampen, zoals tl-buizen e.d. ❹ jonge ondernemer, iem. die pas een bedrijf heeft opgezet
start·geld *het* [-en] sp ❶ eerste beloning voor deelneming (door belangrijke sportlieden) aan een wedstrijd ❷ inleggeld, door deelnemers aan een wedstrijd te betalen
start·in·rich·ting *de (v)* [-en] voorziening om een motor te starten
start·ka·bel *de (m)* [-s] twee kabels die een koppeling maken tussen een geladen accu van de ene auto met de lege accu van de andere auto om deze laatste auto te laten starten
start·klaar *bn* gereed om te → **starten** (bet 1)
start·mo·tor *de (m)* [-s *en* -toren] auto motor die de bewegingsmotor op gang brengt
start·pa·gi·na *de* ['s] website die als eerste op het beeldscherm verschijnt bij het opstarten van de internetbrowser
start·pis·tool [-pies-] *het* [-tolen] pistool dat het startschot lost
start·schot *het* [-schoten] pistoolschot als startsein
start·sein *het* [-en] sein tot vertrek van het beginpunt bij snelheidswedstrijden
start·to·ren *de (m)* [-s] stellage vanwaar bij zeil- en motorbootwedstrijden het startsein gegeven wordt
Star Wars *zn* [stà(r) wà(r)z] ‹Eng› inf → SDI
state[1] [steet] ‹Eng‹Lat› *de (m)* [-s] ❶ staat; ❷ *the States de Verenigde Staten van Noord-Amerika* ★ *~ of the Union* jaarlijkse boodschap van de president van de Verenigde Staten aan het Congres, overeenkomend met de troonrede in Nederland
sta·te[2] *de* [-n] NN adellijk slot of landhuis in Friesland
sta·te·lijk *bn* deftig, met waardigheid en staatsie
sta·te·loos *bn* → **staatloos**
state·ment [steetmənt] ‹Eng› *het* [-s] ❶ uitspraak, bewering ❷ comput in programmeertaal geschreven instructie aan een computer
Sta·ten·bij·bel *de (m)* NN ❶ de voormalige officiële protestantse Bijbelvertaling, op voorstel van de Dordtse Synode gemaakt en in 1637 uitgegeven; ❷ *statenbijbel* een exemplaar van de Statenbijbel
sta·ten·bond *de (m)* [-en] vereniging van nagenoeg zelfstandig blijvende staten
Sta·ten-Ge·ne·raal *mv* in Nederland de Eerste en Tweede Kamer
Sta·ten·ver·ta·ling *de (v)* NN Statenbijbel

sta·ti·ca ‹‹Gr› de (v)› leer van het evenwicht van lichamen en krachten

sta·tie [-(t)sie] ‹‹Lat› de (v) [-s en -tiën] RK› elk van de veertien plaatsen in de kerk waar men stilhoudt om het lijden van Christus te overwegen; elk van de afbeeldingen van Jezus' kruisweg

sta·tief ‹‹Lat› het [-tieven]› driepoot van een camera, voetstuk voor de meettafel van landmeters, natuurkundige toestellen enz.

sta·tie·geld [-(t)sie-] *het* waarborggeld voor flessen, kratten enz.

sta·tig *bn* plechtig, deftig, indrukwekkend; **statigheid** *de (v)*

sta·ti·ne *de* [-n] *med* cholesterolverlagend middel

sta·tion [-(t)sjon] ‹‹Fr‹Lat› het [-s]› ❶ stopplaats van een trein met bijbehorend gebouw ★ *dat is een gepasseerd ~* dat is achterhaald, daarover hoeft niet meer te worden gesproken ❷ inrichting voor wetenschappelijke waarneming of proefneming: ★ *een ~ voor meteorologische waarnemingen op Antarctica*

sta·tio·nair [-(t)sjònèr] ‹‹Fr› bn› stilstaand, op dezelfde plaats of in dezelfde toestand blijvend: ★ *een ~ draaiende motor*

sta·tion·car [steesjənkà(r)] ‹‹Eng› de (m) [-s]› personenauto met achterklep en grote laadruimte

sta·tio·ne·ren [-(t)sjoo-] ‹‹Fr› ww› [stationeerde, h. gestationeerd] ❶ een bep. vaste stand- of ligplaats geven, ergens plaatsen: ★ *vertegenwoordigers in het buitenland ~* ❷ een bep. standplaats innemen ❸ BN, spreektaal kort parkeren, stilstaan

sta·tion·ne·ment [-(t)sjonnə-] ‹‹Fr› het [-en]› ❶ het stationeren ❷ standplaats van ambtenaren die daar met een bepaald doel zijn aangesteld

sta·tions·chef [-(t)sjonssjef] *de (m) [-s]* hoofd van een spoorwegstation

sta·tions·ge·bouw [-(t)sjons-] *het [-en]* gebouw bij een → **station** (bet 1)

sta·tions·klok [-(t)sjons-] *de [-ken]* klok op een station

sta·tions·res·tau·ra·tie [-(t)sjonsrestooraa(t)sie] *de (v) [-s]* café-restaurant op een station

sta·tions·ro·man [-(t)sjons-] *de (m) [-nen]* BN stuiversroman, sentimentele roman

sta·tisch ‹‹Gr› bn› ❶ betrekking hebbend op de statica of het evenwicht ❷ zich in evenwicht bevindend: ★ *de toestand van de patiënt is ~*; rustig, niet beweeglijk; tegengest.: → **dynamisch** ★ *statische elektriciteit* elektriciteit in de vorm van stilstaande ladingen of voortlopende ladingsgolven

sta·tis·ti·cus *de (m) [-ci]* beoefenaar, kenner van de statistiek

sta·tis·tiek ‹‹Du› de (v)› ❶ de wetenschap, methode en techniek van het verzamelen, bewerken en interpreteren van kwantitatieve gegevens ❷ [mv: -en] lijst of grafische weergave van kwantitatieve gegevens: ★ *in de krant staat een ~ van de bevolkingstoename in de afgelopen 50 jaar*

sta·tis·tisch ‹‹Du› bn› van, betreffende, volgens de statistiek: ★ *waarnemingen ~ verwerken* ★ *~ bureau* instelling tot het verzamelen van in getallen uitgedrukte gegevens op staatkundig en economisch gebied ★ *statistische kaart* op een landkaart uitgebeelde verzameling statistische gegevens

stat·ten *ww* [statte, h. gestat] vooral NN de stad ingaan voor boodschappen e.d.

sta·tuette [-tuu(w)et(tə)] ‹‹Fr› de [-s]› beeldje, vooral gegoten beeldje op een voetstuk

sta·tus ‹‹Lat› de (m)› ❶ staat, toestand: ★ *de ~ van asielzoeker* ❷ maatschappelijke rang, → **standing**: ★ *hij doet alles ter verhoging van zijn ~* ❸ map met medische gegevens van een patiënt

sta·tus apar·te [- aapartə] *de* NN, pol status van bijzonder gebied t.o.v. andere gebieden waarmee een (staatkundige) eenheid wordt gevormd; vooral speciale staatsrechtelijke hoedanigheid van Aruba sinds 1986

sta·tus·balk *de (m) [-en]* comput balk onderaan het beeldscherm waarop alle geopende applicaties zijn weergegeven door pictogrammen waarop men kan klikken om de gewenste applicatie op het beeldscherm getoond te krijgen, taakbalk

sta·tus·quo [-kwoo] ‹‹Lat› de (m) & het› toestand waarin iets zich op een bepaald moment bevindt

sta·tus·sym·bool [-sim-] *het [-bolen]* zaak waarvan het bezit geldt als teken van een bep. maatschappelijke rang die in aanzien is: ★ *een mobiele telefoon is allang geen ~ meer*

sta·tus·zoe·ker *de (m) [-s]* iem. die streeft naar rang en aanzien (en de kentekenen daarvan)

sta·tu·tair [-tèr] ‹‹Fr› bn› zoals vastgelegd is in, volgens de statuten

sta·tu·ten *mv* → **statuut** (bet 3)

sta·tuut ‹‹Lat› het [-tuten]› ❶ instelling, voorschrift; geheel van voorschriften of verordeningen ★ NN *~ van het Koninkrijk* staatsstuk dat het bestuur van het Koninkrijk der Nederlanden als geheel regelt ❷ NN bij algemene maatregel van bestuur vastgestelde regeling ★ *academisch ~* regeling van de examens, promoties, onderwijsbevoegdheid enz. aan een universiteit ★ *de statuten* de voor alle leden, aandeelhouders enz. bindende grondregels van een genootschap, vereniging, vennootschap enz.

sta·vast *bn* NN ★ *van ~* stevig, ferm: ★ *een kerel van ~*

sta·ven¹ *ww* [staafde, h. gestaafd] bevestigen: ★ *een bewering met bewijzen ~*

sta·ven² *zn* meerv van → **staf**

sta·ving *de (v) het* → **staven**¹

stay·er [steejər] ‹‹Eng› de (m) [-s]› ❶ wielrenner die achter een gangmaker op een motor (derny) op de lange afstanden uitkomt ❷ atleet, schaatser of paard met de hoogste prestaties over lange afstanden

stay·e·ren *ww* [steej-] [stayerde, h. gestayerd] wielersport deelnemen aan een baanwedstrijd achter derny's

Stb(l). *afk* Staatsblad
Stct. *afk* NN Staatscourant
steak [steek] *(‹Eng) de (m)* [-s] stuk of plak braadvlees
ste·a·ri·ne *(‹Gr) de* hoofdbestanddeel van de meeste natuurlijke vetten; gezuiverde vetstof voor kaarsen enz.
ste·a·ri·ne·kaars *de* [-en] kaars van stearine
ste·de *de* [-n] vero ❶ stad ★ *hier ter ~* in deze stad ❷ plaats ★ *in ~ van* in plaats van; *vgl*: → **stee**
ste·de·lijk *bn* stads
ste·de·ling *de (m)* [-en] iem. die in een stad woont
ste·den *zn* meerv van → **stad**
ste·den·bouw *de (m)* het volgens plan aanleggen en uitbreiden van steden
ste·den·bouw·kun·dig *bn* volgens de beginselen van de stedenbouw
ste·den·maagd *de (v)* [-en] NN de stad voorgesteld als maagd: ★ *de Amsterdamse ~*
ste·den·schoon *het* bezienswaardigheden in steden
stee *de* [steeën] NN plek, plaats: ★ *een zwakke ~; vgl*: → **stede**
steeds¹ *bijw* ❶ altijd, voortdurend; herhaaldelijk: ★ *hij zei ~ hetzelfde* ★ *ze wilde ~ televisie kijken* ❷ BN ook nog altijd: ★ *de vergunning kan ~ worden ingetrokken* de vergunning kan nog steeds, nog altijd worden ingetrokken ★ *~ maar telkens weer,* steeds maar weer: ★ *ze herhaalde ~ maar hetzelfde*
steeds² *bn* stads, stadsmensachtig: ★ *steedse gewoonten*
steef *ww* verl tijd van → **stijven¹**
steeg¹ *de* [stegen] nauw straatje
steeg² *ww* verl tijd van → **stijgen**
steek *de (m)* [steken] ❶ stoot met een puntig voorwerp: ★ *een ~ met een dolk, van een mug* ❷ pijnlijke scheut in het lichaam ★ *~ in de zij* acuut pijnlijk gevoel in de zijkant van het lichaam na hardlopen ❸ fig hatelijkheid ★ *een ~ onder water* een bedekte hatelijkheid ❹ naaisteek, breisteek ★ *geen ~ helemaal niets* ★ *er is een steekje aan los* het is niet helemaal zoals het zijn moet ★ *een ~ laten vallen* een fout begaan; zie bij → **breister**, → **los¹** ❺ ★ *in de ~ laten* niet meer omzien naar, zich niet meer bekommeren om ❻ puntige hoed: ★ *twee-* of *driekante ~* ❼ ondersteek, platte pot die onder het lichaam van bedlegerige patiënten wordt geschoven ❽ ★ *~ houden* opgaan, overtuigen (van redeneringen)
steek·bei·tel *de (m)* [-s] beitel voor het afsteken en bewerken van het hout
steek·geld *het* [-en] steekpenningen
steek·hou·dend, steek·hou·dend *bn* opgaand, overtuigend
steek·kaart *de* [-en] kaart in een kaartsysteem
steek·kar *de* [-ren] steekwagen
steek·mug *de* [-gen] mug waarvan het wijfje bloed zuigt, muskiet, familie Culicidae
steek·par·tij *de (v)* [-en] vechtpartij met messen
steek·pen·ning *de (m)* [-en] geld waarmee men iemand omkoopt, smeergeld
steek·proef *de* [-proeven] onderzoek van een of meer willekeurige delen ter bepaling van de waarde van het geheel: ★ *een ~ nemen*
steek·proefs·ge·wijs *bijw*, **steek·proefs·ge·wij·ze** [bijw] door middel van een steekproef: ★ *de populariteit van het koningshuis ~ onderzoeken*
steek·sleu·tel *de (m)* [-s] niet-verstelbare sleutel met aan een zijde of aan weerszijden een open bek waarmee men moeren aan- of losdraait
steek·spel *het* [-spelen] ❶ ridderlijk toernooi ❷ fig levendig en spits debat: ★ *een parlementair ~*
steek·vlam *de* [-men] ❶ sterke puntige vlam die plotseling oplaait: ★ *er kwam een ~ uit de geiser* ❷ sterke gasvlam gebruikt bij het lassen, solderen, afbranden van verf enz.
steek·vlieg *de* [-en] vlieg die steekt om bloed te zuigen, daas, familie Tabanidae
steek·wa·gen *de (m)* [-s] handwagen waarvan de voorkant onder op te nemen vracht gestoken kan worden
steek·wa·pen *het* [-s] wapen waarmee gestoken wordt: dolk, speer enz.
steek·wond *de* [-en] wond door steken veroorzaakt
steek·woord *het* [-en] woord dat één van de essenties van een zaak weergeeft, trefwoord
steek·zak *de (m)* [-ken] schuin aangebrachte broekzak
steel *de (m)* [stelen] ❶ lang handvat: ★ *een ~ aan een bezem, een steelpan* ❷ lang mondstuk aan een pijp ❸ bladsteel, bloemstengel; zie ook bij → **vork**
steel·band [stielbend] *(‹Eng) de (m)* [-s] muziekgezelschap (oorspronkelijk uit West-Indië) dat speelt op uit stalen vaten vervaardigde instrumenten
steel·drum [stiel-] *(‹Eng) de (m)* [-s] uit een olievat vervaardigd slaginstrument
steel·gui·tar [stielyietà(r)] *(‹Eng) de (m)* [-s] horizontaal liggend, elektrisch versterkt tokkelinstrument, dat een jankend geluid produceert, veel gebruikt bij countrymuziek
steel·pan *de* [-nen] pan met een lang handvat
steels *bn* heimelijk: ★ *~ naar een meisje kijken*
steels·ge·wijs, steels·ge·wij·ze *bijw* in het geheim
steel·tjes·zwam·men *mv* klasse van schimmels (Basidiomycetes), waartoe de meeste paddenstoelen behoren
steen I *de (m) & het* harde, niet-brandbare en niet-smeedbare delfstof ★ *zo hard als steen* zeer hard ★ *hij heeft een hart van ~* hij heeft geen gevoel **II** *de* [stenen] ❶ stuk steen; voorwerp van steen ★ *~ en been klagen* luid weeklagen ★ *de eerste ~ werpen* het eerst tot bestraffing van iem. overgaan (naar *Johannes* 8: 7) ★ *de ~ der wijzen* het middel om goud te maken, door de alchemisten gezocht ★ *iem. stenen voor brood geven* iem. iets onbruikbaars geven in plaats van iets waar behoefte aan is (naar *Mattheus* 7: 9 en *Lucas* 11: 11) ★ BN ook *het vriest stenen uit de grond* het vriest dat het kraakt, het

steenachtig–steenwol

vriest heel erg ★ BN ook *blauwe* ~ blauwachtig grijze kalksteen uit de Ardennen, arduin ★ *als een* ~ *op de maag liggen* gezegd van iets wat a) een zwaar gevoel geeft in de maag; b) een onoverkomelijk, onoplosbaar probleem is; zie ook → **steentje** en → **aanstoot** ❷ harde pit in kersen, pruimen enz. ❸ bouwsteen, straatsteen ★ *geen* ~ *op de andere laten alles verwoesten* ★ *de eerste* ~ *leggen* met een zekere plechtigheid aan de bouw van iets beginnen ★ *de onderste* ~ *moet boven komen* niets mag verborgen blijven, alles moet onderzocht worden ❹ stuk bij sommige bordspelen als dammen en go **III** *het* [stenen] hist kasteel, burcht

steen·ach·tig *bn* ❶ vol stenen, grotendeels van steen: ★ *een steenachtige bodem* ❷ op steen lijkend

steen·arend *de (m)* [-en] zeer grote roofvogel in de hooggebergten van Europa en Azië, *Aquila chrysaetos*

steen·bak·ker *de (m)* [-s] iem. die in een steenbakkerij werkt

steen·bak·ke·rij *de (v)* [-en] fabriek waar van klei stenen gebakken worden

steen·blok *het* [-ken] groot stuk steen

steen·bok *de (m)* [-ken] ❶ in het hooggebergte levende bok ❷ Steenbok tiende teken van de dierenriem (van ± 21 december tot ± 21 januari)

Steen·boks·keer·kring *de (m)* zuiderkeerkring, keerkring op 23°27' ten zuiden van de evenaar, waar de zon schijnbaar ca. 21 december weer naar het noorden gaat

steen·breek *de* plantensoort waarvan de onderste bladen vaak rozetten vormen, en waarvan de bloemen meestal wit zijn (*Saxifraga*)

steen·druk *de (m)* ❶ het afdrukken van geschriften of tekeningen die in een speciaal geprepareerde kalkachtige steen gegraveerd zijn ❷ [*mv:* -ken] aldus gemaakte afdruk, lithografie

steen·druk·ken *ww* [steendrukte, h. gesteendrukt] in steendruk uitvoeren; **steendrukker** *de (m)* [-s]; **steendrukkerij** *de (v)* [-en]

steen·duif *de* [-duiven] duif die op rotsen en muren nestelt

steen·eik *de (m)* [-en] altijdgroene eik in Zuid-Europa, *Quercus ilex*

steen·ezel *de (m)* [-s] ook BN ook zeer dom of koppig persoon, domoor, stijfkop

steen·gaas *het* → gaas (bet 2) met gebakken klei bewerkt (voor plafonds)

steen·geit *de (v)* [-en] wijfje van de steenbok

steen·goed¹ *het* verglaasd aardewerk

steen·goed² *bn* bijzonder goed

steen·groef [-groeven], **steen·groe·ve** *de* [-n] plaats waar steen uit de grond gehaald wordt

steen·gruis *het* steen in kleine deeltjes

steen·hard *bn* zo hard als steen

steen·hou·wen *ww & het* (het) loshakken *of* bewerken van steen

steen·kar·per *de (m)* [-s] soort karper met een hoger en gedrongener lichaam dan de gewone karper en zonder tastdraden, kroeskarper, *Carassius carassius*

steen·kla·ver *de* witte klaver

steen·klomp *de (m)* [-en] groot brok steen

steen·ko·len·bed·ding, **steen·kool·bed·ding** *de* [-en], **steen·ko·len·bek·ken**, **steen·kool·bek·ken** *het* [-s] steenkool bevattende aardlaag

steen·ko·len·en·gels *het* gebrekkig, slecht Engels

steen·ko·len·gas, **steen·kool·gas** *het* uit steenkolen verkregen gas

steen·ko·len·mijn, **steen·kool·mijn** *de* [-en] plaats waar steenkool uit de grond gehaald wordt

steen·kool *de* harde, zwarte, brandbare delfstof ontstaan uit samengeperste versteende plantenresten ★ *witte* ~ fig vallend water als energiebron (om elektriciteit mee op te wekken)

steen·kool·bek·ken *het* [-s] → **steenkolenbedding**

steen·kool·gas *het* → **steenkolengas**

steen·kool·mijn *de* [-en] → **steenkolenmijn**

steen·kool·teer, **steen·ko·len·teer** *de (m) & het* bij de bereiding van steenkoolgas vrijkomende teer

steen·koud *bn* ❶ zeer koud ❷ fig ongevoelig

steen·lo·per *de (m)* [-s] bep. vogel, soort steltloper die langs het strand zijn trekvlucht maakt, *Arenaria interpres*

steen·mar·ter *de (m)* [-s] groot soort marter met een witte bef, *Martes foina*

steen·oven *de (m)* [-s] oven waarin stenen gebakken worden

steen·puist *de* [-en] harde puist, etterige ontsteking van een haarzakje

steen·ra·ket *de* kruisbloemige plant met smalle bladen en goudgele bloempjes (*Erysimum*)

steen·rijk *bn* zeer rijk

steen·rood *bn* helder, licht rood

steen·rots *de* [-en] harde rots

steen·slag ⟨*Du*⟩ *het* ❶ tot kleine stukken geslagen of geklopte harde natuursteen, ter verharding van wegen, voor beton e.d. ❷ opspattende stenen (bij wegenbouw, als een auto over een nog niet of pas voltooide weg rijdt) ❸ vallende stenen (bij werkzaamheden aan een gebouw); vallend gesteente (in de bergen)

steen·stort *de (m) & het* [-en] plaats waar steen gestort wordt

steen·tijd *de (m)*, **steen·tijd·perk** *het* voorhistorische tijd waarin de mensen stenen werktuigen hadden

steen·tje *het* [-s] kleine steen ★ *ook een* ~ *bijdragen* ook iets bijdragen

steen·uil *de (m)* [-en] kleine uilsoort (*Athene noctua*)

steen·valk *de* [-en] smelleken

steen·vrucht *de* [-en] vlezige vrucht met een harde kern: ★ *de perzik is een* ~

steen·weg *de (m)* [-wegen] BN straatweg, grote verkeersweg

steen·wol *de* wolachtige substantie van tot poeder verwerkt steenachtig materiaal, o.a. gebruikt voor warmte- en geluidsisolatie

steen·worp *de (m)* [-en] (afstand van een) worp met een steen ★ *op een ~ afstand* zeer dichtbij

steen·zaag *de* [-zagen] zaag waarmee steen gezaagd kan worden

steen·zet·ter *de (m)* [-s] arbeider die stukken natuursteen op hun plaats zet

steen·zout *het* klipzout, in de bodem aanwezig keukenzout (met enige andere zouten gemengd)

stee·ple·chase [stiepl-tsjees] *⟨Eng⟩ de (m)* [-s] [-tsjeesiz] wedren met hindernissen

stee·vast *bn* steeds, regelmatig, geregeld

steg *de (m)* zie bij → **heg**

ste·ga·no·gra·fie *de (v)* het op zodanige wijze verbergen van geheime informatie (bijv. in een afbeelding of tekst) dat niet-ingewijden de aanwezigheid van de geheime informatie niet eens vermoeden (i.t.t. bijv. *geheimschrift* of *cryptografie*, waarbij het wel duidelijk is dat er geheime informatie wordt uitgewisseld, maar waarbij de inhoud niet is te ontcijferen)

ste·gen *ww* verl tijd meerv van → **stijgen**

steg·ge·len *ww* [steggelde, h. gesteggeld] NN ❶ kibbelen, ruziën: ★ *over iets ~* ❷ oneerlijk handelen, vooral bij spel

ste·go·sau·rus *⟨Gr⟩ de (m)* [-sen] grote dinosaurus met een dubbele rij skeletplaten op hals, rug en staart

steh·gei·ger [sjteeɣaiɣər] *⟨Du⟩ de (m)* [-s] leider van een strijkorkest die zelf ook viool speelt

stei·ger *de (m)* [-s] ❶ aanlegplaats voor schepen ❷ werkstellage bij bouwwerk

stei·ge·ren *ww* [steigerde, h. gesteigerd] ❶ ⟨van paarden⟩ zich overeind zetten ❷ ⟨schertsend van mensen⟩ hevig verontwaardigd worden

steil *bn* ❶ nagenoeg loodrecht: ★ *een steile rots* ★ *~ haar* sluik afhangend haar ❷ *fig* onverzettelijk, star: ★ *een steile calvinist*; **steilheid** *de (v)*

steil·schrift *het* rechtopstaand geschreven letters

steil·te *de (v)* ❶ het steil-zijn ❷ [*mv*: -n, -s] steile hoogte of wand

stek *de (m)* [-ken] ❶ vaak *verkl: stekje* afgesneden takje of stukje plant, dat kan uitgroeien tot een nieuwe plant ❷ *meest verkl: stekkie* visplaats voor hengelaar; bij uitbreiding plaats waar men zich thuisvoelt: ★ *hij heeft zijn ~ eindelijk gevonden* ❸ rot plekje in fruit: ★ *appels met veel stekken* ❹ puntig houtje (dat in de grond gestoken kan worden)

ste·ke·blind *bn* volslagen blind

ste·kel *de (m)* [-s] ❶ puntig uitsteeksel: ★ *een halsband met stekels* ❷ plantk harde, spitse uitgroeiing van de opperhuid van een stengel, niet ontstaan door vervorming van een blad, stengel (tak) of wortel ❸ *dierk* door vervorming van een haar (bij egels, stekelvarkens) ontstane spitse uitwas op het lichaam ★ *zijn stekels opzetten fig* een verdedigende houding aannemen

ste·kel·baars *de (m)* [-baarzen] visje waarvan de rug- en buikvinnen uit stekels bestaan, familie Gasterosteidae

ste·kel·bes *de* [-sen] kruisbes

ste·kel·brem *de (m)* [-men] soort brem (*Genista anglica*)

ste·kel·hui·di·gen *mv* stam van het dierenrijk waartoe o.a. de zeester en de zee-egel behoren (Echinodermata)

ste·ke·lig *bn* ❶ vol stekels ❷ *fig* hatelijk, scherp: ★ *een stekelige opmerking*

ste·ke·lig·heid *de (v)* [-heden] *fig* hatelijke opmerking

ste·kel·rog *de (m)* [-gen] rog met stekels op de huid, *Raja clavata*

ste·kel·tje *het* [-s] ❶ kleine stekel ❷ stekelbaars

ste·kel·var·ken *het* [-s] met stekels bezet knaagdier, rond de Middellandse Zee en in delen van Afrika en Amerika voorkomend

ste·ken *ww* [stak, h. gestoken] ❶ in een zekere richting bewegen: ★ *zijn hoofd uit het raam ~* ❷ plaatsen, bergen, stoppen; zetten ★ *de handen in de zakken ~* ★ *zich in het nieuw ~* nieuwe kleren aanschaffen ★ *iem. in bed ~* ★ *in de doofpot ~* ★ *iets in elkaar ~* in elkaar zetten ★ *zich iets in zijn hoofd ~* in zijn hoofd halen ★ *BN ook het, de schuld op iem., iets ~* iem., iets de schuld geven; zie ook bij → **neus**, → **wal**, → **zak** ❸ prikken met een scherp voorwerp: ★ *iem. met een mes ~* ❹ pijn veroorzaken die aan → **steken** (bet 3) doet denken; *fig* ergeren, grieven: ★ *het stak hem dat hij nooit promotie had gekregen* ❺ vastzitten ★ *blijven ~* niet verder kunnen ★ BN, *spreektaal iem. laten ~* iem. in de steek laten ❻ zijn, zitten; (zich) bevinden, (ergens) vertoeven: ★ *de sleutel steekt in het slot* ★ *zich in de schulden ~* veel schulden maken ★ *daar steekt wat achter* daar gaan onuitgesproken, onduidelijke bedoelingen achter schuil ★ *het geld stak in haar koffertje* ★ BN, *spreektaal in elkaar ~* in elkaar zitten: ★ *het programma stak goed in elkaar* ❼ uit de grond spitten: ★ *turf ~*

ste·ker *de (m)* [-s] → **stekker**

stek·ken *ww* [stekte, h. gestekt] een of meer stekken uitzetten om daaruit nieuwe planten te winnen

stek·ker *⟨Du⟩ de (m)* [-s] uiteinde van een elektrische draad, dat met twee pennetjes in een stopcontact past ❷ ⟨van een bedrijf e.d.⟩ *de ~ eruit halen, trekken* doen stilvallen, beëindigen; zie ook bij → **balen**

stek·kie, **stek·je** *het* [-s] zie bij → **stek**

stel *het* [-len] ❶ bijeenhorende personen of voorwerpen ★ *een verloofd (gehuwd) ~* ★ *een ~ pannen* ★ *een stelletje (mensen)* neerbuigend een groep mensen ❷ een tamelijk groot aantal: ★ *ik heb een heel ~ T-shirts meegenomen* ❸ NN kooktoestel: ★ *een gasstel* ★ *vooral NN op ~ en sprong* onmiddellijk

stèle *⟨Fr⟨Gr⟩*, **ste·le** *⟨Gr⟩ de* [-s] grafzuil, rechtop staande (graf)steen met een inscriptie

ste·len *ww* [stal, h. gestolen] iets zonder toestemming wegnemen, zich toe-eigenen ★ *iemands hart ~* dankbaarheid, liefde bij iemand wekken ★ *om te ~ heel lief, heel aardig* ★ *die (dat) kan me gestolen*

worden die (dat) is me een ergernis of kwelling
ste·ler *de (m)* [-s] iem. die steelt, dief; zie ook bij → **heler**
stel·kun·de *de (v)* algebra
stel·la·ge [-laazjə] *de (v)* [-s] ❶ verhevenheid, plankier enz. om iets op te plaatsen, te vertonen of te doen werken ❷ stelling, steiger
stel·lair [-lèr] *(Fr‹Lat)* bn de sterren betreffend
Stel·la Ma·ris *zn (‹Lat)* RK de Sterre der Zee, een van de erenamen van Maria, moeder van Jezus
stel·len I *ww* [stelde, h. gesteld] ❶ plaatsen, zetten ★ *iem. voor problemen* ~ iem. met moeilijkheden opzadelen ★ *iets tegenover iets anders* ~ iets doen uit waardering voor iets anders ★ *te boek* ~ opschrijven ★ *ter hand* ~ overhandigen ★ *paal en perk* ~ beperken ★ *op de proef* ~ beproeven ★ *pogingen in het werk* ~ proberen ; zie ook bij → **gesteld** ❷ vaststellen; voorschrijven: ★ *eisen* ~ ★ *iemand de wet* ~ ❸ veronderstellen: ★ *stel dat er oorlog komt* ❹ als mening of standpunt te kennen geven: ★ *de schrijver stelt dat van deze maatregel verbetering te wachten is* ★ *wat u stelt is niet juist* ❺ beredderen, doen: ★ *het zonder hulp moeten* ~ ★ *veel te* ~ *hebben met iemand* veel last met iemand hebben ★ BN, spreektaal *het goed, slecht* ~ het goed, slecht maken ❻ in een bep. toestand doen zijn of maken, brengen: ★ *iem. op zijn hoede* ~ ★ *op de hoogte* ~ brengen ★ *in de praktijk* ~ in praktijk brengen ★ *aan iets een einde* ~ beëindigen, niet meer toelaten II *wederk* BN ook (van vragen, problemen e.d.) rijzen, opkomen: ★ *er* ~ *zich tal van problemen*
stel·lend *bn* ★ taalk *stellende trap* zie bij → **trap¹** (bet 2)
stel·ler *de (m)* [-s] opsteller, schrijver ★ ~ *dezes* vero de schrijver van dit stuk
stel·lig *bn* zeker, vast, beslist: ★ *een stellige bewering*; **stelligheid** *de (v)*
stel·ling *de (v)* [-en] ❶ mil terrein waar een leger is opgesteld, terrein met verdedigingswerken ★ *in* ~ *liggen* ❷ van militairen gereed zijn om te vechten ❸ stellage, open kast: ★ *een* ~ *met kantoorbehoeften* ❹ veronderstelling, standpunt; mening die men verdedigen wil ★ ~ *tegen iets nemen* de mening van iem. anders aanvallen
stel·ling·mo·len *de (m)* [-s] windmolen die zo hoog is dat een stellage nodig is voor het bedienen van de wieken
stel·ling·na·me *de* het bepalen van een standpunt of houding
stel·ling·oor·log *de (m)* [-logen] oorlog waarbij de strijdende partijen lang in vaste stellingen blijven, *tegengest.* → **bewegingsoorlog**
stel·oe·fe·ning *de (v)* [-en] oefening in het maken van een opstel
stel·pen *ww* [stelpte, h. gestelpt] doen ophouden te vloeien: ★ *bloed* ~
stel·plaats *de* [-en] BN ook remise (voor trams, bussen e.d.); plaats waar bussen staan alvorens hun route te rijden
stel·post *de (m)* [-en] NN voorlopig aangenomen, nog niet nauwkeurig vast te stellen kostenpost op een begroting
stel·re·gel *de (m)* [-s] richtsnoer, beginsel, principe
stel·schroef *de* [-schroeven] schroef waarmee onderdelen versteld of gericht kunnen worden
stel·sel *het* [-s] ❶ volgens bepaalde regels geordend geheel, systeem; zie ook bij → **tientallig** ❷ samenstel van regels waarnaar men handelt
stel·sel·loos *bn* zonder stelsel; **stelselloosheid** *de (v)*
stel·sel·ma·tig *bn* volgens een stelsel of regel, systematisch ★ *iets* ~ *doen* voortdurend, steeds opnieuw; **stelselmatigheid** *de (v)*
stelt *de* [-en] elk van twee hoge stokken met zijplankjes om op te staan ★ *op stelten staan (zetten)* fig in beroering zijn (brengen), op zijn kop staan (brengen)
stelt·kluut *de (m)* [-kluten] zwart-witte steltloper op hoge rode poten, *Himantopus himantopus*
stelt·lo·per *de (m)* [-s] vogel op hoge poten, onderorde Charadrii
stelt·wor·tel *de (m)* [-s] luchtwortel
stem *de* [-men] ❶ door de mens bij het spreken en zingen voortgebracht geluid ★ *met luider stem(me) hardop* ★ *zijn* ~ *kwijt zijn* alleen nog maar fluisterend kunnen praten ❷ hetgeen geuit wordt, meningsuiting: ★ *zijn* ~ *tegen iets verheffen* ★ *er gaan stemmen op om...* ❸ meningsuiting bij een verkiezing, vergadering enz.: ★ *zijn* ~ *uitbrengen* ★ *de stemmen staken* er zijn evenveel personen die vóór als die tegen iets zijn ★ *met algemene stemmen* met goedkeuring van allen ★ *doorslaggevende* ~ de stem die de beslissing bepaalt ❹ trilling van de stembanden ★ *s wordt zónder, z mét* ~ *uitgesproken*
stem·af·spraak *de* BN afspraak tussen verschillende politieke partijen om paarsgewijze niet aan een stemming deelt te nemen
stem·band *de (m)* [-en] elk van de twee elastische banden in het strottenhoofd die door langsstromende lucht in trilling kunnen komen
stem·bil·jet *het* [-ten], **stem·brief·je** *het* [-s] biljet waarop men bij een verkiezing moet invullen wie men gekozen wil zien
stem·bui·ging *de (v)* toonwisseling in de stem
stem·bu·reau [-roo] *het* [-s] ❶ plaats waar men moet → **stemmen** (bet 1) ❷ de gezamenlijke stemopnemers
stem·bus *de* [-sen] ❶ bus waarin de ingevulde stembiljetten geworpen worden ❷ fig verkiezing, stemming: ★ *de* ~ *zal uitwijzen hoe de kiezers over het gevoerde beleid denken*
stem·bus·ak·koord *het* [-en] overeenkomst, vóór een verkiezing gesloten, tussen politieke partijen over een gemeenschappelijk regeringsprogram
stem·bus·slag *de* [-en] BN verkiezingsronde, ronde van een verkiezing die in verschillende fasen wordt opgedeeld

stem·com·pu·ter [-pjoe-] *de (m)* [-s] stemmachine waarmee men digitaal zijn stem uitbrengt

stem·dis·trict *het* [-en] elk van de afdelingen, gebieden waarin een land of gemeente verdeeld is voor de → **stemming** (bet 1)

stem·fluit·je *het* [-s] bij het stemmen van muziekinstrumenten gebruikt fluitje

stem·ge·drag *het* gedrag bij het → **stemmen** (bet 1); keuze die stemgerechtigden maken: ★ *de afkeer van de gevoerde politiek kwam in het ~ tot uiting*

stem·ge·luid *het* [-en] klank van de stem

stem·gem·ber *(⟨Eng⟩ de (m)* vooral NN gember van hoge kwaliteit

stem·ge·rech·tigd *bn* stemrecht hebbend

stem·ge·rech·tig·de *de* [-n] iem. die stemrecht heeft

stem·ha·mer *de (m)* [-s] bij het pianostemmen gebruikte sleutel

stem·heb·bend, stem·heb·bend *bn* taalk met → **stem** (bet 4) uitgesproken

stem·kaart *de* [-en] NN kaart waarmee de kiezers worden opgeroepen om te komen stemmen

stem·lo·kaal *het* [-kalen] lokaal voor het stembureau

stem·loos *bn* zonder → **stem** (bet 4)

stem·ma·chi·ne [-sjienə] *de (v)* [-s] toestel dat automatisch de uitgebrachte stemmen aangeeft (waarmee men dus zonder stembiljet zijn stem kan uitbrengen)

stem·men *ww* [stemde, h. gestemd] ❶ bij een vergadering of verkiezing zijn mening, keuze uiten: ★ *zullen we ~ waar we naartoe gaan* ★ *zij stemde CD&V* ★ *(op) Balkenende* ~⟨rumenten⟩ *in de zuivere toonverhouding en toonhoogte brengen* ❷ in een zekere gemoedsgesteldheid brengen: ★ *dat stemt ons bedroefd* ❸ BN ⟨een wet e.d.⟩ aannemen, goedkeuren: ★ *het wetsvoorstel is gestemd met ruime meerderheid* ❹ BN (bij stemming) toestaan: ★ *de belastingen worden jaarlijks gestemd*

stem·mer *de (m)* [-s] iem. die stemt (→ **stemmen**, bet 1 en 2)

stem·mig *bn* ❶ ingetogen, niet opzichtig: ★ *~ gekleed zijn bij een rouwplechtigheid* ❷ BN ook gezellig; **stemmigheid** *de (v)*

stem·ming *de (v)* [-en] ❶ het → **stemmen** (bet 1); zie ook bij → **hoofdelijk** ❷ gemoedsgesteldheid ★ *de ~ erin brengen* zorgen voor een vrolijke atmosfeer ❸ onder het publiek heersende opvatting ❹ beursterm onder de handelaars heersende gesteldheid ten aanzien van de zaken: ★ *de ~ was flauw*

stem·ming·ma·ke·rij *de (v)* het (door eenzijdige voorlichting) wekken van een bepaalde stemming ten gunste of ten ongunste van iem. of iets

stem·mings·beeld *het* [-en] beeld waarin een bepaalde gemoedsgesteldheid tot uiting komt

stem·om·vang *de (m)* afstand tussen de hoogste en laagste tonen die een menselijke stem of een instrument kan voortbrengen

stem·ont·hou·ding *de (v)* [-en] het niet deelnemen aan een → **stemming** (bet 1)

stem·op·ne·ming *de (v)* het openen en aflezen van de stembriefjes en het optekenen van het resultaat van de stemming

stem·or·gaan *het* [-ganen] orgaan dat het stemgeluid voortbrengt: ★ *het menselijk ~*

stem·pel [-s] **I** *de (m) & het* voorwerp waarin woorden, cijfers of merktekens zijn uitgesneden, die op of in een onderlaag overgedrukt kunnen worden ★ *een ~ drukken op* een kenmerkende trek geven ★ *zijn ~ op iets drukken* blijk geven van zijn invloed **II** *de (m) & het* afdruk, indruk van een stempel: ★ *de / het ~ op een postzegel* ★ *iem. van de oude ~* iem. die leeft volgens verouderde gebruiken of opvattingen **III** *de (m)* biol bovendeel van een stamper

stem·pel·au·to·maat *de (m)* [-maten] toestel dat automatisch stempelt (bijv. in een tram of op een station)

stem·pel·doos *de* [-dozen] doos waarin een stempel geborgen wordt

stem·pe·len *ww* [stempelde, h. gestempeld] ❶ een stempelafdruk zetten op: ★ *een postzegel ~* ❷ hist geregeld een stempel op een kaart of formulier komen halen als bewijs van werkloosheid [in Nederland tijdens de crisis vóór de Tweede Wereldoorlog, in België tot eind 2005] ❸ fig doen kennen als: ★ *dit stempelt hem tot een man van beschaving* ❹ schoren

stem·pel·geld *het* BN, vero werkloosheidsuitkering, → **steun** (bet 3)

stem·pe·ling *de (v)* [-en] ❶ het → **stempelen** (bet 1) ❷ → **stempel** (bet 2)

stem·pel·inkt *de (m)* inkt voor stempelkussens

stem·pel·kus·sen *het* [-s] met stempelinkt doordrenkt kussentje waarop een stempel wordt bevochtigd

stem·pel·snij·der *de (m)* [-s] iem. die stempels maakt

stem·proef *de* [-proeven] zie bij → **stemtest**

Stemra *afk* in Nederland Stichting tot exploitatie van mechanische reproductierechten voor auteurs

stem·recht *het* recht om te → **stemmen** (bet 1) of gekozen te worden

stem·spleet *de* [-spleten] spleet tussen de stembanden

stem·test *de (m)* [-s] radio stemproef; proef ter vaststelling van het gewenste stemgeluid

stem·vee *het* de grote massa van de kiezers

stem·ver·hef·fing *de (v)* [-en] het luider spreken

stem·vo·lu·me *het* [-n, -s] kracht van de stem

stem·vork *de* [-en] langwerpig, U-vormig stuk metaal dat bij aanslaan een bepaalde, vaste toon geeft, gebruikt om te kunnen → **stemmen** (bet 2)

stem·vor·ming *de (v)* oefening, verbetering van de stem

stem·wis·se·ling *de (v)* [-en] verzwaring van de stem bij jongens in de puberteit

sten·cil [-səl] *(⟨Eng⟩ de (m) & het* [-s] ❶ vel geprepareerd waspapier, waarop men met de hand of met een schrijfmachine schrijft en met behulp waarvan veel afdrukken kunnen worden gemaakt

❷ aldus gemaakte afdruk: ★ *stencils uitdelen*
sten·ci·len *ww* [-sə-] *(‹Eng)* [stencilde, h. gestencild] met een stencil afdrukken of vermenigvuldigen
sten·cil·inkt [-səl-] *de (m)* bij het stencilen gebruikte inkt
sten·cil·ma·chi·ne [-səlmaasjienə] *de (v)* [-s] toestel om te stencilen
sten·den *(‹Du) mv* hist in de regering vertegenwoordigde standen, staten
sten·den·raad *(‹Du) de (m)* [-raden] één van de twee kamers van de volksvertegenwoordiging in Zwitserland, waarin afgevaardigden van de kantons zitting hebben (Ständerat)
sten·dhal·syn·droom [stendaalsin-] *het* geestelijke ineenstorting door de confrontatie met een overmaat aan cultuur, waar sommige bezoekers van bijv. Florence en Venetië aan lijden (genoemd naar de Franse schrijver Stendhal, 1783-1842)
ste·nen *bn* van steen
steng *de* [-en] ❶ stang, staak ❷ verlengstuk van een mast
sten·gel *de (m)* [-s] ❶ dun deel van een plant dat bladeren en bloemen draagt ❷ stengelvormig koekje: ★ *zoute stengels*
sten·gel·aal·tje *het* [-s] wormengeslacht (*Ditylenchus*, vooral de soort *D. dipsaci*), berucht vanwege de schade die het aan gewassen veroorzaakt
sten·gun [-ɣun] *(‹Eng) de (m)* [-s] Brits, licht automatisch snelvuurwapen waarmee ook schot voor schot gevuurd kan worden, genoemd naar de uitvinders *S*hepherd, *T*urpin en *En*field
ste·nig *bn* steenachtig
ste·ni·gen *ww* [stenigde, h. gestenigd] iem. doden door stenen naar hem / haar te werpen; **steniging** *de (v)* [-en]
sten·nis *de (m)* NN, spreektaal drukte, kabaal, gedoe: ★ *een hoop ~ maken*
ste·no *de (m) & het* verkorting van stenografie
ste·no·graaf *(‹Gr) de (m)* [-grafen], **ste·no·gra·fe** *de (v)* [-n] snelschrijver, snelschrijfster, iem. die stenografische verslagen maakt
ste·no·gra·fe·ren *ww* [stenografeerde, h. gestenografeerd] in stenografie schrijven, resp. opschrijven
ste·no·gra·fie *(‹Gr) de (v)* snelschrijfkunst door middel van verkortingen en tekens, kortschrift, vooral om dictaten op te nemen
ste·no·gra·fisch *bn* door, van, betreffende de stenografie
ste·no·ty·pen *ww* [-tie-] [stenotypte, h. gestenotypt] berichten, brieven e.d. stenografisch opnemen en uittypen
ste·no·ty·pist [-tie-] *de (m)* [-en], **ste·no·ty·pis·te** [-tie-] *de (v)* [-s, -n] iem. die als beroep berichten, brieven e.d. stenografisch opneemt en uittypt
stent *de* [-s] med buisje dat in een dichtslibbende ader wordt geplaatst om deze open te houden
sten·tor *de (m)* [-s] iemand met een harde stem (*stentorstem*) naar Stentor, Griekse held voor Troje, die luider riep dan vijftig mannen samen
step *(‹Eng) de (m)* [-s, -pen] ❶ autoped ❷ steun voor de voeten van een duopassagier nabij de achteras van een (brom)fiets of motor ❸ dans waarbij de paren zich met schuivende passen voortbewegen
step·dans *(‹Eng) de (m)* [-en] → **step** (bet 3)
step·in *(‹Eng) de (m)* [-s] rondgeweven elastieken korset zonder sluiting
step·pe *(‹Russ) de* [-n, -s] uitgestrekte boomloze vlakte waarop alleen wat gras, mos e.d. groeit
step·pe·hoen *het* [-ders] in de steppen levende vogel, *Syrrhaptes paradoxus*
step·pe·hond *de (m)* [-en] hyenahond
step·pe·kat *de* [-ten] op de wilde kat lijkend roofdier dat in de Midden-Aziatische steppen en woestijnen leeft, manoel (*Felis manul*)
step·pe·meer *het* [-meren] meer in de steppen
step·pen *ww* [stepte, h. gestept] ❶ op een autoped rijden ❷ *(‹Eng)* lichaamsoefening waarbij men ritmisch op en van een verhoging stapt ❸ *(‹Eng)* de step dansen
step·pe·wolf *de (m)* [-wolven] in de steppen levende wolf
step·ping·stone [-stoon] *(‹Eng) de (m)* [-s] ❶ stapsteen, steen in een waterloop, ook in een grasperk e.d., om op te stappen bij het oversteken ❷ fig opstapje hulpmiddel om tot iets te komen: ★ *die cursus is een ~ naar een goede baan*
steps *(‹Eng) de* vorm van fitnesstraining waarbij gebruik wordt gemaakt van een blok waar men ritmisch op- en afstapt
STER *afk* in Nederland Stichting Etherreclame [stichting die ten behoeve van derden reclameboodschappen uitzendt via radio en televisie]
ster *de* [-ren] ❶ uit zichzelf licht uitstralend hemellichaam; bij uitbreiding ook hemellichaam dat licht van de zon weerkaatst ★ *vallende ~* meteoor die, in de dampkring gekomen, gaat gloeien en zo zichtbaar wordt ★ *het staat in de sterren (geschreven)* het is al van tevoren bepaald of voorspeld ★ *de sterren van de hemel zingen* zeer mooi zingen ★ BN, spreektaal *tegen de sterren op* zonder maat te houden ❷ stervormige, puntige figuur: ★ *de ~ in de vlag van Marokko* ★ *~ van Bethlehem* campanula ❸ stervormige aanduiding voor kwaliteit of rang: ★ *een restaurant met twee sterren* ❹ iem. die heel populair is, vooral in de wereld van de film, de muziek of de sport → **grootte** → **sterretje**
ster- als eerste lid in samenstellingen voortreffelijk, tot de besten behorend: ★ *sterjournalist, sterspeler*
ster·al·lu·res *mv* hoogmoedig gedrag als van een beroemd persoon: ★ *dat zangeresje begint nu al ~ te vertonen*
ster·ap·pel *de (m)* [-en, -s] rode appel, waarvan het vruchtvlees rood geaderd is

ster·bla·di·gen *mv* plantenfamilie waarvan de blaadjes meestal in kransen staan (*Rubiaceeën*)

stè·re (‹Fr‹Gr) *de* [-s en -n] kubieke meter, m³

ste·reo *bn* verkorting van → **stereofonisch**: ★ *deze uitzending was ~; tegengest:* → **mono**

ste·reo- (‹Gr) als eerste lid in samenstellingen ruimtelijk, ruimte

ste·reo·fo·nie (‹Gr) *de (v)* ruimtelijke geluidsweergave

ste·reo·fo·nisch *bn* ‹van geluid› met ruimtewerking weergegeven

ste·reo·gra·fie (‹Gr) *de (v)* kunst om ruimtefiguren op een vlak af te beelden

ste·reo·in·stal·la·tie [-(t)sie] *de (v)* [-s] apparaat waarmee geluid stereofonisch wordt weergegeven, vaak een radio, cd-speler, cassettedeck, pick-up en luidsprekers bij elkaar

ste·reo·me·trie (‹Gr) *de (v)* meetkunde in de ruimte

ste·reo·me·trisch *bn* betrekking hebbend op, volgens de stereometrie

ste·reo·scoop (‹Gr) *de (m)* [-scopen] optisch toestel waarmee men twee naast elkaar liggende afbeeldingen in één ruimtelijk beeld verenigd kan zien

ste·reo·sco·pie (‹Gr) *de (v)* leer van het ontstaan van ruimtelijke gezichtsgewaarwording

ste·reo·sco·pisch *bn* volgens de beginselen van de stereoscopie, ruimtelijk gezien, een ruimtelijk beeld gevend

ste·reo·tiep (‹Fr) *bn* vast, onveranderlijk, strijk en zet terugkerend: ★ *stereotiepe opmerkingen maken*

ste·reo·to·ren *de (m)* [-s] stereo-installatie waarvan de verschillende apparaten hoog opgestapeld zijn

ste·reo·type [-tiep(ə)] (‹Fr) *de* [-n, -s] vast, versteend begrip, stereotiepe voorstelling: ★ *het ~ van de indiaan heeft bij menigeen nog steeds een verentooi op het hoofd*

sterf·bed *het* [-den] bed waarop iemand sterft ★ *op zijn ~ liggen* stervende zijn ★ *aan iems. ~ staan, zitten* bij iems. sterven aanwezig zijn

sterf·dag *de (m)* [-dagen] dag waarop iemand sterft

ster·fe·lijk, **sterf·lijk** *bn* eens moetende sterven: ★ *alle mensen zijn ~*

sterf·ge·val *het* [-len] het overleden zijn van iemand: ★ *wegens ~ gesloten*

sterf·huis *het* [-huizen] ❶ huis waar een dode is ❷ gezamenlijke niet-levensvatbare onderdelen van een bedrijf, ondergebracht in één organisatie

sterf·huis·con·struc·tie [-sie-] *de (v)* [-s] reorganisatie van een in moeilijkheden verkerend bedrijf, waarbij men dit splitst in levensvatbare en niet-levensvatbare onderdelen, waarna men deze laatste liquideert en zodoende de andere onderdelen kan redden

sterf·jaar *het* [-jaren] jaar waarin iemand gestorven is

sterf·ka·mer *de* [-s] kamer waarin iemand gestorven is

sterf·lijk *bn* → **sterfelijk**

sterf-op-straat·worst *de* [-en] NN, schertsend cervelaatworst

sterf·put *de (m)* [-ten] BN zinkput

sterf·te *de (v)* ❶ het sterven ❷ aantal sterfgevallen: ★ *er is veel ~ aan aids in dat land*

sterf·te·cij·fer *het* [-s] aantal sterfgevallen per duizend inwoners in een bepaald tijdsverloop

sterf·uur *het* [-uren] uur waarin iemand sterft

ste·riel (‹Fr‹Lat) *bn* ❶ onvruchtbaar, dor, niets opleverend ❷ ongeschikt of niet in staat tot bevruchting: ★ *een steriele poes* ❸ vrij van micro-organismen, kiemvrij: ★ *steriele medische apparaten* ❹ fig saai, oninteressant: ★ *een ~ debat* ★ *een steriele sfeer*

ste·ri·li·sa·tie [-zaa(t)sie] (‹Fr) *de (v)* het steriliseren; het steriel-maken in de *bet 2 of 3*

ste·ri·li·sa·tor [-zaa-] (‹Fr) *de (m)* [-s en -toren] toestel om te → **steriliseren** (bet 2)

ste·ri·li·seer·pot [-zee-] *de (m)* [-ten] BN ook weckfles, weckglas

ste·ri·li·se·ren [-zee-] (‹Fr) *ww* [steriliseerde, h. gesteriliseerd] ❶ onvruchtbaar maken: ★ *een poes ~* ❷ door verwarming tot hoge graad voldig van ziektekiemen ontdoen; kiemvrij maken ❸ BN ook ‹van groenten en fruit› wecken, groenten e.d. langer houdbaar maken door ze luchtdicht in potten te doen en deze daarna te koken

ste·ri·li·teit (‹Fr‹Lat) *de (v)* onvruchtbaarheid, dorheid

sterk I *bn* ❶ krachtig, niet zwak: ★ *een sterke bokser, schaker e.d.* ★ *een sterke gezondheid hebben* ★ *zo ~ als een paard* zeer sterk ★ *~ zijn in wiskunde* heel goed zijn in wiskunde ★ *~ staan* ❷ in een debat, rechtszaak e.d. overtuigende argumenten hebben ★ *de sterke arm* zie bij → **arm¹** ★ *ik maak me ~ dat het niet waar is* ik ben ervan overtuigd...; zie ook bij → **slim** ❸ stevig gemaakt, niet spoedig slijtend: ★ *~ materiaal* ❹ veel van een bepaalde stof bevattend: ★ *een sterke oplossing* ★ *sterke thee* ★ *sterke drank* zie → **sterkedrank** ❺ groot in aantal: ★ *sterke troepen, honderd man ~* ❻ scherp, bedorven van smaak: ★ *de boter is ~* ❼ taalk met klinkerwisseling: ★ *sterke werkwoorden, bijv.: nemen, nam, genomen* ❽ kras, nauwelijks geloofwaardig: ★ *sterke verhalen* ★ *dat is ~!* II *bijw* in hoge mate: ★ *~ overdreven verhalen*

ster·ke·drank *de (m)* alcoholische drank, vooral die met meer dan 20% alcohol (vaak niet aaneengeschreven: *sterke drank*)

ster·ken *ww* [sterkte, h. gesterkt] ❶ sterker maken ❷ fig bemoedigen

ster·kers, **ster·ren·kers** *de* NN tuinkers

sterk·ge·bouwd *bn* fors, gespierd

sterk·hou·der *de (m)* [-s] sterk element, drijvende kracht: ★ *hij groeide uit tot de ~ van de ploeg*

sterk·stroom *de (m)* elektrische stroom met een spanning van meer dan 50 volt of een energie van meer dan 100 watt

sterk·te I *de (v)* ❶ kracht; stevigheid ❷ talrijkheid: ★ *de ~ van het leger* ❸ moed, geestelijke kracht: ★ *iem. ~ wensen* ❹ [*mv*: -n, -s] militaire versterking, fort **II** *tsw* ★ *~!* gezegd als men iem. geestelijke kracht toewenst bij een moeilijke opdracht

sterk·wa·ter *het* ❶ salpeterzuur ❷ ethanol met 20-30% water, gebruikt voor het conserveren van planten en dieren

ster·let *(‹Russ› de (m)* [-ten] tot 1 m lange soort steur, *Acipenser ruthenus*

ster·ling *de* [stŭ(r)-] *(‹Eng›* wettelijke Engelse muntvoet, in de verbinding: ★ *pond* ~ (zie bij → **pond**)

ster·mo·tor *de (m)* [-toren, -s] door lucht gekoelde vliegtuigmotor, waarbij de cilinders stervormig gerangschikt zijn

stern *de* [-s, -en] meeuwachtige vogel, onderfamilie Sterninae; **sterntje** *het* [-s]

ste·ro·ï·den *(‹Gr› mv* verzamelnaam voor een groep chemische verbindingen waartoe verschillende hormonen en vitaminen behoren ★ *anabole* ~ aan androgene hormonen verwante steroïden, die een spier- en skeletopbouwende werking hebben, soms door sportlieden gebruikt als (verboden) prestatieverhogend middel

ster·ren·beeld *het* [-en] ❶ groep bijeenstaande sterren die een bepaalde figuur vormen ❷ teken van de dierenriem waaronder men geboren is: ★ *mijn* ~ *is Ram*

ster·ren·he·mel *de (m)* nachtelijke hemel met sterren

ster·ren·hoop *de (m)* [-hopen] astron grote hoeveelheid zich relatief dicht bij elkaar bevindende sterren die fysisch bij elkaar horen

ster·ren·jaar *het* [-jaren] tijd waarin de zon, van de aarde uit gezien, één keer omloopt ten opzichte van de vaste sterren, siderisch jaar

ster·ren·kaart *de* [-en] afbeelding van de sterrenhemel op een plat vlak

ster·ren·kers *de* NN → **sterkers**

ster·ren·kij·ker *de (m)* [-s] grote kijker voor het doen van sterrenkundige waarnemingen, telescoop

ster·ren·kroos, **ster·ren·kruid** *het* waterplantje met een draadvormige stengel en waarvan de bovenste bladen vaak in rozetten drijven (*Callitriche*)

ster·ren·kun·de *de (v)* wetenschap die de hemellichamen bestudeert, astronomie

ster·ren·kun·dig *bn* volgens, betreffende de sterrenkunde, astronomisch

ster·ren·kun·di·ge *de* [-n] kenner, beoefenaar van de sterrenkunde, astronoom

ster·ren·muur *de* muurachtige plant (*Stellaria*)

ster·ren·re·gen *de (m)* [-s] groep vallende sterren

ster·ren·tijd *de (m)* bepaling van de tijd naar de stand van de sterren, *tegengest*: → **zonnetijd**

ster·ren·wacht *de* [-en] instituut waar men met behulp van kijkers de sterrenhemel bestudeert, observatorium

ster·ren·wi·che·laar *de (m)* [-s] astroloog

ster·ren·wi·che·la·rij *de (v)* astrologie

ster·re·tje *het* [-s] ❶ kleine ster ❷ ‹in drukwerk› verwijzingsteken *, asterisk ❸ stukje vuurwerk dat, als het brandt, vonkjes afgeeft

ster·rit *de (m)* [-ten] rit van verschillende plaatsen uit naar één punt, rally

ster·spe·ler *de (m)* [-s] speler die uitblinkt

ster·ve·ling *de (m)* [-en] mens ★ *geen* ~ niemand

ster·ven *ww* [stierf, is gestorven] doodgaan ★ *op* ~ *liggen* de dood zeer nabij zijn ★ *op* ~ *na dood zijn* weldra sterven ★ *ik sterf van de honger, dorst* ik heb een ontzettende honger, dorst

ster·ven·de *de* [-n] iemand die sterft

ster·vens·be·ge·lei·ding *de (v)* psychische en sociale begeleiding van mensen in de laatste levensfase

ster·vens·nood *de (m)* de nood van een stervende

ster·vens·uur *het* [-uren] uur waarin iemand sterft

ster·vor·mig, **ster·vor·mig** *bn* de vorm van een ster hebbend

ste·tho·scoop *(‹Gr› de (m)* [-scopen] med hoorbuis ter beluistering van geluiden (van hart en longen) in de borstholte

steun *de (m)* [-en] ❶ stut: ★ *de plank ligt op twee steunen* ★ ~ *geven in de rug* de rug goed ondersteunen ❷ hulp, iem. die een ander bijstaat: ★ *ze was een enorme* ~ *voor haar broer* ❸ vero toelage aan personen die geen of onvoldoende eigen inkomsten hebben om in hun levensonderhoud te kunnen voorzien (thans bijstand genoemd): ★ NN *in de* ~ *lopen* ★ ~ *trekken* ❹ vero de instelling die zorg draagt voor de uitkering van de → **steun** (bet 3)

steun·aan·koop *de (m)* [-kopen] aankoop, vooral van valuta door de centrale bank, om de koers te steunen

steun·balk *de (m)* [-en] steunende balk

steun·beer *de (m)* [-beren] stevige kolom die een muur verticaal verstevigt

steun·co·mi·té *het* [-s] comité dat giften verzamelt tot ondersteuning

steu·nen[1] I *ww* [steunde, h. gesteund] ❶ leunen, ondersteunen: ★ *op palen* ~ ★ ~ *op* rusten of leunen op ❷ hulp verlenen (vooral geldelijk): ★ *een onderneming* ~ ★ *een plan* ~ verklaren voorstander te zijn van een plan ❸ fig gegrond zijn op: ★ *deze hypothese steunt op pas ontdekte gegevens* **II** *wederk* ★ *zich* ~ *op* zich beroepen op, zich baseren op: ★ *de Kerk steunde zich op de Bijbel*

steu·nen[2] *ww* [steunde, h. gesteund] kreunen

steun·fonds *het* [-en] fonds waaruit geldelijke steun wordt verleend

steun·frau·de *de* [-s] NN oplichting van een sociale dienst door zich ten onrechte als uitkeringsgerechtigde voor te doen

steun·kleur *de* [-en] kleur als ondergrond voor een tekst of een afbeelding

steun·pi·laar *de (m)* [-laren] ❶ steunende pilaar ❷ fig persoon die veel voor iets doet, van grote betekenis voor iets is

steun·punt *het* [-en] ❶ punt waarop iets steunt, ook fig ❷ uitgangspunt voor oorlogsverrichtingen ❸ ondersteunend kantoor van een bureaucratische

instantie als service voor haar cliënten
steun·trek·ker *de (m)* [-s] vero iem. die → **steun** (bet 3) geniet
steun·weef·sel *het* [-s] verzamelnaam voor alle verbindende weefsels in het (menselijk en dierlijk) lichaam
steun·zen·der *het* [-s] → **zender** (bet 2) die de (door de afstand zwakke) uitzendingen van een andere zender versterkt
steun·zool *de* [-zolen] losse zool als verhoging in een schoen
steur *de (m)* [-en] vis die behoort tot een familie van primitieve zoetwatervissen (*Acipenseridae*) met een nog grotendeels kraakbenig skelet, vooral de *gewone ~ (Acipenser sturio)* die in de Zwarte Zee leeft en in West-Europa door vooral watervervuiling en overbevissing zeer zeldzaam is geworden
ste·ven¹ *de (m)* [-s] voor- of achterstuk van een schip ★ *de ~ wenden* een andere koers inslaan
ste·ven² *ww* verl tijd meerv van → **stijven¹**
ste·ve·nen *ww* [stevende, is gestevend] koers zetten, gaan ★ *recht op zijn doel af ~* zonder omwegen, snel naar zijn doel gaan
ste·vig *bn* ❶ sterk, fors: ★ *een stevige knaap* ❷ solide, degelijk: ★ *een stevige stoel* ❸ hevig, flink: ★ *een stevige wind* ★ *een ~ pak rammel* ★ *~ doorlopen* snel, zonder onderbreking doorlopen; **stevigheid** *de (v)*
ste·ward [stjoewə(r)d] *(Eng) de (m)* [-s], **ste·war·dess** [stjoewa(r)des] *(Eng) de (v)* [-en] iem. die service verleent aan de passagiers in een vliegtuig of op een schip
St.-Gen. *afk* in Nederland Staten-Generaal
sticht, **stift** *het* [-en] NN ❶ geestelijk gesticht, klooster ❷ bisdom
stich·te·lijk *bn* godsdienstig-opbouwend: ★ *stichtelijke literatuur* ★ NN, vero *~ voor iets bedanken* iets nadrukkelijk afwijzen, feestelijk voor iets bedanken
stich·ten *ww* [stichtte, h. gesticht] ❶ bouwen; oprichten, laten ontstaan: ★ *een kolonie ~* ❷ veroorzaken: ★ *brand ~* ★ *vrede ~* ★ *veel onheil ~* ❸ vero godsdienstig opbouwen of ontroeren ★ *hij was er helemaal niet over gesticht* niet te spreken
Stich·te·naar *de (m)* [-s en -naren] iem. uit het Sticht, de oude naam voor het bisdom Utrecht
stich·ter *de (m)* [-s] oprichter, bouwer, veroorzaker
stich·ting *de (v)* ❶ het stichten ❷ [mv: -en] rechtspersoon die, zonder winstoogmerk, met een daartoe bestemd vermogen een bepaald doel nastreeft: ★ *volgens de wet mag een ~ geen leden hebben* ❸ vero godsdienstige verheffing of ontroering
Stichts *bn* in Nederland van, uit het Sticht, de oude naam voor het bisdom Utrecht
stick *(Eng) de (m)* [-s] ❶ stok, hockeystok ❷ stuurknuppel ❸ hasj- of marihuanasigaret (meestal: *stickie*)
stick·er *(Eng) de (m)* [-s] zelfklevend papiertje met een leus, aankondiging, afbeelding e.d., dat op muren,

vensters enz. geplakt wordt
stief *bn* NN, spreektaal: ★ *een ~ kwartiertje* zeker een kwartier ★ *het is nog een ~ eindje lopen* nog tamelijk ver
stief·broe·der, **stief·broer** *de (m)* [-s] mannelijk persoon in betrekking tot kinderen uit een ander huwelijk van een van de ouders
stief·doch·ter *de (v)* [-s] dochter uit een vroeger huwelijk van echtgenoot of echtgenote
stie·fe·len *(Du) ww* [stiefelde, is gestiefeld] NN, spreektaal stappen, lopen
stief·kind *het* [-eren] ❶ stiefdochter of -zoon ❷ persoon of zaak die stiefmoederlijk behandeld wordt
stief·moe·der *de (v)* [-s] ❶ moeder in betrekking tot een kind uit een voorgaand huwelijk van de vader ❷ hardvochtige moeder
stief·moe·der·lijk, **stief·moe·der·lijk** *bn* niet met de echte belangstelling of liefde, karig: ★ *~ bedeeld zijn*
stief·va·der *de (m)* [-s] vader in betrekking tot een kind uit een voorgaand huwelijk van de moeder
stief·zoon *de (m)* [-s, -zonen] zoon uit een vroeger huwelijk van echtgenoot of echtgenote
stief·zus·ter *de (v)* [-s] vrouwelijk persoon in betrekking tot kinderen uit een ander huwelijk van een van de ouders
stie·kem *(Hebr) bn* ❶ niet openhartig, achterbaks: ★ *een ~ karakter* ❷ zonder dat anderen het merken, heimelijk: ★ *~ een stuk van de taart snoepen* ❸ zich niet uitend, stilletjes: ★ *~ genieten*
stie·ke·merd *de (m)* [-s] iem. die vaak iets stiekem doet
stie·kem·pjes *bijw* zonder zich te uiten of iets te laten merken
stiel *de (m)* [-en] BN ook vak, beroep; bedrijf, ambacht, baan: ★ BN *twaalf stielen, dertien ongelukken* twaalf ambachten, dertien ongelukken; gezegd van iemand die telkens een ander middel van bestaan kiest en nooit succes heeft
stiel·ken·nis *de (v)* BN ook vakkennis
stiel·man *de (m)* [-nen] BN, spreektaal vakman; ambachtsman, geschoolde arbeider
stier *de (m)* [-en] ❶ mannelijk rund; zie ook bij → **balen** ❷ *Stier* tweede teken van de dierenriem (van ± 21 april tot ± 21 mei)
stie·ren·ge·vecht *het* [-en] een stier in een arena met rode lappen en banderilla's woest maken en daarna trachten te doden als volksvermaak, met name in Spanje
stie·ren·vech·ter *de (m)* [-s] deelnemer aan een stierengevecht, torero
stierf *ww*, **stier·ven** *verl tijd van* → **sterven**
stier·kalf *het* [-kalveren] mannelijk kalf
stier·lijk *bijw* in hoge mate: ★ *~ het land hebben* ★ *zich ~ vervelen*
stiet *ww*, **stie·ten** *verl tijd van* → **stoten**
stift¹ *de* [-en] ❶ metalen of houten pin ❷ viltstift ❸ vulling voor een pen of een vulpotlood

stift² *het* [-en] NN → **sticht**
stift·bal *de (m)* [-len] voetbal schot waarbij de bal vanaf de grond met een boogje wordt getrapt (vooral over de keeper heen)
stif·ten *ww* [stiftte, h. gestift] voetbal een stiftbal geven
stift·tand *de (m)* [-en] kunsttand die in een nog aanwezige tandwortel is bevestigd
stig·ma ‹Gr› *het* [-mata, 's] ❶ wondteken als aan het lichaam van Christus ❷ schandvlek, brandmerk ❸ in figuurlijke zin: ★ *het ~ van oplichter met zich meedragen* ❹ ademopening, luchtgat van insecten ❺ biol stempel (van de stamper)
stig·ma·ti·sa·tie [-zaa(t)sie] ‹Fr› *de (v)* [-s] het in religieuze extase ontvangen van de kruiswonden van Christus
stig·ma·ti·se·ren *ww* [-zee-] ‹Fr› [stigmatiseerde, h. gestigmatiseerd] ❶ brandmerken, schandvlekken ❷ kenmerken met de vijf littekens van de gekruisigde Christus
stijf *bn* ❶ onbuigzaam, stram, strak ★ *zo ~ als een plank* zeer stijf ★ *een stijve nek* een nek die pijn doet bij het bewegen ★ *inf een stijve hebben* een penis in erectie hebben ❷ hard, stevig, niet vloeibaar: ★ *de room ~ kloppen* ★ *het werkstuk stond ~ van de fouten* het zat stampvol fouten ★ *iem. ~ vloeken* heftig uitvloeken ❸ onhandig, houterig: ★ *stijve manieren hebben* ❹ vastberaden, krachtig: ★ *ze hield het cadeautje ~ vast* ; zie ook bij → **been¹**; **stijfheid** *de (v)* [-en]
stijf·hoofd *de* [-en] stijfkop
stijf·hoof·dig *bn* koppig, eigenzinnig; **stijfhoofdigheid** *de (v)*
stijf·kop *de (m)* [-pen] eigenzinnig, koppig persoon
stijf·kop·pig *bn* eigenzinnig, koppig; **stijfkoppigheid** *de (v)*
stijf·sel *de (m) & het* uit zetmeel bereid middel om textiel stijf te maken, ook gebruikt als plakmiddel
stijf·sel·kwast *de (m)* [-en] kwast waarmee men textiel met stijfsel bestrijkt
stijg·beu·gel *de (m)* [-s] ❶ aan een zadelriem hangende beugel waarin men de voet zet bij het bestijgen van een paard ★ *de voet in de ~ hebben* fig een positie bekleden van waaruit men goede kans heeft om hogerop te komen ❷ een van de gehoorbeentjes
stij·gen *ww* [steeg, is gestegen] ❶ naar boven gaan, komen: ★ *het vliegtuig stijgt tot 10.000 meter* ★ *de prijzen zijn gestegen* ★ *van een* of *te paard ~ van* of *op een paard stappen* ❷ fig toenemen: ★ *in waarde ~* ★ *in achting ~* ; zie ook bij → **hoofd**
stijl ‹Lat› *de (m)* [-en] ❶ trant, wijze van uitdrukken bij het schrijven, schilderen, bouwen enz.: ★ *de ~ van Mondriaan, van Mulisch* ★ *De Stijl* naam van een tijdschrift (1917) en vervolgens van een groep kunstenaars die zich inzetten voor vernieuwing van de (abstracte) kunst ❷ algemeen wijze van handelen of optreden ★ *dat is geen ~* dat is ongepast ★ *iets met ~ verrichten* op een juiste of fraaie manier ❸ steunpaal, deurpost ❹ middelste deel van een → **stamper** (bet 2) ❺ tijdrekening: ★ *Oude Stijl* zie bij → **juliaanse kalender** ★ *Nieuwe Stijl* zie bij → **gregoriaans**
stijl·bloem·pje *het* [-s] verkeerde beeldspraak die een komische indruk wekt: ★ *een brief vol stijlbloempjes*
stijl·dan·sen *ww & het* dansen met voorgeschreven bewegingspatronen uitvoeren, zoals de tango, de wals en de quickstep
stijl·fi·guur *de* [-guren] enigszins ongewone uitdrukking of zinsbouw, waarmee een bijzonder effect wordt beoogd: metafoor, metonymie, chiasme enz.
stijl·fout *de* [-en] fout tegen de goede → **stijl** (bet 1)
stijl·ka·mer *de* [-s] kamer ingericht volgens (of behouden in) een bepaalde historische stijl
stijl·leer *de* leer van de eigenschappen en eigenaardigheden van een goede stijl
stijl·loos *bn* ❶ in strijd met de goede → **stijl** (bet 1) ❷ niet correct: ★ *iem. ~ behandelen*
stijl·oe·fe·ning *de (v)* [-en] steloefening
stijl·vol *bn* met veel stijl, smaakvol, van goede smaak getuigend: ★ *~ gekleed zijn*
stij·ve *de (m)* zie bij → **stijf**
stij·ven¹ *ww* [steef, h. gesteven] met stijfsel stijf maken: ★ *een overhemd ~*
stij·ven² *ww* [stijfde, h. gestijfd] ❶ vooral NN aanzetten, sterken: ★ *iem. in het kwaad ~; dat stijft mij in de overtuiging dat...* ❷ de inhoud doen toenemen van: ★ *de kas ~*
stij·vig *bn* ❶ enigszins stijf, min of meer stijf ❷ enigszins houterig; **stijvigheid** *de (v)*
stik! *tsw* informele verwensing
stik·don·ker *bn* volkomen donker
stik·heet *bn* stikkend heet
stik·ken¹ *ww* [stikte, is gestikt] ❶ door gebrek aan zuurstof sterven: ★ *door de rook, in het drijfzand ~* ★ *iem. laten ~* iem. in de steek laten, niet meer helpen ❷ fig benauwd worden, het benauwd krijgen: ★ *~ van de hitte, van het lachen* ❸ in overvloed hebben: ★ *~ in het geld, in het werk*
stik·ken² *ww* [stikte, h. gestikt] naaien met een stiksteek
stik·kend *bijw* om te → **stikken¹** ★ *~ vol* stikvol, stampvol ★ *~ heet* zeer heet
stik·sel *het* [-s] rij stiksteken
stik·steek *de (m)* [-steken] recht aansluitende → **steek** (bet 4)
stik·stof *de* ❶ kleur-, smaak- en reukloos gas, bestanddeel van de dampkringslucht, symbool N, atoomnummer 7, nitrogenium ❷ ‹als meststof› stikstofhoudende verbinding
stik·vol *bn* stampvol
stil *bn* ❶ niet bewegend kalm, roerloos: ★ *ergens ~ zitten* ★ *een stille zee* ❷ geen geluid makend: ★ *~ zitten lezen* ★ *er* of *ergens ~ van zijn* onder de indruk zijn ★ *een stille getuige* voorwerp dat (mede) als

bewijs van iets dient ★ in Nederland, RK *Stille Omgang* jaarlijks gehouden, nachtelijke processie te Amsterdam ter herdenking van het Heilige Mirakel van Amsterdam in 1345 ★ *stille week* de week vóór Pasen; zie ook bij → **alarm**, → **trom** ❸ ongemerkt, verborgen ★ *stille armoede* armoede die naar buiten niet blijkt ★ *een stille genieter* iem. die in stilte van iets geniet ★ *stille hoop koesteren* op iets hopen zonder erover te spreken ★ *stille vennoot* iem. die alleen geldelijk aan een onderneming deel heeft ★ NN *een stille in den lande* iem. over wie weinig gesproken wordt, iem. die zich niet met veel dingen bemoeit; zie ook → **aanbidder** en → **stille**
stil·aan *bijw* ❶ langzamerhand, gaandeweg ❷ geleidelijk, zachtjes aan ❸ inmiddels (bekend): ★ *de ~ beruchte autoweg* ★ *~ maar zeker* langzaam maar zeker
sti·le·ren *ww (‹Fr)* [stileerde, h. gestileerd] ❶ in een vereenvoudigde, maar karakteristieke grondvorm uitbeelden: ★ *een gestileerde bloem* ❷ in zekere of in goede stijlvorm schrijven ❸ fig in zuivere vorm brengen
sti·let *(‹It) het* [-ten] ❶ (ook → **stiletto**) dolk met korte, dunne kling ❷ med dolkvormig instrument voor punctie ❸ schrijf- of graveerstift
sti·let·to *(‹It) de (m)* ['s] scherp mes dat door een veer uit het heft springt; zie ook → **stilet**
sti·let·to·hak *de* [-ken] zeer hoge en dunne naaldhak
stil·hou·den *ww* [hield stil, h. stilgehouden] ❶ stil doen zijn ❷ verborgen, geheim houden ❸ stil blijven staan, stil gaan staan ❹ ★ *zich ~ zwijgen*, niets van zich laten horen
sti·list *(‹Fr) de (m)* [-en] ❶ persoon beoordeeld naar zijn schrijfstijl: ★ *een goed, een slecht ~* ❷ pregnant iem. die een goede stijl schrijft
sti·lis·tiek *(‹Fr) de (v)* ❶ kunst van de schriftelijke voordracht, stijlleer ❷ wetenschappelijk stijlonderzoek
sti·lis·tisch *(‹Fr) bn* betrekking hebbend op, volgens de stilistiek
still *(‹Eng) de (m)* [-s] stilstaand film- of videobeeld
stil·le *de* [-n] inf politieagent in burger, rechercheur
stil·leg·gen *ww* [legde stil, h. stilgelegd] doen stilliggen: ★ *een bedrijf ~*; **stillegging** *de (v)*
stil·len *ww* [stilde, h. gestild] doen ophouden, doen bedaren: ★ *zijn honger, de pijn ~*
stil·le·tjes *bijw* ❶ zachtjes, in stilte; heimelijk: ★ *er ~ vandoor gaan* ❷ BN, spreektaal matig, niet al te best; (betreffende iems. gezondheid) minnetjes
stil·le·tjes·aan *bijw* langzamerhand, gaandeweg; zachtjes aan
stil·le·ven, **stil·le·ven** *het* [-s] schilderij, tekening, foto e.d. met bloemen, vruchten, dood gevogelte enz.
stil·le·zen *het* oefening waarbij de leerlingen een tekst wordt voorgelegd dat ze voor zichzelf moeten lezen en waarover daarna vragen worden gesteld
stil·lig·gen *ww* [lag stil, h. stilgelegen] niet (meer) in werking zijn: ★ *het economische leven lag stil*

stil·staan *ww* [stond stil, h. stilgestaan] blijven staan, ophouden ★ *~ bij* fig aandacht schenken aan ★ *stilstaand water* niet stromend; zie ook bij → **hollen** en → **verstand**
stil·stand *de (m)* het stilstaan: ★ *tot ~ komen*
stil·te *de (v)* [-n en -s] ❶ het stil-zijn: ★ *om ~ verzoeken* ★ *in ~* in het geheim, zonder er vooraf ruchtbaarheid aan te hebben gegeven: ★ *de begrafenis vond in ~ plaats* ❷ stille omgeving: ★ *van de ~ in het bos genieten*
stil·te·cen·trum *het* [-s, -tra] ruimte waarin men zich kan terugtrekken voor een moment van stilte, bezinning of gebed
stil·te·ge·bied *het* [-en] natuurgebied waarin en rond welk geen lawaai mag worden gemaakt
stil·val·len *ww* [viel stil, is stilgevallen] ❶ plotseling ophouden met praten: ★ *na die opmerking viel hij stil* ❷ plotseling tot stilstand komen: ★ *de auto is onderweg stilgevallen*
stil·zet·ten *ww* [zette stil, h. stilgezet] doen stilstaan: ★ *de klok ~*
stil·zit·ten *ww* [zat stil, h. stilgezeten] niets doen ★ *niet ~* actief (bezig) zijn
stil·zwij·gen **I** *ww* [zweeg stil, h. stilgezwegen] niet spreken **II** *het* het zwijgen ★ *het ~ bewaren* zie bij → **bewaren** ★ *het ~ opleggen* verbieden (over iets) te spreken ★ *het ~ verbreken* na (lang) zwijgen beginnen te spreken
stil·zwij·gend, **stil·zwij·gend** *bn* ❶ zwijgend: ★ *~ afscheid nemen* ❷ niet uitgesproken maar wel bedoeld: ★ *~ in iets toestemmen*
sti·mu·lans *(‹Lat)*, **sti·mu·lans** *de (m) & het* [-lantia] [-sie(j)aa] opwekkend of prikkelend middel *de (m) & het* [-en] prikkel, opwekking, aansporing: ★ *een ~ om vroeg naar bed te gaan*
sti·mu·la·tie *[-(t)sie] (‹Fr‹Lat) de (v)* [-s] opwekking, prikkeling, aansporing
sti·mu·la·tor *(‹Lat) de (m)* [-s] ❶ persoon of zaak die stimuleert ❷ gangmaker, vooral hartstimulator, pacemaker
sti·mu·le·ren *ww (‹Fr‹Lat)* [stimuleerde, h. gestimuleerd] prikkelen, aanzetten, bevorderen, opwekken: ★ *iem. ~ zijn best te doen* ★ *stimulerende middelen* opwekkende middelen, vooral opwekkende drugs, pep; **stimulering** *de (v)*
sti·mu·le·rings·ge·bied *het* [-en] NN streek met economische moeilijkheden die overheidssteun krijgt
sti·mu·lus *(‹Lat) de (m)* [-li] prikkel, aansporing
stink·bom *de* [-men] glazen omhulsel met een stank verspreidende vloeistof erin, vooral zwaveldioxide
stink·dier *het* [-en] skunk
stin·ken *ww* [stonk h. & is gestonken] ❶ onaangenaam ruiken: ★ *het stonk er naar rotte eieren* ★ *dat zaakje stinkt* daar deugt iets niet, dat is niet in orde ★ *stinkend rijk* zeer rijk; zie ook bij → **roem** ❷ vooral NN, spreektaal: ★ *erin ~* a) erin lopen, zich laten beetnemen; b) gesnapt, betrapt

worden
stin·ker, stin·kerd *de (m)* [-s] ❶ iem. die stinkt ❷ eigenwijs, verwaand persoon ★ spreektaal *rijke ~ iem. die erg rijk is* ★ NN, spreektaal *in z'n ~ zitten* in de angst

stink·sloot *de* [-sloten] stinkende sloot

stink·stok *de (m)* [-ken] ❶ slechte sigaar ❷ algemeen sigaar, sigaret

stink·zwam *de (m)* [-men] paddenstoelengeslacht *Phallus* uit de klasse der Steeltjeszwammen, over de hele wereld voorkomend en soms een zeer onaangename geur (als van dode dieren) verspreidend: ★ *de grote ~ komt veel voor in Nederland en België*

stins *(‹Fries)* *de* [-en] NN versterkte woning van een edelman in Friesland

stip *de* [-pen] punt, vlekje ★ *met ~* met nadruk, zeer stevig: ★ *hij is met ~ de beste schrijver van die generatie;* oorspr *als merkteken van platen die sterk zijn gestegen op de hitparade:* ★ *Jennifer Lopez staat 13de met ~*

sti·pen·di·um *(‹Lat) het* [-s, -dia] toelage, beurs, bijv. voor een student of een kunstenaar

stip·pel *de* [-s] vlekje, stip

stip·pe·len *ww* [stippelde, h. gestippeld] stippels maken

stip·pel·lijn *de* [-en] uit stipjes of streepjes bestaande lijn

stip·pen *ww* [stipte, h. gestipt] ❶ stippelen ❷ indopen

stipt *bn* precies: ★ *~ op tijd*

stipt·heid *de (v)* preciesheid, accuratesse

stipt·heids·ac·tie [-sie] *de (v)* [-s] uiterst precieze verrichting van de gewone werktaak (als protest of waarschuwing) waardoor vertraging ontstaat

sti·pu·la·tie [-(t)sie] *(‹Fr‹Lat) de (v)* ❶ het stipuleren ❷ [*mv:* -s] het gestipuleerde, beding; afspraak, overeenkomst

sti·pu·le·ren *ww (‹Fr‹Lat)* [stipuleerde, h. gestipuleerd] bedingen, als voorwaarde bij een bespreking vastleggen, overeenkomen, vaststellen bij afspraak

stir·ling·mo·tor [stù(r)-] *de (m)* [-s, -toren] motor die niet werkt door inwendige verbranding, maar door uitwendige verhitting (genoemd naar de Schotse uitvinder Robert Stirling, 1790-1878)

Stoa *(‹Gr) de* ❶ eig zuilenzaal in het oude Athene, waar de wijsgeer Zeno (± 335-± 265 v.C.) zijn lessen gaf ❷ de daar geleerde filosofie, het stoïcisme

sto·chast *(‹Gr) de (m)* [-en] statistiek variabele die afhangt van het toeval, bijv. het aantal ogen dat men gooit met een dobbelsteen, stochastische variabele

sto·chas·tisch *(‹Gr) bn* van vermoedelijke aard; waarschijnlijk ★ *stochastische variabele* stochast

stock *(‹Eng) de (m)* [-s] ❶ kapitaal, gezamenlijke aandelen van een onderneming; ❷ *stocks* aandelen ❸ BN ook aanwezige voorraad van goederen; *ook* restant ★ *uit ~ leverbaar* uit voorraad leverbaar ★ *overtollige ~*

stock·car [-kà(r)] *(‹Eng) de (m)* [-s] gewone (oude) auto waarmee men aan een race deelneemt waarbij het opzettelijk op elkaar botsen is toegestaan

stock·di·vi·dend *het* [-en] dividend uitgekeerd in aandelen; *tegengest:* → **cashdividend**

stocke·ren *ww* [stokkee-] *(‹Fr)* [stockeerde, h. gestockeerd] ❶ BN ook in voorraad opslaan, inslaan ❷ BN in voorraad houden

stock·holm·syn·droom *het* syndroom waarbij een slachtoffer sympathie gaat opvatten voor zijn ontvoerder of gijzelnemer

stoe·fen *ww* [stoefte, h. gestoeft] BN, spreektaal opscheppen, snoeven, bluffen, opsnijden; pralen, pronken

stoei·en *ww* [stoeide, h. gestoeid] ❶ wild spelen ❷ voor het plezier een schijngevecht houden, ravotten ★ *~ met (iets)* zich er vrijblijvend in verdiepen, ermee bezig zijn: ★ *wat met ideeën ~*

stoei·poes *de (v)* [-en *en* -poezen] uitdagende, sexy, jonge vrouw

stoel *de (m)* [-en] ❶ zitmeubel voor één persoon ★ *voor stoelen en banken praten* zonder dat er geluisterd wordt ★ *van je ~ vallen (van verbazing)* zich heel erg verbazen ★ *iets niet onder stoelen of banken steken* er openlijk voor uitkomen ★ *de poten onder iems. ~ wegzagen* iems. machtspositie ondermijnen ★ NN *een ~ in de hemel verdienen* erg zijn best gedaan hebben en veel waardering verdienen ★ *de Heilige Stoel* de Paus;; zie ook bij → **lui¹** ❷ plant met veel stengels, krop, pol: ★ *drie stoelen andijvie*

stoe·len *ww* [stoelde, h. gestoeld] ❶ gegrond zijn op: ★ *de verdenking stoelde op twijfelachtige getuigenverklaringen* ❷ ‹van planten› wortels krijgen aan de stengelvoet

stoe·len·dans *de (m)* [-en] ❶ gezelschapsspel waarbij de deelnemers een van de stoelen (één minder in aantal dan deelnemers) moeten trachten te bezetten ❷ fig concurrentiestrijd met veel meer deelnemers dan te verkrijgen zaken: ★ *een ~ om het voorzitterschap*

stoe·len·mat·ter *de (m)* [-s] iem. die biezen en rieten stoelen repareert

stoel·gang *de (m)* ❶ → **ontlasting** (bet 2) ❷ het zich ontlasten

stoel·geld *het* BN geld dat men voor het huren van stoelen betaalt, m.n. in de kerk, plaatsgeld

stoel·tjes·klok *de* [-ken] Friese hangklok, met vier pootjes op een onderstel rustend

stoel·tjes·lift *de (m)* [-en] kabelbaan waaraan kleine zitplaatsen bevestigd zijn

stoel·vast *bn* ❶ geneigd om te blijven zitten ❷ niet genegen een andere baan te zoeken

stoemp *de* BN, spreektaal, stamppot

stoem·pen *ww* [stoempte, h. gestoempt] wielrennen op zodanige wijze krachtig fietsen dat het bovenlichaam bij iedere trap meebeweegt

stoep *de* [-en] ❶ stenen opstap voor een gebouw ★ *bij*

iem. op de ~ *staan* voor de voordeur staan om toegelaten te worden ❷ trottoir: ★ *op de* ~ *blijven!*
stoe·pa *(‹Sanskr› de (m))* ['s] halfkogelvormig, stenen bouwwerk omgeven door een vierkant hekwerk van steen, dat in de boeddhistische wereld fungeert als bewaarplaats van relikwieën of als heiligdom
stoep·krijt *het* krijt waarmee kinderen op straat kunnen tekenen
stoep·par·ke·ren *ww & het* parkeren op de stoep
stoep·rand *de (m)* [-en] rand van een trottoir
stoep·ri·si·co [-zie-] *het* ['s] BN risico dat geldtransporten worden overvallen op het moment dat de geldwagen stilstaat op de stoep tijdens het in- of uitladen
stoer *bn* ❶ groot en sterk: ★ *een stoere bink, meid* ❷ flink willende zijn of doen: ★ ~ *doen op een bromfiets*; **stoerheid** *de (v)*
stoet¹ *de (m)* [-en] optocht: ★ *een* ~ *in historische kostuums verklede personen*
stoet² *de* [-en] NN benaming voor verschillende soorten fijn brood
stoe·te·rij *(‹Du› de (v))* [-en] paardenfokkerij
stoet·has·pel *de (m)* [-s] NN onhandig persoon ★ *een rare* ~ *een zonderlinge kerel*
stof¹ *(‹Oudfrans› de)* [-fen] ❶ weefsel, textiel: ★ *wollen stoffen* ❷ grondstof, materie ❸ onderwerp ★ *kort van* ~ *weinig woorden gebruikend, kort aangebonden* ★ *lang van* ~ *breedsprakig, langdradig*
stof² *het* kleine, zeer lichte deeltjes van allerlei aard die gemakkelijk in luchtstromen worden meegevoerd: ★ *de meubels zaten onder het* ~ ★ *er viel een regen van* ~ *op de stad* ; zie ook bij → **bijten**, → **opjagen** en → **opwaaien**
stof·blik *het* [-ken] voorwerp waarop met een stoffer vuilnis geveegd wordt
stof·boel *de (m)* stoffige plaats, stoffige voorwerpen
stof·bril *de (m)* [-len] de oogkassen afsluitende bril
stof·deel·tje *het* [-s] stofje
stof·doek *de (m)* [-en] doek om → **stof²** af te nemen
stof·feer·der *de (m)* [-s] ❶ meubelbekleder ❷ iem. die huizen stoffeert
stof·feer·de·rij *de (v)* [-en] werkplaats van een stoffeerder
stof·fe·lijk *bn* uit → **stof¹** (bet 2) bestaande, materieel, niet geestelijk ★ *een* ~ *bijvoeglijk naamwoord* een bepaalde stof aanduidend: bijv. *houten, ijzeren* enz. ★ *een stoffelijke blijk van waardering* een concrete beloning of gift ★ ~ *overschot* lijk, lichaam van een overledene; **stoffelijkheid** *de (v)*
stof·fen¹ *ww* [stofte, h. gestoft] → **stof²** afnemen
stof·fen² *bn* van → **stof¹** (bet 1), van een weefsel gemaakt
stof·fen·win·kel *de (m)* [-s] winkel waarin weefsels verkocht worden
stof·fer *de (m)* [-s] vooral NN handbezem, korte veger ★ ~ *en blik* korte veger tezamen met een plat

voorwerp aan een korte steel, waarop het vuil geveegd wordt
stof·fe·ren *ww (‹Oudfrans›)* [stoffeerde, h. gestoffeerd] ❶ ‹een vertrek of woning› van vloerbedekking en gordijnen voorzien ❷ ‹meubels› bekleden ❸ van binnen met stof bekleden: ★ *een hoed* ~ ❹ ‹een schilderij› van bijwerk (figuren, straattonelen) voorzien
stof·fe·ring *de (v)* [-en] ❶ het stofferen ❷ dat waarmee iets gestoffeerd is; bekleding; gordijnen en vloerbedekking
stof·fig *bn* ❶ met → **stof²** bedekt, vol stof ❷ fig oud en saai
stof·goud *het* zeer fijne goudkorrels
stof·hoes *de* [-hoezen] hoes ter bescherming tegen stof
stof·jas *de* [-sen] dunne katoenen jas om de kleren tegen → **stof²** te beschermen
stof·je *het* [-s] vlokje → **stof²**
stof·kam *de (m)* [-men] fijne kam om → **stof²** uit het haar te halen
stof·long *de* longaandoening die het gevolg is van het inademen van stofdeeltjes
stof·naam *de (m)* [-namen] naam voor een → **stof¹** (bet 2); *tegengest:* → **voorwerpsnaam**: ★ *suiker is een* ~
stof·nest *het* [-en] stoffige hoek, stoffig voorwerp: ★ *die linnenkast was een* ~
stof·om·slag *de (m) & het* [-slagen] papieren omslag om een (gebonden) boek teneinde dit schoon te houden
stof·re·gen *de (m)* [-s] motregen
stof·re·ge·nen *ww* [stofregende, h. gestofregend] motregenen
stof·sneeuw *de* sneeuw in zeer fijne vlokken
stof·vrij *bn* ❶ niet bereikbaar voor → **stof²**: ★ *iets* ~ *bewaren* ❷ geen → **stof²** bevattend ❸ geen → **stof²** veroorzakend: ★ *stofvrije wegen*
stof·we·rend *bn* → **stof²** afstotend, niet gauw stoffig wordend
stof·wis·se·ling *de (v)* omzetting van spijzen tot in het lichaam opneembare stoffen en uitscheiding van gebruikte stoffen
stof·wolk *de* [-en] opwaaiend → **stof²**
stof·zak *de (m)* [-ken] ‹van een stofzuiger› zak die het → **stof²** opvangt
stof·zui·gen *ww* [stofzuigde, h. gestofzuigd] met de stofzuiger schoonmaken
stof·zui·ger *de (m)* [-s] elektrisch apparaat dat → **stof²** opzuigt
stof·zui·ge·ren *ww* [stofzuigerde, h. gestofzuigerd] stofzuigen
sto·ï·cijn *(‹Lat‹Gr› de (m))* [-en] ❶ leerling van de Stoa, volgeling van Zeno ❷ fig iem. die zijn emoties niet toont; onverstoorbaar, gelijkmoedig, onaandoenlijk man
sto·ï·cijns *bn* ❶ van, volgens de leer van de stoïcijnen; als een stoïcijn ❷ onverstoorbaar,

gelijkmoedig, onaandoenlijk: ★ ~ *reageren*
sto·ï·cis·me *(‹Fr) het* ❶ leer van de stoïcijnen ❷ onverstoorbare gelijkmoedigheid, het niet tonen van zijn emoties
stok *de (m)* [-ken] ❶ lang stuk hout ★ *een ~ achter de deur* een bedreigende maatregel die ieder ogenblik in werking kan treden ★ *met geen ~ ergens heen te slaan of ergens heen te krijgen* ook niet met de krachtigste middelen ★ *met de kippen op ~ gaan* vroeg naar bed gaan ★ *het met iemand aan de ~ hebben* ruzie hebben ★ *een stokje voor iets steken* iets beletten ★ *van zijn stokje vallen* flauwvallen; zie ook bij → **gekheid** en **wiel** ❷ dunne stam ❸ aantal kaarten of dominostenen dat na het ronddelen overblijft
stok·brood *het* [-broden] zeer langwerpig brood met een knapperige korst
stok·doof *bn* volkomen doof
sto·ke·brand *de (m)* [-en] onruststoker
sto·ken *ww* [stookte, h. gestookt] ❶ een vuur doen branden: ★ *een fikkie ~* ❷ door stoken bereiden ★ *jenever ~* ❸ *fig* gaande maken, aanwakkeren; ophitsen ❹ ★ *tanden ~* tanden met een puntig voorwerp reinigen
sto·ker *de (m)* [-s] ❶ vroeger iem. die de vuren stookte, vooral op schepen en locomotieven om deze gaande te houden ❷ iem. die jenever, likeur enz. stookt ❸ stokebrand, opruier
sto·ke·rij *de (v)* [-en] plaats waar jenever, likeur enz. gestookt wordt
stok·je *het* [-s] ❶ kleine stok: ★ *met stokjes eten* ❷ haken steek waardoor een smalle, rechte figuur ontstaat ❸ NN klein, langwerpig broodje: ★ *een ~ kaas* ; zie verder bij → **stok**
stok·ken *ww* [stokte, is gestokt] haperen, stilvallen, blijven steken, plotseling niet verder praten: ★ *het gesprek stokte* ★ *hier stokte de spreker*
stok·ke·rig *bn* ❶ hard ❷ stijf, houterig, onhandig
stok·let·ter *de* [-s] letter met een rechtop staande schacht (bijv. *b*, *k*)
stok·oud *bn* heel oud
stok·paard·je *het* [-s] ❶ stok met een paardenhoofd als speelgoed ❷ *fig* lievelingsonderwerp, lievelingsbezigheid, hobby ★ *zijn ~ berijden* met zijn hobby bezig zijn
stok·roos *de* [-rozen] zeer hoge malveachtige plant met grote bloemen (*Althaea rosea*)
stok·slag *de (m)* [-slagen] klap met een stok
stok·staart·je *het* [-s] kleine soort civetkat uit Zuidelijk Afrika, die met zijn recht naar achteren stekende stijve staart als steun kan staan (*Suricata suricatta*)
stok·stijf *bn* stijf als een stok, onbeweeglijk: ★ *hij bleef ~ staan*
stok·stil *bn* doodstil
stok·vis *de (m)* [-sen] gedroogde kabeljauw
stok·voe·ring *de (v)* muz wijze waarop de strijkstok bewogen wordt
stol *de (m)* [-len] langwerpig stuk fijn krentenbrood, meestal met spijs erin
sto·la *(‹Lat) de (v)* ['s] lange brede damessjaal
stol·len *ww* [stolde, is gestold] stremmen, van vloeibaar vast worden; **stolling** *de (v)*
stol·lings·punt *het* [-en] temperatuur waarbij een vloeistof stolt
stolp *de* [-en] ❶ glazen kap waaronder iets bewaard wordt: ★ *een stuk kaas onder een ~* ❷ NN stolpboerderij
stolp·boer·de·rij *de (v)* [-en] NN boerenhuis met woning, stallen, bergruimten enz., alles onder één puntvormig toelopend dak
stolp·kraag *de (m)* ronde, geplooide kraag; zie ook bij → **Spaans**
stolp·plooi *de* [-en] naar twee kanten uitstulpende plooi
stol·sel *het* [-s] gestolde vloeistof
stom *bn* ❶ (zeer) dom; zie ook bij → **achterend** ❷ kindertaal gek, achterlijk: ★ *een stomme jurk* ★ *je moet niet zo ~ doen* ❸ niet kunnende spreken: ★ *ze was doof en ~* ★ *stomme film* film zonder geluid ❹ niet uitgesproken: ★ *de stomme 'h' in het Franse 'homme'* ★ *stomme e* de meestal met een 'e' geschreven klinker die ongeveer wordt uitgesproken als een niet-benadrukte 'u', zoals de 'e' in 'begaan'
sto·ma *(‹Gr: mond) de (m)* ['s, -mata] ❶ med kunstmatige anus ❷ biol huidmondje
stom·be·zo·pen *bn* inf stomdronken
stom·dron·ken *bn* erg dronken
sto·men *ww* [stoomde, h. & is gestoomd] ❶ stoom afgeven, walmen: ★ *het water stoomde* ❷ op stoom warmen: ★ *aardappelen ~* ❸ vooral NN met stoom reinigen: ★ *een jas laten ~* ❹ met een stoomvaartuig reizen ❺ hard varen ❻ het gezicht boven stomend water laten hangen om verstopping van de luchtwegen te genezen
sto·mer *de (m)* [-s] stoomschip
sto·me·rij *de (v)* [-en] vooral NN inrichting waar gestoomd (→ **stomen**, bet 3) wordt
stom·heid *de (v)* ❶ het stom-zijn ❷ grote verbazing: ★ *met ~ geslagen zijn* zeer verbaasd zijn ❸ [mv: -heden] domheid
stom·kop *de (m)* [-pen] stommeling, stommerd
stom·me·len *ww* [stommelde, h. & is gestommeld] ❶ doffe geluiden maken door bewegingen ❷ zich met doffe geluiden voortbewegen: ★ *we stommelden naar zolder*
stom·me·ling I *de (m)* [-en] domoor **II** *de (v)* [-en] stommelend geluid
stom·me·lings *bijw* dial zonder te spreken, zonder een woord te zeggen; zwijgend: ★ *~ verliet hij het huis*
stom·merd *de (m)* [-s], **stom·me·rik** *de (m)* [-riken] domoor
stom·me·tje :zn ★ *~ spelen* niets zeggen
stom·mig·heid *de (v)* [-heden], **stom·mi·teit** *de (v)* ❶ het dom-zijn ❷ [mv: -en] domme streek of uiting:

★ *stommiteiten begaan*

stomp[1] *de (m)* [-en] ❶ slag, stoot met de vuist ❷ afgeknot stuk; *vgl*: → **stompje**

stomp[2] *bn* ❶ bot, niet scherp: ★ *een stompe punt van een potlood* ❷ ‹van hoeken› groter dan 90°

stom·pen *ww* [stompte, h. gestompt] slaan, stoten met de vuist

stomp·hoe·kig *bn* met een stompe hoek

stomp·je *het* [-s] overschietend eindje, bijv. van een boomstam, een kaars, een geamputeerd lichaamsdeel e.d.

stomp·zin·nig *bn* erg dom, bot, bekrompen; **stompzinnigheid** *de (v)*

stom·toe·val·lig *bn* volkomen toevallig

stom·ver·baasd *bn* stom van verbazing

stom·ver·ve·lend *bn* erg vervelend

stom·ver·won·derd *bn* stomverbaasd

stom·weg *bijw* gewoonweg, zonder na te denken

stond[1] *de (m)* [-en], **ston·de** *de* [-n] vero ogenblik, tijd, uur ★ *op de* ~ op hetzelfde ogenblik, meteen ★ *van stonden aan* terstond van nu *of* toen af ★ BN *ook op tijd en* ~ op het gepaste ogenblik; van tijd tot tijd, nu en dan

stond[2] *ww*, **ston·den** *verl tijd* van → **staan**

stone [stoon] *‹Eng› de (m)* [-s] Engels gewicht van vier pounds, d.i. ± 6,3 kg

stoned [stoond] *‹Eng› bn* onder invloed van een vrij grote hoeveelheid hasj of marihuana (soms ook gezegd van andere drugs)

stone-washed [stoonwosjt] *‹Eng› bn* ‹van denim› met onregelmatige, donker- en lichtblauwe vlekken, ontstaan doordat de stof bij de fabricage tezamen met stenen is gewassen

stonk *ww*, **ston·ken** *verl tijd* van → **stinken**

stoof[1] *de* [stoven] ❶ vroeger voetwarmer ❷ BN, hist kachel, vooral kookkachel; *ook* fornuis ★ *een Leuvense* ~ een plattebuiskachel

stoof[2] *ww* verl tijd van → **stuiven**

stoof·ap·pel *de (m)* [-s, -en] ❶ appel geschikt om gestoofd te worden ❷ gestoofde appel

stoof·kar·bo·na·de *de (v)* [-s en -n] BN hachee, gerecht van rundvlees dat in stukken gesneden en gestoofd opgediend wordt

stoof·peer *de* [-peren] ❶ peer geschikt om gestoofd te worden ❷ gestoofde peer

stoof·pot *de (m)* [-ten] gestoofde stamppot

stoof·scho·tel *de* [-s] in één pan bereid gerecht van groente, vlees en aardappelen, dat niet dooreen gestampt wordt

stoof·vlees *het* ❶ vlees dat gebruikt wordt in stoofschotels (runderlappen, riblappen, sukadelappen e.d.) ❷ BN blokjes rundvlees om te stoven, hachee

stook·gat *het* [-gaten] opening voor de brandstof, bijv. in een oven

stook·ge·le·gen·heid *de (v)* [-heden] stookplaats

stook·hok *het* [-ken] aangebouwde of los van het (boeren)huis staande keuken

stook·olie *de* [-liën] een aardolieresidu, toegepast als verbrandingsbron

stook·plaats *de* [-en] plaats waar gestookt kan worden

stook·sei·zoen *het* [-en] tijd van het jaar dat er gestookt wordt

stool *de (m)* [stolen] → **stola**

stoom *de (m)* ❶ damp van kokend water ❷ die damp gebruikt ter voortbeweging van machines ★ *met* ~ a) door stoom gedreven; b) fig erg vlug; zie ook bij → **afblazen** ❸ walm (van lamp)

stoom·boot *de* [-boten] door stoom voortbewogen boot

stoom·boot·maat·schap·pij *de (v)* [-en] maatschappij die stoomboten laat varen

stoom·cur·sus *de (m)* [-sen] snelle opleiding

stoom·fluit *de* [-en] fluit op locomotieven enz., waardoor men stoom laat ontsnappen

stoom·ge·maal *het* [-malen] door stoom gedreven installatie die water oppompt

stoom·ha·mer *de (m)* [-s] door stoom op en neer bewogen ijzeren blok

stoom·ke·tel *de (m)* [-s] ketel waarin water door verhitting in stoom wordt omgezet

stoom·klep *de* [-pen] klep aan een stoommachine enz. om stoom te laten ontsnappen

stoom·kracht *de* door samengeperste stoom ontwikkelde kracht

stoom·lo·co·mo·tief *de* [-tieven] door stoom gedreven locomotief

stoom·ma·chi·ne [-sjienə] *de (v)* [-s] door stoom gedreven machine

stoom·pan *de* [-nen] pan met een dubbele bodem om aardappelen, rijst of groenten door stoom gaar te laten worden

stoom·schip *het* [-schepen] stoomboot

stoom·strijk·ijzer *het* [-s] strijkijzer dat tevens stoom kan produceren voor het gladstrijken van moeilijke kreuken

stoom·tijd·perk *het* tijdperk waarin stoom de voornaamste kracht tot het aandrijven van machines was

stoom·trac·tie [-sie] *de (v)* voortbeweging van spoortreinen met stoomlocomotieven

stoom·tram [-trem] *de (m)* [-s] door stoom voortbewogen tram

stoom·wals *de* [-en] door stoom voortbewogen pletrol

stoop *de* [-stopen] vochtmaat: 2,5 liter

stoor·nis *de (v)* [-sen] hinder, afwijking

stoor·zen·der *de (m)* [-s] ❶ zender die de ontvangst van een radio- of televisiestation bemoeilijkt of onmogelijk maakt ❷ iem. die iets verstoort ❸ sp (meestal aanvallende) voetballer die tevens de tegenaanvallen in de kiem tracht te smoren

stoot *de (m)* [stoten] ❶ duw, schok, stomp: ★ *een* ~ *met de elleboog* ★ bilj *op* ~ *zijn* goed op dreef zijn ★ *zonder slag of* ~ zonder weerstand ★ *de (eerste)* ~ *aan* of *tot iets geven* een begin met iets maken ★ *de* *eerste* ~ *opvangen* de kracht van de eerste aanval (uitbarsting van toorn e.d.) doorstaan ❷ kort geluid (vooral van een blaasinstrument) ❸ NN grote hoeveelheid: ★ *een hele* ~ *geld; een* ~ *kinderen* ❹ spreektaal knappe meid ; zie ook bij → **gordel**, → **horten**, → **stootje**

stoot·band *de (m)* [-en] band tot versterking aan de binnenkant onder aan een broekspijp of een rok

stoot·blok *het* [-ken] door een dwarsbalk verbonden stel palen aan het eind van een spoorbaan

stoot·bord *het* [-en] staande kant van een traptrede

stoot·hoek *de (m)* [-en] versterkte hoek aan een koffer

stoot·je *het* [-s] kleine stoot ★ *wel tegen een* ~ *kunnen* wel wat kunnen verdragen

stoot·kant *de (m)* [-en] stootband

stoot·kar *de* [-ren] BN ook handkar, handwagen

stoot·kracht *de* kracht tot stoten, vooral mil aanvalskracht: ★ *een divisie met veel* ~

stoot·kus·sen *het* [-s] kussen of ander voorwerp dat stoten op moet vangen

stoot·rand *de (m)* [-en] stevige, beschermende rand aan kleding en andere voorwerpen: ★ *de* ~ *van een koffer*

stoots *bn* geneigd om met de horens te stoten; **stootsheid** *de (v)*

stoot·troep ‹*Du*› *de (m)* [-en] keurkorps dat krachtig en snel de vijandelijke verdediging moet breken

stoot·vo·gel *de (m)* [-s] roofvogel

stoot·wa·pen *het* [-s] steekwapen

stoot·zak *de (m)* [-ken] grote met zand en zaagsel gevulde zak van zeildoek of leer, waarop boksers (harde) stoten oefenen

stop¹ *de (m)* [-pen] ❶ voorwerp dat een opening afsluit of in een daartoe bestemde opening gestoken wordt: ★ *de* ~ *van een karaf* ❷ gestopte plaats in een sok enz. ❸ zekering ★ *de stoppen sloegen (bij hem) door* hij verloor zijn zelfbeheersing, hij raakte buiten zinnen

stop² *tsw* sta still!; ophouden!

stop³ ‹*Eng*› *de (m)* [-s] ❶ stopzetting, beëindiging ❷ stopzetting van de aanwas (van het aantal personeelsleden, studenten e.d.) ❸ tijdelijke onderbreking: ★ *een korte of kleine* ~ *maken* ; zie ook bij: → **sanitair**

stop·bord *het* [-en] verkeersbord (waarop het woord 'stop' staat) dat het verkeer verplicht eerst te stoppen alvorens een weg te kruisen of in te rijden

stop·con·tact *het* [-en] contact waarop men een elektrisch toestel, een lamp, een telefoon e.d. kan aansluiten aan een (elektriciteits)net, contactdoos

stop·fles *de* [-sen] fles met een glazen → **stop¹**

stop·ga·ren *het* [-s] garen om mee te → **stoppen** (bet 1)

stop·ko·gel *de (m)* [-s] kogel die de getroffen persoon niet doodt, maar door ernstige verwonding uitschakelt

stop·lap *de (m)* [-pen] ❶ lap waarop men leert → **stoppen** (bet 1) *of* waarmee een gat wordt dichtgemaakt ❷ ter wille van rijm of ritme in de zin gevoegd woord ❸ clichématige opmerking

stop·licht *het* [-en] met groen, oranje en rood licht uitgerust apparaat op kruispunten dat aangeeft of men mag doorrijden of moet stoppen, verkeerslicht

stop·lijn *de* [-en] stopstreep

stop·loss·or·der [-ò(r)də(r)] ‹*Eng*› *de (m)* [-s] beursorder om effecten te verkopen, indien deze bij voortgaande daling tot een zekere (zelf vast te stellen) koers gedaald zijn, met het doel daardoor zijn verlies te beperken

stop loss or·der ‹*Eng*› *de* [-s] econ opdracht tot verkoop van effecten wanneer de koers ervan een bepaalde lage waarde bereikt, om het verlies te beperken

stop·mes *het* [-sen] mes om stopverf in gaten enz. te strijken

stop·mid·del *het* [-en] ❶ middel tegen diarree ❷ vulmiddel om gaten, scheuren e.d. te dichten

stop·naald *de* [-en] lange, dunne naald met een groot oog

stop·pa·ge [-paazjə] *de (v)* stopwerk, vooral het onzichtbaar stoppen van beschadigingen in weefsel

stop·pel *de (m)* [-s, -en] ❶ overgebleven deel van een afgemaaide halm ❷ *stoppels* zeer korte haartjes

stop·pel·baard *de (m)* [-en] korte, stoppelige baard als van iem. die zich een paar dagen niet geschoren heeft

stop·pel·haar *het* [-haren] kort rechtopstaand haar

stop·pe·lig *bn* met stoppels: ★ *een stoppelige kin*

stop·pel·veld *het* [-en] veld met stoppels

stop·pen *ww* [stopte, h. & is gestopt] ❶ dichtmaken: ★ *een kier* ~ ★ *kousen* ~ de gaten erin dichtmaken ★ *de oren* ~ fig niet willen luisteren ❷ vullen: ★ *een pijp* ~ ★ *iemand iets in de handen* ~ ❸ → **stilhouden** (bet 3): ★ *we stopten voor een wegcafé* ❹ tegenhouden: ★ *hij is niet te* ~ hij blijft maar doorgaan (met praten, werken enz.) ❺ ontlasting belemmeren: ★ *beschuit stopt* ❻ ophouden, (af)breken: ★ ~ *met roken* ★ ~ *met zijn studie* ❼ ergens plaatsen, opbergen: ★ *iets in zijn zak* ~ ★ *onder de grond* ~ begraven

stop·per *de (m)* [-s] ❶ niet betaalde of tegen verlaagd tarief geplaatste advertentie om een pagina vol te maken ❷ iem. die een studie of cursus vóór het einde opgeeft ❸ sp iem. die een aanval van de tegenstander afbreekt

stop·per·spil *de (m)* [-len] ‹in sommige voetbalsystemen› verdedigende spil

stop·plaats *de* [-en] plaats waar een bus, tram enz. stilhoudt, halte

stop·sein *het* [-en], **stop·sig·naal** [-sienjaal] *het* [-nalen] sein tot stilhouden

stop·streep *de* [-strepen] streep waarvoor het verkeer moet stilhouden bij een stopsein

stop·te·ken *het* [-s] teken (gegeven door iem. die het verkeer regelt) tot stilhouden

stop·trein *de (m)* [-en] trein die aan veel of alle

tussenstations stilhoudt; *tegengest*: → **sneltrein**, → **intercity**

stop·ver·bod *het* [-boden] verbod van stilhouden van voertuigen

stop·verf *de* mengsel van krijtwit en lijnolie waarmee schilders oneffenheden in een te verven oppervlak egaliseren en waarmee ruiten in een sponning worden vastgezet

stop·watch [-wotsj] (‹Eng› *de (m)* [-es] uurwerk voor nauwkeurige tijdmeting, dat gedeelten van seconden aanwijst en door een druk op de knop gestart, resp. gestopt kan worden, chronometer

stop·werk *het* wat gestopt is of wordt (→ **stoppen**, bet 1)

stop·woord *het* [-en] woord of gezegde dat iemand vaak gebruikt

stop·zet·ten *ww* [zette stop, h. stopgezet] doen stilstaan: ★ *een machine ~; doen ophouden: ★ subsidie ~*; **stopzetting** *de (v)*

sto·rax (‹Gr› *de (m)* welriekend, balsemachtig gomhars

sto·ren *ww* [stoorde, h. gestoord] ❶ hinderen: ★ *je moet me niet ~ als ik lees* ★ *zich (niet) aan iets ~* zich (niet) erom bekommeren ❷ ergernis geven: ★ *zijn gedrag stoort me* ★ *storend taalgebruik* ❸ de ontvangst van een radio- of tv-station bemoeilijken of onmogelijk maken ❹ voetbal de tegenstander hinderen bij het overspelen van de bal in de achterhoede of op het middenveld, zodat hij niet makkelijk een aanval kan opzetten

sto·ring *de (v)* [-en] ❶ het storen ★ *technische ~* onderbreking doordat machines enz. niet goed werken ❷ ‹in de atmosfeer› nadering van een depressie ❸ gestoorde ontvangst van een radio- of tv-station

sto·rings·dienst *de (v)* [-en] dienst voor het opsporen en verhelpen van storingen, bijv. bij de telefoon

sto·ring·vrij *bn* vrij van storing: ★ *storingsvrije radio-ontvangst*

storm *de (m)* [-en] ❶ zeer krachtige wind ★ *een ~ in een glas water* drukte om niets; zie ook bij → **oogsten** ❷ fig heftige opwinding: ★ *een ~ van verontwaardiging* ★ *de ~ bezweren* ❸ heftige aanval: ★ *een ~ afslaan*

storm·aan·val *de (m)* [-len] heftige, snelle aanval

storm·ach·tig *bn* ❶ hevig waaiend: ★ *~ weer* ❷ met veel storm: ★ *een stormachtige nacht, een ~ klimaat* ❸ fig hevig, heftig, wild: ★ *een stormachtige verhouding* ★ *een stormachtige ontwikkeling doormaken*

storm·baan *de* [-banen] mil een bij oefeningen af te leggen traject met diverse hindernissen

storm·bal *de (m)* [-len] bij dreigende storm bij een haven gehesen zwarte bal

storm·band *de (m)* [-en] kinband aan een hoofddeksel

storm·deur *de* [-en] sluisdeur waarvan de bovenkant gelijk ligt met de dijk, alleen gebruikt bij zeer hoog water

stor·men *ww* [stormde, h. & is gestormd] ❶ hard waaien: ★ *het heeft vannacht gestormd* ❷ hard lopen: ★ *we stormden naar binnen* ★ *op iem., iets af ~ iem.*, iets met grote snelheid naderen

stor·men·der·hand *bijw* door bestorming

stor·mig *bn* ❶ op storm gelijkend, stormachtig ❷ waar of waarin veel stormen voorkomen: ★ *een stormige kust*

storm·klok *de* [-ken] klok die alleen bij gevaar geluid wordt

storm·lad·der *de* [-s] ladder bij het bestormen van vestingmuren gebruikt

storm·lamp *de* [-en], **storm·lan·taarn**, **storm·lan·ta·ren** *de (m)* [-s] lamp, lantaarn die bij storm blijft branden

storm·lijn *de* [-en] touw om een tent bij storm vast te zetten

storm·loop *de (m)* het stormlopen, ook fig: ★ *een ~ op pas uitgebrachte aandelen*

storm·lo·pen *ww* [liep storm, h. stormgelopen] ❶ een stormaanval doen ❷ fig toestromen van veel mensen: ★ *het liep storm bij die uitverkoop*

storm·meeuw *de* [-en] grijs-witte meeuw, ongeveer getekend als de zilvermeeuw, maar kleiner, ook kleine zeemeeuw genoemd (*Larus canis*)

storm·pas *de (m)* [-sen] snelle pas (als) bij een stormaanval

storm·ram *de (m)* [-men] hist veelal aan kettingen hangende balk met ijzeren punten, waarmee muren en poorten gerammeid werden

storm·scha·de *de* door storm aangerichte schade

storm·sein *het* [-en] aan hoge palen opgehangen waarschuwingsteken voor de scheepvaart bij dreigende storm

storm·troep *de (m)* [-en] groep soldaten die een stormaanval doet

storm·vloed *de (m)* [-en] zeer hoge waterstand bij storm

storm·vloed·deur *de* [-en] (sluis)deur die een stormvloed moet kunnen keren

storm·vloed·ke·ring *de (v)* [-en] dam die opkomend zeewater in een rivier of zeearm tijdens een stormvloed moet tegenhouden, zoals bijv. in de Hollandse IJssel en de Oosterschelde

storm·vo·gel *de (m)* [-s] op de meeuw gelijkende zeevogel, familie Procellariidae

storm·vo·gel·tje *het* [-s] klein zwart zeevogeltje met een witte stuitplek, *Hydrobates pelagicus*

storm·waar·schu·wings·dienst *de (m)* NN weerkundige dienst die langs de kust waarschuwt voor naderende storm

storm·weer *het* weer waarbij het voortdurend stormt

storm·wind *de (m)* [-en] hevige wind

stor·ne·ren *ww* [storneerde, h. gestorneerd] boekhouden verbeteren door een tegenpost, door af- en bijschrijven

stor·no (‹It› *de (m)* ['s], **stor·no·post** *de (m)* [-en] boekhouden verbetering voor een verkeerd geboekte post door tegenboeking, terugboeking

stort *de (m) & het* [-en] ❶ plaats, vloer waar beton of zand op gestort wordt ❷ uitgegraven of gebaggerde grond ❸ vooral BN, spreektaal stortplaats, vuilnisbelt

stort·bad *het* [-baden] ❶ BN ook bad van neerstortend water, douche ❷ fig ontnuchtering ★ *een ijskoud ~ een akelige verrassing*

stort·bak *de (m)* [-ken] waterreservoir van een watercloset

stort·bui *de* [-en] hevige regenbui

stor·ten *ww* [stortte, h. & is gestort] ❶ doen vallen: ★ *beton ~* ★ *afval ~* dumpen ★ *tranen ~* hevig huilen ❷ stortregenen: ★ *het stort* ❸ betalen: ★ *het bedrag kan gestort worden op gironummer...* ❹ onverwachts in een diepte vallen: ★ *in een ravijn ~* ❺ ★ *zich op iem. ~* zonder aarzeling aanvallen ★ *zich op iets ~* gretig beginnen aan iets

stort·goed *het* [-eren] lading die gestort wordt; *tegengest*: → **stukgoed**

Stor·ting [stoor-] *((No)* het de volksvertegenwoordiging in Noorwegen

stor·ting *de (v)* [-en] het storten, vooral van geld

stor·tings·be·wijs *het* [-wijzen] bewijs dat men geld gestort heeft

stort·kar *de* [-ren] kar die omgewipt kan worden, kiepkar

stort·ko·ker *de (m)* [-s] koker waardoor iets naar beneden geworpen kan worden

stort·plaats *de* [-en] plaats waar iets gestort kan of moet worden

stort·re·gen *de (m)* [-s] hevige regen

stort·re·ge·nen *ww* [stortregende, h. gestortregend] hevig regenen

stort·vloed *de (m)* [-en] ❶ hevige stroom ❷ fig overstelpende hoeveelheid: ★ *een ~ van klachten*

stort·werk *het* [-en] het aanbrengen van basalt op zinkstukken

stort·zee *de* [-zeeën] over het schip slaande golf

sto·ry [stòrie] *((Eng‹Lat)* de ['s] geschiedenis, verhaal, vertelling; *vgl*: → **short** story

sto·ten *ww* [stootte *of* stiet, h. & is gestoten] ❶ een duw geven, met een duw verplaatsen, laten vallen e.d.: ★ *een glas van het aanrecht ~* ★ *van de troon ~* onttronen ❷ fig aanstoot geven, hinderen: ★ *ik moet me gestoten aan die racistische opmerkingen* ❸ botsen, bonzen tegen iets: ★ *zich aan een tafel ~*: ★ *het hoofd ~* zie bij → **hoofd** ★ *~ op* ontmoeten ❹ ongelijkmatig gaan, haperen; zie ook bij → **horten** ❺ gewichtheffen na eerst het gewicht op de borst te hebben laten rusten dit omhoogbrengen door het lichaam onder dit gewicht te plaatsen en de armen omhoog te strekken ❻ ‹van roofvogels› zich plotseling en met grote snelheid op een prooi storten

sto·tend *bn* ❶ haperend, niet vlot ❷ beledigend, kwetsend: ★ *stotende foto's*

sto·te·rig *bn* ongelijkmatig, haperend

stot·te·raar *de (m)* [-s] iem. die stottert

stot·te·ren *ww* [stotterde, h. gestotterd] haperen bij het spreken, met horten en stoten praten

stout[1] *bn* ❶ ondeugend, ongehoorzaam: ★ *een ~ kind* ❷ dapper, stoutmoedig: ★ *een ~ staaltje* ★ *de stoutste verwachtingen overtreffen* betere resultaten opleveren dan men had verwacht

stout[2] *(‹Eng)* de (m) & het krachtig, donkerbruin Engels bier

stou·terd *de (m)* [-s] stout kind

stout·heid *de (v)* ❶ het stout-zijn ❷ [mv: -heden] stoute daad

stou·tig·heid *de (v)* [-heden] → **stoutheid** (bet 2)

stout·moe·dig *bn* dapper

stout·weg *bijw* vrijmoedig, ronduit

stou·wa·ge [-waazje] *de (v)* → **stuwage**

stou·wen *ww* [stouwde, h. gestouwd] ❶ stuwen, zorgvuldig in het scheepsruim pakken ❷ NN, fig in zijn maag stoppen ★ *heel wat kunnen ~* veel kunnen eten en drinken

sto·ven[1] *ww* [stoofde, h. & is gestoofd] ❶ in een gesloten pan onder matige verwarming gaar maken: ★ *je moet dat vlees ~* ❷ fig warm maken;; zie ook bij → **kool**[2] ❸ op de genoemde wijze gaar worden: ★ *dat vlees stooft* ❹ fig warm worden

sto·ven[2] *ww* verl tijd meerv van → **stuiven**

sto·ve·rij *de (v)* BN hachee, stoofvlees, gerecht van rundvlees dat in stukken gesneden en gestoofd opgediend wordt

straal I *de* [stralen] ❶ smalle bundel licht of warmte: ★ *de stralen van de zon* ★ *radioactieve stralen* energie die door radioactieve stoffen wordt uitgestraald ❷ dunne stroom vloeistof: ★ *een straaltje water* ❸ afstand van het middelpunt tot de omtrek van een cirkel of bol II *bijw* volkomen: ★ *iem. ~ negeren; iets ~ vergeten zijn*

straal·aan·drij·ving *de (v)* voortbeweging door een straalmotor

straal·bre·king *de (v)* [-en] richtingsverandering van een lichtstraal op het grensvlak van twee stoffen

straal·buis *de* [-buizen] koker, geplaatst rondom de voortstuwingsschroef van een motorvaartuig, om het rendement van de schroef te verhogen

straal·bun·del *de (m)* [-s] → **stralenbundel**

straal·dier *het* [-en] eencellig diertje met een hulsel van kiezelzuur, waaruit aan alle kanten protoplasmadraden steken

straal·ja·ger *de (m)* [-s] zeer snel jachtvliegtuig dat door een straalmotor wordt voortbewogen

straal·ka·chel *de* [-s] elektrische kachel waarvan de warmte door een reflector verspreid wordt

straal·ka·pel *de* [-len] elk van de kapellen die om het hoofdaltaar liggen, absidiool

straal·mo·tor *de (m)* [-s, -toren] zeer krachtige motor zonder schroef, vooral toegepast in vliegtuigen

straals·ge·wijs, straals·ge·wij·ze *bijw* in een straal, in stralen

straal·ver·bin·ding *de (v)* [-en] telecommunicatie met straalzenders

straal·vlieg·tuig *het* [-en] vliegtuig dat door een straalmotor wordt voortbewogen

straal·zen·der *de (m)* [-s] zender die stralen uitzendt voor radarwaarnemingen

straat *(‹Lat› de* [straten] ❶ geplaveide weg tussen huizen ★ *op ~ in het openbaar* ★ *kan ik zo de ~ op?* kan ik me zo (met deze kleren, dit kapsel e.d.) in het openbaar begeven? ★ *iemand op ~ zetten* ontslaan *of* uit zijn huis zetten ★ *dat komt in mijn straatje van pas* dat kan ik goed gebruiken ★ *dat past in zijn straatje* dat komt overeen met zijn ideeën ★ BN *zo oud als de ~* heel oud ★ BN *ook een straatje zonder eind* iets waar maar geen einde aan komt, hopeloos geval ★ BN, spreektaal *van ~ raken* getrouwd raken ❷ rij van in een bepaalde volgorde opgestelde machines e.d. om achtereenvolgende bewerkingen doelmatig uit te voeren ❸ zee-engte: ★ *Straat van Gibraltar* ❹ poker opeenvolgende kaarten (of stenen) van ongelijke kleur: ★ *grote ~* tien, boer, vrouw, heer en aas ★ *kleine ~* vanaf de zeven, de acht of de negen

straat·arm *bn* heel arm

straat·col·lec·te *de* [-s, -n] op straat gehouden collecte

straat·deun *de (m)* [-en], **straat·deun·tje** *het* [-s] straatlied

straat·deur *de* [-en] deur aan de straat

straat·geld *het* [-en] straatbelasting

straat·ge·vecht *het* [-en] gevecht in de straten van een stad

straat·hoek·wer·ker *de (m)* [-s] sociaal-cultureel werker die zich bezighoudt met jongeren die veel op straat rondhangen

straat·hond *de (m)* [-en] op straat zwervende hond zonder baas

straat·je *het* [-s] zie bij → **straat**

straat·jeugd *de* buiten spelende, vaak kattenkwaad uithalende kinderen

straat·jon·gen *de (m)* [-s] veel op straat zwervende kwajongen

straat·kind *het* [-eren] straatjongen of straatmeid

straat·lan·taarn, **straat·lan·ta·ren** *de* [-s] lantaarn die de straat verlicht

straat·lied *het* [-eren] populair, vaak op straat gezongen lied; **straatliedje** *het* [-s]

straat·lo·per *de (m)* [-s] inf straatschuimer, leegloper; straatjongen

straat·ma·de·lief·je *het* [-s] schertsend straatmeid

straat·ma·ker *de (m)* [-s] iem. die straten plaveit

straat·meid *de (v)* [-en] veel langs de straat lopend meisje

straat·meu·bi·lair [-lèr] *het* voorwerpen die zich vast op straat bevinden als brievenbussen, zitbanken, kabeltelevisiekastjes e.d.

straat·mu·zi·kant *de (m)* [-en] iem. die op straat muziek maakt en er geld voor ophaalt

straat·naam *de (m)* [-namen] naam van een straat

straat·or·gel *het* [-s] op straat spelend draaiorgel

straat·pros·ti·tu·tie [-(t)sie] *de (v)* prostitutie waarbij de prostituee op straat lopend of staand klanten tracht te lokken

straat·race [-rees] *de (m)* [-s] (vaak illegale) wedstrijd tussen motorvoertuigen op de openbare weg

straat·roof *de (m)* het roven op de openbare weg

straat·ro·ver *de (m)* [-s] iem. die straatroof pleegt

straat·schen·de·rij *de (v)* [-en] baldadigheid op straat

straat·slij·per *de (m)* [-s] NN, vero iem. die altijd op straat rondhangt, nietsnut

straat·steen *de (m)* [-stenen] steen waarmee straten geplaveid worden ★ *iets aan de straatstenen niet kwijt kunnen* er op geen enkele wijze kopers voor kunnen vinden

straat·taal *de* ruwe taal

straat·to·neel *het* [-nelen] ❶ wat op straat te zien is ❷ op de openbare weg vertoond toneel

straat·ty·pe [-tiepə] *het* [-n *en* -s] merkwaardig, veel op straat lopend mens

straat·vech·ter *de (m)* [-s] ❶ iem. die (vaak) op straat vecht ❷ NN, fig iem. die een meningsverschil graag in het openbaar oplost en daarbij een harde confrontatie niet uit de weg gaat: ★ *die politicus is een echte ~*

straat·ve·ger *de (m)* [-s] ❶ man die de straten veegt ❷ machine, voorzien van een grote rollende bezem, die het vuil aan de kant van de straat brengt

straat·ven·ter *de (m)* [-s] NN venter op straat

straat·ver·bod *het* [-boden] door de rechter aan iem. opgelegd verbod om in een bep. straat of buurt te komen, om stalking tegen te gaan, te voorkomen dat een misdrijf wordt gepleegd, dat de orde wordt verstoord e.d.

straat·voet·bal *het* voetbal zoals dat op straat gespeeld wordt, soms met kledingstukken als doelpalen fungerend en met geïmproviseerde spelregels als: 'drie corners is een penalty'

straat·vrees *de* ziekelijke angst voor de straat, pleinvrees, agorafobie

straat·waar·de *de (v)* ‹van drugs› waarde bij verkoop aan de gebruiker: ★ *de ~ van deze partij in beslag genomen heroïne is 10 miljoen euro*

straat·weg *de (m)* [-wegen] vero grote geplaveide verkeersweg die naar buiten een stad voert, thans nog in eigennamen: ★ *de Deventer Straatweg*

Stra·di·va·ri·us *de (m)* [-sen] viool gemaakt door de Italiaanse vioolbouwer Antonio Stradivari(us) (1644-1737)

straf[1] *bn* ❶ hevig, sterk: ★ *er stond een straffe wind* ★ *een straffe roker* iem. die veel rookt ❷ streng: ★ *straffe maatregelen* ❸ m.g. ‹m.b.t. haar› stug, borstelig ★ *een straffe baard* een zware baard ❹ BN, spreektaal kras, sterk, erg: ★ *dat is ~*

straf[2] *de* [-fen] ❶ pijn, leed, vrijheidsberoving, onaangenaam werk enz. als vergelding voor gedaan kwaad ★ *voor ~* als straf, tot straf ★ *zijn ~ uitzitten* zolang in de gevangenis blijven tot de straftijd verstreken is ★ *alternatieve ~* het doen van onbetaalde dienstverlening als vervangende straf

strafbaar–strafwetgeving

★ BN *criminele* ~ ★ *op straffe van...* met bedreiging van... als straf ❷ fig kwelling: ★ *dat is mij een* ~ ★ *geen* ~ heel plezierig

straf·baar *bn* waar straf op staat: ★ *strafbare feiten*

straf·baar·stel·ling *de (v)* het strafbaar stellen

straf·bal *de (m)* [-len] hockey vrije push die vanaf 6,40 meter direct op het doel genomen wordt na een opzettelijke overtreding binnen het doelgebied, strafpush

straf·bank·je *het* [-s] ❶ bankje voor de verdachte in een rechtszitting ★ *op het* ~ *zitten* fig een berisping krijgen ❷ sp, vooral ijshockey zitplaats waarop een tijdelijk wegens een overtreding uit de strijd genomen speler plaats dient te nemen

straf·be·pa·ling *de (v)* [-en] bepaling betreffende de straf die op een misdrijf staat

straf·blad *het* strafregister ★ *een* ~ *hebben* ten minste een maal door de rechter onherroepelijk tot een straf zijn veroordeeld wegens een misdrijf ★ *een blanco* ~ *hebben* nooit veroordeeld zijn

straf·cel *de* [-len] cel in een gevangenis, inrichting e.d., speciaal ingericht voor het tijdelijk verblijf van personen die een vergrijp hebben gepleegd

straf·cor·ner *de (m)* [-s] hockey korte hoekslag die genomen wordt vanaf de doellijn naast het doel, en die toegewezen wordt als de verdedigende partij een opzettelijke overtreding heeft begaan binnen de 23-meterlijn, de bal met opzet over de doellijn heeft geslagen of een onopzettelijke overtreding binnen de strafcirkel heeft begaan

straf·exer·ci·tie [-(t)sie] *de (v)* [-s, -tiën] ❶ het strafexerceren ❷ strafoefening

straf·ex·pe·di·tie [-(t)sie] *de (v)* [-s] militaire expeditie als strafmaatregel tegen een bevolkingsgroep

straf·fe *zn* → **straf**²

straf·fe·loos *bn* zonder straf: ★ ~ *drugs smokkelen* ★ *je kunt niet* ~ *zo veel snoepen* je zult er nadelige gevolgen van ondervinden als je zo veel snoept; **straffeloosheid** *de (v)*

straf·fen *ww* [strafte, h. gestraft] straf geven: ★ *een hond* ~ *met een pak slaag* ★ NN *God straft onmiddellijk* gezegd als iem. meteen na een laakbare daad de nadelige gevolgen ervan ondervindt ★ *gestraft zijn met* ★ NN, iron *je zult ermee gestraft zijn* het is helemaal niet onplezierig

straf·ge·van·ge·nis *de (v)* [-sen] instelling waarin veroordeelden tot langdurige gevangenisstraf hun straf ondergaan

straf·heid *de (v)* het straf-zijn, strengheid

straf·ka·mer *de* [-s] met strafzaken belaste afdeling van een rechtbank

straf·kamp *het* [-en] kamp onder strenge tucht voor gestraften

straf·ko·lo·nie *de (v)* [-s, -niën] afgelegen of overzees gebied waar gevaarlijke misdadigers voor straf naar toe gezonden worden

straf·kor·ting *de (v)* [-en] NN inhouding van een bep. bedrag op een sociale uitkering, omdat de uitkeringsgerechtigde zich niet aan voorschriften heeft gehouden

straf·maat *de* omvang van de straf, vooral duur van gevangenisstraf

straf·maat·re·gel *de (m)* [-en, -s] datgene waarmee men straft

straf·oe·fe·ning *de (v)* [-en] voltrekking van een straf

straf·on·der·bre·king *de (v)* tijdelijk verlof uit een strafgevangenis

straf·plei·ter *de (m)* [-s] advocaat in strafzaken

straf·port *de (m) & het* extra port voor onvoldoende frankering op een poststuk

straf·pro·ce·du·re *de*, **straf·pro·ces** *het* gang van zaken bij een strafzaak

straf·punt *het* [-en] ‹bij wedstrijden, spel, quizzen e.d.› in het nadeel van een partij geteld punt (bijv. wegens een overtreding van de spelregels o.i.d.)

straf·recht *het* deel van het publiekrecht waarin bepaald wordt wat strafbaar is en welke straffen daarop staan

straf·rech·te·lijk *bn* van, volgens het strafrecht

straf·rech·ter *de (m)* [-s] rechter belast met de rechtspraak in strafzaken

straf·re·gels *mv* regels die een schoolkind voor straf moet schrijven

straf·re·gis·ter *het* [-s] register waarin de onherroepelijke veroordelingen van iem. door de rechter wegens misdrijven of bep. overtredingen vermeld staan; zie ook: → **strafblad**

straf·ren·te *de* [-n *en* -s] hoge rente die de bank in rekening brengt als een klant een negatief saldo heeft op een rekening-courant

straf·schop *de (m)* [-pen] voetbal vrije schop die vanaf elf meter direct op het doel genomen wordt als straf voor bepaalde overtredingen van de verdedigende partij in het strafschopgebied, → **penalty**

straf·schop·ge·bied *het* gedeelte van het voetbalveld waarbinnen bep. overtredingen een strafschop veroorzaken

straf·stu·die *de (v)* [-s] BN nablijven als schoolstraf, met name op een vrije (mid)dag; op een vrije (mid)dag naar school moeten terugkeren om strafwerk te maken ★ *(een)* ~ *hebben, krijgen* moeten nablijven

straf·tijd *de (m)* tijd die een straf duurt

straf·toe·me·ting *de (v)* recht bepalen van de straf voor de dader

straf·ver·vol·ging *de (v)* rechtsmaatregelen met het oog op een mogelijke straf

straf·vor·de·ring *de (v)* [-en] het eisen van straf

straf·waar·dig *bn* waard gestraft te worden

straf·werk *het* werk dat men (vooral scholieren) voor straf moet doen

straf·wet *de* [-ten] rechtsnorm waarvan het niet-naleven strafbaar gesteld is

straf·wet·boek *het* [-en] wetboek van strafrecht

straf·wet·ge·ving *de (v)* het geheel van strafrechtelijke normen

straf·worp *de (m)* [-en] vrije worp rechtstreeks op het doel, de basket of de korf (in resp. handbal, basketbal of korfbal)

straf·zaak *de* [-zaken] door de strafrechter behandelde rechtszaak

straf·zit·ting *de (v)* [-en] rechtszitting voor strafzaken

straight [street] *(Eng) bn* ❶ ‹m.b.t. spreken› eerlijk, openhartig, ronduit ❷ ‹van alcoholische dranken› onvermengd, puur ❸ maatschappelijk op het gewone georiënteerd, conventioneel; ~ jazz jazz die wordt gespeeld van het blad, zonder improvisatie ❹ heteroseksueel, vanuit het perspectief van de homoseksuelen; zie ook bij → **flush**

straigh·ten *ww* [streetǝ(n)] *(Eng)* [straightte, h. gestraight] ‹van haar› ontkroezen of krullen recht maken

strak *bn* ❶ gespannen ★ NN *de lijn* of *het lijntje ~ houden* niet toegeven ★ *iemand ~ houden* hem weinig toestaan ❷ onbeweeglijk stug: ★ *een ~ gezicht* ★ *~ kijken* ❸ nauw, krap zittend: ★ *een strakke rok* ★ *de veters zitten te ~* ❹ NN fraai, mooi en functioneel vormgegeven: ★ *een ~ audiosetje heb je daar staan!*; **strakheid** *de (v)*

strak·jes *bijw* inf straks

straks *bijw* ❶ zo dadelijk: ★ *~ komt ze* ★ *tot ~!* gezegd als men afscheid neemt terwijl men de ander naar verwachting gauw weer terugziet ❷ NN zo-even, pas geleden: ★ *dit had ik je ~ nog gezegd*

stra·len *ww* [straalde, h. & is gestraald] ❶ stralen uitzenden ❷ fig een stralend uiterlijk vertonen: ★ *~ van trots, ~ van vreugde* ❸ NN, spreektaal zakken voor een examen

stra·len·bun·del *de (m)* [-s] bundel stralen

stra·lend *bn* schitterend ★ *~ weer* (vrijwel) zonder bewolking ★ *stralende ogen* fig met van vreugde schitterende ogen

stra·len·krans *de (m)* [-en], **stra·len·kroon** *de* [-kronen] ❶ lichtende krans van stralen om het hoofd: ★ *met een ~ omgeven* ❷ fig roem

stra·ling *de (v)* [-en] ❶ het stralen ❷ door een element uitgezonden licht- of andere stralen, vooral radioactieve stralen

stra·lings·ge·vaar *het* gevaar voor radioactieve straling

stra·lings·ziek·te *de (v)* [-n, -s] door radioactieve straling veroorzaakte ziekteverschijnselen

stram *bn* ❶ stijf, onbuigzaam, bijv. van ouderdom of vermoeidheid: ★ *een stramme rug* ❷ kordaat: ★ *~ marcheren*; **stramheid** *de (v)*

stra·mien *(Oudfrans) het* grof weefsel, gaas als ondergrond voor borduurwerk ★ *in hetzelfde ~ fig* op dezelfde wijze, analoog

strand *het* [-en] kustlijn langs de zee of een meer, met zand of klein grind: ★ *over het ~ wandelen* ★ *het stille ~* waar weinig mensen komen

strand·bou·le·vard [-boelǝvaar] *de (m)* [-s] NN wandelweg langs het strand

strand·dief *de (m)* [-dieven] iem. die zich aangespoelde goederen toe-eigent; **stranddieverij** *de (v)* [-en]

stran·den *ww* [strandde, is gestrand] ❶ ‹van een schip› op het strand lopen ❷ fig mislukken, blijven steken; zie ook bij → **haven**

strand·ge·zicht *het* [-en] ❶ uitzicht op een strand ❷ schilderij dat een strand voorstelt

stran·ding *de (v)* [-en] het stranden

strand·jut·ter *de (m)* [-s] stranddief

strand·lijn *de* [-en] scheidingslijn tussen land en zee, bij rotsachtige kusten vaak zichtbaar als een door de zee uitgeholde groef

strand·lo·per *de (m)* [-s] strandvogel met een lange snavel, familie Eroliinae

strand·meer *het* [-meren] meer op het strand, lagune

strand·paal *de (m)* [-palen] paal op het strand, in Nederland op afstanden van 250 m van elkaar geplaatst; *vgl*: → **verdwaalpaal**

strand·pa·vil·joen *het* [-en] grote → **strandtent** met een terras

strand·ple·vier *de (m)* [-en] snipachtige vogel, die aan zee en in de duinen voorkomt, steltloper (*Charadrius apricarius alexandrinus*)

strand·recht *het* wettelijke bepalingen betreffende aangespoelde goederen

strand·stoel *de (m)* [-en] rieten koepelvormige stoel, *ook* andere op het strand te huren stoel

strand·tent *de* [-en] NN (tijdelijk) aan het strand geplaatst gebouw, waar eet- en drinkwaren worden verkocht, strandstoelen worden verhuurd enz.

strand·vlo *de* [-vlooien] op het strand levend kreeftachtig diertje, *Talitrus saltator*

strand·vo·gel *de (m)* [-s] aan het strand of de kust levende vogel

strand·von·der *de (m)* [-s] NN opzichter over aan het strand aangespoelde goederen

strand·von·de·rij *de (v)* NN het werk van een strandvonder

strand·voogd *de (m)* [-en] NN opzichter over het strand, strandvonder

strand·wacht *de* [-en] vooral NN ❶ organisatie die toeziet op veiligheid aan het strand, m.n. voor recreanten ❷ lid van een dergelijke organisatie

strand·weer *het* weersgesteldheid waarbij het aangenaam recreëren is op het strand

stran·gu·la·tie [-(t)sie] *(Lat) de (v)* (ver)wurging; afklemming

stra·pat·sen *(Du) mv* ❶ buitensporigheden ❷ malle streken

strap·less [strep-] *(Eng)* **I** *bn* zonder schouderbandjes: ★ *een ~ jurk* **II** *de (m)* jurk of bustehouder zonder schouderbandjes

stra·pon·tin [-pôtē] *(FrxIt)*, **stra·pon·tijn** *de (m)* [-s] klapstoeltje, opklapbaar zitbankje in treinen, bussen enz.

stras *(Fr)* **I** *het* namaakdiamant, genoemd naar de Franse uitvinder G.F. Stras (1700-1773), kristalglas **II** *de (m)* [-sen] ceintuur met → **stras** (bet 1) erop

stra·teeg *(‹Gr) de (m)* [-tegen] krijgskundige, veldheer die de strategie beheerst

stra·te·gie [-gie of -zjie] *(‹Gr) de (v)* ❶ veldheerswetenschap, krijgskunde betreffende het maken en uitvoeren van plannen voor bewegingen op grote schaal ❷ fig plan en beleid om een bep. doel te bereiken

stra·te·gisch *(‹Gr) bn* betrekking hebbend op, volgens of van belang voor de strategie: ★ *strategische wapens* ★ *een ~ punt* een punt van waaruit men een gebied kan beheersen: ★ *de politiepost werd op een ~ punt gepland*

stra·ten·loop *de (m)* [-lopen] hardloopwedstrijd door de straten van een stad of dorp

stra·ten·ma·ker *de (m)* [-s] → **straatmaker**

stra·ten·plan *het* [-s, -nen] ❶ ontwerp voor de aanleg van straten ❷ plattegrond van straten

stra·ti·fi·ca·tie [-(t)sie] *(‹Lat) de (v)* ❶ gelaagdheid, laagsgewijze ligging van bodemelementen ❷ sociologie gelaagdheid in de maatschappij, d.w.z. het bestaan van sociale klassen en standen

stra·ti·gra·fie *(‹Lat-Gr) de (v)* kennis en beschrijving van de aardlagen (sedimenten)

stra·to·sfeer *(‹Lat-Gr) de* deel van de dampkring boven de → **troposfeer**, tussen 10 en 50 km hoogte

strea·ken *ww* [strie-] *(‹Eng)* [streakte, h. gestreakt] naakt over straat of door een publieke lokaliteit hollen (vooral een rage in de jaren '70 van de 20ste eeuw)

strea·ker [strie-] *(‹Eng) de (m)* [-s] iem. die streakt

strea·king [strie-] *(‹Eng) de* het streaken

strea·men [strie-] *(‹Eng) ww* [streamde, h. gestreamd] comput audio of video van internet al tijdens het downloaden afspelen door het bestand te bufferen

strea·ming [strie-] *(‹Eng) bn* comput (van beeld en / of geluid) direct afgespeeld via het internet, zonder eerst het hele bestand te downloaden: ★ *~ video, ~ audio*

stream of con·scious·ness [striem ov konsjəsnəs] *(‹Eng) de (m)* monologue intérieur

stre·ber *(‹Du) de (m)* [-s] iemand die met allerlei middelen tracht vooruit te komen, carrièrejager

streed *ww*, **stre·den** *verl tijd meerv van* → **strijden**

streef·cij·fer *het* [-s] hoeveelheid die men tracht te bereiken

streef·da·tum *de (m)* [-s, -data] datum waarop men met iets klaar tracht te zijn

streef·ge·tal *het* [-len] streefcijfer

streek¹ *de* [streken] ❶ gebied, omgeving, regio: ★ *een achtergebleven ~* ❷ boosaardige, ondeugende daad: ★ *een minne ~* ★ *de kwajongens haalden allerlei streken uit* ; zie ook bij → **thuiskrijgen**, → **vos** ❸ strijkbeweging, haal: ★ *een ~ verf* ❹ streep, lijn: ★ *een ~ met de pen* ❺ schaatsbeweging: ★ *een vaste ~* ❻ tweeëndertigste deel van de windroos; koers, (goede) richting ★ *van ~ raken, zijn* fig a) in de war raken, zijn; b) zijn beheersing verliezen; c) ziek zijn, worden ★ NN *iem. op ~ helpen* iem. helpen met het beginnen van iets

streek² *ww*, **stre·ken** *verl tijd van* → **strijken**

streek·bus *de* [-sen] autobus voor streekvervoer

streek·plan *het* [-nen] plan van bebouwing, wegenaanleg, beplanting enz., dat een bep. streek omvat

streek·raad *de (m)* [-raden] NN college van vertegenwoordigers van gemeenten en organisaties in een streek ter behartiging van de streekbelangen

streek·ro·man *de (m)* [-s] roman die in een bepaalde landstreek speelt en daarvan de eigenaardige sfeer tracht weer te geven

streek·school *de* [-scholen] school die leerlingen uit een bepaalde streek aantrekt

streek·taal *de* [-talen] dialect uit een bep. regio

streek·ver·voer *het* (openbaar) vervoer tussen de plaatsen in een bepaalde streek

streek·zie·ken·huis *het* [-huizen] ziekenhuis voor patiënten uit een bepaalde streek

streep *de* [strepen] ❶ lijn ★ *een ~ door de rekening* een omstandigheid die een plan of een verwachting verstoort ★ *er een ~ door halen* afkeuren of als afgedaan beschouwen ★ *een ~ zetten onder* als afgedaan beschouwen ★ fig *iem. over de ~ trekken* overhalen te doen wat voorgesteld is ★ NN, spreektaal *er loopt een ~ door hij / zij* is geestelijk niet helemaal normaal ❷ teken van rang op een uniform ★ *op zijn strepen (gaan) staan* zijn gezag, hogere functie laten gelden ❸ zie ook → **streepje**

streep·des·sin [-sē] *het* [-s] streeppatroon

streep·je *het* [-s] ❶ kleine streep ★ *een ~ voor hebben* een beetje voorgetrokken worden, boven een ander begunstigd worden ❷ gestreepte stof

streep·jes·broek *de* [-en] gestreepte broek, vooral broek bij zwart jacquet gedragen

streep·jes·co·de *de (m)* [-s] rechthoek van zwart-witte strepen op de verpakking van een handelsartikel, die door een optisch leesapparaat gelezen kan worden en die gegevens m.b.t. dat artikel bevat, waaronder de prijs, artikelcode

streep·jes·goed *het* gestreept goed

streep·pa·troon *het* [-tronen] ‹van stof› gestreept patroon

street·cor·ner·work·er [strietkò(r)nə(r)wù(r)kə(r)] *(‹Eng) de (m)* [-s] straathoekwerker

street·dance [strietdèns] *(‹Eng) de (m)* zeer ritmische dans met elementen van breakdance en electric boogie

street·wise [strietwaiz] *(‹Eng) bn* vertrouwd met het straatleven, door de wol geverfd

strek *de (m)* [-ken] ❶ strekse boog ❷ lange zijvlak van een baksteen

strek·dam *de (m)* [-men] dam in de stroomrichting van een rivier, krib

stre·ken *ww* verl tijd meerv van → **strijken**

strek·ken *ww* [strekte, h. gestrekt] ❶ rekken ★ *de armen ~ ze languit uitslaan* ★ *even de benen ~ een kleine wandeling houden* ❷ rekken, zich uitstrekken: ★ *zover strekt mijn kennis niet* ❸ toereikend zijn: ★ *zolang de voorraad strekt* ❹ ★ ~ *tot* dienen, gericht zijn op, dienstig zijn tot: ★ *tot eetkamer* ~ ★ *dat strekt u tot eer* daarvoor verdient u eer ★ NN *de daartoe strekkende middelen* de middelen die daarvoor beschikbaar zijn

strek·kend *bn* in de lengte bij volle breedte: ★ *dit tapijt kost , 100,- per strekkende meter*

strek·king *de (v)* [-en] ❶ het strekken ❷ bedoeling; het gericht zijn op een bepaald doel of gevolg: ★ *de ~ van een betoog* ★ vooral NN *woorden van die ~* woorden die ongeveer hetzelfde bedoelen

strek·laag *de* [-lagen] laag stenen in een muur waarvan de lange kant zichtbaar is

streks *bn* ❶ ⟨van stenen in een muur⟩ in de lengte liggend: ★ *strekse boog* ❷ ⟨in een bouwwerk⟩ langwerpige boog boven een horizontale lijn

stre·len *ww* [streelde, h. gestreeld] ❶ zacht strijken, aaien; liefkozen ❷ vleien: ★ *zich ~ met de hoop, dat..* ❸ aangenaam aandoen: ★ *honing streelt de tong* ★ *strelend* een aangenaam gevoel gevend: ★ *strelende klanken*; **streling** *de (v)* [-en]

strem·men *ww* [stremde, is & h. gestremd] ❶ ⟨van vloeistoffen⟩ stijf worden ❷ ⟨van vloeistoffen⟩ stijf doen worden ❸ belemmeren, doen stilstaan: ★ *de optocht stremde het verkeer in de binnenstad*

strem·ming *de (v)* [-en] ❶ het stremmen ❷ stilstand

strem·sel *het* [-s] stof die de melk doet stremmen

streng¹ *de* [-en] ineengewonden of ineengesloten bundel, vooral van garen of touw ★ BN, sp *zijn ~ trekken* zich weten te redden, zijn best doen

streng² *bn* ❶ geen enkele onrechtmatigheid toestaand, vaak en hard straffend: ★ *een strenge onderwijzer* ❷ hard: ★ *strenge vorst* ★ *een strenge winter* ❸ strikt, stipt: ★ *de voorschriften ~ naleven*

stren·ge·len *ww* [strengelde, h. gestrengeld] vlechten, ineenvlechten ★ *zich ~* zich slingeren

stren·gen *ww* [strengde, is gestrengd] NN, vero strenger, kouder worden: ★ *de winter gaat ~*

streng·heid *de (v)* het streng-zijn

stre·pen *ww* [streepte, h. gestreept] strepen trekken

stre·pe·rig *bn* met (veelal ontsierende of ongewenste) strepen; **streperigheid** *de (v)*

strep·to·coc·cus ⟨‹Gr⟩ *de (m)* [-ci], **strep·to·kok** ⟨‹Gr⟩ *de (m)* [-ken] bolvormige bacterie, kogelvormige splijtzwam die in lange draden aaneenkleeft

stress ⟨‹Eng⟩ *de (m)* med ❶ lichamelijke reactieverschijnselen tengevolge van uitwendige invloeden, vooral van aanhoudende spanning ❷ aanhoudende spanning, vooral in een bepaalde werkkring of omgeving waarin men verkeert: ★ *werken onder ~*

stress·be·sten·dig *bn* ⟨van personen⟩ bestand tegen voortdurende spanningen

stres·sen *ww* ⟨‹Eng⟩ [streste, h. gestresst; officiële vervoeging: streste, h. gestrest] onderhevig zijn aan stress: ★ *lopen te ~*

stres·se·ren *ww* BN ❶ [stresseerde, is gestresseerd]

stress hebben ❷ [stresseerde, h. gestresseerd] stress veroorzaken

stress·si·tu·a·tie [-(t)sie] *de (v)* [-s] toestand waarbij men langdurig aan spanning onderhevig is

stretch [stretsj] ⟨‹Eng⟩ *de (m)* ❶ zeer dun, elastisch (nylon)garen ❷ weefsel daarvan

stretch- [stretsj-] ⟨‹Eng⟩ als eerste lid in samenstellingen rekbaar, rekkend, bijv.: ★ *stretchnylon*

stret·chen *ww* [-sjə(n)] ⟨‹Eng⟩ [stretchte, h. gestretcht] sp oefeningen doen waarbij men de spieren rekt (vaak als onderdeel van een warming-up)

stretch·er [stretsjə(r)] ⟨‹Eng⟩ *de (m)* [-s] harmonicabed, opvouwbaar nood- of hulpbed

stre·ven I *ww* [streefde, h. gestreefd] zich inspannen, zijn best doen ★ *naar iets ~* iets trachten te bereiken ★ NN *opzij ~* evenaren **II** *het* ❶ het zich inspannen om een doel te bereiken ❷ het doel dat men tracht te bereiken

stria ⟨‹Lat⟩ *de (v)* [striae] [strie(j)ee] ❶ kras, kerf, streep, o.a. op kristallen ❷ med streep, lijn op de huid vooral tijdens de zwangerschap

strib·be·len *ww* [stribbelde, h. gestribbeld] tegenstribbelen, zich verzetten

strib·be·lin·gen *de (v)* [-en] → **strubbelingen**

stric·tuur ⟨‹Lat⟩ *de (v)* [-turen] med samentrekking, vernauwing van een lichaamskanaal

striem *de* [-en] huidstreep, ontstaan door een slag met een riem, touw enz.

strie·men *ww* [striemde, h. gestriemd] met een touw, riem enz. striemen slaan; fig hevig pijn doen, scherp treffen

strijd *de (m)* ❶ gevecht, oorlog; twist, woordenstrijd; tweestrijd ★ ~ *leveren* ★ *een ~ voeren* ★ *ten strijde trekken* ★ *de ~ om het bestaan* het moeilijke streven om in leven te blijven *of* om zich in de samenleving een positie te verwerven ★ *een ongelijke ~* waarbij de partijen zeer in sterkte verschillen ★ *de ~ ontbrandt* de strijd begint ★ *zich voor de ~ opmaken* zich gereedmaken voor het gevecht ★ *de ~ aanbinden met* beginnen te strijden tegen ❷ wedstrijd ★ *om ~* om het hardst, de een al meer dan de ander ❸ tegenspraak: ★ *in ~ met de wet*

strijd·baar *bn* geschikt of geneigd tot strijden; **strijdbaarheid** *de (v)*

strijd·bijl *de* [-en] bij het strijden gebruikte bijl ★ *de ~ begraven* van verdere strijd afzien, vrede sluiten ★ *de ~ opgraven* weer beginnen te strijden

strij·den *ww* [streed, h. gestreden] ❶ vechten; een woordenstrijd voeren: ★ *tegen het terrorisme ~* ★ *voor zijn belangen ~* ★ *de strijdende kerk* RK de kerk hier op aarde (in tegenstelling tot *de triomferende kerk*) ❷ een wedstrijd houden ❸ ★ ~ *met* in tegenspraak zijn met, niet te verenigen zijn met

strij·der *de (m)* [-s] ❶ krijgsman ❷ voorvechter

strijd·gas *het* [-sen] schadelijk of vergiftig gas, bij oorlogvoering gebruikt

strij·dig *bn* ★ ~ *met* in strijd met ★ *strijdige adviezen, belangen* die tegengesteld zijn aan elkaar,

tegenstrijdig zijn
strijd·knots *de* [-en] bij het strijden gebruikte knots
strijd·krach·ten *mv* onderdelen van leger, marine of luchtmacht
strijd·kreet *de (m)* [-kreten] tot de strijd opwekkende kreet
strijd·leus, **strijd·leu·ze** *de* [-leuzen] tot de strijd opwekkende leuze
strijd·lied *het* [-eren] lied dat opwekt tot strijd, vooral van een (politieke) partij of richting
strijd·lust *de (m)* lust tot strijden
strijd·lus·tig *bn* met veel strijdlust
strijd·mak·ker *de (m)* [-s] makker in de strijd, wapenbroeder
strijd·mid·del *het* [-en] bij het strijden toegepast middel
strijd·perk *het* [-en] plaats waar een strijd geleverd wordt, arena ★ *in het ~ treden* de strijd beginnen
strijd·vaar·dig *bn* gereed tot de strijd; **strijdvaardigheid** *de (v)*
strijd·vraag *de* [-vragen] kwestie waarover men het niet eens is
strijd·wa·gen *de (m)* [-s] hist wagen bij oorlogvoering gebruikt in de Oudheid
strijk *de (m)* ❶ het → **strijken** (bet 2) ❷ het strijkgoed ❸ ★ NN *~ en zet* geregeld, zonder mankeren, altijd
strij·ka·ge [-kaazjə] *de (v)* [-s] NN overdreven beleefdheid
strijk·bord *het* [-en] bord op zij van een ploeg, waar de omgeploegde aarde langs strijkt
strijk·bout *de (m)* [-en] strijkijzer
strijk·droog *bn* droog genoeg om gestreken te worden
strij·ken *ww* [streek, h. & is gestreken] ❶ met de hand of met een voorwerp over iets heen gaan, vegen ★ *de hand over het hart ~* toegeeflijk zijn: ★ *iem. tegen de haren in strijken* iets doen dat hem onwelgevallig is ❷ linnengoed, kleding enz. met een warm strijkijzer glad maken ❸ smeren: ★ *verf op hout ~, zalf op een wond ~* ★ *een muur ~* de voegen in het metselwerk dichtsmeren ❹ laten zakken: ★ *de vlag, de zeilen ~* ; zie ook bij → **vaantje** ❺ langs of over iets heen gaan: ★ *de damp strijkt over de sloot* ❻ ★ NN *gaan ~ met* bemachtigen, winnen: ★ NN *met de winst, de eer gaan ~* ❼ met een strijkstok over snaren gaan: ★ *de viool ~* ❽ roeisport de riemen in het water duwen om vaart te minderen; *ook* roeien in de tegengestelde richting dan de normale door de riemen van zich af te duwen
strij·ker *de (m)* [-s] ❶ iem. die een strijkinstrument bespeelt ❷ stuk vuurwerk dat ontstoken wordt door het langs een strijkvlak te halen en dat een zeer harde knal geeft
strijk·goed *het* goed dat gestreken is of moet worden
strijk·ijzer *het* [-s] ❶ glad stuk ijzer met handvat, gebruikt om te → **strijken** (bet 2) ❷ stuk ijzer met handvat om pleisterwerk glad te maken

strijk·in·stru·ment *het* [-en] snaarinstrument dat met een strijkstok bespeeld wordt
strijk·je *het* [-s] klein strijkorkest
strijk·kwar·tet *het* [-ten] groepje van vier bespelers van strijkinstrumenten, bestaande uit eerste, tweede viool, altviool en cello
strijk·licht *het* floodlight
strijk·or·kest *het* [-en] orkest dat uitsluitend bestaat uit bespelers van strijkinstrumenten
strijk·plank *de* [-en] beklede plank op een onderstel, waarop gestreken (→ **strijken**, bet 2) wordt
strijk·stok *de (m)* [-ken] ❶ met paardenhaar bespannen stok, waarmee sommige snaarinstrumenten bespeeld worden ❷ stok waarmee een maat(beker) glad werd afgestreken ★ vooral NN *aan de ~ blijven hangen* voordeel opleveren voor de betrokken tussenpersoon of -personen
strik *de (m)* [-ken] ❶ in lussen geknoopt lint, koord, touw enz.: ★ *een ~ in het haar* ★ *een ~ in de schoenveters leggen* ❷ gestrikt dasje *(in deze bet vaak: strikje)* ❸ lus van touw, metaal enz. om dieren in te vangen: ★ *strikken zetten* ❹ fig listige poging om iem. nadeel te berokkenen, valstrik: ★ *iem. een ~ spannen* ★ *iem. in zijn strikken (proberen te) vangen*
strik·das *de* [-sen] → **das²** die gestrikt moet worden
strike [straik] *(‹Eng) de (m)* [-s] bowling het omverwerpen van alle kegels in één worp
strik·je *het* [-s] gestrikt dasje
strik·ken *ww* [strikte, h. gestrikt] ❶ in een → **strik** (bet 1) knopen: ★ *schoenveters ~* ❷ in een → **strik** (bet 4) vangen: ★ *konijnen ~* ❸ fig overhalen tot een bepaalde taak: ★ *iem. ~ voor een lezing*
strikt *(‹Fr‹Lat) bn* nauwkeurig, nauwgezet, streng: ★ *~ eerlijk*
strikt·heid *de (v)* het strikt-zijn, nauwkeurigheid
strik·vraag *de* [-vragen] listige vraag om iemand in de war te brengen
string *(‹Eng) de (m)* [-s] ❶ comput aaneengesloten reeks tekens die door de computer als een geheel worden beschouwd ❷ g-string
strin·gent *(‹Lat) bn* afdoend, dwingend, bindend: ★ *stringente bepalingen*
strip¹ *(‹Eng) de (m)* [-s en -pen] ❶ lang, dun strookje ijzer ❷ algemeen (smalle) reep of strook; *ook* strook, deel van een strippenkaart: ★ *drie strippen afstempelen*
strip² *(‹Eng) de (m)* [-s] ❶ filmstrook ❷ beeldverhaal ❸ landingsbaan voor vliegtuigen
strip·fi·guur *de* [-guren] personage of wezen bekend uit een strip: ★ *Obelix, Ollie B. Bommel en Pluto zijn stripfiguren*
strip·pen *ww* [stripte, h. gestript] ❶ een strippenkaart afstempelen ❷ zich langzamerhand uitkleden bij striptease ❸ een strippenkaart stempelen
strip·pen·kaart *de* [-en] vooral NN plaatsbewijs voor de tram, bus of metro, bestaande uit een aantal strippen, die per te reizen zone ongeldig gemaakt

moeten worden
strip·per *de (m)* [-s], **strip·ster** *de (v)* [-s] stripteasedanser, stripteasedanseres
strip·po·ker (‹Eng› *het* kansspel waarbij de verliezer betaalt door het successievelijk uittrekken van kledingstukken
strip·tea·se [-tiez] (‹Eng› *de* vertoning waarbij iem. zich (onder muzikale begeleiding) stuksgewijs van alle kledingstukken ontdoet
strip·tea·seu·se [-tiezeuzə] *de (v)* [-s] vrouw die in een striptease optreedt, stripteasedanseres
strip·ver·haal *het* [-halen] beeldverhaal
strip·ver·pak·king *de (v)* [-en] verpakking in stroken, vooral van tabletvormige geneesmiddelen
stro *het* ❶ gedroogde, gedorste halmen ❷ strohalm ; zie ook bij → **bed**, → **strootje**[1]
stro·bloem *de* [-en] ❶ samengesteldbloemige plant: ❷ met gele of oranje stroachtige bloemen (*Helichrysum arenarium*) ❸ met blauwe stroachtige bloem (*Catanance coerulea*)
stro·blond *bn* geelblond
stro·bo·scoop (‹Gr› *de (m)* [-scopen] toestel waarmee een groot aantal beelden langs het oog gevoerd wordt, waardoor het vertoonde schijnt stil te staan of zich zonder onderbreking in natuurlijk tempo schijnt voort te bewegen
stro·bo·sco·pisch *bn* van, zoals teweeggebracht door een stroboscoop
stro·breed *het* ❶ de breedte van een strohalm; heel geringe breedte of afstand ❷ iets zo gering als een strootje ★ *iem. geen ~ in de weg leggen* iem. in geen enkel opzicht hinderen
stro·dak *het* [-daken] dak van stro
stro·dek·ker *de (m)* [-s] iem. die strodaken maakt
stroef *bn* ❶ niet glad: ★ *een ~ oppervlak* ❷ niet vlot: ★ *~ lopende zinnen* ❸ terughoudend, niet vriendelijk: ★ *iem. ~ groeten*; **stroefheid** *de (v)*
stro·fe (‹Gr› *de* [-n, -s] couplet, samenstel van versregels in bepaald schema dat zich óf enige malen herhaalt, óf op zichzelf een gedicht vormt
stro·fisch *bn* uit strofen bestaande
stro·geel *bn* geel als stro
stro·halm *de (m)* [-en] gedorste graanhalm ★ *zich aan een ~ vasthouden, vastklampen* van het geringste nog redding hopen
stro·hoed *de (m)* [-en] hoed van stro
stro·hut *de* [-ten] hut met een strodak
stro·kar·ton *het* karton waarin stro verwerkt is
stro·ken *ww* [strookte, h. gestrookt] overeenstemmen ★ *~ met* overeenstemmen met, kunnende samengaan met ★ *dit strookt niet met de waarheid* dit is onwaar
stro·kleu·rig *bn* strogeel
stro·man *de (m)* [-nen] ❶ pop van stro ❷ fig iemand die, schijnbaar zelfstandig, voor anderen handelt
stro·mat *de* [-ten] mat van stro
stro·ma·tras *de & het* [-sen] met stro opgevulde matras

stro·men *ww* [stroomde, h. & is gestroomd] ❶ met kracht voortvloeien; ★ *het water stroomde de sloot in* ❷ zich voortbewegen als een vloeistof: ★ *de mensen stroomden naar de schouwburg* ; zie ook → **stromend**
stro·mend *bn* ~ *water* a) water dat zich in een bepaalde richting beweegt, niet stilstaand; b) water dat uit een kraan getapt kan worden: ★ *dit hotel heeft warm en koud ~ water*
stro·ming *de (v)* [-en] ❶ het stromen ❷ water of lucht in een bepaalde richting stromend ❸ heersende richting op het gebied van de politiek, de kunst enz.: ★ *politieke stromingen*
strom·pe·len *ww* [strompelde, h. & is gestrompeld] moeilijk lopen, enigszins struikelend gaan
strom·pe·lig *bn* moeilijk, onregelmatig lopend
stronk *de (m)* [-en] ❶ onderste deel van een boomstam, boomstomp ❷ hard stuk, vooral van koolplanten, waaruit bladeren spruiten
stront I *de (m)* plat ❶ uitwerpselen, poep ★ *in de ~ zitten* fig in zorgen, in moeilijkheden ★ *er is ~ aan de knikker* er dreigt iets, er zijn moeilijkheden ❷ ruzie, onenigheid: ★ *~ hebben, ~ maken* ; zie ook → **strontje II** als eerste lid in samenstellingen ❶ verachtelijk, nietswaardig: ★ *strontding, strontjongen, strontkerel* ❷ hevig, ernstig: ★ *strontziek, strontzat*
stron·ti·um [-sie(j)um] *het* chemisch element, symbool Sr, atoomnummer 38, een zilverwit, tamelijk zacht metaal, genoemd naar het Schotse dorp Strontian, waar een strontiumverbinding in de bodem aanwezig is ★ *strontium-90* een radioactieve isotoop van dit element
stront·je *het* [-s] zweertje aan een ooglid
stront·nat *bn* inf drijfnat
strooi·bil·jet *het* [-ten] reclamebladje dat op straat aan voorbijgangers gegeven wordt, folder, flyer
strooi·bus *de* [-sen] bus met gaatjes in het deksel
strooi·en[1] *ww* [strooide, h. gestrooid] ❶ al werpend verspreiden: ★ *pepernoten ~* ❷ uit een strooibus schudden: ★ *poedersuiker op een pannenkoek ~* ; zie ook bij → **zand**
strooi·en[2] *bn* van stro: ★ *een ~ hoed*
strooi·er *de (m)* [-s] voorwerp waarmee gestrooid kan worden, bijv. uit kleine openingen
strooi·sel *het* [-s] dat wat gestrooid wordt
strooi·wa·gen *de (m)* [-s] pekelwagen
strooi·wei·de *de* [-n, -s] BN ook terrein waar na de crematie de as van een overledene wordt uitgestrooid
strooi·zand *het* zand als strooisel
strooi·zout *het* zout op wegen gestrooid tegen de gladheid
strook *de* [stroken] ❶ dunne reep, smal stuk: ★ *een ~ land, papier* ❷ in plooien afhangende reep goed ❸ smalle plank
stroom *de (m)* [stromen] ❶ stromende vloeistof: ★ *een ~ benzine* ★ *de regen kwam bij stromen neer* het regende zeer hard ❷ rivier ❸ stromende

stroomafwaarts–strottenhoofd

elektriciteit: ★ *het apparaat staat onder ~* ❹ zich voortbewegende (mensen)menigte ★ *met de ~ meedrijven* fig de algemene neiging, richting enz. volgen; zie ook bij → **oproeien**

stroom·af·waarts *bijw bn* naar de monding van een rivier toe

stroom·di·a·gram *het* [-men] diagram waarin men d.m.v. bep. symbolen de volgorde van handelingen en beslissingen aangeeft

stroom·draad *de (m)* [-draden] ❶ lijn die de punten met de grootste stroomsnelheid in een rivier verbindt ❷ elektriciteitsdraad

stroom·ge·bied *het* [-en] gebied dat op een rivier of de zijrivieren daarvan afwatert

stroom·kaart *de* [-en] kaart waarop stroomsnelheid en -richting van een rivier(gedeelte) zijn aangegeven

stroom·kring *de (m)* [-en] kring waarin een elektrische stroom rondgaat

stroom·lijn *de* ⟨van een auto enz.⟩ zacht glooiende vorm om de luchtweerstand te verminderen

stroom·lij·nen *ww* [stroomlijnde, h. gestroomlijnd] ❶ stroomlijn geven, een zodanige vorm geven dat de luchtweerstand tot een minimum wordt beperkt ❷ ⟨fig bedrijf e.d.⟩ efficiënt laten functioneren

stroom·op·waarts *bijw bn* van de monding van een rivier af

stroom·prijs *de (m)* [-prijzen] prijs van elektrische stroom

stroom·sche·ma *het* ['s] schematische voorstelling van de verschillende fasen in een proces, van de verschillende stappen die tot de oplossing van een probleem leiden enz.

stroom·snel·heid *de (v)* [-heden] snelheid waarmee een vloeistof stroomt

stroom·sterk·te *de (v)* [-n, -s] per tijdseenheid door een leiding stromende hoeveelheid elektriciteit

stroom·stok *de (m)* [-ken] als verdedigingswapen gebruikte stok waarmee men iem. een hoeveelheid elektrische stroom toedient dat versuffing optreedt

stroom·ver·bruik *het* verbruik van elektrische stroom; **stroomverbruiker** *de (m)* [-s]

stroom·ver·de·ler *de (m)* [-s] → **verdeler**, bet 1

stroom·ver·snel·ling *de (v)* [-en] ❶ het sneller stromen van een rivier door groter verval, vernauwing van de bedding enz. ❷ fig plotselinge toeneming of versterking: ★ *in een ~ raken*

stroop *de* [stropen] dikke, zoete vloeistof: ★ *een pannenkoek met ~* ★ *iem. ~ om de mond smeren*, BN ook, spreektaal: *iem. ~ aan de baard smeren* iem. vleien

stroop·kan *de* [-nen] kan voor stroop

stroop·kwast *de (m)* [-en] ★ NN *met de ~ werken, de ~ hanteren* vleien, naar de mond praten

stroop·lik·ken *ww & het* vooral NN (het) vleien, slijmen, overdreven aardig doen; **strooplikker** *de (m)* [-s]; **strooplikkerij** *de (v)* [-en]

stroop·na·gel *de (m)* [-s] NN dwangnagel

stroop·pot *de (m)* [-ten] pot voor stroop; zie ook bij → **stroopkan**

stroop·sme·ren *ww & het* strooplikken; **stroopsmeerder** *de (m)* [-s]

stroop·tocht *de (m)* [-en] rooftocht

stroop·wa·fel *de* [-s] dubbele wafel met stroop ertussen

strootje[1] [*stro-tje*] *het* [-s] halmpje, riet ★ *~ trekken* loten door het kortste of het langste te laten trekken van een aantal strootjes (*of* bijv. lucifershoutjes) waarvan het ene uiteinde onzichtbaar is

strootje[2] [*stro-tje*] ⟨⟨Mal⟩ *het* [-s] NN, in Indonesië sigaret

strop *de* [-pen] ❶ lus van touw e.d. om iets op te hangen, op te hijsen of vast te snoeren ❷ vooral lus van touw als middel om iemand op te hangen (als straf): ★ *tot de ~ veroordelen* tot de dood door ophanging ★ *iem. de ~ omdoen* een voor iem. zeer ongunstige beslissing nemen; zie ook bij → **gehangene** ❸ fig tegenvaller: ★ *we hadden een enorme ~ aan die deal* ❹ NN stropdas ❺ BN, spreektaal strik om dieren te vangen

stro·pa·pier *het* papier waarin stro verwerkt is

strop·das *de* [-sen] smalle das die over een overhemd om de hals wordt gedragen

stro·pen *ww* [stroopte, h. gestroopt] ❶ wild, vis enz. roven, d.w.z. ongeoorloofd vangen of schieten ❷ aftrekken, afschuiven ★ *de mouwen omhoog ~* ❸ villen: ★ *een konijn ~*

stro·per *de (m)* [-s] ❶ iem. die stroopt (→ **stropen**, bet 1) ❷ deelnemer aan een strooptocht

stro·pe·rig *bn* ❶ stroopachtig, plakkerig en dik-vloeibaar ❷ fig poeslief, vleierig

stro·pe·rij *de (v)* [-en] het stropen, strooptocht

stro·pers *de* [-en] machine die stro tot blokken perst

stro·pop *de* [-pen] ❶ pop van stro ❷ stroman

strop·pen *ww* [stropte, h. gestropt] ❶ met een strop vastmaken ❷ ⟨een das⟩ strikken ❸ in een strop vangen

strop·pen·pot *de (m)* [-ten] stille financiële reserve van banken en andere bedrijven, waaruit onverwachte tegenslagen gedekt kunnen worden

strot *de* [-ten] ❶ inf keel ★ *iem. de ~ afsnijden* hem de keel afsnijden ★ *iem. de ~ dichtknijpen* iem. wurgen ★ *iem. naar de ~ vliegen* iem. agressief bij de keel grijpen ★ *dat hangt me de strot uit* ik heb er meer dan genoeg van ★ *iets niet door zijn ~ (kunnen) krijgen* iets bijzonder onsmakelijk vinden ★ *iets niet uit zijn ~ kunnen krijgen* iets niet kunnen zeggen (omdat het de spreker bijzonder tegenstaat) ❷ strottenhoofd

strot·klep *de* [-pen] kraakbeenklepje bovenop het strottenhoofd dat bij het slikken de luchtpijp afsluit, opdat er geen voedsel in komt

strot·ten·hoofd *het* [-en] door kraakbeenderen gevormde holte boven op de luchtpijp, waarin zich de stembanden bevinden

stro·vuur *het* ❶ vuur van stro: hevig, maar kort brandend ❷ fig iets wat hevig, doch kort van duur is

stro·zak *de (m)* [-ken] met stro gevulde zak als matras

strub·be·lin·gen *mv* geharrewar, onenigheid, problemen met mensen

struc·tu·ra·lis·me (‹Fr) *het* analytische methode die van een gegeven object de formele en de inhoudelijke organisatie in hun onderlinge samenhang onderzoekt, welke methode veel ingang heeft gevonden in de taalkunde en de volkenkunde

struc·tu·ra·list (‹Fr) *de (m)* [-en] wetenschapsman die volgens het structuralisme werkt

struc·tu·ra·lis·tisch *bn* van, volgens het structuralisme

struc·tu·reel (‹Fr) *bn* de structuur betreffend of daaruit voortkomend, niet toevallig of incidenteel: ★ *structurele tekortkomingen* ★ *structurele werkeloosheid* die voortvloeit uit veranderingen in het economisch leven of in de opbouw van de maatschappij ★ *structurele taalkunde* wetenschap van de taalsystemen

struc·tu·re·ren *ww* (‹Fr) [structureerde, h. gestructureerd] een structuur, een geordende samenhang geven

struc·tuur (‹Fr‹Lat) *de (v)* [-turen] ❶ inwendige bouw; wijze waarop een massa uit deeltjes of lagen is opgebouwd ❷ wijze van samenstelling van een abstract geheel (een onderneming, de maatschappij, een verhaal enz.)

struc·tuur·for·mu·le *de* [-s] formule waaruit de onderlinge binding van de atomen in een molecuul is op te maken

struc·tuur·plan *het* [-nen] ❶ ontwerp voor aanleg en uitbreiding van een stad, gebied e.d. ❷ ontwerp voor inrichting van een bedrijf of activiteit

struc·tuur·verf *de* [-verven] muurverf met een korrelige structuur die een oneffen muuroppervlak bewerkstelligt

strug·gle [strʌɣəl] (‹Eng) *de (m)* worsteling, strijd ★ ~ *for life* strijd om het bestaan, leven

struif *de* [struiven] NN uitgestorte inhoud van een ei *of* eieren

struik *de (m)* [-en] ❶ grote plant zonder stam, die zich van de grond af vertakt in houtachtige stengels ❷ krop: ★ *drie struiken andijvie*

strui·kel·blok *het* [-ken] fig beletsel, iets wat bezwaren veroorzaakt

strui·ke·len *ww* [struikelde, h. & is gestruikeld] ❶ (bijna) vallen over iets wat in de weg ligt: ★ *over de stoeprand* ~ ★ *je struikelt er over de kangoeroes* er zijn kangoeroes in overvloed ❷ fig niet in het goede spoor blijven, een misstap doen ❸ (bijna) niet slagen, (dreigen te) mislukken ★ *over zijn eigen woorden* ~ gaan haspelen door te gehaast te willen spreken ❹ ten val komen: ★ *de regering is over die kwestie gestruikeld*

strui·kel·steen *de (m)* [-stenen] BN ook struikelblok,

verhindering, belemmering

struik·ge·was *het* ❶ grote hoeveelheid door elkaar groeiende struiken ❷ [*mv:* -sen] in een struik groeiende plant

struik·hei, **struik·hei·de** *de* de gewone heideplant met roze of paarse bloempjes (*Calluna vulgaris*)

struik·roos *de* [-rozen] in struikvorm groeiende roos

struik·ro·ver *de (m)* [-s] vroeger rover die buiten de steden reizigers uitschudde

strui·nen *ww* [struinde, h. gestruind] vooral NN zoekend rondgaan *of* rondkijken om mogelijk iets te vinden dat men zou willen hebben

struis[1] *de (m)* [-en] struisvogel

struis[2] *bn* kloek, zwaargebouwd, krachtig, stevig, flink: ★ *een struise vrouw*

struis·gras *het* grassoort met uitgespreide, veelal violette pluimen (*Agrostis*)

struis·riet *het* rietsoort met uitgespreide pluimen (*Calamagrostis*)

struis·veer *de* [-veren] veer van een struisvogel

struis·vo·gel *de (m)* [-s] ❶ grote loopvogel uit Midden-Afrika (*Struthio camelus*) ❷ persoon die zich blind houdt voor dreigend gevaar, te verwachten moeilijkheden enz.

struis·vo·gel·po·li·tiek *de (v)* het zich blind houden voor gevaren of gevaar opleverende toestanden

stru·ma (‹Lat) *de (m) & het* med kropgezwel, vergroting van de schildklier

stru·weel *het* [-welen] struikgewas

strych·ni·ne [strig-] (‹Fr‹Gr) *de & het* sterk vergif uit braaknoten (*Strychnos nux-vomica*)

stuc [stuuk] (‹Fr‹It) *het* pleisterkalk, gipspleister waarmee versieringen op muren of plafonds worden aangebracht

stuc·werk [stuuk-] *het* ❶ in stuc uitgevoerd werk ❷ stukadoorswerk

stu·dax *de (m)* [-en] BN ook studiehoofd, boekenwurm

stu·deer·ka·mer *de* [-s], **stu·deer·ver·trek** *het* [-ken] kamer ingericht om te studeren

stu·dent (‹Lat) *de (m)* [-en], **stu·den·te** *de (v)* [-n; *ook* -s] iem. die studeert (vooral aan een universiteit, hogeschool of hogere beroepsopleiding)

stu·den·ten·corps [-kòr] *het* [-corpora] studentenvereniging waarvan de leden graag de oude tradities van het studentenleven in ere willen houden of willen herstellen

stu·den·ten·de·caan *de (m)* [-canen] vooral NN universitair vertrouwenspersoon die studenten raad geeft en voorlicht in studieaangelegenheden en persoonlijke moeilijkheden

stu·den·ten·flat [-flet] *de (m)* [-s] flatgebouw met uitsluitend kamers voor studenten

stu·den·ten·ha·ver *de* gemengde noten met rozijnen erdoorheen

stu·den·ten·huis *het* [-huizen] huis met uitsluitend kamers voor studenten

stu·den·ten·kaart *de* [-en] kaart met pasfoto en enkele persoonsgegevens, als bewijs dat men

ingeschreven is bij een universiteit of hogeschool
stu·den·ten·ka·mer *de* [-s] voor studenten ingerichte kamer
stu·den·ten·le·ven *het* leefwijze van studenten
stu·den·ten·pas·tor *de (m)* [-pastores] rooms-katholiek of protestants geestelijke die onder studenten werkzaam is
stu·den·ten·so·ci·ë·teit [-soosjə-] *de (v)* [-en] NN sociëteit voor studenten
stu·den·ten·stop *de (m)* [-s] beperking van het aantal tot een universiteit of hogeschool toe te laten studenten
stu·den·ten·taal *de* omgangstaal van studenten
stu·den·ten·tijd *de (m)* tijd dat iem. student is
stu·den·ten·ver·e·ni·ging *de (v)* [-en] vereniging van studenten
stu·den·ten·weer·baar·heid *de (v)* NN vereniging van studenten die zich oefenen in het gebruik van wapens
stu·den·ti·koos *bn* als van studenten, studentachtig
stu·de·ren *ww (‹Lat)* [studeerde, h. gestudeerd] ❶ leren: ★ *ik heb de hele avond woordjes gestudeerd* ❷ zich oefenen in het bespelen van een muziekinstrument ❸ colleges volgen aan een universiteit of aan een hogere beroepsopleiding: ★ *psychologie ~*
stu·die *(‹Lat) de (v)* [-s *en* -diën] ❶ beoefening van een vak van wetenschap of kunst om het zich eigen te maken: ★ *een ~ beginnen* ★ *een ~ van iets maken* iets uitvoerig bestuderen ★ BN, form *ergens zijn studies doen* ergens op school zitten, studeren ❷ praktische oefening in de muziek; muziekstuk voor oefening, etude ❸ geschrift waarin de resultaten zijn neergelegd van een wetenschappelijk onderzoek: ★ *een ~ publiceren* ❹ tekening of schilderij gemaakt om zich te oefenen *of* als voorbereiding voor het definitieve stuk ❺ aandacht, bijzondere opmerkzaamheid
stu·die·adres *het* [-sen] adres van een student die niet in het ouderlijk huis woont
stu·die·beurs *de* [-beurzen] door de staat, een bepaalde instelling of een particulier verleende toelage om een studie te bekostigen, stipendium
stu·die·boek *het* [-en] leerboek
stu·die·bu·reau *het* [-s] BN ook adviesbureau
stu·die·dienst *de (m)* BN ‹in een bedrijf, organisatie› afdeling belast met het onderzoek van de eigen problemen
stu·die·fi·nan·cie·ring *de (v)* wijze waarop iem. zijn studie financiert (door een beurs, renteloos voorschot, lening e.d.)
stu·die·fonds *het* [-en] fonds waaruit toelagen voor studerenden enz. betaald worden
stu·die·geest *de (m)* neiging tot studie
stu·die·ge·noot *de (m)* [-genoten] iem. met wie men eenzelfde studie volgt of gevolgd heeft
stu·die·groep *de* [-en] groep van mensen die gezamenlijk studie maakt van een bepaald onderwerp
stu·die·hoofd *het* verstand geschikt voor studie: ★ *geen ~ hebben*
stu·die·huis *het* in Nederland onderwijsvorm in de hoogste klassen van het vwo en de havo, waarbij leerlingen zelfstandig het studieprogramma moeten afwerken, daarbij desgewenst geassisteerd door leerkrachten
stu·die·jaar *het* [-jaren] ❶ jaar dat men studeert ❷ BN ook, spreektaal leerjaar, schooljaar
stu·die·kop *de (m)* [-pen] kop als → **studie** (bet 4) door een tekenaar of schilder gemaakt
stu·die·kos·ten *mv* kosten van een studie
stu·die·lei·der *de (m)* [-s] vooral NN iem. die studenten leiding geeft bij hun studie
stu·die·les *de* [-sen] les waarin men leert hoe te studeren
stu·die·loon *het* door sommigen voorgesteld, van rijkswege uit te keren loon aan studenten
stu·die·mees·ter *de (m)* [-s], **stu·die·mees·te·res** *de (v)* [-sen] BN ook persoon die toezicht houdt op de leerlingen tijdens de pauzes, in de studiezaal e.d., veelal ook belast met administratieve werkzaamheden, surveillant
stu·die·pre·fect *de (m)* [-en] BN ❶ directeur van een atheneum of lyceum, prefect ❷ ‹in colleges› persoon die toeziet op orde en tucht, prefect
stu·die·punt *het* [-en] punt als honorering voor een met goed resultaat afgesloten studieonderdeel: ★ *voor voltooiing van een studie heb je een bepaald aantal ~en nodig*
stu·die·reis *de* [-reizen] reis voor een studie elders, vooral in het buitenland
stu·die·rich·ting *de (v)* [-en] vakgebied binnen een studie waarop men kan afstuderen
stu·die·tijd *de (m)* ❶ tijd die men voor een studie nodig heeft ❷ tijd dat men studeert
stu·die·toe·la·ge *de* [-n] studiebeurs of renteloos voorschot voor studiekosten
stu·di·eus *(‹Fr‹Lat) bn* graag studerend: ★ *studieuze leerlingen*
stu·die·uur *het* [-uren] uur waarin een leraar de leerlingen moet leren 'studeren'
stu·die·vak *het* [-ken] → **vak** (bet 4)
stu·die·veld *het* [-en] gebied van studie
stu·die·ver·lof *het* [-loven] tijdelijke vrijstelling van werkzaamheden om te kunnen studeren
stu·die·zaal *de* [-zalen] zaal, vooral in een bibliotheek, waar men rustig kan studeren
stu·die·zin *de (m)* studiegeest
stu·dio *(‹It‹Lat) de (m)* ['s] ❶ atelier, werkkamer van een beeldend kunstenaar ❷ zaal voor radio- of televisie-uitzendingen ❸ ruimte waar speelfilms worden opgenomen ❹ eenkamerflat, vrijgezellenflat; eengezinsflat; *ook* tweekamerflat
stu·dio·groep *de* [-en] popgroep die zich specialiseert in het maken van studio-opnames en dus niet of weinig live optreedt

stu·di·um ge·ne·ra·le *(‹Lat) het* niet verplichte reeks voorlezingen van algemene aard aan universiteiten, voor alle studenten

studs *(‹Eng) mv* BN, sp noppen (onder de zool van sportschoenen of voetbalschoenen)

stuf *het* vlakgom

stuff *(‹Eng) de (m) slang* hasj of marihuana

stuf·fen *ww* [stufte, h. gestuft] met vlakgom uitwrijven

stug *bn* ❶ onbuigzaam, niet gemakkelijk te bewerken: ★ ~ *materiaal* ❷ onvriendelijk, niet toeschietelijk: ★ *een stugge portier* ❸ NN zonder ophouden, energiek: ★ ~ *doorwerken* ❹ NN bijna ongelooflijk: ★ *stugge verhalen* ★ *dat lijkt me ~!* ❺ handel niet vlot, traag; **stugheid** *de (v)*

stuif·la·wi·ne *de (v)* [-s, -n] lawine van fijne sneeuw

stuif·meel *het* mannelijke voortplantingscellen bij planten, gevormd in de helmhokjes van de meeldraden

stuif·sneeuw *de* door de wind weggeblazen sneeuw

stuif·zand *het* zeer fijn zand

stuif·zwam *de* [-men] *biol* zwam waarvan de sporen opstuiven (geslachten *Lycoperdon* en *Calvatia*)

stui·ken *ww* [stuikte, is gestuikt] BN neerstorten, neervallen, neergeworpen worden; voorovervallen ★ *in mekaar, elkaar, twee ~* in elkaar zakken

stuip *de* [-en] soort krampachtige samentrekking van spieren, vooral bij kleine kinderen ★ *iem. de stuipen op het lijf jagen* iem. erg bang maken ★ *zich een ~ lachen of in een ~ liggen* heel erg lachen

stuip·trek·ken *ww & het* (het) onwillekeurige spiersamentrekkingen hebben

stuip·trek·king *de (v)* [-en] spiersamentrekking, vooral bij een stervende

stuit¹ *de* [-en] stuitbeen

stuit² *de (m)* [-en] het stuiten; krachtige stoot

stuit·been *het* [-deren, -benen] staartbeen, onderste uiteinde van de wervelkolom

stui·ten *ww* [stuitte, h. & is gestuit] ❶ tegenhouden: ★ *iemand in zijn vaart ~* ★ *niet te ~ zijn* overijverig te werk gaan ❷ tegengehouden worden door: ★ *op verzet ~* ❸ botsen: ★ *het stuit me tegen de borst* fig het wekt mijn weerzin, het hindert me ❹ ‹van een bal› de grond, de muur e.d. raken en terugkaatsen ❺ doen → **stuiten** (bet 4) ❻ toevallig vinden of tegenkomen: ★ *de archeologen stuitten op een fraaie vaas*

stui·tend *bn* ergerlijk, weerzinwekkend: ★ ~ *taalgebruik*

stui·ter *de (m)* [-s] grote knikker

stui·ter·bal *de (m)* [-len], **stui·ter·bal·le·tje** *het* [-s] klein rubberen balletje met een groot vermogen tot stuiteren

stui·te·ren *ww* [stuiterde, h. gestuiterd] ❶ ‹van een bal› een oppervlak (bijv. de grond, een muur) raken en terugkaatsen, stuiten ❷ knikkeren met stuiters

stui·ting *de (v)* het tegenhouden, beletten

stuit·je *het* [-s] stuitbeen

stuit·lig·ging *de (v)* ‹bij bevalling› zodanige ligging van het kind in de moederbuik dat de → **stuit¹** eerst naar buiten komt

stui·ven *ww* [stoof, h. & is gestoven] ❶ ‹van stof enz.› waaien ★ BN, spreektaal *het zal er ~* het zal er heftig aan toegaan; hij zal een uitbrander, een pak slaag enz. krijgen ❷ snel rennen: ★ *de kinderen stoven naar binnen* ❸ fijn stof afgeven

stui·ver *de (m)* [-s] ❶ munt ter waarde van vijf cent ❷ bedrag van vijf cent ★ *geen ~* helemaal geen geld

stui·vers·ro·man *de (m)* [-s] driestuiversroman, goedkope roman met weinig literaire diepgang

stui·ver·tje·wis·se·len *ww & het* NN ❶ kinderspel (het) boompje verwisselen ❷ fig (het) met een ander verwisselen van plaats

stuk I *het* [-ken, 2 *ook* -s] ❶ gedeelte, brok ★ *een ~ met iem.* meelopen een eind ★ *een ~ groter, duurder e.d. zijn* veel groter, duurder e.d. zijn ★ *aan één ~ (door)* zonder ophouden, zonder tussenruimte, geheel aaneen ★ *een ~ in een jas zetten* een lap ★ *stukje bij beetje* langzaam aan ★ *op geen stukken na* nog lang niet ★ *een kerel uit één ~* iemand met een sterk karakter ★ *een ~ informatie* een bep. hoeveelheid ★ BN, spreektaal *stukken van mensen kosten* heel veel kosten ★ BN ook *een ~ in de nacht* tot in de vroege uurtjes ; zie ook bij → **brok**, → **kraag**, → **lik¹** ❷ eenheid, exemplaar: ★ *20 stuks* ★ *een ~ of zes* ongeveer zes ★ ~ *voor ~* ieder afzonderlijk ★ *een ~ geschut* kanon ★ *op ~ werken* waarbij het loon bepaald wordt door het aantal exemplaren dat men aflevert ❸ gestalte, formaat: ★ *klein van ~* ❹ een mooi jong persoon: ★ *een lekker ~* ❺ elk van de speelstukken van een schaakspel: ★ *de stukken op het bord zetten;* vooral *een loper of paard:* ★ *hij staat een ~ achter* ❻ onderneming: ★ *een stout stukje* ❼ toneelstuk, muziekstuk, kunstwerk, artikel: ★ *een ~ van Becket* ★ *een stuk(je) in de krant zetten* ❽ onderwerp; mening; beheersing: ★ *iem. van zijn ~ brengen* ★ *voet bij ~ houden* volharden in zijn eisen of overtuiging ★ *van zijn ~ raken* ★ fig *op zijn ~ blijven staan* volharden ★ BN, spreektaal *zeker van je ~ zijn* zelfverzekerd zijn zie ook bij → **overtuiging** ❾ geschrift, bewijsstuk, diploma enz.: ★ *de ingekomen stukken* ❿ klaverjassen heer en vrouw van troef in één slag op tafel of bij één speler in de hand: ★ *de waarde van ~ is 20 roem* ⓫ BN reserveonderdeel (van een auto e.d.) **II** *bn* kapot: ★ *de televisie is ~* ★ NN ~ *zijn van iets* a) verrukt zijn van; b) heel verdrietig of teleurgesteld zijn ★ *dat kan niet meer ~* gezegd als iets succesvol is

stu·ka·door *(‹Sp) de (m)* [-s] iem. die voor zijn beroep pleisterwerk verricht

stu·ka·do·ren *ww* [stukadoorde, h. gestukadoord] muren bepleisteren met een gipsmengsel

stuk·bre·ken *ww* [brak stuk, h. & is stukgebroken] ❶ brekend stukmaken ❷ door breken stukgaan

stu·ken *ww* [stuukte, h. gestuukt] stukwerk verrichten

stuk·gaan *ww* [ging stuk, is stukgegaan] kapotgaan

stuk·goed *het*, **stuk·goe·de·ren** *mv* goederen waarvoor de vracht per stuk of per kist, baal enz. wordt berekend

stuk·gooi·en *ww* [gooide stuk, h. stukgegooid] kapotgooien

stuk·je *het* [-s] zie bij → **stuk**

stuk·jes·schrij·ver *de (m)* [-s] columnist

stuk·loon *het* loon berekend per afgewerkt stuk of geproduceerde eenheid, niet per tijdseenheid

stuk·lo·pen *ww* [liep stuk, h. & is stukgelopen] ❶ ‹schoenen› door lopen stukmaken ❷ mislukken, slecht aflopen

stuk·ma·ken *ww* [maakte stuk, h. stukgemaakt] kapotmaken

stuks·ge·wijs, **stuks·ge·wij·ze** *bn* ❶ stuk voor stuk ❷ bij gedeelten

stuk·slaan *ww* [sloeg stuk, h. & is stukgeslagen] ❶ door slaan stukmaken ★ NN *geld ~ opmaken* ❷ door een val of stoot stukgaan

stuk·val·len *ww* [viel stuk, is stukgevallen] in stukken vallen

stuk·werk *het* werk dat een werknemer op stukloon levert

stuk·wer·ker *de (m)* [-s] werknemer die stukwerk verricht

stulp *de* [-en] ❶ hut ❷ armelijk verblijf

stul·pen *ww* [stulpte, h. gestulpt] ★ *naar buiten ~* door een kleine opening naar buiten bollen

stum·per *de (m)* [-s] beklagenswaardig persoon

stum·pe·rig *bn* ❶ beklagenswaardig ❷ gebrekkig, onhandig, van onvoldoende kennen of kunnen blijk gevend; **stumperigheid** *de (v)*

stunt *(‹Eng) de (m)* [-s] ❶ bijzondere prestatie, kunststuk, vooral waaraan gevaar is verbonden ❷ opvallende daad *(vgl: → **reclamestunt** e.d.):* ★ *een ~ uithalen*

stun·te·len *ww* [stuntelde, h. gestunteld] onhandig te werk gaan

stun·te·lig *bn* onhandig, niet vlot, gebrekkig; **stunteligheid** *de (v)*

stun·ten *ww* (‹Eng) [stuntte, h. gestunt] een stunt of stunts uithalen

stunt·man *de (m)* [-nen] iem. die een stunt uithaalt, vooral iem. die gevaarlijke toeren moet verrichten voor een film

stunt·prijs *de (m)* [-prijzen] onwaarschijnlijk lage prijs

stunt·vlie·ger *de (m)* [-s] iem. die gevaarlijke toeren maakt met een vliegtuig

stunt·werk *het* gevaarlijke verrichting

stu·pé·fait [-fè] *(‹Fr‹Lat) bn* stomverbaasd

stu·pi·de *(‹Fr‹Lat) bn* dom, bot, stompzinnig

stu·pi·di·teit *(‹Fr) de (v)* ❶ domheid, botheid, stompheid ❷ [*mv*: -en] domme streek

stu·ren *ww* [stuurde, h. gestuurd] ❶ een bepaalde richting doen volgen: ★ *een auto ~* ★ *de boel in de war ~* maken dat er verwarring ontstaat ❷ zenden: ★ *iem. een pakje ~* ★ *iem. naar huis ~* a) ervoor zorgen dat iem. naar huis gaat; b) fig ontslaan

Sturm·ab·tei·lung [sjtoermaptailoeng] *(‹Du) de (v)* stormafdeling (SA), gewapende terreurorganisatie van de NSDAP, de nazipartij in Duitsland ten tijde van Hitler

sturm-und-drang [sjtoermoend-] *(‹Du) de (m)* stijlperiode in de Duitse letterkunde eind 18de eeuw, naar de naam van een drama van de Duitse schrijver Friedrich M. Klinger uit 1777 ★ *sturm-und-drangperiode* fig overgangstijdperk dat zich kenmerkt door veel strijd en worsteling

stut *de (m)* [-ten] ❶ steun ❷ steunpaal

stut·balk *de (m)* [-en] (schuin opstaande) steunbalk

stut·ten *ww* [stutte, h. gestut] steunen, ergens pilaren onder zetten: ★ *een mijngang ~*

stuud·je *het* [-s] NN, smalend weinig vlotte scholier die veel studeert

stuur¹ *het* [sturen] voorwerp waarmee men een voer-, vaar- of vliegtuig stuurt, stuurinrichting, stuurrad, stuurstang ★ *aan het ~ staan, zitten* fig de leiding hebben ★ *het ~ kwijt zijn* fig geen richting aan zijn leven meer weten te geven

stuur² *de (m)* inf benaming voor stuurman

stuur·be·krach·ti·ging *de (v)* auto mechanische versterking van de stuurbeweging (zodat de bestuurder minder kracht hoeft te gebruiken)

stuur·boord *het* rechterzijde van een schip, als men naar de voorsteven kijkt; *tegengest:* → **bakboord**

stuur·groep *de* [-en] groep personen, benoemd door de betrokkenen bij een zaak of bedrijf, die zoekt naar de richting waarin gewerkt moet worden en daarop controle uitoefent

stuur·huis *het* [-huizen, vaak verkl], **stuur·huis·je** *het* [-s] ❶ ‹van een hijskraan› hokje voor de bestuurder ❷ ‹van een schip› stuurhut

stuur·hut *de* [-ten] ❶ ‹van een schip› hokje voor de stuurman ❷ ‹van een vliegtuig› cockpit

stuur·in·rich·ting *de (v)* [-en] inrichting om een voertuig, vaartuig enz. te sturen

stuur·ka·bel *de (m)* [-s] kabel die de bewegingen van de stuurinrichting overbrengt

stuur·knup·pel *de (m)* [-s] vliegtuig stuurstang

stuur·loos *bn* zonder leiding of richting: ★ *het schip dreef ~ in de branding* ★ fig *die partij ging ~ de verkiezingen in*

stuur·man *de (m)* [-lui, -lieden] ❶ iem. die een schip bestuurt ❷ scheepsofficier belast met het toezicht op het sturen van een schip ★ *eerste, tweede, derde ~* verschillende rangen ★ *de beste stuurlui staan aan wal* toekijkers weten het altijd beter

stuur·man·schap *het* ❶ het stuurman zijn ❷ fig beleid

stuur·mans·kunst *de (v)* ❶ vaardigheid om een schip te sturen ❷ fig voorzichtig beleid

stuur·pen *de* [-nen] staartpen bij vogels

stuur·rad *het* [-raderen] wiel waarmee een stuurinrichting bediend wordt

stuurs *bn* onvriendelijk, nors: ★ *stuurse gezichten*; **stuursheid** *de (v)*

stuur·slot *het* [-sloten] ⟨van auto, fiets⟩ slot waarmee het stuur vastgezet kan worden
stuur·stang *de* [-en] ❶ stang van een stuur ❷ stuur van een vliegtuig
stuur·stoel *de (m)* [-en] zitplaats voor een stuurman of bestuurder
stuur·stok *de (m)* [-ken] scheepv stok aan het roer
stuw *de (m)* [-en] dam in stromend water om de stroomsnelheid te regelen en het water op een bepaalde hoogte te houden
stu·wa·door *(⟨Sp⟩ de (m))* [-s] iem. die, resp. bedrijf dat zijn werk maakt van het deskundig laden en lossen van zeeschepen
stu·wa·ge, stou·wa·ge [-zjə] *de (v)* het oordeelkundig stouwen van goederen in scheepsruimen
stuw·bek·ken *het* [-s] → **stuwmeer** (bet 1)
stuw·dam *de (m)* [-men] stuw
stu·wen *ww* [stuwde, h. gestuwd] ❶ opeenduwen, voortduwen ❷ oordeelkundig laden in een scheepsruim of wagen ❸ met een stuw de stroom belemmeren
stu·wer *de (m)* [-s] havenarbeider die stuwt (→ **stuwen**, bet 2)
stu·wing *de (v)* [-en] ❶ het → **stuwen** (bet 1) ❷ fig stuwkracht ❸ med opeenhoping van vloeistof (bloed, melk) ergens in het lichaam
stuw·kracht *de* stuwende kracht, vooral fig vermogen om iets door te zetten en daartoe anderen aan te sporen
stuw·meer *het* [-meren] ❶ grote hoeveelheid water vóór een stuwdam ❷ NN, fig grote hoeveelheid opgespaarde zaken: ★ *verlofstuwmeer; het ~ van niet uitgegeven ontwikkelingsgelden*
stuw·sluis *de* [-sluizen] sluis die de waterstand bij een stuw regelt
sty·liet [stie-] *(⟨Gr⟩ de (m))* [-en] pilaarheilige
styl·ing [stailing] *(⟨Eng⟩ de (v))* vormgeving, het modelleren, ontwerpen van etalages e.d.
sty·lo [stieloo] *(⟨Fr⟨Lat⟩ de (m))* ['s] BN, spreektaal balpen
SU *afk* Sovjet-Unie [hist Unie van Socialistische Sovjetrepublieken]
su·a·tie·ka·naal [-(t)sie-] *het* [-nalen] vooral NN uitwateringskanaal
su·a·tie·sluis [-(t)sie-] *de* [-sluizen] vooral NN uitwateringssluis
sub *(⟨Lat⟩)* **I** *vz* onder ★ *~ artikel 2* (genoemd, gesteld) onder dat artikel **II** *als eerste lid in samenstellingen* ter aanduiding van ondergeschiktheid, lagere rang, zoals in → **subcommissie** e.d.
sub·af·de·ling *de (v)* [-en] onderafdeling
sub·al·tern *(⟨Fr⟨Lat⟩ bn)* ondergeschikt ★ *~ officier* officier beneden de rang van majoor (luitenant of kapitein (ritmeester), luitenant-ter-zee 3de, 2de en 1ste klasse)
sub·ato·mair [-mèr] *bn* beneden de grootte van atomen liggend: ★ *elektronen en neutronen zijn subatomaire deeltjes*
sub·com·mis·sie *de (v)* [-s] commissie die als afdeling van een grotere is gevormd
sub·con·ti·nent *het* [-en] zeer groot deel van een vasteland dat als een werelddeel van lagere orde beschouwd kan worden, zoals India ten opzichte van Azië
sub·cul·tuur *de (v)* [-turen] door een relatief kleine groep aangehangen wijze van leven met normen die los staan van en soms indruisen tegen die van de heersende cultuur
sub·cu·taan *(⟨Lat⟩ bn)* onderhuids: ★ *een subcutane injectie*
sub·di·a·ken *de (m)* [-s] RK geestelijke, die de laagste van de drie hogere wijdingen heeft ontvangen
sub·di·rec·to·ry [-dairektəri] *(⟨Eng⟩ de* ['s] ⟨comput in DOS en Unix / Linux⟩ directory die hiërarchisch onder een andere directory ligt
sub·di·vi·sie [-zie] *(⟨Lat⟩ de (v))* [-s] onderafdeling
sub·fa·cul·teit *de (v)* [-en] onderdeel van een → **faculteit** (bet 1)
sub·hoofd *het* [-en] NN ❶ leider van een onderafdeling ❷ plaatsvervangend hoofd
su·biet *(⟨Fr⟨Lat⟩ bijw)* ❶ plotseling, eensklaps ❷ dadelijk, op staande voet ❸ NN beslist: ★ *ik heb ~ gelijk* ★ *Milan wint ~*
sub·ject *(⟨Lat⟩ het)* [-en] ❶ (taalk ook: *subject*) onderwerp; handelende persoon ❷ persoon of het 'ik' in tegenstelling met het object, de zaak buiten het 'ik' of de buitenwereld
sub·jec·tief, sub·jec·tief *(⟨Fr⟨Lat⟩ bn)* ❶ tot één individu behorend, betrekking hebbend op, uitgaande van, behorende tot het beschouwende ik ❷ bevooroordeeld, partijdig: ★ *de scheidsrechter was heel ~* ★ *een subjectieve beslissing*
sub·jec·ti·vis·me *(⟨Fr⟩ het)* ❶ leer of theorie volgens welke wij alleen kunnen kennen wat wij ons als subject bewust zijn ❷ persoonlijke opvatting
sub·jec·ti·vi·teit *(⟨Fr⟩ de (v))* het subjectief-zijn; beschouwing van een zaak uitsluitend vanuit het eigen persoonlijk standpunt
sub ju·di·ce *bijw* *(⟨Lat⟩)* onder de rechter, hangende, nog onbeslist
sub·junc·tief, sub·junc·tief *(⟨Lat⟩)* **I** *de (m)* [-tieven] ❶ aanvoegende wijs ❷ van de werkwoorden **II** *bn* aanvoegend
su·bliem *(⟨Fr⟨Lat⟩ bn)* ❶ de schoonheid in haar hoogste vorm of graad vertonend, schitterend: ★ *een sublieme film* ❷ geweldig, groots: ★ *een sublieme prestatie*
su·bli·maat *(⟨Lat⟩ het)* [-maten] ❶ product van sublimering ❷ kwikchloride, een uitwendig, giftig ontsmettingsmiddel
su·bli·ma·tie [-(t)sie] *(⟨Lat⟩ de (v))* [-s] ❶ het sublimeren of gesublimeerd-worden, vooral van lagere driften tot door de geest beheerst gedrag ❷ nat het direct overgaan of overbrengen van de vaste in de damptoestand of omgekeerd
su·bli·me·ren *(⟨Lat⟩ ww)* [sublimeerde, h. & is gesublimeerd] ❶ naar een hoger niveau opheffen

subliminaal–succes

❷ *psych* onderbewust aanwezige of bewust geworden verlangens, driften en neigingen op hoger peil brengen: ★ *hij sublimeerde zijn agressie door op karate te gaan* ❸ uit de vaste toestand direct in damptoestand overgaan of omgekeerd;
sublimering *de (v)*
sub·li·mi·naal *bn* buiten het bewust waarneembare
sub·mis·sie *(‹Lat) de (v)* ❶ onderdanigheid ❷ onderwerping
sub·na·tio·na·li·teit [-(t)sjoo-] *de (v)* [-en] BN ondergeschikte nationaliteit t.a.v. de Belgische, te weten de Vlaamse, Waalse of Duitse
sub·or·de *de* [-n, -s] biol onderorde, onderverdeling van een orde
sub·or·di·na·tie [-(t)sie] *(‹Lat) de (v)* ❶ ondergeschiktheid, vooral die van een militair ten opzichte van zijn meerdere ❷ taalk onderschikking
sub·ro·ga·tie [-(t)sie] *(‹Fr‹Lat) de (v)* [-s] het in-de-plaats-stellen, plaatsvervanging
sub·ro·ge·ren *ww (‹Fr‹Lat)* [subrogeerde, h. gesubrogeerd] in de plaats stellen of treden
sub ro·sa *bijw* [-zaa] *(‹Lat)* onder de roos, in het geheim, in vertrouwen (de roos was bij de Romeinen zinnebeeld van vertrouwen)
sub·rou·ti·ne [-roe-] *(‹Eng) de (v)* [-s] comput programma dat een bep. bewerking uitvoert waarvan bij de uitvoering van het hoofdprogramma herhaaldelijk gebruik kan worden gemaakt
subs. *afk* subsidiair
sub·si·di·a·bel *bn* in aanmerking kunnende komen voor subsidie
sub·si·di·air [-èr] *(‹Fr‹Lat) bn* vervangend, zo nodig te vervangen door: ★ *vijfhonderd euro boete, ~ drie dagen hechtenis* ★ *subsidiaire hechtenis* hechtenis in plaats van een boete ★ *subsidiaire hypotheek* nadere pandstelling bij ontoereikendheid van de eerste
sub·si·di·a·ri·teits·be·gin·sel *het* beginsel dat hogere instanties niet iets moeten doen wat door lagere instanties kan worden afgehandeld
sub·si·die *(‹Fr‹Lat) de (v) & het* [-s] ondersteuning, geldelijke bijstand, steungeld, toelage, vooral van de overheid aan particuliere activiteit
sub·si·di·ënt *de (m)* [-en] iem. die subsidie verleent; subsidie verlenend lichaam
sub·si·di·ë·ren *ww* [subsidieerde, h. gesubsidieerd] subsidie verlenen aan, geldelijk steunen
sub·so·nisch *bn* zich langzamer verplaatsend dan het geluid
sub·stan·tie [-sie] *(‹Lat) de (v)* [-s] ❶ stof waaruit iets bestaat, grondstof, materie ❷ wezenlijke inhoud, hoofdbestanddeel van een zaak
sub·stan·tieel [-sjeel] *(‹Fr‹Lat) bn* ❶ zelfstandig; op zichzelf bestaand ❷ belangrijk, wezenlijk: ★ *substantiële hulp verlenen*
sub·stan·tief, **sub·stan·tief** *(‹Lat)* I *bn* zelfstandig II *het* [-tieven] taalk zelfstandig naamwoord
sub·stan·ti·ve·ren *ww (‹Fr)* [substantiveerde, h. gesubstantiveerd] tot een substantief maken;
substantivering *de (v)* [-en]
sub·stan·ti·visch *bn* als, met de betekenis of met de functie van een substantief
sub·sti·tu·e·ren *ww (‹Fr‹Lat)* [substitueerde, h. gesubstitueerd] in de plaats stellen of treden van; vervangen
sub·sti·tu·tie [-(t)sie] *(‹Fr‹Lat) de (v)* [-s] plaatsvervanging, in-de-plaatsstelling
sub·sti·tu·tio·neel [-(t)sjoo-] *bn* bij wijze van substitutie, plaatsvervangend
sub·sti·tuut *(‹Fr)* I *de (m)* [-tuten] plaatsbekleder, toegevoegd bekleder van een ambt, vooral als verkorting van → **substituut-officier** of (BN) → **substituut-procureur** II *het* dat wat iets anders vervangt
sub·sti·tuut-grif·fier *de (m)* [-s] NN ondergeschikt, plaatsvervangend griffier
sub·sti·tuut-of·fi·cier *de (m)* [-en] NN plaatsvervangend officier van justitie
sub·sti·tuut-pro·cu·reur *de (m)* [-s] BN ondergeschikt procureur, bevoegd om deze te vervangen, substituut-officier (van justitie)
sub·straat *(‹Lat) het* [-straten] ❶ onderlaag, grondlaag, vaak fig, bijv. de oudste taal of bevolkingsgroep van een land ❷ biol voedingsbodem
sub·tiel *(‹Fr‹Lat) bn* ❶ fijn, teer; alleen voor fijn gevoel waarneembaar: ★ *subtiele schijnbewegingen* ❷ fijn onderscheidend; spitsvondig: ★ *subtiele kritiek leveren*
sub·ti·li·teit *(‹Fr‹Lat) de (v)* ❶ fijnheid, teerheid ❷ [*mv:* -en] fijn onderscheid; spitsvondigheid; iets subtiels
sub·top *de (m)* [-s] sporters of sportclubs die net niet tot de top behoren
sub·top·per *de (m)* [-s] sporter of sportclub die net niet tot de top behoort
sub·tro·pen *mv* de streken in de gematigde klimaatzones nabij de tropen
sub·tro·pisch, **sub·tro·pisch** *bn* halftropisch, tot de subtropen behorend: ★ *een ~ klimaat*
sub·urb [subbù(r)b] *(‹Eng‹Lat) de (m)* [-s] voorstad
sub·ur·baan, **sub·ur·baan** *(‹Eng) bn* tot een voorstad of de voorsteden behorend
sub·ver·sie *(‹Fr‹Lat) de (v)* ❶ omverwerping van gezag ❷ ondergang, verval
sub·ver·sief *(‹Fr) bn* strekkend tot omverwerping van het gezag, revolutionair: ★ *subversieve activiteiten plegen*
sub vo·ce *bijw (‹Lat)* onder, bij het genoemde woord (behandeld)
sub·way [-wee] *(‹Eng) de (m)* [-s] ❶ tunnel, vooral voor voetgangers ❷ ‹in Amerika› ondergrondse spoorweg
suc·ces *(‹Fr) het* [-sen] ❶ gelukkige afloop, goede uitslag, bijval: ★ *veel ~ oogsten* ❷ iets wat goed afloopt, dat veel bijval verwerft: ★ *dat concert, die reclameactie was een enorm ~*

suc·ces·num·mer *het* [-s] ❶ eig onderdeel van een voorstelling enz. dat bijzonder succes heeft ❷ algemeen iets wat of iem. die succes heeft

suc·ces·sie (‹Fr‹Lat) *de (v)* [-s] ❶ vooral NN opvolging in een recht, erfopvolging ★ *in ~* achtereenvolgens: ★ *voor de derde maal in ~ leden we een nederlaag* ★ RK *apostolische ~* de onafgebroken opvolging van de pausen en bisschoppen van Rome ❷ verkorting van → **successierecht** ❸ nalatenschap

suc·ces·sie·be·las·ting *de (v)* [-en] belasting geheven van nalatenschappen

suc·ces·sief (‹Fr‹Lat) *bn* achtereenvolgend, opeenvolgend: ★ *de successieve sollicitanten bleken alle ongeschikt*

suc·ces·sie·oor·log *de (m)* [-logen] oorlog ontstaan uit een twist om troonsopvolging

suc·ces·sie·recht *het* [-en] successiebelasting

suc·ces·sie·ve·lijk *bijw* achtereenvolgens, de (het) een na de (het) ander

suc·ces·sto·ry [-stòrie] *de* ['s] succesverhaal, aaneenschakeling van geslaagde activiteiten van een persoon, bedrijf, club e.d.

suc·cu·lent (‹Lat) *de (m)* [meest in het *mv*], **succulenten** vetplanten

sud·den death [- deth (Engelse th)] (‹Eng) *de (m)* sp regeling waarbij een wedstrijd die in de gewone speeltijd onbeslist is geëindigd, in de verlenging direct wordt beslist door het eerst gescoorde doelpunt (ook *golden goal* genoemd)

sud·de·ren *ww* [sudderde, h. gesudderd] pruttelen op een zacht vuur

sud·der·lap *de (m)* [-pen] NN stuk rundvlees dat lang moet sudderen om gaar te worden

su·do·ku (‹Jap) [soedookoe] *de* ['s] puzzel waarin de cijfers 1 t/m 9 op een bepaalde manier in vierkanten moeten worden ingevuld

su·è·de (‹Fr) *de & het* fijn fluweelachtig leer

suf *bn* sloom, duf, met de geest afwezig, niet waakzaam: ★ *deze medicijnen maken me ~;* NN *doe niet zo ~!* ★ spreektaal *zich ~ prakkiseren* zeer ingespannen nadenken

suf·fen *ww* [sufte, h. gesuft] ❶ half in slaap zijn, soezen, dommelen ❷ niet waakzaam zijn, er niet met de gedachten bij zijn (en bijgevolg iets doms doen)

suf·ferd, suf·fer *de (m)* [-s] iem. die suft, domoor

suf·ferd·je *het* [-s] NN, schertsend aanduiding voor een plaatselijke krant: ★ *het ~ van Vlaardingen*

suf·fig *bn* ❶ geneigd tot suffen ❷ als iem. die suft (vooral suffen, *bet* 2); **suffigheid** *de (v)*

suf·fix (‹Lat) *het* [-en] taalk achtervoegsel

suf·fra·gaan (‹Lat) **I** *bn* onderhorig **II** *de (m)* [-ganen] lid met stemrecht van een geestelijke vergadering

suf·fra·gaan·bis·schop *de (m)* [-pen] ❶ wijbisschop, als bisschop gewijd priester zonder eigen diocees ❷ bisschop ondergeschikt aan een aartsbisschop

suf·fra·get·te [suufraazjettə] (‹Eng) *de (v)* [-s] strijdster voor het vrouwenkiesrecht in Groot-Brittannië (± 1906-1914)

suf·heid *de (v)* het suf-zijn

sug·ge·re·ren *ww* (‹Fr‹Lat) [suggereerde, h. gesuggereerd] ❶ in de geest doen ontstaan; bij iem. een voorstelling opwekken door geestelijke beïnvloeding, hem iets aanpraten ❷ een gehypnotiseerde iets bijbrengen of op de gedachte brengen van iets wat hij tijdens de hypnose of later moet doen ❸ opperen

sug·ges·ti·bel (‹Fr) *bn* vatbaar voor suggestie

sug·ges·ti·bi·li·teit (‹Fr) *de (v)* vatbaarheid voor suggestie

sug·ges·tie (‹Fr‹Lat) *de (v)* [-s] ❶ het invoeren van een idee in iems. geest ❷ door geestelijke beïnvloeding opgewekte voorstelling, bijgebracht denkbeeld ★ *posthypnotische ~* een onder hypnose gegeven opdracht die na de opheffing van de hypnose wordt uitgevoerd ❸ oppering; geopperd denkbeeld: ★ *heeft iem. een ~ wat we vanavond gaan eten?*

sug·ges·tief (‹Fr‹Eng) *bn* ❶ suggestie inhoudend; voorstellingen wekkend (ook van datgene wat verborgen blijven moest); nieuwe gedachten doende opkomen; beelden oproepend ★ *suggestieve vraag* vraag die zo is geformuleerd men de ondervraagde het antwoord al in de mond legt ❷ vatbaar voor suggestie

su·i·ci·daal *bn* geneigd tot zelfdoding: ★ *suïcidale geestszieken*

su·i·ci·de (‹Fr) *de (m),* **su·i·ci·di·um** (‹Lat) *het* zelfdoding, zelfmoord

sui·ker (‹Fr‹Arab) *de (m)* [-s] zoete, plantaardige stof, vooral die uit suikerriet of suikerbieten ★ *~ hebben* aan suikerziekte lijden ★ *niet van ~ zijn* schertsend een flink, sterk persoon zijn

sui·ker·ach·tig *bn* op suiker gelijkend

sui·ker·beest *het* [-en] NN dierenfiguur van suiker

sui·ker·biet *de* [-en] biet waaruit suiker gewonnen wordt, beetwortel, *Beta vulgaris vulgaris,* var. *altissima*

sui·ker·boon *de* [-bonen] ❶ soort sperzieboon ❷ BN suikergoed in de vorm van bonen, gesuikerde amandelnoten, vooral bij de geboorte van een kind aan familie en kennissen aangeboden

sui·ker·brood *het* [-broden] ❶ suiker in kegelvorm geperst ❷ brood bereid met veel suiker: ★ *Fries ~*

sui·ker·cam·pag·ne [-panjə] *de* [-s] drukke tijd in de suikerfabrieken ten tijde van de suikerbietenoogst

sui·ker·cul·tuur *de (v)* verbouw van suikerriet

sui·ke·ren[1] *ww* [suikerde, h. gesuikerd] zoet maken met suiker

sui·ke·ren[2] *bn* ❶ van suiker ❷ fig poeslief, suikerzoet

sui·ker·erwt [-ert] *de* [-en] peultje, sluimerwt, sluimererwt

sui·ker·fa·briek *de (v)* [-en] fabriek waarin uit suikerriet of suikerbieten suiker bereid wordt

Sui·ker·feest (‹leenvertaling uit het *Turks*) *het* [-en] feest aan het einde van ramadan (de islamitische vastenmaand)

sui·ker·gast *de (m)* [-en] vooral NN lichtschuw, schadelijk insect in pakhuizen en voorraadkasten enz., zilvervisje (*Lepisma saccharina*)
sui·ker·ge·hal·te *het* het percentage suiker
sui·ker·goed *het* lekkernijen van suiker
sui·ke·rig *bn* ❶ suikerachtig ❷ zoet als suiker
sui·ker·klont·je *het* [-s] hoekig stukje samengeklonterd suiker dat bijv. in thee of koffie gedaan wordt
sui·ker·me·loen *de* [-en] zoete meloen met lichtgroen vlees
sui·ker·oom *de (m)* [-s] rijke kinderloze oom van wie men naar verwacht veel zal erven
sui·ker·pa·tiënt [-sjent] *de (m)* [-en] lijder aan suikerziekte, diabeet
sui·ker·plan·ta·ge [-zjə] *de (v)* [-s] stuk land waarop suikerriet verbouwd wordt
sui·ker·pot *de (m)* [-ten] pot voor of met suiker
sui·ker·raf·fi·na·de·rij *de (v)* [-en] bedrijf waar suiker gezuiverd wordt
sui·ker·riet *het* suiker bevattende rietsoort in warme streken, *Saccharum officinarum*
sui·ker·spin *de* [-nen] ❶ op watten lijkende zoete lekkernij van suiker op een stokje ❷ schertsend hoog opgemaakt en wijd uitstaand vrouwenkapsel
sui·ker·strooi·er *de (m)* [-s] voorwerp om suiker te strooien
sui·ker·tang *de* [-en] knijper waarmee men suikerklontjes pakt
sui·ker·tan·te *de (v)* [-s] rijke kinderloze tante van wie men naar verwacht veel zal erven
sui·ker·wa·ter *het* water waarin suiker is opgelost
sui·ker·werk *het* [-en] suikergoed
sui·ker·zie·ke *de* [-n] suikerpatiënt
sui·ker·ziek·te *de (v)* stofwisselingsziekte gekenmerkt door o.a. een hoog suikergehalte van de urine, diabetes
sui·ker·zoet *bn* erg zoet; fig poeslief, zoetelijk
suisse [swies] *(‹Fr: Zwitser) de (m)* [-s] ordebewaarder in kerken; vroeger lid van de pauselijke lijfwacht
sui·te [swietə] *(‹Fr) de* [-s] ❶ twee of meer ineenlopende kamers ❷ muz muziekstuk dat bestaat uit een reeks van gestileerde dansen in dezelfde of verwante toonsoort ❸ BN, spreektaal bruidsstoet, trouwstoet ❹ comput bundel van verschillende programma's waarin de onderdelen zijn geïntegreerd
sui·ze·bol·len *ww* [suizebolde, h. gesuizebold] NN half bedwelmd zijn
sui·ze·len *ww* [suizelde, h. gesuizeld] zacht suizen
sui·ze·lig *bn* licht duizelig
sui·zen *ww* [suisde, h. gesuisd] ❶ een zacht ruisend geluid maken ❷ zich snel voortbewegen: ★ *naar het station* ~
sui·zing *de (v)* [-en] het suizen, vooral in het oor
su·ja *tsw* gezegd bij het wiegen een kind
su·jet [-zjet] *(‹Fr‹Lat) het* [-ten] onguur individu, vent
su·ka·de *(‹Oudfrans) de* vooral NN klein gesneden gekonfijte ceder- of sinaasappelschillen
su·ka·de·lap *de (m)* [-pen] NN sudderlap uit de schouder van een rund
suk·kel I *de* [-s] ❶ zielig persoon, stakker, stumperd ❷ dom persoon, sul **II** *de (m)* het sukkelen ★ *aan de* ~ *zijn* (langdurig of herhaaldelijk) ziek zijn ★ BN ook *op de* ~ *zijn, (ge)raken* tegenspoed hebben, in de puree zitten, in de puree raken
suk·ke·laar *de (m)* [-s] ❶ iem. die sukkelt ❷ iem. die moeite heeft met zijn taak, die niet opschieten kan
suk·kel·ach·tig *bn* ❶ sukkelend, ziekelijk ❷ niet voorspoedig, niet vlot
suk·ke·la·rij *de (v)* gesukkel; trage en moeilijke voortgang
suk·kel·draf *de (m)*, **suk·kel·draf·je** *het* [-s] matige, langzame draf: ★ *op een sukkeldrafje naar huis gaan*
suk·ke·len *ww* [sukkelde, h. & is gesukkeld] ❶ ziekelijk zijn: ★ *mijn vader sukkelt de laatste tijd nogal* ❷ langzaam lopen, sjokken ❸ moeite hebben met iets, niet voorspoedig zijn, niet opschieten ★ *in slaap* ~ langzaam in slaap vallen
suk·kel·gang *de (m)*, **suk·kel·gan·ge·tje** *het* [-s] ❶ trage gang van zaken ❷ het niet opschieten (door traagheid of tegenslag)
suk·ke·lig *bn* sukkelachtig
suk·kel·straat·je *het* ★ BN ook *in een / het* ~ *verzeild raken* in moeilijkheden raken, in de puree zitten, aan het sukkelen zijn
sul *de (m)* [-len] sukkel, stumper ★ *een goeie* ~ een goedzak
sul·faat *(‹Fr) het* [-faten] zout of ester van zwavelzuur
sul·fer *(‹Lat) de (m) & het* zwavel
sul·fi·de *het* [-n] verbinding van zwavel met een metaal, zout van zwavelwaterstofzuur
sul·fiet *het* [-en] zout van zwavligzuur, o.a. gebruikt als conserveringsmiddel
sul·fon·a·mi·den *(‹Du) mv* naam van een groep van krachtige chemische geneesmiddelen tegen infectieziekten
sul·ky [-kie] *(‹Eng) de (m)* ['s] zeer licht tweewielig harddraverswagentje
sul·lig *bn* stumperig, als een sul; **sulligheid** *de (v)*
sul·tan *(‹Arab) de (m)* [-s] titels van heersers in sommige islamitische landen
sul·ta·naat *(‹Fr) het* [-naten] waardigheid of gebied van een sultan
sul·ta·ne *(‹Fr‹Arab) de (v)* [-s] ❶ (bevoorrechte) gemalin van een sultan ❷ titel van zijn dochters ❸ moeder van de sultan
su·mak *(‹Arab) de (m)* heester uit Zuid-Europa en Voor-Azië en de daaruit bereide looistof
Su·ma·traan *de (m)* [-tranen] iem. geboortig of afkomstig van Sumatra
Su·ma·traans *bn* van, uit, betreffende Sumatra
sum·ma¹ *(‹Lat) de (v)* ['s, -mae] [-mee] NN som, getal, bedrag, totaal ★ ~ *summarum* gezamenlijk bedrag, alles bijeengenomen
sum·ma² *(‹Lat) bn* hoogste ★ ~ *cum laude* met de

hoogste lof; zie ook bij → **summum**
sum·mier *(‹Fr) bn* ❶ kort, bondig, kort samenvattend: ★ *een probleem ~ bespreken* ★ *summiere procesorde* snelle en eenvoudige wijze van behandeling van een rechtszaak ❷ gering: ★ *een ~ bedrag*; **summierlijk** *bijw*
sum·mum *(‹Lat) het* hoogtepunt, toppunt
su·mo *(‹Jap) de (m)* traditionele Japanse worstelsport (meestal beoefend door zeer zware personen)
su·mo·wor·ste·laar *de (m)* [-s] iem. die sumo beoefent
su·per^1 *(‹Lat) vz* over, boven
su·per^2 *de (m) & het* verkorting van → **superbenzine** en → **superfosfaat**
su·per^3 *bn* zeer goed, uitstekend: ★ *de vakantie was ~!*
su·per- voorvoegsel zeer groot, zeer belangrijk: → **supermacht**, → **supertanker**
su·per·be *(‹Fr‹Lat) bn* prachtig, voortreffelijk
su·per·ben·zi·ne *de* benzine met hoge klopvastheid
su·per·ego *(‹Lat) het* psychoanalyse 'Åœber-ich', de ge- en verboden van ouders en opvoeders die inwendig geprojecteerd als geweten ervaren worden
su·pe·ret·te *(‹Fr) de (v)* [-s en -n] BN kleine supermarkt, kruidenierswinkel met zelfbediening
su·per·fijn *bn* van zeer fijne kwaliteit
su·per·fos·faat *het* fosforzure kalk, een veel gebruikte kunstmest
su·per-G [-gee] *(‹Eng) de* super giant slalom [verlengde reuzenslalom, waarbij de poortjes verder uit elkaar staan dan bij de gewone reuzenslalom]
su·per·ge·lei·der *de (m)* [-s] voorwerp of stof met een zeer geringe of geen elektrische weerstand
su·per·ge·lei·ding *de (v)* nat verschijnsel dat de elektrische weerstand van een stof bij afkoeling beneden een bep. temperatuur onder bep. omstandigheden geheel verdwijnt
su·per·hef·fing *de (v)* boete vanwege het te veel produceren van melk door veehouders in de Europese Unie
su·pe·ri·eur *(‹Fr‹Lat)* **I** *bn* ❶ hoger geplaatst; hoger in rang of in kwaliteit ❷ hoger in geestelijk of zedelijk opzicht ❸ hoger dan het gewone peil, voortreffelijk **II** *de (m)* [-en] ❶ iem. die hoger in rang is, meerdere ❷ druktechn letter of cijfer boven de regel
su·pe·ri·eu·re *(‹Fr) de (v)* [-s en -n] ❶ vrouwelijke superieur ❷ kloostermoeder
su·per·in·ten·dent *de (m)* [-en] persoon belast met het oppertoezicht
su·pe·ri·or *(‹Lat) de (m)* [-s, -ores] overste, hoofd van een rooms-katholiek geestelijke inrichting, kloostervoogd
su·pe·ri·o·ri·teit *(‹Fr‹Lat) de (v)* ❶ geestelijke of zedelijke meerderheid; hogere rang ❷ grotere voortreffelijkheid, betere kwaliteit
su·per·la·tief, su·per·la·tief *(‹Lat)* **I** *de (m)* ❶ overtreffende trap ❷ [*mv*: -tieven] woord dat een hoogste graad aanduidt ★ *in superlatieven spreken* zich zeer lovend uiten **II** *bn* alles overtreffend

su·per·macht *de* [-en] overmachtige mogendheid (de Verenigde Staten, Rusland en China)
su·per·man [soepə(r)men] *(‹Eng) de (m)* ❶ het Engelse equivalent van übermensch ❷ *Superman* naam van een strip- en filmheld met bovennatuurlijke krachten
su·per·markt *de* [-en] zelfbedieningswinkel met een grote verscheidenheid aan artikelen
su·per·mens *de (m)* [-en] mens met bovenmenselijke vermogens; vgl: → **übermensch**
su·per·mo·gend·heid *de (v)* [-heden] supermacht
su·per·no·va *(‹Lat) de (v)* [-vae] [-vee, 's] eindfase van een ster met een grote massa, waarbij de ster enerzijds in elkaar klapt en anderzijds een grote hoeveelheid energie wegslingert o.a. in de vorm van een enorme hoeveelheid licht
su·per·oxi·de [-oksie-] *het* [-n, -s] peroxide, vooral waterstofperoxide
su·per·plie *(‹Lat) de (m) & het* [-s] RK tot de knieën reikend wit kleed voor geestelijken beneden de rang van subdiaken of voor een priester, als hij niet met de alba bekleed is
su·per·script *het* [-s] typografie letter of symbool met een positie boven de regel: ★ *exponenten bij getallen worden weergegeven in ~*
su·per·so·nisch, su·per·soon *(‹Lat) bn* boven de geluidssnelheid (333 m / sec) liggend of reikend
su·per·spe·cia·lis·me [-sjaa-] *het* [-n] zeer ver doorgevoerd specialisme
su·per·sti·tie [-(t)sie] *(‹Fr‹Lat) de (v)* [-s, -tiën] bijgeloof, bijgelovige praktijk
su·per·tan·ker [-tenkər] *de (m)* [-s] enorm groot tankschip
su·per·trio *het* ['s] NN tiercé
su·per·vi·sie [-zie] *(‹Eng‹Lat) de (v)* toezicht dat tevens het geven van leiding inhoudt: ★ *werken onder ~ van...*
su·per·vi·sor [-zor] *(‹Eng‹Lat) de (m)* [-s] iem. die met supervisie belast is
su·per·zwaar·ge·wicht **I** *het* gewichtsklasse van boksers boven 91 kg **II** *de* [-en] bokser in die gewichtsklasse
sup·ple·ment *(‹Fr‹Lat) het* [-en] ❶ aanvulling, bijvoegsel, toevoegsel, vooral op een boekwerk; aanhangsel ❷ extra katern van een krant ❸ wisk wat aan een hoek ontbreekt om die tot 180° te maken; vgl: → **complement**
sup·ple·men·tair [-tèr] *(‹Fr) bn* als supplement dienend; aanvullend
sup·ple·ren *ww (‹Fr‹Lat)* [suppleerde, h. gesuppleerd] ❶ aanvullen, toevoegen om voltallig te maken ❷ bijbetalen, bijpassen
sup·ple·tie [-(t)sie] *(‹Lat) de (v)* [-s] aanvulling; voltalligmaking
sup·ple·toir [-twaar of -toor] *(‹Fr) bn* aanvullend, aanvullings
sup·pli·ë·ren *ww* [supplieerde, h. gesuppleerd] een verzoekschrift indienen

sup·po·ne·ren *ww* (‹*Lat*) [supponeerde, h. gesupponeerd] veronderstellen

sup·poost (‹*Fr*‹*Lat*) *de (m)* [-en] ❶ toezichthoudend functionaris in voor het publiek toegankelijke lokaliteiten, zoals museums, stadions e.d.
❷ bediende van een magistraat, van een college

sup·port (‹*Fr*) *het* [-s, -en] steun, stut, *ook fig*: ★ ~ *geven, krijgen*

sup·por·ter (‹*Eng*) *de (m)* [-s] ❶ aanmoediger bij wedstrijden ❷ iem. die een (politieke) partij of persoon steunt

sup·por·te·ren¹ *ww* (‹*Fr*‹*Lat*) [supporteerde, h. gesupporteerd] verdragen; onderstutten, ondersteunen

sup·por·te·ren² *ww* [supporterde, h. gesupporterd] steunen als supporter

sup·por·ters·trein *de (m)* [-en] trein waarvan de treinstellen van zoveel mogelijk luxe ontdaan zijn en waarin (voetbal)supporters naar en van een wedstrijd worden vervoerd

sup·po·si·tie [-zie(t)sie] (‹*Fr*‹*Lat*) *de (v)* [-s] veronderstelling, hypothese

sup·pres·sie (‹*Fr*‹*Lat*) *de (v)* onderdrukking, terughouding

sup·pri·me·ren *ww* (‹*Fr*‹*Lat*) [supprimeerde, h. gesupprimeerd] ❶ afschaffen, opheffen ❷ onderdrukken, uit de weg ruimen ❸ weglaten

su·pra (‹*Lat*) *bijw* boven, hogerop ★ *ut* ~ als boven

su·pra·na·tio·naal [-(t)sjoo-] *bn* nationale verscheidenheid te boven gaand: ★ *een supranationale organisatie*

su·preem (‹*Fr*‹*Lat*), **su·prême** [-prèm(ə)] (‹*Fr*‹*Lat*) *bn* uiterst, hoogst

su·pre·ma·tie [-(t)sie] (‹*Fr*) *de (v)* opperheerschappij; oppergezag, bijv. dat van de paus over de bisschoppen en kerken

sure? [sjoer?] (‹*Eng*) *tsw* weet je dat zeker?, is dat echt zo?

surf (‹*Eng*) *de* muz genre popmuziek, in het begin van de jaren '60 van de 20ste eeuw ontstaan in Californië, vaak met een dominante rol voor de elektrische gitaar waarvan het geluid op een bep. manier is vervormd

sur·fen *ww* (‹*Eng*) [surfte, h. gesurft] ❶ aan surfriding doen ❷ ‹bij uitbreiding ook› plankzeilen ❸ comput rondkijken op internet door via hyperlinks van site naar site te gaan, websurfen

sur·fer (‹*Eng-Am*) *de* [-s] iem. die surft

surf·ing [sù(r)f-] (‹*Eng*) *het* het surfen

surf·pak *het* [-ken] wetsuit

surf·plank *de* [-en] plank waarop men surft

surf·rid·ing [sù(r)fraiding] (‹*Eng*) *het* watersport waarbij men zich op een plank (± 2 m lang en 0,5 m breed) staande door de branding (*surf*) naar het strand laat voeren

su·ri·mi *de* [soe-] (‹*Jap*) fijngehakte koolvis

Su·ri·naams I *bn* van, uit, betreffende Suriname II *het* Sranantongo

Su·ri·naam·se *de (v)* [-n] vrouw of meisje, geboortig of afkomstig uit Suriname

Su·ri·na·mer *de (m)* [-s] iem. geboortig of afkomstig uit Suriname

sur·place [suurplas] (‹*Fr*) *de (m)* wielrennen het volledig tot stilstand komen bij sprintwedstrijden op de baan om de tegenstander de koppositie op te dringen

sur·pla·cen [suurplassen] *ww* [surplacete, h. gesurplacet] BN, wielrennen een surplace uitvoeren

sur·plus [suurpluus] (‹*Fr*) *het* ❶ overblijvende hoeveelheid, rest, restant, overschot ❷ hoger bedrag

sur·pri·se [suurpriezə] (‹*Fr*) *de (v)* [-s] ❶ verrassing ❷ op verrassende wijze verpakt cadeau

sur·prise-par·ty [sù(r)praaizpà(r)tie] (‹*Eng*) *de* ['s] feest georganiseerd ter ere van iem. die daar volstrekt niet van op de hoogte is

sur·re·a·lis·me (‹*Fr*) *het* richting in de beeldende kunst en de literatuur, vooral in de eerste helft van de 20ste eeuw, die gebruikt maakt van bovenzinnelijke en magisch aandoende elementen die verband houden met het onderbewuste van de mens

sur·re·a·list (‹*Fr*) *de (m)* [-en] aanhanger van het surrealisme

sur·re·a·lis·tisch *bn* van de aard van, als in het surrealisme: ★ *de surrealistische schilderijen van Dalí*

sur·ro·gaat (‹*Eng*‹*Lat*) *het* [-gaten] vervangingsmiddel, plaatsvervangend middel

sur·round sound (‹*Eng*) *de* systeem voor het ruimtelijk weergeven van geluid, vooral bij televisie, film en games

sur·seance [suursee(j)ãs(ə)] (‹*Fr*) *de (v)* [-s] opschorting ★ ~ *van betaling* door de arrondissementsrechtbank verleende opschorting van betaling, waarbij het beheer van de goederen door de schuldenaar onder controle van door de rechtbank aangestelde bewindvoerders geschiedt

sur·veil·lance [suurveijãs(ə)] (‹*Fr*) *de (v)* toezicht, bewaking

sur·veil·lant [suurveijant] (‹*Fr*) *de (m)* [-en] toezichthouder, bewaker, oppasser ★ NN ~ *van politie* op een na laagste rang bij de politie

sur·veil·le·ren *ww* [suurveijee-] (‹*Fr*) [surveilleerde, h. gesurveilleerd] waken, bewaken, toezicht houden (op), toezien (bij): ★ *de politieagenten surveilleerden in de winkelstraat*

sur·vey·or [sù(r)veejə(r)] (‹*Eng*) *de (m)* [-s] persoon belast met inspectie

sur·vi·va·len *ww* [sù(r)vaivələ(n)] (‹*Eng*) [survivalde, h. gesurvivald] een survivaltocht maken

sur·viv·al·kit [sə(r)vaivəl-] (‹*Eng*) *de (m)* [-s] uitrusting voor noodgevallen, om bijv. na een noodlanding op zee te gebruiken

sur·vi·val·tocht [sù(r)vaivəl-] (‹*survival*‹*Eng*) *de (m)* [-en] tocht waarbij men met minimale hulpmiddelen enige dagen door de vrije natuur trekt en zichzelf

moet zien te redden
sus·cep·ti·bel *(‹Fr‹Lat)* *bn* ❶ vatbaar voor aandoeningen, gevoelig ❷ prikkelbaar, lichtgeraakt
su·shi [soesji] *(‹Jap)* *de (m)* Japans hapje, bereid met rijst en rauwe vis, soms ook met zeewier of groente
sus·pect *(‹Fr‹Lat)* *bn* verdacht: ★ *suspecte individuen*
sus·pen·de·ren *ww* *(‹Fr‹Lat)* [suspendeerde, h. gesuspendeerd] ❶ verschuiven, opschorten; in een functie schorsen, voor een tijd buiten dienst stellen ❷ in → **suspensie** (bet 3) doen overgaan
sus·pense [-pens] *(‹Eng)* *de (v)* sterk opgevoerde, volgehouden spanning in een verhaal
sus·pen·sie *(‹Lat)* *de (v)* [-s] ❶ schorsing, tijdelijke dienstontzegging ❷ opschorting ❸ vermenging van een stof in een vloeistof zonder dat deze hierin oplost en zo dat de stof daarin niet neerslaat
sus·pen·soir *het* [-swaar] *(‹Fr‹Lat)* [-s] draagband, vooral voor de balzak
sus·sen *ww* [suste, h. gesust] doen bedaren: ★ *de wijkagent suste de burenruzie* ★ *een huilend kind ~*
sut·tee [sattie] *(‹Sanskr)*, **sati** *de (v)* [-s] traditionele weduweverbranding in India
SUV *afk* Sports Utility Vehicle [grote terreinwagen]
Su·zan·na *de (v)* ★ *de kuise ~* vrouw die rein van zeden is, naar een figuur uit een apocrief aanhangsel van het Bijbelboek Daniël
su·ze·rein *(‹Fr)* *de (m)* [-en] ❶ opperleenheer ❷ vorst of staat die een protectoraat uitoefent over een andere vorst of staat
su·ze·rei·ni·teit *(‹Fr)* *de (v)* ❶ opperleenheerschap ❷ heerschappij over andere machthebbers
SVB *afk* in Nederland Sociale Verzekeringsbank
s.v.p. *afk* s'il vous plaît [als het u belieft, alstublieft]
Swa·hi·li *het* Oost-Afrikaanse taal, verkeerstaal in een groot deel van Afrika
swa·mi *(‹Hindi)* *de (m)* ‹bij de hindoes› godsdienstonderwijzer, vooral aanspreektitel voor een brahmaan
swap [swòp] *(‹Eng)* *de (m)* ‹in de valutahandel› gelijktijdige contante koop / verkoop van vreemde valuta, en verkoop / koop van dezelfde valuta op termijn
swap·file [swopfail] *de* [-s] *comput* wisselbestand
Swapo *afk* South West Africa People's Organization [Namibische bevrijdingsbeweging]
swas·ti·ka *(‹Sanskr)* *de* ['s] hakenkruis
sweat·er [swetta(r)] *(‹Eng)* *de (m)* [-s], **sweat·shirt** [swetsjù(r)t] *(‹Eng)* *het* [-s] trui met lange mouwen
sweep·stake [swiepsteek] *(‹Eng)* *de* [-s] soort loterij, vaak als promotionele actie
sweet·heart [swiethà(r)t] *(‹Eng)* *de* [-s] lieveling, geliefde, liefje
swie·ber·tje-effect *het* verschijnsel dat een acteur zoveel succes heeft gehad met één bepaald personage dat het publiek hem daarmee blijft vereenzelvigen (zoals gebeurde bij Joop Doderer met zijn rol als Swiebertje)
swing *(‹Eng)* *de (m)* ❶ *muz* bewogenheid in de jazz of de popmuziek, zich uitend in grote dynamiek en onregelmatigheid van het ritme ten aanzien van de maat ❷ [*mv:* -s] dans op jazzmuziek
swin·gen *ww* *(‹Eng)* [swingde, h. geswingd] ❶ improviserend en beweeglijk dansen op jazz of popmuziek ❷ levendig, bruisend, opwindend zijn ★ *dat swingt de pan uit!* dat heeft een zeer aanstekelijk ritme (gezegd van muziek); **swingend** *bn*
swing·state [swingsteet] *de* [-s] *(‹Eng)* ‹bij presidentsverkiezingen in de VS› staat waar het lang onduidelijk blijft welke kandidaat er zal gaan winnen
swit·chen *ww* [-sjə(n)] *(‹Eng)* [switchte, h. geswitcht] ❶ van plaats wisselen ❷ overschakelen, overgaan op
sy·fi·lis [sie-] *(‹Fr)* *de (v)* besmettelijke geslachtsziekte, veroorzaakt door een spyrocheet (ook lues genoemd), vernoemd naar de aan deze ziekte lijdende Syphilis, hoofdpersoon in het gelijknamige boek (1530) van de Italiaanse dokter G. Fracastoro
sy·fi·li·tisch [sie-] *(‹Fr)* *bn* van de aard van syfilis of daarmee besmet
syl·la·be [siel-, sil-] *(‹Fr‹Gr)* *de* [-n, -s] lettergreep ★ *geen ~* helemaal niets
syl·la·bus [sil-] *(‹Lat‹Gr)* *de (m)* [-sen, -bi] samenvatting van de (belangrijkste onderdelen van de) leerstof
syl·lo·gis·me [sil-] *(‹Gr)* *het* [-n] sluitrede, redenering bestaande uit twee vooropgezette stellingen (premissen) en een daaruit gemaakte gevolgtrekking
syl·lo·gis·tisch [sil-] *(‹Gr)* *bn* met, in syllogismen: ★ *een ~ betoog*
sym·bi·o·se [simbie(j)oozə] *(‹Fr‹Gr)* *de (v)* het samenleven van verschillende organismen in het planten- en dierenrijk, tot voordeel van elkaar of één van de deelgenoten
sym·bo·liek [sim-] *(‹Fr‹Gr)* I *bn* zinnebeeldig, symbolisch II *de (v)* toepassing, kennis en leer van de symbolen; het symbolische
sym·bo·lisch [sim-] *(‹Du)* *bn* als een symbool, zinnebeeldig ★ *een ~ bedrag* een zeer klein geldbedrag dat wordt betaald om iets niet volledig cadeau te krijgen
sym·bo·li·se·ren *ww* [simbooliezee-] *(‹Fr‹Lat)* [symboliseerde, h. gesymboliseerd] zinnebeeldig, in een symbool voorstellen
sym·bo·lis·me [sim-] *(‹Fr)* *het* kunstrichting, in de 19de eeuw in Frankrijk ontstaan, die streeft naar zinnebeeldige voorstellingen
sym·bo·list [sim-] *(‹Fr)* *de (m)* [-en] aanhanger van het symbolisme
sym·bool [sim-] *(‹Fr‹Gr)* *het* [-bolen]
❶ plaatsvervangend teken dat een zinsverwantschap in beeld weergeeft, zinnebeeld: ★ *de wassende maan is het ~ van de islam* ❷ teken dat een wiskundig begrip voorstelt of een wiskundige bewerking aanduidt; letter of lettergroep die een

scheikundig element voorstelt

sym·fo·nie [sim-] *(‹Fr‹Gr) de (v)* [-nieën] ❶ veelstemmig muziekstuk voor een volledig orkest delen van een bepaalde orde ❷ fig geheel van goed samenstemmende delen: ★ *een ~ van kleuren*

sym·fo·nie·or·kest [sim-] *het* [-en] orkest dat bestaat uit strijk- en blaasinstrumenten en slagwerk

sym·fo·nisch [sim-] *(‹Du‹Gr) bn* welluidend; van de aard van een symfonie ★ *symfonische rock* rock met een groot orkest of met een instrumentarium dat een groot orkest imiteert

sym·me·trie [sim- of siem-] *(‹Fr‹Gr) de (v)* [-trieën] ❶ evenredigheid van de delen tot het geheel, vooral zo dat bij deling langs een vlak of een lijn de helften elkaars spiegelbeeld zijn ❷ wisk onderlinge verwisselbaarheid in vergelijkingen

sym·me·trisch [sim- of siem-] *(‹Fr) bn* symmetrie bezittend; in overeenstemming met de symmetrie; met twee helften die elkaars spiegelbeeld zijn

sym·pa·thie [simpaatie] *(‹Fr‹Gr) de (v)* [-thieën] ❶ warme belangstelling tengevolge van overeenstemming met iemands denkwijze: ★ *socialistische sympathieën koesteren* ❷ gevoel van verbondenheid: ★ *ik had veel ~ voor haar*

sym·pa·thiek [simpaatiek] *(‹Fr) bn* ❶ sympathie opwekkend: ★ *een sympathieke kerel* ❷ aantrekkelijk of aangenaam aandoend: ★ *deze ideeën zijn mij ~*

sym·pa·thie·sta·king [simpaatie-] *de (v)* [-en] (korte) staking als betuiging van instemming met de eisen van stakende arbeiders in een ander bedrijf

sym·pa·thi·sant [simpaatiezant] *(‹Fr) de (m)* [-en] iem. die met iets sympathiseert: ★ *een ~ van het liberalisme*

sym·pa·thisch [simpaaties] *(‹Du) bn* med: ★ *~ zenuwstelsel* deel van het zenuwstelsel dat de inwendige organen verzorgt

sym·pa·thi·se·ren *ww* [simpaatiezee-] *(‹Fr)* [sympathiseerde, h. gesympathiseerd] ❶ met iemand van gelijk gevoelen zijn ❷ genegenheid of waardering gevoelen voor: ★ *~ met een bevrijdingsbeweging*

sym·po·si·on [simpoozie-] *(‹Gr)*, **sym·po·si·um** [simpoozie-] *(‹Lat) het* [-sia en -s] ❶ wetenschappelijke bijeenkomst die één of meer dagen duurt ter bespreking van een bepaald onderwerp: ★ *een ~ over aids* ❷ vroeger drinkgelag met onderhoudende of leerzame gesprekken

symp·to·ma·tisch [simp-] *(‹Du‹Gr) bijw* ❶ een symptoom of symptomen vormend: ★ *koorts en hoofdpijn zijn ~ voor griep* ❷ naar de symptomen (behandelend)

symp·toom [simp-] *(‹Gr) het* [-tomen] med ❶ ziekteverschijnsel, teken waaraan men een ziekte kan onderkennen ❷ bij uitbreiding verschijnsel waaraan men iets wat nog enigszins verborgen is, kan herkennen

symp·toom·be·strij·ding [simp-] *de (v)* het bestrijden van de symptomen van een kwaal of misstand terwijl men niets tegen de oorzaak van het ongerief onderneemt

sy·na·go·ge, sy·na·goog [sie-] *(‹Fr‹Gr) de* [-gogen] ❶ godsdienstige bijeenkomst, resp. godsdienstige gemeente van joden ❷ gebouw waarin joden samenkomen voor hun godsdienstoefening

sy·naps [sie-] *de (m)* [-en] contactplaats tussen twee zenuwcellen of tussen een zenuwcel en een spiervezel

syn·chro·nisch [singroo-, sinkroo-] *(‹Fr) bn* van gelijke tijd, in de tijd samenvallend

syn·chro·ni·se·ren *ww* [singrooniezee-, sinkroo-] *(‹Fr)* [synchroniseerde, h. gesynchroniseerd] synchroon maken, in de tijd doen samenvallen ★ *een film ~ er geluid op aanbrengen, zodanig dat beeld en geluid geheel met elkaar overeenstemmen*

syn·chro·nis·me [singroo-, sinkroo-] *(‹Fr) het* gelijktijdigheid van gebeurtenissen

syn·chro·nis·tisch [singroo-, sinkroo-] *(‹Du) bn* gelijktijdig

syn·chroon [singroon, sinkroon] *(‹Fr‹Gr) bn* gelijktijdig; in de tijd samenvallend

syn·chroon·ver·ta·ling [singroon-, sinkroon-] *de (v)* onmiddellijke vertaling in een andere taal van gesproken tekst

syn·chroon·zwem·men [singroon-, sinkroon-] *ww & het* vorm van kunstzwemmen waarbij twee of meer personen steeds precies tegelijk dezelfde figuren maken

syn·co·pe¹ [sin-] *(‹Gr) de* [-n *en* -s] ❶ muz tegen de maat ingaand ritme ❷ med flauwte, schijndood

syn·co·pe² [sinkoopee] *(‹Gr) de* ['s] taalk uitstoting van een klinker of medeklinker uit het midden van een woord, woordverkorting, bijv. *broeder-broer, weder-weer*

syn·co·pe·ren *ww* [sin-] [syncopeerde, h. gesyncopeerd] ❶ taalk een klank uitstoten ❷ muz syncopen (→ **syncope¹**, bet 1) toepassen, met syncopen spelen of componeren

syn·co·pisch [sin-] *bn* in syncopen (→ **syncope¹**, bet 1)

syn·cre·tis·me [sin-] *(‹Gr) het* samengroeiing, versmelting, onder andere van wereldbeschouwingen van verschillende herkomst, zonder dat er echte synthese plaatsvindt

syn·dic [sin-] *de (m)* [-s] BN, spreektaal syndicus (bet. 2)

syn·di·caal [sin-] *(‹Fr) bn* BN ook wat te maken heeft met de vakbonden, vakbonds ★ *syndicale actie* vakbondsactie

syn·di·caat [sin-] *(‹Fr) het* [-caten] ❶ bond, vereniging tot het behartigen van gemeenschappelijke belangen; BN ook vakvereniging, vakbond ❷ combinatie van zakenlieden, belangengroepering; vooral soort kartel waarbij de deelnemers de verkoop overdragen aan een centraal verkoopkantoor

syn·di·ca·lis·me [sin-] *(‹Fr) het* stroming in de vakbeweging die door zogenaamde directe actie, dus niet langs wettelijke weg, de productiemiddelen

in het bezit van de arbeiders wil brengen
syn·di·ca·list [sin-] *(‹Fr) de (m)* [-en] ❶ aanhanger van het syndicalisme ❷ BN, spreektaal vakbondslid
syn·di·ca·lis·tisch [sin-] *bn* van, volgens, betreffende het syndicalisme
syn·di·ce·ren [sindiekərən] *(‹Fr) ww* [syndiceerde, h. gesyndiceerd] BN ook: ★ *zich ~* zich organiseren, zich aansluiten bij een vakvereniging ★ *gesyndiceerd zijn* lid zijn van een vakbond
syn·di·cus [sin-] *de (m)* [-ci] ❶ (‹*Lat*) NN rechtskundig raadgever van een bestuur ❷ *(‹Fr)* BN beheerder namens de eigenaars in een flatgebouw
syn·droom [sin-] *(‹Gr) het* [-dromen] med complex van symptomen die samen een ziektetoestand kenmerken
syn·ec·do·che [sin-] *(‹Gr) de* ['s] stijlfiguur waarbij een deel voor het geheel wordt genomen of omgekeerd, bijv. *kiel* of *zeil* voor schip
syn·er·ge·tisch *(‹Gr) bn* de synergie betreffend, samenwerkend
syn·er·gie [sien-] *(‹Gr) de (v)* zodanig effect van samenwerking dat het uiteindelijke resultaat van de samenwerking groter is dan de som van de resultaten die de samenwerkende partijen afzonderlijk behaalden: ★ *de ~ tussen twee ondernemingen*
sy·no·daal [sie-] *(‹Fr‹Lat) bn* een synode betreffend, van haar uitgaand
sy·no·de [sie-] *(‹Fr‹Gr) de (v)* [-n *en* -s] kerkvergadering ‹vooral bij de protestanten›
sy·no·niem [sie-] *(‹Fr‹Gr)* **I** *bn* gelijkbetekenend: ★ *'luipaard' en 'panter' zijn ~* **II** *het* [-en] woord dat nagenoeg dezelfde betekenis heeft als een ander woord: ★ *'rijwiel' en 'fiets' zijn synoniemen*
sy·no·ny·mie [sienoonie-] *(‹Fr‹Gr) de (v)* het synoniem-zijn, gelijkheid van betekenis of benaming
sy·no·ny·miek [sienoonie-] *(‹Fr)* **I** *bn* betrekking hebbend op, voorkomend bij *of* als synoniemen **II** *de (v)* leer van de synoniemen
sy·nop·sis [sie-] *(‹Gr) de (v)* [-sen] kort overzicht van de inhoud, schets: ★ *de ~ van de film*
sy·nop·tisch [sie-] *(‹Gr) bn* ❶ een overzicht gevend ❷ (als) van de synoptici
syn·tac·tisch [sin-] *(‹Du‹Gr) bn* taalk op de zinsbouw of de syntaxis betrekking hebbend
syn·tag·ma [sin-] *(‹Gr) het* [-mata, 's] geheel van woorden in een zinsverband, woordgroep
syn·taxis [sin-] *(‹Gr) de (v)* leer van de groepering van de woorden tot zinsdelen en zinnen
syn·the·se [sinteezə] *(‹Fr‹Gr) de (v)* [-n *en* -s] ❶ verbinding van afzonderlijke elementen tot een nieuw geheel ❷ chem kunstmatige opbouw van verbindingen uit hun elementen; aldus bereide stof ❸ samenvattende beschouwing ❹ ‹in de Hegeliaanse filosofie› de hogere eenheid die voortkomt uit een these en een antithese
syn·the·siz·er [sinthəsaizə(r), Engelse th] *(‹Eng) de (m)*

[-s] elektronisch toestel met een toetsenbord, waarmee de klanken van muziekinstrumenten vervormd en gecombineerd kunnen worden
syn·the·tisch [sintee-] *(‹Gr) bn* ❶ op synthese berustend ❷ door synthese opgebouwd ❸ kunstmatig vervaardigd: ★ *synthetische rubber*
syn·the·ti·se·ren [sinteetiezee-] *ww* [synthetiseerde, h. gesynthetiseerd] BN samenvatten
Sy·ri·ër [sie-] *(‹Lat) de (m)* [-s] iem. geboortig of afkomstig uit Syrië
Sy·risch [sie-] *(‹Lat)* **I** *bn* van, uit, betreffende Syrië **II** *het* Oudarmees dialect
sysop [siesop] *(‹Eng) de* [-s] comput *system operator* [systeembeheerder]
sys·teem [sis-, sies-] *(‹Fr‹Gr) het* [-temen] ❶ stelsel, geheel van logisch geordende begrippen, stellingen of voorwerpen: ★ *een filosofisch ~* ★ *een ~ van afvoerbuizen* ❷ ordening, systematiek, manier waarop iets is opgebouwd: ★ *een wereldbeschouwing zonder ~*; nat ordening van de natuurobjecten volgens kenmerken ; zie ook → **periodiek**
sys·teem·ana·list [sis-, sies-] *de (m)* [-en] deskundige voor systeemanalyse
sys·teem·ana·ly·se [sis-, siesteemaanaaliezə] *de (v)* onderzoek naar de doelmatigheid van de informatieverwerking binnen een organisatie en formulering van voorstellen om deze verwerking door inschakeling van computersystemen zo efficiënt mogelijk te laten verlopen
sys·teem·be·heer·der [sis-, sies-] *de (m)* [-s] comput iem. die verantwoordelijk is voor het operationeel-zijn van een computernetwerk
sys·teem·bouw [sis-, sies-] *de (m)* wijze van bouwen waarbij vooraf gereedgemaakte grote onderdelen gebruikt worden
sys·teem·dwang [sis-, sies-] *de (m)* ❶ de macht van een systeem, waaraan men zich niet kan onttrekken ❷ taalk neiging om onregelmatigheden zodanig te veranderen dat ze volgens een systeem juist zijn
sys·teem·ei·sen *mv* comput eisen waaraan de hardware moet voldoen voor de toepassing van bep. programmatuur
sys·teem·kaart [sis-, sies-] *de* [-en] ❶ kaart in een kaartsysteem ❷ bridge kaart met daarop het systeem dat men speelt, bedoeld om de tegenstanders daar kennis van te laten nemen
sys·teem·klok [sis-] *de* [-ken] klok binnen een computersysteem
sys·teem·ont·wer·per [sis-, sies-] *de (m)* [-s] systeemanalist
sys·teem·tijd [sis-] *de (m)* tijd die door de systeemklok wordt aangegeven
sys·te·ma·ti·cus [sis-, siestee-] *de (m)* [-ci] ❶ iem. die een systeem of systemen samenstelt, beoefenaar van de systematiek ❷ iem. die systematisch te werk gaat
sys·te·ma·tiek [sis-, sies-] *(‹Du‹Gr) de (v)* ❶ leer van de systemen ❷ rangschikking van delen of elementen: ★ *er zit een zekere ~ in deze manier van denken*

❸ ordening van dieren, planten en chemische elementen, volgens een bepaald systeem

sys·te·ma·tisch [sis-, sies-] *(‹Fr‹Gr) bn* stelselmatig, volgens een systeem

sys·te·ma·ti·se·ren [sis-, siesteemaatiezee-] *(‹Fr) ww* [systematiseerde, h. gesystematiseerd] tot een systeem maken, in een systeem, stelselmatig rangschikken

sys·tem·tray [sistəmtree] *(‹Eng) de* [-s] ‹comput in Windows› verzameling pictogrammen, meestal rechts op de taakbalk, die snelle toegang verschaffen tot veelgebruikte functies of applicaties

sys·to·le *(‹Lat‹Gr) de* [-n] med fase in de hartcyclus waarin het hart zich samentrekt; *vgl*: → **diastole**

T

t¹ *de* ['s] 20ste letter van het alfabet ★ *een tafel in T-vorm* een lange tafel met een korte tafel tegen een van de korte einden

t² *afk* ton, *1000 kg*

't *lidw & persoonlijk vnw* verkorte vorm van → **het**: ★ ~ *gaat niet* ★ *we gaan naar ~ eiland*

Ta *afk* symbool voor het chemisch element *tantalium*

taai *bn* ❶ zeer buigzaam, moeilijk te breken of te verdelen: ★ ~ *deeg,* ~ *vlees,* ~ *hout* ❷ fig sterk, met veel uithoudingsvermogen: ★ *de oude man is nog ~* ★ *houd je ~!* ★ *een ouwe taaie* een oude man die nog goed mee kan komen ❸ papperig, niet goed vloeibaar: ★ *taaie stroop* ❹ fig vervelend, moeilijk te verwerken: ★ *een taaie studie*

taai·slijm·ziek·te *de (v)* erfelijke ziekte waarbij de klieren van de pancreas, lever, longen, darmen, huid en mond taai slijm produceren, dat ter plekke vast blijft zitten en moeilijk of niet kan worden afgevoerd

taai·taai *de (m) & het* NN taaie koek, bereid uit roggemeel en stroop

taak *de* [taken] ❶ opdracht, werk dat men zich opgelegd heeft te doen; werk dat men behoort te doen: ★ *zich van een ~ kwijten* ★ *niet voor zijn ~ berekend zijn* ❷ extra werk dat een leerling in de vakantie moet maken; BN ook, spreektaal huiswerk (voor school)

taak·ana·list *de (m)* [-en] iem. die methodisch nagaat hoe de taken in een bedrijf het doelmatigst verdeeld kunnen worden

taak·ana·ly·se [-liezə] *de (v)* werkzaamheid van de taakanalist

taak·balk *de (m)* [-en] comput balk op het beeldscherm waarop alle geopende applicaties zijn weergegeven door pictogrammen waarop men kan klikken om de gewenste applicatie op het beeldscherm getoond te krijgen

taak·le·raar *de (m)* [-raren en -s] BN leraar belast met het bijwerken van achterop geraakte leerlingen, bijlesleraar, remedial teacher

taak·om·schrij·ving *de (v)* beschrijving van werkzaamheden

taak·stel·ling *de (v)* het zichzelf stellen of anderen opdragen van een taak

taak·straf *de* [-fen] recht alternatieve straf, waarbij de veroordeelde een bep. taak moet verrichten: ★ *binnen de taakstraffen wordt onderscheid gemaakt tussen leerstraffen en werkstraffen*

taak·uur *het* [-uren] uur door de leraar besteed aan een hem opgedragen taak buiten de lesuren

taak·ver·de·ling *de (v)* [-en] werkverdeling

taal *de* [talen] ❶ de woorden waarin een volk of een kleinere groep mensen zijn gedachten en gevoelens uitdrukt ★ *levende, moderne talen* talen die nog door bestaande volken gesproken worden ★ *dode talen* door geen enkel volk meer gesproken talen ★ *klassieke talen* Latijn en Grieks ★ *hij zweeg in alle talen* hij zei geen woord ❷ de woorden waarin iemand zijn gedachten en gevoelens uitdrukt ★ *beschaafde ~* ★ *ruwe ~* ★ *slordige ~* ★ *wel ter tale zijn* welbespraakt zijn ★ *~ noch teken geven* niets van zich laten horen ❸ middel om gedachten en gevoelens uit te drukken: ★ *de ~ van het lichaam* ★ *een duidelijke ~ spreken* geen twijfel overlaten

taal·ad·vi·seur *de (m)* [-s] BN functionaris bij ministeries enz. die toezicht houdt op het taalgebruik en als adviseur optreedt bij taalproblemen

taal·ar·moe·de *de* het taalarm-zijn

taal·at·las *de (m)* [-sen] atlas van taalkaarten

taal·bar·riè·re [-rjèrə] *de* verschil in taal als moeilijk overkoombare hindernis

taal·be·derf *het* het slecht en onjuist gebruiken van taal

taal·be·grip *het* inzicht in taal; juiste beschouwing omtrent taal

taal·be·heer·sing *de (v)* ❶ het goed kunnen gebruiken van de (moeder)taal ❷ wetenschap waarin studie wordt verricht naar de factoren die een rol spelen bij het goede gebruik van de (moeder)taal

taal·be·oe·fe·naar *de (m)* [-s, -naren] iem. die de taalwetenschap beoefent

taal·be·we·ging *de (v)* [-en] actie ten gunste van een taal die gevaar loopt door een andere verdrongen te worden: ★ *de Vlaamse ~*

taal·boek *het* [-en] leerboek voor de taal

taal·cur·sus *de (m)* [-sen] reeks taallessen

taal·daad *de* [-daden] taalhandeling

taal·ei·gen *het* de eigenaardigheden van een taal

taal·ei·land *het* [-en] klein taalgebied dat omringd is door een ander

taal·fa·mi·lie *de (v)* [-s] groep verwante talen

taal·fout *de* [-en] fout tegen de taalregels

taal·ge·bied *het* [-en] ❶ gebied waar een bepaalde taal gesproken wordt ❷ ★ *op ~ met betrekking tot de taal*

taal·ge·bruik *het* wat in de omgangstaal gebruikelijk is

taal·ge·leer·de *de* [-n] beoefenaar van de taalwetenschap, linguïst

taal·ge·o·gra·fie *de (v)* ❶ studie van de taalverschijnselen naar hun aardrijkskundige verbreiding ❷ het in kaart brengen daarvan

taal·ge·voel *het* het aanvoelen van wat juist is bij het gebruik van een taal

taal·grens *de* [-grenzen] grens tussen twee taalgebieden

taal·groep *de* [-en] groep verwante talen

taal·han·de·ling *de (v)* [-en] handeling die wordt uitgevoerd door het doen van een taaluiting: ★ *'ik beloof te komen' is een voorbeeld van een ~*

taal·kaart *de* [-en] kaart waarop de verspreiding van bepaalde taalverschijnselen aangegeven is

taal·ka·der *het* [-s] BN zodanige personeelssamenstelling dat er een vaste verhouding is tussen Nederlands- en Franstaligen

taal·kamp *het* [-en] BN vakantie waarin kinderen of jongeren een vreemde taal leren

taal·kring *de (m)* [-en] groep mensen met een voor die groep kenmerkend taalgebruik

taal·kun·de *de (v)* wetenschap van de natuurlijke, menselijke taal, linguïstiek

taal·kun·dig, **taal·kun·dig** *bn* van, betreffende de taalkunde, linguïstisch ★ *taalkundige ontleding* ontleding van een zin naar de woordsoorten

taal·kun·di·ge, **taal·kun·di·ge** *de* [-n] beoefenaar van de taalkunde, linguïst

taal·kun·ste·naar *de (m)* [-s] iem. die in staat is zich fraai in taal uit te drukken

taal·kwes·tie *de (v)* [-s] ❶ probleem waarbij het om de taal gaat ❷ BN de vraag waar en bij welke gelegenheid Nederlands, Frans dan wel Duits de voertaal moet zijn

taal·lab *het* [-s] BN talenpracticum

taal·la·bo *het* ['s] BN ook talenpracticum

taal·la·bo·ra·to·ri·um *het* [-ria] BN ook talenpracticum; soms verkort tot *taallabo*

taal·le·raar *de (m)* [-s, -raren] iem. die een taal onderwijst

taal·les *de* [-sen] les over de taal, les in een taal

taal·oe·fe·ning *de (v)* [-en] oefening in het goed gebruiken van de taal

taal·on·der·wijs *het* onderwijs in een taal

taal·pa·ri·teit *de (v)* [-en] BN numeriek gelijke vertegenwoordiging van Nederlands- en Franstaligen in verschillende overheidsfuncties e.d.

taal·par·tij *de (v)* [-en] in België politieke partij die in het bijzonder de belangen behartigt van één van de drie bevolkingsgroepen die een officiële taal spreken

taal·po·li·tiek *de (v)* regeringsbeleid in taalaangelegenheden, vooral in landen waar meer dan één taal wordt gesproken

taal·raads·man *de (m)* [-raadslieden] BN functionaris bij ministeries, bij de omroep enz., belast met het toezicht op het taalgebruik van de medewerkers, tevens fungerend als vraagbaak voor taalproblemen

taal·re·gel *de (m)* [-s] regel betreffende het gebruik van een taal

taal·rol *de* [-len] BN lijst van personen die een bep. taal spreken: ★ *Nederlandse, Franse, Duitse ~*

taal·schat *de (m)* de gezamenlijke woorden, gezegden enz. van een taal

taal·sta·tuut *het* [-tuten] BN bepaling voor het gebruik van de landstalen in gemeenten, instellingen en bedrijven

taal·stel·sel *het* [-s] BN geheel van regels voor het gebruik van de landstalen in gemeenten, instellingen en bedrijven

taal·strijd *de (m)* ❶ strijd voor het gebruik van een bepaalde taal ❷ BN strijd om de vraag waar en wanneer Nederlands, Frans dan wel Duits de voertaal moet zijn

taal·stu·die *de (v)* [-s, -diën] ❶ studie in een of meer talen ❷ studie van de taal in het algemeen

taal·toe·zicht *het* [-en] BN controle op de toepassing van de taalwetten

taal·tuin *de (m)* [-en] BN, hist rubriek in kranten e.d., gewijd aan taalzaken, in het bijzonder ter bevordering van de cultuurtaal in Vlaanderen, taalrubriek

taal·tui·nier *de (m)* [-s] BN, hist ❶ schrijver van taalrubrieken: ★ *Jan Grauls en Maarten van Nierop zijn de bekendste taaltuiniers* ❷ ongunstig iem. die als een muggenzifter op de taal let, taalzuiveraar, purist

taal·vaar·dig·heid *de (v)* vaardigheid in het gebruik van de taal

taal·ver·ar·ming *de (v)* vermindering van de uitdrukkingsmiddelen van een taal

taal·ver·rij·king *de (v)* toevoeging van uitdrukkingsmiddelen aan de taalschat

taal·ver·vui·ling *de (v)* proces van het insluipen van fouten of van vreemde woorden of uitdrukkingen in een taal (gebruikt als afkeurende term)

taal·ver·want·schap *de (v)* onderlinge verhouding tussen talen die uit een grondtaal zijn voortgekomen: ★ *er is een grote ~ tussen het Nederlands en het Duits*

taal·ver·wer·ving *de (v)* het zich op natuurlijke wijze eigen maken van de moedertaal of van een vreemde taal

taal·vorm *de (m)* [-en] ❶ bestanddeel van een taal ❷ uitdrukkingswijze

taal·wet *de* [-ten] ❶ vaste regel betreffende taalverschijnselen ❷ staatswet betreffende het gebruik van een taal

taal·we·ten·schap *de (v)* taalkunde ★ *algemene ~* wetenschap die de algemene regels en principes bestudeert die de structuur en het gebruik van de natuurlijke taal bepalen

taal·zui·ve·raar *de (m)* [-s] iem. die streeft naar taalzuivering, purist

taal·zui·ve·ring *de (v)* het vermijden of vervangen van vreemde woorden in een taal, purisme

taan *‹Fr› de* geelrode verfstof uit eikenschors gemaakt

taart *‹Fr› de* [-en] ❶ groot gebak met (slag)room, vruchten enz.; zie ook → **taartje** ❷ inf opgemaakte, gezette dame op leeftijd

taart·bo·dem *de (m)* [-s] onderbouw van deeg, waarop de verdere bestanddelen van een taart worden aangebracht

taart·di·a·gram *het* [-men] grafische voorstelling waarin de vergeleken hoeveelheden worden afgebeeld als taartpunten in een cirkel

taart·doos, **taar·ten·doos** *de* [-dozen] doos waarin een taart of taarten verpakt worden

taar·ten·schep, **taart·schep** *de* [-pen] sierlijke platte schep om gebakjes of taartpunten mee op te nemen

taar·ten·vork·je, **taart·vork·je** *het* [-s] vorkje waarmee men gebak eet

taart·je *het* [-s] ❶ gebakje ❷ kleine taart

taart·schep *de* [-pen] → **taartenschep**

taart·vork·je *het* [-s] → **taartenvorkje**

taart·vorm *de (m)* [-en] → **vorm** (bet 2) waarin een taart gebakken wordt

taats *‹‹Oudfrans› de* [-en] ❶ spijker met een grote kop ❷ spil, tolpunt

tab [teb] *‹‹Eng› de (m)* [-s] uitsteeksel aan een kaart van een kaartsysteem om een scheiding te markeren, ruitertje

tab. *afk* ❶ (op een schrijfmachine) tabulator ❷ tabel

ta·bak *‹‹Sp‹Arab› de (m)* [-ken] ❶ gedroogde bladen van de tabaksplant, die in een pijp, sigaar of sigaret gerookt worden of als pruimtabak gekauwd worden ★ NN *er ~ van hebben (krijgen)* er genoeg van hebben (krijgen) ❷ de tabaksplant (*Nicotiana*)

ta·baks·blad *het* [-bladen, -bladeren, -blaren] blad van de tabaksplant

ta·baks·bouw *de (m)* het verbouwen van tabak

ta·baks·cul·tuur[1] *de (v)* het verbouwen van tabak

ta·baks·cul·tuur[2] *de (v)* [-turen], **ta·baks·cul·tu·re** *de (v)* [-s] tabaksplantage

ta·baks·doos *de* [-dozen] doos voor of met tabak

ta·baks·han·del *de (m)* handel in tabak

ta·baks·in·dus·trie *de (v)* industrie die ruwe tabak verwerkt tot rooktabak, sigaren, sigaretten enz.

ta·baks·on·der·ne·ming *de (v)* [-en] tabaksplantage

ta·baks·pijp *de* [-en] pijp om tabak te → **roken**[1] (bet 1)

ta·baks·plant *de* [-en] tot de nachtschaden behorende plant, waarvan de bladen tot tabak verwerkt worden (*Nicotiana*)

ta·baks·plan·ta·ge [-zjə] *de (v)* [-s] bedrijf waar men tabak verbouwt

ta·baks·plan·ter *de (m)* [-s] eigenaar van een tabaksplantage

ta·baks·pot *de (m)* [-ten] pot met of voor tabak

ta·baks·pruim *de* [-en] plukje tabak dat gekauwd wordt

ta·baks·rook *de (m)* rook van tabak

ta·baks·teelt *de* tabaksbouw

ta·baks·walm *de (m)* dikke tabaksrook

ta·baks·zak *de (m)* [-ken] leren, papieren enz. zak voor tabak

ta·bas·co *de (m)* pittige Mexicaanse saus, genoemd naar de deelstaat Tabasco in Mexico

tab·baard, **tab·berd** *‹Fr› de (m)* [-s en -en] mantel, lang bovenkleed, vooral van rechters en pleitbezorgers en van Sinterklaas ★ NN *iem. op zijn ~ geven* slaag geven *of* een standje geven

tab·blad *het* [-bladen] ❶ blad dat een ordner onderverdeelt ❷ comput leesvenster met aan de bovenkant een aantal tabs waarmee een volgend venster kan worden gekozen en geopend

ta·bee *‹Mal› tsw* NN gegroet!, vaarwel!

ta·bel ‹‹Lat› de [-len] lijst die een overzicht geeft van een groot aantal feiten of gegevens, meestal in de vorm van alleen namen of cijfers

ta·bel·la·risch ‹‹Du› bn ❶ in de vorm, op de wijze van een tabel ingericht ❷ met tabellen

ta·ber·na·kel ‹‹Lat› de (m) & het [-s, -en] ❶ draagbaar heiligdom van de Joden tijdens hun tocht door de woestijn ❷ RK kastje op het altaar waarin de gewijde hosties worden bewaard ★ NN *iem. op zijn ~ geven* hem een pak slaag geven

tab·kaart [teb-] *de* [-en] (systeem)kaart met een tab, een erbovenuit stekend stukje

ta·bla ‹‹Hindi› *de (m)* ['s] stel van twee trommels in de klassieke muziek van Voor-Indië

ta·bla·tuur ‹‹Fr‹Lat› *de (v)* muz afbeelding van een blaasspeeltuig met de gaten ter aanduiding van de voort te brengen tonen; zie ook → **tabulatuur**

ta·bleau [-bloo] ‹‹Fr› *het* [-s] ❶ schilderij; tafereel ★ *~ vivant* levend schilderij, voorstelling van een tafereel door onbeweeglijke, levende personen ❷ lijst, register ★ *~ de la troupe* lijst van leden van een toneelgezelschap ❸ plateau: ★ *een ~ met gouden ringen in een juwelierswinkel*

ta·blet ‹‹Fr› *de & het* [-ten] ❶ plak (chocola) ❷ (kleine) hoeveelheid stof in de vorm van een plat rond plaatje geperst, vooral van geneesmiddelen

tab·loid [teb-] ‹‹Eng› *de (m)* [-s] schandaalkrant, boulevardblad, vooral in Engeland

ta·boe ‹‹Polynesisch› **I** *de (m) & het* [-s] ❶ iets wat vermeden moet worden of met veel omzichtigheid moet worden benaderd ❷ algemeen iets waarover men niet behoort te spreken **II** *bn* ❶ taboe zijnde ❷ verboden: ★ *zonder kaartje in de tram zitten is ~*

ta·boe·ret ‹‹Fr› *de (m)* [-ten] ❶ stoeltje zonder leuning ❷ voetbankje

ta·bou·leh *de* [-s] ‹‹Arab› cul koude couscoussalade

tab·stop *de* [-s] comput instelbare punten op een regel in een tekstdocument waarop de cursor stopt bij het indrukken van de tabtoets

ta·bu·la ra·sa [-zaa] ‹‹Lat› *de (v)* eig gladgestreken wastafel, waarop niets meer te lezen valt ★ *~ maken* fig schoon schip maken, met een schone lei beginnen

ta·bu·la·tor ‹‹Lat› *de (m)* [-s] kolommensteller op een schrijfmachine

ta·bu·la·tuur ‹‹Lat› *de (v)* muz muzieknotatie door middel van letters en cijfers; zie ook → **tablatuur**

ta·chis·me [-sjies-] ‹‹Fr› *het* richting in de Europese abstracte schilderkunst, verwant aan het (Amerikaanse) abstract expressionisme, waarbij men veel werkt met vlekken en verfspatten

ta·chist [-sjist] ‹‹Fr› *de (m)* [-en] schilder op de wijze van het tachisme

ta·cho·graaf ‹‹Gr› *de (m)* [-grafen] tachometer met een inrichting voor het grafisch weergeven van tijden die een auto gereden heeft, o.a. gebruikt bij de controle op de rij- en rusttijden van beroepschauffeurs

ta·cho·me·ter ‹‹Gr› *de (m)* [-s] toestel om de snelheid van een beweging of een toerental te meten

tach·tig hoofdtelw

tach·ti·ger *de (m)* [-s] ❶ iemand van tachtig jaar ❷ ★ *de Tachtigers* groep schrijvers die ± 1880 vernieuwing brachten in de Nederlandse letterkunde

tach·tig·ja·rig *bn* van tachtig jaar ★ hist *de Tachtigjarige Oorlog* 1568-1648, oorlog tussen Spanje en de Nederlanden

tach·tig·ste rangtelw

tach·tig·voud *het* [-en] getal dat door tachtig deelbaar is

tach·tig·vou·dig *bn* tachtig maal zoveel

ta·chy·car·die [-gie-] *de (v)* med te snelle werking van het hart

ta·chy·gra·fie [-gie-] ‹‹Gr› *de (v)* snelschrijfkunst door verkortingen

ta·chy·me·ter [-gie-] ‹‹Gr› *de (m)* [-s] instrument waarmee men tegelijk de horizontale situatie van een terrein en de hoogteverschillen kan opnemen

tacke·len *ww* [tekkə-] ‹‹Eng› [tackelde, h. getackeld] ❶ voetbal een tegenstander aanvallen met een krachtige schouderduw om hem zo van de bal af zetten ❷ fig krachtig aanvallen in het algemeen ❸ ‹problemen› op krachtige wijze oplossen

tack·le [tekkəl] ‹‹Eng› *de (m)* [-s] daad van het tackelen

ta·co ‹‹Sp› *de (m)* ['s] ‹in Latijns-Amerika› gevouwen tortilla met daarin o.a. vlees, bonen en pepers

tact ‹‹Fr‹Lat› *de (m)* fijn gevoel, zuiver en zeker oordeel omtrent de in een sociale situatie te vervullen rol, kiesheid: ★ *met ~ te werk gaan*

tac·ti·cus ‹‹Gr› *de (m)* [-ci] ❶ iem. die of voor zover hij de tactiek beheerst ❷ man van overleg en handigheid

tac·tiek ‹‹Fr‹Gr› *de (v)* ❶ leer van de gevechtsvoering, vooral die op kleine schaal; vgl: → **strategie** ❷ beleid, methode waarmee men te werk gaat om een doel te bereiken

tac·tiel ‹‹Fr‹Lat› *bn* ❶ de tastzin betreffend ❷ tastbaar, voelbaar

tac·tisch ‹‹Du‹Gr› *bn* ❶ tot de tactiek behorende ❷ in overeenstemming met de tactiek; met overleg, handig ❸ ★ *tactische wapens* mil (kern)wapens van klein kaliber

tact·loos *bn* zonder tact

tact·vol *bn* met tact

Ta·dzjiek *de (m)* [-en] iem. geboortig of afkomstig uit Tadzjikistan

Ta·dzjieks, Ta·dzji·ki·staans I *bn* van, uit, betreffende Tadzjikistan **II** *het* taal van Tadzjikistan

tae-bo® [taj-boo] *het* combinatie van taekwondo, boksen en aerobics, vooral als conditietraining

tae·kwon·do [tai-] ‹‹Koreaans› *het* Koreaanse vechtsport waarbij veel beentechnieken toegepast worden

taf ‹‹Fr‹Perz› *de (m) & het* lichte, gladde zijden stof

ta·fel ‹‹Lat› *de* [-s, 5 *ook* -en] ❶ meubel met

tafelberg–tag

horizontaal blad op één of meer poten rustend: ★ *er staat een vaas op de tafel* ★ *een spelletje doen aan de ~* ❷ eettafel: ★ *aan ~ gaan, zitten* ★ *de borden staan al op ~* ★ *iem. onder (de) ~ drinken* bij een gezamenlijke drinkpartij beter tegen de drank blijken te kunnen dan de ander ★ *scheiding van ~ en bed* opheffing van de samenwoning van echtgenoten ★ prot *de Tafel des Heren* de Avondmaalstafel ❸ de aanzittende personen: ★ *de hele ~ applaudisseerde* ; zie ook bij → **open** ❹ tafel waaraan de deelnemers aan een vergadering zitten ★ *om de ~ gaan zitten* gezamenlijk bespreken, overleggen ★ NN *ter ~ brengen* in bespreking brengen ★ *de groene ~* bestuurstafel, regeringstafel, tafel voor examinatoren; *ook* speeltafel ★ NN *van / onder (de) ~ vegen,* BN *van / onder ~ vegen* afwijzen zonder in bespreking te nemen ★ spreektaal *onder de ~ kletsen* in een discussie overdonderen ❺ plaat van hout, steen, metaal waarop iets geschreven of getekend staat: ★ *de tafelen der Wet* ★ *de Wet der twee stenen tafelen* de oudtestamentische wet van de tien geboden ★ *de wetten der twaalf tafelen* oude Romeinse wetten ❻ lijst, tabel: ★ *de tafels van vermenigvuldiging* ★ *kan jij de ~ van vijf opzeggen?* ❼ vlak (van een briljant)
ta·fel·berg *de (m)* [-en] berg met een platte top
ta·fel·bil·jart *het* [-s, -en] klein biljart dat op een tafel gelegd kan worden
ta·fel·blad *het* [-bladen] blad van een tafel
ta·fel·da·me *de (v)* [-s] rechter buurdame van een heer bij een feestmaal
ta·fel·dans *de (m)* [-en] beweging van een tafel tijdens een spiritistische seance
ta·fel·dek·ken *ww & het* (het) dekken van de tafel voor een maaltijd
ta·fel·die·nen *ww & het* (het) opdienen van de gerechten bij een maaltijd
ta·fel·doek *de (m)* [-en] ❶ tafelkleed; tafellaken ❷ m.g. *tafeldoekje* servet
ta·fel·drank *de (m)* [-en] bij de maaltijd gedronken drank
ta·fe·len *ww* [tafelde, h. getafeld] aan de eettafel zitten ★ *zwaar ~* veel eten en drinken
ta·fel·ge·bed *het* [-beden] gebed vóór en na het eten
ta·fel·ge·rei *het* voorwerpen bij het eten gebruikt (eetservies, vorken, lepels e.d.)
ta·fel·ge·sprek *het* [-ken] gesprek aan de tafel
ta·fel·goed *het* tafellinnen
ta·fel·heer *de (m)* [-heren] heer die een tafeldame begeleidt en aan de linkerkant naast haar zit
ta·fel·kleed *het* [-kleden] ❶ kleed dat ter versiering of bescherming over de tafel ligt als er niet gegeten wordt ❷ tafellaken
ta·fel·la *de* ['s, -laas], **ta·fel·la·de** *de* [-n] schuiflade in een tafel
ta·fel·la·ken *het* [-s] kleed (van linnen e.d.) voor de maaltijd over tafel gelegd ★ NN *te groot voor servet en te klein voor ~* tussen kind en volwassene (gezegd van pubers)
ta·fel·land *het* [-en] vlak hoogland
ta·fel·lin·nen *het* tafellakens en servetten
ta·fel·lo·per *de (m)* [-s] lang smal kleedje midden over een tafel
ta·fel·ma·nie·ren *mv* ★ *~ hebben* weten hoe zich te gedragen tijdens de maaltijd
ta·fel·mat·je *het* [-s] matje om hete schalen op te zetten
ta·fel·mes *het* [-sen] bij de maaltijd gebruikt mes
ta·fel·poot *de (m)* [-poten] poot van een tafel
ta·fel·re·de *de* [-s] tijdens een maaltijd gehouden toespraak
Ta·fel·ron·de *de* Ronde Tafel, zie bij → **ridder**
ta·fel·schik·king *de (v)* [-en] regeling van de zitplaatsen aan tafel
ta·fel·schui·mer *de (m)* [-s] iem. die graag eet op andermans kosten, uitvreter
ta·fel·spel *het* [-spelen] op een tafel gespeeld gezelschapsspel
ta·fel·stoel *de (m)* [-en] hoge kinderstoel met vooraan een plank waarop een bord e.d. gezet kan worden
ta·fel·ten·nis *het* tennisspel met lichte balletjes, op een tafel gespeeld, pingpong
ta·fel·ten·nis·sen *ww* [tafeltenniste, h. getafeltennist] tafeltennis spelen
ta·fel·tje·dek·je *het* ❶ sprookjestafel die zichzelf dekt ★ *het was ~* de eettafel was gauw gedekt ❷ in Nederland benaming voor een particuliere organisatie die (tegen een kleine vergoeding) maaltijden aan huis brengt bij mensen die hun eten niet (meer) zelf kunnen halen of bereiden (zieken, bejaarden e.d.)
ta·fel·voet·bal *het* spel gespeeld op een omrande tafel, waarbij een balletje in beweging wordt gebracht door aan draaibare stangen bevestigde poppetjes
ta·fel·wijn *de (m)* [-en] bij de maaltijd gedronken wijn
ta·fel·zeil *het* [-en] NN zeildoek als tafellaken
ta·fel·zil·ver *het* zilveren lepels, vorken, messen e.d.
ta·fel·zout *het* fijn zout voor bij de maaltijd
ta·fel·zuur *het* [-zuren] NN bij de maaltijd gegeten, ingelegde augurkjes, uitjes e.d.
ta·fe·reel (‹Oudfrans› *het* [-relen] ❶ afbeelding of voorstelling van een gebeurtenis of situatie; in woorden geschetste voorstelling: ★ *een luchtig ~ schetsen* ❷ gedeelte van een bedrijf van een toneelstuk ❸ gebeurtenis: ★ *er speelden zich hartverscheurende taferelen af*
taf·fen *bn* van taf
taf·leng·te *de (v)* [-n, -s] roeisport lengte van de (met taf bespannen) punt van een boot
taf·zij, **taf·zij·de** *de* taf
taf·zij·den *bn* van tafzijde
tag [teɣ] (‹Eng› *de (m)* [-s] ❶ snel gemaakte graffititekening, fungerend als een soort paraaf van de maker en meestal op veel plaatsen aangebracht ❷ comput label of code die aan een gegeven of

record wordt toegekend bij wijze van identificatie
Ta·ga·log *het* dialect van de Filippijnse talen, gesproken in Manilla en omgeving, dat de basis is van de officiële nationale taal van de Filippijnen
ta·glia·tel·le [taljaatellə] ⟨*It*⟩ *de* cul deegwaar in de vorm van platte, smalle linten
ta·grijn ⟨*wrsch. Aramees*⟩ *de (m)* [-s en -en] NN uitdrager in tweedehands scheepsspullen
ta·hin *de* pasta van sesamzaad
Ta·hi·ti·aan *de (m)* [-anen] iem. geboortig of afkomstig van Tahiti
Ta·hi·ti·aans *bn* van, uit, betreffende Tahiti
ta·hoe ⟨*Mal*⟩ *de (m)* een in plakken verkrijgbaar product van gemalen en geperste sojabonen, dat gebakken genuttigd wordt, tofoe
tai chi [-tsjie] ⟨*Chin*⟩ *de (m)* Chinese lichaamsoefeningen met langzame, beheerste bewegingen
tai·foen ⟨*Eng*⟨*Chin*⟩ *de (m)* [-s] → **tyfoon**
tai·ga [-yaa] ⟨*Russ*⟩ *de* oerwoud van naaldbomen in Siberië
tai·ko·naut ⟨*Chin-Gr*⟩ *de (m)* [-en] Chinese astronaut
tail·le [tajjə] ⟨*Fr*⟩ *de* [-s] ❶ middel van het lichaam ❷ oude Franse directe belasting
tail·le·band [tajjə-] *het* [-en] band van ijzergaren, gebruikt voor een gordel om de → **taille** (bet 1)
tail·le·ren *ww* [tajjee-] ⟨*Fr*⟨*Lat*⟩ [tailleerde, h. getailleerd] ⟨kleding⟩ van een duidelijk zichtbare → **taille** (bet 1) voorzien
tail·leur [tajjeur] ⟨*Fr*⟩ *de (m)* [-s] kleermaker
Tai·wa·nees I *de (m)* [-nezen] iem. geboortig of afkomstig uit Taiwan II *bn* van, uit, betreffende Taiwan
ta·jine [-zjien] ⟨*Arab*⟩ *de* [-s] Noord-Afrikaans gerecht van eieren en lamsvlees
TAK *afk* Taalaktiekomitee [een Vlaams-nationalistische actiegroep]
tak *de (m)* [-ken] ❶ houtige bladerstengel aan een boom of struik ★ *met wortel en* ~ *uitroeien* grondig ★ *van de hak op de* ~ *springen* zie bij → **hak**⁴ ❷ fig zijdelingse uitloper van een gewei, een rivier, elektrische leiding; onderdeel: ★ *enkele takken van sport; afdeling* ; zie ook bij → **wandelend**
ta·kel *de (m) & het* [-s] stel katrollen, hijswerktuig
ta·ke·la·ge [-zjə] *de (v)* uitrusting van een zeilschip
ta·kel·au·to [-oo- of -au-] *de (m)* ['s] takelwagen
ta·kel·blok *het* [-ken] blok met katrollen van een takel
ta·ke·len *ww* [takelde, h. getakeld] ❶ met een takel ophijsen ❷ een schip van touw- en zeilwerk voorzien
ta·ke·ling *de (v)* alles wat nodig is voor de uitrusting van een schip
ta·kel·wa·gen *de (m)* [-s] auto met een hijskraan om beschadigde of foutief geparkeerde voertuigen weg te slepen
ta·kel·werk *het* takelage
take-off [teek-] ⟨*Eng*⟩ *de (m)* ❶ het opstijgen van een vliegtuig, raket e.d. ❷ versnelde ontwikkeling in het algemeen, waardoor iets een hoge vlucht kan nemen
tak·ke- *voorv* NN, spreektaal zeer slecht, afschuwelijk: ★ *takkewijf* ★ *ik heb genoeg van dit takkewerk!*
tak·ken·bos *de (m)* [-sen] bundel takken
tak·ki·tak·ki *het* NN, smalend, spreektaal Sranantongo, de lingua franca in Suriname
taks¹ ⟨*Fr*⟩ *de* [-en] ❶ NN vastgestelde maximale hoeveelheid of aandeel ★ *hij is al aan zijn* ~ heeft al voldoende, kan of mag niet nog meer hebben (vooral m.b.t. alcoholconsumptie) ❷ BN ook belasting, toeslag; recht; strafport; vastgesteld bedrag, vergoeding (voor bep. diensten)
taks² ⟨*Du*⟩ *de (m)* [-en] dashond
taks·vrij *bn* BN ook belastingvrij, taxfree (o.a. op luchthavens)
tal *het* [-len] aantal (vooral als tweede lid in samenstellingen): ★ *dodental, ledental, elftal* ★ ~ *van mensen* een groot aantal mensen ★ NN *zonder* ~ ontelbaar
ta·le *de* taal ★ *de* ~ *Kanaäns* zie bij → **Kanaän**
ta·len *ww* [taalde, h. getaald:] ★ *niet* ~ *naar* geen belangstelling tonen voor, niet geven om
ta·len·ken·nis *de (v)* kennis van verscheidene talen
ta·len·knob·bel *de (m)* [-s] bijzondere aanleg voor het leren van vreemde talen
ta·len·prac·ti·cum *het* [-s, -ca] leslokaal met technische apparatuur (koptelefoons, bandopnamen) voor het leren van vreemde talen
ta·lent ⟨*Lat*⟨*Gr*⟩ *het* [-en] ❶ aanleg, natuurlijke begaafdheid tot een bep. kunst of werkzaamheid: ★ ~ *hebben voor pianospelen* ★ *met zijn talenten woekeren* zijn aanleg zo goed mogelijk benutten ❷ iemand met talent: ★ *Ajax heeft weer een aanstormend* ~ *gekocht* ❸ ⟨oorspr⟩ bij de oude Grieken⟩ een bep. gewicht, vooral van edel metaal; meestal 6000 zilveren drachmen
ta·len·ten·jacht *de* [-en] wedstrijd waarbij een jury personen beoordeelt op hun kwaliteit als zanger, goochelaar e.d.
ta·lent·rijk *bn* talentvol
tal·ent·scout [tellənt-] ⟨*Eng*⟩ *de (m)* [-s] iem. die personen met bijzonder talent op enig gebied (vooral voor de reproducerende kunst) moet opsporen en zo mogelijk engageren (→ **talentenjacht**); vgl.: → **scout** (bet 2)
ta·lent·vol *bn* zeer begaafd
ta·len·won·der *het* [-s] iem. die zeer bedreven is in het leren van vreemde talen; iem. die veel talen beheerst
ta·ler, tha·ler ⟨*Du*⟩ *de (m)* [*mv* idem] vroegere Duitse en Oostenrijkse zilveren munt
talg *de (m)* huidvet
talg·klier *de* [-en] talg afscheidende klier
ta·li·ban ⟨*Arab: Koranstudenten*⟩ [-baan] *mv* extremistische moslimfundamentalisten die vanaf 1996 Afghanistan beheersten
ta·lie ⟨*It*⟩ *de (v)* [-s] soort takel, scheepstakel (die alleen

voor vrij lichte lasten kan dienen)
ta·li·ën *ww* [taliede, h. getalied] met een talie ophijsen
ta·ling *de (m)* [-en] kleinste eendsoort, waaronder de soorten *wintertaling* (*Anas crecca*) en *zomertaling* (*A. querquedula*)
ta·lis·man *(‹Arab‹Gr) de (m)* [-s] onheilspellend of gelukaanbrengend voorwerp
talk¹ *de (m)* hard smeer, talg
talk² *(‹Fr‹Arab) de (m)* ❶ een wit vettig gesteente ❷ talkpoeder
talk·klier *de* [-en] → talgklier
talk·poe·der, talk·poei·er *de (m) & het* → **talk²** in poedervorm (als poeder voor de huid gebruikt)
talk·show [tòksjoo] *(‹Eng) de (m)* [-s] televisieshow waarin veel met gasten gepraat wordt
talk·steen *het* gesteente dat voornamelijk uit → **talk²** bestaat
tal·loos *bn* zeer veel
tal·men *ww* [talmde, h. getalmd] dralen, treuzelen
tal·mer *de (m)* [-s] iem. die talmt
tal·me·rij *de (v)* [-en] getalm
Tal·moed [-moet] *(‹Hebr) de (m)* heilig boek van de joden dat uitleggingen en aanvullingen voor het godsdienstige leven op het Oude Testament bevat
Tal·moe·disch [-moe-] *bn* van de Talmoed of daarop betrekking hebbend
Tal·moe·dist *de (m)* [-en] ❶ kenner van de Talmoed; kandidaat-rabbijn ❷ persoon die in de Talmoed wordt vermeld
ta·lon *(‹Fr‹Lat) de (m)* [-s] ❶ de bij een aandeel of ander effect aan het blad zittende bewijsstrook, op afgifte waarvan nieuwe dividendbewijzen worden afgegeven; ook met betrekking tot coupons ❷ muz onderste gedeelte van een strijkstok
tal·rijk *bn* groot in aantal; **talrijkheid** *de (v)*
tal·stel·sel *het* [-s] telsysteem met een bepaald grondtal
ta·lud *(‹luu)* *(‹Fr) het* [-s] zijhelling, glooiing, schuinte: ★ *de ~ langs een snelweg, een spoorbaan*
tam *bn* ❶ niet wild, mak, getemd: ★ *een tamme beer* ❷ gekweekt: ★ *tamme rozen* ❸ fig gedwee, gematigd: ★ *een tamme leerling* ❹ rustig, saai: ★ *een ~ feest*
ta·ma·got·chi [-ɣotsjie] *(‹Jap) de (m)* ['s] speeltje bestaande uit een klein computertje dat zich 'gedraagt' als een huisdier en dat men als zodanig moet verzorgen
ta·ma·rin·de *(‹Arab) de* [-n, -s] ❶ in Afrika en Azië groeiende boom, waarvan het vruchtmoes als laxeermiddel dient, *Tamarindus indica* ❷ het laxeermiddel van deze boom
ta·ma·rin·de·hout *het* hout van de tamarindeboom
ta·ma·risk *(‹Lat) de (m)* [-en] struikachtige boom, van het geslacht *Tamarix*, voorkomend van het Middellandse Zeegebied tot in Midden-Azië, veel aangeplant in parken en tuinen
tam·boer, tam·boer *(‹Fr) de (m)* [-s] trommelaar

tam·boe·re·ren *ww* [tamboereerde, h. getamboereerd] ❶ NN trommelen ❷ ★ NN, fig *ergens op* ~ ergens op blijven hameren, blijven aandringen ❸ over een raam borduren met de kettingsteek
tam·boe·rijn *(‹Fr) de (m)* [-en] ❶ handtrommel met bellen ❷ borduurraam
tam·bour-maî·tre [-mètrə] *(‹Fr) de (m)* [-s] leider van een korps tamboers
ta·me·lijk *bn* matig, nogal: ★ *ze was ~ ziek*
ta·me·lijk·jes *bijw* nogal, zozo
Ta·mil [-miel] **I** *de (m)* [-s en -len] lid van een etnische bevolkingsgroep in Zuidoost-India en het noorden van Sri Lanka **II** *het* een in Zuidoost-India en het noorden van Sri Lanka gesproken taal
tamp *de* [-en] ❶ uiteinde van een scheepstouw; eindje, stukje ❷ plat penis
tam·pon *(‹Fr) de (m)* [-s] ❶ stuk samengeperste watten die vrouwen tijdens de ongesteldheid in de vagina kunnen dragen ❷ med stopsel van gaas of watten om een wond te sluiten
tam·pon·ne·ren *ww (‹Fr)* [tamponneerde, h. getamponneerd] ❶ med met een tampon sluiten ❷ een nog natte verflaag met een kwast aantippen
tam·pon·ziek·te *de (v)* vergiftiging, voorkomend bij vrouwen die tampons gebruiken, veroorzaakt door de bacterie *Staphylococcus aureus*, die een voedingsbodem vindt in de bloedophoping in en achter de tampon
tam·tam *de (m)* [-s] ❶ handgeslagen trommel uit Afrika of Zuid-Amerika ❷ fig opdringerige reclame, grote aandachttrekkerij: ★ *die film is met veel ~ uitgebracht*
t.a.n. *afk* ten algemenen nutte
tand *de (m)* [-en] ❶ scherp stukje been in de kaak; BN ook kies ★ *de ~ des tijds* de vernielende invloed van de tijd ★ *met lange tanden eten* langzaam, zonder eetlust ★ *tot de tanden gewapend* zwaar bewapend ★ *haar op de tanden hebben* vinnig van zich af weten te praten, hard kunnen optreden ★ *van de hand in de ~ leven* telkens het verdiende geld opmaken, zonder zorgen voor de toekomst ★ *met de* (of *een*) *mond vol tanden staan* niets weten te zeggen ★ *zich met hand en ~ verzetten* met de uiterste inspanning ★ *iem. aan de ~ voelen* iemands kennis of karaktereigenschappen *of* gezondheid degelijk onderzoeken ★ *zijn tanden laten zien* een dreigende houding aannemen, streng optreden ★ *de tanden op elkaar zetten* zich krachtig inspannen ★ *de tanden op iets breken* schade ondervinden door een te moeilijke taak op zich te nemen ❷ puntig uitsteeksel: ★ *de tanden van een zaag* ★ wielersport *een tandje meer, minder schakelen* in een iets lichtere, zwaardere versnelling schakelen ★ *een tandje bijzetten,* BN *een tandje bijsteken* zich extra inspannen, nog meer moeite doen
tand·aan·slag *de (m)* tandplak
tan·dak·ken *(‹Mal) ww* [tandakte, h. getandakt] NN

tandarm–tank

❶ dansen met armgebaren en lichaamsverdraaiingen ❷ zich aldus bewegen, vooral uit verveling, terging e.d.: ★ *staan te ~ ★ ~ naar* verlangen, hunkeren naar

tand·arm *bn* met weinig tanden: ★ *tandarme zoogdieren*

tand·arts *de (m)* [-en] volledig bevoegd tandheelkundige

tand·arts·as·si·stent *de (m)* [-en], **tand·arts·as·si·sten·te** *de (v)* [-n, *ook* -s] iem. die een tandarts assisteert

tand·be·derf *het* verrotting van tanden en kiezen, cariës

tand·been *het* harde stof waaruit een tand bestaat

tan·de·loos *bn* zonder tanden

tan·dem [tendəm] *(‹Eng‹Lat) de (m)* [-s] tweepersoonsfiets waarop de berijders achter elkaar zitten

tan·den *ww* [tandde, h. getand] ❶ van tanden (→ **tand**, bet 2) voorzien ❷ ‹een zaag› scherp maken ❸ te lijmen hout van ribbeltjes voorzien ❹ tanden (→ **tand**, bet 1) krijgen

tan·den·bor·stel *de (m)* [-s] borstel om de tanden (→ **tand**, bet 1) te poetsen

tan·den·ge·knars *het* het langs elkaar knarsen van de tanden (→ **tand**, bet 1)

tan·den·knar·sen *ww* [tandenknarste, h. getandenknarst] op de tanden knarsen (van woede)

tan·den·sto·ker *de (m)* [-s] pennetje om de ruimte tussen de tanden (→ **tand**, bet 1) en kiezen schoon te peuteren

tand·for·mu·le *de* [-s] rij getallen die het aantal en de onderlinge stand van de tanden en kiezen aangeeft

tand·gla·zuur *het* laagje email op de tanden (→ **tand**, bet 1)

tand·heel·kun·de *de (v)* het behandelen van tandziekten e.d.

tand·heel·kun·dig *bn* van, betreffende de tandheelkunde

tand·heel·kun·di·ge *de* [-n] naam voor hen die wel een tandheelkundige praktijk uitoefenen, maar niet volledig bevoegd zijn

tand·hol·te *de (v)* [-n, -s] holte in een tand, waarin zich zenuwen en bloedvaten bevinden

tan·ding *de (v)* [-en] getande rand (van postzegels e.d.)

tand·kas *de* [-sen] holte waarin een tand vastzit

tand·klank *de (m)* [-en], **tand·let·ter** *de* [-s] medeklinker waarbij de tong tegen de tanden ligt

tand·pas·ta *de (m) & het* pasta, meestal uit een tube, waarmee men de tanden poetst

tand·pijn *de* pijn in de tanden

tand·plaque [-plak] *de* bacteriële aanslag op de tanden

tand·poe·der, **tand·poei·er** *de (m) & het* poeder dat vroeger bij het borstelen van de tanden werd gebruikt

tand·pro·the·se [-teezə] *de* ❶ het inzetten van kunsttanden ❷ [*mv*: -n, -s] een of meer kunsttanden zelf

tand·rad *het* [-raderen] wiel met puntige insnijdingen

tand·rad·baan *de* [-banen] spoorbaan waarbij tussen de rails een getande rail ligt waarin een tandrad van de locomotief grijpt

tand·steen *de (m) & het* kalkachtig aangroeisel op de tanden

tand·tech·ni·cus *de (m)* [-ci], **tand·tech·nie·ker** *de (m)* [-s] iem. die geen bevoegdheid heeft de tandheelkunde uit te oefenen, maar wel kunstgebitten, kunsttanden e.d. maakt

tand·vis *de (m)* [-sen] tandwalvis

tand·vlees *het* het vlees rond de tanden ★ *hij loopt op zijn ~* hij is volkomen uitgeput

tand·wal·vis *de (m)* [-sen] walvis met kegelvormige tanden

tand·wiel *het* [-en] tandrad

tand·wolf *de (m)* rotting van het tandglazuur

tand·wor·tel *de (m)* [-s] gedeelte waarmee een tand in de tandkas vastzit

tand·zij·de *de* dental floss

ta·nen *ww* [taande, h. & is getaand] ❶ met taan verven ❷ zijn glans verliezen ★ *zijn roem begint te ~* daalt, gaat achteruit

Tang *zn* naam van een Chinese dynastie van keizers (618-907), naar welke het toen vervaardigde aardewerk wordt genoemd

tang *de* [-en] ❶ stuk gereedschap waarmee men iets vastgrijpt ★ *in de ~ zitten* van alle kanten worden aangevallen ★ *je zou hem nog met geen ~ aanpakken* hij is heel smerig *of* onbetrouwbaar ★ *dat slaat als een ~ op een varken* dat houdt geen verband met elkaar ❷ tangvormig uitsteeksel o.a. bij oorwormen ❸ kwaadaardige vrouw

tang. *afk* tangens

tang·be·we·ging *de (v)* [-en] inklemmende, omvattende beweging, vooral mil

tan·gens *(‹Lat) de* [-en, -genten] verhouding van de overstaande zijde van een rechte hoek tot de aanliggende zijde

tan·gent *(‹Lat) de* [-en] muz hamertje dat tegen de snaar slaat in toetsinstrumenten; pen waarmee een harp of citer bespeeld wordt

tan·gen·tieel [-sjeel] *(‹Fr) bn* de raaklijn betreffend; langs een raaklijn gericht

tan·go [-ɣoo] *(‹Sp) de (m)* ['s] ❶ uit Argentinië afkomstige dans voor twee personen, met veel figuren ❷ muziek voor deze dans

tang·ram *(‹Chin) het* Chinees legspel waarbij opgegeven figuren moeten worden gevormd met zeven geometrische stukken (ruit, vierkant en vijf driehoeken)

tang·ver·los·sing *de (v)* [-en] het bewerkstelligen van een baring door het hoofd van het kind in een tang te vatten

ta·nig *bn* taankleurig

tank [tenk] *(‹Eng‹Port) de (m)* [-s] ❶ gepantserde gevechtswagen op rupsbanden ❷ houder, ruimtehoudend lichaam voor gassen en vloeistoffen, ook zoals gemonteerd op voertuigen voor het vervoer van petroleum, melk enz. ❸ waterreservoir

tank·au·to [tenkoo- of -au-] *de (m)* ['s] tankwagen

tan·ken *ww* [ten-] (‹*Eng*›) [tankte, h. getankt] ❶ de tank(s) vullen ❷ ‹van voertuigen e.d.› benzine innemen

tan·ker [ten-] (‹*Eng*›) *de (m)* [-s] tankschip

tank·gracht [tenk-] *de* [-en] gracht als bescherming tegen aanvallen met tanks (→ **tank**, bet 1)

tank·schip [tenk-] *het* [-schepen] schip met tanks of vergaarbakken voor het vervoer van petroleum of andere vloeibare lading

tank·slag [tenk-] *de (m)* [-slagen] veldslag met tanks (→ **tank**, bet 1)

tank·sta·tion [tenkstaa(t)sjon] *het* [-s] plaats waar men kan tanken, benzinepompstation

tank·vlieg·tuig [tenk-] *het* [-en] vliegtuig dat andere vliegtuigen in de lucht van brandstof voorziet

tank·vloot [tenk-] *de* [-vloten] vloot van tankschepen

tank·wa·gen [tenk-] *de (m)* [-s] wagen met een grote → **tank** (bet 2)

tan·ni·ne (‹*Fr*›) *de* looistof, looizuur

tan·ta·li·se·ren *ww* [-zee-] (‹*Eng*›) [tantaliseerde, h. getantaliseerd] doen watertanden; een niet te bevredigen begeerte inboezemen

tan·ta·li·um *het* chemisch element, symbool Ta, atoomnummer 73, een taai, wit metaal, in 1802 ontdekt en genoemd naar Tantalus (zie → **tantaluskwelling**), vanwege het niet-absorberende en niet-oplossende vermogen

tan·ta·lus·kwel·ling *de (v)* [-en] kwelling als die van Tantalus, zoon van Zeus die, hoewel in de directe nabijheid van drank en voedsel, als straf van de goden niet mocht drinken en eten; het opwekken van begeerten die niet bevredigd worden

tan·te (‹*Oudfrans*›) *de (v)* [-s] ❶ zuster van vader of moeder ❷ echtgenote van een broer van vader of moeder ❸ NN familiaire aanspreekvorm voor bekende oudere vrouwen ★ *een stevige ~* een forse, gevulde vrouw ★ *een lastige ~* een veeleisende vrouw ★ NN *je ~!* of *je ~ op een houtvlot!* a) vergeet het maar, daar doe ik niet aan mee; b) dat is niet waar, ik geloof het niet; zie ook bij → **Pos**

tan·te·bet·je *het* [-s] zin met inversie in de tantebetjestijl

tan·te·bet·je·stijl *de (m)* taalk vorm van foutieve inversie in nevengeschikte bijzinnen, een soort anakoloot, genoemd naar de in deze stijl schrijvende tante van de Nederlandse letterkundige Charivarius (G. Nolst Trenité, 1870-1946), bijv. in: ★ *hij kreeg een gele kaart en liep hij kwaad het veld af*

tan·tiè·me [-tjè-] (‹*Fr*›) *het* [-s] evenredig aandeel in de winst van een onderneming die ten behoeve van het personeel en de directie wordt uitgekeerd

tan·tra's (‹*Sanskr*›) *mv* Indische ritueel-mystieke geschriften uit de zevende en achtste eeuw

tan·tris·me (‹*Fr*›) *het* samenvattende naam voor Indische godsdienstige richtingen en wijsgerige systemen die zich o.a. op de tantra's baseren

Tan·za·ni·aan *de (m)* [-anen] iem. geboortig of afkomstig uit Tanzania

Tan·za·ni·aans *bn* van, uit, betreffende Tanzania

tao [tau] (‹*Chin*›) *de (m)* pad, weg ‹grondbeginsel van de klassieke Chinese godsdienst›

tao·ïs·me [tau-] *het* leer van de Chinese filosoof Laotse (derde eeuw v.C.); *vgl*: → **tao**

TAP *afk* ❶ NN tijdelijke arbeidsplaats ❷ technisch en administratief personeel

tap I *de (m)* [-pen] ❶ tapkast, buffet: ★ *bij de ~ iets bestellen* ❷ pin die in een opening gestoken wordt ❸ kraan ❹ uiteinde van een as, in een holte rustend ❺ pen, ter geleiding aangebracht aan de onderzijde van in een gleuf schuivende deuren **II** *de (m) het* tappen: ★ *de ~ van rubberbomen*

t.a.p. *afk* ter aangehaalder plaatse

ta·pa (‹*Sp: deksel*›) *de* ['s] klein hapje 's middags genuttigd bij een drankje, vooral populair in Spanje

tap·bier *het* bier uit de biertap

tap·dans [tep-] (‹*Eng*›) *de (m)* [-en] dans waarbij men zelf het ritme aangeeft door tikken op de vloer met de voorzijde en de hak van schoeisel dat is voorzien van metalen plaatjes

tap·dan·sen *ww* [tep-] [tapdanste, h. getapdanst] tapdans beoefenen

tap·dan·ser [tep-] *de (m)* [-s], **tap·dan·se·res** [tep-] *de (v)* [-sen] iem. die (beroepshalve) tapdanst

tape [teep] (‹*Eng*›) *de (m)* [-s] ❶ algemeen band, strook ❷ magneetband, band voor een band- of een videorecorder ❸ plakband ❹ vroeger papieren telegraaflint waarop men de koersen kon lezen gedurende de tijd dat de beurs open was (*vgl*: → **tickertape**); de aldus genoteerde koers (*tapekoers*)

tape·deck [teep-] (‹*Eng*›) *de (m) & het* [-s] bedieningspaneel voor het opnemen en afdraaien van geluidsbanden, zonder de versterker

ta·pen *ww* [teepə(n)] [tapete, h. getapet] → **intapen**

ta·pe·na·de *de (v)* [-s] dikke saus van o.a. olijven

tape·re·cord·er [teeprieko̱(r)də(r)] (‹*Eng*›) *de (m)* [-s] toestel waarmee geluid op een lint kan worden opgenomen en daarvan weergegeven, bandrecorder

tap·gat *het* [-gaten] gat waarin een → **tap** (bet 2, 4) past

ta·pijt (‹*Oudfrans‹Gr*›) *het* [-en] ❶ dik kleed voor op de vloer of aan de wand ★ BN *vast ~* vaste vloerbedekking, kamerbreed tapijt ★ NN *iets op het ~ brengen* iets ter sprake brengen ❷ m.g. vloerkleedje, karpet, mat; tafelkleedje

ta·pijt·te·gel *de (m)* [-s] elk van de vierkante of rechthoekige stukjes tapijt die tezamen een vloerbedekking vormen

ta·pijt·we·ve·rij *de (v)* [-en] werkplaats of fabriek waar tapijten worden geweven

ta·pi·o·ca (‹*Port‹Tupi, een Braziliaanse indianentaal*›) *de* *(m)* cassave

ta·pir [-pier] *(‹Tupi, een Braziliaanse indianentaal) de (m)* [-s] hoefdier uit Zuid-Amerika en Zuidoost-Azië met een korte slurf, het geslacht *Tapirus*

ta·pis·se·rie [-pie-] *(‹Fr) de (v)* [-rieën] ❶ geweven wandtapijt ❷ handwerktechniek waarbij met verschillende steken op stramien, linnen, gaas enz. wordt gewerkt

tap·kast *de* [-en] buffet in een café of bar

tap·pe·lings *bijw* druppelsgewijs: ★ *het zweet liep ~ langs zijn gezicht*

tap·pen¹ *ww* [tapte, h. getapt] ❶ bier, wijn e.d. schenken en verkopen ❷ vloeistof uit een vat of buis, sap uit een boom doen vloeien ❸ fig smakelijk vertellen: ★ *moppen ~*

tap·pen² *ww* [tep-] *(‹Eng)* [tapte, h. getapt] tapdansen

tap·per *de (m)* [-s] iemand die tapt

tap·pe·rij *de (v)* [-en] kroeg

taps *bn* schuin toelopend, kegelvormig

tap·te·melk *de* NN ondermelk, melk die overblijft als de room eraf is

tap·toe *de (m)* [-s] ❶ signaal dat de soldaten naar hun nachtkwartier roept ❷ militaire muziekuitvoering en parade bij avond

ta·puit *de (m)* [-en] soort lijsterachtige zangvogel, *Oenanthe oenanthe*

tap·ver·bod *het* [-boden] verbod om te → **tappen¹** (bet 1)

ta·ran·tel *(‹It) de* [-len] tarantula, *bet 1*

ta·ran·tel·la *(‹It) de* ['s] Zuid-Italiaanse hartstochtelijke volksdans in 3/8 of 6/8 maat

ta·ran·tu·la *(‹It) de* ['s] ❶ giftige wolfsspin van het Zuid-Europese geslacht *Tarentula*, genoemd naar de Italiaanse stad Taranto ❷ niet-giftige spin van het Egyptische geslacht *Galeodes* (ten onrechte wordt de Zuid-Amerikaanse vogelspin ook wel tarantula genoemd)

tar·bot *de (m)* [-ten] grote, goed eetbare platvis, *Scopthalmus maximus*

ta·rief *(‹Fr‹Arab) het* [-rieven] ❶ vastgesteld bedrag dat men voor een dienst moet betalen: ★ *de tarieven van het openbaar vervoer* ❷ lijst van handelsrechten, vooral van invoerrechten

ta·rief·groep *de (v)* [-en] belastingen elk van de groepen (met een eigen belastingtarief) waarin alle belastingplichtigen op basis van bepaalde criteria zijn ingedeeld

ta·rief·klas·se *de (v)* [-n] afdeling, rang in een tarief

ta·rief·loon *het* [-lonen] loon naar een tarief dat verband houdt met de geleverde arbeid

ta·rief·mu·ren *mv* hoge invoerrechten om invoer uit het buitenland te beletten

ta·rief·werk *het* werk dat volgens bepaalde tarieven (eenheidsprijzen voor arbeid, materiaallevering e.d.) gemaakt wordt

ta·rie·ven·oor·log *de (m)* [-logen] het beletten van invoer uit het buitenland door verhoging van de invoerrechten

ta·rot *(‹It) het* kaartspel met 78 kaarten met mythologische en allegorische voorstellingen, veel in de waarzeggerij gebruikt; ook *tarok* genoemd

tar·pan *(‹Russ) de (m)* [-s] ❶ wild paard, *Equus ferus*, vroeger voorkomend in Midden- en Oost-Europa, in de 19de eeuw uitgeroeid ❷ paardenras, bijzonder gelijkend op de → **tarpan** (bet 1), gefokt uit andere paardenrassen in de jaren dertig van de twintigste eeuw

tar·ra *(‹It) de* econ verschil tussen bruto- en nettogewicht; datgene wat van het brutogewicht van de waren wordt afgetrokken, bijv. voor verpakkingsmateriaal

tar·taar *(‹Fr) de (m)* verkorting van: ★ *biefstuk ~* gehakte biefstuk met kruiden

tar·taar·tje *het* [-s] NN ronde schijf gehakte biefstuk met kruiden

tar·tan *(‹Eng)* I *het* Schotse geruite wollen stof II *de (m)* [-s] mantel of plaid daarvan

tar·tan·baan *de* [-banen] atletiekbaan met bekleding van kunststof

Tar·ta·ren, Ta·ta·ren *mv* ❶ oorspr naam van een Mongoolse stam ❷ thans naam voor de in Rusland gevestigde personen van Aziatische oorsprong en voor sommige bewoners van Centraal-Azië

tar·ten *ww* [tartte, h. getart] ❶ uitdagen, provoceren ❷ fig te boven gaan, niet onderdoen voor ★ *dit tart iedere beschrijving* dit is erger dan kan worden verteld ❸ treiteren, pesten

tar·we *de* graansoort waarvan brood wordt gemaakt (*Triticum*); zie ook bij → **onkruid**

tar·we·bloem *de* fijn tarwemeel

tar·we·brood *het* [-broden] van tarwemeel gebakken brood

tar·we·kor·rel *de (m)* [-s] zaadkorrel van tarwe

tar·we·meel *het* gemalen tarwekorrels

tar·we·oogst *de (m)* oogst van tarwe

tar·zan *de (m)* [-s] zeer sterke persoon met goed ontwikkelde spieren, naar de film- en stripheld *Tarzan*, die een bestaan tussen de apen in het oerwoud leidt

tas¹ *de* [-sen] van handvatten voorziene zak of daarop gelijkend voorwerp om spullen in mee te dragen

tas² *de (m)* [-sen] hoop, stapel

tas³ *(‹Fr‹Arab) de* [-sen] BN, spreektaal kopje (om uit te drinken); kom

tas·jes·dief *het* [-dieven] straatrover die het vooral op handtassen heeft voorzien

tas·jes·kruid *het* kruisbloemige plant met kleine witte bloempjes (*Teesdalia nudicaulis*)

tas·sen *ww* [taste, h. getast] opstapelen

tast *de (m)* het tasten ★ *op de ~* op het gevoel, al tastend

tast·baar *bn* ❶ voelbaar ❷ klaarblijkelijk, duidelijk zich doende kennen: ★ *tastbare resultaten*

tast·draad *de (m)* [-draden] draadvormig aanhangsel bij sommige dieren, waarin de tastzin zetelt

tas·ten *ww* (‹Oudfrans) [tastte, h. getast] voelen,

aanraken, grijpen, met de hand iets zoeken ★ *in het duister* ~ geen enkele aanwijzing hebben, in volkomen onzekerheid verkeren; zie ook bij → **eer¹**, → **zak**, → **zwak** (II)

tas·ter *de (m)* [-s] voelspriet

tast·zin *de (m)* gevoelszintuig

Ta·ta·ren *mv* → **Tartaren**

ta·ter [-s] **I** *de* kwebbelaar **II** *de (m)* inf mond: ★ *hou je ~!*

ta·te·ren *ww* [taterde, h. getaterd] ❶ ‹van kleine kinderen› babbelen, kwebbelen; de geluidjes voortbrengen die aan het praten voorafgaan ❷ BN, spreektaal druk en luid kletsen en onzin vertellen

ta·toe·a·ge [-zjə] ‹*Fr*› *de (v)* ❶ het tatoeëren ❷ getatoeëerde figuur [-s]

ta·toe·ë·ren *ww* ‹*Fr*‹*Polynesisch*› [tatoeëerde, h. getatoeëerd] onoplosbare kleurstoffen in de huid inbrengen na bewerking met naalden of andere scherpe instrumenten

tat·too [tətoe] ‹*Eng*› *de (m)* [-s] tatoeage

tau ‹*Gr*› *de* ['s] 19de letter van het Griekse alfabet, als hoofdletter T, als kleine letter τ

tau·gé [-ɣee] ‹*Mal*› *de (m)* ontkiemde boontjes van de plantensoort *Phaseolus aureus*, als groente gegeten

taupe [toop] ‹*Fr*‹*Lat*›, **taupe·kleu·rig** [toop-] *bn* zwartbruin, muisgrijs

Tau·rus ‹*Lat*‹*Gr*› *de (m)* Stier (teken van de dierenriem)

tau·to·lo·gie ‹*Gr*› *de (v)* [-gieën] herhaling van het reeds gezegde met andere woorden, opeenvolging van woorden die ongeveer hetzelfde begrip uitdrukken, bijv.: ★ *enkel en alleen*

tau·to·lo·gisch ‹*Gr*› *bn* een tautologie bevattend, met andere woorden hetzelfde zeggend

t.a.v. *afk* ❶ ten aanzien van ❷ ter attentie van

t.à.v. *afk* tout à vous

ta·veer·ne, **ta·ver·ne** ‹*Fr*‹*Lat*› *de* [-n] vero herberg, café

taxa·me·ter ‹*Du*› *de (m)* [-s] → **taximeter**

taxa·teur ‹*Fr*› *de (m)* [-s] schatter

taxa·tie [taksaa(t)sie] ‹*Fr*‹*Lat*› *de (v)* [-s] ❶ prijsbepaling, waardebepaling, schatting ❷ aanslag

taxa·tie·prijs [taksaa(t)sie-] *het* [-prijzen] getaxeerde prijs

taxa·tie·rap·port [taksaa(t)sie-] *het* [-en] schriftelijk uitgebrachte taxatie

taxe·ren [taksee-] ‹*Fr*‹*Lat*› *ww* [taxeerde, h. getaxeerd] ❶ de waarde van iets begroten, schatten, waarderen: ★ *een huis* ~ ★ *iem.* ~ bekijken wat voor soort mens hij / zij is ❷ BN een belasting leggen op, belasten, belasting doen betalen

tax·free [teksfrie] ‹*Eng*› *bn* vrij van invoerrechten ★ *~ shop* winkel op internationale luchthavens e.d. waar men belaste artikelen vrij van belasting kan kopen

taxi ‹*Fr*› *de (m)* ['s] auto met bestuurder waarin men zich tegen een vast tarief kan laten vervoeren

taxi·cen·tra·le *de* [-s] organisatie die verschillende aangelegenheden van de taxiondernemingen in een bep. gebied regelt

taxi·chauf·feur [-sjoof-] *de (m)* [-s] bestuurder van een taxi

taxi·ën *ww* [taxiede, h. getaxied] ‹van vliegtuigen› zich op wielen of glijders over de grond, resp. het water voortbewegen

taxi·me·ter *de (m)* [-s] toestel aan taxi's en huurauto's ter bepaling van de vrachtprijs (naar het aantal afgelegde kilometers)

taxi·on·der·ne·ming *de (v)* [-en] exploitatiebedrijf van taxi's

taxi·post *de* in België dienst voor spoedzendingen per bestelwagen

taxi·stand·plaats *de* [-en] plaats aan de openbare weg waar taxi's staan te wachten op passagiers

taxi·stop *de (m)* BN organisatie die streeft naar een beter gebruik van bestaande goederen en middelen, oorspronkelijk opgezet als organisatie voor dienstverlening aan lifters en carpoolers

taxo·no·mie ‹*Gr*› *de (v)* biol leer van de ordening van planten en dieren, systematiek

taxo·no·misch *bn* de taxonomie betreffend

taxus ‹*Lat*› *de (m)* [-sen] altijdgroene heester uit de familie van de coniferen, veel gebruikt voor hagen

tay·lo·ris·me [teeloo-,], **tay·lor·stel·sel** [teelə(r)-] *het* systeem van wetenschappelijke bedrijfsleiding dat er naar streeft het nuttig effect van de arbeid zo hoog mogelijk op te voeren door alle tijdverlies te voorkomen, genoemd naar de Noord-Amerikaanse ingenieur Frederick W. Taylor (1856-1915)

TB *afk* comput terabyte [1000 gigabytes]

Tb *afk* chem symbool voor het element *terbium*

tbc *afk* tuberculose

T-bil·jet *het* [-ten] in Nederland bep. formulier waarmee men om belastingteruggave kan vragen

T-bone-steak [tieboonsteek] ‹*Eng*› *de (m)* [-s] groot stuk rundvlees met een T-vormig bot erin

tbr *afk* vroeger terbeschikkingstelling van de regering, thans: → **tbs**

tbs *afk* terbeschikkingstelling [maatregel opgelegd aan psychisch gestoorde misdadigers met het doel hun een medische behandeling te laten ondergaan] ★ *de verdachte werd veroordeeld tot 6 jaar cel en tbs*

t.b.v. *afk* ❶ ten behoeve van ❷ ter beschikking van ❸ ter bevordering van ❹ ten bate van ❺ ten bedrage van

Tc *afk* chem symbool voor het element *techneticum*

TCP *afk* comput *Transmission Control Protocol* ‹*Eng*› [transmissieprotocol, geheel van regels en codes voor een goede uitwisseling van data tussen systemen onderling en met internet]

Te *afk* chem symbool voor het element *tellurium*

te¹ *vz* ❶ in: ★ *wonende ~ Amsterdam* ★ *~ zijnen huize* ★ *hier ~ lande* ★ *ten stadhuize* ❷ op: ★ *ter zee* ★ *ter tafel brengen* ter sprake brengen ❸ naar ★ *ten achter raken* ★ *ten grave dalen* ★ *zich ter ruste begeven* naar bed gaan ❹ tot ★ *~ dien einde* met dat doel ★ *ter dood veroordelen* ★ *ter zake* ★ *ten eeuwigen dage* eeuwig ★ ~ *koop staan* verkocht kunnende worden ❺ met: ★ ~ *vuur en* ~ *zwaard* ❻ allerlei betrekkingen tot werkwoorden aanduidend: ★ *eten om* ~ *leven* ★ *staan* ~ *praten* ★ *weten* ~ *zeggen* ★ *na dat gedaan* ~ *hebben enz.*

te² *bijw* een overmaat aanduidend: ★ ~ *veel*

te³ *bijw* voor een vergrotende trap: ★ *des* ~ *beter* ★ *zoveel* ~ *meer*

t.e.a.b. *afk* tegen elk aannemelijk bod

teach-in [tietsj-] *(‹Eng) de (m)* [-s] discussiebijeenkomst van vnl. studenten, waar een actueel vraagstuk na voorlichting door betrokken deskundigen besproken wordt

teak [tiek] *(‹Eng‹Port‹Mal)*, **teak·hout** [tiek-] *het* hout van de djatiboom, zeer geschikt voor meubels

team [tiem] *(‹Eng) het* [-s] ploeg, groep spelers, elftal; groep samenwerkende collega's

team·geest [tiem-], **team·spir·it** [tiemspirrit] *(‹Eng) de (m)* geest van samenwerking

team·sport [tiem-] *de* [-en] sport in teamverband

team·ver·band [tiem-] *het* ★ *in* ~ in een ploeg van samenwerkende personen

team·werk [tiem-,], **team·work** [tiemwù(r)k] *(‹Eng) het* werk dat door een team, in groepsverband wordt verricht

tear·jerk·er *(‹Eng)* [tie(r)djzù(r)kə(r)] *de* [-s] tranentrekker

tea·room [tieroem] *(‹Eng) de (m)* [-s] theesalon, gelegenheid waar men koffie of thee met gebak nuttigt

te·boek·stel·ling *de (v)* het te boek stellen

tech·ne·ti·um *(‹Gr) het* chemisch radioactief element, symbool Tc, atoomnummer 43, dat in de natuur niet voorkomt

tech·neut *de (m)* [-en] schertsend iem. die voortdurend met techniek in de weer is

tech·ni·cus *(‹Gr) de (m)* [-ci] werktuigkundige, iem. die bedreven is in het werktuiglijk gedeelte van een tak van nijverheid of van toegepaste wetenschap

tech·niek *(‹Fr‹Gr) de (v)* [-en] ❶ de bewerkingen of verrichtingen die nodig zijn om in een bepaalde tak van kunst, nijverheid e.d. iets tot stand te brengen ❷ het geheel van verrichtingen van de toegepaste exacte wetenschappen ❸ vaardigheid, wijze waarop men bep. handelingen verricht: ★ *een voetballer met veel* ~

tech·nie·ker *(‹Du) de (m)* [-s] BN ook technicus; monteur

tech·nisch *(‹Du‹Gr) bn* de of een techniek betreffend, werktuiglijk; uit een oogpunt van techniek ★ *technische termen* vaktermen ★ *NN Technische Hogeschool* vroeger instelling voor hoger technisch onderwijs, opleidend tot ingenieur, thans *Technische Universiteit* genoemd

tech·no, **tech·no·house** [-haus] *de (m)* zeer snelle housemuziek, vaak experimenteel van aard en weinig melodieus

tech·no·craat *(‹Fr) de (m)* [-craten] voorstander van technocratie

tech·no·cra·tie [-(t)sie] *(‹Fr) de (v)* ❶ oorspr heerschappij die de politiek en de economie wil leiden door technische principes ❷ later stelsel waarbij de leiding voornamelijk in handen is van specialisten en wetenschappelijke deskundigen, niet door personen die bep. idealen voorstaan

tech·no·cra·tisch *(‹Fr) bn* van, volgens de technocratie

tech·no·keu·ring *de (v)* [-en] NN keuring van auto's

tech·no·lease [-liez] *(‹Eng) de (m)* constructie waarbij een bedrijf zijn kennis aan een bank verkoopt en die kennis vervolgens weer terugkoopt

tech·no·lo·gie *(‹Fr‹Gr) de (v)* leer van de bereiding en verwerking van natuurproducten of andere grondstoffen tot artikelen ter bevrediging van de menselijke behoeften

tech·no·lo·gisch *(‹Fr‹Gr) bn* betrekking hebbend op of uit een oogpunt van technologie

tech·no·loog *(‹Fr) de (m)* [-logen] deskundige op het gebied van de technologie

tech·no·sta·tion [-(t)sjon] *het* [-s] NN werkplaats waar technokeuringen verricht worden

teckel *(‹Du) de (m)* [-s] dashond, taks

tec·ty·le·ren *ww* [-tie-] [tectyleerde, h. getectyleerd] auto bespuiten met tectyl (een middel tegen roest)

ted·dy *(‹Eng)* [-die] **I** *de (m)* ['s] teddybeer **II** *het* harig soort vilt als bontimitatie: ★ *een voering van* ~

ted·dy·beer [-die-] *de (m)* [-beren] speelgoedbeer met plucheachtige vacht (genoemd naar de Amerikaanse president Theodore (Teddy) Roosevelt, 1858-1919)

te·der, **teer** *bn* ❶ kwetsbaar, broos, fijn: ★ *een tedere / tere gezondheid* ❷ gevoelig, delicaat ★ *een tere snaar aanroeren* zie bij → **snaar** ★ *een* ~ *punt* zie bij → **punt** (III, bet 4) ★ *een tere zaak* een zaak waarbij men gevoeligheden heeft te ontzien ❸ *(in deze bet vooral: teder)* zacht en lief: ★ *elkaar* ~ *aankijken*

te·der·heid *de (v)* het → **teder** (bet 3) zijn

Te De·um *(‹Lat) het* [-s] lof- en dankhymne aan God, naar het begin ervan: ★ ~ *laudamus* U, God, loven wij

TEE *afk* Trans-Europ-Express [vroeger zeer snelle internationale expresstrein op verschillende trajecten, met slechts één klasse, thans vervangen door de Eurocity]

tee [tie] *(‹Eng) de (m)* [-s] golfspel pennetje waarop de bal voor de eerste afslag wordt geplaatst

teef *de (v)* [teven] ❶ wijfjeshond, wijfjesvos ❷ scheldnaam onaangename vrouw, bitch

teek *de* [teken] bloedzuigende mijt (de families Ixodidae en Argasidae)

teel·aar·de *de* ❶ uit vergane planten gevormde bouwgrond ❷ algemeen bovenlaag van bouwland, aarde geschikt om er gewassen op te telen

teel·bal *de (m)* [-len] elk van de beide mannelijke, balvormige geslachtsklieren nabij de penis, waarin zaadcellen en hormonen worden geproduceerd

teelt *de* ❶ het telen; het gekweekte ❷ zeevisserij visvangst; seizoen voor de visvangst

teelt·keus, teelt·keu·ze *de* het uitkiezen van goede vertegenwoordigers van de soort voor de voortplanting, ter veredeling van het ras

teen[1] *de (m)* [tenen] ❶ uiteinde van een voet of poot ★ *gauw op de tenen (*of *teentjes) getrapt zijn* spoedig beledigd zijn; zie ook bij → **lang** ★ *van top tot ~* van boven tot onder, geheel en al ★ *met kromgetrokken tenen* met een sterk gevoel van plaatsvervangende schaamte en / of ergernis: ★ *met kromgetrokken tenen keken we naar die quiz* ❷ punt van een kousenvoet ❸ voet van een dijk ❹ *teentje* elk van de afzonderlijke partjes (bijbollen) van een bol knoflook: ★ *een teentje knoflook*

teen[2] *de* [tenen] dunne, buigzame (wilgen)tak

teen·a·ger [tieneedzjər] *(‹Eng) de* [-s] tiener

teen·gan·ger *de (m)* [-s] dier dat op de tenen loopt; *vgl*: → **zoolganger**

teen·schoen *de* [-en] BN, sp schoen van dun rubber met voorgevormde tenen

teen·slip·pers *mv* slippers met twee banden over de voet die tussen de tenen samenkomen

teen·stuk *het* [-ken] ❶ lap leer onder het voorste gedeelte van een schoenzool ❷ voorste gedeelte van een schoen

teer[1] *de (m) & het* zwarte kleverige vloeistof, door verhitting uit hout, steenkool of ander koolstofrijk organisch materiaal verkregen

teer[2] *bn* → **teder**

teer·be·mind, teer·ge·liefd *bn* zeer bemind

teer·feest *het* [-en] BN jaarlijks feest van een vereniging waarvoor het gespaarde geld wordt aangewend

teer·ge·voe·lig *bn* zeer gevoelig; **teergevoeligheid** *de (v)*

teer·har·tig *bn* gevoelig, week; **teerhartigheid** *de (v)*

teer·heid *de (v)* het teder-zijn

teer·kwast *de (m)* [-en] kwast aan een lange steel, om mee te teren

teer·ling *de (m)* [-en] BN, spreektaal, in Nederland: vero dobbelsteen ★ *de ~ is geworpen* door Caesar gezegd toen hij besloot de Rubicon over te trekken, daarmee een burgeroorlog beginnend (49 v.C.): de kans is gewaagd, de beslissing is gevallen

teer·olie *de* [-liën] uit teer verkregen olie

teer·ton *de* [-nen] ❶ ton met of voor teer ★ NN *opschieten als een luis op een ~* heel traag voortgaan ❷ vroeger ton met brandende teer voor illuminatie

teer·weg *de (m)* [-wegen] geteerde weg

teer·zeep *de* teer bevattende zeep

tee·vee *de (v)* [-s] televisie, tv

te·gel *(‹Lat) de (m)* [-s] platte vierkante steen, gebruikt voor trottoirs, vloeren, wanden e.d.

te·gel·bak·ke·rij *de (v)* [-en] plaats waar tegels gebakken worden

te·ge·lijk, te·ge·lij·ker·tijd, te·ge·lij·ker·tijd *bijw* op hetzelfde ogenblik: ★ *~ aankomen*

te·gel·pad *het* [-paden] pad, *vooral* tuinpad, gemaakt van tegels

te·gel·ta·bleau [-bloo] *het* [-s] afbeelding samengesteld uit beschilderde tegels

te·gel·vloer *de (m)* [-en] met tegels bedekte vloer

te·gel·zet·ter *de (m)* [-s] iem. die tegels op vloeren en wanden aanbrengt

te·ge·moet *bijw* in de richting van iem. die / iets dat komt: ★ *~gaan* ★ *~komen* fig tegemoetkomend behandelen; een gedeeltelijke vergoeding geven; concessies doen ★ *~zien* in afwachting zijn van

te·ge·moet·ko·mend, te·ge·moet·ko·mend *bn* fig welwillend bejegenend

te·ge·moet·ko·ming *de (v)* [-en] ❶ welwillende bejegening ❷ gedeeltelijke vergoeding

te·gen I *vz* ❶ in aanraking met: ★ *~ de muur* ❷ in de richting van, naar, even voor: ★ *het loopt ~ de vakantie* ★ *~ vier uur* ★ BN, spreektaal *~ een snelheid van* met een snelheid van ★ BN, spreektaal *~ 100 km per uur rijden* 100 km per uur rijden ❸ tot: ★ *wat zeggen ~ iemand* ❹ in strijd met: ★ *~ de voorschriften* ❺ ter voorkoming of genezing van: ★ *een middel ~ verkoudheid* ❻ ★ *~ het licht* zo dat het licht erdoorheen schijnt ❼ in tegenovergestelde richting van: ★ *~ de stroom varen* ❽ in ruil voor: ★ *~ betaling van 10 euro* ★ *wol ~ koren ruilen* ★ *ergens niet ~ kunnen* a) ergens snel ziek of beschadigd van raken; b) ergens een hekel aan hebben II *bijw* ❶ afkeurend, verwerpend ten opzichte van iets of iemand: ★ *hij is ~* ❷ ongunstig, tegenwerkend: ★ *de wind is ~* ★ *het jaargetijde ~ hebben* ❸ tegenzin inboezemend ★ *iem. iets ~ maken* ★ *ergens iets op ~ hebben* iets om een bep. reden niet willen

te·gen·aan *bijw* in aanraking met ★ *ergens ~ lopen* iets toevallig vinden; zie ook → **ertegenaan**

te·gen·aan·bod *het* aanbod na een eerst gedaan aanbod van de andere partij

te·gen·aan·val *de (m)* [-len] aanval als reactie op een aanval van de tegenpartij

te·gen·beeld *het* [-en] ❶ het tegenovergestelde, contrast ❷ persoon of zaak die naar een andere gevormd is of er veel overeenkomst mee vertoont, pendant

te·gen·be·richt *het* [-en] bericht dat een vorig bericht herroept of tegenspreekt; bericht dat een (in een bericht van een ander) gedaan voorstel of geopperd plan niet kan doorgaan: ★ *zonder ~ vertrekken we om zes uur*

te·gen·be·vel *het* [-velen] bevel dat een vorig bevel opheft

te·gen·be·wijs *het* [-wijzen] bewijs dat een voorafgaand betoog of een voorafgaande bewering moet weerleggen

te·gen·be·zoek *het* [-en] bezoek ter beantwoording van iemands voorafgaand bezoek

te·gen·bod *het* ❶ bod als antwoord op een aanbieding tegen een bepaalde prijs ❷ bod dat een vorig bod herroept

te·gen·cul·tuur *de (v)* cultuur (of culturele stroming) van kritische jongeren die in veel opzichten het tegendeel beoogt te zijn van de traditionele cultuur

te·gen·deel *het* het tegenovergestelde: ★ *onze nieuwe chef is het ~ van de vorige* ★ BN *tot bewijs van het ~ tot het tegendeel bewezen is*

te·gen·draads, te·gen·draads *bn* ❶ tegen de draad in ❷ fig dwars, anders, tegen de algemene tendens of mening in: ★ *tegendraadse opinies verkondigen*

te·gen·druk *de (m)* [-ken] ❶ druk in tegenovergestelde richting ❷ weerdruk

te·gen·eis *de (m)* [-en] eis tegenover een andere eis gesteld

te·gen·eten *ww* [at tegen, h. tegengegeten] NN ergens te veel van eten en het daardoor niet meer lusten: ★ *hij heeft zich tegengegeten aan pizza's*

te·gen·gaan *ww* [ging tegen, h. & is tegengegaan] trachten te beletten, bestrijden

te·gen·gas *het* ★ *~ geven* iets trachten tegen te gaan, een proces trachten te keren

te·gen·ge·steld *bn* gekeerd, tegenovergesteld; **tegengestelde** *het*

te·gen·gif *het* [-fen] iets wat de werking van een vergif te niet doet

te·gen·gift *de* [-en] ❶ tegengeschenk ❷ → **tegengif**

te·gen·han·ger *de (m)* [-s] ❶ voorwerp, kunstwerk van dezelfde soort, dat mooi bij een ander past ❷ fig persoon die bij een ander past of er een tegenstelling mee vormt

te·gen·hou·den *ww* [hield tegen, h. tegengehouden] beletten verder te gaan, beletten iets uit te voeren: ★ *een verboden demonstratie ~* ★ *ongunstige ontwikkelingen ~*

te·gen·in *bijw* vooruit onder tegenstand ★ *ergens ~ gaan* blijk geven van verzet

te·gen·kan·di·daat *de (m)* [-daten] persoon die bij een stemming of verkiezing tegenover een ander gesteld is

te·gen·kant *de (m)* [-en] tegenovergestelde kant

te·gen·kan·ting *de (v)* [-en] BN ook tegenwerking, verzet

te·gen·ko·men *ww* [kwam tegen, is tegengekomen] ontmoeten: ★ *iem. op straat ~* ★ *zichzelf ~* de grenzen van zijn krachten of mogelijkheden te snel bereiken en als gevolg daarvan een mentale inzinking doormaken

te·gen·kracht *de* [-en] in tegengestelde richting werkende kracht

te·gen·la·chen *ww* [lachte tegen, h. tegengelachen] ❶ vriendelijk lachend aanzien ❷ fig er prettig, aanlokkelijk uitzien: ★ *een gunstige toekomst lachte haar tegen*

te·gen·licht *het* licht komende van de richting waarin men kijkt of waarin een fototoestel gericht is

te·gen·licht·op·na·me *de* [-n] tegen het zonlicht in genomen foto

te·gen·lig·ger *de (m)* [-s] tegemoet komend voertuig of schip

te·gen·lo·pen *ww* [liep tegen, is tegengelopen] tegemoet lopen ★ NN *het loopt tegen* er is tegenslag

te·gen·ma·ken *ww* [maakte tegen, h. tegengemaakt] ★ NN *iem. iets ~ bij iem.* afkeer voor iets inboezemen

te·gen·na·tuur·lijk *bn* tegen de wetten van de natuur, onnatuurlijk

te·gen·of·fen·sief *het* [-sieven] aanvallende beweging tegen een offensief van de vijand, tegenaanval

te·gen·op *bijw* ❶ langs een helling naar boven ❷ vooruit onder tegenstand, in vaart ertegenaan: ★ *ergens ~ rijden* ❸ tot dezelfde hoogte ★ *daar kan ik niet ~ tegen* dat kan ik niet evenaren *of* dat is mij te moeilijk, te machtig; zie ook → **ertegenop**

te·gen·or·der *de* [-s] order die een vorige order ongedaan maakt

te·gen·over *bijw & vz* ❶ aan de overzijde; met de voorkanten naar elkaar: ★ *~ ons huis is een winkel* ❷ ten opzichte van: ★ *beleefd zijn ~ oudere mensen* ❸ in vergelijking met: ★ *tegenover hem ben ik maar een arme drommel*

te·gen·over·ge·le·gen *bn* aan de overzijde gelegen

te·gen·over·ge·steld *bn* ❶ juist andersom ❷ meetkunde tegenoverliggend; **tegenovergestelde** *het*

te·gen·over·ge·stel·de *het* dat wat tegenovergesteld is, tegenstelling: ★ *'warm' is het ~ van 'koud'*

te·gen·over·lig·gend *bn* aan de overzijde liggend, tegenover elkaar liggend

te·gen·over·staand *bn* aan de overzijde *of* tegenover elkaar staande

te·gen·over·stel·len *ww* [stelde tegenover, h. tegenovergesteld] vergelijkend of tegenstellend erna en ernaast stellen

te·gen·par·tij *de (v)* [-en] ❶ groep mensen met tegenovergestelde opvattingen ❷ sp partij die tegen een andere speelt

te·gen·paus *de (m)* [-en] iem. die tot paus is uitgeroepen als tegenstrever van de officiële paus

te·gen·plei·ter *de (m)* [-s] advocaat die tegen de andere partij pleit

te·gen·pool *de* [-polen] ❶ tegengestelde → **pool**[1] (bet 2) ❷ fig het *of* de tegengestelde: ★ *die twee vrienden zijn elkaars tegenpolen*

te·gen·pres·ta·tie [-(t)sie] *de (v)* [-s] prestatie tegenover die van een andere partij

te·gen·prut·te·len *ww* [pruttelde tegen, h. tegengepruttelt] mopperend tegenspreken

te·gen·slag *de (m)* [-slagen] tegenspoed, ongeluk: ★ *veel ~ ondervinden*

te·gen·spar·te·len *ww* [spartelde tegen, h. tegengesparteld] spartelend weerstand bieden, ook fig: ★ *ze spartelden nog wat tegen, maar gingen tenslotte akkoord met ons compromis*

te·gen·spel *het* spel van de tegenspeler ★ *goed ~ geven, bieden* iem. aankunnen, iem. goed partij geven

te·gen·spe·ler *de (m)* [-s] ❶ speler van de tegenpartij

❷ toneel- of filmspeler die met een ander samenspeelt

te·gen·spoed *de (m)* [-en] ongeluk, onheil, mislukking

te·gen·spraak *de* ❶ het tegenspreken: ★ *de directeur duldde geen ~* ★ recht *een vonnis op ~* vonnis waarbij de partijen hun standpunt uiteen kunnen zetten, elkaar kunnen tegenspreken, een contradictoir vonnis ❷ tegenstrijdigheid: ★ *in ~ met wat eerder vermeld is*

te·gen·spre·ke·lijk *bn* BN, jur, m.g. op tegenspraak, contradictoir

te·gen·spre·ken *ww* [sprak tegen, h. tegengesproken] beweringen bestrijden; verzet uiten tegen een bevel of opdracht

te·gen·sput·te·ren *ww* [sputterde tegen, h. tegengesputterd] tegenpruttelen

te·gen·staan *ww* [stond tegen, h. tegengestaan] afkeer wekken

te·gen·stand *de (m)* ❶ verzet ❷ tegenwerkende kracht

te·gen·stan·der *de (m)* [-s] ❶ vijand ❷ iemand van tegenovergestelde opvattingen ❸ → **tegenspeler** (bet 1)

te·gen·ste·ken *ww* [stak tegen, h. tegengestoken] BN, spreektaal tegenstaan, vervelen: ★ *kunstzwemmen stak haar erg tegen*

te·gen·stel·baar *bn* BN, jur waarop men zich tegenover derden kan beroepen, tegenwerpelijk

te·gen·stel·lend *bn* een tegenstelling uitdrukkend ★ *tegenstellende voegwoorden* nevenschikkende voegwoorden (maar, doch, of hetzij) waardoor een tegenstelling wordt aangebracht tussen de onderdelen van een zin; *vgl*: → **aaneenschakelen**

te·gen·stel·ling *de (v)* [-en] elk van de dingen of personen die elkaars tegengestelde zijn, contrast: ★ *het huidige werk van die kunstenaar is een schrille ~ tot zijn vroegere* ★ *in ~ tot wat ik eerder zei, gaat de excursie niet door*

te·gen·stem *de* [-men] ❶ ⟨bij stemming⟩ stem tegen ❷ muz stem tegen de melodie in

te·gen·stem·men *ww* [stemde tegen, h. tegengestemd] bij een stemming het voorgestelde afwijzen

te·gen·stem·mer *de (m)* [-s] iem. die tegenstemt: ★ *er waren vijf tegenstemmers tegen het voorstel*

te·gen·stoot *de (m)* [-stoten] ❶ stoot tegen een stoot van een ander ❷ mil tegenaanval ❸ fig tegenzet

te·gen·stre·ven *ww* [streefde tegen, h. tegengestreefd] zich verzetten

te·gen·stre·ver *de (m)* [-s] tegenstander, vijand; sp tegenpartij

te·gen·strib·be·len *ww* [stribbelde tegen, h. tegengestribbeld] onwillig zijn, zich enigszins verzetten: ★ *ze stribbelde nog wat tegen, maar gaf zich tenslotte gewonnen*

te·gen·strijd *de (m)* gebrek aan overeenstemming ★ *in ~ met strijdig met*

te·gen·strij·dig *bn* strijdig met; elkaar tegensprekend: ★ *tegenstrijdige berichten*

te·gen·strij·dig·heid *de (v)* [-heden] het tegenstrijdige; iets tegenstrijdigs

te·gen·stroom *de (m)* [-stromen] stroom die tegen de vaarrichting ingaat

te·gen·stu·ren *ww* [stuurde tegen, h. tegengestuurd] sturen tegen de richting in van waaruit een kracht op een voertuig wordt uitgeoefend: ★ *bij sterke zijwind moet men ~*

te·gen·te·ke·nen *ww* [tekende tegen, h. tegengetekend] BN ook, jur medeondertekenen, contrasigneren

te·gen·tij *het* [-en] ❶ getij dat tegen de vaarrichting ingaat ❷ fig tegenspoed, tegenwerkende omstandigheden

te·gen·val·len *ww* [viel tegen, is tegengevallen] slechter uitvallen dan verwacht was: ★ *het weer viel er ontzettend tegen*

te·gen·val·ler *de (m)* [-s] iets wat tegenvalt, teleurstelling: ★ *de show was een grote ~*

te·gen·ver·ze·ke·ring *de (v)* [-en] m.g. rechtsbijstandverzekering

te·gen·voe·ter *de (m)* [-s] ❶ iem. die precies aan de andere kant van de aardbol woont: ★ *Nieuw-Zeelanders zijn de tegenvoeters van de Nederlanders* ❷ fig iem. van tegengestelde aanleg of neigingen

te·gen·voe·ts *bn* BN, sp (door een schijnbeweging) op het verkeerde been gezet: ★ *de spits nam de keeper*

te·gen·voor·beeld *het* [-en] voorbeeld ter ontkrachting van een bewering of als tegenwerping van een ander voorbeeld

te·gen·vraag *de* [-vragen] vraag als reactie op een door iem. anders gestelde vraag

te·gen·waar·de *de (v)* dezelfde waarde in andere munt, in goederen enz.

te·gen·weer *de* verdediging

te·gen·wer·ken *ww* [werkte tegen, h. tegengewerkt] iets trachten te beletten, ervoor zorgen dat iems. plannen of ideeën geen doorgang vinden, dwarsbomen; **tegenwerking** *de (v)*

te·gen·wer·pen *ww* [wierp tegen, h. tegengeworpen] als bedenking of bezwaar uiten, aanvoeren tegen, aanmerken

te·gen·wer·ping *de (v)* [-en] bedenking, aanmerking, uiting van bezwaar

te·gen·wicht *het* [-en] iets wat de belasting van de andere zijde opheft, iets wat het evenwicht herstelt of in stand houdt, vooral fig: ★ *we moeten een ~ vormen tegen hun al te progressieve ideeën*

te·gen·wij·zer·zin *de (v)* ★ BN *in ~ tegen de wijzers van de klok in*

te·gen·wind *de (m)* ❶ tegen de voortbewegingsrichting ingaande wind ❷ fig tegenslag, tegenwerking

te·gen·woor·dig *bn* ❶ aanwezig, present: ★ *~ zijn op een vergadering* ❷ huidig, nu, van (in) deze tijd

te·gen·woor·dig·heid *de (v)* aanwezigheid, bijzijn ★ *~*

van geest het snel weten te handelen op kritieke momenten

te·gen·zang *de (m)* [-en] zang die als onderdeel van een gedicht een vorige zang beantwoordt, antistrofe

te·gen·zet *de (m)* [-ten] ❶ zet van de → **tegenspeler** (bet 1) ❷ *fig* handeling tegen een handeling van de tegenpartij

te·gen·zij, **te·gen·zij·de** *de* [-zijden] tegenovergestelde kant; keerzijde

te·gen·zin *de (m)* afkeer: ★ *met ~ meegaan*

te·gen·zit·ten *ww* [zat tegen, h. tegengezeten] een tegenwerkende factor vormen ★ *het zit me tegen* de omstandigheden (onder andere bij een spel) zijn me niet gunstig

te·goed *het* [-en] wat men nog te vorderen heeft; *te goed* zie bij → **goed**²

te·goed·bon *de (m)* [-s *en* -nen] bon waarvoor men in een bep. winkel geld kan terugkrijgen of artikelen kan aanschaffen

te·huis *het* [-huizen] ❶ inrichting voor onderdak of verblijf: ★ *een goed ~ zoeken voor een hond tijdens de vakantie* ★ NN *militair ~* huis waar soldaten hun vrije tijd kunnen doorbrengen ❷ → **thuis**²

teil *de* [-en] grote bak van metaal, hout of plastic, voor huishoudelijke doeleinden gebruikt

teint [tē] ‹*Fr*› *de & het* kleur, tint, vooral gezichts- of huidskleur

teis·te·ren *ww* [teisterde, h. geteisterd] zwaar beschadigen; grote last bezorgen: ★ *de storm teisterde de kust*

te·keer·gaan *ww* [ging tekeer, is tekeergegaan] razen, tieren; schreeuwen en schelden

te·ken *het* [-s *en* -en] ❶ aanduiding van iets door een letter, cijfer, figuurtje, voorwerp, handeling enz., symbool ★ *in het ~ staan van* a) ‹van de zon› in een van de sterrenbeelden van de dierenriem staan; b) *fig* zich kenmerken door, beheerst worden door; zie ook bij → **taal**, → **wand** ❷ blijk, kenmerk: ★ *iem. een ~ geven* ★ BN, spreektaal *iem. ~ doen* iem. een teken, seintje, wenk geven ★ *ten ~ van...* ★ *een ~ des tijds* ★ *ten ~ dat...* ★ *een ~ van leven geven* laten blijken dat men er nog is

te·ken·aap *de (m)* [-apen] pantograaf

te·ke·naar *de (m)* [-s] iem. die tekent

te·ken·aca·de·mie *de (v)* [-s *en* -miën] hogere tekenschool

te·ken·be·hoef·ten, **te·ken·be·no·digd·he·den** *mv* benodigdheden voor het tekenen

te·ken·boek *het* [-en] boek (met tekenvoorbeelden) om in te tekenen

te·ken·bord *het* [-en] plank om tekenpapier op te spannen

te·ken·doos *de* [-dozen] doos met tekenbehoeften

te·ke·nen *ww* [tekende, h. getekend] ❶ met potlood, krijt, inkt e.d. een uit lijnen opgebouwde voorstelling vervaardigen ❷ *fig* in woorden treffend weergeven: ★ *de schrijver tekent hem als een man van de tijd* ❸ ondertekenen, zijn handtekening zetten ★ *de vrede is getekend* de vrede is gesloten ★ *daar teken ik voor* dat zou ik graag doen, dat lijkt me heel leuk, dat neem ik graag aan ❹ van een merkteken voorzien; ❺ *getekend* met een in het oog vallend lichaamsgebrek; zie ook → **getekend** ❻ kenmerkend zijn voor: ★ *dat tekent de ware natuurliefhebber* ❼ tekenend kenschetsend, kenmerkend ❽ van figuren voorzien: ★ *mooi getekende veren* ❾ zorgen voor, voor zijn rekening nemen: ★ *Van Basten tekende voor maar liefst vier treffers*

te·ken·film *de (m)* [-s] film bestaande uit een reeks elkaar snel opvolgende tekeningen

te·ken·ge·rei *het* tekenbenodigdheden

te·ken·haak *de (m)* [-haken] grote liniaal met een rechthoekig dwarsstuk aan een van de uiteinden

te·ke·ning *de (m)* [-en] ❶ het tekenen ❷ getekende voorstelling: ★ *een ~ van een huis* ❸ ondertekening ❹ figuren op dierenhuiden, veren enz.: ★ *een vogel met een fraaie tekening*

te·ken·ka·mer *de* [-s] vertrek dat ingericht is voor het maken van tekeningen

te·ken·krijt *het* zacht krijt, geschikt om mee te tekenen

te·ken·kunst *de (v)* kunst van het tekenen

te·ken·les *de* [-sen] les in het tekenen

te·ken·on·der·wijs *het* onderwijs in het → **tekenen** (bet 1)

te·ken·pa·pier *het* papier speciaal geschikt om op te tekenen

te·ken·pen *de* [-nen] ❶ speciale pen om mee te tekenen ❷ houder voor tekenkrijt

te·ken·plank *de* [-en] tekenbord

te·ken·pot·lood *het* [-loden] potlood speciaal geschikt om mee te tekenen

te·ken·schrift *het* [-en] ❶ schrift (cahier) om in te tekenen ❷ schrijfstelsel van (vastgestelde) tekens

te·ken·stift *de* [-en] potloodstift die in een houder gestoken wordt om ermee te tekenen

te·ken·ta·fel *de* [-s] tafel met een verstelbaar blad om staande gemakkelijk te kunnen tekenen

te·ken·zaal *de* [-zalen] zaal met tekenlessenaars

te·kort *het* [-en] ❶ wat ontbreekt, wat te kort komt ❷ *fig* gebrek, fout; *te kort* zie bij → **kort**

te·kort·ko·ming *de (v)* [-en] gebrek; iets waarin iem. te kort komt

tekst ‹*Fr*‹*Lat*› *de (m)* [-en] ❶ samenhangende bewoordingen van een geschrift; oorspronkelijk geschrift, in tegenstelling met de verklarende noten, aantekeningen of de vertaling ★ *~ en uitleg geven* iets zeer nauwkeurig verklaren ★ comput *platte ~* tekstdocument zonder opmaak ❷ de woorden waarop een muziekstuk is gecomponeerd: ★ *de ~ van een liedje* ❸ onderschrift bij een plaat ❹ Bijbelplaats, vooral als onderwerp van een preek, ook op een kaart gedrukt als wandversiering ❺ onderwerp van behandeling

tekst·boek·je *het* [-s] boekje met de woorden van het gezongene op een uitvoering

tekst·edi·tie [-(t)sie] *de (v)* [-s] tekstuitgave

tekst·edi·tor [-edditt∂(r)] *de* [-s] comput tekstverwerker

tekst·haak *de (m)* [-haken] vierkante haak als leesteken: [of]

tekst·kri·tiek *de (v)* kritische beschouwing van de bewoordingen waarin een tekst is overgeleverd

tekst·kri·tisch, **tekst·kri·tisch** *bn* volgens, met, door tekstkritiek

tekst·schrij·ver *de (m)* [-s] iem. die teksten schrijft voor liedjes, cabaret, reclame e.d.

tek·stu·eel *(‹Fr)* **I** *bn* de tekst betreffend **II** *bijw* woordelijk, als in de tekst staat

tekst·uit·ga·ve *de* [-n] uitgave van oude geschriften in de (vermoedelijk) oorspronkelijke tekst

tekst·ver·be·te·ring *de (v)* [-en] verbetering van de tekst op grond van de uitkomsten van tekstkritiek

tekst·ver·kla·ring *de (v)* [-en] toelichting bij de tekst

tekst·ver·wer·ker *de (m)* [-s] comput computerprogramma voor tekstverwerking

tekst·ver·wer·king *de (v)* comput het m.b.v. een computer invoeren, corrigeren, opmaken e.d. van teksten

tek·to·nisch *(‹Du‹Gr) bn* geol verband houdend met verstoring in de ligging van de aardlagen

tel *de (m)* [-len] ❶ elk geteld nummer ★ *de ~ kwijt zijn* niet meer weten hoever men met tellen is ★ *op zijn tellen passen* op zijn hoede zijn ❷ korte tijdsduur van ongeveer één seconde: ★ *tien tellen wachten* ❸ aanzien: ★ *niet in ~ zijn*, BN, spreektaal *van geen ~ zijn*, *niet van ~ zijn* weinig aanzien genieten, niet belangrijk zijn

tel. *afk* telefoon

te·laat·ko·mer *de (m)* [-s] iem. die te laat komt

te·last·leg·ging *de (v)* [-en] NN het ten laste leggen, beschuldiging ★ recht *primaire ~* het zwaarste strafbare feit dat als eerste te last wordt gelegd ★ recht *subsidiaire ~* de strafbare feiten die in tweede instantie worden genoemd en kunnen dienen als grond voor een veroordeling als de primaire telastlegging niet bewezen kan worden

tel·baar *bn* geteld kunnende worden; **telbaarheid** *de (v)*

te·le- *(‹Gr) als eerste lid in samenstellingen* ver-, over grote afstand plaatshebbend

Te·le·ac *afk* in Nederland (stichting) Televisieacademie [televisieomroep die cursussen verzorgt van (populair-)wetenschappelijke aard]

Te·le·ac/NOT *afk* in Nederland Televisieacademie/ Nederlandse Onderwijstelevisie [Nederlandse zendgemachtigde die educatieve programma's uitzendt]

te·le·ban·kie·ren *ww* [telebankierde, h. getelebankierd] comput vanaf de pc thuis alle persoonlijke geldzaken met een bank regelen met behulp van een modem en al dan niet via internet

te·le·ca·me·ra *de* ['s] camera voor fotograferen of filmen op grote afstand

te·le·card [-kà(r)t] *de (m)* [-s] BN ook, spreektaal telefoonkaart

te·le·com *de (v)* telecommunicatie

te·le·com·mu·ni·ca·tie [-(t)sie] *de (v)* het overbrengen van informatie over grote afstand zonder tijdverlies, vooral met moderne elektronische middelen

te·le·com·mu·ni·ca·tie·mid·del [-(t)sie-] *het* [-en] voor telecommunicatie gebruikt apparaat

te·le·com·mu·ni·ca·tie·sa·tel·liet [-(t)sie-] *de* [-en] satelliet voor de telecommunicatie

te·le·fax *(‹Gr‹Lat) de* [-en] fax

te·le·fo·na·de *de (v)* [-s] langdurig telefonisch onderhoud

te·le·fo·ne·ren *ww (‹Fr)* [telefoneerde, h. getelefoneerd] door de telefoon meedelen, spreken

te·le·fo·nie *(‹Fr‹Gr) de (v)* ❶ elektrische overbrenging van geluid ❷ het telefoonwezen

te·le·fo·nisch *(‹Fr) bn* per telefoon

te·le·fo·nist *(‹Fr) de (m)* [-en], **te·le·fo·nis·te** *de (v)* [-n en -s] iem. die een telefooninstallatie bedient, vooral die in een centrale de verbindingen tot stand brengt

te·le·foon *(‹Fr‹Gr) de (m)* [-s en -fonen] ❶ toestel om gesproken woorden langs elektrische weg over te brengen ★ *mobiele ~* klein telefoontoestel dat met overal mee kan dragen, mobieltje ❷ telefonische oproep; zie ook → **telefoontje** ❸ telefoondienst

te·le·foon·be·ant·woor·der *de (m)* [-s] antwoordapparaat

te·le·foon·boek *het* [-en] telefoongids

te·le·foon·bot·je *het* [-s] NN weduwnaarsbotje

te·le·foon·cel *de* [-len] hokje met een telefoontoestel voor openbaar gebruik

te·le·foon·cen·tra·le *de* [-s] gebouw of plaats vanwaar telefoonverbindingen tot stand gebracht worden

te·le·foon·dienst *de (m)* bedrijf dat de telefoonvoorziening binnen een bep. gebied verzorgt

te·le·foon·dis·trict *het* [-en] elk van de districten waarin het landelijk telefoonnet verdeeld is

te·le·foon·draad *de (m)* [-draden] draad waarlangs geluid telefonisch wordt overgebracht

te·le·foon·ge·heim *het* [-en] recht grondrecht dat afluisteren van telefoongesprekken verbiedt

te·le·foon·ge·sprek *het* [-ken] gesprek per telefoon

te·le·foon·gids *de (m)* [-en] vooral NN lijst met de namen en nummers van degenen die telefonisch zijn aangesloten

te·le·foon·hoorn, **te·le·foon·ho·ren** *de (m)* [-s] hoorn van een telefoontoestel waarin zich de microfoon en de luidspreker bevinden

te·le·foon·kaart *de* [-en] ❶ kaartje dat een zekere waarde vertegenwoordigt en waarmee men, door het in een openbare telefoon te schuiven een of meer gesprekken kan voeren ❷ kaartje met beltegoed te gebruiken in een mobiele telefoon

te·le·foon·ka·bel *de (m)* [-s] bundel telefoondraden, (meestal) onder de grond of onder water

te·le·foon·lijn *de* [-en] telefoondraad; verbinding door telefoondraden en -kabels tussen een telefooncentrale en een plaats waar een telefoontoestel staat

te·le·foon·net *het* [-ten] net van telefoonlijnen

te·le·foon·num·mer *het* [-s] nummer van een aangeslotene bij een telefoondienst

te·le·foon·paal *de (m)* [-palen] paal waaraan telefoondraden bevestigd zijn

te·le·foon·tje *het* [-s] (kort) telefoongesprek: ★ *ik verwacht nog wat telefoontjes vanavond* ★ *ik moet nog een ~ plegen* ik moet nog iem. bellen

te·le·foon·toe·stel *het* [-len] → **telefoon** (bet 1)

te·le·foon·ver·bin·ding *de (v)* [-en] telefonische verbinding

te·le·fo·to *de* ['s] ❶ radiografisch overgebrachte foto ❷ op grote afstand genomen foto

te·le·fo·to·gra·fie *de (v)* ❶ het telegrafisch overseinen van beelden ❷ het fotograferen van voorwerpen op grote afstand door middel van telelenzen

te·le·graaf *(‹Fr‹Gr) de (m)* [-grafen] ❶ seintoestel waarmee elektrisch via morseseinen berichten werden overgebracht ❷ dienst die deze berichten overbracht

te·le·graaf·draad *de (m)* [-draden] draad waarlangs met behulp van een telegraaf berichten worden overgebracht

te·le·graaf·ka·bel *de (m)* [-s] bundel telegraafdraden onder de grond of onder water

te·le·graaf·toe·stel *het* [-len] elektrisch seintoestel

te·le·gra·fe·ren *ww (‹Fr)* [telegrafeerde, h. getelegrafeerd] per telegraaf berichten

te·le·gra·fie *(‹Fr‹Gr) de (v)* het overbrengen van berichten per telegraaf

te·le·gra·fisch *(‹Fr) bn* per telegraaf

te·le·gra·fist *(‹Fr) de (m)* [-en], **te·le·gra·fis·te** *de (v)* [-n, -s] iem. die een telegraaf bedient

te·le·gram *(‹Fr‹Gr) het* [-men] telegrafisch overgebracht bericht

te·le·gram·stijl *de (m)* korte en bondige wijze van uitdrukken ★ *in ~ zeer beknopt*

te·le·ki·ne·se [-zə], **te·le·ki·ne·sie** [-zi] *(‹Gr) de (v)* het op paranormale wijze doen bewegen of verplaatsen van voorwerpen zonder dat deze worden aangeraakt

te·le·lens *de* [-lenzen] lens voor het fotograferen op grote afstand

te·le·mark *(‹Noors) de (m)* [-s] bep. beweging bij het skiën om van richting te veranderen of te stoppen (genoemd naar de provincie Telemark in Noorwegen)

te·le·mar·ke·ting [-mà(r)] *de (v)* gebruik van de telefoon als marketingcommunicatiemiddel

te·len *ww* [teelde, h. geteeld] kweken, verbouwen: ★ *aardappels ~*

te·le·o·lo·gie *(‹Gr) de (v)* leer van de doelmatigheid in de schepping

te·le·o·lo·gisch *(‹Gr) bn* ❶ betrekking hebbend op de teleologie ❷ op een bepaald doel gericht, een doelstelling inhoudend

te·le·ont·haal *het* BN telefonische hulpdienst (106-nummer) bij levensmoeilijkheden

te·le·paat *(‹Gr) de (m)* [-paten] iem. die telepathische gaven bezit, gedachtelezer

te·le·pa·thie *(‹Gr) de (v)* gedachteoverbrenging zonder zintuiglijke waarnemingen, het gedachtelezen

te·le·pa·thisch *(‹Gr) bn* van, door telepathie

tele·pro·ces·sing [tellə-] *(‹Eng) de (m)* het verwerken van informatie die via communicatielijnen is ontvangen

te·ler *de (m)* [-s] iem. die teelt

te·le·scoop *(‹It‹Gr)* I *de (m)* [-scopen] grote verrekijker, vooral astronomische kijker met spiegels II *als eerste lid in samenstellingen* in elkaar geschoven kunnende worden

te·le·sco·pe·ren *ww* [telescopeerde, is & h. getelescopeerd] ❶ als een verrekijker ineenschuiven ❷ als een verrekijker ineen doen schuiven

te·le·sco·pisch *bn* alleen door een telescoop waarneembaar

te·le·shop·ping [-sjop-] *(‹Eng) de & het* het vanaf huis aanschaffen van producten via internet, telefoon e.d., die bij de klant thuis worden bezorgd

te·le·tekst *de (m)* informatiesysteem waarbij samen met de normale televisie 'pagina's' nieuws en mededelingen worden uitgezonden

te·leur·gang *de (m)* BN, vero BN, vero ondergang, achteruitgang; zie ook **teloorgang**

te·leur·stel·len *ww* [stelde teleur, h. teleurgesteld] in een verwachting beschamen, iems. hoopvolle verwachtingen tenietdoen

te·leur·stel·ling *de (v)* [-en] ❶ het teleurgesteld-zijn: ★ *zijn ~ verbijten* ❷ tegenvaller: ★ *dat concert was een enorme ~*

te·le·vi·sie [-zie] *(‹Gr-Lat) de (v)* [-s] ❶ systeem van draadloos overbrengen van (bewegende) beelden: ★ *er is een mooie film op de ~* ❷ toestel voor het ontvangen van draadloos overgebrachte (bewegende) beelden: ★ *onze ~ is kapot* ❸ de hele organisatie voor het uitzenden van televisiebeelden: ★ *bij de ~ werken*

te·le·vi·sie·an·ten·ne [-zie-] *de* [-s] → **antenne** (bet 1) voor de ontvangst van televisiebeelden

te·le·vi·sie·ca·me·ra [-zie-] *de* ['s] camera voor televisieopnamen

te·le·vi·sie·cir·cuit [-ziesirkwie] *het* [-s] opstelling van onderling verbonden televisietoestellen, vooral in hetzelfde gebouw

te·le·vi·sie·per·soon·lijk·heid [-zie-] *de (v)* [-heden] iem. die algemene bekendheid geniet door vaak op de televisie te verschijnen

te·le·vi·sie·pi·raat [-zie-] *de (m)* [-raten] zender die illegaal televisiebeelden uitzendt

te·le·vi·sie·pro·gram·ma [-zie-] *het* ['s] via de televisie uit te zenden programma

te·le·vi·sie·scherm [-zie-] *het* [-en] min of meer rechthoekig vlak aan de voorkant van een televisietoestel waarop het beeld zichtbaar wordt

te·le·vi·sie·se·rie [-ziesee-] *de (v)* [-s] aantal bijeenhorende televisiespelen die achtereenvolgens op verschillende dagen worden uitgezonden

te·le·vi·sie·spel [-zie-] *het* ❶ [*mv:* -spelen] toneelstuk geschreven voor vertoning op de televisie ❷ [*mv:* -len] elektronisch spelletje waarbij gebruik wordt gemaakt van het televisiescherm

te·le·vi·sie·spel·le·tje *het* [-s] spelletje op tv, vaak een quiz

te·le·vi·sie·toe·stel [-zie-] *het* [-len] → **televisie** (bet 2)

te·le·vi·sie·uit·zen·ding [-zie-] *de (v)* [-en] programma op de televisie

te·le·wer·ken *ww* [telewerkte, h. getelewerkt] werk dat traditioneel op kantoor werd verricht, elders (bijv. thuis) uitvoeren, waarbij computers en telecommunicatiemiddelen zorgen voor verbinding met het kantoor

te·le·wer·ker *de (m)* [-s] iem. die telewerkt

te·lex ⟨*Eng,* samentrekking van: *teleprinter exchange*⟩ *de (m)* berichtendienst, resp. toestel daarvoor waarmee getypte mededelingen worden overgebracht naar een ontvangtoestel op afstand

te·lexen *ww* [telexte, h. getelext] per telex overbrengen

te·lexist [-leksist] *de (m)* [-en], **te·lex·is·te** [-leksis-] *de (v)* [-n, -s] iem. die een telextoestel bedient

tel·fout *de* [-en] bij het tellen gemaakte fout

telg *de* [-en] afstammeling

tel·gang *de (m)* loop van een telganger

tel·gan·ger *de (m)* [-s] paard dat beurtelings zijn beide linker- of rechterbenen tegelijk verplaatst

tel·ken·ma·le, **tel·ken·maal** *bijw* telkens

tel·kens *bijw* steeds, elke keer, herhaaldelijk: ★ *zij maakt ~ dezelfde fout*

tel·len *ww* [telde, h. geteld] ❶ een rij getallen in de juiste volgorde opzeggen, ter oefening, ter begeleiding, om na te gaan hoeveel seconden er verlopen enz. ★ *kijken of men niet tot tien kan ~ zeer dom kijken* ❷ de hoeveelheid van iets bepalen: ★ *de boeken in een kast ~* ★ *zijn geld ~* ❸ door optellen en aftrekken berekenen: ★ *de bevolking van een land ~* ❹ hebben, bevatten: ★ *het boek telt meer dan 300 bladzijden* ❺ oud zijn: ★ *zij telt zestien jaren* ❻ van belang geacht worden, meetellen: ★ *al dat leed wordt daar niet geteld* ★ *die telt voor twee* dat is een waardevol persoon ❼ geldig zijn: ★ *een valse start telt niet*

tel·ler *de (m)* [-s] ❶ bovenste deel van een → **breuk** (bet 5) ❷ iem. die telt ❸ iets wat telt: ★ *de ~ stond op 17452 km*; BN, spreektaal *ook* gasmeter, elektriciteitsmeter, watermeter

tel·ling *de (v)* [-en] het tellen; het optellen

tel·lu·ri·um ⟨*Lat*⟩ *het* zeldzaam chemisch element, symbool Te, atoomnummer 52, gevonden in verbinding met goud, zilver en andere metalen, gebruikt voor verharden van lood en machinestaal

tel·ma·chi·ne [-sjie-] *de (v)* [-s] machine die telt en bepaalde berekeningen kan uitvoeren, rekenmachine

te·loor·gaan *ww* [ging teloor, is teloorgegaan] verloren gaan

te·loor·gang *de (m)* het verloren gaan, de ondergang

tel·raam *het* [-ramen] raamwerk met balletjes aan staafjes, waarmee men gemakkelijk rekent of leert rekenen, abacus

tel·werk *het* het (veel) tellen

tel·woord *het* [-en] woord dat een hoeveelheid aanduidt: tien, vijftien, weinig enz.

te·meier *de (v)* [-s] NN, Barg prostituee

te·men *ww* [teemde, h. geteemd] lijmerig spreken

te·me·rig *bn* zeurderig, lijmerig; **temerigheid** *de (v)*

tem·men *ww* [temde, h. getemd] ❶ tam maken: ★ *leeuwen ~* ❷ fig tot onderwerping brengen, beteugelen: ★ *hartstochten ~*

temp. *afk* temperatuur

tem·pé ⟨*Mal*⟩ *de (m)* koek van een soort gegiste soja

tem·peest ⟨*Oudfrans*⟨*Lat*⟩ *het* [-en] BN, vero ❶ storm, stormweer; hevig onweer, noodweer ❷ woedeaanval, uitbarsting; stortvloed ❸ hevig rumoer, lawaai, herrie ★ *~ maken* herrie schoppen; vechten

tem·pel ⟨*Lat*⟩ *de (m)* [-s *en* -en] ❶ gewijd gebouw voor godsdienstoefeningen of rituele plechtigheden ❷ algemeen plaats waar iets gediend of geëerd wordt ★ *de ~ der wetenschap* de universiteit

tem·pel·bouw *de (m)* het bouwen van een tempel; vooral de bouw van de tempel te Jeruzalem door koning Salomo

tem·pel·heer *de (m)* [-heren] tempelier

tem·pe·lier ⟨*Oudfrans*⟩ *de (m)* [-s *en* -en] ridder van een middeleeuwse geestelijke ridderorde (1119-1312) ★ *drinken als een ~* veel sterke drank gebruiken

tem·pen *ww* [tempte, h. getempt] NN, spreektaal temperaturen, temperatuur opnemen (van een zieke)

tem·pe·ra ⟨*It*⟩ *de* (techniek van schilderen met) waterverf, vermengd met eiwit, gom en lijm; mat opdrogende verf ★ *~ al secco* zeer duurzame schildering op hout of muren met waterverf

tem·pe·ra·ment ⟨*Lat*⟩ *het* [-en] ❶ overheersende natuurlijke gemoedsgesteldheid ❷ vurige aard, levendigheid: ★ *een jongen met ~*

tem·pe·ra·tu·ren *ww* [temperatuurde, h. getemperatuurd] de (lichaams)temperatuur opnemen

tem·pe·ra·tuur ⟨*Fr*⟩ *de (v)* [-turen] graad van warmte of kou: ★ *er heerste een onaangename ~ in de zaal*

tem·pe·ren *ww* ⟨*Lat*⟩ [temperde, h. getemperd] ❶ matigen ❷ de smeedbaarheid van staal e.d. verhogen door verhitting tot op hoge temperatuur;

tempering *de (v)*

tem·per·mes *het* [-sen] soort mes waarmee schilders verven mengen

tem·po *(‹It‹Lat) het* ['s *en* -pi] ❶ muz bep. snelheid van uitvoering; tijdmaat ❷ bep. snelheid van uitvoering van handelingen of opeenvolging van gebeurtenissen: ★ *het ~ makkelijk kunnen bijhouden* ❸ snelheid van handeling, vaart ★ *~ maken* snel voortgaan of te werk gaan ★ *~!* vooruit, schiet op! ❹ schaken, dammen zet ★ *een ~ winnen, verliezen* een zet vóór, resp. achter raken in de ontwikkeling ★ *op ~ winnen, verliezen* winnen, resp. verliezen door zetdwang

tem·po·beurs *de* [-beurzen] NN studiebeurs die wordt verkregen als een student een bep. minimum aantal studiepunten in een jaar behaalt en die wordt omgezet in een renteloze lening als hij daarin niet slaagt

tem·po doe·loe *(‹Mal)* NN **I** *bijw* vroeger, lang geleden **II** *het* de goede oude tijd

tem·po·reel *(‹Fr‹Lat) bn* tijdelijk; door de tijd bepaald

tem·po·ri·se·ren *ww* [-zee-] *(‹Fr‹Lat)* [temporiseerde, h. getemporiseerd] ❶ opschorten, uitstellen; dralen, afwachten ❷ aan bep. tijden of perioden binden; uitsmeren over een lange tijd ❸ sp rustiger gaan spelen

temp·ta·tie [-(t)sie] *(‹Lat) de (v)* [-s, -tiën] kwelling, verzoeking; hard gelag

temp·te·ren *ww (‹Lat)* [tempteerde, h. getempteerd] in verzoeking brengen; zie ook → **tenteren**

tem·pus *het* [tempora] taalk tijd

ten *vz* te den: ★ *~ dele, ~ huize enz.* ; zie ook bij → **te¹**

te·naam·stel·ling *de (v)* het op naam stellen

ten·dens *(‹Du‹Fr) de* [-en] ❶ strekking, bedoeling (van een boek, film e.d.): ★ *een verhaal met een moralistische ~* ❷ geneigdheid, richting: ★ *er heerst een ~ meer te letten op de kleine criminaliteit* ❸ handel stemming als grondslag voor markt- of beurszaken

ten·dens·ro·man *de (m)* [-s] roman met duidelijke (zedelijke of sociale) strekking

ten·den·tie [-sie] *(‹Lat) de (v)* [-s] ❶ streven ❷ strekking ❸ stemming; geneigdheid

ten·den·tieus [-sjeus] *(‹Fr) bn* een bepaalde strekking of bedoeling zodanig uitdrukkend dat de waarheid te kort gedaan wordt: ★ *een tendentieuze berichtgeving*

ten·der *(‹Eng) de (m)* [-s] ❶ het aan een stoomlocomotief toegevoegde voertuig om brandstof en water mee te voeren ❷ handel wijze van uitgifte van obligaties waarbij de inschrijvers opgeven tegen welke koers zij die willen kopen, en het bedrag niet van tevoren vaststaat

ten·de·ren *ww (‹Lat)* [tendeerde, h. getendeerd] de genoemde strekking of bedoeling hebben, zekere tendentie vertonen

ten·der·foot [tendə(r)foet] *(‹Eng) de (m)* [-s] nieuw aangekomene, groentje

ten·der·sys·teem [-sis- *of* -sies-] *het* handel systeem dat wordt toegepast bij de emissie van obligaties, waarbij de emissiekoers pas wordt vastgesteld na de inschrijving, → **tender** (bet 2)

ten-ein·de *voegw* met het doel om; zie ook → **eind**

te·nen *bn* van dunne twijgen

te·nen·krom·mend *bn* beschamend, gênant: ★ *een tenenkrommende discussie*

te·neur *(‹Fr) de (m)* strekking, inhoud: ★ *een boek met een pessimistische ~*

ten·ge [tengyə] *(‹Kazachstaans) de* [-s] munteenheid van Kazachstan

ten·gel¹ *de (m)* [-s] ❶ dunne platte lat ❷ korte spijker met grote kop

ten·gel² *de (m)* [-s] NN, spreektaal vinger, hand: ★ *afblijven met je tengels!*

ten·ge·len *ww* [tengelde, h. getengeld] met tengels (→ **tengel¹**) beslaan

ten·ger *(‹Fr) bn* rank, niet fors, teer: ★ *een ~ postuur*; **tengerheid** *de (v)*

ten·ge·vol·ge *ww* ★ *~ van* zie bij → **gevolg**

ten·he·me·l·op·ne·ming *de (v)* ★ *Maria-* ~ zie bij → **Maria**

te·niet·doen *ww* [deed teniet, h. tenietgedaan] vernietigen, ongedaan maken: ★ *besluiten ~*

te·niet·gaan *ww* [ging teniet, is tenietgegaan] te gronde gaan, ophouden te bestaan; *vgl*: → **niet** (II)

ten·las·te·leg·ging *de (v)* [-en] NN → **telastlegging**

ten·min·ste *bijw* althans: ★ *nu heeft hij ~ de waarheid gesproken*; *vgl*: → **minst**

ten·nis *(‹Eng) het* balspel op een harde baan of op een grasveld (→ **lawntennis**) waarbij een kleine bal met rackets over een net in het midden heen en weer geslagen wordt

ten·nis·arm *de (m)* [-en] ontsteking van het beenvlies op de plaats waar de trekspieren van de onderarm vastzitten aan de bovenarm, ontstaan door overbelasting, zoals bijv. bij veel tennis spelen

ten·nis·baan *de* [-banen] door een net in tweeën verdeeld speelveld voor tennis

ten·nis·bal *de (m)* [-len] kleine harde bal, bij het tennisspel gebruikt

ten·nis·club *de* [-s] club van tennisspelers

ten·nis·rack·et [-rekkət] *de & het* [-s] racket voor het tennisspel

ten·nis·schoen *de (m)* [-en] witte linnen schoen

ten·nis·sen *ww* [tenniste, h. getennist] tennis spelen

ten·nis·ser *de (m)* [-s] tennisspeler

ten·nis·spel *het* tennis

ten·nis·spe·ler *de (m)* [-s], **ten·nis·speel·ster** *de (v)* [-s] iem. die tennis speelt

ten·nis·ster *de (v)* [-s] tennisspeelster

ten·no *(‹Jap) de (m)* benaming voor de keizer van Japan

ten·on·der·gang *de (m)* ondergang, val

te·nor [-noor, BN: tenor] *(‹Fr‹It) de (m)* [-s, tenoren] ❶ hoge mannenstem ❷ zanger met zo'n stem ❸ BN ook topper, favoriet, ster

te·nor·saxo·foon [-noor-] *de (m)* [-s, -fonen] saxofoon

met een lagere toonhoogte dan de altsaxofoon
te·nor·stem [-noor-] *de* [-men] → **tenor** (bet 1)
ten·sie (‹Lat) *de (v)* spanning, gespannenheid; druk
ten·slot·te *bijw* alles in aanmerking genomen: ★ *hij is ~ niet verantwoordelijk* ; zie ook → **slot**
tent (‹Fr) *de* [-en] ❶ over stokken gespannen doek, tot verblijfplaats dienende ★ *ergens zijn tenten opslaan* zich daar vestigen ★ *iemand uit zijn ~ lokken* iemand tot de strijd uitdagen of verleiden voor zijn mening uit te komen ★ *ze braken de ~ bijna af* men was dolenthousiast ❷ vooral NN, spreektaal gelegenheid waar men kan ontspannen: restaurant, dansgelegenheid e.d.: ★ *ik weet nog ergens een gezellige ~*
ten·ta·kel (‹Lat) *de (m)* [-s] ❶ voeldraad, voelhoorn ❷ vangarm, bijv. van een inktvis
ten·ta·men (‹Lat) *het* [-s, -mina] NN ❶ toetsmoment tijdens een studie, waarop studenten moeten laten zien dat ze de leerstof beheersen ❷ oorspr poging ★ *~ suïcide* med zelfmoordpoging
ten·ta·mi·ne·ren *ww* [tentamineerde, h. getentamineerd] NN aan een tentamen, een voorlopig examen onderwerpen; tentamen afnemen
ten·ta·tief (‹Fr‹Lat) *bn* voorlopig, bij wijze van proef
tent·dak *het* [-daken] ❶ dak van een tent ❷ dak van vier in één punt samenkomende vlakken
tent·doek *het* stof waarvan een → **tent** (bet 1) wordt gemaakt
ten·ten·kamp *het* [-en] kamp van tenten
ten·te·ren (‹Lat) *ww* [tenteerde, h. getenteerd] ❶ in verzoeking brengen, bekoren ❷ NN een tentamen afnemen; ondervragen
tent·ha·ring *de (m)* [-en] → **haring**²
ten·toon·sprei·den *ww* [spreidde tentoon, h. tentoongespreid] blijk geven van, vertoon maken met (rijkdom, weelde enz.)
ten·toon·stel·len *ww* [stelde tentoon, h. tentoongesteld] ter bezichtiging uitstallen, exposeren: ★ *oudheden ~*
ten·toon·stel·ling *de (v)* [-en] uitstalling van voorwerpen ter bezichtiging
ten·toon·stel·lings·ge·bouw *het* [-en] gebouw waar tentoonstellingen worden gehouden
tent·stok *de (m)* [-ken] stok als steun van een tent
tent·wa·gen *de (m)* [-s] wagen met een kap van doek of leer
tent·zeil *het* tentdoek
te·nue [tənuu] (‹Fr) *de & het* [-s, -n] voorgeschreven kleding, vooral voor militairen ★ *groot ~* kleding voor plechtige gelegenheden
ten·uit·voer·bren·ging, **ten·uit·voer·leg·ging** *de (v)* [-en] het uitvoeren, het volvoeren
ten·zij, **ten·zij** *voegw* indien niet, als niet, behalve als: ★ *ik kom, ~ ik ziek word*
te·pel *de (m)* [-s] uiteinde van een melkklier
te·qui·la [-kielaa] (‹Sp) *de (m)* uit de agave gestookte sterke drank in Mexico

ter *vz* te der; zie bij → **te**¹
ter·aar·de·be·stel·ling *de (v)* [-en] plechtig begrafenis
te·ra·byte [-bait] *de (m)* [-s] comput 1000 gigabytes
te·ra·fim (‹Hebr) *mv* Oudhebreeuwse huisgoden (o.a. in *Genesis* 31)
ter·be·schik·king·stel·ling *de (v)* [-en] het bij vonnis ter beschikking stellen van de regering (voor toezicht of opvoeding); *afk:* tbs
ter·bi·um *het* chemisch element, symbool Tb, atoomnummer 65, een zeer zeldzaam, zilvergrijs aardmetaal, genoemd naar de Zweedse plaats Ytterby, waar het voor het eerst gevonden werd
ter·de·ge *bijw* flink, geducht: ★ *we kregen er ~ van langs*
ter·dood·bren·ging *de (v)* [-en] het ter dood brengen
te·recht *bijw* ❶ op de goede plaats: ★ *~ zijn* ★ *~ kunnen* toegang hebben *of* zich kunnen voorzien, geholpen kunnen worden ❷ juist, volgens juist inzicht: ★ *hij is er ~ mee opgehouden* ❸ gevonden: ★ *het vermiste boek is ~*
te·recht·bren·gen *ww* [bracht terecht, h. terechtgebracht] ❶ in orde brengen, klaarspelen: ★ *hij brengt er niets van terecht* ❷ op de goede weg helpen
te·recht·ko·men *ww* [kwam terecht, is terechtgekomen] ❶ ergens uitkomen, aankomen: ★ *de auto kwam in het water terecht* ❷ in orde komen; zijn bestemming bereiken; zijn doel bereiken ★ *goed ~* tot een goed einde raken of in een goede maatschappelijke positie geraken ★ *slecht ~* op een ongunstige plaats aankomen *of* in een ongunstige maatschappelijke positie geraken ❸ teruggevonden worden
te·recht·staan *ww* [stond terecht, h. terechtgestaan] voor de rechter staan
te·recht·stel·len *ww* [stelde terecht, h. terechtgesteld] de doodstraf aan iemand voltrekken; **terechtstelling** *de (v)* [-en]
te·recht·wij·zen *ww* [wees terecht, h. terechtgewezen] ❶ zeggen waarheen *of* hoe het moet ❷ vermanen, berispen
te·recht·wij·zing *de (v)* [-en] vermaning, berisping
te·recht·zit·ting *de (v)* [-en] zitting van een rechtsprekend lichaam
te·ren¹ *ww* [teerde, h. geteerd] met teer besmeren
te·ren² *ww* [teerde, h. geteerd] ❶ leven op kosten van ★ *~ op het geld van je ouders* ❷ uit voorraad gebruiken: ★ *daar kun je een maand op ~* ❸ fig leven op, genoeg hebben aan: ★ *op oude roem ~* ❹ BN het ervan nemen, feestvieren: ★ *op de naamdag van Sint-Cecilia teren de zangverenigingen*
ter·gen *ww* [tergde, h. getergd] ❶ sarren ❷ provoceren: ★ *de woede van het volk ~*
ter·gend *bn* plagend, irriterend: ★ *~ langzaam*
te·ring¹ I *de (v)* vero tuberculose ★ NN, plat *krijg de ~* verwensing ★ *vliegende ~* een zeer snel verlopende vorm van tuberculose, met verspreiding van tuberkelbacteriën via de bloedbaan, vooral in

longen en hersenvliezen **II** *als eerste lid in samenstellingen* NN, plat slecht, vervelend: ★ *teringboek, teringdag, teringstreek*
te·ring² *de (v)* wat men verteert ★ *de ~ naar de nering zetten* de uitgaven regelen naar de inkomsten
te·ring·ach·tig *bn* met aanleg voor tuberculose
te·ring·lij·der *de (m)* [-s] ❶ vero iem. die tuberculose heeft ❷ NN, spreektaal rotzak, smeerlap (meestal als *teringlijer* uitgesproken)
ter·loops *bn* vluchtig, in het voorbijgaan: ★ *een terloopse opmerking*
term ‹Fr› *de (m)* [-en] ❶ woord, uitdrukking in bepaald verband als vaste aanduiding: ★ *medische termen* ★ *in bedekte termen* verhuld, niet ronduit ★ NN *in de termen vallen* in aanmerking komen ❷ wisk elk van de grootheden waarvan de verhouding in een bepaalde vorm wordt uitgedrukt ❸ elk van de stellingen van een syllogisme ❹ beweegreden, aanleiding: ★ *er zijn geen termen aanwezig voor deze aantijgingen*
ter·miet ‹Fr‹Lat› *de (m)* [-en] benaming voor een groep van tropische insecten, ook witte mieren geheten (orde Isopterea)
ter·mie·ten·heu·vel *de (m)* [-s] door termieten gebouwd heuvelvormig nest
ter·mijn ‹Fr› *de (m)* [-en] ❶ tijdruimte, bep. tijdvak, dag waarop of tijdvak waarbinnen iets moet plaatsvinden ★ *op langere ~* na langere tijd ★ *op korte ~* snel ★ *op ~* op den duur ❷ gedeelte van een schuld dat op een bep. tijdstip afbetaald moet worden
ter·mijn·af·fai·re [-fèrə] *de* [-s] zaak in de termijnhandel
ter·mijn·be·ta·ling *de (v)* betaling in termijnen (→ **termijn**, bet 2)
ter·mijn·han·del *de (m)* vorm van handel waarbij de levering van goederen niet in de bedoeling ligt, maar waarbij deze goederen vóór de termijn van levering weer verkocht worden
ter·mijn·markt *de* [-en] markt voor de termijnhandel
ter·mijn·re·ke·ning *de (v)* BN banktegoed dat terugbetaalbaar is op een vooraf afgesproken datum
ter·mi·naal ‹Fr‹Lat› *bn* aan het eind plaats hebbend, tot het eindstadium, vooral dat van het leven, behorend: ★ *~ ziek zijn*
ter·mi·nal [tù(r)minnəl] ‹Eng‹Lat› *de (m)* [-s] ❶ begin- of eindpunt van een scheep- of luchtvaartverbinding ❷ comput apparaat voor in- en uitvoer, verbonden met een (grote) computer, maar op enige afstand daarvan opgesteld
ter·mi·no·lo·gie ‹Fr› *de (v)* [-gieën] ❶ geheel van vaktermen, vaktaal, termen die specifiek zijn voor een bepaald vak- of wetenschapsgebied: ★ *juridische ~* ❷ woordkeus, de in zeker verband gebruikte of te gebruiken woorden: ★ *een voorzichtige ~*
ter·mi·no·lo·gisch *bn* tot de terminologie behorend

ter·mi·nus ‹Lat› *de (m)* [-ni *en* -sen] BN ook, spreektaal eindpunt; einde, vooral het einde van een spoorweg; station aldaar
ter·nau·wer·nood *bijw* nauwelijks; bijna niet
ter·ne·der, ter·neer *bijw* NN naar beneden, omlaag
ter·neer·ge·sla·gen *bn* gedrukt, moedeloos
ter·neer·slaan *ww* [sloeg terneer, h. terneergeslagen] moedeloos maken, in een bedrukte gemoedstoestand brengen
terp *de* [-en] ‹in Friesland en ook wel in Groningen› door mensen opgeworpen hoogte waarop men woonde om tegen het water beveiligd te zijn
terp·aar·de *de* vruchtbare aarde van afgegraven terpen
terp·dorp *het* [-en] dorp op een terp gebouwd
ter·pen·tijn *de (m)* ❶ benaming voor zekere harsen die gewonnen worden uit verschillende bomen ❷ terpentijnolie
ter·pen·tijn·boom *de (m)* [-bomen] oudst bekende terpentijnleverende boom (*Pistacia terebinthus*)
ter·pen·tijn·olie *de* vluchtige olie die door destillatie uit terpentijn wordt verkregen
ter·pen·ti·ne *de* zware benzine als vervangingsmiddel van terpentijn
ter·ra·cot·ta ‹It› **I** *de & het* ❶ onverglaasde gebrande aarde; ❷ [*mv:* 's] daarvan vervaardigd beeldwerk ❸ licht bruinrode kleur **II** *bn* ❶ van terracotta vervaardigd ❷ de kleur hebbend van terracotta, licht bruinrood
ter·ra in·cog·ni·ta ‹Lat› *de* volledig onbekend gebied, ook fig: ★ *hoe kinderen hun moedertaal verwerven is nog steeds ~*
ter·ra·ri·um ‹Lat› *het* [-s, -ria] (glazen) bak met een laag aarde waarin men hagedissen, slangen, padden en dergelijke houdt
ter·ras ‹Fr› *het* [-sen] ❶ deel van een trottoir voor een horecabedrijf met tafels en stoelen voor de bezoekers ❷ horizontaal vlak boven het gewone niveau van het terrein, vooral als wandel- of zitplaats ❸ dak van een huis dat is ingericht om erop te verblijven ❹ natuurlijke formatie van de onder *bet 2* bedoelde vorm
ter·ras·bouw *de (m)* bouw van terraswoningen
ter·ras·cul·tuur *de (v)* bebouwing van berghellingen
ter·ras·land *het* [-en] land met vlakten van telkens geringere hoogte
ter·ras·se·ren *ww* ‹Fr› [terrasseerde, h. geterrasseerd] ❶ een hellend terrein in terrassen afdelen ❷ met opgeworpen aarde steunen, versterken: ★ *geterrasseerde muur*
ter·ras·ver·war·mer *de* [-s] verwarmingsinstallatie voor op het terras
ter·ras·vor·mig *bn* op de wijze van een terras, in terrassen
ter·ras·wo·ning *de (v)* [-en] woning met een terras, vooral aan de waterkant
ter·rein ‹Fr‹Lat› *het* [-en] ❶ stuk grond, bodem: ★ *het ~ van een fabriek* ❷ gebied, ook fig: ★ *we*

begeven ons nu op het ~ van de wiskunde
ter·rein·fiets *de* [-en] mountainbike
ter·rein·ge·steld·heid *de (v)* toestand van een terrein
ter·rein·kaart *de* [-en] kaart van een terrein op grote → **schaal¹** (bet 1)
ter·rein·knecht *de (m)* [-s, -en] iem. die een (sport)terrein onderhoudt en in gereedheid brengt
ter·rein·rit *de (m)* [-ten] rit (te paard, met motorvoertuig of fiets) over een ongebaand terrein
ter·rein·winst *de (v)* mil, sp verkrijging van een groter deel van het terrein dan men reeds onder controle had; ook vaak fig gebruikt: ★ *~ boeken bij de onderhandelingen*
ter·reur *(‹Fr‹Lat) de* ❶ eig grote of algemene schrik ❷ hist schrikbewind, vooral dat in de Franse Revolutie ❸ thans voortdurende, georganiseerde geweldpleging: ★ *door ~ regeren* ★ *de ~ van een verzetsbeweging* ★ *rode ~* terreur van revolutionairen ★ *witte ~* terreur van tegenstanders van de revolutie
ter·ri·ër *(‹Eng‹Lat) de (m)* [-s] lid van een groep hondenrassen, gebruikt voor het jagen op in holen levende dieren ★ NN *zich als een ~ in iets vastbijten* niet meer van ophouden weten
ter·rine [-rien(ə)] *(‹Fr‹Lat) de (v)* [-s] ❶ soepkom, komvormige schaal voor het opdienen van soep ❷ gerecht dat in zo'n schaal wordt opgediend
ter·ri·toir [-twaar of -toor] *(‹Fr‹Lat) het* [-s] grondgebied, staatsgebied in verband met de daarover uitgeoefende rechtsmacht
ter·ri·to·ri·aal *(‹Fr‹Lat) bn* het land- of grondgebied betreffend, daartoe behorend ★ *territoriale wateren* kustwateren vallende binnen de rechtspleging van een land (eertijds 3 zeemijlen uit de kust, later 8-12 mijl, en thans vaak veel verder strekkend)
ter·ri·to·ri·um *(‹Lat) het* [-s en -ria] ❶ grondgebied, gebied van een staat ❷ ‹bij dieren› gebied dat een dier, een dierenpaar of een groep dieren voor zichzelf reserveert, vooral in de voortplantingstijd, en dat actief tegen ongewenste indringers wordt verdedigd ❸ (vroeger in Amerika, *ook: territory*) gebied dat nog niet genoeg inwoners had om een staat te heten
ter·ro·ri·se·ren *ww* [-zee-] *(‹Fr)* [terroriseerde, h. geterroriseerd] stelselmatig schrik inboezemen door gewelddaden, door schrikaanjaging en geweld beheersen: ★ *doodseskaders ~ de provincie*
ter·ro·ris·me *(‹Fr) het* ❶ het uitoefenen van een schrikbewind ❷ geweldpleging met bedreiging of aantasting van het leven als middel om iets te verkrijgen, gewelddadige chantage
ter·ro·rist *(‹Fr) de (m)* [-en] bedrijver van terrorisme
ter·ro·ris·tisch *bn* van de aard van terrorisme; van terroristen
ter·sluik, **ter·sluiks** *bijw* stilletjes
ter·stond *bijw* onmiddellijk
ter·tiair [-(t)sjèr] *(‹Fr‹Lat) bn* de derde plaats in een volgreeks innemende ★ *tertiaire formatie* of *het tertiair* geol periode van 65-2 miljoen jaar geleden,
waarin zich de belangrijkste ontwikkelingen van de zoogdieren voordeden ★ *tertiaire kleuren* die welke ontstaan door menging van de drie primaire kleuren, waarbij één daarvan overheerst ★ *tertiaire sector* econ dienstverlenende sector ★ *~ onderwijs* hoger onderwijs en hoger beroepsonderwijs
ter·tio [-(t)sie(j)oo] *(‹Lat) bijw* ten derde, in de derde plaats
terts *(‹Lat) de* [-en] muz derde toon van een grondtoon af; interval tussen twee tonen die twee plaatsen op de notenbalk verschillen ★ *grote ~* waarbij de toonafstand twee hele tonen omvat ★ *kleine ~* waarbij deze anderhalve toon omvat
te·rug *bijw* ❶ naar het punt van uitgang: ★ *ik ben om acht uur weer ~* ★ *~ van weggeweest* weergekeerd na een periode van afwezigheid ❷ achteruit: ★ *zij deed een stap ~* ❸ weer, weerom: ★ *wij zagen hem niet ~* ★ *niet ~ hebben van 100 euro* niet voldoende wisselgeld hebben voor iem. die met een biljet van 100 euro betaalt ★ *vooral NN, fig van iets niet ~ hebben* geen antwoord op iets hebben, er geen raad mee weten ❹ geleden: ★ *zes jaar ~* ❺ BN ook opnieuw, weer: ★ *vallen en ~ opstaan* ★ *ze had haar plaats ~ ingenomen*
te·rug·bel·len *ww* [belde terug, h. teruggebeld] opbellen naar iem. die zelf eerder opgebeld heeft
te·rug·be·ta·len *ww* [betaalde terug, h. terugbetaald] geld betalen dat geleend was
te·rug·be·ta·ling *de (v)* [-en] ❶ het terugbetalen ❷ BN ook, handel rembours ★ *tegen ~ zenden* onder rembours
te·rug·be·ta·lings·ta·rief *het* [-rieven] BN deel van het tarief voor consultaties en geneesmiddelen dat door het ziekenfonds wordt terugbetaald
te·rug·blik *de (m)* [-ken] blik achterwaarts; het overzien van het voorbijgegane: ★ *een ~ op de 20ste eeuw*
te·rug·blik·ken *ww* [blikte terug, h. teruggeblikt] omkijken; het verleden, het gedane overzien
te·rug·bren·gen *ww* [bracht terug, h. teruggebracht] ❶ weer op zijn plaats brengen ❷ ★ *~ tot* verminderen tot
te·rug·dein·zen *ww* [deinsde terug, is teruggedeinsd] terugschrikken
te·rug·den·ken *ww* [dacht terug, h. teruggedacht] denken aan iets van vroeger: ★ *aan zijn jeugd ~*
te·rug·doen *ww* [deed terug, h. teruggedaan] doen als reactie of tegenprestatie op iets van een ander
te·rug·draai·en *ww* [draaide terug, h. teruggedraaid] ❶ in tegengestelde richting draaien ❷ achteruit draaien ❸ fig een vroegere uitlating intrekken *of* een vroeger besluit tenietdoen: ★ *maatregelen ~*
te·rug·drij·ven *ww* [dreef terug, is & h. teruggedreven] ❶ drijven naar de plaats of in de richting waar iets vandaan is gekomen: ★ *de boot dreef terug naar de oever* ❷ naar een vroegere plaats terugjagen, achteruitjagen: ★ *de vijand ~*
te·rug·drin·gen *ww* [drong terug, h. teruggedrongen]

achteruit drijven
te·rug·ei·sen ww [eiste terug, h. teruggeëist] weer voor zich opeisen
te·rug·flui·ten ww [floot terug, h. teruggefloten] ❶ sp d.m.v. een fluitsignaal te kennen geven dat iem. terug moet komen (bijv. na een overtreding of een valse start) ❷ fig (iem.) het (verder) uitvoeren van een opdracht beletten omdat men de werkwijze afkeurt
te·rug·gaaf de → teruggave
te·rug·gaan ww [ging terug, is teruggegaan] weer naar het uitgangspunt gaan ★ ~ tot bestaan sedert ★ ~ op ontstaan zijn uit
te·rug·gang de (m) achteruitgang
te·rug·ga·ve, te·rug·gaaf de het teruggeven
te·rug·ge·trok·ken bn eenzaam, zich afzonderend; **teruggetrokkenheid** de (v)
te·rug·ge·ven ww [gaf terug, h. teruggegeven] weer geven aan de eigenaar
te·rug·grij·pen ww [greep terug, h. teruggegrepen] ★ ~ op (in een betoog, verhaal e.d.) weer aansluiten bij een vroeger punt
te·rug·hou·dend bn niet gretig, niet toeschietelijk, niet latende blijken wat men wil: ★ zich ~ opstellen bij onderhandelingen; **terughoudendheid** de (v)
te·rug·kaat·sen ww [kaatste terug, h. teruggekaatst] terugwerpen ★ de bal ~ fig handig reageren
te·rug·keer de (m) terugkomst
te·rug·ke·ren ww [keerde terug, is teruggekeerd] weerkeren, terugkomen
te·rug·ko·men ww [kwam terug, is teruggekomen] ❶ weer op het uitgangspunt komen ★ ~ op opnieuw gaan spreken over: ★ ik wil nog even ~ op het vorige onderwerp ★ ~ op of van afzien van, anders gaan denken over: ★ hij kwam terug op zijn eerder gedane toezegging ★ vroeger reden we altijd 's nachts naar onze vakantiebestemming, maar daar zijn we van teruggekomen ❷ sp na een periode van slechte resultaten opnieuw succes hebben; **terugkomst** de (v)
te·rug·kop·pe·len ww [koppelde terug, h. teruggekoppeld] auto in de vorige stand terugschakelen
te·rug·kop·pe·ling de (v) ❶ het terugkoppelen ❷ feedback
te·rug·krab·be·len ww [krabbelde terug, is teruggekrabbeld] een bewering of aangenomen houding (uit angst) weer prijsgeven
te·rug·krij·gen ww [kreeg terug, h. teruggekregen] weer krijgen
te·rug·le·zen ww [las terug, h. teruggelezen] ❶ nogmaals lezen: ★ die passage moet ik nog eens ~ ❷ NN (bijzonder of onduidelijk schrift) lezend ontcijferen
te·rug·lo·pen ww [liep terug, is teruggelopen] ❶ lopend teruggaan ❷ achteruitgaan, dalen: ★ de omzet loopt sterk terug
te·rug·ne·men ww [nam terug, h. teruggenomen]

weer nemen wat men eerst gegeven heeft ★ een woord ~ het intrekken
te·rug·plooi·en BN I ww [plooide terug, h. teruggeplooid] (opnieuw) opvouwen, terugklappen, terugvouwen; uitklappen II wederk ❶ zich terugtrekken ★ zich op zichzelf ~ zich in zichzelf keren; vereenzamen, zich in eenzaamheid terugtrekken ❷ sp zich terugtrekken in de verdediging: ★ de thuisploeg plooide zich noodgedwongen terug
te·rug·reis de [-reizen] reis terug
te·rug·rit de (m) [-ten] rit terug
te·rug·roe·pen ww [riep terug, h. teruggeroepen] weer bij zich roepen
te·rug·ron·de de [-n, -s] BN, sp tweede helft van een competitie, waarbij de clubs een tweede keer tegen elkaar spelen
te·rug·scha·ke·len ww [schakelde terug, h. teruggeschakeld] weer in de vorige stand brengen
te·rug·schie·ten ww [schoot terug, h. & is teruggeschoten] ❶ schieten naar iem. door wie men eerst beschoten is ❷ plotseling weer in de vroegere stand terugkeren: ★ de omgebogen tak schoot terug
te·rug·schrik·ken ww [schrikte terug, is teruggeschrikt of schrok terug, is teruggeschrokken] ★ ~ voor iets iets niet aandurven
te·rug·schroe·ven ww [schroefde terug, h. teruggeschroefd] ❶ achterwaarts schroeven ❷ op een lager niveau brengen: ★ een subsidieregeling ~
te·rug·slaan ww [sloeg terug, h. & is terugeslagen] ❶ slaan als antwoord op een slag, ook fig ❷ vechtende terugdrijven: ★ de aanvaller ~ ❸ zich krachtig in de richting terug bewegen: ★ de bal slaat tegen de muur terug ❹ ★ ~ op betrekking hebben op iets wat voorafgaat
te·rug·slag de (m) [-slagen] werking in tegengestelde richting, ook fig: ★ de ~ ondervinden van een vroegere fout
te·rug·slui·zen ww [sluisde terug, h. teruggesluisd] ⟨geld⟩ laten terugkeren naar de personen of organisaties waar het vandaan kwam
te·rug·speel·bal de [-len] sp bal die wordt teruggespeeld op de eigen keeper
te·rug·spe·len ww [speelde terug, h. teruggespeeld] ❶ ⟨balsport de bal⟩ naar de vorige speler doen terugkomen ❷ fig een tegenzet doen ❸ ⟨iets wat men op de band heeft opgenomen⟩ afspelen
te·rug·spoe·len ww [spoelde terug, h. teruggespoeld] ⟨een video- of cassetteband⟩ naar een vroegere stand winden
te·rug·sprin·gen ww [sprong terug, is teruggesprongen] ❶ achteruit springen ❷ naar achteren uitspringen ❸ terugkaatsen; verend in de andere stand terugkeren
te·rug·stu·ren ww [stuurde terug, h. teruggestuurd] naar de plaats van herkomst zenden: ★ een ongewenst pakje ~

te·rug·tocht *de (m)* [-en] tocht terug

te·rug·toets *de (m)* [-en] comput backspace, toets waarmee op het beeldscherm een positie naar links wordt versprongen en tegelijk het zich daar bevindende karakter wordt gewist

te·rug·trap·rem *de* [-men] rem aan een rijwiel die door terugtrappen van de trappers in werking gesteld wordt

te·rug·tre·den *ww* [trad terug, is teruggetreden] ❶ achterwaarts stappen ❷ fig zich terugtrekken ❸ aftreden

te·rug·trek·ken I *ww* [trok terug, h. & is teruggetrokken] ❶ weer naar zich toe trekken ❷ ‹van een leger› teruggaan ❸ intrekken, verklaren zich niet meer aan iets te zullen houden: ★ *een toezegging ~* **II** *wederk* [trok terug, h. teruggetrokken] ❶ een verbinding of verplichting verbreken ❷ zich verwijderen ❸ niet meer op de voorgrond treden, op de achtergrond gaan

te·rug·val *de (m)* het weer vervallen (tot een vroegere toestand)

te·rug·val·len *ww* [viel terug, is teruggevallen] minder goed presteren: ★ *de atleet viel terug* ★ *~ tot* weer vervallen tot ★ *~ op iem.* op iem. neerkomen, tot iemands last komen ★ *~ op* zich (weer) wenden tot ★ *kunnen ~ op* zo nodig een beroep kunnen doen op

te·rug·ver·lan·gen *ww* [verlangde terug, h. terugverlangd] ★ *~ naar* verlangen naar iets van vroeger

te·rug·ver·ta·len *ww* [vertaalde terug, h. terugvertaald] wat vertaald is weer in de oorspronkelijke taal vertalen

te·rug·ver·wij·zen *ww* [verwees terug, h. terugverwezen] rechtspraak verwijzen naar een rechtscollege dat een zaak al eerder behandeld heeft

te·rug·vin·den *ww* [vond terug, h. teruggevonden] ❶ ‹iets wat zoek was› weervinden ❷ opnieuw aantreffen: ★ *deze uitdrukking vindt men telkens terug*

te·rug·vor·de·ren *ww* [vorderde terug, h. teruggevorderd] terugeisen

te·rug·vra·gen *ww* [vroeg *of* vraagde terug, h. teruggevraagd] ❶ verzoeken dat iets terug wordt gegeven ❷ iem. uitnodigen bij wie men eerst zelf op bezoek is geweest

te·rug·wed·strijd *de (m)* [-en] BN, sp de tweede van twee wedstrijden (uit en thuis) die twee ploegen tegen elkaar spelen: ★ *in de ~ moeten we proberen de opgelopen achterstand in de heenwedstrijd goed te maken*

te·rug·weg *de (m)* [-wegen] de weg terug, het teruggaan naar de plaats vanwaar men kwam

te·rug·wer·kend *bn* van toepassing in een voorafgaande periode: ★ *met terugwerkende kracht tot 1 januari krijg ik die uitkering*

te·rug·wer·king *de (v)* [-en] het terugwerkend-zijn

te·rug·wer·pen *ww* [wierp terug, h. teruggeworpen] ❶ werpen naar de plaats of in de richting waar iets vandaan is gekomen: ★ *een bal ~* ❷ mil dwingen tot terugtrekken ❸ sp uitschakelen, een lagere positie doen innemen ★ *een blik ~* fig omzien naar het verleden ★ *op zichzelf teruggeworpen worden* geheel alleen met zijn problemen opgescheept worden zonder op hulp van anderen te kunnen rekenen

te·rug·wij·zen *ww* [wees terug, h. teruggewezen] ❶ achteruit wijzen ❷ afwijzen ★ *recht een verzoek ~* terugverwijzen

te·rug·win·nen *ww* [won terug, h. teruggewonnen] ❶ ‹wat verloren was› opnieuw verkrijgen ❷ ‹uit afval› door bewerking iets van waarde verkrijgen

te·rug·zen·den *ww* [zond terug, h. teruggezonden] zenden naar plaats van herkomst; **terugzending** *de (v)* [-en]

te·rug·zet·ten *ww* [zette terug, h. teruggezet] ❶ ‹klok, horloge› achteruitzetten ❷ weer op de vroegere plaats zetten ❸ in rang of positie verlagen

te·rug·zien *ww* [zag terug, h. teruggezien] ❶ weerzien ❷ terugblikken

ter·wijl *voegw* ❶ in de tijd dat: ★ *~ hij sliep, is het gebeurd* ❷ hoewel: ★ *ze heeft haar been gebroken, ~ ze toch altijd voorzichtig is*

ter·zelf·der *ww* ★ *~ tijd* in, op dezelfde tijd

ter·zet [-tset] *‹It› het* [-ten] ❶ muz muziekstuk of ensemble voor drie stemmen of instrumenten ❷ elk van de drieregelige strofen die de tweede helft van een normaal sonnet vormen

ter·zij·de¹, **ter zij·de** *bijw* ❶ aan de zijkant, opzij ★ *...maar dit ~* gezegd als men iets terloops wil aanduiden: ★ *Salou is overigens een vreselijk oord, maar dit ~* ★ *iets ~ laten* iets negeren, er geen rekening mee houden ★ *geld ~ leggen* sparen, beleggen ★ *iets ~ leggen* als afgehandeld beschouwen ★ *iem. ~ nemen* iem. onder vier ogen spreken ★ *iem. ~ staan* hem helpen ★ *van ~ van opzij* ★ *van ~ vernemen* niet rechtstreeks, niet uit de eigenlijke officiële bron ❷ toneel zo dat de medespelers geacht worden het niet te horen

ter·zij·de² *het* [-s] toneel terzijde gesproken gedeelte; zie bij → **terzijde¹** (bet 2)

ter·zij·de·la·ting *de (v)* het terzijde-laten

ter·zij·de·stel·ling *de (v)* het terzijde-stellen

ter·zi·ne [-tsie-] *de (v)* [-n] drieregelige strofe, met de volgende verbonden door het rijmschema *aba bcb* enz.

test¹ *‹Oudfrans‹Lat› de* [-en] ❶ vuurpotje in een → **stoof¹** ❷ inf hoofd

test² *‹Eng› de (m)* [-s] toets, toetsing, beproeving van het gehalte, de kwaliteit, resp. bekwaamheid van zaken en personen

tes·ta·cee·ën *‹Lat› mv* schaaldieren

tes·ta·ment *‹Lat› het* [-en] ❶ uiterste wilsbeschikking: ★ *zijn ~ opmaken* ❷ ★ *Testament* elk van de twee delen waaruit de Bijbel bestaat: ★ *het Oude en het Nieuwe Testament*

tes·ta·men·tair [-tèr] *(‹Fr‹Lat) bn* steunend op, voortvloeiend uit een testament; bij uiterste wil

tes·ta·men·ten·re·gis·ter *het* ★ in Nederland *Centraal Testamentenregister* databank die wordt beheerd door de Koninklijke Notariële Beroepsorganisatie, waarin alle testamenten staan genoemd, bij wie ze berusten en waar en wanneer ze zijn opgemaakt

test·beeld *het* [-en] beeld op een televisiescherm waaraan men kan controleren of het toestel goed is ingesteld, resp. of een zender in de lucht is

test·case [-kees] *(‹Eng) de (v) & het* [-cases] [-keezis] proefzaak, (rechts)zaak waarmee de jurisprudentie getest wordt, proefproces; toetsingszaak of -geval in algemene zin

tes·ten *ww (‹Eng)* [testte, h. getest] aan een test onderwerpen, beproeven, toetsen: ★ *een computerprogramma ~* ★ *kandidaten ~ voor een functie*

tes·ti·kel *(‹Lat) de (m)* [-s] teelbal, zaadbal

tes·ti·mo·ni·um *(‹Lat) het* [-s, -nia] getuigenis, getuigschrift

tes·ti·mo·ni·um pau·per·ta·tis *(‹Lat) het* NN, recht bewijs van onvermogen

test·match [-metsj] *(‹Eng) de (m)* [-es] sportwedstrijd waarvan de uitslag beslissend is voor de plaatsing in de eindwedstrijd, vooral bij cricket

tes·tos·te·ron *(‹Lat) het* mannelijk geslachtshormoon

test·pi·loot *de (m)* [-loten] piloot die nieuwe vliegtuigen test

te·ta·nus *(‹Lat‹Gr) de (m)* med met uitgebreide krampen gepaard gaande acute ziekte ten gevolge van infectie met een bepaalde bacil

tête-à-tête [tèt-aatèt] *(‹Fr) het* [-s] vertrouwelijk gesprek onder vier ogen

te·tra *de (m)* verkorting van tetrachloorkoolstof, een ontvlekkingsvloeistof

te·tra·ë·der *(‹Gr) de (m)* [-s] regelmatig viervlak, besloten door vier gelijkzijdige driehoeken

te·tra·lo·gie *(‹Gr) de (v)* [-gieën] reeks van vier bijeenhorende drama's of romans

te·trarch *(‹Gr) de (m)* [-en] viervorst, onderkoning van een vierde gedeelte van een land

tet·te·ren *ww* [tetterde, h. getetterd] ❶ ‹op blaasinstrumenten› schetterende muziek maken ❷ overdreven luid praten ❸ inf (veel) sterke drank gebruiken

tet·te·ret·tet *tsw* klanknabootsing van tetterende muziek

teug *de* [-en] hoeveelheid drank of lucht die in een keer ingeslikt, resp. ingeademd wordt ★ *met volle teugen* fig volop, zonder beperkingen: ★ *met volle teugen van iets genieten*

teu·gel *de (m)* [-s] riem waarmee men paarden bestuurt ★ *iemand, iets de vrije ~ laten* volkomen vrijheid geven, niet beheersen ★ *de teugel(s) (laten) vieren* a) de teugel(s) minder strak houden; b) fig meer vrijheid geven ★ *de teugels aanhalen* a) de teugels strakker houden; b) fig minder vrijheid geven ★ *de teugels van het bewind* de besturende macht

teu·gel·loos *bn* ongebreideld; buitensporig

teu·nis·bloem *de* [-en] hoge plant met grote gele bloemen, tot de wederikachtigen behorend *(Oenothera)*

teut¹ *de* [-en] NN iem. die niet opschiet

teut² *bn* vooral NN, spreektaal dronken

teu·ten *ww* [teutte, h. geteut] NN talmen, niet opschieten

Teu·to·nen *(‹Lat) mv* ❶ vroegere West-Germaanse volksstam ❷ ‹vooral in Engeland› sinds 1914 scheldnaam voor Duitsers

Teu·toons *bn* van, als de Teutonen

te·veel *het* wat boven de juiste maat uitgaat

te·vens *bijw* tegelijk, ook, bovendien

te·ver·geefs *bijw* zonder resultaat

te·voor·schijn *bijw* voor de dag: ★ *~ halen, komen*

te·vo·ren *bijw* vroeger, vooraf ★ *van ~ op een eerder tijdstip vgl:* → **voren²**

te·vre·den *bn* bevredigd, voldaan

te·vre·den·heid *de (v)* het tevreden-zijn ★ NN *een boterham met ~* zonder beleg

te·vre·den·stel·len *ww* [stelde tevreden, h. tevredengesteld] bevredigen, voldoen

TEW *afk* in België Toegepaste Economische Wetenschappen [universitaire studierichting, thans economie en bedrijfswetenschappen]

te·wa·ter·la·ting *de (v)* [-en] het laten glijden van een schip van de helling in het water

te·weeg·bren·gen *ww* [bracht teweeg, h. teweeggebracht] veroorzaken: ★ *veel onrust ~*

te·werk·stel·len *ww* [stelde tewerk, h. tewerkgesteld] ❶ aan het werk zetten: ★ *iem. ~ iem.* geregelde werkzaamheden opdragen ❷ BN in dienst nemen

te·werk·stel·ling *de (v)* BN ook werkgelegenheid

Texaan [teksaan] *de (m)* [Texanen] iem. geboortig of afkomstig uit Texas

Texaans [teksaans] *bn* van, uit, betreffende Texas

tex-mex *de* muz genre popmuziek, afkomstig uit het grensgebied van Mexico met het zuiden van de Verenigde Staten, vnl. Texas, met de knopaccordeon als veelgebruikt instrument

tex·tiel *(‹Fr‹Lat)* **I** *de (m) & het* ❶ al wat geweven is, stof, goed ❷ bij uitbreiding kleding **II** *bn* op de weefnijverheid of weefsels betrekking hebbend

tex·tiel·in·dus·trie *de (v)* het machinaal vervaardigen van kleding en andere geweven stoffen

te·za·men *bn* samen

tft-scherm *de* [-en] thin-film transistor [techn technologie waarbij elke beeldpixel wordt aangestuurd door één tot vier transistors]

tg *afk* tangens

tgov. *afk* tegenover

t.g.t. *afk* te gelegener tijd

tgv [teezjeevee] *afk* train à grande vitesse *(‹Fr)* [hogesnelheidstrein, trein die meer dan 300 km per

uur kan rijden]
t.g.v. *ww* ❶ ten gunste van ❷ ter gelegenheid van ❸ ten gevolge van
TH *afk* Technische Hogeschool
Th *afk* chem symbool voor het element *thorium*
Thai I *de (m)* [-s] lid van een volk, voornamelijk woonachtig in Thailand **II** *het* taal van de Thais
thai·bok·sen *ww & het* harde vorm van boksen met weinig beperkende regels
Thai·lan·der *de (m)* [-s] iem. geboortig of afkomstig uit Thailand
Thai·lands *bn* van, uit, betreffende Thailand
Thais *bn* van, uit Thailand; het Thai (de taal) betreffende
tha·ler *(‹Du) de (m)* [*mv* idem] → **taler**
thal·li·um *(‹Gr) het* scheikundig element, symbool Tl, atoomnummer 81, een wit, zacht metaal
tha·na·ti·cum *(‹Gr-Lat) het* [-s *of* -ca] med dodelijk middel, toegepast bij euthanasie
tha·na·to·praxie [-praksie] *(‹Gr) de (v)* tijdelijke conservering van stoffelijke overschotten door vervanging van het bloed door een oplossing van olie, zeep en mineralen
thans *bijw* plechtig nu
THC *afk* tetrahydrocannabino [het werkzame bestanddeel van de hennep (als genotmiddel)]
the·a·ter *(‹Fr‹Gr) het* [-s] ❶ schouwburg ❷ het toneel als verschijnsel; het opvoeren van een toneelstuk, pantomime, musical e.d. ❸ aanstellerij, komedie: ★ *dat geheul was allemaal ~!*
the·a·ter·school *de* [-scholen] opleidingsinstituut voor toneel, dans, cabaret enz.
the·a·traal *(‹Fr‹Lat) bn* ❶ betrekking hebbend op het toneelspel ❷ zoals in toneelspel, overdreven, onnatuurlijk: ★ *een ~ gebaar*
thé com·plet [-plè] *(‹Fr) de (m)* thee met allerlei versnaperingen erbij
thee *(‹Chin) de (m)* [-ën] ❶ bep. licht opwekkende, heet gedronken drank ❷ de gedroogde bladeren waarvan deze drank wordt getrokken ❸ heester die de bladeren voor deze drank levert, theestruik (*Camellia sinensis*) ❹ aftreksel van lindebloesem, kamille, kruiden e.d. ❺ het theedrinken: ★ *iemand op de ~ vragen*
thee·ach·tig *bn* ❶ als thee, op thee lijkend ❷ van thee houdend: ★ *niet ~ zijn*
thee·blaad·je *het* [-s] klein → **theeblad²**
thee·blad¹ *het* [-bladen] presenteerblaadje voor benodigdheden bij het theedrinken
thee·blad² *het* [-bladen, -bladeren] (gedroogd) blad van de theestruik
thee·buil·tje *het* [-s] theezakje
thee·ce·re·mo·nie *de (v)* ‹in Japan› op het zenboeddhisme gebaseerde ceremonie waarbij volgens strenge regels thee wordt bereid, geserveerd en gedronken, tsja-no-joe
thee ci·troen *de (m)* BN thee met citroen
thee·cul·tuur *de (v)* het kweken van thee

thee·doek *de (m)* [-en] afdroogdoek voor vaatwerk
thee·drin·ken *ww* [dronk thee, h. theegedronken] in de namiddag (gezamenlijk) thee (met gebak e.d. erbij) drinken
thee-ei *het* [-eieren] metalen of aarden eivormig, geperforeerd voorwerp waarin men theeblaadjes doet om ze in kokend water te laten trekken
thee·han·del *de (m)* handel in thee
thee·huis *het* [-huizen] gelegenheid waar men voornamelijk thee drinkt
thee·ke·tel *de (m)* [-s] ketel om (thee)water in te koken
thee·kop·je *het* [-s] kopje voor thee
thee·krans·je *het* [-s] theedrinkend groepje, vooral van druk pratende en roddelende vrouwen
thee·le·pel *de (m)* [-s] ❶ (*meestal*: *theelepeltje*) klein formaat lepel, waarmee men o.a. suiker of melk door thee of koffie roert ❷ bep. inhoudsmaat (3 ml) van vloeibare geneesmiddelen, ook gebruikt als inhoudsmaat bij het koken
thee·leut *de* [-en] NN iem. die verzot is op theedrinken
thee·licht·je *het* [-s] verwarmingstoestel waarop men de thee in de theepot warm houdt
thee·meu·bel *het* [-s] kastje waarin theegerei bewaard en waarop thee geschonken wordt
thee·muts *de* [-en] gewatteerde kap om over de theepot te zetten
thee·pau·ze *de* [-n *en* -s] onderbreking van het werk in de middag om thee te drinken
thee·pot *de (m)* [-ten] pot waarin thee gezet wordt
thee·roos *de* [-rozen] zachtgele roos met zoete geur
thee·ser·vies *het* [-viezen] theepot, melkkan, suikerpot, kopjes enz.
thee·struik *de (m)* [-en] heester waarvan de bladeren tot het bereiden van → **thee** dienen (*Camellia sinensis*)
thee·ta·fel *de* [-s] tafel waarop het theeservies staat
thee·tan·te *de (v)* [-s] NN vrouw die veel kletst, kletskous
thee-uur·tje *het* [-s] tijd dat er theegedronken wordt
thee·vi·si·te [-zie-] *de* [-s] bezoek op het thee-uurtje
thee·wa·gen *de (m)* [-s] theetafel op wieltjes
thee·wa·ter *het* water om thee van te zetten ★ *boven zijn ~ zijn* dronken zijn
thee·worst *de* [-en] NN gerookte en gekruide smeerworst
thee·zak·je *het* [-s] papieren zakje met thee, dat men in heet water in de theepot hangt om te laten trekken
thee·zeef·je *het* [-s] zeefje waardoor thee geschonken wordt om te voorkomen dat er blaadjes in het theekopje komen
the·ï·ne *de* alkaloïde in theeblaadjes, identiek met cafeïne
the·ïs·me *(‹Fr) het* geloof aan het bestaan van één persoonlijke God als Schepper en Voorzienigheid
the·ïst *(‹Fr) de (m)* [-en] aanhanger van het theïsme

the·ïs·tisch *bn* van, volgens het theïsme

the·ma *(‹Lat‹Gr) I het* ['s en -mata] ❶ onderwerp dat behandeld wordt, waarover gesproken, geschreven wordt e.d. ❷ onderwerp waaraan een kunstenaar vorm geeft, grondgedachte ❸ muz hoofdgedachte van een muziekstuk; melodische frase die wordt uitgewerkt, motief **II** *de* ['s] schoolopgave bestaande uit een stuk in de eigen taal ter vertaling in een vreemde of omgekeerd

the·ma·park *het* [-en] recreatiepark waarin de bezoekers worden voorlicht over een bep. onderwerp

the·ma·tiek *(‹Fr‹Gr) de (v)* thematisch karakter, uitwerking van het → **thema** (I)

the·ma·tisch *(‹Du‹Gr) bn* betrekking hebbend op, berustend op een → **thema** (I)

theo- *(‹Gr) als eerste lid in samenstellingen* gods-, betrekking hebbend op een godheid of de godgeleerdheid

theo·craat *(‹Gr) de (m)* [-craten] aanhanger van de theocratie

theo·cra·tie [-(t)sie] *(‹Gr) de (v)* ❶ heerschappij van God, van goddelijke geboden, in het maatschappelijk en staatkundig leven ❷ *[mv:* -tieën] staat waarin de goddelijke geboden leidraad zijn voor het bestuur

theo·cra·tisch *(‹Gr) bn* van de aard van, behorend tot een theocratie

theo·di·cee *(‹Gr) de (v)* godsleer die berust op de natuurlijke rede

theo·do·liet *(‹Fr‹Lat) de (m)* [-en] instrument tot nauwkeurige meting van verticale en horizontale hoeken, o.a. voor landmeting

Theo d'Or [dòr] *de (m)* in Nederland gouden legpenning genoemd naar Theo Mann-Bouwmeester (Nederlandse toneelspeelster, 1850-1939), die sinds 1955 elk jaar wordt uitgereikt aan een Nederlands actrice voor de beste prestaties in het afgelopen seizoen

theo·go·nie *(‹Gr) de (v)* leer van de geboorte en afstamming van goden

theo·lo·gie *(‹Lat‹Gr) de (v)* godgeleerdheid, godsdienstleer

theo·lo·gisch *(‹Lat‹Gr) bn* godgeleerd, op de theologie betrekking hebbend; uit een oogpunt van theologie

theo·lo·gi·se·ren *ww* [-zee-] [theologiseerde, h. getheologiseerd] ❶ over godgeleerde onderwerpen redeneren ❷ als dilettant aan theologie doen

theo·loog *(‹Gr) de (m)* [-logen] ❶ godgeleerde ❷ student in de theologie

theo·re·ma *(‹Gr) het* ['s, -mata] leerstelling, stelling, vooral wiskundige stelling

theo·re·ti·cus *(‹Lat‹Gr) de (m)* [-ci] beoefenaar of kenner van de theoretische zijde van een vak, wetenschap of kunst; iem. die zich met de praktijk daarvan niet inlaat

theo·re·tisch *(‹Lat‹Gr) bn* betrekking hebbend op, in of volgens de theorie; volgens de leer (maar niet in de praktijk) ★ ~ *examen* waar vragen over een onderwerp, vak e.d. worden gesteld, *tegengest:* → **praktijkexamen**

theo·re·ti·se·ren *ww* [-zee-] [theoretiseerde, h. getheoretiseerd] volgens de theorie, los van de praktijk redeneren

theo·rie *(‹Fr‹Gr) de (v)* [-rieën] ❶ leer van en geheel van de grondregels en beginselen van een wetenschap of kunst ❷ onderwijs in de grondbeginselen ❸ opvatting buiten de praktijk om: ★ *in ~ moet het mogelijk zijn* ❹ stelling, bewering van iem. persoonlijk: ★ *daar heb ik zo mijn eigen ~ over*

the·o·so·fie *(‹Gr) de (v)* eig goddelijke wijsheid; leer op pantheïstische grondslag, ontstaan uit vergelijkende studie van de oude wereldgodsdiensten, waarbij voortdurende vervolmaking van alle schepselen en de reïncarnatie aangenomen wordt

the·o·so·fisch *(‹Gr) bn* van, betreffende de theosofie of de theosofen

the·o·soof *(‹Gr) de (m)* [-sofen] aanhanger van de theosofie

the·ra·peut [-puit] *(‹Fr‹Gr) de (m)* [-en] behandelend geneesheer

the·ra·peu·tisch [-pui-] *(‹Fr‹Gr) bn* de therapie betreffend, geneeskundig; genezend

the·ra·pie *(‹Gr) de (v)* [-pieën] ❶ deel van de geneeskunde dat zich met de behandeling van ziekten, de genezing, bezighoudt ❷ geneeswijze in figuurlijke zin, middel om een misstand op te heffen

there·min *de* [teerəmin] [-s] elektronisch instrument genoemd naar de Russische uitvinder Leon Theremin, waarbij energievelden via antennes geluiden voortbrengen

ther·maal *(‹Fr‹Gr) bn* warme bronnen of baden betreffend

ther·men *(‹Lat) mv* ‹in het Romeinse rijk› openbaar badhuis voor warme en koude baden

ther·mi·dor [-dòr] *(‹Fr) de (m)* elfde maand van de Franse republikeinse kalender (22 juli-22 augustus)

ther·miek *(‹Fr) de (v)* opstijgende warme luchtstromingen

ther·misch *(‹Fr) bn* warmte betreffend; door warmte geschiedend ★ *thermische lans* inbrekerswerktuig waarmee men door middel van verhitting kluizen kan openbreken

ther·mo·dy·na·mi·ca [-die-] *de (v)* leer van de warmteverschijnselen

ther·mo·dy·na·misch [-die-] *bn* de thermodynamica betreffend

ther·mo·elek·tri·ci·teit *de (v)* door warmteverschillen opgewekte elektriciteit

ther·mo·geen *(‹Gr) bn* warmtegevend

ther·mo·graaf *(‹Gr) de (m)* [-grafen] speciaal soort thermometer die de temperatuurveranderingen registreert

ther·mo·me·ter *(‹Gr) de (m)* [-s] instrument dat de temperatuur meet

ther·mo·me·te·ren *ww* [thermometerde, h. gethermometerd] (lichaams)temperatuur opnemen, temperaturen

ther·mo·me·ter·schaal *de* [-schalen] graadverdeling op een thermometer: ★ *de* ~ *van Celsius en Fahrenheit*

ther·mo·nu·cle·air [-èr] *bn* betrekking hebbend op de fusie van atoomkernen bij zeer hoge temperaturen ★ *thermonucleaire wapens* waterstofbommen e.d.

ther·mo·sfeer *(‹Gr) de* ‹in de dampkring› luchtlaag op een hoogte van ongeveer 80 à 85 kilometer tot 500 à 1000 km

ther·mos·fles *de* [-sen] fles met een holle, luchtledige, inwendig verzilverde wand, waarin men dranken koel of warm kan houden

ther·mos·kan *de* [-nen] kan waarin dranken koel of warm gehouden worden

ther·mo·staat *(‹Gr) de (m)* [-staten] automatisch werkend toestel voor het handhaven van een constante, door instelling regelbare temperatuur

ther·mo·the·ra·pie *de (v)* geneeskundige behandeling door middel van warmte

the·sau·rie [teezoorie] *(‹Lat‹Gr) de (v)* [-rieën] ❶ bewaarplaats van de kas, de geldmiddelen van een staat, een college enz ❷ instelling, belast met het beheer van gelden van een staat, een bestuur enz.; kantoor daarvan

the·sau·rier [teezoorier] *(‹Lat) de (m)* [-s] schatmeester, penningmeester, beheerder van de financiën

the·sau·rus [teezaurus] *(‹Lat‹Gr) de (m)* [-ri] ❶ eig schat, schatkamer ❷ woordenschat, groot woordenboek waarin alle vindplaatsen van woorden vermeld worden

the·se [-zə] *(‹Fr‹Gr) de (v)* [-n en -s] ❶ stelling, vooral een te verdedigen stelling ❷ ‹in de Hegeliaanse filosofie› stelling die een tegenstelling (antithese) oproept waarmee zij zich later verenigt (synthese)

the·sis [-zis] *(‹Lat‹Gr) de (v)* [theses en -sissen] ❶ te verdedigen, te bewijzen stelling, these ❷ BN ook verhandeling, afstudeerscriptie

the·sis·jaar [-zis-] *het* BN extra studiejaar waarin een student zich volledig wijdt aan het schrijven van een thesis

Thess. *afk* (brief van Paulus aan de) Thessalonicenzen

Thes·sa·lo·ni·cen·zen *(‹Lat) mv* bewoners van Thessalonica (het huidige Thessaloniki in Griekenland) ★ *brief aan de* ~ een van de brieven van de apostel Paulus

thè·ta *(‹Gr) de* ['s] achtste letter van het Griekse alfabet, als hoofdletter Θ, als kleine letter θ

THG *afk* tetrahydrogestrinon [als doping gebruikt anabole steroïde]

thi·a·mi·ne *de* vitamine B_1

think·tank [thinktenk (Engelse th)] *(‹Eng) de (m)* [-s] denktank

thin·ner [Engelse th] *(‹Eng) de (m)* [-s] verdunner; preparaat om verf en lak te verdunnen

Tho·mas *de (m)* ★ *een ongelovige* ~ iem. die iets niet gelooft, naar de apostel Thomas, wiens twijfel over de opstanding van Jezus staat beschreven in *Johannes* 20: 24-29

tho·mas·slak·ken·meel *het* een uit fijngemalen ijzerslakken vervaardigde fosforzure kunstmeststof

tho·mis·me *het* leerstelsel van de godgeleerde dominicaan Thomas van Aquino (1225-1274)

tho·mist *de (m)* [-en] aanhanger van het thomisme

Tho·ra *(‹Hebr) de (v)* ❶ joodse naam voor de Pentateuch, de boeken van Mozes ❷ bij uitbreiding de wet

tho·rax *(‹Gr) de (m)* ❶ borst, borstkas ❷ borststuk van insecten

tho·rax·chi·rur·gie [-sjierurgie, -sjierurzjie] *(‹Gr) de (v)* operatieve geneeskunde m.b.t. de borstkas

tho·rium *het* chemisch element, symbool Th, atoomnummer 90, een zeldzaam, zilverwit, radioactief metaal, genoemd naar de Germaanse dondergod Thor

thread [thred, Engelse th] *(‹Eng) de (m)* [-s] comput reeks aaneengesloten bijdragen aan een nieuwsgroep of internetforum

three of a kind [thrie (Engelse th) of ə kaind] *(‹Eng) de (m)* poker drie kaarten of stenen met dezelfde waarde

thril·ler [Engelse th] *(‹Eng) de (m)* [-s] boek, toneelstuk of film met bijzondere spanning, vaak over misdaad

through pass [throe paas, Engelse th] *(‹Eng) de (m)* [-es] voetbal dieptepass

thuis¹ *bijw* ❶ in (eigen) huis: ★ *zij zit* ~ *bij de televisie* ★ *niet* ~ *geven* geen reactie of antwoord geven ❷ bij zich: ★ *handen* ~*!* ❸ fig op de hoogte: ★ *hij is goed* ~ *in die vakken* ; zie ook bij → **markt**

thuis², **te·huis** *het* eigen woning; gezin waar men als huisgenoot verkeert

thuis·ban·kie·ren *ww & het* (het) thuis financieel-administratieve handelingen verrichten

thuis·be·zor·gen *ww* [bezorgde thuis, h. thuisbezorgd] aan huis bezorgen

thuis·bio·scoop *de* [-copen] systeem voor het thuis optimaal bekijken van (bioscoop)films

thuis·blij·ven *ww* [bleef thuis, is thuisgebleven] niet uitgaan ★ *wel kunnen* ~ geen kans hebben

thuis·blij·ver *de (m)* [-s] iem. die thuisblijft ★ *de thuisblijvers hadden gelijk* de vertoning was zo slecht dat men er beter niet heen had kunnen gaan

thuis·bren·gen *ww* [bracht thuis, h. thuisgebracht] ❶ naar huis brengen ❷ zich herinneren, in het juiste verband plaatsen: ★ *een naam niet kunnen* ~

thuis·club *de* [-s] sp club die op het eigen veld of in de eigen zaal speelt

thuis·flui·ter *de (m)* [-s] sp scheidsrechter die vaak in zijn beslissingen de thuisclub bevoordeelt, homereferee

thuis·front *het* ❶ het thuis medewerken aan de strijd ❷ de thuisgeblevenen in oorlogstijd; bij uitbreiding ook tijdens vakantie e.d.: ★ *heb je al contact gezocht met het* ~ ❸ fig kring van medestanders, medewerkers e.d.

thuis·ha·ven *de* [-s] haven waar een schip (of vliegtuig) thuishoort

thuis·ho·ren *ww* [hoorde thuis, h. thuisgehoord] op zijn plaats zijn, afkomstig zijn van

thuis·hou·den *ww* [hield thuis, h. thuisgehouden] ❶ in huis houden ❷ ★ *zijn handen* ~ a) niet stelen; b) niet handtastelijk worden

thuis·ko·men *ww* [kwam thuis, is thuisgekomen] naar huis komen; zie ook bij ★ BN, spreektaal *daar ben ik van thuisgekomen* daar ben ik van afgestapt; → koud

thuis·komst *de (v)* het thuiskomen

thuis·krij·gen *ww* [kreeg thuis, h. thuisgekregen] bij zich in huis krijgen ★ NN *zijn streken, trekken* ~ het kwaad dat men gedaan heeft vergolden krijgen

thuis·land *het* [-en] ❶ land met herkomst ❷ stuk grondgebied in de Republiek van Zuid-Afrika tijdens de apartheid, waarbinnen de zwarte bevolking enige beperkte politieke rechten kon uitoefenen; *vgl*: → bantoestan

thuis·loos *bn* geen woning hebbend

thuis·lo·ze *de* [-n] iem. die geen woning heeft

thuis·match *de* [-es, -en] BN ook thuiswedstrijd

thuis·plaat *de* [-platen] honkbal, softbal honk waar de slagman / vrouw aan slag staat en door het aanraken waarvan de aanvallende partij een punt kan scoren

thuis·reis *de* [-reizen] reis naar huis

thuis·taal *de* ❶ taal die mensen thuis spreken: ★ *haar* ~ *was Berbers* ❷ eigen woorden en uitdrukkingen die in familiekring worden gebruikt

thuis·vloot *de* [-vloten] vloot die bij het moederland blijft

thuis·vlucht *de* [-en] vliegtocht terug naar de basis

thuis·wed·strijd *de (m)* [-en] sp wedstrijd op het eigen veld of in de eigen zaal van de club

thuis·werk *het* thuis verrichte loonarbeid

thuis·wer·ker *de (m)* [-s] iem. die thuiswerk verricht

thuis·win·ke·len *ww & het* het vanuit huis aanschaffen van producten via internet, de telefoon e.d.

thuis·zit·ter *de (m)* [-s] iem. die graag thuisblijft, die niet vaak uitgaat

thuis·zorg *de* professionele zorgvoorziening voor hulpbehoevende mensen in de thuissituatie

thu·ja [tuu-] *(tuujaa)* *(‹Gr) de (m)* ['s] naam voor elk van de leden van het boomgeslacht *Thuja* uit de cipresfamilie, levensboom

Thu·le [tuu-, toe-] *(‹Lat) het* zie bij ultima Thule

thu·li·um *(‹Lat) het* chemisch element, symbool Tm, atoomnummer 69, een zilverwit metaal, een van de zeldzame aardmetalen, genoemd naar (ultima) Thule, een (ei)land dat voor de Romeinen het meest noordelijk bekende punt van Europa was

thy·mus [tie-] *(‹Gr) de (m)*, **thy·mus·klier** [tie-] *de* [-en]

❶ klier met inwendige afscheiding, bij kinderen aanwezig achter het borstbeen ❷ ‹bij dieren› zwezerik

Ti *afk* chem symbool voor het element *titanium*

TIA *afk* transient ischaemic attack *(‹Eng)* [kleine, voorbijgaande beroerte die geen blijvende ernstige stoornis tot gevolg heeft]

ti·a·ra *(‹Lat‹Gr) de* ['s] ❶ oorspr hoofddeksel van Perzische koningen ❷ later drievoudige pauselijke kroon, in 1964 afgeschaft als pauselijk symbool

Ti·be·taan *de (m)* [-tanen] iem. geboortig in of afkomstig uit Tibet

Ti·be·taans I *bn* van, uit, betreffende Tibet **II** *het* de taal van de Tibetanen

tic¹ [tiek] *(‹Fr) de (m)* [-s] med zenuwtrekking; *vgl*: → tik

tic² *de (m)* scheutje alcohol in een frisdrank

ti·chel *(‹Lat) de (m)* [-s] ❶ baksteen ❷ tegel

ti·chel·steen *de (m)* [-stenen] baksteen

tick·er·tape [-teep] *(‹Eng) de (m)* strook papier die uit een telegraaf of beurstikker kwam ★ ~ *parade* triomfantelijke tocht van een beroemdheid door de straten van New York, waarbij confetti uit de ramen wordt geworpen

tick·et I *het* [-s] [tikkət] *(‹Eng)* toegangsbewijs, plaatsbewijs, vooral voor schepen en vliegtuigen **II** *het* [-s & -ten] [tieket] *(‹Fr‹Eng)* BN ook plaatsbewijs (in het algemeen), entreekaartje, kaartje voor openbaar vervoer

tie·break [taibreek] *(‹Eng) de (m)* [-s] tennis serie slagen met een afwijkende puntentelling na een set als deze onbeslist is geëindigd

tief·schnee [-sjnee-] *(‹Du) de* dikke laag sneeuw: ★ *skiën in de* ~

tien I *hoofdtelw* ★ ~ *tegen een* zo goed als zeker; zie ook bij → negen¹ **II** *de* [-en] het cijfer 10; zie ook bij → griffel

tiend *de (m) & het* [-en] hist belasting, bestaande uit een tiende van de oogst, het bezit aan vee enz.

tien·daags *bn* ❶ tien dagen durend ❷ om de tien dagen

tien·de I *rangtelw* zie ook bij → penning **II** *het* [-n] tiende deel

tien·de·lig, tien·de·lig *bn* ❶ in tien delen gesplitst ❷ decimaal, in het tientallig stelsel uitgedrukt

tien·doorn·tje *het* [-s] soort stekelbaars, voorkomend in Europa, Noord-Azië en Noord-Amerika (*Pungitius pungitius*)

tiend·plich·tig *bn* hist verplicht tot betaling van tienden

tiend·recht *het* recht om tienden te heffen

tien·dub·bel *bn* tienvoudig

tien·dui·zend *hoofdtelw*, **tien·dui·zend·ste** *rangtelw of het* [-n] tienduizendste deel

tie·ner *(‹Eng) de* [-s] jongen of meisje van ca. 13 tot 19 jaar, teenager

tie·ner·wer·ker *de (m)* [-s] sociaal werker die zich voornamelijk bezighoudt met belangen van tieners

tien·gul·den·stuk *het* [-ken] NN, vroeger munt ter waarde van 10 gulden; het gouden tientje
tien·hoek *de (m)* [-en] veelhoek begrensd door tien zijden
tien·ja·rig *bn* tien jaar oud
tien·kamp *de (m)* atletiekwedstrijd die uit tien onderdelen bestaat
tien·man *de (m)* [-nen] hist lid van een Romeins tienmanschap
tien·man·schap *het* hist (besturende) groep van tien mannen
tien·rit·ten·kaart *de* [-en] kaart waarop men tien ritten met een vervoermiddel kan maken
tien·stam·men·rijk *het* Bijbel het uit tien stammen bestaande Koninkrijk Israël
tien·tal *het* [-len] ❶ groep van tien ❷ veelvoud van tien
tien·tal·lig *bn* met tien als grondtal: ★ *het ~ stelsel*
tien·tje *het* [-s] ❶ NN, vroeger goudstuk of biljet van 10 gulden; *ook* bedrag van 10 gulden ❷ vcoral NN, thans biljet of bedrag van 10 euro ❸ RK vijfde deel van een rozenhoedje
tien·tjes·lid *het* [-leden] NN lid van een omroepvereniging dat geen omroepblad krijgt en slechts een gering bedrag aan contributie (aanvankelijk tien gulden) per jaar betaalt
tien·vin·ger·sys·teem [-sis- of -sies-] *het* het gebruiken van alle vingers bij het typen
tien·vlak *het* [-ken] lichaam dat door tien vlakken wordt begrensd
tien·voud *het* [-en] ❶ getal dat deelbaar is door tien ❷ getal dat tien maal zo groot is als een ander getal
tien·vou·dig *bn* tien maal zoveel
tien·zij·dig *bn* met tien zijden
tier *de (m)* het → **tieren** (bet 1)
tier·cé [tjersee] *(‹Fr) de (m)* [-s] BN ❶ weddenschap bij paardenraces, waarbij men de drie eerst aankomende paarden moet raden, in Nederland → **supertrio** genoemd ❷ weddenschap waarbij men voorspelt welke van de deelnemers aan een wedstrijd de eerste drie plaatsen zullen bezetten, trioweddenschap ❸ lijst van drie kanshebbers op de overwinning
ti·ër·ce·ren *ww (‹Fr)* [tiërceerde, h. getiërceerd] tot op een derde verminderen
ti·ër·ce·ring *(‹Fr) de (v)* ❶ vermindering op een derde ❷ hist het betalen van slechts een derde deel van de rente van de staatsschuld
tie·re·lan·tijn·tje, tier·lan·tijn·tje *(‹Oudfrans) het* [-s] ❶ prulletje ❷ overbodige versiering
tie·re·lier *zn* ★ *vooral* NN, spreektaal *dat boek verkoopt als een ~* de verkoop daarvan gaat heel goed
tie·re·lie·ren *ww* [tierelierde, h. getierelierd] zingen als een leeuwerik
tie·ren *ww* [tierde, h. getierd] ❶ zeer goed groeien; goed → **aarden²** (bet 2): ★ *welig tierend onkruid* ❷ razen, tekeergaan: ★ *razen en ~*

tie·rig *bn* ❶ welig groeiend ❷ opgewekt, levenslustig: ★ *een ~ kind*
tier·lan·tijn·tje *het* [-s] → **tierelantijntje**
tiet¹ *de* [-en] inf vrouwenborst, vooral de tepel
tiet² *de (v)* [-en] NN, vero kip ★ *lopen als een ~* a) hard lopen; b) vlot verlopen
TIFF *afk* comput tagged image file format *bep. bestandsformaat voor afbeeldingen*
ti·fo·si [-zie] *(‹It) mv* felle voetbalsupporters of andere (luidruchtige) sportliefhebbers in Italië
tig *telw* NN, spreektaal een (onbepaald groot) aantal: ★ *dat heb je nu al ~ keer gezegd!*
ti·gerkid·nap·ping [taiyərkitnepping] *(‹Eng) de (v)* [-s] misdrijf waarbij gezinsleden van een bankmedewerker, juwelier enz. in gijzeling worden genomen en wordt gedwongen een kluis te openen
tij *het* [-en] getij, eb en vloed: ★ *dood ~* → **doodtij** ★ *het ~ laten verlopen* de geschikte tijd ongebruikt laten ★ NN, fig *als het ~ verloopt, verzet men de bakens* als de omstandigheden veranderen, handelt men anders
tijd *de (m)* [-en] ❶ opeenvolging van momenten; duur; tijdstip ★ *de ~ (aan zich) hebben* voldoende tijd hebben iets te doen ★ *het zal mijn ~ wel duren* ik maak me er geen zorgen om, want als het fout gaat zal ik dat niet meer meemaken ★ *zijn ~ vooruit zijn* denkbeelden hebben die in de toekomst pas worden gewaardeerd ★ *ten tijde van* in de tijd van ★ *voor onbepaalde ~* zonder vastgelegde einddatum ★ *uit de ~* verouderd ★ *de dure, kostelijke ~* de tijd die zoveel waard is ★ *de goede oude ~* vroeger toen we het nog goed hadden ★ *~ is geld* de tijd heeft waarde door de arbeid die men erin kan verrichten, men moet de tijd nuttig besteden ★ *als ik ~ van leven heb* als ik lang genoeg leef ★ *de ~ zal 't leren* als het zover is zullen we het weten ★ *met de ~ meegaan* zich aan veranderende eisen, gebruiken e.d. aanpassen ★ *van ~ noch uur weten* in 't geheel niet weten hoe laat het is ★ *andere tijden, andere zeden* met de tijd veranderen de zeden ★ *dammen, schaken door zijn ~ gaan* in een bepaalde tijdsduur minder dan het voorgeschreven aantal zetten doen ★ BN *ook op ~ en stond* op de juiste, vastgestelde tijd; af en toe, bij tijd en wijle ; zie ook bij → **raad** en → **woekeren** ❷ tijdstip: ★ *gisteren om deze ~ op ~* op de juiste, vastgestelde tijd ★ *over ~* te laat, vooral gezegd bij uitblijvende menstruatie ★ *te allen tijde* steeds ★ *te rechter ~* op het juiste ogenblik ★ *te zijner ~* als de tijd daarvoor gekomen is ★ *ten tijde van* ★ *van ~ tot ~*, vooral NN *bij ~ en wijle* nu en dan, bij gelegenheid ★ *het is hoog ~* het kan niet langer uitgesteld worden ★ *er is een ~ van komen en een ~ van gaan* alles heeft een begin en een einde ❸ taalk vorm van een werkwoord waardoor een gebeurtenis voorgesteld wordt in verleden, heden of toekomst: ★ *verleden ~* ★ *tegenwoordige ~* ★ *toekomende ~*
tijd·be·pa·ling, tijds·be·pa·ling *de (v)* [-en] vaststelling

van de tijd(sduur)
tijd·be·spa·ring *de (v)* [-en] besparing van tijd
tijd·be·vrach·ting *de (v)* [-en] ‹m.b.t. een schip› bevrachting voor een zekere tijd, niet voor één reis
tijd·bom *de* [-men] → **bom¹** die op een van tevoren afgestelde tijd ontploft
tijd·een·heid *de (v)* [-heden] eenheid waarin de tijdsduur wordt uitgedrukt, zoals minuut, uur, week e.d.
tij·de·lijk *bn* ❶ voor beperkte tijd: ★ *een tijdelijke baan* ❷ vergankelijk, werelds ★ *het tijdelijke met het eeuwige verwisselen* sterven
tij·dens *vz* gedurende
tijd·ge·bon·den *bn* aan een bepaalde tijd of een bepaald tijdperk gebonden: ★ *een ~ uitdrukking; tegengest:* → **tijdloos**
tijd·ge·brek *het* gebrek aan tijd
tijd·geest *de (m)* heersende opvattingen en denkbeelden in een bepaalde tijd
tijd·ge·noot *de (m)* [-noten], **tijd·ge·no·te** *de (v)* [-n] ❶ iem. die ongeveer in dezelfde tijd leefde ❷ iem. die ongeveer even oud is
tij·dig *bn* op tijd: ★ *we waren ~ op het vliegveld aanwezig*
tij·ding *de (v)* [-en] bericht
tijd·klok *de* [-ken] onderdeel van elektrische apparaten dat zorgt voor automatische aan- of uitschakeling op tevoren ingestelde tijden, tijdschakelaar, tijdschakelklok, timer
tijd·kre·diet *het* [-en] BN manier om de combinatie van arbeid en gezinsleven te vergemakkelijken en de activiteitsgraad van ouderen te verhogen
tijd·kring *de (m)* [-en] astron tijdruimte waarbinnen zich een aantal verschijnselen herhaalt
tijd·li·miet *de* [-en] → **tijdslimiet**
tijd·loos *bn* niet aan een bepaalde tijd gebonden, van alle tijden: ★ *tijdloze kunstopvattingen; tegengest:* → **tijdgebonden**
tijd·mel·ding *de (v)* [-en] het mededelen van de juiste tijd, per telefoon, over de radio e.d.
tijd·me·ter *de (m)* [-s] toestel dat de tijd opneemt; chronometer
tijd·nood *de (m)* gebrek aan tijd ★ *in ~ komen* niet voldoende tijd hebben om iets af te werken
tijd·op·na·me *de* [-n] ❶ het opnemen van de tijdsduur *(ook:* → **tijdopneming**) ❷ foto die enige tijd belichting nodig heeft; *tegengest:* → **momentopname**
tijd·op·ne·mer *de (m)* [-s] iem. die het juiste tijdstip of de duur van iets opneemt
tijd·op·ne·ming *de (v)* [-en] het opnemen van het juiste tijdstip of de duur van iets
tijd·pad *het* [-paden] de tijd waarin iets is gepland, beschouwd als een te doorlopen traject, met specificatie van de fases waarin de verschillende onderdelen van het plan gerealiseerd moeten zijn
tijd·pas·se·ring *de (v)* [-en] tijdverdrijf
tijd·perk *het* [-en] periode in de geschiedenis: ★ *het ~*

van de ontdekkingsreizen ★ *het stenen ~* a) periode waarin men stenen gebruiksvoorwerpen maakte; b) fig de oertijd, begintijd van iets
tijd·re·ge·ling *de (v)* [-en] regeling van de tijdaanduiding in verband met zonnestand en geografische ligging
tijd·re·ke·ning *de (v)* [-en] indeling van de tijd in jaren, maanden enz.
tijd·re·ken·kun·de *de (v)* chronologie
tijd·rek·ken *ww & het sp* (het) vullen van de speeltijd met weinig activiteiten door de ploeg die in balbezit is, teneinde de stand van het moment te handhaven
tijd·rij·den *ww & het* een tijdrit rijden
tijd·rit *de (m)* [-ten] wielersport rit waarbij de renners afzonderlijk van start gaan en de tijd waarin het parcours wordt afgelegd voor elke deelnemer apart wordt opgenomen
tijd·ro·vend, **tijd·ro·vend** *bn* veel tijd vergend: ★ *een tijdrovende bezigheid*
tijd·ruim·te, **tijds·ruim·te** *de (v)* [-n, -s] tijd tussen twee tijdstippen
tijds·beeld *het* [-en] ❶ alles wat een bepaald tijdperk kenmerkt ❷ kenmerkende beschrijving van een bepaald tijdperk
tijds·be·pa·ling *de (v)* [-en] → **tijdbepaling**
tijds·be·stek *het* tijdruimte
tijd·scha·ke·laar *de (m)* [-s] tijdklok
tijd·scha·kel·klok *de* [-ken] tijdklok
tijd·sche·ma *het* ['s] ontworpen indeling van de tijd
tijd·schrift *het* [-en] op geregelde tijden verschijnend geschrift, periodiek
tijd·schrij·ver *de (m)* [-s] iem. die in een bedrijf opneemt hoe lang de arbeiders over hun werkzaamheden doen
tijds·duur *de (m)* tijdruimte
tijd·sein *het* [-en] sein dat een bepaalde tijd precies aangeeft
tijds·ge·wricht *het* [-en] tijdvak waarin veel belangrijke, beslissende gebeurtenissen plaatsvinden
tijds·li·miet *de* [-en] grens in de tijd; uiterste tijd
tijd·slui·ter *de (m)* [-s] ‹bij een fototoestel› inrichting voor belichting van enigszins langere duur
tijds·om·stan·dig·he·den *mv* toestanden eigen aan een bepaalde tijd
tijds·or·de *de* volgorde in de tijd ★ *naar ~* overeenkomstig de volgorde in de tijd
tijds·ruim·te *de (v)* [-n, -s] → **tijdruimte**
tijds·span·ne *de* korte tijd, zie bij → **span²**
tijd·stip *het* [-pen] ogenblik; punt ergens in de tijd
tijd·stroom *de (m)* het op elkaar volgen van de gebeurtenissen
tijds·ver·loop *het* tijdsduur
tijds·ver·schijn·sel *het* [-en, -s] iets wat in een bepaalde tijd vaak optreedt, dat aan een bepaalde tijd eigen is
tijds·ver·schil, **tijd·ver·schil** *het* [-len] verschil in tijd,

tijd·ta·fel *de* [-s] lijst waarop men kan zien hoe laat het op een bepaald ogenblik in verschillende plaatsen is, vooral tussen twee plaatsen op de aardbol
tijd·vak *het* [-ken] tijdperk
tijd·ver·drijf *het* middel tegen verveling: ★ *ganzenborden is een leuk ~*
tijd·ver·lies *het* het verloren laten gaan van tijd
tijd·vers *het* [-verzen] vers waarin enkele letters in Romeinse cijfers een jaartal aangeven, chronogram
tijd·ver·schil *het* [-len] → **tijdsverschil**
tijd·ver·spil·ling *de (v)* het verspillen van tijd
tijd·winst *de (v)* besparing van tijd
tijd·zang *de (m)* [-en] gedicht op toestanden en gebeurtenissen in een bepaalde tijd
tij·gen *ww* [toog, is getogen] plechtig ❶ trekken, gaan: ★ *zij togen naar Frankrijk* ❷ beginnen: ★ *we togen aan het werk*
tij·ger *(Lat‹Gr) de (m)* [-s] groot, gestreept katachtig roofdier *(Panthera tigris)*
tij·ger·ach·tig *bn* als (van) een tijger
tij·ger·brood *het* [-broden] brood met een gestreepte korst
tij·ge·ren *ww* [tijgerde, h. & is getijgerd] NN zich met het lichaam zo plat mogelijk tegen de grond voortbewegen, vooral onder hindernissen door, als militaire oefening
tij·ge·rin *de (v)* [-nen] wijfjestijger
tij·ger·kat *de* [-ten] klein, gevlekt katachtig roofdier, zoals de *Aziatische ~ (Felis bengalensis)* en de *Amerikaanse ~ (F. tigrina)*
tij·ger·le·lie *de* [-s] zwartgevlekte oranjerode lelie *(Lilium tigrinum)*
tij·ger·slang *de* [-en] vier tot acht meter lange, lichtbruine slang met ruitvormige donkere vlakken, *Notechis scutatus*
tij·ger·vel *het* [-len] gestreepte huid (als) van een tijger
tij·glas *het* [-glazen] zandloper
tij·ha·ven *de* [-s] haven waarin grote schepen alleen bij vloed binnen kunnen lopen
tijk *(Lat)* **I** *het* stevige stof voor matrasovertrekken **II** *de (m)* [-en] matrasovertrek
tij·loos *de* [-lozen] herfsttijloos
tijm *(Lat‹Gr) de (m)* geurig kruid, tot de lipbloemigen behorend *(Thymus)*
tij·ri·vier *de* [-en] rivier onderhevig aan eb en vloed
tij·stroom *de (m)* [-stromen] getijstroom
T-ijzer *het* [-s] stuk ijzer met een T-vormige doorsnede
tik *de (m)* [-ken] ❶ zachte klap ★ *iem. een tik op zijn vingers geven* ‹ook› hem terechtwijzen ❷ kort kloppend geluid ❸ ‹‹*Fr*: tic› eigenaardige gewoonte, malle hebbelijkheid ❹ ‹bij telefoontoestellen met een betalingsmeter› gesprekseenheid; zie ook bij → **molen**
tik·fout *de* [-en] fout bij → **tikken** (bet 2)
tik·geit *de (v)* [-en] NN, neerbuigend typiste
tik·je *het* [-s] ❶ kleine tik ❷ beetje, tikkeltje: ★ *een ~ verwaand*

tik·ka ma·sa·la *(‹Hindi) de* Indiase tomatensaus, vaak geserveerd met kip en rijst
tik·kel·tje *het* [-s] klein beetje: ★ *een ~ melk in de koffie*
tik·ken *ww* [tikte, h. getikt] ❶ een tik geven, kloppen: ★ *iem. op de schouder ~* ❷ machineschrijven ❸ ‹bij tikkertje› iem. aanraken, zodat die ander aan de beurt is; zie ook → **getikt**
tik·ker *de (m)* [-s] ❶ telegraaftoestel dat telegrammen naar talrijke ontvangtoestellen tegelijk overbrengt, beurstikker ❷ typist, machineschrijver
tik·ker·tje *het* [-s] ❶ voorwerp dat tikt ❷ krijgertje, een kinderspel
tik·sel *het* [-s] wat getikt is (→ **tikken**, bet 2)
tik·ster *de (v)* [-s] typiste
tik·tak *het & tsw* geluid van een tikkende klok
tik·tak·ken *ww* [tiktakte, h. getiktakt] zacht tikken als een klok
tik·werk *het* werk met een schrijfmachine
til¹ *de (m)* het tillen ★ *op ~ zijn* spoedig te verwachten zijn
til² *de* [-len] ❶ duivenhok ❷ planken zoldering boven een stal
til·baar *bn* getild kunnende worden; zie ook bij → **have**
til·bu·ry [-bərie] *(‹Eng) de (m)* ['s] licht rijtuigje voor twee personen, met twee wielen
til·de [tiel-] *(‹Sp) de* [-s] ❶ het teken ~ boven de Spaanse *n* om de klank nj aan te geven, bijv. *dueña* [dwenja] ❷ in het Portugees om de nasalering van de klinker aan te geven ❸ in sommige woordenboeken wordt de ~ wel gebruikt ter vervanging van het trefwoord in het artikel
til·len *ww* [tilde, h. getild] ❶ omhoog heffen, omhoog geheven verplaatsen: ★ *een kast de trap op ~* ★ *zwaar aan iets ~* iets erg moeilijk vinden ❷ NN, spreektaal bedrieglijk benadelen, oplichten: ★ *ze hebben me voor 100 euro getild!*
til·si·ter *de (m)* licht pikante kaassoort, oorspronkelijk uit Tilsit in Oost-Pruisen (thans exclave van Rusland rond Kaliningrad)
tilt *(‹Eng) bijw* toestand waarin een flipperkast zich bevindt als het mechaniek stilstaat nadat de kast is bewogen ★ *op ~ slaan*, BN ook ~ *slaan* ★ ‹van zaken› stukgaan, niet meer goed functioneren; ‹van personen› woedend worden: *toen mijn computer (op) ~ sloeg, sloeg ik zelf ook (op) ~*
Tim. *afk* (brief van Paulus aan) Timotheüs
Tim·boek·toe *het* oasestad in de West-Afrikaanse republiek Mali; *fig* zeer ver en afgelegen oord
tim·bre [tɛ̃mbrə] *(‹Fr‹Gr) het* [-s] het karakteristieke van een klank of instrument, of van een stem, toonkleur
ti·men *ww* [tai-] *(‹Eng)* [timede, h. getimed] ❶ de tijden opnemen van ❷ instellen op het juiste tijdstip, doen verlopen volgens een bepaald tijdschema
time-out [taimaut] *(‹Eng) de (m)* [-s] onderbreking van een sportwedstrijd om de teams gelegenheid te

geven zich opnieuw te beraden over de te volgen tactiek of strategie

ti·mer [taima(r)] (‹Eng) de [-s] tijdklok

time·shar·ing [taimsjèring] (‹Eng) de (v) ❶ regeling waarbij men voor een bepaalde, tevoren vastgelegde periode van elk jaar het gebruiksrecht van een stuk onroerend goed koopt, veelal voor vakantiedoeleinden ❷ comput zodanige verdeling van de computertijd over een aantal gebruikers, dat deze gebruikers om de beurt een stukje computertijd krijgen toegewezen

ti·mi·de (‹Fr‹Lat) bn verlegen, bedeesd, beschroomd, schuchter

ti·mi·di·teit (‹Fr‹Lat) de (v) verlegenheid, beschroomdheid

tim·ing [taiming] (‹Eng) de (v) het timen, vooral in bet 2

tim·mer·doos de [-dozen] doos met timmergereedschap (als speelgoed of voor knutselwerk)

tim·me·ren ww [timmerde, h. getimmerd] ❶ houtwerk in elkaar spijkeren: ★ *een boomhut ~* ❷ slaan: ★ *iem. op zijn gezicht ~, iem. in elkaar ~* ★ *(flink) aan de weg ~* de publieke aandacht trekken (en daardoor aan kritiek blootstaan)

tim·mer·fa·briek de (v) [-en] fabriek van houten onderdelen van huizen: deuren, kozijnen enz.

tim·mer·ge·reed·schap het [-pen] werktuigen bij het timmeren gebruikt

tim·mer·hout het hout geschikt voor timmerwerk ★ NN *alle hout is geen ~* niet iedereen deugt voor elk werk

tim·mer·man de (m) [-lieden, -lui] iem. die voor zijn beroep timmert

tim·mer·mans·oog het ★ *een ~ hebben* goed maten kunnen inschatten

tim·mer·mans·pot·lood het [-loden] plat potlood waarmee een timmerman merkstrepen zet

tim·mer·werf de [-werven] timmermanswerkplaats in de open lucht

tim·mer·werk het ❶ wat getimmerd is ❷ het timmeren

tim·mer·win·kel de (m) [-s] timmermanswerkplaats

ti·mo·cra·tie [-(t)sie] (‹Gr) de (v) republikeinse staatsinrichting, waarbij een bepaald vermogen zitting en stem in de regering verleent; heerschappij van de bezitters

tim·paan (‹Fr‹Gr) het [-panen] geveldriehoek, fronton

tin¹ het chemisch element, symbool Sn, atoomnummer 50, een zilverwit, glanzend metaal met een laag smeltpunt

tin² de → tinne

tinc·tuur (‹Lat) de (v) [-turen] aftreksel of oplossing van (meestal organische) stoffen in alcohol of ether, vooral voor geneeskundige of cosmetische doeleinden

tin·erts het erts waaruit tin gewonnen wordt

tin·fo·lie de zeer dun uitgeslagen bladtin, waarmee o.a. spiegelglas van achteren wordt bedekt

tin·ge·len ww [tingelde, h. getingeld] ❶ de klank van een bel of van een klokje doen horen ❷ lelijk spelen op een piano

tin·ge·ling, tin·ge·lin·ge·ling tsw nabootsing van een bel of klokje

tin·gel·tan·gel de (m) [-s] NN, vero café chantant

tin·ke·len ww [tinkelde, h. getinkeld] fijn, helder klinken

tin·mijn de [-en] mijn waaruit tin gewonnen wordt

tin·ne de [-n] uitgetande bovenrand van een (kasteel)muur

tin·nef de (m) & het NN, Barg slechte waar, rommel

tin·ne·gie·ter de (m) [-s] NN iem. die tinnen voorwerpen giet ★ *politieke ~* iem. die druk meepraat over de politiek, zonder er verstand van te hebben

tin·nen bn van tin

tin·ne·roy [-roj] de (m) & het ribfluweel, met smallere ribbels dan corduroy

tin·pest de verpoedering van tin door grote verandering van dichtheid

tin·sol·deer de (m) & het soldeersel van tin

tin·steen de (m) & het tinerts

tint (‹Fr) de [-en] kleur, kleurnuance: ★ *verschillende tinten blauw; ook* fig: ★ *een socialistische ~* ★ *een ironische ~*

tin·tel de (m) prikkeling door koude

tin·te·len ww [tintelde, h. getinteld] ❶ glinsteren ★ *tintelende ogen* ★ fig *~ van humor* ❷ prikkelen door koude: ★ *tintelende vingers*

tin·ten ww [tintte, h. getint] een kleur geven

tip¹ de (m) [-pen] ❶ uiterste punt: ★ *op het tipje van z'n neus* ★ *op de tippen van zijn tenen lopen* op het puntje van zijn tenen; zie ook bij → **sluier** ❷ BN ook teen: ★ *op zijn tippen staan* ★ *op de tippen van zijn tenen staan* zijn uiterste best doen ★ *op zijn tippen lopen* a) op zijn tenen lopen; b) zijn uiterste best doen

tip² (‹Eng) de (m) [-s] ❶ advies van een ingewijde, raadgeving: ★ *een tip om verbranding te voorkomen* ❷ aanwijzing: ★ *een ~ tot het oplossen van een misdrijf*

tip³ (‹Eng) de (m) [-s] stukje rubber in de hak van een schoen

tip⁴ (‹Eng) de (m) [-s] fooi

tip·geld het [-en] beloning voor het geven van een → **tip²**, bet 2

tip·ge·ver de (m) [-s], **tip·geef·ster** de (v) [-s] iem. die een → **tip²** bet 2 geeft, vooral aan de politie

ti·pi (‹Dakota, een Noord-Amerikaanse indianentaal) de (m) ['s] van bizonhuiden vervaardigde, kegelvormige tent van de prairie-indianen in Noord-Amerika, soms ook → **wigwam** genoemd

tip·pel de (m) [-s] ★ NN *dat is een hele ~* dat is een flink stuk lopen

tip·pe·laar de (m) [-s] iem. die graag grote wandelingen maakt

tip·pe·laar·ster de (v) [-s] vrouw die tippelt (→

tippelen, bet 3)
tip·pe·len *ww* [tippelde, h. & is getippeld] ❶ met kleine, vlugge stappen lopen: ★ *naar de voordeur ~* ★ *erin ~* er inlopen, de dupe worden ❷ algemeen wandelen, lopen: ★ *een heel end ~* ❸ ‹van prostituees› op straat klanten lokken
tip·pel·ver·bod *het* verbod (door de politie) om te → **tippelen** (bet 3)
tip·pel·zo·ne [-zònə] *de* [-n *en* -s] gebied in of nabij een stad, waar oogluikend toegelaten wordt dat prostituees klanten op straat werven
tip·pen¹ *ww* [tipte, h. getipt] ❶ even aanraken, licht raken ★ *niet kunnen ~ aan* niet kunnen halen bij, ver blijven beneden ❷ een punt(vormig uitsteeksel) vertonen ❸ van de punten ontdoen
tip·pen² *ww* [tipte, h. getipt] ❶ een aanwijzing geven: ★ *de politie ~* ❷ doodverven als: ★ *Liverpool werd getipt voor het kampioenschap*
tip·pen³ *ww* [tipte, h. getipt] een → **tip**⁴ geven: ★ *een serveerster ~*
tip·scha·ke·laar *de (m)* [-s], **tip·toets** *de (m)* [-en] elektrische schakelaar, druktoets die reeds reageert op een lichte aanraking
tip·sy [-sie] ‹‹Eng› *bn* aangeschoten, licht dronken
tip·top ‹‹Eng› *bn* van de bovenste plank, keurig, onberispelijk
TIR *afk* Transport International (de marchandises par la) Route ‹Fr› [douaneovereenkomst inzake het internationale vervoer van goederen]
ti·ra·de ‹‹Fr› *de (v)* [-s] ❶ lange gedachte-uithaal; vloed van theatrale maar weinig zeggende woorden ❷ langdurige, heftige aanklacht: ★ *een ~ tegen de globalisering*
ti·rail·le·ren *ww* [tierajjee-] ‹‹Fr› [tirailleerde, h. getirailleerd] mil in verspreide gevechtsorde oprukken
ti·rail·leur [tierajjeur] ‹‹Fr› *de (m)* [-s] soldaat in de voorste verspreide gevechtslinie
ti·ra·mi·su [-soe] ‹‹It› *de* Italiaans dessert, bestaande uit een bodempje van biscuit met daaroverheen laagjes kaas en eieren met likeur (amaretto) en cacaopoeder
ti·ran ‹‹Fr‹Gr› *de (m)* [-nen] ❶ hist iem. die langs revolutionaire weg de alleenheerschappij heeft verkregen ❷ thans gewelddadig heerser, wreed dictator ❸ fig dwingeland, iem. die zijn zin wil doordrijven: ★ *dat kind is een echte ~*
ti·ran·nie ‹‹Fr› *de (v)* [-nieën] heerschappij van een tiran; dwingelandij
ti·ran·niek ‹‹Fr› *bn* als van of op de wijze van een tiran, een dwingeland; willekeurig; wreed
ti·ran·ni·se·ren *ww* [-zee-] ‹‹Fr› [tiranniseerde, h. getiranniseerd] met geweld overheersen; de baas spelen (over)
ti·ras ‹‹Fr› *de* [-sen] sleepnet om vogels te vangen
Ti·ro·ler *de (m)* [-s] iem. geboortig of afkomstig uit Tirol
Ti·rools *bn* van, uit, betreffende Tirol

tis·sue [tisjoe] ‹‹Eng› *de (m)* [-s] papieren zakdoekje
ti·taan, **ti·ta·ni·um** *het* chemisch element, symbool Ti, atoomnummer 22, een licht, zilverwit metaal, zeer geschikt voor legeringen, genoemd naar de *titanen* (uit de Griekse mythologie)
ti·ta·nen *mv* ★ ‹in de Griekse mythologie› *een geslacht van reuzen die eenmaal vruchteloos de Olympus bestormden* ★ *een 'titan'* fig een reus in een bep. vak, een bep. wetenschap enz.
ti·ta·nen·ar·beid, **ti·ta·nen·werk** *de (m)* reuzenwerk
ti·ta·nen·strijd *de (m)* geweldige strijd
ti·ta·nisch *bn* (als) van een titan of van titanen, reusachtig, bovenmenselijk
ti·ta·ni·um *het* → **titaan**
ti·tel ‹‹Lat› *de (m)* [-s] ❶ naam van een boek, film e.d. ❷ kwalificatie; ambtsbenaming ★ *academische ~* door het behalen van een universitaire graad verkregen beschermde titel ★ *adellijke ~* erfelijke aanduidingen als 'graaf', 'baron' e.d. die men voor zijn naam mag plaatsen als men van adel is ❸ aanspraak op, rechtsgrond voor eigendomsovergang; recht om iets te bezitten, te eisen e.d. ★ *op persoonlijke ~ iets zeggen* namens de spreker zelf en niet namens de organisatie, partij e.d. die hij zou vertegenwoordigen ★ *onder bezwarende ~* (rechtsgrond) tegen een vrijwel gelijkwaardige contraprestatie ❹ sp kampioenschap: ★ *de ~ behalen, verdedigen* ❺ onderafdeling van een boek uit een wetboek ❻ ★ BN, schrijftaal *ten ~ van* bij wijze van, als
ti·tel·balk *de (m)* [-en] ‹comput in Windows› balk boven in een programma of venster met daarin de titel van het programma of venster: ★ *de ~ is blauwgekleurd als het programma actief is, en grijsgekleurd als dat niet het geval is*
ti·tel·be·schrij·ving *de (v)* [-en] het volgens bepaalde regels weergeven van de titel van een boek
ti·tel·blad *het* [-bladen] blad voorin een boek waarop de titel staat
ti·tel·de·bat *het* [-ten] BN, sp strijd om de kampioenstitel, uitgespreid over het hele seizoen
ti·tel·hou·der *de (m)* [-s] iem. die → **kampioen** (bet 2) is
ti·tel·pa·gi·na *de* ['s] bladzijde waarop de titel van een geschrift staat
ti·tel·plaat *de* [-platen] plaat naast het titelblad
ti·tel·rol *de* [-len] ❶ rol van de hoofdpersoon, naar wie een toneelstuk heet ❷ lijst met namen van medewerkers voor of na (aftiteling) een film of tv-programma
ti·tel·ver·de·di·ger *de (m)* [-s] sp kampioen die in een wedstrijd of toernooi zijn titel verdedigt
ti·tel·ver·haal *het* [-halen] verhaal waarvan de titel tevens de titel is van een bundel verhalen
ti·tel·voe·rend *bn* BN ook titulair: ★ *~ bisschop*
ti·tel·wed·strijd *de (m)* [-en] sp wedstrijd om het kampioenschap
ti·tel·woord *het* [-en] woord aan het hoofd van een

artikel in een woordenboek e.d., trefwoord

ti·to·ïs·me *het* het nationaalcommunistische stelsel en bestuur volgens de opvattingen van de Joegoslavische leider Tito (schuilnaam van Josip Broz, 1892-1980)

ti·tra·tie [-(t)sie] *de (v)* het titreren

ti·tre·ren *ww* (‹Fr) [titreerde, h. getitreerd] ❶ fijnheid van garen bepalen ❷ het gehalte van een (chemische) oplossing bepalen door een hoeveelheid van een bekende sterkte van een andere stof toe te voegen, totdat beide stoffen in een evenredige hoeveelheid aanwezig zijn

tit·tel *de (m)* [-s] stip, punt ★ *geen ~ of jota of ~ noch jota* in het geheel niets: ★ *ik begrijp er geen ~ of jota van (naar Mattheus 5: 18)*

ti·tu·lair [-lèr] (‹Fr) *bn* volgens de titel; de titel van een waardigheid hebbende, zonder die werkelijk uit te oefenen en het salaris daarvoor te ontvangen: ★ *~ bisschop*

ti·tu·la·ris *de (m)* [-sen] ❶ iem. die zekere titel voert of de in de titel aangeduide betrekking bekleedt ❷ BN, sp vaste speler ❸ BN iemand die met het doceren van een bepaalde cursus belast is ❹ BN ook ‹van een klas› klassenleraar ❺ BN ook ‹van een rekening› rekeninghouder

ti·tu·la·tuur (‹Lat) *de (v)* [-turen] ❶ benaming waarmee een waardigheid, rang of positie wordt aangeduid ❷ gezamenlijke in gebruik zijnde titels

tja *tsw* een 'ja' van berusting of weifeling: ★ *~, hoe heet dat ook al weer...*

tjalk (‹Fries) *de* [-en] zeilschip voor de binnenvaart, met ronde voorsteven

tjam·poer (‹Mal) *bn* vooral NN gemengd ★ *atjar ~* gemengd tafelzuur

tjap·tjoi (‹Kantonees) *de (m)* voornamelijk uit in bouillon gekookte groenten bestaand Chinees gerecht

tjas·ker (‹Fries) *de (m)* [-s] NN kleine weidemolen, vooral in Friesland, waarvan de wiekenas doorloopt als as van de waterschroef in een langgerekte ton

tjeem·pie *tsw* NN bastaardvloek; uitroep van verbazing

tjif·tjaf *de (m)* [-fen] zangvogeltje, algemene broedvogel in Nederland en België die zich veel in hoge bomen ophoudt (*Phylloscopus collybita*)

tjil·pen *ww* [tjilpte, h. getjilpt] piepen van vogels

tjir·pen *ww* [tjirpte, h. getjirpt] het hoge, schrille geluid (als) van krekels maken

tji·tjak (‹Mal) *de (m)* [-s] kleine muurhagedis, een ca. 10 cm lange gekko in Indonesië, *Hemidactylus frenatus*

tjok·vol *bn* propvol

tjon·ge·jon·ge! *tsw* zie bij → **jongen**[1]

tjot·ter (‹Fries) *de (m)* [-s] klein soort zeiljacht

T-krui·sing *de (v)* [-en] T-vormige wegkruising

Tl *afk chem* symbool voor het element *thallium*

tl *de* ['s] *tube luminescent* fluorescentiebuis ★ *tl-buis, tl-lamp* lamp waarvan de werking berust op het principe van fluorescentie

t.l. *afk* ten laatste

TM *afk* Transcendente Meditatie

Tm *afk chem* symbool voor het element *thulium*

t/m *afk* tot en met

TMF *afk* [tie-em-ef] The Music Factory [commerciële tv-zender met veel videoclips]

TN *afk* als nationaliteitsaanduiding op auto's *Tunesië*

TNO *afk* (Nederlandse Centrale Organisatie voor) *Toegepast Natuurwetenschappelijk Onderzoek*

TNT *afk* trinitrotolueen

t.n.v. *afk* ten name van

t.o. *afk* tegenover

toa *afk* NN technisch onderwijsassistent [assistent die bij natuur- en scheikundeonderwijs proeven voorbereidt en begeleidt en de apparatuur onderhoudt]

toast [toost] (‹Eng‹Lat) *de (m)* geroosterd brood

toast·je [toostje] *het* [-s] sneetje geroosterd brood

tob·be *de* [-n, -s] kuip

tob·ben *ww* [tobde, h. getobd] ❶ zich angstig maken, zich zorgen maken: ★ *~ over de toekomst van zijn kinderen* ❷ moeilijkheden hebben: ★ *met zijn gezondheid ~* ❸ zwoegen

tob·ber, tob·berd *de (m)* [-s] ❶ ziekelijk, ongelukkig mens, arme sukkel ❷ iem. die zich voortdurend zorgen maakt

tob·be·rig *bn* altijd tobbend

tob·be·rij *de (v)* [-en] het → **tobben** (bet 1 *en* 2); gesukkel, moeilijkheden

to·bin·taks *de* BN voorgestelde kleine (0,1 of 0,25%) belasting op internationale wisseltransacties, genoemd naar de Amerikaanse econoom James Tobin

to·bo·gan [təboγγən] (‹Eng‹Algonkin, een Noord-Amerikaanse indianentaal) *de (m)* [-s] ❶ soort slede waarmee men, op de buik liggend en met de voeten sturend, van besneeuwde heuvels afglijdt ❷ roetsjbaan

toc·ca·ta (‹It) *de* ['s] *muz* zeer beweeglijk muziekstuk voor piano of orgel, waarin de beide handen bij de voordracht van een figuur dikwijls afwisselen

toch *bijw* ❶ ongeduld, verwondering, ergernis enz. uitdrukkend: ★ *kom dan ~!* ❷ desondanks: ★ *en ~ ga ik het doen!* ❸ als vraag om bevestiging: ★ *dat is niet normaal, ~?*

tocht I *de (m)* trekwind, luchtstroom in een vertrek ★ *op de ~ (komen te) staan* fig in moeilijke omstandigheden geraken, in bedreigde positie komen, in het gedrang komen **II** *de (m)* [-en] ❶ reis, mars, veldtocht: ★ *de ~ naar Rusland* ❷ sloot, wetering

tocht·band *als stof: het, als voorwerp: de (m)* [-en] reep waarmee men kieren tochtdicht maakt

tocht·deur *de (v)* [-en] tweede deur, tegen het tochten

tocht·dicht *bn* tocht afsluitend

toch·ten *ww* [tochtte, h. getocht] ❶ ‹van de wind› trekken: ★ *het tocht in huis* ❷ ‹van ramen, huizen

e.d.) wind doorlaten: ★ *het raam tocht*
tocht·gat *het* [-gaten] ❶ luchtgat ❷ plaats waar het tocht
tocht·ge·noot *de (m)* [-noten], **tocht·ge·no·te** *de (v)* [-n] reisgenoot, reisgenote
tocht·hond *de (m)* [-en] BN voorwerp in de vorm van een hond dat tocht (van een deur, raam) tegenhoudt
toch·tig *bn* ❶ met veel tocht: ★ *een tochtige zaal* ❷ ‹van sommige wijfjesdieren› bronstig, loops
tocht·lat *de* [-ten] lat waarmee kieren tochtdicht gemaakt worden
tocht·lat·jes *mv* NN, schertsend korte bakkebaardjes
tocht·raam *het* [-ramen] tweede raam, tegen het tochten
tocht·sloot *de* [-sloten] NN sloot die het polderwater afvoert
tocht·strip *de (m)* [-s, -pen] smalle strook metaal om kieren tochtdicht te maken
tod *de* [-den] NN vod
toe I *bijw* ❶ in de richting van: ★ *naar huis* ~ ❷ tot aan: ★ *tot de laatste cent* ~ *verspeeld* ❸ dicht: ★ *de deur is* ~ ❹ NN bijgevoegd, als toegift of toespijs: ★ *geld* ~; *ijs* ~; *wat krijgen we* ~? ❺ met *aan*: ★ *(niet) aan* ~ *zijn, komen* (niet) gekomen zijn tot, (niet) klaar zijn voor ★ *aan vakantie* ~ *zijn* vakantie nodig hebben ★ *er slecht aan* ~ *zijn* in slechte (gezondheids)toestand verkeren **II** *tsw* vooruit!: ★ ~ *dan!*
toe·an (‹Mal› *de (m)* NN heer, meester, gebieder ★ hist ~ *besar* (de) grote heer, baas, chef [vroeger de benaming voor de gouverneur-generaal van Nederlands Oost-Indië]
Toe·a·reg, Toe·a·regs *mv* tot de Berbers behorend volk, levend in het centrale deel van de Sahara
toe·be·de·len *ww* [bedeelde toe, h. toebedeeld] als deel geven
toe·be·ho·ren I *ww* [behoorde toe, h. toebehoord] plechtig behoren bij, het eigendom zijn van: ★ *deze grond behoort onze familie toe* **II** *het* al wat tot iets behoort, voor iets nodig is: ★ *een computer met* ~
toe·be·rei·den *ww* [bereidde toe, h. toebereid] klaarmaken; **toebereiding** *de (v)* [-en]
toe·be·reid·se·len *mv* voorbereidende werkzaamheden of maatregelen
toe·bij·ten *ww* [beet toe, h. toegebeten] ❶ gretig bijten in ❷ fig gretig ingaan op ❸ toesnauwen: ★ *hij beet me toe dat ik een oplichter was*
toe·bin·den *ww* [bond toe, h. toegebonden] dichtbinden
toe·blaf·fen *ww* [blafte toe, h. toegeblaft] blaffen naar; fig op zeer onvriendelijke wijze toespreken
toe·bren·gen *ww* [bracht toe, h. toegebracht] ‹iets onaangenaams, schadelijks› aandoen, veroorzaken: ★ *letsel* ~
toe·brul·len *ww* [brulde toe, h. toegebruld] hard toeschreeuwen
toe·clip [too-] ‹‹Eng› *de (m)* [-s] constructie aan de pedalen van een racefiets waarmee men de voeten stevig op die pedalen vastklemt
toe·dek·ken *ww* [dekte toe, h. toegedekt] dekens over iemand heen leggen
toe·de·loe *tsw* inf groet bij het afscheid (vooral gebruikt door meisjes)
toe·den·ken *ww* [dacht toe, h. toegedacht] in gedachten bestemmen voor
toe·dich·ten *ww* [dichtte toe, h. toegedicht] ten onrechte toeschrijven: ★ *ze dichtte hem gevoelens toe die hij niet voor haar had*
toe·die·nen *ww* [diende toe, h. toegediend] ❶ geven: ★ *een geneesmiddel* ~ ★ schertsend: *een pak slaag* ~ ❷ voorzien van: ★ *de doop* ~
toe·doen I *ww* [deed toe, h. toegedaan] ❶ sluiten ❷ bijdragen, helpen ★ *dat doet er niet toe* dat geeft niet, dat oefent geen invloed uit, dat is niet van belang ★ *hij kan er niets aan toe- of afdoen* **II** *het* medewerking; schuld: ★ *door haar* ~
toe·dracht *de* gang van zaken: ★ *de* ~ *van een bankroof*
toe·dra·gen I *ww* [droeg toe, h. toegedragen] koesteren voor: ★ *iem. haat* ~ **II** *wederk* in zijn werk gaan: ★ *zo had zich alles toegedragen*
toe·drin·ken *ww* [dronk toe, h. toegedronken] ★ *iem.* ~ een dronk op iem. uitbrengen
toe·ei·ge·nen *wederk* [eigende toe, h. toegeëigend] in bezit nemen, soms wederrechtelijk
toe·ei·ge·ning *de (v)* [-en] ❶ het zich toe-eigenen: ★ *wederrechtelijke* ~ ❷ → **opdracht** (bet 2)
toef (‹Fr› *de* [-en] pluk, bos, kleine hoeveelheid: ★ *een toefje slagroom*
toe·fluis·te·ren *ww* [fluisterde toe, h. toegefluisterd] fluisterend zeggen tot
toe·gaan *ww* [ging toe, is toegegaan] ❶ dicht gaan ❷ in zijn werk gaan: ★ *het ging er grof aan toe*
toe·gang *de (m)* [-en] ❶ ingang ❷ het vrij binnen mogen gaan: ★ *geen* ~ *verboden* ~*!*
toe·gangs·be·heer *het* comput het regelen en controleren van de toegang voor gebruikers tot een systeem
toe·gangs·be·wijs *het* [-wijzen], **toe·gangs·bil·jet** *het* [-ten], **toe·gangs·kaart** *de* [-en] biljet waarop men binnengelaten wordt
toe·gangs·exa·men *het* [-s] BN ook toelatingsexamen
toe·gangs·num·mer *het* [-s] ★ *internationaal* ~ telec nummer dat men moet draaien alvorens verbinding met een telefoontoestel in het buitenland te krijgen
toe·gangs·pad *het* [-paden] comput routeaanduiding om naar een bestand te komen, padnaam
toe·gangs·prijs *de (m)* [-prijzen] bedrag dat je moet betalen om toegang te krijgen
toe·gangs·tijd *de (m)* comput tijd die nodig is om informatie in het computergeheugen te vinden
toe·gan·ke·lijk *bn* ❶ te bereiken; bezocht mogende worden; bestudeerd, bekeken enz. kunnende worden: ★ *de collectie is* ~ *voor belangstellenden* ❷ genaakbaar; vatbaar, ontvankelijk: ★ ~ *voor*

scherts ★ *een toegankelijke film* die door veel mensen begrepen kan worden; **toegankelijkheid** *de (v)*

toe·ge·daan *bn* geneigd tot; genegen ★ *een mening ~ zijn* van mening zijn

toe·geef·lijk, toe·ge·fe·lijk *bn* geneigd tot toegeven, niet aan eigen wens vasthoudend, inschikkelijk; **toegeeflijkheid; toegefelijkheid** *de (v)*

toe·ge·ne·gen, toe·ge·ne·gen *bn* plechtig gunstig gezind, welwillend gezind: ★ *uw ~ dienaar*; **toegenegenheid** *de (v)*

toe·ge·past *bn* op nuttig gebruik gericht: ★ *toegepaste kunst, toegepaste wetenschap; vgl:* → **toepassen**

toe·ge·ven *ww* [gaf toe, h. toegegeven] ❶ iets extra's geven ★ *de jongens gaven elkaar niets toe* deden niet voor elkaar onder ❷ veel toelaten, weinig ingaan tegen: ★ *niet te spoedig aan een neiging ~* ❸ (moeten) erkennen: ★ *hij wou het eerst niet ~*

toe·ge·vend *bn* ❶ veel toelatend ❷ ook *toegevend*, taalk een bepaald feit erkennend

toe·ge·ving *de (v)* ❶ het toegeven ❷ [*mv:* -en] BN ook concessie

toe·ge·voegd *bn* zie bij → **toevoegen** (bet 2)

toe·ge·wijd *bn* met toewijding, met zorg: ★ *een ~ huisvader*

toe·gift *de* [-en] iets extra's, vooral een of meer extra nummers aan het eind van een concert

toe·gooi·en *ww* [gooide toe, h. toegegooid] ❶ gooien naar ❷ dichtgooien

toe·grij·pen *ww* [greep toe, h. toegegrepen] een snelle greep doen ★ *met beide handen ~* gretig aanvaarden

toe·groei·en *ww* [groeide toe, is toegegroeid] dichtgroeien

toe·ha·len *ww* [haalde toe, h. toegehaald] ❶ naar zich toe trekken ❷ dichttrekken ❸ strakker trekken

toe·hap·pen *ww* [hapte toe, h. toegehapt] gretig happen in, fig gretig ingaan op

toe·hoor·der *de (m)* [-s], **toe·hoor·ster** *de (v)* [-s] iem. die naar een spreker e.d. luistert; iem. die lessen aan een onderwijsinrichting bijwoont, maar zich aan examens niet onderwerpt

toe·ho·ren¹ *ww* [hoorde toe, h. toegehoord] luisteren

toe·ho·ren² *ww* [hoorde toe, h. toegehoord] toebehoren

toe·jui·chen *ww* [juichte toe, h. toegejuicht] ❶ juichend begroeten of prijzen ❷ van harte instemmen met: ★ *het besluit werd toegejuicht*

toe·jui·ching *de (v)* [-en] juichende begroeting

toe·kaat·sen *ww* [kaatste toe, h. toegekaatst] kaatsen naar, toewerpen ★ *elkaar de bal ~* elkaar voordeeltjes bezorgen

toe·kan ‹*Mal*› *de (m)* [-s] vogel met een enorme, felgekleurde snavel in Midden- en Zuid-Amerika uit de familie Ramphastidae

toe·ken·nen *ww* [kende toe, h. toegekend] ❶ verlenen: ★ *waarde aan iets ~* ❷ erkennen dat iem. recht of aanspraak op iets heeft

toe·ke·ren *ww* [keerde toe, h. toegekeerd] keren naar, toedraaien; zie ook bij → **rug**

toe·kij·ken *ww* [keek toe, h. toegekeken] naar iets kijken (zonder mee te mogen, willen of kunnen doen): ★ *~ terwijl iem. mishandeld wordt* ★ *het ~ hebben* niets krijgen

toe·knik·ken *ww* [knikte toe, h. toegeknikt] ❶ met een hoofdknik iets beduiden ❷ met een hoofdknik groeten

toe·ko·men *ww* [kwam toe, is toegekomen] ❶ rechtens toebehoren: ★ *dit komt hem nog toe* ❷ ★ *doen* of *laten ~ zenden* ❸ ★ *aan iets ~* iets kunnen doen, ergens de tijd voor vrij kunnen maken: ★ *ik kom er niet aan toe dat boek te lezen* ❹ voldoende hebben: ★ *kom je ermee toe?*

toe·ko·mend, toe·ko·mend *bn* ❶ taalk de toekomst aanduidend: ★ *de toekomende tijd* ❷ m.g. aanstaand, volgend: ★ *toekomende zondag* ★ *~ jaar*

toe·komst *de (v)* ❶ de komende tijd: ★ *we weten niet wat de ~ ons zal brengen* ❷ goede vooruitzichten, bestaanskans: ★ *geen ~ hebben* ★ *de jeugd heeft de ~*

toe·komst·beeld *het* [-en] iets toekomstigs; voorstelling die men zich daarvan maakt

toe·komst·droom *de (m)* [-dromen] mooie voorstelling die men zich van de toekomst maakt

toe·kom·stig *bn* in de toekoms ★ *toekomstige moeder* aanstaande moeder

toe·komst·mu·ziek *de (v)* het mooie, maar onwaarschijnlijke dat in de toekomst zou kunnen gebeuren

toe·kun·nen *ww* [kon toe, h. toegekund] ★ NN *~ met* voldoende hebben aan: ★ *we kunnen wel toe met één liter melk*

toe·laat·baar *bn* geoorloofd, toegelaten kunnende worden

toe·la·chen *ww* [lachte toe, h. toegelachen] ❶ lachen tegen ❷ fig zich gunstig, aanlokkelijk voordoen: ★ *de nieuwe baan lachte haar toe*

toe·la·ge *de* [-n] ❶ (regelmatige) geldelijke steun ❷ bedrag aan het salaris toegevoegd ❸ BN ook subsidie

toe·la·ten *ww* [liet toe, h. toegelaten] ❶ goedvinden dat iets gebeurt; dulden: ★ *ze liet toe dat hij rommel maakte* ❷ toegang verlenen: ★ *de portier wilde me niet ~* ❸ opnemen; door een examen laten komen: ★ *ze werd tot die cursus, op die school toegelaten* ❹ BN ook in staat stellen, in de gelegenheid stellen: ★ *hierdoor werd de gemeente toegelaten de bouw te voltooien*; veroorloven, toestaan ★ *kinderen toegelaten* (bij de film) alle leeftijden

toe·la·ting *de (v)* ❶ het toelaten ❷ [*mv:* -en] BN ook toestemming, goedkeuring, permissie; verlof, vergunning, machtiging ★ *iem. (de) ~ vragen* iem. toestemming vragen

toe·la·tings·eis *de (m)* [-en] eis waaraan men voldoen moet om toegelaten te worden

toe·la·tings·exa·men *het* [-s] examen om toegelaten te worden tot een school enz.

toe·leg *de (m)* NN voornemen, plan, bedoeling

⟨meestal in ongunstige zin⟩: ★ *de ~ verijdelen*

toe·leg·gen *ww* [legde toe, h. toegelegd] ❶ erbij geven (in plaats van overhouden): ★ *hij moest er nog geld op ~* ❷ streven naar: ★ *hij legt het erop toe om de eerste te worden* ★ *zich ~ op* zich speciaal oefenen in; in het bijzonder bestuderen: ★ *hij legt zich toe op het portretschilderen*

toe·le·ve·rings·be·drijf *het* [-drijven] bedrijf dat onderdelen vervaardigt die door andere bedrijven in eindproducten worden verwerkt

toe·lich·ten *ww* [lichtte toe, h. toegelicht] verklaren, ophelderen: ★ *zijn denkbeelden ~*

toe·lich·ting *de (v)* [-en] opheldering, verklaring

toe·lij·ken *ww* [leek toe, h. toegeleken] NN → **voorkomen¹** (I, bet 6), toeschijnen, dunken: ★ *het lijkt mij toe dat het nu de hoogste tijd is om in te grijpen*

toe·loop *de (m)* toestroming van mensen naar één punt

toe·lo·pen *ww* [liep toe, is toegelopen] ❶ lopen naar ❷ naar één punt lopen, stromen e.d. ❸ uitlopen, eindigen in: ★ *spits ~*

toe·luis·te·ren *ww* [luisterde toe, h. toegeluisterd] aandachtig aanhoren

toe·maat·je *het* [-s] ❶ BN ook toegift, extraatje ❷ BN, m.g. dessert, nagerecht, toetje; (bij de borrel e.d.) versnapering, hapje

toe·me·ten *ww* [mat toe, h. toegemeten] iem. zijn maat of deel geven ★ *de ons toegemeten tijd* de tijd die ons ter beschikking is gesteld

toen I *bijw* op die tijd: ★ *waar was hij ~?* II *voegw* op de tijd dat: ★ *zij kwam ~ we weg waren*

toe·naam *de (m)* [-namen] bijnaam ★ *met naam en ~ tot in bijzonderheden*

toe·na·de·ring *de (v)* beginnende verzoening

toe·na·me *de* het groter, sterker, talrijker worden: ★ *de ~ van het aantal winkels*

toen·dra ⟨Fins⟩ *de* [-s] mosvlakte langs de Noordelijke IJszee

toe·ne·men *ww* [nam toe, h. & is toegenomen] groter, sterker worden

toe·ne·ming *de (v)* het toenemen

toen·ma·lig *bn* van die tijd: ★ *de toenmalige president*

toen·ter·tijd *bijw* in die tijd

toe·pas·baar *bn* toegepast kunnende worden

toe·pas·se·lijk *bn* ❶ bij de toestand of bij de omstandigheden passend: ★ *ze zongen een ~ lied* ❷ geldend, van kracht: ★ *~ zijn op...*

toe·pas·sen *ww* [paste toe, h. toegepast] in praktijk brengen, gebruiken: ★ *een uitvinding, een regel ~*

toe·pas·sing *de (v)* [-en] het toepassen ★ *in ~ brengen* toepassen ★ *van ~ zijn* slaan op, gelden voor: ★ *dat is ook op jullie van ~*

toe·pas·sings·pro·gram·ma *het* ['s] comput applicatie

toe·pen *ww* [toepte, h. getoept] NN een bepaald gokspel spelen met kaarten

toer ⟨Fr⟩ *de (m)* [-en] ❶ omwenteling: ★ *100 toeren per minuut* ★ *op volle toeren draaien* volledig in bedrijf

zijn ★ *over zijn toeren zijn* overspannen, uitgeput zijn ❷ wandeltocht of rit ★ *op de... toer gaan* op de... manier optreden, op de... wijze aanpakken ★ *op de psychologische ~, op de ethische ~, op de versiertoer* ❸ kunststuk, moeilijk werk: ★ *toeren doen aan de ringen* ★ *het was een hele ~* ★ *een ~ maken, bouwen* proberen indruk te maken ❹ een rij brei- of haaksteken ❺ BN, spreektaal beurt ★ *ieder op ~* ieder om de beurt

toer·beurt *de* [-en] vooral NN beurt; regelmatige afwisseling: ★ *bij ~*

toe·rei·ken *ww* [reikte toe, h. toegereikt] aangeven; uitstrekken naar: ★ *iemand de hand ~*

toe·rei·kend *bn* voldoende: ★ *de uitkering is nog niet ~*

toe·re·ken·baar *bn* verantwoordelijk voor eigen daden ★ *verminderd ~* niet geheel toerekenbaar

toe·re·ke·nen *ww* [rekende toe, h. toegerekend] verantwoordelijk, aansprakelijk stellen voor

toe·re·ke·nings·vat·baar *bn* toerekenbaar; **toerekeningsvatbaarheid** *de (v)*

toe·re·ke·nings·vat·baar·heid *de (v)* het toerekeningsvatbaar zijn ★ *verminderde ~* afgenomen mogelijkheid om de dader, gezien zijn psychische gesteldheid, verantwoordelijk te stellen voor zijn daden

toe·ren *ww* [toerde, h. getoerd] een pleziertocht maken met een auto, autobus, fiets e.d.

toe·ren·tal *het* [-len] aantal omwentelingen per tijdseenheid: ★ *het ~ van een motor*

toe·ren·tel·ler *de (m)* [-s] toestelletje dat het toerental aangeeft

toer·fiets *de* [-en] lichte fiets, geschikt om lange tochten mee te maken

toe·ris·me ⟨Fr⟩ *het* het reizen voor zijn genoegen

toe·rist ⟨Fr⟩ *de (m)* [-en], **toe·ris·te** *de (f)* [-n] iem. die voor zijn of haar plezier op reis is

toe·ris·ten·be·las·ting *de (v)* belasting die door sommige landen of toeristenplaatsen wordt geheven bij tijdelijk verblijf

toe·ris·ten·bond *de (m)* [-en] vereniging van toeristen

toe·ris·ten·bu·reau *het* [-s] BN ook toeristische dienst, VVV

toe·ris·ten·cen·trum *het* [-centra] plaats waar veel toeristen komen

toe·ris·ten·in·dus·trie *de (v)* het toerisme als bedrijf

toe·ris·ten·kaart *de* [-en] ❶ soort paspoort van beperkte geldigheid ❷ landkaart speciaal voor toeristisch gebruik

toe·ris·ten·klas·se *de (v)* ⟨van een schip, vliegtuig⟩ klasse met laag tarief

toe·ris·ten·me·nu *de (m) & het* (laag geprijsd) menu in restaurants, speciaal bedoeld voor toeristen

toe·ris·tisch *bn* ❶ het toerisme betreffend: ★ *~ verkeer* ❷ veel toeristen trekkend: ★ *toeristische attracties* ★ *we vonden het plaatsje een beetje te ~*

toe·rit *de (m)* [-ten] NN rijstrook die toegang geeft tot een autosnelweg, oprit

toer·ma·lijn ⟨Singalees⟩ als stof: *het*, als voorwerp: *de* *(m)* [-en] halfdoorschijnende groene of bontgekleurde edelsteen, die bijzondere optische en elektrische eigenschappen heeft

toer·nooi *(‹Oudfrans)* *het* [-en] ❶ wedstrijd met meer dan twee deelnemers of deelnemende ploegen ❷ hist steekspel, ridderspel

toer·nooi·veld *het* [-en] plaats waar een toernooi gehouden werd

toe·roe·pen *ww* [riep toe, h. toegeroepen] roepen aan, roepend toespreken

toer·tocht *de (m)* [-en] niet in wedstrijdverband georganiseerde tocht over een bep. parcours

toe·rus·ten *ww* [rustte toe, h. toegerust] gereedmaken, van het nodige voorzien: ★ *een leger ~ voor de strijd*

toe·rus·ting *de (v)* [-en] voorbereiding, vooral voor een oorlog

toe·schie·te·lijk *bn* tegemoetkomend, bereidwillig

toe·schie·ten *ww* [schoot toe, is toegeschoten] snel erbij komen

toe·schij·nen *ww* [scheen toe, h. toegeschenen] lijken

toe·schou·wer *de (m)* [-s] iem. die iets aanziet; iem. die naar een voorstelling, wedstrijd e.d. kijkt

toe·schreeu·wen *ww* [schreeuwde toe, h. toegeschreeuwd] schreeuwend roepen tot

toe·schrij·ven *ww* [schreef toe, h. toegeschreven] ★ *~ aan* veronderstellen vervaardigd te zijn door, veronderstellen veroorzaakt te zijn door ★ *men schrijft dit stuk aan Jeroen Bosch toe* ★ *men schrijft het ongeluk toe aan de gladheid van de weg*

toe·slaan *ww* [sloeg toe, h. & is toegeslagen] ❶ erop los slaan, niet aarzelen om te slaan ❷ fig zijn kans benutten ❸ met een slag sluiten ❹ met een slag dichtgaan

toe·slag *de (m)* [-slagen] bijbetaling: ★ *in deze trein is men ~ verschuldigd*

toe·slag·part·ner *de (m)* [-s] echtgenoot / -note of geregistreerde partner in het kader van de zorgtoeslag

toe·slui·ten *ww* [sloot toe, h. toegesloten] dichtdoen, sluiten

toe·smij·ten *ww* [smeet toe, h. toegesmeten] ❶ ruw naar iem. gooien ❷ hard dichtgooien

toe·snau·wen *ww* [snauwde toe, h. toegesnauwd] snauwend toevoegen, snauwend toespreken

toe·snel·len *ww* [snelde toe, is toegesneld] snel aankomen

toe·spe·len *ww* [speelde toe, h. toegespeeld] ❶ sp (de bal) bij een bep. speler doen komen ❷ op handige manier doen toekomen: ★ *iem. geheime berichten ~*

toe·spe·ling *de (v)* [-en] zinspeling: ★ *toespelingen maken op iems. afkomst*

toe·spijs *de* [-spijzen] ❶ nagerecht, toetje ❷ BN, spreektaal overhandig, verschaffen; heimelijk geven, toestoppen: ★ *ze stak de douanebeambte snel iets toe*

toe·spit·sen *ww* [spitste toe, h. toegespitst] scherper stellen, op de spits drijven: ★ *een tegenstelling ~* ★ *zich ~ op* zich vooral richten op

toe·spraak *de* [-spraken] rede

toe·spre·ken *ww* [sprak toe, h. toegesproken] spreken tot: ★ *een menigte ~* ★ *iem. bestraffend ~*

toe·staan *ww* [stond toe, h. toegestaan] goedvinden dat iets gebeurt, inwilligen

toe·stand *de (m)* [-en] ❶ gesteldheid, omstandigheden waarin iets of iem. verkeert: ★ *de auto verkeerde in een erbarmelijke ~* ❷ slechte, ongunstige situatie: ★ *het hele plafond is nat, wat een ~!* ★ NN *toestanden maken* moeilijkheden veroorzaken

toe·ste·ken *ww* [stak toe, h. toegestoken] ❶ uitsteken naar: ★ *iemand de hand ~* ★ BN *ook iem. een handje ~* iem. een handje helpen ❷ een rake steek geven: ★ *de moordenaar stak onverhoeds toe* ❸ BN *ook,* spreektaal overhandigen, verschaffen; heimelijk geven, toestoppen: ★ *ze stak de douanebeambte snel iets toe*

toe·stel *het* [-len] min of meer samengesteld werktuig, mechanisch hulpmiddel tot het verrichten van bep. handelingen of bewegingen, machine

toe·stem·men *ww* [stemde toe, h. toegestemd] goedkeuren

toe·stem·ming *de (v)* [-en] het toestemmen: ★ *~ geven*

toe·stop·pen *ww* [stopte toe, h. toegestopt] ❶ dichtmaken: ★ *zijn oren ~* ❷ stilletjes geven: ★ *de kinderen wat ~* ❸ warm toedekken

toe·stro·men *ww* [stroomde toe, is toegestroomd] ❶ stromen naar ❷ fig in groten getale aankomen

toe·stu·ren *ww* [stuurde toe, h. toegestuurd] sturen, zenden naar

toet¹ *de (m)* [-en] NN gezicht, vooral kindergezicht

toet² *tsw* klanknabootsing van het geluid van een toeter of claxon

toe·ta·ke·len *ww* [takelde toe, h. toegetakeld] ❶ beschadigen door ruwe behandeling ❷ ernstig verwonden

toe·tas·ten *ww* [tastte toe, h. toegetast] ❶ gretig nemen, aan het eten gaan ❷ een zaak met kracht aanpakken

toe·ten *ww* [toette, h. getoet] op een blaasinstrument blazen ★ *van ~ noch blazen weten* nergens van weten, niets weten

toe·ter I *de (m)* [-s] ❶ instrument dat een geluidssignaal geeft, bijv. een autoclaxon, veelal met een taps toelopende vorm ★ *met (veel) toeters en bellen* met (veel) opsmuk, (onnodige) versiering, gedoe, lawaai e.d.; met veel ophef ❷ schertsend blaasinstrument **II** *bn* NN, spreektaal dronken

toe·te·ren *ww* [toeterde, h. getoeterd] toeten, met een toeter geluid geven

toe·tje *het* [-s] nagerecht

toe·tre·den *ww* [trad toe, is toegetreden] fig lid worden: ★ *~ tot een vereniging*

toets *(‹Fr) de (m)* [-en] ❶ proef, test, onderzoek: ★ *we hebben morgen een ~ voor Frans* ★ *de ~ van de kritiek kunnen doorstaan* goed genoeg zijn om gunstig beoordeeld te worden ❷ knopje, staafje om in te drukken aan een piano, telefoon, schrijfmachine

enz. ❸ penseelstreek
toets·aan·slag *de (m)* [-slagen] keer dat een gebruiker een toets indrukt: ★ *deze piano heeft een lichte ~*
toet·sen *ww (⟨Fr⟩)* [toetste, h. getoetst] ❶ ⟨van edele metalen⟩ met behulp van een toetssteen en toetsnaald het gehalte bepalen ❷ op de proef stellen, de echtheid nagaan: ★ *iemands beweringen ~ aan de feitelijke gegevens* ★ *~ op begrip, op vaardigheid enz.* door proeven nagaan of begrip, vaardigheid, enz. in voldoende mate aanwezig is
toet·sen·bord *het* [-en] de gezamenlijke toetsen van een toetsinstrument, een schrijfmachine, een computer e.d.
toet·se·nist *de (m)* [-en] bespeler van een toetsinstrument
toet·sing *de (v)* [-en] het toetsen
toet·sings·recht *het* bevoegdheid van de rechterlijke macht om na te gaan of een maatregel of verordening in overeenstemming is met een geldende wet of internationale overeenkomst
toets·in·stru·ment *het* [-en] muziekinstrument met toetsen
toets·naald *de* [-en] naald van edel metaal van bekend gehalte, waarmee over een toetssteen gekrast wordt; het spoor daarvan wordt vergeleken met de kras van edel metaal waarvan men het gehalte wil bepalen
toets·steen *de (m)* [-stenen] steen waarop men met de toetsnaald krast; fig middel waarmee men iets toetst
toe·val I *het* het feit dat een gebeurtenis plaatsvindt, hoewel de kans daarop gering was; niet-voorziene gebeurtenis: ★ *het was een ~ dat we die oorbel weer terugvonden* ★ *bij ~ toevallig* **II** *de (m) & het* [-len] aanval van epilepsie
toe·val·len *ww* [viel toe, is toegevallen] ❶ ten deel vallen: ★ *er viel me een voordeeltje toe* ❷ dichtvallen: ★ *de deur viel toe*
toe·val·lig I *bn* onverwacht gebeurend: ★ *een toevallige ontmoeting* **II** *bijw* ❶ soms, misschien: ★ *weet u ~ hoe laat het is?* ❷ omdat het nu eenmaal zo is: ★ *~ ben ik sterker dan jij*
toe·val·li·ger·wijs, toe·val·li·ger·wij·ze *bijw* toevallig
toe·val·lig·heid *de (v)* [-heden] → **toeval** (bet 1)
toe·vals·tref·fer *de (m)* [-s] ❶ toevallig raak schot of rake bominslag ❷ fig vondst of resultaat bij toeval
toe·ven *ww* [toefde, h. getoefd] verblijven: ★ *we toefden een tijdje in het bos*
toe·ver·laat *de (m)* steun, bescherming
toe·ver·trou·wen *ww* [vertrouwde toe, h. toevertrouwd] in vertrouwen aan iemand overlaten of meedelen: ★ *iem. een kind, een geheim ~*
toe·vloed *de (m)* toestroming
toe·vloei·en *ww* [vloeide toe, is toegevloeid] toestromen
toe·vlucht *de* hulp, steun; wijkplaats ★ *zijn ~ nemen tot* met verwachting van uitkomst zich wenden tot of overgaan tot: ★ *zijn ~ nemen tot dreigementen*
toe·vluchts·oord *het* [-en] plaats waar men onderdak

en bescherming kan vinden
toe·voe·gen *ww* [voegde toe, h. toegevoegd] erbij doen: een beetje water *~* ❶ als helper ter beschikking stellen: ★ *aan de commissie een secretaris ~* ❷ NN ⟨iets onvriendelijks⟩ zeggen tegen: "Ik wil jou nooit meer zien", voegde hij me toe
toe·voe·ging *de (v)* ❶ het toevoegen ❷ [mv: -en] het toegevoegde
toe·voeg·sel *het* [-s] het toegevoegde
toe·voer *de (m)* aanvoer
toe·voe·ren *ww* [voerde toe, h. toegevoerd] aanvoeren
toe·voer·weg *de (m)* [-wegen] weg waarlangs iets wordt toegevoerd
toe·vou·wen *ww* [vouwde toe, h. toegevouwen] dichtvouwen; samenvouwen
toe·wen·den *ww* [wendde toe, h. toegewend] toedraaien, toekeren
toe·wen·sen *ww* [wenste toe, h. toegewenst] voor iemand wensen: ★ *ik wens je veel sterkte toe*
toe·wer·pen *ww* [wierp toe, h. toegeworpen] ❶ werpen naar; zie ook bij → **bal¹** (bet 1) ❷ dichtwerpen
toe·wij·den *ww* [wijdde toe, h. toegewijd] wijden aan
toe·wij·ding *de (v)* het toewijden, overgave, ijver: ★ *zijn werk met ~ doen*
toe·wij·zen *ww* [wees toe, h. toegewezen] ⟨een bepaalde hoeveelheid⟩ toekennen, bepalen dat iem. iets krijgt: ★ *een woning ~* ★ *een eis ~* bij rechterlijke uitspraak een eiser in het gelijk stellen
toe·wij·zing *de (v)* [-en] toekenning; het toegekende
toe·wui·ven *ww* [wuifde toe, h. toegewuifd] wuivend groeten ★ *zich koelte ~* door wuiven koele lucht langs zich doen gaan
toe·zeg·gen *ww* [zegde of zei toe, h. toegezegd] beloven
toe·zeg·ging *de (v)* [-en] belofte
toe·zen·den *ww* [zond toe, h. toegezonden] zenden naar
toe·zicht *het* het toezien, bewaking: ★ *het ~ hebben op* of *over* ★ *onder ~ staan* gecontroleerd worden
toe·zien *ww* [zag toe, h. toegezien] ❶ gadeslaan, toekijken ❷ waken, oppassen
toe·ziend *bn* toezicht houdend: ★ *een ~ oog op iets houden* ; zie ook bij → **voogd**
toe·zie·ner *de (m)* [-s] iem. die toezicht houdt
toe·zin·gen *ww* [zong toe, h. toegezongen] ter begroeting of ter ere van iemand zingen
toe·zwaai·en *ww* [zwaaide toe, h. toegezwaaid] zwaaien naar ★ *iemand lof ~* fig hem zeer prijzen
tof *bn* inf ❶ fijn, leuk: ★ *een ~ feest* ❷ fideel: ★ *je bent een toffe gozer*
tof·fee [-fie, -fee] (⟨Eng⟩) *de (m)* [-s] blokje karamel
tof·fel *de* [-s] NN, spreektaal pantoffel
tof·fe·le·mo·ne (⟨Hebr⟩) *bn* NN, Barg katholiek
to·ga (⟨Lat⟩) *de* ['s] ❶ bovenkleed van de Romeinse burgers ❷ tabbaard als ambtsdracht van overheids- en gerechtspersonen, professoren, predikanten

❸ RK lange gesloten priesterrok, soutane
to·gen *ww verl tijd meerv van* → **tijgen**
to·ges *(‹Jidd) de (m)* NN, Barg achterwerk
To·go·lees I *de (m)* [-lezen] iem. geboortig of afkomstig uit de West-Afrikaanse republiek Togo **II** *bn* van, uit, betreffende Togo
toi·let [twaa-] *(‹Fr) het* [-ten] ❶ wc ❷ de handeling van zich te kleden, te kappen en op te maken: ★ ~ *maken* ❸ kleding die een vrouw bij een speciale gelegenheid draagt: ★ *bruidstoilet*
toi·let·ar·ti·kel [twaa-] *het* [-en, -s] dat wat men nodig heeft om toilet te maken
toi·let·be·no·digd·he·den [twaa-] *mv* toiletartikelen
toi·let·juf·frouw [twaa-] *de (v)* [-en] vrouw die toezicht houdt bij het → **toilet** (bet 1) in een restaurant e.d.
toi·let·pa·pier [twaa-] *het* wc-papier
toi·let·spie·gel [twaa-] *de (m)* [-s] grote (draaibare) spiegel
toi·let·ta·fel [twaa-] *de* [-s] tafel waarop en waarin toiletbenodigdheden geplaatst zijn
toi·let·tas·je [twaa-] *het* [-s] kleine tas waarin men toiletartikelen bewaart en vervoert
toi·let·te·ren *ww* [twaa-] [toiletteerde, h. getoiletteerd] schertsend naar de wc gaan
toi·let·zeep [twaa-] *de* [-zepen] fijne zeep met een aangename geur
toitoitoi *(‹Jidd) tsw* spreekwijze waarmee men iemand succes wenst
to·ka·yer [-kaajar] *de (m)* witte wijn afkomstig van de heuvels nabij de Hongaarse plaats Tokay
To·kio *het* hoofdstad van Japan ★ *een rij van hier tot ~ zeer lange rij*
tok·ke·len *ww* [tokkelde, h. getokkeld] ‹een snaarinstrument› met de vingers bespelen
tok·kel·in·stru·ment *het* [-en] instrument dat getokkeld wordt
to·ko *(‹Mal) de (m)* ['s] NN ❶ bazaar; winkel, oorspr Chinese winkel ❷ spreektaal onderneming, bedrijf
tol¹ *(‹Lat) de (m)* [-len] ❶ geld dat men moet betalen om over een weg, een brug, door een tunnel e.d. te gaan ❷ invoerrecht ★ *zijn ~ eisen* fig nadelige gevolgen met zich meebrengen ❸ tolhuis, tolhek
tol² *de (m)* [-len] kinderspeelgoed dat op een punt ronddraait
tol·baas *de (m)* [-bazen], **tol·be·amb·te** *de* [-n] beambte belast met het innen van de tolgelden
tol·boom *de (m)* [-bomen] paal waarmee tolwegen, tolbruggen e.d. worden afgesloten
tol·brug *de* [-gen] brug waarop tol geheven wordt
to·le·ra·bel *(‹Fr‹Lat) bn* draaglijk, ermee door kunnend
to·le·rant *(‹Fr‹Lat) bn* verdraagzaam
to·le·ran·tie [-sie] *(‹Fr‹Lat) de (v)* ❶ verdraagzaamheid jegens andersdenkenden of met betrekking tot afwijkend gedrag; zie ook bij → **repressief** ❷ med mate van verdraging van geneesmiddelen; tevens het verschijnsel dat steeds meer van een geneesmiddel of drug moet worden gebruikt om

een gelijkwaardig effect te verkrijgen ❸ toelaatbare afwijking van de juiste maat van machineonderdelen, vuurwapens e.d.
to·le·re·ren *ww (‹Fr‹Lat)* [tolereerde, h. getolereerd] dulden, toelaten, verdragen
tol·geld *het* [-en] geld dat men als → **tol¹** moet betalen
tol·huis *het* [-huizen] kantoortje van de tolbaas
tolk *(‹Russ) de (m)* [-en] ❶ iem. die vertaalt bij een gesprek tussen mensen die elkaars taal niet verstaan ❷ fig iem. die uitspreekt wat anderen op het hart hebben: ★ *de ~ van de vergadering*
tol·kan·toor *het* [-toren] tolhuis
tol·ken *ww* [tolkte, h. getolkt] dienst doen als tolk
tolk·ver·ta·ler *de (m)* [-s of tolken-vertalers] gediplomeerd vertaler die ook als tolk kan optreden
tol·len *ww* [tolde, h. & is getold] ❶ met een tol spelen ❷ snel ronddraaien ❸ verward rondgaan: ★ *de gedachten tolden door mijn hoofd*
tol·le·naar *de (m)* [-s, -naren] Bijbel belastinginner
tol·mu·ren *mv* tariefmuren
tol·poort *de* [-en] punt op een snelweg waar auto's elektronisch worden geregistreerd tijdens de spitsuren in het kader van het rekeningrijden
tol·recht *het* recht om → **tol¹** te heffen
tol·tun·nel *de* [-s] tunnel waarvoor tol wordt geheven
to·lu·een *het* ❶ chem een aromatische koolwaterstof, methylbenzeen, gewonnen uit tolu ❷ lichte teerolie, genoemd naar de plaats Santiago de Tolú in Colombia; vroeger *toluol* genoemd
tol·unie *de (v)* [-s] tolverbond
tol·ver·bond *het* [-en] overeenkomst tussen een groep landen betreffende de in- en uitvoerrechten
tol·vrij *bn* vrij van → **tol¹**
tol·weg *de (m)* [-wegen] autoweg waarop tol wordt geheven
TOM *afk* Territoire d'Outre Mer *(‹Fr)* [Frans overzees gebiedsdeel]
to·maat *(‹Sp)* Nahuatl, een Mexicaanse indianentaal *de* [-maten] zachte rode vrucht van een tot de nachtschaden behorende plant (*Solanum lycopersicum*)
to·ma·hawk [-hòk] *(‹Algonkin, een Noord-Amerikaanse indianentaal) de (m)* [-s] strijdbijl van de Noord-Amerikaanse indianen
to·ma·ten·ket·chup [-ketsj-] *de (m)* dikke saus, bereid met o.a. tomaten, champignons, azijn en kruiden
to·ma·ten·pu·ree *de (v)* puree van tomaten
to·ma·ten·sap *het* ❶ sap van een of meer tomaten ❷ drank daarvan gemaakt.
to·ma·ten·saus *de* [-sausen, -sauzen] saus van tomaten
to·ma·ten·soep *de* soep van tomaten
tom·be *(‹Fr‹Gr) de* [-s, -n] grafmonument, praalgraf
tom·bo·la *(‹It) de (m)* ['s] verloting zonder nieten, vooral voor een liefdadig doel, met als prijzen gebruiks- of kunstvoorwerpen
to·me·loos *bn* onbedwongen, buitensporig: ★ *een*

tomeloze woede

to·men *ww* [toomde, h. getoomd] ❶ ⟨paarden⟩ de toom aandoen ❷ fig beteugelen

tom·my [-mie] *(‹Eng› de (m)* ['s] gemeenzame benaming voor de gewone Engelse soldaat, naar *Thomas Atkins*, standaardnaam in officiële formulieren van het Britse leger

tom·poes *(‹Fr› de (m)* [-poezen] vooral NN gebakje bestaande uit pudding tussen bladerdeeg

tom·tom® *de* [-s] navigatiesysteem dat gebruikmaakt van gps®

ton *de* [-nen] ❶ rond dikbuikig houten vat ★ *zo rond als een tonnetje* zeer dik ❷ tonvormige boei ❸ gewichtseenheid van 1000 kg: ★ *30 ~ lading* ❹ ⟨van schepen⟩ inhoudsmaat van 1 m^3 ❺ NN bedrag van honderdduizend euro

to·naal *(‹Fr› bn* ❶ gebaseerd op een bepaalde toonsoort; *vgl:* → **atonaal** ❷ de toon betreffend

to·na·li·teit *(‹Fr› de (v)* ❶ muz het geheel van melodische en harmonische betrekkingen tussen de tonen van een muziekstuk; klankgehalte, toongehalte ❷ toonsoort ❸ geheel van de kleurverhoudingen van een schilderij

ton·del, ton·der [-s] **I** *het* gebrand linnen of zwam in een kokertje, door een vonk uit een vuursteen aan het gloeien gebracht **II** *de (m)* tondeldoos

ton·del·doos *de* [-dozen] kokertje met een tondel, vroeger gebruikt voor het maken van vuur

ton·der *zn* [-s] → **tondel**

ton·deu·se [-zə] *(‹Fr› de (v)* [-s] haarknipmachine; knipmachine om schapen te scheren

to·neel *het* [-nelen] ❶ verhoogd gedeelte in een zaal of stellage buiten, waarop een spel vertoond wordt ★ *van het ~ verdwijnen* niet meer in het openbaar optreden ★ *ten tonele brengen, voeren* een opvoering geven van, fig doen optreden (in een geschrift, toespraak e.d.) ★ *het ~ van de strijd* plaats waar gestreden wordt ❷ het vertonen van toneelspelen, het schouwburgbedrijf: ★ *bij het ~ gaan* ★ *dat is allemaal ~!* dat is niet echt, dat is aanstellerij ❸ toneelgezelschap ❹ gedeelte van een bedrijf van een toneelstuk: ★ *het tweede ~ van het eerste bedrijf* ❺ tafereel, schouwspel: ★ *er speelden zich vreselijke tonelen af*

to·neel·aan·wij·zing *de (v)* [-en] opmerking bij de tekst van een toneelstuk aangaande de wijze van spelen, de inrichting van het toneel enz.

to·neel·cri·ti·cus *de (m)* [-ci] iem. die toneelkritieken schrijft

to·neel·ge·zel·schap *het* [-pen] groep (beroeps)toneelspelers

to·neel·kap·per *de (m)* [-s] iem. die toneelspelers voor het optreden kapt en grimeert

to·neel·kij·ker *de (m)* [-s] in de schouwburg gebruikte kleine verrekijker

to·neel·knecht *de (m)* [-s, -en] knecht van een toneelmeester

to·neel·kring *de (m)* [-en] BN, spreektaal amateurtoneelgezelschap, toneelvereniging

to·neel·kri·tiek *de (v)* [-en] beoordeling van toneelstukken

to·neel·kunst *de (v)* kunst van het toneelspelen

to·neel·laars *de* [-laarzen] laars met een hoge zool, in de oudheid door Griekse toneelspelers gedragen, cothurne

to·neel·ma·tig *bn* zoals op het toneel gebeurt

to·neel·mees·ter *de (m)* [-s] iem. die zorgt voor de aanbrenging van de decors e.d.

to·neel·schik·king *de (v)* [-en] aankleding van het toneel

to·neel·school *de* [-scholen] school die opleidt voor toneelspeler

to·neel·schrij·ver *de (m)* [-s] schrijver van toneelstukken

to·neel·spel *het* ❶ het vertonen van een spel op het toneel ❷ [*mv:* -spelen] algemeen toneelstuk ❸ het zich onecht voordoen, het zich aanstellen

to·neel·spe·len *ww* [speelde toneel, h. toneelgespeeld] ❶ deelnemen aan de opvoering van een toneelstuk ❷ zich onecht voordoen, veinzen

to·neel·spe·ler *de (m)* [-s], **to·neel·speel·ster** *de (v)* [-s] ❶ iem. die toneelstukken mee opvoert, acteur, actrice ❷ iem. die toneelspeelt (→ **toneelspelen**, bet 2), die zich onecht voordoet, aansteller

to·neel·stuk *het* [-ken] op bepaalde wijze ingedeeld verhaal over verschillende personen, bestemd om door een groep toneelspelers op het toneel vertoond te worden

to·neel·ver·eni·ging *de (v)* [-en] vereniging (van amateurs) die toneelstukken opvoert

to·neel·voor·stel·ling *de (v)* [-en] opvoering van een toneelstuk

to·nen *ww* [toonde, h. getoond] ❶ laten zien: ★ *zijn paspoort ~* ★ *zijn vaardigheden ~* ❷ blijk geven van, doen blijken: ★ *moed ~* ★ *zich ~* zich doen kennen als, zich voordoen als

to·ner *(‹Eng› de (m)* organische kleurstof, o.a. gebruikt in printers en fotokopieermachines

to·ner·cas·set·te *de* [-s] comput houder voor de poederinkt (*toner*) van printers of kopieerapparaten

tong *de* [-en] ❶ het beweeglijke smaak- en spraakorgaan in de mond ★ *een beslagen ~* zie bij → **beslaan** (bet 4) ★ *zijn ~ uitsteken (naar iem.)* bij wijze van spot zijn tong naar iem. richten ★ *een fijne ~ hebben* een fijne smaak hebben ★ *een gladde ~ hebben* goed kunnen praten ★ *kwade tongen beweren dat...* volgens kwade geruchten... ★ *een losse ~ hebben* niets voor zich kunnen houden ★ *een radde ~ hebben* vlot kunnen praten ★ *een scherpe ~ hebben* zeer kritische opmerkingen maken ★ *het lag me op de ~* ik was juist van plan het te zeggen ★ *over de ~ gaan* veel besproken worden ★ *zijn ~ slaat dubbel* (van een dronkenman) hij praat onduidelijk ★ *met (een) dubbele ~ spreken* a) bedrieglijk spreken; b) moeilijk spreken door dronkenschap ★ *zijn ~ ergens over breken* iets niet kunnen uitspreken ★ *dat streelt de ~*

dat is erg lekker ★ *alsof er een engeltje over / op je ~ piest / fietst* gezegd wanneer men iets heel lekkers eet of drinkt ★ *(niet) het achterste van zijn ~ laten zien* (niet) laten zien waartoe men in staat is, expres (niet) al zijn mogelijkheden tonen ★ *zijn ~ verloren hebben*, BN, spreektaal zijn ~ ingeslikt hebben niets (willen) zeggen ★ *de tongen komen los* men begint druk te praten ; zie ook bij → **rijden**, → **scheermes** ❷ vlees van een rundertong ❸ Bijbel, vero taal ★ *in tongen spreken* een door de Heilige Geest geïnspireerde taal spreken, vgl. *Handelingen* 2: 4 ❹ tongvormige platvis uit de familie Soleidae, gekenmerkt door op de rechterzijde gelegen ogen, o.a. voorkomend in de Noordzee ❺ tongvormig voorwerp, bijv. het pennetje van een gesp; de naald van een balans; het metalen plaatje in bepaalde blaasinstrumenten

tong·band *de (m)* [-en] tongriem
tong·been *het* [-deren, -benen] been dat de tongspieren steunt
tong·beet *de (m)* [-beten] beet op de tong bij een epileptische aanval
ton·gen *ww* [tongde, h. getongd] tongzoenen
ton·gen·taal *de* NN glossolalie
ton·gen·worst *de* NN worst van de tong van een rund
ton·ge·welf *het* [-welven] langgestrekt gewelf met halfcirkelvormige of ovale doorsnede
tong·klank *de (m)* [-en] spraakklank met de tong gevormd
tong·kus *de (m)* [-sen] tongzoen
tong·let·ter *de* [-s] → **tongklank**
tong·punt-r *de* [-'r'en] r-klank die wordt gevormd met de punt van de tong
tong·riem *de (m)* [-en] spiertje onder de tong, dat bij kleine kinderen soms wordt doorgesneden als ze de tong niet voldoende kunnen bewegen ★ *(goed) van de ~ gesneden zijn* goed kunnen praten
tong·stre·lend *bn* heel lekker van smaak
tongue in cheek [tòny in tsjiek] *(‹Eng) de* (eig.: met de tong in de wang) bep. licht ironische, bedekt spottende wijze van uitdrukken
tong·val *de (m)* [-len] ❶ gewestelijke taal, dialect ❷ accent
tong·wor·tel *de (m)* [-s] achterste gedeelte van de tong
tong·zoen *de (m)* [-en] zoen waarbij de tongen elkaar raken
tong·zoe·nen *ww* [tongzoende, h. getongzoend] elkaar tongzoenen geven
ton·ic [tonnik] *(‹Eng) de & het* drank met koolzuurhoudend water met kinine
to·ni·ca *(‹Gr) de (v)* muz grondtoon van toonsoort of akkoord
to·ni·cum *(‹Gr) het* [-ca, -s] opwekkend middel
to·nijn *(‹It) de (m)* [-en] grote makreelachtige vis, veel voorkomend in de Middellandse Zee (*Thunnus thynnus*)
to·nisch *bn* ❶ betrekking hebbend op de tonus; spanning vertonend ★ *tonische krampen* langdurige krampen ❷ opwekkend: ★ *tonische middelen*
ton·ki·lo·me·ter *de (m)* [-s] maat bij vrachtvervoerders: 1000 kg één km vervoerd
ton·mo·len *de (m)* [-s] cilindervormige wijde buis waarin door middel van een as met schoepen water wordt omhoog gevoerd
ton·na·ge [-zjə] *(‹Fr) de (v)* ❶ grootte van een schip uitgedrukt in tonnen (→ **ton**, bet 4) ❷ scheepsruimte; totale grootte van de bedoelde schepen
ton·nen·maat *de* inhoud van een schip, uitgedrukt in tonnen (→ **ton**, bet 4)
ton·nen·stel·sel *het* vroeger het verzamelen en ophalen van uitwerpselen in tonnen
ton·rond *bn* rond als een tonnetje
ton·sil *(‹Lat) de* [-len] med keelamandel
ton·sil·lec·to·mie *(‹Lat-Gr) de (v)* med het operatief wegnemen van de tonsillen
ton·sil·li·tis *(‹Lat) de (v)* ontsteking van de keelamandelen
ton·suur *(‹Fr‹Lat) de (v)* [-suren] ❶ kruinschering van rooms-katholieke priesters ❷ de geschoren kruin van priesters
to·nus *(‹Lat‹Gr) de (m)* ❶ med spanningstoestand van spieren en andere weefsels, veerkracht ❷ muz hele toon; toonsoort
toog¹ *(‹Lat) de (m)* [togen] toga, vooral van rooms-katholieke geestelijken
toog² *de (m)* [togen] ❶ gewelfboog, draagbalk; balk ❷ tap, tapkast, buffet, bar ❸ BN ook toonbank, balie
toog³ *ww verl tijd van* → **tijgen**
toog·dag *de (m)* [-dagen] NN dag van een demonstratie, een grote landelijke of gewestelijke bijeenkomst
toog·han·ger *de (m)* [-s] BN iemand die vaak cafés bezoekt, kroegtijger
tooi *de (m)* versiering, opschik
tooi·en *ww* [tooide, h. getooid] versieren
tooi·sel *het* [-s] tooi, versiersel
tool [toel] *(‹Eng) de* [-s] comput computerprogramma met een specifieke toepassing
toom *de (m)* [tomen] ❶ teugel ★ *fig in ~ houden* in bedwang houden ❷ NN broedsel: ★ *een ~ kippen*
toom·pje *het* [-s] ❶ kleine toom ❷ anat riempje: ★ *het ~ van de tong, penis*
toon¹ *(‹Lat) de (m)* [tonen] ❶ klank in de muziek, van de stem e.d. ★ *de ~ aangeven* fig als leidende figuur het voorbeeld zijn voor anderen ★ *een andere ~ aanslaan* op een andere wijze spreken *of* optreden ★ *een hoge ~ aanslaan* verwaand, aanmatigend optreden ★ *uit de ~ vallen* niet bij de omgeving aansluiten, niet in de sfeer passen ★ *een toontje lager zingen* zich wat matigen ❷ wijze van omgang: ★ *de goede ~ eist, dat...* ❸ klemtoon
toon² *de (m)* [tonen] inf **teen¹**
toon³ *de (m)* vertoon ★ *ten ~ zetten* zo plaatsen dat iedereen het zien kan; zie ook → **tentoonspreiden**, → **tentoonstellen**

toon·aan·ge·vend, toon-aan-ge-vend *bn* een voorbeeld zijnd in zaken van smaak, goede vormen e.d.

toon·aard *de (m)* [-en] *muz* aanduiding van toongeslacht en tonica: *c dur, f mol* ★ *iets in alle toonaarden beloven* omstandig en met nadruk

toon·af·stand *de (m)* [-en] afstand tussen twee tonen (→ **toon¹**), interval

toon·baar *bn* getoond kunnende worden, behoorlijk uitziend

toon·bank *de* [-en] soort tafel in een winkel, met daarop o.a. de kassa en uitgestalde artikelen, waarachter in de regel de verkoper staat ★ *achter de ~ staan* in een winkel bedienen ★ *onder de ~ verkopen* tegen de geldende voorschriften, clandestien, stiekem ★ *over de ~ gaan* in de winkels verkocht worden

toon·beeld *het* [-en] volmaakt voorbeeld

toon·brood *het* [-broden] *Bijbel* elk van de twaalf broden die door de priester op de sabbat geofferd werden en die op een speciale tafel lagen

toon·dem·per *de (m)* [-s] werktuig ter demping van het geluid van muziekinstrumenten, sourdine

toon·der *de (m)* [-s] houder van een niet op naam gesteld geldswaardig papier: ★ *een cheque aan ~*

toon·dich·ter *de (m)* [-s] componist

toon·ge·slacht *het* [-en] *muz* majeur of mineur

toon·ge·vend, toon-ge-vend *bn* → **toonaangevend**

toon·hoog·te *de (v)* [-n *en* -s] hoogte van de toon; zie bij → **toon¹** (bet 1)

toon·ka·mer *de* [-s] vertrek waarin iets tentoongesteld wordt

toon·kunst *de (v)* muziek

toon·kun·ste·naar *de (m)* [-s] iem. die de muziek beoefent: componist, musicus

toon·lad·der *de* [-s] reeks van op elkaar volgende tonen

toon·loos *bn* zonder veel klank: ★ *~ een bekentenis afleggen*

toon·om·vang *de (m)* ❶ kracht van het geluid ❷ reeks tonen die een muziekinstrument kan voortbrengen

toon·schaal *de* [-schalen] toonladder

toon·soort *de* [-en] toonaard

toon·stel·sel *het* [-s], **toon·sys·teem** [-sis-, -sies-] *het* [-temen] *muz* het geheel van de gebruikte tonen en de groepering daarvan

toon·taal *de* [-talen] taal waarin toonhoogteverschillen worden gebruikt om woorden van elkaar te onderscheiden, zoals het Chinees

toon·vast *bn* goed de toon houdend

toon·zaal *de* [-zalen] toonkamer

toon·zet·ten *ww* [toonzette, h. getoonzet] op muziek brengen, componeren

toon·zet·ter *de (m)* [-s] componist

toon·zet·ting *de (v)* [-en] muzikale compositie

toorn *de (m)* <u>vero</u> woede, drift: ★ *in ~ ontsteken*

toor·nen *ww* [toornde, h. getoornd] <u>NN</u>, <u>vero</u> toornig zijn, kwaadheid uiten ★ *~ tegen* verontwaardigd zijn over

toor·nig *bn* <u>vero</u> woedend, driftig

toorts (‹Fr‹Lat) *de* [-en] ❶ fakkel ❷ RK dikke kaars of aantal samengebundelde kaarsen ❸ tot de leeuwenbekachtigen behorende plant met grote trossen lichtgele bloemen, het geslacht *Verbascum*

toost (‹Eng‹Lat) *de (m)* [-en] heildronk en de daarbij gesproken woorden: ★ *een ~ op iem. uitbrengen*

toos·ten *ww* (‹Eng) [toostte, h. getoost] een heildronk uitbrengen

top¹ I *de (m)* [*mv:* -pen] hoogste punt, uiteinde: ★ *de ~ van een berg, een boom* ★ *ten ~ stijgen* zeer hevig of uitbundig worden ★ *van ~ tot teen* geheel **II** *als eerste lid in samenstellingen*, **top-** ❶ hoogste, opperste; zie ook bij → **ijsberg**, → **scheren²** (bet 1), → **op-en-top** en → **topje** ❷ *fig* groep van sociale klasse die het belangrijkst is of die het meeste aanzien geniet: ★ *vroeger was de adel de ~ van de samenleving* ★ *de ~ van het bedrijfsleven* ❸ topconferentie ❹ [*mv:* -s] <u>bridge</u> hoogste (ongedeelde) score, behaald bij een spel tijdens een parenwedstrijd

top² (‹Fr) *tsw* aangenomen!

to·paas (‹Fr‹Gr) **I** *als stof:* het, *als voorwerp:* de [-pazen] doorschijnende lichtgele edelsteen, ook lichtrood of blauw getint **II** *het* kleur als van een topaas

top·amb·te·naar *de (m)* [-s *en* -naren] zeer hoge ambtenaar, meestal werkzaam op een ministerie

top·con·di·tie [-(t)sie] *de (v)* zeer goede conditie ★ *in ~* in allergunstigste toestand (dus in staat tot grote verrichtingen)

top·con·fe·ren·tie [-sie] *de (v)* [-s] conferentie van leidende figuren, <u>vooral</u> staatslieden

top·fi·guur *de (v)* [-guren] hoge functionaris, leiding gevend persoon

top·fit *bn* in uitstekende conditie

top·func·tie [-sie] *de (v)* [-s] hoge, leidende functie

top·func·tio·na·ris [-sjoo-] *de (m)* [-sen] topfiguur

top·ge·sprek *het* [-ken] topconferentie

top·ge·vel *de (m)* [-s] in een punt uitlopende gevel

top·hit *de (m)* [-s] tijdelijk zeer goed verkopend lied

top·hoek *de (m)* [-en] hoek van de top van een driehoek

top·hy·po·theek [-hie-] *de (v)* [-theken] <u>vooral NN</u> hypotheek die hoger ligt dan 75% van de executiewaarde van het huis

top·ic [toppik] (‹Eng‹Gr) *het* het onderwerp van gesprek

to·pi·nam·boer (‹Fr) *de (m)* [-s] aardpeer

top·je *het* [-s] ❶ mouwloos hemdje dat een deel van de buik onbedekt laat, als zomerkleding voor vrouwen en meisjes ❷ bovenstukje van een bikini

top·klas·se *de (v)* [-n] afdeling, groep van de hoogste rang of kwaliteit

top·less (‹Eng) *bn* zonder bovenstuk, de borsten (van vrouwen of meisjes) onbedekt latend: ★ *~ badkleding*

★ ~ zonnen
top·licht *het* [-en] licht in de top van de mast
top·man *de (m)* [-nen *of* -lieden] iem. in de leiding van een bedrijf of organisatie: ★ *een ~ op het departement*
to·po·graaf *(‹Gr) de (m)* [-grafen] beoefenaar van de topografie
to·po·gra·fie *(‹Gr) de (v)* [-fieën] deel van de aardrijkskunde dat nauwkeurig beschrijft welke steden, provincies, rivieren, eilanden e.d. waar zijn
to·po·gra·fisch *(‹Gr) bn* de topografie betreffend: ★ *topografische namen* ★ *topografische kaart* die alle terreinbijzonderheden geeft
to·po·niem *(‹Gr) het* [-en] plaatsnaam
to·po·ny·mie [-nie-] *(‹Gr) de (v)* plaatsnaamkunde
top·or·gaan *het* [-ganen] hoogste leidinggevende college of lichaam
top·or·ga·ni·sa·tie *de (v)* [-zaa(t)sie] organisatie die verscheidene organisaties verenigt en leidt
top·over·leg *het* overleg op het hoogste niveau
top·pen *ww* [topte, h. getopt] de top wegsnijden: ★ *bomen ~*
top·per *de (m)* [-s] iets waarvoor veel belangstelling bestaat, bijv. een belangrijke voetbalwedstrijd of een populair liedje
top·per·eend *de* [-en] soort eend, zwart en grijs, doortrekker en wintergast (*Aythya marila*)
top·pres·ta·tie [-(t)sie] *de (v)* [-s] zeer goede prestatie
top·punt *het* [-en] hoogste punt, maximum; *ook fig*: ★ *het ~ van geluk* ★ *dat is het ~!* dat gaat te ver, dat is veel te brutaal
tops *bn* ‹van een paal› naar boven spits toelopend
top·sa·la·ris *het* [-sen] salaris van een topfunctionaris
top·sco·re [-skoorə] *de (m)* [-s] hoogste aantal doelpunten in een sportwedstrijd of een reeks wedstrijden
top·sco·rer *de* [-s] iem. die in een bep. serie wedstrijden de meeste (doel)punten heeft gescoord
top se·cret [-siekrət] *(‹Eng) bn* zeer geheim
top·snel·heid *de (v)* [-heden] hoogst bereikte *of* te bereiken snelheid
top·spe·ler *de (m)* [-s] *sp* speler die topprestaties levert
top·spin *(‹Eng) de (m)* [-s] *tennis* speciaal effect aan de bal, verkregen door een opwaarts gerichte slag
top·sport *de* sport op landelijk of internationaal hoog niveau
top·spor·ter *de* [-s] iem. die aan topsport doet
top·voet·bal *het* voetbal van hoogste kwaliteit
top·vorm *de (m)* topconditie ★ *in ~* in topconditie
top·zeil *het* [-en] bovenste zeil
top·zwaar *bn* ❶ te zwaar van boven, waardoor het dreigt te vallen: ★ *een topzware stapel dozen* ❷ schertsend dronken ❸ *fig* te zeer belast; overdreven, een teveel vertonend: ★ *een topzware studie over de Russische economie*
toque [tok] *(‹Fr‹Sp) de* [-s] ❶ rond, hoog dameshoedje ❷ *sp* voorwerp ter bescherming van kwetsbare lichaamsdelen, bijv. de geslachtsdelen, bij (ijs)hockey, honkbal e.d.
tor *de* [-ren] kever
to·re·a·dor *(‹Sp‹Fr) de (m)* [-s] torero
to·ren *(‹Lat) de (m)* [-s] ❶ smal, hoog bouwwerk ★ *hoog van de ~ blazen* praatjes hebben, zich erg flink en dapper voordoen ★ NN *het Torentje* torenvormig bouwwerk nabij het Binnenhof, waarin de minister-president van Nederland zijn werkkamer heeft ★ *ivoren ~* zie bij → **ivoren** ❷ een van de schaakstukken
to·re·nen *ww* [torende, *verl deelw ongebr*] eig zich als een toren verheffen: ★ *hoog boven de menigte uit ~*
to·ren·flat [-flet] *de (m)* [-s] zeer hoog flatgebouw met naar verhouding gering grondvlak
to·ren·hoog *bn* zeer hoog
to·ren·ka·mer *de* [-s] kamer in een toren
to·ren·klok *de* [-ken] klok in een toren
to·ren·kraai *de* [-en] kauw
to·ren·spits *de* [-en] bovenste gedeelte van een toren
to·ren·sprin·gen *ww & het sp* (het) in het water duiken vanaf een zeer hoge stellage
to·ren·trans *de (m)* [-en] omlooppad rond de torenspits
to·ren·trap *de (m)* [-pen] trap waarlangs men een toren bestijgt
to·ren·uil *de (m)* [-en] kerkuil
to·ren·valk *de* [-en] roodbruine valk, vooral in torens levend (*Falco tinnunculus*)
to·ren·wach·ter *de (m)* [-s] iem. die op een toren de wacht houdt
to·ren·zwa·luw *de* [-en] gierzwaluw
to·re·ro *(‹Sp) de (m)* ['s] stierenvechter; vooral hij die de stier doodt, matador
tor·ment *(‹Lat) het* [-en] marteling, kwelling
tor·men·te·ren *ww (‹Oudfrans)* [tormenteerde, h. getormenteerd] kwellen, plagen, folteren, pijnigen
torn *de* [-en] losgeraakte naad
tor·na·do *(‹Sp) de* ['s] wervelstorm, orkaan tijdens het regenseizoen in de keerkringstreken, vooral in Noord- en Midden-Amerika
tor·nen *ww* [tornde, h. getornd] ❶ naden lossnijden ❷ *fig* veranderen: ★ *daar valt niet aan te ~*
torn·mes·je *het* [-s] klein, scherp mesje om te tornen
tor·nooi *(‹Oudfrans) het* [-en] → **toernooi**
tor·nooi·veld *het* [-en] → **toernooiveld**
tor·pe·de·ren *ww* [torpedeerde, h. getorpedeerd] ❶ met een torpedo treffen, in de grond boren ❷ *fig* doen mislukken: ★ *een plan ~*
tor·pe·do *(‹Lat) de* ['s] na lancering zichzelf voortstuwende sigaarvormige onderzeese bom
tor·pe·do·boot *de* [-boten] boot waarvandaan men torpedo's afschiet
tor·pe·do·boot·ja·ger, **tor·pe·do·ja·ger** *de (m)* [-s] snelvarend oorlogsschip dat op torpedoboten en duikboten jaagt
tor·pe·do·lan·ceer·buis *de* [-buizen] buis waaruit torpedo's weggeschoten worden
tors *(‹Fr) de (m)* [-en], **tor·so** *(‹It) de (m)* ['s] ❶ romp van

een beeld ❷ romp, vooral bovenlijf, van een mens
tor·sen *ww* [torste, h. getorst] *(Fr)* ❶ iets zwaars dragen ❷ spiraalvormig ineendraaien, winden
tor·sie *(Lat) de (v)* het wringen, draaien
tor·so *(It) de (m)* ['s] → **tors**
tor·tel *(Lat) de* [-s] klein soort wilde duif *(Streptopelia turtur)*
tor·tel·duif *(Lat) de* [-duiven] ❶ klein soort wilde duif *(Streptopelia turtur)* ❷ *tortelduiven* schertsend minnend paartje
tor·te·len *ww* [tortelde, h. getorteld] verliefd doen als tortels, minnekozen
tor·tel·li·ni *(It) de* Italiaans gerecht van gevulde pastaringen
tor·til·la [-tieljaa] *(Sp) de* ['s] ❶ ⟨in Spanje⟩ omelet met o.a. vlees en aardappels ❷ ⟨in Midden-Amerika⟩ (gevulde) pannenkoek van maïsmeel
tor·tuur *(Fr⟨Lat) de (v)* [-turen] foltering, pijniging
to·ry [-rie] *(Eng) de (m)* [tories] lid van de Engelse Conservatieve Partij; *vgl:* → **whig**
toss *(Eng) de (m)* sp het gooien van kruis of munt, waarna de winnaar de keuze heeft tussen de aftrap of het doel dat men gaat verdedigen
tos·sen *ww* *(Eng)* [toste, h. getost] opgooien, de toss verrichten
tos·ti *(It⟨Lat) de (m)* ['s] NN twee dunne sneetjes brood, samen met ham en / of kaas als beleg geroosterd; geroosterde sandwich
tos·ti-ijzer *het* [-s] NN toestel om tosti's te bereiden
tot I *vz* ❶ een grens aanduidend: ★ ~ *tien uur* ★ ~ *hier en niet verder* ★ ~ *en met* a) tot aan en met inbegrip van; b) in hoge mate, volslagen ★ *ik heb het boek gelezen* ~ *en met hoofdstuk 7* ★ *verwaand* ~ *en met* ★ *een plichtsgetrouw ambtenaar* ~ *en met* ★ *dat is nog* ~ *daar aan toe* dat was nog zo erg niet: ★ *dat hij met zijn hond kwam was nog* ~ *daar aan toe, maar...* ❷ voor, met het doel: ★ ~ *nut van 't algemeen* ❸ als: ★ ~ *koning uitroepen* ❹ naar, in de richting van: ★ *zich* ~ *iem. richten* **II** *voegw* totdat: ★ *werken* ~ *men klaar is*
to·taal *(Fr⟨Lat) I bn* geheel; alles bijeengeteld; volstrekt: ★ *zich* ~ *in iemand vergist hebben* ★ *totale oorlog* waarbij niet alleen de strijdkrachten zijn betrokken, maar de gehele bevolking en met het oorlogsrecht geen rekening meer wordt gehouden **II** *het* [-talen] som, het geheel van de afzonderlijke bedragen: ★ *het* ~ *kostte 800 euro*
to·taal·be·drag *het* [-dragen] som in totaal
to·taal·cij·fer *het* [-s] aantal in totaal
to·taal·the·a·ter *het* theater waarbij verschillende speltechnieken worden bijeengebracht binnen één programma
to·taal·voet·bal *het* wijze van voetballen waarbij iedere veldspeler kan fungeren op een andere plaats dan waarop hij oorspronkelijk speelde, zodat er voortdurend positiewisselingen plaatsvinden
to·taal·wei·ge·raar *de (m)* [-s] dienstweigeraar die iedere bestaansgrond van het militaire apparaat ontkent en om die reden ook vervangende dienstplicht afwijst
to·ta·li·sa·tor [-zaa-] *(Fr) de (m)* [-s] ❶ toestel om hoeveelheden machinaal op te tellen ❷ bepaalde wijze van wedden bij paardenrennen: nagenoeg de gehele inzet wordt naar evenredigheid verdeeld onder de winnaars
to·ta·li·se·ren [-zee-] *(Fr) ww* [totaliseerde, h. getotaliseerd] BN in totaal hebben, in totaal bezitten; ★ *Europa totaliseert nog maar 800 motels*
to·ta·li·tair [-tèr] *(Fr) bn* op het geheel gericht ★ *totalitaire staat* staatsvorm waarbij de werkzaamheid en de belangen van de individuele burgers volledig aan het staatsbelang ondergeschikt zijn gemaakt
to·ta·li·ta·ris·me *(Fr) het* totalitair systeem of regime; dictatoriale regeerwijze
to·ta·li·teit *(Fr) de (v)* [-en] gezamenlijkheid; ★ *in zijn* ~ geheel, alles bij elkaar genomen
to·ta·li·ter *(Lat) bijw* geheel en al, ganselijk
to·tal loss [tootǝl -] *(Eng) I bn* ❶ ⟨van voertuigen⟩ onherstelbaar beschadigd ❷ NN, fig ⟨van mensen⟩ in elkaar gestort, kapot, uitgeput: ★ *ik ben helemaal* ~ **II** *de (m)* onherstelbaar beschadigd voertuig, wrak
tot·dat, tot·dat *voegw* tot het ogenblik, dat...
to·te·bel *de* [-len] slonzige vrouw
to·tem *(Algonkin, een Noord-Amerikaanse indianentaal) de (m)* [-s] bij vele primitieve volken een dier of plant waarmee een stam of clan zich bijzonder verbonden voelt en waaraan grote symbolische waarde wordt toegekend
to·te·mis·me *(Algonkin, een Noord-Amerikaanse indianentaal) het* verering van totems
to·tem·paal *de (m)* [-palen] met kunstig snijwerk versierde boomstam als graf- of merkteken, vooral voorkomend bij Noord-Amerikaanse indianenstammen, in Afrika en Australië
to·to *de (m)* NN ❶ verkorting van voetbaltoto, het wedden op de uitslagen van wedstrijden in de voetbalcompetitie ❷ *verkorting van* totalisator; het wedden daarin
tot·stand·bren·ging *de (v)* het tot stand brengen
tot·stand·ko·ming *de (v)* het tot stand komen
touch·down [tàtsjdaun] *(Eng) de* [-s] rugby, American football score door de bal in het gebied achter de achterlijn van de tegenpartij te brengen
touche [toesj] *(Fr) de* [-s] ❶ aanraking bij het schermen ❷ med betasting ❸ penseelstreek ❹ toets van een piano of orgel
tou·ché [toesjee] *(Fr) I bn* geraakt **II** *de (m)* [-s] toegebrachte degenstoot
tou·cher [toesjee] *(Fr⟨Lat) het* muz aanslag ⟨van een pianist⟩
tou·che·ren *ww* [toesjeera(n)] [toucheerde, h. getoucheerd] *(Fr⟨Lat)* ❶ aanraken, vooral bij het schermen ❷ med inwendig met de vinger onderzoeken: ★ *anaal, vaginaal* ~ ❸ in ontvangst

nemen (als honorarium) ❹ roeren; treffen

touch·screen [tàtsjskrien] *(‹Eng) de (m) & het* [-s] comput beeldscherm waarbij men op het beeld getoonde functies door aanraking in werking kan stellen

tou·pe·ren *ww* [toe-] (toupeerde, h. getoupeerd) ‹plukjes haar› naar de haarwortel toe kammen, zodanig dat een bollend kapsel ontstaat

tou·pet [toepè(t)] *(‹Fr) de (m)* [-s] pruikje voor een gedeeltelijk kale schedel

tour [toer] *(‹Fr) de (m)* [-s] ❶ rondreis, rondrit: ★ *een ~ door de bergen maken* ★ *~ de France* wegwedstrijd voor wielrenners door heel Frankrijk (en veelal via aangrenzende landen) ★ *~ d'horizon* eig het doorlopen, afspeuren van de horizon, fig monstering van alle zich op zeker ogenblik voordoende kwesties ❷ kunstgreep ★ *~ de force* krachttoer; zie ook → **toer**

Tour de France [-frãs] *(‹Fr) de (m)* [Tours de France] wielrennen de Ronde van Frankrijk

tour·ing·car [toeringkà(r)] *(‹Eng) de* [-s] luxe reisautobus

tou·rist·class [toeristklàs] *(‹Eng) de (m)* goedkoopste klasse in vliegtuigen, economyclass

tour·ne·dos [toernədoo] *(‹Fr) de (m)* plak gebraden ossenhaas

tour·nee [toer-] *(‹Fr) de (v)* [-s] ❶ rondreis, vooral van artiesten, sportlieden: ★ *op ~ gaan; een ~ maken* ❷ BN, spreektaal ‹in een café› rondje ★ *een ~ geven*

tour·ni·quet [toerniekè, toernieket] *(‹Fr) de (m)* [-s] kruisvormig draaihek geplaatst bij de toegang van sommige gebouwen, stations e.d.

tour·nure [toernuur(ə)] *(‹Fr) de* [-s] wending; zinswending; draai die men aan iets geeft

tour·op·e·ra·tor [toeroppəreetə(r)] *de (m)* [-s] persoon die of bedrijf dat toeristische reizen organiseert

tout [toe(t)] *(‹Fr‹Lat) bn* alles; geheel ★ *~ Amsterdam* iedereen in *of* de gehele incrowd van Amsterdam ★ *~ à toi* (onder brieven) geheel de jouwe ★ *~ court* kort en goed, zonder meer

touw *het* [-en] ❶ koord van gevlochten vezels; ❷ touwtje stukje, eindje touw ★ *er is geen ~ aan vast te knopen* het is zeer onduidelijk en verward ★ NN *aan een touwtje hebben* volkomen beheersen, alles kunnen laten doen wat men wil ★ *aan de touwtjes trekken* de macht in handen hebben ★ *de hele dag in ~ zijn* de hele dag druk bezig zijn (als een ingespannen paard) ★ *de bal gaat in de touwen* sp er wordt een doelpunt gescoord ❸ getouw, weefgetouw ★ *iets op ~ zetten* iets aanvangen, organiseren

touw·klim·men *ww & het* (het) klimmen in een touw als gymnastiekoefening

touw·lad·der *de* [-s] ladder van touw

touw·sla·ger *de (m)* [-s] vroeger touwmaker

touw·sla·ge·rij *de (v)* [-en] vroeger bedrijf waar men touw vervaardigde

touw·tje·sprin·gen *ww & het* (het) steeds springen over een touw dat rondgedraaid wordt (als spel of oefening)

touw·trek·ken *ww & het* ❶ (het) trekken aan de uiteinden van een touw door twee groepen om te zien wie de sterkste is ❷ fig strijd (voeren) over hetzelfde: ★ *~ om de gunst van een vorst*

touw·trek·ke·rij *de (v)* [-en] onderhandeling waarbij elke partij sterk op eigen voordeel uit is

touw·werk *het* de gezamenlijke touwen, vooral van een schip

t.o.v. *afk* ❶ ten opzichte van ❷ ten overstaan van

to·ve·naar *de (m)* [-s, -naren], **to·ve·na·res** *de (v)* [-sen] iem. die kan toveren

to·ve·na·rij *de (v)* [-en] toverij

to·ver·ach·tig *bn* fantastisch mooi

to·ver·bal *de (m)* [-len] snoepje dat bij het zuigen erop verandert van kleur

to·ver·boek *het* [-en] boek over de toverkunst

to·ver·cir·kel *de (m)* [-s] cirkel waarbinnen een tovenaar zijn macht kan doen gelden

to·ver·drank *de (m)* [-en] drank die toverkracht bezit, vooral minnedrank of drank die erg sterk maakt

to·ve·ren *ww* (toverde, h. getoverd) iets wonderbaarlijks verrichten door geheimzinnige gezegden, gebaren e.d. ★ *ik kan niet ~* men moet niet iets onmogelijks van mij verlangen ★ *voor ogen ~* een mooie schildering geven van

to·ver·fluit *de* [-en] fluit met betoverende klank

to·ver·for·mu·le *de* [-s] gezegde dat toverkracht bezit

to·ver·ha·ze·laar *de (m)* [-s] sierstruik die in de winter bloeit (*Hamamelis*)

to·ver·heks *de (v)* [-en] lelijke oude tovenares

to·ve·rij *de (v)* [-en] het toveren; toverkunst

to·ver·kol *de (v)* [-len] toverheks

to·ver·kracht *de* het kunnen toveren; toverende macht

to·ver·kring *de (m)* [-en] tovercirkel

to·ver·kunst *de (v)* ❶ de kunst van het toveren ❷ [*mv*: -en] handigheid, formule e.d. bij het toveren gebruikt

to·ver·lan·taarn, **to·ver·lan·ta·ren** *de* [-s] vroeger toestel waarmee plaatjes door belichting op een wit scherm afgebeeld worden, voorloper van de diaprojector

to·ver·mid·del *het* [-en] middel waarmee men kan toveren

to·ver·slag *de (m)* slag met een toverstokje ★ *als bij ~* geheel onverwachts

to·ver·spreuk *de* [-en] toverformule

to·ver·staf *de (m)* [-staven] staf van een tovenaar

to·ver·stok·je *het* [-s] stokje met toverkracht

to·ver·woord *het* [-en] woord met toverkracht

town·ship [taunsjip] *(‹Eng) de (m)* [-s] woonwijk voor zwarten in Zuid-Afrika

toxi·ci·teit *(‹Fr) de (v)* giftigheid, het giftig-zijn

toxi·co·lo·gie *(‹Gr) de (v)* leer, kennis van vergiften

toxi·co·loog *(‹Gr) de (m)* [-logen] beoefenaar van de toxicologie, kenner van vergiften

toxi·cum *(‹Gr) het* [-s, -ca] vergif
toxi·ne [toksie-] *(‹Gr) de & het* [-n, -s] med door bacteriën afgescheiden gifstof
toxisch *(‹Gr) bn* ❶ vergiftig ❷ van de aard van vergiftiging
TR *afk* als nationaliteitsaanduiding op auto's: *Turkije*
tra *de* ['s, traas] open ruimte of strook in een bos, voor vervoer of om uitbreiding van bosbrand tegen te gaan
traag *bn* langzaam; niet vlug werkend
traag·heid *de (v)* langzaamheid; tegenzin in vlug werken; nat voortzetting van de beweging van een lichaam nadat de bewegende kracht opgehouden is, veroorzaakt door de massa van het lichaam
traag·zaam *bijw* BN, lit langzaam, traag, moeizaam: ★ ~ trekt de witte wagen door de stille strate toen (Gezelle)
traan I *de* [tranen] druppel oogvocht ★ *tot tranen (toe) bewogen* diep geroerd ★ *in tranen uitbarsten* hevig beginnen te huilen ★ *hete tranen plengen* smartelijk huilen ★ *iemands tranen drogen* hem troosten in zijn leed, zijn leed verzachten ★ *er geen ~ om laten* er niet verdrietig om zijn ★ *tranen met tuiten huilen* erg huilen **II** *de (m)* vette olie uit spek of lever van walvissen en andere zeedieren
traan·buis *de* [-buizen] buisje dat het traanvocht afvoert naar de neusholte
traan·gas *het* gas dat een branderig gevoel in de ogen en daardoor tranenvloed veroorzaakt
traan·gas·gra·naat *de* [-naten] projectiel waaruit traangas ontsnapt, veel door de politie gebruikt bij rellen
traan·klier *de* [-en] klier boven het oog, die traanvocht afscheidt
traan·ogen *ww* [traanoogde, h. getraanoogd] tranende ogen hebben
traan·oog *het* [-ogen] tranend oog, door verdriet of door een ziekte
traan·vocht *het* vocht door de traanklier afgescheiden
traan·zak *de (m)* [-ken] zakvormige verwijding van de traanbuis
tra·cé *(‹Fr) het* [-s] ❶ geplande loop van een weg, kanaal enz., beloop; afbakening op het terrein van een voorgenomen werk ❷ schets van een werkstuk in omtrek en hoofdlijnen
tra·ce·ren *ww (‹Fr‹Lat)* [traceerde, h. getraceerd] ❶ een tracé aangeven, afbakenen ❷ nasporen, het spoor aanwijzen van
tra·chea *(‹Lat‹Gr) de (v)* ['s] luchtpijp
tra·chee·ën *(‹Lat‹Gr) mv* ‹bij insecten› ademhalingsbuisjes
tra·chiet *(‹Gr) het* vulkanisch, hoofdzakelijk uit veldspaat bestaande porfierachtig gesteente
trach·ten *ww* [trachtte, h. getracht] pogen, proberen
track [trek] *(‹Eng) de (m)* [-s] ❶ benaming voor elk van de onderdelen (nummers) die op een cd zijn opgenomen ❷ → **spoor¹** (bet 6) van een magneetband of -schijf
track·ball [trekbòl] *(‹Eng) de* [-s] comput kleine bal in het toetsenbord van vooral oudere laptops waarmee de muisaanwijzer over het scherm bewogen wordt
trac·ker *(‹Eng)* [trekkə(r)] *de (m)* [-s] ❶ eff aandeel dat een beursindex volgt ❷ spoorzoeker ❸ comput programma dat iets bijhoudt, bijv. het aantal bezoekers van een website
trac·tie [-sie] *(‹Fr‹Lat) de (v)* het trekken, vooral het voorttrekken van voertuigen door locomotieven, trekkers enz.
trac·tor *(‹Eng) de (m)* [-s, -toren] trekker, motorrijtuig speciaal geconstrueerd voor het trekken van landbouwmachines, graafmachines, opleggers e.d.
trad *ww*, **tra·den** *verl tijd van* → **treden**
tra·di·tie [-(t)sie] *(‹Fr‹Lat) de (v)* ❶ het overdragen van persoon op persoon en van generatie op generatie van cultuurgoederen, overlevering: ★ *volgens de traditie* ❷ [*mv:* -s] hetgeen aldus wordt overgeleverd, van oudsher bestaand gebruik: ★ *dit is een oeroude ~* ❸ [*mv:* -s] het handelen volgens overgeleverde gebruiken: ★ *het is ~ dat de voorzitter een toespraak houdt*
tra·di·tie·ge·trouw [-(t)sie-] *bn* trouw volgens de traditie
tra·di·tion·al [trədisjənəl] *(‹Eng) de* [-s] volksliedje
tra·di·tio·na·lis·me [-(t)sjoo-] *(‹Fr) het* het vasthouden aan tradities
tra·di·tio·na·list [-(t)sjoo-] *(‹Fr) de (m)* [-en] iem. die aan tradities wil vasthouden
tra·di·tio·na·lis·tisch [-(t)sjoo-] *bn* vasthoudend aan tradities
tra·di·ti·o·neel [-(t)sjoo-] *(‹Fr) bn* ❶ een traditie uitmakend; volgens traditie toegepast; door overlevering voortgezet: ★ *een traditionele plechtigheid* ★ ~ *pakt de oudste het eerste cadeautje* ❷ aan tradities gehecht; ouderwets: ★ *traditionele mensen*
tra·fiek *(‹Fr‹It) de (v)* [-en] BN ook ❶ → **verkeer** (bet 2), handelsverkeer, handel, vooral ongeoorloofde handel: ★ *de ~ in verdovende middelen* ❷ drukte, beweging: ★ *door de staking in Rotterdam is de ~ in Antwerpen toegenomen*
tra·fo *de (m)* ['s] verkorting van transformator
tra·ge·die *(‹Fr‹Gr) de (v)* [-s, -diën] ❶ treurspel ❷ reeks van gebeurtenissen die een treurspel vormen; treurig vooral: ★ *haar overlijden was een ~ voor de familie*
tra·gé·dien [-zjeedjẽ] *(‹Fr) de (m)* [-s], **tra·gé·dien·ne** [-zjeedjẽnnə] *(‹Fr) de (v)* [-s] speler, speelster in een treurspel
tra·gi·cus *(‹Lat‹Gr) de (m)* [-ci] treurspeldichter
tra·giek *(‹Fr) de (v)* ❶ leer van het treurspel ❷ het treurige, het tragische van een gebeurtenis of in het leven
tra·gi·ko·me·die *(‹Gr) de (v)* [-s] ❶ toneelstuk, film met zowel tragische als komische elementen ❷ reeks van ten dele tragische, ten dele komische

gebeurtenissen: ★ *de ~ van de verkiezingen in Florida*
tra·gi·ko·misch *(‹Gr) bn* van de aard van of als in een tragikomedie
tra·gisch *(‹Gr) bn* ❶ van de aard van, behorend tot het treurspel ❷ als in een treurspel, zeer droevig, treurig: ★ *een ~ misverstand*
trail·er [treelə(r)] *(‹Eng) de (m)* [-s] ❶ aanhangwagen, oplegger ❷ de tijdens een filmvoorstelling of op de televisie vertoonde gedeelten uit een aangekondigde film
trai·nee [treenie] *(‹Eng) de* [-s] iem. die getraind wordt, iemand die opgeleid wordt in een bepaald bedrijf om later employé te worden, stagiair
trai·nen *ww* [tree-] *(‹Eng)* [trainde, h. getraind] (zich) stelselmatig oefenen in een vaardigheid of een tak van sport: ★ *ik trainde voor de Olympische Spelen* ★ *een hond ~ tot blindengeleidehond*
trai·ner [treenər] *(‹Eng) de (m)* [-s] ❶ iem. die anderen traint, oefeningsleider ❷ drilmeester, africhter van dieren
trai·ne·ren *ww* [trè-] *(‹Fr‹Lat)* [traineerde, h. getraineerd] slepen, slepende blijven of slepende houden, op de lange baan schuiven: ★ *onderhandelingen ~*
trai·ning [tree-] *(‹Eng) de (v)* [-en] het trainen, oefening, africhting
trai·nings·broek [tree-] *de* [-en] broek als onderdeel van een trainingspak
trai·nings·pak [tree-] *het* [-ken] gemakkelijk zittende kleding, bestaande uit broek en jack, gedragen bij sporttraining en ook wel als vrijetijdskleding
trait-d'union [trèduunjõ] *(‹Fr) de (m) & het* ❶ verbindingsstreepje; koppelteken, zoals in *mee-eten* ❷ *fig* verbindingspersoon, bemiddelaar
trai·teur [trètùr] *(‹Fr) de (m)* [-s] ❶ kok die of bedrijf dat diners e.d. uitzendt, aan huis bezorgt ❷ winkel waar bereide gerechten worden verkocht die men thuis kan afmaken, bijv. door ze in de oven op temperatuur te brengen e.d.
tra·ject *(‹Lat) het* [-en] wegverbinding; deel van een af te leggen weg; baanvak
tra·ject·kaart *de* [-en] NN ‹bij het openbaar vervoer› abonnementskaart voor een bepaald traject
trak·taat *(‹Lat) het* [-taten] ❶ verhandeling, vooral over een filosofisch of theologisch onderwerp ❷ verdrag, overeenkomst tussen staten
trak·ta·tie [-(t)sie] *(‹Lat) de (v)* [-s] ❶ feestelijk onthaal; smulpartij ❷ dat waarop men onthaald wordt; iets lekkers, versnapering
trak·te·ment *het* [-en] bezoldiging, salaris
trak·te·ren *ww* [‹Fr‹Lat) [trakteerde, h. getrakteerd] ❶ ‹iem.› onthalen, lekkernijen aanbieden: ★ *zijn collega's trakteren op gebak* ❷ een rondje geven: ★ *ik trakteer!*
tra·lie *(‹Oudfrans) de (v)* [-s, -liën] elk van een rij metalen spijlen ter afsluiting, bijv. in een venster ★ *achter de tralies zitten* gevangen zitten
tra·li·ën *ww* [traliede, h. getralied] van tralies voorzien
tra·lie·ven·ster *het* [-s] venster met tralies
tra·lie·werk *het* tralies
tram [trem, tram] *(‹Eng) de (m)* [-s, -men] ❶ over rails lopend voertuig, vooral voor personenvervoer over kleine afstanden ❷ tramlijn
tram·baan [trem-, tram-] *de* [-banen] weg die een tram volgt ★ *vrije ~* stuk weg dat zodanig van de rest van de weg is afgescheiden dat een tram er ongehinderd kan rijden
tram·be·stuur·der [trem-, tram-] *de (m)* [-s] iem. die een tram bestuurt
tram·con·duc·teur [trem-, tram-] *de (m)* [-s] iem. die de kaartverkoop in een tram regelt
tram·hal·te [trem-, tram-] *de* [-n, -s] stopplaats van een tram
tram·huis·je [trem-, tram-] *het* [-s] wachthokje bij een tramhalte
tram·kaart·je [trem-, tram-] *het* [-s] plaatskaartje voor de tram
tram·lijn [trem-, tram-] *de* [-en] ❶ trambaan ❷ geregelde tramverbinding
tram·me·lant *het inf* herrie, moeilijkheden: ★ *daarover hoef je toch niet zo'n ~ te maken*
tram·men [trem-, tram-] *ww* [tramde, h. & is getramd] met de tram gaan
tra·mon·ta·ne *(‹It‹Lat) de* ❶ *eig* noordenwind ❷ bij uitbreiding het noorden en de noord- of poolster
tramp [tremp] *(‹Eng) de (m)* [-s] NN ❶ landloper, zwerver ❷ schip op de wilde vaart
tram·po·li·ne *(‹It) de* [-s] veerkrachtig opgehangen netwerk van ineengevlochten banden, gebruikt bij het verrichten van acrobatische toeren
tram·po·li·ne·sprin·gen *ww & het* (het) maken van acrobatische sprongen op een trampoline
tram·rail [tremreel, tramreel] *de* [-s] elk van de sporen waarover een tram rijdt
tram·rij·tuig [trem-, tram-] *het* [-en] tramwagen
tram·ver·bin·ding [trem-, tram-] *de (v)* [-en] verbinding tussen twee plaatsen door een tram
tram·wa·gen [trem-, tram-] *de (m)* [-s] wagen van een tram
tram·weg [trem-, tram-] *de (m)* [-wegen] trambaan
trance [trãs(ə)] *(‹Eng) de* [-s] droomtoestand; *ook* toestand van bijzonder grote concentratie: ★ *de helderziende raakte in een ~*
tranche [trãsj(ə)] *(‹Fr) de* [-s] ❶ snede, snee ❷ onderdeel, gedeelte, bijv. fin deel van een geldsom, geldlening of betalingssom ❸ BN ook trekking ‹van een loterij›
tran·cheer·mes [-sjeer-] *het* [-sen] voorsnijmes
tran·che·ren *ww* [-sjee-] *(‹Fr‹Lat)* [trancheerde, h. getrancheerd] aan stukken snijden; voorsnijden, ontleden
tra·nen *ww* [traande, h. getraand] traanvocht afscheiden
tra·nen·dal *het* de wereld als plaats van verdriet: ★ *het aardse ~*

tra·nen·trek·ker *de (m)* [-s] toneel, lied e.d., dat veel sentimenten bij de kijker of luisteraar opwekt
tra·nen·vloed *de (m)* grote hoeveelheid tranen
tra·nig *bn* smakend naar → **traan** (bet 2)
tran·quil·li·zer [trenkwillaizə(r)] ⟨*Eng*⟩ *de (m)* [-s] kalmerend preparaat
trans ⟨*Fr*⟩ *de (m)* [-en] torenomgang, rand
trans- ⟨*Lat*⟩ als eerste lid in samenstellingen aan gene zijde van, over, overheen
trans·ac·tie [-sie] ⟨*Lat*⟩ *de (v)* [-s, -tiën] ❶ handelsovereenkomst, koop of verkoop: ★ *transacties verrichten* ❷ minnelijke schikking, dading
trans-Al·pijns ⟨*Lat*⟩ *bn* aan gene zijde van de Alpen (gelegen) (vanuit Rome gezien)
trans-At·lan·tisch ⟨*Lat-Gr*⟩ *bn* ❶ aan gene zijde van de Atlantische Oceaan gelegen ❷ de Atlantische Oceaan over gaand: ★ *~ luchtverkeer*
tran·scen·dent ⟨*Lat*⟩ *bn* boven zekere grens uitgaand; bovenzintuiglijk ★ *transcendente meditatie* door Maharishi Mahesh Yogi in 1958 geïntroduceerde meditatievorm waarin elementen van de Oudindische godsdienstige filosofie en de moderne wetenschap zijn verenigd
tran·scen·den·taal ⟨*Lat*⟩ *bn* ❶ *filos* niet op ervaring berustend, a priori aanwezig ❷ op het transcendente gericht, bovenzinnelijk
tran·scri·be·ren *ww* ⟨*Lat*⟩ [transcribeerde, h. getranscribeerd] overbrengen in een andere vorm (*vgl*: → **transcriptie**)
tran·scrip·tie *ww* [-sie] ⟨*Lat*⟩ [-s] ❶ het weergeven van letters of tekens uit een bepaald schrift in die van een ander schrift ❷ *muz* het arrangeren van een muziekstuk voor andere instrumenten, overzetting
tran·sept ⟨*Lat*⟩ *het* [-en] dwarsbeuk, dwarsschip van een kerk
trans·fer [trànsfŭ(r), trensfŭ(r), transfer] ⟨*Eng*⟨*Lat*⟩ *de (m) & het* [-s] ❶ *eig* overdracht ❷ *sp* het overdoen van een beroepsspeler aan een andere club ❸ overmaking van geld naar het buitenland
trans·fe·ra·bel ⟨*Eng*⟩ *bn* ❶ overdraagbaar ❷ overgemaakt kunnende worden in de munt van een ander land
trans·fer·be·drag [trànsfŭ(r)-, trensfŭ(r)-, transfer-] *het* [-dragen] geldbedrag waarvoor een profsporter van de ene club naar een andere wordt getransfereerd
trans·fe·re·ren *ww* ⟨*Fr*⟨*Lat*⟩ [transfereerde, h. getransfereerd] ❶ *eig* overbrengen ❷ ⟨van profsporters⟩ voor een geldbedrag van de ene club naar de andere laten overgaan ❸ ⟨in het internationale geldverkeer⟩ overmaken ❹ op een ander overdragen (van eigendom, bezitting)
trans·fe·ri·um *het* [-s, -ria] NN parkeertoren bij een rijksweg, waar automobilisten hun auto achterlaten en overstappen op trein, tram, bus of metro
trans·fer·lijst [trànsfŭ(r)-, trensfŭ(r)-, transfer-] *de* [-en] *sp* lijst van spelers die in aanmerking komen voor transfer

trans·fer·pe·ri·o·de [trànsfŭ(r)-, trensfŭ(r)-, transfer-] *de (v)* [-s, -n] periode waarin (voetbal)clubs beroepsspelers kopen en verkopen
trans·fer·punt [trànsfŭ(r)-, trensfŭ(r)-, transfer-] *het* [-en] NN organisatie die ondersteuning biedt bij dienstverlening of kennisoverdracht
trans·fer·som [trànsfŭ(r)-, trensfŭ(r)-, transfer-] *de* [-men] transferbedrag
trans·fer·vrij [trànsfŭ(r)-, trensfŭ(r)-, transfer-] *bn* ⟨m.b.t. professionele sporters⟩ niet meer aan een contract gebonden en dus vrij om naar een andere club of ploeg over te stappen
trans·fi·gu·ra·tie [-(t)sie] ⟨*Lat*⟩ *de (v)* [-s] verheerlijkende gedaanteverandering; vooral verheerlijking van Christus op de berg Tabor (o.a. in *Marcus* 9: 2-13)
trans·for·ma·tie [-(t)sie] ⟨*Lat*⟩ *de (v)* [-s] ❶ omvorming, vervorming, herschepping, gedaanteverwisseling ❷ omzetting van energie, van een chemisch element in een ander ❸ *taalk* algemene regel die de structuur van een zin omvormt tot een andere structuur
trans·for·ma·tio·neel [-(t)sjoo-] ⟨*Lat*⟩ *bn* van de aard van, op de wijze van transformatie(s) ★ *~generatieve grammatica* taalbeschouwing en -beschrijving die het oneindig aantal mogelijke zinsstructuren ziet als uitvoering volgens bepaalde regels van transformaties op een beperkt aantal modellen (dieptestructuren)
trans·for·ma·tor ⟨*Lat*⟩ *de (m)* [-s, -toren] toestel dat de spanning van elektrische wisselstroom wijzigt
trans·for·ma·tor·huis·je *het* [-s] gebouwtje waarin zich een transformator bevindt
trans·for·me·ren *ww* ⟨*Lat*⟩ [transformeerde, h. getransformeerd] ❶ vervormen, een andere vorm geven ❷ spanning van elektrische stroom omzetten in een andere spanning
trans·fu·sie [-zie] ⟨*Lat*⟩ *de (v)* [-s] ❶ *eig* overgieting, overtapping ❷ *med* het brengen van bloed van een gezonde in het vaatstelsel van een zieke of gewonde
trans·geen *bn* genetisch gemanipuleerd
tran·sis·tor ⟨*Eng*⟩ *de (m)* [-s, -toren] ❶ elektronisch onderdeel dat een elektrische trilling of elektrisch signaal kan versterken ❷ *verkorting van* (draagbare) transistorradio
tran·sis·tor·ra·dio *de (m)* ['s] radiotoestel met transistoren, draagbare radio
tran·sit [tren-] ⟨*Eng*⟨*Lat*⟩, **tran·sit** ⟨*Fr*⟨*Lat*⟩ *de (m)* → **transito**
tran·si·tief, tran·si·tief ⟨*Fr*⟨*Lat*⟩ *taalk* I *bn* overgankelijk II *het* [-tieven] overgankelijk werkwoord
tran·si·to ⟨*It*⟨*Lat*⟩ *de (m) & het* doorgang; doorvoer van goederen; doorreis van personen
tran·si·to·han·del *de (m)* doorvoerhandel
tran·si·toir [-twaar, -toor] ⟨*Fr*⟨*Lat*⟩ *bn* van voorbijgaande aard, overgangs
tran·sit·vi·sum [tran- of trensitviezum] *het* [-s, -visa]

doorreisvisum

trans·ka·pel *de* [-len] straalkapel: elk van de kapellen om het hoogaltaar van een kerk

trans·la·tie [-(t)sie] *(‹Fr‹Lat) de (v)* [-s] vertaling

trans·li·te·ra·tie, trans·lit·te·ra·tie [-(t)sie] *(‹Fr) de (v)* het letter voor letter weergeven van tekens uit het ene schrift in die van een ander

trans·mi·gra·tie [-(t)sie] *(‹Lat) de (v)* ❶ het doortrekken van landverhuizers ❷ zielsverhuizing

trans·mis·sie *(‹Lat) de (v)* [-s] overbrenging; overdracht, vooral overbrenging van krachtbeweging

trans·mis·sie·troe·pen *de (mv)* BN, mil verbindingstroepen

trans·mu·ta·tie [-(t)sie] *(‹Lat) de (v)* [-s] ❶ verandering in een andere soort ❷ vooral overgang van het ene element in het andere, bijv. van radium eerst in helium en daarna in lood

trans·oce·a·nisch *bn* ❶ aan gene zijde van de oceaan gelegen ❷ de oceaan overgaand

trans·pa·rant *(‹Fr‹Lat)* I *bn* doorschijnend; doorzichtig II *het* [-en] ❶ voorwerp, scherm waardoor iets heenschijnt ❷ lichtbak met opschrift ❸ lijnenblad dat men onder het schrijfblad legt om recht te schrijven

trans·pi·ra·tie [-(t)sie] *(‹Fr‹Lat) de (v)* ❶ uitwaseming, het zweten ❷ zweet

trans·pi·re·ren *ww (‹Fr‹Lat)* [transpireerde, h. getranspireerd] uitwasemen door de huid, zweten

trans·plan·taat [-taten] dat wat getransplanteerd wordt

trans·plan·ta·tie [-(t)sie] *(‹Lat) de (v)* [-s] ❶ overplanting, verplaatsing ❷ med het overplanten van levende organen of weefsels, bijv. van huidlapjes op open plaatsen, van een hoornvlies naar het oog van een andere persoon

trans·plan·te·ren *ww (‹Lat)* [transplanteerde, h. getransplanteerd] door transplantatie overbrengen

trans·po·ne·ren *ww (‹Lat)* [transponeerde, h. getransponeerd] ❶ eig overbrengen ❷ muz in een andere toonhoogte of toonsoort overbrengen ❸ overbrengen in een ander verband, een andere sfeer

trans·port *(‹Fr) het* [-en] ❶ het vervoeren, overbrengen, vervoer ❷ gelegenheid tot vervoer ❸ wat vervoerd wordt ❹ kosten van vervoer, vracht ❺ boekhouden het overbrengen van een getal of bedrag op een volgende bladzijde of kolom; ook het overgebrachte getal of bedrag ❻ overdracht van eigendom; rechtsoverdracht; akte daarvoor

trans·por·ta·bel *(‹Fr) bn* ❶ vervoerbaar ❷ ‹van schulden en verbintenissen› overdraagbaar

trans·port·ar·bei·der *de (m)* [-s] werknemer die goederen vervoert

trans·por·ta·tie [-(t)sie] *(‹Fr‹Lat) de (v)* het transporteren; deportatie

trans·port·band *de (m)* [-en] ❶ riem zonder eind voor verplaatsing van grond of massagoederen ❷ installatie met een dergelijke band ❸ ‹in de industrie› lopende band

trans·port·be·drijf *het* [-bedrijven] vervoerbedrijf

trans·por·te·ren *ww (‹Fr)* [transporteerde, h. getransporteerd] vervoeren

trans·por·teur *(‹Fr) de (m)* [-s] ❶ vervoerder, transportondernemer ❷ transportarbeider

trans·port·fiets *de* [-en] fiets met boven het voorwiel een drager voor het vervoer van goederen

trans·port·kos·ten *mv* vervoerskosten

trans·port·schip *het* [-schepen] schip voor vervoer, vooral van troepen en oorlogsmateriaal

trans·port·vlieg·tuig *het* [-en] vliegtuig, vooral voor het vervoer van troepen en oorlogsmateriaal

trans·port·wa·gen *de (m)* [-s] wagen voor (zwaar) vrachtvervoer

trans·sek·su·a·li·teit *(‹Lat) de (v)* het verschijnsel dat men ervan overtuigd is tot de andere sekse te behoren dan die waarvan men de uiterlijke kenmerken vertoont

trans·sek·su·eel *(‹Lat)* I *bn* van de aard van, voortkomend uit transseksualiteit II *de* [-elen] persoon die transseksualiteit vertoont

trans·sub·stan·ti·a·tie [-sjaa(t)sie] *(‹Lat) de (v)* ❶ overgang van de ene zelfstandigheid in de andere ❷ vooral RK verandering van brood en wijn in het lichaam en bloed van Christus in het Sacrament van het Altaar

Trans·vaals *bn* van, uit, betreffende Transvaal, vroeger een van de provincies van Zuid-Afrika

Trans·va·ler *de (m)* [-s] iem. geboortig of afkomstig uit Transvaal

trans·ver·saal *(‹Fr)* I *bn* ❶ dwars, overdwars gaande: ★ *transversale trillingen, golven* ❷ wisk snijdend ❸ geneal zijdelings, in de zijlinie [-salen] II *de* verwant in de zijlinie III *de* wisk lijn die of vlak dat een ander snijdt

trans·ves·tiet *(‹Lat) de (m)* [-en] persoon die transvestitisme vertoont; *ook*: → **travestiet**

trans·ves·ti·tis·me *(‹Lat) het* neiging tot verkleden, vooral tot het dragen van de kleding van het andere geslacht (vrijwel uitsluitend gebruikt voor mannen die zich als vrouwen kleden)

trant *de (m)* manier, wijze ★ *in die ~* op die manier, ongeveer zo

trap¹ *de (m)* [-pen] ❶ schop: ★ *een ~ tegen een bal* ★ *voetbal vrije ~* door de scheidsrechter toegekende mogelijkheid om de bal stil te leggen en ongehinderd weg te schieten, als straf voor een overtreding van de tegenstander ★ *iem. een ~ na geven* iem. die zich niet meer kan verdedigen nogmaals kwetsen of beledigen ❷ samenstel van treden via welke men naar een hoger- of lagergelegen plaats gaat: ★ *de ~ naar de eerste verdieping* ★ *schertsend van de ~ gevallen zijn* zijn haar kort hebben laten knippen ❸ graad, stadium: ★ *op een hoge ~ staan* een hoog peil, een hoge rang bereikt hebben ★ *grammatica de trappen van* *vergelijking* aanduiding van een bepaalde graad: *groot* (stellende ~), *groter* (vergrotende ~), *grootst* (overtreffende ~) ❹ het trappen (op de fiets): ★ *het was een hele* ~ ❺ elk van de in elkaar passende onderdelen van een raket die zorg dragen voor de voortstuwing

trap² *de* [-pen] trapgans

trap·as *de* [-sen] ‹aan een fiets› as waarom de trappers bewegen

trap·au·to [-autoo, -ootoo] *de (m)* ['s] speelgoedauto die men voortbeweegt door middel van trappers

tra·pe·ze *(‹Fr‹Lat‹Gr) de* [-s] zweefrek voor acrobaten in de nok van een circus

tra·pe·ze·wer·ker *de (m)* [-s] circusartiest die toeren verricht aan een trapeze

tra·pe·zi·um *(‹Gr) het* [-s, -zia] vierhoek met twee evenwijdige en twee niet evenwijdige zijden

tra·pe·zo·ï·de *(‹Gr) de (v)* [-n] vierhoek met vier ongelijke zijden en hoeken

trap·gans *de* [-ganzen] grote vogel in Azië en Oost-Europa, familie Otididae

trap·gat *het* [-gaten] gat waardoor een (zolder)trap loopt

trap·ge·vel *de (m)* [-s] voorgevel van een huis met trapvormige insnijdingen in de daklijnen

trap·lad·der *de* [-s], **trap·leer** [-leren] ladder met brede treden en steunende tweepoot

trap·leu·ning *de (v)* [-en] leuning langs een → **trap¹** (bet 2)

trap·lo·per *de (m)* [-s] loper over een trap

trap·naai·ma·chi·ne [-sjenə] *de (v)* [-s] met de voeten in beweging gehouden naaimachine

trap·pe·len *ww* [trappelde, h. getrappeld] ❶ de voeten om beurten snel op en neer heffen: ★ ~ *van ongeduld* ❷ trappende bewegingen maken in de lucht: ★ *de baby trappelde in de wieg*

trap·pel·zak *de (m)* [-ken] kledingstuk voor baby's dat, in plaats van een rokje of pijpen, aan de onderzijde uit aan elkaar vastgenaaide panden bestaat

trap·pen *ww* [trapte, h. & is getrapt] ❶ (met kracht) de voet neerzetten: ★ *in de hondenpoep* ~ ★ *daar trap ik niet in* daar ga ik niet op in, daardoor laat ik me niet vangen ❷ een schop geven: ★ *tegen een bal* ~ ★ *herrie* ~ *inf* kabaal maken, ruzie maken ★ *iem. eruit* ~ iem. wegsturen of ontslaan ❸ *fig* vernederend of kwetsend behandelen: ★ *tegen het koningshuis* ~ ❹ fietsen

trap·pen·huis *het* [-huizen] gedeelte van een gebouw waarin de trappen zijn geplaatst

trap·per¹ I *de (m)* [-s] onderdeel van een fiets, waarop de voet drukt **II** *vooral mv* (grove) schoen, laars: ★ *zware trappers*

trap·per² [trep-] *de (m) (‹Eng) de (m)* [-s] vallenzetter, Noord-Amerikaanse wild- en pelsjager

trap·pist *de (m)* [-en] naam van de leden van een bijzonder strenge geestelijke orde, onderdeel van de cisterciënzers, genoemd naar het klooster *La Trappe* in Normandië

trap·pis·ten·bier *het* bier zoals trappisten het bereiden

trap·por·taal *het* [-talen] gangruimte boven of onder aan een → **trap¹** (bet 2)

trap·roe *de* [-s], **trap·roe·de** *de* [-n] elk van de roeden waarmee een traploper wordt vastgestumd

traps·ge·wijs *bn* geleidelijk van een lager naar een hoger niveau: ★ *zich* ~ *ontwikkelen*

trap·tre·de *de* [-n], **trap·tree** *de* [-treeën] → **sport¹** van een → **trap¹** (bet 2) of ladder

tras *(‹Oudfrans) het* tot poeder gemalen tufsteen

tras·raam *het* [-ramen] metselwerk van tras vanaf de fundering tot boven het maaiveld, voor het verkrijgen van een droog gebouw

tras·si *(‹Mal) de* NN fijngestampte en gefermenteerde garnalen of visjes, een sterk smaakgevend toevoegsel in de Indische keuken

trau·ma *(‹Gr) het* ['s, -ta] med ❶ wond, verwonding ❷ sterke, schokkende aandoening van de geest die een blijvende stoornis veroorzaakt

trau·ma·he·li·kop·ter *de (m)* [-s] helikopter met een medisch team aan boord die bij ernstige ongelukken en rampen slachtoffers snel vervoert naar een ziekenhuis of traumacentrum: ★ *voor de dodelijk gewonde autobestuurder kwam de* ~ *te laat*

trau·ma·team [-tiem] *het* [-s] NN, med team van artsen en verpleegkundigen dat snel ter plaatse hulp biedt bij ongelukken en rampen

trau·ma·tisch *(‹Gr) bn* med ❶ door een trauma ontstaan ❷ op een trauma betrekking hebbend of ertoe behorend

trau·ma·ti·se·ren *ww* [-zee-] *(‹Fr‹Gr)* [traumatiseerde, h. getraumatiseerd] een → **trauma** (bet 2) veroorzaken bij

trau·ma·to·lo·gie *(‹Gr) de (v)* med leer, kennis van de traumata

tra·vail·list [-vajist] *(‹Fr) de (m)* [-en] BN lid of sympathisant van een arbeiderspartij

tra·vee *(‹Fr‹Lat) de (v)* [-veeën] bouwk gewelfvak tussen twee gordelbogen

tra·vel·lers·cheque [trèvlərs(t)sjek] *(‹Eng) de (m)* [-s] reischeque

tra·vers, tra·ver·se *(‹Fr‹Lat) de (v)* [-versen] ❶ dwarslijn, dwarsstang, dwarsgang enz. ❷ stroomgebied van een overlaat ❸ dwarsverbinding tussen doorgaande wegen binnen de bebouwde kom

tra·ver·se·ren *ww (‹Fr‹Lat)* [traverseerde, h. getraverseerd] dwars doorgaan, kruisen

tra·ves·tie *(‹Fr) de (v)* [-tieën, -s] verkleding, vooral als een persoon van de andere sekse

tra·ves·tie·rol *de* [-len] toneel, film rol in → **travestie**

tra·ves·tiet *(‹Fr) de (m)* [-en] iem. met neiging tot → travestie; *ook*: → **transvestiet**

tra·vo *de* ['s] inf travestiet

tra·want *(‹Du‹Tsjech) de (m)* [-en] handlanger

trawl [tròl] *(‹Eng) de (m)* [-s] zakvormig visnet dat over de bodem van de zee voortgesleept wordt, sleepnet

trawl·er [tròlə(r)] (‹Eng) de (m) [-s] vissersvaartuig dat met een trawl vist, treiler

trawl·net [tròl-] het [-ten] sleepnet

trech·ter (‹Lat) de (m) [-s] nauw toelopende buis met wijde mond, om vloeistof in kleine openingen te gieten

tred de (m) [treden] stap ★ gelijke ~ houden met in gelijke mate toe- of afnemen als

tre·de de [-n], **tree** de [treeën] ❶ stap ❷ → **sport¹** van een → **trap¹** (bet 2) ❸ opstap van een → **trap¹** (bet 2) of rijtuig

tre·den I ww [trad, h. & is getreden] ❶ stappen, lopen; gaan, zich begeven ★ bij iem. in dienst ~ bij iem. gaan werken ★ de rivier treedt buiten haar oevers de rivier stroomt over ★ niet in bijzonderheden ~ geen bijzonderheden bespreken; zie ook bij → **voet** ❷ door paring bevruchten (haan) **II** mv meerv van → **tred**, → **trede**

tred·mo·len de (m) [-s] molen die wordt bewogen doordat een levend wezen door lopen een rad in beweging brengt ★ in de ~ lopen zware, eentonige arbeid verrichten

tree de [treeën] → **trede**

treef (‹Hebr) de ❶ NN volgens volksgeloof in Suriname een persoonlijk taboe op zekere levensmiddelen en deze levensmiddelen zelf ❷ treeft

treeft (‹Lat) de [-en], **treeft·je** het [-s] NN ❶ ijzeren drievoet ❷ rooster om iets heets op te zetten, onderzetter

treem (‹Fr‹Lat) de (m) [tremen] NN tremel

tree·plank de [-en] opstapplank aan een voertuig

tref de (m) kleine kans; gelukje

tref·baar bn geraakt kunnende worden

tref·bal het balspel op twee speelhelften waarbij andere spelers met die bal geraakt moeten worden

tref·cen·trum het [-s, -tra] plaats waar mensen (met gelijke belangen) elkaar kunnen ontmoeten

tref·fe·lijk bn ❶ vero aanzienlijk, voornaam, belangrijk, hoog, deftig ❷ vero kostbaar, overvloedig: ★ een ~ bruiloftsfeest ❸ vero voortreffelijk: ★ een ~ burgemeester; (van zaken) van hoge kwaliteit, gedegen, prima: ★ een treffelijke wijn ❹ BN, spreektaal eerbaar, respectabel, welopgevoed, keurig, fatsoenlijk: ★ op een ~ uur thuiskomen

tref·fen I ww [trof, h. getroffen] ❶ raken: ★ de roos ~ ❷ ontroeren: ★ diep getroffen; aandoen: ★ dat heeft mij onaangenaam getroffen ❸ overkomen: ★ waarom moest het juist ons ~? ❹ vinden: ★ iemand thuis ~ ❺ NN (het) geluk hebben (van): ★ ik trof het, hij was net thuisgekomen ★ mooi weer ~ ❻ NN uitkomen: ★ dat treft nu slecht ❼ de aandacht trekken: ★ trof het u niet, dat zij geen antwoord gaf? ❽ aangaan: ★ een overeenkomst ~ ★ hem treft geen schuld hij kan niet beschuldigd worden ★ maatregelen ~ maatregelen nemen **II** het gevecht

tref·fend bn ❶ aandoenlijk ❷ raak: ★ een treffende overeenkomst

tref·fer de (m) [-s] ❶ raak schot, gooi die raakt ❷ tref, gelukkig toeval

tref·kans de [-en] kans op raak schieten of raak gooien

tref·punt het [-en] punt van ontmoeting

tref·woord het [-en] titelwoord in woordenboek, encyclopedie, catalogus enz.

tref·ze·ker bn ❶ met zekerheid van te raken: ★ een trefzekere spits ❷ fig met juiste intuïtie, met scherp begrip: ★ een ~ antwoord

tref·ze·ker·heid, **tref·ze·ker·heid** de (v) het trefzeker-zijn

treil de (m) [-en] ❶ treklijn ❷ sleepnet

trei·ler de (m) [-s] vernederlandsing van → **trawler**

trein de (m) [-en] (‹Eng & Fr) ❶ spoortrein: reeks wagens door een locomotief of motorwagen getrokken over rails ★ dat loopt als een ~ dat loopt uitstekend ★ fig de ~ missen een goede kans missen ★ BN ook directe ~ sneltrein, intercity ❷ stoet ❸ reeks van kanonnen en legervoertuigen ❹ BN, form reeks, serie, pakket: ★ een ~ maatregelen

trein·con·duc·teur de (m) [-s] iem. die de plaatsbewijzen in een trein controleert en verkoopt

trei·nen·loop de (m) NN loop van de treinen, het treinverkeer: ★ de ~ is ernstig ontregeld

trein·kaart·je het [-s] vervoerbewijs voor de trein

trein·ka·ping de (v) [-en] het kapen van een trein

trein·per·so·neel het de mensen die een trein bedienen: conducteurs, machinisten enz.

trein·reis de [-reizen] reis in een trein

trein·stel het [-len] groep gekoppelde wagens met een motorwagen of locomotief, die samen een → **trein** (bet 1) vormen

trein·taxi de (m) ['s] NN taxi die treinpassagiers binnen bep. gemeenten tegen gereduceerd tarief van of naar het station vervoert

trein·van·da·lis·me het NN het aanrichten van vernielingen in treinen (meestal door jongeren of voetbalsupporters)

trei·ter, **trei·te·raar** de (m) [-s] iem. die treitert

trei·te·ren ww (‹Fr‹Lat) [treiterde, h. getreiterd] sarren

trei·te·rig bn ❶ geneigd tot treiteren ❷ treiterend, onaangenaam prikkelend

trek de (m) [-ken] ❶ het trekken ❷ haal: ★ een ~ aan een koord ★ een trekje aan een sigaret ❸ keer dat men aan een sigaret, sigaar e.d. zuigt ❹ lijn: ★ in grote trekken iets vertellen niet in details ❺ gelaatstrek; karaktertrek ❻ neiging, lust, vooral tot eten ❼ verhuizing: ★ de Grote Trek verhuizing van de Boeren uit de Kaapkolonie in 1836 ❽ het op regelmatige tijden tussen bepaalde gebieden heen en weer bewegen van zekere diersoorten, vooral vogelsoorten ❾ → **tocht** (bet 1): ★ op de ~ zitten ❿ ★ in ~ zijn begeerd worden, in de smaak vallen ⓫ slag bij het kaartspel ⓬ ★ aan zijn ~ of ~ komen zijn deel krijgen, krijgen wat hem toekomt ; zie ook bij → **thuiskrijgen**

trek·au·to·maat de (m) [-maten] automaat waaruit

men consumptieartikelen kan halen door aan een lade te trekken

trek·bal *de (m)* [-len] biljartstoot, waarbij de bal, na een andere geraakt te hebben, terugkomt

trek·bank *de* [-en] bank waarop metaaldraad getrokken wordt

trek·dier *het* [-en] voor een voertuig gespannen dier

trek·drop *de* [-pen] NN soort rekbare → **drop²**

trek·gat *het* [-gaten] ❶ luchtgat voor een over, een kachel e.d. ❷ tochtgat ❸ open plek in het ijs, ontstaan door sterke wind op die plaats

trek·haak *de (m)* [-haken] haak waaraan of waarmee getrokken wordt

trek·har·mo·ni·ca *de (v)* ['s] door uittrekken en induwen bespeelde harmonica

trek·hond *de (m)* [-en] hond die een kar trekt

trek·ke·bek·ken *ww* [trekkebekte, h. getrekkebekt] ❶ ‹van duiven, ook van mensen› minnekozen ❷ rare gezichten trekken

trek·ke·be·nen *ww* [trekkebeende, h. getrekkebeend] met een been slepen

trek·ken *ww* [trok, h. & is getrokken] ❶ door kracht naar zich toe halen; rukken; voorttrekken; uittrekken; uithalen: ★ *een kies ~* ★ BN *amandelen ~* knippen ★ NN *er hard aan ~* hard werken, flink zijn best doen ★ *iets niet kunnen ~* iets niet aankunnen ★ NN *iets niet ~* ergens niet tegen opgewassen zijn ❷ maken: ★ *gezichten ~* ★ BN, spreektaal *het lang of kort ~* het lang of kort maken; het volhouden ★ BN, spreektaal *het niet lang meer ~* niet lang meer leven, het niet lang meer maken ❸ zuigen: ★ *aan een sigaar ~* ❹ vuur vatten door voldoende luchttoevoer: ★ *de kachel wil niet ~* ❺ tochten: ★ *het trekt hier* ❻ met heet water aftrekken: ★ *de thee laten ~* ❼ tekenen: ★ *een paar lijnen ~* ❽ buigen: ★ *krom, scheef trekkend hout* ❾ lokken: ★ *de aandacht ~* ★ *veel publiek ~* ❿ op vaste tijden ontvangen: ★ *rente, pensioen ~* ⓫ van plaats tot plaats, van jeugdherberg tot jeugdherberg reizen; op regelmatige tijden tussen bepaalde gebieden heen en weer bewegen van zekere diersoorten, vooral vogelsoorten ⓬ gaan: ★ *ten strijde ~* ⓭ berekenen: ★ *de wortel ~* ⓮ afleiden: ★ *een conclusie ~ uit iets* ⓯ afgeven: ★ *een wissel op iemand ~* ⓰ biljart een bepaalde stoot maken (zie bij → **trekbal**) ⓱ spreektaal ‹van mannen of jongens› masturberen ⓲ gewichtheffen het in één beweging omhoogbrengen van het gewicht, zonder onderbreking; *vgl*: → **stoten**

trek·ker *de (m)* [-s] ❶ trekhaakje aan een geweer enz.: ★ *de ~ overhalen* ❷ trekketting, bijv. van een wc ❸ iemand die een tocht maakt en overnacht in een tent, jeugdherberg e.d. ❹ trekvogel ❺ tractor ❻ voorste deel van een vrachtwagencombinatie ❼ soort schuiver van rubber of kunststof, aan een steel bevestigd, waarmee men het water van vloeren weghaalt, vloerwisser ❽ iemand die of iets dat veel publiek aantrekt ★ *de nieuwe achtbaan was de grote ~ in het pretpark*

trek·king *de (v)* [-en] het trekken van loten in de loterij

trek·kings·lijst *de* [-en] lijst met nummers van loten (→ **lot**, bet 2), waarop prijzen zijn gevallen, lijst met namen van prijswinnaars

trek·kracht *de* ❶ vermogen om te → **trekken** (bet 1 of 3) ❷ [*mv:* -en] kracht waarmee getrokken (→ **trekken**, bet 1 of 3) wordt

trek·lijn *de* [-en] touw waarmee iets voortgetrokken wordt

trek·mie·ren *mv* mieren die niet op een vaste plaats verblijven

trek·net *het* [-ten] sleepnet

trek·paard *het* [-en] paard dat een voertuig trekt

trek·pen *de* [-nen] pen om met inkt lijnen te trekken langs een liniaal enz.

trek·pleis·ter *de* [-s] ❶ pleister bestemd om de etter uit een wond te trekken ❷ fig iets wat sterk aan een bepaalde plaats bindt, dat zeer aantrekt: ★ *de Eiffeltoren en Disneyland zijn belangrijke trekpleisters van Parijs*

trek·rou·te [-roetə] *de* [-s, -n] door trekkende dieren vaak gevolgde route

trek·schuit *de* [-en] vroeger door een paard aan een touw voortgetrokken boot voor personenvervoer

trek·sel *het* [-s] wat getrokken (→ **trekken**, bet 6) is, vooral van thee gezegd

trek·sloot *de* [-sloten] NN tochtsloot

trek·slot *het* [-sloten] slot dat bij dichttrekken van de deur overgaat

trek·slui·ting *de (v)* [-en] ritssluiting

trek·sprink·haan *de (m)* [-hanen] sprinkhaan die in grote zwermen trekt

trek·stang *de* [-en] stang waarmee een spoorwissel omgezet wordt

trek·stoot *de (m)* [-stoten] bilj stoot met tegeneffect waardoor de speelbal terugrolt na een andere bal geraakt te hebben

trek·tang *de* [-en] BN ook nijptang

trek·tijd *de (m)* [-en] tijd van het jaar waarin de vogels trekken

trek·tocht *de (m)* [-en] reis van plaats tot plaats, van jeugdherberg tot jeugdherberg

trek·vaart *de* [-en] waterweg als verbinding voor trekschuiten tussen plaatsen

trek·vast·heid *de (v)* kracht waarmee aan metaal of ander materiaal getrokken kan worden zonder dat het uitrekt of scheurt

trek·vis *de (m)* [-sen] vis die op regelmatige tijden van verblijfplaats verandert

trek·vo·gel *de (m)* [-s] ❶ vogel die tegen de winter naar andere streken met groter voedselrijkdom trekt ❷ fig iem. die vaak van verblijfplaats verandert

trek·zaag *de* [-zagen] houtzaag die snijdt bij de heengaande en bij de teruggaande beweging en door twee personen, die beurtelings ieder aan een uiteinde trekken, wordt bediend

trek·zak *de (m)* [-ken] muz type accordeon met knoppen in plaats van toetsen

tre·ma *(‹Gr) het* ['s] deelteken, twee punten op een klinker, zoals op de tweede e van *beëindigen*

trem·ble·ren *ww (‹Fr‹Lat)* [trembleerde, h. getrembleerd] muz trillen, tremuleren

tre·mel *(‹Fr‹Lat) de (m)* [-s] NN ‹in een molen› trechter waardoor gemalen graan loopt

trem·men *ww (‹Eng)* [tremde, h. getremd] ❶ scheepv kolen in de bunkers verstuwen en ze naar de stookplaats brengen ❷ ★ NN, spreektaal *iem. in elkaar ~* iem. in elkaar slaan

trem·mer *de (m)* [-s] iem. die tremt (→ **tremmen**), kolensjouwer

tre·mo·lo *(‹It‹Lat)* muz **I** *bijw* tremulerend **II** *de (m)* ['s] versiering bestaande in zo snel mogelijke herhalingen van één of meer tonen, triller

tre·mor *(‹Lat) de (m)* med beving, voortdurende trilling van een lichaamsdeel bij een zenuwziekte

tre·mu·lant *(‹Fr) de (m)* [-en] orgelregister met bevende toon

tre·mu·le·ren *ww (‹Fr‹Lat)* [tremuleerde, h. getremuleerd] muz een tremolo uitvoeren

trench·coat [trentsjkoot] *(‹Eng) de (m)* [-s] lange militaire regenjas met een ceintuur

trend *(‹Eng) de (m)* [-s] ❶ ontwikkeling op lange termijn van een statistisch vast te leggen verschijnsel, vooral het algemeen verloop van de conjunctuur ❷ ontwikkelingsrichting in het algemeen; heersende toon, heersende mode

trend·ge·voe·lig *bn* ❶ snel veranderingen in mode of stijl bemerkend en daarop inspringend: ★ *een ~ ontwerper* ❷ snel de gevolgen ondervindend van een veranderend modebeeld of van een wisselende levensstijl: ★ *de kledingindustrie is zeer ~*

trend·set·ter *(‹Eng) de* [-s] iem. die de trend, de toon, de mode aangeeft

trend·vol·ger *de (m)* [-s] loontrekker in de quartaire en tertiaire sector waarvan het salaris is gekoppeld aan de trend van de ambtenaarssalarissen

trend·watch·er [-wotsjə(r)] *de (m)* [-s] marketing iem. die voor zijn beroep ontwikkelingen in de consumentenmarkt bijhoudt

trendy [-die] *(‹Eng) bn* volgens een nieuwe mode of levensstijl, modieus

trens *(‹Sp) de* [trenzen] ❶ oogje, lus van garen ❷ toom zonder stang

tre·pa·na·tie [-(t)sie] *(‹Fr) de (v)* [-s] het trepaneren

tre·pa·neer·boor *de* [-boren] schedelboor

tre·pa·ne·ren *ww (‹Fr)* [trepaneerde, h. getrepaneerd] med de hersenpan doorboren

tres *(‹Fr) de* [-sen] opgenaaid gevlochten bandje van zijde, zilver- of gouddraad; haarvlecht

treur·berk *de (m)* [-en] berk met neerhangende takken

treur·beuk *de (m)* [-en] → **beuk¹** met neerhangende takken

treur·buis *de* [-buizen] schertsend televisie, waarbij men refereert aan de (vermeende) slechte kwaliteit van de geboden programma's

treur·dicht *het* [-en] dichtwerk waarin iets of iem. beklaagd wordt, klaagdicht, elegie

treu·ren *ww* [treurde, h. getreurd] ❶ bedroefd zijn ❷ ‹fig van een plant› kwijnen

treur·es *de (m)* [-sen] essenboom met neerhangende takken

treu·rig *bn* droevig: ★ *een ~ verhaal* ★ *de treurige moed hebben* iets ondernemen wat afkeuring verdient

treur·mars *de* [-en] dodenmars

treur·mu·ziek *de (v)* muziek die droefheid uitdrukt

treur·roos *de* [-rozen] roos met neerhangende ranken

treur·spel *het* [-spelen] toneelstuk waarin de hoofdpersoon door de macht van het noodlot of van eigen hartstochten ten onder gaat, tragedie, drama

treur·spel·dich·ter *de (m)* [-s] schrijver van treurspelen

treur·wilg *de (m)* [-en] wilg met neerhangende takken

treur·zang *de (m)* [-en] lied over iets droevigs

treu·zel *de* [-s] iemand die treuzelt

treu·ze·laar *de (m)* [-s] talmer

treu·ze·len *ww* [treuzelde, h. getreuzeld] talmen, langzaam werken

treu·ze·lig *bn* treuzelend

tre·ze·be·ze·ke [treezəbeezəkə] *de (v)* [-s] BN, spreektaal flauw, zielig meisje, trutje

tri *het* verkorting van trichloorethyleen, een oplosmiddel voor vetten en harsen (vlekkenwater), ook gebruikt als (gevaarlijke) drug

tri·a·de *(‹Gr) de (v)* [-n, -s] ❶ groep van drie bijeenbehorende personen (vooral godheden) of zaken; *vgl*: → **trias¹** ❷ gangsterorganisatie van Chinezen

tri·al [traiəl] *(‹Eng) de (m)* [-s] proef, het proberen ★ *~ and error* het pogen en falen; het beginsel volgens welk men leert door vergissingen te maken

tri·an·gel *(‹Fr‹Lat) de (m)* [-s] eig driehoek; muz klein driehoekig stalen slaginstrument dat een heldere klank geeft als men er met een staafje op slaat

tri·an·gu·la·tie [-(t)sie] *(‹Fr) de (v)* [-s], **tri·an·gu·le·ring** *de (v)* [-en] driehoeksmeting op het terrein ten behoeve van de cartografie

tri·ar·chie *(‹Gr) de (v)* heerschappij van drie personen, driemanschap

tri·as¹ *(‹Gr) de (m) & het* geol periode binnen het mesozoïcum, van 225-195 miljoen jaar geleden, waarin de dinosauriërs leefden en de eerste zoogdieren verschenen

tri·as² *(‹Gr) de (v)* drieheid, drie bijeenhorende zaken ★ *~ politica* de drie staatsmachten: wetgevende, uitvoerende en rechterlijke macht, door Montesquieu (1689-1755) het eerst zuiver onderscheiden

tri·as po·li·ti·ca *(‹Lat) de* filos machtenscheiding in wetgevende, uitvoerende en rechterlijke macht

tri·at·leet *de (m)* [-leten] deelnemer aan een triatlon

tri·at·lon *(‹Gr) de (m)* [-s] ❶ wedstrijd waarbij de

tri·baal ‹Fr› bn stammen (volksstammen) betreffend, kenmerkend voor een stam, voortvloeiend uit stamverschillen: ★ *tribale twisten*

tri·ba·lis·me ‹Fr› het, ‹in de Afrikaanse politiek› het bevoorrechten van leden van dezelfde stam of hetzelfde volk boven van andere stammen of volkeren afkomstige personen

tri·bu·la·tie [-sie] de (v) [-s] BN ‹meestal meervoud› tegenspoed, wederwaardigheden, beproevingen

tri·bu·naal ‹FrLat› het [-nalen] rechtbank, vooral als bijzondere rechtspleging

tri·bu·ne ‹FrLat› de [-s] min of meer hoog oplopend bouwsel met zit- en / of staanplaatsen (bij sportterreinen e.d.) ★ *publieke ~ zitplaatsen voor toeschouwers in rechtszalen, bij vergaderingen e.d.*

tri·buun ‹Lat› de (m) [-bunen] titel voor verschillende ambtenaren in het Romeinse Rijk

tri·buut ‹FrLat› de (m) & het [-buten] schatting, cijns

tri·ceps ‹Lat› I bn driehoofdig II de (m) [-en] driehoofdige strekspier van de bovenarm

tri·chi·ne ‹Gr› de (v) [-n] haarworm, wormpje dat in de darm van sommige zoogdieren, vooral van varkens leeft en waarvan de larven in het vlees kunnen komen

tri·chloor·ethy·leen [-tie-] het → **tri**

trick ‹Eng› de (m) [-s] ❶ slag in het kaartspel ❷ kunstgreep; truc

tricky [trikkie] ‹Eng› bn ❶ netelig, precair, gevaarlijk ❷ onbetrouwbaar, sluw, gehaaid

tri·co·lore [-lòr] ‹FrLat› I de [-s] driekleur, de Franse kokarde of vlag II bn BN ook driekleurig, vooral van een vlag, sjerp e.d. met de Belgische kleuren; vandaar ook (van gevoelens e.d.) nationalistisch, nationaal: ★ *~ vlag Belgische vlag* ★ *~ verontwaardiging*

tri·cot [trikoo] ‹Fr› I het machinaal gebreid goed II de (m) & het [-s] nauw om het lichaam sluitend kledingstuk van deze stof, vooral voor dansers en acrobaten III bn van → **tricot** (I)

tri·co·ta·ge [-zjə] ‹Fr› de (v) [-s] fijn gebreid goed

trien de (v) [-en] boerse, lompe vrouw

triest ‹FrLat› bn ❶ droevig, naar: ★ *in een trieste bui zijn* ❷ droevig stemmend: ★ *een ~ verhaal*

tries·tig bn ❶ triest, droevig, treurig, melancholiek: ★ *hij voelde zich ~* ❷ droevig stemmend, naar, somber: ★ *een triestige motregen* ❸ bedroevend, betreurenswaardig, ongelukkig, ontmoedigend: ★ *een triestig lot*

tri·fo·ri·um ‹Lat› het [-s, -ria] bouwk galerij (met drie poorten) boven de bogen van het middenschip in romaanse en gotische kerken

trig·ger·hap·py [triγγə(r)heppie] ‹Eng› bn ❶ snel gebruik makend van vuurwapens, schietgraag ❷ algemeen oorlogszuchtig, agressief

tri·glief ‹Gr› de (m) [-en] steen met twee gleuven en afgeschuinde kanten in de fries bij de Dorische bouwstijl

tri·go·naal ‹Gr› bn driehoekig

tri·go·no·me·trie ‹Gr› de (v) driehoeksmeting; deel van de wiskunde dat leert hoe men uit drie gegevens van een driehoek alle overige elementen kan berekenen

Trijn de (v) vrouwennaam, Katharina; zie ook bij → **wijn**

trijp ‹Fr› het stof voor meubelbekleding met wollen pool en katoenen grondweefsel

trijp·pen bn van trijp

trij·sen ww [trijste, h. getrijst] scheepv ophijsen

trik·trak ‹Fr› het variant van backgammon waarbij de schijven in het spel moeten worden gebracht d.m.v. dobbelsteenworpen

trik·trak·ken ww [triktrakte, h. getriktrakt] triktrak spelen

trik·trak·spel het [-len] benodigdheden voor triktrak

tri·la·te·raal ‹FrLat› bn driezijdig

tril·be·ton het beton dat na het storten door trillen wordt verdicht waardoor het vaster wordt, schokbeton

tril·gras het grassoort met knikkende aartjes (*Briza media*)

tril·haar het [-haren] microscopisch klein, voortdurend trillend haartje bij dierlijke en sommige plantaardige organismen, bestemd voor voortbeweging: ★ *de trilhaartjes in de luchtpijp, de eileiders etc.*

tril·haar·dier·tje het [-s] diertje dat zich door trilharen voortbeweegt

tril·jard hoofdtelw 1000 triljoen (1 000 000 000 000 000 000 000)

tril·joen hoofdtelw miljoenmaal biljoen, (1 000 000 000 000 000 000)

tril·len ww [trilde, h. getrild] beven, zeer snel heen en weer gaan

tril·ler de (m) [-s] snelle afwisseling van twee tonen

tril·ling de (v) [-en] ❶ het trillen ❷ één heen en weer beweging

tril·lings·ge·tal het [-len] aantal trillingen per seconde

tri·lo·gie ‹Gr› de (v) [-gieën] drie boeken, verhalen, films of toneelstukken, die samen één geheel vormen

tril·plaat de [-platen] trillende plaat, bijv. in een telefoon

tri·ma·ran, tri·ma·ran ‹Eng› de (m) [-s] boot met drie drijflichamen die dwars verbonden zijn; vgl: → **catamaran**

trim·baan de [-banen] terrein met toestellen voor het trimmen, bet 2

tri·mes·ter ‹FrLat› het [-s] tijdperk van drie maanden, kwartaal

tri·mes·tri·eel bn BN ook driemaandelijks

trim·men ww (‹Eng) [trimde, h. getrimd] ❶ het haar van een hond in een bepaald, bij het ras horend, model knippen ❷ licht trainen ter verbetering van de lichamelijke conditie

trim·mer (‹Eng) de (m) [-s] iem. die trimt

trim·sa·lon de (m) & het [-s] ruimte waarin men honden trimt

trim·ster de (v) [-s] vrouwelijke trimmer

tring tsw weergave van het geluid van een bel, bijv. een elektrische deurbel, een telefoon e.d.

tri·ni·teit (‹Fr‹Lat) de (v) drie-eenheid, vooral de Heilige Drievuldigheid

tri·ni·tro·to·lu·een, **tri·ni·tro·to·lu·ol** het chem een sterk ontploffingsmiddel, ook → **trotyl** genoemd en bij verkorting TNT

trio (‹It‹Lat) het ['s] ❶ muz driestemmig muziekstuk voor solo-instrumenten, of zo'n zangstuk ❷ drie samen spelende personen; drietal in het algemeen; drie personen die samen geslachtsverkeer hebben: ★ een triootje maken

tri·o·de (‹Gr) de (v) [-n] elektronenbuis met drie elektroden

tri·omf (‹Fr‹Lat) de (m) [-en] ❶ zegepraal, overwinning ❷ fig groot succes

tri·om·faal (‹Fr‹Lat) bn als een overwinnaar: ★ een triomfale intocht

tri·om·fan·te·lijk bn zegevierend; als van iem. die een triomf viert: ★ ~ om zich heen kijken

tri·om·fa·tor (‹Lat) de (m) [-s, -toren] iem. die een triomf viert, overwinnaar; zegevierend veldheer die zijn intocht hield in Rome

tri·omf·boog de (m) [-bogen] ❶ ereboog, als gedenkteken voor een triomf gebouwd ❷ welfboog tussen het schip en het koor van een kerk

tri·om·fe·ren ww (‹Fr‹Lat) [triomfeerde, h. getriomfeerd] ❶ zegepralen, zegevieren ★ RK de triomferende kerk de overwinnende kerk in de hemel (tegenover de strijdende kerk op aarde) ❷ een zegepralende intocht houden ❸ fig zich gedragen als iem. die een overwinning behaald heeft

tri·omf·tocht de (m) [-en] intocht, rondgang van een overwinnaar

tri·omf·zuil de [-en] zuil opgericht ter herdenking van een overwinning

tri·ool (‹Du) de [-olen] muz drie verbonden noten, die de waarde van twee (soms vier) van dezelfde soort hebben

trip (‹Eng) de (m) [-s] ❶ plezierreisje, uitstapje: ★ een leuke ~ door de Ardennen ❷ geheel van psychische ervaringen die men heeft bij gebruik van hallucinogene middelen: ★ een ~ maken ★ een bad (uitspraak: bed) ~ maken → **flippen** (bet 1) ❸ hoeveelheid van een drug om een dergelijke ervaring te ondergaan

tri·par·tiet (‹Lat) bn in drieën bestaande; waaraan drie partijen deelnemen: ★ het tripartiete overleg

tri·par·ti·te de (v) [-s] BN driepartijenregering

tri·pel (‹Fr) de (m) ❶ zoet, donkerblond, bovengistend trappistenbier van ongeveer 6,5% alcohol met nagisting op fles ❷ [mv: -s] glas met dit bier

tri·pel·con·cert het [-en] muziekstuk voor drie solo-instrumenten met orkest

tri·pel·test de (m) [-s] bloedonderzoek bij een zwangere vrouw om een verhoogde kans op aangeboren afwijkingen bij de baby op te sporen

trip·hop de (m) (‹Eng) langzame, meestal instrumentale, filmische dansmuziek met elementen uit hiphop, jazz en reggae

tri·ple¹ (‹Fr‹Lat) bn drievoudig ★ Triple Alliantie drievoudig verbond, o.a. dat tussen Engeland, Nederland en Zweden in 1668 ★ Triple Entente drievoudig verbond tussen Frankrijk, Engeland en Rusland (1907)

tri·ple² [tripl] (‹Eng) de verdrievoudiging van het aantal gescoorde punten bij darts

tri·ple·ren ww (‹Fr) [tripleerde, h. getripleerd] verdrievoudigen

tri·plet (‹Fr) de (m) & het [-s] stel van drie bijeenbehorende zaken, bijv. strofe van drie op elkaar rijmende regels

tri·plex (‹Lat) I bn drievoudig II de (m) & het benaming voor hout in platen dat bestaat uit drie dunne op elkaar geplakte laagjes, waarin de vezelrichting onderling verschilt, zodat het niet kan kromtrekken

tri·plex·glas het zeer sterk glas, bestaande uit twee op elkaar geperste laagjes met een kunststof ertussen

tri·pli·ce·ren ww [tripliceerde, h. getripliceerd] NN ❶ voor de derde maal van antwoord dienen; antwoorden op een dupliek ❷ verdrievoudigen

tri·pliek (‹Lat-Fr) de (v) [-en] beantwoording van de dupliek

tri·plo ww (‹Lat) drievoud: ★ een formulier in ~ invullen

trip·pe·len ww [trippelde, h. & is getrippeld] met kleine pasjes lopen: ★ het hondje trippelde naast zijn baasje

trip·pen¹ ww [tripte, h. & is getript] een → **trip** (bet 2) maken

trip·pen² ww [tripte, h. getript] trippelen

trip·per de (m) [-s] iem. die een → **trip** (bet 2) maakt

trip·tiek (‹Fr‹Gr) de (v) [-en] drieluik, geschilderd of gebeeldhouwd altaarstuk uit een middenstuk en twee zijpanelen bestaande, dat dichtgeslagen kan worden

tri·reem (‹Lat) de [-remen] hist Romeinse galei met drie rijen roeiers

tris·sen ww [triste, h. getrist] BN voor de derde maal hetzelfde studiejaar volgen

trits de [-en] ❶ drietal ❷ tamelijk groot aantal: ★ hij noemde een hele ~ voorbeelden

tri·um·vi·raat (‹Lat) het [-raten] driemanschap

tri·vi·aal (‹Fr‹Lat) bn gewoon; onbelangrijk, alledaags, onbeduidend, banaal: ★ die triviale feitenkennis heeft niets met intelligentie te maken ★ triviale naam niet-wetenschappelijke naam van planten, dieren

en chemische stoffen
tri·vi·a·li·teit *(‹Fr) de (v)* het triviaal-zijn, wat triviaal is; alledaagsheid
tri·vi·um *(‹Lat) het* de drie lagere van de zeven vrije kunsten volgens de middeleeuwse opvatting, nl. grammatica, retorica en dialectica; *vgl:* → **quadrivium**
tro·chee *de (m)* [-cheeën], **tro·che·us** *(‹Gr) de (m)* [-chei] versvoet met een lange en een korte of een sterk en een zwak geaccentueerde syllabe
tro·che·ïsch *bn* in trocheeën
troe·bel *(‹Fr‹Lat) bn* niet helder: ★ *een troebele sloot* ★ *~ kijken* niet helder kijken (bijv. door dronkenschap of slaaptekort) ★ *in ~ water vissen* voordeel trachten te behalen uit verwarring bij een andere partij
troe·be·len *mv* onlusten
troe·ble·ren *ww (‹Fr)* [troebleerde, h. & is getroebleerd] ❶ troebel maken ❷ fig verontrusten, storen, verwarren; *vgl:* → **getroebleerd**
troef *de* [troeven] kaartsp ❶ kleur die hoger is dan elke andere kaart van een andere kleur: ★ *klaveren is ~* ❷ kaart van die kleur: ★ *een ~ opgooien* ★ *zijn hoogste (laatste) ~ uitspelen* het krachtigste middel aanwenden, de uiterste kans wagen; zie ook bij → **armoe**
troef·aas *de (m) & het* [-azen] het → **aas²** van → **troef**
troef·kaart *de* [-en] → **troef**, bet 2
troel *de (v)* [-en] vaak neerbuigende, soms liefkozende benaming voor vrouwen
troe·la *de (v)* ['s] minachtend vrouw, meisje
troep *(‹Fr)* **I** *de (m)* [-en] ❶ (ongeordende) groep; bende ❷ toneelgezelschap ❸ wanordelijke boel: ★ *er was een enorme ~ in die kamer* ❹ groep soldaten **II** *mv* leger, krijgsmacht: ★ *verplaatsing van de troepen*
troe·pen·be·we·ging *de (v)* [-en] verplaatsing van troepen (→ **troep**, bet 2)
troe·pen·con·cen·tra·tie [-(t)sie] *de (v)* [-s] het samentrekken van troepen (→ **troep**, bet 2)
troe·pen·macht *de* grote menigte soldaten
troe·pen·trans·port *het* [-en], **troe·pen·ver·voer** *het* vervoer van legerafdelingen
troe·tel·dier *het* [-en] ❶ huisdier dat veelvuldig geknuffeld en vertroeteld wordt ❷ knuffeldier
troe·te·len *ww (‹Du)* [troetelde, h. getroeteld] met tedere liefde behandelen, liefkozen
troe·tel·kind *het* [-eren] ❶ vertroeteld kind ❷ fig bijzonder begunstigde
troe·tel·naam *de (m)* [-namen] liefkozende naam
troe·ven *ww* [troefde, h. getroefd] kaartsp troef uitspelen
trof *ww*, **trof·fen** *verl tijd van* → **treffen**
tro·fee *(‹Fr‹Gr)*, **tro·pee** *(‹Gr) de (v)* [-feeën, -peeën] zegeteken van veroverde wapens en vaandels; teken van overwinning of succes
trof·fel *de (m)* [-s] driehoekig metalen blad met handvat, gebruikt bij het metselen

trog *de (m)* [-gen] ❶ kneedbak ❷ voerbak voor varkens ❸ zeebekken, glooidal
trog·lo·diet *(‹Gr) de (m)* [-en] hol- of spelonkbewoner
Tro·jaan *de (m)* [-janen] myth inwoner van Troje
Tro·jaans *bn* myth van, uit, betreffende Troje; van de Trojanen ★ *de Trojaanse oorlog* een oorlog in de oudheid van de Grieken tegen Troje ★ *het Trojaanse paard inhalen* zelf zijn vijand of zijn verderf binnenvoeren ★ *Trojaans paard* comput programma vermomd als een legale toepassing dat ongewenste (en vaak schadelijke) taken uitvoert (zoals het doorsturen van wachtwoorden) als het op een computer wordt geïnstalleerd
tro·jan [troodzjən] *(‹Eng) de* [-s] comput Trojaans paard, zie bij **Trojaans**
Tro·je *het* stad in Klein-Azië in de gedichten van Homerus; zie ook bij → **trut**
troj·ka *(‹Russ) de* ['s] ❶ driespan, wagen of slede met drie paarden naast elkaar, waarbij het middelste onder een hoge beugel draaft ❷ uit drie personen bestaand politiek bestuurslichaam
trok *ww*, **trok·ken** *verl tijd van* → **trekken**
trol *(‹No) de (m)* [-len] boze geest in de Noordse mythologie
trol·ley [-lie] *(‹Eng) de (m)* [-s] ❶ stroomafnemer met rolgeleiding, → **pantograaf** (bet 2) ❷ wagentje dat langs een kabel of over rails glijdt
trol·ley·bus [-lie-] *de* [-sen] autobus met een → **trolley** (bet 1)
trom *de* [-men] cilindervormig slaginstrument, aan boven- en onderzijde met een vel bespannen ★ *de ~ roeren* a) trommelen; b) fig veel drukte over iets maken, de algemene aandacht voor iets trachten te trekken ★ *met slaande ~* a) terwijl op de trommel geslagen wordt; b) fig (door veel lawaai) opvallend, met veel misbaar ★ *de Turkse ~* grote trommel die aan weerszijden geslagen wordt ★ *met stille ~ vertrekken* in stilte, stiekem weggaan (als soldaten zonder tromgeroffel)
trom·bo·ne [-bònə] *(‹It) de* [-s] muz schuiftrompet
trom·bo·nist *de (m)* [-en] bespeler van de trombone
trom·bo·se [-zə] *(‹Gr) de (v)* med bloedvatverstopping, het zich-vastzetten van een klonter geronnen bloed in een bloedvat
trom·bo·se·dienst [-zə-] *de (m)* med instantie die geregelde controle van het bloed uitoefent, vooral bij lijders aan hart- en vaatziekten en daarnaast gespecialiseerd onderzoek verricht op andere terreinen (immunologie, oncologie e.d.)
trom·ge·rof·fel *het* het geluid van trommels
trom·mel *de* [-s] ❶ trom ❷ blikken doos: ★ *een ~ vol koekjes* ❸ naam voor verschillende trommelvormige voorwerpen: ★ *de ~ van een wasmachine*
trom·me·laar *de (m)* [-s] iem. die trommelt
trom·me·len *ww* [trommelde, h. getrommeld] ❶ op een trommel slaan ❷ vlug met de vingers tikken: ★ *op de tafel ~* ❸ ★ *mensen bij elkaar ~* bijeenroepen
trom·mel·hol·te *de (v)* [-n, -s] holte in het oor,

afgesloten door het trommelvlies
trom·mel·rem *de* [-men] remsysteem waarbij twee halfcirkelvormige delen, als ze uitgezet worden, wrijving geven tegen een draaiende ring
trom·mel·slag *de (m)* [-slagen] ❶ slag op een → **trommel** (bet 1) ❷ het slaan op een trommel: ★ *bij ~ bekendmaken*
trom·mel·sla·ger *de (m)* [-s] iem. die de → **trommel** (bet 1) slaat
trom·mel·stok *de (m)* [-ken] stok waarmee op een trommel geslagen wordt
trom·mel·vlies *het* [-vliezen] binnenafsluiting van de uitwendige gehoorgang
trom·mel·vuur *het* snel en hevig kanonvuur
trom·mel·zeef *de* [-zeven] grote draaiende zeef
trom·mel·zucht *de* veeziekte: maagopzetting
trom·men *ww* [tromde, h. getromd] trommelen
tromp (‹Fr) *de* [-en] ❶ slurf, olifantssnuit ❷ voorkant van een geweerloop
trompe-l'oeil [trŏp(ǝ)luij] (‹Fr) *de (m)* [-s] uitbeelding die zo concreet schijnt dat men het voorgestelde als werkelijk aanwezig en grijpbaar ervaart, gezichtsbedrog
trom·pet (‹Fr) *de* [-ten] ❶ koperen blaasinstrument met een helder geluid ❷ buis van Eustachius
trom·pet·bla·zer *de (m)* [-s] iem., vooral militair, die trompetsignalen geeft
trom·pet·boom *de (m)* [-bomen] sierheester uit Noord-Amerika (*Catalpa bignonioides*)
trom·pet·ge·schal *het* geluid van trompetten
trom·pet·sig·naal [-sinjaal] *het* [-nalen] signaal van een trompet
trom·pet·ten *ww* [trompette, h. getrompet] ❶ de trompet blazen ❷ fig luid verkondigen ❸ het geluid van een olifant maken
trom·pet·ter *de (m)* [-s] trompetblazer
trom·pet·te·ren *ww* [trompetterde, h. getrompetterd] het geluid van een olifant maken
trom·pet·tist *de (m)* [-en] musicus die trompet speelt
trom·pet·vo·gel *de (m)* [-s] soort moerasvogel in Guyana
tro·nen¹ *ww* [troonde, h. getroond] (als) op een troon zitten
tro·nen² *ww* [troonde, h. getroond] meelokken: ★ *ze troonden de toeristen de nachtclub in*
tro·nie (‹Fr) *de (v)* [-s] ongunstig gezicht
tronk (‹Oudfrans‹Lat) *de (m)* [-en] afgeknotte boom
troon (‹Lat‹Gr) *de (m)* [tronen] ❶ vorstenzetel ❷ fig vorstelijke heerschappij ★ *de ~ beklimmen, bestijgen koning, keizer worden* ★ *iem. van de ~ stoten hem zijn macht ontnemen*
troon·he·mel *de (m)* [-s] kap boven een troon, baldakijn
troon·op·vol·ger *de (m)* [-s] opvolger van een vorst(in)
troon·op·vol·ging *de (v)* (regeling van de) opvolging in een vorstenhuis
troon·re·de *de* [-s] in Nederland koninklijke rede bij de opening van de Staten-Generaal op Prinsjesdag

troons·af·stand *de (m)* het afstand doen van de regering door een vorst(in)
troons·be·klim·ming, troons·be·stij·ging *de (v)* [-en] het aanvaarden van een regering door een vorst(in)
troon·zaal *de* [-zalen] paleiszaal waar de troon staat
troop (‹Gr) *de (m)* [tropen] ❶ oneigenlijke uitdrukking, overdracht, figuurlijke voorstelling ❷ wisk vlak dat een oppervlak langs een kromme raakt ❸ zie → **tropen**
troost *de (m)* ❶ opbeuring van een bedroefde of teleurgestelde ★ *een schrale ~ troost die de teleurstelling weinig vermindert* ❷ NN, spreektaal koffie: ★ *een bakje ~*
troos·te·loos *bn* zonder vreugde, een triest gevoel veroorzakend: ★ *een ~ uitzicht vanuit een hotelkamer*
troos·ten *ww* [troostte, h. getroost] opbeuren, bemoedigen ★ *zich ~ met zich ter bemoediging voorhouden*
troos·ter *de (m)* [-s] iem. die troost ★ *de Trooster* de Heilige Geest
troost·fi·na·le *de* [-s] sp wedstrijd om de derde en vierde plaats tussen de verliezende halve finalisten
troos·ting *de (v)* [-en] BN, sp wedstrijd om de derde en vierde plaats in een toernooi, troostfinale, kleine finale
troost·prijs *de (m)* [-prijzen] prijs als troost toegekend aan een niet-winnaar
troost·rijk, troost·vol *bn* veel troost gevend
troost·woord *het* [-en] troostend woord
tro·pe (‹Gr) *de (m)* [-n] → **troop**
tro·pee (‹Gr) *de (v)* [-peeën] → **trofee**
tro·pen (‹Gr) *mv* ❶ eig de keerpunten van de zon in haar schijnbare baan ❷ vandaar keerkringslanden, de gebieden met een heet klimaat tussen de keerkringen: ★ *een vakantie naar de ~*
tro·pen·helm *de (m)* [-en] met kurklaag beklede → **helm¹**, in de tropen gedragen ter bescherming tegen de zon
tro·pen·kol·der (‹Du,) *de (m)* geestesstoornis die volgens een vroegere opvatting bij Europeanen na langdurig eenzaam verblijf in de tropen zou kunnen optreden
tro·pen·roos·ter *de (m) & het* [-s] NN werk- of schoolrooster van vroeg in de morgen tot om het middaguur
tro·pen·uit·rus·ting *de (v)* [-en] kledij en andere, vooral militaire benodigdheden op het verblijf in de tropen berekend
tro·pisch (‹Lat‹Gr) *bn* van, uit, zoals onder de keerkringen of de keerkringslanden
tro·pis·me (‹Fr‹Gr) *het* [-n] groeibeweging van planten, het zich richten naar een uitwendige prikkel, bijv. het licht of de zwaartekracht
tro·po·sfeer (‹Gr) *de* benedenste deel van de dampkring, waarin de weersverschijnselen optreden
trop·po (‹It) *tsw* te veel, te zeer ★ *ma non ~ maar niet te zeer*

TROS *afk* in Nederland Televisie- en Radio-omroepstichting

tros *de (m)* [-sen] ❶ dikke kabel; zie ook bij → **losgooien** ❷ bloeiwijze bijv. van druiven ❸ uit een dergelijke bloeiwijze ontstane bundel vruchten: ★ *een ~ druiven* ❹ (‹Fr›) legertros

tros·kieu·wi·gen *mv* orde van vissen met trosvormige kieuwen

trots (‹Du›) **I** *de (m)* ❶ fierheid, zelfgevoel: ★ *~ zijn op zijn postzegelverzameling* ❷ hoogmoed: ★ *dat volk is berucht om zijn ~* ❸ iemand, iets waarop men trots is: ★ *zijn oudste zoon is zijn ~* **II** *bn* ❶ fier, met zelfgevoel: ★ *met ~ een ererondje rijden* ★ *zo ~ als een pauw* erg trots ❷ hoogmoedig ❸ prachtig, statig: ★ *trotse paleizen* **III** *vz* vero ondanks

trots·aard *de (m)* [-s] NN, vero hoogmoedig persoon

trot·se·ren *ww* [trotseerde, h. getrotseerd] tarten, uitdagen ★ *het gevaar ~* aandurven

trots·heid *de (v)* het trots-zijn

trots·kis·me *het* doctrinair communisme volgens de opvattingen van Lev Trotski (1879-1940)

trots·kist *de (m)* [-en] aanhanger van het trotskisme

trots·kis·tisch *bn* volgens het trotskisme

trot·toir [-twar] (‹Fr›) *het* [-s] verhoogd voetpad langs huizen, bruggen en kaden, stoep

tro·tyl [-tiel] *het* trinitrotolueen

trou·ba·dour [troebaadoer] (‹Fr›) *de (m)* [-s] Zuid-Frans (Provençaals) minnezanger; rondtrekkend zanger

trou·ble·shoot·er [trubbəlsjoetə(r)] (‹Eng›) *de (m)* [-s] ❶ iem. die stoornissen in de werking van machines of in een technologisch procedé opspoort ❷ algemeen iem. die moeilijkheden uit de weg ruimt

trou·vail·le [troevajjə] (‹Fr›) *de (v)* [-s] vondst, gelukkige vondst

trou·vère [troevèr(ə)] (‹Fr›) *de (m)* [-s] Noord-Franse minnezanger; *vgl*: → **troubadour**

trouw I *bn* ❶ gehecht, steeds verbondenheid tonend: ★ *een trouwe huisknecht* ★ *honden zijn ~ aan hun baas* ❷ standvastig: ★ *trouwe liefde* ★ *de vergaderingen ~ bijwonen* steeds, zonder een keer over te slaan ❸ overeenkomstig de werkelijkheid: ★ *een ~ verslag* **II** *de* ❶ gehechtheid, het trouw-zijn; eerlijkheid ★ *goede ~* fatsoen, eerlijkheid, goede bedoeling ★ *te goeder ~* niet wetend verkeerd te doen, met goede bedoelingen ★ *te kwader ~* niet eerlijk, met verkeerde bedoelingen ❷ BN ook bruiloft

trouw·ak·te *de* [-n, -s] huwelijksakte

trouw·be·lof·te *de (v)* [-n] huwelijksbelofte

trouw·bij·bel *de (m)* [-s] NN, prot bij het kerkelijk huwelijk uitgereikte bijbel

trouw·boek·je *het* [-s] boekje bij de huwelijkssluiting uitgereikt

trouw·dag *de (m)* [-dagen] ❶ dag waarop iemand trouwt of getrouwd is ❷ verjaardag van een huwelijk

trou·we·loos *bn* gemeen, vals

trou·wen *ww* [trouwde, is & h. getrouwd] ❶ in het huwelijk treden; zie ook → **getrouwd** ❷ in het huwelijk verenigen: ★ *wie heeft hen getrouwd?* ❸ huwen met: ★ *haar grote liefde ~*

trou·wens *bijw* overigens: ★ *ik heb hem ~ al 10 jaar niet gesproken*

trou·wer *de (m)* [-s] BN iem. die gaat trouwen of die pas getrouwd is, bruid, bruidegom ★ *jonge trouwers* bruidspaar, jonge paar

trou·we·rij *de (v)* [-en] inf trouwplechtigheid, trouwpartij

trouw·fo·to *de* ['s] foto van een bruidspaar op de huwelijksdag

trouw·har·tig *bn* eerlijk; gemoedelijk; onschuldig

trouw·ja·pon *de (m)* [-nen], **trouw·jurk** *de* [-en] jurk bij het trouwen gedragen

trouw·ka·mer *de* [-s] vertrek in een gemeentehuis waar de huwelijken gesloten worden

trouw·kleed *het* [-kleden] BN, spreektaal trouwjurk

trouw·lus·tig *bn* graag willende trouwen

trouw·pak *het* [-ken] kostuum bij trouwen gedragen

trouw·par·tij *de (v)* [-en] trouwfeest

trouw·plan·nen *mv* ★ *~ hebben* van plan zijn te trouwen

trouw·plech·tig·heid *de (v)* [-heden] plechtige sluiting van een huwelijk

trouw·ring *de (m)* [-en] gladde gouden ring, door gehuwden gedragen

trouw·zaal *de* [-zalen] grote trouwkamer

truc [truuk] (‹Fr›) *de (m)* [-s] kunstgreep, handigheidje; list

tru·ca·ge [truukaazjə] (‹Fr›) *de (v)* [-s] het gebruik maken van trucs, o.a. bij foto's en films, bij het 'oudmaken' van meubelen enz.

truc·fo·to [truuk-] *de* ['s] NN foto waarbij door trucage een effect bereikt wordt dat niet met de werkelijkheid overeenstemt

truck (‹Eng›) *de (m)* [-s] ❶ draaibaar onderstel onder een spoorwagen of vrachtauto ❷ open vrachtauto ❸ voorwagen van een vrachtauto met oplegger

truck·er (‹Eng›) *de (m)* [-s] beroepsvrachtwagenchauffeur

truf·fel (‹Fr‹Lat›) *de* [-s] ❶ zeer kostbare soort eetbare paddenstoel, *Tuber nigrum* ❷ bonbon bestaande uit een dun laagje met cacaopoeder bestrooide chocola met daarbinnen room, in vorm op een → **truffel** (bet 1) lijkend

trui[1] *de* [-en] kledingstuk voor het bovenlichaam, veelal gebreid; zie ook → **geel**

trui[2] (‹Fr‹Lat›) *de (v)* [-en] ❶ zeug ❷ moerkonijn

tru·ken·doos *de* [-dozen] de gezamenlijke trucs of slimmigheden die iem. tot zijn beschikking heeft: ★ *de ~ opentrekken*

tru·ke·ren *ww* (‹Fr›) [trukeerde, h. getrukeerd] ❶ trucs toepassen ❷ door trucs klaarmaken

trust (‹Eng›) *de (m)* [-s] combinatie van ondernemingen die zich onder één leiding stellen, maar juridisch zelfstandig blijven

trus·tee [-tie] *(‹Eng) de (m)* [-s] vertrouwensman, lasthebber; beheerder, vooral belangenbehartiger voor obligatiehouders jegens de debiteur

trust·ge·bied *het* [-en] gebied dat volgens het trustschapstelsel onder toezicht van de Verenigde Naties gesteld werd

trust·maat·schap·pij *de (v)* [-en] onderneming die zich belast met de organisatie, administratie, boekhouding e.d. van nv's en bv's voor rekening van de aandeelhouders

trut [-ten] **I** *de (v)* stijve, kleurloze, vaak overdreven preutse en / of zeurderige vrouw ★ NN ~ *van Troje* versterking van *trut* **II** *de* plat vrouwelijk schaamdeel, kut

trut·te·rig, **trut·tig** *bn* stijf, saai, weinig aantrekkelijk, als een → **trut** (bet 1)

tru·weel *het* [-welen] BN ook troffel, metselgereedschap met driehoekig blad

try [trai] *(‹Eng) de (m)* [tries] rugby het de bal met de hand achter de doellijn van de tegenpartij drukken en zo vier punten behalen

try-out [traiaut] *(‹Eng) de (m)* [-s] opvoering van een nieuwe show of een nieuw toneelstuk e.d., waarin de artiesten zichzelf willen testen en de reacties van het publiek willen peilen

tsaar *(‹Russ‹Lat) de (m)* [tsaren] keizer, titel van de voormalige Russische keizers en Bulgaarse koningen

tsa·re·vitsj [-wietsj] *(‹Russ) de (m)* [-en] hist oudste zoon van de tsaar, troonopvolger in Rusland

tsa·ri·na *(‹Du‹Russ) de (v)* ['s] hist gemalin van de tsaar, keizerin

tsa·ris·me *het* oppermachtige heerschappij als door de vroegere tsaren van Rusland werd uitgeoefend

tsa·ris·tisch *(‹Du) bn* van, onder, in de tijd van de tsaar

tsee·tsee [-s], **tsee·tsee·vlieg** *de* [-en] Afrikaanse vlieg die door haar steek trypanosomen overbrengt die de ernstige ziekten zoals slaapziekte veroorzaken, het insectengeslacht *Glossina*

T-shirt [tiesjù(r)t] *(‹Eng) het* [-s] dunne trui van katoentricot met ronde hals, zonder kraag en met korte mouwen

Tsja·di·ër *de (m)* [-s] iem. geboortig of afkomstig uit Tsjaad

Tsja·disch *bn* van, uit, betreffende Tsjaad

tsjak·ka! *tsw* NN uitroep waarmee zelfvertrouwen of enthousiasme wordt uitgedrukt

Tsjech *de (m)* [-en] iem. geboortig of afkomstig uit Tsjechië

Tsje·chisch I *bn* van, uit, betreffende Tsjechië **II** *het* de taal van Tsjechië

Tsje·cho-Slo·waak *de (m)* [-waken] vroeger iem. geboortig of afkomstig uit Tsjecho-Slowakije

Tsje·cho-Slo·waaks *bn* vroeger van, uit, betreffende Tsjecho-Slowakije

Tsje·tsjeen *de (m)* [-tsjenen] inwoner van Tsjetsjenië

Tsje·tsjeens I *bn* van, uit Tsjetsjenië, van de Tsjetsjenen **II** *het* taal van de Tsjetsjenen

tsjil·pen *ww* [tsjilpte, h. getsjilpt], **tsjir·pen** [tsjirpte, h. getsjirpt] → **tjilpen**, → **tjirpen**

tso *het* ❶ tussenschoolse opvang ❷ in België technisch secundair onderwijs

t-stroom *de (m)* [-stromen] ‹bij lager beroepsonderwijs› theorieafdeling

T-stuk *het* [-ken] techn verbindingsstuk met de vorm van een T

tsu·na·mi [tsoe-] *(‹Jap) de (m)* ['s] vloedgolf veroorzaakt door onderzeese aardbevingen of vulkaanuitbarstingen, in zee schuivend land of een meteorietinslag

TT-race [tietierees] *(‹Eng) de (m)* [-s] NN voluit *Tourist Trophy race* jaarlijkse motorraces in Assen

t.t.z. *afk* BN ook, spreektaal 't is te zeggen *dat wil zeggen*

TU *afk* Technische Universiteit

tu·ba *(‹Lat) de (m)* ['s] groot koperen blaasinstrument met een lage toon

tube¹ [tjoeb] *(‹Eng‹Lat) de (m)* ❶ bijzondere soort luchtband voor racefietsen, zonder binnenband ❷ inf ondergrondse spoorweg

tu·be² *(‹Fr‹Lat) de* [-n, -s] buisje of kokertje van zacht metaal, met schroefdop, voor verf, voor tandpasta enz.

tube·less [tjoeb-] *(‹Eng)* **I** *bn* zonder binnenband **II** *de (m)* fietsband (t.w. voor racefietsen) zonder binnenband

tu·ber·cu·leus *(‹Fr) bn* ❶ vol tuberkels ❷ van de aard van of lijdende aan tuberculose, teringachtig

tu·ber·cu·lo·se [-zə] *(‹Lat) de (v)* med door de tuberkelbacil veroorzaakte infectieziekte, die in alle organen knobbeltjes kan doen ontstaan, vooral in de longen, tbc

tu·ber·kel *(‹Lat) de (m)* [-s] med knobbel zoals bij tuberculose wordt gevormd

tu·ber·kel·ba·cil *de (m)* [-len] bacil die de tuberculose veroorzaakt

tu·be·roos *(‹Lat) de* [-rozen] uit Mexico afkomstig bolgewas uit de familie van de Agavaceae met witte, welriekende bloemen (*Polianthes tuberosa*)

tu·bi·fex *(‹Lat) de (m)* [-en] in de bodem van zoete wateren, maar soms ook in die van de zee levende worm, bekend als voer voor aquariumvissen, *Tubifex tubifex*

TUC *afk* Trades Union Congress *(‹Eng)* [Britse federatie van vakverenigingen]

tucht *de* strenge orde, beheersing van verkeerde neigingen, (zelf)discipline

tucht·com·mis·sie *de (v)* [-s] commissie die, vooral in sport, oordeelt over ernstige overtredingen en straffen oplegt

tuch·te·loos *bn* zonder tucht of orde

tucht·huis *het* [-huizen] vroeger gevangenis voor zwaargestraften

tucht·huis·straf *de* [-fen] vroeger zware gevangenisstraf

tuch·ti·gen ww [tuchtigde, h. getuchtigd] lichamelijk straffen

tuch·ti·ging de (v) [-en] zware lichamelijke straf

tucht·maat·re·gel de (m) [-en, -s] maatregel tot handhaving van de tucht

tucht·recht het rechtspraak die voor een bepaalde groep van personen in eigen kring geldt, zoals voor ambtenaren, artsen, journalisten, voetballers e.d.

tucht·rech·ter de (m) [-s] iem. die tuchtrecht uitoefent

tucht·school de [-scholen] verbeteringsinstituut voor jeugdige delinquenten van 12 tot 18 jaar

tucht·stem·ming de (v) [-en] BN stemming waarbij de leden van een fractie op de door het fractiebestuur bepaalde wijze moeten stemmen

tu·dor·stijl [tjoedə(r)-] de (m) laatgotische stijl in Engeland, genoemd naar het huis Tudor (1485-1603)

tuf (‹Lat) het tufsteen

tuf·fen ww [tufte, h. & is getuft] schertsend met betrekkelijk lage snelheid rijden met een (motor)voertuig dat een licht ploffend geluid maakt

tuf·steen de (m) & het poreus vulkanisch gesteente

tui de [-en] touw of staaldraad voor het staande houden van masten, heistellingen enz.

tui·an·ker het [-s] boeganker, waaraan een schip bij eb vastligt

tui·en ww [tuide, h. getuid], **tui·e·ren** [tuierde, h. getuierd] aan een tuipaal vastbinden, vooral grazend vee

tuig het ❶ touwwerk van een schip ❷ riemen enz. van een ingespannen paard ❸ slecht volk, gespuis, gepeupel ★ vooral NN ~ van de richel zeer slecht volk, het allerlaagste gespuis ❹ vooral in samenstellingen werktuigen, uitrusting: ★ rijtuig, vliegtuig, zintuig

tui·ga·ge [-gaazjə] de (v) al het → **tuig** (bet 1) van een schip

tui·gen ww [tuigde, h. getuigd] ‹paard, schip› van tuig voorzien

tuig·huis het [-huizen] bergplaats van paardentuig

tuig·je het [-s] samenstel van riemen om peuters of honden het weglopen te beletten

tuig·leer, tuig·le·der het sterk leer voor paardentuig

tuil de (m) [-en] ❶ ruiker: ★ een tuiltje bloemen ❷ bep. bloeiwijze

tui·mel de (m) het tuimelen, tuimeling

tui·me·laar de (m) [-s] ❶ soort dolfijn, Tursiops truncatus, die zeer makkelijk kan worden getraind en daarom veel in dolfinariums wordt gehouden ❷ duif die zich tuimelend laat vallen ❸ onderdeel van slot, pistool enz. ❹ horizontaal draaibare glazen bol waaruit zeep kan vloeien

tui·me·len ww [tuimelde, is getuimeld] ❶ omrollen, (buitelend) neerstorten: ★ uit een boom ~ ❷ fig zijn rang of positie verliezen

tui·me·ling de (v) [-en] buiteling, val

tui·mel·raam het [-ramen] raam dat om een horizontale as kan draaien

tuin de (m) [-en] ❶ stuk grond met planten, bomen e.d., vooral nabij een huis ❷ vero omheining: ★ iem. om de ~ leiden eig hem buiten de omheining houden, fig hem beetnemen; zie ook bij → **kap**¹

tuin·aan·leg de (m) het aanleggen van een → **tuin** (bet 1)

tuin·aar·de de losse zwarte aarde

tuin·ameu·ble·ment het [-en] tuinmeubelen

tuin·ar·chi·tect [-argie-, -arsjie-] de (m) [-en] iem. die tuinen (→ **tuin**, bet 1) ontwerpt en leiding geeft bij de aanleg ervan

tuin·boon de [-bonen] soort grote, groene, eetbare peulvrucht (Vicia faba)

tuin·bouw de (m) het kweken van groenten, vruchten, bloemen, bomen e.d.

tuin·bouw·cen·trum het [-s, -tra] belangrijk gebied van tuinbouw

tuin·bou·wer de (m) [-s] tuinder, kweker

tuin·bouw·school de [-scholen] vroeger school voor tuinbouwonderwijs

tuin·broek de [-en] broek met daaraan verbonden een stuk dat borst en buik bedekt en d.m.v. banden over de schouders wordt opgehouden, salopette

tuin·cen·trum het [-s, -tra] kwekerij van siergewassen voor kamer en tuin, waar ook bijpassende benodigdheden verkocht worden

tuin·der de (m) [-s] kweker van groenten en vruchten

tuin·de·rij de (v) [-en] NN tuindersbedrijf

tuin·deur de [-en] deur naar de → **tuin** (bet 1)

tuin·dorp het [-en] woonwijk met veel tuinen

tui·nen ww [tuinde, h. getuind] ★ erin ~ zie bij → **intuinen**

tuin·feest het [-en] feest in een tuin of park

tuin·flui·ter de (m) [-s] groenachtig gekleurde zangvogel, Sylvia borin

tuin·ge·reed·schap het [-pen] werktuigen om een tuin te bewerken zoals schop, hark, gieter enz.

tuin·ge·rief het BN ook tuingereedschap

tuin·ge·was het [-sen] gewas dat in een tuin groeit

tuin·grond de (m) [-en] voor tuinbouw gebruikte grond

tuin·huis·je het [-s] huisje in een tuin, prieel

tui·nier de (m) [-s] tuinman

tui·nie·ren ww [tuinierde, h. getuinierd] in de tuin werken, vooral uit liefhebberij

tuin·ka·bou·ter de (m) [-s] kabouterfiguurtje tussen de planten in een tuin

tuin·ka·mer de [-s] op de tuin uitkomende kamer

tuin·kers de kruisbloemige plant met witte bloempjes, sterkers, bitterkers (Lepidium sativum)

tuin·kruid het [-en] plant die wordt gebruikt om de smaak en geur van gerechten te verbeteren: ★ peterselie, salie, tijm, dille, basilicum, majoraan en oregano zijn ~en

tuin·man de (m) [-lieden, -lui] iem. die voor zijn beroep de tuin of tuinen verzorgt

tuin·meu·bel het [-en] meubel voor in de tuin

tuin·pad het [-paden] → **pad**¹ in de tuin

tuin·schaar *de* [-scharen] grote schaar om takken af te knippen enz.
tuin·slang *de* [-en] slang (gewoonlijk van rubber) ter besproeiing van een tuin
tuin·sproei·er *de (m)* [-s] draaiend toestel dat water verspreidt over een grasveld
tuin·stad *de* [-steden] gepland stadsgedeelte met veel tuinen
tuin·stoel *de (m)* [-en] stoel voor in de tuin
tuin·ta·fel *de* [-s] tafel die men in de tuin gebruikt
tui·paal *de (m)* [-palen] paal waaraan een tui vastgebonden wordt
tuit *de* [-en] buis aan een ketel, kan, theepot enz. waardoor men iets schenkt ★ *tranen met tuiten huilen* dikke tranen
tui·te·lig *bn* NN onvast, wankel
tui·ten *ww* [tuitte, h. getuit] ⟨van lippen⟩ samendrukken en naar voren steken; zie ook bij → **oor**
tuit·ge·vel *de (m)* [-s] gevel die naar boven spits toeloopt
tuit·kan *de* [-nen] kan met een tuit
tui·touw *het* [-en] touw waarmee iets getuid wordt
tuk[1] *bn* ★ ~ *op* begerig naar
tuk[2] *de (m)* [-ken] korte, snelle stoot ★ ~ *hebben* beet hebben
tuk·je *het* [-s] dutje
tuk·ken *ww* [tukte, h. getukt] een dutje doen
tuk·ker *de (m)* [-s] NN, scheldwoord bijnaam voor een Twentenaar
tuk·tuk *de* [-s] gemotoriseerde driewieler voor (publiek) personenvervoer: ★ *de* ~ *komt oorspronkelijk uit Aziatische landen*
tul·band ⟨*Turks*⟩ *de (m)* [-en] ❶ hoofddeksel dat vroeger algemeen werd gedragen door aanzienlijke moslims, een stuk wit neteldoek of zijde dat al dan niet om een ronde rode muts was gewikkeld, thans vooral nog in zwang in India ❷ gebak, min of meer in de vorm van het onder *bet* 1 genoemde hoofddeksel
tu·le ⟨*Fr*⟩ *de* doorzichtig weefsel met fijne mazen, genoemd naar de Franse stad Tulle in de Auvergne
tu·len *bn* van tule
tulp ⟨*It*⟨*Turks*⟩⟩ *de* [-en] bekend bolgewas, tot de lelieachtigen behorend (*Tulipa*), oorspronkelijk uit Turkije, thans ook symbool van Nederland
tul·pen·bed *het* [-den] perk met tulpen
tul·pen·bol *de (m)* [-len] bol van een tulp
tul·pen·boom *de (m)* [-bomen] soort magnolia, *Liviodendron tulipifera*
tum·bler ⟨*Eng*⟩ *de (m)* [-s] bekerglas, glas zonder voet
tu·mor ⟨*Lat*⟩ *de (m)* [-s, -moren] med gezwel
tum·tum *de (m) & het* NN soort snoepgoed, bestaande uit kleine pepermunt- en gomachtige stukjes van verschillende kleur en vorm
tu·mult ⟨*Fr*⟨*Lat*⟩⟩ *het* [-en] ❶ opschudding: ★ *het interview heeft een hevig* ~ *veroorzaakt* ❷ rumoer, lawaai: ★ *die motor maakte veel* ~ ❸ volksoploop

tu·mul·tu·eus ⟨*Fr*⟨*Lat*⟩⟩ *bn* rumoerig, lawaaiig, wanordelijk: ★ *een tumultueuze ceremonie* ★ *de wedstrijd is* ~ *verlopen*
tu·mu·lus ⟨*Lat*⟩ *de (m)* [tumuli] grafheuvel, vooral uit prehistorische tijd
tune [tjoen] ⟨*Eng*⟨*Lat*⟩⟩ *de (m)* [-s] (herkennings)melodie
tu·nen *ww* [tjoenə(n)] ⟨*Eng*⟩ [tunede, h. getuned] afstemmen, vooral van radio's e.d.
tu·ner [tjoenər] ⟨*Eng*⟩ *de (m)* [-s] radio-ontvanger zonder de versterker en (losse) luidspreker(s)
tu·ner-ver·ster·ker [tjoenər-] *de (m)* [-s] apparaat bestaande uit een tuner en een → **versterker**, bet 2
Tu·ne·si·ër [-zie-] *de (m)* [-s] iem. geboortig of afkomstig uit Tunesië
Tu·ne·sisch [-zies] *bn* van, uit, betreffende Tunesië
tu·ni·ca ⟨*Lat*⟩ *de (v)* ['s] Oud-Romeins wollen onderkleed
tu·niek ⟨*Fr*⟨*Lat*⟩⟩ *de (v)* [-en] ❶ korte uniformjas met buitenzakken ❷ tamelijk lang, vrij hangend bovenkledingstuk voor vrouwen en meisjes, dat de eronder gedragen rok of jurk ten dele vrijlaat
tu·niek·pak *het* [-ken] pantalon met mini-jurk
tun·nel ⟨*Eng*⟩ *de (m)* [-s] ondergrondse weg; gang door een berg, onder een rivier enz.
tun·nel·bouw *de (m)* het bouwen van een tunnel
tur·ban [tuurbã] ⟨*Fr*⟩ *de (m)* [-s] → **tulband** (bet 1)
tur·bi·ne ⟨*Fr*⟨*Lat*⟩⟩ *de (v)* [-s] krachtwerktuig waarin arbeidsvermogen van beweging van een werkende stof (water, stoom, gas) door een rotor of door schoepen wordt overgebracht op een draaiende as; schoepenrad
tur·bi·ne·schip *het* [-schepen] met een turbine voortbewogen schip
tur·bo I *de (m)* ['s] ❶ turbomotor ❷ installatie in een turbomotor die het mengsel van brandstof en lucht onder druk brengt II *als eerste lid in samenstellingen* aanduiding waarmee extra vermogen wordt aangegeven: ★ *turbomotor*
tur·bo·com·pres·sor ⟨*Lat*⟩ *de (m)* [-s, -soren] compressor waarin gas met een turbine wordt samengeperst
tur·bo·dy·na·mo [-die-] ⟨*Lat-Gr*⟩ *de (m)* ['s] op een turbine aangesloten dynamo
tur·bo·ge·ne·ra·tor ⟨*Lat*⟩ *de (m)* [-s, -toren] turbodynamo
tur·bo·jet [-dzjet] ⟨*Eng*⟩ *de (m)* [-s] straalmotor
tur·bo·mo·tor *de (m)* [-s & -toren] automotor waarin het mengsel van brandstof en lucht onder druk wordt gebracht, met als gevolg een efficiëntere verbranding
tur·bo·prop ⟨*Eng*⟩ *de (m)* [-s] straalmotor waarbij een gedeelte van de energie wordt gebruikt voor het aandrijven van een schroef
tur·bo·taal *de* modern aandoend taalgebruik waarin veel woorden worden verkort: ★ *in* ~ *staat 'depri' voor 'depressief' en 'aso' voor 'asociaal'*
tur·bu·lent ⟨*Fr*⟨*Lat*⟩⟩ *bn* woelig, onstuimig: ★ *een turbulente periode in onze geschiedenis*

tur·bu·len·tie [-sie] (‹Fr‹Lat) de (v) ❶ onrustigheid, onstuimigheid ❷ onregelmatige wervelende beweging in een vloeistof, een gas of in de atmosfeer

tu·re·luur de (m) [-s, -luren] tot de steltlopers behorende bruingrijze en witte vogel met rode poten (Tringo totanus)

tu·re·luurs, tu·re·luurs bn dol, gek: ★ ~ van iets worden

tu·ren ww [tuurde, h. getuurd] ingespannen kijken

turf de (m) [turven] ❶ gedroogd stuk veen, als brandstof ❷ hoeveelheid van deze stof: ★ drie turven hoog gezegd van de lengte van peuters of kleuters ❸ schertsend dik boek ❹ ‹bij het turven (bet 1)› vijftal

turf·aar·de de aarde met turfmolm
turf·gra·ver de (m) [-s] iem. die turf graaft
turf·kan·toor het [-toren] BN wedkantoor
turf·molm de (m) & het turfgruis
turf·schip het [-schepen] schip dat turf vervoert
turf·ste·ken ww & het (het) turf uit veen steken
turf·strooi·sel het fabrieksmatig bereid turfgruis
turf·trap·per de (m) [-s] ❶ man die de gebaggerde turf vasttrapt ❷ brede schoen van zo'n man ❸ vandaar lompe schoen

turk de (m) [-en] ★ BN ook jonge ~ jonge, ambitieuze nieuwkomer, iem. die met enthousiasme progressieve ideeën aanhangt [naar de jonge turken, een revolutionaire beweging in Turkije in het begin van de 20ste eeuw] ; zie ook bij → **wolf**

Turk·meen de (m) [-menen] iem. geboortig of afkomstig uit Turkmenistan
Turk·meens I bn van, uit, betreffende Turkmenistan II het taal van Turkmenistan

tur·koois (‹Fr) als stof: het, als voorwerp: de (m) [-kooizen] ondoorschijnende blauwgroene of hemelsblauwe edelsteen

tur·kooi·zen bn ❶ van turkoois ❷ een kleur als turkoois hebbend

Turks I bn van, uit, betreffende Turkije ★ ~ bad bad van hete lucht of damp, stoombad II het de Turkse taal

Turk·se de (v) [-n] Turkse vrouw

tur·nen ww (‹Du) [turnde, h. geturnd] ❶ verrichten van zekere gymnastische oefeningen op de grond of aan toestellen, als wedstrijdsport of in verenigingsverband: ★ ~ is een olympische sport ❷ BN, schooltaal gymnastiekles: ★ een uurtje ~ in het bos

tur·ner de (m) [-s] gymnast

turn·key [tù(r)nkie] (‹Eng) voorvoegsel geheel gereed opgeleverd, sleutelklaar, bijv. turnkeyproject

turn·kring de (m) [-en] BN, spreektaal turnvereniging, gymnastiekvereniging

turn·les de [-sen] BN, schooltaal gymnastiekles, gymles
turn·oe·fe·ning de (v) [-en] gymnastiekoefening
turn·ster de (v) [-s] vrouwelijke turner
turn·ver·eni·ging de (v) [-en] gymnastiekvereniging

turn·zaal de [-zalen] BN, spreektaal gymnastieklokaal, gymzaal

tur·quoi·se [-kwaazə] (‹Fr) het kleur van turkoois, blauwgroene kleur, → **turkooizen** (bet 2)

tur·ven ww [turfde, h. geturfd] ❶ bij vijf tegelijk tellen door telkens vier streepjes te zetten met een vijfde dwarsstreepje erdoor ❷ → **turf** maken

tus·sen I vz ❶ met aan weerszijden of ervoor en erna twee genoemde zaken / personen: ★ Jan zit ~ Piet en Fatima ★ maart komt ~ februari en april ★ ik kom ~ twee en drie uur ★ dat blijft ~ ons dat is in vertrouwen gezegd ★ NN ~ de middag in de middagpauze (ongeveer tussen 12 en 2) ★ de voet ~ de deur steken beletten dat iem. de deur kan sluiten door een voet tegen de deurpost te houden; fig zeer opdringerig aanhouden ❷ te midden van een grotere hoeveelheid: ★ ~ al het onkruid stonden een paar prachtige planten ★ er van ~ gaan er vandoor gaan ★ er niet van ~ kunnen er niet aan kunnen ontkomen ★ ~ de regels door lezen zie bij → **regel** (bet 1) ★ BN, spreektaal ~ dit en een week binnen een week II bijw ★ BN ook ergens voor (n)iets ~ zitten er (n)iets mee te maken hebben ★ BN ook iem., iets er ~ uit laten er buiten laten, er niet bij betrekken

tus·sen·ba·lans de [-en] fig tussentijdse evaluatie: ★ de ~ opmaken

tus·sen·bei·de bijw ❶ tamelijk; niet goed, niet slecht ❷ ★ ~ komen zich mengen (in), zich bemoeien (met)

tus·sen·dek het [-ken] onderdek van een schip
tus·sen·deks, tus·sen·deks bijw op het tussendek
tus·sen·deur de [-en] deur tussen twee kamers
tus·sen·dijks bn tussen twee dijken in
tus·sen·door bijw tussen iets anders door: ★ ik doe ~ wel even de afwas

tus·sen·door·tje het [-s] ❶ iets wat men tussen twee maaltijden door nuttigt ❷ bij uitbreiding iets wat men in het voorbijgaan, tussen twee taken of verrichtingen, doet

tus·sen·gast·heer de (m) [-heren] gastheer waarop een parasiet als larve leeft alvorens op een andere gastheer geslachtsrijp te worden

tus·sen·ge·le·gen bn tussenin liggend
tus·sen·han·del de (m) handel die van de groothandel koopt en aan de kleinhandel verkoopt
tus·sen·han·de·laar de (m) [-s, -laren] iem. die tussenhandel bedrijft
tus·sen·in bijw tussen twee dingen of momenten in
tus·sen·ka·mer de [-s] kamer tussen twee andere kamers
tus·sen·kleur de [-en] zachte kleur tussen twee andere in
tus·sen·ko·men ww [kwam tussen, is tussengekomen] BN ook ❶ tussenbeide komen, bemiddelend optreden, bemiddelen; ingrijpen, (handelend) optreden: ★ de politie moest ~ in de disco ❷ interrumperen, het woord nemen ★ in een gesprek ~ een gesprek onderbreken ❸ ergens tussendoor komen, (storend) optreden; zich

voordoen: ★ *er zijn incidenten tussengekomen* ★ *er is iets tussengekomen* ⟨ook in Nederland gebruikt⟩ door omstandigheden kunnen de oorspronkelijke plannen niet doorgaan ❹ bijdragen in de kosten, tegemoetkomen; gebruikt worden (bij): ★ *kernenergie komt al voor 25% tussen in de elektriciteitsproductie van dat land*

tus·sen·ko·mend *bn* ★ *tussenkomende moeilijkheden, omstandigheden* die op een voornemen *of* verwachting van invloed kunnen zijn

tus·sen·komst *de (v)* ❶ bemiddeling; het zich bemoeien met iets, inmenging: ★ *door ~ van een bemiddelaar was het conflict snel opgelost* ❷ BN ook bijdrage, toelage, tegemoetkoming, subsidie, uitkering ❸ BN interruptie, onderbreking (in een debat)

tus·sen·kop *de (m)* [-pen], **tus·sen·kop·je** *het* [-s] ⟨in een krant⟩ kop tussen de tekst van een artikel, vooral een verslag

tus·sen·laag *de* [-lagen] laag tussen twee andere in

tus·sen·lan·ding *de (v)* [-en] luchtv landing onderweg: ★ *na een ~ in Milaan ging het vliegtuig verder naar Athene*

tus·sen·lig·gend *bn* tussen twee dingen of momenten in

tus·sen·maat *de* [-maten] maat tussen groot en klein in

tus·sen·muur *de (m)* [-muren] muur tussen twee ruimten; geen buitenmuur

tus·sen·op·los·sing *de (v)* [-en] oplossing die niet beslist voor *of* het een *of* het ander, maar iets als een tussenweg tussen de twee is

tus·sen·paus *de (m)* [-en] ❶ paus die regeerde tussen twee belangrijke pausen ❷ fig onbelangrijk heerser die regeert tussen twee belangrijke heersers

tus·sen·per·soon *de (m)* [-sonen] bemiddelend persoon bij het sluiten van een koop, overeenkomst enz.

tus·sen·poos *de* [-pozen] tijd tussen twee handelingen in ★ *bij tussenpozen* nu en dan

tus·sen·ruim·te *de (v)* [-n, -s] ruimte tussen twee dingen in

tus·sen·scha·kel *de* [-s] ❶ verbindende schakel ❷ fig wat een overgang vormt *of* die contact tot stand brengt

tus·sen·schot *het* [-ten] → schot² , losse wand tussen twee ruimten

tus·sen·spel *het* [-spelen] korte onderbreking waarin (andere) muziek gespeeld wordt

tus·sen·stand *de (m)* [-en] sp stand op een bepaald moment vóór het einde van een wedstrijd e.d.: ★ *de ~ van RKC-Vitesse is 1-1*

tus·sen·sta·tion [-staa(t)sjon] *het* [-s] spoorwegstation tussen twee andere (belangrijker) stations

tus·sen·stop *de (m)* [-s] korte stop tussen het begin- en eindpunt van een reis (ook fig)

tus·sen·taal *de* [-talen] BN taal die als overgang tussen twee talen fungeert en met die beide talen nauwe verwantschap vertoont; taalvariant tussen standaardtaal en dialect: ★ *Verkavelingsvlaams is een Belgisch-Nederlandse ~*

tus·sen·tijd *de (m)* [-en] ❶ tijd tussen twee gebeurtenissen ★ *in die ~* onderwijl ❷ ⟨bij snelheidssporten⟩ tijdens het verloop van de wedstrijd opgenomen tijd

tus·sen·tijds, **tus·sen·tijds** *bn* tussen de vaste tijden in ★ *een tussentijdse verkiezing* die worden gehouden voordat een regeringstermijn is verstreken

tus·sen·uit *bijw* ★ *er ~* tussen twee dingen uit; ervandaan, eraf

tus·sen·uur *het* [-uren] NN onbezet uur tussen overigens opeenvolgende lesuren

tus·sen·voeg·sel *het* [-s] iets wat men ergens tussenin voegt

tus·sen·von·nis *het* [-sen] voorlopig vonnis, in afwachting van nadere gegevens

tus·sen·vorm *de (m)* [-en] vorm die het midden houdt tussen twee vormen

tus·sen·weg *de (m)* [-wegen] middenweg

tus·sen·werp·sel *het* [-s] woordje dat los staat van het zinsverband, bijv.: *bah, hoera, jammer, shit*

tus·sen·zang *de (m)* [-en] NN, prot lied tussen twee delen van de preek

tus·sen·zet·sel *het* [-s] wat bij het naaien tussen andere stof gezet wordt

tus·sen·zin *de (m)* [-nen] zinnetje op lage toon, als onderbreking van een andere zin gezegd: In die tuin stond - *niemand weet hoe lang al* - een grote eikenboom

tut¹ I *de (v)* [-ten] → trut (bet 1) II *de* [-ten] NN → teut¹

tut² *tsw* zie bij → tuttut

tu·te·lair [-lèr] *bn* tot de voogdij behorend; beschermend; als voogd handelend

tut·ho·la *de (v)* ['s] NN → trut, bet 1

tu·toy·e·ren *ww* [tuutwajjeerǝ(n)] ⟨*Fr*⟩ [tutoyeerde, h. getutoyeerd] met jij en jou aanspreken: ★ *in dit bedrijf tutoyeert iedereen elkaar*

tut·ten *ww* [tutte, h. getut] NN ❶ teuten ❷ met onbenulligheden bezig zijn: ★ *ze zit soms uren met haar vriendin te ~ op haar kamer*

tut·te·rig, **tut·tig** *bn* ❶ stijf, niet vlot, truttig ❷ zeurderig, treuzelachtig

tut·ti [toet-] ⟨*It*‹*Lat*⟩ *vnw* allen; muz allen tegelijk

tut·ti·frut·ti ⟨*It*⟩ *de (m)* eig allerlei fruit; hoeveelheid verschillende soorten gedroogde zuidvruchten

tut·tig *bn* → tutterig

tut·tut *tsw* een beetje kalm!, rustig aan

tu·tu ⟨*Fr*⟩ *de (m)* ['s] uitstaand, kort balletrokje

tuut¹ *tsw* nabootsing van het geluid van een toeter of een trein

tuut² *de (m)* [tuten] NN, dial, spreektaal politieagent

tv *de (v)* ['s] televisie

T-vorm *de (m)* zie bij → t¹

T-vor·mig *bn* in T-vorm

T.W. *afk* in België Touring-Wegenhulp

t.w. *afk* te weten

twaalf I *hoofdtelw* ★ met zijn twaalven ★ het is vijf of twee voor ~ het is de hoogste tijd tot handelen over te gaan **II** *de* [twaalven] het getal twaalf

twaalf·de I *rangtelw* nummer twaalf in een reeks ★ voetbal *de* ~ *man* het publiek als belangrijke steun voor het thuisspelende elftal **II** *het* [-n] het twaalfde gedeelte

twaalf·hoek *de (m)* [-en] meetkundige figuur met twaalf hoeken

twaalf·ja·rig *bn* twaalf jaar oud, twaalf jaar durend: ★ ~ *bestand* zie bij → **bestand²**

twaalf·tal *het* [-len] ❶ groep of stel van twaalf ❷ korfbal groep van zes spelers en zes speelsters

twaalf·tal·lig *bn* met twaalf als grondtal: ★ *het* ~ *stelsel*

twaalf·toon·tech·niek *de (v)* muz compositietechniek die berust op de toepassing van een uit alle twaalf chromatische tonen bestaande reeks, een soort atonale-muziektechniek, dodecafonie

twaalf·uur·tje *het* [-s] NN broodmaaltijd omstreeks twaalf uur, lunch

twaalf·vin·ge·rig, twaalf·vin·ge·rig *bn* ★ *twaalfvingerige darm* eerste gedeelte van de darm, beginnende bij de maag

twaalf·vlak *het* [-ken] → **lichaam** (bet 2) begrensd door twaalf vlakken

twaalf·voud *het* [-en] getal door twaalf deelbaar; getal dat twaalf maal zo groot is als een ander

twaalf·vou·dig *bn* twaalf maal zo groot

twee I *hoofdtelw* ★ *in tweeën* ★ *een van tweeën* of *van tweeën één* er moet tussen twee mogelijkheden gekozen worden; zie ook bij → **maat²** (bet 1), → **mond** (bet 1), → **woord¹** (bet 1) **II** *de* [tweeën] het cijfer twee

twee·be·nig *bn* voetbal met beide benen evengoed kunnende spelen

twee·com·po·nen·ten·lijm *de (m)* [-en] lijm die droogt door een chemische reactie tussen twee elementen die kort voor het gebruik gemengd moeten worden

tweed [twied] ⟨Eng⟩ *het* soort diagonaalgeribde kostuumstof, geweven uit wol van twee of meer kleuren, vooral gebruikt voor jassen en kostuums

twee·daags *bn* ❶ twee dagen durend ❷ twee dagen oud

twee·de *rangtelw* nummer twee in een rij: ★ *ten* ~ ★ ~ *huis* buitenhuis als tweede woning

twee·de·graads *bn* ★ ~ *verbranding* mate van verbranding waarbij blaren met → **serum** (bet 1) ontstaan ★ in Nederland ~ *lesbevoegdheid* bevoegdheid om les te geven aan alle leerjaren van het vmbo en de eerste drie leerjaren van havo en vwo

twee·de·hands *bn* uit de tweede hand, niet meer nieuw: ★ ~ *afwasmachine* ★ *tweedehandsboekhandel* boekwinkel waar uitsluitend reeds gebruikte boeken verkocht worden

twee·de·jaars *bn* van het tweede studiejaar: ★ *een* ~ *student*

Twee·de Ka·mer *de* voluit: ★ in Nederland ~ *der Staten-Generaal* de volksvertegenwoordiging, rechtstreeks door de kiezers gekozen

Twee·de Ka·mer·lid *het* [-leden] in Nederland iem. die deel uitmaakt van de Tweede Kamer

twee·dek·ker *de (m)* [-s] vliegtuig met twee draagvlakken boven elkaar

twee·de·klas·ser *de (m)* [-s] ❶ leerling van de tweede klas ❷ club of speler van de tweede rangklasse

twee·de·lig *bn* uit twee delen bestaande ★ ~ *badpak* bikini ★ ~ *kostuum* jas en broek

twee·de·rangs *bn* van de tweede rang, niet eersterangs

twee·deurs *bn* ⟨auto, kast⟩ met twee deuren

twee·draads *bn* uit twee draden bestaand

twee·dracht *de* onenigheid, twist ★ ~ *zaaien* onenigheid veroorzaken, doen ontstaan

twee·drach·tig *bn* onenig, onderling verdeeld

twee·drank *de (m)* [-en] NN frisdrank bereid uit twee soorten vruchten

tweeds, tweedst *rangtelw* kindertaal tweede (vooral geroepen bij spelletjes waarin men om de beurt iets moet doen)

twee·ei·ig *bn* uit twee eicellen voortgekomen: ★ *een twee-eiige tweeling*

twee·ër·lei *bn* van of in twee soorten

twee·fa·se·struc·tuur [-zə-] *de (v)* in Nederland inrichting van het universitair onderwijs in twee opeenvolgende fasen; zie ook bij **bachelor-masterstelsel**

twee·ge·sprek *het* [-ken] gesprek tussen twee personen, dialoog

twee·ge·vecht *het* [-en] gevecht van man tegen man, duel

twee·han·dig *bn* met beide handen even goed handelingen kunnende verrichten

twee·hoe·vig *bn* met twee hoeven aan elke poot

twee·hon·derd *hoofdtelw*

twee·hon·derd·ste *rangtelw* nummer tweehonderd in een reeks

twee·hoof·dig *bn* met twee hoofden: ★ *een tweehoofdige leiding*

twee·hui·zig *bn* biol met mannelijke en vrouwelijke bloemen op afzonderlijke planten

twee·ja·rig *bn* ❶ twee jaar oud ❷ twee jaar durend ❸ om de twee jaar ❹ ⟨van planten⟩ in het tweede jaar bloeiend en dan stervend

twee·ka·mer·flat [-flet] *de* [-s] → **flat** (bet 1) met twee kamers

twee·ka·mer·stel·sel *het* [-s] stelsel van volksvertegenwoordiging met twee kamers

twee·kamp *de (m)* [-en] strijd tussen twee personen, vooral wedstrijd tussen twee meesters in een spel, duel

twee·kap·per *de (m)* [-s] twee-onder-een-kapwoning

twee·klank *de (m)* [-en] vereniging van twee verschillende klinkers, als *ui, au, ei* in één lettergreep

twee·le·dig, twee·le·dig *bn* ❶ uit twee delen bestaand ❷ in twee betekenissen: ★ *iets ~ opvatten*

twee·ling I *de (m)* [-en] ❶ tweetal broers of zusters die zich tijdens dezelfde zwangerschap hebben ontwikkeld en kort na elkaar zijn geboren ★ *eeneiige ~ tweeling ontstaan uit een jonge vrucht zich in een zeer vroeg stadium in twee afzonderlijke, gelijke vruchten deelt* ★ *twee-eiige ~ tweeling afkomstig uit twee afzonderlijk bevruchte eicellen* ❷ *Tweelingen* derde teken van de dierenriem (van ± 21 mei tot ± 21 juni), Gemini **II** *de* [-en] elk van de beide leden van een tweeling: ★ *ik ben een ~*

twee·ling·baan *de* [-banen] duobaan

twee·ling·broer, twee·ling·broe·der *de (m)*, **twee·ling·zus·ter** *de (v)* [-s] zie bij → **tweeling**

twee·lob·big *bn* tweezaadlobbig

twee·loops *bn* met twee lopen: ★ *een ~ geweer*

twee·luik *het* [-en] schilderij dat uit twee luiken bestaat, diptiek

twee·maan·de·lijks *bn* ❶ om de twee maanden verschijnend: ★ *een ~ tijdschrift* ❷ twee maanden durend

twee·mas·ter *de (m)* [-s] schip met twee masten

twee·per·soons·bed *het* [-den] bed met de breedte voor twee volwassen personen

twee·per·soons·huis·hou·den *het* [-s] huishouden bestaande uit twee personen

twee·pits *bn* met twee pitten: ★ *een ~ gasstel*

twee·poot *de (m)* [-poten] de letter n [in tegenstelling tot de *driepoot*, de letter m]

twee·re·ge·lig *bn* van twee regels: ★ *een ~ vers*

tweern *de (m)* tweedraads garen

tweer·nen *ww* [tweernde, h. getweernd] ineendraaien van garens

twee·slach·tig, twee·slach·tig *bn* ❶ zowel op het land als in het water levend: ★ *tweeslachtige dieren* ❷ mannelijk en vrouwelijk tegelijk ❸ ⟨van bloemen⟩ met meeldraden en stampers in dezelfde bloem ❹ *fig* niet uit één stuk, iets van het een en iets van het andere hebbend: ★ *dat boek heeft iets tweeslachtigs*

twee·snij·dend *bn* met twee scherpe kanten: ★ *een ~ zwaard*

twee·spalt *de* twist, onenigheid

twee·span *het* [-nen] ❶ span met twee paarden ❷ twee goed bijeenpassende mensen

twee·spraak *de* [-spraken] gesprek tussen twee personen, dialoog

twee·sprong *de (m)* [-en] ❶ splitsingspunt van een weg ❷ *fig* toestand waarin een beslissende keuze moet worden gedaan: ★ *op de ~ staan*

twee·stem·mig, twee·stem·mig *bn* met of voor twee zangstemmen

twee·strijd *de (m)* innerlijke strijd: ★ *in ~ verkeren*

twee·strij·dig *bn* met elkaar in strijd zijnde

tweet [twiet] *⟨Eng⟩ de (m)* [-s] bericht dat via de online berichtendienst twitter® wordt verstuurd ; zie ook **twitteren**

twee·takt·mo·tor *de (m)* [-s, -toren] motor waarvan de zuiger twee slagen maakt na elke explosie

twee·tal *het* [-len] ❶ groep van twee; twee personen ❷ uit twee personen bestaande voordracht ter benoeming: ★ *op het ~ staan*

twee·ta·lig, twee·ta·lig *bn* ❶ met twee talen: ★ *Canada is een ~ land* ❷ in twee talen: ★ *een tweetalige folder* ❸ twee talen (als moedertaal) beheersend

twee·tal·lig *bn* met twee getallen werkend, binair

twee·ter [twieter] *⟨Eng⟩ de (m)* [-s] luidspreker voor de hoge tonen in een geluidsinstallatie

twee·to·nig *bn* ❶ uit twee tonen bestaande ❷ twee tonen tegelijk gevend

twee·ver·die·ners *mv* tweetal personen die getrouwd zijn of samenwonen en beiden een inkomen hebben

twee·vlaks·hoek *de (m)* [-en] figuur van twee elkaar snijdende vlakken

twee·vleu·ge·li·gen *mv* insecten met twee vleugels

twee·voud *het* [-en] ❶ getal dat door twee deelbaar is ★ *in ~* in twee exemplaren ❷ het dubbele

twee·vou·dig *bn* dubbel

twee·waar·dig *bn chem* de waarde van twee waterstofatomen hebbend

twee·wie·ler *de (m)* [-s] voertuig met twee wielen

twee·woonst *de (v)* [-en] *BN* twee-onder-een-kapwoning, dubbele villa

twee·zaad·lob·big *bn* met twee zaadlobben

twee·zij·dig *bn* ❶ met twee zijden ❷ aan twee zijden: ★ *~ symmetrisch*

twee·zits·bank *de* [-en] zitbank voor twee personen

twelve-inch [twelv-intsj] *⟨Eng⟩ de (m)* [-es] [-tsjiz] 45-toeren grammofoonplaat van betrekkelijk groot formaat, namelijk met een diameter van 12 inch (ongeveer 30,5 cm)

twen, twen·ner *⟨Eng⟩ de* [-s] jongeman of meisje van 20 tot 30 jaar

Twent *de (m)* [-en], **Twen·te·naar** *de (m)* [-s, -naren] iemand geboortig of afkomstig uit Twente

Twents I *bn* van, uit, betreffende Twente **II** *het* dialect van Twente: ★ *zij sprak ~*

twij·fel *de (m)* [-s] onzekerheid; besluiteloosheid ★ *iets in ~ trekken* het betwijfelen ★ *het lijdt geen ~* het is zeker ★ *boven alle ~ verheven zijn* zo zeker zijn dat men niet behoeft te twijfelen

twij·fe·laar *de (m)* [-s] ❶ iemand die twijfelt ❷ smal tweepersoonsbed

twij·fel·ach·tig, twij·fel·ach·tig *bn* ❶ onzeker, te betwijfelen: ★ *de uitkomsten van het onderzoek zijn nog ~* ❷ dubieus, waarschijnlijk slecht of onbetrouwbaar: ★ *een politicus met een ~ verleden*

twij·fe·len *ww* [twijfelde, h. getwijfeld] onzeker zijn: ★ *ik twijfel of ik meega* ★ *aan iets ~* niet weten of het waar is

twij·fel·ge·val *het* [-len] geval waarover men twijfelen

twij·fe·ling *de (v)* [-en] het twijfelen; onzekerheid
twij·fel·moe·dig *bn* niet kunnende besluiten, besluiteloos, onzeker
twij·fel·zucht *de* sterke geneigdheid tot twijfelen
twijg *de* [-en] dunne, buigzame tak
twij·gen *bn* van twijgen
twijn *de (m)* tweern
twij·nen *ww* [twijnde, h. getwijnd] tweernen
twijn·ga·ren *het* twijn
twin·ke·len *ww* [twinkelde, h. getwinkeld] helder schitteren
twin·set ⟨*Eng*⟩ *de (m)* [-s] wollen tricot damesjumper en bijpassend vest
twin·tig *hoofdtelw*
twin·ti·ger *de (m)* [-s] iem. van ongeveer 20 jaar
twin·tig·ja·rig *bn* ❶ twintig jaar oud ❷ twintig jaar durend
twin·tig·ste I *rangtelw* nummer twintig in een reeks II *het* [-n] een twintigste deel
twin·tig·ste-eeuws *bn* van, uit de 20ste eeuw
twin·tig·tal *het* [-len] hoeveelheid van twintig
twist[1] *de (m)* [-en] ruzie: ★ *een ~ bijleggen, beslechten, vereffenen*
twist[2] ⟨*Eng*⟩ *de (m)* dans die in het begin van de jaren zestig is ontstaan
twist·ap·pel *de (m)* [-s] aanleiding tot twist; Griekse myth gouden appel met de woorden '*voor de schoonste*' erop, door Eris, de godin van de twist, onder de op een bruiloft aanwezige goden en godinnen geworpen en daarbij twist veroorzakende tussen *Hera*, *Athene* en *Aphrodite*; *ook*: → **parisappel**
twis·ten[1] *ww* [twistte, h. getwist] ruzie maken; debatteren, een meningsverschil uiten
twis·ten[2] *ww* [twistte, h. getwist] ineendraaien van vezels tot garen
twis·ten[3] *ww* ⟨*Eng*⟩ [twistte, h. getwist] de → **twist**[2] dansen
twist·ge·sprek *het* [-ken] debat
twist·punt *het* [-en] twistvraag
twist·vraag *de* [-vragen] punt, kwestie waarover meningsverschil bestaat
twist·ziek *bn* geneigd tot → **twisten**[1]
twit·te·ren *ww* [twitterde, h. getwitterd] korte berichtjes publiceren via de online berichtendienst twitter®, die ze ook verspreidt naar de mobiele apparatuur van geabonneerde gebruikers
two-seat·er [toesieta(r)] ⟨*Eng*⟩ *de (m)* [-s] tweepersoonsauto of -vliegtuig
two-step [toe-] ⟨*Eng*⟩ *de (m)* oorspronkelijk Amerikaanse tapdans in 3/4-maat
ty·coon [taikoen] ⟨*Eng*<*Jap*<*Chin*⟩ *de (m)* [-s] rijke en machtige zakenman, magnaat
ty·feus [tie-] *bn* med op tyfus gelijkende, tyfusachtig: ★ *tyfeuze koorts*
ty·foon [tie-], **tai·foen** ⟨*Eng*<*Chin*⟩ *de (m)* [-s] wervelstorm ⟨in de Zuid-Chinese zee⟩

ty·fus [tie-] ⟨*Gr*⟩ I *de (m)* med besmettelijke ziekte gepaard gaande met hevige langdurige koortsen en bewustzijnsstoornissen; II *als eerste lid in samenstellingen*, **tyfus-** NN, plat zeer slecht, rot-: ★ *wat een tyfusweer!*
ty·pe [tiepə] ⟨*Fr*<*Lat*<*Gr*⟩ *het* [-n, -s] ❶ persoon met betrekking tot zijn algemeen voorkomen: ★ *een donker, een slank ~* ❷ vorm, model, uitvoering: ★ *we hebben ook een ander ~ videorecorder* ❸ persoon of zaak die een grondvorm zuiver of sterk vertegenwoordigt: ★ *hij is het ~ van een ambtenaar* ❹ eigenaardig, wonderlijk persoon: ★ *ze is me ook een ~!* ❺ lettervorm; lettersoort
ty·pe·cas·ten *ww* ⟨*Eng*⟩ [taaipkàsta(n)] [typecastte, h. getypecast] de typecasting bepalen
type·cast·ing [taipkàsting] ⟨*Eng*⟩ *de (v)* rolverdeling, toewijzing van rollen aan daarvoor speciaal geschikte acteurs
type·ka·mer [tiep-, teip-] *de* [-s] kamer voor de typisten
type·ma·chi·ne [tiepmaasjienə] *de (v)* [-s] schrijfmachine
ty·pen *ww* [tie-, tei-] ⟨*Eng*⟩ [typte, h. getypt] tikken, met de schrijfmachine schrijven
ty·pe·ren *ww* [tie-] [typeerde, h. getypeerd] kenschetsen, kenmerken, karakteriseren
type·werk [tiep-, teip-] *het* werk met de schrijfmachine
type·writ·er [taipraita(r)] ⟨*Eng*⟩ *de (m)* [-s] schrijfmachine
ty·pisch [tiepies] ⟨*Lat*<*Gr*⟩ *bn* ❶ het type aanwijzend, kenmerkend, karakteristiek: ★ *dat is ~ iets voor George* ❷ merkwaardig, eigenaardig, vreemd: ★ *wat een typische boom!*
ty·pist [tie-] *de (m)* [-en], **ty·pis·te** [tie-] *de (v)* [-s, -n] machineschrijver, machineschrijfster
ty·po·graaf [tie-] ⟨*Fr*<*Gr*⟩ *de (m)* [-grafen] ❶ boekdrukker ❷ iem. die de → **typografie** (bet 2) bepaalt
ty·po·gra·fie [tie-] ⟨*Gr*⟩ *de (v)* ❶ boekdrukkunst ❷ druk, wijze waarop iets gedrukt is
ty·po·gra·fisch [tie-] ⟨*Gr*⟩ *bn* de typografie betreffend; uit een oogpunt van typografie
ty·po·lo·gie [tie-] ⟨*Gr*⟩ *de (v)* leer van de karaktertypen
ty·po·lo·gisch [tie-] ⟨*Gr*⟩ *bn* de typologie of de typen betreffend
ty·ran·no·sau·rus [tie-] ⟨*Gr*⟩ *de (m)* [-sen] zeer grote, prehistorische hagedis, waarschijnlijk een roofdier of aaseter
t.z. *afk* ❶ ter zee ❷ ter zake
tza·tzi·ki ⟨*Nieuwgrieks*⟩ *de* Grieks gerecht van yoghurt met komkommer en kruiden
t.z.t. *afk* te zijner tijd

U

u¹ *de* ['s] ❶ 21ste letter van het alfabet ❷ *U-vorm* hoefijzervorm: ★ *een tafel in U-vorm*
u² I *pers vnw tweede persoon enk en mv, beleefdheidsvorm, onderwerps- en voorwerpsvorm:* ★ *~ bent* ★ *~ hebt* of *~ heeft* ★ *ik verzoek ~...* ★ *een prestatie om ~ tegen te zeggen* die respect afdwingt II *wederk vnw gebiedende wijs:* ★ *vergis ~ niet*
U *afk* chem symbool voor het element *uranium*
UA *afk* ❶ NN uitgesloten aansprakelijkheid ‹bij een coöperatieve vereniging› ❷ in België Universiteit Antwerpen
ub *afk* universiteitsbibliotheek
U-bahn [oebaan] ‹(Du) *de (m)* Untergrundbahn [ondergrondse spoorweg, metro]
über·haupt [uu-] ‹(Du) *tsw* over 't algemeen; helemaal, toch eigenlijk: ★ *hij heeft ~ geen enkele kennis van de geschiedenis*
über·mensch [uubərmensj] ‹(Du) *de (m)* [-en] oppermens, mens van bovenmenselijk formaat die zich boven goed en kwaad verheven waant
U-boot [oe-] ‹(Du) *het* verkorting van *Unterseeboot,* onderzeeër, duikboot
UDC *afk* universele decimale classificatie [een bibliografisch systeem van indeling]
UEFA *afk* Union of European Football Associations ‹(Eng) [Unie van Europese Voetbalassociaties]
ufo *de (m)* ['s] unidentified flying object ‹(Eng) [onbekend vliegend voorwerp, vliegende schotel]
ufo·lo·gie *de (v)* studie van onbekende vliegende voorwerpen, ufo's
ufo·loog *de (m)* [-logen] iem. die zich bezighoudt met ufologie
UG, UGent *afk* in België Universiteit Gent
ugli [uuylie] *de (m)* ['s] NN kruising tussen een sinaasappel en een grapefruit
uh *tsw* uitdrukking van aarzeling, eh
UHF *afk* ultrahigh frequency ‹(Eng) [radio zeer hoge frequentie]
ui ‹(Lat) *de (m)* [-en] ❶ tot de lelieachtigen behorende plant met een scherp ruikende, eetbare knol (*Allium cepa*) ❷ NN, vero grap; zie ook bij → **kamperui**
UIA *afk* BN, hist Universitaire Instelling Antwerpen
ui·en·krui·er *de (m)* [-s] NN plat brood met uiensnippers en kaas
ui·en·schil *de (m)* [-len] schil van een ui
ui·en·soep *de* [-en] met uien bereide soep
ui·er *de (m)* [-s] melkklier bij koeien enz.
ui·er·boord *het* [-en] vleeslaag om een uier
ui·ig *bn* NN grappig, geestig
U-ijzer *het* [-s] stuk ijzer met U-vormige doorsnede
uil *de (m)* [-en] ❶ nachtvogel behorend tot de orde *Strigiformes,* gekenmerkt door een dikke ronde kop, grote, naar voren gerichte ogen omkranst door uitstaande veertjes en een haaksnavel, die leeft van andere dieren: ★ *een ~ krast* ★ *de ~ was bij de Grieken het symbool van de wijsheid, de vogel van Pallas Athene* ★ *uilen naar Athene dragen* overbodig werk doen ★ NN *elk meent zijn ~ een valk te zijn* iedereen meent dat het zijne het beste is ❷ fig domoor ❸ nachtvlinder met een harige kop ❹ ★ *een uiltje knappen* (BN, spreektaal: vangen) een dutje doen
uil·ach·tig *bn* dom
ui·len·bal *de (m)* [-len] door een taaie substantie omgeven prop met onverteerbare prooiresten (beentjes enz.), die uilen uitbraken en waaruit het vaak mogelijk is vast te stellen op welke dieren een bepaalde uilensoort jaagt
ui·len·bord *het* [-en] driehoekig raam of luik boven in een dak
ui·len·bril *de (m)* [-len] bril met een dik, donkergekleurd montuur
ui·len·spie·gel *de (m) (m)* [-s] vero grappenmaker, spotter
ui·len·zeik *de (m)* NN, spreektaal ❶ verschaald bier: ★ *een glaasje ~* ❷ bij uitbreiding slappe, smakeloze drank
ui·lig *bn* dom
uils·kui·ken *het* [-s] domoor
uil·tje *het* [-s] zie bij → **uil** (bet 5)
uit I *bijw* ❶ buiten ★ *de bal is ~* buiten het speelveld ❷ van huis weg, voor plezier weg: ★ *mevrouw was ~* ❸ weg om te: ★ *~ stelen gaan* ❹ uitgebrand: ★ *de kachel is ~* ❺ geëindigd: ★ *de school is al ~* ★ *dat moet ~ zijn* ★ *het verhaal is ~* ★ *het is ~ tussen ons* onze verkering, verloving is afgelopen ★ BN, spreektaal *('t is) amen en ~* (het is) afgelopen, basta, en daarmee uit ❻ uitgelezen: ★ *heb je dat boek al ~?* ❼ ★ *~ zijn op* graag willen verkrijgen ★ *erop ~ zijn om* streven naar ❽ ★ NN *er niet over ~ kunnen* er zeer verbaasd over zijn, er vol van zijn ★ BN *er (niet) aan ~ kunnen* a) er (niet) wijs uit worden, b) er (n)iets aan verdienen ❾ uit de mode, niet meer in tel: ★ *visnetten op feestjes zijn ~; vgl:* → **in¹** *(II, bet 2)* ❿ BN *ook* uitgedronken, opgedronken, leeg: ★ *een glas (te veel) ~ hebben* wat te veel op hebben, dronken zijn; zie ook bij → **uit-en-te-na** II *vz* ❶ weg van, buiten: ★ *~ de kamer gaan* ★ *de kamer ~ gaan* ★ *10 km ~ de kust* ★ *er ~ zijn* een probleem opgelost hebben ❷ vanuit, afkomstig van: ★ *~ de goede oude tijd* ★ *ze komt ~ Marokko* ★ *voorlezen ~ de Bijbel* ★ *~ de grond van mijn hart* ❸ door, om: ★ *~ liefde*
uit·ade·men *ww* [ademde uit, h. uitgeademd] adem uitblazen; **uitademing** *de (v)* [-en]
uit·bag·ge·ren *ww* [baggerde uit, h. uitgebaggerd] door baggeren uitdiepen
uit·ba·ke·nen *ww* [bakende uit, h. uitgebakend] de grens of richting uitzetten
uit·bak·ken *ww* [bakte uit, h. uitgebakken] het vet bakken uit: ★ *spek ~*
uit·bal *de (m)* voetbal toestand die ontstaat wanneer de bal over de zijlijn gegaan is
uit·ba·lan·ce·ren *ww* [balanceerde uit, h.

uitgebalanceerd] ❶ in evenwicht brengen of het evenwicht herstellen ❷ fig nauwkeurig overwegen en daarnaar handelen of formuleren: ★ *een uitgebalanceerde studie*

uit·ban·nen *ww* [bande uit, h. uitgebannen] ❶ verder verblijf in een gebied ontzeggen ★ *een duivel ~ uitdrijven* ❷ fig verdrijven, doen ophouden: ★ *alle verzet ~*; **uitbanning** *de (v)* [-en]

uit·bars·ten *ww* [barstte uit, is uitgebarsten] plotseling en heftig met iets beginnen: ★ *in lachen, in woede ~*

uit·bars·ting *de (v)* [-en] ❶ het plotseling, heftig met iets beginnen: ★ *een ~ van woede* ❷ uitwerping van materiaal als lava, rook e.d. uit een vulkaan, eruptie: ★ *de ~ van de Vesuvius*

uit·ba·ten *ww* [baatte uit, h. uitgebaat] ❶ ‹vooral m.b.t. de horeca› exploiteren ❷ BN voordeel trekken van: *Uden wil de titel 'Groenste stad van Europa' zo lang mogelijk ~*

uit·ba·ter *de (m)* [-s] ‹vooral m.b.t. de horeca› exploitant; *ook* eigenaar, ondernemer

uit·ba·ting *de (v)* [-en] BN ook, schrijftaal ❶ exploitatie: ★ *de ~ van een autobusdienst; ontginning:* ★ *de ~ van een steengroef* ❷ het functioneren, het productief-zijn ★ *in (volle) ~ zijn* in werking, in gebruik zijn; goed draaien ❸ onderneming die de exploitatie van een bezit, zaak e.d. voert; *vandaar* zaak, winkel; *ook* café, restaurant: ★ *een afspraak in een ~ te Turnhout*

uit·ba·zui·nen *ww* [bazuinde uit, h. uitgebazuind] overal rondvertellen

uit·beel·den *ww* [beeldde uit, h. uitgebeeld] afbeelden, voorstellen; **uitbeelding** *de (v)* [-en]

uit·be·han·deld *bn* ★ med *uitbehandeld zijn* geen baat meer hebben bij medische behandeling

uit·bei·te·len *ww* [beitelde uit, h. uitgebeiteld] met een beitel versierend bewerken

uit·be·nen *ww* [beende uit, h. uitgebeend] ❶ de botten uit het vlees halen ❷ fig zoveel mogelijk trachten te halen uit

uit·be·ste·den *ww* [besteedde uit, h. uitbesteed] ❶ aangenomen werk weer (gedeeltelijk) aan anderen overdoen ❷ ergens in de kost doen; **uitbesteding** *de (v)* [-en]

uit·be·ta·len *ww* [betaalde uit, h. uitbetaald] betalen (van loterijprijzen, salarissen e.d.); **uitbetaling** *de (v)* [-en]

uit·bij·ten¹ *ww* [beet uit, is uitgebeten] door inwerking van een scherpe vloeistof de kleur verliezen

uit·bij·ten² *ww* [bijtte uit, h. uitgebijt] open plekken in het ijs maken

uit·bla·zen *ww* [blies *of* blaasde uit, h. uitgeblazen] ❶ weg, leeg blazen; zie ook bij → **adem** ❷ door blazen doven: ★ *een kaars ~* ❸ rusten om op adem te komen: ★ *even ~*

uit·blij·ven *ww* [bleef uit, is uitgebleven] wegblijven; niet plaatsvinden, niet tot stand komen

uit·blin·ken *ww* [blonk uit, h. uitgeblonken] anderen in prestatie ver overtreffen; **uitblinker** *de (m)* [-s]

uit·bloei·en *ww* [bloeide uit, is uitgebloeid] ophouden te bloeien

uit·blus·sen *ww* [bluste uit, h. uitgeblust] geheel blussen; zie ook: → **uitgeblust**

uit·bol·len *ww* [bolde uit, is uitgebold] BN ❶ ‹van voertuigen› uitrollend tot stilstand komen; uitrollen ❷ zijn carrière (in de sport of het beroepsleven) langzaam afbouwen, het aan het einde van zijn carrière rustig aan doen

uit·bor·ste·len *ww* [borstelde uit, h. uitgeborsteld] met een borstel grondig schoonmaken

uit·bot·ten *ww* [botte uit, is uitgebot] ‹van planten› knoppen krijgen

uit·bouw *de (m)* [-en] ❶ uitgebouwd stuk ❷ fig het uitbreiden, het tot verdere ontwikkeling brengen

uit·bou·wen *ww* [bouwde uit, h. uitgebouwd] ❶ een gebouw groter maken, uitbreiden ❷ fig tot verdere ontwikkeling brengen

uit·braak *de* ontvluchting door braak uit een gevangenis

uit·braak·sel *het* [-s] het uitgebraakte

uit·bra·den *ww* [braadde uit, h. uitgebraden] door braden het vet eruit doen komen ★ *er al het vet ~* alle mogelijke voordelen eruit trachten te trekken

uit·bra·ken *ww* [braakte uit, h. uitgebraakt] ❶ bij het braken uitwerpen ❷ fig uitstoten: ★ *vloeken ~*

uit·bran·den *ww* [brandde uit, is & h. uitgebrand] ❶ leeg branden, geheel verbranden ❷ met een brandend of heet voorwerp ter reiniging of zuivering bewerken, cauteriseren: ★ *een wond ~*

uit·bran·der *de (m)* [-s] strenge berisping, hevig standje

uit·brei·den I *ww* [breidde uit, h. & is uitgebreid] ❶ in de breedte uitstrekken: ★ *de beuk breidt zijn takken uit* ❷ groter, omvangrijker maken: ★ *zijn kapitaal ~* **II** *wederk* [breidde uit, h. uitgebreid] groter, omvangrijker worden: ★ *zijn invloed breidt zich uit*

uit·brei·ding *de (v)* [-en] ❶ het uitbreiden ❷ het door uitbreiden toegevoegde; ★ BN ook *~ nemen* a) (van een gebouw) in oppervlakte toenemen; b) (van vuur) zich verspreiden

uit·brei·dings·kaart *de* [-en] comput stuk hardware in de vorm van een kaart (met chips) die in het moederbord van de pc kan worden geplaatst in een zgn. uitbreidingssleuf om de functionaliteit van de pc te vergroten

uit·brei·dings·plan *het* [-nen] plan tot uitbreiding, vooral van de bebouwde kom van een gemeente

uit·bre·ken *ww* [brak uit, h. & is uitgebroken] ❶ door breken losmaken ❷ zich door breken vrij maken: ★ *gevangenen kunnen ~* ❸ fig bij drukke bezigheden een tijdje voor zich vrij maken: ★ *je moet er maar eens een paar uurtjes ~* ❹ beginnen: ★ *daarop is de oorlog uitgebroken* ★ *in een schaterlach ~* plotseling beginnen te schateren ❺ naar buiten dringen ★ *het zweet brak hem uit* hij had het erg benauwd

uit·bre·ker *de (m)* [-s] iem. die door uitbraak uit de gevangenis ontsnapt: ★ *de inbreker is ~ geworden*

uit·bren·gen *ww* [bracht uit, h. uitgebracht] ❶ uiten: ★ *hij kon geen woord ~* ❷ openbaar maken, bekendmaken: ★ *een verslag ~* ★ *een cd ~* produceren en proberen te verkopen ; zie ook bij → **raaf** ❸ ★ *een dronk ~, zijn stem ~* zie bij → **dronk¹**, → **stem** (bet 3)

uit·broe·den *ww* [broedde uit, h. uitgebroed] ❶ door broeden doen uitkomen: ★ *eieren ~* ❷ fig bedenken: ★ *een list ~*

uit·broed·sel *het* [-s] ❶ wat uitgebroed is ❷ fig bedenksel

uit·bui·gen *ww* [boog uit, is & h. uitgebogen] ❶ buitenwaarts uit de normale stand buigen ❷ doen → **uitbuigen** (bet 1)

uit·bui·ken *ww* [buikte uit, h. uitgebuikt] NN na de maaltijd even makkelijk onderuit gaan zitten

uit·bui·ten *ww* [buitte uit, h. uitgebuit] te veel voordeel willen halen van iets of iemand, uitzuigen: ★ *de arbeiders werden uitgebuit* ★ *een gelegenheid ~* er zo veel mogelijk voordeel uithalen; **uitbuiter** *de (m)* [-s]; **uitbuiting** *de (v)* [-en]

uit·bun·dig *bn* met hevige, vreugdevolle uitingen van stemming of gevoel: ★ *~ zingen, feestvieren*; **uitbundigheid** *de (v)* [-heden]

uit·check·en *ww* [-tsjek-] [checkte uit, h. uitgecheckt] zich melden bij de receptie en de sleutel afgeven vlak voordat men een hotel verlaat

uit·club *de* [-s] sp uit spelende club, bezoekende club

uit·da·gen *ww* [daagde uit, h. uitgedaagd] ❶ oproepen tot een strijd: ★ *tot een duel ~* ❷ tarten, provoceren, iets doen om een reactie uit te lokken: ★ *je moet je vader niet zo ~*; **uitdager** *de (m)* [-s]; **uitdaging** *de (v)* [-en]

uit·dam·pen *ww* [dampte uit, h. & is uitgedampt] ❶ door verwarming een bestanddeel in dampvorm doen vrijkomen ❷ veel damp afgeven

uit·de·len *ww* [deelde uit, h. uitgedeeld] ❶ rondgeven: *gebak ~* ❷ fig geven: ★ *klappen ~, standjes ~*

uit·del·gen *ww* [delgde uit, h. uitgedelgd] NN tenietdoen; **uitdelging** *de (v)*

uit·de·lings·lijst *de* [-en] lijst van wat de schuldeisers uit een faillissement krijgen

uit·den·ken *ww* [dacht uit, h. uitgedacht] bedenken, uitvinden: ★ *een plan ~*

uit·deu·ken *ww* [deukte uit, h. uitgedeukt] ⟨een auto⟩ van deuken ontdoen

uit·die·nen *ww* [diende uit, h. uitgediend] tot het eind toe dienen: ★ *zijn tijd ~* ★ *uitgediend hebben* niet meer in gebruik zijn, niet meer begeerd worden

uit·die·pen *ww* [diepte uit, h. uitgediept] ❶ dieper maken: ★ *een kanaal ~* ❷ fig grondiger onderzoeken: ★ *een probleem ~*

uit·dij·en *ww* [dijde uit, is uitgedijd] zich uitzetten, zwellen; **uitdijing** *de (v)*

uit·doen *ww* [deed uit, h. uitgedaan] ❶ uittrekken: ★ *zijn jas ~* ❷ uitdoven: ★ *de lamp ~* ❸ BN ook tot het einde toe verrichten, volmaken; (militaire dienst) uitdienen; (een studie, school) doorlopen; (zijn straf) uitzitten; (van een zieke) het einde halen van: ★ *zijn legerdienst ~* ★ *hij is zo ziek dat hij het jaar niet meer zal ~*

uit·dok·te·ren *ww* [dokterde uit, h. uitgedokterd] slim uitdenken

uit·dos·sen *ww* [doste uit, h. uitgedost] (overdreven) fraai kleden: ★ *raar uitgedost kwam hij op de receptie*

uit·do·ven *ww* [doofde uit, h. & is uitgedoofd] ❶ het licht of het vuur uitmaken; fig te niet doen gaan ❷ ophouden met branden; fig te niet gaan

uit·draag·ster *de (v)* [-s] zie bij → **uitdrager**

uit·draai *de (m)* [-en] comput afdruk op papier van gegevens uit een computerbestand

uit·draai·en *ww* [draaide uit, h. uitgedraaid] ❶ door een knopje om te draaien afsluiten: ★ *het licht ~* ❷ uitlopen: ★ *het zal op ruzie ~* ★ BN ook *slecht, lelijk ~* slecht aflopen, een slechte afloop hebben ❸ ★ *zich er ~* zich eruit werken *of* eruit praten, ontsnappen ❹ ★ *iem. een poot ~* een (te) hoog bedrag laten betalen

uit·dra·gen *ww* [droeg uit, h. uitgedragen] ❶ naar buiten dragen ❷ fig onder de mensen bekend maken, verkondigen: ★ *het evangelie ~* ★ *opvattingen ~*

uit·dra·ger *de (m)* [-s] NN iem. die gebruikte meubels en kleren koopt en verkoopt

uit·dra·ge·rij *de (v)* [-en] NN winkel van een uitdrager ★ *het lijkt hier wel een ~* het is hier rommelig, wanordelijk

uit·drij·ven *ww* [dreef uit, h. uitgedreven] wegjagen: ★ *de duivel ~*

uit·drin·ken *ww* [dronk uit, h. uitgedronken] opdrinken, leegdrinken

uit·dro·gen *ww* [droogde uit, is & h. uitgedroogd] verdrogen, droog worden: ★ *die levensmiddelen drogen uit in de koelkast* ★ *een uitgedroogd stuk worst*

uit·drui·pen *ww* [droop uit, is uitgedropen] afdruipen van vocht

uit·druk·ke·lijk *bn* stellig, met nadruk, in duidelijke woorden, expliciet: ★ *op ~ verzoek* ★ *iets ~ verbieden*; **uitdrukkelijkheid** *de (v)*

uit·druk·ken *ww* [drukte uit, h. uitgedrukt] ❶ door drukken uitdoven: ★ *een sigaret ~* ❷ onder woorden brengen ★ *zich ~* zijn woorden kiezen ★ *dat is wat sterk uitgedrukt* overdreven gezegd

uit·druk·king *de (v)* [-en] ❶ gezegde, zegswijze: ★ *'een wit voetje halen' is een vaste ~ in het Nederlands* ❷ uiting: ★ *tot ~ komen* ❸ uitgedrukte gemoedstoestand, expressie: ★ *die ~ van haar gezicht, van haar ogen!* ★ *een gezicht zonder ~* zonder leven, zonder karakteristieke trekken

uit·druk·kings·loos *bn* ⟨van een gezicht⟩ zonder uitdrukking, zonder dat er iets van de gemoedsgesteldheid uit af te lezen is: ★ *~ voor zich* *uit staren*

uit·dui·den *ww* [duidde uit, h. uitgeduid] NN omschrijven, uitleggen

uit·dun·nen *ww* [dunde uit, h. uitgedund] ‹gewassen, haren› minder dicht opeen doen staan door het overtollige weg te nemen

uit·een *bijw* uit elkaar, los

uit·een·bar·sten *ww* [barstte uiteen, is uiteengebarsten] uit elkaar barsten

uit·een·drij·ven *ww* [dreef uiteen, h. uiteengedreven] uit elkaar jagen

uit·een·lo·pen *ww* [liep uiteen, h. uiteengelopen] verschillen: ★ *onze smaken lopen nogal uiteen*

uit·een·lo·pend *bn* verschillend

uit·een·spat·ten *ww* [spatte uiteen, is uiteengespat] in kleine stukjes vaneen springen, exploderen

uit·een·zet·ten *ww* [zette uiteen, h. uiteengezet] verklarend vertellen: ★ *zijn standpunt ~*

uit·een·zet·ting *de (v)* [-en] verklaring, beschouwing

uit·ein·de *het* [-n] ❶ uiterste eind ❷ NN afloop; overlijden ★ *een zalig* of *gelukkig ~* wens bij het eind van het jaar

uit·ein·de·lijk I *bijw* ten slotte: ★ *ze had er ~ genoeg van* **II** *bn* definitief, eind-: ★ *de uiteindelijke zege*

ui·ten *ww* [uitte, h. geuit] ❶ uitspreken: ★ *een klacht ~* ❷ te kennen geven: ★ *zijn mening ~ zich ~ van* zijn gevoelens of gedachten doen blijken

uit-en-te-na, uit-en-ter-na *bijw* NN ❶ heel vaak, steeds opnieuw: ★ *ik heb hem ~ gezegd dat niet te doen* ❷ grondig: ★ *we hebben dat ~ besproken*

ui·ten·treu·ren *bijw* zonder ophouden, steeds opnieuw

ui·ter·aard *bijw* uit de aard der zaak, vanzelfsprekend, natuurlijk

ui·ter·dijk *de (m)* [-en] NN buitenste dijk

ui·ter·lijk I *bn* van buiten: ★ *uiterlijke schijn* **II** *bijw* op zijn laatst: ★ *ik moet ~ 31 augustus betaald hebben* **III** *het → voorkomen*¹ (II), het uitwendige, wat het oog waarneemt: ★ *een onverzorgd ~*

ui·ter·lijk·heid *de (v)* [-heden] het uiterlijke

ui·ter·ma·te, ui·ter·ma·te *bijw* in hoge mate

ui·terst I *bn* ❶ hoogst ❷ verst: ★ *de uiterste grenzen van zijn rijk* ❸ grootst: ★ *met de uiterste voorzichtigheid* ★ *zijn uiterste best doen* doen wat men kan ❹ laatst: ★ *de uiterste verkoopdatum* ★ *de uiterste wil* het testament ❺ laagst: ★ *de uiterste prijs* **II** *bijw* zeer: ★ *~ nauwkeurig*

ui·ter·ste *het* [-n] het verste, laatste: ★ *zich tot het ~ verdedigen* ★ *tot het ~ gaan* zo ver gaan als men kan ★ *iem. tot het ~ drijven* iem. woedend maken ★ *op zijn ~ liggen* op sterven ★ *de uitersten trekken elkaar aan* mensen die totaal van elkaar verschillen, gaan soms graag met elkaar om ★ *van het ene ~ in het andere vervallen* aanvankelijk in een extreme toestand verkeren en vervolgens doorschieten naar het extreme aan de andere kant

ui·ter·ton *de* [-nen] vooral NN het laatste baken

ui·ter·waard *de* [-en] vooral NN land langs een rivier tussen de binnen- en buitendijk, dat bij een hoge waterstand volstroomt

uit·flap·pen *ww* [flapte uit, h. uitgeflapt] ★ *er ~* zonder nadenken zeggen, per ongeluk verraden

uit·floe·pen *ww* [floepte uit, is uitgefloept] plotseling ophouden te branden: ★ *door de tocht floepte het gas uit*

uit·flui·ten *ww* [floot uit, h. uitgefloten] door fluiten zijn afkeuring uiten; **uitfluiting** *de (v)* [-en]

uit·foe·te·ren *ww* [foeterde uit, h. uitgefoeterd] een standje geven: ★ *iem. ~*

uit·frea·ken *ww* [-frie-] (‹Eng› [freakte uit, h. uitgefreakt] *inf* zich opzienbarend, ongebonden gedragen, vaak onder invloed van drugs

uit·gaaf [-gaven], **uit·ga·ve** *de* [-n] ❶ uitgegeven geld ★ *het is een hele ~* het kost veel geld ❷ BN keer dat iets plaatsvindt: ★ *de twintigste ~ van het filmfestival Vlaanderen-Gent*

uit·gaan *ww* [ging uit, is uitgegaan] ❶ voor plezier weggaan: ★ *we gaan vanavond uit in de stad* ❷ uit huis weggaan, heengaan, weggaan; BN uittrekken: ★ *de processie gaat uit* ❸ NN eindigen zodat de bezoekers weggaan: ★ *de school, de kerk gaat uit* ❹ ‹kachels, tv's enz.› ophouden te branden of te functioneren ❺ beginnen te redeneren, handelen naar: ★ *van een ander standpunt ~* ❻ uitgewist kunnen worden: ★ *vlekken die er niet ~* ❼ ‹van kledingstukken› uitgetrokken kunnen worden: ★ *haar handschoenen gingen niet uit* ❽ invloed naar buiten hebben: ★ *er gaat weinig van hem uit* ❾ taalk als woordeinde hebben: ★ *op een n ~* ❿ buiten het veld gaan: ★ *de bal ging uit*

uit·gaand *bn* ❶ ergens vandaan gaand: ★ *uitgaande post* ❷ het land verlatend, uitgevoerd ❸ geheven van uitgevoerde goederen: ★ *uitgaande rechten*

uit·gaans·avond *de (m)* [-en] avond waarop veel mensen → **uitgaan** (bet 1): ★ *vrijdagavond is een typische ~*

uit·gaans·cen·trum *het* [-s, -tra] stadsdeel met veel cafés, theaters, nachtclubs e.d.

uit·gaans·dag *de (m)* [-dagen] dag waarop veel mensen → **uitgaan** (bet 1)

uit·gaans·ge·le·gen·heid *de (v)* [-heden] gelegenheid waar men heen kan gaan als men uitgaat, zoals een café, restaurant, dancing, theater enz.

uit·gaans·kle·ding *de (v)*, **uit·gaans·te·nue** [-tənuu] *de & het* [-s, -nuen] kleding om in uit te gaan

uit·gaans·le·ven *het* geheel van uitgaansgelegenheden: ★ *deze stad heeft een druk ~*

uit·gaans·ver·bod *het* [-boden] bevel om binnenshuis te blijven

uit·gang *de (m)* ❶ opening, deur waardoor men een gebouw enz. verlaat ❷ klank of lettergreep achter een woord of woordstam gevoegd

uit·gangs·po·si·tie [-zie(t)sie] *de (v)* [-s] ❶ beginsituatie ❷ basisidee

uit·gangs·punt *het* [-en] punt waar men van uitgaat (→ **uitgaan**, bet 5)

uit·gangs·ver·mo·gen het [-s] arbeidsvermogen van een machine

uit·ga·ve de [-n] → uitgaaf

uit·ge·ba·lan·ceerd bn zie bij → **uitbalanceren**

uit·ge·blust bn futloos, niet levendig: ★ *een uitgebluste blik in de ogen*

uit·ge·breid, **uit·ge·breid** bn ruim, omvangrijk: ★ *een ~ fabrieksterrein* ★ *een uitgebreide verklaring afleggen*

uit·ge·breid·heid de (v) [-heden] omvang; wisk verzameling punten met één of meer afmetingen

uit·ge·diend bn geen dienst meer doend; zie ook → **uitdienen**

uit·geef·ster de (v) [-s] ❶ vrouwelijke uitgever ❷ uitgeversmaatschappij

uit·ge·hon·gerd bn zeer hongerig

uit·ge·kiend bn vernuftig bedacht, goed geregeld; vgl: → **uitkienen**

uit·ge·kookt ‹Du› bn inf sluw, slim: ★ *een uitgekookte oplichter*

uit·ge·la·ten, **uit·ge·la·ten** bn luidruchtig vrolijk; **uitgelatenheid** de (v)

uit·ge·leefd bn oud en verzwakt

uit·ge·leerd bn niets meer te leren hebbend, alles van een vak wetend

uit·ge·lei·de het ★ *~ doen* een vertrekkende een eind vergezellen, hem naar de deur of uitgang of het vervoermiddel begeleiden

uit·ge·le·zen bn uitmuntend, van het beste: ★ *het is ~ visweer*; **uitgelezenheid** de (v)

uitgeluld bn ★ inf *~ zijn* a) geen weerwoord meer hebben, zich gewonnen moeten geven; b) uitgepraat, uitgediscussieerd

uit·ge·maakt bn beslist ★ *een uitgemaakte zaak* iets waar niets meer aan te veranderen valt

uit·ge·mer·geld bn ❶ zeer vermagerd: ★ *een ~ paard* ❷ waar alle kracht uitgehaald is: ★ *uitgemergelde grond*

uit·ge·no·men form **I** voegw behalve, uitgezonderd: ★ *overal was het stil, ~ op de tweede verdieping* **II** vz behalve, uitgezonderd, met uitzondering van: ★ *in de prijs was alles begrepen (~ de extra voorzieningen)*

uit·ge·pro·ce·deerd bn ★ *~e asielzoekers* asielzoekers die geen verblijfsvergunning hebben gekregen en geen juridische mogelijkheden meer hebben deze alsnog te verkrijgen

uit·ge·put bn ❶ zeer vermoeid: ★ *~ kwam zij aan de finish* ❷ verbruikt, opgemaakt: ★ *onze voorraad is ~* ❸ BN ook, spreektaal uitverkocht: ★ *de eerste uitgave van dit boek is ~*

uit·ge·re·gend bn BN, spreektaal verregend

uit·ge·re·kend **I** bn slim, altijd op eigen voordeel bedacht, berekenend ★ *wanneer is het (kind) ~?* wanneer wordt het kind naar verwachting geboren? **II** bijw precies, net: ★ *~ op mijn verjaardag kwam dat akelige bericht*

uit·ge·sche·den ww volt deelw van → **uitscheiden**¹

uit·ge·sla·pen bn slim

uit·ge·slo·ten bn beslist onmogelijk: ★ *het is ~ dat ik naar dat feest mag* ★ *~ van* niet toegelaten tot, geen deel hebbende aan; zie ook → **UA** en → **uitsluiten**

uit·ge·spro·ken bn onbetwistbaar, zich duidelijk doende kennen als: ★ *een ~ conservatief man*

uit·ge·stor·ven bn leeg, doods: ★ *buiten het seizoen is dat eiland ~*; vgl: → **uitsterven**

uit·ge·stre·ken bn uiterlijk braaf: ★ *een ~ gezicht*

uit·ge·strekt, **uit·ge·strekt** bn een groot oppervlak hebbend: ★ *de uitgestrekte toendra's van Siberië*; **uitgestrektheid** de (v) [-heden]

uit·ge·teld bn ❶ verloren hebbend bij boksen (vgl: → **uittellen**, bet 2) ❷ fig voorgoed uitgeschakeld ❸ murw, zeer vermoeid, uitgeput

uit·ge·ven ww [gaf uit, h. uitgegeven] ❶ besteden: ★ *veel geld ~* ❷ ‹boeken enz.› (laten) drukken en in de handel brengen ❸ ‹aandelen enz.› nieuw te koop aanbieden ❹ voordoen als, doen doorgaan: ★ *zich ~ voor iem. van de politie* ❺ ★ BN *~ op* (van deuren, vensters enz.) uitkomen op

uit·ge·ver de (m) [-s] iem. die, bedrijf dat zorg draagt voor de productie van boeken en tijdschriften

uit·ge·ve·rij de (v) [-en], **uit·ge·vers·be·drijf** het [-drijven], **uit·ge·vers·fir·ma** de ['s] bedrijf waar men boeken enz. uitgeeft (→ **uitgeven**, bet 2)

uit·ge·vers·maat·schap·pij de (v) [-en] groot uitgeversbedrijf

uit·ge·vers·res·tant het [-en] niet verkochte, overgebleven exemplaren van een → **uitgaaf** (bet 2)

uit·ge·vloerd bn ❶ languit op de grond gegooid of gevallen ❷ uitgeput

uit·ge·we·ke·ne de [-n] iem. die om politieke redenen buitenslands vertoeft, balling

uit·ge·werkt bn ❶ uitvoerig en nauwkeurig bewerkt ❷ niet meer werkend

uit·ge·woond bn ★ *een ~ huis* zie bij → **uitwonen**

uit·ge·zocht bn uitmuntend, uitgelezen

uit·ge·zon·derd voegw & vz behalve

uit·gif·te de (v) [-n, -s] het uitgeven van geldswaardig papier, emissie: ★ *de ~ van nieuwe postzegels*

uit·glij·den ww [gleed uit, is uitgegleden] ❶ door glijden vallen ❷ vooral NN, fig een fout begaan

uit·glij·der, **uit·glij·er** de (m) [-s] vooral NN foutieve handeling, blunder, flater

uit·gom·men ww [gomde uit, h. uitgegomd] → **uitgummen**

uit·gra·ven ww [groef uit, h. uitgegraven] ❶ door graven een diepte maken of dieper maken ❷ uit de grond graven

uit·gra·ving de (v) [-en] ❶ het uitgraven ❷ plaats waar uitgegraven is

uit·groei·en ww [groeide uit, is uitgegroeid] ❶ groeiende groter worden ❷ groeiende worden tot: ★ *het familiebedrijf is uitgegroeid tot een groot concern*

uit·gum·men ww [gumde uit, h. uitgegumd] met een vlakgom uitvegen

uit·haal de (m) [-halen] ❶ slaande, schoppende

beweging naar iemand of iets ❷ felle opmerking tegen iemand ❸ langgerekte toon ❹ uitwijking
uit·hak·ken *ww* [hakte uit, h. uitgehakt] ❶ door hakken verwijderen: ★ *bomen ~* ❷ door hakken vormen: ★ *een nis ~*
uit·ha·len *ww* [haalde uit, h. uitgehaald] ❶ uitvoeren: ★ *kattenkwaad ~* ❷ voordeel geven, helpen: ★ *dat haalt niets uit* ❸ leeghalen: ★ *een vogelnestje ~* ❹ een slaande of schoppende beweging maken: ★ *naar een tegenstander ~* ★ *tijdens die scheldpartij haalde hij plotseling uit* ❺ scherpe kritiek leveren ★ *fel ~ naar iem.* iem. in scherpe bewoordingen bekritiseren ❻ ⟨breiwerk⟩ lostrekken ❼ een hoge toon te langgerekt zingen of spelen ❽ uitwijken: ★ *de vrachtauto haalde niet ver genoeg uit*
uit·ham *de (m)* [-men] naar buiten (vooral in het water) vooruitstekend stuk land, landtong
uit·hang·bord *het* [-en] ❶ (naam)bord boven de ingang van een winkel, restaurant e.d. ❷ *fig* wat naar buiten uitkomt (maar vaak een te mooie indruk geeft)
uit·han·gen *ww* [hing uit, h. uitgehangen] ❶ zich de schijn geven van: ★ *de grote heer ~* ❷ zich bevinden: ★ *waar hang jij tegenwoordig uit?* ❸ in de volle breedte ophangen: ★ *natte kleren ~* ❹ buiten ophangen ❺ BN ook ter kennisname opgehangen zijn of worden; ophangen, aanplakken: ★ *de affiches worden uitgehangen*
uit·hang·te·ken *het* [-s] wat voor een huis uithangt als attribuut van het daarin uitgeoefende bedrijf
uit·heems *bn* buitenlands, vreemd, exotisch: ★ *uitheemse diersoorten*
uit·hoek *de (m)* [-en] afgelegen plaats
uit·hol·len *ww* [holde uit, h. uitgehold] ❶ hol maken ❷ *fig* de kracht, de eigenlijke waarde ontnemen aan: ★ *de democratie ~*; **uitholling** *de (v)* [-en]
uit·hon·ge·ren *ww* [hongerde uit, h. uitgehongerd] door honger uitputten of doen sterven; door honger tot overgave dwingen: ★ *een belegerd kasteel ~*; **uithongering** *de (v)*
uit·ho·ren *ww* [hoorde uit, h. uitgehoord] ★ *iem. ~* door slimme vragen iets van iem. te weten trachten te komen
uit·hou·den *ww* [hield uit, h. uitgehouden] ❶ kunnen verdragen, kunnen doorgaan met: ★ *het samenwonen met hem was niet langer uit te houden* ❷ uitgespreid houden: ★ *houd die lap stof eens uit*
uit·hou·dings·ver·mo·gen *het* vermogen om lang achter elkaar een lichamelijke prestatie te leveren
uit·hou·wen *ww* [hieuw uit, h. uitgehouwen] ❶ door houwen wegnemen ❷ door houwen vormen: ★ *een pad ~*
uit·ho·zen *ww* [hoosde uit, h. uitgehoosd] ⟨een boot⟩ door uitscheppen van water ontdoen
uit·hui·len *ww* [huilde uit, h. uitgehuild] flink huilen over opgekropt verdriet: ★ *~ en opnieuw beginnen*
uit·huis·plaat·sing *de (v)* [-en] vooral NN, recht het onderbrengen van een minderjarige in een pleeggezin of gezinsvervangend tehuis
uit·hui·zig *bn* zelden thuis; **uithuizigheid** *de (v)*
uit·hu·we·lij·ken *ww* [huwelijkte uit, h. uitgehuwelijkt] een huwelijkspartner voor iem. uitzoeken: ★ *zijn dochter ~*
ui·ting *de (v)* [-en] het uiten: ★ *uitingen van onvrede*
uit·je¹ *het* [-s] vooral NN uitstapje, het eens uitgaan voor plezier; kleine wandeling
ui·tje² *het* [-s] kleine ui
uit·jou·wen *ww* [jouwde uit, h. uitgejouwd] honend toeroepen
uit·kaf·fe·ren *ww* [kafferde uit, h. uitgekafferd] kafferen tegen
uit·kam·men *ww* [kamde uit, h. uitgekamd] ❶ kammen: ★ *de vacht van een hond ~* ❷ *fig* zo nauwkeurig mogelijk doorzoeken: ★ *een gebied ~ op zoek naar uitgebroken gevangenen, een vermist kind*
uit·kau·wen *ww* [kauwde uit, h. uitgekauwd] ❶ door langdurig kauwen bep. bestanddelen uit iets halen: ★ *zoethout ~* ❷ NN, ⟨fig een onderwerp⟩ zo langdurig bespreken dat er niets nieuws meer over te melden valt: ★ *het voorstel werd volledig uitgekauwd; iets wat reeds lang bekend is op weinig originele manier nogmaals presenteren:* ★ *een uitgekauwd muzikaal thema*
uit·ke·ren *ww* [keerde uit, h. uitgekeerd] uitbetalen: ★ *een pensioen ~*
uit·ke·ring *de (v)* [-en] ❶ het uitbetalen ❷ uit te betalen bedrag, vooral van een sociale verzekering of een sociale dienst: ★ *zij leeft van een ~*
uit·ke·rings·ge·rech·tigd *bn* recht hebbend op een uitkering van de sociale dienst of van een sociale verzekering
uit·ke·rings·ge·rech·tig·de *de* [-n] iem. die recht heeft op een uitkering van een sociale dienst of van een sociale verzekering
uit·ke·rings·trek·ker *de (m)* [-s] iem. die een uitkering van een sociale dienst of van een sociale verzekering ontvangt
uit·ket·te·ren *ww* [ketterde uit, h. uitgeketterd] razen tegen
uit·kie·nen *ww* [kiende uit, h. uitgekiend] met nadenken of onderzoek tot klaarheid komen over; met slim overleg regelen
uit·kie·zen *ww* [koos uit, h. uitgekozen] zijn keus laten vallen op: ★ *een prijs ~*
uit·kijk *de (m)* [-en] ❶ uitkijkpunt ★ *op de ~ staan* kijken of iem. / iets komt ❷ iem. die uitkijkt
uit·kij·ken *ww* [keek uit, h. uitgekeken] ❶ steeds blijven kijken of het of de verwachte nog niet komt ★ *~ naar* kijken, afwachten of men het kan krijgen: ★ *we kijken uit naar een ander huis* ★ *hij keek erg uit naar het uitstapje* hij verlangde er erg naar ❷ opletten: ★ *~ bij het oversteken* ❸ uitzicht hebben of geven op: ★ *dit raam kijkt uit op een plein* ❹ klaar zijn met kijken: ★ *wij waren spoedig uitgekeken*
uit·kijk·post *de (m)* [-en] uitkijkplaats
uit·kijk·to·ren *de (m)* [-s] hoge toren vanwaar men

een goed uitzicht heeft

uit·kla·ren ww [klaarde uit, 1 h., 2 is uitgeklaard] ❶ de formaliteiten verrichten voor uitvoer ❷ BN ook ophelderen, toelichten: ★ *een situatie, een zaak ~*

uit·kle·den ww [kleedde uit, h. uitgekleed] ❶ de kleren uittrekken ❷ fig arm maken, veel geld laten betalen: ★ *die zogenaamde financieel adviseur heeft ons helemaal uitgekleed*

uit·klop·pen ww [klopte uit, h. uitgeklopt] door kloppen schoonmaken: ★ *een vloerkleed ~*

uit·knij·pen ww [kneep uit, h. & is uitgeknepen] ❶ door knijpen vocht eruit doen komen: ★ *een citroen ~* ❷ stilletjes weggaan: ★ *hij is stiekem uitgeknepen*

uit·knip·pen ww [knipte uit, h. uitgeknipt] ❶ los knippen uit: ★ *illustraties ~* ❷ met een knippende beweging doven of uitzetten: ★ *het licht ~*

uit·knob·be·len ww [knobbelde uit, h. uitgeknobbeld], **uit·kno·be·len** [knobelde uit, h. uitgeknobeld] uitkienen

uit·ko·ken ww [kookte uit, h. & is uitgekookt] ❶ door koken iets onttrekken aan ❷ door koken reinigen ❸ door koken iets van zijn inhoud verliezen: ★ *het ei is uitgekookt* ; zie ook → **uitgekookt**

uit·ko·men ww [kwam uit, is uitgekomen] ❶ aan het licht komen: ★ *het bedrog kwam weldra uit* ★ *ergens eerlijk voor ~* iets niet verheimelijken, de waarheid durven zeggen ❷ ‹van boeken enz.› verschijnen ❸ ‹v. bloemen› uit de knop komen ❹ ‹van eieren› openbreken, zodat er een kuiken verschijnt ❺ kloppen, sluiten: ★ *een rekening, een som die niet uitkomt* ★ *er (niet) ~* een probleem (niet) kunnen oplossen ❻ eindigen, overgaan in: ★ *die straat komt uit op een plein; leiden naar:* ★ *de deur komt uit op een portiek* ❼ gelegen komen, geschikt zijn: ★ *komt het voor allen goed uit?* ❽ kaartsp beginnen, de eerste kaart leggen ❾ ★ *~ tegen* in een wedstrijd spelen tegen ❿ toekomen: ★ *kom je uit met het geld?* ⓫ afsteken: ★ *de kop komt mooi uit tegen de donkere achtergrond*

uit·komst de (v) [-en] ❶ oplossing van een rekensom ❷ redding: ★ *~ bieden* ❸ afloop, einde

uit·koop de (m) [-kopen] het uitkopen

uit·ko·pen ww [kocht uit, h. uitgekocht] iems. rechten als deelhebber afkopen: ★ *een mede-eigenaar van een bedrijf ~*

uit·kraai·en ww [kraaide uit, h. uitgekraaid] ❶ jubelen, juichen: ★ *het ~ van plezier* ❷ met veel ophef bekend maken: ★ *iems. lof ~*

uit·kra·men ww [kraamde uit, h. uitgekraamd] met veel drukte zeggen (vaak onzin): ★ *er van alles ~*

uit·krant de [-en] krant met informatie over uitgaansmogelijkheden, vooral op cultureel gebied, in een stad of regio

uit·kris·tal·li·se·ren I ww [kristalliseerde uit, is uitgekristalliseerd] zich uit een oplossing als kristallen afscheiden **II** wederk [kristalliseerde uit, h. uitgekristalliseerd] fig ten slotte een vaste vorm krijgen: ★ *na de oorlog begonnen zich nieuwe ideeën uit te kristalliseren*

uit kun·nen ww [kon uit, h. uit gekund] NN toereikend zijn: ★ *met die subsidie kan het wel uit* ★ *met een salaris ~* ermee kunnen rondkomen

uit·laat de (m) [-laten] ❶ opening, uitgang, vooral voor gassen en vloeistoffen: ★ *de ~ van een auto* ❷ fig gelegenheid tot uiting

uit·laat·gas het [-sen] ontsnappend verbruikt gas

uit·laat·klep de [-pen] fig gelegenheid tot ontlading van opgekropte gevoelens of spanningen

uit·la·chen ww [lachte uit, h. uitgelachen] ❶ door lachen bespotten ❷ klaar zijn met lachen

uit·la·den ww [laadde uit, h. uitgeladen] vracht uit een schip, wagen enz. zetten

uit·la·ten I ww [liet uit, h. uitgelaten] naar buiten laten gaan: ★ *de gasten ~* ★ *de hond ~* naar buiten laten gaan, vooral om hem zijn behoefte te laten doen **II** wederk zich uitspreken: ★ *daar laat hij zich niet over uit*

uit·la·ting de (v) [-en] gezegde, uitgesproken mening: ★ *stoor je niet aan zijn uitlatingen*

uit·la·tings·te·ken het [-s] NN weglatingsteken, hooggeplaatste komma die aangeeft dat een letter is uitgelaten binnen in een woord, apostrof (bijv. *dierb're* voor *dierbare*)

uit·leen de (m) (afdeling voor) uitlening

uit·leen·bi·bli·o·theek de (v) [-theken] bibliotheek waar men boeken kan lenen

uit·leg de (m) ❶ verklaring, toelichting; zie ook bij → **tekst** (bet 1) ❷ NN (stads)uitbreiding

uit·leg·gen ww [legde uit, h. uitgelegd] ❶ duidelijk maken, toelichten: ★ *Jan legt uit hoe een computer werkt* ❷ verklaren, interpreteren: ★ *ik heb zijn afwezigheid uitgelegd als gebrek aan belangstelling* ❸ geheel uitspreiden: ★ *een tentzeil ~* ★ *de rode loper ~* ❹ groter maken door de zoom of naad smaller te maken: ★ *een rok ~*

uit·leg·ger de (m) [-s] verklaarder

uit·leg·ging de (v) [-en] het uitleggen

uit·leg·kun·de de (v) het verklaren van teksten, vooral van de Bijbel, exegese

uit·lei·den ww [leidde uit, h. uitgeleid] naar buiten brengen, vooral over de grens naar het buitenland brengen; **uitleiding** de (v) [-en]

uit·lek·ken ww [lekte uit, is uitgelekt] ❶ niettegenstaande verplichte geheimhouding bekend worden: ★ *er is iets van het plan uitgelekt* ❷ langzaam uitvloeien: ★ *een natte jas laten ~*

uit·le·nen ww [leende uit, h. uitgeleend] voor een poosje afstaan: ★ *boeken ~*; **uitlening** de (v) [-en]

uit·le·ven wederk [leefde uit, h. uitgeleefd] zijn neigingen, lusten de vrije loop laten; zie ook → **uitgeleefd**

uit·le·ve·ren ww [leverde uit, h. uitgeleverd] iem. die een misdrijf gepleegd heeft in handen stellen van het gerecht in het land waar hij terecht moet staan; **uitlevering** de (v) [-en]

uit·le·ve·rings·ver·drag *het* [-dragen] overeenkomst tussen staten aangaande het uitleveren van misdadigers

uit·le·zen *ww* [las uit, h. uitgelezen] ❶ ten einde lezen ❷ uitzoeken, uitkiezen; *vgl*: → **uitgelezen** ❸ comput gegevens ophalen uit een computerbestand

uit·lij·nen *ww* [lijnde uit, h. uitgelijnd] ❶ ⟨van een auto⟩ de wielen zodanig stellen dat ze in een recht spoor lopen ❷ in een tekst(document) een rechte kantlijn aanbrengen aan de linker en / of rechterkant en daartegenaan de woorden laten beginnen of eindigen

uit·lo·gen *ww* [loogde uit, h. uitgeloogd] door oplossen afzonderen *of* verwijderen

uit·log·gen *ww* [logde uit, h. uitgelogd] comput als gebruiker een systeem verlaten

uit·lok·ken *ww* [lokte uit, h. uitgelokt] verleiden, aanleiding geven tot: ★ *een misdrijf* ~

uit·lok·king *de (v)* [-en] recht het door provoceren doen ontstaan van een strafbaar feit

uit·loop *de (m)* [-lopen] ❶ het uitlopen ❷ plaats waar, opening waardoor iets uitlopen kan

uit·loop·strook *de* [-stroken] uitrijstrook

uit·lo·pen *ww* [liep uit, is uitgelopen] ❶ massaal naar buiten lopen: ★ *het hele dorp liep uit om de kampioen te huldigen* ❷ ten einde lopen, eindigen ★ *het is op niets uitgelopen* er is niets van gekomen ❸ nieuwe takjes en blaadjes krijgen: ★ *de bomen beginnen al uit te lopen* ❹ ⟨bij een wedstrijd⟩ op de tegenstander vooruit raken ❺ ⟨televisie-uitzending, vergadering⟩ langer duren dan berekend was ❻ ⟨sp van een doelman⟩ zich ver van het doel begeven om te trachten de bal te onderscheppen ❼ ⟨v. kleuren, v. make-up⟩ vlekkerig worden: ★ *mijn mascara is uitgelopen* ❽ ⟨drukwerk⟩ meer plaatsruimte innemen ❾ de haven uit varen

uit·lo·per *de (m)* [-s] ❶ uitlopende tak of rank ❷ vooruitstekend gedeelte; dat waarin iets verloopt of eindigt: ★ *uitlopers van een gebergte*

uit·lo·ten *ww* [lootte uit, is uitgeloot] ❶ ⟨van obligaties enz.⟩ bij loting worden aangewezen voor aflossing ❷ NN door loting niet toelaten tot een (universitaire) studie: ★ *zij is uitgeloot voor de studie medicijnen*; **uitloting** *de (v)*⟨/gtw⟩ [-en]

uit·lo·ven *ww* [loofde uit, h. uitgeloofd] als prijs of beloning beloven; **uitloving** *de (v)*

uit·lui·den *ww* [luidde uit, h. uitgeluid] ❶ de klok luiden bij een begrafenis ❷ fig huldigen bij het afscheid

uit·ma·ken *ww* [maakte uit, h. uitgemaakt] ❶ ⟨een relatie⟩ doen eindigen: ★ *hij heeft het uitgemaakt met Julia* ❷ beslissen: ★ *dat moeten zij maar* ~ ★ *een uitgemaakte zaak* een zaak die al vaststaat ★ *de dienst* ~ beslissende invloed hebben ❸ zijn, betekenen: ★ *dat maakt weinig uit* ❹ vormen: ★ *een bed, een tafel en een paar stoelen maakten zijn gehele bezit uit* ❺ uitschelden voor, spottend of smalend noemen: ★ *iem. voor leugenaar* ~ ★ *iemand* ~ *voor alles wat mooi en lelijk is* iem. heftig uitschelden ❻ (definitief) vaststellen: ★ *het motief voor die moord moet nog uitgemaakt worden*

uit·ma·len *ww* [maalde uit, h. uitgemalen] droogmalen

uit·mel·ken *ww* [molk *of* melkte uit, h. uitgemolken] ❶ leeg melken ❷ fig tot in de kleinste details bespreken

uit·mer·ge·len *ww* ⟨*Du*⟩ [mergelde uit, h. uitgemergeld] uitputten, te veel eisen van; *vgl*: → **uitgemergeld**

uit·mes·ten *ww* [mestte uit, h. uitgemest] ❶ ⟨stal, hok⟩ van mest ontdoen ❷ ⟨fig een erg vuile of rommelige ruimte⟩ schoonmaken, opruimen

uit·me·ten *ww* [mat uit, h. uitgemeten] afmeten; afmetingen vaststellen ★ *iets breed* ~ fig het met nadruk naar voren brengen

uit·mid·del·pun·tig *bn* niet in het middelpunt, excentriek; **uitmiddelpuntigheid** *de (v)*

uit·mik·ken *ww* [mikte uit, h. uitgemikt] inf afpassen, precies berekenen

uit·mon·den *ww* [mondde uit, is uitgemond] ★ ~ *in* ⟨van een rivier⟩ uitlopen in, eindigen in fig als resultaat hebben

uit·mon·ding *de (v)* [-en] het uitmonden; plaats waar een rivier, beek enz. uitmondt

uit·mon·ste·ren *ww* [monsterde uit, h. uitgemonsterd] ❶ ⟨kleding⟩ met een kraag en biezen in een andere kleur beleggen ❷ uitdossen, opschikken: ★ *raar uitgemonsterd op een feest verschijnen*

uit·moor·den *ww* [moordde uit, h. uitgemoord] ❶ alle bewoners vermoorden: ★ *een stad* ~ ❷ allen vermoorden die tot een bepaalde groep behoren: ★ *een familie* ~, *een indianenstam* ~

uit·mun·ten *ww* [muntte uit, h. uitgemunt] uitblinken: ★ *zij muntte vooral uit in het schilderen van zeegezichten*

uit·mun·tend *bn* zeer goed

uit·neem·baar *bn* uit elkaar genomen kunnende worden

uit·ne·mend *bn* zeer goed

uit·ne·mend·heid *de (v)* voortreffelijkheid ★ *bij* ~ bij uitstek

uit·no·di·gen *ww* [nodigde uit, h. uitgenodigd] vragen te komen, mee te gaan enz.: ★ *iem.* ~ *voor een reünie, een begrafenis* ★ *het weer nodigde niet uit naar het strand te gaan* het was geen strandweer

uit·no·di·ging *de (v)* [-en] ❶ het uitnodigen ❷ brief e.d. waarin men iem. uitnodigt: ★ *veel uitnodigingen versturen voor een feestelijke opening*

uit·oe·fe·nen *ww* [oefende uit, h. uitgeoefend] ❶ in praktijk brengen, verrichten: ★ *een beroep* ~, *toezicht* ~ ❷ van zich doen uitgaan: ★ *invloed* ~, *macht* ~

uit·oe·fe·ning *de (v)* het uitoefenen: ★ *in de* ~ *van zijn beroep*

uit·pak·ken *ww* [pakte uit, h. & is uitgepakt] ❶ ‹een koffer enz.› leegmaken ❷ ergens uithalen, van verpakking ontdoen: ★ *een cadeau ~* ❸ NN flink trakteren, veel moeite doen om iem. feestelijk te onthalen: ★ *ze pakten uit met tien flessen champagne en kaviaar* ❹ zich ontwikkelen, aflopen: ★ *we moeten afwachten hoe dat uitpakt* ❺ fig uitvaren, van leer trekken: ★ *toen begon ze uit te pakken!* ❻ BN, fig pronken, trots voor de dag komen met iets ★ *~ met zijn kennis* zijn kennis etaleren

uit·per·sen *ww* [perste uit, h. uitgeperst] ❶ door drukken of knijpen van sap ontdoen: ★ *een citroen ~* ❷ fig onredelijk zware geldelijke lasten opleggen: ★ *de bevolking ~*; **uitpersing** *de (v)*

uit·pik·ken *ww* [pikte uit, h. uitgepikt] ❶ wegpikken ❷ leegpikken ❸ uitkiezen: ★ *waarom moesten ze juist hem ~?*

uit·plui·zen *ww* [ploos uit, h. uitgeplozen] ❶ tot vezels trekken ❷ fig haarfijn onderzoeken

uit·plun·de·ren *ww* [plunderde uit, h. uitgeplunderd] van alles beroven

uit·poet·sen *ww* [poetste uit, h. uitgepoetst] ❶ na insmering met wrijfwas ❷ ‹meubels› of met schoensmeer ❸ ‹schoeisel› door poetsen glanzend maken ❹ poetsend verwijderen;: ★ *dat moet je niet ~ fig* dat is niet gering, dat moet je niet onderschatten

uit·po·ten *ww* [pootte uit, h. uitgepoot] ❶ op het bouwland poten ❷ verder uit elkaar planten ❸ ★ *vis ~* jonge vis in het water zetten ter bevordering van de visstand

uit·pra·ten *ww* [praatte uit, is & h. uitgepraat] ❶ tot het einde toe praten: ★ *ze liet hem nooit eens ~* ❷ alles zeggen wat men op het hart heeft: ★ *hij raakte niet uitgepraat over zijn nieuwe vriendin* ❸ een geschil beëindigen door elkaar zijn mening mee te delen

uit·prin·ten *ww* [printte uit, h. uitgeprint] ‹comput een gegevensbestand› afdrukken op papier m.b.v. een printer

uit·pro·be·ren *ww* ‹Du› [probeerde uit, h. uitgeprobeerd] ❶ door proefnemingen onderzoeken of iets naar behoren werkt: ★ *een machine ~* ❷ onderzoeken hoe ver je kunt gaan voordat iem. kwaad wordt: ★ *een nieuwe leraar ~*

uit·proes·ten *ww* [proestte uit, h. uitgeproest] ★ *het ~ (van het lachen)* in lachen uitbarsten

uit·puf·fen *ww* [pufte uit, h. uitgepuft] uitrusten na een zware inspanning

uit·pui·len *ww* [puilde uit, h. uitgepuild] bol naar buiten uitsteken: ★ *uitpuilende ogen*; **uitpuiling** *de (v)* [-en]

uit·put·ten *ww* [putte uit, h. uitgeput] fig ❶ volledig opmaken: ★ *een voedselvoorraad* ❷ afmatten, vermoeien: ★ *de trainer putte de atleten volkomen uit* ★ *zich ~ in verontschuldigingen* op overdreven wijze zijn verontschuldigingen maken *vgl.*: → **uitgeput**

uit·put·tend *bn* grondig, diepgaand, zo volledig mogelijk: ★ *iets ~ behandelen* ★ *een uitputtende lijst van onregelmatige werkwoorden*

uit·put·ting *de (v)* afmatting; ★ BN ook, spreektaal *tot ~ van de voorraad* zolang de voorraad strekt

uit·put·tings·oor·log *de (m)* [-logen] waarbij de strijdende partijen door rekking van de oorlog elkaar trachten af te matten

uit·put·tings·slag *de (m)* [-slagen] ❶ mil langdurige veldslag waarbij de strijdende partijen elkaar trachten uit te putten ❷ fig zeer langdurige en afmattende bezigheid

uit·puz·ze·len *ww* [puzzelde uit, h. uitgepuzzeld] door diep nadenken (trachten te) begrijpen

uit·ra·fe·len *ww* [rafelde uit, h. & is uitgerafeld] ❶ rafels trekken ❷ rafels loslaten

uit·ran·ge·ren *ww* [-zjee-] [rangeerde uit, h. uitgerangeerd] ❶ ‹spoorwagens› uit een trein rangeren ❷ fig ‹iem.› zijn invloed of positie ontnemen: ★ *een uitgerangeerde vakbondsleider*

uit·ra·zen *ww* [raasde uit, h. uitgeraasd] ❶ klaarkomen met razen: ★ *de storm is uitgeraasd* ❷ zich opluchten door flink te razen

uit·re·ge·nen *ww* [regende uit, is uitgeregend] ophouden met regenen

uit·rei·ken *ww* [reikte uit, h. uitgereikt] ‹diploma, paspoort, rijbewijs, aanslagbiljet, prijs enz.› ter hand stellen; **uitreiking** *de (v)* [-en]

uit·reis *de* [-reizen] reis naar het buitenland

uit·reis·vi·sum [-zum] *het* [-s, -visa] vergunning om ‹tijdelijk› het land te verlaten

uit·rek·baar *bn* uitgerekt kunnende worden

uit·re·ke·nen *ww* [rekende uit, h. uitgerekend] berekenen: ★ *sommen ~*; zie ook → **uitgerekend**

uit·rek·ken *ww* [rekte uit, h. uitgerekt] door trekken of uitstrekken groter maken

uit·rich·ten *ww* [richtte uit, h. uitgericht] doen, ten uitvoer brengen, gedaan krijgen: ★ *de brandweer kon niets meer ~*

uit·rij·den *ww* [reed uit, is uitgereden] ❶ rijdend uitgaan ❷ tot het einde toe rijden: ★ *een wielerwedstrijd ~* ❸ rijdend verspreiden: ★ *mest ~*

uit·rij·strook *de* [-stroken] rijstrook waarover men een autoweg verlaat

uit·rit *de (m)* ❶ het uitrijden [-ten] ❷ [*mv:* -ten] plaats waar men uitrijdt ‹bijv. een parkeerplaats›

uit·roei·en *ww* [roeide uit, h. uitgeroeid] ❶ verdelgen, tot het laatste exemplaar doden: ★ *ongedierte, onkruid ~* ❷ volledig doen ophouden: ★ *dopingmisbruik ~*

uit·roep *de (m)* [-en] kreet, schreeuw

uit·roe·pen *ww* [riep uit, h. uitgeroepen] ❶ luid roepen: ★ *'Leve de koningin!' riepen ze uit* ❷ aankondigen, order geven tot: ★ *de staking ~* ★ *~ tot* openbaar de waardigheid opdragen van: ★ *iemand tot koning ~*

uit·roep·te·ken *het* [-s] leesteken dat wordt gebruikt na een uitroepende zin:!

uit·ro·ken *ww* [rookte uit, h. uitgerookt] ❶ met rook zuiveren ❷ met rook verdrijven: ★ *muggen ~* ❸ fig opsporen en vernietigen: ★ *bases van terroristen* ~

uit·rol·len *ww* [rolde uit, *onoverg* is, *overg* h. uitgerold] ❶ geleidelijk uit een rollende beweging tot stilstand komen ❷ iets wat opgerold is weer openrollen: ★ *een slaapzak* ~ ❸ sp de bal rollend in het spel brengen (door een doelman)

uit·ruk·ken *ww* [rukte uit, h. & is uitgerukt] ❶ losrukken uit ❷ ‹van politie, brandweer› snel naar de plaats des onheils gaan; snel weggaan: ★ *ruk uit!*

uit·rus·ten *ww* [rustte uit, h. uitgerust] ❶ rusten: ★ *we rustten wat uit na de wandeling* ❷ van het nodige voorzien: ★ *een expeditie* ~

uit·rus·ting *de (v)* [-en] het → **uitrusten** (bet 2); alles wat men voor iets nodig heeft

uit·scha·ke·len *ww* [schakelde uit, h. uitgeschakeld] ❶ de elektrische verbinding verbreken, uitzetten: ★ *een computer* ~ ❷ fig niet mee laten doen, niet meerekenen, terzijde laten: ★ *hij is uitgeschakeld voor die functie* ❸ een overwinning behalen op een tegenstander, waardoor deze niet verder mag deelnemen: ★ *door deze overwinning schakelde Ajax Benfica uit voor de Champions League*

uit·scha·te·ren *ww* [schaterde uit, h. uitgeschaterd] ★ *het* ~ in schaterlach uitbarsten

uit·schei·den¹ *ww* [scheidde uit, is uitgescheiden *of* scheed uit, is uitgescheden] ophouden: ★ ~ *met werken*

uit·schei·den² *ww* [scheidde uit, h. uitgescheiden] naar buiten afscheiden: ★ *vocht* ~

uit·schei·ding *de (v)* ❶ het → **uitscheiden²** ❷ [*mv:* -en] wat uitgescheiden wordt

uit·schel·den *ww* [schold uit, h. uitgescholden] beledigende woorden zeggen tegen: ★ *iem. voor klootzak* ~

uit·schen·ken *ww* [schonk uit, h. uitgeschonken] ❶ in glazen schenken: ★ *wijn* ~ ❷ schenkend leegmaken: ★ *een fles* ~

uit·sche·ren *ww* [schoor uit, h. uitgeschoren] tot de huid toe → **wegscheren**

uit·scheu·ren *ww* [scheurde uit, h. & is uitgescheurd] ❶ door scheuren losmaken: ★ *een blad* ~ ❷ een (grote) scheur krijgen

uit·schie·ten *ww* [schoot uit, is & h. uitgeschoten] ❶ van zijn plaats schieten, uitglijden, een onverwachte beweging maken: ★ ~ *op een modderpaadje* ★ *plotseling schoot zijn hand uit* ❷ uitgroeien: ★ *de plant schiet hier snel uit* ❸ snel uittrekken: ★ *zijn jas* ~

uit·schie·ter *de (m)* [-s] iets wat of iem. die buiten het gewone valt

uit·schif·ten *ww* [schiftte uit, h. uitgeschift] schiftend afzonderen

uit·schij·nen *ww* [scheen uit, h. uitgeschenen] ★ BN *ook laten* ~ laten doorschemeren, doen voorkomen als: ★ *hij liet* ~ *dat hij het doen zou*

uit·schot *het* ❶ goederen van de slechtste kwaliteit ❷ gepeupel

uit·schra·pen *ww* [schraapte uit, h. uitgeschraapt] door schrapen volkomen leegmaken

uit·schreeu·wen *ww* [schreeuwde uit, h. uitgeschreeuwd] ★ *het* ~ hard schreeuwen (van pijn, angst, vreugde)

uit·schrij·ven *ww* [schreef uit, h. uitgeschreven] ❶ organiseren, gelegenheid geven om deel te nemen: ★ *een prijsvraag* ~ ❷ vaststellen, bepalen: ★ *belastingen* ~ ❸ NN bijeenroepen, beleggen: ★ *een vergadering* ~ ❹ geheel opschrijven: ★ *een toespraak* ~ ★ *een cheque* ~ een cheque invullen en ondertekenen ter betaling ❺ ★ *zich laten* ~ zijn naam laten verwijderen uit het bevolkingsregister

uit·schud·den I *ww* [schudde uit, h. uitgeschud] ❶ flink schudden om er iets uit te doen vallen: ★ *een zak* ~ ❷ fig beroven, plunderen: ★ *ze hebben die toerist totaal uitgeschud* II *wederk* ‹v. honden› zich door schudden enigszins drogen

uit·schuif·baar *bn* uitgeschoven kunnende worden

uit·schuif·blad *het* [-bladen] blad dat uit een uitschuiftafel geschoven kan worden om die groter te maken

uit·schuif·ta·fel *de* [-s] tafel die men groter kan maken door het tussenschuiven van bladen

uit·schui·ven *ww* [schoof uit, h. uitgeschoven] schuivend uittrekken

uit·schui·ver *de (m)* [-s] BN ook blunder

uit·schu·ren *ww* [schuurde uit, h. uitgeschuurd] ❶ door schuren grondig van binnen reinigen ❷ door schuren groeven maken in: ★ *gletsjers schuren de bergwand uit*

uit·schu·ring *de (v)* [-en] het → **uitschuren** (bet 2), door uitschuren veroorzaakte groef

uit·se·lec·te·ren *ww* [selecteerde uit, h. uitgeselecteerd] door selectie afzonderen, uitschiften

uit·slaan *ww* [sloeg uit, h. & is uitgeslagen] ❶ flink zijwaarts uitstrekken en bewegen: ★ *de armen, de vleugels* ~ ❷ uitkloppen: ★ *een kleedje* ~ ❸ door slaan iets oneffens plat maken: ★ *metaal* ~ ❹ naar buiten schieten; zie ook → **uitslaand** ❺ door vocht vieze plekken krijgen: ★ *de muren waren groen uitgeslagen* ❻ uiten: ★ *vuile taal* ~ ❼ op ware grootte tekenen

uit·slaand *bn* naar buiten slaand: ★ *een uitslaande brand* ★ *een uitslaande kaart* (*in een boek*) die uitgevouwen moet worden

uit·slag *de (m)* [-slagen] ❶ afloop, uitkomst, resultaat: ★ *de* ~ *van deze wedstrijd is 0 - 0* ★ *de uitslagen van de verkiezingen worden morgen bekend* ❷ (geen *mv*) schimmel op een muur, deur e.d. ❸ (geen *mv*) huiduitslag, puisten ❹ tekening op ware grootte

uit·sla·pen *ww* [sliep uit, h. & is uitgeslapen] ❶ lang blijven slapen: ★ *we hebben vanochtend uitgeslapen* ❷ ★ *zijn roes* ~ slapen tot men weer nuchter is ❸ zolang slapen tot men niet meer kan slapen: ★ *uitgeslapen kwam hij beneden* ❹ buitenshuis slapen ★ *bij iem. blijven* ~ blijven overnachten, logeren; zie ook bij → **uitgeslapen**

uit·sle·pen ww [sleepte uit, h. uitgesleept] wegslepen uit

uit·slie·pen ww [sliepte uit, h. uitgesliept] zie bij → **sliepuit**

uit·slij·ten ww [sleet uit, is uitgesleten] ❶ door slijten oneffen van oppervlak worden ❷ fig langzamerhand zich niet meer doen voelen: ★ *de ziekte moet ~, het verdriet zal wel ~*

uit·slo·ven wederk [sloofde uit, h. uitgesloofd] zeer veel moeite doen: ★ *zich ~ om een goede indruk te maken*

uit·slo·ver de (m) [-s] iem. die overmatig zijn best doet, dienstklopper

uit·slui·ten ww [sloot uit, h. uitgesloten] ❶ niet toelaten: ★ *een atleet van deelname ~ wegens dopinggebruik* ❷ onmogelijk achten: ★ *ik sluit het uit dat hij nog op tijd komt* ★ *het een sluit het ander niet uit* allebei is mogelijk vgl: → **uitgesloten**

uit·slui·tend bn bij uitsluiting, alleen: ★ *~ toegang voor leden*

uit·slui·ting de (v) [-en] het uitsluiten; (door werkgevers) ontslag en niet-aanneming van arbeiders (als sanctiemiddel tegen werknemers)

uit·sluit·sel het [-s] beslissing; opheldering: ★ *~ geven*

uit·smel·ten ww [smolt uit, h. uitgesmolten] ❶ door smelten onttrekken aan: ★ *vet ~* ❷ door smelten zuiveren

uit·sme·ren ww [smeerde uit, h. uitgesmeerd] ❶ ‹boter› smerend uitspreiden ❷ ‹fig taak, inkomsten, verlof enz.› niet ineens afwerken of opmaken, maar over langere tijd verdelen

uit·smij·ten ww [smeet uit, h. uitgesmeten] naar buiten werpen

uit·smij·ter de (m) [-s] ❶ iemand die ongewenste bezoekers verwijdert uit een nachtclub, disco e.d. ❷ brood met ham, rosbief en / of kaas en een spiegelei ❸ laatste, wervelende onderdeel van een muziek-, cabaretprogramma e.d.

uit·snij·den ww [sneed uit, h. uitgesneden] ❶ wegsnijden uit: ★ *een voorstelling in hout ~* ❷ in schijven of plakken snijden: ★ *uitgesneden zalm* ❸ uitknippen: ★ *een laag uitgesneden japon*

uit·span·nen ww [spande uit, h. uitgespannen] ❶ ‹paarden› losmaken uit het tuig ❷ strak spannend uitspreiden: ★ *een tent ~, een zeil ~*

uit·span·ning de (v) [-en] ❶ plaats waar de paarden voor een koets werden uitgespannen en vervangen ❷ NN café, restaurant met gelegenheid tot vermaak buiten de stad

uit·span·sel het hemelgewelf

uit·spa·ren ww [spaarde uit, h. uitgespaard] ❶ besparen: ★ *geld ~* ❷ open laten: ★ *ruimte ~ in de boekenkast*

uit·spa·ring de (v) [-en] besparing; openlating

uit·spat·ting de (v) [-en] losbandigheid

uit·spe·len ww [speelde uit, h. uitgespeeld] ❶ ten einde spelen ★ *zijn rol is uitgespeeld* aan zijn werkzaamheid, invloed enz. is een einde gekomen ❷ kaartsp met een kaart uitkomen ★ *iets tegen iemand ~* fig iets in iemands nadeel laten gelden ★ *mensen tegen elkaar ~* ervoor zorgen dat ze ruzie krijgen ★ *een uitgespeelde kans* een kans die je moet waarnemen, niet te missen kans ★ *een kans ~* sp benutten, met een score afronden

uit·spin·nen ww [spon uit, h. uitgesponnen] vervelend uitvoerig spreken over

uit·spit·ten ww [spitte uit, h. uitgespit] grondig onderzoeken

uit·split·sen ww [splitste uit, h. uitgesplitst] ❶ splitsend uiteenhalen ❷ uitschiften

uit·spoe·len ww [spoelde uit, h. uitgespoeld] in, met water of andere vloeistof schoon spoelen; **uitspoeling** de (v) [-en]

uit·spo·ken ww [spookte uit, h. uitgespookt] → **uitvreten** (bet 4), → **uithalen** (bet 1): ★ *wat heeft die blaag nu weer uitgespookt!*

uit·spraak de [-spraken] ❶ wijze van uitspreken: ★ *de ~ van het Engels* ❷ vonnis: ★ *de ~ van een rechter* ❸ uiting, mening die men uit: ★ *over deze kwestie durf ik geen ~ te doen*

uit·sprei·den ww [spreidde uit, h. uitgespreid] in de volle breedte uitstrekken of uitleggen ★ *zich ~* in volle breedte en omvang gelegen zijn *of* zich (over een oppervlak) verbreiden

uit·spre·ken I ww [sprak uit, h. uitgesproken] ❶ zeggen: ★ *zijn mening ~* ❷ op een bepaalde manier zeggen: ★ *het woord 'sansevieria' verkeerd ~* ❸ ‹een vonnis› vellen ❹ klaar zijn met spreken: ★ *hij was eindelijk uitgesproken* **II** wederk zich uitlaten of spreken over iets wat men lang verzwegen heeft

uit·sprin·gen ww [sprong uit, is uitgesprongen] ❶ wegspringen uit ★ *er financieel ~* geen geldelijk verlies lijden ❷ vooruitsteken: ★ *een uitspringend gedeelte* ★ *uitspringende hoeken* hoeken groter dan 180° ❸ opvallen: ★ *er ~* ★ *een prestatie die er uitspringt*

uit·sprui·ten ww [sproot uit, is uitgesproten] nieuwe scheuten krijgen

uit·spruit·sel het [-s] nieuwe scheut aan een plant

uit·spu·gen ww [spuugde uit, h. uitgespuugd; spoog uit, h. uitgespogen] uitspuwen

uit·spui·ten ww [spoot uit, h. & is uitgespoten] ❶ naar buiten spuiten ❷ door spuiten reinigen

uit·spu·wen ww [spuwde uit, h. uitgespuwd] iets uit de mond spugen

uit·staan ww [stond uit, h. uitgestaan] ❶ verdragen, dulden: ★ *ik kan het niet ~ dat hij zoveel drinkt* ❷ te maken hebben: ★ *ik heb niets met hem uit te staan* of NN: *niets met hem uitstaande* ★ BN ook *geen ~s hebben met* niet van doen hebben met ❸ op rente staan: ★ *~ tegen 5% rente*

uit·staan·de bn ★ NN *~ hebben* zie bij → **uitstaan** (bet 2)

uit·staans ww ★ BN ook *geen ~ hebben met* niets uit te staan, te maken hebben met; geen verband houden

uitstalkast–uittrap 1326

met: ★ *onze partij wil geen ~ hebben met deze terroristen*

uit·stal·kast *de* [-en] glazen kast in winkels enz. waarin iets te kijk ligt, vitrine

uit·stal·len *ww* [stalde uit, h. uitgestald] tentoonstellen, te kijk leggen

uit·stal·ling *de (v)* [-en] het uitstallen, uitgestalde voorwerpen

uit·stal·raam *het* [-ramen] BN ook venster met uitgestalde waren, etalage, winkelraam

uit·stap *de (m)* [-pen] uitstapje, tochtje ★ *op ~ gaan* op reis, op stap gaan

uit·stap·je *het* [-s] ❶ reisje, tochtje voor het plezier ❷ fig uitweiding: ★ *een uitstapje naar de geschiedenis van het land*

uit·stap·pen *ww* [stapte uit, is uitgestapt] ❶ uit een voertuig of vaartuig stappen ❷ inf overlijden

uit·stap·re·ge·ling *de (v)* BN verlof dat voorafgaat aan de pensionering

uit·steek·sel *het* [-s] iets wat uitsteekt

uit·stek *het* ★ *bij ~* bijzonder, op de eerste plaats: ★ *dit feit is bij ~ geschikt om als voorbeeld te dienen*

uit·ste·ken *ww* [stak uit, h. uitgestoken] ❶ naar buiten, naar voren steken: ★ *de hand, de vlag ~* ❷ ★ *~ boven* a) hoger zijn dan; b) fig overtreffen: ★ *hij steekt ver boven de anderen uit* ❸ wegsteken ★ fig *iemand de ogen ~* hem jaloers maken ❹ BN ook, spreektaal (iets slechts, ongunstigs) uithalen: ★ *kattenkwaad, fratsen ~* ★ *iets ~* een streek uithalen, iets uitspoken ★ *veel, weinig ~* veel, weinig uitvoeren

uit·ste·kend[1] *bn* tegenwoordig deelwoord van → **uitsteken**: ★ *een uitstekende rotspunt*

uit·ste·kend[2] *bn* zeer goed: ★ *een ~ schoolrapport*

uit·stel *het* opschorting, verschuiving: ★ NN *dit kan geen ~ lijden* ★ *van ~ komt afstel* uitstellen leidt vaak tot niet doorgaan ★ *~ is geen afstel* wat uitgesteld is, is daarmee niet per se opgegeven ★ fig *~ van executie* uitstel van iets onaangenaams, waaraan toch niet te ontkomen is ★ BN ook *met ~* ⟨van gevangenisstraffen, boetes enz.⟩ voorwaardelijk

uit·stel·len *ww* [stelde uit, h. uitgesteld] ❶ opschorten, verschuiven: ★ *een vergadering ~* ❷ RK ter aanbidding op het altaar plaatsen: ★ *de Heilige Hostie ~*

uit·ster·ven *ww* [stierf uit, is uitgestorven] ❶ ophouden te bestaan doordat er geen nakomelingen zijn: ★ *de mammoet is al tienduizenden jaren geleden uitgestorven* ❷ fig niet meer in gebruik zijn: ★ *dat woord is uitgestorven* ★ *dat gebruik sterft langzamerhand uit*

uit·stij·gen *ww* [steeg uit, is uitgestegen] ❶ uitstappen (uit een voertuig) ❷ ★ *~ boven* a) zich hoger verheffen dan; b) fig in waarde overtreffen

uit·stip·pe·len *ww* [stippelde uit, h. uitgestippeld] vooraf omschrijven: ★ *een route ~*

uit·sto·men *ww* [stoomde uit, h. uitgestoomd] door stomen reinigen

uit·stoot *de (m)* het uitstoten, vooral van afvalstoffen:
★ *de ~ van giftige gassen*

uit·stor·ten I *ww* [stortte uit, h. uitgestort] ❶ door storten leegmaken ❷ stortend neerwerpen ❸ uiten, volle uiting geven aan: ★ *zijn hart ~* **II** *wederk* uitmonden

uit·stor·ting *de (v)* [-en] het uitstorten ★ *~ van de Heilige Geest* nederdaling van de Heilige Geest (*Handelingen* 2: 4)

uit·sto·ten *ww* [stootte *of* stiet uit, h. uitgestoten] ❶ wegstoten uit, verstoten: ★ *na dit verraad hebben haar vrienden haar uitgestoten* ❷ uiten: ★ *een rauwe kreet ~*

uit·sto·ting *de (v)* [-en] het → **uitstoten** (bet 1)

uit·stra·len *ww* [straalde uit, h. & is uitgestraald] ❶ als stralen uitzenden ❷ als stralen uitgaan van ❸ fig een bep. indruk maken: ★ *ze straalt een zekere naïveteit uit*

uit·stra·ling *de (v)* [-en] ❶ het uitstralen ❷ krachtige invloed, charisma: ★ *die artiest had een bijzondere ~*

uit·stra·lings·pijn *de* pijn die vanuit de geprikkelde plaats doorgegeven wordt naar omringende plekken

uit·strek·ken *ww* [strekte uit, h. uitgestrekt] ❶ volkomen strekken: ★ *zijn armen ~* ❷ uitbreiden ★ *zich ~* een oppervlak innemen

uit·strijk *de (m)* [-en], **uit·strijk·je** *het* [-s] med op glas uitgestreken substantie voor microscopisch onderzoek

uit·strij·ken *ww* [streek uit, h. uitgestreken] ❶ door strijken effen maken ❷ door strijken over een oppervlak verspreiden

uit·stro·men *ww* [stroomde uit, is uitgestroomd] ❶ naar buiten stromen ❷ uitmonden

uit·strooi·en *ww* [strooide uit, h. uitgestrooid] ❶ strooiend neerwerpen ❷ fig verspreiden

uit·stul·pen *ww* [stulpte uit, is uitgestulpt] plaatselijk buiten de gewone grens of vorm komen; **uitstulping** *de (v)* [-en]

uit·stu·ren *ww* [stuurde uit, h. uitgestuurd] wegzenden, in een bepaalde richting sturen

uit·te·ke·nen *ww* [tekende uit, h. uitgetekend] een tekening maken van ★ *ik kan hem wel ~* ik zie hem nauwkeurig voor mij

uit·tel·len *ww* [telde uit, h. uitgeteld] ❶ tellende uitbetalen: ★ *een groot bedrag ~* ❷ boksen door tellen een neergeslagen bokser als verliezer aanwijzen; zie ook → **uitgeteld**

uit·te·ren *ww* [teerde uit, is uitgeteerd] vermageren, verzwakken

uit·tes·ten *ww* [testte uit, h. uitgetest] uitproberen

uit·tik·ken *ww* [tikte uit, h. uitgetikt] ❶ met de schrijfmachine op papier zetten ❷ honkbal, softbal door tikken uitschakelen

uit·tocht *de (m)* [-en] het weggaan, vooral uit een land

uit·to·re·nen *ww* [torende uit, h. uitgetorend] ★ *~ boven* zich als een toren verheffen boven

uit·trap *de (m)* [-pen] voetbal het in het veld trappen van de bal door de doelman

uit·trap·pen ww [trapte uit, h. uitgetrapt] ❶ wegtrappen uit; voetbal de uittrap verrichten ❷ door trappen doven

uit·tre·den ww [trad uit, is uitgetreden] ❶ buiten iets treden, verlaten ★ NN vervroegd ~ vóór het 65ste jaar met pensioen gaan ❷ NN als lid bedanken: ★ verschillende personen zouden ~ ❸ uit de geestelijke stand treden: ★ een aantal priesters is uitgetreden ❹ sp zijn titel verliezend: ★ uittredend kampioen ❺ ‹mystiek › ‹van de ziel› buiten het lichaam treden; **uittreding** de (v) [-en]

uit·trek·ken ww [trok uit, h. & is uitgetrokken] ❶ ‹een kledingstuk› uitdoen: ★ zijn broek ~ ❷ bestemmen: ★ een bedrag ~ voor de heen- en terugreis ★ een dagje ~ voor een reparatie ❸ weggaan uit: ★ het land ~ ★ er een weekje op ~ in de Pyreneeën ❹ door trekken verwijderen: ★ een kies ~ ❺ door trekken langer maken ❻ NN een uittreksel, samenvatting maken van: ★ een boek ~

uit·trek·sel het [-s] ❶ kort overzicht, samenvatting: ★ een ~ van een boek ❷ gedeeltelijk afschrift ❸ BN dagafschrift

uit·trom·pet·ten ww [trompette uit, h. uitgetrompet] met ophef overal rondvertellen

uit·vaag·sel het schuim, gepeupel: ★ het ~ der maatschappij

uit·vaar·di·gen ww [vaardigde uit, h. uitgevaardigd] afkondigen, van zich doen uitgaan: ★ wetten ~; **uitvaardiging** de (v) [-en]

uit·vaart de [-en] ❶ begrafenis of crematie ❷ RK lijkdienst

uit·vaart·cen·trum het [-tra en -s] plaats waar de uitvaart van overledenen wordt geregeld

uit·vaart·dienst de (m) [-en] kerkdienst bij een uitvaart

uit·vaart·li·tur·gie de (v) [-gieën] (kerkelijke) begrafenisplechtigheid, uitvaartdienst, uitvaartmis

uit·vaart·mis de [-sen] RK mis bij een lijkdienst opgedragen

uit·val de (m) [-len] ❶ plotselinge aanval vanuit een belegerde stad of sterkte op de belegeraars ❷ plotselinge beweging in onverwachte richting ❸ heftige, scherpe uitlating ❹ het voortijdig stoppen met een studie of opleiding: ★ er is veel ~ in deze studierichting

uit·val·len ww [viel uit, is uitgevallen] ❶ wegvallen uit ★ ~ van het haar loslaten ❷ niet meer mee kunnen of mogen doen: ★ heel wat deelnemers vielen uit; buiten werking komen: ★ de (elektrische) stroom viel uit ❸ plotseling aanvallen, vooral uit een belegerde stad of sterkte ❹ zich heftig uitlaten ❺ een bepaalde afloop of uitkomst hebben: ★ goed of slecht ~ ★ lui uitgevallen zijn lui van aard zijn

uit·val·ler de (m) [-s] iem. die niet meer mee kan, die voortijdig stopt met een wedstrijd of een opleiding

uit·val·poort, **uit·vals·poort** de [-en] ❶ kleine poort waaruit een → **uitval** (bet 1) gedaan werd ❷ fig gebied van waaruit een uitval gedaan wordt

uit·vals·weg de (m) [-wegen] verkeersweg naar buiten een stad

uit·va·ren ww [voer uit, is & h. uitgevaren] ❶ te keer gaan, toornen ❷ uit de haven varen

uit·vech·ten ww [vocht uit, h. uitgevochten] ❶ door een gevecht beslissen ❷ fig uitzoeken, beslissen: ★ jullie moeten maar ~ naar welk restaurant we gaan

uit·ve·gen ww [veegde uit, h. uitgeveegd] schoon vegen ★ iemand de mantel ~ geducht de waarheid zeggen

uit·ven·ten ww [ventte uit, h. uitgevent] vooral NN ventend trachten te verkopen

uit·ver·de·di·gen ww [verdedigde uit, h. uitverdedigd] voetbal een vijandelijke aanval zo beheerst afbreken dat het verdedigende team onmiddellijk aan een tegenaanval kan beginnen

uit·ver·gro·ten ww [vergrootte uit, h. uitvergroot] ‹fotogr een onderdeel van een plaat, foto enz.› vergroten; **uitvergroting** de (v) [-en]

uit·ver·kie·zing de (v) het uit anderen verkiezen, vooral het voorbestemmen tot de eeuwige zaligheid

uit·ver·kocht bn tot het laatste exemplaar, de laatste zitplaats verkocht: ★ de voorstelling is ~

uit·ver·koop de (m) [-kopen] verkoop van de nog aanwezige voorraad tegen lagere prijzen

uit·ver·ko·pen ww [verkocht uit, h. uitverkocht] alles verkopen

uit·ver·ko·ren bn boven anderen verkozen, geliefd ★ het ~ volk Bijbel de Israëlieten

uit·ver·ko·re·ne, **uit·ver·ko·re·ne** de [-n] ❶ geliefde ❷ zalige

uit·ve·te·ren ww [veterde uit, h. uitgeveterd] NN streng berispen; **uitvetering** de (v) [-en]

uit·vie·ren ww [vierde uit, h. uitgevierd] een touw geheel laten aflopen

uit·vin·den ww [vond uit, h. uitgevonden] ❶ iets nieuws samenstellen of bedenken: ★ Watt heeft de stoommachine uitgevonden ❷ → **uitzoeken** (bet 3): ★ ik moet nog ~ wie dat uitgevoerd heeft

uit·vin·der de (m) [-s] iem. die iets uitgevonden heeft

uit·vin·ding de (v) [-en] het uitvinden, het uitgevondene

uit·vind·sel het [-s] bedenksel

uit·vis·sen ww [viste uit, h. uitgevist] fig op slimme manier uitzoeken

uit·vlag·gen ww [vlagde uit, h. uitgevlagd] het toepassen van een fiscale constructie waarbij arbeidscontracten worden omgezet in goedkopere buitenlandse ★ binnenschepen naar Luxemburg ~ ze onder de goedkopere Luxemburgse vlag laten varen zodat ze onder Luxemburgs recht vallen

uit·vlak·ken ww [vlakte uit, h. uitgevlakt] uitwissen, uitgummen ★ dat moet je niet ~ daar moet je niet gering over denken

uit·vlie·gen ww [vloog uit, is uitgevlogen] ❶ wegvliegen uit het nest ❷ fig het ouderlijk huis verlaten ★ er even ~ een uitstapje maken ❸ BN, spreektaal plots tekeergaan

uit·vloei·en *ww* [vloeide uit, is uitgevloeid] ❶ zich vloeiend uitstorten ❷ zich vloeiend uitbreiden: ★ *de verf is wat uitgevloeid*

uit·vloei·sel *het* [-s, -en] gevolg, effect

uit·vloe·ken *ww* [vloekte uit, h. uitgevloekt] vloekend uitschelden

uit·vlooi·en *ww* [vlooide uit, h. uitgevlooid] peuterig precies onderzoeken

uit·vlucht *de* [-en] valse verontschuldiging: ★ *een ~ verzinnen om niet naar een verjaardag te hoeven*

uit·voeg·strook *de* [-stroken] vooral NN rijstrook waarover men een autoweg verlaat

uit·voer *de (m)* ❶ vervoer naar het buitenland, export; de uitgevoerde goederen ❷ ★ *ten ~ brengen, leggen* volvoeren ❸ comput informatie die, na verwerking van de ingevoerde gegevens, door een computer wordt geleverd, output

uit·voer·baar *bn* uitgevoerd, gedaan kunnende worden; **uitvoerbaarheid** *de (v)*

uit·voer·der *de (m)* [-s] iem. die iets uitvoert of ten uitvoer brengt

uit·voe·ren *ww* [voerde uit, h. uitgevoerd] ❶ naar het buitenland vervoeren, exporteren ❷ doen, verrichten: ★ *wat voeren die kinderen allemaal op zolder uit?* ❸ maken, verwezenlijken: ★ *plannen ~* ❹ ten gehore brengen: ★ *een sonate ~* ❺ ★ *de uitvoerende macht* de macht om wetten enz. toe te passen, in Nederland en België berustend bij de Koning en de ministers

uit·voer·han·del *de (m)* verkoop van goederen naar het buitenland

uit·voer·ha·ven *de* [-s] haven van waaruit goederen uitgevoerd worden

uit·voe·rig *bn* ❶ breedvoerig ❷ tot in bijzonderheden: ★ *zijn avonturen ~ vertellen*; **uitvoerigheid** *de (v)*

uit·voe·ring *de (v)* [-en] ❶ het → **uitvoeren** (bet 2, 3) ❷ voordracht van een toneelstuk, muziekstuk enz ❸ vorm, uiterlijk: ★ *de ~ van een boek*

uit·voe·rings·be·sluit *het* [-en] maatregel (gewoonlijk van een minister) tot uitvoering van een wettelijk voorschrift

uit·voer·pre·mie *de (v)* [-s] exportpremie

uit·voer·recht *het* [-en] belasting op uitgevoerde goederen

uit·vo·ge·len *ww* [vogelde uit, h. uitgevogeld] inf door onderzoek te weten komen, grondig nagaan, uitpluizen

uit·vor·sen *ww* [vorste uit, h. uitgevorst] opsporen, door onderzoek te weten komen

uit·vou·wen *ww* [vouwde uit, h. uitgevouwen] uit opgevouwen toestand vlak leggen

uit·vra·gen *ww* [vroeg *of* vraagde uit, h. uitgevraagd] ❶ door vragen uithoren ★ *uitgevraagd zijn* niet meer weten te vragen ❷ ★ *uitgevraagd worden* uitgenodigd worden voor een feest e.d.

uit·vre·ten *ww* [vrat uit, h. uitgevreten; *verl deelw in* NN *schertsend ook:* uitgevroten] ❶ NN uitspoken, uithalen, iets doen wat eigenlijk niet mag: ★ *wat heeft dat kind nu weer uitgevreten / uitgevroten!* ❷ wegvreten, leegvreten ❸ uitbijten ❹ ★ NN *iem. ~ zodanig op iems. kosten leven dat die persoon erdoor verarmt*

uit·vre·ter *de (m)* [-s] NN iem. die op kosten van anderen leeft

uit·waai·en *ww* [woei *of* waaide uit, is & h. uitgewaaid] ❶ wandelen in de frisse wind: ★ *we gaan lekker ~ op het strand* ❷ door waaien doven: ★ *de lucifer is uitgewaaid* ❸ door waaien doen doven: ★ *de wind heeft de kaars uitgewaaid* ❹ zich in de wind ontplooien ❺ *alleen in de voltooide tijd* ophouden met waaien: ★ *het is uitgewaaid*

uit·waai·e·ren *ww* [waaierde uit, is uitgewaaierd] zich waaiervormig in verschillende richtingen verspreiden

uit·waarts *bn* naar buiten toe

uit·was *de (m) & het* [-sen] ❶ uitgroeisel ❷ fig buitensporigheid, eenzijdige en te sterke ontwikkeling in een bepaalde richting: ★ *die massaontslagen zijn een ~ van het kapitalisme*

uit·wa·se·men *ww* [wasemde uit, h. uitgewasemd] uitdampen; **uitwaseming** *de (v)* [-en]

uit·was·sen *ww* [waste uit, h. uitgewassen] door wassen schoonmaken

uit·wa·te·ren *ww* [waterde uit, h. uitgewaterd] zijn water lozen: ★ *een polder watert uit op een boezem*

uit·wa·te·ring *de (v)* [-en] het uitwateren, waterlozing

uit·wa·te·rings·ka·naal *het* [-nalen] kanaal waarin overtollig water geloosd wordt

uit·wa·te·rings·sluis *de* [-sluizen] sluis voor lozing van overtollig water

uit·wed·strijd *de (m)* [-en] sp wedstrijd gespeeld in andere plaats dan die waar de club gevestigd is

uit·weg *de (m)* [-wegen] ❶ weg naar buiten ❷ fig middel tot ontkoming, uitkomst uit moeilijkheden

uit·wei·den *ww* [weidde uit, h. uitgeweid] ❶ breedvoerig zijn: ★ *over zijn vakantie ~* ❷ van de hoofdzaak afwijken

uit·wei·ding *de (v)* [-en] ❶ breedvoerigheid ❷ afwijking van de hoofdzaak

uit·wen·dig *bn* ❶ van buiten, aan de buitenkant: ★ *voor ~ gebruik* ❷ ‹m.b.t. geneesmiddel› niet om in te nemen; zie ook bij → **zending**

uit·wen·dig·heid *de (v)* [-heden] buitenkant, het uitwendige, uiterlijk voorkomen

uit·wer·ken *ww* [werkte uit, h. & is uitgewerkt] ❶ met moeite naar buiten brengen ★ *zich er ~* zich uit een penibele situatie redden ❷ meer in bijzonderheden en breder bewerken: ★ *een plan nader ~* ❸ resultaat hebben: ★ *dat heeft niet veel uitgewerkt* ❹ tot het eind werken, ophouden te werken, geen werking meer hebben: ★ *dat medicijn is uitgewerkt*

uit·wer·king *de (v)* [-en] ❶ nauwkeurige bewerking, becijfering ❷ gevolg, invloed ★ *die maatregel heeft zijn ~ niet gemist* die maatregel is succesvol gebleken

uit·wer·pen *ww* [wierp uit, h. uitgeworpen] ❶ naar

buiten werpen ❷ fig verstoten, verbannen

uit·werp·sel *het* [-en, -s] wat aan het uiteinde van het darmkanaal uit het lichaam verwijderd wordt, excrement, poep: ★ *dierlijke uitwerpselen*

uit·wij·ke·ling *de (m)* [-en] BN ook emigrant; *ook* uitgewekene, vluchteling

uit·wij·ken *ww* [week uit, is uitgeweken] ❶ opzij gaan: ★ *de auto week uit voor de fietser* ❷ uit de rechte of normale stand gaan, uit de ruststand gaan: ★ *de muren van dit gebouw wijken enigszins uit* ❸ om politieke redenen het land verlaten: ★ *we zijn uitgeweken voor de dictator* ❹ ergens anders naar toegaan: ★ *vanwege de herrie zijn we uitgeweken naar een ander hotel* ❺ BN ook emigreren; *ook* verhuizen naar een ander landsgedeelte in België, m.n. van Vlaanderen naar Wallonië of Brussel of omgekeerd

uit·wij·king *de (v)* [-en] ❶ het → **uitwijken** (bet 2) ❷ BN ook emigratie; *ook* verhuizing naar een ander landsgedeelte in België

uit·wijk·mo·ge·lijk·heid *de (v)* [-heden] veelal fig mogelijkheid om iets te ontwijken

uit·wij·zen *ww* [wees uit, h. uitgewezen] ❶ beslissen; aantonen: ★ *onderzoek heeft uitgewezen dat die therapie helpt* ❷ het verblijf binnen een gebied ontzeggen

uit·wij·zing *de (v)* [-en] het → **uitwijzen** (bet 2)

uit·win·nen *ww* [won uit, h. uitgewonnen] besparen

uit·wis·se·len *ww* [wisselde uit, h. uitgewisseld] ruilen, wederzijds geven: ★ *gegevens ~*; **uitwisseling** *de (v)* [-en]

uit·wis·sen *ww* [wiste uit, h. uitgewist] uitvegen; fig doen vervagen

uit·woe·den *ww* [woedde uit, is & h. uitgewoed] ten einde woeden: ★ *de storm is uitgewoed*

uit·wo·nen *ww* [woonde uit, h. uitgewoond] slordig en zonder zorg bewonen en daardoor in waarde doen achteruitgaan: ★ *een uitgewoond huis*

uit·wo·nend *bn* ❶ niet in het huis wonend ❷ in een andere plaats wonend

uit·worp *de (m)* ❶ het afvoeren door een fabrieksschoorsteen van gas- of stofvormig afval ❷ hoeveelheid op deze wijze geloosd afval ❸ [*mv:* -en] sp het door de doelverdediger in het spel brengen van de bal door deze het speelveld in te gooien

uit·wrij·ven *ww* [wreef uit, h. uitgewreven] wegwrijven, schoonwrijven, glanzend wrijven

uit·wrin·gen *ww* [wrong uit, h. uitgewrongen] door wringen vocht uit laten lopen: ★ *een dweil ~*

uit·wui·ven *ww* [wuifde uit, h. uitgewuifd] bij vertrek toewuiven

uit·zaai·en I *ww* [zaaide uit, h. uitgezaaid] over een grote oppervlakte zaaien **II** *wederk* ‹v. kanker› zich door het lichaam verspreiden

uit·zaai·ing *de (v)* ❶ het uitzaaien, vooral het zich uitzaaien ❷ [*mv:* -en] wat uitgezaaid is, vooral uitgezaaid kankergezwel, metastase

uit·za·gen *ww* [zaagde uit, h. uitgezaagd] ❶ door zagen wegnemen ❷ door zagen vormen: ★ *figuren ~*

uit·zak·ken *ww* [zakte uit, is uitgezakt] ❶ door zakken uit de gewone stand of vorm komen ❷ lui onderuitgezakt in een stoel hangen

uit·zei·len *ww* [zeilde uit, is uitgezeild] wegzeilen uit een haven enz.

uit·zend·bu·reau [-roo] *het* [-s] → **bureau** (bet 2) dat tijdelijke werkkrachten ter beschikking stelt

uit·zen·den *ww* [zond uit, h. uitgezonden] ❶ naar een andere streek, naar een ander land zenden ❷ via de radio of televisie laten horen of zien

uit·zen·ding *de (v)* [-en] ❶ het uitzenden ❷ wat via de radio of televisie wordt uitgezonden

uit·zend·kracht *de* [-en] door een uitzendbureau geleverde werkkracht

uit·zet *de (m) & het* [-ten] uitrusting aan kleren, linnengoed en huishoudelijke artikelen, vooral die door een bruidspaar bij elkaar zijn gebracht

uit·zet·baar *bn* kunnende → **uitzetten** (bet 1); **uitzetbaarheid** *de (v)*

uit·zet·ten *ww* [zette uit, is & h. uitgezet] ❶ vergroten, in omvang toenemen ❷ verwijderen uit: ★ *iemand de deur ~* ★ *een ongewenste vreemdeling ~* ❸ uitschakelen: ★ *de televisie ~* ❹ van boord doen gaan: ★ *de (reddings)boten ~* ❺ meer op de wind zetten, ontplooien: ★ *de zeilen ~* ❻ op rente zetten ❼ hier en daar plaatsen: ★ *wachten ~*; *uitpoten:* ★ *vis ~* ❽ uitstippelen en markeren: ★ *een wandelroute ~ door een bos*

uit·zet·tings·be·vel *het* [-velen] bevel het land uit te zetten

uit·zet·tings·co·ëf·fi·ciënt [-koo-effiesjent] *de (m)* [-en] lengtevermeerdering per lengte-eenheid of volumevermeerdering per volume-eenheid van een stof bij temperatuurstijging van één graad Celsius

uit·zet·tings·ver·mo·gen *het* vermogen om uit te zetten (→ **uitzetten**, bet 1)

uit·zicht *het* [-en] ❶ het uitzien: ★ *iems. ~ belemmeren* ❷ waarop men ziet, vergezicht: ★ *een mooi ~ op het dal* ❸ fig vooruitzicht, hoop: ★ *~ hebben op een schitterende carrière*

uit·zicht·loos *bn* hopeloos, zonder kans op succes of verbetering: ★ *we zaten in een uitzichtloze situatie*

uit·zicht·to·ren *de (m)* [-s] uitkijktoren

uit·zie·ken *ww* [ziekte uit, h. & is uitgeziekt] ❶ ‹een ziekte› laten uitwerken: ★ *een griepje ~* ❷ langzaam aan vanzelf beter worden: ★ *hij is thuis nog aan het ~*; *ook* fig

uit·zien[1] *ww* [zag uit, h. uitgezien] ❶ uitkijken: ★ *het pension ziet uit op de rivier* ★ *naar een uitstapje ~* ernaar verlangen ❷ zoeken: ★ *~ naar een andere betrekking* ❸ meer of minder gezond uiterlijk hebben: ★ *hij zag er slecht uit*; *zich meer of minder gunstig laten aanzien:* ★ *het ziet er slecht uit voor de boeren*

uit·zien[2] *het* aanzicht, uiterlijk voorkomen

uit·zin·gen *ww* [zong uit, h. uitgezongen] ❶ ten einde

zingen ❷ fig (financieel) volhouden: ★ *ik zing het wel uit tot het eind van de maand*
uit·zin·nig *bn* onbesuisd, onbeheerst, buiten zijn zinnen: ★ *~ zijn van verdriet*; **uitzinnigheid** *de (v)* [-heden]
uit·zit·ten *ww* [zat uit, h. uitgezeten] iets tot het einde toe zittend bijwonen: ★ *de vergadering ~* ★ *zijn straf ~* zijn straftijd voltooien
uit·zoe·ken *ww* [zocht uit, h. uitgezocht] ❶ uitkiezen: ★ *een cadeautje ~* ❷ soort bij soort zoeken, sorteren: ★ *postzegels ~* ❸ tot klaarheid trachten te brengen: ★ *de politie zal het wel ~* ❹ trachten te regelen: ★ *we zullen het zelf wel ~* ★ *ze zoeken het maar uit!* ik bemoei me er niet (meer) mee
uit·zon·de·ren *ww* [zonderde uit, h. uitgezonderd] uitsluiten, niet meerekenen
uit·zon·de·ring *de (v)* [-en] ❶ het uitzonderen ❷ iets wat tegen de regel indruist ★ *bij ~* een (hoogst)enkele keer ★ *de ~ bevestigt de regel* ook of juist met een enkele uitzondering blijft de regel gelden
uit·zon·de·rings·ge·val *het* [-len] geval waarvoor de regel niet geldt
uit·zon·de·rings·po·si·tie [-zie(t)sie] *de (v)* [-s] positie waarvoor niet de normale regels gelden
uit·zon·de·rings·toe·stand *de (m)* [-en] toestand waarin bijzondere maatregelen genomen moeten worden, vooral bij oorlog, ongeregeldheden enz.
uit·zon·der·lijk I *bn* buitengewoon: ★ *er deed zich een ~ schouwspel voor* II *bijw* BN bij wijze van uitzondering: ★ *de trein vertrekt vandaag ~ om 13.45 uur*
uit·zoo·men *ww* [-zoe-] [zoomde uit, h. uitgezoomd] film, televisie met een zoomlens een zaak of persoon steeds kleiner in beeld brengen (en laten verdwijnen)
uit·zui·gen *ww* [zoog uit, h. uitgezogen] ❶ leegzuigen ❷ fig uitbuiten; arbeiders tegen veel te laag loon hard laten werken; zie ook bij → **mug**[1]
uit·zui·ger *de (m)* [-s] iem. die (arbeiders) uitzuigt
uit·zwaai·en *ww* [zwaaide uit, h. & is uitgezwaaid] ❶ uitwuiven: ★ *gasten ~* ❷ een zwaai naar buiten maken
uit·zwa·ve·len *ww* [zwavelde uit, h. uitgezwaveld] met zwavel reinigen
uit·zwer·men *ww* [zwermde uit, is uitgezwermd] ❶ in een zwerm uitvliegen ❷ fig naar alle kanten weglopen, wegrennen; **uitzwerming** *de (v)*
uit·zwe·ten *ww* [zweette uit, h. uitgezweet] door zweten kwijtraken
ui·ver *de (m)* [-s] vooral NN, dichterlijk ooievaar
UK *afk* United Kingdom *(⟨Eng⟩)* [het Verenigd Koninkrijk]
uk *de (m)* [-ken], **uk·je**, **uk·kie** *het* [-s] vooral NN klein kind
uke·le·le [oekə-] *(⟨Hawaïaans⟩) de (m)* [-s] klein model gitaar met vier snaren, bekend geworden op Hawaï
uk·ke·puk *de (m)* [-ken] uk

uk·kie, **uk·je** *het* [-s] vooral NN → **uk**
UKW *afk* Ultrakurzwelle *(⟨Du⟩)* [ultrakorte golf]
ULB *afk* Université libre de Bruxelles [Franstalige universiteit in Brussel]
ule·vel *(⟨It⟩) de* [-len] NN suikerbonbon in een papiertje
ulo *afk* in Nederland, vroeger Uitgebreid Lager Onderwijs [een voormalig schooltype, vergelijkbaar met de huidige mavo]
ulo·school *de* [-scholen] vroeger in Nedeland school voor uitgebreid lager onderwijs
ul·ster *(⟨Eng⟩) de (m)* [-s] dikke en lange winterjas met opgestikte zakken en een ceintuur
ul·te·ri·eur *(⟨FrLat⟩) bn* na iets komend, later
ul·tiem *(⟨FrLat⟩) bn* uiteindelijk, uiterst, laatst, allerlaatst: ★ *de ultieme mogelijkheid*
ul·ti·ma Thu·le [tuu-, toe-] *(⟨Lat⟩) het* ❶ eig het aan het eind der aarde gelegen Thule, een mythisch land ❷ fig uiterste uithoek van de aarde
ul·ti·ma·tief *(⟨Du⟩) bn* het karakter dragend van een ultimatum
ul·ti·ma·tum *(⟨Lat⟩) het* [-s] laatste voorstel bij een onderhandeling tussen twee staten of partijen, waarvan de eventuele afwijzing leidt tot een oorlogsverklaring, toepassing van geweld e.d.: ★ *de terroristen stelden als ~ dat ze een vrijgeleide naar de grens zouden krijgen*
ul·ti·mo *(⟨Lat⟩) bijw* aan het slot; op de laatste dag van de maand, bijv.: ★ *~ februari* op de laatste dag van februari
ul·tra *(⟨Lat⟩)* I *bijw* aan gene zijde van, over; verder dan II *als eerste lid in samenstellingen* uiterst, het genoemde in de hoogste of overdreven mate zijnde: ★ *ultrafijn* ★ *ultranationalistisch* e.d. III *de* ['s] doordrijver, extremist
ul·tra·cen·tri·fu·ge [-fuuzjə] *de* [-s] centrifuge met een zo hoog toerental dat zeer kleine deeltjes, bijv. isotopen, ermee van elkaar gescheiden kunnen worden
ul·tra·ge·luid *het* [-en] geluid met een zo hoge frequentie dat het niet voor het menselijk oor waarneembaar is (hoger dan 20.000 Hz)
ul·tra·kort *bn* uiterst kort ★ *ultrakorte golven* radio- of elektromagnetische golven met een lengte van 10 cm tot 10 m
ul·tra·lo·per *de* [-s] hardloper over zeer lange afstanden, vele malen langer dan de marathon
ul·tra·ma·rijn *(⟨Lat⟩)* I *het* helder blauwe verfstof en de kleur daarvan II *bn* helder blauw
ul·tra·mon·taan *(⟨Lat⟩) de (m)* [-tanen] aanhanger van het ultramontanisme
ul·tra·mon·taans *(⟨Lat⟩) bn* ❶ eig aan gene zijde van het gebergte (de Alpen) gelegen ❷ fig overeenkomstig de geest en de grondstellingen van het pausdom; streng pausgezind
ul·tra·mon·ta·nis·me *(⟨Lat⟩) het* richting die de opperheerschappij van de paus ook in het politieke leven voorstaat
ul·tra·so·nisch, **ul·tra·soon** *(⟨Lat⟩) bn* ⟨van

geluidstrillingen› niet meer met het gehoor waarneembaar (hoger dan 20.000 Hz)

ul·tra·vi·o·let *bn* ‹van stralen› buiten het violet van het spectrum vallend, voor het oog onzichtbaar, maar scheikundig werkzaam

ul·tra·vi·o·let·ab·sorp·tie·fil·ter [-sie-] *de (m) & het* [-s] fotogr filter die dient ter voorkoming van een blauw zweem, gebruikt als er veel ultraviolet licht aanwezig is (bijv. in het hooggebergte)

ulv *het* ['s] ultralicht vliegtuig [zeer licht vliegtuigje]

UMTS *afk* in Nederland Universiteit van Maastricht

um·bel·li·fe·ren *mv* schermbloemige planten, bijv. kervel, vlier

umi·ak [oemie-] *(‹Eskimotaal) de (m)* [-s] grote boot bij de Eskimo's

um·laut [oem-] *(‹Du) de (m)* taalk ❶ klankwijziging, verandering van klinkers bij de meervoudsvorming, de trappen van vergelijking enz. ❷ [*mv*: -en] teken boven een klinker dat die wijziging aangeeft, zoals op de ä, ö en ü

um·pire [umpai(r)] *(‹Eng) de (m)* [-s] scheidsrechter

UMTS *afk* Universal Mobile Telecommunications System [toegepaste technologie binnen het mobiele telefoonverkeer]

UN *afk* United Nations (Organization) *(‹Eng)* [Verenigde Naties]

una·niem *(‹Fr‹Lat) bn* eenparig, eenstemmig, eensgezind: ★ *de afgevaardigden waren ~ vóór het voorstel*

una·ni·mi·teit *(‹Fr‹Lat) de (v)* eenparigheid, eenstemmigheid

un·ci·aal *(‹Lat) de* [-alen] ❶ kapitale schrijfletter met geronde vormen ❷ druktechn kapitale beginletter

Uncle Sam [unkəl sem] *(‹Eng) de (m)* oom Sam, verpersoonlijking van de Verenigde Staten van Amerika en van het Amerikaanse volk

Unctad *de (m)* United Nations Conference on Trade and Development *(‹Eng)* [conferentie van de Verenigde Naties voor handel en ontwikkeling]

un·der·cov·er [undə(r)kuvvə(r)] *(‹Eng) bn* heimelijk, in het geheim werkend of opererend: ★ *een ~ agent*

un·der·dog [undə(r)doy] *(‹Eng) de (m)* [-s] ❶ eig onderliggende hond in een gevecht ❷ vandaar gedoodverfde verliezer: ★ *Estland was de ~ in het duel tegen Duitsland*

un·der·ground [undə(r)yraund] *(‹Eng) de (m)* ❶ stroming die zich tegen de gevestigde orde verzet, vooral tot uiting komend in muziek en andere kunststijlen ❷ ★ *~ (railway)* ondergrondse spoorweg, metro: ★ *de ~ van New York, Londen*

un·der·per·for·mer [-pə(r)fò(r)mə(r)] *de* [-s] eff aandeel waarvan verwacht wordt dat de koers zich het komende jaar minder goed zal ontwikkelen dan de aandelenindex van de beurs waarop het betreffende aandeel verhandeld wordt

un·der·state·ment [undə(r)steet-] *(‹Eng) het* [-s] formulering waardoor iets geringer, minder belangrijk, minder erg wordt voorgesteld dan in werkelijkheid is of geweest is

Unesco [uunes-] *de (m)* United Nations Educational, Scientific and Cultural Organization *(‹Eng)* [organisatie van de Verenigde Naties voor opvoedkundige, wetenschappelijke en culturele aangelegenheden]

un·fair [-fè(r)] *(‹Eng) bn* niet fair, niet eerlijk, onbehoorlijk

UNHCR *afk* United Nations High Commissioner for Refugees *(‹Eng)* [Hoge Commissaris voor Vluchtelingen (van de Verenigde Naties)]

un·hei·misch [oenhaimiesj] *(‹quasi-Du) bn* akelig, beangstigend, griezelig (in het Duits: *unheimlich*)

Unicef *afk* United Nations International Children Emergency Fund *(‹Eng)* [kindernoodfonds van de Verenigde Naties]

uni·ci·teit *(‹Fr) de (v)* het uniek-zijn

uni·cum *(‹Lat) het* [-ca, -s] iets enigs in zijn soort, iets waarvan slechts één exemplaar bestaat: ★ *deze eerste druk van het boek is een ~*

unie *(‹Fr‹Lat) de (v)* [-s] ❶ vereniging, verbond ❷ aaneensluiting van staten die nauwer is dan een verbond: ★ *de Europese ~* ★ *personele ~* staatsvorm waarin iem. staatshoofd is van meer dan één land ★ in Nederland *Unie BLHP* Bond van Leidinggevend en Hoger Personeel

unief [uunief] *de (v)* [-s] BN, spreektaal verkorting voor universiteit

uniek [uuniek] *(‹Fr‹Lat) bn* ❶ enig, waarvan geen tweede exemplaar bestaat, niet meer voorkomend: ★ *een ~ exemplaar* ❷ heerlijk, onvergelijkelijk: ★ *een ~ uitzicht*

uni·ë·ren *ww* [unieerde, h. geünieerd] *(‹Lat)* verenigen; tot een (ver)bond aaneensluiten

uni·fi·ce·ren *ww (‹Lat)* [unificeerde, h. geünificeerd] tot één geheel of gelijkvormig maken

Unifil *afk* United Nations Interim Forces In Lebanon *(‹Eng)* [troepenmacht van de Verenigde Naties die vanaf 1978 in Libanon is gelegerd]

uni·form¹ *(‹Fr‹Lat) bn* eenvormig, gelijkvormig ★ *~ tarief* eenheidstarief voor een openbaar vervoermiddel waarbij men voor elke rit, onverschillig hoe ver, een zelfde prijs betaalt

uni·form², **uni·form** *(‹Fr‹Lat) de & het* [-en] gelijke kledij voor een bepaalde categorie van personen, bijv. militairen en politieagenten

uni·for·me·ren *ww (‹Fr)* [uniformeerde, h. geüniformeerd] ❶ → **uniform¹** maken ❷ in → **uniform²** kleden: ★ *een bewakingsdienst ~* ; zie ook → **geüniformeerd**

uni·for·mi·teit *de (v)* ❶ eenvormigheid, gelijkvormigheid; onderlinge overeenstemming ❷ eentonigheid

uni·form·pet *de* [-ten] pet van een uniform

uni·la·te·raal *(‹Fr‹Lat) bn* eenzijdig (bijv. een verdrag)

Un·ion Jack [joenjən dzjek] *(‹Eng) de (m)* vlag van het Verenigd Koninkrijk (Groot-Brittannië en Noord-Ierland), waarin verenigd zijn het kruis van

uniseks–urban

St.-George (Engeland), St.-Andrew (Schotland) en St.-Patrick (Ierland)

uni·seks *bn* ‹van kleding, mode› zowel voor mannen als vrouwen

uni·so·no [oenie-] *(‹It‹Lat) bijw muz* gelijkklinkend, op één toon; eenstemmig

unit [joenit] *(‹Eng) de (m) [-s]* ❶ organisatie-eenheid, team: ★ *ons bedrijf bestaat uit verschillende units* ❷ eenheid, stel onderdelen of zaken die tezamen een zelfstandig geheel vormen ❸ handel eenheid voor prijsnotering (een bepaalde hoeveelheid die moet voldoen aan bepaalde condities)

Unita [oenietaa] *de (v)* União Nacional para Independencia Total de Angola *(‹Port)* [nationale unie voor de volledige onafhankelijkheid van Angola, een Angolese politieke beweging]

uni·tair *bn* BN niet gesplitst binnen een federatie ★ *het unitaire België* de eenheidsstaat België

uni·ta·ri·ër *(‹Fr) de (m) [-s]* theol iem. die slechts één persoon in God aanneemt, niet de Drie-eenheid

uni·ta·ris·me *(‹Fr) het* ❶ het streven naar eenheid ❷ opvatting van de unitariërs

uni·ta·rist *de (m) [-en]* BN voorstander van een unitaire Belgische staat

uni·ta·ris·tisch *bn* BN de eenheidsstaat verdedigend

unit·ed [joenaitid] *(‹Eng) bn* verenigd, verbonden ★ *United Kingdom* het Verenigd Koninkrijk (van Groot-Brittannië en Noord-Ierland) ★ *United Nations* de Verenigde Naties ★ *United States (of America)* de Verenigde Staten van Noord-Amerika

uni·ver·sa·lia *(‹Lat) mv* algemene klassen- en soortbegrippen

uni·ver·sa·li·teit *(‹Fr‹Lat) de (v)* algemeenheid; alomvattendheid

uni·ver·seel *(‹Fr‹Lat) bn* algemeen, overal op de wereld voorkomend: ★ *het huwelijk is een ~ verschijnsel* ★ *~ erfgenaam* enige, alles krijgende erfgenaam

uni·ver·si·tair [-tèr] *(‹Fr)* **I** *bn* de of een universiteit betreffend; aan een universiteit: ★ *~ gevormd* **II** *de (m) [-en]* BN ook academicus

uni·ver·si·teit *(‹Fr‹Lat) de (v) [-en]* instelling voor hoger onderwijs met verschillende faculteiten (in Nederland ten minste drie; in België ten minste vijf) ★ *open ~* gelegenheid tot hogere studie voor iedereen, ongeacht de vooropleiding, d.m.v. radio, televisie en schriftelijke cursussen

uni·ver·si·teits·bi·bli·o·theek *de (v) [-theken]* bij een universiteit behorende bibliotheek

uni·ver·si·teits·fonds *het [-en]* stichting tot geldelijke steun van het onderwijs aan een universiteit

uni·ver·si·teits·raad *de (m) [-raden]* bestuursorgaan van een universiteit, naast het college van bestuur

uni·ver·si·teits·stad *de [-steden]* stad met een universiteit

uni·ver·sum *(‹Lat) het* heelal

UNO *afk* United Nations Organization *(‹Eng)* [Organisatie der Verenigde Naties]

un·plugged [-pluyd] *(‹Eng) bn* eig zonder stekker in het stopcontact; popmuziek op akoestische instrumenten gespeeld (gezegd van nummers die van origine een elektrisch versterkte uitvoering hebben)

un·ster *de [-s]* weeghaak, balans met ongelijke armen

un·zip·pen *ww (‹Eng-Am)* [unzipte, h. geünzipt] comput een zipbestand decomprimeren, uitpakken

up·date [-deet] *(‹Eng) de (m) [-s]* vernieuwde of geactualiseerde versie van iets: ★ *de ~ van een naslagwerk*

up·da·ten *ww* [-deetə(n)] *(‹Eng)* [updatete, h. geüpdatet] (het) actualiseren, moderner maken, aanpassen aan nieuwe omstandigheden: ★ *een woordenboek ~*

up·grade [upɣreet] *(‹Eng) de (m) [-s]* verbeterde versie: ★ *een ~ van een computerprogramma*

up·gra·den *ww* [-ɣreedə(n)] *(‹Eng)* [upgradede, h. geüpgraded] ❶ op een hoger niveau brengen ❷ comput vervangen van software door een nieuwere, betere versie ❸ toevoegen van geheugencapaciteit of inbouwen van een snellere processor om de computerprestaties te verhogen

UPI *afk* [joe-pie-ai] United Press International [Amerikaans persbureau in 1958 ontstaan uit de fusie van United Press en International Press]

up·loa·den [-loodə(n)] *(‹Eng) ww* [uploadde, h. geüpload] overbrengen van informatie van de computer van een eindgebruiker naar een centrale computer; *tegengest*: → **downloaden**

up·per·cut *(‹Eng) de (m) [-s]* boksen stoot van onderen naar boven tegen de kin

up·per ten *de* upper ten thousand *(‹Eng)* [de hoogste kringen, de aanzienlijksten]

up·pie *het* ★ NN, spreektaal *in m'n ~* in mijn eentje

ups en downs [daunz] *(‹Eng) mv* voor- en tegenspoed, wisselvalligheden

up·start [-stà(r)t] *(‹Eng) de (m) [-s]* nieuwkomer, parvenu

up·tem·po *(‹Eng) het* snel, opzwepend ritme (in populaire muziek)

up-to-date [toe deet] *(‹Eng) bn* ❶ bij, tot op het ogenblik, geheel bijgewerkt: ★ *deze encyclopedie is volledig ~* ❷ op de hoogte van de tijd: ★ *ik zal je telefonisch ~ houden*

uraan [uuraan] *het* → **uranium**

ura·ni·um [uuraa-,], **uraan** [uuraan] *het* radioactief scheikundig element, symbool U, atoomnummer 92, een zilverwit, zacht en zwaar metaal, o.a. gebruikt als grondstof in kerncentrales, genoemd naar de Griekse hemelgod Ouranos (Uranus)

ur·baan *(‹Lat) bn* ❶ betrekking hebbend op het stadsleven, → **steeds**[2] ❷ vandaar hoffelijk, wellevend

ur·ban [ərbən] *het muz* verzamelnaam voor zwarte muziekstromingen, zoals hiphop en r&b; bij uitbreiding verzamelnaam voor alles wat de jongerencultuur in de grote stad betreft

ur·ba·ni·sa·tie [-zaa(t)sie] *(‹Eng) de (v)* verstedelijking, concentratie van het leven in steden

ur·ba·ni·se·ren [-zee-] *(‹Eng) ww* [urbaniseerde, h. & is geürbaniseerd] ❶ tot stadsgebied maken; een stedelijk karakter geven aan ❷ tot stadsgebied worden; een stedelijk karakter krijgen

ur·bi et or·bi *zn (‹Lat)* aan de stad (Rome) en aan de wereld (meegedeeld), bijv. van de pauselijke zegen in de paasweek ★ ~ *verkondigen, bekendmaken* aan of bij iedereen, overal bekendmaken

Ur·du [oerdoe] *(‹Hindi) het* vorm van het Hindoestani met veel invloeden uit het Perzisch, geschreven met Arabische letters, nationale taal van Pakistan, ook veel gesproken in het noorden van India

ure *de* [-n] *plechtig* uur ★ *te(r) elfder ~ op het laatste ogenblik* (zie *Matteüs* 20); zie ook bij → **onzalig**

uren·lang *bn* vele uren durend: ★ *we moesten ~ op de bus wachten*

ure·ter [uuree-] *(‹Gr) de (m)* [-s] *med* urineleider (van de nieren naar de blaas)

ure·thra [uuree-] *de (v)* ['s] *anat* buisje dat de urine van de blaas naar buiten voert, urinebuis, pisbuis

ure·um [uuree-] *(‹Lat) het* stikstofverbinding die ontstaat bij afbraak van eiwitten, bestanddeel van urine; gebruikt als meststof

ur·gent *(‹Fr‹Lat) bn* dringend, geen uitstel gedogend

ur·gen·tie [-sie] *(‹Lat) de (v)* dringende noodzakelijkheid, nooddrang

ur·gen·tie·pro·gram·ma [-sie-] *het* ['s] werkprogramma dat punten bevat in volgorde van noodzakelijkheid

ur·gen·tie·ver·kla·ring [-sie-] *de (v)* [-en] *NN* officieel schriftelijk bewijs dat men recht op voorrang heeft, vooral bewijs dat men als woningzoekende gerechtigd is een huis te huren waarvoor distributienormen gelden

uri·naal *(‹Lat) het* [-nalen] *med* glas of fles waarin de urine wordt opgevangen

uri·ne [uurie-] *(‹Fr‹Lat) de* uitscheidingsproduct van de nieren, pis

uri·ne·blaas [uurie-] *de* [-blazen] orgaan waarin zich de urine in het lichaam verzamelt

uri·ne·buis *de* [-buizen] urethra, pisbuis

uri·ne·lei·der [uurie-] *de (m)* [-s] buis waardoor urine van de nieren naar de blaas vloeit

uri·ne·ren *ww (‹Fr)* [urineerde, h. geürineerd] de urine lozen, wateren

uri·ne·we·gen [uurie-] *mv* afvoerwegen in het lichaam waardoor de urine van de nieren naar buiten vloeit: ★ *bij de mens bestaan de ~ uit nierbekken, urineleider, blaas en urinebuis*

uri·noir [-nwaar] *(‹Fr) het* [-s] ❶ openbare waterplaats voor mannen ❷ aan een wand hangende pot of bak waarin mannen urineren

URL *afk* Uniform Resource Locator [naam van een locatie op het world wide web, internetadres:] ★ *http://www.prisma.nl is een ~*

ur·men *ww* [urmde, h. geürmd] *NN* zeuren, klagen

urn, ur·ne *(‹Lat) de* [urnen] ❶ vaas voor de as van een gestorvene ❷ stembus

ur·nen·veld *het* [-en] terrein waar grafurnen gevonden worden

uro·lo·gie *(‹Gr) de (v)* med specialisme dat zich vooral bezighoudt met afwijkingen en ziekten van de nieren en de urinewegen

uro·loog *(‹Gr) de (m)* [-logen] med specialist op het gebied van de urologie

ur·su·li·nen *mv* naam van een rooms-katholieke vrouwelijke religieuze congregatie die zich met onderwijs aan jonge meisjes en ziekenverpleging bezighoudt, met St.-Ursula als patrones

Uru·guay·aan [oeroeywaajaan] *de (m)* [-guayanen] iem. geboortig of afkomstig uit Uruguay

Uru·guay·aans [oeroeywaajaans] *bn* van, uit, betreffende Uruguay

US *afk,* **USA** United States (of America) *(‹Eng)* [Verenigde Staten (van Amerika) (*USA* is ook de nationaliteitsaanduiding op auto's)]

usan·ce [uuzãsə] *(‹Oudfrans) de* [-s], **usan·tie** [uuzansie] *de (v)* [-s, -tiën] gewoonte, gebruik

USB *afk* comput Universal Serial Bus [bep. type poort op pc's waarmee snelle gegevensoverdracht mogelijk is]

USB-aan·slui·ting *(‹Eng) de (v)* [-en] comput Universal Serial Bus-aansluiting voorziening op pc's die snelle gegevensoverdracht mogelijk maakt

USB-poort *de (v)* [-en] comput USB-aansluiting

USB-stick *de (m)* [-s] comput extern opslagmedium dat op een USB-poort van een pc wordt aangesloten

us·er·in·ter·face [joezə(r) intə(r)fees] *(‹Eng) de* comput de wijze waarop de interactie tussen een gebruiker en een computerprogramma plaatsvindt, vooral de grafische vormgeving van een programma met daarin de bedieningsmogelijkheden voor de gebruiker, gebruikersinterface

uso [uuzoo] *(‹It) het* handel wisselgebruik, gewone betalingstermijn, t.w. op één maand zicht

USSR *afk* Unie van Socialistische Sovjetrepublieken, de Sovjet-Unie [hist benaming voor een unie van Rusland en een aantal aangrenzende republieken in de tijd van het communisme]

usu·eel [uuzuu-] *(‹Fr‹Lat) bn* naar de gewoonte, gebruikelijk

usu·fruc·tus [uuzuu-] *(‹Lat) de (m)* vruchtgebruik

usur·pa·tie [uuzurpaa(t)sie] *(‹Lat) de (v)* wederrechtelijke inbezitneming of toe-eigening; aanmatiging, overweldiging

usur·pa·tor [uuzur-] *(‹Lat) de (m)* [-s, -toren] onrechtmatig of wederrechtelijk bezitnemer, overweldiger

usur·pe·ren *ww* [uuzur-] *(‹Fr)* [usurpeerde, h. geüsurpeerd] op wederrechtelijke wijze in bezit nemen, onrechtvaardig verkrijgen, overweldigen

ut *de* muz eerste toon van de diatonische toonladder, do

ute·rus *(‹Lat) de (m)* [-ri, -sen] anat baarmoeder

uti·li·sa·tie [-zaa(t)sie] ⟨*Fr*⟩ *de (v)* ten-nutte-making, benutting, aanwending

uti·li·se·ren *ww* [-zee-] ⟨*Fr*⟩ [utiliseerde, h. geütiliseerd] ten nutte maken, benutten, gebruiken

uti·li·tair [-tèr] ⟨*Fr*⟩ *bn* nut beogend, nuttigheids

uti·li·ta·ris·me ⟨*Fr*⟩ *het* leer dat het algemeen nut of welzijn het enig richtsnoer moet zijn in de moraal of zedenleer

uti·li·teit ⟨*Fr*‹*Lat*⟩ *de (v)* [-en] nut, nuttigheid, voordeligheid

uti·li·teits·be·gin·sel *het* beginsel dat men bij de beoordeling de nuttigheid als maatstaf moet nemen

uti·li·teits·bouw *de (m)* het bouwen van fabrieken, scholen, ziekenhuizen enz.

util·i·ty [joetillittie] ⟨*Eng-Am*⟩ *de* ['s] comput computerhulpprogramma, programma voor het uitvoeren van standaardbewerkingen op de computer

Uto·pia [uutoo-] ⟨*Lat*‹*Gr*⟩ *het* Nergensland; een gelukkig land met ideale staats- en maatschappijvorm, dat niet bestaat, zo genoemd naar het gelijknamige boek uit 1516 van de Engelse humanist Thomas More

uto·pie ⟨*Fr*‹*Gr*⟩ *de (v)* [-pieën] hersenschim, droombeeld, genoemd naar *Utopia*: ★ *een land waarin iedereen volkomen vrij en gelijk is, is een* ~

uto·pisch [uutoo-] ⟨*Fr*⟩ *bn* als van of in Utopia; hersenschimmig, onbereikbaar

uto·pist ⟨*Fr*⟩ *de (m)* [-en] iemand met onuitvoerbare toekomstplannen; *de utopisten* benaming voor de socialisten vóór de tijd van Marx; **utopistisch** *bn bijw*

Utrech·te·naar *de (m)* [-s *en* -naren] iem. geboortig of afkomstig uit Utrecht

Utrech·ter *de (m)* [-s] → **Utrechtenaar**

Utrechts *bn* van, uit, betreffende Utrecht

UU *afk* in Nederland Universiteit Utrecht

uur ⟨‹*Oudfrans*‹*Lat*⟩ *het* [uren] ❶ tijdseenheid van 60 minuten, 1/24 deel van een etmaal: ★ *we hebben drie ~ langs het strand gewandeld* ★ *we eten altijd om 6 ~* ★ *de kleine uurtjes* de eerste uren na middernacht ★ *het ~ der waarheid* moment waarop de waarheid blijkt; moment waarop moet blijken of een bep. verwachting bewaarheid wordt ★ *zijn laatste ~ heeft geslagen* hij is stervende, gaat spoedig dood ★ *van het eerste ~* van(af) het begin: ★ *een socialist van het eerste ~* ★ BN ook *24 ~ op 24* de hele dag en nacht door ❷ lesuur: ★ *per week hebben we drie ~ Frans*

uur·dienst *de (m)* [-en] dienstregeling (van trein, bus enz.) met een uur tussenruimte tussen de opeenvolgende vertrektijden

uur·glas *het* [-glazen] zandloper die in een uur leegloopt

uur·lo·ner *de (m)* [-s] werker op uurloon

uur·loon *het* loon berekend naar het aantal uren dat gewerkt is

uur·re·cord [-rəkòr] *het* [-s] beste prestatie geleverd in een uur

uur·re·ge·ling *de (v)* [-en] BN ook dienstregeling (van het openbaar vervoer)

uur·roos·ter *de (m) & het* [-s] BN ook ❶ dienstregeling (van het openbaar vervoer) ❷ lesrooster, regeling van les- of werktijden

uur·werk *het* [-en] ❶ algemene benaming voor een toestel dat de tijd aangeeft, zoals een klok of een horloge ❷ het raderwerk in een dergelijk toestel: ★ *er haperde iets in het ~* ❸ vooral BN horloge, polshorloge; klok, wekker

uur·wij·zer *de (m)* [-s] kleine wijzer van een niet-digitaal uurwerk

uv *afk* ultraviolet

UvA *afk* in Nederland Universiteit van Amsterdam

uvd *afk* uiterste verkoopdatum

uv-fil·ter [uuvee-] *de (m) & het* [-s] ultravioletabsorptiefilter

uvi *de* ['s] in Nederland uitvoeringsinstantie [instelling die sociale wetten uitvoert]

U-vorm *de (m)* de vorm van een U;; zie ook bij → **u¹**

U-vor·mig *bn* de vorm van een U hebbend

UvT *afk* in Nederland Universiteit van Tilburg

uvu·laar, uvu·lair [-lèr] ⟨*Fr*⟩ *bn* taalk met, bij de huig gevormd: ★ *de uvulaire r*

uw *bez vnw tweede persoon enk en meerv* beleefdheidsvorm: ★ *~ jas* ★ *geheel de uwe*

uwent *zn* ★ *te, ten ~* in uw huis, in uw woonplaats

uwer·zijds *bijw* van uw kant

UWV *afk* in Nederland Uitvoering Werknemersverzekeringen

V

v¹ *de* ['s] 22ste letter van het alfabet
v² *afk* nat velocitas snelheid
V *afk* ❶ volt ❷ symbool voor het chemisch element vanadium ❸ Romeins cijfer voor 5 ❹ Vaticaanstad (als nationaliteitsaanduiding op auto's)
v. *afk* ❶ van ❷ voor ❸ vrouwelijk
V1, V2 *de* ['s] types van vliegende bommen, door de Duitsers in de Tweede Wereldoorlog gebruikt
VA *afk* voltampère
va *de (m) inf,* m.g *verkorting van* vader (als aanspreekvorm gebruikt); zie ook → **vake**
v.a. *afk* vanaf
vaag *(‹Fr› bn* ❶ onbestemd: ★ *een ~ voorgevoel van iets hebben* ❷ onduidelijk: ★ *de vage omtrekken van een ver afgelegen gebergte* ❸ niet scherp omlijnd: ★ *in vage bewoordingen* ★ *in het vage*
vaag·heid *de (v)* [-heden] onbestemdheid; onduidelijkheid
vaag·lijk *bijw* → **vagelijk**
vaak¹ *bijw* dikwijls: ★ *hij is ~ ziek*
vaak² *de (m)* ❶ BN, spreektaal (NN vero) (behoefte aan) slaap ★ *~ hebben, krijgen* slaap hebben, krijgen ★ *praatjes voor de ~* kletspraatjes ❷ Klaas Vaak sprookjesfiguur die de kinderen zand in de ogen strooit zodat ze slaap krijgen
vaal *bn* niet helder, niet fris, grauw: ★ *een vale gelaatskleur* ★ *een vale regenjas*
vaal·bleek *bn* grauw, geelachtig bleek
vaal·bont *bn* wit en vaalbruin gevlekt
vaal·geel *bn* flets, verschoten geel
vaal·heid *de (v)* het vaal-zijn
vaalt *de* [-en] mesthoop
vaam *de (m)* [vamen] → **vadem**
vaan *de* [vanen] vooral BN, schrijftaal vaandel, vlag, banier; fig zinnebeeld van strijd: ★ *de ~ van de opstand* ★ *zich scharen onder iems. ~* iems. partij kiezen ; zie ook bij → **vaantje**
vaan·del *het* [-s] vierkant doek, in het midden aan een stok bevestigd, als veldteken door een afdeling soldaten meegedragen of door een vereniging enz. met de naam, leuzen e.d. erop in optochten meegedragen ★ *met vliegende vaandels* a) met vrolijk wapperende vaandels; b) fig enthousiast, vurig ★ *(hoog) in zijn ~ schrijven, voeren* als strijdleus hebben, stellen als iets waarnaar men streeft
vaan·del·dra·ger *de (m)* [-s] iem. die het vaandel draagt
vaan·del·vlucht *de* [-en] ❶ ontrouw worden aan zijn vroegere standpunt ❷ BN, schrijftaal desertie
vaan·del·zwaai·en *ww & het* → **vendelzwaaien**
vaan·drig (‹Du› *de (m)* [-s] aspirant-reserveofficier
vaan·tje *het* [-s] ❶ kleine vaan, vlaggetje boven aan de mast van een zeilboot, waarmee men de windrichting kan vaststellen ★ NN *het ~ strijken* flauwvallen ★ BN, spreektaal *naar de vaantjes zijn* naar de bliksem zijn, kapot zijn ★ BN, spreektaal *iets naar de vaantjes helpen* iets verknoeien, kapot maken ❷ vlaggetje aan een stokje bevestigd, ter versiering bij kermissen en andere festiviteiten
vaar¹ *bn* ‹van koeien› onbevrucht
vaar² *de (m)* BN, vero gevaar ★ *~ noch vrees kennen* geen angst kennen ★ *zonder ~ noch vrees* zonder ergens bang voor te zijn, onbevreesd
vaar·be·wijs *het* [-wijzen] getuigschrift van bekwaamheid tot het besturen van een schip
vaar·boom *de (m)* [-bomen] lange stok met een haak, gebruikt om een schip voort te duwen
vaar·dag *de (m)* [-dagen] dag waarop een schip vaart; *vgl:* → **ligdag**
vaar·dig *bn* ❶ gereed ❷ handig, bedreven: ★ *~ met de computer zijn* ★ *de geest werd ~ over hem* hij werd plotseling bezield
vaar·dig·heid *de (v)* [-heden] handigheid, bedrevenheid
vaar·dig·heids·proef *de* [-proeven] proef waaruit iemands vaardigheid blijken moet
vaar·geld *het* [-en] belasting, tol te betalen voor het bevaren van bep. waterwegen
vaar·geul *de* [-en] diep stroomgedeelte waar gevaren kan worden
vaars *de (v)* [vaarzen] jonge koe van zeven maanden tot twee jaar
vaar·schroef *de* [-schroeven] schroefbout die in een moer past
vaart *de* [3, 4 -en] ❶ snelheid: ★ *het schip heeft een ~ van... knopen* ★ *in volle ~* met grote snelheid ★ *~ achter iets zetten* iets snel behandelen ★ *het zal zo'n ~ niet lopen* het zal zo erg niet zijn, zo ver zal het niet komen ★ *iem. in zijn ~ stuiten* ★ *(een dorp, gemeenschap, land e.d.) opstoten in de ~ der volkeren* tot bloei doen brengen, belangrijk maken ❷ het varen, scheepvaart: ★ *in de ~ brengen* ❸ ‹schepen› laten varen ★ *uit de ~ nemen* ❹ ‹schepen› niet meer laten varen ★ *de grote ~* zeevaart ★ *de wilde ~* ongeregelde vrachtdienst, waarbij de schepen op eigen risico hier en daar vracht opdoen ❺ gegraven waterweg, meestal smaller dan een kanaal ❻ tocht, reis te water ★ *behouden ~!* gezegd als men iem. of een schip een voorspoedige tocht over het water wenst
vaar·tijd *de (m)* [-en] tijd die men gevaren heeft of varen moet
vaar·tje *het* [-s] vero vadertje ★ *hij heeft een aardje naar zijn ~* hij lijkt in karakter op zijn vader
vaart·me·ter *de (m)* [-s] scheepv zie bij → **log²**
vaar·tuig *het* [-en] voertuig voor het vervoer over water, boot, schip
vaar·wa·ter *het* [-s, -en] water waarin men kan varen ★ *iemand in het ~ zitten* iemand hinderen, tegenwerken
vaar·weg *de (m)* [-wegen] waterweg
vaar·wel I *tsw* gezegd als groet wanneer iem. voor

vaas ‹Fr of It‹Lat› de [vazen] sierlijk vat, vooral gebruikt als versiering of om er bloemen in te zetten langere tijd of voorgoed vertrekt **II** het afscheid, afscheidsgroet ★ ~ zeggen a) afscheid nemen van; b) fig ophouden met: ★ de studie ~ zeggen

vaat de [eig mv] vaatwerk dat gewassen moet worden

vaat·bun·del de (m) [-s] elk van de kanalen in een plant waardoor de sappen vervoerd worden

vaat·chi·rur·gie [-sjie-] de (v) chirurgische behandeling van bloedvaten

vaat·doek de (m) [-en] doekje waarmee men voorwerpen in de keuken, zoals de gootsteen en het gasstel, schoonmaakt ★ zo slap als een ~ heel slap, zwak

vaat·je het [-s] klein vat ★ uit een ander ~ tappen anders spreken, anders optreden

vaat·kramp de [-en] kramp in bloedvaten

vaat·kwast de (m) [-en] NN → vatenkwast

vaat·ver·nau·wing de (v) vernauwing van de bloedvaten

vaat·ver·wij·dend bn ★ vaatverwijdende middelen middelen tot verwijding van de bloedvaten

vaat·vlies het [-vliezen] bruin vlies om het oog, rijk aan bloedvaten

vaat·was·ma·chi·ne [-sjienə] de (v) [-s] toestel voor machinaal wassen van de vaat

vaat·werk het ❶ de gezamenlijke voorwerpen die worden gebruikt bij het koken en het eten, zoals pannen, schotels, borden, bestek enz. ❷ hoeveelheid tonnen of vaten

vaat·ziek·te de (v) [-n, -s] ziekte van de bloedvaten

VAB afk in België Vlaamse Automobilistenbond

va·ban·que bijw [bãk] ‹Fr› de bank staat op het spel ★ ~ spelen alles op het spel zetten

vac. afk vacature

va·cant ‹Fr‹Lat› bn openstaand, open, onbezet, onvervuld, vrij: ★ de functie van directeur is ~

va·ca·tie [-(t)sie] ‹Lat› de (v) [-s, -tiën] ❶ ambtelijke verrichting, werkzaamheid ❷ elke tijdruimte die openbare personen aan deze of gene zaak besteden; zitting ❸ vooral NN vergoeding voor een handeling als onder bet. 1, zitgeld

va·ca·tie·geld [-(t)sie-] het [-en] → vacatie (bet 3)

va·ca·tu·re de (v) [-s], **va·ca·tuur** de (v) [-turen] ‹Lat› ❶ het open-zijn van een functie ❷ voor het ogenblik onvervulde bediening, open plaats

va·ca·tu·re·bank de [-en] kantoor dat lijsten van vacatures bijhoudt

va·ca·tuur de (v) [-turen] → vacature

vac·cin [vaksē] ‹Fr› het [-s] entstof, preparaat dat bestaat uit levende, verzwakte of dode bacteriën tegen infectieziekten

vac·ci·na·tie [-(t)sie] ‹Fr› de (v) [-s] het vaccineren

vac·ci·na·tie·be·wijs [-(t)sie-] het [-wijzen] bewijs dat men gevaccineerd is

vac·ci·ne·ren ww ‹Fr› [vaccineerde, h. gevaccineerd] inenten met een vaccin

va·ce·ren ‹Lat› ww [vaceerde, h. gevaceerd] vooral NN ‹m.b.t. een functie, betrekking› openstaan, onvervuld zijn

vacht de [-en] ❶ behaarde huid van een dier: ★ een hond met een dikke ~ ❷ bewerkte schapenhuid met de wol er nog op: ★ een ~ voor de haard

va·cu·üm ‹Lat› **I** het [-cua] ❶ luchtledige ruimte ★ een ~ trekken de lucht aan een ruimte onttrekken ❷ elke ruimte waarin een sterke onderdruk heerst ❸ ledige ruimte in figuurlijke zin; vgl: → **machtsvacuüm II** bn luchtledig: ★ ~ verpakt

va·cu·üm·lamp de [-en] luchtledige lamp

va·cu·üm·me·ter de (m) [-s] luchtdrukmeter voor onderdruk

va·cu·üm·pan de [-nen] zo goed als luchtledige pan om oplossingen in te dampen

va·cu·üm·pomp de [-en] ❶ pomp die gas wegzuigt ❷ med pomp die als hulpmiddel wordt gebruikt bij moeizaam lopende bevallingen

va·cu·üm·ver·pak·king de (v) [-en] verpakking in zo goed als luchtledig omhulsel

VAD afk vooral NN vermogensaanwasdeling

va·dem de (m) [-en, -s], **vaam** de (m) [vamen] maat gebruikt voor waterdiepten, 1,699 m

va·de·me·cum ‹Lat: 'ga met mij'› het [-s] handboekje met beknopte informatie

va·de·men ww [vademde, h. gevademd] ❶ omvademen ❷ meten met de vadem ❸ een bep. aantal vadems bedragen

va·der de (m) [-s, 3 -en] ❶ man in betrekking tot zijn kinderen ❷ iem. die als een vader zorgt: ★ de ~ van een jeugdherberg ❸ voorvader ★ NN, plechtig tot de vaderen verzameld worden sterven ❹ stichter, grondlegger: ★ Karl Marx, de ~ van het communisme ★ de geestelijke ~ iem. die het bedacht heeft of er de stoot toe gegeven heeft ❺ NN schertsende aanspreekvorm voor een man of jongen: ★ daar moet je mee oppassen, ~

Va·der·dag de (m) dag waarop vader geschenken krijgt, derde zondag in juni

va·de·ren ww [vaderde, h. gevaderd] als een vader optreden, de vader spelen: ★ ~ over de kinderen

va·der·hand de (Gods) beschermende hand

va·der·hart het vaderliefde

va·der·huis het ouderlijk huis

Va·der·kens·dag de (m) BN, spreektaal Vaderdag

va·der·land het land waar iem. woont, waartoe iem. behoort ★ tweede ~ land naast het eigenlijke vaderland, waar iem. zich thuisvoelt ★ NN voor het ~ weg niet doordacht, onbezonnen

va·der·lan·der de (m) [-s] iem. die zijn vaderland liefheeft

va·der·land·lie·vend, **va·der·lands·lie·vend** bn het vaderland liefhebbend

va·der·lands bn ❶ van het vaderland: ★ vaderlandse geschiedenis ★ vaderlandse zeden ❷ (als) van een goed vaderlander: ★ een vaderlandse daad

va·der·lands·lief·de de (v) liefde tot het vaderland

va·der·lands·lie·vend *bn* → vaderlandlievend
va·der·lief *de (m)* lieve vader
va·der·lief·de *de (v)* liefde van een vader voor zijn kind(eren)
va·der·lijk *bn* ❶ van een vader ❷ als een vader
va·der·loos *bn* zonder vader
va·der·moord *de* [-en] het vermoorden van de eigen vader
va·der·moor·der *de (m)* [-s] NN, schertsend hoge halsboord met grote omgeslagen punten
va·der·ons *het* [-onzen] m.g., RK het Onzevader (als gebed): ★ *een ~ bidden, lezen*
va·der·schap *het* ❶ het vader-zijn ❷ fig het maker-, uitvinder-zijn
va·der·schaps·test *de (m)* [-s] onderzoek om vast te stellen of een bep. man de vader van een kind is
va·ders·kant *de (m)* ★ *van ~* van de kant van (de familie van) de vader: ★ *mijn grootvader van ~*
va·der·stad *de* stad waar men oorspronkelijk uit afkomstig is: ★ *Leiden was de ~ van Rembrandt*
va·ders·zij·de *de (v)* ★ *van ~* van vaderskant
va·der·tje *het* [-s] NN vriendelijke gemeenzame aanspreekvorm voor man of jongen; *vgl:* → **vader** (bet 5)
va·der·trots *de (m)* trots van een vader op zijn kind(eren)
vad·sig *bn* lui, traag en sloom: ★ *een vadsige kater*; **vadsigheid** *de (v)*
VAE *afk* Verenigde Arabische Emiraten [een federatie van emiraten langs de Perzische Golf]
va-et-vient [vaa ee vjê] *⟨Fr⟩ het* gedurig heen-en-weergeloop
va·gant *⟨Lat⟩ de (m)* [-en] rondtrekkend student of geestelijke in de middeleeuwen
va·ge·bond *⟨Fr‹Lat⟩ de (m)* [-en] zwerver, landloper
va·ge·lijk, **vaag·lijk** *bijw* vaag
va·gen *ww* (vaagde, h. gevaagd) BN ❶ vegen, schoonvegen; (wrijvend) schoonmaken, reinigen (met bezem of borstel); (door wrijven) verwijderen ❷ door wrijven aanbrengen (op); wrijven, strijken: ★ *roet op zijn kleren ~*
va·ge·vuur *het* RK plaats van lijden waar de zielen een pijnlijke zuivering ondergaan
va·gi·na *⟨Lat⟩ de* ['s] vrouwelijke schede
va·gi·naal *⟨Fr⟩ bn* de vagina betreffend
va·gi·nis·me *het* med kramp van de schede
vak *het* [-ken] ❶ door rechte lijnen, afrasteringen e.d. begrensde ruimte als onderdeel van een grotere ruimte: ★ *de vakken van een schaakbord* ❷ hokje in een lade, kast; apart zakje in een tas, portemonnee enz. ❸ ambacht, beroep: ★ *een ~ uitoefenen* ❹ tak van wetenschap, leervak
VAKA *afk* Vlaams Aktiekomitee tegen Atoomwapens
va·kan·tie [-sie] *⟨Fr⟩ de (v)* [-s] ❶ rusttijd, vrijaf van school of werk, verlof, opschorting van werkzaamheden ❷ vakantiereis ★ *op, met ~ gaan* gedurende enige tijd ter ontspanning naar een bep. plaats gaan: ★ *ik ga met ~ naar Mexico*

va·kan·tie·adres [-sie-] *het* [-sen] adres gedurende de vakantie
va·kan·tie·boer·de·rij [-sie-] *de (v)* [-en] boerderij waar men vakantiegangers ontvangt
va·kan·tie·bon [-sie-] *de (m)* [-nen, -s] NN bon, vooral in het bouwbedrijf, ter waarde van een bepaald geldbedrag, tegen inwisseling waarvan men gedurende de vakantie naar rato loon ontvangt
va·kan·tie·cur·sus [-sie-] *de (m)* [-sen] in de vakantie gegeven colleges
va·kan·tie·dag [-sie-] *de (m)* [-dagen] ❶ dag van, gedurende de vakantie ❷ vrije dag
va·kan·tie·gan·ger [-sie-] *de (m)* [-s] iem. die op vakantie gaat
va·kan·tie·geld [-sie-] *het* [-en] bedrag dat een werknemer of iemand die een sociale uitkering geniet, ontvangt om een vakantie mee te betalen
va·kan·tie·huis·je [-sie-] *het* [-s] huis, veelal buiten de stad, voor verblijf tijdens vakanties
va·kan·tie·ka·mer [-sie-] *de* recht kamer van rechters die zitting hebben in de tijd dat de gewone leden van de rechtbank vakantie hebben
va·kan·tie·ko·lo·nie [-sie-] *de (v)* [-s] vroeger inrichting in een gezonde streek, vooral nabij de zee, waar zwakke stadskinderen de vakantie doorbrachten
va·kan·tie·maand [-sie-] *de* [-en] maand waarin vakanties vallen
va·kan·tie·park [-sie-] *het* [-en] stuk land met vakantiehuisjes en andere vakantievoorzieningen als een zwembad, sportfaciliteiten e.d., waar men enige tijd genoeglijk kan doorbrengen
va·kan·tie·reis [-sie-] *de* [-reizen] reis in de vakantie
va·kan·tie·sei·zoen [-sie-] *het* [-en] vakantietijd
va·kan·tie·sprei·ding [-sie-] *de (v)* het in de verschillende delen van het land op een ander tijdstip laten beginnen van de vakanties, als maatregel om drukte te voorkomen
va·kan·tie·tijd [-sie-] *de (m)* tijd waarin de vakanties vallen
va·kan·tie·toe·slag [-sie-] *de (m)* [-slagen] vakantiegeld
va·kan·tie·werk [-sie-] *het* ❶ werk dat scholieren en studenten in de vakantie doen om geld te verdienen ❷ schoolwerk opgegeven voor de vakantie
vak·ar·bei·der *de (m)* [-s] geschoold arbeider
vak·be·kwaam *bn* degelijke vakkennis bezittende; **vakbekwaamheid** *de (v)*
vak·beurs *de* [-beurzen] → **beurs¹** (bet 3) voor een bep. tak van bedrijf
vak·be·we·ging *de (v)* [-en] ❶ de gezamenlijke vakbonden: ★ *de ~ protesteerde tegen de geringe loonstijging* ❷ het streven om door vakverenigingen de arbeidsvoorwaarden te verbeteren
vak·blad *het* [-bladen] blad dat uitsluitend over onderwerpen van een bepaald vak handelt
vak·bond *de (m)* [-en] vakvereniging
vak·bonds·af·ge·vaar·dig·de *de* [-n] BN kaderlid van een vakbond
vak·bonds·front *het* BN samenwerken van

verschillende vakbonden bij concrete acties
vak·bonds·lei·der *de (m)* [-s] bestuurder van een vakbond
vak·cen·tra·le *de* [-s] vereniging van vakbonden
vak·di·dac·tiek *de (v)* onderwijsmethode voor een bepaald leervak
va·ke *het* [-s en -ns] BN, spreektaal *verkleinwoord en aanspreekvorm* voor → **vader**; *ook* grootvader, opa
vak·ge·bied *het* [-en] terrein van studie of werkzaamheid
vak·ge·leer·de *de* [-n] geleerde die een bepaalde tak van wetenschap beoefent
vak·ge·noot *de (m)* [-noten] iemand die hetzelfde vak uitoefent
vak·groep *de* [-en] ❶ groep van bijeenbehorende vakken ❷ onderafdeling van bedrijfsgroep ❸ kleinste bestuurlijke onderdeel van een of meer faculteiten van een universiteit
vak·idi·oot *de (m)* [-oten] iem. die uitsluitend belangstelling heeft voor zijn eigen studievak
vak·jar·gon *het* alleen voor vakgenoten begrijpelijke vaktaal
vak·je *het* [-s] ❶ ⟨in kast, lade⟩ klein vak ❷ ⟨op papier⟩ vierkantje: ★ *het juiste ~ zwart maken*
vak·ken·nis *de (v)* kennis van een bepaald → **vak** (bet 3)
vak·ken·pak·ket *het* [-ten] keuzepakket van leervakken in het voortgezet onderwijs
vak·ken·vul·ler *de (m)* [-s] iem. die in supermarkten de koopwaar binnen het bereik van de klanten uitstalt
vak·kle·ding *de (v)* beroepskleding
vak·kring *de (m)* groep van vakgenoten ★ *in vakkringen* in een omgeving van vakgenoten
vak·kun·dig *bn* met vakkennis; **vakkundigheid** *de (v)*
vak·le·raar *de (m)* [-s, -raren] leraar die maar één of een paar vakken onderwijst
vak·li·te·ra·tuur, **vak·lit·te·ra·tuur** *de (v)* dat wat geschreven is over onderwerpen die op een bepaald vak betrekking hebben
vak·man *de (m)* [-lieden, -lui, -mensen] iem. met vakkennis en ervaring
vak·on·der·wijs *het* onderwijs in een bepaald vak; **vakonderwijzer** *de (m)* [-s]
vak·op·lei·ding *de (v)* opleiding tot een bep. beroep
vak·or·ga·ni·sa·tie [-zaa(t)sie] *de (v)* vakvereniging
vak·pers *de* kranten en tijdschriften die onderwerpen behandelen van belang voor een vak of bedrijf
vak·school *de* [-scholen] school voor vakonderwijs
vak·stu·die *de (v)* [-s, -diën] bestudering van een bepaald vak
vak·taal *de* taalgebruik van mensen in een bep. beroep, gekenmerkt door veel vaktermen
vak·term *de (m)* [-en] woord dat alleen in een bepaald vak gebruikelijk is
vak·tijd·schrift *het* [-en] tijdschrift dat alleen onderwerpen van een bepaald vak behandelt
vak·ver·bond *het* [-en], **vak·ver·eni·ging** *de (v)* [-en]

vereniging van vakgenoten met het doel de arbeidsvoorwaarden te verbeteren
vak·vrouw *de (v)* [-en] vrouw met vakkennis en ervaring
vak·werk¹ *het* bouwwijze waarbij een wand wordt opgebouwd uit vakken die van hout of staal worden gemaakt en die worden opgevuld met hout, vlechtwerk, leem of metselwerk
vak·werk² *het* werk van een vakman
vak·we·ten·schap *de (v)* [-pen] wetenschap die gericht is op één bep. tak van kennis
vak·woor·den·boek *het* [-en] woordenboek van vaktermen
val I *de (m)* ❶ het vallen ★ *ten ~ komen* fig zijn macht kwijtraken: ★ *kort na de massale onlusten kwam het regime ten ~* ★ *hoogmoed komt voor de ~* zie bij → **hoogmoed** ❷ ondergang: ★ *de ~ van een regering, een koningshuis, van het Romeinse Rijk* ❸ nederlaag, overgave: ★ *de ~ van Antwerpen* ❹ NN gedwongen ontslag van een minister ❺ het zakken van het water in een rivier ❻ zedelijk verval, het in zonde vallen ❼ neergang, daling: ★ *de ~ van de dollar* **II** *de* [-len] ❶ apparaat, strik e.d. om dieren in te vangen ★ *in de ~ lopen* er inlopen, er intrappen, beetgenomen worden ❷ neervallend deurtje ❸ gerimpelde strook van gordijnstof, valletje **III** *het* hijstouw; zie ook → **valletje**
val. *afk* valuta
va·la·bel ⟨‹Fr⟩ *bn* ❶ geldig, rechtsgeldig ❷ aannemelijk: ★ *een ~ excuus* ❸ BN ook verdienstelijk, waardevol: ★ *hij was een ~ kandidaat*
val·avond *de (m)* BN ook avondschemering, het vallen van de avond; vooravond, zonsondergang ★ *bij ~* bij zonsondergang, in de avondschemering ★ *met ~* bij het vallen van de avond
val·bijl *de* [-en] onthoofdingswerktuig, guillotine
val·blok *het* [-ken] scheepv hijsblok
val·brug *de* [-gen] ophaalbrug
val·deur *de* [-en] schuin staande deur die men opent door hem op te lichten en die dan vanzelf weer dichtvalt
va·len·tie [-sie] *(Lat) de (v)* [-s] chemische waardigheid
Va·len·tijns·dag *de (m)* [-dagen] 14 februari, dag waarop men zijn of haar geliefde door een geschenk of kaart zijn of haar gevoelens toont, veelal anoniem, genoemd naar de legendarische H. Valentinus, waarschijnlijk bisschop van Trenti
va·le·ri·aan ⟨‹Lat⟩ **I** *de* [-rianen] onaangenaam riekende geneeskrachtige plant (*Valeriana officinalis*) **II** *de & het* etherische olie uit de valeriaan, gebruikt als zenuwstillend middel
va·leur ⟨‹Fr‹Lat⟩ *de (v)* ❶ waarde ❷ geldigheid (bijv. van een munt)
val·gor·dijn *de & het* [-en] rolgordijn
val·hek *het* [-ken] schuin staand hek dat vanzelf dichtvalt, valdeur
val·helm *de (m)* [-en] helm die het hoofd bij het vallen beschermt (bij bromfietsers, motorrijders e.d.)

val·hoog·te *de (v)* [-n, -s] hoogte waarvan iets valt
va·li·de (‹Fr‹Lat) *bn* ❶ gezond, krachtig, in staat tot werken ❷ deugdelijk, geldig: ★ ~ *argumenten*
va·li·de·ren *ww* (‹Fr‹Lat) [valideerde, h. gevalideerd] geldig verklaren
va·li·di·teit (‹Fr‹Lat) *de (v)* ❶ lichamelijke geschiktheid ❷ (rechts)geldigheid
va·lies (‹Fr‹Lat) *de* [-liezen] BN ook reistas, (kleine) koffer; *ook* kist ★ *zijn ~ pakken* opstappen, vertrekken, zijn koffers pakken
va·lig *bn* enigszins vaal, min of meer verschoten
valk (‹Lat) *de* [-en] ❶ roofvogel uit de familie Falconidae, met betrekkelijk lange, spitse vleugels, waarvan enkele soorten als broedvogel in Nederland en België voorkomen; zie ook bij → **uil** ❷ *verkorting van* valkjacht
val·ken·hof *het* [-hoven], **val·ken·huis** *het* [-huizen] plaats waar jachtvalken worden gehouden en afgericht
val·ke·nier *de (m)* [-s] ❶ iem. die valken voor de jacht africht ❷ iem. die op valken jaagt, valkenjager
val·ken·jacht *de* [-en] jacht met behulp van valken
val·ken·kap *de* [-pen] kap die men valken over de kop hangt zolang zij niet voor de jacht worden losgelaten
val·ken·klas·se *de (v)* zeilen de valkjachten
val·ken·oog *het* [-ogen] ❶ oog van een valk ❷ fig scherpziend oog
val·ke·rij *de (v)* ❶ de valkenjacht en wat daartoe behoort ❷ [*mv:* -en] valkenhuis
valk·jacht *het* [-en] licht type zeilschip met een valk in het zeil
val·kruid *het* geneeskrachtige samengesteldbloemige plant met oranje bloemen (*Arnica montana*)
val·kuil *de (m)* [-en] ❶ onzichtbaar gemaakte kuil, waarin dieren gevangen worden; ook gebruikt tegen vechtwapens ❷ fig aanleiding tot een fout of mislukking: ★ *deze lastige vraag bleek een ~ voor veel examinandi*
val·lei (‹Fr) *de* [-en] dal
val·len *ww* [viel, is gevallen] ❶ van een hoogte neerkomen: ★ *uit een raam ~* ★ *er viel veel regen* ❷ plotseling van staande houding in liggende overgaan: ★ *over een stoeptegel ~* ★ *fig over iets ~* er zich aan ergeren ★ *met ~ en opstaan* na een moeilijk leerproces waarbij veel is mislukt ★ *iem. om de hals, in de armen ~* omhelzen ★ *fig iem. laten ~* niet meer steunen, laten stikken ★ *~ als een baksteen* a) snel en hard neerkomen; b) verschrikkelijk mislukken; zie ook bij → **aarde**, → **boot**, → **buil**, → **deur**, → **duig** ❸ sneuvelen, sterven: ★ *~ in de strijd* ❹ zich moeten overgeven: ★ *Parijs is gevallen* ❺ gedwongen worden tot ontslag: ★ *de regering is gevallen* ❻ zakken, dalen: ★ *het water valt* ★ *de schemering valt al vroeg* ❼ zijn: ★ *het valt me hard, zwaar* ★ *er valt niet veel van te vertellen* ★ *lastig ~* ★ *er valt niet met hem te praten* ★ *daar valt niet mee te spotten* ❽ gebeuren, plaatshebben: ★ *op welke dag valt je verjaardag?* ★ *er vielen harde woorden* ★ *er viel een schot* ❾ komen, geraken: ★ *in slaap ~* ★ BN, spreektaal *zonder brood, geld, benzine, werk enz. ~* komen te zitten; zie ook bij → **ongenade** ❿ plotseling invallen: ★ *iemand in de rede ~* ⓫ uitkomen, treffen: ★ *dat valt slecht* dat wordt in het geheel niet gewaardeerd ★ *al naar het valt* zoals het uitkomt ⓬ gericht zijn op: ★ *de klemtoon valt op de eerste lettergreep* ★ *de keuze viel op mij* ⓭ behoren: ★ *dit valt hierbuiten* ★ *dat valt buiten mijn bevoegdheden* ⓮ passen, hangen: ★ *die japon valt goed* ⓯ ★ *~ op* charmant vinden, gecharmeerd worden door: ★ *Natasja valt op Mark* ★ *ik val op dixielandmuziek* ⓰ BN, spreektaal worden: ★ *werkeloos ~* ★ *ziek ~* ⓱ ★ BN, spreektaal *erdoor ~* afgaan, een slecht figuur slaan (door zijn tekst te vergeten, vals te zingen e.d.)
val·lend *bn* ★ *~e ziekte* samenvattende naam voor een aantal in aanvallen verlopende stoornissen van het zenuwstelsel, epilepsie ★ *~e ster* lichtende streep aan de hemel als een meteoriet de dampkring binnengaat
val·le·tje *het* [-s] gerimpelde strook van gordijnstof
val·licht *het* [-en] ❶ van boven invallend licht ❷ venster boven in een vertrek
val·ling *de (v)* [-en] schuinte, helling; afwijking van de loodrechte stand
val·luik *het* [-en] luik dat men dicht kan laten klappen
val·net *het* [-ten] dichtslaand vogelnet
va·lo·ri·sa·tie [-zaa(t)sie] (‹Eng of Fr) *de (v)* [-s] ❶ econ het verzekeren van een goede prijs voor een artikel door bepaalde maatregelen (het tijdelijk niet verkopen, vernietiging van een deel enz.) ❷ geldwezen hernieuwde vaststelling van de waarde van een vordering ❸ BN het tot zijn recht laten komen, het juist inschatten, het (opnieuw) naar waarde schatten ❹ BN het gebruik maken van de mogelijkheden (van een bep. functie); het uitbouwen (van een taak of functie)
va·lo·ri·se·ren [-zee-] (‹Fr) *ww* [valoriseerde, h. gevaloriseerd] ❶ → **valorisatie** (bet 1 en 2) toepassen ❷ BN, spreektaal economisch ten nutte maken, benutten, uitbuiten ★ *een onderzoek maatschappelijk ~* goed doen uitkomen ❸ BN waarderen; herwaarderen: ★ *het werk ~ van de echtgenoot die thuisblijft*
val·par·tij *de (v)* [-en] het vallen van enkele mensen tegelijk (over elkaar): ★ *de wieleretappe kende veel valpartijen*
val·poort *de* [-en] ❶ ‹bij een middeleeuws kasteel› als een ophaalbrug werkende poort met ijzeren punten ❷ scheepv luik voor de geschutpoort
val·reep *de (m)* [-repen] touw waarlangs men op of van een schip gaat; touwladder ★ *op de ~* bij het afscheid, ten slotte, op het allerlaatste moment
vals (‹Lat) *bn* ❶ niet echt, nagemaakt ★ *valse tanden* een kunstgebit ❷ verkeerd, onjuist: ★ *een valse gevolgtrekking*; zie ook bij → **schaamte** ❸ niet op de

valsaard–vangen

goede toon: ★ ~ *zingen* ❹ kwaadaardig, onbetrouwbaar: ★ *een valse kat* ❺ oneerlijk: ★ ~ *spelen* ❻ ongeldig: ★ *een valse start*

vals·aard *de (m)* [-s] valse vent

val·scherm *het* [-en] parachute

val·scherm·ja·ger *de (m)* [-s] soldaat die aan een parachute neergelaten wordt

val·scherm·sprin·ger *de (m)* [-s] parachutist

val·scherm·troe·pen *mv* troepen die aan parachutes uit vliegtuigen neergelaten worden, luchtlandingstroepen

val·se·lijk *bijw* vals, ten onrechte: ★ *iemand ~ beschuldigen*

val·se·mun·ter, **vals·mun·ter** *de (m)* [-s] iem. die vals geld maakt

val·se·mun·te·rij, **vals·mun·te·rij** *de (v)* het maken van vals geld

val·se·rik *de (m)* [-riken] iemand die vals is

vals·heid *de (v)* ❶ onechtheid ★ ~ *in geschrifte* het vervalsen van stukken, vooral door het plaatsen van een valse handtekening ❷ *[mv: -heden]* valse, gemene daad

vals·mun·ter *de (m)* [-s] → **valsemunter**

vals·mun·te·rij *de (v)* → **valsemunterij**

vals·spe·ler *de (m)* [-s] iem. die vals speelt, vooral met kaarten

val·strik *de (m)* [-ken] *fig* opzet om er iemand in te laten lopen

va·lu·ta *(‹It) de (v)* ['s] wettelijk betaalmiddel beschouwd in het internationaal verband ★ *harde ~* betaalmiddel met een waarde die gelijk is aan of hoger dan de vastgestelde waarde ★ *zachte ~* betaalmiddel met een lagere dan de vastgestelde waarde

val·wind *de (m)* [-en] van boven komende wind

VAM *afk* in Nederland Vuilafvoermaatschappij (te Wijster, gemeente Beilen)

va·men *ww* [vaamde, h. gevaamd] → **vademen**

Vamor *afk* in Nederland (Stichting) Vakexamens Auto- en Motorrijschoolbedrijven

vamp [vemp] *(‹Eng) de (v)* [-s] verleidelijke, geraffineerde vrouw die erop uit is mannen te misbruiken

vam·pier *(‹Du‹Servisch) de (m)* [-s] ❶ bloedzuigend spook ❷ bloedzuigende vleermuis van de familie Desmodontidae, in kleine kolonies in Midden- en Zuid-Amerika levend ❸ uitzuiger, woekeraar

van *vz* ❶ behorende aan: ★ *dat is ~ mij* ★ *de jas ~ vader* ❷ behorende tot: ★ *iemand ~ de burgerij* ❸ afkomstig uit: ★ *hout ~ Noorwegen* ★ ~ *goede familie* ❹ een verwijdering uitdrukkend: ★ ~ *huis gaan* ★ ~ *de tafel vallen* ★ BN ook ~ *de trein stappen uit de trein* ; zie ook bij → **af** ❺ te beginnen bij: ★ ~ *de eerste tot de laatste* ❻ gemaakt door: ★ *een schilderij ~ Rembrandt* ❼ gemaakt uit: ★ *een kooi ~ glas* ❽ gebeurende door, met of aan: ★ *het zingen ~ vogels* ★ *de trek ~ vogels* ★ *het vangen ~ vogels* ★ *de operatie ~ moeder* ❾ ter aanduiding van een tijdstip of duur: ★ ~ *drie tot vier uur* ★ ~ *de zomer* in deze zomer ★ ~ *'t jaar* in dit jaar

van·ach·ter *bijw* BN, spreektaal aan de achterzijde, aan de achterkant, achteraan ★ ~ *zitten* a) achteraan zitten; b) kaartsp op de achterhand zitten

va·na·di·um *het* chemisch element, symbool V, atoomnummer 23, een zilverachtig wit metaal, gebruikt voor het veredelen van staal, genoemd naar Vanadis, de Oudnoorse bijnaam van de Germaanse godin Freya

van·af *vz* ❶ te beginnen bij: ★ ~ *1 januari* ❷ van, van... af: ★ ~ *Assen is het nog 15 kilometer*

van·avond *bijw* deze avond

van·daag *bijw* deze dag ★ ~ *de dag* tegenwoordig ★ BN ook *de dag van ~* tegenwoordig, in onze dagen, heden ten dage

Van·daal *(‹Lat) de (m)* [-dalen] ❶ lid van een Germaanse volksstam die in 455 Rome plunderde en er vernielingen aanrichtte; *vandaar:* ❷ vandaal woesteling, vernieler, vernielzuchtig mens

van·daan *bijw* ❶ afkomstig uit: ★ *waar komt hij ~?* ★ *waar haal je het ~?* hoe verzin je het? ❷ vanaf, weg: ★ *ga hier niet ~!*

van·daar *bijw* ❶ daarvandaan: ★ ~ *is het nog een uur lopen* ❷ daarom: ★ *hij heeft me bedrogen, ~ dat ik hem niet vertrouw* ★ NN ~*...!* zit dat zo...!

van·da·lis·me *het* woeste vernielzucht; zie bij → **Vandaal**

van·de·hands, **van·de·hands** *bn* aan de rechterkant van een tweespan

van·doen *bijw* ❶ ★ ~ *hebben* nodig hebben ★ *(niets) ~ hebben (met)* (niets) te maken hebben (met): ★ *met die actie heeft onze groep niets ~* ❷ BN, spreektaal nodig ★ *heb je nog wat ~?*; ook *van doen* zie bij → **doen²**

van·een *bijw* uit elkaar

va·nes·sa *(‹Lat) de* ['s] geslacht van vlinders waartoe o.a. de schoenlapper behoort

vang *de* [-en] rem, klem om een windmolen stop te zetten

vang·arm *de (m)* [-en] rekbaar uitsteeksel bij de mond van een → **poliep** (bet 1), dienende om te grijpen, tentakel

vang·bal *de (m)* [-len] (bij soft- en honkbal en cricket) een door de slagman weggeslagen bal die door een lid van de veldpartij wordt gevangen voor hij de grond raakt

vang·band *de (m)* [-en] band om een boom bevestigd om insecten te vangen

vang·draad *de (m)* [-draden] ❶ draadvormig uitsteeksel bij sommige dieren, dienende om te vangen ❷ bep. type antenne

van·gen *ww* [ving, h. gevangen] ❶ grijpen, opvangen: ★ *een bal uit de lucht ~* ★ *veel, weinig wind ~* (door grote, kleine omvang) veel, weinig last hebben van de wind ★ *haar blik, aandacht ~* fig op zich weten te vestigen ❷ fig erin laten lopen, beetnemen: ★ *zich niet laten ~* ; zie ook bij → **aal** ❸ inf verdienen:

★ *hoeveel heb je voor die klus gevangen?*
vang·lijn *de* [-en] scheepv touw waaraan een schip vastgelegd wordt
vang·net *het* [-ten] ❶ net waarin van grote hoogte springende (bijv. uit een brandend gebouw) of vallende (bijv. acrobaten) worden opgevangen ❷ fig regeling waardoor iem. die wordt bedreigd met (financiële) ondergang of algehele armoede op het nippertje gered kan worden
vang·rail [-reel] *de (m)* [-s] metalen rail of band ter beveiliging langs autowegen
vang·snoer *het* [-en] koordversiering aan uniformen van militairen, majorettes e.d.
vangst *de (v)* ❶ het vangen ❷ [*mv*: -en] het gevangene
vangst·be·per·king *de (v)* [-en] verbod om meer dan een beperkt aantal exemplaren van een bepaalde vissoort te vangen
vangst·ver·bod *het* [-boden] verbod een bepaalde vissoort te vangen
vang·ver·bod *het* [-boden] → **vangstverbod**
vang·zeil *het* [-en] zeil waarin men van grote hoogte springende mensen (bijv. uit een brandend gebouw) opvangt
van·hier *bijw* hiervandaan
va·nil·le [-nieja-] *(‹Fr‹Sp‹Lat) de* ❶ tropisch gewas (*Vanilla planifolia*), waarvan de geurige peulvruchten tot stokjes gedroogd en als specerij gebruikt worden ❷ de specerij van dit gewas
va·nil·le·ijs [-nieja-] *het* met vanille bereid ijs
va·nil·le·stok·je [-nieja-] *het* [-s] op een stokje gelijkende vrucht van de vanille
va·nil·le·sui·ker [-nieja-] *de (m)* met vanille vermengde poedersuiker
va·nil·le·vla [-nieja-] *de* naar vanille smakende vla
va·nil·li·ne *(‹Fr) de* geurgevend bestanddeel van vanille
va·ni·tas *(‹Lat) de (v)* ijdelheid, vergankelijkheid ★ ~ *vanitatum et omnia vanitas* ijdelheid der ijdelheden, alles is ijdelheid (Prediker 1: 2 en 12: 8)
van·je·wel·ste *bn* in hoge mate, heel groot, hard, heftig enz., ook vaak niet aaneen geschreven: *van jewelste, van je welste*: ★ *een gedrang ~* ★ *een kabaal ~*
van·mid·dag *bijw* deze middag
van·mor·gen *bijw* deze morgen
van·nacht *bijw* ❶ in de nacht voor vandaag ❷ in de nacht na vandaag
van·och·tend *bijw* vanmorgen
van·op *vz* BN van boven op, van, vanaf; op: ★ *~ de uitkijktoren* ★ *opstijgen ~ vliegdekschepen* ★ *~ een afstand*
van·ouds *bijw* sedert lang, zoals het altijd was: ★ *als ~ gingen we weer kamperen op de Veluwe*
van·uit *vz* van... uit: ★ *vertrekken ~ Enschede*
van·waar *bijw* ❶ waarvandaan: ★ *dit was het vliegveld ~ we opstegen* ❷ waarom: ★ *~ die boze blik?*
van·we·ge *vz* ❶ uit naam van, op last van, namens: ★ *ik heet u allen hartelijk welkom ~ het bestuur* ❷ wegens, om reden van: ★ *de weg was gesloten ~ dichte mist*
van·zelf *bijw* ❶ uit zichzelf: ★ *de tv ging ~ stuk* ❷ vanzelfsprekend, natuurlijk: ★ *Ga je vandaag naar school? Vanzelf!*
van·zelf·spre·kend *bn* geen toelichting of verklaring nodig hebbend, voor de hand liggend, voor ieder duidelijk; **vanzelfsprekendheid** *de (v)*
va·po·ri·sa·tor [-zaa-] *(‹Fr) de (m)* [-s, -toren] verstuiver: toiletflesje voorzien van een stop met gummibal waarmee men fijn verdeeld reukwater kan spuiten; ook voor andere vloeistoffen, spuitbus
va·po·ri·se·ren *ww* [-zee-] *(‹Fr)* [vaporiseerde, h. gevaporiseerd] verstuiven
va·que·ro [-kee-] *(‹Sp) de (m)* ['s] veedrijver te paard in Mexico, cowboy
VAR *afk* NN Verklaring Arbeidsrelatie: ★ *een Var-verklaring*
VARA *afk* in Nederland ‹tot 1969›: Vereniging van Arbeiders Radioamateurs [sindsdien benaming voor een omroep waarbij de vier letters niet meer fungeren als een afkorting]
va·raan *(‹Arab) de (m)* [-ranen] lid van een familie van grote hagedissen in Afrika, Zuidoost-Azië en Australië, Varanidae
va·ren^1 *de* [-s] bosplant die zich door sporen voortplant, lid van de plantenklasse Pteropsida of Pterophyta
va·ren^2 *ww* [voer, h. & is gevaren] ❶ zich in een boot voortbewegen ❷ gaan: ★ *ten hemel ~* ★ *de duivel was in hem gevaren* hij was plotseling razend geworden ★ *alles laten ~* opgeven ★ *plechtig hoe vaart u?* hoe gaat het u? ★ *hij vaart er wel bij* hij beleeft er voorspoed aan
va·rens·gast *de (m)* [-en], **va·rens·ge·zel** *de (m)* [-len] matroos
va·ria *(‹Lat) mv* ❶ mengelmoes, allerlei: ★ *de rubriek ~ in een krant* ❷ BN ook w.v.t.t.k. (*wat verder ter tafel komt*) op een vergadering
va·ri·a·bel *(‹Fr‹Lat) bn* wisselend van afmeting, vorm, getal of waarde ★ *variabele kosten* econ kosten die de beweging van de productie volgen ★ *variabele werktijden* zie bij → **glijden**
va·ri·a·be·le *de* [-n] veranderlijke grootheid, o.a. in de wiskunde
va·ri·a·bi·li·teit *(‹Fr) de (v)* het variabel-zijn, veranderlijkheid
va·ri·ant *(‹Fr) de* [-en] ❶ vorm die enigszins van de gewone afwijkt; de verschillende lezingen van een woord of tekstdeel in verschillende handschriften of uitgaven ❷ schaken, dammen elk van de manieren waarop een bep. opening of stelling verder gespeeld kan worden ❸ wisk functie van een natuurlijk getal
va·ri·an·tie [-sie] *de (v)* [-s] statistiek kwadraat van de standaardafwijking
va·ri·a·tie [-(t)sie] *(‹Fr‹Lat) de (v)* [-s] ❶ verandering, wijziging; muz verandering op een thema; biol verandering van het type; astron storing in de

beweging van de maan, veroorzaakt door de zon; verandering in de declinatie van de kompasnaald ❷ afwisseling ★ *voor de* ~ ter afwisseling, voor de verandering ❸ verscheidenheid, vorm die enigszins afwijkt van de norm

va·ri·a·ver·ze·ke·ring *de (v)* [-en] NN verzekering die niet valt onder de meest gangbare verzekeringen (brand-, levens- enz.)

va·ri·ë·ren *ww* (‹Fr‹Lat) [varieerde, h. gevarieerd] ❶ veranderen, afwisselen ❷ wijzigen, doen afwijken van de gewone vorm; muz variaties maken ❸ afwijken, uiteenlopen

va·ri·é·té (‹Fr‹Lat) *het* [-s] voorstelling of theater met een afwisselend programma van licht vermaak (sketches, zang, dans, goochelaars enz.)

va·ri·é·té·ar·tiest *de (m)* [-en] artiest die in een variété optreedt

va·ri·ë·teit (‹Fr) *de (v)* [-en] ❶ verscheidenheid: ★ *we hebben een grote ~ aan cd's* ❷ afwijking, afwijkende vorm bij plant- en diersoorten

va·ri·é·té·the·a·ter *het* [-s] schouwburg voor variété

va·ri·o·la (‹Lat) *mv* med pokken

var·ken *het* [-s] ❶ tot de evenhoevigen behorend zoogdier met een gespierde, afgeplatte neus en grote oorschelpen, als huisdier gehouden vanwege zijn vlees (*Sus scrofa*) ★ NN *schreeuwen als een mager* ~ heel hard en klagelijk schreeuwen ★ *vieze varkens worden niet vet* men moet niet al te kieskeurig zijn ★ *we zullen dat varkentje wel eens wassen* we zullen dat karweitje eens opknappen; zie ook bij → **achterend**, → **spoeling** en → **tang** ❷ ongemanierde, lompe persoon ❸ spaarpot in de vorm van een varken, spaarvarken

var·kens·cy·clus [-sieklus] *de (m)* [-sen] NN, econ ❶ cyclus in prijzen van varkens als gevolg van het feit dat bij lage varkensprijzen weinig mensen varkens fokken en bij hoge prijzen weer veel varkens worden gefokt, waardoor grote schommelingen in aanbod en dus prijs ontstaan ❷ soortgelijk verschijnsel bij andere producten

var·kens·draf *de (m)* spoeling

var·kens·fok·ke·rij *de (v)* [-en] bedrijf van een varkensfokker

var·kens·gras *het* soort duizendknoop (*Polygonum aviculare*)

var·kens·haas *de (m)* [-hazen] lendenstuk van een varken

var·kens·hok *het* [-ken] hok voor varkens

var·kens·kar·bo·na·de *de (v)* [-s, -n] NN varkensrib met vlees eraan om te braden

var·kens·kot *het* [-ten, -koten] varkenshok

var·kens·ko·te·let *de* [-ten] varkensribstuk

var·kens·lap *de (m)* [-pen] stuk varkensvlees

var·kens·leer, **var·kens·le·der** *het* leer uit varkenshuiden

var·kens·oog·jes *mv* kleine ronde ogen

var·kens·pest *de* besmettelijke ziekte van varkens, veroorzaakt door een virus

var·kens·poot *het* [-poten] poot van een varken

var·kens·sla·ger *de (m)* [-s] ❶ iem. die varkens slacht ❷ slager die uitsluitend varkensvlees verkoopt

var·kens·vet *het* vet van varkens

var·kens·vlees *het* vlees van varkens

var·kens·voer *het* voeder voor varkens; fig slecht eten

var·kens·ziek·te *de (v)* [-n, -s] ziekte van varkens, vooral een besmettelijke borstziekte

var·si·ty [vā(r)sittie] (‹Eng: verbastering van *university*) *de (m)* ['s] roeiwedstrijd tussen studenten van verschillende universiteiten

VAR·ver·kla·ring *de (v)* [-en] ‹letterwoord: *Verklaring Arbeidsrelatie*› verklaring, afgegeven door de Belastingdienst, over de aard van de arbeidsrelatie, die uitsluitsel geeft over de afdracht van premies en belastingen

va·sec·to·mie (‹Lat-Gr) *de (v)* operatie waarbij een deel van de uitlozingsbuis van de zaadballen wordt weggenomen, sterilisatie van de man

va·se·li·ne [-zə-] (‹Eng) *de* reukloze, zuurvrije witte of gele zalf, distillatieproduct van petroleum en teer

vast I *bn* ❶ niet los, niet beweegbaar: ★ *dit raam zit* ~ ★ vooral NN *vaste vloerbedekking* ★ *vaste goederen* onroerende goederen; vgl: → **vastgoed** ★ *met vaste hand* zonder te beven ❷ stevig ★ *vaste grond onder de voeten hebben, krijgen* (meer) zekerheid hebben, krijgen ❸ niet vloeibaar of gasvormig: ★ *vaste stoffen* ★ ~ *voedsel* ❹ blijvend, niet tijdelijk: ★ *een vaste aanstelling, afspraak, betrekking, vriendin* ★ *vaste prijs* waarop niet afgedongen kan worden ★ *vaste schuld* een overheidsschuld die is opgenomen tegen een lening op lange termijn ❺ handel geen neiging tot prijsdaling hebbend ❻ diep: ★ ~ *slapen* ❼ bestendig: ★ ~ *weer* ❽ onwankelbaar: ★ *een* ~ *vertrouwen* ❾ geregeld: ★ *op vaste tijden* ❿ ★ *vaste planten* planten waarvan de wortels steeds blijven leven, zodat ze ieder voorjaar opnieuw uitlopen
II *bijw* ❶ stellig: ★ NN ~ *en zeker*, BN *ook zeker en* ~ ★ vooral NN *het gaat* ~ *sneeuwen* ❷ vooral NN voorlopig, ondertussen: ★ *ga maar* ~, *ik kom zo*

vast·bak·ken *ww* [bakte vast, is vastgebakken] ❶ door het bakken vast gaan zitten ❷ fig vastkoeken

vast·be·ra·den *bn* standvastig, met vaste wil; **vastberadenheid** *de (v)*

vast·be·slo·ten, **vast·be·slo·ten** *bn* een vast besluit genomen hebbende; **vastbeslotenheid** *de (v)*

vast·bij·ten *wederk* [beet vast, h. vastgebeten] ★ *zich* ~ *in* of *op* a) fig hardnekkig vasthouden aan; b) zich fanatiek met iets bezighouden

vast·bin·den *ww* [bond vast, h. vastgebonden] vastmaken door binden

vast·draai·en *ww* [draaide vast, h. vastgedraaid] door draaien vastmaken

vas·te *de (m)* [-n] handwerken vaste steek bij het haken

vas·te·land, **vas·te·land** *het* [-en] ❶ werelddeel zonder de daarbij behorende eilanden, continent: ★ *op het* ~ *wonen* ❷ land in tegenstelling tot zee: ★ *weer* *op het ~ zetten* de matrozen de bloemetjes buiten

vas·te·lands·kli·maat het landklimaat

vas·ten I ww [vastte, h. gevast] zich geheel of gedeeltelijk onthouden van eten en drinken, vooral uit religieuze motieven **II** de (m) periode dat men zich om religieuze motieven geheel of gedeeltelijk van eten en drinken onthoudt, bijv. de maand ramadan in de islam of (RK) de zes weken voor Pasen, vanaf Aswoensdag

vas·ten·ac·tie [-sie] de (v) RK grote inzameling voor een goed doel in de vastentijd

Vas·ten·avond de (m) [-en] RK de avond of de drie dagen voordat de vasten begint, carnaval

vas·ten·avond·gek de (m) [-ken] NN gemaskerde deelnemer aan carnaval

vas·ten·brief de (m) [-brieven] RK bisschoppelijke brief, o.a. de regeling van de vasten bevattende, die op de zondag voor Aswoensdag in de kerk wordt voorgelezen

vas·ten·dag de (m) [-dagen] RK dag waarop gevast moet worden

vas·ten·maand de [-en] ⟨in de islam⟩ ramadan

vas·ten·preek de [-preken] RK preek over het lijden van Christus, tijdens de vasten eens per week gehouden

vas·ten·tijd de (m) → **vasten** (II)

vas·ten·trom·mel·tje het [-s] NN, RK, vero trommeltje waarin lekkers werd bewaard dat in de vastentijd niet gegeten mocht worden

vast·ge·roest bn ❶ door roesten onbeweegbaar geworden: ★ *het slot is vastgeroest* ❷ fig door jarenlange gewoonte niet meer vatbaar voor verandering: ★ *vastgeroeste vooroordelen* ★ *~ in de ambtelijke sleur*

vast·ges·pen ww [gespte vast, h. vastgegespt] met een gesp vastmaken

vast·goed, vast·goed het onroerend goed

vast·grij·pen ww [greep vast, h. vastgegrepen] stevig grijpen

vast·heb·ben ww [had vast, h. vastgehad] te pakken hebben, bedriegen, beetnemen

vast·hech·ten ww [hechtte vast, h. vastgehecht] vastmaken

vast·heid de (v) ❶ het vast-zijn ❷ stevigheid ❸ fig zekerheid ★ BN ook *~ van betrekking* vaste aanstelling

vast·hou·den ww [hield vast, h. vastgehouden] ❶ in de hand houden: ★ *kun je mijn tas even ~?* ❷ bewaren: ★ *de winkelier zal die schoenen voor mij ~* ❸ blijven aanhangen: ★ *~ aan oude tradities* ; zie ook bij → **hart**

vast·hou·dend bn ❶ volhardend ❷ gierig; **vasthoudendheid** de (v)

vast·hou·der de (m) [-s] ❶ iem. die vasthoudt aan wat hij begonnen is ❷ iem. die vasthoudt aan oude werkwijzen of denkbeelden

vas·tig·heid de (v) [-heden] vooral NN zekerheid: ★ *kinderen hebben ~ nodig*

vast·klam·pen wederk [klampte vast, h. vastgeklampt] zich krampachtig aan iets vasthouden, vaak fig: ★ *zich aan oude gewoonten ~* ; zie ook bij → **strohalm**

vast·klem·men ww [klemde vast, h. vastgeklemd] stevig vastmaken, vasthouden

vast·kno·pen ww [knoopte vast, h. vastgeknoopt] door knopen vastmaken of aan elkaar vastmaken ★ *~ aan* fig verbinden met, laten aansluiten bij; zie ook bij → **touw**

vast·koe·ken ww [koekte vast, is vastgekoekt] als een koek gaan vastzitten

vast·leg·gen ww [legde vast, h. vastgelegd] ❶ vastmaken: ★ *de hond ~* ❷ fig op schrift stellen: ★ *de resultaten van zijn onderzoekingen ~* ❸ blijvend toegankelijk maken: ★ *op de gevoelige plaat ~*

vastliggen ww ❶ vastgebonden liggen ❷ fig niet veranderbaar zijn door een bindende afspraak

vast·lo·pen ww [liep vast, is vastgelopen] scheepv ❶ aan de grond raken ❷ niet verder meer kunnen: ★ *op een modderig paadje ~* ❸ fig geen uitweg meer hebben; in onoverkomelijke moeilijkheden raken: ★ *de vredesbesprekingen zijn vastgelopen*

vast·ma·ken ww [maakte vast, h. vastgemaakt] ❶ bevestigen, maken dat het niet los kan ❷ BN, spreektaal sluiten, op slot doen

vast·me·ren ww [meerde vast, h. vastgemeerd] scheepv aan een of meer touwen vastleggen

vast·naai·en ww [naaide vast, h. vastgenaaid] aan elkaar naaien

vast·om·lijnd bn duidelijk en nauwkeurig begrensd: ★ *een ~ plan*

vast·pen·nen ww [pende vast, h. vastgepend], **vast·pin·nen** [pinde vast, h. vastgepind] hout door middel van pinnen met elkaar verbinden ★ *iem. op iets vastpinnen* iem. ergens toe dwingen omdat hij dat toegezegd heeft

vast·plak·ken ww [plakte vast, h. & is vastgeplakt] ❶ met lijm vastmaken ❷ vast blijven kleven

vast·pra·ten ww [praatte vast, h. vastgepraat] zo praten dat de ander niet meer weet wat te zeggen ★ *zich ~* al pratend met zichzelf in tegenspraak komen

vast·ra·ken ww [raakte vast, is vastgeraakt] vast komen te zitten

vast·recht het vast te betalen bedrag, waardoor men vermindering verkrijgt van de prijs van geregeld gebruikte goederen of diensten, zoals gas, elektriciteit e.d.

vast·recht·ta·rief het [-rieven] NN tarief waarbij vastrecht wordt toegepast

vast·re·de·ne·ren ww [redeneerde vast, h. vastgeredeneerd] vastpraten

vast·roes·ten ww [roestte vast, is vastgeroest] door roesten onbeweegbaar worden; fig vgl: → **vastgeroest**

vast·schroe·ven ww [schroefde vast, h. vastgeschroefd] met een schroef vastdraaien

vast·spel·den *ww* [speldde vast, h. vastgespeld] met een of meer spelden bevestigen

vast·staan *ww* [stond vast, h. vastgestaan] stellig, zeker zijn: ★ *het staat vast dat roken schadelijk is voor de gezondheid* ★ *een vaststaand feit* een onbetwistbaar feit

vast·stel·len *ww* [stelde vast, h. vastgesteld] ❶ bepalen: ★ *een percentage ~* ❷ als feit noemen, constateren: ★ *~ dat iedereen aanwezig is*

vast·stel·ling *de (v)* ❶ het vaststellen: ★ *de ~ van de wisselkoers* ❷ BN ook constatering, bevinding; waarneming, onderzoek: ★ *de nodige vaststellingen doen*

vast·ta·pijt *het* BN vaste vloerbedekking, kamerbreed tapijt; ook *vast tapijt*

vast·vrie·zen *ww* [vroor vast, is vastgevroren] door vriezen vast raken

vast·wer·ken *wederk* [werkte vast, h. vastgewerkt] ❶ al bewegende vastraken ❷ zich in moeilijkheden brengen waaruit men geen uitweg meer weet

vast·zet·ten *ww* [zette vast, h. vastgezet] ❶ vastmaken, zodat het niet weg kan ❷ ⟨geld⟩ op iemands naam zetten of voor een bepaald doel bij een bank e.d. storten ❸ de tegenpartij zo in het nauw brengen, dat ze geen uitweg meer weet ❹ gevangenzetten

vast·zit·ten *ww* [zat vast, h. vastgezeten] ❶ stevig bevestigd zijn ❷ gestrand zijn ❸ in de gevangenis zitten ❹ geen uitweg meer hebben ❺ vastgebonden zijn, ook *fig*: ★ *aan een hypotheek ~* ❻ verbonden zijn aan, voortvloeien uit ★ *aan die opdracht moet heel wat werk ~* ❼ veroorzaakt worden door, verband houden met: ★ *alles zit vast op die verordening*

vat¹ *het* [vaten] ❶ ton ★ *holle vaten klinken het hardst* leeghoofden maken de grootste drukte ★ NN *er ligt / zit voor hem nog iets in het ~* hem staat nog iets (veelal iets onaangenaams) te wachten ★ NN *wat in het ~ zit, verzuurt niet* wat men nog tegoed heeft krijgt men zeker; afspraken zullen nagekomen worden ★ *een ~ vol tegenstrijdigheden* gezegd van een persoon met tegengestelde, elkaar afwisselende oordelen of neigingen ★ *het ~ der Danaïden* zie bij → **Danaïden** ❷ kom, schotel; bak(je) waarin men iets bewaart ★ *communicerende vaten* nat holle opstaande buizen die aan de onderzijde met elkaar verbonden zijn en in open verbinding staan met de buitenlucht, waardoor de oppervlakte van een zich daarin bevindende vloeistof altijd overal even hoog is ❸ inhoudsmaat voor vloeistoffen, o.a. voor aardolie (0,158987 m3), barrel ❹ kanaal in dierlijk en plantaardig organisme; zie ook bij → **vaatje**

vat² *de (m)* greep, houvast ★ *geen ~ op iemand hebben* a) geen invloed op iem. hebben; b) geen geestelijk contact met hem kunnen krijgen; c) geen goede reden tot maatregelen tegen hem hebben

vat·baar *bn* ❶ ontvankelijk: ★ *~ voor rede* ❷ een gevoelig gestel hebbend: ★ *~ voor griep*

vat·baar·heid *de (v)* ❶ het vatbaar-zijn ❷ aanleg

vat·bier *het* bier dat onmiddellijk uit het vat getapt wordt

va·ten *ww* [vaatte, h. gevaat] in vaten doen *meerv van* → **vat¹**

va·ten·kwast, **vaat·kwast** *de (m)* [-en] NN kwast voor het schoonmaken van vaatwerk

Va·ti·caan *(⟨Lat⟩ het* ❶ pauselijk paleis (complex van paleizen) en hof te Rome ❷ de pauselijke regering zelf

Va·ti·caans *bn* van, uit, betreffende het Vaticaan ★ *~ Concilie* algemene kerkvergadering van de Rooms-Katholieke Kerk in het Vaticaan

vat·ten *ww* [vatte, h. gevat] ❶ grijpen, vastpakken ★ *iem. in zijn kraag ~* oppakken en arresteren ★ *de slaap niet kunnen ~* niet in slaap kunnen vallen ❷ opdoen: ★ *kou ~* ❸ inzetten in: ★ *gevat in diamanten* ❹ begrijpen: ★ *vat je dat?* ❺ BN ook te pakken krijgen, arresteren, gevangennemen: ★ *na een korte achtervolging werd hij gevat* ❻ BN ook, sp inhalen (na een achtervolging): ★ *de renner werd door het peleton gevat* ❼ BN ook aanrijden: ★ *zij werd al fietsend gevat door een auto* ❽ BN, jur iets ter behandeling voorgelegd krijgen ★ *de onderzoeksrechter is in deze zaak gevat* deze zaak is aan de onderzoeksrechter voorgelegd

vat·ting *de (v)* [-en] zetting: ★ *de ~ van een briljant*

vau·de·ville [voodəviel] *(⟨Fr⟩ de (m)* [-s] ❶ komisch toneelstuk met zang ❷ gezang met een refrein als slot van een toneelstuk

va·zal *(⟨Fr⟨Lat⟩ de (m)* [-len] ❶ hist leenman ❷ iem. die in afhankelijkheid van iem. anders leeft, slaafse volgeling

va·zal·li·teit *(⟨Fr⟩ de (v)* ❶ toestand van het vazal-zijn ❷ verhouding (als) van vazal tot leenheer

va·zal·staat *de (m)* [-staten] staat die van een andere staat afhankelijk is

VB *afk* in België, vroeger Vlaams Blok; thans Vlaams Belang [rechts-nationalistische politieke partij]

vb. *afk* voorbeeld(en)

v.b. *afk* van boven

vbb. *afk* voorbeelden

vbo *afk* in Nederland, vroeger voorbereidend beroepsonderwijs [in 1999 opgegaan in het vmbo]

VBO *afk* in België Verbond van Belgische Ondernemingen [werkgeversorganisatie]

VBVB *afk* in België Vereniging ter Bevordering van het Vlaamse Boekwezen [uitgeversvereniging]

v.C. *afk*, **v.Chr.** voor Christus

VDAB *afk* in België Vlaamse Dienst voor Arbeidsbemiddeling en Beroepsopleiding

vech·ten *ww* [vocht, h. gevochten] strijd voeren met lichamelijk geweld: ★ *de krakers vochten tegen de politie*; ook *fig*: ★ *Ajax vocht zich naar de overwinning* ★ *~ tegen de slaap* ondanks grote vermoeidheid trachten wakker te blijven; zie ook bij → **bierkaai**

vech·te·rij *de (v)* [-en] vechtpartij

vech·ters·baas *de (m)* [-bazen] iem. die goed en graag

vecht
vecht·jas *de (m)* [-sen] vechtersbaas
vecht·lust *de (m)* lust om te vechten
vecht·par·tij *de (v)* [-en] gevecht
vecht·pet *de* [-ten] NN, mil type pet dat hoort bij de gevechtsuitrusting van militairen
vecht·schei·ding *de (v)* [-en] BN echtscheiding waarbij de betrokken partijen op gespannen voet leven en elkaar schade proberen toe te brengen
vecht·sport *de* [-en] sport waarbij vechttechnieken worden toegepast: ★ *boksen, judo en karate zijn vechtsporten*
vec·tor *(‹Lat) de (m)* [-toren] grootheid die niet alleen een getalwaarde, maar ook een richting heeft
vec·tor·beeld *het* [-en] comput beeld dat niet is opgebouwd uit beeldpunten zoals een rasterbeeld, maar uit lijnen waarvan de beschrijving (lengte, richting) als wiskundige formules is vastgelegd
Ve·da's *(‹Sanskr) mv* in het Sanskriet geschreven oude gewijde boeken van de hindoes
VE-Day [vie-ie-dee] *afk* Victory of Europe Day *(‹Eng)* [dag van de Europese overwinning in de Tweede Wereldoorlog, officieel 8 mei 1945]
ve·del *de* [-s, -en], **veel** *de* [velen] ❶ vero viool ❷ middeleeuws strijkinstrument met 3 à 5 snaren
ve·de·len *ww* [vedelde, h. gevedeld] vero vioolspelen
ve·der *de* [-en, -s] → veer¹
ve·der·ach·tig *bn* op veren gelijkend
ve·der·bos *de (m)* [-sen] bos veren
ve·der·ge·wicht *het* boksklasse, lichter dan lichtgewicht, van 54 tot 57 kg
ve·der·licht *bn* licht als een → veer¹
ve·der·wild *het* vogels waarop gejaagd wordt
ve·der·wol·ken *mv* zeer hoog drijvende rijen wolkjes
ve·det·te *(‹Fr‹It) de* [-s, -n] beroemde uitvoerende kunstenares, primadonna; gevierde sportheld
ve·disch *bn* van de Veda's
ve·du·ta [-doe-] *(‹It) de (v)* [vedute] schilderij, tekening e.d. met een stadsgezicht of landschap in nauwkeurig perspectief
vee *het* ❶ nuttige huisdieren: koeien, varkens, schapen, geiten enz. ❷ fig domme, redeloze mensen
vee·arts *de (m)* [-en] dierenarts, gespecialiseerd in vee
vee·art·se·nij·kun·de *de (v)* diergeneeskunde
vee·art·se·nij·kun·dig *bn* van, volgens de veeartsenijkunde
vee·art·se·nij·school *de* [-scholen] vroeger school ter opleiding van veeartsen: ★ *de vroegere ~ te Utrecht is als faculteit van de diergeneeskunde in de universiteit opgenomen*
vee·be·slag *het* [-slagen] al het vee van een boerderij
vee·boer *de (m)* [-en] boer die van veeteelt leeft
veeg¹ *de* [vegen] ❶ veegbeweging: ★ *met een ~ sloeg hij alle glazen van de tafel* ❷ daardoor ontstane vlek of streek: ★ *een ~ op het gezicht, op het behang* ★ *een ~ uit de pan krijgen* een onvriendelijke opmerking of terechtwijzing krijgen ❸ slag: ★ *een ~ om de oren*
veeg² *bn* de dood nabij; hachelijk, in doodsgevaar verkerend ★ *een ~ teken* een ongunstig teken ★ *het vege lijf redden* ternauwernood aan de dood (kunnen) ontsnappen
veeg·sel *het* wat opgeveegd wordt
vee·han·del *de (m)* handel in vee; **veehandelaar** *de (m)* [-s, -laren]
vee·hoe·der *de (m)* [-s] iem. die vee hoedt
vee·hou·der *de (m)* [-s] iem. die vee houdt
vee·hou·de·rij *de (v)* [-en] ❶ bedrijf van een veehouder ❷ bedrijfstak van de veehouders
vee·koek *de (m)* [-en] koek die als veevoeder gebruikt wordt
vee·ko·per *de (m)* [-s] iem. die vee verhandelt
veel¹ I *telw* ❶ een grote hoeveelheid: ★ *er waren ~ mensen op het strand*; in ruime mate: ★ *hij heeft ~ geld* ★ BN *trop is te ~ en te ~ is trop* te veel is te veel (naar P. van den Boeynants) ❷ *velen* veel mensen II *bijw* ❶ in grote mate: ★ *~ van iem. houden* ★ *dit jasje is ~ te klein* ❷ vaak: ★ *ik kom er ~*
veel² *de* [velen] vero → vedel
veel·al, **veel·al** *bijw* gewoonlijk, vaak
veel·be·lo·vend, **veel·be·lo·vend** *bn* van wie of waarvan nog veel te verwachten is: ★ *een ~ talent*
veel·be·spro·ken *bn* waarover / over wie veel gesproken wordt, wie / wat de algemene aandacht heeft: ★ *een ~ politicus*
veel·be·te·ke·nend, **veel·be·te·ke·nend** *bn* ❶ veelzeggend: ★ *een veelbetekenende hint* ❷ vol verstandhouding: ★ *elkaar ~ toelachen*
veel·be·wo·gen *bn* met veel schokkende gebeurtenissen: ★ *een ~ leven, een ~ tijd*
veel·eer, **veel·eer** *bijw* ❶ eerder, liever ❷ waarschijnlijker
veel·ei·send *bn* veel van iem. vergend, lastig
veel·ge·le·zen *bn* door veel mensen gelezen: ★ *een ~ boek*
veel·go·den·dom *het* het vereren van veel goden, polytheïsme
veel·heid *de (v)* groot aantal, verscheidenheid
veel·hoek *de (m)* [-en] rechtlijnige figuur met meer dan drie hoeken
veel·hoe·kig *bn* met meer dan drie hoeken
veel·hoof·dig, **veel·hoof·dig** *bn* ❶ met veel hoofden ❷ uit vele personen bestaande: ★ *een ~ bewind*
veel·ja·rig, **veel·ja·rig** *bn* van veel jaren: ★ *veeljarige ervaring*: ★ *~ verblijf in Afrika*
veel·kleu·rig, **veel·kleu·rig** *bn* met veel kleuren: ★ *een boekwerk met veelkleurige platen*
veel·kno·pi·gen *mv* plantenfamilie waartoe de zuring o.a. behoort (Polygonaceeën)
veel·le·dig, **veel·le·dig** *bn* veelvoudig
veel·om·vat·tend *bn* ruim, uitgebreid: ★ *een veelomvattende werkkring*
veel·ple·ger *de (m)* [-s] vooral NN iem. die wegens misdrijven erg vaak met justitie in aanraking komt
veel·schrij·ver *de (m)* [-s] ❶ iem. die over allerlei

onderwerpen schrijft ❷ iem. die veel, maar vaak oppervlakkig schrijft, broodschrijver; **veelschrijverij** *de (v)*
veel·soor·tig *bn* in veel soorten
veel·stem·mig *bn* met *of* voor meer dan twee zangstemmen ★ *een ~ koor van protesten* fig protesten van velen (uit verschillende kringen)
veels·zins *bn* NN in vele opzichten
veel·ta·lig, **veel·ta·lig** *bn* ❶ veel talen sprekend ❷ waar veel talen gesproken worden: ★ *Zwitserland is een ~ land*
veel·te *de (v)* veelheid
veel·term *de (m)* [-en] algebraïsche vorm met een of meer onbekenden, waarin wordt opgeteld of vermenigvuldigd
veel·tijds *bijw* NN, *vero* dikwijls, meestal
veel·vlak *het* [-ken] wisk lichaam begrensd door meer dan vier vlakken
veel·vor·mig, **veel·vor·mig** *bn* in veel vormen voorkomend; **veelvormigheid** *de (v)*
veel·voud *het* [-en] ⟨in de rekenkunde⟩ geheel aantal malen een ander getal: ★ *21 is een ~ van 7* ★ *kleinste gemene ~* kleinste getal waarop een gegeven aantal andere getallen deelbaar is: ★ *12 is het kleinste gemene ~ van 6 en 4*
veel·vou·dig, **veel·vou·dig** *bn* ❶ uit veel delen bestaande ❷ verscheidenheid vertonende
veel·vraat *de (m)* [-vraten] ❶ marterachtig roofdier uit Noord-Europa en Siberië, veel op een beer gelijkend (*Gulo gulo*) ❷ iem. die veel eet
veel·vul·dig *bn* talrijk, veel voorkomend, vaak; **veelvuldigheid** *de (v)*
veel·we·ter *de (m)* [-s] iem. die omvangrijke, maar oppervlakkige kennis heeft
veel·wij·ve·rij *de (v)* het gehuwd zijn met meer dan één vrouw, polygynie
veel·zeg·gend *bn* veel uitdrukkend, veelbetekenend: ★ *ze begroette me met een veelzeggende blik*
veel·zij·dig *bn* ❶ met veel zijden ❷ op velerlei gebied: ★ *een ~ artiest*; **veelzijdigheid** *de (v)*
veem *het* [vemen] ❶ NN vennootschap tot het opslaan van goederen ❷ NN groot gebouw voor opslag van goederen ❸ veemgericht
vee·markt *de* [-en] markt waar vee verhandeld wordt
veem·ge·richt *het* [-en] hist geheime rechtbank in het middeleeuwse Duitsland; bij uitbreiding berechting van politieke vijanden door niet daartoe bevoegden
veen *het* [venen] ❶ grondsoort, ontstaan uit halfvergane plantenresten ❷ land / gebied met → **veen** (bet 1), veenland; zie ook bij → **turf**
veen·ach·tig *bn* ❶ op veen gelijkend ❷ veen bevattend: ★ *veenachtige bodem*
veen·ar·bei·der *de (m)* [-s] arbeider bij het afgraven van veen
veen·bes *de* [-sen] soort rode, eetbare bosbes, op veengrond groeiend (*Vaccinium oxycoccus*)
veen·boer *de (m)* [-en] ❶ iem. die een veenderij heeft ❷ iem. die het boerenbedrijf uitoefent op veengrond

veen·brand *de (m)* [-en] ❶ brand in het veen ❷ steeds opnieuw oplaaiend conflict
veen·brug *de* [-gen] voorhistorische weg door veenland, bestaande uit boomstammen naast elkaar
veen·de·rij *de (v)* [-en] NN afgraving van veen om turf te maken
veen·grond *de (m)* [-en] veen
veen·ko·lo·nie *de (v)* [-s -en -niën] bij veenderijen ontstaan dorp
veen·lijk *het* [-en] in een veengebied gevonden, niet of niet geheel vergaan menselijk lijk uit de prehistorie
veen·mol *de (m)* [-len] lid van een insectenfamilie (Gryllotalpidae) die vooral veel schade aanricht in zaai- en kweekbedden: ★ *veenmollen zijn plompe, bruine insecten die in de grond leven*
veen·plas *de (m)* [-sen] meertje ontstaan door veenafgraving
veen·schap *het* [-pen] bedrijfschap voor veenderij
vee·pest *de* gevaarlijke, besmettelijke ziekte, vooral onder runderen
veer[1] *de* [veren], **ve·der** *de* [-en, -s] ❶ elk van de harige buisjes waarmee vogels zijn bekleed ★ *zo licht als een ~* (of *veertje*) zeer licht in gewicht ★ NN *een ~ moeten laten* minder te besteden hebben, in inkomsten achteruitgaan ★ *vooral* NN *pronken met andermans veren* pronken met iets van een ander ★ *vroeg uit de veren zijn* vroeg uit bed zijn ★ NN *hij kon geen ~* (of *veertje*) *van zijn mond blazen* hij was uitgeput; zie ook bij → **kikker** ❷ veerkrachtige draad *of* reep van metaal, spiraalveer, springveer: ★ *de ~ van een stoel, van een slot* ❸ dun uitlopende tak (van een populier of iep) ❹ blad van de varen
veer[2] *het* [veren] ❶ overvaart, overzetplaats over een water ❷ beurtvaarttraject, regelmatig waterverkeer tussen twee of meer plaatsen
veer·boot *de* [-boten] overzetboot, pont
veer·dam *de (m)* [-men] dam naar een → **veer**[2]
veer·dienst *de (m)* [-en] overzetdienst
veer·geld *het* [-en] overzetgeld
veer·huis *het* [-huizen] kantoor en huis van een veerman
veer·kracht *de* ❶ spankracht; elasticiteit ❷ weerstandsvermogen; vermogen tot herstel
veer·krach·tig *bn* ❶ met veerkracht ★ *een veerkrachtige tred* ❷ met een groot vermogen tot herstel: ★ *een ~ karakter*; **veerkrachtigheid** *de (v)*
veer·man *de (m)* [-lieden, -lui] iem. die een overzetveer bedient
veer·pont *de* [-en] pont
veer·tien *hoofdtelw*
veer·tien·daags *bn* ❶ 14 dagen durend ❷ om de 14 dagen: ★ *een ~ tijdschrift*
veer·tien·de I *rangtelw* II *het* [-n] veertiende deel
veer·tien·hon·derd *hoofdtelw*
veer·tig [feer-] *hoofdtelw*
veer·tig·daags [feer-] *bn* 40 dagen durend

veer·ti·ger [feer-] *de (m)* [-s] iemand tussen 40 en 50 jaar

veer·tig·ja·rig [feer-] *bn* ❶ 40 jaar oud ❷ veertig jaar durend

veer·tig·plus·ser [feer-] *de* [-s] iem. ouder dan 40 jaar

veer·tig·ste [feer-] **I** *rangtelw* nummer 40 in een reeks **II** *het* [-n] veertigste deel

veer·tig·tal [feer-] *het* [-len] (ongeveer) veertig

veer·tig·uren·ge·bed [feer-] *het* [-beden] NN, RK aanbidding van het Allerheiligste gedurende 40 uren, oorspronkelijk achter elkaar, tegenwoordig gedurende drie dagen onderbroken door de nachten

veer·tig·urig [feer-] *bn* 40 uur durend: ★ *veertigurige werkweek*

veer·weg *de (m)* [-wegen] weg naar een overzetveer

vees *ww verl tijd* van → **vijzen**

veest *de (m)* [-en] vero wind, scheet

vee·stal *de (m)* [-len] stal voor vee

vee·sta·pel *de (m)* [-s] hoeveelheid vee in een land of op een boerderij aanwezig

vees·ten *ww* [veestte, h. geveest] vero een wind laten

vee·teelt *de* het fokken van vee

vee·ver·voer *het* het transport van vee

vee·voe·der, **vee·voer** *het* voer voor vee

vee·wa·gen *de (m)* [-s] wagen, auto voor veevervoer

vee·ziek·te *de (v)* [-n, -s] onder het vee voorkomende ziekte

ve·ga·nis·me *(‹Eng)* het richting binnen het vegetarisme waarvan de aanhangers zich onthouden van alle dierlijke eiwitten, dus ook van zuivelproducten

ve·ga·nist *(‹Eng) de (m)* [-en] aanhanger van het veganisme

ve·gen *ww* [veegde, h. geveegd] ❶ van stof of vuil ontdoen met een bezem, stofdoek enz., zonder water of zeep te gebruiken ★ *voeten* ~ op een mat de schoenzolen reinigen ★ *ieder moet voor (zijn) eigen deur* ~ zijn eigen gebreken trachten te verbeteren (en niet aanmerkingen maken op anderen) ❷ verwijderen met een vegende beweging: ★ *glazen van een tafel* ~ ~ *van het bord* ~ verpletterend verslaan bij een bordspel als dammen of schaken; zie ook bij → **bezem** en → **tafel** (bet 4)

ve·ger *de (m)* [-s] ❶ bezem, stoffer ❷ iem. die veegt

ve·ge·ta·ri·ër *(‹Fr) de (m)* [-s] iem. die geen vlees eet, die zich onthoudt van spijzen die afkomstig zijn van gedode dieren; *vgl:* → **veganisme** en → **lactovegetariër**

ve·ge·ta·risch *bn* van, voor vegetariërs

ve·ge·ta·ris·me *(‹Fr) het* voedingssysteem waarbij geen voedingsmiddelen worden gebruikt die afkomstig zijn van gedode dieren

ve·ge·ta·tie [-(t)sie] *(‹Fr) de (v)* ❶ plantengroei; plantenleven ❷ [*mv*: -s] med woekering

ve·ge·ta·tief *(‹Fr) bn* ❶ plantaardig ❷ de groei betreffend of die bevorderend; eigen aan de verrichtingen van mens, dier en plant ★ *vegetatieve functies* stofwisseling, voortplanting ★ ~ *zenuwstelsel* die zenuwen die onbewust verlopende functies regelen

ve·ge·te·ren *ww* *(‹Fr‹Lat)* [vegeteerde, h. gevegeteerd] ❶ een plantenleven leiden ❷ een treurig of kwijnend bestaan voortslepen: ★ ~ *in een gevangenis*

ve·hi·kel *(‹Lat) het* [-s] ❶ voertuig, vervoermiddel; vooral gammel voertuig ❷ middel tot overbrenging; drager

veil *bn* ❶ te koop ❷ bereid zijnd te offeren ★ *zijn leven* ~ *hebben voor iets* zijn leven ervoor willen offeren ❸ omkoopbaar, (voor geld) beschikbaar ★ *veile liefde* vero prostitutie ★ *veile vrouw* vero prostituee

vei·len *ww* [veilde, h. geveild] in het openbaar bij opbod of afslag verkopen

veil·heid *de (v)* ❶ omkoopbaarheid ❷ bereidheid zich voor geld beschikbaar te stellen

vei·lig *bn* ❶ vrij van gevaar: ★ *het kind zat* ~ *thuis* ❷ geen gevaar opleverend, zonder risico: ★ ~ *verkeer* ★ ~ *vrijen* vrijen met een condoom, om geslachtziekten te voorkomen ❸ gerust: ★ *dat mag je* ~ *aannemen*

vei·lig·heid *de (v)* het veilig-zijn ★ *in* ~ *brengen* op een veilige plaats brengen

vei·lig·heids·dienst *de (m)* particuliere onderneming of overheidsdienst die zorgt voor de veiligheid

vei·lig·heids·glas *het* glas dat bij breken niet versplintert

vei·lig·heids·gor·del *de (m)* [-s] ❶ auto, vliegtuig gordel waarmee men zich aan de zetel bevestigt (ter vergroting van de eigen veiligheid in geval van een ongeluk) ❷ schip gordel waarmee men zich drijvende kan houden

vei·lig·heids·hal·ve, **vei·lig·heids·hal·ve** *bijw* voor de veiligheid

vei·lig·heids·klep *de* [-pen] klep aan stoomketels waardoor bij te hoge spanning stoom ontsnapt; *fig* manier om hevige gevoelens op onschadelijke wijze te uiten

vei·lig·heids·lamp *de* [-en] tegen de werking van ontplofbare gassen beveiligde mijnwerkerslamp

vei·lig·heids·maat·re·gel *de (m)* [-en, -s] maatregel ter verhoging van de veiligheid

vei·lig·heids·po·li·tie [-tsie] *de (v)* politie die moet zorgen voor de openbare veiligheid

Vei·lig·heids·raad *de (m)* lichaam bestaande uit 15 afgevaardigden van de Verenigde Naties (5 permanente en 10 tijdelijke), dat internationale geschillen tracht op te lossen en gewapende conflicten te voorkomen

vei·lig·heids·riem *de (m)* [-en] veiligheidsgordel

vei·lig·heids·speld *de* [-en] speld waarvan de scherpe punt in een omhulsel sluit

vei·lig·heids·wet *de* wet die voorschriften bevat betreffende de veiligheid in fabrieken enz.

vei·ling *de (v)* [-en] ❶ openbare verkoping bij opbod of afslag ❷ plaats waar dat gebeurt

vei·ling·hal *de* [-len] hal waarin openbare verkopingen plaatsvinden
vei·ling·mees·ter *de (m)* [-s] leider van een veiling
vei·ling·zaal *de* [-zalen] zaal waar geveild wordt
vei·ne [vènə] *(‹Fr‹Lat) de (v)* NN geluk, vooral in het spel
vein·zaard *de (m)* [-s] huichelaar
vein·zen *ww (‹Lat)* [veinsde, h. geveinsd] andere gevoelens doen blijken dan die men in werkelijkheid heeft, voorwenden: ★ *belangstelling, liefde ~; vgl:* → **geveinsd**
vein·zer *de (m)* [-s] iem. die veinst
vein·ze·rij *de (v)* [-en] het veinzen, huichelarij
vel *het* [-len] ❶ → **huid** (bet 1) ★ *~ over been* erg mager ★ *iem. het ~ over de oren halen* iem. zeer veel geld laten betalen ★ *uit zijn ~ springen* woedend zijn ★ *niet lekker / niet goed in zijn ~ zitten* zich niet (helemaal) op zijn gemak voelen, niet in zijn gewone doen zijn ★ *niet graag in iems. ~ steken* niet graag in zijn plaats staan ★ BN *het ~ van de beer verkopen eer hij geschoten is* vooruitlopen op een verwacht, maar nog onzeker gunstig verloop van zaken, de huid van de beer verkopen voor hij geschoten is ❷ vlies: ★ *een ~ in de melk; ook* omhulsel om worst e.d. ❸ blad papier ★ *een ~ (druks)* 16 bladzijden ❹ door slijtage losgegane lap: ★ *de vellen hangen erbij*
ve·laar *(‹Lat) taalk* **I** *bn* gevormd dicht bij of tegen het zachte verhemelte **II** *de (m)* [-laren] aldus gevormde spraakklank
veld *het* [-en] ❶ het open, vlakke land: ★ *het vrije ~* ★ *in geen velden of wegen te zien zijn* nergens te bespeuren zijn ❷ stuk land: ★ *te velde staande gewassen* ❸ slagveld ★ *vooral NN, fig uit het ~ geslagen zijn* teleurgesteld, ontmoedigd zijn ★ *het ~ ruimen* wijken ★ *te velde trekken tegen iets of iem. fig* iets of iem. bestrijden ★ *~ winnen fig* vooruitgaan, ingang vinden ★ *vallen op het ~ van eer* plechtig sneuvelen in de strijd ❹ vlakte: ★ *ijsveld* ❺ gebied, terrein: ★ *een ~ van studie* ★ *het ~ de praktijk van het therapeutisch of sociaal werk* ❻ sp speelveld; vakje van een dam- of schaakbord ❼ gezichtsveld; ruimte die een bepaalde werking ondervindt: ★ *magnetisch ~* ❽ herald ondergrond van een wapen: ★ *een zilveren lelie op zwart ~* ❾ ⟨bij snelheidssporten⟩ totaal aantal deelnemers: ★ *het hele ~ is nog bij elkaar*
veld·ar·til·le·rie [-tille-, -tieja-] *de (v)* geschut te velde
veld·bed *het* [-den] gemakkelijk verplaatsbaar bed, zoals men in het leger, tijdens vakanties e.d. gebruikt, stretcher
veld·bloem *de* [-en] in het wild groeiende bloem
veld·boe·ket *de (m) & het* [-ten] ruiker van veldbloemen
veld·dienst *de (m)* (militaire) dienst te velde
veld·fles *de* [-sen] veelal beklede metalen fles met een beker als dop, gebruikt door militairen, kampeerders enz.
veld·ge·was *het* [-sen] in de landbouw geteeld gewas
veld·ham·ster *de (m)* [-s] korenwolf
veld·heer *de (m)* [-heren] legeraanvoerder
veld·hoen *het* [-ders] patrijs
veld·hos·pi·taal *het* [-talen] verplaatsbaar ziekenhuis te velde
veld·keu·ken *de* [-s] (verplaatsbare) keuken te velde
veld·kij·ker *de (m)* [-s] verrekijker voor gebruik in het → **veld** (bet 1)
veld·leeu·we·rik *de (m)* [-en] soort leeuwerik met een vrij lange staart met witte zoom, een korte kuif en lange puntige vleugels met een witte achterrand, algemene broedvogel in Nederland en België, akkerleeuwerik (*Alauda arvensis*)
veld·lijn *de* [-en] nat elk van de kromme of rechte lijnen die een elektrisch, magnetisch of ander natuurkundig veld aanschouwelijk maken
veld·loop *de (m)* [-lopen] hardloopwedstrijd dwars door het land, crosscountry
veld·maar·schalk *de (m)* [-en] hoofdofficier van hogere rang dan generaal
veld·muis *de* [-muizen] op het land levende, geelbruine muis, *Microtus arvalis*
veld·oor·log *de (m)* [-logen] oorlog in het open veld
veld·oven *de (m)* [-s] oven, steenbakkerij in de open lucht
veld·over·ste *de (m)* [-n] bevelhebber van een veldleger
veld·over·wicht *het* sp toestand waarin de ene ploeg voortdurend sterker is dan de andere, ook al hoeft dat niet in de score tot uiting te komen
veld·par·tij *de (v)* [-en] ploeg die niet aan slag is ⟨bij honkbal, softbal en cricket⟩
veld·po·li·tie [-(t)sie] *de (v)* NN onderdeel van de rijkspolitie dat zich bezighoudt met het tegengaan van schade aan bossen en gewassen
veld·post *de* vervoer van poststukken van en naar het leger
veld·pre·di·ker *de (m)* [-s] NN predikant in het leger
veld·rij·den *ww & het* sp wielrennen over ruw, geaccidenteerd terrein, **veld·rit** *de (m)* [-ten]
veld·sla *de* plantensoort (*Valerianella locusta*), waarvan een vorm (var. *oleracea*) als groente wordt gekweekt
veld·slag *de (m)* [-slagen] gevecht tussen twee of meer legers
veld·spaat *het* delfstof, aluminiumsilicaat, komt met kwarts en glimmer in graniet voor
veld·spel *het* [-spelen] in de buitenlucht bedreven spel of sport
veld·spe·ler *de (m)* [-s] teamsport elke speler met uitzondering van de doelman
veld·sport *de* [-en] in de openlucht bedreven sport; tegengest: → **zaalsport**
veld·sterk·te *de (v)* kracht, door een magneetpool op een punt in het magnetisch veld uitgeoefend, wanneer in dit punt de eenheid van magnetisme is geplaatst
veld·tocht *de (m)* [-en] tocht van een leger om ergens

strijd te leveren

veld·uit·rus·ting *de (v)* [-en] uniform dat in dienst gedragen wordt, in tegenstelling tot groot tenue

veld·vrucht *de* [-en] vrucht van een veldgewas: ★ *erwten, bonen, linzen, klaver en soja zijn ~en*

veld·wach·ter *de (m)* [-s] vroeger politieagent in een landelijke gemeente

veld·werk *het* ❶ werk op het land ❷ (‹Eng›) onderzoek ter plaatse

veld·wer·ker *de (m)* [-s] iem. die → **veldwerk** (bet 2) verricht

veld·zu·ring *de* wilde zuring (*Rumex acetosa*)

ve·len *ww* NN ★ *iets niet kunnen ~* iets niet kunnen dulden ★ *iem. niet kunnen ~* niet verdragen

ve·ler·han·de, ve·ler·han·de, ve·ler·lei, ve·ler·lei *bn* veelsoortig

velg, vel·ling *de* [-en] wielrand waaromheen de band zit

velg·rem *de* [-men] rem op de velg

ve·lijn (‹Fr›) *het* ❶ fijn perkament ❷ fijn glad papier

vel·len *ww* [velde, h. geveld] ❶ omhakken: ★ *een boom ~* ❷ uitschakelen: ★ *mensen ~* ★ *geveld door migraine* door migraine nergens toe in staat ❸ uitspreken: ★ *een vonnis ~* ❹ horizontaal strekken: ★ *met geveld geweer*

vel·ling *de* [-en] → **velg**

vé·lo·ci·pè·de (‹Fr‹Lat›) *de* [-s] benaming voor de eerste modellen van de fiets

ve·lo·droom (‹Fr›) *de (m) & het* [-dromen] vero (overdekte) wielerbaan

ve·lours [vəloer] (‹Fr›) **I** *de (m) & het* fluweel **II** *bn* van velours

ve·lum (‹Lat›) *het* [-s, vela] ❶ zeildak, tentdak ❷ RK in stof en kleur met het misgewaad overeenstemmend kelkkleedje ❸ orgaan waarmee een kwal zich voortbeweegt ❹ ★ *~ (palatinum)* med zacht gehemelte

Ve·lu·we·naar, Ve·luw·naar *de (m)* [-s, -naren] iem. van de Veluwe

Ve·luws *bn* van, uit, betreffende de Veluwe

vel·vet (‹Eng›) *het* in fluweelbinding geweven stof waarvan de poolinslagen doorgesneden zijn, zoals manchester

ven *het* [-nen] klein meer op de heide

ven·del *het* [-s] hist ❶ vaandel ❷ compagnie

ven·del·zwaai·en *ww & het* (het) met een vaandel of vlag beschrijven van sierlijke figuren

ven·dé·miai·re [vādeemjèrə] (‹Fr›) *de (m)* eerste maand van de Franse republikeinse kalender (22 september-21 oktober)

ven·det·ta *de* (‹It›) bloedwraak (nog voorkomend bij sommige niet-westerse volken en hier en daar in Zuid-Europa, zoals op Corsica en Sicilië)

ven·du (‹Fr›) *de (m) & het* ['s] veiling; openbare verkoping

ven·du·hou·der *de (m)* [-s] iem. die openbare verkopingen houdt; iem. die een venduhuis houdt

ven·du·huis *het* [-huizen] veilinggebouw

ven·du·mees·ter *de (m)* [-s] iem. die bij een vendutie toezicht houdt

ve·ne·risch (‹Du‹Lat›) *bn* ❶ het geslachtsleven betreffend ★ *venerische ziekte* geslachtsziekte ❷ aan een geslachtsziekte lijdend

ve·ne·ro·loog (‹Lat-Gr›) *de (m)* [-logen] arts, gespecialiseerd in geslachtsziekten

Ve·ne·ti·aan [-tsie-] *de (m)* [-anen] iemand uit Venetië

Ve·ne·ti·aans [-tsie-] *bn* van, uit Venetië

ve·neus (‹Du‹Lat›) *bn* betrekking hebbend op de aderen, aderlijk

Ve·ne·zo·laan *de (m)* [-lanen] iem. geboortig of afkomstig uit Venezuela

Ve·ne·zo·laans *bn* van, uit, betreffende Venezuela

ve·nig *bn* veenachtig

ve·nijn (‹Fr‹Lat›) *het* [-en] ❶ vergif ❷ boosaardigheid ★ *~ spuwen* kwaadaardige, hatelijke dingen zeggen ★ *het ~ zit in de staart* het vervelende, gemene komt pas op het laatst ★ *een stuk ~* aanduiding voor een boosaardig, venijnig persoon

ve·nij·nig *bn* ❶ vergiftig ❷ boosaardig ★ *het is ~ koud* het is zeer koud; **venijnigheid** *de (v)* [-heden]

ven·kel (‹Lat›) *de* schermbloemige, enigszins naar anijs smakende plant, die als groente wordt geteeld en waarvan het zaad als specerij gebruikt wordt (*Foeniculum capillaceum*)

ven·kel·olie *de* olie uit venkelzaad

ven·kel·wa·ter *het* aftreksel van venkelzaad als geneesmiddel

ven·kel·zaad *het* [-zaden] zaad van de venkel

Ven·lo·naar *de (m)* [-s, -naren] iem. uit Venlo

Ven·loos *bn* van, uit Venlo

venn·di·a·gram *het* [-men] wisk schematische voorstelling van verzamelingen en hun bewerkingen, genoemd naar de Britse wiskundige J. Venn (1834-1923)

ven·noot *de (m)* [-noten] deelhebber in een vennootschap ★ *stille ~* zie bij → **stil** ★ *beherend ~* zie bij → **beheren**

ven·noot·schap, ven·noot·schap *de (v)* [-pen] handelsvereniging ★ *~ onder firma* maatschap die onder een gemeenschappelijke naam een bedrijf uitoefent; zie ook bij → **naamloos**, → **besloten**

ven·noot·schaps·be·las·ting *de (v)* belasting geheven op vennootschappen naar de maatstaf van de winst

ven·ster (‹Lat›) *het* [-s] ❶ glasraam ★ *een ~ op het zuiden* aan de zuidkant ❷ comput rechthoekig kader in het beeldscherm waarin een programma draait, waarin bepaalde informatie wordt gegeven of waarin de gebruiker vragen moet beantwoorden; zie ook bij → **hennepen**

ven·ster·bank *de* [-en] brede plank onder een venster, waarop voorwerpen als bijv. planten worden geplaatst

ven·ster·blind *het* [-en] luik voor een venster

ven·ster·en·ve·lop [-pen], **ven·ster·en·ve·lop·pe** [-ävəlop] *de* [-n] enveloppe met een doorschijnend stukje voor het adres, dat op het inliggend briefpapier staat

ven·ster·glas *het* ❶ glas voor vensterruiten ❷ [*mv:* -glazen] ruit

ven·ster·luik *het* [-en] → **luik** (bet 3)

ven·ster·ruit *de* [-en] in hout of metaal gevat stuk glas in een venster

vent *de (m)* [-en] kerel ★ *dat is nog eens een* ~ *een flinke kerel;* zie ook → **ventje**

ven·ten *ww ⟨Fr⟩* [ventte, h. gevent] huis aan huis of langs de weg te koop aanbieden

ven·ter *de (m)* [-s] koopman die langs de huizen gaat, straatverkoper

ven·tiel *⟨Du⟩ het* [-en] ❶ buisje met een afsluitklep, waardoor lucht in luchtbanden kan worden gepompt of eruit kan ontsnappen ❷ lucht- of windklep, bijv. bij blaasinstrumenten

ven·tiel·klep *de* [-pen] klep van een ventiel

ven·tiel·slang *de* [-en] gummislangetje op het ventiel van een fietsband enz.

ven·ti·la·tie [-(t)sie] *⟨Fr⟩ de (v)* ❶ luchtverversing (en wat daartoe dient) ❷ breedvoerige bespreking, vooral in de pers, van het vóór en tegen van een zaak

ven·ti·la·tor *de (m)* [-s, -toren] toestel voor ventileren, luchtverversingstoestel, toestel dat een luchtstroom opwekt

ven·ti·le·ren *ww ⟨Fr⟨Lat⟩* [ventileerde, h. geventileerd] ❶ de lucht verversen in, luchten ❷ uiting geven aan, bekend maken; het vóór en tegen van iets in het openbaar bespreken: ★ *zijn mening* ~; **ventilering** *de (v)*

vent·je *het* [-s] kereltje, jongetje ★ NN *het* ~ *zijn het heertje, de man van aanzien*

ven·tô·se [vãtooze] *⟨Fr⟨Lat⟩ de (m)* zesde maand van de Franse republikeinse kalender (19 februari - 20 maart)

ven·tri·lo·quist [-kwist of -kist] *⟨Fr⟨Lat⟩ de (m)* [-en] buikspreker

vent·weg *de (m)* [-wegen] NN straat naast een grote verkeersweg, bestemd voor niet-doorgaand verkeer langs de woonhuizen, parallelweg

ve·nus·haar *het* geslacht van varens (*Adiantum*)

ve·nus·heu·vel *de (m)* [-s] enigszins gewelfd deel van de buik bij vrouwen en meisjes juist boven de geslachtsdelen

ve·nus·schoen·tje *het* [-s] wit-bruine orchideesoort van het geslacht *Paphiopedilum*

ve·nus·spie·gel *de (m)* [-s] laag plantje met stervormige paarse bloemen (*Specularia speculum*)

V en W *afk* in Nederland (ministerie van) Verkeer en Waterstaat

ver, ver·re *bn* niet nabij, verwijderd, op grote afstand: ★ *een* ~ *dorp* ★ *verre verwanten* ★ *van heinde en* ~ *van dichtbij en veraf, van alle plaatsen* ★ *dat gaat te* ~ *dat wordt te erg* ★ *van verre uit de verte* ★ *het* ~ *brengen goed vooruitkomen in de maatschappij;* zie ook bij → **schoppen**[2] ★ *verre van gelukkig in het geheel niet gelukkig* ★ *een verre neef niet* rechtstreeks verwante neef ★ *op verre na niet* lang niet ★ ~ *heen zijn* a) erg dronken zijn; b) erg in de war of geestesziek zijn; zie ook → **verder**

ver·aan·ge·na·men *ww* [veraangenaamde, h. veraangenaamd] aangenaam maken; **veraangenaming** *de (v)*

ver·aan·schou·we·lij·ken *ww* [veraanschouwelijkte, h. veraanschouwelijkt] aanschouwelijk voorstellen; **veraanschouwelijking** *de (v)*

ver·ab·so·lu·te·ren *ww* [verabsoluteerde, h. verabsoluteerd] als absoluut stellen: ★ *een beschouwing* ~; **verabsolutering** *de (v)*

ver·acht *bn* geminacht

ver·ach·te·lijk *bn* ❶ gemeen, laag, geminacht: ★ *een* ~ *verraad* ❷ minachtend: ★ *iets op verachtelijke toon zeggen;* **verachtelijkheid** *⟨gtw⟩de (v)⟨/gtw⟩*

ver·ach·ten *ww* [verachtte, h. veracht] sterk minachten: ★ *een door menigeen verachte politieke opvatting*

ver·ach·terd *bn* BN ❶ achterop geraakt; achterlijk ★ ~ *zijn* achterliggen, niet meer mee kunnen (op school) ❷ ⟨van gebieden⟩ achtergebleven

ver·ach·ting *de (v)* grote minachting

ver·ade·men *ww* [verademde, h. verademd] op adem komen; fig zich verlicht voelen

ver·ade·ming *de (v)* ❶ het op adem komen ❷ fig verlichting: ★ *het was een* ~ *weer gewoon te kunnen eten*

ver·af, ver·af *bijw* ver weg

ver·af·ge·le·gen *bn* op grote afstand gelegen

ver·af·go·den *ww* [verafgoodde, h. verafgood] overmatig vereren of liefhebben; **verafgoding** *de (v)*

ver·af·schu·wen *ww* [verafschuwde, h. verafschuwd] afschuw hebben van

ver·al·ge·me·nen *ww* [veralgemeende, h. veralgemeend], **ver·al·ge·me·ni·se·ren** [-zee-] [veralgemeniseerde, h. veralgemeniseerd] algemeen maken, generaliseren; **veralgemening;** **veralgemenisering** *de (v)*

ver·amb·te·lij·ken *ww* [verambtelijkte, is verambtelijkt] ambtelijk worden, het vormelijk strakke krijgen van ambtenaarswerk: ★ *het onderwijs* ~; **verambtelijking** *de (v)*

ver·ame·ri·kaan·sen *ww* [veramerikaanste, h. & is veramerikaanst], **ver·ame·ri·ka·ni·se·ren** [-zee-] [veramerikaniseerde, h. & is veramerikaniseerd] ❶ Amerikaans maken ❷ Amerikaans worden

ve·ran·da *⟨Eng⟨Port⟩ de* ['s] open aanbouw voor of achter aan een huis

ver·an·de·ren *ww* [veranderde, h. & is veranderd] ❶ anders maken: ★ *een jurk, een opstel* ~ ❷ anders worden: ★ *wat is dat kind veranderd!* ★ *het weer verandert* ❸ verwisselen, nieuwe kopen of nemen ★ *van kleren* ~ *andere kleren aantrekken*

ver·an·de·ring *de (v)* [-en] ❶ het veranderen, wijzigen ❷ afwisseling: ★ ~ *van spijs doet eten* als er steeds ander voedsel is, eet men graag ★ *voor de* ~ ter afwisseling: ★ *we blijven dit jaar voor de* ~ *eens thuis*

met de kerst
ver·an·der·lijk *bn* geneigd tot verandering
ver·an·der·lijk·heid *de (v)* geneigdheid tot verandering
ver·an·ke·ren *ww* [verankerde, h. verankerd] ❶ aan ankers vastleggen ❷ met muurankers vastmaken ❸ fig geestelijke vastheid, zekerheid geven; **verankering** *de (v)*
ver·ant·woord *bn* ❶ te verantwoorden; te rechtvaardigen: ★ *een verantwoorde handelwijze* ❷ weldoordacht, mooi; smaakvol en toch functioneel: ★ *een verantwoorde vormgeving*
ver·ant·woor·de·lijk *bn* ❶ verantwoording dragend; aansprakelijk: ★ *iemand ~ stellen voor iets* ❷ zware plichten meebrengend: ★ *een verantwoordelijke positie*; **verantwoordelijkheid** *de (v)*
ver·ant·woor·de·lij·ke *de* [-n] ❶ iem. die ergens de verantwoordelijkheid heeft ❷ BN ook chef, leider, baas; exploitant, opzichter
ver·ant·woor·de·lijk·heids·be·sef *het*, **ver·ant·woor·de·lijk·heids·ge·voel** *het* het zich verantwoordelijk weten
ver·ant·woor·den *ww* [verantwoordde, h. verantwoord] verklaren wat men gedaan heeft en de juistheid daarvan aantonen, rechtvaardigen, rekenschap afleggen: ★ *zich moeten ~* ★ *iets kunnen ~*
ver·ant·woor·ding *de (v)* ❶ rekenschap: ★ *rekening en ~* ★ *~ afleggen* verantwoorden ❷ aansprakelijkheid: ★ *dat is voor mijn ~*
ver·ar·men *ww* [verarmde, h. & is verarmd] ❶ armer maken ❷ armer worden; **verarming** *de (v)*
ver·as·sen *ww* [veraste, h. verast] ⟨een lijk⟩ verbranden, cremeren; **verassing** *de (v)* [-en]
ver·baal ⟨Fr‹Lat⟩ **I** *bn* woordelijk, betrekking hebbend op woorden ★ *~ begaafd zijn* goed kunnen praten, goed van de tongriem gesneden zijn **II** *het* [-balen] verkorting van → **proces-verbaal**
ver·baasd *bn* zeer verwonderd; **verbaasdheid** *de (v)*
ver·bab·be·len *ww* [verbabbelde, h. verbabbeld] met babbelen verdoen: ★ *zijn tijd ~*
ver·ba·li·sant [-zant] *de (m)* [-en] iem.die verbaliseert, bekeurder
ver·ba·li·se·ren *ww* [-zee-] ⟨Fr⟩ [verbaliseerde, h. geverbaliseerd] een proces-verbaal opmaken tegen, bekeuren
ver·band *het* [-en] ❶ stuk stof die op of om een gewond lichaamsdeel wordt gedaan, zwachtel ❷ verbinding, samenhang, context: ★ *het ~ tussen de verschillende delen* ★ *in ~ met* ★ *~ houden met* ★ *in ~ staan met iets* ★ *iets uit zijn ~ rukken* citaten, feiten buiten de context voorstellen, waardoor men een verkeerde indruk krijgt ❸ NN verbintenis ★ *onder hypothecair ~ liggen* bezwaard zijn met een hypotheek
ver·band·gaas *het* dun, los weefsel voor verband
ver·band·kist *de* [-en] kist met verband, watten enz.
ver·band·lin·nen *het* linnen voor → **verband** (bet 1) gebruikt
ver·band·trom·mel *de (m)* [-s] trommel met benodigdheden voor → **verband** (bet 1)
ver·ban·nen *ww* [verbande, h. verbannen] uitstoten; verder verblijf ontzeggen: ★ *iem. uit een stad ~*
ver·ban·ning *de (v)* [-en] ❶ het verbannen ❷ ballingschap
ver·ban·nings·oord *het* [-en] gebied waarheen iemand verbannen wordt
ver·bas·te·ren *ww* [verbasterde, is verbasterd] ❶ ontaarden ❷ bederven ★ *een woord ~* vervormen; **verbastering** *de (v)* [-en]
ver·ba·zen *ww* [verbaasde, h. verbaasd] zeer verwonderen ★ *zijn gedrag verbaast me* ik vind zijn gedrag zeer verwonderlijk **II** *wederk* zich verwonderen: ★ *ik verbaas me al jaren over zijn gedrag*
ver·ba·zend I *bn* verwondering wekkend **II** *bijw* zeer, buitengewoon: ★ *dit is ~ knap*
ver·ba·zing *de (v)* grote verwondering: ★ *tot ieders ~* wat niemand verwacht, voorzien had
ver·ba·zing·wek·kend *bn* grote verwondering wekkend
ver·bed·den *ww* [verbedde, h. verbed] ⟨van een zieke⟩ in een opnieuw opgemaakt bed leggen
ver·beel·den *ww* [verbeeldde, h. verbeeld] voorstellen: ★ *wat moet dat schilderij ~?* ★ *verbeeld je!* stel je voor! ★ *hij verbeeldt zich heel wat* denkt heel wat van zichzelf ★ *je verbeeldt het je maar* je denkt het maar, het is niet zo
ver·beel·ding *de (v)* ❶ voorstellingsvermogen, fantasie: ★ *dat bestaat slechts in de ~* ★ *tot de ~ spreken* indruk maken (en inspirerend werken) ❷ inbeelding, verwaandheid: ★ *veel ~ hebben*
ver·beel·dings·kracht *de* voorstellingsvermogen
ver·bees·te·lij·ken *ww* [verbeestelijkte, h. & is verbeestelijkt] ❶ tot een beest maken ❷ tot een beest worden; **verbeestelijking** *de (v)*
ver·bei·den *ww* [verbeidde, h. verbeid] vero afwachten
ver·be·na ⟨Lat⟩ *de* ijzerhard, een kruidachtige plant met bleekpaarse bloemkronen, *V. officinalis*
ver·be·nen *ww* [verbeende, is verbeend] tot → **been²** (bet 2) worden, beenachtig worden; **verbening** ⟨gtw⟩*de (v)*⟨/gtw⟩
ver·ber·gen *ww* [verborg, h. verborgen] ❶ verstoppen, wegstoppen zodat niemand het vindt: ★ *wapens ~* ❷ niet laten blijken: ★ *zijn gevoelens ~*; **verberging** *de (v)*
ver·be·ten *bn* bitter heftig, maar beheerst: ★ *~ woede*; **verbetenheid** *de (v)*
ver·be·ter·blad *het* [-bladen] bladzijde met verbeteringen
ver·be·te·ren *ww* [verbeterde, h. & is verbeterd] ❶ beter maken: ★ *het onderwijs ~* ★ *een record ~* de beste prestatie, tot dan toe geleverd, overtreffen ❷ zuiveren van fouten, corrigeren: ★ *drukproeven, huiswerk ~* ★ *iem. ~* hem corrigeren in wat hij

gezegd of gedaan heeft ❸ beter worden: ★ *het weer verbeterde snel*
ver·be·te·ring *de (v)* [-en] ❶ het verbeteren ❷ herstelde fout, correctie ❸ vooruitgang: ★ *dat nieuwe interieur is een hele* ~
ver·beu·le·man·sen *ww* [verbeulemanste, h. verbeulemanst] tot een Vlaams-Frans mengeltaaltje maken, naar *Beulemans*, hoofdpersoon in het toneelstuk *Le mariage de Mlle Beulemans* van Fonson en Wicheler (1910)
ver·beurd·ver·kla·ren *ww* [verklaarde verbeurd, h. verbeurdverklaard] verklaren (door rechter of overheid) dat een bepaalde zaak aan de staat vervalt: ★ *een auto* ~ *waarin te hard werd gereden*; **verbeurdverklaring** *de (v)* [-en]
ver·beu·ren *ww* [verbeurde, h. verbeurd] ❶ als straf verliezen ❷ *fig* zich onwaardig maken: ★ *het vertrouwen* ~
ver·beur·te *de (v)* verlies als straf: ★ *op* ~ *van of* NN: *onder* ~ *van*
ver·beu·ze·len *ww* [verbeuzelde, h. verbeuzeld] aan onbeduidende dingen verspillen: ★ *zijn tijd* ~
ver·bid·den *ww* [verbad, h. verbeden] NN, vero door smeken overhalen tot iets: ★ *zich niet laten* ~
ver·bie·den *ww* [verbood, h. verboden] bevelen na te laten: ★ *drugs* ~ ★ *kinderen* ~ *naar een tv-programma te kijken*; vgl: → **verboden**
ver·bijs·terd *bn* totaal verward, zeer verbaasd
ver·bijs·te·ren *ww* [verbijsterde, h. verbijsterd] in verwarring brengen, van streek brengen, zeer verbazen
ver·bijs·te·rend *bn* verwarring of ontzetting veroorzakend, verbazingwekkend
ver·bijs·te·ring *de (v)* algehele verwarring, ontzetting, verbazing
ver·bij·ten *ww* [verbeet, h. verbeten] met moeite onderdrukken, inhouden: ★ *zijn toorn* ~ ★ *hij stond zich te* ~ *van ergernis*
ver·bij·zon·de·ring [-bie-] *de (v)* (van het algemene) tot in het bijzondere gaan, (het algemene) tot bijzonderheid maken
ver·bin·den *ww* [verbond, h. verbonden] ❶ verenigen, samenvoegen; *ook* in contact brengen; een verband, relatie leggen, koppelen ❷ een ~ **verband** (bet 1) leggen: ★ *een wond* ~ ❸ verplichten: ★ *zich tot iets* ~ ; zie ook bij → **verbindend** ❹ in telefonische aansluiting brengen: ★ *ik zal u met de directie* ~ ★ *verkeerd verbonden* gezegd als men een verkeerde telefoonverbinding tot stand heeft gebracht ; zie ook → **verbonden**
ver·bin·dend *bn* ❶ een verband leggend of aanbrengend ★ *verbindende tekst* stuk tekst dat twee verhalen, twee programmaonderdelen e.d. vloeiend aan elkaar koppelt ❷ verplichtend, nagekomen of gehoorzaamd moetende worden: ★ *een verbindende clausule*
ver·bin·ding *de (v)* [-en] ❶ het verbinden of verbonden zijn; vereniging, samenvoeging,

koppeling; *ook fig*: ★ *een* ~ *leggen* ★ *zich in* ~ *stellen met iem.* contact opnemen ❷ aansluiting in vervoer: ★ *een aansluitende* ~
ver·bin·dings·dienst *de (m)* [-en] mil dienst van de verbindingstroepen
ver·bin·dings·lijn *de* [-en], **ver·bin·dings·li·nie** *de (v)* [-s] mil verbindingsweg, vooral van het leger met het achterland
ver·bin·dings·of·fi·cier *de (m)* [-en] mil hoofdofficier die contact met verschillende onderdelen van een leger en soms met burgerlijke diensten moet houden
ver·bin·dings·stuk *het* [-ken] onderdeel dat voor verbinding dient
ver·bin·dings·tijd *de (m)* tijd dat er een verbinding bestaat tussen verschillende computersystemen
ver·bin·dings·troe·pen *mv* mil afdelingen die het contact tussen de onderdelen moeten onderhouden
ver·bin·dings·weg *de (m)* [-wegen] weg die twee plaatsen met elkaar verbindt
ver·bin·te·nis *de (v)* [-sen] belofte, verplichting, contract: ★ *een* ~ *aangaan* ★ *hoofdelijke* ~ verbintenis waarbij diverse debiteuren voor dezelfde schuld aansprakelijk zijn, terwijl voldoening van een van hen de overigen bevrijdt, behoudens het verhaal van hem die betaald heeft ★ *voorwaardelijke* ~ verbintenis afhankelijk gesteld van een toekomstige onzekere gebeurtenis
ver·bin·te·nis·sen·recht *het* de gezamenlijke rechtsregels over verbintenissen
ver·bit·terd *bn* vol woede en wrok: ★ *een verbitterde grijsaard* ★ ~ *strijden*; **verbitterdheid** *de (v)*
ver·bit·te·ren *ww* [verbitterde, h. & is verbitterd] ❶ tot verbittering brengen: ★ *die tegenslag heeft hem verbitterd* ❷ in verbittering raken
ver·bit·te·ring *de (v)* ergernis over ondervonden onrecht, wrok
ver·ble·ken *ww* [verbleekte, is verbleekt] ❶ bleek worden ❷ flets van kleur worden
ver·blijd *bn* blij
ver·blij·den *ww* [verblijdde, h. verblijd] blij maken
ver·blij·dend *bn* aanleiding tot blijdschap gevend
ver·blijf *het* ❶ het verblijven ❷ [*mv:* -blijven] verblijfplaats ★ BN *ook tweede* ~ tweede woning, vakantiehuis
ver·blijf·kos·ten *mv* kosten van het verblijf in een bepaalde plaats
ver·blijf·plaats *de* [-en] plaats waar men zich ophoudt
ver·blijfs·ver·goe·ding *de (v)* [-en] BN vergoeding van verblijfkosten
ver·blijfs·ver·gun·ning *de (v)* [-en] toestemming om ergens te verblijven, vooral om in een bep. land te verblijven
ver·blij·ven *ww* [verbleef, h. & is verbleven] ❶ wonen, logeren, tijdelijk gevestigd zijn ❷ blijven: ★ ... *verblijf ik, hoogachtend* plechtige formule onder een brief ❸ ★ ~ *aan, bij* in handen zijn (blijven) van
ver·blik·ken *ww* [verblikte, h. verblikt] NN verbleken

★ *zonder te* ~ zonder een spier te vertrekken; zie ook bij → **verblozen**
ver·blind *bn* ❶ niet goed kunnen kijken door fel licht dat in de ogen schijnt ❷ fig zonder nog oog te hebben voor andere zaken, geobsedeerd: ★ ~ *door politieke idealen*
ver·blin·den *ww* [verblindde, h. verblind] ❶ blind maken, door fel licht beletten te zien: ★ *verblindend licht* ❷ fig misleiden door iets moois voor te toveren
ver·blind·heid, **ver·blin·ding** *de (v)* het verblind-zijn
ver·bloe·den *ww* [verbloedde, is verbloed] doodbloeden; **verbloeding** *de (v)*
ver·bloe·men *ww* [verbloemde, h. verbloemd] ❶ minder ongunstig voorstellen dan het in werkelijkheid is: ★ *een verlies* ~ ❷ verbergen achter een schone schijn, verdoezelen: ★ *de waarheid* ~
ver·blo·zen *ww* [verbloosde, h. verbloosd] NN blozen (alleen in verbinding met → **verblikken**): ★ *zonder te verblikken of te* ~ zeer kalm ★ *hij verblikte of verbloosde er niet van* hij bleef er uiterst kalm onder
ver·bluf·fen *ww* [verblufte, h. verbluft] uit het veld slaan, sterk verbazen
ver·bluf·fend *bn* verbazend: ★ *een* ~ *staaltje vakmanschap*
ver·bluft *bn* sterk verbaasd, onthutst
ver·bod *het* [-boden] bevel iets na te laten: ★ *een* ~ *op de invoer van fruit*
ver·bo·den *bn* ❶ onder een verbod vallende ★ ~ *boeken* die niet gelezen (en niet verkocht) mogen worden ★ ~ *vrucht* zie bij → **vrucht** ❷ *meerv* van → **verbod**
ver·bods·be·pa·ling *de (v)* [-en] bepaling die een verbod bevat
ver·bods·bord *het* [-en] verkeer bord dat iets verbiedt
ver·boe·me·len *ww* [verboemelde, is & h. verboemeld] ❶ door een losbandig leven maatschappelijk achteruitgaan ❷ door een losbandig leven verbruiken: ★ *zijn geld, zijn gezondheid* ~
ver·boer·sen *ww* [verboerste, is verboerst] als een boer worden
ver·bol·gen *bn* woedend, verontwaardigd
ver·bol·gen·heid *de (v)* woede
ver·bond *het* [-en] ❶ verdrag, overeenkomst, vooral tussen staten ❷ vereniging, bond ❸ ★ *het Oude en het Nieuwe Verbond* het Oude en het Nieuwe Testament
ver·bon·den *bn* ❶ in een verbond verenigd: ★ *de* ~ *mogendheden* ❷ ★ ~ *aan* gehecht aan ❸ verplicht: ★ *tot iets* ~ *zijn*
ver·bon·den·heid *de (v)* gehechtheid
ver·bonds·ark *de* Ark des Verbonds, zie → **ark**
ver·bonds·eed *de (m)* [-eden] eed bij het sluiten van een verbond
ver·bor·gen *bn* ❶ niet zichtbaar ❷ geheim ★ *in het* ~ heimelijk ★ ~ *gebreken* ❸ ⟨bij koop⟩ gebreken aan het gekochte die achteraf blijken en die de koper het recht geven de koop te annuleren of

vermindering van de koopprijs te eisen
ver·bor·gen·heid *de (v)* ❶ het verborgen-zijn ❷ [mv: -heden] geheimzinnigheid
ver·bouw *de (m)* ❶ het anders bouwen ❷ teelt: ★ ~ *van graan*
ver·bou·wen *ww* [verbouwde, h. verbouwd] ❶ anders bouwen ❷ schertsend (totaal) vernielen: ★ *de voetbalsupporters verbouwden de bushalte* ❸ telen
ver·bou·we·reerd *bn* van zijn stuk gebracht; **verbouwereerdheid** *de (v)*
ver·bou·wing *de (v)* [-en] het anders bouwen
ver·bran·den *ww* [verbrandde, h. & is verbrand] ❶ in vuur geheel of gedeeltelijk doen vergaan: ★ *de jongens verbrandden de kerstbomen* ❷ bruin, zwart branden; ❸ *verbrand* met een rode huid door inwerking van de zon ❹ door vuur verteren, wegbranden: ★ *de molen verbrandde in 1938*
ver·bran·ding *de (v)* [-en] ❶ het verbranden ❷ chem vereniging van zuurstof met andere elementen; ook omzetting waarbij waterstofatomen of atoomgroepen door inwerking van zuurstof worden afgesplitst
ver·bran·dings·mo·tor *de (m)* [-toren *en* -s] motor gedreven door één of meer cilinders, die door de uitzettingskracht van met korte tussenpozen ontploffende gassen in beweging worden gebracht
ver·bran·dings·pro·ces *het* [-sen] ❶ het → **verbranden** (bet 3) ❷ proces van → **verbranding** (bet 2)
ver·bran·dings·pro·duct *het* [-en] wat door verbranding ontstaat
ver·bran·dings·waar·de *de (v)* warmtegevend vermogen
ver·bras·sen *ww* [verbraste, h. verbrast] verkwisten door overmatig eten en drinken
ver·bre·den *ww* [verbreedde, h. & is verbreed] ❶ breder maken ❷ fig meer doen omvatten: ★ *zijn interesses* ~ ❸ breder worden; **verbreding** *de (v)* [-en]
ver·brei·den *ww* [verbreidde, h. verbreid] ❶ over een grote ruimte uitstrekken ❷ fig ruchtbaar maken; ❸ *verbreid* in veel streken of kringen voorkomend
ver·brei·ding *de (v)* ❶ het verbreiden ❷ het verbreid-zijn
ver·bre·ken *ww* [verbrak, h. verbroken] ❶ losbreken, afbreken ★ *de verbinding werd verbroken* het telefonisch contact werd onderbroken ★ *de banden* ~ fig geen (intensief) contact meer willen hebben ❷ schenden, niet nakomen: ★ *een verdrag* ~
ver·bre·king *de (v)* ❶ het verbreken: ★ *de* ~ *van de huwelijksbanden* ❷ BN, m.g. cassatie, beroep in cassatie ★ *in* ~ *gaan* in cassatie gaan ★ *Hof van Verbreking* zie → **Verbrekingshof**
Ver·bre·kings·hof *het* in België, m.g. Hof van Cassatie, rechterlijk college dat kennis neemt van en oordeelt over beroepen in cassatie en dat een door een hof of een rechtbank gewezen beslissing kan vernietigen; in Nederland → **Hoge Raad**
ver·bre·kings·ver·goe·ding *de (v)* BN ook gratificatie

bij ontslag

ver·brij·ze·len ww [verbrijzelde, h. verbrijzeld] in kleine stukken slaan of breken, de samenhang van iets totaal verbreken: ★ *een afgodsbeeld ~* ★ *bij die ramp is zijn been verbrijzeld*; **verbrijzeling** *de (v)*

ver·brod·de·len ww [verbroddelde, h. verbroddeld] verknoeien

ver·brod·den ww [verbrodde, h. verbrod] BN, spreektaal verbroddelen, verknoeien

ver·broe·de·ren ww [verbroederde, h. verbroederd] eensgezind maken: ★ *men hoopte dat sport de mensen zou ~*; **verbroedering** *de (v)*

ver·brok·ke·len ww [verbrokkelde, h. & is verbrokkeld] ❶ in brokjes verdelen ❷ in brokjes uiteenvallen; **verbrokkeling** *de (v)*

ver·brui·en ww [verbruide, h. verbruid] NN bederven, verknoeien ★ *het bij iem. verbruid hebben* bij iem. uit de gunst zijn geraakt

ver·bruik *het* het verbruiken

ver·bruik·baar bn ★ recht *verbruikbare zaken* zaken die door verbruik tenietgaan

ver·brui·ken ww [verbruikte, h. verbruikt] ❶ door gebruik opmaken; consumeren ❷ ondoelmatig besteden, verspillen: ★ *zijn tijd ~*

ver·brui·ker *de (m)* [-s] iem. die iets verbruikt

ver·brui·kers·unie *de (v)* [-s] BN consumentenbond

ver·bruik·le·ning *de (v)* [-en] recht → **bruikleen**

ver·bruiks·ar·ti·kel *het* [-en] artikel dat bij gebruik op raakt, zoals voedsel, drank, energie enz.; *tegengest*: *duurzaam artikel*

ver·bruiks·be·las·ting *de (v)* belasting op verbruiksartikelen

ver·bruiks·co·ö·pe·ra·tie [-(t)sie] *de (v)* [-s] coöperatie, ten doel hebbende om door exploitatie van een winkel op voordelige wijze in de levensbehoeften van de leden te voorzien

ver·bruiks·goe·de·ren *mv* verbruiksartikelen

ver·bruiks·me·ter *de (m)* [-s] instrument om de hoeveelheid elektrisch vermogen, gedurende een bepaalde tijd verbruikt, te meten

ver·bruiks·zaal *de* [-zalen] BN lunchroom; gelagkamer; restauratieruimte, restauratie; *ook* kantine

ver·buig·baar bn verbogen kunnende worden

ver·bui·gen ww [verboog, h. verbogen] ❶ ombuigen ❷ taalk de uitgang van een woord veranderen: *goede* is de verbogen vorm van *goed*

ver·bui·ging *de (v)* [-en] ❶ ombuiging ❷ taalk verandering in de uitgang van een woord, vooral van een zelfstandig of bijvoeglijk naamwoord ❸ groep van woorden die op een bep. wijze verbogen worden

ver·bui·gings·uit·gang *de (m)* [-en] taalk buigingsuitgang

ver·bum ⟨Lat⟩ *het* [verba] ❶ woord ❷ werkwoord

ver·bur·ger·lij·ken ww [verburgerlijkte, is verburgerlijkt] burgerlijk worden, zijn gedrag en opvattingen aanpassen aan die van de (kleine) burgerij; **verburgerlijking** *de (v)*

ver·chip·ping [-tsjip-] *de (v)* comput afkeurende term voor de overschakeling op computers

ver·chro·men ww [verchroomde, h. verchroomd] met een laagje chroom bedekken voor roestwering

ver·chroomd bn met chroom bewerkt

ver·com·mer·cia·li·se·ren [-sjaaliezee-] ww [vercommercialiseerde, h. & is vercommercialiseerd] ❶ tot iets commercieels maken ❷ tot iets commercieels worden

ver·dacht bn ❶ onder verdenking staand: ★ *de verdachte boekhouder* ❷ waar men kwaad achter zoekt, aanleiding gevend tot verdenking: ★ *de verdachte oorzaken* ★ *zich op verdachte wijze ergens ophouden* ❸ *~ maken* iets kwaads of ongunstigs vertellen over ★ *vooral NN ~ zijn op iets* ervoor op zijn hoede zijn

ver·dach·te *de* [-n] iem. die verdacht wordt van een strafbaar feit, iem. die terechtstaat

ver·dacht·ma·king *de (v)* [-en] het verdacht maken

ver·da·gen ww [verdaagde, h. verdaagd] uitstellen: ★ *een rechtszitting ~*

ver·da·ging *de (v)* het → **verdagen**

ver·dam·pen ww [verdampte, is & h. verdampt] ❶ van vloeistof in damp of gas overgaan ❷ doen → **verdampen** (bet 1)

ver·dam·per *de (m)* [-s] toestel waarin een vloeistof, vooral water, verdampt

ver·dam·ping *de (v)* het verdampen

ver·dam·pings·warm·te *de (v)* ❶ warmte benodigd voor het verdampen ❷ warmte die bij condensatie tot vloeistof vrijkomt

ver·de·dig·baar bn verdedigd kunnende worden

ver·de·di·gen ww [verdedigde, h. verdedigd] ❶ beschermen (soms met behulp van geweld): ★ *het moederdier verdedigde haar jongen* ❷ pleiten, opkomen voor: ★ *iems. belangen ~* ❸ de juistheid van een bewering trachten aan te tonen: ★ *een mening ~* ❹ sp voorkomen dat de tegenstander scoort: ★ *toen het team op een voorsprong kwam, ging het ~*

ver·de·di·ger *de (m)* [-s] ❶ iem. die verdedigt ❷ pleiter in een strafzaak ❸ ★ voetbal *vrije ~* libero

ver·de·di·ging *de (v)* [-en] ❶ het verdedigen ❷ de verdedigende (advocaat of advocaten) ❸ sp de verdedigers: ★ *door de ~ heen breken*

ver·de·di·gings·gor·del *de (m)* [-s] verdedigingslinie(s) voor militair steunpunt

ver·de·di·gings·li·nie *de (v)* [-s] front van de verdedigingstroepen *of* van de verdedigers in een sportwedstrijd

ver·de·di·gings·mid·del *het* [-en] middel om zich te verdedigen

ver·de·di·gings·oor·log *de (m)* [-logen] oorlog tegen een aanvaller

ver·de·di·gings·werk *het* [-en] bouwwerk dat dient tot verdediging, fortificatie

ver·deeld bn ❶ niet in onderlinge overeenstemming,

verdeeldheid–verdobbelen

niet eensgezind: ★ *de meningen waren ~* ❷ eff koersen deels stijgend, deels dalend

ver·deeld·heid *de (v)* onenigheid; twist: ★ *~ zaaien*

ver·deel·scha·ke·laar *de (m)* [-s] schakelaar waarmee elektrische stroom in meer dan één richting geleid kan worden

ver·deel·sleu·tel *de (m)* [-s] maatstaf voor verdeling

ver·deel·stek·ker *de (m)* [-s] elektr stekker waar aan de achterkant weer andere stekkers in gestoken kunnen worden: ★ *om alle stekkers van de computer in dat ene stopcontact kwijt te kunnen, heb ik er een ~ tussengezet*

ver·dee·moe·di·gen I *ww* [verdeemoedigde, h. verdeemoedigd] deemoedig maken **II** *wederk* zich nederig gedragen; **verdeemoediging** *de (v)*

ver·dekt *bn* verborgen, verscholen: ★ *zich ~ opstellen*

ver·de·len *ww* [verdeelde, h. verdeeld] ❶ in delen scheiden (en die uitdelen) ★ *zich ~* zich splitsen, uiteengaan ❷ tweedracht zaaien: ★ *verdeel en heers* ❸ BN ook bezorgen, distribueren

ver·de·ler *de (m)* [-s] ❶ onderdeel van een verbrandingsmotor dat de stroom naar de bougie geleidt ❷ BN ook officieel vertegenwoordiger van een firma; dealer; importeur; agent; filiaalhouder

ver·del·gen *ww* [verdelgde, h. verdelgd] uitroeien: ★ *insecten ~*; **verdelging** *de (v)*

ver·del·gings·mid·del *het* [-en] vernietigingsmiddel

ver·del·gings·oor·log *de (m)* [-logen] oorlog met het doel een volk uit te roeien, vernietigingsoorlog

ver·de·ling *de (v)* [-en] het verdelen; scheiding in delen

ver·de·lings·ver·drag *het* [-dragen] verdrag waarbij (delen van) overwonnen landen onder de overwinnaars worden verdeeld

ver·den·ken *ww* [verdacht, h. verdacht] iets kwaads vermoeden van; argwaan hebben tegen: ★ *iem. van iets ~*

ver·den·king *de (v)* [-en] argwaan; het vermoeden van iets kwaads: ★ *onder ~ staan* ★ *de ~ viel op de butler*

ver·der I *bn* ❶ vergrotende trap van → **ver** ❷ nader: ★ *verdere bijzonderheden* ❸ voor de rest: ★ *~ was alles gelijk gebleven* ★ *de verdere kosten* de overige kosten **II** *bijw* ❶ voort: ★ *~ gaan* ★ *~ lezen* ❷ bovendien, vervolgens: ★ *~ hebben we er nog een concert bezocht*

ver·der·doen *ww* [deed verder, h. verdergedaan] BN ook doorgaan (met iets), (iets) continueren: ★ *iem. de moed geven verder te doen*

ver·derf *het* ondergang ★ *iemand in het ~ storten* ervoor zorgen dat het heel slecht met hem gaat

ver·der·fe·lijk *bn* hoogst schadelijk, een zeer slechte invloed hebbend; **verderfelijkheid** *de (v)*

ver·der·fe·nis *de (v)* ondergang, verdoemenis

ver·der·op *bijw* ❶ verder in dezelfde richting ❷ op een verdere plaats in een artikel, boek enz.

ver·der·rie *tsw* NN bastaardvloek; uitroep van afkeer (verkorting van → **getver**)

ver·ders *bijw* dial verder

ver·der·ven *ww* [verdierf, h. verdorven] totaal bederven

ver·der·zet·ten *ww* [zette verder, h. verdergezet] BN ook voortzetten, vervolgen, doorgaan met, verder gaan met, continueren: ★ *een staking ~*

ver·dicht *bn* verzonnen

ver·dich·ten[1] *ww* [verdichtte, h. verdicht] ‹gassen, dampen› dichter maken, samenpersen

ver·dich·ten[2] *ww* [verdichtte, h. verdicht] NN verzinnen

ver·dich·ting[1] *de (v)* het → **verdichten**[1]

ver·dich·ting[2] *de (v)* [-en] NN ❶ het verzinnen ❷ verzinsel, leugen

ver·dicht·sel *het* [-s, -en] verzinsel, leugen

ver·dict (‹Oudfrans› *het* [-en] uitspraak, vonnis; beslissing van gezworenen

ver·die·nen *ww* [verdiende, h. verdiend] ❶ als loon krijgen: ★ *1000 euro per maand ~* ❷ waard zijn: ★ *hij verdient geen beter lot* ★ *zijn verdiende loon krijgen* ondervinden wat na zijn gedrag te verwachten was

ver·dien·ste *de (v)* [-n] ❶ loon: ★ *geringe verdiensten* ❷ wat waardering verdient: ★ *dat is zijn ~*

ver·dien·ste·lijk *bn* met → **verdienste** (bet 2): ★ *een ~ tekenaar* ★ *zich ~ maken* iets doen waarvan anderen voordeel hebben; **verdienstelijkheid** *de (v)*

ver·diep *het* [-en] BN, spreektaal woonlaag, etage, verdieping: ★ *op het eerste ~ wonen*

ver·die·pen I *ww* [verdiepte, h. verdiept] dieper maken **II** *wederk* ❶ ergens diep over nadenken ❷ zich ergens intens mee bezighouden: ★ *zich ~ in de Egyptische archeologie*

ver·die·ping *de (v)* ❶ het verdiepen ❷ [*mv:* -en] elk van de boven elkaar liggende gedeelten van een bouwwerk, etage: ★ *ik woon op de eerste ~*

ver·die·pings·ei·gen·dom *de (m)* NN zie bij → **horizontaal** (bet 2)

ver·dierf *ww*, **ver·dier·ven** *verl* tijd van → **verderven**

ver·dier·lij·ken *ww* [verdierlijkte, h. & is verdierlijkt] ❶ dierlijk maken ❷ dierlijk worden; **verdierlijking** *de (v)*

ver·diet·sen *ww* [verdietste, h. verdietst] vero ❶ in het Nederlands vertalen ❷ algemeen verstaanbaar maken; **verdietsing** *de (v)* [-en]

ver·dij·en *ww* [verdijde, h. verdijd] ★ NN, vero *het ~ het vertikken*, weigeren het te doen

ver·dik·ke, **ver·dik·ke·me**, **ver·dik·kie** *tsw* inf uitroep van ergernis, schrik enz.

ver·dik·ken *ww* [verdikte, h. & is verdikt] ❶ dik(ker) maken ❷ dik(ker) worden ❸ BN ook ‹van personen› aankomen, dikker worden; **verdikking** *de (v)* [-en]

Ver·di·na·so *afk* in België, hist Verbond van Dietsche Nationaal-Solidaristen [politieke beweging]

ver·dis·con·te·ren *ww* [verdisconteerde, h. verdisconteerd] handel wissels voor de vervaldatum verkopen met een zekere korting (→ **disconto**) ★ *in iets verdisconteerd zijn* erin opgenomen, verwerkt zijn (als nadelige factor)

ver·dob·be·len *ww* [verdobbelde, h. verdobbeld] ❶ bij het dobbelen verspelen ❷ dobbelen om

ver·doe·ken *ww* [verdoekte, h. verdoekt] ‹een schilderij› op een nieuw doek overbrengen
ver·doemd, ver·domd *bn* vervloekt; tot de helse straf veroordeeld
ver·doem·de *de* [-n], **ver·doe·me·ling** *de (m)* [-en] iem. die verdoemd is
ver·doe·men *ww* [verdoemde, h. verdoemd], **ver·dom·men** [verdomde, h. verdomd] ❶ veroordelen tot de helse straf ❷ vervloeken
ver·doe·me·nis, ver·dom·me·nis *de (v)* helse straf ★ spreektaal *naar de ~ gaan* verloren gaan, te gronde gaan
ver·doen I *ww* [verdeed, h. verdaan] verspillen, verknoeien: ★ *zijn tijd ~* II *wederk* zelfmoord plegen
ver·doe·ze·len *ww* [verdoezelde, h. verdoezeld] vaag, onduidelijk maken, niet volledig weergeven, verbloemen: ★ *de waarheid ~*
ver·dof·fen *ww* [verdofte, h. & is verdoft] ❶ dof maken ❷ dof worden; **verdoffing** *de (v)*
ver·do·ken *bn* BN verborgen, verscholen, zich schuilhoudend; weggedoken
ver·dok·te·ren *ww* [verdokterde, h. verdokterd] NN aan doktersrekeningen uitgeven: ★ *veel geld ~*
ver·do·len *ww* [verdoolde, is verdoold] ❶ verdwalen, afwalen ❷ fig op het verkeerde pad raken; zie ook bij → **schaap** en vgl: → **verdoolde**
ver·dom·boek·je *het* NN → **verdomhoekje**
ver·domd I *tsw inf* uitroep van verbazing of toorn II *bijw inf* erg, zeer: ★ *~ brutaal* III *bn* → **verdoemd**
ver·dom·hoek·je *het* ★ *(bij iem.) in het ~ zitten* of *liggen* altijd de klappen of de schuld krijgen, het (bij iem.) nooit goed kunnen doen
ver·dom·me *tsw* krachtterm, vloek
ver·dom·men *ww* [verdomde, h. verdomd] ❶ inf: ★ *het ~* het vertikken, het beslist weigeren ★ *het kan me niet* (of *niks*) *~* het kan me niks schelen ❷ → **verdoemen**
ver·dom·me·nis *de (v)* → **verdoemenis**
ver·don·ke·re·ma·nen *ww* [verdonkeremaande, h. verdonkeremaand] ❶ opzettelijk doen wegraken ❷ ontvreemden, verduisteren
ver·don·ke·ren *ww* [verdonkerde, h. & is verdonkerd] ❶ donkerder maken ❷ donkerder worden
ver·doofd *bn* zie bij → **verdoven**
ver·dool·de *de* [-n] afgedwaalde; iem. die verdwaald is, meestal fig
ver·dord *bn* dor geworden
ver·do·rie *tsw* krachtterm: verdikkie
ver·dor·ren *ww* [verdorde, is verdord] dor worden; **verdorring** *de (v)*
ver·dor·ven *bn* zedelijk bedorven *volt deelw* van → **verderven**
ver·dor·ven·heid *de (v)* [-heden] zedelijk bederf
ver·do·ven *ww* [verdoofde, *overg* h., *onoverg* is verdoofd] ❶ dof maken ★ *de anesthesist verdoofde het been* ★ *verdovende middelen* medicijnen, genotmiddelen die een verdovende werking hebben, ook wel: drugs ❷ dof, gevoelloos worden

ver·do·ving *de (v)* [-en] ❶ het verdoven, het gevoelloos maken, anesthesie ❷ dofheid, gevoelloosheid
ver·do·vings·mid·del *het* [-en] middel waarmee een medicus verdoving toedient, anestheticum
ver·draag·baar *bn* dragende verplaatst kunnende worden
ver·draag·lijk *bn* te verdragen, te dulden
ver·draag·zaam *bn* inschikkelijk; gevoelens en meningen van anderen eerbiedigend, tolerant; **verdraagzaamheid** *de (v)*
ver·draaid I *bn* deelwoord van → **verdraaien** II *tsw* verduiveld, vervloekt III *bijw* NN in hoge mate: ★ *dit is ~ leuk*
ver·draai·en *ww* [verdraaide, h. verdraaid] ❶ anders draaien ❷ verkeerd draaien ★ *iems. woorden ~* opzettelijk verkeerd uitleggen ❸ NN, spreektaal weigeren, vertikken: ★ *ik verdraai het*
ver·draai·ing *de (v)* [-en] het → **verdraaien** (vooral bet 2)
ver·drag *het* [-dragen] overeenkomst, vooral tussen staten, verbond
ver·dra·gen[1] *ww* [verdroeg, h. verdragen] ❶ dulden ★ *elkaar ~* zich naar elkaar kunnen schikken, elkaars eigenaardigheden aanvaarden ❷ ‹van spijzen› kunnen verteren
ver·dra·gen[2] *zn meerv* van → **verdrag**
ver·dra·gend *bn* ‹van geschut› ver schietend
ver·drags·or·ga·ni·sa·tie [-zaa(t)sie] *de (v)* ★ *Noord-Atlantische Verdragsorganisatie* zie bij → **NAVO**
ver·drie·dub·be·len *ww* [verdriedubbelde, h. & is verdriedubbeld] ❶ drie maal zo groot maken ❷ drie maal zo groot worden
ver·driet *het* gevoel dat iem. heeft als hem iets naars overkomen is
ver·drie·te·lijk *bn* onaangenaam, hinderlijk
ver·drie·ten *ww* [verdroot, h. verdroten] leed doen, weerzin veroorzaken
ver·drie·tig *bn* ❶ bedroefd, verdriet voelend: ★ *een ~ kind* ❷ droevig, verdriet tonend: ★ *~ huilen* ❸ onaangenaam, verdriet veroorzakend: ★ *verdrietige omstandigheden*
ver·drij·ven *ww* [verdreef, h. verdreven] verjagen, ervoor zorgen dat iem. / iets weggaat ★ *de tijd ~* doorbrengen
ver·drij·ving *de (v)* het verdrijven of verdreven-worden
ver·drin·gen I *ww* [verdrong, h. verdrongen] wegdringen; de plaats innemen van: ★ *PSV verdrong Feyenoord van de eerste plaats* ★ *gevoelens ~* bij zich zelf terugdringen, net doen alsof ze er niet zijn II *wederk* in grote menigte op één punt samenkomen
ver·drin·ging *de (v)* het verdringen (vooral van gevoelens)
ver·drin·ken *ww* [verdronk, is & h. verdronken] ❶ sterven van mens of dier door te langdurige

onderdompeling in een vloeistof: ★ *de zeiler verdronk in het Hollands Diep* ❷ fig zich bevinden in een te grote hoeveelheid van iets: ★ *zij verdronk in het werk* ★ *ook: dat kind verdrinkt bijna in die tuinbroek* ❸ in een vloeistof doen omkomen: ★ *jonge katjes ~* ❹ aan drank verspillen: ★ *al zijn geld ~*

ver·drin·king *de (v)* [-en] het → **verdrinken** (bet 1, 2)

ver·drin·kings·dood *de (m)* dood door verdrinking

ver·dro·gen *ww* [verdroogde, is & h. verdroogd] ❶ droog worden ❷ droog maken; **verdroging** *de (v)*

ver·dro·men *ww* [verdroomde, h. verdroomd] dromend, werkeloos doorbrengen: ★ *zijn tijd ~*

ver·dron·ken *bn* ❶ ondergelopen: ★ *~ land* ❷ door misbruik van sterke drank ondergegaan

ver·droot *ww verl tijd van* → **verdrieten**

ver·dro·ten *ww verl tijd meerv en volt deelw van* → **verdrieten**

ver·druk·ken *ww* [verdrukte, h. verdrukt] onderdrukken

ver·druk·ker *de (m)* [-s] onderdrukker, tiran

ver·druk·king *de (v)* [-en] onderdrukking ★ *in de ~ komen* fig op de achtergrond raken, niet voldoende belangstelling krijgen, in een hachelijke toestand verzeild raken ★ *groeien tegen de ~ in* ondanks tegenspoed vooruitgaan

ver·dub·be·len *ww* [verdubbelde, h. & is verdubbeld] ❶ twee maal zo groot maken ❷ twee maal zo groot worden; **verdubbeling** *de (v)* [-en]

ver·dui·de·lij·ken *ww* [verduidelijkte, h. verduidelijkt] duidelijker maken, verklaren; **verduidelijking** *de (v)* [-en]

ver·duis·te·ren *ww* [verduisterde, h. & is verduisterd] ❶ duister maken; in glans doen afnemen ❷ ‹geld, goederen› van anderen achterhouden, voor zichzelf gebruiken ❸ duister worden ❹ afdekken van ramen e.d. om te voorkomen dat er licht naar buiten straalt

ver·duis·te·ring *de (v)* [-en] het → **verduisteren** (vooral bet 2)

ver·duit·sen *ww* [verduitste, h. & is verduitst] ❶ Duits maken ❷ Duits worden; **verduitsing** *de (v)*

ver·dui·veld, **ver·du·veld** *bn, tsw* vervloekt

ver·dui·zend·vou·di·gen *ww* [verduizendvoudigde, h. & is verduizendvoudigd] ❶ met duizend vermenigvuldigen ❷ duizend maal groter worden ❸ fig zeer toenemen

ver·dul·dig *bn* BN, vero geduldig, berustend, lijdzaam: ★ *zo ~ als Job*; ★ *papier is ~* op papier kun je alles, ook de grofste leugens, kwijt

ver·dun·nen *ww* [verdunde, h. & is verdund] ❶ dunner maken ★ *een oplossing ~* minder geconcentreerd maken ❷ dunner worden

ver·dun·ner *de (m)* [-s] vloeistof die een stof verdunt, thinner

ver·dun·ning *de (v)* ❶ het verdunnen ❷ [mv: -en] verdunde oplossing, graad waarin verdund is: ★ *een ~ van 1 op 10*

ver·du·ren *ww* [verduurde, h. verduurd] ❶ lijden:

★ *veel te ~ hebben* ★ *schoenen hebben het op zo'n trektocht zwaar te ~* ze slijten erg, gaan gauw kapot ❷ uithouden: ★ *iets niet kunnen ~*

ver·duur·za·men *ww* [verduurzaamde, h. verduurzaamd] duurzaam maken: ★ *voedingsmiddelen ~*; **verduurzaming** *de (v)*

ver·du·veld *bn bijw tsw* → **verduiveld**

ver·dwaald *bn* zie bij → **verdwalen**

ver·dwaal·paal *de (m)* [-palen] BN paal op het strand voorzien van een groot, kleurig object (een huisje, banaan, treintje e.d.) waarop kinderen zich kunnen oriënteren, zodat ze niet verdwalen

ver·dwaasd *bn* in verdwazing geraakt

ver·dwa·len *ww* [verdwaalde, is verdwaald] de weg kwijtraken: ★ *~ in een vreemde stad* ★ *een verdwaalde kogel* een kogel die ver van het doel terechtkomt

ver·dwa·zen *ww* [verdwaasde, h. & is verdwaasd] ❶ dwaas maken ❷ dwaas worden; **verdwazing** *de (v)*

ver·dween *ww verl tijd van* → **verdwijnen**

ver·dwe·nen *ww verl tijd meerv en volt deelw van* → **verdwijnen**

ver·dwij·nen *ww* [verdween, is verdwenen] ❶ onzichtbaar worden, wegraken; zie ook: → **sneeuw** ❷ weggaan, vertrekken: ★ *verdwijn uit mijn ogen!*

ver·dwij·ning *de (v)* ❶ het verdwijnen ❷ [mv: -en] het spoorloos doen verdwijnen (en daarna vaak vermoorden) van gearresteerde personen als repressiemiddel in dictaturen

ver·dwijn·punt *het* [-en] punt waar in perspectief getekende evenwijdige lijnen elkaar snijden

ver·ede·len *ww* [veredelde, h. veredeld] edeler maken, verfijnen; **veredeling** *de (v)*

ver·ede·lings·be·drijf *het* [-drijven] bedrijf dat van grondstoffen of halffabricaten eindproducten maakt

ver·eel·ten *ww* [vereeltte, h. & is vereelt] ❶ tot eelt maken ❷ tot eelt worden ❸ fig ongevoelig worden

ver·een·vou·di·gen *ww* [vereenvoudigde, h. vereenvoudigd] eenvoudiger maken ★ *een breuk ~* eenvoudiger weergeven door teller en noemer door hetzelfde getal te delen; **vereenvoudiging** *de (v)* [-en]

ver·een·za·men *ww* [vereenzaamde, is vereenzaamd] eenzaam worden, zijn vrienden en kennissen kwijtraken; **vereenzaming** *de (v)*

ver·een·zel·vi·gen *ww* [vereenzelvigde, h. & is vereenzelvigd] ❶ tot één maken, als één en hetzelfde beschouwen: ★ *zich ~ met de held van een film* ❷ eenzelvig worden; **vereenzelviging** *de (v)*

ver·eer·der *de (m)*, **ver·eer·ster** *de (v)* [-s] persoon die iemand of iets vereert

ver·eeu·wi·gen *ww* [vereeuwigde, h. vereeuwigd] ❶ onsterfelijk maken ❷ schilderen, fotograferen; **vereeuwiging** *de (v)*

ver·ef·fe·nen *ww* [vereffende, h. vereffend] ❶ bijleggen: ★ *een geschil ~* ❷ betalen: ★ *een schuld ~*

ver·ef·fe·ning *de (v)* ❶ het vereffenen ❷ recht bij faillissementen ❸ [mv: -en] het verkopen van de boedel en het uitkeren van de opbrengst hieruit aan de schuldeisers

ver·ei·sen *ww* [vereiste, h. vereist] vorderen, noodzakelijk maken: ★ *die missie vereist veel tact*

ver·eis·te *de (v) & het* [-n] eis, noodzakelijkheid: ★ *nauwgezetheid is het, de eerste* ~

ve·ren[1] *ww* [veerde, h. geveerd] ❶ terugspringen ❷ veerkrachtig zijn ★ *overeind ~ snel opstaan*

ve·ren[2] *bn* van *of* met veren (→ **veer**[1], bet 1): ★ *een ~ bed, kussen*

ver·enen *ww* [vereende, h. vereend] *vero* verenigen ★ *met vereende krachten* met gezamenlijke krachtsinspanning

ver·en·gel·sen *ww* [verengelste, h. & is verengelst] ❶ Engels maken ❷ Engels worden

ver·en·gen *ww* [verengde, h. verengd] enger, nauwer maken; **verenging** *de (v)* [-en]

ver·enig·baar *bn* verenigd kunnen worden ★ *~ met* kunnen samengaan met

ver·enigd *bn* samengevoegd (vaak voorkomend in namen van staten, organisaties e.d.): ★ *de Verenigde Staten* ★ *de Verenigde Naties*

ver·eni·gen I *ww* [verenigde, h. verenigd] samenvoegen II *wederk* tot één geheel worden, samengaan, een vereniging vormen ★ NN *zich met iets ~* iets goedkeuren, goedvinden: ★ *ik kan me met deze zienswijze ~*

ver·eni·ging *de (v)* ❶ het verenigen ❷ [*mv*: -en] organisatievorm die het personen mogelijk maakt zich aaneen te sluiten teneinde zonder winstoogmerk samen te werken volgens regels en voor een bepaald doel ★ BN ~ *zonder winstoogmerk, vzw* stichting

ver·eni·gings·le·ven *het* het leven, de omgang in een vereniging of verenigingen

ver·eni·gings·punt *het* [-en] plaats van samenkomst

ver·ere·mer·ken *ww* [vereremerkte, h. vereremerkt] BN, *vero* een onderscheiding, ridderorde e.d. toekennen, decoreren, onderscheiden

ver·eren *ww* [vereerde, h. vereerd] eer bewijzen; hoogachten ★ *iem. met een bezoek ~* iem. bezoeken ★ *vereerd zijn met* als een eerbewijs opvatten (en daarom erkentelijk zijn voor)

ver·er·ge·ren *ww* [verergerde, h. & is verergerd] ❶ erger maken ❷ erger worden; **verergering** *de (v)*

ver·er·ven *ww* [vererfde, is vererfd] bij erfenis overgaan; **vererving** *de (v)*

ver·et·te·ren *ww* [veretterde, is veretterd] tot etter worden; **verettering** *de (v)* [-en]

ver·eu·ro·pe·sen *ww* [vereuropeeste, h. & is vereuropeest] ❶ Europees maken ❷ Europees worden

ver·eve·nen *ww* [verevende, h. verevend] vereffenen; **verevening** *de (v)*

verf *de* [verven] smeerbare kleurstof: met een kwast ~ aanbrengen op een deur ★ *niet (goed) uit de ~ komen* ‹m.b.t. personen› meer capaciteiten hebben dan in de praktijk blijkt ★ BN *ook iets in de ~ zetten* de nadruk leggen op iets

verf·af·bran·der *de* [-s] apparaat dat zeer hete lucht uitblaast waarmee men oude verflagen kan verwijderen

verf·doos *de* [-dozen] doos met stukjes of tubetjes verf

ver·fijnd *bn* veredeld: ★ *een verfijnde smaak hebben*

ver·fij·nen *ww* [verfijnde, h. verfijnd] fijner maken

ver·fij·ning *de (v)* [-en] ❶ het verfijnen ❷ veredeling

ver·fil·men *ww* [verfilmde, h. verfilmd] ‹een boek, verhaal› tot een film verwerken; **verfilming** *de (v)* [-en]

verf·kwast *de (m)* [-en] kwast om mee te verven, schilderkwast

verf·laag *de* [-lagen] laag verf

ver·flau·wen *ww* [verflauwde, is verflauwd] ❶ flauwer, vager, minder worden ❷ verslappen; **verflauwing** *de (v)*

ver·flen·sen *ww* [verflenste, is verflenst] verwelken

verf·lucht *de* geur van verf

verf·mes *het* [-sen] tempermes

ver·foei·en *ww* [verfoeide, h. verfoeid] verafschuwen

ver·foei·lijk *bn* afschuwelijk

ver·fom·faai·en *ww* [verfomfaaide, h. verfomfaaid] ❶ verkreuken, slordig maken; ❷ *verfomfaaid* er niet meer geheel verzorgd of in orde uitziend (na een gevecht, ongeluk e.d.)

verf·plant *de* [-en] plant waaruit kleurstof bereid wordt

verf·pot *de (m)* [-ten] pot voor verf

ver·fraai·en *ww* [verfraaide, h. verfraaid] fraaier maken; **verfraaiing** *de (v)* [-en]

ver·fran·sen *ww* [verfranste, h. & is verfranst] ❶ Frans maken ❷ Frans worden

ver·fran·sing *de (v)* het verfransen

ver·fris·sen I *ww* [verfriste, h. verfrist] ❶ weer fris maken ❷ weer fit maken, verkwikken II *wederk* een koele drank nuttigen *of* zich wassen enz.

ver·fris·send *bn* ❶ fris, koel makend: ★ *verfrissende dranken* ❷ *fig* geestelijk vernieuwend: ★ *een verfrissende kijk op iets hebben*

ver·fris·sing *de (v)* ❶ het verfrissen ❷ [*mv*: -en] koele drank

verf·rol·ler *de (m)* [-s] draaiende rol met handvat waarmee grote oppervlakken geverfd kunnen worden

ver·from·me·len *ww* [verfrommelde, h. verfrommeld] erg verkreuken, tot een prop maken

verf·spuit *de* [-en] verstuiver van verf

verf·stof *de* [-fen] kleurstof waarvan verf bereid wordt

verf·wa·ren *mv* ❶ verfstoffen ❷ materiaal gebruikt bij het verven of het bereiden van verf

verg. *afk* vergelijk

ver·gaan *ww* [verging, is vergaan] ❶ ten onder gaan: ★ *het schip is ~*; ophouden te bestaan: ★ *het ~ van de wereld* ★ *de lust vergaat me* ik begin de lust te verliezen ★ *~ van de honger, de dorst* heel veel honger, dorst hebben; zie ook bij → **horen**[3] ❷ voorbijgaan: ★ *de tijd vergaat* ❸ aflopen met

★ *hoe zou het hem vergaan zijn?* hoe zou het met hem afgelopen zijn, hoe zou hij het ondertussen gemaakt hebben ❹ verrotten: ★ *vergane planten*
ver·gaand *bn* vérstrekkend, ingrijpend (vaak geschreven *vérgaand*): ★ *vergaande maatregelen nemen; vgl:* → **verregaand**
ver·gaar·bak *de (m)* [-ken] bak waarin vloeistof of ander materiaal verzameld wordt; fig verzamelplaats van allerlei uiteenlopende dingen of mensen: ★ *die partij was een ~ van links-radicalen en milieuactivisten*
ver·ga·de·ren *ww* [vergaderde, h. vergaderd] bijeenkomen (ter bespreking) ★ *vergaderd zijn* in een bijeenkomst samen zijn
ver·ga·de·ring *de (v)* [-en] ❶ bijeenkomst om iets te bespreken: ★ *een ~ beleggen* ❷ de vergaderden: ★ *de ~ besloot meer geld te investeren*
ver·ga·der·plaats *de* [-en] plaats van samenkomst
ver·ga·der·zaal *de* [-zalen] zaal waar vergaderingen gehouden worden
ver·gal·len *ww* [vergalde, h. vergald] onaangenaam maken: ★ *iemands leven ~*
ver·ga·lop·pe·ren *wederk* [vergaloppeerde, h. vergaloppeerd] een onvoorzichtigheid begaan door onbezonnenheid of gebrek aan zelfbeheersing; zijn mond voorbijpraten
ver·gan·ke·lijk *bn* onbestendig, niet blijvend: ★ *de populariteit van die popster bleek zeer ~;* **vergankelijkheid** *de (v)*
ver·ga·pen *wederk* [vergaapte, h. vergaapt] overdreven belangstelling of bewondering hebben voor: ★ *zich ~ aan de technische snufjes van een nieuw type auto*
ver·ga·ren *ww* [vergaarde, h. vergaard] ❶ verzamelen: ★ *schatten ~* ★ fig *kennis ~* ❷ de vellen van een in te binden boek op volgorde leggen
ver·gas·sen *ww* [vergaste, h. vergast] ❶ in gasvorm doen overgaan ❷ met gifgas doden
ver·gas·ser *de (m)* [-s] toestel om te → **vergassen** (bet 1)
ver·gas·ten *ww* [vergastte, h. vergast] onthalen: ★ *kinderen ~ op limonade met taart*
ver·gat *ww,* **ver·ga·ten** *verl tijd* van → **vergeten**¹
ver·geef·lijk *bn,* **ver·ge·fe·lijk** *bn* te vergeven
ver·geefs *bn* vruchteloos: ★ *vergeefse reddingspogingen* ★ *~ trachten op tijd te komen*
ver·gees·te·lij·ken *ww* [vergeestelijkte, h. vergeestelijkt] ❶ geestelijk, onstoffelijk maken ❷ in geestelijke zin opvatten of uitleggen; **vergeestelijking** *de (v)*
ver·geet·ach·tig *bn* veel vergetend
ver·geet·al *de (m)* [-len] vergeetachtig persoon
ver·geet·boek *het* ★ *in het ~ raken* vergeten worden
ver·geet·hoek *de (m)* ★ BN *ook in de ~ raken* in het vergeetboek raken, vergeten worden
ver·geet·mij·niet *de* [-en], **ver·geet·mij·niet·je** *het* [-s] ruwbladig plantje met lichtblauwe bloempjes (*Myosotis*)
ver·ge·fe·lijk *bn* → **vergeeflijk**
ver·gel·den *ww* [vergold, h. vergolden] ❶ belonen, betalen: ★ *gastvrijheid ~* ★ *kwaad met kwaad ~* ❷ straffen, wreken, betaald zetten: ★ *ik zal het hem ~!*
ver·gel·ding *de (v)* ❶ het vergelden ❷ beloning ❸ wraakneming, straf
ver·ge·len *ww* [vergeelde, is vergeeld] geel worden: ★ *vergeelde bladeren, vergeeld papier*
ver·ge·lijk *het* [-en] schikking; overeenstemming door wederzijds toegeven, compromis: ★ *tot een ~ komen* ★ *een ~ treffen*
ver·ge·lijk·baar *bn* te vergelijken
ver·ge·lij·ken *ww* [vergeleek, h. vergeleken] ❶ naast elkaar bekijken: ★ *twee dingen met elkaar ~* ★ *je kunt die dingen niet ~* het zijn twee totaal verschillende dingen ❷ gelijkenis opmerken of vaststellen: ★ *hij vergeleek haar met een engel* ★ *vergeleken met hem is mijn zuster intelligent* mijn zuster is niet intelligent, maar hij nog minder
ver·ge·lij·kend *bn* waarbij personen of dingen met elkaar worden vergeleken: ★ *~ onderzoek*
ver·ge·lij·ken·der·wijs, **ver·ge·lij·ken·der·wij·ze** *bijw* bij, door vergelijking
ver·ge·lij·king *de (v)* [-en] ❶ het vergelijken ❷ gedeeltelijke gelijkstelling: ★ *een ~ trekken tussen twee dingen* ★ *in ~ met* ★ *de trappen van ~* bijv.: groot, groter, grootst ★ *een homerische ~* zeer uitgewerkt, als van Homerus ❸ wisk betrekking tussen twee vormen waarin een of meer onbekenden voorkomen
ver·ge·lij·kings·ma·te·ri·aal *het* cijfers, gegevens e.d. die de mogelijkheid bieden om de ene situatie te vergelijken met de andere
ver·ge·mak·ke·lij·ken *ww* [vergemakkelijkte, h. vergemakkelijkt] gemakkelijker maken; **vergemakkelijking** *de (v)* [-en]
ver·gen *ww* [vergde, h. gevergd] eisen, verlangen: ★ *aandacht ~* ★ *tijd ~* ★ *veel van iem ~*
ver·ge·noegd *bn* tevreden, met plezier: ★ *~ in het park zitten*
ver·ge·noe·gen *ww* [vergenoegde, h. vergenoegd] ❶ tevredenstellen ★ *zich ~* zich tevredenstellen ❷ verheugen
ver·ge·tel·heid *de (v)* ❶ het vergeten-zijn: ★ *aan de ~ onttrekken,* ontrukken ervoor zorgen dat iets niet vergeten wordt ★ *Griekse myth de stroom der ~* de Lethe ❷ BN, vero het (iets) vergeten-hebben of -zijn: ★ *bij het gebruik van de pil vermindert elke ~ de betrouwbaarheid;* nalatigheid, verzuim ❸ BN, vero vergeetachtigheid: ★ *bij ~* niet opzettelijk, per ongeluk
ver·ge·ten¹ *ww* [vergat, h. & is vergeten] ❶ verzuimen mee te brengen of te doen: ★ *ik heb mijn portemonnee ~* ❷ uit de herinnering kwijtraken: ★ *ik ben zijn naam vergeten* ★ *vergeet het maar!* dat verbied ik, dat kun je niet doen, krijgen

e.d. ❸ ★ NN zich ~ niet meer weten wat men doet
ver·ge·ten² bn uit de herinnering verdwenen; over het hoofd gezien ★ *een ~ burger* onbekend, niet op de voorgrond tredend ★ *de ~ groepen* personen die door de overheid in materiële zin veronachtzaamd zijn
ver·ge·ven I ww [vergaf, h. vergeven] ❶ vergiffenis schenken: ★ *het is~ en vergeten* we zullen net doen alsof het niet gebeurd is ❷ vergiftigen ❸ geven, uitdelen: ★ *ambten ~* ❹ kaartsp verkeerd geven II bn ★ inf *het is hier ~ van de muizen* het barst hier van de muizen
ver·ge·vens·ge·zind, ver·ge·vens·ge·zind bn bereid vergiffenis te schenken; **vergevensgezindheid** *de (v)*
ver·ge·ving *de (v)* vergiffenis: ★ *om ~ bidden*
ver·ge·vor·derd bn ver gekomen in ontwikkeling of in de tijd; hoog: ★ *op vergevorderde leeftijd* ★ *in een ~ stadium*
ver·ge·wis·sen wederk [vergewiste, h. vergewist] ★ *zich van iets ~* zich omtrent iets zekerheid verschaffen
ver·ge·zel·len ww [vergezelde, h. vergezeld] begeleiden ★ *vergezeld gaan van* of *met* samengaan met
ver·ge·zicht *het* [-en] ❶ ver uitzicht ❷ afbeelding daarvan
ver·ge·zocht bn met overdreven scherpzinnigheid gevonden: ★ *vergezochte argumenten, vergelijkingen*
ver·giet *de & het* [-en] bak met gaatjes, waaruit water van groenten e.d. kan afdruipen ★ *zo lek als een ~* zeer lek
ver·gie·ten ww [vergoot, h. vergoten] uitgieten, storten: ★ *bloed ~*
ver·gif *het* [-fen] stof met schadelijke, vaak dodelijke werking ★ *vooral* NN *daar kun je ~ op innemen* dat is absoluut zeker
ver·gif·fe·nis *de (v)* kwijtschelding, genade
ver·gif·kast *de* [-en] ⟨in een apotheek⟩ kast waarin zware vergiften geborgen worden
ver·gift *het* [-en] → **vergif**
ver·gif·tig bn vergif bevattend
ver·gif·ti·gen ww [vergiftigde, h. vergiftigd] ❶ vergiftig maken: ★ *een bron ~* ❷ door vergif doden: ★ *ongedierte ~* ❸ fig bederven, slecht of onaangenaam maken: ★ *de sfeer ~*
ver·gif·ti·ging *de (v)* het vergiftigen of vergiftigd worden
ver·gis·sen wederk [vergiste, h. vergist] het mis hebben, per ongeluk een fout maken: ★ *~ is menselijk* ★ *zich in iem. vergist hebben* een onjuiste indruk van iem. gekregen hebben; **vergissing** *de (v)* [-en]
ver·gis·ten ww [vergistte, is vergist] door te sterk gisten bederven
ver·glaas·sel *het* glazuur
ver·gla·zen ww [verglaasde, h. verglaasd] met glazuur bedekken
ver·glij·den ww [vergleed, is vergleden] langzaam

vergaan: ★ *de jaren ~*
ver·god·de·lij·ken ww [vergoddelijkte, h. vergoddelijkt] tot een godheid maken, als godheid voorstellen: ★ *een dictator ~*; **vergoddelijking** *de (v)*
ver·go·den ww [vergoodde, h. vergood] als een (af)god vereren, aanbidden: ★ *een popster ~*; **vergoding** *de (v)*
ver·goe·den ww [vergoedde, h. vergoed] ❶ schadeloosstellen, goedmaken: ★ *schade ~* ❷ ter compensatie geven, terugbetalen: ★ *de gewerkte uren, de onkosten ~*
ver·goe·ding *de (v)* ❶ het vergoeden, schadeloosstelling ❷ [*mv:* -en] beloning voor verricht werk
ver·goe·lij·ken ww [vergoelijkte, h. vergoelijkt] verontschuldigen, goedpraten: ★ *ze vergoelijkte het wangedrag van haar zoon*; **vergoelijking** *de (v)* [-en]
ver·gok·ken ww [vergokte, h. vergokt] door spel of speculatie verliezen
ver·gooi·en I ww [vergooide, h. vergooid] weggooien, door onverstandig gedrag verdoen: ★ *zijn geld, zijn geluk, zijn toekomst ~* II wederk ❶ verkeerd gooien: ★ *de keeper had zich vergooid* ❷ zich verlagen, iets onwaardigs doen
ver·gras·sing *de (v)* het met gras begroeid raken: ★ *de ~ van de heide*
ver·gren·de·len ww [vergrendelde, h. vergrendeld] afsluiten, op slot doen; **vergrendeling** *de (v)*
ver·grijp *het* [-en] verboden of onrechtmatige handeling
ver·grij·pen wederk [vergreep, h. vergrepen] ❶ verkeerd grijpen ❷ misdoen; onrechtmatig handelen: ★ *zich ~ aan iemands bezittingen, eer* ★ *zich aan een vrouw ~* haar aanranden of verkrachten
ver·grij·zen ww [vergrijsde, is vergrijsd] ❶ grijs worden ★ *in de dienst vergrijsd* een lange diensttijd achter de rug hebbend ❷ ⟨van bevolking, personeel enz.⟩ een steeds groter percentage bejaarden krijgen; **vergrijzing** *de (v)*
ver·groei·en ww [vergroeide, is vergroeid] ❶ aan elkaar groeien ★ *hij is aan die motor vergroeid* die motor is een belangrijk deel van zijn leven gaan uitmaken ❷ verkeerd groeien ❸ door groeien verdwijnen of zich herstellen
ver·groot·glas *het* [-glazen] bolle lens waarmee men voorwerpen vergroot kan zien
ver·gro·ten ww [vergrootte, h. vergroot] groter maken; groter voorstellen ★ *vergrotende trap* woordvorm die een hogere graad aangeeft, bijv. *hoger, dunner*
ver·gro·ting I *de (v)* het vergroten II *de (v)* [-en] ❶ het door vergroten toegevoegde ❷ vergrote foto
ver·gro·ven ww [vergroofde, h. & is vergroofd] ❶ grover maken ❷ grover worden; **vergroving** *de (v)*
ver·grui·ze·len ww [vergruizelde, h. & is vergruizeld], **ver·grui·zen** [vergruisde, h. & is vergruisd] ❶ tot gruis maken ❷ tot gruis worden

ver·grui·zer *de (m)* [-s] ❶ apparaat dat stenen, glas e.d. tot gruis maakt ❷ <u>med</u> apparaat dat nierstenen verbrijzelt

ver·gui·zen *ww* [verguisde, h. verguisd] smadelijk praten over, verachtelijk voorstellen: ★ *de minister werd verguisd na die blunder*; **verguizing** *de (v)*

ver·guld *bn* ❶ met een dun laagje goud bekleed: ★ *~ op snee* ❷ ⟨van boek⟩ met dun bladgoud op de afgesneden kant; zie ook → **vergulden**

ver·gul·den *ww* [verguldde, h. verguld] ❶ met een dun laagje goud bekleden ❷ doen glanzen als goud ★ *verguld zijn met iets* erg blij, gevleid, vereerd zijn; zie ook bij → **pil** (I)

ver·guld·sel *het* [-s] bladgoud waarmee men verguldt

ver·gun·nen *ww* [vergunde, h. vergund] toestaan, toestemming verlenen

ver·gun·ning *de (v)* [-en] ❶ toestemming: ❶ *~ krijgen vakantiedagen op te nemen* ★ <u>BN</u> *eeuwigdurende ~* grafrechten die niet verstrijken ❷ verlof tot het schenken van sterke drank

ver·haal¹ *het* [-halen] verslag van feiten die al dan niet waar gebeurd zijn: ★ *een ~ vertellen, verzinnen* ★ *zijn ~ kunnen doen* alles zeggen wat men wil ★ *om een lang ~ kort te maken* om kort te gaan

ver·haal² *het* ❶ schadeloosstelling ★ *~ op iem. hebben* iem. voor schadeloosstelling kunnen aanspreken ❷ ★ *op zijn ~ komen* uitblazen, zijn krachten terugkrijgen

ver·haal·baar *bn* te → **verhalen** (bet 1): ★ *de vordering is op de erven ~*

ver·haal·be·las·ting *de (v)* <u>BN</u> gemeentebelasting geheven op aanpalende eigenaars die mee profiteren van bijvoorbeeld wegwerkzaamheden

ver·haal·trant *de (m)* manier van vertellen

ver·haas·ten *ww* [verhaastte, h. verhaast] bespoedigen

ver·haas·ting *de (v)* te grote haast

ver·hak·keld *bn* <u>BN</u> ook ❶ gescheurd, gerafeld; verfomfaaid, haveloos, slordig: ★ *zijn verhakkelde plunje* ❷ beschadigd, vernield: ★ *een verhakkelde wagen*

ver·hak·ke·len *ww* [verhakkelde, h. verhakkeld] <u>BN</u> ❶ in stukken hakken; kapot maken, vernielen; verscheuren, aan flarden scheuren ❷ bederven, verknoeien

ver·hak·ken *ww* [verhakte, h. verhakt] in stukken hakken

ver·ha·len *ww* [verhaalde, h. verhaald] ❶ zijn → **verhaal²** doen gelden op: ★ *de kosten op iem. ~* ❷ vertellen: ★ *zij verhaalde van haar avonturen in Thailand* ❸ van zijn plaats halen: ★ *een schip ~*

ver·ha·ler *de (m)* [-s] verteller

ver·han·del·baar *bn* te verhandelen, te verkopen ★ *verhandelbare fondsen* effecten die op de beurs verkocht worden

ver·han·de·len *ww* [verhandelde, h. verhandeld] ❶ verkopen ❷ <u>fig</u> bepraten

ver·han·de·ling I *de (v)* het → **verhandelen** (bet 1)
II *de (v)* [-en] ❶ bespreking, voordracht ❷ <u>BN</u>, vero scriptie, <u>vooral</u> eindscriptie, doctoraalscriptie, masterproef

ver·hang *het* verhouding van verval en lengte tussen twee punten van een rivier

ver·han·gen I *ww* [verhing, h. verhangen] op een andere plaats hangen; zie ook bij → **hek II** *wederk* zich ophangen

ver·hap·stuk·ken *ww* [verhapstukte, h. verhapstukt] <u>NN</u> regelen, afhandelen, verrichten, bedisselen: ★ *er valt nog veel te ~* ★ *nog wat met iem. te ~ hebben* nog een geschil met iem. moeten bespreken of uitvechten

ver·hard *bn* ❶ hard geworden ❷ hard gemaakt: ★ *verharde wegen* ❸ <u>fig</u> ongevoelig, wreed: ★ *een ~ gemoed*

ver·har·den *ww* [verhardde, h. & is verhard] ❶ hard maken ❷ hard worden: ★ *door het leven verhard*

ver·har·ding *de (v)* het → **verharden** (vooral bet 2)

ver·ha·ren *ww* [verhaarde, is verhaard] oude haren verliezen en nieuwe krijgen: ★ *iedere zomer verhaarde die hond vreselijk*; **verharing** *de (v)*

ver·has·pe·len *ww* [verhaspelde, h. verhaspeld] vervormen, verbasteren: ★ *een naam ~*; **verhaspeling** *de (v)*

ver·heer·lij·ken *ww* [verheerlijkte, h. verheerlijkt] ❶ tot heerlijkheid verheffen, glorie schenken ❷ loven, roemen; **verheerlijking** *de (v)*

ver·hef·fen I *ww* [verhief, h. verheven] ❶ omhoog heffen; <u>fig</u> geestelijk verrijken: ★ *verheffende lectuur* ★ *een weinig verheffend schouwspel* ❷ de rang van waardigheid geven van: ★ *tot koning ~* ❸ (luider) doen klinken: ★ *zijn stem ~* ❹ groter maken: ★ *een getal tot de derde macht ~* **II** *wederk* ❶ opkomen: ★ *de wind verheft zich* ❷ ⟨van personen⟩ gaan staan ❸ ⟨van bergen, torens⟩ boven de omgeving uitsteken

ver·hef·fing *de (v)* [-en] het verheffen (vooral bet 2, 3, 4)

ver·heid *de (v)* het veraf-zijn, grote afstand

ver·hei·me·lij·ken *ww* [verheimelijkte, h. verheimelijkt] ongepast geheim houden; **verheimelijking** *de (v)*

ver·hel·de·ren *ww* [verhelderde, h. & is verhelderd] ❶ duidelijker maken; ❷ *verhelderend* duidelijker makend ❸ helderder worden; **verheldering** *de (v)*

ver·he·len *ww* [verheelde, h. verheeld] niet doen blijken, verzwijgen

ver·hel·pen *ww* [verhielp, h. verholpen] herstellen, verbeteren: ★ *een mankement ~* ★ <u>BN</u> ook *er niet aan kunnen ~* het niet kunnen verhelpen, er niets aan kunnen doen

ver·he·mel·te *het* [-n, -s] ❶ gehemelte ❷ troonhemel, baldakijn

ver·he·mel·te·plaat *de* [-platen] plaat waarmee een kunstgebit aansluit aan de bovenzijde van de mondholte

ver·heugd *bn* blij, vrolijk

ver·heu·gen I *ww* [verheugde, h. verheugd] blij maken **II** *wederk* blij zijn ★ *zich ~ in iets* iets aangenaams genieten ★ *zich ~ op iets* iets met vreugde tegemoetzien: ★ *de kinderen verheugden zich op een leuk dagje pretpark*

ver·heu·ge·nis *de (v)* [-sen], **ver·heu·ging** *de (v)* [-en] blijdschap

ver·he·ven *bn* ❶ hoger liggend ❷ fig plechtig, edel: ★ *een ~ stijl* ★ *boven iets ~ zijn* te voornaam zijn voor iets, iets beneden zich achten; zie ook bij → **twijfel**

ver·he·ven·heid *de (v)* ❶ het verhevene ❷ [*mv:* -heden] ⟨van de bodem⟩ hoogte

ver·he·vi·gen *ww* [verhevigde, h. & is verhevigd] ❶ heviger doen zijn ❷ heviger worden: ★ *de storm verhevigde*

ver·hin·de·ren *ww* [verhinderde, h. verhinderd] beletten: ★ *de agent verhinderde de arrestant te bellen* ★ *verhinderd zijn* niet kunnen komen

ver·hin·de·ring *de (v)* [-en] beletsel ★ NN *bericht van ~ geven* bericht geven dat men niet kan komen

ver·hip *tsw* uitroep van verbazing

ver·hip·pen *ww* [verhipte, is verhipt] ★ NN, spreektaal *~ van de kou* het heel erg koud hebben

ver·hipt *bijw* NN, spreektaal erg, in hoge mate: ★ *verhipt(e) koud*

ver·hit *bn* ❶ zeer warm ❷ fig zeer opgewonden: ★ *een ~ gesprek*

ver·hit·ten *ww* [verhitte, h. verhit] heet maken; fig opwinden, opzwepen; **verhitting** *de (v)*

ver·hoe·den *ww* [verhoedde, h. verhoed] voorkomen, afwenden: ★ *God verhoede dat er oorlog uitbreekt*

ver·ho·gen *ww* [verhoogde, h. verhoogd] ❶ hoger maken ❷ vermeerderen ❸ bevorderen, een hogere plaats of rang geven ★ *die zich (zelf) verhoogt, zal vernederd worden* hoogmoed leidt ten val

ver·ho·ging *de (v)* [-en] ❶ het verhogen: ★ *de ~ van de belastingen* ❷ lichte koorts ❸ verhoogd gedeelte van vloer of bodem: ★ *de spreker klom op een ~*

ver·ho·len *bn* verborgen, in stilte: ★ *~ pret* ★ *~ samenstelling* → **samenstelling** (bet 3) die niet meer als zodanig te herkennen is

ver·hol·land·sen *ww* [verhollandste, h. & is verhollandst] ❶ Hollands maken ❷ Hollands worden; **verhollandsing** *de (v)*

ver·hon·derd·vou·di·gen *ww* [verhonderdvoudigde, h. & is verhonderdvoudigd] ❶ met honderd vermenigvuldigen ❷ honderd maal groter worden; fig zich zeer vermeerderen

ver·hon·ge·ren *ww* [verhongerde, is verhongerd] ❶ door honger omkomen ❷ honger lijden; ❸ *verhongerd* door honger verzwakt: ★ *de verhongerde bevolking gaf zich over*; **verhongering** *de (v)*

ver·hoog *het* [-hogen] BN ook ❶ podium; verhoging ❷ tribune

ver·hoor *het* [-horen] ondervraging: ★ *een ~ afnemen* ★ *een ~ ondergaan*

ver·hoor·nen *ww* [verhoornde, is verhoornd] ⟨van de huid⟩ tot hoorn worden; **verhoorning** *de (v)*

ver·ho·pen *ww* [verhoopte, h. verhoopt] vooral BN ❶ hopen (op), zijn hoop stellen (op): ★ *we moeten het beste ~* ❷ verwachten: wat het beste laat ~ voor de toekomst

ver·ho·ren *ww* [verhoorde, h. verhoord] ❶ ondervragen: ★ *de verdachte werd verhoord* ❷ gehoor geven aan, vervullen: ★ *God verhoorde zijn gebed*

ver·ho·ring *de (v)* [-en] ⟨m.b.t. een gebed⟩ vervulling

ver·hou·den *wederk* [verhield, h. verhouden] in een bepaalde betrekking staan

ver·hou·ding *de (v)* [-en] onderlinge betrekking: ★ *de ~ tussen twee getallen* ★ *in ~ tot* ★ *naar ~* naar wat elk toekomt ★ *in geen ~ staan tot* in wanverhouding ★ *een ~ hebben met* in liefdesbetrekking (zonder huwelijk) staan tot

ver·hou·dings·ge·wijs, **ver·hou·dings·ge·wij·ze** *bijw* naar verhouding

ver·huis *de (m)* [-huizen] BN ook het verhuizen, verhuizing: ★ *de grote ~ begint donderdag*

ver·huis·kaart *de* [-en] NN bij de posterijen te verkrijgen kaart waarop men aan anderen de datum van verhuizing en het nieuwe adres bekend maakt

ver·huis·kos·ten *mv* wat een verhuizing kost

ver·huis·wa·gen *de (m)* [-s] grote, gesloten wagen voor vervoer van inboedel

ver·hui·zen *ww* [verhuisde, is & h. verhuisd] ❶ in een andere woning of ander gebouw trekken: ★ *naar Lier ~* ★ *ons bedrijf verhuisde naar Utrecht* ❷ algemeen verplaatsen of verplaatst worden: ★ *we hebben de ijskast naar de bijkeuken verhuisd* ★ *naar een ander hoofdstuk ~* ❸ iemands boedel overbrengen

ver·hui·zer *de (m)* [-s] iem. die beroepshalve verhuist (→ **verhuizen**, bet 3)

ver·hui·zing *de (v)* [-en] het verhuizen

ver·hul·len *ww* [verhulde, h. verhuld] omhullend bedekken, verbergen: ★ *zijn ware bedoelingen ~*

ver·hu·ren *ww* [verhuurde, h. verhuurd] ❶ tegen een bepaald bedrag tijdelijk afstaan: ★ *huizen, fietsen ~* ❷ ★ *zich ~* inf in loondienst gaan

ver·hu·ring *de (v)* [-en] BN ook het verhuren; verhuur

ver·huur *de (m)* het verhuren

ver·huur·der *de (m)* [-s] iem. die huizen enz. verhuurt

ver·huur·kan·toor *het* [-toren] kantoor dat bemiddelt bij huur en verhuur

ver·hy·po·the·ke·ren *ww* [-hie-] [verhypothekeerde, h. verhypothekeerd] met hypotheek bezwaren

ve·ri·fi·ca·teur *⟨Fr⟩ de (m)* [-s] ambtenaar belast met de controle op de juistheid van opgaven, vooral bij de belastingen

ve·ri·fi·ca·tie [-(t)sie] *⟨Fr⟩ de (v)* [-s] ❶ echtheidsonderzoek, juistheidsonderzoek ❷ onderzoek naar de gegrondheid van schuldvorderingen

ve·ri·fi·ca·tie·ver·ga·de·ring [-(t)sie-] *de (v)* [-en] ⟨bij

faillissement› vergadering ter vaststelling van de vorderingen

ve·ri·fi·ë·ren *ww* [-fjee-] ‹*Fr‹Lat*› [verifieerde, h. geverifieerd] ❶ de echtheid of juistheid onderzoeken of vaststellen; de juistheid van een afschrift, citaat of andere opgave nagaan ❷ ‹van vorderingen› erkennen

ver·ij·de·len *ww* [verijdelde, h. verijdeld] doen mislukken: ★ *een complot, een aanslag ~*; **verijdeling** *de (v)*

ver·in·di·schen *ww* [verindischte, h. & is verindischt] ❶ Indisch maken ❷ Indisch worden; **verindisching** *de (v)*

ve·ring *de (v)* ❶ het veren ❷ [*mv*: -en] wat voor het veren dient

ver·in·ner·lij·ken *ww* [verinnerlijkte, h. & is verinnerlijkt] ❶ geestelijk dieper maken ❷ geestelijk dieper worden

ver·in·ni·gen *ww* [verinnigde, h. & is verinnigd] ❶ inniger maken ❷ inniger worden

ver·in·te·res·ten *ww* [verinterestte, h. verinterest], **ver·in·tres·ten** [verintrestte, h. verintrest] NN ❶ interest opbrengen ❷ op interest zetten ❸ interest kosten, niet productief zijn

ve·ris·me ‹*It*› *het* naturalistische richting in de Italiaanse literatuur en muziek aan het eind van de 19de eeuw

ver·jaar·ca·deau [-kadoo] *het* [-s] → **verjaarscadeau**

ver·jaar·dag *de (m)* [-dagen] dag waarop men een jaar ouder wordt

ver·jaar·dag·ka·len·der *de (m)* [-s] kalender waarop verjaardagen worden aangetekend

ver·jaar·feest *het* [-en] → **verjaarsfeest**

ver·jaar·ge·schenk *het* [-en] → **verjaarsgeschenk**

ver·jaar·par·tij *de (v)* [-en] → **verjaarspartij**

ver·jaars·ca·deau, **ver·jaar·ca·deau** [-kaadoo] *het* [-s] verjaarsgeschenk

ver·jaars·feest, **ver·jaar·feest** *het* [-en] feestelijke viering van een verjaardag

ver·jaars·ge·schenk, **ver·jaar·ge·schenk** *het* [-en] geschenk op een verjaardag

ver·jaars·par·tij *de (v)* [-en] verjaarsfeest

ver·ja·gen *ww* [verjaagde, verjoeg, h. verjaagd] ❶ wegjagen, verdrijven; **verjaging** *de (v)*

ver·ja·ren *ww* [verjaarde, is verjaard] ❶ door de tijd zijn geldigheid verliezen: ★ *een vonnis, misdrijf kan ~* ❷ *vero* jarig zijn

ver·ja·rings·recht *het* de rechtsregels betreffende het → **verjaren** (bet 1)

ver·ja·rings·ter·mijn *de (m)* [-en] de door de wet gestelde tijd, na verloop waarvan verjaring (→ **verjaren**, bet 1) plaatsheeft

ver·jeug·di·gen *ww* [verjeugdigde, h. & is verjeugdigd] ❶ jeugdiger maken ❷ jeugdiger worden; **verjeugdiging** *de (v)*

ver·jon·gen *ww* [verjongde, h. & is verjongd] ❶ jonger maken ❷ jonger worden

ver·jon·ging *de (v)* [-en] het verjongen

ver·jon·gings·kuur *de* [-kuren] kuur om weer jong te worden of er jonger uit te zien

ver·kal·ken *ww* [verkalkte, is verkalkt] ❶ ‹van aderen bijv.› kalkachtig worden; ❷ *verkalkt* fig niet meer waarlijk levend: ★ *verkalkte leuzen, een verkalkte ideologie*; **verkalking** *de (v)*

ver·kan·ke·ren *ww* [verkankerde, is & h. verkankerd] ❶ door kanker vergaan ❷ door → **kankeren** (bet 2) veronaangenamen

ver·kapt *bn* verholen, heimelijk, vermomd: ★ *een verkapte racist*

ver·kas·sen *ww* [verkaste, is verkast] inf ❶ verhuizen ❷ er vandoor gaan

ver·ka·ve·len *ww* [verkavelde, h. verkaveld] ‹een stuk grond, goederen› in partijen, percelen verdelen; **verkaveling** *de (v)* [-en]

Ver·ka·ve·lings·vlaams *het* BN Belgisch-Nederlandse tussentaal, schoon Vlaams

ver·keer *het* ❶ omgang met personen: ★ *maatschappelijk ~* ★ *seksueel ~* ❷ de gezamenlijke fietsers, voetgangers, auto's e.d.: ★ *er was veel ~ op de weg*

ver·keerd *bn* onjuist, fout ★ *koffie ~* met meer melk dan koffie; zie ook bij → **been**[1], → **kant**[1], → **keelgat**, → **wereld**

ver·keer·de·lijk *bijw* BN ook ❶ verkeerd ❷ foutief ❸ ten onrechte, abusievelijk

ver·keers·aan·bod *het* aantal voertuigen dat (op een bepaalde tijd of plaats) zich beweegt

ver·keers·ader *de* [-s] hoofdverkeersweg

ver·keers·agent *de (m)* [-en] politieagent die het verkeer regelt

ver·keers·bord *het* [-en] bord ter regeling van het verkeer

ver·keers·bri·ga·dier *de* [-s] vooral NN volwassene die, kind dat scholieren helpt bij het oversteken van een drukke verkeersweg, klaar-over

ver·keers·cha·os *de (m)* enorme ongeordende drukte, opstoppingen e.d. in het verkeer

ver·keers·de·lict *het* [-en] strafbaar feit in het verkeer gepleegd

ver·keers·di·plo·ma *het* ['s] NN aan schoolkinderen uitgereikt getuigschrift van kennis van de verkeersregels

ver·keers·drem·pel *de (m)* [-s] oneffenheid in het wegdek waardoor het snelverkeer gedwongen wordt vaart te minderen

ver·keers·heu·vel *de (m)* [-s] vooral NN → **vluchtheuvel** (bet 2)

ver·keers·in·for·ma·tie [-(t)sie] *de (v)* mededelingen over files en andere hindernissen in het wegverkeer via de radio

ver·keers·knoop·punt *het* [-en] drukke verkeerskruising, vooral van autowegen

ver·keers·lei·der *de (m)* [-s] iem. die op een vliegveld het vliegverkeer regelt

ver·keers·lei·ding *de (v)* ❶ het regelen van het luchtvaartverkeer ❷ de personen die hiervoor zorg dragen

ver·keers·licht *het* [-en] gekleurd licht als sein voor het verkeer, stoplicht

ver·keers·mid·del *het* [-en] vaar-, voer- of vliegtuig

ver·keers·on·ge·luk *het* [-ken], **ver·keers·on·ge·val** *het* [-len] ongeluk in het verkeer op de openbare weg

ver·keers·plein *het* [-en] vooral NN pleinvormig kruispunt van grote verkeerswegen

ver·keers·po·li·tie [-(t)sie] *de (v)* politieafdeling belast met de regeling van het verkeer

ver·keers·recht *het* ❶ de rechtsregels voor het verkeer langs de weg ❷ NN de regels voor het rechtsverkeer, vooral het verbintenissenrecht

ver·keers·re·gel *de (m)* [-s] voorschrift waaraan men zich in het verkeer moet houden

ver·keers·te·ken *het* [-s] benaming voor borden, pijlen enz. die aanwijzingen geven voor het verkeer

ver·keers·to·ren *de (m)* [-s] toren op een vliegveld van waaruit het landen en opstijgen van de vliegtuigen geregeld wordt, alsmede het vliegverkeer in een bepaald gebied rond de toren

ver·keers·vlie·ger *de (m)* [-s] piloot in de burgerluchtvaart, niet-militair vlieger

ver·keers·vlieg·tuig *het* [-en] vliegtuig voor het verkeer tussen steden en landen ⟨in de burgerluchtvaart⟩

ver·keers·weg *de (m)* [-wegen] weg voor het snelverkeer

ver·keers·we·zen *het* alles wat het verkeer betreft

ver·keers·wis·se·laar *de (m)* [-s] BN verkeersknooppunt

ver·keers·zuil *de* [-en] vooral NN zuil op de openbare weg die in de daarop aangegeven richting gepasseerd moet worden

ver·ke·ken *ww* zie bij → **verkijken**

ver·ken·nen *ww* [verkende, h. verkend] bekijken hoe een bep. situatie is: ★ *een terrein verkennen* ★ *een nieuwe woonwijk*

ver·ken·ner *de (m)* [-s] ❶ iem. die verkent ❷ jongen bij scouting, in Nederland van 11-14 jaar, in België van 14-17 jaar ❸ comput onderdeel van Windows waarmee de gebruiker bestanden en mappen kan inventariseren, kopiëren, verplaatsen etc.

ver·ken·ning *de (v)* [-en] het verkennen: ★ *op ~ uitgaan*

ver·ken·nings·tocht *de (m)* [-en] tocht om een bepaald gebied te verkennen

ver·ken·nings·vlucht *de* [-en] vliegtocht ter verkenning van vijandelijk gebied

ver·ke·ren *ww* [verkeerde h. & is verkeerd] ❶ omgang hebben: ★ *hij verkeert veel in de hogere kringen* ❷ verkering hebben: ★ *met een meisje ~* ❸ zich bevinden: ★ *hij verkeert in moeilijkheden* ❹ veranderen ★ *het kan ~* lijfspreuk van de 17de-eeuwse dichter Bredero

ver·ke·ring *de (v)* [-en] geregelde liefdesbetrekking ★ *vaste ~* liefdesbetrekking voor een langere tijd

ver·ker·ven *ww* [verkorf, h. verkorven] bederven, misdoen: ★ *hij heeft het bij me verkorven* ★ BN *het verkorven hebben* het verbruid hebben

ver·ket·te·ren *ww* [verketterde, h. verketterd] ❶ tot ketter of ketterij verklaren ❷ *fig* heftig veroordelen: ★ *onze ideeën zijn in de pers verketterd*

ver·kies·baar *bn* verkozen kunnende worden; **verkiesbaarheid** *de (v)*

ver·kie·se·lijk, **ver·kies·lijk** *bn* te verkiezen

ver·kie·zen *ww* [verkoos, h. verkozen] ❶ kiezen, wensen, de voorkeur geven aan ❷ aanwijzen tijdens een verkiezing: ★ *tot president, sportman van het jaar ~*

ver·kie·zing *de (v)* [-en] ❶ keuze, voorkeur ❷ het kiezen van regeringspersonen, volksvertegenwoordigers, schoonheidskoninginnen enz.: ★ *de ~ van miss Universe*; in staatkundig opzicht meestal in het meervoud: ★ *de verkiezingen in Roemenië zijn eerlijk verlopen*

ver·kie·zings·cam·pag·ne [-panjə] *de* [-s] propaganda voor een partij of een kandidaat bij een → **verkiezing** (bet 2)

ver·kie·zings·leus [-leuzen], **ver·kie·zings·leu·ze** *de* [-n] propagandaleus bij een → **verkiezing** (bet 2)

ver·kie·zings·ma·noeu·vre [-neuvrə] *de & het* [-s] handigheid, list bij een → **verkiezing** (bet 2)

ver·kie·zings·pro·gram *het* [-s] de punten waarnaar een partij tijdens de verkiezing zegt te streven

ver·kie·zings·strijd *de (m)* wedijver tussen de verschillende partijen of kandidaten bij een → **verkiezing** (bet 2)

ver·kij·ken I *ww* [verkeek, h. verkeken] aan kijken (nutteloos) besteden: ★ *zijn tijd ~* ★ *dat is verkeken* daar is geen kans meer op; zie ook bij → **kans** **II** wederk verkeerd kijken, zich bij het kijken vergissen ★ *zich ~ op iets, iem.* verkeerd beoordelen

ver·kik·kerd *bn* ★ *~ op* verliefd op

ver·kil·len *ww* [verkilde, is verkild] ❶ kil worden ❷ *fig* warme gevoelens verliezen: ★ *de relatie is verkild*; **verkilling** *de (v)*

ver·kind·sen *ww* [verkindste, is verkindst] kinds worden

ver·klaar·baar *bn* te verklaren

ver·klaard *bn* zie bij → **verklaren**

ver·klaar·der *de (m)* [-s] iem. die verklaart (→ **verklaren**, bet 1)

ver·klan·ken *ww* [verklankte, h. verklankt] ⟨muziek, verzen⟩ in klanken weergeven; **verklanking** *de (v)* [-en]

ver·klap·pen *ww* [verklapte, h. verklapt] oververtellen, verklikken: ★ *een geheim ~*

ver·kla·ren *ww* [verklaarde, h. verklaard] ❶ de betekenis, de bedoeling uitleggen: ★ *een theorie ~* ★ *verklarend woordenboek* ❷ uitspreken, te kennen geven: ★ *~ dat men onzijdig wenst te blijven* ★ *de oorlog ~* ★ *een verklaard(e) vijand van* een overtuigd tegenstander van ★ *zich nader ~* verder uitleggen wat men bedoelt

ver·kla·ring *de (v)* ❶ het verklaren ❷ [mv: -en]

uitlegging; uitspraak; mededeling ❸ [mv: -en] schriftelijk bewijs

ver·kle·den wederk [verkleedde, h. verkleed] ❶ andere kleren aantrekken: ★ zich ~ voor een diner ❷ een bizar kostuum aantrekken als kinderspel, met carnaval e.d.: ★ als clown verkleed zijn

ver·kle·ding de (v) [-en] het verkleden

ver·kleed·par·tij de (v) [-en] ❶ het aantrekken van ongewone kleren, vooral als kinderspel ❷ feest, partij van verklede feestvierders

ver·kleefd bn zeer gehecht; **verkleefdheid** de (v)

ver·klei·nen ww [verkleinde, h. verkleind] kleiner maken, geringer voorstellen; **verkleining** de (v) [-en]

ver·klein·glas het [-glazen] → lens¹ (bet 1) die verkleint wat erdoor bekeken wordt

ver·klei·nings·uit·gang de (m) [-en] taalk achtervoegsel waarmee verkleinwoorden gevormd worden: bijv. -je in kindje

ver·klein·woord het [-en] woord waarmee men iets kleins, iets liefs enz. aanduidt: bankje, liefje enz.

ver·kleumd bn stijf van de kou

ver·kleu·men ww [verkleumde, is verkleumd] verstijven van de kou

ver·kleu·ren ww [verkleurde, is & h. verkleurd] ❶ van kleur veranderen, zijn kleur verliezen ❷ van kleur doen veranderen; **verkleuring** de (v)

ver·klik·ken ww [verklikte, h. verklikt] verklappen, oververtellen

ver·klik·ker de (m) [-s] ❶ iem. die iets verklikt ❷ spion van de politie ❸ toestelletje dat de aandacht vestigt op iets wat niet direct waarneembaar is

ver·klik·ker·licht·je het [-s] lampje dat dient als verklikker, bet 3, bijv. lichtje in een auto dat gaat branden als de benzine opraakt

ver·klun·ge·len ww [verklungelde, h. verklungeld] verspillen, met nutteloze bezigheden verdoen: ★ zijn tijd ~

ver·knal·len ww [verknalde, h. verknald] → **verknollen**

ver·kneu·ke·len wederk [verkneukelde, h. verkneukeld], **ver·kneu·te·ren** [verkneuterde, h. verkneuterd] ★ zich ~ zich de handen wrijven van plezier, zich in stilte verheugen; schik, binnenpret hebben

ver·knie·zen wederk [verkniesde, h. verkniesd] wegteren van verdriet of ellende

ver·knip·pen ww [verknipte, h. verknipt] ❶ door verkeerd knippen verknoeien: ★ een lap stof ~ ★ NN, fig verknipt zijn niet evenwichtig van geest zijn, een afwijking hebben ❷ door knippen in kleine stukjes verdelen

ver·knocht bn sterk gehecht: ★ aan iem., iets ~ zijn

ver·knocht·heid de (v) sterke gehechtheid

ver·knoei·en ww [verknoeide, h. verknoeid] ❶ verpesten, bederven ❷ nutteloos besteden: ★ zijn tijd ~ ❸ slecht snijden: ★ vlees ~; **verknoeiing** de (v)

ver·knol·len ww [verknolde, h. verknold] NN, spreektaal verknoeien, bederven, verpesten

ver·koe·len ww [verkoelde, h. & is verkoeld] ❶ koeler maken ❷ koeler worden

ver·koe·ling de (v) ❶ het verkoelen, verflauwing ❷ afneming van vriendschap

ver·koe·ver·ka·mer de [-s] NN kamer waar men pas geopereerde patiënten laat bijkomen uit de narcose [van het oude, gewestelijk nog bekende werkwoord verkoeveren: zijn krachten herkrijgen, zich herstellen]

ver·ko·ken ww [verkookte, is verkookt] door (te lang) koken opraken

ver·ko·kerd bn NN verzuild: ★ een verkokerde samenleving

ver·ko·ke·ring de (v) NN verzuiling

ver·ko·len ww [verkoolde, h. & is verkoold] ❶ tot → kool¹ maken ❷ → kool¹ worden; **verkoling** de (v)

ver·kom·me·ren ww [verkommerde, is verkommerd] in steeds kommerlijker toestand geraken, achteruitgaan door onvoldoende verzorging; **verkommering** de (v)

ver·kon·den ww [verkondde, h. verkond] plechtig verkondigen

ver·kon·di·gen ww [verkondigde, h. verkondigd] ❶ aan de mensen bekendmaken ❷ prediken: ★ een nieuwe leer ~

ver·kon·di·ger de (m) [-s] iem. die iets verkondigt

ver·kon·di·ging, **ver·kon·ding** de (v) [-en] ❶ het verkondigen ❷ prediking

ver·koop, **ver·koop** de (m) het verkopen: ★ de ~ van een auto

ver·koop·ap·pa·raat het [-raten] personen en voorzieningen die nodig zijn om een product te verkopen

ver·koop·baar bn ❶ verkocht kunnende worden ❷ schertsend aanvaard kunnende worden: ★ dat plan is niet ~; **verkoopbaarheid** de (v)

ver·koop·ka·naal het [-nalen] weg waarlangs een product wordt verkocht: ★ internet rukt op als belangrijk ~

ver·koop·lei·der de (m) [-s] leider van de afdeling verkoop, salesmanager

ver·koop·net het [-ten] spreiding van verkooppunten

ver·koop·praat·je het [-s] vlotte babbel waarmee men iets wil verkopen

ver·koop·prijs de (m) [-prijzen] prijs waarvoor men iets verkoopt

ver·koop·punt het [-en] plaats (vooral winkel) waar massa-artikelen van een groot bedrijf te koop zijn

ver·koop·ster de (v) [-s] ❶ vrouw die, meisje dat iets verkoopt ❷ winkeljuffrouw

ver·koop·voor·waar·den, **ver·koops·voor·waar·den** mv voorwaarden waarop iets verkocht wordt

ver·koop·waar·de de (v) prijs die iets bij verkoop zal opbrengen

ver·koop·zaal de [-zalen] ❶ BN veilingruimte ❷ veilinghuis

ver·ko·pen ww [verkocht, h. verkocht] ❶ voor een bepaald bedrag aan een ander overdoen, te gelde maken ★ NN *nee moeten* ~ het gevraagde niet in voorraad hebben ★ *dat voorstel is niet te* ~ niet aanvaardbaar te maken ❷ fig vertellen: ★ *aardigheden* ~ ❸ toedienen, geven: ★ *een oplawaai* ~ ❹ ★ *zich* ~ voor geld zijn eer of zijn overtuiging prijsgeven ★ *zich weten te* ~ zich goed kunnen presenteren

ver·ko·per *de (m)* [-s] ❶ iem. die iets verkoopt ❷ winkelbediende

ver·ko·pe·ren *ww* [verkoperde, h. verkoperd] met koper bedekken

ver·ko·pers·markt *de* markt met veel vraag en weinig aanbod, waarbij de verkoper de prijs bepaalt

ver·ko·ping *de (v)* [-en] het in het openbaar verkopen, veiling

ver·ko·ren *ww* plechtig deelwoord van → **verkiezen**

ver·kor·ten *ww* [verkortte, h. verkort] ❶ korter maken ❷ te kort doen; **verkorting** *de (v)* [-en]

ver·kor·tings·te·ken *het* [-s] apostrof ten teken dat een gedeelte van een woord is weggelaten: *R'dam* (*Rotterdam*)

ver·kor·ven *ww* deelwoord van → **verkerven**

ver·kou·den *bn* aan verkoudheid lijdend: ★ ~ *zijn*

ver·koud·heid *de (v)* [-heden] lichte, besmettelijke virusziekte waarbij het neusslijmvlies is ontstoken, gepaard gaande met een verstopte neus, hoesten, niezen en soms hoofdpijn

ver·krach·ten *ww* [verkrachtte, h. verkracht] ❶ met geweld dwingen tot geslachtsgemeenschap ❷ ⟨wet⟩ schenden; **verkrachter** *de (m)* [-s]

ver·krach·ting *de (v)* [-en] ❶ het dwingen van iem. tot geslachtsgemeenschap ❷ ⟨van wetten, regels e.d.⟩ schending

ver·krampt *bn* ❶ door kramp verwrongen, krampachtig samengetrokken ❷ fig geestelijk verstramd, bovenmatig gespannen: ★ *zich* ~ *vasthouden aan oude tradities*

ver·krap·pen *ww* [verkrapte, is verkrapt] krapper, schaarser worden, **ver·krap·ping** *de (v)* ★ *verkrapping van de kapitaalmarkt*

ver·kreu·ke·len *ww* [verkreukelde, h. verkreukeld], **ver·kreu·ken** [verkreukte, h. verkreukt] kreukels maken in: ★ *een overhemd* ~

ver·krijg·baar *bn* te verkrijgen, te koop

ver·krij·gen *ww* [verkreeg, h. verkregen] ❶ krijgen (na enige moeite), verwerven: ★ *goede resultaten* ~ ★ *een diploma* ~ ❷ gedaan krijgen ★ *het niet over zich kunnen* ~ er niet toe kunnen besluiten; **verkrijging** *de (v)*

ver·krom·men *ww* [verkromde, h. & is verkromd] ❶ krom maken, verbuigen, verdraaien: ★ *het recht* ~ ❷ krom worden

ver·krom·ming *de (v)* [-en] het krom worden

ver·krop·pen *ww* [verkropte, h. verkropt] verduren, opkroppen: ★ *zijn verdriet* ~

ver·krot·ten *ww* [verkrotte, is verkrot] ❶ ⟨van een huis⟩ tot krotwoning worden ❷ ⟨van een buurt⟩ vervallen tot een verzameling van hoofdzakelijk krotwoningen; **verkrotting** *de (v)*

ver·krui·me·len *ww* [verkruimelde, h. & is verkruimeld] ❶ tot kruimels maken ❷ tot kruimels uiteenvallen

ver·kwan·se·len *ww* [verkwanselde, h. verkwanseld] ❶ onvoordelig verkopen, verpatsen ❷ aan onnutte dingen verspillen, verdoen: ★ *een erfenis* ~; *ook* fig: ★ *zijn goede naam* ~; **verkwanseling** *de (v)*

ver·kwij·nen *ww* [verkwijnde, is verkwijnd] wegteren; **verkwijning** *de (v)*

ver·kwik·ke·lijk *bn* verfrissend; opwekkend voor de geest

ver·kwik·ken *ww* [verkwikte, h. verkwikt] ❶ opfrissen, verfrissen: ★ *dat kopje koffie heeft me verkwikt* ❷ opbeuren; **verkwikkend** *bn*

ver·kwik·king *de (v)* [-en] ❶ het verkwikken ❷ iets wat verkwikt

ver·kwis·ten *ww* [verkwistte, h. verkwist] ❶ verspillen ❷ *verkwistend* al te royaal

ver·kwis·ter *de (m)* [-s] iem. die veel geld verspilt

ver·kwis·ting *de (v)* [-en] het verkwisten

ver·laat *het* [-laten] schutsluis

ver·la·den *ww* [verlaadde, h. verladen] inladen ter verzending; **verlading** *de (v)* [-en]

ver·la·gen *ww* [verlaagde, h. verlaagd] ❶ lager maken ❷ fig onteren, schande aandoen: ★ *heroïne verlaagt de mens tot een willoos wezen* ★ *zich* ~ *tot* zichzelf onteren door

ver·lak·ken *ww* [verlakte, h. verlakt] bedotten, bedriegen

ver·lak·ke·rij *de (v)* [-en] bedotterij

ver·lamd *bn* → **lam²**, niet meer kunnende bewegen: ★ *een* ~ *been*

ver·lam·men *ww* [verlamde, h. & is verlamd] ❶ → **lam²** maken ❷ fig krachteloos maken ❸ → **lam²** worden

ver·lam·ming *de (v)* [-en] het → **lam²**-worden of -zijn

ver·lan·gen I *ww* [verlangde, h. verlangd] ❶ vurig wensen, begeren: ★ ~ *naar het einde* ★ ~ *om te beginnen, om te vertrekken* ★ NN *het liedje van* ~ *zingen* trachten uitstel te krijgen, vooral van naar bed gaan ❷ vorderen, willen hebben, eisen: ★ *dat verlangt de directie van ons* II *het* [-s] ❶ vurige wens, begeerte: ★ *branden van* ~ ❷ vordering, eis

ver·lang·lijst *de* [-en] lijst waarop men opgeschreven heeft wat men wenst, bijv. als sinterklaascadeau

ver·lang·za·men *ww* [verlangzaamde, h. & is verlangzaamd] ❶ langzamer doen gaan ❷ langzamer worden

ver·la·ten¹ I *ww* [verliet, h. verlaten] ❶ heengaan uit of van: ★ *het ouderlijk huis* ~ ❷ in de steek laten: ★ *zijn vriendin heeft hem verlaten* II *bn* ❶ in de steek gelaten ❷ eenzaam: ★ *een* ~ *stadje*

ver·la·ten² I *wederk* [verliet, h. verlaten] vertrouwen op: ★ *zich* ~ *op God* II *wederk* [verlaatte, h. verlaat] later komen dan men zich had voorgesteld

ver·la·ten·heid *de (v)* ❶ eenzaamheid ❷ het verlaten-zijn

ver·la·ting¹ *de (v)* het → **verlaten¹**; zie ook bij → **kwaadwillig**
ver·la·ting² *de (v)* het → **verlaten²**, vertraging
ver·le·den I *bn* vroeger, voorlaatst: ★ ~ week ★ taalk *de ~ tijd* tijdsvorm die aangeeft dat een handeling in het verleden gebeurde **II** *het* ❶ wat voorbij is ❷ iemands vroegere leven
ver·le·gen *bn* ❶ niet wetend zich een houding te geven, bedeesd, timide ★ ~ *zijn met iets* er zich voor schamen ❷ niet weten wat men er mee aan moet, in verlegenheid gebracht ★ ~ *zijn, zitten om iets* het nodig hebben ★ NN *beter mee ~, dan om ~ beter te veel van iets dan te weinig*
ver·le·gen·heid *de (v)* ❶ beschroomdheid ❷ toestand waaruit men zich moeilijk kan redden: ★ *iem. in ~ brengen* ★ *in ~ zitten; ook geldnood*
ver·leg·gen *ww* [verlegde, h. verlegd] ❶ anders leggen ❷ op een andere plaats leggen; **verlegging** *de (v)*
ver·lei·de·lijk *bn* aanlokkelijk: ★ *een verleidelijke vrouw* ★ *een ~ aanbod*
ver·lei·den *ww* [verleidde, h. verleid] ❶ iem. overhalen tot iets wat hij eigenlijk niet wil: ★ *iem. ~ tot het doen van een dure aankoop* ❷ *pregnant* iem. verlokken tot seksueel contact, versieren: ★ *een meisje ~*
ver·lei·der *de (m)*, **ver·leid·ster** *de (v)* [-s] persoon die iemand verleidt
ver·lei·ding *de (v)* [-en] ❶ het verleiden ❷ verlokking ★ *de ~ niet kunnen weerstaan* zich gedwongen voelen iets (verkeerds) te doen
ver·lei·dings·kunst *de (v)* vermogen tot verleiden
ver·leid·ster *de (v)* [-s] zie bij → **verleider**
ver·lek·kerd *bn* ★ ~ *op* verzot op
ver·le·nen *ww* [verleende, h. verleend] ❶ geven: ★ *hulp ~* ❷ toestaan: ★ *iemand toegang ~*
ver·leng·baar *bn* kunnende verlengd worden; **verlengbaarheid** *de (v)*
ver·leng·de *het* verlengd gedeelte, stuk dat door verlenging erbij komt ★ *in het ~ liggen van* de rechte voortzetting vormen van (ook fig)
ver·len·gen *ww* [verlengde, h. verlengd] ❶ langer maken ❷ doen voortduren ★ BN *verlengd geprolongeerd* (van theatervoorstelling, film)
ver·len·ging *de (v)* [-en] ❶ het verlengen ❷ sp extra speeltijd ná het verstrijken van de officiële speeltijd van een onbeslist geëindigde wedstrijd: ★ *Real scoorde in de ~* ❸ BN (van films) het prolongeren, prolongatie
ver·leng·snoer *het* [-en] verlengstuk van een elektrisch snoer
ver·leng·stuk *het* [-ken] stuk waarmee men iets langer maakt
ver·le·ning *de (v)* [-en] het verlenen
ver·lep·pen *ww* [verlepte, is verlept] verwelken
ver·lept *bn* verwelkt, slap
ver·le·ren *ww* [verleerde, h. verleerd] vergeten wat men geleerd heeft: ★ *hij is het autorijden verleerd*

ver·let *het* ❶ tijdverlies, schade door tijdverlies ❷ uitstel: ★ *zonder ~ iets doen; vgl:* → **vorstverlet**
ver·leu·te·ren *ww* [verleuterde, h. verleuterd] verluieren, verbeuzelen
ver·le·ven·di·gen *ww* [verlevendigde, h. & is verlevendigd] ❶ levendiger maken ❷ levendiger worden; **verlevendiging** *de (v)*
ver·le·zen *wederk* [verlas, h. verlezen] verkeerd lezen
ver·licht *bn* ❶ door licht beschenen: ★ *een hel verlichte kamer* ❷ ruim denkend, met moderne denkbeelden; zie ook bij → **despoot**
ver·lich·ten¹ *ww* [verlichtte, h. verlicht] met licht beschijnen; fig kennis en ontwikkeling bijbrengen
ver·lich·ten² *ww* [verlichtte, h. verlicht] lichter, minder zwaar, minder lastig maken: ★ *een last ~* ★ *de pijn ~*
ver·lich·ting¹ *de (v)* ❶ het → **verlichten¹** ❷ het licht, de lampen ❸ fig verstandelijke ontwikkeling, inzicht in allerlei verschijnselen; ❹ *de Verlichting* periode in de Europese cultuurgeschiedenis (ruwweg de 18de eeuw) waarin men zich in de eerste plaats richtte op de eigen verstandelijke inzichten
ver·lich·ting² *de (v)* het → **verlichten²**, vermindering van last of druk
ver·lich·tings·paal *de (m)* [-palen] BN ook lantaarnpaal
ver·lie·der·lij·ken *ww* [verliederlijkte, h. & is verliederlijkt] ❶ liederlijk doen worden ❷ liederlijk worden; **verliederlijking** *de (v)*
ver·liefd *bn* ❶ liefde voelend: ★ *een verliefde jongeman* ★ *zij is ~ op de buurjongen* ★ ~ *van aard, ~ van natuur* sterk geneigd tot verliefd worden ❷ van die liefde getuigend: ★ *verliefde blikken*
ver·liefd·heid *de (v)* [-heden] het verliefd-zijn
ver·lies I *het* [-liezen] ❶ het verliezen ★ *niet tegen zijn ~ kunnen* snel kwaad of geïrriteerd worden als men verliest bij een spel ❷ het verlorene ★ *zware verliezen lijden* ★ *zijn dood is een ~ voor onze vereniging* ❸ nadelig verschil tussen verkoop en inkoop met bijkomende kosten: ★ *met ~ werken* **II** *mv*, **verliezen** vooral doden en gewonden ‹in veldslag›
ver·lies·cij·fers *mv* ❶ aantallen gesneuvelden, gewonden en vermisten (bij een militair treffen) ❷ cijfers die het bedrag aangeven van het → **verlies** (bet 3)
ver·lies·ge·vend *bn* verlies opleverend: ★ *een verliesgevende onderneming*
ver·lies·la·tend *bn* BN verliesgevend, verlieslijdend
ver·lies·post *de (m)* [-en] onderdeel (van bedrijf) dat verlies oplevert
ver·lie·zen *ww* [verloor, h. verloren] ❶ kwijtraken ★ *geld ~* ★ *zijn geduld ~* ★ *de moed ~* bang worden ★ *zijn ouders ~* kwijtraken door hun dood ★ *ben je je tong verloren?* kun je niets meer zeggen? ★ BN ook *ergens niets te ~ hebben* ergens niets te zoeken hebben ❷ de nederlaag lijden, *tegengest:* → **winst**

★ met 1-0 ~ ❸ met verlies verkopen ★ ~ op iets iets met verlies verkopen ★ schertsend niets te ~ hebben weinig of niets bezitten of geen kans lopen op nadeel ★ zich ~ in (te) veel belangstelling hebben voor, verward raken in; zie ook bij → kiezen, → verloren

ver·lie·zer de (m) [-s] iem. die verliest ★ een goede ~ iem. die zijn verlies rustig aanvaardt

ver·lig·gen ww [verlag, is verlegen] ★ gaan ~ in een andere houding gaan liggen

ver·lij·den ww [verleed, h. verleden] ‹een akte› opmaken: ★ een akte verleden voor notaris A

ver·lin·ken ww [verlinkte, h. verlinkt] NN, spreektaal verraden

ver·lo·den ww [verloodde, h. verlood] van een loden merk voorzien

ver·loe·de·ren ww [verloederde, is verloederd] maatschappelijk in verval raken: ★ door de drugs ~ ★ een verloederde volksbuurt; **verloedering** de (v)

ver·lof het [-loven] ❶ vergunning, toestemming: ★ ~ geven tot iets ★ ~ hebben om ❷ NN vergunning tot verkoop van licht alcoholhoudende dranken (~ A) of van niet-alcoholhoudende dranken (~ B) ❸ vergunning om tijdelijk geen dienst te doen ★ betaald ~ vrije periode die wordt doorbetaald ★ BN politiek ~ toestemming om een politiek mandaat te vervullen ★ BN, spreektaal ~ zonder wedde loopbaanonderbreking ❹ verloftijd ★ met (BN in) ~ zijn met vakantie zijn, een snipperdag hebben ★ met groot ~ gaan voorgoed uit de actieve militaire dienst gaan ★ BN penitentiair ~ proefverlof voor gevangenen ★ BN ook, spreektaal, vero vakantie, vakantietijd: ★ het groot of grote ~ de zomervakantie

ver·lof·aan·vraag, **ver·lof·aan·vra·ge** de [-vragen] het aanvragen van → verlof (bet 2)

ver·lof·gan·ger de (m) [-s] iem. die met verlof gaat (bijv. soldaat)

ver·lof·pas de (m) [-sen] NN ❶ bewijsstuk van een soldaat dat hij met verlof mag gaan ❷ bewijsstuk verstrekt aan een veroordeelde bij voorwaardelijke invrijheidstelling

ver·lof·tijd de (m) [-en] tijd van → verlof (bet 3)

ver·lok·ke·lijk bn aanlokkelijk, verleidelijk; **verlokkelijkheid** de (v) [-heden]

ver·lok·ken ww [verlokte, h. verlokt] lokken, overhalen tot iets

ver·lok·king de (v) [-en] ❶ het verlokken ❷ iets aanlokkelijks

ver·lo·ning de (v) ❶ NN wijze van beloning voor een geleverde prestatie waarbij een derde partij de loonadministratieve verplichtingen (afdracht loonheffing e.d.) overneemt van de opdrachtgever en zorgt voor uitbetaling van het nettoloon aan de uitvoerder ❷ BN ook bezoldiging, beloning

ver·loo·che·nen ww [verloochende, h. verloochend] niet willen kennen, handelen in strijd met: ★ zijn familie ~ ★ zijn jeugdidealen; **verloochening** de (v) [-en]

ver·loofd bn door een trouwbelofte verbonden

ver·loof·de [-n] I de (m) aanstaande echtgenoot II de (v) aanstaande echtgenote

ver·loop het ❶ het verlopen, ontwikkelingsgang: ★ het ~ van een ziekte, van een verhaal ❷ afloop: ★ na ~ van tijd ❸ achteruitgang: ★ het ~ van een zaak ❹ wisseling van personen door vertrek e.d.: ★ er is veel ~ in dit bedrijf ★ natuurlijk ~ het vertrekken van personeel vanwege pensionering, het vinden van ander werk e.d., maar niet door gedwongen ontslag: ★ er vloeide veel personeel af door natuurlijk ~ ❺ druktechn overbrenging van woorden naar een andere regel, waardoor de opmaak van een tekst geheel verandert

ver·loop·nip·pel de (m) [-s] nippel waarmee buizen met ongelijke doorsnede verbonden kunnen worden

ver·loop·stek·ker de (m) [-s] hulpstuk tussen een stopcontact en een niet direct daarop passende stekker

ver·loor ww verl tijd van → verliezen

ver·lo·pen I ww [verliep, is verlopen] ❶ voorbijgaan: ★ er verliep een week voor ik hem weer zag ★ de vakantie verliep zonder problemen ★ iets laten ~ er niet tijdig gebruik van maken ❷ verminderen, achteruitgaan: ★ een verlopende zaak ★ het tij verloopt het wordt eb ❸ zedelijk achteruitgaan, zijn plichtsbesef verliezen ❹ druktechn: ★ laten ~, doen ~ woorden van de ene regel naar de andere overbrengen II bn ❶ zedelijk achteruitgegaan, mislukt: ★ een ~ student, een ~ hippie ❷ voorbijgegaan: ★ ~ rente

ver·lo·ren bn ❶ kwijt, kwijtgeraakt: ★ ~ gaan, raken ★ de ~ Zoon iem. die, na lange tijd een ongebonden leven elders te hebben geleid, weer terugkeert bij familie en bekenden van vroeger (naar een persoon uit een gelijkenis in de Bijbel, Lucas 15 ★ BN ook ergens (n)iets ~ hebben (n)iets te zoeken hebben ★ BN ook ~ lopen de weg kwijt raken, verdwalen ★ ~ was zie bij → cire perdue ❷ nutteloos: ★ ~ moeite ★ een ~ ogenblik waarin men niets kan verrichten ★ ergens ~ zitten eenzaam, zonder doel, zomaar ❸ geen uitzicht op redding meer hebbend: ★ een ~ man verl tijd meerv en volt deelw van → verliezen

ver·los·kun·de de (v) leer van de vakkundige hulp bij bevalling, obstetrie

ver·los·kun·di·ge I [-n] iem. die bekend is met de verloskunde II de (v) iem. die bekwaam en gerechtigd is een normaal verlopende zwangerschap en bevalling te begeleiden, vroedvrouw

ver·los·sen ww [verloste, h. verlost] ❶ vrij maken, bevrijden: ★ iem. / een dier uit zijn lijden ~ iem. / een dier doden die / dat al stervende is, om pijn te besparen ❷ helpen bij bevalling ★ van een kind verlost worden een kind ter wereld brengen

ver·los·ser de (m) [-s] ❶ bevrijder ❷ de Verlosser Christus

ver·los·sing *de (v)* [-en] ❶ bevrijding ❷ (bijstand bij) bevalling

ver·los·tang *de* [-en] tang gebruikt bij een moeilijke bevalling

ver·lo·ten *ww* [verlootte, h. verloot] door het lot laten bepalen aan wie iets toekomt: ★ *een boek ~*; **verloting** *de (v)* [-en]

ver·lo·ven¹ *wederk* [verloofde, h. verloofd] zich door trouwbelofte verbinden

ver·lo·ven² *zn meerv* van → **verlof**

ver·lo·ving *de (v)* [-en] ❶ het verloven ❷ tijd dat men verloofd is

ver·lo·vings·ring *de (m)* [-en] ring gewisseld bij een verloving

ver·luch·ten¹ *ww* [verluchtte, h. verlucht] met tekeningen e.d. versieren, illustreren, vooral van oude handschriften: ★ *het fraai verluchte 'Book of Kells'* ★ *hij verluchtte veel kinderboeken*

ver·luch·ten² *ww* [verluchtte, h. verlucht] (een kamer) luchten, ventileren

ver·luch·ting¹ *de (v)* [-en] illustratie, versiering

ver·luch·ting² *de (v)* ventilatie; luchtverversing; frisse lucht: ★ *voor ~ zorgen*

ver·lui·den *ww* [verluidde, is verluid] ★ *naar verluidt* zoals bericht wordt ★ NN *iets horen ~ horen vertellen*

ver·lui·e·ren *ww* [verluierde, h. verluierd] met luieren doorbrengen: ★ *zijn tijd ~*

ver·lul·len *ww* [verlulde, h. verluld] inf kletsend verdoen: ★ *zijn tijd ~* ‖ *wederk* zijn mond voorbijpraten

ver·lum·me·len *ww* [verlummelde, h. verlummeld] luierend en rondhangend doorbrengen: ★ *zijn tijd ~*

ver·lus·ti·gen *wederk* [verlustigde, h. verlustigd] genieten, blij zijn: ★ *zich ~ in het verzamelen van telefoonkaarten*

ver·lus·ti·ging *de (v)* ❶ het genieten ❷ [*mv:* -en] iets waarvan men geniet

ver·maak *het* [-maken] plezier: ★ *~ scheppen in*

ver·maaks·cen·trum *het* [-s, -tra] buurt met veel gelegenheden tot vermaak (cafés, bioscopen enz.)

ver·maard *bn* beroemd

ver·maard·heid *de (v)* [-heden] beroemdheid

ver·maat·schap·pe·lij·king *de (v)* het opgaan in de gewone samenleving

ver·ma·ge·ren *ww* [vermagerde, h. & is vermagerd] ❶ mager maken ❷ mager worden; **vermagering** *de (v)*

ver·ma·ge·rings·kuur *de* [-kuren] kuur om mager te worden

ver·ma·ke·lijk *bn* vermaak gevend, leuk: ★ *een vermakelijke geschiedenis*

ver·ma·ke·lijk·heid *de (v)* [-heden] wat dient tot vermaak ★ *publieke vermakelijkheden* voor ieder toegankelijke ontspanningsbijeenkomsten: *films, toneelvoorstellingen, concerten* enz.

ver·ma·ke·lijk·heids·be·las·ting *de (v)* op publieke vermakelijkheden geheven belasting

ver·ma·ken *ww* [vermaakte, h. vermaakt] ❶ vermaak geven: ★ *het publiek ~* ★ *zich ~* vermaak vinden, plezier hebben ❷ anders maken: ★ *een mantel ~* ❸ bij testament schenken: ★ *iemand een gedeelte van zijn bezittingen ~*

ver·ma·king *de (v)* [-en] ❶ het → **vermaken** (bet 3) ❷ het vermaakte

ver·ma·le·dijd *(‹Lat) bn* vervloekt: ★ *die vermaledijde vlooien*

ver·ma·len *ww* [vermaalde, h. vermalen] fijnmalen

ver·ma·nen *ww* [vermaande, h. vermaand] ernstig waarschuwen: ★ *iem. vermanend toespreken*

ver·ma·ning *de (v)* [-en] waarschuwing: ★ *een kind een ~ geven*

ver·man·nen *wederk* [vermande, h. vermand] ❶ moed vatten ❷ zijn emoties de baas worden

ver·mark·ten *ww* [vermarktte, h. vermarkt] op de markt brengen: ★ *een nieuw product vermarkten*

ver·meend *bn* verondersteld, gewaand: ★ *de vermeende dader bleek onschuldig*

ver·meer·de·ren *ww* [vermeerderde, h. & is vermeerderd] ❶ doen toenemen ❷ toenemen; **vermeerdering** *de (v)* [-en]

ver·mei·en *wederk* [vermeide, h. vermeid] vero zich verlustigen: ★ *zich ~ in de natuur*

ver·mel·den *ww* [vermeldde, h. vermeld] meedelen, melding maken van

ver·mel·dens·waard, **ver·mel·dens·waar·dig** *bn* waard vermeld te worden

ver·mel·ding *de (v)* [-en] het vermelden ★ *eervolle ~* onderscheiding o.a. voor degenen die bij een wedstrijd geen prijs behalen, maar wel goed werk leveren

ver·me·meld *bn* dial vermolmd: ★ *~ hout*

ver·men·gen I *ww* [vermengde, h. vermengd] mengen ‖ *wederk* ❶ samen een mengsel vormen ❷ fig door huwelijken een volk van gemengde samenstelling worden; **vermenging** *de (v)* [-en]

ver·me·nig·vul·di·gen I *ww* [vermenigvuldigde, h. vermenigvuldigd] ❶ rekenkunde een getal zoveel malen nemen als door een ander getal wordt aangegeven: ★ *drie ~ met acht* ❷ talrijker maken: ★ *drukwerk ~* ‖ *wederk* ❶ talrijker worden: ★ *de problemen hebben zich vermenigvuldigd* ❷ zich voortplanten: ★ *gaat heen en vermenigvuldigt u* (naar *Genesis* 1: 28)

ver·me·nig·vul·di·ger *de (m)* [-s] getal waarmee vermenigvuldigd wordt

ver·me·nig·vul·di·ging *de (v)* [-en] het vermenigvuldigen

ver·me·nig·vul·dig·tal *het* [-len] getal dat vermenigvuldigd wordt

ver·me·tel *bn* roekeloos, gewaagd: ★ *een vermetele daad*; **vermetelheid** *de (v)*

ver·mi·cel·li *(‹It) de (m)* spijs van draadvormige gewonden meelpijpjes

ver·mi·cel·li·soep *de* soep met vermicelli, 'soep met sliertjes'

ver·mij·den *ww* [vermeed, h. vermeden] ontwijken; **vermijding** *de (v)*

ver·mil·joen (‹Fr› **I** *het* een hoogrode kleurstof, cinnaber **II** *bn* felrood

ver·min·de·ren *ww* [verminderde, h. & is verminderd] ❶ doen afnemen ❷ afnemen, minder worden; zie ook bij → **toerekenbaar**

ver·min·de·ring *de (v)* [-en] ❶ het verminderen: ★ *de ~ van het aantal verkeersongevallen* ❷ BN ook korting, reductie: ★ *grote verminderingen voor kinderen*

ver·min·ken *ww* [verminkte, h. verminkt] ❶ van een lichaamsdeel beroven *of* veel littekens bezorgen: ★ *hij is bij dat ongeluk verminkt* ❷ een lichaamsdeel ernstig beschadigen: ★ *zijn handen waren door brand verminkt* ❸ fig schenden, toetakelen: ★ *een standbeeld ~*; **verminking** *de (v)* [-en]

ver·mink·te *de* [-n] ❶ iem. die een lichaamsdeel mist of waarvan een lichaamsdeel ernstig beschadigd is: ★ *er bedelden veel verminkten op straat* ❷ BN (in het sociaal recht) invalide, mindervalide

ver·mis·sen *ww* [vermiste, h. vermist] missen, kwijt zijn; **vermissing** *de (v)* [-en]

ver·mis·te *de* [-n] iem. die na een gevecht of ramp vermist wordt

ver·mits *voegw* BN, spreektaal omdat, aangezien: ★ *~ ik vroeg moest opstaan, heb ik de wekker gezet*

ver·moe·de·lijk *bn* naar vermoed wordt, naar ik vermoed: ★ *de vermoedelijke dader is gearresteerd*

ver·moe·den I *ww* [vermoedde, h. vermoed] denken, veronderstellen, een voorgevoel hebben van: ★ *ik vermoed dat het vandaag droog blijft* **II** *het* [-s] ❶ veronderstelling, voorgevoel: ★ *onheilspellende vermoedens koesteren*

ver·moeid *bn* moe; **vermoeidheid** *de (v)*

ver·moeid·heids·syn·droom [-sin-] *het* ★ *chronisch ~ med* myalgische encefalomyelitis; zie bij: → **ME**

ver·moei·en *ww* [vermoeide, h. vermoeid] moe maken

ver·moei·end *bn* moe makend

ver·moei·e·nis *de (v)* [-sen] moeheid, inspanning

ver·mo·gen I *ww* [vermocht, h. vermocht] kunnen, in staat zijn tot: ★ *niets vermocht hem te troosten* **II** *het* [-s] ❶ kracht, macht: ★ *alles doen wat in zijn ~ is of ligt* ❷ bezit, rijkdom: ★ *naar ~ bijdragen*; vooral *een grote som geld*: ★ *dat kost een ~* ★ *een ~ verdienen* ★ *iem. van ~* een rijk mens ❸ handel totaal bezit aan geld, goederen, rechten en vorderingen na aftrek van verplichtingen: ★ *het eigen ~ van een onderneming* ★ *eigen ~* geplaatst kapitaal en andere directe reserves van een bedrijf ★ *vreemd ~* schulden en leningen die een bedrijf moet (terug)betalen ❹ verstand: ★ *iemands geestelijke vermogens* ❺ hetgeen een machine voortbrengen kan: ★ *het elektrisch ~* ★ *het ~ van een machine*

ver·mo·gend *bn* ❶ rijk ❷ machtig, invloedrijk

ver·mo·gens·aan·was *de (m)* toeneming van → **vermogen** (II, bet 2)

ver·mo·gens·aan·was·de·ling *de (v)* vooral NN het geven van een aandeel in de overwinst van een onderneming aan de werknemers

ver·mo·gens·be·las·ting *de (v)* [-en] belasting geheven van kapitaalbezit boven een bepaalde grens

ver·mo·gens·de·lict *het* [-en] delict tegen iemands eigendom of bezit

ver·mol·men *ww* [vermolmde, is vermolmd] ❶ rotten, vergaan: ★ *vermolmd hout* ❷ fig zijn kracht verloren hebbend: ★ *een vermolmd rijk*

ver·mom·men *ww* [vermomde, h. vermomd] ❶ maskeren, verkleden ❷ fig verbergen, een valse schijn geven ★ *zich ~ als* zich valselijk voordoen als

ver·mom·ming *de (v)* [-en] ❶ het (zich) vermommen ❷ waarmee men zich vermomt

ver·moor·den *ww* [vermoordde, h. vermoord] ❶ opzettelijk om het leven brengen ❷ fig te gronde doen gaan ★ *een muziekstuk ~* volkomen bederven door een slechte vertolking; **vermoording** *de (v)*

ver·mor·sen *ww* [vermorste, h. vermorst] (door morsen) verspillen; **vermorsing** *de (v)*

ver·mor·ze·len *ww* [vermorzelde, h. vermorzeld] ❶ helemaal kapot, plat maken: ★ *een spin onder zijn hak ~* ❷ fig vernietigend verslaan: ★ *zijn tegenstanders ~*; **vermorzeling** *de (v)*

ver·mout *de (m)* [vermoet, vermoet] (‹Fr‹Du) drank bereid uit Italiaanse of Franse wijn met op alcohol getrokken alsem en suiker

ver·mur·wen *ww* [vermurwde, h. vermurwd] tot zachtere gevoelens stemmen, vertederen: ★ *hij was niet te ~* ★ *als ik mijn moeder kan ~, mag ik misschien mee*

ver·na·che·len *ww* [vernachelde, h. vernacheld] NN, spreektaal ❶ beetnemen, bedotten: ★ *ik voel me vernacheld* ❷ bederven, kapotmaken: ★ *iemand heeft mijn laptop vernacheld*

ver·na·ge·len *ww* [vernagelde, h. vernageld] ‹een kanon› onbruikbaar maken door een pen in het zundgat te slaan

ver·nau·wen *ww* [vernauwde, h. & is vernauwd] ❶ nauwer maken ❷ ★ *zich ~* nauwer worden ❸ nauwer worden

ver·nau·wing *de (v)* ❶ het vernauwen ❷ [*mv*: -en] nauwe plaats

ver·ne·de·ren I *ww* [vernederde, h. vernederd] krenken, minachtend behandelen **II** *wederk* deemoedig worden

ver·ne·de·rend *bn* beledigend, krenkend

ver·ne·de·ring *de (v)* ❶ het vernederen ❷ [*mv*: -en] krenking

ver·ne·der·land·sen *ww* [vernederlandste, h. & is vernederlandst] ❶ Nederlands maken ❷ Nederlands worden; **vernederlandsing** *de (v)* [-en]

ver·neem·baar *bn* NN waar te nemen, merkbaar

ver·ne·men *ww* [vernam, h. vernomen] te weten komen: ★ *iets uit goede bron ~*

ver·neu·ken *ww* [verneukte, h. verneukt] *inf* ❶ voor de gek houden ❷ bedriegen

ver·neu·ke·ra·tief *bn* inf geneigd of geschikt tot verneuken, bedrieglijk: ★ *verneukeratieve statistieken*
ver·neu·ke·rij *de (v)* [-en] inf bedriegerij
ver·niel·al *de (m)* [-len] NN vernielzuchtig persoon
ver·nie·len *ww* [vernielde, h. vernield] met geweld kapotmaken
ver·nie·ling *de (v)* [-en] ❶ het vernielen ❷ verwoesting ★ *in de ~ raken* in een fatale toestand belanden
ver·niel·ziek *bn* vernielzuchtig
ver·niel·zucht *de* zucht tot vernielen
ver·niel·zuch·tig *bn* graag vernielend
ver·nie·tig·baar *bn* vernietigd kunnende worden
ver·nie·ti·gen *ww* [vernietigde, h. vernietigd] ❶ volkomen vernielen, verdelgen: ★ *de storm vernietigde het gebouw* ❷ tenietdoen: ★ *een vonnis ~*
ver·nie·ti·gend *bn* fig als volkomen waardeloos voorstellend of beschouwend: ★ *een ~ oordeel* ★ *iem. ~ aankijken*
ver·nie·ti·ging *de (v)* [-en] het vernietigen
ver·nie·ti·gings·kamp *het* [-en] ⟨tijdens WO II⟩ kamp waarin Joden en o.a. zigeuners massaal werden vermoord
ver·nieuw·bouw *de (m)* vernieuwende bouw, renovatie
ver·nieuwd *bn* opnieuw fris: ★ *met vernieuwde kracht*
ver·nieu·wen *ww* [vernieuwde, h. vernieuwd] nieuw maken, iets ouds (geheel of ten dele) vervangen door iets nieuws
ver·nieu·wing *de (v)* [-en] het vernieuwen
ver·nik·ke·len *ww* [vernikkelde, h. & is vernikkeld] ❶ met een laagje nikkel bedekken ❷ NN, spreektaal verkleumen: ★ *~ van de kou*
ver·nis *(⟨Oudfrans⟩ de (m) & het* [-sen] ❶ mengsel van lijnolie, harsen enz. waarmee men op voorwerpen een glanzend laagje aanbrengt ❷ fig schone schijn, oppervlakkig laagje geestelijke vorming: ★ *een ~ van algemene ontwikkeling*
ver·nis·sa·ge [verniesaazǝ] (⟨Fr⟩ *de (v)* opening voor genodigden van een schilderijententoonstelling, op de dag voor de eigenlijke opening
ver·nis·sen *ww* [verniste, h. gevernist] ❶ met vernis bedekken ❷ fig een schone schijn geven
ver·noe·men *ww* [vernoemde, h. vernoemd] ❶ de naam van iem. geven: ★ *Sofietje is vernoemd naar haar grootmoeder Sophia* ❷ BN ook noemen, vermelden: ★ *iems. naam ~* ★ *de winnaars worden vernoemd in ons maandblad*; **vernoeming** *de (v)*
ver·nuft (⟨Du⟩ *het* ❶ scherpzinnigheid, vindingrijkheid ❷ [mv: -en] vindingrijk, scherpzinnig persoon
ver·nuf·tig *bn* ❶ scherpzinnig, vindingrijk: ★ *een ~ uitvinder* ❷ blijk gevend van vernuft: ★ *een vernuftige machine*
ver·num·me·ren *ww* [vernummerde, h. vernummerd] anders nummeren
ver·on·aan·ge·na·men *ww* [veronaangenaamde, h. veronaangenaamd] onaangenaam maken: ★ *iemand het leven ~*; **veronaangenaming** *de (v)*

ver·on·acht·za·men *ww* [veronachtzaamde, h. veronachtzaamd] geen acht slaan op, verwaarlozen; **veronachtzaming** *de (v)*
ver·on·der·stel·len *ww* [veronderstelde, h. verondersteld] ⟨bij een redenering⟩ aannemen, uitgaan van: ★ *iets als bekend ~*
ver·on·der·stel·ling *de (v)* [-en] wat men veronderstelt, vermoeden
ver·on·ge·lij·ken *ww* [verongelijkte, h. verongelijkt] onrecht aandoen: ★ *een verongelijkt gezicht zetten* ★ *ze doet altijd verongelijkt* ze doet altijd alsof haar onrecht wordt aangedaan
ver·on·ge·luk·ken *ww* [verongelukte, is verongelukt] ❶ ⟨van levende wezens⟩ door een ongeluk omkomen ❷ stukgaan of onbruikbaar worden door een ongeluk ❸ mislukken, niet goed terechtkomen
ve·ro·ni·ca (⟨Lat⟩ *de* ['s] plantk ¹ereprijs
ver·ont·rei·ni·gen *ww* [verontreinigde, h. verontreinigd] vuil maken; **verontreiniging** *de (v)* [-en]
ver·ont·rus·ten *ww* [verontrustte, h. verontrust] onrust baren, ongerust maken: ★ *verontrustende berichten*
ver·ont·rus·ting *de (v)* ❶ het verontrusten ❷ het verontrust-zijn
ver·ont·schul·di·gen I *ww* [verontschuldigde, h. verontschuldigd] goedpraten, rechtvaardigen: ★ *dit misdrijf valt niet te ~* II *wederk* vragen niet kwalijk te nemen ★ *zich (laten) ~* bericht van verhindering (tot bijwoning van een vergadering e.d.) geven ★ BN *verontschuldigd zijn* afwezig zijn met kennisgeving
ver·ont·schul·di·ging *de (v)* [-en] het verontschuldigen, excuus ★ *zijn verontschuldigingen aanbieden, maken* erkennen dat men verkeerd heeft gehandeld ★ *ter ~* om zich te verontschuldigen
ver·ont·waar·digd *bn* kwaad, geërgerd: ★ *~ zijn over iets*
ver·ont·waar·di·gen *ww* [verontwaardigde, h. verontwaardigd] kwaad maken, krenken, ergeren
ver·ont·waar·di·ging *de (v)* woede, gekrenktheid, ergernis: ★ *diepe ~* ★ *heilige ~*
ver·oor·deel·de *de* [-n] iem. die veroordeeld is
ver·oor·de·len *ww* [veroordeelde, h. veroordeeld] ❶ schuldig verklaren, bestraffen, vonnissen: ★ *iemand ~ tot levenslange gevangenisstraf* ★ *iemand in de kosten ~* ★ *iemand ter dood ~* ❷ sterk afkeuren: ★ *iemands gedrag ~*
ver·oor·de·ling I *de (v)* het veroordelen II *de (v)* [-en] ❶ schuldigverklaring ❷ afkeuring
ver·oor·lo·ven I *ww* [veroorloofde, h. veroorloofd] toestaan II *wederk* zich gunnen of de vrijheid nemen: ★ *ik kan mij zo'n dure camera niet ~* ★ *hij veroorloofde zich de minister te kritiseren*
ver·oor·za·ken *ww* [veroorzaakte, h. veroorzaakt] oorzaak zijn van, teweegbrengen
ver·oor·za·ker *de (m)* [-s] iem. die iets veroorzaakt
ver·oot·moe·di·gen *wederk* [verootmoedigde, h. verootmoedigd] nederig buigen

ver·open·ba·ren BN, schrijftaal I *ww* [veropenbaarde, h. veropenbaard] openbaren, openbaar maken, bekend maken; publiceren; onthullen, verklaren II *wederk* ❶ zich manifesteren, zichtbaar worden ❷ zich doen kennen (als)

ver·open·ba·ring *de (v)* [-en] ❶ BN ook openbaring; het zich manifesteren; uiting ❷ BN, sp revelatie: ★ *die renner is een echte ~*

ver·or·be·ren *ww* [verorberde, h. verorberd] nuttigen, opeten

ver·or·de·nen *ww* [verordende, h. verordend] voorschrijven, bepalen, vooral van overheidswege

ver·or·de·ning *de (v)* [-en] voorschrift van overheidswege: ★ *plaatselijke verordeningen*

ver·or·di·ne·ren *ww* [verordineerde, h. verordineerd] bepalen, instellen

ver·or·don·ne·ren *ww* [verordonneerde, h. verordonneerd] → **ordonneren**

ver·ou·derd *bn* ❶ oud geworden ❷ niet meer in gebruik: ★ *verouderde woorden* ❸ niet meer op de hoogte van de tijd, ouderwets: ★ *verouderde ideeën*

ver·ou·de·ren *ww* [verouderde, is verouderd] ❶ oud(er) worden ❷ in onbruik raken ❸ ⟨van personen⟩ niet meer op de hoogte van de tijd zijn; **veroudering** *de (v)*

ver·ove·raar *de (m)* [-s] iem. die iets verovert

ver·ove·ren *ww* [veroverde, h. veroverd] ❶ door vechten in bezit nemen: ★ *een stad ~* ❷ fig in bezit nemen, voor zich winnen: ★ *een prijs ~* ★ *de harten ~*

ver·ove·ring *de (v)* [-en] ❶ het veroveren ❷ schertsend wat of wie (op liefdesgebied) veroverd is, nieuwe vriend of vriendin

ver·pach·ten *ww* [verpachtte, h. verpacht] in pacht geven; **verpachting** *de (v)* [-en]

ver·pach·ter *de (m)* [-s] iem. die verpacht

ver·paft *bn* ❶ verbluft, verbaasd; verbouwereerd, onthutst ❷ pafferig, opgeblazen (door te veel eten)

ver·pak·ken *ww* [verpakte, h. verpakt] ❶ inpakken ★ *kritiek ~ op een verhulde manier naar voren brengen* ❷ anders inpakken

ver·pak·king *de (v)* [-en] ❶ het → **verpakken** (bet 1) ❷ fig wijze waarop iets (een boodschap, reclame) gepresenteerd wordt ❸ dat waarin iets verpakt wordt

ver·pak·kings·ma·te·ri·aal *het* → **verpakking** (bet 3)

ver·pan·den *ww* [verpandde, h. verpand] in pand geven ★ *zijn hart aan iem. ~ verliefd op iem. worden*; **verpanding** *de (v)* [-en]

ver·past *bn* BN, spreektaal ❶ niet meer te krijgen, verkocht; bezet, gereserveerd: ★ *alle stoelen zijn al ~* ❷ verloofd, niet meer vrij

ver·pat·sen *ww* [verpatste, h. verpatst] verkwanselen, verkopen wegens geldgebrek: ★ *een erfstuk ~*

ver·pau·pe·ren *ww* [verpauperde, is verpauperd] tot diepe armoede vervallen ★ *een verpauperde buurt een buurt die sterk achteruitgegaan is*; **verpaupering** *de (v)*

ver·per·soon·lij·ken *ww* [verpersoonlijkte, h. verpersoonlijkt] als een persoon voorstellen; personifiëren; **verpersoonlijking** *de (v)* [-en]

ver·pes·ten *ww* [verpestte, h. verpest] ❶ bederven, verknoeien: ★ *een verrassing ~* ★ *een feest ~* ❷ oorspr besmetten: ★ *een verpestende lucht* ★ *een verpestende stank*

ver·pie·terd *bn* vooral NN te lang gekookt of gebraden: ★ *de aardappels zijn ~*

ver·pie·te·ren *ww* [verpieterde, is verpieterd] ❶ vooral NN door te lang koken of braden aan kwaliteit verliezen: ★ *het eten laten ~* ❷ wegkwijnen, verkommeren: ★ *in dit huis zitten veel oude mensen op hun kamertjes te ~*

ver·pin·ken *ww* [verpinkte, h. verpinkt] BN met de ogen knipperen ★ *BN ook zonder ~ a)* zonder blikken of blozen, zonder enige schaamte of aarzeling te tonen, koelbloedig, onbewogen; b) in één teug, zonder moeite: ★ *zonder ~ zijn glas uitdrinken*

ver·plaats·baar *bn* verplaatst kunnende worden; **verplaatsbaarheid** *de (v)*

ver·plaat·sen I *ww* [verplaatste, h. verplaatst] op een andere plaats zetten, een andere stand- of zitplaats geven II *wederk* naar een andere plaats gaan ★ *zich ~ in iemands toestand* fig zich die voorstellen, indenken

ver·plaat·sing I *de (v)* [-en] ❶ BN ook reis, rit; dienstreis, dienstrit ❷ BN, sp uitwedstrijd ★ *op ~ in een uitwedstrijd, niet op eigen terrein* II *de (v)* het (zich) verplaatsen

ver·plaat·sings·kos·ten *mv* BN ook reis- en verblijfskosten; voorrijkosten (bij reparaties)

ver·plaat·sings·te·ken *het* [-s] muz kruis, mol

ver·plan·ten *ww* [verplantte, h. verplant] op een andere plaats planten; **verplanting** *de (v)*

ver·pleeg·dag *de (m)* [-dagen] dag die men in een verpleeginrichting als patiënt doorbrengt

ver·pleeg·de *de* [-n] iem. die verpleegd wordt, patiënt

ver·pleeg·huis *het* [-huizen] verpleegtehuis

ver·pleeg·hulp *de* [-en] help(st)er bij verpleging

ver·pleeg·in·rich·ting *de (v)* [-en] inrichting voor ziekenverzorging

ver·pleeg·kun·de *de (v)* leer van de verpleging van zieke of gewonde personen

ver·pleeg·kun·di·ge *de* [-n] verpleger of verpleegster

ver·pleeg·ster *de (v)* [-s] vrouwelijke verpleger

ver·pleeg·te·huis *het* [-huizen] tehuis voor mensen (vooral bejaarden) die verpleging nodig hebben

ver·ple·gen *ww* [verpleegde, h. verpleegd] ⟨zieken⟩ verzorgen

ver·ple·ger *de (m)* [-s] iem. die gediplomeerd is voor het verplegen van zieken

ver·ple·ging *de (v)* ziekenverzorging

ver·plet·te·ren *ww* [verpletterde, h. verpletterd] ❶ vernietigen, vermorzelen: ★ *het vliegtuig verpletterde het gebouw* ❷ ernstig schokken: ★ *een ~ nieuws* ❸ vernietigend verslaan ★ *een verpletterende nederlaag een zeer zware nederlaag*; **verplettering**

de (v)

ver·plicht *bn* ❶ een verplichting vormend, gehouden: ★ *men is ~ belasting te betalen* ★ *~ zijn tot iets* ★ *~ zijn om te gaan* ★ *verplichte vakken* leervakken die men moet volgen ❷ te danken hebbend: ★ *(aan) iem. veel ~ zijn*

ver·plich·ten *ww* [verplichtte, h. verplicht] ❶ ⟨m.b.t. personen⟩ noodzaken, dwingen: ★ *iem. ~ tot dienstneming* of *iem. ~ dienst te nemen*; BN *(van omstandigheden)* noodzaken, dwingen, nopen: ★ *het slechte weer verplichtte ons thuis te blijven* ❷ ★ *iem. (aan zich) ~* verbinden, tot dankbaarheid stemmen ❸ BN, schrijftaal ook van zaken: ★ *een spoedig antwoord zou mij zeer ~*

ver·plich·tend *bn* tot dankbaarheid stemmend

ver·plich·ting *de (v)* [-en] ❶ noodzaak ❷ reden tot dankbaarheid: ★ *veel ~ aan iem. hebben*

ver·poe·de·ren *ww* [verpoederde, h. & is verpoederd], **ver·poei·e·ren** [verpoeierde, h. & is verpoeierd] ❶ tot poeder maken ❷ tot poeder worden

ver·pop·pen *wederk* [verpopte, h. verpopt] ⟨van een rups⟩ → **pop¹** (bet 2) worden

ver·po·ten *ww* [verpootte, h. verpoot] verplanten

ver·pot·ten *ww* [verpotte, h. verpot] ⟨een plant⟩ in een andere pot plaatsen

ver·po·zen *ww* [verpoosde, h. verpoosd] plechtig uitrusten, zich ontspannen; ook: ★ *zich ~*

ver·po·zing *de (v)* [-en] rust, ontspanning

ver·pra·ten *ww* [verpraatte, h. verpraat] met praten doorbrengen ★ *zijn tijd ~* door te praten tijd verspillen

ver·prut·sen *ww* [verprutste, h. verprutst] verknoeien

ver·pul·ve·ren *ww* [verpulverde, h. & is verpulverd] ❶ tot pulver maken ❷ tot pulver worden

ver·raad *het* ❶ laaghartige bekendmaking van wat verborgen moest blijven: ★ *~ plegen* ❷ trouweloosheid: ★ *~ aan het vaderland*

ver·ra·den *ww* [verried en verraadde, h. verraden] ❶ bekendmaken wat verborgen moest blijven: ★ *een geheim ~*; minder ongunstig verklappen ❷ doen blijken: ★ *kennis ~* ★ *deze sporen ~ de aanwezigheid van een vos* ★ *zich ~* zich kenbaar maken, zijn gevoelens doen blijken ❸ door trouweloos handelen verloren doen gaan of schade berokkenen: ★ *zijn land ~*

ver·ra·der *de (m)* [-s] iem. die iets verraadt

ver·ra·der·lijk *bn* ❶ als een verrader, gemeen ❷ onverwacht gevaarlijk: ★ *een verraderlijke bocht*

ver·ram·sjen *ww* [verramsjte, h. verramsjt] Barg als waardeloos goed tegen spotprijs opruimen

ver·ras·sen *ww* [verraste, h. verrast] ❶ onverwachts te voorschijn komen (met iets): ★ *iem. ~ met een cadeautje* ❷ overvallen, betrappen

ver·ras·send *bn* onverwacht: ★ *een verrassende ontmoeting* ★ *een verrassende wending in een verhaal*

ver·ras·sing I *de (v)* het verrassen **II** *de (v)* [-en] ❶ onverwachte verblijding: ★ *tot mijn ~ had ik alle antwoorden goed* ❷ iets waarmee men iemand verrast: ★ *een ~ meenemen* ❸ overrompeling

ver·re *bn* → **ver**

ver·recht·sing *de (v)* verschuiving naar rechts in de politiek

ver·recht·vaar·di·gen *ww* [verrechtvaardigde, h. verrechtvaardigd] BN, schrijftaal rechtvaardigen, verantwoorden; billijken, verdedigen ★ *zich ~* zich verantwoorden

ver·re·gaand, **ver·re·gaand** *bn* ver gedreven, buitensporig: ★ *in verregaande staat van ontbinding verkeren*; *vgl*: → **vergaand**

ver·re·ge·nen *ww* [verregende, is verregend] door regen bedorven worden: ★ *het schoolreisje was volkomen verregend*

ver·rei·kend *bn* van verre strekking, sterk van uitwerking: ★ *verreikende gevolgen*

ver·reisd *bn* vermoeid van het reizen

ver·rei·zen *ww* [verreisde, is & h. verreisd] ❶ naar elders reizen, afreizen ❷ aan reizen uitgeven: ★ *veel geld ~*

ver·rek *tsw* inf uitroep van verbazing of ergernis

ver·re·ke·nen I *ww* [verrekende, h. verrekend] vereffenen, betalen **II** *wederk* ❶ verkeerd rekenen ❷ zich in de afloop van iets vergissen

ver·re·ke·ning *de (v)* [-en] ❶ vereffening, betaling ❷ vergissing in de afloop van iets, misrekening ❸ handel remboursement

ver·re·ken·ka·mer *de* [-s], **ver·re·ken·kan·toor** *het* [-toren] BN instituut waar men clearing regelt

ver·re·kij·ker *de (m)* [-s] instrument om ver verwijderde voorwerpen beter waarneembaar te maken door ze groter te laten lijken

ver·rek·ken *ww* [verrekte, h. & is verrekt] ❶ te ver uitrekken: ★ *een spier ~* ❷ lichamelijk letsel krijgen door verrekking ❸ NN, spreektaal sterven: ★ *je kunt voor mijn part ~* ★ *~ van de pijn, kou, honger enz.* last hebben van hevige pijn, kou, honger ★ *iem. laten ~* iem. aan zijn lot overlaten

ver·rekt I *bn* met een verrekking: ★ *een verrekte spier* **II** *bijw* NN, spreektaal erg, in hoge mate: ★ *hij is ~ brutaal; het is verrekt(e) koud*

ver·re·weg *bijw* in hoge mate, vergeleken met iemand of iets anders: ★ *~ de beste* ★ *~ de meeste leerlingen hadden een voldoende*

ver·rich·ten *ww* [verrichtte, h. verricht] doen: ★ *een taak moeten ~*

ver·rich·ting *de (v)* ❶ het doen, het ten uitvoer brengen ❷ [*mv*: -en] daad, handeling: ★ *onze verrichtingen werden nauwlettend gevolgd*

ver·rij·den *ww* [verreed, h. verreden] ❶ rijdend verplaatsen: ★ *een wagen ~* ❷ in wedstrijd rijden om: ★ *gisteren is het kampioenschap op de 1500 m verreden*

ver·rij·ken I *ww* [verrijkte, h. verrijkt] rijker maken **II** *wederk* veel geld verdienen (op minder eervolle manier)

ver·rij·king *de (v)* ❶ het rijker maken ❷ [*mv*: -en] dat wat verrijkt ❸ ⟨in de kernfysica⟩ het behandelen van een mengsel isotopen, waardoor een bepaalde, bruikbare isotoop in verhouding meer aanwezig is

ver·rijkt *bn* ❶ door verrijking verbeterd of doelmatiger gemaakt ❷ ★ ~ *uranium* met een verhoogd gehalte aan actieve isotopen

ver·rij·zen *ww* [verrees, is verrezen] ❶ oprijzen: ★ *de winkels ~ er als paddenstoelen uit de grond* ❷ uit het graf opstaan

ver·rij·ze·nis *de (v)* christendom opstanding uit het graf

ver·roe·ren *ww* [verroerde, h. verroerd] bewegen ★ *geen vin ~* volstrekt niets bewegen ★ *zich ~* zich bewegen

ver·roest *tsw* uitroep van schrik, ergernis

ver·roes·ten *ww* [verroestte, is verroest] ❶ met roest bedekt worden ❷ fig traag van geest worden, aan oude tradities blijven hangen

ver·ro·ken *ww* [verrookte, h. verrookt] aan roken besteden: ★ *50 euro per week ~*

ver·rol·len *ww* [verrolde, h. verrold] door middel van rollen verplaatsen: ★ *een standbeeld ~*

ver·rot I *bn* ❶ rot geworden: ★ *~ hout* ❷ fig bedorven, verpest: ★ *verrotte maatschappelijke verhoudingen* ❸ NN, spreektaal vervloekt: ★ *ik kan die verrotte opmerkingen van hem niet meer verdragen* II *tsw* NN, spreektaal uitroep van verbazing of ergernis III *bijw* NN, spreektaal erg, in hoge mate: ★ *het is ~ koud*

ver·rot·ten *ww* [verrotte, is verrot] rot worden; **verrotting** *de (v)*

ver·rui·len *ww* [verruilde, h. verruild] inwisselen

ver·rui·men *ww* [verruimde, h. verruimd] ❶ ruimer maken ❷ fig meer doen omvatten: ★ *de toelatingseisen ~*

ver·rui·ming *de (v)* [-en] BN het uitbreiden van de kandidatenlijst van een politieke partij met kandidaten die geen lid zijn van die partij

ver·rui·mings·kan·di·daat *de (m)* [-daten] BN verkiezingskandidaat van een partij die geen lid is van die partij

ver·ruk·ke·lijk *bijw* → heerlijk (bet 1): ★ *een verrukkelijke taart* ★ *het leven is ~*

ver·ruk·ken *ww* [verrukte, h. verrukt] ❶ dolblij maken ❷ in vervoering brengen

ver·ruk·king *de (v)* ❶ opgetogenheid ❷ [mv: -en] iets wat verrukt

ver·rukt *bn* ❶ opgetogen: ★ *ze was ~ met die nieuwe auto* ❷ dol op: ★ *hij was ~ van die filmster*

ver·ru·wen *ww* [verruwde, h. & is verruwd] ❶ ruwer (d.i. grover, onbeschaafder) maken ❷ ruwer worden

ver·ru·wing *de (v)* het verruwen: ★ *~ van de zeden*

vers[1] *(Lat) het* [verzen] ❶ lied: ★ *een versje zingen* ❷ dichtregel: ★ *in mooie verzen beschreven* ❸ couplet, strofe ❹ klein gedicht: ★ *een ~ opzeggen* ❺ genummerd onderdeel van een Bijbelboek of van een soera in de Koran ★ NN *dat is ~ twee* dat staat nog niet vast, dat komt later aan de orde

vers[2] *bn* ❶ fris, nieuw, pas gebakken, geplukt,

geslacht e.d.: ★ *~ brood* ★ *dat ligt ons nog ~ in het geheugen* dat weten we nog precies ❷ BN ook (van kleren e.d.) schoon, gewassen, niet vuil: ★ *verse lakens* ★ *een kind een verse luier geven*

ver·sa·gen *ww* ⟨*Du*⟩ [versaagde, is versaagd] plechtig bang worden, de moed verliezen: ★ *we mogen niet ~*

ver·sas·sen *ww* [versaste, h. versast] BN, spreektaal overbrengen, doorsluizen

vers·bouw *de (m)* samenstelling van een vers

versch. *afk* ❶ verschillende ❷ verschenen

ver·schaf·fen *ww* [verschafte, h. verschaft] bezorgen, geven: ★ *geld ~* ★ *raad ~* ★ *werk ~*; **verschaffing** *de (v)*

ver·scha·len *ww* [verschaalde, is verschaald] ⟨wijn, bier⟩ geur en smaak verliezen door te lang staan; **verschaling** *de (v)*

ver·schal·ken *ww* [verschalkte, h. verschalkt] ❶ bedotten ❷ vangen: ★ *menig visje ~* ★ *een biefstukje ~* eten, ★ *een glaasje ~* drinken

ver·schan·sen I *ww* [verschanste, h. verschanst] verbergen achter schansen II *wederk* fig bescherming zoeken: ★ *zich ~ achter uitspraken van anderen*

ver·schan·sing *de (v)* ❶ het verschansen ❷ schans ❸ reling van een schip

ver·schei·den[1] plechtig I *ww* [verscheidde, is verscheiden] sterven II *het* overlijden

ver·schei·den[2] I *bn* II *telw* vrij veel: ★ *verscheidene mensen denken er anders over*

ver·schei·den·heid *de (v)* [-heden] verschil, schakering

ver·sche·pen *ww* [verscheepte, h. verscheept] per schip verzenden: ★ *goederen ~*

ver·sche·per *de (m)* [-s] iem. die verscheept

ver·sche·ping *de (v)* [-en] verzending per schip

ver·scher·pen *ww* [verscherpte, h. verscherpt] scherper, strenger maken: ★ *de toelatingseisen ~*; **verscherping** *de (v)*

ver·scheurd·heid *de (v)* het verscheurd-zijn, verdeeldheid

ver·scheu·ren *ww* [verscheurde, h. verscheurd] ❶ aan stukken scheuren: ★ *papier ~* ❷ fig in verdeeldheid brengen: ★ *politieke twisten ~ het land*

ver·scheu·rend *bn* ★ *verscheurende dieren* roofdieren

ver·scheu·ring *de (v)* het verscheuren of het verscheurd-zijn

ver·schiet *het* [-en] ❶ toekomst, vooruitzicht: ★ *in het ~ liggen* ❷ verte

ver·schie·ten *ww* [verschoot, is & h. verschoten] ❶ ⟨van kleuren⟩ verbleken ★ *zij verschoot van kleur door de schrik* zij werd bleek van schrik ❷ kogels, kruit enz. door schieten verbruiken; zie ook bij → kruit ❸ vallen, wegschieten: ★ *verschietende sterren*

ver·schijn·dag *de (m)* [-dagen] NN ❶ vervaldag ❷ dag dat iemand voor de rechter moet komen

ver·schij·nen *ww* [verscheen, is verschenen] ❶ in het gezicht komen, zich vertonen; komen: ★ *op een afspraak ~* ❷ ⟨van boeken enz.⟩ uitkomen ❸ ★ NN *verschenen termijnen* vervallen termijnen

ver·schij·ning I *de (v)* het verschijnen: ★ *de ~ van een krant* II *de (v)* [-en] ❶ ⟨van een wissel⟩ het betaalbaar worden ❷ spook, visioen ❸ ★ *een aardige ~ iem.* met een aantrekkelijk uiterlijk

ver·schijn·sel *het* [-en, -s] wat zich voordoet, symptoom

ver·schik·ken *ww* [verschikte, h. verschikt] anders schikken; **verschikking** *de (v)* [-en]

ver·schil *het* [-len] ❶ onderscheid, afwijking: ★ *het ~ tussen een koolmees en een pimpelmees* ★ *~ van mening* twist, ruzie ★ *dat maakt geen ~ dat maakt niet uit, dat hindert niet* ❷ getal dat aangeeft hoeveel een getal groter of kleiner is dan een ander ★ *het ~ delen* het eens worden over een prijs die juist midden tussen het gevraagde en het geboden bedrag ligt; zie ook bij → **dag** I, bet 2

ver·schil·len *ww* [verschilde, h. verschild] verschil vertonen, zich onderscheiden van, afwijken: ★ *een huiskat verschilt niet veel van een wilde kat* ★ *dat verschilt dag en nacht* daar is een enorm verschil tussen

ver·schil·lend I *bn* onderscheiden; afwijkend: ★ *~ oordelen over iets* II *onbep vnw* tamelijk veel, velerlei: ★ *verschillende personen lieten verstek gaan*

ver·schil·punt *het* [-en] punt van verschil

ver·schim·me·len *ww* [verschimmelde, is verschimmeld] schimmelig worden

ver·scho·len *bn* verborgen, moeilijk te vinden: ★ *een ~ hoek*; vgl: → **verschuilen**

ver·scho·nen *ww* [verschoonde, h. verschoond] ❶ van schoon linnengoed voorzien: ★ *bedden ~ ★ zich ~ schoon ondergoed aantrekken* ★ *een baby ~ een schone luier geven* ❷ sparen: ★ *daar wens ik van verschoond te blijven* ❸ *form*, *vero* verontschuldigen, excuseren ★ *zich ~* zich verontschuldigen ❹ *form* vergoelijken, goedpraten: ★ *hij probeerde mijn wegblijven te ~*

ver·scho·ning *de (v)* [-en] ❶ het verschonen ❷ schoon stel linnengoed; schoon ondergoed ❸ *recht* het zich onttrekken van getuigen of rechters aan gerechtelijke verplichtingen vanwege een hoger rechtsbeding of omdat de onpartijdigheid niet voldoende gewaarborgd zou zijn ❹ *form*, *vero* verontschuldiging: ★ *~ vragen* ★ *iem. om ~ vragen* zich excuseren, zich verontschuldigen ★ *~!* pardon, sorry, neem me niet kwalijk

ver·scho·nings·recht *het* vooral *NN* recht, vooral van getuigen, niet aan de rechtspleging deel te nemen op grond van verschoning

ver·schop·pe·ling *de (m)* [-en] iem. die achtergesteld wordt, para

ver·schop·pen *ww* [verschopte, h. verschopt] *NN* verstoten, achteruitzetten

ver·schra·len *ww* [verschraalde, is verschraald] ❶ schraal worden; ❷ *verschraald* schraal geworden; **verschraling** *de (v)*

ver·schrij·ven *wederk* [verschreef, h. verschreven] zich vergissen bij het schrijven

ver·schrij·ving *de (v)* [-en] ❶ vergissing bij het schrijven ❷ boeking op een andere rekening dan waarvoor de post bestemd is

ver·schrik·ke·lijk I *bn* erg, afschuwelijk: ★ *een ~ ongeluk* ★ *zet die verschrikkelijke muziek wat zachter!* ; zie ook bij → **sneeuwman** II *bijw* in hoge mate: ★ *een ~ ingewikkeld probleem*

ver·schrik·ken *ww* [verschrikte, h. verschrikt *of* verschrok, is verschrokken] ❶ doen schrikken ❷ schrikken

ver·schrik·king *de (v)* [-en] ❶ iets verschrikkelijks: ★ *de verschrikkingen van de oorlog* ❷ ontzetting, schrik

ver·schroei·en *ww* [verschroeide, h. & is verschroeid] ❶ doen schroeien ❷ schroeien ★ *tactiek van de verschroeide aarde* oorlogstactiek waarbij men bij het terugtrekken alles van waarde voor de vijand platbrandt

ver·schrom·pe·len *ww* [verschrompelde, is verschrompeld] uitdrogen, rimpelig en kleiner worden: ★ *er lagen wat verschrompelde paprika's in de ijskast*

ver·schuif·baar *bn* verschoven kunnende worden

ver·schui·len *wederk* [verschool, h. verscholen *of* verschuilde, h. verschuild] zich verbergen ★ *zich achter iem. ~* zijn verantwoordelijkheid op een ander schuiven

ver·schui·ven *ww* [verschoof, h. & is verschoven] ❶ schuivend verplaatsen ❷ *fig* uitstellen ❸ zich schuivend verplaatsen

ver·schul·digd *bn* ❶ te betalen: ★ *de verschuldigde gelden* ❷ verplicht te betalen: ★ *hoeveel ben ik u verschuldigd?* ❸ verplicht: ★ *met verschuldigde eerbied*

ver·schut *bn* *NN* voor schut; zie bij → **schut**²

vers·ge·bak·ken *bn* pas gebakken

vers·heid *de (v)* het vers-zijn

ver·sie (⟨Fr⟨Lat⟩ *de (v)* [-s] ❶ vorm waarin iets verhaald wordt, lezing: ★ *zijn ~ van de gebeurtenissen week af van de hare* ❷ wijze van voorstelling, vertolking e.d.: ★ *ik vind deze ~ van de hit mooier dan de originele*

ver·sie·ren *ww* [versierde, h. versierd] ❶ mooi maken: ★ *de stoel van een jarige ~* ❷ *NN*, spreektaal voor elkaar krijgen, regelen: ★ *een baantje voor iem. ~* ❸ verleiden: ★ *een meisje ~*

ver·sie·ring I *de (v)* het versieren II *de (v)* [-en] ❶ dat waarmee men versiert, versiersel ❷ het resultaat van het versieren

ver·sie·rings·kunst *de (v)* de kunst om gebouwen enz. te → **versieren** (bet 1)

ver·sier·sel *het* [-s, -en] wat gebruikt wordt om te versieren: kleurig papier enz. ★ *de versierselen van een ridderorde* de daarbij behorende, op de kledij te dragen tekens

ver·sier·toer *de (m)* ★ *op de ~ gaan* iem. willen → **versieren** (bet 3)

ver·si·fi·ca·tie [-(t)sie] (⟨Fr⟨Lat⟩ *de (v)* [-s] ❶ versbouw, toegepaste versvorm ❷ het in verzen brengen

ver·si·fi·ce·ren *ww* (⟨Lat⟩ [versificeerde, h. geversificeerd] in dichtmaat brengen, berijmen

ver·sim·pe·len ww [versimpelde, is & h. versimpeld] ❶ simpel, onnozel worden ❷ (te) simpel maken, als eenvoudig voorstellen wat in werkelijkheid ingewikkeld is; **versimpeling** de (v)

ver·sja·che·ren ww [versjacherde, h. versjacherd] verkwanselen, verpatsen

ver·sjou·wen I ww [versjouwde, h. versjouwd] met moeite verplaatsen: ★ een kast ~ **II** wederk te zwaar werk verrichten of te zwaar leven

ver·sjte·ren ww [versjteerde, h. versjteerd] NN, spreektaal verstoren, in de war sturen, bederven: ★ een feest ~

vers·kunst de (v) woordkunst in versvorm

ver·slaafd bn niet meer buiten een genees- of genotmiddel kunnend: ★ ~ aan het roken

ver·slaaf·de de [-n] iem. die ergens aan verslaafd is

ver·slaan ww [versloeg, h. & is verslagen] ❶ overwinnen ★ de vijand ~ ★ Federer versloeg Nadal in vijf sets ❷ een verslag geven van: ★ een voetbalwedstrijd ~

ver·slag het [-slagen] bericht, rapport: ★ een ~ doen van iets ★ ~ geven, uitbrengen

ver·sla·gen bn ❶ alle hoop verloren hebbend, terneergeslagen: ★ ~ verlieten we het ziekenhuis ❷ verschaald: ★ ~ wijn

ver·sla·ge·ne de [-n] overwonnene, gedode

ver·sla·gen·heid de (v) terneergeslagenheid

ver·slag·ge·ver de (m) [-s], **ver·slag·geef·ster** de (v) [-s] ❶ iem. die een verslag uitbrengt (voor de tv, een krant enz.) ❷ BN ook rapporteur (van een commissie)

ver·slag·ge·ving de (v) het → **verslaan** (bet 2)

ver·slag·jaar het [-jaren] jaar waarvan verslag wordt gedaan

ver·slag·leg·ging de (v) het rapporteren, vooral het samenstellen van een jaarverslag

ver·sla·pen I ww [versliep, h. verslapen] slapend doorbrengen: ★ een derde van het etmaal ~ **II** wederk langer slapen dan men zich voorgenomen had

ver·slap·pen ww [verslapte, h. & is verslapt] ❶ slap maken ❷ slap worden; **verslapping** de (v) [-en]

ver·sla·ven wederk [verslaafde, h. verslaafd] zich geheel overgeven aan, de slaaf worden van

ver·sla·vend bn verslaving veroorzakend: ★ nicotine is zwaar ~

ver·sla·ving de (v) het verslaafd raken of zijn: ★ ~ aan alcohol, aan verdovende middelen

ver·slech·ten ww [verslechtte, is verslecht] m.g. ❶ slechter worden, verslechteren, verergeren, achteruitgaan: ★ de toestand van de zieke is verslecht ❷ sp achterop raken

ver·slech·te·ren ww [verslechterde, h. & is verslechterd] ❶ slechter maken ❷ slechter worden; **verslechtering** de (v) [-en]

vers·leer de theorie van de versbouw

ver·slen·sen ww [verslenste, is verslenst] vero ‹van bloemen› verwelken, verflensen

ver·sle·pen ww [versleepte, h. versleept] naar een andere plaats slepen

ver·sle·ten bn ❶ door het gebruik gesleten ❷ fig zijn kracht verloren hebbend: ★ een ~ term

ver·slij·ten ww [versleet, h. & is versleten] ❶ doen slijten: ★ ik verslijt 5 paar schoenen per jaar ★ heel wat vriendinnen versleten hebben heel wat vriendinnen gehad en weer afgedankt hebben ❷ slijten: ★ dat jasje was snel versleten ❸ aanzien voor: ★ ik heb hem altijd voor een onderwijzer versleten

ver·slik·ken wederk [verslikte, h. verslikt] ❶ door verkeerd slikken iets in de luchtpijp krijgen: ★ zich in een snoepje ~ ❷ een te grote of te moeilijke taak op zich nemen

ver·slin·den ww [verslond, h. verslonden] schrokkend opeten, verzwelgen ★ een boek ~ fig het snel hevig geboeid lezen

ver·slin·gerd bn buitengewoon dol op, een groot liefhebber van, overdreven gehecht aan: ★ helemaal ~ zijn aan jazz; zie ook → **verslingeren**

ver·slin·ge·ren wederk [verslingerde, h. verslingerd] ★ zich ~ aan overdreven gaan houden van

ver·slof·fen ww [verslofte, h. versloft] NN verwaarlozen, niet ordelijk bijhouden ★ zijn studie laten ~ te weinig aandacht aan zijn studie besteden

ver·slond ww verl tijd van → **verslinden**

ver·slon·den ww verl tijd meerv en volt deelw van → **verslinden**

ver·slon·zen ww [verslonsde, h. verslonsd] door slordigheid bederven: ★ zijn uiterlijk ~

ver·slui·e·ren ww [versluierde, h. versluierd] ❶ met een waas bedekken ❷ fig niet voldoende doen uitkomen; **versluiering** de (v)

ver·smaad bn veracht, geminacht: ★ een veel ~ staatsman

vers·maat de [-maten] maat waarin een vers geschreven is, versvoet

ver·smach·ten ww [versmachtte, is & h. versmacht] ❶ smachtend omkomen: ★ ~ van de dorst ❷ BN ook, spreektaal door verstikking omkomen, stikken ❸ BN ook, spreektaal door verstikking doen omkomen, verstikken

ver·sma·den ww [versmaadde, h. versmaad] verachten, verwerpen ★ niet te ~ te waarderen, aantrekkelijk, lekker

ver·sma·ding de (v) het versmaden

ver·smal·len ww [versmalde, h. & is versmald] ❶ smaller maken ❷ smaller worden

ver·smel·ten ww [versmolt, overg h., onoverg is versmolten] ❶ doen samensmelten: ★ metalen ~ ❷ omsmelten ❸ samensmelten, geleidelijk in elkaar overgaan: ★ versmeltende kleuren ❹ wegsmelten: ★ de kaars versmolt tot een stompje

ver·smo·ren ww [versmoorde, h. & is versmoord] ❶ verstikken, onderdrukken ❷ stikken; **versmoring** de (v)

ver·sna·pe·ring de (v) [-en] lekkernij, iets lekkers dat tussen de maaltijden genuttigd wordt

ver·snel·len ww [versnelde, h. versneld] sneller

maken: ★ *met versnelde pas*
ver·snel·ler *de (m)* [-s] deeltjesversneller
ver·snel·ling *de (v)* [-en] ❶ het versnellen ❷ nat aangroeiing van de snelheid per tijdseenheid ❸ techn verhouding tussen een tandradwiel en een ander bij overbrenging van beweging *of* de schakelinrichting daarvoor
ver·snel·lings·bak *de (m)* [-ken] auto het mechanisme waarmee de → **versnelling** (bet 3) geregeld wordt
ver·snel·lings·ma·chi·ne [-sjienə] *de (v)* [-s] deeltjesversneller
ver·snel·lings·naaf *de* [-naven] naaf aan het achterwiel van een fiets, waarmee de → **versnelling** (bet 3) geregeld kan worden
ver·snij·den *ww* [versneed, h. versneden] ❶ door snijden vervormen ❷ vermengen met iets van slechtere kwaliteit: ★ *cocaïne* ~ ★ *versneden wijn*
ver·snip·pe·ren *ww* [versnipperde, h. versnipperd] ❶ tot snippers maken ❷ fig in te kleine stukken verdelen: ★ *zijn tijd* ~ ❸ aan kleinigheden verspillen; **versnippering** *de (v)* [-en]
ver·snoe·pen *ww* [versnoepte, h. versnoept] aan lekkernij uitgeven: ★ *al zijn zakgeld* ~ ; zie ook bij → **oortje**
ver·so *het* achterkant van een bladzijde of vel papier, linkerbladzijde, achterkant van de rechterbladzijde of rectozijde
ver·so·be·ren *ww* [versoberde, h. versoberd] minder kostbaar inrichten; de kosten beperken; **versobering** *de (v)*
ver·soe·pe·len *ww* [versoepelde, h. versoepeld] minder streng maken: ★ *maatregelen* ~; **versoepeling** *de (v)*
ver·som·be·ren *ww* [versomberde, is versomberd] duisterder, donkerder worden, ook fig
ver·spa·nen *ww* [verspaande, h. verspaand] tot kleine stukjes maken, vooral van metalen, om daarvan voorwerpen van bepaalde vorm te vervaardigen
ver·spe·len *ww* [verspeelde, h. verspeeld] ❶ met spelen verliezen ❷ door eigen schuld kwijtraken: ★ *veel goodwill verspeeld hebben* ★ *iems. genegenheid* ~
ver·spe·nen *ww* [verspeende, h. verspeend] uit zaad opgekomen plantjes verder uit elkaar zetten
ver·sper·ren *ww* [versperde, h. versperd] afsluiten door iets in de weg te zetten: ★ *de weg* ~ *met barricades*
ver·sper·ring *de (v)* [-en] ❶ het versperren ❷ wat dient om te versperren
ver·sper·rings·bal·lon *de (m)* [-s, -nen] luchtballon waarvan verscheiden kabels naar de grond afhangen, om het naderen van vliegtuigen te beletten
ver·sper·rings·vuur *het* mil sterk kruisvuur
ver·spie·den *ww* [verspiedde, h. verspied] ‹een gebied› spiedend verkennen
ver·spie·der *de (m)* [-s] heimelijk verkenner, spion
ver·spil·len [verspilde, h. verspild] nutteloos besteden, verkwisten: ★ *geld, tijd* ~ ★ *er geen woord(en) meer aan* ~ iets te zinloos vinden om er nog langer over te praten
ver·spil·ling *de (v)* [-en] het verspillen; verkwisting
ver·splin·te·ren *ww* [versplinterde, overg* h., *onoverg* is versplinterd] ❶ tot splinters maken ❷ fig door te ver gaande splitsing of verdeling de samenhang schaden: ★ *de krachten* ~ ❸ tot splinters of splinterpartijen worden; **versplintering** *de (v)*
ver·spreid *bn* hier en daar voorkomend: ★ *enkele verspreide boerderijen* ★ *verspreide orde* mil niet aaneengesloten
ver·sprei·den I *ww* [verspreidde, h. verspreid] ❶ uitstrooien, over een bepaald gebied verdelen ❷ verder bekendmaken: ★ *een gerucht* ~ ❸ uiteen doen gaan: ★ *met geweld verspreidde de ME de demonstratie* II *wederk* uit elkaar gaan, uiteengaan: ★ *de menigte verspreidde zich*
ver·sprei·dings·ge·bied *het* [-en] gebied waarover iets (plant, dier, gebruik) verspreid is
ver·spre·ken *wederk* [versprak, h. versproken] zeggen wat men niet bedoelde te zeggen; **verspreking** *de (v)* [-en]
ver·sprin·gen¹ *ww* [versprong, is versprongen] ❶ zich met een sprong verplaatsen ❷ verschuiven, op een andere datum vallen ❸ niet op één lijn liggen: ★ *verspringende regels*; **verspringing** *de (v)* [-en]
ver·sprin·gen² *ww & het* (het) springen over een grote afstand: ★ *het* ~ *als sport beoefenen*
vers·re·gel *de (m)* [-s] dichtregel
vers·sne·de *de* [-n] pauze in een vers in een versvoet vallend, cesuur
Ver. St. *afk* Verenigde Staten
ver·staald *bn* ❶ tot staal gemaakt ❷ fig verhard
ver·staan *ww* [verstond, h. verstaan] ❶ gesproken woorden goed horen en kunnen begrijpen: ★ *ik kan u zo niet* ~ ★ *ik versta geen Italiaans* ❷ BN begrijpen, snappen: ★ *versta je dat goed?* ★ *wel te* ~ ★ *iem. iets te* ~ *geven* het hem duidelijk voorhouden ★ BN ook *iem. iets laten* ~ iem. iets duidelijk maken ❸ bedoelen, een betekenis hechten aan: ★ *wat verstaat men onder een axioma?* ❹ kennen, bedreven zijn in: ★ *die kunst versta ik niet* ❺ *zich* ~ *met iemand* overleg plegen met hem
ver·staan·baar *bn* te verstaan; te begrijpen ★ *zich* ~ *maken* zo spreken dat men verstaan wordt; **verstaanbaarheid** *de (v)*
ver·staan·der *de (m)* [-s] iem. die verstaat, die begrijpt ★ *een goed* ~ *heeft maar een half woord nodig* wie de situatie begrijpt heeft maar een korte aanwijzing nodig om de bedoeling van de spreker te vatten
ver·sta·len *ww* [verstaalde, h. & is verstaald] ❶ tot staal maken ❷ fig verharden ❸ ‹ijzer› tot staal worden; *vgl*: → **verstaald**; **verstaling** *de (v)*
ver·stand *het* begrip, denkvermogen, rede: ★ *zijn* ~ *gebruiken* ★ *niet goed bij zijn* ~ *zijn* gek zijn ★ *iem. iets aan het* ~ *brengen* het hem (met moeite) duidelijk maken ★ ~ *van iets hebben* er iets van weten, er

begrip van hebben, er kijk op hebben ★ *het gezonde* ~ de gangbare redenering van iemand die nadenkt ★ *bij zijn volle* ~ *zijn* goed besef hebben van wat men doet ★ *daar staat mijn* ~ *bij stil* dat gaat mijn begrip te boven ★ *met dien verstande* aldus op te vatten ★ BN ook *jaren van* ~ jaren des onderscheids, leeftijd waarop men verstandiger begint te worden

ver·stan·de·lijk *bn* ❶ wat het verstand aangaat: ★ *de verstandelijke vermogens* ❷ met het verstand, intellectueel ★ ~ *aangelegd* nuchter, meer op het verstand dan op het gevoel levend; **verstandelijkheid** *de (v)*

ver·stan·de·loos *bn* zonder verstand, dom

ver·stand·hou·ding *de (v)* ❶ onderlinge → **betrekking** (bet 1) ★ *in goede* ~ *staan met* een vriendschappelijke verhouding hebben met ❷ wederzijds begrip: ★ *een blik van* ~

ver·stan·dig *bn* ❶ met een goed verstand: ★ *een verstandige leerling* ❷ wijs; bedaard overleggend ★ *er* ~ *aan doen te...* het beste... kunnen doen; **verstandigheid** *de (v)*

ver·stands·hu·we·lijk *het* [-en] huwelijk gesloten uit verstandelijke overwegingen, niet uit liefde

ver·stands·kies *de* [-kiezen] vooral NN elk van de vier achterste kiezen, die meestal tussen het 18de en het 21ste jaar doorkomen

ver·stands·mens *de (m)* [-en] persoon die meer door het verstand dan door het gevoel geleid wordt

ver·stands·ver·bijs·te·ring *de (v)* geestestoestand waarbij de normale gedachtegang ernstig geschokt is: ★ *in een vlaag van* ~ *gaf hij haar zijn jawoord*

ver·stap·pen *wederk* [verstapte, h. verstapt] door verkeerd stappen zijn voet of enkel blesseren

ver·stard *bn* ❶ hardnekkig ❷ star, levenloos

ver·star·ren *ww* [verstarde, h. & is verstard] ❶ star maken ❷ star worden

vers·tech·niek *het* ❶ het vormen van dichtregels ❷ de mate van bekwaamheid daarin

ver·ste·de·lij·ken *ww* [verstedelijkte, is verstedelijkt] → **versteedsen** (bet 2); **verstedelijking** *de (v)*

ver·steed·sen *ww* [versteedste, h. & is versteedst] NN ❶ stads maken: ★ *de plattelanders* ~ ❷ stadachtig worden: ★ *de omliggende dorpen* ~ *hoe langer hoe meer*

ver·steend *bn* ❶ tot steen geworden ❷ fig gevoelloos, wezenloos: ★ *zij was als* ~ ❸ zonder inhoud ★ *taalk een versteende vorm* waarin in het Nederlands niet meer levende taalelementen (bijv. naamvalsvormen) nog voortbestaan, zoals *heer des huizes, te allen tijde*

ver·stek *het* ❶ afwezigheid van de verdachte in een strafproces of van de procespartijen in een burgerlijk proces: ★ *bij* ~ *veroordeeld worden* ★ ~ *laten gaan* a) niet voor de rechter verschijnen; b) bij uitbreiding ergens niet komen opdagen ❷ hoek van 45°: ★ *hout onder* ~ *zagen*

ver·stek·bak *de (m)* [-ken] timmermansgereedschap waarmee hout onder een hoek van 45° gezaagd wordt

ver·ste·ke·ling *de (m)* [-en] iemand die zich in een schip of een ander vervoermiddel verborgen heeft om kosteloos mee te reizen

ver·ste·ken *ww* [verstak, h. verstoken] ❶ ★ *zich* ~ verbergen ❷ anders steken: ★ *een speld* ~

ver·stek·haak *de (m)* [-haken] haak die een hoek van 45° aangeeft

ver·stek·von·nis *het* [-sen] recht vonnis uitgesproken bij afwezigheid van de gedaagde, meestal de toekenning van de eis

ver·stel·baar *bn* te → **verstellen** (vooral bet 2)

ver·steld *bn* verbaasd: ★ ~ *staan*

ver·stel·goed *het* goed dat versteld (→ **verstellen**, bet 1) moet worden

ver·stel·len *ww* [verstelde, h. versteld] ❶ ⟨kleding⟩ herstellen ❷ anders stellen, regelen

ver·stel·schroef *de* [-schroeven] schroef die dient om een apparaat anders te stellen

ver·stel·werk *het* verstelgoed

ver·ste·nen *ww* [versteende, h. & is versteend] ❶ tot steen maken; gevoelloos maken ❷ tot steen worden; fig gevoelloos worden

ver·ste·ning *de (v)* ❶ het verstenen ❷ [*mv:* -en] versteend voorwerp

ver·sterf *het* ❶ med het afsterven van weefsel of lichaamsdelen ❷ NN, recht het overlijden: ★ *wettelijke erfopvolging bij* ~ ❸ NN wettelijk erfdeel

ver·sterf·recht *het* NN erfrecht berustend op bloedverwantschap

ver·ster·ken *ww* [versterkte, h. versterkt] ❶ sterker maken: ★ *een voetbalploeg* ~ *met een nieuwe keeper* ★ *geluid* ~ luider en herkenbaar maken ★ *versterkende middelen* kracht gevende middelen; zie ook bij → **inwendig** ❷ van vestingwerken voorzien: ★ *een versterkte stad* ★ *zich* ~ door verdedigingswerken zijn positie sterker maken

ver·ster·ker *de (m)* [-s] ❶ iets waardoor iets anders wordt versterkt ❷ apparaat waarmee trillingen, vooral geluidstrillingen, worden versterkt (o.a. toegepast in telefoons, cd-apparaten, tv's e.d.) ❸ fotogr oplossing, dienend tot verduidelijking van een zwak negatief, bijv. sublimaat

ver·ster·king *de (v)* [-en] ❶ het versterken ❷ wat dient tot versterking: nieuwe leden van een sportteam, verdedigingswerken enz.

ver·ster·ven I *ww* [verstierf, is verstorven] ❶ afsterven; wegsterven ★ *laten* ~ passieve euthanasie toepassen door iem. geen voedsel of drinken meer te verstrekken: ★ *een ongeneeslijke comapatiënt laten* ~ ❷ NN bij erfenis overgaan **II** *wederk* [verstierf, h. verstorven] RK zich doelbewust van aardse genoegens onthouden

ver·ster·ving *de (v)* [-en] ❶ NN overgang bij erfenis ❷ het afsterven ❸ RK het zich doelbewust van aardse genoegens onthouden

ver·ste·vi·gen *ww* [verstevigde, h. & is verstevigd] ❶ steviger, krachtiger maken ❷ steviger, krachtiger

worden; **versteviging** *de (v)*
ver·stij·ven *ww* [verstijfde, *overg* h., *onoverg* is verstijfd] ❶ stijf maken ❷ stijf worden: ★ *ik verstijfde van schrik*
ver·stik·ken *ww* [verstikte, h. & is verstikt] ❶ doen stikken: ★ *het onkruid verstikt het graan* ★ *verstikkend* de ademhaling belemmerend: ★ *een verstikkende hitte; een verstikkende sfeer* ❷ door gebrek aan lucht, door vochtigheid verteren: ★ *stoffen kunnen ~*
ver·stik·king *de (v)* het verstikken: ★ *dood door ~*
ver·stik·kings·dood *de (m)* dood door verstikking
ver·stil·len *ww* [verstilde, is verstild] ❶ stil(ler) worden; ❷ *verstild* kalm, rustig geworden
ver·stof·fen *ww* [verstofte, is verstoft] onder het stof raken (en vergeten worden): ★ *boeken die liggen te ~*
ver·sto·ken[1] *bn* ★ *~ van* zonder: ★ *het hutje was ~ van alle comfort*
ver·sto·ken[2] *ww* [verstookte, h. verstookt] voor verwarming opbranden: ★ *veel gas ~*
ver·stokt *bn* verhard: ★ *~ in het kwaad* ★ *een verstokte vrijgezel* iem. die beslist vrijgezel wil blijven; **verstoktheid** *de (v)*
ver·sto·len *bn* heimelijk: ★ *~ naar iem. lonken*
ver·stom·men *ww* [verstomde, is verstomd] ❶ plotseling sprakeloos worden; ❷ *verstomd* stom van verbazing
ver·stom·ming *de (v)* ❶ het verstommen ❷ BN plotselinge sprakeloosheid ★ BN ook *met ~ slaan* verstomd doen staan, sprakeloos maken, met stomheid slaan
ver·stoord *bn* NN boos: ★ *~ opkijken*
ver·stoor·der *de (m)* [-s] iem. die iets verstoort
ver·stop·pen *ww* [verstopte, h. & is verstopt] ❶ door wegstoppen verbergen: ★ *we zullen zijn schoenen ~* ❷ dicht raken: ★ *mijn neus is verstopt* ❸ dicht doen raken: ★ *het zand heeft de afvoer verstopt*
ver·stop·per·tje *het* kinderspel waarbij iem. de andere deelnemers, die zich verstopt hebben, moet opsporen
ver·stop·ping *de (v)* [-en] ❶ het verstopt-zijn, stremming (verkeer) ❷ uitblijven van ontlasting, constipatie
ver·stopt *bn* dicht, geen doorgang latend: ★ *een verstopte wc* ★ *mijn neus is ~*
ver·sto·ren *ww* [verstoorde, h. verstoord] ❶ verbreken: ★ *de rust ~* ❷ hinderen, belemmeren: ★ *het verkeer ~* ❸ NN boos maken, *vgl:* → **verstoord**
ver·sto·ring *de (v)* [-en] het → **verstoren** (bet 1 & 2)
ver·stor·ven *bn* door erfenis verkregen: ★ *~ goederen*
ver·sto·te·ling *de (m)* [-en] iem. die verstoten wordt
ver·sto·ten *ww* [verstootte *of* verstiet, h. verstoten] van zich stoten, alle verdere omgang weigeren
ver·sto·te·ne *de* [-n] iem. die verstoten is
ver·sto·ting *de (v)* het verstoten of verstoten worden
ver·stou·ten *wederk* [verstoutte, h. verstout] de moed hebben om
ver·stou·wen *ww* [verstouwde, h. verstouwd] → **verstuwen**

ver·strak·ken *ww* [verstrakte, is verstrakt] strakker worden: ★ *zijn gezicht verstrakte na die mededeling*; **verstrakking** *de (v)*
ver·stram·men *ww* [verstramde, is verstramd] stijf worden; **verstramming** *de (v)*
ver·strek·ken *ww* [verstrekte, h. verstrekt] verschaffen: ★ *voedsel ~* ★ *inlichtingen ~*
ver·strek·kend *bn* van, met vergaande strekking, ingrijpend: ★ *verstrekkende gevolgen hebben*
ver·strek·king *de (v)* [-en] uitdeling, uitreiking, levering
ver·stren·ge·len *ww* [verstrengelde, h. verstrengeld] onlosmakelijk verbinden; **verstrengeling** *de (v)*
ver·strij·ken *ww* [verstreek, is verstreken] voorbijgaan: ★ *de tijd is verstreken*
ver·strik·ken *ww* [verstrikte, h. verstrikt] ❶ in een strik vangen ❷ fig verward doen raken: ★ *iemand in zijn eigen woorden ~*
ver·strooid *bn* ❶ verspreid, niet bij elkaar liggend of wonend: ★ *die volken leven ~ in de jungle* ❷ afwezig met de gedachten: ★ *een verstrooide professor*
ver·strooid·heid *de (v)* het verstrooid-zijn (→ **verstrooid**, bet 2)
ver·strooi·en *ww* [verstrooide, h. verstrooid] ❶ verspreiden; uiteen laten gaan: ★ *de menigte verstrooide zich* ❷ ontspannen: ★ *de kinderen wat ~*
ver·strooi·ing *de (v)* [-en] ❶ het verstrooien; ontspanning: ★ *~ zoeken in een pretpark* ❷ toestand van → **verstrooid** (bet 1) zijn: ★ *joden in de ~; vgl:* → **diaspora**
ver·stui·ken *ww* [verstuikte, h. verstuikt] de gewrichtsbanden van de pols of de enkel verrekken of inscheuren door het enigszins over elkaar doen schuiven van de gewrichtsvlakken; **verstuiking** *de (v)* [-en]
ver·stui·ven *ww* [verstoof, is & h. verstoven] ❶ ⟨van zand⟩ wegstuiven; ❷ ⟨van water, parfum⟩ als stof uiteenvliegen ❸ doen uiteenvliegen als stof
ver·stui·ver *de (m)* [-s] toestel dat een vloeistof in fijne druppeltjes wegspuit
ver·stui·ving *de (v)* ❶ het verstuiven van zand ❷ [*mv*: -en] door verstuiven ontstane zandvlakte
ver·stu·ren *ww* [verstuurde, h. verstuurd] verzenden
ver·stu·wen *ww* [verstuwde, h. verstuwd], **ver·stou·wen** [verstouwde, h. verstouwd] ❶ de lading van een schip anders pakken ❷ kunnen verdragen: ★ *hij heeft al die ellende niet kunnen ~*
ver·suf·fen *ww* [versufte, *overg* h., *onoverg* is versuft] ❶ suf maken ❷ suf worden
ver·suft *bn* suf geworden; **versuftheid** *de (v)*
ver·sui·ke·ren *ww* [versuikerde, is versuikerd] in suiker overgaan, uitkristalliseren als suiker
ver·suk·ke·len *ww* [versukkelde, is versukkeld] sukkelig worden
ver·suk·ke·ling *de (v)* ★ NN *in de ~ raken* door verwaarlozing achteruitgaan, in een slechte toestand raken
ver·sus ⟨*Lat*⟩ *vz* tegen, tegenover: ★ *Juventus ~ Bayern*

München

vers·voet *de (m)* [-en] regelmatig herhaald stel zware en lichte lettergrepen in een versregel: ★ *jamben, trocheeën zijn versvoeten*

vers·vorm *de (m)* ❶ dichtvorm: ★ *in ~* ❷ wijze van versbouw

vert. *afk* vertaler, vertaal, vertaling

ver·taal·baar *bn* vertaald kunnende worden: ★ *zijn gedichten zijn moeilijk ~*

ver·taal·bu·reau [-buuroo] *het* [-s] inrichting voor → **vertaalwerk** (bet 2)

ver·taal·oe·fe·ning *de (v)* [-en] oefening in het vertalen

ver·taal·pro·gram·ma *het* ['s] comput ❶ programma dat een in een hogere programmeertaal geschreven programma omzet in machinetaal ❷ programma dat woorden en zinnen van de ene natuurlijke taal in een andere vertaalt

ver·taal·recht *het* [-en] recht om een geschrift, boek enz. te vertalen

ver·taal·ster *de (v)* [-s] zie bij → **vertaler**

ver·taal·werk *het* ❶ werk dat vertaald moet worden ❷ vertalen als regelmatige arbeid

ver·taal·woor·den·boek *het* [-en] woordenboek waarin woorden van een taal zijn voorzien van een vertaling in een andere taal

ver·tak·ken *wederk* [vertakte, h. vertakt] zich splitsen: ★ *de rivier vertakt zich in drie stromen*

ver·tak·king *de (v)* [-en] splitsing, onderdeel: ★ *deze organisatie kent veel vertakkingen in tal van landen*

ver·ta·len *ww* [vertaalde, h. vertaald] ❶ in een andere taal overzetten: ★ *een roman uit het Duits ~* ❷ in een andere vorm weergeven: ★ *cijfermateriaal ~ in statistieken* ★ *plannen ~ in concrete daden*

ver·ta·ler *de (m)*, **ver·taal·ster** *de (v)* [-s] iem. die vertaalt

ver·ta·ling *de (v)* ❶ het vertalen ❷ [*mv*: -en] uit een andere taal overgezet verhaal, verhandeling enz.: ★ *ik heb de ~ gelezen van Der Prozess*

ver·te *de (v)* [-n, -s] grote afstand ★ *in de ~* op grote afstand ★ *in de verste ~ niet* volstrekt niet

ver·te·braal (‹Fr‹Lat) *bn* anat tot de wervels behorend

ver·te·bra·ten (‹Lat) *mv* gewervelde dieren

ver·te·bril *de (m)* [-len] afstandsbril

ver·te·de·ren *ww* [vertederde, h. & is vertederd] ❶ teder maken, stemmen ❷ teder worden

ver·te·de·ring *de (v)* ❶ het vertederen ❷ tedere gemoedsstemming

ver·teer·baar *bn* ❶ verteerd kunnende worden ❷ van spijzen; fig ook van geestelijk voedsel; *vgl*: verteren; **verteerbaarheid** *de (v)*

ver·te·gen·woor·di·gen *ww* [vertegenwoordigde, h. vertegenwoordigd] ❶ optreden namens: ★ *de familie ~ bij een begrafenis* ★ *goed vertegenwoordigd zijn* met veel mensen komen ❷ uitmaken, betekenen: ★ *dat vertegenwoordigt mijn hele bezit* ★ *die posten ~ samen een groot bedrag*

ver·te·gen·woor·di·ger *de (m)* [-s],

ver·te·gen·woor·dig·ster *de (v)* [-s] ❶ algemeen iem. die vertegenwoordigt ❷ vooral handelsagent, iem. die namens een bedrijf artikelen aan winkels verkoopt

ver·te·gen·woor·di·ging *de (v)* ❶ het vertegenwoordigen ❷ [*mv*: -en] de vertegenwoordiger(s); zie ook bij → **evenredig**

ver·te·ke·nen *ww* [vertekende, h. vertekend] ❶ verkeerd tekenen, vervormen: ★ *het gezicht is helemaal vertekend* ★ *die lens vertekent het landschap* ❷ fig een verkeerde indruk geven: ★ *de gebeurtenissen ~*; **vertekening** *de (v)*

ver·tel·len I *ww* [vertelde, h. verteld] verhalen, mededelen: ★ *een verhaal ~* ★ *niet veel te ~ hebben* weinig invloed of gezag hebben ★ *vooral* NN *je kunt me nog meer ~!* a) ik geloof er niets van; b) ik ben niet van plan te doen wat je van me verlangt **II** *wederk* verkeerd tellen

ver·tel·ler *de (m)* [-s] iem. die vertelt (→ **vertellen**)

ver·tel·ling *de (v)* [-en] kort verhaal

ver·tel·sel *het* [-s] verhaaltje, praatje: ★ *je moet al die vertelsels niet geloven*

ver·tel·the·o·rie *de (v)* onderdeel van de literatuurwetenschap dat zich bezighoudt met het bestuderen van de kenmerken van verhalende teksten

ver·tel·trant *de (m)* manier van vertellen

ver·te·ren *ww* [verteerde, h. & is verteerd] ❶ in het lichaam opnemen van voedsel nadat dit door inwerking van andere stoffen is afgebroken: ★ *de zieke kon nog geen hele maaltijd ~*; fig ook m.b.t. geestelijk voedsel (een boek, redevoering enz.) ★ *zwaar te ~* moeilijk te volgen, ingewikkeld ❷ opmaken: ★ *veel geld te ~ hebben* ❸ doen vergaan: ★ *een verterend verlangen; verbranden*: ★ *door het vuur verteerd* ❹ in het lichaam opgenomen worden van voedsel: ★ *een haring verteert langzaam* ❺ vergaan: ★ *door te lang liggen verteerde zijde*

ver·te·ring *de (v)* [-en] wat men verteert (→ **verteren**, bet 1), vooral wat men in een café of restaurant gebruikt

ver·ti·caal (‹Fr‹Lat) **I** *bn* ❶ loodrecht: ★ *mensen lopen ~* ❷ in op- en / of afgaande richting: ★ *ik heb 7 ~ van de kruiswoordpuzzel nog niet* ★ *verticale prijsbinding* vaststelling door de producent van een prijs die de detaillisten moeten berekenen **II** *de* [-calen] loodlijn

ver·tien·vou·di·gen *ww* [vertienvoudigde, h. & is vertienvoudigd] ❶ tien maal zo groot maken ❷ tien maal zo groot worden

ver·tier *het* met activiteit gepaard gaande afleiding of ontspanning: ★ *~ zoeken in een speeltuin*

ver·tik·ken *ww* [vertikte, h. vertikt:] ★ *het ~* weigeren te doen ★ *die tv vertikt het* de tv is kapot

ver·til·len I *ww* [vertilde, h. vertild] tillende verplaatsen **II** *wederk* lichamelijk bezwaar ondervinden van het tillen van een te zware last

ver·tim·me·ren *ww* [vertimmerde, h. vertimmerd] ❶ anders timmeren ❷ aan timmerwerk uitgeven:

★ *veel geld* ~

ver·toe·ven ww [vertoefde, h. vertoefd] plechtig zich ophouden: ★ *hij vertoeft momenteel te Leuven*

ver·tol·ken ww [vertolkte, h. vertolkt] ❶ weergeven: ★ *de burgemeester vertolkte de gevoelens van de burgerij* ★ *een sonate van Bach* ~ uitvoeren ★ *de rol van Hamlet* ~ opvoeren ❷ vertalen

ver·tol·king *de (v)* ❶ het vertolken ❷ [*mv:* -en] weergeving, uitbeelding

ver·to·nen I ww [vertoonde, h. vertoond] ❶ laten zien: ★ *een blijspel* ~ ❷ doen blijken: ★ *gebreken* ~ ★ *geen vrees* ~ **II** *wederk* verschijnen, zich laten zien: ★ *ze durfde zich niet te* ~ *in die kleine bikini*

ver·to·ning *de (v)* [-en] ❶ het vertonen ❷ wat vertoond wordt of werd, vooral zonderling toneel, vreemd schouwspel: ★ *het was me een* ~ ★ *een rare* ~ ❸ opvoering (van een toneelstuk); voorstelling (van een toneelstuk, film e.d.): ★ *de* ~ *van La Traviata*

ver·toog *het* [-togen] verhandeling

ver·toon *het* ❶ het laten zien: ★ *op* ~ *van de lidmaatschapskaart* ❷ praal: ★ *met veel* ~ ❸ opzettelijke uitstalling: ★ *met* ~ *van geleerdheid*

ver·toornd *bn* plechtig boos

ver·toor·nen ww [vertoornde, h. vertoornd] plechtig boos maken ★ *zich* ~ boos worden

ver·tra·gen ww [vertraagde, h. & is vertraagd] ❶ langzamer doen gaan, rekken: ★ *een rechtszaak, proces* ~ ❷ trager, langzamer worden: ★ *de vertraagde trein naar Eindhoven vertrekt van spoor 7*

ver·tra·ging *de (v)* [-en] het langzamer gaan: ★ *de trein naar Groningen van 17.02 heeft een* ~ *van circa 20 minuten*

ver·trap·pen ww [vertrapte, h. vertrapt] ❶ stuk trappen ❷ *fig* wreed onderdrukken; schenden: ★ *het recht* ~

ver·tre·den I ww [vertrad, h. vertreden] vertrappen: ★ *de rechten van het volk* ~ **II** *wederk* ★ NN zich ~ ter ontspanning gaan wandelen

ver·trek I *het* [-ken] ❶ kamer: ★ *een huis met 14 vertrekken* ❷ BN ook, sp start; startplaats **II** *het* het weggaan: ★ *zijn* ~ *heeft de club veel schade berokkend*

ver·trek·hal *de* [-len] ruimte voor vertrekkende reizigers, vooral op een vliegveld

ver·trek·ken ww [vertrok, is & h. vertrokken] ❶ afreizen, weggaan ★ *van een bep. idee* ~ ervan uitgaan ❷ anders trekken: ★ *zijn gezicht* ~

ver·trek·kens·klaar *bn* BN startklaar

ver·trek·punt *het* [-en] ❶ plaats van waar men vertrekt ❷ uitgangspunt

ver·trek·sein *het* [-en], **ver·trek·sig·naal** [-sinjaal] *het* [-nalen] sein tot vertrek

ver·trek·staat *de (m)* [-staten] lijst met vertrektijden

ver·troe·be·len ww [vertroebelde, h. vertroebeld] ❶ troebel maken ❷ meestal fig onzuiver maken

ver·troe·te·len ww [vertroetelde, h. vertroeteld] veel liefde betonen, met (al te) veel zorg omringen: ★ *een vertroeteld kind*

ver·troos·ten ww [vertroostte, h. vertroost] troosten

ver·troos·ting *de (v)* [-en] troost

ver·tros·sing *de (v)* NN het meer en meer op amusement gericht zijn en steeds minder op educatieve waarden van radio- en televisieomroepen, waarvan in het bijzonder de TROS werd beticht

ver·trouwd *bn* ❶ vertrouwenswaardig: ★ *een* ~ *persoon* ★ *de opdracht is in vertrouwde handen* ★ *is het* ~*?* te vertrouwen ❷ bekend: ★ *een* ~ *gezicht* ★ ~ *raken met iets* ★ ~ *zijn met zulk werk* zulk werk vaker gedaan hebben

ver·trouw·de *de* [-n] iemand aan wie men geheimen toevertrouwt

ver·trouwd·heid *de (v)* het vertrouwd-zijn

ver·trou·we·lijk *bn* ❶ in vertrouwen; geheim: ★ *een vertrouwelijke brief* ★ *iets* ~ *mededelen* ❷ in wederzijds vertrouwen, gemeenzaam: ★ ~ *met elkaar omgaan*

ver·trou·we·lijk·heid *de (v)* ❶ het vertrouwelijk-zijn ❷ [*mv:* -heden] vertrouwelijke uiting of handeling

ver·trou·we·ling *de (m)* [-en] iem. aan wie men veel geheimen toevertrouwt

ver·trou·wen I ww [vertrouwde, h. vertrouwd] ❶ voor eerlijk, trouw aanzien: ★ *hij is niet te* ~ ❷ rekenen, hopen op: ★ *op God* ~ ★ *vertrouw erop dat het in orde komt* **II** *het* ❶ geloof aan iemands eerlijkheid en trouw: ★ *iems.* ~ *genieten* ★ ~ *stellen in iem.* ★ *een blind* ~ *in iem. hebben* ★ *goed van* ~ *zijn* te veel in de eerlijkheid van mensen geloven, naïef zijn ★ BN *huis van* ~ vertrouwde zaak, firma ❷ hoop: ★ *hij zag de toekomst met veel* ~ *tegemoet* ❸ overtuiging: ★ *in het volste* ~ *dat hij er goed aan deed* ❹ geheim: ★ *iemand iets in* ~ *mededelen* ★ *iemand in* ~ *nemen* hem een geheim vertellen

ver·trou·wens·arts *de (m)* [-en] arts tot wie men zich kan wenden met problemen die volstrekte vertrouwelijkheid vereisen, zoals kindermishandeling, seksuele misdrijven e.d.

ver·trou·wens·cri·sis [-zis] *de (v)* [-sissen, -crises] [-sen] toestand van onzekerheid of twijfel over het vertrouwen

ver·trou·wens·func·tie [-sie-] *de (v)* [-s] functie waarbij van de bekleder wordt verwacht veel belangrijke aangelegenheden geheim te kunnen houden

ver·trou·wens·kwes·tie *de (v)* kwestie van vertrouwen ★ *de* ~ *stellen* van het parlement een duidelijke uitspraak verlangen van vertrouwen in het beleid van de regering

ver·trou·wens·man *de (m)* [-nen, -lieden] iemand aan wie men zijn belangen toevertrouwt

ver·trou·wens·per·soon *de (m)* [-sonen] tussenpersoon die voor een van de partijen in een kwestie of conflict de belangen behartigt

ver·trou·wens·po·si·tie [-zie(t)sie] *de (v)* [-s],
ver·trou·wens·post *de (m)* [-en] positie die volledig vertrouwen in de bekleder vereist

ver·trou·wens·stem·ming *de (v)* BN stemming die meet of de regering nog het vertrouwen van de

volksvertegenwoordiging heeft
ver·trou·wen·wek·kend *bn* reden gevend tot vertrouwen
ver·trut·ting *de (v)* vooral NN, spreektaal het truttig of zeer kleinburgerlijk worden
ver·tui·en *ww* [vertuide, h. vertuid] ‹een schip› tussen twee ankers vastleggen
ver·twij·feld *bn* wanhopig: ★ ~ *zocht hij naar een blusapparaat*
ver·twij·fe·len *ww* [vertwijfelde, h. vertwijfeld] wanhopig worden
ver·twij·fe·ling *de (v)* wanhoop
ver·uit *bijw* verreweg: ★ ~ *de rijkste*
ver·ui·ter·lij·ken *ww* [veruiterlijkte, is veruiterlijkt] hoofdzakelijk of alleen uiterlijk worden; **veruiterlijking** *de (v)*
ver·vaard *bn* bang; zie ook bij → **gerucht**, → **kleintje**
ver·vaard·heid *de (v)* vrees, het bang-zijn
ver·vaar·di·gen *ww* [vervaardigde, h. vervaardigd] → **maken** (bet 1), fabriceren; **vervaardiger** *de (m)* [-s]
ver·vaar·di·ging *de (v)* het → **maken** (bet 1)
ver·vaar·lijk *bn* angstwekkend, geducht; geweldig groot: ★ *een ~ monster*
ver·va·gen *ww* [vervaagde, is & h. vervaagd] ❶ vaag, onduidelijk worden: ★ *de inkomensverschillen tussen mannen en vrouwen ~* ❷ onduidelijk doen worden; **vervaging** *de (v)*
ver·val *het* ❶ achteruitgang: ★ *het ~ van het Romeinse Rijk* ★ *in ~ raken* vervallen, achteruitgaan, minder worden ❷ verschil in de hoogte van het water op twee plaatsen van een rivier
ver·val·dag *de (m)* [-dagen] dag waarop betaald moet worden
ver·val·len I *ww* [verviel, is vervallen] ❶ bouwvallig worden: ★ *het stadhuis is sterk aan het ~* ❷ sterk verminderen, achteruitgaan: ★ *haar krachten ~* ❸ komen tot, terugvallen: ★ *in herhalingen ~* ★ *in of tot zijn oude fout ~* ★ *van het ene in het andere uiterste ~* ❹ zijn geldigheid of waarde verliezen: ★ *die bepaling is nu ~* ❺ uitvallen, niet doorgaan: ★ *verschillende nummers ~* ❻ van de een aan de ander overgaan: ★ *dit vervalt aan de staat* ❼ ‹van een wissel› betaald moeten worden **II** *bn* ❶ bouwvallig; verzwakt, verarmd ❷ niet meer geldig ★ *van de troon ~ verklaren* het recht op de troon ontzeggen
ver·val·pro·ces *het* [-sen] verandering die een radioactieve stof ondergaat, gekenmerkt door het uitzenden van straling uit de atomen
ver·val·sen *ww* [vervalste, h. vervalst] ❶ namaken: ★ *een handtekening ~* ★ *een schilderij ~* ❷ veranderingen aanbrengen in rekeningen, geschriften enz. om zich te bevoordelen; **vervalser** *de (m)* [-s]; **vervalsing** *de (v)* [-en]
ver·val·tijd *de (m)* [-en] vervaldag
ver·vang·baar *bn* vervangen kunnende worden
ver·van·gen *ww* [verving, h. vervangen] ❶ in de plaats komen van: ★ *een verdediger verving de*

ve

geblesseerde aanvaller ❷ in de plaats stellen van: ★ *een kapot onderdeel ~*
ver·van·ger *de (m)* [-s] iem. die vervangt
ver·van·ging *de (v)* [-en] het vervangen ★ *aan ~ toe zijn* versleten, bijna kapot of op zijn, zodat er nieuw ingekocht moet worden
ver·van·gings·in·ko·men *het* [-s] BN ook uitkering of pensioen in plaats van loon
ver·van·gings·mid·del *het* [-en] product dat bij geringe voorraad of ontbreken van het oorspronkelijke, hiervoor in de plaats gebruikt kan worden, surrogaat
ver·van·gings·pool *de (m)* [-s] BN, onderw organisatie waarbij aan beginnende leerkrachten die korte vervangingen doen een vast jaarloon geboden wordt, nu alleen nog voor knelpuntzones en -vakken
ver·van·gings·waar·de *de (v)* waarde van een bezit, gesteld op het bedrag dat hetzelfde bezit nieuw zou kosten: ★ *verzekeringen tegen ~*
ver·vang·stuk *het* [-ken] BN ook reserveonderdeel
ver·vat·ten *ww* [vervatte, h. vervat] opstellen, formuleren, uitdrukken: ★ *daarin is alles vervat wat over het onderwerp bekend is*
ver·ve (‹Fr‹Lat) *de* geestdrift, gloed, vuur waarmee men iets doet / uitvoert: ★ *ze vertelde met ~ haar avonturen*
ver·veeld *bn* in een stemming van verveling; blijk gevend van een stemming van verveling: ★ *~ keek ze voor zich uit* ★ BN ook *met iets ~ zitten* met iets in zijn maag zitten, ergens een probleem mee hebben, ergens geen raad mee weten
ver·ve·len I *ww* [verveelde, h. veerveeld] tot last zijn; niet boeien: ★ *al die domme quizzen ~ me* ★ *tot vervelens toe* steeds maar weer, zodat er niets meer aan is **II** *wederk* ★ *zich ~* zich onprettig voelen, omdat men onvoldoende bezigheid heeft
ver·ve·lend *bn* ❶ langdradig, saai: ★ *een vervelende show* ❷ onprettig, naar: ★ *ik heb zojuist een ~ bericht gehoord*
ver·ve·ling *de (v)* het zich vervelen
ver·vel·len *ww* [vervelde, is verveld] van vel veranderen; **vervelling** *de (v)* [-en]
ver·ve·loos *bn* waar de verf af is; **verveloosheid** *de (v)*
ver·ven *ww* [verfde, h. geverfd] met verf bedekken, kleuren: ★ *een kast ~*
ver·ve·nen *ww* [verveende, h. verveend] veen afgraven, turf steken
ver·ve·ning *de (v)* ❶ het vervenen ❷ [*mv*: -en] veenderij
ver·ver *de (m)* [-s] (huis)schilder
ver·ve·rij *de (v)* [-en] verfinrichting, vooral voor stoffen
ver·ver·sen *ww* [ververste, h. ververst] ❶ verfrissen, vernieuwen: ★ *olie ~* ❷ BN ook ‹van kleren, beddengoed› verschonen ❸ BN, spreektaal ‹van luiers› een schone luier omdoen
ver·ver·sing *de (v)* [-en] ❶ het verversen ❷ NN drank, snacks e.d. die men ergens gebruikt

ver·vet·ten ww [vervette, is vervet] ❶ in vet overgaan ❷ met een te dikke vetlaag omgeven worden; **vervetting** de (v)
ver·vier·dub·be·len ww [vervierdubbelde, h. & is vervierdubbeld], **ver·vier·vou·di·gen** [verviervoudigde, h. & is verviervoudigd] ❶ vier maal zo groot maken ❷ vier maal zo groot worden
ver·vijf·vou·di·gen ww [vervijfvoudigde, h. & is vervijfvoudigd] ❶ vijf maal zo groot maken ❷ vijf maal zo groot worden
ver·vil·ten ww [verviltte, is vervilt] viltig worden: ★ wol kan ~; **vervilting** de (v)
ver·vlaam·sen ww [vervlaamste, h. & is vervlaamst] ❶ Vlaams maken ❷ Vlaams worden
ver·vlak·ken ww [vervlakte, h. & is vervlakt] ❶ vlak, oppervlakkig of gelijkvormig maken ❷ vlak, oppervlakkig of gelijkvormig worden; **vervlakking** de (v)
ver·vlech·ten ww [vervlocht, h. vervlochten] in elkaar vlechten; meestal fig: ★ in een verhaal ~ erin opnemen
ver·vlie·gen ww [vervloog, is vervlogen] ❶ snel verdampen: ★ benzine vervliegt ❷ fig (snel) verdwijnen: ★ al mijn hoop is vervlogen ❸ snel voorbijgaan: ★ de jaren ~; vgl: → **vervlogen**
ver·vloei·en ww [vervloeide, is vervloeid] ❶ langzaam wegvloeien ★ fig het geleerde vervloeit ❷ in elkaar vloeien: ★ de tinten ~
ver·vloe·ken ww [vervloekte, h. vervloekt] een vloek uitspreken over; sterk verwensen
ver·vloe·king de (v) [-en] ❶ het vervloeken ❷ vloek
ver·vloekt I bn schandelijk: ★ dat vervloekte racisme! **II** bijw inf in hoge mate: ★ ~ koud **III** tsw inf verduiveld
ver·vlo·gen bn (snel) voorbijgegaan: ★ ~ jaren; vgl: → **vervliegen**
ver·vluch·ti·gen ww [vervluchtigde, is vervluchtigd] ❶ vervliegen ❷ fig verloren gaan; **vervluchtiging** de (v)
ver·voe·gen I ww [vervoegde, h. vervoegd] ❶ ‹een werkwoord› de uitgang geven die hoort bij de persoon en de tijd ❷ BN, form zich aansluiten bij, zich voegen bij: ★ zij komen de groep ~ zich melden bij; zich wenden tot; (komen) opzoeken **II** wederk plechtig zich persoonlijk wenden, zich aanmelden: ★ zich ten stadhuize ~ ★ zich bij de commandant ~
ver·voe·ging de (v) [-en] ‹van een werkwoord› het vervoegen; de vervoegde vorm
ver·voer het verplaatsing, overbrenging ★ openbaar ~ vervoer waarvan iedereen gebruik mag maken, zoals treinen, trams, stadsbussen, streekbussen e.d. ★ eigen ~ vervoer met eigen middelen:, ik ga altijd met eigen ~ naar mijn werk
ver·voer·be·drijf het [-drijven] bedrijf dat (voor anderen) vervoert
ver·voer·be·wijs [-wijzen], **ver·voer·bil·jet** het [-ten] bewijs van toestemming tot vervoer
ver·voer·der de (m) [-s] iem. die iets vervoert of laat vervoeren
ver·voe·ren ww [vervoerde, h. vervoerd] van de ene plaats naar de andere overbrengen, transporteren
ver·voe·ring de (v) verrukking, geestdrift: ★ iemand in ~ brengen
ver·voer·mid·del het [-en] vaartuig, voertuig of vliegtuig dienend tot vervoer
ver·voers·bond de (m) [-en] vakbond van in het vervoerswezen werkzame werknemers
ver·voer·ver·bod het [-boden] (tijdelijk) verbod om iets bepaalds te vervoeren: ★ een ~ voor vee als er een besmettelijke veeziekte heerst
ver·volg het [-en] voortzetting: ★ deze strip is een ~ op de vorige van deze tekenaar ★ in het ~ voortaan ★ ten vervolge op of van als voortzetting van
ver·volg·baar bn gerechtelijk vervolgd kunnende worden
ver·volg·deel het [-delen] boekdeel dat het vervolg is op een vorig deel
ver·vol·gen ww [vervolgde, h. vervolgd] ❶ rechtsmaatregelen nemen tegen: ★ iemand ~ wegens diefstal ❷ voortzetten: ★ zijn weg ~ ★ zijn ondervraging ~ ❸ ‹verhaal› wordt vervolgd ❹ verder gaan: ★ 'en dan', vervolgde zij, 'is het nog de vraag, of het doorgaat' ❺ NN achternazitten: ★ een vluchteling ~
ver·vol·gens bijw daarna, verder
ver·vol·ging de (v) [-en] het → **vervolgen** (bet 2 en 4)
ver·vol·gings·be·leid het wijze waarop strafbare feiten worden bestraft
ver·vol·gings·waan, **ver·vol·gings·waan·zin** de (m) het steeds in de waan verkeren dat men achtervolgd wordt, paranoia
ver·volg·on·der·wijs het vooral NN onderwijs na het basisonderwijs
ver·volg·ver·haal het [-halen] verhaal dat in een aantal vervolgen in een krant of tijdschrift verschijnt, feuilleton
ver·vol·ma·ken ww [vervolmaakte, h. vervolmaakt] door (technische) verbeteringen doelmatiger, mooier maken, perfectioneren: ★ BN zich ~ zich bijscholen, nascholen; **vervolmaking** de (v)
ver·vol·ma·kings·cur·sus de (m) [-sen] BN ook bijscholingscursus
ver·vol·ma·kings·jaar het BN jaar dat aan bijscholingscursus wordt besteed
ver·vormd bn een andere vorm hebbend, niet meer de juiste vorm hebbend: ★ een ~ koekblik ★ een vervormde kijk op de maatschappelijke verhoudingen ★ BN vervormde weg weg met een slecht of beschadigd wegdek
ver·vor·men ww [vervormde, h. & is vervormd] ❶ een andere vorm geven; de juiste vorm doen verliezen ★ geluid ~ anders doen klinken ❷ de juiste vorm verliezen: ★ door de regen is die hoed helemaal vervormd; **vervorming** de (v) [-en]
ver·vrach·ten ww [vervrachtte, h. vervracht] ❶ een schip voor vrachtvervoer verhuren ❷ bevrachten;

vervrachter *de (m)* [-s]; **vervrachting** *de (v)* [-en]
ver·vreem·den *ww* [vervreemdde, h. & is vervreemd]
❶ in andere handen brengen: ★ *goederen ~*
❷ vreemd maken tegenover: ★ *die lange scheiding zal hem van ons ~* ❸ vreemd worden tegenover: ★ *die kinderen zijn van hun ouders vervreemd*
ver·vreem·ding *de (v)* ❶ het vervreemden
❷ verschijnsel dat er een, al dan niet bewust gevoelde, geestelijke afstand ontstaat tussen de mens enerzijds en zijn arbeid, de producten van zijn arbeid, de gemeenschap waarin hij leeft enz. anderzijds ❸ recht wisseling van eigenaar door verkoop, schenking of anderszins
ver·vroe·gen *ww* [vervroegde, h. vervroegd]
❶ vroeger doen plaatshebben: ★ *iemands dood ~*
❷ vroeger stellen: ★ *de datum van een brief ~* ❸ door kunstmiddelen vroeger laten rijpen of bloeien;
vervroeging *de (v)* [-en]
ver·vrou·we·lij·ken *ww* [vervrouwelijkte, h. & is vervrouwelijkt] ❶ meer vrouwelijk maken ❷ meer vrouwelijk worden (niet ongunstig zoals → **verwijven**); **vervrouwelijking** *de (v)*
ver·vui·len *ww* [vervuilde, is & h. vervuild] ❶ vuil worden: ★ *het grondwater vervuilt* ❷ vuil maken: ★ *het milieu ~*
ver·vui·ler *de (m)* [-s] iem. die vuil maakt ★ *de ~ betaalt* leus waarmee men te kennen geeft dat diegene die het milieu het meest vervuilt, er ook het meest toe moet bijdragen dat het weer schoon wordt
ver·vui·ling *de (v)* het vuil maken of worden
ver·vuld *bn* ★ *~ van* zie bij → **vervullen**
ver·vul·len *ww* [vervulde, h. vervuld] ❶ voldoen aan, bevredigen, verwezenlijken: ★ *iemands wensen ~*
❷ nakomen: ★ *zijn plicht ~* ❸ ⟨van een ambt⟩ bekleden ❹ vol maken van: ★ *vervuld van de H. Geest* ★ *vervuld van hoop*
ver·vul·ling *de (v)* ❶ het vervullen ❷ verwezenlijking: ★ *mijn wens is in ~ gegaan*
ver·waaid *bn* door de wind ontredderd ★ *verwaaide bomen* door de wind scheefgegroeid
ver·waai·en *ww* [verwaaide of verwoei, is verwaaid]
❶ wegwaaien ❷ door de wind ontredderd worden: ★ *onze tuin is totaal verwaaid*
ver·waand *bn* trots, zich veel verbeeldend, arrogant; **verwaandheid** *de (v)*
ver·waar·di·gen I *ww* [verwaardigde, h. verwaardigd] waardig keuren: ★ *zij verwaardigde ons met geen blik* **II** *wederk* wel zo goed willen zijn: ★ *hij verwaardigde zich tot ons ook enige woorden te spreken*
ver·waar·lo·zen *ww* [verwaarloosde, h. verwaarloosd]
❶ niet verzorgen: ★ *huisdieren ~* ❷ nalaten: ★ *zijn plichten ~* ❸ niet tellen: ★ *zeer kleine verschillen ~*;
verwaarlozing *de (v)*
ver·wach·ten *ww* [verwachtte, h. verwacht]
❶ rekenen op de komst of het gebeuren van iets: ★ *regen ~* ★ *hij verwachtte een groots onthaal* ★ *een baby ~* zwanger zijn ❷ ★ BN ook, spreektaal zich ~ aan verwachten; rekenen op, hopen op: ★ *hij verwachtte zich aan de overwinning*
ver·wach·ting *de (v)* [-en] het verwachten; hoop: ★ *de ~ uitspreken dat…* ★ *hoge verwachtingen koesteren* veel verwachten ★ *aan de ~ beantwoorden* ★ *buiten ~* zonder dat men het verwacht had ★ *in (blijde) ~ zijn* zwanger zijn
ver·wach·tings·pa·troon *het* [-tronen] het geheel van ideeën over de ontwikkeling van komende gebeurtenissen, gebaseerd op informatie over vergelijkbare gebeurtenissen
ver·want ⟨*Du*⟩ **I** *bn* ❶ tot dezelfde familie behorend
❷ overeenkomende met: ★ *verwante diersoorten*
II *de (m)* [-en] bloedverwant, familielid
ver·want·schap *de (v)* ❶ het verwant-zijn ❷ familie
ver·ward *bn* ❶ onordelijk: ★ *een verwarde boel*
❷ onsamenhangend: ★ *een ~ betoog* ❸ geestelijk in de war, confuus: ★ *~ raken* ★ *in verwarde toestand het huis verlaten*; **verwardheid** *de (v)*
ver·war·men *ww* [verwarmde, h. verwarmd] warm maken
ver·war·ming *de (v)* ❶ het verwarmen: ★ *de ~ van een kas* ❷ verwarmingstoestel: ★ *zet de ~ wat hoger*
★ *centrale ~* systeem waarbij centraal warmte wordt opgewekt waarna deze warmte naar de verschillende vertrekken wordt getransporteerd d.m.v. heet water of hete lucht
ver·war·mings·ele·ment *het* [-en] onderdeel van verwarmings- en kooktoestellen, dat door elektrische stroom tot hoge temperatuur wordt gebracht
ver·war·ren *ww* [verwarde, h. verward] in de war brengen ★ *~ met* voor iem. of iets anders houden
ver·war·ring *de (v)* ❶ het verwarren ❷ het verward zijn: ★ *~ stichten*
ver·wa·se·men *ww* [verwasemde, is verwasemd] verdampen
ver·wa·ten *bn* arrogant, verwaand; **verwatenheid** *de (v)*
ver·wa·terd *bn* verslapt: ★ *verwaterde vriendschap*
★ *een verwaterde stijl* ; zie ook → **verwateren**
ver·wa·te·ren *ww* [verwaterde, is verwaterd] verslappen, zijn kracht of pit verliezen; verlopen:
★ *die club is helemaal verwaterd*; **verwatering** *de (v)*
ver·wed·den *ww* [verwedde, h. verwed] wedden om:
★ *ik wil er 10 euro onder ~ dat het niet waar is*
ver·weer *het* ❶ verdediging ★ recht ~ *voeren* zichzelf of een ander verdedigen ❷ verzet
ver·weerd *bn* door het weer aangetast: ★ *het verweerde uiterlijk van een zeeman*
ver·weer·der *de (m)* [-s] gedaagde
ver·weer·mid·del *het* [-en] ❶ verdedigingsmiddel
❷ grond tot verweer in rechten
ver·weer·schrift *het* [-en] verdedigingsgeschrift
ver·weesd *bn* wees geworden
ver·we·gen *ww* [verwoog, verwogen] zie bij → **verwikken**
Ver·weg·gi·stan *het* vooral NN, schertsend zeer ver weg gelegen land

ver·we·ke·lij·ken ww [verwekelijkte, h. & is verwekelijkt] ❶ slapper, zwakker maken ❷ slapper, zwakker worden; **verwekelijking** de (v)

ver·we·ken ww [verweekte, is verweekt] te week, te zacht worden; **verweking** de (v)

ver·wek·ken ww [verwekte, h. verwekt] doen ontstaan, opwekken: ★ opschudding ~ ★ een kind ~ een eicel bevruchten waardoor een kind ontstaat

ver·wek·ker de (m) [-s] ❶ iem. die verwekt ★ de ~ van het kind de biologische vader ❷ bacil die een ziekte doet ontstaan: ★ de ~ van de tyfus

ver·wek·king de (v) het verwekken of verwekt worden

ver·wel·ken ww [verwelkte, is verwelkt] slap worden; verdorren, verleppen: ★ bloemen ~ ★ een verwelkt gezicht gelaat dat zijn frisheid verloren heeft

ver·wel·ko·men ww [verwelkomde, h. verwelkomd] welkom heten; **verwelkoming** de (v) [-en]

ver·welkt bn zie bij → **verwelken**

ver·wend bn zie bij → **verwennen**; **verwendheid** de (v)

ver·wen·nen ww [verwende, h. verwend] ❶ te toegeeflijk zijn en daardoor bederven: ★ een kind ~ ★ een verwend kind bedorven door verwenning ❷ vertroetelen: ★ de zieke werd eens lekker verwend ★ daarmee worden we niet verwend daar krijgen we niet veel van; **verwenning** de (v)

ver·wen·sen ww [verwenste, h. verwenst] kwaad toewensen, vervloeken

ver·wen·sing de (v) ❶ het verwensen ❷ [mv: -en] verwensende woorden, vervloeking

ver·wenst bn vervloekt, beroerd, akelig: ★ die verwenste belastingen

ver·we·reld·lij·ken ww [verwereldlijkte, h. & is verwereldlijkt] ❶ wereldlijk of werelds maken ❷ wereldlijk of werelds worden; **verwereldlijking** de (v)

ver·we·ren I ww [verweerde, is verweerd] vergaan, verbrokkelen door weersinvloeden; zie: → **verweerd** **II** wederk [verweerde, h. verweerd] zich verdedigen

ver·we·ring de (v) het → **verweren**

ver·wer·ke·lij·ken ww [verwerkelijkte, h. verwerkelijkt] tot werkelijkheid maken; verwezenlijken, concretiseren; **verwerkelijking** de (v)

ver·wer·ken ww [verwerkte, h. verwerkt] ❶ bij de vervaardiging gebruiken: ★ goede materialen ~ ❷ omwerken: ★ gegevens ~ in een computer ★ lompen ~ tot papier ❸ goed in zich opnemen: ★ het gelezene ~ ❹ te boven komen: ★ hij had enige tijd nodig om het telefoontje te ~

ver·wer·pe·lijk bn te verwerpen, slecht, afkeurenswaardig; **verwerpelijkheid** de (v)

ver·wer·pen ww [verwierp, h. verworpen] afkeuren, afwijzen: ★ een voorstel ~

ver·wer·ping de (v) [-en] afkeuring, afwijzing

ver·wer·ven ww [verwierf, h. verworven] door enige moeite verkrijgen: ★ kennis ~ ★ de eerste prijs ~ ★ een taal ~ als moedertaal, op natuurlijke wijze leren

ver·wer·vings·kos·ten mv kosten gemaakt voor het verwerven van een inkomen

ver·wes·ter·sen ww [verwesterde, is verwesterd] westers, Europees gaan leven en denken; **verwestersing** de (v)

ver·we·ven ww [verweefde, h. verweven] doorheen weven; meestal verleden deelwoord: ★ ~ met of in fig nauw verbonden met, onscheidbaar opgenomen in

ver·we·zen¹ ww [verweesde, is verweesd] wees worden; vgl: → **verweesd**

ver·we·zen² bn verslagen, geheel van streek; onthutst: ★ ~ voor zich uit staren

ver·we·zen·lij·ken ww [verwezenlijkte, h. verwezenlijkt] tot werkelijkheid doen worden

ver·we·zen·lij·king de (v) [-en] ❶ het verwezenlijken, de realisatie ❷ BN ook resultaat

ver·wij·den ww [verwijdde, h. verwijd] wijder maken ★ zich ~ wijder worden

ver·wij·derd bn ver, afgelegen

ver·wij·de·ren ww [verwijderde, h. verwijderd] ❶ weg doen gaan: ★ iemand uit een gezelschap ~ ❷ wegdoen: ★ de overblijfselen ~ ❸ ★ zich ~ weggaan ❹ afzonderen, scheiden: ★ die gebeurtenis heeft hen van elkaar verwijderd

ver·wij·de·ring de (v) ❶ het verwijderen ❷ koelheid, het zich afkeren van elkaar

ver·wij·ding de (v) [-en] het verwijden

ver·wijfd bn ⟨van mannen gezegd⟩ vrouwelijk in gedrag, wijze van kleden enz. (in ongunstige zin); **verwijfdheid** de (v)

ver·wijl het ★ zonder ~ plechtig ogenblikkelijk

ver·wij·len ww [verwijlde, h. verwijld] plechtig ❶ blijven ❷ stilstaan bij

ver·wijl·in·te·rest de (m) BN rente bij te late betaling

ver·wijs·brief·je het [-s], **ver·wijs·kaart** de [-en] vooral NN briefje waarmee de huisarts een patiënt naar een specialist verwijst

ver·wijt het [-en] beschuldigende, afkeurende opmerking: ★ iemand een ~ van iets maken over zijn verslaving ★ ons treft geen ~

ver·wijt·baar bn ★ ~ werkloos (in het Nederlandse sociale recht) door eigen toedoen werkloos

ver·wij·ten ww [verweet, h. verweten] beschuldigend afkeuren: ★ iemand verwijtend aankijken

ver·wij·ven ww [verwijfde, h. & is verwijfd] ❶ wekelijk maken ❷ wekelijk worden

ver·wij·zen ww [verwees, h. verwezen] ❶ zenden naar: ★ iem. naar een ander loket, naar een specialist ~ ❷ als bewijsplaats noemen: ★ de spreker verwees naar recente publicaties over de evolutietheorie

ver·wij·zing de (v) [-en] het verwijzen, vooral naar iets wat elders te lezen staat

ver·wij·zings·te·ken het [-s] teken dat verwijst

ver·wik·ke·len ww [verwikkelde, h. verwikkeld] betrekken: ★ iemand in een duistere zaak ~ ★ in een discussie verwikkeld raken

ver·wik·ke·ling de (v) [-en] ❶ het verwikkelen ❷ het samenhangend en samengesteld verloop: ★ de ~ in een toneelstuk ❸ (vooral mv: verwikkelingen) moeilijkheden door onenigheid ❹ BN ook

complicatie (bij een ziekte)
ver·wik·ken *ww* NN bewegen: ★ *niet te ~ of te verwegen* ★ *er is geen ~ of verwegen aan het is niet van zijn plaats te krijgen*
ver·wil·derd *bn* ❶ teruggekeerd tot de wilde staat: ★ *een verwilderde tuin* ❷ aan alle discipline ontwend: ★ *verwilderde jeugd*
ver·wil·de·ren *ww* [verwilderde, is verwilderd] ❶ wild, bandeloos worden ❷ weer terugkeren tot de wilde staat: ★ *deze zwerfkat is verwilderd*; **verwildering** *de (v)*
ver·wis·sel·baar *bn* kunnende verwisseld worden
ver·wis·se·len *ww* [verwisselde, h. verwisseld] ❶ ruilen ★ *een band ~ een lekke band verwijderen en vervangen door een goede* ❷ in elkaars plaats stellen, het een voor het ander aanzien: ★ *ik verwissel hem vaak met zijn neef*; zie ook bij → **tijdelijk**
ver·wis·se·ling *de (v)* [-en] het verwisselen
ver·wit·ti·gen *ww* [verwittigde, h. verwittigd] ❶ vooral BN in kennis stellen, op de hoogte brengen, informeren, inlichten: ★ *iemand van iets ~* ❷ BN ook waarschuwen: ★ *dit is de laatste keer dat ik je verwittig*
ver·wit·ti·ging *de (v)* [-en] ❶ vooral BN het op de hoogte brengen: ★ *abonnees krijgen een ~ per e-mail* ❷ BN ook waarschuwing: ★ *laatste ~!*
ver·woed *bn* zeer hevig: ★ *~ vechten*
ver·woes·ten *ww* [verwoestte, h. verwoest] kapot maken, vernielen: ★ *een gebouw ~*; **verwoesting** *de (v)* [-en]
ver·won·den *ww* [verwondde, h. verwond] wonden
ver·won·derd *bn* zich verwonderend; van verwondering blijk gevend, verbaasd: ★ *~ liep hij door de grote stad*
ver·won·de·ren *ww* [verwonderde, h. verwonderd] verbaasd doen zijn ★ *zich ~* verbaasd zijn ★ *het is niet te ~* men kan het verwachten
ver·won·de·ring *de (v)* verbazing
ver·won·der·lijk *bn* verwondering wekkend; **verwonderlijkheid** *de (v)*
ver·won·ding *de (v)* ❶ het oplopen *of* toebrengen van een wond ❷ [*mv:* -en] wond
ver·wo·nen *ww* [verwoonde, h. verwoond] aan woonkosten betalen: ★ *hij verwoont 900 euro per maand*
ver·woor·den *ww* [verwoordde, h. verwoord] onder woorden brengen, in woorden uiten: ★ *zijn gevoelens ~*; **verwoording** *de (v)* [-en]
ver·wor·den *ww* [verwerd, is verworden] ontaarden, achteruitgaan
ver·wor·gen *ww* [verwurgde, h. verwurgd], **ver·wur·gen** [verwurgde, h. verwurgd] worgen
ver·wor·pe·ling *de (m)* [-en] verstotene
ver·wor·pe·ne *de* [-n] verstotene, ellendige
ver·wor·pen·heid *de (v)* het verstoten-zijn, diepe ellende
ver·wor·ven·heid *de (v)* [-heden] wat men met moeite verkregen heeft
ver·wrik·ken *ww* [verwrikte, h. verwrikt] met moeite even bewegen
ver·wrin·gen *ww* [verwrong, h. verwrongen] wringend → **vertrekken** (bet 2): ★ *een verwrongen gelaat* ★ *een verwrongen voorstelling van iets geven* fig scheef, vals, verdraaid
ver·wur·gen *ww* [verwurgde, h. verwurgd] → **verworgen**
ver·zach·ten *ww* [verzachtte, h. & is verzacht] ❶ zachter, minder pijnlijk maken, lenigen: ★ *iemands leed ~* ★ *in verzachtende termen* minder scherp, enigszins verbloemend ★ *verzachtende omstandigheden* omstandigheden die de schuld verlichten ❷ zachter worden: ★ *het weer is heel wat verzacht*; **verzachting** *de (v)* [-en]
ver·za·digd *bn* ❶ genoeg gegeten hebbend ❷ geheel voorzien, zodat er weinig of niets meer van verkocht wordt: ★ *de markt voor mobiele telefoons is nog niet geheel ~* ❸ ‹van een oplossing› niet meer kunnende bevatten ❹ ‹damp› zijn grootste dichtheid hebbende
ver·za·di·gen *ww* [verzadigde, h. verzadigd] ❶ de honger volkomen bevredigen ❷ fig volop voorzien
ver·za·di·ging *de (v)* ❶ het verzadigen ❷ het verzadigd-zijn
ver·za·gen *ww* [verzaagde, h. verzaagd] zagende verdelen: ★ *planken tot brandhout ~*
ver·za·ke·lij·ken *ww* [verzakelijkte, is verzakelijkt] zakelijk(er) worden, aan ideële waarde verliezen; **verzakelijking** *de (v)*
ver·zaken *ww* [verzaakte, h. verzaakt] ❶ niet nakomen: ★ *zijn plicht ~* ❷ afvallig worden aan: ★ *zijn geloof ~* ❸ kaartsp ten onrechte een kleur niet bekennen ❹ BN, vero afstand doen van, afzien van ★ *zij verzaakte aan de man die zij liefhad*; **verzaking** *de (v)*
ver·zak·ken *ww* [verzakte, is verzakt] wegzakken: ★ *een gedeelte van de spoordijk is verzakt*
ver·za·me·laar *de (m)* [-s] iem. die iets verzamelt
ver·za·mel·bun·del *de (m)* [-s] bundel met opstellen over verschillende onderwerpen, meestal van verschillende auteurs
ver·zamel·cd *de (m)* ['s] ❶ cd met nummers van diverse artiesten ❷ cd met een selectie van eerder verschenen nummers van één artiest, één groep
ver·za·mel·el·pee *de* [-s] ❶ langspeelplaat met nummers van diverse artiesten ❷ langspeelplaat met een selectie van eerder verschenen nummers van één artiest, één groep
ver·za·me·len *ww* [verzamelde, h. verzameld] ❶ bijeenbrengen: ★ *lege flessen ~* ★ *moed ~* ★ *zich ~* bijeenkomen ❷ in een verzameling bijeenbrengen: ★ *postzegels, telefoonkaarten ~*
ver·za·mel·gi·ro *de (m)* NN giro-overschrijving aan een aantal (op een lijst vermelde) begunstigden tegelijk
ver·za·me·ling *de (v)* ❶ het verzamelen ❷ [*mv:* -en]

het verzamelde, collectie: ★ *een ~ sigarenbandjes*
ver·za·me·lin·gen·leer *de* tak van de wiskunde die de eigenschappen van en de relaties tussen verzamelingen van elementen bestudeert
ver·za·mel·loon·staat *de (m)* [-staten] verzamelstaat van lonen en ingehouden loonbelasting, door de werkgever op vaste tijden in te dienen
ver·za·mel·lp *de* ['s] → **verzamelelpee**
ver·za·mel·naam *de (m)* [-namen] woord dat een aantal gelijksoortige zelfstandigheden noemt, die een eenheid vormen: bijv. *leger, geboomte*
ver·za·mel·plaats *de* [-en] plaats van samenkomst
ver·za·mel·staat *de (m)* [-staten] lijst waarop de gegevens van verscheidene lijsten verenigd zijn
ver·za·mel·werk *het* [-en] boekwerk of reeks van publicaties, waarin de resultaten van veel afzonderlijk onderzoek zijn verzameld
ver·za·mel·woe·de *de* sterke zucht tot verzamelen
ver·zan·den *ww* [verzandde, is verzand] ❶ vollopen met zand: ★ *de haven is verzand* ❷ fig op niets uitlopen, vastlopen: ★ *de plannen verzandden*; **verzanding** *de (v)* [-en]
ver·ze·ge·len *ww* [verzegelde, h. verzegeld] met een zegel sluiten: ★ *een brief ~*; **verzegeling** *de (v)* [-en]
ver·zeild *ww* ★ *~ raken of komen* toevallig komen, terechtkomen: ★ *hoe kom jij hier ~?*
ver·ze·ke·raar *de (m)* [-s] iem. die bij het sluiten van een verzekering de waarborgende partij is
ver·ze·kerd *bn* ❶ zeker, overtuigd: ★ *van iets ~ zijn* ❷ door verzekering gedekt tegen schade ❸ ★ *verzekerde bewaring* zie bij → **bewaring**
ver·ze·ker·de *de* [-n] iem. die zich verzekerd heeft (→ **verzekeren**, bet 5)
ver·ze·ke·ren *ww* [verzekerde, h. verzekerd] ❶ waarborgen: ★ *iemand een rustige oude dag ~* ❷ met stelligheid verklaren: ★ *hij verzekerde mij dat het de volle waarheid was* ❸ tegen betaling van een vast jaarlijks bedrag, de premie, tegen schade waarborgen *of* een of meer uitkeringen waarborgen: ★ *een huis tegen brand ~ ★ zich ~ door* premiebetaling zich waarborgen tegen schade *of* zich een of meer uitkeringen waarborgen ❹ ★ *zich ~* zich overtuigen: ★ *zich ervan ~ dat alle maatregelen genomen zijn* ❺ BN ook ‹van een dienst, samenwerking› uitvoeren, onderhouden
ver·ze·ke·ring *de (v)* [-en] ❶ het → **verzekeren** (bet 1, 2 en 4), zekerheid: ★ *hij gaf me de ~ dat ik er meer van zou horen* ❷ het → **verzekeren** (bet 3), assurantie; de overeenkomst waarin deze wordt vastgelegd: ★ *een ~ tegen diefstal, brand e.d.* ; zie ook bij → **familiaal** en → **sociaal** ❸ NN hechtenis, beslag: ★ *iem., iets in ~ nemen ★ recht in ~ stellen* gevangennemen van een verdachte om hem ter beschikking van justitie te houden
ver·ze·ke·rings·ad·vi·seur [-zeur] *de (m)* [-s] iem. die de raad geeft bij het sluiten van verzekeringen
ver·ze·ke·rings·agent *de (m)* [-en] iem. die het afsluiten van verzekeringen regelt

ver·ze·ke·rings·arts *de (m)* [-en] vooral NN verzekeringsgeneeskundige
ver·ze·ke·rings·bank *de* [-en] bank waarbij men een verzekering kan sluiten
ver·ze·ke·rings·bon *de (m)* [-nen] BN belegging in de vorm van een levensverzekering
ver·ze·ke·rings·con·tract *het* [-en] ❶ overeenkomst betreffende een verzekering ❷ het bewijsstuk hiervan, polis
ver·ze·ke·rings·ge·nees·kun·di·ge *de* [-n] NN geneeskundige die zich bezighoudt met de betrekkingen tussen ziekten en geldelijke uitkeringen die in verband daarmee gedaan worden
ver·ze·ke·rings·maat·schap·pij *de (v)* [-en] maatschappij waarbij men een verzekering kan sluiten
ver·ze·ke·rings·ma·ke·laar *de (m)* [-s *en* -laren] BN assurantiebezorger
ver·ze·ke·rings·plich·tig *bn* verplicht zich te verzekeren
ver·ze·ke·rings·pre·mie *de (v)* [-s] vast bedrag dat men op geregelde tijden voor een verzekering moet betalen
ver·zelf·stan·di·ging *de (v)* het onafhankelijk-, het zelfstandig-worden
ver·zen·bun·del *de (m)* [-s] boek met gedichten, liederen
ver·zen·den *ww* [verzond, h. verzonden] toesturen aan iemand
ver·zen·der *de (m)* [-s] iem. die iets verzendt
ver·zend·huis *het* [-huizen] bedrijf dat op een prijscourant bestelde artikelen rechtstreeks aan de kopers verzendt
ver·zen·ding *de (v)* [-en] ❶ het verzenden ❷ wat verzonden wordt
ver·zend·kan·toor *het* [-toren] kantoor vanwaar verzonden wordt
ver·zend·kos·ten *mv* kosten van verzending
ver·zend·lijst *de* [-en], **ver·zend·staat** *de (m)* [-staten] ❶ adreslijst van de personen aan wie iets toegezonden moet worden ❷ lijst van het verzondene
ver·ze·nen *mv* NN, Bijbel, vero hielen ★ *de ~ tegen de prikkels slaan* zich tot eigen nadeel verzetten (Handelingen 26: 14, in oude Bijbelvertalingen)
ver·zen·gen *ww* [verzengde, h. verzengd] schroeien: ★ *een verzengende hitte*; **verzenging** *de (v)*
ver·ze·pen *ww* [verzeepte, h. verzeept] ❶ in zeep doen overgaan ❷ chem het omzetten van een ester door koken met water of een base; **verzeping** *de (v)*
ver·zet *het* ❶ weerstand: ★ *in ~ komen tegen iets ★ ~ aantekenen*, doen het bij dezelfde rechter opkomen tegen een bij verstek gewezen vonnis ❷ verzetsbeweging: ★ *ondergronds ~ ★ hij is lid van het ~* ❸ wielersport versnelling
ver·zet·je *het* [-s] afleiding, moment waarop men met iets plezierigs bezig is: ★ *een mens moet ook eens*

een ~ hebben

ver·zets·be·we·ging *de (v)* geheime organisatie(s) tot tegenwerking van de heersende of bezettende macht

ver·zets·groep *de* [-en] groep verzetslieden

ver·zets·haard *de (m)* [-en] plaats, gebied waar en van waaruit een opstandige beweging werkzaam is

ver·zets·kruis *het* [-en en -kruizen] NN niet-militaire oorlogsonderscheiding, ingesteld op 3 mei 1946, ter erkenning van betoonde bijzondere moed en beleid bij het verzet en in de strijd voor het behoud van de geestelijke vrijheid

ver·zets·man *de (m)* [-nen, -lieden] lid van een verzetsbeweging

ver·zets·mo·nu·ment *het* [-en] gedenkteken ter herinnering aan het verzet (1940-1945)

ver·zets·po·ë·zie *de (v)* poëzie waarin zich het verzet tegen een heersende of bezettende macht uit

ver·zets·strij·der *de (m)* [-s] verzetsman

ver·zet·ten I *ww* [verzette, h. verzet] ❶ op een andere plaats zetten ★ *geen voet ~* roerloos stilstaan, niet handelend optreden ❷ op een andere tijd stellen: ★ *de klok ~, een vergadering ~* ; zie ook bij → **wet** ❸ doen, tot stand brengen: ★ *bergen werk ~* II *wederk* ❶ weerstand bieden: ★ *zich ~ tegen een dictatoriaal regime* ❷ verpozen: ★ *je moet je eens wat ~*

ver·zet·ting *de (v)* [-en] het → verzetten (bet 1 & 2)

ver·zie·ken *ww* [verziekte, is & h. verziekt] ❶ door ziekte wegkwijnen ❷ *fig* ontaarden, niet meer zijn zoals het behoorde te zijn ❸ verpesten, bederven: ★ *hij heeft de hele sfeer verziekt*

ver·zien¹ *bn* ★ *het ~ hebben op* gemunt

ver·zien² *ww* [verzag, h. verzien] ★ *zich ~* verkeerd zien, zich verkijken

ver·ziend *bn* goed kunnende zien in de verte, maar niet dichtbij; **verziendheid** *de (v)*

ver·zil·ten *ww* [verziltte, is & h. verzilt] ❶ zouthoudend worden ❷ verzouten; **verzilting** *de (v)*

ver·zil·ve·ren *ww* [verzilverde, h. verzilverd] ❶ met een laagje zilver bedekken ❷ voor geld inwisselen, verkopen: ★ *een cheque ~* ❸ benutten, (nuttig) gebruiken: ★ *de voetballer verzilverde de kans op een doelpunt*

ver·zil·ve·ring *de (v)* [-en] het → **verzilveren** (vooral bet 2)

ver·zin·ken¹ *ww* [verzinkte, h. verzinkt] met een laagje zink bedekken

ver·zin·ken² *ww* [verzonk, is & h. verzonken] ❶ wegzinken ❷ ‹spijkers en bouten› dieper dan het oppervlak slaan; zie ook:→ **gedachte** en → **verzonken**

ver·zin·ne·beel·den *ww* [verzinnebeeldde, h. verzinnebeeld] zinnebeeldig voorstellen, een zinnebeeld zijn van; **verzinnebeelding** *de (v)* [-en]

ver·zin·ne·lij·ken *ww* [verzinnelijkte, h. verzinnelijkt] uitbeelden, zinnelijk waarneembaar maken;

verzinnelijking *de (v)* [-en]

ver·zin·nen *ww* [verzon, h. verzonnen] ❶ bedenken, beramen: ★ *een excuus ~* ★ *daar moeten we iets op ~* ❷ fantaseren: ★ *een verhaaltje ~*

ver·zin·sel *het* [-s, -en] wat verzonnen (→ **verzinnen**, bet 2) is

ver·zit·ten *ww* [verzat, h. verzeten] ❶ op een andere plaats gaan zitten, anders gaan zitten ❷ met zitten doorbrengen: ★ *een uur ~*

ver·zoek *het* [-en] vraag om iets: ★ *een ~ indienen* ★ *op ~ van*

ver·zoe·ken *ww* [verzocht, h. verzocht] ❶ vragen: ★ *de passagiers wordt verzocht niet te roken* ★ NN *verzoeke ik verzoek, men verzoekt:* ★ NN *verzoeke met gepast geld te betalen* ❷ uitnodigen: ★ *mag ik u ~ aan tafel te gaan* ❸ in verzoeking brengen, trachten te verleiden ❹ ★ *dat is de goden ~* dat is vragen om moeilijkheden

ver·zoe·ker *de (m)* [-s] ❶ iem. die tracht te verleiden, die in verzoeking brengt ❷ iem. die een verzoek indient; **verzoekster** *de (v)* [-s]

ver·zoe·king *de (v)* [-en] plechtig verleiding: ★ *iemand in de ~ brengen* ★ *leid ons niet in ~*

ver·zoek·num·mer *het* [-s], **ver·zoek·plaat** *de* [-platen] radio cd gedraaid op verzoek van luisteraars

ver·zoek·pro·gram·ma *het* ['s] programma geheel of gedeeltelijk op verzoek samengesteld

ver·zoek·schrift *het* [-en] schriftelijk verzoek (aan de overheid bijv.), adres

ver·zoen·dag *de (m)* [-dagen] vasten- en boetedag bij de Israëlieten: ★ *Grote Verzoendag (valt ongeveer eind september)*

ver·zoe·nen I *ww* [verzoende, h. verzoend] de vrede herstellen; goedmaken: ★ *zonden ~* II *wederk* ❶ vrede sluiten (met) ❷ *fig* zich neerleggen bij, zich niet meer verzetten tegen iets waar men eerst bezwaar tegen had: ★ *zich met zijn lot ~*

ver·zoe·ning *de (v)* [-en] herstel van de vrede of de vriendschap

ver·zoe·nings·ge·zind *bn* geneigd tot verzoenen; **verzoeningsgezindheid** *de (v)*

ver·zoe·ten *ww* [verzoette, h. verzoet] ❶ zoet maken ❷ veraangenamen: ★ *geld* (of *loon*) *verzoet de arbeid*; **verzoeting** *de (v)*

ver·zo·len *ww* [verzoolde, h. verzoold] van nieuwe zolen voorzien

ver·zon·ken *bn* niet aan de oppervlakte zichtbaar

ver·zo·pen *bn inf* lichamelijk en maatschappelijk geschaad door drankmisbruik; zie ook bij → **kat** (bet 1); *vgl:* → **verzuipen**

ver·zorgd *bn* keurig, netjes

ver·zor·gen *ww* [verzorgde, h. verzorgd] ❶ iem. of iets geven wat nodig is: ★ *de huisdieren van iem. die op vakantie is ~* ❷ ervoor zorgen dat iets in orde komt: ★ *een tv-programma ~*

ver·zor·gen·de *de* [-n] iem. die zich geheel zelfstandig bezighoudt met de verzorging van pasgeborenen of van ouderen en volwassenen die niet meer

zelfstandig kunnen functioneren
ver·zor·ger *de (m),* **ver·zorg·ster** *de (v)* [-s] iem. die verzorgt
ver·zor·ging *de (v)* het verzorgen
ver·zor·gings·cen·trum *het* [-s, -tra] plaats die een omliggend gebied van het benodigde voorziet
ver·zor·gings·flat [-flet] *de (m)* [-s] flatgebouw waar aan de bewoners (meestal bejaarden) huishoudelijke diensten worden verleend
ver·zor·gings·huis, ver·zor·gings·te·huis *het* [-huizen] tehuis voor mensen die bijzondere zorg nodig hebben, vooral bejaarden
ver·zor·gings·staat *de (m)* [-staten] staat waarin het stelsel van de sociale voorzieningen zo sterk is ontwikkeld, dat het welzijn en de materiële zekerheid van alle onderdanen van die staat volledig gegarandeerd zijn
ver·zorg·ster *de (v)* [-s] zie bij → **verzorger**
ver·zot *bn* ★ ~ *op* zeer gesteld op
ver·zou·ten *ww* [verzoutte, h. verzouten *of* is verzout] ❶ door te veel zout bederven ❷ zout worden; **verzouting** *de (v)*
ver·zuch·ten *ww* [verzuchtte, h. verzucht] klagend, zuchtend spreken: ★ *'was het maar voorbij', verzuchtte ze*
ver·zuch·ting *de (v)* [-en] klacht
ver·zuild *bn* verdeeld door verzuiling
ver·zui·ling *de (v)* het uiteenvallen van een samenleving of een organisatie in niet of nauwelijks met elkaar samenwerkende eenheden, gesplitst naar politieke of religieuze voorkeur, verkokering
ver·zuim *het* [-en] het nalaten, nalatigheid, niet komen, niet doen, in gebreke blijven ★ *een ernstig ~* tekortkoming, fout
ver·zui·men *ww* [verzuimde, h. verzuimd] ❶ nalaten, niet doen: ★ *zijn plicht ~* ❷ door niet komen of nalatigheid missen: ★ *de school ~, een gelegenheid ~*
ver·zui·pen *ww* [verzoop, is & h. verzopen] *inf* ❶ → **verdrinken** (bet 1 en 2) ❷ doen verdrinken (bet 1) ❸ aan drank uitgeven: ★ *al het huishoudgeld ~* ❹ ⟨van auto, brommer, motor⟩ te veel toevoer van benzine krijgen (zodat de motor afslaat)
ver·zu·ren *ww* [verzuurde, is & h. verzuurd] ❶ zuur worden; zie ook bij → **vat¹** ❷ zuur maken ❸ *fig* moeilijk maken: ★ *het leven ~*; **verzuring** *de (v)*
ver·zu·ring *de (v)* ❶ het verzuren ❷ BN gereserveerde houding tegenover de politiek wegens wantrouwen en teleurstelling
ver·zus·te·ren *ww* [verzusterde, h. verzusterd] BN, spreektaal jumeleren, vriendschappelijk samenwerken van gemeenten uit verschillende landen
ver·zus·te·ring *de (v)* [-en] BN jumelage, vriendschappelijke samenwerking tussen gemeenten uit verschillende landen
ver·zuurd *bn* voortdurend chagrijnig en klagerig geworden: ★ *een verzuurde vrijgezel*
ver·zwa·ge·ren *ww* [verzwagerde, h. verzwagerd]

★ NN *zich ~ door huwelijk verwant worden;* **verzwagering** *de (v)*
ver·zwak·ken *ww* [verzwakte, h. & is verzwakt] ❶ zwak maken; verminderen ❷ zwak worden
ver·zwa·ren *ww* [verzwaarde, h. verzwaard] ❶ zwaarder, sterker maken ❷ *fig* erger maken: ★ *dat verzwaart zijn schuld* ★ *verzwarende omstandigheden;* **verzwaring** *de (v)*
ver·zwel·gen *ww* [verzwolg, h. verzwolgen] gulzig opeten, verslinden: ★ *fig door de zee verzwolgen;* **verzwelging** *de (v)*
ver·zwe·ren *ww* [verzwoor *of* verzweerde, is verzworen] hevig gaan zweren, wegzweren; **verzwering** *de (v)* [-en]
ver·zwij·gen *ww* [verzweeg, h. verzwegen] opzettelijk niet mededelen: ★ *de waarheid ~* ★ *~ dat men getrouwd is;* **verzwijging** *de (v)*
ver·zwik·ken *ww* [verzwikte, is & h. verzwikt] ❶ verstuiken zonder het bandletsel te beschadigen, maar wel de binnenlaag van het gewrichtskapsel en van het gewrichtskraakbeen ❷ doen verzwikken, *bet* 1; **verzwikking** *de (v)* [-en]
ver·zwin·den *ww* [verzwond, is verzwonden] *lit* verdwijnen
ves·per ⟨*Lat*⟩ *de* [-s] RK voorlaatste van de daggetijden, namiddagdienst, bestaande uit een deel van het breviergebed
vest¹ ⟨*Fr*⟨*Lat*⟩⟩ *het* [-en] ❶ vooral NN kledingstuk zonder mouwen, als onderdeel van een herenkostuum ★ NN *iem. op zijn vestje spuwen* iem. een terechtwijzing geven, iem. aan zijn verplichting herinneren ❷ gebreid kledingstuk dat over iets anders gedragen wordt en dat van voren door knopen of een rits kan worden geopend ❸ BN jasje, colbert ❹ BN kort jasje van een mantelpak
vest² *de* [-en] gracht
ves·taals ⟨*Lat*⟩ *bn* van, gewijd aan Vesta, Romeinse godin van het vuur en van de huiselijke haard ★ *vestaalse maagd* a) priesteres van Vesta; b) *fig* voorbeeldig kuise maagd
ves·te *de* [-n] ❶ vestingmuur ❷ vesting
ves·tiai·re [-tjèrə] ⟨*Fr*⟨*Lat*⟩⟩ *de (m)* [-s] bewaarplaats voor jassen, hoeden e.d. in openbare gebouwen, garderobe
ves·ti·bu·le ⟨*Fr*⟨*Lat*⟩⟩ *de (m)* [-s] ruimte direct achter de ingang van een gebouw of een woonhuis, voorportaal, hal
ves·ti·gen I *ww* [vestigde, h. gevestigd] ❶ gronden, oprichten: ★ *deze maatschappij is daar pas gevestigd* ★ *een record ~* de beste prestatie tot nu toe verrichten ❷ richten: ★ *zijn hoop op iets ~* ★ *de aandacht ~ op* **II** wederk ⟨ergens⟩ (voorgoed) gaan wonen: ★ *zich in Leeuwarden ~* ★ *zich als dokter ~ te Dendermonde* daar een dokterspraktijk beginnen
ves·ti·ging *de (v)* [-en] ❶ het vestigen ❷ nederzetting ❸ filiaal, bijkantoor: ★ *ons bedrijf heeft vestigingen door het hele land*
ves·ti·gings·over·schot *het* [-ten] groter aantal

binnenkomenden dan vertrekkenden

ves·ti·gings·ver·bod *het* [-boden] verbod om zich ergens te vestigen

ves·ti·gings·ver·gun·ning *de (v)* [-en] toestemming om zich ergens te vestigen

ves·ti·men·tair [-tèr] *(‹Fr)* bn BN, schrijftaal de kleding betreffend; van of voor kleren: ★ *zo'n trui is tegen de vestimentaire regels*

ves·ting *de (v)* [-en] ommuurde en versterkte stad of dito stadsdeel

ves·ting·oor·log *de (m)* [-logen] oorlog om en vanuit vestingen

ves·ting·straf *de* opsluiting in een vesting

ves·ting·werk *het* meest mv vestingwerken verdedigingswerken bij een vesting

vest·zak *de (m)* [-ken] zak in een vest ★ NN *dat is veszak-broekzak* gezegd van financieel beleid waarbij tekorten op zo'n wijze worden aangevuld dat er elders weer andere tekorten ontstaan

vest·zak·for·maat *het* handig klein formaat

vet *bn* ❶ met veel → **vet** (II): ★ *een vette loempia* ★ *~ eten* ★ *zo ~ als boter, als modder* zeer vet ❷ smerig door een teveel aan vet: ★ *~ haar* ★ *je moet er met je vette vingers afblijven* ❸ dik: ★ *een ~ varken* ★ *een tekst ~ afdrukken* ❹ veel opleverend; rijk; rijkelijk ★ *een ~ baantje* ★ *de vette jaren* de jaren van voorspoed ❺ vooral NN, jeugdtaal mooi; goed: ★ *een vette film* ❻ vooral NN, jeugdtaal in hoge mate: ★ *~ gaaf*, *~ cool* ❼ overdreven en daardoor onaangenaam: ★ *een vette knipoog* ★ *een vette lach* ❽ vruchtbaar: ★ *vette kleigrond* ★ *het vette der aarde* weelde, vooral in spijs en drank ❾ muz fors aangezet en erg vol van klank: een stuwend en ~ basgeluid BN, spreektaal vies, schuin (van moppen) *het* [-ten] naam voor verschillende plantaardige en dierlijke stoffen: ★ *~ van runderen, varkens enz.* ★ *iemand zijn ~ geven* iemand flink de waarheid zeggen ★ *op zijn ~ teren* leven van wat men nog heeft ★ NN *het ~ zit hem niet in de weg* hij is erg mager ★ *iem. in zijn ~ gaar laten stoven* niet op iems. uitdaging ingaan ★ BN, spreektaal *het ~ is er af*, *het ~ is van de soep* de room is er af, het beste is al weg

vet·ach·tig *bn* op vet gelijkend, vettig

vet·blad *het* plantje met geelgroene vetachtig glanzende bladeren in een rozet groeiend en met blauwviolette bloemen (*Pinguicula vulgaris*)

vet·bult *de (m)* [-en] uitwas grotendeels uit vet bestaande

ve·te *de* [-n, -s] langdurige vijandschap: ★ *een ~ tussen twee families*

ve·ter *de (m)* [-s] smalle band of koord, gebruikt om schoenen dicht te maken of afzonderlijke delen van hetzelfde kledingstuk aan elkaar te knopen

ve·te·raan *(‹Lat) de (m)* [-ranen] ❶ oud, beproefd soldaat; oudgediende in enig vak ❷ iem. die behoort tot de oudere jaargangen van studenten of sportbeoefenaars

ve·te·ra·nen·ziek·te *de (v)* luchtweginfectie met epidemisch karakter, niet zelden dodelijk, veroorzaakt door de bacterie *legionnaires' agent* (*Legionella pneumonia*), legionairsziekte

ve·ter·drop *de & het* NN → **drop²** in lange slierten

ve·te·ren¹ *(‹Lat) ww* [veteerde, h. geveteerd] NN het veto uitspreken over

ve·te·ren² *ww* [veterde, h. geveterd] vooral NN met een veter dichtmaken

ve·ter·gat *het* [-gaten] gat waardoor een veter geregen wordt

ve·te·ri·nair [-nèr] *(‹Fr‹Lat)* **I** *bn* veeartsenijkundig **II** *de (m)* [-s] dierenarts, veearts

ve·ter·schoen *de (m)* [-en] rijgschoen

vet·ge·hal·te *het* gehalte aan vet

vet·ge·zwel *het* [-len] gezwel van vet, lipoom

vet·jes *bn* BN in een dik lettertype

vet·kaars *de* [-en] kaars van vet

vet·klier *de* [-en] klier die vet afscheidt

vet·klomp *de (m)* [-en] ❶ klomp vet ❷ schertsend heel dik persoon

Vet·ko·pers *mv* NN zie bij → **Schieringers en Vetkopers**

vet·kuif *de* [-kuiven] ❶ grote, met vet stevig gehouden kuif ❷ iem. met zo'n kuif, vooral nozem met zo'n kuif in de jaren '60 van de 20ste eeuw

vet·kus·sen *het* [-s] enigszins bolvormig laagje vet

vet·laag *de* [-lagen] laag vet

vet·leer *het* dik leer dat met vet zacht gehouden wordt

vet·le·ren *bn* van vetleer gemaakt

vet·mes·ten *ww* [mestte vet, h. vetgemest] ‹dieren› door veel en zware voeding vet maken: ★ *vee ~*

ve·to *(‹Lat: ik verbied) het* ['s] ❶ verbod ★ *recht van ~* bevoegdheid om een door een vergadering genomen besluit krachteloos te maken ❷ uitoefening van deze bevoegdheid: ★ *zijn ~ uitspreken*

ve·to·ën *ww* [vetode, h. getood] → **veteren¹**

vet·oog·jes *mv* druppels gesmolten vet, drijvend op een andere vloeistof

vet·plant *de* [-en] plant met dikke vlezige bladen, succulent

vet·pot *de (m)* [-ten] ❶ pot voor of met vet ❷ vette pot ★ *het is geen ~* het levert niet veel op, het is niet royaal

vet·puist·je *het* [-s] puistje ontstaan door mee-eters

vet·tsin *de (m)* vooral NN een fijn, wit poeder voor het accentueren van de smaak van Chinese of Indische gerechten

vet·stof *de* [-fen] ❶ algemeen vet, vooral niet-dierlijk vet ❷ BN ‹in kookboeken› stof waarin men bakt, zoals boter, margarine, olie, vet, reuzel e.d. ★ *een beetje ~* een klontje boter, margarine

vet·tig *bn* ❶ met vet bedekt: ★ *een ~ fornuis* ★ *~ haar* ❷ vet aanvoelend of de indruk van iets vets gevend: ★ *een vettige stof*, *een ~ geluid*

vet·tig·heid *de (v)* ❶ het vettig-zijn ❷ [mv: -heden] iets

vettigs
vet·vlek de [-ken] vlek veroorzaakt door vet
vet·vor·ming de (v) vorming van vet
vet·vrij bn ❶ zonder vet ❷ weinig vettig wordend, geen vet opnemend: ★ ~ papier
vet·wei·den ww [vetweidde, h. gevetweid] ‹vee› door weiden vet maken
vet·zak de (m) [-ken] inf vet mens of dier
vet·zucht de ziekelijke toeneming in lichaamsgewicht
vet·zuur het [-zuren] zuur dat in vet voorkomt; zie ook bij → onverzadigd
veu·len het [-s] ❶ jong van bep. dieren als het paard, de ezel, het kameel e.d. ❷ fig spring-in-'t-veld, dartel en speels jong mens
VEV afk in België Vlaams Economisch Verbond [Belgische werkgeversorganisatie]
vexa·tie [veksaa(t)sie] (‹Fr‹Lat) de (v) [-s] ❶ plagerij, kwelling ❷ ergernisgevende maatregel
ve·zel de [-s en -en] ❶ langgerekte cel of bundel met elkaar verbonden langgerekte cellen, van plantaardige of dierlijke oorsprong: ★ spiervezel, zenuwvezel ❷ fijn, soepel, draadvormig onderdeel van een kunstmatig vervaardigd weefsel: ★ kunstvezel
ve·ze·lig bn met vezels
ve·zel·op·ti·ca de het gebruik van glasvezel voor het overbrengen van optische signalen, vooral in de telecommunicatie
ve·zel·plant de [-en] plant die vezelstoffen levert
ve·zel·stof de [-fen] grondstof voor spinnen of weven (vlas, hennep, wol enz.)
ve·zen ww verl tijd meerv van → vijzen
VGA afk (‹Eng) video graphics array [comput verouderde technologische standaard voor kleurenweergave op beeldschermen]
v.g.g.v. afk van goede getuigschriften voorzien
v.g.h. afk van goeden huize
vgl. afk vergelijk
v.h. afk ❶ voorheen ❷ van het ❸ van huis
V-hals de (m) [-halzen] V-vormig uitgesneden hals (aan kleding)
VHF afk very high frequency (‹Eng) [zeer hoge frequentie, radio- en televisiegolven van 1-10 m]
via (‹Lat) vz ❶ over, langs: ★ ~ Gent naar Rijsel rijden ❷ door bemiddeling van: ★ dit huis heb ik ~ mijn baas gekocht ★ via via door (vele) tussenpersonen: ★ dit heb ik ~ ~ gehoord
via·duct (‹Eng‹Lat) de (m) & het [-en] kunstwerk waardoor een weg (resp. spoorweg) over een verdieping in het terrein wordt geleid zonder zelf van niveau te veranderen
vi·bra·fo·nist de (m) [-en] bespeler van een vibrafoon
vi·bra·foon (‹Lat-Gr) de (m) [-s, -fonen] metalen xylofoon met resonantiebuizen, waardoor een trillend geluid wordt geproduceerd
vi·bran·te, vi·bra·to (‹It) bijw muz vibrerend, trillend
vi·bra·tie [-(t)sie] (‹Fr‹Lat) de (v) [-s] trilling; trillende beweging

vi·bra·to (‹It‹Lat) bijw → vibrante
vi·bra·tor (‹Lat) de (m) [-s, -toren] trillende staaf tot prikkeling van de (vrouwelijke) geslachtsorganen, trillende kunstpenis
vi·bre·ren ww (‹Lat) [vibreerde, h. gevibreerd] ❶ trillen; een toon trillend ten gehore brengen; muz met vibrato spelen of zingen ❷ in trillende beweging zijn ❸ doen trillen; trillend bewerken
vi·ca·ri·aat (‹Lat) het [-aten] ❶ plaats- of ambtsvervanging; waarneming van het bestuur ❷ ambt of bediening van een vicaris
vi·ca·rie (‹Lat) de (v) [-rieën] rente uit geestelijke goederen ter bezoldiging van een geestelijke; ook het vermogen waaruit deze rente voortvloeit
vi·ca·ris (‹Lat) de (m) [-sen] ❶ ambts- of plaatsvervanger ❷ RK plaatsvervanger of helper van een bisschop ★ apostolisch ~ gevolmachtigde van de paus voor bijzondere opdrachten in de missielanden ❸ NN, RK hulppastoor ❹ NN, prot hulpprediker
vi·ca·ris·ge·ne·raal de (m) [-sen-generaal] plaatsvervangend bisschop
vi·ce- (‹Lat) als eerste lid in samenstellingen waarnemend
vi·ce·ad·mi·raal de (m) [-s] onderadmiraal
vi·ce·con·sul de (m) [-s] tweede consul
vi·ce·pre·mier [-pramjee] de (m) [-s] plaatsvervangend eerste minister
vi·ce·pre·si·dent [-zie-] de (m) [-en] plaatsvervangend president
vi·ce ver·sa (‹Lat) bijw heen en terug; omgekeerd, de een de ander: ★ ik vertelde mijn vriendin mijn wederwaardigheden en ~
vi·ce·voor·zit·ter de (m) [-s] ondervoorzitter
vi·cieus [-sjeus] (‹Fr‹Lat) bn ★ vicieuze cirkel zie bij → cirkel
vi·comte [viekõmt] (‹Fr) de (m) [-s] Franse titel, burggraaf (tussen graaf en baron)
vic·ti·mo·lo·gie de (v) psychologische studie van slachtoffers van misdrijven
vic·to·ri·aans bn ❶ van, behorend tot of kenmerkend voor de periode van de Britse koningin Victoria (1819-1901) ❷ erg zedig, geen onnette woorden gebruikend enz.
vic·to·ria re·gia (‹Lat) de ['s] Zuid-Amerikaanse, tropische waterplant met reusachtige bladeren en witte bloemen die na een of twee etmalen vergaan, V. amazonica
vic·to·rie (‹Lat) **I** de (v) [-s] overwinning **II** tsw als uitroep: de overwinning is ons
vic·to·ri·eus (‹Fr‹Lat) bn overwinnend, zegevierend, glorierijk: ★ victorieuze generaals
vic·tu·a·lie (‹Lat) de (v) [-liën] levensmiddelen om op een (scheeps)tocht mee te nemen, mondvoorraad
vi·cu·ña [viekoenjaa] (‹Sp) **I** de ['s] kleine soort van wilde lama, met een korte kop en zeer fijn haar (Lama vicugna) **II** het wol van dit dier
vi·de (‹Fr) de (m) & het [-s] open ruimte in een gebouw

vi·dé ⟨‹Fr›⟩ *de (m)* [-s], **vi·dé·tje** *het* [-s] BN, spreektaal gebak van fijn deeg, gevuld met kippenragout; pasteitje

vi·deo ⟨‹Lat: ik zie›⟩ *de (m)* ['s] beeldbandapparatuur waarmee men beeld- en geluidssignalen opneemt die men vervolgens op een beeldscherm kan reproduceren

vi·deo·band *de (m)* [-en] band gebruikt in videoapparatuur

vi·deo·beeld *het* [-en] op een videoband vastgelegd beeld: ★ *de videobeelden tonen duidelijk aan dat het buitenspel is*

vi·deo·ca·me·ra *de* ('s] camera waarmee men video-opnamen maakt

vi·deo·cas·set·te *de* [-s] cassette met een beeldband

vi·deo·cas·set·te·re·cor·der [-rieko(r)də(r)] *de (m)* [-s] toestel waarmee men televisiebeelden met geluid op videocassettes registreert, die men vervolgens op een beeldscherm kan afspelen

vi·deo·clip Eng *de (m)* [-s] (meestal kort) videofilmpje bij popmuziek

vi·deo·con·fe·ren·tie [-sie] *de (v)* [-s] vergadering waarbij de zich op verschillende locaties bevindende deelnemers elkaar kunnen horen en op beeldschermen kunnen zien

vi·deo·film *de (m)* [-s] ❶ magnetische band om opnamen te maken m.b.v. een videocamera of videorecorder ❷ (speel)film, opgenomen op een videocassette

vi·deo·fo·nie ⟨‹Lat-Gr›⟩ *de (v)* beeldtelefonie

vi·deo·foon ⟨‹Lat-Gr›⟩ *de (m)* [-s] beeldtelefoon

vi·deo·kaart *de* [-en] comput computeronderdeel dat zorgt voor de weergave van video-elementen

vi·deo·re·cor·der [-rieko(r)də(r)] *de (m)* [-s] toestel waarmee men televisiebeelden met geluid op videobanden registreert, die men vervolgens op een beeldscherm kan afspelen

vi·deo·spel *het* [-spelen], **vi·deo·spel·le·tje** *het* [-s] spel(letje) dat gespeeld wordt m.b.v. op een beeldscherm zichtbaar gemaakte beelden

vi·deo·tes·ta·ment *het* [-en] testament in de vorm van een video-opname: ★ *het videotestament van een zelfmoordterrorist*

vi·deo·theek ⟨‹Lat-Gr›⟩ *de (v)* [-theken] ❶ zaak waar men films op videoband kan huren ❷ verzameling videobanden of -cassettes

vi·deo·ver·ga·de·ring *de (v)* [-en] → **videoconferentie**

vief ⟨‹Fr‹Lat›⟩ *bn* levendig, wakker, vlug: ★ *een vieve oude dame*

viel *ww*, **vie·len** *verl tijd van* → **vallen**

vier I *hoofdtelw* II *de* [-en] het cijfer 4

vier·baans·weg *de (m)* [-wegen] weg met vier rijbanen (→ **rijbaan**, (bet 2)

vier·bob *de* [-s] bobslee voor vier personen

vier·daags, **vier·daags** *bn* ❶ vier dagen durend; ❷ *de vierdaagse* vierdaagse afstandsmars

vier·de I *rangtelw* ★ *~ ziekte* lichte roodvonk ★ *de ~ macht* het ambtelijk apparaat (als macht naast de wetgevende, rechtsprekende en uitvoerende machten) II *het* [-n] het vierde deel, kwart

vier·deurs *bn* ⟨m.b.t. een auto⟩ met vier deuren

vier·dub·bel, **vier·dub·bel** *bn* vier maal zo groot ★ *~ gevouwen* 4 maal gevouwen

vie·ren *ww* [vierde, h. gevierd] ❶ feestelijk herdenken of doorbrengen: ★ *een verjaardag ~, Pasen ~* ❷ BN ook roemen, hoge waardering toedragen; *vgl*: → **gevierd** ★ *iemand ~* iemand huldigen, in de bloemetjes zetten ❸ langzaam loslaten, uitpalmen: ★ *een touw ~* ❹ fig meer vrijheid geven; zie ook bij → **schoot²**, → **teugel**

vie·ren·deel *het* [-delen] vierde deel

vie·ren·de·len *ww* [vierendeelde, h. gevierendeeld] hist met vier paarden in stukken trekken (als straf)

vier·han·dig *bn* met vier handen

vier·hoek *de (m)* [-en] figuur ingesloten door vier rechte lijnen

vier·hoe·kig, **vier·hoe·kig** *bn* met vier hoeken

vier·hon·derd *hoofdtelw*; **vierhonderdste** *rangtelw*

vie·ring¹ *de (v)* [-en] het → **vieren** (bet 1 en 2)

vie·ring² ⟨‹Du›⟩ *de (v)* [-en] ruimte in een kruiskerk waar schip met en dwarsschepen samenkomen

vier·ja·rig *bn* ❶ vier jaar oud ❷ vier jaar durend ❸ om de vier jaar

vier·ka·mer·flat [-flet] *de (m)* [-s] → **flat** (bet 1) met vier kamers

vier·kamp *de (m)* [-en] wedstrijd die uit vier onderdelen bestaat

vier·kant I *het* [-en] ❶ rechthoekige vierhoek met gelijke zijden ❷ tweede macht: ★ *het ~ van een getal* II *bn* ❶ vierkantvormig: ★ *vierkante ansichtkaarten* ❷ de lengte maal de breedte genomen: ★ *mijn huis is 60 vierkante meter groot* III *bijw* ❶ ronduit: ★ *iemand ~ de waarheid zeggen* ★ *iem. ~ uitlachen* ❷ ★ BN *~ draaien* niet goed verlopen

vier·kan·tig *bn bijw* ❶ rechthoekig ❷ vierkant

vier·kants·ver·ge·lij·king *de (v)* [-en] wisk algebraïsche vergelijking waarin de onbekende tot in de tweede graad voorkomt

vier·kants·wor·tel *de (m)* [-s] wisk de *~ uit een getal* levert, met zichzelf vermenigvuldigd, dat getal op

vier·klau·wens *bijw* BN, vero ❶ ⟨van dieren⟩ in galop ❷ ijlings, hals over kop, haastig, gejaagd: ★ *Dolf zag zich verplicht om er ~ achteraan te lopen*

vier·kleu·ren·druk *de (m)* ❶ het drukken van gekleurde platen door vier kleuren: geel, blauw, rood en grijs (zwart) over elkaar te drukken ❷ [*mv*: -ken] aldus gemaakte afdruk

vier·le·dig, **vier·le·dig** *bn* uit vier delen bestaande

vier·ling [-en] I *de (m)* vier even oude broers of zusters II *de* elk van deze vier

vier·lo·per *de (m)* [-s] scheepv takel bestaande uit twee blokken ieder met twee schijven

vier·maan·de·lijks *bn* ❶ om de vier maanden: ★ *een ~ tijdschrift* ❷ vier maanden durend

vier·mas·ter *de (m)* [-s] schip met vier masten

vier·re·ge·lig *bn* van vier regels

vier·schaar *de* [-scharen] rechtbank; vroeger door vier banken omsloten plaats voor de rechters ★ *de ~ spannen* rechtspreken, een oordeel vellen

vier·sna·rig, vier·sna·rig *bn* met vier snaren: ★ *een ~ instrument*

vier·span *het* [-nen] span met vier paarden

vier·sprong *de (m)* [-en] punt waar vier wegen samenkomen

vier·stem·mig, vier·stem·mig *bn* voor vier verschillende stemmen

vier·takt·mo·tor *de (m)* [-s, -toren] motor waarvan de zuiger vier slagen maakt na elke explosie

vier·tal *het* [-len] aantal van vier ★ *op het ~ staan* op een voordracht van vier personen

vier·tal·lig *bn* met vier als grondtal

vier·uur·tje *het* [-s] BN versnapering of kleine maaltijd rond 16.00 uur

vier·vlak *het* [-ken] lichaam begrensd door vier vlakken, driezijdige piramide

vier·vleu·ge·lig, vier·vleu·ge·lig *bn* met vier vleugels

vier·voe·ter *de (m)* [-s] viervoetig dier ★ *de trouwe ~* eervolle benaming voor de hond als huisdier

vier·voe·tig, vier·voe·tig *bn* met vier poten

vier·vorst *de (m)* [-en] hist vorst over een vierde gedeelte van een rijk of provincie (vertaling van *tetrarch*)

vier·voud *het* [-en] ❶ getal dat deelbaar is door vier ❷ getal dat vier maal zo groot is als een ander

vier·vou·dig, vier·vou·dig *bn* vier maal zo groot

vier·zij·dig, vier·zij·dig *bn* met vier zijden

vies I *bn* ❶ niet schoon, vuil, smerig: ★ *een vieze vloer* ❷ niet lekker, onsmakelijk: ★ *~ smaken* ★ *ik vind appelmoes ~* ❸ schunnig, stuitend: ★ *een vieze mop* ★ *een vieze film* ❹ kieskeurig ★ *~ van iets zijn* het te vies vinden om aan te raken; zie ook bij → **varken** ❺ er blijk van gevend iets onsmakelijk te vinden: ★ *iem. ~ aankijken* **II** *bijw* NN in hoge mate, erg: ★ *ik had hem ~ te pakken*

vies·peuk *de (m)* [-en] viezerik, smeerpoets

Viet·na·mees [vjet-] **I** *de (m)* [-mezen] iem. geboortig of afkomstig uit Vietnam **II** *het* de taal van Vietnam **III** *bn* van, uit, betreffende Vietnam ★ *Vietnamese loempia* kleine, smalle loempia

vieux [vjeu] *(<Fr: eig oud) de (m)* Hollandse cognac

view·er [vjoewə(r)] *(<Eng) de (m)* [-s] ❶ toestel waarmee men diaplaatjes en stukjes film kan bekijken (vooral om de opnamen te controleren) ❷ leestoestel voor microkaarten en -films

vie·ze·rik *de (m)* [-riken] iemand die vies doet of dat is

vie·zig *bn* enigszins → **vies** (bet 1, 2, 3)

vie·zig·heid *de (v)* [-heden] iets wat → **vies** (bet 1, 2, 3) is

vi·ge·ren *ww (<Lat)* [vigeerde, h. gevigeerd] van kracht zijn: ★ *vigerende wetten*

vi·geur *(<Fr<Lat) de (m)* kracht van gelding; het van-kracht-zijn

vi·gi·lant *(<Fr<Lat) bn* ❶ waakzaam, wakker ❷ flink, bij de hand

vi·gi·lan·te [viezjie- of viegie-] *(<Belg-Fr) de* [-s] gesloten huurrijtuig voor vier personen

vi·gi·le·ren *ww (<Lat)* [vigileerde, h. gevigileerd] waakzaam zijn, scherp toezien

vi·gi·lie *(<Lat) de (v)* [-liën, -s] ❶ vooravond, dag voor een kerkelijk feest ❷ *vigiliën* nachtwaken; nachtelijke gebeden voor het zielenheil van een overledene voor de begrafenis

vig·net [vienjet] *(<Fr) het* [-ten] ❶ beeldmerk, logo ❷ druksieraad in boeken; prentje als sluit-, hoek-, kop- of titelversiering

vij·and *de (m)* [-en] persoon die iemand of iets haat; persoon, groep die, volk, land dat bestreden wordt; tegengestelde van → **vriend**

vij·an·de·lijk *bn* van, als een vijand: ★ *vijandelijke spionnen*

vij·an·de·lijk·he·den *mv* oorlogshandelingen: ★ *de ~ openen, hervatten*

vij·an·dig *bn* hatend, in vijandschap: ★ *iem. een vijandige blik toewerpen*

vij·an·dig·heid *de (v)* ❶ het vijandig-zijn ❷ [*mv*: -heden] iets vijandigs, vijandige daad

vij·an·din *de (v)* [-nen] vrouwelijke vijand

vij·and·schap *de (v)* het vijand-zijn: ★ *in ~ met elkaar leven*

vijf I *hoofdtelw* ★ *met zijn vijven* ★ *hij heeft ze niet alle ~ op een rijtje* hij is niet goed bij zijn verstand ★ *geef me de ~* geef me een hand; zie ook bij → **gebod II** *de* [vijven] het cijfer 5 ★ *na veel vijven en zessen* na allerlei bezwaren en uitvluchten

vijf·daags, vijf·daags *bn* ❶ vijf dagen durend ❷ om de vijf dagen

vijf·da·gen·week *de* [-weken] BN week met vijf werkdagen

vijf·de I *rangtelw* nummer vijf in een reeks **II** *het* [-n] vijfde gedeelte

vijf·deurs *bn* met vijf deuren ★ *een ~ auto* auto met vier deuren en een achterklep

vijf·en·zes·tig·plus·ser *de (m)* [-s] iem. die 65 jaar of ouder is

vijf·hoek *de (m)* [-en] figuur ingesloten door vijf rechte lijnen

vijf·hoe·kig, vijf·hoe·kig *bn* met vijf hoeken

vijf·hon·derd *hoofdtelw;* **vijfhonderdste** *rangtelw*

vijf·ja·ren·plan *het* [-nen] werkplan voor vijf jaren (bijv. tot opbouw van de industrie)

vijf·ja·rig, vijf·ja·rig *bn* ❶ vijf jaar oud ❷ vijf jaar durend

vijf·ka·mer·flat [-flet] *de (m)* [-s] flatwoning met vijf kamers

vijf·kamp *de (m)* [-en] atletiekwedstrijd die uit vijf onderdelen bestaat, pentatlon ★ *moderne ~* Olympisch onderdeel bestaande uit zwemmen, paardrijden, veldloop, schermen en pistoolschieten

vijf·ling I *de (m)* [-en] vijf broers of zusters die zich tijdens dezelfde zwangerschap ontwikkeld hebben en kort na elkaar geboren worden **II** *de* [-en] elk van de leden van een vijfling

vijf·tal *het* [-len] aantal van vijf
vijf·tal·lig *bn* met vijf als grondtal
vijf·tien *hoofdtelw*
vijf·tien·de I *rangtelw* nummer 15 in een reeks II *het* [-n] vijftiende gedeelte
vijf·tien·hon·derd *hoofdtelw*, **vijf·tien·hon·derd·ste** *rangtelw*
vijf·tien·ja·rig *bn* ❶ vijftien jaar oud ❷ vijftien jaar durend
vijf·tig [feif-] *hoofdtelw*
vijf·ti·ger [feif-] *de (m)* [-s] iem. van (ongeveer) vijftig jaar ★ *de Vijftigers* groep dichters die in het begin van de jaren vijftig van de twintigste eeuw de Nederlandse poëzie een revolutionaire wending gaf
vijf·tig·ja·rig [feif-] *bn* ❶ vijftig jaar oud ❷ vijftig jaar durend
vijf·tig·ste [feif-] I *rangtelw* nummer 50 in een reeks II *het* [-n] vijftigste gedeelte
vijf·tig·tal [feif-] *het* [-len] aantal van vijftig
vijf·vin·ge·rig, vijf·vin·ge·rig *bn* met vijf vingers
vijf·vlak *het* [-ken] lichaam door vijf vlakken begrensd
vijf·voud *het* [-en] ❶ getal dat deelbaar is door vijf ❷ getal dat vijf maal zo groot is als een ander
vijf·vou·dig *bn* vijf maal zo groot
vijg (‹Oudfrans‹Lat*) [-en] I *de* ronde, zoete vrucht van de vijgenboom ★ BN, spreektaal *zo plat als een* ~ heel plat II *de (m)* vijgenboom III *de* paardenvijg
vij·gen·blad *het* [-bladen, -bladeren, -blaren] ❶ blad van een vijgenboom ❷ fig iets ter bedekking van de schaamte of ter verhulling van wat verborgen moet blijven
vij·gen·boom *de (m)* [-bomen] subtropische boomsoort die zoete vruchten draagt (*Ficus carica*)
vijl *de* [-en] stalen werktuig, voorzien van inkepingen, om metalen of houten voorwerpen glad(der) en / of dun(ner) te maken
vij·len *ww* [vijlde, h. gevijld] ❶ met een vijl bewerken ❷ fig verbeteren, gladder of vloeiender maken: ★ *een gedicht* ~
vijl·sel *het* wat van metaal afgevijld wordt
vijs (‹Fr) *de* [vijzen] BN, spreektaal schroef; stelschroef; moer ★ *een* ~ *los hebben* niet goed snik zijn ★ *iem. een* ~ *opdraaien* iem. iets op de mouw spelden, iets wijsmaken ★ *de vijzen aanspannen* a) de schroeven aandraaien; b) met meer kracht optreden
vij·ver (‹Lat) *de (m)* [-s] gegraven waterkom ★ *de grote* ~ schertsend de zee, de oceaan
vij·zel[1] *de (m)* [-s] kom waarin iets fijngestampt wordt
vij·zel[2] *de* [-s] hefwerktuig, bestaande uit een stalen spil met schroefdraad
vij·ze·len *ww* [vijzelde, h. gevijzeld] met een → **vijzel**[2] opdraaien
vij·zen *ww* [vees, h. gevezen] BN, spreektaal ❶ met een schroef bevestigen, schroeven, vastschroeven ❷ ‹een schroef› draaien, indraaien resp. uitdraaien
Vi·king (‹Oudnoors) *de (m)* [-s, -en] Noorman
vil·be·luik *het* [-en] BN destructiebedrijf, bedrijf dat kadavers en slachtafval vernietigt

vil·der *de (m)* [-s] iem. die dieren vilt, die resten van geslachte dieren verkoopt
vi·lein (‹Fr‹Lat) *bn* vero ❶ laag, gemeen ❷ snood, boosaardig ❸ venijnig
vil·la [vielaa of villaa] (‹Lat) *de* ['s] ❶ oorspr buitenverblijf van aanzienlijke Romeinen ❷ thans vrijstaand aanzienlijk woonhuis
vil·la·park [vil-, viel-] *het* [-en], **vil·la·wijk** [vil-, viel-] *de* [-en] gedeelte van een stad of dorp waar veel villa's staan
vil·len *ww* [vilde, h. gevild] ❶ het vel afstropen ❷ fig hardhandig met een mes behandelen ❸ afzetten, te veel geld vragen; zie ook bij → **oor**
vilt *het* stof van samengebalde haren of woldraden
vil·ten *bn* van vilt: ★ ~ *pantoffels*
vilt·hoed *de (m)* [-en] hoed van vilt
vil·tig *bn* op vilt gelijkend
vilt·je *het* [-s] bierviltje
vilt·pa·pier *het* viltachtig papier dat onder vloerbedekking gelegd wordt
vilt·stift *de* [-en] pen met een vilten punt
vin *de* [-nen] zwemorgaan van een vis ★ *geen* ~ *verroeren* fig volstrekt niets bewegen
vi·nai·gret·te [-nèyrettə] (‹Fr) *de* [-s] saus van azijn, olie en kruiden, als dressing voor salades en koude groente
Vin·cen·ti·us·ver·eni·ging [-sie(j)us-] *de (v)* [-en] RK in 1833 te Parijs opgerichte vereniging van rooms-katholieke leken die door vrijwillige dienstverlening op maatschappelijk en cultureel gebied trachten de christelijke idee van naastenliefde te verwezenlijken, genoemd naar de Franse stichter van de lazaristen, Vincentius a Paulo (1581-1660)
vin·de·lig *bn* ‹biol blad› met insnijding bijna tot de middennerf
vin·den *ww* [vond, h. gevonden] ❶ na zoeken of toevallig in handen krijgen: ★ *een portemonnee* ~ ★ *ik kan mijn sleutels nergens* ~ ★ *elkaar* ~ a) tot een goede relatie met elkaar in staat blijken; b) verliefd op elkaar worden: ★ *aan het eind van de film vonden ze elkaar* ❷ aantreffen: ★ *ik dacht niet u hier te* ~ ❸ achten, van mening zijn: ★ *hij vindt het niet erg* ★ *zich (goed) kunnen* ~ *in* het eens zijn met ★ *zich ergens in kunnen vinden* het met iets eens zijn ❹ bedenken: ★ *daar is toch wel wat op te* ~ ★ *geen woorden voor iets kunnen* ~ ❺ ★ *het met iemand kunnen* ~ goed met iemand om kunnen gaan ❻ ★ *voor iets te* ~ *zijn* ertoe geneigd zijn ★ *ik vond hem bereid mij te helpen* hij wou me graag helpen ❼ te pakken nemen: ★ *ik zal je wel* ~
vin·der *de (m)* [-s] iem. die iets vindt ★ *de eerlijke* ~ iem. die het gevondene niet voor zichzelf houdt
vin·ders·loon *het* beloning voor een eerlijke vinder
vin·di·ca·tie [-(t)sie] (‹Lat) *de (v)* ❶ gerechtelijke opeising ❷ terugvordering van een ontvreemde zaak
vin·di·ce·ren *ww* (‹Lat) [vindiceerde, h. gevindiceerd]

❶ straffen, wreken ❷ terugvorderen, opeisen; inroepen, doen gelden
vin·ding *de (v)* [-en] uitvinding, vondst
vin·ding·rijk *bn* vernuftig, begaafd in het bedenken of uitvinden, inventief; **vindingrijkheid** *de (v)*
vind·plaats *de* [-en] plaats waar men iets vindt: ★ *de ~ van een delfstof*
Vi·nex·lo·ca·tie [-(t)sie] *de* [-s] in Nederland door de overheid aangewezen plaats waar een nieuwe woonwijk gebouwd mag worden [Vinex staat voor *vierde nota ruimtelijke ordening extra*]
ving *ww*, **vin·gen** *verl tijd van* → **vangen**
vin·ger *de (m)* [-s, *literaire taal* -en] ❶ lid van de hand van een mensen of aap ★ NN *Gods ~ duidelijk blijkende leiding van God* ★ NN *hij is met een natte ~ te lijmen* gemakkelijk over te halen ★ *met de natte ~* oppervlakkig, snel ★ *de ~ op de zere plek leggen* de fout precies aanwijzen ★ *als je ze een ~ geeft, nemen ze de hele hand* als je hun iets geeft, willen ze alles hebben ★ *lange vingers hebben* diefachtig zijn ★ *een ~ in de pap hebben* medezeggenschap hebben ★ *het, iets in de vingers hebben* een vak, kunstgreep e.d. zonder veel moeite leren of goed beheersen ★ NN *lekker is maar een ~ lang* iets lekkers is vlug opgegeten ★ NN *mijn vingers jeuken zie bij* → **jeuken** ★ *iem. op de vingers kijken* streng toezien op iems. werk ★ *iem. de ~ op de mond leggen* iem. het zwijgen opleggen ★ NN *zijn vingers erbij opeten* iets heel erg lekker vinden ★ *iets op zijn vingers kunnen narekenen* of *natellen* het verloop met grote waarschijnlijkheid kunnen vaststellen ★ *zich in de vingers snijden* zich door een domme streek schade berokkenen ★ *iem. op de vingers tikken* iem. een vermaning geven ★ *geen ~ uitsteken* niets doen, geen moeite doen om ★ *iem. om de ~ kunnen winden* hem kunnen laten doen wat men wil ★ *iets door de vingers zien* iets oogluikend toestaan ★ *de ~ aan de pols houden* iets nauwlettend volgen ★ NN *zijn vingers aan iets branden* schade ondervinden door iets te doen wat boven iems. mogelijkheden gaat ★ *de vingers erbij aflikken* van iets smullen, veel genoegen aan iets beleven ★ BN *iemand met de ~ wijzen* iemand beschuldigen ★ BN *met zijn vingers draaien* met de duimen draaien, niksen, luieren ★ *lange vingers* langwerpige koekjes, aan één kant bedekt met suiker; zie ook bij → **groen**¹, → **nawijzen** ❷ afdruk van een vinger: ★ *vieze vingers op het raam*
vin·ger·af·druk *de (m)* [-ken] afdruk van een vingertop, als herkenningsteken ★ *genetische ~* DNA-materiaal in bijv. huidcellen, bloed, sperma, mondslijmvlies, speeksel e.d., dat gebruikt wordt om mensen te identificeren
vin·ger·al·fa·bet *het* [-ten] verzameling van met de vingers uitgebeelde lettertekens, o.a. als onderdeel van gebarentaal om bijv. eigennamen weer te geven
vin·ger·breed I *bn* zo breed als een vinger ★ *~ lint*

II *het* heel weinig: ★ *geen ~ voor iemand opzij gaan*
vin·ger·dik *bn* zo dik als een vinger ★ BN *het ligt er ~ (boven)op* het is overduidelijk
vin·ger·doek·je *het* [-s] klein servetje voor de vingers
vin·ge·ren *ww* [vingerde, h. gevingerd] *inf* masturberen van vrouwen
vin·ger·hoed *de (m)* [-en] dopje ter bescherming van een van de vingertoppen bij het naaien
vin·ger·hoeds·kruid *het* ❶ leeuwenbekachtige plant met lichtpaarse klokvormige bloemen (*Digitalis purpurea*) ❷ grondstof van een geneesmiddel tegen hartzwakte: digitalis
vin·ger·kom *de* [-men] kom met water om onder de maaltijd de vingers te reinigen
vin·ger·koot·je *het* [-s] lid van een vinger; botje in een vinger
vin·ger·ling *de (m)* [-en] ❶ vroeger vingerring ❷ beschermende overtrek om een vinger (o.a. door kleermakers gebruikt)
vin·ger·oe·fe·ning *de (v)* [-en] oefening in vingervlugheid ⟨vooral op piano⟩
vin·ger·plant *de* [-en] plantensoort met diep ingesneden bladeren, veel geteeld als kamerplant (*Fatsia japonica*)
vin·ger·ring *de (m)* [-en] om de vinger gedragen ring
vin·ger·top *de (m)* [-pen] topje van een vinger
vin·ger·verf *de* soort verf waarmee peuters en kleuters met hun vingers kunnen verven
vin·ger·vlug *bn* vlug met de vingers; **vingervlugheid** *de (v)*
vin·ger·wij·zing *de (v)* [-en] aanduiding, teken, wenk: ★ *een ~ Gods*
vin·ger·zet·ting *de (v)* [-en] juiste plaatsing van de vingers bij het bespelen van een muziekinstrument of het typen op een schrijfmachine
vink *de* [-en] ❶ zangvogel uit de vogelfamilie Fringillidae ❷ V-vormig teken bij het afvinken ❸ ★ *blinde vinken* opgerolde kalfs- of runderlapjes gevuld met gehakt
vin·ken *ww* [vinkte, h. gevinkt] vinken vangen
vin·ken·baan *de* [-banen] vangplaats van vinken
vin·ken·ei *het* [-eren] ei van een vink
vin·ke·nier *de (m)* [-s] BN iem. die vinken houdt om ze te laten deelnemen aan zangwedstrijden
vin·ken·net *het* [-ten] net om vinken te vangen
vin·ken·slag¹ *het* [-slagen] → **knip**¹ (bet 1) om vinken te vangen ★ BN *op ~ zitten* op het vinkentouw zitten, op de loer liggen, gespannen zitten wachten om toe te slaan
vin·ken·slag² *de (m)* de slag, het zingen van een vink
vin·ken·touw *het* vooral NN vinkennet ★ *op het ~ zitten* op de loer liggen om de kans waar te nemen
vin·ken·zet·ting *de (v)* BN wedstrijd voor zangvinken
vin·nig *bn* ❶ scherp, bits: ★ *een ~ antwoord* ❷ hevig: ★ *een vinnige kou* ❸ tuk, begerig: ★ *~ op geld* ❹ wakker, flink, bijdehand, levendig: ★ *een vinnige knaap*; **vinnigheid** *de (v)* [-heden]
vi·no·theek *de (v)* [-theken] wijnhandel

vin·straal *de* [-stralen] stuk graat in een vin van een vis

vin·vis *de (m)* [-sen] lid van de familie Balaenopteridae van de Walvisachtigen, met een kleine vin achter op de rug, korte baleinen en een dunne speklaag

vi·nyl *(‹Lat) het* atoomgroep in zekere organische verbindingen waarvan men kunststoffen maakt die o.a. gebruikt worden om grammofoonplaten van te persen

vi·o·la *(‹It) de* ['s] muz altviool ★ ~ *d'amore* 14-snarige viool (7 darmsnaren boven, 7 metaalsnaren onder de kam) ★ ~ *da gamba* zie → **gamba**¹

vi·o·la·tie [-(t)sie] *(‹Fr‹Lat) de (v)* [-s] ❶ schending, schennis ❷ ontering, verkrachting

vi·o·lent *(‹Fr‹Lat) bn* heftig, onstuimig, gewelddadig

vi·o·let *(‹Oudfrans)* **I** *bn* paars **II** *het* paarse kleur

vi·o·lier *(‹Fr‹Lat) de* [-en] ❶ kruisbloemige sierbloem (*Matthiola annua*) ❷ dial muurbloem ❸ anjelier

vi·o·list *de (m)* [-en], **vi·o·lis·te** *de (v)* [-n, -s] iem. die een viool bespeelt

vi·o·lon·cel *(‹It) de* ['s], **vi·o·lon·cel·lo** [-tsjel-] *(‹It) de (m)* muz cello

vi·o·lon·cel·list *de (m)* [-en] bespeler van de violoncel, cellist

vi·ool¹ *(‹Oudfrans) de* [-olen] strijkinstrument met vier snaren ★ *de eerste ~ spelen* de boventoon voeren ★ BN *de violen stemmen* overeenstemming proberen te bereiken

vi·ool² *(‹Lat) de* [-olen] bekend plantengeslacht met kleurige, welriekende bloemen (*Viola*); vaak verkl: viooltje

vi·ool·bou·wer *de (m)* [-s] iem. die violen (→ **viool**¹) bouwt

vi·ool·con·cert *het* [-en] concert met een solopartij voor viool

vi·ool·hars *de (m) & het* hars (colofonium), gebruikt om strijkstokken stroef te maken

vi·ool·kast *de* [-en] de holle ruimte van een → **viool**¹

vi·ool·kist *de* [-en] kist voor een → **viool**¹

vi·ool·les *de* [-sen] les in vioolspelen

vi·ool·mu·ziek *de (v)* ❶ muziek door één of meer violen voortgebracht ❷ muziekstuk voor een viool

vi·ool·sleu·tel *de (m)* [-s] muz de g-sleutel

vi·ool·snaar *de* [-snaren] snaar van een viool

vi·ool·spe·len *ww & het* muziek voortbrengen op een viool

vi·ool·spe·ler *de (m)* [-s] violist

vi·ool·tje *het* [-s] zie → **viool**²

vip *de (m)* [-s] Very Important Person *(‹Eng)* [zeer belangrijk persoon, hoge piet]

vip·room [-roem] *(‹Eng) de* [-s] speciale ontvangkamer voor hoge gasten, bijv. op vliegvelden

vir·gi·naal *(‹Fr of Eng) het* [-nalen] rechthoekig toetsinstrument waarbij de besnaring parallel loopt met het toetsenbord: ★ *het ~ wordt, samen met het spinet, beschouwd als de vroegste vorm van het klavecimbel*

vir·gi·ni·teit *(‹Fr‹Lat) de (v)* ❶ maagdelijkheid,

maagdom, onbevlektheid ❷ ongereptheid

vir·go *(‹Lat) de (v)* [-gines] ❶ maagd ❷ *Virgo* Maagd (teken van de dierenriem)

vi·riel *(‹Fr‹Lat) bn* ❶ mannelijk, als van een man, mannen ❷ dapper, manmoedig

vi·ri·li·teit *(‹Fr‹Lat) de (v)* ❶ het viriel-zijn, mannelijkheid ❷ forsheid

vi·ro·lo·gie *(‹Lat-Gr) de (v)* leer van de virussen en de virusziekten

vir·tual re·a·li·ty [vù(r)tjoewəl riejellətie] *(‹Eng) de (m)* door middel van computertechnieken opgeroepen denkbeeldige werkelijkheid

vir·tu·eel *(‹Fr‹Lat) bn* ❶ voorwaardelijk, innerlijk aanwezig, maar in zijn vermogen (nog) niet tot uiting komend ★ *virtuele kracht* een wel aanwezige, maar voor het ogenblik niet werkzame kracht ★ comput *~ geheugen* geheugenruimte op de harde schijf die gebruikt wordt als werkgeheugen als het echte werkgeheugen (bestaande uit RAM-chips) vol is ❷ bij uitbreiding eigenlijk, als er niets verandert aan de huidige situatie: ★ *halverwege de etappe had de koploper zo'n grote voorsprong dat hij ~ leider was in het algemeen klassement*

vir·tu·oos *(‹It‹Lat)* **I** *de (m)* [-ozen] iem. die een bep. kunst technisch volmaakt beheerst **II** *bn* als van of door een virtuoos, meesterlijk: ★ *een virtuoze vertolking van het vioolconcert van Bruch*

vir·tu·o·si·teit [-zie-] *(‹Fr) de (v)* grote kunstvaardigheid, meesterschap in de uitoefening van een kunst of een techniek

vi·ru·lent *(‹Fr‹Lat) bn* med ❶ het vermogen hebbend tot schadelijke of giftige werking; aanstekend ❷ fig vinnig, heftig

vi·ru·len·tie [-sie] *(‹Fr‹Lat) de (v)* ❶ het virulent-zijn ❷ ziekmakende kracht

vi·rus *(‹Lat) het* [-sen] ❶ med benaming voor organismen, veel kleiner dan bacteriën, die allerlei ziekten in de mens, in dieren en planten kunnen verwekken ❷ computervirus

vi·rus·in·fec·tie [-sie] *de (v)* [-s] besmetting met een virus

vi·rus·scan·ner [-sken-] *de (m)* [-s] programma dat een systeem controleert op de aanwezigheid van een computervirus

vi·rus·ziek·te *de (v)* [-n, -s] ziekte door een virus veroorzaakt

vis *de (m)* [-sen] ❶ koudbloedig waterdier dat door kieuwen ademt ★ *iem. voor rotte ~ uitmaken* iem. hevig uitschelden ★ *zo gezond als een ~* zeer gezond ★ *zich voelen als een ~ in het water* zich helemaal thuis, op zijn gemak voelen ★ NN *de ~ wordt duur betaald* gezegd als een onderneming veel moeite heeft gekost of veel leed heeft veroorzaakt (uit het toneelstuk *Op hoop van zegen* van Herman Heijermans, 1864-1924) ★ BN *de ~ verdrinken* nutteloos werk verrichten, iets onnodig ingewikkeld maken ★ *Vissen* twaalfde teken van de dierenriem (van ± 21 februari tot ± 21 maart), Pisces

❷ visgerecht ★ *vlees noch* ~ halfslachtig, zonder uitgesproken karakter ★ ~ *moet zwemmen* bij vis hoort bier of wijn, na het eten van vis krijgt men dorst

vis·af·slag *de (m)* [-slagen] visveiling

vi·sa·gist [viezaazjist] *(‹Fr) de (m)* [-en], **vi·sa·gis·te** [viezaazjistə] *(‹Fr) de (v)* [-n, -s] schoonheidsspecialist(e), speciaal voor het gezicht en het daarbij passende kapsel

vis·ak·te *de* [-n, -s] NN, vroeger viskaart

vis·arend *de (m)* [-en] vis etende roofvogel, *Pandion haliaetus*

vis-à-vis [viezaavie] *(‹Fr)* **I** *bijw* recht tegenover **II** *de (m)* [*mv* idem] smal koetsje met voor en achter één zitplaats

vis·bank *de* [-en] ❶ bank van een visverkoper ❷ (overdekte) vismarkt waar men op banken uitgestalde vis verkoopt

vis·ben *de* [-nen] mand voor vis

vis·boer *de (m)* [-en] visverkoper

vis·co·se [-zə] *(‹Eng‹Lat) de (v)* uit cellulose bereide stof, gebruikt bij het vervaardigen van kunstzijde, olie- en vetvrij papier, als surrogaat van hoorn, ivoor enz.

vis·co·si·me·ter [-zie-] *de (m)* [-s] toestel ter bepaling van de viscositeit

vis·co·si·teit [-zie-] *(‹Fr‹Lat) de (v)* ❶ kracht van samenhang van vloeibare of weke stoffen, kleverigheid, lijmerigheid, taaiheid ❷ stroperigheid, dikvloeibaarheid

vis·count [vaikaunt] *(‹Eng) de (m)* [-s] burggraaf, in rang volgend op earl; *vgl*: → **vicomte**

vis·cou·vert [-koevèr] *het* [-s] mes en vork speciaal voor het nuttigen van vis

vis·dief·je *het* [-s] soort stern *(Sterna hirundo)*

vi·se·ren [-zeerə(n)] *(‹Fr‹Lat) ww* [viseerde, h. geviseerd] ❶ ‹van akten e.d.› voor gezien tekenen ❷ beogen, (naar iets) streven, nastreven; zich richten op ❸ BN ook in het oog houden: ★ *de bankrover viseerde de bank al een paar weken* ❹ BN ‹iem.› bekritiseren, het op iem. voorzien hebben ★ *geviseerd worden* het mikpunt zijn van kritiek of pesterijen

vis·ge·recht *het* [-en] spijs hoofdzakelijk uit vis bestaande

vis·graat *de* [-graten] ❶ graat van een vis ❷ weefsel gestreept als een visgraat

vis·graat·des·sin [-sê] *het* [-s] patroon van een visgraatweefsel

vis·grom *het* NN ingewand van vissen

vis·grond *de (m)* [-en] gebied voor zeevisserij

vis·haak *de (m)* [-haken] haakje aan het uiteinde van een hengelsnoer

vis·hal *de* [-hallen] overdekte markt, waar vis wordt verkocht

vis·han·del *de (m)* ❶ handel in vis ❷ [*mv:* -s] viswinkel

vi·si·bel [-ziebəl] *(‹Fr‹Lat) bn* ❶ zichtbaar; te zien ❷ bij de hand, te spreken, gereed om bezoek te ontvangen

vi·sie [-zie] *(‹Fr‹Lat) de (v)* [-s] ❶ mening, inzicht: ★ *een* ~ *op iets hebben* ❷ wijze van zien, vooral die van een kunstenaar ❸ inzage ★ *ter* ~ *liggen* ter inzage, ter lezing

Vi·si·go·ten [-zie-] *mv* Germaans volk dat tijdens de Grote Volksverhuizing een rijk stichtte in Zuid-Frankrijk en Spanje

Vi·si·go·tisch *bn* van, betreffende de Visigoten

vi·sioen [-zjoen] *(‹Fr‹Lat) het* [-en] ❶ innerlijk gezicht, het zien van personen, zaken of toestanden die op natuurlijke wijze niet zichtbaar zijn ❷ droombeeld, hersenschim

vi·sio·nair [-zjoonèr] *(‹Fr)* **I** *bn* ziende of gezien in of als een visioen **II** *de (m)* [-en, -s] ziener, iem. die visioenen heeft

vi·sio·ne·ren *ww* [-zjoo-] [visioneerde, h. gevisioneerd] BN, form keuren van films vóór vertoning

vi·sit [vizzit] *(‹Eng) de* [-s] keer dat een internetpagina wordt bezocht

vi·si·ta·tie [-zietaa(t)sie] *(‹Fr‹Lat) de (v)* [-s] ❶ lichamelijk onderzoek naar de aanwezigheid van verboden artikelen ❷ onderzoek door de douane ❸ onderzoek naar en beoordeling van de kwaliteit van het onderwijs en onderzoek aan universiteiten ❹ huiszoeking ❺ bezoek, vooral het bezoek van de Maagd Maria aan Elizabeth *(Mariae Visitatio*, *Lucas* 1: 39-56); de rooms-katholieke feestdag daarvan (vroeger 2 juli, thans op 31 mei)

vi·si·te [-zie-] *(‹Fr) de* [-s] ❶ bezoek: ★ *bij iem. op* ~ *zijn* ★ ~ *ontvangen* ❷ vooral bezoek aan huis van een geneesheer ❸ de op bezoek zijnde personen: ★ *de* ~ *ging gauw weer weg*

vi·si·te·kaart·je [-zie-] *het* [-s] naamkaartje; fig representatief onderdeel van een groter geheel: ★ *stewardessen zijn het* ~ *van een luchtvaartmaatschappij* ★ *zijn* ~ *achterlaten* duidelijke sporen van aanwezigheid achterlaten

vi·si·te·ren *ww* [-zieteerə(n)] *(‹Fr‹Lat)* [visiteerde, h. gevisiteerd] ❶ inspecteren, onderzoek doen, vooral als ambtelijke overheid ❷ aan den lijve onderzoeken (naar smokkelwaar enz.); doorzoeken

vi·si·teur [-zie-] *(‹Fr) de (m)* [-s] visiterende ambtenaar (bij de douane)

vi·si·teu·se [-zieteuzə] *(‹Fr) de (v)* [-s] vrouwelijk beambte belast met het onderzoek aan den lijve van vrouwen

vi·si·tor [vizzittə(r)] *(‹Eng) de* [-s] iem. die een internetpagina bezoekt ★ *unieke* ~ keer of keren dat via één IP-adres (of domeinnaam) een pagina wordt bezocht

vis·kaar *de* [-karen] houten bak met gaten waarin men vis levend houdt

vis·kaart *de* [-en] vooral NN schriftelijke vergunning tot vissen met een of meer hengels of netten (vroegere naam → **visakte**)

vis·kar *de* [-ren] kar met vis voor de verkoop

vis·keus *(‹Fr‹Lat) bn* ‹van vloeistoffen› stroperig, taai, dikvloeibaar

vis·lijm *de (m)* lijm uit afval (kop, graat, huid, zwemblaas) van sommige vissoorten bereid

vis·lijn *de* [-en] snoer met een of meer vishaken aan het uiteinde

vis·lucht *de* geur van vis

vis·markt *de* [-en] markt waar vis verhandeld wordt

vis·meel *het* gedroogd en gemalen visafval, als meststof en als veevoer gebruikt

vis·mes *het* [-sen] mes bij het eten van vis gebruikt

vis·mijn *de* [-en] BN visafslag

vis·net *het* [-ten] net om vis mee te vangen

vis·oog·lens, **vis·sen·oog·lens** *de* [-lenzen] cameralens met een beeldhoek tot 220°

vis·recht *het* recht om te vissen

vis·rijk *bn* rijk aan vis

vis·scho·tel *de* [-s] ❶ visgerecht ❷ platte, van gaatjes voorziene schotel om vis op te serveren

vis·sen I *ww* [viste, h. gevist] ❶ vis trachten te vangen: ★ *op paling vissen; ook uit het water, uit een vloeistof halen:* een oude fiets uit de gracht ~; zie ook → **net**¹, → **troebel** ❷ *fig* iets trachten te horen te krijgen: ★ *naar een complimentje* ~ ❸ iets voorzichtig trachten te weten te komen: ★ *hij zat naar nieuwtjes over zijn vroegere vriendin te* ~ ❹ *sp* de bal uit het net halen (door de doelverdediger) nadat er gescoord is: ★ *de keeper moest vier keer* ~ II *mv*, **Vissen** zie bij → **vis**

vis·sen·bloed *het* koud bloed ★ NN ~ *hebben* altijd koud zijn of weinig toegankelijk voor aandoeningen zijn

vis·ser *de (m)* [-s] iem. die voor zijn beroep vist

vis·se·rij *de (v)* [-en] visvangst

vis·ser·man *de (m)* [-lieden, -lui] visser

vis·sers·boot *de* [-boten] boot om mee uit vissen te gaan

vis·sers·dorp *het* [-en] dorp waar veel vissers wonen

vis·sers·ga·ren *het* [-s] garen waarvan visnetten geknoopt worden

vis·sers·la·tijn *het* sterke verhalen van hengelaars; *vgl*: → **jagerslatijn**

vis·sers·pink *de* [-en] NN, vroeger bep. type vissersboot

vis·sers·plaats *de* [-en] stad of dorp waar veel visserij wordt uitgeoefend

vis·sers·ring *de (m)* [-en] pauselijke zegelring waarop Petrus is afgebeeld, het visnet optrekkend

vis·sers·vloot *de* [-vloten] de gezamenlijke vissersboten

vis·sers·vrouw *de (v)* [-en] vrouw van een visser

vis·stand *de (m)* de in het water aanwezige hoeveelheid vis, visrijkdom: ★ *gunstige* ~, *slechte* ~, *bevordering van de* ~

vis·stick *de (m)* [-s] langwerpig stukje bevroren vis, gefileerd en gepaneerd

vi·sta *(It) de (v)* zie bij → **a prima vista**

vis·teelt *de* het kweken van vis

vis·trap *de (m)* [-pen] uit enkele in het water gelegen treden bestaand hulpmiddel om stroomopwaarts zwemmende vis langs obstakels (zoals stuwen) te helpen

vis·tuig *het* [-en] benodigdheden voor het vissen

vi·su·a·li·se·ren *ww* [viezuu(w)aaliezeerə(n)] *(‹Eng)* [visualiseerde, h. gevisualiseerd] ❶ aanschouwelijk maken ❷ een beeld in de geest vormen van een zaak waaraan men sterk denkt

vi·su·eel [-zuu-] *(‹Fr‹Lat) bn* ❶ op het gezichtsvermogen, het zien of de gezichtsindruk betrekking hebbend: ★ *zich iets* ~ *voorstellen* ❷ vooral met het gezicht waarnemend (*tegenst*: → **auditief**); waarin de nadruk rust op het zien of het zichtbare: ★ *een* ~ *geheugen hebben*

vi·sum [-zum] *(‹Lat) het* [-sa, -sums] toelatings- of doorreisvergunning voor een bepaald land (op een paspoort aangebracht)

vi·sum·plicht *de* verplichting een visum bij zich te hebben bij het passeren van de grens van een bep. land

vis·vangst *de (v)* het vangen van vis

vis·ven·ter *de (m)* [-s] iem. die langs de straat vis verkoopt

vis·ver·lof *het* BN ook viskaart, visakte

vis·vij·ver *de (m)* [-s] vijver waarin vis gekweekt wordt

vis·vrouw *de (v)* [-en] visverkoopster

vis·wa·ter *het* [-s, -en] water waarin gevist wordt

vis·weer *het* weersgesteldheid waarbij het goed vissen is

vis·wijf *het* [-wijven] *inf* ❶ visvrouw ❷ scheldwoord ordinaire vrouw ★ *taal uitslaan als een* ~ heel ruwe, platte taal gebruiken

vis·win·kel *de (m)* [-s] winkel waarin men vis of visgerechten koopt

vi·ta *(‹Lat: eig leven) de (v)* [-tae] [-tee] levensbeschrijving, vooral van een heilige ★ NN *attestatie de* ~ zie: → **attestatie**

vi·taal *(‹Lat) bn* ❶ voor het leven, het bestaan of de werking nodig; onmisbaar: ★ *vitale delen (van machines, motoren e.d.)* ★ *een vitale kwestie* een zaak van levensbelang ❷ getuigend van leven, van levenskracht; vol levenskracht, met sterke levenskracht begaafd: ★ *een vitale grijsaard* ❸ tot het leven behorend, leven bevorderend, levens

vi·ta·li·se·ren *ww* [-zeerə(n)] [vitaliseerde, h. gevitaliseerd] levenskracht geven, bezielen

vi·ta·lis·me *(‹Fr) het* ❶ filosofie die het leven wil verklaren door een speciaal levensprincipe en die een volledige fysisch-chemische verklaring van het leven onmogelijk acht ❷ letterkundige stroming van ± 1930, die vitaliteit als eerste eis stelt

vi·ta·list *(‹Fr) de (m)* [-en] aanhanger van het vitalisme; **vitalistisch** *bn*

vi·ta·li·teit *(‹Fr‹Lat) de (v)* levenskracht

vi·ta·mi·ne *(‹Lat) de & het* [-n, -s] benaming voor organische stoffen, in zeer kleine hoeveelheden nodig voor de gezondheid, die het lichaam zelf niet (voldoende) kan vormen en die dus met het voedsel

moeten worden opgenomen; men onderscheidt de verschillende soorten met letters: ★ *vitamine A, vitamine B, C enz.*
vi·ta·mi·ne-arm *bn* arm aan vitaminen: ★ ~ *voedsel*
vi·ta·mi·ne-ge·brek *het* tekort aan vitaminen
vi·ta·mi·ne-pil *de* [-len] tablet dat veel vitaminen bevat
vi·ta·mi·ne·ren *ww* [vitamineerde, h. gevitamineerd] vitaminen of extra vitaminen aan iets toevoegen bij de bereiding
vi·ta·mi·ne-rijk *bn* rijk aan vitaminen: ★ ~ *voedsel*
vi·ta·mi·ne-stoot *de (m)* [-stoten] met grote hoeveelheid vitaminen tegelijk toegediend
vi·ta·mi·ne-ta·blet *de & het* [-ten] vitaminepil
VITO *de* in België Vlaamse instelling voor technologisch onderzoek
vi·tra·ge [-zjə] *(‹Fr) de & het* ❶ doorzichtig vensterglas van licht weefsel, glasgordijn ❷ materiaal voor glasgordijnen
vi·tri·ne *(‹Fr‹Lat) de (v)* [-s] ❶ voornamelijk van glas vervaardigde kast dienende om er iets zichtbaar in op te bergen of tentoon te stellen, bijv. in een museum ❷ etalage ❸ BN ook groot raam van een winkel, café e.d., winkelruit, winkelraam
vi·tri·ool *(‹Fr‹Lat) het* zwavelzuur
vi·tro *zn* → in vitro
vit·ten *ww* [vitte, h. gevit] kleingeestige aanmerkingen maken; **vitter** *de (m)* [-s]
vit·te·rig *bn* geneigd tot vitten
vit·te·rij *de (v)* [-en] het vitten
vi·tus·dans *de (m)* → sint-veitsdans
vit·zucht *de* lust tot vitten
vi·va·ce [-tsjee,], **vi·va·ce·men·te** [-tsjee-] *(‹It‹Lat) bijw* muz levendig, opgewekt
vi·vat *(‹Lat)* **I** *tsw* hij (zij, het) leve!; zie ook → io vivat **II** *het* & een ~ een heilwensend vreugdegeroep
vi·vi·sec·tie [-sie] *(‹Fr) de (v)* proefnemingen op levende dieren
vi·zier[1] *(‹Fr) het* [-en] ❶ helmklep ❷ richttoestel aan vuurwapens ★ *iets in het* ~ *krijgen* fig het in 't oog krijgen ❸ schermpje met opening waarover een kruisdraad is gespannen als optisch richtmiddel
vi·zier[2] *(‹Arab) de (m)* [-s, -en] hist minister of hoge staatsdienaar in islamitische landen, vooral van de sultan van Turkije
vi·zier·kor·rel *de (m)* [-s] metalen puntje op de loop van een geweer, bij het richten met behulp van het → vizier[1] (bet 2) gebruikt
vj [viedzjee] *(‹Eng) de (m)* ['s] videojockey [presentator van videoclips]
VK *afk* Verenigd Koninkrijk
v.k.a. *afk* voor kennisgeving aangenomen
vla *de* ['s, vlaas] dik vloeibaar nagerecht van melk met eieren en suiker ★ *Limburgse* ~ zie bij → **vlaai**
vlaag *de* [vlagen] ❶ bui: ★ *een* ~ *regen* ★ *bij vlagen* zo nu en dan; soms wel, soms niet: ★ *bij vlagen hield hij van biljarten* ❷ fig opwelling: ★ *een* ~ *van woede* ★ *in een* ~ *van verstandsverbijstering*

vlaai *de* [-en] rond gebak met opstaande rand en gevuld met vruchten, pudding of rijst ★ *Limburgse* ~ soort vruchtentaart
Vlaams I *bn* van of uit Vlaanderen ★ BN *de Vlaamse Beweging* sinds 1830 georganiseerd verzet tegen de achterstelling van het Vlaams bij het Frans ★ *Vlaamse gaai* mooi gekleurde gaai, grijsachtig rood met zwarte staart en witte stuit, algemene broedvogel in Nederland en België (*Garrulus glandarius*) ★ *de Vlaamse Leeuw* officieel volkslied van Vlaanderen ★ ~ *linnen* grof, linnen weefsel ★ ~ *Belang* rechts-nationalistische politieke partij in België (voorheen: *Vlaams Blok*) ★ *Vlaamse reus* ras van grote konijnen **II** *het* de taal van de Vlamingen, de in Vlaanderen gesproken dialecten: ★ BN *schoon* ~ Belgisch-Nederlandse tussentaal, Verkavelingsvlaams
Vlaams Be·lang *het* in België rechts-nationalistische politieke partij [voorheen: Vlaams Blok]
Vlaam·se *de (v)* [-n] vrouw of meisje geboortig of afkomstig uit Vlaanderen
Vlaams·ge·zin·de, **Vlaams·ge·zin·de** *de* [-n] voorstander van de Vlaamse Beweging
Vlaan·ders *mv* ★ BN, spreektaal, m.g. *de (beide)* ~ de provincies Oost- en West-Vlaanderen
vlaatje vla-tje *het* [-s] zie bij → vla
vla·flip *de (m)* [-s] NN toetje bestaande uit yoghurt, vanillevla en vruchtensiroop, geserveerd in een hoog glas
vlag *de* [-gen] ❶ meestal rechthoekige doek met een bep. gekleurd motief, vaak als symbool van een land, provincie, partij, vereniging e.d. ★ *de* ~ *hijsen, uitsteken* de vlag uithangen ter gelegenheid van een feest ★ *de* ~ *strijken* a) de vlag laten zakken; b) fig zich overgeven ★ *de* ~ *dekt de lading* een goede, vertrouwen wekkende naam of leus strekt tot aanbeveling, ook van iets minderwaardigs ★ NN *het is een* ~ *op een modderschuit* iets moois bij iets lelijks ★ NN *de* ~ *voor iemand strijken* zich zijn mindere verklaren, voor hem onderdoen ★ *onder één* ~ *varen* dezelfde leuze voeren ★ *de* ~ *voeren* het hoogste woord hebben, haantje-de-voorste zijn ★ *met* ~ *en wimpel* glansrijk ★ *varen onder een goedkope* ~ ❷ ‹gezegd van koopvaardijschepen› geregistreerd staan in een land waar geen of nauwelijks wettelijke voorschriften betreffende scheepvaart bestaan ❸ de schacht en de baarden van een → veer[1] (bet 1) ❹ onderdeel van een schaak- of damklok dat valt als er een bep. tijd verstreken is
vlag·gen *ww* [vlagde, h. gevlagd] ❶ de vlag uithangen ❷ met een vlag zwaaien: ★ *de grensrechter vlagde voor buitenspel* ❸ schertsend een onderrok of -jurk zo dragen, dat deze onder de bovenrok uitkomt
vlag·gen·doek *de (m) & het* doek waarvan men vlaggen maakt
vlag·gen·koord *de & het* [-en], **vlag·gen·lijn** *de* [-en] vlaggentouw

vlag·gen·pa·ra·de *de (v)* [-s] ❶ parade met vlaggen ❷ parade voor de vlag: het plechtig hijsen ervan in de morgen en het inhalen bij zonsondergang

vlag·gen·schip *het* [-schepen] ❶ admiraalsschip ❷ grootste schip van een rederij

vlag·gen·stok *de (m)* [-ken] stok waaraan een vlag hangt

vlag·gen·touw *het* [-en] touw waarmee een vlag gehesen wordt

vlag·ge·tjes·dag *de (m)* NN dag voordat de haringvloot uitvaart [de schepen zijn dan gepavoiseerd]

vlag·of·fi·cier *de (m)* [-en] ⟨bij de Nederlandse Koninklijke Marine⟩ de officieren met de rang van admiraal, luitenant-admiraal, viceadmiraal, schout-bij-nacht en commandeur, alsmede de generaal-majoor van de mariniers

vlag·ver·toon *het* ❶ eig bezoek van oorlogsschepen aan vreemde landen als machtsvertoon ❷ fig demonstratief machtsvertoon

vlak I *het* [-ken] ❶ door lijnen begrensd deel, oppervlak: ★ *de vlakken van een schaakbord* ★ *een hellend ~* zie bij → **hellen** ❷ fig gebied, terrein: ★ *op het sociale ~, op politiek ~* **II** *bn* ❶ plat, effen: ★ *een ~ stuk polderland* ★ *vlakke meetkunde* meetkunde die zich bezighoudt met eigenschappen van tweedimensionale figuren ❷ fig zonder hoogte- of dieptepunten, met weinig contrasten: ★ *een vlakke toneelvoorstelling* ★ *een vlakke stem* een toonloze stem **III** *bijw* ❶ onmiddellijk: ★ *~ bij de kerk* ★ *~ na de voorstelling* ❷ precies: ★ *we hadden de wind ~ tegen*

vlak·af *bijw* BN ook rechtuit, zonder omwegen: ★ *iets ~ zeggen*

vlak·baan·ge·schut *het* geschut waarvan de kogelbaan vlak is (in tegenstelling met → **krombaangeschut**)

vlak·bij *bijw* dichtbij

vlak·druk *de (m)* druktechn het drukken van een vlakke plaat (litho, offset)

vlak·gom *de (m) & het* veerkrachtige rubber stof om potloodschrift uit te vegen

vlak·heid *de (v)* het vlak-zijn

vlak·ken *ww* [vlakte, h. gevlakt] vlak, glad maken

vlak·schaaf *de* [-schaven] schaaf waarmee men hout vlak maakt

vlak·taks *de* belastingstelsel waarbij iedereen hetzelfde percentage inkomstenbelasting afdraagt

vlak·te *de (v)* [-n, -s] ❶ uitgebreidheid; vlak land ★ *zich op de ~ houden* niet duidelijk zijn standpunt doen blijken, geen beslissend antwoord geven ★ *tegen de ~ slaan* neerslaan ★ *tegen de ~ gaan* (bewusteloos) neervallen ❷ NN, vero de wereld van misdaad en ontucht ★ *een jongen van de ~* een beroepsmisdadiger ★ *een meisje van de ~* prostituee

vlak·te·maat *de* [-maten] maat voor oppervlakken, bijv. *de vierkante meter*

vlak·uit *bijw* kortweg, zomaar, zonder omwegen

vlak·ver·sie·ring, vlak·vul·ling *de (v)* [-en] versiering van een vlak door lijnen en kleuren

vlak·weg *bijw* vlakuit

vlam *(⟨Lat⟩ de* [-men] ❶ lichtverschijnsel dat door verbranding ontstaat ★ *de ~ slaat in de pan* a) het voedsel in de pan vat vlam; b) fig het conflict komt tot een uitbarsting ★ NN *de vlammen sloegen me uit ik kreeg het heel warm of benauwd* ❷ gloed, hartstocht ❸ beminde: ★ *dat is nog een oude ~ van hem* ❹ vlamvormig figuurtje in hout enz.

vlam·bek *de (m)* [-ken] (gas)brander

vlam·bloem *de* [-en] als tuinbloem geteelde plant waarvan de bloemen in gedrongen pluimen staan, *Phlox drummondii*

Vla·ming *de (m)* [-en] iemand geboortig of afkomstig uit Vlaanderen

vla·mis·me *het* [-n] ❶ typisch Vlaams woord of Vlaamse wending ❷ naar het Vlaams gemaakte of vertaalde wending in een andere taal

vlam·men *ww* [vlamde, h. gevlamd] ❶ met heldere vlammen branden ❷ fig fonkelen: ★ *haar ogen ~* ❸ NN in heftige gemoedsbeweging zijn, gloeien: ★ *~ van verontwaardiging*

vlam·mend *bn* fig vol gloed, heftig bewogen: ★ *een ~ protest, een vlammende stijl*

vlam·men·wer·per *de (m)* [-s] toestel waaruit grote vlammen weggespoten kunnen worden, in de oorlog als wapen gebruikt

vlam·men·zee *de* [*mv* zeldzaam: -zeeën] grote brand

vlam·me·tje *het* [-s] NN pittige miniloempia

vlam·oven *de (m)* [-s] ringoven met indirecte verwarming

vlam·pijp *de* [-en] pijp in een stoomketel, waar de vlam doorheen gaat

vlas *het* de plant *Linum usitatissimum*, waarvan de bastvezel grondstof is voor linnen

vlas·baard *de (m)* [-en] ❶ blonde baard ❷ jonge, onervaren man

vlas·bloem *de* [-en] de veelal blauwe bloem van vlas

vlas·blond *bn* lichtblond

vlas·boer *de (m)* [-en] boer die vlas verbouwt

vlas·haar *het* lichtblond, bijna wit haar

vlas·kleu·rig, vlas·kleu·rig *bn* vlasblond

vlas·kop *de (m)* [-pen] iemand met vlashaar

vlas·leeu·wen·bek *de (m)* [-ken] plantengeslacht uit de helmkruidfamilie, waarvan enkele soorten in Nederland en België voorkomen (*Linaria*)

vlas·lin·nen *het* echt linnen

vlas·sen¹ *bn* ❶ van vlas ❷ fig vlasblond: ★ *~ haren*

vlas·sen² *ww* [vlaste, h. gevlast] happig zijn op, uitzien naar: ★ *~ op een erfenis*

vlas·ser *de (m)* [-s] vlasteler

vlas·se·rij *de (v)* ❶ teelt en bewerking van vlas ❷ [*mv*: -en] bedrijf dat zich daarmee bezighoudt

vlas·sig *bn* op vlas gelijkend

vlaas·wij·ting *de (m)* [-en] pollak, witte koolvis (*Pollachius pollachius*)

vlas·zaad *het* [-zaden] zaad van de vlasplant

VLD *afk* in België, vroeger Vlaamse Liberalen en Democraten ★ *in België Open ~* naam van de VLD sinds 2007 [liberale politieke partij]
vlecht *de* [-en] ❶ streng van ineengevlochten haar: ★ *het meisje droeg twee vlechten aan weerszijden van haar hoofd* ; zie ook bij → **Pools** ❷ streng van gevlochten materiaal, bijv. van touw, raffia, stro ❸ bundel bloedvaten of zenuwen
vlecht·draad *de (m) & het* gevlochten draad
vlech·ten *ww* [vlocht, h. gevlochten] om en om door elkaar strengelen: ★ *haren ~* ★ fig *een opmerking in een betoog ~*
vlecht·riet *het* riet voor het vlechten van stoelen, manden enz.
vlecht·snoer *het* [-en] ineengevlochten snoer
vlecht·werk *het* door vlechten vervaardigde voorwerpen als manden enz.
vleer·muis *de* [-muizen] insectenetend zoogdiertje dat met behulp van een vlieghuid door de lucht fladdert, de zoogdierenorde Chiroptera
vlees *het* ❶ spiermassa van mensen en dieren: ★ *goed in het* (of *zijn*) *~ zitten* dik zijn ★ NN *het gaat hem naar den vleze* hij is maatschappelijk zeer voorspoedig ★ *hij is ook een mens van ~ en bloed* een gewoon mens met alle daarbij horende gevoelens ★ *zijn eigen ~ en bloed* zijn eigen kinderen of nauwe bloedverwanten ★ *weten wat voor ~ men in de kuip heeft* weten wat voor mensen men voor zich heeft ❷ ⟨van dieren⟩ vaak als voedsel opgevat, vleesgerecht: ★ *een stukje ~ in de pan* ❸ de mens als stoffelijk wezen: ★ *de weg van alle ~ gaan* sterven; zie ook bij → **vis** en → **geest**[1] (bet 1) ❹ vruchtvlees
vlees·af·val *de (m) & het* afval van vlees van geslachte dieren
vlees·boom *de (m)* [-bomen] goedaardig spierweefselgezwel van de baarmoederwand
vlees·etend *bn* zich voornamelijk voedend met vlees: ★ *vleesetende dieren* ★ *vleesetende planten* planten die kleine dieren (voornamelijk insecten) kunnen vangen en verteren
vlees·eter *de (m)* [-s] ❶ vleesetend dier of vleesetende plant ❷ iem. die graag vlees eet
vlees·ex·tract *het* [-en] aftreksel van vlees
vlees·fon·due [-duu] *de* fondue bourguignonne
vlees·ge·recht *het* [-en] gerecht dat voor een belangrijk deel uit vlees bestaat, in tegenstelling tot *visgerecht* of *vegetarisch gerecht*
vlees·ge·wor·den *bn* menselijke gedaante aangenomen hebbend, verpersoonlijkt: ★ *ze was de ~ naastenliefde* ★ *een ~ leerboek* een echte schoolmeester
vlees·haak *de (m)* [-haken] haak waaraan vlees wordt opgehangen
vlees·hal *de* [-hallen] overdekte markt voor vleesverkoop
vlees·hou·wer *de (m)* [-s] slager
vlees·hou·we·rij *de (v)* [-en] slagerij
vlees·keu·ring *de (v)* [-en] het keuren van vlees
vlees·kip *de (v)* [-pen] kip die wordt gefokt voor het vlees
vlees·kleur *de* de kleur van vlees
vlees·kleu·rig, **vlees·kleu·rig** *bn* met de kleur van vlees
vlees·klomp *de (m)* [-en] ❶ groot stuk vlees ❷ dik, lomp persoon
vlees·loos *bn* zonder vlees: ★ *een ~ dieet* ★ *vleesloze dagen* dagen waarop men geen vlees mag eten
vlees·mes *het* [-sen] groot mes om vlees te snijden, voorsnijmes
vlees·mo·len *de (m)* [-s] molentje om vlees te malen
vlees·nat *het* water waarin vlees gekookt is
vlees·pas·tei *de (v)* [-en] pastei van vlees bereid
vlees·pin *de* [-nen] zilveren of houten pen die tot steun in een rollade wordt gestoken
vlees·pot *de (m)* [-ten] pot met vlees ★ *terugverlangen naar de vleespotten van Egypte* terugverlangen naar vroegere welvaart (*Exodus* 16: 3)
vlees·sa·la·de *de* slaatje waarvan vlees een voornaam bestanddeel is
vlees·scho·tel *de* [-s] ❶ schotel voor vlees ❷ vleesgerecht
vlees·snij·ma·chi·ne [-sjienə] *de (v)* [-s] werktuig om vlees in dunne plakken te snijden
vlees·to·maat *de* [-maten] grote, vlezige soort tomaat
vlees·var·ken *het* [-s] varken dat wordt gefokt voor het vlees
vlees·ver·van·ger *de* [-s] vegetarisch product als vervanging voor vlees
vlees·vlieg *de* [-en] insect uit de familie Calliphoridae, een vrij grote, felgekleurde vlieg, die haar eieren legt in vlees, kadavers of poep ★ *blauwe ~* bromvlieg
vlees·vork *de* [-en] vork gebruikt bij het snijden en opdienen van vlees
vlees·wa·ren *mv* vlees als eetwaar, vooral als broodbeleg (worst, rookvlees, ham, enz.)
vlees·wond *de* [-wonden] wond in het vlees van een mens of dier
vlees·wor·ding *de (v)* → **incarnatie**
vleet *de* [vleten] ❶ alle haringnetten van een schuit ★ *bij de ~* in overvloed ❷ drijfkurk van een net
vle·gel ⟨‹Lat›› *de (m)* [-s] ❶ dorsvlegel ❷ brutaal mens, baldadige jongen
vle·gel·ach·tig *bn* baldadig, brutaal; **vlegelachtigheid** *de (v)*
vle·gel·ja·ren *mv* baldadige jeugdjaren ★ *nog in de ~ zijn* nog wat onbeheerst en onhandig zijn
vlei·en *ww* [vleide, h. gevleid] overdreven vriendelijk zijn, overmatig → **prijzen**[1] ★ *zich met de hoop ~, dat…* zich blij maken met de verwachting, dat… ★ *zich gevleid voelen door iets* het als een compliment beschouwen
vlei·end *bn* ❶ de ijdelheid strelend ★ *niet bepaald ~* verre van prijzend ❷ enigszins smekend: ★ *~ vragen*
vlei·er *de (m)* [-s], **vlei·ster** *de (v)* [-s] iem. die vleit
vlei·e·rig *bn* ❶ geneigd tot vleien ❷ al te vleiend
vlei·e·rij *de (v)* [-en] het vleien

vlei·naam *de (m)* [-namen] liefkozende naam

vlei·taal *de* vleiende woorden

vlek I *de* [-ken] ❶ vuile plek: ★ *een overhemd vol vlekken* ❷ plek die anders van kleur is dan de omgeving: ★ *een panter heeft zwarte vlekken op een gele vacht* **II** *het* [-ken] gehucht

vlek·ke·loos *bn* ❶ geheel schoon: ★ *een ~ kleed* ❷ zonder fouten: ★ *~ gedrag*; **vlekkeloosheid** *de (v)*

vlek·ken *ww* [vlekte, h. & is gevlekt] ❶ vlekken maken ❷ vlekken krijgen

vlek·ken·wa·ter *het* middel om vlekken te verwijderen

vlek·ke·rig *bn* ❶ met vlekken (→ **vlek** I) ❷ gemakkelijk vlekkend: ★ *vlekkerige stof*

vlek·ty·fus [-tie-] *de (m)* door de kleerluis op de mens overgebrachte ziekte, gekenmerkt door vlekken op het lichaam

vlek·vrij *bn* geen vlekken krijgend

vlek·ziek·te *de (v)* soort varkensziekte, gekenmerkt door vlekken op de huid

vlerk I *de* [-en] → **vleugel** (bet 1); NN, spreektaal arm; hand: ★ *blijf er met je vlerken van af!* **II** *de (m)* [-en] vlegel: ★ *een brutale ~*

vlerk·prauw *de* [-en] prauw met aan weerszijden houten ramen tegen het omslaan

vle·se·lijk I *bn* **II** *bn* ❶ zinnelijk: ★ *vleselijke lusten* ★ *vleselijke gemeenschap hebben* ❷ NN, plechtig bloedeigen: ★ *mijn vleselijke broer*

vle·se·lijk·heid *de (v)* zinnelijkheid

vlet *de* [-ten], **vlet·schuit** *de* [-en] platte schuit

vlet·ten *ww* [vlette, h. gevlet] ❶ met een vlet vervoeren ❷ met een slee over ijs vervoeren

vleug *de* ❶ richting waarin haar groeit of ❷ ⟨van stoffen⟩ de draad ligt ★ NN, fig *tegen de ~ in* dwars, in de contramine; zie ook → **vleugje**

vleu·gel *de (m)* [-s; *in bet 1 plechtiger* -en] ❶ lichaamsdeel dat een dier gebruikt bij het vliegen ★ *de vleugels uitslaan* a) uitvliegen, wegvliegen; b) fig zelfstandig beginnen te worden ★ *de vleugels laten hangen* moedeloos zijn ★ *iem. onder zijn vleugels (of vleugelen) nemen* iem. onder zijn bescherming nemen ★ *onder moeders vleugelen* onder moeders voortdurende zorg ❷ draagvlak van een vliegtuig ❸ schroefblad ❹ zijgedeelte van een gebouw, een leger enz. ★ sp *over de vleugels spelen* de linker- en rechterzijde van het speelveld goed benutten ❺ vleugelpiano ❻ richting binnen een politiek orgaan: ★ *de behoudende vleugel van onze partij is tegen*

vleu·gel·al·taar *de (m) & het* [-taren] altaar met draaibare luiken

vleu·gel·boot *de* [-boten] motorboot met vleugelvormige verbredingen onder de waterlijn

vleu·gel·deur *de* [-en] deur die uit meer dan één openslaand stuk bestaat

vleu·gel·lam *bn* ❶ niet meer kunnende vliegen ❷ fig niets meer kunnende uitrichten: ★ *door dit verbod is onze organisatie ~ gemaakt*

vleu·gel·moer *de* [-en] → **moer**[1] met op een vleugel gelijkend handvat

vleu·gel·pi·a·no *de* ['s] grote piano met een horizontale snarenkast, waarvan de klep tijdens het spelen omhoog staat

vleu·gel·raam *het* [-ramen] raam uit twee openslaande delen bestaande

vleu·gel·span·ning *de (v)* [-en] luchtv afstand tussen de uiteinden van de vleugels (→ **vleugel**, bet 2)

vleu·gel·spe·ler *de (m)* [-s] sp buitenste voorhoedespeler

vleu·gel·tip *de (m)* [-pen] uiteinde van een → **vleugel** (bet 2)

vleug·je *het* [-s] zweempje, een klein beetje: ★ *een ~ wind* ★ *een ~ hoop behouden* ★ *een ~ oregano toevoegen*

vle·ze *zn* zie bij → **vlees**

vle·zen *ww* [vleesde, h. gevleesd] ⟨van huiden⟩ afschaven

vle·zig *bn* ❶ goed in het vlees zittend ❷ van op vlees gelijkende samenstelling: ★ *een vlezige stengel, een vlezige vrucht*; **vlezigheid** *de (v)*

vlg. *afk* ❶ volgens ❷ volgende

vlie·den *ww* [vlood, is gevloden] literaire taal ❶ vluchten ❷ ontvluchten

vlieg *de* [-en] zeer veel voorkomend vliegend insect, lid van de onderorde Brachycera of Cyclorrapha van de Tweevleugeligen, vooral de soorten *Musca domestica* (kamervlieg of huisvlieg) en *Fannia canicularis* (kleine kamervlieg of hondsdagenvlieg) ★ vooral NN *iem. een ~ / vliegen afvangen* a) iem. een voordeeltje voor zijn neus wegkapen; b) hem met een grappige opmerking voor zijn ★ *niets afslaan dan vliegen* alles nemen wat aangeboden wordt ★ *geen ~ kwaad doen* heel zachtaardig zijn ★ *twee vliegen in één klap* twee verschillende dingen tegelijk ★ *je zit hier niet om vliegen te vangen* om te luieren ★ *men vangt meer vliegen met (een lepel) stroop dan met (een vat) azijn*, BN *men vangt geen vliegen met azijn* met vriendelijkheid of vleierij is meer te bereiken dan met hardheid

vlieg·angst *de (m)* hevige angst zich te laten vervoeren in een vliegtuig

vlieg·as *de* gedeelte van de bij steenkoolverbranding vrijkomende as dat via de verbrandings- of rookgassen de verbrandingsinstallatie verlaat, schadelijk afvalproduct o.a. van met kolen gestookte elektriciteitscentrales

vlieg·ba·sis [-zis] *de (v)* [-sen, -bases] luchtmachtbasis

vlieg·be·reik *het* luchtv grootste afstand die een vliegtuig bij windstilte kan afleggen zonder tussentijds te tanken

vlieg·boot *de* [-boten] groot watervliegtuig dat zonder drijvers op het water kan dalen

vlieg·bre·vet *het* [-ten] diploma van bekwaamheid als vliegtuigbestuurder

vlieg·dek·schip *het* [-schepen] als vliegveld ingericht schip

vlieg·den *de (m)* [-nen] eenzaam staande den, voortgekomen uit aangewaaid zaad

vlieg·dienst *de (m)* [-en] ❶ geregeld verkeer per vliegtuig ❷ afdeling van een luchtvaartbedrijf

vlie·gen *ww* [vloog, h. & is gevlogen] ❶ zich op vleugels of in een vliegtuig door de lucht bewegen ★ *erin ~* a) beetgenomen worden; gesnapt, gegrepen worden; b) sp heel fanatiek en onbesuisd spelen; zie ook bij → **invliegen** ★ *eruit ~* weggestuurd, ontslagen worden ★ *hij ziet ze ~* inf hij heeft zonderlinge denkbeelden, hij is niet goed bij het verstand; zie ook bij → **vogel** ❷ zich zeer snel bewegen: ★ *vlak voor sluitingstijd vloog ik naar de winkel* ★ *in brand ~* snel ontbranden ★ *in de lucht ~* door een ontploffing uiteen geslagen worden ★ *iem. om de hals ~* hem enthousiast omhelzen ★ *voor iem. ~* zeer hulpvaardig en bereidwillig zijn voor iem. ❸ snel voorbijgaan: ★ *de tijd vliegt*

vlie·gend *bn* ★ *vliegende haast* grote haast ★ *~ hert* grote kever met geweivormige bovenkaken (familie Lucanidae) ★ *vliegende hond* vruchtetende vleermuis in de tropen (familie Pteropidae) ★ *~ legertje* zich snel verplaatsend, ongeregeld legertje ★ *vliegende vis* vis die een eind boven water kan zweven (onderorde Exocoetoidei); zie ook bij → **Hollander**, → **kiep** en → **tering**[1]

vlie·gen·ei *het* [-eren] ei van een vlieg

vlie·gen·gaas *het* gaas om vliegen te weren

vlie·gen·gor·dijn *het* [-en] gordijn van neerhangende stroken, bedoeld om vliegen e.d. te weren

vlie·ge·nier *de (m)* [-s] → **vlieger** (bet 2)

vlie·gen·kast *de* [-en] kastje met wanden van gaas om spijzen vrij van vliegen weg te zetten

vlie·gen·mep·per *de (m)* [-s] stokje met stukje plastic, rubber of metaaldraad om vliegen dood te slaan

vlie·gen·pa·pier *het* papier met kleefstof om vliegen te vangen

vlie·gen·raam *het* [-ramen] BN ook hor (tegen insecten)

vlie·gens·vlug *bn* zeer vlug

vlie·gen·van·ger *de (m)* [-s] ❶ strook papier met kleefstof erop, om vliegen te vangen ❷ vliegen e.d. etende zangvogel (familie Muscicapidae), waarvan de soort *grauwe ~* (*Muscicapa striada*) veel in Nederland en België voorkomt

vlie·gen·zwam *de* [-men] giftige en hallucinogene paddenstoel met een rode hoed, waarop witte plakjes, *Amanita muscaria*

vlie·ger *de (m)* [-s] ❶ voorwerp, bestaande uit een geraamte van hout of kunststof waarop papier of doek is gespannen, dat men aan een of meer touwen op de wind in de lucht kan laten zweven: ★ *een ~ oplaten* ★ *die ~ gaat niet op* fig die poging mislukt (→ **kapen**, bet 4); ❷ vliegtuigbestuurder, piloot

vlie·ge·ren *ww* [vliegerde, h. gevliegerd] een → **vlieger** (bet 1) oplaten

vlie·ger·touw *het* [-en] touw aan een → **vlieger** (bet 1)

vlieg·gat *het* [-gaten] gat in een bijenkorf om in en uit te vliegen

vlieg·ge·wicht *het* ❶ gewichtsklasse van boksers tot 51 kg ❷ totaal gewicht van vliegend vliegtuig met alles wat het aan boord heeft

vlieg·ha·ven *de* [-s] vliegveld

vlieg·huid *de* [-en] huid tussen de poten van een vleermuis, gebruikt bij het vliegen

vlieg·kamp·schip *het* [-schepen] vliegdekschip

vlieg·kunst *de (v)* de kunst van het vliegen

vlieg·les *de* [-sen] les in het besturen van een vliegtuig

vlieg·ma·chi·ne [-sjienə] *de (v)* [-s] vliegtuig

vlieg·on·ge·luk *het* [-ken] ongeluk met een vliegtuig

vlieg·plan *het* [-nen] luchtv beschrijving van de route die tijdens de vlucht gevolgd moet worden

vlieg·ramp *de* [-en] vliegtuigongeluk met veel slachtoffers

vlieg·school *de* [-scholen] school waar men wordt opgeleid tot piloot

vlieg·sport *de* het vliegen als sport

vlieg·ter·rein *het* [-en] vliegveld

vlieg·tick·et *het* [-s] plaatskaartje voor passagiers in een vliegtuig

vlieg·tijd *de (m)* [-en] tijd dat een vliegtuig in de lucht is

vlieg·tocht *de (m)* [-en] tocht met een vliegtuig

vlieg·tuig *het* [-en] luchtvaartuig

vlieg·tuig·ba·sis [-zis] *de (v)* [-sen, -bases] vliegbasis

vlieg·tuig·ka·per *de (m)* [-s] iem. die een vliegtuig kaapt (→ **kapen**, bet 4); **vliegtuigkaping** *de (v)* [-en]

vlieg·tuig·moe·der·schip *het* [-schepen] schip dat vliegtuigen meevoert, die van dat schip af opstijgen en er ook weer op landen

vlieg·tuig·spot·ter *de (m)* [-s] → **spotter**[2]

vlieg·uur *het* [-uren] ❶ uur dat een vliegtuig vliegt ❷ uur dat een → **vlieger** (bet 2) vliegt: ★ *een zeker aantal vlieguren is noodzakelijk voor het behalen van het brevet*

vlieg·veld *het* [-en] start- en landingsplaats voor vliegtuigen

vlieg·ver·bod *het* ❶ aan een piloot opgelegd (tijdelijk) verbod tot vliegen ❷ overvliegverbod

vlieg·vlug *bn* ⟨van jonge vogels⟩ in staat om te vliegen

vlieg·weer *het* de weersomstandigheden voor het vliegen: ★ *geen ~, goed ~, slecht ~*

vlieg·werk *het* toestel om de coulissen te veranderen ★ *met kunst- en ~* met allerlei middelen en handigheidjes

vlieg·we·zen *het* wat tot het luchtverkeer behoort of daarmee verband houdt

vlieg·wiel *het* [-en] groot wiel aan een machine of motor, dienend om de gang te regelen

vlier *de (m)* [-en] struik, met tuilen witte bloemen en zwarte of rode bessen, die eetbare zwarte bessen levert (*Sambucus niger*)

vlier·bes *de* [-sen] bes van de vlier

vlie·ring *de* [-en] bovenzolder(tje)

vlier·struik *de (m)* [-en] vlier

vlier·thee *de (m)* geneeskrachtig aftreksel van vlierbloesem

vlies *het* [vliezen] ❶ dunne huid, dun vel ❷ vacht ★ *het Gulden Vlies* a) de vacht die de Argonauten moesten bemachtigen; b) vandaar: ridderorde door de Bourgondische hertog Filips de Goede (1396-1467) gesticht

vlies·dun *bn* uiterst dun

vlies·ge·vel *de (m)* [-s] gordijngevel

vlies·vleu·ge·lig *bn* ⟨van insecten⟩ met vliezige vleugels

vliet *de (m)* [-en] stromend watertje

vlie·ten *ww* [vloot, is gevloten] stromen

vlie·zig *bn* met een vlies, als een vlies

VLIG *afk* Vlaamse Intergewestelijke (van het ABVV) [Vlaamse vleugel van de Belgische socialistische vakbond]

vlij·en *wederk* [vlijde, h. gevlijd] netjes, gemakkelijk neerleggen: ★ *zich in de kussens* ~

vlij·laag *de* [-lagen] laag stenen, die op hun grootste zijde neergelegd zijn, als ondergrond voor wegen e.d.

vlij·mend *bn* scherp snijdend, meestal fig: ★ *vlijmende spot*

vlijm·scherp *bn* zo scherp als een vlijm, zeer scherp: ★ *een* ~ *mes, vlijmscherpe kritiek*

vlijt *de* ijver

vlij·tig *bn* ijverig ★ ~ *liesje* kamer- of tuinplant uit het geslacht springzaad, de soort *Impatiens walleriana*

vlin·der *de (m)* [-s] ❶ insect met veelal kleurige vleugels ★ *vlinders in de buik hebben* het gevoel hebben van heftige verliefdheid ❷ strikje, vlinderdas

vlin·der·ach·tig *bn* ❶ als de vlinders, op vlinders gelijkend ❷ luchthartig, grillig: ★ *een* ~ *meisje*

vlin·der·bloem *de* [-en] bloem met vijf kroonbladjes, waarvan de twee onderste een schoentje vormen, de twee zijbladjes uitstaan en het bovenste het grootst is

vlin·der·bloe·mi·gen *mv* plantenfamilie met vlinderbloemen (*Papilionaceae*)

vlin·der·das *de* [-sen] strikje ter hoogte van de boord op een overhemd gedragen

vlin·de·ren *ww* [vlinderde, h. gevlinderd] ❶ luchtig of luchthartig door het leven gaan, vooral t.a.v. liefdesbetrekkingen ❷ met de vlinderslag zwemmen

vlin·der·mes *het* [-sen] mes waarvan het lemmet tevoorschijn komt door de twee hefthelften open te vouwen

vlin·der·net *het* [-ten] netje aan een stok om vlinders te vangen

vlin·der·slag *de (m)* zwemmen borstslag waarbij de beide armen gelijktijdig boven het water naar voren komen

vlin·der·ver·za·me·ling *de (v)* [-en] verzameling opgezette vlinders

VLIR *afk* in België Vlaamse Interuniversitaire Raad [samenwerkingsverband van universiteiten in België]

vli·zo·trap *de* [-pen] uitschuifbare trap die bevestigd is aan een luik in de zoldering

v.l.n.r. *afk* van links naar rechts

VLO *afk* in België, hist vernieuwd lager onderwijs [Belgisch onderwijsvernieuwingsproject]

vlo *de* [vlooien] klein, bloedzuigend insect uit de orde Siphonaptera

vlocht *ww*, **vloch·ten** *verl tijd van* → **vlechten**

vlo·den *ww verl tijd meerv van* → **vlieden**

vloed *de (m)* [-en] ❶ hoog getij: ★ *eb en* ~ ❷ grote rivier ❸ menigte; grote hoeveelheid: ★ *een* ~ *van scheldwoorden* ❹ stroom ★ *witte* ~ *(fluor albus)* med abnormaal sterke afscheiding uit de vagina, meestal wit van kleur (ten gevolge van een ontsteking e.d.)

vloed·an·ker *het* [-s] anker dat bij → **vloed** (bet 1) wordt uitgeworpen

vloed·bos *het* [-sen] mangrove

vloed·deur *de* [-en] deur in een sluis ter kering van het normale hoogwater

vloed·golf *de* [-golven] ❶ golfbeweging in het water ten gevolge van → **vloed** (bet 1) ❷ bijzonder hoge → **vloed** (bet 1) ❸ menigte, grote hoeveelheid: ★ *een* ~ *van protesten*

vloed·ha·ven *de* [-s] haven waarin de schepen alleen bij vloed binnen kunnen lopen

vloed·lijn *de* [-en] lijn op het strand tot waar de vloed zichtbaar recent is geweest

vloed·plank *de* [-en] elk van de planken die bij dijken en gevaarlijke uithollingen in gleuven neergelaten worden om bijzonder hoog water te keren

vloed·stand *de (m)* [-en] hoogte van het water bij → **vloed** (bet 1)

vloei *het* [-en] ❶ sigarettenpapier (gewoonlijk → **vloeitje**) ❷ stuk vloeipapier

vloei·baar *bn* ⟨van stoffen⟩ kunnende vloeien, niet vast en niet gasvormig; **vloeibaarheid** *de (v)*

vloei·blad *het* [-bladen] blad vloeipapier, vooral als onderlegger op een schrijftafel

vloei·blok *het* [-ken] in een blokje of karton bevestigd vloeipapier

vloei·en *ww* [vloeide, h. & is gevloeid] ❶ stromen ❷ bloed verliezen uit de vagina (bij menstruatie, door dreigende miskraam e.d.) ❸ inkt met vloei drogen

vloei·end *bn* ❶ stromend ❷ fig gemakkelijk, ongedwongen, zonder haperen: ★ ~ *spreken* ★ ~ *Frans spreken* zeer vlot Frans spreken

vloei·ing *de (v)* [-en] het vloeien, vooral van bloed

vloei·mid·del *het* [-en] middel om iets vloeibaar(der) te maken

vloei·pa·pier *het* poreus papier dat vloeistof opzuigt

vloei·spaat *de (m) & het* verbinding van calcium en fluor als delfstof

vloei·stof *de* [-fen] vloeibare stof

vloei·stof·kom·pas *het* [-sen] kompas dat gevuld is met een vloeistof, zodat de kompasnaald geen

wrijving ondervindt
vloei·tje *het* [-s] stukje sigarettenpapier
vloei·wei·de *de* [-n] bevloeide weide
vloek *de (m)* [-en] ❶ verwensing, God lasterende uitdrukking ★ vooral NN *in een ~ en een zucht* in weinig tijd ❷ vervloeking ★ *op dit werk rust een ~* gezegd als men er allerlei tegenspoed mee heeft ❸ oorzaak van ramp of ellende: ★ *oorlog is een ~ der mensheid*
vloek·beest *het* [-en] NN iemand die erg of veel vloekt
vloe·ken *ww* [vloekte, h. gevloekt] ❶ een of meer vloeken zeggen; zie ook bij → **ketter** ❷ vervloeken, verwensen ❸ lelijk tegen elkaar afsteken: ★ *die kleuren ~*
vloe·ker *de (m)* [-s] iem. die vloekt
vloek·woord *het* [-en] → **vloek** (bet 1)
vloer *de (m)* [-en] bodem, grond van een vertrek ★ NN *ergens vaak over de ~ komen* er vaak op bezoek zijn ★ *wel door de ~ kunnen gaan, zakken, zinken (van schaamte, ellende)* zich erg schamen of zich erg ellendig voelen (vgl: → **grond**, bet 1) ★ *je kunt er van de ~ eten* het is er erg schoon; zie ook bij → **aanvegen**
vloer·balk *de (m)* [-en] elk van de balken waarop een vloer steunt
vloer·be·dek·king *de (v)* [-en] datgene waarmee men een vloer bedekt
vloer·brood *het* [-broden] op de vloer van de oven gebakken brood (vgl: → **plaatbrood**)
vloer·der *de (m)* [-s] BN vloerenlegger
vloe·ren *ww* [vloerde, h. gevloerd] ❶ degene met wie men vecht op de grond doen vallen ❷ een vloer leggen in ❸ overwinnen, verslaan: ★ *teleurgesteld, maar niet gevloerd* ★ *in de sprint gevloerd worden*
vloer·kleed *het* [-kleden] tapijt
vloer·mat *de* [-ten] → **mat²** op de vloer
vloer·te·gel *de (m)* [-s] tegel die bij het leggen van vloeren wordt gebruikt
vloer·ver·war·ming *de (v)* verwarming van een huis door middel van onder of in de vloer aangebrachte verwarmingselementen
vloer·wrij·ver *de (m)* [-s] werktuig waarmee de vloer gewreven wordt
vloer·zeil *het* [-en] → **zeil** (bet 4) als vloerbedekking
vlo·gen *ww verl tijd meerv* van → **vliegen**
vlok *de* [-ken] los samenhangend hoopje van licht materiaal: ★ *vlokken sneeuw, haar enz.*
vlok·ken·test *de (m)* [-s] test om eventuele aangeboren handicaps en misvormingen bij nog niet geboren baby's op te sporen
vlok·ken·vlies *het* [-vliezen] buitenste eivlies, chorion
vlok·kig *bn* met, als vlokken
vlon·der *de (m)* [-s] ❶ plank om over een drassige of oneffen ondergrond te lopen ❷ losse houten vloer op een stenen ondergrond (bijv. in een badkamer) ❸ vloertje van planken waarop goederen worden gestapeld die met een vorkheftruck worden

verplaatst, pallet
vlood *ww verl tijd* van → **vlieden**
vloog *ww verl tijd* van → **vliegen**
vlooi·en *ww* [vlooide, h. gevlooid] ❶ van vlooien bevrijden ❷ nauwkeurig nazoeken of uitpluizen: ★ *hij zit altijd in archieven te ~* ❸ het vlooienspel spelen *meerv* van → **vlo**
vlooi·en·band *de (m)* [-en] met gif geïmpregneerde halsband voor honden of katten, die vlooien en andere schadelijke insecten doodt
vlooi·en·beet *de (m)* [-beten] prik van een vlo
vlooi·en·markt *de* [-en] rommelmarkt
vlooi·en·poe·der *de (m)* [-s] giftig poeder waarmee men vlooien doodt
vlooi·en·spel *het* [-len] gezelschapsspel waarbij platte ronde schijven worden weggeschoten
vlooi·en·the·a·ter *het* [-s] voorstelling met gedresseerde vlooien
vloot¹ *de* [vloten] ❶ groep samen varende schepen ❷ de gezamenlijke schepen van een land of een rederij; vooral oorlogsvloot ❸ de gezamenlijke vliegtuigen van een land of maatschappij; zie ook bij → **vlootje** ❹ BN ook wagenpark (van een bedrijf)
vloot² *ww verl tijd* van → **vlieten**
vloot·ba·sis [-zis] *de (v)* [-sen, -bases] haven vanwaar oorlogsschepen uitvaren en waarnaar ze terugkeren
vloot·dag *de (m)* [-dagen] dag waarop (marine)schepen door belangstellenden kunnen worden bezichtigd
vloot·je *het* [-s] bakje, bijv. → **botervlootje**
vloot·re·vue [-vuu] *de* [-s], **vloot·schouw** *de (m)* [-en] wapenschouw van de (oorlogs)vloot
vloot·voogd *de (m)* [-en] NN admiraal
vlos *(<Fr) het* vloszijde
vlos·sig *bn* zacht, vlokkig
vlos·zij, **vlos·zij·de** *de* ongetwijnde → **zijde²**
vlot I *bn* ❶ gemakkelijk, vlug, zonder moeilijkheden: ★ *een ~ verloop* ❷ handig; niet pietluttig of kleinzielig: ★ *een vlotte vent* ★ *~ gekleed gaan* ★ *een zaak ~ behandelen* ★ *een vlotte babbel* ❸ drijvend: ★ *een schip weer ~ trachten te krijgen* **II** *het* [-ten] op het water drijvende constructie van onderling verbonden palen, planken e.d.
vlot·brug *de* [-gen] drijvende, draaibare brug
vlo·ten *ww verl tijd meerv* van → **vlieten**
vlot·gaand *bn* ‹van een schip› met weinig diepgang
vlot·gras *het* waterplant waarvan de halmen op het water drijven, het geslacht *Glyceria*
vlot·heid *de (v)* het vlot-zijn
vlot·ten *ww* [vlotte, h. en is gevlot] doen drijven; fig gemakkelijk gaan: ★ *het wil maar niet ~*
vlot·tend *bn* ❶ wisselend ★ *vlottende bevolking* van samenstelling wisselende bevolking ❷ kort durend ★ *~ kapitaal* goederen die door één maal gebruiken verdwijnen ★ *vlottende middelen* vlottend kapitaal, contanten ★ *vlottende schuld* overheidsschuld op korte termijn
vlot·ter *de (m)* [-s] ❶ iem. die hout in vlotten vervoert

❷ drijver in stortbakken van wc's om de waterstand te regelen en in benzinemotoren

vlucht I *de* ❶ het vluchten: ★ *op de ~ gaan, slaan* ★ *op de ~ jagen* ❷ het vliegen: ★ *een vogel in zijn ~* ★ *in de ~* in het voorbijgaan, inderhaast ★ *fig een hoge ~ nemen* tot grote bloei geraken **II** *de* [-en] ❶ vliegtocht: ★ *een ~ over de oceaan* ❷ zwerm vogels: ★ *een ~ regenwulpen* ❸ afstand tussen de uiteinden van de uitgespreide vleugels ❹ afstand tussen de uiteinden van één molenroede of van twee wieken ❺ BN, sp wedstrijd voor postduiven, duivenwedstrijd

vluch·te·ling *de (m)* [-en], **vluch·te·lin·ge** *de (v)* [-n] iem. die een land, gebied, stad e.d. ontvlucht is

vluch·te·lin·gen·kamp *het* [-en] kamp, tijdelijk verblijf van vluchtelingen

vluch·te·lin·gen·sta·tus *de (m)* status van erkend politiek vluchteling, ook A-status

vluch·ten *ww* [vluchtte, is gevlucht] ❶ weglopen voor gevaar: ★ *~ voor een hongersnood, een wervelstorm* ★ *uit een instortend huis ~* ❷ fig iets beters of veiligers trachten te vinden: ★ *~ in het verleden*

vlucht·ge·vaar·lijk *bn* ⟨v. gevangenen of arrestanten⟩ met een groot risico tot ontsnappen

vlucht·ha·ven *de* [-s] haven waar men met een schip in gevaar heen vlucht

vlucht·heu·vel *de (m)* [-s] ❶ oorspr heuvel om bij hoog water op te vluchten ❷ thans verhoging voor voetgangers op verkeerswegen

vlucht·huis *het* [-huizen] BN blijf-van-mijn-lijf-huis, opvanghuis voor mishandelde vrouwen

vluch·tig *bn* ❶ haastig en oppervlakkig: ★ *een probleem ~ bespreken* ❷ snel verdampend: ★ *vluchtige vloeistoffen* ❸ vergankelijk: ★ *ons ~ bestaan*; **vluchtigheid** *de (v)*

vlucht·ka·pi·taal *het* kapitaal dat op een buitenlandse bank is geplaatst of in het buitenland is geïnvesteerd

vlucht·kel·der *de (m)* [-s] schuilkelder

vlucht·lei·der *de (m)* [-s] ❶ iem. die op een luchthaven vertrek en aankomst van vliegtuigen regelt ❷ leider (op de grond) van de vlucht van een ruimteschip; **vluchtleiding** *de (v)*

vlucht·mis·drijf *het* [-drijven] BN strafbaar feit bestaande uit het doorrijden van een automobilist nà een aanrijding, verkeersovertreding e.d.

vlucht·oord *het* [-en] toevluchtsoord

vlucht·po·ging *de (v)* [-en] ❶ poging uit gevangenschap te vluchten ❷ wielersport poging om te demarreren

vlucht·re·cor·der [-riekò(r)də(r)] *de (m)* [-s] apparaat dat alle bewegingen van een vliegtuig tijdens een vlucht registreert, ook → black box genoemd

vlucht·sche·ma *het* ['s] plan volgens welk men een luchtreis maakt: ★ *een ~ van Amsterdam naar de Kaaimaneilanden*

vlucht·schot *het* [-schoten] BN, voetbal harde trap tegen de bal, als deze nog niet op de grond is geweest, volley

vlucht·si·mu·la·tor *de (m)* [-s] natuurgetrouwe kopie van de cockpit van een vliegtuig waarin leerling-piloten een deel van hun opleiding krijgen

vlucht·strook *de* [-stroken] vooral NN strook langs autoweg, waarop motorvoertuigen in geval van nood mogen stoppen

vlucht·weg *de (m)* [-wegen] weg waarlangs men ontvlucht; vooral ⟨in een groot gebouw⟩ weg waarlangs men bij brand veilig buiten kan komen

vlug *bn* ❶ snel, gauw: ★ *we moeten ~ naar huis* ★ *zo ~ als water* zeer vlug ❷ snel van begrip, bevattelijk: ★ *een vlugge leerling*

vlug·gerd *ww* [-s] iem. die vlug (vooral bet 2) is

vlug·ger·tje *het* [-s] ❶ iets wat snel gebeurt of gedaan wordt ❷ een snel gespeelde partij schaken of dammen: ★ *zullen we in de tussentijd een ~ spelen?* ❸ snel verrichte seksuele gemeenschap: ★ *een ~ maken*

vlug·heid *de (v)* het vlug-zijn

vlug·schrift ⟨*Du*⟩ *het* [-en] geschriftje over een actueel onderwerp, pamflet

vlug·zout *het* snel vervliegend zout, ammoniumcarbonaat, vroeger veel gebruikt om mensen die waren flauwgevallen weer bij te brengen

V.M. *afk* Volle Maan

vm. *afk* voormiddag

vmbo *afk* in Nederland voorbereidend middelbaar beroepsonderwijs [schooltype dat in 1999 in de plaats is gekomen van vbo en mavo]

vmbo'er *de (m)* [-s] in Nederland leerling van een vmbo

VMO *afk* in België Vlaamse Militantenorde [rechts-radicale groepering in België]

VN *afk* Verenigde Naties

VNG *afk* Vereniging van Nederlandse Gemeenten

vnl. *afk* voornamelijk

VNO-NCW *afk* belangenvereniging van het Nederlandse bedrijfsleven

VNV *afk* in België Vlaamsch Nationaal Verbond [vroegere Vlaams-nationale partij]

v.o. *afk* van onderen

VOC *afk* in Nederland, hist Vereenigde Oost-Indische Compagnie [handelsvereniging in de 17de en 18de eeuw die handel dreef op Oost-Indië (het tegenwoordige Indonesië)]

vo·caal ⟨*Lat*⟩ **I** *de* [-calen] → klinker (bet 1) **II** *bn* tot de stem behorende ★ *een ~ concert* een zanguitvoering

vo·ca·bu·lai·re [-lèrə] ⟨*Fr*⟨*Lat*⟩ *het* [-s] ❶ woordenlijst ❷ woordenschat

vo·ca·li·se [-liezə] ⟨*Fr*⟩ *de (v)* [-s] muz zangoefening op één klinker of op de lettergreep *la*

vo·ca·list *de (m)* [-en], **vo·ca·lis·te** *de (v)* [-n, -s] zanger(es)

vo·ca·tie [-(t)sie] ⟨*Fr*⟨*Lat*⟩ *de (v)* [-s] roeping (tot een ambt, tot het priesterschap e.d.)

vo·ca·ti·vus ⟨*Lat*⟩ [-tivi], **vo·ca·tief** *de (m)* [-tieven]

taalk naamval en vorm van de aangesproken persoon
vocht¹ I *het* [-en] vloeistof II *de & het* vochtigheid
vocht² *ww*, **voch·ten** *verl tijd* van → **vechten**
voch·ten *ww* [vochtte, h. gevocht] vochtig maken, besprenkelen
voch·tig *bn* vocht houdend, vocht opgenomen hebbend, enigszins nat ★ *een ~ huis* waarvan de muren vocht doorlaten; **vochtigheid** *de (v)*
vocht·maat *de* [-maten] maat voor het meten van vloeistoffen
vocht·vre·ter *de (m)* [-s] apparaat dat of substantie die vocht absorbeert in ruimtes met een hoge luchtvochtigheid
vocht·vrij *bn* tegen vocht beschermd: ★ *een medicijn ~ bewaren*
vod *de & het* [-den] ❶ oude lap: ★ *de kleren van de oude zwerver waren vodden* ★ *iem. achter zijn vodden zitten* iem. opjagen, doen opschieten ★ *iem. bij zijn vodden grijpen* iem. bij zijn kraag pakken ❷ prul; klein stukje: ★ *een vodje papier* ❸ BN, spreektaal (schoonmaak)doek, stofdoek, dweil, vaatdoek
vod·cast *‹Eng› de (m)* [-s] comput techniek die het mogelijk maakt om videobeelden op aanvraag aan te bieden (d.m.v. downloads of als streaming video)
vod·den·baal *de* [-balen] ❶ zak voor vodden; zak met vodden ❷ NN waardeloos ding ❸ NN slordig gekleed, haveloos persoon
vod·den·boer *de (m)* [-en], **vod·den·koop·man** *de (m)* [-lui en -lieden], **vod·den·ko·per** *de (m)* [-s], **vod·den·man** *de (m)* [-mannen] iem. die oude kleding en lappen van particulieren koopt en doorverkoopt, lompenkoopman
vod·den·markt *de* [-en] markt voor oude kleren
vod·den·ra·per *de (m)* [-s] iem. die vodden zoekt (om die te verkopen)
vod·de·rig *bn* prullig, versleten, van geen waarde
vod·dig *bn* ‹van stof› prullig, niet degelijk; fig nietswaardig
voe·den *ww* [voedde, h. gevoed] ❶ voedsel, te eten geven ❷ ‹m.b.t. baby's› zogen, de borst geven ❸ heel voedzaam zijn: ★ *boerenkool voedt goed* ❹ fig versterken, aanwakkeren, bevorderen: ★ *hoop ~* ★ *met batterijen ~* op batterijen laten lopen
voe·der, voer *het* voedsel voor dieren
voe·der·bak, voer·bak *de (m)* [-ken] bak voor voeder
voe·der·biet *de* [-en] biet voor dierlijk voedsel dienend
voe·de·ren *ww* [voederde, h. gevoederd] ❶ voeder geven ❷ → **voeren¹**
voe·der·ge·was *het* [-sen] gewas dat als veevoer gebruikt wordt: bijv. → **klaver**
voe·ding *de (v)* ❶ het voeden ❷ voedsel
voe·dings·bo·dem *de (m)* [-s] ❶ stof waarop bacteriën enz. gekweekt worden ❷ fig toestand die de ontwikkeling of toeneming van iets begunstigt
voe·dings·bond *de (m)* [-en] vakbond van in de voedingsindustrie werkzame werknemers

1407 **vocht–voegen**

voe·dings·ge·was *het* [-sen] gewas dat menselijk voedsel levert
voe·dings·leer *de* wetenschap van de voedingsmiddelen en hun werking
voe·dings·mid·del *het* [-en] wat als voedsel gebruikt wordt
voe·dings·stof·fen *mv* voedende stoffen, die uit de spijzen in het bloed worden opgenomen
voe·dings·stoor·nis *de (v)* [-sen] storing in de spijsvertering
voe·dings·sup·ple·ment *het* [-en] preparaat dat iem. die een bijzondere lichamelijke moet leveren inneemt, met daarin voedingsbestanddelen (mineralen, vitaminen) die niet of onvoldoende in het natuurlijke voedsel zitten
voe·dings·ve·zel *de* [-s] onverteerbaar organisch voedselbestanddeel dat van belang is voor een goede darmfunctie en een gemakkelijke, regelmatige stoelgang
voe·dings·waar·de *de (v)* gehalte aan voedingsstoffen
voed·sel *het* dat waarmee mens of dier zich voedt, eten ★ *~ geven aan* fig bevorderen, aanwakkeren
voed·sel·agent·schap *het* BN organisatie die toeziet op naleving van de voorschriften m.b.t. voedingsproducten
voed·sel·bank *de* [-en] instelling waar voedsel wordt uitgedeeld aan arme mensen
voed·sel·hulp *de* verstrekking van voedsel aan slachtoffers van grote rampen
voed·sel·ke·ten *de* [-s] biol reeks van opeenvolgende organismen die elkaars voedsel zijn
voed·sel·pak·ket *het* [-ten] ❶ pakket voedingsmiddelen ❷ hoeveelheid en aard van de voedingsmiddelen die een gezin in een bepaald tijdvak koopt
voed·sel·schaar·ste *de (v)* gebrek aan voedsel
voed·sel·schuur *de* [-schuren] ❶ schuur voor de opslag van voedsel ❷ regio die van belang is voor de voeselvoorziening van een groter gebied: ★ *de Nijldelta was ooit de ~ van Afrika*
voed·sel·voor·zie·ning *de (v)* het verschaffen van voedsel
voed·ster *de (v)* [-s] ❶ → **min¹**, zoogster ❷ moerkonijn
voed·zaam *bn* goed voedend, veel voedingswaarde hebbend: ★ *uien zijn voedzame groente*; **voedzaamheid** *de (v)*
voeg *de* [-en] naad, sponning ★ *uit zijn voegen barsten* ‹m.b.t. ondernemingen› door groei te kleine huisvesting en / of te weinig personeel hebben ★ NN *iets uit zijn voegen rukken* uit zijn verband halen (veelal met geweld) ★ *in zijn voegen kraken* bouwvallig zijn (ook fig)
voe·ge *de* vero orde ★ *vooral* NN, *schrijftaal in dier ~* op deze wijze, zodanig ★ NN, *schrijftaal in ~ dat* zodat ★ BN *in ~ treden* in werking treden, van kracht worden ★ BN *in ~ zijn* in zwang, in gebruik, geldig, van kracht zijn
voe·gen I *ww* [voegde, h. gevoegd] ❶ onderling

vo

verbinden; bijsluiten: ★ *bewijsstukken bij een brief* ~ ❷ vero betamen: ★ *dat voegt u niet* ❸ *naden in metselwerk dichtstrijken en afwerken met specie* II *wederk* ★ *zich* ~ *bij iem.* a) zich in iems. gezelschap begeven; b) fig met iems. mening of richting instemmen ★ *zich* ~ *naar* zich schikken naar

voeg·spij·ker *de (m)* [-s] smal staafje met handvat, gebruikt om te → **voegen** (bet 3)

voeg·woord *het* [-en] woord dat zinnen of zindelen verbindt: ★ *en, omdat, want enz. zijn voegwoorden*

voel·baar *bn* ❶ te voelen, tastbaar ❷ goed waarneembaar

voel·draad *de (m)* [-draden] draadvormig orgaan bij sommige dieren, waardoor gevoelszenuwen lopen, tastdraad

voe·len *ww* [voelde, h. gevoeld] ❶ met het gevoel gewaarworden: ★ *pijn* ~ ❷ beseffen: ★ *de plicht* ~, *de schoonheid van een vers* ~, *zich geroepen* ~, ~ *waar het op aan komt* ❸ tasten, betasten: ★ *in zijn zak* ~ ; zie ook bij → **tasten** ❹ een bepaald gevoel hebben: ★ *zich niet goed* ~ ★ *voor iets* of *iem.* ~ *een positief oordeel hebben over iets of iem.* ★ *veel, iets voor iem.* ~ *van iem.* houden, verliefd op iem. zijn ★ *zich heel wat* ~ verwaand zijn

voel·hoorn, voel·ho·ren *de (m)* [-s] tastorgaan op de kop van sommige dieren ★ *zijn voelhorens uitsteken* fig voorzichtig informeren

voe·ling *de (v)* aanraking, contact: ★ ~ *hebben met*

voel·spriet *de (m)* [-en] voelhoorn

voer[1] *het* → **voeder** ★ ~ *voor psychologen e.d.* fig belangwekkende stof voor psychologen e.d.

voer[2] *ww* verl tijd van → **varen**[1]

voer·bak *de (m)* [-ken] → **voederbak**

voe·ren[1] *ww* [voerde, h. gevoerd] ❶ voer geven: ★ *de varkens* ~ ❷ iem. (bijv. een jong kind, een gehandicapte) het voedsel in de mond stoppen ❸ NN, fig op stang jagen, kwaad of geëmotioneerd maken door hatelijke opmerkingen: ★ *ze zaten hem al de hele avond met beledigende opmerkingen te* ~, *maar hij wist zijn kalmte te bewaren*

voe·ren[2] *ww* [voerde, h. gevoerd] ❶ brengen, dragen, leiden: ★ *iemand op dwaalwegen* ~ ★ *deze straat voert naar het station* ★ *dat zou mij te ver* ~ *van de hoofdzaak afbrengen* ★ BN *ook iem. naar huis* ~ iem. naar huis rijden ❷ dragen, meedragen: ★ *een titel* ~ ★ *iets in zijn schild* ~ zie bij → **schild** ❸ hebben, houden: ★ *het bevel* ~ ★ *oorlog* ~ ★ *een proces* ~ ★ *het woord* ~ ★ *het schip voerde de Panamese vlag* ❹ ‹een trekdier› mennen; *ook* trekken ‹door een trekdier› ❺ BN *ook* vervoeren, wegbrengen, overbrengen, bezorgen, afleveren: ★ *hij voerde haar in zijn eigen auto*

voe·ren[3] *ww* [voerde, h. gevoerd] van een voering voorzien: ★ *een mantel* ~

voe·ren[4] *ww* verl tijd meerv van → **varen**[1]

voe·ring *de (v)* [-en] extra stof aan de binnenzijde van kleding

voer·man *de (m)* [-lieden, -lui] bestuurder van een paard en wagen ★ *een oude* ~ *hoort nog graag het klappen van de zweep* men spreekt nog graag over zijn vroegere werk

voer·straal *de* [-stralen] lijn vanuit een brandpunt van een kegelsnede naar een punt op de omtrek van die kegelsnede

voer·taal *de* taal waarin de gesprekken worden gevoerd; vooral taal waarin men in bep. kringen of bij bep. gelegenheden (congressen e.d.) met elkaar spreekt: ★ *in het internationale luchtverkeer is Engels de* ~

voer·tuig *het* [-en] vervoermiddel over land, wagen; fig middel tot overbrenging: ★ *de taal is het* ~ *van de gedachten*

voet *de (m)* [-en] ❶ onderste deel van het been ★ *te* ~ *lopend* (niet rijdend) ★ *iem. op staande* ~ *ontslaan* direct, met onmiddellijke ingang ★ *ten voeten uit* a) eig in volle grootte; b) fig precies zoals hij is: ★ *zoals hij daar staat te gebaren, dat is mijn vader ten voeten uit* ★ *aan iems. voeten liggen* veel bewondering voor iem. hebben ★ vooral NN *een wit voetje halen bij iem.* bij iem. in de gunst komen ★ BN *een voetje voor hebben* in de gunst staan ★ *dat gaat zover als het voeten heeft* zover als de omstandigheden het toelaten ★ *het heeft veel voeten in (de) aarde gehad* het heeft veel moeite, veel geharrewar gekost ★ *ergens vaste* ~ *krijgen* er steeds meer invloed krijgen ★ *geen* ~ (ook wel *poot) aan de grond krijgen* geen uitzicht op succes of resultaat hebben ★ *niet uit de voeten kunnen* niet weg kunnen, zich niet gemakkelijk kunnen verplaatsen ★ NN *iem. de* ~ *lichten,* BN *vooral iemand een voetje lichten* a) iem. laten struikelen; b) fig iem. aftroeven ★ *(een land, leger, tegenstander) onder de* ~ *lopen* vernietigend verslaan ★ *onder de* ~ *gelopen worden* door een menigte vertrapt worden ★ *zich uit de voeten maken* er vandoor gaan ★ *iem. op vrije voeten stellen* een gevangene vrijlaten ★ *iets met voeten treden* vertrappen, schenden ★ *iem., iets op de* ~ *volgen* a) van dichtbij volgen; b) precies of woordelijk volgen ★ *iem., iets voor de voeten werpen* beschuldigen van, verwijten ★ *iem. de* ~ *dwars zetten* iem. tegenwerken ★ *iem. onder de* ~ *houden* in bedwang houden, geheel beheersen ★ *met één* ~ *in het graf staan* stervend, tot ondergang gedoemd zijn ★ BN *met een zware* ~ *rijden* zeer snel rijden ★ BN, spreektaal *met iemands voeten spelen* iemand voor de gek houden ★ BN, spreektaal *ergens met vuile voeten doorgaan* recht op zijn doel afgaan zonder ergens rekening mee te houden, ruw, onbesuisd of doortastend te werk gaan ★ BN, spreektaal *aan zijn voeten vagen, vegen* aan zijn laars lappen ★ BN *zijn voeten vagen, vegen aan iets* niets uitvoeren, het aan zijn laars lappen ★ BN, spreektaal *onder de voet(en) zijn, raken* a) ziek, bedlegerig zijn, worden; b) van streek zijn, raken ★ BN, spreektaal *uit de voeten zijn* a) afgedaan, voorbij zijn; b) vergeven en vergeten zijn; c) afbetaald zijn ★ BN *ook op iem. een voetje voor* *hebben* in het voordeel zijn, een (kleine) voorsprong hebben ★ BN, spreektaal *alle vijf voet(en) of om de vijf voeten* ieder ogenblik, telkens weer, om de haverklap; zie ook bij → **stuk** (bet 8) ❷ lengtemaat: ± 30 cm ★ *een Amsterdamse ~:* 0,284 m ★ *een Rijnlandse ~:* 0,314 m ★ *een Engelse ~* (symbool: ft): 0,3048 m ❸ onderste deel, steunend onderstuk: ★ *de ~ van een dijk, van een glas, van een bladzijde* ❹ wijze, manier: ★ *iets op dezelfde, op de oude ~ voortzetten* ★ *op grote ~ leven* royaal, weelderig ❺ verhouding: ★ *op goede ~ staan met iem.* ★ *op ~ van gelijkheid* ★ *op gespannen ~ leven* in onmin ❻ versvoet; zie ook bij → **voetje**

voet·af·druk *de (m)* [-ken] afdruk van een voet, in rulle of zompige ondergrond ★ *ecologische ~* fictieve meeteenheid waarin de belasting van het milieu wordt uitgedrukt: ★ *met drie vliegreizen per jaar heb jij een behoorlijke ecologische ~*

voet·an·gel *de (m)* [-s] in de grond geplaatste klem met scherpe punten aan alle kanten ★ *voetangels en klemmen* onzichtbare moeilijkheden, bedrieglijke plaatsen

voet·bad *het* [-baden] ❶ het baden van de voeten ❷ het water daarvoor ❸ de kom daarvoor ❹ NN, schertsend gemorste koffie, thee e.d. op het schoteltje onder een kopje

voet·bal I *de (m)* [-len] grote leren bal II *het* voetbalspel

voet·bal·club *de* [-s] vereniging van voetballers

voet·bal·elf·tal *het* [-len] ploeg van elf voetballers

voet·bal·knie *de* [-knieën] beschadiging aan het kniegewricht, veelal bij het voetballen opgedaan

voet·bal·len *ww* [voetbalde, h. gevoetbald] het voetbalspel spelen

voet·bal·ler *de (m)* [-s] iem. die voetbalt

voet·bal·match [-metsj, BN: -matsj] *de* [-es, -en] vooral BN ook voetbalwedstrijd

voet·bal·pool [-poel] *de (m)* [-s] → **pool**³ (bet 2) bij voetbalwedstrijden

voet·bal·pro·nos·tiek *de (v)* [-en] BN voetbalpool, voetbaltoto

voet·bal·schoen *de (m)* [-en] speciale schoen om mee te voetballen

voet·bal·spel *het* ❶ spel gespeeld door twee elftallen, die proberen een grote leren bal bij elkaar in het doel te schoppen ❷ tafelvoetbal

voet·bal·sport *de* het voetballen

voet·bal·ter·rein *het* [-en] voetbalveld

voet·bal·to·to *de (m)* ['s] NN zie bij → **toto**

voet·bal·van·da·lis·me *het* vernielzucht, agressie van bep. supporters voor, tijdens of na een voetbalwedstrijd

voet·bal·veld *het* [-en] grasveld waarop het voetbalspel gespeeld wordt

voet·bal·wed·strijd *de (m)* [-en] wedstrijd tussen twee voetbalelftallen

voet·bank *de* [-en] → **voetenbank**

voet·boei *de* [-en] boei waarmee de enkels geboeid worden

voet·boog *de (m)* [-bogen] grote kruisboog

voet·breed *het* breedte van een voet: ★ *vooral NN geen ~ wijken*

voet·brug *de* [-gen] brug voor voetgangers

voe·ten·bank, **voet·bank** *de* [-en] bank om de voeten op te zetten

voe·ten·eind, **voe·ten·ein·de**, **voet·eind**, **voet·ein·de** *het* [-einden] zijde van een bed waar de voeten liggen

voe·ten·war·mer *de (m)* [-s] → **voetwarmer**

voe·ten·werk *het* sp het gebruik van de voeten, het werken met de voeten: ★ *het ~ van een bokser*

voet·fout *de* [-en] sp het plaatsen van de voet op of over een grenslijn ⟨bij afsprong of service⟩

voet·gan·ger *de (m)* [-s] iem. die lopend deelneemt aan het verkeer

voet·gan·gers·ge·bied *het* [-en] uitsluitend voor voetgangers toegankelijk gebied, zoals in sommige stadscentra waar veel winkels zijn

voet·gan·gers·licht *het* [-en] verkeerslicht dat aangeeft wanneer een voetganger al dan niet mag oversteken

voet·gan·gers·over·steek·plaats *de* [-en] gemarkeerde plaats op de rijweg waar voetgangers voorrang hebben bij het oversteken

voet·gan·gers·tun·nel *de (m)* [-s] tunnel onder een drukke verkeersweg, speciaal voor voetgangers

voet·je *het* [-s] kleine voet ★ *~ voor ~* heel langzaam; zie ook bij → **voet** (bet 1)

voet·je-van-de-vloer *het* NN kinderspel: soort tikkertje waarbij diegene die zijn voeten op enigerlei wijze van de vloer heeft, niet afgetikt kan worden

voet·je·vrij·en *ww & het* NN (het) met de voeten langs elkaar strijken (bijv. onder tafel) bij wijze van liefkozing

voet·knecht *de (m)* [-en] hist soldaat te voet

voet·kus *de (m)* [-sen] kus op de voet als teken van onderdanigheid

voet·kus·sen *het* [-s] kussen voor de voeten

voet·licht *het* [-en] licht dat van de voorrand van het toneel de spelers beschijnt ★ *voor het ~ komen* a) optreden (op het toneel); b) fig in de openbaarheid komen

voet·mat *de* [-ten] mat om de voeten op af te vegen

voet·noot *de* [-noten] verklarende aantekening onderaan een bladzijde ★ *een ~ in de geschiedenis* een weinig belangrijk feit

voet·over·he·ve·ling *de (v)* NN het optellen van het niet verbruikte deel van de belastingvrije voet van de minstverdienende echtgenoot of partner bij die van de meestverdienende

voet·pad *het* [-paden] ❶ pad voor voetgangers ❷ BN ook trottoir, stoep

voet·pomp *de* [-en] luchtpomp die men met de voet staande houdt

voet·punt *het* [-en] ❶ onderste punt ❷ astron nadir

voet·reis *de* [-reizen] reis te voet
voet·rei·zi·ger *de (m)* [-s] iem. die een voetreis maakt
voet·rem *de* [-men] met de voet bediende rem
voet·spoor *het* [-sporen] spoor van de voet ★ *iemands ~ volgen, in iemands voetsporen treden* hem als voorbeeld nemen
voet·stap *de (m)* [-pen] ❶ stap ❷ voetspoor ★ *in de voetstappen treden van* navolgen
voet·steun *de (m)* [-en] voorwerp waarop de voet kan rusten
voet·stoots *bijw* ❶ zonder nader onderzoek, zomaar ineens ❷ zonder de koopwaar te mogen uitzoeken: ★ *~ (ver) kopen*
voet·stuk *het* [-ken] onderstuk, draagstuk: ★ *iemand op een ~ plaatsen* hem veel lof toezwaaien ★ *zich op een ~ plaatsen* zich boven de anderen verheven achten ★ *iem. van zijn ~ stoten* zijn goede naam en aanzien aantasten
voet·tekst *de (m)* [-en] comput tekst die bij tekstverwerking op elke pagina van een tekstdocument onderin kan worden gezet en zo kan worden afgedrukt
voet·tocht *de (m)* [-en] voetreis
voet·val *de (m)* [-len] knieval
voet·veeg *de* [-vegen] iem. die door een ander als minderwaardig behandeld wordt
voet·veer *het* [-veren] veerpont waarop uitsluitend voetgangers en fietsers verplaatst worden, geen auto's
voet·volk *het* soldaten te voet
voet·war·mer, voe·ten·war·mer *de (m)* [-s] toestel (meestal elektrisch) tot verwarming van de voeten
voet·was·sing *de (v)* [-en] het wassen van de voeten van een ander ten teken van nederigheid
voet·wor·tel·been·de·ren *mv* zeventaal beenderen in de voet
voet·zoe·ker *de (m)* [-s] stuk vuurwerk dat een snelle beweging over de grond maakt
voet·zool *de* [-zolen] onderkant van de voet
vof *afk* vennootschap onder firma
vo·gel *de (m)* [-s, *literaire taal ook* -en] ❶ gevederd vliegend dier ★ *beter één ~ in de hand dan tien in de lucht* beter iets werkelijk te hebben dan het tiendubbele alleen maar beloofd te krijgen ★ *men kent de ~ aan zijn veren* men kent iemand aan zijn wijze van doen ★ *ieder vogeltje zingt zoals het gebekt is* ieder spreekt op de hem eigen wijze ★ *zo vrij als een vogeltje (in de lucht)* helemaal vrij ★ NN *vogeltjes die zo vroeg zingen, zijn ('s avonds) voor de poes* gezegd als iemand te vroeg met iets (plezierigs) begint ★ *de ~ is gevlogen*; BN *de ~ is gaan vliegen* de gezochte is verdwenen, gevlucht ★ BN *een ~ voor de kat zijn* a) verloren zijn, eraan moeten geloven; b) ‹algemeen› opgegeven, ten dode opgeschreven zijn (vooral gezegd van zieken) ❷ eigenaardige, wonderlijke vent: ★ *een vreemde ~, een slimme ~*
vo·ge·laar *de (m)* [-s] ❶ vogelvanger ❷ vogelliefhebber die erop uittrekt om de vogels in de vrije natuur gade te slaan; zie ook bij → **gefluit**
vo·gel·bek·dier *het* [-en] primitief zoogdier in Australië met een brede snavelvormige bek (*Ornithorhynchus anatinus*)
vo·gel·griep *de* [-en] gevaarlijke, vaak dodelijke vogelziekte, voornamelijk bij hoenderachtigen, veroorzaakt door een influenzavirus dat ook mensen kan besmetten
vo·gel·huis·je *het* [-s] voederhuisje voor vogels
vo·gel·kers *de* [-en] in bossen of heggen vrij algemeen voorkomende boom of heester, 3-15 m hoog, met trossen van bloemen van witte kroonbladeren (*Prunus padus*) ★ *Amerikaanse ~* bospest (*P. serotina*)
vo·gel·knip *de* [-pen] → **knip**¹ (bet 1) om vogels te vangen
vo·gel·kooi *de* [-en] kooi om vogels in te houden
vo·gel·kun·de *de (v)* de wetenschap die zich met de vogels bezighoudt, ornithologie
vo·gel·lijm *de (m)* kerstplant met witte bessen, mistletoe (*Viscum album*)
vo·gel·melk *de* bolgewas met witte bloemen (*Ornithogalum umbellatum*)
vo·gel·mest *de (m)* uitwerpselen van vogels
vo·gel·nest *het* [-en] nest van een vogel ★ *eetbare vogelnestjes* nestjes van klipzwaluwen, door Chinezen in Indonesië als lekkernij gegeten
vo·gel·pers·pec·tief *het* ★ *in ~* in vogelvlucht
vo·gel·pest *de* vogelgriep
vo·gel·pik *de (m)* BN *ook* ❶ darts ❷ dartsschijf ❸ dartsclub
vo·gel·schie·ten *ww & het* (het) schieten op een nagemaakte vogel (als volksvermaak)
vo·gel·schrik *de (m)* [-ken] BN, spreektaal vogelverschrikker
vo·gel·spin *de* [-nen] grote, behaarde, giftige, in de tropen voorkomende spin, die wel vogeltjes uitzuigt, de familie Aviculariidae
vo·gel·stand *de (m)* hoeveelheid aanwezige vogels in een gebied, vogelrijkdom
vo·gel·trek *de (m)* het op gezette tijden heen- en weertrekken van bepaalde vogelsoorten tussen bepaalde landen of gebieden
vo·gel·ver·schrik·ker *de (m)* [-s] ❶ voorwerp waarmee men vogels afschrikt, vooral nagemaakt mensenfiguur in het gewas ❷ schertsend iem. met een weinig aantrekkelijk uiterlijk
vo·gel·vlucht *de* ★ *in ~* a) van boven, van een zekere hoogte af, gezien; b) hemelsbreed, in rechte lijn (gemeten)
vo·gel·vrij, vo·gel·vrij *bn* buiten bescherming van de wet: ★ *iem. ~ verklaren*
vo·gel·vrij·ver·kla·ring *de (v)* het iemand buiten de bescherming van de wet stellen
vo·gel·wacht [-en] NN **I** *de* plaats waar waarnemingen worden gedaan van het leven van vogels **II** *de (v)* groep personen die deze waarnemingen doet **III** *de (m)* vogelwachter
vo·gel·wach·ter *de (m)* [-s] NN iem. die het leven van

vogels in de natuur observeert
vogue [v²γ(ǝ)] *(‹Fr) de* gebruik, zwang; opgang, mode; zie ook → **en vogue**
voice·mail [voismeel] *(‹Eng) de (m)* telec service van telefoondiensten waarbij de opbeller een voor de opgebelde persoon bestemd bericht kan inspreker als deze niet opneemt
voice-over [voisoovǝ(r)] *(‹Eng) de* stem van een onzichtbare spreker die de beelden in een film of televisieprogramma van commentaar voorziet; ook gebruikt bij simultaanvertaling van een interview, waarbij de stem van de geïnterviewde nog zacht hoorbaar is
voi·ci [wwàsie] *(‹Fr) bijw* ziehier
voi·là [wwàlaa] *(‹Fr) bijw* vooral BN ziedaar, ziezo
voi·le [wwaal(ǝ)] *(‹Fr‹Lat)* I *de (m) [-s]* korte lichte sluier aan een dameshoed II *de (m) & het* wijdmazig weefsel van wol of zijde voor japonnen en gordijnen
voi·pen *ww* [voipte, h. gevoipt] *(ontstaan uit: voice over IP)* telefoneren via internet
vol *bn* ❶ gevuld: ★ *een volle fles* ★ *een ~ stadion* ★ *een ~ gezicht* dik en rond ❷ vervuld ★ *hij was er ~ van* hij was er zo enthousiast over dat hij aan niets anders dacht ❸ overdekt met: ★ *een tafel ~ boeken* ❹ volkomen, volledig: ★ *een ~ uur* ★ *de volle waarheid* ★ *in volle ernst* ★ *met het volste recht* ★ *in het volste vertrouwen* ★ *een volle neef* zoon van oom of tante ★ *~ gas geven* het gaspedaal geheel indrukken ★ *in volle bloei staan* volop bloeien ★ *ten volle* volledig, geheel ❺ BN in het midden van ★ *in, op volle dag* op klaarlichte dag ★ *in volle nacht* in het holst van de nacht ★ *in volle winter* midden in de winter, hartje winter ★ *in volle centrum* in de binnenstad ★ *in volle straat* midden op straat ★ *in volle verkiezingsstrijd* op het hoogtepunt van de verkiezingsstrijd ❻ volwassen, volleerd; geheel normaal: ★ *iemand niet voor ~ aanzien* ❼ open: ★ *in volle zee* ❽ niet afgeroomd: ★ *volle melk* ❾ bol door de wind: ★ *met volle zeilen*
vol. *afk* ❶ volume ❷ volumen
vol·au·to·ma·tisch *[-autoo- of -ootoo-] bn* ❶ volledig automatisch ❷ auto vanzelf op een andere versnelling overschakelend
vol-au-vent [-oovã] *(‹Fr) de (m) [-s]* pastei van bladerdeeg, gevuld met een ragout van vlees, vis of gevogelte
vol·bloed I *bn* ❶ zuiver van ras ❷ fig met hart en ziel: ★ *een ~ socialist* II *de (m) [-s]* paard van een zuiver ras
vol·bloe·dig *bn* veel temperament hebbend, driftig; **volbloedigheid** *de (v)*
vol·boe·ken *ww* [boekte vol, h. volgeboekt] alle beschikbare ruimte of tijd wegens afspraak of bestelling reserveren: ★ *het hotel is volgeboekt* ★ *ik kan geen bezoeken meer ontvangen, ik ben volgeboekt*
vol·bou·wen *ww* [bouwde vol, h. volgebouwd] geheel met huizen enz. bezetten
vol·bren·gen *ww* [volbracht, h. volbracht] ten einde brengen: ★ *het is volbracht (Johannes 19: 30)*; **volbrenging** *de (v)*
vol·daan *bn* ❶ tevreden ★ *~ zijn over* ❷ betaald: ★ *voldane rekeningen*
vol·daan·heid *de (v)* tevredenheid
vol·der, vol·ler *de (m) [-s]* lakenbereider
vol·doen *ww* [voldeed, h. voldaan] ❶ tevredenstellen, beantwoorden aan de eisen, verwachting ❷ betalen: ★ *u kunt per giro ~*
vol·doend, vol·doen·de *bn* toereikend, genoeg, bevredigend: ★ *de vorderingen zijn ~* ★ *ik heb voldoende koekjes*
vol·doen·de *de & het [-s en -n]* beoordelingscijfer waarmee wordt uitgedrukt dat de geleverde prestatie toereikend is
vol·doe·ning *de (v)* ❶ het voldoen, tevredenheid ❷ betaling
vol·don·gen *bn* beslist; niet meer te veranderen: ★ *iem. voor een ~ feit plaatsen*
vol·dra·gen *bn* ❶ tot het einde van de normale zwangerschap gedragen: ★ *een ~ kind* ❷ fig grondig doordacht en overwogen
vol·ein·den *ww* [voleindde, h. voleind], **vol·ein·di·gen** [voleindigde, h. voleindigd] voltooien
vol·ein·di·ging, vol·ein·ding *de (v)* ❶ voltooiing ❷ einde
vol·gaar·ne *bijw* vero heel graag
volg·au·to *[-autoo, -ootoo] de (m) ['s]* ❶ elk van de auto's van een stoet, na de voorste ❷ wielersport auto die in een wedstrijd de renners volgt
volg·boot *de [-boten]* ❶ boot die achter een ander voortgesleept wordt ❷ watersport boot die de deelnemers volgt (bij roeien, zwemmen over lange afstand e.d.)
volg·brief·je *het [-s]* verklaring dat in bewaring gegeven goederen aan iemand anders afgegeven moeten worden
vol·ge·boekt *ww* zie bij → **volboeken**
vol·ge·ling *de (m) [-en]* aanhanger, leerling
vol·gen *ww* [volgde, h. & is gevolgd] ❶ achternagaan: ★ *iemands spoor ~* ★ *de tramlijn ~* ❷ iemands gedachtegang (trachten te) begrijpen: ★ *de leraar was niet te ~* ★ *hij kon de discussie niet meer ~* ❸ luisteren naar, geregeld bijwonen: ★ *een cursus EHBO ~* ❹ komen na: ★ *op de winter volgt de lente* ★ *wij redeneren nu als volgt* ★ *wie volgt!* ❺ handelen naar: ★ *zijn eigen inzicht ~* ❻ voortvloeien: ★ *hieruit volgt dat...* ❼ BN ‹van leerlingen, patiënten› begeleiden
vol·gend *bn* eerst nakomend: ★ *het volgende huis* ★ *het volgende* wat hierna volgt
vol·gens *vz* naar, overeenkomstig, conform: ★ *~ afspraak* ★ *~ mij* naar mijn mening ★ *alles verloopt ~ plan* zoals was afgesproken, gepland
vol·ge·stort *bn* zie bij → **volstorten** *(bet 2)*
vol·gie·ten *ww* [goot vol, h. volgegoten] gietende helemaal vullen
volg·koets *de [-en]* volgrijtuig

volg·num·mer *het* [-s] rangnummer, nummer dat de volgorde aangeeft: ★ *in de wachtkamer krijgen de bezoekers een ~, waarop ze achtereenvolgens binnengelaten worden*

vol·gooi·en *ww* [gooide vol, h. volgegooid] (gooiende) helemaal vullen: ★ *een benzinetank ~*

volg·or·de *de* opeenvolging: ★ *de leerlingen stonden in ~ van klein naar groot* ★ *kranten in chronologische ~ bewaren*

volg·recht *het* BN, jur zaakgevolg, zaaksgevolg, het recht om een zaak op te eisen in wiens handen ze zich ook bevindt: ★ *het ~ is het recht van de maker van een kunstwerk om telkens bij een latere verkoop een percentage van de verkoopprijs te ontvangen*

volg·reeks *de* [-en] in volgorde aansluitende reeks

volg·rij·tuig *het* [-en] elk van de rijtuigen van een stoet, na het voorste

vol·groeid *bn* volwassen

volg·wa·gen *de (m)* [-s] volgauto

volg·zaam *bn* gehoorzaam, gewillig: ★ *een volgzame medewerker*; **volgzaamheid** *de (v)*

vol·har·den *ww* [volhardde, h. volhard] standvastig blijven, volhouden ★ *~ in een mening* een mening (ook na tegenspraak) volhouden

vol·har·ding *de (v)* het volharden, standvastigheid

vol·heid *de (v)* het vol-zijn ★ *de ~ des tijds* de tijd waarin de geboorte van Christus was voorbeschikt (Galaten 4: 4) ★ *de ~ der tijden* het einde van de wereld (Efeze 1: 10)

vol·hou·den *ww* [hield vol, h. volgehouden] ❶ doorgaan, niet opgeven: ★ *de wielrenner hield vol tot de top* ❷ blijven beweren, handhaven: ★ *ze hield vol dat ze niet na de disco was geweest*

vo·liè·re [voljɛ̀rǝ] *(‹Fr) de* [-s] grote vogelkooi (voor siervogels)

vol·ij·ve·rig, **vol·ij·ve·rig** *bn* zeer ijverig

volk *het* [-en *en* -eren] ❶ alle bewoners van een land of een gebied ❷ groep mensen die door taal en cultuur onderling verbonden zijn ★ *het uitverkoren ~, het ~ Gods* de Joden ❸ de lagere klassen: ★ *oproer onder het ~* ❹ mensen, menigte: ★ *er was veel ~ op straat* ; zie ook bij → **dag** I, bet 2 ❺ klanten: ★ *~! roepen als de winkelier er niet is* ❻ werkvolk: ★ *we moeten meer ~ aannemen* ❼ ★ *het jonge volkje* de kinderen

Vol·ken·bond, **Vol·ke·ren·bond** *de (m)* hist in 1946 opgeheven bond van staten die geldt als voorganger van de Verenigde Naties

vol·ken·kun·de *de (v)* kennis van aard en levenswijze van volken, culturele antropologie, etnologie; **volkenkundig** *bn*; **volkenkundige** *de* [-n]

vol·ken·moord *de* [-en] uitmoording van een volk of een volksgroep, genocide

vol·ken·recht *het* rechtsbepalingen betreffende de gedragingen van volken onderling

vol·ken·rech·te·lijk *bn* van, volgens het volkenrecht

vol·ke·ren *zn meerv* van → **volk**

vol·ko·men *bn* geheel, geheel en al: ★ *hij is ~ gek*

vol·ko·ren I *bn* gebakken van grof gemalen meel waar nog zemelen in zitten II *het* volkorenbrood: ★ *een halfje gesneden ~*

vol·ko·ren·brood *het* [-broden] brood gebakken van ongebuild meel

volk·rijk *bn* met een grote bevolking: ★ *een volkrijke provincie*; **volkrijkheid** *de (v)*

volks *bn* ❶ van, uit, als onder het (gewone) volk: ★ *een volkse uitdrukking* ❷ eigen aan het volk, met het volk verbonden, nationaal (enigszins 'besmet' woord, omdat het nationaalsocialistisch aandoet)

volks·aard *de (m)* de karaktereigenschappen van een volk

volks·be·lang *het* [-en] belang van het volk

volks·be·we·ging *de (v)* [-en] krachtige, vooral onrustige of oproerige, stroming onder het hele volk

volks·boek *het* [-en] ❶ bij het volk geliefd boek, boek voor het volk ❷ tot prozaverhaal omgewerkt middeleeuws letterkundig werk in de eerste tijd van de boekdrukkunst

volks·buurt *de* [-en] buurt waar voor het merendeel minder draagkrachtigen wonen

volks·dans *de (m)* [-en] traditionele groepsdans

volks·dan·sen *ww & het* (het) dansen van volksdansen

volks·deel *het* [-delen] volksgroep: ★ *het calvinistische ~, het katholieke ~*

volks·de·mo·cra·tie [-(t)sie] *de (v)* [-tieën] benaming die in de communistische landen gegeven werd aan de staatsvorm aldaar

volks·deun *de (m)* [-en] straatlied

volks·dich·ter *de (m)* [-s] dichter die bij het volk geliefde gedichten schrijft

volks·dracht *de* [-en] klederdracht van het volk in een bepaalde streek

volks·drank *de (m)* [-en] bij het volk geliefde drank: ★ *bier is de ~ van de Duitsers*

volks·edi·tie [-(t)sie] *de (v)* [-s] volksuitgave

volks·ei·gen *het* wat het volk als oude traditie eigen is: gebruiken, klederdrachten, volksgeloof enz.

volks·ety·mo·lo·gie [-tie-] *de (v)* [-gieën] vervorming van vreemde woorden tot woorden die een bekende klank hebben: bijv. *hangmat* uit het Spaanse *hamaca* (dat op zijn beurt weer uit een Haïtiaanse taal is overgenomen)

volks·feest *het* [-en] door het hele volk gevierd feest

volks·front *het* benaming voor samenwerkende groeperingen van linkse signatuur die strijden tegen de heersende partij(en) of bezettende mogendheden

volks·gaar·keu·ken *de* [-s] plaats waar goedkoop eten wordt verstrekt

volks·ge·bruik *het* [-en] gebruik, gewoonte van een volk

volks·geest *de (m)* de geestesgesteldheid van een volk

volks·ge·loof *het* geloofsvoorstellingen die onder het volk leven, in afwijking van de voorstellingen

volgens de officiële godsdiensten
volks·ge·meen·schap *de (v)* [-pen] gemeenschap door een volk gevormd
volks·ge·noot *de (m)* [-noten] iem. die tot hetzelfde volk behoort
volks·ge·richt *het* [-en] strafmaatregelen van de (dorps)gemeenschap voor vergrijpen tegen de geldende moraal
volks·ge·zond·heid *de (v)* (zorg voor) de gezondheid van heel het volk ★ *geestelijke* ~ geestelijk welzijn van het volk
volks·groep *de* [-en] groepering binnen de bevolking
volks·gunst *de (v)* het in de gunst staan bij de grote massa
volks·ho·ge·school *de* [-scholen] inrichting waar mensen uit verschillende maatschappelijke klassen bijeenkomen voor ontwikkeling en wederzijds begrip
volks·huis·hou·ding *de (v)* het economisch leven van een volk
volks·huis·ves·ting *de (v)* het zorgen voor goede woningen voor de bevolking
volks·jon·gen *de (m)* [-s] jongen uit de volksklasse
volks·ka·rak·ter *het* de eigenschappen van een volk
volks·kind *het* [-eren] kind uit de volksklasse
volks·klas·se *de (v)* lagere maatschappelijke klasse
volks·kre·diet·bank *de* [-en] NN bank van lening
volks·kun·de *de (v)* folklore
volks·kunst *de (v)* kunst die onder het volk ontstaat *of* door het volk gewaardeerd wordt
volks·le·ger *het* [-s] leger bestaande uit de gehele weerbare bevolking
volks·lei·der *de (m)* [-s] leider van het volk
volks·le·ven *het* leven en bedrijf van het volk
volks·lied *het* [-eren] ❶ onder het volk levend lied; door de volksmond overgeleverd lied ❷ nationaal lied, vaderlandse hymne: ★ *het Wilhelmus is het Nederlandse* ~ ★ *de Brabançonne is het Belgische* ~
volks·me·nig·te *de (v)* [-n, -s] grote menigte
volks·men·ner *de (m)* [-s] volksleider die het volk opzweept, demagoog
volks·mond *de (m)* ★ *in de* ~ zoals het door het volk genoemd wordt: ★ *influenza, in de* ~ *beter bekend als griep*
volks·mu·ziek *de (v)* traditioneel door het volk gemaakte muziek
volks·naam *de (m)* [-namen] ❶ onder het volk gebruikelijke benaming ❷ naam van een volk
volks·ont·wik·ke·ling *de (v)* ❶ onderwijs aan alle klassen van het volk ❷ het algemene peil van kennis, waarop een volk staat
volks·op·loop *de (m)* [-lopen] zie bij → **oploop**
volks·op·roer *het* [-en] oproer onder het volk
volks·op·stand *de (m)* [-en] opstand van het volk
volks·over·le·ve·ring *de (v)* [-en] wat onder het volk van ouder op kind overgeleverd is
volks·par·tij *de (v)* politieke partij die de belangen van het gehele volk en niet die van specifieke belangengroepen zegt te verdedigen
volks·pe·ti·tion·ne·ment [-tie(t)sjon-] *het* [-en] door een groot gedeelte van het volk bij de regering ingediend petitionnement: ★ *een* ~ *tegen de kruisraketten*
volks·plan·ting *de (v)* [-en] NN, vero kolonie; vestiging in een ander, vooral overzees land
volks·raad·ple·ging *de (v)* [-en] het vaststellen van de mening van het volk over een bepaalde zaak, bijv. door een referendum
volks·re·ge·ring *de (v)* [-en] regering van vertegenwoordigers uit het volk, democratie
volks·re·pu·bliek *de (v)* [-en] communistische republiek
volks·soe·ve·rei·ni·teit *de (v)* het berusten van het hoogste gezag bij het volk, democratie
volks·spe·len *mv* bij een groot deel van het volk populaire spelen
volks·stam *de (m)* [-men] → **stam** (bet 3) ★ schertsend *hele volksstammen* heel veel mensen
volks·stem·ming *de (v)* [-en] uitspraak van een volk, door stemming, over een aangelegenheid van groot belang, referendum
volks·taal *de* taal die het volk spreekt
volks·tel·ling *de (v)* [-en] telling van het aantal inwoners van een land, alsmede het verzamelen van andere demografische gegevens
volks·to·neel *het* ❶ samenvattende benaming voor volksstukken ❷ het gedeelte van de toneelwereld dat zich bezighoudt met → **volkstoneel** (bet 1)
volks·tri·buun *de (m)* [-bunen] ❶ ‹bij de oude Romeinen› ambt bedoeld tot bescherming van de laagste volksklasse (*tribunus plebis*) ❷ thans uit het volk opgekomen leider
volks·tuin·der *de (m)* [-s] houder van een volkstuintje
volks·tuin·tje *het* [-s] stukje land aan stadsmensen verhuurd, voor het verbouwen van aardappelen, groenten enz.
volks·uni·ver·si·teit *de (v)* [-en] instituut dat ontwikkelingscursussen geeft voor belangstellende leken
volks·ver·ga·de·ring *de (v)* [-en] vergadering waar de bevolking van een stad, gebied e.d. aan deelneemt
volks·ver·haal *het* [-halen] oud, mondeling overgeleverd verhaal
volks·ver·hef·fing *de (v)* vero het verhogen van het levenspeil van de bevolking, niet alleen materieel, maar ook cultureel
volks·ver·hui·zing *de (v)* [-en] verhuizing van een volk ★ *de Volksverhuizing* ± 300 - ± 500 verhuizing van diverse volken naar het zuiden en het westen van Europa
volks·ver·lak·ker *de (m)* [-s] iem. die opzettelijk probeert grote groepen mensen te bedriegen: ★ *deze politicus werd beschouwd als* ~
volks·ver·lak·ke·rij *de (v)* het opzettelijk bedriegen van grote groepen mensen: ★ *deze wetgeving werd als* ~ *bestempeld*

volks·ver·maak *het* [-maken] spel waarmee het volk zich kan vermaken

volks·ver·te·gen·woor·di·ger *de (m)* [-s] vertegenwoordiger van het volk in een wetgevend lichaam; in Nederland vooral lid van de Tweede Kamer; in België vooral lid van de Kamer van Volksvertegenwoordigers ★ BN *Kamer der Volksvertegenwoordigers* wetgevende vergadering die overeenkomt met de Tweede Kamer in Nederland

volks·ver·te·gen·woor·di·ging *de (v)* [-en] groep volksvertegenwoordigers, parlement

volks·ver·ze·ke·ring *de (v)* verzekering geldend voor alle burgers: ★ *in Nederland is de AOW een ~*

volks·vij·and *de (m)* [-en] vijand van het volk: ★ *volgens velen zijn drugs de ~ nummer 1*

volks·voed·sel *het* voedsel dat door een groot deel van het volk gegeten wordt: ★ *rijst is het ~ in Oost-Azië*

volks·woe·de *de* algemene heftige verontwaardiging

volks·ziek·te *de (v)* [-n, -s] ❶ ziekte die veel onder een volk voorkomt ❷ vero ziekte die veel voorkomt in de volksklasse

vol·le·dig *bn* geheel, volkomen, voltallig: ★ *een volledige uitgave van Vondel* ★ *een volledige baan* die vijf volle werkdagen van ca. 8 uur in beslag neemt

vol·le·dig·heid *de (v)* het volledig-zijn

vol·le·dig·heids·hal·ve *bijw* voor de volledigheid

vol·leerd *bn* volkomen bedreven in een vak; fig doortrapt

vol·le·grond *de (m)* open grond, grond in de open lucht; ook *volle grond*

vol·le·maans·ge·zicht *het* [-en] bol, rond gezicht

vol·len *ww* [volde, h. gevold] aaneenhechten van wolharen

vol·le·rij *de (v)* ❶ het vollen ❷ [*mv:* -en] vollerswerkplaats

vol·ley [vollie] *(<Eng<Fr) de (m)* voetbal de bal vanuit de lucht verder spelen, zonder hem eerst te laten stuiteren

vol·ley·bal [vollie-] **I** *het* balspel waarbij twee ploegen van zes spelers met de handen een bal over een net heen en weer slaan, zonder dat deze de grond mag raken **II** *de (m)* [-len] bal bij dat spel wordt gebruikt

vol·ley·bal·len *ww* [vollie-] [volleybalde, h. gevolleybald], **vol·ley·en** [vollie(j)ə(n)] [volleyde, h. gevolleyd] volleybal spelen

vol·lo·pen *ww* [liep vol, is volgelopen] vol worden door wat erin stroomt: ★ *de badkuip liep vol*

vol·maakt *bn* perfect, volkomen: ★ *ze was van een volmaakte schoonheid*; **volmaaktheid** *de (v)* [-heden]

vol·macht *de* [-en] opdracht om voor of namens een ander te handelen

vol·mach·ten·wet *de* [-ten] in België wet die de regering machtigt tot bepaalde wetgevende maatregelen zonder overleg met het parlement

vol·ma·ken *ww* [volmaakte, h. volmaakt] ❶ voltooien ❷ voortreffelijk, feilloos maken, perfectioneren

vol·ma·troos *de (m)* [-trozen] volledig, volleerd matroos

vol·mon·dig *bn* ronduit; grif: ★ *iets ~ toegeven* ★ *~ instemmen met* zonder enige reserve

vo·lon·tair [-tèr] *(<Fr<Lat) de (m)* [-s], **vo·lon·tai·re** [-tèrə] *de (v)* [-s] iem. die zonder loon, ter opleiding, een functie vervult

vol·op *bijw* ❶ ruim genoeg, in ruime mate: ★ *er is nog ~ wijn* ❷ volkomen, in alle opzichten: ★ *het is ~ zomer*

vol·pen·sion *het* overnachting in een hotel, inclusief ontbijt, lunch en avondmaaltijd; vgl:→ **halfpension**

vol·pom·pen *ww* [pompte vol, h. volgepompt] ❶ door pompen vol maken ❷ fig de hersenen volproppen

vol·prop·pen *ww* [propte vol, h. volgepropt] (te) vol stoppen: ★ *een volgepropte mond*

vol·schen·ken *ww* [schonk vol, h. volgeschonken] door schenken vol maken: ★ *de ober kwam de glazen nog eens ~*

vol·sla·gen *bn* geheel, volkomen: ★ *~ onzin*

vol·slank *bn* slank, maar toch ook mollig

vol·staan *ww* [volstond, h. volstaan] voldoende zijn: ★ *een mondelinge toezegging volstaat* ★ *~ met niet meer doen dan:* ★ *hij volstond ermee me slechts eenmaal te bezoeken*

vol·stan·dig *bn* NN, vero standvastig

vol·stop·pen *ww* [stopte vol, h. volgestopt] geheel vullen: ★ *zijn zakken ~ met snoep*

vol·stor·ten *ww* [stortte vol, h. volgestort] ❶ dichtgooien ❷ ‹m.b.t. aandelen› tot het volledige nominale bedrag storten

vol·strekt *bn* ❶ onbeperkt, ongelimiteerd: ★ *een ~ alleenheerser* ❷ beslist; absoluut, helemaal: ★ *hij is ~ alleen* ★ *dat is ~ onjuist* ★ *volstrekte meerderheid* ❸ bij een stemming: meer dan de helft van het aantal stemmen ★ *~ niet* in het geheel niet

vol·stro·men *ww* [stroomde vol, is volgestroomd] stromende vol worden

volt *de (m)* [*mv* idem *of* -s] eenheid van elektrische spanning en elektromotorische kracht, zo genoemd naar de Italiaanse natuurkundige Alessandro Volta (1745-1827): ★ *een netspanning van 220 ~*

vol·ta·ge [-taazjə] *(<Fr) de (v) & het* [-s] spanning in volts

vol·tal·lig *bn* in vol aantal: ★ *in voltallige vergadering*; **voltalligheid** *de (v)*

volt·am·pè·re *de (m)* [-s] product van elektrische stroomsterkte en elektrische spanning, vermogen, uitgedrukt in watts

vol·ta·pijt *het* BN vaste vloerbedekking, kamerbreed tapijt (ook los geschreven: *vol tapijt*)

vol·te *de (v)* het vol-zijn, drukte, gedrang

vol·te-face [voltəfas] *(<Fr) de (v)* rechtsomkeertwending, plotselinge verandering van tactiek, houding, mening, stelsel enz.

vol·te·kend *bn* voor het volle bedrag ingetekend: ★ *de lening is ~*

vol·ti·ge [-tiezjə] *(<Fr) de* ❶ het voltigeren ❷ [*mv:* -s] dans op een strak gespannen koord

vol·ti·ge·ren *ww* [-zjeerə(n)] (‹Fr‹It) [voltigeerde, h. gevoltigeerd] ❶ kunsttoeren verrichten op een galopperend paard of als koorddanser ❷ turnen oefeningen maken op het → **paard** (bet 3)

vol·tijds *bn* voor de gehele (werk)tijd, fulltime

volt·me·ter *de (m)* [-s] toestel voor het meten van elektrische potentiaalverschillen (spanning)

vol·tooi·en *ww* [voltooide, h. voltooid] afmaken, voleindigen ★ taalk *voltooide tijden* tijdsvormen van het werkwoord, waarbij de handeling als afgesloten gezien wordt; **voltooiing** *de (v)* [-en]

vol·tref·fer *de (m)* [-s] ❶ projectiel dat een doel volkomen treft ❷ sp raak schot op het doel ❸ fig zeer succesvolle onderneming: ★ *die reclamecampagne was een ~*

vol·trek·ken I *ww* [voltrok, h. voltrokken] ten uitvoer brengen: ★ *een huwelijk, een vonnis ~* II *wederk* plaatsvinden, gebeuren: ★ *in 1807 voltrok er zich een ramp*

vol·trek·king *de (v)* [-en] het voltrekken: ★ *de ~ van een huwelijk*

vol·uit, vol·uit *bijw* ❶ zonder afkortingen, ten volle, in volle lengte: ★ *zijn naam ~ spellen* ❷ met zijn gehele vermogen: ★ *~ sprinten*

vo·lu·me (‹Fr‹Lat) *het* [-n, -s] ❶ inhoud ❷ hoeveelheid van een gas of een vloeistof ❸ ‹van geluid› sterkte

vo·lu·men (‹Lat) *het* [-mina] boekdeel

volu·me·wa·gen *de (m)* [-s] BN ruimtewagen, MPV

vo·lu·mi·neus (‹Fr) *bn* dik, lijvig, van aanzienlijke omvang: ★ *volumineuze boeken*

vo·lun·tair [-tèr] (‹Lat) *bn* vrijwillig ★ *voluntaire jurisdictie* vrijwillige rechtspraak, d.w.z. rechtspraak waarbij geen geding tussen partijen plaats heeft; *tegengest:* contentieuze rechtspraak vgl: → **volontair**

vo·lun·ta·ri·aat (‹Fr) *het* BN ‹in de welzijnssector› vrijwilligerswerk

vo·lun·ta·ris·me (‹Fr) *het* ❶ leer dat het willen van primaire betekenis is in het zielenleven; ❷ ‹in engere zin› dat het willen en streven aan het bewustzijn voorafgaat

vo·lup·tu·eus (‹Fr‹Lat) *bn* wellustig, weelderig, wulps: ★ *een voluptueuze levensstijl*

vo·lu·te *de* [-s], **vo·luut** (‹Fr‹It‹Lat) *de* [-luten] gewonden, sterk gebogen of spiraalvormige versiering, krul

vol·vet *bn* van hoog vetgehalte: ★ *volvette kaas* gemaakt van volle melk of room

vol·voe·ren *ww* [volvoerde, h. volvoerd] volbrengen; **volvoering** *de (v)*

vol·waar·dig *bn* ❶ volledige waarde hebbend ★ *een volwaardige maaltijd* waarin alle voedingsstoffen zitten die men nodig heeft ❷ zonder geestelijke of lichamelijke gebreken, een normale prestatie kunnende leveren ★ *niet ~ invalide, gehandicapt*

vol·was·sen *bn* de volle wasdom bereikt hebbend, lichamelijk en geestelijk volgroeid, rijp

vol·was·se·ne *de* [-n] iem. die volwassen is

vol·was·se·nen·edu·ca·tie *de (v)* opvoeding, ontwikkeling, opleiding van volwassenen

vol·was·se·nen·on·der·wijs *het* onderwijs aan volwassenen

vol·was·sen·heid *de (v)* het volwassen-zijn

vol·zet *bn* BN ❶ bezet, vol: ★ *op bepaalde uren zijn de tweedeklaswagens geheel ~* ❷ ‹van hotels, vliegtuigen e.d.› volgeboekt

vol·zin *de (m)* [-nen] afgeronde → **zin** (bet 5) van enige omvang

vo·me·ren *ww* (‹Lat) [vomeerde, h. gevomeerd] braken, overgeven

v.o.n. *afk* vrij op naam [zonder overdrachtskosten]

vond *ww verl tijd* van → **vinden**

von·del *de (m) & het* [-s] → **vonder**

von·de·li·aans *bn* van, als van de Nederlandse dichter Joost van den Vondel (1587-1679)

von·de·ling *de (m)* [-en], **von·de·lin·ge** *de (v)* [-n] ❶ gevonden kind: ★ *te ~ leggen* ❷ ‹een baby› ergens neerleggen om door iem. gevonden te worden

von·den *ww verl tijd meerv* van → **vinden**

von·der, von·del *de (m) & het* [-s] vlonder, loopbruggetje

vondst *de (v)* [-en] ❶ het vinden ❷ wat men vindt: ★ *een ~ doen* ❸ fig iets waartoe men denkende of onderzoekende komt, vooral (bijzonder) goed idee: ★ *dat is een ~!*

vonk *de* [-en] ❶ klein gloeiend deeltje ★ *de ~ sloeg over anderen werden aangestoken door het enthousiasme* ❷ fig flikkering: ★ *vonken schietende ogen* ❸ fig klein bestanddeel: ★ *een ~ van genie* ★ *geen vonkje verstand* ; zie ook bij → **kruitvat**

von·ken *ww* [vonkte, h. gevonkt] vonken verspreiden

vonk·vrij *bn* geen vonken afgevend

von·nis *het* [-sen] ❶ uitspraak van een rechter in zowel burgerlijke als strafprocessen: ★ *een ~ uitspreken, vellen, wijzen* ★ *constitutief ~ vonnis dat een bepaalde rechtstoestand laat beginnen, wijzigt of eindigt, bijv. een echtscheidingsvonnis of een faillietverklaring* ★ *preparatoir ~ voorbereidend vonnis dat helpt een zaak te verhelderen* ★ *NN lopend ~ vonnis dat is gewezen, maar waarvan de inhoud nog niet is aangevangen of uitgevoerd* ❷ fig scherpe veroordeling

von·nis·sen *ww* [vonniste, h. gevonnist] een vonnis vellen over; **vonnissing** *de (v)*

vont (‹Lat) *de & het* [-en] doopbekken

voo·doo [voedoe] (‹Eng‹West-Afrikaanse taal) *de* geheel van magisch-religieuze handelingen en riten bij de negers in Haïti en in het zuiden van de Verenigde Staten

voogd *de (m)* [-en], **voog·des** *de (v)* [-sen] wettelijke vertegenwoordiger van een niet onder ouderlijke macht staande minderjarige ★ *toeziend ~ persoon die door de rechter is benoemd om de voogd te controleren en die met name een vermogensbeherende functie heeft*

voog·dij *de (v)* [-en] functie als voogd, gezag als voogd: ★ *onder ~ staan*

voog·dij·kind *het* [-eren] kind van wie de ouders niet de ouderlijke macht uitoefenen en dat onder voogdij van een stichting staat

voog·dij·mi·nis·ter *de (m)* [-s] BN toezichthoudende minister: ★ *de Vlaams minister van Mobiliteit is ~ van vervoersmaatschappij De Lijn*

voog·dij·over·heid *de (v)* BN toezichthoudende overheid: ★ *de ~ van de gemeente is de provincie*

voog·dij·raad *de (m)* [-raden] vroeger college waaraan door de wet bepaalde bemoeienissen ten bate van minderjarigen zijn opgedragen; thans vervangen door de Raad voor de Kinderbescherming

voog·dij·schap *het* [-pen] ❶ het voogd-zijn ❷ mandaat(gebied) van de Verenigde Naties

voor¹, vo·re *de* [voren] ❶ ploegsnede ❷ rimpel, vooral in het voorhoofd

voor² I *vz* ❶ aan de voorkant: ★ *de boom staat ~ de kerk* ❷ voorafgaand aan: ★ *~ de oorlog* ❸ gedurende: ★ *hij heeft ~ twee weken werk* ❹ tegen betaling van: ★ *je kunt het ~ een euro krijgen* ❺ ten behoeve van: ★ *werken ~ de kost* ★ *dit is ~ jou* ❻ voorstander zijn van: ★ *wij zijn ~ dit plan* ❼ wat betreft: ★ *~ zijn doen is het aardig* ★ *ik ~ mij* ❽ ★ *wat is dit ~ een hond* welk ras hond is dit II bijw ❶ gunstig gezind: ★ *hij is er niet ~* ★ *~ stemmen* ❷ aan de voorzijde: ★ *de taxi staat ~* ❸ een voorsprong hebbend: ★ *FC Utrecht staat 3 punten ~* ★ *iem. ~ zijn* iets eerder doen dan een ander ★ *~ en na* altijd, steeds maar weer ★ BN ook *naar ~ brengen* naar voren brengen III *voegw* voordat: ★ *het was gebeurd, ~ ik het wist*

voor·aan, voor·aan *bijw* ❶ op de voorste plaats: ★ *~ liepen de majorettes* ★ *zij is ~ in de twintig* twintig jaar of iets ouder ❷ BN ook aan de voorkant, aan de voorzijde: ★ *een jasje met knopen ~*

voor·aan·staand *bn* op de voorgrond tredend, voornaamst: ★ *vooraanstaande wetenschappers*

voor·aan·zicht *het* blik op de voorkant

voor·af, voor·af *bijw* van tevoren: ★ *~ een glaasje drinken*

voor·af·gaan *ww* [ging vooraf, is voorafgegaan] vóór iets anders komen

voor·af·gaand *bn* vóór iets anders komend

voor·af·gaan·de·lijk *bn* BN ook ❶ voorafgaand ❷ vooraf, van tevoren

voor·af·je *het* [-s] vooral NN voorgerecht

voor·af·ne·men *ww* [nam vooraf, h. voorafgenomen] BN ❶ voorschot betalen ❷ onderw een vak uit een hoger studiejaar volgen en er examen over afleggen

voor·af·scha·du·wing *de (v)* [-en] afbeeldende voorstelling van iets toekomstigs: ★ *die demonstraties waren een ~ van een complete burgeroorlog*

voor·af·trek *de (m)* het van het salaris aftrekken van loonbelasting

voor·al *bijw* bovenal, voornamelijk: ★ *~ het kasteel is zeer bezienswaardig*

voor·al·eer, voor·al·eer *voegw* voordat: ★ *tel je kippen niet ~ je ze veilig hebt opgeborgen* ★ vooral BN ook *~ te alvorens te:* ★ *~ met reces te gaan*

voor·als·nog *bijw* vooreerst, voorlopig: ★ *~ ben ik voldoende geïnformeerd*

voor·arm *de (m)* [-en] BN ook onderarm

voor·ar·rest *het* [-en] voorlopige hechtenis

voor·avond *de (m)* [-en] ❶ het begin van de avond: ★ *in de ~* ❷ avond of dag van tevoren ❸ korte tijd van tevoren: ★ *aan de ~ van grote gebeurtenissen staan*

voor·baat *zn* ★ *bij ~* vooruit, tevoren: ★ *bij ~ dank*

voor·bak·ken *ww* [bakte voor, h. voorgebakken] vooraf bakken: ★ *voorgebakken frieten*

voor·bal·kon *het* [-s] balkon aan de voorzijde

voor·band *de (m)* [-en] band om het voorwiel van een voertuig

voor·ba·rig *bijw* te haastig, niet de juiste tijd afwachtend: ★ *voorbarige protesten* ★ *een voorbarige conclusie*

voor·be·dacht *bn* vooraf bedacht ★ *met voorbedachten rade* volgens een vooraf beraamd plan, opzettelijk

voor·be·dacht·heid *de (v)* BN ook, recht opzet, opzettelijkheid ★ *met ~* met voorbedachten rade ★ *zonder ~*

voor·be·de *de* het bidden voor iemand

voor·be·ding *het* vooraf gestelde voorwaarde

voor·beeld *het* [-en] ❶ iets wat nagevolgd wordt of moet worden, model, toonbeeld: ★ *een ~ aan iemand nemen* ★ *tekenen aan de hand van een ~* ★ *een ~ stellen* iem. zwaar straffen in de hoop dat dit anderen ervan weerhoudt zich te misdragen ★ *het goede ~ geven* zich correct gedragen in de veronderstelling dat anderen zich net zo zullen gedragen ❷ geval ter opheldering: ★ *een ~ van iets geven*

voor·beel·dig *bn* navolgenswaardig: ★ *~ gedrag*

voor·been *het* [-benen] elk van de voorste ledematen van een paard

voor·be·hoed·mid·del *het* [-en] middel om iets te voorkomen, vooral bevruchting: ★ *condooms en de anticonceptiepil zijn bekende voorbehoedmiddelen*

voor·be·houd *het* voorwaarde, beperking: ★ *onder het ~ dat* ★ *iets onder ~ mededelen* zonder er geheel voor te kunnen instaan

voor·be·hou·den *ww* [behield voor, h. voorbehouden] ❶ aan zich houden ★ *zich ~* geen afstand doen van: ★ *zich het recht ~ om* ★ *vergissingen voorbehouden* vergissingen zijn mogelijk ❷ BN reserveren, bespreken: ★ *voor iem. plaatsen ~* ★ *~ voor* alleen, uitsluitend voor; bestemd, weggelegd voor: ★ *~ voor volwassenen* (van een film) uitsluitend voor volwassenen

voor·be·rei·den *ww* [bereidde voor, h. voorbereid] ❶ vooraf het nodige verrichten, gereedmaken: ★ *een vergadering, een diner ~* ★ *zich ~ voor een lange reis* ❷ voorzichtig inlichten: ★ *iemand op iets ~* ❸ ★ *zich op iets ~* ermee rekenen dat het te wachten staat: ★ *op het ergste voorbereid zijn*

voor·be·rei·dend *bn* om voor te bereiden: ★ *voorbereidende maatregelen* ★ in Nederland ~ *wetenschappelijk onderwijs* vwo, middelbaar onderwijs dat voorbereidt op een wetenschappelijke opleiding ★ in Nederland *voorbereidend middelbaar beroepsonderwijs* vmbo, schooltype dat in 1999 in de plaats is gekomen van vbo en mavo

voor·be·rei·ding *de (v)* [-en] het voorbereiden; voorbereidende werkzaamheden

voor·be·reid·se·len *mv* voorbereidende werkzaamheden

voor·be·richt *het* [-en] woord vooraf in een boek

voor·be·schik·ken *ww* [beschikte voor, h. voorbeschikt] vooraf bepalen, vooraf bestemmen: ★ *tot iets voorbeschikt zijn* er door aanleg, omstandigheden enz. voor bestemd zijn

voor·be·schik·king *de (v)* het vooraf bepalen wat er gebeuren zal, vooral predestinatie

voor·be·spre·king *de (v)* [-en] ❶ bespreking vooraf, voorlopige bespreking ❷ plaatsbespreking met voorrang (boven anderen)

voor·be·stem·men *ww* [bestemde voor, h. voorbestemd] vooraf bestemmen voor

voor·beurs *de* handel (vooral in effecten) vóór de officiële beursstijd

voor·be·wer·ken *ww* [bewerkte voor, h. voorbewerkt] een voorlopige bewerking doen ondergaan

voor·be·wus·te *het* psych alle gedachten, waarnemingen, fantasieën e.d. waarvan men zich op een bep. moment niet bewust is hoe ze ontstaan, maar waarvan de ontstaansgrond wel bewust gemaakt kan worden (bijv. door er speciale aandacht op te richten)

voor·bid·den *ww* [bad voor, h. voorgebeden] een gebed luid zeggen als voorbeeld voor anderen

voor·bij I *vz* ❶ langs: ★ *~ de kerk lopen* ❷ verder dan: ★ *het is nog ~ de kerk* **II** *bijw* ❶ verder, langs: ★ *de troepen marcheren ~* ❷ geëindigd, om: ★ *de dag is alweer ~* **III** *bn* afgelopen: ★ *voorbije jaren*

voor·bij·gaan I *ww* [ging voorbij, is voorbijgegaan] ❶ langs iets of iem. gaan ★ *iem.* / *iets ~* fig hem / het geen aandacht schenken, hem / het negeren ★ *in het ~* ❷ tot het verleden gaan behoren: ★ *de jaren gaan voorbij* **II** *het* ★ *in het ~* vluchtig, maar even, terloops: ★ *iem. in het ~ iets vragen*

voor·bij·gaand *bn* niet blijvend: ★ *een stoornis van voorbijgaande aard*

voor·bij·gan·ger *de (m)* [-s], **voor·bij·gang·ster** *de (v)* [-s] iem. die voorbijgaat: ★ *de voorbijgangers schonken geen aandacht aan de bedelaar*

voor·bij·ko·men *ww* [kwam voorbij, is voorbijgekomen] langs iets of iets komen

voor·bij·lo·pen *ww* [liep voorbij, is voorbijgelopen] voorbijgaan, langs iets of iem. lopen

voor·bij·pra·ten *ww* [praatte voorbij, h. voorbijgepraat] ★ *zijn mond ~* meer zeggen dan men had moeten of willen zeggen

voor·bij·schie·ten *ww* [schoot voorbij, is voorbijgeschoten] snel voorbijgaan ★ *zijn doel ~ te sterke middelen aanwenden om het doel te bereiken*

voor·bij·ste·ken *ww* [stak voorbij, h. & is voorbijgestoken] BN ❶ inhalen, voorbijgaan ❷ bij een benoeming passeren ❸ sp voorbijstreven, vóór iem. komen: ★ *reeds bij de rust waren ze voorbijgestoken*

voor·bij·stre·ven *ww* [streefde voorbij, is voorbijgestreefd] ❶ vooral NN overtreffen ❷ ★ BN ook *voorbijgestreefd* achterhaald

voor·bij·trek·ken *ww* [trok voorbij, is voorbijgetrokken] voorbijgaan

voor·bij·vlie·gen *ww* [vloog voorbij, is voorbijgevlogen] ❶ langs iem. of iets vliegen ❷ snel voorbijgaan: ★ *de tijd vliegt voorbij*

voor·bij·zien *ww* [zag voorbij, h. voorbijgezien] over het hoofd zien

voor·bin·den *ww* [bond voor, h. voorgebonden] voor iets vastbinden: ★ *een blinddoek, een schort ~*

voor·bo·de *de (m)* [-n, -s] ❶ aankondiger ❷ voorteken: ★ *krokussen zijn een ~ van de lente*

voor·bren·gen *ww* [bracht voor, h. voorgebracht] ❶ voor de deur brengen ❷ voor het → gerecht¹ brengen

voor·chris·te·lijk [-kris-] *bn* vóór Christus; vóór het christendom: ★ *voorchristelijke feesten*

voor·cij·fe·ren *ww* [cijferde voor, h. voorgecijferd] met cijfers voorrekenen

voord *de* [-en] → voorde

voor·dan·sen *ww* [danste voor, h. voorgedanst] ❶ een dans voordoen ❷ bij de dans vooropgaan

voor·dat *voegw* alvorens: ★ *~ ik ga winkelen, moet ik eerst langs de geldautomaat*

voor·de, voord *de* [voorden] doorwaadbare plaats

voor·deel *het* [-delen] profijt, nut, winst: ★ *ten voordele van ~* behalen ★ *zijn ~ met iets doen* ★ *~ trekken van* ★ *in het ~ zijn* in een gunstiger positie (dan een ander) ★ *in zijn ~ veranderd zijn* beter, aardiger zijn geworden ★ *iem. het ~ van de twijfel geven / gunnen* ten gunste van iem. beslissen, omdat men geen bewijzen heeft ten nadele van die persoon

voor·deel·re·gel *de (m)* voetbal regel volgens welke de scheidsrechter een overtreding niet mag bestraffen als de partij die in overtreding is daar voordeel uit zou trekken

voor·deel·tje *het* [-s] (financiële) meevaller

voor·deel·uren·kaart *de* [-en] in Nederland plaatsbewijs voor treinen tegen gereduceerd tarief, te gebruiken buiten de ochtendspits

voor-de-gek-hou·de·rij *de (v)* het voor-de-gek-houden, fopperij

voor·de·lig *bn* winstgevend, nuttig ★ *op zijn voordeligst uitkomen* in zijn beste vorm

voor·deur *de* [-en] straatdeur, hoofdingang van een gebouw

voor·deur·de·ler *de (m)* [-s] NN persoon die met een

of meer anderen tezamen een huis bewoont en gebruik maakt van gezamenlijke (huishoudelijke) voorzieningen; vgl: *economische eenheid*; zie: → **economisch**

voor·de·wind, **voor·de·wind** *de (m)* [-en] gunstige wind; zie bij → **wind**

voor·dien *bijw* daarvóór, tevoren: ★ ~ *had ik nooit gerookt*

voor·doen I *ww* [deed voor, h. voorgedaan] ❶ doen ten voorbeeld voor anderen: ★ *een som op het bord* ~ ❷ aantrekken, voorbinden: ★ *een schort* ~ **II** *wederk* ❶ zich in de omgang een zekere houding geven: ★ *hij weet zich goed voor te doen* ★ *zich* ~ *als* zich vertonen als of zich beschouwd willen zien als ❷ gebeuren, plaatshebben: ★ *er heeft zich een incident voorgedaan* ★ *als de gelegenheid zich voordoet*

voor·dracht *de* [-en] ❶ wijze van voordragen: ★ *de* ~ *was uitstekend* ❷ het voorgedragene, lezing, rede: ★ *een geestige* ~ ❸ lijst van voorgedragen kandidaten: ★ *op de* ~ *staan*

voor·dracht·kunst *de (v)* kunst van het → **voordragen** (bet 1); **voordrachtkunstenaar** *de (m)* [-s]

voor·dra·gen *ww* [droeg voor, h. voorgedragen] ❶ opzeggen, ten gehore brengen: ★ *een gedicht* ~ ❷ voorstellen, aanbevelen: ★ *iemand voor een benoeming* ~

voor·dra·ger *de (m)* [-s] iem. die voordraagt

voor·drin·gen *ww* [drong voor, is voorgedrongen] voor zijn beurt gaan

voor·ech·te·lijk *bn* ❶ voordat het huwelijk gesloten is: ★ ~ *geslachtsverkeer* ❷ vóór het huwelijk geboren: ★ *een* ~ *kind*

voor·eerst *bijw* ❶ NN voorlopig, vooralsnog, voorshands: ★ *je bent* ~ *niet aan de beurt* ❷ BN ook allereerst, eerst, in de eerste plaats ★ ~ *moet men het nut inzien*

voor·eind, **voor·ein·de** [-einden], **voor·end** *het* [-en] voorste deel

voor·film *de (m)* [-s] film die in een bioscoopvoorstelling aan de hoofdfilm voorafgaat

voor·flap *de (m)* [-pen en -s] → **flap²** aan de voorzijde

voor·gaan *ww* [ging voor, is voorgegaan] ❶ het eerst gaan: ★ *gaat u voor!* ❷ de voorkeur hebben ❸ het voorbeeld geven: ★ *ouders moeten hun kinderen* ~ *in het goede* ❹ de leiding hebben in een godsdienstoefening ❺ ⟨van een uurwerk⟩ voorlopen, een latere tijd dan de juiste aanwijzen

voor·gaand *bn* voorafgaand

voor·gaan·de *het* ❶ wat voorafgegaan is ❷ [*mv*: -n] BN ook precedent, beslissing van vroeger waarop iemand zich beroepen kan ★ *een avond zonder* ~ *een* ongeëvenaarde avond, een avond zonder weerga

voor·gaats, **voor·gaats** *bijw* nog in zee, maar voor het 'gat' (riviermond, haven) waar men binnen zal lopen

voor·ga·le·rij *de (v)* [-en] galerij vóór het huis

voor·gan·ger *de (m)*, **voor·gang·ster** *de (v)* [-s] ❶ iem. die vóór iemand dezelfde betrekking bekleedde of hetzelfde werk deed: ★ *de president voert een andere politiek dan zijn* ~ ❷ leider ★ ~ *der gemeente* iem. die de dienst leidt, predikant

voor·ge·bak·ken *bn* ❶ reeds vooraf gebakken: ★ NN ~ *patat* ❷ NN, fig van tevoren klaargemaakt, gepland, afgesproken e.d.: ★ *dit was een* ~ *discussie*

voor·ge·berg·te *het* [-n, -s] vooruitspringend gebergte, vooral in zee vooruitspringend of dicht aan de kust komend gebergte

voor·ge·borch·te *het* RK plaats waar de zielen van diegenen die niet rechtstreeks naar de hemel mogen de komst van de Messias afwachten, zoals de zielen van ongedoopt gestorven kinderen

voor·ge·kookt *bn* ❶ reeds vooraf gekookt ❷ fig voorgebakken

voor·ge·lei·den *ww* [geleidde voor, h. voorgeleid] NN ⟨een arrestant⟩ voor de officier van justitie brengen; **voorgeleiding** *de (v)*

voor·ge·meld *bn* → **voormeld**

voor·ge·recht *het* [-en] → **gerecht²** vooraf

voor·ge·schie·de·nis *de (v)* ❶ wat aan iets is voorafgegaan ❷ geschiedenis van de voorhistorische tijd, prehistorie

voor·ge·slacht *het* [-en] de gezamenlijke voorouders

voor·ge·span·nen *bn* ★ ~ *beton* spanbeton

voor·ge·val·le·ne *het* het gebeurde

voor·ge·vel *de (m)* [-s] ❶ voorzijde van een huis ❷ schertsend neus

voor·ge·ven *ww* [gaf voor, h. voorgegeven] ❶ het er de schijn van geven: ★ ~ *dat men door ziekte verhinderd was* ❷ een voorsprong geven: ★ *zijn tegenstander* ~

voor·ge·voel *het* [-ens] ingeving dat er iets gebeuren zal: ★ *een angstig* ~

voor·gift *de* [-en] wat men voorgeeft (→ **voorgeven**, bet 2)

voor·goed *bijw* voor altijd: ★ *het is* ~ *uit tussen ons!*

voor·gooi·en *ww* [gooide voor, h. voorgegooid] ⟨voer⟩ voor dieren gooien om op te eten: ★ *de kippen graan* ~

voor·grond *de (m)* [-en] voorste gedeelte van een schilderij of foto, voorste gedeelte van een toneel ★ *op de* ~ *stellen* als inleiding onder de aandacht brengen ★ *op de* ~ *staan, treden* zeer de aandacht trekken, zich tegenover anderen onderscheiden ★ *zich op de* ~ *plaatsen, stellen* tot de vooraanstaanden willen behoren

voor·hal *de* [-len] hal bij de ingang van een gebouw, vóór de eigenlijke zalen

voor·ha·mer *de (m)* [-s] grote smidshamer

voor·hand *de* ❶ ⟨van een paard⟩ de voorbenen en hun verbinding met de romp ❷ ★ NN *aan de* ~ *zijn of zitten* a) het eerst aan de beurt zijn bij het kaartspel; b) een voorsprong hebben, de eerste kans hebben ★ *op* ~ bij voorbaat, van tevoren

voor·han·den *bn* in voorraad: ★ *dit woordenboek is bij de boekhandel* ~

voor·hang *de (m)* [-en] vero (tempel)gordijn

voor·han·gen ww [hing voor, h. voorgehangen] voor iets hangen

voor·han·ger de (m) [-s] NN zonnebril die vóór een gewone bril wordt geschoven

voor·ha·ven de [-s] dichter bij de zee liggende haven: ★ *IJmuiden is een voorhaven van Amsterdam*

voor·heb·ben ww [had voor, h. voorgehad] ❶ voor het lichaam dragen: ★ *een bef* ~ ❷ voor zich hebben: ★ *u hebt de verkeerde voor* ❸ bedoelen, van plan zijn: ★ *hij heeft het beste met zijn kinderen voor* ★ *wat heb je voor?* ❹ in het voordeel zijn boven: ★ *hij heeft veel voor op zijn collega's* ❺ BN, spreektaal beleven, ondervinden, meemaken, overkomen ★ *zoiets heb ik nog nooit voorgehad* zoiets is me nog nooit overkomen ❻ ★ BN, spreektaal *het goed / slecht* ~ *het* bij het rechte / verkeerde eind hebben, het goed / mis hebben

voor·hech·te·nis de (v) BN ook, recht voorarrest; voorlopige of preventieve hechtenis

voor·heen bijw vroeger: ★ ~ *heette deze bioscoop City*

voor·hef·fing de (v) [-en] voorafgaande heffing: ★ *loonbelasting, ingehouden op het uitbetaalde loon, is een* ~ *van de inkomstenbelasting* ★ BN *roerende* ~ belasting op kapitaalinkomsten ★ BN *onroerende* ~ onroerendezaakbelasting

voor·his·to·risch, **voor·his·to·risch** bn uit een tijd waarvan geen geschreven geschiedbronnen bestaan

voor·hoe·de de [-n en -s] ❶ voorste deel van het leger ❷ sp spelers in de aanvalslinie ❸ de meest actieve of strijdbare mensen binnen een beweging

voor·hof de (m) & het [-hoven] ❶ voorplein ❷ gedeelte van het inwendige oor

voor·hoofd het [-en] deel van het gezicht boven de ogen

voor·hoofds·been het [-deren, -benen] aan het voorhoofd gelegen bot

voor·hoofds·hol·te de (v) [-n, -s] holte in het voorhoofdsbeen, *sinus frontalis*

voor·hoofds·hol·te·ont·ste·king de (v) ontsteking van de voorhoofdsholte, sinusitis

voor·hou·den ww [hield voor, h. voorgehouden] ❶ voor iemands gezicht houden ❷ fig onder het oog brengen: ★ *iemand zijn slechtheid* ~

voor·huid de [-en] huid om het uiteinde van de penis: ★ *bij de besnijdenis wordt de* ~ *verwijderd*

voor·huis het [-huizen] voorste gedeelte van een huis, vestibule

voor·hu·we·lijks·spa·ren het in België spaarvorm voor jongeren, waarbij de gespaarde som met een hoge rente wordt uitgekeerd bij het huwelijk

voor·in, **voor·in** bijw in het voorste deel van iets: ★ ~ *in een auto zitten*

Voor-Indisch bn van, uit, betreffende Voor-Indië

voor·in·ge·no·men bn van tevoren een voorkeur of tegenzin hebbend, bevooroordeeld, partijdig; **vooringenomenheid** de (v)

voor·jaar het [-jaren] lente

voor·jaars·beurs de [-beurzen] → **beurs¹** (bet 3) in het voorjaar gehouden

voor·jaars·bloem de [-en] in het voorjaar bloeiende bloem

voor·jaars·moe·heid de (v) algemene lichamelijke vermoeidheid in het voorjaar

voor·jaars·no·ta de in Nederland tussentijds overzicht, door de Minister van Financiën ingediend bij de Staten-Generaal, betreffende de uitvoering van de lopende begroting van het Rijk en eventuele wijzigingen t.o.v. de oorspronkelijke begroting

voor·jaars·schoon·maak de (m) grondige schoonmaak van het huis in het voorjaar

voor·jaars·va·kan·tie [-sie] de (v) [-s] schoolvakantie in het voorjaar

voor·ka·mer de [-s] kamer aan de voorkant van een huis

voor·kant de (m) [-en] voorzijde, voorin gelegen zijde

voor·kau·wen ww [kauwde voor, h. voorgekauwd] ❶ vooruit kauwen voor een kind ❷ fig uitentreuren, tot in de details voorzeggen: ★ *iem.* ~ *hoe hij zich moet gedragen bij een sollicitatie*

voor·ken·nis de (v) ❶ medeweten: ★ *met* ~ *van zijn ouders* ❷ kennis van feiten die men door het vervullen van een bep. functie eerder te weten komt dan anderen: ★ *misbruik van* ~ *is in de effectenhandel niet toegestaan*

voor·keur de verkiezing boven iets anders: ★ *de* ~ *geven aan* ★ *de* ~ *hebben* ★ *bij* ~

voor·keurs·be·han·de·ling de (v) beleid waarbij personen uit minderheidsgroepen (zoals vrouwen, allochtonen, invaliden) de voorkeur krijgen bij sollicitaties e.d., positieve discriminatie

voor·keur·spel·ling de (v) [-en] vroeger spelling van sommige woorden, die de voorkeur genoot boven een andere (de zogenaamde 'toegelaten') spelling

voor·keur·stem de [-men] stem op een andere kandidaat dan de lijstaanvoerder

voor·keur·ta·rief het [-rieven] ‹van invoerrechten› tarief, waarbij het ene land (bij invoer) voorkeur geniet boven het andere

voor·keur·toets, **voor·keu·ze·toets** de (m) [-en] toets op een radio, televisie e.d., waarmee een reeds van tevoren afgestelde zender in werking gesteld wordt

voor·kind het [-eren] ❶ kind uit een vorig huwelijk ❷ voorechtelijk kind

voor·ko·men¹ I ww [kwam voor, is voorgekomen] ❶ voor de deur komen: ★ *een taxi laten* ~ ❷ voor het → **gerecht¹** komen: ★ *de zaak zal morgen* ~ ❸ verder komen dan een ander, een ander vooruitkomen: ★ *doordat hij meer tijd heeft, zal hij* ~ ❹ gebeuren: ★ *het komt zelden voor dat mijn moeder zich verslaapt* ❺ aangetroffen worden, te vinden zijn: ★ *grote roofdieren komen hier niet voor* ★ *dat woord komt vaak voor* ❻ toeschijnen: ★ *het komt me voor dat...* II het ❶ uiterlijk: ★ *een gunstig* ~ ❷ schijn: ★ *het heeft het* ~ *alsof...*

voor·ko·men² ww [voorkwam, h. voorkomen] ❶ door tijdige maatregelen beletten: ★ *een ramp trachten*

te ~ ★ ~ *is beter dan genezen* het is verstandiger ervoor te zorgen dat iets ergs niet gebeurt, dan achteraf de schade te herstellen ❷ ⟨met woorden of daden⟩ vlugger zijn dan een ander ★ *iemands wensen* ~ ze vervullen voor ze geuit zijn
voor·ko·mend¹ *bn* beleefd, tegemoetkomend, behulpzaam
voor·ko·mend² *bn* zich voordoend: ★ *bij voorkomende gelegenheden*
voor·ko·mend·heid *de (v)* beleefdheid, tegemoetkomendheid, behulpzaamheid
voor·ko·ming *de (v)* het → **voorkomen**²
voor·koop *de (m)* koop vooraf, voordat de verkoping, veiling, markt enz. is begonnen
voor·laatst *bn* op één na laatst
voor·la·der *de (m)* [-s] ❶ vuurwapen dat van voren geladen wordt ❷ (elektrisch) apparaat dat aan de voorzijde geladen of gevuld wordt (bijv. een wasmachine, cassetterecorder e.d.)
voor·land *het NN* ❶ eig land waar een schip op aanhoudt ❷ fig bestemming, toekomstig lot: ★ *dat is je* ~
voor·langs *bijw* aan de voorkant van iets langs ★ *hij schoot de bal* ~ voor en langs het doel
voor·las·tig *bn* met té zware lading in het voorschip
voor·la·ten *ww* [liet voor, h. voorgelaten] eerst laten gaan
voor·leg·gen *ww* [legde voor, h. voorgelegd] ❶ onder de aandacht brengen; ter beoordeling geven: ★ *iemand een vraag, zijn plannen* ~ ❷ BN ter inzage meebrengen, overleggen, tonen: ★ *documenten, bewijsstukken* ~ documenten, bewijsstukken overleggen
voor·leg·ging *de (v)* ★ BN *op, na* ~ *van* tegen overlegging van, op vertoon van
voor·lei·den *ww* [leidde voor, h. voorgeleid] voor het → **gerecht**¹ brengen
voor·let·ter *de* [-s] eerste letter van de of een voornaam
voor·le·zen *ww* [las voor, h. voorgelezen] hardop lezen voor een of meer luisterende personen
voor·le·zer *de (m)* [-s] iem. die voorleest, vooral in een kerk
voor·le·zing *de (v)* [-en] ❶ het voorlezen ❷ voorgelezen verhandeling
voor·lich·ten *ww* [lichtte voor, h. voorgelicht] ❶ met licht voorgaan ❷ inlichten, op de hoogte brengen, informatie verstrekken; in pregnante zin over seksualiteit: ★ *ze heeft haar kinderen goed voorgelicht*; **voorlichter** *de (m)* [-s]
voor·lich·ter *de (m)* [-s] ❶ iem. die informatie verstrekt ❷ functionaris die publiek en pers informeert
voor·lich·ting *de (v)* inlichting, onderricht: ★ *seksuele* ~, *technische* ~
voor·lich·tings·dienst *de (m)* officiële instelling tot het geven van voorlichting
voor·lief·de *de (v)* voorkeur: ★ *een* ~ *hebben voor*

gotische kerken
voor·lie·gen *ww* [loog voor, h. voorgelogen] ★ *iem. iets* ~ een leugen vertellen
voor·lig·gend *bn* onderhavig ★ ~ *stuk, artikel* thans in beoordeling zijnd
voor·lig·ger *de (m)* [-s] motorvoertuig dat onmiddellijk voor een ander motorvoertuig rijdt
voor·lijk *bn* vroeg ontwikkeld: ★ *een* ~ *kind*
voor·lo·pen *ww* [liep voor, h. voorgelopen] ❶ voorop lopen ❷ ⟨van een uurwerk⟩ een latere tijd aanwijzen dan de juiste: ★ *die klok loopt een kwartier voor*
voor·lo·per *de (m)* [-s] iem. die of iets wat voorafgaat, iets al aankondigt: ★ *voorlopers van de renaissance*
voor·lo·pig I *bn* voorafgaand aan het definitieve, nog niet vast: ★ *een* ~ *besluit nemen* **II** *bijw* tijdelijk, vooralsnog, in de eerste tijd: ★ ~ *blijven we hier*
voorm. *afk* ❶ voormalig ❷ voormiddag
voor·ma·lig *bn* vroeger geweest zijnde: ★ *een* ~ *predikant* ★ *de voormalige bewoners*
voor·man *de (m)* [-nen] ❶ leider: ★ *hij is de* ~ *van de christendemocratie* ❷ ploegbaas, onderbaas ❸ iem. die voorop gaat ❹ iem. die vóór een ander staat of zit
voor·meld, **voor·ge·meld** *bn* hiervoor genoemd
voor·mid·dag, **voor·mid·dag** *de (m)* [-dagen] ❶ NN eerste deel van de middag ❷ BN ook de ochtend, vooral de late(re) morgenuren, tussen 9 en 12 uur ★ *'s voormiddags* in de ochtend, 's ochtends
voor·muur *de (m)* [-muren] muur aan de voorkant
voorn, **vo·ren** *de (m)* [-s] in Nederland en België veel voorkomende zoetwatervis van de familie van de karpers, *Rutilus rutilus*
voor·naam¹ *de (m)* [-namen] naam vóór de familienaam
voor·naam² *bn* ❶ belangrijk, gewichtig: ★ *het voornaamste is dat we op tijd moeten komen* ❷ aanzienlijk, deftig: ★ ~ *gezelschap* ★ *een* ~ *gezicht zetten*
voor·naam·heid *de (v)* het aanzienlijk-, gedistingeerd-zijn
voor·naam·woord *het* [-en] taalk woord dat een zelfstandigheid aanduidt of een zelfstandig naamwoord vervangt
voor·naam·woor·de·lijk, **voor·naam·woor·de·lijk** *bn* met, als een voornaamwoord
voor·nacht *de (m)* [-en] begin van de nacht
voor·na·me·lijk *bijw* hoofdzakelijk, vooral, met name
voor·ne·men¹ *het* [-s] iets dat men vast van plan is te doen: ★ *goede voornemens voor het nieuwe jaar* ★ *de weg naar de hel is met goede voornemens geplaveid* goede voornemens worden maar al te vaak niet uitgevoerd
voor·ne·men² *wederk* [nam voor, h. voorgenomen] van plan zijn, besluiten iets te doen: ★ *zich* ~ *geen jenever meer te drinken*
voor·ne·mens, **voor·ne·mens** *bijw* van plan: ★ ~ *zijn om…*

voor·noemd *bn* hierboven genoemd: ★ *voornoemde personen, de personen* ~
voor·oe·fe·ning *de (v)* [-en] voorbereidende oefening
voor·on·der *het* [-s] ruimte onderaan de voorzijde van een schip, voorkajuit
voor·on·der·stel·len *ww* [vooronderstelde, h. vooronderteld] vooraf aannemen, veronderstellen; **voor·on·der·stel·ling** *de (v)* [-en]
voor·on·der·zoek *het* voorlopig onderzoek
voor·ont·ste·king *de (v)* ‹bij motoren› ontsteking voordat de zuiger op het bovenste dode punt van de compressieslag is gekomen
voor·ont·werp *het* [-en] allereerste ontwerp, voorbereidend ontwerp
voor·oor·deel *het* [-delen] voorbarig, meestal afwijzend oordeel: ★ *een* ~ *tegen iem., tegen een volk hebben*
voor·oor·logs, **voor·oor·logs** *bn* (als) van voor de oorlog, vooral de Tweede Wereldoorlog: ★ *een vooroorlogse auto*
voor·op, **voor·op** *bijw* ❶ aan de voorzijde van of op iets: ★ *een kinderzitje ~ de fiets* ❷ als voorste, als eerste: ★ *hij loopt ~ en zij erachter* ★ *vooral NN ~ staat dat...* het belangrijkste is dat...
voor·ope·ning *de (v)* [-en] BN bijeenkomst van genodigden, voorafgaande aan de officiële opening van een tentoonstelling e.d., openingsreceptie, vernissage
voor·op·gaan *ww* [ging voorop, is vooropgegaan] ❶ aan het hoofd gaan ❷ voorafgaan
voor·op·lei·ding *de (v)* voorbereidende opleiding
voor·op·lo·pen *ww* [liep voorop, h. vooropgelopen] ❶ als voorste lopen ❷ fig op anderen vooruit zijn
voor·op·stel·len *ww* [stelde voorop, h. vooropgesteld] ❶ eerst als gegeven of waar aannemen: ★ *laten we ~ dat hier van opzet sprake is* ❷ BN ook voorstellen, bepalen: ★ *een datum ~* ❸ BN ook noemen: ★ *een kandidaat ~* ❹ BN ook verkondigen, huldigen, verdedigen: ★ *een stelling ~*
voor·op·zeg *de (m)* BN, spreektaal ❶ opzegging (van een arbeidsovereenkomst) ❷ opzeggingstermijn: ★ *een ~ van dertig dagen*
voor·op·zet·ten *ww* [zette voorop, h. vooropgezet] ❶ op de voorste plaats zetten ❷ → **vooropstellen** (bet 1): ★ *een vooropgezette mening*
voor·ou·der·lijk, **voor·ou·der·lijk** *bn* (zoals) van de voorouders: ★ *het voorouderlijke kasteel*
voor·ou·ders *mv* de mensen van wie men afstamt
voor·ou·der·ver·ering *de (v)* verering van de voorouders, voorkomend bij sommige niet-westerse volken
voor·over, **voor·over** *bijw* met de voorkant naar beneden: ★ *met het hoofd ~ naar beneden duiken*
voor·over·bui·gen *ww* [boog voorover, is voorovergebogen] met het hoofd voorover naar beneden buigen
voor·over·leg *het* voorafgaand overleg
voor·over·lij·den *het* eerder overlijden: ★ *bij ~ van de*

oorspronkelijke erfgenaam iem. anders als erfgenaam aanwijzen
voor·pa·gi·na *de* ['s] eerste bladzijde van een krant
voor·pand *het* [-en] voorste gedeelte van een kledingstuk
voor·plan *het* BN ook voorgrond ★ *op het ~ treden, komen* op de voorgrond treden ★ *op het ~ stellen* op de voorgrond stellen
voor·plat *het* [-ten] voorzijde van een boekband, waarop gewoonlijk de titel staat
voor·plecht *de* [-en] voorste gedeelte van het dek van een schip
voor·plein *het* [-en] plein voor een gebouw
voor·poot *de (m)* [-poten] elk van de voorste poten van een dier of van een meubel
voor·por·taal *het* [-talen] ❶ → **portaal**¹ (bet 1) ❷ fig eerste stadium
voor·post **I** *de (m)* [-en] mil naar voren geplaatste wacht; **II** *veelal mv*, **voorposten** vóór het eigenlijke leger geplaatste beveiligingsafdelingen
voor·pos·ten·ge·vecht *het* [-en] gevecht tussen de voorposten
voor·pra·ten *ww* [praatte voor, h. voorgepraat] pratende doen geloven, pratende wijsmaken
voor·pret *de* plezier vooraf
voor·proef·je *het* [-s] ❶ eig hap voedsel vooruit om te proeven, voorlopige proef ❷ fig eerste kennismaking met iets: ★ *deze wedstrijd was nog maar een ~ van wat ons dit toernooi te wachten stond*
voor·proe·ven *ww* [proefde voor, h. voorgeproefd] proeven vóór de spijzen op tafel komen: ★ *een goede kok moet het eten ~*
voor·pro·gram·ma *het* ['s] inleidend programma; wat aan het eigenlijke programma voorafgaat
voor·pro·gram·me·ren *ww* [programmeerde voor, h. voorgeprogrammeerd] ‹een apparaat› zodanig instellen dat het op een later tijdstip (op de gewenste manier) gaat werken: ★ *een videorecorder ~*
voor·pui *de* [-en] onderste deel van een voorgevel
voor·raad *de (m)* [-raden] ❶ wat men voor later gebruik in huis, in een winkel of in een pakhuis heeft: ★ *veel voedsel in ~ hebben* ★ *~ opdoen* ★ *de ~ opnemen* ★ *zolang de ~ strekt* zolang we nog de (speciaal aangeboden) artikelen in de winkel hebben ❷ ★ *recht beslissing bij ~* voorlopige beslissing, vóór de feitelijke afdoening
voor·raad·schuur *de* [-schuren] ❶ bergplaats voor voorraad ❷ fig land dat bepaalde (natuur-) producten uitvoert
voor·ra·dig *bn* in voorraad
voor·rang *de (m)* ❶ hoogste rang: ★ *om de ~ strijden* ❷ voorkeur: ★ *de ~ hebben boven iem.* ❸ verkeer het recht om als eerste zijn weg te mogen vervolgen: ★ *~ verlenen aan iem.*
voor·rangs·krui·sing *de (v)* [-en] NN kruising met een voorrangsweg
voor·rangs·weg *de (m)* [-wegen] verkeersweg waarop

het verkeer voorrang heeft, ook tegenover van rechtse zijwegen komende voertuigen
voor·recht *het* [-en] ❶ bevoordeling, privilege: ★ *vroeger bezat de adel veel voorrechten* ❷ gunst: ★ *het ~ hebben iem. ooit te hebben gekend*
voor·re·de *de* [-s] inleiding voor in een boek
voor·re·ke·nen *ww* [rekende voor, h. voorgerekend] ★ *iem. een som, de kosten ~ dat voor iem. uitrekenen ten overstaan van hem*
voor·rij·den *ww* [reed voor, h. & is voorgereden] ❶ voorop rijden, als eerste rijden ❷ voor de deur rijden: ★ *er kwam een taxi ~*
voor·rij·der *de (m)* [-s] iem. die voorop rijdt, die een stoet opent
voor·rij·kos·ten *mv* vooral NN geldbedrag dat men moet betalen om iem. die een dienst verleent (loodgieter e.d.), aan huis te laten komen
voor·ron·de *de* [-n, -s] → **ronde** (bet 5) die voorafgaat aan de eigenlijke wedstrijd of het eigenlijke toernooi
voor·ruit *de* [-en] voorste ruit van een voertuig
voor·schie·ten *ww* [schoot voor, h. voorgeschoten] een voorschot geven, voorlopig voor iem. betalen om het later terug te krijgen
voor·schip *het* voorstuk van een schip
voor·school *de* NN combinatie van peuterspeelzaal en basisschool, met een leerprogramma dat er vooral op is gericht taalachterstand in een vroegtijdig stadium aan te pakken
voor·schools *bn* met betrekking tot de periode voordat kinderen naar de basisschool gaan: ★ *~e opvang, ~ onderwijs*
voor·schoot *de (m) & het* [-schoten] lang schort van leer of doek ★ BN *(maar) een ~ groot* erg klein
voor·schot *het* [-ten] ❶ vooruit verstrekt geld: ★ *een ~ vragen op het loon* ❷ geleend geldbedrag: ★ *een ~ krijgen van de bank*
voor·schot·bank *de* [-en] NN bank die voorschotten verstrekt
voor·scho·te·len *ww* [schotelde voor, h. voorgeschoteld] ❶ ⟨een gerecht⟩ voor iem. op tafel zetten: ★ *de gastheer schotelde me een heerlijke forel voor* ❷ fig ten beste geven: ★ *we kregen allerlei sterke verhalen voorgeschoteld* ★ *alles voorgeschoteld krijgen* a) zelf niets hoeven te doen; b) alles voorgezegd krijgen
voor·schrift *het* ❶ het voorschrijven ❷ [*mv:* -en] wat voorgeschreven (→ **voorschrijven**, bet 2) is: regeling; reglement: ★ *op ~ van de dokter het wat rustiger aan doen*
voor·schrij·ven *ww* [schreef voor, h. voorgeschreven] ❶ als voorbeeld schrijven ❷ ter inachtneming of gebruik opleggen: ★ *iemand de wet ~* ★ *een drankje, bedrust ~*
voor·sei·zoen *het* [-en] periode vlak voor het hoogseizoen
voors·hands, voors·hands *bijw* NN voorlopig: ★ *~ blijven de bestaande regelingen van kracht*

voor·slag *de (m)* [-slagen] ❶ muz korte noot vooraf ❷ korte slag van de klok vóór de uurslag, klik
voor·smaak·je *het* BN ook voorproefje, eerste kennismaking met iets: ★ *dit is nog maar een ~*
voor·snij·den *ww* [sneed voor, h. voorgesneden] vlees aan tafel vooraf snijden
voor·snij·mes *het* [-sen] mes voor het voorsnijden van vlees
voor·sor·teer·vak *het* [-ken] verkeer voor voorsorteren afgebakende rijstrook
voor·sor·te·ren *ww* [sorteerde voor, h. voorgesorteerd] verkeer bij het naderen van een kruispunt of splitsing op het rechter-, linker- of middengedeelte gaan rijden, afhankelijk van de verdere route
voor·span *het* [-nen] voorste span van twee of meer spannen paarden
voor·span·nen *ww* [spande voor, h. voorgespannen] voor de wagen spannen: ★ *paarden ~*
voor·spel *het* [-spelen] ❶ muziek vooraf ❷ algemeen wat voorafgaat; vooral het seksuele spel vóór de eigenlijke geslachtsdaad
voor·spel·baar *bn* voorspeld kunnende worden; **voorspelbaarheid** *de (v)*
voor·spel·den *ww* [speldde voor, h. voorgespeld] met spelden voor het lichaam bevestigen
voor·spe·len *ww* [speelde voor, h. voorgespeeld] ❶ als voorbeeld spelen ❷ laten horen: ★ *een melodie ~* ❸ het eerst spelen
voor·spel·len¹ *ww* [spelde voor, h. voorgespeld] voor een ander spellen als voorbeeld: ★ *een moeilijk woord ~*
voor·spel·len² *ww* [voorspelde, h. voorspeld] ❶ zeggen wat er in de toekomst zal gebeuren, profeteren: ★ *de helderziende voorspelde een grote overstroming* ❷ als verwachting uitspreken: ★ *het KNMI voorspelt slecht weer* ★ *dat voorspelt niet veel goeds* dit is een voorteken voor veel ellende
voor·spel·ler *de (m)* [-s] iem. die voorspelt (→ **voorspellen²**)
voor·spel·ling *de (v)* ❶ het → **voorspellen²** ❷ [*mv:* -en] het voorspelde
voor·spie·ge·len *ww* [spiegelde voor, h. voorgespiegeld] een mooie voorstelling geven van een onwaarschijnlijk toekomstig gebeuren: ★ *iem. een gouden carrière ~*; **voorspiegeling** *de (v)* [-en]
voor·spoed *de (m)* ❶ gunstige gang van zaken, vlot verloop zonder moeilijkheden ❷ welstand: ★ *een leven in ~*
voor·spoe·dig *bn* ❶ met of in voorspoed ❷ zonder moeilijkheden, vlot verlopend: ★ *een voorspoedige reis*
voor·spraak *de* [-spraken] ❶ het ten gunste van iem. spreken, verdedigen: ★ *op ~ van de burgemeester is hij benoemd* ❷ iem. die ten gunste spreekt, verdedigt: ★ *de burgemeester was een krachtige ~*
voor·spre·ken *ww* [sprak voor, h. voorgesproken] NN ❶ als voorbeeld uitspreken: ★ *woorden ~ zodat*

kinderen de mondbewegingen kunnen immiteren ❷ vero ten gunste spreken van, verdedigen: ★ iemand ~

voor·spre·ker de (m) [-s] NN iem. die voorspreekt (→ **voorspreken**, bet 2)

voor·sprong de (m) [-en] stuk dat men iemand vooruit is: ★ de wielrenner heeft een ~ van drie minuten op het peloton ★ Chelsea heeft een ~ van twee punten op Manchester United

voor·staan ww [stond voor, h. voorgestaan] ❶ bepleiten, een voorstander zijn van: ★ de persvrijheid ~ ❷ voor de geest staan, in het geheugen zijn: ★ zijn gezicht staat me niet meer precies voor ❸ ★ zich op iets laten ~ zich op iets beroemen

voor·stad de [-steden] kleine stad die tegen een grotere stad is aangegroeid

voor·stan·der de (m) [-s], **voor·stand·ster** de (v) [-s] iem. die vóór iets is, die voor iets ijvert; ijveraar(ster) voor

voor·stan·der·klier de [-en] klier kort boven de penis, prostaat

voor·ste bn het meest vooraan; zie bij → **haan**

voor·ste·ken ww [stak voor, h. voorgestoken] BN ook ❶ ⟨een voertuig⟩ inhalen ❷ voordringen, voorkruipen, zijn beurt niet afwachten

voor·stel het [-len] iets wat men ter bespreking en mogelijke uitvoering opwerpt: ★ iem. een ~ doen ★ een ~ indienen, aannemen, verwerpen ★ op ~ van mijn moeder gingen we naar Artis

voor·stel·len I ww [stelde voor, h. voorgesteld] ❶ een voorstel doen: ★ ik stel voor naar de chinees te gaan ❷ inleiden, persoonlijk bekend maken: ★ iemand aan het gezelschap ~ ❸ afbeelden, betekenen: ★ wat stelt dit schilderij voor? ★ dat stelt niks of weinig voor dat is van geen (weinig) belang, dat heeft niets te betekenen **II** wederk ❶ verbeelden, in gedachte voor zich zien: ★ ik kan me niet goed ~ hoe het er uitziet ★ ze had zich veel van die vriendschap voorgesteld ze had er veel moois van verwacht ★ vooral NN stel je voor! uitroep van verontwaardiging ❷ van plan zijn: ★ ik stel me voor daaraan twee dagen per week te wijden; **voorsteller** de (m) [-s]

voor·stel·ling de (v) [-en] ❶ het voorstellen ❷ wat men in de gedachte voor zich ziet: ★ zich een ~ van iets maken ❸ afbeelding, uitbeelding ❹ ⟨bij toneel⟩ opvoering, ❺ ⟨bij bioscoop, circus⟩ vertoning; zie ook bij → **doorlopend¹**

voor·stel·lings·ver·mo·gen het het vermogen iets in de gedachte voor zich te zien

voor·stem·men ww [stemde voor, h. voorgestemd] een goedkeurende stem uitbrengen

voor·stem·mer de (m) [-s] iem. die voorstemt

voor·ste·ven de (m) [-s] steven aan de voorkant van een schip

voor·stoot de (m) [-stoten] bilj eerste stoot, afstoot

voor·stop·per de (m) [-s] voetbal centrale verdediger die optreedt voor de auspuzter of achterstopper

voor·stu·die de (v) [-s, -diën] studie ter voorbereiding van een bepaald werk

voor·stuk het [-ken] voorste stuk

voort bijw verder: ★ met de mondvoorraad kunnen we nog een paar dagen ~

voort·aan, **voort·aan** bijw van nu af: ★ ~ ga ik met de auto naar mijn werk

voor·tand de (m) [-en] tand voor in het gebit, een van de (middelste) snijtanden

voort·be·staan I ww [bestond voort, h. voortbestaan] verder leven, blijven bestaan **II** het het blijven bestaan

voort·be·we·gen ww [bewoog voort, h. voortbewogen] in beweging houden ★ zich ~ in voorwaartse beweging zijn

voort·be·we·ging de (v) [-en] ❶ voorwaartse beweging ❷ werking van een machine

voort·bor·du·ren ww [borduurde voort, h.voortgeborduurd] verder borduren ★ ~ op meestal fig voortgaan met te spreken over

voort·bren·gen ww [bracht voort, h. voortgebracht] telen, maken, opleveren, → **scheppen²**: ★ geluid ~ ★ deze boom brengt geen vruchten voort

voort·breng·sel het [-s, -en] wat voortgebracht is, product

voort·doen ww [deed voort, h. voortgedaan] BN ook ❶ verder gaan, doorgaan (met werken), voortwerken, doorwerken ❷ spreektaal zich redden met: ★ hij moet ~ met weinig geld

voort·drij·ven ww [dreef voort, h. & is voortgedreven] ❶ drijvend voortgaan ❷ voor zich uit jagen: ★ een kudde vee ~ ❸ aansporen

voort·du·ren ww [duurde voort, h. voortgeduurd] blijven duren, aanhouden

voort·du·rend bn aanhoudend: ★ ~ zeuren om een ijsje

voort·du·ring de (v) NN het aanhouden ★ bij ~ aanhoudend

voort·du·wen ww [duwde voort, h. voortgeduwd] duwende voortbewegen

voor·te·ken het [-en, -s] teken dat iets toekomstigs aankondigt ★ als de voortekenen niet bedriegen... als dat gebeurt wat je aan de hand van de feiten mag verwachten...

voor·tel·len ww [telde voor, h. voorgeteld] voor iemand uittellen

voor·ter·rein het [-en] voor iets anders liggend terrein

voort·gaan ww [ging voort, is voortgegaan] ❶ verder gaan, doorgaan ❷ BN, spreektaal weggaan, opstappen

voort·gang de (m) het voortgaan, vooruitgang, vordering: ★ de ~ van het project laat te wensen over ★ ~ maken met iets

voort·ge·zet bn zie bij → **voortzetten**

voort·hel·pen ww [hielp voort, h. voortgeholpen] helpen verder te komen

voor·tijd de (m) heel oude tijd, tijd toen de tegenwoordige toestand nog niet bestond, prehistorie

voor·tij·dig *bn* vóór de juiste of gewone tijd: ★ *een ~ einde* ★ *een voortijdige beslissing*

voort·ij·len *ww* [ijlde voort, is voortgeijld] voortsnellen

voort·ja·gen *ww* [jaagde *of* joeg voort, h. voortgejaagd] voor zich uit jagen

voort·kab·be·len *ww* [kabbelde voort, is voortgekabberd] ❶ met kleine golfjes voortgaan ★ *een voorkabbelend beekje* ❷ *fig* rustig, ongestoord en kalm doorgaan: ★ *het gesprek kabbelde uren voort*

voort·kan·ke·ren *ww* [kankerde voort, is voortgekankerd] voortwoekeren, zich verspreiden (gezegd van een kwaad)

voort·ko·men *ww* [kwam voort, is voortgekomen] ❶ geboren worden, afstammen: ★ *uit het huwelijk zijn geen kinderen voortgekomen* ❷ ★ *~ uit* voortvloeien uit, zijn oorzaak vinden in

voort·le·ven *ww* [leefde voort, h. voortgeleefd] verder leven

voort·ma·ken *ww* [maakte voort, h. voortgemaakt] haast achter iets zetten, opschieten: ★ *we moeten ~ om de bus nog te halen*

voor·to·neel *het* voorste gedeelte van het → **toneel** (bet 1)

voor·touw *het* [-en] touw aan de voorzijde, vooral van een schip ★ *het ~ nemen* fig het initiatief nemen, iets als eerste aanvatten

voor·to·ve·ren *ww* [toverde voor, h. voorgetoverd] als door toverkracht voor ogen stellen: ★ *iem. een mooie toekomst ~*

voort·plan·ten *wederk* [plantte voort, h. voortgeplant] ❶ zich vermeerderen: ★ *het menselijk geslacht plant zich voort* ❷ verspreiden, voortzetten: ★ *het geluid plant zich voort*

voor·tref·fe·lijk *bn* uitmuntend

voor·tref·fe·lijk·heid *de (v)* ❶ het voortreffelijk-zijn ❷ [*mv:* -heden] iets voortreffelijks, voortreffelijke eigenschap

voor·trek·ken *ww* [trok voor, h. voorgetrokken] begunstigen boven een ander: ★ *zijn jongste kind ~*

voor·trek·ker *de (m)* [-s] iem. van een ouder of vroeger geslacht, die een nieuwe koers is ingeslagen en daarin door laterkomenden is gevolgd

voort·ruk·ken *ww* [rukte voort, h. & is voortgerukt] ❶ met rukken voorttrekken ❷ ⟨van een leger⟩ verder optrekken

voorts *bijw* ❶ bovendien: ★ *~ ben ik tegen dit voorstel* ❷ verder, vervolgens: ★ *~ bestelden we een dessert*

voort·schrij·den *ww* [schreed voort, is voortgeschreden] voortgaan: ★ *de tijd schrijdt voort*

voort·sle·pen *ww* [sleepte voort, h. voortgesleept] verder slepen ★ *zich ~ met grote moeite voortgaan*

voort·sleu·ren *ww* [sleurde voort, h. voortgesleurd] voortslepen

voort·spoe·den *wederk* [spoedde voort, h. voortgespoed] haastig voortgaan

voort·sprui·ten *ww* [sproot voort, is voortgesproten] ★ *~ uit* voortkomen, ontstaan uit

voort·stu·wen *ww* [stuwde voort, h. voortgestuwd] verder stuwen, in voortbeweging brengen; **voortstuwing** *de (v)*

voort·suk·ke·len *ww* [sukkelde voort, h. & is voortgesukkeld] ❶ steeds ziekelijk zijn ❷ onder voortdurende moeilijkheden het werk gaande houden

voort·te·len *wederk* [teelde voort, h. voortgeteeld] (gezegd van mensen, dieren en planten) zich voortplanten

voort·tob·ben *ww* [tobde voort, h. voortgetobd] verder tobben, onder aanhoudende moeilijkheden voortwerken

voor·tuin *de (m)* [-en] tuin voor het huis

voort·va·ren *ww* [voer voort, is voortgevaren] verder varen

voort·va·rend *bn* met ijver, met spoed: ★ *~ zijn huiswerk maken*; **voortvarendheid** *de (v)*

voort·vloei·en *ww* [vloeide voort, is voortgevloeid] voortkomen, ontstaan uit; volgen uit: ★ *welke conclusie is hieruit voortgevloeid?*

voort·vluch·tig *bn* op de → **vlucht** (bet 1): ★ *voortvluchtige gevangenen*

voort·woe·ke·ren *ww* [woekerde voort, h. & is voortgewoekerd] ❶ onbelemmerd snel voortgroeien ❷ *fig* zich verbreiden ⟨van iets kwaads gezegd⟩

voort·zeg·gen *ww* [zegde *of* zei voort, h. voortgezegd] aan anderen vertellen: ★ *zegt het voort!*

voort·zet·ten *ww* [zette voort, h. voortgezet] verder gaan met ★ in Nederland *voortgezet onderwijs* onderwijs na het basisonderwijs

voort·zet·ting *de (v)* [-en] ❶ het voortzetten ❷ vervolg

voort·zwe·pen *ww* [zweepte voort, h. voortgezweept] ❶ met zweepslagen voortdrijven ❷ *fig* met kracht voortjagen

voor·uit I *bijw* ❶ verder, naar voren: ★ *borst ~!* ★ *~ kunnen* kunnen doorgaan met iets, verder kunnen ★ *iem. ~ zijn* verder gevorderd zijn dan iem. ★ *hij is zijn tijd ver ~* hij heeft inzichten en ideeën waar anderen nog niet aan toe zijn ❷ NN van tevoren, bij voorbaat: ★ *als we dit ~ hadden geweten, waren we er niet aan begonnen* **II** *de (m)* stand van de versnelling waarin een auto vooruit rijdt: ★ *de wagen in zijn ~ zetten* **III** *tsw* ❶ ★ *~!* of *~ met de geit!* uitroep tot aansporing ❷ ★ *nou, ~ dan maar* gezegd wanneer men ondanks bezwaren toestemming geeft

voor·uit·be·ta·len *ww* [betaalde vooruit, h. vooruitbetaald] van tevoren betalen

voor·uit·be·ta·ling *de (v)* [-en] het vooruitbetalen

voor·uit·bran·den *ww* ★ *niet vooruit te branden zijn* erg lui of langzaam zijn

voor·uit·gaan *ww* [ging vooruit, is vooruitgegaan] ❶ voorop gaan, als eerste gaan, vóór een ander gaan ❷ naar voren gaan ❸ *fig* in betere toestand komen, in welvaart of gezondheid toenemen: ★ *erop ~*

voor·uit·gang[1] *de (m) fig* het in betere toestand geraken, toeneming van welvaart of gezondheid

voor·uit·gang² *de (m)* [-en] uitgang aan de voorkant
voor·uit·hel·pen *ww* [hielp vooruit, h. vooruitgeholpen] helpen vooruit te komen
voor·uit·ko·men *ww* [kwam vooruit, is vooruitgekomen] ❶ naar voren komen ❷ fig een betere positie krijgen ❸ van tevoren komen
voor·uit·lo·pen *ww* [liep vooruit, is vooruitgelopen] ❶ vast voor de anderen gaan ❷ fig niet het verdere verloop afwachten, handelen alsof het verdere verloop al vaststaat: ★ *~ op de gebeurtenissen*
voor·uit·ste·ken *ww* [stak vooruit, h. vooruitgestoken] naar voren uitsteken: ★ *vooruitstekende tanden*
voor·uit·stre·vend *bn* naar vernieuwing strevend, progressief
voor·uit·wer·pen *ww* [wierp vooruit, h. vooruitgeworpen] naar voren werpen ★ vooral NN, fig *zijn schaduw ~ zich van tevoren aankondigen of laten voelen, zich laten zien aankomen*: ★ *de oorlog wierp zijn schaduw reeds lang vooruit*
voor·uit·zicht *het* [-en] verwachting ★ *goede vooruitzichten hebben* goede kans op maatschappelijke vooruitgang
voor·uit·zien *ww* [zag vooruit, h. vooruitgezien] ❶ naar voren uitzien ❷ in de toekomst zien, met de toekomst rekening houden: ★ *met vooruitziende blik*
voor·va·der *de (m)* [-en, -s] mannelijk persoon van wie een volk, een clan of een familie afstamt
voor·va·der·lijk *bn* ❶ als, van de voorvaderen ❷ ouderwets-degelijk
voor·val *het* [-len] gebeurtenis, vaak van ongewone aard
voor·val·len *ww* [viel voor, is voorgevallen] gebeuren
voor·vech·ter *de (m)* [-s] verdediger, vurig propagandist
voor·ver·kie·zing *de (v)* [-en] verkiezing van iem. die bij een komende verkiezing kandidaat gesteld zal worden
voor·ver·koop *de (m)* verkoop vooraf, eerdere verkoop: ★ *~ van toegangsbiljetten*
voor·ver·war·men *ww* [verwarmde voor, h. voorverwarmd] vooraf enigszins verwarmen; **voorverwarming** *de (v)*
voor·voe·gen *ww* [voegde voor, h. voorgevoegd] voor iets voegen
voor·voeg·sel *het* [-s] voorgevoegde lettergreep: ★ *in 'geloop' is 'ge-' een ~*
voor·voe·len *ww* [voorvoelde, h. voorvoeld] van tevoren voelen aankomen
voor·vo·rig *bn* vóór de of het vorige: ★ *in de voorvorige week*
voor·waar *bijw* plechtig werkelijk, heus
voor·waar·de *de (v)* [-n] vooraf gestelde eis of beperking, conditie, beding: ★ *op ~ dat* ★ *onder geen enkele ~* in geen enkel geval, beslist niet ★ *recht ontbindende ~* voorwaarde die bij vervulling een verbintenis doet vervallen ★ *recht opschortende ~* voorwaarde die bij vervulling een verbintenis doet ontstaan
voor·waar·de·lijk *bn* onder voorwaarden ★ *voorwaardelijke bevordering* of *overgang* toelating tot een hogere klas met herexamen of andere verplichtingen waaraan bevredigend voldaan moet worden ★ *voorwaardelijke invrijheidstelling* ontslag uit de gevangenis vóór het verstrijken van de straf, op voorwaarde dat de gevangene zich in die tijd goed zal gedragen ★ *voorwaardelijke veroordeling* veroordeling met de bepaling, dat de veroordeelde zijn straf eerst zal ondergaan als hij blijkt niet aan bep. voorwaarden te voldoen ★ *voorwaardelijke wijs* grammatica wijze van de niet-werkelijkheid of de veronderstelling; zie ook → **verbintenis**
voor·waarts *bn* vooruit; naar voren: ★ *~, mars!*
voor·was *de (m)* ❶ voorlopige, eerste → **was¹**; ❷ ⟨in wasmachines⟩ kortdurende → **was¹**, tijdens welke het wasgoed geweekt wordt met een sterkreinigend voorwasmiddel, voorafgaande aan de hoofdwas
voor·was·mid·del *het* [-en] middel voor de → **voorwas**
voor·wed·strijd *de (m)* [-en] proef- of oefenwedstrijd die aan de eigenlijke wedstrijd voorafgaat
voor·wen·den *ww* [wendde voor, h. voorgewend] voorgeven, doen alsof: ★ *een ziekte ~*
voor·wend·sel *het* [-s, -en] wat men voorwendt
voor·we·reld·lijk, **voor·we·reld·lijk** *bn* uit de tijd vóór het bestaan van de mens: ★ *voorwereldlijke dieren*
voor·werk *het* [-en] ❶ voorbereidend werk ❷ ⟨van een boek⟩ wat aan het eigenlijke boek voorafgaat (titelblad, voorbericht enz.)
voor·werp *het* [-en] ❶ ding: ★ *gevonden voorwerpen* ❷ datgene waarop men zijn aandacht richt: ★ *het ~ van zijn belangstelling* ❸ taalk zindeel dat aangeeft waarop zich de handeling richt; zie → **lijden¹**, → **meewerkend** en → **oorzakelijk**
voor·werps·naam *de (m)* [-namen] zelfstandig naamwoord dat een voorwerp aanduidt
voor·werps·zin *de (m)* [-nen] taalk voorwerp in de vorm van een zin, bijv.: ★ *ik weet, wie dat is*
voor·we·ten *het* voorkennis: ★ *dat is zonder mijn ~ geschied*
voor·we·ten·schap *de (v)* het van tevoren weten, voorkennis
voor·we·ten·schap·pe·lijk *bn* behorende tot een periode waarin nog geen stelselmatig wetenschappelijk onderzoek werd bedreven
voor·wiel *het* [-en] voorste wiel; wiel aan de voorzijde van bijv. een fiets, een auto
voor·wiel·aan·drij·ving *de (v)* auto werking van de motor op de voorwielen
voor·woord ⟨‹Du› *het*⟩ [-en] ⟨in een boek⟩ voorbericht of woord vooraf
voorz. *afk* ❶ voorzitter ❷ voorzetsel
voor·zaal *de* [-zalen] vooraan gelegen zaal; zaal die men na het binnenkomen het eerst betreedt
voor·zaat *de (m)* [-zaten] vero voorvader, voorouder(s)
voor·zang *de (m)* [-en] zang ter inleiding

voor·zan·ger *de (m)* [-s] iem. die het gezang leidt, vooral in een kerkdienst

voor·zeg·gen[1] *ww* [zei *of* zegde voor, h. voorgezegd] zeggen om te laten nazeggen wat de ander niet weet: ★ ~ *is op school verboden*

voor·zeg·gen[2] *ww* [voorzei *of* voorzegde, h. voorgezegd] → **voorspellen**[2]

voor·zeg·ger[1] *de (m)* [-s] iem. die voorzegt (→ **voorzeggen**[1])

voor·zeg·ger[2] *de (m)* [-s] iem. die een voorspelling doet

voor·ze·ker *bijw* zeer zeker

voor·zet *de (m)* [-ten] ❶ voetbal het brengen van de bal voor het doel, zodat een ander kan scoren ★ *een ~ of voorzetje geven* iets aan de orde stellen waarop een ander kan inhaken ❷ eerste zet in een spel

voor·zet·lens *de* [-lenzen] lens vóór een andere reeds aanwezige lens geplaatst

voor·zet·sel *het* [-s] taalk onverbuigbaar woord dat de aard van de betrekking tussen verschillende woorden in een zin aanduidt, bijv. *van, tot, met* ★ *vast ~ voorzetsel dat met een werkwoord in een vaste combinatie voorkomt zoals* op *in* hopen op

voor·zet·sel·voor·werp *het* [-en] taalk zinsdeel dat, bij werkwoorden met een vast voorzetsel, wordt gevormd door dat voorzetsel en het daarop volgende zelfstandig naamwoord: ★ *in de zin 'Wij hopen op een mooie toekomst' is 'op een mooie toekomst' het ~*

voor·zet·ten *ww* [zette voor, h. voorgezet] ❶ neerzetten voor iemand ❷ ⟨een uurwerk⟩ vooruitzetten, voor doen lopen ❸ sp een voorzet geven, de bal voor het doel brengen; zie ook bij → **beentje**

voor·zich·tig *bn* behoedzaam, niet onoordacht: ★ *heel ~ een boom in klimmen*

voor·zich·tig·heid *de (v)* het voorzichtig-zijn; zie ook bij → **porseleinkast**

voor·zich·tig·heids·hal·ve, voor·zich·tig·heids·half·ve *bijw* uit voorzichtigheid: ★ *~ een helm op zetten*

voor·zien *ww* [voorzag, h. & is voorzien] ❶ vooruit zien, verwachten: ★ *zoiets heb ik ~* ★ *dat was te ~ je had het kunnen weten* ❷ regelen, zorgen: ★ *daar moet allemaal nog in ~ worden* ★ *in zijn onderhoud kunnen~ zelf genoeg geld verdienen om te kunnen leven* ❸ *het nodige verschaffen:* ★ *zij zijn van alles goed ~* ★ *deze nieuwe zaak voorziet in een behoefte* ❹ ★ *het niet op iemand ~ hebben* iem. niet vertrouwen ❺ ★ *het op iemand ~ hebben* iem. altijd als mikpunt nemen ❻ BN ook vaststellen, bepalen: ★ *de wet voorziet controle- en sanctiemaatregelen* ❼ BN ook in het vooruitzicht stellen, ontwerpen: ★ *een maatregel ~* ❽ BN ook plannen, organiseren: ★ *een viering ~* ❾ BN ook ter beschikking staan, aanwezig zijn: ★ *er zijn moderne waslokalen ~* ❿ BN ook rekening houden met ★ *zich ~ op* zich voorbereiden op, bedacht zijn op ⓫ ★ BN ook *zich ~ van* met zich meebrengen, bij zich hebben

voor·zie·nig *bn* vooruit zorgend

voor·zie·nig·heid *de (v)* ❶ Godsbestuur ❷ *de Voorzienigheid* God

voor·zie·ning *de (v)* [-en] zorg, regeling; wat door zorg en regeling tot stand wordt gebracht: ★ *hygiënische, technische, sociale voorzieningen* ★ *voorzieningen treffen*

voor·zij, voor·zij·de *de* [-zijden] voorkant

voor·zin·gen *ww* [zong voor, h. voorgezongen] ❶ als voorbeeld zingen ❷ voorgaan in het zingen

voor·zit·ten *ww* [zat voor, h. voorgezeten] als voorzitter leiden: ★ *een vergadering ~*

voor·zit·ter *de (m)* [-s], **voor·zit·ster** *de (v)* [-s] ❶ hoofd van een verenigingsbestuur, partij e.d. ❷ iem. die een vergadering leidt

voor·zit·ter·schap *het* het voorzitter-zijn

voor·zit·ters·ha·mer *de (m)* [-s] hamer door de voorzitter gebruikt om de aandacht te vragen

voor·zit·ters·stoel *de (m)* [-en] stoel voor de voorzitter ★ *de ~ bekleden* voorzitter zijn

voor·zit·ting *de (v)* NN het voorzitter-zijn: ★ *onder ~ van de burgemeester*

voor·zo·mer *de (m)* [-s] begin van de zomer

voor·zorg *de* [-en] het vooruit zorgen: ★ *uit ~ pleisters meenemen* ★ BN ook, vero *sociale ~* sociale zekerheid, het geheel van sociale voorzieningen

voor·zorgs·maat·re·gel *de (m)* [-en, -s] uit voorzorg genomen maatregel

voor zo·ver *voegw* voor zoveel als: ★ *~ ik weet is hij er nog niet*

voos *bn* ❶ ⟨van vruchten en planten⟩ uitgehold en slap door uitdroging van binnen; *ook* bedorven: ★ *voze radijs* ❷ NN, fig moreel verwerpelijk: ★ *voze vooroordelen*

VOP *afk* very old pale ⟨*Eng*⟩ [kwaliteitsaanduiding op cognac]

Vopo Volkspolizei ⟨*Du*⟩ **I** *de (v)* [volkspolitie, politie in de voormalige Duitse Democratische Republiek] **II** *de (m)* ['s] [agent van deze politie]

vor·de·ren[1] *ww* [vorderde, is gevorderd] vooruitkomen: ★ *een eind gevorderd; vgl:* → **gevorderd,** → **meergevorderd,** → **vergevorderd**

vor·de·ren[2] *ww* [vorderde, h. gevorderd] ❶ eisen, opeisen: ★ *fietsen ~* ❷ een rechtsvordering instellen

vor·de·ring[1] *de (v)* [-en] vooruitgang: ★ *vorderingen maken*

vor·de·ring[2] *de (v)* [-en] ❶ rechtsvordering; eis; het opeisen: ★ *~ van kleren en levensmiddelen; requisitoir* ❷ te innen schuld: ★ *een ~ van 10.000 euro op iem. hebben*

vo·re *de* [-n] → **voor**[1]

vo·ren[1] *de (m)* [-s] → **voorn**

vo·ren[2] *bijw* voor: ★ *naar ~* ★ *naar ~ brengen* de aandacht vestigen op ★ *van ~ af (aan)* vanaf het begin; zie ook: → **tevoren**

vo·ren·be·doeld, vo·ren·ge·noemd *bn* vroeger vermeld, bovenvermeld

vo·ren·staand bn vooral NN voorafgaand, bovengenoemd

vo·ren·ver·meld bn bovengenoemd, zo-even vermeld

vo·rig bn voorafgaand: ★ *de vorige week* ★ *de vorige wereldoorlog*

vork (‹Lat› de [-en] ❶ getand stuk bestek: ★ *eten met ~ en mes* ★ NN *een vorkje prikken* wat gaan eten ❷ ander getand prikwerktuig, bijv. om te hooien ★ *weten hoe de ~ in de steel zit* weten hoe het precies in elkaar zit; zie ook bij → **hooi** ❸ vorkvormig voorwerp (o.a. aan fiets); vorkvormige splitsing, bijv. van een spoorlijn

vork·hef·truck, vork·truck de (m) [-s] transportwagen met een vorkvormig hefwerktuig

vork·vor·mig bn de vorm van een vork hebbend

vorm (‹Lat› de (m) [-en] ❶ gedaante, uiterlijk: ★ *een puntenslijper in de ~ van een fluitketeltje* ★ *vaste ~ aannemen* concreet worden, bijna klaar zijn ❷ taalk bouw van een woord ❸ voorwerp waarin een stof een bep. model krijgt: ★ *een ~ om cake te bakken* ★ *gietvorm* ★ *puddingvorm* ★ *iets in een andere ~ gieten* een ander uiterlijk geven ❹ wijze: ★ *zonder ~ van proces* ❺ sp toestand van een speler met het oog op de te leveren prestatie, vooral gunstige conditie: ★ *in ~ zijn* ❻ plichtpleging, beschaafde manier van doen: ★ *de vormen niet kennen* ❼ schijn: ★ *iets voor de ~ doen*

vorm·aar·de de vormklei

vorm·be·houd het sp het in vorm blijven: ★ *~ tonen*

vor·me·lijk bn ❶ aan vormen (→ **vorm**, bet 5) gehecht: ★ *hij is altijd zo ~* ❷ volgens de goede vorm (maar niet hartelijk): ★ *iemand ~ ontvangen*

vor·me·lijk·heid de (v) ❶ het vormelijk-zijn ❷ [mv: -en] iets vormelijks

vor·me·ling de (m) [-en] RK iemand die het vormsel zal ontvangen

vor·me·loos, vorm·loos bn zonder speciale vorm, ongevormd: ★ *een vormeloze hoop klei*; **vormeloosheid; vormloosheid** de (v)

vor·men¹ ww [vormde, h. gevormd] ❶ een → **vorm** (bet 1) geven, krijgen, hebben: ★ *een nieuw ministerie ~* ★ *een kring ~* ★ *zijn mening ~ zich over iets laten informeren en erover nadenken om een mening te krijgen* ❷ zijn: ★ *dit gebergte vormt de scheiding tussen twee landen* ❸ opvoeden, ontwikkelen: ★ *hij werd gevormd aan het Franse hof* ★ *vormend* ontwikkelend, de geest oefenend

vor·men² ww (‹Lat› [vormde, h. gevormd] RK het vormsel geven

vor·mend bn zie bij → **vormen¹** (bet 3)

vor·men·dienst de (m) NN sterke gehechtheid aan uiterlijke vormen, vooral de godsdienstige

vorm·fout de [-en] fout tegen de voorschriften betreffende de vorm, de wijze van presenteren, vooral recht: ★ *een arrestant vrijlaten vanwege een ~*

vorm·ge·ving de (v) het brengen in een (goede) → **vorm** (bet 1), design

vor·ming¹ de (v) ❶ het → **vormen¹** ❷ opvoeding

vor·ming² de (v) het → **vormen²**

vor·mings·cen·trum het [-tra, -s] instelling voor vormingswerk

vor·mings·cur·sus de (m) [-sen] vormingswerk in de vorm van een leergang

vor·mings·the·a·ter, vor·mings·to·neel het toneel als middel tot ontwikkeling van de toeschouwer

vor·mings·werk het werk tot maatschappelijke en persoonlijke ontwikkeling en geestelijke groei van mensen boven de leerplichtige leeftijd

vorm·klei de boetseerklei

vorm·leer de ❶ leer van de → **vorm** (bet 1) van de zaken die men bestudeert: aanschouwelijke meetkunde, bestudering van de plantenvormen, enz. ❷ taalk verbuiging en vervoeging

vorm·loos bn → **vormeloos; vormloosheid** de (v)

vorm·sel het RK een van de zeven sacramenten, standvastigheid in het geloof gevend

vor·sen ww [vorste, h. gevorst] nauwkeurig onderzoeken, nasporen: ★ *naar iets ~*

vorst¹ de (m) [-en] erfelijk heerser; koning: ★ NN *als een ~ binnengehaald worden* alsof men een heel belangrijk mens is ★ NN *ergens als een ~ zitten* prinsheerlijk

vorst² de (m) vriesweer

vorst³ de [-en] nok van een huis

vor·ste·lijk bn van of als een → **vorst¹**; rijk, groots, weelderig: ★ *een vorstelijke beloning* ★ *een ~ gebaar* zwierig, royaal; **vorstelijkheid** de (v)

vor·sten·dom het [-men] gebied van een → **vorst¹**

vor·sten·huis het [-huizen] vorstelijk geslacht, dynastie

vor·sten·kind het [-eren], **vor·sten·telg** de (m) [-en] kind van vorstelijke afkomst

vor·sten·paar het [-paren] BN koninklijk paar

vor·sten·zoon de (m) [-zonen, -s] zoon van een → **vorst¹**

vorst·ge·bied het [-en] gebied waar het vriest

vorst·ge·voe·lig bn licht schade lijdend door → **vorst²**: ★ *vorstgevoelige gewassen*

vorst·grens de [-grenzen] lijn waarboven of waarbuiten het niet vriest

vor·stin de (v) [-nen] ❶ gemalin van een → **vorst¹** ❷ erfelijk heerseres, koningin

vorst·lijn de [-en] grens van een vorstgebied

vorst·pan de [-nen] ronde → **pan** (bet 2) op de nok van een dak

vorst·scha·de de schade door → **vorst²**

vorst·ver·let het ❶ ‹in de bouw› stilstand of vertraging door vriezen ❷ vergoeding daarvoor

vorst·vrij bn vrij van bevriezen

vort tsw vooruit, weg!

VOS afk ❶ Vrouwen Oriënteren zich op de Samenleving ★ *VOS-cursus* cursus waarbij vrouwen zich oriënteren op verschijnselen in de samenleving ❷ (Verbond van) Vlaamse Oud-Strijders

vos de (m) [-sen] ❶ roodbruin hondachtig roofdier met een lange dikbehaarde staart ★ *zo sluw als een ~*

zeer sluw ★ *als de ~ de passie preekt, boer pas op je kippen* pas op voor de sluwheid achter een schijnheilig masker ★ *een ~ verliest wel zijn haren, maar niet zijn streken* een mens houdt zijn aangeboren karaktertrekken onder alle omstandigheden ❷ een sluwe kerel: ★ *het is een slimme ~* ★ *een oude ~* een man die uit rijke ervaring zijn wereldje goed kent ❸ bont van een vos: ★ *zij had haar ~ om* ❹ rood(bruin) paard ❺ ★ *kleine ~* soort vlinder (*Aglais urticae*)

vos·sen *ww* [voste, h. gevost] hard studeren
vos·sen·bes *de* [-sen] soort rode bosbes, *Vaccinium vitis-idaea*
vos·sen·bont *het* ❶ pelswerk van vossenvel ❷ [*mv:* -en] halskraag daarvan
vos·sen·hol *het* [-holen] hol van een vos
vos·sen·jacht *de* jacht op vossen
vos·sen·klem *de* [-men] klem om vossen in te vangen
vos·sen·staart *de (m)* [-en] ❶ staart van een vos ❷ grassoort met een rolronde of langwerpige, dichte pluimvormige aar (*Alopecurus pratensis*)
vo·te·ren *(‹Fr)* ww [voteerde, h. gevoteerd] NN ❶ → stemmen (bet 1) ❷ bij stemming aannemen, toewijzen enz.
vo·tief *(‹Fr) bn* geschiedend krachtens een gelofte
vo·tief·ge·schenk *het* [-en] geschenk ter vervulling van een gelofte
vo·tief·kerk *de* [-en] kerk gebouwd ter vervulling van een gelofte
vo·tief·mis *de (v)* [-sen] geloftemis, mis die tot een bijzonder doeleinde wordt opgedragen
vo·tief·ta·fel *de* [-s] geloftetafel, paneel, steen enz. met een inscriptie blijkens welke een gelofte is vervuld
vo·tum *(‹Lat) het* [-ta, -s] ❶ gelofte, uitgesproken wens ❷ NN uitgebrachte stem: ★ *~ van vertrouwen, van wantrouwen* [vooral in een volksvertegenwoordiging, bij wijze van goedkeuring of afkeuring van het beleid van het kabinet of een minister] NN aanvangswoorden, opdrachtwoorden in een protestantse godsdienstoefening
vou·cher [vautsjə(r)] *(‹Eng) de (m)* [-s] bon waarop men iets verkrijgen kan, bewijs van betaling; tegoedbon
vous·vo·ye·ren [voevwajeren] *(‹Fr) ww* [vousvoyeerde, h. gevousvoyeerd] vooral NN 'u' zeggen tegen iem.: ★ *hij vousvoyeert zijn collega's altijd;* tegenst.: tutoyeren
vouw *de* [-en] scherpe plooi: ★ *een ~ in een broek*
vouw·been *het* [-benen] voorwerp van ivoor, hout enz. om papier te vouwen en te snijden
vouw·blad *het* [-bladen] in elkaar gevouwen reclamedrukwerkje
vouw·ca·ra·van [-kerrəven] *de (m)* [-s] opvouwbare kampeerwagen
vouw·dak *het* [-ken, -daken] (van een auto) opvouwbaar dak
vouw·deur *de* [-en] vleugeldeur

vouw·doos *de* [-dozen] ❶ doos met gekleurd papier om figuurtjes van te vouwen ❷ opvouwbare doos, dienend als verpakkingsmiddel (voor gebak)
vou·wen *ww* [vouwde, h. gevouwen] (papier, karton, textiel e.d.) dubbel slaan, plooien, in elkaar leggen: ★ *een doos ~* ★ *lakens ~* ★ *de handen ~* de vingers van beide handen in elkaar strengelen, bijv. voor gebed
vouw·fiets *de* [-en] opvouwbare fiets
vouw·ma·chi·ne [-sjienə] *de (v)* [-s] machine die automatisch vellen papier vouwt
vouw·me·ter *de (m)* [-s] BN duimstok
vouw·stoel *de (m)* [-en] stoel die in elkaar geklapt kan worden
vouw·wand *de (m)* [-en] inschuifbare wand
vox *(‹Lat) de (v)* [voces] stem ★ *~ populi ~ Dei* de stem van het volk is de stem van God
voy·eur [vwajjeur] *(‹Fr) de (m)* [-s] iem. die een overheersende neiging heeft om seksuele feiten te willen zien, die zich ontkledende of ontklede personen en minnende paren bespiedt, gluurder
voy·eu·ris·me [vwajjeu-] *het* het optreden als voyeur
vo·zen *ww* [voosde, h. gevoosd] inf vrijen
VP *afk* vicepresident
VPRO *afk* in Nederland Vrijzinnig-Protestantse Radio-Omroep [tot 1968; sindsdien benaming voor een omroep waarbij de vier letters niet meer fungeren als een afkorting]
vr. *afk* ❶ vrouwelijk ❷ vraag; vragend
vraag I *de* [vragen] ❶ verzoek om een antwoord: ★ *een ~ stellen* ★ BN ook *op ~ van* verzoek van ★ BN ook *iets in ~ stellen* iets aan de orde stellen, betwijfelen ❷ onopgeloste kwestie ★ *het is nog de ~* het is nog niet zeker ★ NN *(dat is) voor jou een ~ (en) voor mij een weet* a) gezegd als men geen antwoord wil geven; b) gezegd als men zekerheid heeft, waar een ander twijfelt of het niet weet II *de* kooplust, lust zich goederen aan te schaffen: ★ *de prijs van een artikel wordt voor een groot deel bepaald door ~ en aanbod* ★ *de ~ naar tomaten is groot*
vraag·al *de (m)* [-len] iem. die altijd alles vraagt: ★ *kleine kinderen zijn vraagallen*
vraag·baak *de* [-baken] ❶ algemeen raadgever ❷ boek waarin men van alles vinden kan
vraag·cur·ve *de* [-s] marketing grafische weergave van de gevraagde hoeveelheid product afgezet tegen de prijs, veelal een dalende lijn omdat een hogere prijs de vraag zal doen afnemen
vraag·elas·ti·ci·teit *de (v)* econ mechanisme dat de vraag naar een product toeneemt als de prijs daalt en afneemt als de prijs stijgt
vraag·ge·sprek *het* [-ken] ondervraging van iemand door een verslaggever enz., interview
vraag·prijs *de (m)* [-prijzen] som gelds die de verkoper voor een artikel vraagt (en waarop afgedongen kan worden)
vraag·punt *het* [-en] vooral NN punt, kwestie waarover vragen worden of zijn gesteld; betwist punt; iets wat onopgehelderd, onzeker is

vraag·stel·ling *de (v)* wijze waarop men een vraag of een probleem naar voren brengt
vraag·stuk *het* [-ken] ❶ belangrijke vraag, kwestie, complex probleem: ★ *het ~ van de jeugdcriminaliteit* ❷ som, opgave
vraag·taal *de* [-talen] comput gebruikersvriendelijke programmeertaal waarmee gegevens uit een databank kunnen worden opgevraagd
vraag·te·ken *het* [-s] leesteken achter een vraag:? ★ *een ~ achter, bij iets plaatsen* het betwijfelen
vraag·woord *het* [-en] bijwoord of voornaamwoord waarmee men een vraag formuleert, bijv. *wie, waarom* of *hoe*
vraat *de (m)* [vraten] ❶ slokop ❷ het (aan)vreten, vooral door insecten
vraat·zucht *de* gulzigheid
vraat·zuch·tig *bn* zeer gulzig
vracht *de* [-en] ❶ te dragen last ❷ lading ❸ vervoerloon ❹ grote hoeveelheid: ★ *een ~ mensen*
vracht·au·to [-ootoo, -autoo] *de (m)* ['s] vrachtwagen
vracht·boot *de* [-boten] boot voor vrachtvervoer
vracht·brief *de (m)* [-brieven] vervoerbewijs voor goederen
vracht·geld *het* [-en] vervoerloon
vracht·goed *het* [-eren] wat als vracht vervoerd wordt, in tegenstelling tot snelgoed of passagiersgoed
vracht·je *het* [-s] ❶ kleine vracht ❷ inf passagiers in een taxi
vracht·lijst *de* [-en] lijst van in een vervoermiddel geladen goederen
vracht·loon *het* [-lonen] vervoerloon
vracht·prijs *de (m)* [-prijzen] prijs voor vrachtvervoer
vracht·rij·der *de (m)* [-s] iem. die per wagen goederen vervoert
vracht·schip *het* [-schepen] vrachtboot
vracht·schip·per *de (m)* [-s] schipper die goederen vervoert
vracht·schuit *de* [-en] vrachtboot
vracht·vaar·der *de (m)* [-s] ❶ vrachtschip ❷ vrachtschipper
vracht·vaart *de* vrachtvervoer per schip
vracht·ver·voer *het* goederenvervoer
vracht·vlieg·tuig *het* [-en] vliegtuig voor vrachtvervoer
vracht·vrij *bn* waarvoor de ontvanger geen vracht hoeft te betalen, franco
vracht·wa·gen *de (m)* [-s] grote auto voor vrachtvervoer
vra·gen *ww* [vroeg (vraagde), h. gevraagd] ❶ een vraag stellen: ★ *naar iets ~* ★ *als je het mij vraagt* volgens mij ❷ uitnodigen: ★ *waarom is hij niet gevraagd?* ★ *~ om een straf, klap e.d.* zich zodanig (hinderlijk) gedragen dat anderen de lust gevoelen om bestraffend op te treden ★ *~ om moeilijkheden* problemen uitlokken ❸ een huwelijksaanzoek doen: ★ *iem. ten huwelijk ~* ★ *een meisje ~* ❹ verlangen, eisen: ★ *veel geld voor iets ~* ★ *dat werk vraagt veel geduld* ★ *dat is te veel gevraagd* deze eisen zijn te hoog

vra·gen·boek *het* [-en] boek met vragen en (te leren) antwoorden
vra·gen·bus *de* [-sen] ❶ → **bus¹** waarin men vragen kan deponeren ❷ rubriek voor vragen in een krant of tijdschrift
vra·gen·der·wijs, vra·gen·der·wij·ze *bijw* al vragende, in de vorm van vragen
vra·gen·lijst *de* [-en] lijst met vragen; enquêteformulier
vra·gen·uur·tje *het* [-s] NN uur waarin leden van de Tweede Kamer vragen kunnen stellen aan een minister, die deze dan direct beantwoordt
vra·ger *de (m)* [-s] iem. die iets vraagt
vrank (‹Fr› *bn*) ❶ schrijftaal → **frank¹** ★ *~ en vrij* door niets belemmerd, ongedwongen, vrij ❷ openhartig, rondborstig ❸ BN, spreektaal grof, ruw, ongemanierd, vrijpostig
vrat *ww*, **vra·ten** *verl tijd van* → **vreten**
vre·de, vree *de* [-s] ❶ toestand van geen oorlog: ★ *een duurzame ~* ★ *gewapende ~* zie bij → **gewapend** ❷ vredesverdrag: ★ *de ~ is getekend* ★ *~ sluiten* ❸ rust: ★ *~ met iets hebben*, BN *~ nemen met iets* iets goedvinden, er geen innerlijke problemen (meer) mee hebben ★ *hij ruste in ~* ❹ eendracht, eensgezindheid tussen de mensen: ★ *de ~ bewaren; met iedereen in ~ leven*
vre·de·breuk *de* het verbreken van de vrede
vre·de·ge·recht *het* [-en] BN laagste burgerlijke rechtbank, georganiseerd per kanton, vergelijkbaar met het kantongerecht in Nederland
vre·de·lie·vend *bn* geneigd de vrede te bewaren; **vredelievendheid** *de (v)*
vre·de·rech·ter *de (m)* [-s] BN rechter in een vredegerecht
vre·des·aan·bod *het* [-aanbiedingen] aanbod om → **vrede** (bet 2) te sluiten
vre·des·be·we·ging *de (v)* verzamelnaam voor groeperingen die zich verzetten tegen oorlogsvoorbereidingen, bewapening, militaire dienstplicht e.d.
vre·des·con·fe·ren·tie [-sie] *de (v)* [-s] vergadering van regeringsafgevaardigden uit verschillende landen ter beëindiging of voorkoming van oorlog
vre·des·con·gres *het* [-sen] congres van strijders voor wereldvrede
vre·des·duif *de* [-duiven] duif als zinnebeeld van de vrede
vre·des·kus *de (m)* [-sen] kus als teken van verzoening
vre·des·macht *de* militaire macht ter handhaving van de vrede
vre·des·mis·sie *de (v)* [-s] ❶ poging om ergens in de wereld vrede te stichten of te handhaven ❷ groep militairen die door de Verenigde Naties voor dat doel wordt uitgezonden: ★ *over de hele wereld zijn er Nederlanders in vredesmissies uitgezonden*
vre·des·naam *zn* ★ *in ~* ter wille van de rust, om moeilijkheden te voorkomen: ★ *doe in ~ alsof je niets*

hoort

vre·des·of·fen·sief *het* [-sieven] actie ondernomen om te trachten de vrede te bewerkstelligen of te handhaven

vre·des·on·der·han·de·lin·gen *mv* onderhandelingen om tot vrede te komen

vre·des·pijp *de* door de indianen gerookte pijp, symbool van verzoening

vre·des·prijs *de (m)* [-prijzen] (Nobel)prijs voor bevorderaars van de wereldvrede

vre·de·stich·ter *de (m)* [-s] iem. die vrede sticht, die verzoenend optreedt

vre·des·tijd *de (m)* tijd van → **vrede** (bet 1)

vre·des·top *de (m)* [-pen] politieke conferentie met leiders van landen die in oorlog zijn of dreigen te komen met het doel vrede te sluiten of te bewaren

vre·des·trak·taat *het* [-taten], **vre·des·ver·drag** *het* [-dragen] overeenkomst tot sluiting van vrede

vre·des·voor·stel *het* [-len] voorstel tot vrede

vre·des·voor·waar·de *de (v)* [-n] voorwaarde waarop een vrede wordt of kan worden gesloten

vre·de·vlag *de* [-gen] de witte vlag, zie bij → **wit** (I)

Vre·de·vorst *de (m)* Christus

vre·de·vuur *het* [-vuren] vuur ontstoken uit vreugde over de → **vrede** (bet 2)

vre·dig *bn* rustig, ongestoord

vree¹ *de* → **vrede** ★ *het is alles pais en ~* er is niet de minste onenigheid

vree², **vree·ën** *ww verl tijd van* → **vrijen**

vreed·zaam *bn* ❶ vredelievend, op vrede gesteld; zie ook bij → **co-existentie** ❷ kalm, rustig, vredig: ★ *de zee lag er ~ bij*; **vreedzaamheid** *de (v)*

vreemd *bn* ❶ niet bekend: ★ *hij kwam in een vreemde straat terecht* ★ *ergens ~ zijn* ❷ zonderling, ongewoon: ★ *ze zag er ~ uit* ❸ buitenlands: ★ *vreemde talen* ★ *~ geld* ❹ niet eigen: ★ *vreemde kinderen* ❺ verbaasd: ★ *hij keek er ~ van op* ; zie ook bij → **vreemdgaan**

vreem·de¹ *de* [-n] ❶ onbekend persoon ❷ niet tot de familie behorend persoon ★ *dat heeft hij niet van een ~ die eigenschap heeft hij geërfd of overgenomen van zijn moeder of vader*

vreem·de² *het* het onbekende ★ *in den ~ in het buitenland*

vreem·de·ling *de (m)* [-en] ❶ buitenlander, iemand van elders, allochtoon: ★ *er woonden veel vreemdelingen in die wijk* ❷ onbekend persoon ★ *een ~ in Jeruzalem* iem. die niets van het actuele nieuws weet, iem. die de toestanden en verhoudingen niet kent, naar *Lucas* 24: 18

vreem·de·lin·ge *de (v)* [-n] ❶ buitenlandse ❷ onbekend persoon

vreem·de·lin·gen·dienst *de (m)* overheidsdienst belast met het toezicht op vreemdelingen

vreem·de·lin·gen·haat *de (m)* haat jegens vreemdelingen, vooral jegens mensen van andere etnische oorsprong, xenofobie

vreem·de·lin·gen·in·dus·trie *de (v)*

vreemdelingenverkeer als winstgevend bedrijf

vreem·de·lin·gen·ka·mer *de (v)* in Nederland, recht onderdeel van de Haagse rechtbank waar geschillen in het kader van het vreemdelingenbeleid worden beslecht, zitting houdend in verschillende steden in Nederland

vreem·de·lin·gen·le·gi·oen *het* legerafdeling die voor een groot deel uit vreemdelingen bestaat, o.a.: ★ *het Franse ~*

vreem·de·lin·gen·po·li·tie [-(t)sie] *de (v)* politieafdeling die zich bezighoudt met de uitvoering van het overheidsbeleid jegens personen van vreemde nationaliteit

vreem·de·lin·gen·ver·keer *het* bezoek van vreemdelingen, vooral toeristen ★ in Nederland *vereniging voor ~* organisatie die het vreemdelingenverkeer tracht te bevorderen, VVV

vreem·de·woor·den·boek *het* [-en] woordentolk

vreemd·gaan *ww* [ging vreemd, is vreemdgegaan] echtbreuk plegen; met een ander dan de vaste partner (incidenteel) seksuele omgang hebben

vreemd·heid, **vreem·dig·heid** *de (v)* ❶ het vreemd-zijn ❷ [*mv*: -heden] zonderlinge handeling, zonderlinge gebeurtenis

vreemd·soor·tig *bn* ongewoon, eigenaardig

vrees, **vre·ze** *de* [vrezen] angst; het bang zijn: ★ *iem. vrees aanjagen* ★ *vrees koesteren voor* ★ *uit vrees voor* ; zie ook bij → **hoop²**

vrees·ach·tig *bn* bang van aard; **vreesachtigheid** *de (v)*

vrees·lijk *bn* → **vreselijk**

vreet·zak *de (m)* [-ken] scheldwoord iem. die veel eet

vrek *de (m)* [-ken] gierigaard, inhalig persoon

vrek·kig *bn* zeer gierig

vre·se·lijk, **vrees·lijk I** *bn* angstwekkend, ontzettend: ★ *een ~ onweer* **II** *bijw* erg, zeer: ★ *~ druk, ~ laat*

vre·ten I *ww* [vrat, h. gevreten] ‹van dieren› eten: ★ *die hond vreet iedere dag blikvoer* ❷ ‹van mensen› onbehoorlijk (veel) eten ❸ fig in zeer grote hoeveelheden verbruiken, lezen e.d.: ★ *die auto vreet benzine* ★ *zij vreet detectives* ❹ fig emotioneel aantasten, verteren: ★ *dat zijn vriendin het uitgemaakt heeft vreet aan hem* **II** *het* ❶ voedsel voor dieren ❷ spreektaal slecht eten ❸ ★ NN, spreektaal *een raar stuk ~* een zonderling mens

vre·te·rij *de (v)* [-en] inf gulzige eterij

vreug·de *de (v)* [-n, -s], **vreugd** *de (v)* [-en] blijdschap: ★ *~ aan iets beleven*

vreug·de·be·toon *het* uitingen van vreugde

vreug·de·dron·ken *bn* opgewonden van vreugde

vreug·de·kreet *de (m)* [-kreten] kreet van vreugde

vreug·de·loos *bn* zonder vreugde, naargeestig: ★ *een ~ bestaan*; **vreugdeloosheid** *de (v)*

vreug·de·traan *de (m)* [-tranen] traan van vreugde

vreug·de·vol *bn* vol blijdschap

vreug·de·vuur *het* [-vuren] uit vreugde ontstoken vuur

vre·ze *de* [-n] literair → **vrees**

vre·zen ww [vreesde, h. gevreesd] ❶ bang zijn voor: ★ *het ergste ~, voor iets ~* ❷ ontzag, eerbied hebben voor: ★ *God ~*

vriend *de (m)* [-en] ❶ mannelijk persoon met wie men vertrouwelijk omgaat: ★ *goede vrienden zijn met iemand* ★ *dikke vrienden zijn* ★ *iemand te ~ houden* zorgen dat iemand welgezind blijft: ★ *zijn vriendjes bevoordelen* ; zie ook bij → **buur** ❷ minnaar: ★ *een vaste ~* of *een vast vriendje hebben* ❸ als aanspreking: ★ *onthoud dat wel, ~!* ❹ liefhebber: ★ *hij is een ~ van schaatsenrijden*

vrien·de·lijk *bn* aardig, lief, beminnelijk

vrien·de·lijk·heid *de (v)* ❶ het vriendelijk-zijn ❷ [*mv:* -heden] uiting van vriendelijkheid: ★ *er werden wat vriendelijkheden uitgewisseld*

vrien·den·dienst *de (m)* [-en] dienst die men zich verplicht voelt aan vrienden te bewijzen

vrien·den·kring *de (m)* [-en] kring van vrienden

vrien·den·match [-metsj; BN -matsj] *de* [-es] [-metsjis; BN: -matsjen] BN vriendschappelijke wedstrijd

vrien·den·paar *het* [-paren] twee mannelijke homoseksuelen die een vaste relatie hebben

vrien·den·prijs·je *het* [-s] gunstige prijs

vrien·din *de (v)* [-nen] ❶ vrouwelijk persoon met wie men vertrouwelijk omgaat ❷ minnares: ★ *een vaste ~* of *een vast vriendinnetje hebben*

vriend·jes·po·li·tiek *de (v)* het bevoordelen van vrienden of partijgenoten, vooral bij benoemingen

vriend·schap *de (v)* [-pen] het vriend-zijn: ★ *~ sluiten met iemand*

vriend·schap·pe·lijk *bn* van vrienden, als vrienden: ★ *een ~ schouderklopje* ★ *~ met elkaar omgaan*;

vriendschappelijkheid *de (v)*

vriend·schaps·band *de (m)* [-en] band tussen vrienden

vries·dro·gen *ww* [vriesdroogde, h. gevriesdroogd] doen conserveren door bij een temperatuur onder het vriespunt en bij verminderde druk (vacuüm) water in de vorm van waterdamp te onttrekken

vries·dro·ger *de (m)* [-s] toestel waarmee men vriesdroogt

vries·ka·mer *de* [-s] koelkamer, vooral aan boord van schepen

vries·kast, **vries·kist** *de* [-en] diepvriezer

vries·kou *de (v)* kou bij vriesweer

vries·punt *het* temperatuur waarbeneden water bevriest (0° C) ★ *de stemming daalde tot (onder) het ~* fig verkoelde erg

vries·vak *het* [-ken] ruimte in een koelkast waar de temperatuur beneden 0° C is

vries·weer *het* vriezend weer

vrie·zen *ww* [vroor, h. & is gevroren] zo koud zijn dat het water bevriest ★ *het vriest 5° het is 5° onder nul* ★ *het vriest dat het kraakt* het vriest heel hard; zie ook bij → **ijs** (bet 1)

vrie·zer (⟨Eng⟩ *de*) [-s] diepvriezer

vrij I *bn* ❶ ongebonden: ★ *een ~ leven* ★ NN *vrije jongens* personen, vooral in het kleinbedrijf, die zich weinig aantrekken van de voorschriften ❷ niet bezet: ★ *ik ben vanavond ~* ★ *een vrije dag* ★ *de wc is weer ~* ❸ onafhankelijk, zonder dwang: ★ *iemand geheel ~ laten* ★ *het staat u volkomen ~ dat te doen* ★ *de vrije wil* de al dan niet vermeende vrijheid van de mens door zijn wil zijn doen en laten zelf te bepalen ❹ niet gevangen: ★ *de gijzelaars zijn weer ~* ❺ onbelemmerd: ★ *een ~ uitzicht* ★ voetbal *een vrije schop* zonder door de tegenpartij gehinderd te worden ❻ open: ★ *het vrije veld* ★ *~ kamperen* kamperen buiten de officiële campings ❼ zonder partner, zonder vaste relatie: ★ *zij is nog ~* ❽ niet letterlijk: ★ *een vrije vertaling* ❾ vrijmoedig, vrijpostig: ★ *als ik zo ~ mag zijn...* ❿ niet belast met: ★ *~ van port* ★ *~ van zorgen* ⓫ gratis: ★ *~ wonen* ★ *vrije toegang* ⓬ NN met eigen ingang enz.: ★ *een ~ bovenhuis* ★ *kamer met vrije opgang* ⓭ ★ *vrije beroepen* beroepen waarbij men niet in dienstverband staat, o.a. advocaat, dokter enz. ⓮ ★ *de zeven vrije kunsten* ⟨in de middeleeuwen⟩ grammatica, dialectica, retorica, aritmetica, geometrica, musica en astronomie ⓯ ★ *vrije oefeningen* gymnastiekoefeningen zonder gereedschappen of toestellen ⓰ ★ hist *een vrije stad* stad die rechtstreeks onder keizerlijk of koninklijk gezag stond ⓱ niet van de overheid uitgaande: ★ *~ onderwijs* zie bij → **onderwijs** ★ *vrije school* NN schoolsysteem gebaseerd op de beginselen van de antroposoof Rudolf Steiner (1861-1925); BN school die niet uitgaat van de overheid ★ *Vrije Universiteit* in Amsterdam een universiteit op christelijke grondslag, in Brussel een universiteit zonder confessionele grondslag ⓲ ★ *~ vers* gedicht waarvan metrum, rijm, aantal heffingen noch strofenvorm regelmatig is **II** *bijw* tamelijk, nogal: ★ *we hebben nog ~ veel werk; het gaat ~ aardig* **III** *de (m)* ⟨van een motor⟩ vrijloop: ★ *in z'n ~ staan*

vrij·af *bn* vrij van dienst, vrij van werk: ★ *~ hebben*

vrij·a·ge [-aazjə] *de (v)* [-s] vrijerij

vrij·bil·jet *het* [-ten] ❶ bewijs van vrije doorgang ❷ gratis toegangsbewijs of spoorkaartje

vrij·blij·vend, **vrij·blij·vend** *bn* zonder verbintenis, verandering of prijs voorbehoudend: ★ *iets ~ aanbieden* ★ *~ rondkijken (in een winkel)* zonder verplichting tot kopen ★ *een ~ antwoord* waarmee men zich niet bij voorbaat vastlegt

vrij·brief *de (m)* [-brieven] ❶ verklaring die toegang verleent tot iets ❷ fig iets waaraan men de vrijheid meent te kunnen ontlenen om iets te doen: ★ *het voetbalsupporter-zijn geeft geen ~ voor vandalisme*

vrij·bui·ter *de (m)* [-s] ❶ oorspr zeerover ❷ thans iemand met vrije opvattingen, iem. die zich aan het algemeen gebruik niet stoort

vrij·bui·te·rij *de (v)* [-en] ❶ oorspr zeeroverij ❷ thans vrijheid, onafhankelijkheid van opvattingen en gedrag

vrij·dag *de (m)* [-dagen] ❶ dag van de week ★ *Goede Vrijdag* vrijdag voor Pasen, dag waarop het sterven van Christus herdacht wordt ★ ~ *de dertiende* ❷ ‹in het volksgeloof› ongeluksdag

vrij·dags *bn* op vrijdag: ★ ~ *wordt de kamer schoongemaakt*

vrij·den·ker *de (m)* [-s] iemand die zo onafhankelijk mogelijk tracht te zijn in zijn denken; thans vooral atheïst; **vrijdenkerij** *de (v)*

vrij·dom *de (m)* [-men] ontheffing, vrijstelling: ★ ~ *van belasting*

vrije I *de* [-n] vrij geborene, *tegengest*: → **slaaf II** *het* rechtsgebied van een vrije stad

vrij·e·lijk *bijw* ongehinderd: ★ *zich ~ bewegen*

vrij·en *ww* [vrijde, h. gevrijd *en* vree, h. gevreeën] ❶ liefkozen: ★ *een vrijend paartje op een bankje* ❷ geslachtsgemeenschap hebben; zie ook: → **veilig**

vrij·er *de (m)* [-s] ❶ iem. die vrijt, minnaar ❷ spreektaal kerel ❸ NN sinterklaaspop van speculaas

vrij·e·rij *de (v)* [-en] het vrijen, minnekozerij

vrij·ers·voe·ten *mv* ★ *op ~ zijn* op zoek zijn naar verkering of een vaste partner

vrij·e·tijds·be·ste·ding *de (v)* de manier van besteden van de vrije tijd

vrij·e·tijds·kle·ding *de (v)* gemakkelijke kleding om in de vrije tijd te dragen

vrij·ge·bo·ren *bn* als vrije (niet als slaaf of horige) geboren; **vrijgeborene** *de* [-n]

vrij·geest *de (m)* [-en] vrijdenker

vrij·ge·la·te·ne *de* [-n] vrijgelaten slaaf

vrij·ge·lei·de *het* [-n, -s] ❶ beschermend geleide: ★ *de onderhandelaars kregen een ~ naar de hoofdstad* ❷ verklaring die vrije doortocht verleent

vrij·ge·maakt *bn* ★ NN, prot *Gereformeerde Kerken in Nederland (Vrijgemaakt)* kerken die zich om een leergeschil in 1944 van de Gereformeerde Kerken hebben losgemaakt

vrij·ge·maak·te *de* [-n] NN lid van de Gereformeerde Kerken in Nederland (Vrijgemaakt)

vrij·ge·stel·de *de* [-n] ❶ iem. die van bep. werkzaamheden is vrijgesteld ❷ bezoldigd bestuurder van een vakvereniging

vrij·ge·ven *ww* [gaf vrij, h. vrijgegeven] vrijlaten, vrijaf geven: ★ *een rapport ~ voor publicatie*

vrij·ge·vig *bn* mild, royaal, graag gevend; **vrijgevigheid** *de (v)*

vrij·ge·voch·ten *bn* geen gezag erkennend ★ *een ~ familie* fig waarvan ieder doet waar hij / zij zin in heeft

vrij·ge·zel *de (m)* [-len] ongehuwde man of vrouw

vrij·ge·zel·len·avond *de (m)* [-en] ❶ feestelijke avond waarop alleenstaanden elkaar kunnen ontmoeten ❷ avond waarop iem. die spoedig gaat trouwen, feestelijk afscheid neemt van het vrijgezellenbestaan, hengstenbal

vrij·ge·zel·len·flat [-flet] *de (m)* [-s] flat voor alleenwonenden

vrij·ge·zel·lin *de (v)* [-nen] ongehuwde vrouw

vrij·han·del *de (m)* niet door in- of uitvoerrechten belemmerd handelsverkeer

vrij·han·de·laar *de (m)* [-s, -laren] voorstander van vrijhandel

vrij·han·del·stel·sel *het* vrijhandel

vrij·ha·ven *de* [-s] haven waar geen in- of uitvoerrechten worden geheven

vrij·heid *de (v)* [-heden] ❶ het vrij-zijn; onafhankelijkheid, ongebondenheid: ★ *gijzelaars in ~ stellen* ★ ~ *van drukpers* ❷ afwijking van de regel: ★ *een dichterlijke ~* ❸ privilege ❹ hist rechtsgebied van een vrije stad ❺ vrijpostigheid: ★ *de ~ nemen om...* ★ *zich te veel vrijheden veroorloven* brutaal zijn

vrij·heid·lie·vend *bn* op vrijheid gesteld

vrij·heids·be·ne·ming, vrij·heids·be·ro·ving *de (v)* het benemen van iemands vrijheid als straf

vrij·heids·be·we·ging *de (v)* [-en] actie voor het verkrijgen of herkrijgen van (nationale) vrijheid

vrij·heids·boom *de (m)* [-bomen] meiboom als zinnebeeld van de vrijheid, o.a. tijdens de Franse Revolutie

vrij·heids·geest *de (m)* drang, streven naar vrijheid

vrij·heids·lief·de *de (v)* sterke drang tot onafhankelijkheid

vrij·heids·oor·log *de (m)* [-logen] oorlog ter verkrijging van onafhankelijkheid

vrij·heids·straf *de* [-fen] straf in de vorm van vrijheidsbeneming

vrij·heids·strij·der *de (m)* [-s] iem. die strijdt voor de vrijheid van zijn onderdrukte volk

vrij·heids·zin *de (m)* vrijheidsgeest

vrij·hou·den *ww* [hield vrij, h. vrijgehouden] ❶ open, beschikbaar houden: ★ *een plaats ~* ❷ schoon houden: ★ *een huis ~ van ongedierte*

vrij·kaart·je *het* [-s] gratis toegangskaartje

vrij·ko·men *ww* [kwam vrij, is vrijgekomen] ❶ ‹van een huis, plaats› verlaten worden ❷ ‹van gevangenen› in vrijheid gesteld worden ❸ uit een scheikundige verbinding of een mengsel zich afscheiden: ★ *hierbij komt zuurstof vrij*

vrij·ko·pen *ww* [kocht vrij, h. vrijgekocht] door losgeld iemand bevrijden

vrij·korps *het* [-en] vrijwilligerskorps

vrij·la·ten *ww* [liet vrij, h. vrijgelaten] ❶ de vrijheid schenken ❷ vrijheid laten, niet verplichten ❸ onbezet laten

vrij·loop *de (m)* toestand waarbij een motor doorloopt zonder in een bep. versnelling geschakeld te zijn

vrij·lo·pen *ww* [liep vrij, is vrijgelopen] sp zo lopen dat men zich onttrekt aan de dekking van de tegenstander

vrij·lo·ten *ww* [lootte vrij, is vrijgeloot] vroeger door loting vrij blijven van militaire dienst

vrij·ma·ken *ww* [maakte vrij, h. vrijgemaakt] ❶ bevrijden van een verplichting of taak ★ *ingevoerde goederen ~* de invoerrechten erop voldoen ★ *zich ~* het zo regelen dat men tijd voor iets heeft; zie ook bij → **vrijgemaakt** ❷ chem doen

vrijkomen; **vrijmaking** *de (v)*
vrij·markt *de* [-en] markt die wordt gehouden bij speciale gelegenheden en waar iedereen spullen mag verkopen of diensten mag verlenen zonder de daartoe anders benodigde vergunningen te bezitten: ★ *bekend is de ~ in Amsterdam op Koninginnedag*
vrij·met·se·laar *de (m)* [-s, -laren] lid van een over de hele wereld verspreid genootschap dat verbroedering en vrijheid voorstaat
vrij·met·se·laars·lo·ge [-lòzjə] *de* [-s] ❶ vereniging van vrijmetselaars ❷ gebouw waar de vrijmetselaars vergaderen
vrij·met·se·la·rij *de (v)* de organisatie van de vrijmetselaars, de vrijmetselaarsbeweging
vrij·moe·dig *bn* onbeschroomd, niet verlegen; **vrijmoedigheid** *de (v)*
vrij·par·tij *de (v)* [-en] keer dat men vrijt
vrij·plaats *de* [-en] wijkplaats, toevluchtsoord, asiel
vrij·plei·ten *ww* [pleitte vrij, h. vrijgepleit] door pleiten iemands onschuld bewijzen ★ *niet vrij te pleiten van brutaliteit* nogal brutaal
vrij·pos·tig *bn* te vrijmoedig
vrij·pos·tig·heid *de (v)* ❶ het vrijpostig-zijn ❷ [*mv*: -heden] vrijpostige handeling
vrij·schop *de (m)* [-pen] BN, sp vrije trap
vrij·spraak *de* [-spraken] vrijsprekend vonnis: ★ *de rechter besloot tot ~*
vrij·spre·ken *ww* [sprak vrij, h. vrijgesproken] onschuldig, dus vrij verklaren; **vrijspreking** *de (v)* [-en]
vrij·staan *ww* [stond vrij, h. vrijgestaan] ❶ toegestaan zijn: ★ *het staat u vrij om weg te gaan* ❷ alleen staan ★ *een vrijstaand huis* los van andere huizen
vrij·staat *de (m)* [-staten] onafhankelijke staat
vrij·stad *de* [-steden] ❶ vroeger toevluchtsoord voor overtreders van de wet, waar het → **gerecht¹** geen macht over hen had ❷ vrije rijksstad: ★ *de ~ Hamburg*
vrij·stel·len *ww* [stelde vrij, h. vrijgesteld] ontheffen: ★ *iemand ~ van boete*
vrij·stel·ling *de (v)* [-en] ❶ ontheffing van iets ❷ kwijtschelding van een examengedeelte
vrij·ster *de (v)* [-s] ❶ vrouw die, meisje dat vrijt ★ *oude ~* oude ongetrouwde vrouw ❷ NN sinterklaaspop van speculaas
vrij·uit, **vrij·uit** *bijw* zonder schroom: ★ *~ spreken* ★ *~ gaan* niet gestraft worden wegens gebrek aan bewijs
vrij·ver·kla·ren *ww* [verklaarde vrij, h. vrijverklaard] onafhankelijk verklaren; **vrijverklaring** *de (v)* [-en]
vrij·wa·ren *ww* [vrijwaarde, h. gevrijwaard] behoeden, waarborgen: ★ *~ voor, ~ tegen schade*
vrij·wa·ring *de (v)* ❶ het vrijwaren ❷ ⟨bij koop⟩ het waarborgen van rustig en zeker bezit van het gekochte, zonder schade wegens verborgen gebreken: ★ *tot ~ gehouden* ❸ ⟨in de autohandel⟩ schriftelijke verklaring dat voor de vorige eigenaar van een auto als bewijs dient dat deze auto in andere handen is overgegaan, vrijwaringsbewijs

vrij·wa·rings·clau·su·le [-zuu-] *de* [-s] stuk tekst in een contract e.d. waarin de vrijwaring nader wordt geregeld
vrij·wel, **vrij·wel** *bijw* nagenoeg, bijna: ★ *~ elke week*
vrij·wil·lig *bn* uit vrije wil
vrij·wil·li·ger *de (m)* [-s], **vrij·wil·lig·ster** *de (v)* [-s] iem. die zich vrijwillig als soldaat *of* voor een bep. taak aanmeldt
vrij·wil·li·gers·korps *het* [-en] legerafdeling, samengesteld uit vrijwilligers
vrij·zin·nig *bn* ❶ niet aan vaste leerstellingen hechtend: ★ NN *~ christendom* ❷ BN ongelovig
vrij·zin·nig-pro·tes·tants *bn* NN protestants in vrijzinnige geest
vril·le [vriejə] ⟨*Fr*⟩ *de (v)* [-s] luchtv wervelende val van een vliegtuig met de neus omlaag
vrind *de (m)* [-en] *vero* vriend
v.r.n.l. *afk van* rechts naar links
vroed *bn vero* wijs ★ *de vroede vaderen* de stedelijke overheid
vroed·kun·de *de (v)* verloskunde
vroed·schap *de (v)* [-pen] stadsregering
vroed·vrouw *de (v)* [-en] verloskundige
vroeg¹ *bn* ❶ niet laat: ★ *~ naar zijn werk gaan* ★ *~ of laat* te eniger tijd ★ BN *ook ten vroegste* op zijn vroegst ❷ in het (verre) verleden liggend: ★ *vroege schilderkunst*, *de vroegste bewoners van ons land* ❸ op een eerdere tijd dan gewoon: ★ *een ~ voorjaar* ❹ of nog niet hoge leeftijd: ★ *~ gaan studeren* ★ *~ sterven*
vroeg², **vroe·gen** *ww verl tijd van* → **vragen**
vroe·ger *bn* in het verleden, eertijds; voorafgaand ★ *over ~ vertellen* over het verleden
vroe·ger·tje *het* [-s] NN bijeenkomst, vergadering enz. die vroeg afloopt
vroeg·ge·boor·te ⟨*Du*⟩ *de (v)* [-n, -s] BN vroegtijdige geboorte
vroeg·kerk *de*, **vroeg·mis** *de* [-sen] RK stille mis 's morgens vroeg
vroeg·rijp *bn* vroeg ontwikkeld: ★ *een ~ kind*; **vroegrijpheid** *de (v)*
vroeg·ste *zn* ★ BN *ten ~* op zijn vroegst, niet eerder dan
vroeg·te *de (v)* vroege morgen: ★ *in alle ~ naar zijn werk gaan*
vroeg·tij·dig *bn* vroeg: ★ *een vroegtijdige dood*; **vroegtijdigheid** *de (v)*
vro·lijk *bn* blij, opgewekt
vro·lijk·heid *de (v)* blijdschap, plezier; *in een gezelschap, vergadering e.d.* algemeen gelach
VROM *afk* in Nederland (ministerie van) Volkshuisvesting, Ruimtelijke Ordening en Milieubeheer
vro·me *de* [-n] godsdienstig mens (vaak met bijgedachte aan schijnheiligheid)
vro·mig·heid *de (v)* overdreven vroomheid
vroom *bn* zeer godsdienstig, levend naar de regels van zijn godsdienst: ★ *een ~ kerkganger* ★ *vrome*

wensen wensen die waarschijnlijk nooit vervuld zullen worden
vroom·heid *de (v)* godsdienstigheid
vroon *het* [vronen] ‹in de middeleeuwen› bezitting waaraan herendiensten verbonden waren
vroon·dienst *de (m)* [-en] herendienst
vroon·heer *de (m)* [-heren] heer aan wie men vroondiensten verschuldigd was
vroor *ww*, **vro·ren** *verl tijd van* → **vriezen**
vrouw *de (v)* [-en] ❶ volwassen vrouwelijk persoon ★ *de ~ des huizes* ★ *vrouwen en kinderen eerst* fig gezegd als er sprake is van een panieksituatie: ★ *na die koersdaling heerste er op de beurs een stemming van vrouwen en kinderen eerst* ❷ echtgenote ❸ bazin: ★ ‹tegen huisdier› *kom maar bij de ~* ❹ koningin in het kaartspel; zie ook bij → **vrouwtje**
vrou·we *de (v)* titel voor de naam van een dame uit de hoogste kringen
vrou·we·lijk *bn* ❶ van, als een vrouw: ★ *vrouwelijke hormonen* ★ *~ gedrag* ❷ een vrouw zijnde: ★ *een vrouwelijke tramconducteur* ★ *een ~ dier* ❸ tot een bepaald taalkundig geslacht behorend: ★ *'regering' is een ~ woord* ❹ met toonloze laatste lettergreep: ★ *~ rijm* ❺ biol met alleen stampers: ★ *vrouwelijke bloemen*
vrou·we·lijk·heid *de (v)* ❶ het vrouwelijk-zijn, het bezitten van echt vrouwelijke eigenschappen ❷ de vrouwelijke geslachtsdelen
vrou·wen·arts *de (m)* [-en] arts voor vrouwenziekten, gynaecoloog
vrou·wen·be·snij·de·nis *de (v)* [-sen] het wegsnijden van de clitoris en soms van de schaamlippen, clitoridectomie
vrou·wen·be·we·ging *de (v)* [-en] het streven van vrouwen naar gelijkstelling met de man
vrou·wen·blad *het* [-bladen] tijdschrift voor vrouwen waarin vooral aandacht wordt besteed aan de positie van de vrouw in de samenleving
vrou·wen·bond *de (m)* [-en] vereniging van vrouwen
vrou·wen·ca·fé *het* [-s] café, uitsluitend voor vrouwen
vrou·wen·con·doom *het* [-s] condoom dat niet over de penis wordt geschoven, maar in de vagina wordt ingebracht
vrou·wen·eman·ci·pa·tie [-paa(t)sie] *de (v)* zie bij → **emancipatie**
vrou·wen·gek *de (m)* [-ken] vrouwenjager
vrou·wen·haar *het* [-haren] ❶ haar van een vrouw ❷ biol venushaar (*Adiantum capillus veneris*)
vrou·wen·haat *de (m)* ❶ haat van een vrouw ❷ (ziekelijke) haat jegens vrouwen
vrou·wen·hand *de* [-en] ❶ hand als van een vrouw ★ *met zachte ~* fig met zachtheid behandeld door een vrouw ❷ handschrift (als) van een vrouw
vrou·wen·han·del *de (m)* handel in vrouwen en meisjes die gedwongen te werk worden gesteld in de prostitutie, de porno-industrie, nachtclubs e.d.
vrou·wen·ha·ter *de (m)* [-s] man die de vrouwen haat
vrou·wen·huis *het* [-huizen] instelling waar vrouwen elkaar ontmoeten, informatie krijgen over vrouwenproblematiek, acties voorbereiden e.d.
vrou·wen·ja·ger *de (m)* [-s] iem. die steeds op amoureus contact met vrouwen uit is, vrouwengek
vrou·wen·kies·recht, **vrou·wen·kies·recht** *het* het recht om te kiezen en gekozen te worden (volksvertegenwoordiging) voor vrouwen
vrou·wen·kle·ding *de (v)* kleding van, als van vrouwen
vrou·wen·kloos·ter *het* [-s] klooster uitsluitend voor vrouwelijke religieuzen, nonnenklooster
vrou·wen·kwaal *de* [-kwalen] vrouwenziekte
vrou·wen·over·schot *het* groter aantal vrouwen dan mannen in een bep. gebied
vrou·wen·schoen·tje *het* [-s] venusschoentje
vrou·wen·stem *de* [-men] stemgeluid van een vrouw
vrou·wen·stu·die *de (v)* [-s] studie waarbij de maatschappelijke rol van de vrouw (vooral in de geschiedenis) centraal staat
vrou·wen·te·le·foon *de (m)* NN telefonische hulpdienst voor en door vrouwen
vrou·wen·tong *de* [-en] sansevieria, een kamerplant
vrou·wen·werk *het* ❶ werk dat traditioneel door vrouwen verricht wordt: ★ *water halen is bij veel volken ~* ❷ door vrouwen verricht werk
vrou·wen·zaal *de* [-zalen] zaal uitsluitend voor vrouwen, vooral in verpleeginrichtingen
vrou·wen·ziek·te *de (v)* [-n, -s] met de vrouwelijke geslachtsorganen samenhangende ziekte
vrouw·lief *de (v)* iron liefkozend lieve vrouw
vrouw·mens *het* [-en, -lui], **vrouws·per·soon** *het* [-sonen] geringsch vrouw
vrouw·tje *het* [-s] ❶ kleine vrouw ❷ liefkozend echtgenote ❸ vriendelijk-neerbuigende aanspreekvorm voor een vrouw ❹ vrouwelijk dier: ★ *is die hond een mannetje of een ~?* ❺ bazin van een huisdier
vrouw·vij·an·dig *bn* getuigend van een agressieve en minachtende houding tegenover vrouwen: ★ *een vrouwvijandige opmerking*
vrouw·volk *het* geringsch vrouwen
vrouw·vrien·de·lijk *bn* de vrouw als volwaardig lid van de samenleving respecterend: ★ *een ~ personeelsbeleid*
VRT *afk* in België Vlaamse Radio- en Televisieomroep
vrucht ‹Lat› *de* [-en] ❶ deel van de plant dat zich uit de bloem ontwikkelt en dat het zaad bevat; zie ook bij → **dragen** ★ *aan de vruchten kent men de boom* aan zijn daden of aan zijn kinderen leert men een mens kennen ❷ dergelijk eetbaar plantendeel: ★ *ijs met vruchten* ★ *een mand vol vruchten* ★ *de verboden ~* iets aanlokkelijks, waar men niet aan mag komen (naar het verhaal van de zondeval, Genesis 3) ❸ kind, jong, vooral nog niet geboren ❹ voortbrengsel, opbrengst, resultaat: ★ *de ~ van onze arbeid* ★ *vruchten plukken van* voordeel verkrijgen uit ★ *met ~ het onderwijs volgen* met een goed resultaat ★ *onze inspanning begint ~ af te*

werpen begint wat op te leveren
vrucht·af·drij·ving *de (v)* zie bij → **abortus**
vrucht·baar *bn* ❶ veel vruchten gevend: ★ *een vruchtbare boom* ❷ veel opleverend: ★ *een vruchtbare akker; ook* fig: ★ *een ~ schrijver* ❸ kinderen of jongen kunnende krijgen: ★ *die poes is nog niet ~*
vrucht·baar·heid *de (v)* het vruchtbaar-zijn
vrucht·be·gin·sel *het* [-s] onderste gedeelte van de stamper van een bloem, dat de eitjes bevat
vrucht·bo·dem *de (m)* [-s] bloembodem
vrucht·boom *de (m)* [-bomen] NN boom waaraan eetbare vruchten groeien
vrucht·dra·gend, **vrucht·dra·gend** tweede beklemtoning vooral in figuurlijke betekenis *bn* ❶ vruchten voortbrengend ❷ fig resultaat opleverend: ★ *~ werk* ★ *~ werkzaam zijn*
vruch·te·loos *bn* vergeefs, zonder resultaat; **vruchteloosheid** *de (v)*
vruch·ten·ge·lei [-zjə-] *de* [-en] ingedikt sap van vruchten
vruch·ten·ijs *het* → **ijs** (bet 2) met vruchten
vruch·ten·pers *de* [-en] vooral NN werktuig om het sap uit vruchten te persen
vruch·ten·sa·la·de *de* [-s] vooral NN gerecht bestaande uit fijngesneden vruchten
vruch·ten·sap *het* [-pen] vooral NN uit fruit geperst vocht
vruch·ten·sui·ker *de (m)* suiker die in zoete vruchten voorkomt
vruch·ten·taart *de* [-en] gebak met vruchten
vruch·ten·wijn *de (m)* gegist vruchtensap
vrucht·ge·bruik *het* het zakelijk recht om het goed van iemand anders de vruchten (→ **vrucht**, bet 4) te genieten, mits de zaak zelf behouden blijft
vrucht·ge·brui·ker *de (m)* [-s] degene die het recht van vruchtgebruik uitoefent
vrucht·ge·not *het* het recht van de ouders om de vruchten van het vermogen van hun minderjarige kinderen tot zich te nemen
vrucht·knop *de (m)* [-pen] begin van een vrucht
vrucht·vlees *het* zachte, eetbare gedeelte van een vrucht
vrucht·vlies *het* [-vliezen] vlies om de ongeboren → **vrucht** (bet 3)
vrucht·wa·ter *het* vocht dat de ongeboren → **vrucht** (bet 3) omgeeft
vrucht·wa·ter·on·der·zoek *het* [-en] med onderzoek van het vruchtwater ter opsporing van aangeboren afwijkingen, uitgevoerd (meestal in de 17de week van de zwangerschap) als er een verhoogd risico op ernstige afwijkingen van de vrucht bestaat
vrucht·wa·ter·prik *de (m)* [-ken], **vrucht·wa·ter·punc·tie** [-sie] *de (v)* [-s] punctie t.b.v. het vruchtwateronderzoek
vrucht·zet·ting *de (v)* het zich vormen van de → **vrucht** (bet 1)
VS *afk* Verenigde Staten (van Noord-Amerika)

vs. *afk* ❶ vers ❷ versus
V-snaar *de* [-snaren] doorlopende riem, bevestigd om twee raderen van verschillende diameter, zodat de roterende beweging van het ene rad omgezet wordt in een roterende beweging van het andere rad, met een verschillend toerental
VSO *afk* in België, hist vernieuwd secundair onderwijs [Belgisch type van onderwijsstructuur]
VSOP *afk* very superior old pale [kwaliteitsaanduiding voor cognac, die minstens tien jaar op fust heeft gelegen]
VT4 *afk* in België Vlaams commercieel televisiestation
VTB *afk* in België Vlaamse Toeristenbond
VTB-VAB *afk* in België Vlaamse Toeristenbond - Vlaamse Automobilistenbond
V-te·ken *het* [-s] gespreid opgestoken wijs- en middelvinger als teken van overwinning (victorie) of vrede
VTM *afk* in België Vlaamse Televisiemaatschappij
v.t.t. *afk* voltooid tegenwoordige tijd
VU *afk* in Nederland Vrije Universiteit [gevestigd in Amsterdam]
VUB *afk* in België Vrije Universiteit Brussel [Nederlandstalige universiteit in Brussel]
Vuel·ta [v(oe)welta] *(⟨Sp⟩ de (m)* ['s] wielrennen de Ronde van Spanje
vuig *bn* vooral NN gemeen, laag: ★ *vuige taal*
vuil I *bn* ❶ niet schoon, vies, smerig: ★ *een ~ gezicht* ★ *~ werk* werk waar men smerig van wordt ★ *vuile handen hebben* fig iets onethisch hebben gedaan ❷ gemeen, oneerlijk: ★ *een ~ zaakje* ❸ boosaardig, nijdig: ★ *~ kijken, een vuile brief schrijven* ❹ (nog) niet zuiver ★ *~ gewicht* meegerekend wat als waardeloos wegvalt ❺ NN ⟨van loon⟩ bruto, vóór aftrek van belasting en sociale premies ❻ ★ *~ weer* ruw weer met veel neerslag ; zie ook bij → **was¹** en vgl: → **vuilmaken II** *het* vuilnis, smerige troep ★ *voor oud ~ liggen* nooit meer gebruikt worden zie ook → **vuiltje**
vui·lak *de (m)* [-ken] ❶ gemeen mens ❷ smerig mens
vuil·bak *de (m)* [-ken] BN, spreektaal ❶ vuilnisbak, vuilnisemmer ❷ prullenbak
vuil·bek *de (m)* [-ken] iem. die smerige taal uitslaat
vuil·bek·ken *ww* [vuilbekte, h. gevuilbekt] smerige taal uitslaan; **vuilbekkerij** *de (v)*
vuil·blik *het* [-ken] BN ook blik, stofblik: ★ *~ en veger* stoffer en blik
vuil·boom *de (m)* [-bomen] struik met groenachtig witte bloemen en zwarte bessen (*Frangula alnus*)
vuil·heid *de (v)* ❶ het vuil-zijn ❷ [mv: -heden] iets vuils
vui·lig·heid *de (v)* [-heden] → **vuilheid** (bet 2)
vui·lik *de (m)* [-liken] NN, vero vuilak
vuil·ma·ken *ww* [maakte vuil, h. vuilgemaakt] bevuilen, smerig maken ★ *zijn handen aan iem. niet ~* zich niet met hem inlaten ★ *geen woord over iets ~* er geen woord aan verspillen
vuil·nis *de (v) & het* ❶ afval ❷ huisvuil dat door de reinigingsdienst wordt opgehaald

vuil·nis·bak *de (m)* [-ken] afvalbak
vuil·nis·bak·ken·ras *het* [-sen] NN, schertsend ‹m.b.t. een hond› niet te bepalen ras, geen ras
vuil·nis·belt *de* [-en] stortplaats voor vuilnis
vuil·nis·hoop *de (m)* [-hopen] stapel vuilnis
vuil·nis·kar *de* [-ren] vuilniswagen
vuil·nis·man *de (m)* [-nen] iem. die vuilnis ophaalt
vuil·nis·wa·gen *de (m)* [-s] wagen waarmee vuilnis wordt opgehaald
vuil·nis·zak *de (m)* [-ken] plastic zak voor vuilnis
vuil·poes *de* [-en, -poezen] vuil, onzindelijk mens of kind
vuil·spui·ter *de (m)* [-s] iem. die beledigingen of kwetsende taal uit
vuil·spui·te·rij *de (v)* (lasterlijke) beledigingen in woord of geschrift
vuil·stort *het & de (m)* verzamelplaats waar men afval mag deponeren
vuil·stort·ko·ker *de (m)* [-s] koker in een flatgebouw waarin klein huisvuil gestort wordt
vuil·tje *het* [-s] stofje, stukje vuil: ★ *een ~ in het oog* ★ *er is geen ~ aan de lucht* er dreigt geen enkel gevaar, er is niets aan de hand
vuil·ver·bran·ding *de (v)* verbranding van vuilnis
vuist *de* [-en] ❶ dichtgeknepen hand: ★ *de vuisten ballen* ★ *op de ~ gaan* gaan vechten ★ *een ~ maken* (door bundeling van krachten) tonen in staat te zijn tot aanval of verweer ★ *voor de ~ weg spelen, spreken* zonder voorbereiding ★ *in zijn vuistje lachen* heimelijk lachen om het eigen voordeel of de tegenslag van een ander ★ *uit het vuistje eten* uit de hand, zonder bord en bestek eten ★ *kaas uit het vuistje* stukje(s) kaas die men direct (niet als broodbeleg) nuttigt ★ *met ijzeren ~ regeren* op hardvochtige wijze ★ BN ook *recht voor de ~* recht voor de raap, openhartig, rechtuit ❷ zware ijzeren hamer met korte steel
vuist·bijl *de* [-en] langwerpig, door mensen bewerkt, vuurstenen voorwerp uit de Oude Steentijd, waarvan men vermoedt dat het als werpwapen is gebruikt
vuist·ge·vecht *het* [-en] gevecht met de vuisten (→ **vuist**, bet 1)
vuist·pand *het* [-en] NN wat als onderpand gebruikt wordt bij onderhandelingen
vuist·recht *het* recht van de sterkste
vuist·re·gel *de (m)* [-s] makkelijk bruikbare regel, regel die wel ongeveer opgaat
vuist·slag *de (m)* [-slagen] slag met de → **vuist** (bet 1)
vuist·vech·ter *de (m)* [-s] iem. die met de vuisten (→ **vuist**, bet 1) vecht, bokser
Vul·gaat ‹*Lat*› *de (v)* → **Vulgata**
vul·gair [-gèr] ‹*Fr*› *bn* ❶ eig van het volk ★ *~ Latijn* het volkslatijn van de late Romeinse tijd, waaruit de Romaanse talen zijn ontstaan ❷ smerig, laag bij de grond, plat: ★ *vulgaire moppen*
vul·ga·ri·sa·tie [-zaa(t)sie] *de (v)* het vulgariseren
vul·ga·ri·se·ren *ww* [-zee-] ‹*Fr*› [vulgariseerde, h.

gevulgariseerd] onder de massa brengen, gemeengoed maken, vooral van wetenschappelijke kennis gezegd
vul·ga·ris·me ‹*Fr*› *het* [-n] uitdrukking ontleend aan de vulgaire taal
vul·ga·ri·teit ‹*Lat*› *de (v)* platheid, ordinairheid
Vul·ga·ta ‹*Lat*›, **Vul·gaat** *de (v)* de officiële rooms-katholieke Latijnse Bijbelvertaling, grotendeels door Hiëronymus gemaakt in de jaren 384-396
vul·gus ‹*Lat*› *het* het (gewone) volk, het gepeupel
vul·kaan ‹*Lat*› *de (m)* [-kanen] berg die lava, rotsblokken e.d. uitspuwt, vuurspuwende berg, genoemd naar de Romeinse god van het vuur, Vulcanus ★ *leven op een ~* door groot, nog onbekend onheil worden bedreigd ★ *dansen op een ~* doorgaan met plezierig leven ten tijde van naderend onheil
vul·ka·nisch *bn* met, door of uit vulkanen: ★ *vulkanische gesteenten*
vul·ka·ni·se·ren *ww* [-zee-] ‹*Fr*› [vulkaniseerde, h. gevulkaniseerd] ❶ door verhitting en toevoeging van zwavel rubber ongevoelig maken voor temperatuursverschillen ❷ met gesmolten rubber herstellen
vul·ka·nis·me *het* vulkanische verschijnselen
vul·len *ww* [vulde, h. gevuld] vol maken: ★ *een fles ~ met water* ★ *een kies ~* een gat erin plomberen ★ *zijn tijd ~* ergens mee doorbrengen
vul·ling *de (v)* ❶ het vullen ❷ [*mv:* -en] datgene waarmee iets opgevuld is, vulsel: ★ *de ~ van een kies*
vul·lis *het* NN ❶ spreektaal vuilnis ❷ fig verachtelijk volk
vul·pen *de* [-nen] penhouder met daarin een inktreservoir
vul·pot·lood *het* [-loden] houder met losse potloodstiften
vul·sel *het* [-s] datgene waarmee men iets vult
vul·slurf *de* [-slurven] buigzame buis met behulp waarvan men iets kan vullen
vul·stem *de* [-men] ❶ muz aanvullende stem in het geheel van een compositie ❷ aanvullend orgelregister
vul·stof *de* stof die aan dun papier wordt toegevoegd om dit minder doorzichtig te maken
vul·trech·ter *de (m)* [-s] trechter om een vat, fles e.d. te vullen
vul·va ‹*Lat*› *de (v)* vrouwelijke geslachtsopening, schaamspleet
vuns, vun·zig *bn* ❶ duf, muf; vies-vochtig ❷ fig vulgair, schunnig: ★ *vunze, vunzige blaadjes*; **vunsheid; vunzigheid** *de (v)*
vu·ren[1] *ww* [vuurde, h. gevuurd] ❶ schieten met vuurwapens: ★ *op de vijand ~* ★ *staakt het ~* zie bij → **staakt-het-vuren** ❷ NN licht afgeven: ★ *het ~ van de zee, van de lucht*
vu·ren[2] *bn* van vurenhout
vu·ren·hout *het* hout afkomstig van de fijnspar (*Picea abies*)

vu·ren·hou·ten *bn* van vurenhout
vu·rig *bn* ❶ gloeiend, brandend: ★ *een vurige bal* ❷ fig hartstochtelijk: ★ *iem. ~ beminnen* ❸ enigszins ontstoken: ★ *een vurige huid*; **vurigheid** *de (v)*
VUT *afk* in Nederland vervroegde uittreding [regeling waarbij het mogelijk is met behoud van het grootste gedeelte van het salaris vóór de pensioengerechtigde leeftijd op te houden met werken:] ★ *met, in de ~ gaan*
vut·ten *ww* [vutte, h. gevut] in Nederland in de VUT gaan, zitten
vut·ter *de (m)* [-s] in Nederland iem. die gebruik maakt van een VUT-regeling
vuur *het* [vuren] ❶ verbranding met vlammengloed, brand: ★ *een ~ aanleggen / maken* ★ *een pan op het ~ zetten* op de brandende pit van een fornuis of gasstel ★ *voor heter vuren hebben gestaan* lastiger taken hebben volbracht, in moeilijker omstandigheden zijn geweest ★ *voor iemand door het ~ willen gaan* zich ter wille van iemand in gevaar willen brengen ★ *iets uit het ~ weten te slepen* het ten koste van veel moeite kunnen verkrijgen, bemachtigen ★ *iem. het ~ na aan de schenen leggen*, BN ook *iem. het ~ aan de schenen leggen* iemand tot een bekentenis proberen te dwingen door hem pijn te doen of in het nauw te drijven, ★ *met ~ spelen* gevaarlijk handelen ★ *~ en vlam spuwen* geweldig razen ★ *in ~ en vlam staan* zeer enthousiast of verliefd zijn ★ *het nieuws verspreidde zich als een lopend vuurtje* zeer snel ★ *iets te ~ en te zwaard bestrijden* iets met alle mogelijke middelen bestrijden ★ *wie het dichtst bij het ~ zit, warmt zich het best* wie de beste gelegenheid heeft, behaalt het meeste voordeel ★ *iem. een vuurtje geven* een vlammetje om een sigaret o.d. aan te steken ★ BN *~ vatten* vlam vatten ; zie ook bij → **hand**, → **ijzer**, → **olie**, → **kastanje**, → **pot**[1], → **slof**[1] ❷ fig gloed, hartstocht, enthousiasme: ★ *met veel ~ over iets spreken* ❸ beschieting: ★ *~ geven* ★ *in het ~ komen* ★ *onder ~ nemen* ★ *tussen twee vuren zitten* van twee kanten bestookt worden
vuur·baak *de* [-baken] kustlicht
vuur·bol *de (m)* [-len] ❶ bliksem in de vorm van een lichtende bol, bolbliksem ❷ meteoorsteen
vuur·con·tact *het* mil wederzijdse wisseling van schoten
vuur·dek·king *de (v)* bescherming voor vijandelijk geschut
vuur·dood *de* dood op de brandstapel
vuur·doop *de (m)* ❶ eerste veldslag die een soldaat meemaakt ❷ bij uitbreiding de eerste keer dat men een moeilijke taak moet vervullen
vuur·doorn *de (m)* [-s] altijdgroene heester met witte bloemen en rode besjes, *Pyracantha coccinea*
vuur·geest *de (m)* [-en] geest die men zich voorstelt als wonende in het vuur
vuur·ge·vaar·lijk *bn* ⟨gezegd van criminelen⟩ bereid gebruik te maken van vuurwapens, indien in moeilijkheden verkerend
vuur·ge·vecht *het* [-en] gevecht met vuurwapens
vuur·gloed *de (m)* (rode) gloed van vuur
vuur·haard *de (m)* [-en] ❶ plaats waar het vuur gestookt wordt ❷ fig plaats waar een brand het hevigst woedt
vuur·kast *de* [-en], **vuur·kist** *de* [-en] deel van de stoomlocomotief waar het vuur gestookt wordt
vuur·ko·lom *de* [-men] kolomvormig vuur, vuurzuil
vuur·lak *de (m) & het* sterke soort lak, tegen hoge temperaturen bestand
vuur·lei·ding *de (v)* mil alles wat nodig is om de manschappen bij het geschut te instrueren om dat geschut te richten
vuur·lijn *de* [-en], **vuur·li·nie** *de (v)* voorste, vurende gevechtslinie
vuur·ma·ker *de (m)* [-s] snel vlam vattende prop met hars e.d. om de kachel aan te maken
vuur·mond *de (m)* [-en] kanon
vuur·pe·lo·ton *het* [-s] executiepeloton
vuur·pijl *de (m)* [-en] ❶ lichtend, omhoogschietend stuk vuurwerk, ook als signaal gebruikt ★ *de klap op de ~* hevig sloteffect ❷ lelieachtige sierplant uit Zuid-Afrika met kegelvormige bloemen (*Kniphofia uvaria*)
vuur·plaat *de* [-platen] ❶ plaat waarop het haardvuur brandt ❷ plaat achter het vuur
vuur·pot *de* [-ten] pot met gloeiend houtskool als ouderwets verwarmingsmiddel
vuur·proef *de* [-proeven] ❶ vroeger godsoordeel, waarbij een verdachte aan vuur blootgesteld werd ❷ fig zware, moeilijke proef
vuur·re·gen *de (m)* regen van vuur als vuurwerk
vuur·rood *bn* helder rood: ★ *zij werd ~ van schaamte*
vuur·sa·la·man·der *de (m)* [-s] salamander met gele vlekken, *Salamandra salamandra*
vuur·scherm *het* [-en] scherm tegen te sterke vuurgloed, haardscherm
vuur·schip *het* [schepen] ❶ lichtschip ❷ vroeger brander
vuur·sein *het* [-en], **vuur·sig·naal** [-sienjaal] *het* [-nalen] sein door middel van een afgeschoten vuurpijl
vuur·spu·wend *bn* vuur uitspuwend ★ *vuurspuwende berg* vulkaan
vuur·spu·wer *de (m)* [-s] artiest die werkt met brandende voorwerpen en daarbij zo manipuleert dat het lijkt alsof er een straal vuur uit zijn mond komt
vuur·steen *de (m)* [-stenen] steen waaruit men vonken kan slaan
vuur·stoot *de (m)* [-stoten] korte reeks stoten uit automatisch vuurwapen
vuur·straal *de* [-stralen] straal vuur
vuur·test *de* [-en] potje voor gloeiende houtskool in een stoof
vuur·tje *het* [-s] klein vuur; zie ook bij → **vuur**
vuur·to·ren *de (m)* [-s] ❶ toren met een sterke, veelal ronddraaiende lichtbundel als teken voor de

schepen ❷ NN, vroeger, spreektaal biljet van tweehonderdvijftig gulden (met daarop de afbeelding van een vuurtoren)

vuur·to·ren·wach·ter *de (m)* [-s] beheerder van een vuurtoren

vuur·vast *bn* bestand tegen vuur: ★ ~ *aardewerk*; **vuurvastheid** *de (v)*

vuur·vlieg *de* [-en] soort lichtgevend torretje, glimworm, *Lampyris noctiluca*

vuur·vre·ter *de (m)* [-s] ❶ artiest die brandende voorwerpen in zijn mond steekt ❷ gehard soldaat; meer algemeen man van ijzeren plichtsbesef en volkomen overgave aan zijn taak

vuur·wa·pen *het* [-s, -en] wapen waaruit met behulp van een explosie projectielen geschoten worden

vuur·wa·ter *het* ‹bij de indianen benaming voor› brandewijn, whisky

vuur·werk *het* ❶ voorwerpen gevuld met ontplofbare of brandbare lichtgevende mengsels: ~ opslaan in een pakhuis ❷ vertoning met dergelijke voorwerpen: ★ *er is ~ na de kermis* ❸ fig zeer drukke, luidruchtige, de aandacht trekkende toestand(en): ★ *die motie zorgde voor heel wat ~ op de vergadering*

vuur·zee *de* [-zeeën] geweldige vlammengloed

vuur·zuil *de* [-en] zuilvormig vuur

v.v. *afk* vice versa

VVB *afk* in België Vlaamse Volksbeweging

VVD *afk* in Nederland Volkspartij voor Vrijheid en Democratie [liberale politieke partij]

VVDM *afk* in Nederland, hist Vereniging van Dienstplichtige Militairen

vve *de (v)* vereniging van eigenaren ['s]

VVJ *afk* in België Vlaamse Vereniging van Journalisten

VVKM *afk* in België, hist Vlaams Verbond der Katholieke Meisjesgidsen [een Belgische jeugdorganisatie, thans: Scouts en Gidsen Vlaanderen]

VVKS *afk* in België, hist Vlaams Verbond der Katholieke Scouts [een voormalige Belgische jeugdorganisatie, thans: Scouts en Gidsen Vlaanderen]

VVL *afk* Vereniging van Vlaamse Letterkundigen

VVM *afk* in België Vlaamse Vervoersmaatschappij [openbare vervoersmaatschappij De Lijn]

VVN *afk* Veilig Verkeer Nederland

VVO *afk* in België Verbond van Vlaams Overheidspersoneel

v.v.t. *afk* voltooid verleden tijd

VVV *afk* in Nederland Vereniging voor Vreemdelingenverkeer

VW *afk* Volkswagen

vwo *afk* in Nederland Voorbereidend Wetenschappelijk Onderwijs

vwo'er [veeweeooər] *de (m)* [-s] in Nederland leerling van een vwo

VWS *afk* ❶ in Nederland (ministerie van) Volksgezondheid, Welzijn en Sport ❷ in België Vast Wervingssecretariaat [instelling voor werving van overheidspersoneel]

vz. *afk* voorzetsel

vzw *afk* in België vereniging zonder winstoogmerk [Belgische juridische verenigingsvorm]

W

w *de* ['s] 23ste letter van het alfabet
W *afk* ❶ chem symbool voor het element *wolfraam* ❷ nat watt
W. *afk* west of westen
WA *afk* wettelijke aansprakelijkheid
waad·poot *de (m)* [-poten] lange vogelpoot met drie tenen naar voren en één naar achteren, waarmee de vogel makkelijk in water kan waden
waad·vo·gel *de (m)* [-s] vogel met waadpoten
waag[1] *de* [wagen] ❶ grote weegschaal ❷ plaats waar goederen van overheidswege gewogen worden: ★ *de Goudse* ~
waag[2] *de (m)* waagstuk: ★ *'t is een hele* ~
waag·ge·bouw *het* → **waag**[1] (bet 2)
waag·hals *de (m)* [-halzen] roekeloos persoon
waag·hal·ze·rij *de (v)* [-en] roekeloosheid
waag·mees·ter *de (m)* [-s] hoofd van een → **waag**[1] (bet 2)
waag·schaal *de* [-schalen] schaal van een grote weegschaal (waag) ★ NN *zijn leven in de ~ stellen* in groot gevaar brengen, op het spel zetten
waag·stuk *het* [-ken] zeer riskante daad
waai·en *ww* [waaide of woei, h. & is gewaaid] ❶ het bewegen van de lucht; wind maken ★ *laat maar ~* laat maar lopen, trek je er maar niets van aan ❷ door de wind bewogen worden: ★ *de sneeuw is op een hoop gewaaid* ★ *zoals het waait en draait*
waai·er *de (m)* [-s] voorwerp waarmee men zich koelte toewuift
waai·er·bran·der *de (m)* [-s] brander die een waaiervormige gasvlam geeft
waai·er·deur *de* [-en] deur in een sluis of stuw, die tegen de druk van het hoge water in geopend kan worden, aan welke kant van de deur het hogere peil ook staat
waai·e·ren *ww* [waaierde, h. gewaaierd] ❶ een → **waaier** (bet 1) gebruiken ❷ waaiervormig bewegen of zich bewegen: ★ *alle kanten op* ~
waai·er·ge·welf *het* [-welven] gewelf waarvan de ribben als bij een waaier uitlopen
waai·er·palm *de (m)* [-en] palm met handvormige (geen veervormige) bladen
waai·er·sluis *de* [-sluizen] sluis met waaierdeuren
waai·er·vor·mig *bn* halfcirkelvormig uitgespreid
waak [waken], **wa·ke** *de* ❶ het waken, het wacht houden ❷ tijd die men waakt
waak·hond *de (m)* [-en] hond die een huis, erf, enz. bewaakt, ook fig: ★ *als een ~ op zijn spullen letten*
waaks *bn* ⟨m.b.t. een hond⟩ waakzaam, snel reagerend bij (vermeend) onraad
waak·stand *de* sluimerstand, stand-bymode
waak·vlam *de* [-men] laagbrandend gaspitje, dat dient voor het doen ontbranden van andere pitten in hetzelfde toestel

waak·zaam *bn* oplettend, op zijn hoede: ★ ~ *zijn op fouten*
Waal *de (m)* [Walen] Belg geboortig uit Wallonië
waal *de* [walen] → **wiel** (bet 2)
waal·klin·ker *de (m)* [-s] waalsteen
Waals I *bn* van, betreffende de Walen of Wallonië ★ NN *Waalse kerk* Franstalige kerk, aangesloten bij de Nederlandse Hervormde Kerk II *het* dialect van het Frans zoals dat in Wallonië en een deel van Noord-Frankrijk wordt gesproken
waal·steen als stof: *de (m) & het*, als voorwerp: *de (m)* [-stenen] meestal rode steen, gebakken langs alle grote Nederlandse rivieren (dus niet alleen langs de Waal)
waan *de (m)* ❶ psych idee waar iem. zeker van is, terwijl het niet overeenstemt met de realiteit of bizar is, zoals vervolgingswaan en grootheidswaan: ★ *aan wanen lijden* ❷ onjuiste mening: ★ *iemand in de ~ brengen dat...* ★ *in de ~ verkeren dat...* ★ *iem. in de ~ laten dat...* zijn ideeën of denkbeelden niet verbeteren
waan·denk·beeld *het* [-en], **waan·idee** *het* [-deeën], **waan·voor·stel·ling** *de (v)* [-en] denkbeeld dat op een waan berust
waan·wijs *bn* eigenwijs, verwaand; **waanwijsheid** *de (v)*
waan·zin *de (m)* ❶ krankzinnigheid: ★ *iem. tot ~ drijven* ❷ grote onzinnigheid: ★ *dat te ondernemen is* ~
waan·zin·nig *bn* krankzinnig
waar[1] *de* [waren] koopmansgoed ★ NN *alle ~ (is) naar z'n geld* het goedkope is minder van kwaliteit dan het dure ★ ~ *voor zijn geld willen hebben* die kwaliteit willen hebben waarvoor men betaald heeft
waar[2] *bn* ❶ wezenlijk, echt: ★ *de ware liefde* ★ *het zal me een ~ genoegen zijn* ★ NN *ware kies* molaar ★ ~ *maken* zie → **waarmaken** ★ *de ware* de echte, de goede ★ *het ware, je ware* het echte, dat wat je hebben moet ❷ juist, niet in strijd met de werkelijkheid: ★ *is het ~ dat je vrouw ziek is?* ★ *dat is toch goed, niet ~?* (meestal aaneengeschreven: → **nietwaar?**) ★ *dat is ~ ook,...* gezegd als een belangrijke mededeling iem. opeens te binnen schiet
waar[3] I *bijw* II *vragend bijw* op welke plaats: ★ ~ *ben je geboren* III *voegwoordelijk bijw* ★ *de stad ~ Erasmus geboren is* IV *voegw* ⟨in ambtelijke taal⟩ aangezien
waar·aan, **waar·aan** *bijw* aan wat
waar·ach·ter, **waar·ach·ter** *bijw* achter wat
waar·ach·tig I *bn* wezenlijk, echt: ★ *een ~ kunstenaar* II *bijw* NN waarlijk, heus: ★ *wis en ~*
waar·bij, **waar·bij** *bijw* bij wat, bij wie
waar·bin·nen *bijw* binnen wat, binnen welke: ★ *de termijn ~ de besprekingen moeten zijn afgerond*
waar·borg *de (m)* [-en] ❶ onderpand, zekerheid, borgtocht: ★ *een ~ stellen* ❷ borg ❸ waarborgstempel ❹ BN *ook* garantie, garantiebedrag ★ *een ~ storten* een borgsom storten

waar·bor·gen ww [waarborgde, h. gewaarborgd] ❶ (met een waarborg) instaan voor; verzekeren: ★ *kunt u me dat ~?* ❷ BN ook garantie geven, garanderen: ★ *de fabrikant waarborgt alles*

waar·borg·fonds het [-en] ❶ kapitaal van een onderneming, dienend tot waarborg van deelhebbers of andere belanghebbenden ❷ in Nederland als voortvloeisel van de wet Aansprakelijkheidsverzekering Motorrijtuigen in 1965 ingesteld fonds waaruit schade aan motorrijtuigen wordt vergoed indien niet bekend is wie de schade heeft veroorzaakt, als de aansprakelijke zijn verzekeringsplicht niet is nagekomen e.d.

waar·borg·ka·pi·taal het [-talen] waarborgfonds

waar·borg·som de [-men] som geld als waarborg

waar·borg·stem·pel de (m) & het [-s] ⟨op goud- en zilverwerk⟩ stempel als waarborg voor de echtheid

waar·bo·ven, waar·bo·ven bijw boven wat

waard¹ de (m) [-en] herbergier ★ *buiten de ~ rekenen* de onaangename gevolgen ondervinden van iets wat men ongestraft meende te kunnen doen ★ NN *zoals de ~ is, vertrouwt hij zijn gasten* zoals men zelf is, ziet men anderen ook

waard² de (m) [-en] → **woerd**

waard³ de [-en] NN door rivieren omsloten gebied; land aan een rivier

waard⁴ bn ❶ een zekere waarde hebbend: ★ *die fiets is 1000 euro ~* ★ *hoeveel is die jas ~?* ★ *is het u veel ~?* hebt u er veel voor over? ★ *je bent het niet ~ dat er zoveel voor je gedaan wordt* ❷ dierbaar, best: ★ *waarde vriend*

waar·de de (v) ❶ bedrag waarmee men iets naar behoren betaalt ★ *in ~ verminderen* ❷ betekenis: ★ *aan iemands uitspraken geen ~ hechten* ★ *iemands woorden naar ~ weten te schatten* ❸ kracht, geldigheid: ★ *van nul en gener(lei) ~* zie bij → **nul** ❹ meestal *mv*; geldswaardig papier; effect: *waarden, waardes*: ★ *petroleumwaarden* ❺ iets wat belangrijk wordt geacht in sociaal, cultureel e.d. opzicht: ★ *normen en waarden* ★ *bij de meeste volkeren is eerlijkheid een belangrijke ~*

waar·de·be·pa·ling de (v) [-en] het bepalen van de waarde

waar·de·bon de (m) [-nen, -s] bon die geldswaarde heeft

waar·de·da·ling de (v) daling in waarde

waar·deer·baar bn ❶ te waarderen: ❷ waarvan de waarde uit te drukken is: ★ *in geld ~* ❸ verdienend op prijs gesteld te worden

waar·de·leer de economische leer betreffende de factoren die de waarde van goederen en diensten bepalen

waar·de·loos bn ❶ zonder waarde: ★ *waardeloze muntjes* ❷ slecht, niet deugdelijk, niet interessant: ★ *een waardeloze jurk*

waar·de·me·ter de (m) [-s] wat dient om de waarde uit te drukken

waar·de·oor·deel het [-delen] keurende, toetsende beoordeling; uitspraak waaruit een politiek, godsdienstig, esthetisch e.d. oordeel blijkt

waar·de·pa·pie·ren mv geldswaardige papieren als aandelen, spaarbrieven e.d.

waar·de·pun·ten mv bonnetjes, zegeltjes die men bij de koop van artikelen krijgt en waarvoor men, als men er voldoende heeft gespaard, een geschenk of geldbedrag ontvangt

waar·de·ren ww [waardeerde, h. gewaardeerd] ❶ schatten; de waarde bepalen: ★ *dat huis wordt niet hoog gewaardeerd* ❷ op prijs stellen: ★ *ik heb zijn hulp zeer gewaardeerd* ★ *waarderend* gunstig beoordelend: ★ *de leraar gaf me een waarderend knikje*

waar·de·ring de (v) [-en] ❶ waardebepaling ❷ achting, het op prijs stellen ★ *met alle ~ voor...* ondanks dat ik de persoon of de zaak zeer waardeer...

waar·de·rings·cij·fer het [-s] cijfer dat een beoordeling aangeeft, vooral van school- of examenwerk

waar·de·vast bn zijn waarde behoudend, vooral bij daling van de koopkracht van het geld: ★ *~ pensioen*; **waardevastheid** de (v)

waar·de·ver·meer·de·ring de (v) ❶ het vermeerderen van de waarde ❷ het meer worden van de waarde

waar·de·ver·min·de·ring de (v) ❶ het verminderen van de waarde ❷ het minder worden van de waarde

waar·de·vol bn ❶ van hoge waarde: ★ *een waardevolle vaas* ❷ van grote waarde, belangrijk: ★ *een waardevolle inlichting*

waar·de·vrij bn zonder waardeoordeel: ★ *waardevrije wetenschap*; **waardevrijheid** de (v)

waar·dig bn ❶ eerbiedwekkend: ★ *een waardige grijsaard* ❷ ernstig, beheerst: ★ *zich ~ gedragen* ★ *een waardige houding* ❸ waard: ★ *zich iets ~ tonen* ★ *iem. geen blik ~ keuren* ❹ naar waarde, naar verdienste: ★ *iem. een waardige ontvangst bereiden* (dikwijls ironisch gebruikt)

waar·dig·heid de (v) [-heden] ❶ deftigheid: ★ *in al zijn ~* ❷ gevoel van eigenwaarde of stand: ★ *iets beneden zijn ~ achten* ❸ ambt, functie: ★ *in zijn ~ van voorzitter*

waar·dig·heids·be·kle·der de (m) [-s] iemand die een hoog ambt bekleedt

waar·din de (v) [-nen] ❶ herbergierster: ❷ vrouw van een waard ❸ vrouwelijke waard

waar·door, waar·door bijw door wat, door wie

waar·heen, waar·heen bijw naar welke plaats; naar wie

waar·heid de (v) [-heden] wat → **waar**²is ★ *een ~ als een koe* iets vanzelfsprekends ★ *de ~ geweld aandoen* liegen ★ *iets naar ~ vertellen* niet liegen ★ *de ~ ligt in het midden* gezegd wanneer van twee discussiërende personen beide enigszins gelijk hebben; zie ook bij → **leugen**

waar·heid·lie·vend *bn* oprecht
waar·heids·lief·de *de (v)* liefde tot de waarheid
waar·heids·zin *de (m)* oprechtheid
waar·in, **waar·in** *bijw* in wat
waar·langs, **waar·langs** *bijw* langs wat, langs wie
waar·lijk *bijw* werkelijk ★ *zo ~ helpe mij God Almachtig* formule uitgesproken bij een eed
waar·loos *bn* NN zonder vaste bestemming, niet in gebruik, reserve-: ★ *~ materiaal* ★ *~ anker*
waar·ma·ken I *ww* [maakte waar, h. waargemaakt] ★ NN *iets ~* daadwerkelijk doen wat men in het vooruitzicht heeft gesteld: ★ *ik moet nog zien of hij zijn woorden kan ~* ★ *een belofte ~* gestand doen ★ *de hervormingsplannen ~* tot uitvoering brengen, verwezenlijken II *wederk* beantwoorden aan gewekte verwachtingen, bewijzen dat men wat waard is
waar·me·de, **waar·me·de**, **waar·mee**, **waar·mee** *bijw* met wat
waar·merk *het* [-en] kenteken of stempel van echtheid, kenmerk
waar·mer·ken *ww* [waarmerkte, h. gewaarmerkt] van een waarmerk voorzien; **waarmerking** *de (v)*
waar·na, **waar·na** *bijw* na wat
waar·naar, **waar·naar** *bijw* naar wat
waar·naast, **waar·naast** *bijw* naast wat
waar·neem·baar *bn* waargenomen kunnende worden; **waarneembaarheid** *de (v)*
waar·ne·men *ww* [nam waar, h. waargenomen] ❶ zien, opmerken: ★ *een enkele keer neemt men aan die kust flamingo's waar* ❷ in acht nemen: ★ *zijn plichten ~* ❸ voordeel halen uit, benutten: ★ *de gelegenheid ~* ❹ vooral NN tijdelijk vervullen: ★ *een betrekking ~* ★ *dr. Sorgdrager neemt waar voor onze huisarts* ★ *een waarnemend directeur*
waar·ne·mer *de (m)* [-s] ❶ iem. die waarneemt, oplet, beschouwt; ❷ ‹in een militair vliegtuig› uitkijk: ★ *officier-waarnemer* ❸ iem. die in een vergadering aanwezig is om de besprekingen te volgen zonder daaraan deel te nemen ❹ vooral NN iem. die de taak van een ander tijdelijk vervult: ★ *de ~ van onze huisarts*
waar·ne·ming *de (v)* [-en] ❶ het waarnemen ❷ het waargenomene
waar·ne·mings·plaats *de*, **waar·ne·mings·post** *de (m)* [-en] ❶ plaats van waar men iets kan → **waarnemen** (bet 1) ❷ plaats waar men waarneemt (→ **waarnemen**, bet 4)
waar·ne·vens *bijw* plechtig waarnaast
waar·om, **waar·om** *bijw* om wat, om welke reden
waar·om·heen, **waar·om·heen** *bijw* rondom wat
waar·om·trent, **waar·om·trent** *bijw* betreffende wat, betreffende wie
waar·on·der, **waar·on·der** *bijw* onder wat, onder wie
waar·op, **waar·op** *bijw* op wat, op wie
waar·over, **waar·over** *bijw* over wat, over wie
waarsch. *afk* waarschijnlijk
waar·schijn·lijk *bn* vermoedelijk; voor zover men kan nagaan wel waar: ★ *het lijkt me niet erg ~* ★ *~ hebben de Vikingen Amerika eerder betreden dan Columbus*
waar·schijn·lijk·heid *de (v)* [-heden] het waarschijnlijk-zijn ★ *naar alle ~* zeer waarschijnlijk
waar·schijn·lijk·heids·re·ke·ning *de (v)* theorie die zich bezighoudt met het berekenen van kansen voor een bepaald toekomstig gebeuren
waar·schu·wen *ww* [waarschuwde, h. gewaarschuwd] ❶ iemand op het gevaar van iets wijzen: ★ *waarschuw hem voor de zogenaamde vriend* ❷ vooral NN een teken geven; opmerkzaam maken: ★ *waarschuw me als je zover bent* ❸ berispen, vermanen, veelal met straf bedreigend: ★ *ik waarschuw je niet meer*
waar·schu·wing *de (v)* [-en] het waarschuwen; vermaning ★ sp *officiële ~* vermaning door de scheidsrechter
waar·schu·wings·bord *het* [-en] verkeersbord dat op naderend gevaar wijst
waar·schu·wings·schot *het* [-schoten] schot uit een vuurwapen als waarschuwing, niet om te raken
waar·te·gen, **waar·te·gen** *bijw* tegen wat
waar·te·gen·over, **waar·te·gen·over** *bijw* tegenover wat
waar·toe, **waar·toe** *bijw* tot wat, waarvoor: ★ *~ dient dat alles?*
waar·tus·sen, **waar·tus·sen** *bijw* tussen wat
waar·uit, **waar·uit** *bijw* uit wat
waar·van, **waar·van** *bijw* van wat
waar·van·daan *bijw* vooral NN uit welke plaats, richting
waar·voor, **waar·voor** *bijw* voor wat
waar·zeg·gen *ww* [waarzegde, h. gewaarzegd *of* h. waargezegd] de toekomst voorspellen
waar·zeg·ger *de (m)* [-s], **waar·zeg·ster** *de (v)* [-s] iem. die de toekomst voorspelt
waar·zeg·ging *de (v)* [-en] voorspelling van de toekomst
waar·zo, **waar·zo** *bijw* NN, spreektaal op welke plaats, versterking van *waar*
waar·zon·der, **waar·zon·der** *bijw* zonder wat
waas *het* ❶ vliesje vocht: ★ *over druiven, perziken en andere vruchten ligt een ~* ❷ damp, nevel: ★ *er hing een ~ boven de weilanden* ❸ fig vaag, sluierachtig laagje: ★ *er ligt een ~ over die foto* ★ *een ~ voor de ogen krijgen* tijdelijk de dingen niet meer kalm kunnen beoordelen, bijv. door een woedeaanval ❹ fig schijn: ★ *een ~ van geheimzinnigheid*
wacht I *de (m)* [-en] wachter: ★ *de ~ weigerde ons de toegang* II *de* ❶ het wachthouden: ★ *de ~ betrekken* ★ *op ~ staan* ★ NN *iem. de ~ aanzeggen* iem. streng terechtwijzen en dreigen hem de volgende keer weg te sturen ★ telec *een lijn in de ~ zetten* een gesprek tijdelijk onderbreken om een nieuw binnengekomen gesprek te beantwoorden, waarna men met het eerste gesprek verder gaat ❷ de gezamenlijke wachters: ★ *de ~ aflossen* III *de* [-en] ❶ wachthuis ★ fig *in de ~ slepen* pakken, buitmaken,

zich toe-eigenen: ★ *de overwinning in de ~ slepen* ❷ BN weekenddienst, avonddienst, nachtdienst: ★ *de apotheker, de dokter van ~* ★ *van ~ zijn dienst hebben* (van apothekers, artsen enz.)

wacht·dag *de (m)* [-dagen] ❶ dag dat men wachten moet; vooral *mv* wachtdagen ❷ dagen die moeten verlopen tussen het ziek worden van een werknemer en de uitkering van ziekengeld

wacht·dienst *de (m)* ❶ dienst als wachthouder ❷ BN ook weekend- of nachtdienst

wacht·doend *bn* die de wacht heeft: ★ *de wachtdoende agent*

wach·ten I *ww* [wachtte, h. gewacht] ❶ blijven tot iets gebeurt, in afwachting zijn van de komst van iets of iem.: ★ *~ op de bus* ★ *wacht (even)* even geduld ★ *wacht maar er gaat iets* (veelal onaangenaams) *gebeuren* ★ *dat kan wel ~ dat kan later behandeld worden* ❷ in het vooruitzicht staan, te verwachten hebben: ★ *ons wacht nog een zware strijd* ★ *er staat ons nog heel wat te ~* ❸ (nog) niet beginnen: ★ *zij wachtte nog met haar antwoord* **II** *wederk* oppassen, hoeden: ★ *wacht u voor de hond*

wach·ten·de *de* [-n] iem. die moet wachten: ★ *er zijn nog veertien wachtenden voor u*

wach·ter *de (m)* [-s] waker, bewaker, oppasser ★ *~, wat is er van de nacht? (Jesaja* 21: 11) hoe is de toestand?

wach·ter·lied *het* [-eren] middeleeuws minnelied met daarin het afscheid van twee gelieven bij het aanbreken van de dag, aangekondigd door de wachter op een wachttoren

wacht·geld *het* [-en] uitkering voor voortijdig eervol ontslagen ambtenaren, met een duur die afhankelijk is van het aantal dienstjaren: ★ *~ op ~ staan* ★ *iemand op ~ stellen*

wacht·gel·der *de (m)* [-s] NN iem. die wachtgeld ontvangt

wacht·hou·den *ww* [hield wacht, h. wachtgehouden] dienst doen als wachter; **wachthouder** *de (m)* [-s]

wacht·huis *het* [-huizen] gebouw voor de → **wacht** (bet 3)

wacht·huis·je *het* [-s] ❶ schildwachthuisje ❷ overdekte plaats waar men op een tram of bus kan wachten, abri

wacht·ka·mer *de* [-s] ⟨bij een dokter, tandarts, op een station e.d.⟩ vertrek voor wachtenden

wacht·lijst *de* [-en] lijst van personen die achtereenvolgens aan de beurt zullen komen: ★ *op de ~ staan voor een woning*

wacht·lo·pen *ww* [liep wacht, h. wachtgelopen] heen en weer lopende wacht houden

wacht·mees·ter *de (m)* [-s] onderofficier bij de bereden wapens, in Nederland bij de marechaussee en in België vroeger bij de politie

wacht·pa·ra·de *de (v)* [-s] parade van soldaten die de wacht betrekken

wacht·post *de (m)* [-en] plaats waar wacht gehouden wordt

wacht·schip *het* [-schepen] NN oorlogsschip dat geen dienst meer doet en in een haven ligt, tevens vaak opleidingsschip

wacht·stand *de (m)* toestand waarin een elektronisch apparaat zich bevindt wanneer het is ingeschakeld, maar wacht op een commando van een mens of een ander apparaat om zijn eigenlijke functie te beginnen of te hervatten: ★ *de televisie kan met de afstandsbediening uit de ~ worden gehaald*

wacht·tijd *de (m)* [-en] ❶ tijd dat men wachten moet ❷ ⟨bij verzekering⟩ tijd die verlopen moet voordat de verzekerde recht heeft op schadevergoeding

wacht·to·ren *de (m)* [-s] toren met een wachtpost

wacht·ver·bod *het* [-boden] NN verbod om voertuigen te laten staan, parkeerverbod

wacht·vuur *het* [-vuren] vuur waarbij de wacht zich ophoudt in de open lucht

wacht·woord *het* [-en] ❶ afgesproken herkenningswoord, parool ❷ comput password

wacht·zaal *de* [-zalen] BN ook wachtruimte, wachthal

wad *het* [-den] bij laag water droogvallend stuk grond voor de kust

Wad·den·ei·lan·den *mv* reeks eilanden voor de noordkust van Nederland en Noordwest-Duitsland

wad·den·kust *de* [-en] kust met wadden ervoor

wa·de *de* [-n] wit laken, lijkwade

wa·den *ww* [waadde, h. & is gewaad] door ondiep water lopen: ★ *naar de overkant van een beek ~*

wa·di ⟨*Arab*⟩ *de (m)* ['s] droge rivierbedding in de woestijn

wad·jan, wad·jang ⟨*Mal*⟩ *de (m)* [-s] NN braadpan met een ronde bodem

wad·lo·pen *ww & het* (het) bij laag water over wadden lopen

wad·lo·per *de (m)* [-s] iem. die gaat wadlopen

waf *tsw* het geluid van een hond

wa·fel *de* [-s, -en] ❶ platte, droge koek met een ruitjespatroon ❷ inf mond: ★ *hou je ~!; vgl:* → **waffel**

wa·fel·bak *de (m),* **wa·fe·len·bak** *de (m)* [-s] BN het wafelbakken, feest waarop wafels worden gegeten (ten bate van een goed doel): ★ *een Nero-verhaal is niet compleet zonder de traditionele wafelbak*

wa·fel·bak·ker *de (m)* [-s] iem. die wafels bakt; **wafelbakkerij** *de (v)* [-en]

wa·fel·ij·zer *het* [-s] ijzeren vorm met handvat om wafels te bakken

wa·fel·ij·zer·po·li·tiek *de (v)* BN politiek waarbij tegenover een maatregel die Vlaanderen ten goede komt, een maatregel moet staan die Wallonië begunstigt

wa·fel·kraam *de & het* [-kramen] tent waar wafels gebakken en verkocht worden

waf·fel *de* [-s] NN, spreektaal mond: ★ *hou je ~!*

wa·gen¹ *de (m)* [-s] ❶ voertuig: auto, kar, rijtuig ★ BN, spreektaal *de ~ aan het rollen brengen* de zaak aan het rollen brengen, iets in de openbaarheid brengen, op gang brengen ★ BN, spreektaal *het spel is / zit op de ~* de ruzie is aan de gang, de poppen zijn aan het dansen; zie ook bij → **kraken** en → **wiel** ❷ *Wagen* het sterrenbeeld de Grote Beer

wa·gen² I *ww* [waagde, h. gewaagd] ❶ durven, aandurven, riskeren: ★ *een gokje ~* ★ *wie waagt, die wint* iem. die wat durft, heeft kans op de overwinning ❷ op het spel zetten: ★ *er alles aan ~* ★ *zijn leven ~* zich aan levensgevaar blootstellen II *wederk* durven gaan of komen: ★ *zich niet in iemands nabijheid ~* ★ *zich op het ijs ~* ★ *zich ~ aan* aandurven, durven doen *vgl*: → **gewaagd**

wa·gen·as *de* [-sen] → **as¹** van een wagen

wa·gen·bak *de (m)* [-ken] laadruimte in een wagen

wa·gen·be·stuur·der *de (m)* [-s] bestuurder van een wagen, vooral van een tram of trein

wa·gen·boom *de (m)* [-bomen] disselboom

wa·gen·ma·ker *de (m)* [-s] iem. die wagens maakt

wa·gen·mees·ter *de (m)* [-s] iem. die het opzicht heeft over een goederenwagon van de spoorwegen

wa·gen·men·ner *de (m)* [-s] ⟨in de klassieke oudheid⟩ iem. die een wagen mende

wa·gen·park *het* [-en] gezamenlijk aantal wagens waar een bedrijf over beschikt

wa·gen·schot *het* fijn eikenhout van rechte, in de lengte gekloofde bomen

wa·gen·smeer *de (m) & het* smeersel voor wagenassen e.d.

wa·gen·spoor *het* [-sporen] spoor van wagenwielen in de grond

wa·gen·vracht *de* [-en] zoveel als op een wagen geladen kan worden

wa·gen·wijd *bijw* ★ *~ open* wijd geopend

wa·gen·ziek *bn* onpasselijk door het rijden in een auto of bus; **wagenziekte** *de (v)*

wag·ge·len *ww* [waggelde, h. & is gewaggeld] wankelen, onzeker lopen: ★ *ganzen ~*

wag·ne·ri·aans *bn* in sfeer gelijkend op de muziek van de Duitse componist Richard Wagner (1813-1883): bombastisch en dramatisch

wa·gon ⟨‹Fr›⟩ *de (m)* [-s] spoorwagen

wa·gon·la·ding *de (v)* [-en] wat in een wagon geladen kan worden

wa·gon-lit [vaayōlie] ⟨‹Fr›⟩ *de (m)* [wagons-lits] spoorwegrijtuig met slaapplaatsen, slaapwagen

wa·ha·bie·ten *mv* streng orthodoxe islamitische sekte uit het Arabisch schiereiland die onder Ibn Saoed het grootste deel van dit schiereiland tot één rijk gemaakt heeft (Saoedi-Arabië), genoemd naar de stichter Mohammed ibn Abd al-Wahhab (1703-1791)

wait and see *tsw* [weet end sie] ⟨‹Eng›⟩ afwachten hoe de zaak zich zal ontwikkelen, de kat uit de boom kijken

wa·jang ⟨‹Mal›⟩ *de (m)* poppenspel in Indonesië

wa·jang-pop *de* [-pen] platte pop gebruikt voor de wajang

wa·jong *de letterwoord*: Wet arbeidsongeschiktheidsvoorziening jongeren wet die de uitkering regelt voor arbeidsongeschikte jongeren

wak *het* [-ken] gat in het ijs

wake·boar·den [weekbò(r)d(n)] *de* [-n] → **waak**

wake·boar·den [weekbò(r)də(n)] ⟨‹Eng›⟩ *ww* [wakeboardde, h. gewakeboard] watersport waarbij men zich, staande op een soort plankje, over het water laten voorttrekken door een boot (soms een kabelbaan) en daarbij stunts doet

wa·ken *ww* [waakte, h. gewaakt] ❶ 's nachts wakker blijven, vooral om toezicht te houden *of* een zieke te verzorgen: ★ *bij een zieke ~* ❷ oppassen, zorg hebben: ★ *over iemands belangen ~* ★ *een wakend oog houden op* nauwlettend toezien op ★ BN, schrijftaal *erover ~ dat* erop toezien dat

wa·ker *de (m)* [-s] ❶ iem. die waakt ❷ dijk die het hoogste buitenwater moet kunnen keren

wak·ker *bn* ❶ niet slapend ★ *iets bij iem. ~ maken* hem het zich bewust doen worden ★ *iem. ~ schudden* fig iem. krachtig aan iets herinneren ★ *ergens niet ~ van liggen* zich er niet druk om maken ❷ fig energiek, flink: ★ *een wakkere jongen*

wal ⟨‹Lat›⟩ *de (m)* [-len] ❶ ophoging van aarde ter bescherming: ★ *de wallen rond een vestingstad*; bij uitbreiding vestingmuur ❷ oever, kade ★ *aan ~ gaan* ★ *van ~ steken* a) wegvaren; b) fig beginnen ★ *aan lager ~ raken, komen* achteruitgaan in de maatschappij, *ook aaneengeschreven*: → **lagerwal** ★ NN *de ~ keert het schip* er zijn omstandigheden, die vanzelf de voortgang van een onderneming stuiten ★ *tussen ~ en schip raken* in een onaangename toestand geraken, doordat men nergens bij hoort ★ NN *van de ~ in de sloot helpen (raken)* in nog groter moeilijkheden brengen (komen) ★ *van twee wallen* (of *walletjes*) *eten* van beide partijen profijt trachten te behalen ❸ kring, dikke rand: ★ *wallen onder de ogen hebben* ; zie ook bij → **kant¹**, → **walletjes**

wal-baas *de (m)* [-bazen] iem. die het toezicht heeft aan de wal bij het laden en lossen van per schip vervoerde goederen

Wal·chers *bn* van, uit, betreffende Walcheren

Wal·cher·se *de (v)* [-n] Walcherse vrouw

wal·den·zen *mv* in de 12de eeuw in Frankrijk ontstane zedelijk strenge godsdienstige (christelijk-evangelische) sekte, genoemd naar Petrus Waldus of Valdes uit Lyon

wald·hoorn, **wald·ho·ren** ⟨‹Du›⟩ *de (m)* [-s] jachthoorn, een soort hoorn zonder ventielen

wald·hoor·nist *de (m)* [-en] waldhoornblazer

wal·dorf·sa·la·de *de* [-s] gerecht bestaande uit o.a. blokjes appel, selderie, walnoten en mayonaise, genoemd naar het Waldorf-Astoria Hotel in New York

walg *de (m)* walging, afkeer

wal·ge·lijk, **walg·lijk** *bn* walging veroorzakend

wal·gen *ww* [walgde, h. gewalgd] bijna misselijk worden, hevige afkeer voelen: ★ *ik walg van die horrorfilms*

wal·ging *de (v)* ❶ afkeer ❷ misselijkheid

walg·lijk bn → **walgelijk**

wal·hal·la (‹Oudnoors) het fig paradijs, naar het paradijs voor in de oorlog gesneuvelde krijgers in de Germaanse mythologie

wal·hoofd het [-en] bruggenhoofd

Wa·lin de (v) [-nen] Belgische vrouw geboortig uit Wallonië

wal·kant, **wal·len·kant** de (m) [-en] waterkant

wal·ka·pi·tein de (m) [-s] oud-zeekapitein die toezicht houdt op schepen in een haven, op werven e.d.

walk·ie·talk·ie [wàkietàkie] (‹Eng) de (m) [-s] zakradiozend- en ontvangapparaat; portofoon

walk·man [wàkmen] (‹Eng) de (m) [-s] kleine, draagbare cassetterecorder met koptelefoon

walk-over [wàkoovə(r)] (‹Eng) de (m) [-s] wedstrijd waarbij iem. geen of zeer weinig tegenstand ondervindt; gemakkelijke overwinning

Wal·ku·ren (‹Du‹Oudnoors) mv Germaanse myth Noorse strijdgodinnen, godinnen van het slagveld en van de overwinning, die de gevallen helden naar het walhalla voeren

wal·la·by [wolləbie] (‹Eng‹Aboriginalstaal) I de (m) ['s] in Australië benaming voor een kleine soort kangoeroe II het bont daarvan

wal·len·kant de (m) [-en] → **walkant**

wal·le·tjes mv ★ NN de Amsterdamse ~ buurt met veel prostitutie, sekstheaters, seksshops e.d., de rosse buurt van Amsterdam

wal·lin·gant de (m) [-en] BN Waal die streeft naar zelfbestuur voor Wallonië

wal·lin·gan·tis·me het BN beweging ter bevordering van de autonomie van Wallonië op cultureel, politiek en sociaaleconomisch gebied, vooral beweging die de verfransing in België (vooral van Brussel) nastreeft; franskiljonisme

Wall Street [wàlstriet] (‹Eng) het centrum van de geldhandel in New York (genoemd naar de straat waar de effectenbeurs zich bevindt)

walm de (m) [-en] dikke vettige rook

wal·men ww [walmde, h. gewalmd] walm afgeven: ★ de kaars walmt

wal·muur de (m) [-muren] steenbekleding van een vesting- of oeverwal

wal·noot [-noten] I de grote ronde noot, okkernoot II de (m) boom waaraan die noten groeien (Juglans regia)

wal·no·ten·boom de (m) [-bomen] → **walnoot** (bet 2)

wal·ra·dar de (m) [-s] op de wal opgestelde radarinstallatie voor regeling van de scheepvaart

wal·rus de (m) [-sen] grijsbruin roofdier, 3-5 meter groot, met twee lange slagtanden, levend in het kustgebied rond de Noordpool (Odobenus rosmarus)

wals[1] (‹Du) de [-en] dans in 3/4-maat, ontstaan in het midden van de 19de eeuw ★ Weense ~ snelle variant van deze dans ★ Engelse ~ in de 20ste eeuw ontstane langzame ballroomdans

wals[2] (‹Du) de [-en] rol waarmee men iets plet

wal·schot het vet uit de kop van de potvis, spermaceet

wal·sen[1] ww (‹Du) [walste, h. gewalst] de wals dansen

wal·sen[2] ww (‹Du) [walste, h. gewalst] met een pletrol plat maken

wal·ser de (m) [-s] iem. die walst

wal·se·rij de (v) [-en] bedrijf waar geplet wordt

wals·ma·chi·ne [-sjienə] de (v) [-s] → **wals**[2]

wals·tem·po het driekwartsmaat

wal·stro het sterbladige plant (Galium)

wal·vis de (m) [-sen] groot zeezoogdier uit de orde van de walvisachtigen

wal·vis·ach·ti·gen mv orde van in het water levende zoogdieren die alle binding met het land hebben verloren, Cetacea: ★ zowel walvissen als dolfijnen behoren tot de ~

wal·vis·baard de (m) [-en] baleinen in de bek van een walvis

wal·vis·traan de (m) olie uit walvisvet

wal·vis·vaar·der de (m) [-s] schip dat op walvisvangst gaat

wal·vis·vangst de (v) het vangen van walvissen: ★ velen pleiten voor een verbod op de ~

wam de [-men] halskwab bij runderen, kossem

wam·buis (‹Oudfrans‹Lat) het [-buizen] vroeger mannenkledingstuk van de hals tot het middel

WAN afk comput Wide Area Network [computernetwerk dat een relatief groot gebied omspant]

wan de [-nen] werktuig om graan te zuiveren van kaf en strootjes

wan- als eerste lid in samenstellingen slecht, verkeerd

wan·be·drijf het [-drijven] ❶ slechte daad ❷ BN misdrijf dat gestraft wordt met een correctionele straf, misdrijf dat qua zwaarte tussen een overtreding en een misdaad in ligt

wan·be·grip het [-pen] verkeerd begrip

wan·be·heer het slecht beheer

wan·be·leid het slecht beleid

wan·be·stuur het slecht bestuur

wan·be·ta·ler de (m) [-s] iem. die niet of slecht betaalt

wan·be·ta·ling de (v) [-en] het niet of slecht betalen

wan·bof de (m) [-fen] NN, m.g. tegenslag, pech

wan·bof·fen ww [wanbofte, h. gewanboft] NN, m.g. tegenslag hebben

wand de (m) [-en] vlak dat een ruimte begrenst of afscheidt ★ een teken aan de ~ een gebeurtenis die iets ernstigs of belangrijks doet verwachten (naar Daniël 5)

wan·daad de [-daden] slechte daad

wand·be·kle·ding de (v) [-en] alles waarmee een wand bekleed kan worden

wand·be·tim·me·ring de (v) houten muurbedekking

wand·con·tact·doos de [-dozen] stopcontact aan de muur

wan·del de (m) ❶ het wandelen: ★ een hele ~ van hier naar Delft ★ aan de ~ zijn ❷ gedrag: ★ iemands handel en ~

wan·de·laar de (m) [-s], **wan·de·laar·ster** de (v) [-s] iem.

die wandelt
wan·del·buf·fet *het* [-ten] BN lopend buffet
wan·del·con·cert *het* [-en] BN, spreektaal promenadeconcert
wan·del·dek *het* [-ken] groot dek op passagiersschepen
wan·de·len *ww* [wandelde, h. & is gewandeld] ❶ voor zijn plezier een stuk(je) lopen: ★ *over het strand ~* ★ BN, spreektaal *iemand ~ sturen* iemand afschepen ❷ ‹van eilanden, heuvels e.d.› zich langzaam verplaatsen
wan·de·lend *bn* aan het wandelen ★ *~ blad* sprinkhaan die op een blaadje met uitstekende takjes lijkt ★ *wandelende tak* insect dat op een takje lijkt (orde Phasmida) ★ *een ~ geraamte* iem. die broodmager is ★ *de Wandelende Jood* benaming voor Ahasverus, die volgens legenden eeuwig moest zwerven omdat hij Jezus bij de kruisgang gehinderd had ★ med *wandelende nier* nier die beweeglijk is en bij het staan zover daalt dat afknikken van de urineleider optreedt
wan·del·etap·pe *de* [-n, -s] wielersport etappe die in een heel rustig tempo wordt gereden
wan·del·gang *de (m)* [-en] gang van een vergaderzaal, vooral van regeringsgebouwen, couloir ★ *in de wandelgangen* buiten de officiële vergadering: ★ *in de wandelgangen werd gefluisterd dat de minister zou aftreden*
wan·del·hoofd *het* [-en] NN in zee vooruitstekende pier, waarover men kan wandelen
wan·de·ling *de (v)* [-en] het wandelen; keer dat men wandelt ★ *meneer A., in de ~ de Dikke genoemd* in de dagelijkse omgang
wan·del·kaart *de* [-en] ❶ plattegrond, landkaart speciaal voor wandelaars ❷ NN toegangskaart om op een bepaald terrein te wandelen
wan·del·kos·tuum *het* [-s] kostuum dat men bij een wandeling draagt, niet-'gekleed' kostuum
wan·del·pad *het* [-paden] pad uitsluitend voor wandelaars
wan·del·pier *de (m)* [-en] NN wandelhoofd
wan·del·plaats *de* [-en] plaats, terrein waar men kan wandelen
wan·del·rou·te [-roetə] *de* [-s, -n] voor wandelaars uitgestippelde toeristische route
wan·del·schoen *de (m)* [-en] gemakkelijke schoen, geschikt om mee te wandelen
wan·del·sport *de* het wandelen als sport
wan·del·stok *de (m)* [-ken] → stok (bet 1) om mee te wandelen
wan·del·wa·gen *de (m)* [-s] kinderwagen waarin een klein kind zittend wordt gereden
wan·del·weg *de (m)* [-wegen] weg uitsluitend voor wandelaars
wand·kaart *de* [-en] geografische kaart aan de muur
wand·ka·len·der *de (m)* [-s] kalender aan de muur
wand·kast *de* [-en] muurkast
wand·kleed *ww* decoratief kleed als wandversiering

wand·klok *de* [-ken] klok aan de muur
wand·luis *de* [-luizen] bloedzuigend insect dat zich in wanden van woningen ophoudt, bedwants, *Cimex lectularius*
wand·meu·bel *het* [-s] tegen een wand geplaatst bergmeubel
wand·plaat *de* [-platen] plaat aan de muur
wand·rek *het* [-ken] rek tegen de muur voor gymnastische oefeningen
wand·schil·de·ring *de (v)* [-en] schildering op een muur
wand·spreuk *de* [-en] op een wandtegel of -bord afgebeelde spreuk, meestal een puntig verwoorde volkswijsheid
wand·ta·pijt *het* [-en] tapijt ter bedekking van een wand
wand·te·gel *de (m)* [-s] tegel als muurbekleding of -versiering
wand·tekst *de (m)* [-en] tekst, vaak met een moralistische strekking of een bijzondere wijsheid, die men aan de muur hangt
wand·ver·sie·ring *de (v)* [-en] versiering aan de muur
wa·nen I *ww* [waande, h. gewaand] ten onrechte menen: ★ *iem. dood ~* II *wederk* ★ *zich ergens ~* het gevoel hebben ergens te zijn: ★ *ik waande me op een Caribisch eiland*
wang *de* [-en] zijkant van het gezicht
wan·ge·drag *het* [als *mv* doet dienst: wangedragingen] slecht gedrag
wan·ge·drocht *het* [-en] gedrochtelijk wezen
wan·gunst *de (v)* afgunst; ongunstige gezindheid
wan·gun·stig *bn* afgunstig; ongunstig gezind
wang·zak *de (m)* [-ken] ‹bij sommige dieren› holte tussen wang en tanden om voedsel te bewaren
wang·zak·eek·hoorn, wang·zak·eek·ho·ren *de (m)* [-s] in Azië en Noord-Amerika voorkomende grondeekhoorn die over grote wangzakken beschikt waarin eten wordt vervoerd, chipmunk (*Tamias*)
wan·hoop *de* toestand van geen hoop meer te hebben: ★ *met de moed der ~* met veel energie, ondanks dat men weet dat de kans van slagen gering is ★ *de ~ nabij zijn* (bijna) wanhopig zijn
wan·hoops·daad *de* [-daden] wat uit wanhoop gedaan wordt
wan·hoops·kreet *de (m)* [-kreten] kreet, geslaakt uit wanhoop
wan·ho·pen *ww* [wanhoopte, h. gewanhoopt] geen hoop meer hebben: ★ *~ aan een goed resultaat*
wan·ho·pend, wan·ho·pend *bn* in wanhoop
wan·ho·pig *bn* ❶ in wanhoop, zonder hoop: ★ *een wanhopige poging* ❷ van wanhoop blijk gevend: ★ *een wanhopige blik* ❸ geen hoop meer gevend, hopeloos: ★ *de toestand is ~*
wan·kant *de (m)* [-en] ruwe bastzijde van een plank
wan·kel *bn* ❶ onvast: ★ *~ op zijn benen staan* ❷ fig veranderlijk, wisselvallig ★ *een wankele gezondheid hebben* dikwijls ziek zijn, vatbaar zijn voor ziekten
wan·kel·baar *bn* onvast, geneigd tot vallen: ★ *~*

evenwicht
wan·ke·len *ww* [wankelde, h. & is gewankeld]
❶ onvast staan of gaan: ★ *de geblesseerde speler wankelde naar de zijlijn* ❷ fig verzwakken: ★ *iems. optimisme aan het ~ brengen* ervoor zorgen dat zijn optimisme minder wordt
wan·ke·ling *de (v)* [-en] het wankelen; aarzeling
wan·kel·moe·dig *bn* NN besluiteloos, aarzelend; **wankelmoedigheid** *de (v)*
wan·kel·mo·tor *de (m)* [-s, -toren] in 1954 ontwikkelde motor met draaiende zuigers, genoemd naar de uitvinder, de Duitse ingenieur Felix Wankel
wan·klank *de (m)* [-en] ❶ valse toon ❷ fig iets wat een goede stemming verstoort
wan·lui·dend *bn* slecht klinkend, lelijk klinkend
wan·mo·len *de (m)* [-s] molen om te wannen
wan·neer, wan·neer I *bijw* op welke tijd: ★ *~ was de slag bij Waterloo?* II *voegw* ❶ ⟨van tijd⟩ (op) de tijd dat: ★ *ik weet niet, ~ hij komt* ❷ ⟨van voorwaarde⟩ als: ★ *~ zij iets vraagt, moet je niets zeggen*
wan·nen *ww* [wande, h. gewand] koren zuiveren in de wan
wan·or·de *de* ordeloosheid, bende, chaos
wan·or·de·lijk *bn* zonder orde, verward
wan·pres·ta·tie [-(t)sie] *de (v)* [-s] ❶ slechte prestatie ❷ recht het niet nakomen van de overeengekomen verplichtingen
wan·scha·pen *bn* NN misvormd, gedrochtelijk; **wanschapenheid** *de (v)*
wan·smaak *de (m)* slechte smaak: ★ *die keuze getuigde van ~*
wan·sma·ke·lijk *bn* ❶ slecht smakend ❷ van wansmaak getuigend; **wansmakelijkheid** *de (v)*
wan·stal·tig *bn* misvormd, gedrochtelijk, zeer lelijk: ★ *een ~ beeldhouwwerk*
want¹ *de* [-en] handschoen zonder aparte vingers, met alleen een duim
want² *het* touwwerk aan de masten van een schip: ★ *staand en lopend ~* zie bij → **staand**, → **lopend**
want³ *voegw* aangezien, daar: ★ *hij moet komen, ~ hij heeft het beloofd*
wan·taal *de* slechte taal, met het goede gebruik strijdige taal
wan·ten *ww* [wantte, h. gewant] het → **want²** in orde brengen ★ *van ~ weten* weten wat er gedaan moet worden, kunnen aanpakken
wan·tij *het* [-en] tij waarbij wel hoog- en laagwater optreden, maar vrijwel geen eb- en vloedstromingen, voorkomend in een gebied waar getijstromen elkaar ontmoeten (bijv. in de Waddenzee)
wan·toe·stand *de (m)* [-en] slechte toestand: ★ *er heersen hier wantoestanden na de burgeroorlog*
wan·trou·wen I *ww* [wantrouwde, h. gewantrouwd] niet vertrouwen: ★ *ik wantrouw al die mooie aanbiedingen* II *het* gebrek aan vertrouwen, neiging om het kwade van iem. te denken ★ *~ koesteren jegens iem.* iem. wantrouwen

wan·trou·wend, wan·trou·wig *bn* argwanend, achterdochtig
wants *de* [-en] klein schadelijk insect (orde Heteroptera)
wan·ver·hou·ding *de (v)* [-en] slechte, verkeerde verhouding
WAO *afk* in Nederland wet op de arbeidsongeschiktheidsverzekering [per 1 januari 2006 vervangen door de → **WIA**]
WAO'er *de (m)* [-s] in Nederland iem. die een uitkering ontvangt krachtens de WAO
wap *afk* Wireless Application Protocol [protocol dat gebruikt wordt voor de verbinding tussen mobiele communicatieapparatuur en het internet]
wa·pen *het* [-s, *in bet* 1 *ook* -en] ❶ strijdmiddel, voorwerp waarmee men aanvalt of zich verdedigt ★ *onder de wapens komen, roepen, staan* in krijgsdienst komen, roepen, zijn ★ *te ~!* maakt u gereed tot de strijd ★ *de wapens neerleggen* ophouden te vechten, vooral de strijd opgeven ★ *de wapens opnemen, naar de wapens grijpen* de strijd beginnen ★ *iem. met zijn eigen wapens verslaan* van iem. winnen met een methode die de overwonnene zelf pleegt te hanteren ❷ legerafdeling, onderscheiden naar het voornaamste wapen: ★ *soldaten van alle wapens* ❸ onderscheidingsteken van een (adellijk) geslacht, stad, rijk enz.: ★ *het ~ van het geslacht Brederode* ★ *het ~ van Amsterdam*
wa·pen·ar·se·naal *de (v)* [-nalen] arsenaal, voorraad aan wapens; fig alle middelen die dienstig kunnen zijn
wa·pen·balk *de (m)* [-en] dwarsband op een → **wapen** (bet 3)
wa·pen·beeld *het* [-en] figuur in een → **wapen** (bet 3)
wa·pen·boek *het* [-en] ❶ boek met afbeeldingen en beschrijvingen van wapens (→ **wapen**, bet 1) ❷ boek waarin de wapens (→ **wapen**, bet 3) van (adellijke) geslachten staan
wa·pen·bord *het* [-en] bord waarop een → **wapen** (bet 3) geschilderd is
wa·pen·broe·der *de (m)* [-s] strijdmakker
wa·pen·dracht *de* BN, m.g. het dragen van wapens, wapenbezit: ★ *verboden ~*
wa·pen·dra·ger *de (m)* [-s] schildknaap
wa·pe·nen I *ww* [wapende, h. gewapend] ❶ van wapens voorzien ❷ van een ijzeren geraamte voorzien: ★ *gewapend beton* II *wederk* ❶ zich voor de strijd toerusten ❷ fig de nodige voorzorgsmaatregelen nemen: ★ *zich ~ tegen de kou*
wa·pen·fa·briek *de (v)* [-en] fabriek waar wapens (→ **wapen**, bet 1) worden gemaakt
wa·pen·fa·bri·kant *de (m)* [-en] eigenaar van een wapenfabriek
wa·pen·feit *het* [-en] ❶ oorlogsdaad ❷ fig belangrijke verrichting, prestatie: ★ *haar belangrijkste ~ is een derde plaats op de Olympische Spelen*
wa·pen·ge·klet·ter *het* ❶ het kletteren van wapens (→ **wapen**, bet 1) ❷ fig het dreigen met oorlog

wa·pen·ge·weld *het* oorlogsgeweld
wa·pen·han·del *de (m)* ❶ het gebruik van wapens (→ **wapen**, bet 1): ★ *oefening in de* ~ ❷ handel in wapens
wa·pen·he·raut *de (m)* [-en] ❶ hist afkondiger van oorlog of vrede ❷ NN, thans **wapenkoning**
wa·pe·ning *de (v)* het wapenen
wa·pen·ka·mer *de* [-s] bewaarplaats van wapens (→ **wapen**, bet 1)
wa·pen·knecht *de (m)* [-en] vroeger soldaat
wa·pen·ko·ning *de (m)* [-en] NN heraut, hofbeambte bij bep. plechtigheden
wa·pen·kreet *de (m)* [-kreten] strijdkreet
wa·pen·kun·de *de (v)* kennis, leer van de wapens (→ **wapen**, bet 3), heraldiek
wa·pen·kun·dig *bn* van, volgens de wapenkunde; de wapenkunde beoefenend, heraldisch
wa·pen·mak·ker *de (m)* [-s] strijdmakker
wa·pen·oe·fe·ning *de (v)* [-en] oefening in het gebruik van wapens (→ **wapen**, bet 1)
wa·pen·rek *het* [-ken] rek voor of met wapens (→ **wapen**, bet 1)
wa·pen·rok *de (m)* [-ken] vero uniformjas ★ *'s konings* ~ *dragen* in krijgsdienst zijn
wa·pen·rus·ting *de (v)* [-en] krijgsuitrusting; vroeger harnas, zwaard enz.
wa·pen·schild *het* [-en] bord waarop een → **wapen** (bet 3) geschilderd is
wa·pen·schouw *de (m)* [-en] troepenmonstering
wa·pen·smid *de (m)* [-smeden] iem. die zwaarden e.d. maakt
wa·pen·spel *het* [-spelen] toernooi
wa·pen·spreuk *de* [-en] spreuk op een → **wapen** (bet 3)
wa·pen·stil·stand *de (m)* [-en] ❶ tijdelijke staking van de oorlogshandelingen, gewoonlijk als voorbereiding tot het sluiten van vrede, bestand ★ *De wapenstilstand van 11 november 1918 betekende het feitelijke einde van de Eerste Wereldoorlog* ❷ Wapenstilstand in België nationale feestdag op 11 november ter herdenking van alle oorlogslachtoffers
wa·pen·stok *de (m)* [-ken] als slagwapen te gebruiken stok, bijv. door politieagenten tijdens opstootjes
wa·pen·tra·fiek *de (v)* [-en] BN wapenhandel
wa·pen·tuig *het* geweren, kanonnen e.d.
wa·pen·zaal *de* [-zalen] grote bergplaats voor wapens (→ **wapen**, bet 1)
wa·pi·ti *(Algonkin, een Noord-Amerikaanse indianentaal) de (m)* ['s] zeer groot hert in Noord-Amerika *(Cervus canadensis)*
wap·pen *ww* [wapte, h. gewapt] met behulp van mobiele communicatieapparatuur gebruikmaken van het internet; *vgl:* → **wap**
wap·per *de (m)* [-s] BN ★ *een lange* ~ een lang persoon, een slungel ★ *de Lange Wapper* a) Antwerpse watergeest; b) fig naam van een geplande tuikabelbrug over de dokken in Antwerpen

wap·pe·ren *ww* [wapperde, h. gewapperd] ❶ heen en weer waaien: ❷ ‹v. haar, textiel e.d.› de vlag wappert op het huis
wap·site [wapsait] *(‹Eng) de* [-s] comput via wap te bereiken webpagina op internet
war *zn* ★ *in de* ~ a) in wanorde, door elkaar; b) verstrooid, niet goed bij het verstand ★ *zijn haar zat in de* ~ ★ *in de* ~ *brengen, in de* ~ *sturen* ervoor zorgen dat iets niet goed verloopt
wa·ran·da *de* ['s] → **veranda**
wa·ran·de *(‹Oudfrans) de* [-n, -s] ❶ gereserveerd of beschermd jachtterrein ❷ wandeldreef, park
wa·rat·je *bijw & tsw* NN, spreektaal waarachtig
war·boel *de (m)* verwarring, wanordelijke boel
wa·re *zn* ★ *de* ~, *het* ~, *je* ~ zie bij → **waar**²
wa·rem·pel I *bijw* **II** *tsw* waarachtig
wa·ren¹ *ww* [waarde, h. gewaard] ❶ dwalen ❷ zweven: ★ *er waart een spook door het slot*
wa·ren² *mv* handelsartikelen
wa·ren³ *ww verl tijd meerv van* → **wezen¹** en → **zijn¹**
wa·ren·huis *het* [-huizen] ❶ grote winkel waar diverse artikelen worden verkocht ❷ bepaald soort grote broeikas
wa·ren·ken·nis *de (v)* leer van de handelswaren naar hun herkomst, samenstelling, gebruik e.d.
wa·ren·wet *de* in Nederland wet die de samenstelling en keuring van levensmiddelen regelt
war·hoofd *het & de* [-en] iemand die verward denkt
war·hoop *de (m)* [-hopen] warboel
wa·rin·gin [-γin] *(‹Mal) de (m)* [-s] wilde reuzenvijgenboom met luchtwortels in Indonesië, *Ficus benjamina*
war·kruid *het* woekerplant, duivelsnaaigaren *(Cuscuta)*
war·lord [w(r)l(r)d] *(‹Eng) de (m)* [-s] krijgsheer
warm *bn* ❶ niet koud, op vrij hoge temperatuur: ★ *de warme maaltijd* ★ *warme kleren* die goed beschermen tegen de kou ★ *het* ~ *hebben* zich warm voelen ★ NN *warme buurt* buurt waar prostitutie wordt bedreven ★ NN *er* ~ *(of warmpjes) bij zitten*; BN *er* ~ *(of warmpjes) in zitten* flink wat geld hebben ★ *(je bent)* ~ gezegd bij een spelletje als iem. in de buurt is van een verstopt voorwerp dat hij moet vinden ❷ hartelijk: ★ *een warme ontvangst* ★ *een* ~ *applaus* ❸ geestdriftig: ★ *iem.* ~ *voor iets maken* ★ ~ *voor iets lopen* er geestdriftig voor worden ★ *hij wordt er niet* ~ *of koud van* hij trekt er zich niets van aan ❹ met aandrang: ★ *iem.* ~ *aanbevelen* ❺ hevig, heftig: ★ *het gaat er* ~ *(aan) toe* ★ *een warme liefdesbetuiging* ❻ aangenaam voor de zintuigen: ★ *warme kleuren* ★ ~ *licht* ; zie ook bij → **bakker**
warm·bloed *de (m)* [-s] warmbloedpaard, → **volbloed** (I, bet 2)
warm·bloe·dig, warm·bloe·dig *bn* ❶ met constante lichaamstemperatuur: ★ *zoogdieren zijn warmbloedige dieren* ❷ hartstochtelijk, driftig: ★ *een warmbloedige bevolking*
warm·bloed·paard *het* [-en] paard van oosters ras of

daarmee gekruist
war·men ww [warmde, h. gewarmd] warm maken: ★ *zich* ~ ; zie ook bij → **vuur**
warm·hou·der *de (m)* [-s] theemuts
warm·ing-up [w(r)-] *‹Eng› de (m)* ❶ het op temperatuur brengen ❷ sp het losmaken van de spieren voor een wedstrijd door enige lichaamsoefeningen te doen ❸ fig het in stemming brengen of komen; opwarmertje
warm·lo·pen ww [liep warm, is warmgelopen] ❶ ‹van machineonderdelen› door wrijving warm worden ❷ enthousiast worden: ★ *zij liep niet warm voor ons initiatief*
warm·pjes *bijw* warm; zie ook → **warm**
warm·te *de (v)* ❶ het warm-zijn ★ *latente* ~, *soortelijke* ~ zie bij → **latent**, → **soortelijk** ★ *stralende* ~ zie bij → **warmtestraling** ❷ fig hartelijkheid, warme gemoedsgesteldheid: ★ *iem. met* ~ *begroeten* ❸ geestdrift: ★ *met* ~ *voor iets pleiten*
warm·te·be·sten·dig *bn* bestand tegen warmte, niet bedervend door warmte
warm·te·bron *de* [-nen] voorwerp dat warmte afgeeft
warm·te·ca·pa·ci·teit *de (v)* soortelijke warmte
warm·te·een·heid *de (v)* [-heden] hoeveelheid warmte die nodig is om een bep. stof een bep. temperatuurwaarde te doen stijgen: ★ *de joule heeft de calorie als* ~ *vervangen*
warm·te·front *het* [-en] → **front** (bet 3) waarachter zich warme lucht bevindt
warm·te·ge·lei·der *de (m)* [-s] stof die (gemakkelijk) warmte geleidt
warm·te·graad *de (m)* [-graden] ❶ graad op de schaal van een thermometer ❷ mate van warmte, temperatuur
warm·te·leer *de* onderdeel van de natuurkunde dat zich bezighoudt met verschijnselen waarbij warmte en temperatuur een rol spelen
warm·te·me·ter *de (m)* [-s] toestel om de soortelijke warmte van een stof te meten, calorimeter
warm·te·ont·wik·ke·ling *de (v)* het vrijkomen van warmte
warm·te·stra·ling *de (v)* overbrenging van warmte op afstand, niet door geleiding
warm·wa·ter·ap·pa·ra·tuur *de (v)* toestel of de gezamenlijke toestellen om water te verwarmen voor gebruik in het huishouden
warm·wa·ter·bord *het* [-en] bord waarop het eten warm blijft door verhit water dat zich in dat bord bevindt
warm·wa·ter·kraan *de* [-kranen] kraan waaruit warm water getapt wordt
warm·wa·ter·toe·stel *het* [-len] heetwatertoestel
warm·wa·ter·ver·war·ming *de (v)* centrale verwarming door middel van circulerend heet water
warm·wa·ter·zak *de (m)* [-ken] zak van rubber, die met warm water gevuld wordt (om delen van het lichaam te verwarmen)

war·nest *het* [-en], **war·net** *het* [-ten] wirwar
war·ra·gal [worrəɣəl] *‹Aboriginalstaal› de (m)* [-s] dingo
war·rant [worrənt] *‹Eng› de (m)* [-s] bewijs dat de houder een voorkeursrecht geeft bij het kopen van aandelen of obligaties
war·re·len ww [warrelde, h. gewarreld] verward zweven, dwarrelen; **warreling** *de (v)* [-en]
war·rig *bn* verward, chaotisch
wars *bn* afkerig: ★ ~ *van grootdoenerij*
war·taal *de* onzin
war·tel *de (m)* [-s] ❶ draaibare haak of schalm in een ketting ❷ draaibare steun onder de poten van zware meubels
war·win·kel *de (m)* warboel
was¹ *de (m)* ❶ het wassen van textiel ❷ [*mv:* -sen] wasgoed ★ *de vuile* ~ *niet buiten hangen* minder aangename bijzonderheden uit eigen kring niet openbaar maken
was² *de (m) & het* vettige verbinding van kool-, water- en zuurstof, vooral die welke door bijen in honingraten afgescheiden wordt, bijenwas ★ *slappe* ~ speciale wassoort om leer glanzend te poetsen ★ NN *goed in de slappe* ~ *zitten* ruim bemiddeld zijn ★ *als* ~ *in iems. handen zijn* makkelijk door iem. gemanipuleerd kunnen worden
was³ *de (m)* ❶ groei ❷ ‹van water› stijging: ★ ~ *te Keulen 5 cm*
was⁴ ww verl tijd van → **wezen¹** en → **zijn¹**
wa·sa·bi *‹Jap› de (m)* scherpe, lichtgroene Japanse specerij van de wortels van de wasabia japonica; als pasta of poeder gebruikt bij sushi of andere gerechten
was·ach·tig *bn* op → **was²** gelijkend
was·af·druk *de (m)* [-ken] afdruk in → **was²**
was·au·to·maat [-au- of -oo-] *de (m)* [-maten] wasmachine die automatisch één of meer wasprogramma's afwerkt
was·baar *bn* gewassen kunnende worden
was·bak *de (m)* [-ken] ❶ vaste wastafel met stromend water en afvoer ❷ bak om zich in te wassen; zie ook → **wastafel**, bet 2
was·beer *de (m)* [-beren] klein roofdier in Noord-, en Midden-Amerika, met een gevlekt gezichtsmasker en een gestreepte staart, *Procyon lotor*
was·bek·ken *het* [-s] (metalen) waskom
was·ben·zi·ne *de* vooral NN gezuiverde benzine, gebruikt als vlekkenwater
was·bleek *bn* gelig bleek
was·bord *het* [-en] ❶ plank bekleed met gegolfd metaal, waarover vroeger het wasgoed gewreven werd ❷ NN gespierde buik, die eruitziet als de plank van betekenis 1: ★ *met veel sit-ups ontwikkelde hij een wasbordje*
was·dag *de (m)* [-dagen] dag waarop het wasgoed gewassen wordt
was·doek¹ *de (m)* [-en] doek om te wassen
was·doek² *het* gevernist waterdicht weefsel
was·dom *de (m)* groei ★ *zijn volle* ~ *bereikt hebben*

volgroeid zijn
was·echt *bn* niet verschietend in de → **was**¹
wa·sem *de (m)* [-s] damp
wa·se·men *ww* [wasemde, h. gewasemd] wasem afgeven, dampen
wa·sem·kap *de* [-pen] vooral NN afzuigkap
was·goed *het* goed dat gewassen moet worden
was·hand·je *het* [-s] zakje van badstof, dat de hand bij het wassen omsluit
was·hok *het* [-ken] hok waar de was gedaan wordt
was·in·rich·ting *de (v)* [-en] inrichting waar men de was kan laten doen, wasserij, wasserette
was·kaars *de* [-en] kaars van → **was**²
was·ke·tel *de (m)* [-s] groot metalen vat om wasgoed te koken
was·knij·per *de (m)* [-s] klem waarmee wasgoed aan de drooglijn gehangen wordt
was·kom *de* [-men] kom van aardewerk om zich in te wassen
was·kuip *de* [-en] kuip om goed in te wassen
was·lijn *de* [-en] lijn waaraan nat wasgoed te drogen wordt gehangen
was·lijst *de* [-en] ❶ lijst van het wasgoed ❷ schertsend lange lijst: ★ *een ~ van vragen* ★ *een ~ van kleine vergrijpen*
was·ma·chi·ne [-sjie-] *de (v)* [-s] toestel om wasgoed machinaal te reinigen
was·mand *de* [-en] mand voor wasgoed
was·mid·del *het* [-en] middel om wasgoed te behandelen
WASP *afk* white Anglo-Saxon protestant ‹Eng› [blanke, Angelsaksische protestant, voorgesteld als lid van de ideale, meest dominante, bevoorrechte en invloedrijke etnische groepering in de Verenigde Staten]
was·peen *de* NN peen die gewassen verkocht wordt
was·poe·der, was·poei·er *de (m) & het* zeeppoeder waarmee het wasgoed behandeld wordt
was·pro·gram·ma *het* ['s] reeks handelingen die door een wasautomaat achtereenvolgens worden uitgevoerd
was·sen¹ *ww* [waste *of* wies, h. gewassen] ❶ reinigen, schoonmaken: ★ *zijn kleren ~* ★ *de handen ~* ★ NN *zich schoon ~* zich verontschuldigen; zie ook bij → **onschuld**, → **varken** ❷ kleuren met water lichter maken ❸ ‹speelkaarten en dominostenen› schudden
was·sen² *ww* [wies, is gewassen] ❶ vero groeien; tieren; toenemen: ★ *een flink uit de kluiten gewassen Hollandse jongen* ; zie ook → **kluit**¹ ❷ stijgen; groter worden, meer worden: ★ *het wassende water* ★ *wassende maan*
was·sen³ *ww* [waste, h. gewast] met → **was**² inwrijven
was·sen⁴ *bn* van → **was**²: ★ *wassen poppen* ; zie ook bij → **neus**
was·sen·beeld *het* [-en] beeld van → **was**²
was·sen·beel·den·mu·se·um [-zee(j)um] *het* [-seums,

-sea] ruimte waarin wassenbeelden ter bezichtiging voor het publiek zijn opgesteld
was·ser *de (m)* [zie → **Jan de Wasser**]
was·se·ret·te *de* [-s] wasserij waar de klanten zelf hun wasgoed reinigen m.b.v. de daar aanwezige wasautomaten
was·se·rij *de (v)* [-en] zaak waar men het wasgoed van anderen reinigt
was·speld *de* [-en] BN, spreektaal wasknijper
was·straat *de* [-straten] installatie waar auto's doorheen gaan om gewassen te worden
was·ta·fel *de* [-s] ❶ aan de muur bevestigde wasbak met stromend water en afvoer en met plaats voor toiletbenodigdheden ❷ meubel met een waskom, kan enz.
was·tob·be *de* [-n, -s] tobbe waarin goed gewassen wordt
was·trom·mel *de (m)* [-s] ruimte voor het wasgoed in een wasmachine
was·ver·zach·ter *de (m)* [-s] vloeistof die wasgoed bij de laatste spoeling zachter maakt
was·vrouw *de (v)* [-en] vrouw die het wasgoed van andere mensen reinigt
was·wa·ter *het* water waarin of waarmee gewassen wordt
wat **I** *vragend vnw* ★ *~ ga je doen?* ★ *~ voor een boek heb je daar?* **II** *onbep vnw of onbep telw* vooral NN iets: ★ *ik heb ~ voor je* ★ *heb je ~ geld voor me?* ★ *~ te drinken vragen* **III** *betr vnw* hetgeen: ★ *alles ~ hij gezegd heeft, wist ik al* **IV** *uitroepend vnw* ★ *~ veel!* ★ *~ een lariekoek is dat!* **V** *bijw* ❶ een beetje: ★ *hij is ~ traag* ❷ NN ‹met nadruk uitgesproken› heel erg: ★ *het is ~ lekker* ★ *heel ~ konijnen* heel veel konijnen
wat·blief? *tsw* wat zeg je daar?
wa·ter *het* ❶ kleurloze vloeistof waarvan de molecule bestaat uit twee atomen waterstof en één atoom zuurstof (H_2O) ★ *hard ~* met een hoog gehalte aan calcium- en magnesiumzouten ★ *zacht ~* water waarin weinig of geen calcium- of magnesiumzouten voorkomen ★ *hoog ~, laag ~* hoge, lage waterstand ★ *zwaar ~* water met een afwijkende isotoop waterstof ★ *open ~* a) niet (door sluizen e.d.) afgesloten; b) niet bevroren ★ BN, spreektaal *plat ~* spa® blauw ★ BN, spreektaal *bruisend ~* spuitwater ★ BN, spreektaal *lopend ~* stromend water ★ *zo vlug als ~* zeer vlug ★ *~ maken* ‹van een vaartuig› lek zijn ★ NN *het ~ loopt me in de mond;* BN *het ~ komt me in de mond* ik waterand ★ NN *dat wast al het ~ van de zee niet af* dat is niet weg te praten ★ NN *bang zijn zich aan koud ~ te branden* overmatig voorzichtig zijn, geen enkel risico (van straf, schade) durven lopen ★ *~ in de wijn doen* zijn eisen niet meer zo hoog stellen ★ *~ naar de zee dragen* overbodig werk doen ★ *het hoofd boven ~ houden* zich handhaven, niet ondergaan ★ *het ~ komt (me, ons e.d.) aan de lippen* de nood is zeer hoog ★ *een schip te ~ laten* van stapel laten lopen ★ *Gods ~ over Gods laten lopen* alles maar laten gaan

waterachtig–waterhoos 1450

zoals het gaat ★ *het feestje is helemaal in het ~ gevallen* totaal mislukt ★ *het is (ze zijn) ~ en vuur* ze zijn elkaars grootste vijanden ★ *op ~ en brood zitten* strenge gevangenisstraf ondergaan ★ *een gebied onder ~ zetten* laten overstromen ★ vooral NN *te ~ raken;* BN *in het ~ raken* per ongeluk in het water (een sloot, gracht e.d.) terechtkomen ★ *boven ~ komen* na lang zoeken of na verloren gewaand te zijn (weer) gevonden worden; zie ook bij → **spijker**, → **zon¹** ❷ [NN mineraalwater: ★ *~ zonder prik* ❸ vloeistof voor cosmetische of geneeskundige doeleinden gebruikt: ★ **haarwater** ★ **gorgelwater** ❹ [-en, -s] rivier, beek, sloot, kanaal, meer e.d. ★ *stille waters hebben diepe gronden* mensen die weinig zeggen, hebben vaak interessante ideeën of gevoelens ❺ helderheid: ★ *diamanten van het zuiverste ~* ★ *fig van het zuiverste ~* van de eerste rang ❻ spreektaal urine ★ NN *ik voel het aan mijn ~* ik voel het aankomen, ik voorvoel het
wa·ter·ach·tig *bn* op water gelijkend; waterig
wa·ter·ader *de* [-s] ondergrondse gang waardoor het water stroomt
wa·ter·af·sto·tend *bn* geen of weinig water opnemend
wa·ter·af·voer *de (m)* ❶ buis of pijp voor het afvoeren van water ❷ het afvoeren van water
wa·ter·alarm *het* toestel op schepen, dat waarschuwt wanneer er een lek is ontstaan
wa·ter·bal·let *het* ❶ oorspr ballet op het water ❷ NN, schertsend overstroming waar men doorheen moet waden: ★ *door de lekkende afwasmachine is het bij ons in de keuken nu een ~*
wa·ter·bed *het* [-den] bed waarbij als matras een met water gevulde zak fungeert
wa·ter·be·sten·dig *bn* bestand tegen water, niet door water beschadigd wordend
wa·ter·boa *de (m)* ['s] anaconda
wa·ter·bouw *de (m)* waterbouwkundig werk dienend om de hoogte van het water te regelen
wa·ter·bouw·kun·de *de (v)* kennis van het bouwen of aanleggen van dijken, bruggen, sluizen, havenwerken enz.
wa·ter·bouw·kun·dig *bn* van, betreffende de waterbouwkunde
wa·ter·bouw·kun·di·ge *de* [-n] kenner van de waterbouwkunde
wa·ter·brood *het* [-broden] met water bereid brood, tegenover melkbrood
wa·ter·buf·fel *de (m)* [-s] Aziatisch rund met lange horens, dat voornamelijk als last- en trekdier wordt gebruikt, o.a. in Indonesië, karbouw (*Bubalus bubalis*)
wa·ter·clo·set [-zet] *(‹Eng) het* [-s] closet met waterspoeling, wc
wa·ter·damp *de (m)* water in gasvormige toestand
wa·ter·dicht *bn* ❶ geen water doorlatend: ★ *een waterdichte slaapzak* ❷ fig volkomen kloppend of sluitend, geen twijfel overlatend: ★ *een waterdichte*

omschrijving ★ *een ~ wetsartikel*
wa·ter·dier *het* [-en] dier dat in het water leeft
wa·ter·dra·ger *de (m)* [-s] ❶ oorspr iem. die water aandraagt ❷ wielersport knecht die zijn kopman tijdens wedstrijden van drinkwater voorziet ❸ *vandaar* sp iem. die tijdens de wedstrijd veel, maar weinig opzienbarende arbeid verricht
wa·ter·drop·pel, **wa·ter·drup·pel** *de (m)* [-s] druppel water
wa·ter·em·mer *de (m)* [-s] emmer voor water
wa·te·ren *ww* [waterde, h. gewaterd] ❶ water geven, met water besproeien: ★ *de plantjes ~* ❷ urineren, plassen ❸ ‹m.b.t. zijde› golvingen, vlammen aanbrengen op; vgl: → **gewaterd**
wa·ter·en·vuur·baas *de (m)* [-bazen] NN, vroeger iem. die heet water verkocht
wa·ter·fiets *de* [-en] watervoertuig met schoepen die d.m.v. trappers in beweging worden gebracht
wa·ter·fiet·sen *ww* [waterfietste, h. gewaterfietst] zich op een waterfiets voortbewegen
wa·ter·fil·ter *de (m) & het* [-s] toestel tot zuivering van drinkwater
wa·ter·gang *de (m)* [-en] ❶ loop van water, opening of buis voor afvoer van water ❷ sloot voor afwatering
wa·ter·gas *het* brandbaar gas, dat ontstaat door zeer hete stoom over gloeiende cokes te leiden
wa·ter·geest *de (m)* [-en] in en bij het water levende geest
wa·ter·geus *de (m)* [-geuzen] ‹in het begin van de Tachtigjarige Oorlog› vrijbuiter op zee die was uitgeweken voor de komst van de Spaanse troepen in de Nederlanden en die de Spanjaarden bevocht
wa·ter·glad·heid *de (v)* BN gladheid (van de weg) veroorzaakt door water
wa·ter·glas *het* ❶ ❷ [*mv:* -glazen] drinkglas voor water ❸ luchtafsluitende stof, oplossing van kalium- of natriumsilicaat
wa·ter·god *de (m)* [-goden] in het water levende godheid
wa·ter·go·din *de (v)* [-nen] in het water levende godin
wa·ter·golf *de* ❶ → **kapsel¹** dat, nat in model gebracht, onder een haardroogkap gedroogd wordt ❷ deze wijze van haar opmaken
wa·ter·gol·ven *ww* [watergolfde, h. gewatergolfd] het leggen van een watergolf
wa·ter·gru·wel *de (m) & het* NN → **gruwel²**
wa·ter·hoen *het* [-ders], **wa·ter·hoen·tje** *het* [-s] kleine zwarte watervogel met rode snavel en bles en een opgewipt staartje met witte zijkanten, als broedvogel voorkomend in Nederland en België (*Gallinula chloropus*)
wa·ter·hol *het* [-len] uitholling aan de onderkant van raamkozijnen om het water niet langs de muur te doen lopen
wa·ter·hoofd *het* [-en] ❶ med hoofd waarvan de hersenholten gevuld zijn met vocht ❷ fig een te grote staf voor een betrekkelijk kleine organisatie
wa·ter·hoos *de* [-hozen] door een windhoos

opgezogen zuil water
wa·ter·huis·hou·ding *de (v)* ❶ kringloop van het water in de natuur ❷ regelende beheersing van het water met het oog op de landbouw en de watervoorziening
wa·te·rig *bn* ❶ met veel water: ★ *een waterige soep* ★ *waterige ogen* met veel traanvocht, door huilen of door vermoeidheid ❷ fig slap, niet scherp omlijnd: ★ *een ~ betoog*
wa·ter·ijs *het* consumptie-ijs bestaande uit ijs met smaak- en kleurstoffen
wa·te·ring *de (v)* [-en] ❶ NN waterloop, zoals een rivier of een kanaal, wetering ❷ BN instelling voor het beheer en onderhoud van waterlopen
wa·ter·juf·fer *de* [-s] groot insect, behorende tot de onderorde Zygoptera van de orde van de libellen
wa·ter·kaart *de* [-en] kaart van de wateren
wa·ter·kan *de* [-nen] kan voor water
wa·ter·ka·non *het* [-nen] toestel dat krachtig waterstralen spuit, gebruikt bij rellenbestrijding
wa·ter·kans *de* [-en] BN, spreektaal zeer kleine kans: ★ *een waterkansje op de overwinning hebben*
wa·ter·kant *de (m)* [-en] strook van de wal vlak langs het water, oever
wa·ter·ka·raf *de* [-fen] waterkan
wa·ter·ke·ring *de (v)* [-en] dijk, sluis enz.
wa·ter·kers *de* kruisbloemige waterplant met witte bloemen (*Nasturtium*)
wa·ter·ke·tel *de (m)* [-s] ketel voor water
wa·ter·kie·ken *het* [-s] BN ook waterhoen
wa·ter·klerk *de (m)* [-en] NN kantoorbediende belast met het toezicht op laden en lossen, het in- en uitklaren van scheepsladingen enz.
wa·ter·koe·ling *de (v)* koeling door water
wa·ter·ko·nijn *het* [-en] muskusrat, vooral als gerecht
wa·ter·kou *de (v)* NN vochtige kou
wa·ter·koud *bn* vochtig koud
wa·ter·kraan *de* [-kranen] kraan om water te tappen
wa·ter·kracht *de* kracht van stromend of neerstortend water, onder andere gebruikt voor het opwekken van elektriciteit
wa·ter·kracht·cen·tra·le *de* [-s] (elektrische) centrale, waarvan de machines door waterkracht worden aangedreven
wa·ter·kruik *de* [-en] kruik voor water
wa·ter·kuur *de* [-kuren] geneeswijze door baden e.d.
wa·ter·laars *de* [-laarzen] hoge, waterdichte laars
wa·ter·land *het* land met veel water
wa·ter·lan·der *de (m)* [-s] schertsend traan ★ *en toen kwamen de waterlanders* toen begon het huilen
wa·ter·lei·ding *de (v)* [-en] ❶ buizenstelsel waardoor drinkwater wordt aangevoerd ❷ waterleidingbedrijf
wa·ter·lei·ding·be·drijf *het* [-drijven] bedrijf dat de voorziening van drinkwater regelt
wa·ter·le·lie *de* [-s, -liën] waterplant met ronde drijvende bladen en grote witte bloemen (*Nymphaea alba*)
wa·ter·lijn *de* lijn tot waar het water komt op de romp van een schip
wa·ter·li·nie *de (v)* landstrook die ter verdediging onder water gezet kan worden: ★ *de Hollandse ~*
wa·ter·loo *het* definitieve nederlaag [naar Waterloo, de plaats in België waar Napoleon in 1815 definitief werd verslagen] ★ *zijn ~ vinden* ten onder gaan, verslagen worden
wa·ter·loop *de (m)* [-lopen] beekje, wetering
wa·ter·loop·kun·de *de (v)* hydromechanica
wa·ter·lo·zing *de (v)* afvoer van water
Wa·ter·man *de (m)* elfde teken van de dierenriem (van 21 januari tot 21 februari), Aquarius
wa·ter·me·loen *de* [-en] uit de tropen afkomstige grote, eetbare en saprijke vrucht van de plantensoort *Citrullus vulgaris*, met meestal rood vruchtvlees
wa·ter·merk *het* [-en] merkteken in bankpapier, postzegels e.d. dat pas zichtbaar wordt als het tegen het licht wordt gehouden
wa·ter·me·ter *de (m)* [-s] toestel dat de verbruikte hoeveelheid water noteert
wa·ter·mo·len *de (m)* [-s] ❶ door water gedreven molen ❷ molen die water uit een polder wegmaalt
wa·ter·nimf *de (v)* [-en] → nimf (bet 1) die in het water leeft
wa·ter·nood *de (m)* watergebrek
wa·ter·or·gel *het* [-s] hist orgel met luchttoevoer die wordt geregeld door druk van water, ontstaan in Griekenland in de oudheid
wa·ter·par·tij *de (v)* [-en] ❶ kunstige fonteinen, watervallen, vijvers enz. ❷ feest op het water
wa·ter·pas **I** *het* [-sen] instrument waarmee men kan nagaan of iets precies horizontaal is **II** *bn* vlak, evenwijdig met de waterspiegel, horizontaal
wa·ter·pas·sen *ww* [waterpaste, h. gewaterpast] terrein opnemen met behulp van een waterpas
wa·ter·peil *het* hoogte van het water
wa·ter·peil·stok *de (m)* [-ken] stok waarmee men de diepte van water kan peilen
wa·ter·pers *de* [-en] hydraulische pers
wa·ter·pest *de* snel groeiende waterplant met witte of lichtviolette bloemen (*Elodea canadensis*)
wa·ter·pijp *de* [-en] tabaks- of hasjpijp waarin de rook door water wordt gevoerd om deze enigszins af te koelen
wa·ter·pis·tool [-pies-] *het* [-tolen] stuk speelgoed in de vorm van een pistool, waaruit een straaltje water gespoten wordt
wa·ter·plaats *de* [-en] ❶ gelegenheid om te urineren ❷ plaats waar zeeschepen drinkwater innemen
wa·ter·plant *de* [-en] in het water levende plant
wa·ter·plas *de (m)* [-sen] vijver, meertje
wa·ter·pok·ken *mv* op pokken gelijkende, vrij onschuldige kinderziekte, waarbij er blaasjes en vlekken op de huid ontstaan
wa·ter·po·li·tie [-(t)sie] *de (v)* politie die zorgt voor orde en veiligheid te water
wa·ter·po·lo *het* door twee zeventallen zwemmers te

spelen balspel

wa·ter·pomp·tang *de* [-en] verstelbare nijptang

wa·ter·poort *de* [-en] stadspoort die over een water ligt

wa·ter·pot *de (m)* [-ten] pot om in te urineren

wa·ter·proef[1] *(‹Eng)* **I** *bn* ondoordringbaar voor water **II** *het* waterdichte stof **III** *de (m)* [-s] regenjas van zulke stof

wa·ter·proef[2] *de* [-proeven] vroeger godsoordeel waarbij de verdachte in het water geworpen werd en schuldig werd verklaard als hij boven kwam drijven, vooral toegepast op van hekserij verdachte vrouwen

wa·ter·put *de (m)* [-ten] put waaruit water opgehaald wordt

wa·ter·rad *het* [-raderen] rad met schoepen, door water in beweging gebracht

wa·ter·ral *de (m)* [-len] soort ral, de vogelsoort *Rallus aquaticus*

wa·ter·rat *de* [-ten] ❶ in en bij het water levende rat, vooral de woelrat en de bruine rat ❷ fig iem. die heel graag zwemt

wa·ter·re·ser·voir [-zervwaar] *het* [-s] vergaarbak voor water

wa·ter·rijk *bn* met veel water

wa·ter·rot *de* [-ten] → waterrat

wa·ter·schaars·te *de (v)* gebrek aan water

wa·ter·scha·de *de* door water veroorzaakte schade

wa·ter·schap *het* [-pen] NN (hoog)heemraadschap, polder of vereniging van polders onder één bestuur, dat voor waterlozing en waterkering zorgt

wa·ter·scheer·ling *de* [-en] schermbloemige plant met witte bloemen, groeiend aan slootkanten (*Cicuta virosa*)

wa·ter·schei·ding *de (v)* [-en] grenslijn tussen twee stroomgebieden

wa·ter·schot *het* tijdelijke vermindering van de doorvaartwijdte van een kanaal

wa·ter·schout *de (m)* [-en] politieambtenaar die toezicht houdt op scheepsvolk en de aanmonstering daarvan

wa·ter·schouw *de (m)* het op vaste tijden controleren van breedte- en dieptematen van sloten e.d.

wa·ter·schuw *bn* bang voor water; **waterschuwheid** *de (v)*

wa·ter·scoo·ter [-skoe-] *de (m)* [-s] jetski

wa·ter·scout *de (m)* [-s] padvinder te water

wa·ter·ski *de (m)* ['s] ❶ ski gebruikt bij waterskiën ❷ draagvlak van een watervliegtuig

wa·ter·ski·ën *ww* [waterskiede, h. gewaterskied] zich op ski's over het water laten voorttrekken door een snelle motorboot

wa·ter·ski·ër *de (m)* [-s], **wa·ter·skiester** [ski·ster] *de (v)* [-s] iem. die waterskiet

wa·ter·slang *de* [-en] ❶ buis (van rubber, plastic enz.) waardoor water gevoerd wordt ❷ in tropisch zeewater levende, giftige slang

wa·ter·slot *ww* ❶ slot op waterbasis waardoor gas wel naar buiten kan maar niet naar binnen ❷ afsluiting die zorgt voor de dosering van instromend water, bijv. in wasmachines

wa·ter·snip *de* [-pen] kleine, in vochtige streken levende snip met een lange, slanke snavel (*Gallinago gallinago*)

wa·ters·nood *de (m)* [-noden] overstroming

wa·ter·spie·gel *de (m)* wateroppervlak

wa·ter·spin *de* [-nen] onder water levende spin, *Argyroneta aquatica*

wa·ter·spoe·ling *de (v)* [-en] ❶ het spoelen met water ❷ inrichting daarvoor

wa·ter·sport *de (v)* in en op het water beoefende sport

wa·ter·spu·wer *de (m)* [-s] gargouille

wa·ter·staat *de (m)* ❶ toestand van een gebied wat betreft de stand en hoedanigheid van het oppervlakte- en grondwater ❷ in Nederland rijksinstelling belast met de zorg voor (water)wegen, dijken, bruggen enz., afdeling van het ministerie van Verkeer en Waterstaat

wa·ter·staats·kerk *de* [-en] in Nederland (meestal rooms-katholieke) neoclassicistische kerk, in de eerste helft van de 19de eeuw gebouwd volgens plannen van ingenieurs van Waterstaat

wa·ter·stand *de (m)* [-en] de hoogte van het water

wa·ter·stof *de* een zeer licht, reuk- en kleurloos, gasvormig element, dat zich met zuurstof tot water verbindt, symbool H, atoomnummer 1

wa·ter·stof·bom *de* [-men] kernbom waarvan het ontploffingsvermogen berust op thermonucleaire fusie van lichte atoomkernen, ook *H-bom*

wa·ter·stof·gas *het* waterstof

wa·ter·stof·per·oxi·de [-oksie-] *het* kleurloze vloeistof (H_2O_2) onder andere gebruikt als bleek- en ontsmettingsmiddel, en in sterke concentratie als zuurstofbron in raketten

wa·ter·straal *de* [-stralen] dunne stroom water

wa·ter·stroom *de (m)* [-stromen] stromend water

wa·ter·tan·den *ww* [watertandde, h. gewatertand] ❶ zo'n trek in iets hebben dat het water ervan in de mond komt ❷ fig hevig verlangen

wa·ter·tank [-tenk] *de (m)* [-s] waterreservoir

wa·ter·toe·ris·me *het* toerisme langs en op het water; **watertoerist** *de (m)* [-en]

wa·ter·tor *de* [-ren] ★ *spinnende* of *pikzwarte* ~ zeer grote, in het water levende tor, *Hydrous piceus*

wa·ter·to·ren *de (m)* [-s] toren waarin het water van een waterleiding wordt opgepompt om de nodige druk te krijgen

wa·ter·trap·pen, **wa·ter·trap·pe·len** *ww & het* door trappende bewegingen het hoofd boven water houden

wa·ter·tur·bi·ne *de (v)* [-s] met waterkracht aangedreven turbine

wa·ter·uur·werk *het* [-en] instrument waarmee de tijd wordt vastgesteld door de hoeveelheid water te meten die door een nauwe opening vloeit

wa·ter·val *de (m)* [-len] van een hoogte naar beneden vallende waterstroom
wa·ter·vang *de (m)* [-en] plaats waar men van een rivier water aftapt of grondwater verzamelt voor een waterleiding
wa·ter·vast *bn* ❶ bestand tegen water ❷ niet in water oplossend
wa·ter·verf *de* [-verven] in water oplosbare verf
wa·ter·ver·ont·rei·ni·ging, **wa·ter·ver·vui·ling** *de (v)* vervuiling van het oppervlaktewater
wa·ter·ver·plaat·sing *de (v)* [-en] inhoud van een schip onder de waterlijn
wa·ter·vlieg·tuig *het* [-en] vliegtuig dat op het water kan dalen en vandaar kan opstijgen
wa·ter·vlo *de* [-vlooien] in het water levend schaaldiertje (*Daphnia pulex*)
wa·ter·vloed *de (m)* [-en] grote overstroming
wa·ter·vo·gel *de (m)* [-s] zich vaak op of nabij water ophoudende vogel, zoals de eend, de zwaan of de blauwe reiger
wa·ter·voor·zie·ning *de (v)* het voorzien van (drink)water
wa·ter·vrees *de* ❶ vrees voor water ❷ hondsdolheid
wa·ter·vrij *bn* vrij van water
wa·ter·wants *de* [-en] in het water levende wants
wa·ter·weg *de (m)* [-wegen] verbinding te water
wa·ter·werk *het* [-en] ❶ bouwwerk geheel of gedeeltelijk in het water gemaakt ❷ kunstwerk met water: kunstmatige waterval, fontein enz.
wa·ter·wer·per *de (m)* [-s] NN waterkanon
wa·ter·wild *het* watervogels waarop gejaagd wordt
wa·ter·win·ge·bied *het* [-en], **wa·ter·win·ning** *de (v)* [-en], **wa·ter·win·plaats**, **wa·ter·win·nings·plaats** *de* [-en] plaats die water levert voor een waterleiding
wa·ter·zak *de (m)* [-ken] zak van waterdichte stof om water in te dragen
wa·ter·zon·ne·tje *het* bleek doorkomende zon bij regenachtig weer
wa·ter·zooi [-zooien] *de* [-en] BN gerecht van kip of vis die in het kooknat wordt opgediend
wa·ter·zucht *de* ziekelijke vochtopeenhoping in het lichaam
wa·ter·zuch·tig *bn* lijdend aan waterzucht
wa·ter·zui·ve·rings·in·stal·la·tie *de (v)* [-s] installatie voor de reiniging en zuivering van water tot drinkwater
wa·ter·zui·ve·rings·sta·ti·on *het* [-s] BN ook waterzuiveringsinstallatie
wat·je *het* [-s] ❶ propje watten ❷ *fig* slap persoon, doetje, zacht ei
wat·je·kouw *de (m)* [-en] NN spreektaal harde klap, stomp, opstopper
watt [wat, wot] *de (m)* [-s] eenheid van elektrisch vermogen, de arbeid in één seconde verricht door een stroom van één ampère bij een spanning van één volt, genoemd naar de Schotse werktuigkundige James Watt (1736-1819)
wat·ten I *mv* gezuiverde en ontvette katoenvezels,

gebruikt als verbandmateriaal ★ *iem. in de ~ leggen* iem. overdreven zacht behandelen, verwennen **II** *bn* gemaakt van deze vezels
wat·te·ren *ww* [watteerde, h. gewatteerd] voeren, opvullen met watten: ★ *een gewatteerde deken*
watt·me·ter [wat-, wot-] *de (m)* [-s] instrument waarmee men het elektrische vermogen in watt meet
watt·uur [wat-, wot-] *het* [-uren] per uur verbruikte energie bij een stroomsterkte van één watt
wau·wau *de (m)* [-s] een soort mensaap op Java en Borneo, grijze gibbon (*Hylobates moloch*)
wau·we·laar *de (m)* [-s], **wau·we·laar·ster** *de (v)* [-s] iem. die kletst, die zeurt
wau·we·len *ww* [wauwelde, h. gewauweld] vervelend praten
WAV *afk* wave 'geluidsgolf' [comput formaat (en extensie) van bep. audiobestanden]
wave [weev] *(‹Eng› de (m)* ‹in sportstadions› golfbeweging in het publiek die ontstaat doordat een grote hoeveelheid naast elkaar gezeten personen vlak na elkaar opstaat en weer gaat zitten
W·A·ver·ze·ke·ring *de (v)* [-en] in Nederland verzekering tegen de financiële gevolgen van wettelijke aansprakelijkheid
wax *de (m)* bepaald soort was
wax·coat [wekskoot] *(‹Eng› de (m)* [-s] overjas die met was is behandeld
waxen *ww* [waxte, h. gewaxt] ❶ met wax behandelen: ★ *ski's ~* ❷ ontharen d.m.v. wax
waxi·ne·licht·je [waksie-] *het* [-s] glazen potje gevuld met een waschtige stof, die op de wijze van een kaars branden kan, o.a. gebruikt in theelichtjes en schotelwarmers
WAZ *afk* Wet Arbeidsongeschiktheidsverzekering Zelfstandigen
waza-ari *(‹Jap› de* ['s] judo tijdens een wedstrijd behaald resultaat van 7 punten
wa·zig *bn* nevelig, vaag: ★ *~ weer* ★ *een wazige herinnering* ★ *~ kijken* duf kijken; **wazigheid** *de (v)*
wc *de* ['s] watercloset [kleine ruimte waar men zijn natuurlijke behoefte doet (vooral voorzien van waterspoeling)]
wc-bril [weesee-] *de (m)* [-len] → bril (bet 3)
wc-pa·pier [weesee-] *het* papier op de wc gebruikt om na de stoelgang de anus te reinigen
wc-rol [weesee-] *de* [-len] ❶ rol waaromheen closetpapier is gewikkeld ❷ de rol en het closetpapier tezamen; closetrol
wdb. *afk* woordenboek
we *pers vnw* eerste persoon meervoud, zonder nadruk, onderwerpsvorm wij; *ook in bijzonder gebruik (ironisch of neerbuigend)*: tweede persoon enkelvoud of meervoud: ★ *~ laten de boel wel heel, hè!* ★ *zo, nu gaan ~ lekker slapen*
web[1] *het* [-ben], **web·be** *de* [-n] ❶ weefsel, netwerk, ook *fig*: ★ *een ~ van duistere handelingen* ❷ net van de spin

web² *(‹Eng)* het zie: → **world wide web**

web 2.0 *(‹Eng) het* comput volgende fase in de ontwikkeling van het world wide web tot een platform van sociale en interactieve internettoepassingen

web·adres *het* [-sen] adres van een internetsite

web·cam [-kem] *(‹Eng) de* [-s] videocamera waarmee via een pc live beelden kunnen worden doorgestuurd naar het internet

web·cast [-kaast] *(‹Eng) de* [-s] live-uitzending van geluid of beeld via internet

web·log [-loy] *(‹Eng) de (m) & het* [-s] website waarop een of meer mensen regelmatig stukjes schrijven in dagboekstijl: ★ *tijdens de verkiezingscampagne hield de minister een ~ bij*

web·mas·ter *(‹Eng) de (m)* [-s] systeembeheerder van een website

web·pa·gi·na *de* ['s] comput een bestandsdocument ergens op een systeem dat via internet door gebruikers van systemen elders kan worden geraadpleegd, internetpagina

web·ser·ver [-sùrvər] *(‹Eng) de* [-s] comput deel van een computersysteem dat communicatie met het internet mogelijk maakt en waar te bezoeken webpagina's staan, internetserver

web·site [-sait] *(‹Eng) de (m)* [-s] site op het world wide web (www), internetsite

web·stek *de (m)* [-ken] comput website

web·sur·fen *(‹Eng-Am) ww & het* achtereenvolgens een aantal sites op het internet bezoeken, vaak zonder duidelijke zoekstrategie

web·ver·tis·ing *(‹Eng‹Am)* [-və(r)taizing] *de* het adverteren op een of meer internetsites

weck *de (m)* vooral NN ❶ het wecken ❷ de geweckte groenten of fruit

wecken *(‹Du) ww* [weckte, h. geweckt] vooral NN groenten of fruit verduurzamen door ze te sluiten in luchtdichte weckflessen en deze daarna in een ketel te koken, genoemd naar de Duitse fabrikant Weck

weck·fles *de* [-sen], **weck·glas** *het* [-glazen] vooral NN glas met een deksel, dat door een gummiring luchtdicht kan worden afgesloten, gebruikt bij het wecken

wed *het* [-den] plaats waar men paarden enz. in het water leidt

wed. *afk* weduwe

wed·de *de* [-n, -s] ❶ ‹van ambtenaren of militairen› jaarsalaris, vermeerderd met vaste toelagen en andere emolumenten ❷ BN ook loon, salaris, vooral van werknemers die arbeid van intellectuele aard verrichten en van ambtenaren

wed·den *ww* [wedde, h. gewed] een voorspelling doen aan een ander met de afspraak dat degene die gelijk krijgt, van de ander iets ontvangt: ★ *ik wed om een tientje dat Sparta wint* ★ *op RC Genk ~ wedden dat RC Genk wint* ★ ~ *dat... ik ben er zeker van dat...*

wed·den·schap *de (v)* [-pen] het wedden ★ *een ~ aangaan met iem.* met iem. wedden

wed·der *de (m)* [-s] ❶ iem. die een weddenschap is aangegaan ❷ iem. die van wedden houdt: ★ *een echte ~*

wed·de·schaal *de* [-schalen] BN ook salarisschaal, schaal voor het vaststellen van salarissen

wed·de·trek·ken·de *de* [-n] in België iem. die overwegend intellectuele arbeid verricht en daarom (per maand) wedde ontvangt; tegengest: *loontrekkende*

we·de *de* [-n] plant waaruit men vroeger blauwe verfstof (indigo) bereidde *(Isatis tinctoria)*

we·der¹ *het* → **weer¹**

we·der² *bijw* → **weer²**

we·der·dienst *de (m)* [-en] dienst die men als vergelding van een andere dienst bewijst: ★ *tot ~ bereid*

we·der·do·pers *mv* godsdienstige sekte tijdens de hervorming, die onder andere doop van volwassenen en gemeenschap van goederen voorstond, anabaptisten

we·der·ga, **we·der·ga·de** *de* → **weerga¹**

we·der·ga·ve *de* → **weergave**

we·der·ge·boor·te *de (v)* ❶ het opnieuw geboren worden, reïncarnatie ❷ fig vernieuwing, herleving ❸ ‹in christelijke opvatting› gemoedsvernieuwing van de zondige mens door de Heilige Geest

we·der·ge·ven *ww* [gaf weer, h. weergegeven] → **weergeven**

we·der·helft *de* [-en] elk van de twee gehuwden in relatie tot de ander, echtgenoot, echtgenote

we·der·hoor *de (m)* NN het aanhoren van de tegenpartij ★ *hoor en ~* het horen van beide partijen

we·de·rik *de (m)* [-riken] sleutelbloemige plant met gele bloemen *(Lysimachia)*

we·der·in·koop *de (m)* het terugkopen van het verkochte: ★ *met recht van ~*

we·der·keer *de (m)* terugkeer

we·der·ke·ren *ww* [keerde weder, is wedergekeerd], **weer·ke·ren** [keerde weer, is weergekeerd] terugkeren

we·der·ke·rend *bn* taalk aanduidend dat de handeling op het onderwerp gericht is: ★ *zich is een ~ voornaamwoord: hij wast zich* ★ ~ *werkwoord* werkwoord waar een wederkerend voornaamwoord bij staat, zoals *zich vergissen*

we·der·ke·rig *bn* onderling, wederzijds: ★ *de vriendschap is ~* ★ *elkaar is een ~ voornaamwoord*; **wederkerigheid** *de (v)*

we·der·komst *de (v)* terugkomst, het opnieuw komen

we·der·lief·de *de (v)* beantwoorde liefde, liefde ook van de andere kant

we·der·om, **we·der·om** *bijw* nogmaals

we·der·op·bouw *de (m)* het opnieuw (op)bouwen, vooral het weer doen opbloeien van de economie, het culturele leven e.d. van een maatschappij na een oorlog of ramp

we·der·op·stan·ding *de (v)* het opstaan uit de dood
we·der·op·tre·den *het* [-s] BN comeback, rentree, terugkeer: ★ *het ~ van de musicus*
we·der·rech·te·lijk *bn* in strijd met het recht: ★ *zich iets ~ toe-eigenen*; **wederrechtelijkheid** *de (v)*
we·der·roe·pen *ww* [wederriep, h. wederroepen] herroepen
we·der·sa·men·stel·ling *de (v)* [-en] BN, jur ❶ reconstructie (van een misdaad, ongeluk e.d.) als onderdeel van het gerechtelijk onderzoek ❷ weergave, overzicht: ★ *de ~ van de feiten*
we·der·uit·zen·ding *de (v)* [-en] BN ‹van radio- en televisieprogramma's› herhaling, heruitzending
we·der·va·ren I *ww* [wedervoer, is wedervaren] overkomen; gebeuren ★ *iemand recht laten ~* hem geven waar hij recht op heeft II *het ook wedervaren* lotgeval, avontuur, gebeurtenis
we·der·ver·ko·per *de (m)* [-s] iem. die wat hij ingekocht heeft in het klein verkoopt, detaillist, kleinhandelaar
we·der·vraag *de* [-vragen] vraag als reactie op een vraag van een ander
we·der·waar·dig·heid *de (v) veelal mv* avonturen
we·der·woord *het* [-en] → **weerwoord**
we·der·zien¹ *ww* [zag weder, h. wedergezien] → **weerzien**, I
we·der·zien² *het* → **weerzien**, II
we·der·zijds *bn* wederkerig, van beide zijden ★ *wederzijdse verplichtingen*
wedg·wood [wedzjwoed] *het* naar de Engelse pottenbakker en fabrikant Josiah Wedgwood (1730-1795) genoemd soort fijn Engels half verglaasd aardewerk
wed·ijver *de (m)* zucht om anderen voorbij te streven, rivaliteit
wed·ijve·ren *ww* [wedijverde, h. gewedijverd] trachten elkaar te overtreffen: ★ *in beleefdheid ~*
wed·je *het* ★ NN *een ~ maken* een weddenschap aangaan
wed·kamp *de (m)* [-en] wedstrijd
wed·loop *de (m)* [-lopen] het om het hardst lopen, tussen mensen of dieren
wed·lo·pen *ww & het* (het) meedoen aan een wedloop
wed·ren *de (m)* [-nen] wedloop, vooral van paarden; zie ook bij → **hindernis**
wed·strijd *de (m)* [-en] ontmoeting van personen of teams die elkaars krachten willen meten
wed·strijd·men·ta·li·teit *de (v)* mentale instelling, geschikt om wedstrijden mee te winnen
wed·strijd·sport *de* [-en] sport die in wedstrijden beoefend wordt
we·du·we *de (v)* [-n, -s] vrouw wier man gestorven is; zie ook bij → **groen¹** en → **onbestorven**
we·du·we·fonds *het* [-en] ★ vroeger *weduwe- en wezenfonds* gelden waaruit weduwen en wezen uitkeringen genieten
we·du·we·pen·sioen [-sjoen] *het* [-en] pensioen voor weduwen
we·duw·naar *de (m)* [-s] man wiens vrouw gestorven is
we·duw·naars·bot·je *het* [-s] NN plaats aan de elleboog waar de weduwnaarspijn ontstaat
we·duw·naar·schap *het* het weduwnaar-zijn
we·duw·naars·pijn, **weeu·we·naars·pijn** *de* NN hevige, maar kortstondige pijn, die ontstaat wanneer een bepaalde zenuw in de elleboog geraakt wordt
we·duw·schap *het*, **we·duw·staat** *de (m)* het weduwe-zijn of het weduwnaar-zijn
we·duw·vrouw *de (v)* [-en] NN weduwe
wed·vlucht *de* [-en] afstands- en snelheidswedstrijd van postduiven
wee I *de & het* [weeën] pijn, smart; ★ *weeën* vooral barensweeën II *bn* flauw, naar: ★ *een ~ gevoel hebben* ★ *een weeë lucht* waar men onwel van wordt III *tsw* ach!: ★ *~ mij!* ★ *~ u!* ongeluk over u! ★ *~ je gebeente!* (bedreiging); zie ook bij → **ach**
weed [wiet] ‹‹Eng›› *de (m)* slang marihuana, wiet
weef·fout *de* [-en] ❶ bij het weven gemaakte fout, die in de geweven stof zichtbaar is ❷ fig kleine fout of vergissing in de opstelling van een contract e.d.
weef·ge·touw *het* [-en] groot weeftoestel
weef·kunst *de (v)* ❶ de kunst van het weven ❷ bedrevenheid in het weven
weef·sel *het* [-s, -en] ❶ wat geweven is, stof ❷ groeisel van dierlijke of plantaardige cellen ❸ fig ingewikkeld samenstel: ★ *een ~ van leugens*
weef·sel·leer *de* leer van de dierlijke en plantaardige weefsels (→ **weefsel**, bet 2), histologie
weef·spoel *de* [-en] schietspoel
weef·stoel *de (m)* [-en] weeftoestel
weeg·bree *de* veel in het wild langs de wegen groeiende plant (*Plantago*)
weeg·brug *de* [-gen] in de grond verankerd weegtoestel voor zware gewichten, vooral van wagens
weeg·haak *de (m)* [-haken] haak met een gewichtsverdeling om iets wat gewogen moet worden aan te hangen
weeg·luis *de* [-luizen] wandluis
weegs *zn* ★ *zijns ~ gaan* zie bij → **weg¹**
weeg·schaal *de* [-schalen] ❶ apparaat waarmee men weegt ❷ *Weegschaal* zevende teken van de dierenriem (van 21 september tot 21 oktober), Libra
weeg·stoel *de (m)* [-en] weegtoestel waarop iem. zittend gewogen kan worden
weeg·toe·stel *het* [-len] weegschaal
wee·heid *de (v)* het wee-zijn
wee·ïg *bn* walging opwekkend, flauw; → **wee** (II): ★ *een weeïge smaak*
week¹ I *bn* ❶ zacht, niet stevig: ★ *een weke massa* ❷ zwak, slap ★ *een ~ ventje* ❸ teerhartig, gevoelig: ★ *ik werd helemaal ~* van binnen II *de* het weken, in een vloeistof leggen om te weken: ★ *abrikozen in de ~ zetten* ★ NN, fig *een plan in de ~ leggen / zetten*

een plan aan anderen voorleggen ter overweging
week² *de* [weken] periode van zeven dagen ★ *door de ~* op weekdagen, niet in het weekend ★ *van de ~* deze week ★ *de ~ hebben* de beurt hebben om iets een gehele week te doen ★ *de goede ~* of *de stille ~* de week voor Pasen
week³ *ww verl tijd van* → **wijken**
week·be·richt *het* [-en] wekelijks uitgegeven bericht
week·blad *het* [-bladen] wekelijks verschijnend tijdschrift
week·dag *de (m)* [-dagen] ❶ doordeweekse dag, dag buiten de zondagen ❷ BN ook werkdag
week·dier *het* [-en] ❶ meercellig dier zonder intern skelet, bijv. een slak, een schelpdier ❷ fig erg sentimenteel, slijmerig mens
week·eind *het* [-en], **week·ein·de** *het* [-n] → **weekend**
week·end [wiek-] *(‹Eng›) het* [-s, -en], **week·eind** *het* [-en], **week·ein·de** *het* [-n] ❶ (vrije) tijd van vrijdagavond tot maandagmorgen ★ *lang weekend* weekend waarbij men nog één of twee extra dagen vrij neemt ❷ bijeenkomst, cursus e.d. in het weekeinde: ★ *een ~ organiseren*
week·end·do·de [wiekent-] *de* [-n] BN dode als gevolg van een verkeersongeval in het weekend
week·end·huis·je [wiekent-] *het* [-s] buitenhuisje speciaal voor de weekends
week·end·re·tour [wiekentrətoer] *het* [-s] retourbiljet met de trein dat het hele weekend geldig is (van vrijdagavond t/m zondag)
week·end·tas [wiek-] *de* [-sen] grote tas
week·geld *het* [-en] bedrag dat men elke week ontvangt
week·har·tig *bn* teergevoelig
week·heid *de (v)* ❶ het week-zijn ❷ weekhartigheid
week·huur *de* [-huren] per week betaalde huur
week·kaart *de* [-en] abonnementskaart voor een week
wee·klacht *de* [-en] het weeklagen
wee·kla·gen *ww* [weeklaagde, h. geweeklaagd] jammeren
week·loon *het* [-lonen] loon per week
week·ma·ker *de* [-s] chemische stof die aan kunststoffen wordt toegevoegd om deze soepel, buigbaar en beter verwerkbaar te maken
week·markt *de* [-en] eens per week gehouden markt
week·over·zicht *het* [-en], **week·staat** *de (m)* [-staten] overzicht over een week: ★ *de weekstaat van de Nederlandsche Bank wordt in vele kranten gepubliceerd*
weel·de *de* ❶ overvloed, overdaad; rijkdom, luxe: ★ *in ~ leven* ❷ fig geestelijke rijkdom, geluk: ★ *de ~ van het hebben van een stel gezonde kinderen*
weel·de·ar·ti·kel *het* [-en, -s] voorwerp van weelde, voorwerp dat niet behoort tot de noodzakelijke behoeften
weel·de·be·las·ting *de (v)* belasting die geheven wordt op luxeartikelen
weel·de·rig *bn* ❶ in weelde; overvloedig, overdadig ★ *~ groeiende planten* met veel bladeren, takken enz. ❷ ‹van lichaamsbouw› vol, met ronde vormen:

★ *een weelderige boezem*; **weel·de·rig·heid** *de (v)*
wee·moed *de (m)* zacht treurige gemoedsstemming: ★ *met ~ terugdenken aan de schooltijd*
wee·moe·dig *bn* zacht treurig
Weens *bn* van, uit Wenen; *vgl:* → **Wener**
Ween·se *de (v)* [-n] vrouw uit Wenen
weer¹, **we·der** *het* gesteldheid van de lucht ★ *in weer en wind* altijd, welk weer het ook is ★ *door weer en wind gaan* ★ NN *ijs en weder dienende* als het weer het toelaat ★ *zwaar weer* onweer of storm ★ *mooi weer spelen* zich in een onaangename situatie gedragen alsof er niets aan de hand is ★ *mooi weer spelen met andermans geld* op kosten van een ander rijkelijk leven ★ BN, spreektaal *het mooie weer maken* succes hebben, populair zijn
weer², **we·der** *bijw* ❶ terug: ★ *heen en ~* ❷ opnieuw: ★ *het begint ~*
weer³ *de* verdediging ★ *zich te ~ stellen* weerstand bieden, zich verdedigen ★ *in de ~ zijn* bezig zijn
weer⁴ *het* ongunstige invloed van de atmosfeer: ★ *het ~ in een spiegel, in textiel*
weer·al *bijw* BN, spreektaal weer, alweer, opnieuw: ★ *~ een jaar dat voorbij is*
weer·baar *bn* strijdbaar, geschikt om te vechten: ★ *alle weerbare mannen werden opgeroepen tot de strijd*; **weer·baar·heid** *de (v)*
weer·bal·lon *de (m)* [-s, -nen] luchtballon gebruikt voor weerkundige waarnemingen
weer·bar·stig *bn* ❶ tegenstrevend, zich verzettend ❷ niet makkelijk meegevend: ★ *een ~ deksel*; **weer·bar·stig·heid** *de (v)*
weer·be·richt *het* [-en] bericht over de heersende en de te verwachten weersgesteldheid
weer·bor·stel *de (m)* [-s] pluk hoofdhaar die overeind blijft staan
weer·druk *de (m)* [-ken] het drukken op een vel papier dat aan één zijde *(de schoondruk)* reeds bedrukt is
weer·ga¹ *de* gelijke ★ *dat vindt zijn ~ niet* dat wordt nergens geëvenaard
weer·ga² *de* bliksem: ★ *als de ~!* ★ *loop naar de ~!*
weer·galm *de (m)* galmende weerkaatsing
weer·gal·men *ww* [weergalmde, h. weergalmd] galmend terugklinken
weer·ga·loos *bn* ongeëvenaard: ★ *een weergaloze vertolking van een aria*
weer·ga·ve *de* het weergeven; reproductie
weer·geld *het* [-en] hist boete als (onderdeel van een) straf voor een moord of ander zwaar misdrijf
weer·ge·ven *ww* [gaf weer, h. weergegeven] ❶ ‹tekst e.d.› op een andere plaats en / of tijd opnieuw laten horen / zien: ★ *een discussie letterlijk ~* ❷ uitdrukking geven aan, uitbeelden: ★ *hij geeft de stemming goed weer* ❸ BN, spreektaal teruggeven ★ *niet kunnen ~* geen wisselgeld kunnen teruggevenHH
weer·glans *de (m)* weerschijn
weer·glas *het* [-glazen] NN barometer
weer·god *de (m)* [-goden] god die het weer beheerst, vaak mv: ★ *de weergoden waren ons niet gunstig*

gezind het weer werkte tegen
weer·haak *de (m)* [-haken] tegenhaak aan een scherpe spits, waardoor deze ergens in vast blijft zitten: ★ *een ~ aan een angel*
weer·haan *de (m)* [-hanen] ❶ windwijzer in de vorm van een haan ❷ fig draaitol, iem. die met alle winden meewaait
weer·hou·den *ww* [weerhield, h. weerhouden] ❶ tegenhouden, afhouden van: ★ *iemand van een onbezonnen daad ~* ★ *zich door niets laten ~* ❷ BN in overweging nemen, rekening houden met, ingaan op, selecteren: ★ *uw kandidatuur is door ons ~* ★ *uw verzoek is helaas niet ~* we kunnen helaas niet op uw verzoek ingaan ❸ BN ook ophouden, vooral door onvoorziene omstandigheden; verhinderen: ★ *~ zijn*
weer·huis·je *het* [-s] luchtvochtigheidsmeter in de vorm van een huisje met twee poppetjes, waarbij men kan aflezen of het gaat regenen aan het poppetje dat zich buiten bevindt
weer·kaart *de* [-en] kaart waarop de weersgesteldheid over een bepaald gebied wordt voorgesteld
weer·kaat·sen *ww* [weerkaatste, h. weerkaatst] ❶ terugkaatsen ❷ ⟨van een beeld⟩ zich spiegelen: ★ *de bomen ~ in het water* ❸ ⟨van geluid⟩ terugklinken ★ *de schreeuw weerkaatste tegen de bergen*; **weerkaatsing** *de (v)* [-en]
weer·ke·ren *ww* [keerde weer, is weergekeerd] terugkeren
weer·klank *de (m)* ❶ echo ❷ fig instemming: ★ *~ vinden*
weer·klin·ken *ww* [weerklonk, h. weerklonken] weergalmen
weer·ko·men *ww* [kwam weer, is weergekomen] vero terugkomen, terugkeren: ★ *toen hij weerkwam, had hij een geschenk bij zich*
weer·korps *het* [-en] NN illegale of semilegale organisatie van gewapende burgers tot handhaving van veiligheid en orde
weer·kun·de *de (v)* wetenschap die de verschijnselen in de dampkring en van het weer bestudeert ten einde weerberichten te kunnen geven, meteorologie
weer·kun·dig *bn* van, betreffende de weerkunde, meteorologisch
weer·leg·gen *ww* [weerlegde, h. weerlegd] aantonen dat iets niet waar is: ★ *een bewering ~*
weer·licht *de (m) & het* bliksem, vooral zonder donder ★ *als de ~ zeer snel:* ★ *ga als de ~ pleisters halen*
weer·lich·ten *ww* [het weerlichtte, het h. geweerlicht] bliksemen in de verte
weer·loos *bn* niet in staat tot verdediging: ★ *een ~ kind*
weer·macht *de* leger, marine en luchtmacht
weer·man *de (m)* [-nen] iem. die zich bezighoudt met het voorspellen van het weer en de presentatie van het weerbericht
weer·mid·de·len *mv* NN verdedigingsmiddelen
weer·om *bijw* vero terug: ★ *zij kwam nooit ~*

weer·om·ko·men *ww* [kwam weerom, is weeromgekomen] terugkomen
weer·om·stuit *de (m)* terugstuit ★ *van de ~ als reactie; als tegenwicht* ★ *van de ~ begon zij ook te huilen* ★ *toen zij huilde, ging hij van de ~ vloeken*
weer·oog *het* [-ogen] dial klein gezwel aan het ooglid, gerstekorrel, strontje
weer·over·zicht *het* [-en] ⟨op radio en televisie⟩ overzicht van de weersgesteldheid
weer·pijn *de* [-en] NN pijn op afstand, pijn in het gebied waar een zenuw loopt, doordat die zenuw bij het verlaten van het ruggenmerg wordt afgekneld
weer·praat·je *het* [-s] ⟨op radio en televisie⟩ praatje met een beschouwing over de weersgesteldheid
weer·pro·feet *de (m)* [-feten] iem. die het weer voorspelt
weer·sa·tel·liet *de (m)* [-en] kunstmatige satelliet die gegevens over het weer verzamelt
weer·schijn *de (m)*, **weer·schijn·sel** *het* teruggekaatst licht; gloed die over glanzende stof ligt
weer·schip *het* [-schepen] schip met een vaste ligplaats op de oceaan, voor meteorologische waarnemingen
weers·ge·steld·heid *de (v)* [-heden] toestand van het → **weer¹**
weers·kan·ten *mv* beide zijden: ★ *aan, van ~*
weer·slag *de (m)* [-slagen] terugwerking
weers·om·stan·dig·he·den *mv* weersgesteldheid
weer·span·nig *bn* ongehoorzaam, tegenstrevend; **weerspannigheid** *de (v)*
weer·spie·ge·len *ww* [weerspiegelde, h. weerspiegeld] ❶ terugspiegelen ❷ fig weergeven: ★ *de moderne kunst weerspiegelt het moderne geestesleven*; **weerspiegeling** *de (v)* [-en]
weer·spre·ken *ww* [weersprak, h. weersproken] tegenspreken
weer·staan *ww* [weerstond, h. weerstaan] zich verzetten tegen: ★ *de verleiding ~* ★ BN *~ aan* weerstand bieden aan, zich verzetten tegen, nalaten: ★ *niet aan de drang kunnen ~*
weer·stand *de (m)* ❶ tegenstand: ★ *~ bieden* ❷ ⟨in België in de Tweede Wereldoorlog⟩ verzet, verzetsbeweging ❸ [*mv*: -en] nat tegenstand die de elektrische stroom ondervindt bij zijn doorgang door de geleiders: ★ *de eenheid van de elektrische ~ is de ohm* ❹ [*mv*: -en] toestel, dradencomplex, dat dient om de stroom in een elektrische geleider door verdeling te verzwakken ❺ med kracht van het lichaam zich te beschermen tegen ziekten: ★ *bejaarden hebben vaak niet meer zoveel ~*; zie ook: → **weg¹**
weer·stan·der *de (m)* [-s] BN ook verzetsman, verzetsstrijder
weer·stands·kas *de* [-sen] reservefonds door werknemers gevormd voor tijden van staking e.d.
weer·stands·ver·mo·gen *het* kracht om tegen iets (moeite, ziekte, zorg) opgewassen te zijn

weer·sta·tion [-(t)sjon] *het* [-s] plaats waar weerkundige waarnemingen worden verricht
weers·toe·stand *de (m)* [-en] weersgesteldheid
weer·stre·ven *ww* [weerstreefde, h. weerstreefd] tegenwerken, zich verzetten tegen
weers·ver·an·de·ring *de (v)* [-en] verandering van het weer
weers·ver·wach·ting, **weer·ver·wach·ting** *de (v)* [-en] verwachting aangaande de weersgesteldheid
weers·zij *zn*, **weers·zij·den**: ★ *aan ~* beide zijden, weerskanten
weer·ty·pe [-tie-] *het* [-s] weersgesteldheid, vooral gedurende een langere periode: ★ *in Spanje heerst een droog ~*
weer·ver·wach·ting *de (v)* [-en] → **weersverwachting**
weer·vin·den *ww* [vond weer, h. weergevonden] terugvinden
weer·voor·spel·ler *de (m)* [-s] iem. die de veranderingen in het → **weer¹**
weer·voor·spel·ling *de (v)* [-en] weersverwachting
weer·werk *het* werk als reactie op dat van een ander ★ *~ geven* reageren ‹meestal in gunstige zin›
weer·wil *de (m)* tegenzin ★ *in ~ van* ondanks
weer·wolf *de (m)* [-wolven] ‹in het volksgeloof› mens die 's nachts verandert in een wolf en dan verscheurend bezig is
weer·woord, **we·der·woord** *het* ❶ antwoord ❷ mondeling of schriftelijk verweer
weer·wraak *de* wraak ter beantwoording van de wraak van een ander; revanche
weer·zien, **we·der·zien I** *ww* [zag weer, h. weergezien] terugzien, weer ontmoeten **II** *het* het weer ontmoeten: ★ *tot weerziens*
weer·zin *de (m)* afkeer, tegenzin: ★ *een ~ tegen iets hebben*
weer·zin·wek·kend *bn* afkeer inboezemend
wees¹ *de* [wezen] kind dat beide ouders verloren heeft ★ *halve ~* kind dat een van de ouders verloren heeft
wees² *ww verl tijd* van → **wijzen**
wees³ *ww gebiedende wijs* van → **zijn¹**
wees·ge·groet *het* [-en], **wees·ge·groet·je** *het* [-s] RK gebed tot de Heilige Maagd beginnende met deze woorden (Ave Maria)
wees·huis *het* [-huizen] inrichting waar wezen worden opgevoed
wees·jon·gen *de (m)* [-s] in een weeshuis opgevoede jongen
wees·ka·mer *de* [-s] vroeger instelling die bezittingen van wezen en onbeheerde nalatenschappen beheerde
wees·kind *het* [-eren] in een weeshuis opgevoed kind ★ *rood ~* nachtvlinder met rode ondervleugels met twee zwarte banden erover, *Catocala nuptia*
wees·meis·je *het* [-s] in een weeshuis opgevoede meisje
wees·moe·der *de (v)* [-s] NN vrouwelijk hoofd van een weeshuis

wees·va·der *de (m)* [-s] NN mannelijk hoofd van een weeshuis
weet¹ *de het* weten ★ *~ van iets hebben* ervan op de hoogte zijn ★ *geen ~ hebben van iets* geen verstand hebben van iets of zich niet bewust zijn van iets ★ *aan de ~ komen* te weten komen ★ *NN veel ~ hebben van* verdrietig zijn om; zie ook → **weetje**
weet² *ww verl tijd* van → **wijten**
weet·al *de (m)* [-len] veelweter, iem. die zijn feitenkennis graag toont
weet·gie·rig *bn* graag veel dingen wetend, graag lerende; **weetgierigheid** *de (v)*
weet·je *het* [-s] ❶ feit dat de moeite waard is te weten: ★ *er staan allerhande interessante weetjes in die almanak* ❷ iets wat men braaf van buiten geleerd heeft ★ *hij weet z'n weetje(s) wel* hij kent zijn zaakjes wel
weet·lust *de (m)* drang om veel te weten
weet·niet *de (m)* [-en] domoor
weeuw *de (v)* [-en] vero weduwe
weg¹ *de (m)* [wegen] ❶ stuk grond geschikt om verkeer over te laten rijden: ★ *een ~ aanleggen* ★ *flink aan de ~ timmeren* opvallend ter werk gaan; zie ook bij: → **Rome** ❷ traject dat men moet afleggen om van de ene plaats naar de andere te gaan: ★ *weet u de ~ naar de Molenstraat* ★ *op ~ gaan* ★ *zich op ~ begeven* ★ *een eind weegs meegaan* ★ *zijns weegs gaan* weggaan, naar zijn bestemming gaan ★ *iemand in de ~ lopen, staan* iem. hinderen ★ *uit de ~ opzij* ★ *iem. de ~ afsnijden* iem. de weg versperren, hem beletten vooruit te komen ★ *zich een ~ banen* allerlei hindernissen verwijderen om vooruit te komen ★ *iemand uit de ~ blijven* zorgen dat men met iemand niets te maken heeft ★ *de ~ van alle vlees gaan* sterven ★ *iem. op ~ helpen* iem. in de goede richting helpen, iem. helpen vooruit te komen ★ *iemand niets in de ~ leggen* hem op geen enkele wijze hinderen ★ *NN het ligt niet op mijn ~* ik ben niet de aangewezen persoon, het kan niet van mij verwacht worden ★ *vooral NN zijn ~ weten* zich weten te redden, weten vooruit te komen ★ *BN ook zijn ~ maken* (in de wereld) vooruitkomen, het ver schoppen ★ *naar de bekende ~ vragen* vragen naar wat men al weet ★ *geen ~ met iets weten* er geen raad mee weten ★ *al aardig op ~ zijn om beroepsmisdadiger te worden* langzaam maar zeker beroepsmisdadiger worden ★ *er zit hem iets in de ~* hij heeft hinder van iets ❸ fig manier: ★ *dat is niet de ~ om er te komen* ★ *de ~ van de minste weerstand kiezen* de methode kiezen die het makkelijkst lijkt (maar niet per se tot een goed resultaat leidt) ★ *er staan verschillende wegen voor hem open* hij kan op verschillende wijzen zijn doel bereiken *of* zijn leven inrichten; zie ook bij → **bereiden**, → **hol¹** (bet 2), → **ruimen**
weg² I *bijw* ❶ vertrokken ★ *~ wezen!* ga weg, verdwijn! ❷ kwijt, verdwenen: ★ *mijn portemonnee is ~* ★ *hij, het is ~* ★ *hij was er ~ van* hij was er zeer

door bekoord ★ vooral NN *dat is nooit ~ dat kan altijd gebruikt worden* ★ *ergens veel van ~ hebben* veel op iets lijken ★ BN ook *~ en weer* heen en weer, heen en terug, op en neer ★ BN, spreektaal *er mee ~ zijn* het begrijpen, doorzien, doorhebben II tsw ★ *~ ermee* ★ *~ met...* gezegd als men wenst dat ergens een einde aan komt: ★ *~ met het kapitalisme!*
weg³ *de* [-gen] → **wegge**
weg·as *de* denkbeeldige middellijn van een weg
weg·be·rei·der *de (m)* [-s] ❶ persoon die voor iem. de weg bereidt ❷ iem. die voorgaat in een nieuwe richting
weg·ber·gen *ww* [borg weg, h. weggeborgen] opbergen
weg·berm *het* [-en] berm
weg·bla·zen *ww* [blies *of* blaasde weg, h. weggeblazen] door blazen verwijderen: ★ *paardenbloempluisjes ~*
weg·blij·ven *ww* [bleef weg, is weggebleven] niet meer komen
weg·bon·jou·ren *ww* [-zjoe-] [bonjourde weg, h. weggebonjourd] wegsturen, afschepen
weg·bran·den *ww* [brandde weg, h. & is weggebrand] ❶ door branden verwijderen ★ *niet weg te branden zijn* tegen de wens van anderen in langdurig blijven (op een plaats, in een functie e.d.) ❷ door branden verloren gaan
weg·bre·ken *ww* [brak weg, h. weggebroken] door breken verwijderen
weg·bren·gen *ww* [bracht weg, h. weggebracht] ❶ ergens heen brengen ❷ ‹iem. naar een bep. plaats› begeleiden
weg·cij·fe·ren *ww* [cijferde weg, h. weggecijferd] als onbelangrijk voorstellen ★ *dat kun je niet zomaar ~* dit is belangrijk ★ *zichzelf ~* niet aan zijn eigen belang denken
weg·co·de *de (m)* [-s] BN ❶ verkeersregels; verkeerswet ❷ boek waarin de verkeersregels zijn opgenomen
weg·deem·ste·ren *ww* [deemsterde weg, is weggedeemsterd] BN ❶ geleidelijk, langzaam ten onder gaan, in verval raken; wegkwijnen: ★ *de lakennijverheid deemsterde weg* ❷ wegvallen; uit de top verdwijnen, niet meer in de belangstelling staan: ★ *de club deemsterde weg*
weg·dek *het* [-ken] bovenlaag van een weg
weg·den·ken *ww* [dacht weg, h. weggedacht] als niet bestaande of niet aanwezig denken
weg·doen *ww* [deed weg, h. weggedaan] ❶ wegleggen, opbergen ❷ afschaffen, van de hand doen
weg·doe·ze·len *ww* [doezelde weg, h. & is weggedoezeld] even insluimeren, in een lichte slaap wegzakken
weg·dra·gen *ww* [droeg weg, h. weggedragen] ❶ naar elders dragen ❷ fig verwerven: ★ *kan het uw goedkeuring ~?*
weg·drij·ven *ww* [dreef weg, h. & is weggedreven]
❶ ergens vandaan jagen ❷ drijvend zich verwijderen: ★ *de bui is weggedreven*
weg·drin·gen *ww* [drong weg, h. weggedrongen] van zijn plaats dringen
weg·drum·men *ww* [drumde weg, h. weggedrumd] BN ook wegdringen, wegduwen
weg·dui·ken *ww* [dook weg, is weggedoken] ❶ in het water onderduiken ❷ zich snel verstoppen
weg·eb·ben *ww* [ebde weg, is weggeëbd] langzamerhand tenietgaan
we·ge·doorn, **we·ge·do·ren** *de (m)* [-s] doornige heester (*Rhamnus catharticus*)
we·gen¹ *ww* [woog, h. gewogen] ❶ het gewicht bepalen ★ *gewogen en te licht bevonden* fig niet geschikt genoeg geacht, zie *Daniël* 5: 27 ★ *zijn woorden op een goudschaaltje ~* zie bij → **goudschaal** ❷ een bepaald gewicht hebben: ★ *ze woog 60 kilo* ★ *wat het zwaarst is, moet het zwaarst ~* het belangrijkste gaat voor
we·gen² *zn meerv* van → **weg¹**
we·gen·be·las·ting *de (v)* vroegere naam voor → **motorrijtuigenbelasting**
we·gen·bouw *de (m)* het aanleggen van wegen; **wegenbouwer** *de (m)* [-s]
we·gen·hulp *de* BN ook dienst ter hulpverlening langs de weg aan motorvoertuigen, vergelijkbaar met de → **wegenwacht** in Nederland
we·ge·nis *de (v)* BN ook, vero ❶ de gezamenlijke wegen, wegennet ❷ wegenaanleg; straataanleg (in een nieuwbouwwijk): ★ *omleiding wegens ~werken*
we·gen·kaart *de* [-en] topografische kaart waarop vooral de wegen duidelijk zijn aangegeven
we·gen·net *het* [-ten] de gezamenlijke wegen
we·gen·plan *het* plan tot aanleg van een wegennet
we·gens *vz* om reden van: ★ *~ ziekte verhinderd*
we·gen·wacht NN I *de* hulpdienst voor automobilisten, motorrijders enz. langs de weg II *de (m)* [-en] wegenwachter
we·gen·wach·ter *de (m)* [-s] iem. die dienst doet bij de → **wegenwacht** (bet 1)
we·ger *de (m)* [-s] iem. die weegt
weg·gaan *ww* [ging weg, is weggegaan] vertrekken
weg·ge *de* [-n], **weg** *de* [-gen] NN ❶ stuk, kluit ❷ stuk brood
weg·ge·brui·ker *de (m)* [-s] iem. die van de wegen gebruik maakt, vooral die de wegen berijdt
weg·geld *het* [-en] wegenbelasting
weg·ge·ven *ww* [gaf weg, h. weggegeven] ❶ aan een ander geven ★ *iets niet ~* het niet zonder moeite laten verwerven ❷ inf ten beste geven: ★ *een nummertje ~*
weg·ge·ver·tje *het* [-s] ❶ goedkoop ding dat men makkelijk weggeeft ❷ sp uit een blunder in de verdediging voortkomend doelpunt
weg·ge·voer·de *de* [-n] BN ‹tijdens de Tweede Wereldoorlog› gedeporteerde
weg·gooi- als eerste lid in samenstellingen bijv.: ★ *weggooispullen* → **wegwerp-**

weg·gooi·en I ww [gooide weg, h. weggegooid]
❶ neergooien ❷ van zich afgooien ❸ zich ontdoen van **II** wederk zich verlagen

weg·gris·sen ww [griste weg, h. weggegrist] vlug, handig wegpakken

weg·ha·len ww [haalde weg, h. weggehaald] van zijn plaats halen, verwijderen ★ inf bij haar is alles weggehaald bij haar zijn de baarmoeder en de eierstokken verwijderd

weg·heb·ben ww [had weg, h. weggehad] thans als twee woorden geschreven: weg hebben; zie bij → **weg²**

weg·helft de [-en] rijbaan of rijbanen aan één zijde van de weg: ★ de chauffeur raakte op de linkerweghelft

weg·hel·pen ww [hielp weg, h. weggeholpen] het nodige verrichten, opdat iem. vertrekken kan

weg·hou·den ww [hield weg, h. weggehouden]
❶ verborgen houden ❷ verwijderd houden: ★ de menigte werd van de hooggeplaatste gast weggehouden

weg·ja·gen ww [jaagde of joeg weg, h. weggejaagd] verdrijven

weg·ka·pen ww [kaapte weg, h. weggekaapt] gappen

weg·kij·ken ww [keek weg, h. weggekeken] ★ iem. ~ zo aankijken dat hij neiging krijgt om weg te gaan

weg·ko·men ww [kwam weg, is weggekomen]
❶ wegraken ❷ zijn weg vinden, ergens uit raken ★ goed ~ a) maatschappelijk goed terechtkomen; b) zonder (al te) nadelige gevolgen een netelige situatie doorstaan ❸ verdwijnen: ★ maak dat je wegkomt!

weg·ko·pen ww [kocht weg, h. weggekocht] ❶ iets kopen wat een ander wel zou willen hebben ❷ ★ iem. ~ iem. door een gunstige financiële aanbieding verleiden een betrekking te aanvaarden (en daarvoor een andere op te geven)

weg·krui·pen ww [kroop weg, is weggekropen]
❶ kruipend weggaan ❷ zich verbergen

weg·krui·sing de (v) [-en] plaats waar wegen elkaar kruisen

weg·kwij·nen ww [kwijnde weg, is weggekwijnd] steeds zieker en zwakker worden: ★ ~ van verdriet; **wegkwijning** de (v)

weg·kwijn·ziek·te de (v) bep. besmettelijke varkensziekte met als symptomen o.a. koorts, diarree en sterke vermagering

weg·la·chen ww [lachte weg, h. weggelachen] door lachen als onbelangrijk voorstellen: ★ bezwaren ~

weg·la·ten ww [liet weg, h. weggelaten] ❶ laten gaan ❷ niet schrijven of niet lezen, overslaan: ★ een woord ~; **weglating** de (v) [-en]

weg·la·tings·te·ken het [-s] hooggeplaatste komma om aan te geven dat een gedeelte van een woord weggelaten is, bijv in: 't gaat wel of z'n schoenen

weg·leg·gen ww [legde weg, h. weggelegd] ❶ op zijn plaats leggen ❷ als spaargeld opzij leggen
❸ bestemmen ★ zoiets is niet voor iedereen weggelegd niet iedereen kan dat bereiken

weg·lei·den ww [leidde weg, h. weggeleid] wegvoeren onder bewakend geleide

weg·lig·ging de (v) wijze waarop een rijdende auto op de weg ligt: ★ vaste ~

weg·loop·huis het [-huizen] NN tehuis waarin weggelopen jongeren worden opgevangen

weg·lo·pen ww [liep weg, is weggelopen] ❶ het huis verlaten zonder de bedoeling terug te keren: ★ zijn dochter is vorige week weggelopen ❷ (zonder toestemming) zich verwijderen: ★ hij is demonstratief op die vergadering weggelopen
❸ wegvloeien ❹ sp een voorsprong krijgen op de tegenstander ❺ ★ NN, fig met iem. ~ ingenomen zijn met iem., zeer positief gestemd zijn over iem.

weg·maai·en ww [maaide weg, h. weggemaaid]
❶ door maaien verwijderen ❷ fig in grote hoeveelheden doen vallen of sterven; zie ook bij → **gras**

weg·ma·ken I ww [maakte weg, h. weggemaakt]
❶ uitwissen ❷ kwijt maken ❸ onder narcose brengen **II** wederk haastig weggaan

weg·mar·ke·ring de (v) [-en] verkeersaanwijzingen op het wegdek

weg·mof·fe·len ww [moffelde weg, h. weggemoffeld] stilletjes verbergen

weg·ne·men ww [nam weg, h. weggenomen] ❶ van zijn plaats nemen ★ weggenomen worden sterven
❷ pakken; stelen ❸ ongedaan maken: ★ dat neemt niet weg dat er veel fouten gemaakt zijn; **wegneming** de (v)

weg·om·leg·ging de (v) [-en] plaats waar het verkeer tijdelijk van richting veranderen moet

weg·pak·ken I ww [pakte weg, h. weggepakt] wegnemen, stelen **II** wederk NN ervandoor gaan: ★ pak je weg!

weg·pes·ten ww [pestte weg, h. weggepest] inf: ★ iem. ~ zodanig treiteren dat hij moet weggaan

weg·pin·ken ww [pinkte weg, h. weggepinkt] met de pink wegvegen: ★ een traan ~

weg·pi·raat de (m) [-raten] zeer roekeloze weggebruiker

weg·pra·ten ww [praatte weg, h. weggepraat] ❶ door praten ertoe brengen weg te gaan ❷ door praten als nietig voorstellen: ★ die fout laat zich niet ~

weg·pro·mo·ve·ren ww [promoveerde weg, h. weggepromoveerd] iem. door schijnbare verhoging in rang verwijderen uit een werkkring waar hij niet langer gewenst is

weg·re·de·ne·ren ww [redeneerde weg, h. weggeredeneerd] door redeneren als nietig voorstellen: ★ bezwaren ~

weg·ren·nen ww [rende weg, is weggerend] snel weglopen

weg·ren·ner de (m) [-s] wielrenner op de weg

weg·res·tau·rant [-toorã, -toorant] het [-s] restaurant aan of over een grote verkeersweg

weg·rij·den ww [reed weg, is weggereden] rijdende vertrekken

weg·roe·pen ww [riep weg, h. weggeroepen] van zijn plaats roepen

weg·roes·ten ww [roestte weg, is weggeroest] door roest vergaan

weg·rot·ten ww [rotte weg, is weggerot] door verrotting vergaan

weg·rui·men ww [ruimde weg, h. weggeruimd] ❶ opbergen, opruimen ❷ uit de weg ruimen

weg·ruk·ken ww [rukte weg, h. weggerukt] ❶ door rukken verwijderen ❷ fig (plotseling) uit het leven wegnemen: ★ *de dood heeft hem weggerukt*

weg·sa·ne·ren ww [saneerde weg, h. weggesaneerd] ‹m.b.t. een bedrijf, instelling e.d.› orde scheppen en bezuinigen door opheffing van onderdelen en / of door personeel te laten afvloeien

weg·schen·ken ww [schonk weg, h. weggeschonken] als geschenk weggeven

weg·sche·ren I ww [schoor weg, h. weggeschoren] door scheren verwijderen: ★ *de haren in de nek* ~ **II** wederk [scheerde weg, h. weggescheerd] snel weggaan: ★ *scheer je weg!*

weg·scheu·ren ww [scheurde weg, h. & is weggescheurd] ❶ door afscheuren verwijderen ❷ met grote snelheid wegrijden

weg·schie·ten ww [schoot weg, h. & is weggeschoten] ❶ door schieten verwijderen: ★ *de bal* ~ ❷ snel weggaan of opzij gaan, zich snel verbergen: ★ *ze schoot weg toen ze haar vader zag binnenkomen*

weg·schrap·pen ww [schrapte weg, h. weggeschrapt] ❶ door schrappen verwijderen ❷ doorstrepen

weg·schrij·ven ww [schreef weg, h. weggeschreven] comput gegevens overbrengen van het centrale geheugen naar een extern geheugen (disk, diskette enz.)

weg·schui·len ww [schuilde weg, is weggeschuild of school weg, is weggescholen] zich verbergen

weg·slaan ww [sloeg weg, h. & is weggeslagen] ❶ door slaan verwijderen; door hevige kracht van zijn plaats doen gaan: ★ *de storm heeft enige dakpannen weggeslagen* ❷ door hevige kracht van zijn plaats gaan: ★ *enige dakpannen sloegen tijdens de storm weg* ★ *ergens niet weg te slaan zijn* schertsend er zeer graag en langdurig willen blijven

weg·sle·pen ww [sleepte weg, h. weggesleept] ❶ slepend meenemen: ★ *een verkeerd geparkeerde auto* ~ ❷ fig: ★ *ergens de overwinning* ~ ergens de overwinning behalen

weg·slik·ken ww [slikte weg, h. weggeslikt] ❶ (met enige moeite) doorslikken ❷ fig (een emotie) met enige moeite beheersen of overwinnen: ★ *zijn verontwaardiging* ~

weg·slui·pen ww [sloop weg, is weggeslopen] sluipend verdwijnen

weg·slui·ten ww [sloot weg, h. weggesloten] achter slot opbergen

weg·smel·ten ww [smolt weg, is weggesmolten] door smelten verdwijnen ★ ~ *als sneeuw voor de zon* opraken, snel verdwijnen ★ ~ *in tranen* hevig huilen

weg·snel·len ww [snelde weg, is weggesneld] hard weglopen

weg·snoe·pen ww [snoepte weg, h. weggesnoept] stiekem, op een listige manier bemachtigen of veroveren: ★ *iems. meisje, baantje* ~

weg·spe·len ww [speelde weg, h. weggespeeld] overtroeven in sport of spel: ★ *AC Milan werd helemaal weggespeeld door PSV*

weg·spoe·len ww [spoelde weg, h. & is weggespoeld] ❶ door spoelen verwijderen; spoelende inslikken; fig door alcohol drinken trachten te vergeten: ★ *zijn zorgen* ~ ❷ door water weggevoerd worden: ★ *het duinzand spoelt weg*

weg·ste·ken I ww [stak weg, h. weggestoken] ❶ met een scherp voorwerp stekend verwijderen ❷ opbergen: ★ *zijn portefeuille* ~ ❸ BN ook, spreektaal verbergen, verstoppen, niet laten blijken, maskeren: ★ *zijn gevoelens goed kunnen* ~ **II** wederk ❶ zich verbergen, wegkruipen ❷ zich verschuilen, zijn gedachten, opvattingen e.d. verbergen

weg·stem·men ww [stemde weg, h. weggestemd] door → **stemming** (bet 1) ongewenst of ongeschikt verklaren: ★ *een wetsvoorstel* ~

weg·ster·ven ww [stierf weg, is weggestorven] langzaam verzwakken: ★ *wegstervend geluid*

weg·stop·pen ww [stopte weg, h. weggestopt] ❶ opbergen op een moeilijk te vinden plaats ❷ ‹gevoelens, gedachten e.d.› verdringen

weg·stui·ven ww [stoof weg, is weggestoven] ❶ ergens anders heen stuiven ❷ zich met grote snelheid verwijderen

weg·stu·ren ww [stuurde weg, h. weggestuurd] ❶ verzenden ❷ bevelen weg te gaan ❸ niet te woord staan ❹ ontslaan

weg·te·ren ww [teerde weg, is weggeteerd] langzamerhand vermageren en verzwakken

weg·tik·ken ww [tikte weg, h. weggetikt] ❶ door tikken verwijderen ❷ voetbal op gemakkelijke, speelse wijze overwinnen: ★ *EDO werd weggetikt*

weg·trek·ken ww [trok weg, h. & is weggetrokken] ❶ trekkend verplaatsen ❷ weggaan; ❸ ‹m.b.t. mist› optrekken ❹ plotseling alle kleur uit het gelaat verliezen

weg·va·gen ww [vaagde weg, h. weggevaagd] ❶ radicaal doen verdwijnen: ★ *de aardbeving heeft het hele stadscentrum weggevaagd* ❷ ‹een indruk, herinnering› uitwissen

weg·vak het [-ken] weggedeelte

weg·val·len ww [viel weg, is weggevallen] weggelaten zijn; niet meer aanwezig of niet meer beschikbaar zijn, verdwijnen: ★ *er is een regel weggevallen* ★ *de beeldverbinding met Peking valt steeds weg*

weg·ve·gen ww [veegde weg, h. weggeveegd] door vegen verwijderen

weg·ver·keer het verkeer op de weg

weg·ver·voer het vervoer over de weg

weg·vlie·gen ww [vloog weg, is weggevlogen] ❶ zich

vliegend verwijderen ❷ fig zich zeer snel verwijderen
weg·vloei·en *ww* [vloeide weg, is weggevloeid] vloeiende verdwijnen
weg·voe·ren *ww* [voerde weg, h. weggevoerd] ❶ ergens anders heen brengen ❷ vooral BN, hist deporteren; **wegvoering** *de (v)* [-en]
weg·vre·ten *ww* [vrat weg, h. weggevreten] ❶ ‹bladeren, gras› vretende verwijderen ❷ fig doen vergaan
weg·waai·en *ww* [waaide weg *of* woei weg, is weggewaaid] door de wind weggeblazen worden
weg·wed·strijd *de (m)* [-en] wielerwedstrijd op de openbare weg
weg·wer·ken *ww* [werkte weg, h. weggewerkt] doen verdwijnen: ★ *een breuk* ~ ★ *iem. uit zijn positie* ~
weg·wer·ker *de (m)* [-s] iem. die aan een weg of spoorweg werkt
weg·werp- *als eerste lid in samenstellingen* ❶ om aan te geven dat de door het zelfstandig naamwoord genoemde zaak bestemd is voor eenmalig gebruik: *wegwerpcamera, wegwerpverpakking* ❷ ‹bij flessen› zonder statiegeld; *vgl*: → **weggooi-**
weg·wer·pen *ww* [wierp weg, h. weggeworpen] ❶ weggooien ❷ fig met nadruk verwerpen
weg·werp·ge·baar *het* [-baren] armgebaar waarmee men zijn misnoegen te kennen geeft, door met een lege hand net te doen alsof men iets weggooit
weg·we·zen! *tsw* vooral NN bevel tot iem. om zich te verwijderen
weg·wijs *bn* de weg, manier wetend: ★ *iemand* ~ *maken*
weg·wij·zer *de (m)* [-s] ❶ richtingpaal, richtingbord ❷ reishandleiding: ★ *een* ~ *voor Corsica* ❸ iem. die de weg wijst, gids
weg·wis·sen *ww* [wiste weg, h. weggewist] wegvegen
weg·wui·ven *ww* [wuifde weg, h. weggewuifd] gemakkelijk → **wegpraten** (bet 2), luchthartig terzijde schuiven: ★ *bezwaren* ~
weg·zak·ken *ww* [zakte weg, is weggezakt] ❶ verzakken: ★ *de kademuur is weggezakt* ❷ fig ergens tijdelijk met zijn aandacht niet bij zijn: ★ *bij dat saaie betoog zakte ik steeds weg* ★ *de schoolkennis is langzamerhand weggezakt* verloren gegaan
weg·zen·den *ww* [zond weg, h. weggezonden] wegsturen
weg·zet·ten *ww* [zette weg, h. weggezet] ❶ opzij zetten, ergens (anders) neerzetten: ★ *een stoel* ~ ★ *de spits werd door de verdediger weggezet* opzij geduwd ❷ (weer) op zijn plaats zetten: ★ *de kopjes in de kast* ~ ❸ NN belachelijk maken, kleinerend behandelen: ★ *hij werd daar even lelijk weggezet* ❹ beleggen, op rente zetten: ★ *een kapitaaltje* ~ *tegen 6%* ❺ NN verkopen: ★ *we konden duizend van die fietsen* ~ ❻ verslaan: ★ *Ajax werd met 8-0 weggezet*
weg·zin·ken *ww* [zonk weg, is weggezonken] zinkend verdwijnen: ★ *in een moeras* ~
weg·zui·gen *ww* [zoog weg, h. weggezogen] ❶ door

zuigen verplaatsen ❷ fig tot zich trekken (door verlokkelijke aanbiedingen): ★ *personeel* ~
Wehr·macht [weer-] *(‹Du) de (v)* militaire macht, leger, vooral die van Duitsland
wei¹ [-den], **wei·de** *de* [-n, -s] grasland
wei² *de* ❶ wat van de melk overblijft na afscheiding van de kaasstof ❷ bloedwei
wei·bo·ter *de* boter uit → **wei²** (bet 1) bereid
wei·de *de* [-n] → **wei¹**
wei·de·boer *de (m)* [-en] veeboer
wei·de·bouw *de (m)* het exploiteren van grasland
wei·de·grond *de (m)* [-en] ❶ grasland ❷ grond die daarvoor geschikt is
wei·de·lijk *bn* volgens de ongeschreven regels van fatsoen en sportiviteit bij het jagen: ★ ~ *jagen* ★ *een* ~ *jager*
wei·de·mo·len·tje *het* [-s] NN aanbrengertje
wei·den *ww* [weidde, h. geweid] ❶ grazen ❷ laten grazen: ★ *de boer weidt de koeien* ❸ fig (genietend) rondgaan: ★ *het oog laten* ~ *over het landschap*
wei·de·vo·gel *de (m)* [-s] vogel die in weiden nestelt
wei·de·win·kel *de (m)* [-s] NN grote supermarkt die buiten de bebouwde kom van een grote stad is gevestigd
weids *bn* groots, luisterrijk: ★ *weidse titels* ★ *een* ~ *gebaar* ★ *een* ~ *uitzicht*
wei·fe·laar *de (m)* [-s] iem. die weifelt
wei·fe·len *ww* [weifelde, h. geweifeld] aarzelen, geen besluit kunnen nemen; **weifeling** *de (v)* [-en]
wei·fel·moe·dig *bn* NN aarzelend, besluiteloos; **weifelmoedigheid** *de (v)*
wei·ge·lia *(‹Lat) de* ['s] in Oost-Azië groeiende kamperfoelieachtige sierheester met rode bloempjes, het geslacht *Weigelia*
wei·ge·raar *de (m)* [-s] iem. die weigert
wei·ger·ach·tig *bn* weigerend: ★ *een* ~ *antwoord geven* ★ *een weigerachtige houding aannemen*
wei·ge·ren *ww* [weigerde, h. geweigerd] ❶ afslaan; niet willen: ★ *een verzoek* ~ ★ *hij weigerde te vertrekken* ❷ de gewone werking niet verrichten: ★ *een motor weigert wel eens* ❸ ‹van paarden› niet over een hindernis willen springen
wei·ge·ring *de (v)* [-en] het weigeren
weight·watch·er [weetwotsjə(r)] *(‹Eng) de* [-s] iem. die probeert in clubverband af te slanken
weih·nachts·markt [wai-] *(‹Du) de* [-e] NN kerstmarkt
wei·kaas *de (m)* [-kazen] kaas van → **wei²** (bet 1)
Weil *zn* [wail:] ★ *ziekte van* ~ naar de ontdekker, de Duitse internist A. Weil (1848-1916) genoemde infectieziekte, veroorzaakt door spirocheten (*Leptospira icterohaemorrhagia*), op mensen overgebracht door rattenurine
wei·land *het* [-en] grasland
wei·land·win·kel *de (m)* [-s] NN weidewinkel
wei·nig I *telw* een geringe hoeveelheid, een gering aantal: ★ *hij heeft* ~ *geld* ★ *er waren maar* ~ *mensen* **II** *bijw* niet vaak, zelden: ★ *ik zie haar* ~ **III** *het* NN een beetje: ★ *ze wilde een* ~ *suiker in de koffie* ; zie

ook: → **minder** en → **minst**
wei·nig·zeg·gend *bn* niet veel uitdrukkend, weinig overtuigend
weir·do [wie(r)-] *(‹Eng› de (m)* [-'s] inf zich vreemd gedragend, beetje eng persoon
weit *de* NN tarwe
wei·tas *de* [-sen] jagerstas
wei·vlies *het* [-vliezen] vlies dat een inwendig orgaan in borst- of buikholte omgeeft
wek·ami·nen *mv* opwekkende middelen, die tot verslaving kunnen leiden, pep, speed
we·ke·lijk *bn* slap, al te teer; **wekelijkheid** *de (v)*
we·ke·lijks *bn* ❶ per week ❷ elke week
we·ken¹ *ww* [weekte, h. & is geweekt] ❶ week maken met een vloeistof, vooral water; zie ook bij → **boon** ❷ week worden door invloed van een vloeistof
we·ken² *ww verl tijd meerv van* → **wijken**
wek·ken *ww* [wekte, h. gewekt] ❶ wakker maken ❷ opwekken, doen ontstaan: ★ *belangstelling ~*
wek·ker *de (m)* [-s] ❶ iem. die wekt ❷ uurwerk dat op een tevoren ingesteld tijdstip een signaal geeft, vooral bedoeld om iem. wakker te maken: ★ *de ~ op zeven uur zetten*
wek·ker·klok *de* [-ken] → **wekker** (bet 2)
wek·ker·ra·dio *de (m)* ['s] radio die gaat spelen of een weksignaal geeft op een vooraf ingesteld tijdstip
wek·roep *de (m)* [-en], **wek·stem** *de* [-men] roepstem, aanmanende stem
wel¹ I *bijw* ❶ vooral NN in orde, goed: ★ *hij voelde zich niet ~ als ik het ~ heb als ik me niet vergis* ★ *~ bij zijn hoofd zijn* niet goed wijs ❷ ter bevestiging, het tegengestelde van *niet*: ★ *hij is er ~* ★ *ik lust geen appels, maar ~ peren* ❸ waarschijnlijk: ★ *hij zal ~ niet komen* ★ *denk je ~?* ❹ ter versterking: ★ *~ neen* ★ vooral NN *zeg dat ~ gezegd* om instemming te betuigen ★ vooral BN *~ integendeel integendeel* ★ *~ ja* toch wel ❺ ‹bij getallen, maten enz.› niet minder dan: ★ *~ honderd* ★ *~ een uur lang* ★ *ik heb het ~ tien keer gezegd* ★ *ik kom er ~ eens* een enkele keer, soms ❻ ter nuancering of ter bestrijding van een (mogelijke) tegenwerping: ★ *echt ~* ★ *best ~* ★ *toch ~* ★ *ik vind het ~ meevallen* ❼ nogal, een beetje: ★ *de film was (best) ~ aardig* ★ *het gaat ~ het gaat niet erg goed* ❽ *~ en ~ nader aangeduid, te weten*: ★ *een Nederlandse schilder, en ~ Rembrandt* ❾ ★ vooral NN *laten we ~ wezen / zijn* laten we eerlijk toegeven II *tsw* ❶ ★ *~, wat is er van je dienst?* ★ *~, ~, wat een grote jongen!* ❷ ter uitdrukking van een (ontkennende) vraag: ★ *je bent nog niet klaar, ~?* III *het* welzijn, voorspoed: ★ *~ en wee*
wel² *de* [-len] bron
wel·aan *tsw* komaan!
wel·be·dacht *bn* goed overdacht, rijpelijk overwogen
wel·be·gre·pen *bn* goed begrepen: ★ *het ~ belang*
wel·be·haag·lijk *bn* genoeglijk, gezellig
wel·be·ha·gen *het* ❶ goedvinden ❷ genoegen
wel·be·kend *bn* goed bekend, algemeen bekend

wel·be·klant *bn* met veel klanten: ★ *een welbeklante winkel*
wel·be·mind *bn* zeer geliefd
wel·be·ra·den *bn* goed overdacht: ★ *een ~ plan*
wel·be·reid *bn* goed toebereid: ★ *een welbereide maaltijd*
wel·be·schouwd *bijw* alles goed bekeken hebbend: ★ *~ komen de verkiezingsprogramma's van de grote partijen grotendeels overeen*
wel·be·spraakt, **wel·be·spraakt** *bn* veel en vlug pratend, goed kunnende praten: ★ *een welbespraakte tante*
wel·be·steed *bn* goed besteed: ★ *een welbestede dag*
wel·be·zocht *bn* ❶ ‹van een winkel› welbeklant; ❷ ‹van een vergadering› druk bezocht
wel·daad *de* [-daden] ❶ menslievende daad ❷ iets wat goeddoet: ★ *een glas fris water is een ~*
wel·da·dig *bn* ❶ liefdadig ❷ heilzaam
wel·da·dig·heid *de (v)* [-heden] liefdadigheid
wel·da·dig·heids·con·cert *het* [-en] concert waarvan de opbrengst voor een liefdadig doel bestemd is
wel·den·kend *bn* redelijk denkend: ★ *ieder ~ mens zou het hiermee eens zijn*
wel·doen *ww* [deed wel, h. welgedaan] goeddoen, liefdadigheid uitoefenen ★ *doe wel en zie niet om* doe het goede, maar niet om er dank voor te hebben
wel·doe·ner *de (m)* [-s], **wel·doen·ster** *de (v)* [-s] iem. die weldaden bewijst
wel·door·dacht *bn* goed overdacht: ★ *een ~ plan*
wel·door·tim·merd *bn* NN degelijk geconstrueerd, goed doordacht: ★ *een ~ betoog*
wel·door·voed *bn* goed gevoed
wel·dra *bijw* spoedig, binnenkort: ★ *~ wordt het zomer*
Weled. *afk* NN Weledele
wel·edel *bn* NN titel van burgers zonder bijzondere functie of hoedanigheid: ★ *Weledele Heer* [steeds minder gebruikelijk]
wel·edel·ge·bo·ren *bn* NN titel van leraren zonder academische titel, studenten, burgers van enig aanzien: ★ *Weledelgeboren Heer, Vrouwe* [steeds minder gebruikelijk]
wel·edel·ge·leerd *bn* NN titel van afgestudeerde academici (doctorandi): ★ *Weledelgeleerde Heer, Vrouwe* [steeds minder gebruikelijk]
wel·edel·ge·streng *bn* NN titel van afgestudeerde academici (meesters en ingenieurs), notarissen, burgemeesters van kleine gemeenten, luitenants en kapiteins, ambtenaren in de rang van hoofdcommies, commies en adjunct-commies, attachés van ambassades en gezantschappen, leden van Provinciale Staten, commissarissen van politie: ★ *Weledelgestrenge Heer, Vrouwe* [steeds minder gebruikelijk]
wel·edel·zeer·ge·leerd *bn* NN titel van afgestudeerde academici (doctores): ★ *Weledelzeergeleerde Heer, Vrouwe* [steeds minder gebruikelijk]

wel·eens *bijw* een keer, eens
wel·eer *bijw* schrijftaal vroeger: ★ *de dagen van ~*
Wel·eerw. *afk* NN Weleerwaarde
wel·eer·waard *bn* NN titel van rabbijnen, paters, kapelaans en predikanten: ★ *Weleerwaarde Heer*
wel·fare [-f(r)] *(‹Eng› de)* ❶ welzijn ❷ maatschappelijke verzorging
welf·sel *het* [-s, -en] gewelf
wel·gaan *ww* [ging wel, is welgegaan] voorspoedig gaan: ★ *het ga je wel*
wel·ge·aard *bn* fatsoenlijk, braaf
wel·ge·bouwd *bn* met een goed gevormd lichaam
wel·ge·daan, **wel·ge·daan** *bn* er gezond en weldoorvoed uitziend
wel·ge·ko·men *bn* BN ook aangenaam, geapprecieerd: ★ *een ~ nieuwe aanpak*
wel·ge·ko·zen *bn* passend gekozen: ★ *in enige ~ woorden*
wel·ge·le·gen *bn* ‹van een gebouw› gunstig gelegen: ★ *een ~ villa*
wel·ge·maakt, **wel·ge·maakt** *bn* goed gevormd; **welgemaaktheid** *de (v)*
wel·ge·ma·nierd *bn* met goede manieren; **welgemanierdheid** *de (v)*
wel·ge·meend *bn* oprecht gemeend
wel·ge·moed *bn* opgewekt, in goede stemming
wel·ge·scha·pen *bn* zonder lichaamsgebreken
wel·ge·steld, **wel·ge·steld** *bn* bemiddeld, tamelijk rijk; **welgesteldheid** *de (v)*
wel·ge·teld *bijw* precies geteld ★ *er was ~ één persoon op komen dagen niet meer dan, slechts*
wel·ge·val·len I *het* welbehagen; ★ *met ~ naar iets kijken* II *ww* ★ *zich laten ~* zich laten aandoen, zich niet verzetten tegen: ★ *zich beledigingen laten ~*
wel·ge·val·lig *bn* aangenaam, naar iems. zin
wel·ge·vormd *bn* goed gevormd
wel·ge·zind *bn* van goede gezindheid, gunstig gezind: ★ *een politieke beweging ~ zijn*
wel·haast, **wel·haast** *bijw* vooral NN bijna: ★ *een ~ onmogelijke taak*
we·lig *bn* ❶ ‹van groei› rijkelijk, krachtig ★ *~ tieren* zeer goed groeien ❷ rijk begroeid, vruchtbaar: ★ *welige grond*
wel·in·ge·licht *bn* goed ingelicht: ★ *uit doorgaans welingelichte kringen, bronnen*
wel·is·waar, **wel·is·waar** *bijw* dat moet toegegeven worden: ★ *hij is ~ mijn vriend, maar toch...*
wel·ja *tsw* ❶ versterking van ja: ★ *~!* ❷ ook: iron verongelijkte uiting van verbazing
welk, **wel·ke** I *vragend vnw* ★ *welke jas is van u?* II *zelfst betr vnw* in stijf ambtelijk taalgebruik: ★ *de taal welke men spreekt* III *bijvoeglijk betr vnw* meer gebruikelijk: ★ *Duits en Nederlands, welke talen nauw verwant zijn enz.* IV *onbep vnw* ★ *~ ook of onverschillig ~ of om het even ~ het doet er niet toe welk(e):* ★ *welk gerecht je ook kookt, het smaakt me altijd*
wel·ken *ww* [welkte, is gewelkt] verwelken

wel·kom I *bn* ❶ gelegen komend, graag ontvangen wordend: ★ *iem. ~ heten* ❷ aangenaam, graag gezien: ★ *een welkome afwisseling* ★ *een welkome gast* ★ *altijd ~ zijn bij iem.* altijd bij iem. op bezoek kunnen komen II *tsw* groet bij het binnenkomen: ★ *~, St.-Nicolaas* ★ *~ thuis!* III *het* welkomstgroet: ★ *een hartelijk ~ toeroepen*
wel·komst *de (v)* onthaal, begroeting
wel·komst·groet *de (m)* [-en] groet ter verwelkoming
wel·komst·lied *het* [-eren] lied ter verwelkoming
wel·komst·woord *het* [-en] korte toespraak waarmee men iem. verwelkomt
wel·len *ww* [welde, is & h. geweld] ❶ opborrelen ❷ ‹v. rozijnen, gedroogde vruchten› zacht worden en opzwellen in water ❸ ‹rozijnen, gedroogde vruchten› in water doen opzwellen en zacht laten worden
wel·les *tsw* kindertaal (het is) wel waar; *tegengest:* → **nietes**
wel·le·tjes *bijw* inf goed, genoeg, voldoende: ★ *het is nu weer eens ~*
wel·le·vend *bn* van goede omgangsvormen, beschaafd; **wellevendheid** *de (v)*
wel·licht *bijw* misschien
well·ness [-nəss] *(‹Eng› de)* ❶ concept van gezond en luxueus leven, eten, reizen, waarin sauna's, kuuroorden en fitnesscentra een belangrijke rol spelen ❷ producten en diensten die met dit concept samenhangen
wel·lui·dend *bn* aangenaam klinkend; **welluidendheid** *de (v)*
wel·lust *de (m)* [-en] zinnelijk genot
wel·lus·te·ling *de (m)* [-en] iem. die belust is op zinnelijk genot
wel·lus·tig *bn* belust op zinnelijk genot
wel·me·nend, **wel·me·nend** *bn* het goed menend, met goede bedoelingen
wel·nee *tsw* versterking van nee
wel·ne·men *het* goedvinden ★ *met uw ~ als u er niets op tegen hebt*
wel·nu *tsw* nu dan, gezegd voordat men een conclusie laat horen: ★ *~, ik ben bereid deel te nemen*
wel·op·ge·voed, **wel·op·ge·voed** *bn* een goede opvoeding genoten hebbend
wel·over·wo·gen *bn* goed overwogen, goed overdacht: ★ *een ~ besluit*
welp [-ɛp] I *de (m) & het* jong van katachtige dieren, vooral leeuwen II *de (m)* jongen van 7-11 jaar bij scouting III *de (m)* jeugdige beoefenaar van een wedstrijdsport (7 t/m 11 jaar)
wel·pomp *de* [-en] pomp om welwater op te pompen
wel·put *de (m)* [-ten] put voor welwater
wel·rie·kend *bn* aangenaam van geur; **welriekendheid** *de (v)*
Welsh [welsj] *(‹Eng›)* I *bn* van, uit, betreffende Wales ★ *~ terriër* ras van terriërs uit Wales, Sealyhamterrier II *het* oorspronkelijke Keltische taal van Wales

Welshman [welsjmən] *(‹Eng) de (m)* [-men] iem. geboortig of afkomstig uit Wales
wel·sla·gen *het* goede afloop
wel·sma·kend, wel·sma·kend *bn* goed smakend
wel·spre·kend *bn* ❶ mooi, goed kunnende spreken (in het openbaar) ❷ met kracht, met overtuiging: ★ *een ~ getuigenis*
wel·spre·kend·heid *de (v)* het welsprekend-zijn (→ **welsprekend**, bet 1)
wel·stand *de (m)* ❶ voorspoedige omstandigheden: ★ *in ~ leven* ❷ (goede) gezondheid: ★ *naar iems. ~ vragen* ❸ een aan eisen van schoonheid beantwoordend voorkomen van nieuwe bouwwerken
wel·stands·com·mis·sie *de (v)* [-s] in Nederland gemeentelijke commissie die te realiseren bouwwerken beoordeelt op uiterlijk, materiaalgebruik, kwaliteit, passendheid binnen de omgeving e.d.
wel·stands·grens *de* [-grenzen] NN, hist ziekenfondsgrens
wel·stel·lend *bn* BN ook welgesteld, bemiddeld, gegoed: ★ *welstellende burgers*
wel·ter·ge·wicht *het* gewichtsklasse van boksers van 60 tot 71 kg (tussen lichtgewicht en middengewicht)
wel·te·rus·ten *tsw* vooral NN groet waarmee men iemand een goede nachtrust toewenst
wel·te·vre·den *bn* in rustige, tevreden gemoedsstemming
welt·schmerz [-sjmerts] *(‹Du) de* onbestemd verdriet om het leven, spleen
wel·vaart *de* maatschappelijke voorspoed, vooral in materiële zin
wel·vaarts·staat *de (m)* [-staten] staat waarin alle burgers een behoorlijke maatschappelijke welstand genieten
wel·vaarts·vast *bn* ★ *~ pensioen* dat in vaste verhouding staat tot het algemene peil van lonen en prijzen
wel·vaarts·ver·schijn·sel *het* [-en] verschijnsel, vooral ongewenst maatschappelijk verschijnsel, dat vaak voorkomt bij een hoog welvaartspeil, zoals drugsverslaving, vandalisme, vetzucht e.d.
wel·va·ren I *het* ❶ voorspoed ❷ NN gezondheid: ★ *Hollands ~* iemand die er gezond en blozend uitziet **II** *ww* [voer wel, is welgevaren] voorspoedig zijn, gezond zijn ★ *daar zijn we wel bij gevaren* daar hebben we voordeel van gehad
wel·va·rend *bn* gezond, voorspoedig, bemiddeld
wel·ven *wederk* [welfde, h. gewelfd] boogvormig zijn
wel·ver·diend *bn* ten volle verdiend: ★ *een welverdiende rust*
wel·ver·sne·den *bn* ★ *een ~ pen* fig een zeer goede (schrijf)stijl
wel·ving *de (v)* [-en] gebogen vorm, ronding
wel·voeg·lijk *bn* betamelijk, overeenkomstig de goede zeden; **welvoeglijkheid** *de (v)*
wel·voor·zien *bn* goed voorzien: ★ *een welvoorziene dis*
wel·wa·ter *het* uit de grond opkomend water
wel·wil·lend *bn* goed gezind, vriendelijk, tegemoetkomend: ★ *een verzoek ~ bestuderen*; **welwillendheid** *de (v)*
wel·za·lig *bn* gelukkig, gelukzalig
wel·zand *het* drijfzand
wel·zijn *het* ❶ voorspoed, gezondheid: ★ *voor het ~ van de kinderen* ★ *bij leven en ~* gezegd bij een afspraak voor een niet te nabije toekomst ❷ het ervaren van voldoening in de eigen levenssituatie: ★ *werken voor het ~* ★ *onder werkloze jongeren*
wel·zijns·werk *het*, **wel·zijns·zorg** *de* sociaal-culturele of maatschappelijk werk ter bevordering van het welzijn
wel·zijns·wer·ker *de (m)* [-s] iem. die werkzaam is in het welzijnswerk
we·me·len *ww* [wemelde, h. gewemeld] steeds door elkaar bewegen ★ *~ van* vol zijn met: ★ *het wemelde er van de steekvliegjes*
wend·baar *bn* gemakkelijk kunnende draaien: ★ *een ~ vliegtuig*; **wendbaarheid** *de (v)*
Wen·de *(‹Du) de* politieke omwenteling in Oost-Europa na de val van de Berlijnse Muur (1989), waardoor de communistische regimes tot aftreden gedwongen werden
wen·den *ww* [wendde, h. gewend] draaien, keren ★ *zich tot iemand ~* zich tot hem richten ★ *hoe je het ook wendt of keert* van welke kant je het ook bekijkt
wen·ding *de (v)* [-en] ❶ draaiing, verandering, ommekeer: ★ *een andere ~ aan het gesprek geven* ★ *de ziekte nam een ~* ★ *een gunstige ~ nemen* veranderen ten gunste ❷ zinswending
we·nen *ww* [weende, h. geweend] NN, form; BN huilen
We·ner I *de (m)* [-s] inwoner van Wenen **II** *bn* Weens
we·ner *de (m)* [-s] ★ NN *harde ~* harde, kruimelige gebaksoort
wen·gé *het* uit Congo-Kinshasa afkomstige zware houtsoort, bruin tot zwart van kleur
wenk *de (m)* [-en] ❶ gebaar waarmee men iem. iets te kennen geeft: ★ *iemand op zijn wenken bedienen* ❷ fig aanwijzing, tip: ★ *iem. een ~ geven* ★ *een stille ~* een waarschuwing in het geheim of een niet-rechtstreekse aanduiding, waaruit de ander zijn gevolgtrekkingen kan maken, hint
wenk·brauw *de* [-en] haarboog boven de ogen ★ *op zijn wenkbrauwen lopen* zeer vermoeid zijn
wenk·brauw·pot·lood *het* [-loden], **wenk·brauw·stift** *de* [-en] zacht soort potlood waarmee men de wenkbrauwen bijtekent en accentueert
wen·ken *ww* [wenkte, h. gewenkt] ❶ met een wenk een sein geven ❷ met een wenk roepen
wen·nen *ww* [wende, overg h., onoverg is gewend] ❶ gewoon maken: ★ *je moet hem eraan ~* ❷ gewoon raken: ★ *hij kan daar niet ~* ★ *het moet nog ~* ★ *het is even ~*
wens *de (m)* [-en] ❶ verlangen ★ *de ~ is de vader van de*

gedachte men houdt soms iets voor waar, omdat men het zo graag wil ★ *alles gaat naar ~ alles gaat zoals we dat hoopten* ★ *een ~ mogen doen* ❷ ⟨in sprookjes e.d.⟩ iets uitspreken wat men graag wil, waarna dit op bovennatuurlijke wijze uitkomt ★ *vrome wensen zie bij →* **vroom** ❸ heilwens, gelukwens: ★ *met de beste wensen*

wens·ba·by *de (m)* ['s] BN baby van **wensouders**

wens·droom *de (m)* [-dromen] ❶ droom waarin een wens tot uiting komt ❷ fig iets wat men vurig wenst (maar dat weinig kans op verwezenlijking heeft)

wen·se·lijk *bn* gewenst: ★ *verdere kostenstijgingen zijn niet ~*

wen·sen *ww* [wenste, h. gewenst] ❶ verlangen, willen ★ *het laat niets te ~ over* het is volmaakt in orde ❷ toewensen: ★ *iemand een gelukkig Nieuwjaar ~*

wens·kaart *de* [-en] sierlijke kaart om een gelukwens te zenden

wens·ou·ders *mv* BN ouders die een beroep doen op een draagmoeder om een kind te baren en die het kind nadien opvoeden

wen·te·len I *ww* [wentelde, h. & is gewenteld] draaien; rollen II *wederk* [wentelde, h. gewenteld] zich draaiend bewegen

wen·tel·teef·je *het* [-s] vooral NN sneetje brood in melk met eieren geweekt en in boter gebakken

wen·tel·trap *de (m)* [-pen] spiraalvormige trap

wen·tel·wiek *de* [-en] vero helikopter

werd *ww*, **werden** *verl tijd* van → **worden**

wer·da [weer-] ⟨Du⟩ *tsw* wie daar?; aanroep van een schildwacht

we·reld *de* [-en] ❶ de aarde en de mensen: ★ *voor niets ter ~* ★ *de Oude Wereld* Europa, Azië en Afrika ★ *de Nieuwe Wereld* Amerika; zie ook bij → **derde** ★ *de omgekeerde* (of *verkeerde*) *~* het omgekeerde van wat men verwacht ★ *de andere ~* het dodenrijk ★ *iem. naar de andere ~ sturen, helpen* hem ombrengen ★ *een kind ter ~ brengen* baren ★ *iets de ~ in sturen* het publiceren ★ *dat is uit de ~* dat is afgehandeld, opgelost, er wordt niet meer over gepraat ★ NN *tegen de ~ gaan* of *slaan* flauwvallen ★ *een ~ van verschil* een enorm verschil ❷ heelal: ★ *de schepping van de ~* ★ *er gaat een ~ voor je open* je zal geheel nieuwe onbekende ervaringen opdoen, je zal dingen zien waarvan je niet wist dat ze bestonden ❸ kringen, milieu: ★ *in de ~ van de kunstenaars* ❹ leven, samenleving: ★ *iets betekenen in de ~* ★ *door de ~ komen* zijn levensweg vinden ★ *een man / vrouw van de ~* iem. die zich overal thuis voelt, die met alle typen mensen kan omgaan ★ *niet van deze ~ zijn* te zweverige idealen koesteren ★ *de ~ dienen* weelde en genot najagen

We·reld·bank *de* Internationale Bank voor Herstel en Ontwikkeling, gesticht in 1946 door de Verenigde Naties

we·reld·beeld *het* ❶ voorstelling die men zich maakt van de wereld, bijv. of deze rond of plat is ❷ bij uitbreiding voorstelling over hoe de wereld is ingericht: ★ *een eurocentrisch ~*

we·reld·be·ker *de (m)* [-s] wereldcup

we·reld·be·roemd *bn* over de gehele wereld beroemd ★ *~ in Groningen (Amsterdam, Gent e.d.)* en omstreken schertsend slechts lokaal beroemd

we·reld·be·roemd·heid *de (v)* ❶ het wereldberoemd-zijn ❷ [*mv:* -heden] iem. die of iets wat wereldberoemd is

we·reld·be·schou·we·lijk *bn* met de wereldbeschouwing verband houdend

we·reld·be·schou·wing *de (v)* [-en] opvatting over de zin van het leven, godsdienstige of wijsgerige gezindheid

we·reld·bol *de (m)* [-len] aardbol, globe

we·reld·bond *de (m)* [-en] bond die leden over de hele wereld heeft

we·reld·brand *de (m)* fig oorlog tussen tal van volken

we·reld·bur·ger *de (m)* [-s] ❶ mens: ★ *de jonge ~* de pasgeborene ❷ iemand die zich overal op de wereld thuis voelt, wiens sympathie en bewondering zich niet beperken tot zijn eigen volk en vaderland

we·reld·cri·sis [-zis] *de (v)* [-sen, -crises] crisis (vooral handelscrisis) die zich over de gehele wereld doet voelen

we·reld·cup *de (m)* [-s] sp ❶ beker als inzet van een aantal wedstrijden in mondiaal verband ❷ die serie wedstrijden: ★ *deelnemen aan de ~*

we·reld·deel *het* [-delen] landmassa die zo groot is dat op sommige plaatsen sprake is van een overgangs- of landklimaat (althans op de breedten waar dit zich kan manifesteren), continent: ★ *geografisch onderscheidt men de volgende zes werelddelen: Eurazië, Afrika, Noord-Amerika, Zuid-Amerika, Antarctica en Australië* ★ *de vijf klassieke werelddelen zijn echter: Europa, Azië, Afrika, Amerika en Australië*

We·reld·die·ren·dag *de (m)* zie bij → **dierendag**

we·reld·faam *de* wereldberoemdheid

we·reld·ge·beu·ren *het* wereldgebeurtenissen

we·reld·ge·beur·te·nis *de (v)* [-sen] gebeurtenis die voor de gehele mensheid van belang is

we·reld·gees·te·lij·ke *de (m)* [-n] seculier

we·reld·ge·schie·de·nis *de (v)* geschiedenis van alle volken

We·reld·ge·zond·heids·dag *de (m)* 7 april, waarop de oprichting herdacht wordt van de Wereldgezondheidsorganisatie

We·reld·ge·zond·heids·or·ga·ni·sa·tie [-zaa(t)sie] *de (v)* in 1947 opgerichte organisatie ter bevordering van de gezondheidstoestand in de gehele wereld

we·reld·gods·dienst *de (m)* [-en] godsdienst met aanhangers in grote delen van de wereld

we·reld·han·del *de (m)* handel tussen alle landen

we·reld·ha·ven *de* [-s] grote havenstad met verbindingen over de hele wereld

we·reld·heer·schap·pij *de (v)* heerschappij over alle volken

we·reld·her·vor·mer *de (m)* [-s] wereldverbeteraar,

iem. met hooggestemde idealen over verbetering van de hele menselijke samenleving
we·reld·kaart *de* [-en] kaart van de gehele wereld
we·reld·kam·pi·oen *de (m)* [-en] sp de beste onder de vertegenwoordigers van alle landen
we·reld·kam·pi·oen·schap *het* ❶ het wereldkampioen-zijn ❷ [*mv:* -pen] reeks wedstrijden om vast te stellen wie wereldkampioen wordt
we·reld·klas·se *de (v)* ❶ sp groep waaruit wereldkampioenen voortkomen ❷ algemeen hoge kwaliteit, over de hele wereld gewaardeerd: ★ *een auto van ~*
we·reld·kun·dig *bn* algemeen bekend: ★ *iets ~ maken*; **wereldkundigheid** *de (v)*
we·reld·lijk *bn* ❶ niet-geestelijk: ★ *het ~ drama* ❷ niet-kerkelijk: ★ *het ~ gezag*
we·reld·li·te·ra·tuur, we·reld·lit·te·ra·tuur [-liet-] *de (v)* letterkunde van de gehele wereld
we·reld·macht *de* [-en] grote mogendheid die invloed laat gelden in de hele wereld
we·reld·markt *de* handel tussen de landen onderling
we·reld·mu·ziek *de (v)* niet-westerse, populaire muziek; popmuziek met invloeden uit de niet-westerse muziek
we·reld·naam *de (m)* zeer goede reputatie: ★ *de Nederlandse kaas heeft een ~*
we·reld·nieuws *het* nieuws uit alle delen van de wereld
we·reld·om·roep *de (m)* radio-omroep die uitzendt over de hele wereld, vooral voor verspreid wonende landgenoten
we·reld·om·span·nend, we·reld·om·span·nend, we·reld·om·vat·tend, we·reld·om·vat·tend *bn* waarin de hele wereld betrokken is: ★ *een ~ conflict*
we·reld·ont·van·ger *de (m)* [-s] radiotoestel voorzien van een kortegolfband, zodat men zeer verafgelegen zenders kan ontvangen
we·reld·oor·log *de (m)* [-logen] oorlog tussen een groot aantal landen uit verschillende werelddelen ★ *de Eerste Wereldoorlog* de oorlog van 1914-1918 ★ *de Tweede Wereldoorlog* de oorlog van 1939-1945
we·reld·ori·ën·ta·tie *de (v)* het zich verdiepen in de relaties tussen een bevolking en haar omgeving; als schoolvak aardrijkskunde, geschiedenis, biologie en staatsinrichting omvattend
we·reld·pro·duc·tie [-sie] *de (v)* totale productie van een bep. artikel over de gehele wereld
we·reld·raad·sel *het* (*veelal mv: wereldraadselen*) onverklaarbare, raadselachtige verschijnselen in de wereld en het leven
we·reld·re·cord [-kr] *het* [-s] beste prestatie ter wereld die als record erkend is, vooral in de sport
we·reld·reis *de* [-reizen] reis om de wereld *of* door grote gedeelten van de wereld
we·reld·rei·zi·ger *de (m)* [-s] iem. die een wereldreis onderneemt
we·reld·re·pu·ta·tie [-(t)sie] *de (v)* wereldnaam
we·reld·re·vo·lu·tie [-(t)sie] *de (v)* revolutie die de hele wereld omvat
we·reld·rijk *het* [-en] wereldmacht
we·reld·ruim *het,* **we·reld·ruim·te** *de (v)* onmetelijke ruimte waarin de hemellichamen bewegen
we·relds *bn* ❶ van de wereld, aards, niet-geestelijk: ★ *wereldse aangelegenheden* ❷ wuft, ijdel: ★ *een wereldse vrouw* ★ *hij is erg ~ gekleed*
we·reld·schok·kend, we·reld·schok·kend *bn* ontstellend ★ *wereldschokkende gebeurtenissen* gebeurtenissen die de gehele mensheid ontstellen
we·relds·ge·zind *bn* geneigd tot genot en ijdelheid; **wereldsgezindheid** *de (v)*
we·reld·stad *de* [-steden] zeer grote, dynamische stad, metropool
we·reld·streek *de* [-streken] gedeelte van de wereld
we·reld·taal *de* [-talen] ❶ taal die over de gehele wereld gesproken wordt: ★ *het Engels is een ~* ❷ kunsttaal die als algemene verkeerstaal zou moeten dienen: ★ *het Esperanto is ontworpen als een ~*
we·reld·ten·toon·stel·ling *de (v)* [-en] tentoonstelling waaraan alle landen kunnen deelnemen
we·reld·ti·tel *de (m)* [-s] titel van wereldkampioen
we·reld·to·neel *het* het bedrijf van mensen en volken
we·reld·ver·be·te·raar *de (m)* [-raars] wereldhervormer
we·reld·vlak *het* ★ *op (het) ~* over de gehele wereld, op internationaal niveau: ★ *een campagne op ~*
we·reld·vre·de *de* duurzame vrede tussen alle volken op aarde
we·reld·vreemd *bn* buiten het maatschappelijk verkeer levend, zich niet of moeilijk onder de mensen bewegend; **wereldvreemdheid** *de (v)*
we·reld·wijd *bn* verbreid over *of* geldend voor de hele wereld: ★ *een ~ voorkomende ziekte*
we·reld·wijs *bn* met veel levenservaring en mensenkennis
we·reld·win·kel *de (m)* [-s] derdewereldwinkel
we·reld·won·der *het* [-en] kunstig werk dat over de gehele wereld beroemd is: ★ *de zeven wereldwonderen van de Oudheid* 1 de piramiden van Egypte; 2 de hangende tuinen van Babylon; 3 de tempel van Artemis te Efeze; 4 het beeld van Zeus te Olympia; 5 het mausoleum te Halicarnassus; 6 de kolossus te Rhodos; 7 de vuurtoren (pharus) te Alexandrië ★ *het achtste ~* prijzend of schertsend gezegd van een ander mooi en groot bouwwerk
we·reld·zee *de* [-zeeën] oceaan
we·ren I *ww* [weerde, h. geweerd] keren, tegenhouden: ★ *zulke elementen worden geweerd* II *wederk* ❶ zich verdedigen ❷ fig zijn best doen: ★ *hij heeft zich kranig geweerd*
werf *de* [werven] ❶ plaats waar schepen worden gebouwd en gerepareerd, scheepswerf ❷ NN ⟨in de stad Utrecht⟩ kade langs een gracht, lager liggend dan de straat ❸ BN ook bouwterrein ★ *werven* (openbare) werken, waterbouwkundige werken e.d.
werf·kracht *de* ❶ vermogen om aan te werven ❷ fig

vermogen om anderen bij zich te doen aansluiten
werf·lei·der *de (m)* [-s] BN bouwopzichter
we·ring *de (v)* het → **weren**: ★ *commissie tot ~ van schoolverzuim*
werk¹ I *het* ❶ geestelijke of lichamelijke activiteit, gericht op het tot stand brengen van een product of het verlenen van een dienst; *ook* beroepsmatige bezigheid: ★ *ik zit op het ogenblik zonder ~* ★ *naar het ~ gaan* ★ NN *~ in uitvoering* waarschuwing als er aan de openbare weg werkzaamheden worden verricht ★ *iemand aan het ~ zetten* ★ *hoe gaat dat in zijn ~?* hoe gaat dat, hoe zit dat in elkaar? ★ *te ~ gaan* handelen ★ *lang ~ hebben* lang over iets doen ★ *dat is geen half ~* dat is goed, degelijk gedaan ★ *dat is het betere ~* dat is een aangename bezigheid; dat gaat goed ★ *dat is geen ~!* dat is niet eerlijk, niet fatsoenlijk ★ *er is veel ~ aan de winkel* er is veel te doen ★ *veel ~ van iets maken* er veel moeite en kosten aan besteden ★ *ergens ~ van maken* a) energiek aan iets beginnen; b) iets aangeven, vooral bij de politie ★ *iem. het vuile ~ laten opknappen* het vervelendste deel van een karwei door een ander laten doen ★ *alles in het ~ stellen om...* alles doen om... ★ *iemand te ~ stellen* iemand geregelde werkzaamheden opdragen *ook aaneengeschreven*: → **tewerkstellen** ❷ binnenwerk van een horloge II *het* [-en] ❶ daad ★ *goede werken* goede daden ❷ het gedane; kunstwerk, geschrift: ★ *de werken van Vondel* ★ *een weinig bekend ~ van Vincent van Gogh* ❸ BN *ook* bouwterrein: ★ *verboden op het ~ te komen* ★ BN *ook werken* werkzaamheden, werk in uitvoering ; zie *ook* → **werkje** en → **zwart**
werk² *het* geplozen touw
werk·aan·bie·ding *de (v)* [-en] BN vacature
werk·baar *bn* zodanig dat er gewerkt kan worden: ★ *~ weer* ★ *werkbare hoeveelheden*
werk·balk *de (m)* [-en] comput balk op het beeldscherm met daarin knoppen en menu's waarmee men door middel van een muisklik snel de meest gebruikte opdrachten kan uitvoeren
werk·bank *de* [-en] bank om aan te werken
werk·be·kwaam *bn* lichamelijk en geestelijk in staat arbeid te verrichten
werk·be·zoek *het* [-en] ‹van staatshoofden e.d.› bezoek ter kennisneming van de plaatselijke situatie, werken in uitvoering enz.
werk·bij *de* [-en] bij die honing verzamelt
werk·blad *het* [-bladen] ❶ bovenblad van een bureau of tafel om op te werken ❷ comput spreadsheet, schermvulling met kolommen van rekenprogramma's, zoals Excel ❸ techn vel papier om iets op uit te werken
werk·boek *het* [-en], **werk·boek·je** *het* [-s] ❶ bij een leerboek behorend afzonderlijk boek voor oefeningen ❷ boekje ter controle van verrichte werkzaamheden
werk·brief·je *het* [-s] formulier waarop verrichte of te verrichten werkzaamheden (en de daaraan bestede tijd) worden omschreven

werk·clas·si·fi·ca·tie [-(t)sie] *de (v)* rangschikkende indeling van werkzaamheden, met het oog op beloning en rang van de werknemer
werk·col·le·ge [-leezjə] *het* [-s] → **college¹** (bet 2) waarbij de studenten opdrachten moeten uitvoeren, referaten moeten houden e.d.; *tegengest*: → **hoorcollege**
werk·co·mi·té *het* [-s] kleine groep personen, die zich belast met de werkzaamheden voor een zaak waarin velen belangstellen
werk·cou·pé [-koepee] *de (m)* [-s] treincoupé, bestemd voor mensen die onderweg willen studeren of werken en waarin men wordt geacht stilte te betrachten
werk·dag *de (m)* [-dagen] dag dat er gewerkt wordt of moet worden, weekdag (geen zondag)
werk·druk *de (m)* druk, spanning ontstaan door een grote hoeveelheid werk
wer·ke·lijk *bn* ❶ wezenlijk; bestaande: ★ *de dame op dit schilderij lijkt heel weinig op de werkelijke mevrouw X* ❷ werkzaam, actief: ★ *in werkelijke dienst* ❸ heus, inderdaad: ★ *het is ~ voortreffelijk* ❹ waarover rente betaald wordt: ★ *de werkelijke staatsschuld*
wer·ke·lijk·heid *de (v)* het bestaande; wat werkelijk is
wer·ke·loos, werk·loos *bn* ❶ niets uitvoerend: ★ *~ toezien* ❷ zonder baan: ★ *werkeloze / werkloze jongeren*
wer·ke·loos·heid, werk·loos·heid *de (v)* het werkeloos-zijn
wer·ke·loos·heids·ver·ze·ke·ring *de (v)* [-en] → **werkloosheidsverzekering**
wer·ke·lo·ze, wer·ke·lo·ze *de* [-n] → **werkloze**
wer·ke·lo·zen·kas *de* [-sen] → **werklozenkas**
wer·ken *ww* [werkte, h. gewerkt] ❶ een bezigheid verrichten, geestelijk of lichamelijk actief zijn: ★ *hard ~ bij een verhuizing* ★ *iets naar binnen ~* het gulzig opeten ❷ arbeid verrichten om geld te verdienen: ★ *halve dagen ~* ★ *wie niet werkt, zal niet eten* ❸ functioneren ★ *de machine werkt goed* doet wat ervan verwacht wordt ❹ uitwerking hebben: ★ *dat werkt op de spijsvertering, op mijn zenuwen* ❺ door innerlijk aanwezige krachten in toestand veranderen; ❻ ‹van hout› krimpen of uitzetten; ❼ ‹van bier› gisten
wer·kend *bn* ❶ van handenarbeid levend: ★ *de werkende stand* ❷ een betrekking hebbend: ★ *de werkende vrouw* ★ *de werkende jeugd* jonge mensen (tot 20 jaar) die in loondienst zijn ❸ handelend, aan de gewone werkzaamheden deelnemend: ★ *een ~ lid* ★ *een werkende vulkaan* een vulkaan die geregeld tot uitbarsting komt, *tegengest*: dode vulkaan
wer·ker *de (m)* [-s] iem. die (hard) werkt
werk·ezel *de (m)* [-s] iem. die altijd hard werkt
werk·ge·heu·gen *het* [-s] comput deel van het interne geheugen waarin de uit te voeren programma's worden geladen en waarin de tussenresultaten worden opgeslagen

werk·ge·le·gen·heid *de (v)* omstandigheid dat er vacante arbeidsplaatsen zijn
werk·ge·meen·schap *de (v)* [-pen] werkgroep
werk·ge·ver *de (m)* [-s] iem. die mensen in dienst heeft
werk·ge·vers·aan·deel *het* deel van de sociale lasten dat door de werkgever wordt betaald
werk·ge·vers·ver·kla·ring *de (v)* [-en] NN schriftelijk bewijs van een werkgever dat iemand bij hem in loondienst is
werk·groep *de* [-en] groep van personen die gezamenlijk werken aan een bepaalde taak, vooral een onderwerp van studie
werk·han·den *mv* handen die de sporen dragen van ruw werk
werk·hy·po·the·se [-hiepooteezə] *de (v)* [-n, -s] veronderstelling waarvan men voorlopig uitgaat voor verder onderzoek
werk·ijs *het* (slecht) ijs waarop een schaatser meer van kracht dan van techniek gebruik moet maken
werk·in·de·ling *de (v)* het indelen van de te verrichten werkzaamheden
wer·king *de (v)* [-en] ❶ het werken; kracht ★ *een apparaat in ~ stellen* ★ *buiten ~ stellen* ★ *deze bepaling treedt dadelijk in ~* ❷ invloed, uitwerking: ★ *de ~ van het geneesmiddel is onmiskenbaar* ❸ BN geheel van activiteiten van bijv. een vereniging: ★ *de diensten ontvangen subsidies voor hun ~*
wer·kings·duur *de (m)* ❶ tijd waarin iets in werking is ❷ effect van een bepaalde handeling of bepaald middel ❸ comput tijd die een programma nodig heeft om iets uit te voeren
wer·kings·kos·ten *mv* BN exploitatiekosten
wer·kings·kre·diet *het* BN geldmiddelen ter financiering van de te ondernemen activiteiten
wer·kings·mid·de·len *mv* BN beschikbare middelen
wer·kings·sfeer *de* [-sferen] ❶ ruimte waarbinnen de werking van iets zich doet gevoelen ❷ ⟨van een oorlogsschip, vliegtuig⟩ actieradius
werk·in·rich·ting *de (v)* [-en] NN, vroeger inrichting waar voor straf of ter opvoeding werk verricht moet worden
werk·je *het* [-s] ❶ klein werk ❷ figuurtje in weefsel: ★ *een stof met een ~ erin*
werk·ka·mer *de* [-s] studeerkamer, vertrek voor praktisch werk
werk·kamp *het* [-en] ❶ kamp waar een werkgroep (vooral van leerlingen) tijdelijk verblijft ❷ strafkamp waar werk verricht moet worden
werk·ka·pi·taal *het* [-talen] kapitaal waarmee een handelszaak gedreven wordt
werk·kle·dij *de (v)* BN ook werkkleding
werk·kle·ding *de (v)*, **werk·kle·ren** *mv*, BN ook
werk·kle·dij *de (v)* kleding bij het werken gedragen
werk·kli·maat *het* gezamenlijke omstandigheden waarin werkzaamheden worden verricht: ★ *in dat bedrijf heerst een slecht ~*
werk·kracht *de* ❶ vermogen om te werken ❷ [*mv:* -en] iem. die arbeid verricht: ★ *een tekort aan werkkrachten*
werk·kring *de (m)* [-en] bezigheid, betrekking, vooral gezien met betrekking tot de collega's: ★ *een aangename ~ vinden*
werk·lie·den *zn mv* van → **werkman**
werk·lie·den·ver·eni·ging *de (v)* [-en] vroeger vereniging van arbeiders ter bevordering van gemeenschappelijke belangen (thans → **vakbond** genoemd)
werk·loos *bn* → **werkeloos**
werk·loos·heid *de (v)* → **werkeloosheid**
werk·loos·heids·ver·ze·ke·ring,
wer·ke·loos·heids·ver·ze·ke·ring *de (v)* [-en] verzekering van werknemers tegen de geldelijke schade van werkloosheid
werk·lo·ze, **wer·ke·lo·ze**, **werk·lo·ze**, **wer·ke·lo·ze** *de* [-n] iem. zonder baan
werk·lo·zen·kas, **wer·ke·lo·zen·kas** *de* [-sen] vroeger door de vakverenigingen beheerd en uit de contributie van de leden verzameld fonds voor ondersteuning van werklozen
werk·lui *zn mv* van → **werkman**
werk·lust *de (m)* animo tot werken, zin in het werk
werk·maat·schap·pij *de (v)* [-en] bedrijf werkend onder eigen naam, maar deel uitmakend van een groot concern
werk·man *de (m)* [-lieden, -lui] arbeider
werk·mans·huis *het* [-huizen] arbeiderswoning, woning uit de sociale woningbouw, woningwetwoning
werk·mees·ter *de (m)* [-s] chef van een aantal arbeiders, hoger dan de voorman
werk·mier *de* [-en] mier in een mierennest die arbeid verricht
werk·ne·mer *de (m)* [-s] iem. die bij een ander in loondienst is: ★ *modale ~ zie bij* → **modaal**
werk·ne·mers·aan·deel *het* deel van de sociale lasten dat door de werknemer wordt betaald
werk·ne·mers·ver·kla·ring *de (v)* [-en] NN verklaring door de werknemer in te vullen voor de loonbelasting
werk·om·ge·ving *de (v)* [-en] ❶ ⟨algemeen⟩ plaats waar en omstandigheden waarin iem. werkt ❷ comput deel van een computersysteem waar een bepaald project gebruik van maakt, zoals bepaalde mappen, programmatuur en data
werk·on·be·kwaam *bn* BN ook arbeidsongeschikt
werk·on·be·kwaam·heid *de (v)* BN ook arbeidsongeschiktheid
werk·on·der·bre·king *de (v)* [-en] tijdelijke onderbreking van het werk als protest of actiemiddel, korte staking
werk·on·ge·val *het* [-len] BN ook arbeidsongeval
werk·on·wil·li·ge *de* [-n] BN werkweigeraar
werk·paard *het* [-en] ❶ paard dat in het bedrijf gebruikt wordt ❷ ⟨schertsend⟩ van personen⟩ harde werker; tegenst. → **luxepaard**

werk·pak *het* [-ken] kleding bij het werk gedragen
werk·plaats *de* [-en] ruimte waar men handenarbeid verricht; zie ook bij → **beschut**, → **sociaal** (bet 3) ★ BN ook *beschermde* ~ werkplaats voor gehandicapten, beschutte werkplaats
werk·plan *het* [-nen], **werk·pro·gram** *het* [-s], **werk·pro·gram·ma** *het* ['s] plan volgens hetwelk men werkt
werk·plek *de* [-ken] plaats of vertrek waar iem. zijn beroep uitoefent
werk·put *de (m)* [-ten] put gegraven voor werk in de grond
werk·roos·ter *de (m) & het* [-s] lijst waarop de verdeling van het werk in uren is aangegeven
werk·sche·ma *het* ['s] werkplan, werkindeling
werk·schuw *bn* afkerig van arbeid, lui: ★ ~ *tuig*; **werkschuwheid** *de (v)*
werk·slaaf *de (m)* [-slaven] iem. die zich verplicht voelt voortdurend te werken, workaholic
werk·spoor *het* [-sporen] smalspoor gelegd ten behoeve van een uit te voeren werk
werk·sta·king *de (v)* [-en] het weigeren verder te werken door een groep arbeiders, als middel om bepaalde eisen ingewilligd te krijgen
werk·sta·tion [-(t)sjon] *het* [-s] comput computer die groter is dan de gemiddelde pc en meestal onderdeel is van een netwerk
werk·ster *de (v)* [-s] ❶ vrouw die werkt ★ *sociaal* of *sociale* ~ zie bij → **sociaal** (bet 3) ❷ vrouw die tegen betaling huishoudelijk werk verricht
werk·straf *de* [-fen] recht alternatieve straf, waarbij de veroordeelde bep. werkzaamheden moet verrichten, ook → **dienstverlening** genoemd
werk·stu·dent *de (m)* [-en] ❶ NN student die naast zijn studie betaald werk verricht ❷ BN persoon die werkt en daarnaast (deeltijds) studeert
werk·stuk *het* [-ken] ❶ vervaardigd *of* te vervaardigen werk ❷ vraagstuk
werk·ta·fel *de* [-s] tafel waarbij of waarop gewerkt wordt
werk·te·ke·ning *de (v)* [-en] tekening waarnaar een werk wordt uitgevoerd
werk·ter·rein *het* [-en] ❶ terrein waar bepaalde werkzaamheden uitgevoerd worden ❷ arbeidsveld
werk·the·ra·pie *de (v)* arbeidstherapie
werk·tijd *de (m)* [-en] tijd dat men werkt
werk·tijd·ver·kor·ting *de (v)* het minder uren per week laten werken van de werknemers
werk·trein *de (m)* [-en] spoorwegen trein voor vervoer van mensen die werkzaamheden aan de spoorbaan moeten verrichten
werk·tuig *het* [-en] ❶ (groot) stuk gereedschap ❷ fig iemand die zich door anderen laat gebruiken: ★ *een ~ in de handen van het regime*
werk·tuig·bouw·kun·de *de (v)* deel van de technische wetenschappen dat de kennis omvat met betrekking tot werktuigen (gereedschappen en machines)

werk·tuig·bouw·kun·dig *bn* van, in, betreffende de werktuigbouwkunde
werk·tuig·bouw·kun·di·ge *de* [-n] iem. die gespecialiseerd is in de werktuigbouwkunde
werk·tuig·kun·de *de (v)* leer van krachten en bewegingen, mechanica
werk·tuig·kun·dig *bn* van, in, betreffende de werktuigkunde
werk·tuig·kun·di·ge *de* [-n] kenner van de werktuigkunde
werk·tuig·lijk *bn* als een werktuig, zonder erbij te denken, automatisch: ★ *hij handelt* ~
werk·uur *het* [-uren] uur waarin gewerkt wordt
werk·ven·ster *het* [-s] comput venster met de applicatie die actief is
werk·ver·de·ling *de (v)* verdeling van het werk
werk·ver·let *het* BN tijd waarin niet gewerkt kan of hoeft te worden: ★ ~ *ten gevolge van geweldplegingen tegen trambestuurders neemt toe*
werk·ver·schaf·fing *de (v)* het verschaffen van werkgelegenheid aan werklozen door het laten uitvoeren van niet dadelijk noodzakelijk werk op arbeidsintensieve wijze
werk·vloer *de (m)* [-en] ❶ vloer of laag waarop gewerkt wordt ❷ algemeen afdeling (van een bedrijf) waar de arbeiders bezig zijn ★ *op de* ~ onder het personeel, tussen de mensen die praktisch bezig zijn
werk·volk *het* werklieden
werk·voor·zie·ning *de (v)* werkverschaffing ★ NN *sociale* ~ werkverschaffing aan lichamelijk en / of geestelijk gehandicapten
werk·vrouw *de (v)* [-en] BN, spreektaal werkster
werk·week *de* [-weken] ❶ week als werktijd: ★ *een veertigurige* ~ ❷ week door een werkgroep (vooral van leerlingen) elders doorgebracht
werk·wei·ge·raar *de (m)* [-s] BN iemand die tijdens de Tweede Wereldoorlog weigerde om werk te verrichten voor de bezetter
werk·wij·ze *de* manier van werken, methode
werk·wil·lig *bijw* niet deelnemend aan een staking
werk·wil·li·ge *de* [-n] iem. die niet meedoet aan een staking
werk·woord *het* [-en] taalk woord dat een handeling of toestand aanduidt: ★ *lopen en slapen zijn werkwoorden*
werk·woor·de·lijk *bn* van, met, als een werkwoord
werk·woord·stam *de (m)* [-men] → **stam** (bet 4) van een werkwoord
werk·woords·vorm *de (m)* [-en] taalk vorm die een werkwoord door vervoeging aannemen kan
werk·zaam *bn* ❶ vlijtig: ★ *een ~ man* ❷ krachtig werkend: ★ *een ~ aandeel aan iets hebben* ★ *een ~ bestanddeel* ❸ werkend, in dienst: ★ *hij is enige tijd in dat bedrijf ~ geweest*
werk·zaam·heid *de (v)* ❶ het werkzaam-zijn, vlijt ❷ krachtige werking, uitwerking: ★ *de ~ van een geneesmiddel* ❸ ★ *werkzaamheden* bezigheden: ★ *de*

werkzaamheden nemen enkele weken in beslag
werk·ze·ker·heid *de (v)* BN ook werkgelegenheidsgarantie
werk·zoe·ken·de, **werk·zoe·ken·de** *de* [-n] iem. die een baan zoekt
werp·an·ker *het* [-s] anker dat wordt uitgeworpen om een schip te verhalen
wer·pen *ww* [wierp, h. geworpen] ❶ gooien ★ *zich op iets* ~ er zich met hart en ziel aan wijden ❷ ‹van dieren› jongen krijgen
wer·per *de (m)* [-s] ❶ iem. die werpt ❷ honkbal, softbal iem. die probeert de slagmensen uit te maken door de bal op correcte wijze over de (thuis)plaat te gooien
werp·hen·gel *de (m)* [-s] hengel met een lang snoer, dat over een katrol ver in het water geworpen kan worden
werp·lijn *de* [-en] dun touw dat van een schip naar de wal geworpen wordt en waaraan de kabel vastzit
werp·net *het* [-ten] viss met kogels verzwaard net dat in het water dadelijk zinkt
werp·num·mer *het* [-s] sp onderdeel in de atletiek waarbij iets zo ver mogelijk weggeworpen moet worden: *discuswerpen, speerwerpen, kogelstoten* en *kogelslingeren*
werp·schijf *de* [-schijven] schijf van metaal of steen die zo ver mogelijk weggeworpen wordt, discus
werp·speer *de* [-speren] speer die geworpen wordt
werp·ster¹ *de (v)* [-s] vrouwelijke werper
werp·ster² *de* [-ren] scherp, stervormig voorwerp dat als wapen kan dienen door ermee te gooien
werp·tuig *het* [-en] hist toestel waarmee voorwerpen naar de vijand geslingerd werden, zoals de blijde
werst ‹‹Russ› *de (m)* [-en] Russische mijl, 1066,79 m
wer·the·ri·aans *bn* als van Werther in de roman *Die Leiden des jungen Werthers* van Goethe (1774), overmatig sentimenteel
wer·vel *de (m)* [-s] ❶ elk van de botjes in de wervelkolom ❷ draaibaar sluithoutje aan deuren e.d.
wer·ve·len *ww* [wervelde, h. gewerveld] ❶ snel ronddraaien ❷ *wervelend* snel en vol actie: ★ *een wervelende show*
wer·vel·ko·lom *de* [-men] ruggengraat
wer·vel·storm *de (m)* [-en] zeer harde, ronddraaiende storm, cycloon, tornado ★ *tropische* ~ tyfoon
wer·vel·wind *de (m)* [-en] sterke, ronddraaiende wind
wer·ven *ww* [wierf, h. geworven] in dienst aannemen: ★ *soldaten* ~ ★ *leden voor een vereniging* ~ trachten lid te maken
wer·ving *de* het werven (van personeel, leden, geld e.d.)
wer·vings·re·ser·ve *de* [-s] BN reserve aan geselecteerde sollicitanten op wie een beroep kan worden gedaan bij een vacature
wer·vings·sec·re·ta·ri·aat *het* [-aten] BN wervingsbureau voor het overheidspersoneel
wer·vings·stop *de (m)* BN ook vacaturestop

wes·hal·ve *voegw* NN, vero het is daarom dat..., waarom
wesp *de* [-en] geelzwart insect dat in gevaar met een angel steekt, *Vespula vulgaris*
wes·pen·an·gel *de (m)* [-s] angel van een wesp
wes·pen·dief *de (m)* [-dieven] roofvogel wiens voedsel voornamelijk uit wespen, bijen e.d. bestaat, als broedvogel in Oost-Nederland voorkomend (*Pernis apivorus*)
wes·pen·ei *het* [-eren] ei van een wesp
wes·pen·nest *het* [-en] ❶ nest van wespen ❷ fig netelige zaak ★ *zich in een* ~ *steken* zich mengen in een netelige zaak, waar men waarschijnlijk niet zonder schade uit komt
wes·pen·steek *de* [-steken] prik van een wesp
wes·pen·tail·le [-tajjə] *de* [-s] door middel van een ingeregen korset dun gemaakte taille
west I *het* het westen **II** *bijw* uit het westen: ★ *de wind is* ~ **III** *de*, NN, vero **de West** Suriname, de Nederlandse Antillen en Aruba
west·coast [-koost] ‹‹Eng› *de* genre in de popmuziek dat in het hippietijdperk (eind jaren '60 van de 20ste eeuw) tot ontwikkeling kwam en aan de westkust van de Verenigde Staten, vooral in Californië
West-Duits *bn* van, uit, betreffende West-Duitsland
West-Duit·ser, **West-Duit·ser** *de (m)* [-s] iem. geboortig of afkomstig uit West-Duitsland
wes·te·lijk *bn* in, uit, naar het westen
wes·ten *het* ❶ windstreek: ★ *Nederland ligt ten* ~ *van Duitsland* ❷ (ook: Westen) landen en gebieden in westelijke streken: ★ *we trokken naar het verre* ~ ★ *het Westen* a) West-Europa en Noord-Amerika als politieke en culturele eenheid, b) NN de Randstad, de provincies Noord- en Zuid-Holland en Utrecht ★ *het Verre Westen* zie bij → **Far West** ★ *het Wilde Westen* het Westen van de Verenigde Staten van Noord-Amerika in de tweede helft van de negentiende eeuw, waar nauwelijks effectief overheidsgezag bestond ★ *buiten* ~ buiten bewustzijn
wes·ten·wind, **wes·ten·wind** *de (m)* [-en] wind uit het westen
wes·ter·leng·te *de (v)* afstand van een plaats ten westen van de nulmeridiaan tot die nulmeridiaan
wes·ter·ling *de (m)* [-en] bewoner van een westers land
west·ern [-ə(r)n] ‹‹Eng› *de (m)* [-s] film die is gesitueerd in het Wilde Westen, vaak met stereotiepe thema's als de strijd tussen cowboys en indianen, tussen rovers en sheriffs e.d.
wes·ters *bn* ❶ in, van of zoals in het westen ❷ zoals gebruikelijk in West-Europa en Noord-Amerika: ★ *westerse normen en waarden* ★ *ze droeg westerse kleding* ★ *het jaar 2002 volgens de westerse tijdrekening* in het jaar 2002 na Christus
wes·ter·zon *de* avondzon
West-Eu·ro·pees *bn* van, uit, betreffende West-Europa

West-Fries I *bn* van, uit, betreffende West-Friesland **II** *het* het dialect van West-Friesland

West-Go·ten *mv* → **Visigoten**

west·grens *de* [-grenzen] grens aan de westzijde

West-In·disch, West-Indisch *bn* van, uit, betreffende West-Indië ★ hist *West-Indische Compagnie* Nederlandse handelsvereniging (1621-1791) die het monopolie had van alle handel en scheepvaart op Amerika en de westkust van Afrika

west·kant *de (m)* westelijke zijde

west·kust *de* [-en] westelijke kust

West·lands *bn* in Nederland van, uit het Westland (gebied tussen Den Haag, Hoek van Holland, Vlaardingen en Delft): ★ *Westlandse tomaten*

west·moes·son *de (m)* [-s] uit het westen waaiende moesson, die o.a. op Java van november tot mei veel neerslag brengt

west·noord·west *bijw* tussen westen en noordwesten

west·punt *het* precies het westen aan de horizon

West-Vlaams I *bn* van, als in West-Vlaanderen **II** *het* het dialect van West-Vlaanderen

West-Vla·ming *de (m)* [-en] iem. uit West-Vlaanderen

west·waarts *bijw* naar het westen

west·zij, west·zij·de *de* westkant

west·zuid·west *bijw* tussen westen en zuidwesten

WET *afk* West-Europese tijd

wet *de* [-ten] ❶ iedere naar buiten werkende algemene regeling van het daartoe bevoegde gezag; ❷ (in engere zin) zie → **staatswet**: ★ *een ~ afkondigen* ★ *dit is bij / volgens de ~ verboden* ★ *de joodse ~* de godsdienstvoorschriften van het Oude Testament ★ *de mannen der ~* rechtsgeleerden ★ *kracht van ~ krijgen* als wet gaan gelden ★ *(onder en) boven de ~ staan* niet gebonden zijn aan de wetsvoorschriften ★ *iem. de ~ stellen, voorschrijven* iemand bevelen wat hij doen moet ★ *iemand buiten de ~ stellen* hem vogelvrij verklaren ; zie ook bij → **nood**, → **ongeschreven**, → **voorschrijven** en → **Meden** ❸ vaste regel volgens welke een bepaald gebeuren verloopt: ★ *de wetten van de mechanica, van de natuurkunde enz.*

wetb. *afk* wetboek

wet·boek *het* [-en] wettelijke regeling van een omvangrijk gebied van het recht in tegenstelling tot de enkele wet, die een bepaald onderwerp regelt ★ *het Burgerlijk Wetboek* wetboek waarin het burgerlijk recht geregeld is ★ in Nederland *Wetboek van Burgerlijke Rechtsvordering*, in Belgïe *Gerechtelijk Wetboek* wetboek waarin het procesrecht in burgerlijke zaken geregeld is ★ *Wetboek van Koophandel* wetboek waarin het handelsrecht geregeld is ★ *Wetboek van Strafrecht* wetboek waarin het strafrecht geregeld is ★ *Wetboek van Strafvordering* wetboek waarin het procesrecht in strafzaken geregeld is

we·ten¹ I *ww* [wist, h. geweten] ❶ kennis hebben van, bekend zijn met: ★ *weet je ook hoe laat het is?* ★ *iets te ~ komen* ★ *weet je vader daarvan?* ★ *te ~* →

namelijk (bet 1) ★ *niets meer van iemand willen ~* niets meer met hem te maken willen hebben ★ *voor ik het wist* voordat ik het me bewust was ★ *van niets ~* a) onkundig van iets zijn; b) onschuldig zijn ★ *dat moet hij ~* dat is zijn zaak ★ *niet dat ik weet* mij is het niet bekend ★ *wie weet?* misschien, best mogelijk ★ *hij wil (het) niet ~ dat het zijn vader is* wil er niet voor uitkomen ★ NN *dat wil je niet ~!* gezegd als men met een mededeling komt die de ander zal verbazen of waarvan de ander zal schrikken ★ *weet jij er iets op?* weet jij een oplossing? ★ *~ te ontkomen* erin slagen te ontkomen ★ NN *dat voetbal, dat weet wat* dat brengt heel wat teweeg ★ *weet je wel* als inhoudsloos stopwoord gebruikte uitdrukking: ★ *Cora is gewoon een hele toffe meid, weet je wel* ★ *wat niet weet, wat niet deert* iem. die onkundig is van het feit dat hij benadeeld is, heeft er geen last van ★ *weet ik veel!* uitroep als men van iets in het geheel geen weet heeft ★ *zeker ~!* ik ben ervan overtuigd ❷ ★ BN ook *geweten zijn* of *(ge)raken* bekend zijn, raken **II** *het* kennis: ★ *bij mijn ~* voor zover ik weet ★ *buiten mijn ~* zonder dat ik het wist ★ *tegen beter ~ in* terwijl men ervan bewust was iets verkeerd te doen

we·ten² *ww verl tijd meerv* van → **wijten**

we·tens *bijw* ★ vooral NN *willens en ~*, BN ook: *~ en willens* opzettelijk

we·ten·schap *de (v)* ❶ kennis, het weten: ★ *in de ~ dat...* ❷ het geheel van de menselijke kennis: ★ *een man van de ~* ❸ [*mv:* -pen] alle kennis op een bep. vakgebied en de methodische wijze waarop deze kennis verzameld wordt: ★ *de sociale wetenschappen*

we·ten·schap·pe·lijk *bn* van, volgens, betreffende de wetenschap: ★ *een ~ onderzoek, bewijs*; **wetenschappelijkheid** *de (v)*

we·ten·schap·per *de (m)* [-s], **we·ten·schaps·man** *de (m)* [-mensen] iem. die een bepaalde tak van wetenschap beoefent

we·ten·schaps·fi·lo·so·fie [-zoo-] *de* wijsgerige reflectie op de aard, structuur en legitimiteit van de wetenschap

we·tens·waar·dig *bn* interessant om te weten: ★ *wetenswaardige feitjes*

we·tens·waar·dig·he·den *mv* merkwaardige bijzonderheden

we·te·ring *de (v)* [-en] NN waterloop

wet·ge·leer·de *de (m)* [-n] kenner van de wet, vooral Bijbel kenner van de godsdienstige voorschriften

wet·ge·vend *bn* ★ *de wetgevende macht* de macht om wetten te maken ★ BN ook *wetgevende verkiezingen* kamerverkiezingen, parlementsverkiezingen

wet·ge·ver *de (m)* [-s] iem. die wetten maakt

wet·ge·ving *de (v)* [-en] ❶ het geven van wetten ❷ de gezamenlijke wetten van een staat

wet·hou·der *de (m)* [-s] NN lid van het dagelijks bestuur van een gemeente: ★ *Burgemeester en Wethouders*

wet·hou·der·schap *het* [-pen] NN ❶ het ambt van

wethouder ❷ de tijd dat iemand wethouder is: ★ *gedurende zijn* ~

wet·lands [-lendz] *(‹Eng) mv* waterrijk gebied, zoals moerassen, wadden, rivierlandschappen e.d.

wet·ma·tig *bn* volgens een wet of wetten; **wetmatigheid** *de (v)*

wet·plank *de* [-en] slijpplank

wets·ar·ti·kel *het* [-en, -s] onderdeel van een wet

wets·be·pa·ling *de (v)* [-en] wettelijke bepaling

wets·dok·ter *de (m)* [-s], **wets·ge·nees·heer** *de (m)* [-heren] BN politiearts

wets·her·zie·ning *de (v)* [-en] wijziging van een wet door de wetgever

wets·in·ter·pre·ta·tie [-(t)sie] *de (v)* [-s] uitlegging van de wet

wets·ont·dui·king *de (v)* [-en] het ontduiken van wettelijke voorschriften

wets·ont·werp *het* [-en] ❶ NN wetsvoorstel ❷ BN wet die wordt voorgesteld door de regering, of voorgestelde wet die reeds is goedgekeurd door de Kamer of de Senaat

wets·over·tre·der *de (m)* [-s] iem. die een wet heeft overtreden of een misdaad heeft gepleegd

wets·over·tre·ding *de (v)* [-en] handeling in strijd met de wet

wets·rol *de* [-len] in de synagoge bewaarde rol met de mozaïsche wet

wets·schen·nis *de (v)* het schenden van de wet, wetsovertreding

wet·staal¹ *het* [-stalen] ijzeren pin om messen op aan te zetten

wets·taal² *de* veelal plechtige taal waarin wetten gesteld zijn

wet·steen *de (m)* [-stenen] slijpsteen

wets·tekst *de (v)* [-en] → **wettekst**

Wet·straat *de* BN ❶ eig straat in Brussel met o.a. de gebouwen van enkele belangrijke ministeries ❷ fig de Belgische regering

Wet·stra·tees *het* BN jargon gesproken door politici in de Wetstraat (het politieke centrum in België), te vergelijken met het *Binnenhof*s in Nederland

wet·suit [-soet] *(‹Eng) de (m)* [-s] nauwsluitend pak van rubber dat de lichaamswarmte vasthoudt, o.a. gebruikt door duikers en surfers

wets·ver·krach·ting *de (v)* [-en] grove schending van de wet

wets·voor·stel *het* [-len] ❶ NN door de Tweede en Eerste Kamer aan te nemen voorstel van een minister of een lid van de Tweede Kamer voor een nieuwe wet ❷ BN akte waarbij een lid van het federaal parlement een bepaalde tekst die bedoeld is wet te worden, voorlegt ter stemming

wets·wij·zi·ging *de (v)* [-en] verandering in een wet

wets·win·kel *de (m)* [-s] (vaak door studenten bemand) bureau dat vaak gratis voorlichting geeft in rechtskundige aangelegenheden

wet·tekst, wets·tekst *de (m)* [-en] woordelijke inhoud van een wet

wet·te·lijk *bn* overeenkomstig de wet: ★ *wettelijke bepalingen* ★ ~ *bevoegd* ★ ~ *erfdeel* gedeelte van een nalatenschap, dat volgens de wet toekomt aan de bloedverwanten in rechte lijn ★ *langs de wettelijke weg* zonder geweld of schending van de wet ★ *wettelijke aansprakelijkheid* aansprakelijkheid tot vergoeding van schade veroorzaakt door eigen onrechtmatige daad, die van kinderen, dieren, personeel, leerlingen e.d.

wet·te·loos *bn* zonder wet of gezag; **wetteloosheid** *de (v)*

wet·ten *ww* [wette, h. gewet] slijpen: ★ *messen* ~

wet·ti·cis·me *het* het zich star aan de wet houden

wet·tig *bn* echt, bij de wet toegestaan, geldig: ★ *een* ~ *betaalmiddel* ★ ~ *bewijs* ★ *een* ~ *huwelijk* ; zie ook bij → **deponeren**

wet·ti·gen *ww* [wettigde, h. gewettigd] ❶ wettig, geldig verklaren ★ *een kind* ~ *als wettig kind aannemen* ❷ rechtvaardigen: ★ *zijn afwezigheid wettigt het vermoeden dat hij zich schuldig voelt*

wet·tig·heid *de (v)* het wettig-zijn

wet·ti·ging *de (v)* het wettigen

wet·tisch *bn* NN overdreven streng naar de letter van de wet: ★ *een* ~ *ingestelde godsdienst*

WEU *afk* West-Europese Unie

we·ven *ww* [weefde, h. geweven] ❶ het maken van een weefsel door het dooreenwerken van draden wol, katoen e.d. ❷ ‹in geschriften, verhalen enz.› fig (erbij) mengen: ★ *de schrijver heeft allerlei verzinsels door het verhaal geweven*

we·ver *de (m)* [-s] iemand die weeft

we·ve·rij *de (v)* ❶ het weven ❷ [*mv:* -en] weversverkplaats

we·vers·knoop *de (m)* [-knopen] soort stevige knoop

we·vers·spoel *de* [-en] klos waaromheen het inslaggaren is gewonden bij het weven

we·ver·vo·gel *de (m)* [-s] lid van de zangvogelfamilie Ploceidae, vooral voorkomend in Afrika, waarvan veel soorten bekend zijn om hun kunstig gevlochten nest

we·zel *de* [-s] klein roofdier met bruine rug en witte buik (*Mustela nivalis*) ★ *zo bang als een* ~ zeer bang

we·zen¹ I *ww* [was, waren, is geweest] NN zijn: ★ *daar moet je* ~! ★ *hij is* ~ *kijken* hij is gaan kijken ★ *hij mag er* ~ hij kan goed voor de dag komen, hij is flink ★ *laten we wel* ~ laten we eerlijk toegeven **II** *het* ❶ [*mv:* -s] schepsel: ★ *de levende wezens* ★ *een goddelijk* ~ ❷ kern, innerlijk: ★ *schijn en* ~ *van elkaar onderscheiden* ★ *hij mag moedig lijken, in* ~ *is hij een lafaard*

we·zen² *ww verl tijd meerv van* → **wijzen**

we·zen·lijk *bn* ❶ werkelijke bedoeling van iets ★ *de wezenlijke betekenis, waarde* ❷ hoofdzakelijk, de kern rakende, essentieel: ★ *het wezenlijke en het bijkomstige* ★ *de wezenlijke inhoud is in een paar regels samen te vatten*; **wezenlijkheid** *de (v)*

we·zen·loos *bn* (ogenschijnlijk) zonder verstand of gevoel: ★ ~ kijken ★ *wezenloze gelaatstrekken* ★ *ik schrok me* ~ ik schrok zeer hevig; **wezenloosheid** *de (v)*

we·zens·trek *de (m)* [-ken] kenmerkende eigenaardigheid

w.g. *afk* was getekend

WGO *afk* Wereldgezondheidsorganisatie [bij de Verenigde Naties, *vgl.* **WHO**]

Wh *afk* nat symbool voor *wattuur*

wher·ry [werrie] *(‹Eng) de (m)* ['s] lichte roeiboot

whig [wiy] *(‹Eng) de (m)* [-s] aanhanger van de liberale beginselen in Engeland, vrijzinnige *(vgl:* → **tory**)

whip·lash [-lesj] *(‹Eng: zweepslag) de (m)* [-es] langdurige hoofd- en nekpijn met duizeligheid, als gevolg van beschadiging van een spier in de nek, bijv. door een botsing

whip·pet *(‹Eng) de (m)* [-s] klein soort hazewindhond

whirl·pool [w(r)lpoel] *(‹Eng) de (m)* [-s] bubbelbad

whis·ky [wiskie] *(‹Eng‹Gaelic) de (m)* gedestilleerde sterke drank (vooral uit Schotland, Ierland en Noord-Amerika), bereid uit diverse graansoorten ★ *malt* ~ whisky van gemout gerst

whis·ky·so·da [wiskie-] *de* whisky met sodawater

whist *(‹Eng) het* kaartspel voor vier personen met 52 kaarten

whis·ten *ww* [whistte, h. gewhist] whist spelen

white·board [waitbò(r)d] *(‹Eng) het* [-s] wit bord met plastic deklaag, waarop met uitwisbare viltstift kan worden geschreven

white·wash [waitwòsj] *(‹Eng) bn* ‹van hout› behandeld met witte olie, witte was of verdunde witte verf waardoor de vlammen en knoesten in het hout beter zichtbaar worden: ★ *een whitewash boekenkast*

whizz·kid *(‹Eng) de (m)* [-s] wonderkind, briljant kind, vooral dat zeer bedreven is in het omgaan met computers

WHO *afk* World Health Organization *(‹Eng)* [Wereldgezondheidsorganisatie (bij de Verenigde Naties)]

who·dun·it [hoedunnit] *(‹Eng) de (m)* [-s] detectiveroman of -verhaal waarin iem. speurt naar de dader van een misdrijf, die meestal pas aan het eind bekend wordt

WHW *afk* in Nederland Wet op het hoger onderwijs en wetenschappelijk onderzoek

WIA *afk* Werk en Inkomen naar Arbeidsvermogen [Nederlandse wet met betrekking tot arbeidsongeschiktheid, opvolger van de WAO]

WIC *afk* in Nederland, hist West-Indische Compagnie (zie **West-Indisch**)

wic·ca *(‹Oud-Eng) de* ['s] ❶ spirituele beweging, gebaseerd op voorchristelijke Keltische natuurgodsdienst, aansluitend bij diverse esoterische, animistische en religieuze tradities ❷ volgeling van de bij bet 1 genoemde beweging

wi·che·laar *de (m)* [-s] waarzegger

wi·che·laar·ster *de (v)* [-s], **wi·che·la·res** *de (v)* [-sen]

waarzegster

wi·che·la·rij *de (v)* [-en] waarzeggerij

wi·che·len *ww* [wichelde, h. gewicheld] voorspellingen doen uit de stand van de sterren e.d.

wi·chel·roe·de *de* [-n] licht in de hand gehouden tak of staak (oorspronkelijk van de hazelaar of de vlier) waarmee daarvoor gevoelige personen de aanwezigheid van ondergronds water of metaal vaststellen; thans ook → **pendel** genoemd

wi·chel·roe·de·lo·per *de (m)* [-s] iem. die met een wichelroede werkt

wicht *het* [-en] ❶ klein kind: ★ *ach, dat arme ~...* ❷ mal meisje: ★ *wat een stom ~!*

wick·et *(‹Eng) het* [-s] cricket ❶ drietal paaltjes met daarop in totaal twee dwarshoutjes, die de werper probeert eraf te gooien om zodoende de slagman uit te maken ❷ moment waarop of mogelijkheid waardoor de slagman uit gaat

wide·bo·dy [waidboddie] *(‹Eng) de (m)* ['s] vliegtuig met een brede romp waarin zich tussen de zitplaatsen twee gangpaden bevinden

wid·get [widzjit] *(‹Eng) de* [-s] comput kleine applicatie voor op het bureaublad

wie I *vragend vnw* ★ ~ *is daar?* **II** *betr vnw* ★ *dat is de man, (aan)* ~ *ik het pakje gaf* **III** *onbep vnw* ★ ~ *dan ook*

wie·be·len *ww* [wiebelde, h. gewiebeld] onrustig, schommelend heen en weer bewegen: ★ *zit niet zo te ~*

wie·bel·taks *de* NN een belasting die tijdelijk kan worden verhoogd of verlaagd, afhankelijk van conjuncturele omstandigheden

wie·den *ww* [wiedde, h. gewied] van onkruid zuiveren: ★ *de tuin* ~ ★ *onkruid* ~ het uit de tuin verwijderen

wie·des *(‹Hebr) bn* NN, spreektaal begrijpelijk ★ *nogal* ~ vanzelfsprekend, nogal duidelijk

wie·de·weer·ga *de* ★ vooral NN, spreektaal *als de* ~ met grote spoed, als de weerga, als de bliksem

wieg *de* [-en] ❶ kinderbedje (vroeger heen en weer te bewegen, thans meestal in vaste stand) met afhangend gordijn ★ *daar ben ik niet voor in de* ~ *gelegd* daar heb ik geen aanleg voor ★ NN *hij is niet in de* ~ *gesmoord* hij heeft een hoge leeftijd bereikt ★ *van de* ~ *tot het graf* van het begin tot het eind van het leven ★ *aan de* ~ *gestaan hebben van...* deelgenomen hebben aan *of* aanwezig zijn geweest bij de oprichting van... ❷ fig plaats van oorsprong: ★ *Frankrijk is de* ~ *van het socialisme*

wie·ge·koord *de & het* [-en] wiegetouw

wie·ge·len *ww* [wiegelde, h. gewiegeld] schommelen

wie·ge·lied *het* [-eren], **wie·ge·lied·je** *het* [-s] slaapliedje bij de wieg gezongen

wie·gen *ww* [wiegde, h. gewiegd] (als) in een wieg schommelen: ★ *een kindje in slaap* ~ ★ *zijn geweten in slaap* ~ fig zelfverwijt trachten te onderdrukken

wie·gen·dood *de (m)* het onverwacht sterven van baby's tussen de 1ste en de 12de maand, zonder

aanwijsbare oorzaak
wie·gen·druk *de (m)* [-ken] met losse letters gedrukt boek uit de 15de eeuw, incunabel
wie·gen·kap *de* [-pen] kap boven het hoofdeinde van een wieg
wie·gen·kind *het* [-eren] kind dat nog in de wieg ligt
wie·ge·touw *het* [-en] touw waaraan de wieg geschommeld werd
wiek *de* [-en] ❶ elk van de lange, platte, rechthoekige onderdelen van een molen die draaien op de wind, molenwiek ❷ vleugel ★ *op eigen wieken drijven* voor zichzelf zorgen ★ *hij was in zijn ~ geschoten* hij voelde zich gekrenkt of teleurgesteld ❸ BN pit van een kaars
wiel *het* [-en] ❶ cirkelvormig, plat voorwerp dat om een as kan draaien, vooral gebruikt voor de voortbeweging ★ *iemand in de wielen rijden* iemand hinderen, tegenwerken ★ *het vijfde ~ aan de wagen* een overbodig iemand of iets ★ *het ~ nogmaals willen uitvinden* iets willen doen of willen bedenken dat allang gedaan of bedacht is ★ BN *stokken in de wielen steken* een spaak in het wiel steken, tegenwerken; zie ook bij → **spaak** ❷ diepe grote kom ontstaan door dijkdoorbraak, kolk
wiel·band *de (m)* [-en] buitenste bedekking van een wiel
wiel·ba·sis [-zis] *de (v)* afstand tussen de assen van voor- en achterwielen
wiel·be·slag *het* wielband
wiel·dop *de (m)* [-pen] dop op een naaf
wiel·druk *de (m)* druk van de wielen van een voertuig op de grond
wie·len *ww* [wielde, h. gewield] draaien, zich in het rond bewegen
wie·ler·baan *de* [-banen] wedstrijdbaan voor wielrenners
wie·ler·broek *de* [-en] nauwsluitende broek met pijpen tot halverwege de dijen, gedragen door wielrenners, maar ook door vrouwen of meisjes
wie·ler·cri·te·ri·um *het* [-s, -ria] → **criterium** (bet 2) voor wielrenners
wie·ler·ploeg *de* [-en] groep wielrenners die een eenheid vormen
wie·ler·ron·de *de* [-n, -s] wielerwedstrijd met meerdere etappes
wie·ler·sport *de* het hardrijden op de fiets als sport
wie·ler·wed·strijd *de (m)* [-en] snelheidswedstrijd voor wielrenners
wie·le·waal *de* [-walen] grote zangvogel, geel en zwart (mannetje) of geelgroen (wijfje en jongen) (*Oriolus oriolus*)
wie·ling *de (v)* [-en] draaiing, draaikolk
wiel·klem *de* [-men] voorwerp dat wordt bevestigd aan het wiel van een auto om wegrijden te voorkomen, toegepast o.a. bij niet of te weinig betalen bij een parkeermeter
wiel·ren·nen *ww & het* (het) hardrijden voor fietsers
wiel·ren·ner *de (m)* [-s] deelnemer aan snelheidswedstrijden voor fietsers
wiel·rij·den *ww & het* (het) fietsen
wiel·rij·der *de (m)* [-s] fietser
wiel·rijd·ster *de (v)* [-s] fietster
Wie·ner me·lan·ge [-lãzjə] *de (m) & het* sterke koffie met veel slagroom of melk en suiker
wie·ner·schnit·zel [sjnietsəl] (‹Du) *de (m) & het* [-s] gepaneerd gebraden kalfslapje met schijfje citroen
wiens *betr vnw* van wie (mannelijk): ★ *de jongen ~ schooltas verdwenen is*
wier[1] *het* [-en] waterplant, zeegras
wier[2] *betr vnw* van wie (vrouwelijk): ★ *de koe wier hoorns afgesleten zijn*
wier·de *de* [-n] NN ‹in Groningen› terp
wierf *ww verl tijd* van → **werven**
wie·rook *de (m)* ❶ Arabische gomhars die een aangename geur geeft als men deze verbrandt ❷ de rook hiervan, o.a. gebruikt in de rooms-katholieke eredienst: ★ *de stank van ~* ; zie ook: → **toezwaaien**
wie·rook·boom *de (m)* [-bomen] boom die wierook levert
wie·rook·damp *de (m)* [-en] damp van wierook
wie·rook·geur *de (m)* [-en] geur van wierook
wie·rook·vat *het* [-vaten] aan kettingen gedragen vat waarin wierook verbrand wordt
wierp *ww*, **wier·pen** *verl tijd* van → **werpen**
wier·ven *ww verl tijd meerv* van → **werven**
wies *ww*, **wie·sen** *verl tijd* van → **wassen**[1] en → **wassen**[2]
wiet (‹Eng) *de (m) slang* marihuana
wifi *afk* comput *wireless fidelity* [technologie die het mogelijk maakt om over korte afstanden draadloos gegevens te ontvangen en te versturen]
wig *de* [-gen], **wig·ge** *de* [-n] (langwerpig) driehoekig voorwerp waarmee men openingen verwijdt of voorwerpen splijt of vastzet ★ *een ~ drijven tussen* fig verwijdering veroorzaken tussen
wig·gen·been *het* [-deren, -benen] schedelbeen achter de neusholte
wig·vor·mig *bn* de vorm van een wig hebbend, in de vorm van een wig
wig·wam (‹Algonkin, een Noord-Amerikaanse indianentaal) *de (m)* [-s] koepelvormige hut, gedekt met boombast of huiden, van de indianen in het merengebied van Noord-Amerika; *vgl*: → **tipi**
wii·en [wiejə(n)] *ww* [wiide, h. gewiid] een spel spelen op een Wii-spelcomputer van Nintendo®
wij *pers vnw* ❶ eerste persoon meervoud, onderwerpsvorm: ★ *~ zullen overwinnen* ❷ eerste persoon enkelvoud, als pluralis majestatis: ★ *Wij, Beatrix, koningin der Nederlanden* ; zie ook: → **we**
wij·bis·schop *de (m)* [-pen] bisschop als hulp aan een andere bisschop toegevoegd
wijd I *bn* ❶ breed, ruim: ★ *een wijde gang* ★ *~ en zijd alom, overal* ❷ honkbal, softbal (door de werper) zodanig gegooid dat de bal geen slag is en de slagman / vrouw niet slaat **II** *de (m)* honkbal, softbal keer dat de bal door de werper wijd gegooid is:

★ *onze ploeg stond 2 ~, 1 slag*
wijd·bal *de (m)* [-len] honkbal, softbal wijd (II)
wijd·beens *bijw* met de benen ver van elkaar
wij·de·ling *de (m)* [-en] RK iem. die gewijd wordt of is
wij·den *ww* [wijdde, h. gewijd] ❶ inzegenen: ★ *iem (tot) priester ~* ❷ toewijden, schenken: ★ *zijn leven ~ aan de kunst* ★ *enige woorden ~ aan de nagedachtenis van...*
wij·ding *de (v)* [-en] ❶ het wijden; inzegening ❷ gewijde, religieuze stemming
wijd·lo·pig *bn* omstandig, al te uitvoerig; **wijdlopigheid** *de (v)*
wijd·ma·zig *bn* met wijde mazen
wijd·te *de (v)* [-n, -s] ❶ wijdheid ❷ omtrek ❸ breedte
wijd·ver·maard *bn* zeer beroemd
wijd·ver·takt *bn* met veel vertakkingen, ook fig: ★ *een ~ misdaadsyndicaat*
wijf *het* [wijven] inf vrouw: ★ *een lekker ~* ★ *hij is een oud ~* hij zeurt veel ★ *altijd achter de wijven aan zitten* een vrouwenversierder zijn
wijf·je *het* [-s] ❶ liefkozend vrouwtje ❷ vrouwelijk dier, vrouwtje
wijf·jes- *als eerste lid in samenstellingen* vrouwelijke: ★ *wijfjesolifant*
wij·ge·schenk *het* [-en] ⟨in de oudheid⟩ offergave aan de goden in de tempel
wijk[1] *de* [-en] stadsbuurt; gedeelte dat iem. (bijv. een krantenjongen) te bedienen heeft: ★ *in deze ~ wonen de rijkere mensen*
wijk[2] *de* vlucht: ★ *de ~ nemen*
wijk[3] *de* [-en] zijkanaal in veenkoloniën
wijk·agent *de (m)* [-en] politieagent die dienst doet in een bep. → **wijk**[1]
wijk·be·wo·ner *de (m)* [-s] bewoner van een → **wijk**[1]
wijk·cen·trum *het* [-s, -tra] gebouw voor maatschappelijke en culturele activiteiten in een → **wijk**[1]
wij·ken *ww* [week, is geweken] ❶ teruggaan, weggaan: ★ *het gevaar is geweken* ★ *voor de overmacht ~* vluchten ❷ toegeven, zwichten: ★ *zij week uiteindelijk voor de algemene opinie* ❸ afwijken van de oorspronkelijke of gewenste richting ★ *de muren ~ staan niet loodrecht* ★ *een wijkende haarlijn* gezegd van een kalende schedel
wijk·ge·bouw *het* [-en] wijkcentrum
wijk·ge·meen·te *de (v)* [-n, -s] NN, prot deel van een kerkelijke gemeente dat een stadswijk omvat
wijk·hoofd *het* [-en] NN iem die is belast met de organisatie van een collecte in een bep. wijk
wijk·mees·ter *de (m)* [-s] BN hoofd van een (culturele) organisatie die voor een bepaalde wijk verantwoordelijk is: ★ *de ~ van de KAV bezorgt maandelijks het ledenblad aan huis*
wijk·plaats *de* [-en] toevluchtsoord
wijk·pre·di·kant *de (m)* [-en] NN, prot predikant in een wijkgemeente
wijk·raad *de (m)* [-raden] ❶ stadsdeelraad ❷ college dat het gemeentebestuur adviseert over belangen van een stadswijk
wijk·ver·eni·ging *de (v)* [-en] vereniging van wijkbewoners *of* leden van een wijkgemeente
wijk·ver·pleeg·kun·di·ge *de* [-n] iem. die werkzaam is in de wijkverpleging
wijk·ver·ple·ging *de (v)* onderdeel van de thuiszorg dat in een bep. wijk verpleging, verzorging, voorlichting e.d. biedt aan mensen die dat nodig hebben
wij·kwast *de (m)* [-en] wijwaterkwast
wijk·zus·ter *de (v)* [-s] NN vrouwelijke wijkverpleegkundige
wijl[1] *voegw* vero omdat
wijl[2] [-en], **wij·le** *de* [-n] plechtig korte tijd: ★ *wacht een ~* ★ *bij tijd en wijle of bij wijlen* nu en dan; zie ook → **wijlen**[1]
wij·len[1] *bn* overleden: ★ *~ burgemeester X*
wij·len[2] *ww* [wijlde, h. gewijld] plechtig toeven, verwijlen
wijn *(⟨Lat⟩ de (m)* [-en] ❶ alcoholische drank, bereid van gegist druivensap ★ *oude ~ in nieuwe zakken* iets wat bekend is, maar op een nieuwe, originele manier wordt gepresenteerd (naar *Mattheus* 9: 17) ★ *goede ~ behoeft geen krans* (een krans van druivenbladeren duidde vroeger wel de herberg aan waar wijn verkocht werd) goede waar behoeft niet aangeprezen te worden ★ *klare ~ schenken* ronduit zeggen wat men wil of bedoelt ★ *als de ~ is in de man, is de wijsheid in de kan* door wijn drinken verliest men zijn beheersing ★ *van wijntje en trijntje houden* van drinken en van meisjes houden; zie ook bij → **water** ❷ alcoholische drank, bereid van andere vruchten dan druiven: ★ *~ van vlierbessen, appels, bessen*
wijn·ac·cijns *de (m)* [-cijnzen] belasting op wijn
wijn·ach·tig *bn* op wijn gelijkend
wijn·ap·pel *de (m)* [-en, -s] soort rode appel
wijn·azijn *de (m)* azijn verkregen uit wijn
wijn·bal *de (m)* [-len] NN soort rond zuurtje
wijn·berg *de (m)* [-en] heuvel waarop druiven gekweekt worden
wijn·berg·slak *de* [-ken] wijngaardslak
wijn·boer *de (m)* [-en] wijnbouwer
wijn·bouw *de (m)* wijndruiventeelt
wijn·bou·wer *de (m)* [-s] teler van wijndruiven
wijn·drin·ker *de (m)* [-s] iem. die geregeld wijn drinkt
wijn·druif *de* [-druiven] druif waaruit wijn geperst wordt
wijn·fles *de* [-sen] fles voor wijn
wijn·gaard *de (m)* [-en] tuin waar druiven groeien
wijn·gaar·de·nier *de (m)* [-s] wijndruiventeler
wijn·gaard·slak *de* [-ken] grote huisjesslak (*Helix pumatia*), voorkomend in geheel West-Europa, bekend als laboratoriumdier en geliefd als delicatesse
wijn·geest *de (m)* uit wijn gedistilleerde vloeistof, oude naam voor alcohol
wijn·glas *het* [-glazen] glas om wijn uit te drinken

wijn·grog [-grok] *de (m)* [-s] warme drank van wijn met water

wijn·han·del *de (m)* ❶ handel in wijn ❷ [*mv:* -s] wijnwinkel

wijn·han·de·laar *de (m)* [-s, -laren] handelaar in wijnen

wijn·huis *het* [-huizen] gelegenheid waar wijn geschonken wordt, bodega

wijn·jaar *het* [-jaren] oogstjaar van wijn ★ *een goed (slecht) ~ een jaar waarin de wijnoogst gunstig (ongunstig) was*

wijn·kaart *de* [-en] lijst van de wijnen (met prijs) die in een café, restaurant e.d. verkrijgbaar zijn: ★ *wilt u onze ~ zien*

wijn·kan *de* [-nen] kan voor wijn

wijn·ka·raf *de* [-fen] karaf voor wijn

wijn·kel·der *de (m)* [-s] kelder waarin wijn bewaard wordt

wijn·ken·ner *de (m)* [-s] kenner en fijnproever van wijn, oenoloog, enoloog

wijn·kleu·rig *bn* wijnrood

wijn·koe·ler *de (m)* [-s] emmer gevuld met ijs, waarin wijn gekoeld wordt

wijn·ko·per *de (m)* [-s] wijnhandelaar

wijn·kuip *de* [-en] kuip waarin wijn geperst wordt

wijn·maand *de* oktober

wijn·moer *de* droesem van wijn

wijn·oogst *de (m)* [-en] wijndruivenoogst

wijn·peer *de* [-peren] peer die gestoofd kan worden en dan een wijnrode kleur krijgt

wijn·pers *de* [-en] toestel om druiven uit te persen

wijn·plas *de (m)* [-sen] te grote hoeveelheid geproduceerde wijn, vooral gezegd van het overschot van de EU-landen

wijn·rank *de* [-en] rank van de wijnstok

wijn·rood *bn* donkerrood, paarsrood

wijn·ruit *de* plant met geelgroene bloemen en grijsgroene bladeren, die een geneeskrachtige olie bevatten, ook gebruikt als keukenkruid (*Ruta graveolens*)

wijn·saus *de* [-en, -sauzen] met wijn bereide saus

wijn·steen *de (m)* steen die zich aan de binnenkant van wijnvaten vastzet, verbinding van wijnsteenzuur en kalium

wijn·steen·zuur *het* zuur dat onder andere in druiven voorkomt

wijn·stok *de (m)* [-ken] klimplant waaraan druiven groeien (*Vitis vinifera*)

wijn·teelt *de* wijnbouw

wijn·tje *het* ★ *van ~ en trijntje houden* zie bij → **wijn**

wijn·vat *het* [-vaten] vat waarin men wijn bewaart

wijn·vlek *de* [-ken] ❶ vlek van wijn ❷ wijnkleurige vlek in de huid door een teveel aan bloedvaten

wijs[1] *de* [wijzen] ❶ meestal wijze manier: ★ *het is op slechts één wijze mogelijk* ★ *de wijze waarop deugt niet* ★ *bij wijze van voorzorg als voorzorg* ★ *bij wijze van spreken* zoals men het uitdrukt ★ *'s lands ~ 's lands eer* elk land heeft zijn eigenaardige gewoonten, die men moet eerbiedigen ❷ melodie: ★ *een welkomstlied op de ~ van 'Er staat een paard op de gang'* ★ *van de wijs brengen, raken* in de war ★ *geen ~ kunnen houden* niet op de juiste toon of in de juiste maat kunnen zingen ❸ werkwoordelijke vorm: ★ *aantonende, aanvoegende, gebiedende, onbepaalde ~* ❹ → **modaliteit**

wijs[2] *bn* verstandig, veel inzicht hebbend, vooral ook de juiste doelen met de juiste middelen nastrevend: ★ *een wijze koning* ★ *hij is niet goed ~ niet goed bij zijn hoofd* ★ *de wijste partij kiezen* doen wat in bepaalde omstandigheden het meest raadzaam is ★ *de wijste zijn* toegeven in een conflict om erger te voorkomen ★ *ik kan er niet (of geen) ~ uit worden* ik begrijp het niet ★ *ben je niet ~? of ben je ~?* doe of praat niet zo onverstandig ★ *ben je niet wijzer?* of *ben je wijzer?* wees toch verstandiger ★ *hij zal wel wijzer zijn* hij zal wel zo verstandig zijn dat niet te doen ★ *niet veel wijzer worden van* schertsend niet veel voordeel hebben van ★ *(commissie van) wijze mannen* (groep) personen die gevraagd wordt oplossingen te bieden in moeilijke of netelige kwesties

wijs·be·geer·te *de (v)* het zoeken naar de grondwaarheden, filosofie

wij·se·lijk *bijw* met wijze voorzichtigheid: ★ *hij hield ~ zijn mond*

wijs·geer *de (m)* [-geren] filosoof, beoefenaar van de wijsbegeerte

wijs·ge·rig *bn* als een wijsgeer; van, betreffende de wijsbegeerte, filosofisch: ★ *een ~ stelsel*;
wijsgerigheid *de (v)*

wijs·heid *de (v)* [-heden] ❶ het wijs-zijn; verstand ★ *wat is ~?* wat kunnen we nu het beste doen?; zie ook bij → **geluk** en → **pacht** ❷ wijze opmerking of uitspraak: ★ *enige algemene wijsheden verkondigen*

wijs·heids·tand *de (m)* [-en] BN verstandskies

wijs·ma·ken *ww* [maakte wijs, h. wijsgemaakt] iets onwaars voor waar vertellen: ★ *zich niets laten ~* ; zie ook bij: → **kat**

wijs·neus *de (m)* [-neuzen] ❶ betweter ❷ vroegrijp kind

wijs·neu·zig *bn* als een wijsneus: ★ *een wijsneuzige opmerking*

wijs·vin·ger *de (m)* [-s] vinger naast de duim

wij·ten *ww* [weet, h. geweten] toeschrijven: ★ *de mislukking is te ~ aan onvoldoende voorbereiding* ★ *dat heb je (aan) jezelf te ~* dat is je eigen schuld

wij·ting *de (m)* [-en] schelvisachtige vis, o.a. voorkomend in de Noordzee (*Merlangius merlangus*)

wij·wa·ter *het* RK door een priester gewijd water

wij·wa·ter·kwast *de (m)* [-en] kwast om wijwater te sprenkelen

wij·ze[1] *de (m)* [-n] wijs man ★ *de Wijzen uit het Oosten* zie bij → **Driekoningen**

wij·ze[2] *de* [-n] → **wijs**[1]

wij·zen *ww* [wees, h. gewezen] ❶ aanduiden, laten zien: ★ *iemand de weg ~* ★ *iem. ergens op ~* iem.

ergens attent op maken of hem ervoor waarschuwen ★ *alles wijst erop dat...* alles duidt erop, dat..., alle tekenen laten zien, dat... ★ *iets van de hand ~ afwijzen* ★ NN dat wijst zich vanzelf dat wordt vanzelf duidelijk als men eraan begint ❷ met een lichaamsdeel, vooral de wijsvinger, iem. of iets aanduiden: ★ *je moet niet zo ~!* ★ *hij wees naar de vuurtoren* ❸ uitspreken, vellen: ★ *een vonnis ~* ★ *aldus gewezen...*

wij·zer *de (m)* [-s] ❶ naald op een uurwerk e.d. die iets aanwijst ★ *de grote ~* die de minuten aangeeft ★ *de kleine ~* die de uren aangeeft ❷ wegwijzer

wij·zer·plaat *de* [-platen] plaat met cijfers en strepen waarop door de wijzers de tijd wordt aangegeven

wij·zer·zin *de (m)* ★ BN *in ~* met de wijzers van de klok mee

wij·zi·gen *ww* [wijzigde, h. gewijzigd] veranderen

wij·zi·ging *de (v)* [-en] verandering: ★ *wijzigingen aanbrengen* ★ *een ~ ondergaan*

wij·zing *de (v)* [-en] NN het uitspreken ‹van een vonnis›

wik, wik·ke *de* [wikken, wikkes] soort vlinderbloemige plant (*Vicia*)

wi·ki *(‹Hawaïaans: snel) de* [*'s] webpagina of verzameling webpagina's waar (geregistreerde) gebruikers aan kunnen meeschrijven

wik·kel *de (m) & het* [-s] papieren verpakking

wik·kel·blou·se [-bloezə] *de (v)* [-s] blouse met een overslag die men om het bovenlichaam wikkelt en met banden vastmaakt

wik·ke·len *ww* [wikkelde, h. gewikkeld] ❶ al draaiend ergens in pakken: ★ *in papier, in een deken ~* ❷ fig brengen in, betrekken: ★ *hij was in een druk gesprek gewikkeld* ★ *in een proces gewikkeld worden* ❸ ‹draden en spoelen, ankers e.d.› leggen: ★ *het anker van de motor is opnieuw gewikkeld*

wik·ke·ling *de (v)* [-en] het door wikkelen ontstaan dradencomplex

wik·kel·rok *de (m)* [-ken] rok bestaande uit een lap stof die men om het onderlichaam wikkelt en met een band om het middel vastmaakt

wik·ken *ww* [wikte, h. gewikt] ❶ op de hand wegen ❷ overwegen, overdenken ★ *~ en wegen* goed overdenken ★ *de mens wikt en God beschikt* zie bij → **mens**

wil *de (m)* ❶ wens om iets te doen of te bereiken: ★ *een sterke, een zwakke ~ hebben* ★ *de vrije ~* zie bij → **vrij** ★ *zijn goede ~ tonen* laten zien dat men het goed bedoelt, bereid is om te doen wat wordt verlangd enz. ★ *waar een ~ is, is een weg* als de wil er is, is er altijd wel een mogelijkheid om het doel te bereiken ★ *iemands laatste, uiterste ~* zijn testament ★ *iets tegen zijn ~, tegen ~ en dank doen* tegen zijn zin ★ *uit vrije ~* uit vrije verkiezing ★ *iemand ter wille zijn* doen wat hij verlangt, naar zijn zin handelen ★ *ik kan het met de beste ~ van de wereld niet doen* hoe graag ik het ook wil ❷ belang, zaak: ★ *om 's hemels ~* ★ *ter wille van de kinderen* om de kinderen, in het belang van de kinderen ❸ genoegen ★ *(voor) elk wat wils* voor ieder wat naar zijn gading; zie ook → **willetje**

wild I *bn* ❶ in natuurstaat: ★ *wilde zwijnen* ❷ vrij groeiend, niet door mensen gekweekt: ★ *wilde kers* ❸ woest, onbeschaafd: ★ *wilde spelletjes* ★ *een wilde blik* ★ *ik ben er niet ~ van* ik vind het niet zo geweldig ★ *zich ~ schrikken* zeer hevig schrikken ❹ ongeregeld ★ *een wilde staking* zie bij → **staking** ★ *de wilde vaart* zie bij → **vaart** ❺ ★ *~ vlees* woekervlees; zie ook bij → **haar¹ II** *het* ❶ wilde staat: ★ *in het ~ groeiende planten* ★ *in het wilde weg* zonder overleg ❷ wat op jacht geschoten wordt ★ *klein ~* hazen, konijnen, patrijzen enz. ★ *groot ~* leeuwen, tijgers enz. ★ *zwart ~* wilde zwijnen; zie ook: → **grofwild** en → **roodwild**

wild·ach·tig *bn* in smaak op wild gelijkend

wild·baan *de* [-banen] afgesloten gebied voor jacht op wild

wild·braad *het* gebraden wild

wild·card [waildk(r)d] *(‹Eng) de* [-s] ❶ sp uitnodiging tot deelneming aan een toernooi of een kampioenschap zonder zich daarvoor eerst te hoeven plaatsen ❷ comput teken dat in bepaalde commando's dient ter vervanging van een willekeurige reeks andere tekens

wild·dief *de (m)* [-dieven] stroper

wil·de *de* [-n] ❶ neerbuigende benaming voor leden van volkeren met een lage technische beschaving ❷ wildebras

wil·de·beest *(‹ZA) het* [-en] gnoe

wil·de·bras *de* [-sen] wilde jongen of wild meisje

wil·de·man *de (m)* ❶ [*mv:* -nen] woest, onbeheerst persoon ❷ [*mv: -s*] herald naakte reus gewapend met een knots

wil·der·nis *de (v)* [-sen] woestenij

wild·groei *de (m)* ❶ onbelemmerde groei ❷ fig overmatige, verwarrende toeneming: ★ *een ~ aan pizzeria's*

wild·heid *de (v)* het wild-zijn

wild·park *het* [-en], **wild·re·ser·vaat** [-zer-] *het* [-vaten] terrein waarop wilde dieren beschermd leven

wild·plas·sen *ww & het* het plassen op de openbare weg

wild·plas·ser *de (m)* iem. die aan wildplassen doet

wild·roos·ter *het* [-s] op een pad of weg liggend rooster dat wild belet een bep. (natuur)gebied te verlaten

wild·schaar *de* [-scharen] speciale schaar voor het voorsnijden van wild

wild·stand *de (m)* hoeveelheid wild, aanwezig in een bepaalde streek

wild·tun·nel *de (m)* [-s] tunnel onder een drukke verkeersweg, waardoor wild veilig de andere kant ervan kan komen

wild·vang *de (m)* [-en] dier in wilde toestand gevangen

wild·via·duct *de (m) & het* [-en] viaduct over een

drukke verkeersweg, waardoor wild veilig aan de andere kant ervan kan komen

wild·vreemd *bn* volkomen onbekend: ★ *met een wildvreemde kerel meegaan*

wild·wa·ter·va·ren *ww & het* (het) peddelend in een zeer licht bootje in wild stromend water varen

Wild West [waild -] *(‹Eng)* de het Wilde Westen; zie bij → **Westen**

wild·west·film *de (m)* [-s] western

wild·zang *de (m)* zang van vogels in het wild

wilg *de (m)* [-en] boomsoort met buigzame takken en katjes als bloeiwijze *(Salix)* ★ *de lier aan de wilgen hangen* a) geen gedichten meer maken; b) fig ophouden met een bepaalde (vooral creatieve) bezigheid

wil·gen *bn* gemaakt van wilgenhout

wil·gen·blad *het* [-blaren, -bladeren, -bladen] blad van de wilg

wil·gen·bloe·sem *de (m)* [-s] wilgenkatjes

wil·gen·boom *de (m)* [-bomen] wilg

wil·gen·hout *het* hout van de wilg

wil·gen·kat·je *het* [-s] bloeiwijze van de wilg

wil·gen·laan *de* [-lanen] laan met aan beide zijden wilgen

wil·gen·roos·je *het* [-s] plant met smalle blaadjes en lichtpurperen bloemen *(Epilobium angustifolium)*

wil·gen·tak *de (m)* [-ken] tak van de wilg

Wil·hel·mus *het* oud Nederlands lied, behorend tot de 16de-eeuwse geuzenliederen; sinds 1932 het officiële Nederlandse volkslied

wil·le *zn* ★ *ter ~* zie bij → **wil** (bet 1 en 2)

wil·le·keur *de* ❶ vrije verkiezing: ★ *u kunt naar ~ handelen* ❷ grilligheid, eigenmachtigheid: ★ *dat is louter ~ van hem*

wil·le·keu·rig *bn* ❶ zonder regel, eigenmachtig; slechts afgaand op wat door de eigen wil is ingegeven: ★ *~ te werk gaan* ❷ onverschillig welk: ★ *een ~ getal*

wil·le·keu·rig·heid *de (v)* [-heden] eigenmachtigheid, gedrag zonder regel of stelsel

Wil·lems·or·de *de* in 1815 ingestelde, hoogste Nederlandse onderscheiding voor militairen die zich in de strijd met de vijand hebben onderscheiden door daden van moed, beleid en trouw; in bijzondere gevallen ook toegekend aan niet-militairen, vreemdelingen en onderdelen van de Nederlandse strijdkrachten

wil·len *ww* [wilde *of* wou, h. gewild] ❶ wensen, verlangen: ★ *wat wil hij toch?* ★ *dat wil ik niet hebben* dat vind ik niet goed ❷ bereid zijn: ★ *wil je het even vragen?* ★ *het slot wil niet* functioneert niet ★ *dat wil er bij mij niet in* dat kan ik niet aanvaarden ★ *hij wil er niet aan* hij weigert het ❸ beweren: ★ *men wil dat tegenstanders hem vermoord hebben* ❹ hulpww die een mogelijkheid aangeeft: ★ *zoiets wil wel eens voorkomen* ★ *dat wil zeggen...* er wordt mee bedoeld...

wil·lens *bijw* met opzet ★ *~ en wetens* zie bij →

wetens ★ BN *~ nillens* vernederlandsing van het Latijnse → **nolens volens**: goed- of kwaadschiks, tegen wil en dank; zie ook: → **nillens willens** ★ NN *~ of onwillens* goedschiks of kwaadschiks ★ *~ zijn* voornemens zijn

wil·le·tje *het* [-s] ❶ *een ~ hebben* koppig zijn, steeds zijn zin willen doordrijven, vooral gezegd van kinderen

wil·lig *bn* ❶ volgzaam, gehoorzaam: ★ *een ~ kind* ★ *willige medewerkers aan een misdadig regime* ❷ beursterm gezocht, gewild: ★ *staalwaarden lagen ~ in de markt*

wil·li·gen *ww* [willigde, is gewilligd] beursterm willig worden, gevraagd worden, in prijs stijgen

wil·loos *bn* zonder eigen wil: ★ *zich ~ laten meeslepen*; **willoosheid** *de (v)*

wils *zn* ★ *(voor) elk wat ~* zie bij → **wil** (bet 3)

wils·be·schik·king *de (v)* [-en] ★ *laatste, uiterste ~* testament

wils·ge·brek *het* recht het afwezig zijn van de eigen wil bij een persoon door dwang, bedreiging of dwaling

wils·kracht *de* krachtige wil om iets te bereiken

wils·krach·tig *bn* ❶ met wilskracht: ★ *~ optreden* ❷ wilskracht uitstralend: ★ *een wilskrachtige kin*

wils·ui·ting *de (v)* [-en] uiting van de wil

wim·berg *de (m)* [-en] spitse top boven deur of portaal in een gotisch bouwwerk

wim·pel *de (m)* [-s] lange, smalle vaan; zie ook bij → **vlag**

wim·per *de* [-s] ooghaartje

win·ches·ter [-tsjəstə(r)] *(‹Eng) de (m)* [-s] soort magazijngeweer, zowel voor de jacht als voor de oorlog, genoemd naar de uitvinder O.F. Winchester (1810-1880), veel gebruikt in de Amerikaanse burgeroorlog en later bij de 'settlers' in het Wilde Westen

wind *de (m)* [-en] ❶ bewegende lucht: ★ *de ~ steekt op* ★ *de ~ gaat liggen* ★ *met de ~ mee* ★ *voor de ~* ★ *tegen de ~ in* ★ *krimpende ~* zie bij → **krimpen** ★ *ruimende ~* zie bij → **ruimen** ★ *boven de ~* in de richting vanwaar de wind waait ★ *onder de ~* van de windrichting af ★ *het gaat hem niet voor de ~* (ook *voordewind*) niet voorspoedig ★ NN *er de ~ van hebben* veel gezag hebben over ★ *de ~ van voren krijgen* een duchtig standje krijgen ★ *men kan toch niet van de ~ leven* men moet toch een middel van bestaan hebben ★ *een goede raad in de ~ slaan* er geen acht op slaan ★ *de ~ waait uit* (of *zit in*) *de verkeerde hoek* a) de windrichting voorspelt ongunstig weer; b) fig de stemming, de sfeer is niet gunstig ★ NN *zoals de ~ waait, waait mijn jasje* of *rokje* ik ga met de heersende mening mee ★ *ergens een frisse ~ doorheen laten waaien* noodzakelijke vernieuwingen aanbrengen in een organisatie ★ *iem. de ~ uit de zeilen nemen* iets doen waardoor iemands ondernemen of streven onvruchtbaar of overbodig wordt ★ spreektaal *het stinkt een uur in*

de ~ het stinkt verschrikkelijk ★ NN *zijn kop in de ~ gooien* ergens tegenin gaan, dwarsliggen; zie ook bij → **huik**, → **meewaaien**, → **oogsten** ❷ (meestal hoorbare) ontsnapping van gas uit de anus, scheet
wind·as *het* [-sen] hijswerktuig met horizontale as
wind·be·stui·ving *de (v)* bestuiving met door de wind aangevoerd stuifmeel
wind·boom *de (m)* [-bomen] handspaak waarmee een spil wordt rondgedraaid
wind·bre·ker *de (m)* [-s] vogel die vooraan een zwerm vogels vliegt
wind·buil *de* [-en] snoever, druktemaker, praatjesmaker
wind·buks *de* [-en] geweer waarvan de lading door samengeperste lucht wordt afgeschoten
wind·dicht *bn* geen wind doorlatend
wind·druk *de (m)* kracht waarmee de wind op iets drukt
win·de *de* [-n, -s] klimplant met kelkvormige bloemen (*Convolvulus*)
wind·ei *het* [-eren] ei zonder kalkschaal ★ *het legt hem geen windeieren* hij heeft er veel voordeel van
win·del *de (m)* [-s, -en] ❶ windsel ❷ dial zwachtel
win·den *ww* [wond, h. gewonden] ❶ omwikkelen: ★ *garen op een klos ~* ★ *zich om iets heen ~* zich rond iets kronkelen; zie ook bij → **vinger** ❷ door draaien ophijsen: ★ *het anker ~* ❸ winden laten
wind·ener·gie [-zjie, -gie] *de (v)* (elektrische) energie verkregen door gebruikmaking van windkracht
win·der *de (m)* [-s] ❶ iem. die windt ❷ werktuig om te winden, haspel
win·de·rig *bn* met veel wind: ★ *een ~ vertrek*
wind·gat *het* [-gaten] wak, gat in het ijs, veroorzaakt doordat de wind het water in beweging hield
wind·haak *de (m)* [-haken] haak om deuren of ramen vast te zetten
wind·haan *de (m)* [-hanen] weerhaan
wind·halm *de (m)* [-en] vooral op graanakkers groeiende grassoort (*Apera spicaventi*)
wind·han·del *de (m)* handel die niet ten doel heeft goederen te verkrijgen, maar voordeel te behalen uit prijsverschillen, speculatie
wind·harp *de* [-en] eolusharp
wind·hoek *de (m)* [-en] plaats waar het vaak waait
wind·hond *de (m)* [-en] hazewind
wind·hon·den·ren·nen *mv* hardloopwedstrijd voor windhonden
wind·hoos *de* [-hozen] wervelwind
win·ding *de (v)* [-en] gewonden vorm, kronkel
wind·jack [-jek] *de (m) & het* [-s] water- en winddichte, korte overjas
wind·jam·mer *⟨Eng⟩* [-djemmə(r)] *de (m)* [-s] groot volgetuigd zeilschip
wind·kant *de (m)* → **zijde¹** waarop de wind staat
wind·ke·tel *de (m)* [-s] luchtreservoir in een pomp, dienend om de gepompte vloeistof te doen uitstromen
wind·klep *de* [-pen] luchtklep

wind·kracht *de* ❶ maat van sterkte van de wind, bepaald door het uiterlijk van de zee, aangegeven op de schaal van Beaufort: ★ *storm is ~ 9* ❷ wind als drijfkracht: ★ *molens die met ~ werken*
wind·kus·sen *het* [-s] luchtkussen
wind·ma·ker *de (m)* [-s] ❶ toestel om wind te maken ❷ druktemaker, pocher
wind·me·ter *de (m)* [-s] toestel om de snelheid van de luchtverplaatsing te meten, anemometer
wind·mo·len *de (m)* [-s] door de wind aangedreven molen ★ *tegen windmolens vechten* zoals Don Quichot, tegen een denkbeeldige vijand strijden
wind·or·gel *het* [-s] ❶ door lucht aangedreven orgel ❷ stel palen aan de kust, die als de wind er doorheen blaast, verschillende tonen laten horen
win·dow *⟨Eng⟩* [-doo] *de* [-s] comput venster (bet 2) op het beeldscherm
win·dow·dres·sing [-doo-] *⟨Eng⟩ het* iets mooier voorstellen dan het in werkelijkheid is: ★ *veel financiële en organisatorische vernieuwingen in onze zorg zijn slechts ~*
wind·park *het* [-en] groep bijeenstaande molens ter opwekking van windenergie
wind·pok·ken *mv* waterpokken
wind·rich·ting *de (v)* [-en] richting waaruit de wind waait
wind·roos *de* [-rozen] ❶ kompasroos ❷ anemoon
wind·scha·de *de* door de wind aangerichte schade
wind·scherm *het* [-en] ❶ doek tussen in de grond gestoken stokken om een windvrij plekje te maken ❷ afscherming tegen de wind op een bromfiets, motor of scooter
wind·sel *het* [-s, -en] ❶ wat om iets gewonden wordt, vooral om een wond ❷ vero luier ★ NN *nog in de windselen liggen* nog in het eerste begin zijn
wind·sin·gel *de (m)* [-s] rij bomen als bescherming tegen de wind
wind·snel·heid *de (v)* [-heden] snelheid van de wind
wind·spaak *de* [-spaken] windboom
wind·spil *het* [-len] windas
wind·sterk·te *de (v)* kracht van de wind
wind·stil *bn* zonder wind
wind·stil·te *de (v)* [-n, -s] afwezigheid van wind
wind·stoot *de (m)* [-stoten] plotseling heftige vlaag wind
wind·streek *de* [-streken] ❶ windrichting, kompasstreek, zoals: noorden, zuiden, oosten, westen ❷ luchtstreek; algemeen streek ergens op aarde: ★ *over de windstreken verspreid*
wind·sur·fen *ww ⟨Eng⟩* [windsurfte, h. gewindsurft] zich op een zeilplank voortbewegen
wind·sur·fer *⟨Eng⟩ de (m)* [-s] iem. die aan windsurfen doet
wind·tun·nel *de (m)* [-s] gewelfde ruimte, waarin sterke luchtstromen kunnen worden opgewekt voor proeven met auto's en vliegtuigen
wind·vaan *de* [-vanen] ❶ windwijzer in de vorm van een vlaggetje ❷ vlaggetje in de top van een mast

wind·vang *de (m)* [-en] ❶ het opvangen van de wind, o.a. door molens: ★ *het zeil ten ~ stellen* ❷ windvanger
wind·van·ger *de (m)* [-s] toestel om wind op te vangen, onder andere op een schoorsteen
wind·vlaag *de* [-vlagen] plotseling sterke wind
wind·wak *het* [-ken] wak in het ijs, ontstaan doordat sterke wind ervoor zorgt dat een deel van het water niet dichtvriest
wind·wij·zer *de (m)* [-s] vaantje dat, haan die de windrichting aanwijst
wind·zij, **wind·zij·de** *de* [-zijden] → **zijde**¹ waarop de wind staat
win·gerd *de (m)* [-s, -en] wijnstok ★ *wilde ~* klimplant met groene bloempjes en bladeren die in de herfst rood worden (*Ampelopsis quinquefolia*)
win·ge·west *het* [-en] veroverd gebied dat economisch wordt uitgebaat
win·kel I *de (m)* [-s] ❶ verkoopplaats, verkoopmagazijn: ★ *een ~ drijven* ★ *een ~ houden* ★ *een rijdende ~* grote auto die ingericht is als winkel ★ NN *op de ~ passen* of *letten* als vervanger optreden gedurende iems. afwezigheid ❷ vero werkplaats ❸ van een ambachtsman: ★ *een timmerwinkel* ★ *er is veel werk aan de ~* er is veel te doen **II** *als laatste lid in samenstellingen* instelling die kosteloos inlichtingen of hulp verstrekt op sociaal, economisch of juridisch gebied: ★ *wetswinkel, onderwijswinkel, wetenschapswinkel*
win·kel·avond *de (m)* [-en] vooral NN koopavond
win·kel·be·dien·de *de* [-n, -s] verkoper of verkoopster in een winkel
win·kel·be·drijf *het* [-drijven] bedrijf dat winkels (in verschillende plaatsen) gevestigd heeft
win·kel·buurt *de* [-en] stadsgedeelte waar veel winkels zijn
win·kel·cen·trum *het* [-s, -tra] plaats in een stad of een dorp waar een groot aantal winkels is geconcentreerd
win·kel·dief *de (m)* [-dieven] iem. die zich schuldig maakt aan winkeldiefstal
win·kel·dief·stal *de (m)* [-stallen] diefstal van artikelen uit een winkel tijdens openingsuren
win·kel·doch·ter *de (v)* [-s] schertsend onverkoopbaar artikel
win·ke·len *ww* [winkelde, h. gewinkeld] winkels bezoeken, inkopen doen; zie ook bij → **proletarisch**
win·kel·ga·le·rij *de (v)* [-en] rij winkels met een overdekt voetpad ervoor
win·kel·haak *de (m)* [-haken] ❶ werktuig om rechte hoeken te zetten ❷ rechthoekige scheur ❸ BN, voetbal kruising (van paal en lat)
win·kel·huis *het* [-huizen] huis met een winkel, tevens woonhuis
win·ke·lier *de (m)* [-s], **win·ke·lier·ster** *de (v)* [-s] iem. die een winkel houdt
win·kel·juf·frouw *de (v)* [-en] verkoopster in een winkel

win·kel·ke·ten *de* [-s] aantal winkels, geëxploiteerd door een grootwinkelbedrijf
win·kel·meis·je *het* [-s] winkeljuffrouw
win·kel·merk *het* [-en] merk aan winkelgoederen
win·kel·ne·ring *de (v)* NN ❶ winkelbedrijf ❷ het geregeld kopen in een winkel ★ *gedwongen ~* verplichting van werknemers om hun loon gedeeltelijk te besteden in winkels van de werkgever
win·kel·op·stand *de (m)* [-en] toonbank, kasten, vakken enz. in een winkel
win·kel·pand *het* [-en] groot winkelhuis
win·kel·per·so·neel *het* de gezamenlijke bedienden in een winkel
win·kel·prijs *de (m)* [-prijzen] prijs waarvoor iets in het klein verkocht wordt
win·kel·pui *de* [-en] voorzijde, voorgevel van een winkel
win·kel·raam *het* [-ramen], **win·kel·ruit** *de* [-en] ruit in de winkelpui
win·kel·slui·ting *de (v)* (verplichte) sluiting van winkels op bep. dagen of uren
win·kel·waar *de* [-waren] wat in een winkel te koop is
win·kel·wa·gen·tje *het* [-s] karretje in een zelfbedieningswinkel waarin de klant zijn inkopen kan vervoeren
win·kel·wan·del·straat *de* [-straten] BN winkelpromenade
win·ket (‹Oudfrans› *het* [-ten] deurtje of luik in een grote deur
win·naar *de (m)* [-s], **win·na·res** *de (v)* [-sen] iem. die een spel, wedstrijd enz. wint
win·nen *ww* [won, h. gewonnen] ❶ voordeel, een prijs enz. behalen: ★ *hoeveel wint deze koopman daarop?* ★ *hij heeft de eerste prijs gewonnen* ❷ zegevieren in een spel, wedstrijd, veldslag, vechtpartij e.d.: ★ *wie heeft het gewonnen?* ★ *zich gewonnen geven* zich overgeven, capituleren ❸ verkrijgen, verzamelen, verdienen: ★ *bijen ~ honing* ★ NN *zo gewonnen, zo geronnen* wat gemakkelijk of oneerlijk verkregen is, verliest men weer gauw ❹ overhalen: ★ *iemand voor zich, voor iets ~* ❺ vooruitgaan; uitlopen; inlopen: ★ *we beginnen op hem te ~* ❻ toenemen in: ★ *het verhaal wint daardoor aan betrouwbaarheid* ❼ besparen: ★ *ruimte, tijd ~*
win·ner *de (m)* [-s] iem. die wint, overwinnaar
win·ning *de (v)* het → **winnen** (bet 3), vooral ‹van delfstoffen› e.d.
win·ning·mood [moed] (‹Eng› *de (m)* stemming na een (of meer) overwinning(en), waardoor men verwacht meer overwinningen te halen: ★ *na deze zege raakte Excelsior in de ~*
win·plaats *de* [-en] ❶ plaats waar iets verkregen wordt, vooral een ruw product ❷ plaats waar water ten behoeve van een waterleiding wordt gewonnen, prise d'eau
winst *de (v)* [-en] ❶ het winnen van een spel,

wedstrijd, veldslag of vechtpartij: ★ *de ~ binnenhalen* ★ *op ~ staan* (grote) kans maken om te winnen ★ *de ~ lag binnen handbereik* men had bijna gewonnen ❷ behaald voordeel: ★ *een ~ van twee zetels behalen bij de verkiezingen* ❸ verkoopprijs verminderd met inkoopsprijs en onkosten: ★ *een zoet winstje* ★ *weinig ~ opleveren* ★ *~ uit onderneming* ★ *brutowinst* winst waarvan enkele onkosten niet zijn afgetrokken ★ *nettowinst* waarvan die wel zijn afgetrokken ★ NN *tel uit je ~!* gezegd als men iem. een groot voordeel voorspiegelt
winst·aan·deel *het* [-delen] aandeel in de winst
winst·be·jag *het* het streven naar winst: ★ *puur uit ~ aan mensensmokkel deelnemen*
winst·be·las·ting *de (v)* belasting op bedrijfswinst
winst·be·wijs *het* [-wijzen] bewijsstuk dat de houder recht heeft op een deel van de boven een bepaald bedrag gemaakte winst
winst·cij·fer *het* [-s] bedrag van de winst
winst·de·lend *bn* een winstaandeel hebbend ★ *winstdelende obligaties* die boven de vaste rente een uitkering geven uit de behaalde winst
winst·de·ling *de (v)* [-en] het delen van de winst
winst·der·ving *de (v)* [-en] het missen van winst
winst-en-ver·lies·re·ke·ning *de (v)* overzicht van de baten en lasten over de afgelopen periode, onderdeel van de jaarrekening van een onderneming
winst·ge·vend, winst·ge·vend *bn* winst opleverend; ★ BN *zonder ~ doel* zonder winstoogmerk
winst·mar·ge [-zjə] *de* [-s] bedrag van de winst uitgedrukt als percentage van de omzet
winst·ne·ming *de (v)* [-en] handel verkoop om winst te behalen na een koersstijging
winst·uit·ke·ring *de (v)* [-en] betaling van een deel van de winst aan aandeelhouders en andere gerechtigden (bijv. personeel)
winst·waar·schu·wing *de (v)* [-en] waarschuwing door de leiding van een bedrijf dat de winst lager zal uitvallen dan werd verwacht
win·ter *de (m)* [-s] ❶ het koude jaargetijde, op het noordelijk halfrond van omstreeks 21 december tot omstreeks 21 maart ★ *'s winters* in de winter ★ *van de ~* in deze winter ❷ winters weer: sneeuw, vorst ★ *een vroege ~* vroeg intredende vorst of vroege sneeuw ❸ opzwelling van handen en voeten door de kou
win·ter·aard·ap·pel [-dappəl] *de (m)* [-en, -s] aardappel die men de hele winter bewaren kan
win·ter·ach·tig *bn* als in de winter, koud en guur
win·ter·ako·niet *de* [-en] wolfswortel
win·ter·ap·pel *de (m)* [-en, -s] appel die de hele winter goed blijft
win·ter·avond, win·ter·avond *de (m)* [-en] avond in de winter
win·ter·band *de (m)* [-en] autoband met zwaar profiel
win·ter·bed *het* [-den] hoogte en tevens breedte die een rivier in de winter bereikt
win·ter·ber·ging *de (v)* het opbergen of plaatsen van iets, bijv. een vaartuig, gedurende de winter
win·ter·dag *de (m)* [-dagen] dag in de winter
win·ter·dienst *de (m)* [-en] dienstregeling in de winter van het openbaar vervoer
win·ter·dijk *de (m)* [-en] hoge dijk om het rivierwater 's winters te keren
win·te·ren *ww* [winterde, h. gewinterd] winter worden; winters koud zijn
win·ter·gast *de (m)* [-en] vogel die in het najaar vanuit noordelijk gelegen streken naar een land in de gematigde streken trekt om daar de winter door te brengen
win·ter·ge·zicht *het* [-en] ❶ landschap met sneeuw of ijs ❷ afbeelding daarvan
win·ter·goed *het* ❶ winterkleren ❷ vruchten, bloemen e.d. die in de winter voorhanden zijn
win·ter·graan *het* [-granen] winterkoren
win·ter·groen *het* heideachtige plant met altijdgroene en glanzende bladen en trossen witte bloempjes (*Pirola*)
win·ter·groen·te *de (v)* [-n, -s] groente die 's winters gegeten wordt, zoals boerenkool
win·ter·half·jaar *het* [-jaren] periode van 1 oktober tot 1 april
win·ter·han·den *mv* zwellingen op de handen, veroorzaakt door inwerking van koude op de huid als de bloedsomloop niet in staat is het warmteverlies te compenseren
win·ter·hard *bn* ‹van planten› bestand tegen de winterkou
win·ter·jas *de* [-sen] jas die men 's winters draagt
win·ter·kle·ding *de (v)* kleding die men 's winters draagt
win·ter·kleed *het* ❶ ‹van dieren› vacht of veren zoals die in de winter zijn ❷ het uiterlijk in de winter: ★ *een landschap in ~*
win·ter·kle·ren *mv* winterkleding
win·ter·ko·nink·je *het* [-s] zeer klein bruin zangvogeltje met omhoog staand staartje (*Troglodytes troglodytes*)
win·ter·ko·ren *het* in het najaar gezaaid koren
win·ter·kost *de (m)* gerechten die men vooral 's winters eet, zoals erwtensoep
win·ter·kou, win·ter·kou·de *de (v)* winterse kou
win·ter·kwar·tier *het* [-en] winterverblijfplaats, vooral voor militairen of trekvogels
win·ter·land·schap *het* [-pen] landschap zoals het zich voordoet in de winter
win·ter·maand *de* [-en] ❶ maand in de winter ❷ december
win·ter·nacht *de (m)* [-en] nacht in de winter; lange donkere nacht
win·ter·peen *de* [-penen] NN winterwortel
win·ter·peil *het* peil dat in de winter in polders gehandhaafd wordt, in het algemeen iets lager dan het zomerpeil
win·ter·pro·vi·sie [-zie] *de (v)* wintervoorraad

win·ter·rog·ge *de* in het najaar gezaaide rogge
win·ters *bn* als in de winter, winterachtig: ★ *winterse buien*
win·ter·schil·der *de (m)* [-s] NN, reclameterm huisschilder die 's winters binnenwerk schildert tegen voordeliger tarief
win·ter·sei·zoen *het* [-en] winter
win·ter·slaap *de (m)* soort slaaptoestand waarin verschillende dieren de winter doorbrengen
win·ter·sol·sti·ti·um [-(t)sie(j)um] *het* winterzonnestilstand
win·ter·spe·len *mv* ★ *Olympische ~* deel van de Olympische Spelen dat in de winter wordt gehouden, met o.a. ski- en schaatsnummers
win·ter·sport *de* [-en] sport die 's winters, vooral in bergland, beoefend wordt, zoals skiën en snowboarden ★ *op, met ~ gaan* een vakantie in een bergachtig gebied doorbrengen in de winter om een wintersport te beoefenen
win·ter·stop *de (m)* sp periode in de winter dat een competitie enige tijd stilligt
win·ter·ta·ling *de (m)* [-en] soort zwemeend (*Anas crecca*)
win·ter·tar·we *de* in het najaar gezaaide tarwe
win·ter·te·nen *mv* door kou opgezwollen tenen
win·ter·tijd *de (m)* ❶ tijd dat het winter is ❷ tijdrekening die 's winters geldt, één uur later dan zomertijd
win·ter·tuin *de (m)* [-en] overdekte tuin waarin ook 's winters groene planten staan
win·ter·uur *het* BN ook wintertijd (als tegengestelde van → zomertijd)
win·ter·vast *bn* bestand tegen winterkou
win·ter·ver·maak *het* [-maken] vermaak in de winter, vooral tijdens een sneeuw- en ijsperiode
win·ter·voeten *mv* zwellingen op de voeten, veroorzaakt door inwerking van kou op de huid als de bloedsomloop niet in staat is het warmteverlies te compenseren
win·ter·voor·raad *de (m)* [-raden] voorraad aangelegd om in de winter te gebruiken
win·ter·weer *het* weersgesteldheid in de winter
win·ter·wor·tel *de (m)* [-s en -en] grote soort wortel, gerooid in de herfst, geteeld als groente
win·ter·zon *de*, **win·ter·zon·ne·tje** *het* zon zoals die 's winters schijnt: zwakke, bleke zon
win·ter·zon·ne·stil·stand *de (m)* tijdstip waarop de zon het laagst staat (op 22 december)
win·ti·cul·tus *de (m)* cultus onder de creolen in Suriname, waarin het geloof in bovennatuurlijke wezens centraal staat
win·win·si·tu·a·tie [-(t)sie] *de (v)* [-s] situatie waarin alle bij een overeenkomst betrokkenen voordeel hebben
win·ziek *bn* winzuchtig
win·zucht *de* zucht naar winst
win·zuch·tig *bn* begerig naar winst
wip I *de (m)* het wippen; sprong ★ *in een ~ in een*

ogenblik ★ NN *een ~ maken* zie: → **wipje II** *de* [-pen] ❶ grote, stevige plank, in het midden draaibaar ondersteund, waarop kinderen kunnen wippen ★ *op de ~ zitten* a) de doorslag kunnen geven bij stemming door mee te stemmen met één van twee groepen, die geen van beide een meerderheid vormen; b) kans lopen ontslagen te worden ❷ wipgalg ❸ BN ⟨bij het vogelschieten⟩ paal waarop zich een namaakvogel bevindt die naar beneden geschoten moet worden (tijdens een schuttersfeest), vogelmast **III** *tsw* ★ *~ daar was hij weer!*
wip·brug *de* [-gen] ophaalbrug
wip·galg *de* [-en] hist martelwerktuig waarmee men iem. omhoog trok (meestal aan de op de rug gebonden handen) en vervolgens weer liet vallen
wip·je *het* ★ NN, spreektaal *een ~ maken* coïteren, neuken; zie ook: → **wippertje**
wip·kip *de (v)* [-pen] op een grote veer rustend speeltuig, vaak in de vorm van een dier, bijv. een kip, waarop kinderen heen en weer kunnen wippen
wip·mo·len *de (m)* [-s] molen waarvan het hele bovenstel met de wind draait
wip·neus *de (m)* [-neuzen] neus met omhoog staande punt
wip·pen *ww* [wipte, h. & is gewipt] ❶ een lichte sprong maken: ★ *hij wipte op de treeplank* ★ *bij iem. binnen ~* plotseling iem. een kort bezoek brengen ❷ op en neer gaan: ★ *zit niet zo te ~* ❸ spelen op een → **wip**, II bet 1 ❹ met een snelle beweging ergens uit halen: ★ *nietjes uit een nietmachine ~* ❺ fig uit zijn ambt zetten: ★ *de minister is gewipt* ❻ NN, spreektaal coïteren, neuken
wip·per *de (m)* [-s] wippertoestel
wip·per·tje *het* [-s] voetbal schot waarbij een stilliggende bal met de punt van de schoen wordt opgewipt
wip·per·toe·stel *het* [-len] reddingstoestel waarbij schipbreukelingen in een → **broek**[1] (bet 3) langs een lijn vervoerd worden
wip·plank *de* [-en] ❶ → **wip** (II, bet 1) ❷ BN springplank (ook fig)
wip·stoel *de (m)* [-en] schopstoel ★ *op de ~ zitten* fig gemakkelijk ontslagen kunnen worden
wirt·schafts·wun·der [wiertsjaftswoen-] ⟨*Du*⟩ *het* hist het 'wonder' van de economische opbloei in West-Duitsland na de Tweede Wereldoorlog
wir·war *de (m)* warreling; verwarde massa; doolhof: ★ *een ~ van gangen*
wis[1] *bn* zeker: ★ *een wisse dood* ★ NN *dit is ~ en waarachtig waar* zeer zeker waar
wis[2] *de* [-sen] ❶ → **teen**[2], twijg ❷ bundeltje, bosje: ★ *een ~ stro*
wis·doek *de (m)* [-en] NN vaatdoek
wise·crack [waizkrek] ⟨*Eng*⟩ *de (m)* [-s] geestige zet, puntige opmerking, bon mot
wi·sent [-zent] *de (m)* [-en] Europese bizon (*Bison bonasus*), omstreeks 1925 in het wild uitgeroeid, maar vervolgens weer uitgezet, o.a. in het gebied

nabij de Poolse oostgrens

wish·ful think·ing [wisjfoel thinking, Engelse th] *(‹Eng›) het* denkwijze waarbij de wens de vader van de gedachte(n) is

wis·kun·de *de (v)* wetenschap die zich bezighoudt met eigenschappen van getallen en in figuren, mathematica: ★ *meetkunde, algebra en rekenkunde behoren tot de ~*

wis·kun·dig, **wis·kun·dig** *bn* van, betreffende, volgens de wiskunde, mathematisch

wis·kun·di·ge *de* [-n] kenner, beoefenaar van de wiskunde, mathematicus

wis·kun·stig *bn* wiskundig

wis·pel·tu·rig *bn* onstandvastig, grillig: ★ *een ~ karakter*; **wispelturigheid** *de (v)*

wis·sel I *de (m)* [-s] **II** *ook: het* ❶ inrichting om rails te verstellen zodat de treinen en trams op een andere baan over kunnen gaan: ★ *elektrische ~* ❷ sp wisselspeler ❸ sp aflossing in een wedstrijd of een estafetteloop: ★ *Amerika had een slechte ~* ❹ wisselbrief, geschrift waarin de ondertekenaar ('trekker') aan een ander ('betrokkene') opdracht geeft op een bepaalde tijd aan de houder of toonder ('nemer') van dat geschrift een bepaald bedrag te betalen: ★ *een ~ op iemand trekken* ★ *een ~ op de toekomst trekken* (lichtvaardige) toekomstberekeningen maken ❺ klein, regelmatig door wild gebruikt paadje in de natuur

wis·se·laar *de (m)* [-s, -laren] ❶ iem. die buitenlands geld omwisselt ❷ [*mv:* -s] wisselautomaat

wis·sel·agent *de (m)* [-en] BN ook effectenmakelaar

wis·sel·au·to·maat *de (m)* [-maten] apparaat dat munten of bankbiljetten met grote waarde omwisselt in een aantal munten met elk een kleinere waarde of dat bankbiljetten van de ene valuta omwisselt in die van de andere

wis·sel·bad *het* [-baden] afwisselend warm en koud bad

wis·sel·bank *de* [-en] bank voor het omwisselen van vreemd geld

wis·sel·be·ker *de (m)* [-s] beker die de nieuwe winnaar van de vorige ontvangt

wis·sel·be·stand *het* [-en] comput bestandsruimte die gebruikt wordt als tijdelijke geheugenplaats voor programma's, swapfile

wis·sel·bouw *de (m)* het afwisselen van de gewassen die men op een stuk grond verbouwt, om uitputting van de grond te voorkomen

wis·sel·brief *de (m)* [-brieven] zie bij → **wissel** (bet 4)

wis·se·len *ww* [wisselde, h. gewisseld] ❶ omruilen; iets voor iets anders geven: ★ *geld ~* ★ *brieven ~* ★ *van gedachten ~* ❷ veranderen, voor iets anders in de plaats komen: ★ *het weer wisselt erg* ★ *het is wisselend bewolkt* ★ *de wisselende krijgskans* ❸ ‹bij kinderen› het vervangen worden van het melkgebit door het blijvende gebit ❹ ‹van treinen› op een ander spoor gezet worden

wis·sel·geld *het* kleingeld om van groot geld terug te kunnen geven

wis·sel·han·del *de (m)* handel in wissels

wis·se·ling *de (v)* [-en] het wisselen, het veranderen: ★ *~ van stemming*

wis·sel·kan·toor *het* [-toren] kantoor waar men vreemd geld wisselt

wis·sel·koers *de (m)* [-en] ❶ prijs van de buitenlandse geldsoort in de eigen munt: ★ *de ~ van de Amerikaanse dollar was 1,15 euro* ❷ koers van de → **wissel** (bet 4)

wis·sel·lijst *de* [-en] lijst waarin verschillende foto's (of andere afbeeldingen) van hetzelfde formaat afwisselend geplaatst kunnen worden

wis·sel·lo·per *de (m)* [-s] iem. die wissels int

wis·sel·markt *de* [-en] wisselhandel; het verloop van de wisselkoersen

wis·sel·meer·der·heid *de (v)* [-heden] BN alternatieve meerderheid in het parlement

wis·sel·op·los·sing *de (v)* [-en] BN alternatieve oplossing

wis·sel·plaats *de* [-en] ❶ vroeger plaats waar postpaarden door nieuwe vervangen werden ❷ plaats waar treinen, trams, vaartuigen, auto's elkaar kunnen passeren ❸ plaats waar estafettelopers elkaar aflossen

wis·sel·prijs *de (m)* [-prijzen] prijs die telkens aan de nieuwe winnaar wordt gegeven; *vgl:* → **wisselbeker**

wis·sel·recht *het* wettelijke bepalingen betreffende de wisselhandel

wis·sel·slag *de (m)* zwemmen afwisselend vlinderslag, rugslag, schoolslag en vrije slag

wis·sel·spe·ler *de (m)* [-s] sp lid van een sportteam dat niet in de basisopstelling staat, maar later kan worden ingezet

wis·sel·stand *de (m)* [-en] stand van een spoorwegwissel

wis·sel·stroom *de (m)* [-stromen] elektrische stroom waarvan sterkte en richting snel en regelmatig wisselen

wis·sel·stuk *het* [-ken] BN ook reserveonderdeel: ★ *wisselstukken en okkaziebanden van alle automerken*

wis·sel·tand *de (m)* [-en] tand die in de plaats komt voor een melktand

wis·sel·truc [-truuk] *de (m)* [-s] handig bedrog bij het wisselen van geld

wis·sel·val·lig *bn* onzeker, veranderlijk: ★ *het is ~ weer*; **wisselvalligheid** *de (v)* [-heden]

wis·sel·wach·ter *de (m)* [-s] spoorwegbeambte die voor de wissels (→ **wissel**, bet 1) zorgt

wis·sel·wer·king *de (v)* [-en] wederzijdse inwerking, interactie

wis·sel·wo·ning *de (v)* [-en] NN tijdelijke woonruimte voor personen die in verband met renovatie, sloop of nieuwbouw hun eigenlijke woning niet kunnen gebruiken

wis·sen *ww* [wiste, h. gewist] wegvegen, uitvegen: ★ *vuil van een schotel ~* ★ *een schoolbord ~*

wis·ser *de (m)* [-s] veger

wis·se·was·je *het* [-s] NN onbelangrijk ding, kleinigheid: ★ *voor elk ~ ging ze naar de dokter*
wist *ww*, **wis·ten** *verl tijd van* → **weten¹**
wit I *bn* ❶ kleur: blank, bleek ★ *zo ~ als sneeuw* ★ *ze zag zo ~ als een doek* ★ *~ wegtrekken* bleek worden van schrik of verlegenheid ★ in Nederland *witte fiets* witgeschilderde, iedereen kosteloos ter beschikking staande fiets voor vervoer in de stad, naar een plan van Provo (1965) ★ *het Witte Huis* verblijf van de president van de Verenigde Staten in Washington ★ hist *het witte leger* het leger dat in Rusland de communisten bestreed ten tijde van de Revolutie ★ BN *witte mars* vreedzame protestbeweging tegen schending van de menselijke waardigheid, naar de Witte Mars op 20 oktober 1996 in Brussel tegen de misdaden van Dutroux ★ *witte rook* bericht dat een benoeming, besluit e.d. erdoor is, naar analogie met de witte rook die zichtbaar is op het Sint-Pietersplein na de verbranding van de stembriefjes in de Sixtijnse kapel als er een nieuwe paus is gekozen ★ *witte steenkool* waterkracht ★ *witte terreur* zie bij → **terreur** ★ *de witte vlag* vredevlag, teken van overgave of verzoeningsgezindheid ★ *de witte was* → **was¹** van witgoed ★ NN *witte wijven* of *wieven* (in het volksgeloof) toverkollen in Gelderland en Overijssel, die verblijf houden op de heuvels ★ *een witte kerst* kerstfeest met sneeuw; zie ook bij → **doek**, → **donderdag**, → **raaf**, → **vloed**, → **voet** (bet 1) en → **zwart** ❷ zonder merknaam en daardoor lager in prijs dan de algemene geldende prijs: ★ *witte benzine* ★ *een witte pomp* benzinestation waar witte benzine wordt verkocht ❸ ‹van op de markt gebrachte cd's, video- en muziekcassettes› gekopieerd zonder toestemming van de betrokken platenmaatschappijen en zonder betaling van auteursrecht ❹ legaal, volgens de regels, *tegengest*: → **zwart** ★ *~ werken* **II** *het* ❶ kleur; iets wat wit is ★ *het ~ van een ei* ★ *het ~ van het oog* ★ BN *iem. in het ~ van de / zijn ogen kijken* iem. strak aankijken ★ *iets zwart op ~ zetten* op papier vastleggen ★ schaken, dammen, go *met ~ spelen* met de witte stukken, schijven spelen ❷ doelwit ❸ druktechn niet bedrukt gedeelte, ruimte tussen de woorden of regels ❹ wit brood: ★ *een halfje gesneden ~*
wit·ach·tig *bn* enigszins wit
wit·bier *het* ongefilterd, troebel bier van hoge gisting, doorgaans bereid uit tarwe, soms met toevoeging van kruiden
wit·boek *het* [-en] boek in witte omslag, waarin de regering belangrijke stukken publiceert, meestal betreffende buitenlandse aangelegenheden
wit·bont *bn* wit en zwart gevlekt, vooral van runderen
wit·gat·je *het* [-s] tot de ruiters (→ **ruiter**, bet 8) behorende steltloper met een witte stuit, *Tringa ochropus*
wit·ge·pleis·terd *bn* met witkalk bestreken

wit·glas *het* melkglas
wit·gloei·end *bn* door grote hitte wit gekleurd
wit·goed *het* [-eren] ❶ witte katoenen en linnen weefsels ❷ verzamelnaam voor de grote elektrische huishoudelijke apparaten zoals (af)wasmachines, koelkasten, vrieskasten e.d.
wit·goud *het* platina
wit·ha·rig, **wit·ha·rig** *bn* met witte haren
wit·heer *de (m)* [-heren] norbertijn
wit·heet *bn* ❶ witgloeiend ❷ fig hevig opgewonden; zeer kwaad
wit·heid *de (v)* het wit-zijn; het witte
wit·hout *het* ❶ Amerikaanse houtsoort ❷ onbeschilderd hout
wit·je *het* [-s] dagvlinder, onder andere koolwitje
wit·jes *bijw* bleek, niet gezond van uiterlijk: ★ *ze ziet wat ~*
wit·kalk *de (m)* kalk om muren te witten
wit·kar *de* [-ren] in Nederland ‹in Amsterdam› (van 1974-1988) elektrisch aangedreven wagentje voor openbaar stadsvervoer, dat door de reiziger zelf bediend werd
wit·kiel *de (m)* [-en] vroeger iem. die tegen betaling bagage draagt, vooral op stations
wit·kop *de (m)* [-pen] persoon of dier met wit haar
wit·kwast *de (m)* [-en] kwast om te witten
wit·lof *het*, BN **wit·loof** Brussels lof, bitter smakende groente
wit·re·gel *de (m)* [-s] regel zonder tekst, in een tekstbestand of in gedrukte tekst
Wit-Rus *de (m)* [-sen] iem. geboortig of afkomstig uit Wit-Rusland
Wit-Rus·sisch I *bn* van, uit, betreffende Wit-Rusland **II** *het* in Wit-Rusland gesproken taal
wit·sel *het* ❶ witkalk ❷ materiaal waarmee linnen schoenen wit gemaakt worden
wit·te *de* [-n] BN, spreektaal benaming voor iem. die zich tijdens de Duitse bezetting tegen de vijandelijke macht keerde en met de verzetsgroepen samenwerkte, niet-collaborateur; *tegengest*: → **zwarte**
wit·te·boor·den·cri·mi·na·li·teit *de (v)* type criminaliteit die kenmerkend is voor personen in administratieve functies, zoals fraude en belastingontduiking
wit·te·brood *het* [-broden] wit brood, fijn tarwebrood
wit·te·broods·we·ken *mv* eerste huwelijksweken
wit·te·ke *het* [-s] ★ BN *glas witbier*
wit·te·kool *de* [-kolen] zie bij → **kool²**
wit·ten *ww* [witte, h. gewit] ❶ met witkalk bestrijken ❷ legaal maken ★ NN *~ van geld* op onwettige wijze verkregen geld (door kunstgrepen) als wettig verkregen geld doen voorkomen, witwassen
wit·vis *de (m)* [-sen] lichtschubbige vis, vooral voorn en blei
wit·voet *de (m)* [-en] paard met witte voeten
wit·was·sen *ww* [waste wit, h. witgewassen] witten ‹van zwartverdiend geld›

wit·werk *het* ❶ het witten, wat gewit wordt ❷ meubels e.d. van → **without** (bet 2)

witz [wiets] (*‹Du› de (m)*) [-en] NN geestigheid, grap, mop

wit·zij·den *bn* van witte → **zijde²**

WK *afk* wereldkampioenschap(pen)

W.L. *afk* westerlengte

wnd. *afk* waarnemend

WNF *afk* Wereld Natuurfonds [Nederlandse afdeling van het *World Wildlife Fund* (WWF)]

WNS *afk* wint na strafschoppen

WNT *afk* Woordenboek der Nederlandsche Taal

WNW *afk* westnoordwest(en)

WO *afk* ❶ Wereldomroep ❷ Wereldoorlog (WO I: 1914-1918; WO II: 1939-1945)

wo *afk* wetenschappelijk onderwijs

w.o. *afk* waaronder

WOB *afk* in Nederland Wet Openbaarheid van Bestuur

wod·ka (*‹Russ: watertje› de (m)*) heldere, kleurloze, sterk alcoholische drank, meestal bereid uit granen, de nationale drank van Rusland, Polen en Finland

woe·de I *de* hevige boosheid, kwaadheid ★ *in ~ ontsteken* ★ *zijn ~ op iemand koelen* **II** als laatste lid in samenstellingen manie, zucht: ★ *koopwoede, verzamelwoede*

woe·den *ww* [woedde, h. gewoed] razen, in hevige, verwoestende werking zijn: ★ *er woedt een hevige storm* ★ *de ziekte woedde vooral in de dichtbevolkte gebieden*

woe·dend *bn* zeer kwaad: ★ *ik ben ~ op die bedrieger*

woef I *tsw* geluid van een hond, waf **II** *de* [woeven] kindertaal hond: ★ *kijk eens wat een lieve ~!*

woei *ww*, **woei·en** *verl tijd* van → **waaien**

woe·ker *de (m)* onredelijk hoge rente of winst

woe·ke·raar *de (m)* [-s, *plechtig* -raren],

woe·ke·raar·ster *de (v)* [-s] iem. die woekerrente vraagt aan schuldenaars die in geldnood zitten

woe·ker·dier *het* [-en] → **parasiet** (bet 2)

woe·ke·ren *ww* [woekerde, h. gewoekerd] ❶ woekerrente vragen, woekerwinst nemen ❷ voordeel doen: ★ *~ met de tijd, met de ruimte* zo nuttig mogelijk besteden ❸ ongewenst snel groeien: ★ *het onkruid woekerde in de tuin*

woe·ker·han·del *de (m)* handel met woekerwinst

woe·ke·ring *de (v)* [-en] iets wat woekert (→ **woekeren**, bet 3), op schadelijke of ziekelijke wijze zich ontwikkelt

woe·ker·plant *de* [-en] → **parasiet** (bet 2)

woe·ker·prijs *de (m)* [-prijzen] onredelijk hoge prijs

woe·ker·ren·te *de* [-n, -s] onredelijk hoge rente

woe·ker·vlees *het* vlees dat zich in een wond abnormaal snel ontwikkelt

woe·ker·winst *de* [-en] onredelijk hoge winst

woe·len *ww* [woelde, h. gewoeld] ❶ onrustig zijn: ★ *het kind woelt in de slaap* ❷ wroeten: ★ *de egel woelde in de grond*

woel·geest *de (m)* [-en] onruststoker

woe·lig *bn* druk, onrustig: ★ *de 16de eeuw was een woelige tijd in onze contreien*

woe·lin·gen *mv* onlusten

woel·muis *de* [-muizen] soort veldmuis, de onderfamilie Microtinae

woel·rat *de* [-ten] waterrat met een stompe en kleine oren en ogen, *Avricola terrestris*

woel·wa·ter *de* [-s] NN onrustig, zeer beweeglijk mens of kind

woel·ziek *bn* ongedurig, onrustig van geest

woens·dag *de (m)* [-dagen] dag van de week

woens·dags *bn* op woensdag, elke woensdag

woerd *de (m)* [-en] mannetjeseend

woer·haan *de (m)* [-hanen] fazantenhaan

woest *bn* ❶ onbebouwd, onbewoond: ★ *woeste grond* ❷ ruw, wild, ongetemd: ★ *hij zag er ~ uit* ★ *een woeste blik* ❸ woedend: ★ *hij was ~ op die oplichter* ❹ ondoordacht, onbezonnen: ★ *een ~ plan*

woest·aard, woes·te·ling *de (m)* [-en] ruw, wild mens

woes·te·nij *de (v)* [-en] ❶ woeste landstreek ❷ streek waar verwoestingen zijn aangericht

woest·heid *de (v)* het woest-zijn

woes·tijn *de* [-en] onbegroeid, dor gebied, waar het zelden of nooit regent ★ NN *in de ~ spreken*, BN: *in de ~ preken* geen gehoor vinden; zie ook bij → **roepende**

woes·tijn·ach·tig *bn* op een woestijn gelijkend

woes·tijn·rat *de* [-ten] gerbil

woes·tijn·roos *de* [-rozen] gips- of barietkristal dat men soms in woestijnzand aantreft

woes·tijn·vijg *de* [-en] ovale, met kleine stekels overdekte, fris zoetzuur smakende vrucht van een in de tropen en subtropen groeiende cactusplant (*Opuntia ficus-indica*)

woes·tijn·wind *de (m)* [-en] hete, droge wind in de woestijn

woes·tijn·zand *het* zand van een woestijn

wo·gen *ww* *verl tijd meerv* van → **wegen¹**

wok (*‹Kantonees› de (m)*) [-ken *of* -s] wadjan

wol *de* ❶ gekruld zacht haar van sommige dieren, zoals het schaap, de geit, de lama e.d. ❷ vezel van de vacht van schapen: ★ *een knot ~* ★ *een trui van 100% ~* ★ *door de ~ geverfd zijn* zeer ervaren zijn ★ *onder de ~ kruipen* naar bed gaan

wol·aap *de (m)* [-apen] aap met zilvergrauwe wollige vacht en een lange grijpstaart, *Lagothrix lagotricha*

wol·ach·tig *bn* op wol gelijkend

wol·baal *de* [-balen] grote zak voor wol

wolf *de (m)* [wolven] ❶ hondachtig roofdier (*Canis lupus*) ★ *eten als een ~* zeer veel eten ★ *huilen met de wolven in het bos* meedoen met degenen onder wie men verkeert ★ *iem. voor de wolven gooien* een gevaarlijke of moeilijke taak laten uitvoeren ★ *~ en schaap* spelletje met damstenen ★ BN *jonge ~* jonge, ambitieuze nieuwkomer; zie ook bij → **turk** en → **schaapskleren** ❷ NN ziekte, gepaard gaande met een rottingsproces, bijv. cariës: ★ *~ in de tanden*

wol·fa·briek *de (v)* [-en] fabriek waar wolvezels

gemaaktworden
wolf·hond *de (m)* [-en] kruising tussen een wolf en een hond
wolf·ijzer *het* [-s] BN ook wolfsklem → **wolfsangel** (bet 1) ★ *er liggen wolfijzers en schietgeweren* er zijn verborgen, onvoorziene omstandigheden, er zijn voetangels en klemmen
wol·fraam, wol·fram *(‹Du) het* ❶ chemisch element, symbool W, atoomnummer 74, een zeer hard, grijsachtig metaal, zwaarder dan lood, met een bijzonder hoog smeltpunt ❷ wolframiet
wol·fra·miet *het* mineraal dat een wolframzout bevat
wolfs·an·gel *de (m)* [-s] ❶ wolfsklem ❷ NN strijdteken van de NSB
wolfs·hond *de (m)* [-en] hond die is afgericht op de jacht op wolven
wolfs·hon·ger *de (m)* NN geeuwhonger
wolfs·kers *de* aan de aardappel verwante plant met vuilrode bloemen en zwaar vergiftige zwarte bessen, belladonna (*Atropa belladonna*)
wolfs·klauw *de* plant waarvan de stengel dicht bezet is met smalle blaadjes (*Lycopodium*)
wolfs·klem, wol·ven·klem *de* [-men] klem om een wolf te vangen
wolfs·kuil, wol·ven·kuil *de (m)* [-en] ❶ kuil om wolven in te vangen ❷ put omgeven met puntige palen, als bescherming aangebracht voor een militaire versterking
wolfs·melk *de* plantengeslacht waarvan de stengels een melkachtig sap bevatten (*Euphorbia*): ★ *tot het geslacht ~ behoren o.a. de kerstster of poinsettia (E. pulcherrima) en de christusdoorn (E. milii)*
wolfs·muil, wol·ven·muil *de (m)* [-en] bek van een wolf
wolfs·tand, wol·ven·tand *de (m)* [-en] ❶ tand van een wolf ❷ plat stuk tussen de tanden van een grote zaag
wolfs·vel, wol·ven·vel *het* [-len] vacht van een wolf
wolfs·wor·tel *de (m)* winterakoniet, een plant uit de familie van de ranonkelachtigen (*Erantis hyemalis*)
wol·han·del *de (m)* handel in ruwe wol
wol·hand·krab *de* [-ben] waterroofdier dat vissen verslindt en netten en dijken vernielt (*Eriocheir sinensis*)
wolk *de* [-en] ❶ dichte massa fijne waterdruppeltjes hoog in de lucht: ★ *wolken pakken zich samen* ★ *er vertoonden zich donkere wolken aan de horizon* fig *de naaste toekomst begon er minder mooi uit te zien* ★ *in de wolken zijn* fig zeer verheugd zijn ★ *vooral* NN, fig *er is geen wolkje aan de lucht* er dreigt geen enkel gevaar ★ *achter de wolken schijnt de zon* in tijden van druk of tegenspoed mag men altijd op betere tijden hopen ❷ wat op een wolk lijkt: ★ *wolken stof* ★ *een ~ van een kind* een zeer gezond en (enigszins) dik kind ★ NN *een wolkje melk in de thee* een paar druppels ❸ op een wolkje gelijkende vlek in edelstenen
wol·kam *de (m)* [-men] werktuig om wol te kammen;

wolkammer *de (m)* [-s]; **wolkammerij** *de (v)* [-en]
wolk·breuk *de* [-en] hevige regenbui
wol·ke·loos *bn* zonder wolken: ★ *een wolkeloze hemel*
wol·ken·bank *de* [-en] langgerekte laag wolken aan de horizon
wol·ken·dek *het* [-ken] de gezamenlijke wolken die de hele hemel bedekken
wol·ken·krab·ber *de (m)* [-s] torenhoog gebouw met woningen en / of kantoren
wol·ken·mas·sa *de* ['s] grote hoeveelheid wolken tezamen
wol·ken·veld *het* [-en] uitgestrekte wolkenmassa
wol·kig *bn* ❶ enigszins bewolkt ❷ met wolken (→ **wolk**, bet 2), niet zuiver, niet helder: ★ *een wolkige diamant* ★ *een wolkige vloeistof*
wol·kruid *het* soort toorts met lichtgele, aan de voet rood gevlekte bloemen (*Verbascum nigrum*)
wol·le·gras *het* schijngras, dat na de bloeitijd witte wollige vlokken draagt (*Eriophorum*)
wol·len *bn* van wol
wol·le·tje *het* [-s] wollen onderhemdje
wol·lig *bn* op wol gelijkend, wol bevattend ★ vooral NN ~ *taalgebruik* verhullend en nietszeggend taalgebruik
wol·merk *het* waarmerk op textiel: zuivere wol
wol·spin·ner *de (m)* [-s] iem. die wol tot garen spint; **wolspinnerij** *de (v)* [-en]
wol·vee *het* woldragend vee, schapen
wol·ven·jacht *de* [-en] jacht op wolven
wol·ven·klem *de* [-men] → **wolfsklem**
wol·ven·kuil *de (m)* [-en] → **wolfskuil**
wol·ven·tand *de (m)* [-en] → **wolfstand**
wol·ven·vel *de (v)* [-len] → **wolfsvel**
wol·ver·lei *de* plantensoort uit de familie van de samengesteldbloemigen, met oranjegele bloemen, vrij zeldzaam in Nederland en België, o.a. gebruikt in de homeopathie (*Arnica montana*)
wol·vin *de (v)* [-nen] wijfjeswolf
wol·we·ver *de (m)* [-s] iem. die de wollen garen tot stoffen weeft; **wolweverij** *de (v)* [-en]
wom·bat *(‹Eng‹Aboriginalstaal) de (m)* [-s] knaagbuideldier in Australië, *Vombatus ursinus*
won *ww verl tijd van* → **winnen**
wond^1, won·de I *de* [wonden] ❶ verwonding, kwetsuur: ★ *een verse ~* ★ *de vinger op de ~ leggen* fig *de fout precies aanwijzen* ★ *zijn wonden likken* fig bijkomen, trachten te herstellen van een nederlaag; zie ook bij → **pleister** ❷ fig verdriet, leed; trauma: ★ *diepe wonden slaan* ★ *oude wonden openrijten* iem. herinneren aan pijnlijke momenten van vroeger
II *bn* NN, vero gewond ★ *een wonde plek* fig oorzaak van langdurig verdriet
wond^2 *ww,* **won·den** *verl tijd van* → **winden**
won·den *ww* [wondde, h. gewond] ❶ verwonden, een wond toebrengen ❷ fig smartelijk treffen, kwetsen
won·der I *het* [-en] ❶ iets wat op bovennatuurlijke wijze tot stand komt: ★ *wonderen verrichten* ❷ iets buitengewoons: ★ *het is een ~ dat de auto niet*

beschadigd is ★ *de wonderen zijn de wereld nog niet uit er gebeuren nog wel dingen die onmogelijk geacht worden* ★ *het is geen ~ het was te verwachten* ★ *~ boven ~ kwam hij nog tegen alle verwachtingen in* ★ *wonderen doen* zeer goed of effectief werken: ★ *zo'n pilletje doet wonderen* **ll** bn vero verwondering, bevreemding wekkend: ★ *wondere dingen*

won·der·baar *bn* ❶ door een wonder: ★ *de wonderbare spijziging (Johannes 6)* ❷ vreemd, wonderbaarlijk

won·der·baar·lijk *bn* verbazingwekkend, als door een wonder: ★ *een wonderbaarlijke genezing*

won·der·boom *de (m)* [-bomen] oorspronkelijk uit Afrika stammende sierplant die in de tropen tot boom uitgroeit en waarvan de zaden wonderolie leveren (*Ricinus communis*)

won·der·dier *het* [-en] zeer vreemd of bovennatuurlijk dier

won·der·doend *bn* wonderen verrichtend: ★ *uw wonderdoende stem*

won·der·doe·ner *de (m)* [-s] iem. die wonderen verricht

won·der·dok·ter *de (m)* [-s] ❶ iem. waarvan men meent dat hij wonderbaarlijke genezingen bewerkstelligt ❷ kwakzalver

won·der·ge·loof *het* geloof aan wonderen

won·der·jaar *het* [-jaren] jaar waarin wonderbaarlijke gebeurtenissen plaatshebben

won·der·kind *het* [-eren] kind dat op zeer jeugdige leeftijd een buitengewone begaafdheid of vaardigheid op een bepaald gebied toont

won·der·lamp *de* [-en] lamp waarin een geest huist die wonderen verricht ★ *Aladdin en de ~* één van de verhalen uit Duizend-en-een-nacht

won·der·land *het* sprookjesland; land waar wonderbaarlijke dingen gebeuren

won·der·lijk *bn* vreemd, raar: ★ *een ~ ventje*

won·der·macht *de* macht om wonderen te verrichten

won·der·man *de (m)* [-nen], **won·der·mens** *de (m)* [-en] **NN** zeer bijzonder, buitengewoon mens

won·der·mid·del *het* [-en] middel met bijzonder goede uitwerking: ★ *een ~ tegen griep*

won·der·mooi *bn* buitengewoon mooi

won·der·olie *de* olie uit de zaden van de wonderboom, gebruikt als laxerend middel

won·der·schoon *bn* zeer mooi

won·der·spreuk *de* [-en] toverspreuk

won·der·te·ken *het* [-en, -s] wonder

won·der·veel *bn* **NN** wonderbaarlijk veel

won·der·ver·haal *het* [-halen] verhaal over een wonder; wonderbaarlijk verhaal

won·der·wel *bijw* tegen de verwachting in zeer goed, voortreffelijk: ★ *het is ~ gelukt*

won·der·werk *het* [-en] ❶ wonder ❷ bewonderenswaardig werk

wond·heel·kun·de *de (v)* leer van de geneeskundige behandeling van wonden

wond·koorts *de* koorts ten gevolge van infectie of verzwering van een wond

wond·roos *de* med belroos

wo·nen *ww* [woonde, h. gewoond] vast gehuisvest zijn: ★ *in een villa ~* ★ *te, in Hengelo ~*

wo·ning *de (v)* [-en] gebouw bestemd om in te wonen ★ BN sociale ~ woning voor kopers of huurders met minder geld, die met overheidssubsidie is gebouwd

wo·ning·bouw *de (m)* het bouwen van woningen ★ *sociale ~* het bouwen van woningen met overheidssteun t.b.v. minder draagkrachtigen

wo·ning·bouw·ver·eni·ging *de (v)* [-en] vereniging die woningen bouwt en beheert voor de verhuur

wo·ning·bu·reau [-roo] *het* [-s] **NN** kantoor dat zich belast met verkoop en verhuur van woningen en kamers

wo·ning·gids *de (m)* [-en] lijst van woningen die te huur of te koop zijn

wo·ning·huur *de* [-huren] ❶ het huren van een woning ❷ huurprijs van een woning

wo·ning·in·rich·ting *de (v)* ❶ het inrichten (meubileren, stofferen e.d.) van een woning ❷ datgene waarmee een woning is ingericht, zoals meubels en vloerbedekking

wo·ning·nood *de (m)* tekort aan woningen

wo·ning·ruil *de (m)* het ruilen van woningen

wo·ning·toe·zicht *het* **NN** toezicht van overheidswege op de woningbouw: ★ *bouw- en ~*

wo·ning·wet *de* in Nederland wet betreffende de volkshuisvesting

wo·ning·wet·wo·ning *de (v)* [-en] in Nederland huurwoning, gebouwd volgens de voorschriften van de woningwet

wo·ning·zoe·ken·de, **wo·ning·zoe·ken·de** *de* [-n] iem. die een woning zoekt

won·nen *ww verl tijd meerv* van → **winnen**

Wood·brook·ers [woedbroekə(r)s] *(‹Eng)* mv oorspronkelijk religieuze vereniging van quakers, genoemd naar het Engelse centrum Woodbroke bij Birmingham; protestantse navolging daarvan in Nederland

woof *ww* schertsend, *verl tijd* van → **wuiven**

woog *ww verl tijd* van → **wegen**[1]

woon·ach·tig *bn* wonende, gevestigd: ★ *hij was ~ te Delft*

woon·ark *de* [-en], **woon·boot** *de* [-boten] woonschip

woon·erf *het* [-erven] stadsgedeelte met woningen waarin het rijdend verkeer aan strenge beperkingen onderworpen is

woon·ge·bied *het* [-en] gebied voor geregeld verblijf, vooral van dieren

woon·ge·deel·te *het* [-n, -s] deel van een pand dat als woning dient: ★ *het ~ van een boerderij*

woon·ge·le·gen·heid *de (v)* [-heden] huis of gedeelte daarvan om in te wonen

woon·ge·meen·schap *de (v)* [-pen], **woon·groep** *de* [-en] aantal personen die met elkaar in hetzelfde huis woont en een gemeenschappelijke

huishouding voert, zonder met elkaar verwant te zijn
woon·huis *het* [-huizen] woning
woon·ka·mer *de* [-s] huiskamer
woon·ka·zer·ne *de* [-s, -n] groot pand of blok met veel kleine, armelijke woningen erin
woon·kern *de* [-en] gebied bestemd voor woonhuizen
woon·keu·ken *de* [-s] keuken die tevens als woonvertrek dienst doet
woon·laag *de* [-lagen] verdieping die een woning vormt of waarop een aantal woningen ligt
woon·land·be·gin·sel *het* in Nederland principe dat de hoogte van uitkeringen aan in het buitenland wonende uitkeringsgerechtigden moet zijn gebonden aan het levenspeil in het betreffende land
woon·las·ten *mv* het geheel van de vaste kosten die gemaakt worden om een huis te kunnen bewonen, zoals huur, energiekosten, hypotheekrente
woon·oord *het* [-en] plaats voor collectieve huisvesting, meestal van tijdelijke aard: ★ ~ *voor vluchtelingen*
woon·plaats *de* [-en] plaats, gemeente waar men woont: ★ *zonder vaste woon- of verblijfplaats*
woon·ruim·te *de (v)* woonhuis of gedeelte daarvan
woon·schip *het* [-schepen] tot woning ingericht schip
woonst *de (v)* [-en] BN ook, schrijftaal ❶ woning, huis: ★ *dikwijls van ~ veranderen* ❷ het wonen; woongelegenheid: ★ *gratis ~ krijgen* ❸ woonplaats; gemeente waar men woont ★ *vaste ~* vaste verblijfplaats, domicilie
woon·stee, **woon·ste·de** *de* [-steden] woonplaats
woon·straat *de* [-straten] straat waaraan alleen of hoofdzakelijk woonhuizen staan
woon·ver·gun·ning *de (v)* [-en] NN door de gemeentelijke overheid afgegeven bewijs waarmee men gerechtigd is een bepaalde woning te betrekken
woon·ver·trek *het* [-ken] huiskamer
woon·wa·gen *de (m)* [-s] tot woning ingerichte grote wagen
woon·wa·gen·kamp *het* [-en] kamp van woonwagens
woon·werk·ver·keer *het* verkeer tussen de woning en plaats waar men werkt
woon·wijk *de* [-en] stadsdeel waar vooral woonhuizen (geen kantoren, fabrieken e.d.) staan
woord¹ *het* [-en] ❶ groep klanken met een bepaalde betekenis ★ *met andere woorden* anders gezegd ★ *dikke woorden* a) geleerde (vooral vreemde) termen; b) krachttermen ★ *in één ~* kortweg gezegd ★ *een groot ~* een te gewichtig woord voor iets ★ *~ voor ~ alles, tot in de details*: ★ *iets ~ voor ~ herhalen* ★ *dat is ~ voor ~ gelogen* ★ *in zoveel woorden* woordelijk zo ★ *onder woorden brengen* in taal weergeven ★ *goed zijn ~ doen* vlot zeggen wat men te zeggen heeft ★ *niet uit zijn woorden kunnen komen* met moeite spreken, zich gebrekkig uitdrukken ★ *met twee woorden spreken* na 'ja' of 'nee' de naam of een titel laten volgen ★ vooral NN *geen goed ~ voor iets over hebben* iets volledig afkeuren ★ *een goed woord(je) voor iemand doen* ten gunste van iemand spreken ★ *iemand het ~ geven* iem. op een vergadering de gelegenheid geven te spreken ★ *het ~ hebben* op een vergadering de beurt hebben om te spreken ★ *het ~ is aan de voorzitter* de beurt van spreken ★ *ik kon niet aan het ~ komen* mij werd geen gelegenheid gegeven wat te zeggen ★ *het ~ nemen* gaan spreken ★ *iemand de woorden uit de mond halen, nemen* hem net even voor zijn met het zeggen van iets ★ *iem. de woorden in de mond leggen* iem. iets laten zeggen waar hij zelf niet op gekomen was ★ *het ~ doen* spreken namens een of meer anderen ★ *woorden hebben* twist hebben ★ *het hoogste ~ hebben* het meest en het luidst spreken ★ *altijd het laatste ~ willen hebben* tegenspreken en de ander nooit gelijk geven ★ *het ~ tot iemand richten* iem. aanspreken ★ *iemand te ~ staan* naar hem luisteren ★ *de daad bij het ~ voegen* wat men zegt dadelijk doen ★ *het ~ voeren* spreken, een toespraak houden ★ *het hoge ~ was eruit* eindelijk werd gezegd wat men haast niet durfde of wilde zeggen ★ *ergens geen woorden voor hebben* iets zo erg vinden dat men er niet over kan praten ❷ woordje ★ *een woordje zeggen* een korte toespraak houden ★ *een woordje meespreken* enige invloed hebben ★ *een hartig woordje met iem. spreken* iem. een standje geven, iem. flink de waarheid vertellen ★ *woordjes leren* woorden uit een vreemde taal leren; zie ook bij → **brood** en → **gevleugeld** ❸ belofte: ★ *zijn ~ van eer* ★ *zijn ~ breken* ★ *iem. op zijn ~ geloven* ★ *iem. zijn ~ geven* ★ *zijn ~ houden* ★ *iemand aan zijn ~ houden* ★ *op mijn ~* heus; zie ook bij → **man** ❹ de Bijbel: ★ *Gods Woord* ★ *het Woord Gods*
woord² *de (m)* [-en] → **woerd**
woord·ac·cent *het* [-en] klemtoon van een woord
woord·af·lei·ding *de (v)* [-en] het nagaan van het ontstaan van een woord, etymologie
woord·af·leid·kun·de *de (v)* wetenschap die de geschiedenis van woorden bestudeert, etymologie
woord·beeld *het* [-en] uiterlijk van het geschreven of gedrukte woord: ★ *men is gewend aan het ~ 'cadeau'*
woord·be·te·ke·nis *de (v)* [-sen] betekenis van een woord
woord·blind *bn* niet in staat uit gelezen letters het woord te maken, een vorm van dyslexie;
woordblindheid *de (v)*
woord·breuk *de* het breken van een belofte
woord·dienst *de (m)* [-en] godsdienstoefening waarbij alleen gepreekt wordt (geen sacramenten worden bediend)
woor·de·lijk *bn* woord voor woord, letterlijk: ★ *een tekst ~ opzeggen*
woor·den·boek *het* [-en] ❶ boek waarin de woorden van een taal (meestal alfabetisch) zijn geordend en waarin over die woorden informatie wordt

verschaft (spellingwijze, grammaticale kenmerken, betekenis e.d.) ❷ ★ *tweetalig* ~ woordenboek met de vertaling van de woorden uit de ene taal in een andere taal ❸ benaming voor boeken waarin woorden zijn opgenomen en geordend op grond van een bep. kenmerk: ★ *vakwoordenboek, etymologisch ~, puzzelwoordenboek, rijmwoordenboek, retrograde ~*

woor·den·ken·nis *de (v)* het kennen van de betekenis van de woorden van een taal: ★ *vele examenkandidaten hadden een gebrekkige, onvoldoende ~*

woor·den·keus, woord·keus, woord·keu·ze *de* ❶ het kiezen van de juiste woorden: ★ *een slechte ~* ❷ de voorraad woorden waarover een spreker of schrijver beschikt: ★ *een ruime ~*

woor·den·kraam *de* NN veel woorden met weinig inhoud

woor·den·kra·me·rij *de (v)* BN woordenkraam

woor·den·lijst *de* [-en] lijst van woorden in alfabetische volgorde, veelal voorzien van betekenisverklaringen of vertalingen, vooral als bijlage bij een bepaald geschrift ★ *Woordenlijst van de Nederlandse Taal* in 1954 verschenen en in 1995 en 2005 herziene uitgave met voorschriften betreffende de Nederlandse taal en een uitgebreide lijst woorden in de voorgeschreven spelling

woor·den·praal *de* vertoon van veel woorden

woor·den·rijk *bn* rijk aan woorden en uitdrukkingen

woor·den·schat *de (m)* woordvoorraad

woor·den·spel *het* ❶ het maken van woordspelingen ❷ het schermen of goochelen met woorden: ★ *ijdel ~*

woor·den·strijd *de (m)* ❶ twist ❷ twist over woorden, niet over zaken

woor·den·stroom *de (m)* vloed van woorden

woor·den·tolk *de (m)* [-en] woordenboek met uitsluitend bastaard- en vreemde woorden die in een taal ingang hebben gevonden

woor·den·twist *de (m)* ruzie

woor·den·vloed *de (m)* vloed van woorden

woor·den·wis·se·ling *de (v)* [-en] discussie, korte ruzie

woord·ge·bruik *het* taalgebruik

woord·ge·slacht *de* [-en] → **geslacht** (bet 5)

woord·groep *de* [-en] enige woorden die nauw bijeen behoren, die min of meer een eenheid vormen

woord·je *het* [-s] zie bij → **woord**[1] (bet 1)

woord·keus *de* → **woordenkeus**

woord·kunst *de (v)* letterkunde

woord·kun·ste·naar *de (m)* [-s] groot prozaschrijver of dichter

woord·ont·le·ding *de (v)* taalk het benoemen van de woorden van een zin naar hun woordsoort

woord·or·de *de* volgorde van de woorden in de volzin

woord·re·gis·ter *het* [-s] register van woorden, vooral achter in een taalkundig boek

woord·schik·king *de (v)* [-en] schikking, plaatsing van woorden

woord·soort *de* [-en] een van de tien groepen waarin de woorden zijn ingedeeld, bijv.: *werkwoord, zelfstandig naamwoord*

woord·spe·ling *de (v)* [-en] geestig gebruik van eenzelfde woord of van ongeveer gelijkluidende woorden in verschillende betekenis, bijv. *een verheven woonplaats* een zolderkamer; *om geldige redenen* om financiële redenen

woord·ver·kla·ring *de (v)* [-en] verklaring van de betekenis van een woord

woord·voer·der *de (m)* [-s], **woord·voer·ster** *de (v)* [-s] iem. die namens anderen spreekt

woord·voor·raad *de (m)* hoeveelheid woorden waarover een taal of een persoon beschikt

woord·vor·ming *de (v)* leer van de vorming van (nieuwe) woorden

worces·ter·shire·saus [woestə(r)sjə(r)-] *de* zoete tafelsaus waarin o.a. soja en diverse kruiden zijn verwerkt, genoemd naar het voormalige Engelse graafschap Worcestershire

wor·den [werd, is geworden] **I** *zelfstandig ww* ontstaan: ★ *wat niet is, kan nog ~* ★ *wordend* ontstaand, zich vormend **II** *koppelww* ★ *hij is ziek geworden* ★ *Jan wordt dierenarts* **III** *hulpww van de lijdende vorm* ★ *het pakje moet nog verstuurd ~*

wor·ding *de (v)* het ontstaan ★ *in (staat van) ~* wordend

wor·dings·ge·schie·de·nis *de (v)* geschiedenis van het ontstaan

word·pro·ces·sor [wù(r)dproosessə(r)] *(<Eng) de (m)* [-s] comput tekstverwerker

wor·gen *ww* [worgde, h. geworgd] → **wurgen**

worg·en·gel *de (m)* [-s] engel voorgesteld als brenger van dood of verderf

wor·ging, wur·ging *de (v)* → **wurging**

worg·paal *de (m)* [-palen] → **wurgpaal**

worg·slang *de* [-en] → **wurgslang**

worg·stok·je *het* [-s] → **wurgstokje**

worg·wet *de* [-ten] in Nederland, hist wet die staking van ambtenaren, van personeel in publieke dienst en van spoorwegpersoneel strafbaar stelde, in 1903 ingesteld door toedoen van minister-president Abraham Kuyper (1837-1920), afgeschaft in 1974

work·ahol·ic [wù(r)kəhollik] *(<Eng) de* [-s] iem. die verslaafd is aan werken, werkslaaf

work·flow *de* [wù(r)kfloow] *(<Eng)* [-s] management het geheel van processen en werkstromen binnen een organisatie

work-out [wù(r)kaut] *(<Eng) de* [-s] trainingssessie met lichamelijke oefeningen

work·shop [wù(r)ksjop] *(<Eng) de (m)* [-s] cursus waarbij men in groepsverband creatieve activiteiten ontwikkelt

world wide web [wù(r)ld waid -] *(<Eng) het* comput wereldwijd netwerk van informatiepagina's die men met behulp van een browser kan oproepen en waarbij men steeds kan doorspringen naar andere

pagina's door te klikken op hyperlinks
worm, wurm *de (m)* [-en] ongewerveld dier met rond, langgerekt lichaam ★ *een ~ knaagt aan zijn geweten* hij heeft gewetenswroeging
wor·mig *bn* door wormen aangevreten: ★ *~ hout*
worm·kruid *het* plantengeslacht *Tanacetum* uit de familie van de samengesteldbloemigen: ★ *het meest bekende ~ is het in Nederland en België algemeen voorkomende boerenwormkruid (T. vulgare)*
worm·steek *de (m)* [-steken] door wormpjes aangevreten plek
worm·ste·kig, worm·ste·kig *bn* door wormpjes aangevreten: ★ *wormstekige vruchten*
worm·vi·rus *het* [-sen] bep. type computervirus dat zichzelf via e-mail verspreidt, niet voor beschadiging van een computersysteem maar voor het lezen en plaatsen van data
worm·vor·mig, worm·vor·mig *bn* in vorm op een worm lijkend ★ *het ~ aanhangsel van de blindedarm* appendix
worm·wiel *het* [-en] verdikte as met schroefdraad, die door draaien een erin grijpend tandwiel langzaam doet wentelen
worp *de (m)* [-en] ❶ gooi, het werpen ❷ groep jongen die tegelijk geboren worden: ★ *een ~ biggen*
worst *de* [-en] stuk darm (tegenwoordig ook verteerbare kunststof) opgevuld met fijngemaakt vlees ★ NN *dat zal me ~ zijn / wezen* dat laat me volstrekt onverschillig ★ NN, *schertsend of je ~ lust!* gezegd als reactie op de vraag 'wat zeg je?' door iemand die niet oplet
worst case sce·na·rio *het (‹Eng)* [wù(r)st kees sənario] het scenario dat gaat gelden in de meest slechte situatie
wor·ste·laar *de (m)* [-s] iem. die worstelt
wor·ste·len *ww* [worstelde, h. geworsteld] ❶ vechten met het doel elkaar op de grond te krijgen ❷ algemeen strijden, vechten ★ *met de dood ~* op sterven liggen ★ *met ziekte te ~ hebben* te kampen hebben ★ *zich door een opleiding ~* veel moeite hebben met een opleiding
wor·ste·ling *de (v)* [-en] het worstelen
wor·stel·perk *het* [-en] perk waarbinnen geworsteld wordt
wor·sten·brood·je *het* [-s] broodje met een saucijsje gevuld
wort *het* aftreksel van versuikerde mout, ongegist bier
wor·tel *de (m)* [-s, bet 3 *ook* -en] ❶ voedingsorgaan van een plant ★ *iets met ~ en tak uitroeien* fig grondig ★ *~ schieten* zie bij → **schieten** ❷ fig oorsprong, oorzaak: ★ *hier zit de ~ van het kwaad* ❸ plant waarvan de wortel tot menselijk of dierlijk voedsel dient, peen ❹ gedeelte waarmee een tand of een haar vastzit ❺ taalk vast woordgedeelte waar de buigingsuitgangen e.d. achter worden gevoegd ❻ wisk ‹van een getal› getal waarvan het kwadraat gelijk is aan dat getal: ★ *de ~ van 16 is 4*
wor·te·len *ww* [wortelde, h. & is geworteld] wortel schieten, zich vastzetten ★ *~ in* zijn oorsprong of oorzaak hebben in
wor·tel·ge·was *het* [-sen] gewas dat vanwege de wortel(s) geteeld wordt
wor·tel·hout *het* hout van boomwortels
wor·tel·ka·naal·be·han·de·ling *de (v)* [-en] tandheelkundige behandeling waarbij ontstoken weefsel uit het wortelkanaal wordt verwijderd
wor·tel·loof *het* loof aan een peen
wor·tel·no·ten *bn* vervaardigd uit wortelhout van de notenboom
wor·tel·po·ti·gen *mv* klasse van eencellige dieren, rhizopoda
wor·tel·stel·sel *het* [-s] het geheel van de wortels van een plant
wor·tel·stok *de (m)* [-ken] onderaards, gewoonlijk horizontaal stengeldeel
wor·tel·taart *de* [-en] taart waarin wortelen zijn verwerkt
wor·tel·te·ken *het* [-s] het teken √
wor·tel·trek·ken *ww & het* (het) berekenen van de wortel van een getal; **worteltrekking** *de (v)* [-en]
wor·tel·vorm *de (m)* [-en] ❶ wisk vorm met wortelgrootheden ❷ taalk vorm van de → **wortel** (bet 5)
wou *ww verl tijd van* → **willen**
woud *het* [-en] groot, natuurlijk bos, veelal dichtbegroeid en met hoge bomen
woud·aap·je *het* [-s] kleine roerdomp waarvan het mannetje en het vrouwtje een verschillend verenkleed hebben, behorend tot het geslacht *Ixobrychus*, vooral *I. minutus*, een schuwe nachtvogel die als zeldzame broedvogel in Nederland en België voorkomt
woud·duif *de* [-duiven] houtduif
woud·dui·vel *de (m)* [-s] mandril
woud·ezel *de (m)* [-s] wilde ezel
woud·god *de (m)* [-goden] faun
woud·kers *de* [-en] wilde kers
woud·lo·per *de (m)* [-s] zwervend jager in de bossen (van Noord-Amerika)
woud·reus *de (m)* [-reuzen] zeer grote boom in een bos
wou·en *ww* spreektaal *verl tijd meerv van* → **willen**
would-be [woedbi] *(‹Eng) bn* zogenaamd, zich uitgevende voor: ★ *een ~ beleggingsadviseur*
wout *de (m)* [-en] NN, spreektaal politieagent
wouw[1] *de (m)* [-en] elk van de vogels behorend tot de onderfamilie Milvinae van de havikachtigen, gekenmerkt door een diep gevorkte staart: ★ *de rode ~ (Milvus milvus) en de zwarte ~ (M. migrans) zijn doortrekkers in Nederland en België*
wouw[2] *de* in het wild groeiende reseda met gele bloemen, waaruit men vroeger een gele verfstof trok *(Reseda luteola)*
wo·ven *ww* schertsend, *verl tijd meerv van* → **wuiven**
wow [wouw] *(‹Eng)* I *de (m)* jankend geluid dat men soms hoort uit geluidsapparatuur; zie ook → **flutter**

II *tsw* uitroep van verbazing of bewondering: ★ ~, *wat een meid!*
WP *afk* ❶ winterpeil ❷ Winkler Prins
wraak *de* neiging of daad om leed dat men heeft ondervonden te vergelden op de veroorzaker van dat leed: ★ ~ *nemen op iemand* ★ *dat roept / schreeuwt om* ~ hiervoor moeten we de dader laten boeten ★ *op* ~ *zinnen* erover nadenken hoe wraak te nemen
wraak·ac·tie [-sie] *de (v)* [-s] actie als wraak op eerder ondervonden onrecht
wraak·baar *bn* ❶ af te keuren, laakbaar ❷ ‹van een getuige› niet als betrouwbaar te erkennen, te verwerpen
wraak·en·gel *de (m)* [-s] engel der wrake, uitvoerder van Gods straf
wraak·gie·rig *bn* wraakzuchtig
wraak·gie·rig·heid *de (v)* wraakzucht
wraak·go·din *de (v)* [-nen] zie bij → **Erinyen**
wraak·lust *de (m)* begeerte om zich te wreken
wraak·ne·ming *de (v)* [-en] het wreken
wraak·oe·fe·ning *de (v)* [-en] wraakneming
wraak·roe·pend *bn* om → **wraak** roepend
wraak·zucht *de* zucht naar wraak
wraak·zuch·tig *bn* begerig zich te wreken
wrak I *het* [-ken] ❶ resten van een verongelukt schip ❷ ‹bij uitbreiding› resten van een verongelukt voertuig: ★ *een* ~ *van een wagen* ❸ *fig* iemand die zeer in gezondheid is achteruitgegaan **II** *bn* beschadigd, in slechte toestand: ★ *een wrakke auto* ★ *een* ~ *bouwsel*
wra·ken *ww* [wraakte, h. gewraakt] ❶ afkeuren ❷ verwerpen als getuige of als rechter
wrak·goed *het* [-eren] goederen afkomstig van een verongelukt schip
wrak·hout *het* hout afkomstig van een wrak
wra·king *de (v)* [-en] het → **wraken** (bet 2)
wra·kings·grond *de (m)* [-en] reden waarom iemand als getuige of rechter verworpen wordt
wrak·stuk *het* [-ken] stuk wrakhout of andere resten van een wrak
wrang *bn* ❶ zuur, met een smaak die de mond doet samentrekken: ★ *een wrange vrucht* ❷ *fig* bitter, moeilijk te accepteren: ★ *wrange spot* ★ *het is* ~ *die jongen een fiets te geven en zijn zusje niets*; **wrangheid** *de (v)*
wrap [rep] ‹*Eng*› *de (m)* [-s] van tarwebloem gemaakte pannekoek waarin hartige vulling wordt gerold
wrat *de* [-ten] huiduitwas
wrat·me·loen *de* [-en] meloen met knobbels op de bast
wrat·ten·kruid *het* soort wolfsmelk waarvan het sap tegen wratten gebruikt wordt (*Euphorbia helioscopia*)
wrat·ten·zwijn, **wrat·zwijn** *het* [-en] zwijn met wratachtige knobbels op de kop
wrat·tig *bn* met wratten
wreed *bn* ❶ onbarmhartig, gruwelijk: ★ *een wrede straf* ❷ jeugdtaal heel mooi, zeer goed: ★ *een* ~ *jasje*

★ *dat concert was te* ~!
wreed·aard *de (m)* [-s] wreed man
wreed·aar·dig *bn* wreed; **wreedaardigheid** *de (v)*
wreed·heid *de (v)* ❶ het wreed-zijn ❷ [*mv:* -heden] wrede daad
wreef¹ *de* [wreven] hoogste deel van de voet
wreef² *ww verl tijd* van → **wrijven**
wre·ken *ww* [wreekte, h. gewroken] ondervonden kwaad met kwaad vergelden: ★ *iets op iemand* ~ ★ *iem.* ~ het iemand aangedane kwaad vergelden ★ *de slechte verzorging van uw lichaam zal zich later* ~ zal eens slechte gevolgen hebben
wre·kend *bn* → **wraak** nemend, straffend: ★ *de wrekende gerechtigheid*
wre·ker *de (m)* [-s] iem. die → **wraak** neemt, die straft
wre·vel I *de (m)* geïrriteerdheid **II** *bn* wrevelig
wre·vel·agent *de (m)* [-en] BN wijkagent (vooral in Antwerpen) speciaal belast met het opsporen van wrevel bij de bevolking
wre·ve·lig *bn* geïrriteerd, misnoegd; **wreveligheid** *de (v)*
wre·ven *ww verl tijd meerv* van → **wrijven**
wrie·me·len *ww* [wriemelde, h. gewriemeld] ❶ krioelen ❷ kriebelen; **wriemeling** *de (v)*
wrijf·doek *de (m)* [-en] NN wrijflap
wrijf·hout *het* [-en] hout om de romp van een schip tegen stoten te beschermen
wrijf·paal *de (m)* [-palen] paal waaraan het vee zich kan schuren
wrijf·was *de (m) & het* → **was²** waarmee meubels en vloeren gewreven worden
wrij·ven *ww* [wreef, h. gewreven] ❶ een of meer keer langs elkaar strijken; strijken over: ★ *met een spons over het raam* ~ ★ *zich in de handen* ~ zeer in zijn schik zijn ★ *zich in de ogen* ~ of *zich de ogen uitwrijven* zich zeer verwonderen ❷ door wrijven fijnmaken: ★ *tot poeder* ~
wrij·ving *de (v)* [-en] ❶ het wrijven ❷ weerstand bij een beweging, doordat de bewegende vlakken niet volkomen glad zijn ❸ onenigheid: ★ *er is* ~ *ontstaan tussen de compagnons*
wrij·vings·co·ëf·fi·ciënt [-sjent] *de (m)* [-en] coëfficiënt, algebraïsch getal, dat in mechanische formules de wrijving uitdrukt
wrij·vings·elek·tri·ci·teit *de (v)* door wrijving van verschillende stoffen opgewekte elektriciteit
wrij·vings·hoek *de (m)* [-en] hellingshoek waaronder iets (op een hellend vlak) nog net kan blijven staan, zo dat het niet naar beneden glijdt
wrij·vings·vlak *het* [-ken] vlak waarmee twee voorwerpen langs elkaar wrijven
wrij·vings·weer·stand *de (m)* [-en] weerstand door wrijving
wrik·ken *ww* [wrikte, h. gewrikt] ❶ door heen en weer te bewegen los krijgen: ★ *een stok uit een struik* ~ ❷ met één → **riem²** aan het achtereinde roeien: ★ *een boot* ~
wrik·riem *de (m)* [-en] roeiriem waarmee men wrikt

(→ **wrikken**, bet 2)
wrin·gen *ww* [wrong, h. gewrongen] ❶ draaiend persen of samenknijpen: ★ *wasgoed* ~ ★ *zich de handen* ~ fig wanhopig zijn; zie ook bij → **bocht¹** ❷ knellen: ★ *de schoen wringt* ★ *zich tussen twee mensen* ~
wrin·ger *de (m)* [-s] werktuig om nat wasgoed uit te wringen
wrin·ging *de (v)* het wringen
writ·er's block [raita(r)s -] (‹Eng› *de* [-s] (tijdelijke) psychologische blokkade waardoor een auteur niet meer tot schrijven in staat is
wroch·ten *ww* [wrochtte, h. gewrocht] vero vervaardigen, tot stand brengen; zie → **gewrocht²**
wroe·ging *de (v)* [-en] diep berouw
wroe·ten *ww* [wroette, h. gewroet] ❶ woelen, graven ★ fig *in iets* ~ zich verdiepen in lelijke of onaangename dingen: ★ *de journalisten wroetten in de omkoopaffaire* ❷ BN, spreektaal erg hard werken, ploeteren, zwoegen
wrok *de (m)* stille, oude haat: ★ ~ *koesteren tegen iemand*
wrok·ken *ww* [wrokte, h. gewrokt] wrok koesteren, verbitterd zijn
wrok·kig *bn* wrok koesterend
wrong¹ *de (m)* [-en] knot; kluwen; vlecht
wrong² *ww*, **wron·gen** *verl tijd* van → **wringen**
wron·gel *de* gestremde melk, waaruit kaas gemaakt wordt
WRR *afk* in Nederland Wetenschappelijke Raad voor het Regeringsbeleid
wsch. *afk* waarschijnlijk
Wsw *afk* in Nederland Wet sociale werkvoorziening [wet die erop is gericht om arbeidsgehandicapten een aangepaste werkplek te bieden]
WTC *afk* World Trade Center [Wereldhandelscentrum, groot gebouw of gebouwencomplex voor handelsdoeleinden]
WUB *afk* in Nederland, hist Wet Universitaire Bestuurshervorming [wet uit 1970 die was gericht op democratisering van het universitaire onderwijs, in 1997 vervangen door de **MUB**]
wuft *bn* uitdagend en lichtzinnig: ★ *een* ~ *meisje*; **wuftheid** *de (v)*
wui·ven *ww* [wuifde, h. gewuifd, schertsend ook woof, h. gewoven] ❶ zwaaien, vooral als groet of signaal ❷ heen en weer bewegen (door de wind): ★ *wuivend riet*
wulk *de* [-en] aan de Nederlandse en Belgische kust algemeen voorkomende zeeslak die zich met aas en dierlijk voedsel voedt, kinkhoren (*Buccinum undatum*)
wulp *de (m)* [-en] geslacht van snipachtige, bruine vogels met lange poten en een lange, omlaag gebogen snavel, *Numerius*, vooral *de gewone* ~ (*N. arquata*), die in Nederland veel als broedvogel voorkomt
wulps *bn* wellustig, geil: ★ *een wulpse blik*; **wulpsheid**

de (v)
wurg·con·tract *het* [-en] overeenkomst met voor een van de partijen zeer nadelige voorwaarden
wur·gen *ww* [wurgde, h. gewurgd] ❶ de keel dichtsnoeren en daardoor doen sterven ❷ fig (financieel) tot de ondergang brengen; zie ook bij → **hangen**
wurg·greep *de (m)* [-grepen] wurgende greep
wur·ging *de (v)* het wurgen
wurg·paal *de (m)* [-palen] paal waaraan een gestrafte wordt vastgebonden en (langzaam) gewurgd, garrote
wurg·seks *de (m)* vorm van (zelf)bevrediging waarbij men tot grotere opwinding komt door bijna-verstikking d.m.v. een strop om de hals of een plastic zak over het hoofd
wurg·slang, **worg·slang** *de (v)* [-en] reuzenslang die haar prooi wurgt
wurg·stok·je, **worg·stok·je** *het* [-s] twee stokjes die door een ketting met elkaar zijn verbonden
wurm¹ *de (m)* [-en] → **worm**
wurm² *het* [-en] enigszins medelijdend klein kindje
wur·men *ww* [wurmde, h. gewurmd] iets met moeite op een bepaalde plaats krijgen: ★ *een draad door het oog van een naald* ~ ★ *zich ergens naar binnen (naar buiten, doorheen)* ~ zich met moeite, al draaiende en kronkelende naar binnen enz. begeven
W.v.B.R. *afk* in Nederland Wetboek van Burgerlijke Rechtsvordering
WVC *afk* in Nederland ‹tot 1994› (ministerie van) Welzijn, Volksgezondheid en Cultuur
W.v.K. *afk* Wetboek van Koophandel
W.v.S. *afk*, **WvStr** Wetboek van Strafrecht
W.v.Sv. *afk* Wetboek van Strafvordering
w.v.t.t.k. *afk* wat verder ter tafel komt [bij vergaderingen]
WW *afk* in Nederland ❶ Werkloosheidswet ❷ Wegenwacht [instelling van de ANWB die hulp biedt aan automobilisten die onderweg pech krijgen]
WWF *afk* World Wildlife Fund ‹Eng› [internationale organisatie voor de bescherming van bedreigde dieren, planten en natuurgebieden; *vgl*: → **WNF**]
W·W-uit·ke·ring *de (v)* [-en] in Nederland geldelijke ondersteuning volgens de Werkloosheidswet
www *afk* → world wide web
wy·an·dot·te [wie-] *de* [-s] uit Noord-Amerika (Michigan) afkomstig ras van middelzware, goed leggende kippen
wysiwyg *afk* comput *what you see is what you get* ‹Eng› [(wat je ziet, is wat je krijgt) gezegd als de printafdruk op papier identiek is aan het beeld op het beeldscherm; ook gebruikt met betrekking tot editors voor het bouwen van websites]
WZW *afk* westzuidwest(en)

X

x [iks] *de* ['en] ❶ 24ste letter van het alfabet ❷ wisk aanduiding van de (eerste) onbekende grootheid
X *afk* ❶ Romeins cijfer voor 10 ❷ onbekend of niet met naam aangeduid persoon
xan·thi·ne *(‹Gr) de* ❶ organische gele stof die in planten en dierlijke organen voorkomt ❷ krapgeel (kleurstof van de meekrapwortel)
xan·tip·pe *de (v)* [-s] kwaadaardige, altijd kijvende vrouw, helleveeg (naar Xanthippe, de vrouw van de Griekse filosoof Socrates, van wie het verhaal gaat dat ze een onaangenaam karakter had)
x-as *de* [-sen] horizontale as van een coördinatenstelsel
X-be·nen *mv* benen met naar binnen staande knieën
X-chro·mo·soom [-zoom] *het* [-somen] een van beide geslachtschromosomen
Xe *afk* chem symbool voor het element *xenon*
xe·no- *(‹Gr)* als eerste lid in samenstellingen vreemdelingen-, vreemden betreffend
xe·no·fi·lie *(‹Gr) de (v)* voorliefde voor vreemdelingen en exotische zaken
xe·no·fo·bie *(‹Gr) de (v)* afkeer van, haat jegens vreemdelingen
xe·no·foob *(‹Gr)* I *de (m)* [-foben] vreemdelingenhater II *bn* vreemdelingenhatend
xe·no·ma·nie *(‹Gr) de (v)* overdreven voorliefde voor alles wat uit het buitenland komt
xe·non [see-] *(‹Gr) het* chemisch element, symbool Xe, atoomnummer 54, een kleurloos, reukloos, smaakloos edelgas dat in zeer geringe hoeveelheid in de dampkringslucht voorkomt
xe·no·trans·plan·ta·tie [-(t)sie] *de (v)* [-s] med het transplanteren van organen, weefsels of cellen van een dier naar een mens
xe·res, **xe·res·wijn** [chee-, Duitse ch] *(‹Sp) de (m)* lichte Spaanse wijn, sherry, genoemd naar de plaats Jerez de la Frontera
xe·ro·fyt [-fiet] *(‹Gr) de* [-en] plant die kan gedijen in zeer droge streken
xe·ro·gra·fie *(‹Gr) de (v)* oude fotokopieermethode
x-fac·tor *de (m)* charisma van een artiest: ★ *deze zanger heeft een prachtige stem, maar hij mist de x-factor*
xi *(‹Gr) de (m)* ['s] veertiende letter van het Griekse alfabet, als hoofdletter Ξ, als kleine letter ξ
XML *afk* comput Extendable Markup Language *medianeutrale opmaaktaal*
x-stra·len [iks-] *mv* vero röntgenstralen
tan·ga [-γaa] *(‹Sp) de* ['s], **tan·ga·slip** *de (m)* [-s] minuscuul zwembroekje of slipje, alleen bestaande uit twee driehoekjes stof, met een koordje over de heupen bijeengehouden
xtc *afk* [ekstiesie] *(‹Eng)* → ecstasy
xy·leen [ksie-] *(‹Gr) het* uit aardolie gewonnen, giftige stof (dimethylbenzeen), gebruikt als oplosmiddel, verfverdunner en als toevoeging aan benzine
xy·lo·foon [ksie-] *(‹Gr) de (m)* [-s, -fonen] slaginstrument waarbij met twee slaghamertjes geslagen wordt op hardhouten staafjes met verschillende toonhoogte
xy·lo·glyp·tiek [ksieloglip-] *(‹Gr) de (v)* houtsnijkunst, houtplastiek; houtgraveerkunst
xy·lo·graaf [ksie-] *(‹Gr) de (m)* [-grafen] houtsnijder, houtgraveur
xy·lo·gra·fie [ksie-] *(‹Gr) de (v)* ❶ kunst van het houtgraveren ❷ [*mv:* -fieën] houtsnede of -gravure
xy·lo·liet [ksie-] *(‹Gr) het* [-en] ❶ versteend hout ❷ houtgraniet (als vloer- of tafelbladmateriaal)
xys·tus [ksis-, sis-] *(‹Gr)* bouwk *de (m)* [xysten *en* xysti] ❶ ‹bij de oude Grieken› zuilenhal waarin de atleten zich oefenden ❷ ‹bij de oude Romeinen› laan voor de zuilengang van een landhuis ❸ ‹in de middeleeuwen› laag kruisgewelf in kloosters

Y

y *de* ['s] ❶ 25ste letter van het alfabet, de Griekse ij, i-grec, ypsilon ❷ <u>wisk</u> aanduiding van de tweede onbekende
Y *afk* <u>chem</u> symbool voor het element *yttrium*
yach·ting [jòting] *de (m)* <u>BN</u> ook zeilsport
yah·tzee [jaatsee] *het* spel waarbij men tracht verschillende voorgeschreven combinaties te gooien met vijf dobbelstenen
Ya·ku·za [jaakoe-] *(‹Jap) de* Japanse misdaadorganisatie
yam [jam] *(‹Eng‹Port‹West-Afrikaanse taal) de (m)* [-men] , **yams·wor·tel** [jams-] *de (m)* [-s] benaming voor de wortelknollen van enige tropische planten (vooral de bataat) die als voedingsmiddel dienen
yang *ww* [jang] *(‹Chin)* het mannelijke beginsel in de kosmos volgens de oosterse wijsbegeerte; *tegengest:*
→ **yin**
yan·kee [jenkie] *(‹Eng) de (m)* [-s], **yank** [jenk] *de (m)* [-s] ❶ spotnaam voor Noord-Amerikanen, oorspronkelijk alleen van toepassing op de bewoners van New-England ❷ ★ handel *yankees* Amerikaanse effecten of beurspapieren
yard [jà(r)d] *(‹Eng) de (m)* [-s] ❶ Engelse lengtemaat van drie Engelse voeten (0,91438 m) ❷ Engelse en Noord-Amerikaanse oppervlaktemaat (12,14 ha)
y-as [ei-] *de* [-sen] verticale as van een coördinatenstelsel
Yb *afk* <u>chem</u> symbool voor het element *ytterbium*
Y-chromosoom [ei-groomoozoom] *het* [-somen] een van beide geslachtschromosomen
yd *afk* yard
yell [jel] *(‹Eng) de (m)* [-s] geschreeuwde leus, bijv. ter aanmoediging bij sportwedstrijden
yel·len *ww* [jel-] *(‹Eng)* [yelde, h. geyeld] een *yell* roepen
yen [jen] *(‹Jap) de (m)* [-s] munteenheid in Japan
yes *tsw* [jes] *(‹Eng)* ja ★ reken maar van ~ inf dat staat vast, daar is geen twijfel aan
ye·ti [jee-] *(‹Tibetaans) de (m)* de 'verschrikkelijke sneeuwman', een legendarisch mensachtig wezen in het Himalayagebied; zie ook bij → **sneeuwman** (bet 2)
yin *het* [jin] *(‹Chin)* het vrouwelijke beginsel in de kosmos volgens de oosterse wijsbegeerte; *tegengest:*
→ **yang**
YMCA *afk* Young Men's Christian Association *(‹Eng)* [Christelijke Jongemannenvereniging]
yo·ga [joo-] *(‹Hindi) de* methode in de Indische wijsgerige of godsdienstige systemen, bestaande uit ascese, meditatie, ademhalings- en lichaamsoefeningen, met als doel een hoger bewustzijn en verlossing; ook wel toegepast ter bevordering van de (geestelijke) gezondheid
yog·hurt [joggurt] *(‹Turks) de (m)* licht verteerbaar, zuur melkgerecht, ontstaan door inwerking van een giststof op melk
yog·hurt·drank [joggurt-] *de (m)* [-en] dunne yoghurt (vaak met toegevoegde smaakstof) als drank
yog·hurt·ijs [joggurt-] *het* roomijs met yoghurtsmaak
yo·gi [joo-] *(‹Hindi) de (m)* ['s] beoefenaar van yoga
york·shire·ter·ri·ër [jô(r)ksjə(r)-] *(‹Eng) de* [-s] klein hondenras (schouderhoogte ca. 20 cm) met lang, zijdeachtig haar
yp·si·lon [ipsie-] *(‹Gr) de* [-s] 25ste letter van het Latijnse alfabet, i-grec of Griekse ij, in het Grieks klein υ, groot Y
yt·ter·bi·um [iet-] *het* scheikundig element, symbool Yb, atoomnummer 70, een zeer zeldzaam, zilverwit aardmetaal, genoemd naar de Zweedse plaats Ytterby, waar het voorkomt in een aldaar gevonden mineraal
yt·tri·um [iet-] *het* scheikundig element, symbool Y, atoomnummer 39, een zeldzaam, grijs, poedervormig aardmetaal, genoemd naar de Zweedse plaats Ytterby, waar het gevonden wordt
yu·an [juu-] *(‹Chin) de (m)* [-s] munteenheid van de Volksrepubliek China
yuc·ca [juk-] *(‹Sp‹Haïtiaanse indianentaal) de (m)* ['s] geslacht van agaveachtige sierplanten uit Noord-Amerika, waarvan de soort *Yucca filamentosa* als kamerplant wordt geteeld
yu·ko [joe-] *(‹Jap) de* ['s] judo tijdens een wedstrijd behaald resultaat van 5 punten
yup, yup·pie [jup(-)] *(‹Eng) de* [-s] verbastering van *Y.U.P. (young urban professional)* jonge stedelijke carrièrejager*)* jonge, carrièregerichte persoon die veel geld verdient en veel uitgeeft aan luxe en trendy spullen

Z

z *de* ['s] 26ste letter van het alfabet; zie ook bij → **a¹**
z. *afk* ❶ zie ❷ zonder
Z. *afk* ❶ zuid, zuiden ❷ in Nederland Zeeland
z.a. *afk* zie aldaar
zaad *het* [zaden] ❶ voortbrengsel van een plant, waaruit zich een nieuwe plant kan ontwikkelen, veelal een hoeveelheid zaadjes: ★ ~ *zaaien* ★ *op zwart* ~ *zitten*, BN *op droog* ~ *zitten* geen geld meer hebben ❷ fig beginsel, oorsprong: ★ *het* ~ *van het kwaad* ★ BN, spreektaal ~ *in 't bakje* geld in 't laatje ❸ lichaamsproduct van mannen of mannelijke dieren ter verwekking van nakomelingschap, sperma; nakomelingschap ★ *het* ~ *van Abraham* de Israëlieten
zaad·bak·je *het* [-s] bakje voor zaad aan vogelkooi
zaad·bal *de (m)* [-len] bal die het mannelijk zaad aanmaakt en bewaart, testikel
zaad·bank *de* [-en] ❶ bank met mosselzaad ❷ bewaarplaats van sperma (dat gebruikt kan worden voor kunstmatige inseminatie), spermabank
zaad·bed *het* [-den] perk dat bezaaid is of bezaaid kan worden
zaad·cel *de* [-len] mannelijke cel die de vrouwelijke eicel bevrucht
zaad·do·dend *bn* spermacellen dodend: ★ *een zaaddodende pasta als voorbehoedmiddel*
zaad·do·nor *de (m)* [-s] man die sperma afstaat aan een spermabank, spermadonor
zaad·doos *de* [-dozen] doosvrucht, bestaand uit een omhulsel met zaad erin
zaad·je *het* [-s] voortbrengsel van een plant waaruit een nieuwe plant zich kan ontwikkelen: ★ *zaad bestaat veelal uit een hoeveelheid losse zaadjes*
zaad·kor·rel *de (m)* [-s] zaadje
zaad·lob *de* [-ben] een van de eerste bladeren die uit het zaad ontkiemen
zaad·lo·zing *de (v)* [-en] uitstorting van sperma
zaad·olie *de* [-liën] uit zaad verkregen olie
zaad·pluis *het* [-pluizen] fijne haartjes aan sommige zaden
zaag *de* [zagen] ❶ meestal plat stalen snijwerktuig met scherpe tanden om hout of steen mee in stukken te delen; zie ook bij → **zingen** ❷ inf zaniker, zeur
zaag·bek *de (m)* [-ken] zee-eend met getande snavelranden: ★ *grote* ~ ★ *kleine* ~ ★ *middelste* ~
zaag·beu·gel *de (m)* [-s] beugel waarin een zaagblad gespannen wordt
zaag·blad *het* [-bladen] blad van een zaag
zaag·bok *de (m)* [-ken] onderstel waar men het materiaal op legt om door te zagen
zaag·dak *het* [-daken] sheddak
zaag·ma·chi·ne [-sjienə] *de (v)* [-s] machine om hout te zagen

zaag·meel *het* zaagsel
zaag·mo·len *de (m)* [-s] molen waarmee hout gezaagd wordt
zaag·sel *het* zaagmeel, bij zagen ontstaan poedervormig afval van hout (of ander materiaal) ★ ~ *in zijn kop hebben* fig heel dom zijn
zaag·sne·de *de* [-n] ❶ getande snede van een mes of zaag ❷ door een zaag aangebrachte sleuf of naad
zaag·tand *de (m)* [-en] een van de scherpe puntjes van een zaag
zaag·vis *de (m)* [-sen] tot de roggen behorende vis met zaagvormig uitsteeksel aan de kop
zaai·bak *de (m)* [-ken] bak waarin planten gekweekt worden
zaai·bed *het* [-den] bezaaid of te bezaaien perk
zaai·bloem *de* [-en] uit zaad gekweekte bloem
zaai·en *ww* [zaaide, h. gezaaid] ❶ zaad in de aarde strooien ★ *dun gezaaid zijn* weinig vóórkomen ❷ fig doen ontstaan: ★ *haat* ~ ★ *tweedracht* ~ ★ *dood en verderf* ~ ; zie ook bij → **oogsten**
zaai·er *de (m)* [-s] iem. die zaait
zaai·goed *het* zaaizaden
zaai·graan *het* korenzaad
zaai·ko·ren *het* korenzaad
zaai·land *het* [-en] bezaaid of te bezaaien land
zaai·ling *de* [-en] uit zaad gekweekte plant
zaai·ma·chi·ne [-sjienə] *de (v)* [-s] machine om te zaaien
zaai·sel *het* [-s] het gezaaide
zaai·tijd *de (m)* tijd van het jaar dat er gezaaid wordt
zaai·zaad *het* [-zaden] zaad gebruikt om te zaaien
zaak *de* [zaken] ❶ ding, voorwerp: ★ *allerlei zaken van weinig waarde* ★ *orde op (zijn) zaken stellen* ★ *de gang van zaken* de loop der dingen ★ *hoe staan de zaken?* hoe gaat het?; zie ook bij → **gedaan** ❷ handel, bedrijf, winkel: ★ *goede zaken doen* ★ *voor zaken op reis gaan* ★ *iemand van de* ~ een collega ★ *zaken doen* fig pogen tot overeenstemming te komen ❸ rechtszaak: ★ *een advocaat van kwade zaken* ❹ onderwerp, kwestie, aangelegenheid: ★ *de* ~ *is, dat het nodige geld ontbreekt* ★ *in zake* betreffende, aangaande (meestal aaneengeschreven: *inzake*) ★ *dat doet niets ter zake* dat heeft er niets mee te maken ★ *dat is zijn* ~ dat moet hij weten ★ *bemoei je met je eigen zaken!* ★ *ter zake komen* niet eromheen draaien, de zaak gewoon noemen ★ *een smerig zaakje* een duistere, onwettige aangelegenheid ★ BN, spreektaal *er geen zaken mee hebben* er niets mee te maken hebben; zie ook bij → **gemeen** (I) ❺ vereiste: ★ *het is* ~ *voorzichtig te zijn* of *dat men voorzichtig is* ❻ ★ *zaakje* spreektaal de mannelijke geslachtsdelen ❼ ★ *niet veel zaaks* iets van weinig waarde
zaak·be·zor·ger *de (m)* [-s] NN zaakwaarnemer
zaak·ge·las·tig·de *de* [-n] gevolmachtigde, iem. die namens een ander een (rechts)handeling verricht; vertegenwoordiger van een regering, lager in rang dan een ambassadeur

zaak·ge·volg, zaaks·ge·volg *het* jur volgrecht, het recht om een zaak op te eisen in wiens handen ze zich ook bevindt

zaak·je *het* [-s] zie bij → **zaak**

zaak·kun·dig *bn* NN deskundig, op de hoogte van de zaken; **zaakkundigheid** *de (v)*

zaak·naam *de (m)* [-namen] grammatica zelfstandig naamwoord dat een zaak aanduidt (*tegengest*: → **persoonsnaam**)

zaak·re·gis·ter *het* [-s] lijst van de behandelde zaken achter in een boek (*tegengest*: → **naamregister**)

zaak·voer·der *de (m)* [-s] ❶ vertegenwoordiger, agent ❷ BN ook bedrijfsleider, filiaalhouder, zetbaas; directeur

zaak·waar·ne·mer *de (m)* [-s] ❶ vooral NN iemand die vrijwillig zaken van een ander voortzet of voltooit, tot deze in staat is zijn eigen belangen waar te nemen ❷ iem. die bij het gerecht in een rechtzaak een partij vertegenwoordigt

zaak·waar·ne·ming *de (v)* [-en] het optreden als zaakwaarnemer

zaal *de* [zalen] ❶ grote kamer; (in ziekenhuis) grote kamer voor verscheidene patiënten; ★ *op (de) ~ liggen* ❷ ruimte of gebouw voor vergaderingen, sport, voorstellingen e.d.; fig het publiek daarin: ★ *de ~ zong mee*

zaal·hoofd *het* [-en] hoofdverpleegkundige

zaal·korf·bal *het* korfbal dat in een zaal wordt gespeeld met van veldkorfbal licht afwijkende regels

zaal·pa·tiënt [-sjent] *de (m)* [-en] patiënt die in een zaal van een ziekenhuis verpleegd wordt (*tegengest*: → **klassenpatiënt**)

zaal·sport *de* [-en] teamsport die in een zaal beoefend wordt

zaal·voet·bal *het* soort voetbal, met enigszins afwijkende spelregels, dat in een zaal wordt gespeeld

zaal·wach·ter *de (m)* [-s] bewaker in een voor het publiek toegankelijke zaal, suppoost

zaal·zus·ter *de (v)* [-s] verpleegster die toezicht houdt op een zaal

Zaan·kan·ter *de (m)* [-s] iemand uit de Zaanstreek

zab·be·len *ww* [zabbelde, h. gezabbeld] → **sabbelen**

zab·be·ren *ww* [zabberde, h. gezabberd] dial ❶ kwijlen; kwijlend likken ❷ sabbelen, zuigen; slurpen: ★ *koffie ~* ❸ onzin vertellen, kletsen

zacht *bn* ❶ niet hard, week: ★ *een ~ kussen* ★ *~gekookte eieren* ★ *een ~ prijsje* een lage prijs ★ *de zachte sector* schertsend de maatschappelijke sector van sociologen, pedagogen, psychologen, en soms ook onderwijsgevende, ook wel: de quartaire sector, zie bij → **quartair**¹ ❷ niet luid of fel: ★ *~ spreken* ★ *zachte kleuren* ❸ niet streng, niet koud: ★ *een ~ klimaat* ★ *een zachte winter* ❹ niet ruw of grof: ★ *een zachte aanraking* ★ *~ van aard* ★ *op zijn zachtst gesproken*, uitgedrukt zo gunstig mogelijk ❺ niet wreed of pijnlijk: ★ *iemand ~ behandelen* ★ *een*

zachte dood ❻ niet snel, langzaam, geleidelijk: ★ *~ fietsen* ★ *een zachte landing*

zacht·aar·dig *bn* zacht van aard, goedhartig; **zachtaardigheid** *de (v)*

zacht·board *ww* [-bòrd] → **plaat** (bet 1) van houtvezels, minder hard dan hardboard

zacht·heid *de (v)* het zacht-zijn; zachte handelwijze: ★ *met ~ behandelen*

zacht·hout *het* naaldhout

zacht·jes *bijw* bedaard, stil; langzaam: ★ *~ rijden* ★ *~ de trap op lopen* ★ *~aan* langzaam *of* langzamerhand

zacht·moe·dig *bn* zachtaardig, niet streng of bars; **zachtmoedigheid** *de (v)*

zacht·sol·deer *het* weeksoldeer

zacht·zin·nig *bn* zachtaardig; niet streng; **zachtzinnigheid** *de (v)*

za·del *de (m) & het* [-s] ❶ (leren) zitting voor een ruiter, wielrijder enz.: ★ *in het ~ springen* ★ *iemand uit het ~ lichten* iemand bij een toernooi van zijn paard doen vallen; fig iemand zijn positie doen verliezen ★ *iemand in het ~ helpen* hem aan een goede positie helpen ★ *vast in het ~ zitten* fig sterk staan ❷ geol lager gedeelte in bergrug of -keten, pas ❸ ⟨van snaarinstrumenten⟩ kam

za·del·boog *de (m)* [-bogen] boogvormig gedeelte van een rijzadel

za·del·dak *het* [-daken] dak bestaande uit twee schuin naar elkaar toelopende dakvlakken

za·del·dek *het* [-ken] dekkleed over een paard; zadelovertrek

za·de·len *ww* [zadelde, h. gezadeld] een zadel opleggen: ★ *de paarden ~*

za·del·ge·wricht *het* [-en] gewricht dat beweging toelaat in twee richtingen, bijv. het onderste gewricht van de duim

za·del·kleed *het* [-kleden] paardendeken

za·del·knop *de (m)* [-pen] voorpunt van een zadel

za·del·ma·ke·rij *de (v)* [-en] werkplaats waar zadels gemaakt worden

za·del·pijn *de* pijn in het zitvlak na lang fietsen of paardrijden

za·del·riem *de (m)* [-en] riem waarmee een zadel op een paard bevestigd wordt

za·del·tas *de* [-sen] tas aan een zadel

za·del·vast *bn* vast in het zadel zittend

zag *ww*, **za·gen** *verl tijd* van → **zien**

za·ge·man *de (m)* [-nen] BN, spreektaal ❶ zeur, zeurkous, zanik ❷ teut, treuzelaar

za·ge·meel *het* BN, spreektaal zaagsel

za·gen *ww* [zaagde, h. gezaagd] ❶ met de zaag bewerken ❷ fig een krassend geluid maken, bijv. op een viool ❸ zacht snurkend geluid bij het ademhalen maken, vooral gedurende het slapen ❹ BN, spreektaal zeuren, zaniken, → **doorzagen** (bet 3)

za·ger *de (m)* [-s] ❶ iem. die zaagt ❷ fig zeur ❸ soort duizendpoot, bij hengelen als aas gebruikt

za·ge·rij *de (v)* [-en] ❶ houtzagerij ❷ gezeur

za·ge·vent *de (m)* [-en] BN, spreektaal zageman
Za·ï·rees *de (m)* [-rezen] iem. geboortig of afkomstig uit het voormalige Zaïre, thans Congo-Kinshasa geheten
zak (‹Fr‹Lat› *de (m)* [-ken] ❶ voorwerp van papier, textiel e.d., dat aan één kant open is, om iets in te stoppen ★ NN, spreektaal *iem. de ~ geven* iem. ontslaan ★ *in ~ en as zitten* a) oorspr in een ruw rouwkleed (*zak*) gehuld zijn en het hoofd met as bedekt hebben ten teken van rouw; b) thans zeer terneergeslagen zijn door zorgen ★ vooral NN, spreektaal *geen ~* niets ★ vooral NN *je hebt er geen ~ aan* ; zie ook bij → **kat** en → **wijn** ❷ gedeelte van kledingstuk, waarin iets gestopt kan worden: ★ *geen cent op ~ hebben* ★ *met de handen in de zakken staan* ★ *dat of die kan hij in zijn ~ steken* dat was een rake opmerking ★ *zijn zakken vullen* veel geld verdienen, ook al gaat dat ten koste van anderen of van hogere belangen ★ *iem. in zijn ~ hebben* a) iem. overwonnen hebben; b) iem. geheel kunnen bespelen, hem laten doen wat men wil ❸ spreektaal balzak, scrotum ❹ spreektaal vervelende, slappe vent (verkorte vorm van → **klootzak**): ★ *wat een ~ is die vent!* ❺ ‹bij pool en snooker› gat in een tafel waardoor de ballen vallen ; zie ook → **zakje**
zak·agen·da *de* ['s] kleine → **agenda** (bet 2)
zak·at·las *de (m)* [-sen] kleine atlas
zak·bij·bel *de (m)* [-s] bijbel in klein formaat
zak·boek·je *het* [-s] aantekenboekje
zak·cent *de (m)* [-en], **zak·cent·je** *het* [-s] zakgeld, vrij uit te geven geld
zak·doek [zaydoek] *de (m)* [-en] doekje om de neus in te snuiten
za·ke *zn* ★ *ter ~* ★ *in ~* zie bij → **zaak**
za·ke·lijk *bn* ❶ betrekking hebbende op een zaak of zaken: ★ *zakelijke aangelegenheden* ★ *~ recht* voor iedereen geldend recht, dat aan de rechthebbende bevoegdheid geeft om een onmiddellijke heerschappij over een bepaalde zaak uit te oefenen ❷ zich tot de zaken, de feiten bepalend, zonder persoonlijke gevoelens of meningen, objectief ❸ zonder overbodige uitweidingen, beknopt, bondig: ★ *een ~ rapport*
za·ke·lijk·heid *de (v)* het zakelijk-zijn ★ *de nieuwe ~* kunstrichting in het begin van de twintigste eeuw, vooral in de architectuur, waarbij de vorm van een kunstwerk volledig werd bepaald door zijn functie
za·ken·cij·fer *het* [-s] BN ook omzet, omzetcijfer
za·ken·doen *ww* [deed zaken, h. zakengedaan] zakelijke transacties sluiten
za·ken·ka·bi·net *het* [-ten] kabinet dat niet op een kamermeerderheid steunt, en los van enig politiek beginsel tijdelijk gevormd wordt wanneer er nog geen echt kabinet is
za·ken·lunch [-lunsj] *de (m)* [-en, -es] lunch die gepaard gaat met zaken doen
za·ken·man *de (m)* [-lieden, -lui, -mensen] man die een bedrijf leidt, handel drijft enz., handelsman

za·ken·recht *het* de rechtsregels betreffende zaken en zakelijke rechten
za·ken·re·la·tie [-(t)sie] *de (v)* [-s] ❶ relatie door of in zaken ❷ persoon met wie men door *of* in zaken in relatie staat
za·ken·vriend *de (m)* [-en] → **zakenrelatie** (bet 2)
za·ken·vrouw *de (v)* [-en] vrouw die een → **zaak** (bet 2) drijft
za·ken·we·reld *de* bedrijfsleven, alles wat met handel en industrie te maken heeft
za·ken·wijk *de* [-en] stadsgedeelte met veel kantoren en winkels
zak·fla·con *de (m)* [-s] kleine flacon, om in de zak te dragen
zak·for·maat *het* klein formaat van boeken, rekenmachines e.d., zodat deze in een → **zak** (bet 2) meegedragen kunnen worden
zak·geld *het* geld voor kleine dagelijkse uitgaven, vooral het geld dat kinderen van hun ouders krijgen om vrij te besteden
zak·ja·pan·ner *de (m)* [-s] elektronische zakrekenmachine van Japans fabricaat
zak·je *het* [-s] kleine zak; collectezak; zie ook bij → **duit**
zak·kam *de (m)* [-men] haarkam in zakformaat
zak·ken *ww* [zakte, is gezakt] ❶ dalen, lager worden: ★ *het water zakt* ★ *de moed niet laten ~* ❷ niet slagen voor een examen of bij een overgang ★ BN, spreektaal *iemand ~ voor Frans* iemand laten zakken voor Frans
zak·ken·rol·len *ww & het* (het) handig uit de zakken van anderen stelen
zak·ken·rol·ler *de (m)* [-s] iem. die uit zakken steelt: ★ *pas op, zakkenrollers!*
zak·ken·vul·ler *de (m)* [-s] iem. die zijn zakken vult, d.w.z. veel geld verdient, ook al gaat dat ten koste van anderen of van hogere belangen; **zakkenvullerij** *de (v)*
zak·ken·was·ser *de (m)* [-s] scheldwoord sufferd, idioot
zak·ke·rig *bn* ❶ ‹van een kledingstuk› te wijd om het lijf hangend ❷ inf slap, vervelend (*vgl*: → **zak**, bet 4)
zak·lamp *de* [-en], **zak·lan·taarn**, **zak·lan·ta·ren** *de* [-s] kleine lantaarn die men in de → **zak** (bet 2) kan doen
zak·lo·pen *ww & het* ‹als volksvermaak› (het) lopen met een zak om de benen als snelheidswedstrijd
zak·mes *het* [-sen] mes in zakformaat
zak·muis *de* [-muizen] in Noord-Amerika voorkomende muis met wangzakken
zak·pijp *de* [-en] ❶ vero doedelzak ❷ een soort manteldier
zak·re·ken·ma·chi·ne [-sjenə] *de (v)* [-s] zeer klein type elektronische rekenmachine, pocketcalculator ‹tegenwoordig zijn vrijwel alle rekenmachines op zakformaat›
zak·schaar·tje *het* [-s] schaartje in zakformaat
zak·sel *het* [-s] bezinksel, droesem

zak·spie·gel·tje *het* [-s] spiegeltje om op zak te dragen
zak·spin *de* [-nen] spin waarvan het wijfje de eieren meedraagt in een gesponnen omhulsel
zak·wa·ter *het* grondwater
zak·woor·den·boek *het* [-en] woordenboek in zakformaat
zalf *de* [zalven] geneeskrachtig smeersel ★ *een zalfje op de wond* fig iets tot troost
zalf·olie *de* [-liën] ❶ Bijbel geurige olie waarmee het haar en de huid gezalfd werden ❷ RK gewijde olie
za·lig *bn* ❶ RK eeuwig gelukkig (in het hiernamaals): ★ ~ *sterven* ❷ algemeen gelukkig: ★ ~ *zijn de eenvoudigen van geest* ; zie ook bij → **uiteinde** ❸ geluk schenkend: ★ *het is zaliger te geven dan te ontvangen* ❹ heerlijk, verrukkelijk: ★ *wat een ~ weer!*
za·li·ge *de* [-n] iem. die de eeuwige zaligheid geniet; zie ook bij → **zaligverklaring**
za·li·gen *ww* [zaligde, h. gezaligd] zalig maken, zalig verklaren
za·li·ger *bn* overleden: ★ *mijn man ~* ★ *~ gedachtenis* overleden (en thans zalig)
za·lig·heid *de (v)* [-heden] RK ❶ toestand van de zalige ★ *de eeuwige ~* ★ BN, spreektaal *iemand zijn ~ geven* iemand flink de waarheid zeggen, de les lezen; zie ook bij → **ziel**, bet 1 ❷ hoge mate van geluk; heerlijkheid; iets wat die gewaarwording geeft: ★ *wat een ~, zo aan het strand te liggen* ❸ ★ *de acht zaligheden* de zaligsprekingen; NN, schertsend acht dorpen ten zuiden van Eindhoven, waarvan de naam op *-sel* uitgaat
za·lig·ma·kend *bn* de → **zaligheid** (bet 1) schenkend: ★ *zaligmakende genade* ★ *deze maatregel is ook niet ~ lost ook niet alles op*
Za·lig·ma·ker *de (m)* Jezus Christus
za·lig·spre·king *de (v)* [-en] elk van de acht uitspraken van Jezus in de Bergrede (*Matthéüs* 5: 3-10)
za·lig·ver·kla·ring *de (v)* [-en] het zalig verklaren van een gestorvene door de paus
zalm *(‹Lat) de (m)* [-en] zeevis met roze of rood vlees die voor het kuitschieten de rivieren opzwemt; zie ook bij → **neus**
zalm·fo·rel *de* [-len] forel met rood vlees, als van een zalm
zalm·kleur *de* bleekrood
zalm·kleu·rig *bn* bleekrood
zalm·kwe·ke·rij *de (v)* [-en] kweekplaats voor zalmen
zalm·prin·ci·pe *het* [-s] BN, onderw het doorstromen van een lagere onderwijsvorm naar een hogere dankzij de verworven competenties
zalm·ro·ke·rij *de (v)* [-en] inrichting voor het roken van zalm
zalm·sla *de*, **zalm·slaatje**, **-sla·tje** *het* [-s] slaatje waarin zalm verwerkt is
zalm·vis·se·rij *de (v)* het vissen op zalm
zal·ven *ww* [zalfde, h. gezalfd] ❶ met zalf insmeren ★ fig *iem. de hand(en) ~* iem. geld geven, om iets van hem gedaan te krijgen ❷ met zalfolie begieten als ritueel bij een beëdiging of inwijding: ★ *iemand tot koning ~*
zal·vend *bn* troostend, vroom: ★ *zalvende woorden*; veelal ongunstig dweperig, schijnheilig: ★ *hij praat zo ~*
zal·ving *de (v)* [-en] ❶ het zalven met olie ❷ troost; veelal ongunstig gedweep
Zam·bi·aans *bn* van, uit, betreffende Zambia
Zam·bi·ër *de (m)* [-s] iemand geboortig of afkomstig uit Zambia
zam·bo *(‹Sp) de (m)* ['s] nakomeling van een neger(in) en een indiaanse man of vrouw
zand *het* ❶ poeder van kleine stukjes steen, kwarts, glimmer ★ *op ~ bouwen* zie bij → **zandgrond** ❷ *het hangt als los ~ aan elkaar* alle samenhang ontbreekt ★ *iemand ~ in de ogen strooien* hem bedriegen, wat wijsmaken ★ *als het ~ der zee* Bijbel ontelbaar ★ *in het ~ bijten* sneuvelen, van het paard vallen ★ *~ erover!* laten we het maar vergeten en er niet meer over praten; zie ook bij → **schuren** ❷ zandgrond, zandplaat
zand·aal *de (m)* [-alen] soort spiering
zand·aard·ap·pel [-dappəl] *de (m)* [-en, -s] op zandgrond groeiende aardappel
zand·bad *het* [-baden] bad in fijn, warm zand ter genezing
zand·bak *de (m)* [-ken] bak met zand als kinderspeelplaats
zand·bank *de* [-en] zandige ondiepte in een zee, rivier e.d.
zand·blad *het* [-bladen] bepaald tabaksblad dat als dekblad voor sigaren dient
zand·boer *de (m)* [-en] boer die op zandgrond zijn bedrijf uitoefent
zan·den *ww* [zandde, h. gezand] met zand vermengen
zan·der *de (m)* [-s] ❶ snoekbaars; gewoonlijk *sander* gespeld ❷ zandaardappel
zan·de·rig *bn* zandachtig, met zand; **zanderigheid** *de (v)*
zan·de·rij *de (v)* [-en] plaats waar zand gegraven wordt
zand·ge·bak *het* koekjes e.d. vervaardigd uit zandtaartdeeg, zandkleurig en korrelig van structuur
zand·glas *het* [-glazen] zandloper
zand·groe·ve, **zand·groef** *de* [-groeven] plaats waar zand uitgegraven wordt
zand·grond *de (m)* [-en] grotendeels uit zand bestaande grond: ★ *in Noord-Brabant vindt men veel ~* ★ *op een ~ bouwen* op een ondeugdelijke grondslag (*Matthéüs* 7: 26)
zand·haas *de (m)* [-hazen] ❶ heihaas ❷ NN, schertsend infanterist
zand·ha·ver *de* op zand- en heidegrond groeiende wilde haversoort (*Elymus arenarius*)
zand·hoop *de (m)* [-hopen] berg zand
zand·hoos *de* [-hozen] door een wervelwind omhoog gejaagd stuifzand

zan·dig *bn* met veel zand
zand·ke·ver *de (m)* [-s] bepaalde soort loopkever (*Cicindela*)
zand·kleu·rig *bn* grijzig geel
zand·koek·je *het* [-s] zacht, korrelig koekje
zand·kor·rel *de (m)* [-s] een van de stukjes steen, kwarts enz. waar zand uit bestaat
zand·li·chaam *het* [-chamen] dijklichaam van zand
zand·lo·per *de (m)* [-s] tijdmeter, diabolovormig glas waarin zand in een bepaalde, vastgestelde tijd van de ene in de andere helft loopt
zand·man *de (m)* [-nen], **het zandmannetje** Klaas Vaak
zand·oog·je *het* [-s] soort bruine dagvlinder met oogvormige figuurtjes op de vleugels
zand·pad *het* [-paden] smalle mulle weg
zand·plaat *de* [-platen] zich uit het water verheffend stuk zandgrond; ondiepe plek in zee
zand·rui·ter *de (m)* [-s] NN ruiter die van het paard valt
zand·schil·de·ren *ww & het* (het) maken van tekeningen met gekleurd zand
zand·steen *de (m) & het* soort zachte natuursteen, in verschillende kleuren voorkomend
zand·ste·nen *bn* van zandsteen: ★ *een ~ muur*
zand·storm *de (m)* [-en] storm die veel zand opwaait, geregeld voorkomend in woestijnen
zand·straal *de (m)* [-stralen] ❶ straal krachtig gespoten zand ❷ zandstraaltoestel
zand·straal·toe·stel *het* [-len] toestel dat met kracht zand spuit op metaal e.d. om dat te reinigen of te schuren, of op glas om dat → **mat**¹ te maken of te bewerken
zand·stra·len *ww* [zandstraalde, h. gezandstraald] met de zandstraal bewerken
zand·strooi·er *de (m)* [-s] (inrichting aan een) motorvoertuig (die) dat zand op bevroren, gladde wegen strooit (om zodoende slippen te voorkomen)
zand·taart·je *het* [-s] ❶ zacht, korrelig gebak, stuk zandgebak ❷ (meestal door een kind) van zand vervaardigd namaaktaartje
zand·ver·stui·ving *de (v)* [-en] verstuiving van zand; bergen opeengestoven zand
zand·vlak·te *de (v)* [-n, -s] vlakte die uit zand bestaat
zand·vlo *de* [-vlooien] soort vlo in de tropen die ontstekingen veroorzaakt (*Tunga penetrans*)
zand·weg *de (m)* [-wegen] onverharde weg
zand·wesp *de* [-en] graafwesp
zand·woes·tijn *de* [-en] grote zandvlakte
zand·zak *de (m)* [-ken] met zand gevulde zak, veelal gebruikt als beschermingsmiddel bij hoog water, bij vuurgevechten e.d.
zand·zee *de* [-zeeën] ❶ drijfzand aan zee ❷ grote zandvlakte, zandwoestijn
zand·zui·ger *de (m)* [-s] baggermolen die zand opzuigt en door een buis wegperst
zang *de (m)* [-en] ❶ het zingen: ★ *kerk~* ❷ lied, zangstuk: ★ *klaag~* ❸ gedeelte van een groot gedicht: ★ *eerste, tweede ~*

zang·bo·dem *de (m)* [-s] ❶ klankbodem ❷ bovenblad van een strijkinstrument
zang·boek *het* [-en] boek met liederen
zang·con·cours [-koers] *de (m) & het* [-en] zangwedstrijd
zan·ger *de (m)* [-s], **zan·ge·res** *de (v)* [-sen] ❶ iem. die zingt; zangkunstenaar ❷ dichter
zan·ge·rig *bn* als gezongen, liefelijk van toon: ★ *een ~ dialect*; **zangerigheid** *de (v)*
zang·hul·de *de (v)* huldiging door zang
zang·koor *het* [-koren] groep koorzangers
zang·kunst *de (v)* kunst van het zingen
zang·kun·ste·naar *de (m)* [-s], **zang·kun·ste·na·res** *de (v)* [-sen] iem. die de zangkunst beoefent
zang·les *de* [-sen] les in zingen
zang·lijs·ter *de* [-s] grijsbruine zangvogel met witte, bruin gestippelde buikzijde (*Turdus ericetorum*)
zang·noot *de* [-noten] muzieknoot
zang·num·mer *de (m)* [-s] zang als programmanummer
zang·oe·fe·ning *de (v)* [-en] oefening in zingen
zang·par·tij *de (v)* [-en] onderdeel van een compositie dat gezongen wordt
zang·pe·da·goog *de (m)* [-gogen], **zang·pe·da·go·ge** *de (v)* [-n] deskundige in zangonderwijs
zang·spel *het* [-spelen] toneelspel met zang
zang·stem *de* [-men] ❶ stem geschikt voor zang ❷ gezongen deel van een compositie
zang·stuk *het* [-ken] lied
zang·ver·eni·ging *de (v)* [-en] vereniging van zangers en zangeressen
zang·vo·gel *de (m)* [-s] vogel die zingt; vogel die behoort tot de grote orde van de *Passeriformes*
zang·wijs, zang·wij·ze *de* [-wijzen] melodie
zang·zaad *het* soort voer voor vogels, dat het zingen zou bevorderen
za·nik *de* [-niken] zeurkous
za·ni·ken *ww* [zanikte, h. gezanikt] vervelend praten, zeuren, aanhoudend over hetzelfde praten, wijdlopig zijn
za·ni·ker, za·ni·kerd *de (m)* [-s] zanik
za·nik·pot *de (m)* [-ten] NN zanik
zap·pen *ww* (*‹Eng›*) [zapte, h. gezapt] (met behulp van de afstandsbediening) snel achter elkaar de diverse televisiekanalen afgaan om te kijken wat er zoal wordt uitgezonden, kanaalzwemmen
zar·zue·la [tharthweelaa, Engelse th] *‹Sp› de* ['s] ❶ soort operette, vaudeville; tekst daarvoor; genoemd naar het lustslot *La Zarzuela* bij Madrid waar de eerste opvoeringen plaatshadden ❷ stoofschotel van zeevis
zat¹ *bn* ❶ inf verzadigd ❷ inf dronken ❸ in overvloed: ★ *hij heeft tijd ~* ❹ moe, beu: ★ *het werk ~ zijn* ★ *oud en der dagen ~* levensmoe, naar de dood verlangend
zat² *ww*, **za·ten** *verl tijd van* → **zitten**
za·te *de* [-n] hoeve, landgoed
za·ter·dag *de (m)* [-dagen] dag van de week

za·ter·dags *bn* op zaterdag, elke zaterdag
zat·lad·der *de (m)* [-s] zatlap
zat·lap *de (m)* [-pen] dronkaard
za·vel *(‹Lat) de (m) & het* zavelgrond
za·vel·boom *de (m)* [-bomen] zevenboom
za·vel·grond *de (m)* [-en] grond die bestaat uit klei met 60%-80% zand
ZB *afk* comput zettabyte [1000 exabytes]
Z.B. *afk,* **ZB** zuiderbreedte
z.b.b.h.h. *afk* zijn bezigheden buitenshuis hebbende ‹in advertenties›
ZBO *afk* in Nederland zelfstandig bestuursorgaan [zelfstandig functionerende overheidsorganisatie]
Z.D. *afk* Zijne Doorluchtigheid
Z.D.H. *afk* Zijne Doorluchtige Hoogheid *(titel van een bisschop)*
Z.E. *afk* ❶ Zijne Excellentie ❷ Zeer of Zijn Eerwaarde
ze I *pers vnw* ❶ derde persoon enk vrouwelijk, onderwerpsvorm: ★ ~ riep me ❷ in zuidelijke dialecten ook *niet-onderwerpsvorm*; derde persoon meerv onderwerpsvorm & niet-onderwerpsvorm: ★ ~ waren bedorven ★ ik heb ~ weggegooid **II** onbep vnw men: ★ ~ zeggen het
ze·be·de·us *de (m)* [-sen] sukkel(aar), tobber; naar *Zebedeus,* de vader van de apostelen Jacobus en Johannes
ze·boe *(‹Tibetaans) de (m)* [-s] rund met een vetbult achter de nek, voorkomend in Azië en Afrika
ze·bra *(‹Port) de (m)* ['s] ❶ Kaapse ezel, zwart-wit gestreepte ezel ❷ verkorting van → zebraoversteekplaats
ze·bra·over·steek·plaats *de* [-en] zebrapad
ze·bra·pad *het* [-paden] oversteekplaats voor voetgangers, aangegeven door witte banden op het wegdek
ze·de *de* [-n] ❶ gebruik, gedragspatroon waaraan waardeopvattingen ten grondslag liggen; ❷ *veelal mv zeden* gedragspatronen op het gebied van het sociale verkeer, de seksualiteit e.d.: ★ *in strijd met de goede zeden*
ze·de·lijk *bn* ❶ de zeden betreffende ❷ deugdzaam, volgens de goede zeden: ★ *een bewijs van goed ~ gedrag* ★ ~ *lichaam* rechtspersoon (zie aldaar)
ze·de·lijk·heid *de (v)* het zedelijk-zijn, vooral op het gebied van de seksualiteit ★ *de openbare ~ de algemeen geldende zeden*
ze·de·loos *bn* slecht; onfatsoenlijk; **zedeloosheid** *de (v)*
ze·den·be·derf *het* ontaarding van de goede zeden
ze·den·de·lict *het* [-en] zedenmisdrijf
ze·den·kun·de *het* zedenleer
ze·den·kun·dig *bn* betreffende de zedenleer
ze·den·leer *de* ❶ leer van de goede zeden ❷ BN maatschappijleer en moraal als schoolvak
ze·den·les *de* [-sen] aansporing tot deugd; vermaning
ze·den·mees·ter *de (m)* [-s] geringsch iem. die zedenlessen geeft
ze·den·mis·drijf *het* [-drijven] misdrijf tegen de goede zeden, vooral de seksuele zeden, o.a. ontucht met minderjarigen, vrouwenhandel, mensensmokkel en het mishandelen van dieren e.d.
ze·den·po·li·tie [-(t)sie] *de (v)* politieafdeling die zedenmisdrijven opspoort, bestrijdt e.d.
ze·den·preek *de* [-preken] vermaning betreffende de goede zeden
ze·den·ro·man *de (m)* [-s] roman die vooral de zeden van een bepaalde tijd beschrijft; roman met zedenschildering
ze·den·schil·de·ring *de (v)* [-en] beschrijving van de zeden in een bepaald milieu of tijdperk
ze·den·spreuk *de* [-en] spreuk die een vermaning bevat
ze·den·wet *de* (ongeschreven) wet die normen stelt voor het menselijk handelen
ze·dig *bn* ingetogen, bescheiden, preuts: ★ *een ~ meisje;* **zedigheid** *de (v)*
zee *de* [zeeën] ❶ uitgestrekte zoutwatermassa: ★ ~ kiezen de zee opvaren ★ *in, op open, volle* ~ ★ *een slechte* ~ ★ *een kalme* ~ ★ *het komt van over* ~ ★ *met iem. in* ~ *gaan* fig samen met iem. iets ondernemen ❷ NN hoge golf ★ *geen ~ gaat hem te hoog* geen taak is hem te moeilijk of te riskant ❸ overvloed, grote hoeveelheid: ★ *een ~ van licht* ★ *een ~ van tijd* ★ *een mensen~* ; zie ook bij → water
zee·aal *de (m)* [-alen] grote, in zee levende aal
zee·ane·moon *de* [-monen] fraai gekleurd neteldier, lijkend op een bloem, dat zich vasthecht aan basaltblokken e.d. op de zeebodem
zee·an·ker *het* [-s] drijfanker
zee·ap·pel *de (m)* [-s] appelvormige, rode soort zee-egel *(Echinus esculentus)*
zee·aqua·ri·um [-aakwaa-] *het* [-ria, -s] aquarium met zeevissen erin
zee·arend *de (m)* [-en] grote roofvogel die broedt aan zeekusten, in onze streken alleen in het winterhalfjaar te zien
zee·arm *de (m)* [-en] lange, smalle inham van een zee
zee·as·su·ran·tie [-sie] *de (v)* [-s] zeeverzekering
zee·as·ter *de* [-s] zulte *(Aster tripolium)*
zee·at·las *de (m)* [-sen] atlas van zeekaarten
zee·baars *de (m)* [-baarzen] grote, baarsachtige zeevis
zee·ban·ket *het* fig allerlei soorten zeedieren door elkaar als lekkernij, bijv. stukjes zeevis, haring, garnalen, krabbetjes, mosselen
zee·bar·beel *de (m)* [-belen] slanke, langgerekte vis uit de familie *Mullidae,* vooral gekenmerkt door twee vrij lange, vlezige baarddraden onder de kin waarmee voedsel op en in de zandbodem wordt gezocht
zee·beer *de (m)* [-beren] soort oorrob
zee·be·nen *mv* ★ ~ *hebben* stevig, zonder waggelen, op een deinend schip kunnen staan of lopen
zee·be·ving *de (v)* [-en] beweging van de zee ten gevolge van een aardbeving
zee·bo·dem *de (m)* [-s] bodem van de zee: ★ *op de ~ liggen veel scheepswrakken*

zee·boe·zem *de (m)* [-s] wijde baai
zee·bonk *de (m)* [-en] stoere zeeman
zee·boot *de* [-boten] zeewaardig schip
zee·bou·le·vard [-boeləvaar] *de (m)* [-s] boulevard langs zee, met vrij uitzicht daarop
zee·brief *de (m)* [-brieven] stuk waaruit naam, nationaliteit e.d. van een koopvaardijschip blijkt
zee·ca·det *de (m)* [-ten] adelborst
zee·con·tai·ner [-tee-] *de (m)* [-s] container voor goederenvervoer op zeeschepen
zee·damp *de (m)* [-en] van zee komende nevel
zee·den *de (m)* [-nen] uit het Middellandse Zeegebied afkomstige den (*Pinus pinaster*)
zee·dijk *de (m)* [-en] dijk die het land beschermt tegen de zee
zee·dis·tel *de* [-s] distel met witte of blauwgroene bloemen (*Eryngium maritimum*)
zee·dui·vel *de (m)* [-s] soort beenvis
zee·eend *de* [-en] voornamelijk aan de kust levende eend: ★ *zwarte* ~ ★ *grote* ~
zee·egel *de (m)* [-s] soort stekelhuidig zeedier
zee·en·gel *de (m)* [-s] kleine haaisoort
zee·eng·te *de (v)* [-n, -s] nauwe doorgang van de zee tussen twee landen
zeef *de* [zeven] werktuig met gaatjes om te zeven: ★ *een geheugen als een* ~ *niets wordt onthouden* ★ ~ *van Eratosthenes* methode om een getal in ondeelbare factoren te ontbinden
zee·fau·na *de* de in zee levende dieren
zeef·been *het* [-deren] schedelbeen achter de neus waar veel gaten in zitten
zeef·doek *de (m)* [-en] doek waardoor men vloeistof laat druipen om die te zuiveren
zeef·druk *de (m)* ❶ → *druk¹* (bet 3) waarbij een 'zeef', een vlechtsel van metaaldraad, wordt gebruikt ❷ drukwerk dat zo is gemaakt
zee·flo·ra *de* de in zee levende planten
zee·fo·rel *de* [-len] kleinen zalmsoort
zeeg¹ *de* [zegen] ronding van het dek van een vaartuig om water naar de zijkanten te laten aflopen
zeeg² *ww verl tijd van* → *zijgen*
zee·gaand *bn* op zee varend
zee·gang *de (m)* golfbeweging op zee
zee·gat *het* [-gaten] toegang tot zee ★ *het* ~ *uitgaan* op zee gaan
zee·ge·zicht *het* [-en] ❶ uitzicht op zee ❷ schildering van een dergelijk uitzicht over de zee
zee·god *de (m)* myth ❶ oppergod van de zee, zoals Neptunus bij de oude Romeinen [-goden] ❷ [mv: -goden] in zee levende god, triton, een lagere god dan Neptunus
zee·go·din *de (v)* [-nen] in zee levende godin
zee·gras *het* soort zeewier, vroeger als vulling van matrassen enz. gebruikt (*Zostera*)
zee·groen *bn* groen als de zee
zee·haan *de (m)* [-hanen] bodembewonende zeevis, knorhaan, poon

zee·han·del *de (m)* handel op landen overzee
zee·ha·ven *de* [-s] haven(plaats) aan zee
zee·held *de (m)* [-en] held in de strijd op zee
zee·hond *de (m)* [-en] lid van een familie uit de orde van de zeeroofdieren; de bekendste soort: ★ *de gewone* ~ (*Phoca vitulina*), voorkomend in het Waddenen Deltagebied, heeft een stompe kop met lange snorharen en brengt een hees blaffend geluid voort
zee·hon·den·crèche *de* [-s] centrum waar jonge moederloze zeehonden, de zg. huilers, worden opgevangen en bijgevoed
zee·hon·den·vel *het* [-len] robbenvel
zee·hoofd *het* [-en] in zee vooruitstekende pier
zee·hoorn, **zee·ho·ren** *de (m)* [-s] gedraaide puntige schelp van een zeedier, kinkhoren
zeek *ww verl tijd van* → *zeiken*
zee·kaart *de* [-en] kaart van een of meer zeewegen
zee·ka·bel *de (m)* [-s] kabel op de zeebodem voor alle soorten van telecommunicatie
zee·kalf *het* [-kalveren] jonge zeerob
zee·ka·pi·tein *de (m)* [-s] gezagvoerder op een zeeschip
zee·kas·teel *het* [-telen] groot zeeschip
zee·kat *de* [-ten] inktvis
zee·klas *de (v)* [-sen] BN verblijf van een klas aan zee met aangepaste lessen
zee·klei *de* langs zee gevormde klei
zee·kli·maat *het* klimaat beïnvloed door de zee: koele zomers, zachte winters
zee·koe *de* [-koeien] op de walvis lijkend zeedier
zee·koet *de (m)* [-en] tot de alken behorende zwemvogel
zee·kom·kom·mer *de (m)* [-s] op een komkommer lijkend, stekelhuidig, in zee levend dier
zee·kraal *de* op aangeslibde grond, vooral aan dijkranden, voorkomende plant met vlezige stengel en enigszins ziltige smaak, die als groente wordt gebruikt (*Salicornia europaea*)
zee·krab *de* [-ben] in zee levende krab
zee·kreeft *de* [-en] in zee levende kreeft
zee·kust *de* [-en] kust langs de zee
zee·kwab *de* [-ben] ❶ zeeanemoon ❷ zeester
zeel *het* [zelen] ❶ draagriem ❷ BN (dik) touw; klokkentouw: ★ *aan één / hetzelfde* ~ *trekken* één lijn trekken
zee·leeuw *de (m)* [-en] groot soort zeerob
zee·le·lie *de* [-s, -liën] op een lelie lijkend stekelhuidig dier
zee·le·ven *het* leven van planten en dieren in de zee
zeelt *de* [-en] vooral NN soort zoetwatervis met slijmerige huid en kleine schubben (*Tinca tinca*)
zee·lucht *de*, atmosfeer aan of op zee
zeem¹ *de (m) & het* [zemen] lap van zeemleer
zeem² *de (m) & het* BN, vero honing ★ *iem.* ~ *aan de baard strijken* iem. vleien, strooplikken ★ *suiker en* ~ *koek en ei*
zee·macht *de* sterkte van de vloot; de vloot, marine
zee·man *de (m)* [-lieden, -lui] iem. die voor zijn beroep

op zee vaart
zee·man·schap *de (v) & het* zeemanskunst
zee·mans·graf *het* de zee als laatste rustplaats voor een op zee gestorven zeeman ★ *een eerlijk ~ het* overboord zetten van een gestorven zeeman
zee·mans·huis *het* [-huizen] tehuis voor zeelieden
zee·mans·kunst *de (v)* kunst van het varen op zee
zee·mans·term *de (m)* [-en] woord of uitdrukking door zeelieden gebruikt
zee·meer·min *de (v)* [-nen] fabelachtig wezen, vrouw met het onderlijf van een vis
zee·meeuw *de* [-en] voornamelijk aan zee levende meeuw ★ *kleine ~* stormmeeuw
zee·me·ter *de (m)* [-s] lood om de diepte van de zee te bepalen, dieplood
zee·mijl *de* [-en] afstandsmaat, gebruikt in zee- en luchtvaart: 1852 m
zee·mijn *de* [-en] in zee drijvende of vastgelegde mijn, die bij aanvaring ontploft
zeem·lap *de (m)* [-pen] lap van zeemleer
zeem·leer, zeem·le·der *het* op bijzondere wijze gelooid zacht leer (van schapen- en geitenvellen)
zeem·le·ren *bn* van zeemleer
zee·mo·gend·heid *de (v)* [-heden] land dat een grote (oorlogs)vloot bezit
zee·mon·ster *het* [-s] afschrikwekkend zeedier
zee·mos *het* verschillende soorten koraaldiertjes, die in zee leven, en die als kolonie lijken op mos
zee·muis *de* [-muizen] muisvormige, behaarde ringworm, op het strand levend
zeem·vel *het* [-len] BN stuk zeemleer, zeemlap
zeem·zoet *bn* BN heel zoet
zeen *de* [zenen] pees: ★ *er zitten veel zenen in dit stuk vlees*
zee·naald *de* [-en] vis van een zeer langwerpige vorm
zee·nat *het* zeewater, zee
zee·nimf *de (v)* [-en] zeegodin
zee·of·fi·cier *de (m)* [-en] officier bij de zeemacht
zee·oor·log *de (m)* [-logen] op zee gevoerde oorlog
zee·op·per·vlak *het* [-ken] oppervlak van de zee
zeep *de* [zepen] schuimend reinigingsmiddel ★ BN *bruine ~* groene zeep, soort niet-compacte zeep voor huishouddoeleinden ★ *iem. om ~ helpen / brengen* vermoorden ★ *iets om ~ helpen / brengen* verknoeien, doen mislukken
zee·paard *het* [-en] ❶ paard van de zeegod Neptunus ❷ walrus
zee·paard·je *het* [-s] troskieuwige vis met een op die van een paard lijkende kop en een lange grijpstaart
zeep·ach·tig *bn* op zeep lijkend
zee·pa·ling *de (m)* [-en] zeeaal
zeep·bak·je *het* [-s] bakje in een douchecel of boven de gootsteen, waarin men een stukje zeep bewaart
zeep·bel *de* [-len] ❶ luchtbel van zeepwater ❷ fig iets wat waardevol lijkt, maar snel vervliegt
zeep·boom *de (m)* [-bomen] boom in Zuid-Amerika, waarvan de bast (*quillajabast*) een soort zeep oplevert

zeep·doos *de* [-dozen] doos om zeep in te bewaren of te vervoeren
zeep·fa·briek *de (v)* [-en] fabriek waar zeep gemaakt wordt
zeep·fa·bri·kant *de (m)* [-en] eigenaar van een zeepfabriek
zee·pier *de (m)* [-en] in wadden en aangeslibde grond levende worm
zeep·kist *de* [-en] kist waarin zeep verpakt wordt
zeep·kis·ten·race [-rees] *de (m)* [-s] wedstrijd in eigengemaakte wagentjes
zeep·kruid *het* tot de muurachtigen behorende plant met witte of roze bloemen (*Saponaria*)
zee·plaats *de* [-en] aan zee gelegen plaats
zee·pok *de* [-ken] in zee levend klein schaaldier, dat zich vastzet op palen, stenen enz. als een wit knobbeltje
zee·pol·der *de (m)* [-s] op de zee gewonnen land
zee·post *de* per zeeschip vervoerde post
zee·pos·te·lein *de (m)* aan zee groeiende anjerachtige plant (*Honkenya peploïdes*)
zeep·poe·der, zeep·poei·er *de (m) & het* [-s] zeep in poedervorm
zee·prik *de (m)* [-ken] grote, in zee levende aalvormige vis
zeep·sop *het* water waarin zeep is opgelost
zeep·steen *de (m) & het* uit Zweden afkomstige vettige weke steen, gebruikt bij de porseleinfabricage
zeep·tui·me·laar *de (m)* [-s] glazen of metalen houder met vloeibare zeep erin, die gekanteld moet worden om de zeep eruit te laten druppelen
zeep·zie·den *ww & het* (het) zeep bereiden
zeep·zie·der *de (m)* [-s] iem. die zeep bereidt
zeer¹ *het* ❶ pijn, smart: ★ *iemand ~ doen* ★ *doet het ~?* ❷ verdriet, droefenis ★ *een oud ~* een oud verdriet *of* een oud gebrek **II** *bn* pijnlijk, ontstoken: ★ *een zere voet* ★ *tegen het zere been schoppen* fig op een gevoelig punt kwetsen
zeer² *bijw* erg, in hoge mate: ★ *~ dankbaar* ★ *maar al te ~* in veel te hoge mate ★ *ten zeerste* in de hoogste mate
zee·ra·ket *de* aan zee groeiende kruisbloemige plant met vlezige bladen en roodachtig witte bloemen (*Cakile maritima*)
zee·ramp *de* [-en] groot ongeluk op zee
zee·recht *het* de rechtsbepalingen betreffende de zeevaart
zeer·eer·waard *bn* titel van pastoors: ★ *Zeereerwaarde Heer*
zee·reis *de* [-reizen] reis over zee
zeer·ge·leerd *bn* titel van iemand met een doctorstitel: ★ *Zeergeleerde Heer*
zee·rob *de* [-ben] ❶ zeehond ❷ echte zeeman
zee·roe·per *de (m)* [-s] scheepsroeper
zee·roof *de (m)* het plegen van geweld met roof tegen op zee varende schepen en hun bemanningen
zee·ro·ver *de (m)* [-s] ❶ iem. die zeeroof pleegt, piraat

❷ kaperschip
zee·ro·ve·rij *de (v)* [-en] zeeroof, piraterij
zeer·ste *ww* ★ *ten ~ zie bij* → **zeer²**
zee·scha·de *de* op zee geleden schade, averij
zee·schil·der *de (m)* [-s] schilder van zeegezichten
zee·schild·pad *de* [-den] in zee levende schildpad
zee·schip *het* [-schepen] zeewaardig schip
zee·schuim *het* schuim dat op zeewater drijft
zee·schui·mer *de (m)* [-s] zeerover; **zeeschuimerij** *de (v)*
zee·slag *de (m)* [-slagen] ❶ gevecht van oorlogsschepen ❷ *zeeslagje* bep. op papier te spelen spel, waarbij twee personen elkaars 'vloot' tot zinken moeten brengen
zee·slak *de* [-ken] in zee levende → **slak¹**
zee·slang *de* [-en] ❶ giftige slang in warme zeeën ❷ reusachtige slang die zich, naar het bijgeloof wil, 's zomers wel eens in zee vertoont
zee·sleep·vaart *de* het over zee vervoeren van baggermachines e.d. door zeesleepboten
zee·sle·per *de (m)* [-s] zeesleepboot
zee·sluis *de* [-sluizen] sluis die met de zee in verbinding staat
zee·spie·gel *de (m)* [-s] ❶ oppervlakte van de zee ❷ niveau van het zeewater: ★ *Amsterdam ligt onder / beneden de zeespiegel*
zee·ster *de* [-ren] stervormig stekelhuidig zeedier (*Asterias rubens*)
zee·storm *de (m)* [-en] storm op zee
zee·straat *de* [-straten] zee-engte
zee·strand *het* [-en] strand langs de zee
zee·strijd·krach·ten *mv* oorlogsvloot
zee·stro·ming *de (v)* [-en], **zee·stroom** *de (m)* [-stromen] stroming van bepaalde lagen van het zeewater in een bepaalde richting
zee·stuk *het* [-ken] schilderij dat een zeegezicht voorstelt
zee·term *de (m)* [-en] zeemansterm
Zeeuw *de (m)* [-en] iemand geboortig of afkomstig uit Zeeland
Zeeuws I *bn* van, uit, betreffende Zeeland ★ NN *goed ~, goed rond* openhartig en gul als een echte Zeeuw **II** *het* dialect uit Zeeland
Zeeuw·se *de (v)* [-n] vrouw uit Zeeland
Zeeuws-Vlaams *bn* van, uit, betreffende Zeeuws-Vlaanderen
Zeeuws-Vla·ming *de (m)* [-en] iem. geboortig of afkomstig uit Zeeuws-Vlaanderen
zee·vaar·der *de (m)* [-s] zeeman
zee·vaart *de* het varen op zee
zee·vaart·kun·de *de (v)* kennis van de zeevaart
zee·vaart·school *de* [-scholen] school voor opleiding in de zeevaartkunde
zee·va·rend *bn* de zee bevarend: ★ *een zeevarende natie*
zee·va·ren·den, **zee·va·ren·den** *mv* zeelieden
zee·ver·ken·ner *de (m)* [-s] vroegere benaming van → **waterscout**, padvinder die zijn activiteiten heeft rond en op het water, zoals bijv. zeilles
zee·ver·ze·ke·ring *de (v)* [-en] verzekering tegen schade op zee
zee·vis *de (m)* [-sen] in zee levende vis
zee·vis·se·rij *de (v)* het vissen op zee
zee·vlak *het* [-ken] zeeoppervlak
zee·vlam *de* NN tijdens warm weer uit zee opkomende zware mist
zee·vo·gel *de (m)* [-s] op en aan zee levende vogel
zee·volk *het* ❶ zeelui ❷ [*mv:* -en] zeevarend volk
zee·vonk *de* [-en] eencellig diertje dat het lichten van de zee veroorzaakt
zee·waar·dig *bn* ⟨m.b.t. een schip⟩ geschikt voor de zeevaart; **zeewaardigheid** *de (v)*
zee·waarts *bijw* in de richting van de zee
zee·wa·ter *het* zout water; water van de zee
zee·weg *de (m)* [-wegen] ❶ weg over zee: ★ *een drukbevaren ~* ❷ weg die naar zee leidt
zee·we·ring *de (v)* [-en] wat het land beschermt tegen het binnendringen van de zee: zeedijk, duinen enz.
zee·wet *de* [-ten] wet tot regeling van zeevaartaangelegenheden
zee·we·zen *het* alles wat betrekking heeft op de zeevaart
zee·wier *het* in zee levend wier
zee·wij·ding *de (v)* BN jaarlijkse zegening van de zee (op 15 augustus) met een traditioneel en religieus karakter
zee·wind *de (m)* [-en] uit zee naar land waaiende wind
zee·wolf *de (m)* in het noordelijk deel van de Atlantische oceaan solitair levende, tot 120 cm lange bodemvis met grote kop en scherpe lange voortanden, zich voedend met schaal- en schelpdieren, in verse of gerookte vorm verkocht voor menselijke consumptie (*Anarhichas lupus*)
zee·zand *het* zand van de zeekust
zee·ziek *bn* misselijk en duizelig ten gevolge van het verblijf op een schommelend schip
zee·ziek·te *de (v)* het zeeziek-zijn
zee·zout *het* zout uit zeewater
zee·zwa·luw *de* [-en] stern, meeuwachtige vogel
ze·fier ⟨*Lat*⟩ **I** *de (m)* [-en, -s] koele, zachte westenwind **II** *de (m) & het* dunne katoenen stof
zeg I *tsw* woord waarmee men iemand gemeenzaam aanspreekt: ★ *~ luister eens* **II** *de (m)* BN wat iem. te zeggen heeft, zegje ★ *weinig van ~ zijn* kort van stof, niet spraakzaam
ze·ge *de* [-s] ❶ sp overwinning in een wedstrijd: ★ *een ~ (op iemand) behalen* ★ *ritzeges* ❷ militaire overwinning
ze·ge·boog *de (m)* [-bogen] erepoort ter herinnering aan een militaire overwinning
ze·ge·dron·ken *bn* BN in een overwinningsroes verkerend
ze·ge·kar *de* [-ren] hist wagen waarop in een triomftocht de legerleider reed ★ *iem. aan zijn ~ binden* iem. overwonnen hebben

ze·ge·krans *de (m)* [-en] lauwerkrans ter ere van een overwinning

ze·gel (‹Lat›) [-s] **I** *het* stempel **II** *het* stempelmerk: ★ *onder ~* ★ NN *zijn ~ op iets drukken* het als echt waarmerken ★ BN, recht *de zegels leggen* (gerechtelijk) verzegelen ★ BN, recht *de zegels lichten* ontzegelen ★ BN, recht *de zegels breken* de gerechtelijke verzegeling tenietdoen, het zegel verbreken **III** *de (m)* ❶ klein bedrukt en gegomd papiertje dat ergens op wordt geplakt voor bijv. het sluiten van een envelop of het frankeren van post: ★ *kinderzegels, postzegels* ❷ zo'n papiertje met een bepaalde waarde in een spaaractie: ★ *spaart u zegels?*

ze·gel·af·druk *de (m)* [-ken] afdruk van een → **zegel** (bet 2)

ze·ge·len *ww* [zegelde, h. gezegeld] van een zegel voorzien: ★ *gezegelde stukken*

ze·gel·kos·ten *mv* kosten van het zegel

ze·gel·lak *de (m) & het* lak waarin zegels afgedrukt kunnen worden

ze·gel·merk *het* [-en] zegelafdruk

ze·gel·recht *het* zegelbelasting

ze·gel·ring *de (m)* [-en] ring waarin een stempel is uitgesneden

ze·gel·snij·der *de (m)* [-s] iem. die zegels (→ **zegel**, bet 2) uitsnijdt

ze·gen¹ *de (m)* [-s] ❶ zegening: ★ *iemand zijn ~ geven* ★ *mijn ~ heb je* wat mij betreft mag het, ga je gang maar ❷ heil, voorspoed: ★ *op dat werk rust geen ~* ★ *veel heil en ~* nieuwjaarswens ❸ iets wat heil brengt: ★ *een ~ voor de mensheid* ; zie ook bij → **hoop²**

ze·gen² *ww verl tijd meerv* van → **zijgen**

ze·gen·be·de *de* [-n] gebed om zegen; heilwens

ze·ge·nen *ww* (‹Lat›) [zegende, h. gezegend] ❶ door een bepaald gebaar de → **zegen¹** geven: ★ *de paus zegende de menigte* ❷ begunstigen, voorspoed geven: ★ *rijk met aardse goederen gezegend zijn* ★ *God zegene u* ★ *in gezegende omstandigheden* zwanger; zie ook bij → **greep**, → **tijdelijk**

ze·ge·ning *de (v)* [-en] ❶ het zegenen ❷ voorspoed, weldaad; soms ironisch: ★ *dat zijn de zegeningen van het nieuwe bewind* ★ NN *je zegeningen tellen* je moet blij zijn met wat je hebt

ze·gen·rijk *bn* voorspoed veroorzakend: ★ *een zegenrijke maatregel;* rijk aan voorspoed, gelukkig: ★ *een ~ jaar*

ze·ge·palm *de (m)* [-en] palmtak als ereteken voor een overwinning

ze·ge·poort *de* [-en] zegeboog, triomfboog

ze·ge·praal *de* [-pralen] ❶ overwinning ❷ triomftocht

ze·ge·pra·len *ww* [zegepraalde, h. gezegepraald] ❶ vero overwinnen ★ RK *de zegepralende kerk* de triomferende kerk (zie bij → **triomferen**) ❷ zich triomfantelijk voelen, genieten van een behaald succes

ze·ge·pra·lend *bn* ❶ overwinnend ❷ triomfantelijk,

genietend van een behaald succes

ze·ge·rijk *bn* veel overwinningen behalend of behaald hebbend

ze·ge·te·ken *het* [-en, -s] voorwerp dat op de vijand is buit gemaakt en symbool is van de overwinning

ze·ge·tocht *de (m)* [-en] triomftocht

ze·ge·vaan *de* [-vanen] zegevlag

ze·ge·vie·ren *ww* [zegevierde, h. gezegevierd] de overwinning behalen

ze·ge·vie·rend *bn* triomfantelijk

ze·ge·wa·gen *de (m)* [-s] zegekar

ze·ge·ze·ker *bn* BN overtuigd van de overwinning

ze·ge·zuil *de* [-en] triomfzuil

zeg·ge¹ *de* [-n] grassoort, rietgras (*Carex*)

zeg·ge² *ww* ❶ ‹op cheques e.d.› formule ter inleiding van de weergave van een geldbedrag in woorden: ★ *€ 1000,-, zegge duizend euro* ❷ ook algemeen ★ *~ en schrijve* niet meer dan, welgeteld: ★ *~ en schrijve drie kandidaten kwamen erop af*

zeg·gen I *ww* [zei of zegde, h. gezegd] ❶ in woorden uitspreken: ★ *wat zegt u?* ★ *zo gezegd, zo gedaan* ★ *dat is gemakkelijker gezegd dan gedaan* ★ *zeg dat wel* daar heb je gelijk in, dat klopt ★ *dat is niet gezegd* dat is niet zeker ★ *wie zal het ~?* gezegd als men in onzekerheid verkeert ★ *eens gezegd, blijft gezegd* je hebt een belofte gedaan en daar moet je je aan houden ❷ schriftelijk vermelden: ★ *de wet zegt* ★ *de schrijver zegt het zelf* ❸ oordelen, menen: ★ *wat ~ jullie ervan?* ★ NN *ik zeg maar zo, ik zeg maar niks* ik geef geen oordeel of commentaar ★ vooral NN *zeg nou zelf* wees eerlijk (en geef me gelijk) ❹ bevelen, inbrengen: ★ *als ik er wat te ~ had* ❺ aanmerken, verwijten: ★ *er is niets op hem te ~* ★ *moet ik me dat maar laten ~?* ❻ betekenen: ★ *dat wil ~* ★ *hij keurde het goed, en dat zegt wat* ★ *dat zegt nog niets* dat bewijst nog niets ; zie ook bij → **donder**, → **pap¹** en → **zwijgen II** *het* ★ *volgens, naar zijn ~* ★ *je hebt het maar voor het ~* je kunt het krijgen zoals je het wilt hebben ★ *het voor het ~ hebben* de baas zijn

zeg·gen·schap *de (v) & het* invloed, recht van beslissen: ★ *~ hebben over iets of iem.*

zeg·gings·kracht *de* welsprekendheid, overtuigingskracht bij het spreken

zeg·je *het* het zeggen ★ *ieder heeft zijn ~ gedaan* heeft zijn mening mogen uiten, heeft wat over de zaak mogen zeggen

zegs·man *de (m)* [-lieden, -lui], **zegs·vrouw** *de (v)* [-en] iem. die iets gezegd of verteld heeft

zegs·wij·ze, zegs·wijs *de* [-wijzen] vaste, veel gebruikte uitdrukking

zei, zei·den *ww verl tijd* van → **zeggen**

zeik *de (m)* spreektaal urine ★ NN *iem. in de ~ nemen* (of *zetten*) voor de gek houden, in het openbaar belachelijk maken

zei·ken *ww* [zeek, h. gezeken; *ook* zeikte, h. gezeikt] inf ❶ urineren ❷ zeuren, zaniken, temen: ★ *lig niet te ~!* ★ *ach, zeik toch niet zo!*

zei·ker, zei·kerd *de (m)* [-s] inf zeur, zanik; *ook* femelaar
zei·ke·rig *bn* inf vervelend, slap, flauw
zeik·nat *bn* inf kletsnat
zeil *het* [-en] ❶ groot stuk doek aan de mast van een vaartuig, om wind te vangen: ★ *met volle zeilen* ★ *de zeilen hijsen, strijken* ★ *alle zeilen bijzetten* al het mogelijke doen ★ *onder ~ gaan* fig gaan slapen ★ *een oogje in het ~ houden* zie bij → **oog** ★ *de zeilen reven* gedeeltelijk plooien; zie ook bij → **wind** ❷ geprepareerd doek voor molenwieken, zonneschermen e.d. ❸ textiel dat aan één kant geplastificeerd is: ★ *een zeiltje over de tafel* ❹ gladde vloerbedekking, linoleum
zeil·boot *de* [-boten] boot met een → **zeil** (bet 1)
zeil·doek *de (m) & het* ❶ grof, stevig doek voor zeilen e.d. ❷ tafelzeil, soms ook vloerbedekking
zei·len *ww* [zeilde, h. & is gezeild] ❶ met behulp van een zeil varen: ★ *we hebben heerlijk gezeild* ★ *we zijn naar Engeland gezeild* ❷ door de wind voortbewogen worden: ★ *de discus zeilde door de lucht* ❸ fig enigszins zwaaiend lopen: ★ *ze zeilde van links naar rechts over het trottoir*
zei·ler *de (m)* [-s] iem. die zeilt
zeil·jacht *het* [-en] tamelijke grote, goed uitgeruste zeilboot
zeil·kamp *het* [-en] → **kamp**[1] van zeilers vooral bedoeld voor leerling-zeilers
zeil·klaar *bn* gereed om uit te zeilen
zeil·ma·ke·rij *de (v)* [-en] werkplaats, fabriek waar zeilen worden vervaardigd
zeil·oren *mv* NN, schertsend wijd uitstaande, grote oren, flaporen
zeil·plank *de* [-en] van een beweegbaar zeil voorziene plank, waarop men zich staande over het water voortbeweegt, surfplank met zeil
zeil·schip *het* [-schepen] schip dat door middel van zeilen vaart
zeil·sport *de* het zeilen als sport
zeil·steen I als stof: *de (m) & het*, als voorwerp: *de (m)* [-stenen] magneetijzersteen II *de (m)* [-stenen] plat steentje om over water te laten springen
zeil·tocht *de (m)* [-en] tocht met een zeilboot of -schip
zeil·ver·eni·ging *de (v)* [-en] vereniging voor zeilsport
zeil·vlie·gen *ww & het* (het) vliegen met een zeilvliegtuig met gebruikmaking van stijgwind, vaak met een start vanaf een hogergelegen punt, deltavliegen
zeil·vlieg·tuig *het* [-en] toestel gebruikt bij het zeilvliegen, bestaande uit een aluminium frame met daarop een bewegend draagvlak (de 'vleugels'), deltavlieger
zeil·wed·strijd *de (m)* [-en] wedstrijd tussen zeilboten
zeis *de* [-en] maaimes aan een lange stok ★ *de man met de ~* de dood
zei·spreuk *de* [-en] spreuk met 'zei' en 'en' erin, bijv. *ik wil hogerop, zei de jongen en hij kwam aan de galg*, apologisch spreekwoord

ze·ken *ww verl tijd meerv van* → **zeiken**
ze·ker I *bn* ❶ buiten gevaar, veilig ★ *uw geld is ~* ★ *je bent hier je leven niet ~* ★ *op ~ spelen*, BN ook *~ spelen* het zekere voor het onzekere nemen ❷ stellig, vast, ontwijfelbaar ★ *het zekere voor het onzekere nemen* ★ NN *vast en ~*, BN ook *~ en vast* stellig, gezegd ter sterke bevestiging ❸ ★ *~ van* overtuigd van de juistheid: ★ *ben je daar helemaal ~ van?* ❹ vast, beslist: ★ *weet je het ~?* ★ *~ weten!* zie bij → **weten**[1] ❺ waarschijnlijk, denkelijk: ★ *hij heeft ~ de trein gemist* ★ *dat doe je ~ niet?* II *onbep vnw* ❶ onbekend, niet nader genoemd of te noemen: ★ *een zekere Van den Berg* ★ *op zekere dag* ★ *een zekere verwijdering* ★ *zekere personen menen zich dat te kunnen veroorloven* ❷ BN bepaald; sommige, enige ★ *een ~ aantal* een bepaald aantal
ze·ke·ren *ww* (‹Du) [zekerde, h. gezekerd] beveiligen: ★ *een elektrische leiding ~* ★ *een vuurwapen ~* ★ *het touw ~* bergsport ergens stevig aan bevestigen om een eventuele val van de bergbeklimmer op te vangen
ze·ker·heid *de (v)* [-heden] *[mv zeldzaam]* ❶ vastheid, beslistheid, stelligheid: ★ *ik weet het met ~* ❷ onderpand: ★ *~ stellen* ★ *persoonlijke ~* borgtocht, d.i. waarborg voor de voldoening van een verbintenis door het stellen van een borg ★ *zakelijke ~* waarborg voor de voldoening van een verbintenis door het geven van een pand of hypotheek ❸ veiligheid, waarborg: ★ *iets biedt / geeft ~* ★ *sociale ~* zekerheid die men heeft door de sociale verzekeringen (zie bij → **sociaal**)
ze·ker·heids·hal·ve *bijw* voor de zekerheid
ze·ker·heids·stel·ling *de (v)* [-en] borgstelling
ze·ke·ring (‹Du) *de (v)* [-en] inrichting die de elektrische stroom verbreekt zodra deze te sterk wordt, stop: ★ *er is een zekering in de auto kapot*
ze·ker·lijk *bijw* deftig stellig, beslist
ze·la·teur (‹Fr) *de (m)* [-s], **ze·la·tri·ce** *de (v)* [-s] ❶ ijveraar ❷ werkend lid van een rooms-katholieke broederschap
zel·den *bijw* niet vaak; in enkele gevallen: ★ *~ of nooit*
zeld·zaam *bn* ❶ niet veel voorkomend: ★ *zeldzame exemplaren* ★ *zeldzame aarden, zeldzame aardmetalen* reeks van opeenvolgende chemische elementen (atoomnummer 57 t/m 71), voorkomend in mineralen ❷ NN buitengewoon: ★ *dat is ~ brutaal*
zeld·zaam·heid *de (v)* [-heden] het zeldzaam-zijn; iets zeldzaams: ★ *een vriendelijk woord van hem is een ~*
zelf I *aanw vnw* ❶ achter persoonsnamen, zelfstandige naamwoorden en voornaamwoorden geplaatst ter nadrukkelijke verwijzing naar de genoemde persoon of zaak: ★ *je hebt het ~ gezegd* ★ *de hoes is prachtig, maar de plaat ~ valt tegen* ★ *maak je geen zorgen, ik ben er ~ bij* door mijn aanwezigheid kan ik er voor zorgen dat alles goed verloopt ❷ als versterking van een genoemde eigenschap (ook *zelve*): ★ *hij was de onschuld ~*
II *bijw* eigenhandig, zelfstandig: ★ *ik heb de taart*

zelf gebakken III *het* het eigen wezen, het diepste innerlijk
zelf·ana·ly·se [-lizə] *de (v)* het scherp onderzoeken, uiteenrafelen van eigen innerlijk
zelf·be·die·ning *de (v)* kopen zonder tussenkomst van bedienend personeel
zelf·be·die·nings·win·kel *de (m)* [-s], **zelf·be·die·nings·zaak** *de* [-zaken] winkel, zaak met zelfbediening
zelf·be·drog *het* misleiding van zichzelf
zelf·beeld *het* beeld of oordeel dat iem. van of over zichzelf heeft: ★ *verlegen mensen hebben vaak een negatief ~*
zelf·be·ha·gen *het* voldoening over zichzelf
zelf·be·heer·sing *de (v)* het bedwingen van zijn driften en hartstochten
zelf·be·houd *het* drang om in leven te blijven: ★ *uit ~ rende hij weg van de rampplek*
zelf·be·klag *het* het klagen over het eigen levenslot
zelf·be·per·king *de (v)* [-en] zichzelf opgelegde beperking
zelf·be·schik·kings·recht *het* ❶ recht van een volk om zelf te bepalen tot welke staat het wil behoren ❷ recht van mensen om zelfstandig te beslissen, bijv. in medische of juridische kwesties
zelf·be·schou·wing *de (v)* het beschouwen van eigen innerlijk
zelf·be·schul·di·ging *de (v)* [-en] zelfverwijt
zelf·be·stui·ving *de (v)* biol bestuiving door stuifmeel van dezelfde bloem, autogamie
zelf·be·stu·rend *bn* zelfbestuur hebbend
zelf·be·stuur *het* eigen, zelfstandig bestuur
zelf·be·vlek·king *de (v)* ⟨vero afkeurende term voor⟩ zelfbevrediging
zelf·be·vre·di·ging *de (v)* ❶ het zichzelf tevreden stellen ❷ masturbatie, het zichzelf seksueel bevredigen
zelf·be·wo·ning *de (v)* bewoning door de eigenaar zelf
zelf·be·wust, **zelf·be·wust** *bn* met besef van eigen waarde; **zelfbewustheid** *de (v)*
zelf·be·wust·zijn *het* het besef van een persoonlijk wezen te zijn
zelf·bin·der *de (m)* [-s] ❶ rubberband aan de bagagedrager van een fiets, waarmee tassen e.d. vastgeklemd worden, snelbinder ❷ maaimachine die tevens tot schoven bindt
zelf·de *bn* identiek: ★ *een ~* ★ *deze ~* ★ *die ~*
zelf·dis·ci·pli·ne *de (v)* zelftucht
zelf·do·ding *de (v)* het doden van zichzelf
zelf·doe·ner *de (m)* [-s] doe-het-zelver
zelf·ge·noeg·zaam, **zelf·ge·noeg·zaam** *bn* tevreden met zichzelf, zonder zelfkritiek; **zelfgenoegzaamheid** *de (v)*
zelf·ge·voel *het* gevoel van eigenwaarde
zelf·hulp *de* onderlinge hulp (zonder deskundigen) van hulpbehoevenden op medisch, sociaal gebied e.d., zoals bijv. door patiëntenverenigingen

zelf·in·duc·tie [-sie] *de (v)* inductie, door een stroomkring (elektrische geleider) op zichzelf uitgeoefend
zelf·in·ge·no·men, **zelf·in·ge·no·men** *bn* een te hoge mate van zelfgevoel hebbend; **zelfingenomenheid** *de (v)*
zelf·iro·nie *de (v)* ironie over en tegenover zichzelf
zelf·kant *de (m)* [-en] ❶ door inslag gevormde zijkant van een weefsel ❷ fig de slechtste elementen, de minder fraaie kant: ★ *de ~ van de maatschappij*
zelf·kas·tij·ding *de (v)* het (lichamelijk) kastijden van zichzelf
zelf·ken·nis *de (v)* kennis van het eigen innerlijk
zelf·kle·vend *bn* vanzelf klevend, zonder bevochtiging of plakmiddel nodig te hebben, toegepast bij bijv. stickers, en een bep. soort postzegels
zelf·kle·ver *de (m)* [-s] BN ook sticker
zelf·kri·tiek *de (v)* kritiek op zichzelf
zelf·kwel·ling *de (v)* [-en] het zichzelf pijn doen
zelf·me·de·lij·den *het* medelijden met zichzelf
zelf·moord *de* [-en] zelfdoding: ★ *~ plegen* ★ *politieke ~ een handeling of uitspraak die iem. politieke carrière zal breken*
zelf·moord·aan·slag *de (m)* [-slagen] aanslag waarbij de dader zelf ook zeker om het leven komt, bijv. uitgevoerd met explosieven die op het lichaam zijn aangebracht
zelf·moord·com·man·do *het* ['s] groep militairen of terroristen die een actie ondernemen waarbij de kans dat ze omkomen zeer groot is
zelf·moor·de·naar *de (m)* [-s] iem. die zelfmoord pleegt
zelf·moord·pil *de* [-len] pil voor zelfdoding; pil met dodelijke werking, die volgens de opvatting van sommigen door een arts verstrekt zou moeten worden aan personen die een eind aan hun leven willen maken
zelf·moord·plan·nen *mv* plannen zichzelf van het leven te beroven: ★ *zij loopt al jaren met ~ rond*
zelf·on·der·richt *het* onderwijs zonder hulp van een leermeester
zelf·on·der·zoek *het* onderzoek van het eigen innerlijk
zelf·ont·bran·ding *de (v)* het uit zichzelf ontbranden (zonder aangestoken te worden): ★ *~ van hooi, van fosforwaterstof*
zelf·ont·span·ner *de (m)* [-s] ⟨aan een fototoestel⟩ onderdeel dat de sluiter automatisch doet werken: ★ *met een fototoestel met zelfontspanner kan men van zichzelf een foto maken*
zelf·op·of·fe·rend *bn* met zelfopoffering: ★ *zelfopofferende liefde*
zelf·op·of·fe·ring *de (v)* [-en] het opofferen van zichzelf
zelf·over·schat·ting *de (v)* overschatting van eigen kunnen
zelf·over·win·ning *de (v)* [-en] overwinning op een

bepaalde zwakheid in zichzelf
zelf·por·tret *het* [-ten] door een schilder vervaardigd portret van zichzelf
zelf·red·zaam·heid *de (v)* het zichzelf kunnen (be)helpen
zelf·re·gis·tre·rend *bn* automatisch de waarnemingen aantekenend ★ *een zelfregistrerende barometer* barograaf
zelf·res·pect *het* gepaste mate van zelfgevoel
zelf·rij·zend *bn* zonder toevoeging van gist rijzend: ★ ~ *bakmeel*
zelfs *bijw* ❶ ook, hoewel men anders zou verwachten: ★ ~ *tegen kinderen is hij onvriendelijk* ❷ sterker nog: ★ *ik vind hem vervelend, soms ~ onuitstaanbaar*
zelf·spot *de (m)* spot met zichzelf
zelf·stan·dig *bn* op eigen benen staand, onafhankelijk: ★ *zij is ~ genoeg om op kamers te gaan* ★ *kleine zelfstandigen* personen die een klein eigen bedrijf uitoefenen ★ *zelfstandige naamwoorden* woorden die zelfstandigheden e.d. aanduiden
zelf·stan·dig·heid *de (v)* ❶ het zelfstandig-zijn, onafhankelijkheid ❷ [*mv:* -heden] ding, zaak, stof, voorwerp
zelf·start *de (m)* comput automatische start van een programma
zelf·strijd *de (m)* innerlijke strijd
zelf·strij·kend *bn* ‹van weefsels› die na het wassen niet gestreken hoeven te worden: ★ *een ~ overhemd*
zelf·stu·die *de (v)* het zelf studeren, zonder hulp van een leermeester
zelf·tucht *de* tucht over zichzelf
zelf·ver·ach·ting *de (v)* verachting van zichzelf
zelf·ver·de·di·ging *de (v)* het verdedigen van zichzelf: ★ *doodslag uit ~* ★ *een cursus ~*
zelf·ver·heer·lij·king *de (v)*, **zelf·ver·hef·fing** *de (v)* het roemen van zichzelf of eigen daden
zelf·ver·klaard *bn* op eigen verklaring berustend: ★ *een ~ genie*
zelf·ver·ko·zen *bn* uit vrije wil verkozen: ★ *in ~ ballingschap*
zelf·ver·loo·che·ning *de (v)* het achterstellen van eigen verlangens of belangen voor een ander belang
zelf·ver·min·king *de (v)* [-en] het zichzelf met opzet verminken
zelf·ver·trou·wen *het* vertrouwen in eigen waarde en kunnen
zelf·ver·wijt *het* verwijt dat men zichzelf maakt, zelfbeschuldiging
zelf·ver·ze·kerd *bn* zeker van zichzelf, overtuigd van de juistheid van het eigen inzicht; **zelfverzekerdheid** *de (v)*
zelf·vol·daan *bn* voldaan over zichzelf: ★ *een zelfvoldane blik, houding*; **zelfvoldaanheid** *de (v)*
zelf·vol·doe·ning *de (v)* voldoening over iets wat men zelf gedaan heeft
zelf·wer·kend *bn* uit zichzelf werkend, automatisch
zelf·werk·zaam·heid *de (v)* het zelfwerkzaam-zijn:

★ *het onderwijs moet de ~ van de leerlingen bevorderen*
zelf·ze·ker *bn* BN ook zelfverzekerd, vol zelfvertrouwen
zelf·zucht *de* eigenbaat, drang om zichzelf te bevoordelen; **zelfzuchtig** *bn bijw*
zel·ling *de (m)* [-en] NN buitendijks gebied waar onder invloed van getijden slib wordt afgezet
ze·loot ‹‹Gr› *de (m)* [-loten] ‹bij de oude Joden› benaming voor degenen die voor de wet ijverden; thans onverdraagzaam, blind ijveraar voor ethische of religieuze denkbeelden
zel·ve *aanw vnw* zie → **zelf**
Z.Em. *afk* Zijne Eminentie *(titel van een kardinaal)*
ze·mel *de* [-s] zemelaar
ze·me·laar *de (m)* [-s], **ze·me·laar·ster** *de (v)* [-s] iem. die → **zemelig²** praat
ze·mel·ach·tig *bn* zemelig
ze·me·len¹ ‹‹Lat› *mv* bolsters van gemalen koren
ze·me·len² *ww* [zemelde, h. gezemeld] vooral NN zeuren, zaniken
ze·me·lig¹ *bn* met → **zemelen¹** erdoor
ze·me·lig² *bn* zeurderig, temerig
ze·men I *bn* van zeemleer: ★ *een ~ lap* II *ww* [zeemde, h. gezeemd] met een zeem reinigen
zen ‹‹Jap› *de (m)*, **zen·boed·dhis·me** *het* in China en Japan ontwikkelde vorm van het boeddhisme, met veel nadruk op de meditatie
Zend *het* met het Sanskrit verwante taal, waarin de Avesta geschreven is; Avestisch
zend·ama·teur *de (m)* [-s] radioamateur
zend·an·ten·ne *de* [-s] antenne, in gebruik bij een radiozendinstallatie; *ook* zendmast
zend·be·reik *het* afstand die een → **zender** (bet 2) met de uitzendingen bereiken kan
zend·brief *de (m)* [-brieven] brief van een geestelijk leider aan de gelovigen: ★ *de zendbrieven van Paulus*
zen·de·ling *de (m)* [-en], **zen·de·lin·ge** *de (v)* [-n] iem. die in vreemde landen anderen tot zijn (haar) geloof tracht te bekeren
zen·den *ww* [zond, h. gezonden] ❶ sturen, doen gaan, doen toekomen: ★ *iem. een pakje ~* ❷ ‹op radio, televisie› uitzendingen doen
zen·der *de (m)* [-s] ❶ iem. die uitzendt of afzendt ❷ zendstation
zen·der·kleu·ring *de (v)* het geven van een bepaald karakter aan iedere radiozender afzonderlijk, zoals één zender voor popmuziek, één voor informatie e.d.
zend·ge·mach·tig·de *de* [-n] groep of instelling die radio- of televisie-uitzendingen mag verzorgen
zend·graaf *de (m)* [-graven] hist graaf die als zendbode uitgestuurd werd: ★ *de ~ van Karel de Grote*
zen·ding I *de (v)* [-en] ❶ het zenden; het gezondene: ★ *een ~ eieren* ❷ taak, opdracht: ★ *die ideologische groepering meent een bijzondere ~ te hebben* II *de (v)* NN, prot werk van de zendelingen: ★ ~ *drijven*
★ *inwendige ~* verkondiging van een geloof in het

eigen land ★ *uitwendige* ~ verkondiging van een geloof in een ander land

zen·dings·kerk *de* [-en] NN kerk door de → **zending**(bet II) tot stand gekomen

zen·dings·school *de* [-scholen] NN ❶ school ter opleiding van zendelingen ❷ door zendelingen gestichte school in een zendingsveld

zen·dings·veld *het* [-en] NN gebied waar aan → **zending**(bet II) wordt gedaan

zen·dings·werk *het* NN het werk van zendelingen

zend·in·stal·la·tie [-(t)sie] *de (v)* [-s] inrichting voor uitzendingen van radio of televisie

zend·mach·ti·ging *de (v)* [-en] ⟨bij radio, televisie⟩ vergunning tot uitzending; *vgl*: → **zendgemachtigde**

zend·mast *de (m)* [-en] mast voor het uitzenden van radio of televisie

zend·pi·raat *de (m)* [-raten] etherpiraat

zend·schip *het* [-schepen] schip met zendinstallatie: ★ één van de radiopiraten op zee was het ~ Veronica

zend·sta·tion [-(t)sjon] *het* [-s] plaats vanwaar uitgezonden wordt

zend·tijd *de (m)* [-en] voor het doen van uitzendingen toegestane tijd

zend·toe·stel *het* [-len] toestel voor radio- en televisie-uitzendingen

zend·ver·gun·ning *de (v)* [-en] vergunning tot het gebruik van een zendtoestel

ze·ne·groen *het* lipbloemige plant met blauwe bloemen (*Ajuga*)

zen·gen *ww* [zengde, h. gezengd] schroeien

ze·nig *bn* NN met veel zenen: ★ ~ *vlees*

ze·nit (⟨Oudfrans⟨Arab⟩ *het* ❶ punt op de hemelbol loodrecht boven de waarnemer, tegenover het nadir ❷ fig hoogste punt

ze·nuw *de* [-en] lichaamsdraad die prikkels overbrengt van en naar het centrale zenuwstelsel ★ *(het op) de zenuwen hebben, krijgen* in zenuwachtige toestand zijn, raken ★ NN *in de zenuwen zitten* in gespannen afwachting van iets zijn ★ *op zijn van de zenuwen* zeer nerveus zijn ★ *iem. op zijn zenuwen werken* ergeren, irritatie opwekken ★ *stalen zenuwen hebben* goed bestand zijn tegen spanning ★ NN, spreektaal *krijg de zenuwen!* verwensing

ze·nuw·aan·doe·ning *de (v)* [-en] aandoening van het zenuwgestel

ze·nuw·ach·tig *bn* licht prikkelbaar, spoedig aangedaan, nerveus; **zenuwachtigheid** *de (v)*

ze·nuw·arts *de (m)* [-en] vroeger specialisme waarbij nog geen onderscheid werd gemaakt tussen de nu bestaande specialismen → **neuroloog** en → **psychiater**

ze·nuw·be·han·de·ling *de (v)* [-en] wortelkanaalbehandeling

ze·nuw·cel *de* [-len] cel van het zenuwweefsel

ze·nuw·cri·sis [-zis] *de (v)* [-sen, -crises] zenuwtoeval

ze·nu·wen·oor·log, **ze·nuw·oor·log** *de (m)* [-logen] ❶ het werken op de stemming van een (vijandelijk) volk door geruchten, bedreigingen enz. ❷ fig het mentaal onder druk zetten van een tegenstander door hem zenuwachtig te maken

ze·nuw·gas *het* [-sen] verboden chemisch wapen dat het zenuwstelsel ernstige blijvende schade toebrengt

ze·nuw·ge·stel *het* ❶ zenuwstelsel ❷ psychische gesteldheid

ze·nuw·in·rich·ting *de (v)* [-en] vero psychiatrische inrichting

ze·nuw·knoop *de (m)* [-knopen] ❶ verzameling zenuwcellen in hersenen en ruggenmerg ❷ erg zenuwachtig persoon

ze·nuw·lij·der *de (m)* [-s] ❶ vero lijder aan een zenuwziekte ❷ zenuwachtig persoon, zenuwpees: ★ *wat een zenuw(en)lijer!*

ze·nuw·ont·ste·king *de (v)* [-en] ontsteking van een zenuw

ze·nuw·oor·log *de (m)* [-logen] → **zenuwenoorlog**

ze·nuw·pa·tiënt [-sjent] *de (m)* [-en], **ze·nuw·pa·tiën·te** [-sjentə] *de (v)* [-n] vroeger volksbenaming voor iemand die onder behandeling was van een zenuwarts

ze·nuw·pees *de* [-pezen] inf erg zenuwachtig persoon

ze·nuw·pijn *de* [-en] pijn in een zenuw

ze·nuw·schok *de (m)* [-ken] heftige aandoening van de zenuwen

ze·nuw·slo·pend *bn* afmattend voor het zenuwgestel

ze·nuw·stel·sel *het* [-s] de hersenen samen met de zenuwen ★ *het centrale* ~ de hersenen met het verlengde merg ★ *het perifere* ~ de zenuwen, gezien zonder hersenen en het verlengde merg ★ *willekeurig* ~ door de wil beïnvloedbaar gedeelte van het zenuwstelsel ★ *onwillekeurig* of *autonoom*~ gedeelte van het zenuwstelsel dat buiten de wil om regulerend werkt op vrijwel alle organen en orgaansystemen die dienen voor de werking van het lichaam (zoals spijsvertering en bloedsomloop)

ze·nuw·trek *de (m)*, **ze·nuw·trek·king** *de (v)* [-en] onwillekeurige spierbeweging, tic

ze·nuw·ver·lam·ming *de (v)* [-en] verlamming ten gevolge van een zenuwaandoening

ze·nuw·weef·sel *het* weefsel van het zenuwstelsel

ze·nuw·ziek *bn* vero psychisch ziek

ze·nuw·ziek·te *de (v)* [-n, -s] vero aandoening op het gebied van de psychiatrie; *ook* neurologische aandoening

ze·nuw·zwak·te *de (v)* zwakte van het zenuwgestel, neurasthenie

ze·pen *ww* [zeepte, h. gezeept] met zeep inwrijven

ze·per *de (m)* [-s] ❶ zeepzieder ❷ NN, Barg (*ook*: *zeperd*) strop, tegenvaller

ze·pe·rig, **ze·pig** *bn* zeepachtig, als zeep: ★ *die beschuit smaakt* ~

zep·pe·lin [zeppalien] (⟨Du⟩ *de (m)* [-s] bestuurbaar luchtschip in sigaarvorm, genoemd naar de uitvinder, de Duitse graaf Ferdinand von Zeppelin

(1838-1917)
zerk (‹Lat) de [-en] liggende, langwerpige steen die een graf volledig afdekt
ze·ro (‹Fr‹It‹Arab) de ['s] nul, niets
ze·ro tol·er·ance [zieroo tolərəns] (‹Eng) de (eig: *nultolerantie*) wijze van criminaliteitsbestrijding waarbij ook kleine misdrijven en overtredingen direct en consequent worden aangepakt
zerp bn wrang, zuur, scherp; bitter (ook fig)
zes I hoofdtelw twee maal drie is ~ ★ NN van zessen klaar flink en kordaat **II** de [-sen] het cijfer 6
zes·daags, **zes·daags** bn ❶ zes dagen durend ★ *een zesdaagse* een zes dagen durende wielerwedstrijd op een baan in een hal ❷ om de zes dagen
zes·de I rangtelw **II** het [-n] zesde deel
zes·de·lig bn uit zes delen bestaand
zes·en·der de (m) [-s] hert met een gewei met zes takken
zes·hoek de (m) [-en] gesloten meetkundige figuur met zes zijden
zes·hoe·kig, **zes·hoe·kig** bn met zes hoeken
zes·hon·derd hoofdtelw
zes·ja·rig bn ❶ zes jaar oud ❷ zes jaar durend ❸ om de zes jaar
zes·kant I het [-en] zeshoek **II** bn zeskantig: ★ *een zeskante tafel*
zes·kan·tig, **zes·kan·tig** bn met zes kanten
zes·ling [-en] **I** de (m) zes even oude broers en zusters **II** de elk van deze zes
zes·me·ter de (m) [-s] zeiljacht van zes meter lengte
zes·re·ge·lig bn van zes regels
zes·tal het [-len] aantal van zes; ijshockey, volleybal groep van zes spelers
zes·tal·lig bn met zes als grondtal
zes·tien hoofdtelw ★ BN de Zestien de ambtswoning van de eerste-minister van België: Wetstraat 16 in Brussel
zes·tien·de I rangtelw **II** het [-n] zestiende deel
zes·tien·de-eeuws bn van, uit de zestiende eeuw
zes·tien·hon·derd hoofdtelw, **zes·tien·hon·derd·ste** rangtelw
zes·tien·ja·rig bn ❶ zestien jaar oud ❷ zestien jaar durend
zes·tien·tal het [-len] aantal van zestien
zes·tig [ses-] hoofdtelw; ★ *zestigplus* boven de zestigjarige leeftijd
zes·ti·ger [ses-] de (m) [-s] iemand die ongeveer zestig jaar oud is ★ *een goede* ~ iemand van in de zestig jaar
zes·tig·ja·rig [ses-] bn ❶ zestig jaar oud ❷ zestig jaar durend
zes·tig·ste [ses-] **I** rangtelw **II** het [-n] zestigste deel
zes·tig·tal [ses-] het [-len] aantal van zestig
zes·vlak het [-ken] figuur begrensd door zes vlakken
zes·voud het [-en] ❶ getal deelbaar door zes ❷ getal dat zes maal zo groot is als een ander
zes·vou·dig bn zes maal zo groot
zes·we·ken·dienst de (m) [-en] RK mis voor een overledene, zes weken na het overlijden
zet de (m) [-ten] ❶ het zetten; het verzetten van een stuk bij het dam- of schaakspel: ★ *een* ~ *doen* ❷ stoot, duw: ★ *iem. een zetje geven* ❸ gezegde of handeling waarmee een bepaalde uitwerking wordt beoogd: ★ *een* ~ *doen* ★ *een goede* ~ een handig gezegde, een verstandige daad ★ *een handige* ~ een goed overwogen maatregel ★ *een rake* ~ een gevatte opmerking ★ *een domme* (of *onhandige*) ~ een maatregel die niet de gewenste uitwerking heeft; zie ook bij → **strijk**
zè·ta (‹Gr) de (m) ['s] zesde letter van het Griekse alfabet, als hoofdletter Z, als kleine letter ζ
zet·ak·ker de (m) [-s] legakker
zet·baas de (m) [-bazen] iem. die een zaak van een ander beheert
zet·boer de (m) [-en] iem. die een boerderij van een ander beheert
zet·dui·vel·tje het [-s] denkbeeldige boze geest die verantwoordelijk zou zijn voor zetfouten in boeken of tijdschriften
ze·tel de (m) [-s] ❶ zitplaats; plaats als lid in een besturend of vertegenwoordigend lichaam: ★ *een* ~ *in de gemeenteraad* ★ *de partij heeft 14 zetels in het parlement* ❷ verblijfplaats, plaats van vestiging: ★ *de* ~ *van de regering, van een maatschappij* ❸ BN fauteuil, luie stoel, armstoel ❹ BN filiaal (van een bedrijf); hoofdkantoor
ze·te·len ww [zetelde, h. gezeteld] ❶ gevestigd zijn, zijn verblijfplaats hebben: ★ *ons hoofdbestuur zetelt te Amsterdam* ❷ vero gezeten zijn, zitten ❸ BN als lid deel uitmaken van, zitting houden, hebben: ★ ~ *in een commissie* ★ *de heer Gysseling zal als openbaar aanklager* ~
ze·tel·ver·de·ling de (v) [-en] verdeling van zetels (→ **zetel**, bet 1) na een verkiezing
ze·tel·winst de (v) vooruitgang in aantal zetels (→ **zetel**, bet 1) na een verkiezing
zet·fout de [-en] bij het → **zetten** (bet 6) gemaakte fout
zet·haak de (m) [-haken] ❶ vroeger werktuig waarin de letterzetter negen tot tien regels kan zetten ❷ timmermanswerktuig om zware balken te versjouwen
zet·lijn de [-en] ❶ lijn met haken, in het water uitgezet om vis te vangen ❷ druktechn koperen lijn door middel waarvan de gezette regels uit de zethaak verwijderd worden
zet·ma·chi·ne [-sjie-] de (v) [-s] machine waarmee letters machinaal gezet worden
zet·meel het soort koolhydraat, belangrijke voedselbron voor mens en dier, aanwezig in bijv. granen, aardappelen, bonen e.d., maar ook in de levende cellen van hout van bomen
zet·pil de [-len] geneesmiddel dat in de endeldarm gestoken wordt
zet·schip·per de (m) [-s] zetbaas op het schip van een ander

zet·sel *het* [-s] ❶ hoeveelheid gezette thee, koffie enz. ❷ gezet drukwerk ★ *staand ~ zetsel dat bewaard wordt*

zet·spie·gel *de (m)* [-s] druktechn de breedte en hoogte van wat op een bladzijde gedrukt is; *vgl*: → **bladspiegel**

zet·stuk *het* [-ken] toneel gemakkelijk verplaatsbaar decorstuk, dat meer symbool is dan natuurgetrouwe voorstelling

zet·ta·byte [-bait] *de (m)* [-s] comput 1000 exabytes

zet·ten I *ww* [zette, h. gezet] ❶ plaatsen: ★ *iets op de grond ~* ★ *een advertentie in de krant ~* ★ *land onder water ~* ★ *sp een (doel)punt ~ scoren* ★ *iets uit je hoofd ~* ★ *een handtekening ~* ★ *iem. op z'n plaats zetten iemands hooghartigheid aanvallen* ❷ schaken, dammen een stuk verplaatsen: ★ *zwart moet ~* ❸ trekken: ★ *een boos gezicht ~* ❹ *in de juiste vorm in een verband voegen:* ★ *een gebroken been ~* ★ *het ~ van edelstenen* ❺ aftrekken met heet water: ★ *koffie, thee ~* ❻ gereedmaken voor het afdrukken: ★ *een artikel ~* ❼ muz arrangeren, geschikt maken: ★ *opnieuw gezet voor strijkorkest* ❽ verdragen, uitstaan: ★ *iets of iemand niet goed kunnen ~* ❾ beginnen te: ★ *het op een lopen ~* ❿ wagen: ★ *alles op het spel ~* ★ *alles op één kaart ~;* ⓫ verwedden: ★ *ik zet er een tientje op* ; zie ook bij → **alles** ⓬ ★ *iemand iets betaald ~ iets op hem wreken* II *wederk* ❶ ⟨van vruchten⟩ duidelijke vorm krijgen ❷ BN, spreektaal gaan zitten, plaats nemen ❸ zich weren, zich flink inspannen ★ *zich aan iets ~ beginnen met een bep. bezigheid* ★ *NN ik kan me er maar niet toe ~ ik heb niet de lust of de moed om ermee te beginnen* ★ *iets van zich af ~ ophouden zich er zorgen over te maken* ★ *zich over iets heen ~ de gedachte aan iets terugdringen*

zet·ter *de (m)* [-s] ❶ letterzetter ❷ *iem. die edelstenen zet*

zet·te·rij *de (v)* [-en] werkplaats waar drukwerken gezet worden; machinezetterij afdeling van de zetmachines

zet·ting *de (v)* [-en] ❶ het zetten: ★ *de ~ van edelsteen* ❷ vaststelling, bepaling ❸ bewerking van een muziekstuk voor een bepaald instrument

zet·werk *het* het zetten van drukwerk

zet·wij·ze *de* [-n] manier van (drukwerk) zetten

zeug *de (v)* [-en] vrouwtjesvarken

zeug·ma [zuig-] *(⟨Gr⟩ het* ['s *en* -ta] stilistiek verbinding van twee zinsdelen of twee naamwoorden door een werkwoord, dat logisch slechts bij één van beide past, bijv. *zij zette thee en het kind in de stoel*

zeu·len *ww* [zeulde, h. gezeuld] voortslepen, sjouwen

zeun·tje *het* [-s] jongste matroos

zeur *de* [-en] iemand die zeurt

zeur·de·rig *bn* geneigd tot zeuren; zeurend

zeu·ren *ww* [zeurde, h. gezeurd] zaniken; aanhoudend praten over een zelfde onderwerp, veelal op klagende toon; door langdurig vragen trachten te dwingen

zeu·rig *bn* ❶ zeurend, temend ❷ flg niet vlot: ★ *het gaat wat ~* ❸ niet helder, druilerig: ★ *een beetje ~ weer*

zeur·kous *de* [-en] zeur

zeur·piet *de (m)* [-en] zeur

zeu·ven *hoofdtelw* → **zeven²**(gebruikelijk in telefoongesprekken)

ze·ven¹ *ww* [zeefde, h. gezeefd] door een zeef laten gaan

ze·ven² I *hoofdtelw* vijf plus twee is ~ ★ *NN op half ~ scheef, afgezakt, onverzorgd:, een schutting op half ~;* met zijn broek op half ~ II *de* [-s] cijfer 7

ze·ven·ar·mig *bn* met zeven armen

ze·ven·blad *het* schermbloemige plant met witte bloemen *(Aegopodium podagraria)*

ze·ven·boom *de (m)* [-bomen] heesterachtige boom in Zuid-Europa, waarvan de takken gif bevatten *(Juniperus sabina)*

ze·ven·daags, ze·ven·daagse *bn* ❶ zeven dagen oud ❷ zeven dagen durende ❸ om de zeven dagen

ze·ven·de I *rangtelw* ★ *in de ~ hemel zijn* zie bij → **hemel** (bet 2) II *het* [-n] zevende deel

ze·ven·de·dags·ad·ven·tis·ten *mv* NN protestantse sekte die de zaterdag als rustdag houdt

27 MC *de (m)* radio frequentieband van 27 MHz *(of megacycles)*, bestemd voor zendamateurs die uitzenden met een apparaat met een maximaal uitgangsvermogen van 2 watt, ook → **bakkie** genoemd

ze·ven·hoek *de (m)* [-en] gesloten meetkundige figuur met zeven zijden

ze·ven·hon·derd *hoofdtelw*

ze·ven·ja·rig *bn* ❶ zeven jaar oud ❷ zeven jaar durend ❸ om de zeven jaar

ze·ven·kamp *de (m)* [-en] atletiekwedstrijd voor vrouwen die uit zeven onderdelen bestaat

ze·ven·klap·per *de (m)* [-s] vuurwerk dat zeven maal knalt

ze·ven·kruid *het* kleine wolfsklauw

ze·ven·mijls·laar·zen *mv* ⟨in sprookjes⟩ laarzen waarmee men stappen van zeven mijlen kan doen ★ *met ~ haastig, zeer snel*

ze·ven·sla·per *de (m)* [-s] ❶ relmuis ❷ *Zevenslapers* zeven broeders in Efeze, die tijdens een christenvervolging in een hol sliepen

ze·ven·sprong *de (m)* [-en] soort volksdans

ze·ven·ster *de* ❶ sleutelbloemige plant met witte bloemen *(Trientalis europaea)* ❷ *Zevenster* sterrengroep het Zevengesternte, Plejaden

ze·ven·tal *het* [-len] aantal van zeven; waterpolo ploeg van standaard zeven spelers

ze·ven·tal·lig *bn* met zeven als grondtal

ze·ven·tien *hoofdtelw* ★ *in Nederland,* hist *Heren ~ de bewindhebbers van de Vereenigde Oost-Indische Compagnie (VOC), acht uit Amsterdam, vier uit Zeeland, één uit Rotterdam, één uit Delft, één uit Enkhuizen, één uit Hoorn en één door de overigen gekozen*

ze·ven·tien·de I *rangtelw* II *het* [-n] zeventiende deel
ze·ven·tien·de-eeuws *bn* van, uit de zeventiende eeuw
ze·ven·tig [see-] *hoofdtelw*
ze·ven·ti·ger [see-] *de (m)* [-s] iem. van ongeveer 70 jaar ★ *een goede ~* iem. van ruim 70 jaar
ze·ven·tig·ja·rig [see-] *bn* ❶ zeventig jaar oud ❷ zeventig jaar durend ❸ om de zeventig jaar
ze·ven·tig·ste [see-] I *rangtelw* II *het* [-n] zeventigste deel
ze·ven·voud *het* [-en] ❶ door zeven deelbaar getal ❷ getal dat zeven maal zo groot is als een ander
ze·ven·vou·dig *bn* zeven maal zo groot
ze·ver *de (m)* spreektaal ❶ kletspraat, onzin, flauwekul ★ *flauwe ~* flauwekul ❷ BN motregen
ze·ve·raar *de (m)* [-s] inf zeurkous, (ouwe) zeur, kletser, zanik, kletsmajoor
ze·ve·ren *ww* [zeverde, h. gezeverd] spreektaal ❶ wauwelen, kletsen, onzin uitkramen; zaniken, zeuren; ❷ BN kwijlen ❸ BN motregenen
Z.Exc. *afk* Zijne Excellentie
zg. *afk* zogenaamd
z.g. *afk* zaliger gedachtenis
z.g.a.n. *afk* zo goed als nieuw
zgn. *afk* zogenaamd
ZH¹ *afk* ❶ Zijne Heiligheid *(titel van de paus)* ❷ Zijne Hoogheid
ZH² *afk* in Nederland Zuid-Holland
z.h.s. *afk* zonder hoofdelijke stemming
z.i. *afk* zijns inziens
zich *wederkerend vnw* betrekking hebbend op het onderwerp van de zin: ★ *~ wassen* ★ *~ vergissen* ★ *hij voelt ~ niet lekker* ★ *~ zelf* meestal aaneengeschreven, zie → **zichzelf** ★ *op ~* op zichzelf, los van de omstandigheden
zicht *het* ❶ het zien: ★ *de vliegers hadden slecht ~* ★ *land in ~!* ★ *er is enig ~ op verbetering* ★ *bij ~ van minder dan 50 meter mogen auto's mistlampen voeren* ❷ vertoon: ★ *boeken op ~ sturen* ❸ BN ook aanblik, gezicht ★ *op het eerste ~* op het eerste gezicht ❹ BN ook uitzicht, panorama: ★ *een appartement met ~ op zee*
zicht·af·stand *de (m)* afstand waarbinnen men zien kan
zicht·baar *bn* gezien kunnende worden: ★ *hij was ~ aangeslagen*; **zichtbaarheid** *de (v)*
zicht·kaart *de* [-en] BN, m.g. ansichtkaart, prentbriefkaart
zicht·re·ke·ning *de (v)* [-en] BN rekening-courant
zicht·zen·ding *de (v)* [-en] zending goederen op → **zicht**, bet 2, zonder verplichting tot kopen
zich·zelf *wederkerend vnw* ★ *buiten ~* zeer opgewonden ★ *op ~* los van andere overwegingen ★ *op ~ zijn* eenzelvig, teruggetrokken zijn ★ *op ~ wonen* alleen wonen
zie·daar *tsw* uitroep om de aandacht op iets te vestigen
zie·den *ww* [ziedde, h. gezoden] ❶ koken, laten koken: ★ *zout ~* ❷ fig: ★ *hij ziedde van drift* ★ *hij was ziedend* vreselijk boos
zie·hier *tsw* uitroep om de aandacht op iets te vestigen
ziek *bn* lijdend aan een stoornis in het lichaam of de geest, niet gezond: ★ *zo ~ als een hond* ★ *~ van verlangen* ★ *zich ~ lachen* heel erg lachen ★ *ik word er ~ van* het staat me heel erg tegen ★ *zij is altijd ~, zwak of misselijk* zij voelt zich altijd niet goed ★ *hij is altijd ~ of onderweg* of hij is ziek of hij wordt ziek ★ *een zieke aardappel* door bederf aangetast
ziek·bed *het* [-den] ❶ bed waarop een zieke ligt ❷ fig ziekte: ★ *na een lang ~* overleden
zie·ke *de* [-n] iem. die ziek is
zie·ke·lijk I *bn* telkens ziek, ongezond: ★ *een ~ kind* II *bn bijw* ongezond, niet normaal: ★ *een ziekelijke neiging tot snoepen* ★ *~ snoeplustig*; **ziekelijkheid** *de (v)*
zie·ken *ww* [ziekte, h. geziekt] bewust de sfeer verpesten door zich vervelend te gedragen: ★ *hij zit al de hele avond te ~*
zie·ken·au·to [-autoo, -ootoo] *de (m)* ['s] auto voor vervoer van zieken en gewonden, ambulance
zie·ken·be·zoek *het* [-en] bezoek aan een zieke
zie·ken·boeg *de (m)* [-en] ❶ scheepv ruimte aan boord voor zieken ❷ bij uitbreiding afdeling waar de zieken verblijven
zie·ken·boek·je *het* [-s] BN, vero boekje als bewijs van lidmaatschap van een ziekenfonds, ziekenfondskaart
zie·ken·brief·je *het* [-s] bewijs van een arts dat men ziek is
zie·ken·broe·der *de (m)* [-s] geestelijke broeder die zieken verzorgt; mannelijke verpleegkundige
zie·ken·dra·ger *de (m)* [-s] soldaat die gewonden op een draagbaar vervoert
zie·ken·fonds *het* [-en] in Nederland, vroeger instelling die, ter uitvoering van de Ziekenfondswet (1964-2006), premies hief die dienden om de verplicht verzekerden een doeltreffende geneeskundige verzorging te waarborgen [vervallen met de inwerkingtreding van de Zorgverzekeringswet]
zie·ken·fonds·bril *de (m)* [-len] bril met zeer eenvoudig montuur en ronde glazen (vroeger verstrekt door het ziekenfonds)
zie·ken·fonds·grens *de* in Nederland, vroeger inkomensgrens waaronder men verplicht verzekerd was tegen ziektekosten bij een ziekenfonds
zie·ken·fonds·pak·ket *het* in Nederland, vroeger totaal van voorzieningen en behandelingen die door een ziekenfonds werden vergoed
zie·ken·geld *het* → **ziektegeld**
zie·ken·huis *het* [-huizen] inrichting voor verpleging van zieken en gewonden ★ *BN universitair ~* ziekenhuis verbonden aan een universiteit, academisch ziekenhuis
zie·ken·huis·bac·te·rie *het* [-riën] bacterie die

resistent is tegen meerdere antibiotica en vooral in ziekenhuizen voorkomt
zie·ken·huis·bal *de (m)* voetbal, schertsend pass bestemd voor een speler die de bal niet kan aannemen dan met groot risico voor verwonding, omdat de pass terechtkomt tussen hem en een tegenstander
zie·ken·ka·mer *de* [-s] kamer waar een zieke ligt
zie·ken·kas *de* [-sen] BN, spreektaal ziekenfonds
zie·ken·om·roep *de (m)* radio-omroep voor zieken
zie·ken·trans·port *het* [-en] vervoer van zieken
zie·ken·ver·pleeg·ster *de (v)* [-s] vrouwelijke verpleegkundige
zie·ken·ver·ple·ger *de (m)* [-s] mannelijke verpleegkundige
zie·ken·ver·ple·ging *de (v)* het verplegen van zieken
zie·ken·ver·voer *het* vervoer van zieken
zie·ken·ver·zor·ger *de (m)* [-s], **zie·ken·ver·zorg·ster** *de (v)* [-s] iem. die als beroep zieken verzorgt
zie·ken·wa·gen *de (m)* [-s] ziekenauto
zie·ken·zaal *de* [-zalen] zaal voor zieken
zie·ken·zal·ving *de (v)* RK toediening van het Sacrament der Zieken, oliesel
zie·ken·zus·ter *de (v)* [-s] RK religieuze wier verpleegkundige is
ziek·mel·ding *de (v)* [-en] mededeling, veelal gericht aan de werkgever, dat men ziek is en daarom niet kan werken
ziek·te *de (v)* [-n en -s] ❶ het ziek-zijn ❷ een bepaalde vorm van ziek-zijn ★ *een ~ onder de leden hebben* zie bij → **lid**[1] ★ *een besmettelijke ~* ★ *Engelse ziekte* zie bij → **Engels** ★ *gezonde ~* zwangerschap ★ *vallende ~* zie aldaar ★ *~ van Weil* zie bij → **Weil** ★ *~ van Pfeiffer* zie bij → **Pfeiffer** ★ NN, plat *krijg de ~!* ruwe verwensing ★ NN, spreektaal *ergens (flink) de ~ over in hebben* er (zeer) door geërgerd zijn ★ NN, spreektaal *als de ~ heel erg:* ★ NN, spreektaal *roken, drinken als de ~* ★ NN, spreektaal *jaloers, scheel, lui als de ~*
ziek·te·beeld *het* [-en] de verschijnselen van een ziekte
ziek·te·cij·fer *het* [-s] aantal ziektegevallen
ziek·te·geld *het* geld dat een werknemer ontvangt in geval van ziekte
ziek·te·ge·schie·de·nis *de (v)* [-sen] ❶ ziekteproces ❷ alle ziektes die een persoon in zijn leven tot nu toe heeft gehad
ziek·te·ge·val *het* [-len] geval van ziekte
ziek·te·kiem *de* [-en] viruscel of bacterie die een ziekte veroorzaakt
ziek·te·kos·ten *mv* door ziekte veroorzaakte kosten
ziek·te·kos·ten·ver·ze·ke·ring *de (v)* [-en] ziekteverzekering
ziek·te·pro·ces *het* [-sen] verloop van een ziekte
ziek·te·ver·lof *het* [-loven] verlof wegens ziekte
ziek·te·ver·loop *het* ontwikkelingsgang en afloop van een ziekte
ziek·te·ver·schijn·sel *het* [-en, -s] verschijnsel dat zich bij een ziekte voordoet
ziek·te·ver·wek·ker *de (m)* [-s] bacterie enz. die ziekte veroorzaakt
ziek·te·ver·ze·ke·ring *de (v)* [-en] verzekering tegen de kosten die ziekte kan veroorzaken
ziek·te·ver·zuim *het* het niet op school, werkplaats, kantoor enz. komen wegens ziekte
ziek·te·wet *de* in Nederland wet die de verzekering van werknemers tegen gevolgen van ziekte regelt: ★ *in de ~ lopen* ziek zijn en een uitkering ontvangen
ziel *de* [-en] ❶ onstoffelijk levensbeginsel in de mens, in sommige godsdiensten als onsterfelijk gedacht ★ *met hart en ~* met alle mogelijke toewijding ★ NN, spreektaal *iem. op zijn ~ geven* hem tuchtigen, slaag geven ★ *iem. op zijn ~ trappen* zeer kwetsen ★ *met zijn ~ onder de arm lopen* zich vervelen ★ *ter ziele gaan* sterven ★ *ter ziele zijn* gestorven zijn; fig opgeheven, opgehouden e.d. zijn ★ *met zijn hele ~ en zaligheid* met (inzet van) alles ★ *twee zielen, één gedachte* gezegd wanneer twee mensen tegelijk op hetzelfde idee komen; zie ook bij → **lijdzaamheid** ❷ persoon, mens, inwoner ★ *een goeie ~* ★ *er was geen levende ~* ★ *hoe meer zielen, hoe meer vreugd* ★ *deze plaats telt 250.000 zielen* ❸ zielige figuur, sukkel ★ *hij heeft ook altijd pech, die arme ~* ★ *het is een zieltje* ❹ drijfkracht: ★ *hij is de ~ van de beweging* ❺ binnenste gedeelte van verschillende voorwerpen ★ *de ~ van een fles* indeuking in de bodem ★ *de ~ van een kanon* de ruimte voor het af te schieten projectiel ★ *de ~ van een veer* vliezig gedeelte in de schacht ❻ lijfeigene in Rusland (vóór de revolutie van 1917); *vgl*: → **zieltje**
zie·len·heil *het* geluk voor de ziel, vooral in het hiernamaals
zie·len·her·der *de (m)* [-s] predikant of pastoor
zie·len·leed *het* diep gevoeld leed
zie·len·le·ven *het* leven van de ziel, het innerlijk leven
zie·len·lij·den *het* zielenleed; *ook* zielsziekte
zie·len·piet *de (m)* [-en] zielenpoot
zie·len·pijn *de* zielenleed
zie·len·poot *de (m)* [-poten] zielig, beklagenswaardig wezen
zie·len·rust *de* → **zielsrust**
zie·len·smart *de* zielenleed
zie·len·vreug·de *de (v)* innige blijdschap
zie·lig *bn* jammerlijk, droevig, beklagenswaardig; **zieligheid** *de (v)*
ziel·knij·per, **zie·len·knij·per** *de (m)* [-s] schertsend psychiater
ziel·kun·de *de (v)* vero psychologie, vooral als onderdeel van de wijsbegeerte
ziel·kun·dig *bn* vero psychologisch, betreffende de psychologie (vooral als onderdeel van de wijsbegeerte)
ziel·loos *bn* zonder ziel, levenloos
ziel·mis *de* [-sen] RK mis voor een overledene
ziel·roe·rend *bn* diep roerend, zeer aandoenlijk

ziels·be·droefd bn diep bedroefd
ziels·blij, **ziels·blij·de** bn innig blij
ziels·ge·luk·kig bn innig gelukkig
ziels·kracht de kracht van de ziel, wilskracht
ziels·rust, **zie·len·rust** de kalmte van gemoed
ziels·veel bijw heel veel: ★ ~ van iem. houden
ziels·ver·hui·zing de (v) [-en] het overgaan van de ziel in een ander lichaam na de dood, reïncarnatie
ziels·ver·lan·gen het sterk verlangen
ziels·ver·ruk·king de (v), **ziels·ver·voe·ring** de (v) geestdrift, extase
ziels·ver·want bn verwant van ziel, van dezelfde aanleg en neigingen
ziels·ver·want·schap de (v) het zielsverwant-zijn
ziels·vreug·de de (v) → **zielenvreugde**
ziels·zorg meest prot, meest RK **ziel·zorg** de werk van een predikant of pastoor
ziel·tje het [-s] ❶ spreektaal ziel ★ zieltjes winnen mensen overhalen tot zijn geloof of partij ★ NN een ~ zonder zorg iem. die zich over niets bezorgd maakt ❷ zielige figuur; zie bij → **ziel** (bet 3)
ziel·to·gen ww [zieltoogde, h. gezieltoogd] op sterven liggen, fig bijna ophouden te bestaan
ziel·zorg de → **zielszorg**
ziel·zor·ger de (m) [-s] pastoor of predikant
zien I ww [zag, h. gezien] ❶ met de ogen waarnemen ★ ik zie een toren in de verte ★ dat wil ik (nog) wel eens ~ dat lijkt me zeer onwaarschijnlijk ★ zij laat zich daar nooit ~ zij komt daar nooit ★ ze mag gezien worden ze is mooi of goed ★ het wel gezien hebben of voor gezien houden zich er niet langer mee ophouden ★ het niet (meer) ~ zitten sombere verwachtingen koesteren, geen hoop (meer) hebben ★ iets, iem. wel ~ zitten a) goede verwachtingen van iets of iem. hebben; b) ermee ingenomen zijn; c) iem. seksueel aantrekkelijk vinden ❷ m.g. kijken: ★ naar boven ~ ★ niemand durfde gaan ~ ❸ overwegen ★ laat eens ~ laat me eens denken ★ we zullen eens ~ we zullen er eens over denken ★ mij niet gezien daar doe ik niet aan mee ★ je ziet maar maak zelf maar uit wat je doet ❹ een zeker uiterlijk hebben ★ ze ziet erg wit ★ de kamer zag blauw van de rook ★ het ziet er zwart van de mensen ❺ uitzicht hebben: ★ het zijraam ziet op een weiland ❻ uitstaan: ★ hij kan hem niet (luchten of) ~ ★ BN, spreektaal iem. graag ~ veel van iem. houden ★ BN, spreektaal (n)iets te ~ hebben met (n)iets te maken hebben met ❼ proberen ★ dat moet je gedaan ~ te krijgen ★ zie haar over te halen ❽ ★ BN, spreektaal gezien zijn beetgenomen, gefopt zijn ★ jij bent gezien jij bent de klos, de sigaar **II** het ★ tot ziens! afscheidsgroet ★ het horen en ~ vergaat je bij zoveel herrie en rotzooi het is een vreselijke herrie en rotzooi
zien·de bn kunnende zien ★ ~ blind zijn evidente bezwaren, fouten, gevaren niet (willen) zien
zien·der·ogen bijw goed zichtbaar, duidelijk waarneembaar: ★ de zieke knapt ~ op

zie·ner de (m) [-s], **zie·ne·res** de (v) [-sen] profeet; helderziende
zie·ners·blik de (m) [-ken] profetische blik
ziens·wij·ze de [-n] mening: ★ volgens zijn ~ gaat het werk te langzaam
zier de zeer kleine hoeveelheid: ★ geen ~
zie·zo tsw uitroep van voldoening
zift de [-en] zeef
zif·ten ww [ziftte, h. gezift] ❶ → **zeven**¹ ❷ fig het betere van het mindere scheiden; haarkloven, fijntjes uitpluizen
zif·ting de (v) [-en] het ziften
zi·geu·ner de (m) [-s] lid van een oorspronkelijk uit Voor-Indië afkomstig en thans over de gehele wereld verspreid levend volk dat met name bekend is door zijn zwervende bestaan
zi·geu·ne·rin de (v) [-nen] vrouwelijke zigeuner
zi·geu·ner·kamp het [-en] kamp van zigeuners
zi·geu·ner·le·ven het fig ongeregeld, zwervend leven
zi·geu·ner·wa·gen de (m) [-s] woonwagen van zigeuners
zig·zag ⟨Fr⟩ **I** de (m) [-s] Z-vormig heen en weer gaande lijn **II** bijw in Z-vorm heen en weer gaand
zig·zag·gen ww [zigzagde, h. & is gezigzagd] zigzag lopen, rijden e.d.
zig·zag·lijn de [-en] → **zigzag** (I)
zig·zags·ge·wijs, **zig·zags·ge·wij·ze** bijw → **zigzag** (II)
zij¹ **I** pers vnw derde persoon enk vrouwelijk, onderwerpsvorm: ★ ~ heeft u gezien; derde persoon meerv, onderwerpsvorm: ★ ~ hebben u gezien **II** zn iem. van het vrouwelijk geslacht, vooral gezegd van pasgeborenen: ★ is het een hij of een ~?
zij² de [-den] → **zijde**¹
zij³ de → **zijde**²
zij·aan·zicht het [-en] blik op de zijkant
zij·ach·tig bn → **zijdeachtig**
zij·al·taar de (m) & het [-taren] altaar naast het hoofdaltaar
zij·bal·kon het [-s] balkon aan de zijkant van een zaal
zij·beuk de [-en] zijruimte in een kerk
zijd bijw ★ wijd en ~ zie bij → **wijd**
zij·de¹ [-n, -s], **zij** de [-den] ❶ grensvlak, grenslijn: ★ de zijden van een driehoek, van een kubus ❷ zijkant van het lichaam: ★ de handen in de zij zetten ★ een ~ spek stuk spek van de zijde van een varken ❸ zijkant, kant: ★ naar alle zijden ★ iemands zwakke zijde kennen ★ ter zijde vgl: → **terzijde**¹ ★ ter zijde laten niet in beschouwing nemen ★ ter zijde leggen voorlopig laten rusten ★ van welingelichte zijde uit goed geïnformeerde kringen ★ aan gene zijde (van het graf) na de dood ❹ partij: ★ iems. zijde kiezen ★ aan iemands zijde strijden ; zie ook → **zijtje**
zij·de², **zij** de glanzende draad van het spinsel van de zijderups; weefsel daarvan; zie ook bij → **spinnen**, bet 1
zij·de·aap·je het [-s] aapje met zijig haar
zij·de·ach·tig, **zij·ach·tig** bn op → **zijde**²lijkend
zij·de·cul·tuur de (v) het kweken van zijderupsen voor

het verkrijgen van zijde
zij·de·fa·briek *de (v)* [-en] fabriek waar men zijde verwerkt
zij·de·glans *de (m)* glans (als van) zijde, lichte glans
zij·de·in·dus·trie *de (v)* ❶ zijdefabriek ❷ zijdefabricage
zij·de·lings, zij·lings *bn* van ter zijde, niet direct ★ *een ~ verwijt* een bedekt verwijt
zij·den *bn* ❶ van → zijde² ★ *zijn leven hangt aan een ~ draad* hij verkeert in ernstig levensgevaar ★ *de hoge ~* de hoge hoed ❷ fig als van zijde: ★ *~ lokken* ★ *een ~ sok* een slappe, onmannelijke man
zij·de·pa·pier *het* ❶ papier van zijden lompen gemaakt ❷ dun, zacht papier voor verpakking
zij·de·rups *de* [-en] rups die een cocon spint waarvan zijde vervaardigd wordt
zij·de·spin·ne·rij *de (v)* [-en] werkplaats voor het spinnen van zijde
zij·de·streep *de* [-strepen] streep aan weerskanten van een vissenlichaam, waarmee waarschijnlijk beweging of druk van het water waargenomen wordt
zij·de·teelt *de* zijdecultuur
zij·deur *de* [-en] deur aan de zijkant ★ *een zijdeurtje open houden* de gelegenheid laten bestaan tot een andere handelwijze ★ *door een ~ afgaan* ongemerkt verdwijnen, veelal na eigen fouten
zij·de·we·ve·rij *de (v)* ❶ het weven van zijde ❷ [*mv:* -en] inrichting tot het weven van zijde
zij·gang *de (m)* [-en] gang die dwars op een andere staat ‹in een trein› wandelgang langs gesloten coupé's
zij·gen *ww* [zeeg, h. & is gezegen] ❶ filtreren, een vloeistof door een doek e.d. laten trekken, langzaam laten doordruipen ❷ neerzinken: ★ *zij zeeg neer*
zij·ig *bn* ❶ zijdeachtig, zacht als zijde: ★ *een zijige stof* ❷ NN, fig halfzacht, sentimenteel; ‹m.b.t. mannen› onmannelijk gedrag vertonend
zij·in·gang *de (m)* [-en] ingang aan de zijkant
zij·in·stro·mer *de (m)* [-s] ❶ iem. die een opleiding gaat volgen komend vanaf een andere opleiding en deze dus niet vanaf het begin heeft gevolgd ❷ NN iem. die, in het kader van een wervingsactie voor onderwijzend personeel, zijn huidige baan verruilt voor het leraarschap zonder een onderwijsbevoegdheid te hebben ❸ BN werknemer die weer een opleiding volgt om een hoger diploma te halen
zij·ka·mer *de* [-s] kamer naast een grote kamer
zij·ka·naal *het* [-nalen] kanaal dat uitmondt in een hoofdkanaal
zij·kant *de (m)* [-en] zijde, kant ter zijde van en veelal haaks op de voorkant
zijl *de (m)* [-en] uitwateringssluis
zij·laan *de* [-lanen] laan die dwars op een andere ligt
zij·licht *het* ❶ van de zijkant invallend licht ❷ [*mv:* -en] verlichting die aan de zijkant (van auto's, schepen, vliegtuigen e.d.) gevoerd wordt

zij·lijn *de* [-en] ❶ vertakking van de hoofdspoorlijn ❷ zijlinie ❸ grenslijn aan de zijkant van een sportveld ★ *aan de ~ staan / blijven* toekijken, niet meedoen met iets
zij·lings *bn* → **zijdelings**
zij·li·nie *de (v)* [-s] in een stamboom de afstammelingen van broeders- of zusterskinderen
zij·lo·ge [-lòzjə] *de* [-s] ‹in schouwburg of bioscoop› loge zijwaarts van het toneel
zij·muur *de (m)* [-muren] muur aan de zijkant
zijn¹ [was, waren, is geweest] **I** *zelfst ww* ❶ bestaan, een werkelijkheid vormen: ★ *wat niet is, kan komen* ★ *hij is niet meer of hij is er geweest* hij is gestorven ★ *hij mag er ~* hij is goed of mooi ★ *er was eens...* ★ *aan het fietsen / knutselen / ... zijn* ★ *te doen / horen / ... zijn* kan gedaan / gehoord / ... worden ❷ zich bevinden, aanwezig zijn: ★ *waar is moeder?* ★ *er was niet meer* ★ *weten waar men aan toe is* weten wat men te verwachten heeft ❸ gebeuren: ★ *het zij zo* ★ *het was in het voorjaar, dat...* ❹ behoren aan: ★ *is dit boek van u?* ❺ schelen aan: ★ *wat is er dan toch, jongen?* **II** *koppelwerkwoord* ★ *zij is ziek* ★ *wie was het?* ★ *het is altijd sukkelen geweest* ★ *'m ~* ‹bij een spel› de andere spelers moeten zoeken, pakken enz. ★ *~ op* jeugdtaal verliefd zijn op: ★ *Dennis is op Sabina* **III** *hulpwerkwoord* ★ *wanneer is hij gekomen?* ★ *het kind is door een hond gebeten*
zijn² *bez vnw* ★ *wie is ~ leermeester?* ★ *hij ging met de zijnen op reis met zijn gezin* ★ *ieder het zijne*
zij·nent *ww* ★ *te(n) ~* in zijn huis
zij·ner·zijds *bijw* van zijn kant
zij·net *het* [-ten] sp net aan de zijkant van een doel: ★ *de bal kwam in het ~*
zij·pad *het* [-paden] pad dat een aftakking is van een weg of een ander pad ★ *zich op zijpaden begeven* van de hoofdzaak afdwalen
zij·pa·neel *het* [-nelen] apart deel aan de zijkant van een schilderstuk
zij·pe·len *ww* [zijpelde, h. & is gezijpeld] → **sijpelen**
zij·raam *het* [-ramen] raam aan de zijkant
zij·ri·vier *de* [-en] rivier die op een andere rivier uitmondt
zij·schip *het* [-schepen] zijbeuk
zij·span *de (m) & het* [-nen] wagentje met zitplaats, opzij van een motor
zij·spoor *het* [-sporen] vertakking van de hoofdspoorlijn ★ *iem. op een ~ zetten* fig iem. niet meer mee laten doen
zij·sprong *de (m)* [-en] ❶ zijwaartse sprong ❷ fig het plots afwijken van het eigenlijke onderwerp: ★ *de spreker maakte rare zijsprongen*
zij·straat *de* [-straten] straat die uitmondt op een hoofdstraat
zij·streep *de* [-strepen] → **zijdestreep**
zij·stuk *het* [-ken] stuk aan de zijkant
zij·tak *de (m)* [-ken] ❶ vertakking ❷ zijlinie in een familiestamboom
zij·tas *de* [-sen] op zij van het lichaam gedragen tas

zij·tje *het* [-s] ❶ kant, zijkant: ★ *een kind op zijn ~ leggen* ❷ ★ *een ~ spek* zie bij → **zijde¹** (bet 2)
zij·vlak *het* [-ken] vlak dat de zijkant vormt
zij·vleu·gel *de (m)* [-s] aan één van de zijkanten van een gebouw of huis aangebouwd gedeelte
zij·waarts *bn* naar de zijkant
zij·wand *de (m)* [-en] zijmuur
zij·weg *de (m)* [-wegen] weg die een aftakking is van een andere ★ *zich op zijwegen begeven* niet bij de hoofdzaak blijven ★ *zijwegen bewandelen* op niet helemaal eerlijke wijze trachten zijn doel te bereiken
zij·wiel·tjes *mv* wieltjes aan weerszijden van een kinderfiets om omvallen te voorkomen
zij·wind *de (m)* [-en] wind komend van de zijkant
zij·zak *de (m)* [-ken] zak aan de zijkant van een kledingstuk
zij·zwaard *het* [-en] → **zwaard** (bet 2) op zij van een schip
zik·koe·rat *(‹Assyrisch› de (m)* [-s] ‹bij de Babyloniërs› tempeltoren met trapsgewijs oplopende verdiepingen
zilt *bn* zoutig: ★ *zilte tranen* ★ *het zilte nat* de zee
zil·tig *bn* enigszins zilt
zil·ver *het* ❶ chemisch element, symbool Ag, atoomnummer 47, edel metaal van blanke, glanzende kleur ❷ zilverwerk: ★ *het ~ poetsen* ❸ zilverwitte kleur, vooral van haren ❹ de zilveren medaille als tweede prijs bij een sportwedstrijd
zil·ver·ach·tig *bn* op zilver lijkend, als zilver
zil·ver·beuk *de (m)* [-en] beuk met zilverwitte schors
zil·ver·bro·mi·de *het* broomzilver
zil·ver·chlo·ri·de *het* verbinding van chloor met zilver
zil·ver·draad als stof: *de (m) & het*, als voorwerp: *de (m)* [-draden] draad van zilver, of op zilver lijkend
zil·ve·ren *bn* van zilver: ★ *een ~ armband* ★ *een ~ bruiloft, jubileum* 25-jarig
zil·ver·erts *het* [-en] zilver bevattend erts
zil·ver·ge·hal·te *het* gehalte aan zilver
zil·ver·geld *het* zilveren geldstukken
zil·ver·glans I *de (m)* glans (als) van zilver **II** *het* een zilvererts, verbinding van zilver met zwavel
zil·ve·rig *bn* zilverachtig, als zilver
zil·ver·jo·di·de *het* joodzilver, verbinding van zilver met jodium
zil·ver·kast *de* [-en] kast voor zilverwerk
zil·ver·kleu·rig *bn* de kleur van zilver hebbend
zil·ver·le·ge·ring [-gee-] *de (v)* [-en] mengsel van zilver met een ander metaal
zil·ver·ling *de (m)* [-en] oude Israëlitische zilvermunt: ★ *Judas verried Christus voor 30 zilverlingen*
zil·ver·meeuw *de* [-en] blauwgrijs en wit gekleurde meeuw, aan de kust broedend *(Larus argentatus)*
zil·ver·mijn *de* [-en] mijn waaruit zilver verkregen wordt
zil·ver·munt *de* [-en] zilveren munt
zil·ver·ni·traat *het* helse steen, verkregen door zilver op te lossen in salpeterzuur
zil·ver·pa·pier *het* zeer dun uitgeslagen tin of aluminium
zil·ver·poe·der, **zil·ver·poei·er** *de (m) & het* zilver in poedervorm
zil·ver·rei·ger *de (m)* [-s] witte reiger in Zuid- en Midden-Europa: ★ *grote ~* sneeuwwitte reiger met 's winters een gele en in de broedtijd een zwarte snavel, als broedvogel in Nederland voorkomend bij de Oostvaardersplassen *(Casmerodius alba alba)* ★ *kleine ~* sneeuwwitte reiger met een lange, dunne, zwarte snavel, een lange kuif en afhangende schouderveren, als broedvogel voorkomend in Zuid-Europa *(Egretta garzetta)*
zil·ver·schoon *de* roosachtige plant met gele bloemen en bladeren die aan de onderzijde wit, zijdeachtig behaard zijn *(Potentilla anserina)*
zil·ver·smid *de (m)* [-smeden] iem. die zilveren voorwerpen maakt
zil·ver·spar *de (m)* [-ren] soort spar met blauwwit gestreepte naalden *(Abies alba)*
zil·ver·stuk *het* [-ken] zilveren geldstuk
zil·ver·ui·tje *het* [-s] kleine ui met zilverachtig vlies
zil·ver·vlies *het* dun vlies om de rijstkorrel
zil·ver·vlies·rijst *de (m)* rijst waarvan het zilvervliesje niet is verwijderd, bruine rijst
zil·ver·vloot *de* [-vloten] ❶ hist vloot die jaarlijks zilver en goud uit de Spaanse koloniën in Amerika naar Spanje bracht: ★ *Piet Hein veroverde een ~ (1628)* ❷ NN, schertsend grote geldsom, die gemakkelijk verkregen wordt
zil·ver·vos *de (m)* [-sen] ❶ vossenras met staalblauwe tot zwarte dekharen met een zilvergrijze punt, gefokt voor het bont ❷ bont van deze vos
zil·ver·werk *het* [-en] zilveren voorwerp
zil·ver·wit *bn* wit als zilver
Zim·bab·waan *de (m)* [-wanen] iem. geboortig of afkomstig uit Zimbabwe
Zim·bab·waans *bn* van, uit, betreffende Zimbabwe
zin *de (m)* [in bet 3, 4, 5 en 6 -nen] ❶ betekenis; nut; doel: ★ *in welke ~ is dat bedoeld?* ★ *wat is de ~ van het leven* ★ *de letterlijke en figuurlijke ~ van een woord* ★ *in eigenlijke ~* ★ *in de ruimste ~ des woords* ★ *dat heeft geen ~* dat heeft niet het gewenste resultaat ★ *in zekere ~ is het verkeerd* in een opzicht ★ *in engere ~* in beperkte betekenis ❷ lust, trek, begeerte: ★ *hij had er geen ~ in* ★ *zijn eigen ~ doen* ★ *gaat het naar uw ~?* ★ *men kan het niet ieder naar de ~ maken* ★ *iets kwaads in de ~ hebben* voornemens zijn iets kwaads te doen ★ NN *'s mensen ~ is 's mensen leven / een mens z'n ~ is een mens z'n leven* laat iem. maar doen waar hij zin in heeft ★ *van zins zijn*, BN *ook: van ~ zijn /zinnens zijn* van plan zijn ❸ zintuig: ★ *de vijf zinnen* ❹ algemeen geestelijke vermogens ★ *al zijn zinnen op iets zetten* iets hevig begeren of voortdurend in zijn gedachten met iets bezig zijn ★ *van zijn zinnen beroofd zijn* van zijn verstand beroofd ★ *dat streelt de zinnen* dat is mooi om te

horen of te zien ❺ mening, idee ★ *zoveel hoofden, zoveel zinnen* ieder heeft zijn eigen mening **❻** taaluiting van een of meer woorden die een zelfstandig afgerond geheel vormt ★ *een ~ begint meestal met een hoofdletter* **❼** ★ *in deze of die ~ op deze (die) manier, in deze (die) geest* ★ *na de besprekingen werd het artikel in deze ~ gewijzigd*

zin·deel *het* [-delen] → **zinsdeel**

zin·de·lijk *bn* ❶ rein, proper ❷ ‹van een kind of dier› de uitscheiding van urine en uitwerpselen beheersend, **zin·de·lijk·heid** *de (v)*

zin·de·ren *ww* [zinderde, h. gezinderd] trillen van de hitte: ★ *in de verte lag een dorpje te ~ in de middagzon*

zin·de·rend *bn* ★ *zinderende spanning* zeer grote spanning, opgewondenheid, onrust

zin·gen *ww* [zong, h. gezongen] ❶ met de stem een reeks tonen voortbrengen: ★ *vals ~* ★ *de vogels beginnen al vroeg te ~* ★ NN *zingende zaag* zaag die wordt 'bespeeld' als een strijkinstrument en dan een hoog, zangerig geluid geeft; zie ook bij → **kerk** en → **toon**¹ ❷ ‹van water› geluid maken (als het kookpunt nadert): ★ *het water zingt*

zin·ge·not *het* streling van de zinnen (→ **zin**, bet 2)

zink ‹Du› *het* chemisch element, symbool Zn, atoomnummer 30, een veel voorkomend blauwachtig-wit metaal

zink·blen·de *de* verbinding van zink en zwavel

zink·chlo·ri·de *het* verbinding van chloor met zink; wordt o.a. verkregen door oplossing van zink in zoutzuur

zink·druk *de (m)* [-ken] zinkografie

zin·ken¹ *bn* van zink: ★ *een ~ badkuip*

zin·ken² *ww* [zonk, is gezonken] niet blijven drijven; naar de diepte gaan, zakken: ★ *de moed laten ~* ★ *het schip zonk naar de diepte* ★ *laag / diep gezonken zijn* maatschappelijk en / of moreel zich verlaagd hebben

zin·ker *de (m)* [-s] ❶ buisleiding onder water ❷ verzwaring aan een visnet

zink·lood *het* [-loden] instrument om de diepte van water te meten, peillood

zin·ko·gra·fie *de (v)* [-fieën] kunst om beelden fotografisch op zink over te brengen en dat te etsen of te graveren, en daarvan af te drukken; aldus gemaakte afdruk

zink·oxi·de [-oksidə] *het* verbinding van zink en zuurstof

zink·put *de (m)* [-ten] put zonder gemetselde bodem waarin vuil kan achterblijven

zink·sel *het* [-s] bezinksel

zink·stuk *het* [-ken] vlechtwerk van rijshout, verzwaard met basaltkeien neergelaten op oevers of dijkhellingen om die te verstevigen

zink·wit *het* zinkoxide, witte verfstof

zink·zalf *de* met zinkoxide bereide zalf die verzacht bij huidaandoeningen

zin·le·dig, **zin·le·dig** *bn* zonder zin of betekenis: ★ *een ~ betoog*

zin·lijk *bn* → **zinnelijk**

zin·lijk·heid *de (v)* → **zinnelijkheid**

zin·loos *bn* ❶ zinledig ❷ zonder nut: ★ *~ geweld*

zin·loos·heid *de (v)* het zinloos-zijn

zin·ne·beeld *het* [-en] zinnelijk waarneembare afbeelding of aanduiding van een geestelijk begrip, symbool

zin·ne·beel·dig *bn* in zinnebeelden, symbolisch: ★ *een zinnebeeldige voorstelling*

zin·ne·lijk, **zin·lijk** *bn* ❶ met of door de zinnen: ★ *~ waarneembaar* ❷ geneigd tot zingenot: ★ *zij heeft een zinnelijke natuur*

zin·ne·lijk·heid, **zin·lijk·heid** *de (v)* het zinnelijk-zijn (→ **zinnelijk**, bet 2)

zin·ne·loos *bn* krankzinnig, zonder verstand, dwaas; **zinneloosheid** *de (v)*

zin·nen¹ *ww* [zon, h. gezonnen] peinzen: ★ *op wraak ~*

zin·nen² *ww* [zinde, h. gezind] naar de zin zijn: ★ *dat zinde hem wel*

zin·nen·prik·ke·lend, **zin·nen·prik·ke·lend** *bn* zinnelijke (veelal seksuele) lust opwekkend

zin·nens *ww* ★ BN *ook ~ zijn* zie bij → **zin** (bet 2)

zin·nen·stre·lend, **zin·nen·stre·lend** *bn* de zinnen (→ **zin** bet 3) aangenaam aandoend

zin·ne·spel *het* [-spelen] veelal door de rederijkers opgevoerd toneelstuk in de vorm van een allegorie, waarin verpersoonlijkingen van abstracte begrippen sprekend optraden

zin·nia *de* ['s] sierplant uit Mexico met bloemen in verschillende kleuren, tropische zonnebloem

zin·nig *bn* redelijk, niet dwaas, verstandig: ★ *een zinnige opmerking*

zin·nig·heid *de (v)* het verstandig of zinvol zijn

zin·rijk *bn* vol betekenis, doordacht; geestig; **zinrijkheid** *de (v)*

zins *zn* ★ *van ~* zie bij → **zin** (bet 2)

zins·ac·cent *het* [-en] accent op één van de woorden binnen een zin

zins·be·drog *het* bedrieglijke waarneming

zins·be·goo·che·ling *de (v)* [-en] zinsbedrog

zins·bouw *de (m)* bouw van een volzin

zins·con·struc·tie [-sie] *de (v)* [-s] zinsbouw

zins·deel, **zin·deel** *het* [-delen] elk van de delen waaruit een zin bestaat: onderwerp, gezegde enz.

zins·ne·de *de* [-n] ❶ deel van een volzin ❷ deel van een betoog, passage

zins·ont·le·ding *de (v)* [-en] ontleding van een zin in zinsdelen

zin·spe·len *ww* [zinspeelde, h. gezinspeeld] in bedekte termen aanduiden: ★ *hij zinspeelde op hun financiële moeilijkheden*

zin·spe·ling *de (v)* [-en] bedekte aanduiding, toespeling: ★ *een ~ op iemands verleden*

zin·spreuk *de* [-en] leus, devies, bijv. *Eendracht maakt macht*

zins·ver·band *het* verband tussen de zinnen of tussen de woorden van een zin

zins·ver·ruk·king *de (v)*, **zins·ver·voe·ring** *de (v)* extase
zins·wen·ding *de (v)* [-en] wijze van zeggen, uitdrukking
zin·tuig *het* [-en] orgaan voor waarneming ★ *de vijf zintuigen* gezicht, gehoor, gevoel, smaak, reuk ★ *het zesde* ~ rake intuïtie ★ *geen ~ voor iets hebben* het gevoel of de aanleg voor iets missen
zin·tuig·lijk *bn* van, met de zintuigen: ★ *~ waarneembaar*
zin·vol *bn* zinnig, nuttig: ★ *zinvolle bezigheden*
Zi·on *(‹Hebr) het* berg met Davids burcht en Salomo's tempel te Jeruzalem; in overdrachtelijke zin Jeruzalem als het centrum van joods geloofsleven
zi·o·nis·me *het* oorspr streven naar het verkrijgen van een door publiekrechtelijke waarborgen verzekerde woonplaats voor het Joodse volk in zijn land van herkomst; thans beweging die zich bezighoudt met de verspreiding van de Hebreeuwse en Joodse cultuur en de bevordering van de immigratie in Israël
zi·o·nist *de (m)* [-en] aanhanger van het zionisme
zi·o·nis·tisch *bn* volgens het zionisme
zip·be·stand *het* [-en], **zip·file** [-fail] *(‹Eng) de (m)* [-s] comput gecomprimeerd bestand
zip·disk *(‹Eng) de (m)* [-s] extern opslagmedium met grote capaciteit: ★ *een ~ heeft een capaciteit van 100 of 250 MB*
zip·drive [-draiv] *(‹Eng) de* [-s] apparaat waarmee gegevens van een zipdisk worden gehaald of erop worden vastgelegd
zip·pen *ww (‹Eng-Am)* [zipte, h. gezipt] comput een bestand comprimeren, bijv. om het makkelijker via e-mail te kunnen verzenden
zir·ko·ni·um *(‹Fr) het* chemisch element, symbool Zr, atoomnummer 40, een wit, hard metaal, dat in de natuur alleen gebonden voorkomt, o.a. in zirkoon
zir·koon *(‹Du‹Arab)* I *als stof: het* mineraal dat zowel kleurloos als in geelrode tint voorkomt II *als voorwerp: de* [-konen] geelrode halfedelsteen, → **hyacint** (bet 2)
zit *de (m)* ❶ het zitten: ★ *die stoel heeft een fijne ~* ★ *het is een hele ~* ook fig het is een langdurige reis ❷ spreektaal zitplaats ★ *schertsend neem een ~* ga zitten (waar het eig. niet kan); zie ook → **zitje** ❸ BN, stud examenperiode ★ *tweede ~ hebben* moeten deelnemen aan de tweede examenperiode, een herexamen hebben
zit·bad *het* [-baden] kleine badkuip waarin men zich zittende kan wassen
zit·bank *de* [-en] bank om op te zitten
zit·been *het* [-deren] elk van de beide beenderen onder aan het bekken waar men op zit
zit·dag *de (m)* [-dagen] ❶ dag waarop (door een college, een ambtenaar e.d.) zitting gehouden wordt ❷ BN dag waarop een openbare verkoping gehouden wordt, koopdag
zit·ele·ment *het* [-en] zitmeubel voor één persoon dat, tezamen met andere elementen bij elkaar geschoven, een zitbank vormt
zit·geld *het* [-en] m.g. zitpenning, → **vacatie** (bet 3)
zit·groep *de* [-en] NN zitbank met een of twee bijpassende fauteuils
zit·je *het* [-s] ❶ plaats waar men gezellig kan zitten: ★ *een ~ aan het water* ❷ kinderstoeltje ❸ BN ook zetel (in het parlement e.d.)
zit·ka·mer *de* [-s] woonkamer
zit·kuil *de (m)* [-en] verlaagd gedeelte in tuin of woonkamer, waar men enigszins afgesloten kan zitten
zit·pen·ning *de (m)* [-en] BN vacatie, vergoeding voor een ambtelijke handeling, presentiegeld
zit·plaats *de* [-en] ❶ plaats om te zitten: ★ *de gemiddelde personenauto heeft vijf zitplaatsen; tegengest:* → **staanplaats** ❷ BN ook zitkamer, huiskamer
zit·sel *het* kaartsp distributie, wijze waarop de kaarten verdeeld zitten: ★ *een gunstig ~*
zit·slaap·ka·mer *de* [-s] NN kamer die zitkamer en slaapkamer tegelijk is
zit·sta·king *de (v)* BN vernederlandsing van → **sitdownstaking**, staking waarbij de stakers de fabriek of werkplaats bezet houden, maar weigeren te werken
zit·ten *ww* [zat, h. & is gezeten] ❶ zich in een bepaalde houding op een stoel, bank e.d. bevinden; voorts in uiteenlopende betekenissen: ★ *gaat u ~* ★ *in het bestuur ~* lid zijn van het bestuur ★ *blijven ~* niet naar een hogere klas bevorderd worden ★ *iem. laten ~* in de steek laten ★ *het er niet bij laten ~* maatregelen nemen ★ *iets niet op zich laten ~* er niet in berusten, wraak nemen ★ *zich niet op zijn kop laten ~* niet de baas over zich laten spelen ★ *ze zat er erg mee* had er moeite mee ❷ in de gevangenis zitten: ★ *hij heeft een jaar gezeten* ❸ zich bevinden, zijn ★ *waar zit die jongen toch?* ★ *in de schuld ~* ★ *in verlegenheid ~* ★ *het zit in de familie* ★ *dat schrift zit vol vlekken* ★ NN *er zit niet veel bij* hij heeft niet veel hersens, niet veel belangstelling of ontwikkeling ★ *aan de grond ~* geen geld meer hebben ★ sp *kapot / erdoorheen zitten* lijfelijk te vermoeid zijn ★ *onder ~ veel van iets dragen / hebben* ★ *je haar zit onder de vogelpoep* ★ *hoe zit dat?* hoe is het daarmee gesteld? ★ *waar zit het 'm in?* wat is de oorzaak? ★ *er zit niets anders op* er is geen andere mogelijkheid ★ *ik zie het niet ~* ik kan me er niet mee verenigen of ik zie geen oplossing ★ *laat maar ~* a) besteed er maar geen aandacht aan, laat het maar zoals het is; b) dit hoef je niet te betalen of terug te geven ★ spreektaal *het zit eraan te komen* het komt eraan, men is er mee bezig ❹ steken: ★ *de splinter bleef in zijn vinger ~* ❺ ergens aan of op bevestigd zijn: ★ *als dat maar zo blijft* ★ ❻ passen, kleden: ★ *die jas zit goed* ❼ ★ *erin ~* te verwachten zijn: ★ *het zit er (dik) in dat hij die afspraak vergeten is*
zit·ten·blij·ver *de (m)* [-s] leerling die is blijven zitten
zit·tend *bn* ❶ waarbij men veel zit: ★ *een ~ leven*

★ *een ~ beroep* ; zie ook bij → **magistratuur** ❷ thans zitting hebbend, thans in functie zijnde: ★ *het ~ bestuur* ❸ biol zonder steel; (bij de stampers) zonder stijl; (bij de helmknopjes) zonder helmdraden
zit·tijd *de* [-en] BN ook examenperiode
zit·ting *de (v)* [-en] ❶ zitvlak van een stoel e.d. ❷ vergadering: ★ *~ houden* ★ *~ hebben, nemen in* lid zijn of worden van
zit·tings·dag *de (m)* [-dagen] zitdag
zit·tings·jaar *het* [-jaren] jaar dat een bestuurslichaam zitting heeft
zit·vlak *het* [-ken] ❶ vlak waarop men zit ❷ achterste
zit·vlees *het* ★ *geen ~ hebben* erg beweeglijk zijn, niet lang kunnen stilzitten
zit·zak *de (m)* [-ken] met kleine korreltjes gevulde grote zak als zitmeubel
ZIV *afk* in België Ziekte- en Invaliditeitsverzekering
z.j. *afk* zonder jaar(tal) [(in titelbeschrijvingen van boeken om aan te geven dat in het betreffende boek niet is vermeld in welk jaar het is verschenen)]
z.k. *afk* zonder kosten, zonder kinderen [in advertenties]
Z.K.H. *afk* Zijne Koninklijke Hoogheid
z.k.m. *afk* zoekt kennismaking met *(in advertenties)*
zło·ty [zwottie] *(‹Pools› de (m)* ['s] Poolse munteenheid
Z.M. *afk* Zijne Majesteit
zmlk *afk* zeer moeilijk lerende kinderen
zmok *afk* zeer moeilijk opvoedbare kinderen
Zn *afk* chem symbool voor het element zink
zn. *afk* zoon (in firmanamen): ★ *De Vries & zn.*
Z.O. *afk* zuidoost, zuidoosten
zo I *bijw* ❶ op deze wijze: ★ *gaat dat ~?* ★ *goed ~?* ★ *het zij ~* ★ *hoe ~?* waarom? ★ *het is ~* het is waar ❷ in die mate: ★ *hij is ~ rijk dat hij zich alles veroorloven kan* ★ NN *hij was niet ~ goed, of hij moest mee* zin of geen zin ❸ in hoge mate: ★ *ik ben er ~ mee in mijn schik* ❹ vooral NN dadelijk, onmiddellijk: ★ *hij komt ~* ★ *~ uit de pan* ★ *dat kun je ~ krijgen* zonder bijzondere moeite ★ *~ maar* zonder aarzelen of nadenken, zonder bijzondere bedoeling, zonder met bezwaren te rekenen ❺ ongeveer ★ *~ rond de kerst* om en nabij Kerstmis, in de kersttijd ❻ ★ BN *~ een* of *zo'n* zulk(e): ★ *zijn wij dan zo'n toffe jongens?* **II** *tsw* uitroep van voldoening, verbazing e.d.: ★ *~, dat is klaar* ★ *~, is hij getrouwd?* ★ *~, ben je daar eindelijk?* **III** *voegw* ❶ indien, als: ★ *~ mogelijk zal deze regeling voor 1 januari al ingaan* ★ *~ niet* als dat niet het geval is ❷ ter inleiding van een vergelijking: ★ *~ vader, ~ zoon* ★ *~ goed als ze is in wiskunde, ~ slecht is ze in talen*
zo·ab *het* NN zeer open asfaltbeton, fluisterasfalt [type asfalt met een open structuur, waardoor regenwater er makkelijk in wegzakt en het zicht bij regen voor automobilisten sterk wordt verbeterd]
zo·al, zo·al *bijw* onder meer: ★ *wat was er ~ te zien?*
zo·als *voegw* ❶ evenals: ★ *ik zoek iemand ~ jij* ❷ waaronder, te weten: ★ *veel boeken, ~ een boek over werkwoorden, over de 17de eeuw* ★ *~ daar zijn...*

ZOAVO *afk* Zuidoost-Aziatische Verdragsorganisatie [in 1955 in werking getreden verdrag tussen de Verenigde Staten, Groot-Brittannië, Frankrijk, Australië, Nieuw-Zeeland, Pakistan, Thailand en de Filippijnen met als doel wederzijdse bijstand in geval van agressie en samenwerking op economisch en technisch gebied]
zocht *ww*, **zoch·ten** *verl tijd van* → **zoeken**
zo·da·nig, zo·da·nig *vnw & bijw* zulk, dergelijk, van die aard ★ *als ~* in die hoedanigheid
zo·dat *voegw* ❶ met het gevolg dat ❷ opdat, met het doel dat
zo·de *de* [-n] vierkant uitgestoken stuk grond met begroeiing, meestal gras ★ *dat zet geen zoden aan de dijk* dat brengt ons niet verder, dat helpt niet ★ *onder de groene zoden (liggen)* dood en begraven
zo·di·ak (*‹Fr‹Gr› de (m)* dierenriem: gordel aan het uitspansel waarin de zon, de maan en de planeten zich bewegen; de gordel is in twaalf sectoren of sterrenbeelden verdeeld (Ram, Stier, Tweelingen, Kreeft, Leeuw, Maagd, Weegschaal, Schorpioen, Boogschutter, Steenbok, Waterman, Vissen)
zo·doen·de, zo·doen·de *bijw* op die manier, daardoor
zo·dra *voegw* onmiddellijk nadat: ★ *~ hij komt, gaan ze weg* ★ BN, spreektaal *van ~ / ~ dat* zodra: ★ *van ~ kinderen kunnen rekenen, moeten ze ook zakgeld krijgen*
zoe·aaf (*‹Fr› de (m)* [-aven] ❶ benaming voor vroegere Franse soldaten van de lichte infanterie in Afrika; genoemd naar de *Zouaoua*, een Kabylenstam ❷ benaming voor de pauselijke soldaten onder Pius IX (1867-1870) bij de strijd om de Kerkelijke Staat bij de eenwording van Italië, later leden van de pauselijke ordedienst
zoek *bijw* ❶ weg, niet te vinden: ★ *~ raken, zijn* ; zie ook bij → **eind** ❷ ‹met *op*› het zoeken: ★ *op ~ gaan* ★ *op ~ naar* zoekende naar
zoek·bren·gen *ww* [bracht zoek, h. zoekgebracht] NN doorbrengen, verdoen: ★ *zijn tijd ~ met foto's bekijken*
zoe·ken *ww* [zocht, h. gezocht] ❶ trachten te vinden, te verkrijgen: ★ *je moet goed ~* ★ *zoekt en gij zult vinden* ★ *werk ~* ★ *ruzie ~* ★ *naar zijn woorden ~* moeite hebben met zich uit te drukken ★ *ergens niets te ~ hebben* er niets te maken hebben ★ vooral NN *hij wist niet (meer) waar hij het ~ moest* hij wist zich geen raad (meer) (van ellende, pijn, schaamte e.d.) ★ *dat had ik niet achter hem gezocht* dat had ik niet van hem gedacht ★ *niet ver te ~* voor de hand liggend ❷ proberen: ★ *iemand ~ te benadelen* ; zie ook bij → **gezocht**
zoek·en·gine [-endzjin] (*‹Eng› de (m)* [-s] comput zoekmachine
zoe·ker *de (m)* [-s] ❶ iem. die zoekt ❷ onderdeel van een fototoestel om te controleren of men het beeld juist voor de lens krijgt
zoe·ker·tje *het* [-s] BN, spreektaal kleine advertentie

zoek·licht *het* [-en] toestel dat een sterk geconcentreerde stralenbundel in alle richtingen kan werpen

zoek·ma·chi·ne [-sjie-] *de (v)* [-s] comput zoekprogramma dat een overzicht geeft van de webpagina's waarin een door de gebruiker opgegeven zoekwoord (of combinatie van zoekwoorden) voorkomt, met daarbij een link naar deze webpagina's

zoek·ma·ken *ww* [maakte zoek, h. zoekgemaakt] vooral NN verliezen, onvindbaar maken

zoek·op·dracht *de* [-en] comput opdracht om specifieke data uit een systeem te verzamelen, query

zoek·pa·troon *het* [-tronen] comput reeks letters en / of symbolen die in de zoektaal de gezochte, specifieke data vertegenwoordigt

zoek·plaat·je *het* [-s] ❶ plaatje waarin een figuur verborgen is, die door nauwkeurig kijken gevonden moet worden ❷ bij uitbreiding afbeelding, foto e.d. waarin iets ongewild moeilijk zichtbaar is

zoek·pro·ce·du·re *de* [-s] comput geheel van handelingen om een zoekopdracht door de computer te laten uitvoeren

zoek·taal *de* comput karakters en symbolen die gebruikt worden om specifieke zoekopdrachten te formuleren

zoek·tocht *de (m)* [-en] ❶ speurtocht ❷ BN ook rally

zoel *bn* ❶ ⟨van wind, weer⟩ zacht en warm ❷ zwoel, drukkend, vochtig warm: ★ *zoele lucht als voorbode van onweer*; **zoelheid** *de (v)*

Zoe·loe I *mv* Bantoevolk in het zuidoosten van Afrika II *de (m)* [-s] lid van dit volk

zoe·men *ww* [zoemde, h. gezoemd] gonzen: ★ *muggen* ~

zoe·mer *de (m)* [-s] toestelletje dat een zoemende toon laat horen, gebruikt in de telecommunicatie of als ander signaal

zoem·toon *de (m)* [-tonen] gonzende toon in een telefoon die aangeeft dat er een nummer gekozen kan worden

zoen *de (m)* [-en] kus: ★ *iem. een dikke* ~ *geven*

zoen·al·taar *de (m) & het* [-taren] altaar waarop het zoenoffer gebracht of opgedragen wordt

zoe·nen *ww* [zoende, h. gezoend] kussen ★ *om te* ~ prachtig, heerlijk

zoe·ne·rig *bn* dikwijls of graag zoenend

zoen·of·fer *het* [-s] offer ter verkrijging van verzoening met God

zoet *bn* ❶ met de smaak van suiker ★ ~ *water* niet zout; zie ook bij → **brood** ❷ zacht, liefelijk, aangenaam: ★ *zoete tonen* ★ *zoete dromen* ❸ gehoorzaam, braaf: ★ *een* ~ *kind*

zoe·te·kauw *de* [-en] iem. die graag iets zoets eet

zoe·te·lief *het* [-lieven] liefste, schat

zoe·te·melk, zoe·te·melk *de* verse melk

zoe·ten *ww* [zoette, h. gezoet] zoet maken

zoe·terd *de (m)* [-s] lieverd

zoe·te·rig *bn* BN ❶ ⟨van smaak, reuk⟩ zoetig ❷ overdreven lief en vriendelijk, zoetelijk, zoetsappig; kinderachtig; weeïg

zoet·ge·vooisd *bn* met een aangename stem om naar te luisteren

zoet·heid *de (v)* ❶ het zoet-zijn ❷ [*mv:* -heden] iets zoets; wat aangenaam is, genoegen

zoet·hou·der·tje *het* [-s] fig iets van weinig waarde om iem. voorlopig tevreden mee te houden

zoet·hout, zoet·hout *het* geneeskrachtige wortelstok waaruit drop gemaakt wordt (*Glycyrrhiza glabra*)

zoe·tig *bn* enigszins zoet

zoe·tig·heid *de (v)* [-heden] ❶ zoete lekkernij ❷ iets wat aangenaam is, genoegen

zoet·je *het* [-s] zoet makend, suiker vervangend tabletje voor in de thee of koffie

zoet·jes *bijw* zachtjes, langzaam

zoet·jes·aan *bijw* langzamerhand: ★ *het wordt* ~ *tijd om...*

zoet·sap·pig *bn* ❶ laf, zouteloos, zonder pit: ★ *een* ~ *verhaal* ★ *een zoetsappige jongen* ❷ overdreven vriendelijk: ★ *hij deed erg* ~

zoet·schaaf *de* [-schaven] schaaf waarmee hout zeer glad wordt geschaafd

zoet·stof *de* [-fen] stof waarmee iets zoet gemaakt wordt, bijv. sacharine, sucrette, glucosestroop

zoet·vijl *de* [-en] fijne vijl

zoet·vloei·end, zoet·vloei·end *bn* mooi en zacht klinkend: ★ *zoetvloeiende woorden*; **zoetvloeiendheid** *de (v)*

zoet·wa·ter·fau·na *de* alle dieren die in zoet water leven

zoet·wa·ter·vis *de (m)* [-sen] vis die in zoet water leeft

zoet·zuur I *bn* zoet en tegelijkertijd ook enigszins zuur smakend: ★ *zoetzure appels* II *het* uien of augurken ingelegd in azijn met suiker

zoeven *ww* [zoefde, h. gezoefd] ❶ dof suizen ❷ voorbij gaan en daarmee een suizend geluid geven: ★ *de wielrenners zoefden voorbij*

zo-even *bijw* daar juist, een ogenblik geleden

zog *het* ❶ moedermelk ❷ kielwater: ★ *in iemands* ~ *varen* fig iemand navolgen

zo·ge·he·ten *bn* met die naam, zo genoemd

zo·gen[1] *ww* [zoogde, h. gezoogd] aan de moederborst laten drinken: ★ *een kind* ~

zo·gen[2] *ww verl tijd meerv van* → **zuigen**

zo·ge·naamd, zo·ge·naamd I *bn* ❶ zo genoemd: ★ *de zogenaamde dinky's zijn samenwonende mensen met een dubbel inkomen en geen kinderen* ❷ ten onrechte zo genoemd: ★ *dat waren zijn zogenaamde helpers* II *bijw* voorgevende, de schijn aannemende van: ★ *hij komt niet,* ~ *uit gebrek aan tijd*

zo·ge·noemd *bn* de naam dragend van, zogenaamd

zo·ge·zegd I *bijw* ❶ om zo te zeggen, bij wijze van spreken: ★ *het is* ~ *in een ogenblik gebeurd* ❷ zo goed als: ★ *het is* ~ *klaar* II *bn* BN ook zogenaamd, ten onrechte zo genoemd: ★ *een zogezegde vergissing*

zo·goed *bijw* ★ ~ *als* bijna, vrijwel (*ook als twee*

woorden geschreven: zie bij → **goed¹**)
zo·iets *onbep vnw* iets dergelijks: ★ ~ *heb ik nog nooit gezien!* ★ *het was ~ moois!*
zo·juist *bijw* zo-even
zo·lang I *bijw* ondertussen: ★ *ga jij ~ maar weg* II *voegw* ★ ~ *jij weg was kon ik niets beginnen*
zol·der *(‹Lat› de (m) [-s]* ❶ ruimte onder het dak: ★ *de spullen liggen op (de)* ~ ❷ zoldering, plafond (veelal van balken)
zol·der·deur *de* [-en] deur naar de zolder
zol·der·gat *het* [-gaten] gat waardoor men op zolder komt
zol·de·ring *de (v)* [-en] bovenwand van een kamer, (balken)plafond
zol·der·ka·mer *de* [-s] op zolder gemaakte kamer
zol·der·luik *het* [-en] luik dat bij opening toegang geeft tot de zolder
zol·der·raam *het* [-ramen] raam in het dak boven de zolder
zol·der·schuit *de* [-en] boot met een plat dek waarop goederen geladen worden
zol·der·trap *de (m)* [-pen] trap naar de zolder
zol·der·ver·die·ping *de (v)* [-en] verdieping onmiddellijk onder het dak
zo·len *ww* [zoolde, h. gezoold] van zolen voorzien
zo·maar *bijw* zonder voorbereiding, zonder voorafgaand verzoek of voorafgaande aankondiging: ★ *hij verliet ~ de kamer*
zom·bie *(‹West-Afrikaanse taal› de (m)* [-s] ‹in de voodoocultuur› wil- en spraakloos menselijk wezen dat wordt beschouwd als gestorven, maar weer tot leven gewekt; *fig* levend wezen zonder eigen wils- of driftleven: ★ *als een ~ ergens rondlopen*
zom·bie-pc *de (m)* ['s] pc die buiten medeweten van de eigenaar door hackers wordt ingezet voor de verspreiding van spam of het platleggen van websites
zo·men *ww* [zoomde, h. gezoomd] een zoom vouwen en naaien, van een zoom voorzien
zo·mer *de (m)* [-s] ❶ het warme jaargetijde, op het noordelijk halfrond van omstreeks 21 juni tot omstreeks 21 september: ★ *'s zomers* in de zomer ★ *van de ~ deze zomer* ★ *lange, hete ~ fig* zomer met veel politieke en sociale onrust (rellen, stakingen e.d.) ❷ zomers weer, warmte: ★ *een late ~*
zo·mer·aard·ap·pel [-aardap-] *de (m)* [-en, -s] vroege aardappel, die in de zomer op z'n best is
zo·mer·ach·tig *bn* als in de zomer: ★ ~ *weer*
zo·mer·avond, **zo·mer·a·vond** *de (m)* [-en] avond in de zomer: ★ *een lange, zoele ~*
zo·mer·bed *het* [-den], **zo·mer·bed·ding** *de (v)* [-en] de gemiddelde hoogte en breedte die een rivier in de zomer, dus bij laag water, bedekt
zo·mer·cur·sus *de (m)* [-sen] in de zomer gegeven cursus; vakantiecursus
zo·mer·dag *de (m)* [-dagen] dag in de zomer
zo·mer·dienst *de (m)* [-en] dienstregeling voor de zomer, bijv. van treinen of bussen

zo·mer·dijk *de (m)* [-en] dijk langs de zomerbedding
zo·me·ren *ww* [zomerde, h. gezomerd] zomers weer worden of zijn: ★ *het wil maar niet ~*
zo·mer·gast *de (m)* [-en] ❶ pensiongast in de zomer ❷ vogel die alleen 's zomers in een bep. streek vertoeft, maar daar niet broedt
zo·mer·goed *het* ❶ zomerkleren ❷ vruchten, bloemen e.d. die in de zomer voorhanden zijn
zo·mer·graan *het* [-granen] zomerkoren
zo·mer·griep *de* infectieziekte, gepaard gaande met koorts, moeheid, hoofdpijn, verkoudheid enz.
zo·mer·groen·te *het* [-n, -s] groente die 's zomers geoogst wordt
zo·mer·hoed *de (m)* [-en] hoed die men 's zomers draagt
zo·mer·huis *het* [-huizen] ❶ tuinhuisje ❷ huis dat men 's zomers bewoont
zo·mer·jas *de* [-sen] jas die men 's zomers draagt
zo·mer·jurk *de* [-en] jurk die men 's zomers draagt
zo·mer·kleed *het* ❶ ‹van dieren› vacht of veren zoals die in de zomer zijn ❷ uiterlijk zoals in de zomer: ★ *de velden in ~*
zo·mer·kle·ren *mv* kleding die men 's zomers draagt
zo·mer·ko·ren *het* koren dat in het voorjaar gezaaid en 's zomers geoogst wordt
zo·mer·maand *de* ❶ juni ❷ [*mv:* -en] maand in de zomer (juni, juli of augustus)
zo·mer·nacht *de (m)* [-en] nacht in de zomer
zo·mer·peil *het* peil van in de zomer dat in polders als standaard gehandhaafd wordt
zo·mers *bn* als in de zomer: ★ *een zomerse dag*
zo·mer·sei·zoen *het* [-en] → **zomer** (bet 1)
zo·mer·sproet *de* bruin vlekje op de huid door de zon veroorzaakt
zo·mer·tar·we *de* tarwe die in het voorjaar gezaaid wordt
zo·mer·tijd *de (m)* ❶ tijd dat het zomer is ❷ tijdrekening waarbij de klok eind maart een uur vooruitgezet wordt en eind oktober weer een uur terug
zo·mer·uur *het* BN ook zomertijd
zo·mer·va·kan·tie [-sie] *de (v)* [-s] vakantie in de zomer
zo·mer·ver·blijf *het* [-blijven] → **zomerhuis** (bet 2)
zo·mer·vo·gel *de (m)* [-s] vogel die 's zomers in onze streken verblijf houdt
zo·mer·warm·te *de (v)* zomerse warmte
zo·mer·weer *het* zomers weer
zo·mer·zalm *de (m)* [-en] jakobszalm, zalm die rond St-Jacob (25 juli) wordt gevangen
zo·mer·ze·gel *de (m)* [-s] NN bijzondere postzegel met een hogere prijs waarvan de extra opbrengst voor bep. doeleinden bestemd is
zo·min *bijw* evenmin
zomp *de* [-en] vooral NN moeras, drassig land
zom·pig, **som·pig** *bn* moerassig
zon¹ *de* [-nen] ❶ hemellichaam dat licht en warmte uitstraalt, vooral het hemellichaam waaromheen de

zon–zonetarief

aarde draait: ★ *het opgaan, ondergaan van de ~; de ~ breekt door* ★ *de opgaande, rijzende ~ aanbidden* de macht hebbende partij vleien ★ *het land van de rijzende ~* Japan ★ vooral NN *voor niets gaat de ~ op* niets wordt gratis gedaan, overal staat iets tegenover ★ *hij kan de ~ niet in het water zien schijnen* hij kan niet verdragen dat het een ander beter gaat ❷ zonlicht, zonnewarmte: ★ *deze plant kan niet veel ~ verdragen* ★ *iets in de ~, uit de ~ zetten* ; zie ook → **nieuws** en → **zonnetje**

zon² *ww verl tijd van* → **zinnen¹**

zo'n I *aanw vnw* ❶ zulk een, een zodanig(e) (*samentrekking van zo + een, gebruikt bij zelfst naamw in het enkelvoud*): ★ *~ hond is erg gehoorzaam;* ❷ BN (*gebruikt bij zelfst naamw in het meervoud en bij stofnamen*) zulk, zulke: ★ *~ dieren zijn gauw moe* ; zie ook → **zo II** *bijw of onbep vnw ongeveer*: ★ *die pc kost ~ 500 euro*

zo·na *de (m)* BN, med gordelroos

zo·naal (*‹Fr›*) *bn* een zone of zones betreffend; tot een zone behorend

zond *ww verl tijd van* → **zenden**

zon·daar *de (m)* [-s, -daren], **zon·da·res** *de (v)* [-sen] iem. die zonden bedreven heeft

zon·dag *de (m)* [-dagen] ❶ dag van de week: ★ *op zon- en feestdagen* ❷ kerkelijke feestdag, waarop niet gewerkt wordt: ★ *Hemelvaartsdag is een zondag*

zon·dags *bn* ❶ iedere zondag: ★ *~ gaan we altijd wandelen* ❷ bij de zondag behorende, extra mooi: ★ *zondagse kleren*

zon·dags·ar·beid *de (m)* werk op zondag

zon·dags·blad *het* [-bladen] krant die 's zondags verschijnt

zon·dags·dienst *de (m)* [-en] ❶ kerkdienst op zondag ❷ dienst van het openbaar vervoer op zondag ❸ arbeid op zondag

zon·dags·hei·li·ging *de (v)* strenge handhaving van de zondagsrust en bevordering van godsdienstoefeningen op zondag

zon·dags·kind *het* [-eren] gelukskind

zon·dags·let·ter *de* [-s] een van de eerste zeven letters van het alfabet, die aanwijst op welke dag van een jaar de eerste zondag valt (waarbij A is 1 januari, B is 2 januari enz.): ★ *in 2009 was de ~ een D*

zon·dags·maal *het* [-malen] bijzonder verzorgde maaltijd op de zondag

zon·dags·pak *het* [-ken] zondagse kleding

zon·dags·plicht *de* [-en] RK wat men op zondag moet doen, vooral de mis bijwonen

zon·dags·rij·der *de (m)* automobilist die alleen op zon- en feestdagen rijdt, ongeoefend rijder

zon·dags·rust *de* het rusten, niet arbeiden op zondag

zon·dags·schil·der *de (m)* [-s] amateurkunstschilder

zon·dags·school *de* [-scholen] godsdienstles voor kinderen op zondag

zon·dags·slui·ting *de (v)* [-en] het gesloten-zijn van winkels op zondag

zon·dags·vie·ring *de (v)* inachtneming van de zondagsheiliging

zon·da·res *de (v)* [-sen] zie bij → **zondaar**

zon·de *de* [-n, -s] ❶ overtreding van de goddelijke wet: ★ *zonden bedrijven, begaan* ★ *voor zijn zonden boeten* ★ *iemand zijn zonden vergeven* ★ *jeugdzonden* schertsend ondeugende dingen die iemand in z'n jeugd heeft gedaan ❷ algemeen fout: ★ *een ~ tegen de grammatica* ❸ jammer: ★ *het is ~* ★ *dood~* ★ *het is ~ en schande* ★ *het is eeuwig ~* heel erg jammer

zon·de·bok *de (m)* [-ken] ❶ ‹oorspr› bok die bij de Israëlieten op Grote Verzoendag door de hogepriester zinnebeeldig werd beladen met de zonden van het volk en dan de woestijn in werd gejaagd (*Leviticus* 16: 21) ❷ iem. die van alles de schuld krijgt

zon·de·loos *bn* zonder zonde; **zondeloosheid** *de (v)*

zon·den *ww verl tijd meerv van* → **zenden**

zon·der *vz* ❶ niet voorzien van: ★ *een schoen ~ veters* ★ *een broodje ~ boter* ❷ niet in het bezit van: ★ *~ geld* ★ *~ werk* ★ *~ meer zeker*: ★ *dat is ~ meer juist* ❸ buiten: ★ *~ haar hulp was ik er niet gekomen* ★ *~ dat ik het wist heb ik haar beledigd*

zon·der·ling I *bn* vreemd, ongewoon **II** *de (m)* [-en] zonderling mens

zon·de·val *de (m)* ❶ Bijbel het begaan van de eerste zonde door Adam en Eva, waardoor zij uit het paradijs verdreven werden ❷ het begaan van een grote fout

zon·de·ver·ge·ving *de (v)* vergiffenis voor zonden

zon·dig *bn* ❶ waardoor men zondigt; slecht: ★ *zondige gedachten* ★ *een ~ leven* ❷ geneigd tot zonde: ★ *een ~ mens* ★ *onze zondige natuur;* **zondigheid** *de (v)*

zon·di·gen *ww* [zondigde, h. gezondigd] zonde bedrijven; de wetten of regels overtreden: ★ *~ tegen*

zond·vloed *de (m)* ❶ overstroming van de gehele wereld, naar een Bijbels verhaal uit *Genesis* 7 ★ *van vóór de ~* uit heel oude tijd ★ *na ons de ~* de toekomst kan ons niets schelen ❷ fig overstelpende massa: ★ *een ~ van verordeningen*

zo·ne [zònə] (*‹Fr‹Gr›*) *de (v)* [-s] ❶ luchtstreek ❷ streek tussen zekere begrenzingen waarbinnen iets heerst, geschiedt of geldig is ★ *blauwe ~* deel van een gemeente waar het gebruik van de parkeerschijf verplicht is ★ BN *groene ~* gebied waar niet (meer) gebouwd mag worden ★ ook als laatste deel van samenstellingen: *tippelzone, gedoogzone* ★ *gedoog~* ❸ ‹openbaar vervoer› gebied waarvoor een bepaald tarief geldt ★ *voor drie zones worden vier strippen afgestempeld*

zon·eclips *de* [-en] zonsverduistering

zo·ne·grens [zò-] *de* [-grenzen] grens tussen twee zones

zon- en feest·da·gen *mv* zondagen en feestdagen

zo·ne·num·mer [zò-] *het* [-s] BN netnummer

zo·net *bijw* zo-even

zo·ne·ta·rief [zò-] *het* [-rieven] tariefsysteem bij tram, bus en metro waarbij men voor elke → **zone** (bet 2) waardoor men reist een strip van de strippenkaart moet laten afstempelen

zo·ne·vreemd [zò-] *bn* BN gezegd van een gebouw dat in een zone ligt waar het niet thuishoort

zong *ww*, **zon·gen** *verl tijd van* → **zingen**

zonk *ww*, **zon·ken** *verl tijd van* → **zinken**[1]

zon·kant *de (m)* kant waarop de zon staat

zon·kracht *de* schaal (in Nederland en België van 0 tot 10) waarmee de hoeveelheid ultraviolette straling in het zonlicht wordt uitgedrukt: ★ *bij hoge ~ verbrandt je huid snel, zeker als je een lichte huid hebt*

zon·licht, **zon·ne·licht** *het* licht van de zon

zon·loos *bn* ❶ zonder rechtstreekse bestraling van de zon ❷ fig zonder vreugde: ★ *een ~ bestaan*

zon·ne·ac·ti·vi·teit *de (v)* benaming voor alle onregelmatige, bijzondere verschijnselen op de zon, zoals zonnevlekken, fakkels e.d.

zon·ne·baan *de* zie → **ecliptica**

zon·ne·bad *het* [-baden] het lichaam laten bestralen door de zon

zon·ne·ba·den *ww* [zonnebaadde, h. gezonnebaad] een zonnebad nemen, zonnen

zon·ne·bank *de* [-en] ligbank met tl-lampen die ultraviolet licht uitstralen, gebruikt om bruin te worden, solarium

zon·ne·blind *het* [-en] luik, jaloezie voor de ramen

zon·ne·bloem *de* [-en] samengesteldbloemige plant met grote gele bloemen (*Helianthus*): ★ *een veld zonnebloemen* ★ *de zonnebloemen van Van Gogh*

zon·ne·brand *de (m)* ❶ verbranding van de huid door sterk zonlicht ❷ soort steenziekte, bijv. bij basalt, dat door sterke zonneschijn uiteenvalt ❸ *verkorting van* zonnebrandcrème *of* -olie

zon·ne·brand·crème [-krèm] *de*, **zon·ne·brand·olie** *de* crème of olie die men op de huid smeert om verbranding door de zon tegen te gaan of de gevolgen ervan te verzachten

zon·ne·bril *de (m)* [-len] bril met donkere glazen tegen sterk zonlicht

zon·ne·cel *de* [-len] foto-elektrische cel die straling van de zon omzet in elektrische energie

zon·ne·cir·kel *de (m)* [-s] periode van 28 jaar, waarna de dagen van de week weer op dezelfde datum vallen

zon·ne·col·lec·tor *de (m)* [-s] plaat met zonnecellen om zonnestraling mee op te vangen en om te zetten in elektrische energie, zonnepaneel

zon·ne·dag *de (m)* [-dagen] tijdsverloop tussen twee momenten dat de zon op z'n hoogste punt staat (om 12 uur in de middag)

zon·ne·dauw *de (m)* plantengeslacht van moerasplanten die met de bladeren insecten vangen (*Drosera*)

zon·ne·dek *het* [-ken] door een scherm overdekt gedeelte van een scheepsdek

zon·ne·ener·gie, **zon·ne·stra·lings·ener·gie** [-zjie of -gie] *de (v)* arbeidsvermogen dat de zon uitstraalt (en door zonnecollectoren kan worden omgezet in elektrische energie)

zon·ne·gloed *de (m)* warmte van de zon

zon·ne·glo·ren *het* zonneschijn, vooral de nog zwakke zonneschijn in de ochtend

zon·ne·god *de (m)* [-goden] god die met de zon in verband wordt gebracht: *Helios en Apollo bij de Grieken, Inti bij de Inca's, Huitzilopochtli bij de Azteken e.d.*

zon·ne·hoed *de (m)* [-en] slappe (stro)hoed met brede rand

zon·ne·jaar *het* [-jaren] tijdvak waarin de aarde om de zon loopt

zon·ne·jurk *de* [-en] luchtige jurk om in te zonnen

zon·ne·ka·non *het* [-nen] krachtig werkende zonnebank

zon·ne·kap *de* [-pen] kap die men plaatst op een fototoestel om direct zonlicht in de lens tegen te gaan

zon·ne·klaar *bn* zeer duidelijk: ★ *een ~ betoog*

zon·ne·klep *de* [-pen] ❶ aan de binnenkant boven de voorruit van auto's bevestigde neerklapbare klep als bescherming tegen verblindend zonlicht ❷ klep aan een pet of aan een elastische band als bescherming tegen verblindend zonlicht

zon·ne·klop·per *de (m)* [-s] BN ❶ zonaanbidder, iemand die niets liever doet dan in de zon te liggen ❷ leegloper, nietsnut

zon·ne·ko·ning *de (m)* bijnaam van Lodewijk XIV van Frankrijk (1638-1715)

zon·ne·leen *het* [-lenen] ‹in de middeleeuwen› onafhankelijk bezit van een gebied, allodium; de bezitter was alleen God dank verschuldigd voor het zonlicht

zon·ne·licht *het* → **zonlicht**

zon·nen[1] *ww* [zonde, h. gezond] een zonnebad nemen

zon·nen[2] *ww verl tijd meerv van* → **zinnen**[1]

zon·ne·pa·neel *het* [-nelen] paneel, bestaande uit een groot aantal foto-elektrische cellen, voor de opvang van zonnestralingsenergie, zonnecollector

zon·ne·pit *de* [-ten] zaadje van de zonnebloem

zon·ne·scherm *het* [-en] scherm tegen het zonlicht, vooral boven een raam: ★ *het ~ neerlaten, ophalen*

zon·ne·schijn *de (m)* het stralen van de zon; zie ook bij → **regen**[1]

zon·ne·slag *de (m)* [-slagen] BN ook zonnesteek

zon·ne·spec·trum *het* spectrum van zonlicht

zon·ne·stand *de (m)* [-en] stand van de zon aan de hemel

zon·ne·steek *de (m)* overmatige verhitting van het bloed ten gevolge van felle zonbestraling, met als mogelijke gevolgen flauwvallen, duizeligheid, onwel zijn enz.: ★ *een ~ oplopen*

zon·ne·stel·sel *het* [-s] een zon met de daarom wentelende planeten met hun manen, vooral de zon met daaromheen de aarde, Mars, Venus enz.

zon·ne·stil·stand *de (m)* schijnbare stilstand van de

zon tijdens haar schijnbare beweging om de aarde, solstitium

zon·ne·straal *de* [-stralen] ❶ straal zonlicht ❷ fig meestal *zonnestraaltje* iets wat of iem. die vreugde brengt: ★ *dat kind is een ~ in huis*

zon·ne·ta·fel *de* [-s] lijst van de stand van de zon voor elke dag van het jaar

zon·ne·tem·pel *de (m)* [-s] tempel voor een zonnegod

zon·ne·tent *de* [-en] ❶ tent die beschut tegen zonnestralen, vooral boven een scheepsdek ❷ BN zonnescherm, markies, luifel, jaloezie

zon·ne·ter·ras *het* [-sen] terras waarop men zonnebaadt

zon·ne·tijd *de (m)* tijdregeling volgens de stand van de zon (zodanig dat de hoogste zonnestand om 12 uur valt)

zon·ne·tje *het* ❶ zon; zonlicht ★ *het ~ in huis* degene die altijd vrolijk en vriendelijk is ★ *iemand in het ~ zetten* hem tot middelpunt van gesprek maken om hem te prijzen ❷ [*mv:* -s] als een molen ronddraaiend vuurwerk dat ergens aan vast wordt gemaakt, bijv. aan een boom

zon·ne·vlek *de* [-ken] elk van de donkere vlekken die men op de zon waarneemt

zon·ne·wa·gen *de (m)* myth wagen door de zonnegod van het oosten naar het westen gereden

zon·ne·warm·te *de (v)* warmte van de zon

zon·ne·weg *de (m)* zonnebaan

zon·ne·wei·de *de* [-n] grasveld, bijv. bij een zwembad of een camping, waarop men zonnebaadt

zon·ne·wen·de *de* het keren van de zon op 21 juni en 22 december (in feite het weer kantelen van de aardas)

zon·ne·we·ring *de (v)* [-en] → **zonwering**

zon·ne·wij·zer *de (m)* [-s] uurwijzer, bestaande uit een bord met de cijfers 1 tot 12, waarop door de schaduw van een lange pen de tijd wordt aangewezen

zon·ne·wind *de (m)* stroom van protonen en elektronen die voortdurend uit de corona (het gasomhulsel) van de zon naar buiten verdwijnt

zon·nig *bn* ❶ met veel zon: ★ *een zonnige dag* ❷ fig opgewekt, vriendelijk: ★ *een ~ humeur* ★ *een ~ kind*

zon·over·go·ten *bn* overvloedig door de zon beschenen: ★ *~ stranden*

zons·hoog·te *het* hoogte van de zon boven de horizon

zons·on·der·gang, **zons·on·der·gang** *de (m)* het ondergaan van de zon

zons·op·gang, **zons·op·gang** *de (m)* het opgaan van de zon

zons·ver·duis·te·ring *de (v)* [-en] het bedekt worden van de zon door de maan, als deze tussen de aarde en de zon in staat, eclips, zoneclips

zon·we·ring *de (v)* [-en] materiaal voor het weren van zonlicht en zonnewarmte in woningen (markiezen, rolgordijnen e.d.)

zon·zij·de *de* ❶ zonkant ❷ fig de gunstige kant; *tegengest:* → **schaduwzijde**

zoo *de (m)* (‹Eng) [zoe] BN ook dierentuin

zoö- (‹Gr) als eerste lid in samenstellingen dieren betreffend, dier-, dierlijk

zoö·fa·gen (‹Gr) *mv* dierenvlees etende dieren

zoö·fiel (‹Gr) *de (m)* [-en] ❶ dierenvriend ❷ iem. die zich seksueel aangetrokken voelt tot dieren

zoö·fiet (‹Gr) *de (m)* [-en] vero aan een bepaalde plaats gebonden dier dat uiterlijk op een plant gelijkt: ★ *een zeeanemoon os een ~*

zoö·fi·lie (‹Gr) *de (v)* ❶ dierenliefde ❷ geslachtsomgang van de mens met dieren, bestialiteit

zoog *ww verl tijd van* → **zuigen**

zoog·dier *het* [-en] warmbloedig gewerveld dier dat zijn jongen zoogt

zoö·ge·o·gra·fie (‹Gr) *de (v)* leer van de verspreiding van de thans levende dieren over de aarde

zoog·lam *het* [-meren] lam dat gezoogd wordt

zoö·gra·fie (‹Gr) *de (v)* beschrijving en afbeelding van dieren

zoog·ster *de (v)* [-s] vrouw die zoogt

zooi *de* [-en] ❶ kooksel, maaltje: ★ *een ~ vis* ❷ NN, spreektaal menigte: ★ *er staat een ~ mensen voor de deur*

zooi·tje *het* → **zootje**

zool *de* [zolen] ❶ onderkant van de voet ❷ onderleer van een schoen: ★ *spekzolen* ★ NN, spreektaal *halve ~* halvegare, idioot ★ *m'n zolen daar komt niets in, bekijk het maar!* ❸ onderkant van een kous ❹ inlegzool: ★ *een kurken ~ in de schoen leggen*

zool·gan·ger *de (m)* [-s] dier dat bij het lopen de gehele zool neerzet; *tegengest:* → **teenganger**

zool·leer *het* leer voor schoenzolen

zoö·lo·gie (‹Gr) *de (v)* dierkunde, kennis en beschrijving van dieren in de ruimste zin

zoö·lo·gisch *bn* de zoölogie betreffend, dierkundig ★ *~ station* inrichting voor onderzoek, vooral van zeedieren ★ *zoölogische tuin* dierentuin

zoö·loog (‹Gr) *de (m)* [-logen] beoefenaar van de zoölogie, dierkundige

zoom *de (m)* [zomen] ❶ rand, boord: ★ *de ~ van het bos* ❷ ‹van een stof, kledingstuk e.d.› omgeslagen en vastgenaaide rand

zoo·men *ww* [zoe-] (‹Eng) [zoomde, h. gezoomd] een zoomlens gebruiken

zoom·lens [zoem-] (‹Eng) *de* [-lenzen] foto- of filmobjectief met traploos veranderbare brandpuntafstand, bijv. van 50-135 mm, waarmee het beeld dichterbij gehaald kan worden

zoon *de (m)* [-s, zonen] ❶ kind van het mannelijk geslacht ★ *hij is een ~ van zijn vader* hij heeft de aard van zijn vader ★ *de Zoon des mensen, van God* Jezus ❷ afstammeling; mannelijk onderdaan: ★ *Frankrijks zonen* ❸ volgeling ★ *~ der Muzen* dichter

zoop *ww verl tijd van* → **zuipen**

zoop·je *het* [-s] NN teugje, slokje sterke drank ★ *koek en ~* zie bij → **koek-en-zopie**

zootje *zo-tje,* **zooi·tje** *het* [-s] kleine zo of zooi; bende, rommel: ★ *het is er een ~*
zoö·to·mie *(‹Gr) de (v)* ontleedkunde van dieren
zo·pas *bijw* zo-even
zo·pen *ww verl tijd meerv van* → **zuipen**
zorg *de* [-en] ❶ ongerustheid, bezorgdheid: ★ *geldzorgen* ★ *zich geen zorgen maken voor de tijd* ★ *dat is van later(e) ~* daar hoeven we ons nu niet om te bekommeren ★ spreektaal *mij een ~! of 't zal me een (rot)~ zijn,* wezen dat kan me helemaal niets schelen; zie ook bij → **korf¹**, → **zieltje** ❷ toezicht, verzorging: ★ *iemand belasten met de ~ voor de kinderen* ★ *jeugd~* ★ *thuis~* ★ BN *ook intensieve zorgen* intensive care ★ BN, spreektaal *de eerste zorgen toedienen* eerste hulp verlenen ❸ zorgvuldige toewijding, aandacht: ★ *iets met grote ~ doen* ★ *~ dragen voor iets*
zorg·ba·rend *bn* → **zorg** (bet 1) veroorzakend
zorg·dra·gend *bn* goed passend op wat aan zijn zorg is toevertrouwd: ★ *een zorgdragende huisvader*
zor·ge·lijk, **zorg·lijk** *bn* ❶ vol ongerustheid: ★ *ze keek zo ~* ❷ onrustbarend: ★ *in zorgelijke toestand*
zor·ge·loos *bn* zonder zorg; luchthartig: ★ *~ door het leven gaan;* **zorgeloosheid** *de (v)*
zor·gen *ww* [zorgde, h. gezorgd] zorg dragen: ★ *zorgen voor iets / iem.* ★ *zorg (ervoor) dat je op tijd klaar bent* ★ *voor zichzelf kunnen ~* zich (financieel) kunnen redden
zor·gen·kind *het* [-eren] ❶ kind dat de ouders veel zorgen geeft ❷ fig iets wat zorgen geeft aan degene die het ontworpen heeft of uitvoeren moet
zorg·kas *de* [-sen] BN fonds voor de dagelijkse werking van de zorgverzekering, opgericht door een ziekenfonds of verzekeringsmaatschappij
zorg·lijk *bn* → **zorglijk**
zorg·ou·der *de (m)* [-s] BN (nieuwe) partner die mee de zorg draagt voor een kind dat niet van hem of haar is
zorg·pas *de (m)* [-sen] vooral NN pas waarmee kan aantonen dat men is aangesloten bij een zorgverzekeraar ★ *Europese ~* pas die recht geeft op medisch noodzakelijke hulp bij tijdelijk verblijf in het buitenland
zorg·plicht *de* plicht tot verzorging
zorg·sec·tor *de (m)* maatschappelijke sector die zich bezighoudt met zorgverlening, waaronder bijv. de gezondheidszorg, de ouderenzorg
zorg·toe·slag *de* financiële tegemoetkoming in het kader van het begin 2006 geïntroduceerde zorgstelsel
zorg·ver·lof *het* (recht op) verlof voor de verzorging van zieke kinderen, partners of ouders
zorg·ver·ze·ke·raar *de (m)* [-s] vooral NN bedrijf waarbij men zich kan laten verzekeren tegen kosten voor medische zorg
Zorg·ver·ze·ke·rings·wet *de (m) in* Nederland sinds 2006 geldende wet die een verplichte basisverzekering regelt voor kortdurende, op

genezing gerichte zorg
zorg·vul·dig *bn* met zorg, nauwkeurig; **zorgvuldigheid** *de (v)*
zorg·wek·kend *bn* ongerustheid veroorzakend: ★ *in zorgwekkende toestand naar het ziekenhuis gebracht*
zorg·zaam *bn* vol → **zorg** (bet 2 en 3): ★ *een zorgzame vrouw;* **zorgzaamheid** *de (v)*
zot I *bn* ❶ dwaas: ★ *een ~ verhaal* ❷ BN, spreektaal gek, bespottelijk, mal ★ *zo ~ zijn als een (achter)deur* stapelgek zijn ★ *zo ~ zijn als een mus* prettig gestoord zijn ★ *ben je ~?* ben je mal? ★ *~ zijn van iem.* er gek, verzot, verliefd op zijn ❸ BN, spreektaal dol, verlopen ★ *die vijs draait ~* die schroef draait dol **II** *de (m)* [-ten] ❶ dwaas, nar ❷ BN *ook* krankzinnige, geestelijk gestoorde, zwakzinnige ❸ BN, spreektaal gek, iem. die geen blijk geeft van gezond verstand ★ *voor de ~ houden of de ~ met iem. houden* voor de gek houden, beetnemen ❹ BN, spreektaal, kaartsp boer **III** *het* dial ❶ krankzinnigheid ❷ gekheid, dwaasheid ★ *het oud ~ krijgen* op hoge leeftijd nog verliefd worden ★ *het ~ in de kop krijgen* een dwaasheid begaan
zots·kap *de* [-pen] ❶ vroeger gekleurde muts met belletjes, gedragen door narren ❷ dwaas
zot·te·kes·spel *het* BN, spreektaal dwaze toestand
zot·te·klap *de (m)* BN, spreektaal dwaze praat, onzin
zot·ter·nij *de (v)* [-en] gekheid
zot·tin *de (v)* [-nen] dwaze vrouw
zou *ww,* **zou·den** *verl tijd van* → **zullen**
zout I *het* ❶ keukenzout, NaCl, kleine witte kristallen die eten op smaak brengen: ★ *~ over het eten strooien* ★ *een mespuntje ~* ★ *iets in het ~ leggen* manier van conserveren van voedsel; fig het voor de toekomst bewaren ★ *het ~ der aarde* die mensen die een goede invloed op anderen uitoefenen *(Mattheus 5: 13)* ★ *~ in de wond(e) strooien* iem. nog extra kwetsen waar hij al erg gekwetst is ★ NN *een zak ~ met iemand gegeten hebben* lang met iemand omgegaan zijn ★ *het ~ in de pap niet verdienen* heel weinig verdienen ★ *iets met een korreltje ~ nemen* het niet erg serieus nemen ❷ [*mv:* -en] scheikundige naam voor een verbinding van een base met een zuur **II** *bn* met (veel) zout, naar zout smakend ★ NN *ik heb het nog nooit zo ~ gegeten* zo erg heb ik het nog nooit meegemaakt
zout·arm *bn* met weinig zout: ★ *een ~ dieet*
zou·te·loos *bn* flauw, niet geestig: ★ *een zouteloze opmerking;* **zouteloosheid** *de (v)* [-heden]
zou·ten *ww* [zoutte, h. gezouten] met zout bestrooien of bereiden
zout·ge·hal·te *het* gehalte aan zout
zout·groe·ve, **zout·groef** *de* [-groeven] zoutmijn
zout·hou·dend *bn* zout bevattend
zou·tig *bn* (nogal) zout
zout·je *het* [-s] zout koekje, of andere zoute lekkernij ★ *zoutjes bij de borrel* chips, kaasstengels enz.
zout·keet *de* [-keten] plaats waar zout bereid werd
zout·koe·pel *de (m)* [-s] ❶ geol zoutpijler,

omhooggeduwde laag steenzout ❷ ruimte onder de grond, ontstaan door zoutwinning
zout·kor·rel *de (m)* [-s] korreltje zout
zout·loos *bn* zonder toegevoegd zout: ★ *een ~ dieet*
zout·meer *het* [-meren] meer van zout water
zout·mijn *de* [-en] mijn waaruit zout gewonnen wordt
zout·pan *de* [-nen] ondiep meertje aan zee, waarin het zoute zeewater kan verdampen voor zoutwinning
zout·pij·ler *de (m)* [-s] geol cilindervormige laag van opgestuwd steenzout
zout·pi·laar *de (m)* [-laren] zuil van zout; fig iem. die stijf en bewegingloos staat: ★ *als een ~ stond hij in de kamer*
zout·plant *de* [-en] plant die op een zouthoudende bodem groeit
zout·strooi·er *de (m)* [-s] potje met gaatjes in het deksel, om zout uit te strooien
zout·vaat·je *het* [-s] klein potje met gaatjesdeksel voor op de tafel waarin men zout bewaart, zoutstrooiertje
zout·wa·ter·vis *de (m)* [-sen] vis die in zout water leeft
zout·win·ning *de (v)* het verkrijgen van zout, vooral uit zeewater
zout·zak *de (m)* [-ken] ❶ zak met of voor zout ❷ iemand met een slappe lichaamshouding: ★ *zie die ~ zitten in zijn stoel*
zout·zie·der *de (m)* [-s] zoutfabrikant
zout·zie·de·rij *de (v)* [-en] plaats waar zout bereid wordt
zout·zuur *het* chloorwaterstof, opgelost in water
zo·veel, zo·veel *onbep telw & bijw* ★ *dat scheelt ~ dat is een groot verschil* ★ *hij heeft ~ koeien* ★ *hij is er zoveel als boodschappenjongen doet er dienst als* ★ *zoveel geef ik er niet om*
zo·veel·ste *bn* een onbepaald hoog aantal aangevend: ★ *voor de ~ maal*
zo·ver·re, zo·ver *bijw voegw* zo ver, zo veel ★ *in zoverre, dat... in die mate, dat...* ★ *voor zover ik weet, is hij er nog niet*
zo·waar *bijw* warempel, inderdaad: ★ *en ~, daar kwamen ze*
zo·wat *bijw* ongeveer: ★ *~ niets*: ★ *~ de hele ochtend heb ik aan de telefoon gehangen*
zo·wel *voegw* evenzeer: ★ *~ de vader als de zoon*
z.o.z. *afk* zie ommezijde
zo·zeer *bijw* ❶ in de eerste plaats: ★ *niet ~ daarom* ❷ (in deze betekenis ook *zozeer*) in hoge mate: ★ *hij heeft me ~ gegriefd*
zo·zo *bn* matig, bedenkelijk: ★ *hij vond het maar ~*
Zr *afk* chem symbool voor het element *zirkonium*
zr. *afk* zuster
z.s.m. *afk* zo spoedig mogelijk
zucht I *de (m)* [-en] zware uitademing, verzuchting: ★ *een ~ slaken* ★ *een ~ van verlichting* II *de* ❶ begeerte, streven: ★ *bemoei~* ★ *verniel~* ★ *~ naar vrijheid; ook manie, ziekelijke lust* ❷ ziekte: ★ *water~* ★ *geel~*

zuch·ten *ww* [zuchtte, h. gezucht] een zucht slaken: ★ *zucht eens diep, zei de dokter* ★ *onder iets ~ het als een drukkende last voelen*
zucht·je *het* [-s] ❶ lichte zucht ❷ zacht windje
zuid I *de & het* zuiden: ★ *om de ~ varen* II *bn* in, uit het zuiden: ★ *de wind is ~*
Zuid-Afri·kaans I *bn* van, uit, betreffende Zuid-Afrika II *het* in Zuid-Afrika gesproken, aan het Nederlands verwante taal, ook → **Afrikaans**geheten
Zuid-Afri·ka·ner *de (m)* [-s] blanke uit Zuid-Afrika
Zuid-Ame·ri·kaan *de (m)* [-kanen] iem. geboortig of afkomstig uit Zuid-Amerika
Zuid-Ame·ri·kaans *bn* van, uit, betreffende Zuid-Amerika
zuid·ein·de *het* einde aan de zuidkant
zui·de·lijk *bn* in of naar het zuiden: ★ *zuidelijke landen*
zui·den *het* ❶ windstreek ★ *ten ~ van* zuidelijk van: ★ *België ligt ten ~ van Nederland* ❷ landen, gebieden in zuidelijke streken: ★ *we trokken naar het warme ~*
zui·den·wind, zui·den·wind *de (m)* wind uit het zuiden
zui·der·breed·te *de (v)* afstand van een plaats op het zuidelijk halfrond tot de evenaar
zui·der·bu·ren *de* bewoners van het land ten zuiden van het eigen land: ★ *de Belgen zijn de ~ van de Nederlanders*
zui·der·keer·kring *de (m)* Steenbokskeerkring
zui·der·licht *het* lichtverschijnsel in de zuidelijke poolstreken
zui·der·ling *de (m)* [-en] iem. uit Zuid-Europa; schertsend ook iem. uit het zuiden van Nederland of uit Vlaams-België
zui·ders *bn* BN ook zuidelijk, zoals in het zuiden
zui·der·zon *de* warme zon, zoals in het zuiden
zuid·grens *de* [-grenzen] grens aan de zuidkant
Zuid-Hol·lands *bn* van of uit Zuid-Holland
zuid·kant *de (m)* zuidelijke richting, naar het zuiden gekeerde kant
Zuid-Ko·re·aan *de (m)* [-reanen] iem. geboortig of afkomstig uit Zuid-Korea
Zuid-Ko·re·aans *bn* van, uit, betreffende Zuid-Korea
zuid·kust *de* [-en] zuidelijke kust
Zuid-Mo·luk·ker *de (m)* [-s] iem. geboortig of afkomstig van de Zuid-Molukken, vooral in Nederland verblijvend persoon die van die eilanden afkomstig is of diens afstammelingen
Zuid-Mo·luks *bn* van, uit, betreffende de Zuid-Molukken
Zuid-Ne·der·lands, Zuid-Ne·der·lands I *bn* ❶ van, uit, betreffende het zuiden van Nederland ❷ taalk van, uit het zuiden van het Nederlandse taalgebied, d.w.z. het Nederlands sprekende deel van België en Nederland onder de grote rivieren II *het* taaleigen van het zuiden van het Nederlandse taalgebied
zuid·oost *bijw* tussen het zuiden en het oosten
Zuid·oost-Azi·a·tisch *bn* van, uit, betreffende Zuidoost-Azië

zuid·oos·te·lijk *bn* naar, uit het zuidoosten
zuid·oos·ten *het* windstreek tussen zuid en oost
zuid·oos·ten·wind *de (m)* [-en] wind uit het zuidoosten
zuid·oos·ter *de (m)* [-s] zuidoostenwind
Zuid·pool, **Zuid·pool** *de* ❶ zuidelijk uiteinde van de aard- of hemelas ❷ gebied rond de Zuidpool
Zuid·pool·cir·kel, **Zuid·pool·cir·kel** *de (m)* parallelcirkel die het Zuidpoolgebied begrenst
Zuid·pool·ex·pe·di·tie [-(t)sie] *de (v)* [-s] onderzoekingstocht naar de Zuidpool
Zuid·pool·ge·bied *het*, **Zuid·pool·lan·den** *mv* gebied rond de Zuidpool
zuid·punt *de (m)* [-en] zuidelijk puntig uiteinde: ★ *de ~ van het eiland*
zuid·vrucht *de (v)* vrucht uit subtropische streken, vooral een van de citrusvruchten
zuid·waarts *bn* naar het zuiden
zuid·west *bijw* tussen het zuiden en westen in: ★ *de wind is ~*
zuid·wes·te·lijk *bn* naar, uit het zuidwesten
zuid·wes·ten *het* windstreek tussen zuid en west
zuid·wes·ten·wind *de (m)* [-en] wind uit het zuidwesten
zuid·wes·ter *de (m)* [-s] ❶ wind uit het zuidwesten ❷ waterdichte, breedgerande zeemanshoed, gedragen bij regenweer dat veelal gepaard gaat met zuidwestenwind
zuid·zij, **zuid·zij·de** *de* zuidkant
zuid·zuid·oost *bijw* tussen het zuiden en het zuidoosten
zuid·zuid·west *bijw* tussen het zuiden en het zuidwesten
zuig·cu·ret·ta·ge [-taazjə] *de (v)* techniek waarbij de baarmoeder schoon- of leeggezogen wordt, bij poliepen of om een zwangerschap te beëindigen, vacuümaspiratie
zui·ge·ling *de (m)* [-en] zeer jong kindje, baby
zui·ge·lin·gen·zorg *de* regelmatige geneeskundige controle van zuigelingen door consultatiebureaus
zui·gen *ww* [zoog, h. gezogen] ❶ opnemen door een inhalende beweging met de mond; zie ook bij → **duim** ❷ NN, fig treiteren door voortdurend hatelijkheden te uiten met als doel iem. tot woede te brengen
zui·ger *de (m)* [-s] ❶ toestel dat een vloeistof of gas opzuigt ❷ schijf die door wisselende gasdruk in een cilinder heen en weer bewogen wordt ❸ NN, fig treiteraar, iem. die een ander voortdurend kwaad probeert te maken
zuig·fles *de* [-sen] fles met speen waaruit door een baby melk wordt gezogen
zui·ging *de (v)* [-en] het zuigen, trekkende beweging van vloeistof of lucht
zuig·kracht *de* ❶ zuigende kracht ❷ fig kracht om tot zich te trekken: ★ *de ~ van de grote stad*
zuig·lam *het* [-meren] → **zooglam**
zuig·nap *de (m)* [-pen] orgaan waarmee sommige dieren zich vastzuigen
zuig·pomp *de* [-en] pomp die water opzuigt
zuig·worm *de (m)* [-en] worm die als parasiet in de lever van schapen, runderen enz. kan voorkomen
zuil *de* [-en] ❶ kolom, pilaar ★ *~ van Volta* toestel om elektrische stroom op te wekken, bestaande uit talrijke lagen van plaatjes die wisselend van koper, of van in zwavelzuur gedrenkt vilt of zink zijn ★ *de zuilen van Hercules* de Straat van Gibraltar ❷ fig waarop iets steunt: ★ *waarheid en recht, de zuilen van onze staat* ❸ in Nederland, vroeger elk van de drie groepen waarin het volk naar levensbeschouwing verdeeld was: protestants-christelijk, katholiek en 'algemeen'; *vgl:* → **verzuiling**
zui·len·ga·le·rij *de (v)* [-en] galerij waarvan het dak gesteund wordt door zuilen
zui·len·gang *de (m)* [-en] gang tussen twee rijen zuilen
zuil·hei·li·ge *de* [-n] pilaarheilige
zui·nig *bn* ❶ spaarzaam, weinig gebruikend: ★ *ze is erg ~* vooral NN niet ~ stevig, in hoge mate: ★ vooral NN *die kritiek was niet ~* ★ NN *~ kijken* niet erg voldaan ★ vooral NN *een ~ lachje* een met moeite, met tegenzin voortgebrachte lach ❷ niet veel verbruikend ★ *een zuinige auto* die weinig benzine verbruikt
zui·nig·heid *de (v)* het zuinig zijn, het zo weinig mogelijk willen gebruiken of besteden ★ *~ met vlijt bouwt huizen als kastelen* met zuinigheid kan je veel bereiken
zui·nig·jes *bijw* vooral NN zuinig: ★ *met zo'n klein inkomen moet je ~ aan doen*
zui·pen *ww* [zoop, h. gezopen] inf ❶ drinken ❷ overmatig alcohol drinken, aan de drank zijn: ★ *het op een ~ zetten*
zui·per *de (m)* [-s] inf iem. die zuipt, drankorgel
zuip·lap *de (m)* [-pen] inf dronkaard, drankorgel
zuip·schuit *de (m)* [-en] schertsend iem. die regelmatig (te) veel sterke drank drinkt
zui·vel *de (m) & het* door de bewerking van melk verkregen producten, als: gepasteuriseerde of gesteriliseerde melk en room, boter, kaas, yoghurt e.d.
zui·vel·be·rei·ding *de (v)* bereiding van melkproducten
zui·vel·bond *de (m)* [-en] bond van zuivelbereiders
zui·vel·fa·briek *de (v)* [-en] fabriek waar melkproducten bereid worden
zui·vel·in·dus·trie *de (v)* alle bedrijven, producenten en fabrieken die melk verwerken tot zuivelproducten
zui·vel·pro·duct *het* [-en] product gemaakt op basis van melk
zui·ver ⟨*Lat*⟩ *bn* ❶ rein, onvermengd: ★ *~ goud*, *zuivere honing* ❷ zonder schuld: ★ *een ~ geweten* ❸ zonder fouten of afwijkingen: ★ *~ Nederlands* ★ *~ zingen* ★ *die redenering is niet ~* ★ *~ in de leer* rechtzinnig ❹ louter, niets dan: ★ *dat is ~ en alleen,*

omdat hij niet bekwaam genoeg is ❺ betrouwbaar, correct, eerlijk: ★ *dat is geen zuivere zaak* ❻ na aftrek van onkosten, premies of belasting: ★ *het ~ inkomen* ; zie ook bij → **koffie** en → **graat**

zui·ve·raar *de (m)* [-s] ❶ enigszins ironisch iem. die een voorstander is van zuivering ❷ taalzuiveraar

zui·ve·ren *ww* [zuiverde, h. gezuiverd] ❶ zuiver maken, reinigen ★ *~ van* ontdoen van (iets ongunstigs) ★ *zich ~* zich rechtvaardigen, zijn onschuld aantonen ❷ van ongewenste of politiek onbetrouwbare elementen ontdoen: ★ *een politieke partij, vakbond ~*; vgl: → **zuivering**

zui·ver·heid *de (v)* het zuiver-zijn, reinheid

zui·ve·ring *de (v)* [-en] het zuiveren, hist (na de Duitse bezetting 1940-1945) het ontdoen van politiek onbetrouwbare elementen *etnische ~* het op grond van geloof of ras verjagen en / of vermoorden van mensen die volgens een nationalistische ideologie niet thuishoren in een bep. land of gebied ★ *~ van hypotheken* ontheffing (bij executoriale verkoop) van hypothecaire leningen die hoger zijn dan de koopsom

zui·ve·rings·schap *het* publiek orgaan dat zich bezighoudt met de zuivering van het afvalwater

zui·ve·rings·zout *het* [-en] dubbelkoolzure soda, natriumbicarbonaat, gebruikt tegen overtollig maagzuur

zulk *aanw vnw* zodanig, dergelijk: ★ *~ werk* ★ *zulke mensen* ★ *zulke dikke benen*

zulks *aanw vnw* dat, iets dergelijks: ★ *de voorzitter kan ~ niet toestaan*

zul·le *tsw* dial hoor, hè, dat is toch zo

zul·len [*eerste, derde pers enk* zal *tweede pers enk soms* zal, *verl tijd* zou, *verl tijd meerv* zouden] **I** *zelfst ww* moeten: ★ *al wil je niet, je zal!* ★ *hij zal boeten voor zijn misdaden* ★ *gij zult niet stelen* ★ *je zou ze soms, hè je zou boos op hen willen worden, ze een klap voor hun kop willen geven enz.* ★ *en wat zou dat nou?* wat bedoel je toch?, het maakt toch niets uit **II** *hulpwerkwoord* ❶ van tijd ❷ van wijze ❸ ★ *hij zal het doen* ★ *het zal morgen tien jaar geleden zijn, dat...* ★ *je zal wel moeten* ❹ ★ *als ik rijk zou zijn* ★ *hij zal geen tijd gehad hebben, denk ik* ★ *het zou een vergissing geweest zijn* men wil beweren dat het een vergissing was ★ *dat zal wel* a) ik denk wel dat het zo is; b) *iron* dat lijkt me niet waarschijnlijk

zul·lie *pers vnw* dial zij (*mv*)

zult *de (m)* NN soort vleeswaren, hoofdkaas: ★ *zure ~*

zul·te *de* [-n] op zilte gronden groeiende astersoort met blauwlila bloemen, zeeaster (*Aster tripolium*)

zul·ten *ww* [zultte, h. gezult] NN in het zout leggen

zult-kop *de (m)* [-koppen] NN stommeling

zu·ren *ww* [zuurde, is & h. gezuurd] ❶ zuur worden ❷ zuur maken: ★ *gezuurd brood*

zu·rig *bn* enigszins zuur

zu·ring *de* plantengeslacht (*Rumex*) waarvan een aantal soorten in Nederland en België voorkomt; sommige daarvan kunnen als groente gegeten worden

zu·ring·zuur *het* giftig zuur, voorkomende in de plant klaverzuring

zus¹ *bijw* ★ *~ of zo* op de een of andere wijze ★ *de een doet het ~ en de ander zo*

zus² *de (v)* [-sen] ❶ → **zuster** (bet 1): ★ *ik heb een broer en een ~* ★ *het is zusje en broertje* er is weinig verschil ❷ *inf* aanspreekvorm voor een meisje of vrouw: ★ *hé, ~, wat gaan we doen?*

zus·ter *de (v)* [-s, *plechtig* -en] ❶ meisje of vrouw in haar verhouding tot de andere kinderen van hetzelfde gezin ★ NN, spreektaal *je ~ daar komt niets van in* ★ NN, spreektaal *je zal je ~ bedoelen!* reactie op een rake, persoonlijke opmerking ❷ RK non ❸ vooral NN ziekenverpleegster: ★ *de nacht~* ★ *~, ik moet plassen!*

zus·ter·ge·meen·te *de (v)* [-n, -s] ❶ kerkelijke gemeente van dezelfde kerk ❷ burgerlijke gemeente die met een andere, door ligging of anderszins, overeenkomsten of gemeenschappelijke belangen heeft

zus·ter·huis *het* [-huizen] ❶ woonhuis voor verpleegsters van een ziekenhuis ❷ woonhuis voor nonnen buiten het klooster

zus·ter·lijk *bn* als zusters

zus·ter·maat·schap·pij *de (v)* [-en] financieel aan de eigen onderneming verbonden maatschappij

zus·ter·over·ste *de (v)* [zuster-oversten] hoofd van een vrouwenklooster

zus·ter·schap I *de (v) & het* het zuster zijn, betrekking (als) tussen zusters **II** *de (v)* [-pen] vereniging van geestelijke zusters

zus·ter·schip *het* [-schepen] ongeveer gelijk schip dat voor dezelfde onderneming vaart

zus·ter·school *de* [-scholen] school waarmee een andere school zich verbonden acht

zus·ter·ver·eni·ging *de (v)* [-en] vereniging met ongeveer hetzelfde doel als de eigen vereniging

zuur I *bn* ❶ scherp, met de smaak van azijn, soms fris van smaak: ★ *zure appelen, melk* ★ *zure regen* neerslag, waarvan het zuurgehalte hoger is dan van nature mag worden verwacht ❷ ‹van grond› te nat ❸ *fig* onvriendelijk, onaangenaam: ★ *het is ~ voor hem dat een ander de baan heeft gekregen* ★ *~ kijken* ★ *een ~ gezicht* ★ *iem. het leven ~ maken* iem. dwars zitten, tegenwerken, moeilijkheden bezorgen ★ *dat zal hem ~ opbreken* daar zal hij de vervelende gevolgen nog wel van ondervinden ❹ met veel moeite: ★ *~ verdiend geld*; zie ook bij → **bom²** (bet 1) en → **druif II** *het* [zuren] ❶ scheikundige verbinding (o.a. gekenmerkt doordat er waterstof in voorkomt): ★ *zout~* ❷ middel om spijzen e.d. zuur te maken: ★ *iets in het ~ leggen* ❸ maagsap, oprisping daarvan: ★ *het ~ hebben*

zuur·ach·tig *bn* enigszins zuur

zuur·deeg *het* zuurdesem

zuur·de·sem *de (m)* ❶ verzuurd deeg gebruikt als gist ❷ *fig* een beginsel of godsdienstig idee dat krachtig

en langdurig doorwerkt
zuur·graad *de (m)* [-graden] zuurheidsgraad
zuur·heid *de (v)* het zuur-zijn (vooral fig)
zuur·heids·graad *de (m)* [-graden] chem mate waarin een vloeistof zuur bevat, uitgedrukt in de pH-waarde
zuur·kast *de* [-en] bewaarplaats voor scheikundige, vooral vluchtige zuren, waarin proeven hiermee kunnen worden gedaan
zuur·kool *de* verzuurde, fijngesneden witte kool
zuur·kraam *de & het* [-kramen] kraam waar gezuurde augurken e.d. verkocht worden
zuur·me·ter *de (m)* [-s] instrument ter bepaling van de zuurgraad van vloeistoffen, acidimeter
zuur·pruim *de* [-en] nors, onvriendelijk persoon
zuur·rest *de* [-en] bestanddelen van een scheikundig zuur buiten de waterstof
zuur·sel *het* gezuurde melk, gebruikt bij de bereiding van boter
zuur·stof *de* scheikundig element, symbool O, atoomnummer 8, gas zonder kleur, reuk of smaak, vrij in de lucht voorkomend (→ **oxygenium**): ★ *bijna alle organismen hebben ~ nodig voor hun stofwisselingsproces*
zuur·stof·ap·pa·raat *het* [-raten] toestel waarmee zuurstof wordt toegevoerd om de ademhaling op te wekken of te versterken
zuur·stof·ci·lin·der *de (m)* [-s] cilinder met samengeperste zuurstof
zuur·stof·fles *de* [-sen] zuurstofcilinder
zuur·stof·tent *de* [-en] soort van tent waarin men personen met ademnood plaatst om deze zuurstofrijke lucht toe te dienen
zuur·stok *de (m)* [-ken] NN zurig smakende lekkernij van suiker in de vorm van een veelal roze gekleurde staaf
zuur·te·graad *de (m)* [-graden] zuurheidsgraad
zuur·tje *het* [-s] zurig smakende lekkernij van suiker
zuur·tjes·kleur *de* [-en] opvallende, felle kleur
zuur·zak *de (m)* [-ken] vrucht van de zuurzakboom
zuur·zak·boom *de (m)* [-bomen] tropische boom met frisse, meloenachtige vruchten (*Annona muricata*)
zuur·zoet *bn* zuur en zoet tegelijk; half boos, half vriendelijk: ★ *een ~ gezicht*
Zvw *afk* in Nederland Zorgverzekeringswet
ZW *afk* in Nederland Ziektewet
Z.W. *afk* zuidwest, zuidwesten
zwaai *de (m)* [-en] zwaaiende beweging
zwaai·deur *de* [-en] deur die vanzelf dichtslaat; klapdeur; draaideur
zwaai·en *ww* [zwaaide, h. gezwaaid] ❶ wuiven met een arm, om gedag te zeggen of om aandacht te trekken: ★ *vlak voor de hoek zwaaide hij nog naar me* ❷ [zwaaide, h. & is gezwaaid] heen en weer gaan, bewegen ★ *er zwaait wel wat* er zullen zware straffen of harde woorden vallen; zie ook → **scepter**
zwaai·gat *het* [-gaten] plaats in een haven e.d. waar men een schip kan keren, zwaaiplaats

zwaai·haak *de (m)* [-haken] → **winkelhaak** (bet 1) met verstelbare armen om hoeken te meten
zwaai·licht *het* [-en] geel of blauw waarschuwingslicht op motorvoertuigen van brandweer, politie e.d.: ★ *een politieauto met sirene en ~*
zwaan *de* [zwanen] grote zwemvogel met slanke hals (*Cygnus*): ★ *witte / zwarte ~* ★ *wilde ~ (C. cygnus)* ★ *kleine ~ (C. bewickii)*
zwaan·tje *het* [-s] BN ❶ motoragent ❷ *de zwaantjes* het korps motorpolitie
zwaar *bn* ❶ veel wegend ★ *het pak is erg ~* ★ fig *op zware lasten zitten* zie bij → **last** ★ *~ verkeer* (grote) vrachtwagens ★ NN, fig *wat het zwaarst is, moet het zwaarst wegen* het belangrijkste moet voorgaan ★ *zware metalen* chem metalen met een grote relatieve dichtheid (groter dan 5): ★ *de meerderheid van de metalen behoort tot de zware metalen, met uitzondering van o.a. aluminium en beryllium* ; zie ook bij → **hand** en → **water** ❷ een bep. gewicht hebben ★ *hoe ~ is die worst?* ❸ sterk, fors, grof, van grote afmetingen ★ *~ gebouwd* ★ *zware industrie* staalfabrieken e.d. ★ *een zware delegatie* met veel en belangrijke personen ; zie ook bij → **geschut** ❹ moeilijk te verteren ★ *zware kost* ❺ ernstig, in hoge mate ★ *een zware straf* ★ *~gewond* ★ *~ verkouden* ★ *~ bomen* een diepgaand gesprek voeren ★ *het ~ te pakken hebben* a) flink ziek, vooral verkouden zijn; b) heel verliefd zijn ★ *dat valt ~ tegen* dat is een enorme tegenvaller ❻ moeilijk ★ *het valt hem ~* ★ *een zware taak* ★ *~ werk* ★ *een ~ veld* sp moeilijk, slechts met grote inspanning te bespelen ★ *een zware bevalling* een moeizame bevalling ❼ van sterke uitwerking ★ *~ bier* ★ *zware sigaren* ★ *~ leven* door overvloedig eten en drinken en uitgaan met van het gestel eisen ★ *~ tafelen* veel eten en drinken ❽ luid en laag: ★ *een zware stem* ❾ vet: ★ *zware kleigrond* ❿ ★ *zware jongens* beroepsmisdadigers
zwaard *het* [-en] ❶ steek- en houwwapen ★ *het ~ aangorden* Bijbel zich gereedmaken voor de strijd ★ *het ~ van Damocles* zie bij → **Damocles** ★ *het ~ der gerechtigheid* de wrekende, straffende rechtspraak ★ NN *in het eigen ~ vallen* zelf last ondervinden van eigen maatregelen; zie ook bij → **vuur** ❷ ovaal houten schild aan een zeilschip, om het omslaan of afdrijven te beletten
zwaard·dra·ger·tje *het* [-s] tropisch visje waarvan het mannetje een zwaardvormig verlengde staartvin heeft, vaak in warmwateraquaria gehouden
zwaard·leen *het* [-lenen] hist leen waarin alleen mannen mochten opvolgen; *tegengest:* → **spilleleen**
zwaard·le·lie *de* [-s, -liën] plant met spitse bladeren en veelkleurige bloemen (*Gladiolus communis*)
zwaard·slag *de (m)* [-slagen] slag met een zwaard
zwaard·vech·ter *de (m)* [-s] iem. die met het zwaard vecht, gladiator
zwaard·vis *de (m)* [-sen] grote vis met een sterk

verlengde, op een zwaard lijkende bovenkaak
zwaar·ge·bouwd *bn* breed en fors van gestalte
zwaar·ge·scha·pen *bn* ❶ zwaargebouwd; ❷ ‹m.b.t. mannen ook:› met een fors geslachtsdeel
zwaar·ge·wa·pend *bn* sterk bewapend
zwaar·ge·wicht I *het* gewichtsklasse van boksers, van 80 tot 91 kg **II** *de (m)* ❶ bokser in deze gewichtsklasse ❷ belangrijke, deskundige persoon op bep. gebied: ★ *een politiek ~*
zwaar·ge·wond *bn* ernstig gewond
zwaar·lij·vig *bn* dik, gezet
zwaar·lij·vig·heid *de (v)* het zwaarlijvig-zijn
zwaar·moe·dig *bn* somber, melancholiek; **zwaarmoedigheid** *de (v)*
zwaar·spaat *het* bariet, soort mineraal, gebruikt voor de bereiding van verfstoffen
zwaar·te *de (v)* ❶ gewicht: ★ *de ~ van de bagage* ❷ fig graad, ernst: ★ *de ~ van de fouten* ❸ gevoel van drukking
zwaar·te·kracht *de* aantrekkingskracht die een lichaam naar de aarde trekt, gravitatie
zwaar·te·lijn *de* [-en] lijn die een hoekpunt van een driehoek verbindt met het midden van de overstaande zijde
zwaar·te·punt *het* [-en] ❶ punt waaromheen de zwaarte van een lichaam gelijkelijk verdeeld is ❷ fig het belangrijkste, de hoofdzaak
zwaar·til·lend *bn* alles donker inziend, zwaar op de hand
zwaar·we·gend *bn* belangrijk, veel gewicht in de schaal leggend: ★ *een ~ argument*
zwaar·wich·tig *bn* vaak iron zeer gewichtig: ★ *hij deed erg ~*; **zwaarwichtigheid** *de (v)*
zwab·ber *de (m)* [-s] ❶ op schepen gebruikte dweil, bestaande uit aan een steel bevestigde lappen ❷ veger van dikke, katoenen draden
zwab·be·ren *ww* [zwabberde, h. gezwabberd] ❶ met de zwabber schoonmaken ❷ zich slingerend bewegen: ★ *de fietser zwabberde van links naar rechts*
zwach·tel *de (m)* [-s] → **windsel** (bet 1) voor een bezeerd lichaamsdeel, bijv. een verstuikte enkel
zwach·te·len *ww* [zwachtelde, h. gezwachteld] omwinden met een zwachtel: ★ *het been ~*
zwad *het* [zwaden], **zwa·de** *de* [-n] hoeveelheid met één slag van een zeis afgemaaid gras
zwa·ger *de (m)* [-s] vooral NN broer van iemands partner of mannelijke partner van iemands zus of broer, schoonbroer
zwa·ger·hu·we·lijk *het* [-en] NN huwelijk van een man met de weduwe van zijn broer, leviraatshuwelijk
zwa·ger·schap vooral NN **I** *de (v) & het* verwantschap door huwelijk **II** *de (v)* de gezamenlijke verwanten door huwelijk
zwak I *bn* ❶ niet sterk, zonder kracht, met weinig weerstand: ★ *een zwakke rug* ★ *een zwakke gezondheid* ★ *het zwakke geslacht* de vrouwen ★ *een zwakke poging* halfslachtig, zonder overtuiging

★ NN ~ staan, BN ~ zijn voor wiskunde een laag cijfer hebben voor wiskunde ★ *in een ~ ogenblik* in een ogenblik dat men te veel toegeeft aan zijn gevoel of zijn hartstochten ★ *een ~ geluid* niet hard ★ *een ~ licht* niet helder ★ *iemands zwakke kanten kennen* weten hoe men hem treffen kan ★ *een ~ geheugen* een slecht geheugen ❷ ‹taalk van werkwoorden› vervoegd zonder klankverandering: horen, hoorde, gehoord **II** *het* zwakke kant, hebbelijkheid; voorliefde, sympathie: ★ *iemand in zijn ~ tasten* zijn zwakke zijde raken ★ *een ~ voor iets hebben*
zwak·be·gaafd *bn* met geringe verstandelijke vermogens: ★ *een ~ kind*
zwak·heid *de (v)* [-heden] ❶ het zwak-zijn ❷ fout, gebrek, → zwak (II): ★ *menselijke zwakheden*
zwak·jes *bijw* zwak, slap: ★ *na zijn ziekte was hij nog wat ~*
zwak·ke·ling *de (m)* [-en] iemand die een zwakke wil heeft of iets niet goed kan
zwak·stroom *de (m)* elektrische stroom van lage stroomsterkte, nl. tot 24 volt
zwak·te *de (v)* ❶ zwakke toestand, vooral van lichaam of geest ❷ [*mv*: -n, -s] zwak punt, zwakke zijde: ★ *het niet tegen zijn verlies kunnen is een ~ van hem*
zwak·te·bod *het* ❶ kaartsp bod waaruit blijkt dat men geen sterke kaarten heeft, vooral bij bridge ❷ fig voorstel waaruit blijkt dat de eigen positie niet sterk is
zwak·zin·nig *bn* met weinig geestelijke vermogens, achterlijk
zwak·zin·ni·ge *de* [-n] iemand die zwakzinnig is; **zwakzinnigheid** *de (v)*
zwal·ken *ww* [zwalkte, h. gezwalkt] vooral NN ❶ rondzwerven: ★ *op zee ~* ❷ onvast, wiebelend lopen: ★ *de dronken man zwalkte over straat*
zwalp *de (m)* [-en] gulp water
zwal·pen *ww* [zwalpte, h. gezwalpt] ❶ dichterlijk hoog golven, klotsen ❷ BN ook (rond)zwerven, (rond)dolen, (rond)zwalken, stuurloos zijn; (rond)dobberen
zwa·luw *de* [-en] slank zangvogeltje van de familie Hirundinidae, met gevorkte staart, lange, puntige vleugels en een korte snavel, alleen in het zomerhalfjaar in onze streken ★ *één ~ maakt (nog) geen* (NN) *zomer,* (BN) *lente* van één goed (voor)teken moet men niet te hoge verwachtingen krijgen
zwa·luw·nest, **zwa·lu·wen·nest** *het* [-en] nest van een zwaluw
zwa·luw·staart *de (m)* [-en] ❶ staart van een zwaluw ❷ fig houtverbinding in de vorm van de staart van een zwaluw ❸ herenrok (→ **rok¹**, bet 2) ❹ pleister met in het midden een uitsparing, die dwars over een snee in de huid wordt geplakt om de snee te hechten
zwa·luw·staar·ten *ww* [zwaluwstaartte, h. gezwaluwstaart] houtverbindingen maken met behulp van zwaluwstaarten
zwam [-men] **I** *de* naam van een groep sporenplanten

zonder bladgroen: ★ *schimmels en paddenstoelen behoren tot de zwammen* II *de (m)* zwammer
zwam·men *ww* [zwamde, h. gezwamd] kletsen, breedvoerig praten
zwam·mer *de (m)* [-s] iemand die zwamt
zwam·me·rig *bn* breedsprakig, met veel omhaal van woorden
zwamp *de* [-en] NN ❶ stilstaand watertje, kreek ❷ ‹in Suriname› begroeid eiland in moeras
zwam·vlok *de (v)* [-ken] zie bij → mycelium
zwa·nen·bloem *de* aan het water groeiende plant met roodachtig-witte bloemen (*Butomus umbellatus*)
zwa·nen·brood *het* langs het water groeiende aronskelkachtige plant (*Acorus calamus*)
zwa·nen·dons *het* ❶ dons van een zwaan ❷ eenzijdig geruwd flanel
zwa·nen·hals *de (m)* [-halzen] ❶ hals van een zwaan ❷ fig zeer lange, slanke hals ❸ dubbel gebogen buis in de afvoer van wasbakken, gebruikt als stankafsluiter
zwa·nen·mos·sel *de* [-s, -en] in zoet water levende mossel
zwa·nen·zang *de (m)* [-en] laatste gezang of gedicht van een dichter vóór zijn dood; laatste daad of laatste werk voor iemands dood (naar het volksgeloof, dat een zwaan bij het naderen van de dood zingt)
zwang *de (m)* ★ *in ~* in gebruik: ★ *in ~ brengen, komen*
zwan·ger *bn* in verwachting, een vrucht dragende: ★ *hoog~* ★ *ze is ~ van de melkboer* ★ fig *van iets ~ gaan* of *zijn* iets in voorbereiding hebben
zwan·ger·schap *de (v)* het zwanger-zijn
zwan·ger·schaps·on·der·bre·king *de (v)* [-en] → abortus (bet 2)
zwan·ger·schaps·ver·lof *het* verlofperiode van enige weken vóór en enige weken na de bevalling, waarop werkende vrouwen recht hebben
zwan·zen *ww* [zwansde, h. gezwansd] BN, spreektaal grappen maken, lol maken, gekheid maken; de draak steken
zwa·rig·heid *de (v)* [-heden] NN moeilijkheid, bezwaar
zwart *bn* ❶ met de meest donkere kleur: ★ *zo ~ als roet, git* ★ *het zwarte ras* de negers ★ *zwarte muziek* door negers gemaakte muziek met een sterk ritme ★ *het zag er ~ van de mensen* het was vol mensen ★ *de zwarte aarde* vruchtbare streek in Rusland ★ *de zwarte dood* benaming voor de pest in de middeleeuwen, vooral de grote pestepidemie in Europa rond 1348 ★ luchtv *zwarte doos* vluchtrecorder ★ astron *~ gat* object in het heelal, waarvan de aantrekkingskracht zo groot is dat niets, óók geen licht, van dit object kan ontsnappen ★ *~ zien van de honger* mager en graw zijn van honger ★ *de zwarte kunst* toverij ★ *iemand ~ maken* lelijke dingen van iemand zeggen ★ *~ op wit* een schriftelijk bewijs ★ *zwart-op-wit lekkernij* bestaande uit salmiakpoeder met een zoetstof ★ *zwarte weduwe* zeer giftige spinnensoort, waarvan het vrouwtje het mannetje na de paring opeet ★ *Zwarte Piet* zie bij → Piet; zie ook bij → zaad ❷ onwettig, verboden ★ *zwarte handel* bij distributie en prijsregeling: sluikhandel tegen hogere dan de voorgeschreven prijzen ★ *~ kopen* in de zwarte handel ★ *~ werk* werk waarvoor loon wordt betaald waar geen premies en / of loonbelasting op zijn ingehouden, en waar de belastingdienst niets van weet ★ *~ geld* inkomsten waarvan geen opgave is gedaan bij de belastingdienst ❸ vuil: ★ *wat een zwarte handen!* ❹ somber: ★ *de dingen ~ inzien* ★ *~ kijken* somber, nors, onvriendelijk ★ *een zwarte dag voor...* een dag met heel onaangename gebeurtenissen voor... ★ *een zwarte bladzijde uit de geschiedenis van...* een tijd van weinig verheffende gebeurtenissen ❺ BN, hist fascistisch; *ook* fout (tijdens de oorlog): ★ *hij is in de oorlog ~ geweest* ; zie ook bij → zwarte
zwart·ach·tig *bn* ongeveer zwart
zwart·blaar *de* [-blaren] zwarte koe met witte vlek op de kop, blaarkop
zwart·boek *het* [-en] geschrift dat misstanden en begane fouten aan de kaak wil stellen
zwart·bont *bn* met zwarte en witte vlekken: ★ *een zwartbonte koe*
zwar·te *de* [-n] ❶ neger, negerin ❷ BN, spreektaal collaborateur (tijdens de Tweede Wereldoorlog); fascist, zwarthemd
zwar·te·kou·sen·kerk *de* [-en] NN zeer 'zware', streng orthodoxe, gereformeerde kerkelijke groepering (zo genoemd omdat er door de vrouwen jurken en rokken met kousen moeten worden gedragen en gekleurde kousen strijdig geacht worden met de goede zeden)
zwar·te·piet *de (m)* [-en] kaartsp de schoppenboer of houder van de schoppenboer als ongewenste kaart bij het zwartepieten ★ *iem. de ~ toespelen* als zondebok aanwijzen
zwar·te·pie·ten *ww* [zwartepiette, h. gezwartepiet] kaartspel waarbij de schoppenboer een bijzondere kaart is
zwart·gal·lig *bn* alles van de donkerste kant ziende, pessimistisch; **zwartgalligheid** *de (v)*
zwart·han·de·laar *de (m)* [-s, -laren] iem. die aan zwarte handel doet (zie bij → **zwart**, bet 2)
zwart·ha·rig *bn* met zwart haar
zwart·ha·ri·ge *de* [-n] iem. met zwart haar
zwart·hemd *de (m)* [-en] fascist ‹o.a. in Italië›
zwar·ting *de (v)* fotogr aanduiding voor de mate waarin het ópvallend licht wordt geabsorbeerd door een fotografisch positief of negatief
zwart·je *het* [-s] ❶ kind, meisje met zwart haar ❷ minachtend neger(in)
zwart·joe·kel *de* [-s] NN, scheldwoord neger, negerin
zwart·kij·ker *de (m)* [-s] zwartgallig mens
zwart·kop *de (m)* [-pen] ❶ iemand met zwart haar ❷ dier met een zwarte kop
zwart·ko·ren *het* leeuwenbekachtige plant, een

onkruid in koren (*Melampyrum*)
zwart·oog *de* [-ogen] iem. met zwarte ogen
zwart-op-wit *het* zie bij → **zwart**
zwart·rij·den *ww & het* ❶ reizen met het openbaar vervoer zonder geldig vervoersbewijs ❷ een motorrijtuig bezitten zonder motorrijtuigenbelasting te betalen
zwart·rij·der *de (m)* [-s] iem. die reist met het openbaar vervoer zonder te betalen
zwart·rok *de (m)* [-ken] ❶ iem. met een zwarte rok of jas aan; spottend rooms-katholiek geestelijke ❷ zwarte kraai, zwarte merel
zwart·sel *het* stof om voorwerpen mee zwart te maken
Zwart·voe·ten, Zwart·voet·in·di·a·nen *mv* nagenoeg uitgestorven indianenstam in Noord-Amerika
zwart·wer·ken *ww* [werkte zwart, h. zwartgewerkt] werken zonder de inkomsten aan de fiscus op te geven: ★ *door ~ loopt de overheid veel inkomsten mis*
zwart·wer·ker *de (m)* [-s] iem. die zwart werk verricht (als men gelijkertijd een uitkering ontvangt *of* zonder afdragen van premies of loonbelasting)
zwart·wild *het* wilde zwijnen
zwart-wit *bn & het* ❶ zonder kleuren, alleen met verschil tussen donker en licht ❷ fig met grove onderscheidingen of tegenstellingen, zonder schakering of nuance: ★ *denken in zwart-wit*
zwart·zij·den *bn* van zwarte zijde
zwa·te·len *ww* [zwatelde, h. gezwateld] een zacht geruis maken: ★ *zwatelende stemmen*
zwa·vel *de (m)* scheikundig element, symbool S, atoomnummer 16, gele, licht ontvlambare brokkelige delfstof, behorende tot de metalloïden
zwa·vel·bad *het* [-baden] bad van zwavelwater
zwa·vel·bron *de (m)* [-nen] bron van zwavelwater
zwa·vel·damp *de (m)* [-en] damp van brandende zwavel, zwaveldioxide
zwa·vel·di·oxi·de [-oksie-] *het* kleurloos gas met sterke prikkelende reuk, ontstaan door verbranding van zwavel of verbindingen daarvan aan de lucht
zwa·ve·len *ww* [zwavelde, h. gezwaveld] met zwaveldamp reinigen *of* bederfwerend van lucht afsluiten
zwa·vel·hou·dend *bn* zwavel bevattend
zwa·ve·lig *bn* als zwavel
zwa·ve·lig·zuur *het* chem verbinding van waterstof, zwavel en zuurstof, één atoom zuurstof minder bevattend dan zwavelzuur
zwa·vel·ijzer *het* verbinding van zwavel met ijzer, ferrosulfide
zwa·vel·kies *het* delfstof bestaande uit ijzersulfide: pyriet
zwa·vel·kool·stof *de* verbinding van zwavel en koolstof; giftige, in zuivere toestand onaangenaam riekende vloeistof met laag kookpunt
zwa·vel·re·gen *de (m)* het door de lucht zweven en neerdalen van wolken stuifmeel
zwa·vel·stok *de (m)* [-ken] in zwavel gedoopt houtje,

vroeger gebruikt om een vlammetje te maken; voorloper van de lucifer
zwa·vel·wa·ter *het* water dat zwavelwaterstof bevat
zwa·vel·wa·ter·stof *de* kleurloos, kwalijk riekend, giftig gas, verbinding van zwavel en waterstof
zwa·vel·zuur I *het* sterk bijtende en verkolende vloeistof, vitriool **II** *bn* de zuurrest van zwavelzuur bevattend: ★ *een ~ zout* ★ *zwavelzure ammoniak*
Zweed *de (m)* [Zweden] iem. geboortig of afkomstig uit Zweden
Zweeds I *bn* van, uit, betreffende Zweden ★ *Zweedse gymnastiek* soort heilgymnastiek **II** *het* de Zweedse taal
zweef *de (m)* [zweven] inf zweefmolen
zweef·brug *de* [-gen] brug waarvan de uiteinden aan de oevers opgehangen zijn *of* die niet op de pijlers rust, maar eraan hangt
zweef·duik *de (m)* [-en] duik met gestrekt lichaam en zijwaarts uitgestrekte armen
zweef·mo·len *de (m)* [-s] speeltuintoestel of kermisvermaak: paal met touwen met stoeltjes eraan waarin men rondzweeft
zweef·rek *het* [-ken] rekstok hangend aan lange touwen, meestal als trapeze in het circus
zweef·sprong *de (m)* [-en] sierlijke sprong, waarbij het lichaam gestrekt blijft
zweef·trein *de (m)* [-en] trein die niet op wielen rijdt, maar enige centimeters boven een betonnen baan op pijlers blijft hangen d.m.v. elektromagnetisme, magneettrein
zweef·vlie·gen *ww* [zweefvliegde, h. gezweefvliegd] vliegen in een zweefvliegtuig; **zweefvlieger** *de (m)* [-s]
zweef·vlieg·tuig *het* [-en] licht vliegtuig zonder motor
zweef·vlucht *de* [-en] ❶ vlucht met afgezette motor ❷ vlucht in een zweefvliegtuig
zweef·za·del *de (m) & het* [-s] 'zwevend' zadel, zadel van een (motor)fiets met slechts één veer eronder
zweeg *ww verl tijd van* → **zwijgen**
zweem *de (m)* [zwemen] lichte schijn, geringe mate, vleugje: ★ *in zijn woorden zat een zweempje zelfironie*
zweep *de* [zwepen] stok met een touw of een reep leer eraan ★ *hij kent het klappen van de ~* hij weet hoe alles gedaan moet worden ★ *de ~ erover halen* aandrijven, krachtige leiding geven, krachtig aansporen; zie ook bij → **voerman**
zweep·dier·tjes *mv* eencellige diertjes die zich met een draadvormig orgaan, een zgn. zweepdraad, voortbewegen
zweep·draad *de (m)* [-draden] voortbewegingsorgaan van o.a. zweepdiertjes
zweep·par·tij *de (v)* [-en] BN politieke partij die niet aan de regering wil deelnemen, maar andere partijen onder druk wil zetten
zweep·slag *de (m)* [-slagen] ❶ slag met een zweep; fig sterke aansporing ❷ dun uiteinde van het koord van de zweep ❸ hevige pijn bij een acute spierscheur in de kuit

zweep·tol *de (m)* [-len] drijftol
zweer *de* [zweren] etterende wond
zweet *het* ❶ huidvocht ★ *in het ~ uws aanschijns* met veel inspanning *(Genesis* 3: 19) ★ *het koude, klamme ~ brak hem uit* hij had het erg benauwd van angst ★ *zich in het ~ werken* ; zie ook bij → **lui**[1] ❷ vochtige uitslag, vooral op kaas en muren
zweet·band *de (m)* [-en] band van badstof, door sporters boven de ogen of rond de polsen gedragen, om het zweet tegen te houden of weg te vegen
zweet·drank·je *het* [-s] NN, schertsend (hoge) doktersrekening
zweet·drij·vend *bn* het zweten bevorderend
zweet·drup·pel *de (m)* [-s] druppel zweet: ★ *dit werk heeft mij heel wat zweetdruppels gekost*
zweet·han·den *mv* veel zweet afscheidende handen
zweet·kak·kies *mv* NN, spreektaal zweetvoeten
zweet·ka·mer·tje *het* [-s] NN kamertje voor wachtende promovendi of examenkandidaten
zweet·klier *de* [-en] zweet afscheidende klier
zweet·voe·ten *mv* veel zweet afscheidende voeten
zweet·vos *de (m)* [-sen] roodachtig paard met witte manen en staart
zwe·gen *ww verl tijd meerv van* → **zwijgen**
zwei *de* [-en] instrument om hoeken op te meten, zwaaihaak
zwe·len *ww* [zweelde, h. gezweeld] gedroogd hooigras omkeren of bijeenharken
zwel·gen *ww* [zwelgde *of* zwolg, h. gezwolgen] ❶ gulzig en veel eten en drinken ❷ zich te buiten gaan aan ❸ genieten van: ★ *zij zwelgt in andermans ellende*
zwelg·par·tij *de (v)* [-en] weelderige maaltijd met veel drank
zwel·len *ww* [zwol, is gezwollen] uitzetten, dikker, boller worden: ★ *zwellende knoppen (aan bomen of planten)* ★ *zwellende zeilen* ★ *zijn borst zwol van trots* fig hij begon zich zeer trots te voelen
zwel·ling *de (v)* [-en] ❶ het zwellen ❷ opgezette plek onder de huid: ★ *de muggenbeet veroorzaakte een enorme ~ op zijn arm*
zwem·bad *het* [-baden] ❶ inrichting waar men kan zwemmen: ★ *openlucht~* ❷ bassin waarin men kan zwemmen
zwem·band·jes *mv* ❶ kleine opblaasbare bandjes die kinderen bij het leren zwemmen om de armen dragen ❷ NN vetrollen boven de heupen, kenmerkend bij gewichtstoename op latere leeftijd
zwem·bas·sin [-bassē] *het* [-s] → **zwembad** (bet 2)
zwem·blaas *de* [-blazen] met lucht gevuld orgaan bij vele vissen, dat dienst doet bij het zwemmen
zwem·broek *de* [-en], **zwem·broek·je** *het* [-s] broekje bij het zwemmen gedragen
zwe·men *ww* [zweemde, h. gezweemd] enige gelijkenis vertonen met: ★ *de kleur zweemt naar roze*
zwem·gor·del *de (m)* [-s] gordel van kurk of opblaasbare band waarmee men blijft drijven
zwem·in·rich·ting *de (v)* [-en] zwembad

zwem·les *de* [-sen] les in het zwemmen
zwem·men *ww* [zwom, h. & is gezwommen] zich in het water voortbewegen door het uitvoeren van bepaalde bewegingen met de ledematen: ★ *op de rug ~* ★ fig *~ in het geld, in weelde* overvloed hebben van geld, weelde ★ NN *ze laten me maar ~* ze schenken onterecht geen aandacht aan me en geven me geen leiding ★ *ze zwemt in die trui* die trui is haar veel te groot; zie ook bij → **vis**
zwem·mer *de (m)* [-s] iem. die zwemt
zwem·pak *het* [-ken] badpak
zwem·pa·ra·dijs *het* [-dijzen] ★ *tropisch ~* groot, fraai ingericht zwembad met glijbanen, bubbelbaden en andere attracties in een kunstmatig tropisch klimaat
zwem·poot *de (m)* [-poten] vogelpoot met zwemvlies
zwem·school *de* [-scholen] plaats of vereniging waar men kan leren zwemmen
zwem·ster *de (v)* [-s] vrouw die of meisje dat zwemt
zwem·vest *het* [-en] opblaasbaar vest *of* vest van kurk waarin men blijft drijven
zwem·vlies *het* [-vliezen] ❶ vlies tussen de tenen van sommige vogels, gebruikt bij het zwemmen ❷ daarop lijkende kunststofschoen met een lang, plat uiteinde, gebruikt door duikers om snelheid te maken in het water
zwem·vo·gel *de (m)* [-s] benaming van elke vogel die vaak en goed zwemt
zwem·wed·strijd *de (m)* [-en] wedstrijd in zwemmen
zwen·del *⟨Eng⟩ de (m)* bedrog, oplichting
zwen·de·laar *⟨Eng⟩ de (m)* [-s] oplichter, bedrieger
zwen·de·la·rij *de (v)* [-en] zwendel
zwen·de·len *ww* [zwendelde, h. gezwendeld] oplichten
zwen·gel *de (m)* [-s] ❶ arm van een hefboom, bijv. aan een pomp, die op en neer wordt bewogen ❷ slinger die wordt rondgedraaid om bijv. een automotor op te starten
zweng·hout *het* [-en] hout aan de dissel van een wagen waaraan men de strengen van paarden vastmaakt
zwenk *de (m)* [-en] draai, wending
zwen·ken *ww* [zwenkte, h. & is gezwenkt] draaien, van richting veranderen: ★ *pas op, de bus zwenkt (uit) in de bochten*
zwenk·gras *het* grassoort (*Festuca*)
zwen·king *de (v)* [-en] ❶ het zwenken ❷ ook fig: ★ *een ~ maken naar links of naar rechts*
zwenk·wiel *het* [-en] wiel dat in alle richtingen kan draaien (bijv. één van de vier of vijf onder een bureaustoel of bijzettafeltje)
zwe·ren[1] *ww* [zwoer, h. gezworen] een eed doen: ★ *een dure eed ~* ★ *bij hoog en bij laag ~* nadrukkelijk verzekeren ★ *~ bij iets of iemand* groot vertrouwen stellen in, vereren ★ *ik zweer het je* het is echt waar ★ *men zou ~ dat het echte bloemen zijn* ze lijken bedrieglijk op echte bloemen
zwe·ren[2] *ww* [zwoor en zweerde, h. gezworen] etter afscheiden, ontstoken zijn: ★ *een zwerende vinger*

zwerf·af·val *het* zwerfvuil
zwerf·blok *het* [-ken] zwerfkei
zwerf·gast *de (m)* [-en] veelal uit verre streken afkomstig dier dat onregelmatig af en toe verschijnt
zwerf·kat *de* [-ten] kat zonder thuis
zwerf·kei *de (m)* [-en] groot brok steen dat in de ijstijd over grote afstanden is meegevoerd door gletsjers
zwerf·steen *de (m)* [-stenen] zwerfkei
zwerf·tocht *de (m)* [-en] tocht zonder vast reisplan of reisdoel
zwerf·vo·gel *de (m)* [-s] vogel die niet op een vaste plaats blijft, zonder trekvogel te zijn
zwerf·volk *het* [-en] volk zonder vaste woonplaats
zwerf·vuil *het* vuil, afval dat niet op de daarvoor bestemde plaats in het openbaar wordt gedeponeerd, zwerfafval
zwerk *het* ❶ drijvende wolken: ★ *het dreigend* ~ ❷ hemel, uitspansel
zwerm *de (m)* [-en] ❶ ongeregelde, vliegende menigte: ★ *een* ~ *vogels* ★ *een* ~ *bijen* ❷ groep uit de oude korf vliegende bijen
zwer·men *ww* [zwermde, h. gezwermd] ❶ ⟨van vogels⟩ in een zwerm vliegen; ❷ ⟨van bijen⟩ in een zwerm uit de oude korf vliegen
zwer·ven *ww* [zwierf, h. gezworven] ❶ rondtrekken zonder vast doel; ❷ ordeloos neergelegd of neergezet zijn: ★ *er* ~ *overal boeken*
zwer·ver *de (m)* [-s] ❶ iem. die zwerft; iem. zonder vaste woonplaats ❷ *zwervertje* huisdier zonder vast tehuis
zwe·ten *ww* [zweette, h. gezweet] ❶ zweet afscheiden: ★ *op iets zitten zweten* er hard voor werken ★ *bloed* ~, BN *water en bloed* ~ erg zweten na een inspanning of door angst; zie ook bij → **peen** ❷ ⟨van kaas en muren⟩ vocht uitslaan
zwe·te·rig *bn* ❶ veel en spoedig zwetend ❷ enigszins zwetend, vochtig van zweet: ★ *zweterige handen*
zwet·sen *ww* ⟨*Du*⟩ [zwetste, h. gezwetst] ❶ grote woorden gebruiken, sterke verhalen doen, opsnijden ❷ onzin praten, kletsen
zwet·ser *de (m)* [-s] iem. die zwetst
zwet·se·rij *de (v)* [-en] het zwetsen, opsnijderij
zwe·ven *ww* [zweefde, h. & is gezweefd] ❶ in de lucht hangen, drijven: ★ *de meeuw zweefde vlak boven het water* ★ *dat zweeft me voor de geest* ★ *zwevende valuta* valuta waarvan de koers onder invloed van vraag en aanbod tot stand komt ★ *zwevende koopkracht* koopkracht die wegens de onvaste waarde van het geld niet goed te bepalen is ★ *zwevende kiezers* kiezers wier voorkeur voor politieke partijen steeds wisselt ★ *zwevend zadel* zweefzadel ★ *zwevend reclameblok* televisie reclame die niet gekoppeld is aan een vaste journaaluitzending ❷ zich zacht en licht bewegen: ★ *zij zweefde door de kamer*
zwe·ve·rig *bn* ❶ niet helder, niet scherp doordacht, vaag: ★ *een* ~ *betoog* ❷ draaierig, duizelig
zwe·ze·rik *de (m)* [-riken] borstklier bij jonge, niet-geslachtsrijpe mensen en runderen: ★ *de* ~ *van een kalf wordt als lekkernij gegeten*
zwich·ten *ww* [zwichtte, is & h. gezwicht] ❶ toegeven, bezwijken: ★ *voor de verleiding* ~ ❷ zeilen (bijv. van een schip, molenwiek) of touwen innemen, oprollen
zwie·pen *ww* [zwiepte, h. gezwiept] verend doorbuigen: ★ *de vlaggenstok zwiepte in de harde wind heen en weer* ★ *een zwiepende beweging*; **zwieping** *de (v)* [-en]
zwie·per *de (m)* [-s] ⟨wielersport bij massasprints⟩ plotselinge afwijking van de rechte lijn, waardoor tegenstanders worden gehinderd
zwier *de (m)* [-en] ❶ draai, zwaai: ★ *het dansende paar maakte een ruime* ~ ★ *aan de* ~ *zijn*, BN *op (de)* ~ *zijn* uitgaan, plezier maken ❷ fig sierlijkheid in gebaar of houding; royaliteit en vlotheid in de omgang: ★ *hij treedt altijd op met een heleboel zwier*
zwier·bol *de (m)* [-len] pretmaker
zwie·ren *ww* [zwierde, h. gezwierd] ❶ dansend of op de schaats ronddraaien ❷ uitgaan en plezier maken ❸ BN ook (de was) centrifugeren, in een centrifuge drogen
zwierf *ww*, **zwier·ven** *verl tijd van* → **zwerven**
zwie·rig *bn* ❶ met zwieren ❷ elegant; **zwierigheid** *de (v)*
zwij·gen *ww* [zweeg, h. gezwegen] ❶ niets zeggen: ★ *iemand, iets tot* ~ *brengen* ★ *iemand het* ~ *opleggen* ★ *de notulen* ~ *over de enorme ruzie in de vergadering* ★ *wie zwijgt, stemt toe* wie geen bezwaren laat horen, keurt iets goed ★ *er het* ~ *toe doen* maar niets zeggen ★ *onder ons gezegd en gezwegen* in vertrouwen gezegd ★ NN ~ *als het graf*, BN ~ *als een graf* of ~ *als vermoord* helemaal niets zeggen of verklappen ❷ ophouden met praten of geluid maken: ★ *de radio zweeg opeens* ★ *eindelijk zweeg m'n schoonmoeder* ; zie ook bij → **taal**
zwij·gend *bn* zonder te spreken ★ *zwijgende meerderheid* benaming voor het grote volksdeel dat zijn mening niet pleegt openbaar te maken en dat geacht wordt met het gevoerde politieke beleid in te stemmen
zwij·ger *de (m)* [-s] iem. die zwijgt, die weinig spreekt ★ *Willem de Zwijger* Prins Willem I van Oranje (1533-1584)
zwijg·geld *het* [-en] beloning voor geheimhouding
zwijg·plicht *de* plicht tot geheimhouding
zwijg·recht *het* recht om te zwijgen, vooral recht om niet te getuigen voor het gerecht
zwijg·zaam *bn* weinig sprekend; **zwijgzaamheid** *de (v)*
zwijm *de (m)* flauwte, bezwijming: ★ *in* ~ *vallen*
zwij·mel *de (m)* roes, beneveling
zwij·me·len *ww* [zwijmelde, h. gezwijmeld] ❶ in een roes verkeren, fig dagdromen: ★ *de meiden zwijmelden bij de clip van de popster* ❷ duizelen, duizelig worden ❸ BN ook (door vermoeidheid, ziekte e.d.) wankelen, onvast op de benen staan; **zwijmeling** *de (v)* [-en]
zwijn *het* [-en] ❶ varken: ★ *een wild* ~ ❷ fig vuilak;

vreselijk mens ❸ meevaller, bof, gelukje; zie ook →
zwijntje
zwij·nen ww [zwijnde, h. gezwijnd] spreektaal boffen,
geluk hebben
zwij·nen·boel de (m) smeerboel
zwij·nen·hoe·der de (m) [-s] iem. die een troep
varkens hoedt
zwij·nen·hok het [-ken] hok voor zwijnen; fig kamer
of ruimte met grote troep
zwij·nen·jacht de [-en] jacht op wilde zwijnen
zwij·nen·pan de NN smerige boel, rotzooi
zwij·nen·stal de (m) [-len] fig smerige boel, rotzooi
zwij·ne·rij de (v) [-en] ❶ vuiligheid ❷ gemene
handelwijze ❸ vuile praat
zwijns·hoofd het [-en], zwijns·kop de (m) [-pen] kop
van een zwijn
zwijn·tje het [-s] ❶ klein zwijn ❷ meevaller, gelukje
zwik de (m) uitrusting, boel, alle spullen ★ de hele ~ de
hele mikmak; zwikje het
zwik·ken ww [zwikte, is & h. gezwikt] ❶ knakken,
licht verstuiken ❷ een bepaald kaartspel spelen
zwin het [-nen] geul tussen zandbanken waar water
blijft staan
zwin·ge·len ww [zwingelde, h. gezwingeld] vlas van
stengeldelen ontdoen
zwing·li·aan de (m) [-anen] ❶ aanhanger van de leer
van de protestantse Zwitserse kerkhervormer Ulrich
Zwingli (1484-1531) ❷ lid van de Zwinglibond, een
groep van vrijzinnige protestanten
Zwit·ser de (m) [-s] iem. geboortig of afkomstig uit
Zwitserland ★ geen geld, geen Zwitser(s) zie bij →
geld
Zwit·sers bn van, uit, betreffende Zwitserland
★ Zwitserse kaas kaas afkomstig uit Zwitserland,
vooral de Schabziger kaas: groene, zeer kruidige
kaas, die alleen geraspt of gemalen wordt gegeten,
veelal als broodbeleg
ZWO afk vero (Nederlandse Organisatie voor)
Zuiver-Wetenschappelijk Onderzoek, thans → NWO
zwoe·gen ww [zwoegde, h. gezwoegd] ❶ zwaar
werken: ★ zitten zwoegen op een tekst ❷ zwaar
ademen, hijgen
zwoe·ger de (m) [-s] iem. die altijd zwoegt
zwoel bn ❶ drukkend warm, benauwd: ★ een zwoele
avond ❷ fig zinnelijk, vol hartstocht, erotisch:
★ een ~ boek ★ een zwoele blik; zwoelheid de (v)
zwoel·te de (v) zwoelheid; drukkende warmte
zwoer ww, zwoe·ren verl tijd van → zweren[1]
zwoerd, zwoord het [-en] varkenshuid met spek
zwol ww, zwol·len verl tijd van → zwellen
zwolg ww, zwol·gen verl tijd van → zwelgen
zwom ww, zwom·men verl tijd van → zwemmen
zwoor ww, zwo·ren verl tijd van → zweren[2]
zy·de·co [zajdəkoo] (‹Eng) de muziek van de creoolse
bevolking van Louisiana, gekenmerkt door een snel,
hoekig ritme en het gebruik van accordeon en
wasbord
zy·go·te, zy·goot [zie-] (‹Gr) de (v) [-n] bevruchte eicel,

cel ontstaan uit de versmelting van twee
geslachtskernen
zy·mo·se [ziemoozə] (‹Gr) de (v) gisting, fermentatie
zy·mo·tisch [zie-] (‹Du‹Gr) bn gisting bewerkend; van
de aard van gisting
Z.Z.O. afk zuidzuidoost(en)
Z.Z.W. afk zuidzuidwest(en)
zzp'er [zetzetpeejər] de (m) [-s] NN zelfstandige zonder
personeel